DICIONÁRIO DE
INGLÊS - PORTUGUÊS

*Um Dicionário
com a Qualidade
Porto Editora*

Este dicionário foi elaborado, produzido e acabado segundo as normas mais exigentes de controlo de qualidade.

Em caso de defeito de fabrico, agradecemos a sua devolução à livraria onde foi comprado, para que de imediato seja reparado gratuitamente ou substituído por um novo.

DICIONÁRIO DE INGLÊS - PORTUGUÊS

4.ª edição

DICIONÁRIOS EDITORA

DICIONÁRIO DE
INGLÊS - PORTUGUÊS

O título **DICIONÁRIOS EDITORA** está devidamente registado

Edição revista e actualizada:
    Departamento de Dicionários
    da Porto Editora

© PORTO EDITORA, LDA. – 2005

Reservados todos os direitos. Esta publicação não pode ser reproduzida ou transmitida, no todo ou em parte, sob qualquer forma ou por qualquer meio electrónico ou mecânico, nomeadamente fotocópia, gravação ou outros, para qualquer finalidade, sem prévia autorização escrita do editor.

 PORTO EDITORA   Rua da Restauração, 365   4099-023 PORTO • PORTUGAL
www.portoeditora.pt   **E-mail** pe@portoeditora.pt   **Telefone** (351) 22 608 83 00   **Fax** (351) 22 608 83 01

JUL/2005   Dep. Legal N.º 228548/05   ISBN 972-0-01224-2
Execução gráfica: Bloco Gráfico, Lda. • R. da Restauração, 387   4050-506 PORTO • PORTUGAL

NOTA DA EDITORA

4.ª edição

A quarta edição do *Dicionário Editora de Inglês-Português* insere-se num contexto de permanente evolução linguística e lexicográfica.

A Porto Editora está atenta ao aparecimento e consolidação de novos termos e acepções tanto na língua inglesa como na língua portuguesa. Paralelamente, tem consciência de que qualquer obra de referência que pretenda reflectir com clareza esta renovada diversidade e quantidade lexical terá de assentar numa estrutura organizada e eficiente, de modo a permitir uma consulta cada vez mais rápida, correcta e precisa.

Nesta perspectiva, importa salientar que grande parte do trabalho de revisão e actualização que envolveu a preparação desta nova edição se relacionou com a inclusão de novas entradas e acepções.

Outra das linhas de força fundamentais do nosso trabalho centrou-se na reformulação da estrutura da informação, com destaque para as seguintes inovações relativamente à edição anterior: transcrição fonética integral; distinção e identificação de acepções por meio de numeração e indicação de contextos e sinónimos; ilustração e esclarecimento das diversas acepções através da associação directa de exemplos de uso; destaque das preposições (inglesas e portuguesas) mais frequentemente associadas a cada vocábulo e à sua tradução; localização de compostos e expressões idiomáticas em área específica; tratamento individualizado de «phrasal verbs».

Tudo isto para que, graças às inovações desta edição, o objectivo desta obra possa continuar a ser o mesmo das edições anteriores: abranger de forma generalista as diversas áreas da experiência e do conhecimento, sem descurar necessidades específicas do utilizador individual, quer seja um estudante ou um profissional experiente.

Deste modo, é para todos os utilizadores dos *Dicionários Editora* que continuam a dirigir-se o nosso trabalho, a nossa gratidão, e o desejo de que não desistam de enviar sugestões de alterações e melhoramentos, de modo a que os nossos dicionários sejam cada vez melhores e mais adequados às necessidades de todos e de cada um.

Guia de Utilização

Entrada — **cat** [kæt] Ⓐ *s.* **1** ZOOLOGIA gato, gata; **2** ZOOLOGIA felino; **3** [depr.] (mulher má) víbora; **4** [ant.] músico de jazz Ⓑ *v.tr.,intr.* [coloq.] vomitar ❖ ~ *burglar* ladrão que escala paredes; ~ *eye* imperfeição no vidro, semelhante a uma bolha alongada a envolver um corpo estranho; ~ *sleep* sesta de pequena duração; (jogo) *cat's cradle* cama de gato; (pessoa) *cat's paw* joguete; fantoche; *every* ~ *to her kind* cada qual com seu igual; *has the* ~ *got your tongue?* o gato comeu-te a língua?; *in the dark all cats are grey* de noite todos os gatos são pardos; *there is not room to swing a* ~ *in* não há espaço nenhum; (ansiedade) *to be like a* ~ *on hot bricks* estar sobre brasas; *to bell the* ~ tornar um inimigo inofensivo; *to fight like Kilkenny cats* lutar até ao aniquilamento mútuo; *to lead a* ~ *and dog life* viver como o cão e o gato; — **Categoria gramatical**

Expressão idiomática — *to let the* ~ *out of the bag* revelar um segredo; *to rain cats and dogs* chover a cântaros; *to see which way the* ~ *jumps/to wait for the* ~ *to jump* ver de que lado sopra o vento; *to turn* ~ *in pan* virar a casaca; desertar; *while the cat's away, the mice will play* patrão fora, dia santo na loja

CAT Ⓐ MEDICINA [*abrev. de* Computerized Axial Tomography] TAC Ⓑ [*abrev. de* College of Advanced Technology] — **Expansão de abreviatura**

Fonética — **catabolise** [kəˈtæbəlaɪz] *v.tr.* catabolizar
catabolism [kəˈtæbəlɪzəm] *s.* BIOQUÍMICA catabolismo
catabolize [kəˈtæbəlaɪz] *v.tr.* ⇒ **catabolise**
catachresis [ˌkætəˈkriːsɪz] *s.* LINGUÍSTICA catacrese
cataclysm [ˈkætəˌklɪzəm] *s.* cataclismo
cataclysmic [ˌkætəˈklɪzmɪk] *adj.* cataclísmico
catacomb [ˈkætəˌkəʊm] *s.* [geralm. usado no plural] catacumba — **Explicação gramatical**
catacoustics [ˌkætəˈkuːstɪks] *s.* catacústica

catalysis [kəˈtælɪsɪs] *s.* catálise
catalyst [ˈkætəlɪst] *s.* **1** agente catalítico; **2** catalisador ❖ QUÍMICA *negative/positive* ~ catalisador negativo/positivo
catalytic [ˌkætəˈlɪtɪk] *adj.* catalítico; catalisador; de catalisação;
Registo — [fig.] *Police has* ~ *role in peace process* Polícia assume papel catalisador no processo de paz ❖ ~ *action* catálise; ~ *agent* catalisador; ~ *cracking* desintegração catalítica
catalytical [ˌkætəˈlɪtɪkəl] *adj.* ⇒ **catalytic** — **Remete para**

cataphoric [ˌkætəˈfɒrɪk] *adj.* LINGUÍSTICA catafórico ❖ ~ *reference* catáfora
cataplasm [ˈkætəˌplæzəm] *s.* [arc.] cataplasma
Variante geográfica — **catapult** [ˈkætəpʌlt] Ⓐ *s.* **1** [GB] fisga; **2** catapulta Ⓑ *v.tr.* **1** catapultar [**to**, para]; **2** lançar [**to**, para] ❖ AERONÁUTICA ~ *seat* assento ejectável (de avião)
cataract [ˈkætəˌrækt] *s.* **1** catarata, cachoeira; **2** MEDICINA catarata; — **Distinção de acepções**
3 MECÂNICA regulador hidráulico
catarhine [ˈkætəraɪn] *adj.* ZOOLOGIA catarríneo
catarrh [kəˈtɑː] *s.* catarro, constipação
catarrhal [kəˈtɑːrəl] *adj.* catarral
catarrhine [ˈkætəˌraɪn] *adj.* ZOOLOGIA catarríneo
catasta [kəˈtæstə] *s.* HISTÓRIA catasta
catastasis [kəˈtæstəsɪs] *s.* (*pl.* **-es**) catástase
catastrophe [kəˈtæstrəfɪ] *s.* catástrofe, cataclismo
catastrophic [ˌkætəˈstrɒfɪk] *adj.* catastrófico
Área temática — **catatonia** [ˌkætəˈtəʊnɪə] *s.* MEDICINA catatonia
catatonic [ˌkætəˈtɒnɪk] *adj.* MEDICINA catatónico
Catawba [kəˈtɔːbə] *s.* (uva, videira, vinho) cataúba
catcall [ˈkætkɔːl] Ⓐ *v.tr.,intr.* assobiar (um actor ou uma peça no teatro) Ⓑ *s.* TEATRO assobio

Distinção de categorias gramaticais	**catch** [kætʃ] Ⓐ *v.tr.,intr.* (*prt. e part. pass.* **caught**) **1** capturar; agarrar; apanhar; **2** surpreender; **3** atingir; ferir; **4** (fogo) atear(-se); acender(-se); **5** chamar (a atenção de alguém); **6** receber; **7** (doença, hábito) contrair; apanhar; *to ~ a cold* apanhar uma constipação; **8** [coloq.] (entender) apanhar; *I didn't ~ a thing* não apanhei nada; **9** enganar Ⓑ *s.* **1** captura; **2** pesca, pescaria, quantidade de peixe apanhado; **3** acto de agarrar ou apanhar (a bola); **4** lingueta, trinco, fecho da porta; *the ~ of a lock* a lingueta de fechadura; **5** ferrolho; **6** batente; **7** argola; **8** gatilho; **9** (armadilha) rasteira; senão; *where's the catch?* o que é que não me estás a dizer?; **10** presa; **11** [fig., coloq.] (pessoa) partido; *to be a great ~* ser um bom partido; **12** fragmento; **13** MÚSICA espécie de cânone ❖ *~ cry* lengalenga; TIPOGRAFIA *~ line* linha final; *~ phrase* slogan; frase feita; *~ question* pergunta com rasteira; *he caught him a blow* ele deu-lhe uma pancada; *she caught her fingers in the door* ela ficou com os dedos entalados na porta; *to ~ a glimpse of* ver de relance; *to ~ fire* incendiar-se; *to ~ hold of* agarrar-se a; *to ~ it* meter-se em sarilhos; *to ~ one napping* apanhar alguém desprevenido; apanhar alguém a dormir; *to ~ one's breath* suspender a respiração; *to ~ sight of* ver de relance; *to ~ the Speaker's eye* conseguir que o presidente da Câmara dos Comuns lhe conceda a palavra	Flexão (formação de tempos verbais)
Exemplo ilustrativo		Início dos exemplos gerais
Phrasal verb	✦**catch at** *v.tr.* **1** (aproveitar) tentar agarrar; *to ~ an opportunity* agarrar uma oportunidade; **2** (galhos, espinhos, etc.) prender-se em ✦**catch on** *v.intr.* **1** [coloq.] compreender; perceber; atingir_{coloq.}; aperceber-se [**to**, de]; **2** (tornar-se popular) pegar; *that fashion caught on quickly* essa moda pegou rapidamente ✦**catch out** *v.tr.* **1** [coloq.] (alguém em falta) apanhar; surpreender; **2** [coloq.] (malfeitor) apanhar com a boca na botija ✦**catch over** *v.tr.,intr.* congelar; gelar ✦**catch up** *v.intr.* **1** alcançar [**with**, -]; *the last runner caught up with the first ones* o último corredor alcançou os primeiros; **2** pôr em dia [**with/on**, -]; actualizar-se [**with/on**, em relação a]; *we have to ~ on/with the news* temos de pôr as novidades em dia; **3** (criminoso) apanhar [**with**, -] ❖ *to be caught up in...* deixar-se arrastar para...; deixar-se envolver em... **catch-22** [ˌkætʃtˌtwentɪˈtuː] *adj.* (situação) em que não se pode ganhar; *it's a ~ situation* preso por ter cão e preso por não ter_{fig.}	Sinónimo
Preposições usadas		
		Registo da tradução
Distinção de palavras homógrafas	**certificate**¹ [səˈtɪfɪkɪt] *s.* **1** certificado; certidão; **2** atestado; **3** carta; **4** diploma ❖ *~ of origin* certificado de origem; *birth ~* certidão de nascimento; *death ~* certidão de óbito; *doctor's ~* atestado médico; *health ~* carta de saúde **certificate**² [səˈtɪfɪkeɪt] *v.tr.* certificar, passar um diploma ou certificado a	
	certitude [ˈsɜːtɪtjuːd] *s.* certeza **cerulean** [səˈruːlɪən] *adj.* (cor) cerúleo **cerumen** [səˈruːmən] *s.* cerume **ceruminous** [səˈruːmɪnəs] *adj.* ceruminoso **ceruse** [səˈruːs] *s.* cerusa, alvaiade **cervical** [ˈsɜːvɪkəl] *adj.* **1** cervical; *~ vertebra* vértebra cervical; **2** cervical; do colo do útero ❖ MEDICINA *~ cancer* cancro do colo do útero; (contracepção) *~ cap* diafragma; MEDICINA *~ smear* esfregaço cervical **cervine** [ˈsɜːvaɪn] *adj.* cervino; relativo aos cervídeos **cervix** [ˈsɜːvɪks] *s.* (*pl.* **cervixes** ou **cervices**) **1** ANATOMIA cérvix, colo do útero; **2** (pescoço) cerviz	Contexto
Flexão (formação de plural)		

Fonética

A representação fonética dos vocábulos é apresentada entre parênteses rectos, imediatamente após o vocábulo de entrada. Os símbolos fonéticos empregados no Dicionário têm os seguintes valores:

Vogais

æ	man	[mæn]	ə	footer	['futə]	ɔː	all	[ɔːl]
ɑː	dark	[dɑːk]	iː	bee	[biː]	ʊ	book	[bʊk]
e	red	[red]	ɪ	bit	[bɪt]	uː	moon	[muːn]
ɜː	girl	[gɜːl]	ɒ	lot	[lɒt]	ʌ	cut	[kʌt]

Ditongos

aɪ	my	[maɪ]	eɪ	late	[leɪt]	ɔɪ	boil	[bɔɪl]
aʊ	now	[naʊ]	əʊ	low	[ləʊ]	ʊə	poor	[pʊə]
eə	bear	[beə]	ɪə	fear	[fɪə]			

Consoantes

b	back	[bæk]	l	ladder	['lædə]	tʃ	chair	[tʃeə]
d	data	['deɪtə]	m	manor	['mænə]	θ	throat	[θrəʊt]
dʒ	judge	[dʒʌdʒ]	n	nail	[neɪl]	ð	that	[ðæt]
f	fact	[fækt]	ŋ	king	[kɪŋ]	v	vast	[vɑːst]
g	goal	[gəʊl]	p	people	['piːpl]	w	wall	[wɔːl]
h	heart	[hɑːt]	r	rabbit	['ræbɪt]	z	rose	[rəʊz]
j	yard	[jɑːd]	s	source	[sɔːs]	x	loch	[lɒx]
ʒ	vision	['vɪʒən]	ʃ	sugar	['ʃʊgə]			
k	key	[kiː]	t	toad	[təʊd]			

Os acento principal e secundário da palavra são indicados, respectivamente, por meio dos símbolos ['] e [ˌ], sempre colocados antes das sílabas acentuadas, como no exemplo ['həʊmˌpeɪdʒ], transcrição da entrada «homepage».

Lista de Abreviaturas

abrev.	abreviatura
adj.	adjectivo
adv.	advérbio
Áfr. do S.	África do Sul
ant.	antiquado
antr.	antroponímico
arc.	arcaico
art.	artigo
Austr.	Austrália
aux.	auxiliar
Bras.	Brasil
cal.	calão
card.	cardinal
coloq.	coloquial
comp.	comparativo
compl.	complemento
conj.	conjunção
contr.	contracção
def.	definido
depr.	depreciativo
dial.	dialectal
dim.	diminutivo
enf.	enfático
Esc.	Escócia
EUA	Estados Unidos da América
f., fem.	feminino
fig.	figurado
form.	formal
GB	Grã-Bretanha
geralm.	geralmente
ind.	indicativo
Índ.	Índia
indef.	indefinido
infant.	linguagem infantil
interj.	interjeição
interr.	interrogativo
intr.	intransitivo
Irl.	Irlanda
irón.	irónico
joc.	jocoso
m.	masculino
num.	numeral
ord.	ordinal
part.	particípio
pass.	passado
pes.	pessoa
pess.	pessoal
pl.	plural
poét.	poético
pop.	popular
poss.	possessivo
pres.	presente
prep.	preposição
pron.	pronome
prt.	pretérito
rar.	raro
refl.	reflexo
rel.	relativo
s.	substantivo
sb	*somebody*
sing.	singular
sth	*something*
superl.	superlativo
top.	toponímico
tr.	transitivo
v.	verbo
vulg.	vulgarismo

a[1] [eɪ] s. (pl. **-s** ou **-es**) 1 (letra) a, A; 2 MÚSICA [com maiúscula] lá; MÚSICA **A sharp** lá sustenido; MÚSICA **A flat** lá bemol ❖ **A1** excelente; esplêndido; *not to know A from B* ser tolo

a[2] [ə, eɪ] Ⓐ *art.indef.* um, uma; *a few boys* alguns rapazes; *a great many people* muita gente; *a Mr. Smith* um tal Sr. Smith; *as a rule* geralmente; *many a time* muitas vezes; *such a thing* uma coisa assim; *they are of a size* são do mesmo tamanho; *they are of an age* são da mesma idade; *to make a fortune* fazer fortuna; *what a pity!* que pena! [a é usado antes de som consonântico e *an* antes de som vocálico] Ⓑ *prep.* cada, em, por; *twice a day* duas vezes por dia; *two pounds a head* duas libras por cabeça

AA Ⓐ [*abrev. de* Alcoholics Anonymous] AA Ⓑ [*abrev. de* Automobile Association]

AAA Ⓐ [*abrev. de* Amateur Athletic Association] Ⓑ [*abrev. de* American Automobile Association]

AAAS [*abrev. de* American Association for the Advancement of Science]

AAPSO [*abrev. de* Afro-Asian People's Solidarity Organization]

aardvark [ˈɑːdvɑːk] *s.* ZOOLOGIA oricteropo

aardwolf [ˈɑːdˌwʊlf] *s.* ZOOLOGIA prótele

Aaron [ˈɛərən] *s.antr.* Aarão ❖ BOTÂNICA **Aaron's beard** hipericão; milfurada; BOTÂNICA **Aaron's rod** verbasco; círio-do-rei

aasvogel [ˈɑːsfəʊɡl] *s.* ZOOLOGIA abutre sul-africano

AB Ⓐ [*abrev. de* Artium Baccalaureus (Bachelor of Arts)] Ⓑ [*abrev. de* able-bodied seaman]

aba [ˈæbə] *s.* abá

ABA Ⓐ [*abrev. de* Amateur Boxing Association] Ⓑ [*abrev. de* American Bar Association]

abaca [ˈæbəkə] *s.* BOTÂNICA abacá

abacinate [əˈbæsɪneɪt] *v.tr.* abacinar

abacist [ˈæbəsɪst] *s.* abacista

aback [əˈbæk] *adv.* 1 NÁUTICA (velas) atiradas para trás por vento ponteiro; 2 [arc.] para trás ❖ NÁUTICA **to be ~** ter o vento ponteiro; *to be taken ~* ser apanhado de surpresa

abaculus [əˈbækjʊləs] *s.* abáculo

abacus [ˈæbəkəs] *s.* (pl. **abaci** ou **abacuses**) ábaco

Abaddon [əˈbædən] *s.* 1 RELIGIÃO Demónio; 2 RELIGIÃO Inferno, Abismo fig.

abaft [əˈbɑːft] Ⓐ *adv.* NÁUTICA à ré, à popa Ⓑ *prep.* NÁUTICA atrás de; *~ the mast* atrás do mastro; *~ the bridge* atrás da ponte de comando

abalone [ˌæbəˈləʊnɪ] *s.* ZOOLOGIA abalone

abandon [əˈbændən] Ⓐ *s.* 1 à-vontade, naturalidade; 2 despreocupação; *in ~* despreocupadamente; 3 vivacidade Ⓑ *v.tr.* 1 abandonar; deixar ficar; *he abandoned his wife and children* abandonou a mulher e os filhos; 2 desistir de ❖ *to ~ all hope of* perder qualquer esperança de; *to ~ oneself to despair* entregar-se ao desespero

abandoned [əˈbændənd] *adj.* 1 abandonado; *an ~ village* uma aldeia abandonada; 2 dissoluto; depravado; desavergonhado; 3 despreocupado

abandonee [əˌbændəˈniː] *s.* segurador (a quem são entregues os salvados dum naufrágio)

abandonment [əˈbændənmənt] *s.* 1 abandono; 2 desistência; 3 desertificação; *the ~ of the countryside* a desertificação das zonas rurais; 4 entrega; 5 [depr.] despreocupação

abase [əˈbeɪs] *v.tr.* humilhar; rebaixar ❖ *to ~ oneself* humilhar-se; rebaixar-se

abasement [əˈbeɪsmənt] *s.* humilhação; rebaixamento; aviltamento

abash [əˈbæʃ] *v.tr.* 1 desconcertar; atrapalhar, confundir; *nothing can ~ him* nada o atrapalha; 2 embaraçar; *to be abashed at sth* ficar embaraçado com alguma coisa

abashment [əˈbæʃmənt] *s.* 1 confusão, atrapalhação; 2 embaraço

abasia [əˈbeɪsɪə] *s.* MEDICINA abasia

abasic [əˈbeɪsɪk] *adj.* MEDICINA abásico

abask [əˈbɑːsk] *adv.* 1 sob uma luz quente; 2 ao calor do Sol

abatable [əˈbeɪtəbl] *adj.* que pode ser diminuído, acalmado

abate [əˈbeɪt] *v.tr.,intr.* 1 diminuir; 2 afastar (contrariedade); 3 baixar, abater (preço), deduzir; 4 mitigar, enfraquecer; 5 embotar (lâmina); 6 fazer cessar, acalmar; *he took some medicine to ~ the pain* tomou um remédio para acalmar a dor; 7 (vento) amainar; *the wind abated* o vento amainou; 8 DIREITO anular

abatement [əˈbeɪtmənt] *s.* 1 diminuição, enfraquecimento; 2 cessação; 3 DIREITO anulação; 4 HERÁLDICA quebra; 5 abatimento (de preço)

abater [əˈbeɪtə] *s.* aquele ou aquilo que faz diminuir

abatis [ˈæbətɪs] *s.* (pl. **abatis**) MILITAR abatis

abattis [ˈæbətɪs] *s.* ⇒ abatis

abattoir [ˈæbətwɑː] *s.* matadouro público

abaxial [æbˈæksɪəl] *adj.* BOTÂNICA abaxial

abb [æb] *s.* trama, tecido

Abba [ˈæbə] *s.* 1 abá; 2 RELIGIÃO (Bíblia) pai

abbacy [ˈæbəsɪ] *s.* (pl. **-ies**) 1 jurisdição, função, direitos de um abade; 2 abadia; 3 benefício de abade

abbatial [əˈbeɪʃəl] *adj.* abacial; relativo a abadia, abade ou abadessa

abbé [æˈbeɪ] *s.* abade, sacerdote

abbess [ˈæbɪs, ˈæbəs] *s.f.* abadessa, madre abadessa, superiora de um convento

abbey [ˈæbɪ] *s.* 1 abadia, convento; 2 igreja ou casa ligada a abadia

abbot [ˈæbət] *s.* abade, superior de convento ❖ *~ of Misrule, ~ of Unreason* dirigente em diversões burlescas medievais

abbotship [ˈæbətʃɪp] *s.* dignidade de abade; função de abade

abbr. Ⓐ [*abrev. de* abbreviation] Ⓑ [*abrev. de* abbreviated]

abbreviate[1] [əˈbriːvɪeɪt] *v.tr.* abreviar; resumir; *to ~ to* abreviar para

abbreviate[2] [əˈbriːvɪɪt] *adj.* abreviado, relativamente curto

abbreviation [əˌbriːvɪˈeɪʃən] *s.* abreviatura; *~ of* abreviatura de

abbreviator [əˌbriːvɪˈeɪtə] *s.* abreviador; oficial da chancelaria romana que minutava em cifra ou abreviatura as bulas e outros documentos do Papa

ABC [ˌeɪbiːˈsiː] *s.* 1 bê-á-bá; 2 rudimentos, primeiras noções; 3 guia alfabético ❖ *it's as simple as ~* é canja; *to be at the ~* estar ainda no princípio

ABCA [GB] [*abrev. de* Army Bureau of Current Affairs]

Abderite [ˈæbdəraɪt] *s.* abderita, abderiano

abdicant [ˈæbdɪkənt] *adj.,s.* abdicante

abdicate [ˈæbdɪkeɪt] Ⓐ *v.intr.* abdicar; resignar Ⓑ *v.tr.* 1 abdicar de; renunciar a; *to ~ a right* renunciar a um direito; *to ~ the throne* renunciar ao trono; 2 (dever, responsabilidade) demitir-se de; *to ~ every responsibility in* demitir-se de qualquer responsabilidade relacionada com

abdication [ˌæbdɪˈkeɪʃən] *s.* abdicação; renúncia; resignação

abdomen [æbˈdəʊmən, ˈæbdəmən] *s.* ANATOMIA abdómen

abdominal [æbˈdɒmɪnəl] *adj.* abdominal

abdominous [æb'dɒmɪnəs] *adj.* 1 abdominoso; 2 barrigudo; 3 corpulento
abducent [æb'dju:sənt] *adj.* abducente
abduct [æb'dʌkt, əb'dʌkt] *v.tr.* 1 raptar; 2 ANATOMIA abduzir
abduction [əb'dʌkʃən, æb'dʌkʃən] *s.* 1 rapto; 2 ANATOMIA, FILOSOFIA abdução
abductor [əb'dʌktə, æb'dʌktə] *s.* 1 raptor; 2 ANATOMIA abdutor
abeam [ə'bi:m] *adv.* NÁUTICA de través; *~ of us* de través, de lado
abecedarian [eɪbi:si:'deərɪən] Ⓐ *s.* principiante Ⓑ *adj.* 1 disposto alfabeticamente; 2 ignorante; 3 elementar
abed [ə'bed] *adv.* [arc.] na cama; deitado
Abel ['eɪbəl] *s.antr.* Abel
abele [ə'bi:l] *s.* 1 álamo branco; 2 choupo branco; 3 faia branca
Aberdeen [,æbər'di:n, ,æbə'di:n] Ⓐ *s.top.* (cidade, condado) Aberdeen Ⓑ *s.* (raça canina) terrier de Aberdeen
Aberdeen Angus [,æbədi:n'æŋgəs] *s.* ZOOLOGIA tipo de gado vacum
aberdevine [æbədə'vaɪn] *s.* pintassilgo verde
Aberdonian [,æbə'dəʊnɪən] *adj.,s.* natural de Aberdeen
aberrance [ə'berəns] *s.* 1 aberração; 2 desvio, afastamento; 3 lapso moral
aberrancy [ə'berənsɪ] *s.* 1 aberração; 2 desvio, afastamento; 3 lapso moral
aberrant [ə'berənt, 'æbərənt] *adj.* aberrante
aberrate ['æbəreɪt] *v.intr.* 1 aberrar; 2 afastar-se da verdade, do bom caminho; 3 BOTÂNICA, ZOOLOGIA afastar-se do tipo ou espécies do mesmo género
aberration [,æbə'reɪʃən] *s.* 1 (geral) aberração; *chromatic ~* aberração cromática; *spherical ~* aberração esférica; 2 desvio; 3 anomalia; 4 lapso
abet [ə'bet] *v.tr.* (particípios: -tt-) 1 incitar (a um crime); 2 ser cúmplice de; *to aid and ~ sb* ser cúmplice de alguém
abetment [ə'betmənt] *s.* 1 incitamento; 2 cumplicidade
abetter [ə'betə] *s.* instigador, cúmplice; *~ of a crime* cúmplice num crime
abetting [ə'betɪŋ] Ⓐ *s.* 1 encorajamento; 2 cumplicidade Ⓑ *adj.* cúmplice ❖ *aiding and ~* cumplicidade num crime
abettor [ə'betə] *s.* DIREITO cúmplice; *~ of a crime* cúmplice num crime
abeyance [ə'beɪəns] *s.* 1 suspensão; 2 DIREITO não aplicação temporária ❖ *to be in ~* estar temporariamente suspenso; *to fall into ~* cair em desuso
abhor [əb'hɔ:, æb'hɔ:] *v.tr.* (particípios: -rr-) abominar; considerar abominável; ter horror a
abhorrence [əb'hɒrəns] *s.* 1 aborrecimento; 2 aversão; 3 coisa detestada
abhorrent [əb'hɒrənt] *adj.* 1 que inspira aversão; 2 detestável, odioso, abominável, repugnante; *those rules were ~ to the students* os alunos abominavam aquelas regras ❖ *to be ~ from* afastar-se de; estar em contradição com; [arc.] *to be ~ of* detestar; sentir aversão por
abhorrer [əb'hɔ:rə] *s.* 1 o que detesta; 2 HISTÓRIA apelido dos partidários das prerrogativas de Carlos II, opostos ao grupo chefiado por Shaftesbury
abidance [ə'baɪdəns] *s.* 1 permanência; residência; 2 concordância; aceitação
abide [ə'baɪd] Ⓐ *v.tr.* (prt. e part. pass. **abode** ou **abided**) 1 submeter-se a; 2 [arc.] suportar, tolerar, aguentar; *he can't ~ you* ele não te suporta, ele não pode contigo; *to ~ the test* aguentar a prova; 3 [arc.] esperar; *to ~ better days* esperar melhores dias Ⓑ *v.intr.* 1 [ant.] subsistir, durar; 2 [ant.] habitar, viver; 3 [arc.] aguardar, esperar ❖ *to ~ with* acompanhar para proteger
◆ **abide by** *v.tr.* 1 (regra, decisão) acatar; 2 (promessa) cumprir; *to ~ one's promise* manter-se fiel à promessa feita
abider [ə'baɪdə] *s.* habitante; *~ in a place* habitante dum lugar
abiding [ə'baɪdɪŋ] *adj.* 1 permanente; 2 duradouro ❖ *~ place* domicílio
abidingly [ə'baɪdɪŋlɪ] *adv.* permanentemente
abies ['eɪbɪi:z, 'æbɪi:z] *s.* abeto

abietate [æbɪəteɪt] *s.* QUÍMICA abietato
abietene ['æbɪəti:n] *s.* QUÍMICA abieteno
abietic [æbɪ'etɪk] *adj.* QUÍMICA abiético; *~ acid* ácido abiético
abigail ['æbɪgeɪl] *s.* [rar.] criada confidente
ability [ə'bɪlɪtɪ] *s.* (pl. -ies) 1 aptidão; capacidade; competência; 2 competência legal; 3 capacidade financeira; 4 espreteza; habilidade; *a man of ~* um homem esperto; 5 talento ❖ *~ to pay* solvência; *to the best of one's ~* o melhor que se pode
abiogenesis [eɪbaɪəʊ'dʒenɪsɪs] *s.* BIOLOGIA abiogénese
abiogenetic [eɪbaɪəʊdʒə'netɪk] *adj.* BIOLOGIA abiogenético
abiogenist [eɪbaɪ'ɒdʒənɪst] *s.* abiogenista
abiogenous [eɪbaɪ'ɒdʒɪnəs] *adj.* BIOLOGIA abiogéneo, produzido por abiogénese
abiogeny [eɪbaɪ'ɒdʒənɪ] *s.* abiogénese
abiosis [,eɪbaɪ'əʊsɪs] *s.* abiose
abiotic [eɪbaɪ'ɒtɪk] *adj.* abiótico
abject ['æbdʒekt] *adj.* 1 abjecto, miserável; 2 desprezível; 3 covarde; 4 servil ❖ *~ poverty* miséria extrema
abjection [æb'dʒekʃən, əb'dʒekʃən] *s.* 1 abjecção; 2 servilismo; 3 baixeza
abjectness [æb'dʒektnəs] *s.* 1 abjecção; 2 servilismo; 3 baixeza, vileza
abjudicate [æb'dʒu:dɪkeɪt] *v.tr.* [arc.] abjudicar
abjuration [,æbdʒʊ'reɪʃən] *s.* abjuração
abjure [əb'dʒʊə, æb'dʒʊə] *v.tr.* 1 abjurar; renegar; 2 renunciar a
abjurer [æb'dʒʊərə, əb'dʒʊərə] *s.* apóstata, renegado
ablactation [,æblæk'teɪʃən] *s.* ablactação, desmame
ablate [ə'bleɪt] *v.tr.* CIRURGIA, GEOLOGIA fazer a ablação de
ablation [æb'leɪʃən] *s.* CIRURGIA, GEOLOGIA ablação
ablatival [æblə'taɪvəl] *adj.* (respeitante ao) ablativo
ablative ['æblətɪv] *adj.,s.* LINGUÍSTICA ablativo; *~ absolute* ablativo absoluto
ablaut ['æblaʊt] *s.* LINGUÍSTICA apofonia
ablaze [ə'bleɪz] *adj.,adv.* 1 a arder; em chamas; 2 brilhante; *his eyes were ~* os olhos dele brilhavam; 3 excitado ❖ *~ with anger* cheio de cólera; *~ with lights* resplandecente de luzes
able ['eɪbəl] *adj.* 1 capaz [**to**, de]; 2 esperto; 3 apto; competente ❖ *~ in body and mind* são de corpo e de espírito; *to be ~ to* poder; ser capaz de
able-bodied [,eɪbəl'bɒdɪd] *adj.* forte, robusto, válido ❖ *~ seaman* marinheiro qualificado
ableism ['eɪblɪzm] *s.* discriminação contra os deficientes
ableist ['eɪblɪst] Ⓐ *adj.* que discrimina os deficientes Ⓑ *s.* pessoa que discrimina os deficientes
ablen ['æblən] *s.* 1 pequeno peixe de água doce com escamas prateadas; 2 espécie de alburno
ablet ['æblət] *s.* 1 pequeno peixe de água doce com escamas prateadas; 2 espécie de alburno
ablings ['eɪblɪŋz] *adv.* [Esc.] [dial.] talvez, possivelmente
ablins ['eɪblɪŋz] *adv.* [Esc.] [dial.] talvez, possivelmente
abloom [ə'blu:m] *adj.,adv.* em flor
ablush [ə'blʌʃ] *adj.,adv.* corado, ruborizado
ablution [ə'blu:ʃən] *s.* ablução
ably ['eɪblɪ] *adv.* 1 com habilidade; com talento; 2 de forma competente
ABM [abrev. de antiballistic missile] míssil antibalístico
abnegate ['æbnɪgeɪt] *v.tr.* 1 abnegar, renunciar; 2 renegar
abnegation [,æbnɪ'geɪʃən] *s.* 1 abnegação, rejeição, renúncia, apostasia; 2 desinteresse, desapego
abnormal [æb'nɔ:məl] *adj.* 1 anormal; 2 fora do vulgar, excepcional
abnormality [,æbnɔ:'mælɪtɪ] *s.* (pl. -ies) anormalidade
abnormally [æb'nɔ:məlɪ] *adv.* anormalmente, excepcionalmente
abnormity [æb'nɔ:mɪtɪ] *s.* (pl. -ies) 1 monstruosidade, anomalia; 2 irregularidade; 3 monstro
aboard [ə'bɔ:d] *adv.,prep.* 1 a bordo; 2 de; *~ a train, ~ a bus* de comboio, de autocarro; 3 NÁUTICA perto, encostado a, ao longo da borda; *close ~* borda com borda ❖ *all aboard!* todos a bordo!; *to fall ~ a ship/to run ~ a ship* abordar um navio; abalroar um navio; *to go ~* ir a bordo; ir para bordo; embarcar

abode [əˈbəʊd] Ⓐ s. residência; domicílio; *he took up his ~ in the country* estabeleceu residência no campo; *of no fixed ~* sem domicílio fixo; *place of ~* domicílio; *to make one's ~ at* estabelecer residência em Ⓑ pret. e part. pass. de **to abide**

aboil [əˈbɔɪl] adv. a ferver

abolish [əˈbɒlɪʃ] v.tr. 1 abolir, extinguir; 2 revogar (uma lei)

abolishable [əˈbɒlɪʃəbəl] adj. revogável, susceptível de ser abolido

abolisher [əˈbɒlɪʃə] s. anulador, revogador

abolishment [əˈbɒlɪʃmənt] s. abolição

abolition [ˌæbəˈlɪʃən] s. 1 abolição, extinção, revogação; 2 HISTÓRIA abolição da escravatura dos Negros

abolitionism [ˌæbəˈlɪʃənɪzəm] s. HISTÓRIA abolicionismo

abolitionist [ˌæbəˈlɪʃənɪst] adj.,s. HISTÓRIA abolicionista

abomasum [æbəˈmeɪsəm] s. abomaso, coalheira

A-bomb [ˈeɪbɒm] s. bomba atómica

abominable [əˈbɒmɪnəbəl] adj. abominável, execrando, detestável; *an ~ situation* uma situação horrível

abominableness [əˈbɒmɪnəbəlnəs] s. carácter abominável

abominably [əˈbɒmɪnəblɪ] adv. abominavelmente

abominate¹ [əˈbɒmɪneɪt] v.tr. 1 abominar; detestar; *I ~ doing that* odeio fazer isso; 2 considerar abominável; condenar

abominate² [əˈbɒmɪnɪt] adj. execrando, abominado, execrável

abomination [əˌbɒmɪˈneɪʃən] s. 1 abominação; 2 coisa horrível; *this tea is an ~* este chá é horrível ❖ *to hold in ~* odiar; abominar; ter horror a

aboriginal [ˌæbəˈrɪdʒɪnəl] adj.,s. aborígene, indígena; nativo, autóctone

aboriginally [ˌæbəˈrɪdʒɪnəlɪ] adv. de modo primitivo

aborigine [ˌæbəˈrɪdʒɪnɪ] s. aborígene; indígena

abort [əˈbɔːt] v.tr.,intr. 1 MEDICINA abortar; 2 interromper; cancelar; abandonar; 3 falhar

aborted [əˈbɔːtɪd] adj. 1 abortado; 2 atrofiado; 3 rudimentar; 4 falhado

abortifacient [əbɔːtɪˈfeɪʃənt] adj.,s. abortivo

abortion [əˈbɔːʃən] s. 1 aborto, interrupção voluntária da gravidez; *to have an ~* fazer um aborto; 2 [depr.] (ofensivo) aborto, monstro; 3 (voo, missão) interrupção; fracasso

abortionist [əˈbɔːʃənɪst] s. (ofensivo) abortista

abortive [əˈbɔːtɪv] adj. 1 abortivo; 2 prematuro, abortado; 3 sem fruto; 4 sem êxito; 5 rudimentar ❖ (plano, projecto) *to prove ~* falhar

abortively [əˈbɔːtɪvlɪ] adv. 1 antes do termo, prematuramente; 2 sem êxito

abortiveness [əˈbɔːtɪvnəs] s. falta de êxito, insucesso

Aboukir [æbʊˈkɪə] s.top. Abuquir

aboulia [əˈbuːlɪə] s. MEDICINA abulia

aboulic [əˈbuːlɪk] adj. abúlico

abound [əˈbaʊnd] v.intr. 1 abundar [**with/in**, em]; ser rico [**with/in**, em]; *to ~ in fish* abundar em peixe; 2 estar infestado [**with**, de]; *to ~ with vermin* estar cheio de piolhos, (região, terreno, etc.), estar cheio de animais nocivos

about [əˈbaʊt] adv.,prep. 1 em volta de, em roda, em torno de; 2 aqui e ali; 3 cerca de, aproximadamente; 4 rodando em torno; 5 acerca de, sobre, a propósito; 6 ocupado com; 7 com relação a, relativamente a; *a long way ~* uma grande volta; *much ~ the same* sensivelmente a mesma coisa; *go ~ your business* trata da tua vida; *have you any money ~ you?* traz dinheiro consigo?; *he comes ~ the money* ele vem por causa do dinheiro; *he is ~ to leave for England* ele está prestes a partir para Inglaterra; *he left the books lying ~* deixou os livros todos espalhados; *I know what I am ~* sei muito bem o que faço; *that's ~ right* é quase isso, está menos mal; *there's a good deal of smallpox ~* anda por aí muita varíola; *there was no one ~* não estava ninguém perto; *they must be somewhere ~* devem estar aqui perto; *what ~ going to the movies?* e se fôssemos ao cinema?; *what are you about?* que está você a fazer?; *you must be ~ fifty* você deve andar por volta dos cinquenta anos

about-face [əˌbaʊtˈfeɪs] Ⓐ s. [EUA] reviravolta, mudança súbita de resolução Ⓑ v.intr. [EUA] mudar de ideias

about-sledge [əˈbaʊtsledʒ] s. malho grande de ferreiro

about-turn [əˌbaʊtˈtɜːn] Ⓐ s. [GB] reviravolta, mudança súbita de resolução Ⓑ v.intr. [GB] mudar de ideias

above [əˈbʌv] adv.,prep. 1 sobre, em cima (de), por cima (de); *~ the clouds* por cima das nuvens; *the clouds ~* as nuvens por cima de nós; 2 acima (de); 3 superior a, mais alto que, mais de ❖ *~ all* sobretudo; principalmente; acima de tudo; *that's ~ me/that's ~ my understanding* isso ultrapassa-me; *the paragraph ~* o parágrafo supracitado; *to be ~ oneself* julgar-se superior aos outros; ter a mania das grandezas; *to be ~ telling a lie* ser incapaz de dizer uma mentira

above-board [əˌbʌvˈbɔːd] Ⓐ adj. (plano, negócio) honesto, franco, leal; legal Ⓑ adv. às claras, à vista, abertamente; *I'm playing fair and ~* estou a fazer jogo limpo, tenho todas as cartas na mesa ❖ *open and ~* franco; honesto; leal

above-ground [əˌbʌvˈɡraʊnd] adj. 1 à superfície da terra; 2 exterior; 3 vivo; 4 [EUA] [fig.] declarado ❖ (minas) *~ hands* operários que trabalham à luz do dia; *~ pool* piscina elevada

above-mentioned [əˌbʌvˈmenʃənd] adj. supracitado, supramencionado

above-named [əˌbʌvˈneɪmd] adj. supracitado, supramencionado

Abp. [abrev. de **Archbishop**]

abr. [abrev. de **abridged**]

abracadabra [ˌæbrəkəˈdæbrə] s. abracadabra

abradant [əˈbreɪdənt] s. abrasivo

abrade [əˈbreɪd] v.tr. 1 raspar, desgastar; 2 ferir (a pele, etc.) por atrito; 3 arrancar partículas; 4 corroer

abrading [əˈbreɪdɪŋ] s. desgaste ❖ *~ wheel* disco de esmeril

Abraham [ˈeɪbrəhæm, ˈeɪbrəhəm] s.antr. Abraão ❖ *to sham ~* fingir-se doente

abranchial [əˈbræŋkɪəl] adj. abrânquio, abranquiado, sem brânquias

abranchiate [əˈbræŋkɪɪt] adj. abrânquio, abranquiado, sem brânquias

abrasion [əˈbreɪʒən] s. 1 abrasão; 2 desgaste, atrito; 3 (pele) escoriação; 4 aderência (de peças metálicas por falta de lubrificação)

abrasive [əˈbreɪsɪv] Ⓐ adj. 1 abrasivo; 2 [fig.] cáustico, corrosivo Ⓑ s. abrasivo ❖ *~ paper* lixa

abraxas [əˈbræksəs] s. abraxas

abreast [əˈbrest] adv. lado a lado, de frente; *two ~* dois a dois; NÁUTICA *to be ~ of a ship* estar pelo través dum navio ❖ *to keep ~ of* acompanhar os progressos de; estar ao corrente de; *to keep ~ with the times* manter-se actualizado

abridge [əˈbrɪdʒ] v.tr. 1 resumir; 2 reduzir; encurtar; 3 limitar; 4 [arc.] privar de

abridgement [əˈbrɪdʒmənt] s. 1 resumo, epítome; 2 diminuição; redução; 3 cerceamento; 4 MATEMÁTICA simplificação

abridger [əˈbrɪdʒə] s. aquele que resume uma obra

abridging [əˈbrɪdʒɪŋ] s. resumo

abridgment [əˈbrɪdʒmənt] s. 1 resumo, epítome; 2 diminuição; redução; 3 cerceamento; 4 MATEMÁTICA simplificação

abroach [əˈbrəʊtʃ] adj.,adv. [rar.] (pipas, etc.) furado, aberto ❖ [ant.] *to set a subject ~* começar a estudar um assunto

abroad [əˈbrɔːd] adv. 1 lá fora, no estrangeiro; ao estrangeiro; *to be back from ~* regressar do estrangeiro; *to go ~* ir ao estrangeiro; 2 ao longe, em diferentes direcções; 3 [arc.] errado, longe da verdade; 4 *to be all ~* estar enganado, desorientado ❖ *it is all ~* é do conhecimento público; *the rumour has got ~ that* correu o boato de que; *there's a rumour ~* consta; corre para aí um boato; (notícias) *to get ~* espalhar-se

abrogate [ˈæbrəɡeɪt] v.tr. 1 ab-rogar; 2 repelir, revogar

abrogation [ˌæbrəˈɡeɪʃən] s. 1 ab-rogação; 2 revogação

abrogative [ˈæbrəʊɡətɪv] adj. 1 anulatório; 2 ab-rogativo

abrogator [ˈæbrəʊɡeɪtə] s. ab-rogador

abroma [əˈbrəʊmə] s. BOTÂNICA abroma

abrotanum [əˈbrɒtənəm] s. abrótano

abrupt [əˈbrʌpt] adj. 1 súbito, apressado; 2 abrupto, alcantilado, escarpado; 3 BOTÂNICA curto; 4 brusco, pouco delicado; *they have an ~ manner* eles têm uns modos muito bruscos ❖ *an ~ turn* uma curva perigosa; *everything came to an ~ end* tudo acabou bruscamente

abruption [ə'brʌpʃən] s. ab-rupção; separação, ruptura
abruptly [ə'brʌptlɪ] adv. 1 abruptamente; 2 bruscamente
abruptness [ə'brʌptnəs] s. 1 brusquidão, rudeza; 2 falta de ligação; 3 declive, talude; 4 precipitação
ABS [abrev. de Anti-lock Braking System] ❖ ~ *brakes* travões ABS
abscess ['æbses] s. (pl. **-es**) abcesso; *to drain an ~, to lance an ~* lancetar um abcesso
abscessed ['æbsest] adj. com abcesso
abscisic [æb'sɪzɪk] adj. QUÍMICA abcísico; ~ *acid* ácido abcísico
absciss ['æbsɪs] s. (pl. **-es**) ⇒ **abscissa**
abscissa ['æbsɪsə] s. (pl. **-s** ou **-e**) GEOMETRIA abcissa
abscission [æb'sɪʃən, æb'sɪʒən] s. abcisão, excisão
abscond [əb'skɒnd, æb'skɒnd] v.intr. 1 fugir à acção da justiça; 2 [coloq.] andar a monte; 3 desaparecer de repente e em segredo
absconder [æb'skɒndə, əb'skɒndə] s. 1 fugitivo; 2 DIREITO revel
absconding [æb'skɒndɪŋ, əb'skɒndɪŋ] ⓐ s. fuga, desaparecimento, evasão ⓑ adj. em fuga; fugido
abseil ['æbseɪl] s. [GB] DESPORTO rapel
abseiling ['æbseɪlɪŋ] s. [GB] DESPORTO rapel
absence ['æbsəns] s. 1 ausência; 2 não comparência; 3 (escola) falta; *absences from school* faltas na escola; 4 falta; inexistência; ~ *of evidence* falta de provas; 5 [ant.] distracção; *to have fits of ~* ser sujeito a distracções ❖ ~ *of mind* distracção; ~ *makes the heart grow fonder* longe da vista, perto do coração; ~ *without leave* ausência injustificada; *to be sentenced in one's ~* ser condenado à revelia
absent¹ ['æb'sent] v.intr.,refl. 1 ausentar-se [**from**, de]; retirar-se [**from**, de]; 2 [arc.] faltar [**from**, a]; não comparecer [**from**, em]; *he absented himself from school* faltou à escola
absent² ['æbsənt] adj. 1 ausente; 2 distraído; distante; vago; *she looked at me in an ~ way* fitou-me com um olhar vago; 3 inexistente ❖ *long ~ soon forgotten* quem não aparece esquece
absentee [æbsən'ti:] s. 1 pessoa ausente; 2 absentista; 3 MILITAR refractário
absenteeism [æbsən'ti:ɪzəm] s. absentismo
absent-minded [æbsənt'maɪndɪd] adj. distraído; esquecido
absent-mindedly [æbsənt'maɪndɪdlɪ] adv. distraidamente
absent-mindedness [æbsənt'maɪndɪdnəs] s. distracção
absidal ['æbsɪdl] adj. ⇒ **apsidal**
absinth ['æbsɪnθ] s. (bebida, planta) absinto
absinthe ['æbsɪnθ] s. (bebida, planta) absinto
absinthian [æb'sɪnθɪən] adj. absíntico; relativo ao absinto
absinthism ['æbsɪnθɪzəm] s. absintismo
absolute ['æbsəlu:t] ⓐ adj. 1 absoluto; 2 puro; 3 [coloq.] verdadeiro, perfeito; *an ~ fool* um perfeito idiota; 4 (não relativo) absoluto; ~ *majority* maioria absoluta; ~ *power* poder absoluto; 5 irrefutável; inequívoco; 6 independente; 7 arbitrário; autoritário ⓑ s. absoluto ❖ ~ *alcohol* álcool absoluto; DIREITO ~ *liability* responsabilidade objectiva; ASTRONOMIA ~ *magnitude* grandeza, magnitude absoluta; ~ *zero* zero absoluto
absolutely [æbsə'lu:tlɪ] adv. 1 absolutamente; ~ *nothing* absolutamente nada; 2 completamente, totalmente; 3 (concordância) certamente; com certeza; 4 independentemente; arbitrariamente ❖ ~ *not!* de forma alguma!, claro que não!
absoluteness ['æbsəlu:tnəs] s. 1 carácter absoluto; 2 poder absoluto; 3 independência
absolution [æbsə'lu:ʃən] s. absolvição, perdão
absolutism ['æbsəlu:tɪzəm] s. 1 absolutismo; 2 poder absoluto
absolutist [æbsə'lu:tɪst] adj.,s. absolutista
absolutory [əb'sɒljutərɪ] adj. absolutório
absolve [əb'zɒlv] v.tr. 1 absolver [**from/of**, de]; *to ~ from a charge* absolver de uma acusação; 2 libertar de culpa; 3 dispensar de (obrigação)
absolving [əb'zɒlvɪŋ] s. dispensa
absolvitor [əb'zɒlvɪtə] s. [Esc.] DIREITO absolvição
absonant ['æbsənənt] adj. 1 [arc.] discordante; 2 [arc.] não razoável; 3 [arc.] estranho, adverso
absorb [əb'zɔ:b, əb'sɔ:b] v.tr. 1 absorver (líquido, informação, luz, calor, etc.); 2 abafar; amortecer; *to ~ a sound* abafar um som; *to ~ a shock* amortecer um choque; 3 ocupar a atenção de

absorbability [əbzɔ:bə'bɪlɪtɪ, əbsɔ:bə'bɪlɪtɪ] s. absorvibilidade
absorbable [əb'sɔ:bəbəl, əb'zɔ:bəbəl] adj. absorvível
absorbant [əb'zɔ:bənt, əb'sɔ:bənt] adj. absorvente
absorbed [əb'zɔ:bd, əb'sɔ:bd] adj. absorto, muito ocupado; *to be ~ in* estar absorto em, estar muito ocupado com
absorbedly [əb'zɔ:bdlɪ, əb'sɔ:bdlɪ] adv. com ar absorto
absorbefacient [əbzɔ:bɪ'feɪʃənt, əbsɔ:bɪ'feɪʃənt] adj.,s. 1 absorvente; 2 reabsorvente
absorbent [əb'zɔ:bənt, əb'sɔ:bənt] adj.,s. absorvente ❖ [EUA] ~ *cotton* algodão hidrófilo
absorber [əb'zɔ:bə, əb'sɔ:bə] s. 1 amortecedor; 2 absorvente
absorbing [əb'zɔ:bɪŋ, əb'sɔ:bɪŋ] ⓐ adj. absorvente; que prende a atenção; muito interessante ⓑ s. absorção
absorptance [əb'zɔ:ptəns] s. FÍSICA absorvidade
absorptiometer [əbzɔ:p'ʃɒmɪtə, əbsɔ:p'ʃɒmɪtə] s. absorciómetro
absorption [əb'zɔ:pʃən, əb'sɔ:pʃən] s. 1 absorção (de espírito, de luz, calor, etc.); 2 amortecimento (de sons, ruídos)
absorptive [əb'zɔ:ptɪv, əb'sɔ:ptɪv] adj. absorvente, absortivo ❖ ~ *power* poder de absorção
absorptiveness [əb'zɔ:ptɪvnɪs, əb'sɔ:ptɪvnɪs] s. absorvência, absortividade
absorptivity [əbzɔ:p'tɪvɪtɪ, əbsɔ:p'tɪvɪtɪ] s. absorvência, absortividade
absquatulate [əbs'kwɒtjuleɪt] v.intr. [joc.] fugir, pôr-se a andar
abstain [əb'steɪn] v.intr. 1 abster-se [**from**, de]; privar-se [**from**, de]; 2 (eleições) abster-se ❖ *to ~ from meat* guardar abstinência
abstainer [əb'steɪnə] s. 1 abstémio; *a total ~* abstémio rigoroso; 2 (eleições) abstencionista
abstaining [əb'steɪnɪŋ] s. abstinência
abstemious [əb'sti:mɪəs] adj. frugal; sóbrio; moderado
abstemiously [əb'sti:mɪəslɪ] adv. frugalmente; sobriamente; moderadamente
abstemiousness [əb'sti:mɪəsnəs] s. frugalidade; sobriedade; moderação
abstention [əb'stenʃən] s. 1 (comida) abstinência; 2 (eleições) abstenção; *the ~ rate increased* a taxa de abstenção aumentou
abstentionism [əb'stenʃənɪzəm] s. abstencionismo
abstentionist [əb'stenʃənɪst] s. abstencionista
abstergent [əb'stɜ:dʒənt] adj.,s. 1 abstergente; 2 MEDICINA detersivo, detergente
abstersion [əb'stɜ:ʃən] s. 1 abstersão; 2 detersão
abstersive [əb'stɜ:sɪv] adj.,s. 1 abstersivo; 2 MEDICINA detergente
abstinence ['æbstɪnəns] s. 1 abstinência; *total ~* abstinência rigorosa (especialmente de bebidas alcoólicas); 2 continência, frugalidade
abstinency ['æbstɪnənsɪ] s. temperança, frugalidade
abstinent ['æbstɪnənt] adj. 1 abstinente, que pratica abstinência; 2 frugal, sóbrio
abstract¹ [æb'strækt, əb'strækt] v.tr. 1 abstrair; 2 resumir; 3 deduzir [**from**, de]; 4 (informação) recolher; 5 [coloq.] surripiar; subtrair; desviar; *he abstracted money from his mother's wallet* ele surripiou dinheiro da carteira da mãe; 6 extrair; tirar com alguma dificuldade; 7 distrair
abstract² ['æbstrækt] ⓐ adj. 1 abstracto; 2 ideal; 3 abstruso ⓑ s. 1 resumo, sumário, sinopse; 2 conceito abstracto; 3 obra de arte abstracta; 4 *the ~* o abstracto ❖ ~ *art* arte abstracta; LINGUÍSTICA ~ *noun* substantivo abstracto; DIREITO ~ *of title* certidão; *in the ~* em abstracto
abstracted [æb'stræktɪd, əb'stræktɪd] adj. distraído, sonhador, absorto
abstractedly [æb'stræktɪdlɪ, əb'stræktɪdlɪ] adv. 1 de modo absorto; 2 abstractamente; 3 em abstracto
abstractedness [æb'stræktɪdnəs, əb'stræktɪdnəs] s. 1 abstracção; 2 distracção
abstracter [æb'stræktə, əb'stræktə] s. 1 aquele que tira extractos; 2 o que desencaminha ou subtrai documentos; 3 autor de resumo duma obra
abstraction [æb'strækʃən, əb'strækʃən] s. 1 desvio, perda; 2 subtracção, roubo; 3 abstracção, distracção; 4 QUÍMICA extracção (por destilação)

abstractionism [æbˈstrækʃənɪzəm] s. PINTURA abstraccionismo, arte abstracta

abstractionist [æbˈstrækʃənɪst, əbˈstrækʃənɪst] s. PINTURA abstraccionista, pintor abstracto

abstractor [æbˈstræktə, əbˈstræktə] s. 1 aquele que tira extractos; 2 o que desencaminha ou subtrai documentos; 3 autor de resumo duma obra

abstruse [əbˈstruːs] adj. abstruso; de difícil compreensão; obscuro

abstrusely [əbˈstruːslɪ] adv. abstrusamente; obscuramente; de modo difícil

abstruseness [əbˈstruːsnəs] s. abstrusidade

absurd [əbˈsɜːd] Ⓐ adj. absurdo, disparatado, incongruente Ⓑ s. absurdo ❖ *that's absurd!* isso é um absurdo!

absurdism [əbˈsɜːdɪzm] s. FILOSOFIA absurdismo

absurdist [əbˈsɜːdɪst] adj.,s. absurdista

absurdity [əbˈsɜːdɪtɪ] s. (pl. -ies) disparate, absurdo, coisa absurda

absurdly [əbˈsɜːdlɪ] adv. de modo absurdo, incongruentemente, disparatadamente

absurdness [əbˈsɜːdnəs] s. absurdidade

Abukir [æbuˈkɪə] s.top. Abuquir

abulia [əˈbuːlɪə] s. PSICOLOGIA abulia

abulic [əˈbuːlɪk] adj. PSICOLOGIA abúlico

abundance [əˈbʌndəns] s. 1 abundância; fartura; *to live in ~* viver na abundância; 2 afluência, riqueza; 3 plenitude; 4 efusão, expansividade ❖ *there are ~ of people who* há muitas pessoas que

abundant [əˈbʌndənt] adj. abundante ❖ *there is ~ time* há tempo de sobra; *to be ~ in ...* ser rico em ...

abundantly [əˈbʌndəntlɪ] adv. abundantemente; em abundância

abuse[1] [əˈbjuːz] v.tr. 1 insultar; injuriar; caluniar; *they abused me right and left* insultaram-me até mais não; 2 maltratar; 3 abusar de; fazer mau uso de; *don't ~ your health* não abuses da tua saúde; 4 DIREITO violar

abuse[2] [əˈbjuːs] s. 1 (drogas, álcool) abuso; 2 insulto; injúria; calúnia; 3 maus tratos, sevícias; *sexual ~* sevícias sexuais; 4 DIREITO estupro, violação ❖ *~ of administrative authority* abuso de poder; *drug ~* consumo de drogas

abuser [əˈbjuːzə] s. 1 seviciador; 2 caluniador

abusive [əˈbjuːsɪv] adj. 1 abusivo; 2 ofensivo; insultuoso; injurioso; *~ language* palavras ofensivas

abusively [əˈbjuːsɪvlɪ] adv. 1 abusivamente; 2 grosseiramente; 3 ofensivamente

abusiveness [əˈbjuːsɪvnəs] s. grosseria, insolência

abut [əˈbʌt] v.tr.,intr. (particípios: -tt-) 1 confinar, ser contíguo, ser adjacente; *his estate abuts on mine* a propriedade dele confina com a minha; *our fields ~* os nossos campos são contíguos; 2 apoiar-se em, encostar-se a, apoiar-se sobre

abutilon [əˈbjuːtɪlən] s. BOTÂNICA abutilão

abutment [əˈbʌtmənt] s. 1 contraforte; 2 remate, ajuste pelos topos; 3 arcobotante; 4 suporte lateral; 5 ponto de apoio de arco ou ponte; 6 botaréu, pegão; 7 pé-direito (de arcada) ❖ *~ pier* contraforte de ponte

abutter [əˈbʌtə] s. DIREITO proprietário vizinho

abuzz [əˈbʌz] adj.,adv. em grande animação

aby [əˈbaɪ] v.tr. (prt. e part. pass. **abought**) [arc.] remir; pagar por

abye [əˈbaɪ] v.tr. (prt. e part. pass. **abought**) [arc.] remir; pagar por

abysm [əˈbɪzəm] s. [poét., arc.] abismo [forma mais antiga de *abyss*]

abysmal [əˈbɪzməl] adj. 1 abismal; insondável; profundo; 2 [coloq.] catastrófico; assustador; terrível; atroz ❖ *~ ignorance* ignorância total

abysmally [əˈbɪzməlɪ] adv. 1 de modo abismal; sem fundo; 2 [coloq.] terrivelmente; atrozmente; assustadoramente

abyss [əˈbɪs] s. 1 abismo; 2 vórtice; 3 precipício; 4 pego; 5 profundidade insondável; 6 caos primitivo

abyssal [əˈbɪsəl] adj. abissal; abismal

Abyssinia [ˌæbɪˈsɪnɪə] s.top. [ant.] (actual Etiópia) Abissínia

Abyssinian [ˌæbɪˈsɪnɪən] Ⓐ adj. abissínio Ⓑ s. 1 (pessoa) abissínio, etíope; 2 (língua) abissínio, amárico ❖ ZOOLOGIA (gato doméstico) *~ cat* abissínio

a/c [abrev. de account]

Ac QUÍMICA [símbolo de actinium]

AC Ⓐ ELECTRICIDADE [abrev. de alternating current] Ⓑ [abrev. de ante Christum (before Christ)] Ⓒ [abrev. de aircraftman]

A/C [abrev. de account current]

ACA [abrev. de Associate of the Institute of Chartered Accountants]

acacia [əˈkeɪʃə] s. BOTÂNICA acácia

academe [ˈækədiːm] s. ⇒ **academy**

academic [ˌækəˈdemɪk] Ⓐ s. 1 académico; membro duma academia; 2 pl. argumentos vãos, puramente teóricos; 3 pl. traje académico Ⓑ adj. 1 académico; *~ life* vida académica; 2 lectivo; escolar; *~ year* ano lectivo; 3 [fig., depr.] abstracto, pouco prático, teórico; 4 FILOSOFIA relacionado com a escola platónica ❖ *~ degree* grau académico; *~ failure* insucesso escolar; *~ qualifications* habilitações literárias; *~ year* ano académico; ano lectivo

academical [ˌækəˈdemɪkəl] adj. ⇒ **academic**

academically [ˌækəˈdemɪklɪ] adv. 1 academicamente; do ponto de vista académico; 2 [depr.] de modo teórico, pouco prático

academicals [ˌækəˈdemɪkəlz] s.pl. 1 (universidade) traje académico; capa e batina; 2 borla e capelo

academician [əˌkædəˈmɪʃən] s. 1 académico; 2 membro duma academia ou agremiação artística, particularmente da Real Academia das Artes (*Royal Academy of Arts*)

academize [əˈkædəmaɪz] v.tr. academizar, dar ambiente académico

academy [əˈkædəmɪ] s. (pl. -ies) 1 academia; 2 estabelecimento de ensino, escola; 3 sociedade literária, artística ou científica; 4 Academia de Platão; os discípulos de Platão ou o seu sistema filosófico ❖ *Academy Award* Prémio da Academia; Óscar; ARTES PLÁSTICAS *~ figure* academia; *military ~* academia militar; escola militar; *naval ~* escola naval

Acadia [əˈkeɪdɪə] s.top. (região antiga do Canadá) Acádia

Acadian [əˈkeɪdɪən] adj.,s. 1 acadiano; 2 relativo à Nova Escócia

acaena [əˈsiːnə] s. BOTÂNICA acena

acajou [ˈækəʒuː] s. acaju

acaleph [ˈækəlef] s. ZOOLOGIA acalefo

acantha [əˈkænθə] s. 1 espinho (de planta); 2 espinhaço; 3 espinha (dorsal); 4 barbatana ou apófise espinhosa

acanthocephalan [əˌkænθəʊˈsefələn] adj.,s. acantocéfalo

acanthoid [əˈkænθɔɪd] adj. 1 BOTÂNICA acantóide, acantino; 2 semelhante a espinho; 3 espinhoso

acanthus [əˈkænθəs] s. 1 BOTÂNICA acanto; 2 branca-ursina; 3 erva-gigante; 4 ARQUITECTURA acanto

acapsular [əˈkæpsjʊlə] adj. sem cápsula

acarian [əˈkeərɪən] adj. acarídeo

acarid [ˈækərɪd] s. ZOOLOGIA acarídeo

Acaridae [əˈkærɪdiː] s.pl. ZOOLOGIA Acarídeos

acaridan [əˈkærɪdən] s. ZOOLOGIA acarídeo

acarina [ˌækəˈraɪnə] s.pl. acarídeos

acarpous [əˈkɑːpəs] adj. BOTÂNICA acárpico

acarus [ˈækərəs] s. (pl. -ri) ZOOLOGIA ácaro

acatalectic [əkætəˈlektɪk] adj.,s. (verso) acataléctico

acatalepsy [əˈkætəlepsɪ] s. acatalepsia

acataleptic [əkætəˈleptɪk] adj. acataléptico

acaulescent [əkɔːˈlesənt] adj. acaule, acaulescente

acaulous [əˈkɔːləs] adj. acaule, acaulescente

acc. [abrev. de account]

Accadian [əˈkeɪdɪən] adj.,s. acadiano, referente a Acad, na Antiga Babilónia

accede [əkˈsiːd, ækˈsiːd] v.intr. 1 aceder [**to**, a]; concordar [**to**, com]; consentir [**to**, em]; *to ~ to a treaty* aceitar, concordar com um tratado; 2 ocupar um lugar; tomar posse; 3 entrar [**to**, para] ❖ *to ~ to the throne* subir ao trono

accelerate [əkˈseləreɪt] v.tr.,intr. 1 acelerar; aumentar a velocidade; 2 precipitar (os acontecimentos) ❖ *accelerated motion* movimento acelerado

acceleration [əkˌseləˈreɪʃən] s. aceleração; aumento de velocidade ❖ (automóvel) *lightning ~* arranque fulminante; *negative ~* aceleração negativa; *uniform ~* movimento uniformemente acelerado

accelerative [əkˈselərətɪv] *adj.* acelerativo
accelerator [əkˈseləreɪtə] *s.* 1 pessoa ou coisa que acelera; 2 (automóvel) acelerador; *to step on the ~* carregar no acelerador
accent[1] [ˈæksent, ˈæksənt] *v.tr.* 1 pronunciar com ênfase; 2 realçar; salientar; 3 acentuar; pôr acento(s) em
accent[2] [ˈæksənt] *s.* 1 acento (tónico ou gráfico); 2 pronúncia; sotaque; *you speak with a Portuguese ~* você fala com sotaque português; 3 ênfase; *to put the ~ on* salientar, destacar; 4 tom; expressão; entoação; 5 característica; 6 MÚSICA tempo forte; 7 intensidade ❖ *in broken accents* com voz entrecortada
accentor [əkˈsentə] *s.* ZOOLOGIA (ave) acentor
accentual [ækˈsentʃuəl] *adj.* relativo ao acento, à acentuação
accentuate [ækˈsentʃueɪt] *v.tr.* 1 chamar a atenção para; realçar; salientar; vincar; 2 acentuar; pôr acento(s) em
accentuated [ækˈsentʃueɪtɪd] *adj.* 1 vincado; realçado; 2 acentuado
accentuation [əkˌsentʃuˈeɪʃən] *s.* acentuação
accept [əkˈsept] *v.tr.* 1 aceitar; concordar com; 2 aderir a, dar a sua adesão a (um tratado, etc.); 3 admitir; *I ~ that...* admito que... ❖ *to ~ a bill* aceitar uma letra; *to ~ of a gift* dignar-se aceitar um presente; *to ~ of terms* aceitar as condições propostas
acceptability [əkˌseptəˈbɪlɪtɪ] *s.* aceitabilidade
acceptable [əkˈseptəbəl] *adj.* 1 aceitável; 2 admissível; 3 bem-vindo; 4 satisfatório; adequado; 5 oportuno; conveniente; que dá jeito; *to be most ~* vir mesmo a calhar
acceptableness [əkˈseptəbəlnəs] *s.* aceitabilidade
acceptably [əkˈseptəblɪ] *adv.* 1 de modo aceitável; satisfatoriamente; 2 agradavelmente
acceptance [əkˈseptəns] *s.* 1 aceitação; 2 aprovação; 3 admissão; 4 recepção favorável, bom acolhimento; (discurso) *to speak with ~* ser bem acolhido; 5 FINANÇAS aceite; *for non ~* por falta de aceite; *to present a bill for ~* apresentar uma letra para aceite ❖ *~ of persons* favoritismo; parcialidade
acceptation [ˌæksepˈteɪʃən] *s.* 1 acepção, significado, sentido; 2 aceitação; aprovação
accepted [əkˈseptɪd] *adj.* aceite; reconhecido ❖ *an ~ truth* uma verdade reconhecida como tal
accepter [əkˈseptə] *s.* ⇒ **acceptor**
acceptive [əkˈseptɪv] *adj.* pronto a aceitar, disposto a aceitar
acceptor [əkˈseptə] *s.* aceitante (de letra) ❖ ELECTRICIDADE *~ circuit* circuito receptor; *~ for honour* avalista de letra de câmbio
access [ˈækses] Ⓐ *s.* 1 acesso; *~ of fever* acesso de febre; 2 aproximação; 3 avanço; 4 (doença, etc.) ataque súbito; 5 adesão; 6 passagem Ⓑ *v.tr.* 1 entrar em; 2 chegar a; 3 INFORMÁTICA aceder a ❖ *~ box* caixa de entrada; *~ code* código de acesso; *easy of ~* de fácil acesso; *the ~ and recess of the sea* o fluxo e refluxo do mar; *to give ~ to* dar entrada para
accessary [əkˈsesərɪ] *adj.,s.* adjuvante; cúmplice
accessibility [əkˌsesɪˈbɪlɪtɪ] *s.* acessibilidade
accessible [əkˈsesɪbəl] *adj.* 1 acessível; 2 aberto [**to**, a]; *~ to the public* aberto ao público; 3 (pessoa) acessível; de trato agradável
accessibleness [ekˈsesɪbəlnəs] *s.* acessibilidade
accession [əkˈseʃən] Ⓐ *s.* 1 acesso; 2 encontro; 3 admissão; 4 aumento; 5 assentimento; acordo; 6 adesão (a um tratado, a um partido, etc.); *~ to a party* adesão a um partido; 7 subida; *~ to the throne* subida ao trono; 8 tomada de posse; 9 (biblioteca, museu) nova aquisição Ⓑ *v.tr.* catalogar (nova aquisição)
accessorily [əkˈsesərɪlɪ] *adv.* 1 acessoriamente; 2 subsidiariamente
accessorize [əkˈsesəraɪz] Ⓐ *v.tr.* (moda) usar com acessórios, completar com acessórios Ⓑ *v.intr.* (moda) funcionar como acessório
accessory [əkˈsesərɪ] Ⓐ *s.* 1 (moda, peças) acessório; 2 DIREITO cúmplice; *~ after the fact* cúmplice por encobrimento; *~ before the fact* cúmplice por instigação; *~ to a crime* cúmplice num crime Ⓑ *adj.* 1 acessório; adicional; 2 DIREITO cúmplice; 3 adventício
accidence [ˈæksɪdəns] *s.* 1 LINGUÍSTICA morfologia flexional; 2 os elementos essenciais de qualquer coisa

accident [ˈæksɪdənt] *s.* 1 acidente, desastre; *a railway ~* um acidente de caminho-de-ferro; *to meet with/have an ~* sofrer/ter um acidente; 2 acaso; acontecimento inesperado e casual; 3 acessório ❖ FILOSOFIA acidente ❖ *~ insurance* seguro contra acidentes; (trânsito) *~ prevention* prevenção rodoviária; *accidents will happen* tudo pode acontecer; *by ~* por acaso; *he left nothing to ~* ele não deixou nada ao acaso
accidental [ˌæksɪˈdentəl] Ⓐ *adj.* 1 acidental; inesperado; imprevisto; 2 fortuito; ocasional; 3 acessório Ⓑ *s.* 1 contingência; circunstância; 2 MÚSICA acidente ❖ *~ death* morte por acidente
accidentally [ˌæksɪˈdentlɪ] *adv.* 1 acidentalmente; 2 por acaso ❖ [joc.] *~ on purpose* como por acaso
accident-prone [ˈæksɪdəntˌprəʊn] *adj.* propenso a acidentes
accipitral [ækˈsɪpɪtrəl] *adj.* 1 rapace; 2 com olhar de lince
acclaim [əˈkleɪm] Ⓐ *v.tr.* 1 aclamar, saudar com aclamações; 2 proclamar; *he was acclaimed king* foi proclamado rei; 3 aplaudir; 4 elogiar; *his new book has been widely acclaimed* o novo livro dele tem sido muito elogiado Ⓑ *s.* 1 aclamação; 2 aplauso; 3 elogios; boa aceitação; *to receive critical ~* ter excelentes críticas
acclamation [ˌækləˈmeɪʃən] *s.* aclamação
acclamatory [əˈklæmətərɪ] *adj.* aclamatório
acclimatation [əˌklaɪməˈteɪʃən] *s.* aclimatação
acclimate [əˈklaɪmət] *v.tr.* [EUA] aclimatar
acclimation [əklaɪˈmeɪʃən] *s.* aclimatação, aclimação
acclimatizable [əklaɪməˈtaɪzəbəl] *adj.* aclimatável
acclimatization [əˌklaɪmətaɪˈzeɪʃən] *s.* aclimatização
acclimatize [əˈklaɪmətaɪz] *v.tr.,intr.* aclimatar(-se)
acclivity [əˈklɪvɪtɪ] *s.* (pl. **-ies**) 1 encosta; vertente; 2 rampa
acclivous [əˈklaɪvəs] *adj.* escarpado; aclive
accolade [ˈækəleɪd] *s.* 1 elogio; 2 honra; 3 consagração, reconhecimento público; 4 (concessão de grau de cavaleiro) acolada; 5 MÚSICA acolada
accommodate [əˈkɒmədeɪt] *v.tr.* 1 alojar; instalar; arranjar instalações para; *my house can ~ all your friends* os teus amigos podem instalar-se todos em minha casa; 2 ter capacidade para; 3 adaptar; acomodar; *she accommodated herself to her new house* ela adaptou-se à nova casa; 4 harmonizar; 5 fornecer; prover de
accommodating [əˈkɒmədeɪtɪŋ] Ⓐ *adj.* 1 obsequioso, amável; 2 acomodatício, que aceita tudo Ⓑ *s.* 1 acomodação, ajuste, arranjo; 2 adiantamento de dinheiro
accommodation [əˌkɒməˈdeɪʃən] *s.* 1 adaptação; ajuste; acomodação; 2 compromisso; 3 comodidade; 4 instalação; alojamento; 5 empréstimo de dinheiro; 6 NÁUTICA escada de portaló ❖ *~ bill* letra de favor; NÁUTICA *~ ladder* escada de portaló; *sleeping ~* quartos de dormir; *~ of a railway carriage* capacidade de uma carruagem
accommodative [əˈkɒmədeɪtɪv] *adj.* 1 amável; 2 acomodatício
accommodativeness [əˈkɒmədeɪtɪvnəs] *s.* 1 amabilidade; 2 condescendência; 3 facilidades
accompaniment [əˈkʌmpənɪmənt] *s.* 1 MÚSICA acompanhamento; 2 complemento ❖ *to the ~ of* acompanhado por
accompanist [əˈkʌmpənɪst] *s.* MÚSICA acompanhante
accompany [əˈkʌmpənɪ] *v.tr.* 1 (geral) acompanhar; MÚSICA *she was accompanied at the piano by a friend of mine* foi acompanhada ao piano por um amigo meu; 2 escoltar, estar ao serviço de; 3 caminhar junto a; 4 coexistir com; 5 complementar
accompanying [əˈkʌmpənɪɪŋ] *adj.* 1 que acompanha; 2 concomitante
accomplice [əˈkɒmplɪs] *s.* cúmplice
accomplish [əˈkɒmplɪʃ] *v.tr.* 1 realizar; efectuar; levar a cabo; 2 conseguir; 3 cumprir; concretizar; 4 completar; aperfeiçoar ❖ *to ~ one's object* alcançar os objectivos; *you'll never ~ anything* nunca farás coisa que se veja
accomplishable [əˈkɒmplɪʃəbəl] *adj.* realizável; concretizável
accomplished [əˈkɒmplɪʃt] *adj.* 1 acabado; perfeito; 2 talentoso; com grandes dotes; notável; 3 bem sucedido; *an ~ businessman* um homem de negócios bem sucedido ❖ *an ~ fact* um facto consumado

accomplishment [əˈkɒmplɪʃmənt] s. 1 realização; concretização; 2 feito; façanha; *his accomplishments became famous* as façanhas dele ficaram famosas; 3 talento; dote; *cooking was among his accomplishments* a arte da culinária era um dos seus dotes

accord [əˈkɔːd] Ⓐ v.tr. 1 atribuir; conceder; outorgar; *they were accorded a warm welcome* tiveram uma calorosa recepção; 2 harmonizar; pôr de acordo; *to ~ difficulties* aplanar dificuldades Ⓑ v.intr. chegar a acordo; concordar Ⓒ s. 1 acordo, consentimento, assentimento; 2 pacto; tratado; 3 harmonia; 4 consenso ❖ *in ~ with* de acordo com; *of my own ~* de moto próprio; *out of ~ with* em desacordo com; *with one ~* unanimemente; *they were of one ~ in placing the blame on him* todos foram unânimes em afirmar que a culpa era dele

accordance [əˈkɔːdəns] s. 1 acordo; conformidade; *in ~ with* em conformidade com, de acordo com; 2 outorga, concessão

accordant [əˈkɔːdənt] adj. 1 de acordo [**with**, com]; 2 em conformidade [**with**, com]; 3 de harmonia [**with**, com]

according [əˈkɔːdɪŋ] adv. conforme [**to**, -]; segundo [**to**, -]; *~ to the Bible* segundo a Bíblia; *~ to your brother* segundo diz o seu irmão ❖ [form.] *~ as* conforme; consoante; na medida em que; *~ to age* por ordem de idades; *~ to terms come to* de acordo com as condições combinadas

accordingly [əˈkɔːdɪŋli] adv. 1 em conformidade; conforme as circunstâncias; 2 por consequência; por conseguinte; 3 de modo adequado ❖ *~ as* conforme; na medida em que

accordion [əˈkɔːdɪən] s. MÚSICA acordeão

accordionist [əˈkɔːdɪənɪst] s. MÚSICA acordeonista

accost [əˈkɒst] Ⓐ v.tr. 1 abordar; aproximar-se e dirigir a palavra a; abeirar-se de; *she was accosted by a stranger* ela foi abordada por um estranho; 2 (prostituição) procurar atrair quem passa Ⓑ s. 1 interpelação; 2 saudação

accostable [əˈkɒstəbəl] adj. 1 acostável, de fácil acesso; 2 (pessoa) acessível

accosted [əˈkɒstɪd] adj. HERÁLDICA lado a lado

accosting [əˈkɒstɪŋ] s. 1 DIREITO solicitação; 2 chamamento, convite a quem passa

accouchement [əˈkuːʃmɑː] s. [arc.] o estar de parto; parto

accoucheur [ækuːˈʃɜː] s. [arc.] médico parteiro

accoucheuse [ækuːˈʃɜːz] s.f. [arc.] parteira

account [əˈkaʊnt] Ⓐ s. 1 (banco) conta; *your bank ~* a sua conta bancária; *to keep separate accounts* ter contas separadas; 2 cálculo, conta; *to cast an ~* fazer um cálculo; 3 factura, nota; 4 importância, valor, influência; *to be of no ~* não ter qualquer importância; *he is of high ~/he is of small ~* ele tem muita influência/ele tem pouca influência; *he made little ~ of that* fez pouco caso disso; 5 relato, narrativa, descrição; *to give an ~ of* fazer um relato de; 6 consideração, explicação, justificação; *he could give no ~ of that* ele não conseguiu apresentar qualquer explicação plausível; 7 motivo, causa; 8 pl. contabilidade; *accounts department* departamento de contabilidade; *the accounts of a firm* a contabilidade de uma firma Ⓑ v.tr.,intr. [ant.] considerar, reconhecer como; *I ~ myself happy* sinto-me feliz ❖ *~ rendered* factura apresentada; *~ sales* conta de venda; *accounts payable* contas a pagar; *accounts receivable* contas a receber; *~ of liabilities and assets* nota do activo e do passivo; *on ~ of* por causa de; por conta de; *on every ~* a todos os respeitos; *on no ~* de modo algum; em nenhuma circunstância; *on no ~ are you going to do that* em caso algum farás uma coisa dessas; *they did it on their own ~* fizeram-no de moto próprio; *to be gone to his ~* morrer; *to pay sth on ~* pagar alguma coisa por conta; *to take ~ of sth/to take sth into ~* levar qualquer coisa em linha de conta; *to take no ~ of* não prestar atenção a; *to turn to ~* tirar lucro; *to turn sth to full ~* tirar bom partido de qualquer coisa

◆ **account for** v.tr.,intr. 1 dar conta de; ser responsável por; *can you ~ the money I lent you?* podes dar contas do dinheiro que te emprestei?; *I called him to ~ it* chamei-o a contas; 2 explicar, tornar compreensível; justificar; 3 representar; *the party accounts for 40% of the votes* o partido representa 40% dos votos; 4 destruir; matar

accountability [əˌkaʊntəˈbɪlɪti] s. responsabilidade

accountable [əˈkaʊntəbəl] adj. 1 responsável; 2 explicável ❖ *to be ~ to sb for sth* ter de responder perante alguém por algo; *to hold sb ~ for sth* atribuir a responsabilidade de algo a alguém

accountableness [əˈkaʊntəbəlnəs] s. responsabilidade

accountancy [əˈkaʊntənsi] s. (actividade, profissão) contabilidade

accountant [əˈkaʊntənt] Ⓐ s. contabilista Ⓑ adj. [arc.] ⇒ **accountable** ❖ *~ general/chief ~* chefe da contabilidade; [EUA] *certified public ~* contabilista diplomado; [GB] *chartered ~* contabilista diplomado; [GB] *turf ~* dono de uma casa de apostas

accountantship [əˈkaʊntəntʃɪp] s. 1 cargo de guarda-livros; 2 função de chefe da contabilidade

account-book [əˈkaʊntbʊk] s. livro de contas

accounting [əˈkaʊntɪŋ] s. (actividade, profissão) contabilidade

accoutre [əˈkuːtə] v.tr. equipar; ornar; ataviar

accoutrement [əˈkuːtrəmənt] s. 1 equipamento; 2 trajes; 3 aprestos

Accra [əˈkrɑː] s.top. (capital do Gana) Acra

accredit [əˈkredɪt] v.tr. 1 acreditar; credenciar; enviar (embaixador ou representante munido de credenciais); *to ~ an ambassador* enviar um embaixador (com cartas credenciais); 2 oficializar; homologar; certificar; reconhecer; 3 atribuir ❖ *to be accredited with* ser considerado como

accreditation [əˌkredɪˈteɪʃən] s. 1 acreditação (de ministro ou representante diplomático); 2 reconhecimento oficial; homologação; certificação

accredited [əˈkredɪtɪd] adj. 1 acreditado; 2 geralmente aceite; 3 autorizado; ortodoxo ❖ *~ rumour* boato a que se dá crédito

accrescent [əˈkresənt] adj. BOTÂNICA acrescente

accrete [əˈkriːt] v.tr.,intr. 1 aumentar, crescer por acreção; 2 juntar a; 3 aumentar, acrescentar em torno do núcleo central; 4 agregar, arregimentar (partidários)

accretion [əˈkriːʃən] s. 1 acreção; 2 desenvolvimento por acreção; 3 crescimento por aluvião; 4 desenvolvimento orgânico; 5 majoração (de herança); 6 aposição; 7 aumento (de fortuna, bens, etc.); 8 o todo resultante da junção de partículas separadas; 9 soldadura (de dedos, etc.); 10 acessão

accretive [əˈkriːtɪv] adj. acretivo; que vem por acreção

accrual [əˈkruːəl] s. 1 acumulação; 2 acrescento

accrue [əˈkruː] v.intr. 1 provir, resultar, derivar; 2 decorrer, correr ❖ *interest accrues* o juro vence-se

accruing [əˈkruːɪŋ] adj. respeitante [**to**, a]; relativo [**to**, a]; *money ~ to each heir* o dinheiro pertencente a cada herdeiro

acculturate [əˈkʌltʃəreɪt] v.tr.,intr. aculturar(-se)

acculturation [əˌkʌltʃəˈreɪʃən] s. aculturação

accumbent [əˈkʌmbənt] adj. 1 recostado; 2 BOTÂNICA acumbente

accumulate [əˈkjuːmjʊleɪt] Ⓐ v.tr. acumular; juntar Ⓑ v.intr. 1 acumular-se; juntar-se; 2 desenvolver-se; 3 fazer fortuna

accumulation [əˌkjuːmjʊˈleɪʃən] s. 1 acumulação, amontoamento; 2 aumento de capital devido à acumulação de juros; 3 junção, reunião de várias coisas; 4 acumulação de funções; 5 montão, aglomeração

accumulative [əˈkjuːmjʊlətɪv] adj. acumulativo, que acumula

accumulator [əˈkjuːmjʊleɪtə] s. 1 acumulador, pessoa que acumula; 2 ELECTRICIDADE acumulador ❖ ELECTRICIDADE *~ board* quadro de acumuladores

accuracy [ˈækjərəsi] s. 1 exactidão; precisão; *the ~ of the new telescope is impressive* a precisão do novo telescópio é impressionante; 2 cuidado; 3 justeza, correcção; 4 (memória, etc.) fidelidade

accurate [ˈækjərət] adj. 1 exacto; preciso; 2 correcto; 3 cuidadoso; 4 (memória, etc.) fiel ❖ *to be ~ in sth* ser exacto, cuidadoso em relação a qualquer coisa; *to be strictly ~* para falar com toda a exactidão

accurately [ˈækjərətli] adv. 1 com precisão; de modo exacto, preciso, fiel; 2 cuidadosamente

accurateness [ˈækjərətnəs] s. 1 exactidão, justeza; 2 fidelidade; 3 precisão

accursed [əˈkɜːst, əˈkɜːsɪd] adj. 1 maldito; 2 execrável, abominável
accurst [əˈkɜːst] adj. 1 maldito; 2 execrável, abominável
accusal [əˈkjuːzəl] s. acusação
accusation [ˌækjuːˈzeɪʃən] s. 1 acusação; 2 denúncia; 3 imputação; 4 incriminação ❖ *to bring an ~ against* apresentar denúncia contra; apresentar queixa contra
accusatival [əˈkjuːzətaɪvəl] adj. (relativo ao) acusativo
accusative [əˈkjuːzətɪv] adj.,s. acusativo; *that word is in the ~* essa palavra está no acusativo
accusatorial [ækjuːzəˈtɔːrɪəl] adj. DIREITO acusatório, de acusação
accusatory [əˈkjuːzətrɪ, əˈkjuːzətɔːrɪ] adj. acusador, que acusa; *~ language* linguagem acusatória
accuse [əˈkjuːz] v.tr. 1 acusar [**of**, de]; *to ~ sb of sth* acusar alguém de alguma coisa; 2 culpar, responsabilizar [**of**, por]
accused [əˈkjuːzd] s. DIREITO acusado, réu
accuser [əˈkjuːzə] s. acusador
accusing [əˈkjuːzɪŋ] adj. 1 acusador; de acusação; 2 de recriminação
accusingly [əˈkjuːzɪŋlɪ] adv. 1 acusadoramente; em tom de acusação; 2 à laia de recriminação
accustom [əˈkʌstəm] v.tr. acostumar, habituar; *he had to ~ himself to work* teve de se habituar ao trabalho
accustomed [əˈkʌstəmd] adj. 1 habituado [**to**, a]; acostumado [**to**, a]; *he soon got ~ to fatigue* rapidamente se habituou à fadiga; 2 habitual; usual
ace [eɪs] Ⓐ s. 1 (dados, cartas, etc.) ás; *the ~ of hearts* o ás de copas; 2 DESPORTO (ténis) serviço pelo qual se derrota o adversário Ⓑ adj. [coloq.] excelente; fantástico ❖ *I was within an ~ of being killed* por um triz não me mataram; *I will not wag an ~ further* não saio daqui, *to have an ~ up one's sleeve* ter um trunfo na manga
acephala [eɪˈsefələ] s.pl. ZOOLOGIA acéfalos, larvas acéfalas
acephalan [eɪˈsefələn] adj.,s. ZOOLOGIA acéfalo
acephalia [æsɪˈfeɪlɪə] s. acefalia
acephalic [eɪsəˈfælɪk] adj. acefálico
acephalous [eɪˈsefələs] adj. acéfalo
acerb [əˈsɜːb] adj. acerbo
acerbate [ˈæsəbeɪt] v.tr. acerbar; exacerbar
acerbic [əˈsɜːbɪk] adj. 1 acerbo, amargo; 2 (humor) mordaz, cáustico
acerbity [əˈsɜːbɪtɪ] s. 1 sabor acre, sabor amargo; acerbidade; 2 azedume (de palavras, temperamento)
acerose [ˈæsərəʊs] adj. BOTÂNICA aceroso
acerous [ˈæsərəs] adj. BOTÂNICA aceroso
acervate [ˈæsəvɪt] adj. BOTÂNICA acervado, que cresce em cachos
acescence [əˈsesəns] s. QUÍMICA acescência
acescency [əˈsesənsɪ] s. QUÍMICA acescência
acescent [əˈsesənt] adj. QUÍMICA acescente
acetabulum [æsɪˈtæbjʊləm] s. acetábulo
acetal [ˈæsɪtəl] s. QUÍMICA acetal
acetaldehyde [æsɪˈtældɪhaɪd] s. QUÍMICA acetaldeído
acetarious [æsɪˈteərɪəs] adj. de acetária, próprio para saladas
acetate [ˈæsɪteɪt] s. acetato ❖ *~ rayon* seda artificial, feita a partir do ácido acético e celulose; acetocelulose
acetated [ˈæsɪteɪtɪd] adj. tratado pelo ácido acético
acetic [əˈsiːtɪk] adj. acético; QUÍMICA *~ acid* ácido acético
acetification [əsetɪfɪˈkeɪʃən] s. acetificação
acetify [əˈsetɪfaɪ] v.tr.,intr. (prt. e part. pass. **-ied**) acetificar(-se)
acetimeter [æsɪˈtɪmɪtə] s. acetímetro
acetimetre [æsɪˈtɪmɪtə] s. acetímetro
acetimetry [æsɪˈtɪmɪtrɪ] s. acetimetria
acetometre [æsɪˈtɒmɪtə] s. acetómetro
acetone [ˈæsɪtəʊn] s. QUÍMICA acetona
acetose [ˈæsɪtəʊs] adj. acetoso
acetous [ˈæsɪtəs] adj. acetoso
acetyl [ˈæsɪtɪl] s. acetilo
acetylcholine [æsɪtɪlˈkəʊliːn] s. BIOQUÍMICA acetilcolina
acetylene [əˈsetɪliːn] s. acetileno ❖ *~ searchlight* reflector de acetileno; *~ torch* maçarico de acetileno

acetylsalicylic [æsɪtɪlsælɪˈsɪlɪk] adj. acetilsalicílico; *~ acid* ácido acetilsalicílico
Achaea [əˈkiːə] s.top. (região grega antiga) Acaia
Achaean [əˈkiːən] adj.,s. (Grécia antiga) acaico, habitante ou natural da Acaia
Achaia [əˈkaɪə] s.top. (região grega antiga) Acaia
achalasia [ækəˈleɪzɪə] s. MEDICINA acalasia
achalasic [ækəˈleɪzɪk] adj. que sofre de acalasia
ache [eɪk] Ⓐ v.intr. 1 doer-se, sentir dores; *I am aching all over* dói-me o corpo todo; *my ears ~* doem-me os ouvidos; [fig.] *my heart aches when I see such a thing* faz-me doer o coração ver uma coisa dessas; 2 [fig., coloq.] estar ansioso [**to**, **por**]; *I was aching to meet him* estava ansiosa por me encontrar com ele Ⓑ s. 1 dor, sofrimento; 2 pena
achene [əˈkiːn] s. BOTÂNICA aquénio
achenium [əˈkiːnɪəm] s. BOTÂNICA aquénio
Acheron [ˈækərɒn] s. MITOLOGIA Aqueronte
achievable [əˈtʃiːvəbəl] adj. realizável; praticável; exequível
achieve [əˈtʃiːv] v.tr. 1 realizar; efectuar; concretizar; 2 atingir; alcançar; chegar a (determinado fim); *with courage one can ~ anything* com coragem tudo se alcança
achievement [əˈtʃiːvmənt] s. 1 realização, consecução, obtenção; 2 proeza; 3 empreendimento realizado; 4 HERÁLDICA brasão ❖ *(escola) ~ test* teste de verificação; *sense of ~* satisfação; realização
achiever [əˈtʃiːvə] s. 1 concretizador; 2 vencedor; 3 pessoa de sucesso
achillea [ækəˈliːə] s. BOTÂNICA aquileia
Achilles [əˈkɪliːz] s.antr. Aquiles ❖ *Achilles' heel* calcanhar de Aquiles; ANATOMIA *Achilles' tendon* tendão de Aquiles
achilous [əˈkaɪləz] adj. 1 aquílico; 2 sem lábios
aching [ˈeɪkɪŋ] Ⓐ adj. dorido, doloroso, que dói Ⓑ s. dor
achlamydeous [ækləˈmɪdɪəs] adj. BOTÂNICA aclamídeo
achlorhydria [æklɔːˈhaɪdrɪə] s. MEDICINA acloridria
achlorhydric [æklɔːˈhaɪdrɪk] adj. aclorídrico
achondroplasia [ˌeɪkɒndrəʊˈpleɪzɪə] s. MEDICINA acondroplasia
achondroplastic [ˌeɪkɒndrəʊˈplæstɪk] adj. acondroplásico
achromatic [ækrəʊˈmætɪk] adj. acromático ❖ *~ vision* acromatopsia
achromatically [ækrəʊˈmætɪklɪ] adv. acromaticamente
achromatin [əˈkrəʊmətɪn] s. acromatina
achromatism [əˈkrəʊmətɪzəm] s. acromatismo
achromatization [əˌkrəʊmətaɪˈzeɪʃən] s. acromatização
achromatize [əˈkrəʊmətaɪz] v.tr. acromatizar
achromatopsy [əˈkrəʊmətɒpsɪ] s. acromatopsia
achromatous [əˈkrəʊmətəs] adj. acromo
achromous [əˈkrəʊməs] adj. acromo
achy [ˈeɪkɪ] adj. (comp. **-ier**, superl. **-iest**) 1 com dores; *my head is rather ~* dói-me um bocado a cabeça; 2 dorido
ACIB [abrev. de Associate of Corporation of Insurance Brokers]
acicular [əˈsɪkjʊlə] adj. acicular, aciculado
aciculate [əˈsɪkjʊlɪt] adj. aciculado, acicular
aciculated [əˈsɪkjʊleɪtɪd] adj. aciculado, acicular
aciculum [əˈsɪkjʊləm] s. (pl. **-a**) ZOOLOGIA acícula
acid [ˈæsɪd] Ⓐ s. 1 ácido, substância ácida; 2 [fig.] (discurso, texto) acidez, mordacidade, sarcasmo; 3 [cal.] (drogas) LSD Ⓑ adj. 1 ácido; 2 amargo; 3 [fig.] (discurso, texto) ácido, mordaz, sarcástico; *~ answer* resposta azeda ❖ *~ cleaner* ácido para limpeza; [GB] *~ drop* rebuçado ácido com sabor a limão; MÚSICA (música de dança) *~ house* acid house; (ecologia) *~ rain* chuva ácida; *~ test* prova de fogo; *acid-proof enamel* esmalte antiácido
acidhead [ˈæsɪdhed] s. [EUA] [cal.] drogado
acidification [əˌsɪdɪfɪˈkeɪʃən] s. acidificação
acidifier [əˈsɪdɪfaɪə] s. acidificante
acidify [əˈsɪdɪfaɪ] v.tr.,intr. (prt. e part. pass. **-ied**) 1 acidificar(-se); 2 converter(-se) em ácido
acidimeter [æsɪˈdɪmɪtə] s. acidímetro
acidity [əˈsɪdɪtɪ] s. acidez
acidly [ˈæsɪdlɪ] adv. acremente
acidness [ˈæsɪdnəs] s. acidez
acidophil [æsɪˈdəʊfɪl] s. BIOLOGIA acidófilo

acidophile [ˌæsɪˈdəʊfɪl] s. ⇒ **acidophil**
acidophilic [ˌæsɪdəʊˈfɪlɪk] adj. BIOLOGIA acidófilo
acidosis [ˌæsɪˈdəʊsɪs] s. MEDICINA acidose
acidulate [əˈsɪdjʊleɪt] v.tr. acidular
acidulated [əˈsɪdjʊleɪtɪd] adj. acídulo, acidulado
acidulent [əˈsɪdjʊlənt] adj.,s. acidulante
acidulous [əˈsɪdjʊləs] adj. acidulado
aciduria [ˌæsɪˈdjʊərɪə] s. MEDICINA acidúria
acierage [ˈæsɪərɪdʒ] s. aceração
acierate [ˈæsɪəreɪt] v.tr. acerar
acieration [ˌæsɪəˈreɪʃən] s. aceração
aciform [ˈæsɪfɔːm] adj. aciforme
aciniform [əˈsɪnɪfɔːm] adj. aciniforme
acinus [ˈæsɪnəs] s. (pl. **acini**) ácino
ACIS [abrev. de Associate of Chartered Institute of Secretaries]
ack-ack [ˈækˌæk] s. [coloq.] artilharia antiaérea ❖ ~ *batteries* baterias antiaéreas
ack emma [ˈækˌemə] Ⓐ adv. [coloq.] da parte da manhã, de manhã ⇒ **a. m.** Ⓑ s. mecânico aviador
acknowledge [əkˈnɒlɪdʒ] v.tr. 1 admitir; confessar; *he acknowledged himself beaten* confessou-se vencido; 2 reconhecer; *he refused to ~ his signature* recusou-se a reconhecer a própria assinatura; 3 confirmar; 4 (carta) acusar recepção de; *we ~ receipt of your letter* acusamos a recepção da sua carta; 5 agradecer; mostrar-se reconhecido em relação a; 6 recompensar (um serviço) ❖ *he is acknowledged to be the cleverest boy* ele é considerado o rapaz mais inteligente
acknowledgement [əkˈnɒlɪdʒmənt] s. 1 reconhecimento, confirmação; 2 manifestação de apreço; 3 recompensa; 4 pl. agradecimentos ❖ ~ *of receipt* aviso de recepção; *in ~ of* em testemunho de; como reconhecimento por
acknowledger [əkˈnɒlɪdʒə] s. aquele que confirma
acknowledgment [əkˈnɒlɪdʒmənt] s. ⇒ **acknowledgement**
aclinic [əˈklɪnɪk] adj. aclínico ❖ ~ *line* linha aclínica; equador magnético
ACLS [abrev. de American Council of Learned Societies]
acme [ˈækmɪ] s. 1 ponto mais alto; cume; apogeu; *the ~ of his glory* o apogeu da sua glória; *the ~ of his hopes* o ponto mais alto das suas esperanças; 2 MEDICINA acme
acne [ˈæknɪ] s. acne ❖ ~ *rosacea* acne-caparrosa; acne-rosácea
acned [ˈæknɪd] adj. com acne
acock [əˈkɒk] adv. (com o chapéu) atirado para trás ou inclinado sobre a orelha; à fadista
acockbill [əˈkɒkbɪl] adv. 1 NÁUTICA com as vergas oblíquas; 2 NÁUTICA de âncora prestes a ser lançada
acolyte [ˈækəlaɪt] s. acólito, ajudante (à missa)
aconite [ˈækənaɪt] s. BOTÂNICA acónito
aconitic [ˌækəˈnɪtɪk] adj. QUÍMICA aconítico
aconitine [əˈkɒnɪtaɪn] s. QUÍMICA aconitina
acorn [ˈeɪkɔːn] s. 1 BOTÂNICA bolota; 2 ZOOLOGIA bálano
acorn-shell [ˈeɪkɔːnˌʃel] s. ZOOLOGIA bálano
acotyledon [ˌækɒtɪˈliːdən] s. BOTÂNICA acotiledónea
acouchy [əˈkuːʃɪ] s. ZOOLOGIA (roedor) cutia, acuchi
acoumeter [əˈkaʊmɪtə] s. acúmetro
acousimeter [ˌækaʊˈsɪmɪtə] s. acúmetro
acoustic [əˈkuːstɪk] adj. acústico ❖ MÚSICA ~ *guitar* guitarra acústica; ~ *mine* mina acústica
acoustical [əˈkuːstɪkəl] adj. ⇒ **acoustic**
acoustics [əˈkuːstɪks] s. acústica
acquaint [əˈkweɪnt] v.tr. 1 informar [**with**, de]; pôr ao corrente [**with**, de]; *he acquainted me with the facts* ele pôs-me ao corrente do sucedido; 2 familiarizar [**with**, com] ❖ *to be acquainted with sb* conhecer alguém pessoalmente; *to be acquainted with sth* ter conhecimentos de alguma coisa; estar familiarizado com alguma coisa; *to get acquainted with* travar conhecimento com; ficar a conhecer
acquaintance [əˈkweɪntəns] s. 1 conhecimento (de pessoa ou coisa); *I have some ~ with English* tenho alguns conhecimentos de inglês; 2 amizade; relações; 3 conhecido; *he is only an ~* ele é apenas um conhecido ❖ *to drop ~ with sb* deixar de se dar alguém; *to make sb's ~* travar conhecimento com alguém, conhecer alguém; *I made his ~* conheci-o

acquaintanceship [əˈkweɪntənʃɪp] s. conhecimento, relações
acquest [əˈkwest] s. 1 aquisição; 2 DIREITO propriedade obtida sem ser por herança; 3 aquisição a título oneroso
acquiesce [ˌækwɪˈes] v.intr. 1 aquiescer; consentir [**in**, em]; concordar [**in**, com]; 2 (ajustes, combinações) aceitar [**to**, -]
acquiescence [ˌækwɪˈesəns] s. 1 aquiescência; concordância; 2 consentimento; 3 aceitação ❖ *to smile ~* ter um sorriso de aquiescência
acquiescent [ˌækwɪˈesənt] adj. aquiescente
acquire [əˈkwaɪə] v.tr. 1 adquirir; obter; conquistar; 2 (hábito) adoptar; *to ~ a new habit* adoptar um novo hábito ❖ *acquired taste* gosto adquirido; *to ~ a taste for* tomar o gosto de
acquirement [əˈkwaɪəmənt] s. 1 aquisição, obtenção; 2 coisa, conhecimento, talento adquirido
acquirer [əˈkwaɪərə] s. adquirente; aquele que adquire, que obtém
acquisition [ˌækwɪˈzɪʃən] s. 1 aquisição; 2 aprendizagem; *language ~* aprendizagem da língua
acquisitive [əˈkwɪzɪtɪv] adj. 1 aquisitivo; 2 ganancioso; 3 ávido [**of**, de]; 4 consumista ❖ ~ *instinct* instinto de posse
acquisitiveness [əˈkwɪzɪtɪvnəs] s. 1 aquisitividade; 2 ganância; 3 avidez; 4 consumismo
acquit [əˈkwɪt] v.tr. (particípios: -tt-) DIREITO absolver; 2 (dívida) liquidar; 3 ilibar (de responsabilidade) ❖ *to ~ oneself well/badly* sair-se bem/mal; *to ~ an obligation* cumprir uma obrigação
acquittal [əˈkwɪtəl] s. 1 absolvição; 2 ilibação; 3 declaração de pagamento, de liquidação (de dívida)
acquittance [əˈkwɪtəns] s. 1 liquidação de dívida; 2 quitação; 3 recibo
acrawl [əˈkrɔːl] adj.,adv. 1 rastejante; 2 subserviente; 3 cheio [**with**, de]
acre [ˈeɪkə] s. 1 (medida agrária) acre (0,404694 ha); 2 campos; terrenos lavrados ❖ *broad acres* vastas extensões de terreno; *God's ~* cemitério; campo santo
acreage [ˈeɪkərɪdʒ] s. medição em acres; quantidade de acres
acred [ˈeɪkəd] adj. com terras, com propriedades ❖ *a large-acred landlord* grande proprietário rural
acrid [ˈækrɪd] adj. 1 acre, amargo; 2 [fig.] corrosivo; cáustico; 3 [fig.] (discussão) aceso
acridine [ˈækrɪdɪn] s. QUÍMICA acridina
acridity [əˈkrɪdɪtɪ] s. amargor, acridez, acerbidade
acridly [ˈækrɪdlɪ] adv. 1 acremente, acerbamente; 2 causticamente; corrosivamente
acridness [ˈækrɪdnəs] s. amargor; acerbidade; azedume
acriflavine [ˌækrɪˈfleɪvɪn] s. FARMÁCIA acriflavina
acrimonious [ˌækrɪˈməʊnɪəs] adj. 1 acrimonioso; amargo; 2 rabugento
acrimoniously [ˌækrɪˈməʊnɪəslɪ] adv. acrimoniosamente
acrimoniousness [ˌækrɪˈməʊnɪəsnəs] s. acrimónia
acrimony [ˈækrɪmənɪ] s. acrimónia; azedume
acrita [ˈækrɪtə] s.pl. ZOOLOGIA ácritos
acritude [ˈækrɪtjuːd] s. acritude
acrobat [ˈækrəbæt] s. 1 acrobata; 2 POLÍTICA vira-casacas
acrobatic [ˌækrəˈbætɪk] adj. acrobático
acrobatically [ˌækrəˈbætɪklɪ] adv. acrobaticamente
acrobatics [ˌækrəˈbætɪks] s. 1 acrobacia; 2 [fig.] agilidade; *mental ~* agilidade intelectual, ginástica mental
acrobatism [ˈækrəbætɪzəm] s. acrobacia, acrobatismo
acrocarpous [ˌækrəˈkɑːpəs] adj. acrocárpico
acrocephalic [ˌækrəʊsəˈfælɪk] adj. acrocéfalo
acrocephalous [ˌækrəʊˈsefələs] adj. acrocéfalo
acrocephaly [ˌækrəʊˈsefəlɪ] s. MEDICINA acrocefalia
acrogen [ˈækrədʒən] s. BOTÂNICA acrógeno
acrogenous [əˈkrɒdʒɪnəs] adj. BOTÂNICA acrógeno; relativo às acrogénias
acrolect [ˈækrəʊlekt] s. LINGUÍSTICA acrolecto
acrolith [ˈækrəlɪθ] s. acrólito
acromegaly [ˌækrəʊˈmegəlɪ] s. MEDICINA acromegalia
acromion [əˈkrəʊmɪən] s. ANATOMIA acrómio
acronychal [əˈkrɒnɪkəl] adj. ASTRONOMIA acrónico

acronym [ˈækrənɪm] s. LINGUÍSTICA acrónimo
acronymic [ˌækrəˈnɪmɪk] adj. LINGUÍSTICA acronímico
acropetal [əˈkrɒpɪtəl] adj. BOTÂNICA acrópeto
acrophobia [ˌækrəʊˈfəʊbɪə] s. acrofobia
acrophobic [ˌækrəˈfəʊbɪk] adj. acrofóbico
acropolis [əˈkrɒpəlɪs] s. acrópole
acrosome [ˈækrəsəʊm] s. BIOLOGIA acrossoma
acrospore [ˈækrəspɔː] s. BOTÂNICA acrósporo
across [əˈkrɒs] adv.,prep. **1** em cruz; *ball played ~ the court* bola cruzada; **2** através de; *to walk ~ the fields* caminhar através dos campos; **3** de través; **4** de largura; de lado a lado; *about a mile ~* cerca de uma milha de largura; **5** em contacto com; **6** do outro lado; *he is already ~ the Channel* já se encontra do outro lado do Canal; *my sister lives ~ the street* a minha irmã vive do outro lado da rua ❖ *to walk ~ the street* atravessar a rua
acrostic [əˈkrɒstɪk] s. LITERATURA acróstico
acroterium [ˌækrəˈtɪərɪəm] s. acrotério
acrylic [əˈkrɪlɪk] adj.,s. acrílico ❖ *~ acid* ácido acrílico; *~ plastic* plástico acrílico; *~ resin* resina acrílica
act [ækt] Ⓐ s. **1** acto, acção; **2** TEATRO acto; **3** DIREITO lei, decreto; **4** instrumento; **5** (universidade) acto, tese; *to keep the ~* defender tese Ⓑ v.tr.,intr. **1** actuar; funcionar; *the brake refused to ~* os travões não funcionaram; **2** comportar-se; agir; *I didn't know how to ~* eu não sabia o que havia de fazer; *to ~ the fool* fazer de tolo; **3** representar; desempenhar um papel; *to ~ for the films* trabalhar para o cinema; *to ~ Hamlet* desempenhar o papel de Hamlet; **4** desempenhar determinadas funções; *to ~ as interpreter* servir de intérprete ❖ (oração) *~ of contrition* acto de contrição; *~ of God* caso de força maior; *~ of indemnity* acto ou decreto dimanado da autoridade legislativa para evitar a condenação dum funcionário por qualquer infracção da lei cometida por força das suas funções oficiais; *~ of Parliament* lei; decreto; *I deliver this as my ~ and deed* por mim escrito e assinado; *in the ~* em flagrante; *in the ~ of* enquanto; no acto de; *to be caught in the very ~* ser apanhado em flagrante; *to finish one's mortal ~* morrer; *to put into ~* executar
◆**act on/upon** v.tr. **1** agir de acordo com; **2** seguir; *he acted on my advice* ele seguiu os meus conselhos; *to act on a suggestion* seguir uma sugestão; **3** ter efeito(s) sobre; agir sobre; *that acts on the brain* isto actua no cérebro
◆**act over** v.tr. repetir do princípio ao fim
◆**act up** v.intr. **1** dar problemas; **2** funcionar mal; **3** doer ❖ *to ~ to one's opinions* agir de acordo com aquilo que se defende; *to ~ to one's reputation* fazer jus à reputação que se tem
Actaeon [ækˈtiːən] s. MITOLOGIA Actéon
ACTH [abrev. de adrenocorticotrophic hormone]
actin [ˈæktɪn] s. BIOQUÍMICA actina
actinal [ˈæktɪnəl] adj. ZOOLOGIA actinal
acting [ˈæktɪŋ] Ⓐ adj. **1** que desempenha as funções [as, de]; **2** substituto, interino; *~ president* presidente interino; *~ manager* administrador/gerente/director interino; **3** que faz representações Ⓑ s. **1** acção; **2** (actor) actuação; desempenho ❖ *~ over* repetição da peça teatral; *to be in the ~ profession* ser actor/actriz
actinic [ækˈtɪnɪk] adj. actínico; FÍSICA *~ rays* raios actínicos
actinide [ˈæktɪnaɪd] s. QUÍMICA actinídeo
actinium [ækˈtɪnɪəm] s. QUÍMICA (elemento químico) actínio
actinograph [ækˈtɪnəgræf] s. actinógrafo
actinology [ˌæktɪˈnɒlədʒɪ] s. actinologia
actinometer [ˌæktɪˈnɒmɪtə] s. actinómetro
actinomorphic [ˌæktɪnəʊˈmɔːfɪk] adj. BIOLOGIA actinomórfico, actinomorfo
actinomyces [ˌæktɪnəʊˈmaɪsiːz] s. actinomicete
actinomycosis [ˌæktɪnəʊmaɪˈkəʊsɪs] s. actinomicose
action [ˈækʃən] Ⓐ s. **1** (geral) acção; *a man of ~* um homem de acção; **2** (comportamento) acto; actuação; **3** actividade; funcionamento; **4** mecanismo; **5** porte, gesto; **6** DIREITO acção, processo; **7** MILITAR combate; batalha; *to break off the ~* cessar o combate; *to go into ~* começar a batalha Ⓑ v.tr. **1** intentar uma acção/um processo (contra alguém); **2** accionar; pôr em acção; desencadear ❖ DIREITO *~ at law* acção; processo civil ou criminal; CINEMA *~ film* filme de acção; *naval ~* acção naval; *out of ~* fora de serviço; desactivado; DIREITO *to bring an ~ against* intentar uma acção contra; *to take ~* tomar providências
actionable [ˈækʃənəbəl] adj. **1** accionável; **2** punível por lei; susceptível de ser citado judicialmente
actionless [ˈækʃənləs] adj. inerte, sem acção
action-packed [ˈækʃənˌpækd] adj. **1** [coloq.] de acção; **2** [coloq.] de aventura; **3** [coloq.] radical$_{coloq.}$
activate [ˈæktɪveɪt] v.tr. **1** activar; **2** tornar radioactivo; **3** estimular; **4** desencadear
activation [ˌæktɪˈveɪʃən] s. **1** activação; **2** activação radioactiva
active [ˈæktɪv] adj. **1** activo; **2** vivo; dinâmico; *~ imagination* imaginação viva; **3** dinâmico, enérgico; trabalhador, diligente; **4** que exerce acção sobre outros; **5** em serviço; **6** radioactivo ❖ *~ bar* barra de funcionamento; ELECTRICIDADE *~ cell* elemento carregado; LINGUÍSTICA *~ voice* voz activa; GEOLOGIA *~ volcano* vulcão em actividade; ELECTRICIDADE *cell no longer ~* elemento descarregado; *on ~ service/duty* no activo; em campanha; *on the ~ list* no activo
actively [ˈæktɪvlɪ] adv. activamente
activism [ˈæktɪvɪzəm] s. activismo
activist [ˈæktɪvɪst] adj.,s. activista, militante; *human rights ~* activista dos direitos humanos
activity [ækˈtɪvɪtɪ] s. (pl. -ies) **1** actividade; **2** movimento; **3** energia; dinamismo; **4** pl. actividades, esfera de acção ❖ *~ chart* gráfico de actividades; *~ rate* índice de população activa
acton [ˈæktən] s. casaco de algodão almofadado ou de couro usado por baixo da armadura
actor [ˈæktə] s. actor ❖ *film ~* actor de cinema; *supporting ~* actor secundário
actress [ˈæktrɪs] s.f. actriz
actual [ˈæktʃʊəl] adj. **1** real, verdadeiro; *an ~ fact* um facto real; **2** presente, efectivo, actual ❖ *~ output* rendimento real; *in ~ fact* na realidade
actuality [ˌæktʃʊˈælɪtɪ] s. (pl. -ies) **1** realidade; verdade; **2** pl. condições reais; *the actualities of hospitals* as condições reais dos hospitais ❖ *in ~* na realidade
actualize [ˈæktʃʊəlaɪz] v.tr. **1** realizar, efectuar; **2** retratar, descrever ao vivo; **3** FILOSOFIA actualizar
actually [ˈæktʃəlɪ, ˈæktʃʊəlɪ] adv. **1** na realidade; efectivamente; **2** por acaso; *actually, I never heard him say so* por acaso, nunca o ouvi dizer tal coisa; **3** (surpresa) mesmo; até; *did it ~ happen?* isso aconteceu mesmo?
actuarial [ˌæktʃʊˈeərɪəl] adj. relativo ao trabalho do actuário ❖ *~ table* tabela de mortalidade
actuary [ˈæktʃʊərɪ] s. (pl. -ies) actuário
actuate [ˈæktʃʊeɪt] v.tr. **1** actuar, mover, pôr em movimento; **2** animar, motivar, fazer agir, impulsionar; *he was actuated by love of his country* era o amor da pátria que o movia
actuation [ˌæktʃʊˈeɪʃən] s. **1** actuação; **2** o pôr em movimento; **3** impulso; **4** comando (duma máquina)
acuity [əˈkjuːɪtɪ] s. acuidade, agudeza, perspicácia
aculeate [əˈkjuːlɪɪt] adj. **1** BOTÂNICA aculeado, com acúleos; **2** ZOOLOGIA com ferrão, dardo ou trado
aculeiform [æˈkjuːlɪfɔːm] adj. aculeiforme
acumen [ˈækjʊmen] s. acúmen, agudeza, perspicácia, clarividência
acuminate[1] [əˈkjuːmɪneɪt] v.tr. acuminar; aguçar
acuminate[2] [əˈkjuːmɪnɪt] adj. acuminado
acupuncture [ˈækjʊˌpʌŋktʃə] s. MEDICINA acupuntura
acupuncturist [ˌækjʊˈpʌŋktʃərɪst] s. acupunctor
acushla [əˈkuʃlə] s. [Irl.] amor; querido, querida
acutangular [əˌkjutˈæŋgjʊlə] adj. acutângulo
acute [əˈkjuːt] adj. **1** agudo; LINGUÍSTICA *~ accent* acento agudo; *~ angle* ângulo agudo; (som) *~ note* nota aguda; **2** intenso; *~ pain* dor intensa; **3** aguçado; **4** (visão) penetrante; **5** vivo, perspicaz; *~ mind* inteligência perspicaz
acutely [əˈkjuːtlɪ] adv. **1** intensamente, vivamente; **2** extremamente; **3** com perspicácia

acuteness [əˈkju:tnəs] *s.* 1 agudeza; 2 intensidade; 3 subtileza, perspicácia; 4 acuidade, poder de penetração
ACW [*abrev. de* Aircraftwoman]
acyclovir [eɪˈsaɪkləʊvɪə] *s.* QUÍMICA, FARMÁCIA aciclovir
ad [æd] [*coloq.*] ⇒ **advertisement**
AD [*abrev. de* anno domini]
adage [ˈædɪdʒ] *s.* adágio, máxima, provérbio
adagio [əˈdɑ:dʒɪəʊ] *adv.,s.* MÚSICA adágio
Adalbert [ˈædəlbɜ:t] *s.antr.* Adalberto
Adam [ˈædəm] *s.antr.* Adão ❖ [*joc.*] *Adam's ale* água; *Adam's apple* maçã-de-adão; BOTÂNICA *Adam's needle* agulheira; *as old as ~* mais velho do que a Sé de Braga; *I don't know him from ~* não o conheço de lado nenhum; nunca o vi mais gordo
adamant [ˈædəmənt] Ⓐ *adj.* inflexível, intransigente; *he was ~ in his refusal* foi inflexível na recusa Ⓑ *s.* [*arc.*] diamante; substância excepcionalmente dura; íman ❖ *as hard as ~* duro como rocha; *a heart of ~* um coração de pedra
adamantine [ædəˈmæntaɪn] *adj.* 1 adamantino; 2 duro como diamante; 3 forte de vontade ou carácter ❖ *~ ties* laços indissolúveis
adamantly [ˈædəməntlɪ] *adv.* categoricamente, firmemente, solidamente
Adamic [əˈdæmɪk] *adj.* adâmico
Adamite [ˈædəmaɪt] *s.* adamita; adamiano
adapt [əˈdæpt] *v.tr.,intr.* adaptar(-se); *to ~ for television* adaptar para a televisão; *to ~ oneself to a new way of life* adaptar-se a um novo estilo de vida
adaptability [ədæptəˈbɪlɪtɪ] *s.* adaptabilidade
adaptable [əˈdæptəbəl] *adj.* 1 adaptável; *an ~ person* pessoa que se adapta facilmente; 2 ajustável
adaptation [ædæpˈteɪʃən] *s.* adaptação
adaptedness [əˈdæptɪdnəs] *s.* adaptabilidade
adapter [əˈdæptə] *s.* 1 adaptador; 2 ficha eléctrica múltipla
adaptive [əˈdæptɪv] *adj.* adaptável
adaptiveness [əˈdæptɪvnəs] *s.* 1 adaptabilidade; 2 maleabilidade
adaptor [əˈdæptə] *s.* 1 adaptador; 2 ficha eléctrica múltipla
adaxial [əˈdæksɪəl] *adj.* BOTÂNICA adaxial
ADB [*abrev. de* African Development Bank]
ADC Ⓐ INFORMÁTICA [*abrev. de* Analogue-to-Digital Converter] ADC Ⓑ [*abrev. de* Aide-de-Camp] Ⓒ [*abrev. de* Army Dental Corps] Ⓓ (Universidade de Cambridge) [*abrev. de* Amateur Dramatics Club]
add [æd] *v.tr.,intr.* 1 acrescentar; *to ~ a nought* acrescentar um zero; 2 juntar; 3 adicionar, somar; 4 aumentar; 5 incluir ❖ *there's nothing to ~* está tudo dito
◆**add in** *v.tr.* incluir
◆**add to** *v.tr.* aumentar; contribuir para; *an old building added to* uma casa antiga que foi acrescentada; *that adds to her beauty* isso aumenta-lhe a beleza; *the performance added to our joy* a representação aumentou ainda mais a nossa alegria
◆**add up** Ⓐ *v.tr.,intr.* somar; adicionar Ⓑ *v.intr.* 1 (cálculos) estar correcto; 2 [*coloq.*] ser coerente; fazer sentido; *it doesn't add up!* não faz sentido!; 3 (quantidade) acumular-se
◆**add up to** *v.tr.* 1 perfazer um total de; 2 querer dizer; significar; *what does it all add up to?* que é que isso significa?
addax [ˈædæks] *s.* ZOOLOGIA ádax, antílope norte-africano e da Arábia
addendum [əˈdendəm] *s.* ⟨*pl.* -a⟩ aditamento; adenda; apêndice
adder [ˈædə] *s.* 1 ZOOLOGIA víbora; 2 máquina ou pessoa que adiciona ❖ BOTÂNICA *adder's tongue* ofioglosso; [GB] *flying ~, ~ bolt, ~ fly* libelinha; libélula
adderwort [ˈædəwɜ:t] *s.* BOTÂNICA bistorta
addible [ˈædɪbəl] *adj.* adicionável
addict[1] [əˈdɪkt] *v.tr.* 1 ser viciado em, ser dependente de [geralm. usado na passiva]; 2 dedicar-se, entregar-se a; *he addicted himself to study* entregou-se totalmente ao estudo ❖ *to become addicted to* tornar-se dependente de
addict[2] [ˈædɪkt] *s.* 1 toxicodependente; 2 viciado, dependente; 3 [*fig.*] fanático, entusiasta

addicted [əˈdɪktɪd] *adj.* 1 dependente; viciado; *~ to drugs* toxicodependente; 2 [*fig.*] fanático (**to**, de/por); entusiasta [**to**, de/por]; *~ to football* fanático do futebol
addictedness [əˈdɪktɪdnəs] *s.* 1 dependência, vício; 2 paixão, fanatismo
addiction [əˈdɪkʃən] *s.* 1 dependência; vício; adição; 2 paixão, fanatismo ❖ *~ to drugs* toxicodependência
addictionologist [ədɪkʃəˈnɒlədʒɪst] *s.* MEDICINA especialista no estudo e tratamento de dependências
addictionology [ədɪkʃəˈnɒlədʒɪ] *s.* MEDICINA especialidade que estuda o estudo e tratamento de dependências
addictive [əˈdɪktɪv] *adj.* que causa dependência; viciante
adding [ˈædɪŋ] *s.* adição, soma ❖ *~ machine* calculadora; máquina de calcular
Addis Ababa [ˌædɪsˈæbəbə] *s.top.* (capital da Etiópia) Adis Abeba
addition [əˈdɪʃən] *s.* 1 adição; soma; *~ of digits* soma de algarismos; *to perform an ~* efectuar uma soma; 2 coisa adicionada; acrescento; *it was necessary to build an ~ to the house* foi necessário aumentar a casa; 3 aumento; suplemento; *additions to the staff* aumento de pessoal ❖ *in ~ to* além de; em aditamento a
additional [əˈdɪʃənəl] *adj.* 1 adicional; 2 suplementar; *~ charge* taxa suplementar
additionally [əˈdɪʃnəlɪ] *adv.* 1 adicionalmente, suplementarmente; 2 ainda mais; 3 por outro lado; 4 além de
additive [ˈædɪtɪv] *adj.,s.* aditivo ❖ *food ~* aditivo alimentar
addle [ˈædəl] Ⓐ *v.tr.,intr.* 1 [*joc.*] confundir(-se), desorientar(-se); perturbar o juízo; 2 (ovos) apodrecer, estragar-se Ⓑ *adj.* 1 podre; 2 vazio, oco ❖ *~ egg* ovo choco; ovo podre; [*joc.*] *to ~ sb's brains* confundir alguém; dar um nó na cabeça de alguém; HISTÓRIA *the Addled Parliament* o segundo parlamento de Jaime I
addle-brained [ˈædəlˌbreɪnd] *adj.* ⇒ **addle-headed**
addled [ˈædəld] *adj.* 1 confuso; baralhado; 2 adulterado; estragado ❖ *~ egg* ovo choco
addle-headed [ˈædəlˌhedɪd] *adj.* 1 [*ant.*] desmiolado; idiota; cabeça-oca; 2 [*ant.*] confuso
add-on [ˈædɒn] Ⓐ *s.* ELECTRICIDADE acessório Ⓑ *adj.* acessório; complementar
addorsed [əˈdɔ:st] *adj.* HERÁLDICA adossado
address [əˈdres] Ⓐ *s.* 1 direcção, endereço; 2 sobrescrito; 3 prontidão, habilidade, competência; 4 requerimento, súplica; 5 discurso, alocução, palestra; *formal ~* discurso oficial; 6 POLÍTICA profissão de fé; 7 [*arc.*] corte, namoro; *to pay one's addresses to a lady* fazer a corte a uma senhora; 8 trato; *he is a man of pleasing ~* ele é uma pessoa de modos cativantes Ⓑ *v.tr.* 1 dirigir-se por carta ou palavra; 2 falar, dirigir a palavra; *to ~ an audience* dirigir-se a um auditório; *to ~ oneself to sb* dirigir-se a alguém; *he addressed the House* ele falou no Parlamento; 3 endereçar (sobrescrito); 4 tratar [**as**, por]; 5 empenhar-se [**to**, em]; *to ~ oneself to sth* empenhar-se em alguma coisa; 6 (problema, situação) abordar; 7 COMÉRCIO consignar; 8 DESPORTO (golfe) visar (a bola) ❖ *~ book* livro de direcções; *~ card* cartão-de-visita; *form of ~* tratamento
addressee [ædreˈsi:] *s.* destinatário ❖ *postage will be paid by ~* portes pagos pelo destinatário
addresser [əˈdresə] *s.* 1 remetente; expedidor (de carta, postal, etc.); 2 requerente; peticionário
addressing [əˈdresɪŋ] *s.* endereçamento
addressograph [əˈdresəʊˌɡræf] *s.* máquina de pôr direcções (cartas, circulares)
adduce [əˈdju:s] *v.tr.* aduzir; alegar
adducent [əˈdju:sənt] *adj.* ANATOMIA (músculo) adutor
adducible [əˈdju:sɪbəl] *adj.* aduzível
adduct [əˈdʌkt] *v.tr.* provocar adução de (músculo, etc.)
adduction [əˈdʌkʃən] *s.* 1 adução; 2 citação, alegação, apresentação (de provas, razões)
adductor [əˈdʌktə] *s.* ANATOMIA adutor
Adela [ˈədɪlə] *s.antr.* Adélia
Adelina [ædəˈli:nə] *s.antr.* Adelina
Adeline [ˈædɪlaɪn] *s.antr.* Adelino
ademption [əˈdempʃən] *s.* adempção
Aden [ˈeɪdn, ˈædn] *s.top.* (cidade do Iémen) Adém ❖ GEOGRAFIA *the Gulf of ~* Golfo de Adém

adenitis [ædɪ'naɪtɪs] s. MEDICINA adenite
adenocarcinoma [ˌædɪnəʊkɑːsɪ'nəʊmə] s. MEDICINA adenocarcinoma
adenoid ['ædɪnɔɪd] adj. adenóide ❖ ~ *growths* vegetações adenóides
adenoidal [ˌædɪ'nɔɪdəl] adj. fanhoso, nasalado; *in an ~ voice* com voz nasalada, a falar pelo nariz
adenoids ['ædɪnɔɪdz] s.pl. adenóides
adenoma [ædɪ'nəʊmə] s. MEDICINA adenoma
adenosine [æˌdenə'siːn] s. BIOQUÍMICA adenosina
adept[1] [ə'dept] adj. 1 perito, conhecedor, especialista; 2 competente; 3 hábil; dotado; *an ~ cook* um cozinheiro dotado ❖ *to be ~ with* ser muito bom com
adept[2] [ə'dept] s. 1 perito, especialista; conhecedor profundo; 2 iniciado
adeptly [ə'deptlɪ] adv. 1 habilmente; 2 inteligentemente
adequacy ['ædɪkwəsɪ] s. 1 adequação, justeza; 2 suficiência; 3 grau de proporção
adequate ['ædɪkwɪt] adj. 1 proporcionado, suficiente; 2 adequado, justo, capaz; 3 idóneo; ~ *judge* juiz idóneo, competente
adequately ['ædɪkwətlɪ] adv. 1 adequadamente; 2 de modo justo, proporcionado
adequateness ['ædɪkwətnəs] s. 1 adequação, justeza; 2 suficiência; 3 grau de proporção
ad eundem [ædɪ'ʌndem] adv. *admitted* ~ admitido ao mesmo grau académico (noutra universidade)
adfected [æd'fektɪd] adj. MATEMÁTICA afectado
ADGB [abrev. de Air Defense of Great Britain]
ADHD MEDICINA [abrev. de Attention Deficit Hyperactivity Disorder]
adhere [əd'hɪə] v.intr. 1 aderir [to, a], *to ~ to a cause* aderir a uma causa; 2 (colar) aderir; 3 (regras) seguir [to, -]; 4 juntar-se [to, a]; 5 perfilhar (ideia, plano); 6 aceitar, concordar; 7 manter-se firme, fiel; *he adhered to his plans* ele não abandonou os planos; *she adhered to her promise* ela cumpriu a promessa
adherence [əd'hɪərəns] s. 1 aderência [to, a]; 2 (grupo) adesão [to, a]; 3 fidelidade [to, a]
adherent [əd'hɪərənt] Ⓐ adj. 1 (que cola) aderente; 2 ligado; colado Ⓑ s. aderente; adepto; apoiante; partidário
adhering [əd'hɪərɪŋ] Ⓐ adj. aderente [to, a]; ligado [to, a] Ⓑ s. adesão; ligação
adhesion [əd'hiːʒən] s. 1 aderência; *road ~ of driving wheels* aderência à estrada das rodas de tracção; 2 adesão [to, a]; 3 aprovação; 4 MEDICINA aderência
adhesive [əd'hiːsɪv] Ⓐ adj. 1 adesivo; autocolante; 2 gomado; 3 pegajoso Ⓑ s. cola ❖ ~ *attraction* atracção molecular; ~ *plaster*/~ *tape* adesivo
adhesiveness [əd'hiːsɪvnəs] s. aderência, adesividade
adhibit [æd'hɪbɪt] v.tr. 1 afixar, pôr; 2 administrar (remédios)
adhibition [ˌædhɪ'bɪʃən] s. 1 administração (de remédios); 2 colocação, aplicação
adhocracy [æd'hɒkrəsɪ] s. (pl. **-ies**) (gestão) adocracia
adiabatic [ˌædɪə'bætɪk] adj. FÍSICA adiabático
adiantum [ædɪ'æntəm] s. BOTÂNICA adianto
adieu [ə'djuː] s.,interj. [ant.] adeus; *to make one's adieus, to take one's adieus* dizer adeus, apresentar as suas despedidas
adipocere [ˌædɪpə'sɪə] s. adipocera
adipose ['ædɪpəʊs] Ⓐ adj. adiposo Ⓑ s. adiposidade ❖ ~ *tissue* tecido adiposo
adiposis [ˌædɪ'pəʊsɪs] s. MEDICINA adipose
adiposity [ˌædɪ'pɒsɪtɪ] s. adiposidade
adit ['ædɪt] s. 1 aproximação; 2 entrada, galeria de acesso (em minas); 3 acesso
adjacency [ə'dʒeɪsənsɪ] s. adjacência, contiguidade
adjacent [ə'dʒeɪsənt] adj. 1 adjacente [to, a]; contíguo [to, a]; confinante [to, com]; 2 vizinho; 3 limítrofe
adjacently [ə'dʒeɪsəntlɪ] adv. de modo adjacente, contíguo
adjectival [ˌædʒɪk'taɪvəl] adj. LINGUÍSTICA adjectival; adjectivo ❖ ~ *phrase* sintagma adjectival
adjective ['ædʒɪktɪv] adj.,s. LINGUÍSTICA adjectivo ❖ (tintas) ~ *colours* cores adjectivas; *Law* ~ lei adjectiva

adjoin [ə'dʒɔɪn] v.tr. 1 ser contíguo a; confinar com; 2 [arc.] juntar; reunir
adjoining [ə'dʒɔɪnɪŋ] adj. contíguo, confinante, adjacente
adjourn [ə'dʒɜːn] v.tr.,intr. 1 adiar; 2 suspender, levantar a sessão; *the meeting adjourned at ten o'clock* a sessão encerrou às 10 horas; 3 ir para; passar para; *after dinner they adjourned to the garden* depois de jantar foram até ao jardim
adjournment [ə'dʒɜːnmənt] s. 1 adiamento, prorrogação; 2 levantamento (de sessão, reunião); 3 ida [to, para]; *before the ~ to the garden* antes de irem para o jardim
Adjt [abrev. de adjutant]
adjudge [ə'dʒʌdʒ] v.intr. 1 julgar, declarar judicialmente; 2 condenar; 3 conceder, acordar judicialmente
adjudgement [ə'dʒʌdʒmənt] s. julgamento, declaração judicial
adjudicate [ə'dʒuːdɪkeɪt] v.tr.,intr. 1 decidir, resolver judicialmente; 2 declarar, pronunciar uma decisão; 3 julgar; *to ~ a claim* julgar uma pretensão; 4 adjudicar
adjudication [əˌdʒuːdɪ'keɪʃən] s. julgamento, decisão, sentença
adjudicative [ə'dʒuːdɪkeɪtɪv] adj. DIREITO declarativo
adjudicator [ə'dʒuːdɪkeɪtə] s. 1 juiz; 2 árbitro
adjunct ['ædʒʌŋkt] s. 1 adjunto, auxiliar; 2 LINGUÍSTICA complemento, atributo, aposto; 3 LÓGICA atributo secundário; 4 acessório
adjunction [ə'dʒʌŋkʃən] s. junção, adjunção
adjunctive [ə'dʒʌŋktɪv] adj. 1 acessório; 2 auxiliar [to, de]
adjuration [ˌædʒə'reɪʃən] s. adjuração
adjuratory [ə'dʒuərətərɪ] adj. adjuratório
adjure [ə'dʒʊə] v.tr. adjurar, conjurar, esconjurar
adjust [ə'dʒʌst] Ⓐ v.tr. 1 ajustar; arranjar; adaptar; 2 harmonizar, 3 rectificar, corrigir; *to ~ the compass* corrigir a bússola Ⓑ v.intr. adaptar-se; *to ~ to the new rules* adaptar-se às novas regras ❖ NÁUTICA *to ~ an average* repartir um prejuízo
adjustable [ə'dʒʌstəbəl] adj. ajustável; regulável
adjusted [ə'dʒʌstɪd] adj. 1 adaptado; 2 equilibrado; 3 afinado
adjuster [ə'dʒʌstə] s. 1 ajustador, regulador; 2 esticador (da bicicleta)
adjusting [ə'dʒʌstɪŋ] adj. regulador, que serve para regular ❖ ~ *device* dispositivo regulador
adjustment [ə'dʒʌstmənt] s. 1 ajuste; arranjo; 2 (aparelho, máquina) rectificação, afinação; 3 adaptação; 4 regulamento; 5 focagem; 6 NÁUTICA (bússola, sextante) correcção
adjutage ['ædʒʊtɪdʒ] s. tubo, bica de fonte artificial
adjutancy ['ædʒətənsɪ] s. 1 cargo, funções de ajudante; 2 ajudância[Bras.]
adjutant ['ædʒətənt] adj.,s. 1 oficial às ordens; 2 adjutor, ajudante ❖ ~ *general* secretário-geral do ministério da guerra; chefe do estado-maior
adjuvancy ['ædʒəvənsɪ] s. auxílio, socorro
adjuvant ['ædʒəvənt] adj.,s. 1 auxiliar, adjuvante; 2 ajudante, assistente
ad lib [æd'lɪb] v.intr. (particípios: **-bb-**) TEATRO improvisar; *the actor forgot his lines, but he ad libbed convincingly* o actor esqueceu-se do texto, mas improvisou muitíssimo bem
ad lib [abrev. de ad libitum] livremente, à vontade
Adm. Ⓐ [abrev. de Admiral] Ⓑ [abrev. de Admiralty]
adman ['ædmæn] s. [coloq.] publicitário; criativo; criador de publicidade
admass ['ædmæs] s. grande público
admeasure [æd'meʒə] v.tr. 1 fazer partilhas de; 2 calcular a parte de cada um
admeasurement [æd'meʒəmənt] s. 1 repartição, divisão por partilhas; 2 comparação, medida
admin ['ædmɪn] s. forma abreviada de **administration** [coloq.] administração, direcção (de empresa)
adminicle [æd'mɪnɪkl] s. 1 auxílio; 2 DIREITO adminículo
administer [əd'mɪnɪstə] v.tr.,intr. 1 administrar, gerir; 2 dar; 3 aplicar (remédios); 4 administrar (justiça, sacramentos); 5 ajuramentar; 6 exercer funções de administrador, de curador; 7 prover a; 8 contribuir para ❖ *the oath was administered to them* eles prestaram juramento

administrable [ədˈmɪnɪstrəbəl] *adj.* administrável
administrant [ədˈmɪnɪstrənt] *adj.,s.* administrador
administrate [ədˈmɪnɪstreɪt] *v.tr.* 1 [EUA] administrar, gerir; 2 aplicar (remédios); 3 dispensar (justiça, sacramentos)
administration [ədˌmɪnɪˈstreɪʃən] *s.* 1 administração, gerência (de negócios, de coisas públicas); 2 o ministério, o governo, a administração; *the American ~* o Governo americano; 3 curatela, curadoria (de bens de menores) ❖ (tribunal) *~ of oath* prestação de juramento; *Letters of ~* nomeação dum curador; *he took out Letters of ~* ele fez-se nomear curador
administrative [ədˈmɪnɪstrətɪv] *adj.* administrativo ❖ *~ area* área administrativa; *~ engineer* engenheiro administrador; *~ unit* circunscrição administrativa
administrator [ədˌmɪnɪsˈtreɪtə] *s.* 1 administrador, gerente; 2 curador
administratorship [ədˈmɪnɪstreɪtəʃɪp] *s.* 1 gerência; 2 curadoria; 3 função ou cargo de administrador
administratrix [ædˌmɪnɪsˈtreɪtrɪks] *fem. de* **administrator**
admirable [ˈædmərəbəl] *adj.* admirável
admirableness [ˈædmərəbəlnəs] *s.* admirabilidade
admirably [ˈædmərəblɪ] *adv.* admiravelmente; espantosamente
admiral [ˈædmərəl] *s.* MILITAR almirante ❖ [GB] *~ of the fleet* almirante; comandante-chefe da esquadra; *~ ship* navio almirante; [EUA] *fleet ~* almirante; comandante-chefe da esquadra; *high ~* alto almirante; grande almirante; ZOOLOGIA *red ~* vanessa; borboleta diurna; ZOOLOGIA *white ~* vanessa branca
admiralship [ˈædmərəlʃɪp] *s.* almirantado (dignidade, cargo de almirante)
admiralty [ˈædmərəltɪ] *s.* 1 almirantado; 2 ministério da Marinha; 3 domínio dos mares ❖ *~ measured mile* milha náutica (= 6080 pés); *Court of ~* tribunal marítimo; *First Lord of the ~* Primeiro Lorde do Mar; ministro da Marinha; *the Board of ~* Conselho do Almirantado
admiration [ædməˈreɪʃən] *s.* admiração; espanto ❖ *note of ~* ponto de admiração; *to be the ~ of* fazer o espanto de; *to succeed to ~* ser admiravelmente bem sucedido
admire [ədˈmaɪə] *v.tr.* 1 admirar; 2 exprimir admiração por; 3 contemplar; 4 prezar; respeitar
admirer [ədˈmaɪərə] *s.* admirador; *a foolish ~* boca-aberta, basbaque
admiring [ədˈmaɪərɪŋ] *adj.* 1 de admiração; 2 que admira, admirador
admiringly [ədˈmaɪərɪŋlɪ] *adv.* com admiração
admissibility [ədˌmɪsəˈbɪlɪtɪ] *s.* admissibilidade; aceitabilidade
admissible [ədˈmɪsɪbəl] *adj.* 1 admissível; 2 DIREITO aceitável; 3 que pode ser admitido a (cargo ou emprego)
admission [ədˈmɪʃən] *s.* 1 admissão; 2 reconhecimento; aceitação; confissão; *he refused to make an ~ of his guilt* recusou confessar-se culpado; 3 entrada; *free ~ to a theatre* entrada livre num teatro ❖ *~ fee* preço de entrada; *~ free* entrada grátis; *~ valve* válvula de admissão; *by her own ~* como ela própria confessou
admissive [ædˈmɪsɪv] *adj.* que leva a admitir
admit [ədˈmɪt] *v.tr.,intr.* (*particípios*: -tt-) 1 admitir; 2 permitir a entrada a; *the servant admitted me into the house* o criado fez-me entrar em casa; 3 reconhecer; aceitar; *I ~ I was wrong* reconheço que não tinha razão ❖ *to be admitted into a hospital* ser internado
◆ **admit of** *v.tr.* deixar lugar a; permitir; possibilitar; comportar; conceder; *it doesn't ~ doubt* não deixa lugar a dúvidas; *that admits of no excuse* isso não tem desculpa
◆ **admit to** *v.tr.* reconhecer-se; confessar; *to ~ defeat* dar-se por vencido
admittable [ədˈmɪtəbəl] *adj.* admissível, que pode ser admitido
admittance [ədˈmɪtəns] *s.* admissão, entrada, acesso ❖ *no ~* entrada proibida; *I was refused ~* não me deixaram entrar
admitted [ədˈmɪtɪd] *adj.* 1 admitido; 2 reconhecido, confessado
admittedly [ədˈmɪtɪdlɪ] *adv.* 1 confessadamente, reconhecidamente; 2 de modo notório
admix [ædˈmɪks] *v.tr.,intr.* misturar(-se)
admixture [ædˈmɪkstʃə] *s.* mistura, dose
admonish [ədˈmɒnɪʃ] *v.tr.* 1 repreender [**for**, por]; censurar [**for**, por]; admoestar [**for**, por]; 2 exortar (pessoa) a; aconselhar; avisar de qualquer coisa; advertir; lembrar; *the pupils were admonished against being late* os alunos foram avisados de que não deviam chegar tarde
admonisher [ədˈmɒnɪʃə] *s.* 1 admonitor, admoestador; 2 exortador
admonishing [ədˈmɒnɪʃɪŋ] *s.* 1 admonição, admoestação; 2 advertência, aviso; 3 conselho
admonishment [ədˈmɒnɪʃmənt] *s.* 1 admonição, admoestação; 2 aviso, advertência; 3 conselho
admonition [ˌædməˈnɪʃən] *s.* 1 admonição, admoestação; 2 aviso, advertência; 3 conselho
admonitor [ədˈmɒnɪtə] *s.* admonitor
admonitory [ədˈmɒnɪtərɪ, ədˈmɒnɪtɔːrɪ] *adj.* 1 admonitório, admoestatório; 2 de censura; 3 de advertência
ADMS [*abrev. de* Assistant Director of Medical Services]
adnate [ˈædneɪt] *adj.* adnato
adnoun [ˈædnaʊn] *s.* LINGUÍSTICA adjectivo substantivado
ado [əˈduː] *s.* 1 barulho, bulício; 2 dificuldade, esforço; *they had much ~ to* tiveram grande dificuldade em ❖ *much ~ about nothing* muito barulho por nada; *without further ~* sem mais demoras
adobe [əˈdəʊbɪ, əˈdəʊb] *s.* adobe
adolescence [ˌædəˈlesəns] *s.* adolescência
adolescency [ˌædəˈlesənsɪ] *s.* adolescência
adolescent [ˌædəˈlesənt] *adj.,s.* adolescente
Adolf [ˈeɪdɒlf, ˈædɒlf] *s.antr.* Adolfo
Adolphus [əˈdɒlfəs] *s.antr.* Adolfo
Adonis [əˈdɒnɪs, əˈdəʊnɪs] *s.* 1 MITOLOGIA Adónis; 2 BOTÂNICA, ZOOLOGIA adónis
adonize [ˈædənaɪz] *v.intr.,refl.* adonisar(-se)
adopt [əˈdɒpt] *v.tr.* 1 adoptar; *to ~ a child* adoptar uma criança; 2 (carreira) escolher, abraçar; 3 (linha de conduta) seguir; 4 assumir; *to ~ a patronizing tone* assumir um tom paternalista; 5 aceitar
adoptable [əˈdɒptəbəl] *adj.* adoptável
adopted [əˈdɒptɪd] *adj.* (filho) adoptado, adoptivo; *~ child* filho adoptivo
adoptee [ədɒpˈtiː] *s.* DIREITO adoptado
adopter [əˈdɒptə] *s.* 1 DIREITO adoptante; 2 partidário (de ideia, opinião)
adoption [əˈdɒpʃən] *s.* (geral) adopção; *the ~ of new legislation* a adopção de novas leis
adoptive [əˈdɒptɪv] *adj.* 1 adoptivo; *~ parents* pais adoptivos; 2 capaz de adoptar, assimilar
adoptively [əˈdɒptɪvlɪ] *adv.* de modo adoptivo
adorable [əˈdɔːrəbəl] *adj.* adorável; amoroso
adorableness [əˈdɔːrəbəlnəs] *s.* adorabilidade
adorably [əˈdɔːrəblɪ] *adv.* adoravelmente; encantadoramente
adoration [ˌædəˈreɪʃən] *s.* adoração [**for**, por]; veneração [**for**, por]
adore [əˈdɔː] *v.tr.* 1 adorar; gostar muito de; 2 venerar
adorer [əˈdɔːrə] *s.* 1 adorador; 2 admirador
adoring [əˈdɔːrɪŋ] *adj.* 1 de adoração; 2 que adora, que estima muito; extremoso; *from your ~ daughter* da tua filha, que te estima muito
adoringly [əˈdɔːrɪŋlɪ] *adv.* 1 com adoração; 2 com grande estima; extremosamente
adorn [əˈdɔːn] *v.tr.* adornar; ornamentar; enfeitar [**with**, com]
adorning [əˈdɔːnɪŋ] Ⓐ *adj.* que embeleza Ⓑ *s.* embelezamento
adornment [əˈdɔːnmənt] *s.* ornamento; adorno; enfeite
adown [əˈdaʊn] *adv.,prep.* 1 [arc., poét.] em baixo, para baixo; 2 debaixo de
adrenal [əˈdriːnəl] *adj.* ad-renal; *~ glands* glândulas supra-renais
adrenalin [əˈdrenəlɪn] *s.* BIOQUÍMICA adrenalina
adrenaline [əˈdrenəlɪn] *s.* BIOQUÍMICA ⇒ **adrenalin**

adrenals [əˈdriːnəlz] s.pl. glândulas supra-renais
Adrian [ˈeɪdrɪən] s.antr. Adriano
Adriatic [ˌeɪdrɪˈætɪk] s.top. Adriático
adrift [əˈdrɪft] adv. 1 à deriva; ao sabor da corrente e do vento; 2 [fig.] à mercê das circunstâncias; ao abandono ❖ *the boat was cut ~* deixaram o barco ir à deriva; *to come ~* soltar-se; desprender-se; (planos) *to go ~* ir por água abaixo; *to turn sb ~* pôr alguém no olho da rua; abandonar alguém; *you are all adrift!* não é disso que se trata!; vocês estão completamente por fora!
adroit [əˈdrɔɪt] adj. 1 hábil; 2 destro; 3 despachado
adroitly [əˈdrɔɪtlɪ] adv. 1 destramente; 2 com habilidade
adroitness [əˈdrɔɪtnəs] s. 1 destreza, habilidade; 2 despacho
adry [əˈdraɪ] adj.,adv. 1 seco; 2 com sede; 3 sequiosamente
adscititious [ˌædsɪˈtɪʃəs] adj. 1 suplementar; 2 adventício, estranho
ADSL INFORMÁTICA [abrev. de Asymmetrical Digital Subscriber Line]
adsorb [ædˈsɔːb] v.tr. FÍSICA adsorver
adsorption [ædˈsɔːpʃən] s. FÍSICA, QUÍMICA adsorção
adstratum [ædˈstrɑːtəm] s. LINGUÍSTICA adstrato
adulate [ˈædjʊleɪt] v.tr. adular; bajular
adulation [ˌædjʊˈleɪʃən] s. adulação; bajulação
adulator [ˈædjʊleɪtə] s. adulador; bajulador
adulatory [ˈædjʊleɪtərɪ, ˈædʒələtɔːrɪ] adj. adulador; bajulador
adult [ˈædʌlt, əˈdʌlt] Ⓐ s. adulto Ⓑ adj. 1 adulto; 2 de adultos; para adultos; *~ education* ensino de adultos; *~ movies* filmes para adultos
adulterant [əˈdʌltərənt] s. adulterador
adulterate¹ [əˈdʌltəreɪt] v.tr. 1 adulterar; 2 falsificar (dinheiro); 3 [coloq.] baptizar (vinho, etc.)
adulterate² [əˈdʌltərɪt] adj. 1 adulterado; 2 falsificado; 3 adúltero
adulteration [əˌdʌltəˈreɪʃən] s. 1 adulteração; 2 falsificação; 3 corrupção
adulterator [əˈdʌltəreɪtə] s. 1 falsificador; 2 adulterador
adulterer [əˈdʌltərə] s.m. adúltero
adulteress [əˈdʌltərɪs] s.f. adúltera
adulterine [əˈdʌltəraɪn] adj. 1 adulterino; 2 ilegal, ilícito
adulterous [əˈdʌltərəs] adj. adúltero; de adultério
adulterously [əˈdʌltərəslɪ] adv. adulteramente, em adultério
adultery [əˈdʌltərɪ] s. (pl. **-ies**) adultério
adulthood [ˈædʌlthʊd] s. idade adulta
adumbral [æˈdʌmbrəl] adj. adumbrado, sombreado
adumbrate [ˈædʌmbreɪt] v.tr. 1 adumbrar; 2 esboçar, delinear; 3 deixar entrever
adumbration [ˌædʌmˈbreɪʃən] s. 1 esboço; 2 projecto; 3 pressentimento; 4 previsão, anúncio; 5 adumbração
adurol [ˈædjʊrɒl] s. QUÍMICA adurol
adust [əˈdʌst] adj. 1 adusto, queimado; 2 atrabiliário, que possui atrabile; 3 aborrecido
advance [ədˈvɑːns] Ⓐ v.tr.,intr. 1 avançar; 2 promover; 3 produzir; 4 apresentar; *may I ~ my opinion?* posso apresentar a minha opinião?; 5 adiar; *the date was advanced to January 5* a data foi adiada para 5 de Janeiro; 6 precipitar (acontecimentos); 7 adiantar (dinheiro), emprestar; 8 subir (preço); 9 progredir; 10 ficar mais caro; 11 caminhar Ⓑ s. 1 avanço, progresso; 2 subida (de preços); 3 adiantamento (de dinheiro), empréstimo; 4 aproximação de alguém ❖ *~ booking* reserva antecipada; *~ copy* exemplar de lançamento; *~ guard* guarda-avançada; *~ notice* pré-aviso; *in ~* antecipadamente; *to be in ~ of* ir à frente de; estar adiantado em relação a; *to make advances* fazer progressos; [coloq.] *to make advances to sb* tentar seduzir alguém
advanced [ədˈvɑːnst] adj. 1 avançado; adiantado; 2 superior; 3 desenvolvido; 4 (tecnologia) de ponta; *~ technology* tecnologia de ponta ❖ *~ ignition* ignição adiantada; MILITAR *~ post* posto avançado; *~ in years* de idade avançada
advancement [ədˈvɑːnsmənt] s. 1 avanço; progresso; 2 desenvolvimento; fomento; promoção; 3 (trabalho) promoção; 4 DIREITO antecipação (de herança)
advantage [ədˈvɑːntɪdʒ] Ⓐ s. 1 vantagem; superioridade; 2 proveito; 3 (ténis) vantagens Ⓑ v.tr. 1 beneficiar; 2 ser vantajoso a;
3 favorecer ❖ *mechanical ~* amplificação da força mecânica; *to ~* com mais vantagem; em condições mais favoráveis; vantajosamente; *to have an ~ over sb* ter vantagem em relação a alguém; *to take ~ of* tirar partido de; aproveitar-se de; *to take a person at ~* apanhar uma pessoa de surpresa; *to the ~ of* em benefício de; em proveito de; *to the best ~* da melhor forma; *to turn a thing to ~* tirar partido de algo
advantageous [ˌædvænˈteɪdʒəs, ˌædvənˈteɪdʒəs] adj. vantajoso; proveitoso; útil
advantageously [ˌædvænˈteɪdʒəslɪ, ˌædvənˈteɪdʒəslɪ] adv. vantajosamente
advantageousness [ˌædvænˈteɪdʒəsnəs, ˌædvənˈteɪdʒəsnəs] s. vantagem, utilidade
advection [ədˈvekʃən] s. METEOROLOGIA advecção
advent [ˈædvənt] s. advento
Advent [ˈædvent] s. RELIGIÃO Advento; ❖ *~ Sunday* primeiro domingo do Advento
Adventism [ˈædvəntɪzəm] s. RELIGIÃO adventismo
Adventist [ˈædvəntɪst] s. RELIGIÃO adventista
adventitious [ˌædvənˈtɪʃəs] adj. 1 adventício; 2 acidental
adventitiously [ˌædvənˈtɪʃəslɪ] adv. de maneira adventícia, acidentalmente
adventive [ədˈventɪv] Ⓐ adj. BOTÂNICA, ZOOLOGIA adventício Ⓑ s. 1 BOTÂNICA planta adventícia; 2 ZOOLOGIA animal adventício
adventure [ədˈventʃə] Ⓐ s. 1 aventura, perigo; 2 empresa ousada, arriscada; 3 especulação comercial; 4 acontecimento inesperado; 5 COMÉRCIO pacotilha Ⓑ v.tr.,intr. 1 aventurar, correr perigo; 2 ousar, aventurar-se a; *to ~ oneself on* aventurar-se a ❖ *~ film* filme de aventuras; *~ playground* parque infantil; *at all ~* à sorte; imponderadamente; *by ~* por acaso
adventurer [ədˈventʃərə] s. 1 aventureiro; 2 especulador; 3 vigarista
adventuresome [ədˈventʃəsəm] adj. aventureiro
adventuresomeness [ədˈventʃəsəmnəs] s. aventureirismo, espírito de aventura
adventuress [ədˈventʃərɪs] s.f. aventureira
adventurism [ədˈventʃərɪzəm] s. [depr.] aventureirismo, temeridade, imprudência
adventurist [ədˈventʃərɪst] adj.,s. [depr.] aventureiro, temerário, imprudente
adventurous [ədˈventʃərəs] adj. 1 aventureiro; corajoso; empreendedor; 2 perigoso; arriscado
adventurously [ədˈventʃərəslɪ] adv. aventurosamente
adventurousness [ədˈventʃərəsnəs] s. coragem; espírito de aventura; espírito empreendedor
adverb [ˈædvɜːb] s. LINGUÍSTICA advérbio
adverbial [ædˈvɜːbɪəl] adj. LINGUÍSTICA adverbial ❖ *~ phrase of time* complemento circunstancial de tempo
adversarial [ˌædvɜːˈseərɪəl] adj. 1 adversário; concorrente; 2 adverso
adversary [ˈædvəsərɪ, ædˈvɜːsərɪ] s. (pl. **-ies**) 1 adversário; 2 inimigo
adversative [ədˈvɜːsətɪv] Ⓐ s. LINGUÍSTICA conjunção adversativa Ⓑ adj. LINGUÍSTICA adversativo
adverse [ˈædvɜːs, ədˈvɜːs] adj. 1 adverso, prejudicial, desfavorável; *~ circumstances* circunstâncias adversas; 2 do lado oposto; contrário; *the ~ scenery* a paisagem oposta; 3 FINANÇAS deficitário; *~ budget* orçamento deficitário ❖ *to have an ~ effect on* afectar negativamente
adversely [ˈædvɜːslɪ, ədˈvɜːslɪ] adv. de modo adverso; negativamente; *they influenced him ~* influenciaram-no negativamente
adversity [ədˈvɜːsɪtɪ] s. (pl. **-ies**) 1 adversidade; 2 desgraça
advert¹ [ədˈvɜːt] v.intr. aludir [to, a]; referir-se [to, a]; falar [to, sobre/de]
advert² [ˈædvɜːt] s. {forma abreviada de **advertisement**} anúncio publicitário
advertence [ədˈvɜːtəns] s. atenção ❖ *want of ~* inadvertência
advertency [ədˈvɜːtənsɪ] s. ⇒ **advertence**
advertise [ˈædvətaɪz] v.tr.,intr. 1 anunciar; *she advertised for a maid* pôs um anúncio à procura duma empregada doméstica; 2 informar, dar a conhecer, tornar público; 3 publicitar, promover; 4 fazer notar, chamar a atenção, dizer a toda a

gente; *you needn't ~ the fact!* não precisas de o gritar aos quatro ventos!
advertisement [əd'vɜːtɪsmənt] s. 1 anúncio; 2 anúncio publicitário, publicidade
advertiser ['ædvətaɪzə] s. 1 (publicidade) anunciante; 2 [ant.] secção de anúncios; jornal de anúncios
advertising ['ædvətaɪzɪŋ] s. publicidade ❖ *~ agency* agência de publicidade; *~ campaign* campanha publicitária; *~ sheet* folha de anúncios
advice [əd'vaɪs] s. 1 conselho [**on/about**, acerca de/sobre]; *a bit of ~/a word of ~/a piece of ~* um conselho; *on sb's ~* a conselho de alguém; *to follow/take sb's ~* seguir os conselhos de alguém; *to give ~* dar conselhos; 2 opinião [**on/about**, acerca de/sobre]; aviso [**on/about**, acerca de/sobre]; 3 aconselhamento; *legal/medical/professional ~* aconselhamento jurídico/médico/profissional; 4 informações, comunicado; 5 COMÉRCIO (de remessa, pagamento, etc.) aviso ❖ (barco) *~ boat* aviso; (revista; jornal) *~ column* correio sentimental; *to take ~* aconselhar-se; consultar outras pessoas; *to take legal ~* consultar um advogado
advisability [ədˌvaɪzə'bɪlɪtɪ] s. conveniência, oportunidade
advisable [əd'vaɪzəbəl] adj. 1 aconselhável; recomendável; 2 oportuno; conveniente
advisableness [əd'vaɪzəbəlnəs] s. conveniência, oportunidade
advise [əd'vaɪz] v.tr.,intr. 1 aconselhar [**to**, a; **against**, a não]; *I advised him against doing such a thing* aconselhei-o a não fazer tal coisa; *I advised him to study harder* aconselhei-o a estudar mais; 2 avisar; recomendar; *he strongly advised me to go to England* recomendou-me vivamente que fosse a Inglaterra; 3 informar; *he kept me advised of it* ele manteve-me ao corrente disso; 4 aconselhar-se (com alguém) ❖ *to ~ with one's pillow* consultar o travesseiro
advised [əd'vaɪzd] adj. 1 avisado; prudente; 2 reflectido; deliberado
advisedly [əd'vaɪzɪdlɪ] adv. 1 com conhecimento de causa; 2 deliberadamente; 3 prudentemente; judiciosamente
advisedness [əd'vaɪzɪdnəs] s. 1 sensatez, prudência; 2 oportunidade
advisement [əd'vaɪzmənt] s. reflexão; deliberação; ponderação ❖ *to take sth under ~* reflectir sobre alguma coisa; *I'll take it under ~* vou pensar nisso
adviser [əd'vaɪzə] s. 1 conselheiro; 2 consultor; 3 assessor ❖ RELIGIÃO *spiritual ~* director espiritual; *legal ~* consultor jurídico
advisory [əd'vaɪzərɪ] Ⓐ adj. consultivo, que dá conselhos ou pareceres Ⓑ s. [EUA] aviso; advertência ❖ *~ board* junta consultiva
advocacy ['ædvəkəsɪ] s. 1 advocacia; 2 apoio dado (a uma causa); defesa [**of**, de]
advocate[1] ['ædvəkeɪt] v.tr. advogar; defender
advocate[2] ['ædvəkɪt] s. 1 advogado; 2 defensor ❖ *Devil's ~* advogado do diabo; *faculty of Advocates* o foro escocês; *judge ~* juiz auditor (dum conselho de guerra); *judge ~ general* presidente de um conselho de guerra; *Lord ~* promotor geral de justiça na Escócia
advowee [ædvaʊ'iː] s. colator (de benefício eclesiástico)
advowson [æd'vaʊzən] s. 1 direito de apresentar benefício eclesiástico; 2 colação (de benefício)
advt [abrev. de advertisement]
adynamia [ædɪ'neɪmɪə] s. MEDICINA adinamia
adynamic [ædɪ'næmɪk] adj. adinâmico
adytum ['ædɪtəm] s. (pl. **-ta**) ádito, santuário
adze ['ædz] Ⓐ s. enxó (de carpinteiro e tanoeiro) Ⓑ v.tr. 1 cortar com enxó; 2 aplainar ❖ *cooper's ~* cutelo; enxó; machadinha curva de tanoeiro
ae. [abrev. de aetatis]
AEA [abrev. de Atomic Energy Authority]
Aeacus ['iːəkəs] s. MITOLOGIA Éaco
aedile ['iːdaɪl] s. edil
aedileship ['iːdaɪlʃɪp] s. edilidade
Aegean [ɪ'dʒiːən] adj. egeu ❖ *the ~ Sea* o Mar Egeu
Aegeus ['ɪdʒjuːs] s. MITOLOGIA Egeu (rei da Ática)
Aegina [ɪ'dʒaɪnə] s.top. (ilha) Egina
aegis ['iːdʒɪs] s. égide ❖ *under the ~ of* sob a égide de
aegrotat [iː'grəʊtæt] s. atestado de doença para alunos das universidades inglesas
Aeneas [ɪ'niːəs] s.antr. Eneias
Aeneid ['iːniːɪd] s. Eneida
aeolian [iː'əʊlɪən] adj. 1 eólico; GEOLOGIA *~ deposit* depósito eólico; 2 eólio; MÚSICA *~ harp* harpa eólia
Aeolian [iː'əʊlɪən] Ⓐ adj. 1 eólio, da Eólia; 2 MITOLOGIA relativo a Éolo Ⓑ s. 1 (dialecto) eólico; 2 (pessoa) eólio ❖ GEOGRAFIA *~ Islands* Ilhas Lipárias
Aeolic [iː'əʊlɪk] Ⓐ s. (dialecto) eólico Ⓑ adj. eólico
Aeolus ['iːələs] s. MITOLOGIA Éolo
aeon ['iːɒn, 'iːən] s. 1 GEOLOGIA éon; 2 [coloq.] eternidade, evo; *for aeons* por uma eternidade
aerate ['eəreɪt] v.tr. 1 arejar, expor à acção do ar; 2 gaseificar (água, vinho, etc.); 3 arterializar (o sangue)
aeration [eə'reɪʃən] s. 1 gaseificação; 2 arterialização; 3 arejamento
aerator ['eəreɪtə] s. gaseificador
aerial ['eərɪəl] Ⓐ adj. 1 aéreo; *~ attack* ataque aéreo; *~ beacon* farol aéreo; BOTÂNICA *~ root* raiz aérea; 2 [fig.] etéreo; imaterial, imaginário Ⓑ s. [GB] antena; *dish ~/parabolic ~* antena parabólica
aerie ['ɪərɪ, 'eərɪ] s. 1 ninho de ave de rapina, principalmente de águia ou corvo, muito alto; 2 residência no topo do monte; 3 ninhada de ave de rapina
aeriform ['eərɪfɔːm] adj. aeriforme
aerify ['eərɪfaɪ] v.tr. (prt. e part. pass. **-ied**) aerificar
aero ['eərəʊ] adj. [coloq.] aéreo
aerobatics [ˌeərəʊ'bætɪks] s.pl. acrobacia aérea
aerobe ['eərəʊb] s. BIOLOGIA aeróbio
aerobian [eə'rəʊbɪən] adj. BIOLOGIA aeróbio
aerobic [eə'rəʊbɪk] adj. 1 BIOLOGIA aeróbio; 2 DESPORTO de aeróbica; *~ exercises* exercícios de aeróbica
aerobics [eə'rəʊbɪks] s. DESPORTO aeróbica
aerobomb ['eərəʊbɒm] s. bomba aérea (de avião)
aerobus ['eərəbʌs] s. [coloq.] avião
aerodrome ['eərədrəʊm] s. aeródromo
aerodynamic [ˌeərəʊdaɪ'næmɪk] adj. aerodinâmico; *~ efficiency* rendimento aerodinâmico
aerodynamicist [ˌeərəʊdaɪ'næmɪsɪst] s. perito em aerodinâmica
aerodynamics [ˌeərəʊdaɪ'næmɪks] s. aerodinâmica
aerodyne ['eərəʊdaɪn] s. AERONÁUTICA aeródino
aeroembolism [ˌeərəʊ'embəlɪzəm] s. MEDICINA aeroembolia
aerofoil ['eərəʊfɔɪl] s. aerofólio, superfície de sustentação ou de mudança de direcção
aerogram ['eərəʊgræm] s. aerograma, carta aérea
aerogramme ['eərəʊgræm] s. ⇒ **aerogram**
aerograph ['eərəʊgræf] s. (instrumento) aerógrafo
aerographer [eə'rɒgrəfə] s. (profissional) aerógrafo
aerography [eə'rɒgrəfɪ] s. METEOROLOGIA aerografia
aerolite ['eərəʊlaɪt] s. aerólito
aerolith ['eərəʊlɪθ] s. ⇒ **aerolite**
aerological [ˌeərəʊ'lɒdʒɪkəl] adj. aerológico
aerologist [eə'rɒlədʒɪst] s. aerólogo
aerology [eə'rɒlədʒɪ] s. aerologia
aeromedicine [ˌeərəʊ'medsɪn] s. MEDICINA aeromedicina
aerometer [eə'rɒmɪtə] s. aerómetro
aeromodelling [ˌeərəʊ'mɒdlɪŋ] s. aeromodelismo
aeronaut ['eərəʊnɔːt] s. aeronauta
aeronautic [ˌeərəʊ'nɔːtɪk] adj. aeronáutico
aeronautical [ˌeərəʊ'nɔːtɪkəl] adj. aeronáutico
aeronautics [ˌeərəʊ'nɔːtɪks] s. aeronáutica
aerophagia [ˌeərəʊ'feɪdʒə, ˌeərəʊ'feɪdʒɪə] s. aerofagia
aerophobia [ˌeərəʊ'fəʊbɪə] s. aerofobia
aerophobic [ˌeərəʊ'fəʊbɪk] adj. aerofóbico
aerophone ['eərəʊfəʊn] s. aerofone
aerophotography [ˌeərəʊfə'tɒgrəfɪ] s. aerofotografia
aeroplane ['eərəpleɪn] s. avião; aeroplano ❖ *~ carrier* porta-aviões; *~ glider* planador; *scouting ~* avião de reconhecimento
aeroscope ['eərəskəʊp] s. AERONÁUTICA aeroscópio

aeroscopy [eəˈrɒskəpɪ] s. AERONÁUTICA aeroscopia
aerosite [ˈeərəʊsaɪt] s. MINERALOGIA aerosite
aerosol [ˈeərəsɒl] s. aerossol
aerospace [ˈeərəspeɪs] Ⓐ s. espaço aéreo Ⓑ adj. aeroespacial; da indústria aeroespacial ❖ ~ *engineering* engenharia aeroespacial; ~ *industry* indústria aeroespacial
aerostat [ˈeərəʊstæt] s. aeróstato
aerostatic [ˌeərəʊˈstætɪk] adj. aerostático
aerostatics [ˌeərəʊˈstætɪks] s. aerostática
aerostation [ˌeərəʊˈsteɪʃən] s. aerostação
aerotherapeutics [ˌeərəʊθerəˈpjuːtɪks] s. aeroterapia
aerotrain [ˈeərəʊtreɪn] s. comboio que se desloca sobre almofada de ar
aeruginous [ɪˈruːdʒɪnəs] adj. eruginoso, com verdete
aery[1] [ˈeərɪ] adj. 1 imaterial, irreal; 2 altaneiro
aery[2] [ˈɪərɪ] s. ⇒ aerie
Aeschylus [ˈiːskɪləs] s.antr. Ésquilo
Aesculapius [ˌiːskjuˈleɪpɪəs] s.antr. Esculápio
Aesop [ˈiːsɒp] s.antr. Esopo ❖ LITERATURA *Aesop's Fables* As Fábulas de Esopo
aesthesia [iːsˈθiːzɪə, iːsˈθiːʒə] s. estesia
aesthesiometer [iːsθiːzɪˈɒmɪtə] s. estesiómetro
aesthesis [ɪsˈθiːsɪs] s. estesia
aesthete [ˈiːsθiːt] s. esteta
aesthetic [iːsˈθetɪk] adj. estético ❖ ~ *surgery* cirurgia estética
aesthetical [iːsˈθetɪkəl] adj. de estética; relativo à estética
aesthetically [iːsˈθetɪkəlɪ] adv. esteticamente
aestheticism [iːsˈθetɪsɪzəm] s. esteticismo
aesthetics [iːsˈθetɪks] s. estética
aestival [ˈestɪvəl] adj. estival
aestivate [ˈestɪveɪt, ˈɪstɪveɪt] v.intr. 1 estivar; 2 passar o Verão num estado de entorpecimento
aestivation [ˌestɪˈveɪʃən, ˌɪstɪˈveɪʃən] s. 1 BOTÂNICA estivação, perfloração; 2 ZOOLOGIA estivação, entorpecimento estival
aether [ˈiːθə] s. ⇒ ether
aetiological [iːtɪəˈlɒdʒɪkəl] adj. etiológico
aetiology [iːtɪˈɒlədʒɪ] s. etiologia
a.f. [abrev. de audio frequency]
afar [əˈfɑː] adv. longinquamente, à distância; ~ *off* ao longe; *from* ~ de longe
AFDA [Irl.] [abrev. de Agriculture and Food Development Authority]
AFDC [EUA] [abrev. de Aid to Families with Dependent Children]
affability [ˌæfəˈbɪlɪtɪ] s. afabilidade
affable [ˈæfəbəl] adj. afável
affableness [ˈæfəbəlnəs] s. afabilidade
affably [ˈæfəblɪ] adv. afavelmente
affair [əˈfeə] s. 1 negócio; 2 assunto; questão; 3 acontecimento; caso; 4 [coloq.] aventura; caso (amoroso); *love* ~ aventura amorosa; 5 *pl.* coisas; assuntos; afazeres ❖ ~ *of honour* duelo; *affairs of state* assuntos de estado; (notícias) *current affairs* actualidades; *Department of Foreign Affairs* Ministério dos Negócios Estrangeiros; *that is my own* ~ isso é cá comigo; *that is not my* ~ não tenho nada a ver com isso
affect [əˈfekt] Ⓐ v.tr. 1 afectar; ter influência sobre; 2 comover; impressionar; *the death of her son affected her deeply* a morte do filho chocou-a profundamente; *nothing affected him* nada o comovia; 3 assumir (o aspecto, a forma, o carácter de); usar, adoptar; simular, fingir; *she affected indifference* ele fingiu-se indiferente; 4 ter tendência para; 5 (animais, plantas) ocupar, habitar Ⓑ s. [arc.] afeição, sentimento
affectation [ˌæfekˈteɪʃən] s. 1 simulação, afectação; 2 aplicação, emprego
affected [əˈfektɪd] adj. 1 afectado; rebuscado; artificial; ~ *manners* maneiras afectadas; 2 influenciado; atacado; *the heart is* ~ o coração está atacado (pela doença); 3 comovido; emocionado
affectedly [əˈfektɪdlɪ] adv. de maneira afectada
affectedness [əˈfektɪdnəs] s. afectação
affecting [əˈfektɪŋ] adj. tocante; comovedor
affection [əˈfekʃən] s. 1 afeição; ternura; amizade; *to feel* ~ *for/towards sb* sentir afecto por alguém; 2 emoção; 3 afecção, doença

affectional [əˈfekʃənəl] adj. afectivo; relativo aos afectos
affectionate [əˈfekʃənɪt] adj. 1 afectuoso; carinhoso; 2 afeiçoado [*to*, a]
affectionately [əˈfekʃənɪtlɪ] adv. afectuosamente; carinhosamente; ternamente
affectionateness [əˈfekʃənɪtnəs] s. afectividade; afecto
affective [əˈfektɪv] adj. 1 afectivo; 2 emocional; dos afectos; relativo aos afectos
affectivity [əˈfektɪvɪtɪ] afectividade
afferent [ˈæfərənt] adj. FISIOLOGIA aferente
affiance [əˈfaɪəns] Ⓐ v.tr. 1 prometer solenemente em casamento; 2 jurar Ⓑ s. 1 fé, confiança; 2 esponsais
affianced [əˈfaɪənst] adj. prometido em casamento ❖ *the* ~ *couple* os noivos; *he was talking with his* ~ *bride* ele estava a conversar com a noiva
affidavit [ˌæfɪˈdeɪvɪt] s. declaração, depoimento escrito, feito sob juramento, perante um magistrado ❖ ~ *men* testemunhas falsas; *to take an* ~ (juiz) conseguir uma declaração escrita
affiliate[1] [əˈfɪlɪeɪt] v.tr. 1 COMÉRCIO; fazer um consórcio [*to/with*, com]; *the insurance company affiliated with a bank* a companhia de seguros estabeleceu uma sociedade com um banco; 2 afiliar; ligar; *to* ~ *sb to a society* deixar alguém entrar para uma sociedade; 3 investigar judicialmente a paternidade de; 4 perfilhar; 5 atribuir a
affiliate[2] [əˈfɪlɪt] s. empresa afiliada
affiliated [əˈfɪlɪeɪtɪd] adj. consorciado, filiado ❖ ~ *company* sucursal; filial
affiliation [əˌfɪlɪˈeɪʃən] s. 1 afiliação; 2 relações, ligações; 3 adopção, perfilhação; 4 investigação de paternidade ❖ DIREITO *action for* ~ acção de paternidade
affined [əˈfaɪnd] adj. aparentado; ligado
affinity [əˈfɪnɪtɪ] s. (*pl.* -ies) 1 afinidade; *to have an* ~ *with sb* ter afinidades com alguém; 2 parentesco; 3 semelhança; 4 identidade de carácter, gostos; 5 QUÍMICA afinidade
affirm [əˈfɜːm] v.tr.,intr. 1 afirmar; 2 asseverar; assegurar; 3 confirmar; ratificar; homologar
affirmable [əˈfɜːməbəl] adj. válido; que pode confirmar-se
affirmant [əˈfɜːmənt] s. DIREITO pessoa que faz uma declaração solene
affirmation [ˌæfəˈmeɪʃən] s. 1 afirmação; 2 DIREITO declaração solene feita por pessoa que recusa prestar juramento; 3 homologação, confirmação (de sentença)
affirmative [əˈfɜːmətɪv] Ⓐ adj. afirmativo Ⓑ s. afirmativa ❖ [EUA] ~ *action* discriminação positiva; *to answer in the* ~ responder afirmativamente
affirmatory [əˈfɜːmətərɪ, əˈfɜːmətɔːrɪ] adj. afirmativo
affix[1] [əˈfɪks] v.tr. 1 afixar; 2 acrescentar; 3 colar; 4 pôr
affix[2] [ˈæfɪks] s. (*pl.* -es) 1 LINGUÍSTICA afixo; 2 acrescento; adição; apêndice
affixation [ˌæfɪkˈseɪʃən] s. LINGUÍSTICA afixação
affixture [əˈfɪkstʃə] s. acrescento, afixação
afflatus [əˈfleɪtəs] s. aflato, inspiração sobrenatural
afflict [əˈflɪkt] v.tr. 1 afligir; atormentar; 2 atribular; 3 atacar; acometer ❖ *to be afflicted with a disease* estar doente
afflicting [əˈflɪktɪŋ] adj. aflitivo; angustiante
affliction [əˈflɪkʃən] s. 1 aflição; 2 miséria; 3 calamidade; 4 dor; sofrimento ❖ *the afflictions of old age* os padecimentos da velhice
afflictive [əˈflɪktɪv] adj. aflitivo
affluence [ˈæfluəns] s. riqueza; abundância; opulência; *to rise to* ~ chegar à riqueza
affluent [ˈæfluənt] Ⓐ adj. 1 rico; próspero; 2 abundante Ⓑ s. (rio) afluente
afflux [ˈæflʌks] s. (*pl.* -es) 1 afluxo, afluência; 2 agrupamento de pessoas
afford [əˈfɔːd] v.tr. 1 dar; conceder; proporcionar; *it will* ~ *me great pleasure to go to England* será para mim um grande prazer ir a Inglaterra; 2 [com *can*] poder, ter os recursos necessários para; *I can't* ~ *it* não tenho dinheiro para isso, não me posso dar a esse luxo
affordability [əˌfɔːdəˈbɪlɪtɪ] s. acessibilidade
affordable [əˈfɔːdəbəl] adj. 1 acessível; 2 possível

afforest [æ'fɒrɪst] *v.tr.* 1 florestar; 2 arborizar; 3 submeter ao regime florestal

afforestation [ə,fɒrɪs'teɪʃən] *s.* 1 florestação; 2 arborização; 3 integração em regime florestal

affranchise [ə'fræntʃɪz] *v.tr.* manumitir, conceder carta de alforria a, libertar

affranchisement [ə'fræntʃɪzmənt] *s.* alforria

affray [ə'freɪ] *s.* 1 tumulto, alvoroço; 2 rixa

affreight [ə'freɪt] *v.tr.* fretar, ceder em frete (navio)

affreightment [ə'freɪtmənt] *s.* fretamento (de navio)

affricate ['æfrɪkɪt] Ⓐ *s.* LINGUÍSTICA africada Ⓑ *adj.* LINGUÍSTICA africado

affricative [ə'frɪkətɪv] Ⓐ *s.* LINGUÍSTICA africada Ⓑ *adj.* LINGUÍSTICA africado

affright [ə'fraɪt] Ⓐ *v.tr.* [arc., poét.] assustar Ⓑ *s.* [arc., poét.] susto, medo

affront [ə'frʌnt] Ⓐ *v.tr.* 1 insultar; afrontar; ofender; 2 enfrentar Ⓑ *s.* afronta; insulto ❖ *to offer an ~ to sb/to put an ~ upon sb* ofender alguém; *to pocket an ~/to swallow an ~* engolir uma afronta

affrontee [ə'frʌnti:] *adj.* HERÁLDICA afrontado

affronter [ə'frʌntə] *s.* ofensor; aquele que insulta

affusion [ə'fju:ʒən] *s.* afusão, aspersão

Afghan ['æfɡæn] Ⓐ *adj.* afegão Ⓑ *s.* (língua, pessoa) afegão ❖ ZOOLOGIA (cão) *~ hound* galgo afegão

afghani [æf'ɡænɪ] *s.* (moeda do Afeganistão) afgani

Afghanistan [æf'ɡænɪstɑ:n] *s.top.* Afeganistão

afield [ə'fi:ld] *adv.* 1 no campo; 2 longe; 3 fora de casa ❖ *to go far ~* afastar-se para longe; *to go farther ~* afastar-se para mais longe

afire [ə'faɪə] *adj.,adv.* 1 em chamas; em brasa; 2 ardente; inflamado ❖ *to be ~ with* estar a arder de

aflame [ə'fleɪm] *adj.,adv.* 1 em chamas; a arder; 2 ardente; veemente; inflamado ❖ *to be ~ with curiosity* estar a arder de curiosidade

afloat [ə'fləʊt] *adj.,adv.* 1 a boiar; à tona de água; 2 coberto de água; 3 em curso; 4 à deriva ❖ *life ~* vida de marinheiro; *to get a ship ~* pôr um navio a flutuar; *to keep ~* conservar-se à tona; manter-se sem dívidas; *to set a ship ~* lançar um navio à água; *to survey a ship ~* vistoriar um navio em flutuação

aflutter [ə'flʌtə] *adj.,adv.* 1 com o coração aos saltos; agitado; palpitante; 2 a esvoaçar ao vento

afoam [ə'fəʊm] *adj.,adv.* cheio de espuma; a espumar

afoot [ə'fʊt] *adv.* 1 a pé; 2 em marcha; em movimento; 3 em acção ❖ *to be early ~* levantar-se cedo; *a plot is ~* prepara-se uma conspiração; *a rumour was ~* corria um boato

afore [ə'fɔ:] Ⓐ *adv.,prep.* 1 [arc.] antes; 2 NÁUTICA à vante, à proa Ⓑ *conj.* [arc.] antes que ❖ [arc.] *~ time* previamente; no passado; NÁUTICA *look out ~ there!* atenção à vante!

aforecited [ə'fɔ:saɪtɪd] *adj.* supracitado, supramencionado

aforementioned [ə'fɔ:menʃənd] *adj.* supracitado, supramencionado

aforenamed [ə'fɔ:neɪmd] *adj.* supracitado, supramencionado

aforesaid [ə'fɔ:sed] *adj.* supracitado, supramencionado

aforethought [ə'fɔ:θɔ:t] *adj.* premeditado ❖ DIREITO *with malice ~* com premeditação

afraid [ə'freɪd] *adj.* receoso; assustado; com medo ❖ *I'm ~ not* receio que não; *I'm ~ so* receio que sim; *I'm ~ that* lamento informar que; *I'm ~ I can't lend you the money you want* receio bem não te poder emprestar o dinheiro que queres; *to be ~ of* ter medo de; *to be ~ of the dark* ter medo do escuro

afreet [æ'fri:t] *s.* MITOLOGIA afriet, espécie de medusa equiparada pelos árabes a génios e demónios

afresh [ə'freʃ] *adv.* de novo; outra vez ❖ *to start ~* começar de novo

Africa ['æfrɪkə] *s.top.* África

African ['æfrɪkən] *adj.,s.* africano

Africander [æfrɪ'kændə] *s.* africânder, natural da África do Sul de origem holandesa

Afrikaner [æfrɪ'kɑ:nə] *adj.,s.* africânder

afrit [æ'fri:t] *s.* ⇒ **afreet**

Afro ['æfrəʊ] Ⓐ *s.* (penteado) afro Ⓑ *adj.* de África

Afro-American [æfrəʊə'merɪkən] *adj.,s.* afro-americano

Afro-Brazilian [æfrəʊbrə'zɪlɪən] *adj.,s.* afro-brasileiro

aft [æft, ɑ:ft] *adj.,adv.* 1 NÁUTICA atrás, à popa, à ré; 2 que está atrás ❖ *~ end* atrás; no ponto mais extremo; NÁUTICA *fore and ~* da popa à proa; NÁUTICA *to haul ~ the sheets* casar escotas; NÁUTICA *to see right ~* observar pela popa

after ['ɑ:ftə] Ⓐ *prep.* 1 depois de, após, a seguir a; atrás de; 2 a despeito de, apesar de; *~ all my care* apesar de todo o meu cuidado; 3 em comparação com; 4 segundo, conforme, à semelhança de; *~ Rembrandt* à maneira de Rembrandt; *~ the English fashion* à maneira inglesa Ⓑ *conj.* depois que, depois de; *~ I came nobody talked* depois de eu chegar todos se calaram Ⓒ *adv.* posteriormente, mais tarde, depois, depois disso Ⓓ *adj.* seguinte, posterior, ulterior ❖ *~ a fashion* com alguma dificuldade; não muito bem; *~ all* afinal; no fim de contas; *~ you!* você primeiro!; faça favor!; [EUA] (horas) *a quarter ~ three* três e um quarto; *do you know what he is after?* sabes o que é que ele pretende?; *he shut the door ~ him* fechou a porta quando saiu; *he was named ~ his father* puseram-lhe o nome do pai; [poét.] *in ~ days/in ~ years* mais tarde; no futuro; *on and ~ the 3rd* a contar do dia 3; *one ~ another/one ~ the other* um de cada vez; um a seguir ao outro; *~ atrás do outro; *some weeks ~* algumas semanas mais tarde; *soon ~* pouco depois; em breve; *straight ~* logo a seguir a; *the ~ ages* os tempos vindouros; a posteridade; *the day ~ tomorrow* depois de amanhã; *the day/morning/night ~* no dia/na manhã/na noite seguinte; *they are ~ you* andam atrás de ti

afterbirth ['ɑ:ftəbɜ:θ] *s.* 1 secundinas; 2 nascimento posterior ao testamento

afterburner ['ɑ:ftəbɜ:nə] *s.* (incineração) pós-combustor, dispositivo de pós-combustão

afterburning ['ɑ:ftəbɜ:nɪŋ] *s.* pós-combustão

aftercare ['ɑ:ftəkeə] *s.* 1 assistência a doentes em recuperação; 2 MEDICINA assistência pós-operatória; 3 cuidados de manutenção (de produto)

aftercrop ['ɑ:ftəkrɒp] *s.* segunda colheita

afterdamp ['ɑ:ftədæmp] *s.* (minas) mofeta

afterdeck ['ɑ:ftədek] *s.* NÁUTICA coberta da popa

aftereffect ['ɑ:ftərɪ,fekt] *s.* 1 reacção; 2 *pl.* consequências; repercussões; 3 *pl.* sequelas; 4 *pl.* efeitos secundários

afterglow ['ɑ:ftəɡləʊ] *s.* 1 resplendor crepuscular; 2 sensação de bem-estar; conforto

aftergrass ['ɑ:ftəɡrɑ:s] *s.* segunda colheita de erva; erva que cresce depois da primeira colheita; erva nova

afterimage ['ɑ:ftərɪmɪdʒ] *s.* FÍSICA imagem residual

afterlife ['ɑ:ftəlaɪf] *s.* vida depois da morte

aftermarket ['ɑ:ftəmɑ:kɪt] *s.* (automóveis) mercado de peças sobresselentes

aftermath ['ɑ:ftəmæθ] *s.* 1 rescaldo; período posterior; *in the ~ of* no rescaldo de; 2 consequência; resultado; 3 outonada; 4 erva que cresce depois de ceifada a primeira colheita

aftermost ['ɑ:ftəməʊst] *adj.* NÁUTICA o mais à ré possível; posterior

afternoon [,ɑ:ftə'nu:n] *s.* tarde; parte da tarde; *in the ~* à tarde; *this ~* hoje à tarde ❖ *good ~* boa tarde; *tomorrow ~* amanhã à tarde

afterpains ['ɑ:ftəpeɪnz] *s.pl.* MEDICINA contracções puerperais

afterpiece ['ɑ:ftəpi:s] *s.* entremez; farsa ou qualquer pequeno divertimento depois duma peça teatral

afters ['ɑ:ftəz] *s.* [GB] [coloq.] sobremesa

aftersales ['ɑ:ftəseɪlz] *adj.* pós-venda; *~ service* serviço pós-venda

aftershave ['ɑ:ftəʃeɪv] *s.* (cosmética) aftershave

aftershock ['ɑ:ftəʃɒk] *s.* 1 (tremor de terra) réplica, abalo secundário; 2 [fig.] (consequências, efeitos) rescaldo

aftertaste ['ɑ:ftəteɪst] *s.* travo, ressaibo

afterthought ['ɑ:ftəθɔ:t] *s.* 1 reflexão posterior; 2 resposta tardia

after-war ['ɑ:ftəwɔ:] *s.* pós-guerra

afterward ['ɑ:ftəwəd, 'æftɜ:wɜ:d] *adv.* [EUA] ⇒ **afterwards**

afterwards [ˈɑːftəwədz] adv. depois, mais tarde
afterword [ˈɑːftəwɜːd] s. posfácio; epílogo
Ag QUÍMICA [símbolo de silver]
aga [ˈɑːɡə] s. agá (comandante, oficial superior no império otomano)
again [əˈɡen, əˈɡeɪn] adv. outra vez, de novo ❖ ~ *and* ~/*time and* ~ muitas vezes; *as far* ~ outro tanto de distância; *as many* ~ outros tantos; *as much* ~ outro tanto; o dobro; *ever and* ~/*now and* ~ de quando em quando; *half as much* ~ mais metade; *never* ~ nunca mais; *once* ~/*over* ~ mais uma vez; *to be oneself* ~ estar completamente restabelecido
against [əˈɡenst, əˈɡeɪnst] Ⓐ prep. 1 contra, em oposição a; 2 de encontro a; 3 em previsão de; 4 em comparação com Ⓑ conj. quando; *be ready* ~ *she comes* vê se estás pronto para quando ela vier ❖ ~ *a dark background* sobre um fundo escuro; ~ *the hair/the grain* a contrapelo; ~ *the law* contra a lei; ~ *the winter* para o Inverno; contra o Inverno; *it goes* ~ *the grain to have to do that* irrita ter de fazer isso; *over* ~ *my house* em frente da minha casa; *to run* ~ *a friend* encontrar casualmente um amigo; *to run up* ~ *sb* encontrar alguém por acaso; *to work* ~ *the clock* lutar contra o tempo
agama [ˈæɡəmə] s. ZOOLOGIA agamá
Agamemnon [æɡəˈmemnən] s. MITOLOGIA Agamémnon
agami [əˈɡæmɪ] s. ZOOLOGIA agami
agapanthus [æɡəˈpænθəs] s. (pl. agapanthus ou agapanthuses) BOTÂNICA agapanto
agape[1] [əˈɡeɪp] adj.,adv. 1 (muito) aberto; escancarado; *with eyes* ~ de olhos arregalados; 2 de boca aberta, boquiaberto; *to stand* ~ ficar de boca aberta
agape[2] [ˈæɡəpɪ] s. ágape
agar-agar [eɪɡərˈeɪɡə] s. QUÍMICA ágar-ágar
agaric [ˈæɡərɪk] s. BOTÂNICA agárico
agate [ˈæɡɪt, ˈæɡət, ˈeɪɡət] s. 1 MINERALOGIA ágata; 2 [EUA] TIPOGRAFIA corpo 5
Agatha [ˈæɡəθə] s.antr. Ágata
agave [əˈɡeɪvɪ] s. BOTÂNICA agave
agaze [əˈɡeɪz] adv. 1 observadoramente; 2 olhando fixamente
age [eɪdʒ] Ⓐ s. 1 (pessoa) idade; 2 velhice; 3 (período) idade; época Ⓑ v.tr.,intr. (part. pres. **ageing** ou **aging**) 1 envelhecer; 2 curar; 3 submeter material fundido a tratamento térmico ou às intempéries ❖ ~ *bracket/group* faixa etária; *be your age!* não seja criança!; *children of school* ~ crianças em idade escolar; *I haven't seen you for ages!* já não o vejo há séculos!; *in order of* ~ por ordem de idades; conforme a antiguidade; *of middle* ~ de meia-idade; *Middle Ages* Idade Média; *they are of an* ~ são da mesma idade; *to be of* ~ ser maior de idade; *to be over* ~ ultrapassar o limite de idade; *to be under* ~ ser menor de idade; *to come of* ~ atingir a maioridade; *what an* ~ *you are!* então só agora!; então ainda agora!; *you don't look your* ~ o senhor não aparenta a idade que tem
aged [ˈeɪdʒd] Ⓐ adj. 1 idoso; velho; 2 com a idade de; *to be* ~ *20* ter 20 anos; 3 (vinhos, queijos) envelhecido Ⓑ s.pl. *the* ~ os idosos
ageing [ˈeɪdʒɪŋ] Ⓐ adj. 1 envelhecido; 2 que envelhece, que faz parecer mais velho; 3 de envelhecimento; *the* ~ *process* o processo de envelhecimento Ⓑ s. envelhecimento
ageism [ˈeɪdʒɪzəm] s. discriminação etária
ageist [ˈeɪdʒɪst] Ⓐ adj. que faz discriminação etária Ⓑ s. pessoa que discrimina os mais velhos
ageless [ˈeɪdʒləs] adj. 1 sempre jovem; 2 sem idade; 3 eterno; intemporal; imperecível
agelong [ˈeɪdʒˌlɒŋ] adj. antigo; secular; ancestral ❖ ~ *tree* árvore genealógica
agency [ˈeɪdʒənsɪ] s. (pl. -ies) 1 agência; 2 agente; 3 organismo; 4 acção, operação, actividade, actuação ❖ *by the* ~ *of* por intermédio de; *free* ~ livre-arbítrio; *sole* ~ *for a firm* representação em exclusivo duma firma comercial
agenda [əˈdʒendə] s. 1 agenda, ordem do dia; ordem de trabalhos, agenda de trabalhos; 2 prioridades; lista de preocupações ❖ (caderno) *book* agenda; *hidden* ~ motivos secretos; *to be on the* ~ estar agendado; *to be on top of the* ~ *to be high on the* ~ estar no topo das preocupações; *to set the* ~ estabelecer a agenda; determinar os assuntos a tratar

agenesis [eɪˈdʒenɪsɪs] s. MEDICINA agenesia
agent [ˈeɪdʒənt] s. 1 agente; 2 representante comercial; *to be sole* ~ *for* ser representante exclusivo de; 3 causa eficiente ❖ (telepatia) ~ *and percipient* agente e paciente; [EUA] *station* ~ chefe de estação
age-old [ˈeɪdʒəʊld] adj. antigo; ancestral; secular
agglomerate[1] [əˈɡlɒməreɪt] v.tr.,intr. aglomerar(-se)
agglomerate[2] [əˈɡlɒmərɪt] adj.,s. aglomerado
agglomeration [əˌɡlɒməˈreɪʃən] s. aglomeração
agglomerative [əˈɡlɒmərətɪv] adj. aglomerativo
agglutinant [əˈɡluːtɪnənt] adj.,s. aglutinante
agglutinate[1] [əˈɡluːtɪneɪt] v.tr.,intr. aglutinar(-se)
agglutinate[2] [əˈɡluːtɪnɪt] adj. aglutinado
agglutination [əˌɡluːtɪˈneɪʃən] s. aglutinação
agglutinative [əˈɡluːtɪnətɪv] adj. aglutinante, aglutinativo
aggradation [æɡrəˈdeɪʃən] s. GEOLOGIA agradação
aggrade [əˈɡreɪd] v.tr. GEOLOGIA encher por agradação
aggrandize [əˈɡrændaɪz, ˈæɡrəndaɪz] v.tr. 1 engrandecer; ampliar; elevar; 2 exagerar
aggrandizement [əˈɡrændɪzmənt] s. 1 engrandecimento; enaltecimento; 2 exagero
aggravate [ˈæɡrəveɪt] v.tr. 1 agravar; piorar; 2 exasperar; irritar
aggravating [ˈæɡrəveɪtɪŋ] adj. 1 DIREITO (circunstância) agravante; 2 exasperante; irritante; insuportável
aggravatingly [ˈæɡrəveɪtɪŋlɪ] adv. 1 de forma agravante; 2 de forma irritante; de modo insuportável
aggravation [æɡrəˈveɪʃən] s. 1 agravamento; 2 circunstância agravante; 3 problema; incómodo; aborrecimento; 4 irritação
aggregate[1] [ˈæɡrɪɡeɪt] Ⓐ v.tr. 1 agregar; reunir; 2 perfazer um total de Ⓑ v.intr. agregar-se; reunir-se num todo
aggregate[2] [ˈæɡrɪɡɪt] Ⓐ adj. 1 agregado; 2 colectivo; 3 global; ~ *output* rendimento global Ⓑ s. 1 agregado; massa; conjunto; 2 total; *in the* ~ no total
aggregation [æɡrɪˈɡeɪʃən] s. 1 agregação; aglomeração; 2 agregado; aglomerado; 3 afiliação; 4 conjunto
aggregative [ˈæɡrɪɡeɪtɪv] adj. 1 agregativo; 2 gregário
aggress [əˈɡres] v.tr.,intr. 1 iniciar uma discussão, uma questão; 2 atacar
aggression [əˈɡreʃən] s. 1 (ataque) agressão; 2 (comportamento) agressividade
aggressive [əˈɡresɪv] Ⓐ adj. 1 agressivo; disposto à ofensiva; 2 [fig.] enérgico; poderoso; dinâmico; *an* ~ *marketing campaign* uma campanha de marketing que chama a atenção Ⓑ s. ofensiva; *to take the* ~ tomar a ofensiva
aggressiveness [əˈɡresɪvnəs] s. 1 agressividade; 2 [fig.] energia; força; dinamismo
aggressor [əˈɡresə] s. 1 agressor; 2 (guerra) invasor
aggrieve [əˈɡriːv] v.tr. 1 lesar; 2 ofender; 3 afligir; desgostar
aggrieved [əˈɡriːvd] adj. 1 lesado; 2 ressentido; melindrado; magoado; ofendido; *he felt* ~ *at the way he'd been treated* doera-lhe a forma como tinha sido tratado ❖ *party* ~ parte lesada; vítima
aggro [ˈæɡrəʊ] s. 1 [coloq.] pancadaria, porrada; 2 [coloq.] desordem; 3 [coloq.] problemas, preocupações
aghast [əˈɡɑːst, əˈɡæst] adj. aterrado [at, com]; horrorizado [at, com]; chocado [at, com]; *to stand* ~ *at sth* ficar horrorizado com qualquer coisa
agile [ˈædʒəl, ˈædʒaɪl] adj. 1 ágil; expedito; 2 perspicaz
agilely [ˈædʒaɪləlɪ] adv. agilmente
agility [əˈdʒɪlɪtɪ] s. agilidade
agin [əˈɡɪn] prep. [dial.] contra; de encontro a
agio [ˈædʒɪəʊ] s. (pl. -s) ECONOMIA ágio
agiotage [ˈædʒɪətɪdʒ] s. agiotagem
agism [ˈeɪdʒɪzəm] s. discriminação etária
agist [əˈdʒɪst] v.tr. aceitar gado com o encargo de o alimentar a troco de certo pagamento
agitate [ˈædʒɪteɪt] v.tr. 1 agitar; 2 perturbar; inquietar; 3 discutir; 4 revolver mentalmente (um problema, etc.); 5 manter em agitação ❖ *to* ~ *for/against* fazer campanha a favor de/contra
agitated [ˈædʒɪteɪtɪd] adj. nervoso; agitado; inquieto; ansioso; tenso

agitation [ˌædʒɪˈteɪʃən] s. 1 inquietação; perturbação; 2 agitação; 3 discussão; 4 campanha; pressão [**against**, contra; **for**, a favor de]

agitator [ˈædʒɪteɪtə] s. agitador

agitprop [ˈædʒɪtˌprɒp, ˈægɪtˌprɒp] s. POLÍTICA, ARTES PLÁSTICAS agitprop

aglet [ˈæglɪt] s. 1 agulheta (de uniforme); 2 ponta de agulheta

aglow [əˈgləʊ] adj.,adv. 1 radiante; resplandecente [**with**, de]; 2 vermelho, afogueado, inflamado; *to be all ~* estar todo corado

agnail [ˈægneɪl] s. (unha) espigão

agnate [ˈægneɪt] adj.,s. agnado, agnato

agnation [ægˈneɪʃən] s. agnação

Agnes [ˈægnɪs] s.antr. Inês

agnomen [ægˈnəʊmən] s. agnome

agnomination [ægˌnɒmɪˈneɪʃən] s. agnominação

agnosia [ægˈnəʊsɪə] s. agnosia

agnostic [ægˈnɒstɪk] adj.,s. agnóstico

agnosticism [ægˈnɒstɪsɪzəm] s. agnosticismo

agnus castus [ˈægnəsˌkæstəs] s. BOTÂNICA agnocasto, pimenteiro silvestre, árvore da castidade

ago [əˈgəʊ] adj.,adv. 1 passado, decorrido; 2 anteriormente ❖ *a little while ~* há bocadinho; *a long time ~/long ~* há muito tempo; *ten days ~* há dez dias

agog [əˈgɒg] adj.,adv. 1 ansioso; na expectativa; *I was all ~ to find out what had happened* eu estava muito ansioso por saber o que tinha acontecido; 2 impaciente; irrequieto

agoing [əˈgəʊɪŋ] adv. em movimento; em marcha

agonic [eɪˈgɒnɪk] adj. ágono

agonise [ˈægənaɪz] v.tr.,intr. ⇒ **agonize**

agonistic [ˌægəˈnɪstɪk] adj. 1 agonístico; 2 combativo, com espírito polémico

agonistically [ˌægəˈnɪstɪkli] adv. agonisticamente

agonistics [ˌægəˈnɪstɪks] s. agonística

agonize [ˈægənaɪz] v.intr. 1 agonizar; 2 sofrer agonias; atormentar-se; torturar-se [**over/about**, com]; *stop agonizing over that problem* pára de te torturares com esse problema; 3 esforçar-se desesperadamente [**after**, por]

agonized [ˈægənaɪzd] adj. 1 atroz; de grande dor; 2 de grande aflição; muito angustiado; 3 horrorizado

agonizing [ˈægənaɪzɪŋ] adj. 1 doloroso; 2 angustiante; 3 atroz

agonizingly [ˌægəˈnaɪzɪŋli] adv. 1 de modo atroz; horrivelmente; ~ *slow* horrivelmente lento; 2 dolorosamente

agony [ˈægənɪ] s. (pl. -**ies**) 1 agonia, vascas da morte; *she entered into her last ~* entrou na agonia; 2 sofrimento atroz; 3 paroxismo; *in an ~ of joy* num paroxismo de alegria ❖ (jornais, revistas) ~ *column* consultório sentimental; coluna com anúncios em busca de pessoas desaparecidas; *in agonies of pain* cheio de dores violentas;

agora [ˈægərə] s. ágora

agoraphobia [ˌægərəˈfəʊbɪə] s. agorafobia

agoraphobic [ˌægərəˈfəʊbɪk] adj. agorafóbico

agouti [əˈguːtɪ] s. ZOOLOGIA cutia

agouty [əˈguːtɪ] s. ZOOLOGIA cutia

AGP INFORMÁTICA [abrev. de Accelerated Graphics Port]

AGR [abrev. de advanced gas-cooled reactor]

agraffe [əˈgræf] s. CIRURGIA agrafo

agranulocytosis [əˌgrænjʊləʊsaɪˈtəʊsɪs] s. MEDICINA agranulocitose

agrarian [əˈgreərɪən] adj.,s. agrário

agrarianism [əˈgreərɪənɪzəm] s. (doutrina, sistema) agrarianismo

agree [əˈgriː] v.tr.,intr. 1 concordar [**with**, com; **on**, em relação a]; 2 aceitar; consentir [**to**, em]; 3 combinar; acertar; 4 fazer bem, calhar bem; 5 coincidir, corresponder; 6 dar-se bem; *they don't agree, they are always quarrelling* não se dão bem, estão sempre a discutir; 7 (comida) cair bem [**with**, a]; fazer mal [**with**, a]; *lobster salad does not ~ with me* salada de lagosta é uma coisa que não me cai bem; 8 LINGUÍSTICA concordar ❖ *I couldn't ~ more* concordo plenamente; *to ~ an account* acertar uma conta; *to ~ like dog and cat* dar-se como o cão e o gato; *unless otherwise agreed* salvo acordo em contrário

agreeable [əˈgriːəbəl] adj. 1 agradável; 2 favorável [**to**, a]; 3 conforme [**to**, a] ❖ *to do the ~* tornar-se agradável; ser afável; *I'm quite ~* concordo absolutamente; estou pronto para isso

agreeableness [əˈgriːəbəlnəs] s. 1 agrado, amabilidade; 2 encanto; 3 conformidade [**to**, com]

agreeably [əˈgriːəbli] adv. 1 agradavelmente; 2 de acordo [**to**, com]

agreement [əˈgriːmənt] s. 1 acordo; combinação; 2 tratado; 3 contrato; 4 concordância (de opinião); 5 assentimento; 6 LINGUÍSTICA concordância ❖ *as per ~* conforme o estabelecido; *by mutual ~* de comum acordo; *he signed a legal ~ to do this and that* assinou documento perante um notário, comprometendo-se a fazer isto e aquilo

agrestic [əˈgrestɪk] adj. 1 rural, agreste; 2 rústico

agribusiness [ˌægrɪˈbɪznəs] s. agro-indústrias

agricultural [ˌægrɪˈkʌltʃərəl] adj. 1 agrícola; 2 agrónomo, de agronomia ❖ ~ *college* escola agrícola; ~ *engineer* engenheiro agrónomo; ~ *show* exposição agrícola

agriculturalist [ˌægrɪˈkʌltʃərəlɪst] s. agricultor ❖ *scientific ~* agrónomo

agriculture [ˈægrɪˌkʌltʃə] s. agricultura

agriculturist [ˌægrɪˈkʌltʃərɪst] s. agricultor

agrifoodstuffs [ˌægrɪˈfuːdstʌfs] s.pl. indústria agro-alimentar

agrimony [ˈægrɪmənɪ] s. BOTÂNICA agrimónia

agrion [ˈegrɪən] s. ZOOLOGIA libelinha, tira-olhos

agroindustrial [ˌægrəʊɪnˈdʌstrɪəl] adj. agro-industrial

agroindustry [ˈægrəʊɪndʌstrɪ] s. agro-indústria

agronomic [ˌægrəˈnɒmɪk] adj. agronómico

agronomical [ˌægrəˈnɒmɪkəl] adj. ⇒ **agronomic**

agronomist [əˈgrɒnəmɪst] s. agrónomo

agronomy [əˈgrɒnəmɪ] s. agronomia

agrostemma [ˌægrəsˈtemə] s. BOTÂNICA agrostema

agrotis [əˈgrəʊtɪs] s. ZOOLOGIA agrótide

aground [əˈgraʊnd] adj.,adv. encalhado ❖ *to go/run ~* dar em seco; encalhar; *we are ~* o navio está a roçar o fundo

ague [ˈeɪgjuː] s. 1 sezão, febre palustre intermitente, malária; 2 calafrio; 3 febre aguda ❖ ~ *cake* hipertrofia do baço ou do fígado causada pela malária; *quartan ~* febre quartã; *tertian ~* febre terçã; *an ~ in the spring is physic for a king* uma febre na Primavera é uma purga para a saúde

aguish [ˈeɪgjuːɪʃ] adj. 1 febril; 2 palustre; 3 sujeito a acessos de malária

ah [ɑː] interj. (compaixão, desprezo, surpresa) ah!

aha [ɑːˈhɑː] interj. (triunfo) ah-ah!

ahead [əˈhed] adj.,adv. à frente; em frente; adiante; *straight ~* mesmo em frente ❖ ~ *motion* movimento avante; NÁUTICA *breakers ahead!* arrebentação pela proa!; NÁUTICA *line ~* em coluna; *to arrive ~ of time* chegar antes da hora marcada; *to be ~ of one's time/to be ~ of one's times* ter ideias avançadas; estar avançado em relação à época em que vive; *to get ~ of* passar à frente de; *to go ~ with* continuar com; levar adiante; NÁUTICA *to keep ~* manter-se à proa; *to look ~* pensar no futuro; ser previdente

aheap [əˈhiːp] adv. num monte; em montão

ahem [əˈhem] interj. (chamada de atenção) hum!

ahistoric [ˌeɪhɪˈstɒrɪk] adj. ⇒ **ahistorical**

ahistorical [ˌeɪhɪˈstɒrɪkəl] adj. 1 acronológico, anistórico; 2 intemporal

ahoy [əˈhɔɪ] interj. NÁUTICA olá!, oh! ❖ *all hands ahoy!* toda a gente para o convés!; *ship ahoy!* ó do barco!

ahull [əˈhʌl] adv. NÁUTICA em árvore seca; *to run ~* correr em árvore seca

ai [æ, ɪə] s. ZOOLOGIA aí, preguiça

AI Ⓐ MEDICINA [abrev. de Artificial Insemination] Ⓑ INFORMÁTICA [abrev. de Artificial Intelligence] Ⓒ [abrev. de Amnesty International] AI

aiblins [ˈeɪblɪnz] adv. [Esc.] [dial.] talvez; possivelmente

aid [eɪd] Ⓐ v.tr. ajudar [**in/with**, em/com]; auxiliar; apoiar; contribuir para Ⓑ s. 1 ajuda, auxílio, apoio, socorro; contribuição; 2 assistente, ajudante; 3 recurso; *audiovisual aids* recursos audiovisuais; *teaching aids* material pedagógico; 4 *pl.* subsídios; conselhos; 5 HISTÓRIA pagamento a senhor feudal ❖ *hearing* ~ aparelho auditivo; *humanitarian* ~ ajuda humanitária; *in* ~ *of* para ajuda de; *legal* ~ assistência jurídica; defesa oficiosa; *mutual* ~ *society* associação de socorros mútuos; DIREITO *to* ~ *and abet sb* ser cúmplice de alguém; [coloq.] *what's this in* ~ *of?* para que é isto?; *with the* ~ *of* com a ajuda de; *to come/go to sb's* ~ vir/ir em auxílio de alguém

AID Ⓐ [*abrev. de* Agency for International Development] Ⓑ [*abrev. de* acute infectious disease]

aide [eɪd] *s.* 1 assessor, assistente; 2 MILITAR ⇒ **aide-de-camp**

aide-de-camp [ˌeɪddə'kɑːmp] *s. (pl.* **aides-de-camp**) MILITAR ajudante-de-campo

aider [ˈeɪdə] *s.* ajudante

aiding and abetting [ˌeɪdɪŋəˈbetɪŋ] *s.* cumplicidade num crime

AIDS MEDICINA [*abrev. de* Acquired Immune Deficiency Syndrome] SIDA

AIFF INFORMÁTICA [*abrev. de* Audio Interchange File Format]

aiglet [ˈeɪglɪt] *s.* 1 agulheta (de uniforme); 2 ponta de agulheta

aigrette [ˈeɪgret] *s.* penacho; tufo de penas ou cabelos

aiguille [eɪˈgwiːl] *s.* agulha, cume aguçado de montanha

aiguillete [ˌeɪgwɪˈlet] *s.* ⇒ **aiglet**

aikido [ˈaɪkɪdəʊ] *s.* DESPORTO (artes marciais) aiquidô

ail [eɪl] Ⓐ *v.tr.* incomodar; afligir Ⓑ *v.intr.* 1 estar doente; 2 estar em sofrimento; sofrer ❖ *what ails you?* que tens?; *what's ailing them?* que bicho lhes mordeu?

ailanthus [eɪˈlænθəs] *s.* BOTÂNICA ailanto

aileron [ˈeɪlərɒn] *s.* AERONÁUTICA aileron

ailing [ˈeɪlɪŋ] *adj.* 1 doente; enfermo; indisposto; 2 em mau estado; em más condições

ailment [ˈeɪlmənt] *s.* 1 mal; incómodo; 2 achaque; 3 padecimento; 4 dor

aim [eɪm] Ⓐ *v.tr.,intr.* 1 fazer pontaria; apontar [*at*, *a*; *for*, *para*]; *he aimed the gun at us* apontou-nos a espingarda; *she's aiming at the centre* está a apontar ao centro; 2 dirigir [*at*, *a*]; tentar atingir [*at*, -]; 3 ter como objectivo; aspirar a; procurar; *he aims at being a journalist* ele tenciona ser jornalista; *what are you aiming at?* onde quer chegar?; 4 referir-se [*at*, *a*]; *when he said that, he was aiming at my brother* quando ele disse isso, queria referir-se ao meu irmão; 5 descarregar (projéctil) Ⓑ *s.* 1 alvo; mira; pontaria; *to take* ~ *at* fazer pontaria a; 2 objectivo; fim; meta; *the* ~ *of the programme* o objectivo do programa; 3 intenção ❖ *to* ~ *high* ter grandes ambições; *to miss one's* ~ falhar os seus intentos

aimer [ˈeɪmə] *s.* apontador; o que faz pontaria

aimless [ˈeɪmləs] *adj.* 1 sem objectivo; 2 inútil; fútil

aimlessly [ˈeɪmləslɪ] *adv.* 1 sem destino; 2 inutilmente; futilmente; 3 para passar o tempo

aimlessness [ˈeɪmləsnəs] *s.* 1 ausência de objectivos; falta de finalidade; 2 inutilidade; futilidade

ain't [eɪnt] *contracção de* **am not, is not, are not**

air [eə] Ⓐ *s.* 1 ar; 2 atmosfera; 3 aragem; 4 aspecto; aparência; 5 céu; 6 vazio; nada; 7 MÚSICA ária Ⓑ *v.tr.* 1 arejar, ventilar; 2 (rádio, televisão) transmitir; ser transmitido, ir para o ar; 3 expor, tornar público; *he wanted to* ~ *his theories* ele queria expor as teorias dele; 4 secar ao lume Ⓒ *v.refl.* ir tomar ar, ir arejar; *I'm going to* ~ *myself* vou tomar um bocado de ar ❖ ~ *balloon* balão; aeróstato; ~ *ban* embargo aéreo; ~ *base* base aérea; ZOOLOGIA ~ *bladder* bexiga natatória; ~ *blower* compressor pneumático; ~ *bottle* garrafa de ar comprimido; ~ *brake* freio pneumático; ~ *bridge* ponte aérea; ~ *bump* poço de ar; ~ *cell* alvéolo pulmonar; ~ *chamber* câmara de ar; MILITAR ~ *commodore* comodoro do ar; ~ *conditioned* com ar condicionado; ~ *conditioner* aparelho de ar condicionado; ~ *conditioning* ar condicionado; (construção) ~ *content* percentagem de ar (no cimento, na argamassa); ~ *controller* controlador aéreo; ~ *cushion* almofada pneumática; ~ *display* desfile aéreo; ~ *ejector* ejector de ar; ~ *engine* aeromotor; ~ *exhauster* ventilador-aspirador; ~ *filter* filtro do ar; ~ *force* força aérea; ~ *gun* arma de ar comprimido; ~ *hole* respiradouro; poço de ar; ~ *jacket* colete salva-vidas;

~ *miss* choque de aviões evitado por pouco; ~ *pilot* piloto aviador; ~ *piracy* pirataria aérea; ~ *pocket* poço de ar; ~ *poise* aerómetro; ~ *portable forces* forças aerotransportáveis; ~ *power* poderio aéreo; ~ *pressure* pressão atmosférica; ~ *pump* máquina pneumática; bomba de ar; ~ *raid* ataque aéreo; (mina, túnel) ~ *shaft* respiradouro; ~ *taxi* táxi aéreo; ~ *terminal* estação terminal de autocarros e/ou comboios entre uma localidade e um aeroporto; ~ *traffic controller* controlador de tráfego aéreo; ~ *tube* câmara-de-ar; traqueia; ~ *vent* purga de ar; ~ *vessel* traqueia; *fresh* ~ ar fresco; *foul* ~ ar viciado; [coloq.] *hot* ~ palavreado oco; [coloq.] *he puts on airs (and graces)/he gives himself airs (and graces)* ele faz-se de importante; ele gosta de se armar; *his plans are still in the* ~ os planos dele ainda são um tanto vagos; *in the open* ~ ao ar livre; (rádio, televisão) *off (the)* ~ fora do ar; (rádio, televisão) *on (the)* ~ no ar; *out of thin* ~ do nada; *she was walking on* ~ ela estava nas nuvens; *that is still up in the* ~ ainda não está bem decidido; *to beat the* ~ esgrimir em falso; lutar contra moinhos de vento; (rádio, televisão) *to go on* ~ entrar no ar; *to give* ~ *to* exprimir; *to vanish into thin* ~ desaparecer; eclipsar-se; evaporar-se; *with one's nose in the* ~ de nariz empinado

airbag [ˈeəbæg] *s.* airbag

airbed [ˈeəbed] *s.* colchão insuflável

airborne [ˈeəbɔːn] *adj.* 1 aerotransportado; 2 em voo; 3 no ar ❖ ~ *troops* tropas pára-quedistas

airbrick [ˈeəbrɪk] *s.* (tijolo) aerocreto

airbrush [ˈeəbrʌʃ] *s.* PINTURA aerógrafo

airbus [ˈeəbʌs] *s.* airbus, avião de transporte de passageiros

aircon [ˈeəkɒn] [*abrev. de* air conditioner] ar condicionado

air-cooled [ˈeəkuːld] *adj.* arrefecido pelo ar

aircraft [ˈeəkrɑːft] *s. (pl.* **aircraft**) aeronave, avião ❖ ~ *carrier* porta-aviões; ~ *electronics* electrónica aplicada à aeronáutica

aircrew [ˈeəkruː] *s.* tripulação aérea; tripulação de avião; equipagem

airdrome [ˈeədrəʊm] *s.* aeródromo

airdrop [ˈeədrɒp] Ⓐ *v.tr. (pret. e p. p.* **-pp-**) lançar de pára-quedas Ⓑ *s.* lançamento de mantimentos por pára-quedas

airer [ˈeərə] *s.* secador

airfare [ˈeəfeə] *s.* preço do bilhete de avião

airfield [ˈeəfiːld] *s.* campo de aviação; aeródromo

airforce [ˈeəfɔːs] *s.* ⇒ **air force** ❖ ~ *base* base aérea

airframe [ˈeəfreɪm] *s.* (avião) fuselagem

airgun [ˈeəgʌn] *s.* espingarda de pressão; espingarda de ar comprimido

airhostess [ˈeəhəʊstɪs] *s.f.* hospedeira do ar

airily [ˈeərɪlɪ] *adv.* 1 alegremente; 2 com leveza; com desenvoltura; 3 despreocupadamente; descontraidamente

airiness [ˈeərɪnəs] *s.* 1 leveza; desenvoltura; 2 boa ventilação; 3 carácter espaçoso

airing [ˈeərɪŋ] *s.* 1 arejamento; 2 ventilação; 3 ar fresco; *to take an* ~ tomar o fresco, tomar ar

airlane [ˈeəleɪn] *s.* corredor de navegação aérea

airless [ˈeələs] *adj.* 1 (edifício) com má ventilação; 2 abafado; 3 sem correr uma brisa

airlift [ˈeəlɪft] Ⓐ *s.* ponte aérea Ⓑ *v.tr.* 1 transportar por avião; 2 transportar por ponte aérea; 3 evacuar por ponte aérea

airline [ˈeəlaɪn] *s.* 1 companhia aérea; 2 via aérea ❖ ~ *ticket* bilhete de avião

airliner [ˈeəlaɪnə] *s.* AERONÁUTICA grande avião de passageiros

airlock [ˈeəlɒk] *s.* 1 bolsa de ar; 2 câmara-de-ar

airmail [ˈeəmeɪl] Ⓐ *s.* correio aéreo Ⓑ *v.tr.* enviar por correio aéreo

airman [ˈeəmən] *s. (pl.* **-men**) 1 aviador; 2 MILITAR piloto da força aérea

airmanship [ˈeəmənʃɪp] *s.* arte da aviação

air-minded [ˈeəmaɪndɪd] *adj.* interessado em aviação ou em viagens de avião

airmonger [ˈeəmʌŋgə] *s.* visionário

airplane [ˈeəpleɪn] *s.* [EUA] ⇒ **aeroplane**

airplay [ˈeəpleɪ] *s.* RÁDIO (música) passagem na rádio

airpocket ['eəpɒkɪt] *s.* poço de ar
airport ['eəpɔːt] *s.* aeroporto
air-raid ['eəreɪd] *adj.* de ataque aéreo ❖ **~ shelter** abrigo antiaéreo; **~ warning** (sirene de) alerta contra ataques aéreos
air-ready [eə'redɪ] *adj.* TELEVISÃO, RÁDIO pronto a ir para o ar
airscrew ['eəskruː] *s.* AERONÁUTICA hélice propulsora
airship ['eəʃɪp] *s.* balão; dirigível
airsick ['eəsɪk] *adj.* (viagem de avião) enjoado
airsickness ['eəsɪknəs] *s.* (viagem de avião) enjoo
airspace ['eəspeɪs] *s.* espaço aéreo (de determinado país)
airstrip ['eəstrɪp] *s.* (fora de aeroporto) pista de aterragem
airtight ['eətaɪt] *adj.* **1** hermeticamente fechado; **2** hermético, estanque, impermeável ao ar
airtime ['eətaɪm] *s.* TELEVISÃO, RÁDIO tempo de antena; tempo de transmissão
airwaves ['eəweɪvz] *s.pl.* ondas hertzianas ❖ TELEVISÃO, RÁDIO **on the ~** no ar; nos meios de comunicação social
airway ['eəweɪ] *s.* **1** (minas) galeria de ventilação; **2** rota aérea; **3** companhia de navegação aérea
airwoman ['eəwʊmən] *s.f.* (*pl.* **-women**) aviadora
airworthiness ['eəwɜːðɪnəs] *s.* capacidade de voar com segurança ❖ *certificate of* **~** certificado de segurança aérea
airworthy ['eəwɜːðɪ] *adj.* apto a voar com segurança
airy ['eərɪ] *adj.* (*comp.* **-ier**, *superl.* **-iest**) **1** arejado; **2** espaçoso; **3** gracioso, airoso, delicado; **4** ligeiro; leve; **5** (comportamento) despreocupado; descontraído; **6** etéreo; imaterial; **7** elevado; **8** superficial; **9** petulante
airy-fairy [ˌeərɪ'feərɪ] *adj.* **1** imaginário; inventado; **2** irrealista; impraticável
aisle [aɪl] *s.* **1** (igreja) nave lateral; **2** (teatro, cinema) coxia; **3** (avião) corredor; **~ seat** lugar ao lado do corredor ❖ *rolling in the aisles* rindo às gargalhadas; *to walk down the* **~** casar
aisled ['eɪləd] *adj.* com naves laterais
ait [eɪt] *s.* (em rio) ilhota
aitch [eɪtʃ] *s.* (*pl.* **-es**) a letra h; *he drops his aitches* ele não aspira os h (ou faz a aspiração onde eles não existem)
aitch-bone ['eɪtʃbəʊn] *s.* osso da rabadilha
Ajaccio [æ'dʒæksɪəʊ] *s.top.* (cidade da Córsega) Ajácio
ajar [ə'dʒɑː] *adj.,adv.* **1** entreaberto; *to leave the door* **~** deixar a porta entreaberta; **2** perturbado; nervoso
Ajax ['eɪdʒæks] *s.* MITOLOGIA Ájax
ajingle [ə'dʒɪŋgl] *adv.* a tocar
ajutage ['ædʒutɪdʒ] *s.* bica (de fonte)
AKA [*abrev. de* also known as]
akimbo [ə'kɪmbəʊ] *adv.* de mãos na cinta; de mãos nas ancas ❖ *arms* **~** de mãos na cintura
akin [ə'kɪn] *adj.,adv.* **1** de carácter semelhante ou idêntico; parecido [**to**, com]; semelhante [**to**, a]; **2** análogo [**to**, a]; **3** aparentado [**to**, com]
Al QUÍMICA [*símbolo de* aluminium]
Alabama [ˌæləˈbæmə] *s.top.* Alabama
alabandine [ˌæləˈbændɪn] *s.* MINERALOGIA alabandina
alabaster [ˈæləbɑːstə] *s.* alabastro
alabastrine [ˌæləˈbæstrɪn] *adj.* alabastrino
alack [ə'læk] *interj.* infelizmente! ❖ **~ the day!** dia infeliz!
alacrity [ə'lækrɪtɪ] *s.* alacridade; grande animação; vivacidade
Aladdin [ə'lædɪn] *s.antr.* Aladino ❖ *Aladdin's cave* tesouro escondido
aland [ə'lænd] *adv.* em terra
alapeen [ˈæləpiːn] *s.* (tecido) alepina
Alaric [ˈælərɪk] *s.antr.* Alarico
alarm [ə'lɑːm] Ⓐ *s.* **1** alarme, alerta; aviso; **2** sinal, rebate; **3** despertador Ⓑ *v.tr.* **1** alarmar, agitar; **2** dar sinal de alarme; **3** instalar um alarme em ❖ **~ bell** campainha de alarme; **~ clock** despertador; **~ cord** cabo/manípulo do alarme; *burglar* **~** alarme contra roubo; *false* **~** falso alarme; *fire* **~** alarme de incêndio; *low-oil* **~** oleómetro; *radio* **~** rádio despertador; *to raise/sound/ring the* **~** fazer disparar o alarme; tocar a rebate; *to take* **~** alarmar-se
alarming [ə'lɑːmɪŋ] *adj.* **1** alarmante; preocupante; **2** assustador; inquietante
alarmingly [ə'lɑːmɪŋlɪ] *adv.* **1** de modo alarmante; de forma preocupante; **2** assustadoramente
alarmism [ə'lɑːmɪzm] *s.* alarmismo
alarmist [ə'lɑːmɪst] *adj.,s.* alarmista
alarum [ə'lærəm] *s.* [arc.] alarme, rebate
alas [ə'læs, ə'lɑːs] Ⓐ *interj.* ai! ai de mim! Ⓑ *adv.* infelizmente; lamentavelmente ❖ **~ the day!** que dia desgraçado!
Alaska [ə'læskə] *s.top.* Alasca
alate ['eɪleɪt] *adj.* alado
alb [ælb] *s.* (veste clerical) alva
albacore [ˈælbəkɔː] *s.* ZOOLOGIA (peixe) albacora
Alban ['ɔːlbən] *s.antr.* Albano
Albania [æl'beɪnɪə] *s.top.* Albânia
Albanian [æl'beɪnɪən] Ⓐ *adj.* albanês Ⓑ *s.* (língua, pessoa) albanês
albata [æl'beɪtə] *s.* albata
albatross [ˈælbətrɒs] *s.* (*pl.* **-es**) ZOOLOGIA albatroz
albedo [æl'beɪdəʊ] *s.* ASTRONOMIA albedo
albeit [ɔːl'biːɪt] *conj.* embora; se bem que; não obstante
albert [ˈælbət] *s.* corrente de relógio
Albert [ˈælbət] *s.antr.* Alberto
albescent [æl'besnt] *adj.* albescente, alvacento
albespine [ˈælbəspaɪn] *s.* BOTÂNICA espinheiro bravo
Albigensis [ˌælbɪ'dʒensɪz] *s.* Albigenses
Albin ['ælbɪn] *s.antr.* Albino
albinism [ˈælbɪnɪzm] *s.* albinismo
albino [æl'biːnəʊ] *s.* (*pl.* **-s**) albino
albugineous [ˌælbjuː'dʒɪnɪəs] *adj.* albugíneo
albugo [əl'bjuːɡəʊ] *s.* albugo, albugem
album [ˈælbəm] *s.* (música, fotografias, etc.) álbum; *photo* **~** álbum de fotografias
albumen [ˈælbjumɪn] *s.* albume, albúmen
albumin [ˈælbjumɪn] *s.* BIOQUÍMICA albumina
albuminoid [æl'bjuːmɪnɔɪd] *adj.,s.* albuminóide
albuminous [æl'bjuːmɪnəs] *adj.* albuminoso
albuminuria [ˌælbjuːmɪ'njʊərɪə] *s.* MEDICINA albuminúria
albumose [ˈælbjuməʊs] *s.* BIOQUÍMICA albumose
alburnum [æl'bɜːnəm] *s.* BOTÂNICA alburno
Alcaeus [æl'siːəs] *s.* MITOLOGIA Alceu
alcaic [æl'keɪɪk] *adj.* LITERATURA alcaico
alcaics [æl'keɪɪks] *s.pl.* LITERATURA estrofes alcaicas
alcarraza [ˌælkəˈrɑːzə] *s.* (vaso) alcarraza
Alcestis [æl'sestɪs] *s.* LITERATURA, MITOLOGIA Alceste
alchemic [ælˈkemɪk] *adj.* alquímico
alchemical [ælˈkemɪkəl] *adj.* ⇒ **alchemic**
alchemilla [ˌælkɪ'mɪlə] *s.* BOTÂNICA alquemila, pé-de-leão
alchemist [ˈælkəmɪst] *s.* alquimista
alchemize [ˈælkɪmaɪz] *v.tr.* alquimiar; transformar por processos de alquimia; transmutar
alchemy [ˈælkəmɪ] *s.* alquimia
Alcides [ælˈsaɪdiːz] *s.* MITOLOGIA Alcides
Alcmene [ælk'miːnɪ] *s.* MITOLOGIA Alcmena
alcohol [ˈælkəhɒl] *s.* **1** álcool; **2** bebida(s) alcoólica(s) ❖ **~ content** teor alcoólico; **~ fired engine** motor a álcool; **~ soluble** solúvel no álcool; *blood* **~** *level* taxa de alcoolemia; *denatured* **~** álcool desnaturado
alcoholate [ˈælkəhɒlt] *s.* QUÍMICA alcoolato
alcohol-free [ˌælkəhɒl'friː] *adj.* sem álcool ❖ **~ beer** cerveja sem álcool
alcoholic [ˌælkə'hɒlɪk] *adj.,s.* alcoólico ❖ **~ beverage** bebida alcoólica; *Alcoholics Anonymous* Alcoólicos Anónimos
alcoholism [ˈælkəhɒˌlɪzəm] *s.* alcoolismo
alcoholize [ˈælkəhəˌlaɪz] *v.tr.* alcoolizar
alcoholometer [ˌælkəhɔː'lɒmɪtə] *s.* alcoómetro
alcoholometry [ˌælkəhɔː'lɒmətrɪ] *s.* alcoometria
alcopop [ˈælkəpɒp] *s.* refresco de bebida gaseificada com bebida alcoólica
Alcoran [ˌælkɔː'rɑːn] *s.* RELIGIÃO Alcorão
alcove [ˈælkəʊv] *s.* **1** (quarto) alcova; **2** (parede) nicho; **3** (jardim) recanto; casa de fresco
alcoved [ˈælkəʊvd] *adj.* **1** em alcova; **2** em nicho
Aldebaran [æl'debərən] *s.* ASTRONOMIA (estrela da constelação do Touro) Aldebarã
aldehyde [ˈældɪhaɪd] *s.* QUÍMICA aldeído
alder [ˈɔːldə] *s.* BOTÂNICA (árvore) amieiro

...rman ['ɔːldəmən] s. (pl. **-men**) vereador, magistrado municipal ❖ **~ of a ward** corregedor de bairro
aldermanic [ˌɔːldə'mænɪk] adj. próprio de vereador
aldermanly [ˌɔːldə'mənlɪ] adv. com toda a gravidade
aldern ['ɔːldən] adj. de amieiro
Aldersgate ['ɔːldəzgɪt, 'ɔːldəzgeɪt] s. nome de rua em Londres
ale [eɪl] s. cerveja
aleatoric [ˌeɪlɪə'tɒrɪk, ˌælɪ'eɪtərɪk] adj. MÚSICA aleatório; **~ music** música aleatória
aleatory [ˌeɪlɪətərɪ, ˌælɪ'eɪtərɪ] adj. (geral) aleatório
alecost ['eɪlkɒst] s. BOTÂNICA atamásia, erva-de-santa-maria
alee [ə'liː] adj.,adv. NÁUTICA a sotavento; do lado protegido do vento
alegar ['æləgə] s. vinagre de cerveja amarga
alehouse ['eɪlhaʊs] s. 1 [ant.] cervejaria; 2 [arc.] taberna
Alemannic [ˌælɪ'mænɪk] adj.,s. alemânico
alembic [ə'lembɪk] s. alambique
alepine ['ælɪpiːn] s. (tecido) alepina
Aleppo [ə'lepəʊ] s.top. (cidade da Síria) Alepo ❖ BOTÂNICA **~ pine** pinheiro-de-alepo; pinheiro-francês; pinheiro-casquinha
alerion [ə'liːərɪən] s. HERÁLDICA alerião
alert [ə'lɜːt] Ⓐ s. 1 alerta; 2 grito de alerta; alarme Ⓑ adj. 1 alerta; vigilante; 2 de sobreaviso [**to**, em relação a]; 3 consciente [**to**, de]; **to be ~ to the problems ahead** estar consciente dos problemas a enfrentar; 4 vivo; perspicaz Ⓒ v.tr. alertar [**to**, para]; prevenir [**to**, em relação a]; chamar a atenção [**to**, para]; **to ~ the public to the danger of...** alertar as pessoas para o perigo de... ❖ **to be on the ~** estar alerta; **to give the ~** dar o alerta; **to go on full ~** entrar em alerta máximo
alertly [ə'lɜːtlɪ] adv. 1 com atenção; de forma vigilante; 2 com vivacidade
alertness [ə'lɜːtnəs] s. 1 vigilância; 2 vivacidade
aleuron [ə'ljʊərən] s. BOTÂNICA ⇒ **aleurone**
aleurone [ə'ljʊərəʊn] s. BOTÂNICA aleurona
Aleutian [ə'luːʃən] adj. relativo às ilhas Aleútes
A level ['eɪlevl] s. (Inglaterra, Gales, Irlanda do Norte) exame final (em determinada disciplina) para ingresso no Ensino Superior
alewife ['eɪlwaɪf] s. 1 ZOOLOGIA variedade americana de arenque; 2 [arc.] proprietária de cervejaria
Alexander [ˌælɪg'zɑːndə] s.antr. Alexandre
Alexandria [ˌælɪg'zɑːndrɪə] s.top. Alexandria
alexandrine [ˌælɪg'zændrɪn] adj.,s. LITERATURA alexandrino
alexia [ə'leksɪə] s. alexia
alexipharmic [əˌleksɪ'fɑːmɪk] adj. alexifármaco
alfalfa [æl'fælfə] s. BOTÂNICA alfafa, luzerna
Alfonso [æl'fɒnzəʊ] s.antr. Afonso
Alfred ['ælfrɪd] s.antr. Alfredo
alfresco [æl'freskəʊ] adj.,adv. ao ar livre
alg. [abrev. de algebra]
alga ['ælgə] s. (pl. **algae**) alga
algae ['ældʒiː] s. 1 (pl. de **alga**)
algebra ['ældʒɪbrə] s. álgebra
algebraic [ˌældʒɪ'breɪɪk] adj. algébrico ❖ **~ average** média algébrica
algebraical [ˌældʒɪ'breɪɪkəl] adj. ⇒ **algebraic**
algebraically [ˌældʒɪ'breɪɪkəlɪ] adv. algebricamente
algebraist [ˌældʒɪ'breɪɪst] s. algebrista
Algeria [æl'dʒɪərɪə] s.top. Argélia
Algerian [æl'dʒɪərɪən] Ⓐ adj. argelino Ⓑ s. (dialecto, pessoa) argelino
algid ['ældʒɪd] adj. MEDICINA álgido
algidity [æl'dʒɪdɪtɪ] s. algidez
algologist [æl'gɒlədʒɪst] s. algólogo
algology [æl'gɒlədʒɪ] s. algologia
Algonkian [æl'gɒŋkɪən] s. (família de línguas, pessoa) Algonquiano
Algonquian [æl'gɒŋkwɪən] s. (família de línguas, pessoa) Algonquiano
algorism ['ælgəˌrɪzəm] s. [ant.] algoritmo
algorithm ['ælgərɪðm] s. algoritmo
algorithmic [ˌælgə'rɪðmɪk] adj. algorítmico ❖ **~ language** linguagem algorítmica

alias ['eɪlɪəs] Ⓐ adv. aliás Ⓑ s. (pl. **-es**) pseudónimo; nome falso; nome suposto
Ali Baba [ˌælɪ'bɑːbɑː] s.antr. Ali Babá
alibi ['ælɪbaɪ] Ⓐ s. (pl. **-s**) DIREITO álibi; **to plead an ~/to set up an ~** invocar um álibi; **to prove an ~** provar a veracidade do álibi invocado Ⓑ v.tr.,intr. fornecer/proporcionar um álibi [**for**, a]
alicant ['ælɪkænt] s. vinho de Alicante
Alice ['ælɪs] s.antr. Alice
alidad ['ælɪdæd] s. alidade
alidade ['ælɪdeɪd] s. alidade
alien ['eɪlɪən] Ⓐ adj. 1 estrangeiro; 2 estranho [**to**, a]; alheio [**to**, a]; **~ to man's nature** estranho à natureza humana; 3 extraterrestre; **~ beings** seres extraterrestres Ⓑ s. 1 estrangeiro; forasteiro; 2 extraterrestre Ⓒ v.tr. DIREITO alienar ❖ **to be ~ to** ser contrário a; opor-se a; contrastar com
alienability [ˌeɪlɪənə'bɪlɪtɪ] s. alienabilidade
alienable ['eɪlɪənəbəl] adj. alienável
alienage ['eɪlɪənɪdʒ] s. qualidade de estrangeiro
alienate ['eɪlɪəneɪt] v.tr. 1 alienar; 2 fazer perder a estima de; 3 afastar; separar; 4 marginalizar; pôr de parte; 5 DIREITO alienar; transferir o direito de propriedade de
alienation [ˌeɪlɪə'neɪʃən] s. 1 alienação; afastamento; distanciamento; 2 esfriamento de relações; 3 DIREITO alienação; transferência de direito de propriedade; 4 MEDICINA (loucura) alienação
alienator ['eɪlɪəneɪtə] s. alienador
alienee [ˌeɪlɪə'niː] s. DIREITO alienatário, adjudicatário
alienist ['eɪlɪənɪst] s. alienista
aliferous [ə'lɪfərəs] adj. alífero
aliform ['ælɪfɔːm] adj. aliforme
aligerous [ə'lɪdʒərəs] adj. alígero
alight [ə'laɪt] Ⓐ v.tr. (prt. e prt. pass. **-lighted** ou **-lit**) 1 (de meio de transporte) descer [**from**, de]; **to ~ from the train** descer do comboio; 2 (de bicicleta, cavalo, etc.) desmontar [**from**, de]; 3 pousar; aterrar; **to ~ safely on one's feet** cair de pé Ⓑ adj. 1 em chamas; a arder; 2 aceso; 3 iluminado ❖ **to set ~** incendiar; deitar fogo a
◆alight on v.tr. descobrir por acaso; encontrar por acaso
align [ə'laɪn] v.tr.,intr. alinhar(-se) ❖ **to ~ oneself with a faction** apoiar uma facção
alignment [ə'laɪnmənt] s. alinhamento ❖ **in ~ with** alinhado com; **out of ~** desalinhado
ALIGU [abrev. de American Language Institute of Georgetown University]
alike [ə'laɪk] Ⓐ adj. parecido; semelhante; **to be ~** ser parecido Ⓑ adv. da mesma maneira; de forma semelhante; **to dress ~** vestir-se da mesma forma; **to think ~** pensar da mesma forma ❖ **it's all ~ to me** para mim tanto faz; **men and women ~** tanto os homens como as mulheres
aliment ['ælɪmənt] Ⓐ s. 1 pensão alimentar; 2 [form.] alimento Ⓑ v.tr. 1 sustentar; dar pensão alimentar a; 2 [form.] alimentar
alimental [ˌælɪ'mentəl] adj. [form.] nutritivo; alimentício; alimentar
alimentary [ˌælɪ'mentərɪ] adj. alimentar; alimentício ❖ **~ canal** tubo digestivo; **~ endowment** pensão de alimentos
alimentation [ˌælɪmən'teɪʃən] s. alimentação
alimony ['ælɪmənɪ, 'ælɪməʊnɪ] s. (pl. **-ies**) DIREITO pensão de alimentos
aline [ə'laɪn] v.tr.,intr. ⇒ **align**
alineation [əˌlɪnɪ'eɪʃən] s. DIREITO alineação
aliquant ['ælɪkwənt] s. aliquanta
aliquot ['ælɪkwət] adj.,s. 1 alíquota; 2 parte alíquota
alive [ə'laɪv] adj.,adv. 1 vivo; 2 (actividade) cheio de vida; enérgico; 3 (local) animado; a fervilhar; 4 cheio [**with**, de]; **everything was ~ with ants** estava tudo cheio de formigas; 5 sensível [**to**, a]; consciente [**to**, de]; **I'm quite ~ to it** tenho plena consciência disso ❖ **look alive!** despacha-te!; **no man ~** ninguém; **the greatest man ~** a pessoa mais importante da actualidade; **to be ~ and kicking** estar bem vivo; estar cheio de energia
aliveness [ə'laɪvnəs] s. 1 vivacidade; 2 sensibilidade [**to**, a]; consciência [**to**, de]
alizaric [ˌælɪ'zærɪk] adj. QUÍMICA alizárico
alizarin [ə'lɪzərɪn] s. QUÍMICA alizarina
alkahest ['ælkəˌhest] s. (alquimia) alcaeste

alkalescence [ˌælkəˈlesəns] s. QUÍMICA alcalescência
alkalescency [ˌælkəˈlesənsɪ] s. ⇒ **alkalescence**
alkalescent [ˌælkəˈlesənt] adj. QUÍMICA alcalescente
alkali [ˈælkəlaɪ] s. ⟨pl. **-s** ou **-es**⟩ QUÍMICA alcali ❖ ~ *cellulose* celulose alcalina; QUÍMICA ~ *metal* metal alcalino
alkalify [ˈælkəlɪfaɪ] v.tr.,intr. (prt. e part. pass. **-ied**) alcalificar(-se)
alkalimeter [ˌælkəˈlɪmɪtə] s. QUÍMICA alcalímetro
alkaline [ˈælkəlaɪn] adj. QUÍMICA alcalino
alkaline-earth [ˈælkəlaɪnˌɜːθ] adj. QUÍMICA alcalino-terroso; ~ *metals* metais alcalino-terrosos
alkalinity [ˌælkəˈlɪnɪtɪ] s. QUÍMICA alcalinidade
alkalization [ˌælkəlaɪˈzeɪʃən] s. alcalinização
alkalize [ˈælkəlaɪz] v.tr. alcalinizar
alkaloid [ˈælkəlɔɪd] adj.,s. alcalóide
alkalosis [ˌælkəˈləʊsɪs] s. MEDICINA alcalose
alkanet [ˈælkənet] s. BOTÂNICA buglossa, língua-de-vaca
Alkoran [ˌælkɔːˈrɑːn] s. RELIGIÃO Alcorão
all [ɔːl] adj.,adv.,pron.,s. **1** tudo; todo, todos; ~ *of us* todos nós; **2** toda a parte; **3** inteiro; ~ *England* a Inglaterra inteira; **4** a totalidade; **5** inteiramente, completamente; **6** só, apenas; *he was* ~ *smiles* ele era só sorrisos; **7** DESPORTO igual, para cada lado; *three* ~ três-três, três-igual ❖ ~ *alone* completamente sozinho; ~ *along* sempre; desde sempre; desde o princípio; ~ *and sundry* todos; toda a gente; todos sem excepção; ~ *at once* de repente; subitamente; tudo de uma vez; ~ *at sea* completamente confuso; completamente perdido; à nora; ~ *but* quase; ~ *but you* todos menos tu; ~ *by oneself* sozinho; completamente sozinho; sem companhia; sem ajuda; ~ *clear* livre de perigo; permissão; ~ *covet,* ~ *lose* quem tudo quer tudo perde; ~ *day/night long* o dia todo/a noite toda; ~ *in* ~ no fim de contas; no geral; tudo considerado; considerando bem as coisas; ~ *of a sudden* de repente; ~ *of a tremble* todo a tremer; ~ *of you* todos vocês; vocês todos; ~ *over* em/por todo o lado; terminado; ~ *over again* outra vez; ~ *over the place* em/por todo o lado; ~ *round* no geral; ~ *set* pronto; preparado; ~ *that glitters is not gold* nem tudo o que luz é ouro; ~ *the better* tanto melhor; ~ *the same* mesmo assim; ~ *the worse* tanto pior; ~ *told* no total; tudo incluído; [coloq.] *... and* ~ ... e tudo; ... e isso; ... e assim; *for* ~ *(his money)* apesar de (todo o seu dinheiro); *for* ~ *I care* que eu nem me importo; *for* ~ *I know* tanto quanto sei, que eu nem sei; *for good (and all)* para sempre; [coloq.] *he is not quite* ~ *there* ele parece que não regula lá muito bem; *I am* ~ *ears* sou todo ouvidos; *I don't like that at* ~ não gosto nada disso; *I'm* ~ *for...* sou completamente a favor de...; *in* ~ no total; ao todo; *it's* ~ *one to me* é-me indiferente; é a mesma coisa para mim; *it's* ~ *or nothing* é tudo ou nada; *it's* ~ *over* está tudo acabado; acabou tudo; *not at* ~ não tem de quê, de modo nenhum; *on* ~ *fours* de gatas; *once and for* ~ duma vez para sempre; duma vez por todas; [ant.] *one and* ~ todos; *she lost her* ~ ela perdeu tudo quanto tinha; *she was* ~ *in* ~ *to him* ele amava-a mais que tudo; *that is* ~ *but impossible* isso é quase impossível; *that's* ~ *the same to me* é-me indiferente; tanto faz; *that's* ~ *very well, but...* isso é tudo muito bonito, mas...; *that's him* ~ *over* é ele sem tirar nem pôr; [coloq.] *to be* ~ *there* estar em seu juízo perfeito; *when* ~ *comes to* ~ em suma; afinal; no fim de contas; *with* ~ *speed* a toda a velocidade
Allah [ˈælə, ˈɑːlɑː] s. Alá
allantoic [ˌælənˈtɔɪk] adj. alantóideo
allantois [əˈlæntɔɪs] s. ANATOMIA alantóide
allay [əˈleɪ] v.tr. **1** aliviar; acalmar; suavizar; **2** reprimir
allaying [əˈleɪɪŋ] s. alívio
all-clear [ˌɔːlˈklɪə] s. **1** sinal de fim de alerta; sinal de que está tudo bem; **2** permissão; luz verde*fig.*; *I never got the* ~ *to load the truck* nunca obtive permissão para carregar o camião
all-day [ˌɔːlˈdeɪ] adj. durante todo o dia
allegation [ˌælɪˈgeɪʃən] s. alegação
allege [əˈledʒ] v.tr. **1** alegar; **2** declarar, afirmar
alleged [əˈledʒd] adj. **1** alegado; **2** pretenso, suposto
allegedly [əˈledʒɪdlɪ] adv. **1** alegadamente; **2** pretensamente, supostamente
allegiance [əˈliːdʒəns] s. **1** fidelidade [to, a]; lealdade [to, a]; **2** obediência; submissão ❖ *oath of* ~ juramento de fidelidade; *to pledge* ~ *to the flag* fazer juramento de bandeira

allegoric [ˌælɪˈgɒrɪk] adj. ⇒ **allegorical**
allegorical [ˌælɪˈgɒrɪkəl] adj. alegórico
allegorically [ˌælɪˈgɒrɪklɪ] adv. alegoricamente
allegorist [ˈælɪˌgɒrɪst] s. alegorista
allegorize [ˈælɪgəraɪz] v.tr.,intr. alegorizar
allegory [ˈælɪgərɪ, ˈæləgəːrɪ] s. ⟨pl. **-ies**⟩ alegoria
allegretto [ˌælɪˈgretəʊ] adv.,s. MÚSICA alegreto
allegro [əˈlegrəʊ] adv.,s. MÚSICA alegro
allelopathic [əˌliːləˈpæθɪk] adj. alelopático
allelopathy [ˌælɪˈlɒpəθɪ] s. (ecologia) alelopatia
alleluia [ˌælɪˈluːjə] s. aleluia
allemande [ˈæləmænd] s. (música, dança) alemanda
all-embracing [ˌɔːlɪmˈbreɪsɪŋ] adj. abrangente; global
all-encompassing [ˌɔːlɪnˈkʌmpəsɪŋ] adj. abrangente; global
allergen [ˈælədʒen] s. alergénio
allergenic [ˌæləˈdʒenɪk] adj. alergénico
allergic [əˈlɜːdʒɪk] adj. **1** alérgico [to, a]; *an* ~ *reaction* uma reacção alérgica; *I'm* ~ *to cats* sou alérgico a gatos; **2** [coloq.] com aversão [to, a]; com horror [to, a]; **3** incompatível [to, com]
allergist [ˈælədʒɪst] s. MEDICINA alergologista
allergy [ˈælədʒɪ] s. **1** alergia; ~ *to cats* alergia aos gatos; **2** [coloq.] aversão [to, a]; horror [to, a]; **3** [coloq.] incompatibilidade [to, com]
allerion [əˈlɪərɪən] s. HERÁLDICA alerião
alleviate [əˈliːvɪeɪt] v.tr. aliviar; mitigar; suavizar
alleviation [əˌliːvɪˈeɪʃən] s. alívio; conforto
alleviative [əˈliːvɪeɪtɪv] adj. calmante, anódino
alleviator [əˈliːvɪeɪtə] s. pessoa ou coisa que alivia
all-expenses-paid [ˌɔːlɪkˌspensɪzˈpeɪd] adj. com tudo pago; com todas as despesas pagas
alley [ˈælɪ] s. ⟨pl. **-s**⟩ **1** viela, beco; *blind* ~ beco sem saída; **2** (jardim) álea ❖ ~ *cat* gato vadio; *thieves'* ~ esconderijo de ladrões; [EUA] *this job is right up/down my* ~ este emprego é ideal para mim
alleyway [ˈælɪweɪ] s. ruela, viela, beco
All Fools' Day [ˌɔːlˈfuːlzdeɪ] s. Dia dos Enganos (1 de Abril)
All Hallows' Day [ˌɔːlˈhæləʊzdeɪ] s. dia de Todos os Santos
alliaceous [ˌælɪˈeɪʃəs] adj. BOTÂNICA aliáceo
alliance [əˈlaɪəns] s. **1** POLÍTICA aliança [**between**, entre; **with**, com]; *there was an* ~ *between the two countries* havia uma aliança entre os dois países; *they entered into an* ~ *with the USA* eles fizeram uma aliança com os E. U. A.; **2** afinidade; associação ❖ *in* ~ *with* juntamente com
allied [ˈælaɪd] adj. **1** aliado; **2** da mesma família, ordem ou natureza; **3** relacionado; *closely* ~ *industries* indústrias afins
alligator [ˈælɪgeɪtə] s. ZOOLOGIA aligátor
all-important [ˌɔːlɪmˈpɔːtənt] adj. importantíssimo; da mais alta importância
all-in [ˌɔːlˈɪn] adj.,adv. **1** com tudo incluído; €500 ~ €500 com tudo incluído; **2** (cansado) exausto, arrasado ❖ ~ *wrestling* luta livre; ~ *price* preço com tudo incluído
all-inclusive [ˌɔːlɪnˈkluːsɪv] adj. **1** com tudo incluído; **2** (seguro) contra todos os riscos
alliterate [əˈlɪtəreɪt] v.tr.,intr. aliterar
alliteration [əˌlɪtəˈreɪʃən] s. aliteração
alliterative [əˈlɪtərətɪv, əˈlɪtəreɪtɪv] adj. aliterativo
all-night [ˌɔːlˈnaɪt] adj. **1** durante toda a noite; que dura a noite toda; **2** que não fecha à noite ❖ ~ *diner* restaurante aberto toda a noite; ~ *party* festa que dura a noite toda; ~ *service* serviço permanente (durante a noite); CINEMA ~ *showing* sessão contínua (durante a noite)
all-nighter [ˌɔːlˈnaɪtə] s. [coloq.] (estudo, trabalho, divertimento) directa
Allobroges [əˈlɒbrədʒiːz] s.pl. Alóbroges (antiga tribo da Gália)
allocate [ˈæləkeɪt] v.tr. atribuir, fixar, ceder; *to* ~ *duties* atribuir funções; **2** localizar
allocation [ˌæləˈkeɪʃən] s. **1** atribuição, distribuição; **2** verba autorizada; **3** fixação; **4** localização
allocution [ˌæləʊˈkjuːʃən] s. alocução, discurso
allodial [əˈləʊdɪəl] adj. DIREITO alodial

allodium [əˈləʊdɪəm] s. [ant.] alódio
allogamy [əˈlɒgəmɪ] s. alogamia
allograph [ˈæləgrɑːf] s. LINGUÍSTICA alógrafo
allomorph [ˈæləʊmɔːf] s. LINGUÍSTICA alomorfe
allomorphism [æləʊˈmɔːfɪzəm] s. LINGUÍSTICA alomorfismo
allonge [əˈlʌndʒ] s. FINANÇAS apêndice a letra, quando já não há espaço para mais endossos
allopath [ˈæləʊpæθ] s. alopata
allopathic [æləʊˈpæθɪk] adj. alopático
allopathist [æˈlɒpəθɪst] s. alopata
allopathy [əˈlɒpəθɪ] s. alopatia
allophone [ˈæləʊfəʊn] s. LINGUÍSTICA alofone
allot [əˈlɒt] v.tr. (particípios: -tt-) 1 atribuir, distribuir; 2 repartir ❖ *to be allotted sth* receber alguma coisa
allothogenous [æləʊˈθɒdʒɪnəs] adj. alógeno
allotment [əˈlɒtmənt] s. 1 parte; quinhão; 2 atribuição; repartição; distribuição; 3 porção de terra cedida para cultura ❖ MILITAR *~ of pay to* delegação de pagamento de soldo a (pessoa de família); *~ of time* emprego do tempo
allotransplant [æləʊˈtrænsplɑːnt] Ⓐ s. MEDICINA, VETERINÁRIA alotransplante Ⓑ v.tr. MEDICINA, VETERINÁRIA alotransplantar
allotrope [ˈælətrəʊp] s. alótropo
allotropic [æləʊˈtrɒpɪk] adj. alotrópico
allotropism [æˈlɒtrəpɪzəm] s. alotropismo
allotropy [əˈlɒtrəpɪ] s. alotropia
allottable [əˈlɒtəbəl] adj. susceptível de ser repartido, distribuído
allottee [əlɒˈtiː] s. 1 beneficiário; 2 MILITAR parente em quem se delegou o soldo
all-out [ˌɔːlˈaʊt] adj. 1 total, geral; 2 máximo; vigoroso ❖ *~ effort* esforço máximo; *~ strike* greve geral; *~ war* guerra total
all-overish [ˌɔːlˈəʊvərɪʃ] adj. 1 adoentado; *I'm feeling ~* não sei bem o que tenho; não me sinto muito bem; 2 geral; generalizado; evidente
allow [əˈlaʊ] v.tr. 1 (acto) permitir; aprovar; sancionar; 2 admitir; reconhecer; 3 (dinheiro) conceder; *to ~ a discount* conceder um desconto; *to ~ money* conceder dinheiro; 4 [EUA] dizer; opinar ❖ *~ me to* permita-me que; *an allowed fool* um tolo chapado; *to be allowed to* ter autorização para
◆ **allow for** v.tr. 1 (prevenção) contar com; 2 (atenuantes) tomar em consideração; ter em conta; *allowing for the circumstances* tendo em conta as circunstâncias; 3 admitir; *to ~ all possibilities* admitir todas as possibilidades
◆ **allow of** v.tr. admitir
allowable [əˈlaʊəbəl] adj. 1 admissível; permissível; 2 permitido; 3 (impostos) dedutível; *~ expenses* despesas dedutíveis
allowableness [əˈlaʊəbəlnəs] s. 1 admissibilidade; 2 legitimidade
allowably [əˈlaʊəblɪ] adv. 1 de modo admissível; 2 legitimamente
allowance [əˈlaʊəns] Ⓐ s. 1 (dinheiro) pensão, rendimento; 2 mesada, semanada; 3 ajudas de custo; *cost of living ~* ajudas de custo de vida; *entertainment ~* ajudas para despesas de representação; MILITAR *field ~* ajudas de custo (em campanha); *mess ~* ajudas de custo de alimentação; *subsistence ~* ajudas de custo (para alimentação); *travel ~* ajudas de custo (de viagem); 4 permissão, tolerância, concessão, licença; *to make allowances* fazer concessões; 5 desconto; 6 franquia Ⓑ v.tr. 1 estabelecer um subsídio para; conceder um subsídio a; 2 [arc.] racionar ❖ *baggage ~* franquia de bagagem; [ant.] *family ~* abono de família; *marriage ~/married couples ~* abono de casamento; *to make allowances for sb/sth* dar um desconto a alguém/por causa de algo; preparar-se para algo
allowedly [əˈlaʊdlɪ] adv. conforme todos reconhecem; como todos sabem
alloy [əˈlɔɪ, ˈælɔɪ] Ⓐ s. 1 liga (de metais), qualidade (de ouro ou prata); 2 mistura de metal inferior com outro de grande valor; 3 [fig.] mistura; amálgama Ⓑ v.tr. 1 misturar com metal inferior; 2 misturar [with, com]; amalgamar [with, com]; 3 estragar; perturbar; *nothing came to ~ her happiness* não aconteceu nada que lhe perturbasse a felicidade ❖ *~ steel* aço com liga; aço especial

alloyage [əˈlɔɪdʒ] s. liga; mistura
alloyed [əˈlɔɪd] adj. misturado
alloying [əˈlɔɪɪŋ] s. liga, mistura
all-pervading [ˌɔːlpəˈveɪdɪŋ] adj. geral; omnipresente; inescapável
all-powerful [ˌɔːlˈpaʊəfʊl] adj. todo-poderoso
all-purpose [ˌɔːlˈpɜːpəs] adj. multiusos
all right [ˌɔːlˈraɪt] Ⓐ adj. bom; satisfatório; adequado Ⓑ adv. 1 bem; *all right?* está bem?; *things worked out ~* correu tudo bem; 2 mesmo; realmente; *it's true ~* é mesmo verdade, realmente é verdade Ⓒ interj. está bem!
all-risks [ˌɔːlˈrɪsks] adj. contra todos os riscos ❖ *~ insurance* seguro contra todos os riscos
all-round [ˌɔːlˈraʊnd] adj. 1 completo; 2 abrangente; 3 versátil, polivalente; 4 amplo; 5 geral
all-rounder [ˌɔːlˈraʊndə] s. personalidade polifacetada; indivíduo bom em tudo o que faz
All-Saints' Day [ˌɔːlˈseɪntsdeɪ] s. dia de Todos os Santos
All-Souls' Day [ˌɔːlˈsəʊlzdeɪ] s. dia de Finados
allspice [ˈɔːlspaɪs] s. pimenta da Jamaica
all-star [ˌɔːlˈstɑː] adj. de estrelas; *an ~ cast* um elenco de estrelas; *an ~ team* uma equipa de estrelas
all-terrain [ˌɔːltəˈreɪn] adj. (veículos) todo-o-terreno ❖ *~ bike* bicicleta todo-o-terreno; BTT; *~ vehicle* veículo todo-o-terreno
all-time [ˌɔːlˈtaɪm] adj. 1 de todos os tempos, de sempre; 2 inédito; 3 sem precedentes
allude [əˈluːd] v.intr. aludir [to, a]; fazer alusão [to, a]; referir-se indirectamente [to, a]
allure [əˈlʊə] Ⓐ v.tr. tentar; seduzir; atrair; encantar Ⓑ s. atracção; fascínio; encanto
allurement [əˈlʊəmənt] s. atracção; encanto; sedução; tentação
alluring [əˈlʊərɪŋ] adj. 1 sedutor; 2 atractivo; tentador
alluringly [əˈlʊərɪŋlɪ] adv. sedutoramente; de forma tentadora; de forma apelativa
allusion [əˈluːʒən] s. alusão [to, a]
allusive [əˈluːsɪv] adj. alusivo [to, a]
allusively [əˈluːsɪvlɪ] adv. alusivamente
allusiveness [əˈluːsɪvnəs] s. alusividade
alluvial [əˈluːvɪəl] adj. GEOLOGIA aluvial; de aluvião ❖ *~ fan* leque aluvial
alluvion [əˈluːvɪən] s. 1 GEOLOGIA aluvião; 2 inundação
alluvium [əˈluːvɪəm] s. (pl. -ia) 1 GEOLOGIA aluvião; 2 terra, terrenos de aluvião
ally[1] [əˈlaɪ] Ⓐ v.tr. aliar; combinar; unir; *to ~ by marriage* ligar pelo casamento (duas famílias) Ⓑ v.intr. aliar-se [to/with, a]; associar-se [to/with, a]; unir-se [to/with, a]
ally[2] [ˈælaɪ] s. (pl. -ies) 1 aliado; confederado; 2 bola de mármore ou alabastro usada em determinados jogos ❖ *the Allies* os Aliados
allyl [ˈælɪl] s. QUÍMICA alilo
alma [ˈælmə] s. (dançarina) almeia
almagest [ˈælməˌdʒest] s. almagesto
almah [ˈælmə] s. (dançarina) almeia
Alma Mater [ˌælməˈmeɪtə, ˌælməˈmɑːtə] s. alma-máter, universidade onde se estudou
almanac [ˈɔːlmənæk] s. almanaque
almandite [ˈælmənˌdaɪt] s. MINERALOGIA almandina, almandite
almeh [ˈælmeɪ] s. (dançarina) almeia
almightily [ɔːlˈmaɪtɪlɪ] adv. omnipotentemente
almightiness [ɔːlˈmaɪtɪnəs] s. omnipotência
almighty [ɔːlˈmaɪtɪ] Ⓐ adj. 1 omnipotente; todo-poderoso; RELIGIÃO *the ~ God* Deus Todo-Poderoso; 2 [coloq.] enorme Ⓑ adv. [coloq.] poderosamente; estupendamente Ⓒ s. *the ~* o Todo-Poderoso
almond [ˈɑːmənd] s. 1 amêndoa; 2 BOTÂNICA amendoeira; 3 ZOOLOGIA pombo «tumbler»; 4 ANATOMIA [ant.] amígdala ❖ *~ eyes* olhos amendoados; [GB] *~ paste* massapão; *~ tree* amendoeira; *bitter ~* amêndoa amarga; *sweet ~* amêndoa doce; *sweet ~ oil* óleo de amêndoa doce
almoner [ˈɑːmənə] s. 1 [ant.] (hospital) assistente social; 2 [arc.] funcionário real encarregado da distribuição de esmolas

almost [ˈɔːlməʊst] adv. quase; praticamente ❖ ~ *always* quase sempre; ~ *certainly* quase de certeza

alms [ɑːmz, ɑːlmz] s.pl. [ant.] esmola, esmolas ❖ ~ *box* caixa de esmolas

almshouse [ˈɑːmzhaʊs, ˈɑːlmzhaʊs] s. [ant.] lar; casa de caridade; abrigo para os desfavorecidos

almsman [ˈɑːmzmən, ˈɑːlmzmən] s. ⟨pl. **-men**⟩ pedinte; mendigo

aloe [ˈæləʊ] s. aloés

aloetic [æləʊˈetɪk] adj.,s. aloético

aloft [əˈlɒft] adj.,adv. **1** em cima; ao alto; **2** no ar; no céu; **3** NÁUTICA nos mastros

alone [əˈləʊn] Ⓐ adj. só, sozinho, solitário; *all* ~ completamente só Ⓑ adv. **1** somente; apenas; *he* ~ *knows the answer* somente ele sabe a resposta; **2** sozinho; *I can do it* ~ eu faço isso sozinho ❖ *better* ~ *than in bad company* mais vale só que mal acompanhado; *he* ~ *can do it* só ele é que é capaz de fazer isso; *leave me alone!* deixa-me em paz!; *leave well* ~ o óptimo é inimigo do bom; *let* ~ muito menos; quanto mais

aloneness [əˈləʊnnəs] s. **1** unicidade, singularidade; **2** solidão

along [əˈlɒŋ] adv.,prep. **1** ao longo de; **2** com; **3** para diante ❖ ~ *the road* pela estrada fora; ~ *with* juntamente com; *all* ~ o tempo todo; *all* ~ *the line* em toda a linha; *come along!* anda também!; *get* ~ *with you!* põe-te a andar!; *how are you getting along?* como vai você?; *I don't get* ~ *very well with them* não me dou lá muito bem com eles; *I knew it all* ~ eu sempre soube; *it's all* ~ *of your brother* é tudo por causa do teu irmão; *it's coming* ~ *fine!* está a correr bem!

alongshore [əˌlɒŋˈʃɔə, əˌlɒŋˈʃɔː] adv. **1** ao longo da praia; **2** na praia; **3** junto à praia

alongside [əˌlɒŋˈsaɪd] Ⓐ prep. **1** ao lado de; junto a; perto de; *she stood* ~ *of me* ela caminhava a meu lado; **2** (situação) juntamente com; **3** NÁUTICA encostado a; atracado a Ⓑ adv. **1** (coisas) lado a lado; ao lado; **2** (pessoas) em colaboração; em conjunto; *we must work* ~ temos de trabalhar em conjunto

aloof [əˈluːf] Ⓐ adj. **1** reservado; distante; **2** ausente Ⓑ adv.,prep. **1** à parte; **2** longe; à distância; **3** NÁUTICA ao largo ❖ *to keep* ~ *from sth* manter a distância em relação a algo; *to remain* ~/*to hold oneself* ~ não se envolver; não interferir; conservar-se à distância

aloofness [əˈluːfnəs] s. **1** separação, distância; **2** reserva; carácter reservado

alopecia [ˌæləˈpiːʃə] s. alopecia, calvície

aloud [əˈlaʊd] adv. **1** em voz alta; *to read* ~ ler em voz alta; **2** alto

alow [əˈləʊ] adv. NÁUTICA na parte mais baixa do navio

alpaca [ælˈpækə] s. **1** ZOOLOGIA alpaca; **2** lã de alpaca

alpenhorn [ˈælpənˌhɔːn] s. buzina dos Alpes

alpenstock [ˈælpənˌstɒk] s. alpenstock, pau ferrado dos alpinistas

alpha [ˈælfə] s. alfa ❖ ~ *rays* raios alfa

alphabet [ˈælfəbet] s. alfabeto; abecedário ❖ ~ *soup* sopa de letras

alphabetic [ˌælfəˈbetɪk] adj. ⇒ **alphabetical**

alphabetical [ˌælfəˈbetɪkəl] adj. alfabético ❖ *in* ~ *order* por ordem alfabética; *to put in* ~ *order* ordenar alfabeticamente

alphabetically [ˌælfəˈbetɪkəlɪ] adv. alfabeticamente; por ordem alfabética

alphabetise [ˈælfəbɪtaɪz] v.tr. ⇒ **alphabetize**

alphabetization [ˌælfəbɪtaɪˈzeɪʃən] s. alfabetação

alphabetize [ˈælfəbətaɪz, ˈælfəbɪtaɪz] v.tr. colocar por ordem alfabética; alfabetar

alphameric [ˌælfəˈmerɪk] adj. ⇒ **alphanumeric**

alphanumeric [ˌælfənʊˈmerɪk] adj. alfanumérico

alphanumerical [ˌælfənʊˈmerɪkəl] adj. ⇒ **alphanumeric**

Alphonso [ælˈfɒnzəʊ] s.antr. Afonso

alpia [ˈælpɪə] s. BOTÂNICA alpista

alpine [ˈælpaɪn] adj. **1** alpino; dos Alpes; **2** (clima, paisagem, etc.) alpestre; semelhante ao dos Alpes ❖ ~ *climbing* montanhismo; alpinismo; ~ *hut* abrigo de montanha

Alpine [ˈælpaɪn] adj. alpino; dos Alpes

alpinism [ˈælpaɪnɪzm] s. DESPORTO alpinismo

alpinist [ˈælpaɪnɪst] s. alpinista

already [ɔːlˈredɪ] adv. já; *he's* ~ *left* já se foi embora ❖ (impaciência) *that's enough already!* já chega!

alright [ɔːlˈraɪt] adj.,adv.,interj. ⇒ **all right**

ALS Ⓐ [abrev. de Autograph Letter Signed] Ⓑ [abrev. de Automated Library System]

Alsace [ælsæs] s.top. Alsácia

Alsatian [ælˈseɪʃən] Ⓐ adj. alsaciano; da Alsácia Ⓑ s. **1** (pessoa) alsaciano; **2** [GB] ZOOLOGIA pastor-alemão ❖ ZOOLOGIA (cão) ~ *wolf dog* lobo d'alsácia

also [ˈɔːlsəʊ] adv. também, igualmente; além disso ❖ *not only... but also...* não só... mas também...

also-ran [ˈɔːlsəʊræn] s. ⟨pl. **-s**⟩ **1** concorrente não classificado nos lugares da frente; **2** participante de pouca importância; **3** falhado; perdedor nato; **4** desconhecido; zé-ninguém; pessoa insignificante

alt [ælt, ɑːlt] s. MÚSICA alto ❖ *in* ~ exaltado; entusiasmado

Altaic [ælˈteɪɪk] adj.,s. altaico

altar [ˈɔːltə] s. altar ❖ ~ *boy*/~ *server* jovem acólito; ~ *cloth* toalha de altar; ~ *rail* gradeamento de altar; ~ *stone* pedra de altar; pedra de ara; *high* ~ altar-mor; [ant.] (casamento) *to lead sb to the* ~ levar alguém ao altar; *to raise sb to the altars of the church* canonizar alguém

altarpiece [ˈɔːltəpiːs] s. retábulo

altarwise [ˈɔːltəwaɪz] adv. à maneira dum altar

altazimuth [ælˈtæzɪməθ] s. ASTRONOMIA altazimute

alter [ˈɔːltə] Ⓐ v.tr. **1** alterar; mudar; *to* ~ *the time* mudar a hora; **2** (peça de roupa) ajustar; **3** [EUA] (animal doméstico) castrar Ⓑ v.intr. alterar-se; modificar-se ❖ *to* ~ *for the better* melhorar; mudar para melhor; *to* ~ *for the worse* piorar; mudar para pior

alter ego [ˌɑːltərˈiːgəʊ] s. alter ego

alterable [ˈɔːltrəbəl] adj. alterável; modificável

alterant [ˈɔːltərənt] adj.,s. que ou o que altera

alteration [ˌɔːltəˈreɪʃən] s. alteração; modificação; mudança

alterative [ˈɔːltərətɪv] Ⓐ adj. alterativo, que tende a alterar Ⓑ s. medicamento ou tratamento médico que altera o processo digestivo

altercate [ˈɔːltəkeɪt] v.intr. altercar

altercation [ˌɔːltəˈkeɪʃən] s. altercação

alternant [ɔːlˈtɜːnənt] Ⓐ adj. alternante Ⓑ s. quantidade alternante

alternate[1] [ˈɔːltəneɪt] v.intr. **1** alternar(-se) [**with**, com]; **2** suceder(-se) em alternância; **3** revezar-se [**with**, com]; *we will* ~ nós revezamo-nos; **4** oscilar [**between**, entre]

alternate[2] [ɔːlˈtɜːnɪt] adj. **1** alternado; **2** alternativo; **3** BOTÂNICA, GEOMETRIA alterno; ~ *angle* ângulo alterno; **4** LITERATURA (rima) cruzado ❖ *on* ~ *days* dia sim, dia não; em dias alternados

alternately [ɔːlˈtɜːnətlɪ] adv. **1** alternadamente; à vez; em alternância [**with**, com]; **2** em alternativa; alternativamente

alternateness [ɔːlˈtɜːnɪtnəs] s. alternância

alternating [ˈɔːltəneɪtɪŋ] adj. alterno ❖ ELECTRICIDADE ~ *current* corrente alterna

alternation [ˌɔːltəˈneɪʃən] s. **1** alternância; **2** alternativa

alternative [ɔːlˈtɜːnətɪv] Ⓐ adj. **1** alternativo; **2** mutuamente exclusivos; **3** LÓGICA disjuntivo Ⓑ s. alternativa; opção; escolha; *to have no* ~ não ter alternativa ❖ ~ *forms of energy* formas de energia alternativa; ~ *medicine* medicina alternativa; *an* ~ *proposal* uma contraproposta

alternatively [ɔːlˈtɜːnətɪvlɪ] adv. em alternativa; em vez disso; alternativamente; ou então

alternator [ˈɔːltəneɪtə] s. ELECTRICIDADE alternador

although [ɔːlˈðəʊ] conj. embora; se bem que; ainda que

altimeter [ˈæltɪˌmiːtə] s. altímetro

altimetry [ælˈtɪmɪtrɪ] s. altimetria

altitude [ˈæltɪtjuːd] s. **1** altitude; *at high* ~ a grande altitude; *at low* ~ a baixa altitude; **2** GEOMETRIA altura; ~ *of a triangle* altura dum triângulo; **3** eminência ❖ MEDICINA ~ *sickness* mal das montanhas; mal da altitude; *to be in one's* ~ estar com um grão na asa

altitudinal [ˌæltɪˈtjuːdɪnəl] adj. altitudinal

alto ['æltəʊ] s. (pl. **-s**) 1 MÚSICA contralto; 2 MÚSICA (instrumento) alto ❖ **~ clef** clave de contralto
altogether [ɔːltə'geðə] Ⓐ adv. 1 (soma) ao todo; *it's nine pounds ~* são nove libras ao todo; 2 (situação, conceito) completamente; *it is ~ out of the question* isso está completamente fora de questão; *that is sth different ~* isso é algo completamente diferente; 3 no geral Ⓑ s. [arc.] todo; *an ~* um todo ❖ [coloq.] *in the ~* todo nu; *not ~* de forma alguma
alto-relievo [ˌæltəʊrɪˌliːəvəʊ] s. alto-relevo
altricial [æl'trɪʃəl] adj. ZOOLOGIA (aves, mamíferos) nidícola, altricial
altruism ['æltruːzəm] s. altruísmo
altruist ['æltruɪst] s. altruísta
altruistic [ˌæltru'ɪstɪk] adj. altruísta
altruistically [ˌæltru'ɪstɪkəlɪ] adv. duma maneira altruísta
alum ['æləm] Ⓐ s. MINERALOGIA alúmen, alume Ⓑ v.tr. aluminar, deitar alúmen em ❖ **~ stone** aluminite; pedra-ume
alumina [ə'luːmɪnə] s. QUÍMICA alumina
aluming ['æləmɪŋ] s. aluminagem
aluminium [ˌælə'mɪnɪəm] s. [GB] QUÍMICA (elemento químico) alumínio ❖ **~ base alloy** liga à base de alumínio; **~ coat** revestimento de alumínio; **~ finish** acabamento em alumínio; **~ foil** papel de alumínio; **~ tubing** tubagem de alumínio
aluminous [ə'luːmɪnəs] adj. aluminoso
aluminum [ə'luːmɪnəm] s. [EUA] ⇒ **aluminium**
alumna [ə'lʌmnə] s.f. (pl. **-ae**) antiga aluna, ex-aluna
alumnae [ə'lʌmniː] s. {pl. de **alumna**}
alumni [ə'lʌmnaɪ] s. {pl. de **alumnus**}
alumnus [ə'lʌmnəs] s. (pl. **-ni**) antigo aluno, ex-aluno
alveolar [ælvɪ'əʊlə] Ⓐ adj. ANATOMIA, LINGUÍSTICA alveolar Ⓑ s. LINGUÍSTICA (fonética) alveolar ❖ **~ ridge** arcada alveolar
alveole ['ælvɪəʊl] s. ⇒ **alveolus**
alveolus [ˌælvɪ'əʊləs] s. (pl. **-oli**) alvéolo
alvine ['ælvaɪn] adj. alvino; relativo ao ventre ou aos intestinos
always ['ɔːlweɪz, 'ɔːlwɪz] adv. sempre ❖ **as ~** como sempre; **for ~** para sempre; **nearly ~** quase sempre
Alzheimer's ['æltzhaɪməz] s.m. MEDICINA (doença de) Alzheimer; **~ disease** doença de Alzheimer; **~ patient** doente com Alzheimer
am ['æm, 'əm, 'm] 1.ª pes. sing. pres. ind. de **to be**
a.m. Ⓐ [abrev. de ante meridiem] Ⓑ adv. da manhã; *it's 4 ~* são quatro da manhã
Am QUÍMICA [símbolo de americium]
AM Ⓐ [abrev. de Artium Magister (Master of Arts)] Ⓑ [abrev. de Air Ministry] Ⓒ [abrev. de Albert Medal] Ⓓ [abrev. de Anno Mundi (in the year of the world)]
amadou ['æmaduː] s. nome dum fungo (*Polyporus fomentarius*)
amain [ə'meɪn] adv. 1 [lit.] veementemente; fortemente; 2 a toda a pressa
amalgam [ə'mælgəm] s. 1 amálgama; mistura; fusão; 2 (dentes cariados) amálgama; massa
amalgamate[1] [ə'mælgəmeɪt] v.intr. amalgamar(-se) [**with**, com]; combinar(-se) [**with**, com]; fundir(-se) [**with**, com]
amalgamate[2] [ə'mælgəmɪt] adj. amalgamado
amalgamation [əˌmælgə'meɪʃən] s. 1 amálgama [**of**, de]; mistura [**of**, de]; fusão [**of**, de]; **~ of sounds** amálgama de sons; 2 (etnias) miscigenação
amalgamator [ə'mælgəmeɪtə] s. amalgamador
amanita [ˌæmə'naɪtə] s. BOTÂNICA amanita
amanuenses [əˌmænju'ensiːz] s. {pl. de **amanuensis**}
amanuensis [əˌmænju'ensɪs] s. (pl. **-ses**) amanuense
amarant ['æmərænt] s. (pl. **-s**) ⇒ **amaranth**
amaranth ['æmərænθ] s. (pl. **-s**) BOTÂNICA amaranto
amaranthine [ˌæmə'rænθaɪn] adj. 1 (cor) amarantino, vermelho purpurino; 2 amarantáceo; 3 imortal; imarcescível
amaryllis [ˌæmə'rɪlɪs] s. BOTÂNICA amarílis, amarílide
amass [ə'mæs] v.tr. juntar; acumular; amontoar; reunir
amateur ['æmətʊə, 'æmətə] s. amador ❖ **~ dramatics** teatro amador; **~ photographer** fotógrafo amador; **~ player** jogador amador
amateurish [ˌæmə'tʃʊərɪʃ, 'æmətərɪʃ] adj. de amador, de diletante; pouco profissional, pouco sério
amateurishly [ˌæmə'tʃʊərɪʃlɪ, 'æmətərɪʃlɪ] adv. 1 como amador; 2 diletantemente
amateurishness [ˌæmə'tʃʊərɪʃnəs, 'æmətərɪʃnəs] s. 1 amadorismo; 2 diletantismo
amateurism ['æmətʃʊərɪzəm] s. 1 amadorismo; 2 diletantismo
amative ['æmətɪv] adj. amativo, propenso para o amor
amativeness ['æmətɪvnəs] s. amatividade
amatol ['æmətɒl] s. (explosivo) amatol
amatory ['æmətərɪ, 'æmətɔːrɪ] adj. 1 amatório; 2 erótico ❖ **~ potion** filtro amatório
amaurosis [ˌæmɔː'rəʊsɪs] s. (oftalmologia) amaurose
amaurotic [ˌæmɔː'rɒtɪk] adj. amaurótico
amaze [ə'meɪz] Ⓐ v.tr. surpreender; espantar; encher de pasmo; assombrar; confundir Ⓑ s. [poét.] assombro, espanto, admiração
amazed [ə'meɪzd] adj. 1 espantado [**at/by**, com]; pasmado [**at/by**, com]; *I was ~ at his calmness* fiquei pasmado com a calma dele; 2 encantado, maravilhado [**at/by**, com]; *he stood there ~ at the sight* ele ficou para ali, maravilhado com a paisagem
amazedly [ə'meɪzdlɪ] adv. cheio de assombro
amazedness [ə'meɪzdnəs] s. assombro; espanto; estupefacção
amazement [ə'meɪzmənt] s. assombro; espanto; estupefacção ❖ **to be in ~** estar pasmado; **to my ~** para meu espanto
amazing [ə'meɪzɪŋ] adj. 1 assombroso; espantoso; 2 extraordinário; incrível; 3 (excelente) estupendo; fantástico; fabuloso; *an ~ film* um filme fantástico
amazingly [ə'meɪzɪŋlɪ] adv. 1 assombrosamente, espantosamente; 2 extraordinariamente; 3 estupendamente
Amazon ['æməzən] Ⓐ s. MITOLOGIA amazona Ⓑ s.top. (rio) Amazonas ❖ **~ stone** amazonite; *the ~ rainforest* a floresta amazónica; *the ~ river* o rio Amazonas
Amazonian [ˌæmə'zəʊnɪən] adj. amazónico
amazonite ['æməzəˌnaɪt] s. MINERALOGIA amazonite
ambages [æm'beɪdʒɪz] s.pl. ambages
ambassador [æm'bæsədə] s. embaixador ❖ (itinerância) **~ large** embaixador extraordinário; **Welsh ~** cuco
ambassadorial [æmˌbæsə'dɔːrɪəl] adj. de embaixador; relativo a embaixador
ambassadress [æm'bæsədrɪs] s.f. embaixatriz
amber ['æmbə] Ⓐ s. 1 âmbar; 2 semáforo amarelo; (semáforos) *the lights are at ~* está amarelo Ⓑ adj. 1 ambarino, cor de âmbar; 2 de âmbar; 3 (semáforo) amarelo ❖ ZOOLOGIA **~ fish** peixe do género seríola; **~ light** semáforo amarelo
ambergris ['æmbəˌgriːs] s. âmbar cinzento
amberjack ['æmbəˌdʒæk] s. ZOOLOGIA peixe do género seríola
ambiance ['æmbɪəns] s. ⇒ **ambience**
ambidexter [ˌæmbɪ'dekstə] s. 1 ambidextro; 2 pessoa falsa, de má-fé; 3 [coloq.] o que joga com pau de dois bicos
ambidexterity [ˌæmbɪdek'sterɪtɪ] s. 1 ambidextria; 2 [fig.] habilidade; 3 [fig.] duplicidade (de comportamento)
ambidextrous [ˌæmbɪ'dekstrəs] adj. 1 ambidextro; 2 [fig.] hábil; 3 [fig.] falso; hipócrita
ambidextrousness [ˌæmbɪ'dekstrəsnəs] s. 1 ambidextria; 2 [fig.] habilidade; 3 [fig.] falsidade
ambidextrousnessly [ˌæmbɪ'dekstrəsnɪslɪ] adv. 1 de modo ambidextro; 2 [fig.] habilmente; 3 [fig.] falsamente
ambience ['æmbɪəns] s. ambiente; atmosfera; ambiência
ambient ['æmbɪənt] adj. ambiente; ambiental; **~ temperature** temperatura ambiente ❖ MÚSICA **~ music** música ambiental
ambiguity [ˌæmbɪ'gjuːətɪ] s. (pl. **-ies**) ambiguidade
ambiguous [æm'bɪgjʊəs] adj. ambíguo
ambiguously [æm'bɪgjʊəslɪ] adv. ambiguamente
ambiguousness [æm'bɪgjʊəsnəs] s. ambiguidade
ambilingual [ˌæmbɪ'lɪŋgwəl] adj.,s. bilingue, que domina igualmente duas línguas
ambisexual [ˌæmbɪ'seksjʊəl] adj. 1 ambissêxuo; 2 bissexual; 3 unissexo
ambit ['æmbɪt] s. âmbito; extensão; limites ❖ **within the ~ of** no âmbito de
ambition [æm'bɪʃən] s. 1 ambição; *a man of ~* um homem ambicioso; 2 sonho; aspiração; *that is my only ~* é essa a minha única aspiração

ambitious [æmˈbɪʃəs] *adj.* ambicioso; *an ~ plan* um projecto ambicioso
ambitiously [æmˈbɪʃəslɪ] *adv.* ambiciosamente
ambitiousness [æmˈbɪʃəsnəs] *s.* ambição
ambivalence [æmˈbɪvələns] *s.* 1 ambivalência; 2 incerteza
ambivalent [æmˈbɪvələnt] *adj.* ambivalente
ambiversion [ˌæmbɪˈvɜːʃən, ˌæmbɪˈvɜːʒən] *s.* PSICOLOGIA ambiversão
ambivert [ˈæmbɪvɜːt] *adj.,s.* PSICOLOGIA ambivertido
amble [ˈæmbəl] Ⓐ *v.intr.* 1 (cavalo) andar a furta-passo; 2 andar à vontade, sem pressas; andar tranquilamente Ⓑ *s.* 1 furta-passo; 2 andar vagaroso e tranquilo ❖ *to ~ along* ir devagar; *to ~ in/out* entrar/sair devagar
ambler [ˈæmblə] *s.* 1 cavalo que anda a furta-passo; 2 pessoa que passeia à vontade, sem objectivo
ambling [ˈæmblɪŋ] Ⓐ *adj.* que vai a furta-passo Ⓑ *s.* furta-passo
amblyopia [ˌæmblɪˈəʊpɪə] *s.* MEDICINA ambliopia
amblyopic [ˌæmblɪˈɒpɪk] *adj.* MEDICINA amblíope
ambo [ˈæmbəʊ] *s.* (*pl.* **-bos** ou **-bones**) ambão, púlpito nas primitivas igrejas cristãs
ambrette [æmˈbret] *s.* BOTÂNICA ambreta
ambroid [æmˈbrɔɪd] *s.* ambroína
Ambrose [ˈæmbrəʊz] *s.antr.* Ambrósio
ambrosia [æmˈbrəʊzɪə] *s.* ambrosia
ambrosial [æmˈbrəʊzɪəl] *adj.* 1 ambrosíaco; 2 delicioso
ambrosially [æmˈbrəʊzɪəlɪ] *adv.* 1 de modo ambrosíaco; 2 deliciosamente
ambrosian [æmˈbrəʊzɪən] *adj.* ambrosiano
ambry [ˈæmbrɪ] *s.* (*pl.* **-ies**) 1 [arc.] despensa; 2 nicho na parede (em igreja); 3 armário
ambulacrum [ˌæmbjʊˈlækrəm] *s.* (*pl.* **-ra**) ambulacro
ambulance [ˈæmbjʊləns] *s.* ambulância
ambulant [ˈæmbjʊlənt] *adj.* 1 ambulante; 2 MEDICINA (doença) ambulatório; ambulativo; *~ typhoid fever* tifo ambulatório
ambulate [ˈæmbjʊleɪt] *v.intr.* deambular
ambulation [ˌæmbjʊˈleɪʃən] *s.* deambulação
ambulatory [ˌæmbjʊˈleɪtərɪ, ˈæmbjʊlətərɪ] Ⓐ *adj.* ambulatório, ambulante Ⓑ *s.* (corredor, claustro) deambulatório
ambuscade [ˈæmbəsˌkeɪd] Ⓐ *s.* [lit.] emboscada Ⓑ *v.tr.,intr.* [lit.] estar de emboscada; armar uma emboscada a
ambush [ˈæmbʊʃ] Ⓐ *s.* emboscada; cilada Ⓑ *v.tr.,intr.* 1 armar uma emboscada a; 2 emboscar-se ❖ *in ~* emboscado; *to be ambushed* cair numa emboscada; *to make an ~/to lay an ~* fazer uma emboscada
AMDG [*abrev. de* ad majorem Dei gloriam]
ameer [əˈmɪə] *s.* emir
Amelia [əˈmiːlɪə] *s.antr.* Amélia
ameliorate [əˈmiːlɪəreɪt] *v.tr.,intr.* [form.] melhorar; aperfeiçoar(-se)
ameliorating [əˈmiːlɪəreɪtɪŋ] *adj.* [form.] que melhora
amelioration [əˌmiːlɪəˈreɪʃən] *s.* [form.] melhoramento; aperfeiçoamento
ameliorative [əˈmiːlɪəreɪtɪv] *adj.* [form.] que melhora, que aperfeiçoa
ameliorator [əˈmiːlɪəreɪtə] *s.* adubo, melhoramento (de terrenos)
amen [eɪˈmen, ɑːˈmen] *interj.* ámen
amenability [əˌmiːnəˈbɪlɪtɪ] *s.* 1 receptividade; 2 responsabilidade; 3 sujeição
amenable [əˈmiːnəbəl] *adj.* 1 receptivo; 2 responsável; *~ to the law* responsável perante a lei; 3 dócil, submisso; *~ child* criança dócil ❖ *~ to reason* razoável
amenableness [əˈmiːnəbəlnəs] *s.* 1 receptividade; 2 responsabilidade; 3 sujeição [**to**, a]; 4 docilidade
amenably [əˈmiːnəblɪ] *adv.* 1 de forma receptiva; 2 docilmente, submissamente
amend [əˈmend] *v.tr.,intr.* 1 corrigir-se, emendar-se; 2 (saúde) melhorar; 3 corrigir; emendar; reformar ❖ *they were advised to ~ their way of living* aconselharam-nos a mudar de vida; *what is done cannot be amended* o que está feito não tem remédio
amendable [əˈmendəbəl] *adj.* corrigível, susceptível de emenda
amendatory [əˈmendətərɪ] *adj.* DIREITO correctivo

amende honorable [əˌmend ˈɒnərəbəl] *s.* 1 confissão pública de agravos, injúrias ou ofensas contra terceiros; 2 pena infamante
amendment [əˈmendmənt] *s.* 1 correcção, emenda; *an ~ to the minute* uma emenda à acta; *to table an ~* propor uma emenda; 2 modificação; 3 revisão; *a constitutional ~* uma revisão constitucional
amends [əˈmendz] *s.pl.* 1 reparação; 2 compensação; 3 indemnização ❖ *to make ~* corrigir um erro; *to make ~ for* remediar; consertar; compensar; desculpar
amenity [əˈmenɪtɪ, əˈmiːnɪtɪ] *s.* (*pl.* **-ies**) 1 amenidade; 2 afabilidade; 3 local de lazer; 4 (em instalações) equipamento; comodidade; *hotel amenities* equipamentos de hotel; 5 *pl.* encantos; 6 *pl.* amabilidades; 7 *pl.* comodidades
amenorrhoea [ˌeɪmenəˈriːə] *s.* MEDICINA amenorreia
ament [əˈment] *s.* 1 BOTÂNICA amentilho; 2 idiota nato
amentaceous [ˌæmənˈteɪʃəs] *adj.* BOTÂNICA amentáceo
amentia [əˈmenʃə] *s.* amência, idiotia congénita
amentum [əˈmentəm] *s.* 1 BOTÂNICA amentilho; 2 idiota nato
amerce [əˈmɜːs] *v.tr.* [arc.] multar, punir, confirmar, infligir (como castigo)
amercement [əˈmɜːsmənt] *s.* [arc.] multa, punição
America [əˈmerɪkə] *s.top.* 1 (continente) América; 2 (país) Estados Unidos da América, América
American [əˈmerɪkən] Ⓐ *adj.* 1 americano; 2 da América; 3 dos Estados Unidos da América do Norte Ⓑ *s.* americano ❖ *~ dream* sonho americano; *~ English* Inglês americano; DESPORTO *~ football* futebol americano; [EUA] (hotelaria) *~ plan* pensão completa
Americana [əˌmerɪˈkɑːnə] *s.* objectos ou documentos do património norte-americano
americanism [əˈmerɪkənɪzəm] *s.* americanismo
americanization [əˌmerɪkənaɪˈzeɪʃən] *s.* americanização
americanize [əˈmerɪkənaɪz] *v.tr.* americanizar
americium [ˌæməˈrɪsɪəm, ˌæməˈrɪʃɪəm] *s.* QUÍMICA (elemento químico) amerício
Amerindian [ˌæməˈrɪndɪən] *adj.,s.* ameríndio
amethyst [ˈæməθɪst] Ⓐ *s.* 1 MINERALOGIA ametista; 2 (cor) azul arroxeado Ⓑ *adj.* 1 de ametista; 2 (cor) azul-arroxeado
amethystine [ˌæməˈθɪstaɪn] *adj.* ametístico
ametropia [ˌæmɪˈtrəʊpɪə] *s.* MEDICINA (oftalmologia) ametropia
AMF [*abrev. de* Allied Command Europe Mobile Force]
Amgot [*abrev. de* Allied Military Government of Occupied Territory]
Amharic [æmˈhærɪk] Ⓐ *adj.* amárico Ⓑ *s.* (língua) amárico
amiability [ˌeɪmɪəˈbɪlɪtɪ] *s.* afabilidade; amabilidade; bonomia
amiable [ˈeɪmɪəbəl] *adj.* afável; amável; agradável
amiableness [ˈeɪmɪəbəlnəs] *s.* afabilidade; amabilidade; bonomia
amiably [ˈeɪmɪəblɪ] *adv.* afavelmente; amavelmente; com bonomia
AMIAE [*abrev. de* Associate Member of Institute of Automobile Engineers]
amicability [ˌæmɪkəˈbɪlɪtɪ] *s.* 1 carácter amigável; 2 afecto, amizade
amicable [ˈæmɪkəbəl] *adj.* 1 pacífico; amigável; 2 afável; amável; 3 bem-disposto ❖ *~ settlement* acordo amigável
amicableness [ˈæmɪkəbəlnəs] *s.* 1 carácter amigável; 2 afecto, amizade
amice [ˈæmɪs] *s.* amicto, murça
AMICE [*abrev. de* Associate Member of the Institute of Civil Engineers]
amid [əˈmɪd] *prep.* entre; no meio de; pelo meio de
amide [ˈæmaɪd] *s.* amido
amidin [ˈæmɪdɪn] *s.* QUÍMICA amidina
amidships [əˈmɪdʃɪps] *adv.* de través; no meio dum navio
amidst [əˈmɪdst] *prep.* entre; no meio de; pelo meio de
AMIEE [GB] [*abrev. de* Associate Member of the Institute of Electrical Engineers]
AMIMechE [*abrev. de* Associate Member of the Institution of Mechanical Engineers]
amine [ˈæmaɪn] *s.* QUÍMICA amina
aminoacid [əˌmiːnəʊˈæsɪd] *s.* aminoácido

amir [ə'mıə] s. emir

amiss [ə'mıs] adj.,adv. 1 mal; *some coffee wouldn't go ~* um café não caía mal; 2 fora de propósito; deslocado; impróprio; 3 errado ❖ *nothing comes ~ to a hungry stomach* quando há fome tudo sabe bem; *to go ~* correr mal; *to take sth ~* levar alguma coisa a mal; *what's ~ with you?* que se passa contigo?

amitosis [ˌæmɪ'təʊsɪs] s. BIOLOGIA amitose

amity ['æmɪtɪ] s. amizade; relações de amizade; boas relações

ammeter ['æmi:tə] s. amperímetro ❖ *~ transformer* transformador para amperímetro

ammo ['æməʊ] s. {forma abreviada de **ammunition**} [coloq.] munições

ammodyte ['æmədaɪt] s. ZOOLOGIA (peixe) amódita

ammonia [ə'məʊnɪə] s. 1 QUÍMICA (gás) amoníaco; 2 (líquido) amónia ❖ [coloq.] *liquid ~* amoníaco (líquido)

ammoniac [ə'məʊnɪæk] adj.,s. amoníaco; da natureza da amónia ❖ *gum ~* goma amoníaca; *salt ~* sal amoníaco

ammoniacal [ˌæmə'naɪəkəl] adj. amoniacal

ammoniated [ə'məʊnɪeɪtɪd] adj. amoniacado

ammonite ['æmənaɪt] s. amonite

ammonium [ə'məʊnɪəm] s. QUÍMICA amónio

ammunition [ˌæmju'nɪʃən] s. 1 MILITAR munição, munições; 2 [fig.] factos que podem ser usados contra alguém ❖ *~ basket* cunhete; *~ boots* botas de ordenança; *~ bread* pão de munição; *~ pouch* cartucheira

ammunitioned [ˌæmju'nɪʃənd] adj. municiado

amnesia [æm'ni:ʒə, æm'ni:zɪə] s. amnésia

amnesiac [æm'ni:zɪæk] adj.,s. amnésico

amnesty ['æmnəstɪ] Ⓐ s. amnistia; *to be freed under an ~* ser libertado por amnistia Ⓑ v.tr. amnistiar ❖ *~ International* Amnistia Internacional

amnia ['æmnɪə] s. {pl. de **amnion**}

amniocentesis [ˌæmnɪəʊsen'ti:sɪs] s. (pl. **amnioceteses**) MEDICINA amniocentese

amnion ['æmnɪən] s. (pl. **-ia** ou **-s**) âmnio

amniote ['æmnɪəʊt] s. (pl. **-s**) ZOOLOGIA amniota

amniotic [ˌæmnɪ'ɒtɪk] adj. amniótico ❖ *~ fluid* líquido amniótico; *~ sac* saco amniótico

amoeba [ə'mi:bə] s. (pl. **-as** ou **-ae**) ameba

amoebae [ə'mi:bi:] s. {pl. de **amoeba**}

amoebiasis [ˌəmɪ'baɪəsɪs] s. amebíase

amoebic [ə'mi:bɪk] adj. amebiano, amébico

amok [ə'mɒk] adv. freneticamente ❖ *to run ~* perder a cabeça; enlouquecer selvaticamente

among [ə'mʌŋ] prep. 1 entre (vários); no meio de; 2 misturado com; 3 de entre; *which would you choose ~ all these?* qual escolherias de entre estes todos? ❖ *~ other things* entre outras coisas; *one ~ many* um entre muitos

amongst [ə'mʌŋst] prep. ⇒ **among**

amoral [eɪ'mɒrəl] adj. amoral

amoralism [eɪ'mɒrəlɪzəm] s. amoralismo

Amorites ['æmə,raɪts] s.pl. Amorreus

amorous ['æmərəs] adj. 1 amoroso; 2 apaixonado; ardente

amorously ['æmərəslɪ] adv. amorosamente

amorousness ['æmərəsnəs] s. amorosidade

amorphism [ə'mɔ:fɪzəm] s. amorfismo, amorfia

amorphous [ə'mɔ:fəs] adj. amorfo

amorphousness [ə'mɔ:fəsnəs] s. amorfia

amortizable [ə,mɔ:'taɪzəbəl] adj. amortizável

amortization [əˌmɔ:taɪ'zeɪʃən] s. amortização ❖ *~ fund* fundo de amortizações; *~ schedule* escala de amortização

amortize [ə'mɔ:taɪz] v.tr. amortizar

amortizement [ə'mɔ:tɪzmənt] s. amortização

amount [ə'maʊnt] Ⓐ v.intr. 1 (quantia) perfazer [**to**, -]; ascender [**to**, a]; importar [**to**, em]; *the losses ~ to 10,000 dollars* os prejuízos ascendem a 10 000 dólares; 2 (significado) equivaler [**to**, a]; 3 dar [**to**, em] Ⓑ s. 1 (dinheiro) montante, quantia, importância [**of**, de]; total [**of**, de]; 2 quantidade [**of**, de]; *a large ~ of things* uma grande quantidade de coisas; 3 significado ❖ *he makes any ~ of money* ele ganha o que quer; *he will never ~ to much* ele nunca fará coisa que se veja; *it all amounted to nothing* não deu em nada; *it amounts to the same thing* vai dar ao mesmo; *it amounts to this* é isto o que significa; *that is of little ~* isso não tem grande importância, não tem grande significado; *to the ~ of* até à importância de

amour [ə'mʊə] s. [ant.] aventura amorosa

amour-propre [ˌɑ:mʊə'prɔ:prə] s. amor-próprio

amp [æmp] s. 1 [coloq.] amputação; 2 ampere

ampelopsis [ˌæmpɪ'lɒpsɪs] s. ampelopse

amperage ['æmpərɪdʒ] s. amperagem

ampere ['æmpeə] s. ELECTRICIDADE (sistema internacional de unidades de medida) ampere

ampersand ['æmpəsænd] s. (sinal tipográfico) &

amphetamine [æm'fetəmɪn] s. FARMÁCIA anfetamina

amphibia [æm'fɪbɪə] s.pl. ZOOLOGIA anfíbios

amphibian [æm'fɪbɪən] Ⓐ s. 1 ZOOLOGIA anfíbio; 2 veículo anfíbio; 3 avião anfíbio Ⓑ adj. ZOOLOGIA anfíbio

amphibious [æm'fɪbɪəs] adj. anfíbio ❖ *~ landing vehicle* veículo anfíbio de desembarque

amphibole ['æmfɪbəʊl] s. 1 MINERALOGIA anfíbolo

amphibological [ˌæmˌfɪbə'lɒdʒɪkəl] adj. anfibológico

amphibology [ˌæmfɪ'bɒlədʒɪ] s. RETÓRICA anfibologia

amphiboly [æm'fɪbəlɪ] s. (pl. **-ies**) anfibolia

amphibrach ['æmfɪbræk] adj.,s. (versificação) anfíbraco

amphictyonic [æmˌfɪktɪ'ɒnɪk] adj. anfictiónico

Amphictyons [æm'fɪktɪənz] s.pl. anfictiões

amphictyony [æm'fɪktɪənɪ] s. HISTÓRIA anfictionia

amphigory ['æmfɪˌgərɪ] s. anfiguri

amphigoury [æmfɪ'gu:rɪ] s. ⇒ **amphigory**

Amphion [æm'faɪən] s. MITOLOGIA Anfião, Anfíon

amphioxi [ˌæmfɪ'ɒksaɪ] s. {pl. de **amphioxus**}

amphioxus [ˌæmfɪ'ɒksəs] s. ZOOLOGIA anfioxo

amphiscian [æm'fɪʃɪən] adj.,s. anfíscio

amphitheatre [ˌæmfɪ'θɪətə] s. 1 anfiteatro; 2 [fig.] circo

Amphitrite [ˌæmfɪ'traɪtɪ] s. MITOLOGIA Anfitrite

Amphitryon [æm'fɪtrɪən] s. MITOLOGIA Anfitrião

amphora ['æmfərə] s. (pl. **-ae** ou **-as**) ânfora

amphorae ['æmfəri:] s. {pl. de **amphora**}

amphoric [æm'fɒrɪk] adj. anfórico

amphoteric [ˌæmfə'terɪk] adj. anfótero

ample ['æmpəl] adj. 1 (dimensões) amplo, vasto; espaçoso; *an ~ space* um espaço amplo; 2 (quantidade) bastante; mais que suficiente; 3 (corpulento) avantajado

ampleness ['æmpəlnəs] s. 1 amplitude; 2 abundância

ampliation [ˌæmplɪ'eɪʃən] s. 1 ampliação; 2 prorrogação de prazo; 3 DIREITO adiamento

ampliative ['æmplɪətɪv] adj. ampliativo

amplification [ˌæmplɪfɪ'keɪʃən] s. amplificação

amplificatory [ˌæmplɪfɪ'keɪtərɪ] adj. amplificativo

amplifier ['æmplɪfaɪə] s. amplificador

amplify ['æmplɪfaɪ] v.tr. (prt. e part. pass. **-ied**) 1 amplificar; 2 ampliar, aumentar; alargar; 3 (ideias) desenvolver; 4 exagerar

amplifying ['æmplɪfaɪɪŋ] s. amplificação

amplitude ['æmplɪtju:d] s. 1 amplitude; 2 abundância ❖ *~ compass* bússola de variação; *magnetical ~* variação da agulha magnética

amply ['æmplɪ] adv. 1 amplamente; largamente; 2 abundantemente

ampoule ['æmpu:l] s. FARMÁCIA ampola (para seringa)

ampule ['æmpju:l] s. [EUA] ⇒ **ampoule**

ampulla [æm'pʊlə, æm'pʌlə] s. (pl. **-ae**) 1 âmbula; 2 BIOLOGIA ampola

amputate ['æmpjuteɪt] v.tr. amputar

amputation [ˌæmpju'teɪʃən] s. amputação

amputator ['æmpjuteɪtə] s. amputador

AMS [abrev. de Army Medical Staff]

Am. Soc. CE [abrev. de American Society of Civil Engineers]

Amsterdam ['æmstədæm] s.top. Amesterdão, Amsterdão

amuck [ə'mʌk] adv. freneticamente ❖ *to run ~* perder a cabeça; enlouquecer selvaticamente

amulet ['æmjʊlət] s. amuleto, talismã

amuse [ə'mju:z] v.tr.,intr. divertir; entreter ❖ *to ~ oneself by/ to ~ oneself with* divertir-se com; *to be amused with/to be amused by/to be amused at* divertir-se com

amusement [ə'mju:zmənt] s. 1 divertimento; distracção; 2 entretenimento; passatempo; 3 pl. (videojogos, máquinas) diversões ❖ (videojogos) ~ *arcade* salão de jogos; ~ *grounds* parque de diversões; ~ *park* parque de diversões; *look of* ~ ar divertido; *to the* ~ *of* para gáudio de
amusing [ə'mju:zɪŋ] adj. 1 divertido; 2 engraçado
amusingly [ə'mju:zɪŋlɪ] adv. com uma certa graça; de modo engraçado; divertidamente
amygdaline [ə'mɪgdəlaɪn] adj. amigdalino
amygdaloid [ə'mɪgdəlɔɪd] adj.,s. ANATOMIA, MINERALOGIA amigdalóide
amyl ['æmɪl] adj. QUÍMICA amílico ❖ ~ *alcohol* álcool amílico
amylaceous [æmə'leɪʃəs] adj. amiláceo
amylase ['æmɪleɪz] s. BIOQUÍMICA amílase
amylene ['æmɪli:n] s. FARMÁCIA amileno
amylic [ə'mɪlɪk] adj. QUÍMICA amílico
amyline ['æmɪlɪn] s. QUÍMICA amilina
amylopsin [ˌæmɪ'lɒpsɪn] s. BIOQUÍMICA amilopsina
amyotrophic [æmɪə'trɒfɪk] adj. MEDICINA amiotrófico
amyotrophy [æmɪ'ɒtrəfɪ] s. MEDICINA amiotrofia
an¹ [ən, æn] art.indef. ⇒ **a**²
an² [æn] conj. [arc.] e
anabaena [ænə'bi:nə] s. BOTÂNICA anabena
Anabaptism [ænə'bæptɪzəm] s. RELIGIÃO anabaptismo
Anabaptist [ænə'bæptɪst] s. RELIGIÃO anabaptista
anabasis [ə'næbəsɪs] s. (pl. **-es**) 1 Anábase, narrativa de Xenofonte da derrota de Ciro; 2 narrativa de Arrian das campanhas de Alexandre Magno
anabiosis [ænəbaɪ'əʊsɪs] s. BIOLOGIA anabiose
anableps ['ænəˌbleps] s. ZOOLOGIA anablepso
anabolic [ænə'bɒlɪk] adj. anabólico, anabolizante ❖ ~ *steroid* esteróide anabolizante
anabolism [ə'næbəlɪzəm] s. BIOQUÍMICA anabolismo
anabolite [ə'næbəˌlaɪt] s. BIOQUÍMICA produto do anabolismo
anacard ['ænəkɑ:d] s. BOTÂNICA anacardo
anachronism [ə'nækrənɪzəm] s. anacronismo
anachronistic [əˌnækrə'nɪstɪk] adj. anacrónico
anachronous [ə'nækrənəs] adj. anacrónico; respeitante a anacronismo
anaclastic [ænə'klæstɪk] adj. anaclástico
anacoluthon [ænəkə'lu:θən] s. (pl. **-a**) RETÓRICA anacoluto
anaconda [ænə'kɒndə] s. ZOOLOGIA anaconda
Anacreon [ə'nækrɪən] s.antr. Anacreonte
Anacreontic [əˌnækrɪ'ɒntɪk] Ⓐ adj. LITERATURA anacreôntico Ⓑ s. LITERATURA anacreôntica
anacrusis [ænə'kru:sɪs] s. MÚSICA, LITERATURA anacruse
anadromous [ə'nædrəməs] adj. anádromo
Anadyomene [ænədaɪ'ɒmɪnɪ] s. MITOLOGIA Anadiómene (apelido de Vénus)
anaemia [ə'ni:mɪə] s. MEDICINA anemia
anaemic [ə'ni:mɪk] adj. 1 anémico; 2 [fig.] fraco, débil
anaerobe [ænə'rəʊb] s. BIOLOGIA anaeróbio
anaerobic [ænə'rəʊbɪk] adj. BIOLOGIA anaeróbio
anaesthesia [ænɪs'θi:zɪə, ænɪs'θi:ʒə] s. MEDICINA anestesia
anaesthesiologist [ˌænəsθi:zɪ'ɒlədʒɪst] s. [EUA] MEDICINA anestesista
anaesthetic [ænɪs'θetɪk] Ⓐ s. anestesiante Ⓑ adj. anestésico; anestesiante ❖ *general* ~ anestesia geral; *local* ~ anestesia local; *under* ~ sob anestesia; anestesiado
anaesthetist [ə'ni:sθətɪst] s. [GB] MEDICINA anestesista
anaesthetization [æˌni:sθətaɪ'zeɪʃən] s. 1 anestesiação; 2 insensibilização
anaesthetize [ə'ni:sθətaɪz] v.tr. anestesiar
anaglyph ['ænəglɪf] s. ARTES PLÁSTICAS anáglifo
anagnorisis [ænəg'nɔ:rɪsɪs] s. LITERATURA anagnórise
anagoge [ænə'gəʊdʒi:] s. anagogia
anagogic [ænə'gɒdʒɪk] adj. anagógico
anagogical [ænə'gɒdʒɪkəl] adj. anagógico
anagogics [ænə'gɒdʒɪks] s. anagogismo
anagogy ['ænəˌgəʊdʒɪ] s. anagogia
anagram ['ænəgræm] s. anagrama
anagrammatic [ænəgrə'mætɪk] adj. anagramático
anagrammatical [ænəgrə'mætɪkəl] adj. ⇒ **anagrammatic**
anagrammatist [ænə'græmətɪst] s. anagramatista
anagrammatize [ænə'græmətaɪz] v.tr. anagramatizar
anal ['eɪnəl] adj. anal; relativo ao ânus
analecta [ænə'lektə] s.pl. analectos
analects ['ænəlekts] s.pl. analectos
analemma [ænə'lemə] s. analema, planisfério
analeptic [ænə'leptɪk] adj.,s. FARMÁCIA analéptico
analgesia [ænəl'dʒi:zɪə] s. analgesia, analgia
analgesic [ænəl'dʒi:zɪə] adj.,s. FARMÁCIA analgésico
analgetic [ænəl'dʒetɪk] adj.,s. ⇒ **analgesic**
anallagmatic [ænəlæg'mætɪk] adj. GEOMETRIA analagmático
analog ['ænəlɒg] adj.,s. [EUA] ⇒ **analogue**
analogic [ænə'lɒdʒɪk] adj. 1 analógico; 2 conforme à analogia
analogical [ænə'lɒdʒɪkəl] adj. analógico
analogist [ə'nælədʒɪst] s. analogista
analogize [ə'nælədʒaɪz] v.tr.,intr. 1 empregar analogias; representar por meio de analogias; 2 mostrar ser análogo; mostrar analogia com alguma coisa
analogous [ə'næləgəs] adj. análogo [**to/with**, a]; *this process is* ~ *to the one I used* este processo é análogo ao que eu utilizei
analogously [ə'næləgəslɪ] adv. analogamente
analogousness [ə'næləgəsnəs] s. analogia
analogue ['ænəlɒg] Ⓐ s. análogo, coisa ou palavra análoga Ⓑ adj. analógico ❖ ~ *clock/watch* relógio analógico; relógio de ponteiros; ~ *computer* computador analógico; ~ *recording* gravação analógica; ~ *technology* tecnologia analógica; ~ *to digital converter* conversor analógico-digital
analogy [ə'nælədʒɪ] s. (pl. **-ies**) 1 analogia; 2 semelhança ❖ *by* ~ *with* por analogia com
analphabet [æ'nælfəbɪt] s. [rar.] analfabeto
analphabetic [ænælfə'betɪk] adj.,s. [rar.] analfabeto
analphabetical [ænælfə'betɪkəl] adj. [rar.] ⇒ **analphabetic**
analphabetically [ænælfə'betɪklɪ] adv. [rar.] como um analfabeto
anal-retention [eɪnəlrɪ'tenʃən] s. (psicanálise) retenção anal
anal-retentive [eɪnəlrɪ'tentɪv] adj. (psicanálise) com uma fixação no estádio anal
analysable [ænəˌlaɪzəbəl] adj. analisável
analyse ['ænəlaɪz] v.tr. 1 analisar, examinar com minúcia; 2 decompor; 3 LINGUÍSTICA analisar sintacticamente, fazer a análise sintáctica de
analyser ['ænəlaɪzə] s. 1 analisador; analista; 2 instrumento de calibração de radiorreceptores
analysis [ə'nælɪsɪs] s. (pl. **-es**) 1 análise; 2 decomposição; 3 LINGUÍSTICA análise sintáctica ❖ *in the final/last/ultimate* ~ em última análise; *morphological* ~ análise morfológica; *political* ~ análise política
analyst ['ænəlɪst] s. 1 PSICOLOGIA psicanalista; 2 analista; comentador; *political* ~ comentador político
analytic [ænə'lɪtɪk] adj. ⇒ **analytical**
analytical [ænə'lɪtɪkəl] adj. analítico ❖ ~ *calculus* cálculo analítico; ~ *chemistry* química analítica; ~ *determination* determinação analítica
analytically [ænə'lɪtɪklɪ] adv. analiticamente
analytics [ænə'lɪtɪks] s. LÓGICA analítica
analyze [ænəlaɪz] v.tr. [EUA] ⇒ **analyse**
anamnesis [ænæm'ni:sɪs] s. anamnésia
anamorphic [ænə'mɔ:fɪk] adj. anamórfico
anamorphosis [ænə'mɔ:fəsɪs] s. anamorfose
ananas [ə'nɑ:nəs] s. BOTÂNICA ananás
anapaest ['ænəpest, 'ænəpi:st] s. (versificação) anapesto
anapaestic [ænə'pi:stɪk, ænə'pestɪk] adj. anapéstico
anaphora [ə'næfərə] s. LINGUÍSTICA anáfora
anaphoric [ænə'fɒrɪk] adj. LINGUÍSTICA anafórico
anaphrodisia [æˌnæfrəʊ'dɪzɪə] s. anafrodisia
anaphrodisiac [æˌnæfrəʊ'dɪzɪæk] adj.,s. anafrodisíaco
anaphylactic [ænəfɪ'læktɪk] adj. MEDICINA anafiláctico; ~ *shock* choque anafiláctico
anaphylaxis [ænəfɪ'læksɪs] s. MEDICINA anafilaxia
anaplastics [ænə'plæstɪks] s. ⇒ **anaplasty**
anaplasty ['ænəplɑ:stɪ] s. MEDICINA anaplastia

anarch ['ænɑːk] *s.* [arc.] anarca
anarchic [æˈnɑːkɪk] *adj.* anárquico
anarchical [æˈnɑːkɪkəl] *adj.* ⇒ **anarchic**
anarchically [æˈnɑːkɪklɪ] *adv.* anarquicamente
anarchism ['ænəkɪzəm] *s.* anarquismo
anarchist ['ænəkɪst] *s.* anarquista
anarcho-syndicalism [æˌnɑːkəʊˈsɪndɪkəlɪzm] *s.* POLÍTICA anarco-sindicalismo
anarcho-syndicalist [æˌnɑːkəʊˈsɪndɪkəlɪst] *adj.,s.* anarco--sindicalista
anarchy ['ænəkɪ] *s.* **1** anarquia; **2** [fig.] indisciplina; desordem
anasarca [ˌænəˈsɑːkə] *s.* MEDICINA anasarca
Anastasia [ˌænəˈsteɪzɪə] *s.antr.* Anastácia
anastatic [ænæˈstætɪk] *adj.* anastático
anastigmat [ənˈæstɪgmæt] *s.* ÓPTICA objectiva anastigmática
anastigmatic [ˌænəstɪgˈmætɪk] *adj.* anastigmático
anastomose [əˈnæstəməʊz] *v.tr.,intr.* anastomosar(-se)
anastomosis [əˌnæstəˈməʊsɪs] *s.* anastomose
anastrophe [əˈnæstrəfɪ] *s.* RETÓRICA anástrofe
anat. Ⓐ [*abrev. de* anatomy] Ⓑ [*abrev. de* anatomical]
anathema [əˈnæθɪmə] *s.* anátema
anathematization [əˌnæθɪmətaɪˈzeɪʃən] *s.* anatematização
anathematize [əˈnæθɪmətaɪz] *v.tr.* anatematizar
anatocism [əˈnætəsɪzəm] *s.* ECONOMIA, DIREITO anatocismo
Anatolia [ˌænəˈtəʊlɪə] *s.top.* Anatólia
anatomic [ˌænəˈtɒmɪk] *adj.* ⇒ **anatomical**
anatomical [ˌænəˈtɒmɪkəl] *adj.* anatómico
anatomically [ˌænəˈtɒmɪklɪ] *adv.* anatomicamente
anatomist [əˈnætəmɪst] *s.* anatomista
anatomize [əˈnætəmaɪz] *v.tr.* **1** anatomizar, dissecar; **2** [fig.] analisar detalhadamente
anatomy [əˈnætəmɪ] *s.* (*pl.* **-ies**) **1** anatomia; **2** [coloq.] corpo; *all over his ~* por todo o corpo
anatropous [əˈnætrəpəs] *adj.* BOTÂNICA anátropo
anatto [əˈnætəʊ] *s.* anato
Anaxagoras [ˌænækˈsæɡərəs] *s.antr.* Anaxágoras
Anaximander [əˌnæksɪˈmændə] *s.antr.* Anaximandro
Anaximenes [ˌænækˈsɪmənɪːz] *s.antr.* Anaxímenes
ANC [*abrev. de* African National Congress]
ancestor ['ænsəstə] *s.* antepassado, avoengo; ❖ *~ worship* culto dos antepassados
ancestral [ænˈsestrəl] *adj.* **1** ancestral; **2** hereditário
ancestress ['ænsestrɪs] *fem. de* **ancestor**
ancestry ['ænsəstrɪ] *s.* (*pl.* **-ies**) linhagem; raça; ascendência
Anchises [ænˈkaɪsɪːz] *s.antr.* Anquises
anchor ['æŋkə] Ⓐ *s.* **1** âncora; **2** TELEVISÃO pivô; **3** [fig.] apoio; **4** [fig.] abrigo Ⓑ *v.tr.,intr.* **1** ancorar; **2** lançar a âncora; **3** fixar com firmeza; **4** TELEVISÃO apresentar, ser o pivô ❖ *~ arms* braços da âncora; *~ bill* ponta da âncora; *~ ground* ancoradouro; *~ light* luz de porto; *~ plate* placa de suporte; (ancoradouro) *~ watch* quarto de vigia; *at ~* ancorado; *to drop/cast ~* lançar a âncora; deitar ferro; *to shoe the ~* reforçar as unhas da âncora; *to weigh ~* recolher a âncora; levantar ferro
anchorable ['æŋkərəbl] *adj.* próprio para ancorar
anchorage ['æŋkərɪdʒ] *s.* **1** ancoradouro; **2** (direitos de) ancoragem; **3** fixação (de órgãos, vísceras, etc., deslocados); **4** retiro de anacoreta
anchoress ['æŋkərɪs] *s.f.* mulher anacoreta
anchoret ['æŋkərɪt] *s.* ⇒ **anchorite**
anchoretic [ˌæŋkəˈretɪk] *adj.* próprio de anacoreta, anacorético
anchorhold ['æŋkəˌhəʊld] *s.* **1** fundo onde a âncora se firma; **2** presa; **3** [fig.] ponto de apoio
anchorite ['æŋkəraɪt] *s.* **1** anacoreta; **2** [fig.] eremita
anchorman ['æŋkəˌmæn] *s.m.* pivô; apresentador; TELEVISÃO *the news ~* o pivô do telejornal
anchorwoman ['æŋkəˌwʊmən] *s.f.* pivô; apresentadora; TELEVISÃO *the news ~* a pivô do telejornal
anchovy ['æntʃəvɪ, 'æntʃəʊvɪ] *s.* (*pl.* **-ies**) anchova
anchylose ['æŋkɪləʊz] *v.tr.,intr.* anquilosar(-se), ancilosar(-se)
anchylosis [ˌæŋkɪˈləʊsɪs] *s.* anquilose, ancilose
ancient ['eɪnʃənt] Ⓐ *adj.* **1** antigo; *ancient civilizations* civilizações antigas; **2** idoso; **3** muito velho; antiquado Ⓑ *s.* **1** (idoso) patriarca; **2** [arc.] insígnia, bandeira; **3** porta-bandeira;
the bloody ~ bandeira, pavilhão de combate; **4** povos antigos [geralm. no pl.]; **5** clássicos gregos e latinos [geralm. no pl.] ❖ *~ history* história antiga; *~ Rome* Roma antiga; [irón.] *it's ~ history!* isso já passou à história!; *scheduled as an ~ monument* classificado como monumento histórico; (Bíblia) *the ~ of Days* Deus
anciently ['eɪnʃəntlɪ] *adv.* antigamente
ancientness ['eɪnʃəntnəs] *s.* antiguidade
ancientry ['eɪnʃəntrɪ] *s.* antiguidade
ancillary [ænˈsɪlərɪ] *adj.* **1** (pessoas) auxiliar; *~ workers* pessoal auxiliar; **2** suplementar; **3** subordinado [**to**, a]
ancipital [ænˈsɪpɪtəl] *adj.* ancípite, com dois gumes
ancipitous [ænˈsɪpɪtəs] *adj.* ancípite, com dois gumes
ancress ['æŋkrɪs] *s.f.* ⇒ **anchoress**
and [ənd, ænd, ən] *conj.* **1** e; **2** [arc.] se [toma às vezes a forma de *an*] ❖ *~ how!* sem dúvida!; e de que maneira!, *and/or* e/ou; *~ so on, ~ so forth* etc.; *bread ~ butter* pão com manteiga; *nicer ~ nicer* cada vez mais bonito; *two ~ two* dois a dois; *without ifs ~ ands* não há mas nem meio mas
Andalusia [ˌændəˈluːsɪə] *s.top.* (Espanha) Andaluzia
andante [ænˈdæntɪ] *adv.,s.* MÚSICA andante
andantino [ˌændænˈtiːnəʊ] *adv.,s.* MÚSICA andantino
andiron ['ændaɪən] *s.* **1** trempe (do lar); **2** cão (de chaminé)
Andorra [ænˈdɔːrə] *s.top.* Andorra
Andorran [ænˈdɔːrən] Ⓐ *adj.* andorrano, de Andorra Ⓑ *s.* (pessoa) andorrano
Andrew ['ændruː] *s.antr.* André
androecium [ænˈdriːsɪəm] *s.* (*pl.* **androecia**) BOTÂNICA androceu
androgyne ['ændrɒdʒaɪn] *s.* andrógino
androgynous [ænˈdrɒdʒɪnəs] *adj.* andrógino
androgyny [ænˈdrɒdʒɪnɪ] *s.* androginia
android ['ændrɔɪd] *adj.,s.* andróide
andromeda [ænˈdrɒmɪdə] *s.* BOTÂNICA andrómeda
Andromeda [ænˈdrɒmɪdə] *s.* MITOLOGIA, ASTRONOMIA Andrómeda
andropogon [ˌændrəˈpəʊɡɒn] *s.* BOTÂNICA andropogónea
anecdotage ['ænɪkdəʊtɪdʒ] *s.* anedotário
anecdotal [ˌænɪkˈdəʊtəl] *adj.* anedótico
anecdote ['ænɪkdəʊt] *s.* anedota
anecdotic [ˌænɪkˈdɒtɪk] *adj.* ⇒ **anecdotal**
anecdotical [ˌænɪkˈdəʊtɪkəl] *adj.* ⇒ **anecdotal**
anecdotically [ˌænɪkˈdəʊtɪklɪ] *adv.* anedoticamente
anechoic [ˌænɪˈkəʊɪk] *adj.* FÍSICA anecóico, antieco; *~ chamber* câmara anecóica, câmara antieco
anele [əˈniːl] *v.tr.* [arc.] ungir; administrar a extrema-unção
anelectric [ˌænɪˈlektrɪk] *adj.* aneléctrico
anelectrode [ˌænɪˈlektrəʊd] *s.* aneléctrodo
anemia [əˈniːmɪə] *s.* ⇒ **anaemia**
anemic [əˈniːmɪk] *adj.* ⇒ **anaemic**
anemograph [əˈneməʊɡrɑːf] *s.* anemógrafo
anemographic [əˌneməʊˈɡræfɪk] *adj.* anemográfico
anemometer [ˌænɪˈmɒmɪtə] *s.* METEOROLOGIA anemómetro
anemometric [ˌænɪməʊˈmetrɪk] *adj.* anemométrico
anemometry [ˌænɪˈmɒmətrɪ] *s.* METEOROLOGIA anemometria
anemone [əˈnemənɪ] *s.* BOTÂNICA anémona ❖ *sea ~* anémona-do-mar
anemophilous [ˌænɪˈmɒfɪləs] *adj.* BOTÂNICA anemófilo
anemoscope [əˈneməˌskəʊp] *s.* anemoscópio
anencephalic [ˌænensɪˈfælɪk] *adj.* anencefálico
anencephaly [ˌænɪnˈsefəlɪ] *s.* MEDICINA anencefalia
anent [əˈnent] *prep.* [Esc.] [arc.] referente
aneroid ['ænərɔɪd] *adj.,s.* aneróide
anesthesia [ˌænɪsˈθiːzɪə] *s.* [EUA] ⇒ **anaesthesia**
anesthesiologist [ˌænəsθiːzɪˈɒlədʒɪst] *s.* [EUA] MEDICINA anestesista
anesthetic [ˌænəsˈθetɪk] *adj.,s.* [EUA] ⇒ **anaesthetic**
anesthetist [əˈniːsθətɪst] *s.* ⇒ **anaesthetist**
anesthetize [əˈniːsθətaɪz] *v.tr.* [EUA] ⇒ **anaesthetize**
aneurin ['ænjʊərɪn] *s.* BIOQUÍMICA aneurina, vitamina B
aneurism ['ænjʊˌrɪzəm] *s.* MEDICINA aneurisma
aneurismal ['ænjʊˌrɪzməl] *adj.* aneurismal
aneurysm ['ænjʊˌrɪzəm] *s.* MEDICINA aneurisma

aneurysmal [ˈænjʊˌrɪzməl] *adj.* aneurismal
anew [əˈnjuː] *adv.* outra vez; de novo; novamente; *to start* ~ começar de novo
anfractuosity [ænˌfræktjuːˈɒsɪtɪ] *s.* anfractuosidade, sinuosidade
anfractuous [ænˈfræktjuːəs] *adj.* anfractuoso; sinuoso
angary [ˈæŋgərɪ] *s.* DIREITO angária
angel [ˈeɪndʒəl] *s.* 1 anjo; 2 (dinheiro) antiga moeda de ouro inglesa com a efígie de S. Miguel ❖ ZOOLOGIA ~ *shark* anjo-do-mar; *guardian* ~ anjo da guarda; *she is my good* ~ ela é o meu anjo bom; *talk of the angels and you will hear the flutter of their wings* falai no Mendes e à porta o tendes; *to be no* ~ não ser nenhum santo
angeldom [ˈeɪndʒəldəm] *s.* reino dos anjos
angelfish [ˈeɪndʒəlˌfɪʃ] *s.* ZOOLOGIA peixe escalar; anjo-do-mar
angelic [ænˈdʒelɪk] *adj.* 1 RELIGIÃO angélico; 2 [fig.] angelical; puro; inocente ❖ *the Angelical doctor* o doutor angélico, S. Tomás de Aquino
angelica [ænˈdʒelɪkə] *s.* BOTÂNICA angélica
angelical [ænˈdʒelɪkəl] *adj.* ⇒ **angelic**
angelically [ænˈdʒelɪklɪ] *adv.* angelicamente
angelolatry [ˌeɪndʒəˈlɒlətrɪ] *s.* angelolatria, culto dos anjos
angelus [ˈændʒələs] *s.* 1 RELIGIÃO ângelus; 2 RELIGIÃO ave-marias; trindades
anger [ˈæŋgə] Ⓐ *s.* ira; cólera; irritação; *in a fit of* ~ num acesso de cólera   Ⓑ *v.tr.* encolerizar; enfurecer; irritar; fazer zangar
Angevin [ˈændʒɪvɪn] *adj.,s.* angevino, habitante de Anjou
angina [ænˈdʒaɪnə] *s.* MEDICINA angina de peito
angiogram [ˈændʒɪəʊgræm] *s.* MEDICINA angiograma
angiographic [ˌændʒɪəʊˈgræfɪk] *adj.* angiográfico
angiography [ˌændʒɪˈɒgrəfɪ] *s.* angiografia
angiology [ˌændʒɪˈɒlədʒɪ] *s.* MEDICINA angiologia
angioma [ˌændʒɪˈəʊmə] *s.* MEDICINA angioma
angioplasty [ˈændʒɪəʊˌplæstɪ] *s.* MEDICINA angioplastia
angle [ˈæŋgəl] Ⓐ *s.* 1 ângulo; *acute* ~ ângulo agudo; *right* ~ ângulo recto; *obtuse* ~ ângulo obtuso; *at an* ~ *of* formando um ângulo de; 2 canto; 3 armação de ferro em L; 4 anzol; 5 cana de pesca   Ⓑ *v.intr.* 1 pescar ao anzol; 2 obliquar; desviar-se; 3 dirigir(-se) [**towards**, para] ❖ (construção) ~ *bar/*~ *iron* cantoneira; ~ *drive* accionamento angular; ~ *gauge* goniómetro; ~ *of advance* ângulo de calagem; ângulo de avanço; ~ *of departure* ângulo de tiro; ~ *of descent* ângulo de declive; ~ *of twist* ângulo de torção
◆ **angle for** *v.tr.* andar à pesca de; andar à caça de; *she is angling for a husband* ela anda à caça de marido
angler [ˈæŋglə] *s.* pescador à linha ❖ ZOOLOGIA ~ *fish* diabo-marinho
Angles [ˈæŋgəlz] *s.pl.* (antigo povo) Anglos
Anglican [ˈæŋglɪkən] *adj.,s.* RELIGIÃO anglicano; *the* ~ *Church* a Igreja Anglicana
Anglicanism [ˈæŋglɪkənɪzəm] *s.* RELIGIÃO anglicanismo
anglice [ˈæŋglɪsɪ] *adv.* [form.] em inglês
Anglicism [ˈæŋglɪsɪzəm] *s.* anglicismo
Anglicist [ˈæŋglɪsɪst] *s.* anglicista
Anglicize [ˈæŋglɪsaɪz] *v.tr.* anglicizar, inglesar
angling [ˈæŋglɪŋ] *s.* pesca à linha, ao anzol
Anglo-American [ˌæŋgləʊəˈmerɪkən] *adj.,s.* anglo-americano
Anglo-French [ˌæŋgləʊˈfrentʃ] *adj.,s.* anglo-francês
Anglomania [ˌæŋgləʊˈmeɪnɪə] *s.* anglomania
Anglo-Norman [ˌæŋgləʊˈnɔːmən] *adj.,s.* anglo-normando
Anglophile [ˈæŋgləʊfaɪl] *s.* anglófilo
Anglophilia [ˌæŋgləʊˈfɪlɪə] *s.* anglofilia
Anglophilism [ˌæŋgləʊˈfɪlɪzəm] *s.* anglofilia
Anglophobe [ˈæŋgləʊfəʊb] *s.* anglófobo
Anglophobia [ˌæŋgləʊˈfəʊbɪə] *s.* anglofobia
Anglophobic [ˌæŋgləʊˈfəʊbɪk] *adj.* anglofóbico
Anglo-Roman [ˌæŋgləʊˈrəʊmən] *adj.* anglo-católico, anglo-romano
Anglo-Saxon [ˌæŋgləʊˈsæksən] *adj.,s.* anglo-saxão, anglo-saxónico
Angola [æŋˈgəʊlə] *s.top.* Angola

Angolan [æŋˈgəʊlən] *adj.,s.* angolano
angora [æŋˈgɔːrə, ˈæŋgərə] *s.* (animal, lã) angorá
Angora [ˈæŋgərə, æŋˈgɔːrə] *s.top.* (actual Ancara) Angora
angostura [ˌæŋgəˈstjʊərə] *s.* BOTÂNICA angustura do Brasil; quina-do-mato
angrily [ˈæŋgrɪlɪ] *adv.* furiosamente; colericamente; iradamente
angriness [ˈæŋgrɪnəs] *s.* cólera, ira, fúria
angry [ˈæŋgrɪ] *adj.* (*comp.* -**ier**, *superl.* -**iest**) 1 zangado [**at/with**, com; **about/over**, por causa de]; *to be* ~ *at sth/with sb* estar zangado com alguma coisa/com alguém; 2 aborrecido; irritado; encolerizado; 3 (ferida inflamada) feio; assanhado; 4 (céu) carregado ❖ *to get* ~ zangar-se; *to make sb* ~ irritar alguém
angst [æŋst] *s.* angústia existencial
anguiform [ˈæŋgwɪfɔːm] *adj.* anguiforme
anguine [ˈæŋgwɪn] *adj.* anguino, anguiforme
anguish [ˈæŋgwɪʃ] Ⓐ *s.* angústia, dor; *fraught with* ~ angustiado   Ⓑ *v.tr.* angustiar, causar angústia a ❖ *to be in* ~ estar a sofrer horrores
anguished [ˈæŋgwɪʃt] *adj.* 1 angustiado; 2 angustiante
anguishing [ˈæŋgwɪʃɪŋ] *adj.* angustiante
angular [ˈæŋgjʊlə] *adj.* 1 angular, anguloso; 2 magro, ossudo; 3 abrupto
angularity [ˌæŋgjʊˈlærɪtɪ] *s.* (*pl.* -**ies**) 1 angularidade; 2 magreza ❖ ~ *of character* carácter difícil, pouco tratável
angularly [ˈæŋgjʊləlɪ] *adv.* 1 de modo anguloso; 2 em forma de ângulo
angulate[1] [ˈæŋgjʊleɪt] *v.tr.* angular, formar com ângulos
angulate[2] [ˈæŋgjʊlɪt] *adj.* angulado
angulated [ˈæŋgjʊleɪtɪd] *adj.* angulado
angulation [ˌæŋgjʊˈleɪʃən] *s.* forma angular
angustura [ˌæŋgəˈstjʊərə] *s.* ⇒ **angostura**
anharmonic [ˌænhɑːˈmɒnɪk] *adj.* anarmónico; MATEMÁTICA ~ *ratio* razão anarmónica
anhelation [ˌænhɪˈleɪʃən] *s.* anelação
anhelous [ænˈhiːləs] *adj.* anelante
ahistorical [ˌænhɪˈstɒrɪkəl] *adj.* ⇒ **ahistorical**
anhydride [ænˈhaɪdraɪd] *s.* QUÍMICA anidrido
anhydrite [ænˈhaɪdraɪt] *s.* MINERALOGIA anidrite
anhydrous [ænˈhaɪdrəs] *adj.* anídrico, anidro
anigh [əˈnaɪ] *adv.,prep.* próximo
anil [ˈænɪl] *s.* BOTÂNICA anil
anile [ˈeɪnaɪl] *adj.* 1 anil, senil; 2 imbecil
aniline [ˈænəlɪn] *s.* anilina
anility [əˈnɪlɪtɪ] *s.* senilidade feminina
animadversion [ˌænɪmædˈvɜːʃən] *s.* animadversão; censura; crítica
animadvert [ˌænɪmædˈvɜːt] *v.intr.* criticar, censurar; *to* ~ *sth on sb* repreender/censurar alguém por alguma coisa; *they* ~ *on my conduct* eles censuram o meu comportamento
animal [ˈænɪməl] Ⓐ *s.* 1 animal; *wild animals* animais selvagens; *domestic animals* animais domésticos; 2 [fig., depr.] (pessoa) bruto; besta   Ⓑ *adj.* 1 animal; de animal; 2 instintivo ❖ ~ *fat* gordura animal; ~ *kingdom* reino animal; ~ *products* produtos de origem animal; ~ *rights* direitos dos animais; *to be in* ~ *spirits* estar de óptima saúde
animalcular [ˌænɪˈmælkjʊlə] *adj.* animalcular
animalcule [ˌænɪˈmælkjuːl] *s.* (*pl.* -**cules** ou -**culae**) animálculo ❖ *bell* ~ vorticela
animalculism [ˌænɪˈmælkjʊlɪzəm] *s.* animalculismo
animalism [ˈænɪməlɪzəm] *s.* 1 animalidade; 2 animalismo; 3 sensualidade
animalist [ˈænɪməlɪst] *s.* 1 ARTES PLÁSTICAS animalista; 2 [coloq.] defensor dos direitos dos animais
animality [ˌænɪˈmælɪtɪ] *s.* animalidade
animalization [ˌænɪməlaɪˈzeɪʃən] *s.* BIOLOGIA animalização
animalize [ˈænɪməlaɪz] *v.tr.* 1 BIOLOGIA animalizar; 2 sensualizar
animate[1] [ˈænɪmeɪt] *v.tr.* 1 (ambiente) animar; dar vida a; alegrar; 2 (acção) encorajar; incentivar; estimular
animate[2] [ˈænɪmɪt] *adj.* vivo, animado
animated [ˈænɪmeɪtɪd] *adj.* animado; ~ *discussion* discussão animada ❖ ~ *pictures* desenhos animados

animatedly ['ænɪmeɪtɪdlɪ] *adv.* animadamente
animation [ænɪ'meɪʃən] *s.* 1 animação; entusiasmo; 2 CINEMA (filme) animação; 3 CINEMA cinema de animação ❖ *suspended ~* morte aparente
animatograph [ænɪ'mætəʊgrɑːf] *s.* animatógrafo
animator ['ænɪmeɪtə] *s.* animador
animism ['ænɪmɪzəm] *s.* animismo
animist ['ænɪmɪst] *adj.,s.* animista
animosity [ænɪ'mɒsɪtɪ] *s. (pl. -ies)* animosidade; aversão; hostilidade
animus ['ænɪməs] *s.* 1 (hostilidade) animosidade; 2 ânimo; 3 PSICOLOGIA (Jung) animus
anion ['ænaɪən] *s.* FÍSICA, QUÍMICA anião
anisated ['ænɪseɪtɪd] *adj.* anisado
anise ['ænɪs] *s.* BOTÂNICA anis ❖ *~ tree* badiana
aniseed ['ænɪsiːd] *s.* semente de anis; anis
anisette [ænɪ'zet] *s.* (licor) anis
anisomerous [ænɪ'sɒmərəs] *adj.* BOTÂNICA anisómero
anisopetalous [ænɪsəʊ'petələs] *adj.* BOTÂNICA anisopétalo
anisotropic [æˌnaɪsəʊ'trɒpɪk] *adj.* anisotrópico
anisotropy [ænaɪ'sɒtrəpɪ] *s.* anisotropia
Ankara ['æŋkərə] *s.top.* Ancara
anker ['æŋkə] *s.* medida antiga de vinho, igual a 8 galões imperiais
ankh [æŋk] *s.* HERÁLDICA cruz ansada
ankle ['æŋkəl] *s.* ANATOMIA tornozelo ❖ ANATOMIA *~ bone* astrágalo; (calçado) *~ boots* botins; VESTUÁRIO *~ socks* soquetes; *to twist/sprain one's ~* torcer o tornozelo
anklet ['æŋklɪt] *s.* 1 enfeite, em forma de anel, para o tornozelo; 2 grilheta; 3 grevas; 4 polainas de caçador
ankylose ['æŋkɪləʊz] *v.tr.* anquilosar, ancilosar
ankylostomiasis [æŋkɪləʊstə'maɪəsɪs] *s.* ancilostomíase
Ann [æn] *s.antr.* Ana
anna ['ænə] *s.* (moeda indiana) aná (16 anás = 1 rupia)
Annabella [ænə'belə] *s.antr.* Anabela
annalist ['ænəlɪst] *s.* analista, cronista, historiador
annals ['ænlz] *s.pl.* anais; crónicas ❖ *in the ~ of history* nos anais da História
annates ['æneɪts] *s.pl.* anata
Anne [æn] *s.antr.* Ana
anneal [ə'niːl] *v.tr.* (metal) temperar; recozer ❖ *annealed steel* aço recozido
annealing [ə'niːlɪŋ] *s.* (metal) recozimento
annectent [ə'nektənt] *adj.* que liga, une
annelid ['ænɪlɪd] *s. (pl. annelida)* ZOOLOGIA anelídeo
annex ['æneks] Ⓐ *v.tr.* 1 anexar; 2 juntar; 3 reunir Ⓑ *s. (pl. -es)* anexo
annexation [ænek'seɪʃən] *s.* anexação
annexationist [ænek'seɪʃənɪst] *s.* anexionista
annexe ['æneks] *s.* ⇒ **annex**
annexed [ə'nekst] *adj.* anexado; anexo; incluso; junto; em anexo
annihilable [ə'naɪələbəl] *adj.* aniquilável
annihilate [ə'naɪəleɪt] *v.tr.* 1 aniquilar; destruir; 2 eliminar
annihilating [ə'naɪəleɪtɪŋ] *adj.* aniquilador
annihilation [əˌnaɪə'leɪʃən] *s.* 1 aniquilação; destruição; 2 eliminação; supressão; 3 [fig.] dissolução; desagregação
annihilator [əˌnaɪə'leɪtə] *s.* aniquilador ❖ [ant.] *fire ~* extintor (de incêndio)
anniversary [ænɪ'vɜːsərɪ] *s. (pl. -ies)* aniversário
Anno Domini [ænəʊ'dɒmɪnaɪ] *adv.* 1 no Ano do Senhor; 2 depois de Cristo
annotate ['ænəteɪt] Ⓐ *v.tr.* 1 anotar; 2 comentar criticamente Ⓑ *v.intr.* tomar notas
annotated ['ænə'teɪtɪd] *adj.* 1 anotado; 2 comentado; 3 (edição) crítico; *~ edition* edição crítica
annotating ['ænəteɪtɪŋ] *s.* anotação
annotation [ænə'teɪʃən] *s.* 1 anotação; 2 nota explicativa; 3 comentário crítico
annotator ['ænəteɪtə] *s.* 1 anotador; 2 comentador
announce [ə'naʊns] *v.tr.* 1 declarar; comunicar; 2 anunciar; proclamar; 3 fazer saber; dar a conhecer; 4 [EUA] ser o apresentador de

announcement [ə'naʊnsmənt] *s.* 1 declaração pública; comunicação; *to make an ~* fazer uma declaração; 2 anúncio; aviso; 3 proclamação; 4 pública notificação judiciária
announcer [ə'naʊnsə] *s.* 1 anunciante; 2 locutor, apresentador; RÁDIO *radio ~* locutor de rádio
annoy [ə'nɔɪ] Ⓐ *v.tr.* 1 aborrecer; irritar; zangar; 2 incomodar; importunar Ⓑ *s.* [arc.] aborrecimento; incómodo
annoyance [ə'nɔɪəns] *s.* 1 aborrecimento; 2 irritação; 3 contrariedade; *to sb's ~* para contrariedade de alguém; 4 incómodo
annoying [ə'nɔɪɪŋ] *adj.* 1 aborrecido; 2 irritante; *what an ~ person!* que pessoa mais irritante!; 3 incomodativo
annoyingly [ə'nɔɪɪŋlɪ] *adv.* 1 fastidiosamente; de maneira incómoda, aborrecida; 2 desagradavelmente; 3 irritantemente
annual ['ænjʊəl] Ⓐ *adj.* anual Ⓑ *s.* 1 BOTÂNICA planta anual; 2 anuário, publicação anual; 3 (missa) anual ❖ *~ instalment* anuidade; *~ report* relatório anual; *~ survey* vistoria anual
annualize ['ænjʊəlaɪz] *v.tr.* anualizar
annually ['ænjʊəlɪ] *adv.* anualmente
annuary ['ænjʊərɪ] *s.* anuário
annuitant [ə'njuːɪtənt] *s.* 1 o que recebe rendimento anual, o que recebe uma anuidade; 2 pensionista
annuity [ə'njuːɪtɪ] *s. (pl. -ies)* anuidade; renda; pensão; *life ~* pensão vitalícia; *perpetual ~* renda perpétua
annul [ə'nʌl] *v.tr. (particípios: -ll-)* 1 anular; cancelar; invalidar; 2 abolir
annular ['ænjʊlə] *adj.* anular ❖ ASTRONOMIA *~ eclipse* eclipse anular; *~ groove* ranhura circular; ANATOMIA *~ ligament* ligamento anular
annulary ['ænjʊlərɪ] *adj.,s.* (dedo) anular
annulate ['ænjʊlɪt] *adj.* anelado
annulated ['ænjʊleɪtɪd] *adj.* anelado
annulation [ænjʊ'leɪʃən] *s.* anelação, formação de anéis
annulet ['ænjʊlɪt] *s.* 1 anelzinho, anelete; 2 armila
annullable [ə'nʌləbəl] *adj.* anulável; cancelável
annulling [ə'nʌlɪŋ] Ⓐ *adj.* que anula Ⓑ *s.* anulação
annulment [ə'nʌlmənt] *s.* 1 anulação; *~ of a marriage* anulação de um casamento; 2 cancelamento; 3 abolição
annunciate [ə'nʌnsɪeɪt] *v.tr.* 1 anunciar; 2 proclamar
annunciation [əˌnʌnsɪ'eɪʃən] *s.* [arc.] anunciação; anúncio; proclamação
Annunciation [əˌnʌnsɪ'eɪʃən] *s.* RELIGIÃO *the ~* a Anunciação
annunciator [ə'nʌnsɪeɪtə] *s.* 1 anunciador; 2 indicador de serviços; 3 quadro eléctrico que indica a campainha que fez a chamada; 4 [EUA] botão (de campainha eléctrica)
anobium [ə'nəʊbɪəm] *s.* ZOOLOGIA anóbio
anodal ['ænəʊdəl] *adj.* anodal, anódico
anode ['ænəʊd] *s.* ânodo, anódio ❖ *~ heater* calefactor do ânodo
anodic [ə'nɒdɪk] *adj.* anódico; *~ current density* densidade da corrente anódica
anodise ['ænəʊdaɪz] *v.tr.* anodizar
anodyne ['ænədaɪn] Ⓐ *adj.* 1 FARMÁCIA calmante; 2 anódino; inofensivo Ⓑ *s.* 1 FARMÁCIA calmante; 2 [lit.] paliativo
anoint [ə'nɔɪnt] *v.tr.* 1 ungir [with, com]; 2 sagrar; *he was anointed king* foi sagrado rei; 3 untar; 4 humedecer ❖ *the Lord's Anointed* o Ungido do Senhor; [coloq.] *to ~ a person* moer uma pessoa com pancada
anointing [ə'nɔɪntɪŋ] *s.* 1 unção; 2 sagração; consagração
anointment [ə'nɔɪntmənt] *s.* 1 unção; 2 sagração; consagração
anomalistic [əˌnɒmə'lɪstɪk] *adj.* anomalístico
anomalous [ə'nɒmələs] *adj.* 1 anómalo; 2 irregular
anomalously [ə'nɒmələslɪ] *adv.* anomalamente
anomalousness [ə'nɒmələsnəs] *s.* anomalia; anormalidade
anomaly [ə'nɒmələɪ] *s. (pl. -ies)* anomalia; irregularidade
anomia [ə'nəʊmɪə] *s.* ZOOLOGIA anomia
anomic [ə'nɒmɪk] *adj.* SOCIOLOGIA, PSICOLOGIA anómico
anomy ['ænəmɪ] *s.* SOCIOLOGIA, PSICOLOGIA anomia
anon [ə'nɒn] *adv.* em breve; dentro em pouco; já; sem demora ❖ *ever and ~* de quando em quando
anonaceous [ænə'neɪʃəs] *adj.* BOTÂNICA anonáceo

anonym [ˈænənɪm] s. 1 anónimo; 2 pseudónimo
anonymity [ˌænəˈnɪmɪtɪ] s. anonimato; *he preserved his ~* ele conservou o anonimato
anonymous [əˈnɒnɪməs] adj. 1 anónimo; *~ letter* carta anónima; 2 [fig.] impessoal; frio; incaracterístico; *an ~ place* um local incaracterístico ❖ *to remain ~* manter o anonimato
anonymously [əˈnɒnɪməslɪ] adv. anonimamente
anonymousness [əˈnɒnɪməsnəs] s. anonimato
anopheles [əˈnɒfɪliːz] s. ZOOLOGIA (insecto) anófele
anorak [ˈænəræk] s. 1 VESTUÁRIO anoraque; 2 [fig., joc.] fanático; obcecado; viciado
anorexia [ˌænəˈreksɪə] s. MEDICINA anorexia; *~ nervosa* anorexia nervosa
anorexic [ˌænəˈreksɪk] adj., s. MEDICINA anoréctico
anosmia [æˈnɒsmɪə] s. MEDICINA anosmia
another [əˈnʌðə] adj., pron. (pl. **-other** ou **-others**) 1 outro, outra; 2 mais outro, mais um; 3 um outro ❖ *~ place* referência por eufemismo à Câmara dos Lordes, ou, na Câmara dos Lordes, à Câmara dos Comuns; *many ~ has said that* muitos outros o disseram; *one ~* uns aos outros; um ao outro; *one way or ~* duma maneira ou de outra; *such ~* outro assim; outro igual; *that is quite ~ thing* isso é uma coisa muito diferente; *to be of ~ mind* ser de outra opinião; *to take one for ~* confundir um com o outro
anovulant [æˈnɒvjulənt] adj., s. FARMÁCIA anovulatório
anovulation [ˌænɒvjuˈleɪʃən] s. FISIOLOGIA anovulação
anovulatory [ˌænɒvjuˈleɪtərɪ] adj. FARMÁCIA anovulatório
ansate [ˈænseɪt] adj. com asa ❖ *~ cross* cruz ansada
ansated [ˈænseɪtɪd] adj. com asa ❖ *~ cross* cruz ansada
Anselm [ˈænselm] s. antr. Anselmo
anser [ˈænsə] s. ZOOLOGIA ânser
anserine [ˈænsəraɪn] adj. anserino
answer [ˈɑːnsə] Ⓐ s. 1 resposta; réplica; 2 solução (de problema) Ⓑ v.tr., intr. 1 responder; replicar; *~ me* responde-me; *to ~ an advertisement* responder a um anúncio; 2 reagir [**to**, a]; 3 atender; *to ~ the door* ir ver quem está à porta; *to ~ the phone* atender o telefone; 4 solucionar; *to ~ a problem* dar solução a um problema; 5 corresponder a; *it didn't ~ my purpose* não correspondia ao meu objectivo; *to ~ the description* corresponder à descrição; 6 dar pelo nome de; *he answers to the name of Matthew* ele dá pelo nome de Mateus; 7 pagar; *to ~ a bill* pagar uma letra; *to ~ a debt* pagar uma dívida ❖ *in ~ to* em resposta a; *the plan has not answered* o plano não deu bom resultado; *the ship didn't ~ to the helm* o navio não obedeceu ao leme; DIREITO *to ~ in law* comparecer em juízo; *to have an ~ to a charge* refutar uma acusação
◆**answer back** v.tr., intr. 1 dar respostas tortas; dar má resposta(s); *to answer (sb) back* dar uma má resposta (a alguém); 2 ripostar; replicar; contra-argumentar
◆**answer for** v.tr. 1 responder por; responsabilizar-se por; *I can't answer for him* não posso responder por ele; 2 garantir; assegurar
◆**answer to** v.tr. 1 ser responsável perante; ter de prestar contas a; 2 corresponder a; *to ~ the quality of a product* garantir a qualidade de um produto; *to ~ the description* corresponder à descrição
answerable [ˈɑːnsərəbəl] adj. 1 (pessoa) responsável [**for**, por]; *he is ~ for all his actions* ele é responsável por todos os seus actos; 2 a que se pode responder; resolúvel; 3 [arc.] que corresponde a ❖ *to be ~ to sb* ter de prestar contas a alguém
answerably [ˈɑːnsərəblɪ] adv. [arc.] conformemente
answerer [ˈɑːnsərə] s. aquele que responde, respondente
answering [ˈɑːnsərɪŋ] adj. de resposta; de atendimento ❖ *~ machine* atendedor de chamadas; *~ service* serviço de atendimento de chamadas
answerphone [ˈɑːnsəfəʊn] s. atendedor de chamadas
ant [ænt] s. ZOOLOGIA (insecto) formiga ❖ (ave) *~ catcher/~ thrush* formicário; *~ lion* formiga-leão; [coloq.] *he has ants in his pants* ele tem bichos carpinteiros; *white ~* formiga branca; térmite
anta [ˈæntə] s. (pl. **-ae**) ARQUEOLOGIA anta
antacid [æntˈæsɪd] adj., s. antiácido

Antaeus [ænˈteɪəs] s. MITOLOGIA Anteu
antagonism [ænˈtæɡənɪzəm] s. antagonismo; oposição; rivalidade
antagonist [ænˈtæɡənɪst] s. antagonista; adversário; opositor
antagonistic [ænˌtæɡəˈnɪstɪk] adj. 1 antagónico; 2 hostil; 3 oposto; 4 contrário [**to**, a]; *to be ~ to* ser contrário a, opor-se a
antagonistically [ænˌtæɡəˈnɪstɪklɪ] adv. de modo antagónico; de maneira adversa
antagonize [ænˈtæɡənaɪz] v.tr. 1 hostilizar; provocar o antagonismo ou a oposição de; 2 malquistar-se com; 3 opor-se a; contrariar; resistir a
antalgic [ænˈtældʒɪk] adj., s. anódino
antalkali [æntˈælkəlaɪ] adj., s. antialcalino
antaphrodisiac [ˌæntæfrəʊˈdɪzɪæk] adj., s. FARMÁCIA antiafrodisíaco
Antarctic [æntˈɑːktɪk] Ⓐ adj. GEOGRAFIA antárctico Ⓑ s. Antárctico ❖ *~ Ocean* Oceano Glacial Antárctico; *~ Circle* Círculo Polar Antárctico; *the ~* a Antárctida
Antarctica [æntˈɑːktɪkə] s. Antárctida
antarthritic [ˌæntɑːˈθrɪtɪk] adj., s. FARMÁCIA antiartrítico
antasthmatic [ˌæntæzˈmætɪk] adj., s. FARMÁCIA antiasmático
antbear [ˈæntˌbeə] s. ZOOLOGIA urso-formigueiro
ante [ˈæntɪ] Ⓐ s. 1 (jogo de cartas) aposta; parada; 2 pagamento adiantado Ⓑ v.tr. (jogo de cartas) apostar ❖ *to up the ~* subir a parada
◆**ante up** v.tr., intr. [EUA] [coloq.] pagar de má vontade
ante meridiem [ˌæntɪməˈrɪdɪəm] adv. de manhã, antes do meio-dia [geralm. abreviado para *a. m.*]
anteater [ˈæntˌiːtə] s. ZOOLOGIA papa-formigas, urso-formigueiro
antecede [ˌæntɪˈsiːd] v.tr. anteceder; preceder; vir antes de
antecedence [ˌæntɪˈsiːdəns] s. 1 antecedência; prioridade; 2 prioridade
antecedent [ˌæntɪˈsiːdənt] adj., s. antecedente
antecedently [ˌæntɪˈsiːdəntlɪ] adv. anteriormente; antecedentemente
antechamber [ˈæntɪˌtʃeɪmbə] s. antecâmara
antedate [ˈæntɪdeɪt] Ⓐ v.tr. 1 antedatar; pré-datar; 2 anteceder; ser anterior a Ⓑ s. antedata
antediluvian [ˌæntɪdɪˈluːvɪən] adj. antediluviano
antefix [ˈæntɪfɪks] s. ARQUITECTURA antefixa
antelope [ˈæntɪləʊp] s. ZOOLOGIA antílope ❖ ZOOLOGIA *barbary ~* gazela
antemeridian [ˌæntɪməˈrɪdɪən] adj. 1 antemeridiano; 2 da manhã
antenatal [ˌæntɪˈneɪtəl] adj. 1 pré-natal; 2 durante a gestação ❖ *~ care* cuidados pré-natais
antenna [ænˈtenə] s. (pl. **-ae**) 1 ZOOLOGIA antena; 2 RÁDIO antena
antennal [ænˈtenəl] adj. de antena; relativo a antena
Antenor [ænˈtiːnɔː] s. MITOLOGIA Antenor
antenuptial [ˌæntɪˈnʌpʃəl] adj. antenupcial; *~ settlement* contrato antenupcial
antependium [ˌæntɪˈpendɪəm] s. antepêndio
antepenult [ˌæntɪpɪˈnʌlt] Ⓐ adj., s. antepenúltimo Ⓑ s. antepenúltima sílaba
antepenultimate [ˌæntɪpɪˈnʌltɪmɪt] Ⓐ adj. antepenúltimo Ⓑ s. antepenúltima sílaba
anteprandial [ˌæntɪˈprændɪəl] adj. de antes do jantar
anterior [ænˈtɪərɪə] adj. anterior
anteriority [ænˌtɪərɪˈɒrɪtɪ] s. anterioridade
anteriorly [ænˈtɪərɪəlɪ] adv. anteriormente
anteriorness [ænˈtɪərɪənəs] s. → **anteriority**
anteroom [ˈæntɪrʊm] s. 1 antessala; vestíbulo; 2 antecâmara; 3 sala de estar em messe de oficiais
antero-posterior [ˌæntɪrəʊpɒsˈtɪərɪə] adj. ântero-posterior
anthelia [ænˈθiːlɪə] s. {pl. de **anthelion**}
anthelion [æntˈhiːlɪən, ænˈθiːlɪən] s. (pl. **-ia**) ASTRONOMIA antélio
anthelix [ænˈthiːlɪks, ænˈθiːlɪks] s. (pl. **-es**) ANATOMIA antélix
anthelmintic [ˌænθelˈmɪntɪk] adj., s. FARMÁCIA antelmíntico, anti-helmíntico, vermífugo
anthem [ˈænθəm] s. 1 hino; *national ~* hino nacional; 2 antífona; 3 cântico de louvor ou alegria
anther [ˈænθə] s. BOTÂNICA antera ❖ *~ dust* pólen

antheridium [ænθə'rɪdɪəm] s. BOTÂNICA anterídio
anthesis [æn'θiːsɪs] s. BOTÂNICA antese
anthill ['ænt.hɪl] s. formigueiro
anthocyanin [æntəʊ'saɪənɪn] s. QUÍMICA antocianina
anthological [ænθə'lɒdʒɪkəl] adj. antológico
anthologist [æn'θɒlədʒɪst] s. antologista
anthology [æn'θɒlədʒɪ] s. (pl. -ies) antologia
Anthon ['ænθən] s.antr. Antão
Anthony ['æntənɪ] s.antr. António ❖ MEDICINA *Saint Anthony's fire* fogo-de-santo-antão; erisipela
anthozoan [ænθə'zəʊən] s. ZOOLOGIA antozoário
anthozoic [ænθə'zəʊɪk] adj. ZOOLOGIA antozoário
anthracic [æn'θræsɪk] adj. antrácico, antrácino
anthracite ['ænθrəsaɪt] s. MINERALOGIA antracite
anthracitic [ænθrə'sɪtɪk] adj. antracitoso
anthracitous [ænθrə'saɪtəs] adj. antracitoso
anthracoid ['ænθrəkɔɪd] adj. MEDICINA antracóide
anthraquinone [ænθrə'kwɪnəʊn] s. QUÍMICA antraquinona
anthrax ['ænθræks] s. MEDICINA, ZOOLOGIA antraz
anthrenus [æn'θriːnəs] s. ZOOLOGIA antreno
anthropocentric [ænθrəpə'sentrɪk] adj. antropocêntrico
anthropocentrism [ænθrəpə'sentrɪzəm] adj. antropocentrismo
anthropogenesis [ænθrəpə'dʒenɪsɪs] s. antropogénese
anthropogeny [ænθrə'pɒdʒɪnɪ] s. antropogenia
anthropogeography [ænθrəpəʊdʒɪ'ɒgrəfɪ] s. antropogeografia
anthropography [ænθrə'pɒgrəfɪ] s. antropografia
anthropoid ['ænθrəpɔɪd] adj.,s. antropóide
anthropoidal [ænθrə'pɔɪdəl] adj. antropóide
anthropological [ænθrəpə'lɒdʒɪkəl] adj. antropológico
anthropologist [ænθrə'pɒlədʒɪst] s. antropólogo
anthropology [ænθrə'pɒlədʒɪ] s. antropologia ❖ *cultural ~* antropologia cultural
anthropometer [ænθrə'pɒmɪtə] s. antropómetro
anthropometric [ænθrəpə'metrɪk] adj. antropométrico
anthropometry [ænθrə'pɒmətrɪ] s. antropometria
anthropomorphic [ænθrəpə'mɔːfɪk] adj. antropomórfico
anthropomorphism [ænθrəpə'mɔːfɪzəm] s. antropomorfismo
anthropomorphist [ænθrəpə'mɔːfɪst] s. antropomorfista
anthropomorphite [ænθrəpə'mɔːfaɪt] s. antropomorfita
anthropomorphize [ænθrəpə'mɔːfaɪz] v.tr. antropomorfizar
anthropomorphous [ænθrəpə'mɔːfəs] adj. antropomorfo
anthropophagi [ænθrə'pɒfəgaɪ] s.pl. antropófagos
anthropophagous [ænθrə'pɒfəgəs] adj. antropófago
anthropophagy [ænθrə'pɒfədʒɪ] s. antropofagia
anthropophobia [ænθrəpə'fəʊbɪə] s. antropofobia
anthropopithecus [ænθrəpəʊpɪ'θiːkəs] s. antropopiteco, pitecantropo
anthroposophist [ænθrə'pɒsəfɪst] s. antroposofista
anthroposophy [ænθrə'pɒsəfɪ] s. antroposofia
anthropozoic [ænθrəpə'zəʊɪk] adj. antropozóico
antiabortion [æntɪə'bɔːʃən] adj.,s. anti-aborto ❖ *~ campaign* campanha contra o aborto
antiabortionist [æntɪə'bɔːʃənɪst] s. pessoa que se opõe ao aborto
antiacid [æntɪ'æsɪd] s. ⇒ **antacid**
antiaircraft [æntɪ'eəkrɑːft] adj. antiaéreo ❖ *~ gun* canhão antiaéreo; *~ missiles* mísseis antiaéreos; *~ defence* defesa aérea
antiatom [æntɪ'ætəm] s. FÍSICA átomo composto por antipartículas
anti-attrition [æntɪə'trɪʃən] adj. antifricção
antibacterial [æntɪbæk'tɪərɪəl] adj. FARMÁCIA antibacteriano
antiballistic [æntɪbə'lɪstɪk] adj. MILITAR antibalístico; *~ missile* míssil antibalístico
antibilious [æntɪ'bɪlɪəs] adj. antibilioso
antibiosis [æntɪbaɪ'əʊsɪs] s. antibiose
antibiotic [æntɪbaɪ'ɒtɪk] adj.,s. FARMÁCIA antibiótico
antibody ['æntɪbɒdɪ] s. (pl. -ies) BIOLOGIA anticorpo
antibromic [æntɪ'brəʊmɪk] adj. desodorizante

antic ['æntɪk] Ⓐ s. 1 bobo; palhaço; farsante; 2 pl. palhaçadas; 3 pl. disparates; *he says nothing but antics* ele só diz disparates Ⓑ adj. [arc.] bizarro; grotesco
anticancer [æntɪ'kænsə] adj. anticancerígeno
anticatalyst [æntɪ'kætəlɪst] s. QUÍMICA inibidor; anticatalisador
anticatarrhal [æntɪkə'tɑːrəl] adj.,s. anticatarral
anticathode [æntɪ'kæθəʊd] s. FÍSICA anticátodo
anticatholic [æntɪ'kæθəlɪk] adj.,s. anticatólico
anti-choice [æntɪ'tʃɔɪs] adj. anti-aborto
anticholeraic [æntɪkɒlə'reɪɪk] adj.,s. anticolérico
anticholinergic [æntɪkəʊlɪ'nɜːdʒɪk] adj.,s. FARMÁCIA anticolinérgico
Antichrist ['æntɪˌkraɪst] s. Anticristo
antichristian [æntɪ'krɪstɪən] adj. anticristão
anticipant [æn'tɪsɪpənt] s. antecipador
anticipate [æn'tɪsɪpeɪt] v.tr. 1 antecipar; 2 apressar; 3 esperar; contar com; 4 considerar, discutir antecipadamente; 5 adiantar-se a; prevenir; 6 preceder (alguém); 7 prever; *I ~ the worst* prevejo o pior; 8 ir ao encontro de; adivinhar; *he anticipated her wishes* foi ao encontro dos seus desejos
anticipated [æn'tɪsɪpeɪtɪd] adj. antecipado
anticipation [ænˌtɪsɪ'peɪʃən] s. 1 antecipação; 2 antegosto; 3 antevisão, previsão; 4 expectativa ❖ *in ~ of...* prevendo...; *thanking you in ~* agradecemos antecipadamente
anticipative [æn'tɪsɪpeɪtɪv] adj. 1 antecipado; 2 de antecipação
anticipator [æn'tɪsɪpeɪtə] s. antecipador
anticipatorily [ænˌtɪsɪ'peɪtərɪlɪ] adv. com antecipação, adiantadamente
anticipatory [ænˌtɪsɪ'peɪtərɪ] adj. antecipatório
anticlerical [æntɪ'klerɪkəl] adj.,s. anticlerical
anticlericalism [æntɪ'klerɪkəlɪzəm] s. anticlericalismo
anticlimax [æntɪ'klaɪmæks] s. (pl. -es) anticlímax
anticlinal [æntɪ'klaɪnəl] adj.,s. GEOLOGIA anticlinal
anticlockwise [æntɪ'klɒkwaɪz] adj.,adv. [GB] no sentido inverso ao dos ponteiros dum relógio
anticoagulant [æntɪkəʊ'ægjʊlənt] adj.,s. anticoagulante
anti-constitutional [æntɪkɒnstɪ'tjuːʃnəl] adj. anticonstitucional
anti-constitutionally [æntɪkɒnstɪ'tjuːʃnəlɪ] adv. anticonstitucionalmente
anticonvulsant [æntɪkən'vʌlsənt] adj.,s. FARMÁCIA anticonvulsivo
anticyclone [æntɪ'saɪkləʊn] s. anticiclone
anticyclonic [æntɪ'saɪklɒnɪk] adj. anticiclónico
antidandruff [æntɪ'dændrʌf] adj. anticaspa
anti-dazzle [æntɪ'dæzl] adj. anti-encandeamento ❖ *~ mirror* espelho anti-encandeamento
antidepressant [æntɪdɪ'presənt] adj.,s. MEDICINA antidepressivo
antidotal [æntɪ'dəʊtəl] adj. antidotal, com o efeito de contraveneno
antidote ['æntɪdəʊt] s. antídoto, contraveneno
antidumping [æntɪ'dʌmpɪŋ] adj. ECONOMIA antidumping
antiemetic [æntɪ'metɪk] adj.,s. FARMÁCIA antiemético
antifascism [æntɪ'fæʃɪzəm] s. antifascismo
antifascist [æntɪ'fæʃɪst] adj.,s. antifascista
antifat [æntɪ'fæt] adj. contra a obesidade, antiobésico
antifebrile [æntɪ'fiːbraɪl] adj.,s. FARMÁCIA antifebril, febrífugo
antifebrin [æntɪ'fiːbrɪn] s. antifebrina
antifeminism [æntɪ'femɪnɪzəm] s. antifeminismo
antifeminist [æntɪ'femɪnɪst] adj.,s. antifeminista
anti-flu [æntɪ'fluː] adj. antigripal
antifogmatic [æntɪfɒg'mætɪk] adj.,s. 1 antinevoeiro; 2 [EUA] bebida alcoólica contra os efeitos do tempo húmido
antifogmatical [æntɪfɒg'mætɪkəl] adj.,s. ⇒ **antifogmatic**
antifouling [æntɪ'faʊlɪŋ] s. tinta usada para evitar desenvolvimentos vegetais no fundo dos navios
antifreeze ['æntɪfriːz] s. (automóvel) anticongelante
antifreezing [æntɪ'friːzɪŋ] adj. anticongelante
anti-friction [æntɪ'frɪkʃən] adj.,s. antifricção
antigen ['æntɪdʒən] s. MEDICINA (imunologia) antígeno, antigénio
antigenic [æntɪ'dʒenɪk] adj. antigénico

Antigone [æn'tɪɡənɪ] s. MITOLOGIA Antígona
antihelix [ˌæntɪ'hiːlɪks] s. (pl. **-es** ou **-ces**) ANATOMIA antélice
antihero ['æntɪˌhɪərəʊ] s. anti-herói
antiheroine ['æntɪˌhɪərəʊɪn] s. anti-heroína
antihistamine [ˌæntɪ'hɪstəmiːn] s. FARMÁCIA anti-histamínico
antihistaminic [ˌæntɪhɪstə'mɪnɪk] adj. FARMÁCIA anti-histamínico
anti-icing [ˌæntɪ'aɪsɪŋ] adj. anticongelante
anti-inflammatory [ˌæntɪɪn'flæmətərɪ] adj.,s. FARMÁCIA anti-inflamatório
antiknock [ˌæntɪ'nɒk] s. antidetonante
antilog ['æntɪlɒɡ] [abrev. de antilogarithm] antilogaritmo
antilogarithm [ˌæntɪ'lɒɡərɪðəm] s. antilogaritmo
antilogous [æn'tɪləɡəs] adj. antílogo
antilogy [æn'tɪlədʒɪ] s. antilogia
antimacassar [ˌæntɪmə'kæsə] s. cobertura para as costas das cadeiras, quer para as proteger, quer para servir como ornamento
antimagnetic [ˌæntɪmæɡ'netɪk] adj. antimagnético
antimalarial [ˌæntɪmə'leərɪəl] adj.,s. FARMÁCIA antimalárico, antipalúdico
antimask ['æntɪmɑːsk] s. interlúdio jocoso no intervalo entre os actos duma mascarada
antimasque ['æntɪmɑːsk] s. interlúdio jocoso no intervalo entre os actos duma mascarada
antimatter [ˌæntɪ'mætə] s. antimatéria
antimephitic [ˌæntɪmɪ'fɪtɪk] adj.,s. antimefítico
antimilitarism [ˌæntɪ'mɪlɪtərɪzəm] s. antimilitarismo
antimilitarist [ˌæntɪ'mɪlɪtərɪst] adj.,s. antimilitarista
antimissile [ˌæntɪ'mɪsaɪl, ˌæntɪ'mɪsəl] adj. MILITAR antimíssil
anti-mist [ˌæntɪ'mɪst] adj. anti-embaciamento
antimonarchical [ˌæntɪmɒ'nɑːkɪkəl] adj. antimonárquico
antimonarchism [ˌæntɪ'mɒnəkɪzəm] s. antimonarquismo
antimonarchist [ˌæntɪ'mɒnəkɪst] s. antimonárquico
antimonial [ˌæntɪ'məʊnɪəl] adj. antimonial
antimoniate [ˌæntɪ'məʊnɪeɪt] s. QUÍMICA antimoniato
antimonic [ˌæntɪ'mɒnɪk] adj. antimónico
antimony ['æntɪmənɪ] s. QUÍMICA (elemento químico) antimónio
antimoral [ˌæntɪ'mɒrəl] adj. antimoral
antinational [ˌæntɪ'næʃənəl] adj. antinacional
antinephritic [ˌæntɪnɪ'frɪtɪk] adj.,s. FARMÁCIA antinefrítico
antineuralgic [ˌæntɪnjʊ'rældʒɪk] adj.,s. FARMÁCIA antinevrálgico
anting-anting [ˌæntɪŋ'æntɪŋ] s. suposta influência sobrenatural numa pessoa a protegê-la do mal
antinomian [ˌæntɪ'nəʊmɪən] adj.,s. antinomiano
antinomic [ˌæntɪ'nɒmɪk] adj. antinómico; antitético; oposto
antinomical [ˌæntɪ'nɒmɪkəl] adj. ⇒ **antinomic**
antinomically [ˌæntɪ'nɒmɪkəlɪ] adv. antinomicamente
antinomy [æn'tɪnəmɪ] s. antinomia; antítese; oposição
antinuclear [ˌæntɪ'njuːklɪə] adj. antinuclear
Antioch ['æntɪɒk] s.top. (cidade turca) Antioquia
anti-oncogene [ˌæntɪ'ɒnkədʒiːn] s. BIOLOGIA gene que inibe o desenvolvimento do cancro
Antioquia [ˌæntɪəʊ'kɪə] s.top. (região colombiana) Antioquia
antioxidant [ˌæntɪ'ɒksɪdənt] s. antioxidante
antipapal [ˌæntɪ'peɪpəl] adj. antipapista
antiparliamentary [ˌæntɪpɑːlə'mentərɪ] adj. antiparlamentar
antiparticle [ˌæntɪ'pɑːtɪkəl] s. antipartícula
antipasto [ˌæntɪ'pæstəʊ] s. (pl. **antipasti** ou **antipastos**) CULINÁRIA (gastronomia italiana) entradas
Antipater [æn'tɪpətə] s. RELIGIÃO (Bíblia) antipáter
antipathetic [ˌæntɪpə'θetɪk] adj. 1 [form.] antipático; hostil; 2 [form.] contrário (**to**, a); *they are ~ to all liberal ideas* opõem-se a todas as ideias liberais
antipathetical [ˌæntɪpə'θetɪkəl] adj. ⇒ **antipathetic**
antipathy [æn'tɪpəθɪ] s. (pl. **-ies**) 1 antipatia; 2 hostilidade; oposição
antipatriot [ˌæntɪ'peɪtrɪət] s. antipatriota
antipatriotic [ˌæntɪpeɪtrɪ'ɒtɪk] adj. antipatriótico
antipatriotism [ˌæntɪ'peɪtrɪətɪzəm] s. antipatriotismo
antipersonnel [ˌæntɪpɜːsə'nel] adj. MILITAR antipessoal; *~ mines* minas antipessoais

antiperspirant [ˌæntɪpə'spaɪərənt] adj.,s. desodorizante
antiphlogistic [ˌæntɪfləʊ'dʒɪstɪk] adj. FARMÁCIA antiflogístico
antiphon ['æntɪfɒn] s. antifona
antiphonal [æn'tɪfənəl] Ⓐ adj. antifónico; antifonal Ⓑ s. antifonário
antiphonary [æn'tɪfənərɪ] s. (pl. **-ies**) antifonário
antiphoner [æn'tɪfənə] s. antifoneiro
antiphonic [ˌæntɪ'fɒnɪk] adj. [rar.] ⇒ **antiphonal**
antiphonical [ˌæntɪ'fɒnɪkəl] adj. [rar.] ⇒ **antiphonal**
antiphony [æn'tɪfənɪ] s. (pl. **-ies**) antifonia
antiphrasis [æn'tɪfrəsɪs] s. (pl. **-phrases**) antífrase
antipodal [æn'tɪpədl] adj. antipodiano, antipódico, antipodal
antipodean [ænˌtɪpə'dɪən] adj. antípoda, contrário, diametralmente oposto
antipodes [æn'tɪpədiːz] s.pl. antípodas
antipoison [ˌæntɪ'pɔɪzn] s. contraveneno
antipope [ˌæntɪ'pəʊp] s. antipapa
antipopery [ˌæntɪ'pəʊpərɪ] s. antipapismo
antiprohibitionist [ˌæntɪprəʊhɪ'bɪʃənɪst] s. antiproibicionista
antipsychotic [ˌæntɪsaɪ'kɒtɪk] s.,adj. FARMÁCIA antipsicótico
antipyretic [ˌæntɪpɪ'retɪk] adj.,s. FARMÁCIA antipirético
antipyrin [ˌæntɪ'paɪərɪn] s. FARMÁCIA antipirina
antiquarian [ˌæntɪ'kweərɪən] Ⓐ s. 1 antiquário; 2 coleccionador de antiguidades Ⓑ adj. de antiguidades
antiquarianism [ˌæntɪ'kweərɪənɪzəm] s. gosto pelas antiguidades
antiquary ['æntɪkwərɪ] s. (pl. **-ies**) 1 (negociante) antiquário; 2 coleccionador de antiguidades; 3 (estudioso) arqueólogo; historiador
antiquated ['æntɪkweɪtɪd] adj. antiquado; velho; desusado
antique [æn'tiːk] Ⓐ adj. 1 antigo; 2 da antiguidade Ⓑ s. (período, objecto) antiguidade ❖ (pessoa) *~ dealer* negociante em antiguidades; (loja) *~ shop* antiquário
antiquely [æn'tiːklɪ] adv. [rar.] de modo antigo, antiquado
antiqueness [æn'tiːknəs] s. antiguidade
antiquity [æn'tɪkwɪtɪ] s. (pl. **-ies**) 1 antiguidade; tempos antigos; *this legend stretches back into ~* esta lenda remonta à antiguidade; 2 (objectos) antiguidade [geralm. no pl.]; 3 monumento antigo [geralm. no pl.]
anti-rabic [ˌæntɪ'ræbɪk] adj. anti-rábico
anti-rachitic [ˌæntɪræ'kɪtɪk] adj. anti-raquítico
antiracism [ˌæntɪ'reɪsɪzm] s. anti-racismo
antiracist [ˌæntɪ'reɪsɪst] adj.,s. anti-racista
anti-religious [ˌæntɪrɪ'lɪdʒəs] adj. anti-religioso
anti-republican [ˌæntɪrɪ'pʌblɪkən] adj.,s. anti-republicano
antirevolutionary [ˌæntɪrevə'luːʃənərɪ] adj. anti-revolucionário
antirrhinum [ˌæntɪ'raɪnəm] s. BOTÂNICA antirrino
antiscians [æn'tɪʃənz] s.pl. antíscios
antiscorbutic [ˌæntɪskɔː'bjuːtɪk] adj.,s. antiescorbútico
anti-Semite [ˌæntɪ'siːmaɪt] s. anti-semita
anti-Semitic [ˌæntɪsə'mɪtɪk] adj. anti-semítico
anti-Semitism [ˌæntɪ'semɪtɪzəm] s. anti-semitismo
antisepsis [ˌæntɪ'sepsɪs] s. anti-sepsia
antiseptic [ˌæntɪ'septɪk] Ⓐ adj. 1 anti-séptico; 2 [fig.] estéril; desinteressante; inócuo; *his ~ ideas will take us nowhere* as ideias estéreis dele não nos vão levar a lado nenhum Ⓑ s. anti-séptico
antiseptically [ˌæntɪ'septɪkəlɪ] adv. de modo anti-séptico
anti-shock [ˌæntɪ'ʃɒk] adj. antichoque; à prova de choque
anti-skid [ˌæntɪ'skɪd] adj. antiderrapante; *~ chains* correntes antiderrapantes
antislavery [ˌæntɪ'sleɪvərɪ] s. antiescravismo
antisocial [ˌæntɪ'səʊʃəl] adj. 1 anti-social; 2 pouco sociável
antisocialist [ˌæntɪ'səʊʃəlɪst] adj.,s. anti-socialista
antispasmodic [ˌæntɪspæz'mɒdɪk] adj.,s. FARMÁCIA antiespasmódico
anti-striker [ˌæntɪ'straɪkə] s. antigrevista
antistrophe [æn'tɪstrəʊfɪ] s. antístrofe
anti-submarine [ˌæntɪsʌbmə'riːn] adj. anti-submarino
anti-tank [ˌæntɪ'tæŋk] adj. antitanque; *~ weapon* arma antitanque

antiterrorist [ˌæntɪˈterərɪst] *adj.* antiterrorista
antitetanic [ˌæntɪtɪˈtænɪk] *adj.* FARMÁCIA antitetânico
antitheft [ˈæntɪθeft] *adj.* anti-roubo; **~ device** dispositivo anti-roubo
antitheist [ˌæntɪˈθiːɪst] *s.* antiteísta
antithesis [ænˈtɪθɪsɪs] *s.* (*pl.* **-es**) **1** antítese; **2** contrário; **3** oposição
antithetic [ˌæntɪˈθetɪk] *adj.* antitético
antithetical [ˌæntɪˈθetɪkəl] *adj.* antitético
antithetically [ˌæntɪˈθetɪkəlɪ] *adv.* antiteticamente
antitoxic [ˌæntɪˈtɒksɪk] *adj.* antitóxico
antitoxin [ˌæntɪˈtɒksɪn] *s.* FARMÁCIA antitoxina
antitrade [ˈæntɪreɪd] *adj.,s.* (vento) contra-alisado
antitrust [ˌæntɪˈtrʌst] *adj. antitrust*, antimonopólio; **~ commission** comissão antimonopólio; **~ laws** leis *antitrust*, leis antimonopólio
antitubercular [ˌæntɪtjuːˈbɜːkjʊlə] *adj.* antituberculoso
antitussive [ˌæntɪˈtʌsɪv] *adj.,s.* FARMÁCIA antitússico
antitype [ˈæntɪtaɪp] *s.* antitipo
antiviral [ˌæntɪˈvaɪərəl] *adj.,s.* MEDICINA antivírus
antivirus [ˌæntɪˈvaɪərəs] *adj.,s.* antivírus; INFORMÁTICA **~ program** programa antivírus; INFORMÁTICA **~ software** software antivírus
anti-wrinkle [ˌæntɪˈrɪŋkəl] *adj.* (cosmética) anti-rugas ❖ *anti-wrinke cream* creme anti-rugas; **~ treatment** tratamento contra as rugas
antler [ˈæntlə] *s.* chifres (de veado); *the brow antlers* os primeiros chifres que nascem ao veado
antlered [ˈæntləd] *adj.* com chifres
Antonia [ænˈtəʊnɪə] *s.antr.* Antónia
Antoninus [ˌæntəˈnaɪnəs] *s.antr.* Antonino
Antonio [ænˈtəʊnɪəʊ] *s.antr.* António
antonomasia [ˌæntənəˈmeɪzɪə] *s.* RETÓRICA antonomásia
Antony [ˈæntənɪ] *s.antr.* António
antonym [ˈæntənɪm] *s.* LINGUÍSTICA antónimo
antonymous [ænˈtɒnɪməs] *adj.* LINGUÍSTICA antónimo
antonymy [ænˈtɒnɪmɪ] *s.* LINGUÍSTICA antonímia
antrum [ˈæntrəm] *s.* (*pl.* **-s** ou **-a**) ANATOMIA antro
Antwerp [ˈæntwɜːp] *s.top.* Antuérpia
anuran [əˈnʊərən] *adj.,s.* ZOOLOGIA anuro
anus [ˈeɪnəs] *s.* ânus
anvil [ˈænvɪl] *s.* bigorna ❖ **~ bed**, **~ block** leito da bigorna; **~ chisel** talhadeira de cavalete; **~ horn** bico da bigorna
anxiety [æŋˈzaɪətɪ] *s.* (*pl.* **-ies**) **1** ansiedade [**about/over**, em relação a]; **~ about an exam** ansiedade por causa de um exame; **2** preocupação, agitação [**about/over**, por causa de]; **3** (desejo) ânsia [**to**, de] ❖ **~ attack** ataque de ansiedade
anxiolytic [ˌæŋɡzɪəˈlɪtɪk] *adj.,s.* FARMÁCIA ansiolítico
anxious [ˈæŋkʃəs] *adj.* **1** ansioso; inquieto; preocupado; agitado; **2** aflitivo; de angústia; de ansiedade; **~ moments** momentos de ansiedade; **3** desejoso; **4** inquietante; que provoca ansiedade ❖ *to be* **~** *to do sth* estar ansioso por fazer alguma coisa; *to be* **~** *about sth* estar ansioso em relação a alguma coisa
anxiously [ˈæŋkʃəslɪ] *adv.* **1** ansiosamente; **2** impacientemente; **3** cheio de preocupação
anxiousness [ˈæŋkʃəsnəs] *s.* ansiedade
any [ˈenɪ] Ⓐ *adj.,pron.* **1** qualquer; **~ will do** qualquer um serve [em frases afirmativas]; **2** algum; *are there* **~** *left?* sobrou algum? [geralm. em frases neg. e interr.]; **3** nenhum; *I don't like* **~** *of your friends* não gosto de nenhum dos teus amigos Ⓑ *adv.* de qualquer modo; de algum modo ❖ **~ further** mais longe; **~ time** em qualquer altura; *are you* **~ better?** estás melhor?; *at* **~ moment** a todo o momento; de um instante para o outro; *at* **~ rate** seja como for; pelo menos; ao menos; *I'm not going* **~** *further* não vou mais longe; *in* **~** *case* de qualquer modo; em caso nenhum; aconteça o que acontecer; *not* **~** *more* já não
anybody [ˈenɪbɒdɪ] *pron.* **1** qualquer pessoa; *to be just like* **~** *else* ser como qualquer outra pessoa; **2** alguém; *is* **~** *there?* está aí alguém?; **3** ninguém; *there wasn't* **~** *there* não estava lá ninguém ❖ *anybody's guess* coisa imprevisível; *you will never be* **~** nunca serás ninguém
anyhow [ˈenɪhaʊ] *adv.,conj.* **1** de qualquer maneira; duma maneira ou de outra; **2** em todo o caso; seja como for; *it is all pointless* **~** de qualquer modo é tudo inútil; *it's very difficult, but you can try* **~** é muito difícil, mas podes sempre tentar; **3** [coloq.] às três pancadas; de qualquer maneira; *they did it all* **~** fizeram tudo de qualquer maneira
anyone [ˈenɪwʌn] *pron.* **1** qualquer pessoa; qualquer um; *he works more than* **~** trabalha mais que qualquer outro; **2** alguém; *has* **~** *seen my keys?* alguém viu as minhas chaves? [com perguntas]; **3** ninguém; *I can't see* **~** não vejo ninguém [com negativas] ❖ **~** *but him* todos menos ele
anything [ˈenɪθɪŋ] *adv.,pron.* **1** qualquer coisa; **~ will do** qualquer coisa serve; **2** alguma coisa; *is there* **~** *else?* mais alguma coisa? [em perguntas]; **3** nada; *there wasn't* **~** *to be done* não havia nada a fazer [com neg.] ❖ **~ but!** pelo contrário!; **~** *I can do for you?* posso ajudar?; **~** *might happen* tudo pode acontecer; *I wouldn't do that for* **~** não faria isso por nada deste mundo; *not* **~** *like that* nada disso; *to be* **~** *but...* ser tudo menos...
anyway [ˈenɪweɪ] *adv.,conj.* **1** de qualquer maneira; **2** em todo o caso; **3** atabalhoadamente ❖ *thanks,* **~** de qualquer modo, obrigado
anywhere [ˈenɪweə] *adv.* **1** em qualquer parte; em algum sítio; *have you seen them anywhere?* viste-os nalgum lado? [com perguntas]; **2** em parte alguma; em lado nenhum; *I can't find them* **~** não os encontro em lado nenhum [com neg.] ❖ **~** *miles from* **~** longe de tudo; *not* **~** *near* nem de perto nem de longe
anywise [ˈenɪwaɪz] *adv.* **1** de qualquer maneira; **2** de maneira nenhuma [com neg.]
Anzac Ⓐ [abrev. de Australian and New Zealand Army Corps] Ⓑ *s.* soldado das tropas expedicionárias da Austrália e da Nova Zelândia durante a primeira Grande Guerra ❖ **~ Day** o dia 25 de Abril de 1915, data em que tropas australianas e neozelandesas desembarcaram na Península de Gallipoli, comemoração desse dia
ANZUS [abrev. de Australia, New Zealand, & United States]
A. of F. [abrev. de Admiral of the Fleet]
A-OK [ˌeɪəʊˈkeɪ] *adj.* [coloq.] óptimo, a 100%
A-okay [ˌeɪəʊˈkeɪ] *adj.* ⇒ **A-OK**
aorist [ˈeɪərɪst] *adj.,s.* LINGUÍSTICA aoristo; *weak* **~** primeiro aoristo
aorta [eɪˈɔːtə] *s.* ANATOMIA aorta
aortic [eɪˈɔːtɪk] *adj.* aórtico
AP [abrev. de Associated Press]
apace [əˈpeɪs] *adv.* depressa; rapidamente; a bom ritmo
apache [əˈpɑːʃ] *s.* apache, malfeitor, rufia
Apache [əˈpætʃɪ] *s.* Apache, índio dos E. U. A.
apagoge [ˌæpəˈɡɔːdʒɪ] *s.* FILOSOFIA apagogia
apanage [ˈæpənɪdʒ] *s.* apanágio
apanagist [əˈpænədʒɪst] *s.* apanagista
apart [əˈpɑːt] Ⓐ *adv.* **1** à parte; de parte; **2** em separado Ⓑ *adj.* separado; afastado [**from**, de]; *to be* **~** *from the others* estar afastado dos outros ❖ **~** *from* para além de; **~** *from that* para além disso; tirando isso; *I can't tell them* **~** não consigo distingui-los; *joking* **~** fora de brincadeiras; a sério; *to set* **~** pôr de lado; reservar; *to be worlds* **~** estar a milhas de distância
apartheid [əˈpɑːthaɪd, əˈpɑːtheɪt] *s.* apartheid
apartment [əˈpɑːtmənt] *s.* **1** [EUA] apartamento; **2** quarto; aposento ❖ **~ block/~ building** prédio de habitação
apartness [əˈpɑːtnəs] *s.* **1** separação; apartamento; **2** isolamento
apathetic [ˌæpəˈθetɪk] *adj.* apático; indiferente
apathetical [ˌæpəˈθetɪkəl] *adj.* ⇒ **apathetic**
apathetically [ˌæpəˈθetɪkəlɪ] *adv.* apaticamente
apathy [ˈæpəθɪ] *s.* (*pl.* **-ies**) apatia
apatite [ˈæpətaɪt] *s.* MINERALOGIA apatite
APD [abrev. de Army Pay Department]
ape [eɪp] Ⓐ *s.* **1** ZOOLOGIA macaco; **2** [fig.] imitador; *to play the* **~** fazer de macaco de imitação Ⓑ *v.tr.* arremedar; imitar; macaquear ❖ *the higher an* **~** *goes, the more he shows his tail* quanto mais o tolo sobe, tanto mais mostra quem é; [coloq.] (entusiasmo, fúria) *to go* **~** passar-se
apeak [əˈpiːk] *adj.,adv.* **1** ao alto; **2** NÁUTICA em posição vertical, a pique

ape-like ['eɪplaɪk] *adj.* simiesco
Apennines ['æpɪnaɪnz] *s.top.* (cadeia montanhosa) Apeninos
apepsia [ə'pepsɪə] *s.* ⇒ **apepsy**
apepsy [ə'pepsɪ] *s.* apepsia
aperient [ə'pɪərɪənt] Ⓐ *adj.* laxativo Ⓑ *s.* laxante
aperiodic [ˌeɪpɪərɪ'ɒdɪk] *adj.* aperiódico; ELECTRICIDADE ~ *circuit* circuito aperiódico
aperispermic [əperɪ'spɜːmɪk] *adj.* BOTÂNICA aperispérmico
aperistalsis [əperɪ'stælsɪs] *s.* FISIOLOGIA aperistaltismo
aperitif [əˌperɪ'tiːf] *s.* (bebida) aperitivo
aperture ['æpətʃə] *s.* 1 abertura, fenda, orifício; 2 FOTOGRAFIA abertura de diafragma
apery ['eɪpərɪ] *s.* (*pl.* **-ies**) macaquice, momice, arremedo
apetalous [eɪ'petələs] *adj.* BOTÂNICA apétalo
apex ['eɪpeks] *s.* (*pl.* **apexes** ou **apices**) 1 cume (de edifício, monte, etc.); 2 vértice (de triângulo, cone, etc.)
aphaeresis [æ'fɪərəsɪs] *s.* LINGUÍSTICA aférese
aphanite ['æfənaɪt] *s.* GEOLOGIA rocha afanítica
aphanitic [ˌæfə'nɪtɪk] *adj.* GEOLOGIA afanítico
aphasia [ə'feɪzɪə] *s.* afasia
aphasic [ə'feɪzɪk] *adj.* afásico
aphelion [ə'fiːlɪən] *s.* (*pl.* **-a**) ASTRONOMIA afélio
apheresis [ə'ferəsɪs] *s.* ⇒ **aphaeresis**
aphesis ['æfəsɪs] *s.* LINGUÍSTICA (fonética) aférese (de vogal átona)
aphid ['eɪfɪd] *s.* ZOOLOGIA pulgão
aphidian [eɪ'fɪdɪən] *adj.,s.* ZOOLOGIA afídio; relativo aos afídios
aphis ['eɪfɪs] *s.* (*pl.* **-ides** ou **-ises**) ZOOLOGIA afídio, pulgão
aphonia [eɪ'fəʊnɪə] *s.* afonia
aphonic [ə'fɒnɪk] *adj.* afónico
aphony ['æfənɪ] *s.* afonia
aphorism ['æfərɪzəm] *s.* aforismo
aphorist ['æfərɪst] *s.* aforista
aphoristic [æfə'rɪstɪk] *adj.* aforístico
aphrodisiac [ˌæfrə'dɪzɪæk] *adj.,s.* afrodisíaco
Aphrodite [ˌæfrə'daɪtɪ] *s.* MITOLOGIA Afrodite
aphtha ['æfθə] *s.* (*pl.* **-ae**) afta
aphthae ['æfθiː] *s.* [*pl. de* **aphtha**]
aphthous ['æfθəs] *adj.* aftoso
aphyllous [ə'fɪləs] *adj.* BOTÂNICA afilo
API INFORMÁTICA [*abrev. de* Application Program Interface]
apiarian [eɪpɪ'eərɪən] *adj.* apiário, apícola
apiarist ['eɪpɪərɪst] *s.* apicultor
apiary ['eɪpɪərɪ] *s.* (*pl.* **-ies**) apiário; colmeal
apical ['eɪpɪkəl] *adj.* apical
apices ['eɪpɪsiːz] *pl. de* **apex**
apiculate [ə'pɪkjʊlɪt] *adj.* BOTÂNICA apiculado
apicultural [ˌeɪpɪ'kʌltʃərəl] *adj.* apicultural; respeitante à apicultura
apiculture ['eɪpɪkʌltʃə] *s.* apicultura
apiculturist [eɪpɪ'kʌltʃərɪst] *s.* apicultor
apiece [ə'piːs] *adv.* por peça; por cabeça; separadamente; cada um; *they had three pounds ~* cada um deles tinha três libras
apish ['eɪpɪʃ] *adj.* 1 imitador; 2 simiesco, macaqueador
apishly ['eɪpɪʃlɪ] *adv.* 1 simiescamente; 2 macaqueadoramente
apishness ['eɪpɪʃnəs] *s.* macaqueação, macaquice
aplanatic [æplə'nætɪk] *adj.* aplanético
aplanatism [ə'plænətɪzəm] *s.* [rar.] aplanetismo
aplasia [ə'pleɪzɪə] *s.* BIOLOGIA aplasia
aplastic [eɪ'plæstɪk] *adj.* BIOLOGIA aplástico; relativo a aplasia
a-plenty [ə'plentɪ] *adv.* em grande quantidade
aplomb [ə'plɒm] *s.* 1 aprumo; 2 autodomínio
apnoea [æ'pniːə] *s.* apneia
apocalypse [ə'pɒkəlɪps] *s.* apocalipse
apocalyptic [əˌpɒkə'lɪptɪk] *adj.* apocalíptico
apocopate[1] [ə'pɒkəpeɪt] *v.tr.* apocopar
apocopate[2] [ə'pɒkəpeɪt] *adj.* apocopado
apocopated [ə'pɒkəpeɪtɪd] *adj.* apocopado
apocopation [əˌpɒkə'peɪʃən] *s.* LINGUÍSTICA apócope
apocope [ə'pɒkəpɪ] *s.* LINGUÍSTICA apócope
Apocr. [*abrev. de* Apocrypha]
apocrypha [ə'pɒkrɪfə] *s.* (livros) apócrifos

apocryphal [ə'pɒkrɪfəl] *adj.* apócrifo
apodal ['æpədəl] *adj.* ápode
apodeictic [æpəʊ'daɪktɪk] *adj.* apodíctico
apodictic [æpəʊ'dɪktɪk] *adj.* apodíctico
apodictical [æpəʊ'dɪktɪkəl] *adj.* ⇒ **apodictic**
apodictically [æpəʊ'dɪktɪkəlɪ] *adv.* de modo apodíctico, apodicticamente
apodosis [ə'pɒdəsɪs] *s.* (*pl.* **-es**) LINGUÍSTICA apódose
apoenzyme [æpəʊ'enzaɪm] *s.* BIOQUÍMICA apoenzima
apogamy [ə'pɒgəmɪ] *s.* BIOLOGIA apogamia
apogee ['æpədʒiː] *s.* 1 ASTRONOMIA apogeu; 2 auge; apogeu
apolitical [ˌeɪpə'lɪtɪkəl] *adj.* apolítico
Apollinaris [əpɒlɪ'neərɪs] *s.antr.* Apolinário
Apollo [ə'pɒləʊ] *s.* MITOLOGIA Apolo
Apollos [ə'pɒlɒs] *s.antr.* RELIGIÃO (Bíblia) Apolo
Apollyon [ə'pɒlɪən] *s.* Demónio, Satanás
apologetic [əˌpɒlə'dʒetɪk] *adj.* apologético
apologetical [əˌpɒlə'dʒetɪkəl] *adj.* ⇒ **apologetic**
apologetically [əˌpɒlə'dʒetɪkəlɪ] *adv.* apologeticamente, como quem pede desculpa
apologetics [əˌpɒlə'dʒetɪks] *s.* apologética
apologia [æpə'ləʊdʒə, æpə'ləʊdʒɪə] *s.* apologia, justificação
apologist [ə'pɒlədʒɪst] *s.* defensor
apologize [ə'pɒlədʒaɪz] *v.intr.* desculpar-se [**for**, por]; pedir desculpa [**to**, a; **for**, por]; *he must ~ to his mother* ele tem de pedir desculpa à mãe; *I ~ for the delay* peço desculpa pelo atraso
apologizer [ə'pɒlədʒaɪzə] *s.* aquele que pede desculpa
apologue ['æpəlɒg] *s.* LITERATURA apólogo
apology [ə'pɒlədʒɪ] *s.* (*pl.* **-ies**) 1 desculpa; satisfação; explicação; *to demand an ~* exigir uma explicação; *to make an ~ for/to offer an ~ for* apresentar desculpas por; 2 [form.] (defesa) apologia; 3 [depr.] arremedo, imitação barata [**for**, de]; *that is just an ~ for a party* isso é só uma imitação barata de uma festa
apophony [ə'pɒfənɪ] *s.* LINGUÍSTICA apofonia
apophthegm ['æpəθem] *s.* RETÓRICA apotegma
apoplectic [æpə'plektɪk] *adj.* 1 furioso; 2 [arc.] apopléctico ❖ [arc.] ~ *fit/stroke* insulto apopléctico
apoplectically [æpə'plektɪkəlɪ] *adv.* 1 furiosamente; 2 [arc.] apoplecticamente
apoplexy ['æpəpleksɪ] *s.* (*pl.* **-ies**) 1 ataque de fúria; 2 MEDICINA [arc.] apoplexia
aporetic [æpə'retɪk] *adj.* aporético
aporia [ə'pɔːrɪə] *s.* FILOSOFIA, RETÓRICA aporia
aport [ə'pɔːt] *adj.,adv.* NÁUTICA a bombordo, para bombordo; *to put the helm ~* virar o leme para bombordo
aposiopesis [ˌæpəsaɪəʊ'piːsɪs] *s.* RETÓRICA aposiopese
apostasy [ə'pɒstəsɪ] *s.* (*pl.* **-ies**) apostasia
apostate [ə'pɒsteɪt] *s.* apóstata
apostatic [æpə'stætɪk] *adj.* [rar.] ⇒ **apostatical**
apostatical [æpə'stætɪkəl] *adj.* apostático
apostatize [ə'pɒstətaɪz] *v.intr.* apostatar
a posteriori [eɪpɒsterɪ'ɔːraɪ] *adv.* a posteriori
apostil [ə'pɒstɪl] *s.* apostila
apostle [ə'pɒsəl] *s.* 1 apóstolo; discípulo; 2 [form., fig.] defensor [**of**, de]; *he is an ~ of truth* ele é um defensor da verdade
apostleship [ə'pɒsəlʃɪp] *s.* apostolado
apostolate [ə'pɒstəlɪt] *s.* apostolado
apostolic [æpə'stɒlɪk] *adj.* apostólico
apostolical [æpə'stɒlɪkəl] *adj.* ⇒ **apostolic**
apostolically [æpə'stɒlɪkəlɪ] *adv.* apostolicamente
apostrophe [ə'pɒstrəfɪ] *s.* 1 (sinal gráfico) apóstrofo; 2 RETÓRICA apóstrofe
apostrophize [ə'pɒstrəfaɪz] *v.tr.,intr.* 1 pôr apóstrofos; 2 [form.] apostrofar; interpelar; invectivar
apothecary [ə'pɒθəkərɪ] *s.* (*pl.* **-ies**) boticário; farmacêutico ❖ *to talk like an ~* falar à toa, a torto e a direito
apothem ['æpəθem] *s.* GEOMETRIA apótema
apotheosis [əˌpɒθɪ'əʊsɪs] *s.* (*pl.* **-oses**) 1 apoteose; 2 divinização; deificação
apotheosize [əˌpɒθɪ'əʊsaɪz] *v.tr.* 1 divinizar; 2 fazer a apoteose de
app [æp] INFORMÁTICA [coloq.] [*forma abreviada de* application] ❖ [coloq.] *killer ~* aplicação genial

app. [*abrev. de* apparently]
appal [ə'pɔːl] *v.tr.* (*pret. e p. p.* -**ll**-) horrorizar; chocar; aterrar
Appalachian [æpə'leɪtʃɪən] Ⓐ *adj.* apalachiano; apalache Ⓑ *s.* apalachiano ❖ GEOGRAFIA ~ *mountains* Apalaches
appalled [ə'pɔːld] *adj.* chocado [**at**, com]; horrorizado [**at**, com]
appalling [ə'pɔːlɪŋ] *adj.* 1 chocante; aterrador; 2 terrível; horrível
appallingly [ə'pɔːlɪŋlɪ] *adv.* 1 horrivelmente; terrivelmente; 2 assustadoramente; duma maneira aterradora
appanage ['æpənɪdʒ] *s.* [form.] apanágio; atributo
apparatchick [æpə'rætʃɪk] *s.* HISTÓRIA [depr.] (União Soviética) *apparatchick*
apparatus [æpə'reɪtəs, æpə'rɑːtəs] *s.* (*pl.* -**us** ou -**uses**) 1 aparelho; instrumento; 2 mecanismo; 3 equipamento; maquinaria; 4 ANATOMIA aparelho ❖ DESPORTO (ginásio) ~ *work* exercício em máquinas; exercício em aparelhos; *critical* ~ aparato crítico
apparel [ə'pærəl] Ⓐ *v.tr.* (*particípios:* -**ll**-) vestir, ornamentar; 2 equipar, aparelhar (um navio) Ⓑ *s.* 1 vestimenta, vestuário; 2 paramentos; 3 equipamento (de navio)
apparent [ə'pærənt] *adj.* 1 evidente, manifesto, notório, visível, palpável, patente; *everything became* ~ tudo se tornou evidente; *his madness was* ~ *to everyone* toda a gente se apercebia da loucura dele; 2 aparente, ilusório ❖ ~ *cause* causa aparente; ~ *death* morte aparente; ~ *horizon* horizonte aparente; ~ *slip* recuo aparente; ~ *time* hora solar; *for no* ~ *reason* sem motivo evidente; sabe-se lá porquê; DIREITO *heir* ~ herdeiro presuntivo; sucessor natural
apparently [ə'pærəntlɪ] *adv.* 1 evidentemente; manifestamente; 2 ao que parece; ao que tudo indica; pelos vistos; 3 presumivelmente ❖ *apparently, it's going to rain* parece que vai chover
apparentness [ə'pærəntnəs] *s.* evidência
apparition [æpə'rɪʃən] *s.* fantasma, aparição
apparitor [ə'pærɪtə] *s.* bedel, beleguim
appeal [ə'piːl] Ⓐ *s.* 1 apelo; pedido; súplica; *to make an* ~ *for help* solicitar o auxílio público; 2 DIREITO apelação; recurso; 3 [fig.] atracção; atractivo; *the* ~ *of the sea* a atracção do mar; *that sort of poetry hasn't much* ~ *for me* esse género de poesia não me diz grande coisa Ⓑ *v.tr.,intr.* 1 apelar [**to**, a]; *to* ~ *to the country* fazer um apelo ao país; 2 pedir; solicitar; angariar [**for**, -]; *to* ~ *for funds to help the homeless* angariar fundos para os sem-abrigo; 3 pedir auxílio [**for**, para]; 4 interpor recurso; recorrer [**against**, de]; *to* ~ *against a sentence* recorrer duma sentença; 5 dirigir-se a; 6 [fig.] atrair; despertar interesse ❖ *Court of* ~ Tribunal de Última Instância; *notice of* ~ intimação; *right to* ~ direito de resposta; ~ *from Philip drunk to Philip sober* esperar até que uma pessoa veja melhor a questão e seja sensata; *to* ~ *to the eye* atrair o olhar; ser visualmente agradável
appealable [ə'piːləbəl] *adj.* susceptível de apelo, apelável
appealer [ə'piːlə] *s.* apelante
appealing [ə'piːlɪŋ] *adj.* 1 atraente; chamativo; 2 apelativo; sugestivo; 3 suplicante; ~ (situação) comovente
appealingly [ə'piːlɪŋlɪ] *adv.* 1 de forma chamativa; 2 suplicantemente; 3 em apelação
appear [ə'pɪə] *v.intr.* 1 aparecer; mostrar-se; *to* ~ *on TV* aparecer na televisão; 2 surgir; manifestar-se; 3 (tribunal) comparecer; *to* ~ *before a court* comparecer em tribunal; *to* ~ *for sb* representar alguém em tribunal; 4 (palco) actuar; 5 parecer; *how does it* ~ *to you?* que lhe parece? *so it would* ~ dir-se-ia que sim; parece que sim; (livro) *to* ~ *in print* sair; ser publicado
appearance [ə'pɪərəns] *s.* 1 aparecimento; *to make an* ~ *on TV* aparecer na televisão; 2 aparição; 3 aparência; aspecto; 4 (tribunal) comparência; ~ *before a court* comparência em tribunal ❖ *appearances can be deceptive* as aparências iludem; *at first* ~ à primeira vista; *by all appearance(s)/to all appearance(s)* ao que parece; *to keep up appearances* manter as aparências; *to put in an* ~, *to make an* ~ comparecer; dar um ar da sua graça
appearer [ə'pɪərə] *s.* aquele que comparece, aquele que aparece

appeasable [ə'piːzəbəl] *adj.* aplacável
appease [ə'piːz] *v.tr.* 1 aplacar, acalmar; 2 apaziguar; 3 satisfazer (desejos, paixões, etc.)
appeasement [ə'piːzmənt] *s.* apaziguamento ❖ ~ *politics* política de apaziguamento (mesmo à custa de alguns princípios de ordem moral)
appeasing [ə'piːzɪŋ] Ⓐ *adj.* pacificador; que acalma ou pacifica Ⓑ *s.* pacificação
appellant [ə'pelənt] *adj.,s.* apelante
appellate [ə'pelət] *adj.* apelatório, de apelação ❖ ~ *court* tribunal de apelação
appellation [æpɪ'leɪʃən] *s.* 1 nome, sobrenome, alcunha; 2 designação; 3 apelação
appellative [ə'pelətɪv] Ⓐ *adj.* apelativo, comum Ⓑ *s.* LINGUÍSTICA substantivo comum
appellatively [ə'pelətɪvlɪ] *adv.* apelativamente; de forma apelativa
appellativeness [ə'pelətɪvnəs] *s.* carácter apelativo
append [ə'pend] *v.tr.* 1 acrescentar, juntar; 2 apensar; 3 pendurar
appendage [ə'pendɪdʒ] *s.* 1 apêndice; 2 acessório; 3 acrescento; 4 dependência, anexo
appendant [ə'pendənt] Ⓐ *adj.* 1 acessório; 2 anexo; 3 ligado [**to**, a] Ⓑ *s.* 1 anexo; 2 dependência
appendectomy [æpɪn'dektəmɪ] *s.* (*pl.* -**ies**) MEDICINA apendicectomia
appendices [ə'pendɪsiːz] *s.* {*pl. de* **appendix**}
appendicitis [ə,pendɪ'saɪtɪs] *s.* MEDICINA apendicite
appendicular [æpən'dɪkjʊlə] *adj.* apendicular
appendiculate [æpən'dɪkjʊlɪt] *adj.* apendiculado
appendix [ə'pendɪks] *s.* (*pl.* -**ixes** ou -**ices**) 1 apêndice; 2 anexo; 3 acrescento
apperception [æpə'sepʃən] *s.* apercepção
appertain [æpə'teɪn] *v.intr.* 1 pertencer [**to**, a]; 2 referir-se [**to**, a]; dizer respeito [**to**, a]; 3 ser próprio de [**to**, de]
appertinent [ə'pɜːtɪnənt] *adj.* 1 apertinente [**to**, a]; 2 concernente [**to**, a]
appetence ['æpɪtəns] *s.* 1 apetência; 2 desejo; 3 afinidade
appetency ['æpɪtənsɪ] *s.* ⇒ **appetence**
appetent ['æpɪtənt] *adj.* desejoso, apetente
appetite ['æpɪtaɪt] *s.* 1 apetite; *a craving* ~ um apetite devorador; *to spoil one's* ~ fazer perder o apetite; 2 (entusiasmo, desejo) sede*fig.* [**for**, de] ❖ *a good* ~ *needs no sauce* quando há fome tudo sabe bem; *the* ~ *grows with what it feeds on* o apetite vem com o comer
appetitive [ə'petɪtɪv] *adj.* apetitoso
appetize ['æpɪtaɪz] *v.tr.* [rar.] despertar o apetite a
appetizer ['æpɪtaɪzə] *s.* 1 aperitivo; 2 CULINÁRIA entrada
appetizing ['æpɪtaɪzɪŋ] *adj.* que desperta o apetite, apetitoso
appetizingly ['æpɪtaɪzɪŋlɪ] *adv.* 1 apetitosamente; 2 tentadoramente
Appian ['æpɪən] *adj.* Ápio; *the* ~ *way* a via Ápia
applaud [ə'plɔːd] *v.tr.,intr.* 1 aplaudir; bater palmas (a); 2 louvar; elogiar ❖ *to* ~ *to the echo* aplaudir ruidosamente
applauder [ə'plɔːdə] *s.* aquele que aplaude
applaudingly [ə'plɔːdɪŋlɪ] *adv.* 1 com aplauso; 2 em tom de aprovação; 3 elogiosamente
applause [ə'plɔːz] *s.* 1 aplauso(s); 2 aprovação ❖ *a round of* ~ uma salva de palmas; *to meet with* ~ ser aplaudido
apple ['æpəl] *s.* 1 BOTÂNICA (fruto) maçã; 2 BOTÂNICA (árvore) macieira ❖ ~ *juice* sumo de maçã; ~ *pie/tart* tarte de maçã; ~ *tree* macieira; BOTÂNICA ~ *of Cain* medronheiro; ~ *of discord* pomo da discórdia; *toffee* ~ maçã caramelizada; *Adam's* ~ maçã de Adão; *an* ~ *a day keeps the doctor away* uma maçã todos os dias torna o médico desnecessário; *the* ~ *of sb's eyes* a menina dos olhos de alguém; o queridinho de alguém; *the* ~ *of the eye* a pupila; a menina do olho; *the Big* ~ a Grande Maçã (Nova Iorque)
applecart ['æpəlkɑːt] *s.* carrinho de vendedor ambulante ❖ *to upset the* ~ estragar tudo
apple-pie ['æpəlpaɪ] *adj.* [EUA] [coloq.] tipicamente americano ❖ *to be in* ~ *order* estar impecável; estar muito direitinho; (brincadeira) *to make an* ~ *bed* fazer uma cama à francesa

applesauce ['æpəlsɔ:s] s. 1 compota de maçã; 2 [coloq.] disparate; treta
appliable [ə'plaɪəbəl] adj. 1 aplicável [**to**, a]; 2 pertinente; adequado
appliableness [ə'plaɪəbəlnəs] s. 1 aplicabilidade; 2 pertinência; adequação
appliance [ə'plaɪəns] s. 1 aparelho; 2 electrodoméstico; *electrical domestic appliances* electrodomésticos; 3 acessório de máquina; 4 engenho; *appliances of war* engenhos de guerra; 5 instrumento; mecanismo; 6 carro dos bombeiros; 7 (concretização) aplicação
applicability [ˌæplɪkə'bɪlɪtɪ] s. aplicabilidade
applicable [ə'plɪkəbəl] adj. 1 apropriado; 2 aplicável
applicableness [ə'plɪkəbəlnəs] s. aplicabilidade
applicably [ə'plɪkəblɪ] adv. de maneira aplicável
applicant ['æplɪkənt] s. 1 requerente, pretendente, candidato; 2 autor de acção judicial
application [ˌæplɪ'keɪʃən] s. 1 requerimento; solicitação; pedido; *a complete list is sent on* ~ envia-se uma lista completa, mediante pedido; 2 candidatura a emprego; oferta de serviços; ~ *form* impresso de candidatura a emprego; 3 dedicação; assiduidade; diligência; 4 uso; FARMÁCIA *for external* ~ *only* uso externo; 5 INFORMÁTICA aplicação
applicative [ə'plɪkətɪv] adj. 1 aplicável; passível de ser posto em prática; 2 prático; funcional
applicator ['æplɪˌkeɪtə] s. aplicador
applied [ə'plaɪd] adj. 1 aplicado; LINGUÍSTICA ~ *linguistics* linguística aplicada; MATEMÁTICA ~ *mathematics* matemática aplicada; FÍSICA ~ *physics* física aplicada; 2 requerido
appliqué [ə'plɪkeɪ] Ⓐ s. (costura) aplicação, aplique Ⓑ v.tr. (costura) aplicar
apply [ə'plaɪ] v.tr.,intr. 1 aplicar, administrar (remédios); 2 aplicar-se [**to**, a]; referir-se [**to**, a]; *what I wrote doesn't* ~ *to you* o que eu escrevi não se refere a si; 3 dedicar-se a [**to**, a]; 4 dirigir-se [**to**, a]; *if you need money, you must* ~ *to your father* se precisa de dinheiro, dirija-se ao seu pai; 5 consultar, solicitar informações; 6 requerer; 7 candidatar-se [**for**, a]; *to* ~ *for a job* candidatar-se a um emprego ❖ *to* ~ *one's mind to sth* empenhar-se em algo; concentrar-se em algo
applying [ə'plaɪɪŋ] s. 1 aplicação; 2 emprego
appoggiatura [əˌpɒdʒə'tu:ərə] s. MÚSICA apogiatura
appoint [ə'pɔɪnt] v.tr. 1 nomear, eleger, designar; 2 fixar, determinar, combinar; 3 fornecer, equipar ❖ *at the appointed time* à hora marcada; *he has been appointed (as) governor* foi nomeado governador; *the newly appointed director* o director recém-nomeado; *to* ~ *an expert* designar um perito
appointee [ə'pɔɪnti:] s. 1 pessoa nomeada para qualquer função; 2 responsável
appointer [ə'pɔɪntə] s. aquele que nomeia ou designa pessoa para qualquer função
appointment [ə'pɔɪntmənt] s. 1 nomeação [**of**, de]; ~ *as head of department* nomeação para director da secção; 2 encontro marcado; hora marcada; entrevista; *I have an* ~ *with him tomorrow* combinei para amanhã um encontro com ele; *to make an* ~ marcar um encontro, marcar uma hora, marcar uma entrevista; 3 consulta; *dental* ~ consulta no dentista; *to make an* ~ marcar uma consulta; 4 convocação; 5 emprego; 6 ordem; decreto; *by the King's* ~ por decreto real; 7 equipamento; 8 pl. armamento; 9 pl. instalação; 10 pl. mobília; *the appointments of a room* o mobiliário dum aposento; 11 pl. emolumentos, honorários; *the appointments of an office* os emolumentos/honorários de um cargo ❖ *appointments (vacant)* bolsa de emprego; ofertas de emprego
apportion [ə'pɔ:ʃən] v.tr. 1 repartir; distribuir; 2 dividir, fazer partilhas
apportionment [ə'pɔ:ʃənmənt] s. 1 partilha; distribuição; 2 rateio
appose [ə'pəʊz] v.tr. apor, pôr (assinatura)
apposite ['æpəzɪt] adj. apropriado
appositely ['æpəzɪtlɪ] adv. apropriadamente
appositeness ['æpəzɪtnəs] s. 1 propriedade, justeza; 2 oportunidade

apposition [ˌæpə'zɪʃən] s. (geral) aposição
appositional [ˌæpə'zɪʃənəl] adj. apositivo
appositive [ə'pɒzɪtɪv] adj. LINGUÍSTICA apositivo
appraisable [ə'preɪzəbəl] adj. apreciável; avaliável
appraisal [ə'preɪzəl] s. avaliação; cálculo; apreciação; estimativa
appraise [ə'preɪz] v.tr. avaliar; calcular; estimar
appraisement [ə'preɪzmənt] s. cálculo; avaliação; apreciação
appraiser [ə'preɪzə] s. avaliador
appreciable [ə'pri:ʃəbəl] adj. 1 apreciável; considerável; 2 calculável
appreciably [ə'pri:ʃəblɪ] adv. apreciavelmente; perceptivelmente; consideravelmente
appreciate [ə'pri:ʃɪeɪt] Ⓐ v.tr. 1 avaliar; apreciar; 2 ficar grato por; ficar reconhecido por; *I* ~ *what you have done* estou reconhecido pelo que fez; 3 estar consciente de; aperceber-se de Ⓑ v.intr. valorizar-se; *the saphir will* ~ *in value* a safira valorizar-se-á
appreciatingly [ə'pri:ʃɪeɪtɪŋlɪ] adv. apreciativamente; criticamente
appreciation [əˌpri:ʃɪ'eɪʃən] s. 1 gratidão; reconhecimento; *to show sb one's* ~ demonstrar a nossa gratidão a alguém; 2 apreciação; avaliação [**of**, de]; *to make a full* ~ *of the situation* avaliar globalmente a situação; 3 (compreensão) consciência; 4 valorização; estima; apreço; 5 aumento de preço
appreciative [ə'pri:ʃətɪv] adj. 1 apreciativo; 2 reconhecido; agradecido [**of**, por]; *to be* ~ *of* estar grato por; 3 (crítica, comentário) elogioso; favorável
appreciator [ə'pri:ʃɪeɪtə] s. apreciador
appreciatory [ə'pri:ʃɪətərɪ, əpri:ʃɪə'tɔ:rɪ] adj. apreciativo
apprehend [ˌæprɪ'hend] v.tr. 1 (compreensão) apreender; perceber; captar; *to* ~ *the meaning of a sentence* compreender o significado de uma frase; 2 apreender; deter; *to* ~ *a suspect* deter um suspeito; 3 [form.] recear; *you have nothing to* ~ *from that* nada tens a recear aí
apprehensibility [ˌæprɪhensɪ'bɪlɪtɪ] s. apreensibilidade
apprehensible [ˌæprɪ'hensəbəl] adj. 1 apreensível; 2 compreensível
apprehension [ˌæprɪ'henʃən] s. 1 (receio) apreensão, preocupação; 2 concepção; 3 compreensão; *quick of* ~ esperto, de compreensão rápida; *he is rather slow of* ~ ele é de compreensão um tanto lenta; 4 DIREITO apreensão; captura, detenção
apprehensive [ˌæprɪ'hensɪv] adj. 1 apreensivo [**about/for**, em relação a]; receoso [**about/for**, em relação a]; 2 inteligente, perspicaz; 3 relativo à faculdade de apreensão ❖ *to be* ~ *for sb's safety* temer pela segurança de alguém
apprehensively [ˌæprɪ'hensɪvlɪ] adv. 1 apreensivamente; 2 inteligentemente
apprehensiveness [ˌæprɪ'hensɪvnəs] s. apreensão
apprentice [ə'prentɪs] Ⓐ s. aprendiz; *milliner's* ~ aprendiz de modista de chapéus Ⓑ v.tr. pôr como aprendiz
apprenticeship [ə'prentɪsʃɪp] s. aprendizagem; *to serve one's* ~ *with sb* fazer a aprendizagem com alguém; *to work out one's* ~ praticar, estar à prática
apprise [ə'praɪz] v.tr. informar [**of**, de/que]; pôr ao corrente [**of**, de]
apprize [ə'praɪz] v.tr. 1 apreciar, estimar; 2 avaliar
apprizer [ə'praɪzə] s. avaliador
approach [ə'prəʊtʃ] Ⓐ s. 1 aproximação [**of**, de]; *the* ~ *of Christmas made everybody happy* a proximidade do Natal alegrava toda a gente; *we watched his* ~ vimo-lo chegar; 2 acesso(s) [**to**, a]; *the* ~ *to your house* os acessos à tua casa; 3 abordagem [**to**, a]; *his* ~ *to the question was a bit controversial* a forma como ele abordou a questão gerou alguma polémica; 4 proposta; *to make approaches to sb* fazer propostas a alguém Ⓑ v.tr.,intr. 1 aproximar-se de, aproximar-se; 2 contactar; 3 abordar [**about/for**, acerca de]; *to* ~ *a question* abordar uma questão; *he's not easy to* ~ ele não é uma pessoa acessível; 4 COMÉRCIO fazer propostas a
approachability [əˌprəʊtʃə'bɪlɪtɪ] s. acessibilidade
approachable [ə'prəʊtʃəbəl] adj. (pessoa, lugar) acessível
approaching [ə'prəʊtʃɪŋ] adj. 1 próximo, que se aproxima; 2 (carro) que vem em sentido inverso
approbate ['æprə'beɪt] v.tr. aprovar, sancionar, concordar

approbation [ˌæprəˈbeɪʃən] s. aprovação, concordância; assentimento ❖ *goods on* ~ mercadorias enviadas à condição
approbative [ˈæprəbeɪtɪv] adj. aprovativo
appropinquate [ˌæprəʊˈpɪŋkweɪt] v.tr.,intr. apropinquar
appropinquity [ˌæprəʊˈpɪŋkwɪti] s. apropinquação
appropriate[1] [əˈprəʊprieɪt] v.tr. 1 (destinar) afectar [**for**, a]; *to ~ money for new infrastructures* afectar dinheiro a novas infra-estruturas; 2 (roubar) apropriar-se indevidamente de; aproveitar-se de
appropriate[2] [əˈprəʊpriɪt] adj. 1 apropriado [**for/to**, a]; adequado [**for/to**, a]; indicado [**for/to**, para]; 2 oportuno; *at the ~ time* no momento oportuno
appropriately [əˈprəʊprɪɪtli] adv. adequadamente; apropriadamente
appropriateness [əˈprəʊprɪɪtnəs] s. 1 adequação; 2 aplicabilidade; 3 propriedade
appropriation [əˌprəʊprɪˈeɪʃən] s. 1 apropriação; 2 (verbas, fundos) afectação [**of**, de]; ~ *of money for a new railway station* afectação de verbas a uma nova estação ferroviária
appropriator [əˈprəʊprieɪtə] s. usurpador
approvable [əˈpruːvəbəl] adj. aprovável, merecedor de aprovação
approval [əˈpruːvəl] s. 1 aprovação; *to nod (in)* ~ acenar aprovativamente; 2 autorização; 3 homologação; ratificação ❖ *goods on* ~ mercadorias enviadas à condição (com a possibilidade de ser devolvido pelo comprador)
approve [əˈpruːv] v.tr.,intr. 1 aprovar; autorizar; dar autorização a; 2 ratificar; homologar; 3 confirmar
♦**approve of** v.tr. 1 ver com bons olhos; mostrar-se favorável a; 2 aprovar; autorizar; concordar com; *I don't ~ that* não aprovo isso; 3 gostar de
approved [əˈpruːvd] adj. aprovado; ratificado ❖ ~ *school* reformatório; casa de correcção; ~ *society* companhia de seguros legalmente reconhecida
approver [əˈpruːvə] s. 1 aprovador; 2 DIREITO aquele que denuncia os seus cúmplices
approving [əˈpruːvɪŋ] adj. aprovativo; de aprovação
approvingly [əˈpruːvɪŋli] adv. aprovativamente; com aprovação
approximate[1] [əˈprɒksɪmeɪt] v.tr.,intr. aproximar(-se) [**to**, de]; *it does not even ~ to the average* nem sequer se aproxima da média
approximate[2] [əˈprɒksɪmɪt] adj. 1 aproximado; *the ~ value of the diamond* o valor aproximado do diamante; 2 próximo; muito parecido
approximately [əˈprɒksɪmɪtli] adv. aproximadamente
approximation [əˌprɒksɪˈmeɪʃən] s. aproximação [**of/to**, a/de] ❖ *by* ~ por aproximação
approximative [əˈprɒksɪmətɪv] adj. aproximativo
appui [æˈpwiː] s. MILITAR apoio; *point of* ~ ponto de apoio
appulse [əˈpʌls] s. choque
appurtenance [əˈpɜːtɪnəns] s. 1 pertença; 2 (edifício) dependência; 3 pl. acessórios, equipamento, aprestos
appurtenant [əˈpɜːtɪnənt] adj. 1 pertencente [**to**, a]; 2 dependente [**to**, de]
apraxia [eɪˈpræksɪə, əˈpræksɪə] s. apraxia
apraxic [əˈpræksɪk] adj. que sofre de apraxia
apricot [ˈeɪprɪkɒt, ˈæprɪkɒt] Ⓐ s. 1 BOTÂNICA (fruto) alperce; damasco; 2 (cor) damasco, amarelo alaranjado Ⓑ adj. (cor) damasco, amarelo-alaranjado ❖ ~ *tree* alperceiro; damasqueiro
April [ˈeɪprəl] s. Abril ❖ ~ *fool* pessoa que é enganada no dia 1 de Abril; ~ *fool's day* primeiro de Abril; dia dos enganos; ~ *showers bring forth May flowers* chuva em Abril, Maio a rir; *when* ~ *blows his horn, it is good for hay and corn* trovoadas em Abril dão abundância de grão
a priori [eɪpraɪˈɔːraɪ] adj.,adv. a priori
apriorist [eɪpraɪˈɔːrɪst] s. apriorista
apriority [ˌeɪpraɪˈɔːrɪti] s. aprioridade
apron [ˈeɪprən] s. 1 avental; 2 vestes oficiais; 3 manto de couro para protecção das pernas em carruagem exposta; 4 (automóvel) mostrador (de instrumentos); 5 barragem de balões para protecção aérea; 6 (teatro) proscénio; 7 parte do aeroporto onde os aviões são carregados ou mudam de posição ❖ *he is tied to his mother's ~ strings* ele está sempre agarrado às saias da mãe

apronful [ˈeɪprənfʊl] s. (grande quantidade) abada
apropos [ˌæprəˈpəʊ] Ⓐ prep. a propósito de Ⓑ adv. a propósito Ⓒ adj. oportuno; com oportunidade
apse [æps] s. ⇒ **apsis**
apsidal [æpˈsaɪdəl] adj.,s. absidal, apsidal
apsidiole [æpˈsɪdɪˌəʊl] s. ARQUITECTURA absidíola
apsis [ˈæpsɪs] s. (pl. **apsides**) 1 ASTRONOMIA apside; 2 ARQUITECTURA abside
apt [æpt] adj. 1 apropriado; acertado; 2 (pessoa) com grandes capacidades [**at**, para]; *to be ~ at* ter muito jeito para; 3 propenso [**to**, a]; ~ *to get drunk* que se embriaga facilmente; *to be ~ to* ter tendência para
APT [abrev. de Advanced Passenger Train]
aptera [ˈæptərə] s.pl. ZOOLOGIA (insectos) ápteros
apteral [ˈæptərəl] adj. 1 ARQUITECTURA (edifício) aptério; sem colunas; 2 ZOOLOGIA ⇒ **apterous**
apterous [ˈæptərəs] adj. ZOOLOGIA (insecto) áptero
aptitude [ˈæptɪtjuːd] s. 1 aptidão; capacidade; 2 talento [**for**, para]; *to have an ~ for sports* ter queda para o desporto ❖ ~ *test* prova de aptidão
aptly [ˈæptli] adv. 1 adequadamente; 2 com aptidão; com competência; 3 convenientemente
aptness [ˈæptnəs] s. 1 adequação, justeza; 2 aptidão [**to**, para]; 3 inclinação para [**to**, para]
Apulian [əˈpjuːlɪən] Ⓐ adj. apuliano; apuliense; da Apúlia; relativo à Apúlia Ⓑ s. apuliano; apuliense
apyretic [ˌeɪpɪˈretɪk] adj. apirético
apyrexia [ˌeɪpɪˈreksɪə] s. MEDICINA apirexia
aqua [ˈækwə] Ⓐ s. 1 água; 2 (cor) verde-água Ⓑ adj. (cor) verde-água
aquacrop [ˈækwəˌkrɒp] s. aquacultura
aquaculture [ˈækwəˌkʌltʃə] s. aquacultura, aquicultura
aquadynamic [ˌækwədaɪˈnæmɪk] adj. hidrodinâmico
aquaerobics [ˌækwəˈrəʊbɪks] s. DESPORTO hidroginástica
aqua-fortis [ˌækwəˈfɔːtɪs] s. água-forte
aqualung [ˈækwəlʌŋ] s. (usado por mergulhadores) aparelho respiratório autónomo
aquamarine [ˌækwəməˈriːn] Ⓐ s. 1 MINERALOGIA (pedra preciosa) água-marinha; 2 (cor) verde azulado Ⓑ adj. verde-azulado
aquaplane [ˈækwəpleɪn] Ⓐ s. DESPORTO aquaplano Ⓑ v.intr. aquaplanar
aquaplaning [ˈækwəpleɪnɪŋ] s. aquaplanagem
aqua-regia [ˌækwəˈriːdʒə, ˌækwəˈriːdʒɪə] s. água-régia
aquarelle [ˌækwəˈrel] s. PINTURA aguarela
aquarellist [ˌækwəˈrelɪst] s. PINTURA aguarelista
Aquarian [əˈkweərɪən] Ⓐ s. (astrologia) aquariano, nativo do signo Aquário Ⓑ adj. 1 aquariano; 2 típico do signo Aquário
aquarium [əˈkweərɪəm] s. (pl. **-iums** ou **-ia**) aquário
Aquarius [əˈkweərɪəs] s. ASTRONOMIA (constelação, signo) Aquário; *I'm an* ~ o meu signo é Aquário
aquarobics [ˌækwəˈrəʊbɪks] s. DESPORTO hidroginástica
aquascape [ˈækwəˌskeɪp] s. paisagem aquática
aquatic [əˈkwætɪk, əˈkwɒtɪk] adj. aquático ❖ ~ *sports* desportos aquáticos
aquatint [ˈækwətɪnt] s. aquatinta
aquatinter [ˈækwətɪntə] s. aquatintista
aqua-vitae [ˌækwəˈvaɪtiː] s. aguardente
aqueduct [ˈækwɪdʌkt] s. aqueduto
aqueous [ˈeɪkwɪəs] adj. aquoso ❖ ANATOMIA (olho) ~ *humour* humor aquoso
aqueously [ˈeɪkwɪəsli] adv. aquosamente
aqueousness [ˈeɪkwɪəsnəs] s. aquosidade
aquiculture [ˈækwɪˌkʌltʃə] s. aquicultura
aquifer [ˈækwɪfə] s. GEOLOGIA aquífero
aquiline [ˈækwɪlaɪn, ˈækwɪlɪn] adj. aquilino; ~ *nose* nariz aquilino
Aquinas [əˈkwaɪnəs] s.antr. Aquino
Aquitaine [ˈækwɪteɪn] s.top. (região francesa) Aquitânia
a-quiver [əˈkwɪvə] adv. 1 a tremer; 2 palpitante
aquosity [əˈkwɒsɪti] s. aquosidade
Ar [QUÍMICA (símbolo de argon)]
AR [abrev. de annual return]
ARA [abrev. de Associate of the Royal Academy]
Arab [ˈærəb] adj.,s. árabe ❖ [depr.] *street* ~ garoto da rua, sem eira nem beira

arabesque [ˌærəˈbesk] *adj.,s.* arabesco
Arabia [əˈreɪbɪə] *s.top.* Arábia
Arabian [əˈreɪbɪən] *adj.,s.* árabe, da Arábia ❖ ~ *bird* fénix; *the* ~ *Nights* As Mil e Uma Noites
Arabic [ˈærəbɪk] Ⓐ *adj.* árabe; arábico Ⓑ *s.* (língua) árabe ❖ ~ *numerals* numeração árabe; *gum* ~ goma-arábica
arabist [ˈærəbɪst] *s.* arabista
arable [ˈærəbəl] *adj.* arável; ~ *soil* solo arável
Araby [ˈærəbɪ] *s.top.* Arábia
arachnid [əˈræknɪd] *s.* ZOOLOGIA aracnídeo
arachnoid [əˈræknɔɪd] *s.* ANATOMIA, ZOOLOGIA aracnóide
arachnologist [ˌærækˈnɒlədʒɪst] *s.* aracnólogo
arachnophobia [ˌærækˈnəʊˈfəʊbɪə] *s.* aracnofobia
arachnophobic [ˌærækˈnəʊˈfəʊbɪk] *adj.* aracnofóbico
aragonite [əˈrægənaɪt] *s.* MINERALOGIA aragonite
Aram. [*abrev. de* Aramaic]
ARAM [*abrev. de* Associate of the Royal Academy of Music]
Aramaic [ˌærəˈmeɪɪk] Ⓐ *adj.* aramaico Ⓑ *s.* (língua) aramaico
araucaria [ˌærɔːˈkeərɪə] *s.* BOTÂNICA araucária
arbalest [ˈɑːbəlɪst] *s.* HISTÓRIA (arma de arremesso) besta
arbiter [ˈɑːbɪtə] *s.* árbitro; ~ *of taste* árbitro das elegâncias
arbitrage [ˈɑːbɪtrɪdʒ, ˈɑːbɪtrɑːʒ] *s.* arbitragem (de câmbios)
arbitrament [ɑːˈbɪtrəmənt] *s.* 1 [arc.] arbítrio; 2 [arc.] decisão; 3 [arc.] arbitragem de conflito; 4 [arc.] acordo
arbitrarily [ˈɑːbɪtrərɪlɪ] *adv.* arbitrariamente
arbitrariness [ˈɑːbɪtrərɪnəs] *s.* arbitrariedade
arbitrary [ˈɑːbɪtrərɪ, ˈɑːbɪtrerɪ] *adj.* arbitrário
arbitrate [ˈɑːbɪtreɪt] *v.tr.* servir de árbitro a; mediar; *to* ~ *a quarrel* mediar um conflito
arbitration [ˌɑːbɪˈtreɪʃən] *s.* arbitragem
arbitrationist [ˌɑːbɪˈtreɪʃənɪst] *s.* partidário do sistema de arbitragem
arbitrator [ˈɑːbɪtreɪtə] *s.* árbitro; medianeiro
arbitress [ˈɑːbɪtrɪs] *s.f.* medianeira
arbor [ˈɑːbə] *s.* 1 árvore; 2 (máquina) eixo, árvore, veio ❖ [EUA] ~ *Day* dia da árvore
arboraceous [ˌɑːbəˈreɪʃəs] *adj.* arbóreo
arboreal [ɑːˈbɔːrɪəl] *adj.* arbóreo
arboreous [ɑːˈbɔːrɪəs] *adj.* arbóreo
arborescence [ˌɑːbəˈresəns] *s.* arborescência
arborescent [ˌɑːbəˈresənt] *adj.* arborescente
arboretum [ˌɑːbəˈriːtəm] *s.* arboreto
arboriculture [ˈɑːbərɪkʌltʃə] *s.* arboricultura
arboriculturist [ˈɑːbərɪkʌltʃərɪst] *s.* arboricultor
arborization [ˌɑːbəraɪˈzeɪʃən] *s.* arborização; ramificação
arborize [ˈɑːbəraɪz] *v.intr.* ramificar-se
arborized [ˈɑːbəraɪzd] *adj.* arborizado; ramificado
arbor-vitae [ˌɑːbəˈvaɪtiː] *s.* BOTÂNICA género de plantas vivazes
arbour [ˈɑːbə] *s.* 1 caramanchel, caramanchão; 2 lugar sombrio de bosque
arbute [ˈɑːbjuːt] *s.* BOTÂNICA medronheiro
arbutus [ɑːˈbjuːtəs] *s. (pl.* -es) BOTÂNICA medronheiro
arc [ɑːk] Ⓐ *s.* 1 arco; 2 GEOMETRIA arco, segmento de círculo; 3 ELECTRICIDADE arco; *voltaic* ~ arco voltaico Ⓑ *v.intr.* formar um arco
ARC [Áfr. do S.] [*abrev. de* Agricultural Research Council]
arcade [ɑːˈkeɪd] *s.* 1 arcada; 2 arcos; 3 (lojas) galeria(s); 4 (videojogos) salão de jogos
Arcadia [ɑːˈkeɪdɪə] *s.* MITOLOGIA Arcádia
arcane [ɑːˈkeɪn] *adj.* arcano, oculto, misterioso, obscuro
arcanum [ɑːˈkeɪnəm] *s. (pl.* **arcana**) arcano
arch [ɑːtʃ] Ⓐ *s.* arco, abóbada Ⓑ *adj.* 1 malicioso, astuto; 2 principal Ⓒ *v.tr.,intr.* 1 formar em arco, arquear(-se); 2 abobadar, arquear ❖ ~ *brace*; ~ *buttress* arcobotante; ~ *stone* aduela (de arco de abóbada); *crown of* ~ fecho de arco; *depressed* ~ arco abatido; *lancet* ~ arco em ogiva; *pointed* ~ arco em ogiva; *the starry* ~ a abóbada estrelada
Archaean [ɑːˈkɪən] Ⓐ *adj.* GEOLOGIA arqueano Ⓑ *s.* GEOLOGIA Arqueano
archaeologic [ˌɑːkɪəˈlɒdʒɪk] *adj.* arqueológico
archaeological [ˌɑːkɪəˈlɒdʒɪkəl] *adj.* arqueológico
archaeologist [ˌɑːkɪˈɒlədʒɪst] *s.* arqueólogo
archaeology [ˌɑːkɪˈɒlədʒɪ] *s.* arqueologia

archaic [ɑːˈkeɪɪk] *adj.* arcaico
archaically [ɑːˈkeɪɪkəlɪ] *adv.* arcaicamente
archaism [ɑːˈkeɪɪzəm] *s.* arcaísmo
archaist [ɑːˈkeɪɪst] *s.* arcaísta
archaistic [ɑːˈkeɪɪstɪk] *adj.* arcaico
archaize [ˈɑːkeɪaɪz] *v.tr.,intr.* arcaizar
archangel [ˈɑːkeɪndʒəl] *s.* arcanjo
archbishop [ɑːtʃˈbɪʃəp] *s.* arcebispo
archbishopric [ɑːtʃˈbɪʃəprɪk] *s.* arcebispado
archdeacon [ɑːtʃˈdiːkən] *s.* arcediago
archdeaconate [ɑːtʃˈdiːkənɪt] *s.* arcediagado
archdeaconry [ɑːtʃˈdiːkənrɪ] *s. (pl.* -**ies**) arcediago, residência de arcediago
archdiaconal [ˌɑːtʃdaɪˈækənəl] *adj.* relativo a arcediago
archdiocesan [ˌɑːtʃdaɪˈɒsɪsən] *adj.* arquidiocesano
archdiocese [ˌɑːtʃˈdaɪəsɪs] *s.* arquidiocese
archducal [ˌɑːtʃˈdjuːkəl] *adj.* arquiducal
archduchess [ˌɑːtʃˈdʌtʃɪs] *s.f.* arquiduquesa
archduchy [ˌɑːtʃˈdʌtʃɪ] *s. (pl.* -**ies**) arquiducado
archduke [ˌɑːtʃˈdjuːk] *s.* arquiduque
archdukedom [ˌɑːtʃˈdjuːkdəm] *s.* arquiducado
arched [ˈɑːtʃt] *adj.* abobadado; em arco; arqueado; ~ *cornice* cornija cimbrada
archenemy [ˌɑːtʃˈenɪmɪ] *s.* arqui-inimigo
archeological [ˌɑːkɪəˈlɒdʒɪkəl] *adj.* [EUA] ⇒ **archaeological**
archeologist [ˌɑːkɪˈɒlədʒɪst] *s.* [EUA] ⇒ **archaeologist**
archeology [ˌɑːkɪˈɒlədʒɪ] *s.* [EUA] ⇒ **archaeology**
archer [ˈɑːtʃə] *s.* arqueiro
Archer [ˈɑːtʃə] *s.* ASTRONOMIA (constelação, signo) Sagitário
archeress [ˈɑːtʃərɪs] *s.f.* arqueira
archery [ˈɑːtʃərɪ] *s.* DESPORTO tiro com arco
archetypal [ˌɑːkɪˈtaɪpəl] *adj.* arquetípico
archetypally [ˌɑːkɪˈtaɪpəlɪ] *adv.* arquetipicamente
archetype [ˈɑːkɪtaɪp] *s.* arquétipo
archetypical [ˌɑːkɪˈtɪpɪkl] *adj.* ⇒ **archetypal**
archfiend [ˌɑːtʃˈfiːnd] *s.* Demónio, Mafarrico, Satanás
arch-heretic [ˌɑːtʃˈherətɪk] *s.* heresiarca
archiepiscopacy [ˌɑːkɪɪˈpɪskəpəsɪ] *s.* arcebispado, sistema de governo da Igreja por arcebispos
archiepiscopal [ˌɑːkɪɪˈpɪskəpəl] *adj.* arquiepiscopal
archiepiscopate [ˌɑːkɪɪˈpɪskəpɪt] *s.* arcebispado
Archimedean [ˌɑːkɪˈmiːdjən] *adj.* de Arquimedes
Archimedes [ˌɑːkɪˈmiːdiːz] *s.antr.* Arquimedes
arching [ˈɑːtʃɪŋ] Ⓐ *adj.* curvo; em arco Ⓑ *s.* curvatura
archipelago [ˌɑːkɪˈpeləgəʊ] *s. (pl.* -**s** ou -**es**) arquipélago
archiphoneme [ˌɑːkɪˈfəʊniːm] *s.* LINGUÍSTICA arquifonema
architect [ˈɑːkɪtekt] *s.* 1 arquitecto; 2 [fig.] artífice; responsável
architectonic [ˌɑːkɪtekˈtɒnɪk] *adj.* arquitectónico
architectonics [ˌɑːkɪtekˈtɒnɪks] *s.* arquitectónica
architectural [ˌɑːkɪˈtektʃərəl] *adj.* arquitectónico; arquitectural
architecturally [ˌɑːkɪˈtektʃərəlɪ] *adv.* de modo arquitectural; arquitectonicamente
architecture [ˈɑːkɪtektʃə] *s.* arquitectura
architrave [ˈɑːkɪtreɪv] *s.* arquitrave
archival [ɑːˈkaɪvəl] *adj.* que diz respeito a arquivos, arquivístico
archive [ˈɑːkaɪv] Ⓐ *s.* 1 arquivo [muito usado no pl.]; 2 cartulário; 3 repartição onde se arquivam documentos; 4 documentos arquivados Ⓑ *v.tr.* arquivar
archivist [ˈɑːkɪvɪst] *s.* arquivista
archivolt [ˈɑːkɪvəʊlt] *s.* ARQUITECTURA arquivolta
archly [ˈɑːtʃlɪ] *adv.* maliciosamente
archness [ˈɑːtʃnəs] *s.* 1 malícia, travessura; 2 ar travesso
archon [ˈɑːkɒn] *s.* HISTÓRIA arconte
archonship [ˈɑːkɒnʃɪp] *s.* arcontado
archpriest [ˌɑːtʃˈpriːst] *s.* arcipreste
archpriestship [ˌɑːtʃˈpriːstʃɪp] *s.* arciprestado
archsee [ˌɑːtʃˈsiː] *s.* 1 arcebispado; 2 arquidiocese
arch-traitor [ˌɑːtʃˈtreɪtə] *s.* Demónio, Diabo, Satanás
archway [ˈɑːtʃweɪ] *s.* arcada; passagem em abóbada
archwise [ˈɑːtʃwaɪz] *adj.* em arco; com a configuração de arco

ARCM [abrev. de Associate of the Royal College of Music]
ARCO [abrev. de Associate of the Royal College of Organists]
ARCS [abrev. de Associate of the Royal College of Science]
arctic ['ɑːktɪk] adj. (clima) árctico
Arctic ['ɑːktɪk] Ⓐ adj. GEOGRAFIA do Árctico Ⓑ s. Árctico ❖ ~ *Circle* Círculo Polar Árctico; ~ *Ocean* Oceano Glacial Árctico
arcuate ['ɑːkjʊɪt] adj. arqueado; com arcadas
arcuated ['ɑːkjʊɪtɪd] adj. arqueado; com arcadas
ardency ['ɑːdənsɪ] s. ardência
ardent ['ɑːdənt] adj. ardente; fogoso; fervoroso
ardently ['ɑːdəntlɪ] adv. ardentemente; com ardor; apaixonadamente
ardour ['ɑːdə] s. 1 ardor, paixão; 2 veemência; 3 calor
arduous ['ɑːdjʊəs] adj. 1 árduo; penoso; difícil; 2 escarpado
arduously ['ɑːdjʊəslɪ] adv. arduamente; penosamente; com dificuldade
arduousness ['ɑːdjʊəsnɪs] s. dificuldade; penosidade
are¹ [eə, ɑː] s. are (= 100 metros quadrados)
are² [ɑː] pl. do pres. ind. de **to be**
area ['eərɪə] s. 1 área; superfície; extensão; 2 região; zona; *suburban* ~ zona suburbana; 3 terreno desocupado; 4 pátio de entrada para os baixos da casa ❖ (telefone) ~ *code* indicativo
areca ['ærɪkə, ə'reɪkə] s. BOTÂNICA areca
arefy ['ærɪfaɪ] v.tr. secar
arena [ə'riːnə] s. 1 arena; 2 anfiteatro; 3 estádio; 4 [fig.] cena, contexto; *political* ~ cena política
arenaceous [ærɪ'neɪʃəs] adj. areento, arenáceo
arenaria [ærɪ'neərɪə] s. BOTÂNICA arenária
arenicolous [ærɪ'nɪkələs] adj. arenícola
aren't [ɑːnt, 'ɑːrənt] contracção de **are not**
areola [ə'rɪələ] s. (pl. -**s** ou -**ae**) ANATOMIA aréola
areolar [ə'rɪələ] adj. areolar
areometer [ærɪ'ɒmɪtə] s. areómetro
areometry [ærɪ'ɒmətrɪ] s. areometria
Areopagite [ærɪ'ɒpəgaɪt, ærɪ'ɒpədʒaɪt] s. areopagita
areopagitic [ærɪɒpə'dʒɪtɪk, ærɪɒpə'gɪtɪk] adj. areopagítico
Areopagus [ærɪ'ɒpəgəs] s. Areópago
Arethusa [ærɪ'θjuːzə] MITOLOGIA Aretusa
argala ['ɑːgələ] s. ZOOLOGIA (ave) marabu
argand ['ɑːgænd] s. candeeiro com torcida cilíndrica
argent ['ɑːdʒənt] Ⓐ s. [poét.] argento Ⓑ adj. [poét.] prateado
argentiferous [ɑːdʒən'tɪfərəs] adj. argentífero
Argentina [ɑːdʒən'tiːnə] s.top. Argentina
argentine ['ɑːdʒəntaɪn] adj. argentino, argênteo
Argentine ['ɑːdʒəntaɪn] Ⓐ s.top. Argentina; *in the* ~ na Argentina Ⓑ adj.,s. argentino
Argentinean [ɑːdʒən'tɪnɪən] adj. [EUA] ⇒ **Argentinian**
Argentinian [ɑːdʒən'tɪnɪən] adj.,s. argentino
argentite ['ɑːdʒəntaɪt] s. MINERALOGIA argentite, argirose
argil ['ɑːdʒɪl] s. argila
argillaceous [ɑːdʒɪ'leɪʃəs] adj. argiloso
argilliferous [ɑːdʒɪ'lɪfərəs] adj. argilífero
argle-bargle ['ɑːglˌbɑːgl] v.intr. [coloq.] discutir, estar sempre com questiúnculas
argol ['ɑːgɒl] s. (vinho) tártaro
argon ['ɑːgɒn] s. QUÍMICA (elemento químico) árgon
argonaut ['ɑːgənɔːt] s. ZOOLOGIA (molusco) náutilo
Argonaut ['ɑːgənɔːt] s. MITOLOGIA Argonauta
Argos ['ɑːgɒs] s. MITOLOGIA Argo, Argos
argosy ['ɑːgəsɪ] s. (pl. -**ies**) carraca, navio
argot ['ɑːgəʊ] s. calão, gíria
arguable ['ɑːgjʊəbəl] adj. discutível; duvidoso; incerto ❖ *it is* ~ *that...* pode defender-se que...; é defensável que...
arguably ['ɑːgjʊəblɪ] adv. provavelmente; possivelmente
argue ['ɑːgjuː] v.tr.,intr. 1 discutir [**with**, com; **about/over**, sobre]; *he argued with his friend* ele discutiu com o amigo; *they argued over what they should do* eles tiveram uma discussão a propósito do que deveriam fazer; 2 argumentar; *to* ~ *that* defender que; 3 arguir; 4 provar; demonstrar ❖ *don't argue!* chega de discussões!
✦**argue against** v.tr. argumentar contra; opor-se a; *to* ~ *nuclear weapons* argumentar contra as armas nucleares
✦**argue away/off** v.tr. exorcizar à custa de discussões; livrar-se de (qualquer coisa) discutindo

✦**argue down** v.tr. convencer (alguém); vencer (alguém) com bons argumentos; *he argued him down* ele fê-lo calar com os seus argumentos
✦**argue for** v.tr. argumentar a favor de; defender
arguer ['ɑːgjʊə] s. argumentador, pessoa que argumenta ou discute
argument ['ɑːgjʊmənt] s. 1 discussão; *to have an* ~ *with sb about...* discutir com alguém por causa de...; *we spent hours in* ~ *about what to do* gastámos horas a discutir o que havíamos de fazer; 2 argumento, razão, raciocínio; *that is another* ~ *for writing to him* isso é mais uma razão para lhe escrevermos; *you must follow my line of* ~ você deve seguir o meu raciocínio; 3 termo médio de silogismo; 4 tese; 5 resumo, sumário
argumentation [ɑːgjʊmen'teɪʃən] s. 1 debate; discussão; 2 argumentação; raciocínio
argumentative [ɑːgjʊ'mentətɪv] adj. 1 argumentativo; ~ *text* texto argumentativo; 2 contestatário; conflituoso; *to be an* ~ *person* ser do contra
argumentatively [ɑːgjʊ'mentətɪvlɪ] adv. com argumentos, discutindo
argumentativeness [ɑːgjʊ'mentətɪvnɪs] s. 1 espírito argumentativo; 2 tendência para discussões
Argus ['ɑːgəs] s. 1 MITOLOGIA (monstro lendário com cem olhos) Argo; 2 [fig.] guardião cuidadoso, pessoa atenta
argy-bargy [ɑːdʒɪ'bɑːdʒɪ] s. [GB] [coloq.] bate-boca, discussões infinitas; *they got involved in a bit of* ~ eles envolveram-se num bate-boca; *I don't want to hear any* ~ *about it!* não quero ouvir discussões!
Argyl. [abrev. de Argyllshire]
argyle [ɑːˈgaɪl] Ⓐ adj. (tecido) com padrão de diamantes Ⓑ s. VESTUÁRIO meia ou camisola com padrão de diamantes
argyria [ɑːˈdʒɪrɪə] s. MEDICINA argirismo
argyric [ɑːˈdʒɪrɪk] adj. argírico
argyrol ['ɑːdʒərɒl] s. argirol
ARHA [abrev. de Associate of the Royal Hibernian Academy]
aria ['ɑːrɪə] s. MÚSICA ária
Arian ['eərɪən] s. 1 RELIGIÃO ariano, partidário de Ário; 2 (astrologia) nativo do signo Carneiro
Arianism ['eərɪənɪzəm] s. arianismo
arianize [ˌeərɪə'naɪz] v.tr. arianizar
ARIBA [abrev. de Associate of the Royal Institute of British Architects]
ARIC [abrev. de Associate of the Royal Institute of Chemistry]
arid ['ærɪd] adj. 1 árido; seco; ~ *desert* deserto árido; 2 [fig.] sem interesse; estéril; infrutífero; *an* ~ *discussion* uma discussão infrutífera
aridity [ə'rɪdɪtɪ] s. aridez
aridly ['ærɪdlɪ] adv. aridamente, com aridez
aridness ['ærɪdnɪs] s. aridez
ariel ['eərɪəl] s. ZOOLOGIA género de gazela africana e asiática
Ariel ['eərɪəl] s. 1 Ariel; 2 ASTRONOMIA (satélite de Urano) Ariel
Aries ['eəriːz] s. ASTRONOMIA (constelação, signo) Áries, Carneiro
arietta ['eərɪetə] s. MÚSICA arieta
aright [ə'raɪt] adv. [arc.] bem, com acerto; *to judge* ~ julgar com justiça; *to set* ~ emendar, rectificar
aril ['ærɪl] s. BOTÂNICA arilo
arise [ə'raɪz] v.intr. (pret. **arose**, part. pass. **arisen**) 1 aparecer; surgir; fazer-se notar; 2 erguer-se; levantar-se; *a mist arose* levantou-se uma névoa; 3 originar-se; 4 resultar [**from**, de] ❖ *should the need* ~ se for necessário; *should the occasion* ~ se houver oportunidade
Aristides [ærɪ'staɪdiːz] s.antr. Aristides
aristocracy [ærɪ'stɒkrəsɪ] s. (pl. -**ies**) aristocracia
aristocrat ['ærɪstəkræt, ə'rɪstəkræt] s. aristocrata
aristocratic [ærɪstə'krætɪk] adj. aristocrático
aristocratically [ærɪstə'krætɪkəlɪ] adv. aristocraticamente
aristocratism [ærɪs'tɒkrətɪzəm] s. aristocratismo
Aristophanes [ærɪ'stɒfəniːz] s.antr. Aristófanes
Aristotelian [ærɪstɒ'tiːlɪən] adj.,s. aristotélico
Aristotle ['ærɪstɒtl] s.antr. Aristóteles
arithmetic¹ [ærɪθ'metɪk] adj. aritmético ❖ ~ *mean* média aritmética

arithmetic² [əˈrɪθmətɪk] *s.* aritmética
arithmetical [ˌærɪθˈmetɪkəl] *adj.* ⇒ **arithmetic**
arithmetically [ˌærɪθˈmetɪkəlɪ] *adv.* aritmeticamente
arithmetician [əˌrɪθməˈtɪʃən] *s.* (estudioso, especialista) aritmético
arithmograph [ˈærɪθˌmaʊɡræf] *s.* aritmógrafo
arithmometer [ˌærɪθˈmɒmɪtə] *s.* aritmómetro
Ariz. [abrev. de Arizona]
Arizona [ˌærɪˈzəʊnə] *s.top.* Arizona
ark [ɑːk] *s.* arca ❖ *~ of the Covenant* Arca da Aliança; *Noah's ~* Arca de Noé
Ark. [abrev. de Arkansas]
Arkansas [ˈɑːkənsɔː] *s.top.* (estado, cidade) Arcansas
arles [ˈɑːlz] *s.* sinal, penhor, garantia
arm [ɑːm] Ⓐ *s.* **1** braço; *~ in ~* de braço dado; *under one's arms* debaixo do braço; *to take sb by the ~* agarrar alguém pelo braço; *with arms folded/crossed* de braços cruzados; **2** (roupa) manga; **3** (assento) braço; **4** (balança, alavanca, âncora, mar) braço; *an ~ of the sea* um braço de mar; **5** ramo de árvore; **6** (organização) ramo, secção; **7** autoridade, poder Ⓑ *v.tr.,intr.* **1** armar, armar-se; **2** [fig.] armar [**with**, de/com]; munir [**with**, de/com]; *to ~ sb with sth* armar alguém com alguma coisa, fornecer algo a alguém ❖ *~ wrestling* braço de ferro; *a shot in the ~* um impulso; um abanão; (lista, texto) *as long as one's ~* enorme; *infant in arms* criança de colo; [coloq.] *I would give my right ~ to* dava o dedo mindinho para; *to chance one's ~* arriscar o pescoço; *to cost an ~ and a leg* custar os olhos da cara; *to have a long ~* fazer sentir longe o seu poder; *to keep sb at arm's length* não dar confiança a alguém; [ant.] *to make a long ~* estender o braço; estender-se; alongar-se; *to take sb in one's arms* abraçar alguém; *to twist sb's ~* obrigar alguém; *with open arms* de braços abertos
armada [ɑːˈmɑːdə] *s.* armada ❖ HISTÓRIA *the Spanish ~* a Armada Invencível
armadillo [ˌɑːməˈdɪləʊ] (*pl.* -s) ZOOLOGIA armadilho
Armageddon [ˌɑːməˈɡedn] *s.* **1** (Bíblia) Armagedão; **2** (batalha final) Armagedão
armament [ˈɑːməmənt] *s.* armamento
armamentarium [ˌɑːməmenˈteərɪəm] *s.* (*pl.* **armamentariums** ou **armamentaria**) equipamento médico
armature [ˈɑːmətʃə] *s.* **1** armadura; **2** (íman, condensador, etc.) armadura
armband [ˈɑːmbænd] *s.* **1** braçadeira; *black ~* braçadeira negra, braçadeira de luto; **2** bóia de braço
armchair [ˈɑːmtʃeə] *s.* poltrona ❖ *~ critic* crítico amador
armed [ɑːmd] *adj.* **1** armado; **2** [fig.] armado [**with**, de/com]; munido [**with**, de/com]; **3** com braços; *a long-armed person* uma pessoa de braços compridos; *a short-armed man* um homem de braços curtos; *a four-armed creature* uma criatura com quatro braços ❖ *~ conflict* conflito armado; guerra; *~ neutrality* neutralidade armada; *~ robbery* assalto à mão armada; *~ at all points* armado de ponto em branco; *~ to the teeth* armado até aos dentes; *the ~ forces* as forças armadas
Armenia [ɑːˈmiːnɪə] *s.top.* Arménia
Armenian [ɑːˈmiːnɪən] Ⓐ *adj.* arménio; da Arménia Ⓑ *s.* (língua, pessoa) arménio ❖ *~ bole* terra vermelha da Arménia; *~ stone* carbonato azul de cobre
armful [ˈɑːmfʊl] *s.* braçada [**of**, de]; *she was carrying an ~ of books* ela trazia uma braçada de livros
armhole [ˈɑːmhəʊl] *s.* **1** (roupa) cava; **2** [arc.] sovaco
armiger [ˈɑːmɪdʒə] *s.* armígero
armigerous [ɑːˈmɪdʒərəs] *adj.* **1** armígero; **2** que leva as armas do cavaleiro
armillary [ˈɑːmɪlərɪ] *adj.* armilar ❖ *~ sphere* esfera armilar
armipotent [ɑːˈmɪpətənt] *adj.* armipotente
armistice [ˈɑːmɪstɪs] *s.* armistício
armless [ˈɑːmləs] *adj.* **1** sem braços; **2** desarmado
armlet [ˈɑːmlɪt] *s.* **1** braçadeira, braçal; **2** bracelete; **3** pequena angra, enseada
armlock [ˈɑːmlɒk] *s.* (luta) prisão de braço
armorial [ɑːˈmɔːrɪəl] Ⓐ *adj.* heráldico; armorial Ⓑ *s.* (livro) armorial ❖ *~ bearings* brasão de armas
armory [ˈɑːmərɪ] *s.* (*pl.* -ies) ⇒ **armoury**

armour [ˈɑːmə] Ⓐ *s.* **1** armadura; **2** blindagem; **3** escafandro (de mergulhador); **4** insígnia heráldica Ⓑ *v.tr.* munir de armadura ❖ *~ plate* chapa de aço de blindagem; *suit of ~* armadura; *a chink in one's ~* o ponto fraco de alguém; *a knight in shining ~* um salvador; um cavaleiro-andante
armour-bearer [ˈɑːməˌbeərə] *s.* escudeiro
armour-clad [ˈɑːməˌklæd] *adj.* **1** couraçado; blindado; **2** blindado
armoured [ˈɑːməd] *adj.* **1** couraçado; **2** blindado ❖ *~ car* (carro) blindado; *light ~ car* autometralhadora
armourer [ˈɑːmərə] *s.* armeiro
armour-plate [ˈɑːməˌpleɪt] *v.tr.* blindar
armour-plated [ˈɑːməˌpleɪtɪd] *adj.* **1** blindado; **2** [fig.] couraçado; insensível a ataques ou influências
armoury [ˈɑːmərɪ] *s.* (*pl.* -ies) **1** armeiro; depósito de armas; **2** arsenal; **3** sala de armas
armozeen [ˌɑːməˈziːn] *s.* (tecido) tafetá
armpit [ˈɑːmpɪt] *s.* axila, sovaco
armrest [ˈɑːmrest] *s.* (cadeira, poltrona) braço
arms [ɑːmz] *s.pl.* **1** MILITAR armas, armamento; **2** HERÁLDICA brasão; **3** (especialidades) serviço militar ❖ *~ ban* embargo de armas; *~ industry* indústria de armamento; *~ race* corrida ao armamento; *by force of ~* pela força das armas; *he received a call to ~* ele foi chamado às fileiras; *pile arms!* ensarilhar armas!; *small ~* armas portáteis; *to arms!* às armas!; *to be up in ~* estar revoltado; estar indignado; *to lay down one's ~* depor as armas; *to take up ~ (against...)* recorrer às armas (contra...); preparar-se para a luta (contra...); *trail arms!* suspender armas!
arm-wrestle [ˈɑːmˌresəl] *v.intr.* fazer braço-de-ferro [**with**, com]
arm-wrestling [ˈɑːmˌreslɪŋ] *s.* braço-de-ferro
army [ˈɑːmɪ] *s.* (*pl.* -ies) exército ❖ *~ broker/~ contractor* fornecedor do exército; *~ corps* corpo de exército; *~ list* ordem do exército; *~ nurse* enfermeiro militar; *standing ~* exército permanente; *to be in the ~* estar no exército; ser militar; *to join the ~* entrar para o exército
arnica [ˈɑːnɪkə] *s.* BOTÂNICA, FARMÁCIA arnica
aroma [əˈrəʊmə] *s.* aroma
aromatherapist [əˌrəʊməˈθerəpɪst] *s.* aromaterapeuta
aromatherapy [əˌrəʊməˈθerəpɪ] *s.* aromaterapia
aromatic [ˌærəˈmætɪk] Ⓐ *adj.* aromático Ⓑ *s.* aromato
aromatize [əˈrəʊmətaɪz] *v.tr.* aromatizar
arose [əˈrəʊz] *prt. de* **to arise**
around [əˈraʊnd] *adv.,prep.* **1** à volta de; em torno de; em redor de; **2** aproximadamente; cerca de; **3** por aí ❖ [coloq.] *I have been ~* tenho muita experiência do mundo; *see you around!* até à próxima!
arousal [əˈraʊzəl] *s.* **1** despertar, desencadear; **2** excitação (sexual); **3** provocação
arouse [əˈraʊz] *v.tr.* **1** despertar, acordar; **2** despertar; desencadear; *the subject aroused his interest* o assunto despertou-lhe o interesse; **3** estimular; excitar; **4** provocar; irritar, zangar
arpeggio [ɑːˈpedʒɪəʊ] Ⓐ *s.* (*pl.* -s) MÚSICA arpejo Ⓑ *v.tr.,intr.* MÚSICA arpejar
arquebus [ˈɑːkwɪbəs] *s.* (*pl.* -es) arcabuz
arquebusier [ˌɑːkwɪbəˈsɪə] *s.* arcabuzeiro
arrack [ˈærək] *s.* (bebida) araca
arraign [əˈreɪn] *v.tr.* culpar, processar em juízo; acusar [**for/on**, por/de]; *to be arraigned on a charge of murder* ser acusado de assassinato
arraigner [əˈreɪnə] *s.* acusador
arraignment [əˈreɪnmənt] *s.* **1** acusação; **2** processo-crime; **3** censura
arrange [əˈreɪndʒ] Ⓐ *v.tr.* **1** organizar; arranjar; pôr em ordem; ordenar; *to ~ the books in alphabetical order* ordenar os livros alfabeticamente; **2** marcar; combinar; *to ~ a meeting* combinar uma reunião; **3** harmonizar; aplanar; *they arranged their differences* eles resolveram as divergências; **4** tratar de; encarregar-se de; **5** MÚSICA adaptar Ⓑ *v.intr.* fazer preparativos; preparar tudo ❖ *he will ~ about it* ele vai tratar disso
arrangement [əˈreɪndʒmənt] *s.* **1** acordo; *to come to an ~* chegar a acordo; **2** plano; *a normal working ~* um plano de trabalho normal; **3** (objectos, mobília) disposição; **4** arranjo; *a flower ~*

arranger

arranger um arranjo floral; **5** MÚSICA arranjo; ~ *for the piano* arranjo para piano; **6** preparativo [**for**, para]; *to make arrangements for* preparar as coisas para [geralm. no pl.] ❖ *testamentary arrangements* disposições testamentárias

arranger [əˈreɪndʒə] *s.* aquele que arranja, combina, etc.

arrant [ˈærənt] *adj.* consumado, completo, notório; *an ~ lie* uma mentira descarada; *an ~ nonsense* um completo disparate; *an ~ rogue* um autêntico patife

arrantly [ˈærəntlɪ] *adv.* **1** de maneira notória; visivelmente; **2** vergonhosamente

arras [ˈærəs] *s.* pano de arrás

array [əˈreɪ] Ⓐ *s.* **1** selecção; série; conjunto [**of**, de]; **2** filas, fileiras; **3** mobilização; **4** lista nominal de jurados; **5** exibição; **6** grande quantidade; **7** vestido, adorno, atavio; **8** MATEMÁTICA, INFORMÁTICA tabela Ⓑ *v.tr.* **1** dispor em ordem de batalha; *the enemy forces were arrayed on the opposite hill* as forças inimigas estavam em formação na colina oposta; **2** ataviar ❖ *in battle ~* em ordem de batalha; DIREITO *to ~ a panel* registar na lista o nome dos jurados

arrayment [əˈreɪmənt] *s.* **1** ordem (de batalha); **2** adorno, atavio

ARRC [*abrev. de* Associate of the Royal Red Cross]

arrear [əˈrɪə] *s.* **1** [arc.] a parte de trás; **2** *pl.* dívidas em atraso; *she is in arrears with the rent* ela anda atrasada com a renda; *to be in arrears with sth* ter algo em atraso; *to be paid in arrears* receber os pagamentos em atraso; *to fall into arrears* atrasar-se

arrearage [əˈrɪərɪdʒ] *s.* **1** débitos atrasados; **2** atraso (em qualquer coisa)

arrest [əˈrest] Ⓐ *s.* **1** prisão; detenção; *the police made several arrests* a polícia fez várias detenções; *to be under ~* estar preso; **2** arresto; embargo Ⓑ *v.tr.* **1** prender, deter; *to ~ sb for...* prender alguém por...; **2** arrestar, fazer um arresto; **3** embargar, apreender; **4** conter; *the company tried to ~ the losses* a empresa tentou conter os prejuízos; **5** chamar a atenção de; atrair; *to ~ sb's attention* chamar a atenção de alguém ❖ *to ~ judgement* suspender um julgamento depois do veredicto do júri sob pretexto de erro

arrestable [əˈrestəbəl] *adj.* **1** susceptível de ser preso; **2** que pode sofrer arresto

arrestation [ærɛsˈteɪʃən] *s.* prisão

arrester [əˈrestə] *s.* aquele que prende ou efectua um arresto

arresting [əˈrestɪŋ] *adj.* **1** chamativo; apelativo; que chama a atenção; que desperta o interesse; **2** notável; admirável; impressionante

arrestment [əˈrestmənt] *s.* arresto, prisão

arrestor [əˈrestə] *s.* **1** aquele que efectua um arresto; **2** dispositivo ou engate para suster o movimento

arrhythmia [əˈrɪθmɪə] *s.* arritmia

arride [əˈraɪd] *v.tr.* [arc.] agradar

arris [ˈærɪs] *s.* ARQUITECTURA aresta ❖ *~ vault* abóbada de aresta

arrival [əˈraɪvəl] *s.* **1** chegada; *on ~* à chegada; **2** vinda; advento; *the ~ of the computer revolutionized the industry* o advento do computador revolucionou a indústria; **3** desembarque ❖ *arrivals and departures* chegadas e partidas; *late ~* retardatário; *new ~* recém-chegado; (loja) novidade

arrive [əˈraɪv] *v.intr.* **1** chegar [**at/in**, a]; *to ~ at a conclusion* chegar a uma conclusão; *to ~ in Portugal* chegar a Portugal; **2** [coloq.] fazer sucesso; *they really arrived when they made their first record* eles tiveram um grande sucesso quando gravaram o primeiro disco; **3** nascer ❖ *to ~ upon the scene* surgir; entrar em cena

arrogance [ˈærəgəns] *s.* arrogância

arrogancy [ˈærəgənsɪ] *s.* ⇒ **arrogance**

arrogant [ˈærəgənt] *adj.* arrogante

arrogantly [ˈærəgəntlɪ] *adv.* arrogantemente

arrogate [ˈærəgeɪt] *v.tr.* **1** arrogar-se [**to**, a]; *he arrogated to himself the right to change the law* ele arrogou-se ao direito de mudar a lei; **2** atribuir injustamente (qualquer coisa) [**to sb**, a alguém]

arrogation [ærəˈgeɪʃən] *s.* arrogação

arrow [ˈærəʊ] Ⓐ *s.* **1** seta, flecha; **2** (sinal) seta Ⓑ *v.intr.* (mover-se depressa) passar como uma seta, precipitar-se, passar disparado

❖ *as straight as an ~* muito honesto; muito recto; muito direito; [EUA] [coloq.] *he's a straight ~* ele é muito certinho

arrowhead [ˈærəʊhed] *s.* **1** ponta de seta, ponta de flecha; **2** BOTÂNICA sagitária

arrowheaded [ˈærəʊhedɪd] *adj.* **1** sagitado; em forma de ponta de seta; **2** ARQUEOLOGIA (escrita) cuneiforme; *~ characters* caracteres cuneiformes

arrowroot [ˈærəʊruːt] *s.* BOTÂNICA, CULINÁRIA araruta

arrowy [ˈærəʊɪ] *adj.* sagitado

ARSA [*abrev. de* Associate of the Royal Scottish Academy]

arse [ɑːs] *s.* [cal.] cu$_{cal.}$

arsehole [ˈɑːshəʊl] *s.* **1** [cal.] cara de cu$_{cal.}$, estúpido, besta; **2** [cal.] cu$_{cal.}$

arse-lick [ˈɑːslɪk] Ⓐ *s.* [cal.] impostura, bajulação; graxa$_{fig.}$ Ⓑ *v.tr.* [cal.] dar graxa a

arse-licker [ˈɑːsˌlɪkə] *s.* [cal.] graxista, lambe-botas; impostor, bajulador

arsenal [ˈɑːsənəl, ˈɑːrsənəl] *s.* arsenal

arsenate [ˈɑːsɪnɪt] *s.* arseniato

arseniasis [ˌɑːsəˈnaɪəsɪs] *s.* arseniciase

arseniate [ɑːˈsɛnɪɪt] *s.* arseniato

arsenic[1] [ˈɑːsenɪk] *adj.* arseniado

arsenic[2] [ˈɑːsnɪk] *s.* **1** QUÍMICA (elemento químico) arsénio; **2** (popular) arsénico; *he was poisoned with ~* foi envenenado com arsénico

arsenical [ɑːˈsenɪkəl] *adj.* arseniado

arsenide [ˈɑːsɪnaɪd] *s.* QUÍMICA arsenieto

arsenious [ɑːˈsiːnjəs] *adj.* arsenioso

arsenite [ˈɑːsɪnaɪt] *s.* QUÍMICA arsenite

arsine [ˈɑːsiːn] *s.* QUÍMICA arsina

arsis [ˈɑːsɪs] *s.* (*pl.* **arses**) **1** MÚSICA (tempo forte) ársis; **2** (versificação) ársis

ARSM [GB] [*abrev. de* Associate of the Royal School of Mines]

arson [ˈɑːsən] *s.* (crime) fogo posto

arsonist [ˈɑːsənɪst] *s.* incendiário

art[1] [ɑːt] *s.* **1** arte; *~ for ~'s sake* a arte pela arte; **2** capacidade; habilidade ❖ *~ criticism* crítica de arte; *~ drain* venda de obras de arte para o estrangeiro; *~ exhibition* exposição; *~ film* filme de autor; *~ gallery* galeria de arte; *~ house* cinema que passa filmes de autor; *~ paper* papel couché; *~ patronage* mecenato; *arts and crafts* artes e ofícios; *arts centre* centro cultural; *Arts Faculty* Faculdade de Letras; *black ~* magia negra; *fine arts* belas-artes; *plastic arts* artes plásticas

art[2] [ɑːt, ət] [arc., poét.] 2.ª pes. sing. pres. do ind. de **to be**

artefact [ˈɑːtɪfækt] *s.* artefacto

artemisia [ˌɑːtɪˈmɪzɪə] *s.* BOTÂNICA artemísia

Artemisia [ˌɑːtɪˈmɪzɪə] *s.* MITOLOGIA Artemísia

arterial [ɑːˈtɪərɪəl] *adj.* **1** ANATOMIA arterial; **2** (via) principal; importante ❖ *~ road* artéria rodoviária

arterialization [ɑːˌtɪərɪəlaɪˈzeɪʃən] *s.* arterialização

arterialize [ɑːˈtɪərɪəlaɪz] *v.tr.* arterializar

arteriole [ɑːˈtɪərɪəʊl] *s.* ANATOMIA arteríola

arteriosclerosis [ɑːˌtɪərɪəʊsklɪˈrəʊsɪs] *s.* MEDICINA arteriosclerose

arteriotomy [ɑːˌtɪərɪˈɒtəmɪ] *s.* CIRURGIA arteriotomia

arteritis [ˌɑːtəˈraɪtɪs] *s.* MEDICINA arterite

artery [ˈɑːtərɪ] *s.* (*pl.* **-ies**) **1** ANATOMIA artéria; **2** (rua) artéria; *the main ~ of the city* a principal artéria da cidade ❖ *~ clip* pinça hemostática

artesian [ɑːˈtiːzɪən] *adj.* artesiano ❖ *~ well* poço artesiano

artful [ˈɑːtfʊl] *adj.* **1** astuto, espertalhão, finório; **2** artificioso; **3** engenhoso; habilidoso ❖ *as ~ as a monkey* esperto como um macaco

artfully [ˈɑːtfʊlɪ] *adv.* com habilidade; com astúcia; astuciosamente; engenhosamente

artfulness [ˈɑːtfʊlnɪs] *s.* **1** astúcia; **2** engenho; arte

arthritic [ɑːˈθrɪtɪk] *adj.,s.* artrítico

arthritis [ɑːˈθraɪtɪs] *s.* MEDICINA artrite

arthritism [ˈɑːθrɪtɪzəm] *s.* MEDICINA artritismo

arthrodia [ɑːˈθrəʊdɪə] *s.* ANATOMIA artrose

arthropod [ˈɑːθrəˌpɒd] *s.* (*pl.* **-s** ou **-oda**) ZOOLOGIA artrópode

arthroscope [ˈɑːθrəskəʊp] *s.* MEDICINA artroscópio

arthrosis [ɑːˈθrəʊsɪs] *s.* ANATOMIA artrose

arthrotomy [ɑːˈθrɒtəmɪ] s. CIRURGIA artrotomia
Arthur [ˈɑːθə] s.antr. Artur
Arthurian [ɑːˈθjʊərɪən] adj. arturiano; relativo ao rei Artur
artichoke [ˈɑːtɪtʃəʊk] s. BOTÂNICA alcachofra ❖ BOTÂNICA *Jerusalem ~* topinambo
article [ˈɑːtɪkəl] Ⓐ s. 1 artigo; 2 peça; *an ~ of clothing* uma peça de roupa; 3 cláusula; 4 LINGUÍSTICA artigo; *the definite ~* artigo definido; 5 objecto; 6 assunto; 7 ponto de doutrina Ⓑ v.tr. 1 articular; 2 contratar; contratar para estágio [to, em]; *to ~ an apprentice to* pôr como aprendiz de ❖ *articles and conditions* caderno de encargos; *a prime ~* artigo de primeira; pessoa atraente; *in accordance with the articles* conforme o estatuto; *in the ~ of death* in articulo mortis; em artigo de morte; à hora da morte; (jornal) *leading ~* editorial
articular [ɑːˈtɪkjʊlə] adj. articular
articulate¹ [ɑːˈtɪkjʊlɪnəs] v.tr.,intr. 1 exprimir, expressar, comunicar; 2 pronunciar com clareza, articular; 3 articular-se; 4 deduzir, expor artigo por artigo
articulate² [ɑːˈtɪkjʊlɪt] adj. 1 articulado; 2 eloquente; 3 claro; explícito; coerente; *a very ~ book* um livro muito coerente; 4 ZOOLOGIA articulado; *insects are ~ animals* os insectos são animais articulados
articulately [ɑːˈtɪkjʊlɪtlɪ] adv. 1 de maneira clara, distintamente; 2 artigo por artigo; 3 por meio de articulações; 4 articuladamente; 5 eloquentemente; 6 facilmente; 7 coerentemente
articulateness [ɑːˈtɪkjʊlɪtnəs] s. 1 pronúncia clara, nítida; 2 clareza, nitidez; 3 carácter articulado; 4 coerência
articulation [ɑːˌtɪkjʊˈleɪʃən] s. 1 articulação; 2 expressão
articulator [ɑːˈtɪkjʊleɪtə] s. 1 articulante; 2 LINGUÍSTICA articulador
artifact [ˈɑːtɪfækt] s. ⇒ **artefact**
artifice [ˈɑːtɪfɪs] s. 1 artifício; 2 estratagema; 3 astúcia; manha
artificer [ɑːˈtɪfɪsə] s. artífice
artificial [ˌɑːtɪˈfɪʃəl] adj. 1 artificial; 2 simulado; falso; fingido; *an ~ smile* um sorriso falso ❖ *~ draught* tiragem artificial; *~ insemination* inseminação artificial; *~ intelligence* inteligência artificial; *~ language* linguagem artificial; *~ limb* prótese; *~ manure* adubos químicos
artificiality [ˌɑːtɪfɪʃɪˈælɪtɪ] s. (pl. **-ies**) artificialidade; artificialismo
artificialize [ˌɑːtɪˈfɪʃəlaɪz] v.tr. 1 artificializar; 2 estilizar
artificially [ˌɑːtɪˈfɪʃəlɪ] adv. artificialmente
artificialness [ˌɑːtɪˈfɪʃəlnəs] s. artificialidade
artillerist [ɑːˈtɪlərɪst] s. artilheiro
artillery [ɑːˈtɪlərɪ] s. (pl. **-ies**) artilharia ❖ *~ fire* fogo de artilharia; *~ park* parque de artilharia; *divisional ~* artilharia divisionária; *light ~* artilharia ligeira; *mountain ~* artilharia de montanha
artilleryman [ɑːˈtɪlərɪmən] s. MILITAR artilheiro
artiodactyl [ˌɑːtɪəʊˈdæktɪl] s. ZOOLOGIA artiodáctilo
artiodactyla [ˌɑːtɪəʊˈdæktɪlə] s.pl. ZOOLOGIA artiodáctilos
artiodactylous [ˌɑːtɪəʊˈdæktɪləs] adj. ZOOLOGIA artiodáctilo
artisan [ˌɑːtɪˈzæn, ˈɑːrtɪzən] s. artesão; artífice
artist [ˈɑːtɪst] s. 1 (geral) artista; *~ in words* artista da palavra; 2 ARTES PLÁSTICAS pintor
artiste [ɑːˈtɪst] s. artista (especialmente de variedades)
artistic [ɑːˈtɪstɪk] adj. 1 artístico; *~ temperament* temperamento artístico; 2 DESPORTO desportivo; *~ gymnastics* ginástica desportiva
artistical [ɑːˈtɪstɪkəl] adj. artístico
artistically [ɑːˈtɪstɪkəlɪ] adv. artisticamente
artistry [ˈɑːtɪstrɪ] s. (capacidade) mestria; arte
artless [ˈɑːtləs] adj. simples, despretensioso, natural
artlessly [ˈɑːtləslɪ] adv. 1 sem artifício, com naturalidade; 2 ingenuamente
artlessness [ˈɑːtləsnəs] s. simplicidade, naturalidade, candura
artsy-fartsy [ˌɑːtsɪˈfɑːtsɪ] adj. [EUA] [depr.] pseudo-artístico
artwork [ˈɑːtwɜːk] s. 1 (livro, revista, etc.) ilustrações; 2 obra de arte
arty [ˈɑːtɪ] adj. [coloq.] com pretensões artísticas
arty-crafty [ˌɑːtɪˈkrɑːftɪ] adj. [depr.] artesanal
arum [ˈeərəm] s. BOTÂNICA árum, aro, arão, jarro
Aryan [ˈeərɪən] adj.,s. ariano

as¹ [æz, əz, z] adv.,conj.,pron.rel. 1 como, tão ... como; 2 quando; 3 visto que, visto como, porque; 4 enquanto; 5 que; *as ... as* tão ... como; *as far as* até (para distâncias); *as far as I can* enquanto eu puder, até onde eu puder; *as for, as to, as regards* pelo que diz respeito a, quanto a; *as good as* tão bom como, por assim dizer, praticamente; *as if* como se; *as long as* enquanto, desde que; *as many as* tantos como; *as soon as* logo que; *as soon as not* da mesma maneira; *as well* também; *as yet* até agora; *as far as I know* tanto quanto eu sei; *as I am informed* segundo me informaram; [arc.] *as I live, I saw them kill the man* por vida minha que os vi matar o homem; *as it is, we can do nothing* no ponto em que as coisas estão, nada podemos fazer; *as it were* por assim dizer; *as you please* como quiser; *good as they are* por muito bons que eles sejam; *I thought as much* pensei outro tanto, foi isso que eu pensei; *I will lend you the money you need, as long as you don't waste it* empresto-te o dinheiro de que precisas desde que não o desperdices; *I would go to the movies as soon as not* tanto se me dá ir ao cinema como não ir; *much as I like that* por muito que eu goste disso; *she as good as told him to mind his business* ela deu-lhe a entender que tratasse da sua vida
as² [æs] s. (moeda de cobre romana) asse
As QUÍMICA [símbolo de arsenic]
AS Ⓐ [abrev. de Anglo-Saxon] Ⓑ [abrev. de Anno Salvatoris (in the year of our Saviour)]
ASA Ⓐ [abrev. de American Standards Association] Ⓑ [GB] [abrev. de Amateur Swimming Association]
asafoetida [ˌæsəˈfetɪdə] s. BOTÂNICA assa-fétida
a.s.a.p. [abrev. de as soon as possible]
asbestic [æsˈbestɪk] adj. asbestino
asbestos [æsˈbestəs] s. asbesto; amianto ❖ *~ board* cartão de amianto; *~ washer* anilha de amianto; *~ wire net* tela de amianto
asbolan [ˈæzbəlæn] s. MINERALOGIA asbolana
ASC [abrev. de American Society of Cinematographers]
ascaris [ˈæskərɪs] s. (pl. **ascarides**) ascárida, áscaris
ascend [əˈsend] v.tr.,intr. subir; ascender; *to ~ a river* subir ao longo dum rio; *to ~ the throne* subir ao trono; *to ~ to Heaven* subir ao céu
ascendance [əˈsendəns] s. 1 ascendência; 2 poder, influência
ascendancy [əˈsendənsɪ] s. ⇒ **ascendance**
ascendant [əˈsendənt] Ⓐ adj. 1 ascendente; em ascensão; 2 crescente; 3 [form.] dominante; *the economically ~ class* a classe economicamente dominante Ⓑ s. 1 ascendente, antepassado; 2 (astrologia) ascendente; 3 predomínio ❖ *to be in the ~* estar na mó de cima
ascendence [əˈsendəns] s. ⇒ **ascendance**
ascendency [əˈsendənsɪ] s. ⇒ **ascendance**
ascendent [əˈsendənt] adj.,s. ⇒ **ascendant**
ascending [əˈsendɪŋ] s. subida; ascensão ❖ *~ strain* esforço ascensional; *~ stroke* curso ascendente; *in ascending order* por ordem crescente
ascension [əˈsenʃən] s. ascensão; subida
Ascension [əˈsenʃən] s. RELIGIÃO Ascensão (de Cristo) ❖ *~ Day* Dia da Ascensão
ascensional [əˈsenʃənəl] adj. ascensional
ascensionist [əˈsenʃənɪst] s. ascensionista
ascent [əˈsent] s. 1 subida; ascensão; 2 ladeira; rampa ❖ *line of ~* ascendência
ascertain [ˌæsəˈteɪn] v.tr. 1 averiguar; indagar; 2 verificar; comprovar; 3 precisar
ascertainable [ˌæsəˈteɪnəbəl] adj. 1 verificável; 2 averiguável
ascertainment [ˌæsəˈteɪnmənt] s. 1 verificação; 2 averiguação
ascetic [əˈsetɪk] Ⓐ adj. ascético Ⓑ s. asceta
ascetical [əˈsetɪkəl] adj. ascético
ascetically [əˈsetɪkəlɪ] adv. asceticamente
asceticism [əˈsetɪsɪzəm] s. ascetismo
ascian [ˈæʃɪən] s. áscio
ascidian [əˈsɪdɪən] s. ZOOLOGIA ascídia
ASCII [abrev. de American Standard Code for Information Interchange]
ascites [əˈsaɪtiːz] s. MEDICINA ascite
asclepiad [əˈskliːpɪæd] s. (verso) asclepiadeu

ascomycete [ˌæskəʊmaɪˈsiːt] s. (fungo) ascomicete
ascorbic [əˈskɔːbɪk] adj. ascórbico; ~ *acid* ácido ascórbico, vitamina C
ascribable [əˈskraɪbəbəl] adj. imputável
ascribe [əˈskraɪb] v.tr. 1 atribuir [**to**, a]; 2 imputar [**to**, a]
ascription [əˈskrɪpʃən] s. 1 atribuição; 2 imputação
asdic [ˈæzdɪk] s. detector de submarinos por meio de emprego de ondas sonoras
ASE [abrev. de Amalgamated Society of Engineers]
ASEAN [abrev. de Association of Southeast Asian Nations]
asepsis [eɪˈsepsɪs, əˈsepsɪs] s. assepsia
aseptic [eɪˈseptɪk, əˈseptɪk] adj. asséptico
asepticism [eɪˈseptɪsɪzəm, əˈseptɪsɪzəm] s. assepsia
asepticize [əˈseptɪsaɪz, eɪˈseptɪsaɪz] v.tr. assepsiar
asexual [eɪˈseksjʊəl, eɪˈsekʃʊəl] adj. (geral) assexuado; BIOLOGIA ~ *reproduction* reprodução assexuada
asexuality [eɪˌseksjʊˈælɪtɪ, eɪˌsekʃʊˈælɪtɪ] s. assexualidade
ash [æʃ] Ⓐ s. 1 cinza; 2 GEOLOGIA cinza vulcânica; 3 BOTÂNICA freixo Ⓑ v.tr. 1 cobrir de cinzas; 2 reduzir a cinzas Ⓒ adj. (cor) cinza; *ash-coloured* cinza ❖ (cabelo) ~ *blonde* louro pálido, quase branco; (vulcão) ~ *cloud* nuvem de cinzas; RELIGIÃO *Ash Wednesday* Quarta-feira de Cinzas; *fly* ~ cinza volante; BOTÂNICA *mountain* ~ sorveira brava; QUÍMICA *soda* ~ carbonato de sódio; *as pale as ash(es)* branco como a cal; (críquete) *to bring back the ashes* desforrar-se duma derrota; *to burn to ashes* reduzir a cinzas; *ficar reduzido a cinzas*
ashake [əˈʃeɪk] adj. 1 [arc.] a tremer; 2 [arc.] palpitante
ashamed [əˈʃeɪmd] adj. envergonhado ❖ *to be* ~ *of* ter vergonha de; *to be* ~ *to admit it* não querer admitir
ashamedly [əˈʃeɪmɪdlɪ] adv. vergonhosamente; com alguma vergonha
ashamedness [əˈʃeɪmɪdnɪs] s. vergonha
ashen [ˈæʃən] adj. 1 pálido, de cinza; 2 de freixo
ashery [ˈæʃərɪ] s. (pl. **-ies**) cinzeiro, depósito de cinzas
ashlar [ˈæʃlə] s. silhar, silha
ashore [əˈʃɔː] adv. em terra; a terra ❖ *to get* ~ desembarcar; *to go* ~ ir a terra; desembarcar; *to run* ~ encalhar; *to set sb* ~ desembarcar alguém
ashpan [ˈæʃpən] s. guarda-cinzas
ashtray [ˈæʃtreɪ] s. cinzeiro
ashy [ˈæʃɪ] adj. (comp. **-ier**, superl. **-iest**) 1 pálido, cinzento; 2 com cinza, de cinza
Asia [ˈeɪʃə, ˈeɪʒə] s.top. Ásia ❖ ~ *Minor* Ásia Menor
Asian [ˈeɪʃən, ˈeɪʒən] adj.,s. asiático; ~ *community* comunidade asiática
Asiatic [ˌeɪʃɪˈætɪk, ˌeɪʒɪˈætɪk] adj. asiático ❖ MEDICINA ~ *cholera* cólera-asiática
aside [əˈsaɪd] Ⓐ adv. à parte; de parte; *joking* ~ brincadeiras à parte; *to lay* ~ pôr de parte (alguma coisa), deixar de (fazer alguma coisa); *to put* ~ pôr de lado; *to speak* ~ falar à parte, em privado; *leaving that* ~ pondo isso de parte Ⓑ s. aparte; *he said that in an* ~ ele disse isso num aparte Ⓒ prep. à parte, excepto; [EUA] ~ *from* à parte; além de
asinine [ˈæsɪnaɪn] adj. burro; estúpido
asininity [ˌæsɪˈnɪnɪtɪ] s. (pl. **-ies**) burrice; estupidez
ask[1] [ɑːsk, æsk] v.tr. 1 perguntar [**for**, por]; fazer pergunta(s) [**about**, acerca de]; pedir informações [**about**, sobre]; *to* ~ *a question* fazer uma pergunta; *he asked about her accident* ele quis saber do acidente; 2 pedir; *to* ~ *a favour* pedir um favor; *to* ~ *permission* pedir autorização; 3 convidar; *she asked him to dinner* ela convidou-o para jantar ❖ *she was asked in church last week* leram os banhos dela a semana passada; ~ *and you will know* quem tem boca vai a Roma
◆ **ask after** v.tr. perguntar por; *he asked after you* ele perguntou por si
◆ **ask around** v.intr. perguntar por aí; indagar; investigar
◆ **ask back** v.tr. 1 voltar a convidar; 2 retribuir o convite a
◆ **ask for** v.tr. 1 pedir; 2 pedir para falar com; 3 perguntar por ❖ *he was asking for it!* bem feita!; ele andava a pedi-las!; *to* ~ *the moon* exigir o impossível; *to be asking for trouble* andar a pedi-las
◆ **ask in** v.tr. mandar entrar; *to ask sb in* mandar alguém entrar
◆ **ask out** v.tr. convidar para sair; *to ask sb out to dinner* convidar alguém para jantar
◆ **ask over** v.tr. convidar a ir a sua casa; *to ask sb over* convidar alguém a vir até nossa casa
◆ **ask round** v.tr. convidar para visitar; *to ask sb round* convidar alguém a vir a nossa casa
ask[2] [æsk] s. saramântiga, tritão
askance [əˈskæns] adv. (olhar) de lado; de soslaio; de esguelha
askant [əˈskænt] adv. ⇒ **askance**
askeletal [æˈskelɪtəl] adj. privado de esqueleto
askew [əˈskjuː] adv. de lado; de esguelha ❖ *to hang a picture* ~ pendurar um quadro às três pancadas, torto; *to look* ~ olhar de lado; não olhar de frente
asking [ˈɑːskɪŋ] s. 1 pedido; 2 interrogação ❖ *it's yours for the* ~ é só pedir
aslant [əˈslɑːnt] adv.,prep. de través; obliquamente
asleep [əˈsliːp] adj. 1 a dormir; adormecido; *sound* ~ a dormir profundamente; *to be* ~ estar a dormir; *to fall* ~, *to drop* ~ adormecer; 2 (perna, braço) dormente; *my foot is* ~ tenho um pé dormente
ASLEF [GB] [abrev. de Associated Society of Locomotive Engineers and Firemen]
ASLIB [abrev. de Association of Special Libraries and Information Bureaux]
aslope [əˈsləʊp] adv. 1 de lado, de través; 2 em declive
a-smoke [əˈsməʊk] adj.,adv. a fumegar
ASO [Austr.] [abrev. de Assistant Section Officer]
asp [æsp] s. 1 ZOOLOGIA áspide; 2 BOTÂNICA [arc.] faia preta
ASP Ⓐ INFORMÁTICA [abrev. de Active Server Page] Ⓑ INFORMÁTICA [abrev. de Application Services Provider]
asparagus [əˈspærəgəs] s. BOTÂNICA espargo ❖ ~ *fern* espargueira
aspartame [əˈspɑːteɪm] s. QUÍMICA aspartame
aspartate [əˈspɑːteɪt] s. QUÍMICA aspártato
aspartic [əˈspɑːtɪk] adj. QUÍMICA aspártico; ~ *acid* ácido aspártico
Aspasia [æˈspeɪzɪə] s.antr. Aspásia
ASPCA [abrev. de American Society for Prevention of Cruelty to Animals]
aspect [ˈæspekt] s. 1 aspecto, aparência, ar, expressão; 2 vertente; aspecto [**of**, de]; *to cover every* ~ *of the job* abranger todos os aspectos do trabalho; 3 vista; 4 [arc.] olhar; 5 orientação; 6 (edifício) exposição; *to have a northern* ~, *to have a southern* ~ estar virado ao norte, estar virado ao sul; *with a sunny* ~ com exposição solar; 7 LINGUÍSTICA (verbo) aspecto; *verbal* ~ aspecto verbal; 8 ASTRONOMIA (planetas) aspecto
aspectable [æsˈpektəbəl] adj. visível
aspen [ˈæspən] Ⓐ s. BOTÂNICA faia preta Ⓑ adj. de faia
asper [ˈæspə] s. (antiga moeda turca) aspre
asperge [əˈspɜːdʒ] v.tr. aspergir
asperges [əˈspɜːdʒiːz] s. (rito católico) asperges
aspergill [ˈæspədʒɪl] s. 1 hissope; aspersório; 2 BOTÂNICA aspergilo
aspergillum [ˌæspɜːˈdʒɪləm] s. 1 aspersório; hissope; 2 BOTÂNICA aspergilo
asperity [æˈsperɪtɪ] s. (pl. **-ies**) aspereza, rudeza, severidade
aspermatism [æˈspɜːmətɪzəm] s. BIOLOGIA aspermia
asperse [əˈspɜːs] v.tr. 1 caluniar; 2 aspergir
aspersion [əˈspɜːʃən] s. 1 difamação; calúnia; 2 aspersão
aspersorium [ˌæspəˈsɔːrɪəm] s. (liturgia) aspersório
asphalt [ˈæsfælt] Ⓐ v.tr. asfaltar Ⓑ s. asfalto ❖ ~ *jungle* selva urbana
asphaltic [æsˈfæltɪk] adj. asfáltico
asphodel [ˈæsfədel] s. BOTÂNICA asfódelo
asphyxia [æsˈfɪksɪə] s. asfixia
asphyxiate [æsˈfɪksɪeɪt] v.tr. asfixiar
asphyxiating [æsˈfɪksɪeɪtɪŋ] adj. asfixiante
asphyxiation [æsˌfɪksɪˈeɪʃən] s. asfixia
asphyxied [æsˈfɪksɪd] adj. asfixiado
asphyxy [æsˈfɪksɪ] s. (pl. **-ies**) ⇒ **asphyxia**
aspic [ˈæspɪk] s. 1 CULINÁRIA *aspic*, geleia com carnes frias, ovos, etc; 2 áspide ❖ *in* ~ em conserva
aspidistra [ˌæspɪˈdɪstrə] s. BOTÂNICA aspidistra
aspirant [əˈspaɪərənt] adj.,s. 1 pretendente; 2 aspirante
aspirate[1] [ˈæspɪreɪt] v.tr. 1 aspirar (som, líquido); 2 inalar

aspirate² ['æspɪrət] Ⓐ adj. LINGUÍSTICA aspirado Ⓑ s. LINGUÍSTICA consoante aspirada; *look after your aspirates* não se esqueça dos hs aspirados
aspiration [ˌæspɪˈreɪʃən] s. 1 aspiração; desejo; ambição; 2 LINGUÍSTICA aspiração
aspirator ['æspɪreɪtə] s. aspirador
aspiratory [əˈspaɪrətərɪ, əˈspaɪrətɔːrɪ] adj. aspiratório
aspire [əˈspaɪə] v.intr. 1 aspirar [**to/after**, a]; ambicionar [**to/after**, -]; *to ~ after a political career* ambicionar uma carreira política; *he aspired to the leadership of the party* ele ambicionava a liderança do partido; 2 subir, elevar-se
aspirer [əˈspaɪərə] s. 1 candidato; 2 aspirante
aspirin ['æspɪrɪn] s. FARMÁCIA aspirina; *she took two aspirins* ela tomou duas aspirinas
aspiring [əˈspaɪərɪŋ] Ⓐ adj. 1 aspirante; *an ~ writer* um aspirante a escritor; 2 ambicioso; 3 em ascensão; que sobe Ⓑ s. aspiração; ambição
aspiringly [əˈspaɪərɪŋlɪ] adv. com aspirações; ambiciosamente
aspiringness [əˈspaɪərɪŋnɪs] s. aspiração
asquint [əˈskwɪnt] adj.,adv. (olhar) de esguelha; de soslaio
ASR [abrev. de Air-sea rescue]
ass¹ [æs] s. (pl. **-es**) 1 ZOOLOGIA [ant.] burro, jumento; 2 [coloq.] estúpido, idiota, imbecil ❖ *ass's colt* burrico; burrinho; *wild ~* onagro; hemíono; burro selvagem; *to make an ~ of oneself* fazer figura de estúpido; fazer figura de urso
ass² [æs] s. [EUA] [cal.] cu_cal._ ❖ *get your ~ over here!* vem aqui imediatamente!; *to be a pain in the ~* ser um chato
assagai [ˈæsəɡaɪ] s. azagaia
assail [əˈseɪl] v.tr. 1 atacar; 2 (dúvidas, problemas) tomar de assalto
assailable [əˈseɪləbəl] adj. atacável
assailant [əˈseɪlənt] adj.,s. atacante; agressor
assailer [əˈseɪlə] s. atacante; agressor
assailing [əˈseɪlɪŋ] adj. assaltante
assart [əˈsɑːt] v.tr. desbravar (terreno)
assassin [əˈsæsɪn] s. assassino
assassinate [əˈsæsɪneɪt] v.tr. assassinar; *a plot to ~ the President* uma conspiração para assassinar o Presidente
assassination [əˌsæsɪˈneɪʃən] s. assassínio; *an ~ attempt* uma tentativa de assassinato
assassinator [əˈsæsɪneɪtə] s. assassino
assault [əˈsɔːlt] Ⓐ s. 1 agressão [**on**, contra]; 2 ataque; 3 tentativa de estupro, crime de estupro; 4 ameaça Ⓑ v.tr. 1 agredir; 2 atacar; 3 tomar de assalto; 4 abusar (sexualmente) de ❖ *~ and battery* insulto e agressão; *~ with a deadly weapon* assalto à mão armada; *to carry/take by ~* tomar de assalto; *unprovoked ~* agressão injustificada
assaultable [əˈsɔːltəbəl] adj. atacável
assaulter [əˈsɔːltə] s. agressor; atacante
assay [əˈseɪ] Ⓐ s. 1 análise; 2 [arc.] verificação de pesos e medidas; 3 ensaio (de metais) Ⓑ v.tr. 1 ensaiar, analisar (metais, minerais); 2 copelar; 3 experimentar; 4 apreciar criticamente
assayer [əˈseɪə] s. (metais) ensaiador; contrastador
assaying [əˈseɪɪŋ] s. copelação
ass-backwards [ˌæsˈbækwədz] adj.,adv. [EUA] [cal.] ao contrário, do avesso, de pernas para o ar
assegai [ˈæsɪɡaɪ] s. azagaia
assemblage [əˈsemblɪdʒ] s. 1 assembleia; 2 reunião; 3 conjunto; colecção; 4 MECÂNICA montagem; 5 sambladura, samblagem; 6 ARTES PLÁSTICAS assemblagem
assemble [əˈsembəl] v.tr.,intr. 1 reunir(-se); juntar(-se); 2 MECÂNICA instalar, montar
assembler [əˈsemblə] s. 1 (indústria) montador; 2 INFORMÁTICA assembler
assembling [əˈsemblɪŋ] s. instalação; montagem
assembly [əˈsemblɪ] s. (pl. **-ies**) 1 assembleia; 2 reunião; 3 câmara, corpo legislativo; 4 toque ou sinal de reunir; 5 MECÂNICA montagem; 6 MECÂNICA unidade, conjunto de peças que constituem uma unidade ❖ *~ instructions* instruções de montagem; INFORMÁTICA *~ language* linguagem *assembly*; *~ line* linha de montagem; *~ room* salão de reunião; salão de festas; salão de dança; secção de montagem; *the National ~* a Assembleia Nacional

assemblyman [əˈsemblɪmən] s. deputado; vereador; membro de assembleia
assemblywoman [əˈsemblɪwʊmən] s.f. deputada; vereadora; membro de assembleia
assent [əˈsent] Ⓐ s. 1 concordância; assentimento; aquiescência; 2 consentimento [**to**, a]; 3 aprovação; *the Chairman gave his ~ to the committee's proposals* o Presidente aprovou as propostas da comissão; 4 sanção; sancionamento Ⓑ v.intr. 1 concordar [**to**, com]; 2 consentir [**to**, em]
assentation [ˌæsenˈteɪʃən] s. assentimento
assentient [əˈsenʃɪənt] adj.,s. 1 que concorda ou aprova; 2 aquele que aprova
assenting [əˈsentɪŋ] Ⓐ adj. que consente Ⓑ s. consentimento
assentingly [əˈsentɪŋlɪ] adv. aprovativamente
assert [əˈsɜːt] v.tr. 1 afirmar; declarar; 2 reclamar; reivindicar; 3 fazer valer; defender; *to ~ one's rights* defender os próprios direitos ❖ *to ~ oneself* afirmar-se; impor-se; *to ~ one's good faith* protestar boa-fé
assertable [əˈsɜːtəbəl] adj. 1 afirmável; 2 reclamável
assertion [əˈsɜːʃən] s. 1 asserção; 2 reivindicação
assertive [əˈsɜːtɪv] adj. 1 assertivo, decidido, peremptório; 2 seguro, confiante
assertively [əˈsɜːtɪvlɪ] adv. peremptoriamente
assertiveness [əˈsɜːtɪvnɪs] s. 1 asserção; 2 segurança, firmeza
assertor [əˈsɜːtə] s. 1 defensor; 2 campeão; 3 advogado; 4 [arc.] assertor
assertory [əˈsɜːtərɪ] adj. assertório
assess [əˈses] v.tr. 1 avaliar; *to ~ a property* avaliar uma propriedade; *to ~ the damage* avaliar o prejuízo; 2 apreciar, dar a opinião sobre; 3 estabelecer, lançar (imposto ou empréstimo); 4 colectar, tributar; 5 [fig.] verificar o valor de ❖ *assessed taxes* impostos directos
assessable [əˈsesəbəl] adj. 1 tributável, colectável; 2 avaliável
assessment [əˈsesmənt] s. 1 (escola, seguros, impostos) avaliação; (escola) *continuous ~* avaliação contínua; 2 apreciação, opinião, análise; 3 estimativa; cálculo; 4 tributação, taxa; imposto; *~ on income* imposto sobre o rendimento; *tax ~ for 2006* tributação fiscal para 2006
assessor [əˈsesə] s. 1 (consultor) assessor; 2 avaliador; avaliador do fisco; 3 (seguros) perito
assessorial [ˌæseˈsɔːrɪəl] adj. assessorial; de assessoria
assessorship [əˈsesəʃɪp] s. assessoria
asset [ˈæset] s. 1 vantagem; 2 (pessoa) trunfo, elemento valioso; 3 geralm. no pl. COMÉRCIO activo; *assets and liabilities* activo e passivo; 4 pl. posses; bens; *personal assets* bens móveis; *real assets* bens de raiz
asset-stripping [ˌæsetˈstrɪpɪŋ] s. ECONOMIA despojamento do activo fixo
asseverate [əˈsevəreɪt] v.tr. asseverar; protestar
asseveration [əˌsevəˈreɪʃən] s. afirmação; asseveração
asshole [ˈæshəʊl] s. [cal.] ⇒ **arsehole**
assibilate [əˈsɪbɪleɪt] v.tr. assibilar
assibilation [əˌsɪbɪˈleɪʃən] s. LINGUÍSTICA (fonética) assibilação
assiduity [ˌæsɪˈdjuːɪtɪ] s. (pl. **-ies**) diligência; dedicação; assiduidade
assiduous [əˈsɪdjʊəs] adj. diligente; dedicado; assíduo
assiduously [əˈsɪdjʊəslɪ] adv. diligentemente; com dedicação; assiduamente
assiduousness [əˈsɪdjʊəsnɪs] s. (pl. **-ies**) diligência; dedicação; assiduidade
assign [əˈsaɪn] Ⓐ v.tr. 1 atribuir [**to**, a]; destinar [**to**, a]; *to ~ sb a task* atribuir uma tarefa a alguém; 2 nomear [**to**, para]; destacar [**to**, para]; 3 (data) marcar; agendar; 4 DIREITO (bens) transferir; ceder Ⓑ s. 1 cessionário; 2 delegado; 3 mandatário
assignable [əˈsaɪnəbəl] adj. 1 imputável; 2 transferível
assignat [ˈæsɪɡnæt] s. HISTÓRIA (Revolução Francesa) assinado
assignation [ˌæsɪɡˈneɪʃən] s. 1 cessão; 2 transferência; 3 repartição; 4 atribuição; 5 fixação de hora ou lugar de encontro; 6 entrevista amorosa, mais ou menos secreta
assignee [ˌæsaɪˈniː, ˌæsɪˈniː] s. 1 administrador de falência; 2 síndico
assignment [əˈsaɪnmənt] s. 1 nomeação para um cargo; 2 tarefa; 3 missão; 4 DIREITO cessão; transferência legal; 5 exposição de razões

assignor [əˈsaɪnə] s. comitente, cessionário
assimilable [əˈsɪmɪləbəl] adj. assimilável
assimilate [əˈsɪmɪleɪt] Ⓐ v.tr. 1 assimilar; 2 comparar [to, a]; aproximar [to, de] Ⓑ v.intr. 1 assimilar-se; 2 integrar-se [into, em]; *they assimilated easily into the new community* eles integraram-se facilmente na nova comunidade; 3 assemelhar-se [to, a]
assimilation [əsɪmɪˈleɪʃən] s. 1 assimilação; 2 integração
assimilative [əˈsɪmɪlətɪv] adj. assimilativo
assist [əˈsɪst] Ⓐ v.tr. 1 ajudar, auxiliar [in/with, em]; 2 prestar assistência a [in, em]; *the nurses assisted the doctor in the operation* as enfermeiras prestaram assistência ao médico na operação Ⓑ v.intr. 1 ajudar; 2 [arc.] assistir; estar presente
assistance [əˈsɪstəns] s. 1 assistência; *to give sb ~* prestar assistência a alguém; 2 ajuda; auxílio; *to come to sb's ~* vir em auxílio de alguém ❖ *technical ~* assistência técnica; *can I be of assistance?* posso ajudar?
assistant [əˈsɪstənt] Ⓐ s. 1 assistente, assessor; 2 auxiliar, ajudante Ⓑ adj. assistente; auxiliar; adjunto ❖ *~ coach* treinador adjunto; *~ manager* subdirector; [EUA] (universidade) *~ professor* professor auxiliar; assistente; *~ surveyor* perito adjunto; INFORMÁTICA *personal digital ~ (PDA)* agenda electrónica; PDA; *shop ~* empregado; balconista; assistente de loja
assize [əˈsaɪz] s. 1 preço legal, tabela; 2 *pl.* tribunal criminal e civil que se reunia, periodicamente, em cada condado de Inglaterra até 1971 ❖ *great ~/last ~* juízo final
associability [əsəʊʃəˈbɪlɪtɪ] s. associabilidade
associable [əˈsəʊʃəbəl] adj. associável
associate¹ [əˈsəʊʃɪeɪt] Ⓐ v.tr. 1 associar; 2 ligar; juntar Ⓑ v.intr. 1 associar-se [with, a]; juntar-se [with, a]; ligar-se [with, a]; 2 relacionar-se [with, com]; *to ~ with sb* pertencer ao círculo de relações de alguém ❖ *to be associated with* estar relacionado com; ter a ver com
associate² [əˈsəʊʃɪɪt] Ⓐ s. 1 sócio, associado; 2 (crime) cúmplice; 3 companheiro Ⓑ adj. associado ❖ (universidade) *~ professor* professor associado
associateship [əˈsəʊʃɪɪtʃɪp] s. associação
association [əsəʊʃɪˈeɪʃən] s. 1 (geral) associação; *that country is full of historic associations* aquele país está cheio de reminiscências históricas; 2 sociedade ❖ *~ football* futebol; *~ of ideas* associação de ideias; *deed of ~* escritura de sociedade de responsabilidade limitada; (método terapêutico) *free ~* associação livre; *memorandum and articles of ~* estatuto duma sociedade anónima; *in ~ with* com a colaboração de
associationism [əsəʊʃɪˈeɪʃənɪzəm] s. PSICOLOGIA associacionismo
associationist [əsəʊʃɪˈeɪʃənɪst] s. PSICOLOGIA associacionista
associative [əˈsəʊʃɪətɪv] adj. associativo ❖ *~ memory* memória associativa
assoil [əˈsɔɪl] v.tr. [arc.] absolver (de pecado), perdoar
assonance [ˈæsənəns] s. assonância
assonant [ˈæsənənt] adj. assonante
assonate [ˈæsəneɪt] v.tr.,intr. formar assonância
assort [əˈsɔːt] v.tr.,intr. 1 classificar; dispor; ordenar; 2 abastecer; 3 sortir; combinar; 4 associar-se [with, a/com]; ligar-se [with, a]; 5 condizer [with, com]; ficar bem [with, com]; 6 integrar-se [with, em]
assorted [əˈsɔːtɪd] adj. (bombons, camisas) sortido; variado
assortment [əˈsɔːtmənt] s. 1 ordenação; classificação; 2 sortido; variedade; 3 escolha; selecção
assuage [əˈsweɪdʒ] v.tr. 1 suavizar, acalmar, aliviar, mitigar; 2 satisfazer (desejo)
assuagement [əˈsweɪdʒmənt] s. 1 alívio, atenuação; 2 consolo
assuaging [əˈsweɪdʒɪŋ] s. 1 atenuação, alívio; 2 satisfação (de apetite, desejo)
assumable [əˈsjuːməbəl] adj. assumptível
assumably [əˈsjuːməblɪ] adv. assumptivelmente
assume [əˈsjuːm] v.tr. 1 supor; *let's ~ that...* suponhamos que...; 2 presumir; *to ~ guilt* presumir a culpa; 3 assumir; *to ~ responsibilities* assumir as responsabilidades; 4 adoptar; afectar; simular; *she assumed an air of indifference* pôs um ar de indiferença
assumed [əˈsjuːmd] adj. 1 suposto; 2 esperado; 3 falso; fingido ❖ *~ name* pseudónimo; nome suposto
assumedly [əˈsjuːmɪdlɪ] adv. supostamente
assuming [əˈsjuːmɪŋ] Ⓐ adj. 1 pretensioso, presumido; 2 arrogante Ⓑ s. suposição
assumingly [əˈsjuːmɪŋlɪ] adv. 1 pretensiosamente; 2 arrogantemente
assumingness [əˈsjuːmɪnɪs] s. presunção, arrogância
assumption [əˈsʌmpʃən] s. 1 suposição; hipótese; *to make an ~* fazer uma suposição; 2 (poder, responsabilidade) assunção; tomada [of, de]; *the army's ~ of power* a tomada do poder pelo exército; 3 pretensão; afectação ❖ *on the ~ that* supondo que; partindo do princípio que; *unauthorized ~ of a right* usurpação dum direito
Assumption [əˈsʌmpʃən] s. RELIGIÃO Assunção de Nossa Senhora
assumptive [əˈsʌmptɪv] adj. 1 assumptivo, hipotético; 2 pretensioso
assurance [əˈʃʊərəns] s. 1 segurança, certeza, firmeza; 2 garantia; *I have his ~ that...* ele garantiu-me que...; 3 confiança; auto-confiança; 4 presunção, arrogância; *he had the ~ to say* ele teve o desplante de dizer; 5 [GB] (situações inevitáveis) seguro ❖ [GB] *life ~* seguro de vida; (Macbeth) *to make ~ double sure* para maior segurança
assure [əˈʃʊə] v.tr. 1 assegurar [of, de]; garantir [of, que]; *he assured us of his ability to solve the problem* ele assegurou-nos da sua capacidade para resolver o problema; 2 animar, encorajar
assured [əˈʃʊəd] Ⓐ adj. 1 certo; 2 seguro; 3 com seguro de vida Ⓑ s. (*pl.* **assured**) pessoa com seguro de vida ❖ *rest ~* fica descansado
assuredly [əˈʃʊərədlɪ] adv. indubitavelmente
assuredness [əˈʃʊərədnɪs] s. certeza, segurança, confiança
assurer [əˈʃʊərə] s. 1 segurador, segurado; 2 aquele que afirma
assurgent [əˈsɜːdʒənt] adj. assurgente
assuror [əˈʃʊərə] s. segurador
Assyria [əˈsɪrɪə] s.top. Assíria
Assyrian [əˈsɪrɪən] adj.,s. assírio
Assyriologist [əsɪrɪˈɒlədʒɪst] s. assiriólogo
Assyriology [əsɪrɪˈɒlədʒɪ] s. assiriologia
astatic [eɪˈstætɪk] adj. FÍSICA astático
astatine [ˈæstətɪn] s. QUÍMICA (elemento químico) ástato
aster [ˈæstə] s. BOTÂNICA, BIOLOGIA áster
asterias [æˈstiːərɪəs] s. (*pl.* **-ae**) astéria
asterisk [ˈæstərɪsk] Ⓐ s. asterisco Ⓑ v.tr. assinalar com asterisco
asterism [ˈæstərɪzəm] s. asterismo
astern [əˈstɜːn] adj.,adv. 1 NÁUTICA à popa, na popa; 2 para trás, à ré ❖ *~ motion* marcha à ré; movimento à retaguarda; *full speed astern!* marcha atrás a toda a velocidade!; *to drop ~* ficar para trás; *to follow ~ of a ship* seguir na esteira de um navio; NÁUTICA *to go ~* andar à ré; retroceder
asternal [əˈstɜːnəl] adj. ANATOMIA asternal ❖ *~ ribs* costelas falsas e flutuantes
asteroid [ˈæstərɔɪd] adj.,s. ASTRONOMIA asteróide ❖ *~ belt* cintura de asteróides
asteroidal [æstəˈrɔɪdəl] adj. asteróide
asthenia [æsˈθiːnɪə] s. MEDICINA astenia
asthenic [æsˈθenɪk] adj. asténico
asthenical [æsˈθenɪkəl] adj. ⇒ **asthenic**
asthenosphere [æsˈθenəsfɪə] s. GEOLOGIA astenosfera
asthma [ˈæsmə] s. MEDICINA asma
asthmatic [æsˈmætɪk] adj.,s. asmático
asthmatical [æsˈmætɪkəl] adj. ⇒ **asthmatic**
asthmatically [æsˈmætɪkəlɪ] adv. asmaticamente
astigmatic [əstɪɡˈmætɪk] adj. MEDICINA astigmático
astigmatism [əˈstɪɡmətɪzəm] s. MEDICINA (olhos) astigmatismo
astir [əˈstɜː] adj.,adv. 1 agitado, em movimento; 2 a pé
astonish [əˈstɒnɪʃ] v.tr. surpreender, espantar
astonished [əˈstɒnɪʃt] adj. surpreendido, espantado, admirado; *to be ~ at* estar admirado com; *to look ~* estar com um ar surpreendido
astonishing [əˈstɒnɪʃɪŋ] adj. surpreendente; espantoso
astonishingly [əˈstɒnɪʃɪŋlɪ] adv. 1 surpreendentemente; espantosamente; 2 extraordinariamente ❖ *~ enough* por incrível que pareça

astonishment [əˈstɒnɪʃmənt] s. espanto; admiração; assombro; *in* ~ com espanto; *to our astonishment, he arrived on time* para nosso espanto, ele chegou à hora
astound [əˈstaʊnd] v.tr. **1** aturdir; **2** confundir; deixar perplexo; **3** espantar
astounding [əˈstaʊndɪŋ] adj. **1** espantoso; **2** fantástico; **3** aterrador
astraddle [əˈstrædl] adj.,adv. escarranchado, como se fosse a cavalo
astragal [ˈæstrəgəl] s. ARQUITECTURA, MILITAR astrágalo; cordão; tondinho
astragalus [æsˈtrægələs] s. ANATOMIA, BOTÂNICA astrágalo
astrakhan [ˌæstrəˈkæn] s. (tecido, pele) astracã
astral [ˈæstrəl] adj. astral ❖ ~ *body* corpo astral; ~ *lamp* lâmpada astral
astray [əˈstreɪ] adj.,adv. extraviado, perdido ❖ *to go* ~ perder-se; extraviar-se; desnortear-se; seguir mau caminho; *to lead sb* ~ desencaminhar alguém
astrict [əˈstrɪkt] v.tr. [rar.] ligar (moral ou legalmente)
astrictive [əˈstrɪktɪv] adj. adstringente, estíptico
astride [əˈstraɪd] adj.,adv. escarranchado (em), com uma perna para cada lado; às cavalitas (em)
astringe [əˈstrɪndʒ] v.tr. **1** adstringir, ligar; **2** prender
astringency [əˈstrɪndʒənsɪ] s. **1** adstringência; **2** [fig.] severidade
astringent [əˈstrɪndʒənt] Ⓐ adj. **1** adstringente; **2** [fig.] severo; ~ *criticism* crítica dura Ⓑ s. MEDICINA adstringente
astringently [əˈstrɪndʒəntlɪ] adv. adstringentemente
astrodome [ˈæstrədəʊm] s. AERONÁUTICA astródomo
astrolabe [ˈæstrəleɪb] s. astrolábio
astrolater [əˈstrɒlətə] s. astrólatra
astrologer [əˈstrɒlədʒə] s. astrólogo
astrologic [ˌæstrəˈlɒdʒɪk] adj. ⇒ **astrological**
astrological [ˌæstrəˈlɒdʒɪkəl] adj. astrológico ❖ ~ *chart* mapa astrológico
astrologically [ˌæstrəˈlɒdʒɪkəlɪ] adv. astrologicamente
astrologist [əˈstrɒlədʒɪst] s. ⇒ **astrologer**
astrology [əˈstrɒlədʒɪ] s. astrologia
astrometry [æsˈtrɒmətrɪ] s. ASTRONOMIA astrometria
astronaut [ˈæstrənɔːt] s. astronauta
astronautics [ˌæstrəˈnɔːtɪks] s. astronáutica
astronomer [əsˈtrɒnəmə] s. astrónomo
astronomic [ˌæstrəˈnɒmɪk] adj. ⇒ **astronomical**
astronomical [ˌæstrəˈnɒmɪkəl] adj. **1** astronómico; relativo à astronomia; **2** [fig.] (quantidade) astronómico; ~ *sums of money* quantias astronómicas ❖ ~ *telescope* telescópio astronómico
astronomically [ˌæstrəˈnɒmɪkəlɪ] adv. astronomicamente
astronomy [əˈstrɒnəmɪ] s. astronomia
astrophysical [ˌæstrəʊˈfɪzɪkəl] adj. astrofísico; relativo à astrofísica; ~ *observatory* observatório astrofísico
astrophysicist [ˌæstrəʊˈfɪzɪsɪst] s. astrofísico
astrophysics [ˌæstrəʊˈfɪzɪks] s. astrofísica
Asturias [æsˈtʊərɪæs] s.top. Astúrias
astute [əˈstjuːt] adj. astuto; astucioso; sagaz
astutely [əˈstjuːtlɪ] adv. astutamente
astuteness [əˈstjuːtnɪs] s. astúcia
asunder [əˈsʌndə] adv. **1** aos pedaços; aos bocados; **2** à parte; separadamente; dividido ❖ *to be torn* ~ ficar/ser despedaçado; *to go* ~ separar-se; despedaçar-se; *to take* ~ separar; desmontar
Aswan [ˈæswɑːn] s.top. Assuão ❖ ~ *dam* barragem de Assuão
aswirl [əˈswɜːl] adj.,adv. em turbilhão
asylum [əˈsaɪləm] s. **1** (político) asilo; *to seek political* ~ procurar asilo político; **2** [ant.] hospício; **3** [arc.] albergue ❖ *orphan* ~ orfanato
asymmetric [ˌeɪsɪˈmetrɪk, ˌæsɪˈmetrɪk] adj. assimétrico
asymmetrical [ˌeɪsɪˈmetrɪkəl, ˌæsɪˈmetrɪkəl] adj. assimétrico
asymmetrically [ˌeɪsɪˈmetrɪkəlɪ, ˌæsɪˈmetrɪkəlɪ] adv. assimetricamente
asymmetry [æˈsɪmɪtrɪ] s. assimetria
asymptomatic [ˌəsɪmptəʊˈmætɪk] adj. MEDICINA assintomático
asymptote [ˈæsɪmptəʊt] s. assimptota
asymptotic [ˌæsɪmˈtɒtɪk] adj. assimptótico

asymptotical [ˌæsɪmˈtɒtɪkəl] adj. ⇒ **asymptotic**
asymptotically [ˌæsɪmˈtɒtɪkəlɪ] adv. assimptoticamente
asynchronous [eɪˈsɪŋkrənəs] adj. assíncrono
asyndeta [əˈsɪndɪtə] pl. de **asyndeton**
asyndeton [əˈsɪndɪtən] s. LINGUÍSTICA assíndeto
asyntactic [ˌæsɪnˈtæktɪk] adj. LINGUÍSTICA assintáctico
asystole [eɪˈsɪstəlɪ] s. MEDICINA assistolia
asystolic [ˌeɪsɪˈstɒlɪk] adj. MEDICINA assistólico
at [æt, ət] prep. **1** a, junto a; **2** em; **3** de, por; *at a distance* à distância; *at a loss* atrapalhado; *at all* absolutamente; *at all events* em todo o caso; *at any time* em qualquer altura; *at best* na melhor das hipóteses; *at Cambridge* em Cambridge; *at first* primeiramente; *at half past four* às quatro e meia; *at hand* à mão; *at home* em casa, em sua própria casa; *at last* finalmente; *at most* quando muito; *at my brother's* em casa de meu irmão; *at night* à noite; *at once* de repente; *at school* na escola; *at sea* no mar; *at that* sem mais nada, ainda por cima; *at that time* naquela época; *at the court of* na corte de; *at the end* no fim; *at the latest* o mais tardar; *at the top* no cimo; *at the window* à janela; *at times* às vezes; *to be at large* andar à solta, andar a monte; *to be at work* estar a trabalhar; [coloq.] *he is always on at them* está sempre em cima deles; *he is at it again* está outra vez com a mesma coisa; *he lost his hat, a new one at that* ele perdeu o chapéu, e ainda por cima um chapéu novo; *we were at one in our opinion* éramos todos da mesma opinião; *what are you at?* que estás a fazer?, que fazes agora?
At QUÍMICA [*símbolo de* astatine]
ataraxy [ˌætəˈræksɪ] s. ataraxia
atavic [əˈtævɪk] adj. atávico
atavism [ˈætəvɪzəm] s. atavismo
atavistic [ˌætəˈvɪstɪk] adj. atávico
ataxy [əˈtæksɪ] s. (pl. -**ies**) MEDICINA ataxia
ATB [*abrev. de* all-terrain bike] BTT
ate [et, eɪt] prt. de **to eat**
atelier [ˈætəlɪeɪ, æˈteljeɪ] s. atelier, oficina
ATG [*abrev. de* Association of Teachers of German]
atheism [ˈeɪθɪɪzəm] s. ateísmo
atheist [ˈeɪθɪɪst] s. ateu
atheistic [ˌeɪθɪˈɪstɪk] adj. ateu
atheistical [ˌeɪθɪˈɪstɪkəl] adj. ⇒ **atheistic**
atheling [ˈæθɪlɪŋ] s. HISTÓRIA nobre ou príncipe anglo-saxão
Athenaeum [ˌæθɪˈniːəm] s. ateneu
Athens [ˈæθənz] s.top. Atenas
athermic [əˈθɜːmɪk] adj. atérmico
atherosclerosis [ˌæθərəʊsklɪəˈrəʊsɪs] s. MEDICINA aterosclerose
atherosclerotic [ˌæθərəʊsklɪəˈrɒtɪk] adj. MEDICINA aterosclerótico
athirst [əˈθɜːst] adj. **1** [poét.] ávido; **2** [arc.] sedento
athlete [ˈæθliːt] s. DESPORTO atleta ❖ (micose) *athlete's foot* pé-de-atleta
athletic [æθˈletɪk] adj. atlético; *of* ~ *build* de constituição atlética ❖ DESPORTO ~ *sports* atletismo
athletical [æθˈletɪkəl] adj. ⇒ **athletic**
athletically [æθˈletɪkəlɪ] adv. atleticamente
athletics [æθˈletɪks] s. DESPORTO atletismo, desportos atléticos
at-home [ətˈhəʊm] s. **1** reunião familiar; **2** recepção (de visitas) ❖ *her* ~ *day is Wednesday* ela recebe às quartas-feiras
athwart [əˈθwɔːt] adv.,prep. através de, de través ❖ NÁUTICA *to lie* ~ *hawse* estar atravessada pela proa dum navio
a-tiptoe [əˈtɪptəʊ] adv. na ponta dos pés, em bicos de pés
Atlantic [ətˈlæntɪk] adj.,s. atlântico; GEOGRAFIA *the* ~ *(Ocean)* Oceano Atlântico ❖ HISTÓRIA ~ *Charter* Carta do Atlântico (1941); ~ *liner* transatlântico; HISTÓRIA ~ *Pact* Pacto do Atlântico (1948); ~ *Wall* Muralha do Atlântico
atlas [ˈætləs] s. (pl. -**es**) **1** (livro) atlas; *world* ~ atlas do mundo; **2** ANATOMIA atlas; **3** pl. *atlantes* ARQUITECTURA atlante
ATM Ⓐ INFORMÁTICA [*abrev. de* Asynchronous Transfer Mode] Ⓑ [EUA] [*abrev. de* Automated or Automatic Teller Machine] Caixa Multibanco
atmolysis [ætˈmɒlɪsɪs] s. QUÍMICA atmólise
atmometer [ætˈmɒmɪtə] s. atmómetro

atmosphere ['ætməsfɪə] s. 1 atmosfera; 2 ambiente; *an unpleasant ~ in the office* um ambiente desagradável no escritório
atmospheric [ætməsˈferɪk] adj. atmosférico ❖ *~ pressure* pressão atmosférica
atmospherical [ætməsˈferɪkəl] adj. ⇒ **atmospheric**
atmospherically [ætməsˈferɪkəlɪ] adv. atmosfericamente
atmospherics [ætməsˈferɪks] s.pl. (rádio, etc.) interferências; ruídos
atoll ['ætɒl, 'ætɔːl] s. atol
atom ['ætəm] s. átomo ❖ *~ bomb* bomba atómica; FÍSICA *~ smashing* bombardeamento de átomos
atomic [əˈtɒmɪk] adj. atómico ❖ *~ bomb* bomba atómica; *~ energy* energia atómica; *~ heat* calor atómico; *~ number* número atómico; *~ pile* pilha atómica; *~ weight* peso atómico
atomicity [ætəˈmɪsɪtɪ] s. atomicidade
atomism ['ætəmɪzəm] s. atomismo
atomist ['ætəmɪst] s. atomista
atomization [ætəmaɪˈzeɪʃən] s. 1 atomização; 2 pulverização
atomize ['ætəmaɪz] v.tr. 1 reduzir a átomos, atomizar; 2 vaporizar; pulverizar
atomizer ['ætəmaɪzə] s. pulverizador
atonable [əˈtəʊnəbəl] adj. 1 expiável; 2 reparável
atonal [eɪˈtəʊnəl, æˈtəʊnəl] adj. MÚSICA atonal
atonalism [əˈtəʊnəlɪzəm] s. MÚSICA atonalismo
atonality [eɪtəʊˈnælɪtɪ] s. MÚSICA atonalidade
atone [əˈtəʊn] v.tr.,intr. expiar, remir, reparar; *to ~ for a fault* expiar uma falta ❖ *to ~ with sb* reconciliar-se com alguém
atonement [əˈtəʊnmənt] s. 1 (culpa) expiação; 2 indemnização; 3 reparação; *to make ~ for a mistake* reparar um erro
atoner [əˈtəʊnə] s. expiador
atonic [əˈtɒnɪk] adj. 1 LINGUÍSTICA átono; 2 atónico
atoning [əˈtəʊnɪŋ] adj. expiatório
atoningly [əˈtəʊnɪŋlɪ] adv. como reparação
atony ['ætənɪ] s. 1 LINGUÍSTICA atonicidade; 2 MEDICINA atonia, fraqueza
atop [əˈtɒp] adv. no cume; no cimo
ATP QUÍMICA [abrev. de **a**denosine **tri**phosphate] trifosfato de adenosina
atrabilious [ætrəˈbɪlɪəs] adj. atrabiliário
atrabiliously [ætrəˈbɪlɪəslɪ] adv. atrabiliariamente
atrabiliousness [ætrəˈbɪlɪəsnɪs] s. atrabílis
atresia [əˈtriːzɪə] s. MEDICINA atresia
atria [ˈeɪtrɪə, ˈuːtrɪə] pl. de **atrium**
atrip [əˈtrɪp] adj. 1 (vela) guindada; 2 (âncora) garrada
atrium ['eɪtrɪəm] s. (pl. -a) 1 ARQUITECTURA átrio; 2 ANATOMIA aurícula
atrocious [əˈtrəʊʃəs] adj. 1 atroz; 2 (péssimo) horrível
atrociously [əˈtrəʊʃəslɪ] adv. atrozmente
atrociousness [əˈtrəʊʃəsnɪs] s. atrocidade
atrocity [əˈtrɒsɪtɪ] s. (pl. -ies) atrocidade
atrophic [əˈtrɒfɪk] adj. atrófico
atrophous ['ætrəfəs] adj. atrófico
atrophy ['ætrəfɪ] Ⓐ s. (pl. -ies) atrofia Ⓑ v.tr.,intr. atrofiar(-se)
atropine ['ætrəpɪn] s. FARMÁCIA atropina
Atropos ['ætrəpɒs] MITOLOGIA Átropo
ATS Ⓐ [abrev. de Auxiliary Territorial Service] Ⓑ [abrev. de American Temperance Union] Ⓒ [abrev. de American Tract Society]
att. [abrev. de attorney]
attach [əˈtætʃ] Ⓐ v.tr. 1 anexar [to, a]; *a document attached to a letter* um documento em anexo a uma carta; 2 prender; unir; ligar; *to ~ sth to* prender algo a; 3 atribuir; *to ~ importance to* atribuir importância a; 4 arrestar, fazer um arresto Ⓑ v.intr. ser atribuído [to, a]; *no blame attaches to her* nenhuma culpa lhe cabe
attachable [əˈtætʃəbəl] adj. 1 ligável; 2 arrestável
attaché [əˈtæʃeɪ] s. (diplomacia) adido; *cultural ~* adido cultural; *military ~* adido militar ❖ *~ case* pasta para documentos
attached [əˈtætʃt] adj. 1 (documento) em anexo; junto; 2 ligado [to, a]; 3 [coloq.] (pessoa) comprometido; não disponível ❖ *to be ~ to* ter estima por; *to grow ~ to* afeiçoar-se a
attachment [əˈtætʃmənt] s. 1 ligação; 2 coisa ligada; 3 afecto; amizade; 4 acessório; 5 arresto, penhora; *writ of ~* mandato de penhora; 6 INFORMÁTICA anexo; *file ~* ficheiro anexado; *message ~* anexo da mensagem

attack [əˈtæk] Ⓐ s. 1 ataque; *heart ~* ataque cardíaco; *to be under ~* estar sob ataque; *to launch an ~ on* lançar uma investida sobre; 2 atentado; *an ~ on the president's life* um atentado à vida do Presidente; 3 agressão; 4 crise; *a liver ~* uma crise de fígado Ⓑ v.tr. 1 atacar; 2 agredir; 3 [fig., coloq.] atirar-se a; *he attacked his breakfast at once* ele atirou-se imediatamente ao pequeno-almoço ❖ *~ formation* formação de ataque
attackable [əˈtækəbəl] adj. atacável
attacker [əˈtækə] s. atacante; agressor; *armed attackers* agressores armados
attain [əˈteɪn] v.tr.,intr. 1 conseguir; alcançar; obter; chegar a; 2 (sonho, objectivo) realizar; 3 elevar-se; *to ~ to power* subir ao poder
attainability [əˌteɪnəˈbɪlɪtɪ] s. 1 possibilidade de alcançar, de atingir; 2 acessibilidade
attainable [əˈteɪnəbəl] adj. alcançável; atingível; possível
attainder [əˈteɪndə] s. 1 proscrição; 2 morte civil; 3 suspensão dos direitos civis
attainment [əˈteɪnmənt] s. 1 êxito; 2 (sonho, objectivo) realização; 3 talento
attaint [əˈteɪnt] Ⓐ adj. acusado (de) Ⓑ v.tr. 1 suspender dos direitos civis; 2 sujeitar à morte civil; 3 proscrever; 4 atacar; 5 acusar
attar ['ætə] s. essência de rosas
attemper [əˈtempə] v.tr. 1 temperar, modificar a temperatura de; 2 moderar; 3 acomodar, adaptar a; 4 suavizar
attempt [əˈtempt] Ⓐ s. 1 tentativa [at, de]; *an ~ at escape* uma tentativa de evasão; 2 atentado; *to make an ~ on sb's life* perpetrar um atentado contra (a vida de) alguém Ⓑ v.tr. tentar; intentar; *to ~ suicide* tentar o suicídio ❖ *attempted murder* tentativa de assassínio
attemptable [əˈtemptəbəl] adj. que pode tentar-se
attend [əˈtend] Ⓐ v.tr. 1 prestar atenção a, atender a; 2 cuidar, tratar de; 3 estar ao serviço de, servir; 4 frequentar; assistir a; *to ~ a course* frequentar um curso; *to ~ a lecture* assistir a uma conferência Ⓑ v.intr. 1 assistir; estar presente; 2 prestar atenção
◆ **attend to** v.tr. 1 prestar atenção a; 2 tratar de; 3 lidar com; 4 (clientes) atender
attendance [əˈtendəns] s. 1 assistência; 2 (escola) frequência; *~ at school* a frequência das aulas; 3 assiduidade; 4 presença, comparência; 5 afluência, audiência, número de espectadores; *low/high ~* reduzido/elevado número de presenças; 6 serviço; *in ~ de serviço* ❖ *~ allowance* subsídio para famílias com deficientes a cargo; *~ prize* prémio de assiduidade; *~ register* registo de presenças; *~ sheet* folha de presenças; *regular ~* assiduidade; *to be in ~ on* acompanhar; prestar assistência a
attendant [əˈtendənt] Ⓐ s. 1 funcionário; empregado; 2 assistente; auxiliar; *his medical ~* o seu médico assistente; 3 vigilante; 4 acompanhante; 5 espectador Ⓑ adj. 1 concomitante; 2 associado, relacionado; correspondente; 3 presente
attendee [əˌtenˈdiː] s. (conferência, curso, seminário) participante, assistente, ouvinte, espectador
attention [əˈtenʃən] s. 1 atenção, cuidado; *to pay ~ to* prestar atenção a; *to draw ~ to* chamar a atenção para; 2 MILITAR sentido; *attention!* sentido!; *to stand to ~* estar em sentido; 3 pl. atenções ❖ (carta, mensagem) *for the ~ of* à atenção de
attention-grabbing [əˈtenʃənˌgræbɪŋ] adj. apelativo, que chama a atenção; *~ headlines* manchetes apelativas
attention-seeking [əˌtenʃənˈsiːkɪŋ] Ⓐ adj. 1 que necessita de atenção; 2 que quer dar nas vistas Ⓑ s. desejo de chamar a atenção
attentive [əˈtentɪv] adj. 1 atento; *an ~ audience* um público atento; 2 cuidadoso; 3 atencioso; amável; solícito [to, com]; *he is very ~ to the customers* ele é muito atencioso com os clientes
attentively [əˈtentɪvlɪ] adv. atentamente
attentiveness [əˈtentɪvnɪs] s. 1 atenção; 2 amabilidade

attenuant [əˈtenjuənt] *adj.,s.* atenuante
attenuate[1] [əˈtenjueɪt] Ⓐ *v.tr.* **1** atenuar; suavizar; **2** tornar mais ténue; **3** adelgaçar Ⓑ *v.intr.* **1** atenuar-se; **2** tornar-se mais ténue; rarefazer-se
attenuate[2] [əˈtenjuɪt] *adj.* **1** atenuado; **2** emagrecido; esguio; delgado
attenuating [əˈtenjueɪtɪŋ] *adj.* atenuante; ~ *circumstances* circunstâncias atenuantes
attenuation [əˌtenjuˈeɪʃən] *s.* **1** atenuação; enfraquecimento; **2** emagrecimento
attest [əˈtest] Ⓐ *v.tr.,intr.* atestar; confirmar; certificar; *witnesses attested his account of the attack* testemunhas confirmaram o seu relato do ataque Ⓑ *v.intr.* testemunhar
attestant [əˈtestənt] *adj.,s.* testemunha, depoente
attestation [ˌæteˈsteɪʃən] *s.* **1** atestação, prova, testemunho; **2** ajuramentação
attestor [əˈtestə] *s.* aquele que testemunha ou certifica
attic [ˈætɪk] *s.* sótão
Attic [ˈætɪk] Ⓐ *adj.* **1** ático; relativo à Ática; ateniense; **2** (estilo) elegante; conciso Ⓑ *s.* (dialecto) ático
atticism [ˈætɪsɪzəm] *s.* aticismo
atticize [ˈætɪsaɪz] *v.intr.* empregar linguagem ática, fina, elegante
Attila [əˈtɪlə] *s.antr.* Átila
attire [əˈtaɪə] Ⓐ *s.* **1** vestuário, traje; apresentação; *in formal ~* de traje formal; **2** adornos, atavios; **3** árvore, chifres de veado Ⓑ *v.tr.* **1** vestir; *he was elegantly attired in a cashmere coat* ele estava elegantemente vestido com um casaco de caxemira; **2** ornamentar; ataviar; adornar
attirement [əˈtaɪəmənt] *s.* adorno
attitude [ˈætɪtjuːd] *s.* **1** atitude; comportamento; modo de estar; ~ *of authority* ar de autoridade; *to strike an ~* tomar uma atitude teatral; **2** [coloq.] à-vontade, descontracção, segurança; **3** posição, postura ❖ *~ survey* estudo de comportamento
attitudinal [ˌætɪˈtjuːdɪnəl] *adj.* **1** de atitude, relativo a atitude; **2** comportamental, de comportamento; **3** assertivo, afirmativo
attitudinarian [ˌætɪtjuːdɪˈneərɪən] *s.* pessoa que gosta de atitudes afectadas
attitudinize [ˌætɪˈtjuːdɪnaɪz] *v.intr.* **1** comportar-se com afectação; **2** tomar atitudes
attitudinizer [ˌætɪˈtjuːdɪnaɪzə] *s.* ⇒ **attitudinarian**
attorn [əˈtɜːn] *v.tr.,intr.* **1** transferir (qualquer coisa para alguém); **2** reconhecer legalmente o novo proprietário
attorney [əˈtɜːnɪ] *s.* **1** procurador; delegado; **2** [EUA] advogado ❖ ~ *General* Procurador-geral da Coroa ou da República; *letter/power of ~* procuração; *to confer powers of ~ on sb* passar uma procuração a alguém
attorneyship [əˈtɜːnɪʃɪp] *s.* **1** procuradoria; **2** procuração
attract [əˈtrækt] *v.tr.* atrair; seduzir; captar; *to ~ investors* atrair investidores ❖ *to ~ attention* dar nas vistas; chamar a atenção; *to be attracted to* sentir-se atraído por; ter uma atracção por
attractability [əˌtræktəˈbɪlɪtɪ] *s.* atractividade
attractable [əˈtræktəbəl] *adj.* atraível
attracting [əˈtræktɪŋ] *adj.* atraente
attractingly [əˈtræktɪŋlɪ] *adv.* atraentemente
attraction [əˈtrækʃən] *s.* **1** atracção; **2** atractivo; ponto de interesse; **3** estímulo; incentivo; **4** *pl.* encantos ❖ *tourist ~* atracção turística
attractive [əˈtræktɪv] *adj.* **1** (pessoa) atraente; **2** atractivo; interessante; tentador; sedutor; **3** agradável; **4** de atracção; ~ *power* poder de atracção
attractively [əˈtræktɪvlɪ] *adv.* **1** de forma atraente; **2** atractivamente
attractiveness [əˈtræktɪvnɪs] *s.* atracção, encanto
attractor [əˈtræktə] *s.* aquele que atrai
attributable [əˈtrɪbjʊtəbəl] *adj.* atribuível
attribute[1] [əˈtrɪbjuːt] *v.tr.* **1** atribuir [**to**, a]; **2** imputar [**to**, a]
attribute[2] [ˈætrɪbjuːt] *s.* **1** atributo; apanágio; **2** símbolo; **3** LINGUÍSTICA atributo
attribution [ˌætrɪˈbjuːʃən] *s.* **1** atribuição; **2** imputação; **3** *pl.* funções, atribuições

attributive [əˈtrɪbjʊtɪv] *adj.,s.* atributivo
attributively [əˈtrɪbjʊtɪvlɪ] *adv.* atributivamente
attrition [əˈtrɪʃən] *s.* **1** atrito; **2** desgaste; *war of ~* guerra de desgaste
attune [əˈtjuːn] *v.tr.* harmonizar ❖ *to ~ to* habituar-se a; *to be attuned to* estar em sintonia com
atty. [*abrev. de* attorney]
Atty. Gen. [*abrev. de* Attorney General]
ATV [*abrev. de* all-terrain vehicle]
a-twist [əˈtwɪst] *adj.,adv.* torcido, torto
atypical [eɪˈtɪpɪkəl] *adj.* atípico; anormal
Au QUÍMICA [*símbolo de* gold]
aubade [əʊˈbɑːd] *s.* MÚSICA *aubade*, canção da alvorada
auberge [əʊˈbeəʒ] *s.* hospedaria
aubergine [ˈəʊbəʒiːn] *s.* BOTÂNICA beringela
auburn [ˈɔːbən] *adj.* (cabelo) castanho-avermelhado, cobre
AUC Ⓐ [*abrev. de* anno urbis conditae] Ⓑ [*abrev. de* ab urbe condita]
auction [ˈɔːkʃən] Ⓐ *s.* leilão; hasta pública; *to be sold at/by ~* ser vendido em leilão; *to put sth up for ~* pôr algo à venda em leilão Ⓑ *v.tr.* leiloar ❖ *~ house* casa de leilões; *Dutch ~* leilão em que se vai baixando o preço até encontrar comprador
auctionary [ˈɔːkʃənərɪ] *adj.* que diz respeito a um leilão
auctioneer [ˌɔːkʃəˈnɪə] Ⓐ *s.* leiloeiro Ⓑ *v.tr.* leiloar
audacious [ɔːˈdeɪʃəs] *adj.* **1** audacioso; ousado; **2** atrevido; descarado
audaciously [ɔːˈdeɪʃəslɪ] *adv.* audaciosamente
audaciousness [ɔːˈdeɪʃəsnɪs] *s.* **1** audácia; ousadia; **2** atrevimento; descaramento
audacity [ɔːˈdæsɪtɪ] *s.* (*pl.* -ies) **1** audácia; coragem; **2** atrevimento; descaramento
audibility [ˌɔːdɪˈbɪlɪtɪ] *s.* audibilidade
audible [ˈɔːdɪbəl] *adj.* audível; perceptível
audibleness [ˈɔːdɪbəlnɪs] *s.* perceptibilidade; audibilidade
audibly [ˈɔːdɪblɪ] *adv.* audivelmente; de forma audível; distintamente
audience [ˈɔːdɪəns] *s.* **1** assistência; público; auditório; **2** (rei, Papa) audiência
audile [ˈɔːdaɪl] Ⓐ *adj.* auditivo; relativo à audição Ⓑ *s.* (pessoa) auditivo
audio [ˈɔːdɪəʊ] *adj.,s.* áudio ❖ *~ alarm* alarme sonoro; *~ book* audiolivro; *the ~ is on the blink* o som está a falhar
audio-frequency [ˌɔːdɪəʊˈfriːkwənsɪ] *s.* RÁDIO audiofrequência
audiometer [ˌɔːdɪˈɒmɪtə] *s.* audiómetro
audiometry [ˌɔːdɪˈɒmətrɪ] *s.* LINGUÍSTICA, MEDICINA audiometria
audiophile [ˈɔːdɪəʊfaɪl] *s.* audiófilo
audiotape [ˈɔːdɪəʊteɪp] *s.* audiocassete
audiotypist [ˌɔːdɪəʊˈtaɪpɪst] *s.* secretária que dactilografa directamente de qualquer gravação
audiovisual [ˌɔːdɪəʊˈvɪzʊəl] *adj.* audiovisual; *~ aids* recursos audiovisuais
audiphone [ˈɔːdɪfəʊn] *s.* audiofone
audit [ˈɔːdɪt] Ⓐ *v.tr.* **1** (contabilidade) fazer uma auditoria a; examinar a contabilidade de; fiscalizar; **2** verificar a eficácia de; **3** [EUA] (sem créditos) frequentar (aulas); assistir a (aulas) Ⓑ *s.* **1** (contabilidade) auditoria; peritagem contabilística; *external ~* auditoria externa; *internal ~* auditoria interna; **2** ajuste periódico de contas entre senhorio e inquilino; **3** [fig.] juízo final ❖ *~ ale* cerveja de qualidade especial fornecida a certas universidades; RELIGIÃO *~ house* casa do capítulo; *~ Office* Tribunal de Contas; RELIGIÃO *~ room* sala do capítulo
auditing [ˈɔːdɪtɪŋ] *s.* auditoria
audition [ɔːˈdɪʃən] Ⓐ *s.* **1** (capacidade de ouvir) audição; **2** TEATRO, CINEMA audição; *to hold auditions for the leading role* fazer audições para o papel pricipal Ⓑ *v.intr.* TEATRO, CINEMA fazer uma audição, prestar provas em audição; *to ~ for a part* ir a uma audição para um papel Ⓒ *v.tr.* TEATRO, CINEMA fazer uma audição a
auditive [ˈɔːdɪtɪv] *adj.* auditivo
auditor [ˈɔːdɪtə] *s.* **1** auditor, perito contabilista, revisor de contas; **2** ouvinte; **3** [EUA] pessoa que assiste às aulas (sem querer créditos)

auditorium [ˌɔːdɪˈtɔːrɪəm] s. (sala) auditório; anfiteatro
auditorship [ˈɔːdɪtəʃɪp] s. funções, cargo de perito contabilista
auditory [ˈɔːdɪtərɪ, ˈɔːdɪtɔːrɪ] adj. auditivo ❖ ANATOMIA ~ *canal* canal auditivo; ANATOMIA ~ *nerve* nervo auditivo
auger [ˈɔːɡə] s. (ferramenta) pua; verruma; broca; sonda; trado ❖ ~ *bit* pua
aught [ɔːt] adv.,s. 1 qualquer coisa; coisa alguma; 2 de qualquer modo ❖ *for ~ I care* no que me diz respeito; *for ~ I know* que eu saiba
augite [ˈɔːdʒaɪt] s. MINERALOGIA augite
augment¹ [ɔːɡˈment] v.tr.,intr. aumentar, ampliar; crescer
augment² [ˈɔːɡmənt] s. LINGUÍSTICA aumento
augmentable [ɔːɡˈmentəbəl] adj. aumentável
augmentation [ˌɔːɡmenˈteɪʃən] s. 1 aumento; 2 subida
augmentative [ɔːɡˈmentətɪv] Ⓐ adj. aumentativo Ⓑ s. 1 LINGUÍSTICA aumentativo; 2 LINGUÍSTICA sufixo aumentativo
au gratin [əʊˈɡrætɪn] adj. CULINÁRIA gratinado
augur [ˈɔːɡə] Ⓐ s. 1 áugure; 2 adivinho Ⓑ v.tr.,intr. augurar; pressagiar ❖ *to ~ well* ser de bom agouro; *to ~ ill* ser de mau agouro
augural [ˈɔːɡjʊrəl] adj. augural
augury [ˈɔːɡjʊrɪ] s. (pl. **-ies**) augúrio; presságio; *a good ~* um bom presságio
august [ɔːˈɡʌst] adj. augusto, solene, majestoso
August [ˈɔːɡəst] s. Agosto
Augustan [ɔːˈɡəstən] adj.,s. augustano; relativo a Augusto ❖ *the ~ Confession* a Confissão Augustana (de Augsburgo)
Augustinian [ˌɔːɡəsˈtɪnɪən] adj. agostiniano
augustly [ɔːˈɡʌstlɪ] adv. augustamente
augustness [ɔːˈɡʌstnɪs] s. carácter augusto; majestade, grandeza
auk [ɔːk] s. ZOOLOGIA (ave) alca
auld lang syne [ˌɔːldlæŋˈzaɪn] nome duma canção muito popular escrita por Robert Burns em 1789
aulic [ˈɔːlɪk] adj. áulico; da corte
a.u.n. [abrev. de absque ulla nota (unmarked)]
aunt [ɑːnt] s. tia ❖ (brincadeira) ~ *Sally* pimpampum
au pair [əʊˈpeə] s. au pair; jovem que vai para casa de uma família num país estrangeiro tomar conta de crianças e aprender a língua desse país
aura [ˈɔːrə] s. 1 aura; 2 [fig.] atmosfera [**of**, de]; *an ~ of decay* uma atmosfera de decadência
aural [ˈɔːrəl] adj. 1 auditivo; auricular; 2 que diz respeito a aura ❖ (escola) ~ *comprehension (work)* compreensão oral
aurally [ˈɔːrəlɪ] adv. auricularmente; do ponto de vista auditivo
aurate [ˈɔːreɪt] s. aurato
aureate [ˈɔːrɪɪt] adj. 1 áureo, dourado; 2 (texto) rebuscado
Aurelia [ɔːˈriːlɪə] s.antr. Aurélia
aureola [ɔːˈriːələ] s. auréola
aureole [ˈɔːrɪəʊl] s. auréola
auric [ˈɔːrɪk] adj. áurico
auricle [ˈɔːrɪk] s. ANATOMIA (coração, ouvido) aurícula
auricula [ɔːˈrɪkjʊlə] s. (pl. **-ae**) 1 BOTÂNICA orelha-de-urso; 2 ANATOMIA, ZOOLOGIA aurícula
auricular [ɔːˈrɪkjʊlə] Ⓐ adj. 1 auricular; relativo ao ouvido; 2 confidencial Ⓑ s. auricular, dedo mínimo ❖ ~ *witness* testemunha auricular
auricularly [ɔːˈrɪkjʊləlɪ] adv. auricularmente
auriculate [ɔːˈrɪkjʊlɪt] adj. auriculado
auriculated [ɔːˈrɪkjʊleɪtɪd] adj. auriculado
auriferous [ɔːˈrɪfərəs] adj. aurífero
aurification [ɔːˌrɪfɪˈkeɪʃən] s. aurificação (de dente)
auriform [ˈɔːrɪfɔːm] adj. auriforme
Auriga [ɔːˈraɪɡə] s. ASTRONOMIA (constelação) Auriga, Cocheiro
aurist [ˈɔːrɪst] s. auriculista, otologista
aurochs [ˈɔːrɒks] s. ZOOLOGIA auroque
aurora [əˈrɔːrə] s. aurora
aurorae [əˈrɔːriː] s. {pl. de **aurora**}
auroral [ɔːˈrɔːrəl] adj. auroral
AUS [abrev. de Army of the United States]
auscult [ˈɔːskəlt] v.tr. [rar.] ⇒ **auscultate**
auscultate [ˈɔːskəlteɪt] v.tr. auscultar

auscultation [ˌɔːskəlˈteɪʃən] s. auscultação
auscultator [ˈɔːskəlteɪtə] s. auscultador
auspicate [ˈɔːspɪkeɪt] v.tr.,intr. 1 augurar, pressagiar; 2 inaugurar
auspice [ˈɔːspɪs] s. (augúrio) auspício ❖ *under the auspices of* sob a égide de; com o apoio de
auspicious [ɔːˈspɪʃəs] adj. 1 auspicioso, propício, favorável; 2 próspero ❖ *to make an ~ start* começar bem
auspiciously [ɔːˈspɪʃəslɪ] adv. 1 auspiciosamente; 2 prosperamente
auspiciousness [ɔːˈspɪʃəsnɪs] s. carácter auspicioso, favorável
Aussie [ˈɒzɪ] adj.,s. [coloq.] australiano
austere [ɔːˈstɪə] adj. austero; severo
austerely [ɔːˈstɪəlɪ] adv. com austeridade; severamente
austereness [ɔːˈstɪənɪs] s. austeridade
austerity [ɔːˈsterɪtɪ] s. (pl. **-ies**) austeridade; severidade
austral [ˈɔːstrəl] Ⓐ adj. austral; do sul Ⓑ s. (moeda argentina) austral
Australasia [ˌɒstrəˈleɪʒə] s.top. Australásia
Australasian [ˌɒstrəˈleɪʒən] s. australásio
Australia [ɒˈstreɪlɪə] s.top. Austrália
Australian [ɒˈstreɪlɪən] adj.,s. australiano
Austria [ˈɒstrɪə] s.top. Áustria
Austrian [ˈɒstrɪən] adj.,s. austríaco
Austro-German [ˈɒstrəʊˌdʒɜːmən] adj.,s. austro-alemão
Austro-Hungarian [ˌɒstrəʊhʌŋˈɡeərɪən] adj.,s. austro-húngaro; ~ *empire* império austro-húngaro
autarchy [ˈɔːtɑːkɪ] s. (autonomia) autocracia, autarquia
authentic [ɔːˈθentɪk] adj. 1 autêntico; 2 de confiança ❖ DIREITO *to be ~* fazer fé
authentical [ɔːˈθentɪkəl] adj. autêntico
authentically [ɔːˈθentɪkəlɪ] adv. autenticamente
authenticate [ɔːˈθentɪkeɪt] v.tr. autenticar
authentication [ɔːˌθentɪˈkeɪʃən] s. autenticação
authenticity [ˌɔːθenˈtɪsɪtɪ] s. (pl. **-ies**) autenticidade
author [ˈɔːθə] Ⓐ s.m. 1 autor; 2 escritor; 3 [fig.] artífice; responsável Ⓑ v.tr. 1 ser o autor de; 2 criar; 3 dar origem a, causar, desencadear
authoress [ˈɔːθərɪs] s.f. autora
authorial [ɔːˈθɔːrɪəl] adj. autoral, de autor
authoring [ˈɔːθərɪŋ] s. INFORMÁTICA elaboração de documentos multimédia ❖ ~ *language* software de apoio à elaboração de documentos multimédia
authoritarian [ɔːˌθɒrɪˈteərɪən] Ⓐ adj. autoritário; *an ~ regime* um regime autoritário Ⓑ s. defensor do autoritarismo; partidário da autoridade
authoritarianism [ɔːˌθɒrɪˈteərɪənɪzəm] s. autoritarismo
authoritative [ɔːˈθɒrɪtətɪv] adj. 1 autoritário; 2 autorizado; digno de crédito; ~ *opinion* opinião autorizada
authoritatively [ɔːˈθɒrɪtətɪvlɪ] adv. com autoridade
authoritativeness [ɔːˈθɒrɪtətɪvnɪs] s. 1 aspecto autoritário, arrogante; 2 autoridade (de documento)
authority [ɔːˈθɒrɪtɪ] s. (pl. **-ies**) 1 autoridade; poder; *to be in ~ over sb* ter autoridade sobre alguém; 2 autorização; 3 (perito) autoridade; 4 citação (de texto); 5 prova, declaração; 6 geralm. no pl. autoridades; *to apply to the proper authorities* dirigir-se às autoridades competentes ❖ *local ~* poder local; *to have it on good ~* saber de fonte segura
authorization [ˌɔːθəraɪˈzeɪʃən] s. autorização
authorize [ˈɔːθəraɪz] v.tr. autorizar
authorship [ˈɔːθəʃɪp] s. 1 autoria; 2 estatuto de autor
autism [ˈɔːtɪzəm] s. autismo
autistic [ɔːˈtɪstɪk] adj. autista
auto [ˈɔːtəʊ] s. automóvel
autobiographer [ˌɔːtəʊbaɪˈɒɡrəfə] s. autobiógrafo
autobiographic [ˌɔːtəʊbaɪəˈɡræfɪk] adj. autobiográfico
autobiographical [ˌɔːtəʊbaɪəˈɡræfɪkəl] adj. autobiográfico
autobiography [ˌɔːtəʊbaɪˈɒɡrəfɪ] s. autobiografia
autobus [ˈɔːtəʊbʌs] s. autocarro
autocar [ˈɔːtəʊkɑː] s. automóvel, autocarro
autocephalous [ˌɔːtəʊˈsefələs] adj. autocéfalo
autochthon [ɔːˈtɒkθən] s. (pl. **-es** ou **-s**) autóctone

autochthonous [ɔːˈtɒkθənəs] *adj.* autóctone
autoclave [ˈɔːtəʊkleɪv] *s.* QUÍMICA, MEDICINA autoclave
autocracy [ɔːˈtɒkrəsɪ] *s.* ⟨*pl.* **-ies**⟩ autocracia
autocrat [ˈɔːtəkræt] *s.* autocrata
autocratic [ɔːtəˈkrætɪk] *adj.* autocrático; ~ *regime* regime autocrático
autocratical [ɔːtəˈkrætɪkəl] *adj.* ⇒ **autocratic**
autocratically [ɔːtəˈkrætɪkəlɪ] *adv.* autocraticamente
autocue [ˈɔːtəʊkjuː] *s.* [GB] TELEVISÃO teleponto
auto-da-fé [ɔːtəʊdəˈfeɪ] *s.* auto-de-fé
autodidact [ɔːtəʊˈdaɪdækt] *s.* autodidacta
autoerotic [ɔːtəɪˈrɒtɪk] *adj.* auto-erótico
autoeroticism [ɔːtəɪˈrɒtɪsɪzəm] *s.* auto-erotismo
autofocus [ˈɔːtəʊˌfəʊkəs] *s.* FOTOGRAFIA autofocus, autofoco
autogamy [ɔːˈtɒgəmɪ] *s.* BIOLOGIA autogamia
autogenous [ɔːˈtɒdʒɪnəs] *adj.* autogéneo; ~ *fusing* corte a autogéneo; ~ *welding* soldadura a autogéneo
autogiro [ɔːtəˈdʒaɪərəʊ] *s.* ⟨*pl.* **-s**⟩ autogiro
autograft [ˈɔːtəgrɑːft] *s.* CIRURGIA autoplastia
autograph [ˈɔːtəgrɑːf] Ⓐ *s.* autógrafo; *to ask for an* ~ pedir um autógrafo Ⓑ *v.tr.* autografar ❖ ~ *album* álbum de autógrafos; ~ *hunter* caçador de autógrafos
autographic [ɔːtəˈgræfɪk] *adj.* autográfico
autographical [ɔːtəˈgræfɪkəl] *adj.* autográfico
autographically [ɔːtəˈgræfɪkəlɪ] *adv.* autograficamente
autography [ɔːˈtɒgrəfɪ] *s.* autografia
auto-ignition [ɔːtəʊɪgˈnɪʃən] *s.* auto-ignição
autointoxication [ɔːtəʊɪntɒksɪˈkeɪʃən] *s.* auto-intoxicação
auto-killer [ɔːtəʊˈkɪlə] *s.* sistema de detecção com disparo automático
autoload [ˈɔːtəʊləʊd] *adj.* (armas) semiautomático
autolysis [ɔːˈtɒlɪsɪs] *s.* BIOQUÍMICA autólise
automaker [ˈɔːtəmeɪkə] *s.* [EUA] fabricante de automóveis
automat [ˈɔːtəmæt] *s.* 1 restaurante de self-service (com máquinas de venda automática); 2 obturador automático
automata [ɔːˈtɒmətə] *s.* ⟨*pl. de* **automaton**⟩
automate [ˈɔːtəmeɪt] *v.tr.* automatizar ❖ *automated teller machine* multibanco; caixa automática
automatic [ɔːtəˈmætɪk] Ⓐ *s.* pistola automática Ⓑ *adj.* automático ❖ ~ *pilot* piloto automático; LITERATURA ~ *writing* escrita automática
automatical [ɔːtəˈmætɪkəl] *adj.* ⇒ **automatic**
automatically [ɔːtəˈmætɪkəlɪ] *adv.* automaticamente
automation [ɔːtəˈmeɪʃən] *s.* automatização
automatise [ɔːˈtɒmətaɪz] *v.tr.* ⇒ **automatize**
automatism [ɔːˈtɒmətɪzəm] *s.* automatismo
automatist [ɔːˈtɒmətɪst] *s.* partidário do automatismo
automatize [ɔːˈtɒmətaɪz] *v.tr.* automatizar
automaton [ɔːˈtɒmətən] *s.* ⟨*pl.* **-ons** ou **-a**⟩ autómato
automobile [ˈɔːtəməʊbiːl] *adj.,s.* automóvel ❖ ~ *industry* indústria automóvel
automobilist [ɔːtəˈməʊbɪlɪst] *s.* automobilista
automorphism [ɔːtəˈmɔːfɪzəm] *s.* MATEMÁTICA automorfismo
automotive [ɔːtəˈməʊtɪv] *adj.* automóvel, automotor
automower [ˈɔːtəməʊə] *s.* corta-relva automático
autonomic [ɔːtəˈnɒmɪk] *adj.* autónomo
autonomous [ɔːˈtɒnəməs] *adj.* autónomo ❖ ~ *region* região autónoma
autonomy [ɔːˈtɒnəmɪ] *s.* autonomia
autonym [ˈɔːtənɪm] *s.* autónimo
autopilot [ˈɔːtəʊˌpaɪlət] *s.* piloto automático ❖ [coloq.] *on* ~ ao deus-dará; entregue à bicharada
autopsy [ˈɔːtɒpsɪ] *s.* ⟨*pl.* **-ies**⟩ autópsia; *to carry out an* ~ *on the victim* fazer uma autópsia à vítima
autosave [ˈɔːtəʊˌseɪv] *s.* INFORMÁTICA gravação automática
autos-da-fé [ɔːtəʊzdəˈfeɪ] *pl. de* **auto-da-fé**
autosomal [ɔːtəʊˈsəʊməl] *adj.* autossómico
autosome [ˈɔːtəʊsəʊm] *s.* BIOLOGIA autossoma
autostrada [ˈɔːtəʊstrɑːdə] *s.* auto-estrada italiana
auto-suggestion [ɔːtəʊsəˈdʒestʃən] *s.* auto-sugestão
autotomy [ɔːˈtɒtəmɪ] *s.* ZOOLOGIA autotomia
autotroph [ˈɔːtəʊtrəʊf] *s.* BIOLOGIA autotrofo

autotrophic [ɔːtəʊˈtrɒfɪk] *adj.* BIOLOGIA autotrófico
autotrophy [ˈɔːtɒtrəfɪ] *s.* BIOLOGIA autotrofia
autotruck [ˈɔːtəʊtrʌk] *s.* camião
autotype [ˈɔːtətaɪp] Ⓐ *s.* autotipia Ⓑ *v.intr.* tirar fac-símiles
autotypography [ɔːtətaɪˈpɒgrəfɪ] *s.* zincogravura
autumn [ˈɔːtəm] *s.* [GB] Outono
autumnal [ɔːˈtʌmnəl] *adj.* outonal
autumnally [ɔːˈtʌmnəlɪ] *adv.* de maneira outonal, outonalmente
autunite [ˈɔːtənaɪt] *s.* MINERALOGIA autunite
auxiliary [ɔːgˈzɪljərɪ] *adj.,s.* 1 auxiliar; 2 suplementar, de reserva; 3 secundário, subsidiário ❖ ~ *engine* motor auxiliar; máquina auxiliar; (gramática) ~ *verb* verbo auxiliar
auxin [ˈɔːksɪn] *s.* BOTÂNICA auxina
auxotrophic [ɔːksəʊˈtrɒfɪk] *adj.* BIOLOGIA auxotrófico
auxotrophy [ɔːkˈsɒtrəfɪ] *s.* BIOLOGIA (genética) auxotrofia
Av. [*abrev. de* Avenue]
AV [*abrev. de* Authorised Version]
avail [əˈveɪl] Ⓐ *s.* 1 proveito, utilidade, vantagem; *that's of no* ~ isso é inútil; 2 *pl.* rendas, receitas Ⓑ *v.tr.,intr.* 1 aproveitar, servir-se de; *to* ~ *oneself of* aproveitar-se de; 2 servir para alguma coisa; ser útil; *it avails nothing* de nada vale ❖ *nothing availed against it* nada se pôde fazer contra isso; *to be of no* ~ ser em vão
availability [əˌveɪləˈbɪlɪtɪ] *s.* 1 disponibilidade; 2 validade, prazo de utilização ❖ *limited* ~ stock limitado
available [əˈveɪləbəl] *adj.* 1 disponível; 2 utilizável; 3 válido; *the tickets are* ~ *for a week* os bilhetes são válidos por uma semana ❖ ~ *output* rendimento útil ou disponível; *to make sth* ~ *to* disponibilizar algo para
availableness [əˈveɪləbəlnɪs] *s.* 1 disponibilidade; 2 validade; 3 possibilidade de utilização
avalanche [ˈævəlɑːntʃ] *s.* avalanche
avant-courier [ˌævɑːŋˈkʊrɪə] *s.* 1 escuteiro; 2 guarda-avançada
avant-garde [ˌævɒŋˈgɑːd] Ⓐ *s.* vanguarda; *he made friends among the* ~ fez amigos no grupo dos artistas de vanguarda Ⓑ *adj.* de vanguarda, vanguardista
avarice [ˈævərɪs] *s.* avareza
avaricious [ˌævəˈrɪʃəs] *adj.* avaro, avarento
avariciously [ˌævəˈrɪʃəslɪ] *adv.* avaramente
avariciousness [ˌævəˈrɪʃəsnɪs] *s.* espírito de avareza
avast [əˈvɑːst] *interj.* basta!
avatar [ˈævətɑː] *s.* 1 avatar; 2 transformação, metamorfose; 3 manifestação
avaunt [əˈvɔːnt] *interj.* [arc.] fora!
AVC [*abrev. de* Army Veterinary Corps]
avdp. [*abrev. de* avoirdupois]
ave [ˈɑːveɪ] Ⓐ *interj.* [arc.] (saudação) ave!, salve! Ⓑ *s.* 1 RELIGIÃO Avé Maria; 2 trindades ❖ ~ *bell* sino das Trindades
Ave Maria [ˌɑːveɪməˈriːə] *s.* (oração) ave-maria
avenge [əˈvendʒ] *v.tr.* vingar; *he swore to* ~ *his brother* ele jurou vingar o irmão; *to* ~ *oneself on sb* vingar-se em alguém
avenger [əˈvendʒə] *s.m.* vingador
avengeress [əˈvendʒərɪs] *s.f.* vingadora
avenging [əˈvendʒɪŋ] Ⓐ *adj.* vingador Ⓑ *s.* vingança
aventurin [əˈventʃərɪn] *s.* MINERALOGIA aventurina
avenue [ˈævɪnjuː] *s.* 1 avenida; 2 [fig.] (meio) via
aver [əˈvɜː] *v.tr.* ⟨particípios: **-rr-**⟩ 1 afirmar, declarar; 2 provar; 3 asseverar; assegurar; *he averred his innocence* ele asseverou a sua inocência
average [ˈævərɪdʒ] Ⓐ *s.* 1 média; *above* ~ acima da média; *below* ~ abaixo da média; *on* ~ em média; *to take an* ~ *of* tirar a média de; 2 NÁUTICA avaria Ⓑ *adj.* 1 médio; ~ *output* produção média; ~ *weight* peso médio; 2 mediano; 3 típico Ⓒ *v.tr.,intr.* 1 calcular a média de; *if you* ~ *10 and 6, you get 8* se calculares a média entre 10 e 6, obterás 8; 2 perfazer uma média de; *our mail averages 20 letters a day* o nosso correio ronda a média de 20 cartas por dia
averment [əˈvɜːmənt] *s.* afirmação, alegação
averruncator [ˌævəˈrʌŋkeɪtə] *s.* tesoura forte de poda (para árvores)

averse [ə'vɜːs] *adj.* 1 adverso; 2 oposto, contrário; 3 desfavorável [**to**, a] ❖ *he's not adverse to...* não diz que não a...
aversely [ə'vɜːslɪ] *adv.* com relutância
averseness [ə'vɜːsnɪs] *s.* relutância, repugnância
aversion [ə'vɜːrʒən, ə'vɜːʃən] *s.* 1 aversão [**to**, a]; 2 horror [**to**, a]; 3 ódio de estimação
aversive [ə'vɜːsɪv] *adj.* 1 PSICOLOGIA (estímulo) negativo; 2 de aversão; 3 dissuasivo
avert [ə'vɜːt] *v.tr.* 1 evitar; 2 desviar, afastar ❖ *to ~ one's eyes* desviar a vista
avertible [ə'vɜːtɪbəl] *adj.* 1 evitável; 2 desviável
aviarist ['eɪvɪərɪst] *s.* avicultor
aviary ['eɪvɪərɪ] *s.* ⟨*pl.* **-ies**⟩ aviário
aviate ['eɪvɪeɪt] *v.intr.* pilotar avião
aviation [ˌeɪvɪ'eɪʃən] *s.* aviação ❖ MEDICINA *~ medicine* aeromedicina
aviator ['eɪvɪeɪtə] *s.* aviador
avicula [ə'vɪkjʊlə] *s.* ZOOLOGIA avícula
aviculture ['eɪvɪkʌltʃə] *s.* avicultura
aviculturist [eɪvɪ'kʌltʃərɪst] *s.* avicultor
avid ['ævɪd] *adj.* ávido [**of/for**, de]
avidity [ə'vɪdɪtɪ] *s.* avidez
avidly ['ævɪdlɪ] *adv.* avidamente
aviette [eɪvɪ'et] *s.* aeroplano sem motor
avifauna [ˌeɪvɪ'fɔːnə] *s.* avifauna
avion ['avjɒn] *s.* avião
aviso [ə'vaɪzəʊ] *s.* ⟨*pl.* **-s**⟩ NÁUTICA (barco de guerra) aviso
avitaminosis [æˌvɪtəmɪ'nəʊsɪs] *s.* MEDICINA avitaminose
AVLA [*abrev. de* Audio-Visual Language Association]
avocado [ˌævə'kɑːdəʊ] *s.* BOTÂNICA abacate; *~ pear* pêra abacate
avocate [ˌævə'keɪt] *v.tr.* avocar
avocation [ˌævə'keɪʃən] *s.* 1 ocupação; 2 vocação; 3 hobby, passatempo; 4 [arc.] distracção
avocatory [ə'vɒkətərɪ] *adj.* avocatório
avocet ['ævəset] *s.* ZOOLOGIA avoceta
avoid [ə'vɔɪd] *v.tr.* 1 evitar; 2 esquivar-se a; fugir a; *to ~ taxes* fugir aos impostos; 3 enganar, iludir; 4 revogar; anular; invalidar ❖ *to ~ sth like the plague* fugir de algo como o diabo da cruz
avoidable [ə'vɔɪdəbəl] *adj.* 1 evitável; 2 enganável; 3 revogável
avoidance [ə'vɔɪdəns] *s.* 1 DIREITO revogação; 2 acto de evitar; 3 fuga; *tax ~* fuga ao fisco; 4 vacatura (de benefício eclesiástico)
avoidant [ə'vɔɪdənt] *adj.* (personalidade) caracterizado por um comportamento defensivo
avoiding [ə'vɔɪdɪŋ] *s.* acção de evitar
avoirdupois [ˌævədə'pɔɪz, ˌævwɑːdjʊ'pwɑː] *s.* sistema de pesos usados no comércio (Inglaterra e Estados Unidos)
avolation [ˌævəʊ'leɪʃən] *s.* exalação
avoset ['ævəset] *s.* ⇒ **avocet**
avouch [ə'vaʊtʃ] *v.tr.* 1 [arc.] afirmar, garantir; 2 [arc.] reconhecer
avouchement [ə'vaʊtʃmənt] *s.* 1 [arc.] declaração; 2 [arc.] testemunho; 3 [arc.] garantia
avow [ə'vaʊ] *v.tr.* reconhecer; admitir; confessar; *to ~ one's guilt* confessar a culpa; *to ~ oneself defeated* admitir a derrota
avowable [ə'vaʊəbəl] *adj.* reconhecível, confessável
avowal [ə'vaʊəl] *s.* confissão; declaração
avowed [ə'vaʊd] *adj.* declarado, confesso, manifesto
avowedly [ə'vaʊədlɪ] *adv.* manifestamente
avulsion [ə'vʌlʃən] *s.* avulsão
avuncular [ə'vʌŋkjʊlə] *adj.* avuncular
await [ə'weɪt] *v.tr.* esperar; aguardar; *to ~ for* esperar por
awake [ə'weɪk] Ⓐ *v.tr.,intr.* (*prt.* **awoke**, *part. pass.* **awoke** ou **awaked**) 1 acordar, despertar; 2 suscitar Ⓑ *adj.* 1 acordado, desperto; *to stay ~* ficar acordado; 2 consciente [**to**, de]; alerta [**to**, para]; *to be ~ to* ficar alerta para
awaken [ə'weɪkən] *v.tr.,intr.* despertar, acordar
awakening [ə'weɪkənɪŋ] Ⓐ *adj.* 1 que desperta; 2 [fig.] nascente, que começa Ⓑ *s.* despertar; acordar ❖ *a rude ~* uma grande desilusão

award [ə'wɔːd] Ⓐ *s.* 1 prémio; galardão; *the ~ for* o prémio para; 2 condecoração; 3 bolsa de estudo; 4 indemnização; 5 MILITAR, DIREITO sentença; decisão; arbitragem; *to enforce an ~* fazer cumprir uma decisão dos tribunais Ⓑ *v.tr.* 1 premiar; galardoar; 2 conceder; outorgar; atribuir [**to**, a]; *to ~ a compensation to sb* atribuir uma compensação a alguém; 3 adjudicar; 4 decidir, julgar, arbitrar
awarder [ə'wɔːdə] *s.* aquele que concede ou adjudica
award-winner [ˌə'wɔːd'wɪnə] *s.* premiado, galardoado, laureado
award-winning [ˌə'wɔːd'wɪnɪŋ] *adj.* premiado, galardoado, laureado
aware [ə'weə] *adj.* 1 consciente [**of**, de]; *to be ~ of* ter consciência de; *to become ~ of* tomar consciência de, dar-se conta de; 2 ciente [**of**, de]; informado [**of**, sobre]; ao corrente [**of**, de]; *the government is ~ of the problem* o governo está ciente do problema ❖ *as far as I'm ~* tanto quanto sei; *not that I am ~ of* que eu saiba, não; *to be socially ~* ter consciência social
awareness [ə'weənɪs] *s.* 1 consciência [**of**, de]; 2 conhecimento [**of**, de] ❖ *~ programme* programa de sensibilização; *to raise ~ of* sensibilizar para
awash [ə'wɒʃ] *adj.,adv.* 1 à tona da água; 2 inundado [**with**, com/de]
away [ə'weɪ] Ⓐ *adv.* longe, para longe; *~ from home* longe da casa; *far and ~* muito; *one, two, three, and ~* um, dois, três, partir!; *right ~* já, imediatamente; *she cannot ~ with him* ela não consegue suportá-lo; *this is far and ~ the best wine I have tasted* este vinho é, de longe, o melhor que tenho provado Ⓑ *interj.* fora!; *~ with you!* fora!, rua!
awe [ɔː] Ⓐ *s.* 1 profundo respeito; reverência; *to stand in ~ of* sentir um profundo respeito por; *in/with ~* com imenso respeito; 2 receio, medo, temor; 3 pá (de roda hidráulica) Ⓑ *v.tr.* inspirar temor respeitoso; intimidar
awe-commanding [ˌɔːkə'mɑːndɪŋ] *adj.* que infunde respeito
awe-inspiring [ˌɔːɪns'paɪərɪŋ] *adj.* 1 impressionante; 2 tremendo; 3 assustador
aweless ['ɔːləs] *adj.* irreverente
awesome ['ɔːsəm] *adj.* 1 impressionante; 2 terrível, assustador; 3 [coloq.] fantástico, incrível, espectacular
awestricken ['ɔːstrɪkən] *adj.* ⇒ **awestruck**
awestruck ['ɔːstrʌk] *adj.* 1 aterrado; 2 cheio de respeito; temeroso; intimidado
awful ['ɔːfʊl] *adj.* 1 terrível; horrível; *an ~ weather* um tempo horrível; *he looks ~* ele tem um aspecto medonho; 2 grande; enorme; *it must have taken an ~ lot of courage* deve ter sido preciso uma grande coragem
awfully ['ɔːfʊlɪ] *adv.* 1 muito; *~ nice* muito simpático; 2 demasiado; terrivelmente
awhile [ə'waɪl] *adv.* por um instante, por um momento
awkward ['ɔːkwəd] *adj.* 1 desastrado; 2 maljeitoso; grosseiro; 3 incómodo; inconveniente; que não dá jeito; 4 delicado; embaraçoso; *an ~ question* uma pergunta embaraçosa ❖ *an ~ customer* um tipo difícil; (começo da adolescência) *the ~ age* a idade do armário
awkwardish ['ɔːkwədɪʃ] *adj.* 1 desastrado; 2 difícil; 3 incómodo
awkwardly ['ɔːkwədlɪ] *adv.* 1 acanhadamente, sem graça; 2 incomodamente; 3 desastradamente
awkwardness ['ɔːkwədnɪs] *s.* 1 inépcia, embaraço, dificuldade; 2 grosseria
awl [ɔːl] *s.* sovela
awn [ɔːn] *s.* BOTÂNICA pragana, arista, aresta, saruga
awning ['ɔːnɪŋ] *s.* 1 toldo; 2 (campismo) avançado
awoke [ə'wəʊk] *prt. de* **to awake**
AWOL [EUA] MILITAR [*abrev. de* absent without leave]
awry [ə'raɪ] Ⓐ *adj.* torto Ⓑ *adv.* de través, de lado ❖ *to go ~* dar para o torto
axe [æks] Ⓐ *s.* machado; *~ handle* cabo do machado Ⓑ *v.tr.* cortar, reduzir (despesas) ❖ *to get the ~* ser despedido; *to have an ~ to grind* ter interesses pessoais a defender; *to put the ~ in the helve* resolver uma dificuldade

axeman [ˈæksmən] *s.* 1 lenhador; 2 MÚSICA [cal.] (rock) guitarrista; 3 MÚSICA [cal.] (jazz) saxofonista
axial [ˈæksɪəl] *adj.* axial, como um eixo ❖ ~ *pitch* afastamento axial
axil [ˈæksɪl] *s.* axila
axile [ˈæksaɪl] *adj.* ANATOMIA, BOTÂNICA axil
axilla [ækˈsɪlə] *s.* (*pl.* **-ae**) axila
axillar [ˈæksɪlə] *adj.* axilar
axillary [ˈæksɪləɪ] *adj.* ⇒ **axillar**
axiology [ˌæksɪˈɒlədʒɪ] *s.* axiologia
axiom [ˈæksɪəm] *s.* axioma
axiomatic [ˌæksɪəˈmætɪk] *adj.* axiomático
axiomatical [ˌæksɪəˈmætɪkəl] *adj.* axiomático
axiomatically [ˌæksɪəˈmætɪkəlɪ] *adv.* axiomaticamente
axis [ˈæksɪs] *s.* (*pl.* **axes**) 1 eixo; 2 áxis; 3 corpo central de inflorescência ❖ ~ *of incidence* eixo de incidência; POLÍTICA *the ~ Powers* as Potências do Eixo na Segunda Guerra Mundial (Alemanha, Itália, Japão)
axle [ˈæksəl] *s.* eixo (de roda)
axled [ˈæksəld] *adj.* que tem eixo
axon [ˈæksɒn] *s.* ANATOMIA axónio
ay [aɪ] *adv.,s.* ⇒ **aye**
ayah [ˈaɪə] *s.* aia
ayatollah [ˌaɪəˈtɒlə] *s.* RELIGIÃO aiatola
aye [aɪ] Ⓐ *adv.* 1 [GB] sim; *to vote ~* votar "sim", votar a favor; 2 [arc.] sempre, para sempre Ⓑ *s.* sim; voto a favor; *fifty-five ayes and thirty noes* cinquenta e cinco votos a favor e trinta contra
aye-aye [ˈaɪaɪ] *s.* ZOOLOGIA aí, preguiça

Ayurveda [ˌaɪəˈveɪdə] *s.* MEDICINA (sistema tradicional indiano) aiurveda
Ayurvedic [ˌaɪəˈveɪdɪk] *adj.* aiurvédico; ~ *medicine* medicina aiurvédica
azalea [əˈzeɪlɪə] *s.* BOTÂNICA azálea
Azerbaijan [ˌæzəˈbaɪdʒɑːn] *s.top.* Azerbaijão, Azerbaidjão
Azerbaijani [ˌæzəbaɪˈdʒɑːnɪ] Ⓐ *adj.* azerbaijanês, azerbaijano, do Azerbaijão Ⓑ *s.* azerbaijanês, habitante do Azerbeijão
Azeri [əˈzɛərɪ] *s.,adj.* azeri, azerbaijano
azimuth [ˈæzɪməθ] *s.* ASTRONOMIA azimute ❖ ~ *adjustment* correcção do azimute; ~ *angle* ângulo azimutal; ~ *compass* agulha azimutal; FÍSICA *magnetic ~* azimute magnético
azimuthal [ˈæzɪməθəl] *adj.* azimutal ❖ ~ *angle* ângulo azimutal; ~ *compass* bússola azimutal; ~ *dial* quadrante azimutal; ~ *error* erro azimutal
azoic [əˈzəʊɪk] *adj.* MINERALOGIA azóico
azolla [əˈzɒlə] *s.* BOTÂNICA azola
azonal [eɪˈzəʊnəl] *adj.* 1 (área) sem zonas; 2 não confinado a uma determinada área
Azores [əˈzɔːz, eɪˈzɔːrz] *s.top.* Açores
azote [əˈzəʊt, ˈæzəʊt] *s.* QUÍMICA ⇒ **nitrogen**
azotic [əˈzɒtɪk] *adj.* azótico; ~ *compound* composto azótico
Aztec [ˈæztek] *s.,adj.* Azteca
azure [ˈæʒə, ˈæʒʊə] Ⓐ *adj.* 1 (cor) azul-celeste; ceruleo; 2 céu azul Ⓑ *v.tr.* azular ❖ MINERALOGIA ~ *spar/stone* lápis-lazúli; lazulite; azurite
azurine [ˈæʒʊraɪn] *s.* azurina
azurite [ˈæʒʊraɪt] *s.* azurite
azyme [ˈæzaɪm] *s.* pão ázimo
azymous [ˈæzaɪməs] *adj.* ázimo

B

b [biː] *s. ⟨pl.* **-s** ou **-ees**⟩ **1** (letra) b, B; **2** [com maiúscula] MÚSICA si; *B flat* si bemol ❖ *he doesn't know B from a bull's foot* ele não percebe patavina
B QUÍMICA [*símbolo de* boron]
Ba QUÍMICA [*símbolo de* barium]
BA Ⓐ [*abrev. de* Bachelor of Arts (Baccalaureus Artium)] Ⓑ [*abrev. de* British Academy] Ⓒ [*abrev. de* British Association]
baa [bɑː] Ⓐ *s.* balido de ovelha Ⓑ *v.intr.* balir
BAA [*abrev. de* British Airports Authority]
Baal [ˈbeɪəl] *s.* Baal
BAAL [*abrev. de* British Association of Applied Linguistics]
baa-lamb [ˈbɑːˌlæm] *s.* [infant.] cordeirinho
BAB [*abrev. de* British Airways Board]
babacoote [ˈbɑːbəkʊt] *s.* ZOOLOGIA lémure
Babbit-metal [ˈbæbɪtˌmetəl] *s.* **1** liga de estanho, antimónio e cobre; **2** metal branco
Babbitt's metal [ˈbæbɪtsˌmetəl] *s.* ⇒ **Babbit-metal**
babble [ˈbæbəl] Ⓐ *v.intr.* **1** balbuciar; **2** palrar; tagarelar; *the kids couldn't stop babbling* os miúdos não paravam de tagarelar; **3** (água) murmurar; **4** falar de mais Ⓑ *s.* **1** balbucio; **2** rumor; alarido; rebuliço; **3** (telefones) interferência ❖ *to ~ out a secret* deixar escapar um segredo
babblement [ˈbæbəlmənt] *s.* **1** balbucio; **2** palraria; tagarelice; **3** murmúrio
babbler [ˈbæblə] *s.* tagarela
babbling [ˈbæblɪŋ] Ⓐ *s.* **1** tagarelice; **2** (água) murmúrio Ⓑ *adj.* **1** tagarela; palrador; falador; **2** murmurante; *a ~ stream* um regato murmurante
babe [beɪb] *s.* **1** [EUA] [coloq.] (pessoa atraente) brasa*fig*; **2** [coloq.] querido; **3** [arc.] bebé; criancinha ❖ *a ~ in arms* um anjinho; *they are like babes in the woods* são como crianças inexperientes
babel [ˈbeɪbəl] *s.* **1** babel; **2** confusão
Babel [ˈbeɪbəl] *s.* Babel ❖ *Tower of ~* Torre de Babel
babiroussa [ˌbɑːbɪˈruːsə] *s.* ZOOLOGIA babirussa
babirussa [ˌbɑːbɪˈruːsə] *s.* ZOOLOGIA babirussa
baboo [ˈbɑːbuː] *s.* **1** (título hindu) senhor; **2** cavalheiro hindu
baboon [bəˈbuːn] *s.* **1** ZOOLOGIA babuíno; **2** [fig., depr.] (pessoa) macaco
baboonery [bəˈbuːnərɪ] *s. ⟨pl.* **-ies**⟩ modos, atitudes de babuíno
babouche [bɑːˈbuːʃ] *s.* babucha
baby [ˈbeɪbɪ] Ⓐ *s. ⟨pl.* **-ies**⟩ **1** bebé (menino ou menina); criança de peito; **2** [depr.] (comportamento) criança, criancinha; *he's such a baby!* ele é uma criancinha!; **3** [coloq.] querido; amor Ⓑ *v.tr.* ⟨*prt. e part. pass.* **-ied**⟩ tratar como uma criança ❖ *~ boom* explosão demográfica; *~ boomers baby boomers*; *~ boy* menino; [EUA] *~ carriage* carrinho de bebé; *~ carrier* porta-bebés; *~ girl* menina; MÚSICA *~ grand* piano de meia cauda; *~ pin* alfinete de segurança; *~ scales* balança para bebés; *~ teeth* dentes de leite; (aparelho) *~ walker* voador; aranha; andarilho; *I was left holding the ~* eu é que paguei as favas; *to carry the ~/to hold the ~* ter a cargo uma responsabilidade desagradável
baby-faced [ˈbeɪbɪfeɪst] *adj.* **1** ameninado, com cara de menino; **2** imberbe
babygro [ˈbeɪbɪgrəʊ] *s.* VESTUÁRIO babygro, fatinho de bebé
babyhood [ˈbeɪbɪhʊd] *s.* primeira infância
babyish [ˈbeɪbɪʃ] *adj.* infantil; pueril
babyishly [ˈbeɪbɪʃlɪ] *adv.* infantilmente; puerilmente
babyishness [ˈbeɪbɪʃnɪs] *s.* infantilidade; puerilidade
Babylon [ˈbæbɪlən, ˈbæbɪlɒn] *s.top.* (cidade) Babilónia
Babylonia [ˌbæbɪˈləʊnɪə] *s.top.* (planície regada pelos rios Tigre e Eufrates) Babilónia

Babylonian [ˌbæbɪˈləʊnɪən] Ⓐ *adj.* **1** babilónico; **2** [fig.] excessivo; **3** [fig.] caótico Ⓑ *s.* babilónio
babysit [ˈbeɪbɪˌsɪt] *v.tr.,intr.* ⟨*pret. e p. p.* **-sat**⟩ **1** tomar conta de crianças (durante algumas horas); **2** [coloq.] tomar conta de
babysitter [ˈbeɪbɪˌsɪtə] *s.* babysitter
babyware [ˈbeɪbɪˌweə] *s.* artigos de puericultura
BAC [*abrev. de* British Aircraft Corporation]
baccalaureate [ˌbækəˈlɔːrɪət] *s.* bacharelato
baccara [ˈbækərɑː] *s.* ⇒ **baccarat**
baccarat [ˈbækərɑː] *s.* (jogo de cartas) bacará
baccate [ˈbækeɪt] *adj.* BOTÂNICA bacífero, baciforme
bacchanal [ˈbækənəl] Ⓐ *s.* **1** adorador de Baco; **2** bacanal; farra Ⓑ *adj.* **1** báquico; relativo a Baco; de Baco; **2** [fig.] ébrio, embriagado
Bacchanalia [ˌbækəˈneɪlɪə] *s.pl.* Bacanais
bacchanalian [ˌbækəˈneɪlɪən] *adj.,s.* de Baco; bacanal
bacchant [ˈbækənt] Ⓐ *adj.* báquico Ⓑ *s.* bacante
bacchante [bəˈkæntɪ] *s.* bacante
bacchic [ˈbækɪk] *adj.* báquico
Bacchus [ˈbækəs] *s.* MITOLOGIA Baco
bacciferous [bækˈsɪfərəs] *adj.* BOTÂNICA bacífero, baciforme
bacciform [ˈbæksɪfɔːm] *adj.* BOTÂNICA bacífero, baciforme
baccivorous [bækˈsɪvərəs] *adj.* BOTÂNICA bacívoro
baccy [ˈbækɪ] *s.* [coloq.] tabaco
bachelor [ˈbætʃələ] *s.* **1** celibatário; solteiro; **2** (universidade) bacharel; licenciado ❖ [Can.] *~ apartment* estúdio; [ant.] *~ girl/woman* mulher independente; *~ of Arts* licenciado em Letras; *~ of Sciences* licenciado em Ciências; *bachelor's degree* licenciatura; BOTÂNICA *bachelor's buttons* cravo silvestre; *confirmed ~* solteirão; *to wear bachelor's buttons* ser solteiro
bachelorhood [ˈbætʃələhʊd] *s.* celibato; vida de solteiro
bachelorship [ˈbætʃələʃɪp] *s.* **1** celibato; **2** bacharelato
bacillar [bəˈsɪlə] *adj.* bacilar
bacillaria [ˌbæsɪˈleərɪə] *s.* BOTÂNICA bacilária
bacillary [bəˈsɪlərɪ] *adj.* bacilar
bacilliform [bəˈsɪlɪfɔːm] *adj.* baciliforme
bacillus [bəˈsɪləs] *s. ⟨pl.* **-i**⟩ BIOLOGIA bacilo
back [bæk] Ⓐ *s.* **1** (geral) costas; *the ~ of a chair* as costas de uma cadeira; *the ~ of the hand* as costas da mão; **2** (animal) dorso, lombo; *the ~ of a horse* a garupa de um cavalo; **3** (espaço) traseiras; fundos; *at the ~ of the house* nas traseiras da casa; **4** (tecido) avesso; **5** DESPORTO (futebol) defesa; **6** (página) verso; **7** (livro) contracapa; **8** extradorso; **9** curva externa do arco Ⓑ *adj.* **1** das traseiras; que dá para as traseiras; *~ room* quarto que dá para as traseiras; **2** traseiro; posterior; **3** prévio; **4** secundário; **5** distante; **6** LINGUÍSTICA velar; *~ vowel* vogal velar Ⓒ *adv.* **1** atrás; para trás; *some years ~* há alguns anos; **2** de volta; *to be ~ from* regressar de Ⓓ *v.tr.* **1** fazer recuar; **2** sustentar; **3** apoiar; *to ~ sb* apoiar alguém; **4** reforçar; **5** encadernar; **6** avalizar; **7** [ant.] endossar; **8** [ant.] pôr costas Ⓔ *v.intr.* **1** recuar; **2** fazer marcha-atrás; *to ~ into the garage* entrar de marcha-atrás na garagem; **3** (jogo) apostar ❖ *~ balance* contrapeso; ELECTRICIDADE *~ circuit* circuito de retorno; *~ cover* contracapa; *~ number* número atrasado (de jornal, revista, etc.); coisa fora de moda; *~ pressure* contrapressão; *~ talk* resposta atrevida; *excuse my ~* desculpe estar de costas voltadas; *on one's ~* às costas de alguém; a cargo de alguém; *strong ~* homem com muita influência; homem rico; *the Backs* terrenos junto ao Cam, nas traseiras de alguns colégios de Cambridge; *to ~ and fill* hesitar; NÁUTICA *to ~ the anchor* reforçar a âncora com outra mais pequena; *to ~ the wrong horse* apostar no cavalo errado;

NÁUTICA *to ~ water* ciar; fazer recuar um barco a remos; *to be glad to see the ~ of sb* ficar contente por ver alguém pelas costas; *to break the ~ of the work* fazer a parte mais difícil de um trabalho; *to get one's own ~ on sb* vingar-se de alguém; *to get sb's ~ up* irritar alguém; *to get the ~ of sb's behaviour* conseguir ver o que há por trás do comportamento de alguém; [coloq.] *to give a ~/to make a ~* curvar-se, para o jogo do eixo; amochar; *to turn one's ~ on sb* virar as costas a alguém; *with one's ~ to the wall* encostado à parede; entre a espada e a parede; em posição difícil

◆ **back away** v.intr. 1 recuar; 2 afastar-se [**from**, de]; distanciar-se [**from**, de]; *she backed away from the window* ela afastou-se da janela

◆ **back down** v.intr. (reivindicação, opinião, etc.) recuar; ceder; transigir ❖ *to ~ on what one said* voltar atrás com o que se disse

◆ **back off** v.intr. 1 recuar; 2 afastar-se; distanciar-se; 3 deixar alguém em paz; não insistir

◆ **back on to** v.tr. (edifício) ter as traseiras viradas a

◆ **back out** v.intr. (compromisso) recuar ❖ *to ~ of one's promises* fugir ao prometido

◆ **back up** v.tr.,intr. 1 apoiar; *to ~ sb up* apoiar alguém; 2 sustentar; 3 fazer marcha-atrás (com); 4 INFORMÁTICA fazer cópia(s) de segurança a

backache ['bækeɪk] s. dor nas costas

backbench ['bækbentʃ] s. [GB] POLÍTICA lugar da retaguarda na Câmara dos Comuns ❖ *~ MP* deputado de retaguarda

backbite ['bækbaɪt] v.tr.,intr. (prt. **backbit**, part. pass. **backbitten**) dizer mal (de alguém); criticar

backbiter ['bækbaɪtə] s. má-língua; maldizente; detractor

backbiting ['bækbaɪtɪŋ] s. maledicência; má-língua

backboard ['bækbɔːd] s. 1 espaldar; 2 (atrás do cesto de basquete) tabela

backbone ['bækbəʊn] s. 1 espinha dorsal; [fig.] *he is the ~ of the business* ele é a espinha dorsal do negócio; 2 [fig.] carácter; coragem; *to have plenty of ~* ter coragem

backbreaking ['bækbreɪkɪŋ] adj. fatigante; extenuante

backchat ['bæktʃæt] s. [coloq.] impertinências; respostas tortas; respostas atrevidas

backcloth ['bækklɒθ] s. TEATRO pano de fundo

backdate ['bækdeɪt] v.tr. 1 antedatar; 2 ter efeitos retroactivos sobre; retroagir sobre

backdated ['bækdeɪtɪd] adj. 1 antedatado; 2 com efeitos retroactivos; *increase ~ to December* aumento com efeitos retroactivos a partir de Dezembro

backdoor ['bækdɔː] Ⓐ adj. 1 secreto; clandestino; 2 indirecto Ⓑ s. porta das traseiras; porta de serviço

backdrop ['bækdrɒp] s. 1 TEATRO pano de fundo; 2 [fig.] cenário

backer ['bækə] s. 1 financiador; comanditário; 2 fiador; 3 apoiante

backfire [ˌbækˈfaɪə] Ⓐ v.intr. 1 explodir pela culatra; 2 sair (o tiro) pela culatra; 3 virar-se o feitiço contra o feiticeiro Ⓑ s. 1 explosão pela culatra; 2 tiro pela culatra; 3 retorno de chama; 4 retrocesso; 5 MECÂNICA inflamação adiantada, prematura

backgammon ['bækgæmən] s. (jogo de tabuleiro) gamão

background ['bækgraʊnd] Ⓐ s. 1 fundo; *against a dark ~* com um fundo escuro; 2 segundo plano; 3 origens; raízes; meio social de origem; 4 antecedentes; *to have a criminal ~* ter antecedentes criminais; 5 contexto; ambiente; cenário; 6 formação; 7 informações essenciais; documentação; 8 ELECTRICIDADE interferência de fundo Ⓑ adj. 1 de fundo; 2 secundário ❖ *~ music* música de fundo; *~ noise* ruído de fundo; INFORMÁTICA *~ processing* processamento de fundo; INFORMÁTICA *~ program* programa de baixa prioridade; *~ reading* leituras aconselhadas; bibliografia; *a good professional ~* um bom currículo; *she's rather faded into the ~* nunca mais se ouviu falar dela; *to remain in the ~* apagar-se; permanecer na sombra; [ant.] *young man of good ~* jovem de boas famílias

backhair [ˌbækˈheə] s. tranças (cabelo)

backhand ['bækhænd] Ⓐ adj. 1 (golpe, pancada) de revés; 2 com as costas da mão; 3 indirecto; 4 (caligrafia) inclinado para a esquerda Ⓑ s. DESPORTO (golpe, pancada) revés

backhanded [ˌbækˈhændɪd] adj. 1 com as costas da mão; 2 indirecto; 3 ambíguo; 4 desleal; 5 (caligrafia) inclinado para a esquerda

backhander [ˌbækˈhændə] s. 1 golpe de revés, pancada de revés; 2 bofetada com as costas da mão; 3 [coloq.] indirecta; 4 ataque desleal; 5 [coloq.] suborno

backing ['bækɪŋ] s. 1 protecção; apoio; 2 arranjo (de lombada de livro); 3 entretela; 4 suporte; 5 recuo; 6 MÚSICA acompanhamento ❖ *financial ~* financiamento

backlash ['bæklæʃ] s. 1 reacção negativa; reacção adversa; 2 revolta; 3 movimento de resistência; 4 repercussões; consequências negativas; 5 batimento, sacudidela; 6 MECÂNICA recuo, retorno; 7 MECÂNICA contrapressão; 8 MECÂNICA folga

backlight ['bæklaɪt] Ⓐ s. contraluz Ⓑ v.tr. (prt. e part. pass. **-lit** ou **-lighted**) retro-iluminar

backlighting ['bæklaɪtɪŋ] s. 1 contraluz; 2 retro-iluminação

backlist ['bæklɪst] s. (lista) obras disponíveis em stock

backlit [bækˈlɪt] adj. 1 em contraluz; 2 INFORMÁTICA retro-iluminado; *~ screen* ecrã retro-iluminado

backlog ['bæklɒg] s. 1 atraso; 2 acumulação; 3 reserva ❖ *a ~ of work* trabalho em atraso

backpack ['bækpæk] Ⓐ s. mochila Ⓑ v.intr. 1 viajar de mochila às costas; 2 levar às costas

backpacker ['bækpækə] s. viajante com mochila; mochileiro

backpedal [bækˈpedl] v.intr. (prt. e part. pass. **-ll-**) 1 contrapedalar; pedalar para trás; 2 retroceder; recuar; 3 [fig.] desdizer-se

backpedalling [ˌbækˈpedəlɪŋ] s. 1 contrapedalagem; 2 retrocesso; recuo

backroom ['bækruːm] adj. 1 clandestino; 2 secreto ❖ [coloq.] *~ boys* grupo de indivíduos que se dedicam a investigações secretas; cientistas; investigadores

backsaw ['bæksɔː] s. serrote de costas

backscatter ['bækˌskætə] s. 1 FÍSICA deflexão de radiação ou partículas; 2 FÍSICA radiação ou partículas deflectidas

backscratcher [bækˈskrætʃə] s. 1 coça-costas; 2 [coloq., fig.] aquele que troca favores

backset ['bækset] s. 1 contracorrente; redemoinho; 2 revés; 3 MECÂNICA distância da testa à broca

backside ['bæksaɪd] s. [coloq.] traseiro; rabo

backsight ['bæksaɪt] s. (arma de fogo) alça

backslap [bækˈslæp] v.tr.,intr. (particípios: **-pp-**) 1 cumprimentar com grande entusiasmo; 2 fazer muita festa (a)

backslapping [bækˈslæpɪŋ] s. 1 (cordialidade excessiva) grandes demonstrações de amizade; 2 animação, entusiasmo, jovialidade, festa

backslash ['bækslæʃ] s. TIPOGRAFIA barra oblíqua invertida (\)

backslide [ˌbækˈslaɪd] v.intr. (prt. **backslid**, part. pass. **backslid** ou **backslidden**) reincidir no erro; ter uma recaída

backslider [ˌbækˌslaɪdə] s. 1 reincidente no erro; 2 apóstata

backsliding [ˌbækˌslaɪdɪŋ] s. 1 reincidência; recaída; 2 recidiva

backspace [ˌbækˈspeɪs] Ⓐ s. tecla de retrocesso Ⓑ v.intr. retroceder; premir a tecla de retrocesso

backstab ['bækstæb] v.tr. (particípios: **-bb-**) apunhalar pelas costas

backstage [ˌbækˈsteɪdʒ] Ⓐ s. bastidores Ⓑ adv. 1 nos bastidores; 2 aos bastidores; *to go ~* ir aos bastidores

backstairs [bækˈsteəz] Ⓐ adj. clandestino; secreto; *a ~ deal* um acordo clandestino Ⓑ s. escada de serviço

backstays ['bæksteɪz] s.pl. NÁUTICA estais

backstitch ['bækstɪtʃ] Ⓐ s. (pl. **-es**) pesponto Ⓑ v.tr. pespontar

backstop ['bækstɒp] s. 1 DESPORTO vedação; 2 DESPORTO (basebol) receptor; 3 MECÂNICA alavanca v.tr. (particípios **-pp-**) apoiar (algo ou alguém)

backstreet ['bækstriːt] Ⓐ s. rua secundária Ⓑ adj. 1 numa rua secundária; 2 clandestino; ilícito; 3 encoberto; às escondidas ❖ *~ abortion* aborto clandestino

backstroke ['bækstrəʊk] Ⓐ v.intr. nadar de costas Ⓑ s. 1 DESPORTO (natação) costas; 2 recuo; 3 revés

backtrack ['bæktræk] v.intr. 1 retroceder; voltar atrás; regressar; 2 mudar de ideias; arrepender-se

backup ['bækʌp] Ⓐ s. 1 apoio; 2 salvaguarda; 3 reforços; *to ask for ~* pedir reforços; 4 substituto; recurso; 5 acompanhamento; 6 INFORMÁTICA cópia de segurança Ⓑ adj. 1 de reserva; substituto; suplementar; 2 INFORMÁTICA de segurança ❖ INFORMÁTICA *~ copy* cópia de segurança; INFORMÁTICA *~ file* ficheiro de segurança; *~ plan* plano de reserva; *~ services* serviços auxiliares

backward ['bækwəd] Ⓐ *adj.* 1 para trás; 2 ao contrário; 3 retrógrado; acanhado; 4 atrasado; 5 (país, região) pouco desenvolvido; 6 tímido; inseguro; 7 hesitante; relutante Ⓑ *adv.* ⇒ **backwards** ❖ ~ *movement* movimento retrógado; recuo; ~ *and forward motion* movimento de vaivém

backwardation [bækwə'deɪʃən] *s.* percentagem paga pelo vendedor de fundos, para ter o direito de retardar a entrega

backward-looking ['bækwəd,lʊkɪŋ] *adj.* retrógrado, antiquado, conservador

backwardness ['bækwədnɪs] *s.* 1 atraso, lentidão; 2 falta de desenvoltura, falta de à-vontade; 3 timidez, hesitação; 4 subdesenvolvimento; 5 repugnância

backwards ['bækwədz] *adv.* para trás; (tempo) *looking* ~ olhando para trás; *to jump* ~ saltar para trás ❖ *to go* ~ retroceder; *to go* ~ *and forward* ir e vir; *to know sth* ~ saber uma coisa de cor e salteado

backwash ['bækwɒʃ] *s.* (*pl.* **-es**) 1 remoinho; 2 corrente de ar ou água lançada para trás pela hélice de avião ou navio; 3 [fig.] consequências; repercussões

backwater ['bækwɔːtə] *s.* 1 (rio) braço morto; 2 água represada; água estagnada; 3 ressaca; 4 água atirada para trás pelas rodas dum moinho ou pás de hélice; 5 refúgio; sítio tranquilo; 6 [depr.] (lugar isolado) fim de mundo; parvónia*coloq.* ❖ *cultural* ~ deserto cultural

backwoods ['bækwʊdz] *s.* sertão; floresta do interior

backwoodsman ['bækwʊdzmən] *s.* (*pl.* **-men**) 1 sertanejo; 2 [fig., depr.] bicho-do-mato; indivíduo rústico e rude; 3 membro da Câmara dos Lordes que raramente toma parte nas sessões

backyard [,bæk'jɑːd] *s.* 1 [GB] pátio das traseiras; pátio interior; 2 [EUA] jardim das traseiras

bacon ['beɪkən] *s.* bacon, toucinho fumado ❖ *a* ~ *hog* um cevado; *to bring home the* ~ ganhar o pão; conseguir o pretendido; *to save one's* ~ salvar a pele

Baconian [beɪ'kəʊnɪən] *adj.,s.* baconiano

bacteria [bæk'tɪərɪə] *s.* {*pl. de* **bacterium**}

bacterial [bæk'tɪərɪəl] *adj.* bacteriano

bactericidal [bæk,tɪərɪ'saɪdl] *adj.* bactericida

bacteriological [bæk,tɪərɪə'lɒdʒɪkəl] *adj.* bacteriológico

bacteriologist [bæk,tɪərɪ'ɒlədʒɪst] *s.* bacteriologista

bacteriology [bæk,tɪərɪ'ɒlədʒɪ] *s.* bacteriologia

bacteriophage [bæk'tɪərɪəʊfeɪdʒ] *s.* BIOLOGIA bacteriófago

bacteriotherapy [bæk,tɪərɪə'θerəpɪ] *s.* MEDICINA bacterioterapia

bacterium [bæk'tɪərɪəm] *s.* (*pl.* **-ia**) BIOLOGIA bactéria

bad [bæd] Ⓐ *adj.* (*comp.* **worse**, *superl.* **worst**) 1 mau; 2 malvado; 3 perigoso; 4 desagradável; 5 severo; 6 deficiente; 7 prejudicial; nocivo; 8 (dor) forte; 9 (dente) cariado Ⓑ *s.* aquilo que é mau, prejudicial; *to go to the* ~ estragar-se, arruinar-se; *to take the* ~ *with the good* aceitar o êxito e a pouca sorte; *he is £5 to the* ~ ele teve uma perda de 5 libras Ⓒ *s.pl. the* ~ os maus ❖ ~ *blood* inimizade; ressentimento; ~ *claim* reclamação mal fundada; ~ *coin* moeda falsa; ELECTRICIDADE ~ *conductor* mau condutor; ELECTRICIDADE ~ *contact* mau contacto; ~ *debt* dívida perdida; ~ *feeling* mau pressentimento; ~ *language* linguagem ofensiva; ~ *temper* mau génio; *from* ~ *to worse* de mal a pior; *not bad!* nada mau!; *that is* ~ *form* isso não é de bom tom; *that's too* ~ tanto pior; *to be* ~ *at* ser mau a; *to be in* ~ *with sb* ser mal-visto por alguém; *to be in a* ~ *plight* estar em maus lençóis; *to be in a* ~ *way* ter pouca sorte; estar com mau aspecto; *to be on* ~ *terms with sb* não estar de boas relações com alguém; *to be taken* ~ sentir-se mal; *to go* ~ estragar-se; *to keep* ~ *hours* ir muito tarde para casa; *with* ~ *grace* de má vontade

baddie ['bædɪ] *s.* ⇒ **baddy**

baddish ['bædɪʃ] *adj.* um tanto mau; medíocre

baddy ['bædɪ] *s.* (personagem) mau da fita; vilão; um dos maus

bade [bæd, beɪd] *prt. de* **to bid**

badge [bædʒ] *s.* 1 distintivo, crachá; 2 emblema; 3 divisa

badger ['bædʒə] Ⓐ *s.* ZOOLOGIA texugo Ⓑ *v.tr.* atormentar; importunar ❖ ~ *baiting* caça ao texugo

badger-legged ['bædʒə,legd] *adj.* com uma perna mais comprida que a outra

badinage ['bædɪnɑːʒ] *s.* brincadeira; galhofa

bad-looking ['bæd,lʊkɪŋ] *adj.* com mau aspecto; (aparência) *not* ~ que não está mal, bem-parecido

badly ['bædlɪ] *adv.* 1 mal; *to behave* ~ portar-se mal; 2 gravemente; ~ *wounded* gravemente ferido; 3 muito; *to miss sb* ~ sentir muito a falta de alguém ❖ ~ *off* em circunstâncias precárias; com poucos meios; sem dinheiro; *to do* ~ ter maus resultados; sair-se mal; *to be* ~ *in need of sth* precisar desesperadamente de alguma coisa; *to take sth* ~ levar alguma coisa a peito

bad-mannered [bæd'mænəd] *adj.* 1 mal-educado; 2 rude; desagradável; com maus modos

badminton ['bædmɪntən] *s.* 1 DESPORTO badminton; 2 (bebida) cocktail com vinho

badness ['bædnɪs] *s.* 1 maldade; 2 má qualidade

bad-tempered [bæd'tempəd] *adj.* 1 com mau génio; rabugento; irritável; 2 desagradável; 3 antipático; de trato difícil

baffle ['bæfəl] Ⓐ *v.tr.* 1 confundir; desconcertar; desorientar; deixar perplexo; *I was baffled by his behaviour* fiquei estupefacto com o comportamento dele; 2 despistar; 3 iludir; 4 [form.] impedir; frustrar; contrariar Ⓑ *s.* 1 trapaça; 2 moldura de altifalante; 3 reflector; 4 divisória ❖ *to* ~ *definition* ser indefinível

baffle-plate ['bæfəlpleɪt] *s.* guarda de fornalha ❖ ~ *of a fire-door* guarda-fogo da porta da fornalha

baffler ['bæflə] *s.* 1 aquele que engana; 2 reflector; 3 divisória

baffling ['bæflɪŋ] *adj.* 1 desconcertante; desorientador; 2 enigmático; misterioso; 3 de difícil resolução; 4 que ilude; 5 (tempo) instável; 6 (vento) variável; ~ *winds* ventos variáveis

BAFTA ['bæftə] [*abrev. de* British Academy of Film and Television Arts] Academia Britânica de Artes Cinematográficas e Televisivas

bag [bæg] Ⓐ *s.* 1 saca; saco; 2 bolsa; 3 mala; 4 úbere; 5 [coloq.] especialidade; preferência; 6 *pl.* papos nos olhos; 7 *pl.* [coloq., ant.] calças Ⓑ *v.tr.,intr.* (*particípios* **-gg-**) 1 ensacar; 2 meter na mala; 3 [GB] [fig., coloq.] agarrar; fisgar; apanhar; 4 apropriar-se de; assenhorear-se de; conquistar; 5 tirar; 6 [Austr.] (criticar) deitar abaixo; 7 (caça) matar; 8 inchar; alargar; 9 NÁUTICA desviar do rumo; 10 (trigo, etc.) cortar com uma foucinha ❖ ~ *and* ~*gage* de armas e bagagens; (grávida) ~ *of waters* bolsa de águas; *bags* ~ *of* montes de; *it's in the* ~ está no papo; [coloq.] *old* ~ velhota; [coloq.] *that's not my* ~ isso não é da minha especialidade; *to be a* ~ *of bones* ter só pele e osso; *to have bags under the eyes* ter olheiras

bagasse [bə'gæs] *s.* bagaço (da cana-de-açúcar)

bagatelle [,bægə'tel] *s.* 1 (insignificância) bagatela; 2 MÚSICA bagatela; 3 (bilhar chinês) bagatela

Bagdad [,bæg'dæd] *s.top.* Bagdade

bagel ['beɪgəl] *s.* CULINÁRIA pão (em forma de anel)

bagful ['bægfʊl] *s.* saco cheio [of, de] ❖ (grande quantidade) *bagfuls of* montes de

baggage ['bægɪdʒ] *s.* 1 bagagem; 2 MILITAR equipamento; 3 [fig., ant.] rapariga desaforada; 4 [fig.] mulher promíscua ❖ ~ *car* furgão; *checked* ~ bagagem registada; *excess* ~ excesso de bagagem; *hand* ~ bagagem de mão

baggily ['bægɪlɪ] *adv.* flacidamente

bagginess ['bægɪnɪs] *s.* largura (de vestuário que cai livremente)

bagging ['bægɪŋ] Ⓐ *adj.* 1 (roupa larga) caindo livremente; 2 flutuante Ⓑ *s.* 1 (tecido) aniagem; 2 [Austr.] crítica violenta ❖ ~ *scale* báscula de ensacamento

baggy ['bægɪ] *adj.* (*comp.* **-ier**, *superl.* **-iest**) 1 (roupa) largo; 2 (roupa) deformado

bagman ['bægmən] *s.* (*pl.* **-men**) 1 [coloq.] caixeiro-viajante; 2 [Austr.] [coloq.] vagabundo

bagnio ['bɑːnjəʊ] *s.* 1 prostíbulo; 2 [arc.] casa de banhos; 3 [arc.] prisão oriental

bagpipe ['bægpaɪp] *s.* gaita-de-foles

bagpiper ['bægpaɪpə] *s.* tocador de gaita-de-foles, gaiteiro

bagpipes ['bægpaɪps] *s.pl.* ⇒ **bagpipe**

BAgr. [*abrev. de* Bachelor of Agriculture]

baguette [bæ'get] *s.* CULINÁRIA (pão) baguete; cacete

bah [bɑː] *interj.* (desprezo, irritação) bah!

Bahadur [bə'hɑːdʊə] *s.* [Índia] homem importante

Bahamas [bə'hɑːməz] *s.top.* Baamas, Bahamas

Bahamian [bə'heɪmɪən] Ⓐ *adj.* baamiano, das Baamas Ⓑ *s.* baamiano, habitante ou natural das Baamas

Bahrain [bɑːˈreɪn] s.top. Barém, Bahrein
Bahraini [bɑːˈreɪnɪ] Ⓐ adj. do Bahrein, do Barém Ⓑ s. habitante ou natural do Barém
Bahrein [bɑːˈreɪn] s.top. Barém, Bahrein
baht [bɑːt] s. (moeda da Tailândia) baht
baignoire [ˈbeɪnwɑː] s. camarote, tribuna
bail [beɪl] Ⓐ s. 1 caução, fiança; 2 asa, pega, pegadeira (de balde, selha ou chaleira); 3 NÁUTICA escoadouro (de água); 4 (críquete) peça transversal sobre o *wicket*; 5 TEATRO frisa; 6 divisória para separar os cavalos na cavalariça; 7 armação para segurar a cabeça da vaca enquanto é mungida; 8 *pl.* paliçada, muro de defesa exterior Ⓑ v.tr. 1 pagar a fiança a; 2 afiançar, admitir à fiança; 3 [fig.] (sarilho) salvar; 4 NÁUTICA escoar, esvaziar (a água de barco); 5 fornecer mercadorias a crédito ❖ ~ *bond* termo de fiança; *out on* ~ solto sob fiança; *to go* ~ *for*/*to put up* ~ *for* ficar fiador de; responder por; *to refuse* ~ não admitir fiança; DIREITO *to save one's* ~ apresentar-se de acordo com a intimação recebida
◆ **bail out** v.tr.,intr. 1 safar; ajudar; 2 escapar-se; pôr-se a andar; 3 saltar de pára-quedas; 4 (barco) esvaziar; *to* ~ *the water* tirar água ❖ *bailed out of the prison* posto em liberdade sob fiança
◆ **bail up** v.intr. 1 levantar as mãos ao ar ao ser-se assaltado; 2 segurar a cabeça da vaca para a mungir
bailable [ˈbeɪləbəl] adj. afiançável; caucionável
bailee [beɪˈliː] s. depositário (de mercadorias)
bailer [ˈbeɪlə] s. 1 balde para escoar água dos barcos; 2 vertedouro, bartedouro; 3 (críquete) bola que deita abaixo os *bails*
bailey [ˈbeɪlɪ] s. 1 parede exterior de castelo; 2 paliçada ❖ *Old Bailey* principal tribunal criminal de Londres
bailie [ˈbeɪlɪ] s. [Esc.] conselheiro municipal
bailiff [ˈbeɪlɪf] s. 1 oficial de diligências; 2 beleguim; 3 administrador de propriedades
bailiwick [ˈbeɪlɪˌwɪk] s. 1 (área) especialidade; 2 cargo, função de beleguim
bailment [ˈbeɪlmənt] s. 1 depósito; caução; 2 libertação sob fiança
bailor [ˈbeɪlə] s. depositante
bailsman [ˈbeɪlzmən] s. ⟨pl. **-men**⟩ fiador
bain-marie [ˌbeɪnməˈriː] s. CULINÁRIA (utensílio) banho-maria; *to heat in a* ~ aquecer em banho-maria
bairn [beən] s. [Esc.] criança
bait [beɪt] Ⓐ v.tr.,intr. 1 iscar; pôr isca; *to* ~ *a hook* iscar um anzol; 2 [fig.] tentar; aliciar; 3 [fig.] picar_{fig.}; arreliar; 4 espicaçar animais presos soltando-lhes cães; 5 alimentar cavalos em viagem; 6 parar numa estalagem Ⓑ s. 1 isca; 2 atracção; engodo; 3 interrupção de viagem para alimentação ou descanso; 4 ferramenta de operário vidreiro ❖ ~ *worm* minhoca (empregada como isca); *to rise to*/*to take*/*to swallow the* ~ morder a isca
baize [beɪz] Ⓐ s. (tecido) baeta, repes Ⓑ v.tr. cobrir com baeta ou repes
bake [beɪk] Ⓐ v.tr. 1 CULINÁRIA levar ao forno; assar; cozer no forno; 2 secar ao sol Ⓑ v.intr. 1 cozer; assar; 2 [coloq., fig.] assar_{fig}; morrer de calor_{fig.} Ⓒ s. CULINÁRIA assado ❖ *baked clay* argila cozida; barro cozido; *baked earthenware* terracota; *to* ~ *a cake* fazer um bolo
bakehouse [ˈbeɪkhaʊs] s. 1 panificação, padaria; 2 casa de forno
bakelite [ˈbeɪkəlaɪt] s. baquelite
baker [ˈbeɪkə] s. padeiro ❖ *baker's* padaria; pastelaria; *baker's dozen* dúzia de frade (13); *baker's kneading trough* masseira
bakeress [ˈbeɪkrɪs] s.f. padeira
bakery [ˈbeɪkərɪ] s. ⟨pl. **-ies**⟩ padaria
baking [ˈbeɪkɪŋ] s. 1 fornada; 2 (forno) cozimento, cozedura ❖ ~ *powder* fermento em pó; [EUA] ~ *sheet* tabuleiro de levar ao forno; ~ *soda* bicarbonato de soda; ~ *tin* forma para bolos; ~ *tray* tabuleiro de levar ao forno
baksheesh [ˈbækʃiːʃ] s. gorjeta; gratificação
bal. [abrev. de balance]
BALA [abrev. de British Applied Linguistics Association]
balalaika [ˌbæləˈlaɪkə] s. MÚSICA balalaica

balance [ˈbæləns] Ⓐ s. 1 equilíbrio; *to keep one's* ~ manter o equilíbrio; *to lose one's* ~ perder o equilíbrio; 2 harmonia; proporção; 3 balança; 4 (conta) balanço, saldo; 5 (relógio) volante, pêndulo Ⓑ v.tr. 1 equilibrar; *to* ~ *the budget* equilibrar o orçamento; 2 considerar; 3 pesar, tomar o peso de; 4 contrabalançar; 5 saldar Ⓒ v.intr. manter-se em equilíbrio ❖ [EUA] DESPORTO (ginástica) ~ *beam* trave olímpica; ~ *due* saldo em débito; (contas) ~ *sheet* balanço; ~ *weight* contrapeso; compensador; *adverse* ~ prejuízo; ~ *in hand* saldo disponível; ~ *of trade* balança comercial; ~ *of payments* balança de pagamentos; *on* ~ em geral; *the* ~ *of power* o equilíbrio político internacional; *to throw sb off* ~ surpreender alguém; confundir alguém
Balance [ˈbæləns] s. ASTRONOMIA (constelação, signo) Balança, Libra
balanced [ˈbælənst] adj. 1 equilibrado; 2 saudável
balancer [ˈbælənsə] s. 1 balanceiro, maromba; 2 acrobata; 3 ZOOLOGIA (insecto) balanceiro
balancing [ˈbælənsɪŋ] s. 1 estabilização; 2 [fig.] equilibrismo; *to do a* ~ *act* fazer equilibrismo; tentar agradar a gregos e troianos ❖ ~ *circuit* circuito de compensação; COMÉRCIO ~ *of the books* balanços mensais
balaniferous [ˌbæləˈnɪfərəs] adj. BOTÂNICA balanífero; balanóforo
balaninus [ˌbæləˈnaɪnəs] s. ZOOLOGIA balanino
balanus [ˈbælənəs] s. bálano
balata [ˈbælətə] s. BOTÂNICA balata ❖ ~ *belt* correia de balata
balboa [bælˈbəʊə] s. (moeda do Panamá) balboa
balcony [ˈbælkənɪ] s. ⟨pl. **-ies**⟩ 1 varanda, sacada; 2 TEATRO segundo-balcão ❖ ~ *window* janela da varanda
bald [bɔːld] adj. 1 calvo; careca; sem cabelo; *to go* ~ ficar careca, perder cabelo; 2 [fig.] directo; seco; 3 [fig.] prosaico; desadornado; despojado; 4 [fig.] flagrante; 5 ZOOLOGIA (animal) com manchas brancas ❖ BOTÂNICA ~ *cypress* cipreste dos brejos; ZOOLOGIA ~ *eagle* águia americana; ~ *tyres* pneus carecas; *a* ~ *lie* uma mentira descarada; *the* ~ *truth* a verdade nua e crua
baldachin [ˈbɔːldəkɪn] s. baldaquino
balderdash [ˈbɔːldədæʃ] s. 1 asneiras, disparates; 2 futilidades
bald-faced [ˈbɔːldfeɪst] adj. [EUA] descarado; sem vergonha; *a* ~ *lie* uma mentira descarada
baldhead [ˈbɔːldhed] s. [coloq.] careca
baldheaded [ˌbɔːldˈhedɪd] Ⓐ adj. [coloq.] careca Ⓑ adv. impulsivamente; irreflectidamente
balding [ˈbɔːldɪŋ] adj. que está a ficar careca; que está a perder cabelo
baldly [ˈbɔːldlɪ] adv. directamente; secamente; francamente; sem rodeios; *to say* ~ para falar francamente
baldness [ˈbɔːldnɪs] s. 1 calvície; 2 franqueza; 3 (terrenos) nudez; 4 (estilo) despojamento
baldric [ˈbɔːldrɪk] s. 1 cinturão para a espada; 2 [fig.] zodíaco
Baldwin [ˈbɔːldwɪn] s.antr. Balduíno
bale [beɪl] Ⓐ s. 1 fardo, balote; 2 [arc.] mal; 3 [arc.] tormento; dor; 4 [arc.] destruição Ⓑ v.tr. 1 enfardar, meter em fardos; 2 empacotar ❖ ~ *of paper* dez resmas de papel; ~ *truck* carrinho para transportar fardos, usado em armazéns; *baling press* prensa de enfardar; enfardadeira; *the Day of Bale* o juízo final
◆ **bale out** v.intr. (avião) saltar fora; *to* ~ *by parachute* saltar de pára-quedas
◆ **bale up** v.tr. enfardar
baleen [bəˈliːn] Ⓐ s. barba-de-baleia Ⓑ adj. de barba-de-baleia
balefire [ˈbeɪlfaɪə] s. 1 fogueira; 2 pira funerária; 3 fogueira de alarme
baleful [ˈbeɪlfʊl] adj. 1 ameaçador; 2 maligno; 3 sinistro; terrível ❖ *to give sb a* ~ *look* fulminar alguém com o olhar
balefully [ˈbeɪlfʊlɪ] adv. 1 ameaçadoramente; 2 sinistramente; 3 de modo funesto
balefulness [ˈbeɪlfʊlnɪs] s. 1 ameaça; 2 fatalidade; 3 carácter sinistro, funesto
baler [ˈbeɪlə] s. empacotador; enfardador
balistes [bæˈlɪstiːz] s. ZOOLOGIA (peixe) balista
balk [bɔːlk, bɔːk] Ⓐ s. 1 obstáculo; dificuldade; impedimento; 2 toro de madeira; 3 tronco; 4 barrote; 5 trave-mestra; 6 NÁUTICA relinga Ⓑ v.tr.,intr. 1 impedir; frustrar; contrariar; 2 recusar; evitar;

Balkan

3 não gostar [**at**, **de**]; mostrar-se relutante [**at**, **perante**]; *he balked at the idea of moving to another town* ele mostrou-se relutante perante a ideia de se mudar para outra cidade; 4 deixar de funcionar; falhar
Balkan ['bɔ:lkən] *adj.* balcã ❖ *~ War* Guerra nos Balcãs
Balkans ['bɔ:lkənz] *s.top.* Balcãs
balky ['bɔ:kɪ] *adj.* (*comp.* **-ier**, *superl.* **-iest**) teimoso; obstinado; *a ~ beast* um animal teimoso
ball [bɔ:l] Ⓐ *s.* 1 bola; *to play ~* jogar à bola; 2 esfera; 3 (lã) novelo; *a ~ of wool* um novelo de lã; 4 (arma ou canhão) bala; 5 balão; 6 (festa) baile; *to give a ~* dar um baile; 7 punho fechado; 8 *pl.* [cal.] (ofensivo) tomates$_{cal.}$ Ⓑ *v.tr.,intr.* 1 pôr em novelos, enrolar; 2 amontoar; 3 [cal.] (ofensivo) foder$_{cal.}$ ❖ (ténis) *~ boy* apanha-bolas; MECÂNICA *~ and socket joint* junta esférica; junta universal; *to be on the ~* estar ao corrente; *to keep on the ~* estar em cima do acontecimento; *to keep the ~ rolling* manter a conversa; *to have a ~* divertir-se à grande; (coragem) *to have balls* ter tomates$_{fig.}$; *you have the ~ at your feet* é aproveitar a ocasião
◆ **ball up** *v.tr.* [vulg.] (estragar) foder$_{vulg.}$ ❖ [vulg.] *to get balled up* ficar enterrado em merda até ao pescoço
ballad ['bæləd] *s.* MÚSICA, LITERATURA balada
ballade [bæ'lɑ:d] *s.* LITERATURA, MÚSICA balada
balladry ['bælədrɪ] *s.* 1 poesia baladesca; 2 arte da balada
ballast ['bæləst] *s.* lastro; balastro ❖ *~ engine* escavadora; *~ shovel* pá de lastro
ballbreaker ['bɔ:lbreɪkə] *s.* 1 [cal.] (problema, actividade, situação) quebra-cabeças; 2 [cal.] (ofensivo) mulher dominadora, sargento$_{fig., depr.}$
ballbuster ['bɔ:lbʌstə] *s.* [cal.] ⇒ **ballbreaker**
ballerina [ˌbælə'ri:nə] *s.* bailarina
ballet ['bæleɪ] *s.* 1 bailado; 2 companhia de bailado ❖ *~ corps* corpo de bailado; *~ dancer* bailarina clássica; *~ skirt* tutu; *~ shoe* sapatilha (de dança); sabrina
ballista [bə'lɪstə] *s.* (arma antiga) balista
ballistic [bə'lɪstɪk] *adj.* balístico ❖ *~ missile* míssil balístico; [coloq.] (fúria) *to go ~* passar-se
ballistics [bə'lɪstɪks] *s.* balística
ballistite ['bælɪstaɪt] *s.* balistite
ballocks ['bɒləks] *s.pl.,v.tr.* [cal.] ⇒ **bollocks**
balloon [bə'lu:n] Ⓐ *s.* 1 (aeróstato) balão; 2 (brinquedo) balão; *to blow up balloons* encher balões; 3 (banda desenhada) balão; 4 QUÍMICA (copo para brandy) balão Ⓑ *v.intr.* 1 voar em balão; subir de balão; 2 inchar; encher-se; 3 (aumentar rapidamente) subir em flecha; *the divorce rate has ballooned* a taxa de divórcio subiu em flecha ❖ NÁUTICA *~ canvas/sail* vela suplementar destinada a aumentar a velocidade do barco; *~ trip* viagem de balão; *~ tyre* pneu-balão; *the ~ went up* o escândalo rebentou
ballooning [bə'lu:nɪŋ] *s.* DESPORTO balonismo
balloonist [bə'lu:nɪst] *s.* balonista; aeronauta
ballot ['bælət] Ⓐ *s.* 1 votação; 2 voto; 3 escrutínio; total de votos contados; 4 boletim de voto; 5 votação secreta; 6 escolha à sorte; 7 pequeno fardo Ⓑ *v.intr.* 1 votar; 2 submeter a voto secreto; 3 tirar à sorte ❖ *~ box* urna de voto; *~ paper* boletim de voto; *~ rigging* fraude eleitoral; *by secret ~* por voto secreto; *to take a ~ on* submeter a votação
ballot-box ['bælətbɒks] *adj.* eleitoral ❖ [EUA] *~ stuffing* fraude eleitoral
ballpark ['bɔ:lpɑ:k] Ⓐ *s.* 1 estádio de basebol; 2 [fig.] área; nível; âmbito; *in the same ~ with* ao mesmo nível de; 3 [fig.] comprimento de onda; *to be in the (right) ~* estar no mesmo comprimento de onda Ⓑ *adj.* aproximado; *~ figure* número aproximado, quantia aproximada ❖ *this puts them in the ~* isto coloca-os na corrida
ballpen ['bɔ:lpen] *s.* esferográfica
ballpoint ['bɔ:lpɔɪnt] *s.* esferográfica
ballroom ['bɔ:lrʊm] *s.* salão de baile ❖ *~ dancing* danças de salão
ball-shaped ['bɔ:lʃeɪpt] *adj.* esférico
ballsy ['bɔ:lzɪ] *adj.* (*comp.* **-ier**, *superl.* **-iest**) [EUA] [cal.] com tomates, corajoso, determinado
bally ['bælɪ] *adj.* [coloq., ant.] maldito ❖ *whose ~ fault is that?* quem diabo é o culpado disto?

ballyhoo [ˌbælɪ'hu:] Ⓐ *s.* 1 barulho; ruído; algazarra; confusão; 2 falatório; 3 propaganda Ⓑ *v.tr.* publicitar insistentemente; propagandear
ballyrag ['bælɪræg] *v.tr.,intr.* (*particípios:* **-gg-**) vexar, maltratar com partidas, empurrões, etc.
balm [bɑ:m] *s.* 1 bálsamo; 2 [fig.] consolação; conforto; 3 BOTÂNICA erva-cidreira ❖ ZOOLOGIA *~ cricket* cigarra; [EUA] *lip ~* bâton de cieiro
balmily ['bɑ:mɪlɪ] *adv.* 1 brandamente; docemente; 2 com bálsamo
balminess ['bɑ:mɪnɪs] *s.* 1 brandura; doçura; 2 fragrância
balmy ['bɑ:mɪ] *adj.* (*comp.* **-ier**, *superl.* **-iest**) 1 balsâmico; 2 perfumado; fragrante; 3 reparador; *~ sleep* sono reparador; 4 brando; doce; 5 calmante ❖ *~ breeze* zéfiro; vento brando
balneary ['bælnɪərɪ] *adj.* balnear
baloney [bə'ləʊnɪ] *s.* 1 [EUA] salame; 2 [EUA] [coloq.] disparate; tolice; conversa tola
balsam ['bɔ:lsəm] *s.* 1 bálsamo; 2 oleoresina; 3 BOTÂNICA balsamina
balsamic [bɔ:l'sæmɪk] *adj.* balsâmico; aromático
Balthazar ['bælθəzə, ˌbæl'θæzɑ:] *s.antr.* Baltasar
Baltic ['bɔ:ltɪk] Ⓐ *adj.* báltico Ⓑ *s.* (ramo de línguas) báltico ❖ BOTÂNICA *~ pine* pinheiro-de-riga; *the ~ (Sea)* o (Mar) Báltico; *the ~ States* os países do Báltico
Balto-Slavic [ˌbɒltəʊ'slævɪk] *adj.,s.* balto-eslavo
baluster ['bæləstə] *s.* 1 balaústre; 2 prumo de grade
balustrade [ˌbælə'streɪd] *s.* balaustrada
bambino [bæm'bi:nəʊ] *s.* 1 imagem do Menino Jesus; 2 [coloq.] bebé; 3 [coloq.] criança
bamboo [bæm'bu:] *s.* (*pl.* **-s**) BOTÂNICA bambu ❖ HISTÓRIA *~ curtain* cortina de bambu (simbolizando a separação da China comunista dos Estados não-comunistas)
bamboozle [bæm'bu:zəl] *v.tr.* 1 [coloq.] intrujar; enganar; 2 [coloq.] confundir ❖ *you can't ~ me!* isso comigo não pega!
bamboozlement [bæm'bu:zəlmənt] *s.* 1 engano; logro; 2 burla
bamboozler [bæm'bu:zlə] *s.* farsante; burlista
ban [bæn] Ⓐ *v.tr.,intr.* (*particípios:* **-nn-**) 1 interditar; proibir oficialmente; 2 proibir [**from**, de]; *to ~ sb from doing sth* proibir alguém de fazer alguma coisa; 3 banir; 4 excomungar Ⓑ *s.* 1 interdição [**on**, de]; proibição oficial [**on**, de]; *to impose a ~ on sth* interditar alguma coisa; 2 proscrição; banimento; 3 excomunhão; 4 [rar.] espécie de vice-reis distritais na Hungria e na Croácia
banal [bə'nɑ:l] *adj.* 1 banal; trivial; 2 [ant.] respeitante ao foro banal
banality [bə'nælɪtɪ] *s.* (*pl.* **-ies**) 1 banalidade; 2 trivialidade; futilidade
banana [bə'nænə, bə'nɑ:nə] *s.* BOTÂNICA banana ❖ *~ peel/skin* casca de banana; *~ republic* república das bananas; *~ tree* bananeira; [coloq.] *to go bananas* passar-se
band [bænd] Ⓐ *s.* 1 MÚSICA banda; grupo; conjunto; *brass ~* banda filarmónica; *rock ~* banda de rock; 2 bando; grupo; *a ~ of teenagers* um grupo de adolescentes; 3 faixa; 4 tira; fita; 5 anel, aliança; 6 correia de transmissão; 7 categoria, escalão; 8 RÁDIO banda; 9 GEOLOGIA estrato; 10 limitação; 11 união; 12 (encadernação) nervo Ⓑ *v.tr.* unir, ligar; categorizar, escalonar Ⓒ *v.intr.* ligar-se, associar-se ❖ *~ brake* travão de colar; freio de cinta; *~ conveyor* esteira; correia transportadora; *~ saw* serra de fita; serra sem-fim; RÁDIO *~ change switch* botão de mudança da faixa de sintonização; RÁDIO *~ of frequency* banda de frequências
◆ **band together** *v.intr.* (pessoas) associar-se; reunir-se em grupo
bandage ['bændɪdʒ] Ⓐ *s.* 1 ligadura; 2 faixa Ⓑ *v.tr.* ligar; proteger com ligadura; *his arm was bandaged* tinha o braço ligado
band-aid ['bændeɪd] *s.* penso rápido ❖ [coloq.] *~ approach* [coloq.] remedeio; desenrascanço; *~ solution* solução de ocasião; solução provisória
bandana [bæn'dænə] *s.* lenço estampado
bandanna [bæn'dænə] *s.* ⇒ **bandana**
b. and b. [GB] (hotelaria) [*abrev. de* bed and breakfast] alojamento e pequeno-almoço

bandbox ['bænd͵bɒks] s. ⟨pl. **-es**⟩ caixa de cartão usada para guardar chapéus, etc. ❖ [coloq.] *he looks as if he had just come out of a ~* ele está todo esticadinho e passadinho a ferro
banderole ['bændə͵rəʊl] s. flâmula
bandicoot ['bændɪ͵ku:t] s. 1 ZOOLOGIA (marsupial) bandicoot; 2 [Índia] rato grande
bandit ['bændɪt] s. ⟨pl. **bandits** ou **banditti**⟩ bandido
banditism ['bændɪtɪzəm] s. banditismo
banditry ['bændɪtrɪ] s. banditismo; criminalidade armada
bandlet ['bændlɪt] s. ARQUITECTURA filete
bandmaster ['bænd͵mɑːstə] s. regente (de banda)
bandog ['bændɒg] s. mastim
bandoleer [͵bændə'lɪə] s. bandoleira (para munições)
bandolier [bændə'lɪə] s. bandoleira (para munições)
bandoline ['bændəli:n] s. (brilhantina) bandolina
bandoneon [bæn'dɒnɪən, bæn'dəʊnɪən] s. MÚSICA bandoneon
bandook [bʌn'du:k] s. fuzil
bands [bændz] s. cabeção, volta
bandsman ['bændzmən] s. ⟨pl. **-men**⟩ músico de banda
bandstand ['bændstænd] s. coreto
bandwagon ['bænd͵wægən] s. [coloq.] crista da onda_fig._ ❖ *to get on the ~* ir na onda
bandwidth ['bændwɪdθ] s. RÁDIO, INFORMÁTICA largura de banda
bandy ['bændɪ] Ⓐ s. 1 espécie de hóquei em campo; 2 determinada modalidade de ténis; 3 aléu; 4 veículo indiano Ⓑ *adj.* ⟨comp. **-ier**, superl. **-iest**⟩ (pernas) arqueado Ⓒ *v.tr.,intr.* 1 trocar palavras; falar; discutir; 2 passar dum lado para o outro
◆ **bandy about/around** *v.tr.* 1 pôr a circular; 2 (números) avançar ❖ *to bandy sb's name about* dizer mal de alguém
bandy-legged ['bændɪlegd] *adj.* de pernas arqueadas; de pernas tortas
bane [beɪn] s. 1 (fonte de preocupações) cruz; *it's the ~ of my life* é a minha cruz; 2 desgraça; causa de ruína; 3 veneno
baneberry ['beɪnbərɪ, 'beɪnberɪ] s. BOTÂNICA erva-de-são-cristóvão
baneful ['beɪnfʊl] *adj.* 1 funesto; ruinoso; prejudicial; 2 venenoso
banefully ['beɪnfʊlɪ] *adv.* funestamente; prejudicialmente; ruinosamente
banefulness ['beɪnfʊlnɪs] s. carácter prejudicial; perniciosidade
bang [bæŋ] Ⓐ s. 1 pancada, golpe; 2 estampido; detonação; 3 (bater de porta, janela, etc.) estrondo; 4 energia; 5 [coloq.] mentira muito grande; 6 [cal.] (ofensivo) queca_cal._, foda_cal._, transada_Bras._; 7 [cal.] (droga) chuto de heroína; 8 *pl.* [EUA] (cabelo) franja Ⓑ *v.tr.* 1 (janela, porta, etc.) bater com estrondo; 2 fazer barulho semelhante ao de uma explosão; 3 dar pancadas em; 4 cortar o cabelo de modo a formar franja sobre a testa; 5 [cal.] (ofensivo) dar uma queca com_cal._; 6 ECONOMIA (Bolsa) provocar uma baixa de preços; 7 [cal.] (droga) chutar Ⓒ *interj.* pum! Ⓓ *adv.* 1 ruidosamente; 2 [coloq.] precisamente, exactamente ❖ *~ in the middle* em cheio; *~ on!* exacto!; *to ~ the door* bater com a porta; *to go ~* rebentar; *with a ~* com estrondo; com espalhafato
◆ **bang about/around** Ⓐ *v.tr.* tratar mal; maltratar Ⓑ *v.intr.* fazer barulho de um lado para o outro
◆ **bang away** *v.intr.* (trabalho) continuar persistentemente [**at**, a]; entregar-se com dedicação [**at**, a]
◆ **bang down** *v.tr.* 1 pousar com estrondo; 2 bater com
◆ **bang into** *v.tr.* 1 ir contra; chocar contra; 2 deparar com; encontrar por acaso
◆ **bang on** *v.intr.* matraquear; falar sem parar [**about**, sobre]
◆ **bang out** *v.tr.* 1 (rapidez) fabricar; engendrar; 2 (música) (tocar alto) martelar; arranhar
◆ **bang up** *v.tr.* [coloq.] prender; meter na prisão
banger ['bæŋə] s. 1 CULINÁRIA [coloq.] salsicha; 2 [coloq.] (carro) lata velha; 3 (foguete) petardo; 4 grande peta; mentira muito grande
Bangladesh [͵bæŋglə'deʃ] s.top. Bangladesh, Bangladeche
Bangladeshi [͵bæŋglə'deʃɪ] Ⓐ *adj.* do Bangladesh Ⓑ s. habitante ou natural do Bangladesh
bangle ['bæŋgəl] s. bracelete; pulseira
bang-up ['bæŋʌp] *adj.* [EUA] [coloq.] espectacular; *a ~ dinner* um jantar altamente
banian ['bænɪən] s. 1 baneane, baniano; 2 BOTÂNICA figueira--dos-banianos; *~ tree* figueira-dos-banianos
banish ['bænɪʃ] *v.tr.* 1 banir [**from**, de]; 2 desterrar [**to**, para]; exilar [**from**, de; **to**, para]; *he was banished from the country* foi expulso do país; 3 acabar com; livrar-se de

banishment ['bænɪʃmənt] s. 1 exílio; desterro; *to go into ~* partir para o desterro; 2 banimento
banister ['bænɪstə] s. 1 balaústre; 2 corrimão
banjo ['bændʒəʊ] s. ⟨pl. **-es** ou **-s**⟩ MÚSICA banjo
bank [bæŋk] Ⓐ s. 1 banco; *~ of issue* banco emissor; 2 (jogo) banca; *to break the ~* levar a banca à glória; 3 armazenamento; 4 margem; 5 (areia) banco; 6 talude, rampa; inclinação de estrada nas curvas; 7 (neve, areia ou nuvens) acumulação provocada pelo vento; 8 (automóvel, avião) inclinação lateral em curva; 9 escabelo; mocho; banco (de remador); 10 (órgão) teclado Ⓑ *v.tr.* 1 depositar (em banco); 2 acumular; 3 conter (uma corrente) por meio de taludes Ⓒ *v.intr.* 1 (banco) ter conta [**with**, em]; 2 (jogo) fazer de banqueiro; 3 acumular(-se); *to ~ a fire* acumular o carvão de modo a abafar um pouco a combustão; 4 (automóvel, avião) fazer uma viragem inclinando-se para o lado de dentro ❖ [GB] *~ holiday* feriado oficial; [EUA] *~ bill* letra de câmbio; nota de banco; *~ book* caderneta bancária; *~ clerk* empregado bancário; *~ rate* taxa de juros de empréstimo; *~ stock* acções bancárias; ELECTRICIDADE *~ of transformers* conjunto de transformadores
◆ **bank on** *v.tr.* contar com; confiar em; *you can always ~ him* podes contar sempre com ele; *it is no use banking on luck* nunca devemos fiar-nos na sorte
banker ['bæŋkə] s. 1 banqueiro; 2 (jogo) responsável pela banca
banking ['bæŋkɪŋ] Ⓐ *adj.* bancário Ⓑ s. 1 actividade da banca; actividade bancária; comércio bancário; 2 (automóvel, avião) inclinação na curva para facilitar a volta; 3 aterro; terraplenagem ❖ *~ account* conta no banco; *~ industry* sector bancário; *home ~* sistema bancário electrónico
banknote ['bæŋknəʊt] s. (dinheiro) nota
bankrupt ['bæŋkrʌpt] Ⓐ *adj.* 1 falido; insolvente; *to be ~* estar falido; 2 [fig.] desprovido [**of**, de]; destituído [**of**, de]; *spiritually ~* desprovido de valores morais; 3 [fig.] carecido [**in**, de] Ⓑ s. falido; pessoa que foi à falência Ⓒ *v.tr.* 1 levar à falência; provocar a falência de; 2 arruinar ❖ DIREITO *bankrupt's certificate* concordata; *to go ~* falir; abrir falência
bankruptcy ['bæŋkrʌptsɪ] s. ⟨pl. **-ies**⟩ falência; bancarrota; ruína; *to declare ~/to file for ~* abrir falência ❖ *spiritual ~* ausência de valores morais
banksia ['bæŋksɪə] s. BOTÂNICA bâncsia
banksman ['bæŋksmən] s. ⟨pl. **-men**⟩ (minas de carvão) contramestre de superfície
banner ['bænə] s. 1 faixa; *the demonstrators were carrying banners that showed their demands* os manifestantes traziam faixas com reivindicações; 2 bandeira; estandarte; insígnia; 3 [fig.] causa; *to join the ~ of* aderir à causa de ❖ *~ headline* manchete
banneret ['bænərɪt] s. HISTÓRIA senhor de pendão e caldeira
bannerol ['bænərɒl] s. estandarte
bannister ['bænɪstə] s. ⇒ **banister**
bannock ['bænək] s. pão grande, oval ou arredondado, e achatado, geralmente feito de farinha de aveia ou cevada, usado na Escócia e Norte de Inglaterra
banns ['bænz] *s.pl.* banhos (de casamento); *to forbid the ~* impedir um casamento; *to publish the ~* publicar os banhos
banquet ['bæŋkwɪt] Ⓐ s. banquete Ⓑ *v.tr.,intr.* banquetear(-se)
banqueting ['bæŋkwɪtɪŋ] s. banquetes ❖ *~ hall* sala de banquetes
banquette [bæŋ'ket] s. (assento, degrau) banqueta
Banquo ['bæŋkwəʊ] *s.antr.* LITERATURA (personagem shakespeariana) Banquo
banshee ['bænʃi:] s. fada cujos lamentos pressagiavam, para uma casa, morte de alguém
bantam ['bæntəm] Ⓐ s. 1 ZOOLOGIA galo/galinha de Bantam; 2 pessoa baixa mas muito viva; 3 soldado abaixo do escalão legal Ⓑ *adj.* [EUA] presunçoso; atrevido
bantamweight ['bæntəmweɪt] s. pugilista da categoria dos levíssimos
banter ['bæntə] Ⓐ s. galhofa; gracejos; brincadeira Ⓑ *v.tr.,intr.* estar na galhofa; estar na brincadeira; gracejar
banting ['bæntɪŋ] s. [arc.] regime de emagrecimento
bantling ['bæntlɪŋ] s. fedelho

banyan ['bænjən] *s.* BOTÂNICA baniano
baobab ['beɪəʊˌbæb] *s.* BOTÂNICA embondeiro, baobá
BAOR [*abrev. de* British Army of the Rhine]
bap [bæp] *s.* [Esc.] pãozinho de leite
bapt. [*abrev. de* baptism]
baptism ['bæptɪzəm] *s.* baptismo ❖ ~ *of fire* baptismo de fogo
baptismal [bæp'tɪzməl] *adj.* baptismal ❖ ~ *font* pia baptismal
Baptist ['bæptɪst] *adj.,s.* RELIGIÃO baptista ❖ *John the* ~ S. João Baptista
baptistery ['bæptɪstrɪ] *s.* (*pl.* -**ies**) 1 baptistério; 2 pia baptismal
baptistry ['bæptɪstrɪ] *s.* (*pl.* -**ies**) 1 baptistério; 2 pia baptismal
baptize [bæp'taɪz] *v.tr.,intr.* baptizar
baptizer [bæp'taɪzə] *s.* aquele que baptiza
bar. [*abrev. de* barometer]
bar [bɑ:] Ⓐ *v.tr.* (*particípios:* -**rr**-) 1 barrar, atrancar, trancar; 2 excluir, impedir; 3 pôr objecções a; 4 não gostar de; 5 marcar com linhas Ⓑ *s.* 1 barra; 2 tranca; 3 lingote; 4 haste; 5 (chocolate) barra, tablete; 6 faixa colorida; 7 HERÁLDICA barra; 8 ferro, teia (de tribunal); 9 tribunal; 10 [com maiúscula] (*profissão*) os advogados, o conjunto dos advogados, advocacia; 11 bar, botequim, loja de bebidas; 12 MÚSICA compasso; 13 linha divisória; 14 NÁUTICA barra; 15 bridão Ⓒ *prep.* excepto, salvo ❖ ~ *chart* gráfico de barras; ~ *code* código de barras; ~ *iron* ferro em barra; ~ *of conscience* tribunal da consciência; ~ *of the court* barra do tribunal; sala de audiências; ~ *wood* madeira vermelha de Angola; *behind bars* atrás das grades; DESPORTO (ginástica) *horizontal* ~ barra fixa; *mosquito* ~ mosquiteiro; DESPORTO (ginástica) *parallel bars* paralelas; *the prisoner at the* ~ o réu; *to be called to the* ~/*to go to the* ~ tornar-se advogado
Barabbas [bə'ræbəs] *s.antr.* Barrabás
barb [bɑ:b] Ⓐ *s.* 1 farpa (de anzol); 2 barba (ramificações laterais do ráquis duma pena); 3 extremidade de seta; 4 farpa, rebarba (de metal); 5 barbela; 6 barbilhos; 7 cavalo berbere; 8 pombo doméstico aparentado com os pombos-correios Ⓑ *v.tr.* guarnecer de farpas
Barbadian [bɑ:'beɪdɪən] Ⓐ *adj.* barbadiano, de Barbados Ⓑ *s.* barbadiano, habitante ou natural de Barbados
Barbados [bɑ:'beɪdɒs] *s.top.* Barbados
Barbara ['bɑ:brə] *s.antr.* Bárbara
barbarian [bɑ:'beərɪən] *adj.,s.* bárbaro; ~ *civilizations* civilizações bárbaras
barbaric [bɑ:'bærɪk] *adj.* 1 bárbaro; 2 rude; inculto; primitivo
barbarism ['bɑ:bərɪzəm] *s.* 1 acto de barbárie; 2 barbaridade; 3 barbárie; 4 LINGUÍSTICA barbarismo
barbarity [bɑ:'bærɪtɪ] *s.* (*pl.* -**ies**) 1 barbaridade; 2 crueldade; atrocidade
barbarize ['bɑ:bəraɪz] *v.tr.,intr.* tornar(-se) bárbaro
Barbarossa [ˌbɑ:bə'rɒsə] *s.antr.* Barba-Roxa
barbarous ['bɑ:bərəs] *adj.* 1 bárbaro; 2 cruel; atroz; 3 grosseiro; 4 agramatical
barbarously ['bɑ:bərəslɪ] *adv.* barbaramente
barbarousness ['bɑ:bərəsnɪs] *s.* 1 barbarismo; 2 barbárie
Barbary ['bɑ:bərɪ] *s.top.* Berbéria
barbate ['bɑ:bɪt, 'bɑ:beɪt] Ⓐ *adj.* barbado Ⓑ *s.* (peixe) barbudo
barbecue ['bɑ:bɪkju:] Ⓐ *s.* 1 espeto; grelha de churrasco; 2 churrasco; *to have a* ~ fazer/organizar um churrasco; 3 porco ou boi assado inteiro; 4 grande armação de ferro ou madeira para assar ou defumar; 5 estrado para secar café em grão Ⓑ *v.tr.* (*prt. e part. pass.* **barbecued**, *part. pres.* **barbecuing**) assar no espeto; fazer um churrasco com ❖ ~ *sauce* molho de churrasco
barbed [bɑ:bd] *adj.* 1 farpado; 2 (*comentário, etc.*) mordaz ❖ ~ *joke* boca; piada corrosiva; ~ *wire* arame farpado; ~ *wire entanglement* rede de arame farpado
barbel ['bɑ:bəl] *s.* 1 ZOOLOGIA barbilhão; 2 (peixe) barbo
barbeled ['bɑ:bəld] *adj.* ⇒ **barbelled**
barbelled ['bɑ:bəld] *adj.* com barbilhões
barber ['bɑ:bə] *s.* barbeiro ❖ *barber's shop* barbearia
barberry ['bɑ:bərɪ, 'bɑ:berɪ] *s.* (*pl.* -**ies**) BOTÂNICA bérberis; uva-espim
barbershop ['bɑ:bəʃɒp] *s.* [EUA] barbearia

barbet ['bɑ:bɪt] *s.* 1 ZOOLOGIA (ave) barbuda; 2 cão de água
barbette [bɑ:'bet] *s.* barbeta
barbican ['bɑ:bɪkən] *s.* barbacã
barbiturate [bɑ:'bɪtʃʊrɪt] *s.* FARMÁCIA barbitúrico; *addicted to barbiturates* dependente de barbitúricos
barbituric [ˌbɑ:bɪ'tjʊrɪk] *adj.* FARMÁCIA barbitúrico
barbotine ['bɑ:bətɪn] *s.* (pasta de argila) barbotina
barbule ['bɑ:bjul] *s.* (pena) bárbula
barcarole ['bɑ:kərəʊl] *s.* MÚSICA, LITERATURA barcarola
barcarolle ['bɑ:kərəʊl] *s.* MÚSICA barcarola
Barcelona [ˌbɑ:sɪ'ləʊnə] *s.top.* Barcelona
bar-coded ['bɑ:ˌkəʊdɪd] *adj.* com código de barras
bard [bɑ:d] Ⓐ *s.* 1 bardo; vate; poeta; 2 arreio; 3 CULINÁRIA bacon Ⓑ *v.tr.* CULINÁRIA cobrir ou embrulhar com bacon (antes de assar)
bardic ['bɑ:dɪk] *adj.* bárdico, que diz respeito aos bardos, à poesia céltica
bare [beə] Ⓐ *adj.* 1 despido, nu; 2 descoberto; 3 sem disfarce; 4 desprotegido; 5 (*carácter*) desarmado, sem defesa; 6 vazio; 7 (*aspecto*) despido; sem enfeites; simples; despojado; *a* ~ *room* um quarto despido, quase sem nada Ⓑ *v.tr.* 1 descobrir; mostrar; pôr à mostra; revelar; destapar; 2 desnudar Ⓒ *prt. arc. de* **to bear** ❖ ELECTRICIDADE ~ *cable* cabo descoberto; cabo sem camada isoladora; LINGUÍSTICA ~ *infinitive* infinitivo sem *to*; ~ *metal* metal em bruto; ~ *of money* sem dinheiro; ~ *pipe* tubo descoberto; *in one's* ~ *feet* descalço; *the* ~ *minimum* o estritamente necessário; *the* ~ *truth* a verdade nua e crua; *to* ~ *one's soul* revelar os segredos mais íntimos; *to believe a person's* ~ *word* bastar a palavra de alguém para se acreditar; *to earn a* ~ *living* ganhar apenas para comer; *to lay* ~ descobrir; pôr à mostra; *with one's* ~ *hands* com as próprias mãos
bareback ['beəbæk] *adv.* (montar sem sela) em pêlo; *to ride* ~ montar em pêlo
barebacked ['beəbækt] *adj.* em pêlo; sem selim
barebones ['beəbəʊnz] Ⓐ *adj.* básico ❖ *s.* [coloq.] trinca-espinhas_coloq._; magricela_coloq._ ❖ HISTÓRIA ~ *Parliament* nome dado ao Parlamento convocado por Cromwell (4 de Julho de 1653 a 12 de Dezembro do mesmo ano) depois da dissolução do chamado Longo Parlamento
barefaced [ˌbeə'feɪst] *adj.* 1 (rosto) sem barba; 2 descarado; sem vergonha; sem disfarce; *a* ~ *lie* uma mentira descarada ❖ *to have the* ~ *cheek to* ter o descaramento de; ter a lata de
barefacedly [ˌbeə'feɪstlɪ, ˌbeə'feɪsɪdlɪ] *adv.* 1 descaradamente; 2 sem disfarce
barefacedness [ˌbeə'feɪstnəs] *s.* descaramento
barefoot ['beəfʊt] *adj.,adv.* descalço; *to walk* ~ andar descalço
barefooted ['beəfʊtɪd] *adj.,adv.* ⇒ **barefoot**
bareheaded ['beəˌhedɪd] *adj.,adv.* sem chapéu, em cabelo, de cabeça descoberta; *to stand* ~ estar de cabeça descoberta, estar sem chapéu
barely ['beəlɪ] *adv.* 1 (decoração) escassamente; pobremente; com simplicidade; 2 simplesmente; 3 só; apenas; quase nada; 4 mal ❖ ~ *audible* quase inaudível; ~ *enough* à justa; *we had* ~ *enough time* mal tivemos tempo
bareness ['beənɪs] *s.* 1 nudez; 2 aridez; 3 pobreza; 4 simplicidade; sobriedade; despojamento
baresark ['beəsɑ:k] Ⓐ *s.* guerreiro nórdico furioso Ⓑ *adv.* sem armadura
barf [bɑ:f] Ⓐ *v.intr.* vomitar Ⓑ *s.* vomitado
bargain ['bɑ:gɪn] Ⓐ *s.* 1 (compra) pechincha; *my car was a* ~ o meu carro foi uma pechincha; 2 contrato; ajuste; negócio; *to close a* ~ fechar um negócio; *to make a* ~ *with sb* fazer negócio com alguém Ⓑ *v.intr.* negociar; regatear Ⓒ *v.tr.* 1 trocar; 2 vender com prejuízo ❖ ~ *price* preço de saldo; *a bargain is a* ~ o prometido é devido; *a good* ~ *is a pickpurse* o barato sai caro; *into the* ~ ainda por cima; além disso; *to drive a hard* ~ não ser para brincadeiras; *to make a bad* ~/*to make a losing* ~ fazer um mau negócio; *to make the best of a bad* ~ aguentar qualquer insucesso de cara alegre
◆**bargain away** *v.tr.* vender ao desbarato; ceder a baixo preço
◆**bargain for** *v.tr.* esperar; supor ❖ *that's more than I bargained for* é mais do que eu esperava

bargain-basement ['bɑːgɪnˌbeɪsmənt] Ⓐ s. (loja) secção de artigos mais baratos Ⓑ adj. de saldo; *at ~ prices* a preço de saldo
bargainee [ˌbɑːgɪ'niː] s. comprador
bargainer ['bɑːgɪnə] s. 1 vendedor; 2 (preços) regateador
bargaining ['bɑːgɪnɪŋ] s. 1 negociações; 2 (preços) regateio
bargainor ['bɑːgɪnə] s. vendedor
barge [bɑːdʒ] Ⓐ s. 1 barca; 2 lancha; 3 (navio de guerra) segundo escaler Ⓑ v.tr.,intr. 1 transportar em barca; 2 abrir caminho; *to ~ one's way through the crowd* abrir caminho aos empurrões por entre a multidão ❖ *~ couple* barrotes do beiral do telhado
◆ **barge about/around** v.intr. andar aos ziguezagues; andar às voltas
◆ **barge in** v.intr. intrometer-se; meter-se na conversa
◆ **barge in on** v.tr. interromper; *to ~ a conversation* meter-se na conversa
◆ **barge into** v.tr. 1 (local) irromper; *he barged into the room* ele irrompeu pelo quarto dentro; 2 bater contra; ir contra; 3 (pessoa) encontrar-se casualmente [**into**, com]; deparar-se [**into**, com]; *I barged into him last night* deparei-me com ele ontem à noite
bargee [bɑː'dʒiː] s. bateleiro; barqueiro ❖ *to swear like a ~* praguejar como um carroceiro
bargeman ['bɑːdʒmən] s. (pl. **-men**) [EUA] bateleiro; barqueiro
bargemaster ['bɑːdʒmɑːstə] s. patrão de chalupa ou lancha
bargepole ['bɑːdʒpəʊl] s. vara para impelir embarcação ❖ [GB] [coloq.] *I wouldn't touch it with a bargepole!* nem morto confiava nisso!
barhop ['bɑːhɒp] v.intr. (particípios **-pp-**) [EUA] [coloq.] (noite) andar de bar em bar; fazer a ronda dos bares
barhopping ['bɑːhɒpɪŋ] s. [EUA] [coloq.] (noite) deambulação de bar em bar; ronda dos bares
bariatric [ˌbærɪ'ætrɪk] adj. MEDICINA bariátrico
bariatrics [ˌbærɪ'ætrɪks] s. MEDICINA bariatria
baritone ['bærɪtəʊn] s. MÚSICA barítono
barium ['bɛərɪəm] s. QUÍMICA (elemento químico) bário ❖ *~ chloride* cloreto de bário; *~ fluoride* fluoreto de bário; *~ peroxide* peróxido de bário; *~ sulphate* sulfato de bário; *~ sulphide* sulfureto de bário; *~ sulphite* sulfito de bário
bark [bɑːk] Ⓐ s. 1 (cães) latido; 2 (árvore) casca de árvore; cortiça; 3 barco à vela de três mastros; 4 [poét.] barco; 5 [coloq.] pele Ⓑ v.intr. ladrar, latir [**at**, a] Ⓒ v.tr. (árvore) descascar; descorticar ❖ *his ~ is worse than his bite* cão que ladra não morde; *you are barking up the wrong tree* estás a bater à porta errada
barker ['bɑːkə] s. 1 cão que ladra; 2 homem encarregado de tirar a casca às árvores
barking ['bɑːkɪŋ] s. latido ❖ *~ mad* completamente doido
barky ['bɑːkɪ] adj. com casca
barley ['bɑːlɪ] s. BOTÂNICA cevada ❖ *~ bread* pão de cevada; *~ sugar* açúcar de cevada; (bebida) *~ water* cevada
barleycorn ['bɑːlɪkɔːn] s. 1 (grão) cevada; 2 um terço de polegada; 3 (espingarda) extremidade do ponto de mira
barm [bɑːm] s. fermento, levedura
barmaid ['bɑːmeɪd] s. empregada de bar
barman ['bɑːmən] s. (pl. **-men**) barman, empregado de bar
barmy ['bɑːmɪ] adj. (comp. **-ier**, superl. **-iest**) 1 [coloq.] extravagante; irracional; 2 [coloq.] imbecil; aparvalhado; disparatado; 3 fermentado, em fermentação; com espuma
barn [bɑːn] s. 1 celeiro; 2 armazém ❖ *~ for straw* palheiro; ZOOLOGIA *~ swallow* andorinha-de-chaminé
Barnabas ['bɑːnəbəs] s.antr. Barnabé
barnacle ['bɑːnəkəl] s. 1 ZOOLOGIA perceve, perceba; 2 [fig., depr.] (pessoa) lapa; 3 pl. [arc.] óculos
barn-floor ['bɑːnflɔː] s. eira
barnyard ['bɑːnjɑːd] Ⓐ s. 1 eira; 2 capoeira Ⓑ adj. grosseiro ❖ *~ fowl(s)* aves de capoeira; *~ humour* humor de caserna; piadas de capoeira
barograph ['bærəgrɑːf] s. FÍSICA barógrafo
barology [bə'rɒlədʒɪ] s. FÍSICA barologia
barometer [bə'rɒmɪtə] s. barómetro ❖ *~ scale* escala de barómetro
barometric [ˌbærə'metrɪk] adj. barométrico; *~ condenser* condensador barométrico; *~ height* altura barométrica; *~ pressure* pressão atmosférica; *~ scale* escala barométrica; *~ switch* interruptor barométrico; *~ tide* variação barométrica
barometrical [ˌbærə'metrɪkəl] adj. ⇒ **barometric**
barometry [bə'rɒmɪtrɪ] s. barometria
baron ['bærən] s. barão ❖ *drug ~* barão da droga; *industry ~* barão da indústria; *a ~ of beef* os dois quartos dianteiros dum boi
baronage ['bærənɪdʒ] s. baronia; baronato; os barões
baroness ['bærənɪs] s.f. baronesa
baronet ['bærənɪt] s. baronete
baronetage ['bærənɪtɪdʒ] s. dignidade de baronete
baronetcy ['bærənɪtsɪ] s. (pl. **-ies**) ⇒ **baronetage**
baronial [bə'rəʊnɪəl] adj. de barão
barony ['bærənɪ] s. (pl. **-ies**) baronia
baroque [bə'rɒk] adj.,s. barroco; *~ style* estilo barroco
baroscope ['bærəskəʊp] s. baroscópio
barouche [bə'ruːʃ] s. caleche
barque [bɑːk] s. NÁUTICA barca, barco de três mastros
barrack ['bærək] Ⓐ s. quartel, caserna Ⓑ s.pl. 1 caserna, quartel; 2 alojamento temporário Ⓒ v.tr. 1 aquartelar; 2 alojar; 3 assobiar, apupar; 4 [Austr.] aplaudir, ovacionar, aclamar ❖ *confined to barracks* detido no quartel
barracking ['bærəkɪŋ] s. 1 aquartelamento; 2 apupos; vaias
barrack-room ['bærəkruːm] adj. (grosseiro) de caserna; *~ manners* modos de caserna; atitudes de caserna ❖ [depr.] *he's a ~ lawyer* ele é um intrometido
barracuda [ˌbærə'kuːdə] s. ZOOLOGIA (peixe) barracuda
barrage ['bærɑːʒ, 'bærɪdʒ] Ⓐ s. 1 MILITAR fogo de barragem; *~ fire* fogo de barragem; 2 (grande quantidade) onda [**of**, de]; *a ~ of complaints* uma onda de queixas; 3 (rio, canal) barragem Ⓑ v.tr.,intr. 1 fazer fogo de barragem (contra); 2 [fig.] (perguntas, acusações, etc.) crivar [**with**, de]
barrator ['bærətə] s. 1 litigante de má-fé; 2 juiz venal
barratry ['bærətrɪ] s. 1 venalidade; 2 barataria
barred ['bɑːd] adj. 1 com grade(s); gradeado; 2 às riscas; 3 barrado; impedido; 4 marcado
barrel ['bærəl] Ⓐ s. 1 barril; barrica; casco; pipa; 2 (espingarda) cano; 3 (caneta) depósito; 4 cilindro; corpo cilíndrico; 5 (pianola) cilindro; 6 caixa onde se contém a mola de um relógio; 7 caixa de tambor; 8 tambor; 9 barriga e lombos de cavalo Ⓑ v.tr. embarrilar, envasilhar Ⓒ v.intr. [EUA] [coloq.] ir a toda a velocidade ❖ *~ key* chave-fêmea; MÚSICA *~ organ* realejo; *~ roof* tecto abobadado, ARQUITECTURA *~ vault* abóbada de berço/de canudo/de tumba/cilíndrica; *~ of a pump* cilindro de bomba; *to have sb over a ~* colocar alguém entre a espada e a parede; ter alguém à sua mercê; *to scrape the bottom of the ~* utilizar algo como último recurso
barrelhead ['bærəlhed] s. fundo de barril
barren ['bærən] Ⓐ adj. 1 (terra) árido; infrutífero; infértil; *a ~ tract of land* um terreno infértil; 2 deserto; 3 (mulher) infecundo; infértil; estéril; 4 (situação) infrutífero; improdutivo Ⓑ s. baldio ❖ *~ money* dinheiro empatado; dinheiro que não rende
barrenly ['bærənlɪ] adv. aridamente; esterilmente
barrenness ['bærənɪs] s. 1 aridez; 2 esterilidade
barrette [bə'ret] s. [EUA] (cabelo) travessão
barricade ['bærɪkeɪd] Ⓐ s. barricada Ⓑ v.tr. barricar ❖ *to ~ oneself in* barricar-se em
barrier ['bærɪə] Ⓐ s. 1 barreira [**to**, a]; 2 limitação; entrave; restrição; 3 estacada Ⓑ v.tr. fechar com barreira ❖ *~ cream* creme dermoprotector; *~ reef* recife de coral; *language ~* barreira da língua
barring ['bɑːrɪŋ] Ⓐ s. 1 limitação; 2 impedimento; 3 atrancamento, atravancamento; 4 (chamadas telefónicas) barramento Ⓑ (part. pres. de **to bar**) Ⓒ prep. excepto, salvo ❖ *~ engine* motor auxiliar de arranque; servomotor de arranque
barrister ['bærɪstə] s. [GB] advogado; *a ~ of five years' standing* um advogado com cinco anos de prática
barrister-at-law ['bærɪstərətˌlɔː] s. advogado
barristerial [ˌbærəs'tɪərɪəl] adj. de advogado
barristress ['bærɪstrɪs] s.f. advogada
barrow ['bærəʊ] s. 1 carrinho de mão; 2 (vendas ambulantes, bagagens, etc.) carrinho, carreta; 3 ARQUEOLOGIA elevação tumular,

mamoa; **4** porco castrado; ~ *hog* porco castrado; **5** monte pequeno; **6** padiola; **7** casaco comprido de flanela, sem mangas, para criança
Bart [*abrev. de* Baronet]
bartender ['bɑːtendə] *s.* [EUA] barman, empregado de bar
barter ['bɑːtə] Ⓐ *s.* troca de géneros Ⓑ *v.tr.,intr.* **1** trocar géneros; **2** negociar ✥ *to ~ information* traficar informações
◆**barter away** *v.tr.* [depr.] trocar; vender; malbaratar por
barterer ['bɑːtərə] *s.* aquele que troca, que permuta géneros
Bartholomew [bɑːˈθɒləmjuː] *s.antr.* Bartolomeu ✥ HISTÓRIA *the Massacre of St. ~* a Noite de S. Bartolomeu
bartizan ['bɑːtɪzən] *s.* (fortificações) torreão de defesa
barton ['bɑːtn] *s.* **1** [arc.] quinta; **2** [arc.] terras do castelo não alugadas; **3** [arc.] capoeira
barycentre [bærɪˈsentə] *s.* FÍSICA baricentro
barycentric [bærɪˈsentrɪk] *adj.* baricêntrico
baryta [bəˈraɪtə] *s.* MINERALOGIA baritina
barytone ['bærɪtəʊn] *s.* ⇒ **baritone**
basal ['beɪsl] *adj.* **1** básico; fundamental; **2** FISIOLOGIA basal ✥ BIOLOGIA *~ body* corpo basal; FISIOLOGIA *~ metabolism* metabolismo basal
basalt ['bæsɔːlt, bəˈsɔːlt] *s.* basalto
basaltic [bəˈsɔːltɪk] *adj.* basáltico
basan ['bæzən] *s.* bazana
bascule ['bæskjuːl] *s.* báscula ✥ *~ bridge* ponte levadiça
base [beɪs] Ⓐ *s.* **1** base; suporte; parte inferior; **2** ponto de partida; **3** GEOMETRIA, MATEMÁTICA, MILITAR, QUÍMICA base; **4** LINGUÍSTICA raiz Ⓑ *adj.* **1** [lit.] (comportamento) baixo; ignóbil; vil; *~ language* linguagem grosseira; **2** (moeda) falso; *~ coin* moeda falsa Ⓒ *v.tr.* **1** basear [**on/upon**, em]; *I based my answer on what I had studied* baseei a minha resposta no que tinha estudado; **2** estabelecer, afirmar; fundamentar; *on what grounds do you ~ your version?* quais são os fundamentos para a sua versão?; **3** apoiar; firmar ✥ *~ metals* metais vis; *~ pigment* pigmento básico; *~ point* ponto de referência; *~ price* preço base; *the ~ of a bed* o rodapé duma cama; (empresa) *to be based in* estar sediado em; *to get to first ~* alcançar a primeira vitória
baseball ['beɪsbɔːl] *s.* DESPORTO basebol
baseboard ['beɪsbɔːd] *s.* [EUA] (parede) rodapé
base-born ['beɪsbɔːn] *adj.* **1** de nascimento humilde; **2** plebeu; **3** ilegítimo
basecourt ['beɪskɔːt] *s.* **1** pátio por trás de casa de lavoura; **2** pátio exterior de castelo
base-jump ['beɪsˌdʒʌmp] *v.intr.* DESPORTO saltar de pára-quedas de um edifício ou penhasco
base-jumping ['beɪsˌdʒʌmpɪŋ] *s.* DESPORTO salto de pára-quedas de um edifício ou penhasco
baseless ['beɪsləs] *adj.* infundado; sem fundamento
baselessly ['beɪsləslɪ] *adv.* infundadamente; sem fundamento
baselessness ['beɪsləsnɪs] *s.* falta de base; falta de fundamento
baseline ['beɪslaɪn] *s.* **1** DESPORTO (basebol) linha das bases; **2** DESPORTO (ténis) linha de fundo; **3** ARTES PLÁSTICAS ponto de fuga; **4** base; ponto de partida ✥ *~ costs* custo base
basely ['beɪslɪ] *adv.* de modo vil
basement ['beɪsmənt] *s.* **1** cave; pavimento mais baixo duma casa; **2** GEOLOGIA subsolo; **3** ARQUITECTURA soco, peanha
baseness ['beɪsnɪs] *s.* baixeza; vileza
basenji [bəˈsendʒɪ] *s.* ZOOLOGIA (cão) basenji
bash [bæʃ] Ⓐ *v.tr.* **1** bater em; dar uma coça a; **2** amolgar; amachucar Ⓑ *s.* **1** pancada; **2** amolgadela; *my car has a ~* o meu carro tem uma amolgadela; **3** (festa) farra, borga ✥ *to ~ one's head (against a wall)* bater com a cabeça (na parede); *to give it a ~* tentar a sorte
◆**bash about/around** *v.tr.* **1** dar uma coça a; **2** (uso de objectos) maltratar
◆**bash down** *v.tr.* deitar abaixo; derrubar
◆**bash in** *v.tr.* desfazer à pancada
◆**bash into** *v.tr.* ir contra; bater contra; *I bashed into a wall* bati contra um muro
◆**bash out** *v.tr.* (produzir) pôr cá fora; lançar
◆**bash up** *v.tr.* **1** (carro) destruir; **2** espancar
basher ['bæʃə] *s.* agressor; atacante

bashful ['bæʃfʊl] *adj.* **1** envergonhado; tímido; **2** pudico
bashfully ['bæʃfʊlɪ] *adv.* **1** timidamente; a medo; **2** pudicamente
bashfulness ['bæʃfʊlnɪs] *s.* **1** timidez; **2** pudor
basic ['beɪsɪk] *adj.* **1** básico; de base; *~ education* educação básica; *~ needs* necessidades básicas; **2** elementar; **3** fundamental; essencial; *a ~ truth* uma verdade fundamental; **4** vital [**to**, para]; *that is ~ to the success of the experiment* isso é vital para o sucesso da experiência ✥ HISTÓRIA *~ Treaty* Tratado Basilar (entre as antigas República Federal da Alemanha e a República Democrática Alemã)
BASIC INFORMÁTICA [*abrev. de* Beginner's All-Purpose Symbolic Instruction Code] BASIC
basically ['beɪsɪklɪ] *adv.* **1** basicamente; **2** em geral; **3** no fundo
basicity [beɪˈsɪsɪtɪ] *s.* basicidade
basics ['beɪsɪks] *s.pl.* (o) essencial; *back to ~* de volta às origens, de volta ao fundamental; *let's get down to ~* vamos ao que interessa
basidium [bəˈsɪdɪəm] *s.* (fungos) basídio
basification [beɪsɪfɪˈkeɪʃən] *s.* QUÍMICA basificação
basify ['beɪsɪfaɪ] *v.tr.,intr.* QUÍMICA basificar(-se); converter(-se) numa base
basil ['bæzl] *s.* BOTÂNICA manjericão, basílico
Basil ['bæzl] *s.antr.* Basílio
basilica [bəˈsɪlɪkə] *s.* basílica
basilican [bəˈsɪlɪkən] *adj.* basilical; relativo a basílica
basilicon [bəˈsɪlɪkən] *s.* basilicão
basilisk ['bæsɪlɪsk] *s.* MITOLOGIA basilisco
basin ['beɪsən] *s.* **1** bacia; **2** recipiente; tigela; caçarola; **3** lavatório; *he washed his hands in the ~* ele lavou as mãos no lavatório; **4** prato de balança; **5** GEOGRAFIA bacia hidrográfica; **6** doca; **7** porto natural; **8** reservatório (de água)
basinet ['bæsɪnɪt] *s.* (capacete medieval) bacinete
basis ['beɪsɪs] *s.* (*pl.* **bases**) **1** base; **2** ponto de partida; **3** fundamento ✥ *on a daily ~* ao dia; diariamente; todos os dias; *on a mileage ~* em função da quilometragem; *on an informal ~* a título não oficial; *on a regular ~* com frequência; regularmente; *on the ~ of* com base em; segundo; a partir de; de acordo com; por causa de; *to have a ~ in fact* ser fundamentado
bask [bɑːsk] *v.intr.* **1** (ao sol) refastelar-se [**in**, a]; estender se [**in**, a]; *I love to ~ in the sun* adoro refastelar-me ao sol; **2** [fig.] deliciar-se [**in**, com]; rejubilar [**in**, com]; *to ~ in sb's favour* ficar deliciado com as atenções de alguém
basket ['bɑːskɪt] *s.* **1** cesta; cesto; *laundry ~* cesto de roupa suja; **2** DESPORTO (basquetebol) (ponto, estrutura) cesto; *to make a ~* marcar um cesto ✥ [coloq.] *~ case* caso perdido; *~ chair* cadeira de verga; *~ handle* asa do cesto; (protecção) *~ hilt* copos de espada; *~ maker* cesteiro
basketball ['bɑːskɪtbɔːl] *s.* **1** DESPORTO basquetebol; **2** bola de basquetebol ✥ *~ player* jogador de basquetebol
basketful ['bɑːskɪtfʊl] *s.* cesto cheio [**of**, de]; *a ~ of groceries* um cesto cheio de produtos de mercearia
basketry ['bɑːskɪtrɪ] *s.* cestaria
basketwork ['bɑːskɪtwɜːk] *s.* **1** (ofício) cestaria; **2** (objecto) obra de vime
Basle [bɑːl] *s.top.* Basileia
basmati [bæzˈmætɪ] *s.* CULINÁRIA (arroz) basmati
basnet ['bæsnɪt] *s.* ⇒ **basinet**
basque [bæsk, bɑːsk] *s.* **1** espartilho longo; **2** aba
Basque ['bæsk, 'bɑːsk] Ⓐ *adj.* basco Ⓑ *s.* (pessoa, língua) basco ✥ (Espanha) *~ Country* País Basco
bas-relief [ˌbɑːrɪˈliːf] *s.* ARTES PLÁSTICAS baixo-relevo
bass[1] [beɪs] Ⓐ *s.* **1** MÚSICA (instrumento) baixo; *he plays ~* ele toca baixo; **2** MÚSICA (voz, notas) baixo; grave; *deep ~* baixo profundo Ⓑ *adj.* baixo; grave; *~ tones* tons graves ✥ MÚSICA *~ clef* clave de fá; MÚSICA *~ player* baixista; MÚSICA (instrumento) *double ~* contrabaixo
bass[2] [bæs] *s.* **1** ZOOLOGIA (peixe de rio) perca; **2** ZOOLOGIA (peixe de mar) robalo; **3** líber, entrecasca; **4** fibra de esparto
Bassanio [bəˈsɑːnɪəʊ] *s.antr.* LITERATURA (personagem shakespeariana) Bassânio

basset ['bæsɪt] s. 1 ZOOLOGIA (cão) bassê, podengo; 2 jogo de cartas antigo ❖ MÚSICA ~ *horn* clarinete agudo; clarinete tenor
bassinet [bæsɪ'net] s. (berço, carrinho) alcofa
basso ['bæsəʊ] s. (pl. **-s**) MÚSICA baixo
bassoon [bə'suːn] s. MÚSICA fagote
bassoonist [bə'suːnɪst] s. MÚSICA fagotista, tocador de fagote
basswood ['bæswʊd] s. BOTÂNICA tília americana
bastard ['bæstəd] Ⓐ s. 1 (filho ilegítimo) bastardo; 2 [cal.] (ofensivo) filho da mãe$_{cal.}$; 3 [cal.] (coisa difícil) bico de obra$_{coloq.}$ Ⓑ adj. 1 bastardo; ilegítimo; 2 abastardado, corrompido; degenerado ❖ ~ *file* lima bastarda; ~ *sawing of timber* corte tangencial de madeira; ZOOLOGIA ~ *wing* extremidade da asa
bastardize ['bæstədaɪz] v.tr. 1 abastardar; aviltar; rebaixar; 2 [arc.] declarar ilegítimo
bastardy ['bæstədɪ] s. [arc.] bastardia
baste [beɪst] v.tr. 1 CULINÁRIA (comida a assar) regar com molho; 2 (costura) alinhavar; 3 bater em; dar uma tareia a; 4 deitar cera derretida em
bastille [bæ'stiːl] s. 1 (forte) bastilha; 2 prisão
bastinado [bæstɪ'neɪdəʊ] Ⓐ s. (pl. **-es**) 1 bastonada; 2 bastão Ⓑ v.tr. dar bastonadas em
basting ['beɪstɪŋ] s. (linha) alinhavos
bastion ['bæstɪən] s. bastião; baluarte
bastioned ['bæstɪənd] adj. com bastiões
Basutoland [bə'suːtəʊˌlænd] s.top. [ant.] (actual Lesoto) Bassutolândia
basyl ['beɪsɪl, 'bæsɪl] s. QUÍMICA base oxigenada
basyle ['beɪsɪl, 'bæsɪl] s. QUÍMICA base oxigenada
bat [bæt] Ⓐ s. 1 DESPORTO (críquete, basebol, etc.) pá, taco; 2 DESPORTO (pingue-pongue) raqueta; 3 [coloq.] ritmo, batida; 4 ZOOLOGIA morcego Ⓑ v.tr.,intr. (particípios: **-tt-**) 1 DESPORTO (críquete, basebol, etc.) bater com a pá ou o taco; 2 bater ❖ *as blind as a* ~ cego como uma toupeira; *like a* ~ *out of hell* desenfreado; *right off the* ~ imediatamente; *she didn't* ~ *an eye* ela nem pestanejou; *to bat sth off one's own* ~ fazer algo de livre iniciativa; *to have bats in the belfry* não regular bem da cabeça; ter macaquinhos no sótão; *you can always depend on him to go to* ~ *for you* podes contar sempre com o auxílio dele
Batavia [bə'teɪvɪə] s.top. [ant.] (actual Jacarta) Batávia
batch [bætʃ] Ⓐ s. (pl. **-es**) 1 cozedura; fornada; 2 (produtos) lote; 3 INFORMÁTICA série; sequência; 4 leva; grupo; conjunto; *a* ~ *of prisoners* um conjunto de prisioneiros; 5 (quantidade) batelada; magote; *batches of people* bateladas de gente; 6 MECÂNICA batente; 7 carga Ⓑ v.tr.,intr. 1 organizar por lotes; 2 organizar por grupos; 3 processar em série; 4 [Austr., EUA] (homem) viver sozinho ❖ INFORMÁTICA ~ *file* ficheiro sequencial; INFORMÁTICA ~ *processing* processamento em série; ~ *sedimentation* sedimentação descontínua; *of the same* ~ da mesma qualidade; da mesma fornada
bate [beɪt] Ⓐ v.tr.,intr. 1 diminuir; refrear; 2 abater; 3 mergulhar as peles numa mistura para as curtir Ⓑ s. 1 mistura alcalina para curtir peles; 2 cólera; *to be in an awful* ~ estar louco de cólera
bath [bɑːθ] Ⓐ s. (pl. **baths**) 1 (banheira) banho; *to have/take a* ~ tomar banho; *to run a* ~ preparar um banho; 2 [GB] banheira; 3 pl. banhos públicos; 4 pl. piscina pública; [ant.] *swimming baths* piscina pública Ⓑ v.intr. (banheira) tomar banho; *I am bathing* estou a tomar banho Ⓒ v.tr. dar banho a; *he was bathing the baby* ele estava a dar banho ao bebé ❖ ~ *gel* gel de banho; ~ *salts* sais de banho; ~ *towel* toalhão; toalha de banho; *bubble* ~ banho de espuma; *Turkish* ~ banho turco
bath-brick ['bɑːθbrɪk] s. tijolo para polir metais
bath-chair ['bɑːθtʃeə] s. [ant.] cadeira de rodas
bathe [beɪð] Ⓐ v.intr. 1 (mar, rio, lagoa, lago) tomar banho; nadar; chapinhar; 2 [EUA] (banheira) tomar banho Ⓑ v.tr. 1 mergulhar; banhar; *her face bathed in tears* com a face banhada em lágrimas; 2 (ferida) limpar; desinfectar; 3 [EUA] dar banho a Ⓒ s. [ant.] (mar, rio, lago, lagoa) banho
bather ['beɪðə] s. banhista
bathhouse ['bɑːθhaʊz] s. 1 banhos públicos; 2 balneário
bathing ['beɪðɪŋ] s. banho ❖ [ant.] ~ *cap* touca de banho; [ant.] ~ *costume/suit* fato-de-banho; ~ *hut/tent* barraca de praia; ~ *machine* barraca com rodas usada antigamente nas praias de banhos; ~ *resort* estância balnear; [ant.] ~ *trunks* calções de banho
bathmat ['bɑːθmæt] s. 1 tapete para banheira; 2 tapete de casa de banho
bath-metal ['bɑːθmetəl] s. tambaque, tambaca
bathometer [bə'θɒmɪtə] s. batímetro
bat-horse ['bætɔːs] s. cavalo de carga
bathos ['beɪθɒs] s. 1 batos, passagem súbita do sublime ao ridículo; 2 afectação ridícula
bathrobe ['bɑːθrəʊb] s. VESTUÁRIO roupão de banho
bathroom ['bɑːθrʊm] s. quarto de banho
Bathsheba [bæθ'ʃiːbə] s.antr. RELIGIÃO (Bíblia) Betsabé
bathtub ['bɑːθtʌb] s. [EUA] banheira
bathymeter [bə'θɪmɪtə] s. batímetro
bathymetric [ˌbæθɪ'metrɪk] adj. batimétrico
bathymetry [bə'θɪmɪtrɪ] s. batimetria
bathyscaph ['bæθɪskæf] s. batiscafo, batisfera
bathysphere ['bæθɪsfɪə] s. batisfera
batik [bə'tiːk] s. (técnica, tecido) batique
bating ['beɪtɪŋ] prep. excepto
batiste [bæ'tiːst] s. (tecido) batista; cambraia
batman ['bætmən] s. (pl. **-men**) MILITAR impedido, ordenança
baton ['bætɒn] Ⓐ s. 1 (polícia) bastão; cassetete; 2 MÚSICA batuta; 3 DESPORTO (estafeta) testemunho
batrachian [bə'treɪkɪən] adj., s. ZOOLOGIA batráquio
batsman ['bætsmən] s. (pl. **-men**) DESPORTO (críquete, basebol, etc.) batedor
battalion [bə'tæljən] s. batalhão
battels ['bætlz] s.pl. (Oxford) nota trimestral das despesas universitárias
batten ['bætn] Ⓐ s. 1 sarrafo; ripa; 2 travessa de madeira; 3 tábua de soalho; 4 TEATRO gambiarra, série de lâmpadas suspensas por cima do palco Ⓑ v.tr.,intr. 1 comer como glutão; 2 engordar; 3 reforçar ou firmar com travessas
batter ['bætə] Ⓐ s. 1 CULINÁRIA (bolos, fritos) massa crua; 2 DESPORTO (críquete, basebol) batedor; 3 ARQUITECTURA (parede) jorramento, alambor, superfície exterior de parede mais estreita em cima que em baixo; 4 TIPOGRAFIA tipo ou chapa deficiente Ⓑ v.tr.,intr. 1 CULINÁRIA envolver em massa (antes de fritar); 2 bater repetidas vezes; 3 bater com artilharia; 4 tratar com dureza; 5 inclinar para dentro a parte exterior da parede (larga em baixo e estreita em cima); 6 TIPOGRAFIA gastar, desgastar tipo
✦**batter down** v.tr. 1 demolir; 2 arrombar
battering-ram ['bætərɪŋˌræm] s. aríete
battery ['bætərɪ] s. (pl. **-ies**) 1 pilha; 2 bateria; *to recharge the* ~ recarregar a bateria; 3 MILITAR bateria; *horse* ~ bateria montada; *to raise up a* ~ assestar uma bateria; 4 conjunto; agrupamento; grande quantidade; *a* ~ *of people* gente aos magotes; 5 aviário; 6 DIREITO maus-tratos; 7 MÚSICA (orquestra) percussão ❖ ~ *capacity* capacidade da bateria; ~ *charger* carregador; ~ *hen* galinha de aviário; ~ *ignition* ignição por bateria
batting ['bætɪŋ] s. 1 (críquete) manejamento da pá; 2 lã ou algodão em pasta
battle ['bætl] Ⓐ s. 1 MILITAR batalha; combate; *to join the* ~ entrar no combate; 2 disputa [**with**, com]; *to do* ~ *with sb* entrar em disputa com alguém; 3 [fig.] luta [**for**, por; **against**, contra]; defesa [**for**, de]; *the* ~ *for human rights* a defesa dos direitos humanos Ⓑ v.intr. 1 batalhar, combater, lutar [**for**, por; **against**, contra]; *to* ~ *for freedom* lutar pela liberdade; 2 esforçar-se [**for**, por] Ⓒ v.tr. combater ❖ ~ *array* ordem de batalha; [coloq.] ~ *bowler* capacete de aço; ~ *cruiser* cruzador de batalha; ~ *cry* grito de guerra; ~ *dress* uniforme de campanha; ~ *paint* tinta de camuflagem; ~ *piece* descrição dum combate; PINTURA cena de guerra; ~ *station* posto de combate; ~ *zone* zona de combate; *line of* ~ linha de batalha; *that's half the* ~ isso é meio caminho andado; *the* ~ *is to the strong* a vitória sorri aos fortes
battleaxe ['bætlæks] s. 1 (arma) acha; 2 (mulher) megera
battledore ['bætlədɔː, 'bætldəə] s. 1 (jogo do volante) raqueta; 2 pau para bater roupa
battlefield ['bætlfiːld] s. campo de batalha
battlement ['bætlmənt] s. parapeito; seteira; ameia
battlemented ['bætlməntɪd] adj. com ameias

battleplane ['bætəl,pleɪn] s. MILITAR avião de combate
battleship ['bætlˌʃɪp] s. 1 MILITAR (navio de guerra) cruzador; couraçado; 2 pl. (jogo) batalha naval
battue [bæ'tuː] s. montaria; batida
batty ['bætɪ] adj. (comp. -ier, superl. -ier) 1 [coloq.] amalucado; chalado; aluado; 2 [coloq.] pateta; palerma
bauble ['bɔːbəl] s. 1 bugiganga; 2 ninharia; bagatela; 3 ceptro do bobo
Baucis ['bɔːsɪs] s. MITOLOGIA Baucis
baud [bɔːd] s. INFORMÁTICA baud
baulk ['bɔːk, 'bɔːlk] s.,v.tr.,intr. ⇒ **balk**
bauxite ['bɔːksaɪt] s. MINERALOGIA bauxite
Bavaria [bə'veərɪə] s.top. Baviera
Bavarian [bə'veərɪən] adj.,s. bávaro
bavin ['bævɪn] s. 1 feixe, molho; 2 faxina
bawbee [bɔː'biː] s. [Esc.] [coloq.] (dinheiro) massa
bawd [bɔːd] s. 1 dona de bordel; alcoviteira; 2 conversa obscena
bawdry ['bɔːdrɪ] s. 1 [arc.] linguagem obscena; 2 [arc.] alcovitice; 3 [arc.] devassidão, libertinagem
bawdy ['bɔːdɪ] adj. (comp. -ier, superl. -iest) 1 obsceno; 2 devasso; 3 malicioso; 4 (piada) picante ❖ *to talk ~* dizer obscenidades
bawdyhouse ['bɔːdɪhaʊs] s. [arc.] bordel
bawl [bɔːl] Ⓐ v.tr.,intr. berrar; gritar Ⓑ s. berro; grito
◆**bawl out** v.tr. [coloq.] repreender; passar uma descompostura a; berrar com; *to bawl sb out* berrar com alguém
bawler ['bɔːlə] s. pessoa que grita, berra
bawn [bɔːn] s. 1 pátio de castelo; 2 curral para o gado
bay [beɪ] Ⓐ s. 1 baía; 2 reentrância em cadeia de montanhas; 3 BOTÂNICA louro, loureiro; 4 ARQUITECTURA tramo; 5 ARQUITECTURA pedaço de telhado ou soalho entre duas asnas; 6 ARQUITECTURA subdivisão do edifício ou estrutura marcada por colunas ou pilares; 7 ARQUITECTURA espaço acrescentado a aposento por janela ou varanda saliente; 8 ARQUITECTURA (janela, porta) vão; 9 abertura; 10 (armário, estante, etc.) compartimento; 11 latido de cães na caça; 12 baio, cavalo ou outro animal de cor baia Ⓑ adj. (cor) baio; ~ *horse* cavalo baio; *bright ~ horse* cavalo baio dourado; *dark ~* baio escuro Ⓒ v.intr. uivar; latir; perseguir latindo; *to ~ at the moon* ladrar à Lua ❖ *~ window* janela saliente da parede; *horse ~* cavalariça; *sick ~* enfermaria de bordo; *at ~* em apuros; em dificuldades; forçado a defender-se; *to bring to ~* obrigar (adversário) a dar luta; impedir a fuga; *to hold sb at ~/to keep sb at ~* manter a distância; impedir que alguém atinja os seus fins
bayadere ['baɪədɪə] s. [Índia] bailadeira
bayberry ['beɪbərɪ, 'beɪberɪ] s. 1 BOTÂNICA baga de loureiro; 2 BOTÂNICA pimento de Jamaica
bayonet ['beɪənɪt] Ⓐ s. baioneta Ⓑ v.tr. 1 abaionetar, atacar, ferir com baioneta; 2 forçar, obrigar à baioneta ❖ *~ charge* carga à baioneta; *to carry at the point of the ~* levar à ponta de baioneta; *to fix bayonets* armar baionetas
baysalt ['beɪsɔːlt] s. sal marinho
bazaar [bə'zɑː] s. 1 (Oriente) bazar; mercado; 2 (caridade) quermesse; bazar; *the ~ raised money for the refugees* a quermesse angariou dinheiro para os refugiados
bazooka [bə'zuːkə] s. (arma) bazuca
BB MILITAR [abrev. de balloon barrage]
B&B (hotelaria) [abrev. de Bed and Breakfast]
BBC Ⓐ [abrev. de British Broadcasting Corporation] Ⓑ [abrev. de bromo-benzyl-cyanide]
BBS INFORMÁTICA (Internet) [abrev. de Bulletin Board System] BBS
BC Ⓐ [abrev. de Before Christ] Ⓑ [abrev. de British Columbia]
BCC Ⓐ [abrev. de Birth Control Campaign] Ⓑ [abrev. de British Coal Corporation]
BCh [abrev. de Bachelor of Surgery]
BCL [abrev. de Bachelor of Civil Law]
BCom [abrev. de Bachelor of Commerce]
BD [abrev. de Bachelor of Divinity (Baccalaureus Divinitatis)]
bdellium ['delɪəm] s. BOTÂNICA, MINERALOGIA bdélio
bds [abrev. de bound in boards]
BDS Ⓐ [abrev. de Bomb Disposal Squad] Ⓑ [abrev. de Bachelor of Dental Surgery]

BDST [abrev. de British double summer time]
be [biː, bɪ] v.intr.,aux. (prt. was/were, part. pass. been) 1 ser; 2 estar; 3 existir; 4 haver; 5 ter; 6 ficar ❖ *to be all up with* estar tudo liquidado com; não haver possibilidade de salvação; *to be always on the make* procurar sempre o seu interesse; *to be at* estar a fazer alguma coisa; ter em mira; arreliar (alguém); *to be at large* andar à solta; andar a monte; *to be at one's wit's end* não saber o que fazer; *to be careful* ter cuidado; *to be cold* ter frio; *to be cut up about sth* afligir-se com; incomodar-se com; *to be for* ser partidário de; *to be hungry* ter fome; *to be in dead low water* estar quase sem dinheiro nenhum; *to be in the cart* estar atrapalhado; estar em dificuldades; *to be in the same box/to be in the same boat* estar nas mesmas condições; *to be long* demorar-se; *to be on short commons* ter um racionamento bastante apertado; *to be on the bench* ser juiz; *to be on the look out* estar de atalaia; *to be one button short* ter um parafuso a menos; *to be right* ter razão; *to be sleepy* ter sono; *to be taken aback* ficar surpreendido; *to be wrong* não ter razão; *how much is the book?* quanto custa o livro?; *I am for reform* sou partidário duma reforma; *if I were you* se eu fosse a ti; se eu fosse ao senhor; se eu estivesse no seu lugar; *let me be!* deixa-me sossegado!; *my brother is ten years old* o meu irmão tem dez anos; *my blood is up* estou resolvido; estou decidido; *that may be* isso pode ser; (casamento) *the banns are up already* já publicaram os banhos; *there are two books* há dois livros; *there is a book on the table* há um livro em cima da mesa; *there to be* haver; existir; *were it not for my being busy* se não fosse o eu ter que fazer
◆**be about** v.tr. 1 estar prestes [to, a]; 2 estar ocupado com
◆**be away** v.intr. 1 estar longe; 2 estar em férias
◆**be back** v.intr. regressar
◆**be backward** 1 ser acanhado; 2 (inteligência) ser lento; 3 (vegetais) não estar bem desenvolvido
◆**be down** v.intr. 1 estar pronto; estar vestido e ter descido ao andar inferior; 2 (pneumático) ter-se esvaziado ❖ *to ~ in one's luck* não ter sorte; *to ~ for sth* tocar-lhe a vez para qualquer coisa; inscrever-se para qualquer coisa; *to ~ on sb* tratar alguém com dureza; (doença) *to ~ with* estar de cama com
◆**be forward** v.intr. 1 ser intrometido; 2 ser indiscreto; 3 (cereal) estar bem desenvolvido
◆**be in** v.intr. 1 estar em casa; 2 meter no bolso; 3 (críquete) bater a bola; 4 estar a arder; 5 (vegetais, fruta) estar na época; 6 estar na moda ❖ *to ~ for* estar prestes a ter; [coloq.] *to ~ for it* estar prestes a cair em dificuldades; *to ~ with sb* estar de boas relações com alguém
◆**be off** v.intr. 1 estar de saída; ir-se embora; 2 (comida) estar seco; estar estragado ❖ *to be comfortably off* não viver mal; ter certos meios de fortuna
◆**be on** v.intr. 1 concordar com uma sugestão; 2 (alusão) perceber; 3 (teatro, cinema) estar em exibição; 4 estar de serviço ❖ [coloq.] *to ~ to a good thing* ter descoberto qualquer coisa proveitosa ou agradável
◆**be out** 1 não estar em casa; 2 estar sem; 3 (críquete) perder o bater da bola; 4 (lume) estar apagado; 5 (árvore) estar em flor; 6 estar publicado; 7 ser muito inexacto; 8 estar em desarmonia [of, com]; 9 não possuir, ter esgotado ❖ *to ~ of earshot* estar fora do alcance da voz; *to ~ of it* não ter quaisquer possibilidades de êxito; não tomar parte em qualquer coisa; *to ~ of sorts* sentir-se deprimido; sentir-se aborrecido
Be QUÍMICA [símbolo de beryllium]
BEA [abrev. de British European Airways]
beach [biːtʃ] Ⓐ s. (pl. -es) 1 praia; areal; *to walk on the ~* passear pela praia; 2 costa Ⓑ v.tr. 1 dar à praia; 2 encalhar ❖ *~ ball* bola de praia; bola insuflável; *~ guard* brigada de salvamento; *~ hut* barraca; *~ umbrella* guarda-sol
beached ['biːtʃt] adj. encalhado; em seco
beachhead ['biːtʃhed] s. MILITAR cabeça de praia, testa de praia
beaching ['biːtʃɪŋ] s. encalhe
beachwear ['biːtʃweə] s. roupa de praia
beacon ['biːkən] Ⓐ s. 1 NÁUTICA bóia luminosa; 2 farol; 3 sinal luminoso; 4 (fogueira) aviso; 5 [fig.] guru; ídolo; *the ~ of a generation* o guru de uma geração Ⓑ v.tr. 1 iluminar;

2 guiar; 3 fornecer de faróis; 4 espalhar fogueiras de alarme ❖ ~ *school* escola-modelo; (trânsito) *Belisha* ~ sinal luminoso intermitente que indica que existe passadeira

beaconage ['bi:kənɪdʒ] *s.* 1 balizagem; 2 sistema de faróis; 3 imposto de farolagem

bead [bi:d] Ⓐ *s.* 1 (ornamento) conta, gota, pérola; *string of beads* colar; *to thread beads* enfiar contas; 2 RELIGIÃO (terço, rosário) conta; *string of beads* terço, rosário; (terço) *the great* ~ o Pai Nosso; *to tell one's beads* rezar as contas, rezar o terço; 3 (vinho) bolha gasosa; 4 (espingarda) ponto de mira; *to draw a* ~ *on* fazer pontaria a; 5 astrágalo; 6 cordão; 7 tondinho; 8 rebordo Ⓑ *v.tr.,intr.* 1 enfeitar com contas; 2 (contas) ensartar; 3 perlar, dar forma de pérola a

beaded ['bi:dɪd] *adj.* em forma de conta, de pérola ❖ ~ *tube* tubo com rebordo

beader ['bi:də] *s.* 1 mandril; 2 tufo

beading ['bi:dɪŋ] *s.* 1 guarnição, ornato de pérolas, de contas; 2 vara de madeira com uma extremidade arredondada; 3 arredondamento de borda de caixa ou balde; 4 reviramento de bordas; 5 moldura ❖ ~ *tool* instrumento para revirar bordas

beadle ['bi:dl] *s.* bedel, funcionário paroquial

beadledom ['bi:dldəm] *s.* burocracia excessiva; papelada inútil

beadleship ['bi:dlʃɪp] *s.* cargo, função de bedel de paróquia

beady ['bi:dɪ] *adj.* (*comp.* -**ier**, *superl.* -**iest**) 1 pequeno e brilhante; 2 em forma de conta(s); 3 às gotas, coberto de gotas; 4 (olho) atento ❖ *to keep a* ~ *eye on* prestar atenção a

beagle ['bi:gəl] Ⓐ *s.* 1 ZOOLOGIA (cão de caça) beagle, bigle; 2 espião, esbirro policial Ⓑ *v.intr.* caçar com bigles

beagling ['bi:gəlɪŋ] *s.* caça à lebre com bigles

beak [bi:k] *s.* 1 (ave) bico; 2 (objecto) bico; 3 [coloq.] (nariz aquilino) penca*fig., coloq.*; 4 NÁUTICA beque; 5 [ant., cal.] magistrado; comissário, agente de polícia; 6 [ant., cal.] (escola) professor ❖ ~ *iron* extremidade pontiaguda da bigorna

beaker ['bi:kə] *s.* 1 taça; 2 QUÍMICA recipiente de vidro para experiências, proveta

beam [bi:m] Ⓐ *s.* 1 viga mestra; 2 braço de balança; 3 haste de âncora; 4 a maior largura dum navio; 5 raio de luz; radiação eléctrica; 6 feixe luminoso; 7 holofote; 8 sorriso; olhar vivo e feliz; 9 DESPORTO (ginástica) trave olímpica; 10 NÁUTICA vaus; 11 biela; 12 lança de carro; 13 parte principal da charrua; 14 cilindro de tear Ⓑ *v.tr.* 1 irradiar; 2 (programa, informação) transmitir; emitir; enviar Ⓒ *v.intr.* 1 (luz) brilhar; 2 [fig.] sorrir abertamente [*at*, perante]; irradiar alegria ❖ ~ *aerial/*~ *antenna* antena direccional; ~ *compasses* compasso para circunferências de grande raio; cintel; NÁUTICA ~ *sea* mar de través; [coloq.] *to be off the* ~ estar a nadar*fig.*; não estar a perceber nada; estar completamente errado; *to* ~ *forth* aparecer

beam-ends ['bi:mendz] *s.* NÁUTICA costado; (embarcação) *to be on her* ~ estar virado sobre o costado, estar prestes a voltar-se ❖ (dinheiro) *to be on one's* ~ estar sem cheta

beamer ['bi:mə] *s.* DESPORTO (críquete) bola lançada à altura da cabeça do batedor

beamful ['bi:mfʊl] *adj.* luminoso

beamily ['bi:mɪlɪ] *adv.* radiosamente

beaminess ['bi:mɪnɪs] *s.* brilho

beaming ['bi:mɪŋ] Ⓐ *adj.* 1 radiante; radioso; ~ *delight* alegria irradiante; 2 luminoso; resplandecente; ~ *smile* sorriso luminoso Ⓑ *s.* radiação

beamless ['bi:mləs] *adj.* sem brilho

beamy ['bi:mɪ] *adj.* (*comp.* -**ier**, *superl.* -**iest**) 1 radiante; brilhante; 2 (navio) largo; amplo

bean [bi:n] *s.* 1 BOTÂNICA feijão; 2 BOTÂNICA fava; 3 BOTÂNICA semente; grão ❖ CULINÁRIA ~ *curd* tofu; ~ *goose* pato selvagem; ~ *trefoil* anagiro; *broad* ~ fava; *French beans* feijão-verde; *to spill the beans* revelar um segredo; *every* ~ *has its black* não há bela sem senão; *full of beans* muito animado; [coloq.] *he doesn't know beans about that* ele não percebe patavina do assunto; *I don't care a* ~ estou-me nas tintas; *it is not worth a* ~ não vale um chavo; *she hasn't a* ~ ela não tem vintém

bean-cod ['bi:nkɒd] *s.* vagem

beanery ['bi:nərɪ] *s.* [EUA] restaurante barato

beanfeast ['bi:nfi:st] *s.* 1 [ant.] festa; patuscada; 2 [ant.] jantar (anual) da empresa

beano ['bi:nəʊ] *s.* [ant.] festa; patuscada

beansprout ['bi:nspraʊt] *s.* BOTÂNICA rebento de soja

beanstalk ['bi:nstɔ:k] *s.* 1 BOTÂNICA haste, estaca de feijoeiro; 2 BOTÂNICA haste, estaca de fava

bear [beə] Ⓐ *v.tr.,intr.* (*prt.* **bore**, *part. pass.* **born** ou **borne**) 1 aguentar; suportar; tolerar; *I cannot* ~ *that* não suporto isso; 2 sustentar; 3 levar; 4 carregar; 5 arcar com; assumir; sofrer; *to* ~ *the responsibility* assumir a responsabilidade; *to* ~ *the blame* assumir as culpas; *to* ~ *the brunt* sofrer as consequências; 6 produzir; *this plant bears beautiful flowers* esta planta produz flores lindas; 7 criar; gerar; dar à luz; *to* ~ *a child* dar à luz Ⓑ *s.* 1 ZOOLOGIA urso; *bear's cub* cria de urso; 2 urso de peluche; 3 [coloq., depr.] bruto; 4 (Bolsa) baixista, especulador que provoca baixa de preços ❖ ~ *hug* abraço apertado; ~ *garden* barafunda, tumulto; local de exposição de ursos; BOTÂNICA *bear's breech* acanto; branca-ursina; [EUA] *the* ~ *State* Arcansas; ASTRONOMIA *the Great* ~ a Ursa Maior; ASTRONOMIA *the Little* ~ a Ursa Menor; *to be a* ~ *for sth* ser louco por; *to be like a* ~ *with a sore head* estar com um humor de cão; *to* ~ *a grudge against sb* guardar rancor a alguém; *to* ~ *away the prize* ganhar; levar a palma; *to* ~ *fruit* dar fruto; dar resultado; *to* ~ *in mind* lembrar-se; ter presente; *to* ~ *no relation to* não ter nada a ver com; *to* ~ *oneself well* comportar-se bem; *to* ~ *witness to sth* ser testemunha de algo; *to go like a* ~ *to the stake* ir como um boi para o matadouro

◆ **bear down** *v.tr.,intr.* 1 aproximar-se rapidamente [**on**, de]; 2 pressionar [**on**, -]; 3 vencer; derrotar; 4 (parto) fazer força

◆ **bear off** *v.tr.* levar

◆ **bear on/upon** *v.tr.* 1 apoiar-se em; 2 relacionar-se com; 3 ter efeito(s) sobre; afectar; influenciar; 4 dificultar

◆ **bear out** *v.tr.* 1 provar; 2 demonstrar; 3 confirmar; corroborar; *this bears out your theory* isto confirma a tua teoria ❖ *to bear sb out* provar que é verdade o que alguém disse; mostrar que alguém está certo

◆ **bear up** *v.intr.* manter a cabeça erguida; aguentar-se ❖ *bear up!* coragem!

◆ **bear with** *v.tr.* 1 ser paciente com; ter paciência com; 2 mostrar-se indulgente com

bearable ['beərəbəl] *adj.* 1 tolerável; suportável; 2 sofrível

bearableness ['beərəbəlnɪs] *s.* tolerabilidade

bearably ['beərəblɪ] *adv.* 1 toleravelmente; suportavelmente; 2 sofrivelmente

bearbaiting ['beəbeɪtɪŋ] *s.* [ant.] desporto popular que consistia em soltar cães a ursos presos

beard ['bɪəd] Ⓐ *s.* 1 barba; 2 (peixes, aves, etc.) barbilhão; 3 (milho, etc.) barbas Ⓑ *v.tr.* enfrentar; desafiar ❖ *to* ~ *the lion in his den* ir enfrentar alguém

bearded ['bɪədɪd] *adj.* com barba; barbado; barbudo ❖ *red-bearded pirate* pirata de barba ruiva

beardless ['bɪədləs] *adj.* sem barba; imberbe

bearer ['beərə] *s.* 1 portador; 2 titular; 3 escora; apoio; 4 cada um dos que leva o caixão; o que pega nas borlas dum caixão; 5 suporte; berço; 6 picadeiro ❖ ~ *cheque* cheque ao portador; ~ *share* acção ao portador; *ensign* ~ porta-bandeira

bearing ['beərɪŋ] Ⓐ *s.* 1 porte; *majestic* ~ porte majestoso; 2 atitude; comportamento; 3 relação; relevância; importância; *to have no* ~ *on the subject* não ter qualquer relação com o assunto em questão; 4 orientação; rumo; *to find one's bearings/to get one's bearings* orientar-se; saber onde se está; *to lose one's bearings* desorientar-se; perder o rumo; 5 tolerância; 6 transporte (de qualquer coisa); acto de trazer; 7 (máquina) rolamento; 8 mancal; 9 chumaceira; *main* ~ chumaceira principal, chumaceira do veio motor; 10 apoio; 11 espaço entre as escoras duma viga Ⓑ *adj.* que traz; que produz; *oxygen-bearing* que produz oxigénio ❖ ~ *angle* ângulo de apoio; ~ *block* chumaceira; NÁUTICA ~ *compass* agulha de marear; ~ *spring* mola de suspensão; ~ *surface* superfície de sustentação; superfície de apoio; *armorial bearings* brasão; *beyond all* ~ absolutamente insuportável

bearish ['beərɪʃ] adj. 1 rude; grosseiro; bruto; 2 ECONOMIA (tendência) baixista
bearishly ['beərɪʃlɪ] adv. rudemente; grosseiramente; brutalmente
bearishness ['beərɪʃnɪs] s. grosseria; brutalidade
bearskin ['beəskɪn] s. 1 pele de urso; 2 barrete de pele usado pelos componentes dos Regimentos da Guarda Real Britânica
beast [biːst] s. 1 animal; besta; bicho; *the king of the beasts* o rei dos animais; 2 quadrúpede; 3 [coloq., depr.] bruto; animal; *you're such a beast!* és um bruto! ❖ *~ of burden* besta de carga; *~ of prey* predador; *to sink to the level of a ~* aviltar-se; *wild ~* fera
beastie ['biːstɪ] s. [EUA, Esc.] [coloq.] (insecto) bicho
beastliness ['biːstlɪnɪs] s. bestialidade
beastly ['biːstlɪ] Ⓐ adj. (comp. -**ier**, superl. -**iest**) 1 brutal; 2 [ant., coloq.] desagradável; horrível; insuportável; *a ~ weather* um tempo insuportável Ⓑ adv. 1 [coloq.] (comportamento) brutalmente; ferozmente; 2 [GB] [coloq.] (situação) desagradavelmente ❖ *to be ~ to sb* tratar alguém muito mal; ser horrível para alguém
beat [biːt] Ⓐ v.tr. (pret. **beat**, p. p. **beaten**) 1 (pessoas) bater em; espancar; *he was beaten* ele foi espancado; 2 (em objecto) bater em; dar pancadas em; 3 (competição) vencer, derrotar; bater; *she always beats me at chess* ela derrota-me sempre no xadrez; *to ~ a record* bater um recorde; 4 CULINÁRIA bater; mexer; *to ~ the eggs* bater os ovos; 5 MÚSICA bater o compasso; 6 (asas) bater; agitar; 7 (terreno) bater; explorar Ⓑ v.intr. 1 (coração) bater; pulsar; 2 (mar, chuva) bater [**on**, em; **against**, contra]; *the waves were beating against the rocks* as ondas batiam contra as rochas; 3 (asas) bater; agitar Ⓒ s. 1 batimento; 2 pancada; golpe; 3 vibração; 4 pulsação; 5 (tambor) toque; 6 (polícia, sentinela) ronda; 7 (batuta de maestro) movimento; 8 [EUA] círculo eleitoral Ⓓ adj. 1 [coloq.] exausto, estafado; 2 [coloq.] (perplexo) ultrapassado ❖ *~ frequency* frequência do pulso; *Beat Generation* designação de uma juventude americana mais ou menos correspondente aos «angry young men» ingleses e aos existencialistas franceses do após-guerra e cujas manifestações literárias se iniciam por volta de 1948-49; *to ~ a retreat* dar o sinal para retirar (em tambor); bater em retirada; *to ~ about the bush* estar com rodeios; *to ~ one's brains out* dar voltas à cabeça; *to ~ one's head against a stonewall* lutar contra o impossível; *to ~ sb black and blue* dar uma tareia em alguém; dar uma sova em alguém; MÚSICA *to ~ time* marcar o compasso; *he couldn't ~ it into my head* não conseguiu meter-me isso na cabeça; [coloq.] *she told him to ~ it* ela disse-lhe que se pusesse a mexer; *you have me ~* desisto; você levou-me a melhor
◆ **beat back** v.tr. obrigar a retroceder; rechaçar; *they ~ the enemy troops* obrigaram as tropas inimigas a retroceder
◆ **beat down** Ⓐ v.tr.,intr. 1 (sol) escaldar; 2 (chuva) cair com força; *the rain was beating down* chovia torrencialmente Ⓑ v.tr. [coloq.] (preço) regatear; *to ~ a price* regatear um preço
◆ **beat off** v.tr. repelir; *to ~ an attack* repelir um ataque
◆ **beat out** v.tr. 1 (fogo) abafar; extinguir; *to beat the fire out with a blanket* abafar o fogo com um cobertor; 2 (ameaça) obrigar a contar; arrancar; *he beat the truth out of him* arrancou-lhe a verdade; 3 (ritmo) bater; marcar; martelar; *to ~ the rhythm on the drums* marcar o ritmo na bateria; 4 [EUA] derrotar; vencer; superar; *he beat him out in the last round* derrotou-o no último assalto
◆ **beat up** v.tr. dar uma tareia a, dar uma sova a; *to beat sb up* dar uma sova em alguém ❖ *to ~ eggs* bater ovos
◆ **beat up on** v.tr. [EUA] culpabilizar; martirizar; atormentar; *stop beating up on yourself* pára de te martirizares
beatbox ['biːtbɒks] Ⓐ s. MÚSICA caixa de ritmos Ⓑ adj. MÚSICA com ritmos de percussão
beaten ['biːtn] adj. 1 batido; *~ track* caminho velho, caminho batido; 2 (pessoa) exausto, roto, estourado; 3 (competição) derrotado; *the ~ team* a equipa derrotada ❖ *off the ~ track* pouco explorado; pouco conhecido
beater ['biːtə] s. 1 (caça) batedor; 2 CULINÁRIA batedeira; misturador; 3 mão de almofariz; 4 maço de calceteiro; 5 pilão
beatific [bɪə'tɪfɪk] adj. beatífico
beatifical [bɪə'tɪfɪkəl] adj. ⇒ **beatific**

beatifically [bɪə'tɪfɪklɪ] adv. beatificamente
beatification [bɪˌætɪfɪ'keɪʃən] s. beatificação
beatify [bɪ'ætɪfaɪ] v.tr. (prt. e part. pass. -**ied**) beatificar
beating ['biːtɪŋ] s. 1 tareia; coça; *to give sb a ~* dar uma tareia a alguém; 2 batida; 3 batimento; 4 [fig.] grande derrota; *to take a heavy ~* sofrer uma derrota pesada ❖ *this record will take some ~* este recorde vai ser difícil de melhorar
beatitude [bɪ'ætɪtjuːd] s. beatitude
beatlemania ['biːtlˌmeɪnɪə] s. [ant.] beatlemania, adoração dos Beatles
beatnik ['biːtnɪk] s. [EUA] (Beat Generation) beatnik
Beatrice ['bɪətrɪs] s.antr. Beatriz
beat-up ['biːtʌp] adj. [coloq.] podre de velho; desconjuntado; acabado
beau [bəʊ] s. (pl. -**s**) 1 [ant.] namorado; 2 [ant.] admirador, pretendente; 3 [arc.] peralta; janota ❖ *~ ideal* ideal de beleza
beaut [bjuːt] s. [EUA] [coloq.] beleza, maravilha; *what a beaut!* que maravilha
beauteous ['bjuːtɪəs] adj. belo
beauteously ['bjuːtɪəslɪ] adv. lindamente; belamente
beauteousness ['bjuːtɪəsnɪs] s. beleza
beautician [bjuː'tɪʃən] s. esteticista
beautifier ['bjuːtɪfaɪə] s. o que embeleza
beautiful ['bjuːtɪfʊl] adj. 1 bonito; belo; *what a ~ sight!* que bela vista!; 2 excelente; fantástico; *a ~ day* um dia fantástico; 3 agradável; delicioso
beautifully ['bjuːtɪfʊlɪ] adv. 1 lindamente; 2 maravilhosamente; magnificamente; 3 muito bem
beautify ['bjuːtɪfaɪ] v.tr. (prt. e part. pass. -**ied**) embelezar; alindar
beauty ['bjuːtɪ] s. (pl. -**ies**) 1 beleza; 2 (pessoa) beldade ❖ *~ contest* concurso de beleza; [EUA] *~ mark* sinal de rosto; [EUA] *~ parlour* salão de beleza; (cosmética) *~ products* produtos de beleza; *~ salon* salão de beleza; *~ sleep* sono de beleza; o primeiro sono antes da meia-noite; (rosto) *~ spot* sinal; (cidade) *~ spots* atracções turísticas; *~ is but skin-deep* não podemos julgar pelas aparências; *~ is in the eye of the beholder* quem o feio ama bonito lhe parece
beaver ['biːvə] s. 1 ZOOLOGIA castor; 2 pêlo de castor; 3 chapéu (de pêlo de castor); 4 (lã ou algodão) tecido grosso; 5 (elmo medieval) viseira; 6 (escutismo) lobito ❖ *~ board* tábua de fibra de madeira; *to be an eager ~* ser eléctrico
bebop ['biːbɒp] s. MÚSICA (jazz) bebop
becall [bɪ'kɔːl] v.tr. [rar.] chamar nomes a (pessoa)
becalm [bɪ'kɑːm] v.tr. 1 acalmar; 2 privar (navio) de vento
became [bɪ'keɪm] prt. de **to become**
because [bɪ'kɒz, bɪ'kɔːz] conj. porque ❖ *because!* porque sim!/porque não!; *~ of* por causa de; devido a; *just because...* lá porque...
bechamel ['beɪʃəmel] adj. CULINÁRIA bechamel; *~ sauce* molho bechamel
Bechuanaland [ˌbetʃuˈɑːnəlænd] s.top. [ant.] Bechuanalândia
beck [bek] s. 1 riacho; regato de montanha; 2 aceno; sinal; *to give a ~ to sb* fazer sinal a alguém ❖ *to have sb at one's ~ and call* ter alguém às ordens
beckets ['bekɪts] s.pl. NÁUTICA aselhas na corda em volta de barco salva-vidas para os náufragos a elas se agarrarem
beckon ['bekən] Ⓐ v.tr.,intr. 1 acenar [**to**, a]; fazer sinal(is) [**to**, a]; *he beckoned to his friend* ele fez sinal ao amigo; 2 [fig.] atrair; *he was beckoned by a life of adventures* sentia-se atraído por uma vida de aventuras Ⓑ s. aceno
becloud [bɪ'klaʊd] v.tr. 1 [poét.] enublar; 2 [poét.] confundir; obscurecer; turvar
become [bɪ'kʌm] Ⓐ v.intr. (pret. **became**, p. p. **become**) 1 tornar-se; fazer-se; *to ~ famous* ficar famoso; 2 suceder [**of**, a]; ser feito [**of**, de]; *what has ~ of your father?* que é feito do teu pai? Ⓑ v.tr. 1 [ant.] (comportamento) ser próprio de; ficar bem a; *it does not ~ you to say such a thing* não te fica bem dizer uma coisa dessas; 2 [ant.] (roupa) ficar bem a; assentar bem a ❖ *to ~ demagnetized* desmagnetizar-se; *to ~ magnetic* magnetizar-se; *to ~ suspicious of* começar a desconfiar de
becoming [bɪ'kʌmɪŋ] adj. 1 apropriado; próprio; conveniente; 2 (roupa, acessórios, etc.) que fica bem; que favorece

becomingly [bɪˈkʌmɪŋlɪ] *adv.* 1 convenientemente; 2 com compostura; 3 correctamente
becomingness [bɪˈkʌmɪŋnɪs] *s.* compostura; conveniência
becquerel [ˈbekrəl] *s.* FÍSICA (sistema internacional de unidades de medida) becquerel
bed [bed] Ⓐ *s.* 1 cama; *to make the ~* fazer a cama; *double ~* cama de casal; *single ~* cama de solteiro; 2 colchão; *feather ~* colchão de penas; 3 (animais) ninho; 4 base; 5 superstrutura; 6 (jardim) canteiro; 7 (rio) leito; 8 (mar) fundo; 9 estrato; camada; 10 banco (agrupamento) de ostras Ⓑ *v.tr.* (*particípios:* -dd-) 1 deitar; 2 colocar; 3 plantar; 4 firmar Ⓒ *v.intr.* 1 deitar-se; 2 fazer a cama (a animais) ❖ *~ frame* armação da cama; *~ linen* roupa de cama; *~ slipper* arrastadeira; (hotel) *~ and breakfast* estadia e pequeno-almoço; *a ~ of roses* um mar de rosas; *dying ~* leito mortuário; *to get out of ~ on the wrong side* levantar-se mal-humorado, maldisposto; *to go to ~* ir deitar-se; *to keep to one's ~* estar de cama; *to take to one's ~* recolher ao leito; *as you make your ~ so you must lie on it* conforme a cama fizeres, assim nela te deitarás
◆ **bed down** Ⓐ *v.tr.* deitar; *to ~ the baby* deitar o bebé Ⓑ *v.intr.* 1 dormir; passar a noite; *to ~ somewhere* ir dormir a algum lado; 2 assentar; acamar
◆ **bed in** *v.tr.,intr.* assentar (em) ❖ *the ship bedded in the sand* o navio encalhou na areia
◆ **bed out** *v.tr.* transplantar para o exterior; *to ~ plants* transplantar plantas
BEd [*abrev. de* Bachelor of Education]
bedabble [ˈbedəbəl] *adj.* [coloq.] atraente; desejável
bedad [bɪˈdæd] *interj.* caramba!
bedaub [bɪˈdɔːb] *v.tr.* borrar (com tinta)
bedazzle [bɪˈdæzl] *v.tr.* 1 deslumbrar; 2 (luz) ofuscar; 3 confundir
bedbug [ˈbedbʌɡ] *s.* ZOOLOGIA carrapato
bedchamber [ˈbedtʃeɪmbə] *s.* quarto de dormir; alcova
bedclothes [ˈbedkləʊðz] *s.* roupa da cama
bedding [ˈbedɪŋ] *s.* 1 roupa da cama e colchões; 2 cama (de gado); 3 GEOLOGIA estrato; estratificação ❖ *~ plant* planta de canteiro
Bede [biːd] *s.antr.* (historiador e letrado) Beda
bedeck [bɪˈdek] *v.tr.* adornar; ornamentar
bedeguar [ˈbedɪɡɑː] *s.* BOTÂNICA bedegar
bedel [beˈdel] *s.* bedel
bedevil [bɪˈdevəl, bɪˈdevɪl] *v.tr.* 1 arreliar; atormentar; massacrar; 2 confundir; 3 endemoninhar
bedevilment [bɪˈdevəlmənt, bɪˈdevɪlmənt] *s.* 1 endemoninhamento; feitiço; bruxedo; 2 tormento; aflição; 3 confusão
bedew [bɪˈdjuː] *v.tr.* 1 orvalhar; 2 borrifar
bedfellow [ˈbedfeləʊ] *s.* 1 parceiro; companheiro; 2 [arc.] pessoa com quem se divide a cama
bedight [bɪˈdaɪt] *v.tr.* (*prt. e part. pass.* **bedight**) [arc.] ornamentar; ornar
bedim [bɪˈdɪm] *v.tr.* (*particípios:* -mm-) 1 ofuscar; 2 turvar a visão de
bedizen [bɪˈdaɪzn] *v.tr.* ataviar; enfeitar; adornar
bedlam [ˈbedləm] *s.* 1 confusão; caos; balbúrdia; 2 [arc.] manicómio
bedlamite [ˈbedləmaɪt] *adj.,s.* [arc.] alienado; lunático
Bedouin [ˈbeduɪn] *adj.,s.* beduíno
bedpan [ˈbedpæn] *s.* (para doentes) arrastadeira
bedplate [ˈbedpleɪt] *s.* MECÂNICA base de assentamento; base de cilindro; fixe de máquina ❖ *~ of an engine* fixe de máquina
bedpost [ˈbedpəʊst] *s.* (armação da cama) coluna de leito
bedrabbled [bɪˈdræbəld] *adj.* 1 enlameado; sujo com lama e chuva; 2 esfarrapado
bedraggle [bɪˈdræɡəl] *v.tr.* 1 enlamear; sujar com lama; 2 esfarrapar
bedraggled [bɪˈdræɡəld] *adj.* 1 enlameado; sujo; 2 desalinhado; desmazelado; mal-arranjado; com mau aspecto
bedridden [ˈbedrɪdn] *adj.* acamado; de cama
bedrock [ˈbedrɒk] *s.* 1 GEOLOGIA substrato rochoso; leito de rocha; 2 [fig.] fundamentos; bases; 3 [fig.] fundo da questão ❖ *~ prices* preços imbatíveis
bedroom [ˈbedrʊm] *s.* quarto de dormir ❖ *double ~* quarto de casal; *single ~* quarto de solteiro

bedside [ˈbedsaɪd] *s.* 1 cabeceira (de cama); *at his ~* à cabeceira dele; 2 beira da cama ❖ *~ carpet* tapete de quarto; *~ table* mesinha-de-cabeceira; (médico, etc.) *to have a good ~ manner* saber falar com os doentes
bedsit [ˈbedsɪt] *s.* estúdio
bedsitter [bedˈsɪtə] *s.* [GB] (apartamento) estúdio
bedsore [ˈbedsɔː] *s.* escara
bedspace [ˈbedspeɪs] *s.* alojamento
bedspread [ˈbedspred] *s.* colcha; coberta
bedstead [ˈbedsted] *s.* armação da cama
bedtime [ˈbedtaɪm] *s.* hora de deitar ❖ *~ story* história para adormecer
bedward [ˈbedwəd] *adv.* em direcção à cama
bedwarmer [ˈbedwɔːmə] *s.* [ant.] aquecedor (para a cama)
bed-wetting [ˈbedwetɪŋ] *s.* enurese; incontinência (urinária) nocturna
bee [biː] *s.* 1 ZOOLOGIA abelha; 2 [fig.] pessoa muito ocupada; 3 [EUA] (trabalho, divertimento) reunião; 4 NÁUTICA concha do gurupés ❖ *~ skep* colmeia; cortiço de palha; *~ sting* ferrão de abelha; *as busy as a ~* muito ocupado; *queen ~* abelha-mestra; [coloq.] *to have a ~ in one's bonnet (about)* estar obcecado (com); *worker ~* obreira
beebread [ˈbiːbred] *s.* pasta de pólen e mel com que as abelhas se alimentam
beech [biːtʃ] *s.* (*pl.* -es) BOTÂNICA (árvore) faia ❖ *~ grove* faial; bosque de faias; *~ mast* frutos e sementes da faia (destinados a animais)
beechen [ˈbiːtʃən] *adj.* de faia
beechnut [ˈbiːtʃnʌt] *s.* fruto da faia
bee-eater [ˈbiːiːtə] *s.* ZOOLOGIA (ave) melharuco, abelharuco
beef [biːf] Ⓐ *s.* (*pl.* -s) 1 CULINÁRIA carne de vaca; 2 carne; músculo; 3 [fig.] força; 4 [cal.] queixa Ⓑ *v.intr.* [cal.] queixar-se [**about**, de] ❖ *~ cattle* gado bovino; *~ stew* carne estufada com legumes; *~ tallow* sebo de boi; *~ tea* caldo de carne (para doentes); *corned ~* carne de conserva; *roast ~* rosbife; *stewed ~* carne estufada; *he's got plenty of ~* ele tem força suficiente
◆ **beef up** *v.tr.* reforçar; fortalecer; robustecer
beefburger [ˈbiːfbɜːɡə] *s.* hambúrguer
Beefeater [ˈbiːfiːtə] *s.* *Beefeater*, alabardeiro da Torre de Londres
beefiness [ˈbiːfɪnɪs] *s.* 1 carne; musculatura; 2 [fig.] força; poder
beefsteak [ˈbiːfsteɪk] *s.* CULINÁRIA bife
beefy [ˈbiːfɪ] *adj.* (*comp.* -ier, *superl.* -iest) 1 carnudo; musculoso; 2 [fig.] forte; poderoso; 3 [fig.] suculento
beehive [ˈbiːhaɪv] *s.* 1 colmeia; cortiço; 2 [fig.] enxame; 3 (penteado dos anos 60) puxo de cabelo em forma de colmeia
beekeeper [ˈbiːkiːpə] *s.* apicultor
beekeeping [ˈbiːkiːpɪŋ] *s.* apicultura
beele [biːl] *s.* [rar.] martelo aguçado nas duas pontas
beeline [ˈbiːlaɪn] *s.* linha recta ❖ *to make a ~ for* seguir o caminho mais curto para; cortar a direito para
Beelzebub [bɪˈelzɪbʌb] *s.* Belzebu
been [biːn, bɪn] *part. pass. de* **to be**
beep [biːp] Ⓐ *s.* 1 (som) bip; 2 (carro) toque de buzina Ⓑ *v.intr.* 1 fazer bip; 2 (carro) buzinar
beeper [ˈbiːpə] *s.* (aparelho) pager; bip
beer [bɪə] *s.* cerveja ❖ *~ barrel* barril de cerveja; *~ belly/gut* barriga de cerveja; *~ garden* esplanada; café ao ar livre; *~ shop* cervejaria; *small ~* cerveja branda; coisa(s) sem importância; insignificância(s); *he thinks no small ~ of himself* ele tem-se em grande conta; *life is not all ~ and skittles* nem tudo são rosas neste mundo; *to be small ~* não ter importância
beerhouse [ˈbɪəhaʊs] *s.* cervejaria
beeriness [ˈbɪərɪnɪs] *s.* 1 ambiente saturado por vapores de cerveja; 2 embriaguez de cerveja
beery [ˈbɪərɪ] *adj.* (*comp.* -ier, *superl.* -iest) 1 acervejado; 2 que já bebeu cerveja a mais, um bocadinho bêbedo
beestings [ˈbiːstɪŋz] *s.* colostro
beeswing [ˈbiːzwɪŋ] *s.* 1 película que se forma à superfície do vinho velho; 2 vinho velho
beet [biːt] *s.* [EUA] BOTÂNICA beterraba ❖ *~ sugar* açúcar de beterraba; *to turn as red as a ~* ficar vermelho como um tomate

beetle ['bi:tl] Ⓐ s. 1 ZOOLOGIA escaravelho; besouro; *potato ~* escaravelho da batata; 2 maço; malho; pisão Ⓑ v.tr.,intr. 1 ir a toda a pressa; 2 bater com maço; 3 sobressair; 5 estar suspenso ameaçadoramente Ⓒ adj. 1 saliente, proeminente; 2 carrancudo; hirsuto ❖ *~ brain* estúpido; *a ~ for flax* espadela para o linho; [coloq.] *blind as a ~* pitosga; muito míope; que não vê um carro diante dos olhos

beetling ['bi:tlɪŋ] Ⓐ adj. saliente; carrancudo Ⓑ s. o acto de bater com o malho

beetroot ['bi:tru:t] s. [GB] BOTÂNICA beterraba

beeves ['bi:vz] s.pl. gado

BEF MILITAR [abrev. de British Expeditionary Force]

befall [bɪ'fɔ:l] v.tr.,intr. (prt. **befell**, part. pass. **befallen**) [lit.] suceder; acontecer; *he thought that nothing would ~ him* ele pensava que nada o atingiria ❖ *whatever may ~* haja o que houver

befell [bɪ'fel] prt. de **to befall**

befit [bɪ'fɪt] v.tr. (particípios: -**tt**-) convir a; ser próprio de; adequar-se a; *to ~ the occasion* adequar-se à situação

befitting [bɪ'fɪtɪŋ] adj. conveniente; próprio; adequado

befittingly [bɪ'fɪtɪŋlɪ] adv. de modo conveniente; apropriadamente; adequadamente

befog [bɪ'fɒg] v.tr. (particípios: -**gg**-) 1 obscurecer; obnubilar; 2 envolver em nevoeiro

befool [bɪ'fu:l] v.tr. enganar

before [bɪ'fɔ:] Ⓐ prep. 1 em frente de; à frente de; 2 perante; *~ God* perante Deus; 3 antes de; 4 antes que; de preferência a; *death ~ dishonour* antes a morte que a desonra; *he would die ~ lying* ele preferiria a morte à mentira Ⓑ adv. 1 antes; anteriormente; *I have seen this ~* eu já vi isto antes; 2 em frente, adiante; *~ and behind* à frente e atrás Ⓒ conj. 1 antes que; 2 de preferência a; *I would die ~ I lied* preferiria morrer a mentir ❖ *~ Christ* antes de Cristo; *long ~* dentro em pouco; em breve; *~ the fact* perante o acto consumado; *long ~* muito antes de; *not long ~* pouco antes de; *the day ~* na véspera

beforehand [bɪ'fɔ:hænd] adv. 1 antecipadamente; 2 de avanço; *two hours ~* com duas horas de avanço; 3 de antemão ❖ [ant.] *to be ~ with the world* viver bem; ter dinheiro; *you must tell me ~* tens de me avisar

befoul [bɪ'faʊl] v.tr. [arc., lit.] sujar; manchar

befriend [bɪ'frend] v.tr. 1 aproximar-se de (alguém); tornar-se amigo de; 2 solidarizar-se com; ajudar; proteger

befuddle [bɪ'fʌdəl] v.tr. confundir

beg [beg] v.tr.,intr. (particípios: -**gg**-) 1 pedir; *to ~ a thing of sb* pedir uma coisa a alguém; *to ~ for forgiveness* pedir perdão; *to ~ leave to* pedir licença para; 2 suplicar; 3 ter a honra de; 4 tomar a liberdade de; 5 mendigar; andar a pedir ❖ [form.] *I ~ of you!* imploro-te!; [form.] *I ~ to announce* tenho a honra de anunciar; *I ~ to differ* peço desculpa, mas não concordo; [form.] *I ~ to inform you* tomo a liberdade de informar; *to ~ the question* supor que é verdadeiro aquilo que se deveria demonstrar como tal; *I ~ your pardon* perdão; *I ~ your pardon?* como?, desculpe?

◆ **beg off** v.intr. [EUA] pedir licença para sair; pedir para ser dispensado

begad [bɪ'gæd] interj. por Deus!

began [bɪ'gæn] prt. de **to begin**

beget [bɪ'get] v.tr. (prt. **begot** ou **begat**, part. pass. **begot** ou **begotten**) 1 [arc.] (pai) gerar; criar; 2 produzir; causar

begetter [bɪ'getə] s. 1 [arc.] gerador; 2 causador; 3 criador

beggar ['begə] Ⓐ s. 1 pedinte; pobre; mendigo; 2 sujeito; indivíduo; tipo; 3 [fig.] malandreco, malandro; *you little beggar!* seu malandreco! Ⓑ v.tr. 1 empobrecer; reduzir à miséria; 2 ultrapassar ❖ *beggars cannot be choosers* a cavalo dado não se olha o dente; *it beggars description* é indescritível

beggarliness ['begəlɪnɪs] s. 1 indigência; 2 inferioridade

beggarly ['begəlɪ] adj. 1 indigente; pobre; 2 miserável; 3 [depr.] desprezível

beggary ['begərɪ] s. penúria extrema

begging ['begɪŋ] Ⓐ adj. 1 mendicante; 2 suplicante; implorante Ⓑ s. 1 mendicidade; 2 súplicas ❖ *~ bowl* cesto das esmolas; *to go ~* sobrar; *to live by ~* viver de esmolas

begin [bɪ'gɪn] v.tr. (prt. **began**, part. pass. **begun**) começar [**to**, a]; principiar; iniciar; *she began by saying that ...* ela começou por dizer que ... ❖ *beginning from* a partir de; *he can't ~ to* está muito longe de; *to ~ with* para começar; em primeiro lugar

beginner [bɪ'gɪnə] s. 1 principiante; 2 aprendiz ❖ *beginner's luck* sorte de principiante

beginning [bɪ'gɪnɪŋ] s. começo; princípio; início; *at the ~ of* no princípio de; *at the very ~* mesmo no início; *from the ~* desde o princípio; *in the ~* no princípio ❖ *from ~ to end* do princípio até ao fim

begird [bɪ'gɜ:d] v.tr. (part. pass. **begirt**) rodear; cingir de

begone [bɪ'gɒn] interj. [arc.] rua!; fora!

begonia [bɪ'gəʊnɪə] s. BOTÂNICA begónia

begorra [bɪ'gɒrə] interj. [Irl.] caramba!, apre!

begot [bɪ'gɒt] prt. de **to beget**

begotten [bɪ'gɒtn] part. pass. de **to beget**

begrime [bɪ'graɪm] v.tr. [lit.] sujar; enegrecer; enfarruscar

begrudge [bɪ'grʌdʒ] v.tr. 1 levar a mal; 2 dar de má vontade; 3 invejar ❖ *to ~ doing sth* fazer (alguma coisa) de má vontade

beguile [bɪ'gaɪl] v.tr. 1 seduzir; 2 iludir; enganar; 3 distrair; divertir ❖ *to ~ sb into doing sth* convencer alguém a fazer alguma coisa

beguilement [bɪ'gaɪlmənt] s. 1 sedução; 2 engano

beguiler [bɪ'gaɪlə] s. indivíduo enganador, sedutor

beguiling [bɪ'gaɪlɪŋ] adj. 1 encantador, cativante; 2 atraente, sedutor

begum ['beɪgəm] s. (título muçulmano) begume

begun [bɪ'gʌn] {part. pass. de **to begin**} ❖ *well ~ is half done* bem começado é meio acabado

behalf [bɪ'hɑ:f] s. [usado só quando precedido de *in* ou *on*] vantagem; favor; proveito; utilidade ❖ *in/on my ~* a meu favor; no meu interesse; por minha causa; *on ~ of* em nome de; da parte de; por conta de

behave [bɪ'heɪv] Ⓐ v.refl. comportar-se; portar-se Ⓑ v.intr. 1 proceder; 2 (coisa, substância) agir; reagir; 3 trabalhar, funcionar ❖ *~ yourself!* porta-te bem!

behavior [bɪ'heɪvjə] s. [EUA] ⇒ **behaviour**

behavioral [bɪ'heɪvjərəl] adj. ⇒ **behavioural**

behaviorism [bɪ'heɪvjərɪzəm] s. [EUA] PSICOLOGIA behaviourismo

behaviour [bɪ'heɪvjə] s. 1 comportamento; 2 procedimento; 3 atitude; modos; 4 MECÂNICA funcionamento ❖ *~ therapy* terapia comportamental; *to be on one's best ~* portar-se da melhor forma possível

behavioural [bɪ'heɪvjərəl] adj. 1 behaviorista; 2 de comportamento; *~ problems* problemas de comportamento

behaviourism [bɪ'heɪvjərɪzəm] s. [GB] PSICOLOGIA behaviourismo

behaviourist [bɪ'heɪvjərɪst] adj.,s. PSICOLOGIA behaviourista

behaviouristic [bɪˌheɪvjə'rɪstɪk] adj. PSICOLOGIA behaviourista

behead [bɪ'hed] v.tr. decapitar; degolar

beheader [bɪ'hedə] s. carrasco

beheading [bɪ'hedɪŋ] s. decapitação

beheld [bɪ'held] prt. e part. pass. de **to behold**

behemoth [bɪ'hi:mɒθ] s. monstro, beemote

behest [bɪ'hest] s. [form.] ordem; mandado

behind [bɪ'haɪnd] Ⓐ adv.,prep. 1 atrás de; 2 detrás, atrás; 3 depois Ⓑ s. [coloq.] traseiro; rabo; *you have been on your ~ all the afternoon* tens estado alapado toda a tarde ❖ *~ one's back* por trás das costas; pela calada; *~ schedule/time* com atraso; *~ the scene* nos bastidores; *~ the times* antiquado; *to be ~ sb* apoiar alguém; *to be ~ with sth* estar atrasado com alguma coisa; *to be ~ the eighth ball* estar numa situação difícil; *to fall ~* não acompanhar; ficar para trás; *to put sb ~ bars* mandar alguém para a cadeia; *to put sth ~ one* pôr (alguma coisa) para trás das costas

behindhand [bɪ'haɪndhænd] adj.,adv. atrasado; com atraso ❖ *to be ~ with* estar atrasado com

behind-the-scenes [bɪˌhaɪndðə'si:nz] adj. 1 de bastidores; *~ manoeuvres* manobras de bastidores; 2 secreto

behold [bɪ'həʊld] v.tr. (prt. e part. pass. **beheld**) observar; ver; contemplar ❖ *behold!* olhai!

beholden [bɪˈhəʊldən] *adj.* reconhecido; obrigado; que deve obrigações a alguém
beholder [bɪˈhəʊldə] *s.* observador; espectador
behoof [bɪˈhuːf] *s.* [arc.] vantagem; *on sb's ~/to sb's ~/for sb's ~* para proveito de alguém
behoove [bɪˈhuːv] *v.tr.* ⇒ **behove**
behove [bɪˈhəʊv] *v.tr.* **1** competir a; **2** dizer respeito a; **3** convir
beige [beɪʒ] Ⓐ *adj.* (cor) bege Ⓑ *s.* **1** (cor) bege; **2** tecido de lã crua
being [ˈbiːɪŋ] Ⓐ *s.* **1** ente; ser; entidade; *human ~* ser humano; **2** pessoa; **3** essência; natureza; **4** existência Ⓑ {*part. pres. de* **to be**} ❖ *~ as* visto que; *for the time ~* por agora; *to bring sth into ~* dar corpo a alguma coisa; *to come into ~* surgir; nascer
Beirut [beɪˈruːt] *s.top.* Beirute
bejan [ˈbiːdʒən] *s.* (universidade de Aberdeen) caloiro
bejewel [bɪˈdʒuːəl] *v.tr.* cobrir de jóias
beknown [bɪˈnəʊn] *adj.* [arc.] reconhecido
bel [bel] *s.* FÍSICA bel
belabour [bɪˈleɪbə] *v.tr.* **1** insistir em; repisar; **2** zurzir; espancar; **3** ridicularizar
Belarus [beləˈrʊs] *s.top.* Bielorrússia
Belarusian [beləˈrʌʃən] *adj.* bielorrusso
belated [bɪˈleɪtɪd] *adj.* **1** atrasado; em atraso; **2** tardio; **3** [ant.] surpreendido pelo anoitecer
belatedly [bɪˈleɪtɪdlɪ] *adv.* tardiamente
belatedness [bɪˈleɪtɪdnɪs] *s.* **1** lentidão; **2** atraso
belaud [bɪˈlɔːd] *v.tr.* louvar; cobrir de elogios; elogiar
belay [bɪˈleɪ] *v.tr.* **1** amarrar; **2** segurar; fixar; **3** NÁUTICA enrolar nas malaguetas os cabos de laborar ❖ [ant.] *belay!* alto!; basta!; NÁUTICA *belaying cleat, belaying pin* malagueta, cavilha de malagueta
belch [beltʃ] Ⓐ *v.tr.* vomitar; arrotar; *the volcano belched smoke and ashes* o vulcão vomitou fumo e cinzas Ⓑ *s.* ⟨*pl.* -es⟩ arroto
belcher [ˈbeltʃə, ˈbelʃə] *s.* **1** aquele que arrota; **2** lenço para o pescoço às pintas azuis e brancas
beldam [ˈbeldəm] *s.* **1** bruxa; **2** mulher velha; **3** virago
beldame [ˈbeldəm] *s.* ⇒ **beldam**
beleaguer [bɪˈliːgə] *v.tr.* **1** cercar; sitiar; **2** perseguir; assediar
beleaguered [bɪˈliːgəd] *adj.* **1** sitiado; cercado; **2** perseguido; **3** atacado; **4** ameaçado; em risco; em perigo
beleaguerer [bɪˈliːgərə] *s.* sitiante
belemnite [ˈbeləmnaɪt] *s.* (fóssil) belemnite
belfried [ˈbelfrɪd] *adj.* com torre sineira
belfry [ˈbelfrɪ] *s.* ⟨*pl.* -ies⟩ **1** campanário; torre de sino; **2** suporte de sino ❖ *to have bats in the ~* ter macaquinhos no sótão
Belg. [abrev. de Belgium]
Belgian [ˈbeldʒən] *adj.,s.* belga ❖ *~ block* paralelepípedo para calcetar; *~ furnace* forno de preparar zinco; *~ rammer* maço de calceteiro
Belgic [ˈbeldʒɪk] *adj.* **1** neerlandês; **2** relativo aos antigos Belgas
Belgium [ˈbeldʒəm] *s.top.* Bélgica
Belgrade [belˈgreɪd] *s.top.* Belgrado
Belial [ˈbiːlɪəl] *s.* Belial; o Demónio ❖ *man of ~* réprobo
belie [bɪˈlaɪ] *v.tr.* **1** [form.] desmentir; negar; **2** [form.] faltar (ao prometido); quebrar (compromisso); *all his promises were belied* não cumpriu nenhuma das promessas que fez
belief [bɪˈliːf] *s.* **1** crença; fé; **2** convicção; **3** confiança ❖ *hard of ~* incrédulo; *it is past all ~* é incrível; *light of ~* crédulo; *to the best of my ~* tanto quanto sei; na minha modesta opinião
believable [bɪˈliːvəbl] *adj.* crédivel
believableness [bɪˈliːvəblnɪs] *s.* credibilidade
believe [bɪˈliːv] Ⓐ *v.tr.* **1** crer em; acreditar em; *I ~ you* acredito em ti; **2** pensar; julgar Ⓑ *v.intr.* **1** ter fé [**in**, em]; acreditar [**in**, em]; *to ~ in God* acreditar em Deus; **2** ser a favor [**in**, de] ❖ *~ it or not* acredites ou não; *~ me* podes crer; *I couldn't ~ my eyes* duvidei do que via; *seeing is believing* ver para crer; *to make ~ that* fingir que
believer [bɪˈliːvə] *s.* **1** RELIGIÃO crente; fiel; *they are Christian believers* eles são fiéis de Cristo; **2** (causa) defensor, apoiante [**in**, de]; *I am a ~ in freedom of expression* sou um defensor da liberdade de expressão

believing [bɪˈliːvɪŋ] *adj.* crente
believingly [bɪˈliːvɪŋlɪ] *adv.* **1** com fé; **2** credulamente
belike [bɪˈlaɪk] *adv.* [arc.] possivelmente; provavelmente
Belisha [bəˈliːʃə] *s.antr.* ❖ *~ beacon* sinal luminoso, de luz intermitente, para regular o trânsito nos cruzamentos
belittle [bɪˈlɪtl] *v.tr.* **1** rebaixar; **2** depreciar; **3** minimizar
Belizean [bɪˈliːzɪən] Ⓐ *adj.* do Belize; belizense; belizenho Ⓑ *s.* belizense; belizenho
bell [bel] Ⓐ *s.* **1** sino; *a ring of bells* repique dos sinos; **2** sineta; *the dinner ~* a sineta que dá sinal para o jantar; **3** campainha; *to ring the ~* tocar à campainha; **4** campânula; **5** (flor) cálice, corola; **6** grito do gamo ou veado na época do cio Ⓑ *v.intr.* (veado na época do cio) bramir Ⓒ *v.tr.* colocar sinos em ❖ [EUA] (hotel) *~ boy* paquete; *~ button* botão de campainha; *~ clapper* badalo; *~ glass* campânula de vidro; *~ hanger* homem que coloca sinos; *~ jar* balão de vidro; *~ push* botão (de campainha); *~ signal* toque; *~ tower* campanário; torre do sino; *that rings a ~* isso diz-me qualquer coisa; *to ~ the cat* assumir a responsabilidade; *to lose the ~* ser derrotado em luta; *to ring the ~/to bear away the ~* ser o primeiro; levar a palma; sair vitorioso
belladonna [ˌbeləˈdɒnə] *s.* BOTÂNICA beladona
Bellatrix [ˈbelətrɪks, bəˈleɪtrɪks] *s.* ASTRONOMIA Belatriz
bell-bottoms [ˈbelbɒtəmz] *s.pl.* VESTUÁRIO calças a boca-de-sino
belle [bel] *s.* **1** beldade; **2** mulher mais bonita ❖ *the ~ of the ball* a rainha do baile
Bellerophon [bəˈlerəfɒn] *s.* MITOLOGIA Belerofonte
belles-lettres [ˌbelˈletrə] *s.* belas-letras
belletristic [ˌbelɪˈtrɪstɪk] *adj.* beletrístico; relativo à beletrística
bellflower [ˈbelflaʊə] *s.* BOTÂNICA campainha
bellhop [ˈbelhɒp] *s.* [EUA, Can.] (hotel) paquete
bellicose [ˈbelɪkəʊs] *adj.* belicoso; conflituoso
bellicosely [ˈbelɪkəʊslɪ] *adv.* belicosamente; conflituosamente
bellicosity [ˌbelɪˈkɒsɪtɪ] *s.* belicosidade; conflituosidade
belligerence [bɪˈlɪdʒərəns] *s.* ⇒ **belligerency**
belligerency [bɪˈlɪdʒərənsɪ] *s.* beligerância
belligerent [bɪˈlɪdʒərənt] *adj.,s.* beligerante
bellman [ˈbelmən] *s.* ⟨*pl.* -men⟩ [arc.] pregoeiro público
Bellona [bəˈləʊnə] *s.* MITOLOGIA Belona
bellow [ˈbeləʊ] Ⓐ *s.* **1** (bovino) mugido; **2** (pessoa, animal) rugido; brado Ⓑ *v.intr.* **1** (bovino) mugir; **2** (pessoa, animal) rugir; bramir; bradar; berrar; *the man bellowed in the dark* o homem bradou no escuro
bellows [ˈbeləʊz] *s.pl.* **1** fole; **2** [coloq.] bofes; pulmões
bell-ringer [ˈbelrɪŋə] *s.* **1** sineiro; **2** MÚSICA campanólogo
bells [belz] *s.pl.* NÁUTICA sinais horários de meia em meia hora
bell-shaped [ˈbelʃeɪpt] *adj.* em forma de sino
bellwether [ˈbelweðə] *s.* **1** carneiro guia de rebanho; **2** [fig.] líder; **3** [fig., depr.] cabecilha; **4** [fig.] indicador; guia
bellwort [ˈbelwɜːt] *s.* BOTÂNICA campânula
belly [ˈbelɪ] Ⓐ *s.* ⟨*pl.* -ies⟩ **1** barriga; ventre; abdómen; **2** superfície bojuda; **3** cavidade; **4** [fig.] apetite, voracidade; **5** [fig.] (capacidade de resistência) estômago*fig.*; *to have the ~ for* ter estômago para Ⓑ *v.tr.,intr.* **1** inchar; **2** criar barriga; **3** NÁUTICA (velas) enfunar ❖ *~ button* umbigo; *~ dance* dança do ventre; *~ dancer* bailarina de dança do ventre; *~ worm* lombriga; *a hungry ~ has no ears* barriga vazia não tem ouvidos; *he is given to his ~* ele só pensa em comer; *his eyes are bigger than his ~* ele tem mais olhos que barriga; *punch ~* pessoa barriguda; *the lower ~* o baixo-ventre; (mergulho) *to do a ~ flop* dar uma chapa; *to have an empty ~* ter a barriga vazia; *to rob one's ~ to cover one's back* tirar à barriga para andar bem vestido
bellyache [ˈbelɪeɪk] Ⓐ *s.* [coloq.] dores de barriga Ⓑ *v.intr.* [coloq.] lamuriar-se; lamentar-se [**about**, por]; queixar-se [**about**, de]
bellyband [ˈbelɪbænd] *s.* (em animal de carga) cilha
bellyful [ˈbelɪfʊl] *s.* barrigada ❖ *to have had a ~ of sth* já não poder mais
bellylanding [ˈbelɪlændɪŋ] *s.* AERONÁUTICA aterragem de barriga sem rodas
belly-pinched [ˈbelɪpɪntʃt] *adj.* [coloq.] cheio de fome
belly-timber [ˈbelɪtɪmbə] *s.* [rar.] comida

belly-worship ['belɪwɜːʃɪp] s. gulodice
belly-worshipper ['belɪwɜːʃɪpə] s. guloso
belly-worshipping ['belɪwɜːʃɪpɪŋ] adj. guloso
belong [bɪ'lɒŋ] v.intr. 1 pertencer [**to**, a]; 2 fazer parte [**to**, de]; 3 ser sócio [**to**, de]; ser membro [**to**, de]; 4 competir a [**to**, a]; 5 ter lugar [**on**, em]; *the books ~ on the bookcase* o lugar dos livros é na estante ❖ *to feel that one doesn't ~* sentir-se estrangeiro; *to ~ together* dever estar juntos
belonging [bɪ'lɒŋɪŋ] Ⓐ adj. pertencente [**to**, a] Ⓑ s. pertença; *a sense of ~* sensação de pertença
belongings [bɪ'lɒŋɪŋz] s.pl. pertences; bens ❖ *personal ~* objectos pessoais
beloved [bɪ'lʌvɪd] Ⓐ adj. querido; amado; adorado; *my ~ son* meu querido filho Ⓑ s. [ant.] amor; amado
below [bɪ'ləʊ] adv.,prep. 1 por baixo, em baixo, inferior, debaixo; 2 debaixo de, abaixo de; 3 indigno de, inferior a ❖ *~ average* abaixo da média; *~ freezing point* abaixo de zero; *~ one's breath* em segredo; *~ sea level* abaixo do nível do mar; *~ the mark* de saúde abalada; de má qualidade; *~ the surface* sob a superfície; *see ~* ver abaixo; *the court ~* o tribunal inferior
Belshazzar [bel'ʃæzə] s.antr. Baltasar
belt [belt] Ⓐ s. 1 VESTUÁRIO cinto; 2 cinta; faixa; 3 DESPORTO cinturão; 4 correia; 5 correia de transmissão; 6 (local) zona; faixa; *the calm belts* as zonas das calmarias; *the rain ~* a zona das chuvas; 7 estreito (de mar); 8 cornija; 9 fita de metralhadora; 10 chapas de aço que protegem um navio abaixo da linha de flutuação; 11 [coloq.] (pancada) bolo, bolachada Ⓑ v.tr. 1 couraçar, blindar; 2 cingir; apertar; 3 bater com um cinto em Ⓒ v.intr. [fig.] disparar; correr como uma seta; *she belted down the stairs* ela disparou escadas abaixo ❖ *~ awl* sovela; *~ conveyor* transportador de cinta; transportador de correia; *~ sander* fita de lixa; polidor mecânico; *to hit below the ~* usar um golpe baixo
◆ **belt out** v.tr. [coloq.] cantar alto; *to ~ a song* cantar a plenos pulmões
◆ **belt up** v.intr. 1 pôr o cinto de segurança; 2 [coloq.] calar-se; calar o bico
belted ['beltɪd] adj. com cinto; com cinturão ❖ *~ cruiser* cruzador-couraçado
belting ['beltɪŋ] s. correame
beltway ['beltweɪ] s. [EUA] circunvalação
belvedere ['belvɪdɪə] s. miradouro
BEM [abrev. de British Empire Medal]
bema ['biːmə] s. bema; tribuna
bemire [bɪ'maɪə] v.tr. 1 atolar; 2 [arc.] cobrir de lama; salpicar de lama
bemoan [bɪ'məʊn] v.tr. chorar, lamentar
bemoaning [bɪ'məʊnɪŋ] s. lamento
bemuse [bɪ'mjuːz] v.tr. desorientar; confundir; deixar perplexo
bemused [bɪ'mjuːzd] adj. desorientado; confuso; perplexo
bench [bentʃ] Ⓐ s. (pl. **-es**) 1 banco; assento; 2 bancada de trabalho; 3 DIREITO lugar do juiz; 4 DIREITO tribunal; 5 DIREITO juízes, magistrados; 6 DESPORTO banco de suplentes; 7 DESPORTO equipa de suplentes Ⓑ v.tr. 1 (exposições, mostras) exibir (animais); 2 DESPORTO colocar no banco de suplentes ❖ *~ iron* barrilete; *~ saw* serra mecânica redonda; [EUA] *~ show* exposição canina; *~ table* banco de pedra em forma de mesa; *~ vice* torno de bancada; *~ warrant* mandato de prisão; *benched foundation* alicerce construído aos degraus; DIREITO *King's ~, Queen's ~* um dos tribunais superiores de justiça em Inglaterra; DIREITO *the witnesses' ~* o banco das testemunhas; DESPORTO *to be on the ~* ser suplente; *to be raised to the ~* ser nomeado bispo ou juiz; *to ~ out the ground* preparar o solo para os alicerces
bencher ['bentʃə] s. membro de categoria superior dum dos quatro colégios de advogados (Inns of Court)
benchmark ['bentʃmɑːk] Ⓐ s. 1 ponto de referência; 2 modelo; 3 padrão de desempenho; 4 INFORMÁTICA teste de referência, prova padrão; 5 indicação de altitude; 6 cota de nível Ⓑ adj. 1 de referência; 2 base; *~ price* preço base; 3 modelo
benchmarking ['bentʃmɑːkɪŋ] s. benchmarking, estudo das qualidades dos líderes de mercado ❖ *~ study* estudo de referência
bend [bend] Ⓐ v.tr. (pret. e p. p. **bent**) 1 (corpo, objecto) curvar; encurvar; arquear; 2 dobrar; *to ~ the knees* dobrar os joelhos; 3 contornar; desviar-se de; *to ~ the rules* contornar as regras Ⓑ v.intr. 1 curvar-se, inclinar-se [**over**, sobre]; *he bent over the water* ele inclinou-se sobre a água; 2 deixar-se persuadir [**to**, por]; ceder [**to**, a]; *he bent to his daughter's requests* ele cedeu aos pedidos da filha Ⓒ s. 1 curva; curvatura; 2 arqueação; 3 volta; 4 NÁUTICA nó; 5 HERÁLDICA banda, cotica ❖ *he sends me round the ~* ele põe-me fora de mim; *to be bent on* estar resolvido a; *to ~ one's steps towards* dirigir-se a; (automóvel) *to take a sharp ~ at high speed* fazer uma curva apertada a toda a velocidade
◆ **bend down** v.tr.,intr. 1 baixar(-se); 2 dobrar(-se); 3 curvar(-se)
◆ **bend over** v.intr. inclinar-se ❖ *to ~ backwards to help sb* fazer o possível e o impossível para ajudar alguém
bender ['bendə] s. 1 [coloq.] farra; *to go on a ~* ir para os copos_{coloq.}; 2 [cal.] (ofensivo) homossexual; 3 MECÂNICA cintradora; arqueador
bending ['bendɪŋ] s. 1 curva; 2 volta; 3 curvatura; 4 flexão; 5 dobragem; 6 empeno ❖ *~ coefficient* coeficiente de curvatura; MECÂNICA *~ jaws* mordentes; *~ moment* momento de flexão; *~ of light* refracção; *~ strength* resistência à flexão; *~ stress* tensão de flexão; *~ test* ensaio de curvatura; ensaio de flexão; *lateral ~* varejamento; encurvadura
bendy ['bendɪ] adj. HERÁLDICA bandado
beneath [bɪ'niːθ] Ⓐ prep. 1 debaixo de; abaixo de; sob; por baixo de; *~ the car* debaixo do carro; 2 inferior a; 3 indigno de; *it's ~ you* é indigno de ti *~ contempt* indigno de atenção; Ⓑ adv. 1 debaixo; 2 abaixo ❖ [ant.] *to marry ~ one* casar com uma pessoa de posição social inferior à sua
Benedicite [ˌbenɪ'daɪsɪtɪ] s. RELIGIÃO oração antes das refeições
benedick ['benɪdɪk] s. 1 [arc.] recém-casado; 2 [arc.] solteiro inveterado que contrai matrimónio
Benedict [ˌbenɪ'dɪkt] s.antr. Benedito
benedictine [ˌbenɪdɪk'tiːn] s. (licor) beneditino
Benedictine [ˌbenɪ'dɪktɪn] s. (monge) beneditino
benediction [ˌbenɪ'dɪkʃən] s. bênção
Benediction [ˌbenɪ'dɪkʃən] s. RELIGIÃO bênção do Santíssimo
benedictory [ˌbenɪ'dɪktərɪ] adj. de bênção; relativo a bênção
Benedictus [ˌbenɪ'dɪktəs] s. RELIGIÃO (cântico) Bendito
benefaction [ˌbenɪ'fækʃən] s. 1 boa acção; 2 benefício; 3 donativo; 4 obra de beneficência
benefactor ['benɪfæktə] s. benfeitor
benefactress ['benɪfæktrɪs] s.f. (pl. **-es**) benfeitora
benefic [bɪ'nefɪk] adj. [lit.] benéfico
benefice ['benɪfɪs] s. RELIGIÃO benefício eclesiástico
beneficed ['benɪfɪst] adj. RELIGIÃO beneficiado; provido em benefício
beneficence [bɪ'nefɪsəns] s. 1 beneficência; 2 (efeito) benefício
beneficent [bɪ'nefɪsənt] adj. 1 beneficente; 2 (efeito) benéfico; benfazejo
beneficently [bɪ'nefɪsəntlɪ] adv. 1 beneficentemente; 2 beneficamente
beneficial [ˌbenɪ'fɪʃəl] adj. 1 benéfico; 2 proveitoso; vantajoso; 3 salutar; *~ to the health* que faz bem; ❖ DIREITO *~ owner* usufrutuário
beneficially [ˌbenɪ'fɪʃəlɪ] adv. 1 beneficamente; 2 proveitosamente; vantajosamente
beneficialness [ˌbenɪ'fɪʃəlnɪs] s. utilidade
beneficiary [ˌbenɪ'fɪʃərɪ] s. (pl. **-ies**) beneficiário
benefit ['benɪfɪt] Ⓐ s. 1 benefício; proveito; vantagem; 2 lucro; 3 subsídio; *unemployment ~* subsídio de desemprego; 4 representação, espectáculo de caridade; *~ performance* espectáculo de caridade Ⓑ v.tr. beneficiar; favorecer Ⓒ v.intr. beneficiar [**from**, com]; tirar partido [**from**, de]; *everybody benefits from that* saem todos a ganhar ❖ *~ society* associação de socorros mútuos; *for the ~ of* em proveito de; *supplementary ~* rendimento mínimo; *to do sth for sb's ~* fazer algo no interesse de alguém; *to gain ~ from* tirar proveito de; *to give a person the ~ of the doubt* dar a alguém o benefício da dúvida
benevolence [bɪ'nevələns] s. 1 benevolência; 2 (acto) caridade
benevolent [bɪ'nevələnt] adj. 1 benevolente; benévolo; 2 (acto) de caridade
benevolently [bɪ'nevələntlɪ] adv. benevolamente; benevolentemente

Bengal [beŋˈɡɔːl] s.top. Bengala ❖ ~ *light* fogo-de-bengala
Bengali [beŋˈɡɔːli] adj.,s. bengali
benighted [bɪˈnaɪtɪd] adj. 1 mergulhado nas trevas da ignorância; 2 apanhado, surpreendido pela noite
benign [bɪˈnaɪn] adj. 1 benigno; 2 (pessoa) afável; agradável; 3 (clima) ameno; agradável; 4 favorável ❖ MEDICINA ~ *tumour* tumor benigno
benignancy [bɪˈnɪɡnənsɪ] s. benignidade
benignant [bɪˈnɪɡnənt] adj. 1 benigno; 2 favorável
benignantly [bɪˈnɪɡnəntlɪ] adv. 1 benignamente; 2 favoravelmente
benignity [bɪˈnɪɡnɪtɪ] s. [form.] benignidade; bondade
benignly [bɪˈnaɪnlɪ] adv. 1 benignamente; 2 afavelmente; 3 amenamente; 4 favoravelmente
Benin [ˈbeniːn] s.top. Benim
Beninese [ˌbenɪˈniːz] Ⓐ adj. do Benim Ⓑ s. habitante ou natural do Benim
benison [ˈbenɪzən] s. [arc.] bênção
benjamin [ˈbendʒəmɪn] s. BOTÂNICA benjoim
bennet [ˈbenɪt] s. BOTÂNICA erva-benta
benny [ˈbenɪ] s. [cal., ant.] anfetamina
bent [bent] Ⓐ s. 1 vocação; inclinação; tendência; queda; jeito; *to follow one's* ~ seguir a vocação; *to have a* ~ *for* ter jeito para; 2 torcedura; 3 BOTÂNICA agrostídea; 4 charneca; campina Ⓑ adj. 1 inclinado; 2 arqueado; 3 torcido; 4 resolvido [on, a]; *he is* ~ *on going to England* ele está decidido a ir a Inglaterra Ⓒ prt. e part. pass. de **to bend** ❖ ~ *lever* alavanca angular; ~ *spanner* chave curva
benthic [ˈbenθɪk] adj. BIOLOGIA bêntico
benthonic [benˈθɒnɪk] adj. ⇒ **benthic**
benthos [ˈbenθɒs] s. ZOOLOGIA bentos
benumb [bɪˈnʌm] v.tr. 1 entorpecer; embotar; 2 paralisar
benzene [ˈbenziːn] s. QUÍMICA benzeno, benzol
benzidine [ˈbenzɪdiːn] s. QUÍMICA benzidina
benzine [benˈziːn] Ⓐ s. QUÍMICA benzina Ⓑ v.tr. limpar com benzina
benzodiazepine [ˌbenzəʊdaɪˈæzəpiːn] s. FARMÁCIA benzodiazepina
benzoic [benˈzəʊɪk] adj. QUÍMICA benzóico; ~ *acid* ácido benzóico
benzoin [ˈbenzəʊɪn] s. BOTÂNICA benjoim
benzol [ˈbenzɒl] s. QUÍMICA benzol, benzeno
benzolin [ˈbenzəʊlɪn] s. QUÍMICA benzolina, amarina
bepinch [bɪˈpɪntʃ] v.tr. beliscar
bequeath [bɪˈkwiːð] v.tr. 1 legar [to, a]; deixar em testamento [to, a]; 2 deixar à posteridade
bequest [bɪˈkwest] s. legado; doação
berate [bɪˈreɪt] v.tr. admoestar; repreender
Berber [ˈbɜːbə] s.antr. berbere
bereave [bɪˈriːv] v.tr. ⟨prt. e part. pass. **bereaved** ou **bereft**⟩ 1 privar [of, de]; 2 despojar [of, de]; 3 roubar [of, -]
bereaved [bɪˈriːvt] adj. 1 enlutado; que acabou de perder um ente querido; 2 desgostoso ❖ *the* ~ *(family)* a família do falecido; os que estão de luto
bereavement [bɪˈriːvmənt] s. luto; perda de ente querido
bereft [bɪˈreft] prt. e part. pass. de **to bereave** ❖ *to be* ~ *of* ser privado de; perder
Berengaria [ˌberɪŋˈɡeərɪə] s.antr. Berengária
beret [ˈbereɪ] s. boina
berg [bɜːɡ] s. icebergue
bergamot [ˈbɜːɡəmɒt] s. BOTÂNICA bergamota
beriberi [ˌberɪˈberɪ] s. MEDICINA beribéri
Bering [ˈberɪŋ] s.antr.,top. Bering ❖ ~ *Sea* mar de Bering; ~ *Strait* Estreito de Bering
berk [bɜːk] s. [cal.] estúpido; asno
Berkeleian [bɜːˈkliːən] adj.,s. FILOSOFIA berkelianista
berkelium [bəˈkɪlɪəm, ˈbɜːklɪəm] s. QUÍMICA (elemento químico) berquélio
berlin [bɜːˈlɪn] s. (carruagem) berlinda
Berlin [ˈbɜːlɪn, bɜːˈlɪn] s.top. Berlim ❖ QUÍMICA ~ *blue* azul-da-prússia; ~ *iron* variedade de ferro fundido

Berliner [ˈbɜːlɪnə] s. berlinense
berm [bɜːm] s. 1 berma; 2 espaço entre a muralha ou reparo e o fosso
Bermuda [bɜːˈmjuːdə] s.top. Bermudas ❖ VESTUÁRIO ~ *shorts* bermudas; ~ *Triangle* Triângulo das Bermudas
Bermudas [bɜːˈmjuːdəz] s.pl. VESTUÁRIO bermudas
Bernard [ˈbɜːnəd] s.antr. Bernardo
Berne [bɜːn] s.top. Berna
berry [ˈberɪ] Ⓐ s. ⟨pl. **-ies**⟩ 1 baga; 2 grão; 3 (de crustáceo) ovas; *in* ~ com ovas Ⓑ v.intr. cobrir-se de bagas
berserk [bəˈzɜːk] Ⓐ adj. 1 violento; agressivo; 2 furioso; 3 destrutivo Ⓑ s. 1 louco furioso; 2 HISTÓRIA guerreiro nórdico que combatia como louco ❖ *to go* ~ perder as estribeiras; passar-se
berserker [bəˈzɜːkə] s. HISTÓRIA guerreiro nórdico que combatia como louco
berth [bɜːθ] Ⓐ s. 1 (navio, comboio) beliche; camarata; 2 dormitório; 3 [coloq.] emprego; *to get a* ~ arranjar um emprego; 4 ancoradouro Ⓑ v.tr. 1 ancorar (navio); 2 conseguir lugar para alguém dormir ❖ *to give a wide* ~ *to* evitar
bertha [ˈbɜːθə] s. gola rendada para vestidos decotados
berthage [ˈbɜːθɪdʒ] s. NÁUTICA ancoradouro
Bertram [ˈbɜːtrəm] s.antr. Beltrão
beryl [ˈberɪl] s. MINERALOGIA berilo
beryllium [beˈrɪlɪəm] s. QUÍMICA (elemento químico) berílio, glicínio ❖ ~ *oxide* óxido de berílio
beseech [bɪˈsiːtʃ] v.tr. ⟨prt. e part. pass. **besought**⟩ suplicar; implorar; rogar
beseeching [bɪˈsiːtʃɪŋ] adj. suplicante; implorante
beseechingly [bɪˈsiːtʃɪŋlɪ] adv. imploratıvamente; veementemente
beseem [bɪˈsiːm] v.tr. [arc.] convir; ficar (bem ou mal)
beseeming [bɪˈsiːmɪŋ] s. [arc.] conveniente
beseemingly [bɪˈsiːmɪŋlɪ] adv. [arc.] convenientemente
beset [bɪˈset] v.tr. ⟨prt. e part. pass. **beset**, part. pres. **besetting**⟩ 1 ocupar; 2 assaltar; 3 assediar; 4 cercar; encurralar; 5 obstruir ❖ ~ *with difficulties* rodeado de dificuldades; *to be* ~ *with problems* estar cheio de problemas
besetment [bɪˈsetmənt] s. 1 cerco; 2 encurralamento; 3 assalto; 4 defeito; fraqueza
beshrew [bɪˈʃruː] v.tr. [arc.] amaldiçoar
beside [bɪˈsaɪd] adv.,prep. 1 ao lado de; junto a; perto de; 2 em comparação com; 3 fora de ❖ ~ *the mark* irrelevante; despropositado; *that's* ~ *the point/the question* isso não vem ao caso; isso não tem nada a ver; *to be* ~ *oneself* estar fora de si; *to be* ~ *oneself with joy* estar louco de alegria
besides [bɪˈsaɪdz] Ⓐ prep. 1 além de; 2 excepto; a não ser; *no one paid attention* ~ *him* só ele é que prestou atenção Ⓑ adv. 1 além disso; 2 de resto; de qualquer forma
besiege [bɪˈsiːdʒ] v.tr. cercar; sitiar
besieger [bɪˈsiːdʒə] s. sitiante
beslaver [bɪˈslævə] v.tr. 1 babar; 2 [fig.] lisonjear tolamente
beslobber [bɪˈslɒbə] v.tr. 1 babar; 2 [fig.] lisonjear tolamente
beslubber [bɪˈslʌbə] v.tr. besuntar
besmear [bɪˈsmɪə] v.tr. 1 sujar; 2 besuntar
besmirch [bɪˈsmɜːtʃ] v.tr. 1 sujar; manchar; 2 lambuzar
besom [ˈbiːzəm] Ⓐ s. vassoura de giesta Ⓑ v.tr. varrer
besot [bɪˈsɒt] v.tr. ⟨particípios: **-tt-**⟩ [arc.] embrutecer
besotted [bɪˈsɒtɪd] adj. 1 perdido de amores [with, por]; 2 fascinado [with, com]; obcecado [with, por]; 3 atrapalhado; confuso; perturbado; 4 [arc.] bêbado; embriagado; embrutecido
besottedly [bɪˈsɒtɪdlɪ] adv. boçalmente; desajeitadamente; estupidamente
besottedness [bɪˈsɒtɪdnɪs] s. embrutecimento
besought [bɪˈsɔːt] prt. e part. pass. de **to beseech**
bespangle [bɪˈspæŋɡəl] v.tr. enfeitar com lantejoulas
bespatter [bɪˈspætə] v.tr. 1 salpicar; esparrinhar; 2 ofender; 3 lisonjear
bespeak [bɪˈspiːk] v.tr. ⟨prt. **bespoke**, part. pass. **bespoken**⟩ 1 encomendar, combinar, apalavrar; 2 dirigir a palavra a; 3 sugerir, ser prova de; 4 anunciar
bespoke [bɪˈspəʊk] Ⓐ ⟨pret. de **to bespeak**⟩ Ⓑ adj. 1 feito por encomenda; 2 feito à medida ❖ ~ *bootmaker* sapateiro que

bespoken

faz calçado de encomenda; ~ *tailor* alfaiate que faz fatos por encomenda
bespoken [bɪ'spəʊkən] *part. pass. de* **to bespeak**
besprent [bɪ'sprent] *adj.* 1 salpicado [**with**, de]; borrifado [**with**, de]; 2 esmaltado (de flores, estrelas, etc.)
besprinkle [bɪ'sprɪŋkəl] *v.tr.* aspergir [**with**, com]; borrifar [**with**, com]
Bess [bes] {*dim. de* **Elizabeth**} *Good Queen* ~ a rainha Isabel I
Bessarabia [ˌbesə'reɪbɪə] *s.top.* Bessarábia
best [best] Ⓐ *adj.* {*superl. de* **good**} o melhor, o supremo, o sumo Ⓑ *adv.* {*superl. de* **well**} o mais bem Ⓒ *s.* o melhor Ⓓ *v.tr.* levar a melhor sobre, enganar ❖ (data de validade) ~ *before* consumir de preferência antes de; ~ *girl* namorada; ~ *man* padrinho de casamento; *in one's Sunday* ~ no melhor fato domingueiro; *to the* ~ *of my knowledge* tanto quanto sei; *to have the* ~ *of it* levar a melhor; *to make the* ~ *of a bad bargain* tirar o melhor proveito de circunstâncias adversas; *to make the* ~ *of sth* tirar o melhor partido possível de qualquer coisa; *to put one's* ~ *leg foremost* caminhar rapidamente; *bad is the* ~ é de esperar o pior; *the* ~ *is the enemy of the good* o óptimo é inimigo do bom; *to do sth for the* ~ fazer o melhor que se pode; *to do one's* ~/*to do the* ~ *you can* fazer o melhor que se pode; *you know* ~ o senhor é que sabe
bestial ['bestɪəl] *adj.* 1 bestial; 2 bruto
bestiality [bestɪ'ælɪtɪ] *s.* (*pl.* -**ies**) 1 bestialidade; 2 brutalidade
bestialize ['bestɪəˌlaɪz] *v.tr.* bestializar
bestially ['bestɪəlɪ] *adv.* bestialmente
bestiary ['bestɪərɪ] *s.* (*pl.* -**ies**) bestiário
bestir [bɪ'stɜː] *v.intr.* (*particípios:* -**rr**-) 1 agitar-se; 2 mover-se
bestow [bɪ'stəʊ] *v.tr.* conceder; conferir; outorgar ❖ [arc.] *to* ~ *a daughter* casar uma filha
bestowal [bɪ'stəʊəl] *s.* doação, concessão, outorga
bestrew [bɪ'struː] *v.tr.* (*prt.* **bestrewed**, *part. pass.* **bestrewed** ou **bestrewn**) juncar, espalhar
bestrewn [bɪ'struːn] *part. pass. de* **to bestrew**
bestrid [bɪ'strɪd] [arc.] *part. pass. de* **to bestride**
bestridden [bɪ'strɪdən] *part. pass. de* **to bestride**
bestride [bɪ'straɪd] *v.tr.* (*prt.* **bestrode** ou **bestrid**, *part. pass.* **bestrid** ou **bestridden**) escarranchar-se em; montar
bestrode [bɪ'strəʊd] *prt. de* **to bestride**
bestseller [ˌbest'selə] *s.* 1 bestseller; campeão de vendas; 2 autor de bestsellers
bestselling [ˌbest'selɪŋ] *adj.* que se vende bem; de sucesso
bet [bet] Ⓐ *v.tr.* (*prt. e part. pass.* **bet**, *part. pres.* **betting**) apostar Ⓑ *s.* aposta; *to make a* ~ fazer uma aposta ❖ *it's a safe* ~ quase de certeza; [coloq.] *to hedge one's bets* salvaguardar-se; [coloq.] *you bet!* podes crer!; sem dúvida!; *your best* ~ *would be to ...* o que tu devias fazer era ...
beta ['biːtə, 'beɪtə] *s.f.* beta ❖ FÍSICA ~ *decay* desvio beta; ~ *particle* partícula beta; ~ *ray* raio beta
beta-blocker ['biːtəˌblɒkə] *s.* (*pl.* -**s**) betabloqueador
beta-carotene [biːtə'kærətiːn] *s.* betacaroteno
betake [bɪ'teɪk] *v.intr.* (*prt.* **betook**, *part. pass.* **betaken**) dedicar-se [**to**, a]; entregar-se [**to**, a] ❖ *he betook to his heels* desatou a fugir
betaken [bɪ'teɪkən] *part. pass. de* **to betake**
Beta-test [ˌbeɪtə'test] *s.* INFORMÁTICA teste beta
Beta-tester [ˌbeɪtə'testə] *s.* INFORMÁTICA testador beta
Beta-testing [ˌbeɪtə'testɪŋ] *s.* INFORMÁTICA testagem beta
betatron ['biːtəˌtrɒn] *s.* FÍSICA betatrão
betel ['biːtəl] *s.* BOTÂNICA bétele
bête noire [ˌbeɪt'nwɑː] *s.* ódio de estimação
Bethel ['beθəl] *s.top.* Betel
bethink [bɪ'θɪŋk] *v.tr.* (*prt. e part. pass.* **bethought**) 1 [arc.] reflectir, reconsiderar; 2 [arc.] lembrar-se de
Bethlehem ['beθlɪˌhem] *s.top.* Belém
bethought [bɪ'θɔːt] *prt. e part. pass. de* **to bethink**
betide [bɪ'taɪd] *v.intr.* [arc.] suceder; acontecer
betimes [bɪ'taɪmz] *adv.* [arc.] cedo; a horas
betoken [bɪ'təʊkən] *v.tr.* 1 pressagiar; augurar; 2 indicar; denotar
beton ['betən] *s.* betão
betony ['betənɪ] *s.* BOTÂNICA betónica

betook [bɪ'tʊk] *prt. de* **to betake**
betray [bɪ'treɪ] *v.tr.* 1 trair; 2 revelar; denunciar; 3 demonstrar; 4 ser sinal de; 5 desnortear
betrayal [bɪ'treɪəl] *s.* 1 traição; 2 denúncia; 3 revelação involuntária ❖ ~ *of trust* abuso de confiança
betrayer [bɪ'treɪə] *s.* 1 traidor; 2 revelador; 3 sedutor
betroth [bɪ'trəʊð] *v.tr.* prometer em casamento
betrothal [bɪ'trəʊðəl] *s.* [arc.] esponsais
betrothed [bɪ'trəʊðd] *adj.,s.* noivo; prometido ❖ *the* ~ os noivos
better ['betə] Ⓐ *adj.* {*comp. de* **good**} melhor, superior Ⓑ *adv.,s.* {*comp. de* **well**} melhor, superior Ⓒ *v.tr.,intr.* 1 melhorar; *to* ~ *oneself* melhorar, aperfeiçoar-se; 2 superar Ⓓ *s.* apostador ❖ ~ *angel* Anjo da Guarda; ~ *half* cara-metade; ~ *hand* mão direita; ~ *alone than in bad company* mais vale só que mal acompanhado; ~ *and* ~ cada vez melhor; ~ *late than never* mais vale tarde do que nunca; ~ *safe than sorry* mais vale prevenir do que remediar; *a change for the* ~ mudança para melhor; *for* ~ *or for worse* aconteça o que acontecer; para o melhor e para o pior; *had* ~ *do sth* convir fazer alguma coisa; *one's* ~ *feelings* a parte mais nobre de uma pessoa; *one's betters* os superiores; *so much the* ~ tanto melhor; *to be all the* ~ *for doing sth* sentir-se bem por ter feito algo; *to be* ~ *than one's word* fazer mais que o prometido; *to be* ~ *off than sb* estar melhor do que outra pessoa; *to be no* ~ *than...* não passar de...; *to get the* ~ *of* levar a melhor sobre; *to go one* ~ superar; fazer melhor; *to think* ~ reconsiderar; mudar de opinião; *you should know better!* devias ter mais juízo!
betterment ['betəmənt] *s.* melhoramento
betting ['betɪŋ] *s.* aposta ❖ ~ *office*/*shop* agência de apostas; ~ *slip* bilhete de apostas
bettor ['betə] *s.* apostador
between [bɪ'twiːn] *adv.,prep.* 1 no meio; 2 no meio de, entre (dois) ❖ ~ *the devil and the deep blue sea* entre Cila e Caríbdis; entre a espada e a parede; ~ *London and Berlin* válido nos dois sentidos; entre Londres e Berlim; ~ *ourselves*/~ *you and me* entre nós; em segredo; confidencialmente; ~ *two fires* em situação perigosa; ~ *whiles* nos intervalos; de quando em quando; ~ *wind and water* à flor da água
between-maid [bɪ'twiːnmeɪd] *s.* [ant.] criada que ajuda aos serviços de outras duas de funções diferentes
betwixt [bɪ'twɪkst] *adv.,prep.* ⇒ **between**
bevel ['bevəl] Ⓐ *s.* 1 bisel; chanfro; chanfradura; 2 esquadro móvel para marcação de ângulos Ⓑ *v.tr.* 1 biselar; 2 chanfrar; 3 obliquar
bevelled ['bevəlt] *adj.* biselado; chanfrado
beverage ['bevərɪdʒ] *s.* bebida
bevy ['bevɪ] *s.* (*pl.* -**ies**) bando, grupo (de raparigas, aves, veados, etc.)
bewail [bɪ'weɪl] *v.tr.,intr.* lamentar, chorar
bewailement [bɪ'weɪlmənt] *s.* lamentação, choro
beware [bɪ'weə] *v.tr.,intr.* [só usado no infinitivo e imper.] acautelar-se [**of**, com]; ter cuidado [**of**, com] ❖ *beware!* cuidado!; ~ *of pickpockets* cuidado com os carteiristas; ~ *lest they deceive you* cuidado que não te enganem; ~ *of the dog* cuidado com o cão
bewilder [bɪ'wɪldə] *v.tr.* desorientar; confundir; deixar perplexo ❖ *to get bewildered* ficar desnorteado
bewildering [bɪ'wɪldərɪŋ] *adj.* desconcertante; de fazer perder a cabeça
bewilderingly [bɪ'wɪldərɪŋlɪ] *adv.* de modo desconcertante
bewilderment [bɪ'wɪldəmənt] *s.* desnorteamento; desorientação
bewitch [bɪ'wɪtʃ] *v.tr.* 1 embruxar, enfeitiçar; 2 encantar
bewitching [bɪ'wɪtʃɪŋ] *adj.* encantador, sedutor, enfeitiçador
bewitchingly [bɪ'wɪtʃɪŋlɪ] *adv.* encantadoramente
bewitchment [bɪ'wɪtʃmənt] *s.* bruxaria, bruxedo, feitiço, encanto
bewray [bɪ'reɪ] *v.tr.* revelar, trair, descobrir (involuntariamente)
bey [beɪ] *s.* bei (título dos antigos soberanos da Tunísia)
beyond [bɪ'jɒnd] Ⓐ *adv.,prep.* 1 além; do outro lado de; para lá do; 3 para além de; *to be beyond...* estar para além de..., ultrapassar...; 4 fora do alcance; 5 mais que Ⓑ *s.* (o)

além, (o) outro mundo; *she has passed into the great ~* ela penetrou na vida do além (morreu) ❖ *~ belief* difícil de acreditar; *~ control* incontrolável; *~ doubt* sem sombra de dúvida; *~ measure* em excesso; desmesuradamente; *~ one's depth* fora de pé; *~ the seas* além dos mares; *~ understanding* para além da nossa capacidade de entendimento; *at the back of ~* no fim do mundo; *he is living ~ his means* gasta mais do que aquilo que tem; *she is ~ recovery* ela é um caso perdido; *that is ~ my reach* isso está fora do meu alcance; *this is ~ a joke* isto não é caso para brincadeiras
bezant ['bezənt] *s.* HERÁLDICA besante
bezel ['bezl] *s.* bisel, chanfradura
bezique [bɪ'ziːk] *s.* besigue
BFA [*abrev. de* Bachelor of Fine Arts]
BFO [*abrev. de* Beat Frequency Oscillator]
Bh QUÍMICA [*símbolo de* bohrium]
bhang [bæŋ] *s.* BOTÂNICA bangue
bhp [*abrev. de* brake horsepower]
Bhutan [buː'tɑːn] *s.top.* Butão
Bhutanese [buːtə'niːz] Ⓐ *adj.* butanês, butanense; do Butão Ⓑ *s.* butanês, butanense
bi [baɪ] *adj.,s.* (*pl.* **bi's**) [cal.] bissexual
Bi QUÍMICA [*símbolo de* bismuth]
biacid [baɪ'æsɪd] *s.* QUÍMICA biácido
bi-and-bi [baɪən'baɪ] *s.* [coloq.] (Canadá) cultura bilingue
bi-angular [baɪ'æŋgjʊlə] *s.* biangular
biannual [ˌbaɪ'ænjʊəl] *adj.* semestral; *~ meeting* encontro semestral; MEDICINA *~ meeting* exame semestral
bias ['baɪəs] Ⓐ *s.* (*pl.* **-es**) **1** preconceito, ideia preconcebida; **2** parcialidade; **3** predisposição; **4** pendor, propensão; **5** viés, esguelha, direcção oblíqua; **6** inclinação, desequilíbrio, peso que provoca desequilíbrio; **7** influência; *the ~ of interest* a força do interesse Ⓑ *v.tr.* (*particípios:* **-s-** ou **-ss-**) **1** influenciar, desequilibrar; **2** predispor
bias-cut ['baɪəskʌt] *adj.* cortado na diagonal
biased ['baɪəsd] *adj.* **1** preconceituoso; *to be ~ against* ter preconceitos em relação a; **2** tendencioso; parcial; (jornalismo) *~ article* artigo tendencioso
biaspoint ['baɪəzˌpɔɪnt] *s.* ELECTRICIDADE ponto de polarização
biassed ['baɪəsd] *adj.* ⇒ **biased**
biaxal [baɪ'æksəl] *adj.* ⇒ **biaxial**
biaxial [baɪ'æksɪəl] *adj.* biaxial
bib [bɪb] Ⓐ *s.* **1** VESTUÁRIO babeiro; bibe; **2** VESTUÁRIO (avental, bibe, jardineiras) peitilho; **3** ZOOLOGIA peixe parecido com o bacalhau Ⓑ *v.intr.* (*particípios:* **-bb-**) beber muito e frequentemente ❖ *to put on one's best ~ and tucker* vestir as melhores roupas
Bib. Ⓐ [*abrev. de* Bible] Ⓑ [*abrev. de* biblical]
bibber ['bɪbə] *s.* bebedor
bibelot ['bɪbəlou] *s.* bibelô
Bible ['baɪbəl] *s.* Bíblia ❖ *~ basher* religioso fanático; *~ paper* papel-bíblia
biblical ['bɪblɪkəl] *adj.* bíblico
biblically ['bɪblɪkəlɪ] *adv.* de uma maneira bíblica
Biblicism ['bɪblɪsɪzəm] *s.* RELIGIÃO biblicismo
Biblicist ['bɪblɪsɪst] *adj.* RELIGIÃO biblicista
bibliographer [ˌbɪblɪ'ɒgrəfə] *s.* bibliógrafo
bibliographic [ˌbɪblɪə'græfɪk] *adj.* bibliográfico
bibliographical [ˌbɪblɪə'græfɪkəl] *adj.* bibliográfico
bibliography [ˌbɪblɪ'ɒgrəfɪ] *s.* bibliografia
bibliolater [ˌbɪblɪ'ɒlətə] *s.* bibliólatra
bibliolatrous [ˌbɪblɪ'ɒlətrəs] *adj.* bibliólatra
bibliolatry [ˌbɪblɪ'ɒlətrɪ] *s.* bibliolatria
bibliomania [ˌbɪblɪəʊ'meɪnɪə] *s.* bibliomania
bibliomaniac [ˌbɪblɪəʊ'meɪnɪæk] *s.* bibliomaníaco, bibliómano
bibliophile ['bɪblɪəʊfaɪl] *s.* bibliófilo
bibliopole ['bɪblɪʊˌpəʊl] *s.* bibliópola, vendedor de livros
bibliopoly [ˌbɪblɪ'ɒpəlɪ] *s.* bibliopolia, venda de livros
bibulosity [ˌbɪbjʊ'lɒsɪtɪ] *s.* inclinação, tendência para a bebida
bibulous ['bɪbjʊləs] *adj.* bíbulo ❖ *~ nose* nariz de alcoólico
bibulousness ['bɪbjʊləsnɪs] *s.* tendência para a bebida
bicameral [baɪ'kæmərəl] *adj.* bicameral, com duas câmaras legislativas; *~ legislature* legislatura bicameral

bicarbonate [baɪ'kɑːbənɪt] *s.* QUÍMICA bicarbonato ❖ *~ of soda* bicarbonato de soda
bice [baɪs] *s.* azul-de-cobalto, ultramar-de-cobalto
bicentenary [ˌbaɪsen'tiːnərɪ] *adj.,s.* bicentenário
bicentennial [ˌbaɪsen'tenɪəl] *adj.* de duzentos em duzentos anos
bicephalous [baɪ'sefələs] *adj.* bicéfalo
biceps ['baɪseps] *s.* (*pl.* **-es**) ANATOMIA bíceps
bichromate [baɪ'krəʊmɪt] *s.* QUÍMICA bicromato
bicker ['bɪkə] *v.intr.* discutir; altercar
bickerer ['bɪkərə] *s.* altercador; zaragateiro
bickering ['bɪkərɪŋ] Ⓐ *s.* conflitos; discussões Ⓑ *adj.* conflituoso
bicoastal [baɪ'kəʊstəl] Ⓐ *adj.* [EUA] de/entre duas costas Ⓑ *s.* pessoa que reside ou viaja entre as costas Este e Oeste americanas
bicolour [baɪ'kʌlə] *adj.* bicolor
biconcave [baɪ'kɒnkeɪv] *adj.* biconcavo; *~ lens* lente bicôncava
biconvex [baɪ'kɒnveks] *adj.* biconvexo; *~ lens* lente biconvexa
bicultural [baɪ'kʌltʃərəl] *adj.* bicultural, com duas culturas
biculturalism [baɪ'kʌltʃrəlɪzəm] *s.* biculturalismo
bicuspid [baɪ'kʌspɪd] Ⓐ *adj.* bicúspide Ⓑ *s.* (dente) bicúspide, pequeno molar
bicycle ['baɪsɪkəl] Ⓐ *s.* bicicleta; *to ride a ~* andar de bicicleta Ⓑ *v.intr.* andar de bicicleta ❖ DESPORTO (futebol) *~ kick* pontapé de bicicleta; DESPORTO *~ touring* cicloturismo; DESPORTO *~ race* prova de ciclismo; *~ track* ciclovia
bicycling ['baɪsɪklɪŋ] *s.* ciclismo
bicyclist ['baɪsɪklɪst] *s.* ciclista
bid [bɪd] Ⓐ *s.* **1** (leilão) oferta, lanço; *to make a ~ for* oferecer lanço sobre; **2** proposta; **3** (preço) orçamento [for, para]; *a ~ for the house* um orçamento para a casa; **4** tentativa; *to make a ~ for* tentar conseguir Ⓑ *v.tr.,intr.* (*prt.* **bade** ou **bid**, *part. pass.* **bidden**, *part. pres.* **bidding**) **1** ordenar; mandar; **2** anunciar-se; **3** [form.] (convenção) desejar; dar; *he bade me good morning* desejou-me um bom dia; *to ~ good night* desejar as boas noites; **4** [form.] convidar; *they bade us sit down* convidaram-nos a sentar; **5** (leilão) licitar, oferecer [**for**, por]; *he £100 for the painting* ele ofereceu 100 libras pelo quadro ❖ *do as you are ~* faça o que lhe dizem; *his plans ~ fair to succeed* os planos dele prometem ser bem sucedidos; *the bidden guests* os convidados; *to ~ adieu* despedir-se; *to ~ against sb* oferecer mais dinheiro que outra pessoa
✦ **bid up** *v.tr.* (leilão) licitar para fazer subir o preço de
biddable ['bɪdəbəl] *adj.* dócil; obediente
bidder ['bɪdə] *s.* licitante, licitador
bidding ['bɪdɪŋ] *s.* **1** ordem; *to do sb's ~* cumprir as ordens de alguém; **2** mando; *to be at sb's ~* estar a mando de alguém; **3** lanço; oferta; *he made a high ~ at the auction* ele fez uma oferta elevada no leilão; **4** convite
bide [baɪd] *v.tr.,intr.* **1** [arc.] aguardar; esperar; **2** [arc.] ficar; **3** [arc.] tolerar ❖ *to ~ one's time* esperar a sua hora; esperar pelo momento certo
bidet ['bɪdeɪ] *s.* bidé
biennial [baɪ'enɪəl] Ⓐ *adj.* bienal; bianual Ⓑ *s.* **1** (evento) bienal; **2** BOTÂNICA planta bianual
biennially [baɪ'enɪəlɪ] *adv.* de dois em dois anos
biennium [baɪ'enɪəm] *s.* biénio
bier [bɪə] *s.* **1** ataúde, féretro; **2** carro fúnebre, padiola
bifarious [baɪ'feərɪəs] *adj.* BOTÂNICA bifário, dístico, oposto
biff [bɪf] Ⓐ *s.* sopapo Ⓑ *v.tr.* dar um sopapo a alguém
biffin ['bɪfɪn] *s.* maçã assada, de um vermelho carregado
bifid ['baɪfɪd] *adj.* BOTÂNICA, ZOOLOGIA bífido
bifilar [baɪ'faɪlə] *adj.* bifilar; *~ suspension* suspensão bifilar
bifocal [baɪ'fəʊkəl] Ⓐ *adj.* bifocal Ⓑ *s. pl.* **bifocals** óculos bifocais
bifurcate ['baɪfɜːkeɪt] *v.tr.,intr.* bifurcar(-se)
bifurcation [ˌbaɪfɜː'keɪʃən] *s.* **1** bifurcação; **2** derivação
big [bɪg] *adj.,adv.* **1** grande, volumoso; **2** importante; **3** famoso; **4** [arc.] grávida ❖ [coloq.] *~ bug/gun/pot/shot* pessoa importante, manda-chuva; [coloq.] *~ deal!* grande coisa!; (caça) *~ game* caça grossa; *~ heart* um coração nobre, generoso; ZOOLOGIA *~ horn* carneiro que habita principalmente as Montanhas Rochosas;

bigamist

(feira popular) ~ *wheel* roda gigante; [coloq.] ~ *with child* grávida; [coloq.] *in* ~ *letters* em letras grandes; [coloq.] ~ *word* palavra difícil; *to get* ~ *pay* ganhar um dinheirão; *to look as* ~ *as bull beef* ter um semblante carrancudo e feroz; [EUA] [coloq.] *to make it* ~ fazer grande sucesso; *to talk* ~ fanfarronar
bigamist ['bɪɡəmɪst] *s.* bígamo
bigamous ['bɪɡəməs] *adj.* bígamo
bigamously ['bɪɡəməslɪ] *adv.* em bigamia
bigamy ['bɪɡəmɪ] *s.* bigamia
bigaroon [ˌbɪɡəˈruːn] *s.* ginja, ginja garrafal
big-bellied [ˌbɪɡˈbelɪd] [coloq.] barrigudo, pançudo
big-boned [ˌbɪɡˈbəʊnd] *adj.* largo de ossos; bem constituído
biggie ['bɪɡɪ] *s.* 1 [coloq.] coisa grande; 2 [coloq.] coisa em grande; 3 [coloq.] sucesso; 4 [coloq.] pessoa importante ❖ *no* ~ nada de importante
biggin ['bɪɡɪn] *s.* touca de criança
biggish ['bɪɡɪʃ] *adj.* um tanto grande
biggity ['bɪɡɪtɪ] *adj.* [EUA] (regional) convencido, pretensioso
bighead ['bɪɡhed] *s.* [coloq.] fanfarrão, gabarolas
bight [baɪt] *s.* 1 laçada (em corda); 2 cabo (quando colhido); 3 seio (de cabo); 4 angra, reentrância de costa, rio, etc.
big-league ['bɪɡˌliːɡ] *adj.* 1 na primeira divisão; entre os melhores; 2 [coloq.] desenfreado; frenético; ~ *partying* festa desenfreada
bigness ['bɪɡnɪs] *s.* 1 grande dimensão; 2 grossura; espessura; 3 [depr.] arrogância
bignonia [bɪɡˈnəʊnɪə] *s.* BOTÂNICA bignónia
big-note [ˌbɪɡˈnəʊt] *v.intr.* [Austr.] [coloq.] fazer-se de importante; gabar-se; armar-se em bom
bigorexia [ˌbɪɡəˈreksɪə] *s.* MEDICINA disformia muscular
bigorexic [ˌbɪɡəˈreksɪk] *adj.* MEDICINA com dismorfia muscular
bigot ['bɪɡət] *s.* [depr.] fanático; intolerante
bigoted ['bɪɡətɪd] *adj.* [depr.] fanático; intolerante
bigotry ['bɪɡətrɪ] *s.* 1 [depr.] fanatismo; intolerância; 2 [depr.] estreiteza de espírito
bigwig ['bɪɡwɪɡ] *s.* pessoa importante; figurão
bijou ['biːʒuː] Ⓐ *s.* jóia Ⓑ *adj.* amoroso; pequenino mas elegante
bike [baɪk] Ⓐ *s.* 1 [coloq.] bicicleta; *to ride a* ~ andar de bicicleta; 2 [coloq.] mota Ⓑ *v.intr.* 1 [coloq.] ir ou vir de bicicleta; 2 [coloq.] ir ou vir de mota ❖ (em veículos) ~ *rack* suporte para bicicletas; (aparelho) estacionamento de bicicletas; *on your bike!* pira-te!, põe-te a andar!
biker ['baɪkə] *s.* motard, motociclista
bikeway ['baɪkweɪ] *s.* ciclovia
bikini [bɪˈkiːnɪ] *s.* 1 VESTUÁRIO biquíni; 2 (calcinhas) biquíni ❖ ~ *line* virilhas
bilabial [baɪˈleɪbɪəl] *adj.,s.* LINGUÍSTICA bilabial
bilabiate [baɪˈleɪbɪɪt] *adj.* bilabiado
bilander ['bɪləndə] *s.* NÁUTICA balandro
bilateral [ˌbaɪˈlætərəl] *adj.* bilateral ❖ ~ *agreement* acordo bilateral
bilaterally [ˌbaɪˈlætərəlɪ] *adv.* bilateralmente
Bilbao [bɪlˈbaʊ] *s.top.* Bilbau
bilberry ['bɪlbərɪ, 'bɪlberɪ] *s.* (*pl.* -ies) BOTÂNICA arando; uva-do-monte; mirtilo
bilbo ['bɪlbəʊ] *s.* (*pl.* -s) [ant.] espada
bilboes ['bɪlbəʊz] *s.pl.* grilhões, grilhetas
bile [baɪl] *s.* 1 bílis; 2 [fig.] mau humor; mau génio ❖ ANATOMIA ~ *duct* ducto biliar; ~ *stones* cálculos biliares
bilge ['bɪldʒ] Ⓐ *s.* 1 fundo de porão; 2 imundícies que se juntam no porão; 3 bojo de pipo ou barril; 4 [coloq.] asneira(s); palavreado chocho; lérias; *to talk* ~ dizer asneiras Ⓑ *v.tr.,intr.* 1 arrombar o costado dum navio; 2 tirar o fundo; 3 fazer bojo; 4 meter água ❖ NÁUTICA ~ *water* água que se acumula no porão
bilgy ['bɪldʒɪ] *adj.* parecido com o cheiro da água do porão
bilharzia [bɪlˈhɑːzɪə] *s.* ZOOLOGIA (parasita) bilhárzia, esquistossoma
biliary ['bɪlɪərɪ] *adj.* biliar ❖ MEDICINA ~ *colic* cólica biliar; ANATOMIA ~ *duct* canal biliar
bilingual [baɪˈlɪŋɡwəl] Ⓐ *adj.* bilingue; ~ *dictionary* dicionário bilingue Ⓑ *s.* pessoa bilingue

bilingualism [baɪˈlɪŋɡwəlɪzəm] *s.* bilinguismo
bilious ['bɪlɪəs] *adj.* bilioso
biliously ['bɪlɪəslɪ] *adv.* de modo bilioso, biliosamente
biliousness ['bɪlɪəsnɪs] *s.* 1 ataque de bílis; 2 temperamento bilioso
biliteral [baɪˈlɪtərəl] *adj.* biliteral
biliverdin [ˌbɪlɪˈvɜːdɪn] *s.* BIOQUÍMICA biliverdina
bilk [bɪlk] Ⓐ *v.tr.* 1 [coloq.] intrujar; 2 [coloq.] esquivar-se ao pagamento de; 3 evitar (alguém); 4 livrar-se de (alguém) Ⓑ *s.* vigarista, trapaceiro
bilker ['bɪlkə] *s.* vigarista
bill [bɪl] Ⓐ *s.* 1 conta; factura; *may I have the bill, please* a conta, por favor; 2 projecto ou proposta de lei; (Parlamento) *to pass a* ~ aprovar um projecto de lei; 3 cartaz; *to head the* ~ ser cabeça-de-cartaz; 4 aviso; 5 [EUA] nota (de banco); *a one-dollar* ~ uma nota de um dólar; 6 programa; *concert* ~ programa do concerto; 7 relação; lista; 8 (ave) bico; 9 GEOGRAFIA promontório; 10 letra de câmbio; *to cash a* ~ receber uma letra; *to meet a* ~ pagar uma letra; 11 tesoura de podar; podão; 12 HISTÓRIA (arma) alabarda Ⓑ *v.tr.,intr.* 1 cobrar; 2 facturar (mercadorias); 3 anunciar, pôr no programa; 4 publicitar; 5 descrever, qualificar; 6 afixar cartazes; 7 fazer festas com o bico ❖ ~ *at sight/sight* ~ letra à vista; ~ *of exchange* letra de câmbio; (restaurantes) ~ *of fare* ementa; lista; ~ *broker/discounter* corretor de câmbios; ~ *of credit* carta de crédito; ~ *of health* atestado de saúde; NÁUTICA ~ *of lading/*~ *of shipment* lista da carga a bordo; ~ *of parcels* factura; HISTÓRIA ~ *of Rights* acordo constitucional inglês (1689); ~ *of sale* certificado de transferência de propriedade pessoal; ~ *overdue* letra já vencida; ~ *sticker* afixador de cartazes; *to fill the* ~ possuir as condições necessárias; *stick no bills* afixação proibida
billabong ['bɪləbɒŋ] *s.* [Austr.] ribeiro, regato
billboard ['bɪlbɔːd] *s.* painel publicitário
billet ['bɪlɪt] Ⓐ *s.* 1 MILITAR boleto; aboletamento, aquartelamento em casas particulares; 2 emprego; nomeação; 3 (lenha) cavaca, acha; 4 lingote; *steel* ~ lingote de aço; 5 ARQUITECTURA bilhete; 6 HERÁLDICA bilhetas Ⓑ *v.tr.* aboletar, aquartelar ❖ MECÂNICA ~ *conveyor* transportadora de lingotes; ~ *steel* aço em lingotes
billet-doux [ˌbɪleɪˈduː] *s.* carta amorosa
billeting ['bɪlɪtɪŋ] *s.* aboletamento
billfold ['bɪlfəʊld] *s.* carteira (para notas, cartões, etc.)
billhook ['bɪlhʊk] *s.* podadeira de árvores
billiard ['bɪlɪəd] *adj.* de bilhar ❖ ~ *ball* bola de bilhar; ~ *cue* taco de bilhar; ~ *room* sala de bilhar; ~ *table* mesa de bilhar
billiards ['bɪlɪədz] *s.* DESPORTO bilhar; *to play* ~ jogar bilhar
billing ['bɪlɪŋ] *s.* 1 COMÉRCIO facturação; cobrança; 2 ordem de aparecimento em cartaz; 3 [EUA] cobertura publicitária; promoção; publicidade ❖ *to get top* ~ ser cabeça-de-cartaz
Billingsgate ['bɪlɪŋzˌɡeɪt] *s.* 1 mercado do peixe, em Londres; 2 [fig., ant.] linguagem própria de regateiro; [fig.] *to talk* ~ falar como um carroceiro, falar como uma peixeira
billion ['bɪljən] *s.* 1 [GB] bilião, um milhão de milhões; 2 [EUA] mil milhões ❖ *billions of* montes de
billot ['bɪlət] *s.* 1 acha (de lenha); 2 barra; ~ *of gold* barra de ouro
billow ['bɪləʊ] Ⓐ *s.* 1 vaga, onda; 2 oceano, mar Ⓑ *v.intr.* 1 ondear; 2 erguer-se em vagas
billowy ['bɪləʊɪ] *adj.* encapelado
billsticking ['bɪlˌstɪkɪŋ] *s.* (cartazes) afixação
billy ['bɪlɪ] *s.* 1 escudela; 2 lata usada como panela nos acampamentos; 3 moca
billyboy ['bɪlɪbɔɪ] *s.* NÁUTICA barca de um mastro
billycock ['bɪlɪkɒk] *s.* chapéu de coco
billygoat ['bɪlɪɡəʊt] *s.* bode
billy-oh ['bɪlɪˌəʊ] *adv.* [coloq.] intensamente ❖ *like* ~ intensamente
bilobate [baɪˈləʊbeɪt] *adj.* bilobado
biltong ['bɪltɒŋ] *s.* [Áfr. do S.] tiras, pedaços de carne seca ao sol
Bim [bɪm] *s.* [coloq.] nativo da ilha dos Barbados
bimanous ['bɪmənəs] *adj.* bímano
bimanual [baɪˈmænjʊəl] *adj.* bímano

bimbo ['bɪmbəʊ] s. ⟨pl. **bimbos** ou **bimboes**⟩ 1 [coloq., depr.] (insulto ofensivo) fulaninha, lambisgóia, flausina; 2 [coloq., depr.] (insulto ofensivo) pessoa sem nada dentro da cabeça
bimetallic [ˌbaɪmɪˈtælɪk] adj. bimetálico
bimetallism [baɪˈmetəlɪzəm] s. bimetalismo
bimetallist [baɪˈmetəlɪst] s. bimetalista
bimonthly [baɪˈmʌnθlɪ] Ⓐ adj. 1 bimensal; 2 bimestral Ⓑ adv. 1 bimensalmente, duas vezes por mês; 2 bimestralmente, de dois em dois meses
bin [bɪn] Ⓐ s. 1 caixote do lixo; *rubbish* ~ caixote do lixo; 2 arca; gamela; 3 caixa (para carvão, cereais, pó, garrafas de vinho, etc.); 4 vinho de determinado lote; ~ *end* última garrafa de determinado lote; 5 receptáculo de lona usado na colheita do lúpulo; 6 silo Ⓑ v.tr. ⟨pret. e p. p. -**nn**-⟩ 1 deitar ao lixo; 2 guardar em caixa(s) ❖ ~ *liner* saco do lixo
binary ['baɪnərɪ] adj. binário ❖ ~ *colour* cor secundária (resultante da combinação de duas cores primárias); QUÍMICA ~ *compound* composto binário; MÚSICA ~ *measure* compasso binário; ASTRONOMIA ~ *star* estrela binária
bind [baɪnd] Ⓐ v.tr.,intr. ⟨prt. e part. pass. **bound**⟩ 1 prender, atar, ligar; 2 restringir, limitar; 3 tornar obrigatório, impor; 4 ser obrigado moralmente; 5 sujeitar a obrigação legal; 6 contratar como aprendiz; 7 ratificar, confirmar; 8 encadernar; 9 prender, provocar prisão de ventre; 10 colocar uma ligadura, ligar; 11 endurecer Ⓑ s. 1 barro petrificado entre camadas de carvão; 2 MÚSICA ligadura ❖ *to* ~ *a bargain* confirmar um negócio; *to* ~ *hand and foot* atar de mãos e pés; *to* ~ *oneself to* comprometer-se a; *bound in boards* cartonado; *bound in cloth* encadernado a pano; *bound in paper* brochado; *full bound* encadernação inteira; *half bound* meia encadernação; *he's bound to win* ele não pode deixar de ganhar; *I'll be bound* eu poderia jurar; *it's bound to be like that* é muito provável que assim seja; *this is bound to happen* é o que de certeza vai acontecer
✦**bind over** v.tr. DIREITO obrigar judicialmente a
✦**bind together** v.tr. unir; ligar
✦**bind up** v.tr. (ferimento, lesão) ligar (com ligadura)
binder ['baɪndə] s. 1 capa (de argolas); 2 encadernador; 3 máquina de enfardar; 4 atilho; vincilho; 5 aglutinante; 6 perpianho; 7 (telhado) linha da asna; 8 ligadura; faixa; 9 (estrada) camada de betão pobre por baixo da superfície de desgaste ❖ ~ *plate* placa de união
bindery ['baɪndərɪ] s. oficina de encadernação
binding ['baɪndɪŋ] Ⓐ s. 1 ligação, ligadura; 2 encadernação, capa de livro; 3 união, junção Ⓑ adj. 1 obrigatório; compulsivo; que obriga; que compromete; *the contract is* ~ *on/upon those who signed it* o contrato compromete ambas as partes; 2 que liga, prende ❖ ELECTRICIDADE ~ *tape* fita isoladora
bindweed ['baɪndwiːd] s. BOTÂNICA convólvulo, bons-dias, corriola
bine [baɪn] s. 1 haste, caule flexível; 2 madressilva
binge [bɪndʒ] Ⓐ s. 1 comezaina; 2 farra; *to go on/have a* ~ fazer uma farra; 3 (exagero) orgia; *a shopping* ~ uma orgia de compras Ⓑ v.intr. comer de mais; empanturrar-se [**on**, com/de]
bingo ['bɪŋɡəʊ] Ⓐ s. (jogo) bingo; *to play* ~ jogar bingo Ⓑ interj. 1 (vitória no jogo) bingo!; 2 (êxito) bingo!; eureka!; em cheio! ❖ ~ *card* cartão de bingo; ~ *hall* (estabelecimento de) bingo
binnacle ['bɪnəkəl] s. NÁUTICA bitácula ❖ ~ *cover* capa da bitácula; *binacle lamp* griseta da bitácula
binning ['bɪnɪŋ] s. colocação de garrafas num lote
binocle ['baɪˌnɒkəl, 'bɪˌnɒkəl] s. binóculo
binocular [bɪˈnɒkjʊlə] adj.,s. binocular ❖ ~ *microscope* microscópio binocular; ~ *vision* visão binocular
binoculars [bɪˈnɒkjʊləz] s.pl. binóculo(s)
binomial [baɪˈnəʊmɪəl] Ⓐ adj. binomial, binómico Ⓑ s. MATEMÁTICA, BIOLOGIA binómio
bint [bɪnt] s. [cal.] (ofensivo) tipa, gaja
bio ['baɪəʊ] Ⓐ [abreviatura de biography] Ⓑ s. [EUA, Can.] biografia
bioassay [ˌbaɪəʊˈæseɪ] Ⓐ s. bioensaio Ⓑ v.tr. bioensaiar
biocenosis [ˌbaɪəʊsəˈnəʊzɪs] s. BIOLOGIA biocenose
biochemic [ˌbaɪəʊˈkemɪk] adj. bioquímico
biochemical [ˌbaɪəʊˈkemɪkəl] adj. bioquímico
biochemist [ˌbaɪəʊˈkemɪst] s. bioquímico
biochemistry [ˌbaɪəʊˈkemɪstrɪ] s. bioquímica
biochip ['baɪəʊtʃɪp] s. INFORMÁTICA biochip, chip de DNA
biocidal [ˌbaɪəʊˈsaɪdəl] adj. biocida
biocide ['baɪəʊsaɪd] s. BIOQUÍMICA biocida; nome genérico dos pesticidas e insecticidas
biodegradable [ˌbaɪəʊdɪˈɡreɪdəbəl] adj. biodegradável
biodiversity [ˌbaɪəʊdaɪˈvɜːsɪtɪ] s. biodiversidade
bioelectric [ˌbaɪəʊɪˈlektrɪk] adj. bioeléctrico
bioelectricity [ˌbaɪəʊɪlekˈtrɪsɪtɪ] s. bioelectricidade
bioenergetic [ˌbaɪəʊenəˈdʒetɪk] adj. bioenergético
bioenergy [ˌbaɪəʊˈenədʒɪ] s. bioenergia
bioengineering [ˌbaɪəʊendʒɪˈnɪərɪŋ] s. bioengenharia; engenharia biomédica
bioethical [ˌbaɪəʊˈeθɪkəl] adj. bioético
bioethicist [ˌbaɪəʊˈeθɪsɪst] s. especialista em bioética
bioethics [ˌbaɪəʊˈeθɪks] s. bioética
bioflavonoid [ˌbaɪəʊˈflævənɔɪd, ˌbaɪəʊˈfleɪvənɔɪd] s. BIOLOGIA bioflavonóide
biog. Ⓐ [abrev. de biography] Ⓑ [abrev. de biographical]
biogenesis [ˌbaɪəʊˈdʒenɪsɪs] s. biogénese
biogenetic [ˌbaɪəʊdʒəˈnetɪk] adj. biogenético
biogenic [ˌbaɪəʊˈdʒenɪk] adj. biogénico
biogeographer [ˌbaɪəʊdʒiːˈɒɡrəfə] s. biogeógrafo
biogeographic [ˌbaɪəʊdʒiːəˈɡræfɪk] adj. biogeográfico
biogeographical [ˌbaɪəʊdʒiːəˈɡræfɪkəl] adj. biogeográfico
biogeography [ˌbaɪəʊdʒɪˈɒɡrəfɪ] s. biogeografia
biograph ['baɪəʊɡrɑːf] s. cinematógrafo primitivo
biographee [baɪˌɒɡrəˈfiː] s. biografado
biographer [baɪˈɒɡrəfə] s. biógrafo
biographic [ˌbaɪəʊˈɡræfɪk] adj. ⇒ **biographical**
biographical [ˌbaɪəʊˈɡræfɪkəl] adj. biográfico ❖ ~ *dictionary* dicionário de biografias
biographically [ˌbaɪəʊˈɡræfɪkɪlɪ] adv. biograficamente
biography [baɪˈɒɡrəfɪ] s. ⟨pl. -**ies**⟩ biografia
biohazard [ˌbaɪəʊˈhæzəd] s. 1 agente nocivo; 2 ameaça biológica
biohazardous [ˌbaɪəʊˈhæzədəs] adj. nocivo, perigoso
bioinformatics [ˌbaɪəʊɪnfəˈmætɪks] s. bioinformática
biokinetic [ˌbaɪəʊkɪˈnetɪk] adj. biomecânico
biokinetics [ˌbaɪəʊkɪˈnetɪks] s. biomecânica
biol. Ⓐ [abrev. de biology] Ⓑ [abrev. de biological]
biologic [ˌbaɪəˈlɒdʒɪk] adj. ⇒ **biological**
biological [ˌbaɪəˈlɒdʒɪkəl] adj. biológico ❖ FISIOLOGIA ~ *clock* relógio biológico; (ecologia) ~ *control* controlo biológico; ~ *parents* pais biológicos; ~ *warfare* guerra biológica; ~ *weapon* arma biológica
biologically [ˌbaɪəˈlɒdʒɪkəlɪ] adv. biologicamente ❖ ~ *speaking* do ponto de vista biológico
biologist [baɪˈɒlədʒɪst] s. biólogo
biology [baɪˈɒlədʒɪ] s. biologia
bioluminescence [ˌbaɪəʊluːmɪˈnesəns] s. bioluminescência
bioluminescent [ˌbaɪəʊluːmɪˈnesənt] adj. bioluminescente
biomass ['baɪəʊmæs] s. biomassa
biome ['baɪəʊm] s. (ambiente) bioma
biomechanical [ˌbaɪəʊmɪˈkænɪkl] adj. biomecânico
biomechanics [ˌbaɪəʊmɪˈkænɪks] s. biomecânica
biomedical [ˌbaɪəʊˈmedɪkəl] adj. biomédico ❖ ~ *engineering* engenharia biomédica
biometric [ˌbaɪəˈmetrɪk] adj. biométrico
biometrics [ˌbaɪəˈmetrɪks] s. biometria
biometry [baɪˈɒmɪtrɪ] s. biometria
bionic [baɪˈɒnɪk] adj. 1 biónico; 2 [fig., coloq.] (força, intensidade) sobre-humano; sobrenatural
bionics [baɪˈɒnɪks] s. biónica
biophysical [ˌbaɪəʊˈfɪzɪkəl] adj. biofísico
biophysicist [ˌbaɪəʊˈfɪzɪsɪst] s. biofísico
biophysics [ˌbaɪəʊˈfɪzɪks] s. biofísica
biopic ['baɪəʊpɪk] s. {contr. de **biographical picture**} CINEMA, TELEVISÃO filme biográfico
bioplasm ['baɪəʊplæzəm] s. protoplasma, bioplasma
biopsy ['baɪɒpsɪ] s. ⟨pl. -**ies**⟩ biópsia

biorhythm [baɪəʊ'rɪθəm] s. biorritmo
BIOS INFORMÁTICA [abrev. de Basic Input-Output System]
bioscope ['baɪəskəʊp] s. bioscópio
biosphere ['baɪəʊsfɪə] s. biosfera
biosynthesis [ˌbaɪəʊ'sɪnθɪsɪs] s. biossíntese
biotech ['baɪəʊtek] s. [coloq.] ⇒ **biotechnology**
biotechnical [ˌbaɪəʊ'teknɪkəl] adj. biotécnico
biotechnological [ˌbaɪəʊteknə'lɒdʒɪkəl] adj. biotecnológico
biotechnology [ˌbaɪəʊtek'nɒlədʒɪ] s. biotecnologia
bioterrorism [ˌbaɪəʊ'terərɪzəm] s. bioterrorismo, terrorismo biológico
biotic [baɪ'ɒtɪk] adj. biótico
biotin ['baɪətɪn] s. BIOQUÍMICA biotina
biotite ['baɪətaɪt] s. MINERALOGIA biotite
biotope ['baɪətəʊp] s. BIOLOGIA biótopo
biotype ['baɪətaɪp] s. biótipo
biotypic [baɪəʊ'tɪpɪk] adj. biotípico
biowarfare [ˌbaɪəʊ'wɔːfeə] s. guerra biológica
biparental [baɪpə'rentəl] adj. biparental
biparous ['bɪpərəs] adj. bíparo
bipartisan [baɪˌpɑː'tɪzæn] adj. POLÍTICA bipartidário
bipartisanism [baɪ'pɑːtɪzənɪzm] s. POLÍTICA bipartidarismo
bipartisanship [baɪ'pɑːtɪzənʃɪp] s. POLÍTICA bipartidarismo
bipartite [baɪ'pɑːtaɪt] adj. bipartido; com duas partes
bipartition [ˌbaɪpɑː'tɪʃən] s. bipartição
biped ['baɪped] adj.,s. bípede
bipedal [baɪ'pedəl] adj. bípede
biplane ['baɪpleɪn] s. biplano
bipolar [baɪ'pəʊlə] adj. bipolar ❖ ~ *dynamo* dínamo bipolar; PSICOLOGIA ~ *disorder* doença bipolar
biquadratic [ˌbaɪkwə'drætɪk] Ⓐ s. **1** potência do quarto grau; **2** equação, trinómio biquadrado Ⓑ adj. biquadrado; ~ *equation* equação biquadrada
birch [bɜːtʃ] Ⓐ s. (pl. **-es**) **1** BOTÂNICA bétula; vidoeiro; **2** vara; vergasta; chibata Ⓑ v.tr. **1** açoitar com uma vara; vergastar; chibatar; **2** castigar ❖ ~ *rod* vara de vidoeiro
birchen ['bɜːtʃən] adj. de vidoeiro
birching ['bɜːtʃɪŋ] s. **1** castigo, açoite; **2** poda do vidoeiro
bird [bɜːd] s. **1** pássaro; ave; **2** [coloq.] (indivíduo) tipo; *a knowing old* ~ pessoa que sabe muito; uma velha raposa; **3** [ant.] (ofensivo) miúda, tipa ❖ ~ *bath* bebedouro para pássaros; ~ *of Jove* águia; ~ *of June* pavão; ~ *of night* ave nocturna; BOTÂNICA, ZOOLOGIA, BOTÂNICA ~ *of paradise* ave-do-paraíso; ~ *of passage* ave de arribação; ~ *of peace* pomba; ~ *of prey* ave de rapina; *birds of a feather flock together* diz-me com que andas e dir-te-ei quem és; *a* ~ *in the bush* uma incógnita; *a* ~ *in the hand is worth two in the bush* mais vale um pássaro na mão que dois a voar; [coloq.] *to get the* ~ (espectáculo) receber pateada; (pessoa) ser rejeitado; [cal.] *to give sb the* ~ gozar ou arreliar alguém; *a little* ~ *told me so* ouvi dizer; *the early* ~ *catches the worm* quem cedo madruga Deus o ajuda
birdcage ['bɜːdkeɪdʒ] s. gaiola
bird-dog ['bɜːdˌɒɡ] Ⓐ v.intr. (particípios **-gg-**) [EUA] [coloq.] perseguir Ⓑ v.tr. **1** controlar, vigiar; *the police bird-dogged the suspect's movements* a polícia controlou os movimentos do suspeito; **2** (talentos) procurar; *the coach bird-dogs is recruiting for the team* o treinador anda à procura de novos membros para a equipa
birdie ['bɜːdɪ] s. **1** passarinho; **2** DESPORTO (golfe) *birdie* ❖ [joc., coloq.] (fotografia) *watch the birdie!* olha o passarinho!
birdlime ['bɜːdlaɪm] s. visco
birdseed ['bɜːdsiːd] s. alpista
bird's-eye ['bɜːdzaɪ] s. BOTÂNICA verónica ❖ ~ *view* vista aérea; abordagem geral; visão de conjunto
birdsmouth ['bɜːdzmaʊθ] s. BOTÂNICA barbate, boca-de-lobo
birdsong ['bɜːdsɒŋ] s. trinados; gorjeios
birdwatcher ['bɜːdˌwɒtʃə] s. (ornitólogo amador) observador de pássaros
birdwatching ['bɜːdˌwɒtʃɪŋ] s. observação de pássaros (no seu meio ambiente)
bireme ['baɪriːm] s. NÁUTICA birreme
biretta [bɪ'retə] s. mitra, barrete de clérigo
biro ['baɪərəʊ] s. [coloq.] esferográfica

birr [bɜː] s. (moeda da Etiópia) birr
birth [bɜːθ] s. **1** nascimento; *date of* ~ data de nascimento; **2** MEDICINA parto; *untimely* ~ parto prematuro; **3** início; começo; **4** origem; *to be Portuguese by* ~ ser de origem portuguesa; **5** linhagem; descendência; *to be of noble* ~ ser de descendência nobre ❖ ~ *certificate* certidão de nascimento; (astrologia) ~ *chart* carta astral; ~ *control* planeamento familiar; ~ *control pill* pílula anticoncepcional; ~ *rate* taxa de natalidade; *to give* ~ *to* dar à luz; causar; originar
birthday ['bɜːθdɪ, 'bɜːθdeɪ] s. aniversário; dia de anos; dia de nascimento ❖ CULINÁRIA ~ *cake* bolo de anos; bolo de aniversário; ~ *card* postal de aniversário; ~ *party* festa de anos; ~ *present* prenda de anos; ~ *Honours* títulos ou condecorações conferidos pelo/a rei/rainha inglês/esa no dia do seu aniversário; *in one's* ~ *suit* como se veio ao mundo
birthmark ['bɜːθmɑːk] s. sinal de nascença, sinal congénito
birthplace ['bɜːθpleɪs] s. **1** terra natal; **2** país de origem
birthright ['bɜːθraɪt] s. **1** património/direito adquirido pelo nascimento; **2** direito de primogenitura
bis [bɪs] adv.,interj. MÚSICA bis
Biscay ['bɪskeɪ] s.top. Biscaia
biscuit ['bɪskɪt] Ⓐ s. **1** CULINÁRIA bolacha, biscoito; **2** porcelana *biscuit* (sem brilho nem esmalte, só com uma cozedura); **3** (cor) bege Ⓑ adj. (cor) bege ❖ *that takes the biscuit!* isso é o cúmulo!
bisect [baɪ'sekt] v.tr. bissectar, dividir em duas partes iguais
bisection [baɪ'sekʃən] s. bissecção
bisector [baɪ'sektə] s. bissector
bisectrix [baɪ'sektrɪks] s. bissectriz
bisexual [baɪ'seksjʊəl, baɪ'sekʃʊəl] adj.,s. bissexual
bishop ['bɪʃəp] s. **1** RELIGIÃO bispo; **2** (xadrez) bispo
bishopric ['bɪʃəprɪk] s. bispado, episcopado
bismuth ['bɪzməθ] s. QUÍMICA (elemento químico) bismuto ❖ QUÍMICA ~ *chloride* cloreto de bismuto; QUÍMICA ~ *nitrate* nitrato de bismuto; QUÍMICA ~ *oxide* óxido de bismuto; ~ *solder* solda de bismuto; QUÍMICA ~ *trisulphide* bismutina
bison ['baɪsən] s. ZOOLOGIA bisão
BISPA [abrev. de British Independent Steel Producers Association]
bisque [bɪsk] s. **1** CULINÁRIA sopa forte de mariscos, peixe, aves ou caça; **2** porcelana não vidrada; **3** termo empregado no ténis e no croquet
bissextile [bɪ'sekstaɪl] Ⓐ adj. bissexto Ⓑ s. ano bissexto
bistort ['bɪstɔːt] s. BOTÂNICA bistorta
bistoury ['bɪstʊrɪ] s. (pl. **-ies**) bisturi
bistre ['bɪstə] s. bistre
bistro ['bɪstrəʊ] s. (pl. **-s**) restaurantezinho, restaurante pequeno
bisulphate [baɪ'sʌlfeɪt] s. QUÍMICA bissulfato ❖ ~ *of potash* bissulfato de potassa
bit [bɪt] Ⓐ s. **1** pedaço; bocado; **2** (livro, filme) excerto; parte; *this is the* ~ *I prefer* esta é a parte de que gosto mais; **3** [coloq.] (tempo) momento, instante; *I'm going out for a* ~ vou sair por uns instantes; *wait a* ~ *please* espere um momento, por favor; **4** {contr. de **binary digit**} INFORMÁTICA bit; *this software uses 32 bits technology* este software usa tecnologia de 32 bits; **5** (cavalo) freio, bridão; *to take the* ~ *between one's teeth* tomar o freio nos dentes; **6** broca; **7** moeda pequena, (E. U. A) 12 cêntimos; **8** palhetão de chave Ⓑ prt. de **to bite** ❖ ~ *brace* arco de pua; ~ *stock* arco de pua; berbequim; ~ *by* ~ pouco a pouco; *a* ~ *of advice* um conselho; *a* ~ *too much* um bocadinho de mais; *not a* ~ nem um pouco; absolutamente nada; *quite a* ~ bastante; *threepenny* ~ moeda de três dinheiros; *to do one's* ~ dar a sua contribuição (por pequena que seja); *to give a* ~ *of one's mind* falar com franqueza, falar claro; [coloq.] *to take the* ~ *into one's mouth* bater o pé; fazer valer as suas ideias; *I don't care a* ~ é-me indiferente
bitch [bɪtʃ] Ⓐ s. (pl. **-es**) **1** ZOOLOGIA cadela; **2** ZOOLOGIA fêmea; ~ *fox* raposa; ~ *wolf* loba; **3** [cal.] (ofensivo) cabra, galdéria; **4** [coloq.] queixa; **5** [cal.] (coisa difícil) caso sério Ⓑ v.intr. **1** [cal.] dizer mal; **2** [EUA] [cal.] lamuriar-se; resmungar; queixar-se [**at**, a; **about**, de] ❖ [cal.] *life's a bitch!* que droga de vida!; (ofensivo) *son of a* ~ filho da puta$_{cal.}$

bitchin ['bɪtʃɪn] Ⓐ *adj.* [EUA] [cal.] fantástico, espectacular Ⓑ *adv.* [EUA] [cal.] extremamente, muito

bitchy ['bɪtʃɪ] *adj.* (*comp.* **-ier**, *superl.* **-iest**) **1** [cal.] baixo; *what a ~ thing to do!* que golpe baixo!; **2** [cal.] traiçoeiro; **3** [cal.] desagradável; **4** [cal.] antipático

bite [baɪt] Ⓐ *v.tr.,intr.* (*prt.* **bit**, *part. pass.* **bit** ou **bitten**) **1** morder; **2** (insecto) picar; **3** cortar; **4** ferir; **5** roer; *to ~ one's fingernails* roer as unhas; **6** corroer; **7** prender, agarrar-se (ao solo) Ⓑ *s.* **1** mordedura, mordidela; dentada; *the dog gave me a ~* o cão mordeu-me; **2** (insecto) mordidela; picada; *a mosquito ~* uma picada de mosquito; **3** (comida) trinca; bocado; *give me a ~ of that* dá-me uma trinca; **4** substância cáustica; **5** (automóvel) aderência à estrada ❖ *~ and sup* de comer e de beber; *let's grab a bite!* vamos comer qualquer coisa!; *to begin to ~* começar a doer; *to ~ open* abrir com os dentes; *to ~ the dust/the ground* morder o pó; *to ~ the tongue* morder a língua; controlar-se; *what's biting you?* que se passa contigo?; *once bitten twice shy* gato escaldado de água fria tem medo

◆ **bite back** *v.tr.* conter; reprimir; *she bit back the words* ela conteve as palavras

◆ **bite into** *v.tr.* cortar; *the rope had bitten into his wrists* a corda cortara-lhe os pulsos

◆ **bite off** *v.tr.* arrancar com os dentes ❖ *to ~ more than one can chew* meter-se em altas cavalarias; *to bite sb's head off* dar uma descasca a alguém

◆ **bite through** *v.tr.* cortar com os dentes

biteplate ['baɪt,pleɪt] *s.* (estomatologia) aparelho de retenção

biter ['baɪtə] *s.* **1** vigarista; **2** animal que morde

Bithynia [baɪ'θɪnɪə] *s.top.* Bitínia

biting ['baɪtɪŋ] *adj.* **1** cortante; **2** penetrante; **3** (gosto) picante; **4** mordaz; satírico, irónico

bitingness ['baɪtɪŋnəs] *s.* mordacidade; causticidade

bitmap ['bɪtmæp] *s.* INFORMÁTICA bitmap

bits [bɪts] *s.* MECÂNICA palhetão da chave

bitt [bɪt] Ⓐ *s.* NÁUTICA abita Ⓑ *v.tr.* NÁUTICA abitar

bitten ['bɪtən] *part. pass. de* **to bite** ❖ *to be ~ with* morrer por; estar ansioso por

bitter ['bɪtə] Ⓐ *adj.* **1** (sabor) amargo, azedo; **2** (tempo) cortante, penetrante; *it's ~ cold* está um frio de rachar; **3** (pessoa) amargo, azedo; **4** [fig.] (experiência, situação) duro; implacável; *a ~ blow* um duro golpe; *a ~ enemy* um inimigo implacável Ⓑ *s.* **1** cerveja amarga; **2** aperitivo; *to have a bitters* tomar um aperitivo ❖ BOTÂNICA *~ apple* coloquíntida; *~ earth* magnésia calcinada; *~ salt* sal amargo; sulfato de magnésia; *to be a ~ pill to swallow* ser difícil de aceitar; *to feel ~ about* sentir-se ressentido em relação a; *to the ~ end* até ao fim; até à última

bitter-ender [bɪtə'rendə] *s.* recalcitrante; obstinado

bitterly ['bɪtəlɪ] *adv.* amargamente; *~ disappointed* amargamente desiludido ❖ *it's ~ cold* está um frio de rachar

bittern ['bɪtən] *s.* ZOOLOGIA botauro

bitterness ['bɪtənɪs] *s.* **1** amargor; amargura; **2** rancor; ressentimento; **3** mordacidade; causticidade

bittersweet ['bɪtəswiːt] Ⓐ *adj.* agridoce Ⓑ *s.* BOTÂNICA doce-amarga, dulcamara, uva-de-cão, uva-espim ❖ *~ chocolate* chocolate amargo

bittersweetness ['bɪtəswiːtnəs] *s.* doce-amargo

bittock ['bɪtək] *s.* um pouco, um pequeno bocado

bitty ['bɪtɪ] *adj.* (*comp.* **-ier**, *superl.* **-iest**) fragmentário, desconexo

bitumen ['bɪtʊmɪn] *s.* betume

bituminize [bɪ'tjuːmɪnaɪz] *v.tr.* betumar

bituminous [bɪ'tjuːmɪnəs] *adj.* betuminoso ❖ *~ coal* carvão betuminoso; carvão gordo; *~ compound* composto betuminoso; *~ fuel* combustível betuminoso; *~ varnish* charão

bivalence [baɪ'veɪləns] *s.* bivalência

bivalent [baɪ'veɪlənt] *adj.* bivalente

bivalve ['baɪvælv] *s.* bivalve

bivouac ['bɪvʊæk] Ⓐ *v.intr.* (*particípios:* **-ck-**) bivacar Ⓑ *s.* bivaque

biweekly [baɪ'wiːklɪ] Ⓐ *s.* (*pl.* **-ies**) publicação quinzenal, quinzenário Ⓑ *adj.* quinzenal Ⓒ *adv.* quinzenalmente

biz [bɪz] *s.* {forma elíptica de **business**}

bizarre [bɪ'zɑː] *adj.* **1** bizarro; **2** extravagante; **3** grotesco

bizarreness [bɪ'zɑːnəs] *s.* bizarria; excentricidade

Bk QUÍMICA [símbolo de berkelium]

BL Ⓐ [abrev. de Bachelor of Law (Baccalaureus Legum)] Ⓑ [abrev. de Bachelor of Letters]

blab [blæb] Ⓐ *v.intr.* (*particípios:* **-bb-**) **1** tagarelar; **2** falar de mais; cometer inconfidências; **3** bisbilhotar; ser indiscreto; **4** passar informações [**to**, a] Ⓑ *v.tr.* deixar escapar; revelar; *to ~ a secret* revelar um segredo

blabber ['blæbə] Ⓐ *s.* **1** tagarela; **2** indiscreto; **3** (ruído) tagarelice Ⓑ *v.intr.* **1** tagarelar; **2** falar indiscretamente

blabbermouth ['blæbə,maʊθ] *s.* [coloq.] linguarudo; tagarela; indiscreto

blabbing ['blæbɪŋ] *s.* **1** indiscrição; **2** tagarelice

black [blæk] Ⓐ *s.* **1** (cor) preto; **2** (um) negro; **3** luto Ⓑ *adj.* **1** (cor) preto, negro; **2** sombrio; **3** sujo; **4** ameaçador, sinistro Ⓒ *v.tr.* **1** pintar de preto; fazer ficar negro; enegrecer; **2** engraxar ❖ QUÍMICA *~ ash* carbonato de soda cru; ZOOLOGIA *~ beetle* barata; FÍSICA *~ body* corpo negro; AERONÁUTICA *~ box* caixa negra; *~ cattle* gado vacum; *~ coal* hulha; *~ copper* cobre em bruto; BOTÂNICA *~ currant* groselha negra; *~ draught* laxante; *~ eye* olho negro; olho pisado; *~ flag* bandeira dos piratas; *~ friar* frade dominicano; ASTRONOMIA *~ hole* buraco negro; *~ humour* humor negro; *~ lead* grafite, plumbagina; *~ letter* letra gótica; *~ look* olhar carrancudo, cheio de cólera; *~ magic* magia negra; *~ Maria* veículo celular; *~ market* mercado negro; *~ mass* missa negra; *~ oil* óleo mineral em bruto; BOTÂNICA *~ pine* pinheiro-negro; pinheiro-da-áustria; *~ Power* poder negro; *~ pudding* chouriço de sangue; (Parlamento) *~ Rod* alto funcionário da Câmara dos Lordes; *~ sheep* ovelha negra; *as ~ as pitch/as ~ as thunder* negro como carvão; *down in ~ and white* por escrito; *he's not so ~ as he's painted* ele não é tão mau quanto o pintam; *to be ~ in the face* ter o rosto congestionado; [coloq.] *to put sth down in ~ and white* pôr o preto no branco

◆ **black out** Ⓐ *v.tr.* **1** cortar a electricidade a; deixar sem luz; apagar as luzes a; **2** tapar; **3** (memória) suprimir; apagar; recalcar; **4** (como protesto) boicotar Ⓑ *v.intr.* desmaiar

blackamoor ['blækəmɔː, 'blækmʊə] *s.* [arc.] (ofensivo) negro ❖ [arc.] *to wash a ~ white* perder tempo inutilmente

blackball ['blækbɔːl] Ⓐ *s.* **1** (votações) bola preta; **2** voto contra Ⓑ *v.tr.* **1** votar contra; **2** rejeitar; excluir ❖ *to be blackballed* ser rejeitado; não ver aceite o seu pedido de admissão (em clube, etc.).

blackberry ['blækbəri, 'blækberɪ] *s.* (*pl.* **-ies**) amora silvestre ❖ BOTÂNICA *~ bush* amoreira brava; silva

blackberrying ['blækbərɪŋ, 'blækberɪŋ] *s.* colheita de amoras

blackbird ['blækbɜːd] *s.* ZOOLOGIA (ave) melro

blackbirder ['blæk,bɜːdə] *s.* negreiro; negociante de escravos

blackbirding ['blæk,bɜːdɪŋ] *s.* tráfico de escravos

blackboard ['blækbɔːd] *s.* **1** (escola) quadro (preto); **2** lousa

blackbook ['blækbʊk] *s.* livro negro; lista negra ❖ *to be in sb's blackbooks* não estar nas boas graças de alguém

blackcap ['blæk,kæp] *s.* **1** ZOOLOGIA toutinegra; **2** cabeção; **3** [ant.] gorro usado pelo juiz ao pronunciar uma sentença de morte

blackcock ['blæk,kɒk] *s.* ZOOLOGIA galo silvestre

blackcurrant [,blæk'kʌrənt] *s.* BOTÂNICA groselha negra

blacken ['blækən] *v.tr.,intr.* **1** ficar negro, enegrecer; **2** tingir de escuro, de preto; **3** denegrir, difamar

blackguard ['blægɑːd] Ⓐ *s.* [arc.] canalha; garoto; velhaco Ⓑ *v.tr.,intr.* insultar, encher de injúrias ignóbeis

blackguardism ['blægədɪzəm] *s.* **1** [arc.] obscenidade; **2** [arc.] devassidão; **3** [arc.] vadiagem

blackguardly ['blægədlɪ] *adj.* **1** [arc.] devasso; **2** [arc.] ignóbil

blackhead ['blækhed] *s.* **1** (pele) ponto negro; **2** ZOOLOGIA ave de cabeça negra

blacking ['blækɪŋ] *s.* graxa

blackish ['blækɪʃ] *adj.* escuro

blacklead [,blæk'led] Ⓐ *s.* grafite Ⓑ *v.tr.* cobrir com grafite, grafitar

blackleg ['blækleg] Ⓐ *s.* **1** fura-greves; **2** traidor; **3** batoteiro; vigarista Ⓑ *v.intr.* (*particípios:* **-gg-**) [coloq.] furar uma greve

blacklist ['blæklɪst] Ⓐ *s.* lista negra Ⓑ *v.tr.* colocar na lista negra

blackly [ˈblæklɪ] *adv.* 1 duma maneira escura; 2 sombriamente; 3 de mau humor
blackmail [ˈblækˌmeɪl] Ⓐ *s.* chantagem Ⓑ *v.tr.* fazer chantagem com; chantagear; *to ~ sb into doing sth* chantagear alguém para que faça algo ❖ *emotional ~* chantagem emocional
blackmailer [ˈblækˌmeɪlə] *s.* chantagista
blackness [ˈblæknɪs] *s.* escuridão; negrume; negrura
blackout [ˈblækˌaʊt] *s.* 1 corte de energia, apagão; 2 (estado físico) desmaio, perda de consciência; 3 PSICOLOGIA amnésia; perda de memória; *he had a ~ after the accident* ele sofreu uma perda de memória depois do acidente; 4 (informação) blackout; *news ~* blackout informativo
blacksmith [ˈblækˌsmɪθ] *s.* 1 ferreiro; 2 serralheiro ❖ *blacksmith's hearth/shop* forja; serralharia
blackspot [ˈblækspɒt] *s.* 1 (estrada) lugar perigoso, lugar de acidentes; 2 (situação, etc.) área problemática
blackthorn [ˈblækθɔːn] *s.* BOTÂNICA espinheiro negro
black-tie [ˈblæktaɪ] *adj.* (jantar, acontecimento social) de cerimónia; em que se usa smoking
blackwater [ˈblækwɔːtə] *s.* águas poluídas ❖ MEDICINA *~ fever* hematúria
blad [blæd] *s.* amostra do texto dum livro e da encadernação
bladder [ˈblædə] *s.* 1 ANATOMIA bexiga; 2 vesícula, empola; 3 câmara-de-ar ❖ BOTÂNICA *~ herb* erva-moira
bladderwort [ˈblædəˌwɜːt] *s.* BOTÂNICA utriculária
blade [bleɪd] *s.* 1 lâmina; *razor ~* lâmina de barbear; 2 BOTÂNICA folha lanceolada (sobretudo de cereais e certo tipo de relva); 3 pá (de remo, hélice, roda de moinho, etc.); 4 pá para estivar carvão; 5 palheta; 6 [poét.] espada; 7 pessoa jovial, fanfarrona ❖ *~ of a turbine* pá de turbina; *~ of propeller* palheta; *~ of T square* régua-Tê; *a cunning ~* pessoa espertalhona; *a stout ~* um valentão; *an old ~* pessoa matreira
blade-bone [ˈbleɪdbəʊn] *s.* ANATOMIA omoplata
bladed [ˈbleɪdɪd] *adj.* laminado
bladeless [ˈbleɪdləs] *adj.* sem lâmina
blah [blɑː] Ⓐ *s.* [coloq.] blabá; disparates; conversa tola Ⓑ *v.intr.* [coloq.] dizer disparates
blain [bleɪn] *s.* pústula; ferida epitelial
blamable [ˈbleɪməbəl] *adj.* censurável
blamableness [ˈbleɪməbəlnɪs] *s.* culpabilidade
blamably [ˈbleɪməblɪ] *adv.* culpavelmente; de forma censurável
blame [bleɪm] Ⓐ *s.* culpa; responsabilidade; *let me bear the ~* a responsabilidade é minha, o culpado sou eu Ⓑ *v.tr.* 1 culpar; atribuir a responsabilidade a; 2 censurar ❖ *I don't ~ you* compreendo perfeitamente; *to put/lay/place/throw the ~ on…* deitar as culpas a…; *who am I to ~ you?* quem sou eu para te julgar?; *who is to blame?* de quem é a culpa?; *you've only got yourself to ~* a culpa é toda tua
blameless [ˈbleɪmləs] *adj.* inocente; livre de culpa(s); sem culpa
blamelessly [ˈbleɪmlɪslɪ] *adv.* irrepreensivelmente
blamelessness [ˈbleɪmlɪsnɪs] *s.* inocência; inculpabilidade
blameworthiness [ˈbleɪmˌwɜːðɪnɪs] *s.* culpabilidade
blameworthy [ˈbleɪmˌwɜːðɪ] *adj.* 1 censurável; condenável; reprovável; 2 culpável
blanch [blæntʃ] Ⓐ *v.intr.* 1 branquear; 2 empalidecer; 3 perder a cor Ⓑ *v.tr.* 1 CULINÁRIA escaldar, pelar (legumes, frutos); 2 branquear
blanching [ˈblæntʃɪŋ] *s.* 1 empalidecimento dos vegetais por falta de luz; 2 estiolagem
blancmange [bləˈmɒnʒ] *s.* CULINÁRIA manjar-branco
bland [blænd] *adj.* 1 brando; doce; suave; 2 terno; meigo; 3 [depr.] insípido; 4 [depr.] pouco interessante
blandish [ˈblændɪʃ] *v.tr.* 1 [form.] adular; lisonjear; 2 acariciar
blandishment [ˈblændɪʃmənt] *s.* 1 [form.] lisonja; adulação; 2 carícia
blandly [ˈblændlɪ] *adv.* 1 com suavidade; 2 lisonjeiramente; 3 maliciosamente
blandness [ˈblændnɪs] *s.* suavidade; doçura
blank [blæŋk] Ⓐ *adj.* 1 não escrito; em branco; 2 (olhar) inexpressivo; sem expressão; 3 sem resultado; 4 desprovido de interesse; 5 LITERATURA (versos) solto; sem rima; 6 (espaço, parede) vazio; despido; 7 confuso; perplexo; desorientado; *to go ~* ficar sem saber o que fazer Ⓑ *s.* 1 (texto, documento) espaço em branco; *leave blanks for the words you don't know* deixe ficar espaços em branco para as palavras que não conhecer; 2 (memória) vazio; lacuna; *his mind was a ~* não se lembrava de nada; 3 alvo; 4 hífen, travessão (que substitui letras ou palavras); 5 disco metálico antes de cunhado em moeda; 6 (lotaria) bilhete em branco Ⓒ *v.tr.* 1 apagar; 2 ignorar Ⓓ *v.intr.* (esquecimento temporário) ter uma branca *fig.* ❖ *~ bolt* cavilha; *~ cartridge* cartucho sem bala; *~ cheque* cheque em branco; carta branca; *~ map* mapa mudo; *~ nut* porca sem rosca; *~ paper* papel virgem; *~ tape* cassete virgem; *to draw in ~* sacar em branco
◆ **blank out** Ⓐ *v.tr.* 1 tapar; cobrir; encobrir; 2 apagar da memória Ⓑ *v.intr.* 1 desmaiar; perder os sentidos; 2 [fig.] (memória) desvanecer-se
blanket [ˈblæŋkɪt] Ⓐ *s.* 1 cobertor; coberta; 2 manta; 3 [fig.] (cobertura) manto; *a ~ of snow* um manto de neve Ⓑ *adj.* 1 abrangente, geral; 2 total, global Ⓒ *v.tr.* 1 cobrir; 2 (questão, escândalo) abafar; 3 NÁUTICA tirar o vento a outro navio ❖ *a wet ~* um desmancha-prazeres; *to be born on the wrong side of the ~* ser filho ilegítimo
blankly [ˈblæŋklɪ] *adv.* 1 sem expressão; 2 de modo terminante
blankness [ˈblæŋknɪs] *s.* 1 (tonalidade) brancura; claridade; 2 (feições) inexpressividade; vazio; 3 (estado de espírito) perturbação; confusão
blare [bleə] Ⓐ *s.* 1 toque de trombeta; 2 som semelhante ao toque de trombeta; 3 estrondo; barulheira Ⓑ *v.tr.,intr.* 1 tocar trombeta; 2 retinir, retumbar
blarney [ˈblɑːnɪ] Ⓐ *s.* adulação; melifluidade de atitudes; modos untuosos Ⓑ *v.tr.* adular; bajular ❖ *to kiss the ~ stone* lisonjear; adular
blasé [ˈblɑːzeɪ] *adj.* 1 sofisticado; 2 enjoado; 3 saciado; 4 indiferente; 5 pouco impressionado
blaspheme [blæsˈfiːm] *v.tr.,intr.* blasfemar
blasphemer [blæsˈfiːmə] *s.* blasfemo; ímpio
blaspheming [blæsˈfiːmɪŋ] *s.* 1 blasfémia; 2 acto de blasfemar
blasphemous [ˈblæsfəməs] *adj.* blasfemo
blasphemously [ˈblæsfəməslɪ] *adv.* com blasfémias; impiamente
blasphemy [ˈblæsfəmɪ] *s.* (*pl.* -**ies**) blasfémia
blast [blɑːst] Ⓐ *s.* 1 golpe, rajada de vento; 2 explosão; detonação; 3 carga de explosivo; 4 som de instrumento de sopro; 5 sopro de fole; 6 deslocação de ar; 7 pressão de ar; 8 influência prejudicial Ⓑ *v.tr.* 1 fazer saltar com dinamite ou outros explosivos; abrir por meio de detonação; *to ~ a tunnel* abrir um túnel com explosivos; 2 arruinar; destruir; arrasar; 3 amaldiçoar ❖ *~ furnace* alto-forno; [coloq.] *~ you!* maldito sejas!; (fornalha) *out of ~* apagado; *to be in full ~* estar em plena actividade; *to ~ sb's reputation* acabar com a reputação de alguém; *to get a ~ out of* divertir-se à grande com
◆ **blast away** *v.intr.* 1 (música) tocar muito alto; estrondear; 2 [coloq.] disparar repetidamente
◆ **blast off** *v.intr.* (foguetão) partir; descolar
◆ **blast out** *v.tr.,intr.* (música) tocar muito alto; estrondear
blasted [ˈblɑːstɪd] Ⓐ *adj.* [coloq.] maldito Ⓑ *adv.* [coloq.] imensamente; *~ thirsty* com uma sede danada
blasting [ˈblɑːstɪŋ] *s.* 1 (minas, explosivos) rebentamento; explosão; detonação; 2 [coloq.] praga *coloq.*; praguejamento; 3 [fig.] crítica demolidora; 4 RÁDIO distorção ❖ *~ agent* explosivo; *~ cap* detonador; espoleta; *~ charge* carga explosiva; *~ gelatine* nitrogelatina; *~ oil* nitroglicerina
blastoderm [ˈblæstəʊdɜːm] *s.* blastoderme
blast-off [ˈblɑːstɒf] *s.* 1 (foguetão espacial) lançamento; 2 descolagem; 3 partida ❖ *~ from the Moon* partida da lua
blastogenesis [blæstəʊˈdʒenəsɪs] *s.* blastogénese
blast-pipe [ˈblɑːstpaɪp] *s.* tubo de escape; tubo de tiragem
blat [blæt] *s.* [EUA] [cal.] (jornal) tablóide
blatancy [ˈbleɪtənsɪ] *s.* 1 barulho; 2 banalidade gritante
blatant [ˈbleɪtənt] *adj.* 1 óbvio, evidente; notório, flagrante; 2 ruidoso; 3 espalhafatoso; 4 ostensivo

blatantly ['bleɪtəntlɪ] *adv.* 1 de maneira evidente; de forma flagrante; 2 ostensivamente; espalhafatosamente; 3 ruidosamente

blather ['blæðə] ⓐ *v.intr.* [coloq.] dizer asneiras ⓑ *s.* [coloq.] asneiras, disparates

blatherskite ['blæðəsˌkaɪt] *s.* [ant.] parlapatão

blaze [bleɪz] ⓐ *s.* 1 labareda; chama; 2 fogo; incêndio; 3 luz brilhante; 4 [fig.] espectáculo; deslumbramento; 5 [fig.] (sentimentos) explosão [**of**, de]; *in a ~ of anger* numa explosão de fúria; 6 (tiros) rajada [**of**, de]; *a ~ of machinegun fire* uma rajada de tiros de metralhadora; 7 mancha branca na testa de boi ou cavalo; 8 marca feita em tronco de árvore ⓑ *v.tr.,intr.* 1 arder com chama; 2 resplandecer; 3 [fig.] (fúria) fulminar, lançar faíscas*fig.*; 4 marcar árvores com golpes na casca, para indicar o caminho; 5 [arc.] proclamar aos quatro ventos ❖ [coloq.] *drunk as blazes* bêbado como um cacho; *go to blazes!* vai para o diabo!; *in the ~ of day* em pleno dia; ao meio-dia; *like blazes* com toda a força; impetuosamente; *to blazes with him!* que vá para o Diabo!; *to ~ a trail* abrir caminho; ser pioneiro; ser precursor

◆ **blaze abroad** *v.tr.* proclamar aos quatro ventos; contar a toda a gente

◆ **blaze away** *v.intr.* 1 disparar continuamente [**at**, contra]; 2 arder

◆ **blaze out** *v.intr.* 1 irromper em chamas; 2 aparecer subitamente; 3 irritar-se subitamente

◆ **blaze past** *v.intr.* passar disparado; passar como uma seta

◆ **blaze up** *v.intr.* 1 irromper em chamas; 2 mostrar-se de súbito; 3 (fúria) explodir

blazer ['bleɪzə] *s.* 1 VESTUÁRIO blazer, casaco desportivo; 2 [coloq.] mentira ultrajante

blazing ['bleɪzɪŋ] *adj.* 1 ardente; 2 brilhante; 3 em chamas; 4 abrasador; escaldante; *a ~ hot day* um dia de calor insuportável; 5 (situação) intenso; violento

blazon ['bleɪzən] ⓐ *v.tr.* 1 blasonar, brasonar; 2 embelezar, ornar; 3 alardear, proclamar ⓑ *s.* 1 divulgação, proclamação; 2 brasão, armas

blazonry ['bleɪzənrɪ] *s.* 1 blasonaria; 2 heráldica; 3 exibição, ornamentação vistosa

bldg [*abrev. de* building]

bleach [bliːtʃ] ⓐ *v.tr.,intr.* 1 branquear (expondo ao sol ou por processos químicos); 2 (cabelo) descolorar; oxigenar ⓑ *s.* (*pl.* -**es**) 1 lixívia; 2 branqueamento; 3 descolorante; 4 descoloração

bleached ['bliːtʃt] *adj.* 1 (cabelo) descolorado, oxigenado; 2 (ganga) desbotado, claro; 3 (vinha) branco-pálido ❖ *~ blonde* loura oxigenada

bleacher ['bliːtʃə] *s.* aquele que lava ou branqueia

bleachers ['bliːtʃəz] *s.* [EUA] (pavilhões, estádios, etc.) lugares em pé (baratos)

bleachery ['bliːtʃərɪ] *s.* 1 lavandaria; 2 secção de branqueação

bleaching ['bliːtʃɪŋ] *s.* branqueamento ❖ *~ powder* pó para branquear; cloreto de cal

bleak [bliːk] ⓐ *s.* ZOOLOGIA mugem ⓑ *adj.* (*comp.* -**er**, *superl.* -**est**) 1 desabrigado; batido pelo vento; 2 ermo; desolado; árido; *a ~ landscape* uma paisagem árida; 3 gelado; 4 lúgubre; sombrio; 5 frouxo, sem vida; 6 pouco animador

bleakly ['bliːklɪ] *adv.* 1 friamente; 2 tristemente; sem ânimo

bleakness ['bliːknɪs] *s.* 1 frialdade; 2 frouxidão; 3 tristeza

blear ['blɪə] ⓐ *adj.* 1 remelento, remelado; 2 confuso; indeciso; impreciso ⓑ *v.tr.* 1 turvar (os olhos); 2 tornar indistinto, confuso

bleary ['blɪərɪ] *adj.* 1 embaciado, turvo; 2 (contorno) indeciso, vago; 3 obscuro; 4 (olho) congestionado

bleary-eyed ['blɪərɪˌaɪd] *adj.* 1 com os olhos congestionados; 2 lacrimoso; 3 remelento

bleat [bliːt] ⓐ *v.intr.* 1 balir; 2 (pessoa) lamuriar-se; choramingar ⓑ *s.* balido

◆ **bleat out** *v.tr.* contar a toda a gente

bleb [bleb] *s.* 1 (pele, vidro, água) bolha; 2 borbulha

bled [bled] *prt. e part. pass. de* **to bleed**

bleed [bliːd] *v.tr.,intr.* (*prt. e part. pass.* **bled**) 1 sangrar, perder sangue; *to ~ from the nose* deitar sangue pelo nariz; *your nose is bleeding* estás a deitar sangue pelo nariz; 2 MEDICINA (tratamento) sangrar; 3 drenar; 4 (lavagem de tecidos) tingir; 5 [fig.] extorquir dinheiro a; *he was bled white and hadn't a penny left* extorquiram-lhe o dinheiro até ao último tostão ❖ [irón.] *my heart bleeds for* a pena que eu tenho de; *to ~ to death* esvair-se em sangue até morrer

bleeder ['bliːdə] *s.* 1 [coloq.] (ofensivo) filho da mãe; 2 ELECTRICIDADE resistência; *~ resistor* resistência de drenagem

bleeding ['bliːdɪŋ] ⓐ *adj.* 1 que sangra, a sangrar; 2 [fig.] magoado; 3 [cal.] maldito, estuporado ⓑ *s.* 1 hemorragia; *to stop the ~* estancar a hemorragia; 2 sangria; 3 drenagem

bleep [bliːp] ⓐ *s.* 1 (som) bip; 2 (aparelho) pager, bip ⓑ *v.intr.* fazer bip ⓒ *v.tr.* chamar através do bip; chamar através do pager

bleeper ['bliːpə] *s.* pager, bip

blemish ['blemɪʃ] ⓐ *s.* 1 mancha; marca; imperfeição; 2 defeito; falta ⓑ *v.tr.* 1 manchar, sujar; 2 difamar; 3 danificar ❖ *without a ~* sem falhas

blench [blentʃ] *v.tr.,intr.* 1 desviar-se para o lado; retroceder; 2 titubear; 3 estremecer; *to ~ in fear* estremecer de medo; 4 fechar os olhos a; 5 empalidecer

blend [blend] ⓐ *s.* 1 mistura; *a good ~ of coffee* uma boa mistura de café; 2 mescla; combinação ⓑ *v.tr.* (*prt. e part. pass.* **blended**) misturar; combinar; *~ the sugar, the flour and the eggs together* misture o açúcar, a farinha e os ovos ⓒ *v.intr.* 1 combinar-se; 2 confundir-se ❖ *to ~ into the background* passar despercebido

◆ **blend in** *v.intr.* 1 integrar-se bem; encaixar bem; 2 passar despercebido

blende [blend] *s.* MINERALOGIA blenda

blender ['blendə] *s.* CULINÁRIA liquidificador; misturador

blending ['blendɪŋ] *s.* 1 mistura; 2 junção; 3 fusão

blennorrhagia [ˌblenəʊˈreɪdʒə, ˌblenəʊˈreɪdʒɪə] *s.* MEDICINA blenorragia

blennorrhoea [ˌblenəˈriːə] *s.* MEDICINA blenorreia

blent [blent] *prt. e part. pass. de* **to blend**

blepharitis [ˌblefəˈraɪtɪs] *s.* MEDICINA blefarite

blepharoplasty [ˌblefəˈrɒplæstɪ] *s.* CIRURGIA (operação plástica) blefaroplastia

bless [bles] *v.tr.* (*prt. e part. pass.* **blessed** *ou* **blest**) 1 abençoar; 2 consagrar; santificar; 3 dar a sua aprovação a; manifestar apoio a; 4 RELIGIÃO (Deus) exaltar; adorar; 5 invocar o favor divino ❖ (depois de espirro) *~ you!* santinho!; *God ~ you* Deus te abençoe; *he has not a penny to ~ himself with* ele não tem nem cheta; *to be blessed with* ser bafejado por; *to ~ oneself* benzer-se; *well, I'll be blessed!* valha-me Deus!

blessed ['blesɪd] *adj.* 1 abençoado; 2 bem-aventurado ❖ *~ ignorance* santa ignorância; *the ~ Virgin* the blessed Virgin; *the whole ~ day* todo o santo dia; *the ~* os bem-aventurados

blessedly ['blesɪdlɪ] *adv.* ditosamente

blessedness ['blesɪdnɪs] *s.* bem-aventurança

blessing ['blesɪŋ] *s.* 1 bênção; *to give the ~* dar a bênção; 2 graça divina; 3 benesse; vantagem; 4 [fig.] aprovação, aval ❖ *a ~ in disguise* um mal que vem por bem; *to count one's blessings* perceber a sorte que se tem

blest [blest] ⓐ *adj.* bem-aventurado ⓑ *prt. e part. pass. de* **to bless**

blether ['bleðə] ⓐ *v.intr.* [coloq.] disparatar, falar muito e tolamente ⓑ *s.* disparate, coisa dita no ar

bletherskite ['bleðəˌskaɪt] *s.* [Esc.] palrador, tagarela, pessoa que só diz disparates

blew [bluː] *prt. de* **to blow**

blight [blaɪt] ⓐ *s.* 1 míldio, mangra, oídio, etc.; 2 pulgão (das plantas); 3 mal; 4 influência perniciosa, influência maligna; 5 praga ⓑ *v.tr.* 1 exercer influência maligna; 2 manchar; 3 fazer mirrar; 4 atacar com alforra, míldio ou outra doença; 5 crestar; 6 matar à nascença; 7 arrasar, destruir

blighter ['blaɪtə] *s.* 1 [ant.] maçador; 2 [ant.] gajo, tipo

blighting ['blaɪtɪŋ] ⓐ *adj.* 1 desonroso; 2 aviltante ⓑ *s.* desonra; ignomínia

Blighty ['blaɪtɪ] *s.* MILITAR [cal.] Inglaterra; a pátria ❖ *a ~ one* ferimento que obriga ao regresso à pátria

blimey ['blaɪmɪ] *interj.* [coloq.] (surpresa, choque) caráças!
blimp [blɪmp] *s.* 1 aeroplano, avião pequeno; 2 balão de observação; 3 [joc.] (velhote conservador e pomposo) cota*cal., joc.*
blind [blaɪnd] Ⓐ *adj.* 1 cego; invisual; ~ *in the right eye* cego do olho direito; *to go* ~ perder a vista, cegar; *to be* ~ *from birth* ser cego de nascença; 2 de inteligência limitada; 3 casual; 4 (caminho) sem saída; 5 (objecto) opaco; impenetrável Ⓑ *adv.* 1 às cegas; *to go it* ~ agir às cegas; 2 [coloq.] completamente; totalmente; ~ *drunk* completamente bêbedo; 3 [coloq.] a pés juntos; *to swear* ~ *that...* jurar a pés juntos que... Ⓒ *s.* 1 estore, persiana; *shut the blinds* fecha as persianas; 2 [fig.] (disfarce) fachada*fig*; cobertura; 3 carta que não pode ser entregue (por deficiência de endereço); 4 MILITAR blindagem; 5 esconderijo Ⓓ *s.pl. the* ~ os cegos, os invisuais Ⓔ *v.tr.,intr.* 1 cegar; 2 ofuscar; 3 [fig.] iludir; enganar ❖ ~ *alley* beco sem saída; ~ *coal* antracite; ~ *corner* curva perigosa, sem visibilidade; ~ *date* encontro com desconhecido; ~ *flying* voo sem visibilidade; ~ *stitch* sobrecosido; *as* ~ *as a bat/beetle* cego como uma toupeira; [coloq.] *to be* ~ *in one eye* ser pouco inteligente; *to be* ~ *to sth* não fazer caso de alguma coisa; não estar consciente de algo; *to have a* ~ *spot about...* não perceber nada de; *to look* ~ *at sb* fazer de conta que não se vê alguém; olhar para alguém sem reconhecer; *to turn a* ~ *eye to* fazer vista grossa a; *none so* ~ *as those who won't see* não há maior cego do que aquele que não quer ver
blindage ['blaɪndɪdʒ] *s.* protecção, defesa, blindagem
blinder ['blaɪndə] *s.* 1 DESPORTO [coloq.] grande partida; *to play a* ~ fazer um jogo estupendo; 2 DESPORTO [coloq.] grande golo; 3 [coloq.] (grande bebedeira) carraspana; borracheira; 4 [EUA, Can.] antolho; pala
blindfold ['blaɪnd,fəʊld] Ⓐ *s.* (olhos) venda Ⓑ *v.tr.* vendar os olhos a Ⓒ *adj.* de olhos vendados Ⓓ *adv.* às cegas, cegamente ❖ *I could do it* ~ até de olhos fechados conseguia
blinding ['blaɪndɪŋ] *adj.* 1 (luz) ofuscante; 2 [coloq., fig.] extraordinário, fantástico, deslumbrante, espectacular
blindly ['blaɪndlɪ] *adv.* 1 cegamente; às cegas; 2 sem reflectir
blind man's buff [,blaɪndmənz'bʌf] *s.* (jogo) cabra-cega
blindness ['blaɪndnɪs] *s.* cegueira
blind-side ['blaɪnd,saɪd] *v.tr.* [EUA] atacar (alguém) de surpresa
blink [blɪŋk] Ⓐ *s.* 1 pestanejo; piscar de olhos; 2 clarão, luz súbita e transitória; 3 claridade Ⓑ *v.tr.,intr.* 1 pestanejar, piscar; 2 cintilar; tremeluzir; 3 [fig.] vacilar ❖ *in the* ~ *of an eye* num piscar de olhos; [coloq.] (aparelho) *to be on the* ~ estar com problemas; estar a falhar
blinker ['blɪŋkə] *s.* 1 aquele que pisca os olhos; 2 [fig.] antolho, algo que afecta a objectividade, 3 *pl.* antolhos ❖ ~ *light* pisca-pisca
blinkered ['blɪŋkəd] *adj.* 1 (cavalo) com antolhos; 2 (pessoa) de vistas curtas
blinking ['blɪŋkɪŋ] *adj.* 1 que pisca; 2 [coloq.] maldito, estuporado ❖ ~ *idiot* idiota chapado
blip [blɪp] Ⓐ *s.* 1 (ecrã) sinal sonoro luminoso; 2 (som) bip; 3 desvio; 4 falha temporária Ⓑ *v.intr.* (*prt. e part. pass.* **-pp-**) fazer bip
bliss [blɪs] *s.* 1 felicidade; beatitude; *sheer* ~ felicidade absoluta; 2 bem-aventurança; 3 alegria ❖ *it was bliss!* foi uma maravilha!
blissful ['blɪsfʊl] *adj.* ditoso, feliz, bem-aventurado
blissfully ['blɪsfəlɪ, 'blɪsfʊlɪ] *adv.* 1 ditosamente; 2 como bem-aventurado
blissfulness ['blɪsfʊlnɪs] *s.* 1 bem-aventurança; 2 felicidade extrema
blister ['blɪstə] Ⓐ *s.* 1 bolha; 2 borbulha; 3 falha, defeito; 4 vesicatório; 5 chocho de fundição Ⓑ *v.tr.,intr.* 1 empolar; fazer bolhas; 2 (pintura) estalar ❖ ZOOLOGIA ~ *fly* cantárida; ~ *pack* pacote enfadado
blisterer ['blɪstərə] *s.* [coloq.] dia escaldante
blistering ['blɪstərɪŋ] *adj.* 1 (calor) escaldante, abrasador; 2 (crítica) cáustico, virulento
blistery ['blɪstərɪ] *adj.* 1 cheio de bolhas; 2 cheio de borbulhas
blithe [blaɪð] *adj.* 1 [lit.] jovial, alegre; 2 indiferente, desinteressado; 3 despreocupado

blithely ['blaɪðlɪ] *adv.* 1 com jovialidade, alegremente; 2 com indiferença; 3 despreocupadamente
blitheness ['blaɪðnɪs] *s.* 1 jovialidade, alegria; 2 indiferença; 3 despreocupação
blithesome ['blaɪðsəm] *adj.* jovial, alegre
blithesomeness ['blaɪðsəmnɪs] *s.* jovialidade, graça, alegria
blitz [blɪts] Ⓐ *s.* 1 MILITAR ataque relâmpago; 2 bombardeamento (aéreo) Ⓑ *v.tr.* bombardear ❖ *to have a* ~ *on* atacar; assaltar
blizzard ['blɪzəd] *s.* tempestade de neve
bloat [bləʊt] *v.tr.,intr.* 1 inchar; 2 salgar e defumar levemente (arenques)
bloated ['bləʊtɪd] *adj.* 1 inchado; 2 empanturrado; 3 demasiado grande; excessivo; 4 envaidecido ❖ ~ *with pride* inchado de orgulho
bloatedness ['bləʊtɪdnɪs] *s.* inchaço
bloater ['bləʊtə] *s.* CULINÁRIA arenque defumado
blob [blɒb] Ⓐ *s.* 1 gota; 2 mancha de cor; 3 borrão (de tinta) Ⓑ *v.intr.* (*particípios:* **-bb-**) 1 deixar cair tinta; 2 (caneta) borratar
blobber-lipped ['blɒbə,lɪpt] *adj.* com lábios grossos e salientes
blobby ['blɒbɪ] *adj.* com borrão
bloc [blɒk] *s.* POLÍTICA (partidos, estados) bloco
block [blɒk] Ⓐ *s.* 1 bloco [*of*, de]; ~ *of flats* bloco de apartamentos; ~ *of stone* bloco de pedra; 2 (estado mental) bloqueio, obstrução; *mental* ~ bloqueio mental; 3 [EUA] (casas) quarteirão; *it is four blocks from here* fica a quatro quarteirões daqui; 4 (brinquedo) cubo de construção; 5 obstrução parlamentar; 6 informação de oposição a projecto de lei; 7 cepo de madeira; 8 viga de madeira; 9 pedaço de rocha; 10 forma para chapéus; 11 [fig.] pessoa dura e impassível; 12 caixa de engraxador; 13 (linha-férrea) troço; 14 roldana, moitão, cadernal; 15 chumaceira; 16 dado; 17 freio de cepo; 18 *pl.* poleame Ⓑ *v.tr.* 1 bloquear; obstruir; fechar; *the road was blocked* a estrada estava bloqueada; 2 (obstáculo) tapar; encobrir; *to* ~ *the view* tapar a vista; 3 (Parlamento) obstruir, opor, anunciar oposição a projecto de lei; 4 enformar; 5 DESPORTO (críquete) parar a bola com a pá; 6 dar o redondo à lombada dum livro ❖ ~ *letters* letras maiúsculas (em tipo de imprensa); *stumbling* ~ empecilho; *he's a chip of the old* ~ ele parece-se com o pai; *he was sent to the* ~ foi decapitado; *to lay one's head on the* ~ pôr a reputação em risco; *to cut blocks with a razor* desperdiçar a inteligência com coisa inúteis
◆ **block in** *v.tr.* 1 obstruir a passagem de; 2 esboçar; planear a traços largos
◆ **block off** *v.tr.* 1 (via) cortar ao trânsito; 2 tapar
◆ **block out** *v.tr.* 1 tapar; 2 (pensamentos) afastar; 3 esboçar; planear a traços largos
◆ **block up** *v.tr.* 1 obstruir; 2 tapar
blockade [blɒ'keɪd] Ⓐ *s.* bloqueio Ⓑ *v.tr.* bloquear ❖ NÁUTICA ~ *runner* embarcação que força um bloqueio num porto; *to lift a* ~ levantar um bloqueio; *to run the* ~ forçar o bloqueio
blockader [blɒ'keɪdə] *s.* bloqueador
blockage ['blɒkɪdʒ] *s.* 1 obstrução; 2 bloqueio
blockbuster ['blɒk,bʌstə] *s.* 1 campeão de vendas; 2 CINEMA campeão de bilheteira, sucesso de público; 3 [fig.] argumento de peso; 4 MILITAR (Segunda Guerra Mundial) bomba de demolição
blockbusting ['blɒk,bʌstɪŋ] *adj.* 1 fenomenal, grandioso, fantástico; 2 de enorme sucesso
blockhead ['blɒkhed] *s.* [ant.] (estúpido) cepo
blockhouse ['blɒkhaʊs] *s.* fortim
blockish ['blɒkɪʃ] *adj.* 1 pesadão; 2 lento, estúpido
blockship ['blɒkʃɪp] *s.* navio que transporta material para praticar obstruções
blog [blɒg] *s.* INFORMÁTICA (Internet) blogue
blogger ['blɒgə] *s.* INFORMÁTICA (Internet) bloguista
blogosphere ['blɒgəsfɪə] *s.* INFORMÁTICA (Internet) blogosfera
bloke [bləʊk] *s.* [coloq.] indivíduo, sujeito, tipo
blokeish ['bləʊkɪʃ] *adj.* [GB] [coloq.] (atitude, comportamento) de gajo, de macho
blokish ['bləʊkɪʃ] *adj.* ⇒ **blokeish**
blond [blɒnd] Ⓐ *adj.* loiro Ⓑ *s.* 1 pessoa loira; 2 blonde, espécie de renda de seda

blonde [blɒnd] *adj.,s.* ⇒ **blond**
blondish [ˈblɒndɪʃ] *adj.* alourado; ~ *hair* cabelo alourado
blood [blʌd] Ⓐ *s.* 1 sangue; 2 seiva; suco; 3 [fig.] parentesco, descendência, linhagem; 4 [fig.] temperamento; 5 [fig.] raça; 6 [fig.] (sécs. XVIII, XIX) janota, dândi Ⓑ *v.tr.* 1 sangrar; 2 dar o baptismo de sangue ❖ ~ *donor* dador de sangue; MEDICINA ~ *group* grupo sanguíneo; ~ *heat* temperatura do sangue; ~ *money* pagamento por assassinato; recompensa por localização de assassino; indemnização paga à família de vítima de assassinato; ~ *poisoning* intoxicação no sangue (septicemia ou toxemia); MEDICINA ~ *pressure* tensão arterial; ~ *red* vermelho de sangue; cor de sangue; ~ *relation* parentesco de sangue; ~ *royal* família real; CULINÁRIA ~ *sausage* morcela; ~ *sports* desportos que implicam morte de animais (tourada, caça, ...); ~ *sugar* glicemia; ~ *test* análise ao sangue; ~ *transfusion* transfusão de sangue; ~ *vessel* vaso sanguíneo; *blue* ~ sangue azul; ~ *is thicker than water* os laços de sangue são mais fortes que todos os outros; *in cold* ~ a sangue frio; *men of* ~ criminosos; homicidas; *his* ~ *is up* ele está irritado; *it made my* ~ *boil when I heard that* ouvir aquilo fez-me ferver o sangue; *it made my* ~ *run cold* fez-me gelar o sangue; *it runs in the* ~ isso já é de família; *to breed bad* ~ causar discórdia; *you cannot get* ~ *out of a stone* não se pode tirar de onde não há
blood-and-thunder [ˌblʌdnˈθʌndə] *adj.* [coloq.] (discurso, romance) melodramático
bloodbath [ˈblʌdˌbɑːθ] *s.* banho de sangue, massacre
bloodcurdling [ˈblʌdkɜːdlɪŋ] *adj.* 1 de gelar o sangue; 2 horripilante, arrepiante
bloodheat [ˈblʌdhiːt] *s.* temperatura do sangue
bloodhorse [ˈblʌdhɔːs] *s.* cavalo de raça; cavalo puro-sangue
bloodhound [ˈblʌdhaʊnd] *s.* 1 sabujo, cão de caça; 2 detective, espião
bloodily [ˈblʌdɪlɪ] *adv.* de modo bárbaro; de maneira sangrenta
bloodiness [ˈblʌdɪnɪs] *s.* crueldade, avidez de sangue
bloodless [ˈblʌdləs] *adj.* 1 sem sangue; exangue; 2 sem derramamento de sangue; 3 (aparência) pálido; 4 [fig.] frio; sem vida ❖ ~ *victory* vitória sem mortes
bloodlessly [ˈblʌdləslɪ] *adv.* sem derramamento de sangue
bloodletting [ˈblʌdˌletɪŋ] *s.* 1 MEDICINA sangria; 2 derramamento de sangue; 3 [EUA] despedimentos em massa
bloodline [ˈblʌdlaɪn] *s.* genealogia, linhagem
bloodmark [ˈblʌdmɑːk] *s.* marca de sangue
bloodshed [ˈblʌdʃed] *s.* 1 derramamento de sangue; *without* ~ sem sangue, sem derramamento de sangue; 2 massacre, carnificina
bloodshot [ˈblʌdʃɒt] *adj.* (olhos) injectado de sangue, raiado de sangue
bloodstain [ˈblʌdsteɪn] *s.* mancha, nódoa de sangue
bloodstained [ˈblʌdsteɪnd] *adj.* com manchas de sangue; ensanguentado
bloodstream [ˈblʌdstriːm] *s.* corrente sanguínea
bloodsucker [ˈblʌdsʌkə] *s.* 1 sanguessuga; 2 [fig.] (explorador) parasita; sanguessuga; vampiro
bloodthirsty [ˈblʌdθɜːstɪ] *adj.* sedento de sangue; sanguinário; violento; feroz
bloody [ˈblʌdɪ] Ⓐ *adj.,adv.* (comp. -ier, superl. -iest) 1 sangrento, ensanguentado; 2 cruel, sanguinário; 3 [cal.] maldito, estuporado; 4 extremamente, muito Ⓑ *v.tr.* ensanguentar, manchar de sangue ❖ ~ *flux* disenteria; [cal.] ~ *hell!* raios partam!; *it is* ~ *hot today!* está um calor dos diabos!; *not a* ~ *one!* nem um!; [cal.] *not* ~ *likely!* nem pensar!
bloody-minded [ˌblʌdɪˈmaɪndɪd] *adj.* 1 [coloq.] cruel, sanguinário; 2 [coloq.] conflituoso, agressivo; 3 [coloq.] destrutivo, com uma atitude pouco construtiva
bloom [bluːm] Ⓐ *s.* 1 flor; florescência; *the roses are in full* ~ as rosas estão em flor; 2 perfeição; brilho; frescura; beleza; *the* ~ *of youth* a frescura da juventude; 3 (de fruto) aveludado; 4 (do vinho) odor; 5 barra espessa de ferro maleável Ⓑ *v.tr.,intr.* 1 florescer; dar flor; desabrochar; 2 [fig.] resplandecer; atingir plena beleza; 3 [fig.] prosperar; 4 [fig.] aparecer subitamente; 5 dar (a ferro maleável) a configuração de barra oblonga

bloomer [ˈbluːmə] *s.* 1 [coloq., joc.] bacorada, disparate, parvoíce; 2 BOTÂNICA planta que dá flor
bloomers [ˈbluːməz] *s.pl.* VESTUÁRIO calções que as mulheres usavam presos abaixo do joelho com um elástico
bloomery [ˈbluːmərɪ] *s.* forno catalão
blooming [ˈbluːmɪŋ] *adj.* 1 florescente; 2 [fig.] radiante, resplandecente; 3 [coloq.] maldito, estuporado ❖ *it's* ~ *cold!* está um frio dos diabos!
bloomy [ˈbluːmɪ] *adj.* (comp. -ier, superl. -iest) cheio de flores
blooper [ˈbluːpə] *s.* [EUA, Can.] gaffe, deslize
blossom [ˈblɒsəm] Ⓐ *s.* BOTÂNICA flor; *to be in* ~ estar em flor Ⓑ *v.intr.* 1 desabrochar; 2 [fig.] (desenvolvimento) florescer; 3 transformar-se [**into**, em] ❖ *orange* ~ flor de laranjeira
blossoming [ˈblɒsəmɪŋ] *s.* floração
blot [blɒt] Ⓐ *s.* 1 mancha, borrão; 2 [fig.] defeito; mácula; 3 [fig.] ponto fraco; 4 (gamão) pedra descoberta Ⓑ *v.tr.,intr.* (particípios: **-tt-**) 1 manchar com tinta; borratar; 2 chupar (a tinta); absorver com papel mata-borrão; 3 macular; 4 sujar com frases sem valor ❖ [coloq.] *to* ~ *one's copybook* manchar a reputação
◆**blot out** *v.tr.* 1 obscurecer; 2 tapar; 3 remover; 4 apagar (da memória); 5 aniquilar; arrasar
blotch [blɒtʃ] Ⓐ *s.* (*pl.* **-es**) 1 (pele) mancha; marca; imperfeição; 2 (tinta) mancha; 3 [coloq.] mata-borrão Ⓑ *v.tr.,intr.* manchar; ficar com manchas
blotchiness [ˈblɒtʃɪnɪs] *s.* acne rosada
blotchy [ˈblɒtʃɪ] *adj.* manchado
blotter [ˈblɒtə] *s.* 1 mata-borrão; 2 pasta; 3 COMÉRCIO (livro) borrão
blotting [ˈblɒtɪŋ] *adj.* que absorve a tinta ❖ ~ *pad* tanque (mata-borrão); ~ *paper* (papel) mata-borrão
blotto [ˈblɒtəʊ] *adj.* [cal.] podre de bêbedo
blouse [blaʊz] *s.* VESTUÁRIO blusa
blouson [ˈbluːzɒn] *s.* VESTUÁRIO jaqueta
blow [bləʊ] Ⓐ *v.tr.,intr.* (prt. **blew**, part. pass. **blown**) 1 soprar; bufar; *to* ~ *a candle* apagar uma vela com o sopro; 2 ventar; 3 (ar) fazer voar, levar; *a gust of wind blew the leaves* uma rajada de vento levou as folhas, 4 (detonação) rebentar; fazer explodir; 5 (instrumento) tocar; 6 assoar; *to* ~ *one's nose* assoar o nariz; 7 (pneu) furar; *to* ~ *a tyre* furar um pneu; 8 [cal.] (dinheiro) esbanjar; estourar; 9 [cal.] estragar; dar cabo de; *you blew it!* deste cabo de tudo!; 10 (respiração) arquejar; arfar; 11 (mosca varejeira) depositar ovos em; 12 amaldiçoar; 13 queimar; 14 florir, florescer Ⓑ *s.* 1 sopro; 2 golpe de vento; rajada; 3 golpe; pancada; murro; *at one* ~ com um só golpe; 4 (emoções) golpe; choque; baque; 5 desastre, desgraça; 6 floração ❖ [coloq.] ~ *me down!* essa agora!; ~ *the expense!* quero lá saber do dinheiro que se gasta!; *I'll be blowed if...* diabos me levem se...; *to* ~ *a kiss* atirar um beijo; *to* ~ *bubbles* fazer bolas de sabão; *to* ~ *great guns* ventar furiosamente; *to* ~ *hot and cold* ir de um extremo ao outro; ter altos e baixos; [EUA] *to* ~ *one's cool* perder o autocontrolo; *to* ~ *one's mind* deixar alguém espantado; ser impressionante para alguém; pôr alguém em pulgas; *to* ~ *the whistle on* denunciar; [cal.] *to* ~ *one's top* perder a cabeça; *to* ~ *one's trumpet* gabar-se; *to come to blows* chegar a vias de facto
◆**blow away** Ⓐ *v.tr.* 1 matar; liquidar; *he was blown away with three shots* foi morto com três tiros; 2 derrotar completamente; arrasar; *he blew away the other players* derrotou os outros jogadores; 3 surpreender; *the book blew away the readers* o livro surpreendeu os leitores; 4 levar; arrancar; *the wind blew away the trees* o vento arrancou as árvores; 5 [fig.] desperdiçar; *to* ~ *one's life* desperdiçar a vida
◆**blow down** Ⓐ *v.tr.* abater; derrubar; *the wind blew down the trees* o vento derrubou as árvores Ⓑ *v.intr.* tombar com o vento; *the tree blew down* a árvore tombou
◆**blow in** Ⓐ *v.intr.* aparecer; chegar imprevistamente Ⓑ *v.tr.* trazer (inesperadamente)
◆**blow off** Ⓐ *v.tr.* 1 (vapor) largar; deixar escapar; 2 despejar Ⓑ *v.intr.* 1 ir pelo ar; *my hat blew off* o meu chapéu foi pelo ar; 2 [GB] [cal.] largar-se ❖ *to blow the lid off* desvendar um segredo ou um escândalo; *to* ~ *steam* desabafar
◆**blow out** Ⓐ *v.tr.* 1 (chama) apagar; *he blew out the candles* apagou as velas; 2 (tempestade) amainar; acalmar; 3 [EUA] derrotar

facilmente; arrasar; *they blew out the other team* arrasaram a outra equipa; **4** (com o sopro) encher; inchar; fazer; *she blew out a bubble* fez uma bola de sabão ⓑ *v.intr.* **1** (chama) apagar-se; **2** (pneu) rebentar; **3** ELECTRICIDADE fundir; *the fuse blew out* o fusível fundiu ❖ *to ~ one's brains* dar um tiro na cabeça

◆ **blow over** ⓐ *v.intr.* passar, acabar, esmorecer ⓑ *v.tr.* levar pelo ar; derrubar; deitar ao chão; *the wind blew the chairs over* o vento derrubou as cadeiras ❖ *he's very cross now but it will ~ in a day or two* ele agora está muito irritado mas isso passa-lhe dentro de um dia ou dois; *the storm will soon ~ a* tempestade passará dentro em pouco

◆ **blow up** ⓐ *v.tr.* **1** fazer explodir, detonar; *the terrorists blew up the plane* os terroristas fizeram explodir o avião; **2** (balão, pneu) encher; **3** FOTOGRAFIA ampliar; aumentar; *to ~ a photo* ampliar uma fotografia ⓑ *v.intr.* **1** explodir; rebentar; *the bomb blew up* a bomba explodiu; [fig.] *he blew up* ele explodiu (de fúria); **2** (tempestade) vir; preparar-se; *there's a storm blowing up* vem aí uma tempestade ❖ *it is blowing up for rain* o vento está a puxar chuva

blow-by-blow [ˈbləʊbaɪˈbləʊ] *adj.* detalhado; pormenorizado; passo a passo; *~ account* relato detalhado

blow-dry [ˈbləʊdraɪ] ⓐ *s.* (penteado) brushing ⓑ *v.tr.* fazer um brushing a

blower [ˈbləʊə] *s.* **1** fole; **2** ventilador; **3** ventoinha; **4** saída de gás; **5** soprador; **6** pulverizador (para insecticidas); **7** [ant.] telefone

blowfly [ˈbləʊflaɪ] *s. (pl.* **-ies**) ZOOLOGIA mosca da carne, mosca varejeira

blowhard [ˈbləʊhɑːd] *s.* [EUA] fanfarrão, gabarola

blowing [ˈbləʊɪŋ] *s.* sopro ❖ *~ engine* fole, foles; *~ furnace* forno de derreter vidro; *~ mould* molde para frascos ou garrafas; *~ tube* tubo usado pelos vidreiros no processo de produção

blowjob [ˈbləʊdʒɒb] *s.* [cal.] mamada_cal_, broche_cal_; *to give sb a ~* fazer um broche a alguém

blowlamp [ˈbləʊlæmp] *s.* maçarico

blown [bləʊn] {*part. pass. de* **to blow**} ❖ *~ casting* fundição porosa

blow-off [ˈbləʊˌɒf] *s.* descarga; sangria ❖ *~ cock* torneira de sangria; *~ valve* válvula de descarga

blowout [ˈbləʊaʊt] *s.* **1** (pneu) pneu rebentado, estouro; **2** (óleo, gás) fuga; **3** (fusível) rebentamento; **4** descarga, sangria; **5** [coloq.] festança, grande banquete

blowpipe [ˈbləʊpaɪp] *s.* **1** maçarico; **2** tubo dos operários vidreiros; **3** (arma de sopro) zarabatana

blowsy [ˈblaʊzɪ] *adj.* **1** (tez) vermelhusco; **2** [depr.] (aparência) desmazelado; desleixado

blowtorch [ˈbləʊtɔːtʃ] *s.* maçarico

blowup [ˈbləʊʌp] *s. (pl.* **blow-ups**) **1** FOTOGRAFIA ampliação; **2** [coloq.] ataque de fúria; **3** [coloq.] discussão; **4** (bomba) explosão

blowy [ˈbləʊɪ] *adj. (comp.* **-ier**, *superl.* **-iest**) ventoso

blowzed [blaʊzd] *adj.* **1** de face avermelhada; **2** (mulher) desalinhada, despenteada

blowziness [ˈblaʊzɪnɪs] *s.* (mulher) desalinho; aspecto desleixado

blowzy [ˈblaʊzɪ] *adj.* **1** [depr.] de face avermelhada; **2** (mulher) desalinhada, despenteada

blub [blʌb] *v.intr. (particípios:* **-bb-**) [coloq.] chorar ruidosamente

blubber [ˈblʌbə] ⓐ *s.* **1** gordura de baleia; **2** [coloq., joc.] (em pessoa) banha; banhinhas; **3** choro; lágrimas; soluços ⓑ *adj.* **1** inchado; **2** saliente ⓒ *v.intr.* **1** chorar ruidosamente; **2** dizer por entre lágrimas ❖ *~ oil* óleo de baleia; *~ cheeks* rosto bolachudo; *~ lips* lábios carnudos

blubbering [ˈblʌbərɪŋ] *adj.* choroso, chorão

blubber-lipped [ˈblʌbəˌlɪpt] *adj.* de lábios muito grossos

bludge [blʌdʒ] ⓐ *v.intr.* **1** viver às custas [**on**, de]; **2** [Austr.] [coloq.] ser um parasita_fig_; **3** [Austr.] [coloq.] (trabalho, responsabilidades) baldar-se ⓑ *v.tr.* [Austr.] viver às custas de; parasitar ⓒ *s.* [Austr.] [coloq.] tarefa fácil

bludgeon [ˈblʌdʒən] ⓐ *s.* moca ⓑ *v.tr.* **1** (violência) dar mocadas em; **2** [fig.] atacar; **3** [fig.] coagir; forçar [**into**, a]; *to ~ sb into doing sth* pressionar alguém para que faça algo

blue [bluː] ⓐ *adj.* (cor) azul ⓑ *s.* **1** (cor) azul; **2** pó usado pelas lavadeiras; **3** *pl.* a Guarda Real a cavalo; **4** *pl.* MÚSICA blues; **5** *pl.* depressão nervosa; *to have the blues/to get the blues* estar deprimido ou com uma neura ⓒ *v.tr.* **1** azular; **2** [coloq.] dissipar dinheiro; **3** passar com o pó azul das lavadeiras ❖ *~ ashes* azul de cobre; MEDICINA *~ baby* criança que sofre da doença azul; *~ bag* pasta (de advogado) de cor azul; (Parlamento) *Blue Book* relatório parlamentar; *~ carbonate of copper* azurite; [coloq.] *~ devils* depressão (nervosa); *~ film* filme pornográfico; *~ gin* gin de má qualidade; *~ pencil* lápis azul de censor; NÁUTICA *~ Peter* bandeira azul içada antes de levantar ferro; *~ ribbon* flâmula azul; *~ spar* lápis-lazúli; *~ stone* sulfato de cobre; *~ water* mar largo; *Cambridge ~* azul-claro; *he is true ~* ele é leal; *navy blue/blue black* azul-marinho; *once in a ~ moon* muito raramente; *Oxford ~* azul-escuro; *the Blue-grass state* [EUA] estado do Kentucky; *the Blue-hen state* [EUA] estado de Delaware; *to drink till all's ~* beber até ficar bêbado; *to feel ~* sentir-se deprimido; *to look ~* parecer triste; *to tell ~ stories* contar histórias picantes

Bluebeard [ˈbluːbɪəd] *s.* barba-azul

bluebell [ˈbluːbel] *s.* BOTÂNICA campainha

blueberry [ˈbluːbərɪ, ˈbluːberɪ] *s.* BOTÂNICA mirtilo

bluebottle [ˈbluːˌbɒtəl] *s.* ZOOLOGIA mosca varejeira

blue-collar [ˈbluːˌkɒlə] *adj.* (trabalho, trabalhador) manual ❖ *~ worker* operário

blueness [ˈbluːnɪs] *s.* **1** cor azul; **2** [fig.] melancolia

blueprint [ˈbluːprɪnt] ⓐ *s.* **1** cianotipia, cópia fotográfica de projecto ou planta; **2** plano; projecto; **3** esquema; planificação; **4** ponto de partida ⓑ *v.tr.* (projecto, plano) elaborar; desenvolver ❖ *~ paper* papel heliográfico

blues [bluːz] *s.* MÚSICA blues

bluestocking [ˈbluːˌstɒkɪŋ] *s.* [arc., depr.] sabichona, mulher erudita

bluey [ˈbluːɪ] ⓐ *adj.* azulado; *~ grey* cinzento azulado, glauco ⓑ *s.* [Austr.] [coloq.] molho ou feixe carregado por um bosquímane

bluff [blʌf] ⓐ *s.* **1** bluff; **2** simulação, fanfarronada, intrujice; **3** cabo, promontório escarpado, falésia ⓑ *v.tr., intr.* **1** fazer bluff; **2** enganar; lançar poeira aos olhos de alguém ⓒ *adj.* **1** escarpado, abrupto; **2** brusco, franco

bluffer [ˈblʌfə] *s.* aquele que faz bluff

bluffly [ˈblʌflɪ] *adv.* bruscamente

bluffness [ˈblʌfnɪs] *s.* **1** brusquidão; **2** fanfarronada

bluggy [ˈblʌgɪ] *adj.* **1** [coloq.] sangrento; **2** de capa e espada

bluish [ˈbluːɪʃ] *adj.* azulado

blunder [ˈblʌndə] ⓐ *s.* erro, gafe; deslize; bacorada; *to make a ~* cometer uma gafe ⓑ *v.intr.* **1** errar; cometer uma gafe; fazer asneira; **2** andar às cegas; andar aos tropeções; cambalear [**around**, por]; *he blundered around the room* ele cambaleou pelo quarto; **3** embater, esbarrar [**against/into**, contra]; *to ~ against the furniture* esbarrar contra a mobília

◆ **blunder away** *v.tr.* deitar fora; desperdiçar

◆ **blunder out** *v.tr.* revelar; deixar escapar

◆ **blunder upon** *v.tr.* encontrar por acaso

blunderbuss [ˈblʌndəˌbʌs] *s. (pl.* **-es**) **1** (arma) bacamarte; **2** [coloq.] casca-grossa; indivíduo bronco, desajeitado

blunderer [ˈblʌndərə] *s.* trapalhão, indivíduo desajeitado

blunderhead [ˈblʌndəˌhed] *s.* estúpido

blundering [ˈblʌndərɪŋ] *adj.* disparatado

blunge [blʌndʒ] *v.intr.* misturar com água (barro, etc.) por meio de máquina

blunger [ˈblʌndʒə] *s.* máquina de misturar (barro ou cal)

blunt [blʌnt] ⓐ *adj.* **1** embotado; **2** brusco; **3** [coloq.] franco; sem papas na língua; *to be ~ with sb* ser franco com alguém ⓑ *v.tr.* **1** embotar; **2** partir a ponta; **3** [fig.] (emoções) atenuar; conter; *to ~ sb's enthusiasm* cortar o entusiasmo de alguém ⓒ *s.* agulha de passajar ❖ *~ chisel* talhadeira; *~ file* lima paralela; *~ knife* faca mal afiada; *~ cutting edge* gume cego

bluntly [ˈblʌntlɪ] *adv.* **1** sem cerimónia; **2** directamente; sem rodeios; **3** secamente; **4** rudemente

bluntness [ˈblʌntnɪs] *s.* **1** franqueza, rudeza, sem-cerimónia; **2** embotadura

blur [blɜː] Ⓐ *s.* **1** mancha; borrão; **2** confusão; **3** indistinção Ⓑ *v.tr.,intr.* (*particípios*: **-rr-**) **1** borratar; manchar; **2** turvar; toldar
blurb [blɜːb] *s.* (capa de livro, etc.) informação publicitária
blurred [blɜːd] *adj.* **1** turvo; indistinto; embaciado; **2** desfocado; ~ *vision* visão desfocada; **3** [fig.] (recordações) vago; confuso; indistinto; ~ *memories* lembranças confusas ❖ *to become* ~ esbater-se; desvanecer-se
blurring [ˈblɜːrɪŋ] *s.* **1** enodoamento; **2** imprecisão; **3** desfocagem
blurry [ˈblɜːrɪ] *adj.* **1** desfocado; **2** turvo; **3** borrado; **4** vago; indistinto; impreciso
blurt [blɜːt] *v.tr.* **1** dizer bruscamente; **2** desembuchar; deixar escapar
◆**blurt out** *v.tr.* **1** dizer bruscamente; **2** desembuchar; deixar escapar; *to* ~ *the truth* deixar escapar a verdade
blush [blʌʃ] Ⓐ *s.* (*pl.* **-es**) **1** (rosto) rubor, vermelhidão; **2** tom róseo; **3** [EUA] (cosmética) blush; **4** relance; *at the first* ~ à primeira vista Ⓑ *v.intr.* corar; ruborizar-se; *to* ~ *with embarrassment* corar de vergonha
blusher [ˈblʌʃə] *s.* (cosmética) blush
blushing [ˈblʌʃɪŋ] Ⓐ *adj.* **1** corado; **2** [fig.] tímido Ⓑ *s.* rubor
blushingly [ˈblʌʃɪŋlɪ] *adv.* **1** corando; **2** timidamente
bluster [ˈblʌstə] Ⓐ *s.* **1** ruído, barulho, fragor; **2** fanfarronada, jactância Ⓑ *v.tr.,intr.* **1** soprar em rajadas, soprar furiosamente; **2** dizer fanfarronadas; **3** fazer muito barulho
blusterer [ˈblʌstərə] *s.* fanfarrão
blustering [ˈblʌstərɪŋ] Ⓐ *adj.* fanfarrão Ⓑ *s.* fanfarronada ❖ ~ *weather* temporal; ~ *wind* grande ventania
blusteringly [ˈblʌstərɪŋlɪ] *adv.* com um ar de fanfarrão; com modos de fanfarrão
blusterous [ˈblʌstərəs] *adj.* fanfarrão
blustery [ˈblʌstərɪ] *s.* fanfarronada, fanfarronice
BM [*abrev. de* Baccalaureus Medicinae (Bachelor of Medicine)]
BMA [*abrev. de* British Medical Association]
BMC [*abrev. de* British Motor Corporation]
BMI MEDICINA [*abrev. de* Body Mass Index] índice de massa corporal
BMP INFORMÁTICA [*abrev. de* Bitmap Picture]
BMus [*abrev. de* Bachelor of Music]
BMX DESPORTO [*abrev. de* Bicycle Motocross] BMX
BNB [*abrev. de* The British National Bibliography]
BNEC [*abrev. de* British National Export Council]
BNFL [*abrev. de* British Nuclear Fuels Limited]
bo [bəʊ] *interj.* (chamamento, susto) bu! ❖ *he can't say bo to a goose* ele é um anjinho
BO [*abrev. de* body odour]
boa [ˈbəʊə] *s.* **1** ZOOLOGIA boa, jibóia; **2** VESTUÁRIO (agasalho do pescoço) boa
BOA [*abrev. de* British Optical Association]
BOAC [*abrev. de* British Overseas Airways Corporation]
Boanerges [bəʊəˈnɜːdʒiːz] *s.* Boanerges, orador ou pregador de voz forte
boar [bɔː] *s.* javali ❖ ZOOLOGIA *wild* ~ javali, varrão
board [bɔːd] Ⓐ *s.* **1** tábua; *ironing* ~ tábua de passar a ferro; **2** quadro; **3** cartão; *a book bound in boards* um livro cartonado; **4** alimentação, comida; **5** conselho, comissão, junta; ~ *of Directors* Conselho de Administração, direcção (de Companhia); ~ *of examiners* júri de exames; **6** POLÍTICA (governo) ministério, departamento ministerial; ~ *of Education* Ministério da Educação; ~ *of Health* Ministério da Saúde; ~ *of Trade* Ministério do Comércio; ~ *of Works* Ministério das Obras Públicas; **7** (xadrez, damas, etc.) tabuleiro; **8** NÁUTICA (navio) borda, amurada; *to go by the* ~ ir borda fora; **9** NÁUTICA, AERONÁUTICA bordo; *on* ~ a bordo; *to go on* ~ subir a bordo; *welcome on* ~ bem-vindos a bordo; **10** prancha; **11** [arc.] mesa; *groaning* ~ mesa cheia de comida; **12** *pl.* [fig.] palco; *to tread the boards* ser actor Ⓑ *v.tr.,intr.* **1** sobradar; assoalhar; **2** hospedar; *she boards at my aunt's* ela vive em casa da minha tia; **3** (barco, avião) embarcar; *flight AZ34 is now boarding at gate 3* está a decorrer o embarque do voo AZ34 junto à porta 3; **4** (comboio, autocarro) subir para; **5** (navio) abordar, acostar ❖ (hotelaria) ~ *and lodging* estadia e alimentação; *across the* ~ a todos os níveis, globalmente; *free on* ~ (*f. o .b.*) posto a bordo; (hotelaria) *full* ~ pensão completa; (hotelaria) *half* ~ meia pensão; (plano) *to go by the* ~ abortar; *to sweep the* ~ levar a banca à glória
◆**board up** *v.tr.* entaipar; tapar com tábuas
boarder [ˈbɔːdə] *s.* **1** hóspede, pensionista; **2** (escola) aluno interno
boarding [ˈbɔːdɪŋ] *s.* **1** colocação de soalho; **2** cartonagem; **3** abordagem; **4** (barco, avião) embarque; **5** pensão; alojamento ❖ ~ *card/pass* cartão de embarque; ~ *house* pensão; hospedaria; ~ *school* internato; colégio interno
boardroom [ˈbɔːdrʊm] *s.* (conselho de administração) sala de reuniões
boardsailing [ˈbɔːdseɪlɪŋ] *s.* DESPORTO windsurf
boardsailor [ˈbɔːdseɪlə] *s.* DESPORTO praticante de windsurf, windsurfista
board-school [ˈbɔːdskuːl] *s.* HISTÓRIA escola comunal
boardwalk [ˈbɔːdwɔːk] *s.* (praia) passadiço, plataforma de madeira para passagem
boarish [ˈbɔːrɪʃ] *adj.* rude; grosseiro; brutal
boarmia [bəʊˈɑːmɪə] *s.* ZOOLOGIA boarmia
boast [bəʊst] Ⓐ *s.* bazófia; ostentação Ⓑ *v.intr.* gabar-se [**about/of**, de]; vangloriar-se [**about/of**, de]; *he's always boasting about his car* está sempre a gabar-se do carro Ⓒ *v.tr.* poder gabar-se de
boasted [ˈbəʊstɪd] *adj.* celebrado
boaster [ˈbəʊstə] *s.* **1** fanfarrão; **2** cinzel
boastful [ˈbəʊstfʊl] *adj.* gabarola
boastfully [ˈbəʊstfʊlɪ] *adv.* com gabarolice
boasting [ˈbəʊstɪŋ] *s.* gabarolice; fanfarronice
boat [bəʊt] *s.* **1** barco; embarcação; **2** pequeno navio; **3** bote; **4** batel; **5** barco de pesca ❖ VESTUÁRIO ~ *neck* decote em canoa; DESPORTO ~ *race* regata; *to miss the* ~ perder uma oportunidade; *to burn one's boats* tomar uma decisão irrevogável; (extravagâncias) *to push the* ~ *out* gastar em demasia; *to rock the* ~ perturbar a calma; *we are all in the same* ~ estamos todos no mesmo barco
boatbuilding [ˈbəʊtˌbɪldɪŋ] *s.* (indústria) construção naval
boater [ˈbəʊtə] *s.* **1** (chapéu) palhinha; **2** barqueiro
boating [ˈbəʊtɪŋ] *s.* passeio de barco ❖ *to go* ~ ir passear de barco; ir andar de barco
boatload [ˈbəʊtləʊd] *s.* **1** NÁUTICA carregamento, carga; *a* ~ *of rice* um carregamento de arroz; **2** barco cheio; *a* ~ *of refugees* um barco cheio de refugiados; **3** [fig.] (grande quantidade) batelada
boatman [ˈbəʊtmən] *s.* (*pl.* **-men**) barqueiro
boatrace [ˈbəʊtˌreɪs] *s.* **1** corrida de barcos a remos; **2** regata
boatswain [ˈbəʊtsweɪn, ˈbəʊsən] *s.* mestre (de navio) ❖ NÁUTICA *boatswain's chair* balso
bob [bɒb] Ⓐ *s.* **1** peso na extremidade de pêndulo ou linha de prumo; **2** prumo; **3** (máquina) balanceiro; **4** (cabelo) puxo; **5** cauda curta de cavalo; **6** LITERATURA verso breve no fim de estância; estribilho; **7** reverência, cortesia; **8** (anzol) bóia; **9** (estrela, papagaio) rabo; **10** sacudidela, puxão; **11** variação de notas no toque de carrilhão; **12** [com a mesma forma no pl.] [coloq.] xelim Ⓑ *v.tr.,intr.* (*particípios*: **-bb-**) **1** (cabelo, cauda de cavalo) cortar curto; **2** balancear-se; **3** andar para cima e para baixo; **4** dar uma pancada seca; **5** fazer pequenas reverências; **6** apanhar com a boca; **7** pescar (enguias) com minhoqueiro
◆**bob about** *v.intr.* **1** (água) flutuar; **2** (ar) ondular
◆**bob along** *v.intr.* baloiçar
◆**bob down** *v.intr.* baixar-se subitamente
◆**bob up** *v.intr.* **1** vir à superfície; **2** aparecer subitamente
bobbery [ˈbɒbərɪ] *s.* [ant.] barulho; zaragata
bobbin [ˈbɒbɪn] *s.* **1** fuso, lançadeira, espolim; **2** bobina; **3** taramela ❖ ~ *winder* bobinador
bobbinet [ˈbɒbɪnet] *s.* (tecido) bobinete
bobbish [ˈbɒbɪʃ] *adj.,adv.* [coloq.] óptimo; bem; de boa saúde
bobble [ˈbɒbəl] *s.* **1** pompom; **2** [EUA] asneira, erro ❖ ~ *hat* gorro de pompom
bobby [ˈbɒbɪ] *s.* (*pl.* **-ies**) polícia ❖ [EUA, Can., Austr.] ~ *pin* gancho do cabelo; [coloq.] (1940, 1950) ~ *soxers* raparigas adolescentes; [EUA] VESTUÁRIO ~ *socks* soquetes
bobcat [ˈbɒbkæt] *s.* [EUA] ZOOLOGIA lince ruivo

bobolink ['bɒbəˌlɪŋk] s. ZOOLOGIA ave canora americana da família das Icterídeas
bobsleigh ['bɒbsleɪ] s. trenó usado para transporte de madeiras e nos desportos de Inverno
bobstay ['bɒbsteɪ] s. NÁUTICA cabresto, cabo que separa o gurupés
bobtail ['bɒbteɪl] Ⓐ s. 1 (cavalo, cão) raboto; 2 rabo cortado Ⓑ adj. raboto, de rabo cortado Ⓒ v.tr. cortar o rabo a (cão, cavalo)
bobwig ['bɒbwɪg] s. cabelo com corte redondo e curto
Boccaccio ['bɒkɑːtʃɪəʊ] s.antr. Bocácio
Boche [bɒʃ] adj.,s. [cal.] (1.ª Grande Guerra) alemão
bodacious [bəʊ'deɪʃəz] Ⓐ adj. 1 [coloq.] impressionante; 2 [coloq.] audacioso; ousado; 3 [coloq.] insolente; atrevido; desavergonhado Ⓑ adv. [coloq.] extremamente
boddle [bɒdl] s. aparelho de ferro para descascar árvores
bode [bəʊd] v.tr.,intr. 1 predizer; pressagiar; vaticinar; 2 augurar (bem ou mal)
bodeful ['bəʊdfʊl] adj. agoirento, ominoso
bodega [bəʊ'diːgə] s. adega, loja de vinhos
bodement ['bəʊdmənt] s. presságio; vaticínio
bodge ['bɒdʒ] Ⓐ v.tr. 1 [coloq.] atamancar; 2 [coloq.] remendar*fig.*; consertar à balda Ⓑ s. [coloq.] (conserto) remendo*fig.*
bodice ['bɒdɪs] s. VESTUÁRIO corpete
bodiless ['bɒdɪləs] adj. incorpóreo; imaterial
bodily ['bɒdɪlɪ] Ⓐ adj. 1 corpóreo; físico; 2 material Ⓑ adv. 1 fisicamente; 2 em pessoa, pessoalmente; 3 em conjunto ❖ ~ *harm* ferimentos; lesões corporais; ~ *waste* excrementos
boding ['bəʊdɪŋ] Ⓐ s. 1 presságio; pressentimento; 2 agoiro Ⓑ adj. agoirento; de mau agoiro
bodkin ['bɒdkɪn] s. 1 furador; 2 passador; 3 alfinete comprido de cabelo; 4 pessoa comprimida entre outras duas
Bodleian [bɒd'liːən, 'bɒdlɪən] adj. bodleano; ~ *Library* a Biblioteca Bodleana da Universidade de Oxford
body ['bɒdɪ] Ⓐ s. (pl. **-ies**) 1 corpo; 2 (morto) cadáver; *over my dead body!* só por cima do meu cadáver!; 3 (corpo) tronco; 4 parte principal, essencial; 5 consistência; ~ *of an oil* consistência dum óleo; 6 massa, volume; 7 (profissionais, estudantes) associação; 8 conjunto; *a ~ of evidence* um conjunto de provas; 9 (carro) carroçaria; 10 (avião) fuselagem; 11 VESTUÁRIO body; 12 (vestido) corpo; 13 (vinho) corpo; 14 [coloq.] pessoa, tipo*coloq.*; 15 MILITAR força militar; 16 substância, matéria Ⓑ v.tr. 1 dar corpo a; 2 dar forma a; 3 simbolizar ❖ ~ *blow* golpe duro; ~ *clock* relógio biológico; ~ *language* linguagem corporal; ~ *search* revista; ~ *servant* criado particular; ~ *snatcher* ladrão de cadáveres; ~ *at rest* corpo em repouso; ~ *in motion* corpo em movimento; ASTRONOMIA *heavenly* ~ astro; *in a* ~ todos juntos; *to keep* ~ *and soul together* sobreviver
bodyboard ['bɒdɪbɔːd] s. DESPORTO bodyboard
body-builder ['bɒdɪˌbɪldə] s. 1 DESPORTO praticante de musculação, culturista; 2 alimento nutritivo; 3 (automóvel) fabricante de carroçarias
body-building ['bɒdɪˌbɪldɪŋ] s. DESPORTO musculação, culturismo
bodycheck ['bɒdɪˌtʃɛk] Ⓐ s. DESPORTO (futebol, hóquei) falta Ⓑ v.tr. DESPORTO (futebol, hóquei) travar (o adversário) com falta
bodyguard ['bɒdɪˌgɑːd] s. 1 guarda-costas; 2 guarda pessoal, escolta
bodysuit ['bɒdɪsuːt] s. VESTUÁRIO body
bodywork ['bɒdɪˌwɜːk] s. (automóvel) carroçaria
Boeotia [bɪ'əʊʃə] s.top. Beócia
Boeotian [bɪ'əʊʃn] adj.,s. 1 beócio; 2 [depr.] estúpido
Boer ['bəʊə, 'buːə] adj.,s. bóer
Boethius [bəʊ'iːθɪəs] s.antr. Boécio
BOF INFORMÁTICA [abrev. de Beginning of File]
boff [bɒf] Ⓐ s. 1 [coloq.] piada; 2 [coloq.] gargalhada; 3 [coloq.] sucesso; 4 [coloq.] palmada; 5 [cal.] (ofensivo) queca*cal.* Ⓑ v.tr. 1 [coloq.] dar uma palmada em; 2 [cal.] (ofensivo) dar uma queca com Ⓒ v.intr. [cal.] (ofensivo) dar uma queca
boffin ['bɒfɪn] s. 1 [joc.] sábio, génio; 2 [joc.] perito, especialista
boffo ['bɒfəʊ] Ⓐ adj. [coloq., ant.] famoso; de prestígio Ⓑ s. [coloq., ant.] sucesso, fama

bog [bɒg] Ⓐ s. 1 lodaçal; 2 paul, brejo; 3 [cal.] retrete Ⓑ v.tr.,intr. (particípios: **-gg-**) 1 meter em atoleiro; 2 atolar(-se) ❖ BOTÂNICA ~ *oak* carvalho de turfeira
◆ **bog down** v.tr.,intr. [coloq.] atolar(-se); atascar(-se) ❖ *to get bogged down in unimportant details* deter-se em pormenores insignificantes
◆ **bog off** v.intr. [cal.] pirar-se; pôr-se a andar
bogart ['bəʊgɑːt] v.tr.,intr. 1 [EUA] [cal.] açambarcar; 2 [EUA] [cal.] ameaçar; intimidar
bogey ['bəʊgɪ] s. 1 problema; 2 papão; 3 AERONÁUTICA [cal.] avião não identificado; 4 [cal.] (nariz) macaco*coloq., fig.*; 5 DESPORTO (golfe) jogo feito normalmente por um bom jogador
bogeyman ['bəʊgɪmæn, bu:gɪmæn] s. papão
bogginess ['bɒgɪnɪs] s. estado pantanoso
boggle ['bɒgəl] v.intr. 1 hesitar, recear; 2 tactear; 3 rabujar; 4 atrapalhar-se
boggler ['bɒglə] s. pessoa que hesita, que se atrapalha
boggy ['bɒgɪ] adj. (comp. **-ier**, superl. **-iest**) encharcado, pantanoso
bogie ['bəʊgɪ] s. (pl. **-ies**) (caminhos-de-ferro) bogie
bogle ['bəʊgəl] s. 1 duende; 2 espectro, fantasma
bog-standard [bɒg'stændəd] adj. [coloq.] banal, comum, habitual
bogus ['bəʊgəs] adj. 1 falso; fictício; 2 simulado
bogy ['bəʊgɪ] s. (pl. **-ies**) (caminhos-de-ferro) bogie
boh [bəʊ] interj. (chamamento, susto) bu! ❖ [coloq.] *he can't say ~ to a goose* ele é um anjinho
bohea [bəʊ'hiː] s. chá preto de qualidade inferior
Bohemia [bəʊ'hiːmɪə] s.top. HISTÓRIA Boémia
bohemian [bəʊ'hiːmɪən] adj.,s. boémio
Bohemian [bəʊ'hiːmɪən] Ⓐ adj. HISTÓRIA boémio, da Boémia Ⓑ s. HISTÓRIA habitante da Boémia ❖ ~ *cristal* cristal da Boémia
bohemianism [bəʊ'hiːmɪənɪzəm] s. boémia
boho ['bəʊˌhəʊ] adj.,s. [coloq.] boémio
bohrium ['bɔːrɪəm] s. QUÍMICA (elemento químico) bóhrio
bohunk ['bəʊhʌŋk] s. [EUA, Can.] [cal., depr.] emigrante húngaro; emigrante da Europa central
boil [bɔɪl] Ⓐ v.tr.,intr. 1 ferver; entrar em ebulição; *let it ~ for five minutes* deixa ferver durante cinco minutos; *water boils at 100 degrees centigrade* a água ferve, quando chega aos 100 graus centígrados; 2 CULINÁRIA cozer; 3 agitar(-se); 4 (salmão) saltar à isca; 5 submeter ao vapor de água a ferver Ⓑ s. 1 fervura; ebulição; *first bring it to the ~* primeiro deixe levantar fervura; *to be on the ~* estar a ferver, entrar em ebulição; *to come to the ~* levantar fervura; 2 (pele) espinha; furúnculo ❖ (emoções) *to be boiling* estar a ferver; (temperatura elevada) *to be boiling hot* estar a ferver; *to be boiling with activity* estar a fervilhar de actividade; *to go off the ~* deixar de ferver; perder o interesse; *to keep the pot boiling* ir equilibrando as coisas; *to make one's blood ~* fazer ficar com os nervos à flor da pele
◆ **boil away** v.intr. 1 ferver muito; 2 (em fervura) evaporar-se
◆ **boil down** Ⓐ v.intr. 1 diminuir com a fervura; 2 CULINÁRIA espessar em fervura; engrossar em fervura Ⓑ v.tr. resumir; sintetizar
◆ **boil down to** v.tr. reduzir-se a ❖ *it all boils down to this* tão simples quanto isto; *it all boils down to the same thing* vem tudo dar ao mesmo
◆ **boil over** v.intr. 1 (líquido a ferver) ir por fora; ferver até deitar por fora; transbordar; 2 [fig.] vir ao cima; 3 [fig.] (fúria) ferver [with, de]; *to ~ with indignation* ferver de indignação; 4 [fig.] degenerar [into, em]
boiler ['bɔɪlə] Ⓐ s. 1 caldeira; *central heating ~* caldeira do aquecimento central; 2 aquele que faz ferver; 3 cilindro; 4 [ant.] escaldador de lavandaria Ⓑ v.tr. equipar com caldeira(s); instalar caldeira(s) em ❖ ~ *house* casa das máquinas; VESTUÁRIO ~ *suit* fato-macaco
boilermaker ['bɔɪləˌmeɪkə] s. caldeireiro
boiling ['bɔɪlɪŋ] Ⓐ s. ebulição; fervura Ⓑ adj. em ebulição; a ferver; ~ *water* água a ferver ❖ ~ *hot* a ferver; muito quente; ~ *point* ponto de ebulição; ~ *spring* géiser; ~ *temperature* temperatura de ebulição; [coloq.] *the whole ~* tudo; todos; a malta

boisterous ['bɔɪstərəs] adj. 1 violento; rude; turbulento; 2 ruidoso; 3 exuberante; ruidosamente alegre ❖ ~ *weather* temporal; ~ *wind* ventania de temporal
boisterously ['bɔɪstərəslɪ] adv. 1 violentamente; rudemente; 2 ruidosamente; 3 de forma exuberante
boisterousness ['bɔɪstrəsnɪs] s. 1 violência; turbulência; 2 agitação; 3 barulho; 4 exuberância
boke [bəʊk] Ⓐ v.tr.,intr. [Esc.] [coloq.] vomitar Ⓑ s. [Esc.] [coloq.] vomitado
boko ['bəʊkəʊ] s. [coloq.] nariz
bolas ['bəʊləs] s.pl. 1 laço; 2 corda para laçar gado
bold [bəʊld] Ⓐ adj. 1 ousado; audacioso; arrojado; corajoso; 2 nada tímido; 3 vigoroso; forte; 4 (traços) bem marcado; 5 TIPOGRAFIA a negro, em negrito; 6 íngreme Ⓑ s. *bold*, negrito; *write the titles in* ~ escreve os títulos a negrito ❖ *as ~ as brass* descarado; *as ~ as a lion* arrojado como um leão; *to make* ~ tomar a liberdade; atrever-se; ousar; *to make so ~ as to ...* tomar a liberdade de ...
boldfaced ['bəʊld,feɪst] adj. 1 descarado; atrevido; insolente; 2 TIPOGRAFIA a negrito
boldly ['bəʊldlɪ] adv. com ousadia; audaciosamente
boldness ['bəʊldnɪs] s. 1 intrepidez, arrojo, descaramento; 2 declive abrupto
bole [bəʊl] s. 1 BOTÂNICA tronco, caule; 2 MINERALOGIA bolo-arménio
bolero[1] [bə'leərəʊ] s. (pl. -s) MÚSICA bolero
bolero[2] ['bɒlərəʊ] s. (pl. -s) VESTUÁRIO (casaco) bolero
Boleyn [bʊ'lɪn, 'bʊlɪn] s.antr. Bolena
bolide ['bəʊlaɪd] s. ASTRONOMIA bólide
bolivar ['bɒlɪvɑ:] s. (moeda da Venezuela) bolívar
Bolivia [bə'lɪvɪə] s.top. Bolívia
Bolivian [bə'lɪvɪən] adj.,s. boliviano
boliviano [bəlɪvɪ'ɑ:nəʊ] s. (moeda da Bolívia) boliviano
boll [bəʊl] s. casulo, cápsula
bollard ['bɒləd] s. 1 pegão; 2 abita
bolled ['bəʊld] adj. em cápsulas ou casulos
bollocks ['bɒləks] Ⓐ s.pl. 1 [cal.] (testículos) tomates_cal; 2 [cal.] tretas, asneiras Ⓑ v.tr. (prt. e part. pass. **bollocksed**, part. pres. **bollocksing**) [cal.] (estragar) lixar_cal
bolo ['bəʊləʊ] s. (pl. -s) cutelo oriental
bolometer [bə'lɒmɪtə] s. FÍSICA bolómetro
Bolshevik ['bɒlʃəvɪk] s. POLÍTICA bolchevique
Bolshevism ['bɒlʃəvɪzəm] s. POLÍTICA bolchevismo
Bolshevist ['bɒlʃəvɪst] adj.,s. POLÍTICA bolchevista
bolshie ['bɒlʃɪ] Ⓐ adj. 1 [GB] [coloq.] não cooperante; 2 [GB] [coloq.] politicamente radical Ⓑ s. POLÍTICA [ant.] bolchevique, comunista
bolshy ['bɒlʃɪ] adj.,s. ⇒ **bolshie**
bolster ['bəʊlstə] Ⓐ s. 1 almofadado, almofada, travesseiro; 2 coxim; 3 amortecedor; 4 chumaceira; 5 suporte; 6 (construção) viga mestra; trave; 7 alfeça Ⓑ v.tr.,intr. 1 incentivar; estimular; apoiar; 2 sustentar; suportar; 3 acolchoar; 4 reforçar, consolidar ❖ ~ *spring* mola de suspensão
◆ **bolster up** v.tr. 1 apoiar; 2 incentivar; estimular; 3 reforçar; *to bolster a business up with more capital* reforçar um negócio com mais capital
bolt [bəʊlt] Ⓐ s. 1 flecha, dardo; 2 relâmpago, faísca; 3 lingueta, ferrolho; 4 fecho de correr; 5 tranqueta; 6 palhetão; 7 cavirão; 8 perno, cavilha; 9 parafuso; 10 molho (de vimes); 11 rolo, peça (de lona, tela); 12 partida súbita, fuga Ⓑ adv. perfeitamente, completamente Ⓒ v.tr.,intr. 1 fechar com ferrolho; 2 partir subitamente; 3 libertar-se, fugir; 4 engolir sem mastigar, devorar; 5 esquadrinhar, investigar; 6 peneirar ❖ ~ *and nut* parafuso com porca e cabeça; ~ *auger* verruma; ~ *head* cabeça de parafuso; ~ *key* chaveta; ~ *nut* porca de parafuso; NÁUTICA ~ *rope* relinga; ~ *upright* rigidamente direito; *sliding* ~ ferrolho de correr; *to have shot one's last* ~ ter queimado os últimos cartuchos; [coloq.] *to make a* ~ *for it* pôr-se ao fresco; *to shoot one's* ~ dar tudo por tudo; (surpresa, choque) *it's like a* ~ *from the blue* isso é uma bomba!
◆ **bolt in** Ⓐ v.tr. 1 fechar; 2 trancar com ferrolho Ⓑ v.intr. entrar como um furacão
◆ **bolt out** Ⓐ v.tr. excluir Ⓑ v.intr. sair precipitadamente; sair como um furacão

bolter ['bəʊltə] s. 1 crivo, peneira; 2 [EUA] vira-casacas; 3 cavalo desassossegado, irrequieto
bolthole ['bəʊlthəʊl] s. 1 esconderijo; refúgio; abrigo; 2 escapatória; subterfúgio; *to use (sth) as a* ~ usar (algo) como desculpa; 3 furo de parafuso
bolting ['bəʊltɪŋ] s. 1 joeira, peneiração; 2 tamisação ❖ ~ *cloth* pano de peneira; ~ *machine/* ~ *mill* máquina de peneirar
bolt-on ['bəʊltɒn] Ⓐ adj. 1 acessório; 2 aparafusável Ⓑ s. [coloq.] acessório
bolus ['bəʊləs] s. (pl. -es) 1 pílula grande; 2 FISIOLOGIA bolo alimentar
bomb [bɒm] Ⓐ s. 1 MILITAR bomba; *to drop a* ~ lançar uma bomba, bombardear; 2 GEOLOGIA bomba; 3 [EUA, Can., Austr.] [coloq.] (filme, espectáculo) fiasco; 4 [coloq.] dinheirão; balúrdios; *to cost a* ~ custar os olhos da cara; *to be worth a* ~ valer um dinheirão Ⓑ v.tr.,intr. 1 bombardear; 2 [EUA, Can., Austr.] [coloq.] (filme, espectáculo) ser um fiasco; ser um fracasso ❖ ~ *attack* atentado bombista; ~ *disposal* desminagem; ~ *disposal squads* brigadas anti-minas; ~ *gear* lança-bombas; ~ *scare* ameaça de bomba; ~ *shelter* abrigo antiaéreo
◆ **bomb out** v.tr. 1 destruir através de bombardeamento; 2 explodir
◆ **bomb up** v.tr. carregar (avião) com bombas
bombard[1] [bɒm'bɑ:d] v.tr. 1 bombardear; [fig.] *to* ~ *sb with questions* bombardear alguém com perguntas; 2 atacar [**with**, com]; acossar [**with**, com]
bombard[2] ['bɒmbɑ:d] s. bombarda
bombardier [bɒmbə'dɪə] s. 1 AERONÁUTICA responsável pelo lançamento das bombas; 2 [arc.] oficial de artilharia ❖ ZOOLOGIA ~ *beetle* besouro-bombardeiro; besouro-artilheiro
bombardment [bɒm'bɑ:dmənt] s. bombardeamento ❖ *aerial* ~ bombardeamento aéreo
bombardon [bɒm'bɑ:dn] s. 1 MÚSICA (instrumento de sopro) bombardão; 2 MÚSICA baixo, contrabaixo
bombardone [bɒm'bɑ:dən] s. MÚSICA ⇒ **bombardon**
bombasine ['bɒmbəsi:n] s. ⇒ **bombazine**
bombast ['bɒmbæst] s. estilo bombástico
bombastic [bɒm'bæstɪk] adj. bombástico
bombastically [bɒm'bæstɪkəlɪ] adv. bombasticamente; empoladamente
bombax ['bɒmbæks] s. BOTÂNICA bômbax
Bombay [bɒm'beɪ] s.top. Bombaim
bomber ['bɒmə] s. 1 (terrorismo) bombista; 2 MILITAR (avião) bombardeiro ❖ VESTUÁRIO ~ *jacket* casaco de aviador; MILITAR ~ *pilot* piloto de bombardeiro
bombing ['bɒmɪŋ] s. 1 bombardeamento; 2 (terrorismo) atentado bombista ❖ AERONÁUTICA ~ *plane* bombardeiro; ~ *raid* ataque aéreo
bombproof ['bɒmpru:f] adj. 1 à prova de bomba; à prova de explosões; 2 [fig.] indestrutível; à prova de bala_fig ❖ ~ *shelter* abrigo antiaéreo
bombshell ['bɒmʃel] s. 1 MILITAR obus; 2 [fig.] (notícia inesperada) bomba; *to drop the* ~ dar uma notícia chocante; *to fall like a* ~ cair como uma bomba; 3 [fig.] (mulher atraente) brasa
bombsight ['bɒmsaɪt] s. (avião) ponto de mira para lançar bombas
bombyx ['bɒmbɪks] s. ZOOLOGIA bômbice, bômbix
bona fide [bəʊnə'faɪdɪ] adj. 1 sincero; 2 de boa-fé; 3 genuíno; autêntico
bonanza [bə'nænzə] Ⓐ s. 1 prosperidade, sorte; 2 filão muito valioso Ⓑ adj. próspero
Bonaparte ['bəʊnə,pɑ:t] s.antr. Bonaparte
bonbon ['bɒnbɒn] s. 1 caramelo; bombom; 2 guloseima
bonce [bɒns] s. [coloq.] (cabeça) pinha_coloq; tola_coloq
bond [bɒnd] Ⓐ s. 1 laço, ligação, cadeia; 2 vínculo; 3 contrato; 4 limitação; 5 prisão; 6 aparelho; 7 baraço para atar molho de lenha ou outras coisas; 8 concordância, comprometimento cego; 9 FINANÇAS título de dívida; 10 FINANÇAS título de crédito, obrigação (do Tesouro, etc.); 11 garantia, caução; 12 depósito, entreposto alfandegário; 13 liga, confederação Ⓑ adj. escravo Ⓒ v.tr.,intr. 1 prender, amarrar; 2 ligar; 3 imbricar; 4 (pessoas) estabelecer laços afectivos [**with**, com]; 5 pôr mercadorias em depósito na alfândega; 6 colocar no entreposto ❖ *mortgage* ~ título de hipoteca; *to be in* ~ estar em depósito na alfândega; *his word is as good as his* ~ ele é um homem de palavra

bondage

bondage ['bɒndɪdʒ] s. 1 escravidão; servidão; 2 cativeiro; 3 sujeição; dependência

bonded ['bɒndɪd] adj. 1 ligado; 2 depositado em entreposto ou na alfândega; 3 (dívida) garantida por obrigações; 4 (material) reforçado ❖ *armazém* ~ *warehouse* depósito

bondholder ['bɒndhəʊldə] s. FINANÇAS obrigacionista

bonding ['bɒndɪŋ] s. 1 ligação; 2 colagem; aderência; 3 laços afectivos; formação de laços afectivos ❖ (entre homens) *male* ~ camaradagem; companheirismo

bondmaid ['bɒndmeɪd] s. escrava jovem

bondman ['bɒndmən] s. (pl. **-men**) escravo, servo

bondsman ['bɒndzmən] s. (pl. **-men**) 1 fiador; 2 escravo

bondswoman ['bɒndz,wʊmən] s.f. (pl. **-women**) escrava, serva

bondwoman ['bɒnd,wʊmən] s. (pl. **-women**) ⇒ **bondswoman**

bone [bəʊn] Ⓐ s. 1 osso; 2 (peixe) espinha; 3 (cor) marfim; 4 pl. esqueleto; ossadas; restos mortais Ⓑ v.tr. 1 desossar; 2 (peixe) tirar as espinhas a; 3 roubar; 4 nivelar; 5 [vulg.] (sexo) comer ❖ ~ *ash* fosfato de cal; ~ *charcoal* carvão animal; ~ *lace* renda de bilros; ~ *marrow* medula óssea; ~ *structure* estrutura óssea; *I feel it in my bones* tenho cá um pressentimento; (piada) *near the* ~ picante; *the bare bones* o cerne da questão; *the* ~ *of contention* o pomo da discórdia; *to be a bag of bones* ser um trinca-espinhas; *to have a* ~ *to pick with sb* ter uma questão a resolver com alguém; *to make no bones about it* não estar com papas na língua; não estar com rodeios; *what's bred in the bone comes out in the flesh* o que o berço dá, a tumba o leva

bonehead ['bəʊn,hed] s. [cal.] (ofensivo) cretino, estúpido, idiota, imbecil

bone-idle [bəʊn'aɪdəl] adj. preguiçoso, mandrião, calaceiro

bone-lazy [bəʊn'leɪzɪ] adj. preguiçoso, mandrião, calaceiro

boneless ['bəʊnləs] adj. 1 sem osso; desossado; 2 (peixe) sem espinhas; a que foram retiradas as espinhas; 3 [fig.] sem nervo; sem energia; mole

boner ['bəʊnə] s. 1 [coloq.] calinada, gaffe; *to pull a* ~ cometer uma gaffe; 2 [EUA] [cal.] (erecção) tesão_cal._

bonesetter ['bəʊn,setə] s. (ossos deslocados) endireita_coloq._

boneyard ['bəʊnɪɑːd] s. [coloq.] cemitério

bonfire ['bɒnfaɪə] s. grande fogueira ao ar livre, para divertimento ou para queimar folhas, etc.

bong [bɒŋ] Ⓐ s. 1 som que ecoa; 2 [cal.] (droga) cachimbo Ⓑ v.intr. ecoar

bongo ['bɒŋɡəʊ] s. ZOOLOGIA (antílope) bongo ❖ MÚSICA ~ *drums* bongó

Boniface ['bɒnɪ,feɪs] s.antr. Bonifácio

boniness ['bəʊnɪnɪs] s. ossatura

boning ['bəʊnɪŋ] s. 1 desossamento; 2 extracção de espinhas; 3 nivelamento

bonk [bɒŋk] Ⓐ s. 1 [cal., joc.] queca_cal._, transada_Bras_; *to have a* ~ dar uma queca, dar uma transada_Bras_; 2 [coloq.] golpe; 3 (som) baque Ⓑ v.intr. 1 [cal., joc.] dar uma queca; 2 [coloq.] bater (com a cabeça) Ⓒ v.tr. 1 [cal., joc.] dar uma queca com; 2 bater na cabeça de

bonkers ['bɒŋkəz] adj. [coloq.] passado, maluco, alucinado; *to be* ~ ser doido; *to go* ~ passar-se

bonking ['bɒŋkɪŋ] s. [cal., joc.] queca, sexo

bonne-bouche ['bɒn,buːʃ] s. acepipe, guloseima

bonnet ['bɒnɪt] s. 1 chapéu (de senhora); solidéu; 2 touca; 3 gorro; 4 boné; 5 barrete; 6 (automóvel) capô; 7 (chaminé, máquina) cobertura; ~ *of funnel* cobertura de chaminé; 8 tampo; ~ *of valve* tampo de válvula; 9 NÁUTICA bonete ❖ [coloq.] *to have got a bee in one's* ~ ter macaquinhos no sótão

bonnette ['bɒnɪt] s. (fortificações) bonete

bonnily ['bɒnɪlɪ] adv. com alegria

bonniness ['bɒnɪnɪs] s. gentileza, alegria

bonny ['bɒnɪ] Ⓐ adj. (comp. **-ier**, superl. **-iest**) 1 gentil, galante; 2 alegre; 3 (rapariga) formosa, fresca Ⓑ s. camada de minério

bonsai ['bɒnsaɪ] s. BOTÂNICA bonsai

bonus ['bəʊnəs] Ⓐ s. (pl. **-es**) 1 bónus; 2 gratificação; 3 vantagem adicional; 4 dividendo extraordinário Ⓑ adj. suplementar; adicional ❖ (lotaria, totoloto) ~ *number* número suplementar

bony ['bəʊnɪ] adj. (comp. **-ier**, superl. **-iest**) 1 (aparência) ossudo, descarnado; 2 cheio de ossos; 3 (peixe) cheio de espinhas

bonze [bɒnz] s. (monge) bonzo

boo [buː] Ⓐ interj. 1 (insatisfação) fora!, vai-te embora!; 2 (susto, surpresa) bu! Ⓑ s. vaia, apupo Ⓒ v.tr. apupar, vaiar ❖ [coloq.] *he wouldn't say* ~ *to a goose* é muito tímido

boob [buːb] Ⓐ s. 1 [cal.] mama; 2 [GB] gaffe, asneira; *to make a* ~ cometer uma gaffe; 3 [GB] idiota, palerma Ⓑ v.intr. [GB] cometer uma gaffe

booby ['buːbɪ] s. (pl. **-ies**) 1 estúpido, pateta; 2 ZOOLOGIA ave tropical colorida; 3 [cal.] maminha_cal._ ❖ NÁUTICA ~ *hatch* escotilhão; gaiuta; ~ *prize* prémio de consolação; ~ *trap* bomba armadilhada; (brincadeira) objecto armadilhado

boobyhatch ['buːbɪhætʃ] s. [cal.] (manicómio) casa de tolos

boobyish ['buːbɪɪʃ] adj. pateta, estúpido

booby-trap ['buːbɪtræp] v.tr. (particípios **-pp-**) armadilhar; colocar bomba armadilhada em

boodle ['buːdəl] s. 1 multidão; 2 dinheiro corrupto; 3 determinado jogo de cartas

booer ['buːə] s. apupador

boofy ['buːfɪ] adj. [Austr.] [coloq.] parvinho, patetinha

booger ['buːɡə] s. [EUA] [cal.] (nariz) macaco_coloq., fig._

boogie ['buːɡɪ] Ⓐ v.intr. [coloq.] (dançar) abanar o esqueleto Ⓑ s. 1 MÚSICA boogie-woogie; 2 dança; *to go for a* ~ ir abanar o esqueleto

boohoo ['buːhuː] Ⓐ v.intr. debulhar-se em lágrimas_fig._, chorar espalhafatosamente Ⓑ s. choradeira, choro espalhafatoso

book [bʊk] Ⓐ s. 1 livro; volume, tomo; 2 libreto (de ópera); 3 registo; 4 lista telefónica; 5 registo de apostas, especialmente nas corridas de cavalos; 6 pl. livros de contabilidade de uma empresa Ⓑ v.tr. 1 reservar; marcar; adquirir antecipadamente; *I booked a table at the restaurant* reservei uma mesa no restaurante; 2 registar; tomar nota de; *to* ~ *an order* tomar nota duma encomenda, registar uma encomenda; 3 (entretenimento) contratar (artista, profissional); 4 (caminhos-de-ferro) entregar um bilhete (à pessoa que viaja); 5 DESPORTO fazer uma advertência a; 6 multar; 7 acusar de ❖ ~ *hunter* bibliófilo, alfarrabista; ~ *learning/knowledge* cultura livresca; ~ *room* sala de leitura; ~ *token* cheque-livro; ~ *trade* comércio livreiro; RELIGIÃO *Book of Common Prayer* livro oficial de orações da Igreja Anglicana; RELIGIÃO ~ *of hours* livro de horas; ~ *of reference* livro de consulta; obra de referência; *by the* ~ de acordo com as regras; *in my* ~ em minha opinião; *to be in sb's bad/black books* ser malvisto por alguém; *to be in sb's good books* ser bem-visto por alguém; *to bring sb to* ~ chamar alguém a prestar contas; *to take a leaf out of sb's* ~ imitar alguém

◆**book in** v.intr. 1 (hotel) fazer uma reserva; 2 (hotel) fazer o registo

◆**book up** v.tr.,intr. reservar ❖ *to be booked up* estar cheio; ter lotação esgotada

bookable ['bʊkəbəl] adj. que pode ser reservado, que pode ser objecto de reserva

bookbinder ['bʊk,baɪndə] s. encadernador

bookbinding ['bʊk,baɪndɪŋ] s. encadernação

bookcase ['bʊk,keɪs] s. estante (para livros)

bookend ['bʊkend] Ⓐ s. anteparo, cerra-livros Ⓑ v.tr. começar e acabar [**with**, com]

bookie ['bʊkɪ] s. [coloq.] apostador profissional

booking ['bʊkɪŋ] s. 1 reserva; 2 (entretenimento) contratação; 3 registo ❖ ~ *clerk* empregado da bilheteira; ~ *office* bilheteira; *to make a* ~ efectuar uma reserva

bookish ['bʊkɪʃ] adj. 1 dado à leitura; 2 estudioso; 3 (conhecimento) livresco; teórico

bookishly ['bʊkɪʃlɪ] adv. 1 de modo livresco; 2 teoricamente

bookishness ['bʊkɪʃnɪs] s. 1 espírito livresco; 2 dedicação aos livros

book-keeper ['bʊk,kiːpə] s. contabilista, guarda-livros

book-keeping ['bʊk,kiːpɪŋ] s. (actividade, profissão) contabilidade

booklet ['bʊklɪt] s. 1 opúsculo, folheto; 2 caderneta

bookmaker ['bʊk,meɪkə] s. corretor de apostas, agenciador de apostas

bookmaking ['bʊk,meɪkɪŋ] s. 1 fabrico, confecção de livros; 2 agenciamento de apostas

bookman ['bʊkmən] s. (pl. **-men**) 1 letrado; 2 estudioso

bookmark ['bʊkmɑːk] Ⓐ s. 1 marcador de livro; 2 INFORMÁTICA marcador de sites da Internet Ⓑ v.tr. INFORMÁTICA (site da Internet) marcar

bookmarker ['bʊkmɑːkə] s. 1 marcador de livro; 2 INFORMÁTICA marcador de sites da Internet
bookmobile ['bʊkˌməʊbaɪl] s. (pl. -s) [EUA, Can.] biblioteca itinerante
bookplate ['bʊkpleɪt] s. ex-líbris
bookseller ['bʊkˌselə] s. livreiro
bookselling ['bʊkˌselɪŋ] s. comércio livreiro; actividade livreira; venda de livros
bookshelf ['bʊkʃelf] s. (pl. -ves) prateleira para livros
bookshop ['bʊkʃɒp] s. livraria
bookstall ['bʊkstɔːl] s. 1 banca de livros; 2 quiosque
bookstand ['bʊkstænd] s. 1 banca de livros; 2 quiosque
bookstore ['bʊkstɔː] s. [EUA] livraria
bookworm ['bʊkwɜːm] s. 1 ZOOLOGIA traça de livros; 2 [fig., coloq.] (pessoa) rato de biblioteca
Boolean ['buːlɪən] adj. MATEMÁTICA, INFORMÁTICA booleano; ~ *logic* lógica booleana
boom [buːm] Ⓐ s. 1 bum, estrondo, detonação; 2 (som grave) rugido, bramido; *the ~ of the sea* o rugido do mar; 3 ECONOMIA (crescimento repentino) boom; 4 dique flutuante; 5 NÁUTICA portaló; 6 AERONÁUTICA longarina; 7 baliza; 8 CINEMA, TELEVISÃO (microfone) girafa Ⓑ interj. bum! Ⓒ v.tr.,intr. 1 detonar, fazer estrondo; 2 rugir, ressoar; 3 ECONOMIA florescer_fig_, desenvolver-se rapidamente, prosperar; 4 NÁUTICA navegar a todo o pano
boomerang ['buːməræŋ] Ⓐ s. 1 bumerangue; 2 [fig.] arma de dois gumes Ⓑ v.intr. sair o tiro pela culatra_fig_; virar-se o feitiço contra o feiticeiro_fig._
booming ['buːmɪŋ] adj. 1 ribombante, tonitruante; *a ~ sound* um estrondo; 2 [fig.] em crescimento; em expansão; *a ~ industry* uma indústria em expansão
boomlet ['buːmlɪt] s. crescimento económico de curta duração
boon [buːn] s. 1 dádiva, favor, mercê; 2 vantagem; 3 bênção Ⓑ adj. 1 benigno, liberal, generoso; 2 alegre
boondoggle ['buːndɒɡəl] Ⓐ s. 1 [coloq.] trabalho inútil; 2 [coloq.] operação de cosmética Ⓑ v.intr. [coloq.] trabalhar inutilmente
boor [bʊə] s. [depr.] labrego, patego
boorish ['bʊrɪʃ] adj. [depr.] labrego, patego; grosseiro, rústico
boorishly ['bʊrɪlɪ] adv. de modo grosseiro, rudemente
boorishness ['bʊrɪʃnɪs] s. grosseria, rusticidade
boost [buːst] Ⓐ v.tr. 1 fortalecer, reforçar; 2 melhorar, desenvolver; 3 impulsionar; aumentar; fazer subir; *to ~ sales* aumentar as vendas; 4 promover, publicitar; 5 ELECTRICIDADE aumentar a voltagem de; 6 dar uma ajuda a; 7 ajudar a levantar; [fig.] *to ~ one's morale* levantar o moral; 8 ajudar a empurrar Ⓑ s. 1 reforço; 2 encorajamento; estímulo; 3 empurrão; impulso; ajuda; 4 campanha publicitária, promoção; 5 MECÂNICA dínamo de reforço
booster ['buːstə] s. 1 reforço; 2 MEDICINA revacinação; 3 [EUA] apoiante; 4 propulsor; 5 TELEVISÃO, RÁDIO amplificador de sinal; 6 ELECTRICIDADE intensificador ❖ *~ battery* bateria de reforço; *~ charge* carga de reforço
boosting ['buːstɪŋ] s. 1 reforço, intensificação; 2 auxílio ❖ *~ cable* cabo de reforço; *~ voltage* voltagem auxiliar; voltagem de reforço
boot [buːt] Ⓐ s. 1 (calçado) bota; 2 [GB] mala do carro; 3 INFORMÁTICA iniciação do sistema; 4 biqueirada, pontapé; 5 [coloq.] despedimento; 6 [coloq.] fim de relação (amorosa); 7 HISTÓRIA instrumento de tortura antigo Ⓑ v.tr. 1 servir, ser de utilidade; 2 calçar; 3 dar pontapé(s) a; 4 INFORMÁTICA iniciar (o sistema) ❖ INFORMÁTICA *~ disk* disquete de arranque; *~ hook* abotoadeira; *~ polish* pomada para calçado; *~ tag* descalçadeira de bota; BOTÂNICA *~ tree* encóspias; [EUA] HISTÓRIA, MILITAR *~ and saddle* sinal para montar; *like old boots* tremendamente; *my heart sank into my boots* caiu-me o coração aos pés; *the ~ is on the other foot* os papéis inverteram-se; *to ~* ainda por cima; também; além disso; *to get the ~* ser despedido; *to give the ~* despedir; *what boots it to...?* o que é que isso adianta para...? para que serve...?
◆ **boot out** v.tr. correr a pontapés
bootblack ['buːtblæk] s. [EUA] engraxador
bootee [buːˈtiː] s. 1 (bebé) carapim; 2 (senhora) botina
Boötes [bəʊˈəʊtiːz] s. ASTRONOMIA Boieiro
booth [buːθ] s. 1 (feira) barraca, tenda; 2 (feira) stand; 3 cabine; *phone ~* cabine telefónica

bootjack ['buːtˌdʒæk] s. descalçadeira
bootlace ['buːtleɪs] s. cordão de bota; atacador
bootleg ['buːtleɡ] Ⓐ s. 1 cano de bota; 2 (bebidas alcoólicas) contrabando; 3 (gravações, material informático) pirataria Ⓑ v.tr.,intr. (part. -gg-) 1 [EUA] (bebidas alcoólicas) contrabandear; 2 (gravações, material informático) piratear Ⓒ adj. 1 de contrabando; 2 pirata
bootlegger ['buːtˌleɡə] s. 1 [EUA] (bebidas alcoólicas) contrabandista; 2 (gravações, material informático) pirata
bootlegging ['buːtˌleɡɪŋ] s. 1 [EUA] (bebidas alcoólicas) contrabando; 2 (gravações, material informático) pirataria
bootless ['buːtləs] adj. 1 descalço; 2 falhado; 3 sem utilidade, inútil
bootlessly ['buːtlɪslɪ] adv. inutilmente; em vão
bootlessness ['buːtlɪsnɪs] s. inutilidade
bootmaker ['buːtˌmeɪkə] s. sapateiro
boots [buːts] s. [ant.] moço, criado de hotel encarregado de levar bagagens, limpar calçado, etc.
bootstrap ['buːtstræp] s. 1 puxadeira de bota; 2 INFORMÁTICA programa de arranque ❖ *to pull oneself by the bootstraps* subir a pulso
booty ['buːtɪ] s. 1 pilhagem, saque; 2 presa ❖ *to play ~ with sb* ser conivente com alguém; fazer o jogo de alguém
booze [buːz] Ⓐ v.tr.,intr. embriagar-se Ⓑ s. (álcool) bebida ❖ *to be off the ~* deixar de beber; *to be on the ~* andar alegrote; andar na farra; meter-se nos copos
boozer ['buːzə] s. 1 [coloq.] bêbedo, borracho; 2 [coloq.] bar
booze-up ['buːzʌp] s. [coloq.] farra de copos
boozy ['buːzɪ] adj. (comp. -ier, superl. -iest) 1 [coloq.] bêbedo; 2 [coloq.] alcoólico, com álcool
bop [bɒp] Ⓐ s. [coloq.] dança; (dançar) *to have a ~* abanar o esqueleto Ⓑ v.intr. [coloq.] dançar Ⓒ v.tr. (particípios: -pp-) [coloq.] bater em
bo-peep [bəʊˈpiːp] s. jogo das escondidas (para crianças)
boracic [bəˈræsɪk] adj. QUÍMICA bórico; *~ acid* ácido bórico
borage ['bɒrɪdʒ, 'bʌrɪdʒ] s. BOTÂNICA borragem
borate ['bɔːreɪt] s. borato; *~ of lead* borato de chumbo
borax ['bɔːræks] s. QUÍMICA bórax
borborygmus [ˌbɔːbəˈrɪɡməs] s. MEDICINA borborigmo
Bordeaux [bɔːˈdəʊ] Ⓐ s.top. Bordéus Ⓑ s. bordeaux, vinho de Bordéus ❖ QUÍMICA *~ mixture* calda bordalesa
bordello [bɒˈdeləʊ] s. [rar.] bordel
border ['bɔːdə] Ⓐ s. 1 margem, fronteira, limite; 2 borda, extremidade, orla; 3 (decoração) florão, guarnição, ornato; 4 remate; 5 HERÁLDICA bordadura; 6 canteiro redondo de jardim Ⓑ v.tr.,intr. 1 formar uma fronteira; confinar (com); fazer fronteira com; 2 orlar; 3 bordar, debruar ❖ *~ curve* curva limite; *~ infringements* violações de fronteira; *over the ~* do outro lado da fronteira; *para o outro lado da fronteira; *the ~* a zona de fronteira entre a Inglaterra e a Escócia
◆ **border on** v.tr. 1 confinar com; raiar com; 2 tocar as raias de; raiar; chegar quase a; andar muito próximo de; *to ~ insanity* tocar as raias da loucura
borderer ['bɔːdərə] s. 1 raiano; habitante da zona fronteiriça; 2 vizinho
bordering ['bɔːdərɪŋ] Ⓐ adj. 1 limítrofe; fronteiriço; 2 contíguo; confinante Ⓑ s. cercadura; borda ornamental
borderland ['bɔːdəlænd] s. 1 zona fronteiriça; 2 país limítrofe
borderline ['bɔːdəlaɪn] Ⓐ s. 1 fronteira; 2 linha de demarcação; 3 distinção Ⓑ adj. 1 fronteiriço; 2 indeterminado, incerto, duvidoso; 3 ambíguo, indefinido, flutuante; 4 PSICOLOGIA (instável) borderline; *~ case* caso-limite, *caso borderline*
bordure ['bɔːdʒə] s. HERÁLDICA bordadura
bore [bɔː] Ⓐ s. 1 (arma de fogo) calibre; 2 diâmetro interno; *~ of a wheel* diâmetro interno do cubo da roda; 3 perfuração; furo de sonda; *~ hole* furo de sondagem; 4 [coloq.] aborrecimento, maçada, frete; 5 maçador; importuno; 6 macaréu, grande vaga Ⓑ v.tr.,intr. 1 furar; 2 brocar; 3 (cavalo) erguer, deitar a cabeça de fora; 4 (corridas) empurrar outro concorrente para fora da pista; 5 aborrecer; chatear; *to ~ sb stiff* chatear alguém de morte Ⓒ prt. de **to bear** ❖ *~ bit* broca; pua; *~ of a gun* alma de canhão; *boring to the East* caminhando para leste
boreal ['bɔːrɪəl] adj. boreal, setentrional

borealis [bɔːrɪˈeɪlɪs] *adj.* boreal
Boreas [ˈbɔrɪæs] *s.* MITOLOGIA Bóreas
borecole [ˈbɔːkəʊl] *s.* couve galega
bored [bɔːd] *adj.* 1 aborrecido; *to be ~ stiff* estar a morrer de aborrecimento; *to get ~* aborrecer-se; 2 furado; *~ shaft* eixo oco, eixo perfurado
boredom [ˈbɔːdəm] *s.* aborrecimento, maçada
borer [ˈbɔːrə] *s.* 1 máquina de furar, furador; 2 broca; 3 ZOOLOGIA teredem, teredo
boresome [ˈbɔːsəm] *adj.* maçador, sem interesse
boresomeness [ˈbɔːsəmnɪs] *s.* falta de interesse, aborrecimento
Borgia [ˈbɔdʒə] *s.antr.* Bórgia
boric [ˈbɔːrɪk] *adj.* QUÍMICA bórico; *~ acid* ácido bórico
boring [ˈbɔːrɪŋ] Ⓐ *adj.* 1 aborrecido; entediante; maçador; desinteressante; monótono; chato; *deadly ~* muito chato; 2 perfurante Ⓑ *s.* 1 perfuração; 2 buraco, furo; 3 mandrilagem
Boris [ˈbɔrɪs] *s.antr.* Bóris
born [bɔːn] Ⓐ *part. pass. de* to bear Ⓑ *adj.* 1 nascido; nativo; 2 nato; *a ~ leader* um líder nato ❖ *~ and bred* nado e criado; [ant.] *in all my ~ days* em toda a minha vida; *I wasn't ~ yesterday* não nasci ontem; *Portuguese ~* português de nascimento; nascido em Portugal; *to be ~* nascer; [joc.] *to be ~ on the wrong side of the blanket* nascer de uma relação extramatrimonial; *to be ~ under a lucky star* nascer para ser feliz; nascer com sorte; *to be ~ with a silver spoon in one's mouth* nascer num berço de ouro
borne [bɔːn] *part. pass. de* to bear
Borneo [ˈbɔːnɪəʊ] *s.top.* Bornéu
boron [ˈbɔːrɒn] *s.* QUÍMICA (elemento químico) boro
borough [ˈbʌrə] *s.* 1 círculo eleitoral; cidade que envia representantes ao parlamento; 2 bairro; divisão administrativa de uma cidade; 3 vila, cidade pequena com foral régio ❖ *~ English* transmissão legal de terras ao filho ou irmão mais novo; *close ~/pocket ~* círculo eleitoral totalmente nas mãos duma pessoa; *the ~* bairro londrino de Southwark
borrow [ˈbɒrəʊ] *v.tr.* 1 pedir emprestado; *to ~ money off sb* pedir dinheiro emprestado a alguém; 2 pedir um empréstimo de; 3 [fig.] apropriar-se de; 4 [fig.] plagiar [**from**, de] ❖ *can I ~ your pencil?* emprestas-me o lápis?
borrower [ˈbɒrəʊə] *s.* aquele que pede emprestado
borrowing [ˈbɒrəʊɪŋ] *s.* empréstimo solicitado
borscht [bɔːʃt] *s.* CULINÁRIA (sopa de beterraba) borche
borstal [ˈbɔːstəl] *s.* [ant.] reformatório, prisão para delinquentes juvenis
bort [bɔːt] *s.* (diamante grosseiro) bort
borzoi [ˈbɔːzɔɪ] *s.* ZOOLOGIA (cão) borzói
bosh [bɒʃ] Ⓐ *s.* 1 disparate, tolice; *that's all bosh!* só disparates!; 2 recipiente para arrefecer instrumentos Ⓑ *v.tr.* 1 [coloq.] ridicularizar; 2 arreliar
bosk [bɒsk] *s.* ⇒ bosket
bosket [ˈbɒskɪt] *s.* 1 bosque pequeno; 2 plantação
bosky [ˈbɒskɪ] *adj.* (*comp.* -ier, *superl.* -iest) 1 com bosques; arborizado; 2 [ant.] embriagado
Bosnia [ˈbɒznɪə] *s.top.* Bósnia
Bosnian [ˈbɒznɪən] *adj.,s.* bósnio
bosom [ˈbʊzəm] Ⓐ *s.* 1 peito; 2 [fig.] seio; coração; *in the ~ of* no seio de Ⓑ *v.tr.* guardar, albergar, esconder no seio ❖ *~ friend* amigo do peito; amigo íntimo; *the ~ of the church* o grémio da igreja
bosomy [ˈbʊzəmɪ] *adj.* peitudo, com grande peito
Bosphorus [ˈbɒsfərəs] *s.top.* Bósforo
bosquet [ˈbɒskɪt] *s.* ⇒ bosket
boss [bɒs] Ⓐ *s.* (*pl.* -es) 1 patrão; chefe; 2 (política) cacique; 3 botão; 4 bojo, saliência; 5 BIOLOGIA bossa; 6 MECÂNICA cubo; 7 capataz, supervisor Ⓑ *v.tr.* [coloq.] mandar em, dar ordens a; controlar Ⓒ *adj.* [cal.] estupendo; óptimo; excelente ❖ *to ~ the show* controlar tudo; *who's the ~ here?* quem é que manda aqui?
◆ **boss around/about** *v.tr.* mandar em; dar ordens a
bossed [bɒst] *adj.* em relevo
boss-eyed [ˈbɒsaɪd] *adj.* [coloq.] vesgo, estrábico
bossiness [ˈbɒsɪnɪs] *s.* autoritarismo

bossy [ˈbɒsɪ] *adj.* (*comp.* -ier, *superl.* -iest) autoritário; mandão ❖ *~ boots* mandão; tiranete
Bostonian [bɒsˈtəʊnɪən] Ⓐ *adj.* bostoniano; relativo a Boston Ⓑ *s.* bostoniano
bot. Ⓐ [*abrev. de* botany] Ⓑ [*abrev. de* botanical]
botanic [bəˈtænɪk] *adj.* ⇒ botanical
botanical [bəˈtænɪkəl] *adj.* botânico ❖ *~ garden* jardim botânico
botanist [ˈbɒtənɪst] *s.* botânico
botanize [ˈbɒtənaɪz] *v.tr.,intr.* 1 herborizar; 2 estudar as plantas
botany [ˈbɒtənɪ] *s.* 1 botânica; 2 lã fina de carneiro originária de Botany Bay, na Austrália
BOTB [*abrev. de* British Overseas Trade Board]
botch [bɒtʃ] Ⓐ *s.* (*pl.* -es) 1 [coloq.] remendo, conserto; 2 [fig.] trabalho mal alinhavado, trapalhada Ⓑ *v.tr.* 1 achavascar; 2 atamancar; 3 remendar; consertar de modo imperfeito e grosseiro; 4 falhar; 5 estragar; *to ~ things up* estragar tudo
botcher [ˈbɒtʃə] *s.* 1 remendão; 2 trapalhão
botch-up [ˈbɒtʃʌp] *s.* 1 [coloq.] trapalhada, confusão; 2 [coloq.] trabalho mal feito; borrada
botel [bəʊˈtel] *s.* hotel flutuante
both [bəʊθ] *adj.,adv.,pron.* ambos; os dois; *~ of us, we ~* nós ambos; *~ boys, ~ of the boys* os dois rapazes ❖ *~ ... and ...* não só ... mas também ...; tanto... como...; *Jack o' ~ sides* indivíduo supranumerário que faz parte de duas equipas; indivíduo hesitante; *you can't have it ~ ways* tens de optar por um ou por outro
bother [ˈbɒðə] Ⓐ *s.* 1 aborrecimento; incómodo; maçada; 2 trabalhos; problemas Ⓑ *interj.* chatice! Ⓒ *v.tr.,intr.* 1 aborrecer; 2 incomodar; *don't ~ me!* não me incomodes!; 3 fazer um esforço [**to**, para]; dar-se ao trabalho [**to**, de] ❖ *~ it!* bolas!; *~ you!* vai para o diabo!; *I'm sorry to be a bother, but...* desculpe incomodar, mas...; *to be no ~* não custar nada; *to go to the ~ of* dar-se ao trabalho de
botheration [bɒðəˈreɪʃən] *s.* maçada, aborrecimento, enfado
bothersome [ˈbɒðəsəm] *adj.* aborrecido, enfadonho
both-handed [ˈbəʊθhændɪd] *adj.* ambidestro
bothie [ˈbɒðɪ] *s.* ⇒ bothy
Bothnia [ˈbɒðnɪə] *s.top.* Bótnia ❖ *Gulf of ~* golfo de Bótnia
bothy [ˈbɒðɪ] *s.* (*pl.* -ies) 1 cabana, choupana; 2 edifício dum só aposento para alojar trabalhadores
bott [bɒt] *s.* ZOOLOGIA larva de estro ❖ *the botts* estríase
bottine [bɒˈtiːn] *s.* botina
bottle [ˈbɒtəl] Ⓐ *s.* 1 garrafa; *wine ~* garrafa de vinho; 2 (medicamento, perfume) frasco; 3 biberão, mamadeira; *feeding ~* biberão, mamadeira; 4 [fig., coloq.] (consumo de álcool) bebida; *to be on the ~* meter-se nos copos; *to hit the ~/to take to the ~* entregar-se à bebida; 5 [fig., coloq.] (atrevimento) lata*fig.*; *she's got a lot of bottle!* ela tem muita lata!; 6 (feno) feixe, meda, molho Ⓑ *v.tr.* 1 engarrafar; 2 colocar em frascos ❖ *~ bank* vidrão; *~ brush* escova para limpar garrafas; *~ corking machine* máquina de rolhar; (cor) *~ green* verde-garrafa; FÍSICA *~ imp* ludião; *~ opener* abre-garrafas; tira-cápsulas; *~ party* festa em que cada convidado leva uma garrafa de vinho ou de outra bebida alcoólica; [Austr.] *~ shop/store* loja de bebidas; *~ top* carica; *hot-water ~* botija de água quente; BOTÂNICA *white ~* silena; BOTÂNICA *yellow ~* margarida dourada
◆ **bottle out** *v.intr.* [coloq.] acobardar-se
◆ **bottle up** *v.tr.* 1 (emoções) reprimir; recalcar; esconder; 2 reter; prender
bottle-fed [ˈbɒtəlfed] *adj.* alimentado a biberão
bottlefeed [ˈbɒtlfiːd] *v.tr.* alimentar a biberão
bottle-holder [ˈbɒtəlˌhəʊldə] *s.* [ant.] assistente de pugilista durante os combates
bottleneck [ˈbɒtəlˌnek] *s.* 1 (trânsito) engarrafamento; 2 gargalo de garrafa
bottle-nosed [ˈbɒtəlnəʊzd] *adj.* com nariz em forma de garrafa, com nariz grande ❖ ZOOLOGIA *~ dolphin* golfinho-nariz-de-garrafa; roaz-corvineiro
bottle-opener [ˈbɒtlˈəʊpnə] *s.* saca-rolhas
bottling [ˈbɒtlɪŋ] *s.* engarrafamento ❖ *~ machine* máquina de engarrafar

bottom ['bɒtəm] Ⓐ s. **1** fundo, parte de baixo; *at the ~* ao fundo; no fundo; na parte de baixo; **2** (mar, lago, etc.) fundo; **3** nádegas; **4** base; **5** VESTUÁRIO (biquíni, pijama, etc.) parte de baixo, peça inferior; **6** leito de rio; **7** terra baixa; **8** (navio) casco; **9** navio, navio de carga; *in British bottoms* em navios britânicos; **10** origem; **11** realidade; **12** (cavalos) energia; **13** (bicho-da-seda) casulo Ⓑ adj. de baixo; inferior; último; *his ~ dollar* o último centavo que tinha Ⓒ v.tr. **1** pôr o fundo a; **2** [arc.] sondar, ir ao fundo de Ⓓ v.intr. (navio) bater no fundo ❖ [ant.] *~ drawer* enxoval; *at ~* no fundo; *better spare at the brim than at the ~* vale mais poupar no princípio que no fim; *the ~ line* a linha de lucro ou prejuízo; a conclusão a retirar; *to be at the ~ of* ser a causa de; *to get to the ~ of sth* apurar a verdade acerca de algo; *to go to the ~* ir ao fundo; afundar-se; *to knock the ~ out of sth* destruir algo; deitar algo por terra; *to send sth to the ~* mandar algo ao fundo; afundar algo; *to stand on one's own ~* ser independente; *to touch ~* atingir o ponto mais baixo
◆ **bottom on** v.tr. basear-se em; estribar-se em
◆ **bottom out** v.intr. chegar ao nível mais baixo; chegar ao ponto mais baixo; chegar ao fundo
bottomless ['bɒtəmləs] adj. **1** sem fundo; insondável; **2** inesgotável; ilimitado
bottommost ['bɒtəməʊst] adj. o mais baixo
bottomry ['bɒtəmrɪ] s. bodemeria, câmbio marítimo
bottom-up ['bɒtəmʌp] adj. ascendente; de baixo para cima; em pirâmide ❖ *~ planning* planificação em pirâmide
botulin ['bɒtjʊlɪn] s. MEDICINA botulina
botulism ['bɒtjʊˌlɪzəm] s. MEDICINA botulismo
boudoir ['buːdwɑː] s. boudoir, aposento privativo de senhora
bouffe [buːf] s. ópera-bufa
bougainvillea [buːɡənˈvɪlɪə] s. BOTÂNICA buganvília
bough [baʊ] s. **1** galho, ramo de árvore; **2** um dos ramos principais
bought [bɔːt] prt. e part. pass. de **to buy**
bougie ['buːʒiː] s. **1** MEDICINA algália; **2** vela; bugia
bouillon ['buːjɒŋ] s. CULINÁRIA caldo, sopa ❖ [EUA] *~ cube* cubo de caldo
boulder ['bəʊldə] s. **1** pedregulho; calhau; **2** grande bloco de pedra arredondada ❖ GEOLOGIA *~ clay* bloco errático; *~ period* período glaciário
boulevard ['buːləvɑː] s. **1** bulevar, avenida; **2** [EUA] grande via de comunicação
Boulogne ['buːlɔn] s.top. Bolonha
boulter ['bəʊltə] s. linha de pesca comprida com muitos anzóis
bounce [baʊns] Ⓐ s. **1** (bola) ressalto; **2** [fig.] vitalidade; energia Ⓑ v.tr.,intr. **1** ressaltar, fazer ressaltar; **2** forçar, impelir a; **3** repreender, dar um sermão; **4** (cheque) devolver, ser devolvido; **5** [com *in* ou *out*] entrar ou sair ruidosa ou colericamente; **6** vangloriar-se ❖ *to be bounced out* ser posto fora
◆ **bounce back** v.intr. recuperar
bouncer ['baʊnsə] s. **1** fanfarrão; **2** mentira descarada; **3** exagero; **4** (bar, discoteca) segurança
bouncing ['baʊnsɪŋ] Ⓐ adj. **1** saudável; **2** vivo; cheio de vida; **3** vigoroso; forte Ⓑ s. **1** ressalto; **2** (automóvel) batimento, solavanco
bouncy ['baʊnsɪ] adj. **1** (pessoa) dinâmico, animado, enérgico; **2** (material) flexível, elástico; **3** (cabelo) forte, vigoroso ❖ *~ castle* castelo insuflável (onde as crianças podem brincar aos saltos)
bound [baʊnd] Ⓐ s. **1** limite; fronteira; **2** salto; **3** ressalto Ⓑ v.tr.,intr. **1** limitar; delimitar; **2** saltar; **3** ressaltar Ⓒ {prt. e part. pass. de **to bind**} Ⓓ adj. **1** amarrado; atado; *to be ~ hand and foot* estar de pés e mãos atados; **2** obrigado; sujeito; **3** encadernado; *~ book* livro encadernado; **4** prestes a partir; **5** em direcção [**for**, a]; com destino [**for**, a]; *ship ~ for Australia* navio com destino à Austrália; *where are you ~ for?* onde é que vai? ❖ (local) *out of bounds* de acesso interdito; (obrigação) *to be ~ to* ser obrigado a; estar sujeito a; (probabilidade) *to be ~ to* ser (quase) certo que; *he's ~ to win* de certeza que ele vai ganhar; *to be ~ up in sth* estar muito envolvido em algo; *to be ~ up with* estar ligado a; *to go beyond the bounds of* ultrapassar os limites de
boundary ['baʊndərɪ] s. (pl. -ies) **1** fronteira; **2** limite
bounden ['baʊndən] adj. [arc.] obrigatório; imperioso; *my ~ duty* o meu imperioso dever
bounder ['baʊndə] s. **1** [ant.] (pessoa) canalha; **2** pretensioso; **3** casca-grossa; **4** aldrabão
boundless ['baʊndləs] adj. sem limites, ilimitado
boundlessly ['baʊndləslɪ] adv. ilimitadamente
boundlessness ['baʊndləsnɪs] s. imensidão
bounteous ['baʊntɪəs] adj. **1** generoso; liberal; magnânimo; **2** abundante
bounteously ['baʊntɪəslɪ] adv. **1** generosamente; magnanimamente; **2** abundantemente
bounteousness ['baʊntɪəsnɪs] s. **1** liberalidade; magnanimidade; generosidade; **2** abundância
bountiful ['baʊntɪfʊl] adj. ⇒ **bounteous**
bountifully ['baʊntɪfəlɪ] adv. ⇒ **bounteously**
bountifulness ['baʊntɪfəlnɪs] s. ⇒ **bounteousness**
bounty ['baʊntɪ] s. (pl. **-ies**) **1** (captura de criminoso) recompensa; **2** gratificação; **3** prémio; subvenção; **4** [poét.] generosidade, liberalidade, munificência; **5** [poét.] abundância ❖ *~ hunter* caçador de prémios; *~ money* dinheiro da recompensa; *King's ~/Queen's ~* dádiva do rei/da rainha às mães que tiverem três gémeos
bouquet [buːˈkeɪ, bəʊˈkeɪ] s. **1** ramalhete, ramo; **2** (vinho) aroma ❖ CULINÁRIA *~ garni* raminho de ervas aromáticas
bouquetin ['buːkətɪn] s. cabrito-montês dos Alpes
bourbon ['bɜːbən] s. (bebida) bourbon
bourdon ['bɔːdən, 'bʊədən] s. MÚSICA bordão
bourgeois ['bʊəʒwɑː] Ⓐ adj. **1** burguês; **2** [fig.] médio, convencional, vulgar Ⓑ s. burguês
bourgeoisie [ˌbʊəʒwɑːˈziː] s. burguesia
bourn [bʊən] s. **1** [GB] [rar.] regato, arroio; **2** [arc.] limite, fronteira
bourne [bʊən] s. [arc.] limite, fronteira
bourse [bʊəs] s. FINANÇAS bolsa
bouse[1] [baʊz] v.tr.,intr. NÁUTICA içar, alar
bouse[2] [buːs] s. bebida (especialmente alcoólica)
bout [baʊt] s. **1** período; **2** (doença) ataque [**of**, de]; crise [**of**, de]; acesso [**of**, de]; *a ~ of fever* um acesso de febre; *a ~ of flu* um ataque de gripe; **3** DESPORTO (boxe) combate; **4** DESPORTO (esgrima) assalto ❖ *at one ~* duma só vez; *not this ~* agora não; desta vez; *when it comes to my ~* quando chegar a minha vez
boutique [buːˈtiːk] s. (loja) boutique
bovine ['bəʊvaɪn] adj. **1** bovino; **2** [fig.] estúpido, apático ❖ VETERINÁRIA *~ spongiform encephalopathy* encefalopatia espongiforme bovina
bovril ['bɒvrɪl] s. (marca comercial) extracto de carne
bovver ['bɒvə] s. [ant.] distúrbios, confusão, agitação
bow[1] [baʊ] Ⓐ s. **1** vénia; *to take a ~* fazer uma vénia; **2** inclinação de cabeça; **3** NÁUTICA proa Ⓑ v.tr.,intr. **1** fazer uma vénia [**before/to**, a]; **2** inclinar(-se); curvar(-se); (saudação, respeito, etc.) *to ~ one's head* inclinar a cabeça; *to ~ low* inclinar-se profundamente; **3** dobrar(-se); vergar(-se); **4** ceder [**to**, a]; submeter-se [**to**, a] ❖ *to be bowed with* estar aniquilado por; *to make one's ~* retirar-se
◆ **bow down** v.intr. submeter-se; curvar-se
◆ **bow out** v.intr. retirar-se [**of**, de]
bow[2] [bəʊ] Ⓐ s. **1** (flecha, instrumento de corda) arco; **2** curva; **3** arco-íris; **4** laço com ou duas aselhas; **5** arção; **6** (óculos) armação Ⓑ v.tr.,intr. **1** curvar, arquear; **2** (instrumento de corda) manejar o arco ❖ *~ knot* nó corredio; *~ legs* pernas arqueadas; *~ saw* serrote de arco; VESTUÁRIO *~ tie* laço; *~ window* janela saliente; *to draw a long ~* exagerar
Bow bells [ˌbəʊˈbelz] s.pl. os sinos de St. Mary-le-Bow ou Bow Church ❖ *within the sound of ~* na área do centro da cidade de Londres
bowdlerization [ˌbaʊdləraɪˈzeɪʃən] s. expurgação
bowdlerize ['baʊdləˌraɪz] v.tr. (obra literária) expurgar
bowel ['baʊəl] s. **1** intestino; tripa*pop*; **2** pl. entranhas; *the bowels of the earth* as entranhas da terra ❖ *to keep the bowels open* evitar a prisão de ventre
bower ['baʊə] s. **1** habitação, residência; **2** aposentos de senhora; aposento interior; **3** caramanchão; pérgula; **4** [lit.] casa de campo; **5** NÁUTICA âncora (de proa); **6** (jogos de cartas) valete de trunfo
bowery ['baʊərɪ] Ⓐ s. [EUA] hângar Ⓑ adj. **1** com sombra, frondoso; **2** sombrio
bowie-knife ['bəʊɪˌnaɪf] s. (pl. **-ves**) faca de mato

bowl ['bəʊl] Ⓐ s. 1 taça [**of**, de]; tigela [**of**, de]; *a ~ of cereals* uma taça de cereais; 2 (salada) saladeira; 3 bacia; 4 (cachimbo) fornilho; 5 bola de madeira; 6 *pl.* jogo com bolas de madeira Ⓑ *v.tr.,intr.* 1 atirar, lançar; 2 jogar bolas (de madeira); 3 bolar; 4 jogar bowling; 5 (bowling) marcar pontos
◆**bowl along** *v.tr.* circular por; rolar por; passar com rapidez por
◆**bowl over** *v.tr.* 1 espantar; 2 derrubar
bow-legged ['bəʊˌlegd, 'bəʊˌlegɪd] *adj.* de pernas arqueadas, de pernas tortas
bowler ['bəʊlə] *s.* 1 (chapelaria) coco; *~ hat* chapéu de coco; 2 jogador de *bowls*; 3 (críquete) lançador
bowline ['bəʊlaɪn] *s.* NÁUTICA bolina; *main ~* bolina da vela maior
bowling ['bəʊlɪŋ] *s.* 1 DESPORTO bowling, boliche_Bras._; 2 DESPORTO (críquete) acto de atirar a bola para o batedor ❖ *~ alley* pista de bowling; *~ green* relvado para o jogo de bowls
bowman ['bəʊmən] *s.* (*pl.* **-men**) 1 atirador de flechas; 2 remador da proa
bowshot ['bəʊʃɒt] *s.* 1 lançamento de flecha ou seta; 2 distância percorrida por uma seta lançada por um arco (cerca de 400 jardas)
bowsprit ['bəʊsprɪt] *s.* NÁUTICA gurupés
bowstring ['bəʊstrɪŋ] *s.* corda de arco
bow-wow ['baʊˌwaʊ] Ⓐ *s.* [infant.] (cão) au-au Ⓑ *v.intr.* (ladrar) fazer au-au
bowyer ['bəʊjə] *s.* fabricante, vendedor de arcos
box [bɒks] Ⓐ *s.* (*pl.* **-es**) 1 caixa; *~ of chocolates* caixa de bombons; 2 caixote [**of**, de]; *cardboard ~* caixote de cartão; 3 (forma) caixa; quadrado; rectângulo; 4 TEATRO camarote; 5 (tribunal) banco; *jury ~* banco dos jurados; *witness ~* banco das testemunhas; 6 cabine; *phone ~* cabina telefónica; 7 guarita (de sentinela); 8 (correio) apartado; 9 [coloq.] televisão; 10 [coloq.] caixão; 11 BOTÂNICA buxo; 12 soco, murro; bofetada; 13 boleia; 14 pequena casa no campo, de utilização temporária; 15 pavilhão de caça ou pesca; 16 MECÂNICA cárter; 17 TIPOGRAFIA caixotim Ⓑ *v.tr.,intr.* 1 pôr dentro duma caixa; embalar; encaixotar; 2 dividir em pequenos compartimentos; 3 (boxe) praticar boxe; ter um combate; combater [**against**, com]; *he's boxed against the champion* ele teve um combate com o campeão; 4 socar, esmurrar; 5 dizer por ordem a rosa-dos-ventos; *to ~ the compass* dizer a rosa-dos-ventos, cartear rumos ❖ *~ bed* cama com aspecto de armário; *~ cloth* serapilheira; *~ coat* gabão; sobretudo pesado de cocheiro; [EUA] *~ lunch* merenda; farnel; [GB] *~ spanner* chave tubular; chave de canhão; BOTÂNICA *~ tree* buxo; [cal.] *to be out of one's ~* estar a cair de bêbedo; *to be in a tight ~* estar numa situação difícil; *to ~ sb's ears* puxar as orelhas a alguém; dar bofetões a alguém
◆**box in** *v.tr.* 1 bloquear a saída de; 2 dar muito pouco espaço a; 3 encurralar; 4 (equipamentos) embutir; encastrar ❖ *to feel boxed in* sentir-se preso; sentir-se apertado; não ter espaço suficiente
◆**box off** *v.tr.* dividir/separar através de paredes
◆**box up** *v.tr.* pôr em caixas; encaixotar; embalar
boxaerobics [ˌbɒkseəˈrəʊbɪks] *s.* DESPORTO mistura de boxe, kickboxing e aeróbica
boxer ['bɒksə] *s.* 1 DESPORTO pugilista, boxeur; 2 encaixotador; 3 ZOOLOGIA (cão) bóxer ❖ (roupa interior masculina) *~ shorts* boxers
boxercise ['bɒksəsaɪz] *s.* DESPORTO mistura de boxe e aeróbica
boxing ['bɒksɪŋ] *s.* DESPORTO boxe, pugilismo ❖ *~ gloves* luvas de boxe; *~ match* desafio de boxe; combate de boxe; *~ ring* ringue de boxe
Boxing-day ['bɒksɪŋdeɪ] *s.* 26 de Dezembro
box office ['bɒksɒfɪs] *s.* 1 bilheteira; 2 receita da bilheteira ❖ *box-office hit* êxito de bilheteira
boxroom ['bɒksˌruːm] *s.* (habitação) arrumo, quarto dos arrumos
boxwood ['bɒksˌwʊd] *s.* madeira de buxo
boy [bɔɪ] Ⓐ *s.* 1 rapaz, jovem, menino, garoto; 2 criado; 3 *pl.* [coloq.] amigos, companheiros, malta Ⓑ *interj.* (surpresa, prazer) caramba! ❖ *~ band* boysband; *~ husband* marido muito novo; *~ scout* escuteiro; BOTÂNICA *boy's love* erva-cidreira; citronela; *boy's play* brincadeiras de criança; insignificâncias; *~ wonder* menino-prodígio; [coloq.] *old ~* velho; camarada; antigo colega; antigo aluno; *there's a good boy!* lindo menino!; *we were ~ and girl together* ela e eu brincámos juntos

Boyard ['bɔɪəd] *s.* boiardo
boycott ['bɔɪkɒt, 'bɔɪkət] Ⓐ *v.tr.* boicotar Ⓑ *s.* boicote [**of/on/against**, a]
boycotter ['bɔɪkɒtə, 'bɔɪkətə] *s.* boicotador
boycotting ['bɔɪkətɪŋ, 'bɔɪkɒtɪŋ] *s.* boicote
boyfriend ['bɔɪˌfrend] *s.* namorado
boyhood ['bɔɪhʊd] *s.* infância; adolescência ❖ *a ~ friend* um amigo de infância
boyish ['bɔɪɪʃ] *adj.* 1 arrapazado; 2 de rapaz; 3 pueril
boyishly ['bɔɪɪʃlɪ] *adv.* puerilmente
boyishness ['bɔɪɪʃnɪs] *s.* puerilidade
boykin ['bɔɪkɪn] *s.* rapazinho
boy-scout ['bɔɪˌskaʊt] *s.* escuteiro
bozo ['bəʊzəʊ] *s.* [coloq.] (insulto) pateta, palerma
Bp [abrev. de Bishop]
BP Ⓐ FINANÇAS [abrev. de Bills Payable] Ⓑ MEDICINA [abrev. de Blood Pressure] Ⓒ [abrev. de British Pharmacopœia] Ⓓ [GB] [abrev. de Beyond Petroleum]
Br QUÍMICA [símbolo de bromine]
bra [brɑː] VESTUÁRIO [forma abreviada de brassière] soutien
brabble ['bræbəl] Ⓐ *v.intr.* [arc.] envolver-se em questão mesquinha e barulhenta Ⓑ *s.* [arc.] questão ruidosa e mesquinha
brace [breɪs] Ⓐ *s.* 1 abraçadeira; 2 gancho (de ferro); 3 escora; esteio; pontalete; tirante; travadouro; 4 (sinal gráfico) chaveta; 5 par, parelha; *a ~ of pheasants* um par de faisões; 6 NÁUTICA cabo, braço; *main ~* braço da vela grande; 7 cordas de tambor; 8 berbequim; 9 arco de pua; 10 *pl.* (dentes) aparelho; 11 *pl.* [GB] suspensórios; 12 *pl.* [EUA] ligas de homem Ⓑ *v.tr.* 1 apertar, atar com firmeza; 2 consolidar; 3 juntar; 4 reunir por meio duma chaveta; 5 tonificar, fortalecer; 6 NÁUTICA bracear as vergas ❖ (mentalizar-se) *to ~ oneself for sth* preparar-se para alguma coisa; *to ~ oneself up* retemperar-se; animar-se
bracelet ['breɪslɪt] *s.* 1 pulseira; 2 (relógio) bracelete
braceleted ['breɪsləˌtɪd] *adj.* com pulseira
bracer ['breɪsə] *s.* 1 (esgrima) anteparo para a mão; 2 [coloq.] pequeno cálice de licor
brach [brætʃ] *s.* (*pl.* **-es**) [arc.] cadela de caça
brachial ['breɪkɪəl] *adj.* braquial
brachycephalic [ˌbrækɪsɪˈfælɪk] *adj.* braquicéfalo
brachycephalism [ˌbrækɪˈsefəlɪzəm] *s.* braquicefalia
brachylogy [bræˈkɪlədʒɪ] *s.* braquiologia
bracing ['breɪsɪŋ] *adj.* estimulante, tonificante, revigorante; *the ~ air* o ar tonificante
brack [bræk] *s.* deficiência, falha
bracken ['brækən] *s.* BOTÂNICA feto
bracket ['brækɪt] Ⓐ *s.* 1 parêntesis; *in brackets* entre parêntesis; *round brackets* parêntesis curvos; *square brackets* parêntesis rectos; 2 [EUA] parêntesis recto, colchete; 3 suporte; consola; *shelf ~* suporte de estante; 4 ARQUITECTURA cachorro; 5 descanso; 6 (grupo) faixa; *the 25-34 age ~* a faixa etária entre os 25 e os 34; 7 FINANÇAS escalão, categoria; *the upper income ~* o escalão de rendimento mais elevado Ⓑ *v.tr.* 1 pôr entre parêntesis; 2 ligar por intermédio de colchete ou chaveta; 3 associar; agrupar; agrupar na mesma categoria; *to ~ together* juntar no mesmo grupo; juntar na mesma categoria; 4 MILITAR enforquilhar ❖ *~ seat* banco com dobradiça; *angle ~* parêntesis angular (< ou >)
brackish ['brækɪʃ] *adj.* (água) salobra
brackishness ['brækɪʃnɪs] *s.* gosto salobro
bract [brækt] *s.* BOTÂNICA bráctea
bracteal ['bræktɪəl] *adj.* bracteal, bracteiforme
bracteate ['bræktɪɪt] *adj.* bracteado
brad [bræd] *s.* prego (sem cabeça)
bradawl ['brædɔːl] *s.* bradal; furador; sovela
bradycardia [ˌbrædɪˈkɑːdɪə] *s.* MEDICINA bradicardia
brae [breɪ] *s.* [Esc.] margem escarpada; encosta de monte
brag [bræɡ] Ⓐ *v.intr.* (*particípios:* **-gg-**) vangloriar-se [**about**, por]; gabar-se [**about**, de] Ⓑ *s.* 1 fanfarronada; 2 fanfarrão
braggadocio [ˌbræɡəˈdəʊtʃɪəʊ] *s.* 1 fanfarrão; 2 fanfarronada, fanfarronice
braggart ['bræɡət] *adj.,s.* fanfarrão
bragging ['bræɡɪŋ] Ⓐ *adj.* fanfarrão, gabarola Ⓑ *s.* fanfarronada, gabarolice

brahma ['brɑːmə] s. (raça de galinhas) brama
brahman ['brɑːmən] s. brâmane
brahmapootra [ˌbrɑːməˈpuːtrə] s. (raça de galinhas) brama
brahmin ['brɑːmɪn] s. brâmane
brahminee[1] ['brɑːmɪniː] adj. bramânico
brahminee[2] [brɑːˈmɪniː] s. mulher brâmane
brahminic [brɑːˈmɪnɪk] adj. bramânico
brahminical [brɑːˈmɪnɪkəl] adj. bramânico
brahminism ['brɑːmɪnɪzəm] s. bramanismo
braid [breɪd] Ⓐ s. 1 trancelim, trança; 2 fita de algodão ou seda entrançada; 3 galão, alamar; 4 presilha; 5 guarnição Ⓑ v.tr. 1 entrançar; dispor em tranças; *she braided her hair* ela entrançou o cabelo; 2 entrelaçar, agaloar; 3 apassamanar
braided ['breɪdɪd] adj. 1 entrançado; *~ rope* cabo entrançado; 2 galonado; agaloado ❖ *~ river* rio entrançado
Braidism ['breɪdɪzəm] s. hipnotismo
brail [breɪəl] Ⓐ s. NÁUTICA rizes Ⓑ v.tr. colher (as velas)
Braille [breɪl] s. Braille
brain [breɪn] Ⓐ s. 1 cérebro; miolos; 2 [coloq.] (pessoa inteligente) cérebro*fig*, crânio*fig*, génio; 3 juízo Ⓑ v.tr. 1 abrir a cabeça de; abrir os miolos de; 2 matar à pancada, esmagando o crânio ❖ *~ death* morte cerebral; (emigração) *~ drain* fuga de cérebros; fuga de mão-de-obra altamente qualificada; *~ fag* fadiga; esgotamento cerebral; [arc.] *~ fever* febre cerebral; *~ scan* electroencefalograma; *~ surgeon* neurocirurgião; [fig.] pessoa muito inteligente; *~ trust* grupo de peritos nomeados para aconselhar ou orientar certos trabalhos; *to blow sb's brains out* estourar os miolos de alguém; [ant.] *to cudgel one's brains* dar tratos ao miolo; dar voltas ao miolo; [coloq.] *to have sth on the ~* estar obcecado por alguma coisa; não tirar alguma coisa da cabeça; *to pick sb's brains* pedir umas dicas a alguém; *to rack one's brains* puxar pela cabeça; dar tratos à cabeça; dar voltas aos miolos
braincase ['breɪnkeɪs] s. ANATOMIA caixa craniana
brainchild ['breɪntʃaɪld] s. (pl. -children) criação, ideia original
brain-drain ['breɪndreɪn] Ⓐ s. fuga de cérebros Ⓑ v.intr. (mão-de-obra altamente qualificada) emigrar
brainiac ['breɪniæk] s. [coloq.] (pessoa muito inteligente) crânio
brainily ['breɪnɪlɪ] adv. inteligentemente
braininess ['breɪnɪnɪs] s. inteligência
brainless ['breɪnləs] adj. 1 estúpido; burro; 2 insensato
brainlessness ['breɪnlɪsnɪs] s. 1 estupidez; burrice; 2 insensatez
brainpan ['breɪnpæn] s. ANATOMIA caixa craniana
brainpower ['breɪnpaʊə] s. inteligência; poder mental; capacidade intelectual
brainsick ['breɪnsɪk] adj. 1 demente; louco; doente; 2 com debilidade mental
brainstorm ['breɪnstɔːm] s. 1 MEDICINA congestão cerebral; 2 [GB] acesso de loucura momentâneo; demência súbita; 3 momento de distracção; 4 [EUA] ideia genial
brainstorming ['breɪnstɔːmɪŋ] s. brainstorming ❖ *~ session* reunião de brainstorming
brainteaser ['breɪntiːzə] s. quebra-cabeças
brainwash ['breɪnwɒʃ] v.tr. fazer uma lavagem ao cérebro a
brainwave ['breɪnweɪv] s. 1 onda cerebral; 2 [fig.] ideia luminosa, ideia genial; inspiração repentina
brainwork ['breɪnwɜːk] s. actividade intelectual
brainworker ['breɪnwɜːkə] s. trabalhador intelectual
brainy ['breɪnɪ] adj. (comp. -ier, superl. -iest) [coloq.] muito inteligente
baird [breəd] Ⓐ s. rebentos (de ervas, cereais) Ⓑ v.intr. rebentar, deitar rebentos
braise [breɪz] v.tr. CULINÁRIA estufar
brake [breɪk] Ⓐ s. 1 travão; freio; *to apply the brakes/to put on the brakes* travar; carregar no travão; 2 [coloq.] feto; 3 BOTÂNICA fetal; 4 silvado, matagal, mata, moita; 5 AGRICULTURA espadela; 6 (lavoura) grade; 7 (bomba) braço; 8 (carruagem) breque Ⓑ v.tr. 1 travar; *to ~ hard* travar a fundo; 2 (linho) espadelar ❖ *~ adjustment* afinação do travão; *~ band* cinta do travão; *~ pedal* pedal do travão; *~ shoes* maxilas do travão; *four-wheel brakes* travão às quatro rodas; *to act/serve as a ~ on sth* funcionar como um travão de algo; *to put the brakes on sth* travar algo; pôr travão a algo

brakeman ['breɪkmən] s. (pl. -men) (caminho-de-ferro) guarda-freio
brakesman ['breɪksmən] s. (pl. -men) (minas, caminho-de-ferro) guarda-freio
braless ['brɑːlɪs] adj.,adv. sem soutien
bramble ['bræmbəl] s. 1 BOTÂNICA espinheiro, sarça; 2 BOTÂNICA amora silvestre ❖ *~ bush* silvado; sarçal; *~ rose* rosa silvestre
brambleberry ['bræmbəlbərɪ] s. BOTÂNICA amora silvestre
brambling ['bræmblɪŋ] s. ZOOLOGIA (ave) tentilhão
brambly ['bræmblɪ] adj. cheio de espinhos
bran [bræn] s. farelo ❖ *~ water* água de farelo
brancard ['bræŋkəd] s. liteira puxada a dois cavalos
branch [brɑːntʃ] Ⓐ s. (pl. -es) 1 (árvore) ramo; 2 (estrada, família, etc.) ramo, ramificação, ramal, derivação; 3 bifurcação; 4 (rio) braço; 5 secção, ramo; 6 subdivisão; 7 sucursal, filial; 8 ELECTRICIDADE derivação Ⓑ v.tr. 1 ramificar(-se); 2 bifurcar-se; 3 expandir-se ❖ (caminhos-de-ferro) *~ line* derivação; ramal
♦ **branch off** v.tr.,intr. 1 separar-se (de); desviar-se (de); 2 bifurcar-se; 3 ramificar-se
♦ **branch out** v.intr. 1 expandir-se; desenvolver-se; espalhar-se; 2 diversificar-se; fazer coisas diferentes; alargar os interesses
branchia ['bræŋkɪə] s. (pl. **branchiae**) brânquia
branchiae ['bræŋkɪiː] s. {pl. de **branchia**}
branchial ['bræŋkɪəl] adj. branquial
branchiate ['bræŋkɪɪt] adj. branquiado
branching ['brɑːntʃɪŋ] Ⓐ s. 1 bifurcação, derivação; 2 ramificação Ⓑ adj. ramificado, com ramos
branchiopod ['bræŋkɪəpɒd] s. branquiópode
branchiopoda [ˌbræŋkɪˈɒpədə] s.pl. branquiópodes
branchless ['brɑːntʃləs] adj. sem ramos ❖ *~ stem* madeira sem nós
branchlet ['brɑːntʃlɪt] s. raminho, ramo pequeno
branchy ['brɑːntʃɪ] adj. ramoso, com muitos ramos ❖ *~ stem* madeira com nós
brand [brænd] Ⓐ s. 1 marca; *a good ~ of tea* uma boa marca de chá; 2 tipo; 3 (gado) marca gravada a ferro quente; 4 carimbo de ferro para marcar; 5 sinete; 6 BOTÂNICA (plantas) cresta; 7 estigma, ferrete, condenação; 8 tição; 9 [poét.] tocha; 10 [poét.] gládio Ⓑ v.tr. 1 marcar com ferro quente; 2 [fig.] gravar; 3 [fig.] etiquetar, rotular ❖ *~ image* imagem de marca; *~ leader* líder de mercado; *to snatch a ~ from the burning* salvar da destruição
brander ['brændə] Ⓐ s. [rar.] grelha Ⓑ v.tr. [rar.] grelhar
brandied ['brændɪd] adj. 1 confeccionado com brandy; 2 conservado em brandy
branding ['brændɪŋ] s. marca com ferro quente ❖ *~ iron* ferrete; tição; ferro de marcar
brandish ['brændɪʃ] v.tr. brandir (arma, ameaça, etc.)
brand-new [brænd'njuː] adj. novinho em folha
brandy ['brændɪ] s. brandy, aguardente, conhaque ❖ *~ pawnee* conhaque com água; *~ snap* biscoito de gengibre
brank-ursine [ˌbræŋkˈɜːsɪn] s. BOTÂNICA acanto, branca-ursina, canabrás
brant [brænt] s. ZOOLOGIA pato, ganso bravo, bernaca
brash [bræʃ] Ⓐ s. (pl. -es) 1 (gelo, rocha) pedaços soltos; 2 restos de caliça; 3 entulho Ⓑ adj. (comp. -er, superl. -est) 1 desabrido; impertinente; rude; agressivo; 2 precipitado; imprudente; 3 exibicionista; afirmativo; 4 quebradiço ❖ *teething ~* perturbações da dentição
brashness ['bræʃnɪs] s. 1 impetuosidade; 2 agressividade, hostilidade; 3 impertinência; 4 (cor) garridice
brashy ['bræʃɪ] adj. 1 frágil; 2 quebradiço
brasier ['breɪzɪə] s. ⇒ **brazier**
brass [brɑːs] s. (pl. -es) 1 latão; 2 bronze; 3 MÚSICA metais, instrumentos de metal; 4 [cal.] (dinheiro) cobres; 5 [coloq.] lata*fig*; *to have the ~ to* ter lata para ❖ *~ band* charanga; banda de música; filarmónica; *~ beater* latoeiro; *~ foundry* fundição de latão; [cal.] *~ hat* oficial de alta patente; *~ plate* chapa de metal com informação pessoal; *he hasn't got a ~ farthing* não tem um tostão; *I don't care a ~ farthing* estou-me nas tintas; [coloq.] *it's ~ monkeys* está um frio de rachar; [coloq.] *to get down to ~ tacks* tratar do que importa; [coloq.] *to part ~ rags* zangar-se
brassage ['brɑːsɪdʒ] s. braceagem

brassard [bræˈsɑːd] s. 1 braçadeira; 2 braçal
brassed off [ˈbrɑːsdɒf] adj. [coloq.] farto [**with**, de]
brasserie [ˈbræsəriː] s. cervejaria
brassiere [ˈbræsɪə] s. [ant.] soutien
brassière [ˈbræsɪə] s. VESTUÁRIO soutien
brassy [ˈbrɑːsɪ] Ⓐ adj. (comp. **-ier**, superl. **-iest**) 1 parecido com latão ou cobre; 2 (cor) acobreado; 3 barulhento, ruidoso; 4 agressivo; 5 vistoso, berrante, que dá nas vistas Ⓑ s. (pl. **-ies**) ferros de golfe com base de metal
brat [bræt] s. [coloq., depr.] fedelho, criança
brattice [ˈbrætɪs] s. (minas) divisão em compartimentos para efeitos de ventilação
bratticing [ˈbrætɪsɪŋ] s. (minas) divisão em compartimentos para efeitos de ventilação
brattle [ˈbrætəl] v.intr. matraquear, produzir som de matraca
bravado [brəˈvɑːdəʊ] s. (pl. **-es** ou **-s**) bravata, fanfarronada, fanfarronice
brave [breɪv] Ⓐ adj. (comp. **-er**, superl. **-est**) 1 corajoso; valente; bravo; 2 elegante Ⓑ s. guerreiro (dos Peles-Vermelhas) Ⓒ v.tr. desafiar; afrontar ❖ *~ new world* admirável mundo novo; *be brave!* coragem!; *to ~ death* desafiar a morte; *to ~ it out* aguentar até ao fim; *to put on a ~ face* fazer boa cara
bravely [ˈbreɪvlɪ] adv. 1 corajosamente; 2 elegantemente
bravery [ˈbreɪvərɪ] s. (pl. **-ies**) 1 coragem, valentia, ousadia; 2 acto de coragem; 3 elegância
bravo [ˌbrɑːˈvəʊ] Ⓐ s. (pl. **-es** ou **-s**) 1 bravo; 2 espadachim, sicário, assassino assalariado Ⓑ interj. (aplauso) bravo!
bravura [brəˈvʊərə] s. 1 MÚSICA bravura; 2 virtuosismo; 3 grande exibição
brawl [brɔːl] Ⓐ s. 1 rixa, questão barulhenta; 2 [EUA, Can.] farra barulhenta; 3 (água) murmúrio Ⓑ v.intr. 1 envolver-se em rixas; armar burburinho; 2 (água) murmurar
brawler [ˈbrɔːlə] s. desordeiro; zaragateiro; arruaceiro
brawling [ˈbrɔːlɪŋ] Ⓐ adj. 1 barulhento; 2 (água) murmurante Ⓑ s. 1 barulho; alarido; 2 (água) murmúrio; 3 [arc.] barulho em edifício religioso
brawn [brɔːn] s. 1 músculo; força muscular; 2 CULINÁRIA cabeça de porco temperada e cozinhada
brawniness [ˈbrɔːnɪnɪs] s. 1 musculatura; 2 força
brawny [ˈbrɔːnɪ] adj. (comp. **-ier**, superl. **-iest**) musculoso; forte
braxy [ˈbræksɪ] Ⓐ s. VETERINÁRIA febre carbuncular em carneiros Ⓑ adj. que sofre de febre carbuncular
bray [breɪ] Ⓐ s. 1 zurro; 2 [fig.] (riso) casquinada, 3 [fig.] berro; 4 som da fanfarra Ⓑ v.tr.,intr. 1 zurrar; 2 [fig.] casquinar; 3 [fig.] berrar, dizer aos berros; 4 esmagar, triturar; 5 (tinta) diluir
Braz. Ⓐ [abrev. de Brazil] Ⓑ [abrev. de Brazilian]
braze [breɪz] Ⓐ v.tr. 1 bronzear; 2 soldar Ⓑ s. solda forte
brazen [ˈbreɪzən] Ⓐ adj. 1 descarado; desavergonhado; *~ lie* mentira descarada; 2 [poét.] de bronze ou latão Ⓑ v.tr. tornar descarado ❖ *~ age* idade do bronze
◆ **brazen out** v.tr.,intr. 1 enfrentar sem medo; 2 aguentar de cabeça erguida ❖ *to brazen it out* aguentar firme
brazenfaced [ˈbreɪzənˌfeɪst] adj. descarado, ousado, insolente; sem-vergonha
brazenly [ˈbreɪzənlɪ] adv. descaradamente
brazenness [ˈbreɪzənnɪs] s. descaramento; descaro; desfaçatez
brazier [ˈbreɪzɪə] s. 1 caldeireiro, indivíduo que trabalha em objectos de latão; 2 braseiro, braseira; 3 fogareiro a carvão
Brazil [brəˈzɪl] s.top. Brasil ❖ BOTÂNICA *~ nut* castanha-do-maranhão
Brazilian [brəˈzɪlɪən] adj.,s. brasileiro
brazilwood [brəˈzɪlwʊd] s. (madeira) pau-brasil
brazing [ˈbreɪzɪŋ] s. 1 bronzeamento; 2 soldadura; *electric ~* soldadura eléctrica ❖ *~ metal* metal para solda forte
BRB [abrev. de British Railways Board]
BRCS [abrev. de British Red Cross Society]
breach [briːtʃ] Ⓐ s. (pl. **-es**) 1 brecha; abertura; 2 transgressão; violação, infracção; 3 quebra; incumprimento; 4 separação; ruptura; zanga; 5 salto dado pela baleia; 6 o quebrar das ondas Ⓑ v.tr.,intr. 1 abrir brecha em; 2 transgredir; 3 não cumprir; 4 (acordo, contrato) romper; 5 (baleias) saltar ❖ *~ of promise* incumprimento de promessa; DIREITO *~ of the peace* perturbação da ordem pública; *~ of trust* abuso de confiança; *to stand in the ~* estar na brecha; *to step into the ~* preencher o lugar; colmatar a lacuna
breaching [ˈbriːtʃɪŋ] s. abertura de brecha
bread [bred] Ⓐ s. 1 pão; *fresh/new ~* pão fresco; *stale ~* pão duro; 2 [fig.] sustento, alimento; 3 [cal., ant.] dinheiro Ⓑ v.tr. CULINÁRIA passar, cobrir com pão ralado ❖ *~ bin* caixa do pão; CULINÁRIA *~ pudding* pudim de pão; CULINÁRIA *~ soup* açorda; *~ and butter* pão com manteiga; forma de sustento; *~ and circuses* pão e circo; *~ and milk* sopas de leite; *his ~ is buttered on both sides* a vida corre-lhe bem; não tem dificuldades; *man cannot live by ~ alone* não só de pão vive o homem; *to earn one's (daily) ~* ganhar o pão; *to know which side one's ~ is buttered (on)* saber de onde é que lhe vem o pão; saber a quem agradar; *to live on ~ and cheese* viver com pouco; viver frugalmente; *to take the ~ out of sb's mouth* acabar com a fonte de sustento de alguém
bread-and-butter [ˌbredənˈbʌtə] adj. relacionado com o que é essencial ❖ *~ letter* carta de agradecimento da hospitalidade recebida; [arc.] *~ miss* rapariga acabada de sair da escola ou do convento; CULINÁRIA *~ pudding* pudim de pão
breadbasket [ˈbredˌbɑːskɪt] s. 1 cesta do pão; 2 [fig.] região cerealífera; 3 [cal., ant.] estômago, barriga
breadboard [ˈbredbɔːd] Ⓐ s. 1 tábua do pão; 2 ELECTRICIDADE montagem experimental Ⓑ v.tr. ELECTRICIDADE fazer montagem experimental
breadcrumb [ˈbredkrʌm] s. 1 migalha de pão; 2 pl. CULINÁRIA pão ralado; *fried in breadcrumbs* panado; *to coat with breadcrumbs* passar por pão ralado
breaded [ˈbredɪd] adj. CULINÁRIA panado; *~ cutlet* costeleta panada
breadfruit [ˈbredfruːt] s. 1 BOTÂNICA fruta-pão; 2 BOTÂNICA árvore-do-pão
breadless [ˈbredləs] adj. sem pão; sem comida; sem ter o que comer
breadline [ˈbredlaɪn] s. 1 [fig.] miséria; pobreza extrema; *to be on the ~* estar na miséria; 2 fila para distribuição gratuita de alimentos
breadstuff [ˈbredstʌf] s. produto de panificação; farinhas; pão
breadth [bredθ] s. 1 largura; 2 distância; espaço; 3 amplitude; extensão; envergadura; 4 tolerância; abertura de espírito; 5 NÁUTICA boca
breadthways [ˈbredθweɪz] adv. à largura
breadthwise [ˈbredθwaɪz] adv. à largura
breadwinner [ˈbredwɪnə] s. (pessoa) sustento da família; ganha-pão
break [breɪk] Ⓐ v.tr.,intr. (prt. **broke**, part. pass. **broken**) 1 quebrar; partir; 2 separar; 3 irromper; 4 transgredir; infringir; 5 domar; domesticar; amansar; *to ~ a horse* amansar um cavalo; 6 abrir falência, falir; 7 despontar; 8 quebrar-se, rebentar; 9 despedaçar-se Ⓑ s. 1 fractura; ruptura; 2 falha; 3 intervalo; descanso; pausa; *coffee ~* pausa para café; *to take a ~* fazer um intervalo, fazer uma pausa; 4 interrupção; *without ~* sem interrupção; 5 oportunidade; *to give sb a ~* dar uma oportunidade a alguém; 6 fuga; 7 (preços) quebra; baixa; 8 irregularidade; 9 (bola) efeito; *to put a ~ on the ball* dar efeito à bola; 10 (bilhar) primeira tacada; 11 (bilhar) série de carambolas; 12 ELECTRICIDADE interruptor; 13 (carruagem) breque ❖ (puberdade) *~ in the voice* alteração da voz; *~ in the weather* mudança de tempo; *~ of day* o romper do dia; *to ~ a habit* perder um hábito; *to ~ a promise* quebrar uma promessa; *to ~ a strike* furar uma greve; *to ~ bread with* estar hospedado em casa de; viver às custas de; *to ~ even* nem ganhar nem perder; *to ~ free* libertar-se; *to ~ gaol* fugir da cadeia; *to ~ loose* libertar-se; soltar-se; *to ~ new/fresh ground/to ~ a new path* ser inovador; abrir caminho; *to ~ one's neck* fracturar o pescoço; fazer um esforço sobre-humano; *to ~ one's word* faltar à palavra; *to ~ sb's heart* dar um desgosto a alguém; *to ~ the bank* levar a banca à glória; *to ~ the ice* quebrar o gelo; vencer a timidez ou reserva; *to ~ the news to sb* comunicar a alguém uma má notícia; *to get the breaks/to get good break* ter sorte; *to have a bad ~* andar com azar
◆ **break away** v.intr. 1 separar-se; afastar-se; *he broke away from his friends* afastou-se dos amigos; 2 dissidir; *he broke away from the party* dissidiu do partido

◆ **break down** Ⓐ *v.tr.* **1** deitar abaixo; **2** ultrapassar; *it took a long time to ~ her prejudices* foi preciso muito tempo para vencer os preconceitos dela; **3** decompor; dividir; *she broke down the process into several steps* dividiu o processo em várias etapas; **4** demolir; *they broke down the old house* demoliram a casa antiga Ⓑ *v.intr.* **1** avariar; *my car broke down* o meu carro avariou; **2** fracassar; falhar; *the peace talks broke down* as conversações de paz fracassaram; **3** (esgotamento) ir-se abaixo
◆ **break for** *v.tr.* [EUA] correr para; sair disparado para; *he broke for the fire escape* disparou para a saída de emergência
◆ **break forth** *v.intr.* **1** irromper; **2** brotar
◆ **break in** Ⓐ *v.tr.* **1** usar pela primeira vez; acostumar-se a; habituar-se a; *he broke in his new boots* começou a habituar-se às botas novas; **2** (animal) domar; amansar Ⓑ *v.intr.* **1** (roubo, arrombamento) forçar a entrada; **2** interromper; *he broke in to make a suggestion* interrompeu para fazer uma sugestão
◆ **break into** *v.tr.* **1** (assalto, arrombamento) forçar a entrada em; **2** entrar (para o mercado); *the company broke into the market* a empresa entrou para o mercado; **3** começar a; desatar a; *she broke into a song* desatou a cantar; *to ~ a laugh* desatar a rir; **4** interromper; *he broke into the meeting* interrompeu a reunião
◆ **break off** Ⓐ *v.tr.* **1** interromper; *he broke off the speech* interrompeu o discurso; **2** (relação, compromisso) acabar com; *they broke off their engagement* desmancharam o noivado; **3** cortar Ⓑ *v.intr.* **1** parar; fazer uma pausa; deter-se; *they broke off to rest* pararam para descansar; **2** desprender-se; *the gem broke off the ring* a pedra soltou-se do anel; **3** (relação) acabar
◆ **break out** *v.intr.* **1** evadir-se; fugir; *he broke out of jail* fugiu da prisão; *to ~ of routine* fugir à rotina; **2** (guerra, fogo, epidemia) rebentar; declarar-se; *he broke out in a rash* apareceu-lhe uma alergia; *the war broke out* a guerra rebentou
◆ **break through** Ⓐ *v.tr.* **1** abrir uma brecha em; atravessar; penetrar em; *the army broke through the enemy lines* o exército penetrou nas linhas inimigas; **2** vencer; ultrapassar; *she broke through her limitations* ultrapassou as limitações que tinha Ⓑ *v.intr.* aparecer; irromper; *the sun broke through* o sol apareceu
◆ **break up** Ⓐ *v.tr.* **1** destruir; despedaçar; demolir; **2** dividir; *she broke up the class into groups* dividiu a turma em grupos; **3** pôr termo a; acabar com; interromper; *the police broke up the fight* a polícia pôs termo à luta Ⓑ *v.intr.* **1** acabar; *the meeting broke up* a reunião acabou; (relação) *they broke up* eles acabaram; **2** dispersar(-se); separar-se; *the group broke up* o grupo dispersou-se
◆ **break with** *v.tr.* **1** cortar relações com; *she broke with her father* cortou relações com o pai; **2** quebrar; *they broke with the tradition* quebraram a tradição
breakable ['breɪkəbəl] Ⓐ *adj.* frágil; quebradiço Ⓑ *s.* objecto frágil
breakage ['breɪkɪdʒ] *s.* **1** dano material; **2** fractura; ruptura ❖ *to pay for breakages* pagar por coisas quebradas
breakaway ['breɪkəweɪ] Ⓐ *s.* **1** separação; **2** secessão; **3** ruptura; **4** DESPORTO fuga Ⓑ *adj.* dissidente; separatista
breakdance ['breɪkdæns] Ⓐ *s.* (dança) break, break-dancing Ⓑ *v.intr.* dançar o break
breakdancing ['breɪkdænsɪŋ] *s.* (dança) break, break-dancing
breakdown ['breɪkdaʊn] *s.* **1** MEDICINA colapso; esgotamento; *nervous ~* esgotamento nervoso; **2** quebra; **3** (carro, máquina) avaria; **4** falhanço; **5** (negociação, conversa) ruptura; **6** perturbação de serviço; **7** (números) análise detalhada; **8** decomposição; **9** ruína ❖ *~ service* serviço de assistência automóvel; *~ train* comboio de socorro; *~ van* reboque
breaker ['breɪkə] *s.* **1** pessoa que quebra; **2** amansador (de cavalos); **3** britadeira; triturador; **4** infractor, transgressor; **5** interruptor; disjuntor; **6** vaga que rebenta na praia ou nos rochedos; **7** recife; **8** NÁUTICA barrica de bordo
break-even [ˌbreɪk'iːvən] Ⓐ *s.* FINANÇAS (rentabilidade) nivelamento Ⓑ *v.intr.* FINANÇAS nivelar, igualar, empatar ❖ *~ analysis* análise de nivelamento; *~ chart* gráfico de nivelamento; *~ performance* desempenho de nivelamento; *~ point* ponto de nivelamento; ponto de indiferença

breakfast ['brekfəst] Ⓐ *s.* pequeno-almoço; *to have ~* tomar o pequeno-almoço Ⓑ *v.intr.* tomar o pequeno-almoço, almoçar ❖ *~ cereal* cereais; TELEVISÃO *~ television* televisão matinal
breakfastless ['brekfəstləs] *adj.* sem pequeno-almoço; em jejum
break-in ['breɪkɪn] *s.* roubo com arrombamento
breaking ['breɪkɪŋ] *s.* **1** quebra; **2** fractura; **3** bancarrota; **4** transgressão; **5** ruptura; **6** erupção ❖ *~ news* notícias de última hora; *~ point* ponto de ruptura; limite; *~ up* demolição, fragmentação, separação, desagregação; *~ and entering* roubo com arrombamento
breakneck ['breɪknek] *adj.* (rapidez) vertiginoso; *at a ~ speed* numa velocidade louca
breakout ['breɪkaʊt] *s.* **1** (prisão) evasão, fuga; **2** erupção cutânea
breakthrough ['breɪkθruː] Ⓐ *s.* **1** revelação; **2** descoberta importante; **3** conquista, vitória; **4** avanço, progresso; **5** abertura; **6** MILITAR penetração das linhas inimigas Ⓑ *adj.* **1** importante; **2** decisivo; **3** de sucesso ❖ MEDICINA *~ bleeding* metrorragia
breakup ['breɪkʌp] *s.* **1** separação; ruptura; **2** (sociedade) dissolução; desmembramento; **3** encerramento; término; **4** desmantelamento; *the ~ of a ship* o desmantelamento de um navio ❖ (empresa) *~ value* valor de liquidação
breakwater ['breɪkˌwɔːtə] *s.* quebra-mar, paredão, molhe
bream [briːm] Ⓐ *s.* ZOOLOGIA brema, sargo Ⓑ *v.tr.* raspar, limpar (o casco de navio) chamuscando
breast [brest] Ⓐ *s.* **1** seio, mama; **2** teta; **3** peito; *chicken ~* peito de galinha; **4** VESTUÁRIO (casaco, vestido, etc.) peito; **5** [fig.] coração; **6** NÁUTICA (navio) costado Ⓑ *v.tr.* **1** atacar de frente, arrostar, enfrentar; **2** subir, escalar; **3** bater com o peito em ❖ MEDICINA *~ cancer* cancro da mama; *~ pang* angústia; angina de peito; (casaco de homem) *~ pocket* bolso do lenço; *~ pump* bomba para tirar leite do seio; CIRURGIA *~ reconstruction* reconstrução do seio; MEDICINA *~ screening* mamografia; DESPORTO (boxe) *breast-to-breast struggle* luta corpo-a-corpo; ARQUITECTURA *~ wall* muro de apoio; peitoril; *to make a clean ~ of it/things* contar a verdade toda; confessar; desabafar
breastbone ['brestbəʊn] *s.* ANATOMIA esterno
breast-deep ['brestdiːp] *adj.,adv.* até ao peito, da altura do peito
breasted ['brestɪd] *adj.* **1** com peito, de peito; *a red-breasted bird* um pássaro com peito vermelho; **2** com seios, de seios; *a big/small/bare-breasted woman* uma mulher com os seios grandes/pequenos/descobertos
breast-feed ['brestˌfiːd] *v.tr.,intr.* amamentar, criar ao peito, dar de mamar
breast-feeding ['brestˌfiːdɪŋ] *s.* **1** amamentação; **2** aleitamento materno
breast-high ['bresthaɪ] *adj.,adv.* até ao peito, da altura do peito
breastpin ['brestpɪn] *s.* alfinete de peito
breastplate ['brestˌpleɪt] *s.* **1** couraça; **2** parte inferior da carapaça da tartaruga; **3** peitoral (de sacerdote); **4** inscrição em esquife; **5** MECÂNICA palmatória de encosto
breaststroke ['brestˌstrəʊk] *s.* (natação) bruços; *to swim ~* nadar bruços
breastsummer ['bresəmə] *s.* dintel
breastwork ['brestˌwɜːk] *s.* **1** MILITAR parapeito, defesa; **2** peitoril
breath [breθ] *s.* **1** respiração; *to hold one's ~* suster a respiração; **2** fôlego; *to be short/out of ~* estar sem fôlego; *to catch one's ~* recobrar o fôlego; *to fetch ~* tomar fôlego; *to lose one's ~* ficar sem fôlego; **3** hálito; *bad ~* mau hálito; **4** deslocação de ar; *a ~ of air* uma aragem; **5** sopro; *the ~ of life* o sopro da vida ❖ [GB] *~ test* alcoolímetro; *a ~ of fresh air* uma lufada de ar fresco; *in the same ~* ao mesmo tempo; *to speak under one's ~* falar baixinho; *to take a deep ~* respirar fundo; *to take one's ~ away* cortar a respiração; deslumbrar; *to waste ~* falar inutilmente; gastar o seu latim
breathalyser ['breθəˌlaɪzə] *s.* ⇒ **breathalyzer**
breathalyzer ['breθəˌlaɪzə] *s.* alcoolímetro, teste de álcool
breathe [briːð] *v.tr.,intr.* **1** respirar; **2** viver; *is he still breathing?* ainda está vivo?; **3** tomar fôlego; **4** exalar; insuflar; soprar; **5** pronunciar suavemente ❖ *don't ~ a word!* nem uma palavra!; *to ~ a sigh of relief* dar um suspiro de alívio; [coloq.] (vigilância) *to ~ down sb's neck* andar sempre em cima de alguém;

to ~ freely poder respirar outra vez; *to ~ heavily* estar ofegante; respirar a custo; arquejar; *to ~ new life into sth* trazer nova vida a; *to ~ one's last* exalar o último suspiro
◆ **breathe in** *v.tr.,intr.* (respiração) inspirar
◆ **breathe out** *v.tr.,intr.* (respiração) expirar
breathed [breðt, bri:ðd] *adj.* 1 (consoante) surda; 2 (vogal) aspirada
breather ['bri:ðə] *s.* 1 aquele que respira; 2 pausa, momento de descanso; *to take a ~* fazer uma pausa; 3 respiradouro
breathing ['bri:ðɪŋ] *s.* 1 respiração; 2 sopro; 3 respiradouro; 4 LINGUÍSTICA (gramática grega) espírito ❖ *~ space* pausa; [fig.] tempo para respirar; *heavy ~* respiração ofegante; *to need ~ space* precisar de um tempo
breathless ['breθləs] *adj.* 1 sem fôlego, esbaforido, ofegante; 2 com dificuldades de respiração; 3 ansioso ❖ *at a ~ pace* a uma velocidade louca
breathlessly ['breθlɪslɪ] *adv.* 1 sem fôlego, sufocadamente; 2 ansiosamente
breathlessness ['breθlɪsnɪs] *s.* 1 dificuldades de respiração, falta de fôlego; 2 sufocação, opressão
breathtaking ['breθ,teɪkɪŋ] *adj.* 1 de cortar a respiração; 2 assombroso, espantoso, impressionante; *~ view* vista deslumbrante; 3 emocionante, empolgante; 4 vertiginoso; *~ speed* velocidade louca
breath-test ['breθtest] Ⓐ *s.* teste do balão, teste de álcool Ⓑ *v.tr.* submeter ao teste do álcool ou ao teste do balão
breathy ['bri:ðɪ] *adj.* (*comp.* -ier, *superl.* -iest) 1 (VOZ) aspirada; pouco clara no canto; 2 em que se ouve a respiração
breccia ['brɛtʃə] *s.* GEOLOGIA brecha
bred [bred] *prt. e part. pass. de* **to breed**
breech [bri:tʃ] Ⓐ *s.* (*pl.* -es) 1 nádegas; 2 culatra; 3 *pl.* VESTUÁRIO calções até ao joelho; 4 *pl.* VESTUÁRIO [coloq.] calças; *riding breeches* calças de montar Ⓑ *v.tr.* vestir com calções ❖ *to wear the breeches* mandar no marido
breechcloth ['bri:tʃklɒθ] *s.* tanga
breeching ['bri:tʃɪŋ] *s.* 1 retranca; 2 correia, corda para firmar as peças de fogo; 3 NÁUTICA bragueira
breechless ['bri:tʃləs] *adj.* sem calções
breechloader ['bri:tʃləʊdə] *s.* espingarda de retrocarga
breechloading ['bri:tʃləʊdɪŋ] *adj.* de retrocarga
breed [bri:d] Ⓐ *v.tr.,intr.* (*prt. e part. pass.* **bred**) 1 gerar; 2 (animais) criar; fazer criação de; 3 produzir; 4 procriar; reproduzir-se; 5 propagar(-se); difundir(-se); espalhar(-se); Ⓑ *s.* 1 ZOOLOGIA raça; 2 BOTÂNICA espécie, variedade; 3 ninhada; 4 [fig.] geração; fornada; casta; *a new ~ of* uma nova geração de ❖ *to ~ in and in* casar sempre consanguineamente; fazer cruzamentos consanguíneos; *to ~ quarrels* originar questões; *to be bred in the bone* ser de familia; estar na massa do sangue; *what's bred in the bone will come out in the flesh* quem sai aos seus não degenera; o que o berço dá a tumba o leva
breeder ['bri:də] *s.* 1 criador; *animal ~* criador de animais; 2 ZOOLOGIA, BOTÂNICA (animal, planta) reprodutor; 3 [fig.] causa, força motriz
breeding ['bri:dɪŋ] *s.* 1 criação; 2 reprodução, procriação; 3 educação ❖ *~ season* época de reprodução; *~ stock* animais destinados à reprodução; [ant.] (pessoa) *of good ~* de boas famílias
breeks [bri:ks] *s.pl.* [Esc.] ⇒ **breech** (pl.)
breeze [bri:z] *s.* 1 brisa; aragem; 2 [coloq., fig.] (tarefa fácil) canja*fig.*; 3 altercação; questão; 4 ZOOLOGIA tavão; moscardo; 5 cinzas, brasas de carvão utilizadas pelos fabricantes de tijolos
◆ **breeze in** *v.intr.* entrar como um furacão; entrar intempestivamente
◆ **breeze out** *v.intr.* sair como um furacão; sair intempestivamente
◆ **breeze through** *v.tr.* fazer sem nenhum esforço; fazer com uma perna às costas
breezily ['bri:zɪlɪ] *adv.* 1 com vento; 2 alegremente
breeziness ['bri:zɪnɪs] *s.* graça, jovialidade
breezy ['bri:zɪ] *adj.* (*comp.* -ier, *superl.* -iest) 1 alegre, vivo, jovial; 2 ventoso
brekker ['brekə] *s.* [coloq.] pequeno-almoço
brent-geese ['brent,gi:z] *s.* {*pl. de* **brent-goose**}

brent-goose ['brent,gu:s] *s.* (*pl.* **-geese**) ZOOLOGIA ganso bravo, bernaca
bressumer ['bresəmə] *s.* ⇒ **breastsummer**
bressummer ['bresəmə] *s.* ⇒ **breastsummer**
brethren ['breðrɪn] [arc.] *pl. de* **brother**
Breton ['bretən] *s.,adj.* bretão, habitante da Bretanha francesa
Bretwalda [bret'wɔ:ldə] *s.* 1 senhor dos Bretões (ingleses); 2 título dado ao rei Egberto
brev. [EUA] MILITAR [*abrev. de* brevet]
breve [bri:v] *s.* 1 TIPOGRAFIA sinal de breve; 2 MÚSICA breve; 3 (versificação) sílaba breve; 4 breve pontifício
brevet ['brevɪt] Ⓐ *s.* 1 diploma, nomeação; 2 MILITAR promoção honorária (sem direito ao soldo correspondente) Ⓑ *v.tr.* conferir promoção honorária
breviary ['bri:vɪərɪ] *s.* (*pl.* **-ies**) breviário
breviate ['bri:vɪɪt] *s.* súmula, sumário
brevier [brə'vɪə] *s.* TIPOGRAFIA corpo 8
brevity ['brevɪtɪ] *s.* laconismo, brevidade, concisão
brew [bru:] Ⓐ *s.* 1 infusão; 2 tipo de cerveja; 3 [fig.] mistura; 4 fabrico de cerveja; 5 recipiente onde a cerveja é fabricada; 6 fermentação; 7 quantidade, qualidade da substância fermentada Ⓑ *v.tr.,intr.* 1 fabricar, fazer cerveja; 2 fabricar (bebidas) por meio de infusão ou mistura; 3 fermentar; 4 amadurecer, preparar-se, ganhar força; *a storm is brewing* está a preparar-se uma tempestade
◆ **brew up** *v.intr.* 1 fazer o chá; 2 (tempestade, problema) preparar-se
brewage ['bru:ɪdʒ] *s.* bebida feita por fermentação, por infusão
brewer ['bru:ə] *s.* fabricante de cerveja, cervejeiro
brewery ['bru:ərɪ] *s.* (*pl.* **-ies**) fábrica de cerveja; indústria cervejeira
brewing ['bru:ɪŋ] *s.* preparação, fabrico de cerveja
brewis ['bru:ɪs] *s.* [arc.] caldo
briar ['braɪə] *s.* 1 roseira brava; 2 sarça ❖ *to leave a person in the briars* abandonar alguém numa dificuldade
Briareus [braɪə'rɪəs] *s.* MITOLOGIA Briareu
bribable ['braɪbəbəl] *adj.* subornável
bribe [braɪb] Ⓐ *s.* suborno Ⓑ *v.tr.* subornar
briber ['braɪbə] *s.* subornador
bribery ['braɪbərɪ] *s.* (*pl.* **-ies**) suborno; *not open to ~* incorruptível, insubornável
bric-a-brac ['brɪkə,bræk] *s.* (objectos) brique-à-braque; bugigangas; curiosidades
brick [brɪk] Ⓐ *s.* 1 (construção) tijolo; *made of ~* em tijolo; 2 (brinquedo) cubo (de madeira); 3 ladrilho; 4 bloco; 5 (sabão) pau; 6 [ant., coloq.] boa pessoa Ⓑ *v.tr.* 1 entijolar, fechar, tapar com tijolos; 2 construir com tijolos ❖ *~ plant* fábrica de tijolos; *a ~ of ice-cream* uma caixa de gelado; *it's like talking to a ~ wall* é como falar com uma parede; [coloq.] *to drop a ~* dar barraca; *to hit the bricks* procurar (emprego, casa,...) com afinco; fazer greve; *you can't make bricks without straw* não se fazem omeletes sem ovos
brickbat ['brɪkbæt] *s.* 1 fragmento de tijolo; 2 [fig.] crítica dura
bricklayer ['brɪk,leɪə] *s.* pedreiro, trolha*coloq.* ❖ *bricklayer's hammer* camartelo
brickmaker ['brɪk,meɪkə] *s.* fabricante de tijolos
brickmaking ['brɪk,meɪkɪŋ] *s.* fabrico de tijolos
brick-red ['brɪkred] *adj.,s.* cor-de-tijolo
bricks-and-mortar [brɪkzən'mɔ:tə] *adj.* (negócio, comércio) tradicional, não electrónico
brickwork ['brɪk,wɜ:k] *s.* 1 estrutura em tijolo; obra feita em tijolos; 2 alvenaria
brickyard ['brɪkjɑ:d] *s.* fábrica de tijolos
bricole ['brɪkəʊl] *s.* 1 (bilhar) jogo feito pela tabela; 2 ricochete
bridal ['braɪdəl] Ⓐ *adj.* nupcial Ⓑ *s.* festa nupcial, casamento
bride [braɪd] *s.* noiva ❖ *the ~ and groom* os noivos
bridecake ['braɪd,keɪk] *s.* bolo de casamento
bridechamber ['braɪd,tʃeɪmbə] *s.* [ant.] câmara nupcial
bridegroom ['braɪd,grʊm] *s.* noivo
bridesmaid ['braɪdz,meɪd] *s.* dama de honor
bridewell ['braɪdwel] *s.* [lit.] casa de correcção
bridge [brɪdʒ] Ⓐ *s.* 1 ponte; 2 [fig.] ligação, união; 3 NÁUTICA ponte de comando; 4 (dentista) ponte; 5 ANATOMIA cana do nariz; 6 (violino) cavalete; 7 (bilhar) apoio para o taco formado com a

mão esquerda; **8** (jogos de cartas) bridge Ⓑ *v.tr.* **1** construir uma ponte sobre; **2** unir, ligar, estabelecer ligação entre, lançar pontes entre; **3** (dificuldade) superar, ultrapassar; **4** colmatar; preencher; *to ~ a gap* preencher uma lacuna ❖ *~ awning* toldo da ponte; *~ engineering* engenharia de pontes; *~ girder* viga de ponte; *~ of boats* ponte de barcas; *~ pier* pegão de ponte; *~ train* corpo de pontoneiros; *that is water under the ~* isso são águas passadas; *we'll cross that ~ when we come to it* cada coisa a seu tempo

bridgehead ['brɪdʒhed] *s.* MILITAR cabeça-de-ponte, testa-de-ponte

bridle ['braɪdəl] Ⓐ *s.* **1** rédea; brida; freio; **2** jugo; **3** ligamento, membrana; **4** NÁUTICA amarra; **5** viga mestra Ⓑ *v.tr.,intr.* **1** refrear, pôr freio em; **2** (emoções) refrear, conter; **3** mostrar desagrado [**at**, em relação a]; **4** indignar-se, ofender-se [**at**, com] ❖ *(cavaleiro) ~ hand* mão esquerda; *~ path* caminho equestre

bridoon [brɪ'duːn] *s.* bridão

brief [briːf] Ⓐ *adj.* **1** breve; curto; **2** resumido; conciso; sucinto; *the letter was ~* a carta era concisa Ⓑ *s. (pl. -s)* **1** resumo, sumário, sinopse; **2** DIREITO instruções reunidas dadas a um advogado; **3** RELIGIÃO breve pontifício; **4** *pl.* VESTUÁRIO cuecas, slips Ⓒ *v.tr.* **1** resumir, encurtar; **2** dar instruções a; *they were briefed to start the search* receberam instruções para iniciarem as buscas; **3** informar [**on**, de], pôr ao corrente [**on**, de]; *they were briefed on the situation* foram postos ao corrente da situação ❖ *~ bag* pequena saca de couro; *in ~* em resumo; por poucas palavras; *to ~ a barrister* entregar um assunto a um advogado; *to have a ~ word with* dar uma palavrinha a; *to hold a ~ for sb* advogar em nome de alguém; representar alguém; ter procuração de alguém

briefcase ['briːfkeɪs] *s.* pasta (para documentos)

briefing ['briːfɪŋ] *s.* **1** (jornalismo) briefing; *to hold a press ~* fazer um briefing à imprensa; **2** instruções

briefless ['briːfləs] *adj.* (advogado) sem causas, sem clientes

briefly ['briːflɪ] *adv.* **1** com brevidade; **2** laconicamente

briefness ['briːfnɪs] *s.* **1** brevidade; **2** laconismo; concisão

brier ['braɪə] *s.* ⇒ **briar**

brig [brɪɡ] *s.* **1** NÁUTICA brigue; **2** ponte

Brig. Ⓐ *[abrev. de* Brigade*]* Ⓑ *[abrev. de* Brigadier*]*

brigade [brɪ'ɡeɪd] Ⓐ *s.* brigada Ⓑ *v.tr.* formar, dispor em brigadas

brigadier [ˌbrɪɡə'dɪə] *s.* MILITAR brigadeiro

brigadier-general [ˌbrɪɡədɪə'dʒenərəl] *s.* brigadeiro, general de brigada

brigand ['brɪɡənd] *s.* salteador

brigandage ['brɪɡəndɪdʒ] *s.* assalto, roubo

brigandism ['brɪɡəndɪzəm] *s.* assalto, roubo

brigantine ['brɪɡəntaɪn, 'brɪɡəntiːn] *s.* NÁUTICA bergantim

Brig. Gen. [abrev. de Brigadier General]

bright [braɪt] Ⓐ *adj.* **1** brilhante; **2** (dia, ideia) luminoso; **3** (pessoa) bem-disposto, animado; **4** (pessoa) inteligente; **5** (cor) vivo; *~ red* vermelho vivo; **6** [fig.] bom, positivo; *look on the ~ side!* vê o lado positivo!; **7** prometedor Ⓑ *adv.* com claridade, com luz Ⓒ *s. pl.* [EUA] (faróis do carro) máximos ❖ *~ and early* bem cedinho; *~ dip/dipping* banho polidor

brighten ['braɪtən] Ⓐ *v.tr.* **1** polir, avivar; **2** animar; **3** iluminar Ⓑ *v.intr.* **1** (pessoa) animar-se; **2** (tempo) desanuviar; **3** iluminar-se; **4** (perspectivas) melhorar

◆**brighten up** Ⓐ *v.tr.* **1** iluminar; **2** alegrar, animar; dar um aspecto mais alegre a Ⓑ *v.intr.* **1** (tempo) melhorar; **2** alegrar-se; animar-se

brightener ['braɪtənə] *s.* (detergente) agente branqueador

brightish ['braɪtɪʃ] *adj.* **1** vivo, brilhante; **2** esperto

brightly ['braɪtlɪ] *adv.* brilhantemente; claramente

brightness ['braɪtnɪs] *s.* **1** luminosidade; claridade; **2** brilho; intensidade; **3** inteligência; **4** vivacidade

brightray ['braɪtreɪ] *s.* liga de cromo e níquel

Bright's disease ['braɪtsdɪ'ziːz] *s.* MEDICINA mal de Bright

brill [brɪl] Ⓐ *adj.* {*forma abreviada de* **brilliant**} [coloq.] sensacional, fantástico Ⓑ *s.* ZOOLOGIA clérigo, parracho, pegadeira

brilliance ['brɪlɪəns] *s.* **1** brilho; **2** esplendor; **3** brilhantismo

brilliancy ['brɪlɪənsɪ] *s.* ⇒ **brilliance**

brilliant ['brɪlɪənt] Ⓐ *adj.* **1** brilhante; **2** (talentoso) brilhante; genial; **3** excelente; espantoso; fabuloso; fantástico Ⓑ *s.* brilhante

brilliantine [ˌbrɪlɪən'tiːn] *s.* brilhantina

brilliantly ['brɪlɪəntlɪ] *adv.* **1** intensamente; *~ lit* intensamente iluminado; **2** brilhantemente; com brilhantismo; talentosamente

brilliantness ['brɪlɪəntnɪs] *s.* brilhantismo

brim [brɪm] Ⓐ *s.* **1** aba; *the ~ of the hat* a aba do chapéu; **2** orla; borda; *he stood at the ~ of the lake* ele estava na borda do lago Ⓑ *v.tr.* encher Ⓒ *v.intr.* (particípios: -**mm**-) estar cheio até à borda; transbordar [**with**, de] ❖ *full to the ~* quase a transbordar

◆**brim over** *v.intr.* transbordar [**with**, de]

brime [braɪm] *v.intr.* [rar.] (mar) arder; brilhar com luz fosforescente

brimful ['brɪmfʊl] *adj.* cheio até deitar por fora; quase a transbordar

brimless ['brɪmləs] *adj.* sem aba

brimmed ['brɪmd] *adj.* com abas

brimmer ['brɪmə] *s.* copo cheio

brimming ['brɪmɪŋ] *adj.* cheio até à borda

brimstone ['brɪmstəʊn, 'brɪmstən] *s.* [ant.] enxofre ❖ [lit.] *fire and ~* o fogo do inferno

brimstony ['brɪmstənɪ] *adj.* sulfúreo; de enxofre

brindle ['brɪndəl] *s.* **1** mancha; **2** malha

brindled ['brɪndəld] *adj.* **1** com manchas; **2** malhado

brine [braɪn] Ⓐ *s.* **1** salmoura; **2** água salgada; **3** água saturada; **4** [poét.] lágrimas; **5** água do mar Ⓑ *v.tr.* **1** meter em salmoura; **2** salgar ❖ *~ gauge* salinómetro; *~ pit* salina; ZOOLOGIA *~ shrimp* artémia

bring [brɪŋ] *v.tr.,intr.* (prt. e part. pass. **brought**) **1** trazer; **2** levar, acompanhar; *I'll ~ you to the door* eu acompanho-te à porta; **3** atrair; *the exhibition brought many tourists* a exposição atraiu muitos turistas; **4** causar, originar, produzir ❖ *to ~ an action against sb* intentar uma acção contra alguém; *to ~ charge against* apresentar queixa contra; *to ~ home the bacon* ganhar o sustento da casa; ser bem sucedido; *to ~ into play* fazer actuar; trazer à cena; *to ~ nearer* aproximar; *to ~ sth home to sb* explicar alguma coisa a alguém; mostrar claramente a alguém; *to ~ oneself to do sth* arranjar coragem para fazer alguma coisa; *to ~ sth to an end* pôr um ponto final a algo; *to ~ (sth) to mind* recordar (algo); *to ~ to light* revelar; *to ~ to sb's notice* levar ao conhecimento de alguém; chamar a atenção de alguém para

◆**bring about** *v.tr.* **1** causar; provocar; **2** conduzir a; levar a

◆**bring along** *v.tr.* trazer; levar; *may I ~ a friend?* posso levar um amigo?

◆**bring around/round** *v.tr.* **1** trazer; levar a/para; *to bring sb round* trazer alguém connosco; **2** (perda de consciência) reanimar; **3** convencer; persuadir

◆**bring back** *v.tr.* **1** restabelecer; recuperar; *the old legislation was brought back* a legislação antiga foi restabelecida; **2** devolver; **3** trazer à memória; fazer lembrar

◆**bring down** *v.tr.* **1** fazer baixar; fazer aterrar; *the pilot brought the plane down* o piloto aterrou o avião; **2** (pessoas, animais) abater; **3** depor; **4** derrubar; **5** baixar (os preços); *the supermarket brought down its prices* o supermercado baixou os preços; **6** [fig.] (aplausos) deitar (a casa) abaixo; *to ~ the house* deitar a casa abaixo (com aplausos)

◆**bring forth** *v.tr.* **1** trazer; produzir; originar; gerar; **2** dar à luz; **3** (divulgar) trazer a público; *he brought forth his decision* trouxe a público a sua decisão

◆**bring forward** *v.tr.* **1** antecipar; *his departure has been brought forward* a partida dele foi antecipada; **2** (propostas, projectos) apresentar

◆**bring in** *v.tr.* **1** lançar; introduzir; **2** chamar; **3** fazer entrar; render; ganhar; *he brings in £20 per week* ganha 20 libras por semana; **4** (veredicto) pronunciar

◆**bring off** *v.tr.* (tarefa difícil) levar a cabo; ter êxito em

◆**bring on** *v.tr.* **1** causar; provocar; *dust brings on her asthma* o pó provoca-lhe asma; **2** fazer desabrochar; desenvolver

◆**bring out** *v.tr.* **1** realçar; destacar; **2** (livro, disco, etc.) publicar; **3** revelar; **4** apresentar em sociedade

◆ **bring over** *v.tr.* 1 trazer; *it was brought over from America* isso veio da América; 2 converter [**to**, a]
◆ **bring to** *v.tr.* (perda de consciência) reanimar
◆ **bring together** *v.tr.* juntar; reunir
◆ **bring under** *v.tr.* submeter; sujeitar
◆ **bring up** *v.tr.* 1 criar; educar; 2 colocar; mencionar; *the question was brought up* a questão foi colocada; 3 vomitar; *he brought up his dinner* vomitou o jantar ❖ *to ~ the rear* ser o último; vir em último lugar
bringer ['brɪŋə] *s.* portador
brink [brɪŋk] *s.* beira; borda ❖ *to be on the ~ of...* estar à beira de...; estar prestes a...; estar em vias de...
brinkmanship ['brɪŋkmənʃɪp] *s.* diplomacia arriscada
brinometer [braɪ'nɒmɪtə] *s.* densímetro de água salgada
briny ['braɪnɪ] Ⓐ *adj.* 1 salgado; 2 em salmoura Ⓑ *s.* [lit.] *the ~* o mar
brio ['bri:əʊ] *s.* MÚSICA brio
brioche ['bri:ɒʃ, 'bri:əʊʃ] *s.* CULINÁRIA brioche
briony ['braɪənɪ] *s.* BOTÂNICA briónia
briquet [brɪ'ket] *s.* ⇒ **briquete**
briquette [brɪ'ket] *s.* briquete
brise-bise ['brɪzbɪz] *s.* (cortina) brise-bise
brisk [brɪsk] Ⓐ *adj.* 1 rápido; apressado; 2 activo; vivo; cheio de energia; 3 vivificante; fresco; refrescante; 4 espumante; cintilante Ⓑ *v.tr.,intr.* animar(-se); dinamizar(-se) ❖ *~ fire* fogo vivo; *to go for a ~ walk* sair para fazer uma caminhada rápida
brisken ['brɪskən] *v.tr.,intr.* 1 apressar(-se); 2 agitar(-se); activar(-se)
brisket ['brɪskɪt] *s.* (animal) carne do peito
briskly ['brɪsklɪ] *adv.* 1 rapidamente; 2 energicamente; com vivacidade; 3 bruscamente
briskness ['brɪsknɪs] *s.* 1 energia; vivacidade; dinamismo; 2 rapidez; 3 frescura
bristle ['brɪsəl] Ⓐ *s.* cerda; pêlo; *the bristles of a paintbrush* os pêlos de um pincel Ⓑ *v.intr.* 1 eriçar-se; 2 indignar-se [**at**, com]
◆ **bristle up** *v.intr.* irritar-se
◆ **bristle with** *v.tr.* estar cheio de; estar pejado de; estar apinhado de
bristliness ['brɪslɪnɪs] *s.* 1 cerdosidade; 2 hirsutez
bristly ['brɪslɪ] *adj.* hirsuto
Bristol ['brɪstəl] *s.top.* Bristol ❖ *~ board* cartão para desenho; *~ stone* cristal de rocha; *the ~ Channel* o canal de Bristol
Brit [brɪt] *s.* [coloq.] (pessoa) inglês, britânico
Britain ['brɪtən] *s.top.* Grã-Bretanha
Britannia [brɪ'tænɪə] *s.top.* Grã-Bretanha ❖ QUÍMICA *~ metal* britânia
Britannic [brɪ'tænɪk] *adj.* britânico ❖ *Her ~ Majesty* Sua Majestade Britânica
britannicize [brɪ'tænɪsaɪz] *v.tr.* britanizar
Britcom ['brɪtkɒm] *s.* [EUA] TELEVISÃO [coloq.] comédia britânica
Briticism ['brɪtɪsɪzəm] *s.* anglicismo
British ['brɪtɪʃ] Ⓐ *adj.* britânico; da Grã-Bretanha Ⓑ *s.pl. the ~* os Britânicos, os Ingleses ❖ *~ English* inglês britânico; GEOGRAFIA *the ~ Isles* as Ilhas Britânicas
Britisher ['brɪtɪʃə] *s.* inglês, súbdito britânico
Britishism ['brɪtɪʃɪzəm] *s.* anglicismo
Briton ['brɪtən] *s.* bretão (da Grã-Bretanha), inglês ❖ *North ~* escocês
Brittanny ['brɪtənɪ] *s.top.* Bretanha francesa
brittle ['brɪtəl] *adj.* frágil; quebradiço ❖ *~ iron* ferro quebradiço
brittleness ['brɪtəlnɪs] *s.* fragilidade
britzka ['brɪtskə] *s.* brisca, carro leve transformável em trenó, usado na Rússia e Polónia
britzska ['brɪtskə] *s.* ⇒ **britzka**
brize [bri:z] *s.* ZOOLOGIA tavão; moscardo
Bro. [abrev. de **brother**]
broach [brəʊtʃ] Ⓐ *s. (pl.* -es) 1 espeto de assar; 2 furador; sovela; broca; mandril; 3 (alfinete) broche; 4 (torre de igreja) flecha, agulha Ⓑ *v.tr.,intr.* 1 assar no espeto; 2 abrir um furo; 3 furar pipa ou tonel, espichar; 4 encetar; 5 abordar (um assunto); começar a falar sobre; *she broached the subject carefully* ela abordou o assunto com cuidado; 6 NÁUTICA virar-se, obrigar um navio a virar-se de través ao vento e às vagas

broaching ['brəʊtʃɪŋ] *s.* mandrilagem ❖ *~ machine* máquina de mandrilar; *~ press* prensa de mandrilar; *~ shop* oficina de mandrilagem
broad [brɔːd] Ⓐ *adj.* 1 largo, amplo, extenso; 2 de largura; *the piece of cloth is one metre ~* o tecido tem um metro de largura; 3 claro; nítido; óbvio; 4 geral; lato; *the ~ opinion* a opinião geral; *in the broadest sense of the word* no sentido mais lato da palavra; 5 principal; *the ~ facts* os factos principais; 6 aberto; *a ~ smile* um sorriso aberto; 7 (sotaque) forte, bem marcado, cerrado, regional; 8 tolerante; 9 grosseiro; 10 picante; obsceno; *~ story* história picante Ⓑ *s.* 1 largura; *the ~ of one's back* a largura das costas; 2 extensão de água doce formada pelo alargamento dum rio; 3 [EUA] [cal., depr.] (ofensivo) chavala_{cal.}, garina_{cal.}, gaja_{cal.} Ⓒ *adv.* completamente ❖ BOTÂNICA *~ bean* fava; (caminhos-de-ferro) *~ gauge* via larga; (janela) *~ glass* vidraça; [EUA] [ant.] *~ jump* salto em comprimento; *in ~ daylight* em pleno dia; *in ~ outline* sem grandes pormenores; *that is as ~ as it is long* tanto vale; é a mesma coisa
broadaxe ['brɔːdæks] *s.* 1 machado de carpinteiro; 2 machado de batalha pesado
broadband ['brɔːdbænd] *adj.* 1 de banda larga; 2 INFORMÁTICA rápido
broadbrimmed ['brɔːd,brɪmd] *adj.* com abas largas
broad-brush ['brɔːd,brʌʃ] *adj.* 1 (abordagem) a traços largos; geral; 2 em esboço; esquemático
broadcast ['brɔːdkɑːst] Ⓐ *s.* 1 emissão; transmissão; *live ~* transmissão em directo; 2 sementeira a lanço Ⓑ *v.tr.,intr.* (prt. **broadcasted**, *part. pass.* **broadcast**) 1 transmitir; emitir; 2 semear a lanço Ⓒ *adj.* 1 transmitido; emitido; difundido; 2 (semente) espalhada aos lanços, à mão Ⓓ *adv.* 1 à mão; 2 à toa ❖ RÁDIO *~ receiver* aparelho receptor; *~ transmitter* aparelho transmissor
broadcaster ['brɔːdkɑːstə] *s.* 1 personalidade da rádio; 2 personalidade da televisão; 3 aparelho emissor
broadcasting ['brɔːdkɑːstɪŋ] *s.* 1 transmissão; emissão; 2 radiodifusão; 3 televisão; 4 sementeira feita à mão ❖ *~ station* estação emissora; *today's ~* o programa de hoje
broadcloth ['brɔːdklɒθ] *s.* pano fino de primeira qualidade
broaden ['brɔːdən] *v.tr.,intr.* alargar ❖ *to ~ one's horizons* alargar os horizontes
◆ **broaden out** *v.intr.* alargar; ampliar-se
broadening ['brɔːdənɪŋ] Ⓐ *s.* alargamento Ⓑ *adj.* ampliador
broad-headed [brɔːd'hedɪd] *adj.* braquicéfalo
broad-leaved ['brɔːdli:vd] *adj.* com folhas largas
broadly ['brɔːdlɪ] *adv.* 1 largamente; 2 em traços largos; 3 em geral; grosso modo ❖ *~ speaking* duma maneira geral; *smiling ~* com um sorriso rasgado
broadly-based ['brɔːdlɪbeɪsd] *adj.* abrangente, amplo, vasto
broadminded ['brɔːdmaɪndɪd] *adj.* 1 de vistas largas; 2 tolerante; 3 liberal
broadness ['brɔːdnɪs] *s.* 1 largura; 2 [fig., ant.] grosseria
broadsheet ['brɔːdʃi:t] *s.* 1 jornal de grande formato; jornal sério; 2 placar; panfleto
broad-shouldered [brɔːd'ʃəʊldəd] *adj.* largo de ombros, espadaúdo
broadside ['brɔːdsaɪd] *s.* 1 bordada; 2 flanco de navio; 3 costado de navio; 4 ⇒ **broadsheet**
broad-spectrum ['brɔːdspektrəm] *adj.* MEDICINA (antibiótico) de largo espectro
broadsword ['brɔːdsɔːd] *s.* sabre
brocade [brəʊ'keɪd] *s.* brocado
brocaded [brəʊ'keɪdɪd] *adj.* como brocado
brocard ['brəʊkɑːd] *s.* brocardo
broccoli ['brɒkəlɪ, 'brɒkəlaɪ] *s.* BOTÂNICA brócolos
brochure ['brəʊʃʊə] *s.* brochura; folheto; panfleto
brochureware ['brəʊʃəweə] *s.* INFORMÁTICA [coloq.] artigo só disponível no catálogo
brock [brɒk] *s.* 1 ZOOLOGIA texugo; 2 [fig.] indivíduo velhaco
brocket ['brɒkɪt] *s.* veado de dois anos
brocoli ['brɒkəlɪ] *s.* ⇒ **broccoli**
brogan ['brəʊgən] *s.* VESTUÁRIO bota de trabalho (pesada)
brogue [brəʊg] *s.* 1 sapato irlandês e escocês, feito de couro grosseiro por curtir; 2 sotaque dialectal, sobretudo irlandês

broider ['brɔɪdə] v.tr. [arc.] bordar, enfeixar
broidery ['brɔɪdərɪ] s. [arc., poét.] bordado, enfeite
broil [brɔɪl] Ⓐ s. 1 [arc.] tumulto; questão; 2 CULINÁRIA grelhado Ⓑ v.tr. [EUA, Can.] CULINÁRIA assar na grelha Ⓒ v.intr. (calor) tostar_fig_; assar_fig_; *I'm broiling in the sun* estou a tostar ao sol
broiler ['brɔɪlə] s. 1 CULINÁRIA grelhador; grelha; 2 CULINÁRIA frango para assar
broiling ['brɔɪlɪŋ] Ⓐ adj. ardente, tórrido; *a ~ hot day* um dia abrasador Ⓑ s. assado (na grelha)
broke [brəʊk] Ⓐ adj. 1 sem dinheiro; 2 falido; arruinado Ⓑ s. pêlo curto de carneiro ❖ *to be ~/dead ~/flat ~/stony ~* estar sem cheta; *to go ~* ir à falência; [coloq.] *to go for ~* arriscar tudo
broken ['brəʊkən] Ⓐ {part. pass. de **to break**} Ⓑ adj. 1 partido, quebrado; fracturado; *he has a ~ arm* ele tem um braço partido; 2 avariado, estragado; 3 destroçado; *my heart is ~* tenho o coração destroçado; 4 desfeito; ~ *home* lar desfeito; 5 interrompido; intermitente; 6 (terreno, superfície) irregular; 7 terminado; 8 abatido; debilitado ❖ ~ *English* inglês macarrónico; ~ *ground* terreno irregular; ~ *home* lar desfeito; ~ *line* linha quebrada; tracejado; traço descontínuo; ~ *meat* restos de comida; ~ *money* dinheiro miúdo; ~ *promise* promesa quebrada; ~ *sleep* sono irregular; ~ *stone* cascalho; ~ *water* mar agitado; ~ *weather* tempo incerto; ~ *week* semana interrompida por dia santo; *to get ~* partir-se; estragar-se
broken-down [ˌbrəʊkən'daʊn] adj. 1 avariado; desarranjado; 2 em mau estado; degradado; 3 inutilizado; 4 (pessoa) desalentado, destroçado, prostrado
broken-hearted [ˌbrəʊkən'hɑːtɪd] adj. com o coração destroçado; abatido pela dor
brokenly ['brəʊkənlɪ] adv. intermitentemente
broken-wind ['brəʊkənwɪnd] s. VETERINÁRIA pulmoeira
broken-winded [ˌbrəʊkən'wɪndɪd] adj. (cavalo) atacado pela pulmoeira
broker ['brəʊkə] Ⓐ s. 1 FINANÇAS corretor (de fundos); 2 intermediário; mediador; 3 agente Ⓑ v.tr. mediar, ser o mediador de
brokerage ['brəʊkərɪdʒ] s. COMÉRCIO corretagem
broking ['brəʊkɪŋ] s. corretagem, ofício de corretor
brolly ['brɒlɪ] s. (pl. **-ies**) [coloq.] (guarda-chuva) chuço_coloq_.
bromal ['brəʊməl] s. QUÍMICA bromal
bromate ['brəʊmeɪt] s. QUÍMICA bromato
brome ['brəʊm] s. BOTÂNICA bromo
bromic ['brəʊmɪk] adj. QUÍMICA brómico; ~ *acid* ácido brómico
bromide ['brəʊmaɪd] s. QUÍMICA brometo; ~ *of silver* brometo de prata
bromidic [brəʊ'mɪdɪk] adj. banal; pouco original; desinteressante
bromine ['brəʊmiːn] s. QUÍMICA (elemento químico) bromo
bronch [brɒŋk] s. [EUA] [coloq.] cavalo
bronchi ['brɒŋkɪ] s. {pl. de **bronchus**}
bronchia ['brɒŋkɪə] s.pl. brônquios, bronquíolos
bronchial ['brɒŋkɪəl] adj. dos brônquios; bronquial ❖ ANATOMIA ~ *tubes* brônquios
bronchiole ['brɒŋkɪəʊl] s. ANATOMIA bronquíolo
bronchitic [brɒŋ'kɪtɪk] adj. bronquítico
bronchitis [brɒŋ'kaɪtɪs] s. MEDICINA bronquite
bronchodilator [ˌbrɒŋkəʊdaɪ'leɪtə] s. FARMÁCIA broncodilatador
bronchopneumonia [ˌbrɒŋkəʊˌnjuː'məʊnɪə] s. MEDICINA broncopneumonia
bronchus ['brɒŋkəs] s. (pl. **bronchi**) ANATOMIA brônquio
bronco ['brɒŋkəʊ] s. (pl. **-s**) cavalo semi-selvagem da Califórnia
broncobuster ['brɒŋkəʊbʌstə] s. [EUA] domador de cavalos selvagens
brontometer [brɒn'tɒmɪtə] s. (meteorologia) brontómetro
brontosauri [ˌbrɒntə'zɔːrɪ] s. {pl. de **brontosaurus**}
brontosaurus [ˌbrɒntə'zɔːrəs] s. (pl. **-es** ou **-i**) brontossauro
bronze [brɒnz] Ⓐ s. 1 bronze; 2 (cor) bronze, cobre; 3 objecto de bronze Ⓑ adj. 1 de bronze; 2 acobreado Ⓒ v.tr. 1 bronzear; 2 dar cor de bronze a Ⓓ v.intr. 1 bronzear-se; 2 adquirir tons bronze ❖ ~ *casting* fundição de bronze; peça de bronze fundido; ~ *foundry* fundição de bronze; ~ *medal* medalha de bronze; ~ *medallist* medalhista de bronze; HISTÓRIA *the ~ Age* a Idade do Bronze
bronzing ['brɒnzɪŋ] s. bronzeamento
bronzy ['brɒnzɪ] adj. bronzeado
brooch [brəʊtʃ] s. (pl. **-es**) (alfinete) broche
brood [bruːd] Ⓐ s. 1 (aves) ninhada; 2 [coloq., fig.] filhos; prole, descendência; 3 [coloq., fig.] geração Ⓑ v.intr. 1 chocar; *the chicken was brooding* a galinha estava a chocar; 2 matutar [**about/on/over**, em]; *he kept on brooding over the matter* ele continuou a cismar no assunto ❖ ~ *hen* galinha choca
brooding ['bruːdɪŋ] Ⓐ adj. 1 absorto, pensativo; 2 melancólico; ~ *eyes* olhos profundos e melancólicos; 3 sonhador; 4 perturbante, pesado; ~ *atmosphere* atmosfera pesada Ⓑ s. cisma, meditação profunda
broody ['bruːdɪ] adj. (comp. **-ier**, superl. **-iest**) 1 (galinha) choca; 2 pensativo; 3 melancólico; 4 [coloq.] que está sempre a magicar; 5 [coloq.] (mulher) ansiosa por ter um filho
brook [brʊk] Ⓐ s. ribeiro; regato; arroio Ⓑ v.tr. tolerar; permitir
brooklet ['brʊklɪt] s. ribeiro; regato
broom [bruːm, brʊm] Ⓐ s. 1 vassoura; 2 BOTÂNICA giesta Ⓑ v.tr. varrer ❖ *new brooms sweep clean* a princípio todos trabalham bem; no princípio é sempre tudo muito bonito
broomrape ['bruːmreɪp] s. BOTÂNICA orobanca
broomstick ['bruːmstɪk] s. cabo de vassoura ❖ *to jump over the ~* viver com alguém
Bros. COMÉRCIO [abrev. de **brothers**]
brose [brəʊz] s. [Esc.] CULINÁRIA farinha de aveia com leite ou água a ferver
broth [brɒθ] s. CULINÁRIA caldo de carne ❖ [Irl.] ~ *of a boy* um bom rapaz; *too many cooks spoil the ~* muitos padeiros não fazem bom pão
brothel ['brɒθəl] s. bordel, prostíbulo
brother ['brʌðə] Ⓐ s. (pl. **brothers**) 1 irmão; *big ~* irmão mais velho; *little ~* irmão mais novo; 2 pl. **brothers** ou **brethren** irmão_fig_., confrade, colega; 3 amigo; 4 associado; 5 irmão de congregação religiosa Ⓑ interj. (surpresa, irritação) fogo!, caramba! ❖ ~ *in arms* irmão de armas; ~ *german* irmão germano; ~ *uterine* irmão uterino
brotherhood ['brʌðəhʊd] s. 1 irmandade; confraria; 2 fraternidade; laços fraternais; *the ~ of man* a fraternidade entre os homens
brother-in-law ['brʌðərɪnlɔː] s. cunhado
brotherlike ['brʌðəlaɪk] adj. fraternal
brotherliness ['brʌðəlɪnɪs] s. laços fraternais
brotherly ['brʌðəlɪ] Ⓐ adj. fraternal; ~ *love* amor fraternal, amor entre irmãos Ⓑ adv. fraternalmente
brougham ['bruːəm] s. carruagem de um cavalo
brought [brɔːt] prt. e part. pass. de **to bring**
brouhaha ['bruːhɑːhɑː] s. bruáá; agitação; rebuliço; excitação
brow [braʊ] s. 1 testa; 2 sobrancelha; 3 (monte, colina) cume; 4 borda de penhasco alcantilado; 5 NÁUTICA prancha (de embarque e desembarque) ❖ ~ *ague* enxaqueca; nevralgia; *to bend/crease/wrinkle/knit one's ~* franzir o sobrolho/a testa; *to mop/wipe one's ~* limpar o suor da testa
browbeat ['braʊbiːt] v.tr. (prt. **browbeat**, part. pass. **browbeaten**) 1 intimidar; amedrontar; 2 forçar [**into**, a]
browbeaten ['braʊbiːtən] part. pass. de **to browbeat**
brown [braʊn] Ⓐ adj. 1 (cor) castanho; ~ *eyes* olhos castanhos; 2 moreno; ~ *skin* pele morena; 3 pardo Ⓑ s. (cor) castanho Ⓒ v.tr. 1 acastanhar; 2 (Sol) bronzear; 3 CULINÁRIA alourar; *to ~ the onions* alourar a cebolas ❖ ~ *bread/rice* pão/arroz integral; ~ *coal* lignite; lenhite; MINERALOGIA ~ *haematite* hematite parda; ~ *paper* papel pardo; papel de embrulho; ~ *study* abstracção; devaneio; ~ *sugar* açúcar amarelo; açúcar mascavado; *as ~ as a berry* muito moreno; muito queimado
brownie ['braʊnɪ] s. 1 CULINÁRIA bolinho de chocolate; 2 diabrete, duende amigo; 3 membro das *Girl Guides* (entre os 8 e os 11 anos)
brownish ['braʊnɪʃ] adj. acastanhado
brownness ['braʊnnɪs] s. cor castanha
brownout ['braʊnaʊt] s. 1 MILITAR blackout parcial; 2 corte de energia parcial; 3 (perda de concentração) branca temporária
browse [braʊz] Ⓐ v.tr.,intr. 1 ZOOLOGIA pastar, comer folhas ou rebentos; 2 (livro, revista, etc.) ler, folheando as páginas por prazer; ler na diagonal; folhear; *he picked up a magazine and browsed through it for a while* ele pegou numa revista e folheou-a por

browser

uns instantes; **3** (loja) ver (os artigos) descontraidamente, dar uma vista de olhos; **4** INFORMÁTICA pesquisar Ⓑ s. **1** rebento; gomo; **2** leitura descontraída; leitura na diagonal; **3** vista de olhos

browser ['braʊzə] s. **1** cliente que entra numa loja só para dar uma vista de olhos; **2** INFORMÁTICA browser, navegador ❖ *browsers welcome* entrada livre na loja (sem obrigação de compra)

browsewood ['braʊzwʊd] s. pasto; rebento

brucellosis [bruːsɪˈləʊsɪs] s. MEDICINA brucelose

Bruin ['bruːɪn] s. (fábulas, contos, etc.) urso (personificação)

bruise [bruːz] Ⓐ s. **1** nódoa negra; pisadura; **2** (fruta) toque; **3** mossa; amolgadela Ⓑ v.tr. **1** pisar, magoar, ferir; **2** amolgar; **3** triturar, esmagar

bruised [bruːzd] adj. **1** magoado; ferido; **2** pisado; **3** [fig.] marcado negativamente; traumatizado

bruiser ['bruːzə] s. **1** [coloq.] brutamontes, matulão, latagão; **2** máquina de pisar, de triturar; **3** pugilista violento

bruisewater [bruːzˈwɔːtə] s. navio instável, que dança muito

bruising ['bruːzɪŋ] Ⓐ adj. (experiência) doloroso, traumatizante; *a ~ experience* uma experiência que deixa marcas Ⓑ s. pisaduras, nódoas negras

bruit [bruːt] Ⓐ s. **1** [arc.] boato, rumor; **2** [arc.] ruído Ⓑ v.tr. [arc.] divulgar; tornar conhecido

brumbie ['brʌmbɪ] s. [Austr.] [coloq.] ⇒ **brumby**

brumby ['brʌmbɪ] s. [Austr.] [coloq.] cavalo selvagem

brume [bruːm] s. [lit.] bruma

Brummagem ['brʌmədʒəm] s. **1** coisas baratas; **2** imitações feitas em Birmingham

brumous ['bruːməs] adj. [lit.] brumoso; invernoso

brunch [brʌntʃ] s. [coloq.] brunch, refeição de faca e garfo que substitui o pequeno-almoço e o almoço

brunette [bruːˈnet] adj.,s. morena

Brunswick ['brʌnzwɪk] s.top. Brunsvique

brunt [brʌnt] s. **1** golpe, embate, choque; **2** ímpeto; **3** parte pior ❖ *to bear the ~ of* aguentar; suportar

brush [brʌʃ] Ⓐ s. (pl. **-es**) **1** escova; **2** vassoura; **3** pincel; broxa; **4** escovadela, escovagem; **5** silvado; **6** toque ligeiro; **7** feixe de faíscas eléctricas; **8** escova (de gerador eléctrico); **9** cauda de raposa; **10** pequeno atrito, pequena questão Ⓑ v.tr.,intr. **1** escovar; **2** varrer; **3** pintar (com pincel); **4** roçar; **5** cardar ❖ *~ maker* escoveiro; fabricante de escovas; *~ holder* suporte de escova; *to give a ~ down* dar uma escovadela a; *to have a ~ with death/danger/...* viver uma situação perigosa; [cal.] *to have a ~ with sb* ter relações sexuais com alguém

◆**brush aside** v.tr. pôr de parte; ignorar

◆**brush away** v.tr. **1** limpar com escova; **2** sacudir com a mão; **3** (lágrimas) enxugar; **4** varrer

◆**brush down** v.tr. dar uma escovadela a

◆**brush off** v.tr. **1** limpar com escova; **2** sacudir; **3** enxotar; **4** (pessoa) tratar mal; mandar ir dar uma volta; mandar passear

◆**brush over** v.tr. **1** limpar com pincel; **2** dar uma pintadela a; **3** encobrir

◆**brush up (on)** v.intr. **1** pôr em dia; reciclar; **2** retocar; **3** aperfeiçoar

brush-off ['brʌʃɒf] s. [coloq.] humilhação ❖ *to get the ~* levar uma tampa; *to give sb the ~* mandar alguém passear

brushwood ['brʌʃwʊd] s. silvado, matagal

brushy ['brʌʃɪ] adj. coberto de mato

brusque [bruːsk, brʊsk] adj. brusco

brusquely ['bruːsklɪ] adv. com brusquidão

brusqueness ['brʊsknɪs] s. brusquidão

Brussels ['brʌslz] s.top. Bruxelas ❖ BOTÂNICA *~ sprouts* couves-de-bruxelas

brutal ['bruːtəl] adj. **1** brutal; **2** selvagem

brutality [bruːˈtælɪtɪ] s. (pl. **-ies**) brutalidade

brutalization [ˌbruːtəlaɪˈzeɪʃən] s. embrutecimento

brutalize ['bruːtəlaɪz] v.tr. embrutecer

brutalizing ['bruːtəˌlaɪzɪŋ] adj. **1** embrutecedor; **2** próprio de animais

brutally ['bruːtəlɪ] adv. com brutalidade, brutalmente

brute [bruːt] Ⓐ adj. **1** bruto; *~ force* força bruta; **2** (cruel) brutal; **3** animalesco; selvagem Ⓑ s. **1** (pessoa) bruto; **2** (animal) besta

brutish ['bruːtɪʃ] adj. **1** brutal; **2** bruto, animal; **3** [fig.] material, sensual; inferior

brutishly ['bruːtɪʃlɪ] adv. brutalmente; brutamente

brutishness ['bruːtɪʃnɪs] s. brutalidade

Brutus ['bruːtəs] s.antr. Bruto

bryologist [braɪˈɒlədʒɪst] s. briologista

bryology [braɪˈɒlədʒɪ] s. BOTÂNICA briologia

bryozoan [braɪəˈzəʊən] adj.,s. BIOLOGIA briozoário

BS [abrev. de Bachelor of Surgery]

BSA [abrev. de Birmingham Small Arms (Co.)]

BSc [abrev. de Bachelor of Science]

BSC [abrev. de British Steel Corporation]

BSE [abrev. de Bovine Spongiform Encephalopathy]

b.s.g.d.g. [abrev. de patented without government guarantee (breveté sans garantie du gouvernement)]

BSI [abrev. de British Standards Institution]

B-side ['biːsaɪd] s. MÚSICA lado B

BSL Ⓐ [abrev. de Botanical Society, London] Ⓑ [abrev. de British Sign Language]

BST Ⓐ [abrev. de British Summer Time] Ⓑ [abrev. de bovine somatotrophin]

Bt [abrev. de Baronet]

B-test [abrev. de breath-test]

BThU [abrev. de British Thermal Unit]

BTW (Internet, e-mail) [abrev. de by the way]

bub [bʌb] s. **1** [coloq.] rapaz; companheiro; **2** [coloq., depr.] otário

bubble ['bʌbəl] Ⓐ s. **1** bolha; **2** (sabão) bola; *soap ~* bola de sabão; *to blow bubbles* fazer bolas de sabão; **3** (gás em bebida) bolhinha; **4** [fig.] projecto arriscado, bico-de-obra; **5** (som) murmúrio da água Ⓑ v.tr.,intr. **1** borbulhar; fazer bolhas; **2** (rio) murmurar ❖ *~ bath* banho de espuma; *~ gum* pastilha elástica; *~ pack* pacote almofadado; (banda desenhada) *speech ~* balão; *to prick the ~* desmascarar a situação

◆**bubble over** v.intr. **1** (líquido) transbordar; **2** [fig.] sufocar [**with**, com]; *to ~ with laughter* sufocar com riso

bubbly ['bʌblɪ] Ⓐ adj. **1** (vinho) espumoso; **2** (bebida) com bolhinhas; **3** (pessoa) esfuziante, animado, efervescente fig. Ⓑ s. **1** (vinho) espumoso, espumante; **2** [coloq.] champagne

bubo ['bjuːbəʊ] s. (pl. **-es**) MEDICINA bubão

bubonic [bjuːˈbɒnɪk] adj. MEDICINA bubónico; *~ plague* peste bubónica

bubonocele [bʊˈbɒnəsiːl] s. MEDICINA bubonocele

buccal ['bʌkəl] adj. bucal

buccaneer [ˌbʌkəˈnɪə] Ⓐ s. pirata; corsário Ⓑ v.intr. fazer de pirata

Bucharest [ˌbuːkəˈrest] s.top. Bucareste

buck [bʌk] Ⓐ s. **1** ZOOLOGIA bode; **2** ZOOLOGIA gamo; **3** ZOOLOGIA (rena, antílope, coelho, canguru, etc.) macho; **4** [EUA] [coloq.] dólar; **5** DESPORTO (ginástica) cavalo; **6** [arc.] peralta; **7** cavalete; **8** armadilha para apanhar enguias; **9** lixívia Ⓑ v.tr.,intr. **1** (cavalo) corcovear, saltar com as costas arqueadas; **2** (coelho, lebre) copular; **3** passar a roupa por lixívia, fazer barrela; **4** opor-se a, resistir a, contrariar ❖ *~ cart* carro leve de quatro rodas; [EUA] [coloq.] *~ naked* nu; em pelota; *~ teeth* dentes salientes; [ant.] *old buck!* meu velho!; *to ~ the trend* ir contra a corrente; [EUA] [coloq.] *to look/feel like a million bucks* estar/sentir-se maravilhoso; *to pass the ~* atirar as culpas para outro

◆**buck up** Ⓐ v.tr. **1** animar; **2** encorajar Ⓑ v.intr. **1** animar-se; **2** ganhar coragem ❖ [GB] [coloq.] *buck up!* despacha-te!; [GB] [coloq.] *buck your ideas up!* vê lá se atinas!

bucket ['bʌkɪt] Ⓐ s. **1** balde; **2** êmbolo de bomba; **3** balde (de nora), alcatruz; **4** remada precipitada Ⓑ v.tr.,intr. **1** (cavalo) fatigar; **2** remar precipitadamente; **3** colocar/transportar num balde ❖ [coloq.] *by the ~* em grande quantidade; [coloq.] *to kick the ~* esticar o pernil

◆**bucket down** v.intr. [GB] [coloq.] chover torrencialmente

bucketful ['bʌkɪtfʊl] s. balde cheio ❖ (grande quantidade) *by the ~* às carradas

buckhorn ['bʌkhɔːn] s. chifre de veado

buckhound ['bʌkhaʊnd] s. determinada raça canina

buckle ['bʌkəl] Ⓐ s. **1** fivela; **2** deformação Ⓑ v.tr.,intr. **1** (fivela) apertar; afivelar; *his coat belt was buckled* ele trazia o cinto do casaco apertado; **2** (calor) deformar-se; *the rails buckled with the heat* os carris deformaram-se com o calor; **3** ceder; *his knees buckled* os joelhos dele cederam

◆ **buckle down** v.intr. dedicar-se [**to**, a] ❖ *to ~ to it* pôr mãos à obra
buckler ['bʌklə] s. broquel
buckling ['bʌklɪŋ] s. 1 CULINÁRIA arenque defumado; 2 varejamento
bucko ['bʌkəʊ] s. 1 [cal.] arruaceiro, desordeiro, rufião; 2 [Irl., EUA] [coloq.] rapaz; 3 [EUA] [coloq.] amigo, pá
buckram ['bʌkrəm] s. 1 (tecido) entretela; 2 rigidez; 3 força fictícia, falsa; 4 secura, aspecto pesadão
bucksaw ['bʌksɔ:] s. serra de mão, serrote
buckshee ['bʌkʃi:] Ⓐ adj. grátis; gratuito Ⓑ adv. grátis; gratuitamente Ⓒ s. MILITAR ração superior ao normal
buckshot ['bʌkʃɒt] s. chumbo grosso
buckskin ['bʌkskɪn] Ⓐ s. 1 pele de anta, de gamo, etc.; 2 camurça Ⓑ adj. (cor) amarelo acinzentado
buckwheat ['bʌkwi:t] s. trigo-mourisco
bucolic [bjʊ'kɒlɪk] Ⓐ adj. bucólico Ⓑ s. LITERATURA (poema) bucólica
bucolical [bjʊ'kɒlɪkəl] adj. ⇒ **bucolic**
bucolically [bjʊ'kɒlɪkəlɪ] adv. bucolicamente
bud [bʌd] Ⓐ v.tr.,intr. (particípios: -**dd**-) 1 germinar, florescer; 2 enxertar (de borbulha) Ⓑ s. botão; rebento ❖ *cotton ~* cotonete; *to nip sth in the ~* abafar algo à nascença
Budapest [bu:də'pest] s.top. Budapeste
Buddha ['bʊdə] s. Buda
buddhic ['bʊdɪk] adj. búdico
Buddhism ['bʊdɪzəm] s. RELIGIÃO budismo
Buddhist ['bʊdɪst] adj.,s. RELIGIÃO budista
budding ['bʌdɪŋ] Ⓐ s. 1 rebento; 2 enxerto de borbulha Ⓑ adj. 1 em botão; 2 [fig.] promissor, em ascensão; 3 [fig.] nascente
buddle ['bʌdəl] Ⓐ s. 1 (minas) separadora; 2 lavadouro de metais Ⓑ v.tr. separar, lavar (o minério)
buddy ['bʌdɪ] Ⓐ s. 1 [EUA, Can.] camarada; companheiro; 2 [EUA, Can.] pá Ⓑ v.intr. tornar-se amigo; *to ~ up to sb* tentar fazer amizade com alguém ❖ *~ movie* filme com dois amigos como personagens principais
budge [bʌdʒ] Ⓐ v.tr. 1 mover, agitar; 2 fazer mudar de opinião Ⓑ v.intr. 1 mover-se, mexer-se; *don't budge!* não te mexas!; 2 ceder, mudar de opinião [**on**, sobre]; *she will never ~ on that matter* ela nunca irá mudar de opinião sobre esse assunto
◆ **budge up** v.intr. afastar-se (no assento para dar lugar a mais um)
budgerigar ['bʌdʒərɪgɑ:] s. ZOOLOGIA periquito
budget ['bʌdʒɪt] Ⓐ s. 1 orçamento; *to draw up a ~* fazer um orçamento; 2 saco, taleigo, colecção (anedotas, notícias, papéis, etc.) Ⓑ adj. económico; barato; *~ prices* preços económicos Ⓒ v.tr.,intr. 1 orçamentar [**for**, para], fazer o orçamento [**for**, de]; *they are budgeting for the trip* eles estão a fazer o orçamento da viagem; 2 [fig.] (tempo, dinheiro) gerir ❖ *to be on a tight ~* ter fundos limitados; (assembleia) *to pass the ~* votar o orçamento
budgetary ['bʌdʒətrɪ] adj. orçamental; *~ accounting* contabilidade orçamental; *~ control* controlo orçamental
budgeting ['bʌdʒɪtɪŋ] s. orçamentação, previsões orçamentais
budgie ['bʌdʒɪ] s. ZOOLOGIA [coloq.] periquito
budless ['bʌdləs] adj. sem rebentos, sem botões
budlet ['bʌdlɪt] s. rebentozinho
buff [bʌf] Ⓐ s. 1 pele amarelada e aveludada de búfalo; 2 couro; 3 (cor) bege, cor de camurça; 4 disco de couro usado para polir; 5 [coloq.] entusiasta; adepto; aficionado; 6 perito; especialista; *he is a computer ~* ele é um ás em informática Ⓑ adj. 1 (cor) amarelo-claro, castanho-amarelado, cor de camurça, bege; 2 [coloq.] atraente, em forma Ⓒ v.tr. 1 polir; puxar o lustro a; 2 dar um aspecto aveludado a (couro) ❖ MILITAR *~ coat* gibão de couro grosso; (jogo) *blind man's ~* cabra-cega; [ant.] *in the ~* [fig.] nu; em pêlo; MILITAR *the Buffs* regimento de East Kent
buffalo ['bʌfələʊ] s. (pl. -**es**) ZOOLOGIA búfalo
buffer ['bʌfə] Ⓐ s. 1 amortecedor (de choques); 2 pára-choques; 3 regulador; 4 [depr.] (pessoa) fóssil; 5 INFORMÁTICA buffer, depósito, memória intermédia; 6 mó para polir Ⓑ v.tr. amortecer ❖ *~ spring* mola de choque; *~ state* estado-tampão; INFORMÁTICA *~ storage* memória-tampão

buffet[1] ['bʊfeɪ] s. 1 bar, bufete; 2 copo-d'água; 3 (móvel) aparador, bufete ❖ CULINÁRIA *cold ~* carnes frias; (comboio) *~ car* carruagem-restaurante
buffet[2] ['bʌfɪt] Ⓐ s. 1 sapatada, bofetada; 2 soco; 3 tamborete Ⓑ v.tr.,intr. 1 esbofetear; 2 socar; 3 ferir; 4 fustigar; *the wind buffeted the trees* o vento fustigava as árvores; 5 lutar
buffeting ['bʌfɪtɪŋ] s. vibração irregular
buffoon [bʌ'fu:n] Ⓐ s. 1 [depr.] palhaço; 2 [ant.] bufão; bobo Ⓑ v.intr. fazer de bobo ❖ *to play the ~* fazer de tolo
buffoonery [bʌ'fu:nərɪ] s. (pl. -**ies**) 1 palhaçadas; 2 farsa
bug [bʌg] Ⓐ s. 1 ZOOLOGIA percevejo; pulgão; 2 [EUA, Can.] insecto; bicho; 3 aparelho de escuta; 4 INFORMÁTICA bug, erro, defeito, falha; 5 [ant., coloq.] fanático; 6 [coloq.] (entusiasmo por alguma coisa) loucura geral, interesse obsessivo Ⓑ v.tr. (particípios: -**gg**-) 1 equipar com aparelho(s) de escuta; *even the lifts were bugged* até nos elevadores havia aparelhos de escuta; 2 escutar clandestinamente; 3 [EUA] [coloq.] chatear, irritar ❖ *big ~* manda-chuva; pessoa muito importante; *May ~* besouro; (interesse, entusiasmo) *to be bitten by a ~* ficar com o bichinho; *what's bugging him?* que bicho lhe mordeu?
bugaboo ['bʌgəbu:] s. 1 espantalho, papão, fantasma; 2 pesadelo
bugbear ['bʌgbeə] s. 1 espantalho, papão, fantasma; 2 [fig.] (coisa assustadora) pesadelo_fig._
bugger ['bʌgə] Ⓐ s. 1 [cal.] (ofensivo) paneleiro_cal_, sodomita, pederasta; 2 [cal.] (ofensivo) chato, peste, chaga; 3 [cal.] gajo, tipo; 4 ELECTRICIDADE instalador de aparelhos de escuta Ⓑ v.tr. 1 [cal.] (ofensivo) sodomizar, enrabar_cal_; 2 [cal.] (cansar) esgotar, acabar com; 3 [cal.] (estragar) lixar Ⓒ interjeição [vulg.] merda!
◆ **bugger off** v.intr. [cal.] pirar-se; pôr-se a andar; *bugger off!* desaparece!, põe-te a milhas!, desampara-me a loja!
◆ **bugger up** v.tr. (estragar) lixar
buggery ['bʌgərɪ:] s. [cal.] (ofensivo) sodomia
buggy ['bʌgɪ] Ⓐ s. (pl. -**ies**) 1 caleche, landau; 2 buggy; todo-o-terreno; 3 [EUA] carrinho de bebé Ⓑ adj. infestado de insectos
bugle ['bju:gəl] Ⓐ s. 1 MÚSICA bugle, corneta, cornetim; 2 conta de vidro; 3 BOTÂNICA búgula, erva-férrea Ⓑ v.tr.,intr. tocar cornetim
bugler ['bju:glə] s. corneteiro; tocador de cornetim
buglet ['bju:glɪt] s. corneta (de ciclista)
bugloss ['bju:glɒs] s. BOTÂNICA buglossa
buhl [bu:l] Ⓐ adj. embutido Ⓑ s. 1 obra de embutido; 2 embutido de metal, marfim, etc., com desenhos ornamentais
build [bɪld] Ⓐ v.tr.,intr. (prt. e part. pass. **built**) 1 construir; edificar; 2 levantar; 3 arquitectar Ⓑ s. 1 constituição física; 2 construção ❖ *the house is building* a casa está em construção
◆ **build in** v.tr. 1 integrar; 2 embutir; *the new shelves were built in* as prateleiras novas foram embutidas
◆ **build up** v.tr.,intr. 1 elogiar; publicitar; *the critics built up the new play* os críticos elogiaram a nova peça; 2 fortalecer-se; restabelecer-se; *after her illness she had to ~* após a doença teve de se fortalecer; 3 aumentar; *his confidence built up* a confiança dele aumentou; 4 (tensão, etc.) acumular-se; 5 edificar; construir; criar; *he built his fortune up from scratch* começou do nada até fazer fortuna
◆ **build up to** v.tr. 1 aproximar-se de; 2 preparar-se para; *she has been building up to the opening night* tem estado a preparar-se para a noite de estreia
builder ['bɪldə] s. 1 construtor; empreiteiro; 2 construtor de navios ❖ (empresa) *builder's* construtora; *builder's joinery* carpintaria
building ['bɪldɪŋ] s. 1 edifício; prédio; casa; 2 construção civil ❖ *~ block* (brinquedo) cubo; componente; peça; *~ contract* caderno de encargos; *~ industry* construção civil; *~ materials* materiais de construção; *~ permit* alvará de construção; *~ site* terreno de construção; obra; *~ society* cooperativa de habitação; sociedade de crédito imobiliário; *~ stone* pedra de construção; *~ workers* operários de construção civil; *~ yard* estaleiro
build-up ['bɪldʌp] s. 1 crescendo; intensificação; 2 subida; aumento; 3 crescimento; 4 acumulação; 5 MILITAR reunião; 6 cobertura publicitária
built [bɪlt] Ⓐ {prt. e part. pass. de **to build**} Ⓑ adj. 1 construído; 2 (pessoa) constituído; *to be solidly ~* ser bem constituído; *to be*

slightly ~ ser franzino, ter fraca constituição ❖ ~ *heritage* património arquitectónico
built-in [ˌbɪlt'ɪn] *adj.* 1 embutido, encastrado; ~ *cupboards* armários embutidos; 2 integrado; incorporado; 3 inerente
built-up [ˌbɪlt'ʌp] *adj.* 1 elevado; realçado; 2 com várias camadas; 3 (zona) densamente povoado ❖ ~ *area* povoação; área urbanizada
bulb [bʌlb] Ⓐ *s.* 1 BOTÂNICA bolbo; 2 ELECTRICIDADE lâmpada; 3 ampola; 4 reservatório de termómetro Ⓑ *v.intr.* 1 desenvolver-se em bolbo; 2 inchar ❖ ~ *lamp* lâmpada de incandescência; *the ~ of the eye* a menina do olho
bulbaceous [bʌl'beɪʃəs] *adj.* 1 bolboso; 2 abatatado; inchado
bulbous ['bʌlbəs] *adj.* 1 bolboso; 2 abatatado; ~ *nose* nariz abatatado
bulbul ['bʊlbʊl] *s.* 1 ZOOLOGIA bulbul; 2 rouxinol; 3 [fig.] cantor, vate, poeta
Bulg. [*abrev. de* Bulgaria]
Bulgaria [bʌl'geərɪə] *s.top.* Bulgária
Bulgarian [bʌl'geərɪən] *s.,adj.* búlgaro
bulge [bʌldʒ] Ⓐ *s.* 1 bojo; 2 barriga; 3 convexidade; 4 protuberância; 5 subida; aumento Ⓑ *v.intr.* 1 fazer bojo, ser saliente; estar inchado; 2 estar cheio [with, de]; estar a abarrotar [with, de]; *the room was bulging with children* a sala estava a abarrotar de crianças ❖ *to get the ~ on* conseguir vantagem sobre
bulged ['bʌldʒd] Ⓐ *prt. e part. pass. de* to bulge Ⓑ *adj.* 1 abaulado; 2 empolado
bulginess ['bʌldʒɪnɪs] *s.* protuberância
bulging ['bʌldʒɪŋ] Ⓐ *adj.* 1 protuberante, saliente; 2 inchado; 3 esbugalhado; 4 volumoso Ⓑ *s.* 1 bojo; 2 inchaço; 3 saliência
bulgy ['bʌldʒɪ] *adj.* protuberante; bojudo
bulimia [bʊ'lɪmɪə] *s.* MEDICINA bulimia
bulimic [bʊ'lɪmɪk] *adj.,s.* MEDICINA bulímico
bulk [bʌlk] Ⓐ *s.* 1 carga, capacidade; 2 volume, corpulência; 3 tamanho, grandeza, magnitude; 4 espessura dum livro excluída a capa; 5 (navio) porão; 6 a maior parte; o maior número Ⓑ *v.tr.,intr.* 1 parecer muito; 2 parecer volumoso ou importante; 3 importar em; 4 juntar; 5 (alfândega) calcular o peso do chá pelo volume ocupado ❖ ~ *production* produção em massa; ~ *tariff* tarifa fixa; *in* ~ em grandes quantidades; a granel; *to break* ~ começar a descarregar; *to ~ large* ocupar um lugar importante; *to sell in* ~ vender em grande quantidade; vender por atacado
bulkhead ['bʌlkhed] *s.* 1 tabique, divisória; 2 NÁUTICA antepara
bulkiness ['bʌlkɪnɪs] *s.* 1 volume; 2 abarrotamento
bulky ['bʌlkɪ] *adj.* (*comp.* -ier, *superl.* -iest) 1 avultado; volumoso; 2 grosso
bull [bʊl] Ⓐ *s.* 1 ZOOLOGIA touro; 2 ZOOLOGIA (baleia, elefante, etc.) macho; 3 ECONOMIA (mercado bolsista) especulador que tenta provocar a alta de preços; 4 RELIGIÃO bula; *papal ~* bula papal; 5 [coloq.] disparate; treta; aldrabice; 6 alvo; *to hit the* ~ atingir o alvo; 7 bebida feita de água passada por barril vazio de aguardente; 8 [cal.] agente policial; 9 [fig.] touro, homem volumoso e agressivo Ⓑ *v.tr.,intr.* 1 provocar alta de preços; *to ~ the market* provocar a subida dos preços; 2 forçar; investir como um touro; 3 [cal.] enganar, aldrabar; 4 [cal.] dizer disparates Ⓒ *interj.* [cal.] tretas!, nada disso! ❖ ~ *baiting* luta de touros com cães; ~ *calf* bezerro; (pessoa) inocente, simplório; ECONOMIA ~ *market* mercado em alta; [EUA] ~ *session* discussão informal; *like a ~ in a china shop* como um elefante numa loja de porcelanas; [cal.] *to sling/throw the* ~ exagerar; *to take the ~ by the horns* encarar de frente a dificuldade; pegar o touro pelos cornos
Bull [bʊl] *s.* ASTRONOMIA (constelação, signo) Touro
bullace ['bʊlɪs] *s.* BOTÂNICA abrunho
bulldog ['bʊldɒg] Ⓐ *s.* 1 ZOOLOGIA (cão) buldogue; 2 [fig.] pessoa tenaz e corajosa Ⓑ *v.tr.* (*particípios:* -gg-) ameaçar, intimidar ❖ [GB] (caderno, pasta) ~ *clip* mola
bulldoze ['bʊldəʊz] *v.tr.* 1 demolir com buldózer(es); 2 [coloq., fig.] intimidar; ameaçar; 3 [coloq.,fig.](coagir) forçar [into, a] ❖ *to ~ one's way through* abrir caminho aos empurrões
bulldozer ['bʊldəʊzə] *s.* buldózer
bullet ['bʊlət] *s.* 1 bala; 2 TIPOGRAFIA (lista) marca (de item) ❖ *to bite the ~* enfrentar a situação
bullet-head ['bʊlətˌhed] *s.* 1 [cal.] cabeçudo; 2 [cal.] pessoa teimosa, pessoa estúpida

bulletin ['bʊlɪtɪn] *s.* 1 boletim; *annual ~* boletim anual; 2 noticiário; *let's listen to the radio news* ~ vamos ouvir o noticiário da rádio; 3 comunicado oficial ❖ [EUA] ~ *board* placard informativo
bulletproof ['bʊlɪtpruːf] *adj.* 1 à prova de bala; ~ *vest* colete à prova de bala; 2 blindado; ~ *glass* vidro blindado; 3 [fig.] intocável; invulnerável
bullfight ['bʊlfaɪt] *s.* tourada; corrida de touros
bullfighter ['bʊlˌfaɪtə] *s.* toureiro
bullfighting ['bʊlˌfaɪtɪŋ] Ⓐ *s.* 1 tauromaquia; 2 toureio Ⓑ *adj.* tauromáquico
bullfinch ['bʊlfɪntʃ] *s.* (*pl.* -es) ZOOLOGIA pisco
bullhorn ['bʊlhɔːn] *s.* [EUA, Can.] megafone
bullion ['bʊlɪən] *s.* ouro ou prata em barra
bullish ['bʊlɪʃ] *adj.* 1 forte; 2 FINANÇAS com tendência altista, com tendência para a alta; ~ *market* mercado altista; ~ *tendency* tendência altista; 3 [fig.] optimista; 4 [fig.] impetuoso
bullock ['bʊlək] *s.* 1 vitelo; 2 boi castrado
bullring ['bʊlrɪŋ] *s.* arena; praça de touros
bull's-eye ['bʊlzaɪ] Ⓐ *s.* 1 centro do alvo; *to hit/score a ~* acertar no alvo; 2 NÁUTICA escotilha; 3 janela redonda Ⓑ *interj.* em cheio!
bullshit ['bʊlʃɪt] Ⓐ *s.* [cal.] tretas; asneiras; lérias; cantigas; *to talk ~* dizer disparates Ⓑ *v.tr.* [coloq., fig.] vir com cantigas para cima de Ⓒ *v.intr.* [coloq.,fig.] andar com tretas
bully ['bʊlɪ] Ⓐ *s.* (*pl.* -ies) 1 fanfarrão; 2 [coloq.] mandão; 3 arruaceiro, desordeiro; 4 tiranete; 5 carne enlatada; 6 (futebol, hóquei) rixa, escaramuça Ⓑ *adj.* [EUA] esplêndido; fantástico Ⓒ *v.tr.* 1 ameaçar; perseguir; oprimir; 2 intimidar; assustar; 3 coagir ❖ ~ *boy* brutamontes; rufião; [irón.] ~ *for you!* que bom para ti!; DESPORTO *to ~ off* iniciar o jogo de hóquei
bullying ['bʊlɪɪŋ] Ⓐ *s.* 1 ameaças; intimidação; 2 coacção; 3 brutalidades Ⓑ *adj.* 1 bruto; violento; 2 persecutório; 3 ameaçador
bullyrag ['bʊlɪˌræg] *v.tr.* (*particípios:* -gg-) arreliar; irritar
bulrush ['bʊlrʌʃ] *s.* (*pl.* -es) BOTÂNICA junco
bulwark ['bʊlwək] *s.* 1 baluarte; 2 paredão; 3 NÁUTICA amurada (de navio); 4 [fig.] pilar*fig*, sustentáculo; 5 [fig.] defesa
bum [bʌm] Ⓐ *s.* 1 [EUA] mendigo, vagabundo; sem-abrigo; 2 [GB] [coloq.] traseiro, rabo; 3 malandro, vadio; 4 fanático Ⓑ *adj.* 1 [coloq.] mau; inútil; 2 [coloq.] miserável; rasca, foleiro Ⓒ *v.intr.* (*particípios:* -mm-) 1 vaguear; 2 preguiçar; não fazer nada; pastar*coloq.* Ⓓ *v.tr.* 1 [coloq.] (pedir) cravar [**from**, a]; *to ~ a cigarette from sb* cravar um cigarro a alguém; 2 [cal.] chatear, incomodar ❖ [GB] ~ *bag* bolsa de trazer à cintura; [EUA] [cal.] ~ *steer* mau conselho
◆**bum around/about** Ⓐ *v.intr.* ⇒ **bum** Ⓑ *v.tr.* [coloq.] vaguear por
bum-bailiff ['bʌmˌbeɪlɪf] *s.* beleguim; aguazil
bumbershoot ['bʌmbəʃuːt] *s.* [EUA] [joc.] (guarda-chuva) chuço
bumble ['bʌmbəl] Ⓐ *v.intr.* 1 balbuciar; tartamudear; 2 andar aos tropeções; mover-se de forma desajeitada; 3 (abelha) zumbir Ⓑ *v.tr.* [coloq.] (incompetência) estragar, achavascar Ⓒ *s.* 1 erro, falha; 2 funcionário subalterno cheio de importância ❖ ~ *foot* inflamação na planta do pé
bumblebee ['bʌmbəlbiː] *s.* ZOOLOGIA zângão; abelhão
bumbledom ['bʌmbəldəm] *s.* burocratismo presumido
bumbling ['bʌmblɪŋ] *adj.* desastrado; trapalhão ❖ ~ *idiot* idiota chapado
bumbo ['bʌmbəʊ] *s.* ponche frio com rum
bumboat ['bʌmbəʊt] *s.* NÁUTICA barco de mercadorias
bumf [bʌmf] *s.* 1 [coloq., fig.] papelada; documentação inútil; 2 [coloq.] papel higiénico
bumfodder ['bʌmˌfɒdə] *s.* [coloq.] papel higiénico
bumfreezer ['bʌmˌfriːzə] *s.* VESTUÁRIO jaqueta
bummaree [ˌbʌmə'riː] *s.* intermediário no mercado de Billingsgate
bummed [bʌmd] *adj.* 1 [coloq.] triste, melancólico; 2 [coloq.] chateado ❖ [coloq.] ~ *out* em baixo; deprimido
bummer ['bʌmə] *s.* [coloq.] decepção; falhanço; chatice
bump [bʌmp] Ⓐ *s.* 1 inchaço, galo; *a ~ on the head* um galo na cabeça; 2 bossa, amolgadela; *the car has a big* ~ o carro tem uma grande amolgadela; 3 bossa craniana; 4 pancada; barulho; *I heard a ~ upstairs* ouvi um barulho lá em cima; 5 solavanco;

the bumps in the road os solavancos na estrada; **6** AERONÁUTICA poço de ar; **7** grito do botauro Ⓑ *v.tr.,intr.* **1** bater em; bater com; *to ~ one's head* bater com a cabeça; **2** chocar com; **3** NÁUTICA bater com a quilha no fundo; **4** [coloq.] dar um bate-cu; **5** (botauro) gritar Ⓒ *interj.* pum!
◆ **bump along** *v.intr.* (veículo) trepidar
◆ **bump into** *v.tr.* **1** esbarrar-se contra; **2** cruzar-se com; encontrar (alguém) por acaso
◆ **bump off** *v.tr.* [cal.] (matar) liquidar
◆ **bump up** *v.intr.* (preços) aumentar
bumper ['bʌmpə] Ⓐ *s.* **1** (automóvel) pára-choques; **2** copo cheio; **3** [fig.] qualquer coisa muito abundante; **4** (críquete) bola que ressalta e sobe Ⓑ *adj.* **1** enorme; *~ crop* colheita abundante; **2** a abarrotar; TEATRO *~ house* casa à cunha; **3** excepcional; sensacional ❖ *~ cars* carrinhos de choque; (revista) *~ issue* edição especial; MECÂNICA *~ jack* macaco; *~ sticker* autocolante (de automóvel)
bumper-to-bumper [ˌbʌmpətə'bʌmpə] *adj.,adv.* **1** (carros) em bicha; **2** (carros) em caravana ❖ *the traffic was ~ for several hours* o tráfego esteve congestionado durante várias horas
bumpiness ['bʌmpɪnɪs] *s.* irregularidade de piso, solavancos
bumping ['bʌmpɪŋ] *s.* **1** amortecimento; **2** pancada, choque
bumpkin ['bʌmpkɪn] *s.* rústico; campónio; saloio; parolo
bumptious ['bʌmpʃəs] *adj.* presumido, pretensioso
bumptiously ['bʌmpʃəslɪ] *adv.* presunçosamente, pretensiosamente
bumptiousness ['bʌmpʃəsnɪs] *s.* presunção; pretensão
bumpy ['bʌmpɪ] *adj.* (comp. **-ier**, superl. **-iest**) **1** irregular; desigual; com covas; **2** que provoca solavancos; **3** (voo) com turbulência; **4** agitado
bun [bʌn] *s.* **1** CULINÁRIA pão de leite com uvas passas; **2** CULINÁRIA bolo redondo; **3** puxo, cabelo penteado em rolo; **4** *pl.* [EUA] [cal.] nádegas ❖ *hot cross ~* bolo comido na Sexta-Feira Santa; *to have a ~ in the oven* estar grávida
bunch [bʌntʃ] Ⓐ *s.* (*pl.* **-es**) **1** (flores) ramo; ramalhete; *a ~ of flowers* um ramo de flores; **2** (uvas, bananas) cacho; **3** feixe; molho; **4** (pessoas) grupo; **5** DESPORTO (corridas, ciclismo) pelotão; **6** [coloq.] punhado (**of**, de); *a ~ of* um punhado de; **7** *pl.* (penteado) totós; *the little girl tied her hair in bunches* a menina fez totós Ⓑ *v.tr.,intr.* **1** arranjar em molhos, feixes ou ramos; **2** agrupar ❖ [coloq.] *~ of fives* punho fechado; *the best of a bad ~* o único que se aproveita; *the pick of the ~* o melhor entre os melhores
◆ **bunch together** *v.tr.,intr.* **1** juntar(-se); *they usually ~ every Sunday* eles geralmente juntam-se todos aos domingos; **2** agrupar(-se)
◆ **bunch up** *v.intr.* (sofá, etc.) apertar-se; estar(em) apertado(s) ❖ *~ a bit!* cheguem-se para lá!
bunched [bʌntʃt] *adj.* **1** corcunda; **2** em cachos
bunchy ['bʌntʃɪ] *adj.* **1** junto, acumulado; **2** corcunda
bunco ['bʌŋkəʊ] Ⓐ *s.* (*pl.* **buncoes**) [EUA] [cal.] burla, falcatrua, trapaça, vigarice Ⓑ *v.tr.* [EUA] [cal.] burlar
buncombe ['bʌŋkəm] *s.* **1** discurso oco e inútil; **2** disparates; **3** imposturice
bund [bʌnd] *s.* **1** calçada; **2** dique, cais
bundle ['bʌndəl] Ⓐ *s.* **1** trouxa, feixe; **2** fardo; **3** maço; **4** embrulho; pacote; **5** INFORMÁTICA (software e hardware) lote; **6** [coloq.] (muito dinheiro) fortuna, dinheirão; *to make a ~* ganhar um dinheirão Ⓑ *v.tr.* **1** atar num maço, num feixe; **2** empacotar; **3** INFORMÁTICA (software e hardware) integrar; **4** arrumar apressadamente; **5** afastar ❖ *to be a ~ of laughs* ser um ponto; *to be a ~ of nerves* estar uma pilha de nervos; *to go a ~ on...* gostar muito de...
◆ **bundle into** *v.tr.* empurrar para; atirar para; arremessar para
◆ **bundle off** *v.tr.* (pessoa) mandar [**to**, para]; despachar [**to**, para]
◆ **bundle up** *v.tr.* **1** juntar; enfeixar; **2** agasalhar; *to ~ well* agasalhar-se bem
bundleman ['bʌndəlˌmən] *s.* (*pl.* **-men**) NÁUTICA marinheiro casado
bundling ['bʌndlɪŋ] *s.* **1** empacotamento; **2** enfardamento; **3** INFORMÁTICA integração ❖ *~ machine* enfardadeira
bundook [bʌn'duːk] *s.* [coloq.] espingarda
bung [bʌŋ] Ⓐ *s.* **1** (rolha) batoque; **2** [coloq.] mentira Ⓑ *v.tr.* **1** tapar; rolhar; pôr batoque em; *they bunged the bottle* eles taparam a garrafa; **2** [coloq.] pôr; pousar; **3** [GB] [coloq.] atirar [**in**, para]; enfiar [**in**, em]; *I just bunged the toys into the trunk* atirei com os brinquedos para dentro da arca
◆ **bung up** *v.tr.* entupir; (canos, nariz) *to be bunged up* estar entupido; *my nose is bunged up* tenho o nariz entupido
bungaloid ['bʌŋɡəlɔɪd] Ⓐ *s.* [depr.] amontoados de bangalós Ⓑ *adj.* **1** [depr.] com bangalós; **2** [depr.] com ar de bangaló
bungalow ['bʌŋɡəˌləʊ] *s.* bangaló
bungee ['bʌndʒɪ] *s.* corda de material elástico ❖ DESPORTO *~ jumping* bungee-jumping
bungee-jump ['bʌndʒɪdʒʌmp] *v.intr.* DESPORTO fazer bungee-jumping; praticar bungee-jumping
bunghole ['bʌŋhəʊl] *s.* (orifício) batoque
bungle ['bʌŋɡəl] Ⓐ *s.* [coloq.] engano; confusão Ⓑ *v.tr.,intr.* **1** fazer mal, estragar; **2** executar sem gosto; **3** atrapalhar-se, confundir tudo ❖ *stop bungling things!* pára de armar confusão!
bungler ['bʌŋɡlə] *s.* trapalhão; desastrado
bungling ['bʌŋɡlɪŋ] Ⓐ *adj.* desastrado; trapalhão; atabalhoado Ⓑ *s.* trapalhada; atabalhoamento
bunion ['bʌnjən] *s.* joanete
bunk [bʌŋk] Ⓐ *s.* **1** tarimba; **2** beliche; *~ beds* beliches; **3** [coloq.] tretas; palavreado inútil Ⓑ *v.intr.* pôr-se a andar; eclipsar-se Ⓒ *v.intr.* (fora de casa) dormir ❖ [coloq.] *to do a ~* pisgar-se; pôr-se a milhas
bunker ['bʌŋkə] Ⓐ *s.* **1** MILITAR bunker, abrigo subterrâneo; **2** contentor; **3** DESPORTO (golfe) obstáculo; **4** NÁUTICA (navio) carvoeira, paiol Ⓑ *v.tr.* **1** colocar em contentor; **2** DESPORTO (golfe) atingir (obstáculo) ❖ *to be bunkered* ser encurralado; ficar num beco sem saída
bunkhouse ['bʌŋkˌhaʊs] *s.* [EUA] dormitório
bunkum ['bʌŋkəm] *s.* [coloq.] palavreado tolo; tretas; patetices
bunny ['bʌnɪ] *s.* (*pl.* **-ies**) **1** coelhinho; **2** [Austr.] [coloq.] (pessoa ingénua) anjinho ❖ *~ hug* dança de salão americana
Bunsen burner [ˌbʌnsən'bɜːnə] *s.* FÍSICA, QUÍMICA bico de Bunsen
bunt [bʌnt] Ⓐ *s.* **1** cavidade; **2** NÁUTICA (rede, vela, etc.) bojo; **3** (do trigo) gorgulho Ⓑ *v.intr.* NÁUTICA fazer bojo ❖ *bunting iron* tubo de ferro com que se sopra o vidro
bunting ['bʌntɪŋ] *s.* **1** pano de lã (para bandeiras); **2** embandeiramento; **3** decoração de panos, bandeiras, etc., em ruas; **4** filete; **5** ZOOLOGIA verdelhão; **6** camarão cinzento
buntline ['bʌntlaɪn] *s.* NÁUTICA briol, cabo que ao ser alado leva a esteira ao gurutil, auxiliando o carregar da vela
buoy [bɔɪ] Ⓐ *s.* **1** NÁUTICA baliza; marca; **2** bóia salva-vidas Ⓑ *v.tr.* **1** balizar com bóias; **2** fazer boiar, flutuar; **3** manter elevado; estabilizar; **4** [fig.] encorajar, animar ❖ NÁUTICA (âncora) *~ rope* arinque; *life ~* bóia salva-vidas; *to stream the ~* lançar a bóia ao mar
◆ **buoy up** *v.tr.* **1** pôr a flutuar; **2** [fig.] encorajar; animar
buoyage ['bɔɪɪdʒ] *s.* balizagem
buoyancy ['bɔɪənsɪ] *s.* **1** capacidade de flutuação, flutuabilidade; **2** força ascensional; *negative ~* força ascensional negativa; **3** optimismo; bom humor; vitalidade; **4** (economia, mercado) estabilidade; tendência altista
buoyant ['bɔɪənt] *adj.* **1** leve, flutuante; **2** vivo, alegre; optimista; **3** FINANÇAS (mercado, economia) estável; em alta; com tendência altista
buoyantly ['bɔɪəntlɪ] *adv.* **1** levemente; **2** com alegria, com vivacidade; com optimismo
BUP [abrev. de British United Press]
bur [bɜː] Ⓐ *s.* **1** BOTÂNICA (certas plantas) ouriço; **2** maçador; **3** broca dos dentistas Ⓑ *v.tr.* (*particípios:* **-rr-**) cardar (o pano)
burble ['bɜːbəl] Ⓐ *v.intr.* **1** murmurar; **2** ferver (de raiva); **3** gaguejar (de alegria) Ⓑ *s.* murmúrio
burbot ['bɜːbət] *s.* ZOOLOGIA (peixe) lota
burden ['bɜːdən] Ⓐ *s.* **1** fardo; carga; **2** NÁUTICA (navio) tonelagem; **3** destino; **4** estribilho; coro de canção; *the ~ of a song* o estribilho duma canção; **5** (livro, discurso, poema) substância; tema Ⓑ *v.tr.* **1** carregar; sobrecarregar; **2** tributar; **3** oprimir ❖ DIREITO *~ of proof* ónus da prova; *to be a ~ to sb* ser um fardo para alguém
burdensome ['bɜːdənsəm] *adj.* pesado; oneroso; opressivo
burdock ['bɜːdɒk] *s.* BOTÂNICA bardana

bureau [bjʊˈrəʊ, ˈbjʊərəʊ] s. 1 (móvel) secretária; 2 [EUA] escritório; 3 [EUA] agência; 4 [EUA] departamento do estado; 5 [EUA] serviço; 6 [EUA] cómoda
bureaucracy [bjʊˈrɒkrəsɪ] s. (pl. -ies) burocracia
bureaucrat [ˈbjʊərəʊˌkræt] s. burocrata
bureaucratic [ˌbjʊərəˈkrætɪk] adj. burocrático
bureaucratically [ˌbjʊərəˈkrætɪkəlɪ] adv. burocraticamente
bureaucratism [bjʊˈrɒkrətɪzəm] s. burocratismo
bureaucratize [ˌbjʊˈrɒkrətaɪz] v.tr. burocratizar
burette [bjʊˈret] s. QUÍMICA bureta
burg [bɜːg] s. ⇒ borough
burgee [ˈbɜːdʒiː] s. 1 pequena flâmula usada em iates; 2 bandeira de armador
burgeon [ˈbɜːdʒən] Ⓐ s. botão, rebento de árvore Ⓑ v.intr. 1 BOTÂNICA deitar rebentos, rebentar; 2 [fig.] florescer_fig_, expandir-se, crescer, desenvolver-se
burgeoning [ˈbɜːdʒənɪŋ] adj. 1 em botão, em flor; 2 florescente_fig_, em expansão, em crescimento, em desenvolvimento; 3 em ascensão
burger [ˈbɜːgə] s. CULINÁRIA hambúrguer
burgess [ˈbɜːdʒɪs] s. (pl. -es) 1 burguês, habitante de burgo com regalias; 2 representante no parlamento de burgo ou universidade
burgh [ˈbʌrə] s. burgo escocês com carta régia
burgher [ˈbɜːgə] s. cidadão, burguês (sobretudo de cidades estrangeiras)
burglar [ˈbɜːglə] s. (casas com donos ausentes, lojas fechadas) ladrão ❖ ~ alarm alarme anti-roubo
burglarious [bɜːˈgleərɪəs] adj. relativo a roubo, assalto, arrombamento
burglariously [bɜːˈgleərɪəslɪ] adv. com arrombamento
burglarize [ˈbɜːgləraɪz] v.tr. [EUA] assaltar
burglarproof [ˈbɜːgləpruːf] adj. anti-roubo
burglary [ˈbɜːglərɪ] s. (pl. -ies) (casas com donos ausentes, lojas fechadas) assalto, roubo
burgle [ˈbɜːgəl] v.tr. (casas com donos ausentes, lojas fechadas) assaltar
burgomaster [ˈbɜːgəʊˌmɑːstə] s. burgomestre
burgoo [bɜːˈguː] s. NÁUTICA [coloq.] papa de aveia
Burgundian [bɜːˈgʌndɪən] adj.,s. borgonhês
burgundy [ˈbɜːgəndɪ] Ⓐ s. 1 vinho de Borgonha; 2 (cor) bordeaux Ⓑ adj. (cor) bordeaux
Burgundy [ˈbɜːgəndɪ] s.top. Borgonha
burial [ˈberɪəl] s. 1 enterro; funeral; 2 [arc.] campa, túmulo ❖ ~ ground cemitério; ARQUEOLOGIA ~ mound túmulo; ~ service serviço fúnebre; ~ solemnities exéquias; ~ vault cripta
burin [ˈbjʊərɪn] s. buril
burka [ˈbɜːka] s. VESTUÁRIO burka
burke [bɜːk] v.tr. 1 abafar; encobrir; 2 fazer calar; 3 fugir a (assunto, pergunta); 4 (matar); suprimir
burkha [ˈbɜːka] s. ⇒ burka
burl [bɜːl] Ⓐ s. (lã) nó Ⓑ v.tr. tirar os nós
burlap [ˈbɜːlæp] Ⓐ s. serapilheira; aniagem; linhagem Ⓑ v.tr. envolver em linhagem, serapilheira
burlesque [bɜːˈlesk] Ⓐ adj. burlesco; caricatural Ⓑ s. 1 (estilo) burlesco; 2 paródia; farsa; 3 [EUA] revista teatral de género popular Ⓒ v.tr. parodiar; ridicularizar
burliness [ˈbɜːlɪnɪs] s. corpulência
burly [ˈbɜːlɪ] adj. (comp. -ier, superl. -iest) corpulento; entroncado
Burma [ˈbɜːmə] s.top. Birmânia
Burmah [ˈbɜːmə] s.top. ⇒ Burma
Burman [ˈbɜːmən] s. (pl. -s) birmane, birmanês
Burmese [bɜːˈmiːz] Ⓐ adj. birmanês Ⓑ s. (pessoa, língua) birmanês Ⓒ s.pl. the ~ os birmaneses
burn [bɜːn] Ⓐ s. 1 queimadura; 2 escaldadela; 3 [Esc.] regato Ⓑ v.tr.,intr. (prt. e part. pass. **burnt**, às vezes **burned**) 1 queimar; consumir pelo fogo; 2 cauterizar; 3 arder; [fig.] his cheeks were burning tinha a cara a arder; [fig.] he was burning with enthusiasm ele estava a transbordar de entusiasmo; 4 escaldar; this tea burns este chá está a escaldar; 5 iluminar; 6 brilhar ❖ burned lime cal apagada; (jogos infantis) burning! a escaldar!; money burns a hole in his pocket não pode ter dinheiro com ele; to be burnt alive ser queimado vivo; to ~ one's boats queimar os últimos cartuchos; to ~ the midnight oil trabalhar até altas horas; queimar as pestanas; to ~ the candle at both ends trabalhar dia e noite; trabalhar de mais; to ~ to ashes reduzir a cinzas
◆ **burn away** Ⓐ v.tr. (chamas) consumir Ⓑ v.intr. 1 consumir-se; 2 continuar a arder
◆ **burn down** Ⓐ v.tr. reduzir a cinzas Ⓑ v.intr. arder; ser destruído pelo fogo
◆ **burn in** v.tr. gravar a fogo
◆ **burn out** v.intr. 1 extinguir-se; apagar-se 2 (lâmpada) fundir; 3 gastar-se; esgotar-se
◆ **burn up** Ⓐ v.intr. 1 arder; ser destruído pelo fogo; 2 (pessoa) estar cheio de calor Ⓑ v.tr. (combustível) consumir ❖ to be burning up with fever estar a arder em febre
burned-out [ˌbɜːntˈaʊt] adj. 1 (queimado) carbonizado, calcinado; 2 [fig.] (pessoa) esgotado
burner [ˈbɜːnə] s. 1 bico de gás; 2 bico de lâmpada ❖ to put sth on the back ~ colocar alguma coisa em segundo plano
burnet [ˈbɜːnɪt] s. BOTÂNICA pimpinela
burning [ˈbɜːnɪŋ] Ⓐ adj. 1 em chamas; ardente; 2 aceso; 3 que queima; 4 (calor) abrasador; 5 (desejo) ardente; 6 [fig.] (questão) candente, premente, importante e urgente Ⓑ s. 1 incineração; 2 incêndio; 3 queimadura; 4 inflamação; 5 ardência, ardor ❖ ~ glass lente convexa para queimar; ~ mirror espelho ustório; ~ oil óleo combustível; ~ point ponto de inflamação
burnish [ˈbɜːnɪʃ] Ⓐ v.tr.,intr. 1 polir; dar lustro a; 2 ficar com lustro; 3 desenvolver-se, crescer Ⓑ s. lustro
burnisher [ˈbɜːnɪʃə] s. 1 polidor; 2 brunidor
burnous [bɜːˈnuːs] s. albornoz
burnout [ˈbɜːnaʊt] s. 1 esgotamento; desgaste; 2 pessoa esgotada
burnt [bɜːnt] {prt. e part. pass. de to burn} ❖ ~ brick tijolo cozido; ~ claret vinho quente; ~ steel aço queimado; a ~ child dreads the fire gato escaldado de água fria tem medo
burnt-out [ˌbɜːntˈaʊt] adj. 1 (queimado) carbonizado, calcinado; 2 [fig.] (pessoa) esgotado
burp [bɜːp] Ⓐ v.intr. arrotar Ⓑ v.tr. fazer arrotar; to ~ the baby fazer o bebé arrotar Ⓒ s. arroto
burr [bɜː] Ⓐ s. 1 ⇒ bur; 2 halo (em volta de astro); 3 (metal) rebarba, rebarba de fundição; 4 cardo; 5 pedra de amolar; 6 rocha silicosa empregada para mós de moinho; 7 o R gutural Ⓑ v.tr.,intr. 1 pronunciar o R gutural; 2 falar com articulação pouco clara; 3 (roda, mecanismo) fazer barulho; 4 rebarbar
burring [ˈbɜːrɪŋ] s. formação de rebarbas ❖ ~ machine cardadeira
burrito [bəˈriːtəʊ] s. CULINÁRIA (comida mexicana) burrito
burrow [ˈbʌrəʊ] Ⓐ s. toca; cova; lura Ⓑ v.tr.,intr. 1 escavar uma toca; 2 escavar; cavar; the dog burrowed a hole o cão fez um buraco; 3 (investigar) vasculhar, remexer [into, em]; to ~ into the past remexer no passado; 4 desaparecer
burrower [ˈbʌrəʊə] s. animal que faz luras
bursar [ˈbɜːsə] s. 1 (universidade) tesoureiro; 2 bolseiro; 3 administrador
bursarship [ˈbɜːsəʃɪp] s. 1 funções, cargo de tesoureiro ou administrador; 2 bolsa de estudo
bursary [ˈbɜːsərɪ] s. (pl. -ies) 1 tesouraria; 2 bolsa de estudo; 3 administração
bursitis [bɜːˈsaɪtɪs] s. MEDICINA higroma
burst [ˈbɜːst] Ⓐ s. 1 explosão; 2 rebentamento; 3 estouro Ⓑ v.tr.,intr. (prt. e part. pass. **burst**) 1 rebentar; estourar; explodir; 2 irromper; 3 fazer saltar ❖ ~ of applause salva de palmas; ~ of tears crise de lágrimas; to ~ asunder romper-se; quebrar em dois; to ~ one's sides rebentar de riso; to ~ upon the wing levantar voo; começar a voar; to ~ with laughter rebentar de riso
◆ **burst in** v.intr. entrar subitamente
◆ **burst in on/upon** v.tr. interromper bruscamente; irromper por; she burst in on the meeting irrompeu pela reunião
◆ **burst into** v.tr. 1 começar subitamente a; to ~ bloom começar a florir; to ~ flames começar a arder, irromper em chamas; 2 desatar a; to ~ tears/laughter desatar a chorar/rir; 3 (espaço) irromper por; entrar com violência em
◆ **burst open** Ⓐ v.intr. abrir-se de repente Ⓑ v.tr. arrombar (uma porta)

◆**burst out** Ⓐ *v.tr.* desatar a; começar a; *he ~ crying* desatou a chorar Ⓑ *v.intr.* **1** exclamar; **2** sair precipitadamente [**of**, de]; *he ~ of the room* saiu precipitadamente do quarto
◆**burst up** *v.intr.* **1** rebentar; **2** ir ao ar; **3** falir
bursting ['bɜːstɪŋ] Ⓐ *adj.* **1** muito cheio; **2** prestes a rebentar Ⓑ *s.* **1** explosão; *~ of a boiler* explosão duma caldeira; **2** rebentamento; *~ of a pipe* rebentamento de tubo/canalização; **3** ruptura ❖ *~ charge* carga explosiva; *~ point* ponto de explosão; *to be ~ at the seams* estar a rebentar pelas costuras; *to be ~ of impatience* estar a arder de impaciência; *to be ~ to* estar cheio de vontade de
burthen ['bɜːðən] *s.* [arc.] ⇒ **burden**
Burundian [bəˈrʊndɪən] Ⓐ *adj.* burundiano, do Burundi Ⓑ *s.* burundiano, habitante ou natural do Burundi
bury ['berɪ] *v.tr.* **1** sepultar; enterrar; **2** ocultar ❖ *~ the hatchet* fazer as pazes; *to ~ oneself in one's work* deixar-se absorver pelo trabalho; *to ~ one's head in the sand* enterrar a cabeça na areia; fechar os olhos à realidade; *to live to ~ sb* sobreviver a alguém; *to be buried in thought* estar absorto em pensamentos
burying ['berɪɪŋ] *s.* enterro, enterramento ❖ *~ ground/place* cemitério
bus [bʌs] Ⓐ *s.* (*pl.* **-es** ou **-ses**) **1** autocarro; *by ~* de autocarro; **2** [coloq.] (veículo) traquitana*joc.* Ⓑ *v.tr.* transportar de autocarro ❖ (autocarro) *~ conductor* revisor; *~ driver* condutor do autocarro; *~ lane* faixa de autocarros; *~ pass* passe de autocarro; *~ stop* paragem de autocarro; *to miss the ~* perder uma oportunidade; falhar
busboy ['bʌsbɔɪ] *s.* [EUA] (restaurante, café) ajudante de empregado de mesa
busby ['bʌzbɪ] *s.* (*pl.* **-ies**) barrete de peles (dos hussardos)
bush [bʊʃ] Ⓐ *s.* (*pl.* **-es**) **1** BOTÂNICA arbusto; **2** moita, silvado, matagal; bosque; **3** cabelo ou barba espessa, tufo; **4** [arc.] ramo posto à porta das tabernas; **5** [GB] MECÂNICA casquilho, bronze; forro metálico Ⓑ *v.tr.* **1** guarnecer de arbustos; **2** crescer como um arbusto; **3** fechar com grade feita de arbustos; **4** [GB] MECÂNICA (automóvel) colocar bronzes ou casquilhos em ❖ ZOOLOGIA *~ baby* gálago; *~ bean* feijão branco; AGRICULTURA *~ harrow* grade; sebe feita de arbustos, AGRICULTURA *~ hook* podoa; [joc.] *~ telegraph* cusquice; boatos; *a bird in the hand is worth two in the ~* mais vale um pássaro na mão que dois a voar; *to beat about/around the ~* andar com rodeios; não dizer as coisas directamente
Bush. Ⓐ [*abrev. de* bushel] Ⓑ [*abrev. de* bushels]
bushed ['bʊʃt] *adj.* **1** perdido no mato; **2** [fig.] desorientado; **3** [coloq.] exausto, esgotado
bushel ['bʊʃəl] *s.* medida de capacidade (= 8 galões, ou seja, 36,48 litros) ❖ *bushels of* grande quantidade de; *to hide one's light under a ~* não mostrar o que se vale; *to measure others' corn by one's own ~* julgar os outros por nós
bushfighter ['bʊʃfaɪtə] *s.* guerrilheiro
bushiness ['bʊʃɪnɪs] *s.* bosque, moita cerrada
bushing ['bʊʃɪŋ] *s.* MECÂNICA bronze, casquilho; *antifriction ~* casquilho antifricção
bushman ['bʊʃmən] *s.* (*pl.* **-men**) boxímane
bushranger ['bʊʃˌreɪndʒə] *s.* foragido que vive na floresta
bushwhack ['bʊʃwæk] *v.intr.* abrir caminho através de bosques
bushwhacker ['bʊʃˌwækə] *s.* **1** pioneiro, desbravador de floresta ou sertão; **2** salteador da floresta
bushy ['bʊʃɪ] *adj.* **1** cerrado; denso; cheio de arbustos; *~ forest* floresta cerrada; **2** (vegetação, cabelo, sobrancelhas) espesso
busily ['bɪzɪlɪ] *adv.* energicamente; activamente; diligentemente
business ['bɪznɪs] *s.* (*pl.* **-es**) **1** negócio; *this firm does ~ with Europe* esta empresa tem negócios na Europa; **2** comércio; **3** estabelecimento comercial, loja; *she owns a flower ~* ela tem uma loja de flores; **4** profissão; ocupação; cargo; emprego; ofício; **5** assunto; **6** obrigação, dever; **7** TEATRO mímica ❖ *~ card* cartão de visita; *~ centre* centro de negócios; *~ consultant* assessor de empresas; *~ hours* horário de expediente; *~ letter* carta comercial; *~ lunch* almoço de trabalho; *~ relations* relações comerciais; *~ studies* estudos empresariais; *~ trip* viagem de negócios; *~ is ~* amigos amigos, negócios à parte; *I mean ~* estou a falar a sério; *let's talk about ~ now!* vamos ao que interessa!; *mind your own business!* mete-te na tua vida!; *on ~* em trabalho; em negócios; *piece of ~* operação comercial; *that's not your ~/that's no ~ of yours* isso não é da tua conta; *they had no ~ to talk like that* eles não tinham o direito de falar assim; (empresa) *to be in ~* estar em actividade; *to be the ~* ser excelente; *to get to ~* tratar do que importa; *to have no ~ to* não ter nada que; *to set up in ~ as* estabelecer-se comercialmente como
business-like ['bɪznɪslaɪk] *adj.* **1** prático, metódico; **2** eficiente; **3** profissional; **4** preciso; **5** formal; **6** sério
businessman ['bɪznɪsˌmən] *s.m.* (*pl.* **businessmen**) homem de negócios; empresário
business-to-business [ˌbɪznɪstəˈbɪznɪs] Ⓐ *s.* COMÉRCIO transacções entre organizações (comerciais) Ⓑ *adj.* COMÉRCIO transaccionado entre organizações (comerciais)
businesswoman ['bɪznɪsˌwʊmən] *s.* (*pl.* **businesswomen**) mulher de negócios; empresária
busk [bʌsk] Ⓐ *v.intr.* (artistas) actuar na rua Ⓑ *s.* vareta (de espartilho) Ⓒ *v.tr.* pôr varetas (em espartilhos)
busker ['bʌskə] *s.* artista de rua
buskin ['bʌskɪn] *s.* [ant.] coturno, borzeguim ❖ *to put on the ~* escrever ou representar tragédias
busman ['bʌsmən] *s.* (*pl.* **-men**) **1** condutor de autocarros; **2** cocheiro ❖ *a ~ holiday* férias passadas a trabalhar
buss [bʌs] Ⓐ *s.* (*pl.* **-es**) beijo Ⓑ *v.tr.*,*intr.* beijar
bust [bʌst] Ⓐ *s.* **1** ANATOMIA peito de mulher, busto; **2** ARTES PLÁSTICAS (escultura) busto; **3** FINANÇAS [coloq.] falência, bancarrota; **4** (polícia) rusga; **5** [coloq.] farra, festança; **6** [EUA] [coloq.] fiasco, falhanço; **7** [EUA] [coloq.] murro, golpe Ⓑ *adj.* **1** [coloq.] falido; **2** [coloq.] estragado, danificado, lixado*coloq.* Ⓒ *v.tr.* **1** [coloq.] dar cabo de, estragar, lixar*coloq.*; **2** rebentar com; **3** FINANÇAS [coloq.] levar à falência; **4** [coloq.] (polícia) fazer rusga em; **5** [coloq.] (polícia) prender; **6** (polícia) desmantelar; **7** [EUA, Can.] MILITAR despromover, baixar de posto; **8** [EUA] [coloq.] esmurrar, golpear Ⓓ *v.intr.* **1** [coloq.] estragar-se; **2** [coloq.] rebentar; **3** [coloq.] ir à falência ❖ *to ~ one's ass (doing sth)* matar-se a trabalhar (para alguma coisa); *to go ~* ir à falência
◆**bust out** *v.intr.* evadir-se; fugir; *to ~ of jail* fugir da cadeia
◆**bust up** *v.tr.*,*intr.* (relação, casamento) romper; acabar
bustard ['bʌstəd] *s.* ZOOLOGIA abetarda
buster ['bʌstə] *s.* **1** [EUA, Can.] [coloq., joc.] figurão, maganão; **2** [EUA, Can.] domador de cavalos selvagens; **3** destruidor
bustle ['bʌsəl] Ⓐ *s.* **1** azáfama; bulício; grande actividade; **2** alarido Ⓑ *v.intr.* mexer-se; afadigar-se; andar atarefado ❖ *to be bustling with* estar cheio de
◆**bustle about** *v.intr.* andar muito atarefado de um lado para o outro
bustling ['bʌslɪŋ] Ⓐ *adj.* **1** movimentado, animado; **2** muito concorrido; **3** barulhento Ⓑ *s.* rebuliço, agitação ❖ *~ with life* cheio de vida; muito animado
bust-up ['bʌstʌp] *s.* (*pl.* **bust-ups**) **1** [coloq.] luta, rixa; **2** [coloq.] (relação) ruptura, separação
busy ['bɪzɪ] Ⓐ *adj.* (*comp.* **-ier**, *superl.* **-iest**) **1** ocupado; activo; atarefado; **2** movimentado; agitado; concorrido; *this is a very ~ street* esta rua é muito movimentada Ⓑ *v.tr.* ocupar Ⓒ *v.refl.* ocupar-se; dedicar-se; *I'm busying myself organizing my library* estou a dedicar-me a organizar a minha biblioteca ❖ (telefone) *~ signal* sinal de ocupado; *I'm ~ now* agora não posso; [EUA] [coloq.] *to get ~* pôr mãos à obra
busybody ['bɪzɪˌbɒdɪ] *s.* (*pl.* **-ies**) intrometido; metediço
busyness ['bɪzɪnɪs] *s.* ocupação, actividade, diligência
but [bət, bʌt] Ⓐ *conj.* mas, não obstante Ⓑ *prep.* excepto, sem Ⓒ *adv.* **1** somente, apenas; **2** [Esc.] lá fora Ⓓ *pron.rel.* que não Ⓔ *s.* objecção Ⓕ *v.tr.* objectar ❖ *~ yesterday* ainda ontem; *~ yet* todavia, contudo; *all ~ you* todos menos você; *anything ~ that* tudo menos isso; *none ~ you* ninguém senão você; *the last ~ one* o penúltimo; *the last ~ two* o antepenúltimo; *~ for the rain we should have gone for a walk* se não fosse a chuva, teríamos ido dar um passeio; *~ me no buts* não me venhas com mas nem meio mas; *had I ~ known!* se eu ao menos tivesse sabido!; *he does nothing ~ sleep* ele não faz senão dormir; *I am anything ~ glad of that* não estou nada contente

com isso; *I can ~ read the letter* o que posso fazer é ler a carta; *I cannot ~ go* eu não posso deixar de ir; *not ~ that I trust you, not ~ what I trust you* não é que eu não confie em ti; *there's no one ~ knows it* não há ninguém que não saiba isso; *to understand what he means is all ~ impossible* é quase impossível compreender o que ele quer dizer; *you have ~ to go there* só tens que ir lá
butane ['bjuːteɪn] *s.* butano ❖ *~ gas* gás butano
butch ['bʌtʃ] *s.* 1 [depr.] (ofensivo) machona; 2 [depr.] (ofensivo) machão
butcher ['butʃə] Ⓐ *s.* 1 carniceiro; 2 algoz, verdugo Ⓑ *v.tr.* 1 abater (animal); 2 chacinar
butchery ['butʃərɪ] *s. (pl.* -**ies**) 1 carnificina; 2 açougue
butler ['bʌtlə] *s.* 1 mordomo; 2 criado principal ❖ *butler's pantry* despensa
butlership ['bʌtləʃɪp] *s.* cargo de mordomo
butlery ['bʌtlərɪ] *s. (pl.* -**ies**) despensa
butt [bʌt] Ⓐ *s.* 1 (chacota, desprezo) objecto, vítima, alvo; *he was the ~ of our jokes* ele era a vítima das nossas piadas; 2 (cigarro) beata; 3 extremidade mais grossa de arma ou ferramenta; 4 coronha; 5 [coloq.] rabo; 6 (recipiente) barrica; 7 pipa de vinho ou cerveja (108-140 galões); 8 marrada; 9 topo; 10 [arc.] fim, objectivo; 11 tronco de árvore junto ao solo; 12 base de pedúnculo; 13 ZOOLOGIA linguado, solha; 14 parte mais espessa do couro de boi; 15 barreira por trás do alvo; 16 *pl.* campo de tiro Ⓑ *v.tr.,intr.* 1 (atingir) marrar; 2 projectar; 3 pôr de topo; ligar de topo ❖ *~ end* pé; extremidade mais grossa; coronha; *~ hinge* charneira; *~ joint* junção de topo; [EUA] [coloq.] *~ naked* totalmente nu; *~ weld* soldadura de topo a topo; *to come full ~ against* bater em cheio contra
◆**butt in** *v.intr.* 1 interromper; 2 intrometer-se [**on**, em]
◆**butt out** *v.intr.* [cal.] não se intrometer; não se meter
butte [bjuːt] *s.* [EUA] monte isolado, de encosta alcantilada
butter ['bʌtə] Ⓐ *s.* CULINÁRIA manteiga; *unsalted ~* manteiga sem sal Ⓑ *v.tr.* 1 deitar manteiga em, barrar com manteiga; 2 cozinhar com manteiga ❖ *~ boat* molheira; recipiente para manteiga derretida; *~ dish* manteigueira; (aparelho) *~ worker* misturador de manteiga; [irón.] *~ wouldn't melt in her mouth* parece mesmo uma santinha; *bread and ~* pão com manteiga; forma de sustento; *fine words ~ no parsnips* palavras bonitas não enchem barriga
◆**butter up** *v.tr.* [coloq.] bajular; lisonjear; dar graxa a; engraxar
buttercup ['bʌtəkʌp] *s.* BOTÂNICA ranúnculo amarelo
butterfingers ['bʌtəfɪŋɡəz] *s.* [coloq., joc.] mãos de aranha
butterfly ['bʌtəflaɪ] *s. (pl.* -**ies**) 1 ZOOLOGIA borboleta; 2 DESPORTO (natação) mariposa ❖ *~ net* rede para caçar borboletas; MECÂNICA *~ valve* válvula de borboleta; *to have butterflies in one's stomach* estar nervoso
buttermilk ['bʌtəmɪlk] *s.* soro de leite coalhado
butterscotch ['bʌtəskɒtʃ] *s.* caramelo de manteiga
buttery ['bʌtərɪ] Ⓐ *adj.* 1 amanteigado; de manteiga; *~ taste* sabor amanteigado; 2 untuoso; bajulador Ⓑ *s. (pl.* -**ies**) 1 despensa; 2 [GB] local de venda de refeições e bebidas ❖ *~ hatch* meia porta pela qual se passavam as provisões
butting ['bʌtɪŋ] *s.* limite, fronteira
buttinsky [bʌ'tɪnzkɪ] *s. (pl.* **buttinskies**) [EUA] [coloq.] intrometido, metediço
buttock ['bʌtək] *s.* 1 nádega; 2 *pl.* [coloq.] traseiro, rabo
button ['bʌtən] Ⓐ *s.* 1 botão; *to do up a ~* apertar um botão; *to undo a ~* desapertar um botão; 2 [EUA] crachá; *he had a ~ on his lapel* ele trazia um crachá na lapela Ⓑ *v.tr.,intr.* 1 abotoar(-se); *he buttoned his jacket* ele abotoou o casaco; 2 pôr botões em; 3 desabrochar ❖ [coloq.] *~ it!* caluda!; [coloq.] *~ your lip/mouth!* bico calado!; *at the push of a ~* sem esforço; [ant.] *boy in buttons* paquete; *chocolate buttons* drageias de chocolate; *on the button!* exactamente!; em cheio!; *to have a ~ loose* não ter o juízo todo
◆**button up** Ⓐ *v.tr.* 1 abotoar; 2 fechar com cuidado Ⓑ *v.intr.* [coloq.] calar-se; não dizer palavra
buttonhole ['bʌtənhəʊl] Ⓐ *s.* 1 botoeira; 2 flor na lapela; *to wear a ~* usar uma flor na lapela Ⓑ *v.tr.* 1 abordar; deter; obrigar a ouvir; 2 abrir casas em

buttonhook ['bʌtənhʊk] *s.* abotoador
buttons ['bʌtənz] *s.* paquete (de hotel, banco, etc.)
buttress ['bʌtrɪs] Ⓐ *s. (pl.* -**es**) 1 contraforte; botaréu; 2 [fig.] pilar; sustentáculo Ⓑ *v.tr.* 1 defender com contraforte; reforçar; *the wall of the castle was buttressed* a muralha do castelo foi reforçada; 2 [fig.] reforçar; fortalecer; *to ~ an idea* reforçar uma ideia ❖ *flying ~* arcobotante
buttressing ['bʌtrɪsɪŋ] *s.* reforço; apoio
butty ['bʌtɪ] *s. (pl.* -**ies**) 1 [GB] [coloq.] sanduíche; 2 [coloq.] colega, camarada
butyl ['bjuːtɪl] *s.* QUÍMICA butilo
butylene ['bjuːtɪliːn] *s.* QUÍMICA butilina
butyraceous [bjuːtɪ'reɪʃəs] *adj.* butiráceo
butyric [bjuː'tɪrɪk] *adj.* butírico
butyrous ['bjuːtɪrəs] *adj.* butiroso
buxom ['bʌksəm] *adj.* 1 [ant.] (mulher) rechonchuda, roliça, de formas generosas; 2 [ant.] (mulher) fresca e alegre
buxomeness ['bʌksəmnɪs] *s.* 1 robustez, amplitude de formas; 2 frescura
buy [baɪ] Ⓐ *v.tr.* (*prt. e part. pass.* **bought**) 1 comprar; adquirir; *to ~ for cash* comprar a dinheiro; *to ~ for ready money* comprar a pronto pagamento; *to bow low* inclinar-se profundamente; *to ~ on credit* comprar a crédito; 2 oferecer; pagar; *let me ~ you a drink* deixe-me oferecer-lhe uma bebida; 3 [EUA] subornar, comprar$_{fig.}$; 4 [coloq.] (acreditar) engolir; *I didn't ~ his story* não engoli a história dele Ⓑ *s.* compra ❖ *to ~ a pig in a poke* comprar gato por lebre; *to ~ time* ganhar tempo
◆**buy back** *v.tr.* resgatar; voltar a comprar (o que se vendeu)
◆**buy in** *v.tr.* abastecer-se de
◆**buy into** *v.tr.* comprar acções de; comprar parte de; *he bought into a computer business* comprou parte de um negócio de computadores
◆**buy off** *v.tr.* subornar; comprar$_{fig.}$; *the witness was bought off* a testemunha foi subornada
◆**buy out** *v.tr.* (sociedade) comprar a parte de
◆**buy over** *v.tr.* subornar
◆**buy up** *v.tr.* comprar; açambarcar; *she must have bought up the entire store* deve ter comprado a loja toda
buyable ['baɪəbəl] *adj.* acessível; adquirível
buyer ['baɪə] *s.* 1 comprador; 2 controlador de compras ❖ *buyer's market* mercado favorável aos compradores
buyout ['baɪaʊt] *s.* 1 compra; 2 aquisição de posição maioritária
buzz [bʌz] Ⓐ *s. (pl.* -**es**) 1 zumbido; 2 murmúrio, sussurro; 3 [coloq.] telefonadela, toque; *to give sb a ~* dar um toque a alguém; 4 [coloq.] emoção, sensação; *to get a ~ out of* adorar a sensação de; 5 [coloq.] falatório; tema obrigatório em todas as conversas; 6 [coloq.] interesse do momento; tendência do momento; 7 moscardo Ⓑ *v.tr.,intr.* 1 zumbir; 2 pairar; 3 andar à roda; 4 espalhar (boatos); 5 esvaziar, acabar (garrafa de vinho); 6 [coloq.] dar uma telefonadela a, dar um toque a ❖ *my head was buzzing* tinha a cabeça a mil; tinha a cabeça atordoada; *now we're buzzing!* agora sim!
◆**buzz off** *v.intr.* [coloq.] pôr-se a andar
buzzard ['bʌzəd] *s.* ZOOLOGIA (ave) bútio, busardo
buzzer ['bʌzə] *s.* 1 campainha; 2 botão do intercomunicador; 3 ZOOLOGIA cigarra; vespa
buzzing ['bʌzɪŋ] *s.* zumbido
buzz-saw ['bʌzsɔː] *s.* [EUA, Can.] serra circular
buzzword ['bʌzwɜːd] *s.* 1 palavra da moda; 2 palavra de ordem
BVM [abrev. de Blessed Virgin Mary]
BW Ⓐ MILITAR [abrev. de Biological Warfare] Ⓑ MILITAR [abrev. de Bacteriological Warfare] Ⓒ MILITAR [abrev. de Black Watch] Ⓓ [abrev. de Board of Works]
BWG [abrev. de Birmingham Wire Gauge]
BWI [abrev. de British West Indies]
BWU [abrev. de blue whale unit]
by [baɪ] Ⓐ *prep.* 1 (meio) por, por intermédio de, de; 2 (causa) por, por causa de; 3 junto a, perto de, ao lado de; 4 conforme, consoante; 5 durante; 6 até, o mais tardar em; 7 por volta de; 8 (medida) por, a; *by the thousands* aos milhares; *they are paid by the month* eles recebem ao mês Ⓑ *adv.* 1 perto, próximo; 2 de lado, de reserva Ⓒ *adj.* secundário;

incidental ❖ *by all means* faça favor; [ant.] *by and by* em breve; passado algum tempo; no final; *by and large* de uma maneira geral; *by bus/train/etc* de autocarro/comboio/etc.; *by myself/yourself/etc.* sozinho; sem ajuda; *by the way/by the by(e)* a propósito; *one by one, two by two* um a/por um; dois a dois; *she took him by the hand* ela pegou-lhe na mão

bye [baɪ] Ⓐ *adj.* incidental, secundário, subsidiário Ⓑ *s.* 1 coisa secundária, acidental; 2 DESPORTO passagem para a fase seguinte de um torneio por falta de adversário; 3 DESPORTO (golfe) buracos ou buraco sobejante depois de terminada uma partida; 4 DESPORTO (críquete) bola passada Ⓒ *interj.* adeus!; tchau!

bye-bye ['baɪ'baɪ] *interj.* [coloq.] adeus!; tchau! ❖ [infant.] *to go (to) bye-byes* ir nanar, ir fazer ó-ó

by-effect [baɪɪ'fekt] *s.* efeito secundário

bye-law ['baɪlɔː] *s.* ⇒ **bylaw**

by-election ['baɪɪlekʃən] *s.* [GB] eleição parlamentar complementar (realizada para preencher um lugar deixado vago no parlamento), eleição parcial

Byelorussia [bɪeləʊ'rʌʃə] *s.top.* Bielorússia

bye-spot ['baɪspɒt] *s.* lugar afastado; lugar solitário

bygone ['baɪɡɒn] Ⓐ *adj.* passado Ⓑ *s.* coisa antiga ❖ *in ~ days* antigamente; em tempos idos; *let bygones be bygones!* o que lá vai lá vai!

by-lane ['baɪleɪn] *s.* caminho secundário, congosta

bylaw ['baɪlɔː] *s.* 1 lei municipal; lei autárquica; 2 estatuto; regulamento; norma interna

bypass ['baɪpɑːs] Ⓐ *s.* (*pl.* **-es**) 1 (trânsito) variante; desvio; passagem secundária; 2 CIRURGIA bypass; 3 (canalização) bypass Ⓑ *v.tr.* 1 contornar; evitar; 2 omitir; 3 ignorar; passar por cima de

bypast ['baɪpɑːst] *adj.* passado

byplay ['baɪpleɪ] *s.* 1 enredo secundário; 2 mímica

byproduct ['baɪˌprɒdʌkt] *s.* 1 subproduto; derivado; 2 [fig.] consequência [**of**, de]

byre ['baɪə] *s.* vacaria; aido (para vacas)

byroad ['baɪrəʊd] *s.* 1 estrada secundária; 2 desvio

Byronic [baɪ'rɒnɪk] *adj.* byrónico, byroniano

Byronically [baɪ'rɒnɪkəli] *adv.* à maneira de Byron

byssus ['bɪsəs] *s.* 1 ARQUEOLOGIA (múmias) bisso; 2 (moluscos bivalves) bisso

bystander ['baɪˌstændə] *s.* 1 espectador; pessoa presente; 2 curioso; mirone

bystreet ['baɪˌstriːt] *s.* viela; ruela; travessa

byte [baɪt] *s.* INFORMÁTICA byte, cadeia binária

byway ['baɪweɪ] *s.* 1 estrada secundária; atalho; 2 viela ❖ *to take a ~* fazer um desvio; dar uma volta

byword ['baɪˌwɜːd] *s.* 1 arquétipo; expoente máximo; 2 sinónimo; *to be a ~ for* ser sinónimo de; 3 sentença, provérbio; 4 motivo de riso

c [si:] s. ⟨pl. **-s** ou **-ees**⟩ 1 (letra) c, C; 2 MÚSICA [com maiúscula] dó
C QUÍMICA [símbolo de carbon]
Ca QUÍMICA [símbolo de calcium]
CA [GB] [abrev. de Consumers' Association]
Caaba ['kɑ:bə] s. Caaba
cab [kæb] Ⓐ s. 1 táxi, carro de praça; 2 (comboio, camião, grua, etc.) cabina (de condutor); 3 cabriolé; tipóia; 4 [cal.] (escola) cábula, burro Ⓑ v.intr. (particípios: **-bb-**) andar de carro; andar de táxi ❖ ~ *driver* taxista; ~ *rank* praça de táxis; [rar.] ~ *runner/* ~ *tout* indivíduo encarregado de chamar carros de praça; *to go by* ~ ir de táxi
cabal [kə'bæl] Ⓐ s. 1 conluio; 2 conventículo; 3 cabala, associação secreta Ⓑ v.intr. conluiar-se; intrigar; conspirar
Cabal [kə'bæl] s. HISTÓRIA comissão de cinco ministros de Carlos II (Cliffon, Arlington, Buckingham, Ashley, Landerdale) que assinou o Tratado de aliança com a França em 1672 e foi a precursora do actual «Gabinete»
cabala [kə'bɑ:lə] s. ⇒ **cabbala**
cabalistic [ˌkæbə'lɪstɪk] adj. cabalístico
cabalistical [kæbə'lɪstɪkəl] adj. ⇒ **cabalistic**
cabalistically [kæbə'lɪstɪkəlɪ] adv. de modo cabalístico
caballer ['kəbælə] s. intriguista, cabalista
caballine ['kæbəlaɪn] adj. cabalino
cabaret ['kæbəˌreɪ] s. cabaré
cabbage ['kæbɪdʒ] Ⓐ s. 1 couve; 2 [depr.] (pessoa) vegetal; 3 [cal.] (escola) cábula; 4 [ant.] retalhos; *tailor's* ~ retalhos de alfaiate Ⓑ v.tr. roubar; furtar; surripiar Ⓒ v.intr. [cal.] (escola) servir-se de cábula(s) ❖ [EUA] ~ *butterfly* borboleta da couve; ~ *head* coração de couve; (pessoa) cabeça-de-alho-chocho; ~ *lettuce* alface repolhuda; [GB] ~ *white* borboleta da couve; *sea* ~ couve-galega
cabbala [kə'bɑ:lə] s. cabala, interpretação hebraica, alegórica e mística, do Velho Testamento
cabbalistic [ˌkæbə'lɪstɪk] adj. cabalístico
cabbalistical [kæbə'lɪstɪkəl] adj. ⇒ **cabbalistic**
cabbalistically [kæbə'lɪstɪkəlɪ] adv. de modo cabalístico
cabbie ['kæbɪ] s. ⇒ **cabby**
cabby ['kæbɪ] s. ⟨pl. **-ies**⟩ 1 [coloq.] taxista; 2 [coloq.] cocheiro
caber ['keɪbə] s. [Esc.] tronco de pinheiro ❖ DESPORTO *tossing the* ~ lançamento do tronco
cabera ['keɪbərə] s. ZOOLOGIA cabera
cabin ['kæbɪn] Ⓐ s. 1 cabana; barraca; 2 guarita; 3 (navio) camarote; 4 cabina Ⓑ v.tr. encerrar num espaço limitado ❖ ~ *boy* criado de bordo; (viagem de barco) ~ *class/* ~ *passengers* segunda classe
cabinet ['kæbɪnət] s. 1 POLÍTICA gabinete ministerial; conselho de ministros; governo; *to form a* ~ formar governo; 2 armário; papeleira, móvel com gavetas ou prateleiras; vitrina; 3 [arc.] pequeno aposento; gabinete; camarim ❖ ~ *crisis* crise ministerial; POLÍTICA ~ *meeting* conselho de ministros; ~ *minister* ministro que faz parte do *Cabinet*; ~ *photograph* fotografia de 10 a 15 cm; POLÍTICA ~ *reshuffle* remodelação ministerial; (móvel) *cocktail* ~ bar; *music* ~ estante para músicas; POLÍTICA *shadow* ~ governo-sombra
cabinet-maker ['kæbɪnətmeɪkə] s. marceneiro
cabinet-making ['kæbɪnətmeɪkɪŋ] s. marcenaria
cable ['keɪbl] Ⓐ s. 1 cabo; 2 corrente; 3 amarra; 4 cabo submarino; 5 cabo telegráfico; 6 cabograma; 7 TELEVISÃO TV cabo, televisão por cabo; ~ *television* TV cabo, televisão por cabo Ⓑ v.tr.,intr. 1 NÁUTICA amarrar; prover de amarras; 2 ARQUITECTURA aplicar rodentura; 3 ligar à TV cabo; 4 telegrafar; enviar telegrama ❖ TELEVISÃO ~ *box* caixa da TV Cabo; ~ *car* teleférico; ~ *socket* terminal de cabo
cablegram ['keɪbəlˌgræm] s. cabograma
cable-laid ['keɪbəlˌleɪd] adj. (cabo) formado por três cordas
cabler ['keɪblə] s. expedidor de cabograma
cablevision ['keɪbəlvɪʒən] s. TELEVISÃO TV cabo, televisão por cabo
cableway ['keɪbəlˌweɪ] s. 1 cabo aéreo de elevador; 2 teleférico
cabman ['kæbmən] s. ⟨pl. **-men**⟩ 1 cocheiro; 2 [coloq.] taxista
cabobs [kə'bɒbz] s.pl. CULINÁRIA carne assada em bocados pequenos com alho, gengibre, etc.
caboodle [kə'bu:dəl] s. *the whole* ~ toda a malta, todos
caboose [kə'bu:s] s. 1 [EUA] pequena carruagem em comboio de mercadorias destinada ao pessoal do comboio; 2 cozinha (na coberta do navio)
cabotage ['kæbəˌtɑ:ʒ] s. cabotagem
cabriolet ['kæbrɪəʊˌleɪ] s. cabriolé
cabstand ['kæbstænd] s. praça de táxis
cacao [kə'kaʊ] s. 1 BOTÂNICA (árvore) cacaueiro; (fruto) cacau; 2 manteiga de cacau
cachalot ['kæʃəˌlɒt] s. ZOOLOGIA cachalote
cache [kæʃ] Ⓐ s. ⟨pl. **-s**⟩ 1 esconderijo; 2 depósito secreto; 3 coisas escondidas; 4 INFORMÁTICA cache Ⓑ v.tr. 1 esconder; 2 açambarcar ❖ INFORMÁTICA ~ *memory* memória cache
cachectic [kə'kektɪk] adj. MEDICINA caquéctico
cachet ['kæʃeɪ] s. 1 prestígio; 2 selo; marca; sinal distintivo; prova de autenticidade; 3 FARMÁCIA cápsula; 4 hóstia
cachexia [kæ'keksɪə] s. MEDICINA caquexia
cachexy [kæ'keksɪ] s. caquexia
cachinnate ['kækɪˌneɪt] v.intr. casquinar, rir alto
cachinnation [kækɪ'neɪʃən] s. casquinada, riso alto, gargalhada histérica
cacholong ['kætʃəˌlɒŋ] s. MINERALOGIA cacholonga, variedade de opala
cachou [kə'ʃu:] s. 1 catechu, cauchu; 2 pastilha para refrescar o hálito
cachucha [kə'tʃʊtʃə] s. (dança, música) cachucha
cacique [kæ'si:k] s. cacique
cack-handed [ˌkæk'hændɪd] adj. 1 [coloq.] desastrado, desajeitado; 2 (ofensivo) canhoto
cackle ['kækəl] Ⓐ s. 1 cacarejo; 2 (risada) casquinada; 3 conversa tola Ⓑ v.intr. 1 cacarejar; 2 (riso) casquinar; 3 vangloriar-se; falar ruidosa e tolamente
cackler ['kæklə] s. 1 galinha que cacareja; 2 tagarela; 3 zombeteiro
cacodemon [ˌkækəʊ'di:mən] s. [arc.] cacodemónio
cacodyl ['kækəʊˌdaɪl] s. QUÍMICA cacodilo
cacoepy [kæ'kəʊpɪ] s. LINGUÍSTICA cacoépia
cacoethes [ˌkækəʊ'i:θɪz] s. cacoete
cacographic [ˌkækəʊ'græfɪk] adj. cacográfico
cacography [kæ'kɒgrəfɪ] s. LINGUÍSTICA cacografia
cacology [kæ'kɒlədʒɪ] s. LINGUÍSTICA cacologia
cacophonic [ˌkækə'fɒnɪk] adj. ⇒ **cacophonous**
cacophonical [ˌkækə'fɒnɪkəl] adj. ⇒ **cacophonous**
cacophonous [kæ'kɒfənəs] adj. 1 cacofónico; 2 dissonante
cacophony [kæ'kɒfənɪ] s. ⟨pl. **-ies**⟩ cacofonia
cacti ['kæktaɪ] ⟨pl. de **cactus**⟩
cactus ['kæktəs] s. ⟨pl. **cactuses** ou **cacti**⟩ BOTÂNICA cacto
cacuminal [kæ'kju:mɪnəl] adj.,s. LINGUÍSTICA (fonética) cacuminal
cad [kæd] Ⓐ s. 1 [ant.] malandro; canalha; 2 (colégio) criado; auxiliar Ⓑ v.intr. (particípios: **-dd-**) comportar-se duma forma grosseira, reles

CAD INFORMÁTICA [abrev. de computer-aided design]
cadastral [kəˈdæstrəl] adj. cadastral
cadastre [kəˈdæstə] s. registo oficial de propriedade
cadaver [kəˈdɑːvə] s. MEDICINA cadáver
cadaveric [kəˈdævərɪk] adj. cadavérico
cadaverous [kəˈdævərəs] adj. cadavérico
cadaverousness [kəˈdævərəsnɪs] s. estado cadavérico
CADCAM [abrev. de computer-aided design and manufacturing]
caddice [ˈkædɪs] s. verme para iscar anzol
caddie [ˈkædɪ] Ⓐ s. DESPORTO (golfe) caddie Ⓑ v.intr. DESPORTO (golfe) servir de caddie
caddis [ˈkædɪs] s. ⇒ **caddice** ❖ ZOOLOGIA ~ *fly* mosca-de-água
caddish [ˈkædɪʃ] adj. malandro, canalha; grosseiro, reles
caddishly [ˈkædɪʃlɪ] adv. 1 como um malandro; 2 grosseiramente; duma maneira reles
caddishness [ˈkædɪʃnɪs] s. 1 malandrice; canalhice; 2 grosseria
caddy [ˈkædɪ] Ⓐ s. (pl. **-ies**) 1 DESPORTO (golfe) caddie; 2 apanha-bolas; 3 [GB] latinha de chá Ⓑ v.intr. DESPORTO (golfe) servir de caddie
cade [keɪd] s. BOTÂNICA zimbro, junípero
cadence [ˈkeɪdəns] s. cadência; ritmo
cadenced [ˈkeɪdənst] adj. cadenciado; ritmado
cadency [ˈkeɪdənsɪ] s. descendência do ramo mais novo
cadet [kəˈdet] Ⓐ s. 1 cadete, estudante de colégio militar ou escola naval; 2 filho mais novo Ⓑ adj. mais novo; júnior ❖ ~ *corps* corpo de cadetes; ~ *school* escola militar
cadetship [kəˈdetʃɪp] s. posto ou cargo de cadete
cadge [kædʒ] Ⓐ v.tr. 1 mendigar; pedinchar; 2 [coloq.] cravar_coloq._ Ⓑ v.intr. viver de expedientes
cadger [ˈkædʒə] s. 1 mendigo, pedinte; 2 pedinchão; 3 [coloq.] crava_coloq._
cadi [ˈkɑːdɪ, ˈkeɪdɪ] s. RELIGIÃO cádi
Cadmean [kædˈmɪən] adj. cadmeu
cadmia [ˈkædmɪə] s. QUÍMICA cadmia, calamina
cadmium [ˈkædmɪəm] s. QUÍMICA (elemento químico) cádmio ❖ ~ *content* percentagem/teor de cádmio; ~ *copper* cádmio com cobre; ~ *plate* chapa de cádmio; ~ *steel* aço revestido a cádmio
cadre [ˈkɑːdər] s. 1 caixilho; 2 plano, esquema; 3 MILITAR quadro, pessoal do quadro; 4 pessoal do quadro permanente
caduceus [kəˈdusjəs] s. (pl. **-i**) MITOLOGIA caduceu
caduci [kəˈdusaɪ] s. {pl. de **caduceus**}
caducity [kəˈdusɪtɪ] s. 1 caducidade; 2 perecibilidade; efemeridade
caducous [kəˈdukəs] adj. caduco
caeca [ˈsiːkə] s. {pl. de **caecum**}
caecal [ˈsiːkəl] adj. cecal
caecum [ˈsiːkəm] s. (pl. **-a**) ANATOMIA ceco
Caenozoic [ˌkeɪnəʊˈzəʊɪk] Ⓐ s. GEOLOGIA Cenozóico Ⓑ adj. GEOLOGIA cenozóico
Caesar [ˈsiːzə] s.antr. César
Caesarea [siːzəˈrɪən] s.top. Cesareia
Caesarean[1] [sɪˈzeərɪən] Ⓐ adj. 1 cesariano; de César; 2 imperial; 3 relativo a cesariana Ⓑ s. 1 partidário de César; 2 partidário dos sistemas autocráticos; 3 MEDICINA cesariana; ~ *operation/section* cesariana; *the baby was born by* ~ o bebé nasceu de cesariana
Caesarean[2] [siːzəˈrɪən] adj. de Cesareia
Caesarian [sɪˈzeərɪən] s. ⇒ **Caesarean**
Caesarism [ˈsiːzərɪzəm] s. cesarismo
Caesarist [ˈsiːzərɪst] s. cesarista
caesious [ˈsiːzɪəs] adj. dum verde azulado ou acinzentado
caesium [ˈsiːzɪəm] s. QUÍMICA (elemento químico) césio
caesura [sɪˈzʊərə] s. LITERATURA cesura
café [ˈkæfeɪ] s. (estabelecimento) café ❖ ~ *au lait* (bebida) café com leite; (cor) café-com-leite; ~ *society* mundo dos famosos
cafeteria [kæfəˈtɪərɪə] s. 1 cantina, refeitório; 2 cafetaria
caffeine [ˈkæfiːn] s. cafeína
caftan [ˈkæftæn] s. VESTUÁRIO cafetã
cage [keɪdʒ] Ⓐ s. 1 gaiola; 2 jaula; 3 caixa; 4 cadeia; prisão; 5 (minas) abertura, vão para elevador de carros; 6 (de edifício) armação Ⓑ v.tr. 1 engaiolar; 2 enjaular ❖ *to feel caged in* sentir-se preso

cagey [ˈkeɪdʒɪ] adj. (comp. **-ier**, superl. **-iest**) 1 [coloq.] desconfiado, reservado; 2 [coloq.] cauteloso; 3 [coloq.] manhoso
cagy [ˈkeɪdʒɪ] adj. [coloq.] ⇒ **cagey**
CAI INFORMÁTICA [abrev. de Computer-Aided Instruction] EAC
Caiaphas [ˈkaɪəfəs] s.antr. Caifás
caiman [ˈkeɪmən] s. (pl. **-s**) ZOOLOGIA ⇒ **cayman**
Cain [keɪn] s.antr. Caim ❖ *to raise* ~ armar uma zaragata; provocar uma desordem
Cainozoic [ˌkeɪnəʊˈzəʊɪk] Ⓐ s. GEOLOGIA Cenozóico Ⓑ adj. GEOLOGIA cenozóico
caique [kaɪˈiːk] s. NÁUTICA caíque
cairn [keən] s. anta, mamoa, dólmen
cairngorm [ˈkeəngɔːm] s. MINERALOGIA cairngorm, variedade de quartzo amarelo ou cinzento-claro, topázio-de-espanha, topázio-da-escócia
caisson [ˈkeɪsən, kəˈsuːn] s. 1 caixa ou vagão de munições; 2 ensecadeira
caitiff [ˈkeɪtɪf] Ⓐ adj. 1 [arc., poét.] covarde; 2 [arc., poét.] baixo, vil, desprezível Ⓑ s. [arc., poét.] covarde
cajole [kəˈdʒəʊl] v.tr. 1 persuadir [**into**, a]; convencer [**into**, a]; *to* ~ *sb into doing sth* convencer alguém a fazer alguma coisa; 2 lisonjear; adular
cajolement [kəˈdʒəʊlmənt] s. 1 persuasão; aliciação; 2 adulação
cajoler [kəˈdʒəʊlə] s. adulador; bajulador
cajolery [kəˈdʒəʊlərɪ] s. (pl. **-ies**) 1 (persuasão) falinhas mansas; 2 adulação
cajoling [kəˈdʒəʊlɪŋ] Ⓐ adj. adulador Ⓑ s. 1 falinhas mansas; 2 adulação
cajolingly [kəˈdʒəʊlɪŋlɪ] adv. persuasivamente; aduladoramente
cake [keɪk] Ⓐ s. 1 CULINÁRIA bolo; 2 queque; 3 rissol Ⓑ v.tr.,intr. 1 endurecer; solidificar; 2 (sangue) secar; 3 transformar(-se) em massa, em bolo ❖ ~ *mix* mistura instantânea para bolos; [EUA] ~ *pan* forma para bolos; ~ *slice* espátula para bolos; [GB] ~ *tin* forma para bolos; ~ *of soap* sabonete; ~ *shop* pastelaria; *caked with mud* cheio de lama já seca; *it's a piece of cake!* é canja!; *land of cakes* Escócia; *to sell like hot cakes* vender que nem castanhas quentes; *to take the* ~ levar a palma; *you can't have your* ~ *and eat it* não se pode ter tudo; honra e proveito não cabem num saco
cakewalk [ˈkeɪkwɔːk] s. 1 (dança) cakewalk; 2 [coloq.] (facilidade) canja_fig._; *that's cakewalk!* isso é canja!, está no papo!
caking [ˈkeɪkɪŋ] Ⓐ adj. 1 viscoso; 2 aglutinante Ⓑ s. 1 aglutinação; aglomeração; ~ *of coal* aglutinação do carvão; 2 (sangue, etc.) coagulação; crosta ❖ ~ *coal* hulha gorda
caky [ˈkeɪkɪ] adj. como um bolo
CAL Ⓐ [abrev. de Centre for Applied Linguistics] Ⓑ [abrev. de computer-aided learning]
calabar [ˈkæləbə] s. ⇒ **calaber**
calabash [ˈkæləbæʃ] s. (pl. **-es**) 1 BOTÂNICA (fruto) cabaça; 2 BOTÂNICA (planta) cabaceira
calaber [ˈkæləbə] s. pele de esquilo cinzento
Calabria [kəˈlæbrɪə] s.top. Calábria
calamanco [kæləˈmæŋkəʊ] s. (tecido) calamaço
calamander [kæləˈmændə] s. madeira dura da Índia e Ceilão
calamari [kæləˈmɑːrɪ] s.pl. CULINÁRIA calamares
calamine [ˈkæləmaɪn] s. FARMÁCIA calamina
calamint [ˈkæləmɪnt] s. BOTÂNICA calaminta, nêveda
calamite [ˈkæləmaɪt] s. calamita
calamitous [kəˈlæmɪtəs] adj. calamitoso
calamitously [kəˈlæmɪtəslɪ] adv. calamitosamente
calamity [kəˈlæmɪtɪ] s. (pl. **-ies**) calamidade ❖ [EUA] [coloq.] ~ *howler/prophet* profeta da desgraça
calamus [ˈkæləməs] s. cálamo
calash [kəˈlæʃ] s. (pl. **-es**) 1 caleça; 2 touca (de mulher) armada com arcos
calcareous [kælˈkeərɪəs] adj. calcário; ~ *earth* terra calcária ❖ ~ *spar* calcite
calcareousness [kælˈkeərɪəsnɪs] s. carácter calcário
calceolaria [kælsɪəˈleərɪə] s. BOTÂNICA calceolária
calceolate [ˈkælsɪəlɪt] adj. calceiforme
calces [ˈkælsiːz] pl. de **calx**

calcic ['kælsɪk] adj. cálcico ❖ ~ *hydrate* cal hidratada
calciferol [kæl'sɪfərəl] s. BIOQUÍMICA calciferol
calciferous [kæl'sɪfərəs] adj. calcífero
calcification [ˌkælsɪfɪ'keɪʃən] s. calcificação
calcify ['kælsɪˌfaɪ] v.tr.,intr. 1 calcificar(-se); 2 petrificar(-se)
calcimine ['kælsɪmaɪn] s. calcimina
calcinable [kæl'saɪnəbəl] adj. calcinável
calcination [ˌkælsɪ'neɪʃən] s. calcinação
calcine ['kælsaɪn] v.tr.,intr. calcinar; *to ~ ores* calcinar minérios ❖ *calcined brick* tijolo calcinado; *calcined clay* argila calcinada; *calcined iron* ferro calcinado
calciner ['kælsaɪnə] s. 1 forno de calcinação; 2 calcinador
calcining ['kælsaɪnɪŋ] s. calcinação ❖ ~ *kiln* forno de calcinação
calcite ['kælsaɪt] s. MINERALOGIA calcite
calcium ['kælsɪəm] s. QUÍMICA (elemento químico) cálcio ❖ ~ *acetate* acetato de cálcio; ~ *acid carbonate/~ bicarbonate* bicarbonato de cálcio; ~ *bromide* brometo de cálcio; ~ *carbide* carbureto de cálcio; ~ *chloride* cloreto de cálcio; ~ *fluoride* fluorite; ~ *specific gravity* gravidade específica do cálcio; ~ *specific heat* calor específico do cálcio
calcivirus [ˌkælsɪ'vaɪrəs] s. MEDICINA calcivírus
calcspar ['kælkˌspɑː] s. MINERALOGIA calcite
calculable ['kælkjʊləbəl] adj. 1 calculável; 2 previsível
calculate ['kælkjʊˌleɪt] v.tr.,intr. 1 calcular; computar; 2 arranjar; adaptar; 3 avaliar; 4 [EUA] tencionar [on, -]; ter a intenção [on, de]
◆**calculate on** v.tr. contar com
calculated ['kælkjʊleɪtɪd] adj. 1 calculado; 2 propositado; deliberado; 3 premeditado
calculating ['kælkjʊleɪtɪŋ] adj. 1 calculista; 2 cuidadoso, previdente; 3 de cálculo; ~ *scale* régua de cálculo
calculatingly [ˌkælkjʊ'leɪtɪŋlɪ] adv. 1 de forma calculista; 2 premeditadamente
calculation [ˌkælkjʊ'leɪʃən] s. 1 cálculo; *rough ~* cálculo aproximado; *to make a ~* fazer um cálculo; 2 estimativa; 3 calculismo; premeditação
calculative ['kælkjʊlətɪv] adj. 1 calculador; 2 respeitante a cálculo; 3 calculista
calculator ['kælkjʊleɪtə] s. 1 calculadora, máquina de calcular; *pocket ~* calculadora de bolso; 2 calculador
calculi ['kælkjʊlaɪ] s. {pl. de **calculus**}
calculous ['kælkjʊləs] adj. MEDICINA com cálculos
calculus ['kælkjʊləs] s. (pl. -i) MATEMÁTICA, MEDICINA cálculo ❖ *literal ~* álgebra
Calcutta [kæl'kʌtə] s.top. Calcutá
caldron ['kɔːldrən] s. ⇒ **cauldron**
Caledonia [ˌkælɪ'dəʊnɪə] s.top. Caledónia
Caledonian [ˌkælɪ'dəʊnɪən] adj.,s. caledoniano
calefacient [ˌkælɪ'feɪʃənt] adj.,s. calefaciente
calefaction [ˌkælɪ'fækʃən] s. 1 calefacção; 2 aquecimento
calefactory [ˌkælɪ'fæktrɪ] Ⓐ adj. calefactor Ⓑ s. (pl. **-ies**) calefactor
calendar ['kælɪndə] Ⓐ s. 1 calendário; 2 tabela; 3 guia do estudante, publicação universitária que contém regulamentos, etc. Ⓑ v.tr. 1 calendarizar, agendar; 2 catalogar; 3 registar ❖ ~ *year* ano civil
calender ['kælɪndə] Ⓐ s. 1 calandra; 2 dervixe mendicante na Pérsia ou na Turquia Ⓑ v.tr. calandrar
calenderer ['kælɪndrə] s. 1 laminador; 2 calandreiro
calendering ['kælɪndrɪŋ] s. calandragem
calends ['kælɪndz, 'kælɪndz] s.pl. calendas ❖ *on the Greek ~* para as calendas gregas
calenture ['kæləntʊə] s. MEDICINA calentura
calf [kɑːf] s. (pl. **-ves**) 1 vitela, vitelo; bezerro; 2 (pele) calfe; 3 ZOOLOGIA (elefante, veado, baleia, etc.) cria; 4 [fig.] pateta; idiota; 5 [fig.] criança; 6 ANATOMIA barriga da perna (ou de meia); 7 pequeno bloco de gelo flutuante que se despenha de glaciar ou iceberg ❖ [pop.] ~ *knee* pernas tortas com os joelhos a bater um no outro; [ant.] ~ *love* namorico de crianças; *calf's teeth* dentes de leite; *golden ~* bezerro de ouro; *cow with ~/cow in ~* vaca prenhe ou cheia
calf-bound ['kɑːfbaʊnd] adj. encadernado a carneira
calfskin ['kɑːfˌskɪn] s. (pele) calfe

Caliban ['kælɪbæn] s. Caliban, ser monstruoso
caliber ['kælɪbə] s. ⇒ **calibre**
calibrate ['kælɪˌbreɪt] v.tr. calibrar; graduar ❖ ELECTRICIDADE *calibrating coil* bobina de calibração
calibration [ˌkælɪ'breɪʃən] s. calibragem ❖ ~ *curve* curva de calibração
calibrator ['kælɪˌbreɪtə] s. calibrador
calibre ['kælɪbə] s. 1 (arma) calibre; 2 (qualidade) calibre; importância; *of high ~* de alto calibre
calicle ['kælɪkəl] s. BOTÂNICA calículo
calico ['kælɪkəʊ] s. (pl. **-es**) (tecido de algodão) calicó (geralmente branco na Ingl. e estampado nos E. U. A.) ❖ ~ *ball* baile onde se usam geralmente vestidos de algodão
Calicut ['kælɪkət] s.top. Calecute
calif ['kælɪf] s. ⇒ **caliph**
California [ˌkælɪ'fɔːnɪə] s.top. Califórnia
californium [ˌkælɪ'fɔːnɪəm] s. QUÍMICA (elemento químico) califórnio
Caligula [kə'lɪgjʊlə] s.antr. Calígula
calipash ['kælɪˌpæʃ] s. parte gelatinosa da tartaruga
calipee ['kælɪpiː] s. parte gelatinosa da tartaruga
caliper ['kælɪpə] s.,v.tr. ⇒ **calliper**
caliph ['kælɪf] s. califa
caliphate ['kælɪfɪt, 'kælɪfeɪt] s. califado
Calippus [kə'lɪpəs] s.antr. Calipo
calisthenic [ˌkælɪs'θenɪk] adj. calisténico
calisthenics [ˌkælɪs'θenɪks] s. calistenia
calix ['keɪlɪks, 'kælɪks] s. (pl. **-ices**) 1 cálice; 2 ANATOMIA cálice
calk [kɔːk] Ⓐ s. saliência, rompão para evitar que a ferradura ou a bota escorregue Ⓑ v.tr. 1 colocar rompões; 2 calafetar
calkin ['kælkɪn, 'kɔːkɪn] s. 1 rompão, saliência na ferradura; 2 (de calçado) protector
calking ['kɔːkɪŋ] s. calafetagem, calafetamento
call [kɔːl] Ⓐ s. 1 chamada, chamamento; 2 grito; 3 apito, sinal sonoro; 4 toque; 5 chamada telefónica; *to make a ~* fazer uma chamada; 6 visita breve; 7 convite; 8 apelo; 9 atracção; *the ~ of the sea* a atracção do mar; 10 necessidade; *there is no ~ for you to worry* não precisa de se preocupar; 11 dever; 12 vocação; *to feel a ~ to* sentir vocação para; 13 razão; 14 pedido (de dinheiro); 15 NÁUTICA escala, porto de escala; *place of ~* porto de escala Ⓑ v.tr. 1 chamar; *to ~ aside* chamar de parte; 2 (nomes ou números de lista) ler, chamar; *to ~ the roll* fazer a chamada; 3 convocar; *to ~ a strike* convocar uma greve; *to ~ a meeting* convocar uma reunião; 4 considerar Ⓒ v.intr. 1 gritar; 2 telefonar; 3 visitar; 4 (transportes de carreira) parar em local específico [at, em] ❖ [GB] ~ *box* cabina telefónica; ~ *button* botão de chamada; *to ~ a spade a spade* falar sem papas na língua; *to ~ a halt* terminar; mandar parar; *to ~ in question* pôr em dúvida; *to ~ into being* criar; *to ~ into play* pôr em acção; *to ~ it a day* dar o dia por terminado; *to ~ sb names* chamar nomes a alguém; *to ~ sb's bluff* perceber o jogo de alguém; dizer a alguém para abrir o jogo; *to ~ to account* chamar a contas; censurar; *to ~ to mind* fazer lembrar; *to ~ to order* chamar à ordem; *to have a close ~* escapar por um triz; *within ~* perto
◆**call at** v.tr. NÁUTICA visitar; tocar; fazer escala em
◆**call away** v.tr. chamar para outro sítio
◆**call back** Ⓐ v.intr. 1 voltar a telefonar; 2 voltar a visitar Ⓑ v.tr. mandar regressar ❖ *to ~ one's words* retractar-se
◆**call down** v.tr. 1 censurar; repreender; 2 fazer descer; para baixo; 3 (pessoa em andar superior) chamar para baixo; 4 invocar; convocar
◆**call for** v.tr. 1 ir buscar (coisa, pessoa); *I'll ~ you at four* vou-te buscar às quatro; 2 mandar vir; 3 pedir; 4 exigir; 5 chamar por; gritar por ❖ *letters to be called for* posta-restante; *strict measures are called for* são urgentes medidas rigorosas; *that wasn't called for* não havia necessidade de fazer isso
◆**call forth** v.tr. 1 suscitar; provocar; dar origem a; 2 evocar; 3 pôr em acção; 4 fazer apelo a
◆**call in** Ⓐ v.tr. 1 mandar chamar; 2 mandar entrar; 3 (moeda, notas) retirar de circulação; 4 (produtos) retirar do mercado; 5 (dívida, empréstimo) exigir o pagamento de Ⓑ v.intr. 1 fazer uma visita rápida a alguém; 2 (para local de trabalho) telefonar para receber ou deixar recado(s)

◆**call off** v.tr. 1 cancelar; anular; 2 (greve) desconvocar; *to ~ a strike* desconvocar uma greve; 3 mandar parar (cão que vai atacar)
◆**call on** v.tr. 1 visitar; fazer uma visita a; 2 convidar a (fazer algo); recorrer a; solicitar
◆**call out** v.tr. 1 gritar; 2 (bombeiros, médico) chamar; 3 mandar entrar em acção; 4 desafiar para duelo ou luta; 5 (trabalho) mandar parar; *to call workers out (on strike)* convocar uma greve
◆**call out for** v.tr. gritar por
◆**call over** v.intr. fazer a chamada ❖ *to ~ the coals* exigir explicações; censurar; repreender
◆**call together** v.tr. 1 convocar; 2 reunir; juntar
◆**call up** v.tr. 1 evocar; relembrar; 2 [coloq.] telefonar a (alguém); 3 acordar (alguém); 4 MILITAR chamar às fileiras; convocar para o serviço militar
◆**call upon** v.tr. 1 solicitar; requerer; 2 exigir; 3 invocar; 4 fazer uma pequena visita a
callback ['kɔːlbæk] s. 1 (telefone) rechamada; *automatic ~* rechamada automática; 2 COMÉRCIO recolha (de produto com defeito) ❖ *~ number display* visualização do número que fez a ligação
callboy ['kɔːlbɔɪ] s. (bastidores de teatro) funcionário que chama os actores para entrarem em cena
caller ['kɔːlə] Ⓐ s. 1 (telefonema) aquele que liga; 2 visita, visitante Ⓑ adj. [Esc.] fresco; em bom estado de conservação
callgirl ['kɔːlgɜːl] s. prostituta (que se contrata por telefone)
Callicrates [kə'lɪkrətiːz] s.antr. Calícrates
calligrapher [kə'lɪgrəfə] s. calígrafo
calligraphic [kælɪ'græfɪk] adj. caligráfico
calligraphical [kælɪ'græfɪkəl] adj. ⇒ **calligraphic**
calligraphically [kælɪ'græfɪkəlɪ] adv. caligraficamente
calligraphy [kə'lɪgrəfɪ] s. (arte) caligrafia
calling ['kɔːlɪŋ] s. 1 vocação; 2 chamamento; 3 profissão; ofício; ocupação; 4 classe ❖ [EUA] *~ card* cartão de visita; (telefone) *~ signal* sinal de chamada
Calliope [kə'laɪəpɪ] s. MITOLOGIA Calíope
calliper ['kælɪpə] Ⓐ s. 1 calibrador; 2 compasso de pontas curvas; compasso de espessura; 3 (perna) aparelho ortopédico Ⓑ v.tr. 1 calibrar; 2 medir com calibrador ❖ *inside callipers* compasso de furos; *outside callipers* compasso de volta
Callirrhoe [kæ'lɪrəʊ] s.antr.,top. Calírroe
Callisthenes [kæ'lɪsθəniːz] s.antr. Calístenes
callisthenic [kælɪs'θenɪk] adj. calisténico
callisthenics [kælɪs'θenɪks] s. calistenia
Callistratus [kæ'lɪstrətəs] s.antr. Calístrato
callosity [kə'lɒsɪtɪ] s. (pl. **-ies**) calosidade
callous ['kæləs] adj. 1 insensível [**to**, a]; indiferente [**to**, a]; 2 caloso; duro
callously ['kæləslɪ] adv. 1 friamente; duramente; 2 sem compaixão; 3 com indiferença
callousness ['kæləsnɪs] s. 1 insensibilidade; 2 indiferença; frieza; 3 calosidade
callow ['kæləʊ] adj. (comp. **-er**, superl. **-est**) 1 [depr.] inexperiente; imaturo; imberbe; 2 (terra) baixo ❖ *~ youth* juventude inconsciente
callus ['kæləs] s. 1 calo; *he had calluses on his hands* ele tinha calos nas mãos; 2 calo de fractura; 3 borrelete cicatricial
calm [kɑːm] Ⓐ s. 1 calma; tranquilidade; sossego; 2 calmaria Ⓑ adj. calmo; sereno; tranquilo; *to keep ~* ficar calmo Ⓒ v.tr. 1 acalmar; 2 serenar Ⓓ v.intr. acalmar-se ❖ *~ belts* zona das calmarias
◆**calm down** v.tr.,intr. acalmar(-se)
calmative ['kɑːmətɪv, 'kælmətɪv] adj.,s. calmante
calming ['kɑːmɪŋ] Ⓐ adj. calmante Ⓑ s. suavização ❖ *~ section* zona de repouso
calmly ['kɑːmlɪ] adv. calmamente
calmness ['kɑːmnɪs] s. calma
calomel ['kæləmel] s. FARMÁCIA calomel, calomelano
caloric [kə'lɒrɪk] adj. calórico ❖ *~ engine* motor térmico
calorie ['kælərɪ] s. caloria ❖ *to watch one's calories* ter cuidado com o que se come; vigiar o peso
calorific [kælə'rɪfɪk] adj. calorífico; *~ efficiency* rendimento calorífico; *~ power* poder calorífico ❖ (calorias) *~ value* valor energético

calorification [kəlɒrɪfɪ'keɪʃən] s. calorificação
calorimeter [kælə'rɪmɪtə] s. calorímetro
calorimetric [kælərɪ'metrɪk] adj. calorimétrico ❖ *~ determination of heating value* determinação do poder calorífico pelo calorímetro; *~ measurement* calorimetria
calorimetry [kælə'rɪmɪtrɪ] s. calorimetria
calory ['kælərɪ] s. caloria
calotte [kə'lɒt] s. calota, solidéu
caloyer ['kælɔɪə] s. monge grego da ordem de S. Basílio
Calpurnia [kæl'pɜːnɪə] s.antr. Calpúrnia
caltrop ['kæltrəp] s. 1 BOTÂNICA calcatripa, cardo-estrelado; 2 estrepe
calumet ['kæləmet] s. cachimbo ❖ *to smoke the ~ together* fumar o cachimbo da paz; fazer as pazes
calumniate [kə'lʌmnɪeɪt] v.tr. caluniar
calumniation [kəlʌmnɪ'eɪʃən] s. calúnia
calumniator [kə'lʌmnɪeɪtə] s. caluniador
calumniatory [kəlʌmnɪ'eɪtrɪ] adj. calunioso
calumnious [kə'lʌmnɪəs] adj. calunioso
calumniously [kə'lʌmnɪəslɪ] adv. caluniosamente
calumny ['kæləmnɪ] s. (pl. **-ies**) calúnia
calvarium [kæl'veərɪəm] s. ANATOMIA sinciput, sincipúcio
Calvary ['kælvərɪ] s. Calvário
calve [kɑːv] v.tr.,intr. 1 parir (a vaca); 2 (iceberg) deixar ficar, abandonar um pedaço de gelo
calves [kɑːvz] s. {pl. de **calf**}
Calvin ['kælvɪn] s.antr. Calvino
Calvinism ['kælvɪnɪzəm] s. calvinismo
Calvinist ['kælvɪnɪst] adj.,s. calvinista
Calvinistic [kælvɪ'nɪstɪk] adj. calvinista
Calvinistical [kælvɪ'nɪstɪkəl] adj. calvinista
calx [kælks] s. (pl. **calces**) resíduo de metal ou mineral depois de queimado
calyces ['keɪlɪsiːz] s. {pl. de **calyx**}
calycle ['kælɪkəl] s. calículo
Calydon ['kælɪdən] s.top. Cálidon
calypso [kə'lɪpsəʊ] s. MÚSICA calipso
calyx ['keɪlɪks] s. (pl. **calyces** ou **calyxes**) BOTÂNICA cálice
calyxes ['keɪlɪsiːz] s. {pl. de **calix**}
cam [kæm] s. 1 MECÂNICA came; 2 MECÂNICA excêntrico; 3 ressalto; 4 motor excêntrico
camaraderie [kæmə'rɑːdərɪ] s. camaradagem, companheirismo
camarilla [kæmə'rɪlə] s. camarilha
camber ['kæmbə] Ⓐ s. 1 arqueamento, curvatura; 2 pequena doca; 3 madeira curva para barcos Ⓑ v.tr.,intr. 1 arquear, arquear-se; 2 flectir
Camberwell Beauty ['kæmbə,wel'bjuːtɪ] s. borboleta (*vanessa antiopa*)
cambist ['kæmbɪst] s. cambista
cambium ['kæmbɪəm] s. BOTÂNICA câmbio
Cambodia [kæm'bəʊdɪə] s.top. Camboja
Cambodian [kæm'bəʊdɪən] Ⓐ adj. do Camboja Ⓑ s. habitante ou natural do Camboja
cambrel ['kæmbrəl] s. chambaril
Cambrian ['kæmbrɪən] Ⓐ s. GEOLOGIA Câmbrico Ⓑ adj. GEOLOGIA câmbrico
cambric ['kæmbrɪk] s. (tecido) cambraia ❖ *~ paper* papel de seda; *~ tea* chá fraco, com leite, para crianças
Cambridge ['keɪm,brɪdʒ] s.top. Cambridge, Cantabrígia ❖ (cor) *~ blue* azul claro
Cambyses [kæm'baɪsiːz] s.antr. Cambises
camcorder ['kæmkɔːdə] s. câmara de vídeo portátil
came [keɪm] Ⓐ s. tira de chumbo canelado usado em janelas Ⓑ prt. de **to come**
camel ['kæməl] Ⓐ s. 1 ZOOLOGIA camelo; 2 (cor) bege, cor de camelo Ⓑ adj. (cor) bege, cor de camelo ❖ *~ driver* cameleiro; *~ hair* pêlo/lã de camelo; tecido com esse material; *~ train* caravana (de camelos)
cameleer [kæmə'lɪə] s. cameleiro
camellia [kə'miːlɪə] s. BOTÂNICA camélia
camelopard ['kæmɪləpɑːd] s. camelopárdale, girafa

camelry ['kæməlrɪ] s. tropas montadas em camelos
Camembert ['kæməmbeə] s. (queijo) camembert
cameo ['kæmɪəʊ] s. (pl. -s) 1 camafeu; 2 CINEMA, TELEVISÃO, TEATRO aparição de actor convidado
camera ['kæmərə] s. 1 FOTOGRAFIA máquina fotográfica; 2 CINEMA, TELEVISÃO câmara de filmar ❖ TELEVISÃO, CINEMA ~ *crew* equipa de filmagem; TELEVISÃO, CINEMA ~ *operator* operador de câmara; FOTOGRAFIA ~ *shutter* obturador; FOTOGRAFIA ~ *stand* tripé; (julgamento, reunião) *in* ~ à porta fechada; *on* ~ no ecrã
cameraman ['kæmərəmæn] s. CINEMA, TELEVISÃO operador de câmara
camera-shy ['kæmərəʃaɪ] adj. tímido em relação a câmaras, que não gosta de ser fotografado ou filmado
camerist ['kæmərɪst] s. operador cinematográfico
camerlengo [kæməˈleŋgəʊ] s. camerlengo
camerlingo [kæməˈlɪŋgəʊ] s. camerlengo
Cameroon [kæməˈruːn] s.top. Camarões
Cameroonian [kæməˈruːnɪən] Ⓐ adj. dos Camarões Ⓑ s. habitante ou natural dos Camarões
Cameroons ['kæməˌruːnz] s.top. Camarões
cami ['kæmɪ] s. VESTUÁRIO ⇒ **camisole**
cami-knickers [kæmɪˈnɪkəz] s.pl. 1 combinação-calça; 2 camisa-calça
camion ['kæmɪən] s. camião
camisole ['kæmɪsəʊl] s. 1 VESTUÁRIO camisola interior sem mangas (para senhora); 2 camisola de alcinhas
camlet ['kæmlɪt] s. chamalote
cammock ['kæmək] s. BOTÂNICA ajuga
camo ['kæməʊ] s. MILITAR [coloq.] camuflagem
camomile ['kæməmaɪl] s. BOTÂNICA camomila ❖ ~ *tea* chá de camomila; *camomile shampoo* champô de camomila
Camorra [kəˈmɒrə] s. camorra
camouflage ['kæmʊˌflɑːʒ] Ⓐ s. camuflagem Ⓑ v.tr. camuflar
camp [kæmp] Ⓐ s. 1 acampamento; *to break* ~ levantar acampamento; *to pitch* ~ montar acampamento; 2 exército em campanha; 3 [fig.] partido, facção; 4 MILITAR campo; *refugee* ~ campo de refugiados; 5 afectação; teatralidade; 6 cabotinismo Ⓑ v.intr. 1 acampar; fazer acampamento; 2 (viatura) estacionar Ⓒ adj. 1 afectado; amaneirado; teatral; 2 efeminado; 3 kitsch ❖ ~ *bed* cama portátil; ~ *chair* cadeira portátil; ~ *colours* bandeira de acampamento; MEDICINA ~ *fever* tifo; [EUA] ~ *meeting* reunião religiosa ao ar livre com a duração de alguns dias; *holiday/summer* ~ colónia de férias; *we are in the same* ~ estamos de acordo; trabalhamos juntos
◆**camp out** v.intr. acampar
campaign [kæmˈpeɪn] Ⓐ s. campanha Ⓑ v.intr. fazer campanha [*for*, por; *against*, contra]
campaigner [kæmˈpeɪnə] s. 1 defensor; militante; 2 activista; manifestante; 3 soldado em campanha ❖ *old* ~ veterano; *to be a* ~ *against/for* fazer campanha contra/por
campanile [kæmpəˈniːlɪ] s. campanilo
campanologist [kæmpəˈnɒlədʒɪst] s. campanólogo
campanology [kæmpəˈnɒlədʒɪ] s. campanologia
campanula [kæmˈpænjʊlə] s. BOTÂNICA campânula
campanulate [kæmˈpænjʊlɪt] adj. campanulado
camper ['kæmpə] s. 1 campista; 2 roulotte, caravana de campismo
campfire ['kæmpfaɪə] s. fogueira
camphor ['kæmfə] s. cânfora ❖ ~ *oil* óleo de cânfora
camphorate¹ ['kæmfəreɪt] v.tr. canforar
camphorate² ['kæmfərɪt] s. canforato
camphorated ['kæmfəˌreɪtɪd] adj. canforado ❖ ~ *oil* óleo canforado; ~ *spirit* álcool canforado
camphoric [kæmˈfɒrɪk] adj. canfórico
camping ['kæmpɪŋ] s. 1 campismo; 2 acampamento ❖ ~ *ground* local de acampamento; ~ *site* parque de campismo; *no* ~ proibido acampar; *to go* ~ praticar campismo; ir acampar
campion ['kæmpɪən] s. BOTÂNICA erva-traqueira
campshed ['kæmpʃed] v.tr. rodear de estacas
campshedding ['kæmpʃedɪŋ] s. revestimento de estacaria e madeira para resistir à acção da água
campsheeting ['kæmpʃiːtɪŋ] s. revestimento de estacaria e madeira para resistir à acção da água
campshot ['kæmpʃɒt] s. revestimento de estacaria e madeira para resistir à acção da água
campsite ['kæmpsaɪt] s. parque de campismo
campus ['kæmpəs] s. (pl. -es) (universidade) campus, terrenos da universidade
campy ['kæmpɪ] adj. (comp. -ier, superl. -iest) 1 afectado, amaneirado; 2 teatral, cabotino; 3 efeminado; 4 kitsch
camshaft ['kæmʃæft] s. MECÂNICA eixo de cames, veio de excêntricos, veio do motor
camstone ['kæmstəʊn] s. pó de tijolo para limpar metais
camwood ['kæmwʊd] s. madeira dura e vermelha da África Ocidental
can¹ [kæn] Ⓐ s. 1 lata; *garbage* ~ lata do lixo; 2 bidão; *petrol* ~ bidão de combustível; 3 almotolia; 4 jarro; 5 [cal.] (cadeia) pildra; 6 [EUA] casa de banho Ⓑ v.tr. (particípios: -nn-) 1 enlatar; 2 [EUA] [coloq.] despedir; *he was canned* foi despedido; 3 [EUA] [coloq.] parar com; ~ *the noise, I'm on the telephone* pára de fazer barulho, estou ao telefone ❖ [EUA] ~ *opener* abre-latas; *milk* ~ lata do leite; *oil* ~ oleadeira; *water* ~ regador; [coloq.] (caso difícil) *a* ~ *of worms* caixa de Pandora; [GB] *to carry the* ~ pagar as favas
can² [kæn] v.mod. (pret. e p. p. **could**) 1 (capacidade) conseguir, saber; *he* ~ *touch the ceiling* ele consegue chegar ao tecto; *she* ~ *speak French* ela sabe falar francês; 2 (autorização) poder; *you* ~ *go to the party* podes ir à festa; 3 (sugestão) poder; *we* ~ *go to another restaurant* podemos ir a outro restaurante; 4 (possibilidade) poder; *I* ~ *win the race* posso vencer a corrida ❖ *I* ~ *but try* posso sempre tentar; o que posso fazer é tentar; *I cannot but tell him/I can't help telling him* não posso deixar de lhe dizer; *I could smack him!* apetecia-me bater-lhe!; *it can't be true* isso não pode ser verdade; *what* ~ *I do for you?* em que lhe posso ser útil?
Cana ['keɪnə] s.top. (aldeia da Palestina) Caná
Canaan ['keɪnən, 'keɪnɪən] s.top. (Bíblia) Canaã
Canada ['kænədə] s.top. Canadá
Canadian [kəˈneɪdɪən] adj., s. canadiano
canal [kəˈnæl] Ⓐ s. 1 canal; 2 ANATOMIA canal; ducto Ⓑ v.tr. (particípios: -ll-) 1 irrigar; 2 prover de canais ❖ ~ *coal* hulha de qualidade superior; ~ *dues* direitos do canal; *alimentary* ~ sistema digestivo
canalization [kænəlaɪˈzeɪʃən] s. canalização
canalize ['kænəlaɪz] v.tr. canalizar
canapé ['kænəpeɪ] s. (pl. -s) CULINÁRIA (aperitivo) canapé
canard [kæˈnɑːd] s. 1 atoarda; 2 mentira, peta
canary [kəˈneərɪ] s. (pl. -ies) ZOOLOGIA canário ❖ BOTÂNICA ~ *creeper* capuchinha; ~ *seed* alpista; (cor) ~ *yellow* amarelo-canário
Canary [kəˈneərɪ] adj. das ilhas Canárias ❖ GEOGRAFIA ~ *Islands* Canárias
canary-coloured [kəˈneərɪˌkʌlərd] adj. amarelo-canário
canasta [kəˈnæstə] s. (jogo de cartas) canasta
canaster [kəˈnæstə] s. tabaco grosseiro e inferior
Canberra ['kænbərə] s.top. Camberra
cancan ['kænkæn] s. (dança) cancã
cancel ['kænsəl] Ⓐ v.tr.,intr. (particípios: -ll-) 1 anular, suspender, cancelar; 2 revogar; 3 MATEMÁTICA dividir pelo mesmo número os dois termos duma fracção Ⓑ s. 1 anulação, cancelamento; 2 TIPOGRAFIA folha reimpressa
◆**cancel out** v.tr. neutralizar; anular; compensar
cancellation [kænsəˈleɪʃən] s. 1 anulação; 2 cancelamento; desmarcação; 3 revogação; ~ *of agreement* revogação de acordo; 4 resignação
cancelled ['kænsəld] adj. anulado
cancelling ['kænsəlɪŋ] s. 1 anulação; 2 cancelamento
cancer ['kænsə] s. MEDICINA cancro
Cancer ['kænsə] s. ASTRONOMIA (constelação, signo) Câncer, Caranguejo ❖ GEOGRAFIA *Tropic of* ~ Trópico de Câncer
cancered ['kænsəd] adj. cancerado
Cancerian [kænˈsɪərɪən] Ⓐ s. (astrologia) canceriano, nativo do signo Caranguejo Ⓑ adj. 1 canceriano; 2 típico do signo Caranguejo
cancerous ['kænsərəs] adj. canceroso
Candace ['kændɪs] s.antr. Cândace
candela [kænˈdiːlə] s. FÍSICA (sistema internacional de unidades de medida) candela

candelabra [ˌkændɪˈlɑːbrə] s. (pl. de **candelabrum**)
candelabrum [ˌkændɪˈlɑːbrəm] s. (pl. -a) candelabro
candescence [kænˈdesəns] s. candência
candescent [kænˈdesənt] adj. candente
Candia [ˈkændɪə] s.top. Cândia
candid [ˈkændɪd] Ⓐ adj. 1 franco, sincero; 2 (relato) objectivo; imparcial; 3 [arc.] desinteressado; 4 [arc.] cândido, ingénuo, simples Ⓑ s. [EUA] FOTOGRAFIA fotografia informal ❖ TELEVISÃO ~ *Camera* Apanhados; ~ *camera photograph* instantâneo tirado sem conhecimento do fotografado
Candida [ˈkændɪdə] s.antr. Cândida
candidacy [ˈkændɪdəsɪ] s. candidatura
candidate [ˈkændɪdeɪt] s. candidato
candidature [ˈkændɪdətʃə] s. [GB] candidatura
candidly [ˈkændɪdlɪ] adv. 1 candidamente; 2 com ingenuidade
candidness [ˈkændɪdnɪs] s. candura; sinceridade
candied [ˈkændɪd] adj. 1 conservado em açúcar; 2 cristalizado; 3 lisonjeiro
canditufit [ˈkændɪˌtʌft] s. ⇒ **candytuft**
candle [ˈkændəl] s. 1 vela; 2 candeia ❖ ~ *end* toco de vela; ~ *grease* sebo; ~ *guard* arandela; ~ *power* potência iluminante; ~ *shade* quebra-luz; BOTÂNICA ~ *tree* cerieira; ~ *wick* pavio de vela; torcida; *electric* ~ vela eléctrica; *the game is not worth the* ~ não vale a pena; não compensa o trabalho; *to burn the* ~ *at both ends* fazer qualquer coisa sem termo nem medida; *when candles are away all cats are grey* de noite todos os gatos são pardos; *you are not fit to hold a* ~ *to him* nem lhe chegas aos calcanhares
candleholder [ˈkændəlˌhəʊldə] s. (decoração) castiçal
candlelight [ˈkændəllaɪt] s. luz da vela; *by* ~ à luz das velas ❖ ~ *dinner* jantar à luz das velas
candlelit [ˈkændəllɪt] adj. 1 à luz das velas; 2 iluminado com velas; 3 de velas; ~ *procession* procissão de velas
Candlemas [ˈkændəlˌmæs] s. Candelária
candlestick [ˈkændəlˌstɪk] s. castiçal (alto e fino)
can-do [kænˈduː] adj. [EUA] [coloq.] dinâmico; ~ *executives* executivos dinâmicos e agressivos
candour [ˈkændə] s. 1 franqueza, sinceridade; 2 candura
candy [ˈkændɪ] Ⓐ s. (pl. -ies) 1 guloseimas; bombons, rebuçados, caramelos; 2 açúcar cândi Ⓑ v.tr.,intr. 1 revestir de açúcar; 2 cristalizar ❖ [EUA] ~ *store* loja de guloseimas
candyfloss [ˈkændɪflɒs] s. [GB] algodão-doce
candytuft [ˈkændɪˌtʌft] s. BOTÂNICA ibere
cane [keɪn] Ⓐ s. 1 cana, junco; 2 bengala; 3 vara; 4 vergasta; 5 pau de lacre Ⓑ v.intr. 1 vergastar; açoitar com vergasta; 2 bater com a bengala ❖ ~ *chair* cadeira de verga; cadeira de palhinha; ~ *field*/~ *plantation* canavial; ~ *mill* engenho de açúcar; ~ *work* trabalho em palhinha
cane-apple [ˈkeɪnæpl] s. BOTÂNICA medronho
cang [kæŋ] s. (instrumento de tortura) golilha
cangue [kæŋ] s. (instrumento de tortura) golilha
canicular [kəˈnɪkjʊlə] adj. canicular
canine [ˈkeɪnaɪn, ˈkænaɪn] Ⓐ adj. canino; ~ *tooth* dente canino Ⓑ s. 1 (dente) canino; 2 cão
caning [ˈkeɪnɪŋ] s. 1 vergastada(s), açoite(s) com vergasta; 2 [coloq., fig.] (derrota esmagadora) tareia_fig._
canister [ˈkænɪstə] s. 1 pequena caixa de metal (para chá, etc.); 2 caixa de hóstias; 3 caixa de lata com metralha; 4 lata
canker [ˈkæŋkə] Ⓐ s. 1 doença ulcerosa da boca; 2 BOTÂNICA gangrena; 3 verme que ataca os botões das plantas; lagarta que ataca folhas e flores; 4 doença em árvores frutíferas; 5 (madeira) necrose; 6 VETERINÁRIA doença nas patas dos cavalos; 7 [fig.] (mal) cancro_fig._ Ⓑ v.tr.,intr. 1 gangrenar; ulcerar; 2 [fig.] corromper(-se) ❖ MEDICINA ~ *rash* escarlatina com ulceração da garganta
cankerous [ˈkæŋkərəs] adj. 1 ulcerado; 2 gangrenoso
cankerworm [ˈkæŋkəˌwɜːm] s. lagarta que destrói folhas e botões
canna [ˈkænə] s. BOTÂNICA balizeiro
cannabis [ˈkænəbɪs] s. BOTÂNICA, FARMÁCIA canábis
canned [kænd] adj. 1 enlatado, em lata; de conserva; 2 gravado; ~ *applause/laughter* aplausos/risos gravados; ~ *music* música gravada; 3 (discurso) (pouco original) do costume; 4 (embriagado) bêbedo como um cacho ❖ ~ *food* conservas; ~ *peaches* pêssegos em calda
cannel [ˈkænəl] s. 1 hulha; 2 carvão gordo betuminoso
cannelcoal [ˈkænəlˌkəʊl] s. 1 hulha; 2 carvão gordo betuminoso
canneloni [ˌkænəˈləʊnɪ] s.pl. CULINÁRIA (comida italiana) canelones
canner [ˈkænə] s. 1 industrial de conservas; 2 conserveiro
cannery [ˈkænərɪ] s. (pl. -ies) fábrica de conservas
cannibal [ˈkænɪbəl] s. canibal
cannibalise [ˈkænɪbəlaɪz] v.tr. ⇒ **cannibalize**
cannibalism [ˈkænɪbəlɪzəm] s. canibalismo
cannibalistic [ˌkænɪbəˈlɪstɪk] adj. canibalesco
cannibalize [ˈkænɪbəlaɪz] v.tr. 1 MECÂNICA tirar peças duma máquina para outra com deficiências de funcionamento; recuperar; 2 canibalizar, comer (membros da própria espécie)
cannikin [ˈkænɪkɪn] s. lata pequena
cannily [ˈkænɪlɪ] adv. 1 com astúcia; 2 perspicazmente
canniness [ˈkænɪnɪs] s. 1 astúcia; habilidade; 2 sagacidade; 3 prudência
canning [ˈkænɪŋ] s. 1 preparação de conservas; 2 enlatamento ❖ ~ *factory* fábrica de conservas
cannon [ˈkænən] Ⓐ s. 1 canhão; 2 (bilhar) carambola; 3 (cabelo) caracol Ⓑ v.intr. 1 (bilhar) fazer uma carambola; 2 chocar [into, contra]; colidir [into, com] ❖ ~ *bullet* projéctil de canhão; ~ *fodder* carne para canhão; ~ *shot* tiro de canhão
cannonade [ˌkænəˈneɪd] Ⓐ s. canhoneio Ⓑ v.tr.,intr. bombardear
cannonball [ˈkænənbɔːl] Ⓐ s. MILITAR bala de canhão Ⓑ v.intr. [coloq.] ir a grande velocidade; passar como uma seta
cannoneer [ˌkænəˈnɪə] s. MILITAR [ant.] artilheiro
cannonry [ˈkænənrɪ] s. 2 artilharia
cannot [ˈkænɒt, ˈkɑːnɒt] ⇒ **can not**
cannula [ˈkænjʊlə] s. cânula
canny [ˈkænɪ] adj. (comp. -ier, superl. -iest) 1 circunspecto, prudente, equilibrado; 2 hábil, astuto; 3 económico, frugal; 4 confortável; 5 [especialmente em frases negativas] de bom agouro
cannyoning [ˈkænjənɪŋ] s. DESPORTO cannyoning
canoe [kəˈnuː] Ⓐ s. NÁUTICA canoa Ⓑ v.intr. 1 andar de canoa; 2 DESPORTO praticar canoagem
canoeing [kəˈnuːɪŋ] s. DESPORTO canoagem
canoeist [kəˈnuːɪst] s. DESPORTO canoísta
canola [kəˈnəʊlə] s. [EUA] BOTÂNICA colza ❖ ~ *oil* óleo de colza
canon [ˈkænən] s. 1 ARTES PLÁSTICAS, FILOSOFIA, MÚSICA, RELIGIÃO cânone; 2 norma, critério; 3 cónego; 4 TIPOGRAFIA tipo grande de letra ❖ ~ *law* direito canónico
cañon [ˈkænɪən] s. ⇒ **canyon**
canoness [ˈkænənɪs] s. cónega
canonic [kəˈnɒnɪk] adj. canónico
canonical [kəˈnɒnɪkəl] adj. canónico
canonically [kəˈnɒnɪkəlɪ] adv. canonicamente
canonicals [kəˈnɒnɪkəlz] s.pl. vestes sacerdotais
canonicity [ˌkænəˈnɪsɪtɪ] s. canonicidade
canonics [kəˈnɒnɪks] s. direito canónico
canonist [ˈkænənɪst] s. canonista
canonization [ˌkænənaɪˈzeɪʃən] s. canonização
canonize [ˈkænənaɪz] v.tr. canonizar
canonry [ˈkænənrɪ] s. (pl. -ies) canonicato
canoodle [kəˈnuːdəl] v.tr.,intr. [EUA] [coloq.] fazer festinhas, amimar, acariciar(-se)
Canopus [kəˈnəʊpəs] s. ASTRONOMIA (estrela principal da constelação Argo) Canopo
canopy [ˈkænəpɪ] Ⓐ s. (pl. -ies) 1 dossel, baldaquino, pálio; 2 capota, coberta; 3 abóbada; *the* ~ *of heaven* a abóbada celeste; 4 ARQUITECTURA gablete Ⓑ v.tr. cobrir com dossel, com baldaquino
canorous [kəˈnɔːrəs] adj. musical, melodioso
cant [kænt] Ⓐ s. 1 frases feitas; palavreado; 2 hipocrisia; 3 gíria; calão; 4 recorte, chanfradura; 5 face inclinada; 6 sacão; 7 inclinação Ⓑ v.tr.,intr. 1 usar frases feitas; ser hipócrita; 2 usar gíria; 3 facetar, chanfrar; 4 inclinar; 5 tomar

uma posição inclinada; **6** NÁUTICA andar à roda ❖ **~ file** lima achatada triangular; [coloq.] **the old ~** a mesma cantiga

can't [kɑːnt, kent] ⇒ **cannot**

Cantab ['kæntæb] *adj.,s.* **1** da Universidade de Cambridge (Cantabrígia); **2** membro da Universidade de Cambridge (Cantabrígia)

cantabile [kæn'tɑːbɪlɪ] *adv.,s.* MÚSICA cantabile

Cantabrian [kæn'teɪbrɪən] *adj.* cantábrico

Cantabrigian [kæntə'brɪdʒɪən] *adj.,s.* **1** da Universidade de Cambridge (Cantabrígia); **2** membro da Universidade de Cambridge (Cantabrígia)

cantaloup ['kæntəlʊp] *s.* melão-cantalupo

cantankerous [kən'tæŋkərəs] *adj.* embirrento; conflituoso

cantankerously [kən'tæŋkərəslɪ] *adv.* duma maneira rabugenta, com rabugice, com embirração

cantankerousness [kən'tæŋkərəsnɪs] *s.* rabugice; birra

cantata [kæn'tɑːtə] *s.* cantata

canted ['kæntɪd] Ⓐ *prt. e part. pass. de* **to cant** Ⓑ *adj.* **1** inclinado; **2** enviesado

canteen [kæn'tiːn] *s.* cantina

canter ['kæntə] Ⓐ *s.* **1** galope leve, galope brando; meio galope; *to go for a ~* ir dar um passeio de cavalo; **2** hipócrita Ⓑ *v.tr.,intr.* galopar brandamente; ir em meio galope ❖ *to win at a ~* ganhar facilmente

canterbury ['kæntəbrɪ] *s. (pl.* **-ies***)* estante de músicas

Canterbury ['kæntəbrɪ] *s.top.* Cantuária

cantharides [kæn'θærɪdiːz] *s,pl.* cantáridas

canticle ['kæntɪkəl] *s.* cântico ❖ *(Bíblia)* **Canticle of Canticles** o Cântico dos Cânticos

cantilever ['kæntɪˌliːvə] *s.* **1** ARQUITECTURA arco de ponte; **2** ARQUITECTURA modilhão, consola; **3** ARQUITECTURA cachorro, escora saliente ❖ **~ crane** guindaste de braços horizontais

canting ['kæntɪŋ] Ⓐ *s.* **1** inclinação, desvio; **2** calão; **3** hipocrisia Ⓑ *adj.* hipócrita

cantle ['kæntəl] *s.* **1** patilha de arção; **2** [arc.] bocado, pedaço; fatia cortada

canto ['kæntəʊ] *s. (pl.* **-s***)* LITERATURA canto, divisão de poema

canton[1] ['kæntɒn, 'kæntən] *s.* GEOGRAFIA, HERÁLDICA cantão

canton[2] [kæn'tɒn] *v.tr. (particípios:* **-n-***)* dividir em cantões

canton[3] [kən'tuːn] *v.tr.* (tropas) acantonar, aquartelar

cantonal ['kæntənəl] *adj.* cantonal

Cantonese [ˌkæntə'niːz] Ⓐ *adj.* cantonês; relativo a Cantão Ⓑ *s.* cantonês; natural ou habitante de Cantão

cantonment [kæn'tuːmənt] *s.* acantonamento

cantor ['kæntɔː] *s.* chantre

cantorial [kæn'tɔːrɪəl] *adj.* (lado) do chantre

Cantuarian [ˌkæntjʊ'eərɪən] *adj.,s.* **1** de Cantuária; **2** natural de Cantuária

Canuck [kə'nʌk] *adj.,s.* **1** [EUA] canadiano; **2** [depr.] franco-canadiano; **3** cavalo ou pónei canadiano

Canute [kə'njuːt] *s.antr.* Canuto

canvas ['kænvəs] Ⓐ *s. (pl.* **-es***)* **1** ARTES PLÁSTICAS tela; **2** (tecido) lona; **3** lona para velas; **4** toldo Ⓑ *v.tr.* cobrir com tela ❖ **~ bag** saco de lona; **~ chair** cadeira de lona; **~ shoes** sapatos de lona; alpercatas; **~ town** centro de campismo; **under ~** em tendas/debaixo de tenda

canvasback ['kænvəsbæk] *s.* ZOOLOGIA pato americano

canvass ['kænvəs] Ⓐ *v.tr.,intr.* **1** fazer campanha; solicitar votos ou apoio (de); **2** sondar; **3** discutir, debater; *the proposition is being canvassed* a proposta está a ser debatida Ⓑ *s.* ⇒ **canvassing** ❖ COMÉRCIO *to ~ from door to door* fazer a praça

canvasser ['kænvəsə] *s.* **1** agente eleitoral; **2** pessoa que acompanha o candidato numa viagem eleitoral; **3** COMÉRCIO angariador, vendedor

canvassing ['kænvəsɪŋ] *s.* **1** angariação de votos, campanha; **2** sondagem informal; **3** COMÉRCIO pesquisa de mercado ❖ *to go out ~* fazer (campanha) porta a porta

canyon ['kænɪən] *s.* **1** ravina, vale profundo com rio; **2** desfiladeiro

canzone [kæn'tsəʊnɪ] *s.* LITERATURA, MÚSICA canção

canzonet [ˌkænzəʊ'net] *s.* MÚSICA cançoneta

caoutchouc ['kaʊtʃʊk] *s.* cauchu ❖ **~ ware** artigos de cauchu

cap [kæp] Ⓐ *s.* **1** boné; gorro; boina; barrete; **2** (garrafa) tampa; **3** tampão-fêmea; **4** (pistola de brinquedo) fulminante; **5** (montanha, monte) cume; **6** (dente) capa; **7** [coloq.] (anticoncepção) diafragma; **8** [fig.] plafond; limite máximo; **9** capitel de coluna; **10** FINANÇAS capital Ⓑ *v.tr. (particípios:* **-pp-***)* **1** (garrafa) pôr cápsula em; **2** (espingarda) carregar (com fulminantes); **3** coroar; estar no ponto mais alto; **4** exceder; superar; ultrapassar; **5** limitar; **6** (cumprimentar) tirar o chapéu a; **7** [GB] DESPORTO (futebol) convocar para a selecção Ⓒ *v.intr.* pôr o boné, gorro, barrete, etc. ❖ **~ paper** papel de embrulho; determinado tamanho de papel para escrever; *liberty ~* barrete frígio; *~ in hand* com humildade; de chapéu na mão; *the ~ fits* serve a carapuça; *to ~ it all* ainda por cima; para cúmulo; *to ~ the climax* ser ainda melhor que o que já era considerado bom

CAP (Comunidade Europeia) [*abrev. de* Common Agricultural Policy] PAC

capability [ˌkeɪpə'bɪlɪtɪ] *s. (pl.* **-ies***)* capacidade, aptidão

capable ['keɪpəbəl] *adj.* **1** capaz [**of**, de]; **2** susceptível [**of**, de]; **3** competente ❖ **~ hands** boas mãos; *~ of being rolled* laminável; *~ of improvement* que pode ser melhorado

capableness ['keɪpəbəlnɪs] *s.* capacidade, competência

capably ['keɪpəblɪ] *adv.* capazmente

capacious [kə'peɪʃəs] *adj.* **1** espaçoso; **2** com grande capacidade

capaciousness [kə'peɪʃəsnɪs] *s.* capacidade

capacitance [kə'pæsɪtəns] *s.* ELECTRICIDADE capacitância

capacitate [kə'pæsɪteɪt] *v.tr.* **1** capacitar; **2** transmitir poderes para

capacitor [kə'pæsɪtə] *s.* ELECTRICIDADE condensador

capacity [kə'pæsɪtɪ] *s. (pl.* **-ies***)* **1** aptidão, jeito; *to have a ~ for* ter jeito para; **2** (aptidão) resistência; *~ to resist shocks* resistência ao choque; *a remarkable ~ for alcohol* uma espantosa resistência ao álcool; **3** (volume) capacidade; *the tank has a ~ of 40 litres* o depósito tem uma capacidade de 40 litros; **4** lotação; *seating ~* lotação; *filled to ~* com a lotação esgotada; *to fill to ~* esgotar a lotação; **5** potência; *at full ~* com toda a potência, com o rendimento máximo; **6** (estatuto) qualidade; *in his ~ as prime minister* na sua qualidade de primeiro-ministro; **7** DIREITO competência legal; **8** INFORMÁTICA capacidade; *storage ~* capacidade de memória ❖ **~ crowd/audience/attendance** sala cheia; *in a personal ~* a título pessoal; *in her/his official ~* a título oficial

cap-à-pie [ˌkæpə'piː] *adv.* dos pés à cabeça

caparison [kə'pærɪsən] Ⓐ *s.* **1** caparazão; **2** jaezes Ⓑ *v.tr.* ajaezar

cape [keɪp] *s.* **1** GEOGRAFIA promontório, cabo; **2** VESTUÁRIO capa curta ❖ *the Cape of Good Hope* o cabo da Boa Esperança

caper ['keɪpə] Ⓐ *s.* **1** BOTÂNICA alcaparra; **2** cabriola; **3** (brincadeira) partida; **4** (actividade ilegal) estratagema; golpe; esquema; **5** corsário Ⓑ *v.intr.* dar cabriolas; saltar ❖ *to cut a caper/to cut capers* dar saltos de contente; agir descontroladamente/tolamente

capercailye [ˌkæpə'keɪliː] *s.* galo silvestre

capercailzie [ˌkæpə'keɪlziː] *s.* galo silvestre

caperer ['keɪpərə] *s.* saltador; aquele que salta ou faz cabriolas

Cape Town ['keɪpˌtaʊn] *s.top.* Cidade do Cabo

Cape Verde [ˌkeɪp'vɜːd] *s.top.* Cabo Verde

Cape Verdean [ˌkeɪp'vɜːdɪən] *adj.,s.* cabo-verdiano

capful ['kæpfʊl] *s.* (medida) tampa cheia; *one ~ to two litres of water* uma tampa cheia por cada dois litros de água ❖ *a ~ of wind* uma lufada de vento

capias ['keɪpɪəs] *s. (pl.* **-es***)* mandato de prisão

capillaire [ˌkæpɪ'leə] *s.* capilé

capillarimeter [ˌkæpɪlə'rɪmɪtə] *s.* capilarímetro

capillarity [ˌkæpɪ'lærɪtɪ] *s.* capilaridade ❖ **~ action** acção capilar

capillary [kə'pɪlərɪ] *adj.,s. (pl.* **-ies***)* capilar ❖ **~ constant** constante capilar; *~ number* número de capilaridade; *~ tube* tubo capilar

capital ['kæpɪtəl] Ⓐ *s.* **1** (cidade) capital; **2** FINANÇAS capital, meios financeiros; **3** letra maiúscula; **4** ARQUITECTURA capitel Ⓑ *adj.* **1** capital; *of ~ importance* de importância capital; **2** (crime) gravíssimo; punível com a pena de morte; **3** importantíssimo; essencial; **4** maiúsculo; *~ letter* letra maiúscula; **5** [ant.] óptimo, muito bom ❖ ~ *account* conta de activo fixo; ~ *allowance* margem fiscal para investimento de capital; ~ *assets* activo fixo tangível; ~ *budget* orçamento de capital fixo; ~ *expenditure* dispêndio de capital; ~ *gains* ganhos eventuais; mais-valias; ~ *goods* activo de capital; ~ *levy* imposto sobre o capital; ~ *market* mercado de capitais; ~ *punishment* pena de morte; ~ *shortage* escassez de capital; ~ *stock* capital social; *to make* ~ *out of* tirar partido de; capitalizar; *working* ~ fundo de maneio

capitalise ['kæpɪtəlaɪz] *v.tr.* ⇒ **capitalize**
capitalism ['kæpɪtəlɪzəm] *s.* capitalismo
capitalist ['kæpɪtəlɪst] *adj.,s.* capitalista ❖ *the great capitalists* a alta finança
capitalization [ˌkæpɪtəlaɪˈzeɪʃən] *s.* capitalização
capitalize ['kæpɪtəˌlaɪz] Ⓐ *v.tr.* 1 capitalizar; 2 escrever com maiúsculas Ⓑ *v.intr.* tirar proveito [on, de]; tirar partido [on, de]
capitally ['kæpɪtəlɪ] *adv.* 1 optimamente; 2 admiravelmente
capitation [kæpɪˈteɪʃən] *s.* capitação
Capitol ['kæpɪtəl] *s.* Capitólio
capitolian [kæpɪˈtəʊlɪən] *adj.* relativo ao Capitólio
capitoline [kəˈpɪtəlaɪn] *adj.* capitolino
capitular [kəˈpɪtjʊlə] *adj.,s.* 1 capitular; 2 BOTÂNICA capitulado
capitulary [kəˈpɪtjʊlərɪ] Ⓐ *s. (pl.* -ies) DIREITO capitular Ⓑ *adj.* capitular
capitulate [kəˈpɪtjʊleɪt] *v.tr.* capitular, render-se sob condições
capitulation [kəˌpɪtjəˈleɪʃən] *s.* capitulação
capivi [kəˈpaɪvɪ] *s.* bálsamo de copaíba
capon ['keɪpən] *s.* ZOOLOGIA (galo) capão
caponier [kæpəˈnɪə] *s.* (fortificações) capoeira
caponize ['keɪpəˌnaɪz] *v.tr.* castrar, capar (galo)
capot [kəˈpɒt] Ⓐ *s.* (jogos de cartas) capote Ⓑ *v.tr. (particípios:* -tt-) (jogos de cartas) dar um capote
capote [kəˈpəʊt] *s.* 1 capote (de soldado, viajante, etc.); 2 capota (de automóvel)
Cappadocia [kæpəˈdəʊʃə] *s.top.* Capadócia
cappuccino [kæpʊˈtʃinəʊ] *s.* cappuccino
capri ['kæprɪ] *adj.* VESTUÁRIO (calças curtas) ~ *pants* corsários
capric ['kæprɪk] *adj.* QUÍMICA cáprico
capriccio [kəˈprɪtʃɪəʊ] *s. (pl.* -s) MÚSICA capricho
caprice [kəˈpriːs] *s.* fantasia, capricho
capricious [kəˈprɪʃəs] *adj.* inconstante, caprichoso
capriciously [kəˈprɪʃəslɪ] *adv.* caprichosamente
capriciousness [kəˈprɪʃəsnɪs] *s.* irregularidade de temperamento
Capricorn ['kæprɪkɔːn] *s.* ASTRONOMIA (constelação, signo) Capricórnio ❖ GEOGRAFIA *Tropic of* ~ trópico de Capricórnio
Capricornean [kæprɪˈkɔːnɪən] Ⓐ *s.* (astrologia) capricorniano, nativo do signo Capricórnio Ⓑ *adj.* 1 capricorniano; 2 típico do signo Capricórnio
caprification [kæprɪfɪˈkeɪʃən] *s.* caprificação
caprine ['kæpraɪn] *adj.* caprino
capriole ['kæprɪəʊl] Ⓐ *s.* cabriola Ⓑ *v.intr.* fazer cabriolas, cabriolar
capris ['kæprɪz] *s.pl.* VESTUÁRIO (calças curtas) corsários
caproic [kəˈprəʊɪk] *adj.* QUÍMICA capróico
capsicum ['kæpsɪˌkəm] *s.* 1 BOTÂNICA cápsico, pimenta; 2 pimento, pimentão
capsizable [kæpˈsaɪzəbəl] *adj.* NÁUTICA susceptível de se voltar, de ir ao fundo
capsize [kæpˈsaɪz, 'kæpsaɪz] *v.tr.,intr.* NÁUTICA (barco) virar; *the boat capsized in the storm* o barco virou-se com a tempestade
capstan ['kæpstən] *s.* NÁUTICA cabrestante
capsular ['kæpsjʊlə] *adj.* capsular
capsule ['kæpsjʊl] Ⓐ *s.* cápsula Ⓑ *adj.* 1 conciso, sucinto; 2 compacto Ⓒ *v.tr.* encapsular ❖ *space* ~ cápsula espacial
capsuliform [ˌkæpˈsjʊlɪfɔːm] *adj.* capsuliforme, em forma de cápsula
captain ['kæptɪn] Ⓐ *s.* 1 capitão; 2 chefe; comandante; 3 (escola) chefe de turma; delegado de turma; 4 supervisor Ⓑ *v.tr.* 1 comandar; chefiar; liderar; conduzir; 2 capitanear ❖ (marinha mercante) ~ *superintendent* capitão de terra; capitão-chefe; *captains of industry* barões da indústria; *flag* ~ capitão de bandeira; *merchant* ~ capitão de Marinha Mercante; *team* ~ capitão de equipa

captaincy ['kæptɪnsɪ] *s. (pl.* -ies) 1 posto de capitão; 2 capitania; 3 comando
captainship ['kæptɪnʃɪp] *s.* 1 posto de capitão; 2 comando; 3 arte, eficiência de comando
caption ['kæpʃən] Ⓐ *s.* 1 captura legal; 2 certificado anexo ou exarado em documento; 3 título (de artigo de jornal, capítulo de livro); 4 legenda Ⓑ *v.tr.* legendar
captioning ['kæpʃənɪŋ] *s.* legendagem
captious ['kæpʃəs] *adj.* 1 capcioso; 2 insidioso
captiously ['kæpʃəslɪ] *adv.* capciosamente
captiousness ['kæpʃəsnɪs] *s.* insídia
captivate ['kæptɪveɪt] *v.tr.* cativar, fascinar
captivating ['kæptɪˌveɪtɪŋ] *adj.* cativante, fascinante
captivation [kæptɪˈveɪʃən] *s.* fascinação, encanto
captive ['kæptɪv] *adj.,s.* cativo; prisioneiro ❖ ~ *breeding* reprodução em cativeiro; ~ *market* mercado cativo; [fig.] *to be* ~ *to sb* pertencer a alguém; *to be taken* ~ ser feito prisioneiro
captivity [kæpˈtɪvɪtɪ] *s. (pl.* -ies) cativeiro ❖ *animals in* ~ animais em cativeiro; *the hostages were released from* ~ os reféns foram libertados
captor ['kæptə] *s. (fem.* **captress**) captor
capture ['kæptʃə] Ⓐ *s.* 1 captura, apreensão; 2 presa(s), pessoa ou coisa capturada Ⓑ *v.tr.* capturar
Capuchin ['kæpjʊtʃɪn] *s.* monge capuchinho
Capulet ['kæpʊlet] *s.antr.* Capuleto
capybara [kæpɪˈbɑːrə] *s.* ZOOLOGIA capibara
car [kɑː] *s.* 1 carro, automóvel; 2 (caminhos-de-ferro) carruagem; 3 (balão) barquinha; cesta; 4 eléctrico; 5 (elevador) cabina; 6 veículo com rodas ❖ ~ *accident* acidente de automóvel; ~ *body* carroçaria; ~ *hire* aluguer de carros; ~ *park* parque de estacionamento; [EUA] (comboio) *dining* ~ carruagem-restaurante; [EUA] *freight* ~ vagão de mercadorias; *sleeping* ~ carruagem-cama; *to go by* ~ ir de carro
carabineer [kærəbɪˈnɪə] *s.* carabineiro
caracal ['kærəkæl] *s.* ZOOLOGIA caracal
caracara [kærəˈkærə] *s.* ZOOLOGIA caracará, carrapateiro
caracole ['kærəkəʊl] Ⓐ *s.* (equitação) caracolão Ⓑ *v.intr.* (equitação) caracolar, caracolear
carafe [kəˈrɑːf] *s. (pl.* -s) garrafa (de água)
carambola [kærəmˈbəʊlə] *s.* BOTÂNICA carambola
caramel ['kærəmel] Ⓐ *s.* 1 caramelo; 2 CULINÁRIA açúcar caramelizado; 3 (cor) caramelo Ⓑ *adj.* cor de carmelo
caramelize ['kærəməˌlaɪz] *v.tr.,intr.* CULINÁRIA caramelizar
carapace ['kærəpeɪs] *s.* carapaça
carat ['kærət] *s.* quilate
caravan ['kærəvæn] *s.* 1 caravana; 2 roulotte
caravanner ['kærəvænə] *s.* (campismo) caravanista; proprietário de caravana
caravanning ['kærəvænɪŋ] *s.* campismo em roulotte
caravansary [kærəˈvænsərɪ] *s. (pl.* -ies) caravançarai
caravanserai [kærəˈvænsəraɪ] *s.* caravançarai
caravel ['kærəvel] *s.* caravela
caraway ['kærəˌweɪ] *s.* BOTÂNICA alcaravia
carbide ['kɑːbaɪd] *s.* carboneto
carbine ['kɑːbaɪn] *s.* carabina
carbineer [kɑːbɪˈnɪə] *s.* ⇒ **carabineer**
carbocation [kɑːbəʊˈkeɪʃn] *s.* QUÍMICA carbocatião
carbohydrate [kɑːbəʊˈhaɪdreɪt] *s.* QUÍMICA hidrato de carbono ❖ *low* ~ *diet* dieta pobre em hidratos de carbono
carbolic [kɑːˈbɒlɪk] *adj.* QUÍMICA carbólico; ~ *acid* ácido carbólico/fénico
carbon ['kɑːbən] *s.* 1 QUÍMICA (elemento químico) carbono; 2 (arco voltaico) filamento; 3 [coloq.] papel químico; 4 [coloq.] cópia a papel químico ❖ ~ *copy* cópia a papel químico; duplicado; ~ *dating* datação por carbono 14; ~ *dioxide* dióxido de carbono; ~ *monoxide* monóxido de carbono; ~ *paper* papel químico
carbonaceous [kɑːbəˈneɪʃəs] *adj.* carbonoso
carbonate[1] ['kɑːbəneɪt] *v.tr.* 1 carbonatar; 2 gaseificar
carbonate[2] ['kɑːbənɪt, 'kɑːbəneɪt] *s.* QUÍMICA carbonato ❖ ~ *of lead* carbonato de chumbo; ~ *of lime* carbonato de cálcio; ~ *of sodium* carbonato de sódio

carbonated ['kɑ:bə,neɪtɪd] *adj.* 1 carbonatado; 2 com gás, gaseificado; ~ *drink* bebida gaseificada
carbonic [kɑ:'bɒnɪk] *adj.* carbónico; ~ *acid* ácido carbónico; ~ *anhydrase* anidrase carbónica ❖ ~ *oxyde* óxido de carbono
carboniferous [,kɑ:bə'nɪfərəs] *adj.* carbonífero
Carboniferous [kɑ:bə'nɪfərəs] Ⓐ *s.* GEOLOGIA Carbónico Ⓑ *adj.* GEOLOGIA carbónico
carbonization [,kɑ:bənaɪ'zeɪʃən] *s.* carbonização
carbonize ['kɑ:bə,naɪz] *v.tr.* carbonizar
carborundum ['kɑ:bə,rʌndəm] *s.* QUÍMICA carborundo
carboxylate [kɑ:'bɒksɪlɪt] *s.* QUÍMICA carboxilato
carboxylic [kɑ:bɒ'ksɪlɪk] *adj.* QUÍMICA carboxílico; ~ *acid* ácido carboxílico
carboy ['kɑ:bɔɪ] *s.* garrafão
carbuncle ['kɑ:bʌŋkəl] *s.* 1 carbúnculo; 2 antraz, tumor gangrenoso; 3 rubi
carburant ['kɑ:bjʊrənt] *s.* carburante
carburate ['kɑ:bjʊˌreɪt] *v.tr.* carburar
carburation [,kɑ:bjʊ'reɪʃən] *s.* carburação
carburet ['kɑ:bjʊrɪt] Ⓐ *v.tr.* (*particípios:* -tt-) carburar Ⓑ *s.* carburador
carburetant [kɑ:'bjʊrətənt] *s.* carburante
carburetted ['kɑ:bjʊˌretɪd] *adj.* saturado de carbono ❖ ~ *hydrogen* hidrocarboneto
carburetter ['kɑ:bjʊˌretə] *s.* ⇒ **carburettor**
carburettor ['kɑ:bjʊˌretəz] *s.* carburador
carcase ['kɑ:kəs] *s.* 1 esqueleto, carcaça; 2 armação, madeiramento; 3 granada incendiária
carcass ['kɑ:kəs] *s.* 1 esqueleto, carcaça; 2 armação, madeiramento; 3 granada incendiária
carcinogen [ka:'sɪnədʒən] *s.* substância cancerígena, substância carcinogénea
carcinogenesis [,ka:sɪnə'dʒenəsɪs] *s.* MEDICINA carcinogénese
carcinogenic [,ka:sɪnə'dʒenɪk] *adj.* cancerígeno, carcinogéneo
carcinoma [,ka:sɪ'nəʊmə] *s.* MEDICINA carcinoma
carcinomatoid [,ka:sɪ'nəʊmətɔɪd] *adj.* carcinomatoso
carcinomatous [,ka:sɪ'nəʊmətəz] *adj.* carcinomatoso
carcinosis [,ka:sɪ'nəʊsəs] *s.* carcinose
card [kɑ:d] Ⓐ *s.* 1 cartão; *calling/visiting* ~ cartão-de-visita; *Christmas* ~ cartão de Natal; *member's* ~ cartão de membro/sócio; 2 postal; 3 (papel) cartão; 4 ficha; 5 (jogo) carta; *pack of cards* baralho de cartas; *to play cards* jogar às cartas; 6 INFORMÁTICA, ELECTRICIDADE placa; *sound* ~ placa de som; *video* ~ placa de vídeo; 7 (navegação) rosa-dos-ventos; *compass ~/ mariner's* ~ rosa-dos-ventos; 8 (corridas de cavalos) programa; 9 (dominó) pedra; 10 [ant., coloq.] (indivíduo engraçado) ponto, bom ponto; *he is a knowing* ~ ele é um espertalhão; 11 carda, pente de cardar; 12 escova de arame Ⓑ *v.tr.* 1 ordenar por fichas; 2 cardar ❖ ~ *catalogue* ficheiro; ~ *dealer* distribuidor de jogo, aquele que dá as cartas; ~ *game* jogo de cartas; ~ *index* ficheiro; ~ *indexing* ordenação em fichas; ~ *table* mesa de jogo; ~ *vote* voto em reunião sindical na qual cada delegado possui um cartão representando determinado número de trabalhadores; *his best* ~ o seu melhor trunfo; *to be on the cards* ser esperado; estar previsto; *to get one's cards* ser despedido; *to have a* ~ *up one's sleeve* ter um trunfo na manga; *to play one's cards well* preparar bem o jogo; saber jogar; *to put one's cards on the table* pôr as cartas na mesa; *to speak by the* ~ falar com exactidão
Card. [*abrev. de* Cardinal]
cardamom ['kɑ:dəməm] *s.* BOTÂNICA cardamomo
cardan ['kɑ:dən] *s.* cardan ❖ ~ *joint* junta de cardan
cardboard ['kɑ:dbɔ:d] *s.* 1 cartão; 2 papelão; 3 cartolina ❖ ~ *city* lugar onde dormem sem-abrigo; ~ *machine* máquina de cartonagem
card-carrying [kɑ:d'kærɪŋ] *adj.* (sócio, membro) activo; empenhado
carder ['kɑ:də] *s.* cardador
cardholder ['kɑ:d,həʊldə] *s.* 1 (partido, organização) membro; 2 (biblioteca) leitor; 3 (restaurante, etc.) detentor; 4 (cartão de crédito) titular
cardiac ['kɑ:dɪæk] *adj.* MEDICINA cardíaco ❖ ~ *arrest/failure* paragem cardíaca

cardiacal [kɑ:'daɪəkəl] *adj.* [rar.] cardíaco
Cardiff ['kɑ:dɪf] *s.top.* Cardiff, Cardife, Cardívio
cardigan ['kɑ:dɪɡən] *s.* VESTUÁRIO casaco de malha
cardinal ['kɑ:dɪnəl] Ⓐ *s.* 1 RELIGIÃO cardeal; 2 ZOOLOGIA (ave) cardeal; 3 MATEMÁTICA numeral cardinal; 4 (cor) cardinal, vermelho apurpurado; 5 VESTUÁRIO [ant.] capa curta de mulher Ⓑ *adj.* 1 cardeal; 2 MATEMÁTICA cardinal; ~ *numbers* numerais cardinais; 3 (cor) cardinal, vermelho apurpurado; 4 fundamental, principal; essencial, capital; *of* ~ *importance* de importância capital ❖ GEOGRAFIA ~ *points* pontos cardeais; RELIGIÃO ~ *sins* pecados capitais; RELIGIÃO ~ *virtues* virtudes cardeais; *the* ~ *rule* a regra de ouro
cardinalate ['kɑ:dɪnəleɪt] *s.* RELIGIÃO cardinalato
cardinalship ['kɑ:dɪnəlʃɪp] *s.* cardinalato
carding ['kɑ:dɪŋ] *s.* cardação ❖ ~ *machine* máquina de cardar
cardiogram ['kɑ:dɪəʊɡræm] *s.* cardiograma
cardiograph ['kɑ:dɪəʊɡrɑ:f] *s.* (aparelho) cardiógrafo
cardiographer [kɑ:dɪ'ɒɡrəfə] *s.* cardiógrafo, aquele que se ocupa da cardiologia
cardiography [kɑ:dɪ'ɒɡrəfɪ] *s.* cardiografia
cardioid ['kɑ:dɪɔɪd] *s.* GEOMETRIA cardióide
cardiologist [,kɑ:dɪ'ɒlədʒɪst] *s.* MEDICINA cardiologista
cardiology [,kɑ:dɪ'ɒlədʒɪ] *s.* MEDICINA cardiologia
cardiometer [,kɑ:dɪ'ɒmɪtə] *s.* cardiómetro
cardiopulmonary [,kɑ:dɪəʊ'pʌlmənərɪ] *adj.* cardiopulmonar *cardiopulmonary resuscitation* reanimação cardiorrespiratória
cardiorespiratory ['kɑ:dɪəʊˌrespərətərɪ] *adj.* cardiorrespiratório
cardiotonic [,kɑ:dɪəʊˌtɒnɪk] *adj.* FARMÁCIA cardiotónico
cardiovascular [,kɑ:dɪəʊ'væskjʊlə] *adj.* cardiovascular; ~ *disease* doença cardiovascular
carditis [kɑ:'daɪtɪs] *s.* MEDICINA cardite
cardoon [kɑ:'du:n] *s.* cardo-de-coalho, cardo hortense
cardphone ['kɑ:d,fəʊn] *s.* [GB] telefone que aceita cartão
cardsharp ['kɑ:dˌʃɑ:p] *s.* batoteiro
care [keə] Ⓐ *s.* 1 cuidado; *with great* ~ com muito cuidado; 2 tratamento; 3 manutenção; 4 atenção; solicitude; 5 encargo; preocupação; *free of* ~ sem preocupações Ⓑ *v.tr.,intr.* 1 importar-se; 2 preocupar-se [**about**, com]; 3 cuidar de; tratar de; 4 [form.] querer; desejar; *would you* ~ *to dance?* quer dançar? ❖ ~ *committee* comissão de beneficência; (têxteis) ~ *label* instruções de lavagem; *medical* ~ assistência médica; ~ *of (c/o)* ao cuidado de; ~ *killed the cat* quem se cansa morre cedo; *for all they* ~ se dependesse deles; [coloq.] *I couldn't* ~ *less!* quero lá saber!; [coloq.] *I don't* ~ *a straw (a rap, a bean, a fig, a brass farthing)* não quero saber disso para nada; não ligo meia; *I don't* ~ *if I do* não me importo de fazer isso; *I don't much* ~ *about going to the pictures tonight* não tenho grande interesse em ir hoje à noite ao cinema; *take care!* tem cuidado!, cuida de ti!; *to take* ~ *of* cuidar de; tratar de
◆**care for** *v.tr.* 1 encarregar-se de; ter ao seu cuidado; olhar por; 2 gostar de; interessar-se por; importar-se com; 3 manter; 4 sustentar ❖ (oferta) *would you* ~ *a drink?* tomas alguma coisa?
careen [kə'ri:n] *v.tr.,intr.* querenar, estar de querena
careenage [kə'ri:nɪdʒ] *s.* 1 NÁUTICA querenagem; 2 despesas de querenagem; 3 local de querena
career [kə'rɪə] Ⓐ *s.* 1 carreira, profissão, vida profissional; *to take up a* ~ abraçar uma profissão, seguir uma carreira; 2 curso; *in full* ~ em pleno curso, a toda a velocidade Ⓑ *adj.* de carreira; profissional; *he's a* ~ *soldier* ele é um soldado de carreira Ⓒ *v.intr.* 1 mover-se a alta velocidade; *the car careered down the hill* o carro desceu a colina a alta velocidade; 2 correr rapidamente ❖ [ant., depr.] ~ *girl* mulher empenhada na profissão; ~ *guidance* orientação profissional; ~ *prospects* perspectivas profissionais; *careers officer* responsável por orientação profissional
careerism [kə'rɪərɪzm] *s.* [depr.] carreirismo, oportunismo, arrivismo
careerist [kə'rɪərɪst] *adj.,s.* [depr.] carreirista, arrivista, oportunista
carefree ['keəfri:] *adj.* despreocupado; descontraído; ~ *moments* momentos de descontracção
careful ['keəfʊl] *adj.* cuidadoso

carefully ['keəfʊlɪ] adv. com cuidado, cuidadosamente
carefulness ['keəfʊlnɪs] s. cuidado
caregiver ['keə,gɪvə] s. [EUA] (doentes, idosos) acompanhante, auxiliar, assistente domiciliário
care-laden ['keə,leɪdn] adj. (preocupação) cheio de cuidados
careless ['keəls] adj. 1 descuidado; pouco cuidadoso; 2 desatento; 3 negligente ❖ ~ *mistake* descuido; erro por falta de atenção
carelessly ['keəlɪslɪ] adv. 1 descuidadamente; 2 despreocupadamente
carelessness ['keəlɪsnɪs] s. 1 falta de cuidado, descuido; 2 negligência; 3 falta de atenção; 4 despreocupação
carer ['keərə] s. (crianças, doentes, idosos) acompanhante, auxiliar, assistente domiciliário
caress [kə'res] Ⓐ s. afago, carícia, beijo Ⓑ v.tr. afagar, acariciar
caret ['kærət] s. TIPOGRAFIA sinal de omissão
caretaker ['keə,teɪkə] s. 1 (edifício) porteiro, vigilante; guarda; 2 (doentes, idosos) acompanhante, auxiliar, assistente domiciliário ❖ ~ *government* governo provisório, de transição; ~ *manager* director interino
careworn ['keə,wɔːn] adj. cansado; preocupado; esgotado
cargo ['kɑːgəʊ] s. (pl. -es) carga; carregamento ❖ ~ *boat* cargueiro; ~ *plane* avião de carga; ~ *steamer* cargueiro
Carib ['kærɪb] Ⓐ adj. caribe Ⓑ s. (indivíduo, língua) caribe
Caribbean [,kærɪ'bɪən, kə'rɪbɪən] Ⓐ s.top. (região) Caraíbas; Caribe Ⓑ s. caribenho Ⓒ adj. caribenho; relativo às Caraíbas ou Antilhas ❖ ~ *Sea* mar das Caraíbas; mar do Caribe; mar das Antilhas
caribou ['kærɪbuː] s. ZOOLOGIA caribu, rangífer
caricaturable ['kærɪkətjʊərəbl] adj. caricaturável
caricature ['kærɪkətjʊə] Ⓐ s. caricatura Ⓑ v.tr. caricaturar
caricaturist ['kærɪkətjʊərɪst] s. caricaturista
caries ['keərɪːz] s. MEDICINA (dentes, ossos) cárie
CARIFTA [abrev. de Caribbean Free Trade Association]
carillon [kə'rɪljən] s. carrilhão
carina [kə'raɪnə] s. BOTÂNICA carena, naveta, quilha
carinate ['kærɪneɪt] adj. BOTÂNICA carenado
caring ['keərɪŋ] adj. 1 atencioso; compreensivo; 2 carinhoso; afectuoso; 3 caloroso; 4 bondoso; compassivo; 5 solidário; 6 (profissão) de vocação social; ~ *professions* profissões de vocação social
Carinthia [kə'rɪnθɪə] s.top. Caríntia
carious ['keərɪəs] adj. cariado
carjacking ['kɑːdʒækɪŋ] s. roubo de automóvel ocupado
cark [kɑːk] Ⓐ s. [arc.] cuidado, preocupação, aflição Ⓑ v.tr. [arc.] afligir, preocupar
carking ['kɑːkɪŋ] adj. [arc.] aflitivo, que atormenta
carl [kɑːl] s. [Esc.] indivíduo, homem
Carl [kɑːl] s.antr. Carlos
carle [kɑːl] s. [Esc.] indivíduo, homem
carline ['kɑːlaɪn] s. 1 BOTÂNICA carlina; 2 [Esc.] mulher velha
Carlist ['kɑːlɪst] s. HISTÓRIA carlista
Carlos ['kɑːlɒs] s.antr. Carlos
Carlovingian [kɑːləʊ'vɪndʒɪən] adj.,s. carlovíngio, carolíngio
carman ['kɑːmən] s. (pl. -men) 1 motorista de camioneta; 2 cocheiro, carreteiro
Carmelite ['kɑːmɪlaɪt] adj.,s. carmelita
Carmen ['kɑːmen] s.antr. Cármen
carminative ['kɑːmɪnətɪv] adj. carminativo
carmine ['kɑːmaɪn] adj.,s. carmim
carnage ['kɑːnɪdʒ] s. carnagem, morticínio, carnificina
carnal ['kɑːnəl] adj. carnal; sensual; sexual; ~ *desire* desejo carnal ❖ ~ *knowledge* relações sexuais
carnality [kɑː'nælɪtɪ] s. 1 carnalidade, luxúria; 2 sensualidade
carnalize ['kɑːnəlaɪz] v.tr. sensualizar
carnally ['kɑːnəlɪ] adv. carnalmente
carnation [kɑː'neɪʃən] s. 1 BOTÂNICA craveiro, cravo; 2 cor de cravo, cor-de-rosa avermelhado; 3 carnação
carnelian [kɑː'niːlɪən] s. cornalina
carney ['kɑːnɪ] v.tr. ⇒ **carny**
carnification [kɑːnɪfɪ'keɪʃən] s. MEDICINA carnificação
carnify ['kɑːnɪfaɪ] v.tr.,intr. 1 carnificar; 2 MEDICINA transformar, transformar-se em carne

carnival ['kɑːnɪvəl] s. 1 Carnaval; 2 feira popular; arraial, festa popular
Carnivora [kɑː'nɪvərə] s.pl. carnívoros
carnivore ['kɑːnɪˌvɔː] s. planta ou animal carnívoro
carnivorous [kɑː'nɪvərəs] adj. 1 carnívoro; 2 (pessoa) que come carne ❖ ZOOLOGIA ~ *mammal* mamífero carnívoro
carny ['kɑːnɪ] v.tr. adular, lisonjear
carob ['kærəb] s. BOTÂNICA alfarroba
carol ['kærəl] Ⓐ s. 1 cântico, canção alegre; 2 cântico de Natal; 3 loa; 4 trinado, gorjeio de aves Ⓑ v.tr.,intr. (particípios: -ll-) 1 cantar com alegria; 2 trinar, gorjear
Caroline ['kærə,laɪn, 'kærə,liːn] Ⓐ s.antr. Carolina Ⓑ adj. carolino; carlovíngio; relativo a Carlos I e II
Carolingian [,kærə'lɪndʒɪən] adj.,s. carlovíngio, carolíngio
caroller ['kærələ] s. aquele que entoa cânticos do Natal
carolus ['kærələs] s. (pl. -es) moeda de ouro antiga
carom ['kærəm] s. [EUA] (bilhar) carambola
carotene ['kærətiːn] s. QUÍMICA caroteno
carotenoid [kə'rɒtɪnɔɪd] s. QUÍMICA carotenóide
carotid [kə'rɒtɪd] s. carótida, carótide
carousal [kə'raʊzəl] s. pândega, festim, patuscada
carouse [kə'raʊz] Ⓐ s. pândega, festim, patuscada Ⓑ v.intr. 1 andar na pândega; 2 beber
carousel [,kæruː'sel] s. 1 (aeroporto) tapete rolante para bagagens; 2 [EUA] carrossel
carp [kɑːp] Ⓐ s. ZOOLOGIA carpa Ⓑ v.intr. queixar-se [at, de]
carpal ['kɑːpəl] adj. 1 cárpeo; 2 carpiano
Carpathian [kɑː'peɪθɪən] adj. carpático; relativo aos Cárpatos
carpel ['kɑːpəl] s. BOTÂNICA carpelo
carpenter ['kɑːpɪntə] Ⓐ s. carpinteiro; *ship* ~ carpinteiro naval Ⓑ v.tr.,intr. carpinteirar; trabalhar em carpintaria ❖ *carpenter's bench* banco de carpinteiro; *carpenter's chisel* formão de carpinteiro; *carpenter's level* nível de madeira
carpentry ['kɑːpɪntrɪ] s. 1 carpintaria; 2 madeiramento
carper ['kɑːpə] s. crítico malévolo
carpet ['kɑːpɪt] Ⓐ s. 1 tapete; carpete; 2 alcatifa; 3 passadeira Ⓑ v.tr. 1 atapetar, cobrir com tapete; 2 alcatifar; 3 cobrir [with, de]; 4 [coloq.] ralhar a, dar um sermão ❖ ~ *beater* espanador; batedor de tapetes; ~ *bed* canteiro de flores de maneira a formarem um maciço; [arc.] ~ *knight* herói de salão; cavaleiro de salão; ~ *slippers* pantufas; (electrodoméstico) ~ *sweeper* sabrina; ~ *tack* preguinho; tacha pequena; *magic* ~ tapete voador; *red* ~ *treatment* tratamento VIP; *to be on the* ~ estar metido em sarilhos; *to call on the* ~ chamar a contas; censurar; *to sweep sth under the* ~ tentar encobrir algo
carpetbagger ['kɑːpɪt,bægə] s. 1 POLÍTICA candidato a deputado estranho ao círculo; 2 aventureiro; oportunista; 3 [EUA] oportunista no período que se seguiu à guerra civil
carpeting ['kɑːpɪtɪŋ] s. 1 alcatifa; 2 colocação de alcatifa; 3 colocação de tapetes; 4 sermão, reprimenda
carphology [kɑː'fɒlədʒɪ] s. carfologia
carpology [kɑː'pɒlədʒɪ] s. carpologia
carpus ['kɑːpəs] s. carpo
carraway ['kærəweɪ] s. ⇒ **caraway**
carrel ['kærəl] s. sala reservada em biblioteca para determinados leitores
carriage ['kærɪdʒ] s. 1 carruagem; 2 viatura; 3 carro de guindaste; 4 porte; transporte; custo do transporte; ~ *forward* a pagar pelo destinatário; ~ *free* franco de porte; ~ *to be paid by sender* porte a cargo do remetente; ~ *paid* porte pago; 5 desempenho; 6 (postura) porte; 7 atitude; procedimento; 8 (máquina) armação ❖ ~ *assembly* conjunto do carro; [arc.] ~ *dog* dálmata; [ant.] ~ *and four* carro de quatro cavalos; [ant.] ~ *and pair* carro de dois cavalos; ~ *of a horse* andadura dum cavalo
carriageable ['kærɪdʒəbl] adj. próprio para carruagens
carriageful ['kærɪdʒfʊl] s. 1 carrada; 2 carro cheio de pessoas
carriageway ['kærɪdʒweɪ] s. faixa de rodagem, pista
carrick bend ['kærɪk,bend] s. 1 NÁUTICA nó à marinheiro; 2 nó direito
car-ridden ['kɑːˌrɪdn] adj. atafulhado de automóveis; inundado de automóveis
carrier ['kærɪə] s. 1 portador; 2 (empresa, companhia aérea) transportadora; *international carriers* transportadoras internacionais;

3 veículo, intermediário; 4 MEDICINA portador; *to be ~ of a disease* ser portador de uma doença; 5 (bicicleta, etc.) suporte; porta-bagagens; 6 ELECTRICIDADE condutor; *~ of electricity* condutor de electricidade; 7 recoveiro; 8 ZOOLOGIA pombo--correio; *~ pigeon* pombo-correio; 9 (compras) saco (de plástico ou de papel); *~ bag* saco (de plástico ou de papel) ❖ *common ~ transporte* público
carriole ['kærɪəʊl] s. carriola
carrion ['kærɪən] Ⓐ s. 1 carne putrefacta; 2 coisa imunda Ⓑ adj. repugnante, asqueroso, vil
carronade ['kærəˌneɪd] s. caronada
carrot ['kærət] s. cenoura
carroty ['kærətɪ] adj. 1 com sabor a cenoura; 2 ruivo; 3 laranja
carry ['kærɪ] Ⓐ v.tr. 1 levar; transportar; 2 conduzir; 3 trazer; *I always ~ my ID* trago sempre o bilhete de identidade; 4 (doenças) ser portador; transmitir; *many diseases are carried by insects* os insectos são portadores de muitas doenças; 5 lançar, alcançar; 6 conquistar, tomar; 7 (peso) suportar; *these pillars ~ the roof* estes pilares suportam o telhado; 8 continuar, prolongar; ter a carga; 9 ter, vender; *this store doesn't ~ cigarettes* esta loja não vende cigarros Ⓑ s. 1 alcance; 2 DESPORTO (golfe) trajectória da bola; 3 porte, portagem entre dois rios ❖ (contas) *and ~ five* e vão cinco; *to ~ about* levar consigo; *to ~ a child* andar grávida; *to ~ across* transportar para o outro lado; *to ~ all before one* ser bem sucedido em tudo; *to ~ along* arrastar; persuadir; *to ~ and fetch for* ser subserviente; estar às ordens de; *to ~ arms* andar armado; *to ~ authority* ter peso/autoridade; *to ~ by majority* aprovar por maioria; *to ~ coals to Newcastle* perder tempo e paciência; *to ~ interest* render juros; *to ~ into effect* realizar; levar a cabo; *to ~ matters too far* levar as coisas demasiado longe; *to ~ oneself* comportar-se; *to ~ one's point* levar a sua avante; *to ~ the day* vencer; levar a melhor; *to ~ the enemy's position* tomar de assalto a posição inimiga; *to ~ weight* ter peso; ser convincente; *sword at the ~* espada na mão
◆**carry away** v.tr. 1 levar, tirar de onde estava; 2 arrebatar fig.; entusiasmar fig. ❖ *to be carried away by* deixar-se levar por
◆**carry back** v.tr. 1 tornar a levar; tornar a trazer; 2 transportar fig. [**to**, a]; fazer recordar [**to**, -]; fazer remontar [**to**, a]
◆**carry forward/over** v.tr. (livro comercial) transportar (somas)
◆**carry off** v.tr. 1 pegar em; 2 (prémio) levar; arrecadar; 3 concretizar com êxito; 4 (morte) levar; ceifar fig. ❖ *to carry it off* sair-se airosamente
◆**carry on** Ⓐ v.tr continuar com; manter Ⓑ v.intr. 1 continuar; prosseguir; *~ with your work!* continua a trabalhar!; 2 fazer um cena; disparatar; 3 (relação) ter uma aventura [**with**, com]; *to be carrying on with…* andar com… ❖ *to ~ a conversation* manter uma conversa; *to ~ business* negociar
◆**carry out** v.tr. 1 realizar; levar a cabo; *to ~ an experiment* realizar uma experiência; 2 pôr em prática; 3 executar; 4 concluir; 5 cumprir; *to ~ a promise* cumprir uma promessa; *to ~ one's duty* cumprir o dever; 6 levar [**to**, para]; transportar [**to**, para]
◆**carry through** Ⓐ v.tr. 1 levar a cabo; realizar; 2 ajudar; salvar; *my family's support carried me through* foi o apoio da minha família que me salvou Ⓑ v.intr. persistir; sobreviver
carryall ['kærɔːl] s. [EUA] saco de viagem
carrycot ['kærɪkɒt] s. (bebé) alcofa
carrying ['kærɪɪŋ] Ⓐ adj. transportador; que transporta Ⓑ s. 1 transporte; 2 adopção, execução de qualquer lei; 3 (praça-forte) conquista ❖ *~ capacity* capacidade de carga; *~ charge* custos de transporte
carrying-on [ˌkærɪɪŋ'ɒn] s. 1 continuação; 2 [coloq., depr.] comportamento, atitude
carry-on ['kærɪɒn] Ⓐ s. 1 [coloq.] alvoroço; agitação; 2 [coloq.] algazarra; 3 [coloq.] discussão Ⓑ adj. de mão; *~ baggage* bagagem de mão
carry-out ['kærɪaʊt] Ⓐ adj. [EUA] (refeição, etc.) para fora Ⓑ s. 1 [EUA] refeição para fora; 2 [EUA] bebida(s) para levar
carsick ['kɑːsɪk] adj. (viagem de carro) enjoado; *to get ~* ficar enjoado
carsickness ['kɑːsɪknɪs] s. (viagem de carro) enjoo
cart [kɑːt] Ⓐ s. 1 carroça; charrete; 2 carrinho-de-mão; 3 [EUA] (mesa) carrinho; 4 [EUA] (supermercados) carrinho de compras; 5 [EUA] (aeroportos) carrinho de bagagens Ⓑ v.tr. 1 levar em carroça; 2 [coloq.] transportar com dificuldade Ⓒ v.intr. 1 trabalhar com uma carroça; 2 [coloq.] derrotar alguém com facilidade (no jogo, desporto, etc.) ❖ *~ house/~ shed* cocheira; *~ tilt* encerado para cobrir carros; *milk ~* carro do leite; (precipitação) *to put the ~ before the horse* pôr o carro à frente dos bois
cartage ['kɑːtɪdʒ] s. carretagem
carte [kɑːt] s. DESPORTO (posição em esgrima) quarta
carte blanche [ˌkɑːt'blɑ̃ːnʃ] s. carta branca, plenos poderes
carte-de-visite [ˌkɑːtdəvɪ'ziːt] s. fotografia tipo passe
cartel [kɑː'tel] s. 1 cartel, provocação escrita para duelo; 2 acordo, convenção para troca de prisioneiros; 3 ECONOMIA cartel
carter ['kɑːtə] s. carreteiro
Cartesian [kɑː'tiːzɪən] adj.,s. cartesiano
cartful ['kɑːtfʊl] s. 1 carrada; 2 carroça cheia
Carthage ['kɑːθɪdʒ] s.top. Cartago
Carthaginian [ˌkɑːθə'dʒɪnɪən] adj.,s. cartaginês
Carthusian [kɑː'θuːzɪən] s. RELIGIÃO cartuxo
cartilage ['kɑːtɪlɪdʒ] s. ANATOMIA cartilagem
cartilaginous [ˌkɑːtɪ'lædʒɪnəs] adj. cartilaginoso
cartload ['kɑːtləʊd] s. carregamento, carrada ❖ (grande quantidade) *by the ~* às carradas
cartographer [kɑː'tɒɡrəfə] s. cartógrafo
cartographic [ˌkɑːtə'ɡræfɪk] adj. cartográfico
cartographical [ˌkɑːtə'ɡræfɪkəl] adj. cartográfico
cartography [kɑː'tɒɡrəfɪ] s. cartografia
cartomancy ['kɑːtəˌmænsɪ] s. cartomancia
carton ['kɑːtən] s. 1 caixa de cartão; 2 (leite, sumo) pacote; *~ of fruit juice* pacote de sumo; *milk ~* pacote de leite; 3 (iogurte) embalagem; 4 (tabaco) maço; 5 (tiro) centro de alvo ❖ *~ blank* folha de cartão convenientemente recortada para, ao dobrar, formar uma caixa
cartoon [kɑː'tuːn] Ⓐ s. 1 (jornais, revistas) cartoon, desenho sobre actualidades; 2 caricatura; 3 esboço em papel forte; 4 desenhos animados Ⓑ v.tr.,intr. caricaturar
cartoonist [kɑː'tuːnɪst] s. cartoonista
cartouche [kɑː'tuːʃ] s. ARQUEOLOGIA, ARQUITECTURA cartela
cartridge ['kɑːtrɪdʒ] s. 1 (arma) cartucho; *blank ~* cartucho sem bala; 2 (caneta) carga, recarga; 3 (película fotográfica) carga, rolo; 4 (impressora) tinteiro ❖ *~ band/belt* cartucheira; fita de metralhadora; *~ paper* papel de desenho
cartulary ['kɑːtjʊlərɪ] s. arquivo histórico
cartwheel ['kɑːtwiːl] s. 1 roda de carroça; 2 DESPORTO (ginástica) roda; *to do a ~* fazer a roda
cartwright ['kɑːtraɪt] s. carpinteiro que faz carros
caruncle ['kærəŋkəl, kə'rʌŋkəl] s. carúncula
carve [kɑːv] v.tr. 1 esculpir; cinzelar; entalhar; 2 CULINÁRIA trinchar; *to ~ the turkey* trinchar o peru
◆**carve out** v.tr. 1 conseguir, obter; *to ~ a great role in a film* obter um bom papel num filme; 2 (reputação, nome) estabelecer
◆**carve up** v.tr. 1 cortar; trinchar; 2 retalhar; 3 dividir; 4 desfigurar a golpes de navalha
carvel ['kɑːvəl] s. caravela
carver ['kɑːvə] s. 1 gravador, entalhador; 2 talher de trinchar
carving ['kɑːvɪŋ] s. 1 entalhe; 2 arte da talha; 3 escultura; 4 CULINÁRIA (corte) trinchar ❖ *~ knife* trinchante; faca de trinchar
carwash ['kɑːwɒʃ] s. lavagem automática de carros
caryatid [ˌkærɪ'ætɪd] s. (pl. **-s** ou **-es**) cariátide
caryopsis [ˌkærɪ'ɒpsɪs] s. cariopse
Casanova [ˌkæzə'nəʊvə] s.antr. Casanova
cascabel ['kæskəbel] s. (cobra) cascavel
cascade [kæ'skeɪd] Ⓐ s. 1 cascata; 2 folho largo de renda a cair sobre o vestido Ⓑ v.intr. cair em cascata
cascara sagrada [kæsˈkɑːrəsəˈɡrɑːdə] s. cáscara-sagrada
cascarilla [ˌkæskəˌrɪlə] s. BOTÂNICA, FARMÁCIA cascarilha
case [keɪs] Ⓐ s. 1 (geral) caso; *a hopeless ~* um caso perdido; 2 MEDICINA caso clínico; 3 LINGUÍSTICA (gramática) caso; 4 DIREITO caso; causa, questão; 5 argumento; *a good ~ for lowering prices* bons argumentos a favor da redução dos preços; *to make a ~ for sth* arranjar argumentos convincentes a favor de algo; 6 caixa; cofre; estojo; armação; *dressing ~* estojo de viagem; 7 (bagagem) mala; *to carry the cases upstairs* levar a bagagem para cima; 8 armário; 9 TIPOGRAFIA caixa, caixotim; (letra minúscula) *lower ~* caixa baixa; (letra maiúscula) *upper ~* caixa alta Ⓑ v.tr. 1 meter em caixas; encaixotar; 2 empacotar; 3 revestir

[in, de] ❖ ~ *bottle* frasco; garrafa de base quadrada; MEDICINA ~ *history* anamnese; (histórico dos) antecedentes de uma doença; DIREITO ~ *law* precedentes; ~ *load* dossiers de assistência social; ~ *knife* faca com bainha protectora; ~ *shot* metralha; ~ *study* estudo; ~ *work* assistência social; ~ *worker* assistente social; ~ *of conscience* caso de consciência; ~ *of the lock* caixa da fechadura; *a* ~ *in point* um bom exemplo; *as the* ~ *may be* conforme o caso; *in any* ~ em todo o caso; de qualquer modo; *in* ~ *of* em caso de; na eventualidade de; *in the* ~ *of* em relação a; *just in* ~ por via das dúvidas; pelo sim pelo não; *put the* ~ *that* suponhamos que; *that is not the* ~ não se trata disso; *to make out one's* ~ demonstrar que se tem razão; *to put a* ~ apresentar um caso; supor; *to state one's* ~ expor o seu ponto de vista

case-harden ['keɪsˌhɑːdən] *v.tr.* cementar
case-hardened ['keɪsˌhɑːdənd] *adj.* 1 cementado; 2 [fig.] endurecido, insensibilizado, calejado
case-hardening ['keɪsˌhɑːdənɪŋ] *s.* cementação (de metais) ❖ ~ *material* material de cementação
casein ['keɪsiːɪn] *s.* caseína
casemate ['keɪsmeɪt] *s.* casamata
casement ['keɪsmənt] *s.* 1 armação, caixilho de janela, em madeira ou metal; 2 janela
caseous ['keɪsɪəs] *adj.* caseoso
case-sensitive [ˌkeɪsˈsensɪtɪv] *adj.* INFORMÁTICA sensível às diferenças entre maiúsculas e minúsculas
casework ['keɪsˌwɜːk] *s.* atribuição de clientes a um assistente social
cash [kæʃ] Ⓐ *s.* 1 dinheiro; numerário; *hard* ~ dinheiro vivo; 2 pronto pagamento; 3 (moeda indiana e chinesa) sapeca Ⓑ *v.tr.* (cheque, letra) levantar; descontar; *where can I get this cheque cashed?* onde posso levantar este cheque? ❖ ~ *account* conta de caixa; ~ *card* cartão multibanco; ~ *desk* balcão de pagamento; ~ *dispenser* caixa multibanco; ~ *keeper* (o) caixa; ~ *payment* pagamento a dinheiro; ~ *price* preço a pronto pagamento; ~ *register* caixa registadora; ~ *against documents* pagamento contra documentos; ~ *before delivery* pré-pagamento; ~ *on delivery* envio à cobrança; entrega contra reembolso; COMÉRCIO ~ *31st May* valor para 31 de Maio; *to be in* ~ ter dinheiro; *to be out of* ~ estar sem dinheiro
◆**cash in** Ⓐ *v.intr.* 1 fazer depósito em banco; 2 [coloq.] ganhar uma pipa de massa Ⓑ *v.tr.* (dinheiro em dívida) receber
◆**cash in on** *v.intr.* aproveitar-se de; tirar vantagem de
◆**cash out** *v.intr.* 1 vender bens com lucro; 2 [EUA] COMÉRCIO fazer o fecho de caixa do dia; 3 [EUA] [coloq.] suicidar-se
◆**cash up** *v.intr.* COMÉRCIO fazer o fecho de contas do dia
cashbook ['kæʃbʊk] *s.* livro-caixa
cashew [kæˈʃuː] *s.* BOTÂNICA anacardo, acaju
cash-flow ['kæʃfləʊ] *s.* ECONOMIA cash-flow, fluxo de caixa; variação dos valores monetários resultante da exploração corrente
cashier [kæˈʃɪə] Ⓐ *s.* (empregado) (o) caixa Ⓑ *v.tr.* 1 MILITAR licenciar; 2 reformar compulsivamente; 3 demitir ou expulsar, com desonra, um oficial do exército ou armada ❖ *cashier's office* (a) caixa (secção de pagamentos e recebimentos)
cashierer [kæˈʃɪərə] *s.* aquele que demite
cashierment [kæˈʃɪəmənt] *s.* demissão
cashless ['kæʃlɪs] *adj.* sem dinheiro ❖ ~ *society* sociedade dos cartões (de crédito) ou do dinheiro de plástico
cashmere [kæʃˈmɪə] *s.* caxemira, casimira
cashmerette [ˌkæʃmɪˈret] *s.* casimireta
cashpoint ['kæʃpɔɪnt] *s.* (caixa) multibanco ❖ ~ *card* cartão multibanco
casing ['keɪsɪŋ] *s.* 1 revestimento; cobertura; invólucro; 2 guarnição; armação; 3 empalmamento (de garrafas); 4 empacotamento, encaixotamento; 5 caixa da fechadura; 6 MECÂNICA camisa de cilindro ❖ ~ *paper* papel de embrulho; ~ *of door* esquadria da porta
casino [kəˈsiːnəʊ] *s.* (*pl.* **-s**) casino
cask [kɑːsk] Ⓐ *s.* 1 barril, pipo, pipa; ~ *of beer* barril de cerveja; 2 casco; 3 vasilhame Ⓑ *v.tr.* 1 envasilhar; 2 meter em pipas ❖ ~ *staves* aduelas

casket ['kɑːskɪt] *s.* 1 pequeno cofre; 2 estojo; 3 guarda-jóias; 4 [EUA] urna, caixão
Caspar ['kæspə] *s.antr.* Gaspar
Caspian ['kæspɪən] *adj.,s.* Cáspio ❖ ~ *Sea* mar Cáspio
casque [kɑːsk] *s.* elmo
Cassandra [kəˈsændrə] *s.* MITOLOGIA Cassandra
cassation [kæˈseɪʃən] *s.* DIREITO cassação ❖ (França) *Court of* ~ Tribunal de Cassação
cassava [kəˈsɑːvə] *s.* mandioca, cassava
casserole ['kæsəˌrəʊl] Ⓐ *s.* 1 caçarola; 2 CULINÁRIA guisado Ⓑ *v.tr.* CULINÁRIA guisar, cozinhar na caçarola
cassette [kəˈset] *s.* cassete ❖ (aparelhagem) ~ *deck* deck das cassetes; ~ *player* leitor de cassetes; ~ *recorder* gravador de cassetes
cassia ['kæsɪə] *s.* BOTÂNICA cássia
Cassiopeia [ˌkæsɪəʊˈpiːə] *s.* MITOLOGIA Cassiopeia
Cassius ['kæsɪəs] *s.antr.* Cássio
cassock ['kæsək] *s.* VESTUÁRIO (padre) sotaina
cassocked ['kæsəkt] *adj.* com sotaina
cassowary ['kæsəwərɪ] *s.* (*pl.* **-ies**) ZOOLOGIA casuar
cast [kɑːst] Ⓐ *s.* 1 lançamento, lanço; 2 distância alcançada; 3 (rede, sonda) lançamento; 4 comida não digerida de certos animais; 5 cálculo; adição; 6 TEATRO, CINEMA, TELEVISÃO elenco; 7 (gesso, metal) molde; MEDICINA *to put in a* ~ engessar, pôr num molde de gesso; 8 obra fundida; 9 fundição; 10 carro de transporte do metal fundido; 11 qualidade; 12 casta; espécie; 13 tom; matiz; *a melancholy* ~ um tom de melancolia; 14 estrabismo; *to have a* ~ *in the eye* ser um pouco estrábico Ⓑ *v.tr.* (*prt. e part. pass.* **cast**) 1 atirar; lançar; *the fishermen* ~ *their nets into the sea* os pescadores lançaram as redes ao mar; *to* ~ *the lead* lançar a sonda; *to* ~ *anchor* lançar a âncora; 2 projectar; *to* ~ *a shadow on…* projectar uma sombra sobre…; 3 fundir; *to* ~ *a statue* fundir uma estátua; 4 vazar em moldes; moldar; 5 lançar por terra, derrubar; 6 libertar-se de; 7 mudar, rejeitar; 8 juntar, adicionar; *to* ~ *figures* adicionar números Ⓒ *v.intr.* 1 TEATRO, CINEMA seleccionar os intérpretes; distribuir os papéis; 2 desviar-se, afastar-se ❖ ~ *iron* ferro fundido; TELEVISÃO, CINEMA ~ *and credits* genérico; ~ *of features* fisionomia; *to* ~ *a horoscope* fazer um horóscopo; *to* ~ *a mist before one's eyes* enganar; lançar poeira aos olhos de alguém; *to* ~ *a patient's water* examinar a urina dum doente; *to* ~ *a spell on* encantar; fascinar; *to* ~ *a vote* votar; *to* ~ *an eye over sth* dar uma vista de olhos a algo; *to* ~ *beyond the moon* acalentar projectos demasiado ambiciosos ou extravagantes; fazer conjecturas precipitadas; (esclarecimento) *to* ~ *light upon* lançar luz sobre; NÁUTICA *to* ~ *loose* soltar amarras; *to* ~ *one's mind back (to)* recuar (até); fazer a memória recuar (até); *to* ~ *pearls before swine* dar pérolas a porcos; *to* ~ *sth in sb's teeth* censurar alguém por qualquer coisa; atirar uma coisa à cara de alguém; (ave) *to* ~ *the feathers* andar na muda
◆**cast about/around** *v.intr.* procurar [**for**, -]; andar à procura [**for**, de]
◆**cast aside** *v.tr.* 1 abandonar; 2 rejeitar; descartar; 3 pôr de parte
◆**cast away** *v.tr.* 1 rejeitar; 2 livrar-se de ❖ *to be* ~ naufragar
◆**cast back** *v.tr.* fazer recuar; chamar de novo ao espírito ❖ *if you cast your mind back to…* se vocês recordarem…
◆**cast down** *v.tr.* 1 deitar abaixo; derrubar; 2 (olhos, cabeça, etc.) baixar; 3 (armas) depor ❖ *to be* ~ estar em baixo; estar deprimido
◆**cast in** *v.tr.,intr.* compartilhar; *to* ~ *one's lot with* compartilhar da sorte de alguém, tomar o partido de
◆**cast off** *v.tr.,intr.* 1 livrar-se de; largar; pôr de parte; abandonar; 2 NÁUTICA soltar as amarras (de); 3 (tricô) rematar
◆**cast out** *v.tr.* [form.] expulsar
◆**cast up** *v.tr.,intr.* 1 deitar fora; 2 vomitar; 3 atirar [**on**, para]; lançar [**on**, a]; *the raft was* ~ *on the beach* a jangada foi lançada à praia; 4 (contas) calcular ❖ *to* ~ *figures* adicionar números; fazer contas; (recriminação) *to cast sth up at sb* atirar à cara de alguém que
castalia [kæsˈteɪlɪə] *s.* BOTÂNICA castália
Castalia [kæsˈteɪlɪə] *s.* MITOLOGIA Castália (fonte do monte Parnaso consagrada a Apolo e às Musas)

castanet [ˌkæstəˈnet] *s.* MÚSICA castanhola
castaway [ˈkɑːstəˌweɪ] *adj.,s.* 1 náufrago; 2 pária, réprobo
caste [kɑːst] *s.* casta, classe
castellan [ˈkɑːstələn] *s.* castelão, governador de castelo
castellated [ˈkɑːstəleɪtɪd] *adj.* 1 acastelado; 2 ameado, com ameias; 3 com castelos
caster [ˈkɑːstə] *s.* 1 aquele que lança ou atira; 2 galheteiro; 3 pimenteiro; saleiro; açucareiro; 4 rodinha (de pé de cadeira, mesa, etc) ❖ ~ *sugar* açúcar refinado
castigate [ˈkæstɪgeɪt] *v.tr.* 1 punir, castigar; 2 criticar severamente
castigation [ˌkæstɪˈgeɪʃən] *s.* 1 castigo, punição; 2 crítica severa
Castile [kæˈstiːl] *s.top.* Castela
Castilian [kæsˈtɪliən] *adj.,s.* castelhano
casting [ˈkɑːstɪŋ] *s.* 1 lançamento; arremesso; 2 fusão (de metal); 3 moldagem; 4 peça de fundição; 5 TEATRO, CINEMA selecção de intérpretes; distribuição de papéis; *casting*; 6 (de navio) guinada; 7 (madeira) empenamento ❖ ~ *box* molde de fundição; (rede de pesca) ~ *net* tarrafa; ~ *vote* voto de desempate; voto de qualidade
cast-iron [ˈkɑːstˌaɪən] *adj.* 1 de ferro fundido; 2 [fig.] férreo; 3 [fig.] duro, rígido; 4 [fig.] inatacável, a toda a prova
castle [ˈkɑːsəl] *s.* 1 castelo; *sand* ~ castelo de areia; 2 (xadrez) torre ❖ *castles in the air/castles in Spain* castelos no ar; fantasias; *an Englishman's house is his* ~ cada qual em sua casa é rei
castor [ˈkɑːstə] *s.* 1 (recipiente) pimenteiro; saleiro; açucareiro; 2 galheteiro; 3 (pé de mesa, cadeira, etc.) rodinha; 4 (anatomia do cavalo) castanha; 5 castor; 6 chapéu ou pele de castor ❖ BOTÂNICA ~ *bean* mamona; semente de rícino; ~ *oil* óleo de rícino; ~ *sugar* açúcar refinado
castrametation [ˌkæstrəməˈteɪʃən] *s.* castrametação
castrate [kæˈstreɪt, ˈkæstreɪt] *v.tr.* 1 castrar; 2 [fig.] ser castrador para; enfraquecer
castration [kæˈstreɪʃən] *s.* castração
casual [ˈkæʒʊəl] Ⓐ *adj.* 1 acidental, casual, fortuito; 2 descontraído; 3 informal, desportivo; ~ *clothes* roupa informal; 4 de ocasião; ~ *sex* sexo de ocasião; 5 [depr.] imprevidente, descuidado; negligente; 6 eventual, temporário; ~ *labour* trabalho ou ocupação temporários; ~ *worker* funcionário eventual, trabalhador temporário Ⓑ *adv.* 1 informalmente; 2 temporariamente; 3 despreocupadamente Ⓒ *s.* (funcionário) eventual ❖ *casuals* roupa desportiva
casualism [ˈkæʒʊəlɪzəm] *s.* casualismo
casually [ˈkæʒʊəli] *adv.* 1 por acaso; 2 acidentalmente; 3 com indiferença; 4 despreocupadamente; 5 informalmente; descontraidamente
casualness [ˈkæʒʊəlnɪs] *s.* 1 indiferença; 2 negligência; 3 casualidade
casualty [ˈkæʒʊəltɪ] *s.* (*pl.* -ies) 1 acidente; 2 desastre; 3 sinistro; 4 (morto ou ferido) vítima; 5 *pl.* lista de mortos e feridos; 6 *pl.* MILITAR baixas
casuist [ˈkæzʊɪst] *s.* casuísta
casuistic [ˌkæzʊˈɪstɪk] *adj.* casuístico
casuistical [ˌkæzʊˈɪstɪkəl] *adj.* casuístico
casuistry [ˈkæzʊɪstrɪ] *s.* casuística
cat [kæt] Ⓐ *s.* 1 ZOOLOGIA gato, gata; 2 ZOOLOGIA felino; 3 [depr.] (mulher má) víbora; 4 [ant.] músico de jazz Ⓑ *v.tr.,intr.* [coloq.] vomitar ❖ ~ *burglar* ladrão que escala paredes; ~ *eye* imperfeição no vidro, semelhante a uma bolha alongada a envolver um corpo estranho; ~ *sleep* sesta de pequena duração; (jogo) *cat's cradle* cama de gato; (pessoa) *cat's paw* joguete; fantoche; *every* ~ *to her kind* cada qual com seu igual; *has the* ~ *got your tongue?* o gato comeu-te a língua?; *in the dark all cats are grey* de noite todos os gatos são pardos; *there is not room to swing a* ~ *in* não há espaço nenhum; (ansiedade) *to be like a* ~ *on hot bricks* estar sobre brasas; *to bell the* ~ tornar um inimigo inofensivo; *to fight like Kilkenny cats* lutar até ao aniquilamento mútuo; *to lead a* ~ *and dog life* viver como o cão e o gato; *to let the* ~ *out of the bag* revelar um segredo; *to rain cats and dogs* chover a cântaros; *to see which way the* ~ *jumps/to wait for the* ~ *to jump* ver de que lado sopra o vento; *to turn* ~ *in pan* virar a casaca; desertar; *while the cat's away, the mice will play* patrão fora, dia santo na loja

CAT Ⓐ MEDICINA [*abrev. de* Computerized Axial Tomography] TAC Ⓑ [*abrev. de* College of Advanced Technology]
catabolise [kəˈtæbəlaɪz] *v.tr.* catabolizar
catabolism [kəˈtæbəlɪzəm] *s.* BIOQUÍMICA catabolismo
catabolize [kəˈtæbəlaɪz] *v.tr.* ⇒ **catabolise**
catachresis [ˌkætəˈkriːsɪz] *s.* LINGUÍSTICA catacrese
cataclysm [ˈkætəˌklɪzəm] *s.* cataclismo
cataclysmic [ˌkætəˈklɪzmɪk] *adj.* cataclísmico
catacomb [ˈkætəkəʊm] *s.* [geralm. usado no plural] catacumba
catacoustics [ˌkætəˈkuːstɪks] *s.* catacústica
catadromous [kəˈtædrəməs] *adj.* ZOOLOGIA (peixe) catádromo
catafalque [ˈkætəˌfælk] *s.* catafalco
Catalan [ˈkætəˌlæn] *adj.,s.* catalão
catalectic [ˌkætəˈlektɪk] *adj.* cataléctico
catalepsy [ˈkætəˌlepsɪ] *s.* (*pl.* -ies) MEDICINA catalepsia
cataleptic [ˌkætəˈleptɪk] *adj.* MEDICINA cataléptico
catalog [ˈkætəlɒg] *s.,v.tr.* [EUA] ⇒ **catalogue**
catalogue [ˈkætəlɒg] Ⓐ *s.* 1 catálogo; *author* ~ catálogo por autores; *subject* ~ catálogo por assuntos; 2 anuário; 3 lista Ⓑ *v.tr.* catalogar
Catalonia [ˌkætəˈləʊnɪə] *s.top.* Catalunha
catalpa [kəˈtælpə] *s.* BOTÂNICA catalpa
catalysator [ˌkætəlaɪˈzeɪtə] *s.* [rar.] catalisador
catalyse [ˈkætəlaɪz] *v.tr.* catalisar
catalyser [ˈkætəˌlaɪzə] *s.* catalisador
catalysis [kəˈtælɪsɪs] *s.* catálise
catalyst [ˈkætəlɪst] *s.* 1 agente catalítico; 2 catalisador ❖ QUÍMICA *negative/positive* ~ catalisador negativo/positivo
catalytic [ˌkætəˈlɪtɪk] *adj.* catalítico; catalisador; de catalisação; [fig.] *Police has* ~ *role in peace process* Polícia assume papel catalisador no processo de paz ❖ ~ *action* catálise; ~ *agent* catalisador; ~ *cracking* desintegração catalítica
catalytical [ˌkætəˈlɪtɪkəl] *adj.* ⇒ **catalytic**
catamaran [ˌkætəməˈræn] *s.* NÁUTICA catamarã
catamite [ˈkætəmaɪt] *s.* catamito
catamountain [ˌkætəˈmaʊntɪn] *s.* ZOOLOGIA puma; gato-bravo
cataphora [kəˈtæfərə] *s.* LINGUÍSTICA catáfora
cataphoresis [ˌkætəfəˈriːsɪs] *s.* FÍSICA cataforese
cataphoric [ˌkætəˈfɒrɪk] *adj.* LINGUÍSTICA catafórico ❖ ~ *reference* catáfora
cataplasm [ˈkætəˌplæzəm] *s.* [arc.] cataplasma
catapult [ˈkætəpʌlt] Ⓐ *s.* 1 [GB] fisga; 2 catapulta Ⓑ *v.tr.* 1 catapultar [*to*, para]; 2 lançar [*to*, para] ❖ AERONÁUTICA ~ *seat* assento ejectável (de avião)
cataract [ˈkætəˌrækt] *s.* 1 catarata, cachoeira; 2 MEDICINA catarata; 3 MECÂNICA regulador hidráulico
catarhine [ˈkætəraɪn] *adj.* ZOOLOGIA catarríneo
catarrh [kəˈtɑː] *s.* catarro, constipação
catarrhal [kəˈtɑːrəl] *adj.* catarral
catarrhine [ˈkætəraɪn] *adj.* ZOOLOGIA catarríneo
catasta [kəˈtæstə] *s.* HISTÓRIA catasta
catastasis [kəˈtæstəsɪs] *s.* (*pl.* -es) catástase
catastrophe [kəˈtæstrəfɪ] *s.* catástrofe, cataclismo
catastrophic [ˌkætəˈstrɒfɪk] *adj.* catastrófico
catatonia [ˌkætəˈtəʊnɪə] *s.* MEDICINA catatonia
catatonic [ˌkætəˈtɒnɪk] *adj.* MEDICINA catatónico
Catawba [kəˈtɔːbə] *s.* (uva, videira, vinho) catauba
catcall [ˈkætkɔːl] Ⓐ *v.tr.,intr.* assobiar (um actor ou uma peça no teatro) Ⓑ *s.* TEATRO assobio
catch [kætʃ] Ⓐ *v.tr.,intr.* (*prt. e part. pass.* **caught**) 1 capturar; agarrar; apanhar; 2 surpreender; 3 atingir; ferir; 4 (fogo) atear(-se); acender(-se); 5 chamar (a atenção de alguém); 6 receber; 7 (doença, hábito) contrair; apanhar; *to* ~ *a cold* apanhar uma constipação; 8 [coloq.] (entender) apanhar; *I didn't* ~ *a thing* não apanhei nada; 9 enganar Ⓑ *s.* 1 captura; 2 pesca, pescaria; quantidade de peixe apanhado; 3 acto de agarrar ou apanhar (a bola); 4 lingueta, trinco, fecho da porta; *the* ~ *of a lock* a lingueta de fechadura; 5 ferrolho; 6 batente; 7 argola; 8 gatilho; 9 (armadilha) rasteira; senão; *where's the catch?* o que é que não me estás a dizer?; 10 presa; 11 [fig., coloq.] (pessoa) partido; *to be a great* ~ ser um bom partido; 12 fragmento; 13 MÚSICA espécie de cânone ❖ ~ *cry* lengalenga; TIPOGRAFIA ~ *line* linha

final; **~ phrase** slogan; frase feita; **~ question** pergunta com rasteira; *he caught him a blow* ele deu-lhe uma pancada; *she caught her fingers in the door* ela ficou com os dedos entalados na porta; *to ~ a glimpse of* ver de relance; *to ~ fire* incendiar-se; *to ~ hold of* agarrar-se a; *to ~ it* meter-se em sarilhos; *to ~ one napping* apanhar alguém desprevenido; apanhar alguém a dormir; *to ~ one's breath* suspender a respiração; *to ~ sight of* ver de relance; *to ~ the Speaker's eye* conseguir que o presidente da Câmara dos Comuns lhe conceda a palavra

◆**catch at** *v.tr.* **1** (aproveitar) tentar agarrar; *to ~ an opportunity* agarrar uma oportunidade; **2** (galhos, espinhos, etc.) prender-se em

◆**catch on** *v.intr.* **1** [coloq.] compreender; perceber; atingir_{coloq.}; aperceber-se [**to**, de]; **2** (tornar-se popular) pegar; *that fashion caught on quickly* essa moda pegou rapidamente

◆**catch out** *v.tr.* **1** [coloq.] (alguém em falta) apanhar; surpreender; **2** [coloq.] (malfeitor) apanhar com a boca na botija

◆**catch over** *v.tr.,intr.* congelar; gelar

◆**catch up** *v.intr.* **1** alcançar [**with**, -]; *the last runner caught up with the first ones* o último corredor alcançou os primeiros; **2** pôr em dia [**with/on**, -]; actualizar-se [**with/on**, em relação a]; *we have to ~ on/with the news* temos de pôr as novidades em dia; **3** (criminoso) apanhar [**with**, -] ❖ *to be caught up in...* deixar-se arrastar para...; deixar-se envolver em...

catch-22 [ˌkætʃˌtwentɪˈtuː] *adj.* (situação) em que não se pode ganhar; *it's a ~ situation* preso por ter cão e preso por não ter_{fig.}

catch-all [ˈkætʃɔːl] *adj.* abrangente, englobante, geral

catch-as-catch-can [ˌkætʃəzkætʃˈkæn] *s.* DESPORTO luta livre

catcher [ˈkætʃə] *s.* **1** aquele que agarra, captura ou prende; **2** receptor; **3** aspirador

catchiness [ˈkætʃɪnɪs] *s.* **1** atracção; **2** simpatia

catching [ˈkætʃɪŋ] Ⓐ *adj.* **1** infeccioso, contagioso; **2** comunicativo; **3** atraente, apelativo Ⓑ *s.* o acto de agarrar, de prender

catchment [ˈkætʃmənt] *s.* captação/recepção de águas fluviais ❖ GEOLOGIA *~ area/basin* bacia hidrográfica

catchpenny [ˈkætʃˌpenɪ] *s.* (*pl.* **-ies**) patranha para apanhar dinheiro

catchpole [ˈkætʃpəʊl] *s.* meirinho, beleguim

catchpoll [ˈkætʃpəʊl] *s.* meirinho, beleguim

catchup [ˈkætʃʌp] *s.* ⇒ **ketchup**

catch-up [ˈkætʃʌp] *s.* **1** [EUA] crescimento; aumento; subida; incremento; **2** [EUA] reforço

catchweed [ˈkætʃwiːd] *s.* BOTÂNICA erva-coalheira

catchword [ˈkætʃwɜːd] *s.* **1** palavra de ordem; **2** slogan; **3** TEATRO deixa; **4** [GB] (dicionário, enciclopédia, etc.) cabeça; **5** (encadernação) palavra impressa em tipo diferente para chamar a atenção

catchy [ˈkætʃɪ] *adj.* **1** que fica no ouvido; apelativo; **2** [fig., coloq.] (exames) com rasteira_{fig.}; *~ questions* perguntas com rasteira_{fig.}

catechesis [ˌkætəˈkiːzɪs] *s.* (*pl.* **-es**) RELIGIÃO catequese

catechetic [ˌkætɪˈketɪk] *adj.* catequético

catechetical [ˌkætɪˈketɪkəl] *adj.* catequético

catechetically [ˌkætɪˈketɪkəlɪ] *adv.* de modo catequético

catechism [ˈkætəkɪzəm] *s.* catecismo, catequese

catechist [ˈkætəkɪst] *s.* catequista

catechization [ˌkætəkaɪˈzeɪʃən] *s.* RELIGIÃO catequização

catechize [ˈkætəkaɪz] *v.tr.* **1** catequizar; **2** examinar

catechizer [ˈkætəkaɪzə] *s.* catequista

catecholamine [ˌkætɪˈkəʊləmiːn] *s.* BIOQUÍMICA catecolamina

catechu [ˈkætɪtʃuː] *s.* cauchu

catechumen [ˌkætəˈkjuːmən] *s.* catecúmeno

categorial [ˌkætəˈɡɔːrɪəl] *adj.* categorial; relativo a determinada categoria ou classe

categorical [ˌkætəˈɡɒrɪkəl] *adj.* **1** categórico; **2** categorial; relativo a categoria ❖ *~ imperative* imperativo categórico

categorically [ˌkætəˈɡɒrɪkəlɪ] *adv.* categoricamente

categorization [ˌkætəɡəraɪˈzeɪʃən] *s.* classificação; categorização

categorize [ˈkætəɡəraɪz] *v.tr.* dispor em categorias, classificar

category [ˈkætəɡərɪ] *s.* (*pl.* **-ies**) categoria

catena [kəˈtiːnə] *s.* cadeia, encadeamento (de coisas, factos, etc.)

catenarian [ˌkætɪˈneərɪən] *adj.,s.* ⇒ **catenary**

catenary [kəˈtiːnərɪ] Ⓐ *s.* (*pl.* **-ies**) GEOMETRIA, MECÂNICA catenária; Ⓑ *adj.* com a forma de corrente suspensa pelas extremidades ❖ *~ suspension* suspensão catenária

catenate [ˈkætɪneɪt] *v.tr.* **1** ligar, concatenar; **2** encadear

catenation [ˌkætɪˈneɪʃən] *s.* **1** ligação, concatenação; **2** encadeamento

catenize [ˈkætɪnaɪz] *v.tr.* ligar, concatenar

catenoid [ˈkætɪnɔɪd] *adj.* GEOMETRIA catenóide

cater [ˈkeɪtə] Ⓐ *v.intr.* (restauração) fornecer o catering [**for**, de] Ⓑ *s.* (jogos de cartas, dados) quadra

◆**cater for** *v.tr.* **1** (público-alvo) satisfazer; responder a; dirigir-se a; **2** atender a

◆**cater to** *v.tr.* satisfazer; servir os interesses de

cateran [ˈkætərən] *s.* **1** [Esc.] guerreiro, soldado que se dedica à pilhagem; **2** ladrão de gado

catercornered [ˌkætəˈkɔːnəd] *adj.* **1** cada um no seu canto; **2** diagonalmente opostos

cater-cousin [ˈkeɪtəˌkʌzn] *s.* **1** parente afastado; **2** primo em quarto grau; **3** amigo íntimo

caterer [ˈkeɪtərə] *s.* fornecedor

Caterina [ˌkætəˈriːnə] *s.antr.* Catarina

catering [ˈkeɪtərɪŋ] *s.* **1** restauração; fornecimento de comida e bebida; **2** fornecimento; abastecimento ❖ *~ and hotel management* hotelaria; *~ industry* indústria de restauração; *~ school* escola de hotelaria; *~ trade* restauração

caterpillar [ˈkætəpɪlə] Ⓐ *s.* **1** ZOOLOGIA lagarta; **2** MECÂNICA tractor de lagarta Ⓑ *adj.* MECÂNICA de lagarta; com lagartas; *~ crane* guindaste com lagartas; *~ track* carro-lagarta; *~ tractor* tractor de lagarta

caterwaul [ˈkætəwɔːl] Ⓐ *v.intr.* **1** miar; **2** lutar como gatos Ⓑ *s.* mio, miada

cat-eyed [ˈkætaɪd] *adj.* **1** com olhos de gato; com olhos felinos; **2** capaz de ver na escuridão

catfight [ˈkætfaɪt] *s.* **1** luta de gatos; **2** [coloq.] briga de mulheres

catgut [ˈkætɡʌt] *s.* **1** corda de tripa (para instrumentos); **2** MEDICINA pontos naturais

Cathar [ˈkæθɑː] *adj.,s.* (*pl.* **Cathars** ou **Cathari**) RELIGIÃO membro de uma seita medieval satânica

Catharine [ˈkæθrɪn] *s.antr.* Catarina

catharsis [kəˈθɑːsɪs] *s.* **1** catarse; **2** catarsia, purga

cathartic [kəˈθɑːtɪk] *adj.,s.* catártico, purgativo

Cathayan [kæˈθeɪən] *adj.,s.* chinês

cathead [ˈkæthed] *s.* NÁUTICA turco

cathedra [kəˈθiːdrə] *s.* cátedra

cathedral [kəˈθiːdrəl] *s.* catedral ❖ *~ utterance* palavras proferidas «ex cathedra»

Catherine [ˈkæθrɪn] *s.antr.* Catarina ❖ *~ wheel* rosácea; fogo-de-artifício; roda catarina

catheter [ˈkæθɪtə] *s.* cateter

catheterise [ˈkæθɪtəˌraɪz] *v.tr.* cateterizar, introduzir um cateter em

catheterization [ˌkæθɪtəraɪˈzeɪʃən] *s.* MEDICINA cateterização

catheterize [ˈkæθɪtəraɪz] *v.tr.* MEDICINA cateterizar

cathetometer [ˌkæθɪˈtɒmɪtə] *s.* catetómetro

cathetus [ˈkæθətəs] *s.* GEOMETRIA cateto

cathode [ˈkæθəʊd] *s.* cátodo ❖ *~ heating power* potência catódica de aquecimento; *~ ray beam* feixe de raios catódicos; *~ ray tube* tubo catódico

cathodic [kəˈθɒdɪk] *adj.* catódico ❖ *~ current* corrente catódica

catholic [ˈkæθəlɪk] *adj.* **1** católico; **2** geral, universal; **3** vasto, diverso; *he is a man with ~ interests* ele é um homem com interesses muito diversos

Catholic [ˈkæθəlɪk] *adj.,s.* RELIGIÃO católico ❖ *the ~ Church* a Igreja Católica

catholicism [kəˈθɒlɪsɪzəm] *s.* catolicismo

catholicity [ˌkæθəˈlɪsɪtɪ] *s.* **1** catolicidade; **2** tolerância, largueza de espírito; **3** universalidade

catholicize [kəˈθɒlɪsaɪz] *v.tr.* catolizar, catolicizar, converter ao catolicismo

catholicon [kəˈθɒlɪkən] *s.* panaceia

Catiline [ˈkætɪˌlaɪn] *s.antr.* Catilina

cation [ˈkætaɪən] *s.* ELECTRICIDADE catião

catkin ['kætkɪn] s. BOTÂNICA gatinho, candeias
cat-lap ['kætlæp] s. 1 zurrapa; 2 chá demasiado aguado
catlike ['kætlaɪk] adj. felino
catling ['kætlɪŋ] s. 1 gatinho; 2 bisturi (para amputações)
catmint ['kætmɪnt] s. BOTÂNICA nêveda
catnap ['kætnæp] Ⓐ s. soneca; sesta de pequena duração Ⓑ v.intr. ⟨part. **-pp-**⟩ tirar uma soneca; fazer uma pequena sesta
catnip ['kætnɪp] s. BOTÂNICA nêveda
Cato ['keɪtəʊ] s.antr. Catão
cat-o'-nine-tails [ˌkætə'naɪnteɪlz] s. (açoite) gato de nove rabos
catoptric [kə'tɒptrɪk] adj. catóptrico ❖ ~ *dial* quadrante catóptrico
catoptrics [kə'tɒptrɪks] s. FÍSICA catóptrica
catsuit ['kætsuːt] s. [GB] VESTUÁRIO fato colante ao corpo
catsup ['kætsəp] s. ⇒ **ketchup**
Cattegat ['kætɪgæt] s.top. Categate
cattle ['kætəl] s. 1 gado vacum (bois, vacas, touros, vitelos); 2 [coloq.] cavalos, carneiros ❖ ~ *piece* quadro com gado vacum; VETERINÁRIA ~ *plague* peste bovina; ~ *show* exposição de gado; *black* ~ gado vacum (raça galesa e escocesa); ovelha ranhosa
cattle-lifter ['kætəlɪftə] s. ladrão de gado
cattle-lifting ['kætəlɪftɪŋ] s. roubo de gado
catty ['kætɪ] adj. (comp. **-ier**, superl. **-iest**) 1 malicioso; 2 caluniador; 3 com insinuações
Catullus [kə'tʌləs] s.antr. Catulo
catwalk ['kætwɔːk] s. passerelle, passarela
caubeen ['kɔːbiːn] s. chapéu irlandês
Caucasia [kɔː'keɪzɪə, kɔː'keɪʒɪə] s.top. Caucásia
Caucasian [kɔː'keɪzɪən, kɔː'keɪʒɪən] Ⓐ adj. 1 caucasiano, caucásico; 2 de raça branca Ⓑ s. caucasiano
Caucasus ['kɔːkəsəs] s.top. Cáucaso
caucus ['kɔːkəs] Ⓐ s. (pl. **-es**) 1 reunião política; 2 facção eleitoral Ⓑ v.tr.,intr. 1 governar por intermédio de facções políticas; 2 constituir grupos, facções políticas
caudal ['kɔːdəl] adj. caudal
caudate ['kɔːdeɪt] adj. caudado, caudífero
caudicle ['kɔːdɪkəl] s. BOTÂNICA caudículo
Caudine ['kɔːdaɪn] adj. caudino ❖ *the* ~ *forks* as Forcas Caudinas
caudle ['kɔːdəl] s. espécie de gemada quente com vinho
caught [kɔːt] pret. e part. pass. de **to catch** ❖ *to be* ~ *in the act* ser apanhado com a boca na botija; *to get* ~ *in the rain* ser apanhado pela chuva
caul [kɔːl] s. 1 membrana fetal; 2 ANATOMIA coifa; 3 [arc.] rede para o cabelo ❖ *to be born with a* ~ nascer num fole
cauldron ['kɔːldrən] s. caldeirão
caulescent [kɔː'lesənt] adj. caulescente
cauliflower ['kɒlɪˌflaʊə] s. BOTÂNICA couve-flor
cauline ['kɔːlaɪn] adj. BOTÂNICA caulino; caulinar; relativo ao caule
caulk [kɔːk] v.tr. 1 calafetar; 2 encalcar
caulked ['kɔːkt] adj. calafetado ❖ ~ *seam* junta calafetada
caulker ['kɔːkə] s. 1 calafate; 2 calafetador; 3 [coloq.] mentira
caulking ['kɔːkɪŋ] s. 1 calafetagem; 2 encalque
causal ['kɔːzəl] adj. causal
causality [kɔː'zælɪtɪ] s. causalidade
causally ['kɔːzəlɪ] adv. causalmente
causation [kɔː'zeɪʃən] s. causação
causative ['kɔːzətɪv] Ⓐ adj. 1 causal; 2 LINGUÍSTICA causativo Ⓑ s. LINGUÍSTICA verbo causativo
causatively ['kɔːzətɪvəlɪ] adv. causativamente
cause [kɔːz] Ⓐ s. 1 causa; razão; motivo [**of**, de; **for**, para/de]; *to give* ~ *for concern* ser um motivo de preocupação; *you have no* ~ *for complaint* não tens razão de queixa; 2 (defesa de princípios) causa; *the* ~ *of women's rights* a causa dos direitos das mulheres; 3 DIREITO acção judicial Ⓑ v.tr. 1 causar; provocar; originar; produzir; *to* ~ *sorrow* provocar sofrimento; 2 fazer [**to**, com que]; obrigar [**to**, a] ❖ ~ *list* lista de causas à espera de julgamento; *the First* ~ a causa primeira; *to* ~ *offence* ofender; *to make common* ~ *with* fazer causa comum com; *to show* ~ justificar-se; *without good* ~ sem razão; injustificadamente

causeless ['kɔːzləs] adj. sem razão, sem motivo
causelessly ['kɔːzlɪslɪ] adv. infundadamente
causer ['kɔːzə] s. causador
causerie ['kəʊzərɪ] s. 1 conversa; 2 artigo leve de jornal em forma de conversa
causeway ['kɔːzweɪ] Ⓐ s. 1 calçada em terreno húmido; 2 passagem pelo meio de água; 3 passeio (de rua) Ⓑ v.tr. 1 construir uma calçada; 2 pavimentar um caminho
causey ['kɔːzɪ] s. ⇒ **causeway**
caustic ['kɔːstɪk] adj.,s. cáustico ❖ ~ *lime* cal viva; ~ *liquor* solução cáustica; ~ *potash* potassa cáustica; ~ *soda* soda cáustica; ~ *soda lye* lixívia de soda cáustica
causticity [kɔːs'tɪsɪtɪ] s. causticidade
cauter ['kɔːtə] s. cautério
cauterant ['kɔːtərənt] s. cauterizador
cauterization [ˌkɔːtəraɪ'zeɪʃən] s. cauterização
cauterize ['kɔːtəraɪz] v.tr. cauterizar
cauterizing ['kɔːtəraɪzɪŋ] s. cauterização ❖ ~ *iron* ferro cauterizador
cautery ['kɔːtərɪ] s. (pl. **-ies**) cautério
caution ['kɔːʃən] Ⓐ s. 1 cuidado; cautela; prudência; 2 advertência; reprimenda; *he got off with a* ~ safou-se com uma reprimenda; 3 caução, garantia Ⓑ v.tr. 1 avisar; advertir; prevenir [**against**, em relação a]; 2 admoestar ❖ *caution!* atenção!; cuidado!; ~ *money* fiança; *to be cautioned for* receber uma advertência por
cautionary ['kɔːʃənrɪ, 'kɔːʃənerɪ] adj. 1 admonitório; 2 exemplar; *a* ~ *tale* uma história exemplar, uma lição de vida
cautioner ['kɔːʃnə] s. aquele que avisa
cautious ['kɔːʃəs] adj. 1 cauteloso, prudente; 2 circunspecto
cautiously ['kɔːʃəslɪ] adv. cautelosamente
cautiousness ['kɔːʃəsnɪs] s. prudência, cautela
cavalcade [ˌkævəl'keɪd] s. 1 cavalgada; 2 desfile
cavalier [ˌkævə'lɪə] Ⓐ s. 1 cavalheiro; 2 cavaleiro; 3 HISTÓRIA (séc. XVII) realista Ⓑ adj. 1 altivo, arrogante, indiferente; 2 descontraído, despreocupado
cavalry ['kævəlrɪ] s. (pl. **-ies**) cavalaria
cavalryman ['kævəlrɪˌmən] s. (pl. **-men**) soldado de cavalaria
cavatina [ˌkævə'tiːnə] s. cavatina
cave¹ [keɪv] Ⓐ s. 1 caverna, gruta; 2 subterrâneo; 3 POLÍTICA cisão Ⓑ v.tr.,intr. cavar, escavar; *to* ~ *in a hat* amachucar um chapéu ❖ ~ *dweller/man* homem das cavernas; troglodita; ~ *painting* pintura rupestre
◆**cave in** v.intr. 1 aluir; dar de si; 2 ceder; transigir
cave² ['keɪvɪ] interj. cuidado!, cava! (empregado por estudantes quando o professor se aproxima)
caveat ['kævɪˌæt] s. 1 DIREITO suspensão de acção judicial, embargo; 2 aviso, advertência; sinal ❖ DIREITO *to enter a* ~ embargar
cavendish ['kævəndɪʃ] s. tabaco comprimido, adocicado e amolecido
caver ['keɪvə] s. DESPORTO espeleólogo
cavern ['kævən] s. caverna
caverned ['kævɜːnd] adj. com cavernas
cavernous ['kævɜːnəs] adj. 1 (voz, riso) cavernoso; 2 enorme, imenso; 3 profundo
cavetti [kə'vetiː] s. {pl. de **cavetto**}
cavetto [kə'vetəʊ] s. (pl. **-s** ou **-i**) ARQUITECTURA nacela, meia-cana, caveto
caviar ['kævɪɑː] s. CULINÁRIA caviar ❖ ~ *to the general* coisa demasiado fina para os ignorantes
caviare ['kævɪɑː] s. ⇒ **caviar**
cavil ['kævɪl] Ⓐ s. sofisma, cavilação Ⓑ v.intr. ⟨particípios: **-ll-**⟩ argumentar com sofismas; cavilar
cavillation [ˌkævɪ'leɪʃən] s. cavilação
caviller ['kævɪlə] s. sofista
cavilling ['kævɪlɪŋ] adj.,s. 1 cavilador; 2 sofista; 3 cavilação
caving ['keɪvɪŋ] s. DESPORTO espeleologia
cavity ['kævɪtɪ] s. (pl. **-ies**) 1 cavidade; 2 buraco; 3 (dente) cárie
cavort [kə'vɔːt] v.intr. 1 fazer cabriolas, cabriolar; 2 divertir-se, andar na pândega
cavy ['keɪvɪ] s. (pl. **-ies**) cobaia
caw [kɔː] Ⓐ v.tr.,intr. (corvo) grasnar, crocitar Ⓑ s. (corvo) grasnido, grasno

cawk [kɔːk] s. sulfato de barita
cay [keɪ] s. recife de coral
Cayenne [keɪ'en] s.top. Caiena ❖ ~ *pepper* pimenta-de-caiena
cayman ['keɪmən] s. (pl. -s) ZOOLOGIA (jacaré) caimão
Cayman Islands [keɪmən'aɪləndz] s.top.pl. Ilhas Caimão
CB [abrev. de Companion of the (Order of the) Bath]
CBD Ⓐ [abrev. de cash before delivery] Ⓑ [abrev. de central business district]
CBE Ⓐ [abrev. de Companion of the (Order of the) British Empire] Ⓑ [abrev. de Commander of the (Order of the) British Empire]
CBI [abrev. de Confederation of British Industry]
CBS Ⓐ [abrev. de Columbia Broadcasting System] Ⓑ [abrev. de Confraternity of the Blessed Sacrament]
CBW [abrev. de Chemical and Biological Warfare]
cc. [abrev. de chapters]
cc Ⓐ COMÉRCIO [abrev. de carbon copy] Ⓑ [abrev. de cubic centimetre] Ⓒ [abrev. de cubic capacity]
CC Ⓐ [abrev. de County Council] Ⓑ [abrev. de City Council]
CCD Ⓐ INFORMÁTICA [abrev. de charge-coupled device] Ⓑ [abrev. de Conference of the Committee on Disarmament]
CCMS (NATO) [abrev. de Committee on the Challenger of Modern Society]
CCTV [abrev. de closed-circuit television]
Cd QUÍMICA [símbolo de cadmium]
CD Ⓐ [abrev. de Compact Disc] CD Ⓑ [abrev. de Civil Defence] Ⓒ [abrev. de Corps Diplomatique] ❖ *CD player* leitor de CDs; *CD writer* gravador de CDs
CDC [abrev. de Commonwealth Development Corporation]
CD-E INFORMÁTICA [abrev. de compact disc-erasable]
CDI [abrev. de Compact Disc Interactive]
CDR [abrev. de Compact Disk Recordable]
CD-ROM [abrev. de compact disc read-only memory] CD-ROM ❖ ~ *drive* leitor de CD-ROM
CD-RW INFORMÁTICA [abrev. de Compact Disk ReWritable] CD-RW
CDV [abrev. de compact disc video]
Ce QUÍMICA [símbolo de cerium]
CE Ⓐ [abrev. de Civil Engineer] Ⓑ [abrev. de Church of England]
CEAO [abrev. de West African Economic Community]
cease [siːs] Ⓐ v.tr.,intr. 1 cessar, parar, acabar; 2 suspender Ⓑ s. cessação ❖ *to ~ fire* cessar fogo; *to ~ to do sth* deixar de fazer alguma coisa; *without ~* incessantemente; sem parar
ceasefire ['siːsfaɪə] s. MILITAR cessar-fogo
ceaseless ['siːsləs] adj. incessante
ceaselessly ['siːsləslɪ] adv. incessantemente
ceaselessness ['siːsləsnɪs] s. persistência, continuidade, permanência
ceasing ['siːsɪŋ] s. cessação
cecidium [sɪ'sɪdɪəm] s. BOTÂNICA cecídia
Cecil ['sesəl] s.antr. Cecílio
Cecilia [sə'siːlɪə] s.antr. Cecília
cecity ['siːsɪtɪ] s. cegueira
cedar ['siːdə] s. BOTÂNICA cedro
cede [siːd] v.tr. ceder
cedi ['sɪdi] s. (moeda do Gana) cedi
cedilla [sə'dɪlə] s. cedilha
CEDO [GB] [abrev. de Centre for Educational Development Overseas]
CEGB [abrev. de Central Electricity Generating Board]
ceil [siːl] v.tr. estucar um tecto
ceiling ['siːlɪŋ] s. 1 tecto; 2 limite máximo ❖ ~ *fan* ventilador suspenso do tecto; ~ *price* preço máximo; [coloq., fig.] *to hit the ~* atirar-se ao ar; ter um ataque
celadon ['selədɒn] s. 1 (cor) verde-pálido; 2 porcelana *céladon*
celandine ['seləndaɪn] s. BOTÂNICA celidónia
celanese [selə'niːz] s. modalidade de seda artificial
celeb [sə'leb] s. [coloq.] (pessoa) celebridade
celebrant ['seləbrənt] s. celebrante
celebrate ['seləbreɪt] Ⓐ v.tr. 1 comemorar, festejar; 2 RELIGIÃO (missa, acto religioso) celebrar; 3 oficiar; 4 realizar; 5 enaltecer, glorificar Ⓑ v.intr. comemorar, festejar
celebrated ['seləbreɪtɪd] adj. célebre, famoso

celebration [selə'breɪʃən] s. 1 festejo, festividade; 2 comemoração; 3 celebração, solenidade; 4 enaltecimento, glorificação
celebrator ['seləbreɪtə] s. celebrador
celebrity [sə'lebrɪtɪ] s. (pl. -ies) 1 (fama) celebridade; 2 (pessoa famosa) celebridade
celeriac ['selərɪæk, sə'lerɪæk] s. BOTÂNICA aipo vermelho
celerity [sə'lerɪtɪ] s. rapidez, celeridade
celery ['selərɪ] s. BOTÂNICA aipo
celeste [sɪ'lest] adj.,s. 1 (cor) azul-celeste; 2 MÚSICA celeste, voz celeste
celestial [sɪ'lestɪəl] adj. 1 celestial; 2 celeste; ~ *equator* equador celeste; ~ *sphere* esfera celeste
celestially [sɪ'lestɪəlɪ] adv. celestialmente
Celestine ['selɪstaɪn, sɪ'lestaɪn] s. celestina, freira da ordem de S. Bento
Celia ['siːlɪə] s.antr. Célia
celibacy ['selɪbəsɪ] s. celibato
celibate ['selɪbət] adj.,s. celibatário
cell [sel] s. 1 (prisão, mosteiro) cela; 2 BIOLOGIA célula; 3 (favo de mel) alvéolo; 4 ELECTRICIDADE pilha eléctrica; *dry ~* pilha seca ❖ ~ *body* protoplasma; ~ *division* divisão celular; ~ *tester* densímetro; *condemned ~* cela dos condenados à morte; ~ *of wood* célula de madeira; BIOLOGIA *red blood cells* glóbulos vermelhos; BIOLOGIA *white blood cells* glóbulos brancos
cellar ['selə] Ⓐ s. 1 cave; adega; 2 garrafeira; *to keep a good ~* ter uma boa garrafeira Ⓑ v.tr. (vinho) armazenar na adega ❖ ~ *flap* alçapão de comunicação com a cave; [rar.] ~ *plate* tampa (no passeio) sobre a entrada para a cave
cellarage ['selərɪdʒ] s. armazenamento (em cave)
cellarer ['selərə] s. 1 encarregado da adega dum convento; 2 despenseiro
cellaret ['selərɪt] s. garrafeira, frasqueira
cellarist ['selərɪst] s. ⇒ **cellarer**
cellarman ['selərmən] s. (pl. -men) copeiro, despenseiro
cellist ['tʃelɪst] s. MÚSICA violoncelista
cellmate ['selmeɪt] s. companheiro de cela
cello ['tʃeləʊ] s. (pl. -s) MÚSICA violoncelo
celloist ['tʃeləʊɪst] s. MÚSICA ⇒ **cellist**
cellophane ['seləʊfeɪn] s. celofane; papel celofane
cellphone ['selfəʊn] s. telefone celular, telemóvel
cellular ['seljʊlə] adj. celular ❖ ~ *phone* telemóvel; ~ *tissue* tecido celular
cellulate ['seljʊlət] adj. com células, celulado
cellulated ['seljʊleɪtɪd] adj. com células, celulado
cellule ['seljuːl] s. célula
cellulite ['seljʊlaɪt] s. (acumulação) celulite
cellulitis [seljʊ'laɪtɪs] s. (inflamação, infecção) celulite
celluloid ['seljʊlɔɪd] s. 1 celulóide; 2 CINEMA (película) filme; 3 [fig.] cinema ❖ ~ *foil* folha de celulóide
cellulose ['seljʊləʊz] Ⓐ s. celulose Ⓑ adj. celulósico; de celulose ❖ ~ *acetate* acetilcelulose; ~ *fibre* fibra celulósica; ~ *nitrate* nitrocelulose; ~ *tape* fita celulósica
celosia [sɪ'ləʊsɪə] s. BOTÂNICA celósia
Celsius ['selsɪəs] adj. Celsius; *12 degrees ~* 12 graus Celsius ❖ ~ *thermometer* termómetro centígrado
celt [selt] s. espécie de machado pré-histórico de pedra ou bronze
Celt [kelt, selt] s. (pessoa) Celta
Celtic ['keltɪk, 'seltɪk] Ⓐ adj. celta, céltico Ⓑ s. (ramo de línguas) celta
cement [sə'ment] Ⓐ s. cimento, cemento Ⓑ v.tr.,intr. 1 cimentar; 2 [fig.] fortalecer ❖ ~ *coating* revestimento de cimento; ~ *content* percentagem de cimento; ~ *mixer* betoneira; ~ *mortar* argamassa de cimento; ~ *for leather* cola para couro
cementation [sɪmən'teɪʃən] s. 1 cimentação; 2 cementação; 3 calcinação ❖ ~ *furnace* forno de cementação
cement-coated [sə,ment'kəʊtɪd] adj. cimentado, revestido a cimento
cementing [sɪ'mentɪŋ] Ⓐ adj. relativo a cimento ou cemento Ⓑ s. 1 cimentação; 2 cementação; 3 obturação (de dente) ❖ ~ *box* caixa de cementação; ~ *furnace* forno de cementação
cemetery ['semɪtrɪ, 'semətərɪ] s. (pl. -ies) cemitério
CEMS [abrev. de Church of England Men's Society]
cenacle ['senəkəl] s. cenáculo

cenobite ['si:nəʊˌbaɪt] *s.* cenobita
cenotaph ['senəˌtɑːf] *s.* cenotáfio
Cenozoic [ˌsiːnəʊˈzəʊɪk] Ⓐ *s.* GEOLOGIA Cenozóico Ⓑ *adj.* GEOLOGIA cenozóico
cense [sens] *v.tr.* incensar
censer ['sensə] *s.* turíbulo, incensório
censor ['sensə] Ⓐ *s.* censor Ⓑ *v.tr.* 1 censurar, submeter a censura; 2 proibir
censorial [senˈsɔːrɪəl] *adj.* censório
censorially [senˈsɔːrɪəlɪ] *adv.* em censura
censorious [senˈsɔːrɪəs] *adj.* severo, exigente, crítico
censoriously [senˈsɔːrɪəslɪ] *adv.* com severidade
censoriousness [senˈsɔːrɪəsnɪs] *s.* tendência para censurar
censorship ['sensəʃɪp] *s.* censura, cargo de censor
censurable ['senʃərəbəl] *adj.* criticável, censurável
censure ['senʃə] Ⓐ *s.* censura, reprimenda, repreensão Ⓑ *v.tr.* censurar, criticar, repreender ❖ **~ motion** moção de censura; **to pass ~ on** censurar
census ['sensəs] *s.* ⟨*pl.* **-es**⟩ censo; recenseamento ❖ [GB] **~ enumerator** agente de recenseamento; **~ paper** boletim de recenseamento; [EUA] **~ taker** agente de recenseamento; **to take a ~ of the population** fazer o recenseamento da população
cent. Ⓐ [*abrev. de* centigrade] Ⓑ [*abrev. de* central] Ⓒ [*abrev. de* century]
cent [sent] *s.* 1 (moeda) cêntimo; 2 [coloq., fig.] tostão*fig*, chavo*coloq*; **without a ~** sem um tostão; 3 cento; **a hundred per ~** cem por cento; **per ~** por cento ❖ **I don't care a cent!** quero lá saber!
centage ['sentɪdʒ] *s.* percentagem
cental ['sentəl] *s.* peso de 100 libras (usado para cereais)
centaur ['sentɔː] *s.* MITOLOGIA centauro
centaury ['sentɔːrɪ] *s.* ⟨*pl.* **-ies**⟩ BOTÂNICA centáurea
centenarian [ˌsentɪˈneərɪən] *s.* centenário, pessoa com cem anos de idade ou mais
centenary [senˈtiːnərɪ] Ⓐ *adj.* 1 centenário; 2 secular Ⓑ *s.* ⟨*pl.* **-ies**⟩ centenário
centennial [senˈtenɪəl] Ⓐ *adj.* 1 centenário; 2 secular; 3 de 100 em 100 anos Ⓑ *s.* [EUA] centenário
center ['sentə] *s.,v.tr.,intr.* ⇒ **centre**
centering ['sentərɪŋ] *s.* 1 ARQUITECTURA cimbre; 2 centralização ❖ **~ hole** orifício-guia
centesimal [senˈtesɪməl] *adj.* centesimal
centesimally [senˈtesɪməlɪ] *adv.* centesimalmente
centiare ['sentɪɑː] *s.* centiare
centigrade ['sentɪɡreɪd] *adj.* centígrado; **twelve degrees ~** doze graus centígrados ❖ **~ thermometer** termómetro centígrado
centigramme ['sentɪɡræm] *s.* centigrama
centilitre ['sentɪˌliːtə] *s.* centilitro
centime ['sentiːm] *s.* cêntimo
centimetre ['sentɪˌmiːtə] *s.* centímetro
centipede ['sentɪˌpiːd] *s.* centopeia
centner ['sentnə] *s.* cerca de meio quintal métrico (= 50 quilos)
cento ['sentəʊ] *s.* ⟨*pl.* **-s**⟩ centão
CENTO [*abrev. de* Central Treaty Organization]
centra ['sentrə] *s.* ⟨*pl. de* **centrum**⟩
central ['sentrəl] *adj.* 1 central; 2 centralizado; 3 fundamental, crucial, essencial; **to be ~ to** ser fundamental por ❖ **~ exchange** central telefónica; **~ heating** aquecimento central; (carro) **~ locking** fecho centralizado; **~ station** central eléctrica; ANATOMIA **~ nervous system** sistema nervoso central; INFORMÁTICA **~ processing unit** unidade central de processamento; (localização) **to be ~** ser no centro
centralise ['sentrəlaɪz] *v.tr.,intr.* centralizar
centralism ['sentrəˌlɪzəm] *s.* POLÍTICA centralismo
centralist ['sentrəlɪst] *adj.,s.* centralista
centrality [senˈtrælɪtɪ] *s.* centralidade
centralization [ˌsentrəlaɪˈzeɪʃən] *s.* centralização
centralize ['sentrəlaɪz] *v.tr.,intr.* centralizar
centrally ['sentrəlɪ] *adv.* 1 no centro; 2 centralmente
centre ['sentə] Ⓐ *s.* 1 centro; **in the ~** no centro; 2 ARQUITECTURA cimbre; 3 DESPORTO (futebol) médio; 4 (bola centrada) centro; 5 CULINÁRIA recheio Ⓑ *v.tr.* 1 centrar; pôr no centro; 2 DESPORTO (bola) centrar Ⓒ *v.intr.* centrar-se [**around**, em]; girar [**around**, em torno de] ❖ DESPORTO **~ forward** avançado-centro; **~ gear** engrenagem central; DESPORTO **~ half** médio-centro; **~ line** eixo; **~ second** ponteiro dos segundos colocado no centro do relógio; **~ square** esquadro de centros; ELECTRICIDADE **~ tap** derivação central; (casaco) **~ vent** abertura atrás; racha; **~ of gravity** centro de gravidade; **~ of motion** centro de rotação; POLÍTICA **the ~ party** o partido do centro; **to be the ~ of attention** ser o centro das atenções
centrefold ['sentəfəʊld] *s.* (revista, jornal) póster central
centrepiece ['sentəpiːs] *s.* 1 centro de mesa; 2 [fig.] prato forte; atracção principal; **the ~ of this year's festival** o prato forte do festival deste ano
centric ['sentrɪk] *adj.* central
centrical ['sentrɪkəl] *adj.* central
centrically ['sentrɪkəlɪ] *adv.* centralmente
centrifugal [senˈtrɪfjʊɡəl, ˌsentrɪˈfjuːɡəl] *adj.* centrífugo ❖ **~ force** força centrífuga; **~ governor** regulador centrífugo; **~ power** força centrífuga
centrifugation [ˌsentrɪfjuːˈɡeɪʃən] *s.* centrifugação
centrifuge ['sentrɪˌfjuːdʒ] Ⓐ *v.tr.* centrifugar Ⓑ *s.* centrifugadora
centriole ['sentrɪˌəʊl] *s.* BIOLOGIA centríolo, microcentro
centripetal [senˈtrɪpɪtəl] *adj.* centrípeto ❖ **~ force** força centrípeta; **~ railway** caminho-de-ferro monocarril
centrism ['sentrɪzm] *s.* POLÍTICA centrismo
centrist ['sentrɪst] *s.* POLÍTICA centrista
centrosome ['sentrəsəʊm] *s.* BIOLOGIA centrossoma
centrum ['sentrəm] *s.* ⟨*pl.* **-a**⟩ 1 centro, epicentro; 2 foco
centumvir [senˈtʌmvə] *s.* centúnviro
centumvirate [senˈtʌmvɪrɪt] *s.* centunvirato
centuple ['sentjʊpəl] Ⓐ *adj.,s.* cêntuplo Ⓑ *v.tr.* centuplicar
centuplicate[1] [senˈtjuːplɪkeɪt] *v.tr.* centuplicar
centuplicate[2] [senˈtjuːplɪkɪt] *adj.* centuplicado
centurial [senˈtjʊrɪəl] *adj.* centurial
centurion [senˈtjʊərɪən] *s.* centurião
century ['sentʃərɪ] *s.* ⟨*pl.* **-ies**⟩ 1 século; 2 HISTÓRIA, MILITAR (Roma antiga) centúria
CEO [*abrev. de* Chief Executive Officer] director geral
cephalic [seˈfælɪk, keˈfælɪk] *adj.* cefálico
cephalopod ['sefələpɒd] *s.* ZOOLOGIA cefalópode
cephalopoda [ˌsefəˈlɒpədə] *s.pl.* ZOOLOGIA cefalópodes
cephalothorax [ˌsefələʊˈθɔːræks] *s.* cefalotórax
Cephas ['siːfæs] *s.* MITOLOGIA Cefeide
ceramic [səˈræmɪk] Ⓐ *adj.* cerâmico; de cerâmica Ⓑ *s.* cerâmica ❖ **~ clay** argila para cerâmica; **~ coating** revestimento de cerâmica; **~ kiln** forno de cerâmica; (fogão) **~ hob** placa vitrocerâmica
ceramics [səˈræmɪks] *s.* ARTES PLÁSTICAS cerâmica
cerastes [səˈræstiːz] *s.* cerasta
cerastium [sɪˈræstɪəm] *s.* BOTÂNICA cerástio, orelha-de-rato
cerate ['sɪərɪt, 'sɪəreɪt] *s.* cerato
Cerberus ['sɜːbərəs] *s.* MITOLOGIA Cérbero
cercaria [səˈkeərɪə] *s.* cercário
cere [sɪə] Ⓐ *s.* ZOOLOGIA (bico de pássaro) cera Ⓑ *v.tr.* 1 encerar; 2 misturar com cera
cereal ['sɪərɪəl] *s.* cereal; (pequeno-almoço) **a bowl of ~** uma tigela de cereais ❖ **~ crops** colheitas de cereais
cerebella [ˌserəˈbelə] *s.* ⟨*pl. de* **cerebellum**⟩
cerebellum [ˌserəˈbeləm] *s.* ⟨*pl.* **-s** ou **-a**⟩ ANATOMIA cerebelo
cerebra ['serəbrə] *s.* ⟨*pl. de* **cerebrum**⟩
cerebral [səˈriːbrəl, 'serəbrəl] *adj.* cerebral ❖ **~ death** morte cerebral; **~ palsy** paralisia cerebral
cerebration [ˌserɪˈbreɪʃən] *s.* cerebração
cerebrospinal [ˌserəbrəʊˈspaɪnəl] *adj.* 1 ANATOMIA cerebrospinal; **~ meningitis** meningite cerebrospinal; 2 cefalorraquidiano; **~ fluid** líquido cefalorraquidiano
cerebrum ['serəbrəm, səˈriːbrəm] *s.* ⟨*pl.* **-a**⟩ ANATOMIA cérebro
cerecloth ['sɪəˌklɒθ] *s.* 1 encerado; 2 oleado
cerement ['sɪəmənt] *s.* mortalha
ceremonial [ˌserəˈməʊnɪəl] *adj.,s.* cerimonial
ceremonialism [ˌserəˈməʊnɪəlɪzəm] *s.* cerimonialismo
ceremonially [ˌserəˈməʊnɪəlɪ] *adv.* com todo o cerimonial
ceremonious [ˌserəˈməʊnɪəs] *adj.* cerimonioso
ceremoniously [ˌserəˈməʊnɪəslɪ] *adv.* cerimoniosamente

ceremoniousness [serəˈməʊnɪəsnɪs] s. maneira cerimoniosa
ceremony [ˈserəmənɪ] s. (pl. -ies) 1 cerimónia; 2 ritual; 3 etiqueta; 4 formalismo ❖ *to stand on* ~ fazer cerimónias
Ceres [ˈsɪəriːz] s. MITOLOGIA Ceres
cerise [səˈriːz] adj.,s. cor de cereja
cerium [ˈsiːərɪəm] s. QUÍMICA (elemento químico) cério ❖ ~ *nitrate* nitrato de cério; ~ *oxide* óxido de cério
CERN [abrev. de European Organisation for Nuclear Research]
ceroplastic [sɪrəʊˈplæstɪk] adj. ceroplástico
ceroplastics [sɪrəʊˈplæstɪks] s. ceroplástica
ceroplasty [ˈsɪrəʊˌplæstɪ] s. ceroplastia, ceroplástica
cert [sɜːt] s. [coloq.] certeza
certain [ˈsɜːtən] Ⓐ adj. 1 certo; seguro; *to be almost* ~ ser quase certo; 2 convicto; confiante; que tem a certeza [about/of, de]; *I am* ~ *of his success* estou confiante no sucesso dele; *I'm* ~ *about the facts* não tenho dúvidas em relação ao factos; *she is* ~ *to go* ela vai de certeza; 3 de confiança; 4 determinado; *under* ~ *conditions* em determinadas condições; 5 certo; indeterminado; *she is of a* ~ *age* ela é uma pessoa de certa idade Ⓑ pron. certo; determinado; *a* ~ *man* certo homem, determinado homem ❖ *for* ~ de certeza; ao certo; *to a* ~ *extent/degree* até certo ponto; *to make* ~ *of* certificar-se de; *to make* ~ *(that)* certificar-se (de que); ter a certeza (de que); verificar (se); ver (se)
certainly [ˈsɜːtənlɪ] adv. certamente
certainty [ˈsɜːtəntɪ] s. (pl. -ies) certeza
certes [ˈsɜːtɪz] adv. decerto
certifiable [sɜːtɪˈfaɪəbl] adj. 1 que pode receber um certificado; 2 MEDICINA [ant.] que deve ser internado; 3 [coloq.] doido
certificate[1] [sɜːˈtɪfɪkɪt] s. 1 certificado; certidão; 2 atestado; 3 carta; 4 diploma ❖ ~ *of origin* certificado de origem; *birth* ~ certidão de nascimento; *death* ~ certidão de óbito; *doctor's* ~ atestado médico; *health* ~ carta de saúde
certificate[2] [sɜːˈtɪfɪkeɪt] v.tr. certificar, passar um diploma ou certificado a
certificated [sɜːˈtɪfɪkeɪtɪd] adj. diplomado; ~ *teacher* professor diplomado
certification [sɜːtɪfɪˈkeɪʃən] s. 1 certificação; autenticação; 2 concessão de diplomas; 3 certificado; AERONÁUTICA ~ *of aircraft* certificado de navegabilidade
certificatory [sɜːtɪˈfɪkətərɪ] adj. certificativo
certifier [ˈsɜːtɪfaɪə] s. certificador
certify [ˈsɜːtɪfaɪ] v.tr. 1 certificar; conceder um certificado; 2 atestar; declarar; *to* ~ *sb insane* atestar a insanidade mental de alguém ❖ [EUA] *certified mail* correio registado; *certified as a true copy* cópia autenticada
certiorari [sɜːtɪəˈreərai] s. DIREITO carta rogatória
certitude [ˈsɜːtɪtjuːd] s. certeza
cerulean [səˈruːlɪən] adj. (cor) cerúleo
cerumen [səˈruːmən] s. cerume
ceruminous [səˈruːmɪnəs] adj. ceruminoso
ceruse [səˈruːs] s. cerusa, alvaiade
cervical [ˈsɜːvɪkəl] adj. 1 cervical; ~ *vertebra* vértebra cervical; 2 cervical; do colo do útero ❖ MEDICINA ~ *cancer* cancro do colo do útero; (contracepção) ~ *cap* diafragma; MEDICINA ~ *smear* esfregaço cervical
cervine [ˈsɜːvaɪn] adj. cervino; relativo aos cervídeos
cervix [ˈsɜːvɪks] s. (pl. cervixes ou cervices) 1 ANATOMIA cérvix, colo do útero; 2 (pescoço) cerviz
cervulus [ˈsɜːvjʊləs] s. ZOOLOGIA cérvulo
Cesarevitch [sɪˈzærəvɪtʃ] s. príncipe russo
Cesarewitch [sɪˈzærəwɪtʃ] s. príncipe russo
cespitose [ˈsɪspɪtəʊs] adj. cespitoso
cess [ses] Ⓐ s. (pl. -es) 1 [arc.] imposto local; 2 [arc.] tributo, contribuição Ⓑ v.tr. [arc.] tributar ❖ *out of all* ~ desmedidamente
cessation [seˈseɪʃən] s. cessação, pausa, interrupção
cesser [ˈsesə] s. cessação, termo
cession [ˈseʃən] s. cessão
cessionary [ˈseʃənərɪ] s. (pl. -ies) cessionário
cesspit [ˈsespɪt] s. 1 pilha de estrume; 2 fossa
cesspool [ˈsespʊl] s. latrina, fossa
cesti [ˈsestaɪ] s. {pl. de cestus}
cestoid [ˈsestɔɪd] adj.,s. cestóide

cestus [ˈsestəs] s. (pl. -i) 1 cesto, manopla de pugilista; 2 MITOLOGIA cesto, cinto de Vénus
cetacea [sɪˈteɪʃə] s.pl. cetáceos
cetacean [sɪˈteɪʃən] adj.,s. ZOOLOGIA cetáceo
cetaceous [sɪˈteɪʃəs] adj. ZOOLOGIA cetáceo
CETS [abrev. de European Conference on Satellite Communications]
cevadilla [sɪvəˈdiːlə] s. cevadilha
cevadine [ˈsevədiːn] s. QUÍMICA cevadina
Ceylon [sɪˈlɒn] s.top. (actual Sri Lanka) Ceilão
Ceylonese [ˌseləˈniːz] adj.,s. cingalês
cf. [kəmˈpeə, kənˈfɜː, ˈsiːef] ⇒ **confer**
Cf QUÍMICA [símbolo de californium]
CF Ⓐ [abrev. de cost and freight] Ⓑ [abrev. de Chaplain to the Forces]
CFC QUÍMICA [abrev. de chlorofluorocarbon] CFC
CFO [abrev. de chief financial officer] director financeiro
cg Ⓐ [abrev. de centre of gravity] Ⓑ [abrev. de centigram]
CG Ⓐ [abrev. de Coldstream Guards] Ⓑ [abrev. de Consul General] Ⓒ [abrev. de coastguard] Ⓓ [abrev. de Captain General]
CGI INFORMÁTICA [abrev. de Common Gateway Interface]
CGM [abrev. de Conspicuous Gallantry Medal]
CGS [abrev. de centimetre-gram-second]
ch. Ⓐ [abrev. de chapter] Ⓑ [abrev. de church]
CH Ⓐ [abrev. de Companion of Honour] Ⓑ [abrev. de Custom House] Ⓒ [Esc.] [abrev. de Christ's Hospital]
cha-cha [ˈtʃɑːtʃɑː] s. MÚSICA chachachá
chaconne [ʃəˈkɒn] s. chacona, chacóina
Chad [tʃæd] s.top. Chade
Chadband [ˈtʃædbænd] s. hipócrita bajulador e untuoso
chafe [tʃeɪf] Ⓐ v.tr.,intr. 1 friccionar (para aquecer); esfregar; *he chafed his cold hands* esfregou as mãos geladas; 2 aquecer por atrito; 3 irritar, esfolar, ferir devido a fricção; 4 desgastar; puir Ⓑ v.intr. irritar-se [at/under, com]; *they are beginning to* ~ *at/under these restrictions* eles já estão a ficar irritados com estas restrições Ⓒ s. 1 irritação, escoriação; 2 calor, aquecimento ❖ *to be in a* ~ estar irritado; irritar-se
chafer [ˈtʃeɪfə] s. ZOOLOGIA besouro
chaff [tʃɑːf] Ⓐ s. (pl. -s) 1 (sementes) cascas; 2 folhelho, invólucro da espiga; 3 [fig.] (coisa insignificante) palha Ⓑ v.tr. 1 (palha, feno) cortar; 2 arreliar; fazer pouco de ❖ ~ *cutter* máquina de cortar palha ou forragens; *I am too old a bird to be caught with* ~ não é com isso que me enganas; a mim não me levas tu; *to be caught with* ~ ser enganado com facilidade; *to separate the wheat from the* ~ separar o trigo do joio
chaffer [ˈtʃæfə] Ⓐ s. (preços, etc.) regateio Ⓑ v.tr.,intr. 1 regatear; 2 tagarelar; deitar conversa fora ❖ *to* ~ *away* vender com prejuízo
chaffinch [ˈtʃæfɪntʃ] s. (pl. -es) tentilhão
chaffy [ˈtʃɑːfɪ] adj. 1 com palha; 2 árido; 3 sem valor; 4 travesso, brincalhão
chafing [ˈtʃeɪfɪŋ] s. 1 escoriação; 2 irritação; 3 fricção ❖ ~ *dish* caçarola com fonte de calor para conservar coisas quentes; [rar.] ~ *mate* defesa do coxim
chagrin [ˈʃægrɪn] Ⓐ s. 1 contrariedade, mortificação, desgosto; 2 chagrém Ⓑ v.tr. desgostar, mortificar
chain [tʃeɪn] Ⓐ s. 1 cadeia; 2 corrente; 3 grilhões; 4 correia; *bicycle* ~ correia da bicicleta; 5 colar; fio; *gold* ~ fio de ouro; 6 cadeia [of, de], série [of, de]; sequência [of, de]; sucessão [of, de]; 7 duplo-decâmetro (aproximadamente) Ⓑ v.tr. 1 acorrentar; prender com corrente; 2 fechar; encerrar com cadeias; 3 medir (com a cadeia métrica) ❖ ~ *armour* cota de malha; ~ *belt* correia articulada; ~ *bridge* ponte pênsil; ~ *cable* amarra; ~ *gang* grupo de condenados, presos uns aos outros por correntes; ~ *letters* corrente de cartas; QUÍMICA ~ *reaction* reacção em cadeia; ~ *rule* regra de três composta; ~ *saw* motosserra; serra articulada; ~ *store* sucursal de uma cadeia de lojas; *food* ~ cadeia alimentar; *mountain* ~ cordilheira; (pneus) *non-skid chains* correntes antiderrapantes; *in chains* acorrentado; preso; a ferros; *to keep on the* ~ manter preso
chaining [ˈtʃeɪnɪŋ] s. 1 prisão com correntes ou cadeias; 2 medição (com a cadeia métrica)
chainless [ˈtʃeɪnləs] adj. livre, sem cadeias
chainlet [ˈtʃeɪnlɪt] s. corrente pequena
chain-smoker [ˈtʃeɪnˌsməʊkə] s. fumador compulsivo

chain-stitch ['tʃeɪnstɪtʃ] s. (bordado) ponto-cadeia
chair [tʃeə] Ⓐ s. 1 cadeira; *pull up a ~* puxa uma cadeira; 2 (reunião, jantar, etc.) presidência; presidente; 3 (universidade) cátedra [of, de]; *to hold the ~ of* ter a cátedra de; 4 [coloq.] cadeira eléctrica; 5 [ant.] cadeirinha; 6 (caminhos-de-ferro) coxim Ⓑ v.tr. 1 presidir a; *to ~ a meeting* presidir a uma reunião; 2 eleger presidente; 3 levar em ombros; levar em triunfo; 4 (caminhos-de-ferro) guarnecer com coxins ❖ *~ rail* rodapé; (reunião) *chair! chair!* ordem! ordem!; *grandfather ~* preguiceira; *to address the ~* dirigir-se ao presidente; *to be below the ~* não ter ainda exercido as funções de presidente da Câmara; *to be past the ~/to be above the ~* já ter exercido as funções de presidente da Câmara; *to be voted into the ~* ser eleito para a presidência; *to take a ~* sentar-se; *to take the ~* tomar a presidência; presidir
chairman ['tʃeəmən] s. (pl. **-men**) 1 presidente (de qualquer assembleia ou reunião); 2 presidente de direcção; 3 pessoa que aluga cadeiras
chairmanship ['tʃeəmənʃɪp] s. cargo de presidente, presidência de reunião ou assembleia
chairperson ['tʃeəpɜːsən] s. presidente
chairwoman ['tʃeəwʊmən] s. (pl. **-women**) presidente
chaise [ʃeɪz] s. (carruagem) cabriolé ❖ (mobília) *~ longue* chaise-longue
chakra ['tʃækrə] s. RELIGIÃO (hinduísmo) chacra
Chalcedon ['kælsɪdən] s.top. Calcédon
chalcedony [kæl'sedənɪ] s. calcedónia
chalcographer [kæl'kɒgrəfə] s. calcógrafo
chalcography [kæl'kɒgrəfɪ] s. calcografia
chalcopyrite [kælkəʊ'paɪraɪt] s. calcopirite
Chaldaic [kæl'deɪɪk] Ⓐ adj. caldaico Ⓑ s. língua caldaica
Chaldea [kæl'diːə] s.top. Caldeia
Chaldean [kæl'diːən] Ⓐ adj. caldaico, caldeu Ⓑ s. 1 (pessoa) caldeu; 2 [arc.] mago, astrólogo
Chaldee [kæl'diː] s. 1 (pessoa) caldeu; 2 [ant.] língua caldaica
chaldron ['tʃɔːldrən] s. medida de secos, hoje só usada para carvão: cerca de 13 hectolitros em Londres e quase o dobro em Newcastle
chalet ['ʃæleɪ] s. chalé
chalice ['tʃælɪs] s. 1 taça; 2 RELIGIÃO cálice
chalk [tʃɔːk] Ⓐ s. 1 giz; *a piece of ~* um pau de giz; *coloured ~* giz colorido; 2 MINERALOGIA cré; greda branca; 3 cal Ⓑ v.tr. marcar com giz; desenhar com giz; escrever com giz; *a line was chalked round the body* desenharam a giz o contorno do corpo Ⓒ v.intr. tornar-se poeirento ❖ *~ earth* terra gredosa; *~ drawing* pastel; *French ~* giz de alfaiate; *as like as ~ and cheese* diferentes como a água do vinho; *by long chalks* de longe; absolutamente; *not by a long ~* de modo nenhum; *to beat by a long ~* derrotar por completo; *to give ~ for cheese* dar gato por lebre
◆**chalk out** v.tr. (projectos) esboçar; gizar; delinear
◆**chalk up** v.tr. 1 alcançar; conquistar; 2 cobrar; 3 atribuir a ❖ *to chalk it up* marcar com giz numa lousa; tornar público ou conhecido
chalkboard ['tʃɔːkbɔːd] s. [EUA, Can.] (escola) quadro (preto)
chalkiness ['tʃɔːkɪnɪs] s. 1 aspecto calcário, aspecto barrento, gredoso; 2 palidez
chalking ['tʃɔːkɪŋ] s. transformação em cal ou pó branco
chalkstone ['tʃɔːkstəʊn] s. 1 cré; greda branca; 2 MEDICINA tofo; cálculo artrítico
chalky ['tʃɔːkɪ] adj. (comp. **-ier**, superl. **-iest**) 1 com giz; 2 (solo) gredoso, calcário; 3 (textura) pálido, macilento ❖ *~ clay* marga; *~ water* água calcária
challenge ['tʃælɪndʒ] Ⓐ s. 1 desafio; repto; *to issue a ~* lançar um desafio; *to take up a ~* aceitar um desafio; *to face a ~* enfrentar um desafio; 2 [fig.] estímulo; provocação; 3 (grito de sentinela) intimação ("quem vem lá?"); 4 DIREITO (júri) recusa Ⓑ v.tr. 1 desafiar, reptar; 2 provocar; 3 [fig.] estimular; constituir um desafio para; 4 (sentinela) intimar, gritar para vir ao reconhecimento; 5 questionar, contestar; pôr em causa; 6 pôr à prova; 7 protestar contra; 8 DIREITO (júri) recusar
challengeable ['tʃælɪndʒəbəl] adj. discutível; susceptível de contestação, desafio ou crítica
challenger ['tʃælɪndʒə] s. 1 desafiador, aquele que lança um desafio ou provoca; 2 adversário; 3 (boxe) pretendente ao título
challenging ['tʃælɪndʒɪŋ] adj. 1 que desafia, que constitui um desafio; 2 provocador, de desafio; 3 estimulante; 4 exigente
challis ['ʃælɪs] s. tecido para vestidos de senhora
chalybeate [kə'lɪːbɪɪt] adj. ferruginoso
cham [kæm] s. [arc.] (título) cã ❖ *Great ~* autocrata; homem poderoso
chamade [ʃə'mɑːd] s. 1 sinal de retirada dado em tambor ou clarim; 2 toque para parlamentar; 3 sinal dado no tambor ou clarim convidando a parlamentar
chamber ['tʃeɪmbə] Ⓐ s. 1 câmara; *gas ~* câmara de gás; 2 [arc., lit.] quarto; aposento; 3 (assembleia) hemiciclo; câmara; 4 pl. apartamento; parte de casa; aposentos; 5 pl. escritório; consultório; 6 pl. aposentos do juiz ❖ MÚSICA *~ concert* concerto de música de câmara; [ant.] *~ maid* criada de quarto; MÚSICA *~ music* música de câmara; *Chamber of Commerce* Câmara do Comércio; *~ oil* óleo de espermacete; *~ pot* pote; bacio; *in chambers* à porta fechada; [GB] POLÍTICA *Lower ~* Câmara Baixa/dos Comuns; *revolver with six chambers* revólver de seis balas; [GB] POLÍTICA *Upper ~* Câmara Alta/dos Lordes
chamberlain ['tʃeɪmbəlɪn] s. camarista, camareiro ❖ *Lord ~ of the household* camareiro-mor
chamberlainship ['tʃeɪmbəlɪnʃɪp] s. ofício de camarista
chambermaid ['tʃeɪmbəˌmeɪd] s. (hotel) arrumadora de quarto
chameleon [kə'miːlɪən] s. camaleão
chamfer ['tʃæmfə] Ⓐ s. chanfradura, chanfro, estria Ⓑ v.tr. chanfrar, abrir estrias, estriar ❖ *chamfered edge* aresta chanfrada; chanfro; *chamfered joint* junta chanfrada
chamfering ['tʃæmfərɪŋ] s. chanfradura
chamois ['ʃæmwɑː] s. camurça ❖ *~ leather* pele de camurça
chamomile ['kæməmaɪl] s. ⇒ **camomile**
champ [tʃæmp] Ⓐ v.tr. 1 (animais) mastigar com ruído; 2 morder (freio); 3 mostrar impaciência Ⓑ s. 1 mastigação; 2 [coloq.] campeão
champagne [ʃæm'peɪn] Ⓐ s. 1 champanhe; 2 (cor, tom) champanhe, bege pálido Ⓑ adj. 1 (cor) champanhe, bege pálido; 2 [fig.] extravagante
champaign ['tʃæmpeɪn] s. planura, planície
champerty ['tʃæmpɜːtɪ] s. litígio judiciário de má-fé, só com o objectivo de entrar depois em acordo a fim de receber parte da propriedade reivindicada
champignon ['ʃæmpɪnjɒ, ʃæm'pɪnjən] s. cogumelo
champion ['tʃæmpɪən] Ⓐ s. 1 campeão; 2 vencedor de torneio desportivo; 3 herói; 4 defensor Ⓑ v.tr. defender; arvorar-se em defensor de
championship ['tʃæmpɪənʃɪp] s. 1 campeonato; *a swimming ~* um campeonato de natação; 2 defesa [of, de]; *the ~ of human rights* a defesa dos direitos humanos
Chanc. Ⓐ [abrev. de Chancellor] Ⓑ [abrev. de Chancery]
chance [tʃɑːns] Ⓐ s. 1 acaso; sorte; *it all happened by ~* aconteceu tudo por acaso; 2 possibilidade [of, de]; probabilidade [of, de]; *there's an outside ~* há uma possibilidade remota; 3 hipótese; *he hasn't a dog's ~* não tem a mínima hipótese; *she doesn't stand a ~* ela não tem a mínima hipótese; 4 oportunidade [of, de; to, para]; *the ~ of a lifetime* uma oportunidade única; *to give sb a second ~* dar uma segunda oportunidade a alguém; *to miss the ~ of* perder a oportunidade de; 5 risco; *to take a ~* correr um risco; *to take the ~ of* correr o risco de Ⓑ adj. fortuito; casual; *~ meeting* encontro casual Ⓒ v.tr.,intr. 1 arriscar; *let's ~ it!* vamos lá arriscar!; 2 acontecer, calhar, suceder ❖ [GB] [coloq.] *~ would be a fine thing!* quem me dera!; isso é que era bom!; *chances are she's already there* ela provavelmente já lá está; *game of ~* jogo de azar; *I chanced to see him* vi-o por acaso; *no chance!* nem pensar!; *on the ~ of* se por acaso; caso; *to ~ one's arm* arriscar a pele; *to have an eye to the main ~* estar de olho na oportunidade; *to take one's ~* tentar a sorte; arriscar
◆**chance on/upon** v.tr. encontrar por acaso
chancel ['tʃɑːnsəl] s. coro (de igreja)

chancellery ['tʃɑːnsələrɪ] s. (pl. -ies) chancelaria
chancellor ['tʃɑːnsələ] s. 1 chanceler; 2 [GB, Can.] (universidade) presidente honorário; 3 [EUA] (universidade) reitor ❖ ~ *of the Exchequer* ministro das Finanças; chanceler do Tesouro; *Lord ~/~ of England/Lord High ~* o mais alto cargo da magistratura judicial inglesa
chancellorship ['tʃɑːnsələʃɪp] s. cargo de chanceler ❖ *in ~* a ser tratado pelo Supremo Tribunal; (boxe) à mercê do adversário
chance-medley ['tʃɑːns‚medlɪ] s. 1 DIREITO homicídio em legítima defesa; homicídio involuntário; 2 acaso
chancery ['tʃɑːnsərɪ] s. (pl. -ies) 1 Tribunal da Chancelaria, uma das divisões do Supremo Tribunal de Justiça inglês; 2 [EUA] ⇒ **chancellery** ❖ *to get a man into ~* encostar alguém à parede
chancre [ʃæŋkə] s. cancro (venéreo)
chancy ['tʃɑːnsɪ] adj. 1 incerto; 2 arriscado
chandelier [ʃændə'lɪə] s. lustre, candelabro
chandler ['tʃɑːndlə] s. 1 negociante; 2 fabricante e/ou negociante de velas, óleos, etc.; 3 [arc.] merceeiro; droguista ❖ *corn ~* negociante de cereais; *ship ~* fornecedor de navios
change [tʃeɪndʒ] Ⓐ s. 1 mudança, alteração; 2 troca; 3 (dinheiro) troco; dinheiro miúdo; 4 câmbio; 5 Bolsa; *on the ~* na Bolsa; 6 pl. (carrilhão) variações de tons Ⓑ v.tr.,intr. 1 mudar (de); alterar(-se); *to ~ colour* mudar de cor; *to ~ trains* mudar de comboio; 2 trocar (de); *to ~ places with sb* trocar de lugar com alguém; 3 (roupa) mudar; *the nappy needs changing* a fralda precisa de ser mudada; *to ~ the sheets* mudar os lençóis; 4 cambiar [**into**, para]; *to ~ money* cambiar dinheiro ❖ *~ gear* caixa de velocidades; *~ lever* alavanca de velocidades; *~ of form/shape* deformação; *~ of life* mudança de idade; menopausa; *~ of state* mudança de estado; *small ~* ninharia; *for a ~* para variar; *I'll take the ~ out of him* ele há-de pagar-mas; *to ~ hands* mudar de dono; *to ~ one's condition* casar; mudar de estado; *to ~ one's feet* mudar de calçado; *to ~ one's mind* mudar de opinião; *to ~ one's tune/to ~ one's note* mudar de tom; mostrar-se mais triste/mais humilde; *to ~ the subject* mudar de assunto
◆**change about** v.intr. estar sempre a mudar
◆**change down** v.intr. (velocidades) reduzir [**into**, para]; *you must ~ into second* tens de reduzir para segunda
◆**change over** v.intr. 1 mudar [**to**, para]; passar [**from**, de; **to**, para]; 2 substituir uma coisa por outra; 3 inverter papéis; 4 DESPORTO trocar de campo; 5 DESPORTO (estafetas) passar o testemunho
◆**change up** v.intr. (velocidades) aumentar [**to**, para]; *you must ~ into third* tens de aumentar para terceira
changeability [tʃeɪndʒə'bɪlɪtɪ] s. 1 mutabilidade; 2 instabilidade, inconstância
changeable ['tʃeɪndʒəbəl] adj. 1 variável; 2 instável, inconstante
changeableness ['tʃeɪndʒəbəlnɪs] s. inconstância, instabilidade
changeably ['tʃeɪndʒəblɪ] adv. duma maneira inconstante, de modo instável
changed [tʃeɪndʒt] adj. novo; diferente ❖ *he's a ~ man* ele parece outro
changeless ['tʃeɪndʒləs] adj. imutável
changeling ['tʃeɪndʒlɪŋ] s. criança substituída por outra
changeover ['tʃeɪndʒəʊvə] s. 1 mudança, alteração; 2 transformação; 3 conversão; 4 transição; 5 DESPORTO (estafetas) passagem (do testemunho)
changer ['tʃeɪndʒə] s. cambista ❖ ELECTRICIDADE *frequency ~* comutador de frequência
changing ['tʃeɪndʒɪŋ] Ⓐ adj. 1 que muda; variável; 2 em transformação; em evolução; *a ~ world* um mundo em transformação Ⓑ s. alteração; mudança ❖ ELECTRICIDADE *~ load* carga variável; *~ over* comutação; *~ room* vestiário; *the ~ of the guard* o render da guarda
channel ['tʃænəl] Ⓐ s. 1 canal; curso de água; 2 (rio) leito; 3 (tv, rádio) canal; *to switch channels* mudar de canal; 4 tubo; conduta; calha; 5 curso, direcção; 6 ranhura; 7 via; *through the official channels* por via oficial; 8 trâmite; *to go through the usual channels* seguir os trâmites habituais Ⓑ v.tr. (particípios: -ll-) 1 canalizar [**into**, para]; 2 abrir caminho para; 3 abrir canais em; 4 concentrar em [**into/towards**, em] ❖ *~ iron* viga de ferro em U; *~ pilot* piloto de canal; *~ steel* viga de aço em U; *~ wheel* roda acanelada; *~ of communication* via de comunicação; *the ~ Tunnel* o Eurotúnel; *the English ~* o Canal da Mancha
Channel-hop ['tʃænəlhɒp] v.intr. TELEVISÃO fazer zapping
Channel-hop ['tʃænəlhɒp] v.intr. fazer uma viagem através do Canal da Mancha (geralmente de ida e volta no mesmo dia)
channel-hopping ['tʃænəlhɒpɪŋ] s. TELEVISÃO zapping
channelise ['tʃænəlaɪz] v.tr. ⇒ **channelize**
channelize ['tʃænəlaɪz] v.tr. 1 canalizar; 2 encaminhar
channel-surf ['tʃænəlsɜːf] v.intr. [EUA] TELEVISÃO fazer zapping
channel-surfing ['tʃænəlsɜːfɪŋ] s. [EUA] TELEVISÃO zapping
chant [tʃɑːnt] Ⓐ s. 1 cântico; cantochão; canto; *Gregorian ~* canto gregoriano; 2 (manifestações) slogan; frase de protesto Ⓑ v.tr. 1 entoar; 2 (multidão) repetir; gritar; *to ~ slogans* gritar frases de protesto Ⓒ v.intr. 1 entoar cânticos; cantar; 2 entoar frases de protesto
chanter ['tʃɑːntə] s. 1 chantre; 2 flauta de cana
chanterelle ['tʃæntərəl] s. BOTÂNICA cantarelo
chanticleer ['tʃæntɪklɪə] s. galo doméstico
chantry ['tʃɑːntrɪ] s. (pl. -ies) 1 dotação para missas por alma de fundador de igreja, capela ou altar; 2 capela ou altar com essa dotação; 3 chantria
chaologist [keɪ'ɒlədʒɪst] s. especialista na teoria do caos
chaology [keɪ'ɒlədʒɪ] s. teoria do caos
chaos ['keɪɒs] s. caos ❖ *~ theory* teoria do caos
chaotic [keɪ'ɒtɪk] adj. caótico
chaotically [keɪ'ɒtɪkəlɪ] adv. caoticamente
chap. [abrev. de chapter]
chap [tʃæp] Ⓐ s. 1 [GB][coloq.] indivíduo, tipo; *a decent sort of ~* um tipo decente; 2 [coloq.] companheiro, camarada; *come on, chaps* vamos lá, companheiros; 3 (lábios) cieiro; 4 greta; 5 fenda; 6 cabeçote do banco de carpinteiro; 7 pl. (geralmente animais) maxilas; 8 pl. faces; 9 pl. (porco) faceiras Ⓑ v.intr. (particípios: -pp-) 1 gretar; 2 [Esc.] bater à porta ❖ *good ~* boa pessoa; *hello, old chap!* ora viva!; como vai isso?; *to ~ hands* apertar a mão em sinal de concordância
chapbook ['tʃæpbʊk] s. 1 livro barato, de literatura popular; 2 literatura de cordel
chape [tʃeɪp] s. 1 ponteira; 2 parte da fivela que se liga ao cinto; 3 presilha; 4 extremidade (do rabo da raposa)
chapel ['tʃæpəl] s. 1 RELIGIÃO capela; *Lady ~* capela de Nossa Senhora; 2 RELIGIÃO missa; 3 RELIGIÃO igreja não conformista ❖ *~ of rest* câmara ardente
chapelry ['tʃæpəlrɪ] s. (pl. -ies) 1 capelania; 2 região servida por uma capela
chaperon ['ʃæpərəʊn] Ⓐ s. 1 chaperon; 2 pau-de-cabeleira; 3 acompanhante; 4 responsável Ⓑ v.tr. 1 servir de chaperon a; 2 servir de pau-de-cabeleira a
chaperone ['ʃæpərəʊn] s.,v.tr. ⇒ **chaperon**
chapfallen ['tʃæp‚fɔːlən] adj. [arc.] desanimado; de orelha murcha
chapiter ['tʃæpɪtə] s. 1 capitel de coluna; 2 remate de coluna
chaplain ['tʃæplɪn] s. capelão
chaplaincy ['tʃæplɪnsɪ] s. (pl. -ies) capelania
chaplet ['tʃæplɪt] s. 1 grinalda, coroa; 2 colar; 3 ARQUITECTURA astrágalo; 4 moldura; 5 RELIGIÃO terço; 6 crista, poupa (de aves)
chapman ['tʃæpmən] s. (pl. -men) vendedor ambulante
chappie ['tʃæpɪ] s. ⇒ **chappy**
chappy ['tʃæpɪ] Ⓐ s. (pl. -ies) janota, peralvilho Ⓑ adj. gretado, cheio de gretas
chapter ['tʃæptə] s. 1 (livro, etc.) capítulo; 2 [fig.] (tempo) época; *it was a sad ~ in my life* foi uma época triste na minha vida; 3 RELIGIÃO (Sé) cabido ❖ RELIGIÃO *~ house* casa do capítulo; *~ and verse* textualmente; consoante o texto exacto; *a ~ of accidents* uma série de desastres; *to the end of ~* para sempre; até ao fim
char [tʃɑː] Ⓐ v.tr. (particípios: -rr-) 1 reduzir a carvão, carbonizar; 2 chamuscar; 3 trabalhar a dias Ⓑ s. 1 trabalho a dias; 2 truta do País de Gales; 3 carvão animal
charabanc ['ʃærəbæŋ] s. [ant.] charabã

character ['kærəktə] s. 1 carácter, temperamento; *his remark was so out of character!* aquela observação nem parecia dele!; 2 (moral) bom carácter; carácter forte; integridade; *a man of ~* um homem de carácter; 3 reputação; 4 LITERATURA, CINEMA personagem; *the main ~* a personagem principal; 5 TEATRO papel; 6 [coloq.] (pessoas) ponto$_{fig}$; cromo$_{fig}$; *she's quite a ~* ela é um ponto; 7 *pl.* TIPOGRAFIA letras, caracteres tipográficos ❖ *~ assassination* difamação; (emprego) *~ reference* referências; DIREITO *~ witness* testemunha abonatória; (comportamento) *in ~* típico
characteristic [kærəktə'rıstık] Ⓐ *adj.* característico Ⓑ *s.* característica ❖ MATEMÁTICA *~ of a logarithm* característica de logaritmo
characteristically [kærəktə'rıstıkəlı] *adv.* caracteristicamente
characterization [kærəktəraɪ'zeɪʃən] *s.* caracterização
characterize ['kærəktəraɪz] *v.tr.* caracterizar
characterless ['kærəktələs] *adj.* 1 incaracterístico; 2 descaracterizado; 3 impessoal, anónimo; 4 pouco interessante, banal; 5 sem carácter
charade [ʃə'ra:d, ʃə'reɪd] *s.* 1 charada; 2 mistificação, farsa
charcoal ['tʃa:kəʊl] *s.* 1 carvão de lenha; 2 carvão vegetal; 3 ARTES PLÁSTICAS carvão; desenho a carvão; *~ drawing* desenho a carvão ❖ *~ burner* carvoeiro; *~ dust* cisco de carvão de madeira; *~ filter* filtro de carvão vegetal; *~ pan* braseira
chare [tʃeə] Ⓐ *v.intr.* trabalhar a dias Ⓑ *s.* jorna, jornal, trabalho a dias
charge [tʃa:dʒ] Ⓐ *s.* 1 carga; 2 tonelagem; 3 custo, despesa; taxa, tarifa; preço; *at a small ~* mediante uma módica quantia; *free of ~* sem taxas; *there's an admission ~ of £10* a entrada custa £10; *transport charges* despesas de transporte; 4 comissão, encargos; 5 DIREITO acusação; queixa; *to press charges against* apresentar queixa contra; 6 cuidado, cargo, vigilância; 7 coisa que nos é confiada; 8 instrução, recomendações; 9 assalto, ataque Ⓑ *v.tr.,intr.* 1 carregar; *I must ~ my mobile* tenho de carregar o meu telemóvel; *to ~ a gun* carregar uma pistola; 2 encher; 3 saturar; 4 exortar a; 5 DIREITO acusar [**with**, de]; *he was charged with murder* foi acusado de assassínio; 6 atacar, imputar; 7 cobrar [**for**, -]; *the museum charges for admission* a entrada no museu não é grátis; *how much do you ~ for...?* quanto leva por ...?; 8 [form.] incumbir [**to**, de]; encarregar [**to**, de]; *I am charged to* fui incumbido de; 9 responsabilizar; 10 entregar, confiar a alguém; 11 atacar, investir [**at**, contra]; *the police charged at the crowd* a polícia investiu contra a multidão; 12 armar (baionetas) ❖ *~ for admittance* preço de entrada, *at his own ~* a expensas próprias; à sua custa; *I am charged to tell you ...* estou encarregado de lhe dizer ...; *the car took ~* não foi possível dominar o carro; *to be given ~ over* ficar encarregado de; ficar com autoridade sobre; *to be in ~ of/to have ~ of* estar encarregado de; *to bring a ~ against* acusar; *to give sb in ~* entregar alguém à polícia
chargeable ['tʃa:dʒəbəl] *adj.* 1 DIREITO punível por lei; susceptível de acusação; 2 a pagar; que será cobrado; 3 (despesas, etc.) a cargo [**to**, de]; 4 (bens) tributável; 5 recarregável; *~ cell* pilha carregável
chargeableness ['tʃa:dʒəbəlnıs] *s.* despesa, gasto
chargeback ['tʃa:dʒ,bæk] *s.* anuidade, encargos, taxa
charged ['tʃa:dʒd] *adj.* 1 carregado; 2 [fig.] pesado, tenso; 3 [fig.] emotivo
charger ['tʃa:dʒə] *s.* 1 [arc.] prato grande e baixo; 2 cavalo (de oficial); 3 ELECTRICIDADE carregador; 4 carregador mecânico
charging ['tʃa:dʒɪŋ] *s.* 1 enchimento; 2 carregamento; 3 ELECTRICIDADE carga ❖ *~ current* corrente de carga
chargrill ['tʃa:grɪl] *v.tr.* CULINÁRIA grelhar
charily ['tʃeərɪlɪ] *adv.* 1 com cuidado; 2 economicamente
chariness ['tʃeərɪnɪs] *s.* 1 circunspecção, cautela; 2 frugalidade
chariot ['tʃærɪət] Ⓐ *s.* 1 carro triunfal; 2 coche de gala; 3 [ant.] quadriga Ⓑ *v.tr.* levar alguém de carro
charioteer [tʃærɪə'tɪə] *s.* cocheiro de um *chariot*
Charioteer [tʃærɪə'tɪə] *s.* ASTRONOMIA (constelação) Cocheiro
charisma [kə'rızmə] *s.* (*pl.* **-ta** ou **-s**) 1 carisma; 2 dom especial; 3 fascínio especial
charismata [kə'rızmətə] *s.* {*pl. de* **charisma**}
charismatic [kærɪz'mætɪk] *adj.* carismático

charitable ['tʃærɪtəbəl] *adj.* 1 (pessoa) caridoso; generoso; 2 (acto, organização) caritativo; beneficente ❖ *~ organization* associação de beneficência
charitableness ['tʃærɪtəbəlnıs] *s.* caridade
charitably ['tʃærɪtəblı] *adv.* caritativamente
charity ['tʃærɪtɪ] *s.* (*pl.* **-ies**) 1 caridade; compaixão; *out of ~* por caridade; 2 bondade; 3 instituição de caridade; obra de beneficência; *donations to ~* donativos para instituições de caridade ❖ *~ boy* rapaz recolhido por uma instituição de caridade; *Sisters of ~* Irmãs de Caridade; *~ begins at home* a caridade bem entendida começa por nós mesmos; *to live on ~* viver de esmolas
charivari [ʃa:rɪ'va:rɪ] *s.* charivari
charlady ['tʃa:leɪdɪ] *s.* (*pl.* **ies**) [coloq.] mulher a dias
charlatan ['ʃa:lətən] *s.* charlatão
charlatanism ['ʃa:lətə,nızəm] *s.* charlatanice, charlatanismo
charlatanry ['ʃa:lətənrɪ] *s.* charlatanismo
Charlemagne ['ʃa:ləmeɪn] *s.antr.* Carlos Magno
Charles ['tʃa:lz] *s.antr.* Carlos ❖ *~ the Bold* Carlos o Temerário; *~ the Fair* Carlos o Belo; *~ the Simple* Carlos o Simples
Charles's wain ['tʃa:lz,weɪn] *s.* ASTRONOMIA [arc.] (constelação) Ursa Maior
charlock ['tʃa:lɒk] *s.* BOTÂNICA mostarda-dos-campos
charlotte ['ʃa:lət] *s.* CULINÁRIA charlotte
Charlotte ['ʃa:lət] *s.antr.* Carlota
charm ['tʃa:m] Ⓐ *s.* 1 encanto, simpatia; 2 encantamento; 3 sortilégio; 4 amenidade; 5 encantos, atractivos Ⓑ *v.tr.* encantar, cativar
charmer ['tʃa:mə] *s.* 1 sedutor; 2 encantador; *snake ~* encantador de serpentes
charming ['tʃa:mɪŋ] *adj.* fascinante, encantador
charmingly ['tʃa:mɪŋlɪ] *adv.* de modo encantador
charnel ['tʃa:nəl] *s.* ossário, ossuário; *~ house* ossuário
Charon ['keərən] *s.* MITOLOGIA Caronte; *Charon's boat* a barca de Caronte
charpoy ['tʃa:pɔɪ] *s.* cama leve indiana
chart [tʃa:t] Ⓐ *s.* 1 gráfico; quadro; diagrama; tabela; *sales ~* gráfico de vendas; 2 NÁUTICA carta; mapa; roteiro marítimo; 3 *geralm. no pl.* (vendas) tabelas; top; *this song is in the charts* esta canção está no top Ⓑ *v.tr.* 1 desenhar o mapa de; registar num mapa; 2 fazer o gráfico de; 3 (plano) delinear; traçar; 4 (percurso) seguir; registar; 5 planificar, organizar, planear Ⓒ *v.intr.* (disco, etc.) aparecer nas tabelas de vendas ❖ *astrological ~* mapa astrológico
chartbuster ['tʃa:t,bʌstə] *s.* [coloq.] (vendas de discos) êxito imediato
charter ['tʃa:tə] Ⓐ *s.* 1 carta régia, foral, alvará; 2 (instituição) carta; estatutos; 3 fretamento; 4 (avião de aluguer) charter Ⓑ *v.tr.* 1 conceder foral a; conceder privilégios a; 2 dar alvará a; 3 fretar ❖ *~ flight* voo charter; *~ party* carta de fretamento; *the Atlantic ~* a Carta do Atlântico; *United Nations ~* Carta das Nações Unidas
chartered ['tʃa:təd] *adj.* 1 com alvará; 2 diplomado, encartado; 3 qualificado; 4 certificado; 5 sob a protecção legal; 6 privilegiado; 7 fretado
charterer ['tʃa:tərə] *s.* fretador
Charterhouse ['tʃa:təhaʊs] *s.* (mosteiro) cartuxa
chartering ['tʃa:tərɪŋ] *s.* fretamento
charthouse ['tʃa:t,haʊs] *s.* NÁUTICA casa da navegação
Chartism ['tʃa:tızəm] *s.* cartismo, movimento político surgido em Inglaterra por volta de 1838
Chartist ['tʃa:tɪst] *s.* cartista, partidário do cartismo
chartographer [ka:'tɒgrəfə] *s.* cartógrafo
chartography [ka:'tɒgrəfɪ] *s.* cartografia
chartreuse [ʃa:'trɜ:z] *s.* 1 licor fabricado pelos monges cartuchos; 2 convento de frades cartuxos; 3 cartuxa
charwoman ['tʃa:,wʊmən] *s.* (*pl.* **-women**) mulher-a-dias
chary ['tʃeərɪ] *adj.* (*comp.* **-ier**, *superl.* **-iest**) 1 prudente, cuidadoso; 2 frugal
Charybdis [kə'rɪbdɪs] *s.* MITOLOGIA Caríbdis
chase [tʃeɪs] Ⓐ *s.* 1 perseguição; 2 caça; 3 presa, animal apanhado na caça; 4 navio perseguido; 5 terrenos para caça; 6 tiro, descarga (de canhão); 7 parte do canhão que contém a alma; 8 TIPOGRAFIA caixilho de paginação; 9 entalhe, ranhura; 10 nome

dado no ténis a determinada bolada; 11 MÚSICA dueto de jazz Ⓑ v.tr. 1 embutir, gravar; 2 perseguir; 3 caçar; 4 afugentar ❖ *wild goose ~* empresa vã; caça aos gambozinos; [coloq.] *cut to the ~* não percas tempo!; vai directo ao assunto!; *in ~ of* em busca de; [cal.] *go and ~ yourself!* vai dar uma volta!; *to give ~ to* perseguir; dar caça a; *to undertake a wild goose ~* procurar uma agulha no palheiro; procurar em vão

◆**chase around** v.intr. andar de um lado para o outro
◆**chase away** v.tr. afugentar; espantar
◆**chase up** v.tr. 1 ir à procura de; 2 recordar; 3 pressionar [**about**, em relação a]

chaser ['tʃeɪsə] s. 1 perseguidor; 2 (avião) caça; 3 cinzelador, gravador; 4 MECÂNICA pente de abrir roscas; 5 [fig.] (bebida) copo para empurrar outro, bebida leve tomada a seguir a outra forte ou vice-versa; *whiskey with beer chasers* uísque seguido de umas cervejas para aconchegar

chasing ['tʃeɪsɪŋ] s. 1 arte de gravar; 2 cinzelagem; 3 perseguição; 4 caça ❖ *~ hammer* martelo de embutir

chasm ['kæzəm] s. 1 abismo; 2 divergência; 3 diferença, separação; 4 vazio, lacuna

chasmy ['kæzmɪ] adj. 1 abismal; 2 cheio de fendas, cheio de aberturas; 3 hiante

chasse [ʃɑːs] s. cálice de bebida alcoólica após o café

chassis ['ʃæsɪ] s. (pl. **chassis**) 1 chassis, chassi; 2 (avião) trem de aterragem ❖ *~ frame* quadro do chassis; *~ number* número do chassis

chaste [tʃeɪst] adj. 1 casto; 2 [fig.] recatado; 3 [fig.] simples, sóbrio
chastely ['tʃeɪstlɪ] adv. 1 castamente; 2 com pureza
chasten ['tʃeɪsən] v.tr. 1 castigar, punir, corrigir; 2 purificar, libertar de faltas; 3 moderar, temperar
chasteness ['tʃeɪstnɪs] s. castidade, pureza
chastise [tʃæs'taɪz] v.tr. 1 punir, castigar com severidade; 2 bater
chastisement ['tʃæstɪzmənt] s. castigo
chastiser [tʃæs'taɪzə] s. aquele que castiga, castigador
chastity ['tʃæstɪtɪ] s. 1 castidade; 2 [fig.] pureza; 3 [fig.] simplicidade ❖ *~ belt* cinto de castidade
chasuble ['tʃæzjobəl] s. RELIGIÃO casula
chat [tʃæt] Ⓐ s. 1 conversa, cavaqueira, bate-papo_Bras_; 2 ZOOLOGIA chasco, pardinha, taralhão Ⓑ v.intr. (particípios: **-tt-**) conversar, cavaquear, trocar impressões ❖ (Internet) *~ room* sala de conversa

◆**chat up** v.tr. [coloq.] (sedução) atirar-se a; fazer-se a

château ['ʃɑːtəʊ] s. (pl. **-x**) castelo ou casa de campo luxuosa
châteaux ['ʃɑːtəʊz] s. {pl. de **château**}
chatelaine ['ʃætəleɪn] s. corrente presa ao cinto (para chaves, relógio, etc.)
chattel ['tʃætəl] s. bem móvel ❖ *goods and chattels* todos os bens móveis
chatter ['tʃætə] Ⓐ v.intr. 1 tagarelar; 2 (animais) chilrear; 3 (dentes) bater, ranger; 4 (máquina mal afinada) fazer barulho, arranhar; 5 trepidar Ⓑ s. 1 tagarelice; 2 (animais) chilreio; 3 o bater dos dentes; 4 (máquinas) barulho; 5 trepidação
chatterbox ['tʃætəˌbɒks] s. (pl. **-es**) tagarela, fala-barato
chatterer ['tʃætərə] s. tagarela, palrador
chattering ['tʃætərɪŋ] s. 1 tagarelice; 2 trepidação; 3 vibração
chattiness ['tʃætɪnɪs] s. tagarelice
chatty ['tʃætɪ] adj. (comp. **-ier**, superl. **-iest**) tagarela, conversador
Chaucerian [tʃɔːˈsɪərɪən] adj. chauceriano
chauffer ['tʃɔːfə] s. forno portátil
chauffeur ['ʃəʊfə] Ⓐ s. motorista Ⓑ v.tr. levar de carro
chauvinism ['ʃəʊvənɪzəm] s. 1 chauvinismo; 2 machismo
chauvinist ['ʃəʊvənɪst] s. 1 chauvinista; 2 machista
chauvinistic [ˌʃəʊvəˈnɪstɪk] adj. 1 chauvinista; 2 machista
chaw [tʃɔː] Ⓐ s. bocado de tabaco (para mascar) Ⓑ v.tr. mascar ❖ [cal.] *to ~ up* esmagar; aniquilar por completo
chawbacon ['tʃɔːˌbeɪkən] s. [coloq.] indivíduo grosseiro; labrego
chayote [tʃɑːˈjəʊteɪ] s. BOTÂNICA chuchu
cheap [tʃiːp] adj.,adv. (comp. **-er**, superl. **-est**) 1 barato; 2 de preço reduzido; 3 [depr.] reles, ordinário; 4 [depr.] de mau gosto; 5 [depr.] de má qualidade ❖ *~ edition* edição popular; *~ rate* tarifa reduzida; *~ shot* golpe baixo; *dog ~* muito barato; *~ and nasty* barato e mau; *on the ~* em conta; (escrúpulos) *to feel ~* sentir-se miserável; [EUA] *to get off ~* pagar menos que o preço normal; *to hold ~* ter pouca consideração por; não ter em grande conta

cheapen ['tʃiːpən] v.tr.,intr. 1 fazer baixar o preço; 2 depreciar; 3 regatear; 4 (pessoa) rebaixar
cheapish ['tʃiːpɪʃ] adj. bastante barato
cheapjack ['tʃiːpˌdʒæk] Ⓐ s. vendedor de bugigangas Ⓑ adj. de má qualidade
cheaply ['tʃiːplɪ] adv. barato, a baixo preço
cheapness ['tʃiːpnɪs] s. barateza
cheapskate ['tʃiːpˌskeɪt] s. [EUA] [coloq.] forreta; sovina
cheat [tʃiːt] Ⓐ s. 1 vigarice, intrujice, engano; 2 intrujão, vigarista; 3 (jogos) batota; 4 (jogos) batoteiro Ⓑ v.tr.,intr. 1 enganar, intrujar, vigarizar; 2 fazer batota [**at**, em]; 3 (exame) copiar; 4 (relação) ser infiel [**on**, a]; trair [**on**, -]; *she cheated on her husband* ela enganou o marido; 5 escapar a; *to ~ death* escapar à morte ❖ *to ~ sb out of sth* extorquir algo a alguém
cheater ['tʃiːtə] s. batoteiro
cheating ['tʃiːtɪŋ] Ⓐ s. 1 batota; 2 trapaça, fraude Ⓑ adj. batoteiro
check [tʃek] Ⓐ s. 1 verificação; controlo; 2 teste; 3 obstáculo; revés; dificuldade; 4 paragem; pausa; 5 anteparo; 6 [EUA] (restaurante) conta; *can I have the check, please?* trazia-me a conta, por favor?; 7 [EUA] FINANÇAS cheque bancário; 8 (talão) senha; *I lost the ~ for my coat* perdi a senha do meu casaco; 9 [EUA] visto; 10 (xadrez) xeque; 11 (padrão) xadrez; *~ skirt* saia de xadrez; 12 imperfeição no vidro com o aspecto de rachadura superficial Ⓑ v.tr. 1 verificar; conferir; 2 examinar; 3 restringir; limitar; 4 (sentimentos) reprimir; conter; 5 suspender; parar; 6 (doenças, inimigos) deter; suster; travar; *the rebel forces have been checked* as forças rebeldes foram detidas; 7 censurar; avisar; 8 (bagagem) entregar; fazer o check-in de; 9 (xadrez) fazer xeque a Ⓒ v.intr. 1 verificar; 2 bater certo [**with**, com]; coincidir [**with**, com]; *her story checks with his* a história dela coincide com a dele ❖ (carruagem) *~ string* sinal de alarme; *~ till* caixa registadora; *~ yourself!* modera a linguagem!; *to ~ one's coat* deixar o casaco no vestiário; *to keep sb in ~/to keep a ~ on sb* manter alguém na ordem; controlar alguém; *to meet with a ~* sofrer um revés

◆**check in** v.intr. 1 (hotel) registar-se; 2 (aeroporto) fazer o check-in; 3 (patrulhas, etc.) entrar em contacto
◆**check off** v.tr. colocar um visto em; verificar
◆**check on** v.tr. 1 (bebé) dar uma olhadela a; 2 vigiar; controlar
◆**check out** Ⓐ v.intr. 1 (hotel) pagar a conta; fazer registo de saída; 2 [EUA] [coloq.] partir; 3 confirmar-se; 4 [EUA] (supermercado) pagar Ⓑ v.tr. 1 verificar; confirmar; 2 [coloq.] dar uma olhadela a; 3 tirar informações sobre
◆**check up** v.intr. verificar
◆**check up on** v.tr. 1 investigar; 2 verificar; 3 examinar

checkbook ['tʃekbʊk] s. [EUA] livro de cheques
checked [tʃekt] adj. 1 aos quadrados; axadrezado; 2 verificado; *~ part* peça verificada; 3 experimentado
checker ['tʃekə] Ⓐ s.,v.tr. [EUA] ⇒ **chequer** Ⓑ s. 1 verificador; 2 controlador
checkerboard ['tʃekəˌbɔːd] s. tabuleiro das damas
checkers ['tʃekəz] s. jogo das damas
check-in ['tʃekɪn] s. 1 (aeroporto) check-in; 2 (hotel) registo; 3 controlo, verificação
checking ['tʃekɪŋ] s. 1 verificação; 2 exame; 3 prova ❖ [EUA] *~ account* conta-corrente; *~ device* dispositivo de verificação
checklist ['tʃeklɪst] s. lista de controlo, lista de verificação
checkmate ['tʃekˌmeɪt] Ⓐ v.tr. dar xeque-mate a Ⓑ s. xeque-mate
checkout ['tʃekaʊt] s. 1 (loja) caixa; 2 (hotel) check-out, saída
checkpoint ['tʃekpɔɪnt] s. posto de controlo
checkrein ['tʃekreɪn] s. gamarra
checkroom ['tʃekrʊm] s. vestiário
checksum ['tʃeksʌm] s. INFORMÁTICA teste por soma
checkup ['tʃekʌp] s. 1 controlo, verificação; 2 MEDICINA check-up, exame geral; 3 (máquinas) revisão; manutenção
Cheddar ['tʃedə] s. (queijo) cheddar

cheek [tʃiːk] Ⓐ s. 1 bochecha; face; *rosy cheeks* faces rosadas; 2 [coloq.] nádega; 3 [coloq.] descaramento; atrevimento; lata*fig.*; *he had the ~ to come late* ele teve o descaramento de chegar atrasado; 4 (porta, janela) ombreira; 5 boca de torno; 6 NÁUTICA porta do leme Ⓑ *v.tr.* faltar ao respeito a; ser insolente com ❖ *~ tooth* molar; *~ by jowl (with)* lado a lado (com); *to turn the other ~* dar a outra face
cheekbone [ˈtʃiːkbəʊn] s. (malar) maçã do rosto
cheekily [ˈtʃiːkɪlɪ] adv. 1 insolentemente; 2 com descaramento
cheekiness [ˈtʃiːkɪnɪs] s. falta de vergonha, descaramento
cheeky [ˈtʃiːkɪ] adj. (comp. -ier, superl. -iest) atrevido, descarado
cheep [tʃiːp] Ⓐ v.intr. chilrear, piar Ⓑ s. chilreio
cheeper [ˈtʃiːpə] s. perdiz muito nova
cheer [tʃɪə] Ⓐ s. 1 alegria; entusiasmo; boa disposição; 2 (apoio, alegria) viva; *three cheers for him* três vivas para ele; 3 entretenimento; diversão Ⓑ *v.tr.,intr.* 1 animar; encorajar; alegrar; 2 aplaudir; 3 aclamar; dar vivas a ❖ (brinde) *cheers!* saúde!; *be of good cheer!* anima-te!; *words of ~* palavras de encorajamento
◆**cheer on** *v.tr.* (equipa, etc.) apoiar; dar apoio a
◆**cheer up** *v.tr.,intr.* animar(-se); alegrar(-se); *cheer up!* anima-te!
cheerful [ˈtʃɪəfʊl] adj. bem-disposto, alegre, animado
cheerfully [ˈtʃɪəfʊlɪ] adv. com alegria, animadamente
cheerfulness [ˈtʃɪəfʊlnɪs] s. boa disposição, jovialidade
cheerily [ˈtʃɪərɪlɪ] adv. alegremente
cheeriness [ˈtʃɪərɪnɪs] s. jovialidade, alegria
cheering [ˈtʃɪərɪŋ] Ⓐ s. vivas, aplausos Ⓑ adj. animador
cheerio [ˈtʃɪərɪˌəʊ] interj. [coloq.] adeus!, à tua saúde!
cheerioh [ˈtʃɪərɪˌəʊ] interj. [coloq.] adeus!, à tua saúde!
cheerleader [ˈtʃɪəliːdə] s. chefe de claque
cheerless [ˈtʃɪələs] adj. 1 desanimado; 2 triste, sombrio
cheerlessly [ˈtʃɪələslɪ] adv. com tristeza
cheerlessness [ˈtʃɪələsnɪs] s. melancolia, tristeza
cheerly [ˈtʃɪəlɪ] adv. do coração, com vontade
cheery [ˈtʃɪərɪ] adj. (comp. -ier, superl. -iest) 1 alegre; 2 animador; 3 optimista
cheese [tʃiːz] Ⓐ s. CULINÁRIA queijo Ⓑ *v.tr.* [coloq.] *~ it!* pára lá com isso! ❖ *~ cutter* tábua com faca para queijo; *~ rind* casca do queijo; *green ~* queijo demasiado fresco; *I call that hard ~* isso é que é pouca sorte; [joc.] (fotógrafo) *say cheese!* olha o passarinho!; [coloq.] *that's the cheese!* essa é que é essa!; ora é exactamente isso!
cheeseburger [ˈtʃiːzbɜːgə] s. CULINÁRIA cheeseburger, hambúrguer de queijo
cheesecake [ˈtʃiːzkeɪk] s. CULINÁRIA (tarte) cheesecake
cheesed off [tʃiːzdˈɒf] adj. 1 [coloq.] chateado; 2 [coloq.] *farto*, pelos cabelos*coloq.*; *to be ~ with sth* estar farto de alguma coisa até à ponta dos cabelos
cheesemonger [ˈtʃiːzˌmʌŋgə] s. [ant.] queijeiro
cheesemongery [ˈtʃiːzˌmʌŋgərɪ] s. queijaria
cheeseparing [ˈtʃiːzpeərɪŋ] Ⓐ adj. avarento Ⓑ s. avareza
cheesiness [ˈtʃiːzɪnɪs] s. 1 semelhança com queijo; 2 natureza ou aspecto caseoso; 3 [coloq.] mau aspecto; má qualidade
cheesy [ˈtʃiːzɪ] adj. 1 caseoso, que sabe a queijo; 2 [coloq.] desagradável, barato, piroso, de mau aspecto, de má qualidade
cheetah [ˈtʃiːtə] s. (pl. cheetah ou cheetahs) ZOOLOGIA chita
chef [ʃef] s. (pl. -s) chefe de cozinha
cheiromancy [ˈkaɪrəʊˌmænsɪ] s. ⇒ chiromancy
cheiropteran [kaɪˈrɒptərən] s. quiróptero
cheiropterous [kaɪˈrɒptərəs] adj. quiróptero
chela[1] [ˈkiːlə] s. (pl. -ae) (artrópode) garra
chela[2] [ˈtʃeɪlə] s. (pl. -s) RELIGIÃO noviço de escola budista
chelae [ˈkiːliː] s. {pl. de chela}
chemic [ˈkemɪk] adj. ⇒ chemical
chemical [ˈkemɪkəl] Ⓐ adj. químico Ⓑ s. produto químico; substância química ❖ *~ analysis* análise química; *~ balance* balança de laboratório; *~ change* alteração/transformação química; *~ coating* revestimento químico; *~ compound* composto químico; *~ container* recipiente destinado a produtos químicos; *~ dip* imersão química; *~ element* elemento químico; *~ engineering* engenharia química; *~ fertilizer* adubo químico; *~ fume* vapor emanado de produto químico; *~ glass* vidro à prova de produtos químicos; *~ industry* indústria química; *~ laboratory* laboratório químico; *~ lime* cal química; *~ preservation* conservação química; *~ product* produto químico; *~ property* propriedade química; *~ reaction* reacção química; *~ rubber* borracha sintética; *~ symbol* símbolo químico; *~ test* ensaio químico; *~ warfare* guerra química; *~ weapons* armas químicas
chemicalize [ˈkemɪkəlaɪz] v.tr. tratar por processos químicos
chemically [ˈkemɪkəlɪ] adv. quimicamente
chemise [ʃəˈmiːz] s. VESTUÁRIO vestido tipo camiseiro
chemisette [ʃemɪˈzet] s. VESTUÁRIO [ant.] camiseta
chemist [ˈkemɪst] s. 1 químico; 2 farmacêutico ❖ *chemist's (shop)* farmácia
chemistry [ˈkemɪstrɪ] s. 1 QUÍMICA química; 2 composição química; 3 [fig.] (empatia) química ❖ *inorganic ~* química inorgânica; *organic ~* química orgânica; *physical ~* química física
chemitype [ˈkemɪtaɪp] s. quimiotipia
chemo [ˈkiːməʊ] s. [coloq.] quimioterapia
chemoprevention [ˌkiːməʊprɪˈvenʃən] s. MEDICINA quimio-prevenção
chemopreventive [ˌkiːməʊprɪˈventɪv] adj. MEDICINA quimio-preventivo
Chemosh [ˈkiːmɒʃ] s. Camos, ídolo dos Moabitas
chemotherapy [ˌkiːməʊˈθerəpɪ] s. MEDICINA quimioterapia
chenille [ʃəˈniːl] s. cordão de veludo usado como adorno
Cheops [ˈkiːɒps] s. nome do faraó egípcio que mandou construir a grande Pirâmide
cheque [tʃek] s. FINANÇAS cheque bancário; *blank ~* cheque em branco; *~ to bearer* cheque ao portador; *crossed ~* cheque barrado; *to cash the ~* levantar o cheque; *to pay by ~* pagar em cheque; *to write a ~* passar um cheque
chequebook [ˈtʃekbʊk] s. [GB] livro de cheques
chequer [ˈtʃekə] Ⓐ v.tr. 1 marcar com quadrados de cores variadas; 2 dividir aos quadrados de várias tonalidades; 3 [fig.] marcar com altos e baixos Ⓑ s. 1 tabuleiro em xadrez; 2 modelo em xadrez
chequered [ˈtʃekəd] adj. 1 axadrezado, de xadrez; *~ flag* bandeira axadrezada; 2 [fig.] variado; 3 [fig.] acidentado; *a ~ career* uma carreira com altos e baixos, cheia de vicissitudes
Chequers [ˈtʃekəz] s. casa de campo oficial do primeiro-ministro, no condado de Buckingham
cherish [ˈtʃerɪʃ] v.tr. 1 estimar, apreciar, prezar; dar muito valor a; *I ~ my independence* prezo muito a minha independência; 2 acalentar, alimentar, nutrir; *I ~ the hope that he will come back* acalento a esperança de ele voltar
Cherokee [ˈtʃerəkiː] s.top. nome de cidade norte-americana, no Estado de Iowa
cheroot [ʃəˈruːt] s. charuto cortado nas extremidades
cherry [ˈtʃerɪ] Ⓐ s. (pl. -ies) 1 BOTÂNICA cereja; 2 BOTÂNICA cerejeira; 3 [cal.] (ofensivo) virgindade Ⓑ adj. (cor) vermelho-cereja ❖ *~ bob* gaipo com duas cerejas; *~ brandy* ginjinha; *~ orchard* pomar de cerejeiras; CULINÁRIA *~ pie* tarte de cereja; BOTÂNICA *~ pie* heliotrópio; (cor) *red* vermelho-cereja; *~ stone* caroço de cereja; *~ red hot* aquecido até ao rubro; *life isn't just a bowl of cherries* a vida não é um mar de rosas
cherry-pick [ˈtʃerɪˌpɪk] v.tr.,intr. (negócios) seleccionar o melhor
Chersonese [ˈkɜːsəniːs] s.top. Quersoneso
chert [tʃɜːt] s. variedade de quartzo
cherub [ˈtʃerəb] s. (pl. -s ou -im) 1 RELIGIÃO querubim; 2 [fig.] anjo
cherubic [tʃeˈruːbɪk] adj. querubínico
cherubim [ˈkerəbɪm] s. RELIGIÃO {pl. de cherub}
chervil [ˈtʃɜːvɪl] s. BOTÂNICA cerefólio, cerefolho
Cherwell [ˈtʃɑːwəl] s. nome do afluente do Tamisa que passa por Oxford
Cheshire [ˈtʃeʃə] s.top. Cheshire ❖ *~ cheese* queijo feito em Cheshire; *to grin like a ~ cat* sorrir mecanicamente, mostrando os dentes
chess [tʃes] s. (jogo) xadrez ❖ *~ pieces* peças de xadrez; *~ players* jogadores de xadrez
chessboard [ˈtʃesbɔːd] s. tabuleiro de xadrez
chessel [ˈtʃesəl] s. forma ou molde para queijos
chessman [ˈtʃesmən] s. (pl. -men) peça de xadrez; (xadrez) *the black chessmen* as peças pretas; (xadrez) *the white chessmen* as peças brancas ❖ *to set up the chessmen* preparar o tabuleiro de xadrez

chest [tʃest] s. 1 arca; 2 caixa grande e forte; 3 cofre; 4 ANATOMIA peito; tórax ❖ (voz) ~ *note*/~ *voice* nota/tom mais grave; ~ *of drawers* cómoda; ~ *trouble* doença pulmonar; ~ *type freezer* arca frigorífica; [EUA] *hope* ~ enxoval; *carpenter's* ~ caixa de ferramentas; *to get sth off one's* ~ desabafar; *to have a weak* ~ sofrer do coração

chested ['tʃestɪd] adj. com peito; *broad-chested* com peito largo

chesterfield ['tʃestəˌfiːld] s. 1 espécie de sobretudo; 2 divã

chestnut ['tʃesnʌt] Ⓐ s. 1 BOTÂNICA (fruto) castanha; 2 BOTÂNICA (árvore) castanheiro; 3 (madeira) castanho; 4 (cor) castanho; 5 (cavalo) alazão; 6 [coloq.] anedota com barbas, anedota já velha; *that's an old chestnut!* essa já é velha! Ⓑ adj. 1 (cor) acastanhado; 2 (cavalo) alazão ❖ ~ *coal* antracito; ~ *grove* souto

chesty ['tʃestɪ] adj. 1 (pulmões) congestionado; ~ *cough* tosse congestionada; 2 (pessoa) fraco de pulmões; com problemas nos pulmões; com problemas respiratórios; 3 peituda, com grande peito; 4 [fig.] emproado

cheval-glass [ʃəˈvælˌɡlɑːs] s. espelho alto giratório

chevalier [ʃevəˈlɪə] s. cavaleiro (de determinadas ordens de cavalaria, ou título honorífico) ❖ ~ *of industry* cavalheiro de indústria; vigarista

cheviot ['tʃevɪət] s. 1 ZOOLOGIA carneiro escocês; 2 (tecido) cheviote ❖ *the* ~ *hills* os montes Cheviotes

chevron ['ʃevrən] s. 1 divisa (militar); 2 HERÁLDICA chaveirão, asna

chevy ['tʃevɪ] Ⓐ s. (pl. **-ies**) 1 caça; 2 fuga, corrida Ⓑ v.tr. 1 caçar; 2 correr precipitadamente

chew [tʃuː] Ⓐ v.tr.,intr. 1 mastigar; 2 (unhas, lápis) roer; 3 mascar; 4 [fig.] (meditar) ruminar Ⓑ s. 1 mastigação; 2 acto de mascar (tabaco) ❖ *to* ~ *the cud* ruminar; *to* ~ *the fat* conversar durante muito tempo; *to bite off more than one can* ~ meter-se em altas cavalarias

◆**chew out** v.tr. [coloq.] repreender; ralhar a

◆**chew over** v.tr. 1 remoer; repensar; *I've been chewing the problem over* tenho estado a dar voltas à cabeça; 2 discutir; debater

◆**chew up** v.tr. 1 [coloq.] destruir; 2 estragar com mordidelas

chewer ['tʃuːə] s. mascador (de tabaco)

chewing ['tʃuːɪŋ] s. mastigação ❖ ~ *gum* pastilha elástica

chewy ['tʃuːɪ] adj. (comp. **-ier**, superl. **-iest**) (comida) duro

Chianti [ˈkjæntɪ] s. vinho tinto de Chianti

chiaroscuro [kɪˌɑːrəˈskʊərəʊ] s. ARTES PLÁSTICAS claro-escuro

chiasma [kɪˈæzmə] s. 1 ANATOMIA quiasma; 2 BIOLOGIA (genética) quiasma

chiasmus [kɪˈæzməs] s. LINGUÍSTICA quiasmo

chibouk [tʃɪˈbuːk] s. chibuque

chibouque [tʃɪˈbuːk] s. chibuque

chic [ʃiːk] Ⓐ adj. chique, elegante Ⓑ s. 1 chique, elegância; 2 superioridade

chicane [ʃɪˈkeɪn] Ⓐ s. chicana Ⓑ v.intr. chicanar

chicaner [ʃɪˈkeɪnə] s. chicaneiro

chicanery [ʃɪˈkeɪnərɪ] s. (pl. **-ies**) chicanice

chichi [ˈʃiːʃiː] Ⓐ adj. pretensioso Ⓑ s. [coloq.] pretensão

chick [tʃɪk] s. 1 ZOOLOGIA pintainho; cria, ave ainda implume; 2 [EUA] [cal.] miúda, tipa; 3 [coloq.] (criança) miúdo, pequeno

chickabiddy ['tʃɪkəbɪdɪ] s. (pl. **-ies**) (termo de carinho) menino

chickadee ['tʃɪkəˌdiː] s. ZOOLOGIA (pássaro americano) chapim

chicken ['tʃɪkɪn] s. 1 ZOOLOGIA galinha; *to keep chickens* fazer criação de galinhas; 2 ZOOLOGIA, CULINÁRIA frango; *roast* ~ frango assado; 3 [fig.] cobarde ❖ ~ *coop* galinheiro; CULINÁRIA ~ *soup*/*broth* canja de galinha; ZOOLOGIA *Mother Carey's* ~ petrel; *that's his* ~ isso é lá com ele; *to be no* ~ já não ser novo; *to count one's chickens before they are hatched* vender o azeite antes de plantar as oliveiras

◆**chicken out** v.intr. acobardar-se; não ter coragem [of, para]; não se atrever [of, a]

chicken-breasted ['tʃɪkɪnˌbrestd] adj. com o peito em quilha

chickenfeed ['tʃɪkɪnˌfiːd] s. 1 alimentação para aves de capoeira; 2 (dinheiro) ninharia; bagatela; quantia irrisória

chicken-hearted ['tʃɪkɪnˌhɑːtɪd] adj. [depr.] cobardão; medricas

chickenpox ['tʃɪkɪnpɒks] s. MEDICINA varicela, catapora_Bras._

chickling ['tʃɪklɪŋ] s. BOTÂNICA chícharo

chickpea ['tʃɪkpiː] s. BOTÂNICA, CULINÁRIA grão de-bico, gravanço

chickweed ['tʃɪkwiːd] s. BOTÂNICA morrião

chicory ['tʃɪkərɪ] s. BOTÂNICA chicória

chid [tʃɪd] prt. e part. pass. de **to chide**

chidden ['tʃɪdən] part. pass. de **to chide**

chide [tʃaɪd] v.tr.,intr. (prt. **chid** ou **chided**, part. pass. **chidden** ou **chided**) [ant., lit.] censurar, ralhar

chiding ['tʃaɪdɪŋ] s. [ant., lit.] censura

chief [tʃiːf] Ⓐ s. (pl. **-s**) 1 comandante, chefe, governante; 2 dirigente; 3 HERÁLDICA chefe, alto do escudo Ⓑ adj. principal; *the* ~ *cause of something* a causa principal de alguma coisa ❖ ~ *engineer* engenheiro-chefe; ~ *inspector* inspector-chefe; MILITAR ~ *of staff* chefe do estado-maior; ~ *of state* chefe de estado; *in* ~ principalmente; especialmente

chiefly ['tʃiːflɪ] Ⓐ adv. principalmente, sobretudo Ⓑ adj. próprio de chefe

chieftain ['tʃiːftən] s. 1 chefe (militar, de clã ou tribo); 2 capitão de salteadores

chieftaincy ['tʃiːftənsɪ] s. (pl. **-ies**) chefia

chiff-chaff ['tʃɪfˌtʃæf] s. ZOOLOGIA nome de determinada ave canora

chiffon ['ʃɪfɒn] s. 1 (tecido) chiffon; 2 pl. vestidos, adornos femininos

chiffonier [ˌʃɪfəˈnɪə] s. 1 armário baixo; 2 espécie de cómoda para quarto de dormir

chignon ['ʃiːnjɔːn] s. (penteado) puxo

chigoe ['tʃɪɡəʊ] s. ZOOLOGIA tunga

chihuahua [tʃɪˈwɑːwə] s. ZOOLOGIA (cão) chihuahua

chilblain ['tʃɪlbleɪn] s. frieira

child [tʃaɪld] s. (pl. **children**) 1 criança; *a spoilt* ~ uma criança mimada; 2 filho; *she's an only* ~ ela é filha única; *they have two children* eles têm dois filhos ❖ ~ *abuse* abuso de menores; ~ *benefit* abono de família; ~ *labour* trabalho infantil; ~ *wife* esposa muito nova e infantil; LITERATURA *children's literature* literatura para a infância; *a burnt* ~ *dreads the fire* gato escaldado de água fria tem medo; *from a* ~ desde a infância; *to be child's play* ser muito fácil; *with* ~ grávida

childbearing ['tʃaɪldˌbeərɪŋ] s. maternidade ❖ *of* ~ *age* em idade fértil

childbed ['tʃaɪldbed] s. [arc.] parto

childbirth ['tʃaɪldbɜːθ] s. parto

childcare ['tʃaɪldkeə] s. apoio social à criança

Childermas ['tʃɪldəmæs] s. [arc.] dia dos Santos Inocentes (28 de Dezembro)

childhood ['tʃaɪldhʊd] s. infância

childish ['tʃaɪldɪʃ] adj. pueril, infantil, acriançado

childishly ['tʃaɪldɪʃlɪ] adv. infantilmente, puerilmente

childishness ['tʃaɪldɪʃnɪs] s. infantilidade

childless ['tʃaɪldləs] adj. sem filhos

childlike ['tʃaɪldlaɪk] adj. 1 infantil; 2 de criança

childproof ['tʃaɪldpruːf] Ⓐ adj. 1 seguro para crianças; 2 difícil de estragar Ⓑ v.tr. tornar seguro para crianças

children ['tʃɪldrən] s. {pl. de **child**}

Chile ['tʃɪliː] s.top. Chile ❖ BOTÂNICA ~ *pine* araucária; QUÍMICA ~ *saltpetre* nitrato de sódio

Chilean ['tʃɪlɪən] adj.,s. chileno

chili ['tʃɪlɪ] s. malagueta, pimentão-de-caiena

chiliad ['kɪlɪæd] s. quilíada

chill [tʃɪl] Ⓐ s. 1 (temperatura) frio; 2 arrepio; calafrio; *to send a* ~ *down sb's spine* provocar calafrios; 3 MEDICINA resfriado; constipação; *to catch a* ~ apanhar um resfriado; 4 frieza Ⓑ adj. 1 frio, glacial, gélido; *a* ~ *wind* um vento gélido; 2 gelado; 3 (pessoa) insensível, distante Ⓒ v.tr.,intr. 1 arrefecer; 2 (bebida, comida) pôr no frigorífico; 3 amedrontar, assustar, sobressaltar; *to be chilled by sth* ficar gelado de medo com alguma coisa; 4 desanimar, desencorajar, desmotivar; 5 (metalurgia) dar têmpera a ❖ *to cast a* ~ *on* tornar sombrio, pesado; *to take the* ~ *off* aquecer um pouco

◆**chill out** v.intr. [coloq.] relaxar, descontrair

chilled [tʃɪld] adj. 1 gelado; 2 fresco; 3 enregelado; 4 endurecido ❖ (bebida) *serve* ~ sirva gelado; sirva fresco; *to be* ~ *to the bone* estar gelado até aos ossos

chiller [ˈtʃɪlə] s. 1 câmara frigorífica; 2 [coloq.] filme de terror; história de terror

chilli ['tʃɪlɪ] s. 1 pimentão-de-carena, pimentão-de-cheiro; 2 CULINÁRIA chili

chilliness ['tʃɪlɪnɪs] s. 1 sensação de frio; 2 frio; 3 frescura; 4 frialdade, frieza

chilling ['tʃɪlɪŋ] adj. 1 sinistro; 2 assustador, medonho, pavoroso; 3 desencorajador, desanimador

chilly ['tʃɪlɪ] Ⓐ adj. (comp. -ier, superl. -iest) 1 (temperatura) fresco, frio; *it's ~ today* está fresco; 2 pouco amigável; frio; cheio de reserva; *a ~ welcome* uma recepção pouco amigável; 3 [coloq.] friorento Ⓑ adv. com frieza ❖ *to feel ~* estar com frio; sentir frio

chimb [tʃaɪm] s. javre, gebre

chime [tʃaɪm] Ⓐ s. 1 toque de sino; 2 carrilhão; 3 harmonia de sons; 4 aparelho de sinalização sonora; 5 [poét.] acordo, harmonia; 6 javre, gebre Ⓑ v.tr.,intr. 1 (sino) tocar, bater as horas; 2 (relógio) dar (horas); *the clock chimed three o'clock* o relógio deu três horas; 3 tocar sinos, carrilhonar; 4 concordar [**with**, com]; estar em harmonia [**with**, com]; *I don't think his plans will ~ in with mine* não me parece que os planos dele venham a estar em harmonia com os meus

◆**chime in** v.intr. 1 (conversa) intrometer-se; intervir; interromper; 2 (combinar) encaixar, harmonizar-se

chimera [kaɪ'mɪərə] s. quimera

chimere [tʃɪ'mɪə] s. chimarra

chimerical [kaɪ'merɪkəl] adj. quimérico

chimerically [kaɪ'merɪkəlɪ] adv. quimericamente

chimney ['tʃɪmnɪ] s. 1 chaminé; 2 GEOLOGIA chaminé vulcânica; 3 (montanhismo) fenda em rocha (para subida); 4 fogão ❖ *~ corner* canto da chaminé; *~ draft/draught* tiragem da chaminé; *~ fender* guarda-fogo; *~ pot* tubo de chaminé; *~ stack* chaminé (de fábrica); ZOOLOGIA *~ swallow* andorinha vulgar; (pessoa) *~ sweep(er)* limpa-chaminés; *~ pot hat* cartola; chapéu alto de seda

chimp [tʃɪmp] [coloq.] ⇒ **chimpanzee**

chimpanzee [ˌtʃɪmpæn'ziː] s. ZOOLOGIA chimpanzé

chin [tʃɪn] s. queixo ❖ *~ deep/up to the ~* até ao pescoço; *double ~* queixo duplo; *to keep one's ~ up* não desanimar

china ['tʃaɪnə] s. (material, louça) porcelana; *~ teacups* chávenas de porcelana ❖ *~ clay* caulino; *~ closet* guarda-louça (para porcelanas); *~ filter* filtro de porcelana

China ['tʃaɪnə] s.top. China ❖ BOTÂNICA *~ aster* sécia; *~ crape* crepe-da-china

Chinaman ['tʃaɪnəmən] s. (pl. -men) 1 chinês; 2 navio destinado ao comércio com a China

chinaware ['tʃaɪnəˌweə] s. louça de porcelana

chinchilla [tʃɪn'tʃɪlə] s. ZOOLOGIA chinchila

chin-chin ['tʃɪn,tʃɪn] interj. 1 (saudação) ora viva!; 2 (despedida) adeus!; 3 (brinde) à sua saúde!

chinchy ['tʃɪntʃɪ] adj. 1 [EUA] [coloq.] barato, chinfrim; 2 [EUA] [coloq.] miserável

chine [tʃaɪn] s. 1 espinha, coluna vertebral; 2 ravina profunda (na ilha de Wight)

Chinee [tʃaɪ'niː] s. chinês

Chinese [tʃaɪ'niːz] Ⓐ adj. chinês; da China Ⓑ s. (língua, pessoa) chinês Ⓒ s.pl. *the ~* os chineses ❖ *~ lantern* lanterna chinesa (de papel); *~ restaurant* restaurante chinês; *~ zodiac* zodíaco chinês

chink [tʃɪŋk] Ⓐ s. 1 fenda, abertura; 2 tilintar de copos; 3 dinheiro Ⓑ v.tr.,intr. 1 tilintar, tinir; 2 fazer cantar (as moedas)

Chink [tʃɪŋk] s. [coloq.] (ofensivo) (chinês) chinoca

chinless ['tʃɪnləs] adj. 1 sem queixo, com queixo pouco saliente; 2 [fig.] fraco, sem carácter; 3 [fig.] medíocre, insignificante ❖ [depr.] *a ~ wonder* uma nulidade

chino ['tʃiːnəʊ] s. (pl. chinos) 1 (tecido) sarja de algodão muito usada em uniformes militares; 2 pl. VESTUÁRIO calças de sarja

chinook [tʃɪ'nʊk] s. vento seco e quente que sopra por sobre as encostas das Montanhas Rochosas

chintz [tʃɪnts] s. (pl. -es) (tecido) chita

chintzy ['tʃɪntsɪ] adj. 1 de chita; 2 [coloq., depr.] garrido; 3 [coloq., depr.] piroso, parolo; 4 [EUA] forreta, avarento, sovina

chinwag ['tʃɪŋwæɡ] s. [coloq.] conversa ❖ *to have a ~ with* dar dois dedos de conversa com

chip [tʃɪp] Ⓐ s. 1 pedaço; bocado; lasca; 2 apara; 3 rachadela; fenda; 4 CULINÁRIA batata frita (palito); 5 DESPORTO (futebol) chapéu,fig.; 6 INFORMÁTICA, ELECTRICIDADE chip, circuito integrado; 7 (jogo) ficha; 8 determinado golpe em luta livre Ⓑ v.tr. 1 rachar; 2 lascar; partir às lascas; 3 cortar (batatas) aos palitos; 4 quebrar; 5 gravar, cinzelar; 6 DESPORTO (futebol) fazer um chapéu; *to ~ the ball* fazer um chapéu; 7 aplicar determinado golpe em luta livre Ⓒ v.intr. 1 rachar; estalar; 2 lascar; 3 (tinta) descascar ❖ (carpintaria) *~ axe* enxó; *~ box* colector de aparas; ECONOMIA *blue chips* acções de alto rendimento; investimento seguro; *the chips* dinheiro; *as dry as a ~* desinteressante; seco como palha; *he always carries a ~ on his shoulders* é uma pessoa irritável; [coloq.] *to be a ~ off the old block* parecer-se com o pai; *when the chips are down* na hora do aperto

◆**chip away** Ⓐ v.tr. desgastar Ⓑ v.intr. (pintura, etc.) descascar-se; lascar

◆**chip away at** v.tr. 1 corroer; desgastar; 2 minar, abalar; enfraquecer gradualmente; retirar pouco a pouco

◆**chip in** v.intr. 1 (conversa) intervir; intrometer-se; meter a colherada; 2 (com dinheiro) contribuir [**with**, com]; *to ~ with some money* contribuir com algum dinheiro

chipboard ['tʃɪpbɔːd] s. (material de construção) compensado, madeira compensada

chipmuck ['tʃɪpˌmʌk] s. ZOOLOGIA esquilo norte-americano

chipmunk ['tʃɪpˌmʌŋk] s. ZOOLOGIA esquilo norte-americano

chipped [tʃɪpt] adj. 1 em rachas; 2 lascado

chipper ['tʃɪpə] Ⓐ adj. 1 [coloq.] animado, alegre, radiante; 2 [coloq.] elegante Ⓑ s. cinzel, martelo de cinzelar

chipping ['tʃɪpɪŋ] s. 1 cinzelamento; 2 pl. aparas, cavacos; 3 pl. sobras; 4 pl. brita

chippy ['tʃɪpɪ] adj. (comp. -ier, superl. -iest) 1 seco; 2 sem interesse; 3 maldisposto; 4 hostil, agressivo

Chips ['tʃɪps] s. NÁUTICA carpinteiro de bordo

chirograph ['kaɪrəʊˌɡrɑːf] s. quirógrafo

chirographer [kaɪ'rɒɡrəfə] s. escrivão

chirographic [ˌkaɪrəʊ'ɡræfɪk] adj. quirográfico

chirographist [kaɪ'rɒɡrəfɪst] s. quirografista

chirography [kaɪ'rɒɡrəfɪ] s. quirografia

chiromancer ['kaɪrəʊˌmænsə] s. quiromante

chiromancy ['kaɪrəʊˌmænsɪ] s. quiromancia

chiropodist [kɪ'rɒpədɪst] s. 1 pedicuro, quiropodista; 2 calista

chiropody [kɪ'rɒpədɪ] s. quiropodia

chiropractic [ˌkaɪrə'præktɪk] s. quiroprática

chiropractor [ˌkaɪrə'præktə] s. quiroprático

chirp [tʃɜːp] Ⓐ s. 1 chilreio, gorjeio; 2 palrice (de crianças) Ⓑ v.tr.,intr. 1 chilrear, gorjear; 2 palrar

chirpily ['tʃɜːpɪlɪ] adv. com alegria

chirpiness ['tʃɜːpɪnɪs] s. 1 boa disposição; 2 alegria

chirpy ['tʃɜːpɪ] adj. (comp. -ier, superl. -iest) alegre, vivo

chirr ['tʃɜː] Ⓐ s. cricri (do grilo) Ⓑ v.intr. fazer cricri; cantar (o grilo)

chirrup ['tʃɪrəp] Ⓐ s. gorjeio, chilreio Ⓑ v.intr. 1 chilrear; trinar; 2 TEATRO [coloq.] fazer claque

chirruper ['tʃɪrəpə] s. aquele que faz claque

chisel ['tʃɪzəl] Ⓐ s. 1 cinzel, buril, escopro; 2 formão; 3 talhadeira; *~ steel* aço da talhadeira Ⓑ v.tr. (particípios: -ll-) 1 cinzelar, gravar, burilar; 2 esculpir; 3 talhar; 4 [coloq., fig.] burlar [**out of**, em]

chit [tʃɪt] s. 1 nota; memorando, minuta; 2 garota atrevida, fedelha; 3 rebento ❖ *a ~ of a girl* uma catraia

chitchat ['tʃɪt,tʃæt] Ⓐ s. [coloq.] conversa, tagarelice Ⓑ v.intr. [coloq.] tagarelar, cavaquear

chitin ['kaɪtɪn] s. quitina

chitinous ['kaɪtɪnəs] adj. quitinoso

chitterlings ['tʃɪtɜːˌlɪŋz] s.pl. linguiças

chitty ['tʃɪtɪ] s. 1 [Índia] documento escrito; 2 autorização escrita; 3 informação, memorando, minuta

chivalric ['ʃɪvəlrɪk] adj. cavalheiresco

chivalrous ['ʃɪvəlrəs] adj. 1 cavalheiresco, corajoso; 2 delicado, cortês; 3 generoso; 4 quixotesco

chivalrously ['ʃɪvəlrəslɪ] adv. cavalheirescamente

chivalrousness ['ʃɪvəlrəsnɪs] s. 1 cavalheirismo; 2 coragem; 3 generosidade

chivalry ['ʃɪvəlrɪ] s. 1 cavalaria; 2 cavalheirismo, cortesia; 3 intrepidez; 4 desinteresse; 5 generosidade

chives [tʃaɪvz] s.pl. BOTÂNICA cebolinho

chivy ['tʃɪvɪ] s.,v.tr. ⇒ **chevy**
chlamydes ['klæmɪdiz] s. {pl. de **chlamys**}
chlamys ['klæmɪs] s. (pl. **-des**) VESTUÁRIO, HISTÓRIA (Grécia antiga) clâmide
chloasma [kləʊ'æzmə] s. (pl. **chloasmata**) MEDICINA (mancha na pele) cloasma
chloasmata [kləʊ'æzmətə] s. {pl. de **chloasma**}
chloral ['klɔːrəl] s. 1 QUÍMICA cloral; 2 hidrato de cloral
chlorate ['klɔːrɪt] s. QUÍMICA clorato ❖ ~ *of potash* clorato de potassa
chloric ['klɔːrɪk] adj. QUÍMICA clórico
chloride ['klɔːraɪd] s. QUÍMICA cloreto ❖ ~ *of ammonia* cloreto de amónia; ~ *of barium* cloreto de bário; ~ *of lime* cloreto de cal; ~ *of potash* cloreto de potassa; ~ *of potassium* cloreto de potássio
chlorinate ['klɔːrɪneɪt] v.tr. QUÍMICA clorar, tratar com cloro
chlorinated ['klɔːrɪneɪtɪd] adj. QUÍMICA clorado, tratado com cloro
chlorination [ˌklɔːrɪ'neɪʃən] s. QUÍMICA cloragem, tratamento com cloro
chlorine ['klɔːriːn] s. QUÍMICA (elemento químico) cloro ❖ ELECTRICIDADE ~ *cell* pilha de cloro; ~ *water* água clorada
chlorite ['klɔːraɪt] s. QUÍMICA clorito
chlorodyne ['klɔːrədaɪn] s. clorodina
chlorofluorocarbon [ˌklɔːrəˌflʊərəʊ'kɑːbən] s. QUÍMICA clorofluorcarboneto
chloroform ['klɒrəfɔːm] Ⓐ s. QUÍMICA clorofórmio Ⓑ v.tr. cloroformizar, anestesiar com clorofórmio ❖ *under* ~ cloroformizado
chloroformist [ˌklɒrə'fɔːmɪst] s. cloroformizador
chlorophyll ['klɒrəfɪl] s. BOTÂNICA clorofila
chloroplast ['klɒrəplæst] s. BOTÂNICA cloroplasta
chlorosis [klɒ'rəʊsɪs] s. BOTÂNICA, MEDICINA clorose
chlorous ['klɔːrəs] adj. QUÍMICA cloroso
choccy ['tʃɒkɪ] s. (pl. **-ies**) [coloq.] bombom, chocolate; *a box of choccies* uma caixa de bombons
chock [tʃɒk] Ⓐ s. 1 calço de madeira, apoio; 2 NÁUTICA descanso de embarcação, escora Ⓑ v.tr. 1 firmar com calços; 2 atravancar (com mobília); 3 colocar (banco) nos suportes Ⓒ adv. apertado, muito junto
chock-a-block [ˌtʃɒkə'blɒk] adj. [coloq.] (muito cheio) a abarrotar [**with/of**, de]; 2 [coloq.] repleto; apinhado; à cunha
chock-full ['tʃɒkfʊl] adj. [coloq.] a abarrotar, cheio, à cunha
chocoholic [ˌtʃɒkə'hɒlɪk] s. [joc.] viciado em chocolate
chocolate ['tʃɒklɪt] Ⓐ s. 1 chocolate; 2 barra de chocolate; *a bar of* ~ uma barra de chocolate; 3 (cor) chocolate; 4 pl. chocolates, bombons de chocolate; *a box of chocolates* uma caixa de bombons Ⓑ adj. 1 de chocolate; 2 achocolatado; 3 cor de chocolate ❖ BOTÂNICA (fruto) ~ *nut* cacau; ~ *pot* chocolateira; *dark* ~ chocolate preto; *milk* ~ chocolate de leite; *white* ~ chocolate branco
choice [tʃɔɪs] Ⓐ s. 1 escolha; 2 alternativa, opção; *you have no* ~ não tens alternativa; *you have no* ~ *but to go* não tens outra alternativa senão ir; *each applicant has five choices* cada candidato tem cinco opções; 3 selecção; 4 variedade; *a wide* ~ *of* uma grande variedade de; 5 a parte melhor Ⓑ adj. 1 cuidadosamente escolhido; 2 seleccionado; 3 da melhor qualidade, de eleição ❖ *by/from* ~ por opção; por gosto; *Hobson's* ~ situação em que não há escolha; *to make a* ~ escolher
choicely ['tʃɔɪslɪ] adv. 1 com gosto; 2 com cuidado
choiceness ['tʃɔɪsnɪs] s. 1 selecção; 2 excelência; 3 escolha
choir [kwaɪə] Ⓐ s. 1 MÚSICA (grupo coral) coro 2 ARQUITECTURA (área em igreja) coro Ⓑ v.tr.,intr. cantar em coro ❖ ~ *screen* grade do coro
choirboy ['kwaɪəbɔɪ] s. MÚSICA menino do coro
choke [tʃəʊk] Ⓐ v.tr. 1 abafar; 2 sufocar; 3 estrangular; *to* ~ *sb to death* estrangular alguém; 4 paralisar; 5 entupir, tapar; 6 pôr à cunha, encher até abarrotar Ⓑ v.intr. 1 sufocar; 2 engasgar-se [**on**, com]; 3 ficar sem fala; 4 [EUA] [coloq.] vacilar Ⓒ s. 1 aperto; 2 estrangulamento; 3 sufocação; 4 (carburador) borboleta de ar; 5 obturador de arranque; 6 parte central da alcachofra ❖ *to* ~ *to death* morrer asfixiado; (automóvel) *to pull out the* ~ fechar o ar; *wheel* ~ calço da roda

◆**choke back** v.tr. (emoções, etc.) engolir; reprimir; conter; *to* ~ *one's tears* reprimir as lágrimas
◆**choke off** v.tr. (fluxo, abastecimento, desenvolvimento) parar abruptamente com; interromper abruptamente
◆**choke up** Ⓐ v.tr. obstruir Ⓑ v.intr. engasgar-se
choked ['tʃəʊkt] adj. 1 engasgado; sufocado; 2 [coloq.] com um nó na garganta, triste, desapontado; 3 [coloq.] sem conseguir falar, sem palavras; 4 [coloq.] furioso
chokedamp ['tʃəʊkdæmp] s. (minas) más condições atmosféricas depois de uma explosão
choker ['tʃəʊkə] s. 1 (jóia) gargantilha; 2 lenço de pescoço, écharpe; 3 gravata; 4 colarinho duro; 5 (automóvel) obturador de arranque ❖ [coloq.] *white* ~ argumento de peso; gravata branca
choking ['tʃəʊkɪŋ] Ⓐ adj. sufocante, que sufoca Ⓑ s. 1 sufocação; 2 abafamento
chokra ['tʃɒkrə] s. [Índia] rapaz
choky ['tʃəʊkɪ] adj. (comp. **-ier**, superl. **-iest**) sufocante, abafado
cholecalciferol [ˌkəʊlɪkæl'sɪfərəl] s. BIOQUÍMICA colecalciferol
choler ['kɒlə] s. 1 [arc., poét.] irritação, irascibilidade; 2 [arc.] cólera, bílis, bile
cholera ['kɒlərə] s. MEDICINA cólera ❖ [ant.] ~ *belt* cinta de flanela ou seda
choleraic [ˌkɒlə'reɪɪk] adj. MEDICINA colérico, com cólera; relativo à cólera
choleric ['kɒlərɪk] adj. 1 [poét.] colérico; 2 [poét.] com mau feitio
cholerine ['kɒlərɪn] s. colerina
cholesterol [kə'lestərɒl] s. BIOQUÍMICA colesterol
choliamb ['kəʊlɪæm] s. coliambo
choline ['kəʊliːn] s. BIOQUÍMICA colina
cholinergic [ˌkəʊlɪ'nɜːdʒɪk] adj. colinérgico
chomp [tʃɒmp] v.tr.,intr. [coloq.] mastigar ruidosamente; trincar ❖ *to be chomping at the bit* estar em pulgas; (comida, alimento) *to* ~ *on/at* [coloq., fig.] atirar-se a; atacar; (refeição, alimento) *to* ~ *one's way through ...* arrumar com
chondrite ['kɒndraɪt] s. GEOLOGIA condrito
chondroma [kɒn'drəʊmə] s. condroma
chondrule ['kɒndruːl] s. GEOLOGIA côndrulo
choose [tʃuːz] v.tr.,intr. (prt. **chose**, part. pass. **chosen**) 1 escolher; optar; preferir; 2 resolver, decidir [**to**, -]; *to* ~ *to do sth* resolver fazer alguma coisa ❖ *I cannot* ~ *but ...* não me resta alternativa senão ...; *if you* ~ se quiseres; *do as you* ~ faz como quiseres; *there is not much to* ~ *between them* não há grande diferença entre eles
choosy ['tʃuːzɪ] adj. miudinho; exigente, difícil de satisfazer
chop [tʃɒp] Ⓐ s. 1 machadada; 2 golpe; DESPORTO *karate* ~ golpe de karaté; 3 [coloq.] despedimento; 4 CULINÁRIA (porco, carneiro) costeleta; *lamb chops* costeletas de borrego; 5 movimento irregular do mar, marulho; 6 oscilação, mudança; 7 (China, Índia) marca de qualidade; *not much* ~ sem grande qualidade; 8 (China, Índia) autorização de saída; 9 [arc.] troco, trocos; 10 pl. (animais) maxilas, queixada, beiços; *to lick one's chops* lamber os beiços Ⓑ v.tr.,intr. (particípios: **-pp-**) 1 cortar (com machado ou cutelo); 2 dar uma machadada; 3 CULINÁRIA cortar em bocadinhos; picar (cebola); 4 [coloq.] (dinheiro, etc.) reduzir, fazer cortes em; *the budget has been chopped by half* o orçamento foi reduzido para metade; 5 [coloq.] livrar-se de; 6 [coloq.] pôr um fim a; 7 derrubar; 8 mudar, vacilar, ser inconstante; 9 (África) almoçar ❖ ~ ~ rápido; *to* ~ *and change* andar sempre a mudar; *to* ~ *logic* discutir por discutir; (vento) *to* ~ *round* saltar; mudar de direcção; (despedimento) *to get the* ~ [coloq.] ser posto na rua
◆**chop down** v.tr. 1 deitar abaixo; cortar; 2 derrubar
◆**chop in** v.intr. (conversa) intrometer-se; intervir; interromper
◆**chop off** v.tr. cortar
◆**chop up** v.tr. CULINÁRIA picar; cortar aos bocadinhos
chophouse ['tʃɒphaʊz] s. churrascaria
choplogic ['tʃɒpˌlɒdʒɪk] s. [depr.] sofisma; raciocínio ilógico; lógica da batata
chopper ['tʃɒpə] s. 1 cortador de carne; 2 cutelo; 3 machadinha; 4 talhador; 5 [coloq.] helicóptero
chopping ['tʃɒpɪŋ] Ⓐ s. 1 corte; 2 movimento irregular do mar Ⓑ adj. 1 (mar) picado; 2 (vento) variável ❖ CULINÁRIA ~ *blade* picadora; ~ *block* cepo (de marchante); [GB] CULINÁRIA ~ *board* tábua (de cozinha); ~ *knife* cutelo

choppy ['tʃɒpɪ] *adj. (comp.* **-ier**, *superl.* **-iest)* **1** (mar) picado; **2** (vento) variável; **3** (pele) gretado
chopsocky [tʃɒp'sɒkɪ] *s.* CINEMA filmes de artes marciais
chopstick ['tʃɒpstɪk] *s.* (talher de comida asiática) pauzinho
choral[1] ['kɒrəl] *adj.* coral; em/para coro ❖ **~ society** grupo coral
choral[2] [kɒ'rɑːl] *s.* ⇒ **chorale**
chorale [kɒ'rɑːl] *s.* MÚSICA coral, coro, hino
choralist ['kɒrəlɪst] *s.* orfeonista
chorally ['kɒrəlɪ] *adv.* em coro
chord [kɔːd] *s.* **1** MÚSICA acorde; *common* **~** acorde perfeito; **2** GEOMETRIA (arco) corda; **3** ANATOMIA corda vocal ❖ *to strike/touch a ~ with* sensibilizar; *to strike the right ~* obter o efeito pretendido
chordophone ['kɔːdəfəʊn] *s.* MÚSICA instrumento de cordas
chore [tʃɔː] Ⓐ *s.* **1** tarefa, trabalho miúdo; **2** ocupação; **3** *pl.* trabalhos domésticos, lida doméstica Ⓑ *v.intr.* **1** trabalhar a dias; **2** fazer trabalhos miúdos
chorea [kɒ'rɪə] *s.* coreia
choreic [kə'riːɪk] *adj.* coreico
choreograph ['kɒrɪəgrɑːf] *v.tr.* **1** coreografar, fazer a coreografia de; **2** [fig.] encenar, orquestrar
choreographer [ˌkɒrɪ'ɒgrəfə] *s.* coreógrafo
choreographic [ˌkɒrɪə'græfɪk] *adj.* coreográfico
choreography [ˌkɒrɪ'ɒgrəfɪ] *s.* coreografia
chores [tʃɔːz] *s.pl.* ocupações diárias, lida duma casa
choriamb ['kɒrɪæmb] *s.* coriambo
choriambic [ˌkɒrɪ'æmbɪk] *adj.* coriâmbico
choric ['kɒrɪk] *adj.* córico, relativo ao coro das peças gregas
chorion ['kɔːrɪən] *s.* BIOLOGIA cório
chorister ['kɒrɪstə] *s.* corista
chorographer [kɒ'rɒgrəfə] *s.* GEOGRAFIA corógrafo
chorography [kɒ'rɒgrəfɪ] *s.* GEOGRAFIA corografia
choroid ['kɔːrɔɪd] *s.* ANATOMIA (olho) coróide
chortle ['tʃɔːtəl] Ⓐ *s.* gargalhada Ⓑ *v.intr.* rir alto, rir às gargalhadas
chorus ['kɔːrəs] Ⓐ *s. (pl.* **-es)* **1** MÚSICA coro; **2** MÚSICA refrão, estribilho; **3** (voz) coro [**of**, de]; *a ~ of protest* um coro de protestos; *to reply in ~* responder em coro Ⓑ *v.tr., intr.* falar, cantar em coro ❖ **~ girl** corista
chose [tʃəʊz] *prt. de* **to choose**
chosen ['tʃəʊzən] Ⓐ *part. pass. de* **to choose** Ⓑ *adj.* escolhido
chough [tʃʌf] *s. (pl.* **-s)* ZOOLOGIA ave da família das Corvídeas, de pernas avermelhadas
chouse [tʃaʊs] Ⓐ *s.* burla, engano Ⓑ *v.tr., intr.* burlar, enganar
chow [tʃaʊ] *s.* **1** [cal.] comida; **2** CULINÁRIA (comida chinesa) chow-chow; **3** ZOOLOGIA (cão) chow-chow
chow-chow ['tʃaʊˌtʃaʊ] *s.* **1** CULINÁRIA (comida chinesa) chow-chow; **2** ZOOLOGIA (cão) chow-chow
chowder ['tʃaʊdə] *s.* CULINÁRIA estufado, guisado de peixe com carne de porco, cebolas, biscoito, etc.
Chr. *[abrev. de* Christian]
chrematistics [ˌkremə'tɪstɪks] *s.* crematística
chrestomathy [kres'tɒməθɪ] *s. (pl.* **-ies)* LITERATURA crestomatia
chrism ['krɪzəm] *s.* RELIGIÃO crisma
chrisom ['krɪzəm] *s.* vestido de baptismo ❖ [arc.] *~ child* criança até um mês de idade
Christ [kraɪst] Ⓐ *s.* RELIGIÃO Cristo; *Jesus ~* Jesus Cristo; *the ~ Child* o Menino Jesus Ⓑ *interj.* Jesus!, meu Deus!
Christ-cross-row ['krɪskrɒsˌrəʊ] *s.* [arc.] o alfabeto
christen ['krɪsən] *v.tr.* **1** baptizar; **2** pôr um nome, chamar
Christendom ['krɪsəndəm] *s.* Cristandade
christening ['krɪsənɪŋ] *s.* baptismo
Christian ['krɪstʃən] *adj., s.* cristão
Christiania [ˌkrɪstɪ'ɑːnɪə] *s.top.* Cristiânia
Christianism ['krɪstɪəˌnɪzəm] *s.* Cristianismo
Christianity [ˌkrɪstɪ'ænɪtɪ] *s.* Cristandade
christianize ['krɪstʃənaɪz] *v.tr., intr.* cristianizar
christianlike ['krɪstʃənlaɪk] *adj.* cristão
christianly ['krɪstʃənlɪ] *adv.* cristãmente
Christie's ['krɪstɪz] *s.* salão londrino para venda de obras de arte

Christina [krɪs'tiːnə] *s.antr.* Cristina
Christmas ['krɪsməs] *s.* Natal ❖ (dinheiro) **~ box** consoada; **~ card** cartão de Boas Festas; **~ carol** cântico de Natal; **~ day** dia de Natal; **~ dinner** ceia de Natal; **~ Eve** véspera de Natal; **~ pudding** pudim de Natal; **~ tide** época natalícia; **~ tree** árvore de Natal; *Merry Christmas!* Feliz Natal!
Christmassy ['krɪsməsɪ] *adj.* natalício
Christopher ['krɪstəfə] *s.antr.* Cristóvão
chromate ['krəʊmɪt] *s.* QUÍMICA cromato ❖ **~ of baryta** cromato de barita; **~ solution** solução de cromato
chromatic [krəʊ'mætɪk] *adj.* cromático ❖ **~ aberration** aberração cromática; MÚSICA **~ scale** escala cromática; **~ spectrum** espectro cromático
chromatically [krəʊ'mætɪkəlɪ] *adv.* cromaticamente
chromatics [krəʊ'mætɪks] *s.* cromática
chromatin ['krəʊmətɪn] *s.* BIOLOGIA (citologia, genética) cromatina
chromatinic [ˌkrəʊmə'tɪnɪk] *adj.* cromatínico
chromatophore ['krəʊmətəfɔː] *s.* ZOOLOGIA, BOTÂNICA cromatóforo
chrome [krəʊm] *s.* amarelo obtido do cromato de chumbo; **~ yellow** amarelo de cromo ❖ **~ finish** acabamento em cromo; **~ nickel** cromoníquel; **~ plate** cromado, revestimento a cromo
chromic ['krəʊmɪk] *adj.* do crómio
chromite ['krəʊmaɪt] *s.* cromite
chromium ['krəʊmɪəm] *s.* QUÍMICA (elemento químico) crómio
chromium-plating ['krəʊmɪəmˌpleɪtɪŋ] *s.* cromagem
chromo ['krəʊməʊ] *s.* cromo
chromogen ['krəʊmədʒən] *adj., s.* BIOLOGIA cromógeno
chromolithograph [ˌkrəʊməʊ'lɪθəgrɑːf] *s.* cromolitógrafo
chromolithography [ˌkrəʊməʊlɪ'θɒgrəfɪ] *s.* cromolitografia
chromoplast ['krəʊməplɑːst] *s.* BOTÂNICA cromoplasta
chromoprotein [ˌkrəʊməʊ'prəʊtiːn] *s.* cromoproteína
chromosome ['krəʊməsəʊm] *s.* BIOLOGIA (citologia) cromossoma
chromosphere ['krəʊməsfɪə] *s.* cromosfera
chromospheric [ˌkrəʊmə'sferɪk] *adj.* cromosférico
chronic ['krɒnɪk] *adj.* **1** MEDICINA crónico; **~ disease** doença crónica; **2** [fig.] inveterado, incorrigível; *a ~ liar* um mentiroso incorrigível; **3** [fig.] persistente; **4** [coloq.] péssimo, horrível, pavoroso, insuportável; *what a ~ weather!* que tempo insuportável!
chronically ['krɒnɪkəlɪ] *adv.* cronicamente
chronicity [krɒ'nɪsɪtɪ] *s.* cronicidade
chronicle ['krɒnɪkəl] Ⓐ *s.* **1** crónica; relato histórico; **2** narrativa, relato Ⓑ *v.tr.* **1** registar em crónica; **2** narrar; relatar; *to ~ small beer* contar coisas sem importância; relatar coisas miúdas
chronicler ['krɒnɪklə] *s.* cronista
chronogram ['krɒnəʊˌgræm] *s.* cronograma
chronograph ['krɒnəˌgrɑːf] *s.* cronógrafo
chronological [ˌkrɒnə'lɒdʒɪkəl] *adj.* cronológico
chronologically [ˌkrɒnə'lɒdʒɪkəlɪ] *adv.* cronologicamente
chronologist [krə'nɒlədʒɪst] *s.* cronologista
chronology [krə'nɒlədʒɪ] *s. (pl.* **-ies)* cronologia
chronometer [krə'nɒmɪtə] *s.* cronómetro
chronometric [ˌkrɒnə'metrɪk] *adj.* cronométrico
chronometrically [ˌkrɒnə'metrɪkəlɪ] *adv.* cronometricamente
chronometry [krə'nɒmətrɪ] *s.* cronometria
chronon ['krəʊnɒn] *s.* FÍSICA crónon
chronoscope ['krɒnəˌskəʊp] *s.* cronoscópio
chrysalis ['krɪsəlɪs] *s. (pl.* **chrysalises** ou **chrysalides**) crisálida
chrysanthemum [krɪ'sænθɪməm] *s.* crisântemo
chryselephantine [ˌkrɪselɪ'fæntaɪn] *adj.* criselefantino; *the ~ statue of Athena* a estátua criselefantina de Atenas
Chrysler ['kraɪzlə] *s.* nome de determinada marca de automóveis
chrysoberyl [ˌkrɪsəʊ'berɪl] *s.* crisoberilo
chrysolite ['krɪsəlaɪt] *s.* crisólito
chrysoprase [ˌkrɪsəʊ'preɪz] *s.* crisoprásio, crisópraso
Chrysostom ['krɪsəstəm] *s.antr.* Crisóstomo
chub [tʃʌb] *s.* ZOOLOGIA (peixe) caboz
chubb [tʃʌb] *s.* tipo de fechadura
chubbiness ['tʃʌbɪnɪs] *s.* **1** aspecto bochechudo; **2** aspecto rechonchudo
chubby ['tʃʌbɪ] *adj. (comp.* **-ier**, *superl.* **-iest)* **1** bochechudo; **2** rechonchudo

chubby-faced ['tʃʌbɪˌfeɪst] *adj.* (cara) bochechudo, bolachudo
chuck [tʃʌk] Ⓐ *v.tr.* **1** atirar descuidadamente ou com desprezo; **2** [coloq.] livrar-se de; **3** [coloq.] expulsar; mandar embora; **4** [coloq.] desistir de; deixar; **5** [coloq.] (relação amorosa) acabar com; **6** dar pancadinhas debaixo do queixo; **7** mandrilar Ⓑ *v.intr.* **1** cacarejar; **2** estalar com a língua; **3** segurar no mandril Ⓒ *s.* **1** arremesso desajeitado; **2** pancadinhas debaixo do queixo; **3** cacarejo; **4** mandril; **5** CULINÁRIA (carne de boi) pá; **6** (Norte de Inglaterra) termo de carinho ❖ [coloq.] *~ it!* chega!; basta!; [coloq.] *he was chucking his weight about* andava a armar-se em importante; *to give sb the ~* despedir alguém; *to play at chucks* jogar o carolo
◆**chuck away** *v.tr.* [coloq.] deitar fora
◆**chuck in** Ⓐ *v.tr.* (emprego, etc.) deixar; abandonar Ⓑ *v.intr.* entrar com dinheiro
◆**chuck up** Ⓐ *v.tr.* (emprego, etc.) deixar; abandonar Ⓑ *v.intr.* [coloq.] vomitar
chucker ['tʃʌkə] *s.* **1** [coloq.] pessoa que lança ou atira; **2** cada um dos períodos no jogo do pólo
chucker-out ['tʃʌkərˌaʊt] *s.* segurança cuja missão é pôr na rua as pessoas que perturbem qualquer reunião ou casa pública
chuckle [tʃʌkəl] Ⓐ *s.* **1** riso abafado; riso por entre dentes (de satisfação ou triunfo); cacarejo Ⓑ *v.intr.* **1** soltar um riso abafado; rir por entre dentes (de satisfação ou triunfo); **2** cacarejar
chuckle-head ['tʃʌkəlhed] *s.* **1** pateta; **2** estúpido; **3** parvo
chuddah ['tʃuːdɑː] *s.* VESTUÁRIO xador
chuddar ['tʃuːdɑː] *s.* ⇒ **chuddah**
chuffed ['tʃʌfd] *adj.* **1** [coloq.] contente, satisfeito, radiante; **2** cheio de si, inchado_fig._
chug [tʃʌg] Ⓐ *s.* ruído do motor; zoada Ⓑ *v.intr.* (particípios: **-gg-**) **1** (motores) zoar; **2** avançar aos soluços Ⓒ *v.tr.* (particípios: **-gg-**) [coloq.] beber de golada
◆**chug along** *v.intr.* **1** (carro) avançar aos soluços; **2** ir andando; ir indo
chukker ['tʃʌkə] *s.* DESPORTO cada um dos períodos do jogo do pólo
chum [tʃʌm] Ⓐ *s.* [coloq.] amigo, amigo íntimo, companheiro Ⓑ *v.intr.* (particípios: **-mm-**) **1** dividir casa/quartos (com alguém); **2** ser amigo; dar-se bem; *to ~ around with a person* andar sempre com uma pessoa; ser muito amigo de alguém
◆**chum up** *v.intr.* tornar-se amigo [**with**, de]
chummy ['tʃʌmɪ] *adj.* (comp. **-ier**, superl. **-iest**) **1** íntimo; **2** muito amigo; **3** sociável, dado, comunicativo
chump [tʃʌmp] *s.* **1** (madeira) cepo; **2** pedaço grande; **3** parte grossa do lombo de carneiro; *~ chop* costeleta de carneiro; **4** [ant.] cabeça; *he is off his ~* ele não anda bom da cabeça; **5** [coloq.] pateta; palerma
chunder ['tʃʌndə] Ⓐ *v.tr.,intr.* [coloq.] vomitar Ⓑ *s.* [coloq.] vómito
chunk [tʃʌŋk] *s.* **1** porção, parcela; **2** (queijo, pão, etc.) grande fatia [**of**, de]; grande pedaço [**of**, de]; **3** cepo (de madeira) ❖ *~ glass* variedade de vidro
chunkfloater ['tʃʌŋkˌfləʊtə] *s.* [EUA] (regional) tempestade violenta
chunky ['tʃʌŋkɪ] *adj.* (comp. **-ier**, superl. **-iest**) **1** (pessoa) corpulento, entroncado, atarracado; **2** grande, volumoso; **3** grosso, espesso
church [tʃɜːtʃ] Ⓐ *s.* (pl. **-es**) **1** igreja; **2** clero Ⓑ *v.tr.* [ant.] dar a bênção a (mulher que quer dar graças pelo nascimento dum filho) ❖ *~ hall* salão paroquial; *~ wedding* casamento religioso; *~ Congress* congresso anual da Igreja da Inglaterra; *~ rate* côngrua; *~ register* registo paroquial; *an old ~ hen* uma beata; *High ~* Igreja Alta Anglicana; *Roman Catholic ~* a Igreja Católica Apostólica Romana; *the Anglican ~/the ~ of England* a Igreja Anglicana; *the Established ~ of England* a Igreja Oficial da Inglaterra; *to enter the ~/to go into the ~* tomar ordens sacras; *to go to ~* ir à igreja; cumprir os preceitos religiosos
churchgoer ['tʃɜːtʃˌgəʊə] *s.* RELIGIÃO frequentador da igreja; praticante; *the churchgoers* os fiéis
churching ['tʃɜːtʃɪŋ] *s.* **1** [ant.] (mulher) ida à igreja para dar graças pelo nascimento dum filho; **2** [ant.] primeira assistência às cerimónias religiosas após o casamento
churchly ['tʃɜːtʃlɪ] *adj.* eclesiástico; próprio da igreja

churchman ['tʃɜːtʃmən] *s.* (pl. **-men**) **1** eclesiástico; **2** membro da Igreja Anglicana
churchwarden [ˌtʃɜːtʃˈwɔːdən] *s.* **1** fabricário, fabriqueiro; **2** pessoa encarregada de cobrar os rendimentos de uma igreja ou de guardar as alfaias e paramentos; **3** chachimbo comprido de barro
churchy ['tʃɜːtʃɪ] *adj.* (comp. **-ier**, superl. **-iest**) fanático, faccioso em matéria religiosa
churchyard ['tʃɜːtʃjɑːd] *s.* (junto a igreja) cemitério ❖ *~ cough* tosse que prenuncia a morte
churl [tʃɜːl] *s.* vilão, rústico
churlish ['tʃɜːlɪʃ] *adj.* rústico; grosseiro, rude
churlishly ['tʃɜːlɪʃlɪ] *adv.* de modo rústico, grosseiro
churlishness ['tʃɜːlɪʃnɪs] *s.* rusticidade, grosseria
churn [tʃɜːn] Ⓐ *s.* **1** batedeira para fazer manteiga; **2** (recipiente) leiteira Ⓑ *v.tr.* **1** (leite, nata) bater; **2** fazer (manteiga); **3** (líquido) agitar; **4** (líquido) fazer espumar Ⓒ *v.intr.* **1** (mar) agitar-se; **2** (estômago) embrulhar-se_fig._ ❖ *~ dasher/staff* batedor de leite
◆**churn out** *v.tr.* produzir em série
churr [tʃɜː] Ⓐ *v.intr.* fazer vibrar o ar com o batimento de asas Ⓑ *s.* ruído do batimento de asas
chute [ʃuːt] *s.* **1** queda de água; **2** cano inclinado; **3** cano inclinado aberto para despejo de detritos; **4** calha de escoamento; **5** plano inclinado; **6** pista inclinada para trenós; **7** [coloq.] pára-quedista
chutney ['tʃʌtnɪ] *s.* CULINÁRIA comida indiana feita com fruta, especiarias, açúcar e vinagre
chutzpah ['ʃʊtzpə] *s.* [EUA] [coloq.] lata_fig._, descaramento, ousadia
chyle [kaɪl] *s.* FISIOLOGIA quilo
chyme [kaɪm] *s.* FISIOLOGIA quimo
CI Ⓐ [abrev. de Channel Islands] Ⓑ [abrev. de Cayman Islands]
CIA [EUA] [abrev. de Central Intelligence Agency]
ciboria [sɪˈbɔːrɪə] *s.* {pl. de **ciborium**}
ciborium [sɪˈbɔːrɪəm] *s.* (pl. **-s** ou **-a**) cibório
cicada [sɪˈkɑːdə, sɪˈkeɪdə] *s.* cigarra
cicala [sɪˈkɑːlə] *s.* ⇒ **cicada**
cicatrice ['sɪkətrɪs] *s.* cicatriz
cicatrices [sɪkəˈtraɪsiːz] pl. de **cicatrix**
cicatricle [sɪkəˈtrɪkəl] *s.* BIOLOGIA cicatrícula
cicatricula [sɪkəˈtrɪkʊlə] *s.* BIOLOGIA cicatrícula
cicatrix ['sɪkəˌtrɪks] *s.* ⇒ **cicatrice**
cicatrize ['sɪkəˌtraɪz] *v.tr.,intr.* cicatrizar
Cicely ['sɪsəlɪ] *s.antr.* Cecília
Cicero ['sɪsərəʊ] *s.antr.* Cícero
cicerone [ˌtʃɪtʃəˈrəʊnɪ] Ⓐ *s.* cicerone Ⓑ *v.tr.* servir de cicerone a
Ciceronian [ˌsɪsəˈrəʊnɪən] *adj.* **1** ciceroniano; **2** clássico, eloquente
Ciceronianism [ˌsɪsəˈrəʊnɪənɪzəm] *s.* ciceronianismo
cicisbeo [ˌtʃɪtʃɪzˈbeɪəʊ] *s.* (pl. **-s**) chichisbéu
CID [GB] [abrev. de Criminal Investigation Department]
cider ['saɪdə] *s.* (bebida) sidra ❖ *~ brandy* aguardente de sidra; *~ press* espremedeira de maçãs para fazer sidra; *sweet ~* sidra doce
CIE [abrev. de Companion of the (Order of the) Indian Empire]
c.i.f. [abrev. de cost, insurance, and freight]
cigar [sɪˈgɑː] *s.* charuto ❖ *~ case* charuteira; *~ holder* boquilha (para charuto); (automóvel) *~ lighter* isqueiro eléctrico para cigarros; *~ maker* fabricante de charutos
cigarette [ˌsɪgəˈret] *s.* cigarro ❖ *~ case* cigarreira; *~ holder* boquilha; *~ paper* mortalha
cigarillo [ˌsɪgəˈrɪləʊ] *s.* cigarrilha
cilantro [sɪˈlæntrəʊ] *s.* [EUA] BOTÂNICA, CULINÁRIA coentro
cilia ['sɪlɪə] *s.pl.* cílios
ciliary ['sɪlɪərɪ] *adj.* ciliário
cilice ['sɪlɪs] *s.* cilício
cilium ['sɪːlɪəm] *s.* (pl. **cilia**) ANATOMIA, BIOLOGIA cílio
CILT [Esc.] [abrev. de Centre for Information on Language Teaching and Research]
Cimmerian [sɪˈmɪərɪən] *adj.* cimério
C.-in-C. MILITAR [abrev. de Commander in Chief]
cinch [sɪntʃ] Ⓐ *s.* (pl. **-es**) **1** cilha; **2** [coloq.] certeza; **3** [coloq.] canja_fig._; [cal.] *it's a cinch!* é canja!, está no papo! Ⓑ *v.tr.* **1** apertar a cilha de; **2** apertar a cintura de; **3** [ant.] assegurar

cinchona [sɪŋˈkəʊnə] s. BOTÂNICA chinchona
Cincinnatus [ˌsɪnsɪˈnɑːtəs, ˌsɪnsɪˈneɪtəs] s.antr. Cincinato
cincture [ˈsɪŋktʃə] Ⓐ s. cinto, cintura, cerca Ⓑ v.tr. cingir, rodear com cintura
cinder [ˈsɪndə] s. 1 brasa; carvão; 2 cinza ❖ DESPORTO ~ *track* pista de cinza; *to burn (sth) to a* ~ reduzir a cinzas; carbonizar (alguma coisa)
Cinderella [ˌsɪndəˈrelə] s. Cinderela, Gata-Borralheira ❖ [GB] ~ *dance* dança que termina à meia-noite
cineast [ˈsɪnɪæst] s. cinéfilo
cine-camera [ˌsɪnɪˈkæmərə] s. máquina de filmar
cinema [ˈsɪnəmə] s. cinema; *to go to the* ~ ir ao cinema ❖ ~ *fan* cinéfilo
cinemactor [ˈsɪnəmæktə] s. [rar.] artista de cinema
cinemagoer [ˈsɪnəməˌɡəʊə] s. [GB] cinéfilo, frequentador de cinema
cinematic [ˌsɪnəˈmætɪk] adj. cinemático, cinematográfico, fílmico
cinematically [ˌsɪnəˈmætɪkəlɪ] adv. cinematicamente, cinematograficamente
cinematization [ˌsɪnəmətaɪˈzeɪʃən] s. cinematização, adaptação cinematográfica
cinematize [ˈsɪnəməˌtaɪz] v.tr. cinematizar, adaptar ao cinema
cinematograph [ˌsɪnɪˈmætəɡrɑːf] Ⓐ s. cinematógrafo Ⓑ v.tr.,intr. cinematografar, filmar
cinematographer [ˌsɪnɪməˈtɒɡrəfə] s. CINEMA director de fotografia
cinematographic [ˌsɪnɪmətəˈɡræfɪk] adj. cinematográfico ❖ ~ *film* película cinematográfica
cinematographically [ˌsɪnɪmætəɡræfɪkəlɪ] adv. cinematograficamente; do ponto de vista cinematográfico
cinematography [ˌsɪnɪməˈtɒɡrəfɪ] s. CINEMA fotografia
cinerama [ˌsɪnɪˈrɑːmə] s. CINEMA cinerama
cineraria [ˌsɪnəˈreərɪə] s. BOTÂNICA cinerária
cinerary [ˈsɪnəˌrərɪ] adj. cinerário
cineration [ˌsɪnəˈreɪʃən] s. cineração
cinereous [sɪˈnɪərɪəs] adj. [poét.] cinéreo, cendrado, cinza
Cingalese [ˈsɪŋɡəliːz] adj.,s. cingalês
cinnabar [ˈsɪnəbɑː] s. cinábrio
cinnamon [ˈsɪnəmən] adj.,s. 1 cinamomo; 2 caneleira, canela; 3 cor de canela
cinqfoil [ˈsɪŋkˌfɔɪl] s. 1 BOTÂNICA cinco-em-ramo, potentila; 2 quinquefólio; 3 ornamento quinquelobado
cinque [sɪŋk] s. (cartas, dados) quina
cinquefoil [ˈsɪŋkˌfɔɪl] s. 1 BOTÂNICA cinco-em-ramo, potentila; 2 quinquefólio; 3 ornamento quinquelobado
CIO [EUA] [abrev. de Congress of Industrial Organizations]
cipher [ˈsaɪfə] Ⓐ s. 1 zero, cifra, coisa ou pessoa sem qualquer importância; 2 cifra, mensagem cifrada, criptografia; 3 chave da cifra; 4 monograma; 5 zunido (de órgão) Ⓑ v.tr.,intr. 1 pôr em cifra, cifrar; 2 fazer cálculos aritméticos
cipolin [ˈsɪpəlɪn] s. cipolino
circa [ˈsɜːkə] adv. 1 cerca de, à volta de; 2 aproximadamente
circinate [ˈsɜːsɪnɪt] adj. BOTÂNICA circinado, em espiral
circle [ˈsɜːkəl] Ⓐ s. 1 círculo; 2 circunferência; 3 TEATRO balcão; *upper* ~ segundo balcão; *dress* ~ balcão de primeira; 4 (planetas) órbita; 5 (esfera social) círculo; meio; *literary* ~ meio literário; *large* ~ *of friends* grande círculo de amigos; 6 conventículo; 7 ciclo, período Ⓑ v.tr. 1 traçar um círculo em torno de; 2 rodear; circundar; *to* ~ *an area* circundar uma zona Ⓒ v.intr. girar, andar às voltas [*around*, em torno de] ❖ ~ *cutter* furador; (dança) ~ *dance* roda; *circles round the eyes* olheiras; *to come full* ~ chegar ao fim de um ciclo; voltar ao ponto de partida; *to run around in circles* andar às voltas, sem encontrar saída; *vicious* ~ círculo vicioso
circlet [ˈsɜːklɪt] s. aro, anel, pequeno círculo
circs [sɜːks] s.pl. [coloq.] circunstâncias; *under the* ~ nas presentes circunstâncias, nestas circunstâncias
circuit [ˈsɜːkɪt] s. 1 (geral) circuito; 2 ELECTRICIDADE circuito; *a break in the* ~ uma falha no circuito; 3 (recinto, percurso) circuito; *racing* ~ circuito para competição; 4 DESPORTO [coloq.] volta; *how many circuits are there left?* quantas voltas faltam?; 5 âmbito; 6 série (de factos) ❖ ELECTRICIDADE ~ *breaker* interruptor; disjuntor; ~ *closer* interruptor, comutador; *within a* ~ *of five miles* num raio de cinco milhas

circuitous [sɜːˈkjuːɪtəs] adj. indirecto, sinuoso
circuitously [sɜːˈkjuːɪtəslɪ] adv. indirectamente, com rodeios
circuitousness [sɜːˈkjuːɪtəsnɪs] s. rodeio
circular [ˈsɜːkjʊlə] Ⓐ adj. 1 circular; 2 [fig.] que não leva a lado nenhum; 3 [fig.] (argumento) tortuoso Ⓑ s. 1 (carta) circular; 2 prospecto ❖ ~ *journey* circuito; GEOMETRIA ~ *protractor* transferidor de 360°; GEOMETRIA ~ *ring* coroa circular
circularity [ˌsɜːkjʊˈlærɪtɪ] s. circularidade
circularize [ˈsɜːkjʊləraɪz] v.tr. enviar circulares a
circularizing [ˌsɜːkjʊləˈraɪzɪŋ] s. envio de circulares
circulate [ˈsɜːkjʊleɪt] Ⓐ v.intr. 1 circular [**through**, por]; *blood circulates through the body* o sangue circula pelo corpo; 2 (notícia, boato) circular, girar; 3 (trânsito) circular; fluir; 4 (comida) circular; passar; *refreshments were already circulating round the guests* as bebidas já circulavam pelos convidados Ⓑ v.tr. 1 fazer circular; 2 (notícia, boato) divulgar
circulating [ˈsɜːkjʊleɪtɪŋ] adj. 1 circulatório; 2 em circulação; 3 itinerante; ~ *library* biblioteca itinerante
circulation [ˌsɜːkjʊˈleɪʃən] s. 1 circulação; 2 distribuição; 3 tiragem (de jornais, livros, etc.); 4 moeda em curso
circulative [ˈsɜːkjʊlətɪv] adj. estimulante da circulação
circulator [ˈsɜːkjʊleɪtə] s. aquele que faz circular (notícias, etc.)
circulatory [ˈsɜːkjʊlətrɪ] adj. circulatório
circumambient [ˌsɜːkəmˈæmbɪənt] adj. circum-ambiente
circumambulate [ˌsɜːkəmˈæmbjʊleɪt] v.tr.,intr. 1 andar à volta; 2 fazer rodeios; 3 deambular
circumambulation [ˌsɜːkəmˌæmbjʊˈleɪʃən] s. deambulação
circumbendibus [ˌsɜːkəmˈbendɪbəs] s. [joc.] circunlóquio
circumcise [ˈsɜːkəmsaɪz] v.tr. circuncidar
circumcision [ˌsɜːkəmˈsɪʒən] s. circuncisão ❖ *female* ~ excisão feminina
circumference [səˈkʌmfərəns] s. circunferência
circumferential [səˌkʌmfəˈrenʃəl] adj. circunferencial
circumflex [ˈsɜːkəmˌfleks] Ⓐ adj. LINGUÍSTICA circunflexo; ~ *accent* acento circunflexo Ⓑ s. acento circunflexo Ⓒ v.tr. colocar um acento circunflexo em
circumfluent [sɜːˈkʌmflʊənt] adj. circumfluente
circumfluous [sɜːˈkʌmflʊəs] adj. 1 circunfluente; 2 rodeado de água
circumfuse [ˌsɜːkəmˈfjuːz] v.tr. 1 circunfundir; 2 derramar; 3 banhar
circumfusion [ˌsɜːkəmˈfjuːʒən] s. circunfusão
circumgyrate [ˌsɜːkəmˈdʒaɪreɪt] v.intr. circungirar
circumjacent [ˌsɜːkəmˈdʒeɪsənt] adj. circunjacente
circumlocution [ˌsɜːkəmləˈkjuːʃən] s. circunlóquio
circumlocutionize [ˌsɜːkəmləˈkjuːʃənaɪz] v.intr. estar com rodeios; não dizer as coisas directamente; empregar circunlóquios
circum-meridian [ˌsɜːkəmmɪˈriːdɪən] adj. circum-meridiano
circumnavigate [ˌsɜːkəmˈnævɪɡeɪt] v.tr. circum-navegar
circumnavigation [ˌsɜːkəmˌnævɪˈɡeɪʃən] s. circum-navegação
circumpolar [ˌsɜːkəmˈpəʊlə] adj. ASTRONOMIA circumpolar; ~ *star* estrela circumpolar
circumscribe [ˈsɜːkəmskraɪb] v.tr. 1 circunscrever, limitar; 2 assinar (petição com assinaturas dispostas em círculo)
circumscribed [ˈsɜːkəmskraɪbd] adj. circunscrito
circumscriber [ˈsɜːkəmˌskraɪbə] s. aquele que assina petição com assinaturas dispostas em círculo
circumscription [ˌsɜːkəmˈskrɪpʃən] s. 1 circunscrição; 2 limitação, limite; 3 definição; 4 inscrição em torno de moeda, etc.
circumspect [ˈsɜːkəmˌspekt] adj. discreto, circunspecto
circumspection [ˌsɜːkəmˈspekʃən] s. circunspecção
circumspectly [ˈsɜːkəmˌspektlɪ] adv. de maneira circunspecta
circumspectness [ˌsɜːkəmˈspektnɪs] s. circunspecção
circumstance [ˈsɜːkəmˌstəns] s. 1 circunstância; facto; 2 incidente; 3 pl. situação financeira; *in easy/good circumstances* em boa situação financeira; com dinheiro; *to live in reduced circumstances* viver com poucos recursos ❖ *a victim of circumstances* uma vítima das circunstâncias; *by force of* ~ por motivos de força maior; *in/under no* ~ nunca; em circunstância alguma; de forma nenhuma; *under the circumstances* tendo em conta as circunstâncias; *without* ~ sem cerimónia; *with pomp and* ~ com grande aparato

circumstanced ['sɜːkəmˌstənst] *adj.* circunstanciado
circumstantial [ˌsɜːkəm'stænʃəl] *adj.* **1** circunstancial; **2** [form.] pormenorizado; *I gave her a ~ account of the visit* fiz-lhe uma descrição pormenorizada da visita ❖ DIREITO *~ evidence* provas acessórias
circumstantiality [ˌsɜːkəmstænʃɪ'ælɪtɪ] *s.* circunstancialidade
circumstantially [ˌsɜːkəm'stænʃəlɪ] *adv.* circunstanciadamente
circumstantiate [ˌsɜːkəm'stænʃɪeɪt] *v.intr.* **1** [form.] fornecer pormenores concretos sobre; **2** [form.] fundamentar; *to ~ a theory* fundamentar uma teoria
circumvallate [ˌsɜːkəm'væleɪt] *v.tr.* circunvalar
circumvallation [ˌsɜːkəmvə'leɪʃən] *s.* circunvalação
circumvent [ˌsɜːkəm'vent] *v.tr.* **1** enredar; **2** enganar; iludir; **3** rodear; envolver; **4** contornar; tornear; **5** evitar
circumvention [ˌsɜːkəm'venʃən] *s.* **1** engano; **2** logro; **3** enredo
circumvolution [ˌsɜːkəmvə'ljuːʃən] *s.* circunvolução
circus ['sɜːkəs] *s.* (*pl.* **-es**) **1** circo; **2** praça, rotunda; **3** hipódromo; **4** GEOLOGIA circo
cirque [sɜːk] *s.* GEOLOGIA circo
cirrhosis [sɪ'rəʊsɪs] *s.* MEDICINA cirrose
cirrhotic [sɪ'rɒtɪk] *adj.* MEDICINA cirrótico
cirriferous [sɪ'rɪfərəs] *adj.* cirrífero
cirriped ['sɪrɪpəd] *s.* cirrípede
cirripede ['sɪrɪˌpiːd] *s.* ⇒ **cirriped**
cirrocumulus [ˌsaɪrəʊ'kjuːmjʊləs] *s.* METEOROLOGIA (nuvem) cirro-cúmulo
cirrostratus [ˌsaɪrəʊ'strɑːtəs] *s.* METEOROLOGIA (nuvem) cirro-estrato
cirrous ['sɪrəs] *adj.* cirroso
cirrus ['sɪrəs] *s.* METEOROLOGIA, ZOOLOGIA cirro
Cisalpine [sɪs'ælpaɪn] *adj.* cisalpino
cist [sɪst] *s.* **1** cista; **2** ARQUEOLOGIA antela
cistern ['sɪstən] *s.* cisterna
cistron ['sɪstrɒn] *s.* BIOLOGIA (genética) cístron
cistus ['sɪstəs] *s.* (*pl.* **-es**) BOTÂNICA cisto
citadel ['sɪtədel] *s.* cidadela
citation [saɪ'teɪʃən] *s.* **1** DIREITO citação; **2** citação (de autor, etc.); **3** [EUA] MILITAR menção na ordem do dia
cite [saɪt] *v.tr.* **1** DIREITO citar (judicialmente); **2** indicar como exemplo; **3** citar (livro, autor, etc.)
cithara ['siːθərə] *s.* (*pl.* **-ae**) MÚSICA cítara
citharae ['sɪθəriː] *s.* {*pl. de* **cithara**}
cither ['sɪðə] *s.* MÚSICA cistro
cithern ['sɪθɜːn] *s.* MÚSICA cistro
citizen ['sɪtɪzən] *s.* **1** cidadão; *law-abiding ~* cidadão cumpridor da lei; **2** habitante; **3** burguês, habitante de burgo ❖ *fellow ~* concidadão
citizenship ['sɪtɪzənʃɪp] *s.* cidadania
citrate ['sɪtreɪt] *s.* citrato
citric ['sɪtrɪk] *adj.* cítrico; *~ acid* ácido cítrico
citriculture ['sɪtrɪkʌltʃə] *s.* citricultura
citrine ['sɪtrɪn] Ⓐ *s.* MINERALOGIA citrina Ⓑ *adj.* amarelo, da cor do limão
Citroën ['sɪtrəʊən] *s.* nome de determinada marca de automóveis
citron ['sɪtrən] *s.* **1** BOTÂNICA lima; **2** BOTÂNICA cidra
citronella [sɪtrə'nelə] *s.* BOTÂNICA citronela, erva-cidreira
citrus ['sɪtrəs] *adj.,s.* BOTÂNICA citrino
cittern ['sɪtɜːn] *s.* ⇒ **cithern**
city ['sɪtɪ] *s.* (*pl.* **-ies**) **1** (grande metrópole) cidade; *the ~ of London* a cidade de Londres; **2** cidade criada por carta régia, geralmente com bispo e catedral ❖ *~ article* boletim financeiro; (centro da cidade) *~ centre* baixa; *~ council* conselho municipal; [GB] (jornalismo) *~ desk* secção de finanças e economia; [EUA, Can.] (jornalismo) *~ desk* secção de notícias locais; [GB] (jornalismo) *~ editor* editor de finanças; [EUA, Can.] (jornalismo) *~ editor* editor de notícias locais; *~ hall* câmara municipal; *the ~* zona comercial e financeira de Londres; (Roma) *the ~ of the Seven Hills/the Eternal ~* a cidade Eterna
cityscape ['sɪtɪskeɪp] *s.* paisagem urbana
city-state ['sɪtɪˌsteɪt] *s.* cidade-estado
cityward ['sɪtɪˌwɜːd] *adv.* em direcção à cidade
citywards ['sɪtɪˌwɜːdz] *adv.* em direcção à cidade
citywide ['sɪtɪˌwaɪd] *adj.,adv.* de toda a cidade, por toda a cidade
civet ['sɪvɪt] *s.* **1** ZOOLOGIA civeta; **2** (substância) civeta, almíscar-de-civeta
civet-cat ['sɪvɪtˌkæt] *s.* ZOOLOGIA civeta
civic ['sɪvɪk] *adj.* **1** cívico; **2** civil
civics ['sɪvɪks] *s.* educação cívica
civies ['sɪvɪz] *s.pl.* [coloq.] trajes civis
civil ['sɪvəl] *adj.* **1** (não militar) civil; *~ targets* alvos civis; **2** público; *~ disturbance* perturbação pública; *~ institutions* instituições públicas; **3** (comportamento) delicado; cortês; educado ❖ *~ disobedience* resistência passiva; desobediência civil; *~ engineer* engenheiro civil; *~ law* direito civil; *~ marriage* casamento civil; *~ power* poder civil; *~ rights* direitos civis; *~ servant* funcionário público; *~ war* guerra civil; *~ year* ano civil; *the ~ service* a função pública
civilian [sɪ'vɪlɪən] *adj.,s.* civil ❖ *civilians* população civil; MILITAR *~ casualties* baixas civis; *in ~ dress* à paisana
civilianize [sɪ'vɪlɪnaɪz] *v.tr.* passar ao estado civil
civility [sɪ'vɪlɪtɪ] *s.* (*pl.* **-ies**) civilidade
civilizable [ˌsɪvɪ'laɪzəbəl] *adj.* civilizável
civilization [ˌsɪvɪlaɪ'zeɪʃən] *s.* civilização
civilizational [ˌsɪvɪlaɪ'zeɪʃənəl] *adj.* civilizacional
civilize ['sɪvɪlaɪz] *v.tr.* civilizar
civilly ['sɪvɪlɪ] *adv.* civilmente
civvies ['sɪvɪz] *s.pl.* [coloq.] trajes civis
CJ [*abrev. de* Chief Justice]
CJD MEDICINA [*abrev. de* Creutzfeldt-Jakob disease]
Cl QUÍMICA [*símbolo de* chlorine]
clack [klæk] Ⓐ *s.* **1** estalido; **2** ruído seco; **3** tagarelice; **4** batida de válvula (em bombas) Ⓑ *v.intr.* **1** tagarelar; **2** fazer um ruído seco
clad [klæd] *prt. e part. pass. de* **to clothe** ❖ *~ with* vestido de; revestido de; *pine-clad* coberto de pinheiros
cladding ['klædɪŋ] *s.* (edifício) revestimento exterior
claim [kleɪm] Ⓐ *s.* **1** reivindicação, reclamação; **2** pretensão; **3** crédito, dívidas a receber; **4** concessão (de minas); **5** direito (a qualquer coisa) Ⓑ *v.tr.* **1** exigir, reivindicar, reclamar; **2** pedir; **3** pretender, gabar-se de; **4** declarar ❖ *to make no ~ to be sth* não pretender passar por algo; não fingir ser algo
claimant ['kleɪmənt] *s.* **1** aquele que reivindica, requer ou reclama; **2** reclamante, requerente
claimer ['kleɪmə] *s.* **1** aquele que reivindica, requer ou reclama; **2** reclamante, requerente
clairaudience [kleər'ɔːdɪəns] *s.* finura de ouvido
clairvoyance [kleə'vɔɪəns] *s.* clarividência
clairvoyant [kleə'vɔɪənt] Ⓐ *s.* vidente Ⓑ *adj.* dotado com capacidades de vidência
clairvoyante [kleə'vɔɪənt] *adj.,s.f.* ⇒ **clairvoyant**
clam [klæm] *s.* **1** ZOOLOGIA amêijoa; **2** ZOOLOGIA (molusco) castanhola; pés-de-burro, vénus-casina; **3** [fig.] pessoa muito reservada; **4** [EUA] [coloq.] dólar ❖ [coloq.] (alegria) *to be as happy as a ~ at high water* estar muito contente; [coloq.] *to shut up like a ~* fechar-se em copas
◆**clam up** *v.intr.* [coloq.] calar o bico, fechar-se em copas
clamant ['kleɪmənt] *adj.* **1** barulhento; **2** gritante; **3** urgente
clamber ['klæmbə] Ⓐ *s.* escalada Ⓑ *v.intr.* **1** escalar; **2** trepar com esforço
clam-diggers ['klæmdɪgəz] *s.pl.* VESTUÁRIO corsários
clammily ['klæmɪlɪ] *adv.* duma maneira húmida e fria
clamminess ['klæmɪnɪs] *s.* **1** humidade; **2** viscosidade
clammy ['klæmɪ] *adj.* (*comp.* **-ier**, *superl.* **-iest**) **1** húmido e frio; **2** viscoso; **3** pegajoso
clamorous ['klæmərəs] *adj.* clamoroso
clamorously ['klæmərəslɪ] *adv.* clamorosamente
clamorousness ['klæmərəsnɪs] *s.* clamor
clamour ['klæmə] Ⓐ *s.* clamor Ⓑ *v.intr.* gritar, clamar
clamp [klæmp] Ⓐ *s.* **1** grampo; **2** (carpintaria) torno; **3** (automóvel mal estacionado) bloqueador de rodas; **4** montão, pilha Ⓑ *v.tr.* **1** (com grampo/gancho) segurar, fixar, prender; **2** (automóvel mal estacionado) bloquear; **3** amontoar

◆**clamp down** Ⓐ v.tr. refrear, conter; pôr travão a; tomar medidas contra; *demonstrators must be clamped down* os manifestantes têm de ser refreados Ⓑ v.intr. suster [**on**, -]; conter [**on**, -]; *he clamped down on voices of dissent* ele susteve as vozes discordantes

clampdown ['klæmpdaʊn] s. repressão; medidas repressivas; medidas de controlo; restrições; *a ~ on illegal immigration* medidas de controlo da imigração ilegal

clan [klæn] s. clã; tribo

clandestine [klæn'destɪn, klæn'destaɪn] adj. clandestino

clandestinely [klæn'destɪnlɪ] adv. clandestinamente

clang [klæŋ] Ⓐ s. 1 som estridente, metálico; 2 ressoar (dos sinos) Ⓑ v.tr.,intr. 1 ressoar, fazer ressoar; 2 produzir um som metálico, estridente

clanger ['klæŋə] s. [coloq.] bacorada, asneira, disparate, calinada ❖ [coloq.] *to drop a ~* meter a pata na poça

clangorous ['klæŋgərəs] adj. clangoroso

clangorously ['klæŋgərəslɪ] adv. clangorosamente

clangour ['klæŋgə] s. clangor

clank [klæŋk] Ⓐ s. ruído seco e metálico Ⓑ v.tr.,intr. produzir esse ruído; soar dessa maneira

clannish ['klænɪʃ] adj. 1 dedicado ao clã; 2 com espírito de clã

clannishness ['klænɪʃnɪs] s. espírito limitado de clã

clanship ['klænʃɪp] s. ligação por clãs

clansman ['klænzmən] s. (pl. **-men**) membro do mesmo clã

clap [klæp] Ⓐ s. 1 aplauso; 2 palmada [**on**, em]; 3 estrondo; *a ~ of thunder* o estrondo de um trovão; 4 [cal.] (doença) gonorreia Ⓑ v.tr. 1 aplaudir; *to ~ sb's speech* aplaudir o discurso de alguém; 2 dar uma palmada a; 3 [coloq.] enfiar, meter; *he was clapped in prison* enfiaram-no na prisão Ⓒ v.intr. 1 bater palmas; aplaudir; 2 produzir um ruído seco; 3 (asas) bater ❖ *~ dish* prato de madeira; *to ~ eyes on* pôr a vista em; (felicitações) *to ~ sb on the back* dar uma palmadinha nas costas de alguém; *to ~ up a bargain* fechar um negócio duma maneira apressada e descuidada

◆**clap on** v.tr. (vestuário) enfiar; vestir apressadamente ❖ *to ~ one's hat* enterrar de repente o chapéu na cabeça; *to ~ all sail* navegar a todo o pano

clapboard ['klæpbɔːd] Ⓐ s. ripa Ⓑ v.tr. revestir de ripas

clapped-out ['klæptaʊt] adj. [coloq.] (velho e gasto) a cair aos bocados

clapper ['klæpə] s. 1 (sino) badalo; 2 (porta) ferrolho; taramela; 3 pessoa que aplaude; 4 [fig.] língua; taramela ❖ [coloq.] *like the clappers* como um foguete; a toda a brida

clapperboard ['klæpəbɔːd] s. claquete

clapperclaw ['klæpəklɔː] v.tr. arranhar, ferir

clapping ['klæpɪŋ] s. aplausos; palmas

claptrap ['klæptræp] Ⓐ s. verborreia, discurso bombástico e vistoso Ⓑ adj. vazio, oco

claque [klæk] s. claque

Clara ['kleərə] s.antr. Clara

clarabella [klærə'belə] s. MÚSICA clarabela

Clare [kleə] s.antr. Clara ❖ (freiras) *the poor Clares* as Clarissas pobres

clarence ['klærəns] s. carruagem fechada de quatro lugares interiores

clarendon ['klærəndən] s. TIPOGRAFIA normando

claret ['klærɪt] Ⓐ s. 1 (vinho) clarete; 2 [coloq.] sangue; 3 (cor) bordeaux Ⓑ adj. (cor) bordeaux ❖ [coloq.] *to tap one's ~* pôr o nariz a sangrar com um soco

clarification [ˌklærɪfɪ'keɪʃən] s. clarificação

clarifier ['klærɪˌfaɪə] s. clarificador

clarify ['klærɪfaɪ] v.tr. clarificar

clarifying ['klærɪfaɪɪŋ] adj. clarificador; esclarecedor; *a ~ explanation* uma explicação esclarecedora

clarinet ['klærɪnɪt] s. MÚSICA clarinete

clarinettist [ˌklærɪ'netɪst] s. MÚSICA clarinetista

clarion ['klærɪən] s. MÚSICA clarim

clarionet ['klærɪənet] s. ⇒ **clarinet**

clarity ['klærɪtɪ] s. claridade

clarkia ['klɑːkjə] s. BOTÂNICA clárquia

clash [klæʃ] Ⓐ s. (pl. **-es**) 1 (som) tinido; 2 choque; embate; 3 (situação) conflito; confronto; oposição; 4 (cores) má combinação Ⓑ v.intr. 1 (ideias) entrar em conflito [**with**, com]; 2 confrontar, entrar em confronto [**with**, com]; *demonstrators clashed with the police* os manifestantes envolveram-se em confrontos com a polícia; 3 chocar; colidir; 4 (datas) sobrepor-se; coincidir; 5 (cores) não combinar; *these colours ~* estas cores não combinam; 6 (metais) tinir ❖ *a ~ of interests* conflito de interesses; *personality ~* choque de personalidades; (automóvel) *to ~ the gears* arranhar as velocidades

clasp [klɑːsp] Ⓐ s. 1 fivela; *the ~ on a belt* a fivela de um cinto; 2 (jóia) fecho; 3 abraçadeira; 4 aperto de mão; 5 abraço; 6 MILITAR (medalha) etiqueta identificando a acção militar galardoada Ⓑ v.tr. 1 apertar; *she clasped her necklace* ela apertou o colar; 2 afivelar; fechar; 3 abraçar; *to ~ sb in your arms* abraçar alguém ❖ *~ knife* navalha de mola; *~ nail* pequeno cravo sem cabeça; (cumprimento) *to ~ hands* apertar as mãos; *to ~ one's hands* entrelaçar os dedos

clasper ['klɑːspə] s. gavinhas

class [klɑːs] Ⓐ s. 1 turma; *we were in the same ~* andávamos na mesma turma; 2 aula; *evening classes* aulas nocturnas; 3 estilo; classe; *to have ~* ter estilo; 4 posição, classe social; *lower/middle/upper ~* classe baixa/média/alta; *the ~ struggle* luta de classes; 5 (meios de transporte) classe; *to travel first ~* viajar em primeira classe; 6 [EUA] (liceu, universidade) finalistas; *the ~ of '96* os finalistas de 96 Ⓑ v.tr. 1 classificar [**as**, como]; 2 catalogar [**as**, como] ❖ *~ book* manual escolar; *~ consciousness* consciência de classe; [depr.] snobismo; *first ~* primeira qualidade; *he is in a ~ by himself* ele está numa categoria à parte; *he is not in the same ~ with* não é da mesma categoria de; não pode comparar-se com; [coloq.] *to be no ~* ser inferior; ser vulgar

class-conscious [ˌklɑːs'kɒnʃəs] adj. 1 consciente das diferenças sociais; 2 [depr.] snobe

classic ['klæsɪk] Ⓐ s. 1 clássico; *a ~ of its kind* um clássico no género; 2 pl. estudos clássicos; 3 pl. filosofia clássica Ⓑ adj. 1 clássico; 2 (paradigmático) clássico; típico; *a ~ example of* um exemplo típico de; 3 (classificação) de primeira classe

classical ['klæsɪkəl] adj. clássico; relativo aos clássicos ❖ *~ music* música clássica; *~ scholar* humanista

classically ['klæsɪkəlɪ] adv. classicamente

classicism ['klæsɪsɪzəm] s. ARTES PLÁSTICAS, LITERATURA, LINGUÍSTICA classicismo

classicist ['klæsɪsɪst] s. classicista

classicize ['klæsɪsaɪz] Ⓐ v.tr. tornar clássico Ⓑ v.intr. imitar o estilo clássico

classifiable [ˌklæsɪ'faɪəbəl] adj. classificável

classification [ˌklæsɪfɪ'keɪʃən] s. classificação

classified ['klæsɪfaɪd] adj. 1 classificado; 2 secreto, confidencial; *~ information* informação secreta ❖ (publicação) *~ ads* anúncios classificados

classifier ['klæsɪfaɪə] s. classificador

classify ['klæsɪfaɪ] v.tr. 1 classificar, distribuir por classes; 2 decretar segredo oficial; classificar como confidencial

classless ['klɑːsləs] adj. sem classes; *~ society* sociedade sem classes

classmate ['klɑːsmeɪt] s. (escola) colega de aula, colega de turma

classroom ['klɑːsrʊm] s. (escola) sala de aula

classy ['klɑːsɪ] adj. (comp. **-ier**, superl. **-iest**) [coloq.] com classe, elegante

clatter ['klætə] Ⓐ s. 1 estrépito; estridor; 2 [fig.] algazarra; barulheira; 3 (vozes) falatório Ⓑ v.tr.,intr. 1 fazer barulho (com); 2 estrepitar; 3 [fig.] falar alto

◆**clatter along** v.intr. deslocar-se ruidosamente

Claud [klɔːd] s.antr. Cláudio

Claudia ['klɔːdɪə] s.antr. Cláudia

Claudius ['klɔːdɪəs] s.antr. Cláudio

clause [klɔːz] s. 1 LINGUÍSTICA oração, proposição; 2 condição; 3 DIREITO (documento legal) cláusula, condição, artigo

claustral ['klɔːstrəl] adj. claustral

claustrophobia [ˌklɔːstrə'fəʊbɪə] s. claustrofobia

claustrophobic [ˌklɔːstrə'fəʊbɪk] adj. 1 claustrofóbico; 2 de claustrofobia

clavate ['klævɪt] adj. claviforme

clave [kleɪv] *prt. de* **to cleave**
clavecin [ˈklævɪsɪn] *s.* MÚSICA clavecino
clavichord [ˈklævɪkɔːd] *s.* MÚSICA clavicórdio
clavicle [ˈklævɪkəl] *s.* clavícula
clavicular [kləˈvɪkjʊlə] *adj.* clavicular
clavier [klæˈvɪə] *s.* teclado (de instrumento)
claviform [ˈklævɪˌfɔːm] *adj.* claviforme
claw [klɔː] Ⓐ *s.* 1 (felinos) garra; *sharp claws* garras afiadas; 2 (caranguejo) pinça, navalha; 3 pata; 4 grampo Ⓑ *v.tr.,intr.* 1 arranhar; *the cat clawed my hand* o gato arranhou-me na mão; 2 despedaçar com garras ou mãos; 3 arrebatar ❖ *~ bar* pé-de-cabra; *~ hammer* martelo de unha; *~ hammer coat* casaca; *to ~ one's way up* subir a pulso; *to get one's claws into sb* deitar as garras a alguém
◆**claw back** *v.tr.* 1 recuperar a custo; conseguir recuperar; 2 receber reembolso de
◆**claw off** *v.intr.* NÁUTICA fazer-se ao largo
clawed [klɔːd] *adj.* com unha ou garra
clay [kleɪ] *s.* 1 argila; barro; 2 terra; 3 [fig.] pó ❖ *~ cold* frio de morte; *~ marl* marga argilosa; *~ pit* barreira; *~ pottery* louça de barro; *~ stone* argila endurecida; DESPORTO *~ pigeon shooting* tiro aos pratos; [coloq.] *to moisten one's ~/to wet one's ~* beber; molhar o bico
clayey [ˈkleɪɪ] *adj.* argiloso
claymation [ˌkleɪˈmeɪʃən] *s.* animação com figuras de barro
claymore [ˈkleɪmɔː] *s.* antiga espada escocesa
CLB [*abrev. de* Church Lads' Brigade]
cleading [ˈkliːdɪŋ] *s.* revestimento
clean [kliːn] Ⓐ *adj.* 1 limpo; 2 (com água) lavado; 3 (comportamento) puro, imaculado; 4 (actos) justo, honesto, correcto; *a ~ game* um jogo honesto; 5 (papel) em branco; *a ~ sheet of paper* uma folha em branco; 6 (comentário) inocente, inofensivo; decente; *a good ~ joke* uma anedota inocente; 7 (superfície) liso; suave; 8 (som) claro, nítido; 9 completo, total; *~ sweep* vitória completa; 10 (movimento) perfeito; *a ~ shot to the goal* um remate perfeito; 11 (indústria) não tóxico; não poluente; *~ waste* desperdícios não tóxicos; 12 [cal.] livre de drogas Ⓑ *adv.* completamente; absolutamente; *I ~ forgot* esqueci-me completamente Ⓒ *v.tr.,intr.* limpar Ⓓ *s.* limpadela; *to give sth a ~* dar uma limpadela a algo ❖ (relacionamentos) *~ break* separação a bem; (sem nós) *~ timber* madeira limpa; *~ whisky* uísque puro; *to come ~* dizer a verdade; *to have a ~ bill of health* gozar de boa saúde; *to have (sth) cleaned* levar à lavandaria; *to make a ~ breast of* confessar; revelar; *to make a ~ sweep of* ver-se livre de; (fugir) *to show a ~ pair of heels* dar aos calcanhares; *to start with a ~ slate* recomeçar do zero
◆**clean down** *v.tr.* dar uma geral a; fazer uma arrumação total a
◆**clean out** *v.tr.* 1 limpar a fundo; fazer uma arrumação a fundo a; 2 [coloq.] (roubar tudo) depenar
◆**clean up** Ⓐ *v.tr.* 1 (coisa, pessoa) limpar; 2 (espaço) arrumar a fundo; 3 (autoridades, polícia, etc.) fazer uma limpeza a; acabar com; erradicar Ⓑ *v.intr.* 1 (espaço) arrumar; 2 [coloq.] fazer dinheiro
cleanable [ˈkliːnəbəl] *adj.* que pode limpar-se, limpável
clean-cut [ˌkliːnˈkʌt] *adj.* 1 (pessoa) alinhado, aprumado, direitinho; 2 claro, nítido, inequívoco; 3 regular; *~ features* feições regulares; 4 simples, sóbrio
cleaner [ˈkliːnə] *s.* 1 empregado de limpeza; 2 máquina de limpeza; 3 detergente; produto de limpeza; *carpet ~* produto para limpar alcatifa ❖ *cleaner's* lavandaria; (dinheiro, bens) *to take sb to the cleaners* depenar alguém
clean-fingered [kliːnˈfɪŋgəd] *adj.* 1 honesto, sério; 2 escrupuloso
clean-handed [kliːnˈhændɪd] *adj.* 1 inocente; 2 de mãos limpas
clean-handedness [kliːnˈhændɪdnɪs] *s.* inocência
cleaning [ˈkliːnɪŋ] *s.* 1 limpeza; *to do the ~* fazer a limpeza; 2 limpadela; 3 purificação ❖ *~ fluid* líquido de limpeza; *~ hose* mangueira para limpeza; *~ lady* senhora da limpeza; *~ product* produto de limpeza; [ant.] (armas de fogo) *~ rod* saca-trapos
cleanliness [ˈklenlɪnəs] *s.* limpeza
cleanly¹ [ˈklenlɪ] *adj.* (*comp.* **-ier**, *superl.* **-iest**) limpo
cleanly² [ˈkliːnlɪ] *adv.* 1 com limpeza; sem sujar; 2 competentemente; com eficiência; 3 com precisão; 4 honestamente; de acordo com as regras
cleanness [ˈkliːnnɪs] *s.* limpeza
cleansable [ˈklenzəbəl] *adj.* que pode limpar-se, purificar-se
cleanse [klenz] *v.tr.* 1 purificar; 2 sanear; 3 limpar; 4 depurar
cleanser [ˈklenzə] *s.* 1 (cosmética) desmaquilhante; 2 (cosmética, detergente) produto de limpeza
clean-shaven [ˈkliːnʃeɪvən] *adj.* 1 com a barba bem feita, bem barbeado; 2 de cara rapada, sem barba nem bigode
cleansing [ˈklenzɪŋ] Ⓐ *s.* 1 limpeza; 2 [fig.] (moralidade) purificação, depuração Ⓑ *adj.* 1 de limpeza; 2 (cosmética) desmaquilhante; *~ cream/lotion/milk* creme/loção/leite desmaquilhante; *~ tissue* lenço desmaquilhante; 3 (moralidade) purificador
cleanup [ˈkliːnʌp] *s.* (*pl.* **-s**) 1 limpeza; 2 limpadela; *to give sth a ~* dar uma limpadela a; 3 [fig.] erradicação; eliminação
clear [klɪə] Ⓐ *adj.* 1 claro; *~ as glass* claro como água; *do I make myself clear?* fui claro?; *to make sth ~* esclarecer algo, deixar algo claro; 2 nítido, distinto, manifesto; 3 (tempo) límpido; sem nuvens; *~ sky* céu límpido; 4 COMÉRCIO líquido, sem descontos Ⓑ *adv.* 1 completamente; claramente; 2 (som) distintamente; *loud and ~* alto e bom som; 3 longe; à distância; *to stand ~ of* manter-se à distância de, afastar-se de Ⓒ *v.tr.,intr.* 1 (tempo, expressão) desanuviar; *his face cleared* a expressão dele desanuviou-se; 2 (espaço) desentupir; desobstruir; desimpedir; *to ~ a pipe* desentupir um cano; 3 (mesa) levantar; *to ~ the table* levantar a mesa; 4 libertar [**from**, de]; *to ~ an area from toxic waste* limpar uma área de desperdícios tóxicos; 5 (lucro, dinheiro) conseguir; fazer; *to ~ £100* ter um lucro de 100 libras; 6 (ideias, problemas) esclarecer; 7 autorizar; dar o aval a; não pôr restrições a; *the plane took off as soon as it was cleared* o avião descolou assim que obteve autorização; 8 ilibar; *she was cleared of all charges* foi ilibada de todas as acusações; 9 saldar, liquidar; *to ~ one's debts* liquidar as dívidas; 10 COMÉRCIO despachar na alfândega ❖ *in ~* sem ser em cifra; *the coast is ~* o caminho está livre!; COMÉRCIO *to ~* em saldo; para saldar; (exame) *to ~ an examination paper* responder a todas as perguntas; *to be ~ about sth* ter a certeza de qualquer coisa; AERONÁUTICA, NÁUTICA *to be cleared for* ter licença; *to be in the ~* estar a salvo; *to ~ the air* desanuviar; *to ~ the court* fazer evacuar a sala do tribunal; *to ~ the ground* desbravar terreno; NÁUTICA *to ~ the land* afastar-se da terra; *to get ~ of* fugir a; *to have a ~ conscience* ter a consciência tranquila; *to keep ~ of* evitar; *to make oneself ~* explicar-se
◆**clear away** Ⓐ *v.tr.* arrumar Ⓑ *v.intr.* 1 (nevoeiro) dissipar-se; 2 (refeição) levantar a mesa; 3 (movimento) afastar-se
◆**clear off** Ⓐ *v.intr.* [coloq.] pôr-se a mexer; desandar Ⓑ *v.tr.* (dívida) liquidar
◆**clear out** Ⓐ *v.tr.* 1 (armário, quarto) esvaziar; fazer uma arrumação geral a; 2 (objectos velhos) deitar fora; 3 deixar sem dinheiro Ⓑ *v.intr.* [coloq.] desandar; pôr-se a andar; *~ of my sight!* desanda da minha vista!
◆**clear up** Ⓐ *v.tr.* 1 (problema) resolver; esclarecer; *let's clear things up* vamos lá esclarecer isto; 2 arrumar Ⓑ *v.intr.* 1 (tempo) abrir; melhorar; 2 (doença) passar; 3 fazer arrumações
clearage [ˈklɪərɪdʒ] *s.* 1 remoção; 2 libertação, limpeza
clearance [ˈklɪərəns] *s.* 1 libertação de espaço; desobstrução; desentupimento; 2 (habitantes) despejo, expulsão; 3 (tribunal, espaço) evacuação; 4 licença; autorização; *to get ~ for takeoff* obter autorização para descolar; 5 remoção; eliminação; erradicação; *slum ~* remoção de barracas; 6 COMÉRCIO liquidação; *~ sale* liquidação total; 7 MECÂNICA folga, separação, curso de êmbolo; *maximum ~* folga máxima; *variable ~* folga variável; 8 COMÉRCIO certificado de saída da alfândega
clear-cole [ˈklɪəkəʊl] Ⓐ *s.* aparelho, primeira mão de tinta Ⓑ *v.tr.* dar aparelho a, dar uma primeira mão de tinta a
clear-cut [ˌklɪəˈkʌt] Ⓐ *adj.* 1 claro, inequívoco, evidente, sem ambiguidades; 2 nítido Ⓑ *v.tr.* abater todas as árvores de
clearer [ˈklɪərə] *s.* aquilo que liberta, limpa, ou serve para desentupir
clear-eyed [ˈklɪəraɪd] *adj.* perspicaz; lúcido

clear-fell ['klɪəfel] v.tr. derrubar (árvores)
clear-headed [,klɪə'hedɪd] adj. lúcido, perspicaz
clearing ['klɪərɪŋ] s. 1 (terreno) desbravamento; 2 arrumação; 3 (canos, trânsito, pessoas) desobstrução; 4 (alfândega) despacho; 5 (bosque) clareira; 6 (bancos) transferências; 7 liquidação ❖ ~ hospital hospital de campanha
clearinghouse ['klɪərɪŋhaʊz] s. 1 FINANÇAS (banco) câmara de compensação; 2 [fig.] central, centro coordenador
clearly ['klɪəlɪ] adv. 1 distintamente; 2 manifestamente
clearness ['klɪənɪs] s. 1 clareza; 2 transparência
clear-sighted [,klɪə'saɪtɪd] adj. perspicaz, penetrante, clarividente
clearstory ['klɪəstərɪ] s. (pl. -ies) ⇒ clerestory
cleat [kli:t] s. 1 suporte, chapuz; 2 NÁUTICA cunho; 3 gancho; 4 grampo, braçadeira; 5 bucha
cleavage ['kli:vɪdʒ] s. 1 clivagem; 2 (decote) linha entre os seios; 3 BIOLOGIA (células) divisão; 4 MINERALOGIA fenda; greta ❖ ~ of opinion divergência de opiniões
cleave [kli:v] Ⓐ v.tr.,intr. (prt. clove ou cleft, part. pass. cloven ou cleft) 1 fender, lascar, rachar; 2 abrir caminho Ⓑ v.intr. (prt. cleaved ou clave, part. pass. cleaved) aderir, ligar-se
cleaver ['kli:və] s. 1 cutelo (de magarefe), machadinha; 2 cortador; 3 pl. BOTÂNICA amor-de-hortelão
cleek [kli:k] s. DESPORTO (golfe) taco com ponteira de ferro
clef [klef] s. MÚSICA clave; the bass ~ a clave de fá; the treble ~ a clave de sol
cleft [kleft] Ⓐ s. 1 (rocha) fenda, greta; fissura; 2 [form.] hiato; distância Ⓑ {prt. e part. pass. de to cleave} ❖ MEDICINA ~ palate fenda palatina; in a ~ stick num impasse
cleg [kleg] s. 1 mosca do cavalo; 2 moscardo, tavão
cleistogamic [,klaɪstəʊ'gæmɪk] adj. BOTÂNICA cleistogâmico
clematis ['klemətɪs] s. clematite
clemency ['klemənsɪ] s. clemência
clement ['klemənt] adj. clemente
Clementina [,klemən'ti:nə] s.antr. Clementina
clementine ['kleməntaɪn] s. BOTÂNICA clementina
Clementine ['klemən taɪn] s.antr. Clementina
clemently ['klemən tlɪ] adv. com clemência
clench ['klentʃ] v.tr. 1 firmar; prender com firmeza; 2 (dentes, punho) cerrar ❖ to ~ an argument decidir uma questão
clencher ['klentʃə] s. grampo, talingadura
Cleopatra [,kli:ə'pa:trə, kli:ə'pætrə] s.antr. Cleópatra ❖ (Londres) Cleopatra's needle o obelisco de Cleópatra
clepsydra ['klepsɪdrə] s. (pl. -ae) clepsidra
clepsydrae ['klepsɪdri:] s. {pl. de clepsydra}
clerestory ['klɪəstərɪ] s. (pl. -ies) clerestório
clergy ['klɜ:dʒɪ] s. clero
clergyman ['klɜ:dʒɪmən] s. (pl. -men) 1 RELIGIÃO clérigo; 2 (protestante) pastor; 3 (católico) sacerdote ❖ clergyman's fortnight quinzena de férias abrangendo três domingos; clergyman's week semana de férias abrangendo dois domingos
cleric ['klerɪk] Ⓐ adj. clerical Ⓑ s. clérigo
clerical ['klerɪkəl] adj. 1 (secretariado) administrativo; de secretaria; a ~ job um emprego no sector administrativo; 2 RELIGIÃO eclesiástico ❖ ~ collar colarinho de padre; COMÉRCIO ~ error erro na escrita; ~ work trabalho de escritório
clericalism ['klerɪkəlɪzəm] s. clericalismo
clerically ['klerɪkəlɪ] adv. clericalmente
clerihew ['klerɪhju:] s. breve composição em verso sem sentido ou jocosa
clerk [klɑ:k] s. 1 (escritório) empregado; funcionário; 2 [EUA] recepcionista; 3 [EUA] (loja) vendedor, empregado de balcão; 4 RELIGIÃO [form.] clérigo; 5 [arc.] letrado; erudito; 6 (registos) escrivão ❖ bank ~ bancário; ~ in holy orders clérigo; ~ of the works fiscal de obras; town ~ secretário municipal
clerkess ['klɑ:kɪs] s.f. empregada
clerkship ['klɑ:kʃɪp] s. lugar, emprego de escrivão, de amanuense
clever ['klevə] adj. (comp. -er, superl. -est) 1 esperto, inteligente; 2 hábil; 3 engenhoso ❖ [coloq.] dont' get ~ with me! não te armes em esperto!; [depr.] too ~ by half espertalhão, astuto; demasiado inteligente
cleverish ['klevərɪʃ] adj. com certa inteligência

cleverly ['klevəlɪ] adv. inteligentemente
cleverness ['klevənɪs] s. 1 inteligência; 2 habilidade; 3 engenho
clevis ['klevɪs] s. 1 gancho de segurança; 2 ferro em forma de U
clew [klu:] s. 1 (linha, fio) novelo; 2 NÁUTICA ponta de vela para a escota; 3 pista, rasto; 4 fio para a saída de labirinto; 5 (problema) chave
✦clew up v.tr. NÁUTICA carregar (as velas)
cliché ['kli:ʃeɪ, kli:'ʃeɪ] s. cliché, chapa, frase feita, lugar-comum
click [klɪk] Ⓐ s. 1 clique; estalido; 2 INFORMÁTICA clique; 3 [coloq., fig.] (relacionamentos) entendimento imediato Ⓑ v.tr. estalar; to ~ one's fingers estalar os dedos Ⓒ v.intr. 1 estalar; produzir um estalido; 2 INFORMÁTICA clicar [on, em/sobre]; 3 [coloq.] (ideia) tornar-se claro; 4 [coloq.] perceber; 5 [coloq.] (funcionar) fazer sucesso; 6 [coloq.] (relacionamentos) entender-se à primeira; simpatizar de imediato; dar-se bem desde o início; we clicked from the start demo-nos bem logo que nos conhecemos; to ~ with sb dar-se bem com alguém logo à primeira ❖ to ~ into place encaixar; to ~ the heels together bater os calcanhares
clickable ['klɪkəbəl] adj. INFORMÁTICA clicável
client ['klaɪənt] s. freguês, cliente
clientele [,kli:ɒn,tel] s. 1 clientela; 2 habitués, frequentadores habituais
clientelism [klaɪən'telɪzm] s. POLÍTICA [depr.] clientelismo
clientelistic [,klaɪəntə'lɪstɪk] adj. clientelista
cliff [klɪf] s. 1 penhasco; 2 rochedo abrupto sobre o mar; 3 falésia, escarpa
cliffhanger ['klɪf,hæŋər] s. 1 momento de suspense; 2 momento de angústia; 3 LITERATURA, CINEMA, TELEVISÃO história de suspense
cliffhanging ['klɪf,hæŋɪŋ] adj. 1 de suspense; 2 de angústia
cliffsman ['klɪfzmən] s. (pl. -men) escalador de rochedos; alpinista
cliffy ['klɪfɪ] adj. escarpado
climacteric [klaɪ'mæktərɪk, 'klaɪmæktərɪk] Ⓐ adj. 1 climactérico; 2 FISIOLOGIA relativo ao climactério Ⓑ s. 1 período crucial; 2 FISIOLOGIA (menopausa) climactério
climacterical [,klaɪmæk'terɪkəl] adj. climactérico
climactic [klaɪ'mæktɪk] adj. graduado, em série ascendente
climate ['klaɪmɪt] s. 1 clima; 2 ambiente
climatic [klaɪ'mætɪk] adj. climático
climatical [klaɪ'mætɪkəl] adj. climático
climatologist [,klaɪmə'tɒlədʒɪst] s. climatologista
climatology [,klaɪmə'tɒlədʒɪ] s. climatologia
climax ['klaɪmæks] Ⓐ s. (pl. -es) 1 clímax; 2 cume, apogeu, ponto mais alto Ⓑ v.tr.,intr. 1 chegar, levar ao ponto mais alto; 2 ter um orgasmo
climb [klaɪm] Ⓐ v.tr.,intr. 1 trepar (a), subir; to ~ (up) the stairs subir as escadas; to ~ a tree trepar a uma árvore; 2 escalar; to ~ a mountain escalar uma montanha; 3 subir; elevar-se; ascender; tomar altitude; the sun climbed in the sky o sol elevou-se no céu Ⓑ s. 1 ascensão, subida; 2 DESPORTO escalada
✦climb down v.intr. 1 descer; 2 (discussão) ceder; recuar
climber ['klaɪmə] s. 1 DESPORTO alpinista, escalador, montanhista; 2 trepador; 3 BOTÂNICA trepadeira, planta trepadora; 4 [fig.] (pessoa) alpinista social
climbing ['klaɪmɪŋ] Ⓐ s. 1 subida, escalada; 2 DESPORTO alpinismo, montanhismo; to go ~ fazer/praticar montanhismo Ⓑ adj. 1 trepador, trepadeiro; ~ plants plantas trepadeiras; 2 de trepar; 3 ascendente; ascensional ❖ ~ boots botas de montanhismo; (parque infantil) ~ frame barras; ~ irons grampos de trepar; AERONÁUTICA ~ speed velocidade ascensional
clime [klaɪm] s. 1 poét.] região; 2 clima; 3 céu
clinch [klɪntʃ] Ⓐ v.tr.,intr. 1 tomar uma decisão final; 2 encerrar uma discussão; 3 firmar um negócio; 4 rebitar; 5 NÁUTICA talingar; 6 DESPORTO (boxe) entrar em corpo-a-corpo Ⓑ s. (pl. -es) 1 rebite, grampo; 2 NÁUTICA talinga, nó de bolina; 3 DESPORTO (boxe) corpo-a-corpo; 4 [coloq.] abraço apertado
clincher ['klɪntʃə] s. 1 factor decisivo; 2 argumento decisivo; 3 grampo, gato, gancho
cling [klɪŋ] v.intr. (pret. e p. p. clung) 1 (pessoa) segurar-se, agarrar-se [to, a]; 2 (ideais) manter-se fiel [to, a]; to ~ to a belief ser fiel a uma crença; 3 pegar-se; colar-se [to, a]; his shirt clung to his body a camisa colava-se-lhe ao corpo
✦cling on v.intr. segurar-se bem [to, a]; ~ on tight! agarra-te bem!; ~ to me! segura-te bem a mim!

clinger ['klɪŋə] s. [coloq.] (personalidade) dependente
clingfilm ['klɪŋfɪlm] s. (protecção de alimentos) película aderente
clinginess ['klɪŋɪnɪs] s. carácter pegajoso
clinging ['klɪŋɪŋ] adj. 1 (pessoa) dependente; pegadiço; pendura; 2 (cheiro, aroma) persistente; 3 (roupa) justo, moldado ao corpo ❖ [EUA] [coloq., depr.] (pessoa) ~ *vine* carraça; cola; pendura
clingstone ['klɪŋstəʊn] s. BOTÂNICA alperce
clingwrap ['klɪŋræp] s. (protecção de alimentos) película aderente
clingy ['klɪŋɪ] adj. pegajoso
clinic ['klɪnɪk] s. clínica
clinical ['klɪnɪkəl] adj. 1 clínico; ~ *diagnosis* diagnóstico clínico; 2 [fig.] (comportamento) imparcial; frio; distante; 3 [fig.] (decoração) austero; asséptico ❖ ~ *psychology* psicologia clínica
clinically ['klɪnɪkəlɪ] adv. 1 clinicamente; 2 [fig.] friamente; 3 [fig.] objectivamente, imparcialmente
clinician [klɪ'nɪʃən] s. clínico
clink [klɪŋk] Ⓐ s. 1 (vidros, metais, etc.) tinido; 2 [coloq., ant.] cadeia Ⓑ v.tr. fazer tinir Ⓒ v.intr. tinir
clinker ['klɪŋkə] s. 1 escórias de carvão, jorra de carvão; 2 tijolo holandês, amarelado e duro, para pavimentação; 3 GEOLOGIA (vulcão) escória, cinza vulcânica; 4 argumento decisivo; 5 [EUA] [ant.] falhanço
clinker-built ['klɪŋkəˌbɪlt] adj. NÁUTICA (barco, navio) cravado com tábuas sobrepostas no bordo exterior
clinometer [klaɪ'nɒmɪtə] s. clinómetro
clinometric ['klaɪnəʊˌmetrɪk] adj. clinométrico
clinquant ['klɪŋkənt] adj. resplandecente
Clio ['klaɪəʊ] s. MITOLOGIA Clio
clip [klɪp] Ⓐ s. 1 clip, grampo metálico, gancho, prende-papéis; 2 CINEMA, TELEVISÃO clip, trecho, extracto (**from**, de]; 3 corte; aparadela; 4 (arma) carregador; 5 (jornal) recorte; 6 [Austr.] tosquia; 7 [Austr.] lã tosquiada Ⓑ v.tr. (particípios: **-pp-**) 1 apertar, prender, firmar; 2 cortar, aparar, recortar; 3 bater em, acertar em, dar uma pancada em; 4 reduzir, diminuir; 5 (bilhete de autocarro ou comboio) revisar, picar; 6 [Austr.] tosquiar; 7 omitir sílabas ou letras, não pronunciar sílabas ou letras; 8 (bordo das moedas) recortar; 9 deslocar-se rapidamente; 10 [cal.] enganar, intrujar ❖ (papelaria) *paper* ~ clip; [coloq.] *a* ~ *round the ear/earhole* uma pancada na orelha; *at a* ~ de cada vez; em cada ocasião; *at a good* ~ rapidamente; a um bom ritmo; *to* ~ *sb's wings* cortar as asas a alguém
clipboard ['klɪpbɔːd] s. bloco de notas com mola
clipped [klɪpd] adj. 1 bem cortado, bem aparado; *a* ~ *moustache* um bigode bem aparado; 2 (discurso) bem articulado; claro
clipper ['klɪpə] s. 1 máquina de aparar a relva; 2 tesoura de podar; 3 máquina de cortar o cabelo; 4 veleiro muito rápido; 5 [fig.] pessoa ou coisa muito boa que dá nas vistas
clippie ['klɪpɪ] s.f. [ant., coloq.] condutora de autocarro ou eléctrico
clipping ['klɪpɪŋ] Ⓐ s. 1 (animais) tosquia; 2 (bilhetes) acto de revisar; 3 recorte; *press clippings* recortes de imprensa; 4 apara; *paper clippings* aparas de papel Ⓑ adj. 1 [coloq.] esplêndido, óptimo; 2 [coloq.] que dá nas vistas, vistoso
clique [kliːk] s. clique, conventículo
cliquey ['kliːkɪ] adj. (comp. **-ier**, superl. **-iest**) 1 sectário, faccioso; 2 fechado, exclusivista
cliquish ['kliːkɪʃ] adj. 1 sectário, faccioso; 2 fechado, exclusivista
cliquishness ['kliːkɪʃnɪs] s. 1 sectarismo, faccionismo; 2 exclusivismo
clit [klɪt] s. ANATOMIA clítoris
clitic ['klɪtɪk] adj.,s. LINGUÍSTICA clítico
clitoral ['klɪtərəl] adj. clitoridiano
clitoridectomy [klɪtərɪ'dektəmɪ] s. CIRURGIA clitoridectomia; excisão feminina
clitoris ['klɪtərɪs, 'klaɪtərɪs] s. ANATOMIA clítoris
clivers ['klɪvəz] s. BOTÂNICA amor-de-hortelão
cloaca [kləʊ'eɪkə] s. (pl. **-s** ou **-ae**) cloaca
cloacae [kləʊ'eɪkiː] s. {pl. de **cloaca**}
cloacal [kləʊ'eɪkəl] adj. cloacal
cloak [kləʊk] Ⓐ s. 1 VESTUÁRIO capa; capote; manto; 2 [fig.] capa, máscara, disfarce Ⓑ v.tr.,intr. 1 pôr uma capa; 2 esconder, encobrir; 3 mascarar, disfarçar ❖ *under the* ~ *of* sob o manto de

cloak-and-dagger [ˌkləʊkən'dægə] adj. 1 de capa e espada; ~ *story* romance de capa e espada; 2 misterioso, secreto; emocionante; ~ *meetings* encontros secretos
cloakroom ['kləʊkruːm] s. 1 bengaleiro; 2 vestiário; 3 [EUA] [coloq.] sanitários
clobber ['klɒbə] v.tr. 1 [coloq.] bater em; 2 [coloq., fig.] aniquilar, arrasar, esmagar; 3 [coloq., fig.] (criticar) deitar abaixo, demolir
clock [klɒk] Ⓐ s. 1 relógio (de mesa ou parede); 2 conta-quilómetros Ⓑ v.tr.,intr. 1 (tempo) fazer; *he clocked 20 seconds* ele fez 20 segundos; 2 cronometrar; 3 (ovos) chocar ❖ ~ *face/dial* mostrador; ~ *radio* rádio despertador; *alarm* ~ despertador; *biological* ~ relógio biológico; *grandfather* ~ grande relógio de sala; *grandmother* ~ relógio de sala; (trabalho) *time* ~ ponto; [GB] [coloq.] ~ *this/that!* olha para isto/aquilo!; *around/round the* ~ todo o dia e toda a noite; 24 horas por dia; *the* ~ *is slow/fast* o relógio está atrasado/adiantado; [GB] [coloq.] *to* ~ *sb one* bater em alguém; atingir alguém; *to put/set the* ~ *back* atrasar o relógio; *to put the* ~ *forward/to set the* ~ *ahead* adiantar o relógio; *to put/turn the* ~ *back* voltar ao passado; *to set the* ~ *by...* acertar o relógio por...; *to set the* ~ *for* pôr o despertador para; *to start/stop the* ~ iniciar/parar o cronómetro; (tédio, impaciência) *to watch the* ~ olhar para as horas
◆ **clock in/on** v.intr. picar o ponto (à entrada)
◆ **clock off/out** v.intr. picar o ponto (à saída)
◆ **clock up** v.tr. [coloq.] chegar a, atingir, alcançar
clocklike ['klɒklaɪk] adj. como um relógio
clockmaker ['klɒkˌmeɪkə] s. relojoeiro
clockwise ['klɒkwaɪz] adj.,adv. no sentido dos ponteiros do relógio
clockwork ['klɒkwɜːk] s. (mecanismo) corda; *a* ~ *toy* car um carrinho a corda; *to move by* ~ mover-se a corda ❖ *like* ~ com toda a regularidade; como um relógio
clod [klɒd] Ⓐ s. 1 [lit.] (terra) torrão; 2 cachaço de boi; 3 [coloq.] estúpido, bronco Ⓑ v.tr.,intr. (particípios: **-dd-**) 1 atirar torrões de terra; 2 (terra) aglomerar-se
cloddy ['klɒdɪ] adj. com torrões
clodhopper ['klɒdˌhɒpə] s. 1 rústico, bronco, patego, labrego; 2 [coloq.] (calçado) sapatão
clodhopping ['klɒdˌhɒpɪŋ] adj. rústico, bronco, patego, estúpido, labrego
clog [klɒg] Ⓐ s. 1 tamanco, soco, chanca; 2 trava, peia; 3 impedimento, embaraço Ⓑ v.tr.,intr. (particípios: **-gg-**) 1 pear (animais); 2 impedir, dificultar; 3 obstruir; 4 abafar
clogginess ['klɒgɪnɪs] s. dificuldade, embaraço
clogging ['klɒgɪŋ] s. 1 dificuldade; 2 obstrução
cloggy ['klɒgɪ] adj. (comp. **-ier**, superl. **-iest**) 1 com grumos; 2 nodoso; 3 pegajoso
cloister ['klɔɪstə] Ⓐ s. claustro Ⓑ v.tr. enclausurar; *to cloister oneself* viver uma vida tranquila e isolada
cloistral ['klɔɪstrəl] adj. claustral
cloke [kləʊk] s. ⇒ **cloak**
clone [kləʊn] s. BIOLOGIA clone
clonic ['klɒnɪk] adj. clónico
cloning ['kləʊnɪŋ] s. BIOLOGIA clonagem
clonus ['kləʊnəs] s. MEDICINA clónus
cloop [kluːp] Ⓐ v.intr. produzir um som como o de rolha tirada de garrafa Ⓑ s. som de rolha ao ser tirada com o saca-rolhas
close¹ [kləʊs] Ⓐ adj. 1 fechado; encerrado; 2 (local, tempo) abafado, sem ventilação; ~ *weather* tempo abafado; 3 secreto; *to keep a thing* ~ guardar segredo; 4 renhido; *that was close!* estava renhido!; 5 concentrado; compacto; 6 LINGUÍSTICA (vogal) fechado; 7 íntimo; próximo; ~ *friends* amigos íntimos; 8 (análise) profundo; minucioso; *a* ~ *examination* um exame minucioso; 9 (comportamento) reservado; *she kept* ~ *all night* ela manteve-se reservada toda a noite Ⓑ adv. 1 perto; ~ *upon three hundred* muito perto dos trezentos; *they sat* ~ *to each other* eles sentaram-se perto um do outro; 2 de perto ❖ ~ *by* nas vizinhanças; lá perto; ~ *prisoner* prisioneiro de alta segurança; (caça) ~ *season* época de defeso; ~ *translation* tradução fiel ao original; [EUA] *a* ~ *call* quase um desastre; *a* ~ *shave* salvação por um triz; *a* ~ *thing* quase um desastre; *to keep a* ~ *watch on sb* ter alguém debaixo de olho; *to press sb* ~ tratar alguém com severidade

close

close² [kləʊz] Ⓐ s. 1 [form.] término, fecho, fim; *at the ~ of the event* no fecho do evento; *to bring to a ~* terminar; *to draw to a ~* aproximar-se do fim; 2 (luta) corpo-a-corpo; *to come to a ~* entrar em corpo-a-corpo; 3 cercado, cerrado; 4 pátio; 5 rua sem saída; 6 (sessão) levantamento Ⓑ v.tr.,intr. 1 fechar, encerrar; *to ~ for lunch* fechar para o almoço; *to ~ an account* fechar uma conta; 2 (assunto) terminar; acabar; 3 (acordo) fechar; selar; *to ~ a bargain/a deal* fechar um negócio; 4 (movimento) aproximar-se [on, de]; *the children closed on each other* as crianças aproximaram-se umas das outras ❖ *to ~ one's eyes to* fechar os olhos a; não querer ver; *to ~ the ranks* cerrar as fileiras

◆**close about** v.tr. cercar; rodear

◆**close down** v.intr. 1 (loja, negócio) fechar; encerrar; 2 TELEVISÃO, RÁDIO (emissão) sair do ar; encerrar a emissão; *this channel always closes down at 3 a.m.* este canal encerra sempre a emissão às três da manhã

◆**close in** v.intr. 1 abeirar-se, acercar-se, aproximar-se [on/upon, de]; *they closed in on the edge of the cliff* eles aproximaram-se da extremidade da ravina; 2 (dias) encurtar, diminuir, ficar mais pequeno; *days are closing in* os dias estão a ficar mais pequenos

◆**close off** v.tr. fechar; vedar; *to ~ a street* fechar uma rua

◆**close up** Ⓐ v.tr. 1 (loja, casa) fechar; 2 (estrada) vedar, bloquear; *the police closed up the road* a polícia bloqueou a estrada Ⓑ v.intr. 1 (pessoas) aproximar-se; 2 (ferida) cicatrizar; 3 MILITAR (tropas) cerrar fileiras

◆**close with** v.tr. 1 (confronto físico) atacar; 2 fechar negócio com; aceitar; acordar; *to ~ an offer* aceitar uma oferta

close-cropped [ˌkləʊsˈkrɒpt] adj. muito curto, cortado rente

closed [ˈkləʊzd] adj. 1 fechado; encerrado; *he kept his eyes ~* ele manteve os olhos fechados; 2 (espírito) estreito, limitado; 3 (grupo) restrito; exclusivo ❖ ELECTRICIDADE *~ circuit* circuito fechado; *~ book* ser um enigma; *to do sth behind ~ doors* fazer algo em segredo

closedown [ˈkləʊzdaʊn] s. 1 encerramento; 2 TELEVISÃO, RÁDIO fecho de emissão

close-fisted [ˌkləʊsˈfɪstɪd] adj. [coloq.] agarrado_fig_, avarento, sovina

close-fistedness [ˌkləʊsˈfɪstɪdnəs] s. [coloq.] avareza

close-fitting [ˌkləʊsˈfɪtɪŋ] adj. (roupa) justo ao corpo

close-knit [ˌkləʊsˈnɪt] adj. (grupo, comunidade) coeso, muito unido

close-lipped [ˌkləʊsˈlɪpd] adj. (segredo) de boca fechada_fig_.

closely [ˈkləʊsli] adv. 1 de perto; *to watch ~* vigiar de perto; 2 rigorosamente; 3 (investigação) minuciosamente; a fundo; 4 cautelosamente; com atenção; 5 intimamente; intrinsecamente; *~ allied to* intimamente ligado a; 6 aproximadamente; *that's ~ what I had expected* isso é mais ou menos o que eu esperava

close-mouthed [ˌkləʊsˈmaʊðd] adj. de poucas palavras

closen [ˈkləʊsən] v.tr. aproximar

closeness [ˈkləʊsnɪs] s. 1 proximidade; 2 exactidão; 3 falta de ventilação; 4 aspecto pesado (da atmosfera)

close-run [ˌkləʊsˈrʌn] adj. (corrida, eleição, competição) renhido

closet [ˈklɒzɪt] Ⓐ s. 1 [EUA] armário; 2 [arc.] pequeno gabinete, gabinete reservado; 3 [arc.] retrete Ⓑ adj. 1 secreto; 2 não assumido; *~ homosexual* homossexual não assumido Ⓒ v.tr. fechar, encerrar ❖ TEATRO *~ play* peça para leitura; *to be closeted with* fechar-se com; *to ~ oneself* enclausurar-se; isolar-se; *come out of the ~* assumir-se

close-up [ˈkləʊsʌp] Ⓐ s. 1 FOTOGRAFIA, CINEMA, TELEVISÃO grande plano; 2 análise detalhada Ⓑ adj. de grande plano

closing [ˈkləʊzɪŋ] Ⓐ s. encerramento; fecho Ⓑ adj. 1 final; 2 de encerramento; de fecho ❖ DIREITO (julgamento) *~ arguments* alegações finais; *~ ceremony* cerimónia de encerramento; *~ date* data-limite; COMÉRCIO *~ time* horário de fecho

closure [ˈkləʊʒə] Ⓐ s. 1 encerramento; 2 oclusão; 3 processo parlamentar de encerramento dum debate, em que se propõe que o assunto seja imediatamente posto à votação Ⓑ v.tr. encerrar (um debate), pondo o assunto à votação

clot [klɒt] Ⓐ s. coágulo Ⓑ v.intr. (particípios: -tt-) 1 coagular; 2 formar coágulo

cloth [klɒθ] s. (pl. -s) 1 tecido, fazenda; 2 pano; 3 (mesa) toalha; *to lay the ~* pôr a toalha na mesa; 4 NÁUTICA vela; 5 *the ~* o clero ❖ *~ binding* encadernação em pano; *~ weaver/worker* tecelão; *American ~* encerado; oleado; *to cut one's coat according to one's ~* viver dentro das suas posses; [coloq.] *to tell a lie out of whole ~* dizer uma mentira inventada de fio a pavio

clothe [kləʊð] v.tr. (prt. e part. pass. **clothed** ou **clad**) 1 vestir; 2 revestir

clothes [kləʊðz] s.pl. roupa(s); vestuário ❖ *~ bag/basket* cesto de roupa; *~ brush* escova da roupa; *~ hanger* cabide; *~ line* corda para estender a roupa; *~ peg* mola da roupa; *~ press* armário da roupa; [GB] *~ prop* pau para segurar a corda da roupa; *in plain ~* à paisana; *with one's ~ off* sem roupa; despido; *with one's ~ on* vestido

clotheshorse [ˈkləʊðzhɔːs, ˈkləʊðzhɔːrs] s. 1 secador para pendurar roupa; 2 pessoa que se veste de forma vaidosa

clothespin [ˈkləʊðzpɪn] s. [EUA] mola de roupa

clothier [ˈkləʊðɪə] s. 1 negociante de panos e fazendas; 2 fabricante de panos e fazendas

clothing [ˈkləʊðɪŋ] s. 1 vestuário, roupa; *an item of ~* uma peça de roupa; *soiled ~* roupa suja, 2 [fig.] roupagem; aparência ❖ *~ industry* indústria têxtil, confecções

Clotho [ˈkləʊθəʊ] s. MITOLOGIA Cloto, uma das três Parcas

cloud [klaʊd] Ⓐ s. 1 nuvem; 2 mancha; 3 [fig.] multidão; 4 sinal de tristeza ou desilusão Ⓑ v.tr.,intr. 1 escurecer, nublar(-se), obscurecer, encobrir; 2 manchar; 3 (vidro) embaciar; 4 (líquido) turvar; 5 perturbar; confundir; *to ~ the issue* confundir as coisas ❖ *~ castle* castelo no ar; *a ~ of dust/smoke* uma nuvem de poeira/fumo; *every ~ has a silver lining* não há mal sem bem; *to be in the clouds* andar na lua; sonhar acordado; *to be on ~ nine* andar nas nuvens; estar contentíssimo; *to be under a ~* estar numa situação difícil; cair em desgraça; estar desacreditado

◆**cloud over** v.intr. 1 enublar-se; 2 [fig.] (expressão, etc.) ensombrar-se

cloudberry [ˈklaʊdbəri, ˈklaʊdberi] s. (pl. **-ies**) espécie de amora silvestre

cloudburst [ˈklaʊdbɜːst] s. aguaceiro; carga de água

cloud-capped [ˈklaʊdkæpt] adj. [poét.] (montanhas, etc.) que chega até às nuvens, rodeado de nuvens

cloudily [ˈklaʊdɪli] adv. enevoadamente

cloudiness [ˈklaʊdɪnɪs] s. 1 aspecto sombrio do céu; 2 escuridão; obscuridade

cloud-kissing [ˈklaʊdkɪsɪŋ] adj. [poét.] (montanhas, etc.) que chega até às nuvens, rodeado de nuvens

cloudland [ˈklaʊdlənd] s. [coloq.] mundo das nuvens

cloudless [ˈklaʊdləs] adj. 1 (céu) limpo, sem nuvens; 2 [fig.] perfeito; total

cloudlessly [ˈklaʊdləsli] adv. sem nuvens

cloudlessness [ˈklaʊdləsnɪs] s. 1 claridade; 2 ausência de nuvens

cloudscape [ˈklaʊdskeɪp] s. (paisagem, imagem) nuvens

cloudy [ˈklaʊdi] adj. (comp. **-ier**, superl. **-iest**) 1 (tempo) sombrio, carregado, nublado; 2 confuso; 3 (vinho) turvo, sujo

clough [klʌf] s. ravina

clout [klaʊt] Ⓐ s. 1 [coloq.] influência; poder; 2 pano de limpeza; 3 pancada (na cabeça com os nós dos dedos); 4 alvo; 5 protector (para calçado), tacha larga Ⓑ v.tr. 1 remendar, consertar; 2 cravar (a quilha de embarcação); 3 ferrar (calçado); 4 dar uma pancada ❖ *~ nails* cravos sem cabeça

clove [kləʊv] Ⓐ s. 1 BOTÂNICA, CULINÁRIA cravo-da-índia; 2 BOTÂNICA dente; *~ of garlic* dente de alho Ⓑ prt. e part. pass. de **to cleave**

cloven [ˈkləʊvən] Ⓐ prt. e part. pass. de **to cleave** Ⓑ adj. dividido; rachado; aberto em dois ❖ *~ foot* pata aberta em dois; *~ hoof* casco aberto em dois

clover [ˈkləʊvə] s. BOTÂNICA trevo ❖ [joc.] *to be/live in (the) ~* viver como um rei

Clovis [ˈkləʊvɪs] s.antr. Clodoveu, Clóvis

clown [klaʊn] s. 1 palhaço; 2 aldeão

clownery [ˈklaʊnəri] s. palhaçada

clowning [ˈklaʊnɪŋ] s. 1 palhaçadas; 2 macacadas, macaquices

clownish [ˈklaʊnɪʃ] adj. 1 grosseiro, desajeitado; 2 apalhaçado

clownishly [ˈklaʊnɪʃli] adv. 1 desajeitadamente, toscamente; 2 apalhaçadamente

clinger ['klɪŋə] s. [coloq.] (personalidade) dependente
clingfilm ['klɪŋfɪlm] s. (protecção de alimentos) película aderente
clinginess ['klɪŋɪnɪs] s. carácter pegajoso
clinging ['klɪŋɪŋ] adj. 1 (pessoa) dependente; pegadiço; pendura; 2 (cheiro, aroma) persistente; 3 (roupa) justo, moldado ao corpo ❖ [EUA] [coloq., depr.] (pessoa) ~ *vine* carraça; cola; pendura
clingstone ['klɪŋstəʊn] s. BOTÂNICA alperce
clingwrap ['klɪŋræp] s. (protecção de alimentos) película aderente
clingy ['klɪŋɪ] adj. pegajoso
clinic ['klɪnɪk] s. clínica
clinical ['klɪnɪkəl] adj. 1 clínico; ~ *diagnosis* diagnóstico clínico; 2 [fig.] (comportamento) imparcial; frio; distante; 3 [fig.] (decoração) austero; asséptico ❖ ~ *psychology* psicologia clínica
clinically ['klɪnɪkəlɪ] adv. 1 clinicamente; 2 [fig.] friamente; 3 [fig.] objectivamente, imparcialmente
clinician [klɪ'nɪʃən] s. clínico
clink [klɪŋk] Ⓐ s. 1 (vidros, metais, etc.) tinido; 2 [coloq., ant.] cadeia Ⓑ v.tr. fazer tinir Ⓒ v.intr. tinir
clinker ['klɪŋkə] s. 1 escórias de carvão, jorra de carvão; 2 tijolo holandês, amarelado e duro, para pavimentação; 3 GEOLOGIA (vulcão) escória, cinza vulcânica; 4 argumento decisivo; 5 [EUA] [ant.] falhanço
clinker-built ['klɪŋkəˌbɪlt] adj. NÁUTICA (barco, navio) cravado com tábuas sobrepostas no bordo exterior
clinometer [klaɪ'nɒmɪtə] s. clinómetro
clinometric ['klaɪnəʊˌmetrɪk] adj. clinométrico
clinquant ['klɪŋkənt] adj. resplandecente
Clio ['klaɪəʊ] s. MITOLOGIA Clio
clip [klɪp] Ⓐ s. 1 clip, grampo metálico, gancho, prende-papéis; 2 CINEMA, TELEVISÃO clip, trecho, extracto [**from**, de]; 3 corte; aparadela; 4 (arma) carregador; 5 (jornal) recorte; 6 [Austr.] tosquia; 7 [Austr.] lã tosquiada Ⓑ v.tr. (particípios: **-pp-**) apertar, prender, firmar; 2 cortar, aparar, recortar; 3 bater em, acertar em, dar uma pancada em; 4 reduzir, diminuir; 5 (bilhete de autocarro ou comboio) revisar, picar; 6 [Austr.] tosquiar; 7 omitir sílabas ou letras, não pronunciar sílabas ou letras; 8 (bordo das moedas) recortar; 9 deslocar-se rapidamente; 10 [cal.] enganar, intrujar ❖ (papelaria) *paper* ~ clip; [coloq.] *a* ~ *round the ear/earhole* uma pancada na orelha; *at a* ~ de cada vez; em cada ocasião; *at a good* ~ rapidamente; a um bom ritmo; *to* ~ *sb's wings* cortar as asas a alguém
clipboard ['klɪpbɔːd] s. bloco de notas com mola
clipped [klɪpt] adj. 1 bem cortado, bem aparado; *a* ~ *moustache* um bigode bem aparado; 2 (discurso) bem articulado; claro
clipper ['klɪpə] s. 1 máquina de aparar a relva; 2 tesoura de podar; 3 máquina de cortar o cabelo; 4 veleiro muito rápido; 5 [fig.] pessoa ou coisa muito boa que dá nas vistas
clippie ['klɪpɪ] s.f. [ant., coloq.] condutora de autocarro ou eléctrico
clipping ['klɪpɪŋ] Ⓐ s. 1 (animais) tosquia; 2 (bilhetes) acto de revisar; 3 recorte; *press clippings* recortes de imprensa; 4 apara; *paper clippings* aparas de papel Ⓑ adj. 1 [coloq.] esplêndido, óptimo; 2 [coloq.] que dá nas vistas, vistoso
clique [kliːk] s. clique, conventículo
cliquey ['kliːkɪ] adj. (comp. **-ier**, superl. **-iest**) 1 sectário, faccioso; 2 fechado, exclusivista
cliquish ['kliːkɪʃ] adj. 1 sectário, faccioso; 2 fechado, exclusivista
cliquishness ['kliːkɪʃnɪs] s. 1 sectarismo, faccionismo; 2 exclusivismo
clit [klɪt] s. ANATOMIA clitóris
clitic ['klɪtɪk] adj.,s. LINGUÍSTICA clítico
clitoral ['klɪtərəl] adj. clitoridiano
clitoridectomy [klɪtərɪ'dektəmɪ] s. CIRURGIA clitoridectomia; excisão feminina
clitoris ['klɪtərɪs, 'klaɪtərɪs] s. ANATOMIA clítoris
clivers ['klɪvəz] s. BOTÂNICA amor-de-hortelão
cloaca [kləʊ'eɪkə] s. (pl. **-s** ou **-ae**) cloaca
cloacae [kləʊ'eɪkiː] s. {pl. de **cloaca**}
cloacal [kləʊ'eɪkəl] adj. cloacal
cloak [kləʊk] Ⓐ s. 1 VESTUÁRIO capa; capote; manto; 2 [fig.] capa, máscara, disfarce Ⓑ v.tr.,intr. 1 pôr uma capa; 2 esconder, encobrir; 3 mascarar, disfarçar ❖ *under the* ~ *of* sob o manto de

cloak-and-dagger [kləʊkən'dægə] adj. 1 de capa e espada; ~ *story* romance de capa e espada; 2 misterioso, secreto; emocionante; ~ *meetings* encontros secretos
cloakroom ['kləʊkruːm] s. 1 bengaleiro; 2 vestiário; 3 [EUA] [coloq.] sanitários
clobber ['klɒbə] v.tr. 1 [coloq.] bater em; 2 [coloq., fig.] aniquilar, arrasar, esmagar; 3 [coloq., fig.] (criticar) deitar abaixo, demolir
clock [klɒk] Ⓐ s. 1 relógio (de mesa ou parede); 2 conta-quilómetros Ⓑ v.tr.,intr. 1 (tempo) fazer; *he clocked 20 seconds* ele fez 20 segundos; 2 cronometrar; 3 (ovos) chocar ❖ ~ *face/dial* mostrador; ~ *radio* rádio despertador; *alarm* ~ despertador; *biological* ~ relógio biológico; *grandfather* ~ grande relógio de sala; *grandmother* ~ relógio de sala; (trabalho) *time* ~ ponto; [GB] [coloq.] ~ *this/that!* olha para isto/aquilo!; *around/round the* ~ todo o dia e toda a noite; 24 horas por dia; *the* ~ *is slow/fast* o relógio está atrasado/adiantado; [GB] [coloq.] *to* ~ *sb one* bater em alguém; atingir alguém; *to put/set the* ~ *back* atrasar o relógio; *to put the* ~ *forward/to set the* ~ *ahead* adiantar o relógio; *to put/turn the* ~ *back* voltar ao passado; *to set the* ~ *by...* acertar o relógio por...; *to set the* ~ *for* pôr o despertador para; *to start/stop the* ~ iniciar/parar o cronómetro; (tédio, impaciência) *to watch the* ~ olhar para as horas
✦**clock in/on** v.intr. picar o ponto (à entrada)
✦**clock off/out** v.intr. picar o ponto (à saída)
✦**clock up** v.tr. [coloq.] chegar a, atingir, alcançar
clocklike ['klɒklaɪk] adj. como um relógio
clockmaker ['klɒkˌmeɪkə] s. relojoeiro
clockwise ['klɒkwaɪz] adj.,adv. no sentido dos ponteiros do relógio
clockwork ['klɒkwɜːk] s. (mecanismo) corda; *a* ~ *toy* carro um carrinho a corda; *to move by* ~ mover-se a corda ❖ *like* ~ com toda a regularidade; como um relógio
clod [klɒd] Ⓐ s. 1 [lit.] (terra) torrão; 2 cachaço de boi; 3 [coloq.] estúpido, bronco Ⓑ v.tr.,intr. (particípios: **-dd-**) 1 atirar torrões de terra; 2 (terra) aglomerar-se
cloddy ['klɒdɪ] adj. com torrões
clodhopper ['klɒdˌhɒpə] s. 1 rústico, bronco, patego, labrego; 2 [coloq.] (calçado) sapatão
clodhopping ['klɒdˌhɒpɪŋ] adj. rústico, bronco, patego, estúpido, labrego
clog [klɒg] Ⓐ s. 1 tamanco, soco, chanca; 2 trava, peia; 3 impedimento, embaraço Ⓑ v.tr.,intr. (particípios: **-gg-**) 1 pear (animais); 2 impedir, dificultar; 3 obstruir; 4 abafar
clogginess ['klɒgɪnɪs] s. dificuldade, embaraço
clogging ['klɒgɪŋ] s. 1 dificuldade; 2 obstrução
cloggy ['klɒgɪ] adj. (comp. **-ier**, superl. **-iest**) 1 com grumos; 2 nodoso; 3 pegajoso
cloister ['klɔɪstə] Ⓐ s. claustro Ⓑ v.tr. enclausurar; *to cloister oneself* viver uma vida tranquila e isolada
cloistral ['klɔɪstrəl] adj. claustral
cloke [kləʊk] s. ⇒ **cloak**
clone [kləʊn] s. BIOLOGIA clone
clonic ['klɒnɪk] adj. clónico
cloning ['kləʊnɪŋ] s. BIOLOGIA clonagem
clonus ['kləʊnəs] s. MEDICINA clónus
cloop [kluːp] Ⓐ v.intr. produzir um som como o de rolha tirada de garrafa Ⓑ s. som de rolha ao ser tirada com o saca-rolhas
close[1] [kləʊs] Ⓐ adj. 1 fechado; encerrado; 2 (local, tempo) abafado, sem ventilação; ~ *weather* tempo abafado; 3 secreto; *to keep a thing* ~ guardar segredo; 4 renhido; *that was close!* estava renhido!; 5 concentrado; compacto; 6 LINGUÍSTICA (vogal) fechado; 7 íntimo; próximo; ~ *friends* amigos íntimos; 8 (análise) profundo; minucioso; *a* ~ *examination* um exame minucioso; 9 (comportamento) reservado; *she kept* ~ *all night* ela manteve-se reservada toda a noite Ⓑ adv. 1 perto; ~ *upon three hundred* muito perto dos trezentos; *they sat* ~ *to each other* eles sentaram-se perto um do outro; 2 de perto ❖ ~ *by* nas vizinhanças; lá perto; ~ *prisoner* prisioneiro de alta segurança; (caça) ~ *season* época de defeso; ~ *translation* tradução fiel ao original; [EUA] *a* ~ *call* quase um desastre; *a* ~ *shave* salvação por um triz; *a* ~ *thing* quase um desastre; *to keep a* ~ *watch on sb* ter alguém debaixo de olho; *to press sb* ~ tratar alguém com severidade

close

close² [kləʊz] Ⓐ s. 1 [form.] término, fecho, fim; *at the ~ of the event* no fecho do evento; *to bring to a ~* terminar; *to draw to a ~* aproximar-se do fim; 2 (luta) corpo-a-corpo; *to come to a ~* entrar em corpo-a-corpo; 3 cercado, cerrado; 4 pátio; 5 rua sem saída; 6 (sessão) levantamento Ⓑ v.tr.,intr. 1 fechar, encerrar; *to ~ for lunch* fechar para o almoço; *to ~ an account* fechar uma conta; 2 (assunto) terminar; acabar; 3 (acordo) fechar; selar; *to ~ a bargain/a deal* fechar um negócio; 4 (movimento) aproximar-se [on, de]; *the children closed on each other* as crianças aproximaram-se umas das outras ❖ *to ~ one's eyes to* fechar os olhos a; não querer ver; *to ~ the ranks* cerrar as fileiras

◆**close about** v.tr. cercar; rodear

◆**close down** v.intr. 1 (loja, negócio) fechar; encerrar; 2 TELEVISÃO, RÁDIO (emissão) sair do ar; encerrar a emissão; *this channel always closes down at 3 a. m.* este canal encerra sempre a emissão às três da manhã

◆**close in** v.intr. 1 abeirar-se, acercar-se, aproximar-se [on/upon, de]; *they closed in on the edge of the cliff* eles aproximaram-se da extremidade da ravina; 2 (dias) encurtar, diminuir, ficar mais pequeno; *days are closing in* os dias estão a ficar mais pequenos

◆**close off** v.tr. fechar; vedar; *to ~ a street* fechar uma rua

◆**close up** Ⓐ v.tr. 1 (loja, casa) fechar; 2 (estrada) vedar, bloquear; *the police closed up the road* a polícia bloqueou a estrada Ⓑ v.intr. 1 (pessoas) aproximar-se; 2 (ferida) cicatrizar; 3 MILITAR (tropas) cerrar fileiras

◆**close with** v.tr. 1 (confronto físico) atacar; 2 fechar negócio com; aceitar; acordar; *to ~ an offer* aceitar uma oferta

close-cropped [ˌkləʊsˈkrɒpt] adj. muito curto, cortado rente

closed [ˈkləʊzd] adj. 1 fechado; encerrado; *he kept his eyes ~* ele manteve os olhos fechados; 2 (espírito) estreito, limitado; 3 (grupo) restrito; exclusivo ❖ ELECTRICIDADE ~ *circuit* circuito fechado; *to be a ~ book* ser um enigma; *to do sth behind ~ doors* fazer algo em segredo

closedown [ˈkləʊzdaʊn] s. 1 encerramento; 2 TELEVISÃO, RÁDIO fecho de emissão

close-fisted [ˌkləʊsˈfɪstɪd] adj. [coloq.] agarrado_fig._, avarento, sovina

close-fistedness [kləʊsˈfɪstɪdnəs] s. [coloq.] avareza

close-fitting [ˌkləʊsˈfɪtɪŋ] adj. (roupa) justo ao corpo

close-knit [ˌkləʊsˈnɪt] adj. (grupo, comunidade) coeso, muito unido

close-lipped [ˌkləʊsˈlɪpt] adj. (segredo) de boca fechada_fig._

closely [ˈkləʊslɪ] adv. 1 de perto; *to watch ~* vigiar de perto; 2 rigorosamente; 3 (investigação) minuciosamente; a fundo; 4 cautelosamente; com atenção; 5 intimamente, intrinsecamente; *~ allied to* intimamente ligado a; 6 aproximadamente; *that's ~ what I had expected* isso é mais ou menos o que eu esperava

close-mouthed [ˌkləʊsˈmaʊðd] adj. de poucas palavras

closen [ˈkləʊsən] v.tr. aproximar

closeness [ˈkləʊsnɪs] s. 1 proximidade; 2 exactidão; 3 falta de ventilação; 4 aspecto pesado (da atmosfera)

close-run [ˌkləʊsˈrʌn] adj. (corrida, eleição, competição) renhido

closet [ˈklɒzɪt] Ⓐ s. 1 [EUA] armário; 2 [arc.] pequeno gabinete, gabinete reservado; 3 [arc.] retrete Ⓑ adj. 1 secreto; 2 não assumido; *~ homosexual* homossexual não assumido Ⓒ v.tr. fechar, encerrar ❖ TEATRO *~ play* peça para leitura; *to be closeted with* fechar-se com; *to ~ oneself* enclausurar-se; isolar-se; *to come out of the ~* assumir-se

close-up [ˈkləʊsʌp] Ⓐ s. 1 FOTOGRAFIA, CINEMA, TELEVISÃO grande plano; 2 análise detalhada Ⓑ adj. de grande plano

closing [ˈkləʊzɪŋ] Ⓐ s. encerramento; fecho Ⓑ adj. 1 final; 2 de encerramento; de fecho ❖ DIREITO (julgamento) *~ arguments* alegações finais; *~ ceremony* cerimónia de encerramento; *~ date* data-limite; COMÉRCIO *~ time* horário de fecho

closure [ˈkləʊʒə] Ⓐ s. 1 encerramento; 2 oclusão; 3 processo parlamentar de encerramento dum debate, em que se propõe que o assunto seja imediatamente posto à votação Ⓑ v.tr. encerrar (um debate), pondo o assunto à votação

clot [klɒt] Ⓐ s. coágulo Ⓑ v.intr. (particípios: -tt-) 1 coagular; 2 formar coágulo

cloth [klɒθ] s. (pl. -s) 1 tecido, fazenda; 2 pano; 3 (mesa) toalha; *lay the ~* pôr a toalha na mesa; 4 NÁUTICA vela; 5 *the ~* o clero ❖ *~ binding* encadernação em pano; *~ weaver/worker* tecelão; *American ~* encerado; oleado; *to cut one's coat according to one's ~* viver dentro das suas posses; [coloq.] *to tell a lie out of whole ~* dizer uma mentira inventada de fio a pavio

clothe [kləʊð] v.tr. (prt. e part. pass. **clothed** ou **clad**) 1 vestir; 2 revestir

clothes [kləʊðz] s.pl. roupa(s); vestuário ❖ *~ bag/basket* cesto de roupa; *~ brush* escova da roupa; *~ hanger* cabide; *~ line* corda para estender a roupa; *~ peg* mola da roupa; *~ press* armário do roupa; [GB] *~ prop* pau para segurar a corda da roupa; *in plain ~* à paisana; *with one's ~ off* sem roupa; despido; *with one's ~ on* vestido

clotheshorse [ˈkləʊðzhɔːs, ˈkləʊzhɔːs] s. 1 secador para pendurar roupa; 2 pessoa que se veste de forma vaidosa

clothespin [ˈkləʊðzpɪn] s. [EUA] mola de roupa

clothier [ˈkləʊðɪə] s. 1 negociante de panos e fazendas; 2 fabricante de panos e fazendas

clothing [ˈkləʊðɪŋ] s. 1 vestuário, roupa; *an item of ~* uma peça de roupa; *soiled ~* roupa suja; 2 [fig.] roupagem; aparência ❖ *~ industry* indústria têxtil, confecções

Clotho [ˈkləʊθəʊ] s. MITOLOGIA Cloto, uma das três Parcas

cloud [klaʊd] Ⓐ s. 1 nuvem; 2 mancha; 3 [fig.] multidão; 4 sinal de tristeza ou desilusão Ⓑ v.tr.,intr. 1 escurecer, nublar(-se), obscurecer, encobrir; 2 manchar; 3 (vidro) embaciar; 4 (líquido) turvar; 5 perturbar; confundir; *to ~ the issue* confundir as coisas ❖ *~ castle* castelo no ar; *a ~ of dust/smoke* uma nuvem de poeira/fumo; *every ~ has a silver lining* não há mal sem bem; *to be in the clouds* andar na lua; sonhar acordado; *to be on ~ nine* andar nas nuvens; estar contentíssimo; *to be under a ~* estar numa situação difícil; cair em desgraça; estar desacreditado

◆**cloud over** v.intr. 1 enublar-se; 2 [fig.] (expressão, etc.) ensombrar-se

cloudberry [ˈklaʊdbərɪ, ˈklaʊdberɪ] s. (pl. **-ies**) espécie de amora silvestre

cloudburst [ˈklaʊdbɜːst] s. aguaceiro; carga de água

cloud-capped [ˈklaʊdkæpt] adj. [poét.] (montanhas, etc.) que chega até às nuvens, rodeado de nuvens

cloudily [ˈklaʊdɪlɪ] adv. enevoadamente

cloudiness [ˈklaʊdɪnɪs] s. 1 aspecto sombrio do céu; 2 escuridão; obscuridade

cloud-kissing [ˈklaʊdkɪsɪŋ] adj. [poét.] (montanhas, etc.) que chega até às nuvens, rodeado de nuvens

cloudland [ˈklaʊdlənd] s. [coloq.] mundo das nuvens

cloudless [ˈklaʊdləs] adj. 1 (céu) limpo, sem nuvens; 2 [fig.] perfeito; total

cloudlessly [ˈklaʊdlɪslɪ] adv. sem nuvens

cloudlessness [ˈklaʊdlɪsnɪs] s. 1 claridade; 2 ausência de nuvens

cloudscape [ˈklaʊdskeɪp] s. (paisagem, imagem) nuvens

cloudy [ˈklaʊdɪ] adj. (comp. **-ier**, superl. **-iest**) 1 (tempo) sombrio, carregado, nublado; 2 confuso; 3 (vinho) turvo, sujo

clough [klʌf] s. ravina

clout [klaʊt] Ⓐ s. 1 [coloq.] influência; poder; 2 pano de limpeza; 3 pancada (na cabeça com os nós dos dedos); 4 alvo; 5 protector (para calçado), tacha larga Ⓑ v.tr. 1 remendar, consertar; 2 cravar (a quilha de embarcação); 3 ferrar (calçado); 4 dar uma pancada ❖ *~ nails* cravos sem cabeça

clove [kləʊv] Ⓐ s. 1 BOTÂNICA, CULINÁRIA cravo-da-índia; 2 BOTÂNICA dente; *~ of garlic* dente de alho Ⓑ prt. e part. pass. de **to cleave**

cloven [ˈkləʊvən] Ⓐ prt. e part. pass. de **to cleave** Ⓑ adj. dividido; rachado; aberto em dois ❖ *~ foot* pata aberta em dois; *~ hoof* casco aberto em dois

clover [ˈkləʊvə] s. BOTÂNICA trevo ❖ [joc.] *to be/live in (the) ~* viver como um rei

Clovis [ˈkləʊvɪs] s.antr. Clodoveu, Clóvis

clown [klaʊn] s. 1 palhaço; 2 aldeão

clownery [ˈklaʊnərɪ] s. palhaçada

clowning [ˈklaʊnɪŋ] s. 1 palhaçada; 2 macacadas, macaquices

clownish [ˈklaʊnɪʃ] adj. 1 grosseiro, desajeitado; 2 apalhaçado

clownishly [ˈklaʊnɪʃlɪ] adv. 1 desajeitadamente, toscamente; 2 apalhaçadamente

clownishness ['klaʊnɪʃnɪs] s. palhaçada
cloy [klɔɪ] v.tr. 1 saciar; 2 enjoar, enfastiar
cloying ['klɔɪɪŋ] adj. (sabor, cheiro) enjoativo
cloze [kləʊz] s. texto com espaços para preencher ❖ ~ *test* teste de espaços; ~ *worksheet* ficha de trabalho para preencher
club [klʌb] Ⓐ s. 1 (organização, edifício) clube, associação (desportiva ou recreativa), círculo; *to belong to a* ~ pertencer a um clube; *to join a* ~ entrar para um clube; 2 DESPORTO clube, equipa; 3 DESPORTO (golfe) taco, pau; 4 discoteca, bar, clube nocturno; 5 maça; moca; clava; 6 pl. (naipe de cartas) paus; *the king of clubs* o rei de paus Ⓑ v.tr.(particípios: -**bb**-) 1 agredir à mocada; 2 acertar com um taco em; 3 formar um clube ❖ ~ *foot* pé aleijado; ~ *law* a lei do mais forte; a lei da violência; ~ *member* sócio do clube; BOTÂNICA ~ *moss* licopódio; ~ *subscription* quota do clube; [EUA] ~ *water* água gaseificada; *benefit* ~ agremiação de socorros mútuos; (má situação, aperto) *join the club!* junta-te a mim/nós!; já somos dois!; [GB] [joc.] *to be in the* ~ estar de barriga; estar grávida; *to* ~ *sb/an animal to death* matar alguém/um animal à mocada
◆**club together** v.intr. 1 fazer uma vaquinha; 2 (fim comum) juntar-se, unir-se; *all the people clubbed together to* toda a gente se uniu para
clubbable ['klʌbəbəl] adj. 1 sociável; 2 que pode fazer parte dum clube
clubber ['klʌbə] s. 1 frequentador de discotecas; 2 membro de um clube
clubbing ['klʌbɪŋ] s. [coloq.] ronda pelas discotecas; *to go* ~ fazer a ronda das discotecas
clubby ['klʌbɪ] adj. 1 típico de clube; 2 reservado; 3 [depr.] snobe, elitista
clubhouse ['klʌbhaʊs] s. sede do clube
clubland ['klʌblænd] s. zona de cidade onde se situam clubes nocturnos selectivos
clubman ['klʌbmən] s. ⟨pl. -**men**⟩ 1 membro de clube; 2 [fig.] mundano
cluck [klʌk] Ⓐ v.intr. cacarejar Ⓑ s. cacarejo
clucky ['klʌkɪ] adj. [Austr.] [coloq.] desejoso de ter filhos
clue [kluː] Ⓐ s. 1 pista; *the police were looking for clues* a polícia andava à procura de pistas; 2 (jogo) indicação; 3 (problema) chave; solução Ⓑ v.tr. dar umas pistas a ❖ [coloq.] *I haven't got a* ~ não faço a mínima ideia
◆**clue in** v.tr. pôr ao corrente [**on/about**, de]
◆**clue up** v.tr. pôr ao corrente [**on/about**, de] ❖ *to be clued up about/on...* estar muito bem informado a respeito de...
clued-up [kluːd'ʌp] adj. bem informado, ao corrente, por dentro
clueless ['kluːləs] adj. 1 ignorante; 2 burro; 3 perplexo, desconcertado
clumber ['klʌmbə] s. ZOOLOGIA cão de raça *clumber*
clump [klʌmp] Ⓐ s. 1 pequena mata; 2 maciço (de árvores ou arbustos); 3 pedaço de terra ou madeira; 4 segunda solaria exterior do calçado pregada sobre a primeira Ⓑ v.tr.,intr. 1 andar pesadamente; 2 amontoar; 3 lançar várias sementes no mesmo buraco, plantar (tudo) junto
clumsily ['klʌmzɪlɪ] adv. desajeitadamente
clumsiness ['klʌmzɪnɪs] s. 1 falta de jeito, de habilidade; 2 inépcia; 3 grosseria
clumsy ['klʌmzɪ] adj. ⟨comp. -**ier**, superl. -**iest**⟩ 1 desastrado, desajeitado, sem graça; 2 grosseiro, tosco
clunch [klʌntʃ] s. 1 argila xistosa; 2 barro endurecido
clung [klʌŋ] prt. e part. pass. de **to cling**
clunk [klʌŋk] Ⓐ s. 1 ruído surdo; 2 [EUA] [cal.] imbecil Ⓑ v.intr. fazer um ruído surdo
clunker ['klʌŋkə] s. [coloq.] (carro velho) lata velha*fig.*
clunky ['klʌŋkɪ] adj. ⟨comp. -**ier**, superl. -**iest**⟩ volumoso; pesadão
cluster ['klʌstə] Ⓐ s. 1 aglomeração; conjunto; *a* ~ *of buildings* uma aglomeração de edifícios; 2 (uvas, bananas, etc.) cacho; 3 feixe; 4 LINGUÍSTICA (fonética) cluster; 5 INFORMÁTICA conglomerado de computadores; 6 grupo; conjunto; *people gathered in clusters* as pessoas reuniram-se em grupos; 7 (flores) ramo Ⓑ v.tr.,intr. 1 reunir(-se) em grupo; agrupar(-se) [**around**, em torno de]; 2 amontoar(-se) ❖ ~ *bomb* bomba de dispersão; ~ *controller* controlador de grupo; BOTÂNICA ~ *pine* pinheiro-marítimo

clustering ['klʌstərɪŋ] s. 1 grupo, agrupamento; 2 agregação; 3 conglomeração
clutch [klʌtʃ] Ⓐ v.tr.,intr. 1 agarrar, prender; 2 agarrar-se [**at**, a] Ⓑ s. ⟨pl. -**es**⟩ 1 presa, acto de prender, acto de agarrar; 2 garra; 3 (automóvel) embraiagem; engate de mudança; *to let in the* ~ carregar na embraiagem; *to let out the* ~ tirar o pé da embraiagem; 4 (ovos, pintainhos) ninhada; 5 [coloq., fig.] (conjunto) grupo [**of**, de]; punhado [**of**, de] ❖ ~ *bag* pochete; ~ *pedal* pedal de embraiagem; ~ *plate* chapa de embraiagem; *in sb's clutches* nas garras de alguém; (situação de desespero) *to* ~ *at straws* agarrar-se a qualquer coisa; [EUA] *when it comes to the* ~ quando chega a hora do aperto
clutter ['klʌtə] Ⓐ s. 1 desordem; 2 confusão; 3 algazarra, tumulto; 4 barulho Ⓑ v.tr.,intr. 1 fazer ruído (como de pratos batendo uns nos outros); 2 fazer barulho a falar; 3 atravancar, pôr em desordem
clypei ['klɪpiːaɪ] s. {pl. de **clypeus**}
clypeus ['klɪpɪəs] s. ⟨pl. -**i**⟩ 1 clípeo; 2 epistómio
clyster ['klɪstə] Ⓐ s. [arc.] císter Ⓑ v.tr. [arc.] tratar com clister
Clytemnestra [ˌklaɪtəm'niːstrə] s. MITOLOGIA Clitemnestra
Cm QUÍMICA [símbolo de curium]
CM Ⓐ [abrev. de Certificated Master] Ⓑ [abrev. de Common Metre]
CMEA [abrev. de Council for Mutual Economic Assistance]
CMF [Austr.] [abrev. de Citizen Military Forces]
CMG [abrev. de Companion of the Order of St. Michael and St. George]
CMP [abrev. de Corps of Military Police]
CMS [GB] [abrev. de Church Mission Society]
CNAA [abrev. de Council for National Academic Awards]
CNS MEDICINA [abrev. de Central Nervous System]
c/o [abrev. de care of] a/c
Co. Ⓐ [abrev. de Company] Ⓑ [abrev. de County]
Co QUÍMICA [símbolo de cobalt]
CO Ⓐ [abrev. de Commanding Officer] Ⓑ [abrev. de Commonwealth Office] Ⓒ [abrev. de conscientious objector] Ⓓ [abrev. de Colorado]
coacervation [kəʊæsɜː'veɪʃən] s. 1 amontoamento; 2 acervação
coach [kəʊtʃ] Ⓐ s. ⟨pl. -**es**⟩ 1 (transporte) camioneta de passageiros, autocarro; 2 [ant.] carruagem, coche, diligência; 3 (comboio) carruagem; 4 DESPORTO treinador; 5 (educação) explicador; formador; 6 (comboio, avião) classe económica Ⓑ v.tr.,intr. 1 DESPORTO treinar; 2 (educação) preparar, formar, dar explicações a; *who coached you for the exam?* quem te preparou para o exame?; 3 dar instruções a, instruir; 4 andar de carruagem; 5 transportar em carruagem ❖ (carruagem) ~ *box* boleia; [arc.] ~ *dog* dálmata; ~ *house* cocheira; ~ *operator* (empresa) rodoviária; ~ *station* terminal de camionetas; ~ *tour* excursão em camioneta; ~ *trip* excursão em camioneta; *private* ~ camioneta de aluguer; *state* ~ diligência; (argumento, plano, etc.) *to drive a* ~ *and horses through sth* deitar algo por terra; destruir algo completamente
coach-and-four ['kəʊtʃənfɔː] s. carruagem de duas parelhas
coaching ['kəʊtʃɪŋ] s. 1 formação; preparação; 2 DESPORTO treino; 3 [ant.] viagem em diligência ❖ *in the old* ~ *days* no tempo das diligências
coachload ['kəʊtʃˌləʊd] s. [GB] (autocarro) lotação ❖ *a* ~ *of tourists* um autocarro de turistas
coachman ['kəʊtʃmən] s. ⟨pl. -**men**⟩ cocheiro
coachwork ['kəʊtʃwɜːk] s. (automóvel) carroçaria
coaction [kəʊ'ækʃən] s. coacção
coactive [kəʊ'æktɪv] adj. coactivo
coadjacent [ˌkəʊə'dʒeɪsənt] adj. coadjacente
coadjutor [kəʊ'ædʒʊtə] s. coadjutor
coadjutrix [kəʊ'ædʒʊtrɪks] s.f. coadjutora
co-administrator [ˌkəʊəd'mɪnɪstreɪtə] s. co-administrador
coadunate [kəʊ'ædjʊnɪt] adj. BOTÂNICA adunado
coagulability [kəʊˌægjʊlə'bɪlɪtɪ] s. coagulabilidade
coagulable [kəʊ'ægjʊləbəl] adj. coagulável
coagulant [kəʊ'ægjʊlənt] s. coagulante
coagulate [kəʊ'ægjʊleɪt] v.tr.,intr. coagular
coagulation [kəʊæɡjʊ'leɪʃən] s. coagulação
coagulator [kəʊæɡjʊ'leɪtə] s. coagulante
coagulum [kəʊ'ægjʊləm] s. 1 coágulo; 2 coalho

coaita [kəʊˈaɪtə] s. ZOOLOGIA átele, macaco-aranha, coaitá
coal [kəʊl] Ⓐ s. carvão (de pedra) Ⓑ v.tr.,intr. **1** meter carvão; **2** fornecer de carvão ❖ **~ bed** jazigo carbonífero; **~ black** preto como carvão; **~ bunker** carvoeira de bordo; **~ cellar** cave depósito de carvão; **~ factor** negociante de carvão; **~ gas** gás de iluminação; **~ heaver** carregador de carvão; descarregador de carvão; **~ mine** mina de carvão; **~ mining industry** indústria mineira; **~ pit** mina de carvão; **~ seam** jazigo carbonífero; **~ scoop** pá de carvão; **~ tar** alcatrão; ZOOLOGIA **~ tit** chapim carvoeiro; **brown ~** lignite; **live coals** brasas; **slaty ~** carvão xistoso; **white ~** hulha branca; **to carry coals to Newcastle** perder tempo e paciência; **to heap coals of fire on sb's head** pagar o mal com o bem; **to haul/rake sb over the coals** dar uma reprimenda a alguém; censurar alguém
coaler [ˈkəʊlə] s. barco carvoeiro
coalesce [kəʊəˈles] v.intr. **1** coalescer; **2** fundir-se; **3** aderir; **4** POLÍTICA coligar-se
coalescence [kəʊəˈlesəns] s. **1** coalescência; **2** fusão
coalescent [kəʊəˈlesənt] adj. coalescente
coalfield [ˈkəʊlfi:ld] s. região carbonífera
coalfish [ˈkəʊlfɪʃ] s. ZOOLOGIA pescada carvoeira
coalhole [ˈkəʊlˌhəʊl] s. pequena cave para carvão
coalition [kəʊəˈlɪʃən] s. **1** POLÍTICA coligação; aliança; **2** fusão ❖ **~ government** governo de coligação
coalman [ˈkəʊlmæn] s. (pl. **-men**) carvoeiro, pequeno negociante de carvão
coalmouse [ˈkəʊlmaʊs] s. ZOOLOGIA (ave) chapim carvoeiro
coaly [ˈkəʊlɪ] adj. **1** com carvão; **2** semelhante a carvão; **3** rico em carvão
coaming [ˈkəʊmɪŋ] s. NÁUTICA braçola
coarse [kɔ:s] adj. **1** áspero, grosseiro; **2** vulgar, inferior; **3** grosseiro, ordinário, rude, pouco educado, indelicado; **4** não aperfeiçoado; **5** (areia, sal) grosso ❖ **~ fish** peixe de água doce; **~ metal** metal bruto; **~ sandpaper** lixa grossa; **~ screen** peneira grossa
coarse-grained [ˈkɔ:sgreɪnd] adj. **1** grosseiro; **~ fabric** tecido grosseiro; **2** ordinário, rude ❖ **~ sand** areia grossa
coarsely [ˈkɔ:slɪ] adv. grosseiramente
coarsen [ˈkɔ:sən] v.tr.,intr. **1** engrossar; **2** tornar rude, duro; **3** endurecer
coarseness [ˈkɔ:snɪs] s. grosseria
coast [kəʊst] Ⓐ s. **1** costa, litoral; praia; **2** (corridas de trenó) pista inclinada; **3** [arc.] fronteira Ⓑ v.intr. **1** NÁUTICA navegar ao longo da costa; fazer serviço de cabotagem; **2** (automóvel) descer com o motor em ponto morto; **3** (bicicleta) descer em roda livre; **4** (trenó) descer pista de corridas; **5** avançar/ter sucesso sem grande esforço ❖ **~ guard** guarda costeira; **~ road** estrada litoral; **the ~ is clear** o caminho está livre; não há perigo à vista
coastal [ˈkəʊstəl] adj. costeiro; **~ waters** águas costeiras ❖ **~ erosion** erosão litoral; NÁUTICA **~ traffic** cabotagem
coaster [ˈkəʊstə] s. **1** NÁUTICA navio de cabotagem; **~ vessel** barco de cabotagem; **2** (barco de cabotagem) tripulante; **3** (para copos) base ❖ (bicicleta) **~ brake** contrapedal
coastguard [ˈkəʊstgɑ:d] s. **1** (funcionário) guarda-costeiro; **2** (organização) guarda costeira; serviço de socorro a náufragos
coasting [ˈkəʊstɪŋ] s. **1** NÁUTICA cabotagem; **2** (bicicleta) descida em roda livre ❖ NÁUTICA **~ ship** navio costeiro; navio de cabotagem; **~ trade** comércio de cabotagem; NÁUTICA **small ~ trade** pequena cabotagem
coastline [ˈkəʊstlaɪn] s. litoral; costa
coast-to-coast [kəʊsttəˈkəʊst] adj. de costa a costa
coastward [ˈkəʊstwɜ:d] adv. em direcção à costa
coastwards [ˈkəʊstwɜ:dz] adv. em direcção à costa
coastwise [ˈkəʊstwaɪz] adj.,adv. **1** costeiro; **2** ao longo da costa
coat [kəʊt] Ⓐ s. **1** VESTUÁRIO casaco; **2** ZOOLOGIA pele, pelagem, pêlo; **3** (tinta, verniz, etc.) camada, mão, demão; **~ of dust** camada de pó; **~ of paint** demão de tinta; **4** (bolbo, cenoura, etc.) camisa, pele, casca; **5** membrana exterior (de órgão); **6** película Ⓑ v.tr. (tinta, pó, etc.) revestir **[in/with, de/com]**, cobrir **[in/with, de/com]** ❖ VESTUÁRIO **~ and skirt** conjunto de saia e casaco; [EUA] **~ check** bengaleiro; **~ hanger** cabide; cruzeta; HERÁLDICA **~ of arms** cota de armas; brasão; **~ of mail** cota de malha; **a hawk of the first ~** um falcão de quatro anos; **to cut one's ~ according to one's cloth** viver dentro das suas posses; **to dust sb's ~** dar uma sova em alguém; **to turn one's ~** virar a casaca; trocar de uniforme; **to wear the King's ~** servir como soldado
coated [ˈkəʊtɪd] adj. **1** revestido; coberto; **lead-coated** revestido a chumbo; **2** (tecido) impermeabilizado
coatee [kəʊˈti:] s. VESTUÁRIO casaquinho, casaco curto
coati [kəʊˈɑ:tɪ] s. ZOOLOGIA quati, coati
coatimundi [kəʊɑ:tɪˈmʌndɪ] s. ZOOLOGIA quati, coati
coating [ˈkəʊtɪŋ] s. **1** (tinta) mão, camada; **2** revestimento; **3** CULINÁRIA (bolos) cobertura; **4** pano para casacos
coat-tails [ˈkəʊtteɪlz] s.pl. cauda de casaco ❖ **to ride/hang on sb's ~** beneficiar da ajuda de alguém influente; ir ao colo de alguém_fig_; **to trail sb's ~** provocar alguém
co-author [kəʊˈɔ:θə] Ⓐ s. co-autor Ⓑ v.tr. escrever em co-autoria
coax [kəʊks] Ⓐ s. (pl. **-es**) lisonja; adulação Ⓑ v.tr.,intr. **1** lisonjear; adular; **2** aliciar; persuadir; **to ~ sb into doing sth** persuadir alguém a fazer alguma coisa; **to ~ sb out of doing sth** convencer alguém a não fazer alguma coisa; **3** (manuseio) conseguir com jeito
coaxal [kəʊˈæksəl] adj. ⇒ **coaxial**
coaxer [ˈkəʊksə] s. adulador
coaxial [kəʊˈæksɪəl] adj. coaxial; **~ cable** cabo coaxial; TELEVISÃO **~ input** entrada coaxial; TELEVISÃO **~ output** saída coaxial
coaxing [ˈkəʊksɪŋ] Ⓐ s. lisonja, adulação Ⓑ adj. **1** adulador, lisonjeiro; **2** insinuante; persuasivo
coaxingly [ˈkəʊksɪŋlɪ] adv. **1** com lisonja, adulação; **2** de forma insinuante; persuasivamente
cob [kɒb] s. **1** ZOOLOGIA garrano, cavalo de sela de perna curta e corpulento; **2** ZOOLOGIA cisne macho; **3** BOTÂNICA variedade grande de avelã; **4** pedaço grande de pão; **5** pedaço arredondado de carvão; **6** BOTÂNICA espiga de milho; **7** argamassa (de saibro, areia e palha) para a edificação de paredes
cobalt [ˈkəʊbɔ:lt] s. QUÍMICA (elemento químico) cobalto ❖ **~ blue** azul-cobalto; **~ chrome** cobalto com liga de cromo; **~ ore** minério de cobalto; **~ steel** aço com liga de cobalto
cobaltic [kəʊˈbɔ:ltɪk] adj. cobáltico
cobaltiferous [kəʊbɔ:lˈtɪfərəs] adj. cobaltífero
cobble [ˈkɒbəl] Ⓐ s. **1** (calçada) godo, pedra arredondada; **2** pl. bocados de carvão Ⓑ v.tr. **1** (calçada) calcetar, pavimentar com godos; **2** (calçado) remendar
✦ **cobble together** v.tr. [coloq., depr.] improvisar; atamancar; fazer à pressa
cobbled [ˈkɒbəld] adj. calcetado ❖ **~ street** calçada
cobbler [ˈkɒblə] s. **1** sapateiro; **2** pl. [cal.] tretas; **3** pl. [cal.] (ofensivo) tomates ❖ **cobbler's wax** cera de sapateiro; (sherry) **~** bebida gelada feita de açúcar, vinho e limão
cobblestones [ˈkɒblstəʊz] s.pl. pedras da calçada
coble [ˈkəʊbəl] s. barco de pesca escocês de fundo chato
Coblenz [ˈkəʊblentz] s.top. Coblença
COBOL INFORMÁTICA [abrev. de common business-oriented language] COBOL
cobra [ˈkəʊbrə] s. cobra-capelo
cobweb [ˈkɒbwəb] Ⓐ s. **1** teia de aranha; **2** [fig.] (confusão) teia, rede confusa Ⓑ v.tr. (particípios: **-bb-**) **1** colocar teias de aranha em; **2** confundir ❖ **to blow/brush/clear the cobwebs away** limpar as teias de aranha; arejar; desempoeirar o espírito
coca [ˈkəʊkə] s. BOTÂNICA coca
cocaine [kəʊˈkeɪn] s. (droga) cocaína
cocainism [kəʊˈkeɪnɪzəm] s. [ant.] cocainismo
cocainist [kəʊˈkeɪnɪst] s. [ant.] cocainómano
cocainize [kəʊˈkeɪnaɪz] v.tr. cocainizar
cocci [ˈkɒksaɪ] s. {pl. de **coccus**}
cocciferous [kɒkˈsɪfərəs] adj. coccífero
coccus [ˈkɒkəs] s. (pl. **-cci**) (bactéria) coco
coccygeal [kɒkˈsɪdʒɪəl] adj. coccígeo
coccyges [kɒkˈsaɪdʒɪz] s. {pl. de **coccyx**}
coccyx [ˈkɒksɪks] s. (pl. **coccyges**) cóccix
Cochin-China [ˈkɒtʃɪnˌtʃaɪnə] s.top. Cochinchina
cochineal [ˌkɒtʃɪˈni:l] s. cochonilha, cochinilha
cochlea [ˈkɒklɪə] s. (pl. **-s** ou **-ae**) cóclea
cochleae [ˈkɒkliː] s. {pl. de **cochlea**}
cochleate [ˈkɒklɪɪt] adj. coclear

cock [kɒk] Ⓐ *s.* 1 ZOOLOGIA galo; 2 ZOOLOGIA (ave) macho; *~ sparrow* pardal macho; 3 torneira, cano; 4 (líder) dirigente, chefe, mandão, campeão; *the ~ of the school* o que manda em todos os outros alunos, o melhor da escola; *the ~ of the walk* a pessoa mais influente de um grupo; 5 [GB] [ant.] (vocativo para homem) pá, meu; 6 (espingarda) cão; 7 [cal.] (órgão sexual masculino) caralho_{cal.}; 8 [ant.] pequeno monte de feno nos campos; 9 (chapéu) aba arrebitada de chapéu; 10 fiel da balança Ⓑ *v.tr.,intr.* 1 erguer, levantar; *the dog cocked its ears* o cão afilou as orelhas; 2 inclinar; 3 levantar o cão (da espingarda); 4 (chapéu) levantar para cima a aba; 5 amontoar (o feno) em pequenas medas Ⓒ *v.intr.* 1 erguer-se; 2 inclinar-se; 3 empertigar-se em ar de desafio ❖ ZOOLOGIA *~ of the north* tentilhão; ZOOLOGIA *~ of the wood* galo silvestre; *that ~ won't fight* isso não serve; isso não pega; *to ~ a snook/snoot (at sb/sth)* desrespeitar claramente (algo/alguém); fazer pouco (de algo/alguém); (ar de desprezo) *to ~ one's nose* torcer o nariz; *to go off at half ~* agir sem a preparação conveniente; actuar prematuramente; *to live like fighting cocks* viver regaladamente

◆**cock up** *v.tr.* [cal.] estragar; arruinar; sair-se mal em; *he really cocked it up* ele fez asneira da grossa
cockade [kɒˈkeɪd] *s.* cocarda, cocar
cock-a-doodle-doo [ˌkɒkəduːˈdɪˈduː] *s.* (cantar do galo) cocoricó
cock-a-hoop [ˌkɒkəˈhuːp] *adj.* (só se usa depois de verbo) radiante; todo satisfeito [**at/about, com**]
Cockaigne [kɒˈkeɪn] *s.* Cocanha, país ideal de prazer e indolência
cock-a-leekie [ˌkɒkəˈliːkɪ] *s.* CULINÁRIA canja de frango com alho francês
cockalorum [ˌkɒkəˈlɔːrəm] *s.* 1 menino-prodígio; 2 presumido, vaidoso
cockamamie [ˌkɒkəˈmeɪmɪ] *adj.* 1 [EUA] [coloq.] ridículo; *a ~ excuse* uma desculpa ridícula; 2 trivial; banal; insignificante
cock-and-bull [ˌkɒkəndˈbʊl] *s.* (*pl.* -s) *cock-and-bull (story)* história da carochinha, peta
cockatoo [ˈkɒkətuː] *s.* ZOOLOGIA (ave) cacatua, catatua
cockatrice [ˈkɒkətraɪs, ˈkɒkətriːs] *s.* MITOLOGIA basilisco
Cockayne [kɒˈkeɪn] *s.* Cocanha, país ideal de prazer e indolência
cock-boat [ˈkɒkbəʊt] *s.* barquinho
cockchafer [ˈkɒkˌtʃeɪfə] *s.* escaravelho
cockcrow [ˈkɒkˌkrəʊ] *s.* [poét., arc.] amanhecer
cocked [kɒkd] *adj.* 1 (chapéu) bicorne; 2 (chapéu) tricorne ❖ *to knock into a ~ hat* deitar por terra; superar
cocker [ˈkɒkə] Ⓐ *s.* ZOOLOGIA (cão) cocker spaniel Ⓑ *v.tr.* amimar, apaparicar
cockerel [ˈkɒkərəl] *s.* ZOOLOGIA galispo
cocker spaniel [ˌkɒkəˈspænjəl] *s.* ZOOLOGIA (cão) cocker spaniel
cockeye [ˈkɒkaɪ] *s.* estrabismo
cockeyed [ˈkɒkaɪd] *adj.* 1 vesgo, estrábico; 2 torto; 3 [coloq.] disparatado, absurdo, ridículo; 4 [coloq.] podre de bêbedo, que já troca os olhos com a bebida
cockhorse [ˈkɒkˌhɔːs] *s.* (brinquedo) cavalo de pau
cockily [ˈkɒkɪlɪ] *adv.* 1 arrogantemente; 2 pretensiosamente; 3 com ares superiores
cockiness [ˈkɒkɪnɪs] *s.* arrogância, presunção
cockle [ˈkɒkəl] Ⓐ *s.* 1 ZOOLOGIA amêijoa; berbigão; 2 (pequena embarcação) casca de noz; 3 (papel, pele) ruga; encorrilha; 4 (cereais) mangra; 5 [ant.] fogão de aquecimento Ⓑ *v.tr.,intr.* enrugar, encorrilhar; amarrotar ❖ *cockles of the heart* íntimo duma pessoa; *to warm the cockles of the heart* animar alguém; deixar alguém bem-disposto
cockling [ˈkɒklɪŋ] *s.* pesca de mariscos
cockloft [ˈkɒkˌlɒft] *s.* [GB] sótão, águas-furtadas
cockney [ˈkɒknɪ] *adj.,s.* londrino
cockneyism [ˈkɒknɪɪzəm] *s.* pronúncia, frase ou sotaque londrino
cockpit [ˈkɒkpɪt] *s.* 1 AERONÁUTICA carlinga; 2 lugar destinado às lutas entre galos; 3 campo de batalha; 4 (navio de guerra) compartimento reservado aos feridos
cockroach [ˈkɒkrəʊtʃ] *s.* (*pl.* -es) ZOOLOGIA barata
cockscomb [ˈkɒkskəʊm] *s.* 1 BOTÂNICA crista-de-galo, amaranto, espadana-das-searas; 2 dândi
cockshot [ˈkɒkʃɒt] *s.* 1 [ant.] alvo; 2 [ant.] pontaria

cock-sure [ˈkɒkʃʊə] *adj.* arrogante; presunçoso
cocktail [ˈkɒkteɪl] Ⓐ *s.* 1 (bebida, aperitivo) cocktail; CULINÁRIA *shrimp ~* cocktail de camarão; 2 [fig.] mistura; mestiçagem; 3 [depr.] novo-rico; 4 ZOOLOGIA (coleóptero) estafilinídeo; 5 cavalo arraçado Ⓑ *adj.* de cocktail; *~ sausage* salsicha de cocktail ❖ (móvel) *~ cabinet* bar; *~ dress* vestido de cerimónia; *~ lounge* bar; (festa) *~ party* cocktail; (explosivo) *Molotov ~* cocktail molotov
cocktailed [ˈkɒkteɪld] *adj.* com a cauda aparada, raboto
cock-teaser [ˈkɒktiːzə] *s.* [cal., depr.] (em relação aos homens) oferecida, oferecido
cock-up [ˈkɒkʌp] *s.* 1 TIPOGRAFIA letra inicial, maior que as outras; 2 [cal.] (coisa mal feita) cagada_{cal.}
cocky [ˈkɒkɪ] *adj.* (*comp.* -ier, *superl.* -iest) 1 arrogante; 2 pretensioso
cocky-leeky [ˌkɒkɪˈliːkɪ] *s.* CULINÁRIA canja de frango com alho francês
coco [ˈkəʊkəʊ] *s.* (*pl.* -s) BOTÂNICA (fruto) coco; (árvore) coqueiro
cocoa [ˈkəʊkəʊ] *s.* 1 cacau; 2 (bebida) chocolate quente ❖ *~ butter* manteiga de cacau
coconut [ˈkəʊkənʌt] *s.* 1 BOTÂNICA, CULINÁRIA coco; 2 [coloq., joc.] (cabeça) tola ❖ *~ milk* leite de coco; *~ oil* óleo de coco; BOTÂNICA *~ palm* coqueiro; [coloq.] *that accounts for the milk in the ~* está tudo explicado
cocoon [kəˈkuːn] Ⓐ *s.* casulo Ⓑ *v.tr.,intr.* 1 tecer o casulo de; 2 fechar-se num casulo
Cocytus [kəʊˈsaɪtəs] *s.* MITOLOGIA Cocito, um dos quatro rios do Inferno do paganismo
cod [kɒd] Ⓐ *s.* 1 ZOOLOGIA bacalhau; 2 [ant.] saco; 3 ZOOLOGIA [arc.] escroto Ⓑ *v.tr.,intr.* (*particípios:* -dd-) enganar, ludibriar ❖ *~ fishery* pesca do bacalhau
COD [*abrev.* de cash on delivery]
coda [ˈkəʊdə] *s.* MÚSICA coda
codamine [ˈkəʊdəmɪn] *s.* codamina
coddle [ˈkɒdəl] *v.tr.* 1 acarinhar, amimar; 2 CULINÁRIA cozer em lume brando
code [kəʊd] Ⓐ *s.* código Ⓑ *v.tr.* codificar; reduzir a código; pôr em cifra
codeine [ˈkəʊdiːn] *s.* FARMÁCIA codeína
codex [ˈkəʊdeks] *s.* (*pl.* -dices) códice
codfish [ˈkɒdˌfɪʃ] *s.* (*pl.* -es, *pl.* codfish) ZOOLOGIA bacalhau
codfisher [ˈkɒdˌfɪʃə] *s.* 1 pescador de bacalhau; 2 NÁUTICA bacalhoeiro
codfishery [ˈkɒdˌfɪʃərɪ] *s.* pesca do bacalhau
codger [ˈkɒdʒə] *s.* 1 pessoa excêntrica, original; 2 [coloq.] tipo, sujeito
codices [ˈkəʊdɪsiːz] *s. pl. de* **codex**
codicil [ˈkɒdɪsɪl] *s.* codicilo
codicillary [kɒˈdɪsɪlərɪ] *adj.* codicilar
codicological [ˌkəʊdɪkəˈlɒdʒɪkl] *adj.* codicológico
codicology [ˌkəʊdɪˈkɒlədʒɪ] *s.* (manuscritos) codicologia
codification [ˌkəʊdɪfɪˈkeɪʃən] *s.* codificação
codifier [ˈkəʊdɪfaɪə] *s.* codificador
codify [ˈkəʊdɪfaɪ] *v.tr.* codificar
coding [ˈkəʊdɪŋ] *s.* codificação ❖ *~ form/sheet* folha de codificação/programação
codling [ˈkɒdlɪŋ] *s.* 1 bacalhau de pequenas dimensões; 2 variedade de maçã
cod-liver [ˈkɒdˌlɪvə] *adj.* de fígado de bacalhau; *~ oil* óleo de fígado de bacalhau
codominance [kəʊˈdɒmɪnəns] *s.* BIOLOGIA (genética) co-dominância
codominant [kəʊˈdɒmɪnənt] *adj.* BIOLOGIA (genética) co-dominante
codon [ˈkəʊdɒn] *s.* BIOLOGIA (genética) códon
co-ed [ˈkəʊed] Ⓐ *s.* 1 [GB] escola mista; 2 [EUA] aluno de uma escola mista Ⓑ *adj.* (escola) misto
co-educate [kəʊˈedjukeɪt] *v.tr.* coeducar, educar em conjunto (os dois sexos)
coeducation [kəʊˌedjuˈkeɪʃən] *s.* ensino misto
co-education [kəʊedjuˈkeɪʃən] *s.* coeducação
co-educational [kəʊedjuˈkeɪʃənəl] *adj.* coeducacional
coefficient [ˌkəʊɪˈfɪʃənt] *s.* coeficiente
coeliac [ˈsiːlɪæk] *adj.* celíaco
coemption [kəʊˈempʃən] *s.* coempção
coenobite [ˈsiːnəʊbaɪt] *s.* cenobita

coenobitic [siːnəʊˈbɪtɪk] adj. cenobítico
coenobitical [siːnəʊˈbɪtɪkəl] adj. cenobítico
coenzyme [kəʊˈenzaɪm] s. coenzima
coequal [ˌkəʊˈiːkwəl] s. co-igual
coequality [ˌkəʊiːˈkwɒlɪti] s. co-igualdade
coequally [ˌkəʊˈiːkwəli] adv. co-igualmente
coerce [kəʊˈɜːs] v.tr. coagir, forçar, compelir
coercibility [kəʊɜːsɪˈbɪlɪti] s. coercibilidade
coercible [kəʊˈɜːsɪbəl] adj. coercível
coercibly [kəʊˈɜːsɪbli] adv. coercivelmente
coercion [kəʊˈɜːʃən] s. coerção
coercionist [kəʊˈɜːʃənɪst] s. partidário de medidas coercivas
coercive [kəʊˈɜːsɪv] adj. coercivo
coercively [kəʊˈɜːsɪvli] adv. coercivamente
coerciveness [kəʊˈɜːsɪvnɪs] s. coercividade
coessential [ˌkəʊɪˈsenʃəl] adj. coessencial
coetaneous [ˌkəʊiːˈteɪnɪəs] adj. coetâneo
coeternal [ˌkəʊɪˈtɜːnəl] adj. coeterno
coeval [kəʊˈiːvəl] adj. coevo
co-executor [ˌkəʊɪɡˈzekjuːtə] s. 1 co-executor; 2 testamenteiro nomeado em conjunto com outro
coexist [ˌkəʊɪɡˈzɪst] v.intr. coexistir
coexistence [ˌkəʊɪɡˈzɪstəns] s. coexistência
coexistent [ˌkəʊɪɡˈzɪstənt] adj. coexistente
co-extension [ˌkəʊɪksˈtenʃən] s. coextensão
coextensive [ˌkəʊɪksˈtensɪv] adj. coextensivo
cofactor [ˈkəʊfæktə] s. cofactor
coffee [ˈkɒfɪ] s. (semente, bebida) café ❖ (estabelecimento) *~ bar* café; bar; *~ bean* grão de café; *~ break* pausa para café; *~ cup* chávena de café; *~ grinder* moinho de café; *~ grounds* borras de café; *~ machine* máquina de café; *~ mill* moinho de café; (sala para descansar) *~ room* sala de estar; bar; *~ set* serviço de café; (estabelecimento) *~ shop* café; *~ table* mesa de centro; *black ~* café simples; *instant ~* café instantâneo; *white ~* café com leite; [coloq.] *wake up and smell the ~* acorda para a realidade; *to take ~* tomar café
coffee-coloured [ˈkɒfɪkʌləd] adj. (cor) café-com-leite
coffeepot [ˈkɒfɪpɒt] s. cafeteira
coffer [ˈkɒfə] s. 1 caixa, arca, cofre; 2 painel; 3 carreira de construção naval
cofferdam [ˈkɒfədæm] s. 1 carreira de construção naval; 2 NÁUTICA caixão, coferdame, ensecadeira
coffin [ˈkɒfɪn] Ⓐ s. 1 caixão, urna; 2 navio impróprio para a navegação Ⓑ v.tr. 1 pôr num caixão; 2 colocar em lugar inacessível ❖ (cavalo) *~ bone* terceira falangeta, no casco; [ant.] *~ nail* cigarro; *a nail in sb's ~* um facto/acontecimento que contribui para o fim de alguém
coffle [ˈkɒfəl] s. cáfila, caravana, comboio de animais, escravos, etc., amarrados uns aos outros
cog [kɒɡ] Ⓐ s. 1 (mecanismo) dente de roda; 2 (carpintaria) encaixe; escarva; respiga Ⓑ v.tr.,intr. (particípios: -gg-) 1 abrir dentes numa roda; 2 (máquinas) engrenar; 3 (jogos) fazer batota nos dados ❖ *to be just a ~ in the wheel* ser apenas uma peça da engrenagem
cogence [ˈkəʊdʒəns] s. peso, força (de argumento)
cogency [ˈkəʊdʒənsi] s. ⇒ **cogence**
cogeneration [ˌkəʊdʒenəˈreɪʃən] s. co-geração
cogent [ˈkəʊdʒənt] adj. 1 convincente; 2 forte, persuasivo
cogently [ˈkəʊdʒəntli] adv. convincentemente
cogitable [ˈkɒdʒɪtəbəl] adj. concebível, imaginável
cogitate [ˈkɒdʒɪteɪt] v.intr. cogitar, meditar
cogitation [ˌkɒdʒɪˈteɪʃən] s. cogitação
cognac [ˈkɒnjæk] s. conhaque
cognate [ˈkɒɡneɪt] adj.,s. cognato, cognado
cognation [kɒɡˈneɪʃən] s. cognação
cognition [kɒɡˈnɪʃən] s. conhecimento
cognitive [ˈkɒɡnɪtɪv] adj. cognitivo ❖ PSICOLOGIA *~ psychology* psicologia cognitiva
cognitivism [ˈkɒɡnɪtɪvɪzm] s. FILOSOFIA cognitivismo
cognizable [ˈkɒɡnɪzəbəl] adj. 1 cognoscível; 2 conhecível; 3 que cai dentro da competência dum tribunal
cognizance [ˈkɒɡnɪzəns] s. 1 cognição; 2 (saber) conhecimento; 3 (atribuições) competência; jurisdição; domínio; *that goes beyond my ~* isso ultrapassa a minha competência; 4 MILITAR divisa, insígnia

cognizant [ˈkɒɡnɪzənt] adj. 1 conhecedor, sabedor de; 2 dotado de conhecimento; 3 com jurisdição
cognize [kɒɡˈnaɪz] v.tr. conhecer
cognomen [kɒɡˈnəʊmən] s. cognome
cognoscente [ˌkɒɡnəˈʃenti] s. ⇒ **cognoscenti**
cognoscenti [ˌkɒɡnəˈʃenti] s.pl. (sing. **cognoscente**) entendidos, especialistas, conhecedores
cognoscible [kɒɡˈnɒsɪbəl] adj. cognoscível
cognovit [kɒɡˈnəʊvɪt] s. reconhecimento, por parte do réu, da justiça que assiste ao autor da acção
cogwheel [ˈkɒɡwiːl] s. roda dentada
cohabit [kəʊˈhæbɪt] v.intr. [form.] coabitar [**with**, com]; viver em união de facto [**with**, com]
cohabitant [ˌkəʊˈhæbɪtənt] s. coabitante
cohabitation [ˌkəʊhæbɪˈteɪʃən] s. coabitação
coheir [ˌkəʊˈeə] s. co-herdeiro
coheiress [ˌkəʊˈeərɪs] s.f. co-herdeira
cohere [kəʊˈhɪə] v.intr. 1 juntar-se, pegar-se, aderir; 2 ser coerente; fazer sentido
coherence [ˌkəʊˈhɪərəns] s. coerência
coherency [kəʊˈhɪərənsi] s. coerência
coherent [ˌkəʊˈhɪərənt] adj. coerente
coherently [ˌkəʊˈhɪərəntli] adv. coerentemente
coherer [ˌkəʊˈhɪərə] s. coesor, detector de ondas electromagnéticas
coheritor [ˌkəʊˈherɪtə] s. co-herdeiro
cohesion [kəʊˈhiːʒən] s. coesão ❖ *~ power* potência de coesão
cohesive [kəʊˈhiːsɪv] adj. coeso, coesivo
cohesively [kəʊˈhiːsɪvli] adv. coesivamente
cohesiveness [ˌkəʊˈhiːsɪvnɪs] s. coesividade
cohort [ˈkəʊhɔːt] s. 1 coorte; 2 bando, grupo
coif [kɔɪf] s. 1 coifa; touca; 2 [arc.] (advogados) boné branco ❖ DIREITO *the degree of the ~* a classe dos juristas
coign [kɔɪn] s. canto saliente; protuberância ❖ *~ of vantage* lugar com boas vistas
coil [kɔɪl] Ⓐ s. 1 espiral; *a ~ of rope* uma corda enrolada; 2 anel de espiral; 3 volta, laçada; 4 (forma) rolo; *coils of smoke* rolos de fumo; 5 (cabelo) caracol; 6 MECÂNICA bobina; 7 (contracepção) *the ~* DIU, dispositivo intra-uterino Ⓑ v.tr.,intr. 1 enrolar; dispor em círculos concêntricos; 2 espiralar; 3 serpentear, serpear ❖ *~ spring* mola helicoidal; *a ~ of rope* corda enrolada; *this mortal ~* este tumulto de morte
coin [kɔɪn] Ⓐ s. moeda; *coins and notes* moedas e notas Ⓑ v.tr. 1 (moedas) cunhar; 2 [fig.] forjar, criar, inventar; *to ~ a word* criar um neologismo ❖ [GB] *~ box* cabine telefónica de moedas; *~ slot* ranhura para moedas; *the other side of the ~* o reverso da medalha; *to be coining money* estar a enriquecer; *to ~ a phrase* como se costuma dizer; *to pay sb back in his own ~* pagar a alguém na mesma moeda; *to toss/flip a ~* atirar a moeda ao ar
coinage [ˈkɔɪnɪdʒ] s. 1 cunhagem de moeda; 2 sistema monetário; 3 criação de novas palavras ou expressões; neologismo; 4 [fig.] fabrico; invenção ❖ *right of ~* direito de cunhar moeda
coincide [ˌkəʊɪnˈsaɪd] v.intr. coincidir
coincidence [kəʊˈɪnsɪdəns] s. coincidência
coincident [kəʊˈɪnsɪdənt] adj. coincidente
coincidental [kəʊˌɪnsɪˈdentəl] adj. 1 coincidente; simultâneo; 2 que aconteceu por acaso, que aconteceu por coincidência
coincidentally [kəʊˌɪnsɪˈdentəli] adv. 1 simultaneamente, ao mesmo tempo; 2 por coincidência, por acaso
coincidently [kəʊˈɪnsɪdəntli] adv. por coincidência
co-incinerate [ˌkəʊɪnˌsɪnəˈreɪt] v.tr. co-incinerar
co-incineration [ˌkəʊɪnˌsɪnəˈreɪʃn] s. co-incineração
coiner [ˈkɔɪnə] s. fabricante de moeda falsa
co-inheritor [ˌkəʊɪnˈherɪtə] s. co-herdeiro
coining [ˈkɔɪnɪŋ] s. cunhagem de moedas
coinstantaneous [kəʊɪnstænˈteɪnɪəs] adj. simultâneo
coir [kɔɪə] s. fibra de coco usada no fabrico de esteiras, cordas, etc.
coital [ˈkɔɪtəl] adj. relativo ao coito
coition [kəʊˈɪʃən] s. coito, cópula carnal
coitus [ˈkəʊɪtəs] s. coito ❖ *~ interruptus* coito interrompido
coke [kəʊk] Ⓐ s. 1 (carvão) coque; 2 [coloq.] (droga) coca, cocaína Ⓑ v.tr. transformar em coque ❖ [coloq.] *go and eat coke!* sai da minha vista!

col [kɒl] s. garganta, ravina

Col. Ⓐ [abrev. de Columbia] Ⓑ [abrev. de Colonel] Ⓒ [abrev. de Columbian]

COL Ⓐ INFORMÁTICA [abrev. de computer-oriented language] Ⓑ ECONOMIA [abrev. de cost of living]

cola ['kəʊlə] Ⓐ s. 1 BOTÂNICA (árvore) coleira; 2 [coloq.] (refrigerante) cola Ⓑ s. {pl. de **colon**} ❖ BOTÂNICA (fruto) ~ *nut* cola

colander ['kʌləndə] Ⓐ s. coador Ⓑ v.tr. coar

co-latitude [kəʊ'lætɪtjuːd] s. co-latitude

colcannon [kɒl'kænən] s. prato irlandês com batatas e hortaliça

colchicum ['kɒltʃɪkəm] s. cólquico

colcothar ['kɒlkəθɑː] s. QUÍMICA colcotar

cold [kəʊld] Ⓐ adj. 1 frio; *as ~ as ice* frio como o gelo; *ice/freezing/stone ~* muito frio; um frio de rachar; 2 com frio; *to feel ~* estar frio, ter frio; 3 frio, reservado, indiferente; insensível, cruel; *to be ~ with sb* mostrar-se frio para com alguém; *to leave sb ~* deixar alguém indiferente; 4 inexpressivo; 5 inconsciente Ⓑ s. 1 frio; 2 constipação, resfriado; *to catch a ~* apanhar uma constipação; *to have a ~* estar constipado Ⓒ adv. 1 [EUA] completamente; 2 de improviso; sem preparação; 3 [EUA] friamente, abruptamente ❖ *~ colours* cores frias; *~ cream* creme facial; *~ drawn* extraído a frio; *~ fish* pessoa carrancuda; pessoa insensível; (meteorologia) *~ front* superfície frontal fria; *~ pig* castigo/brincadeira para com uma pessoa que dorme para a acordar; *~ snap* vaga de frio; *~ steel* arma branca; *~ store* frigorífico; câmara frigorífica; *~ sweat* suores frios; (interrupção de dependência) *~ turkey* ressaca; HISTÓRIA *~ war* guerra fria; *~ hands, warm heart* mãos frias, coração quente; *in ~ blood* a sangue-frio; friamente; *out ~* a dormir; inconsciente; *to be ~ comfort* servir de pouco consolo; *to come in from the ~* ser readmitido; voltar a ser aceite; regressar; *to get ~ feet* ficar com medo; acobardar-se; *to give sb the ~ shoulder* tratar alguém de modo indelicado ou frio; ignorar alguém; *to leave sb out in the ~* não ligar a alguém; não prestar atenção a alguém; desprezar alguém; *to throw/pour ~ water on* rejeitar; criticar; desanimar; [coloq.] *you'll catch your death of ~* vais apanhar uma constipação dos diabos

cold-blooded ['kəʊldblʌdɪd] adj. 1 ZOOLOGIA de sangue frio; 2 [fig.] (pessoa) frio; insensível; 3 (crime) a sangue-frio; 4 (criminoso) cruel

cold-hearted ['kəʊldhɑːtɪd] adj. frio; insensível; impiedoso; sem compaixão

coldly ['kəʊldlɪ] adv. friamente

coldness ['kəʊldnɪs] s. 1 indiferença, frieza; 2 frialdade

cold-rolled ['kəʊld,rəʊld] adj. laminado a frio; *~ steel* aço laminado a frio

cold-short ['kəʊldʃɔːt] adj. quebradiço no frio

cold-shoulder [,kəʊld'ʃəʊldə] v.tr. 1 tratar com indiferença; 2 ignorar (alguém)

cole [kəʊl] s. [arc.] couve

coleoptera [kɒlɪ'ɒptərə] s.pl. coleópteros

coleopteran [kɒlɪ'ɒptərən] s. ZOOLOGIA coleóptero

coleopterous [kɒlɪ'ɒptərəs] adj. coleóptero

coleslaw ['kəʊlslɔː] s. CULINÁRIA salada de couve e cenoura

colic ['kɒlɪk] s. cólica

colicky ['kɒlɪkɪ] adj. 1 com cólicas; 2 [fig.] embirrento, resmungão

Coliseum [kɒlɪ'sɪəm] s. ⇒ **Colosseum**

colitis [kɒ'laɪtɪs] s. MEDICINA colite

coll. Ⓐ [abrev. de college] Ⓑ [abrev. de colleague] Ⓒ [abrev. de collection]

collaborate [kə'læbəreɪt] v.intr. colaborar

collaboration [kə,læbə'reɪʃən] s. colaboração

collaborationist [kə,læbə'reɪʃənɪst] s. colaboracionista

collaborative [kə'læbərətɪv] adj. feito em colaboração, feito em conjunto

collaborator [kə'læbəreɪtə] s. colaborador

collage [kɒ'lɑːʒ] s. 1 ARTES PLÁSTICAS colagem; 2 agregado, mescla, miscelânea

collagen ['kɒlədʒən] s. BIOLOGIA colagénio

collapsar [kə'læpsɑː] s. ASTRONOMIA buraco negro

collapse [kə'læps] Ⓐ s. 1 colapso; 2 prostração; 3 desmoronamento, desabamento; 4 (preços) queda Ⓑ v.intr. 1 sucumbir; 2 ir abaixo; 3 desmoronar, aluir, desabar; 4 MEDICINA ter um colapso; 5 (balão, pára-quedas, etc.) esvaziar-se

collapsible [kə'læpsəbəl] adj. flexível, desmontável

collar ['kɒlə] Ⓐ s. 1 VESTUÁRIO colarinho; gola; 2 coleira; 3 gargantilha; 4 colar (de ordem honorífica); 5 (coleira dos cavalos de tiro) coalheira; 6 ZOOLOGIA (zona do pescoço) colar; 7 CULINÁRIA rolo; 8 [cal.] captura, detenção Ⓑ v.tr. 1 agarrar pelo pescoço; 2 prender pela gola; agarrar pelos colarinhos; 3 [cal.] (polícia) capturar; deter; 4 [coloq.] (interceptar) apanhar (alguém com quem se quer falar); 5 DESPORTO (futebol) prender (um adversário) com as mãos; 6 CULINÁRIA comprimir (carne, peixe) em rolo; 7 encoleirar ❖ *~ stud* botão de colarinho (para prender colarinho postiço); *detachable ~* colarinho postiço; NÁUTICA *~ of a stay* alça de um estai; *hot under the ~* furioso

collarbone ['kɒləbəʊn] s. ANATOMIA clavícula

collate [kə'leɪt] v.tr. 1 confrontar, cotejar, comparar; 2 conferir; 3 colar, conceder benefício, dar colação

collateral [kə'lætərəl] Ⓐ adj. 1 (parente) colateral; 2 adicional, concomitante; 3 subsidiário, acessório, indirecto Ⓑ s. garantia adicional

collaterally [kə'lætərəlɪ] adv. 1 colateralmente; 2 concomitantemente; 3 subsidiariamente

collation [kəʊ'leɪʃən] s. 1 colação; 2 refeição; 3 refeição ligeira; 4 verificação; 5 cotejo; 6 confronto; 7 colação em benefício eclesiástico

colleague ['kɒliːɡ] s. colega

collect[1] [kə'lekt] Ⓐ v.tr.,intr. 1 (dinheiro) receber, cobrar; 2 pedir, angariar [**for**, para]; *to ~ for the poor* pedir para os pobres; 3 acumular; juntar; *to ~ sand* acumular areia; 4 coleccionar; *to ~ stamps* coleccionar selos; 5 (obra) reunir, coligir; 6 arrecadar; *she collected three gold medals* ela arrecadou três medalhas de ouro; 7 ir buscar; *I have to ~ the children* tenho de ir buscar as crianças Ⓑ adj.,adv. 1 a pagar pelo destinatário; *~ call* chamada a pagar pelo destinatário; *to call ~* fazer uma chamada a pagar pelo destinatário; 2 à cobrança; *I'll send you the books ~* mando-te os livros à cobrança ❖ *to ~ one's thoughts* concentrar-se; *to ~ oneself* acalmar-se; recuperar o domínio de si mesmo

collect[2] ['kɒlekt] s. (oração) colecta

collectable [kə'lektəbəl] adj. de colecção, raro

collectables [kə'lektəbləz] s.pl. objectos de colecção, objectos raros

collectanea [kəlek'tɑːnɪə] s.pl. colectânea

collected [kə'lektɪd] adj. 1 calmo; tranquilo; sereno; 2 LITERATURA (obra) coligido, reunido; completo; *the ~ works* a obra completa

collectedly [kə'lektɪdlɪ] adv. calmamente

collectedness [kə'lektɪdnɪs] s. 1 calma, autodomínio; 2 sangue-frio

collectible [kə'lektɪbəl] adj. ⇒ **collectable**

collectibles [kə'lektɪbləs] s.pl. ⇒ **collectables**

collecting [kə'lektɪŋ] s. 1 coleccionismo; colecções; 2 recolha ❖ *~ box* caixa de peditório; *~ channel* canal colector; *~ flask* balão colector

collection [kə'lekʃən] s. 1 colecção; 2 LITERATURA, MÚSICA compilação; antologia; 3 (peditório) colecta, recolha de donativos; 4 (objectos) recolha; levantamento; *your order is ready for ~* a sua encomenda está pronta para levantamento; 5 (impostos) cobrança; 6 acumulação ❖ *~ of paintings* pinacoteca; (correios) *postal ~* hora de recolha de correspondência

collective [kə'lektɪv] Ⓐ adj. colectivo Ⓑ s. 1 COMÉRCIO cooperativa; 2 (grupo) colectivo ❖ LINGUÍSTICA *~ noun* substantivo colectivo; DIREITO *~ ownership* propriedade colectiva

collectively [kə'lektɪvlɪ] adv. colectivamente

collectivism [kə'lektɪ,vɪzəm] s. colectivismo

collectivist [kə'lektɪvɪst] s. colectivista

collectivity [,kəlek'tɪvɪtɪ] s. colectividade

collector [kə'lektə] s. 1 coleccionador; 2 (impostos, bilhetes) cobrador; 3 ELECTRICIDADE colector ❖ *collector's item* peça de colecção

colleen ['kɒliːn] s. [Irl.] rapariga

college ['kɒlɪdʒ] s. 1 (ensino superior) instituto; escola superior; conservatório; *~ of music* conservatório de música; *teacher training ~* escola superior de educação; *technical ~* instituto universitário, escola superior técnica; 2 [EUA] universidade; faculdade; *to go to ~* ir para a universidade; 3 [GB] (universidade)

collegian

colégio universitário; **4** (conjunto de pessoas) colégio; *electoral* ~ colégio eleitoral ❖ *to be a ~ man* ter estudos universitários
collegian [kə'li:dʒɪən] s. membro de um colégio universitário
collegiate [kə'li:dʒɪɪt] *adj.* universitário
collet ['kɒlɪt] s. **1** engaste; **2** pinça de torno
collide [kə'laɪd] v.intr. colidir
collie ['kɒlɪ] s. ZOOLOGIA cão de pastor escocês
collier ['kɒlɪə] s. **1** mineiro; **2** NÁUTICA barco carvoeiro; **3** marinheiro de barco carvoeiro
colliery ['kɒlɪərɪ] s. (pl. -**ies**) mina de carvão
colligate ['kɒlɪgeɪt] v.tr. [ant.] coligar, ligar
colligation [kɒlɪ'geɪʃən] s. [ant.] coligação
collimate ['kɒlɪmeɪt] v.intr. colimar
collimation [kɒlɪ'meɪʃən] s. colimação ❖ ~ *plane* plano de colimação
collimator ['kɒlɪmeɪtə] s. colimador
collinear [kɒ'lɪnɪə] *adj.* colinear
collision [kə'lɪʒən] s. **1** colisão; embate; choque; **2** conflito; *a ~ of interests* um conflito de interesses ❖ *multiple ~* choque em cadeia; *to be on a ~ course with* estar em rota de colisão com; *to come into ~ with* colidir com
collocate[1] ['kɒləkeɪt] Ⓐ v.tr. [form.] combinar; agrupar Ⓑ v.intr. LINGUÍSTICA (palavras) co-ocorrer [**with**, por]; ser regido [**with**, por]
collocate[2] ['kɒləkət] s. LINGUÍSTICA (palavras) co-ocorrência, regência
collocation [kɒlə'keɪʃən] s. **1** agrupamento; arrumação, arranjo; **2** LINGUÍSTICA co-ocorrência, regência
collocutor [kə'lɒkjuːtə] s. interlocutor
collodion [kə'ləʊdɪən] s. colódio
collogue [kə'ləʊg] Ⓐ s. confidência Ⓑ v.intr. falar confidencialmente
colloid ['kɒlɔɪd] *adj.,s.* colóide
collop ['kɒləp] s. fatia de carne
colloq. [abrev. de colloquial]
colloquial [kə'ləʊkwɪəl] *adj.* coloquial
colloquialism [kə'ləʊkwɪəlɪzəm] s. coloquialismo, expressão coloquial
colloquially [kə'ləʊkwɪəlɪ] *adv.* coloquialmente
colloquist ['kɒləkwɪst] s. interlocutor
colloquium [kə'ləʊkwɪəm] s. colóquio, discussão de assuntos científicos
colloquy ['kɒləkwɪ] s. (pl. -**ies**) colóquio
collotype ['kɒləʊtaɪp] s. colotipia
collude [kə'luːd] v.intr. **1** conluiar-se, conspirar; **2** ser conivente
colluder [kə'luːdə] s. aquele que entra em conluios
collusion [kə'luːʒən] s. **1** conluio [**with**, entre]; **2** conivência [**between/with**, entre/com]; *to act in ~ with* agir em conivência com
collusive [kə'luːsɪv] *adj.* **1** colusório; **2** conivente
collusively [kə'luːsɪvlɪ] *adv.* **1** conluiadamente; **2** em conivência
collyria [kə'li:rɪə] s. {pl. de **collyrium**}
collyrium [kə'li:rɪəm] s. (pl. -**ia**) colírio
Colo. [abrev. de Colorado]
cologne [kə'ləʊn] s. água de colónia
Cologne [kə'ləʊn] s.top. Colónia
Colombia [kə'lɒmbɪə] s.top. Colômbia
Colombian [kə'lɒmbɪən] *adj.,s.* colombiano
Colombo [kə'lʌmbəʊ] s.top. Colombo
colon ['kəʊlən] s. **1** (sinal de pontuação) dois-pontos (:); **2** ANATOMIA cólon
colón [kɒ'lɒn] s. (moeda da Costa Rica e de El Salvador) colón
colonate [kə'ləʊnɪt] s. colonato
colonel ['kɜːnəl] s. coronel
colonelcy ['kɜːnəlsɪ] s. posto de coronel
colonelship ['kɜːnəlʃɪp] s. posto de coronel
colonial [kə'ləʊnɪəl] Ⓐ *adj.* colonial Ⓑ s. colono ❖ POLÍTICA ~ *Office* Ministério das Colónias
colonialism [kə'ləʊnɪəlɪzəm] s. colonialismo
colonialist [kə'ləʊnɪəlɪst] *adj.,s.* colonialista
colonic [kəʊ'lɒnɪk] *adj.* ANATOMIA relativo ao cólon
colonist ['kɒlənɪst] s. colono
colonization [kɒlənaɪ'zeɪʃən] s. colonização
colonize ['kɒlənaɪz] v.tr.,intr. colonizar

colonizer ['kɒlənaɪzə] s. colonizador
colonnade [kɒlə'neɪd] s. colunata
colonoscopic [kəlɒnə'skɒpɪk] *adj.* colonoscópico
colonoscopy [kəlɒ'nɒskəpɪ] s. MEDICINA colonoscopia
colony ['kɒlənɪ] s. (pl. -**ies**) colónia
colophon ['kɒləfən] s. cólofon
colophony [kə'lɒfənɪ] s. colofónia
color ['kʌlə] s. [EUA] ⇒ **colour**
Colorado [kɒlə'ra:dəʊ] s.top. Colorado ❖ ZOOLOGIA ~ *beetle* escaravelho-da-batata
coloration [kʌlə'reɪʃən] s. coloração
colored ['kʌləd] *adj.,s.* [EUA] ⇒ **coloured**
colorful ['kʌləfʊl] *adj.* [EUA] ⇒ **colourful**
colorific [kɒlə'rɪfɪk] *adj.* colorífico
colorimeter [kʌlə'rɪmɪtə] s. colorímetro
colorimetry [kʌlə'rɪmətrɪ] QUÍMICA colorimetria
colossal [kə'lɒsəl] *adj.* colossal
Colosseum [kɒlə'sɪəm] s. Coliseu
colossi [kə'lɒsaɪ] s. {pl. de **colossus**}
colossus [kə'lɒsəs] s. (pl. -**i** ou -**uses**) colosso
colostomy [kə'lɒstəmɪ] s. CIRURGIA colostomia
colostrum [kə'lɒstrəm] s. colostro
colour ['kʌlə] Ⓐ s. **1** cor; *light/dark ~* cor clara/escura; **2** coloração, colorido; **3** pl. bandeira, pavilhão (de navio ou regimento), insígnias, cores; *to salute the colours* saudar a bandeira Ⓑ *adj.* a cores Ⓒ v.tr.,intr. **1** colorir; **2** pintar; *to ~ one's hair* pintar o cabelo; **3** disfarçar; **4** [fig.] deturpar, adulterar, falsear Ⓓ v.intr. **1** colorir-se; **2** ruborizar-se, corar ❖ ~ *balance* equilíbrio das cores; ~ *bar* segregação racial; discriminação racial; ~ *bearer* porta-bandeira; ~ *box* caixa de tintas; FOTOGRAFIA (imagem) ~ *photograph* fotografia a cores; FOTOGRAFIA (arte) ~ *photography* fotografia a cores; ~ *print* cromo; ~ *sergeant* sargento mais antigo duma companhia de infantaria; encarregado da bandeira; ~ *set* televisor a cores; (jornal) ~ *supplement* suplemento a cores; ~ *television* televisão a cores; *in (full) ~* a cores; *to add/give ~ to* dar cor a; [coloq.] *to be with colours* andar na tropa; *to change ~* mudar de cor; *to come off with flying colours* ter grande sucesso; *to come out in one's true colours* desmascarar-se; mostrar o seu verdadeiro carácter; *to give/lend ~ to a story* tornar uma história plausível; tornar uma história mais interessante; *to join the colours* entrar para o exército; *to lose ~* empalidecer; *to lower one's colours* ceder; desistir; *to nail one's colours to the mast* não abandonar uma resolução anunciada; *to see the ~ of sb's money* receber dinheiro de alguém; *to show one's colours* mostrar o que realmente se é; *to stick to one's colours* aferrar-se às suas cores (ideias ou partido); *to take one's colours from* ser influenciado por; *under ~ of* sob o pretexto de
✦ **colour in** v.tr.,intr. colorir; pintar
colourable ['kʌlərəbəl] *adj.* **1** plausível; **2** simulado, fingido, ilusório
colourably ['kʌlərəblɪ] *adv.* **1** plausivelmente; **2** simuladamente, de modo ilusório
colouration [kʌlə'reɪʃən] s. coloração
colour-blind ['kʌləblaɪnd] *adj.* **1** daltónico; **2** [fig.] sem discriminação racial
colour-blindness ['kʌləblaɪndnəs] s. daltonismo
colour-code ['kʌləkəʊd] v.tr. distinguir com cores, identificar por meio de cores
colour-coded ['kʌləkəʊdɪd] *adj.* identificado por cores
coloured ['kʌləd] Ⓐ *adj.* **1** colorido; ~ *fabric* tecido colorido; ~ *pottery* cerâmica colorida; **2** de cor; ~ *pencil* lápis de cor; (ofensivo) ~ *person* pessoa de cor; **3** (imagem, televisão) a cores; **4** (relato, descrição, história) imaginativo, exagerado Ⓑ s. (pl. **coloureds**) (ofensivo) pessoa de cor
colourfast ['kʌləfɑːst] *adj.* de cor resistente
colourful ['kʌləfʊl] *adj.* **1** colorido; garrido; **2** [fig.] pitoresco; **3** [fig.] invulgar, interessante, original ❖ ~ *character* personagem excêntrica; ~ *language* palavrões
colouring ['kʌlərɪŋ] s. **1** cor, coloração, colorido; **2** CULINÁRIA corante; **3** (pele) tez, compleição; **4** [fig.] (pessoa) aparência; **5** [fig.] (relato) deturpação ❖ ~ *book* livro para colorir
colourist ['kʌlərɪst] s. colorista

colourize ['kʌləraɪz] *v.tr.* (filmes a preto e branco) colorir, colorizar

colourless ['kʌlələs] *adj.* 1 incolor, descolorido; 2 [fig.] desengraçado

colourlessness ['kʌləlɪsnɪs] *s.* 1 ausência de colorido; 2 [fig.] falta de graça; 3 [fig.] monotonia

colour-sensitive [ˌkʌleˈsensɪtɪv] *adj.* ortocromático, sensível à cor

colourwash ['kʌləwɒʃ] *s.* (pintura) ocre, oca

coloury ['kʌlərɪ] *adj.* 1 [ant.] colorido; 2 (café, lúpulo) com boa cor

colporteur [kɒl'pɔːtə] *s.* vendedor ambulante de livros, sobretudo de livros religiosos

colposcope ['kɒlpəskəʊp] *s.* MEDICINA colposcópio

colposcopy [kɒl'pɒskəpɪ] *s.* MEDICINA colposcopia

colt [kəʊlt] Ⓐ *s.* 1 potro; 2 pessoa sem experiência, principiante; 3 corda usada como açoite Ⓑ *v.tr.* açoitar com corda

coltish ['kəʊltɪʃ] *adj.* 1 ardente, fogoso, impetuoso; 2 alegre, brincalhão, vivaço

coltsfoot ['kəʊltsfʊt] *s.* BOTÂNICA tussilagem

colubrine ['kɒljuˌbraɪn] *adj.* colubrino

columbaria [ˌkɒləm'beərɪə] *s.* {*pl. de* **columbarium**}

columbarium [ˌkɒləm'beərɪəm] *s.* (*pl.* **-ria**) 1 columbário; 2 pombal

Columbia [kə'lʌmbɪə] *s.top.* Colúmbia

Columbian [kə'lʌmbɪən] *adj.* (civilização, cultura) (americano) colombiano

columbine ['kɒləmˌbaɪn] Ⓐ *adj.* columbino Ⓑ *s.* BOTÂNICA columbina

Columbus [kə'lʌmbəs] *s.antr.* Colombo

columella [ˌkɒljʊ'melə] *s.* (*pl.* **-ae**) columela

columellae [kɒlʊ'meliː] *s.* {*pl. de* **columella**}

column ['kɒləm] *s.* 1 coluna; 2 (jornalismo) coluna; crónica; *sports ~* crónica desportiva ❖ MILITAR *~ of route* coluna de marcha; *electric ~* pilha eléctrica; ANATOMIA *spinal/vertebral ~* coluna vertebral; (automóvel) *steering ~* barra de direcção; MILITAR *supply ~* coluna de abastecimento

columnar [kə'lʌmnə] *adj.* colunar

columned ['kɒləmd] *adj.* com colunas

columnist ['kɒləmnɪst] *s.* (imprensa) colunista

colure [kə'lʊə] *s.* ASTRONOMIA coluro

colza ['kɒlzə] *s.* BOTÂNICA colza ❖ *~ oil* óleo de colza

com. Ⓐ [*abrev. de* commodore] Ⓑ [*abrev. de* committee] Ⓒ [*abrev. de* commissioner] Ⓓ [*abrev. de* common] Ⓔ [*abrev. de* commentary] Ⓕ [*abrev. de* commerce]

coma[1] ['kəʊmə] *s.* (*pl.* **comas**) MEDICINA coma; *to be in a ~* estar em coma; *to go into a ~* entrar em coma

coma[2] ['kəʊmə] (*pl.* **comae**) ASTRONOMIA, BOTÂNICA coma, cabeleira

comae ['kəʊmiː] *s.* {*pl. de* **coma**[2]}

comatose ['kəʊməˌtəʊz] *adj.* em estado de coma; comatoso

comb[1] [kəʊm] Ⓐ *s.* 1 pente; 2 (monte, onda, galo) crista; 3 (têxteis) carda; 4 ELECTRICIDADE colector; 5 favo (de mel); 6 penteadela Ⓑ *v.tr.,intr.* 1 pentear(-se); 2 (onda) rebentar; 3 assedar, rastelar; 4 [fig.] (minúcia) passar a pente fino ❖ *~ foundation* favo de cera; *fine-tooth ~* pente fino; *to go over/through sth with a fine-tooth ~* passar algo a pente fino; *to run a ~ through one's hair* dar uma penteadela ao cabelo

◆**comb off** *v.tr.* remover, eliminar

◆**comb out** *v.tr.* 1 pentear; 2 eliminar, livrar-se de; 3 seleccionar, crivar, recrutar

comb[2] [kuːm] *s.* ⇒ **coomb**

combat ['kɒmbət] Ⓐ *s.* combate; luta; *armed ~* combate armado Ⓑ *v.tr.,intr.* combater; lutar (contra) ❖ MILITAR *~ car* carro de combate; *~ dress* uniforme de campanha; MILITAR *~ plane* avião de combate

combatant ['kɒmbətənt] *s.* combatente

combative ['kɒmbətɪv] *adj.* combativo

combatively ['kɒmbəˌtɪvlɪ] *adv.* combativamente

combativeness ['kɒmbəˌtɪvnɪs] *s.* combatividade

combe [kuːm] *s.* ⇒ **coomb**

comber[1] ['kəʊmə] *s.* 1 (funcionário) cardador; 2 (máquina) penteadeira; 3 (mar) vaga de rebentação

comber[2] ['kɒmb] *s.* nome de determinado peixe

combinable [kɒm'baɪnəbəl] *adj.* combinável, que pode combinar-se

combination [ˌkɒmbɪ'neɪʃən] *s.* 1 combinação, junção [*of*, de]; 2 associação, reunião; 3 (cofre) combinação; código; 4 (veículo) moto com *sidecar*; 5 *pl.* [ant.] combinação, vestuário interior ❖ *~ lock* fechadura de segredo; (Universidade de Cambridge) *~ room* sala de estar dos professores; *a winning ~* uma fórmula de sucesso; *in ~ with* em conjunto com

combinative ['kɒmbɪnətɪv] *adj.* combinativo

combinatorial [ˌkɒmbɪnə'tɔːrɪəl] *adj.* MATEMÁTICA combinatório ❖ *~ analysis* análise combinatória

combinatory [ˌkɒmbɪ'neɪtərɪ] *adj.* combinatório

combine[1] [kəm'baɪn] *v.tr.,intr.* 1 combinar, reunir; 2 combinar quimicamente; 3 coligar-se, fundir-se; 4 cooperar

combine[2] ['kɒmbaɪn] *s.* 1 COMÉRCIO consórcio, associação comercial; 2 AGRICULTURA ceifeira debulhadora ❖ AGRICULTURA *~ harvester* ceifeira debulhadora

combined [kəm'baɪnd] *adj.* 1 combinado, reunido, junto; 2 associado

combing ['kəʊmɪŋ] *s.* 1 acto de pentear ou rastelar; 2 cardação; 3 NÁUTICA braçola; 4 *pl.* cabelos arrancados pelo pente; 5 *pl.* resíduos de cardação

combless ['kəʊmləs] *adj.* desprovido de crista

combo ['kɒmbəʊ] *s.* 1 [coloq.] combinado; 2 MÚSICA grupo de jazz

comb-over ['kəʊmˌəʊvə] *s.* [depr.] (penteado masculino) cobertura da careca com o cabelo lateral

combust [kəm'bʌst] *v.intr.* entrar em combustão

combustibility [ˌkəmbʌstə'bɪlɪtɪ] *s.* combustibilidade

combustible [kəm'bʌstəbəl] *adj.,s.* combustível

combustion [kəm'bʌstʃən] *s.* combustão ❖ *~ chamber* câmara de explosão; *~ motor* motor de explosão; *internal ~ engine* motor de combustão interna

combustive [kəm'bʌstɪv] *adj.* comburente

come [kʌm] Ⓐ *v.intr.* (prt. **came**, part. pass. **come**) 1 vir; 2 chegar; aparecer; 3 acontecer, suceder; 4 aproximar-se; 5 resultar; 6 ser; estar; 7 vir a ser, ficar; 8 igualar; 9 [cal.] vir-se[cal.], ter um orgasmo Ⓑ *s.* 1 [cal.] esperma; 2 [arc.] vinda ❖ [coloq.] *~ again?* como?; quê?; *~ and look us up!* venha visitar-nos; *~ high low, ~ what may* venha o que vier; aconteça o que acontecer; *~ to think of it* pensando bem; *coming!* já vai!; *coming from him/her* vindo dele/dela; (anúncio publicitário) *coming soon* brevemente; *first come, first served* quem primeiro chega, primeiro é servido; *how come...?* por que é que...?; como é que...?; *the time to ~* o futuro; *to be yet to ~* ainda estar para vir; *to ~ a long way* sofrer um grande progresso; fazer um longo percurso; *to ~ as a surprise* constituir uma surpresa; *to ~ asunder* desfazer-se; separar-se; *to ~ clean (about sth)* confessar; revelar tudo (sobre algo); *to ~ near* aproximar-se; *to ~ of age* atingir a maioridade; *to ~ out of nowhere* vir/aparecer do nada; *to ~ to a conclusion* chegar a uma conclusão; *to ~ to an agreement* chegar a um acordo; *to ~ to an end* acabar; terminar; *to ~ to life* ganhar vida; *to ~ to light* vir a lume; vir a público; *to ~ to mind* ocorrer a alguém; *to ~ to one's senses* recuperar os sentidos; ganhar juízo; *to ~ to pass* acontecer; suceder; (sonho, esperança, etc.) *to ~ true* realizar-se; tornar-se realidade; *when all comes to all* no final de contas; afinal

◆**come about** *v.intr.* 1 acontecer; suceder; *it came about by chance* aconteceu por acaso; 2 (vento, navio) virar, mudar de direcção

◆**come across** Ⓐ *v.tr.* encontrar por acaso; deparar-se com; dar de caras com; *I came across her in a shop* encontrei-a por acaso numa loja Ⓑ *v.intr.* 1 (aparentar) dar a ideia de [*as*, de]; dar a impressão [*as*, de]; *he came across as being intelligent* deu a ideia de ser inteligente; 2 ser entendido; ser transmitido; *her explanation came across* a explicação dela foi entendida ❖ *to ~ well/badly (at sth)* sair-se bem/mal (em alguma coisa)

◆**come after** *v.tr.* 1 vir depois de; 2 seguir, perseguir; ir atrás de

◆**come along** *v.intr.* 1 avançar; progredir; *is your work coming along?* o trabalho está a progredir?; 2 sair-se, dar-se; *how are you coming along?* como é que se estão sair?; 3 aparecer; surgir; *a new opportunity will ~* uma nova oportunidade há-de aparecer; 4 ir atrás; acompanhar, ir também ❖ *come along!* anda/andem lá!; vamos lá!

come

◆**come apart** v.intr. desfazer-se
◆**come around** v.intr. ⇒ **come round**
◆**come at** v.tr. 1 chegar a; 2 atacar; lançar-se sobre; 3 tratar de; lidar com
◆**come away** v.intr. 1 soltar-se; sair; *the pages of the book came away* as páginas do livro soltaram-se; 2 despegar-se [**from**, de]; 3 afastar-se [**from**, de]; *~ from the window* afasta-te da janela; 4 vir embora
◆**come back** v.intr. 1 regressar [**from**, de]; 2 voltar [**to**, a]; 3 estar na moda novamente; 4 (recordação) voltar à cabeça; *her answer just came back to me* acabei de me lembrar da resposta dela; 5 responder; ripostar
◆**come before** v.tr. 1 preceder, estar antes de; ser mais importante do que; ter prioridade sobre; 2 ser presente a; comparecer perante; 3 ser apresentado a; *your case will ~ the commission* o seu caso será apresentado à comissão
◆**come between** v.tr. 1 interpor-se entre, colocar-se entre; 2 intrometer-se em; 3 causar problemas a
◆**come by** v.tr. 1 encontrar, arranjar; adquirir, obter; *how did you ~ that first edition?* como é que arranjaste essa primeira edição?; 2 passar junto a; passar por; *we'll ~ your house later* passamos em vossa casa mais tarde
◆**come down** v.intr. 1 baixar; descer; *the water level has ~* o nível da água baixou; 2 aparecer em; 3 ser deitado abaixo; ser demolido; *that old building has ~* aquele edifício antigo foi deitado abaixo; 4 cair; despenhar-se; *the plane came down in the sea* o avião despenhou-se no mar; 5 aterrar; 6 (droga) voltar ao estado normal; 7 [GB] (universidade) regressar, voltar [**from**, de]; 8 vir (para sul) ❖ *to ~ on the side of* decidir-se a favor de; *to ~ in favour of* decidir-se a favor de; *to ~ in sb's opinion/estimation* descer/baixar na consideração de alguém; *to ~ in the world* baixar de condição; sair-se mal; [coloq.] *to ~ off one's high horse* deixar de ser arrogante; perder as peneiras; cair do cavalo_{fig}; *to ~ to earth* descer/regressar à terra
◆**come down on** v.tr. 1 castigar; 2 criticar
◆**come down to** v.tr. 1 resumir-se a; acabar por ser; 2 (documento, objecto, etc. do passado) chegar até
◆**come down with** v.tr. adoecer com; ficar doente com; apanhar; *she came down with a cold* apanhou uma constipação; *he's coming down with flu* ele está a chocar uma gripe
◆**come for** v.tr. 1 ir/vir buscar; *I'll ~ you at five o'clock* vou buscar-te às cinco horas; 2 ir/vir atrás de; *the police came for him* a polícia foi atrás dele
◆**come forth** v.intr. 1 adiantar-se, avançar; 2 sair
◆**come forward** v.intr. 1 apresentar-se; avançar; 2 (ajuda) oferecer-se [**to**, para]; 3 sobressair
◆**come from** v.tr. 1 (origem) ser de; vir de; *he comes from London* ele é de Londres; 2 descender de
◆**come in** v.intr. 1 entrar; *come in* entre; 2 chegar; *this package came in for you* chegou esta encomenda para ti; 3 usar-se; estar na moda; voltar; *long skirts are coming in again* as saias compridas vão usar-se novamente; 4 subir; *the tide is coming in* a maré está a subir; 5 intervir; *he came in on the middle of her answer* interrompeu a meio da resposta dela ❖ *that's where you ~* é aí que tu entras; *to ~ first/second/...* chegar em primeiro/segundo/... lugar; *to ~ handy/useful* fazer jeito; ser de utilidade; revelar-se útil; vir a propósito
◆**come in for** v.tr. submeter-se a
◆**come in on** v.tr. participar em; *~ the race* participa na corrida
◆**come into** v.tr. herdar; *to ~ a fortune* herdar uma fortuna ❖ *not to ~ sth* não interferir em algo; não ter nada a ver com algo; *to ~ fashion* tornar-se moda; *to ~ existence* nascer; surgir; *to ~ one's own* receber o que lhe pertence; ser devidamente reconhecido; *to ~ the world* vir ao mundo; nascer
◆**come of** v.tr. ser o resultado de; dever-se a; *that's what comes of not listening to me* é nisso que dá não me ouvires
◆**come off** v.tr.,intr. 1 sair (de), despegar-se (de); descolar; despregar-se; *did the stain come off?* a nódoa saiu?; *the button came off* o botão caiu; 2 correr, sair-se; *to ~ well* correr bem; sair-se bem; *to ~ badly* correr mal; sair-se mal; 3 descer; 4 apear-se; desembarcar; 5 ser bem sucedido, surtir o efeito pretendido; 6 (dependência) largar, deixar; *he came off heroin*

largou a heroína ❖ *~ it!* deixa-te disso!; fala a sério!; não inventes!
◆**come on** Ⓐ v.intr. 1 avançar, aproximar-se; 2 aparecer; começar; *I have a headache coming on* tenho uma dor de cabeça a aparecer; 3 acender; *he crossed when the green light came on* ele atravessou quando o semáforo ficou verde; 4 sair-se, dar-se; *how are you coming on?* como é que se estão sair?; 5 melhorar; *her French is coming on* o francês dela está a melhorar Ⓑ v.tr. encontrar por acaso; deparar-se com; dar de caras com ❖ *come on!* anda/andem lá!; vá lá!
◆**come on to** v.tr. 1 abordar; tratar de; *we'll ~ that in a few moments* abordaremos esse assunto dentro de momentos; 2 (seduzir) atirar-se a; insinuar-se a; *he came on to her* atirou-se a ela
◆**come out** v.intr. 1 vir a público; tornar-se conhecido; sair; *the truth came out* a verdade veio a público; *the results came out* saíram os resultados; 2 tornar-se claro, evidente; 3 ser publicado; ser lançado; *his new book has ~* o novo livro dele já está nas livrarias; 4 declarar-se; *he came out against...* declarou-se contra...; 5 (lua, sol, estrelas) aparecer; nascer; *the sun has ~* o sol já nasceu; 6 (flores) desabrochar; abrir; 7 entrar em greve; 8 debutar; 9 (homossexual) assumir-se
◆**come out with** v.tr. dizer, sair-se com
◆**come over** Ⓐ v.intr. 1 (visitar) fazer uma visita, passar em (casa de alguém); 2 vir; aparecer; chegar; 3 aparentar; dar a ideia de; dar a impressão de; *he came over as a very sensible person* deu ideia de ser uma pessoa bastante sensata Ⓑ v.tr. 1 (emoção, sentimento) apoderar-se de; *I don't know what came over me* não sei o que me deu; 2 sofrer; sentir subitamente; *he came over giddy* sentiu-se num tonto de repente; 3 operar-se em; *a change came over him* operou-se uma mudança nele ❖ *to ~ well* sair-se bem; deixar uma impressão bastante favorável; *he came over to our side* passou-se para o nosso lado
◆**come round** v.intr. 1 (visitar) fazer uma visita, passar em (casa de alguém); *why don't you ~ for lunch?* por que não apareces para almoçar?; 2 ceder; acabar por concordar; 3 (altura do ano) aparecer, surgir, estar aí; *Easter is coming round* a Páscoa está a chegar; 4 (desmaio) voltar a si; recuperar os sentidos; *he is coming round* está a voltar a si; 5 rodear, ir de volta
◆**come through** Ⓐ v.tr. 1 escapar a; resistir a; *he came through the accident* escapou ao acidente; 2 infiltrar-se por; penetrar por Ⓑ v.intr. 1 chegar; *the news just came through* as notícias acabaram de chegar; 2 sair; *the results will ~ today* os resultados saem hoje
◆**come to** Ⓐ v.tr. 1 chegar a; chegar ao ponto de; vir a; 2 (quantia) perfazer o total de Ⓑ v.intr. 1 recuperar os sentidos; 2 NÁUTICA meter de ló ❖ *to ~ nothing* dar em nada; ficar em águas de bacalhau; [coloq.] *what's the world coming to?/what's it all coming to?* onde é que isto vai parar?; *when it comes to sth* quanto a algo; quando algo está em jogo; no que diz respeito a algo
◆**come under** v.tr. 1 estar sob a influência de, estar sob o controlo de, estar submetido a; 2 estar debaixo de, sofrer, passar por; *to ~ fire* estar debaixo de fogo; *to ~ pressure* estar sob pressão; 3 (livro, texto, livraria, etc.) estar na secção, estar na categoria
◆**come up** v.intr. 1 surgir; *that matter came up in the meeting* essa questão surgiu durante a reunião; 2 chegar; *my birthday is coming up* o meu aniversário está a chegar; 3 ir a tribunal; *the case will ~ in two days* o caso vai a tribunal dentro de dois dias; 4 (vaga) surgir; aparecer; *a vacancy has ~ in my office* surgiu uma vaga no meu departamento; 5 aparecer; *he came up to town last week* apareceu na cidade na semana passada; 6 (sol, lua) nascer; *the sun had ~* o sol já tinha nascido; 7 (flores) abrir; *the roses are coming up* as rosas estão a abrir; 8 (especialmente em Oxford ou Cambridge) entrar para a universidade; *she came up last year* entrou para a universidade no ano passado ❖ *to be coming up* estar próximo; estar à porta; faltar pouco tempo para
◆**come up against** v.tr. deparar-se com; ter de enfrentar
◆**come upon** v.tr. 1 encontrar por acaso; deparar-se com; dar de caras com; 2 cair sobre; atacar; 3 surgir
◆**come up to** v.tr. 1 chegar até; dar por; *the water came up to my knees* a água dava-me pelos joelhos; 2 ser tão bom quanto;

3 corresponder a; *to ~ sb's expectations* corresponder às expectativas de alguém; **4** equivaler a; **5** aproximar-se de; dirigir-se a; *to ~ sb* aproximar-se de alguém; **6** (tempo) ser quase
◆**come up with** v.tr. **1** (ideia, plano, desculpa, etc.) vir com, aparecer com, imaginar, conceber, descobrir; **2** (dinheiro) arranjar, desencantar

come-and-go [ˌkʌmənˈɡəʊ] s. vaivém

comeback [ˈkʌmbæk] s. **1** regresso, retorno; **2** (resposta) réplica

comedian [kəˈmiːdɪən] s. comediante; cómico

comedienne [kəmiːˈdjen] s.f. **1** cómica; humorista; **2** actriz de comédia; comediante

comedo [ˈkɒmɪdəʊ] s. (pl. **comedones** ou **comedos**) (pele) ponto negro

comedown [ˈkʌmdaʊn] s. **1** [coloq.] (declínio) queda; **2** regressão

comedy [ˈkɒmɪdɪ] s. (pl. **-ies**) comédia ❖ *~ opera* ópera bufa; *~ of manners* comédia de costumes; *low ~* farsa

comeliness [ˈkʌmlɪnɪs] s. graciosidade, donaire

comely [ˈkʌmlɪ] adj. (comp. **-ier**, superl. **-iest**) **1** [arc., lit.] gracioso, donairoso; **2** agradável; **3** digno

Comenius [kəˈmeɪnɪəs] s.antr. Coménio

come-on [ˈkʌmɒn] s. **1** [coloq.] chamariz, engodo; **2** [coloq.] (sexual) tentativa de engate ❖ [EUA] *~ line* frase de engate; *to give sb the ~* atirar-se a alguém

comer [ˈkʌmə] s. **1** pessoa que chega ou vem; **2** assistente, espectador; **3** participante

comestible [kəˈmestɪbəl] Ⓐ adj. comestível Ⓑ s. pl. comestíveis

comet [ˈkɒmɪt] s. ASTRONOMIA cometa

cometary [ˈkɒmɪtərɪ] adj. cometário

comeuppance [ˌkʌmˈʌpəns] s. (consequências negativas) paga, justo castigo; *he got his ~* teve o que merecia, pagou pelo que fez

comfit [ˈkʌmfɪt] s. rebuçado, bombom

comfort [ˈkʌmfət] Ⓐ s. **1** conforto; bem-estar; *material ~* conforto material; **2** (coisa, luxo) comodidade; **3** alívio, consolação; *it was a ~ to know that they were already in town* foi um alívio saber que já estavam na cidade Ⓑ v.tr. **1** tornar confortável; **2** consolar; reconfortar; **3** tranquilizar ❖ [EUA] *~ station* sanitários; *creature comforts* bem-estar material; *if it's any comfort…* se serve de consolo....

comfortable [ˈkʌmfətəbəl] adj. **1** cómodo; confortável; **2** (rendimento, etc.) bom; razoável; **3** (pessoa) tranquilo; à vontade; *to feel ~* sentir-se bem ❖ (convalescença) *to feel more ~* passar melhor; *to lead a ~ life* levar uma vida descansada; *make yourself ~* põe-te à vontade

comfortably [ˈkʌmfətəblɪ] adv. confortavelmente

comforter [ˈkʌmfətə] s. **1** (pessoa) consolador; **2** [EUA, Can.] edredão; **3** cachecol de lã; **4** [ant.] chupeta ❖ RELIGIÃO *the Comforter* o Espírito Santo; *Job's ~* amigo que em vez de reconfortar inquieta

comforting [ˈkʌmfətɪŋ] adj. **1** reconfortante; **2** tranquilizante

comfortless [ˈkʌmfətləs] adj. **1** sem conforto; **2** desconsolado; **3** abandonado, desamparado

comfrey [ˈkʌmfrɪ] s. BOTÂNICA consolda, solda

comfy [ˈkʌmfɪ] adj. (comp. **-ier**, superl. **-iest**) **1** [coloq.] confortável; **2** [coloq.] acolhedor; **3** [coloq.] agradável

comic [ˈkɒmɪk] Ⓐ adj. **1** cómico; engraçado; **2** de comédia Ⓑ s. **1** cómico, humorista, comediante; **2** revista de banda desenhada, revista aos quadrinhos ❖ [EUA] *~ book* revista de banda desenhada; revista aos quadrinhos; *~ opera* ópera bufa; *~ strip* tira de banda desenhada

comical [ˈkɒmɪkəl] adj. cómico, ridículo

comicality [ˌkɒmɪˈkælɪtɪ] s. comicidade

comically [ˈkɒmɪkəlɪ] adv. comicamente

comicalness [ˈkɒmɪkəlnɪs] s. graça

Cominform [ˈkɒmɪnfɔːm] s. HISTÓRIA serviço soviético de informação nos países de Leste

coming [ˈkʌmɪŋ] Ⓐ adj. **1** iminente; que está para chegar; *a ~ disaster* uma catástrofe iminente; **2** próximo; seguinte; *the ~ week* a próxima semana; **3** futuro; vindouro; *the ~ generations* as gerações vindouras; **4** prometedor; com futuro; *a ~ politician* uma promessa na política Ⓑ s. **1** vinda, chegada; **2** advento ❖ *~ and going* vaivém; ir e vir; *comings and goings* idas e vindas; *~ of age* passagem à idade adulta; idade maior

comitadji [ˌkɒmɪˈtædʒɪ] s. tropa irregular nos Balcãs

comity [ˈkɒmɪtɪ] s. cortesia, delicadeza

comma [ˈkɒmə] s. **1** (pontuação) vírgula; **2** MÚSICA coma ❖ *~ key* tecla da vírgula; *inverted commas* aspas

command [kəˈmɑːnd] Ⓐ s. **1** ordem; comando; **2** autoridade; **3** (situação) domínio; controlo; **4** (intelecto) aptidão, conhecimento, capacidade; **5** MILITAR tropas; soldados; **6** INFORMÁTICA comando Ⓑ v.tr.,intr. **1** ordenar; mandar; **2** (coordenação) dirigir; chefiar; **3** dominar; *the hill commanded the valley* o monte dominava o vale ❖ *~ module* módulo de comando; *~ post* posto de comando; *~ of language* facilidade de expressão; fluência; *~ of the sea* domínio dos mares; *I'm yours to ~* estou às suas ordens; (funções) *second in ~* vice; *the money at your ~* o dinheiro à sua disposição; *to be in ~ of oneself* estar bem senhor de si; *to ~ respect* inspirar respeito; *who's in command?* quem está a chefiar?

commandant [ˈkɒməndænt] s. comandante (de fortaleza, escola militar ou base naval)

commandantship [ˌkɒmənˈdæntʃɪp] s. posto de comandante

commandeer [ˌkɒmənˈdɪə] v.tr. **1** recrutar soldados; **2** requisitar para fins militares

commander [kəˈmɑːndə] s. **1** comandante; **2** chefe; **3** NÁUTICA capitão de fragata; **4** comendador (de ordem militar) ❖ *~ in Chief* comandante-supremo; generalíssimo; comandante-chefe

commandership [kəˈmɑːndəʃɪp] s. comando

commanding [kəˈmɑːndɪŋ] adj. **1** que se impõe; **2** autoritário, imperioso; **3** dominante; **4** que sobressai; **5** elevado

commandment [kəˈmɑːndmənt] s. RELIGIÃO mandamento; *the ten Commandments* os Dez Mandamentos; *to break a ~* não observar um mandamento ❖ *the eleventh ~* preceito acrescentado por brincadeira aos Dez Mandamentos

commando [kəˈmɑːndəʊ] s. (pl. **-es** ou **-s**) **1** MILITAR membro de um grupo de comandos; **2** MILITAR grupo de comandos

commemorate [kəˈmeməreɪt] v.tr. **1** comemorar, festejar; **2** recordar solenemente; **3** celebrar, solenizar para recordação

commemoration [kəˌmeməˈreɪʃən] s. **1** comemoração; celebração; **2** evocação solene [of, de] ❖ *in ~ of* em memória de

commemorative [kəˈmemərətɪv] adj. comemorativo

commence [kəˈmens] v.tr.,intr. **1** começar; **2** iniciar uma carreira; **3** tirar um grau universitário

commencement [kəˈmensmənt] s. **1** começo; **2** concessão de graus universitários

commend [kəˈmend] v.tr. **1** elogiar; enaltecer; louvar; **2** recomendar [to, a] ❖ *to ~ one's soul to God* entregar a alma a Deus; *to ~ sb out of all cry* elogiar alguém excessivamente

commendable [kəˈmendəbəl] adj. louvável, digno de louvor

commendably [kəˈmendəblɪ] adv. de modo louvável

commendam [kəˈmendæm] s. [ant.] benefício eclesiástico, comenda

commendation [ˌkɒmenˌdeɪʃən] s. **1** elogio, louvor; **2** recomendação

commendatory [kɒˈmendətrɪ] adj. **1** elogioso; **2** comendatário

commensal [kəˈmensəl] adj.,s. **1** comensal; **2** parasita

commensalism [kəˈmensəlɪzəm] s. **1** comensalismo; **2** parasitismo

commensurability [kəˌmensjʊrəˈbɪlɪtɪ] s. comensurabilidade

commensurable [kəˈmensjʊrəbəl] adj. **1** comensurável; **2** proporcional, proporcionado

commensurableness [kəˈmensjʊrəbəlnɪs] s. comensurabilidade

commensurably [kəˈmensjʊrəblɪ] adv. comensuravelmente

commensurate [kəˈmensjʊrɪt] adj. **1** [form.] proporcional [with, a]; em proporção [to, com]; **2** coextensivo [with, a]

commensurately [kəˈmensjʊrətlɪ] adv. proporcionadamente

commensurateness [kəˈmensjʊrətnɪs] s. comensurabilidade; **2** proporção

commensuration [kəˌmensjʊˈreɪʃən] s. comensuração

comment [ˈkɒment] Ⓐ s. **1** comentário; observação; *no comments* sem comentários; *to make a ~* fazer um comentário ou uma observação; **2** (reflexão) apreciação; nota crítica; comentário Ⓑ v.tr. comentar; observar Ⓒ v.intr. comentar [on, -]; tecer considerações [on, sobre] ❖ *to cause ~* dar que falar

commentary [ˈkɒməntərɪ, ˈkɒmentərɪ] s. (pl. **-ies**) comentário

commentation [ˌkɒmənˈteɪʃən] s. comentários, acto de comentar

commentator [ˈkɒmənteɪtə] s. comentador

commerce [ˈkɒmɜːs] s. 1 comércio; 2 [ant.] relacionamento social; 3 [arc.] relações sexuais; 4 determinado jogo de cartas ❖ NÁUTICA (navio) **~ destroyer** corsário

commercial [kəˈmɜːʃəl] Ⓐ adj. comercial; **~ music** música comercial; **~ value** valor comercial Ⓑ s. anúncio publicitário ❖ **~ art** criação de publicidade; (publicidade) **~ artist** criativo; **~ break** pausa para publicidade; **~ failure** fracasso de vendas; (vendas) **~ traveller** agente comercial; **~ vehicle** veículo comercial

commercialise [kəˈmɜːʃəlaɪz] v.tr. ⇒ **commercialize**

commercialism [kəˈmɜːʃəlɪzəm] s. comercialismo

commercialist [kəˈmɜːʃəlɪst] s. comercialista

commerciality [kəˌmɜːʃɪˈælɪtɪ] s. carácter comercial

commercialization [kəˌmɜːʃəlaɪˈzeɪʃən] s. comercialização

commercialize [kəˈmɜːʃəlaɪz] v.tr. comercializar

commercially [kəˈmɜːʃəlɪ] adv. comercialmente

commie [ˈkɒmɪ] adj.,s. [coloq.] comuna, comunista

comminate [ˈkɒmɪneɪt] v.tr. cominar, ameaçar

commination [ˌkɒmɪˈneɪʃən] s. cominação

comminatory [ˈkɒmɪnətərɪ] adj. cominatório

commingle [kəˈmɪŋɡəl] v.tr.,intr. misturar

comminute [ˈkɒmɪnjuːt] v.tr. 1 cominuir; 2 fragmentar, dividir em bocadinhos; 3 pulverizar

comminution [ˌkɒmɪˈnjuːʃən] s. 1 cominuição; 2 fragmentação

commiserate [kəˈmɪzəreɪt] v.tr.,intr. 1 manifestar solidariedade [**with**, a; **over**, em relação a]; exprimir o seu pesar [**with**, a; **over**, por]; **to ~ with sb over...** dizer a alguém o quanto se lamenta que...; 2 compadecer-se [**with**, de]; apiedar-se [**with**, de]

commiseration [kəˌmɪzəˈreɪʃən] s. comiseração

commiserative [kəˈmɪzərətɪv] adj. comiserativo

commissar [ˌkɒmɪˈsɑː] s. comissário do povo (Rússia)

commissarial [ˌkɒmɪˈseərɪəl] adj. respeitante ao comissariado

commissariat [ˌkɒmɪˈseərɪət] s. 1 comissariado; 2 serviço de abastecimento do exército

commissary [ˈkɒmɪsərɪ] s. (pl. **-ies**) 1 delegado; 2 oficial do exército encarregado do fornecimento e distribuição de refeições; 3 intendente; 4 vigário-geral (do bispo)

commissaryship [ˈkɒmɪsərɪʃɪp] s. delegacia, delegação; intendência

commission [kəˈmɪʃən] Ⓐ s. 1 comissão; **European ~** Comissão Europeia; 2 (percentagem) comissão; **a ten per cent ~** uma comissão de dez por cento; **to work on ~** trabalhar à comissão; 3 (trabalho) encomenda; **I have a ~ for a new painting** fizeram-me uma encomenda de um novo quadro; 4 tarefa; 5 instruções; incumbência; missão; **a dangerous ~** uma missão perigosa; 6 [form.] (crime) prática, perpetração; 7 MILITAR patente de oficial; promoção a oficial Ⓑ v.tr. 1 encarregar [**to**, de]; **to ~ sb to perform a task** encarregar alguém de uma tarefa; 2 (obra) encomendar; 3 MILITAR promover a oficial; 4 NÁUTICA (navio) armar ❖ **~ agent** comissionista; (corrida de cavalos) **~ agent** apostador profissional; **~ merchant** negociante de comissões; (navio) **in ~** armado; pronto a entrar em serviço; **out of ~** fora de serviço; de reserva; **to throw up/resign one's ~** demitir-se

commissionaire [kəˌmɪʃəˈneə] s. 1 encarregado; 2 paquete (de hotel); 3 moço de fretes

commissioned [kəˈmɪʃənd] adj. 1 com poderes conferidos; 2 autorizado; 3 comissionado; 4 MILITAR com a patente de oficial ❖ MILITAR **~ officer** oficial; MILITAR **noncommissioned officer** sargento

commissioner [kəˈmɪʃənə] s. 1 membro de comissão; 2 comissionado; 3 (título) comissário; **High ~** alto-comissário

commissionership [kəˈmɪʃənəʃɪp] s. (cargo, funções) comissão

commissure [ˈkɒmɪsjuə] s. comissura

commit [kəˈmɪt] Ⓐ v.tr. (particípios: **-tt-**) 1 cometer; praticar; **to ~ a crime** cometer um crime; 2 entregar [**to**, a]; confiar [**to**, a]; 3 (meios, recursos) destinar [**to**, a]; aplicar [**to**, em]; empenhar [**to**, em]; 4 enviar, mandar; 5 fazer baixar; **to ~ a bill** fazer baixar um projecto de lei a uma comissão; 6 (hospital, etc.) internar; 7 (criminoso) deter; prender Ⓑ v.refl. comprometer-se; **I have**

already committed myself eu já me prometi; **I don't want to ~ myself** não me quero comprometer ❖ **to ~ sb for trial** pôr alguém em tribunal; **to ~ suicide** suicidar-se; **to ~ to memory** decorar, memorizar; **to ~ to paper** registar por escrito; anotar; passar para o papel

commitment [kəˈmɪtmənt] s. 1 compromisso; **without any ~** sem compromisso; 2 empenho; empenhamento, dedicação; vontade; 3 compromisso; obrigação; responsabilidade; **work commitments** responsabilidades no emprego; 4 (hospital, etc.) internamento; 5 (prisão) encarceramento; 6 (crime) perpetração

committal [kəˈmɪtəl] s. 1 (hospital, etc.) internamento; 2 (prisão) encarceramento; 3 (crime) perpetração; 4 comprometimento; 5 POLÍTICA entrega de um projecto de lei a uma comissão ❖ DIREITO **~ for trial** prisão preventiva

committed [kəˈmɪtɪd] adj. 1 empenhado; 2 dedicado; 3 (escritor) com preocupações sociais

committee[1] [kəˈmɪtɪ] s. comité; comissão; delegação; **to assign a ~ to...** destacar um comité para...; **to be/sit on a ~** ser membro de um comité ❖ **~ room** sala de reuniões; **parliamentary ~** comissão parlamentar; **~ of inquiry** comissão de inquérito

committee[2] [ˌkɒmɪˈtiː] s. 1 tutor, curador (de alienado)

committor [kɒmɪˈtɔː] s. comitente

commix [kəˈmɪks] v.tr.,intr. misturar

commode [kəˈməʊd] s. 1 cómoda; 2 pequeno guarda-roupa; 3 cadeira (que substitui de noite as instalações sanitárias)

commodious [kəˈməʊdɪəs] adj. espaçoso

commodiously [kəˈməʊdɪəslɪ] adv. espaçosamente

commodiousness [kəˈməʊdɪəsnɪs] s. espaço amplo

commodity [kəˈmɒdɪtɪ] s. (pl. **-ies**) 1 COMÉRCIO mercadoria; produto; artigo; 2 FINANÇAS matéria-prima; **commodities market** mercado de matérias-primas; 3 bem essencial; 4 [arc.] comodidade

commodore [ˈkɒmədɔː] s. MILITAR comodoro

common [ˈkɒmən] Ⓐ adj. (comp. **-er**, superl. **-est**) 1 comum, vulgar, trivial, simples; frequente, habitual; **the ~ reader** o leitor médio; 2 comum, convergente, similar, compartilhado; 3 [ant.] grosseiro, inferior Ⓑ s. 1 terras comunais; terras comunitárias; 2 pastagens comuns; baldio; 3 terreno relvado público ❖ **~ carrier** transporte público; QUÍMICA **~ caustic** potassa; **~ cold** resfriado; constipação; **~ courtesy** regras básicas da boa educação; **~ crier** pregoeiro público; MATEMÁTICA **~ denominator** denominador comum; MATEMÁTICA **~ divisor/factor** divisor comum; MATEMÁTICA **~ fraction** fracção ordinária; (acordo) **~ ground** base de entendimento; **~ law** direito consuetudinário; **~ Market** Mercado Comum; **~ practice** prática corrente; (escola, residência, instituição) **~ room** sala de estar; sala de reunião; **~ sense** senso comum; bom senso; **~ soldier** soldado raso; **~ year** ano comum; **~ or garden** corriqueiro; perfeitamente comum; **in ~** em comum; **in ~ use** de uso corrente; **out of the ~** fora do vulgar; excepcional; **to be ~ knowlegde** ser do conhecimento público

commonable [ˈkɒmənəbəl] adj. 1 (terra) comum; 2 (animais) que podem utilizar-se dos pastos comuns

commonage [ˈkɒmənɪdʒ] s. 1 direito a pastos comuns; 2 o povo

commonality [ˌkɒməˈnælɪtɪ] s. semelhança, afinidade; **the differences and the ~** as diferenças e as semelhanças

commonalty [ˈkɒmənəltɪ] s. (pl. **-ies**) plebe

commoner [ˈkɒmənə] s. 1 plebeu, homem do povo; 2 [GB] POLÍTICA membro da Câmara dos Comuns ❖ **the First ~** o presidente da Câmara dos Comuns

commonly [ˈkɒmənlɪ] adv. 1 geralmente; 2 frequentemente; 3 [depr.] de forma um tanto vulgar

commonness [ˈkɒmənnɪs] s. 1 frequência; 2 vulgaridade

commonplace [ˈkɒmənpleɪs] Ⓐ s. lugar-comum; trivialidade Ⓑ adj. trivial, banal

commonplaceness [ˈkɒmənˌpleɪsnɪs] s. trivialidade, banalidade

commons [ˈkɒmənz] s. 1 povo; 2 comida, alimentação; 3 (universidade) cantina; 4 (hotel) refeições ❖ **on short ~** com alimentação deficiente; [GB] POLÍTICA **the Commons/the House of Commons** a Câmara dos Comuns

commonweal [ˈkɒmənwiːl] s. bem da pátria, bem público

commonwealth [ˈkɒmənwelθ] s. 1 (o) Estado; 2 (a) república inglesa (1649-60); 3 comunidade britânica; 4 coisa pública

commotion [kəˈməʊʃən] s. 1 confusão, agitação, alvoroço; *to make a* ~ armar confusão; 2 distúrbios; 3 [arc.] comoção, abalo
commove [kəˈmuːv] v.tr. 1 agitar, excitar; 2 chocar
communal [kəˈmjuːnəl, ˈkɒmjʊnəl] adj. 1 comum; 2 comunal; colectivo; 3 comunitário, da comunidade; ~ *society* sociedade comunitária
communalism [ˈkɒmjʊnəˌlɪzəm] s. comunalismo
communalist [ˈkɒmjʊnəlɪst] s. 1 comunalista; 2 membro de comuna académica
commune[1] [kəˈmjuːn] v.intr. 1 RELIGIÃO comungar, receber a Sagrada Eucaristia; 2 estar em comunhão [**with**, com]; *to* ~ *with Nature* estar em comunhão com a natureza; 3 [arc.] conversar com intimidade
commune[2] [ˈkɒmjuːn] s. comuna
communicable [kəˈmjuːnɪkəbəl] adj. 1 contagioso, transmissível; 2 fácil de explicar
communicableness [kəˈmjuːnɪkəbəlnɪs] s. comunicabilidade
communicant [kəˈmjuːnɪkənt] s. 1 comungante; 2 informador
communicate [kəˈmjuːnɪkeɪt] v.tr.,intr. 1 comunicar; 2 transmitir; 3 comungar
communicating [kəˈmjuːnɪkeɪtɪŋ] adj. 1 comunicante; ~ *rooms* quartos comunicantes; 2 anexo; adjacente ❖ ~ *door* porta de comunicação
communication [kəˌmjuːnɪˈkeɪʃən] s. 1 comunicação; 2 comunicação; comunicado; participação; 3 passagem, ligação; via de comunicação ❖ [GB] (comboio) ~ *cord* alavanca de alarme; ~ *lines* linhas de comunicação; RÁDIO ~ *receiver* transmissor-receptor; ~ *skills* técnicas de comunicação
communicational [kəˌmjuːnɪˈkeɪʃənəl] adj. de comunicação, comunicativo
communicative [kəˈmjuːnɪkətɪv] adj. comunicativo
communicativeness [kəˈmjuːnɪkətɪvnɪs] s. 1 comunicabilidade; 2 expansibilidade
communicator [kəˈmjuːnɪˌkeɪtə] s. 1 informador; 2 (pessoa) comunicador; 3 transmissor (de movimentos)
communion [kəˈmjuːnɪən] s. 1 comunhão, partilha, sintonia [**between**, entre; **with**, com]; ~ *of interests* comunhão de interesses; 2 comparticipação; 3 (grupo religioso) comunidade; congregação; ~ *of saints* congregação de santos ❖ *to hold* ~ *with oneself* meditar
Communion [kəˈmjuːnɪən] s. RELIGIÃO comunhão ❖ ~ *cloth* toalha da comunhão; ~ *cup* cálice da comunhão; ~ *rail* gradeado do altar; ~ *table* mesa da comunhão; *First* ~ Primeira Comunhão; *the Holy* ~ a Sagrada Comunhão; a Sagrada Eucaristia; RELIGIÃO *to take* ~ comungar
communiqué [kəˈmjuːnɪkeɪ] s. comunicado
communism [ˈkɒmjʊˌnɪzəm] s. POLÍTICA comunismo
communist [ˈkɒmjʊnɪst] adj.,s. POLÍTICA comunista
communistic [ˌkɒmjʊˈnɪstɪk] adj. comunista
communitarian [kəˌmjʊnɪˈteərɪən] s. comunitário
community [kəˈmjuːnɪtɪ] s. (pl. **-ies**) 1 comunidade; 2 população ❖ ~ *centre* centro social; ~ *home* lar para crianças desfavorecidas; ~ *service* serviço comunitário; *the European* ~ a Comunidade Europeia
communize [ˈkɒmjʊˌnaɪz] v.tr. tornar comum
commutability [kəˌmjuːtəˈbɪlɪtɪ] s. comutabilidade
commutable [kəˈmjuːtəbəl] adj. comutável, permutável
commutate [ˈkɒmjuteɪt] v.tr. ELECTRICIDADE comutar
commutating [ˈkɒmjuteɪtɪŋ] s. comutação
commutation [ˌkɒmjʊˈteɪʃən] s. 1 comutação; 2 troca; substituição; 3 DIREITO (pena) comutação; *commutation of punishment* comutação de pena ❖ [EUA] ~ *ticket* passe
commutative [kəˈmjuːtətɪv] adj. comutativo
commutator [ˈkɒmjʊˌteɪtə] s. ELECTRICIDADE comutador
commute [kəˈmjuːt] v.tr.,intr. 1 ir e vir todos os dias; percorrer longo trajecto entre casa e emprego; *to* ~ *by train* ir para o emprego de comboio; 2 DIREITO (pena) comutar [**to/into**, por/para]; *to* ~ *a death sentence into imprisonment for life* comutar uma pena de morte por prisão perpétua; 3 (pagamento) substituir; trocar; 4 ELECTRICIDADE alterar o sentido de corrente eléctrica
commuter [kəˈmjuːtə] s. pessoa que faz regularmente um percurso longo entre a casa e o emprego; pessoa que vai e vem todos os dias ❖ ~ *belt* bairros periféricos; subúrbios; dormitórios; ~ *town* cidade-dormitório
commuterland [kəˈmjuːtəlænd] s. cidade-dormitório
commuting [kəˈmjuːtɪŋ] s. viagem diária entre casa e emprego
comose [ˈkəʊməʊs] adj. comoso, comado
comp. Ⓐ [abrev. de comparative] Ⓑ [abrev. de compare] Ⓒ [abrev. de compound] Ⓓ [abrev. de companion] Ⓔ [abrev. de complete] Ⓕ [abrev. de composer]
compact[1] [kəmˈpækt] Ⓐ adj. (comp. **-er**, superl. **-est**) 1 compacto, firme; 2 conciso; 3 cheio, formado (de) Ⓑ v.tr. 1 unir firmemente; 2 tornar compacto; 3 resumir; 4 consistir (em)
compact[2] [ˈkɒmpækt] s. 1 acordo, pacto; convénio; 2 (cosmética) estojo de pó-de-arroz; 3 [EUA, Can.] veículo utilitário ❖ *the social* ~ o contrato social
compactly [kəmˈpæktlɪ] adv. compactamente
compactness [kəmˈpæktnəs] s. compacidade
compages [kɒmˈpeɪdʒiːz] s. armação, estrutura
compaginate [kɒmˈpædʒɪneɪt] v.tr. compaginar, ligar firmemente
compagination [kɒmpædʒɪˈneɪʃən] s. compaginação, ligação, união
companion [kəmˈpænjən] Ⓐ s. 1 companheiro; camarada; 2 companhia; acompanhante; *constant* ~ companhia habitual; 3 associado; 4 (complemento) par; 5 (livro) compêndio; guia; 6 (cavalaria) grau inferior de certas Ordens; 7 NÁUTICA cúpula de iluminação para o interior do navio Ⓑ v.tr.,intr. acompanhar; fazer companhia ❖ ~ *in arms* companheiro de armas; NÁUTICA ~ *ladder* escada de convés para as camaratas; *table* ~ comensal
companionable [kəmˈpænjənəbəl] adj. sociável
companionableness [kəmˈpænjənəbəlnɪs] s. sociabilidade
companionship [kəmˈpænjənʃɪp] s. 1 companhia; 2 ECONOMIA comandita
company [ˈkʌmpənɪ] s. (pl. **-ies**) 1 companhia; *for* ~ para fazer companhia; *to keep sb* ~ fazer companhia a alguém; 2 empresa; companhia; sociedade; *Joint Stock* ~ sociedade por acções; *Limited Liability* ~ sociedade anónima de responsabilidade limitada; 3 NÁUTICA tripulação; *a ship's* ~ a tripulação de um navio ❖ ~ *car* carro da empresa; ~ *officer* oficial subalterno; ~ *manners* modos afectados; *he likes his own* ~ ele gosta de andar só; *in* ~ em público; *to get one's* ~ ser promovido a capitão; *to keep* ~ *with* andar com; *to part* ~ *with* separar-se de; *a man is known by his* ~ diz-me com quem andas, dir-te-ei quem és; *better alone than in bad* ~ mais vale só que mal acompanhado; *to be bad* ~ ser má companhia; *to get into bad* ~ cair em más companhias; *two's company, three is a crowd* dois é bom, três é de mais
compar. [abrev. de comparative]
comparability [ˌkɒmpərəˈbɪlɪtɪ] s. comparabilidade
comparable [ˈkɒmpərəbəl, kəmˈpærəbəl] adj. comparável
comparably [ˈkɒmpərəblɪ, kəmˈpærəblɪ] adv. comparavelmente
comparative [kəmˈpærətɪv] Ⓐ adj. 1 comparativo; ~ *study* estudo comparativo; 2 LINGUÍSTICA (grau) comparativo; 3 relativo; *with* ~ *ease* com relativa facilidade; *he's a* ~ *stranger* conheço-o relativamente mal Ⓑ s. LINGUÍSTICA (grau de adjectivo) comparativo ❖ ~ *linguistics* linguística comparada; ~ *literature* literatura comparada
comparatively [kəmˈpærəˌtɪvəlɪ] adv. 1 relativamente; 2 comparativamente
compare [kəmˈpeə] Ⓐ v.tr.,intr. 1 comparar [**with/to**, com/a]; *to* ~ *one thing with another* comparar uma coisa com outra; 2 ser comparável [**with**, com], comparar-se [**with**, com]; *it doesn't* ~ *with anything I've ever seen* não se compara com nada que alguma vez tenha visto; 3 LINGUÍSTICA formar o comparativo Ⓑ s. [lit.] comparação; *without/past/beyond* ~ sem comparação ❖ *to* ~ *notes* trocar opiniões
comparing [kəmˈpeərɪŋ] s. confronto, comparação
comparison [kəmˈpærɪsən] s. comparação ❖ ~ *measurement* medição por comparação; ~ *table* tabela de comparação; *beyond/out of* ~ sem comparação; *degrees of* ~ graus de comparação; *there's no* ~ *between...* não há comparação possível entre...; *to stand* ~ *with* ser tão bom como
compart [kəmˈpɑːt] v.tr. dividir em partes, em compartimentos

compartment [kəmˈpɑːtmənt] s. compartimento; divisão ❖ NÁUTICA *watertight* ~ compartimento estanque

compartmentalization [ˌkɒmpɑːtmentəlaɪˈzeɪʃən] s. compartimentação

compartmentalize [ˌkɒmpɑːtˈmentəlaɪz] v.tr. compartimentar

compass [ˈkʌmpəs] Ⓐ s. (pl. **-es**) **1** bússola; **2** área, alcance, âmbito; *within the* ~ *of* no âmbito de; **3** extensão de voz; **4** limite; circunferência; **5** pl. compasso; *a pair of compasses* um compasso; **6** volta, rodeio (de caminho) Ⓑ v.tr. **1** dar uma volta; **2** alcançar, abranger, atingir, compreender; **3** realizar; **4** rodear, circundar ❖ ~ *card* rosa-dos-ventos; ~ *deviation* desvio da bússola; ~ *housing* caixa da bússola; ~ *needle* agulha de marear; ~ *point* ponto cardeal ou colateral; ~ *rose* rosa-dos-ventos; ~ *saw* serrote de curvas; ARQUITECTURA ~ *window* janela saliente em semicírculo; *the points of the* ~ os pontos cardeais e colaterais; *to keep within* ~ refrear; moderar; refrear-se

compassable [kʌmˈpɑːsəbəl] adj. **1** realizável; **2** alcançável

compassion [kəmˈpæʃən] s. compaixão

compassionate [kəmˈpæʃənɪt] adj. **1** compassivo; **2** concedido por compaixão

compassionately [kəmˈpæʃənətlɪ] adv. compassivamente

compassionateness [kəmˈpæʃənətnɪs] s. compassividade

compatibility [kəmˌpætəˈbɪlɪtɪ] s. compatibilidade

compatible [kəmˈpætɪbəl] adj. compatível

compatibly [kəmˈpætɪblɪ] adv. de modo compatível

compatriot [kəmˈpætrɪət] s. compatriota

compeer [ˈkɒmpɪə] s. **1** companheiro, camarada; **2** igual

compel [kəmˈpel] v.tr. (*particípios:* **-ll-**) **1** compelir, forçar; **2** obrigar

compellable [kəmˈpeləbəl] adj. compelível

compelling [kəmˈpelɪŋ] adj. **1** envolvente; emocionante; estimulante; **2** empolgante; irresistível; ~ *book* livro empolgante; **3** (discussão) persuasivo, consistente, convincente, de peso; *the most* ~ *argument* o argumento mais convincente

compend [kəmˈpend] s. compêndio

compendia [kəmˈpendɪə] s. {pl. de **compendium**}

compendious [kəmˈpendɪəs] adj. resumido, compendioso

compendiously [kəmˈpendɪəslɪ] adv. resumidamente, compendiosamente

compendiousness [kəmˈpendɪəsnɪs] s. concisão

compendium [kəmˈpendɪəm] s. (pl. **-ums** ou **-a**) **1** resumo, sumário; **2** compêndio

compensate [ˈkɒmpənseɪt] v.tr.,intr. **1** compensar, contrabalançar; **2** recompensar; **3** indemnizar

compensated [ˈkɒmpənseɪtɪd] adj. equilibrado; compensado; contrabalançado ❖ ~ *movement* movimento compensado

compensating [ˈkɒmpənˌseɪtɪŋ] adj. compensador ❖ (automóvel) ~ *gear* diferencial

compensation [ˌkɒmpənˈseɪʃən] s. **1** compensação; **2** contrapartida; **3** (pagamento) indemnização; *to seek/claim* ~ exigir uma indemnização

compensative [kəmˈpensətɪv] adj. compensativo

compensatory [ˈkɒmpenˌseɪtərɪ, kəmˈpensətərɪ] adj. compensatório; de compensação ❖ ~ *education* aulas de compensação; ~ *payment* indemnização

compere [ˈkɒmpeə] Ⓐ s. [GB] TELEVISÃO, RÁDIO animador; apresentador Ⓑ v.tr. [GB] TELEVISÃO, RÁDIO animar; apresentar

compete [kəmˈpiːt] v.intr. competir, fazer concorrência

competence [ˈkɒmpətəns] s. **1** competência; **2** capacidade, aptidão; **3** LINGUÍSTICA competência linguística; **4** suficiência, vida confortável

competency [ˈkɒmpətənsɪ] s. **1** competência; **2** capacidade, aptidão; **3** suficiência, vida confortável

competent [ˈkɒmpɪtənt] adj. **1** competente; **2** capaz; apto; adequado; **3** qualificado; **4** (resultado) razoável; bastante satisfatório ❖ *it was* ~ *to him to accept or not* era da competência dele aceitar ou não; cabia-lhe a decisão

competing [kəmˈpiːtɪŋ] adj. concorrente

competition [ˌkɒmpəˈtɪʃən] s. **1** competição; prova; concurso; **2** (rivalidade) competição [**between**, entre]; **3** concorrência; *unfair* ~ concorrência desleal ❖ *to be in* ~ *with* competir com

competitive [kəmˈpetɪtɪv] adj. **1** competitivo; *a highly* ~ *person* uma pessoa muito competitiva; ~ *edge* vantagem competitiva; ~ *prices* preços competitivos; **2** COMÉRCIO concorrente; concorrencial; **3** de competição; ~ *sports* desportos de competição ❖ *by* ~ *examination* por concurso

competitively [kəmˈpetɪtɪvlɪ] adv. por meio de concurso

competitiveness [kəmˈpetɪtɪvnəs] s. competitividade, espírito de competição

competitor [kəmˈpetɪtə] s. **1** concorrente, competidor; **2** (prova, concurso) participante

competitress [kəmˈpetɪtrɪs] s.f. competidora

compilation [ˌkɒmpɪˈleɪʃən] s. compilação

compile [kəmˈpaɪl] v.tr. **1** compilar; **2** (críquete) marcar muitos pontos

compiler [kəmˈpaɪlə] s. compilador

complacence [kəmˈpleɪsəns] s. **1** contentamento de si mesmo; **2** satisfação

complacency [kəmˈpleɪsənsɪ] s. ⇒ **complacence**

complacent [kəmˈpleɪsənt] adj. **1** satisfeito consigo mesmo; **2** complacente

complacently [kəmˈpleɪsəntlɪ] adv. **1** com satisfação; **2** com comprazimento

complain [kəmˈpleɪn] v.intr. **1** queixar-se; **2** expor as suas reclamações; **3** lamentar-se

complainant [kəmˈpleɪnənt] s. DIREITO queixoso, querelante, autor

complainer [kəmˈpleɪnə] s. **1** reclamante; **2** queixoso

complaint [kəmˈpleɪnt] s. **1** queixa; *to have grounds for* ~ ter razões de queixa; *to lodge a* ~ *against* apresentar queixa contra; **2** reclamação; *a letter of* ~ uma carta de reclamação; *to make a* ~ fazer uma reclamação; **3** maleita; doença; **4** DIREITO acusação ❖ *complaints office* secção de reclamações

complaisance [kəmˈpleɪzəns] s. deferência, delicadeza

complaisant [kəmˈpleɪzənt] adj. delicado, amável

complaisantly [kəmˈpleɪzəntlɪ] adv. **1** com amabilidade; **2** com delicadeza

complement[1] [ˈkɒmplɪment, kɒmplɪˈment] v.tr. **1** completar, complementar; **2** servir de complemento

complement[2] [ˈkɒmplɪmənt] s. **1** complemento [**to**, a/de]; **2** acessório [**to**, de]; **3** LINGUÍSTICA complemento; **4** conjunto; **5** ASTRONOMIA distância do zénite a um astro ❖ *a ship's* ~ a totalidade da tripulação; LINGUÍSTICA *objective* ~ nome predicativo do complemento directo; LINGUÍSTICA *subjective* ~ nome predicativo do sujeito; *the full* ~ a totalidade

complementary [ˌkɒmplɪˈmentərɪ] adj. complementar ❖ MATEMÁTICA ~ *angle* ângulo complementar; ~ *colour* cor complementar

complete [kəmˈpliːt] Ⓐ adj. completo Ⓑ v.tr. completar

completely [kəmˈpliːtlɪ] adv. completamente

completeness [kəmˈpliːtnɪs] s. **1** perfeição; **2** plenitude

completing [kəmˈpliːtɪŋ] s. acabamento

completion [kəmˈpliːʃən] s. **1** (processo) conclusão; fecho; *near* ~ quase no fecho; **2** (obra) acabamento ❖ *on* ~ *of contract* na assinatura do contrato

completist [kəmˈpliːtɪst] s. [coloq.] coleccionador obsessivo

completive [kəmˈpliːtɪv] adj. completivo

complex [ˈkɒmpleks] Ⓐ adj. complexo; *a* ~ *issue* um assunto complexo Ⓑ s. (pl. **-es**) (geral) complexo ❖ LINGUÍSTICA ~ *sentence* frase complexa; *housing* ~ complexo habitacional; PSICOLOGIA *inferiority* ~ complexo de inferioridade

complexion [kəmˈplekʃən] s. **1** (pele) tez; tom; **2** (assunto) contorno; abordagem; *that puts another* ~ *on the matter* isso muda um bocadinho as coisas

complexioned [kəmˈplekʃənd] adj. com a pele de determinada forma, com uma determinada tez; *dark-complexioned* de tez morena; *fair-complexioned* com pele clara

complexity [kəmˈpleksɪtɪ] s. (pl. **-ies**) complexidade

complexly [ˈkɒmpleksɪɪ] adv. complicadamente, complexamente

compliance [kəmˈplaɪəns] s. **1** conformidade; concordância; *in* ~ *with* em conformidade com; **2** submissão [**with**, a]; acatamento [**with**, de]; obediência [**with**, a]; **3** complacência; condescendência; anuência; **4** INFORMÁTICA compatibilidade

compliant [kəmˈplaɪənt] adj. **1** condescendente, complacente; **2** INFORMÁTICA compatível

compliantly [kəmˈplaɪəntlɪ] adv. complacentemente

complicacy [ˈkɒmplɪkəsɪ] s. complexidade
complicate [ˈkɒmplɪkeɪt] v.tr. complicar
complicated [ˈkɒmplɪˌkeɪtɪd] adj. complicado
complication [ˌkɒmplɪˈkeɪʃən] s. complicação
complicity [kəmˈplɪsɪtɪ] s. cumplicidade
compliment[1] [ˈkɒmplɪmənt, kɒmplɪˈment] v.tr. 1 cumprimentar; 2 felicitar; dar os parabéns a [**on**, por]; *to ~ a person on sth* dar os parabéns a alguém por alguma coisa; 3 elogiar [**on/for**, por]; *to ~ sb for his work* elogiar o trabalho de alguém
compliment[2] [ˈkɒmplɪmənt] s. 1 elogio; *she paid him a ~* ela fez-lhe um elogio; *he returned the ~* ele retribuiu o elogio; 2 tributo; 3 pl. cumprimentos, saudações; *the compliments of the season* os cumprimentos da época ❖ [depr.] *to return the ~* pagar da mesma moeda; *with the compliments of* com os cumprimentos de
complimentary [ˌkɒmplɪˈmentərɪ] adj. 1 lisonjeiro; 2 (comentário) elogioso; abonatório; 3 grátis, de graça; de cortesia ❖ *~ ticket* convite
complin [ˈkɒmplɪn] s. RELIGIÃO completas
compline [ˈkɒmplɪn] s. RELIGIÃO completas
comply [kəmˈplaɪ] v.intr. 1 agir de acordo [**with**, com]; respeitar [**with**, -]; *to ~ with the rules* respeitar as regras; 2 obedecer [**with**, a]; cumprir [**with**, -]; *to ~ with the orders* obedecer às ordens; 3 aceder [**with**, a]; dar resposta [**with**, a]; *to ~ with a request* dar resposta a um pedido
compo [ˈkɒmpəʊ] s. estuque
component [kəmˈpəʊnənt] Ⓐ adj. componente; *~ parts* componentes Ⓑ s. 1 (parte) componente; peça; 2 (faceta) vertente; *the political ~ of the issue* a vertente política da questão
comport [kəmˈpɔːt] v.tr.,intr. 1 conduzir-se, comportar-se; 2 ser compatível [**with**, com]
comportment [kəmˈpɔːtmənt] s. comportamento, atitude
compos [ˈkɒmpəs] adj. em seu juízo perfeito
compose [kəmˈpəʊz] Ⓐ v.tr. 1 compor; 2 formar; constituir; 3 (texto) redigir; escrever; 4 arranjar; arrumar; pôr em ordem Ⓑ v.intr. (música) compor ❖ *to be composed of* ser composto por; ser constituído por; *to ~ oneself* recompor-se; acalmar-se; *to ~ oneself to sleep* preparar-se para dormir
composed [kəmˈpəʊzd] adj. calmo, sereno, composto
composedly [kəmˈpəʊzɪdlɪ] adv. com calma
composedness [kəmˈpəʊzɪdnɪs] s. compostura, calma
composer [kəmˈpəʊzə] s. MÚSICA compositor, autor
composing [kəmˈpəʊzɪŋ] s. (criação musical) composição ❖ TIPOGRAFIA *~ machine* máquina de compor
composite [ˈkɒmpəzɪt] Ⓐ adj. 1 composto; complexo; compósito; 2 BOTÂNICA compósito; 3 (navio) feito de madeira e ferro Ⓑ s. 1 composto; 2 combinação; 3 BOTÂNICA compósita; 4 (polícia) retrato-robô ❖ (caminhos-de-ferro) *~ carriage* carruagem mista
composition [ˌkɒmpəˈzɪʃən] s. 1 composição; 2 (escola) composição; redacção; 3 constituição; 4 combinação; 5 (produto) composto; 6 (pessoa) temperamento; natureza; 7 DIREITO acordo; *to make a ~ with one's creditors* entrar em acordo com os credores
compositor [kəmˈpɒzɪtə] s. TIPOGRAFIA compositor
composmentis [ˈkɒmpɒsˈmentɪs] adj. em seu juízo perfeito
compost [ˈkɒmpɒst, ˈkɑːmpəʊst] Ⓐ s. húmus, adubo Ⓑ v.tr. adubar, transformar em adubo
composure [kəmˈpəʊʒə] s. compostura, calma
compotation [ˌkɒmpəˈteɪʃən] s. [arc.] beberronia; acto de beber em conjunto
compote [ˈkɒmpəʊt] s. CULINÁRIA compota
compound[1] [ˈkɒmpaʊnd] Ⓐ s. 1 QUÍMICA composto; 2 combinação; mistura; 3 LINGUÍSTICA palavra composta; 4 condomínio fechado; empreendimento restrito; 5 recinto; *military ~* recinto militar Ⓑ adj. composto; complexo ❖ MEDICINA *~ fracture* fractura exposta; ECONOMIA *~ interest* juros acumulados; MATEMÁTICA *~ number* número complexo; MATEMÁTICA *~ subtraction* subtracção de números complexos; LINGUÍSTICA *~ word* palavra composta
compound[2] [kəmˈpaʊnd] v.tr.,intr. 1 misturar, combinar; 2 aumentar; multiplicar; 3 (problema) agravar, complicar, intensificar; 4 DIREITO aceitar suborno, deixar-se subornar; 5 chegar a acordo, entrar em acordo [**with**, com]; *to ~ with one's creditors* entrar em acordo com os credores ❖ *to ~ for one's fault* reparar um erro

compoundable [kəmˈpaʊndəbəl] adj. susceptível de permitir acordo
comprehend [ˌkɒmprɪˈhend] v.tr. 1 compreender; 2 abranger
comprehensibility [ˌkɒmprɪhensəˈbɪlɪtɪ] s. inteligibilidade
comprehensible [ˌkɒmprɪˈhensɪbəl] adj. compreensível
comprehensibleness [ˌkɒmprɪˈhensɪbəlnɪs] s. compreensibilidade
comprehensibly [ˌkɒmprɪˈhensɪblɪ] adv. de modo compreensível
comprehension [ˌkɒmprɪˈhenʃən] s. 1 compreensão; entendimento; *it's beyond my ~* não consigo compreender, transcende-me; 2 (âmbito) abrangência ❖ (escola) *listening ~* compreensão auditiva; (escola) *reading ~* leitura e interpretação
comprehensive [ˌkɒmprɪˈhensɪv] adj. 1 (âmbito) abrangente; vasto; 2 (estudo) completo, exaustivo; 3 (derrota, vitória) esmagador; 4 (escola) polivalente; *to go ~* criar escolas polivalentes; 5 (seguro) contra todos os riscos ❖ [GB] *~ shools* escolas secundárias generalistas
comprehensively [ˌkɒmprɪˈhensɪvlɪ] adv. 1 exaustivamente; 2 compreensivamente
comprehensiveness [ˌkɒmprɪˈhensɪvnɪs] s. 1 abrangência; 2 exaustividade; 3 compreensão, faculdade de compreensão
comprehensivist [ˌkɒmprɪˈhensɪvɪst] adj. 1 não-especialista; 2 partidário das escolas polivalentes
compress[1] [kəmˈpres] v.tr. 1 comprimir; 2 concentrar; 3 resumir
compress[2] [ˈkɒmpres] s. (pl. **-es**) compressa
compressed [kəmˈprest] adj. 1 comprimido; 2 condensado; reduzido ❖ *~ air* ar comprimido; *~ air bottle* garrafa de ar comprimido
compressibility [kəmˌpresɪˈbɪlɪtɪ] s. compressibilidade
compressible [kəmˈpresɪbəl] adj. compressível
compressibleness [kəmˈpresɪbəlnɪs] s. compressibilidade
compressing [kəmˈpresɪŋ] adj. que comprime
compression [kəmˈpreʃən] s. 1 compressão; 2 concentração; aglomeração; 3 redução ❖ *~ air pump* máquina de compressão; *~ chamber* câmara de compressão; *~ gauge* compressímetro; *~ ignition* ignição por compressão; *~ nut* porca de aperto; *to be in ~* estar sob compressão
compressive [kəmˈpresɪv] adj. compressivo; de compressão
compressor [kəmˈpresə] s. compressor
comprisable [kəmˈpraɪzəbəl] adj. que pode ser incluído
comprise [kəmˈpraɪz] v.tr. 1 abranger, incluir; 2 compreender
compromise [ˈkɒmprəmaɪz] Ⓐ s. 1 compromisso; 2 acordo, harmonização; 3 solução de compromisso; meio termo Ⓑ v.tr.,intr. 1 harmonizar; 2 fazer um compromisso; 3 colocar em risco, comprometer
compromising [ˈkɒmprəmaɪzɪŋ] adj. comprometedor
comptometer [kɒmpˈtɒmɪtə] s. máquina de calcular
comptroller [kənˈtrəʊlə] s. 1 relator, fiscal de contas públicas; 2 administrador, mordomo
compulsion [kəmˈpʌlʃən] s. compulsão
compulsive [kəmˈpʌlsɪv] adj. compulsivo
compulsively [kəmˈpʌlsɪvlɪ] adv. 1 forçadamente; 2 compulsivamente
compulsorily [kəmˈpʌlsərɪlɪ] adv. compulsivamente; obrigatoriamente; *he was ~ retired* foi aposentado compulsivamente
compulsory [kəmˈpʌlsərɪ] adj. obrigatório; compulsório ❖ *~ military service* serviço militar obrigatório; *~ purchase* expropriação; *~ purchase order* ordem de expropriação; *~ schooling* escolaridade obrigatória; *~ subject* disciplina obrigatória
compunction [kəmˈpʌŋkʃən] s. compunção
compunctious [kəmˈpʌŋkʃəs] adj. com compunção, compungido
compunctiously [kəmˈpʌŋkʃəslɪ] adv. compungidamente
compurgation [ˌkɒmpɜːˈgeɪʃən] s. 1 compurgação; 2 justificação
compurgator [ˈkɒmpɜːˌgeɪtə] s. compurgador
computable [kəmˈpjuːtəbəl, ˈkɒmpjətəbəl] adj. computável
computation [ˌkɒmpjuːˈteɪʃən] s. cômputo, computação
computational [ˌkɒmpjuːˈteɪʃənəl] adj. 1 computacional; 2 quantitativo; estatístico ❖ LINGUÍSTICA *~ linguistics* linguística computacional
computator [ˈkɒmpjuːˌteɪtə] s. 1 computador; 2 aquele que computa, avalia

compute [kəm'pju:t] *v.tr.* computar, avaliar, calcular
computer [kəm'pju:tə] *s.* INFORMÁTICA computador ❖ ~ *language* linguagem de programação; ~ *literacy* competência informática; ~ *programmer* programador; ~ *programming* programação; ~ *science* informática; ~ *scientist* informático; ~ *virus* vírus informático
computer-aided [kəmˌpju:tər'eɪdɪd] *adj.* INFORMÁTICA assistido por computador ❖ ~ *design* design assistido por computador; (escola) ~ *instruction/education* ensino assistido por computador; ~ *surgery* cirurgia assistida por computador
computerate [kəm'pju:tərət] *adj.* com conhecimentos de informática, com competência informática
computerese [kəmˌpju:tə'ri:z] Ⓐ *s.* gíria informática Ⓑ *adj.* da gíria informática
computerise [kəm'pju:təˌraɪz] *v.tr.* ⇒ **computerize**
computerization [kəmˌpju:təraɪ'zeɪʃən] *s.* informatização
computerize [kəm'pju:təˌraɪz] *v.tr.* **1** informatizar; **2** computorizar; **3** calcular por computador; **4** resolver por computador
computer-literate [kəmˌpju:tə'lɪtərət] *adj.* com conhecimentos de informática, com competência informática
computing [kəm'pju:tɪŋ] Ⓐ *s.* **1** informática; **2** uso de computador Ⓑ *adj.* informático; de informática ❖ ~ *industry* indústria informática
comrade ['kɒmrɪd, 'kɒmreɪd] *s.* companheiro, camarada
comrade-in-arms [ˌkɒmrɪdɪn'ɑːmz] *s.* (*pl.* **comrades-in-arms**) companheiro de armas
comradeship ['kɒmrɪdʃɪp, 'kɒmreɪdʃɪp] *s.* camaradagem
Comsat [EUA] [*abrev. de* Communications Satellite Corporation]
con [kɒn] Ⓐ *s.* **1** contra; desvantagem; *the pros and cons* os prós e os contras; **2** [cal.] criminoso, recluso, presidiário; **3** burla; conto do vigário Ⓑ *v.tr.* (*particípios*: -**nn**-) **1** burlar, aldrabar, intrujar; **2** [coloq.] vigarizar [**out of**, em]; *to ~ sb out of a large sum of money* vigarizar alguém numa grande soma de dinheiro; **3** [coloq.] levar a crer [**into**, que]; convencer [**into**, a]; persuadir [**into**, a]; *to ~ sb into giving money* convencer alguém a dar dinheiro; **4** [arc.] analisar; **5** [arc.] estudar, aprender de cor; **6** NÁUTICA guiar (um navio) ❖ [coloq.] ~ *game* conto do vigário; [coloq.] ~ *man* burlão
conation [kəʊ'neɪʃən] *s.* PSICOLOGIA conação, volição, exercício da vontade
conative ['kəʊnətɪv] *adj.* **1** PSICOLOGIA volitivo; **2** LINGUÍSTICA conativo
concatenate [kɒn'kætɪneɪt] *v.tr.* concatenar
concatenation [kɒnˌkætə'neɪʃən] *s.* concatenação
concave ['kɒnkeɪv, kɒn'keɪv] Ⓐ *adj.* côncavo Ⓑ *s.* concavidade; superfície côncava ❖ ~ *polygon* polígono côncavo
concavity [kɒn'kævɪtɪ] *s.* (*pl.* -**ies**) concavidade
concavo-concave [kɒnˌkeɪvəʊkɒn'keɪv] *adj.* ÓPTICA bicôncavo
conceal [kən'si:l] *v.tr.* esconder, dissimular, ocultar
concealable [kən'si:ləbəl] *adj.* dissimulável, ocultável
concealed [kən'si:ld] *adj.* **1** oculto; escondido; **2** dissimulado; disfarçado ❖ ~ *cameras* câmaras ocultas; ~ *lighting* iluminação indirecta
concealer [kən'si:lə] *s.* **1** ocultador, sonegador; **2** (cosmética) corrector
concealment [kən'si:lmənt] *s.* **1** disfarce, dissimulação; **2** encobrimento; **3** retiro, esconderijo
concede [kən'si:d] *v.tr.* **1** admitir, conceder; **2** outorgar; **3** [coloq.] (jogo) perder, ceder pontos
conceit [kən'si:t] *s.* **1** presunção; arrogância; vaidade; *to be eaten up with* ~ estar cheio de presunção; **2** LITERATURA conceito rebuscado; **3** opinião; *in one's own* ~ na sua própria opinião ❖ *out of* ~ *with* aborrecido com
conceited [kən'si:tɪd] *adj.* **1** presumido, cheio de vaidade; **2** pretensioso
conceitedly [kən'si:tɪdlɪ] *adv.* presumidamente
conceitedness [kən'si:tɪdnɪs] *s.* **1** presunção; **2** vaidade
conceivable [kən'si:vəbəl] *adj.* imaginável, concebível
conceivableness [kən'si:vəbəlnɪs] *s.* conceptibilidade
conceivably [kən'si:vəblɪ] *adv.* **1** possivelmente; presumivelmente; **2** em teoria ❖ *it may ~ be that...* pode ser que...; é possível que...
conceive [kən'si:v] Ⓐ *v.tr.* **1** conceber; **2** delinear; **3** imaginar; **4** compreender Ⓑ *v.intr.* **1** engravidar; **2** imaginar [**of**, -]; *he could not ~ of a better plan* ele não era capaz de imaginar um plano melhor; **3** entender [**of**, como]; considerar [**of**, -]; *to ~ of sth as...* entender algo como... ❖ *conceived as follows* redigido nos seguintes termos
conceiving [kən'si:vɪŋ] *s.* concepção
concentrate ['kɒnsəntreɪt] Ⓐ *v.tr.,intr.* concentrar, concentrar-se Ⓑ *s.* concentrado
concentrated ['kɒnsəntreɪtɪd] *adj.* **1** concentrado; **2** intenso ❖ ~ *light beam* feixe de luz concentrado
concentration [ˌkɒnsən'treɪʃən] *s.* (geral) concentração ❖ ~ *camp* campo de concentração; *power* ~ centralização do poder
concentrative [kən'senˌtrətɪv] *adj.* concentrativo
concentrator ['kɒnsenˌtreɪtə] *s.* concentrador
concentre [kən'sentə] *v.tr.,intr.* **1** concentrar, centralizar; **2** reunir num centro comum
concentric [kən'sentrɪk] *adj.* concêntrico; ~ *circles* círculos concêntricos
concentrically [kən'sentrɪkəlɪ] *adv.* concentricamente
concentricity [ˌkɒnsen'trɪsɪtɪ] *s.* concentricidade
concept ['kɒnsept] *s.* conceito, ideia
conception [kən'sepʃən] *s.* **1** ideia; noção; conceito; **2** BIOLOGIA concepção; geração; **3** (criação) concepção ❖ ~ *control* medidas anticoncepcionais; RELIGIÃO *immaculate* ~ imaculada concepção; *to have no ~ of* não ser sequer capaz de imaginar
conceptional [kən'sepʃənəl] *adj.* concepcional
conceptive [kən'septɪv] *adj.* conceptivo
conceptual [kən'septʃʊəl] *adj.* conceptual ❖ ARTES PLÁSTICAS ~ *art* arte conceptual; ARTES PLÁSTICAS ~ *artist* artista conceptual
conceptualise [kən'septʃʊəlaɪz] *v.tr.* ⇒ **conceptualize**
conceptualism [kən'septʃʊəlɪzəm] *s.* FILOSOFIA, ARTES PLÁSTICAS conceptualismo
conceptualist [kən'septʃʊəlɪst] *s.* FILOSOFIA, ARTES PLÁSTICAS conceptualista
conceptualization [kənˌseptʃʊəlaɪ'zeɪʃn] *s.* conceptualização
conceptualize [kən'septʃʊəlaɪz] *v.tr.* conceptualizar
concern [kən'sɜ:n] Ⓐ *s.* **1** ansiedade; preocupação; pesar; **2** interesse; afecto; **3** (negócio) comparticipação; parte; *to have a ~ in the business* ter parte no negócio; **4** COMÉRCIO negócio; empresa; *a going ~* um negócio em plena actividade; *a paying ~* negócio que dá lucro Ⓑ *v.tr.* **1** relacionar-se com; dizer respeito a; **2** preocupar; perturbar; **3** (assunto) ser sobre ❖ *as concerns* em relação a; no que diz respeito a; *as far as I am concerned* no que me diz respeito; *that is none of your* ~ não tens nada a ver com isso; *that's no ~ of mine* isso não me diz respeito; [coloq.] *the whole* ~ toda essa trapalhada; *to ~ oneself about* preocupar-se com
concerned [kən'sɜ:nd] *adj.* **1** preocupado [**about**, com]; apreensivo; *a ~ look* um aspecto preocupado; **2** ansioso; pesaroso; *he seemed rather* ~ ele parecia bastante ansioso; **3** envolvido; interessado ❖ *the people* ~ os interessados; *to be ~ with* estar relacionado com
concernedly [kən'sɜ:nɪdlɪ] *adv.* com inquietação
concerning [kən'sɜ:nɪŋ] *prep.* respeitante a; relativo a; quanto a; a propósito de
concernment [kən'sɜ:nmənt] *s.* **1** assunto, negócio; **2** importância; **3** interesse, ansiedade
concert[1] ['kɒnsət] *s.* **1** MÚSICA concerto; **2** acordo; união; cooperação ❖ ~ *grand* piano de concerto; ~ *hall* sala de concertos; ~ *performer* concertista; MÚSICA *in* ~ em concerto; ao vivo; *in ~ (with)* de acordo (com); em uníssono (com); *up to ~ pitch* afinado para concerto; pronto, totalmente preparado
concert[2] [kən'sɜ:t] *v.tr.,intr.* **1** concertar; **2** entrar em acordo; **3** aconselhar-se com
concerted [kən'sɜ:tɪd] *adj.* **1** concertado; combinado; ~ *effort* esforço concertado; **2** MÚSICA com arranjo para concerto
concertgoer ['kɒnsətgəʊə] *s.* frequentador de concertos ❖ *concertgoers* o público dos concertos
concertina [ˌkɒnsə'ti:nə] Ⓐ *s.* MÚSICA concertina, acordeão Ⓑ *v.intr.* (*part.* -**ed**) comprimir-se
concertmaster ['kɒnsətmɑ:stə] *s.* [EUA, Can.] MÚSICA primeiro-violino
concerto [kən'tʃeətəʊ] *s.* (*pl.* -**s**) MÚSICA concerto; *piano* ~ concerto para piano

concession [kən'seʃən] s. 1 concessão; cedência; *to make concessions to* fazer concessões a; 2 COMÉRCIO concessão; autorização, licença; 3 [form.] tarifa reduzida ❖ *mining ~* concessão mineira
concessionaire [kən,seʃə'neə] s. concessionário
concessionary [kən'seʃənərɪ] Ⓐ adj. que tem concessão Ⓑ s. concessionário
concessive [kən'sesɪv] adj. LINGUÍSTICA concessivo
concettism [kən'tʃetɪzəm] s. preciosismo
conch [kɒŋk] s. (pl. -s) 1 concha (de molusco); 2 caramujo; 3 ARQUEOLOGIA concha; 4 ouvido externo; 5 cavidade auditiva; 6 [coloq.] indígena das Baamas
concha ['kɒŋkə] s. ANATOMIA ouvido externo
conchiferous [kɒn'kɪfərəs] adj. conchífero
conchoid ['kɒŋkɔɪd] s. concóide
conchologist [kɒŋ'kɒlədʒɪst] s. concólogo
conchology [kɒŋ'kɒlədʒɪ] s. concologia
conchy ['kɒntʃɪ] s. 1 [coloq.] adversário do serviço militar; 2 refractário
concierge [,kɒnsɪ'eəʒ] s. porteiro
conciliar [kən'sɪlɪə] adj. conciliar
conciliate [kən'sɪlɪeɪt] v.tr. 1 conciliar, harmonizar; 2 chamar, captar para o seu lado; 3 conseguir a boa vontade ou amizade de
conciliation [kən,sɪlɪ'eɪʃən] s. 1 conciliação; 2 acordo; entendimento ❖ *~ board* conselho de arbitragem
conciliative [kən'sɪlɪətɪv] adj. conciliatório
conciliator [kən'sɪlɪeɪtə] s. conciliador
conciliatorily [kən'sɪlɪətərɪlɪ, kən'sɪlɪətɔ:rɪlɪ] adv. conciliatoriamente
conciliatory [kən'sɪlɪətərɪ, kən'sɪlɪətɔ:rɪ] adj. conciliatório
concinnity [kən'sɪnɪtɪ] s. elegância literária, elegância de estilo
concise [kən'saɪs] adj. conciso, lacónico
concisely [kən'saɪslɪ] adv. concisamente
conciseness [kən'saɪsnɪs] s. concisão
concision [kən'sɪʒən] s. laconismo, concisão
conclave ['kɒŋkleɪv] s. 1 conclave, assembleia de cardeais para eleição do novo papa; 2 assembleia plenária, conselho, reunião
conclude [kən'klu:d] v.tr.,intr. 1 concluir; acabar; finalizar; terminar; 2 concluir; inferir; deduzir ❖ [EUA] [ant.] *to ~ to do sth* resolver fazer alguma coisa; (folhetim, rubrica) *concluded* conclusão
concluding [kən'klu:dɪŋ] adj. final
conclusion [kən'klu:ʒən] s. 1 conclusão; termo; finalização; 2 conclusão; inferência; dedução; *to come to a ~* chegar a uma conclusão; *to come to the ~ that* chegar à conclusão que; *to draw a ~ from* tirar uma conclusão de; 3 POLÍTICA acordo ❖ *a foregone ~* um desenlace esperado; *in ~* para concluir; em conclusão; *to jump to conclusions* tirar conclusões precipitadas; *to try conclusions with* entrar em disputa com
conclusive [kən'klu:sɪv] adj. 1 concludente; conclusivo; 2 convincente; decisivo; definitivo; 3 irrefutável; *~ evidence* provas irrefutáveis
conclusively [kən'klu:sɪvlɪ] adv. 1 convincentemente; 2 de forma conclusiva; 3 definitivamente
concoct [kən'kɒkt] v.tr. 1 confeccionar; preparar; 2 [fig.] engendrar; maquinar; forjar; *to ~ a lie* forjar uma mentira
concoction [kən'kɒkʃən] s. 1 mistura; 2 elaboração, plano; 3 confecção
concolorous [kɒn'kɒlərəs] adj. de cor uniforme
concomitance [kən'kɒmɪtəns] s. concomitância
concomitancy [kən'kɒmɪtənsɪ] s. concomitância
concomitant [kən'kɒmɪtənt] Ⓐ adj. concomitante Ⓑ s. 1 acompanhamento; 2 companheiro
concomitantly [kən'kɒmɪtəntlɪ] adv. concomitantemente
concord[1] ['kɒŋkɔ:d] s. 1 concórdia; harmonia; *to live in ~* viver em harmonia; 2 LINGUÍSTICA concordância
concord[2] [kɒn'kɔ:d] v.intr. [arc.] concordar, estar de acordo
concordance [kən'kɔ:dəns] s. conformidade, concordância
concordant [kən'kɔ:dənt] adj. concordante, harmonioso
concordantly [kən'kɔ:dəntlɪ] adv. concordantemente, harmoniosamente
concordat [kɒn'kɔ:dæt] s. concordata
concourse ['kɒŋkɔ:s] s. 1 confluência, concurso; 2 multidão

concrescence [kɒn'kresəns] s. concrescência
concrete[1] ['kɒnkri:t] Ⓐ adj. 1 concreto; 2 real; palpável; 3 LITERATURA concretista; *~ poetry* poesia concretista; 4 de betão Ⓑ s. 1 betão; formigão; 2 (matéria) massa; 3 CULINÁRIA açúcar caramelizado/em ponto de rebuçado Ⓒ v.tr.,intr. cobrir com uma camada de betão ❖ *~ bed* base de betão; *~ girder* viga de cimento; *~ mill/mixer* betoneira; MATEMÁTICA *~ number* número concreto; LINGUÍSTICA *~ noun* substantivo concreto; *prestressed ~* betão pré-esforçado; *reinforced ~* cimento armado
concrete[2] [kɒn'kri:t] v.tr.,intr. 1 unir, unir-se; 2 solidificar-se
concretely ['kɒnkri:tlɪ] adv. concretamente
concreteness ['kɒnkri:tnɪs] s. concretude, carácter concreto; materialidade
concretion [kən'kri:ʃən] s. concreção
concretize ['kɒnkrɪtaɪz] v.tr. concretizar
concubinage [kɒn'kju:bɪnɪdʒ] s. concubinagem
concubinary [kɒn'kju:bɪnərɪ] adj. concubinário
concubine ['kɒŋkjubaɪn] s. concubina
concupiscence [kən'kju:pɪsəns] s. concupiscência
concupiscent [kən'kju:pɪsənt] adj. concupiscente
concur [kən'kɜ:] v.intr. (particípios: -rr-) 1 coincidir, concorrer, concordar; 2 cooperar
concurrence [kən'kʌrəns] s. 1 concorrência, concurso, cooperação; convergência; 2 acordo; 3 DIREITO conflito; 4 GEOMETRIA ponto de convergência
concurrency [kən'kʌrənsɪ] s. 1 concorrência, concurso, cooperação; convergência; 2 acordo; 3 DIREITO conflito; 4 GEOMETRIA ponto de convergência
concurrent [kən'kʌrənt] Ⓐ adj. 1 concomitante; simultâneo; 2 concertado; convergente; 3 concordante; 4 [arc.] oposto, concorrente Ⓑ s. 1 [arc.] circunstância concorrente; 2 [arc.] concorrente, rival ❖ GEOMETRIA *~ lines* linhas concorrentes
concurrently [kən'kʌrəntlɪ] adv. concorrentemente
concuss [kən'kʌs] v.tr. 1 concutir, abalar, agitar violentamente; 2 intimidar
concussion [kən'kʌʃən] s. 1 MEDICINA traumatismo craniano; 2 choque; abalo ❖ *~ fuse* espoleta de granada; *~ spring* mola amortecedora
condemn [kən'dem] v.tr. 1 condenar; 2 repudiar; 3 censurar [for, por]; 4 DIREITO condenar [to, a]; *to ~ sb to death* condenar alguém à morte; 5 denunciar; atraiçoar; 6 (produto) rejeitar como impróprio para consumo; 7 (contrabando) confiscar ❖ *to ~ in a fine* multar
condemnable [kən'demnəbl] adj. condenável, censurável
condemnation [,kɒndem'neɪʃən] s. 1 condenação; 2 rejeição
condemnatory [kən'demnətrɪ] adj. condenatório
condemned [kən'demd] Ⓐ adj. 1 rejeitado; reprovado; 2 DIREITO condenado Ⓑ s. condenado à morte ❖ *~ cell* cela de condenado à morte; *~ work* refugo
condensability [,kəndensə'bɪlɪtɪ] s. condensabilidade
condensable [kən'densəbl] adj. condensável
condensate [kən'denseɪt] s. 1 condensado; 2 concentrado; 3 estado de condensação
condensation [,kɒndən'seɪʃən] s. 1 condensação; concentração; 2 (texto) resumo; redução; 3 FÍSICA condensação ❖ *~ trail* rasto dos aviões a jacto
condense [kən'dens] v.tr.,intr. 1 condensar, condensar-se; 2 concentrar; 3 resumir
condensed [kən'denst] adj. condensado ❖ *~ milk* leite condensado; TIPOGRAFIA *~ type* tipo condensado
condenser [kən'densə] s. condensador
condensing [kən'densɪŋ] s. condensação ❖ *~ lens* lente convergente; *~ surface* superfície de condensação
condescend [,kɒndɪ'send] v.intr. 1 condescender [to, em]; 2 dignar-se [to, a]; 3 tratar de forma condescente [towards, -]
condescending [,kɒndɪ'sendɪŋ] adj. condescendente
condescendingly [,kɒndɪ'sendɪŋlɪ] adv. condescendentemente; de forma condescendente
condescension [,kɒndɪ'senʃən] s. condescendência
condign [kən'daɪn] adj. condigno
condignly [kən'daɪnlɪ] adv. condignamente
condiment ['kɒndɪmənt] s. condimento

condimental ['kɒndɪməntəl] *adj.* condimentoso
condition [kən'dɪʃən] Ⓐ *s.* **1** condição; **2** estado; condições; *in ~* em (boas) condições; *in good ~* em bom estado; *out of ~* em mau estado; **3** circunstância; situação; *under these conditions* nestas circunstâncias; **4** LINGUÍSTICA proposição condicional; **5** (contrato) cláusula [**of**, de]; **6** (saúde) doença; problema; *he's got a heart ~* ele sofre do coração; **7** forma; condição física; *in ~* de boa saúde; *to be out of ~* estar em baixo de forma Ⓑ *v.tr.* **1** condicionar [**to**, a]; **2** determinar, estipular; **3** (situação, mecanismo) regular; pôr em condições; **4** (cabelo, pele) tratar de ❖ *working conditions* condições de trabalho; *of humble ~* de classe humilde; *on ~ that* na condição de; *to be in no ~ to* não ter condições para; *to ~ the air in a room* instalar ar condicionado numa divisão
conditional [kən'dɪʃənəl] Ⓐ *adj.* **1** condicional; *~ promise* promessa condicional; **2** dependente [**on/upon**, de]; *to be ~ on* estar dependente de, estar condicionado por Ⓑ *s.* LINGUÍSTICA condicional; *in the ~* no condicional ❖ *~ access* acesso limitado; LINGUÍSTICA *~ sentence* frase condicional
conditionalism [kən'dɪʃənəlɪzəm] *s.* condicionalismo
conditionality [kənˌdɪʃə'nælɪtɪ] *s.* condicionalidade
conditionally [kən'dɪʃnəlɪ] *adv.* condicionalmente
conditioned [kən'dɪʃənd] *adj.* **1** PSICOLOGIA condicionado; **2** condicional; **3** (pessoa) com determinado temperamento; *ill-conditioned* com mau génio; **4** com determinada condição ou em determinada situação; **5** em boa condição física ❖ PSICOLOGIA *~ reflex/response* reflexo condicionado
conditioner [kən'dɪʃənə] *s.* **1** amaciador; *fabric ~* amaciador para a roupa; **2** condicionador; *hair ~* condicionador do cabelo; **3** (pele) creme hidratante; creme de tratamento
conditioning [kən'dɪʃənɪŋ] Ⓐ *s.* **1** condicionamento; *social ~* condicionamentos sociais; **2** tratamento; *hair ~* tratamento do cabelo Ⓑ *adj.* **1** condicionante; **2** de tratamento
condo ['kɒndəʊ] [EUA] [*abrev. de* condominium unit]
condolatory [kən'dəʊlətərɪ] *adj.* que exprime condolências
condole [kən'dəʊl] *v.intr.* [form.] transmitir as condolências [**with**, a]; apresentar os pêsames [**with**, a]; *I ~ with you upon the loss of your brother* os meus sentimentos pelo falecimento do seu irmão
condolence [kən'dəʊləns] *s.* condolência(s); sentimentos; pêsames ❖ *letter of ~* carta de pêsames; *please accept my condolences* as minhas sinceras condolências
condom ['kɒndəm] *s.* preservativo; *to wear a ~* usar preservativo
condominium [ˌkɒndə'mɪnɪəm] *s.* **1** [EUA] apartamento em condomínio; **2** [EUA] condomínio
condonation [ˌkɒndəʊ'neɪʃən] *s.* perdão
condone [kən'dəʊn] *v.tr.* **1** perdoar; **2** reparar uma falta
condoning [kən'dəʊnɪŋ] Ⓐ *adj.* indulgente, que perdoa Ⓑ *s.* absolvição; perdão
condor ['kɒndɔː] *s.* **1** ZOOLOGIA condor; **2** moeda de ouro chilena e colombiana
conduce [kən'djuːs] *v.intr.* [form.] levar [**to**, a]; contribuir [**to**, **para**] ❖ *temperance conduces to good health* a moderação é boa para a saúde
conducive [kən'djuːsɪv] *adj.* **1** conducente; **2** favorável
conduciveness [kən'djuːsɪvnɪs] *s.* condutividade
conduct[1] ['kɒndəkt] *s.* **1** orientação, condução, direcção; **2** comportamento
conduct[2] [kən'dʌkt] *v.tr.,intr.* **1** conduzir, orientar; gerir, organizar; **2** levar a cabo; realizar; **3** pilotar; *to ~ a ship* pilotar um navio; **4** FÍSICA (calor, electricidade) ser condutor de; **5** (orquestra) dirigir, reger; **6** acompanhar; escoltar ❖ *to ~ oneself* portar-se; comportar-se
conductance [kən'dʌktəns] *s.* ELECTRICIDADE condutância
conducted [kən'dʌktɪd] *adj.* guiado; *~ tour* visita guiada
conductibility [ˌkəndʌktɪ'bɪlɪtɪ] *s.* condutibilidade
conductible [kən'dʌktɪbəl] *adj.* condutível
conduction [kən'dʌkʃən] *s.* transmissão, condução
conductive [kən'dʌktɪv] *adj.* condutivo, condutor
conductivity [ˌkɒndʌk'tɪvɪtɪ] *s.* condutividade
conductor [kən'dʌktə] *s.* **1** guia, condutor, cicerone; **2** (autocarro, comboio) cobrador; revisor; **3** MÚSICA (orquestra) regente, maestro; **4** ELECTRICIDADE, FÍSICA condutor; *~ of heat* condutor do calor; **5** [arc.] líder ❖ [GB] *lightning ~* pára-raios

conductorship [kən'dʌktəʃɪp] *s.* regência, direcção de orquestra
conductress [kən'dʌktrɪs] *s.f.* **1** directora (de empresa); **2** condutora (de eléctrico, autocarro)
conduit ['kɒndɪt, 'kɒndjuɪt] *s.* **1** conduta; **2** canalização; *~ of clay* canalização de argila; **3** ELECTRICIDADE ligação; **4** (informação) fonte
conduplicate [kən'djuːplɪkɪt] *adj.* BOTÂNICA conduplicado
condyle ['kɒndɪl, 'kɒndaɪl] *s.* ANATOMIA côndilo
Condy's fluid ['kɒndɪzˌfluːɪd] *s.* solução de permanganato de soda usada como desinfectante
cone [kəʊn] Ⓐ *s.* **1** cone; **2** BOTÂNICA estróbilo, pinha Ⓑ *v.tr.,intr.* **1** dar forma de cone; **2** BOTÂNICA produzir cones; **3** apanhar por meio de projectores; *they got coned* eles foram apanhados pela luz dos projectores ❖ ÓPTICA *~ of rays* cone luminoso; GEOMETRIA *truncated ~* tronco de cone; *traffic ~* cone de trânsito
◆cone off *v.tr.* encerrar uma estrada com cones
cone-bearing [ˌkəʊn'beərɪŋ] *adj.* BOTÂNICA conífero
coney ['kəʊnɪ] *s.* ⇒ **cony**
confab [kɒn'fæb] Ⓐ *s.* ⇒ **confabulation** Ⓑ *v.intr.* ⇒ **confabulate**
confabulate [kən'fæbjʊleɪt] *v.intr.* conversar, tagarelar, palrar
confabulation [kənˌfæbjʊ'leɪʃən] *s.* conversa íntima, colóquio familiar; conciliábulo
confect[1] ['kɒnfekt] *s.* **1** doce, guloseima; **2** doces; **3** confeitos
confect[2] [kən'fekt] *v.tr.* (compotas, doces, etc.) confeccionar
confection [kən'fekʃən] Ⓐ *s.* **1** confeição; **2** roupas feitas de senhora; **3** doce, compota Ⓑ *v.tr.* **1** confeiçoar; **2** confeccionar; **3** manipular
confectioner [kən'fekʃənə] *s.* pasteleiro, confeiteiro
confectionery [kən'fekʃnərɪ] *s.* **1** doces, doçaria; **2** artigos de confeitaria
confederacy [kən'fedərəsɪ] *s.* (*pl.* -ies) **1** POLÍTICA confederação; aliança; **2** conspiração ❖ [EUA] HISTÓRIA (guerra da secessão) *the Confederacy* a Confederação
confederate[1] [kən'fedərət] *adj.,s.* confederado
confederate[2] [kən'fedəreɪt] *v.tr.,intr.* confederar, confederar-se
confederation [kənˌfedə'reɪʃən] *s.* confederação
confer [kən'fɜː] *v.tr.,intr.* (*particípios:* -rr-) **1** conferir; outorgar; atribuir [**on/upon**, a]; **2** (título, etc.) agraciar com [**on**, -]; **3** consultar [**with**, -; **about**, sobre]; conferenciar [**with**, com; **about**, sobre]
conference ['kɒnfərəns] *s.* **1** colóquio; conferência; congresso; *~ of doctors* conferência médica; **2** reunião; *to be in ~* estar em reunião; **3** (pessoas) assembleia; **4** RELIGIÃO concílio de igreja evangélica ❖ *~ call* teleconferência; *~ centre* centro de congressos; *~ member* congressista, *~ room* sala de reuniões
conferment [kən'fɜːmənt] *s.* concessão, outorga
conferrable [kən'fɜːrəbəl] *adj.* conferível
confess [kən'fes] Ⓐ *v.tr.* **1** confessar; **2** admitir; reconhecer Ⓑ *v.intr.* **1** confessar; acusar-se; *to ~ to a crime* confessar um crime; **2** RELIGIÃO confessar-se ❖ *I ~* tenho de admitir
confessant [kən'fesənt] *s.* aquele que se confessa
confessed [kən'fest] *adj.* **1** confesso, assumido, declarado; **2** notório; **3** confessado
confessedly [kən'fesɪdlɪ] *adv.* confessadamente
confession [kən'feʃən] *s.* **1** confissão; *to make a ~* fazer uma confissão; **2** RELIGIÃO confissão; *to go to ~* confessar-se; *to hear in ~* ouvir em confissão; **3** (crença) profissão de fé ❖ *~ chair* confessionário; *auricular ~* confissão auricular; *the seal of ~* o segredo da confissão
confessional [kən'feʃənəl] Ⓐ *adj.* confessional; Ⓑ *s.* RELIGIÃO confessionário
confessionary [kən'feʃnərɪ] *adj.* que diz respeito à confissão
confessionist [kən'feʃənɪst] *s.* luterano
confessor [kən'fesə] *s.* **1** aquele que confessa; **2** confessor, sacerdote que ouve a confissão; **3** pessoa que se confessa; **4** aquele que afirma a sua fé
confetti [kən'fetiː] *s.pl.* confetes
confidant ['kɒnfɪdænt] *s.* confidente
confidante ['kɒnfɪdænt] *s.f.* ⇒ **confidant**
confide [kən'faɪd] *v.tr.* **1** fazer confidência(s) [**to**, a]; confidenciar [**to**, a]; *can I ~ you a secret?* posso confidenciar-te um segredo?;

2 [form.] (entregar, incumbir) confiar [**to**, a]; *this task was confided to me alone* esta tarefa foi-me confiada somente a mim
◆**confide in** v.tr. **1** confiar em; **2** contar um segredo a
confidence ['kɒnfɪdəns] s. **1** confiança; autoconfiança; segurança; *with ~* com confiança; *to be full of ~* estar confiante; **2** (mensagem) confidência; segredo; *to share confidences* trocar confidências ❖ [irón.] *~ man* vigarista; *~ trick* conto do vigário; *a breach of ~* abuso de confiança; *in ~* confidencialmente; em segredo; *to have ~ in* ter confiança em; *to take sb into one's ~* fazer confidências a alguém
confident ['kɒnfɪdənt] Ⓐ adj. **1** confiante; seguro; **2** convencido [**of**, de]; que tem a certeza [**of**, de]; **3** ousado Ⓑ s. confidente ❖ *to be ~ of* ter confiança em; *to be ~ that...* ter a certeza que...
confidential [ˌkɒnfɪˈdenʃəl] adj. **1** confidencial; **2** particular; **3** de confiança
confidentiality [ˌkɒnfɪdenʃɪˈælɪtɪ] s. confidencialidade
confidentially [ˌkɒnfɪˈdenʃəlɪ] adv. confidencialmente
confider [kənˈfaɪdə] s. **1** aquele que confia; **2** confidente
confiding [kənˈfaɪdɪŋ] adj. **1** confiante; **2** crente; pouco desconfiado; sem desconfiança; **3** em tom de confidência ❖ *~ relationship* relação de confiança
confidingly [kənˈfaɪdɪŋlɪ] adv. **1** confiadamente; **2** confiantemente, com confiança; **3** em tom de confidência
configuration [kənˌfɪɡjʊˈreɪʃən] s. configuração
configurative [kənˈfɪɡjʊrətɪv] adj. configurativo
configure [kənˈfɪɡə] v.tr. configurar
confine¹ [kənˈfaɪn] v.tr.,intr. **1** prender [**to**, em]; **2** fechar [**in**, em]; **3** limitar [**to**, a]; restringir [**to**, a]; **4** [arc.] confinar [**with**, com]; estar junto [**with**, a]; *his property confined with mine* a propriedade dele estava junto à minha ❖ *to be confined to bed* estar acamado; *to be confined to the house* ser obrigado a ficar em casa
confine² [ˈkɒnfaɪn] s. **1** fronteira; limite; confim; *they lived in the confines of the town* eles viviam nos confins da cidade; **2** pl. [lit.] constrangimentos; limitações; restrições
confined [kənˈfaɪnd] adj. (espaço) reduzido, limitado, exíguo
confinement [kənˈfaɪnmənt] s. **1** reclusão; prisão; **2** limitação; constrangimento; restrição; **3** MEDICINA [ant.] parto ❖ *solitary confinement/close ~* prisão celular; *to be placed in ~* ser preso
confirm [kənˈfɜːm] v.tr. **1** confirmar; **2** corroborar; **3** verificar; **4** (tratado, etc.) ratificar; **5** RELIGIÃO crismar; **6** [form.] consolidar; reforçar ❖ *to ~ by oath* confirmar sob juramento; COMÉRCIO *we ~ receipt of* acusamos a recepção de
confirmation [ˌkɒnfəˈmeɪʃən] s. **1** confirmação; **2** homologação; **3** ratificação; **4** RELIGIÃO confirmação, crisma
confirmative [kənˈfɜːmətɪv] adj. confirmativo
confirmatively [kənˈfɜːmətɪvlɪ] adv. confirmativamente
confirmatory [kənˈfɜːmətərɪ] adj. confirmatório
confirmed [kənˈfɜːmd] adj. **1** confirmado; **2** empedernido; inveterado; *~ bachelor* solteirão empedernido; **3** incorrigível; *a ~ lier* um mentiroso incorrigível; **4** RELIGIÃO crismado; **5** [form.] fortalecido; reforçado
confirmee [kənˌfɜːˈmiː] s. RELIGIÃO confirmado
confirmer [kənˈfɜːmə] s. confirmador, aquele que confirma
confiscable [kənˈfɪskəbəl] adj. confiscável
confiscate [ˈkɒnfɪskeɪt] v.tr. confiscar
confiscation [ˌkɒnfɪsˈkeɪʃən] s. confiscação
confiscator [ˈkɒnfɪskeɪtə] s. confiscador
confiscatory [kənˈfɪskətərɪ, ˌkɒnfɪsˈkeɪtərɪ] adj. confiscatório
conflagrant [kənˈfleɪɡrənt] adj. **1** em conflagração; **2** em chamas
conflagration [ˌkɒnfləˈɡreɪʃən] s. **1** conflagração; **2** fogo, incêndio
conflate [kənˈfleɪt] v.tr. reunir, juntar, fundir
conflation [kənˈfleɪʃən] s. reunião, junção, fusão
conflict¹ [ˈkɒnflɪkt] s. **1** luta, conflito; **2** colisão, choque
conflict² [kənˈflɪkt] v.intr. **1** entrar em conflito [**with**, com]; **2** estar em contradição [**with**, com]; **3** ser incompatível [**with**, com]
conflicting [kənˈflɪktɪŋ] adj. **1** contraditório, que entra em contradição; **2** incompatível; **3** contrário, oposto
confliction [kənˈflɪkʃən] s. incompatibilidade
confluence [ˈkɒnflʊəns] s. **1** confluência; **2** afluência
confluent [ˈkɒnflʊənt] adj.,s. **1** confluente; **2** afluente

confluently [ˈkɒnflʊəntlɪ] adv. confluentemente
conflux [ˈkɒnflʌks] s. confluência, afluência
conform [kənˈfɔːm] v.tr.,intr. **1** conformar(-se) [**to**, a]; **2** obedecer [**to/with**, a]; submeter-se [**to/with**, a]; **3** adaptar-se [**to**, a]; ajustar-se [**to**, a]; **4** seguir [**to/with**, -]; aderir [**to/with**, a]; **5** estar em conformidade [**with**, com]
conformable [kənˈfɔːməbəl] adj. **1** semelhante, idêntico; **2** obediente
conformably [kənˈfɔːməblɪ] adv. em conformidade [**to**, com]
conformation [ˌkɒnfɔːˈmeɪʃən] s. **1** conformação; **2** adaptação
conformism [kənˈfɔːmɪzm] s. **1** conformismo, convencionalismo; **2** RELIGIÃO (Protestantismo) conformismo
conformist [kənˈfɔːmɪst] s. **1** conformista; **2** RELIGIÃO partidário do Anglicanismo; **3** HISTÓRIA aquele que aceitou o Acto da Uniformidade (1662)
conformity [kənˈfɔːmɪtɪ] s. (pl. -ies) **1** conformação; submissão; sujeição; **2** concordância; **3** conformidade; *to be in ~ with* estar em conformidade com
confound [kənˈfaʊnd] v.tr. **1** confundir; baralhar; lançar na confusão; **2** desconcertar; causar perplexidade; **3** envergonhar; causar embaraço; **4** agravar; piorar; **5** [arc.] (batalha) destroçar; aniquilar ❖ *~ it!* raios partam!; *~ you!* vai para o diabo!
confounded [kənˈfaʊndɪd] adj. **1** confuso; perplexo; desconcertado; **2** maldito, malfadado; *~ appointments* malditas consultas; **3** [coloq.] danado ❖ *a ~ long time* um tempo que nunca mais acaba
confoundedly [kənˈfaʊndɪdlɪ] adv. demasiadamente, excessivamente
confraternity [ˌkɒnfrəˈtɜːnɪtɪ] s. (pl. -ies) confraria, confraternidade
confront [kənˈfrʌnt] v.tr. **1** confrontar, enfrentar; **2** acarear; **3** defrontar
confrontation [ˌkɒnfrʌnˈteɪʃən] s. confronto, confrontação
confrontational [ˌkɒnfrʌnˈteɪʃənəl] adj. **1** agressivo, conflituoso; **2** de confronto
Confucian [kənˈfjuːʃən] adj.,s. FILOSOFIA, POLÍTICA confucianista
Confucianism [kənˈfjuːʃənɪzəm] s. confucionismo
Confucianist [kənˈfjuːʃənɪst] s. confucionista
Confucius [kənˈfjuːʃəs] s.antr. Confúcio
confuse [kənˈfjuːz] v.tr. **1** confundir; **2** atrapalhar; **3** lançar em desordem
confused [kənˈfjuːzd] adj. **1** confuso; baralhado; **2** perplexo; atrapalhado; embaraçado ❖ *to get ~* ficar confuso
confusedly [kənˈfjuːzɪdlɪ] adv. confusamente
confusedness [kənˈfjuːzɪdnɪs] s. confusão
confusing [kənˈfjuːzɪŋ] adj. **1** confuso; **2** desconcertante
confusion [kənˈfjuːʒən] s. **1** confusão; **2** desordem; **3** tumulto, agitação; **4** perplexidade; embaraço; **5** desentendimento; mal-entendido ❖ *~ worse confounded* o cúmulo da confusão
confutable [kənˈfjuːtəbəl] adj. confutável
confutation [ˌkɒnfjuːˈteɪʃən] s. confutação
confute [kənˈfjuːt] v.tr. confutar, refutar
confuter [kənˈfjuːtə] s. confutador, refutador
conga [ˈkɒŋɡə] s. (dança latino-americana) conga
congé [ˈkɒnʒeɪ] s. **1** [form.] licença; **2** [form.] despedida
congeal [kənˈdʒiːl] v.tr.,intr. **1** congelar; **2** coagular
congealable [kənˈdʒiːləbəl] adj. congelável
congealableness [kənˈdʒiːləblnɪs] s. congelabilidade
congealment [kənˈdʒiːlmənt] s. congelamento
congee [ˈkɒndʒiː] s. **1** [Índia] água de arroz; **2** despedimento
congelation [ˌkɒndʒɪˈleɪʃən] s. congelação
congener [ˈkɒndʒɪnə] adj.,s. congénere ❖ *to be a ~ of* ser do mesmo género de; *to be ~ to* ser semelhante a
congeneric [ˌkɒndʒɪˈnerɪk] adj. congénere
congenerous [kənˈdʒenərəs] adj. congénere ❖ ANATOMIA *~ muscles* músculos congéneres
congenial [kənˈdʒiːnɪəl] adj. **1** simpático; agradável; **2** (clima) ameno; **3** com afinidades
congeniality [kənˌdʒiːnɪˈælɪtɪ] s. **1** harmonia; **2** identidade de índole, gostos, etc.; afinidades
congenially [kənˈdʒiːnɪəlɪ] adv. **1** adequadamente; **2** agradavelmente
congenital [kənˈdʒenɪtəl] adj. **1** MEDICINA congénito; *~ anomaly* anomalia congénita; **2** inato; instintivo; natural

congenitally [kənˈdʒenɪtəlɪ] adv. de modo congénito
conger [ˈkɒŋɡə] s. ZOOLOGIA (peixe) congro ❖ ZOOLOGIA ~ eel congro
congeries [kɒnˈdʒɪərɪːz, ˈkɒndʒərɪz] s. 1 amontoado, montão; 2 acumulação
congest [kənˈdʒest] v.tr.,intr. 1 congestionar, congestionar-se; 2 acumular
congested [kənˈdʒestɪd] adj. 1 (trânsito) congestionado; 2 (espaço) apinhado de gente, a abarrotar; 3 (nariz, etc.) congestionado; 4 (discurso) sobrecarregado; excessivo; prolixo ❖ ~ *traffic* engarrafamento
congestion [kənˈdʒestʃən] s. 1 congestionamento; *traffic* ~ congestionamento de trânsito, engarrafamento; 2 MEDICINA congestão; *to die of* ~ morrer de congestão
congestive [kənˈdʒestɪv] adj. congestivo
conglobate [ˈkɒŋɡləbeɪt] Ⓐ adj. conglobado Ⓑ v.tr.,intr. conglobar, conglobar-se
conglobation [ˌkɒŋɡləˈbeɪʃn] s. conglobação
conglomerate[1] [kənˈɡlɒmərət] Ⓐ s. 1 COMÉRCIO (negócios, empresas) conglomerado; 2 GEOLOGIA aglomerado Ⓑ adj. 1 conglomerado; 2 aglomerado; 3 heterogéneo; *a* ~ *language* uma língua heterogénea
conglomerate[2] [kənˈɡlɒməreɪt] v.tr.,intr. 1 conglomerar(-se); 2 aglomerar(-se)
conglomeration [kənˌɡlɒməˈreɪʃn] s. 1 conglomeração; 2 aglomeração
conglutinate[1] [kənˈɡluːtɪneɪt] v.tr.,intr. conglutinar
conglutinate[2] [kənˈɡluːtɪnət] adj. conglutinado
conglutination [kənˌɡluːtɪˈneɪʃn] s. conglutinação
conglutinative [kənˈɡluːtɪnətɪv] adj. conglutinante, conglutinador
Congolese [ˌkɒŋɡəˈliːz] adj.,s. congolês
congou [ˈkɒŋɡuː] s. (chá preto) congo
congratulate [kənˈɡrætʃʊleɪt] v.tr. felicitar [**on/for**, por]; congratular [**on/for**, por]; dar os parabéns [**on/for**, por]; *to* ~ *sb on sth* dar os parabéns a alguém por alguma coisa
congratulation [kənˌɡrætʃʊˈleɪʃn] s. 1 congratulação; felicitação; 2 pl. parabéns; felicitações; *congratulations on* parabéns por; *to offer sb our congratulations for…* dar os parabéns a alguém por...
congratulator [kənˈɡrætʃʊleɪtə] s. congratulador
congratulatory [kənˈɡrætʃʊlətərɪ] adj. congratulatório
congreganist [kɒŋˈɡrɪɡənɪst] adj.,s. congreganista
congregate[1] [ˈkɒŋɡrɪɡeɪt] v.tr.,intr. congregar(-se); reunir(-se); *they congregated at table* eles reuniram-se à mesa
congregate[2] [ˈkɒŋɡrɪɡɪt] adj. 1 reunido; 2 junto; 3 colectivo
congregation [ˌkɒŋɡrɪˈɡeɪʃn] s. 1 congregação; 2 conselho, senado de algumas universidades; 3 reunião; 4 congregação religiosa; 5 fiéis, pessoas que assistem ao serviço religioso; 6 paroquianos; 7 congregação romana
congregational [ˌkɒŋɡrɪˈɡeɪʃənəl] adj. congregacional
congregationalism [ˌkɒŋɡrɪˈɡeɪʃnəlɪzəm] s. congregacionalismo
congregationalist [ˌkɒŋɡrɪˈɡeɪʃnəlɪst] s. congregacionalista
congress [ˈkɒŋɡres] s. (pl. **-es**) 1 congresso; conferência; 2 POLÍTICA assembleia legislativa; 3 [ant.] relações sexuais ❖ ~ *boots* botas de elástico; [EUA] POLÍTICA *the Congress* o Congresso
congressional [kənˈɡreʃənəl] adj. do Congresso; congressional ❖ ~ *district* distrito eleitoral; [EUA] ~ *Medal* medalha honorífica conferida pelo Congresso
congressman [ˈkɒŋɡrɪsmən] s. (pl. **-men**) 1 [EUA] membro do Congresso; 2 deputado membro da Câmara dos Representantes
congruence [ˈkɒŋɡruəns] s. congruência
congruency [ˈkɒŋɡruənsɪ] s. congruência
congruent [ˈkɒŋɡruənt] adj. congruente
congruently [ˈkɒŋɡruəntlɪ] adv. congruentemente
congruity [kɒŋˈɡruːɪtɪ] s. (pl. **-ies**) 1 congruidade; 2 proporção ou igualdade de duas grandezas
congruous [ˈkɒŋɡruəs] adj. 1 côngruo; 2 congruente; 3 adequado, conveniente
congruously [ˈkɒŋɡruəslɪ] adv. 1 de forma congruente; 2 convenientemente, adequadamente
conic [ˈkɒnɪk] Ⓐ adj. cónico Ⓑ s. secção cónica
conical [ˈkɒnɪkəl] adj. cónico; de cone ❖ ~ *surface* superfície lateral dum cone
conics [ˈkɒnɪks] s. GEOMETRIA estudo das secções cónicas
conifer [ˈkɒnɪfə] s. BOTÂNICA conífera
coniferous [kəˈnɪfərəs] adj. conífero
coniform [ˈkəʊnɪfɔːm] adj. coniforme
coniine [ˈkəʊnɪaɪn] s. QUÍMICA coniina
conine [ˈkəʊnaɪn] s. QUÍMICA coniina
conjecturable [kənˈdʒektʃərəbəl] adj. conjecturável
conjectural [kənˈdʒektʃərəl] adj. conjectural
conjecture [kənˈdʒektʃə] Ⓐ s. conjectura Ⓑ v.tr. conjecturar
conjoin [kənˈdʒɔɪn] v.tr.,intr. juntar, combinar, combinar-se
conjoint [kənˈdʒɔɪnt] adj. 1 conjunto; 2 associado ❖ MÚSICA ~ *degrees* graus conjuntos
conjointly [kənˈdʒɔɪntlɪ] adv. conjuntamente
conjugal [ˈkɒndʒʊɡəl] adj. conjugal
conjugality [ˌkɒndʒʊˈɡælɪtɪ] s. conjugalidade
conjugally [ˈkɒndʒʊɡəlɪ] adv. conjugalmente
conjugate[1] [ˈkɒndʒʊɡeɪt] v.tr.,intr. 1 conjugar(-se); LINGUÍSTICA *to* ~ *a verb* conjugar um verbo; 2 unir(-se)
conjugate[2] [ˈkɒndʒʊɡət] Ⓐ adj. 1 unido, conjugado; 2 derivado da mesma raiz; 3 cognato Ⓑ s. 1 palavra cognata; 2 MATEMÁTICA número conjugado, eixo conjugado
conjugation [ˌkɒndʒʊˈɡeɪʃn] s. conjugação
conjunct [kənˈdʒʌŋkt] Ⓐ adj. 1 conjunto; unido; associado; 2 LINGUÍSTICA (consoantes) adjacentes Ⓑ s. [arc.] conjunto; grupo ❖ MÚSICA ~ *degrees* graus conjuntos
conjunction [kənˈdʒʌŋkʃən] s. 1 conjunção; combinação; articulação; *in* ~ *with* em conjunção com; 2 LINGUÍSTICA conjunção
conjunctional [kənˈdʒʌŋkʃənəl] adj. conjuncional
conjunctionally [kənˈdʒʌŋkʃnəlɪ] adv. conjuncionalmente
conjunctiva [ˌkɒndʒʌŋkˈtaɪvə] s. ANATOMIA conjuntiva
conjunctive [kənˈdʒʌŋktɪv] adj. ANATOMIA, LINGUÍSTICA conjuntivo ❖ LINGUÍSTICA ~ *mood* modo conjuntivo; ANATOMIA ~ *tissue* tecido conjuntivo
conjunctively [kənˈdʒʌŋktɪvlɪ] adv. conjuntivamente
conjunctivitis [kənˌdʒʌŋktɪˈvaɪtɪs] s. MEDICINA conjuntivite
conjunctly [kənˈdʒʌŋktlɪ] adv. conjuntamente
conjuncture [kənˈdʒʌŋktʃə] s. [arc.] conjuntura
conjuration [ˌkʌndʒʊəˈreɪʃn] s. 1 conjura, conjuro; 2 imprecação, exorcismo; 3 feitiço, encantamento
conjure [ˈkʌndʒə] v.tr.,intr. 1 fazer magia; praticar artes mágicas; 2 (entidade, espírito) invocar; 3 [arc.] (misericórdia) implorar; suplicar ❖ *a name to* ~ *with* pessoa muito influente
◆**conjure away** v.intr. fazer desaparecer como que por encanto
◆**conjure down** v.intr. esconjurar, expulsar com exorcismos
◆**conjure up** v.tr. 1 (espíritos) invocar; 2 fazer aparecer como por encanto; 3 (memórias) evocar; recordar
conjurer [ˈkʌndʒərə] s. 1 ilusionista, prestidigitador; 2 feiticeiro
conjuring [ˈkʌndʒərɪŋ] s. 1 artes mágicas; 2 ilusionismo, prestidigitação ❖ ~ *trick* truque de ilusionismo; passe de mágica
conjuror [ˈkʌndʒərə] s. 1 ilusionista, mágico, prestidigitador; 2 [fig.] pessoa muito inteligente
conk [kɒŋk] Ⓐ s. [coloq.] nariz, penca, bicanca Ⓑ v.intr. [coloq.] falhar, desistir
◆**conk out** v.intr. 1 (máquina) falhar, avariar; 2 (pessoa) adormecer
conker [ˈkɒŋkə] s. [coloq.] castanha-da-índia
conky [ˈkɒŋkɪ] Ⓐ adj. narigudo Ⓑ s. pessoa com nariz grande
conn [kɒn] v.tr.,intr. NÁUTICA, AERONÁUTICA pilotar
Conn. [abrev. de Connecticut]
connate [ˈkɒneɪt] adj. conato, congénito; inato
connatural [kəˈnætʃərəl] adj. 1 conatural; 2 congénito
connect [kəˈnekt] Ⓐ v.tr. 1 juntar; unir; 2 ligar; fazer a ligação; 3 relacionar [**with/to**, com]; associar [**with/to**, a]; *it can be connected to the crime* pode estar relacionado com o crime Ⓑ v.intr. 1 unir-se; 2 (transportes) fazer a ligação [**with**, com]; 3 comunicar [**with**, com] ❖ *to* ~ *oneself with* estabelecer relações com
connected [kəˈnektɪd] adj. 1 ligado; junto; 2 relacionado; associado; 3 da família [**to**, de]; *they are* ~ *to the prime minister* eles são da família do primeiro-ministro; 4 coerente; conexo; bem articulado ❖ ELECTRICIDADE ~ *in parallel* ligado em paralelo; ELECTRICIDADE ~ *in series* ligado em série
connectedly [kəˈnektɪdlɪ] adv. com conexão
connectedness [kəˈnektɪdnɪs] s. conexão, coerência

connecter [kəˈnektə] s. 1 tubo de ligação; 2 ligação
connectible [kəˈnektɪbəl] adj. susceptível de se ligar
connecting [kəˈnektɪŋ] adj. 1 que liga; de ligação; 2 com ligação; adjacente; comunicante ❖ ELECTRICIDADE ~ *cord* fio de tomada; ~ *flight* voo de ligação; ~ *rod* biela; barra de ligação; tirante
connection [kəˈnekʃən] s. 1 ligação; relação; conexão; 2 ligação telefónica; 3 ELECTRICIDADE contacto eléctrico; 4 contacto; *he has good connections* ele tem muitos contactos; 5 parentes ❖ *in* ~ *with* com respeito a; ELECTRICIDADE *in* ~ *with the earth* ligado à terra; *in this* ~ a este respeito; a propósito
connective [kəˈnektɪv] Ⓐ adj. 1 conectivo; de conexão; 2 conjuntivo Ⓑ s. 1 elo de ligação; 2 LINGUÍSTICA conector ❖ BIOLOGIA ~ *tissue* tecido conjuntivo
connector [kəˈnektə] s. dispositivo de ligação; conector
connexion [kəˈnekʃən] s. ⇒ **connection**
conning [ˈkɒnɪŋ] adj. de comando ❖ (submarino) ~ *tower* torre de comando
conniption [kəˈnɪpʃən] s. [coloq.] ataque de nervos
connivance [kəˈnaɪvəns] s. conivência
connive [kəˈnaɪv] v.intr. 1 ser conivente [**with**, com]; 2 fechar os olhos [**at**, a]; 3 aprovar secretamente
connivent [kəˈnaɪvənt] adj. ANATOMIA, BOTÂNICA conivente; ~ *valves* válvulas coniventes
conniving [kəˈnaɪvɪŋ] adj. intriguista
connoisseur [ˌkɒnəˈsɜː] s. conhecedor, perito
connotate [ˈkɒnəteɪt] v.tr. ⇒ **connote**
connotation [ˌkɒnəˈteɪʃən] s. conotação
connotative [ˈkɒnəteɪtɪv] adj. conotativo
connote [kəˈnəʊt] v.tr. 1 conotar; 2 implicar
connubial [kəˈnjuːbɪəl] adj. [form.] conjugal, conubial; ~ *bliss* felicidade conjugal
connubiality [kəˌnjuːbɪˈælɪtɪ] s. conúbio, situação de marido e mulher
connubially [kəˈnjuːbɪəlɪ] adv. conubialmente
conoid [ˈkəʊnɔɪd] adj.,s. conóide
conoidal [kəˈnɔɪdəl] adj. conoidal
conquer [ˈkɒŋkə] v.tr.,intr. 1 conquistar; 2 vencer; derrotar; superar; levar a melhor sobre
conquerable [ˈkɒŋkrəbəl] adj. conquistável
conquering [ˈkɒŋkərɪŋ] adj. vitorioso
conqueror [ˈkɒŋkərə] s. 1 conquistador; 2 vencedor ❖ HISTÓRIA *the Conqueror* Guilherme, o Conquistador
conquest [ˈkɒŋkwest] s. (geral) conquista ❖ *the* ~ *of space* a conquista do espaço; *to make a* ~ fazer uma conquista
Conrad [ˈkɒnræd] s.antr. Conrado
cons. Ⓐ [abrev. de consigned] Ⓑ [abrev. de consonant]
Cons. POLÍTICA [abrev. de Conservative]
consanguine [kɒnˈsæŋgwɪn] adj. consanguíneo
consanguineous [ˌkɒnsæŋˈgwɪnɪəs] adj. consanguíneo
consanguinity [ˌkɒnsæŋˈgwɪnɪtɪ] s. consanguinidade
conscience [ˈkɒnʃəns] s. consciência ❖ ~ *clause* cláusula de consciência; *a clear* ~ uma consciência limpa; *a guilty* ~ uma consciência pesada; *a matter of* ~ um caso de consciência; *for* ~ *sake* por dever de consciência; *he makes no* ~ *of his words* ele não hesita em faltar à palavra dada; *in all* ~ em consciência; *out of all* ~ injustamente; *social* ~ consciência social; *tender* ~ consciência escrupulosa; *to be/weigh on sb's* ~ pesar na consciência de alguém; *to have no* ~ *(about sth)* não ter peso na consciência (por causa de algo); *to have sth on one's* ~ ter algo a pesar na consciência; *to prick sb's* ~ fazer pesar a consciência de alguém; fazer alguém sentir-se culpado
conscienceless [ˈkɒnʃənsləs] adj. sem consciência, sem escrúpulos
conscience-stricken [ˈkɒnʃənsˌstrɪkən] adj. com remorsos; arrependido
conscientious [ˌkɒnʃɪˈenʃəs] adj. conscencioso; escrupuloso; criterioso ❖ ~ *objector* objector de consciência
conscientiously [ˌkɒnʃɪˈenʃəslɪ] adv. conscenciosamente
conscientiousness [ˌkɒnʃɪˈenʃəsnɪs] s. 1 consciência moral; 2 rectidão de carácter
conscious [ˈkɒnʃəs] Ⓐ adj. 1 MEDICINA consciente; 2 alerta, desperto; 3 ciente [**of**, de]; *to be* ~ *of* ter consciência de; *to become* ~ *of* dar-se conta de; 4 deliberado; intencional Ⓑ s. PSICOLOGIA consciente ❖ MEDICINA *to become* ~ recuperar a consciência, voltar a si; *to be socially* ~ ter preocupações sociais
consciously [ˈkɒnʃəslɪ] adv. conscientemente
consciousness [ˈkɒnʃəsnɪs] s. 1 PSICOLOGIA consciência; 2 (conhecimento) consciência (**of**, de) ❖ MEDICINA *to lose* ~ perder os sentidos; desmaiar; MEDICINA *to regain* ~ recuperar os sentidos; voltar a si; *to raise people's conciousness to...* sensibilizar as pessoas para...; alertar as pessoas para...
conscribe [kənˈskraɪb] v.tr. MILITAR recrutar
conscript[1] [kənˈskrɪpt] v.tr. ⇒ **conscribe**
conscript[2] [ˈkɒnskrɪpt] s. MILITAR recruta ❖ HISTÓRIA *the* ~ *fathers* os senadores romanos
conscription [kənˈskrɪpʃən] s. conscrição, recrutamento
consecrate [ˈkɒnsɪkreɪt] Ⓐ v.tr. consagrar Ⓑ adj. consagrado
consecrated [ˈkɒnsɪkreɪtɪd] adj. consagrado, abençoado
consecration [ˌkɒnsɪˈkreɪʃən] s. 1 consagração; 2 sagração; 3 bênção
consecrator [ˈkɒnsɪkreɪtə] s. consagrante
consectary [kənˈsektərɪ] s. consectário, conclusão, corolário
consecution [ˌkɒnsɪˈkjuːʃən] s. 1 sequência lógica; 2 LINGUÍSTICA sequência lógica de tempos, concordância verbal
consecutive [kənˈsekjʊtɪv] adj. 1 consecutivo; sucessivo; 2 LINGUÍSTICA (conjunção, oração) consecutivo ❖ *on five* ~ *days* em cinco dias seguidos
consecutively [kənˈsekjʊtɪvlɪ] adv. consecutivamente; sucessivamente
consecutiveness [kənˈsekjʊtɪvnɪs] s. 1 sequência; 2 sucessão, série
consenescence [ˌkɒnsɪˈnesəns] s. senilidade
consensual [kənˈsensjʊəl] adj. consensual ❖ ~ *reflexes* reflexos consensuais
consensus [kənˈsensəs] s. consenso
consent [kənˈsent] Ⓐ s. consentimento; permissão; autorização; *to give one's* ~ *to* dar consentimento a, autorizar Ⓑ v.intr. 1 autorizar [**to**, -]; dar permissão [**to**, a]; consentir [**to**, em]; 2 [arc.] aquiescer; concordar ❖ *age of* ~ idade núbil; *by common* ~ de mútuo acordo; *silence gives* ~ quem cala consente; *with one* ~ unanimemente
consentaneous [ˌkɒnsenˈteɪnɪəs] adj. consentâneo
consentient [kənˈsentʃənt] adj. consenciente
consenting [kənˈsentɪŋ] adj. responsável ❖ ~ *adults* pessoas maiores e vacinadas
consequence [ˈkɒnsɪkwəns] s. 1 consequência; resultado; *to suffer the consequences of* sofrer as consequências de; 2 importância; *to give oneself an air of* ~ dar-se ares de importância; *a matter of small* ~ coisa de pouca importância; *a person of* ~ uma pessoa importante; *in* ~ por conseguinte; *of* ~ importante; *to be of no* ~ não ter importância ❖ *to take the consequences* assumir as responsabilidades
consequent [ˈkɒnsɪkwənt] Ⓐ adj. consequente Ⓑ s. sequência lógica
consequential [ˌkɒnsɪˈkwenʃəl] adj. 1 consequente; resultante; 2 importante; significativo; 3 (vaidoso) cheio de importância ❖ ~ *damages* prejuízos indirectos
consequentially [ˌkɒnsɪˈkwenʃəlɪ] adv. 1 cheio de importância; 2 indirectamente
consequently [ˈkɒnsɪkwentlɪ] adv. consequentemente
conservable [kənˈsɜːvəbəl] adj. conservável, que pode conservar-se
conservancy [kənˈsɜːvənsɪ] s. (pl. -ies) 1 comissão encarregada dos portos ou rios; 2 comissão florestal
conservation [ˌkɒnsəˈveɪʃən] s. 1 conservação; preservação; protecção; 2 defesa do ambiente ❖ ~ *area* zona protegida; ~ *of mass* conservação da matéria
conservationism [ˌkɒnsəˈveɪʃənɪzəm] s. ambientalismo, defesa do ambiente
conservationist [ˌkɒnsəˈveɪʃənɪst] s. ambientalista, defensor do ambiente
conservatism [kənˈsɜːvətɪzəm] s. 1 conservadorismo; 2 política conservadora
conservative [kənˈsɜːvətɪv] Ⓐ adj. 1 (atitude) conservador; convencional; 2 cauteloso; prudente; moderado Ⓑ s. conservador; tradicionalista ❖ *at a* ~ *estimate* calculando por baixo

Conservative

Conservative [kənˈsɜːvətɪv] adj., s. POLÍTICA conservador ❖ *the ~ Party* o partido conservador
conservatively [kənˈsɜːvətɪvlɪ] adv. 1 moderadamente; 2 conservadoramente
conservativeness [kənˈsɜːvətɪvnɪs] s. carácter conservador
conservatoire [kənˈsɜːvətwɑː] s. MÚSICA conservatório
conservator [ˈkɒnsəveɪtə] s. 1 (museu) conservador; 2 (obras de arte) restaurador; 3 FINANÇAS curador
conservatory [kənˈsɜːvətrɪ] s. (pl. **-ies**) 1 MÚSICA conservatório; 2 estufa (de plantas)
conserve [kənˈsɜːv] Ⓐ s. compota Ⓑ v.tr. conservar
consider [kənˈsɪdə] v.tr.,intr. 1 considerar; 2 reconsiderar; 3 ter em consideração; 4 prestar atenção; 5 acreditar, supor
considerable [kənˈsɪdərəbəl] Ⓐ adj. 1 considerável; substancial; apreciável; *a ~ number* um número considerável; 2 significativo; com alguma importância Ⓑ adv. 1 consideravelmente; 2 bastante Ⓒ s. [EUA] [coloq.] grande quantidade; *a ~ of* uma grande quantidade de ❖ *to a ~ extent* em grande medida; *to have ~ difficulty in* ter alguma dificuldade a
considerableness [kənˈsɪdərəbəlnɪs] s. importância
considerably [kənˈsɪdrəblɪ] adv. consideravelmente
considerate [kənˈsɪdərɪt] adj. 1 considerado; 2 discreto; 3 ponderado, atencioso, delicado
considerately [kənˈsɪdərɪtlɪ] adv. consideradamente
considerateness [kənˈsɪdərɪtnɪs] s. 1 prudência; 2 delicadeza, deferência, consideração
consideration [kənˌsɪdəˈreɪʃən] s. 1 consideração; 2 ponderação; análise; reflexão; 3 (tratamento) consideração; respeito; estima; delicadeza; deferência; 4 [form.] (pagamento) compensação, recompensa ❖ COMÉRCIO *~ money* preço de compra; *after due ~* depois de ter sido devidamente considerado; *it is my ~ that* considero que; *on no ~* em circunstância alguma; *to take into ~* tomar em consideração; *under ~* em estudo
considering [kənˈsɪdərɪŋ] prep. considerando
consign [kənˈsaɪn] v.tr. 1 expedir [**to**, ao cuidado de]; enviar à consignação; consignar; *the package has been consigned to you* a encomenda foi expedida ao seu cuidado; *they consigned the goods* eles enviaram as mercadorias à consignação; 2 confiar [**to**, a]; entregar [**to**, a]; 3 votar [**to**, a]; relegar [**to**, a]; *to be consigned to oblivion* ser relegado ao esquecimento; 4 (soma) depositar
consignable [kənˈsaɪnəbəl] adj. consignável
consignation [ˌkɒnsaɪˈneɪʃən] s. consignação
consignee [ˌkɒnsaɪˈniː] s. consignatário
consigner [kənˈsaɪnə] s. 1 consignador; 2 remetente
consignment [kənˈsaɪnmənt] s. 1 consignação; 2 mercadorias consignadas; 3 remessa (de mercadorias), envio
consignor [kənˈsaɪnə] s. 1 consignador; 2 remetente
consist [kənˈsɪst] v.intr. 1 constar [**of**, de], consistir [**of**, em]; 2 harmonizar-se com, subsistir
consistence [kənˈsɪstəns] s. consistência, solidez
consistency [kənˈsɪstənsɪ] s. 1 consistência, solidez; 2 coerência; 3 lógica; 4 regularidade
consistent [kənˈsɪstənt] adj. 1 (substância) consistente; firme; 2 consistente; sólido; lógico; coerente; *to be ~ with* ser coerente com; 3 constante; persistente; inalterável; inabalável
consistently [kənˈsɪstəntlɪ] adv. 1 consistentemente; 2 coerentemente; 3 logicamente; 4 firmemente; 5 constantemente, regularmente; 6 persistentemente
consistorial [ˌkɒnsɪsˈtɔːrɪəl] adj. consistorial
consistory [kənˈsɪstərɪ] s. (pl. **-ies**) consistório
consociate¹ [kənˈsəʊʃɪeɪt] v.tr.,intr. consociar, associar-se
consociate² [kənˈsəʊʃɪɪt] adj.,s. consociado
consociation [kənˌsəʊsɪˈeɪʃən] s. consociação
consolable [kənˈsəʊləbəl] adj. consolável
consolation [ˌkɒnsəˈleɪʃən] s. 1 consolo; conforto; 2 consolação ❖ *~ prize* prémio de consolação
consolatory [kənˈsɒlətrɪ] adj. consolatório
console¹ [kənˈsəʊl] v.tr. consolar
console² [ˈkɒnsəʊl] s. ARQUITECTURA, ELECTRICIDADE, INFORMÁTICA consola ❖ *game ~* consola de jogos
consoler [kənˈsəʊlə] s. consolador

consolidate [kənˈsɒlɪdeɪt] v.tr.,intr. 1 consolidar(-se); fortalecer(-se); reforçar(-se); 2 COMÉRCIO fundir(-se); unificar(-se)
consolidated [kənˈsɒlɪdeɪtɪd] adj. consolidado ❖ FINANÇAS *~ annuities* fundos consolidados
consolidation [kənˌsɒlɪˈdeɪʃən] s. 1 consolidação; 2 reforço; 3 COMÉRCIO fusão (de empresas)
consolidative [kənˈsɒlɪdeɪtɪv] adj. consolidativo
consolidator [kənˈsɒlɪdeɪtə] s. consolidador
consolidatory [kənˈsɒlɪdeɪtərɪ] adj. consolidativo
consols [kənˈsɒlz] s.pl. FINANÇAS fundos consolidados, títulos de dívida pública consolidada
consommé [kənˈsɒmeɪ, ˈkɒnsəmeɪ] s. CULINÁRIA caldo de carne
consonance [ˈkɒnsənəns] s. 1 consonância; 2 harmonia, acordo
consonant [ˈkɒnsənənt] Ⓐ s. (letra) consoante Ⓑ adj. 1 [form.] em harmonia [**with**, com]; coerente [**with**, com]; 2 harmonioso; consonante ❖ *~ with* de acordo com
consonantal [ˌkɒnsəˈnæntəl] adj. consonântico
consonantally [ˌkɒnsəˈnæntəlɪ] adv. consonanticamente
consort¹ [kənˈsɔːt] v.intr. (más companhias) ligar-se, associar-se
consort² [ˈkɒnsɔːt] s. 1 consorte, cônjuge; 2 NÁUTICA barco de escolta ❖ *prince ~* príncipe consorte
consortium [kənˈsɔːtɪəm] s. COMÉRCIO consórcio
conspecific [ˌkɒnspɪˈsɪfɪk] adj. BIOLOGIA pertencente à mesma espécie, da mesma espécie
conspectus [kənˈspektəs] s. (pl. **-es**) 1 conspecto; 2 sinopse
conspicuous [kənˈspɪkjʊəs] adj. 1 conspícuo; que dá nas vistas; que chama a atenção; 2 de grande visibilidade; 3 evidente; flagrante; óbvio ❖ *in a ~ position* em evidência; *to be ~ by one's absence* primar pela ausência
conspicuously [kənˈspɪkjʊəslɪ] adv. manifestamente
conspicuousness [kənˈspɪkjʊəsnɪs] s. conspicuidade
conspiracy [kənˈspɪrəsɪ] s. (pl. **-ies**) 1 conspiração; 2 intriga
conspirator [kənˈspɪrətə] s. conspirador
conspiratorial [kənˌspɪrəˈtɔːrɪəl] adj. conspiratório; de conspiração; *~ meeting* reunião conspiratória ❖ *~ grin* sorriso cúmplice
conspiratress [kənˈspɪrətrɪs] s.f. (pl. **-es**) conspiradora
conspire [kənˈspaɪə] v.tr.,intr. 1 conspirar; 2 planear
conspirer [kənˈspaɪərə] s. conspirador
conspue [kənˈspjuː] v.tr. aviltar, conspurcar, desprezar
const. Ⓐ [abrev. de constant] Ⓑ [abrev. de constitution]
constable [ˈkʌnstəbəl, ˈkɒnstəbəl] s. 1 (agente) polícia; *chief ~* chefe da polícia; 2 HISTÓRIA condestável ❖ *~ of the Tower of London* governador da Torre de Londres
constabulary [kənˈstæbjʊlərɪ] Ⓐ s. (pl. **-ies**) a polícia Ⓑ adj. relativo à polícia
Constance [ˈkɒnstəns] s.antr. Constança
constancy [ˈkɒnstənsɪ] s. firmeza, constância
constant [ˈkɒnstənt] Ⓐ adj. 1 constante; *~ force* força constante; 2 contínuo; incessante; 3 permanente; 4 (carácter) constante; leal; fiel Ⓑ s. (geral) constante ❖ *Planck('s) ~* constante de Planck
Constantine [ˈkɒnstəntɪn] s.antr. Constantino
Constantinople [ˌkɒnstæntɪˈnəʊpl] s.top. Constantinopla
constantly [ˈkɒnstəntlɪ] adv. constantemente
constellate [ˈkɒnstəleɪt] v.tr.,intr. 1 constelar; 2 agrupar-se em constelação
constellation [ˌkɒnstɪˈleɪʃən] s. ASTRONOMIA constelação
consternate [ˈkɒnstəneɪt] v.tr. consternar
consternation [ˌkɒnstəˈneɪʃən] s. consternação
constipate [ˈkɒnstɪpeɪt] v.tr. MEDICINA causar obstipação intestinal
constipated [ˈkɒnstɪpeɪtɪd] adj. 1 com prisão de ventre; 2 [fig.] bloqueado, obstruído
constipation [ˌkɒnstɪˈpeɪʃən] s. prisão de ventre, obstipação intestinal
constituency [kənˈstɪtjʊənsɪ] s. (pl. **-ies**) 1 POLÍTICA círculo eleitoral, distrito eleitoral, eleitorado; 2 grupo; 3 público-alvo, clientela; 4 [coloq.] assinantes ou leitores dum jornal
constituent [kənˈstɪtjʊənt] Ⓐ s. 1 POLÍTICA eleitor; 2 POLÍTICA membro de assembleia constituinte; 3 (substância) constituinte; elemento; componente; 4 LINGUÍSTICA constituinte Ⓑ adj. constituinte ❖ LINGUÍSTICA *~ analysis* análise em constituintes imediatos; POLÍTICA *~ assembly* assembleia constituinte

constitute ['kɒnstɪtju:t] v.tr. constituir, formar
constitution [ˌkɒnstɪ'tju:ʃən] s. 1 constituição; 2 compleição; 3 temperamento; 4 estrutura
constitutional [ˌkɒnstɪ'tju:ʃənəl] Ⓐ adj. 1 constitucional; *a ~ right* um direito constitucional; *~ formula* fórmula constitucional; 2 constituinte; inerente Ⓑ s. passeio a pé
constitutionalism [ˌkɒnstɪ'tju:ʃnəlɪzəm] s. constitucionalismo
constitutionalist [ˌkɒnstɪ'tju:ʃnəlɪst] s. constitucionalista
constitutionality [ˌkɒnstɪtjuʃə'nælɪtɪ] s. constitucionalidade
constitutionalize [ˌkɒnstɪ'tju:ʃnəlaɪz] v.tr.,intr. 1 constitucionalizar; 2 dar um pequeno passeio
constitutionally [ˌkɒnstɪ'tju:ʃnəlɪ] adv. constitucionalmente
constitutive ['kɒnstɪtju:tɪv] adj. constitutivo
constitutor ['kɒnstɪˌtjutə] s. constituidor, fundador
constrain [kən'streɪn] v.tr. 1 constranger, forçar, obrigar; 2 aprisionar; 3 apertar
constrainable [kən'streɪnəbəl] adj. constrangível
constrained [kən'streɪnd] adj. 1 constrangido; de constrangimento; embaraçado; *in a ~ manner* com algum constrangimento; 2 forçado; contrafeito; *a ~ smile* um sorriso forçado; 3 obrigado; *to feel ~ to* ver-se obrigado a
constrainedly [kən'streɪnɪdlɪ] adv. constrangidamente
constraint [kən'streɪnt] s. coacção, constrangimento
constrict [kən'strɪkt] v.tr. 1 constringir, apertar; 2 dificultar, embaraçar
constricting [kən'strɪktɪŋ] adj. 1 (roupa) apertado, demasiado justo; 2 incómodo; limitativo; condicionante; 3 [fig.] estreito, limitado, fechado; *~ environment* ambiente fechado
constriction [kən'strɪkʃən] s. 1 constrição, compressão; 2 aperto; 3 [fig.] limitação, restrição
constrictive [kən'strɪktɪv] adj. constritivo
constrictor [kən'strɪktə] s. 1 ANATOMIA constritor; 2 CIRURGIA compressor ❖ *boa ~* jibóia
constringe [kən'strɪndʒ] v.tr. constringir
constringent [kən'strɪndʒənt] adj. constringente
construct¹ [kən'strʌkt] v.tr. 1 construir; 2 idealizar
construct² ['kɒnstrʌkt] s. idealização; construção do espírito
construction [kən'strʌkʃən] s. 1 (actividade) construção; 2 construção; edifício, estrutura; 3 (máquinas, componentes) fabrico; montagem; 4 (ideias) concepção, idealização; criação; 5 [form.] interpretação; *to put a wrong ~ on sth* interpretar qualquer coisa mal; 6 LINGUÍSTICA construção; *sentence ~* construção de frases ❖ *~ industry* construção civil; *~ site* obra; *~ worker* trolha; *to be under ~* estar em construção
constructional [kən'strʌkʃnəl] adj. estrutural; relativo à construção
constructionally [ˌkən'strʌkʃnəlɪ] adv. estruturalmente
constructive [kən'strʌktɪv] adj. 1 construtivo; 2 virtual, implícito
constructively [kən'strʌktɪvlɪ] adv. construtivamente
constructivism [kəns'trʌktɪvɪzəm] s. construtivismo
constructivist [kəns'trʌktɪvɪst] adj.,s. construtivista
constructor [kən'strʌktə] s. construtor
construe [kən'stru:] Ⓐ v.tr.,intr. 1 interpretar; 2 analisar; 3 LINGUÍSTICA construir; *that sentence doesn't ~* essa frase está mal construída Ⓑ s. 1 interpretação; 2 análise
consubstantial [ˌkɒnsəb'stænʃəl] adj. consubstancial
consubstantiality [ˌkɒnsəbstænʃɪ'ælɪtɪ] s. consubstancialidade
consubstantially [ˌkɒnsəb'stænʃəlɪ] adv. consubstancialmente
consubstantiate [ˌkɒnsəb'stænʃɪeɪt] v.tr.,intr. consubstanciar
consubstantiation [ˌkɒnsəbstænʃɪ'eɪʃən] s. consubstanciação
consuetude ['kɒnswɪtud] s. 1 hábitos, tradições, costumes; 2 relações sociais
consuetudinary [ˌkɒnswɪ'tu:dɪnərɪ] adj. consuetudinário
consul ['kɒnsəl] s. cônsul
consular ['kɒnsjʊlə] adj. consular
consulate ['kɒnsjʊlɪt] s. (edifício, cargo) consulado; *the Portuguese ~ in* o Consulado Português de
consulship ['kɒnsəlʃɪp] s. consulado, funções de cônsul
consult [kən'sʌlt] v.tr.,intr. 1 consultar; *to ~ a doctor* consultar um médico; 2 consultar [**with**, -]; aconselhar-se [**with**, **com**]; informar-se [**with**, **com**]; *to ~ with sb* aconselhar-se com alguém; 3 trocar impressões [**with**, **com**; **about**, em relação a] ❖ *to ~ one's pillow* consultar o travesseiro

consultancy [kən'sʌltənsɪ] s. 1 consultadoria, consultoria; 2 aconselhamento
consultant [kən'sʌltənt] s. 1 consultor; 2 consultante, consulente
consultation [ˌkɒnsəl'teɪʃən] s. 1 consulta; 2 reunião, troca de opiniões, discussão
consultative [kən'sʌltətɪv] adj. consultivo
consultatory [kən'sʌltətərɪ] adj. relativo a consulta; consultivo
consultee [ˌkɒnsʌl'ti:] s. pessoa consultada
consulting [kən'sʌltɪŋ] Ⓐ s. consultadoria Ⓑ adj. consultor; de consultadoria; de assessoria ❖ *~ hours* horas de consulta; horário de funcionamento; (médico) *~ room* consultório
consumable [kən'sju:məbəl] Ⓐ adj. consumível Ⓑ s. pl. bens de consumo ❖ *~ goods* bens de consumo
consume [kən'sju:m] v.tr.,intr. 1 consumir; 2 gastar; 3 (fogo) reduzir a cinzas; 4 definhar
consumedly [kən'sju:mɪdlɪ] adv. excessivamente
consumer [kən'sju:mə] s. consumidor ❖ *~ frenzy* febre consumista; *~ goods* bens de consumo; *~ protection* defesa do consumidor; *~ research* estudo de mercado; *~ rights* direitos do consumidor; *~ society* sociedade de consumo
consumerism [kən'sju:mərɪzəm] s. 1 defesa do consumidor; 2 ECONOMIA consumismo
consumerist [kən'sju:mərɪst] Ⓐ adj. 1 consumista; 2 de consumo Ⓑ s. defensor do consumidor
consuming [kən'sju:mɪŋ] adj. devorador; ardente; insaciável
consummate¹ ['kɒnsəmeɪt] v.tr. consumar
consummate² [kən'sʌmɪt] adj. 1 perfeito; 2 consumado
consummation [ˌkɒnsə'meɪʃən] s. consumação
consummative [kən'sʌmətɪv, 'kɒnsəmeɪtɪv] adj. consumativo
consummator ['kɒnsəmeɪtə] s. consumador
consumption [kən'sʌmpʃən] s. 1 consumo; *~ of fuel* consumo de combustível; *water ~* consumo de água; 2 destruição; aniquilamento; 3 MEDICINA [ant.] tuberculose; tísica; *to die of ~* morrer de tuberculose ❖ *~ goods* bens de consumo
consumptive [kən'sʌmptɪv] Ⓐ adj. 1 consumptivo; 2 tísico, tuberculoso Ⓑ s. tísico, tuberculoso
consumptively [kən'sʌmptɪvlɪ] adv. 1 de modo consumptivo; 2 com predisposição para a tuberculose
consumptiveness [kən'sʌmptɪvnɪs] s. predisposição tuberculosa
contabescence [kɒntə'besəns] s. contabescência
contact¹ ['kɒntækt, kən'tækt] v.tr. contactar; entrar em contacto com; *to ~ sb* entrar em contacto com alguém
contact² ['kɒntækt] s. 1 contacto; *physical ~* contacto físico; *to lose ~ with sb* perder o contacto com alguém; *to make ~ with sb* entrar em contacto com alguém; 2 (pessoa) conhecido; contacto; 3 pl. lentes de contacto ❖ *~ breaker* interruptor; *~ face* superfície de contacto; *~ lens* lente de contacto; (transacção) *~ man* intermediário; FOTOGRAFIA *~ print* prova de contacto; (automóvel) *~ set* platinado; *~ switch* comutador do contacto; *eye ~* troca de olhares
contagion [kən'teɪdʒən] s. 1 contágio; 2 doença contagiosa
contagionist [kən'teɪdʒənɪst] s. pessoa que julga contagiosa uma doença
contagious [kən'teɪdʒəs] adj. contagioso
contagiously [kən'teɪdʒəslɪ] adv. por contágio
contain [kən'teɪn] v.tr. 1 conter, igualar; 2 controlar, moderar; 3 ser divisível por; 4 limitar
containable [kən'teɪnəbəl] adj. que pode ser incluído, abrangido ou contido
container [kən'teɪnə] s. 1 recipiente; 2 (transporte de carga) contentor, cofre de carga
containerisation [kənˌteɪnəraɪ'zeɪʃən] s. transporte por contentores
containerise [kən'teɪnəraɪz] v.tr. transportar em contentores ❖ *containerised freight* carga transportada em contentores
containment [kən'teɪnmənt] s. 1 contenção; 2 limitação, restrição
contaminant [kən'tæmɪnənt] s. poluente; substância contaminadora
contaminate [kən'tæmɪneɪt] v.tr. contaminar
contamination [kənˌtæmɪ'neɪʃən] s. contaminação

contaminative [kənˈtæmɪnətɪv] *adj.* que contamina, contaminador; poluente
contango [kənˈtæŋɡəʊ] *s.* (*pl.* **-s**) **1** percentagem paga pelo comprador para prorrogação de prazo; **2** COMÉRCIO reporte
contd [*abrev. de* continued] cont.
contemn [kənˈtem] *v.tr.* desprezar, menosprezar
contemner [kənˈtemə, kənˈtemnə] *s.* aquele que despreza
contemplate [ˈkɒntempleɪt] *v.tr.,intr.* **1** (observar) contemplar; admirar; *to ~ the sea* contemplar o mar; **2** meditar (sobre); **3** pensar em; considerar a hipótese de; tencionar; *to be contemplating doing sth* estar a pensar em fazer alguma coisa; **4** contar com; estar à espera de
contemplation [ˌkɒntemˈpleɪʃən] *s.* **1** contemplação; **2** meditação; **3** projecto
contemplative [ˌkɒnˈtemplətɪv, ˈkɒntemˌpleɪtɪv] Ⓐ *adj.* **1** contemplativo; *a ~ life* uma vida contemplativa; **2** pensativo, meditativo Ⓑ *s.* praticante de contemplação
contemplatively [kɒnˈtemplətɪvlɪ] *adv.* pensativamente
contemplator [ˈkɒntempleɪtə] *s.* contemplador
contemporaneity [kənˌtempərəˈniːətɪ] *s.* contemporaneidade
contemporaneous [kənˌtempəˈreɪnɪəs] *adj.* contemporâneo
contemporaneousness [kənˌtempəˈreɪnɪəsnɪs] *s.* contemporaneidade
contemporarily [kənˈtempərərɪlɪ] *adv.* contemporaneamente
contemporary [kənˈtempərərɪ] *adj.,s.* contemporâneo
contemporize [kənˈtempəraɪz] Ⓐ *v.tr.* **1** actualizar; modernizar; **2** relacionar no tempo; atribuir a mesma data a; *to ~ an event with another* dar um acontecimento como tendo sucedido ao mesmo tempo que outro Ⓑ *v.intr.* sincronizar-se [**with**, com]; acontecer ao mesmo tempo [**with**, que]
contempt [kənˈtempt] *s.* **1** desprezo; desdém; menosprezo; **2** DIREITO (tribunais) desrespeito; *~ of court* desrespeito ao tribunal ❖ *to be beneath ~* não merecer sequer consideração; *to hold in ~* desprezar
contemptibility [kənˌtemptɪˈbɪlɪtɪ] *s.* baixeza, carácter desprezível
contemptible [kənˈtemptɪbəl] *adj.* vil, desprezível
contemptibleness [kənˈtemptɪblnɪs] *s.* baixeza
contemptibly [kənˈtemptɪblɪ] *adv.* com desprezo
contemptuous [kənˈtemptjuəs] *adj.* **1** insolente; **2** desdenhoso, de desprezo
contemptuously [kənˈtemptjuəslɪ] *adv.* com desdém; desdenhosamente
contemptuousness [kənˈtemptʃuəsnɪs] *s.* desdém, desprezo
contend [kənˈtend] *v.tr.,intr.* **1** lutar [**with**, contra]; **2** enfrentar [**with/against**, -]; lidar [**with/against**, com]; *to ~ with a difficult problem* lidar com um problema difícil, **3** (concorrência) competir, rivalizar [**with**, com]; **4** (debate) argumentar; defender; **5** (diálogo) manter; afirmar; asseverar ❖ *contending passions* sentimentos contraditórios; *the contending armies* os exércitos em luta
contender [kənˈtendə] *s.* **1** adversário, contendor; **2** concorrente; **3** candidato
content[1] [ˈkɒntent] *s.* **1** conteúdo; **2** substância; âmago; **3** MINERALOGIA, QUÍMICA teor, toque; **4** *pl.* capacidade; volume; **5** *pl.* (publicação, programa) teor; assunto ❖ *~ provider* produtor de conteúdos; (livro, publicação) *table of contents* índice
content[2] [kənˈtent] Ⓐ *adj.* **1** satisfeito, contente; conformado; **2** disposto; *to be ~ to do sth* estar disposto a fazer alguma coisa Ⓑ *v.tr.,refl.* satisfazer(-se), contentar(-se) [**with**, com]; *to ~ oneself with sth* satisfazer-se com alguma coisa Ⓒ *s.* **1** [lit.] satisfação, contentamento; **2** POLÍTICA (Câmara dos Lordes) voto (a favor); *the contents* os que votaram a favor; *not ~* voto contra ❖ *to be ~ with* contentar-se com; *to your heart's ~* quanto te apetecer
contented [kənˈtentɪd] *adj.* contente, satisfeito
contentedly [kənˈtentɪdlɪ] *adv.* com satisfação
contentedness [kənˈtentɪdnɪs] *s.* contentamento
contention [kənˈtenʃən] *s.* **1** [form.] opinião; convicção; *it is my ~ that...* sou de opinião que...; é minha convicção que...; **2** [form.] controvérsia; discórdia; polémica; *this is an issue of great ~* este é um assunto de grande controvérsia; **3** [form.] discussão; debate; *that is not in ~* isso não está em discussão; **4** [form.] competição; disputa [**between**, entre; **for**, por]; *this match has put them out of ~ for the title* este jogo colocou-os fora da disputa pelo título; *to be in ~ for* estar a competir por ❖ *the bone of ~* o pomo da discórdia
contentious [kənˈtenʃəs] *adj.* **1** contencioso; **2** brigão; **3** litigioso
contentiously [kənˈtenʃəslɪ] *adv.* duma maneira litigiosa
contentiousness [kənˈtenʃəsnɪs] *s.* tendência litigiosa, espírito litigioso
contentment [kənˈtentmənt] *s.* contentamento
conterminal [kɒnˈtɜːmɪnəl] *adj.* **1** contérmino, confinante, limítrofe; **2** de duração idêntica, de extensão idêntica
conterminous [kɒnˈtɜːmɪnəs] *adj.* **1** contérmino, limítrofe, contíguo, adjacente; **2** de duração idêntica, de extensão idêntica
contest[1] [ˈkɒntest] *s.* **1** disputa; luta; **2** competição; concurso; prova ❖ *beauty ~* concurso de beleza; DESPORTO *speed ~* prova de velocidade
contest[2] [kənˈtest] Ⓐ *v.tr.* **1** contestar; refutar; discutir; **2** disputar; *to ~ an election* disputar umas eleições Ⓑ *v.intr.* competir [**with**, com/contra]; *to ~ with a tough opponent* enfrentar um duro opositor
contestable [kənˈtestəbəl] *adj.* contestável
contestant [kənˈtestənt] *s.* **1** concorrente; **2** adversário
contestation [ˌkɒnˌtesˈteɪʃən] *s.* **1** contestação; **2** asserção, afirmação
context [ˈkɒntekst] *s.* contexto; *in ~* em contexto; *in this ~* neste contexto; *out of ~* fora de contexto, descontextualizado ❖ LINGUÍSTICA *~ of situation* situação do discurso; *to put sth into ~* contextualizar alguma coisa
contextual [kənˈtekstjuəl] *adj.* contextual
contextualization [kənˌtekstjuəlaɪˈzeɪʃən] *s.* contextualização
contextualize [kənˈtekstjuəlaɪz] *v.tr.* contextualizar
contextually [kənˈtekstjuəlɪ] *adv.* contextualmente
contexture [kənˈtekstʃə] *s.* contextura
contiguity [ˌkɒntɪˈɡjuːɪtɪ] *s.* contiguidade
contiguous [kənˈtɪɡjuəs] *adj.* [form.] contíguo; adjacente; *to be ~ to* ser adjacente a ❖ *~ angles* ângulos adjacentes
contiguously [kənˈtɪɡjuəslɪ] *adv.* contiguamente
contiguousness [kənˈtɪɡjuəsnɪs] *s.* contiguidade
continence [ˈkɒntɪnəns] *s.* continência, castidade
continency [ˈkɒntɪnənsɪ] *s.* continência, castidade
continent [ˈkɒntɪnənt] Ⓐ *s.* continente Ⓑ *adj.* **1** [form.] casto, continente; MEDICINA continente ❖ [GB] *the ~* Europa continental
continental [ˌkɒntɪˈnentəl] Ⓐ *adj.* continental Ⓑ *s.* habitante da Europa continental ❖ GEOGRAFIA *~ drift* deriva dos continentes; GEOGRAFIA *~ shelf* plataforma continental
contingence [kənˈtɪndʒəns] *s.* contingência
contingency [kənˈtɪndʒənsɪ] *s.* contingência
contingent [kənˈtɪndʒənt] Ⓐ *adj.* contingente, acidental Ⓑ *s.* **1** eventualidade, contingência; **2** MILITAR contingente
contingently [kənˈtɪndʒəntlɪ] *adv.* eventualmente, acidentalmente
continual [kənˈtɪnjuəl] *adj.* contínuo
continually [kənˈtɪnjuəlɪ] *adv.* continuamente
continuance [kənˈtɪnjuəns] *s.* continuação, duração
continuant [kənˈtɪnjuənt] Ⓐ *adj.* (som) contínuo Ⓑ *s.* LINGUÍSTICA consoante contínua
continuation [kənˌtɪnjuˈeɪʃən] *s.* **1** continuidade; **2** (série) seguimento; continuação; **3** prolongamento; **4** prorrogação, reporte; **5** regresso; retoma; *the ~ of work* o regresso ao trabalho ❖ *~ school* escola complementar; escola de adultos
continuator [kənˈtɪnjueɪtə] *s.* continuador
continue [kənˈtɪnjuː] *v.tr.,intr.* **1** continuar; **2** DIREITO adiar; **3** prolongar-se; **4** durar, ficar
continued [kənˈtɪnjuːd] *adj.* **1** contínuo; ininterrupto; constante; **2** que continua ❖ *~ on page 30* continua na página 30; *to be ~* continua
continuer [kənˈtɪnjuə] *s.* continuador
continuing [kənˈtɪnjuːɪŋ] *adj.* continuado; persistente ❖ *~ education* educação para adultos; formação contínua
continuity [ˌkɒntɪˈnjuːɪtɪ] *s.* continuidade
continuous [kənˈtɪnjuəs] *adj.* contínuo; ininterrupto ❖ (escola) *~ assessment* avaliação contínua; (estradas) *~ line* traço contínuo; *~ load* carga máxima; *~ operation* funcionamento ininterrupto; *~ output* rendimento constante; CINEMA *~ performance* sessão contínua; ELECTRICIDADE *~ current plant* instalação de corrente contínua

continuously [kənˈtɪnjʊəslɪ] *adv.* continuamente
continuum [kənˈtɪnjʊəm] *s.* (*pl.* **-a**) FILOSOFIA *continuum*, contínuo
conto [ˈkɒntəʊ] *s.* (*pl.* **-s**) [ant.] (dinheiro) conto, mil escudos
contorniate [kənˈtɔːnɪɪt] *adj.* (numismática) contorneado
contort [kənˈtɔːt] *v.tr.* contorcer, deformar
contortion [kənˈtɔːʃən] *s.* contorção
contortionist [kənˈtɔːʃənɪst] *s.* contorcionista
contour [ˈkɒntʊə] Ⓐ *s.* 1 contorno; 2 forma; 3 perfil; 4 GEOGRAFIA (mapa) curva de nível; 5 [fig.] linhas gerais Ⓑ *adj.* 1 (roupa) justo; 2 (mobília) à medida Ⓒ *v.tr.* 1 traçar (curvas de nível); 2 desenhar o contorno de; construir seguindo os contornos de; 3 fazer à medida de ❖ AERONÁUTICA ~ *flying* voo rasante; GEOGRAFIA ~ *lines* curvas de nível; GEOGRAFIA ~ *map* mapa topográfico
contraband [ˈkɒntrəbænd] Ⓐ *adj.* de contrabando Ⓑ *s.* contrabando
contrabandist [ˈkɒntrəbændɪst] *s.* contrabandista
contrabass [ˌkɒntrəˈbeɪs] *s.* (*pl.* **-es**) MÚSICA contrabaixo
contraception [ˌkɒntrəˈsepʃən] *s.* contracepção
contraceptive [ˌkɒntrəˈseptɪv] *adj., s.* contraceptivo
contract[1] [kənˈtrækt] *v.tr., intr.* 1 [form.] acordar, estabelecer/firmar acordo [**with**, com]; *to* ~ *with sb to do sth* estabelecer acordo com alguém para fazer alguma coisa; 2 contrair, adquirir; *to* ~ *a loan* contrair um empréstimo; 3 DIREITO [form.] obrigar-se legalmente; 4 (ficar mais pequeno) reduzir(-se); contrair(-se); *"shall not" contracts into "shan't"* "shall not" contrai-se em "shan't"; 5 franzir (o sobrolho); *to* ~ *the brow* franzir a testa; 6 (músculos) contrair(-se); retesar(-se); 7 (doença) contrair; apanhar
◆**contract in** *v.intr.* aderir [**to**, a]; acordar participação [**to**, em]
◆**contract out** Ⓐ *v.intr.* libertar-se, desvincular-se [**of**, de]; *to* ~ *of an agreement* desvincular-se de um acordo Ⓑ *v.tr.* subcontratar
contract[2] [ˈkɒntrækt] *s.* 1 contrato; *to sign a* ~ assinar um contrato; *to break a* ~ quebrar um contrato; 2 acordo; pacto; 3 empreitada ❖ ~ *work* trabalho de empreitada; *the conditions of* ~ o caderno de encargos; *to be under* ~ *to sb* estar sob contrato de exclusividade
contractibility [kənˌtræktəˈbɪlɪtɪ] *s.* contractibilidade
contractible [kənˈtræktɪbəl] *adj.* contraível
contractile [kənˈtræktaɪl] *adj.* contráctil
contractility [kənˌtrækˈtɪlɪtɪ] *s.* contractilidade
contracting [kənˈtræktɪŋ] *adj.* contraente ❖ DIREITO *the* ~ *party* o contraente
contraction [kənˈtrækʃən] *s.* contracção
contractive [kənˈtræktɪv] *adj.* contractivo
contractor [kənˈtræktə] *s.* 1 (construção) empreiteiro; 2 adjudicatário; 3 músculo constritor; 4 DIREITO contraente, uma das partes de um contrato ❖ *army* ~ fornecedor do exército
contractual [kənˈtræktjʊəl] *adj.* contratual
contracture [kənˈtræktʃə] *s.* contractura
contradict [ˌkɒntrəˈdɪkt] *v.tr.* contradizer, negar, opor-se
contradiction [ˌkɒntrəˈdɪkʃən] *s.* 1 contradição; *to be in* ~ *with* entrar em contradição com; 2 desmentido; 3 inconsistência, incompatibilidade ❖ *a* ~ *in terms* uma inconsistência; um paradoxo
contradictious [ˌkɒntrəˈdɪkʃəs] *adj.* que gosta de contradizer, de ser do contra ❖ ~ *spirit* espírito de contradição
contradictiously [ˌkɒntrəˈdɪkʃəslɪ] *adv.* por espírito de contradição
contradictiousness [ˌkɒntrəˈdɪkʃəsnɪs] *s.* espírito de contradição
contradictorily [ˌkɒntrəˈdɪktərɪlɪ] *adv.* contraditoriamente
contradictoriness [ˌkɒntrəˈdɪktərɪnɪs] *s.* 1 contradição; 2 espírito contraditório
contradictory [ˌkɒntrəˈdɪktərɪ] Ⓐ *adj.* 1 que contradiz, que gosta de contradizer; 2 contraditório Ⓑ *s.* LÓGICA proposição contraditória
contradistinction [ˌkɒntrədɪsˈtɪŋkʃən] *s.* oposição, contraste
contradistinguish [ˌkɒntrədɪsˈtɪŋgwɪʃ] *v.tr.* 1 contrastar; 2 distinguir por oposição, por contraste
contrail [ˈkɒntreɪl] *s.* rasto, cauda ou nuvem alongada de vapor
contraindicate [ˌkɒntrəˈɪndɪkeɪt] *v.tr.* contra-indicar
contraindication [ˌkɒntrəˌɪndɪˈkeɪʃən] *s.* contra-indicação [**for**, de]; *contraindications for this drug* contra-indicações deste medicamento

contralto [kənˈtræltəʊ] *s.* (*pl.* **-s**) contralto
contraposition [ˌkɒntrəpəˈzɪʃən] *s.* contraposição, antítese
contraption [kənˈtræpʃən] *s.* 1 [coloq.] maquineta, engenhoca, treco_{Bras}; 2 coisa inventada para transitoriamente substituir outra
contrapuntal [ˌkɒntrəˈpʌntəl] *adj.* MÚSICA contrapontístico, relativo ao contraponto
contrapuntist [ˌkɒntrəˈpʌntɪst] *s.* MÚSICA contrapontista
contrariant [kənˈtrærɪənt] *adj.* contrário
contrariety [ˌkɒntrəˈraɪətɪ] *s.* 1 oposição; 2 contrariedade
contrarily [ˈkɒntrərɪlɪ, kənˈtreərɪlɪ] *adv.* contrariamente
contrariness [ˈkɒntrərɪnɪs, kənˈtreərɪnɪs] *s.* contrariedade
contrariwise [ˈkɒntrərɪwaɪz] *adv.* 1 pelo contrário; 2 por outro lado; 3 de outro modo
contrary[1] [ˈkɒntrərɪ, ˈkɒntrerɪ] Ⓐ *adj.* 1 contrário [**to**, a]; oposto [**to**, a]; 2 [form.] adverso; ~ *winds* ventos adversos; 3 teimoso Ⓑ *s.* [form.] contrário; *he didn't arrive late, on the* ~ ele não chegou tarde, antes pelo contrário; *quite the* ~ exactamente o contrário; *there's no evidence to the* ~ não há provas em contrário Ⓒ *adv.* antagonicamente; contrariamente; ~ *to* contrariamente a; ao contrário do que ❖ ~ *to nature* contranatura; *to run* ~ *to* ir contra
contrary[2] [kənˈtreərɪ] *adj.* 1 teimoso, obstinado; 2 (vento) contrário
contrast[1] [kənˈtrɑːst] *v.tr.* contrastar
contrast[2] [ˈkɒntrɑːst] *s.* contraste
contrastive [kənˈtrɑːstɪv] *adj.* contrastivo
contrate [ˈkɒntreɪt] *adj.* (roda) com dentes em ângulo recto ❖ ~ *wheel* roda dentada que engrena noutra
contravallation [ˌkɒntrəvəˈleɪʃən] *s.* contravalação
contravene [ˌkɒntrəˈviːn] *v.tr.* transgredir
contravener [ˌkɒntrəˈviːnə] *s.* [form.] infractor; contraventor; transgressor
contravention [ˌkɒntrəˈvenʃən] *s.* infracção, contravenção
contretemps [ˈkɒntrətɑ̃] *s.* contratempo
contribute [kənˈtrɪbjuːt] Ⓐ *v.intr.* 1 contribuir [**to**, para]; *several factors contributed to his bankruptcy* diversos factores contribuíram para a falência dele; 2 (publicação) ser colaborador [**to**, de]; 3 (debate) participar [**to**, em] Ⓑ *v.tr.* 1 (dinheiro) contribuir com [**to**, para]; 2 (jornalismo) escrever [**to**, para]
contribution [ˌkɒntrɪˈbjuːʃən] *s.* 1 (dinheiro) contribuição; contributo; donativo; *to make a* ~ dar um contributo; 2 contribuição, auxílio, ajuda; 3 (publicação) colaboração; ~ *to a newspaper* colaboração para um jornal; 4 intervenção; participação; 5 dedução; 6 imposto de guerra para pagamento do exército de ocupação ❖ *to lay under* ~ lançar contribuição (de guerra)
contributive [kənˈtrɪbjʊtɪv] *adj.* contributivo
contributor [kənˈtrɪbjʊtə] *s.* 1 (publicação) colaborador; 2 contribuinte, aquele que contribui
contributory [kənˈtrɪbjʊtərɪ] Ⓐ *adj.* contributivo Ⓑ *s.* pessoa obrigada, no caso de falência de sociedade, ao pagamento das suas dívidas
contrite [ˈkɒntraɪt, kənˈtraɪt] *adj.* contrito
contritely [ˈkɒntraɪtlɪ, kənˈtraɪtlɪ] *adv.* contritamente
contrition [kənˈtrɪʃən] *s.* contrição
contrivance [kənˈtraɪvəns] *s.* 1 ideia, sugestão, invenção; 2 capacidade inventiva; 3 aparelho; dispositivo; 4 projecto; 5 esquema; estratagema; manha ❖ *to be beyond sb's* ~ ultrapassar as capacidades de alguém
contrive [kənˈtraɪv] *v.tr.* 1 maquinar; arquitectar; 2 conceber; inventar; 3 arranjar; conseguir; *to* ~ *to do sth* arranjar forma de conseguir fazer algo ❖ *to* ~ *against* intrigar contra; [irón.] *to* ~ *to make matters worse* conseguir piorar as coisas
contrived [kənˈtraɪvd] *adj.* 1 forçado; 2 pouco natural; 3 artificial
contriver [kənˈtraɪvə] *s.* inventor
control [kənˈtrəʊl] Ⓐ *s.* 1 controlo; 2 direcção, comando; 3 verificação; 4 pessoa que faz actuar um médium; 5 (automobilismo) posto de controlo; 6 *pl.* instrumentos de comando Ⓑ *v.tr.* (*particípios*: **-ll-**) 1 controlar; 2 verificar; conferir; 3 comandar, governar; controlar; 4 regulamentar, impor regras a ❖ ~ *lever* alavanca de comando; ~ *point* posto de controlo; ~ *room* sala de comando; (automobilismo) ~ *station* posto de controlo; AERONÁUTICA ~ *stick* alavanca de direcção; AERONÁUTICA (aeroporto, aeródromo) ~ *tower* torre de controlo; *ignition* ~ regulador de ignição;

controllability

to be at the controls (of a car) estar ao volante (de um carro); *to be beyond ~* estar fora de controlo; *to be out of ~* estar incontrolável; *to get ~ over sth/sb* controlar algo/alguém; *to lose ~ of/over sth/sb* perder o domínio de algo/alguém

controllability [kənˌtrəʊləˈbɪlɪtɪ] s. manejabilidade
controllable [kənˈtrəʊləbəl] adj. 1 manejável; 2 dirigível; 3 que pode dominar-se; 4 verificável
controller [kənˈtrəʊlə] s. 1 administrador; 2 superintendente; 3 verificador; 4 supervisor, chefe; 5 controlador
controllership [kənˈtrəʊləʃɪp] s. 1 superintendência; 2 cargo de verificador
controlling [kənˈtrəʊlɪŋ] adj. 1 de comando; de controlo; 2 determinante ❖ *~ gear* engrenagem de manobra; FINANÇAS *~ interest* participação maioritária
controlment [kənˈtrəʊlmənt] s. comando, domínio, autoridade
controversial [ˌkɒntrəˈvɜːʃəl] adj. 1 controverso, polémico; 2 discutível; 3 polemista, que gosta de controvérsias
controversialism [ˌkɒntrəˈvɜːʃəlɪzəm] s. 1 polémica; 2 espírito de controvérsia
controversialist [ˌkɒntrəˈvɜːʃəlɪst] s. polemista
controversy [ˈkɒntrəvəsɪ, ˈkɒntrəvɜːsɪ] s. (pl. -ies) 1 polémica; controvérsia; *there was a lot of ~ about it* isso suscitou muita polémica; 2 diferendo ❖ *beyond ~* indiscutivelmente
controvert [ˈkɒntrəvɜːt] v.tr. 1 discutir, rebater; 2 controverter
controvertible [ˌkɒntrəˈvɜːtɪbəl] adj. discutível; controvertível
controvertibly [ˌkɒntrəˈvɜːtɪblɪ] adv. discutivelmente; duvidosamente; de maneira controvertível
controvertist [ˈkɒntrəvɜːtɪst] s. polemista
contumacious [ˌkɒntjʊˈmeɪʃəs] adj. contumaz
contumaciously [ˌkɒntjʊˈmeɪʃəslɪ] adv. de maneira contumaz
contumaciousness [ˌkɒntjʊˈmeɪʃəsnɪs] s. contumácia
contumacity [ˌkɒntjʊˈmæsɪtɪ] s. ⇒ contumaciousness
contumacy [ˈkɒntjʊməsɪ] s. ⇒ contumaciousness
contumelious [ˌkɒntjʊˈmiːlɪəs] adj. insolente, contumelioso
contumeliously [ˌkɒntjʊˈmiːlɪəslɪ] adv. insolentemente, contumeliosamente
contumeliousness [ˌkɒntjʊˈmiːlɪəsnɪs] s. contumélia, insolência
contumely [ˈkɒntjuːmlɪ] s. (pl. -ies) insulto, contumélia, insolência
contuse [kənˈtjuːz] v.tr. contundir, pisar
contusion [kənˈtjuːʒən] s. contusão
conundrum [kəˈnʌndrəm] s. 1 adivinha; 2 enigma, mistério; 3 questão difícil
conurbation [ˌkɒnɜːˈbeɪʃən] s. conurbação
convalesce [ˌkɒnvəˈles] v.intr. convalescer
convalescence [ˌkɒnvəˈlesns] s. convalescença
convalescent [ˌkɒnvəˈlesnt] adj.,s. convalescente ❖ *~ home* casa de repouso
convection [kənˈvekʃən] s. convecção (de calor ou electricidade)
convector [kənˈvektə] s. 1 convector; 2 aparelho de aquecimento por convecção
convenance [kɔ̃vɪnɑ̃ːns] s. [rar.] decoro, civilidade, conveniências sociais
convene [kənˈviːn] v.tr.,intr. 1 convocar (reunião); 2 reunir; 3 citar (alguém perante um tribunal); 4 reunir-se
convener [kənˈviːnə] s. aquele a quem compete fixar o dia das reuniões e enviar as convocatórias
convenience [kənˈviːnɪəns] s. 1 conveniência; 2 comodidade; conforto; *to be done to the ~ of sb* ser feito para comodidade de alguém; 3 [GB] [form.] instalações sanitárias ❖ *~ food* comida de preparação rápida; *~ store* loja de conveniência; *a marriage of ~* um casamento de conveniência; *at your ~* quando lhe convier; *at your earliest ~* logo que possível; *to make a ~ of sb* aproveitar-se da boa vontade de alguém
convenient [kənˈviːnɪənt] adj. 1 conveniente [for, para]; *if it is ~ for you* se lhe convier, se lhe der jeito; *will that be ~ for you?* isso não lhe causa transtorno?; 2 cómodo, prático; 3 (lugar) bem situado [for, em relação a]; *it's very ~ for the station* fica perto da estação
conveniently [kənˈviːnɪəntlɪ] adv. 1 comodamente; 2 sem inconveniente

convent [ˈkɒnvənt] s. convento
conventicle [kənˈventɪkl] s. conventículo, assembleia de dissidentes
convention [kənˈvenʃən] s. 1 (norma) convenção; *social conventions* convenções sociais; 2 congresso; *to participate in a teacher's ~* participar num congresso de professores; 3 (tratado) convenção; convénio; acordo; *all the countries signed the peace ~* todos os países assinaram a convenção de paz ❖ *~ centre* palácio de congressos
conventional [kənˈvenʃənəl] adj. convencional
conventionalism [kənˈvenʃnəlɪzəm] s. convencionalismo
conventionalist [kənˈvenʃnəlɪst] s. convencionalista
conventionality [kənˌvenʃəˈnælɪtɪ] s. (pl. -ies) convenção, costume
conventionalize [kənˈvenʃnəlaɪz] v.tr. 1 dar um carácter convencional; 2 estilizar
conventionally [kənˈvenʃnəlɪ] adv. convencionalmente
conventionary [kənˈvenʃnərɪ] adj. relativo a convenção
conventual [kənˈventʃʊəl] adj.,s. conventual
converge [kənˈvɜːdʒ] v.tr.,intr. convergir
convergence [kənˈvɜːdʒəns] s. convergência
convergency [kənˈvɜːdʒənsɪ] s. convergência
convergent [kənˈvɜːdʒənt] adj. convergente ❖ FÍSICA *~ lens* lente convergente
convergently [kənˈvɜːdʒəntlɪ] adv. convergentemente
converging [kənˈvɜːdʒɪŋ] Ⓐ adj. convergente Ⓑ s. convergência ❖ FÍSICA *~ lens* lente convergente
conversable [kənˈvɜːsəbəl] adj. sociável, agradável de conversação
conversableness [kənˈvɜːsəblnɪs] s. sociabilidade
conversance [kənˈvɜːsəns] s. familiaridade, conhecimento
conversancy [kənˈvɜːsənsɪ] s. ⇒ conversance
conversant [kənˈvɜːsənt] adj. 1 familiarizado [with, com]; *to be ~ with sth* estar familiarizado com alguma coisa; 2 conhecedor [with, de]; versado [with, em]; *to be ~ with literature* ser versado em literatura
conversation [ˌkɒnvəˈseɪʃən] s. 1 conversa; *to have a ~ about* falar sobre; 2 conversação; *to be in ~ with* estar em conversações com ❖ *~ (piece)* (pintura) cena de interior; tema de conversa; DIREITO *criminal ~* relações sexuais ilícitas, adultério; *to run out of ~* ficar sem assunto; *to make ~* fazer conversa
conversational [ˌkɒnvəˈseɪʃənəl] adj. 1 de conversação; 2 (estilo) coloquial; 3 (pessoa) fluente, conversador
conversationalist [ˌkɒnvəˈseɪʃnəlɪst] s. conversador
conversazione [ˌkɒnvəsætsɪˈəʊnɪ] s. sarau, reunião artística ou literária
converse[1] [kənˈvɜːs] v.intr. 1 conversar; 2 interagir
converse[2] [ˈkɒnvɜːs] Ⓐ s. 1 discurso, conversa, relações; 2 LÓGICA proposição convertida; 3 MATEMÁTICA recíproca, inversa Ⓑ adj. oposto, contrário
conversely [kənˈvɜːslɪ] adv. 1 reciprocamente; 2 inversamente; de modo oposto/contrário ❖ *... and ~ ...* e vice-versa
conversion [kənˈvɜːʃən] s. 1 conversão; 2 transformação; 3 DIREITO peculato ❖ *~ cycle* ciclo de conversão; *~ efficiency* rendimento eficiente da conversão; FÍSICA *~ heat* calor de reacção; *~ table* tabela de conversão; FÍSICA *~ of energy* conversão de energia; MATEMÁTICA *~ of equation* conversão de equações
convert[1] [kənˈvɜːt] Ⓐ v.tr. converter [into/to, em]; transformar [into/to, em]; *to ~ a hut into a house* transformar um barracão numa casa Ⓑ v.intr. converter-se [to, a; into, em] ❖ *converted timber* madeira cortada; *car that converts* carro descapotável; *to ~ into an oxide* oxidar-se
convert[2] [ˈkɒnvɜːt] s. converso
converter [kənˈvɜːtə] s. ELECTRICIDADE conversor, transformador
convertibility [kənˌvɜːtɪˈbɪlɪtɪ] s. convertibilidade
convertible [kənˈvɜːtɪbəl] Ⓐ adj. convertível, conversível Ⓑ s. (carro) descapotável ❖ AGRICULTURA *~ husbandry* alternância de culturas
convertibly [kənˈvɜːtɪblɪ] adv. convertivelmente
converting [kənˈvɜːtɪŋ] s. conversão
convex [ˈkɒnveks] adj. convexo
convexity [kɒnˈveksɪtɪ] s. (pl. -ies) convexidade

convexo-concave [kɒnˌveksəkɒnˈkeɪv] *adj.* convexo-côncavo
convexo-convex [kɒnˌveksəkɒnˈveks] *adj.* biconvexo
convey [kənˈveɪ] *v.tr.* 1 transportar, levar; 2 transmitir; 3 comunicar; 4 DIREITO ceder, transferir
conveyable [kənˈveɪəbəl] *adj.* 1 cedível, transferível; 2 transportável; 3 transmissível
conveyance [kənˈveɪəns] *s.* 1 transporte, transmissão, comunicação; 2 DIREITO trespasse, cedência, transmissão de propriedade; 3 veículo, carruagem, transporte
conveyancer [kənˈveɪənsə] *s.* notário que se ocupa da redacção de documentos de transmissão de propriedade
conveyancing [kənˈveɪənsɪŋ] *s.* DIREITO preparação das escrituras de trespasse, redacção de documentos de transmissão de propriedade
conveyer [kənˈveɪə] *s.* 1 portador; 2 transportador; 3 carregador; 4 DIREITO transmitente
conveying [kənˈveɪɪŋ] *s.* 1 transporte; 2 transmissão; comunicação
conveyor [kənˈveɪə] *s.* 1 portador; transportador; 2 carregador; 3 DIREITO transmitente ❖ (bagagens/fábricas) **~ belt** tapete rolante; correia transportadora
convict¹ [kənˈvɪkt] *v.tr.* 1 declarar culpado; 2 condenar; 3 convencer de que é culpado
convict² [ˈkɒnvɪkt] *s.* 1 recluso, detido, presidiário; 2 condenado, forçado; 3 deportado
conviction [kənˈvɪkʃən] *s.* 1 convicção; certeza; 2 crença; 3 DIREITO condenação ❖ DIREITO **summary ~** julgamento sumário; **to carry ~** ser bem plausível; **to have no previous convictions** não ter antecedentes criminais
convince [kənˈvɪns] *v.tr.* persuadir, convencer
convincible [kənˈvɪnsɪbəl] *adj.* convencível
convincing [kənˈvɪnsɪŋ] *adj.* convincente
convincingly [kənˈvɪnsɪŋli] *adv.* convincentemente
convincingness [kənˈvɪnsɪŋnɪs] *s.* força convincente
convivial [kənˈvɪvɪəl] *adj.* 1 convivial; 2 alegre, jovial
conviviality [kənˌvɪvɪˈælɪti] *s.* sociabilidade, boa-disposição à mesa
convocation [ˌkɒnvəˈkeɪʃən] *s.* 1 convocação; 2 indicção, sínodo; 3 (Oxford, Durham) assembleia legislativa
convoke [kənˈvəʊk] *v.tr.* convocar
convolute [ˈkɒnvəluːt] *adj.* convoluto
convoluted [ˈkɒnvəluːtɪd] *adj.* 1 enrolado; 2 complicado; 3 (estilo) rebuscado, arrebicado
convolution [ˌkɒnvəˈluːʃən] *s.* 1 convolução; 2 circunvolução; 3 enrolamento
convolve [kənˈvɒlv] *v.tr.,intr.* 1 convolver; 2 enrolar, enrolar-se
convolvulaceous [kənˌvɒlvjuˈleɪʃəs] *adj.* convolvuláceo
convolvulus [kənˈvɒlvjʊləs] *s.* (*pl.* **-es**) convólvulo
convoy [ˈkɒnvɔɪ] Ⓐ *s.* escolta, comboio (de navios, carros, automóveis) Ⓑ *v.tr.* escoltar
convulse [kənˈvʌls] *v.tr.* abalar, convulsionar
convulsion [kənˈvʌlʃən] *s.* convulsão, agitação violenta, abalo
convulsionary [kənˈvʌlʃnəri] *adj.* convulsionário
convulsive [kənˈvʌlsɪv] *adj.* convulsivo
convulsively [kənˈvʌlsɪvli] *adv.* convulsivamente
convulsiveness [kənˈvʌlsɪvnɪs] *s.* convulsibilidade
cony [ˈkəʊni] *s.* (*pl.* **-ies**) 1 coelho europeu; 2 pele de coelho, sobretudo quando tratada de forma a imitar a de outros animais
coo [kuː] Ⓐ *v.tr.,intr.* arrulhar Ⓑ *s.* arrulho
co-occur [ˌkəʊəˈkɜː] *v.intr.* (*prt. e part. pass.* **-rr-**) co-ocorrer
co-occurrence [ˌkəʊəˈkʌrəns] *s.* co-ocorrência
cooing [ˈkuːɪŋ] *s.* arrulho
cook [kʊk] Ⓐ *s.* cozinheiro; **to be a good ~** cozinhar bem Ⓑ *v.tr.,intr.* 1 cozinhar; 2 [fig.] arranjar; preparar; **to be cooking sth** estar a preparar alguma; 3 [coloq., fig.] falsificar; armar tramóia; **to ~ accounts/the books** falsificar contas ❖ NÁUTICA **cook's mate** ajudante de cozinha; [coloq.] **to ~ one's goose** fazê-la bonita; **too many cooks spoil the broth** muitos padeiros não fazem bom pão; **what's cooking?** que se passa?
✦**cook up** *v.tr.* 1 (refeição) improvisar; 2 (história, desculpa) engendrar; fabricar; forjar; 3 tramar; armar (tramóia)
cookbook [ˈkʊkbʊk] *s.* livro de culinária

cooker [ˈkʊkə] *s.* 1 [GB] fogão; **electric ~** fogão eléctrico; 2 panela; **pressure ~** panela de pressão; 3 CULINÁRIA fruta, legume para cozinhar; **these apples are cookers** estas maçãs são para cozer ou assar; 4 [fig.] falsificador de contas
cookery [ˈkʊkəri] *s.* culinária; cozinha ❖ **~ book** livro de culinária
cookie [ˈkʊki] *s.* 1 CULINÁRIA bolacha; 2 [EUA] CULINÁRIA biscoito; 3 [coloq.] tipo, indivíduo; 4 [coloq.] (rapariga) borrachinho; bonitona; 5 INFORMÁTICA (Internet) *cookie*, ficheiro com informação de utilização ❖ **to be a tough ~** ser um osso duro de roer; **that's the way the ~ crumbles!** é a vida!; **to be a smart ~** ser um espertalhão
cooking [ˈkʊkɪŋ] Ⓐ *s.* 1 culinária; 2 CULINÁRIA cozinha*fig*; **Portuguese ~** a cozinha portuguesa; 3 comida; cozinhados; **she doesn't like my ~** ela não gosta dos meus cozinhados Ⓑ *adj.* 1 para culinária; de uso culinário; 2 CULINÁRIA (receita culinária) de preparação; **~ time** tempo de preparação ❖ **~ chocolate** chocolate para culinária; **~ stove** fogão de cozinha; **to do the ~** cozinhar
cookout [ˈkuːkaʊt] *s.* [EUA] (ar livre) churrasco
cookware [ˈkʊkweə] *s.* utensílios de cozinha
cooky [ˈkʊki] *s.f.* [coloq.] cozinheira
cool [kuːl] Ⓐ *adj.* 1 fresco; **a ~ drink** uma bebida fresca; **~ clothes** roupa fresca, leve; (rótulos) **keep in a ~ place** manter em local fresco; 2 frio; **to keep a ~ head** manter a cabeça fria; 3 (temperamento) calmo, sereno; 4 [fig.] (recepção, reacção) morno, pouco entusiástico, impassível; 5 [coloq.] fixe, porreiro; espectacular, fantástico; 6 (aparência) sofisticado, elegante; 7 (atitude) atrevido, descarado; 8 [coloq.] (dinheiro) bom; **it cost a ~ thousand** custou-me umas boas mil libras Ⓑ *adv.* calmamente; **to play it ~** reagir calmamente Ⓒ *s.* 1 frescura; 2 (atitude) calma, serenidade, fleuma; **to lose one's ~** enervar-se, perder a calma; 3 (aparência) elegância, sofisticação Ⓓ *v.tr.,intr.* 1 refrescar; 2 arrefecer, esfriar; 3 (emoções) acalmar; **~ it!** calma!, acalma-te! ❖ **~ bag** saco isotérmico; **~ cheek** cara de pau; atrevido; **to be a ~ fish/customer** ser um descarado; **to be as ~ as a cucumber** ser muito sereno; **to ~ one's heels** ser obrigado a esperar; **to keep ~** manter a calma
✦**cool down** *v.tr.,intr.* 1 arrefecer; 2 refrescar; 3 [fig.] acalmar
✦**cool off** *v.intr.* 1 refrescar; 2 [coloq.] acalmar; esfriar os ânimos
coolant [ˈkuːlənt] *s.* refrigerante, líquido de refrigeração
cooler [ˈkuːlə] *s.* 1 refrigerador; 2 frigorífico; 3 (bebida) refresco; 4 [ant.] choça, prisão
coolie [ˈkuːli] *s.* [depr.] trabalhador assalariado (indiano ou chinês)
cooling [ˈkuːlɪŋ] Ⓐ *adj.* 1 de refrigeração; 2 refrescante Ⓑ *s.* 1 refrigeração; 2 arrefecimento; **~ by humidity** arrefecimento por humidificação; 3 resfriamento ❖ **~ draught** bebida para acalmar a febre
cooling-off [ˈkuːlɪŋɒf] *adj.* de reflexão; **~ period** período de reflexão, pausa
coolly [ˈkuːlli] *adv.* 1 calmamente, friamente; 2 atrevidamente
coolness [ˈkuːlnɪs] *s.* 1 frescura; 2 calma; 3 fleuma; 4 frieza
cooly [ˈkuːli] *s.* ⇒ **coolie**
coom [kuːm] *s.* 1 fuligem da chaminé; 2 pó de carvão; 3 sebo para untar; 4 gordura
coomb [kuːm] *s.* comba, vale que segue a encosta de um monte
coon [kuːn] *s.* 1 ZOOLOGIA guaxinim; 2 [coloq.] espertalhão; 3 [EUA] [cal., depr.] negro ❖ [EUA] [cal., depr.] **~ songs** canções dos negros da América; [coloq.] (pessoa) **to be a gone ~** ser um caso perdido
coon-can [ˈkuːnkæn] *s.* variedade de jogo de cartas
coop [kuːp] Ⓐ *s.* 1 cesto, giga colocada sobre aves destinadas à engorda ou no choco; 2 capoeira; 3 seira, rede para apanhar peixes Ⓑ *v.tr.* 1 engaiolar, prender; 2 meter num quarto pequeno
✦**coop up** *v.tr.* (espaço reduzido) fechar ❖ **to feel cooped up** sentir-se preso, fechado
co-op [ˈkəʊɒp] *adj.* [coloq.] cooperativo
cooper [ˈkuːpə] Ⓐ *s.* 1 tanoeiro; 2 negociante de vinhos; 3 (mar do Norte) taberna flutuante; 4 mistura de dois tipos de cerveja (*stout* e *porter*) Ⓑ *v.tr.* 1 (pipas, cascos) fabricar; 2 (barris) reparar, consertar Ⓒ *v.intr.* exercer a actividade de tanoeiro ❖ **dry ~** fabricante de vasilhas para sólidos; **wet ~** tanoeiro
cooperage [ˈkuːpərɪdʒ] *s.* tanoaria
cooperate [kəʊˈɒpəreɪt] *v.intr.* cooperar

cooperation [kəʊˌɒpəˈreɪʃən] s. cooperação
cooperative [kəʊˈɒpərətɪv] Ⓐ adj. 1 (pessoa) cooperante; prestável; 2 cooperativo; 3 de equipa, de cooperação, conjunto Ⓑ s. cooperativa
cooperatively [kəʊˈɒprətɪvlɪ] adv. cooperativamente
coopery [ˈkuːpərɪ] s. tanoaria
co-opt [kəʊˈɒpt] v.tr. cooptar
co-optation [ˌkəʊɒpˈteɪʃən] s. cooptação
coordinate[1] [kəʊˈɔːdɪneɪt] v.tr. coordenar
coordinate[2] [kəʊˈɔːdɪnɪt] Ⓐ adj. 1 coordenado; 2 equivalente Ⓑ s. 1 LINGUÍSTICA, MATEMÁTICA coordenada; 2 pl. VESTUÁRIO coordenados ❖ LINGUÍSTICA ~ *clauses* orações coordenadas; ~ *geometry* geometria analítica
coordinately [kəʊˈɔːdɪnɪtlɪ] adv. coordenadamente
coordination [kəʊˌɔːdɪˈneɪʃən] s. coordenação
coordinative [kəʊˈɔːdɪnətɪv] adj. coordenativo
coordinator [kəʊˈɔːdɪneɪtə] s. coordenador
coot [kuːt] s. 1 ZOOLOGIA galeirão; 2 coloq. pateta
cootie [ˈkuːtɪ] s. cal. piolho
co-owner [ˌkəʊˈəʊnə] s. co-proprietário
cop [kɒp] Ⓐ s. 1 coloq. chui_cal._; polícia; 2 captura; 3 bobina Ⓑ v.tr. (*particípios:* -**pp-**) 1 coloq. apanhar; 2 coloq. aguentar com; 3 prender ❖ [GB] coloq. ~ *hold of this* segura lá nisto; [GB] coloq. *it's not much* ~ não é grande coisa; cal. (castigo, sermão) *to* ~ *it* apanhá-las
◆ **cop out** v.intr. 1 cal. acobardar-se, acagaçar-se [**of**, perante]; 2 cal. (fugir, esquivar-se) pôr-se a andar
copaiba [kəʊˈpaɪbə] s. copaíba
copaiva [kəʊˈpaɪbə] s. copaíba
copal [ˈkəʊpəl] s. goma copal ❖ ~ *varnish* verniz de copal
coparcenary [ˌkəʊˈpɑːsɪnərɪ] s. 1 comparticipação; 2 co-propriedade
coparcener [ˌkəʊˈpɑːsɪnə] s. 1 comparticipante; 2 co-herdeiro
copartner [ˌkəʊˈpɑːtnə] s. consócio, sócio
copartnership [ˌkəʊˈpɑːtnəʃɪp] s. 1 (sociedade) comparticipação nos lucros; 2 sociedade, coparceria; *to go into* ~ *with* entrar em sociedade com
cope [kəʊp] Ⓐ v.tr.,intr. 1 lidar [**with**, com]; *to* ~ *with a problem* lidar com um problema; 2 enfrentar [**with**, -]; fazer frente [**with**, a]; *to* ~ *with danger* enfrentar o perigo; 3 safar-se; arranjar-se; *I don't know how you cope!* não sei como consegues!; 4 RELIGIÃO vestir a capa de asperges; 5 (edificações) colocar a última pedra; cobrir; 6 (casas) colocar cúpula Ⓑ s. 1 (indumentária) pluvial, capa de asperges; 2 cúpula ❖ *the* ~ *of heaven* a abóbada celeste; (edifício) *the* ~ *stone* o último retoque; a última pedra
copeck [ˈkəʊpek] s. (moeda russa) copeque
Copenhagen [kəʊpnˈheɪɡən] s.top. Copenhaga
coper [ˈkəʊpə] s. 1 negociante; 2 bar, taberna flutuante (no mar do Norte)
Copernican [kəʊˈpɜːnɪkən] adj. de Copérnico
Copernicus [kəʊˈpɜːnɪkəs] s.antr. Copérnico
copier [ˈkɒpɪə] s. 1 (máquina) fotocopiadora; 2 copista, copiador
copilot [ˈkəʊˌpaɪlət] s. co-piloto
coping [ˈkəʊpɪŋ] s. 1 (telhado) cumeeira; 2 (parede) ressalto superior
copious [ˈkəʊpɪəs] adj. copioso
copiously [ˈkəʊpɪəslɪ] adv. copiosamente
copiousness [ˈkəʊpɪəsnɪs] s. abundância, cópia
copper [ˈkɒpə] Ⓐ s. 1 QUÍMICA (elemento químico) cobre; 2 (cor) acobreado; 3 coloq. moeda de um dinheiro, meio dinheiro ou um quarto de dinheiro; *a few coppers* uns cobres; 4 ant., coloq. polícia, chui, bófia; 5 caldeira, caldeirão de ferro ou cobre; tina para fazer cerveja Ⓑ v.tr. cobrir com folhas de cobre; 2 cobrear ❖ ~ *alloy* liga de cobre; ~ *casting* fundição de cobre; ~ *content* teor de cobre; ~ *deposit* resíduo de cobre; ~ *lead alloy* liga de chumbo e cobre; ~ *ore* minério de cobre; ~ *pole* pólo positivo; ~ *rust* verdete; ~ *sheet* chapa de cobre; ~ *sulphate* sulfato de cobre; ~ *works* fundição de cobre; coloq. *to cool one's coppers* refrescar a goela; (abuso de álcool) *to have hot coppers* ter a garganta seca
copperas [ˈkɒpərəs] s. QUÍMICA caparrosa
copper-bottomed [ˌkɒpəˈbɒtəmd] adj. 1 com fundo de cobre; 2 fig. (plano, negócio, etc.) fiável, certo

copperhead [ˈkɒpəhed] s. ZOOLOGIA serpente venenosa americana
copper-nickel [ˈkɒpəˌnɪkəl] s. cupronicuel
copperplate [ˈkɒpəpleɪt] s. chapa de cobre para gravar ❖ ~ *writing* caligrafia bonita
coppersmith [ˈkɒpəsmɪθ] s. caldeireiro
copper-top [ˈkɒpəˌtɒp] adj. coloq. ruivo, cenoura_coloq._
copperware [ˈkɒpəweə] s. louça de cobre
coppery [ˈkɒpərɪ] adj. de cobre
coppice [ˈkɒpɪs] s. pequena mata de árvores de reduzidas dimensões que se cortam de quando em quando
copra [ˈkɒprə] s. copra
coprolalia [ˌkɒprəˈleɪlɪə] s. coprolalia
coprolite [ˈkɒprəˌlaɪt] s. PALEONTOLOGIA coprólito
coprologic [ˌkɒprəˈlɒdʒɪk] adj. coprológico
coprology [kɒˈprɒlədʒɪ] s. coprologia
coprophagous [kɒˈprɒfəɡəs] adj. coprófago
coprophagy [kɒˈprɒfədʒɪ] s. coprofagia
coprophilia [ˌkɒprəˈfɪlɪə] s. coprofilia
coprophiliac [ˌkɒprəˈfɪlɪæk] s. coprofílico
coprophilic [ˌkɒprəˈfɪlɪk] adj. coprofílico
copse [kɒps] Ⓐ s. ⇒ **coppice** Ⓑ v.tr. cobrir com vegetação rasteira, com árvores baixas
copsewood [ˈkɒpswʊd] s. vegetação rasteira
Copt [kɒpt] s. (pessoa) copto
Coptic [ˈkɒptɪk] Ⓐ adj. cóptico, copta Ⓑ s. (língua) copta
copula [ˈkɒpjʊlə] s. (pl. -**ae** ou -**as**) LINGUÍSTICA, LÓGICA cópula
copulate [ˈkɒpjʊleɪt] v.intr. copular
copulation [ˌkɒpjʊˈleɪʃən] s. coito, cópula
copulative [ˈkɒpjʊlətɪv] Ⓐ adj. 1 copulativo; 2 que diz respeito à cópula carnal Ⓑ s. conjunção copulativa
copulatory [ˈkɒpjʊlətərɪ] adj. copulador
copy [ˈkɒpɪ] Ⓐ s. (pl. -**ies**) 1 cópia; reprodução; traslado; 2 (publicação) exemplar, cópia; 3 (edição) número; 4 DIREITO transcrição de registo censitário; 5 TIPOGRAFIA manuscrito destinado à tipografia; original Ⓑ v.tr.,intr. 1 copiar; 2 reproduzir; 3 fotocopiar; 4 transcrever; 5 imitar ❖ (provas) ~ *editor* revisor; ~ *machine* fotocopiadora; ~ *shop* reprografia, loja de fotocópias; ~ *typist* dactilógrafo; *rough* ~ rascunho; (jornalismo) *to make good* ~ dar um bom artigo de jornal
copybook [ˈkɒpɪbʊk] Ⓐ s. caderno, bloco; caderno de exercícios; caderno diário Ⓑ adj. 1 clássico; de manual; ~ *example* exemplo clássico; 2 exemplar; modelar; 3 depr. (convencional) banal; pouco original ❖ *to blot one's* ~ manchar a reputação
copycat [ˈkɒpɪkæt] s. 1 imitador; 2 coloq. copião, macaco de imitação_fig._ Ⓑ adj. copiado, decalcado_fig._, imitado Ⓒ v.tr. (part. -**tt**-) copiar; imitar ❖ ~ *crime* crime inspirado por outro
copyedit [ˈkɒpɪˌedɪt] v.tr. (provas) rever, fazer a revisão de
copyhold [ˈkɒpɪhəʊld] s. 1 posse por enfiteuse; 2 posse censitária
copyholder [ˈkɒpɪˌhəʊldə] s. enfiteuta
copying [ˈkɒpɪɪŋ] s. 1 cópia; 2 (exames, etc.) acto de copiar; recurso a cábulas ❖ ~ *paper* papel de impressão
copyist [ˈkɒpɪɪst] s. copista
copyreader [ˈkɒpɪˌriːdə] s. 1 (editora) coordenador de redactores; 2 (imprensa) revisor
copyright [ˈkɒpɪraɪt] Ⓐ s. DIREITO copyright, propriedade literária/artística; direitos de autor; *to hold the* ~ *for/on* ser proprietário dos direitos de autor de Ⓑ adj. protegido por *copyright* Ⓒ v.tr. assegurar o *copyright* de ❖ ~ *reserved* proibida a reprodução; *out of* ~ no domínio público
copywriter [ˈkɒpɪraɪtə] s. redactor publicitário
copywriting [ˈkɒpɪraɪtɪŋ] s. redacção de anúncios publicitários
coquet [kəʊˈket] Ⓐ adj. vistoso, coquete Ⓑ v.intr. brincar, galantear; pavonear-se
coquetry [ˈkəʊkɪtrɪ] s. (pl. -**ies**) coqueteria
coquette [kəʊˈket] Ⓐ s.f. 1 coquete; 2 mulher atraente Ⓑ v.intr. brincar, galantear; pavonear-se
coquettish [kəʊˈketɪʃ] adj. 1 atraente, provocante; 2 coquete
coquettishly [kəʊˈketɪʃlɪ] adv. 1 provocantemente; 2 atraentemente
Cor. [*abrev. de* Corinthians]

coracle ['kɒrəkl] *s.* pequeno barco, só para uma pessoa, com uma armação leve de madeira, e revestido de peles ou tela impermeável
coral ['kɒrəl] Ⓐ *s.* **1** coral; **2** ovas de lavagante Ⓑ *adj.* **1** de coral; **2** (cor) coral ❖ GEOGRAFIA ~ *island* ilha de coral; GEOGRAFIA ~ *reef* recife de coral
coralliferous [ˌkɒrə'lɪfərəs] *adj.* coralífero
coralline ['kɒrəlaɪn] *s.* coralina
corallite ['kɒrəlaɪt] *s.* coralite
coralwort ['kɒrəlwɜːt] *s.* BOTÂNICA dentária
corb [kɔːb] *s.* cesto para o transporte de carvão
corbel ['kɔːbəl] Ⓐ *s.* **1** ARQUITECTURA cachorro, mísula; consola; **2** base de apoio de trave Ⓑ *v.tr.,intr.* (particípios: -ll-) **1** projectar(-se) em forma de mísula; **2** apoiar em consola
✦**corbel out** *v.tr.* ARQUITECTURA construir um cachorro
corbet ['kɔːbɪt] *s.* ARQUITECTURA modilhão
corbie ['kɔːbɪ] *s.* [Esc.] corvo
Corcyra [kɔː'saɪərə] *s.top.* (nome antigo da ilha de Corfu) Córcira
cord [kɔːd] Ⓐ *s.* **1** cordel; corda fina; cordão; **2** ELECTRICIDADE fio, cabo; *to connect the power* ~ juntar o cabo de ligação; **3** fio saliente em tecido; **4** (tecido) bombazina; **5** (madeira) medida de lenha cortada (com cerca de 128 pés cúbicos); **6** ANATOMIA cordão; corda; **7** *pl.* VESTUÁRIO calças de bombazina Ⓑ *v.tr.* (com corda) amarrar; atar ❖ [EUA] ELECTRICIDADE *extension* ~ extensão; ANATOMIA *spinal* ~ medula espinal; ANATOMIA *umbilical* ~ cordão umbilical; ANATOMIA *vocal cords* cordas vocais
cordage ['kɔːdɪdʒ] *s.* cordame
cordate ['kɔːdeɪt] *adj.* cordiforme
Cordelia [kɔː'diːlɪə] *s.antr.* Cordélia
cordelier [ˌkɔːdɪ'lɪə] *s.* frade franciscano
cordial ['kɔːdɪəl] Ⓐ *adj.* cordial, sincero Ⓑ *s.* tónico, cordial
cordiality [ˌkɔːdɪ'ælɪtɪ] *s.* (*pl.* -**ies**) cordialidade
cordially ['kɔːdɪəlɪ] *adv.* cordialmente
cordite ['kɔːdaɪt] *s.* QUÍMICA cordite
cordless ['kɔːdləs] *adj.* **1** sem fio; ~ *phone* telefone sem fio; **2** a pilhas, que funciona com pilhas
córdoba ['kɔːdəbə] *s.* (moeda da Nicarágua) córdoba
cordon ['kɔːdn] *s.* **1** (forças de segurança) cordão; barreira; *there is a* ~ *of police around the stadium* há um cordão policial em torno do estádio; **2** RELIGIÃO cíngulo; **3** cordão, fita ornamental; **4** (ordens honoríficas) fita, talabarte, distintivo; **5** ARQUITECTURA cornija; **6** (jardinagem) árvore de fruto podada até ao caule ❖ (prato, cozinheiro) ~ *bleu* cordon-bleu; *sanitary* ~ cordão sanitário; *the Blue Cordon* a Ordem do Espírito Santo
✦**cordon off** *v.tr.* **1** conter (por meio de cordão de segurança); **2** colocar um cordão de segurança em torno de
Cordova ['kɔːdəvə] *s.top.* Córdova
cordovan ['kɔːdəvən] *s.* cordovão
cord-shaped ['kɔːdʃeɪpt] *adj.* funiforme
corduroy ['kɔːdʒʊərɔɪ] *s.* (*pl.* -**s**) **1** bombazina; **2** *pl.* VESTUÁRIO calças de bombazina ❖ ~ *road* caminho sobre pântano feito de troncos derrubados
cordwain ['kɔːdweɪn] *s.* [arc.] ⇒ **cordovan**
cordwainer ['kɔːdweɪnə] *s.* [ant.] sapateiro
cordwood ['kɔːdwʊd] *s.* madeira que só serve para lenha
core [kɔː] Ⓐ *s.* **1** âmago, medula, parte central; **2** BOTÂNICA (fruto) coração, caroço; **3** GEOLOGIA núcleo, centro da Terra; **4** núcleo; **5** MEDICINA carnegão; **6** (fundição) macho Ⓑ *v.tr.* **1** (fruto) extrair o caroço de; **2** extrair o âmago de; **3** tirar a parte central a ❖ **1** essencial, fundamental, principal; **2** central, fulcral; nuclear ❖ ~ *cross-section* corte transversal do núcleo; ~ *curriculum* currículo obrigatório; INFORMÁTICA ~ *memory* memória central; ~ *moment* momento nuclear; ~ *of cross-section* núcleo de secção; ELECTRICIDADE ~ *reactor* reactor de núcleo; (escola) ~ *subject* disciplina nuclear; [coloq.] *he's Portuguese to the* ~ ele é um português dos quatro costados; *in my heart's* ~ no mais fundo do meu coração; *rotten at the* ~ podre; doente na alma, no coração; *the hard* ~ o núcleo duro; *to get to the* ~ *of sth* aprofundar qualquer coisa; ir até ao âmago de algo
Corea ['kɔːrɪə] *s.top.* Coreia
co-regent [ˌkəʊ'riːdʒənt] *s.* co-regente
coreligionist [ˌkɒrɪ'lɪdʒənɪst] *s.* ⇒ **co-religionist**
co-religionist [ˌkəʊrɪ'lɪdʒənɪst] *s.* (religião) correligionário

corer ['kɔːrə] *s.* descaroçador
co-respondent [ˌkəʊrɪ'spɒndənt] *s.* cúmplice em matéria de adultério
corf [kɔːf] *s.* (*pl.* -**s**) **1** cesta, vagoneta primitivamente usada nas minas; **2** espécie de caixa para conservar os peixes vivos na água
coriaceous [ˌkɒrɪ'eɪʃəs] *adj.* coriáceo
coriander [ˌkɒrɪ'ændə] *s.* BOTÂNICA, CULINÁRIA coentro
Corinth ['kɒrɪnθ] *s.top.* (Grécia) Corinto
Corinthian [kə'rɪnθɪən] *adj.,s.* coríntio ❖ ARQUITECTURA ~ *Order* ordem coríntia
Coriolanus [ˌkɒrɪəʊ'leɪnəs] *s.antr.* Coriolano
corium ['kɒrɪəm] *s.* **1** MEDICINA derme; **2** ZOOLOGIA (insectos) córío
coriza [kə'raɪzə] *s.* coriza
cork [kɔːk] Ⓐ *s.* **1** cortiça; *ground* ~ cortiça moída; **2** rolha; batoque; **3** bóia de cortiça Ⓑ *v.tr.* **1** arrolhar, pôr uma rolha em; **2** enfarruscar com cortiça queimada ❖ ~ *buoy* bóia de cortiça; ~ *cutter* rolheiro; ~ *insulation* isolamento de cortiça; ~ *jacket* colete de salvação; BOTÂNICA ~ *oak/tree* sobreiro; ~ *presser* prensa para rolhas; ~ *sheet* folha de cortiça; ~ *slab* placa de cortiça; ~ *stopper* rolha de cortiça; (boxe) *to draw a* ~ pôr o nariz do adversário a sangrar
✦**cork up** *v.tr.* **1** arrolhar, colocar uma rolha em; **2** [coloq.] reprimir, recalcar
corkage ['kɔːkɪdʒ] *s.* **1** enrolhamento, desarrolhamento; **2** percentagem paga em hotéis por bebidas trazidas de fora; **3** [coloq.] rolha
corked ['kɔːkt] *adj.* **1** arrolhado; **2** enfarruscado com cortiça queimada; **3** (vinho) que sabe a rolha
corker ['kɔːkə] *s.* **1** (pessoa, máquina) arrolhador; **2** [coloq.] mentira, patranha; **3** [cal., ant.] pessoa/coisa formidável/porreira; *he's a* ~ é um tipo porreiro ❖ *it's a* ~ é a última novidade; *that's a corker!* boa resposta!
corkscrew ['kɔːkskruː] Ⓐ *s.* saca-rolhas Ⓑ *v.tr.* enroscar em espiral ❖ ~ *stairs* escada em caracol
corky ['kɔːkɪ] *adj.* (*comp.* -**ier**, *superl.* -**iest**) **1** parecido com cortiça; **2** feito de cortiça; **3** com gosto a cortiça; **4** alegre; **5** vivo; **6** frívolo
corm [kɔːm] *s.* BOTÂNICA (croco) bolbo
Cor. Mem. [*abrev. de* corresponding member]
cormorant ['kɔːmərənt] *s.* **1** corvo-marinho; **2** [coloq.] pessoa insaciável
corn [kɔːn] Ⓐ *s.* **1** cereal, cereais; **2** [GB] trigo, cevada, aveia, centeio, milho; **3** [EUA] milho; **4** [Esc.] aveia; **5** (cereais, pimenta, etc.) grão, semente; **6** calo, calosidade; **7** algo demasiado gasto, antiquado ou sentimental Ⓑ *v.tr.* **1** salgar; **2** [EUA] alimentar com milho ❖ [EUA] ~ *bread* pão de milho; ~ *chandler* negociante de cereais (a retalho); ~ *cure* calicida; ~ *cutter* calista; máquina de cortar cereal; ~ *drill* máquina de semear milho; ~ *factor* negociante de cereais; [GB] HISTÓRIA (primeira metade do séc. XIX) *Corn Laws* impostos lançados sobre os cereais importados; ~ *plaster* penso para calos; calicida; BOTÂNICA ~ *poppy* papoila-rubra; ~ *powder* pólvora granulada; ~ *rent* renda paga em cereal ou no valor deste no mercado; BOTÂNICA ~ *salad* erva-benta; ~ *sheller* debulhadora de milho; [coloq.] *to tread on sb's corns* pisar os calos a alguém; ofender alguém
corncob ['kɔːnkɒb] *s.* **1** carolo de milho; **2** cachimbo feito de carolo de milho
corncrake ['kɔːnkreɪk] *s.* ZOOLOGIA codornizão
cornea ['kɔːnɪə] *s.* ANATOMIA (olho) córnea
corneal ['kɔːnɪəl] *adj.* ANATOMIA corneal; relativo à córnea ❖ CIRURGIA ~ *graft* enxerto da córnea; CIRURGIA ~ *transplant* transplante da córnea
corned [kɔːnd] *adj.* **1** em salmoura; **2** enlatado; ~ *beef* carne enlatada, carne de conserva
cornel ['kɔːnəl] *s.* BOTÂNICA corniso, espécie de abrunheiro bravo
Cornelia [kɔː'niːlɪə] *s.antr.* Cornélia
cornelian [kɔː'niːlɪən] *s.* cornalina
corneous ['kɔːnɪəs] *adj.* córneo
corner ['kɔːnə] Ⓐ *s.* **1** canto, esquina; **2** recanto; **3** lugar afastado; **4** DESPORTO (futebol) pontapé de canto; **5** COMÉRCIO monopólio Ⓑ *v.tr.* **1** encurralar; **2** pôr a um canto; **3** COMÉRCIO; **4** COMÉRCIO monopolizar, adquirir o monopólio de; *to* ~ *the market* monopolizar o mercado, dominar o mercado; **5** fazer esquina; **6** fazer uma viragem (de automóvel) ❖ ~ *band*

cornerstone

square esquadro maior; ~ *man* vagabundo; ~ *pillar* coluna angular; ARQUITECTURA ~ *plate* cantoneira; ~ *rafter* rincão; ~ *shop* loja de bairro; DESPORTO (futebol) *a* ~ *(kick)* um (pontapé de) canto; *a tight* ~ uma situação difícil; *at/on every* ~ em cada esquina; *(just) around/round the* ~ ao virar da esquina; perto; mesmo à mão; prestes a chegar; *to cut corners* meter-se em atalhos; *to cut off a* ~ cortar a direito; *to drive/put sb into a* ~ pôr alguém entre a espada e a parede; *to put a child in the* ~ pôr uma criança de castigo; *to turn the* ~ ultrapassar a crise

cornerstone ['kɔːnəstəʊn] *s.* 1 pedra angular; 2 primeira pedra; 3 [fig.] pilar*fig.*

cornet ['kɔːnɪt] *s.* 1 MÚSICA corneta; 2 cartucho cónico; 3 touca branca de irmã de caridade; 4 porta-bandeira; 5 [ant.] alferes

cornetcy ['kɔːnɪtsɪ] *s.* cargo de porta-bandeira, de alferes

cornetist ['kɔːnɪtɪst] *s.* MÚSICA cornetista

cornfield ['kɔːnfiːld] *s.* campo de milho ou trigo

cornflag ['kɔːnflæɡ] *s.* BOTÂNICA espadana, espadanha

cornflakes ['kɔːnfleɪks] *s.pl.* (pequeno-almoço) flocos de milho

cornflour ['kɔːnˌflaʊə] *s.* farinha de milho

cornflower ['kɔːnflaʊə] *s.* BOTÂNICA centáurea azul ❖ (cor) ~ *blue* azul-violáceo

cornice ['kɔːnɪs] *s.* cornija

Cornish ['kɔːnɪʃ] Ⓐ *adj.* relativo à Cornualha Ⓑ *s.* dialecto da Cornualha ❖ ~ *stone* caulino

cornopean [kəˈnəʊpɪən] *s.* corneta, cornetim

cornstarch ['kɔːnstɑːtʃ] *s.* [EUA] farinha de milho

cornstone ['kɔːnstəʊn] *s.* calcário gresífero

cornucopia [ˌkɔːnjʊˈkəʊpɪə] *s.* 1 cornucópia; 2 [fig.] abundância

cornuted [kɔːˈnjuːtɪd] *adj.* cornuto

Cornwall ['kɔːnwəl] *s.top.* Cornualha

corny ['kɔːnɪ] *adj.* 1 [coloq.] parolo, piroso; 2 piegas; 3 [coloq.] antiquado, desactualizado; 4 cerealífero; 5 caloso, com calos ❖ *a* ~ *joke* uma anedota já com barbas

corolla [kəˈrɒlə] *s.* BOTÂNICA corola

corollary [kəˈrɒlərɪ] *s. (pl.* -**ies**) corolário

corona [kəˈrəʊnə] *s. (pl.* -**ae** ou -**as**) 1 coroa; 2 halo, círculo luminoso em volta do Sol ou da Lua; 3 antélio; 4 coroa luminosa em igreja; 5 ANATOMIA, BOTÂNICA coroa; 6 coroa de cornija, lacrimal

coronach ['kɒrənək] *s.* [Esc., Irl.] canto fúnebre

coronal[1] [kəˈrəʊnəl, 'kɒrənl] *adj.* coronal ❖ ANATOMIA ~ *bone* osso coronal/frontal

coronal[2] ['kɒrənəl] *s.* 1 grinalda, coroa; 2 diadema

coronary ['kɒrənərɪ] Ⓐ *adj.* ANATOMIA coronário Ⓑ *s.* 1 ANATOMIA coronária, artéria coronária; 2 MEDICINA enfarte cardíaco; *the death rate from coronaries* a taxa de mortalidade causada por enfartes cardíacos ❖ ~ *disease* doença coronária; ~ *insufficiency* insuficiência coronária; MEDICINA ~ *thrombosis* trombose coronária

coronation [ˌkɒrəˈneɪʃən] *s.* coroação

coroner ['kɒrənə] *s.* juiz de instrução

coronet ['kɒrənɪt] *s.* 1 coroa (de barão ou outro nobre) mais pequena que a do soberano; 2 grinalda; 3 diadema; 4 coroa do casco (em solípede)

coroneted ['kɒrənɪtɪd] *adj.* que usa coroa de nobre ou par do reino

coronoid ['kɒrənɔɪd] *adj.* coronóide

corozo [kəˈrəʊzəʊ] *s.* BOTÂNICA coco babaçu ❖ BOTÂNICA ~ *nut* corozo

corpora ['kɔːpərə] *s. {pl.* de **corpus**}

corporal ['kɔːpərəl] Ⓐ *adj.* 1 corporal; relativo ao corpo; 2 corpóreo Ⓑ *s.* 1 RELIGIÃO corporal; 2 MILITAR cabo

corporality [ˌkɔːpəˈrælɪtɪ] *s.* corporalidade

corporate ['kɔːpərɪt] *adj.* 1 corporativo; 2 de empresa, empresarial; 3 colectivo; relativo a grupo ❖ DIREITO ~ *body* pessoa jurídica colectiva; ~ *culture* cultura empresarial; ~ *image* imagem da empresa; DIREITO ~ *law* direito das sociedades; FINANÇAS ~ *taxes* impostos sobre sociedades

corporately ['kɔːpərɪtlɪ] *adv.* colectivamente

corporation [ˌkɔːpəˈreɪʃən] *s.* 1 corporação; 2 COMÉRCIO sociedade, companhia; 3 DIREITO pessoa moral; 4 [coloq.] grande abdómen saliente

corporatism ['kɔːpərətɪzəm] *s.* corporativismo

corporatist ['kɔːpərətɪst] *adj.* corporativista

corporative ['kɔːpərətɪv] *adj.* corporativo ❖ POLÍTICA ~ *state* estado corporativo

corporator [ˌkɔːpəˈreɪtə] *s.* [arc.] membro de corporação

corporeal [kɔːˈpɔːrɪəl] *adj.* material, corpóreo

corporeality [kɔːˌpɔːrɪˈælɪtɪ] *s.* corporalidade, corporeidade

corporealize [kɔːˈpɔːrɪəlaɪz] *v.tr.* corporificar, corporizar

corporeally [kɔːˈpɔːrɪəlɪ] *adv.* corporalmente

corporeity [ˌkɔːpəˈriːɪtɪ] *s.* corporeidade

corposant ['kɔːpəzænt] *s.* fogo-de-santelmo

corps [kɔː] *s. (pl.* **corps**) 1 MILITAR corpo; 2 (grupo de pessoas) corpo, classe, conjunto, corporação ❖ ~ *de ballet* corpo de baile; *diplomatic* ~ corpo diplomático

corpse [kɔːps] *s.* cadáver

corpse-candle ['kɔːpskændl] *s.* fogo-fátuo

corpulence ['kɔːpjʊləns] *s.* corpulência

corpulency ['kɔːpjʊlənsɪ] *s.* corpulência

corpus ['kɔːpəs] *s. (pl.* **corpora** ou **corpuses**) 1 LINGUÍSTICA corpus; 2 corpo; estrutura; 3 recolha; colectânea; 4 LITERATURA colecção de escritos; obra completa; 5 FINANÇAS acervo fiduciário; 6 âmago, cerne ❖ ~ *delicti* corpo de delito

corpuscle ['kɔːpəsl] *s.* 1 corpúsculo; 2 BIOLOGIA glóbulo; *red corpuscles* glóbulos vermelhos; *white corpuscles* glóbulos brancos

corpuscular [kɔːˈpʌskjʊlə] *adj.* corpuscular

corpuscule [kɔːˈpʌskjuːl] *s.* ⇒ **corpuscle**

corral [kɒˈrɑːl] Ⓐ *s.* 1 cerca, cerrado (para animais); 2 linha de defesa de acampamento constituída pelos carros dispostos em volta; 3 cerca para apanhar animais selvagens Ⓑ *v.tr.* (particípios: -**ll**-) 1 cercar; 2 dispor os carros em forma de cerca

correct [kəˈrekt] Ⓐ *adj.* 1 correcto; certo; 2 (convencional) correcto Ⓑ *v.tr.* 1 corrigir; rectificar; *to* ~ *a mistake* corrigir um erro; 2 (escritos) rever; emendar; corrigir; 3 [ant.](castigar) administrar um correctivo a ❖ [coloq.] ~ *me if I'm wrong* diz-me se estou a cometer algum erro; se não me engano,...; *if my memory is* ~ se bem me lembro; *to stand corrected* reconhecer que se errou

correction [kəˈrekʃən] *s.* 1 correcção; 2 rectificação; 3 castigo, punição ❖ ~ *factor* factor de correcção; ~ *fluid* corrector; ~ *table* grelha de correcção; (engano) *correction!* digo!; *under* ~ salvo erro; sujeito a correcção

correctional [kəˈrekʃənəl] *adj.* correccional

correctitude [kəˈrektɪtjuːd] *s.* correcção, procedimento correcto

corrective [kəˈrektɪv] *adj.,s.* correctivo

correctively [kəˈrektɪvlɪ] *adv.* correctivamente

correctly [kəˈrektlɪ] *adv.* correctamente

correctness [kəˈrektnɪs] *s.* 1 exactidão; 2 rectidão, correcção

corrector [kəˈrektə] *s.* (pessoa, aparelho) corrector ❖ ~ *lens* lente de correcção

correlate ['kɒrɪleɪt] Ⓐ *v.tr.,intr.* correlacionar-se, correlacionar, correlatar Ⓑ *s.* correlativo

correlation [ˌkɒrɪˈleɪʃən] *s.* correlação

correlative [kəˈrelətɪv] *adj.,s.* correlativo

correlatively [kɒˈrelətɪvlɪ] *adv.* correlativamente

correlativeness [kəˈrelətɪvnɪs] *s.* correlação

correspond [ˌkɒrɪˈspɒnd] *v.intr.* 1 corresponder, assemelhar-se a, harmonizar-se com; 2 estar de acordo com; 3 corresponder-se com

correspondence [ˌkɒrɪˈspɒndəns] *s.* 1 correspondência, simetria, harmonia; 2 cartas, comunicação epistolar

correspondent [ˌkɒrɪˈspɒndənt] *adj.,s.* (geral) correspondente ❖ (jornalismo) *special* ~ enviado especial; (cartas) *to be a bad* ~ quase nunca escrever

correspondently [ˌkɒrɪˈspɒndəntlɪ] *adv.* correspondentemente

corresponding [ˌkɒrɪˈspɒndɪŋ] *adj.* 1 correspondente; análogo; equivalente [**to**, a]; 2 consoante [**to**, -]; conforme [**to**, -] ❖ GEOMETRIA ~ *angles* ângulos correspondentes

correspondingly [ˌkɒrɪˈspɒndɪŋlɪ] *adv.* 1 consequentemente; como seria de esperar; 2 de forma proporcional; 3 em conformidade; de harmonia

corridor ['kɒrɪdɔː] *s.* corredor ❖ ~ *train* comboio com carruagens intercomunicantes

corrie ['kɒrɪ] *s.* [Esc.] cavidade circular no flanco de monte

corrigendum [ˌkɒrɪˈdʒendəm] *s. (pl.* -**a**) corrigenda, errata

corrigible [kɒ'rɪdʒəbəl] *adj.* corrigível
corroborant [kə'rɒbərənt] Ⓐ *s.* tónico Ⓑ *adj.* corroborante
corroborate [kə'rɒbəreɪt] *v.tr.* confirmar, corroborar
corroboration [kə,rɒbə'reɪʃən] *s.* corroboração
corroborative [kə'rɒbərətɪv] *adj.* corroborativo
corroboree [kə'rɒbərɪ] *s.* **1** dança, canto dos nativos australianos; **2** [coloq.] (festa ruidosa) pândega, borga
corrode [kə'rəʊd] *v.tr.,intr.* **1** corroer(-se); desgastar(-se); **2** oxidar(-se)
corrosion [kə'rəʊʒən] *s.* **1** QUÍMICA corrosão; **2** corrosão; desgaste; degradação; **3** oxidação
corrosionproof [kə'rəʊzənpruːf] *adj.* inoxidável
corrosive [kə'rəʊzɪv] Ⓐ *adj.* **1** corrosivo; **2** desgastante; destrutivo; **3** [fig.] cáustico; mordaz Ⓑ *s.* corrosivo ❖ QUÍMICA ~ *chemical* produto químico corrosivo; QUÍMICA ~ *element* elemento corrosivo; QUÍMICA ~ *sublimate* sublimado corrosivo
corrosiveness [kə'rəʊzɪvnɪs] *s.* corrosividade
corrugate ['kɒrəgeɪt] *v.tr.,intr.* **1** enrugar, enrugar-se; **2** franzir, ondular
corrugated ['kɒrəgeɪtɪd] Ⓐ *prt. e part. pass. de* **to corrugate** Ⓑ *adj.* ondulado; enrugado; franzido ❖ ~ *asbestos* amianto ondulado; ~ *cardboard* cartão canelado; ~ *iron/* ~ *sheet iron* chapa ondulada
corrugation [,kɒrə'geɪʃən] *s.* **1** enrugamento, franzimento; **2** ondulação, canelagem
corrupt [kə'rʌpt] Ⓐ *adj.* **1** corrupto; desonesto; **2** (comportamento) devasso; licencioso; **3** INFORMÁTICA danificado; corrompido; **4** [arc.] (carne) putrefacto; em decomposição Ⓑ *v.tr.,intr.* **1** corromper(-se); **2** desmoralizar(-se); perverter(-se); depravar(-se); **3** subornar; **4** INFORMÁTICA danificar; **5** [arc.] apodrecer ❖ ~ *practices* suborno; tráfico de influências
corrupter [kə'rʌptə] *s.* corruptor
corruptibility [kə,rʌptɪ'bɪlɪtɪ] *s.* corruptibilidade
corruptible [kə'rʌptɪbəl] *adj.* corruptível
corruptibly [kə'rʌptɪblɪ] *adv.* corruptamente
corruption [kə'rʌpʃən] *s.* **1** corrupção; **2** LINGUÍSTICA corruptela; **3** [form.] decomposição; putrefacção; **4** (moralidade) perversão; depravação ❖ DIREITO ~ *of blood* morte civil; DIREITO ~ *of minors* corrupção de menores
corruptive [kə'rʌptɪv] *adj.* corruptivo
corruptness [kə'rʌptnɪs] *s.* corrupção
corsage [kɔː'sɑːʒ] *s.* **1** corpo de vestido, corpete; **2** ramalhete usado no peito
corsair ['kɔːseə] *s.* corsário (marinheiro ou navio), pirata
corse [kɔːs] *s.* [arc., poét.] ⇒ **corpse**
Cor. Sec. [*abrev. de* corresponding secretary]
corselet ['kɔːslɪt] *s.* **1** corsolete, cossolete; **2** ZOOLOGIA corselete
corset ['kɔːsɪt] *s.* VESTUÁRIO espartilho
Corsica ['kɔːsɪkə] *s.top.* Córsega
Corsican ['kɔːsɪkən] *adj.,s.* corso
corslet ['kɔːslɪt] *s.* ⇒ **corselet**
cortex ['kɔːteks] *s.* ⟨*pl.* **-tices**⟩ ANATOMIA, BOTÂNICA córtex
cortical ['kɔːtɪkəl] *adj.* cortical
corticate ['kɔːtɪkɪt] *adj.* corticado
corticated ['kɔːtɪkeɪtɪd] *adj.* corticado
corticoid ['kɔːtɪkɔɪd] *s.* FARMÁCIA corticóide
cortisone ['kɔːtɪzəʊn] *s.* cortisona
corundum [kə'rʌndəm] *s.* MINERALOGIA corindo, corundo
Corunna [kə'rʌnə] *s.top.* Corunha
coruscate ['kɒrəskeɪt] *v.intr.* coruscar, reluzir
coruscating ['kɒrəskeɪtɪŋ] *adj.* **1** coruscante; brilhante; reluzente; **2** [fig.] fulgurante, impressionante, brilhante; ~ *performance* actuação impressionante; ~ *speech* discurso brilhante
coruscation [,kɒrəs'keɪʃən] *s.* coruscação, fulgor
corvette [kɔː'vet] *s.* NÁUTICA corveta
corvine ['kɔːvaɪn] *adj.* corvino
corybant ['kɒrɪbænt] *s.* ⟨*pl.* **corybants** ou **coribantes**⟩ coribante, sacerdote da deusa Cíbele
Corybantic [,kɒrɪ'bæntɪk] *adj.* coribântico
Corydon ['kɒrɪdən] *s.* rústico (na poesia pastoral)
corymb ['kɒrɪmb] *s.* BOTÂNICA corimbo
coryphaeus [,kɒrɪ'fiːəs] *s.* ⟨*pl.* **-i**⟩ **1** corifeu; **2** chefe
coryza [kə'raɪzə] *s.* MEDICINA coriza

cos [kɒs] *s.* BOTÂNICA alface-romana, alface da ilha de Cós
cos GEOMETRIA [*abrev. de* cosine]
cosaque [kɒ'zaːk] *s.* bombom explosivo
cose [kəʊz] *v.intr.* instalar-se confortavelmente, preguiçar
cosec [*abrev. de* cosecant]
cosecant [kəʊ'siːkənt] *s.* co-secante
cosh [kɒʃ] Ⓐ *s.* (arma de metal ou borracha) moca Ⓑ *v.tr.* agredir com uma moca, dar uma mocada a [coloq.]
cosher ['kɒʃə] *v.tr.* amimar
cosignatory [kəʊ'sɪgnətərɪ] *s.* [form.] co-signatário
co-signatory [kəʊ'sɪgnətərɪ] *adj.,s.* ⟨*pl.* **-ies**⟩ co-signatário
cosily ['kəʊzɪlɪ] *adv.* comodamente, confortavelmente, aconchegadamente
cosine ['kəʊsaɪn] *s.* GEOMETRIA co-seno
cosiness ['kəʊzɪnɪs] *s.* aconchego, comodidade
coslettize [kɒzle'taɪz] *v.tr.* dar um tratamento antiferrugem a (ferro, aço, etc.)
cosmetic [kɒz'metɪk] Ⓐ *s.* cosmético; produto de beleza Ⓑ *adj.* **1** cosmético; **2** [depr.] superficial; de fachada ❖ ~ *surgery* cirurgia estética
cosmetician [,kɒzmə'tɪʃən] *s.* esteticista
cosmetologist [,kɒzmə'tɒlədʒɪst] *s.* esteticista
cosmic ['kɒzmɪk] *adj.* **1** cósmico; **2** [fig.] gigantesco; prodigioso; *this issue raised a scandal of* ~ *proportions* esta questão provocou um escândalo de proporções gigantescas ❖ ASTRONOMIA ~ *radiation* radiação cósmica; ASTRONOMIA ~ *ray* raio cósmico; ASTRONOMIA ~ *ray detector* detector de raios cósmicos
cosmical ['kɒzmɪkəl] *adj.* ⇒ **cosmic**
cosmically ['kɒzmɪkəlɪ] *adv.* de modo cósmico
cosmism ['kɒzmɪzəm] *s.* teoria que concebe o cosmos como um todo independente
cosmodrome ['kɒzmədrəʊm] *s.* cosmódromo
cosmogonic [,kɒzməʊ'gɒnɪk] *adj.* cosmogónico
cosmogonical [,kɒzməʊ'gɒnɪkəl] *adj.* cosmogónico
cosmogonically [,kɒzməʊ'gɒnɪkəlɪ] *adv.* cosmogonicamente
cosmogonist [kɒz'mɒgənɪst] *s.* cosmogonista
cosmogony [kɒz'mɒgənɪ] *s.* cosmogonia
cosmographer [kɒz'mɒgrəfə] *s.* cosmógrafo
cosmographic [,kɒzmə'græfɪk] *adj.* cosmográfico
cosmographical [,kɒzmə'græfɪkəl] *adj.* cosmográfico
cosmography [kɒz'mɒgrəfɪ] *s.* cosmografia
cosmological [,kɒzmə'lɒdʒɪkəl] *adj.* cosmológico
cosmologist [kɒz'mɒlədʒɪst] *s.* cosmologista
cosmology [kɒz'mɒlədʒɪ] *s.* cosmologia
cosmonaut ['kɒzmənɔːt] *s.* cosmonauta
cosmopolis [kɒz'mɒpəlɪs] *s.* cidade cosmopolita
cosmopolitan [,kɒzmə'pɒlɪtən] *adj.,s.* cosmopolita
cosmopolitanism [,kɒzmə'pɒlɪtənɪzəm] *s.* cosmopolitismo
cosmopolite [kɒz'mɒpəlɪt] *s.* ⇒ **cosmopolitan**
cosmopolitism [,kɒzmə'pɒlɪtɪzəm] *s.* ⇒ **cosmopolitanism**
cosmos ['kɒzmɒs] *s.* **1** cosmos; **2** BOTÂNICA cosmo
coss [kɒs] *s.* medida equivalente a 2000 jardas
Cossack ['kɒsæk] *adj.,s.* cossaco
cosset ['kɒsɪt] Ⓐ *s.* **1** cordeirinho; **2** cordeirinho amimado Ⓑ *v.tr.* amimar
cost [kɒst] Ⓐ *s.* **1** custo; **2** gasto, dispêndio, despesa; **3** *pl.* DIREITO custas Ⓑ *v.intr.* (*prt. e part. pass.* **cost**) custar Ⓒ *v.tr.* (*prt. e part. pass.* **-ed**) **1** calcular o custo de, calcular a despesa de; **2** fixar o preço de revenda de ❖ ~ *accountancy* cálculo do custo de produção; ~ *containment* contenção de despesas; ~ *of labour* custo de mão-de-obra; ~ *of living* custo de vida; ~ *of upkeep* custo de manutenção; ~ *price* preço de custo; ~ *to manufacture* custo de fabrico; *at a* ~ *of* a um custo de; *at all costs* custe o que custar; a todo o custo; de qualquer maneira; seja como for; *at no extra* ~ sem custos adicionais; *at the* ~ *of* à custa de; *average* ~ custo médio; [coloq.] (*sth*) *costs money!* (alguma coisa) custa dinheiro!; [coloq.] *it'll* ~ *you* vai sair-te caro; *prime* ~ custo de produção; *the full* ~ o custo total; *to* ~ *an arm and a leg* custar os olhos da cara; *to* ~ *a small fortune* custar uma fortuna; *to* ~ *sb dear/dearly* custar caro a alguém; sair caro a alguém; *to count the* ~ contar o custo; entender as consequências; levar em linha de conta todas as circunstâncias; *to cover one's costs* cobrir as despesas; *to cover the* ~ *of* cobrir a despesa de; *to cut/reduce costs* cortar/reduzir as

despesas; *to cut the* ~ reduzir o preço; *(to find/know/learn) to one's* ~ (descobrir/saber/aprender) à própria custa
costal ['kɒstəl] *adj.* costal
costard ['kɒstəd] *s.* género de maçã grande e rugosa
Costa Rica [ˌkɒstə'riːkə] *s.top.* Costa Rica
Costa Rican [ˌkɒstə'riːkən] *adj.,s.* costa-riquenho
costate ['kɒsteɪt] *adj.* com costelas
cost-benefit [ˌkɒst'benəfɪt] *adj.* FINANÇAS de custo-benefício ❖ ~ *analysis* avaliação de custo-benefício
costbook ['kɒst,bʊk] *s.* livro de contas
cost-cutting [ˌkɒst'kʌtɪŋ] *s.* (negócios) redução de custos ❖ ~ *plan* plano de redução de custos
cost-effective [ˌkɒstɪ'fektɪv] *adj.* 1 rentável; 2 economicamente viável
cost-effectiveness [ˌkɒstɪ'fektɪvnəs] *s.* 1 rentabilidade; 2 viabilidade económica
coster ['kɒstə] *s.* [arc.] vendedor ambulante de fruta e hortaliça
costermonger ['kɒstəmʌŋɡə] *s.* [arc.] vendedor ambulante de fruta e hortaliça
costing ['kɒstɪŋ] *s.* 1 fixação do custo; 2 custo; 3 estimativa dos custos (de produção); 4 *pl.* custos (de produção)
costive ['kɒstɪv] *adj.* 1 com prisão de ventre; 2 mesquinho, miserável
costively ['kɒstɪvlɪ] *adv.* mesquinhamente, miseravelmente
costiveness ['kɒstɪvnɪs] *s.* prisão de ventre
costless ['kɒstləs] *adj.* grátis
costliness ['kɒstlɪnɪs] *s.* 1 grande dispêndio; 2 alto preço; 3 sumptuosidade
costly ['kɒstlɪ] *adj.* 1 dispendioso; 2 custoso; 3 sumptuoso, rico
costmary ['kɒstmeːrɪ] *s.* BOTÂNICA costo, balsamita, hortelã-francesa
costume ['kɒstjuːm] Ⓐ *s.* 1 traje; vestuário; 2 (roupa) máscara, fantasia; *in* ~ mascarado; 3 VESTUÁRIO [ant.] saia-casaco Ⓑ *v.tr.* 1 mascarar; vestir com traje de fantasia; 2 fornecer o guarda-roupa de ❖ ~ *ball* baile de máscaras; TELEVISÃO ~ *drama* série de época; ~ *jewellery* bijuteria; TEATRO ~ *play* peça histórica; *national* ~ traje típico nacional
co-survivor [kəʊsə'vaɪvə] *s.* PSICOLOGIA amigo/familiar de vítima (de uma experiência traumática)
cosy ['kəʊzɪ] Ⓐ *adj.* (*comp.* **-ier**, *superl.* **-iest**) confortável, acolhedor, aconchegante; cómodo, aconchegado Ⓑ *s.* (*pl.* **-ies**) 1 abafador para bule; 2 (cadeira) conversadeira ❖ *tea* ~ abafador para chá
cot [kɒt] Ⓐ *s.* 1 alpendre; 2 cabana, choupana; 3 cama pequena, cama de beliche; 4 berço de criança; 5 cama-rede; 6 cama suspensa; 7 cama de acampamento; 8 [Irl.] barco grosseiro Ⓑ *v.tr.* abrigar, recolher em alpendre (carneiros)
cot GEOMETRIA [*abrev. de* cotangent]
cotangent [kəʊ'tændʒənt] *s.* co-tangente
cote [kəʊt] *s.* redil, aprisco, curral
coterie ['kəʊtərɪ] *s.* roda, círculo restrito, capelinha*fig.*
coterminous [kəʊ'tɜːmɪnəs] *adj.* ⇒ **conterminous**
co-text ['kəʊtekst] *s.* LINGUÍSTICA co-texto
cothurnus [kəʊ'θɜːnəs] *s.* coturno
co-tidal [kəʊ'taɪdəl] *adj.* NÁUTICA cotidal
cotillion [kə'tɪljən] *s.* cotilhão
cotillon [kə'tɪlən] *s.* cotilhão
cottage ['kɒtɪdʒ] *s.* 1 pequena casa de campo; 2 [coloq.] casas de banho públicas ❖ CULINÁRIA ~ *cheese* requeijão; ~ *hospital* hospital pequeno sem corpo médico residente; ~ *industry* empresa de pequena escala/familiar; [GB] ~ *loaf* pão com uma forma redonda sobre outra maior; ~ *piano* pequeno piano vertical
cottager ['kɒtɪdʒə] *s.* camponês, aldeão
cottar ['kɒtə] *s.* ⇒ **cotter**
cotter ['kɒtə] *s.* 1 [Esc.] rendeiro, caseiro; 2 MECÂNICA chave, chaveta; chave de bocas, chave de fendas ❖ MECÂNICA ~ *key* contrachaveta; MECÂNICA ~ *way* olho da chaveta
cottier ['kɒtjə] *s.* [Irl.] ⇒ **cottager** ❖ ~ *ternure* arrendamento de pequenas porções de terra por leilão
cotton ['kɒtən] Ⓐ *s.* 1 algodão; 2 fio ou tecido de algodão; 3 [GB] linha; *go get a needle and* ~ vai buscar uma agulha e linha; 4 [EUA] algodão hidrófilo Ⓑ *v.intr.* 1 harmonizar-se, concordar; 2 cobrir-se de pêlos, cobrir-se de penugem ❖ [GB] ~ *bud* cotonete; ~ *cake* semente de algodão para o gado; [EUA] ~ *candy* algodão-doce; ~ *card* cardador de algodão; ~ *cloth* tecido de algodão; ~ *gasket* algodão em tranças; BOTÂNICA ~ *grass* linho dos brejos; ~ *jenny* fiadeira; ~ *manufacture* indústria algodoeira; ~ *mill* fiação de algodão; [EUA] ~ *patch* região algodoeira; BOTÂNICA ~ *plant* algodoeiro; ~ *powder* algodão-pólvora; piróxilo; BOTÂNICA ~ *tree* bômbax; [EUA] ~ *wool* algodão-em-rama; algodão hidrófilo; ~ *yarn* fio de algodão; *absorbent* ~ algodão hidrófilo; (tecido) *printed* ~ chita; *sewing* ~ fio de Escócia; *medicated* ~ *wool* algodão hidrófilo
◆**cotton on** *v.intr.* [coloq.] (perceber) atingir*coloq.*; *to* ~ *to sth* atingir alguma coisa
◆**cotton to** *v.tr.* 1 [EUA] [coloq.] gostar de; 2 [EUA] [coloq.] perceber
cottonocracy [kɒtə'nɒkrəsɪ] *s.* grandes magnatas algodoeiros
Cottonopolis [kɒtə'nɒpəlɪs] *s.* [joc.] Manchéster
cottontail ['kɒtən,teɪl] *s.* ZOOLOGIA coelho bravo
cottony ['kɒtnɪ] *adj.* macio, felpudo
cotyledon [kɒtɪ'liːdən] *s.* BOTÂNICA cotilédone
cotyledonous [kɒtɪ'liːdənəs] *adj.* cotiledóneo
cotyloid ['kɒtɪlɔɪd] *adj.* cotilóide
couch [kaʊtʃ] Ⓐ *s.* (*pl.* **-es**) 1 sofá, divã; 2 (preparação do malte) cama para germinação do grão; 3 BOTÂNICA grama Ⓑ *v.tr.,intr.* 1 (exprimir) formular [**in**, em]; *the decision was couched in clear terms* a decisão foi formulada em termos claros; 2 (malte) dispor o grão para a germinação; 3 MEDICINA (cataratas) extrair; 4 ocultar; esconder(-se); 5 [arc.] deitar-se; 6 [lit.] (animal) agachar-se, aninhar-se; 7 [arc.] baixar a lança para o ataque; [fig.] preparar-se para atacar ❖ [coloq.] ~ *potato* viciado em televisão; *studio* ~ sofá-cama; [fig.] *to be on the* ~ fazer psicanálise
couchant ['kaʊtʃənt] *adj.* HERÁLDICA (animal) deitado de cabeça levantada
cougar ['kuːɡə] *s.* ZOOLOGIA puma
cough [kɔːf, kɒf] Ⓐ *s.* tosse Ⓑ *v.intr.* tossir Ⓒ *v.tr.* tossir; expelir pela boca; *to* ~ *blood* expelir sangue pela boca ❖ FARMÁCIA ~ *drop/lozenge* pastilha contra a tosse; FARMÁCIA ~ *mixture* xarope contra a tosse; FARMÁCIA ~ *syrup* xarope contra a tosse; *to* ~ *down a speaker* abafar a voz de um orador pelo barulho da tosse
◆**cough up** *v.tr.* 1 (tosse) expelir; cuspir; 2 [coloq.] (dinheiro) chegar-se à frente com; liberar; desembolsar; largar
cougher ['kɒfə] *s.* aquele que tosse
coughing ['kɒfɪŋ] *s.* tosse
could [kʊd] *prt. de* **can**
couldn't ['kʊdnt] *contr. de* **could not**
coulis ['kuːlɪ] *s.* CULINÁRIA calda, caldo coado, suco
coulisse [kuː'liːs] *s.* 1 TEATRO bastidor; 2 ranhura de corrediça
couloir ['kuːlwɑː] *s.* 1 barranco alcantilado no dorso de monte; 2 ravina
coulomb ['kuːlɒm] *s.* ELECTRICIDADE (sistema internacional de unidades de medida) coulomb
coulter ['kəʊltə] *s.* relha (de arado)
coumarin ['kuːmərɪn] *s.* cumarina
council ['kaʊnsl] *s.* 1 conselho, assembleia; *to hold* ~ reunir em conselho; 2 (órgãos de governo) câmara municipal; governo municipal; 3 concílio; HISTÓRIA *the* ~ *of Trent* o Concílio de Trento ❖ (entidade) ~ *board* conselho; ~ *chamber* sala do conselho; ~ *house* habitação social; ~ *of Europe* Conselho da Europa; ~ *of State* Conselho de Estado; ~ *of war* conselho de guerra; *the Court of Common* ~ o Conselho Municipal de Londres; *the King/Queen/Crown in* ~ o Conselho Privado
councillor ['kaʊnsɪlə] *s.* 1 membro de conselho ou concílio; 2 conselheiro
councilman ['kaʊnslmən] *s.* [EUA] vereador municipal
councilor ['kaʊnsɪlə] *s.* [EUA] ⇒ **councillor**
counsel ['kaʊnsəl] Ⓐ *s.* 1 consulta; 2 [form.] conselho; 3 intenção; desígnio; 4 advogado, advogados num pleito Ⓑ *v.tr.* (*particípios* **-ll-**) 1 [form.] aconselhar, recomendar; *to* ~ *sb to do sth* aconselhar alguém a fazer alguma coisa; *to* ~ *sb against sth* aconselhar alguém a não fazer alguma coisa; 2 (prática profissional) prestar assistência [**about/on**, sobre]; dar consulta a [**about/on**, sobre]; *to* ~ *sb on a legal procedure* prestar assistência legal a alguém ❖ *King's/Queen's* ~ conselheiro representante legal da Coroa; *to hear* ~ *on both sides* ouvir os advogados das

duas partes; **to hold/take ~ with** aconselhar-se com; [form.] **to keep one's own ~** manter os seus projectos em segredo

counselling ['kaʊnsəlɪŋ] *s.* **1** aconselhamento; **2** orientação; **3** assistência

counsellor ['kaʊnsələ] *s.* **1** conselheiro; **2** [Irl., EUA] advogado

count [kaʊnt] Ⓐ *v.tr.,intr.* **1** contar; calcular; fazer a contagem (de); **to ~ the votes** fazer a contagem dos votos; **2** incluir, contar com; **we were 20 counting the driver** éramos 20 incluindo o motorista; **3** contar, ter valor, ter importância, valer, importar; **to ~ for nothing** não ter importância; **4** considerar; **I ~ myself honoured to be here** para mim, é uma honra estar aqui Ⓑ *s.* **1** conta, cálculo, enumeração; contagem, escrutínio; **2** total, soma; **3** DIREITO pontos de acusação; **he was found guilty on all counts** foi considerado culpado de todas as acusações; **4** motivo; razão; **on a number of counts** por vários motivos; **5** (boxe) contagem até dez; **6** (título) conde ❖ LINGUÍSTICA **~ noun** nome contável; **at the last ~** segundo a última contagem; **to be able to ~ sth on (the fingers of) one hand** contar-se algo pelos dedos; **don't ~ your chickens before they're hatched** não deites foguetes antes da festa; **it's the thought that counts** o que conta é a intenção; **on the ~ of three** quando eu contar até três; **to be out for the ~** estar a dormir; **to ~ heads/noses** contar cabeças; contar o número de participantes; **to ~ one's blessings** estar grato; **to ~ sheep** contar carneiros; **to ~ the cost** contar o custo; entender as consequências; **to keep ~ (of)** registar o número de vezes (de); **to lose ~ (of)** perder a conta (de)

✦**count down** *v.intr.* fazer contagem decrescente

✦**count in** *v.tr.* contar com, incluir; **to count sb in** contar com a participação de alguém

✦**count on/upon** *v.tr.* **1** contar com, confiar em, depender de; **2** contar com, esperar, estar à espera de, planear

✦**count out** *v.tr.* **1** não contar com, pôr de parte; **to count sb out** contar com a ausência de alguém; **2** (dinheiro) contar moeda por moeda ou nota por nota; **3** (boxe) pôr fora de combate, excluir da competição após dez segundos no chão; **to be counted out** não se levantar antes de dez segundos ❖ (Câmara dos Comuns) **to ~ the House** adiar a sessão por se encontrarem presentes menos de 40 deputados

✦**count towards** *v.tr.* contar para

✦**count up** *v.tr.,intr.* **1** dizer os números por ordem, contar [**to**, até]; **2** contar, realizar uma contagem, somar

countdown ['kaʊnt‚daʊn] *s.* contagem decrescente

countenance ['kaʊntnəns] Ⓐ *s.* **1** (rosto) expressão, semblante; **2** apoio, auxílio, aprovação; **3** compostura; calma; **to keep one's ~** manter a compostura; **to lose ~** perder a calma Ⓑ *v.tr.* **1** [form.] permitir; tolerar; **we will never ~ violence** não toleraremos a violência; **2** apoiar; aprovar; **3** encorajar; incentivar; **4** sancionar ❖ **to keep in ~** animar; auxiliar moralmente; **to lend/give ~ to** encorajar; apoiar; **to put sb out of ~** desconcertar alguém; **to stare a person out of ~** atrapalhar uma pessoa olhando-a fixamente

counter ['kaʊntə] Ⓐ *s.* **1** (estabelecimentos) balcão; **2** (cozinha) balcão; **3** contador; **4** (máquinas) contador de rotações; **5** ficha de jogo; **6** caixa registadora; **7** (cavalo) peitoral; **8** NÁUTICA abóbada de almeida; **9** (calçado) contraforte; **10** DESPORTO (esgrima) parada; **11** (boxe) encaixe dum golpe com um braço e contra-ataque imediato com o outro Ⓑ *adj.* contrário [**to**, a]; oposto [**to**, a] Ⓒ *adv.* contra; contrariamente [**to**, a]; em sentido inverso [**to**, a]; **to run ~ to** agir contra, ser contrário a Ⓓ *v.tr.,intr.* **1** rebater; refutar; **to ~ an accusation** rebater uma acusação; **2** (combater) contrariar; fazer frente a; **to ~ a problem** fazer frente a um problema; **3** (boxe) encaixar e contra-atacar; **4** contradizer; **5** opor(-se); **6** contra-atacar ❖ **~ capacity** capacidade do contador; **electric ~** contador eléctrico; (medicamentos) **available over the ~** de venda livre; que pode ser comprado sem receita médica; **to buy sth under the ~** comprar algo ilegalmente

counteract [‚kaʊntə'rækt] *v.tr.* neutralizar, contrariar

counteraction [‚kaʊntə'rækʃən] *s.* oposição, neutralização

counteractive [‚kaʊntə'ræktɪv] *adj.* contrário

counteractively [‚kaʊntə'ræktɪvlɪ] *adv.* duma maneira contrária

counterargument [‚kaʊntər'ɑːgjumənt] *s.* argumento contrário

counterattack ['kaʊntərətæk] Ⓐ *s.* contra-ataque Ⓑ *v.tr.,intr.* contra-atacar

counterattraction [‚kaʊntərə'trækʃən] *s.* atracção em sentido oposto

counterbalance[1] [‚kaʊntə'bæləns] *v.intr.* contrabalançar; equilibrar

counterbalance[2] ['kaʊntəbæləns] *s.* contrapeso; factor de equilíbrio ❖ **~ weight** contrapeso

counterbalanced ['kaʊntə‚bælənst] *adj.* **1** contrabalançado; **2** equilibrado, compensado

counterbalancing [‚kaʊntə'bælənsɪŋ] *s.* acção de contrabalançar, acção de equilibrar

counterblast ['kaʊntəblɑːst] *s.* **1** réplica violenta; **2** rajada contrária

counterbore ['kaʊntəbɔː] Ⓐ *s.* alargador, escareador Ⓑ *v.tr.* alargar, escarear

counterboring ['kaʊntəbɔːrɪŋ] *s.* alargamento, escareação

countercharge ['kaʊntətʃɑːdʒ] Ⓐ *s.* **1** contradita; **2** DIREITO contestação Ⓑ *v.intr.* apresentar uma contestação ou contradita

countercheck ['kaʊntətʃek] Ⓐ *s.* **1** contraprova, segunda verificação; **2** força de bloqueio, força antagónica Ⓑ *v.tr.,intr.* contraprovar, verificar segunda vez Ⓒ *v.tr.* **1** bloquear; **2** opor-se a

counterclockwise [‚kaʊntə'klɒkwaɪz] *adj.,adv.* [EUA] em sentido inverso ao dos ponteiros do relógio ❖ **~ rotation** rotação para a esquerda; **~ running** movimento no sentido inverso ao dos ponteiros dum relógio; **~ wound** enrolado para a esquerda

countercultural [‚kaʊntə'kʌltʃərəl] *adj.* contracultural, alternativo

counterculture [‚kaʊntə'kʌltʃə] *s.* contracultura

countercurrent ['kaʊntəkʌrənt] Ⓐ *s.* contracorrente Ⓑ *adj.* **1** contra a corrente; **2** contrário

countercurrently [‚kaʊntə'kʌrəntlɪ] *adv.* contra a corrente

counterdemonstration [‚kaʊntədemənsˈtreɪʃən] *s.* contra-manifestação

counterdemonstrator [‚kaʊntədemənsˈtreɪtə] *s.* contramanifestante

counterespionage [‚kaʊntərˈespɪənɑːʒ] *s.* contra-espionagem

counterexample ['kaʊntərɪgˌzɑːmpəl] *s.* contra-exemplo, exemplo que nega uma teoria

counterfactual [‚kaʊntə'fæktʃʊəl] Ⓐ *adj.* **1** contrário aos factos; **2** hipotético; **3** suposto Ⓑ *s.* **1** hipótese; **2** suposição

counterfeit ['kaʊntəfɪt] Ⓐ *s.* contrafacção, imitação Ⓑ *adj.* **1** falsificado; **2** falso, simulado Ⓒ *v.tr.* **1** imitar, falsificar; **2** fingir, simular

counterfeiter ['kaʊntəfɪtə] *s.* **1** falsificador; **2** simulador

counterfeiting ['kaʊntəfɪtɪŋ] *s.* **1** falsificação; **2** contrafacção; **3** simulação

counterflow ['kaʊntəfləʊ] *s.* **1** contracorrente; **2** circulação de retorno, corrente de retorno

counterfoil ['kaʊntəfɔɪl] *s.* talão (de recibo, cheque, vale do correio, etc.)

counterfort ['kaʊntəfɔːt] *s.* contraforte

counterintelligence [‚kaʊntərɪn'telɪdʒəns] *s.* contra-informação, contra-espionagem

counterintuitive [‚kaʊntərɪn'tjuːtɪv] *adj.* (marketing) contra-intuitivo

counterirritant [‚kaʊntər'ɪrɪtənt] *adj.,s.* revulsivo

countermand [‚kaʊntə'mɑːnd] Ⓐ *v.tr.* **1** revogar, anular; **2** cancelar Ⓑ *s.* contra-ordem

countermanding [‚kaʊntə'mɑːndɪŋ] *s.* **1** contra-ordem; **2** emissão de contra-ordem; **3** revogação

countermarch ['kaʊntəmɑːtʃ] Ⓐ *s.* contra-marcha Ⓑ *v.tr.,intr.* contramarchar; fazer contramarcha

countermark ['kaʊntəmɑːk] Ⓐ *s.* contramarca Ⓑ *v.tr.* contramarcar

countermeasure [‚kaʊntə'meʒə] *s.* medida preventiva

countermine[1] [‚kaʊntə'maɪn] *v.tr.,intr.* contraminar

countermine[2] ['kaʊntəmaɪn] *s.* contramina

counterminer [‚kaʊntə'maɪnə] *s.* **1** aquele que contramina; **2** indivíduo que faz uma contramina

countermotion ['kaʊntəməʊʃən] s. 1 contramarcha; 2 movimento contrário; 3 MECÂNICA transmissão intermediária
countermove ['kaʊntəmu:v] s. contramovimento, movimento em contrário
countermure ['kaʊntəmjʊə] s. contramuro
counteroffensive [kaʊntərə'fensɪv] s. contra-ofensiva
counteroffer ['kaʊntərɒfə] s. contra-oferta
counterorder ['kaʊntərɔ:də] s. contra-ordem
counterpane ['kaʊntəpeɪn] s. coberta (de cama)
counterpart ['kaʊntəpɑ:t] s. 1 (pessoa) homólogo; *his Russian ~* o seu homólogo russo; 2 correlativo, equivalente, correspondente; 3 (documento legal) duplicado, cópia; 4 réplica; 5 complemento; 6 talão de recibo; *tally ~* talão (de recibo)
counterplea ['kaʊntəpli:] s. DIREITO réplica
counterplot ['kaʊntəplɒt] Ⓐ s. contraconspiração Ⓑ v.tr.,intr. 1 fazer uma contraconspiração; 2 fazer abortar uma conspiração
counterpoint ['kaʊntəpɔɪnt] s. MÚSICA contraponto
counterpoise ['kaʊntəpɔɪz] Ⓐ v.tr. contrabalançar, equilibrar Ⓑ s. 1 contrapeso; 2 equilíbrio
counterproductive [kaʊntəprə'dʌktɪv] adj. contraproducente
counterprogramming [ˌkaʊntə'prəʊgræmɪŋ] s. TELEVISÃO contraprogramação
counterproposal [kaʊntəprə'pəʊzəl] s. contraproposta
counter-revolution [kaʊntəˌrevə'lu:ʃən] s. contra-revolução
countersank ['kaʊntəsæŋk] prt. de **to countersink**
counterscarp ['kaʊntəska:p] s. contra-escarpa
countershaft ['kaʊntəʃɑ:ft] s. MECÂNICA transmissão secundária; contraveio
countersign ['kaʊntəsaɪn] Ⓐ s. 1 contra-senha; 2 rubrica Ⓑ v.tr. 1 rubricar; 2 ratificar; 3 confirmar
countersink ['kaʊntəsɪŋk] Ⓐ v.tr. (prt. **countersank**, part. pass. **countersunk**) 1 meter a cabeça da cavilha ou parafuso na chanfradura aberta do buraco; 2 chanfrar para cabeça de parafuso ou prego Ⓑ s. escareador
counterslope ['kaʊntəsləʊp] s. contra-encosta
counterspy ['kaʊntəspaɪ] s. contra-espião
counterstroke ['kaʊntəstrəʊk] s. contrapancada
countersunk ['kaʊntəsʌŋk] adj. 1 escareado; 2 fresado; 3 contrapuncionado
countertenor [ˌkaʊntə'tenə] s. contralto
countertide ['kaʊntətaɪd] s. contramaré
countervail [kaʊntə'veɪl] v.tr.,intr. 1 contrabalançar; 2 contrariar
counterweigh [kaʊntə'weɪ] v.tr. 1 comparar; 2 contrabalançar
counterweight ['kaʊntəweɪt] Ⓐ s. contrapeso Ⓑ v.tr. 1 equilibrar por contrapeso; 2 contrabalançar
counterwheel ['kaʊntəwi:l] s. [rar.] roda marcadora; roda contadora
counterwoman ['kaʊntəˌwʊmən] s. empregada de balcão
counterwork ['kaʊntəwɜ:k] Ⓐ s. acção em contrário Ⓑ v.tr.,intr. 1 contrariar; 2 opor, opor-se; 3 contra-atacar
countess ['kaʊntɪs] s. (pl. **-es**) condessa
counting ['kaʊntɪŋ] Ⓐ s. contagem Ⓑ prep. contando com, incluindo; *not ~* sem contar com ❖ [arc.] *~ house* escritório de contabilidade
countless ['kaʊntləs] adj. inúmero
countrified ['kʌntrɪfaɪd] adj. 1 rústico, rural; 2 [depr.] pouco sofisticado
country ['kʌntrɪ] Ⓐ s. (pl. **-ies**) 1 país, nação, pátria; *~ of origin* país de origem; 2 campo, província, aldeia; *in the ~* no campo; 3 região, área, zona; *fishing ~* região de pesca Ⓑ adj. rural; rústico; do campo ❖ [coloq.] *~ bumpkin* campónio; parolo; *~ box* casa pequena na aldeia; [ant.] *~ cousin* primo da aldeia; *~ dance* dança folclórica; *~ house* casa de campo; MÚSICA *~ music/~ and western* música *country*; *~ people* pessoas do campo; camponeses; POLÍTICA (antigo partido australiano) *~ party* partido dos agricultores; *~ seat* casa de campo apalaçada com grandes extensões de terreno; [coloq.] (críquete) *in the ~* longe dos *wickets*; (eleições) *to go to the ~* fazer eleições nacionais
countryman ['kʌntrɪmən] s. (pl. **-men**) 1 compatriota, concidadão; 2 homem do campo; camponês
countryside ['kʌntrɪsaɪd] s. campo; região rural

countrywoman ['kʌntrɪwʊmən] s.f. 1 compatriota; 2 mulher do campo; camponesa
county ['kaʊntɪ] Ⓐ s. (pl. **-ies**) 1 condado; 2 distrito Ⓑ adj. [coloq.] de boas famílias ❖ (funcionário público) *~ agent* engenheiro-agrónomo; *~ borough* distrito com mais de 50 000 habitantes; DIREITO *~ court* tribunal de primeira instância; *~ family* família muito antiga num condado; *~ town* capital de distrito; *home counties* os seis condados em torno de Londres
coup [ku:] s. golpe; jogada ❖ *~ de grace* golpe de misericórdia; *~ d'état* golpe de Estado
coupé ['ku:peɪ] s. (carro, carruagem) cupé
couple ['kʌpəl] Ⓐ s. 1 trela para dois cães; 2 parelha; 3 binário de forças; 4 casal; 5 par (em dança); 6 par de traves Ⓑ v.tr.,intr. 1 ligar, unir; 2 (caminhos-de-ferro) ligar duas carruagens; 3 casar; 4 associar; 5 copular
coupled ['kʌpəld] adj. 1 conjugado; 2 unido, engatado; atrelado; 3 dispostos em pares; emparceirados
coupledom ['kʌpəldəm] s. vida de casal
coupler ['kʌplə] s. 1 dispositivo para ligar; 2 pedaleiro, pedal de ligação (em órgão); 3 (caminhos-de-ferro) atrelagem
couplet ['kʌplɪt] s. LITERATURA (versos) dístico
coupling ['kʌplɪŋ] s. 1 atrelagem; 2 ligação; junção; 3 união; 4 embraiagem; 5 acasalamento
coupon ['ku:pɒn] s. cupão
courage ['kʌrɪdʒ] s. coragem; intrepidez ❖ *Dutch ~* coragem transitória conseguida à custa de bebidas alcoólicas; *to take one's ~ in both hands* armar-se de coragem; *to take/pluck up ~* encher-se de coragem
courageous [kə'reɪdʒəs] adj. corajoso
courageously [kə'reɪdʒəslɪ] adv. corajosamente
courageousness [kə'reɪdʒəsnɪs] s. intrepidez, ânimo, coragem
courgette [kʊə'ʒet] s. [GB] BOTÂNICA curgete
courier ['kʊrɪə] s. 1 mensageiro; 2 correio; 3 guia turístico
course [kɔ:s] Ⓐ s. 1 curso; *to take a ~* tirar um curso; *correspondence ~* curso por correspondência; 2 rumo; direcção; rota, caminho; 3 DESPORTO campo; pista de corridas; 4 (rios) curso de água; 5 via; solução; linha de acção; 6 (refeição) prato; *main ~* prato principal; *second ~* segundo prato; 7 (construção) alicerce, base, fiada de pedras; 8 caçada à lebre (com galgos); 9 pl. [arc.] regras, menstruação Ⓑ v.tr.,intr. 1 (líquidos) correr; fluir; 2 (cavalo) fazer correr; 3 caçar, correr atrás da caça; 4 caçar com galgos ❖ *~ of business* marcha dos negócios; *~ of exchange* câmbio; *refresher ~* acção de formação; *a matter of ~* uma coisa natural; *by ~ of law* segundo a lei; *in due ~* na altura própria; *in the ~ of* no decorrer de, durante; *in the ~ of time* com o tempo; com o decorrer do tempo; *of course!* claro; evidentemente!; *of ~ not!* claro que não!; *to be in ~ of construction* estar em construção; *to do sth as a matter of ~* fazer algo como rotina normal
courser ['kɔ:sə] s. [poét.] corcel
coursing ['kɔ:sɪŋ] s. 1 caça à lebre com galgos; 2 corrida de galgos
court [kɔ:t] Ⓐ s. 1 tribunal; 2 DESPORTO (ténis, basquetebol, voleibol, etc.) campo; 3 corte, residência de soberano; *at ~* na corte; 4 pátio; 5 (colégios de Cambridge) pátio relvado de forma quadrangular; 6 recepção real; *the Queen will hold a ~* a rainha oferecerá uma recepção; 7 beco sem saída; 8 galanteio Ⓑ v.tr. 1 [ant.] fazer a corte a, cortejar; 2 captar; atrair; 3 procurar, buscar, solicitar; 4 (situação arriscada) chamar, correr o risco de; *to ~ danger* desafiar o perigo; *to ~ death* afrontar a morte ❖ (jogos de cartas) *~ card* figura (rei, rainha ou valete); (parte de jornal no Reino Unido) *~ circular* diário da corte; *~ day* dia de audiência real; VESTUÁRIO *~ dress* traje de cerimónia na corte; *~ martial* tribunal militar; VESTUÁRIO *~ train* cauda de vestido usado na corte; *High ~ of Justice* Supremo Tribunal de Justiça; *High ~ of Parliament* Supremo Tribunal do Parlamento; *in open ~* em pleno tribunal; *to appear in ~* ser presente a tribunal; *to be laughed out of ~* perder a credibilidade; *to come before the ~* comparecer perante o tribunal; *to go to ~* ir para tribunal; *to make ~ to/to pay ~ to* fazer a corte a; *to take sb/a case to ~* levar alguém/um caso a tribunal
courteous ['kɜ:tɪəs] adj. cortês, delicado
courteously ['kɜ:tɪəslɪ] adv. cortesmente, delicadamente

courteousness ['kɜːtɪəsnɪs] s. urbanidade, delicadeza, cortesia
courtesan [ˌkɔːtɪˈzæn] s. cortesã, prostituta
courtesy ['kɜːtɪsɪ] s. ⟨pl. -ies⟩ 1 cortesia, delicadeza, boa educação; 2 favor; atenção ❖ (automóvel) ~ *light* luz interior; ~ *of England/Scotland* usufruto por parte do viúvo de certos bens herdados pela mulher; *by* ~ *of* com o consentimento de; com a permissão de
courtezan [ˌkɔːtɪˈzæn] s. cortesã, prostituta
courthouse ['kɔːthaʊs] s. tribunal
courtier ['kɔːtɪə] s. cortesão
courtly ['kɔːtlɪ] adj. ⟨comp. **-ier**, superl. **-iest**⟩ 1 palaciano; cortês; 2 delicado, requintado, com boas maneiras; 3 lisonjeiro ❖ HISTÓRIA, LITERATURA ~ *love* amor cortês
court-martial [ˌkɔːtˈmɑːʃəl] Ⓐ s. ⟨pl. **courts-martial**⟩ conselho de guerra Ⓑ v.tr. ⟨particípios: **-ll-**⟩ julgar em conselho de guerra
courtroom ['kɔːtrʊm] s. (tribunal) sala de audiências
courtship ['kɔːtʃɪp] s. namoro, corte
courtyard ['kɔːtjɑːd] s. pátio
couscous ['kuːskuːs] s. CULINÁRIA cuscuz
cousin ['kʌzn] s. 1 (parentesco) primo; 2 título usado por um rei ao dirigir-se a outro ❖ ~ *Jacky* natural da Cornualha; *first/full* ~ primo em primeiro grau; *second* ~ primo em segundo grau
couturier [kuːˈtjʊərɪeɪ] s. costureira, estilista, designer de moda
cove [kəʊv] s. 1 angra, enseada, abra; 2 ligação em abóbada do tecto com a parede; 3 [coloq.] companheiro, parceiro Ⓑ v.tr. arquear (tecto ao ligar-se à parede), cimbrar
coven ['kʌvən] s. assembleia de bruxas
covenant ['kʌvənənt] Ⓐ s. 1 [form.] pacto, tratado; 2 [form.] convénio Ⓑ v.tr.,intr. 1 comprometer-se por escrito [**to**, a]; 2 concordar (em) ❖ RELIGIÃO (Bíblia) *Ark of the* ~ Arca da Aliança; *land of the* ~ Terra Prometida
covenanted ['kʌvənəntɪd] adj. contratual
covenantee [ˌkʌvənənˈtiː] s. credor
covenanter ['kʌvənəntə] s. 1 parte contratante; aquele que se obrigou por contrato; 2 partidário das disposições que estabeleceram o presbiterianismo na Inglaterra e Escócia (1643)
Covent-Garden ['kɒvəntˈgɑːdn] s. mercado em Londres
coventrate ['kʌvəntreɪt] v.tr. devastar por meio de ataque aéreo
Coventry ['kʌvəntrɪ] Ⓐ s.antr. Ⓑ s.top. cidade inglesa em Warwickshire ❖ *to send sb to* ~ recusar ligações com uma pessoa
cover ['kʌvə] Ⓐ v.tr. 1 cobrir, recobrir, tapar; 2 revestir; *to* ~ *a pipe* revestir um cano; 3 abranger; ocupar; 4 (sentimentos, pensamentos) ocultar, guardar no íntimo; disfarçar; 5 DESPORTO (adversário) marcar; 6 (despesas com seguro) cobrir; 7 (fortaleza) proteger, dominar, comandar; 8 (distância) percorrer; 9 (animal) cobrir, machear Ⓑ s. 1 cobertura; 2 tampo, tampa; 3 (livro, revista, etc.) capa; cada uma das metades da capa; 4 sobrescrito, envelope; *under plain* ~ num envelope em branco; *under separate* ~ em envelope separado; *under the same* ~ no mesmo envelope; 5 protecção; 6 esconderijo; abrigo; *to take* ~ procurar abrigo ou protecção; 7 manto, coberta; 8 máscara; disfarce; 9 COMÉRCIO, ECONOMIA reservas; cobertura; 10 talher para cada pessoa; 11 pl. (lençóis, cobertores) roupa de cama ❖ ~ *charge* preço de entrada; (jornalismo) ~ *story* tema/trabalho de capa; MÚSICA ~ *version* nova versão; [coloq.] (livro) *from* ~ *to* ~ do princípio ao fim, duma ponta a outra; *under* ~ *of* sob a capa de; (animais) *to break* ~ desproteger-se; sair do mato; *to* ~ *a good deal of ground* percorrer uma boa distância; tratar de muitos assuntos
➔**cover up** Ⓐ v.tr. 1 cobrir; tapar; 2 ocultar, encobrir; 3 dissimular Ⓑ v.intr. cobrir-se; tapar-se
➔**cover up for** v.tr. (segredo) encobrir
coverage ['kʌvərɪdʒ] s. 1 cobertura mediática; tempo de antena*fig.*; *the wedding got extensive media* ~ o casamento recebeu grande atenção dos meios de comunicação social; 2 apoio; protecção; 3 (seguros) cobertura
coveralls ['kʌvərɔːlz] s.pl. VESTUÁRIO fato-macaco
covered ['kʌvəd] adj. 1 coberto, tapado; 2 abrigado, protegido; 3 encadernado ❖ ~ *market* mercado coberto
covering ['kʌvərɪŋ] s. 1 cobertura; 2 camada; 3 revestimento; *cable* ~ revestimento de cabo ❖ ~ *letter* carta que acompanha e explica qualquer documento
coverlet ['kʌvəlɪt] s. colcha

covert ['kʌvət] Ⓐ adj. 1 disfarçado; encoberto; dissimulado; 2 secreto; 3 indirecto; 4 furtivo Ⓑ s. 1 abrigo; esconderijo; 2 mata; bosquedo ❖ ~ *coat* sobretudo pequeno e leve
covertly ['kʌvətlɪ] adv. 1 dissimuladamente; 2 às escondidas; 3 secretamente
coverture ['kʌvətjʊə] s. 1 cobertura, abrigo; 2 esconderijo; 3 DIREITO estatuto de mulher casada
cover-up ['kʌvərʌp] s. 1 (ilegal) encobrimento; ocultação de factos; *there's been a* ~ tentaram abafar o assunto; 2 disfarce; 3 (roupa) agasalho
covet ['kʌvɪt] v.tr. 1 cobiçar; 2 invejar; 3 ambicionar ❖ *all* ~ *all lose* quem tudo quer tudo perde
covetious ['kʌvɪtʃəs] adj. ⇒ **covetous**
covetous ['kʌvɪtəs] adj. 1 invejoso; de inveja; 2 de desejo; de cobiça; 3 ambicioso; 4 avaro ❖ *to be* ~ *of* cobiçar; ambicionar
covetously ['kʌvɪtəslɪ] adv. cheio de cobiça, de cupidez
covetousness ['kʌvɪtəsnɪs] s. cupidez, cobiça
covey ['kʌvɪ] s. 1 bando de perdizes; 2 grupo de pessoas; 3 família
covin ['kʌvɪn] s. [arc.] conspiração, conluio
coving ['kʌvɪŋ] s. arqueado duma abóbada
cow [kaʊ] Ⓐ s. ⟨pl. **cows**, [arc.] pl. **kine**⟩ 1 ZOOLOGIA vaca; 2 ZOOLOGIA (elefante, baleia, foca, rinoceronte, etc.) fêmea; ~ *elephant* elefante fêmea; 3 [cal.] (mulher) vaca Ⓑ v.tr. intimidar; aterrorizar ❖ ~ *grass* trevo; BOTÂNICA ~ *tree* galactodendro; [cal.] *holy cow!* fogo!; caramba!; *mad* ~ *disease* doença das vacas loucas; *the time of the fat cows/kine* a época das vacas gordas; *the time of the lean cows/kine* a época das vacas magras; [cal.] *to have a* ~ passar-se; [coloq.] *to wait till the cows come home* esperar pela semana dos nove dias; esperar até às galinhas terem dentes
cowage ['kaʊɪdʒ] s. BOTÂNICA mucuna, quicuta, olho-de-burro, pó-de-mico
coward ['kaʊəd] adj.,s. covarde
cowardice ['kaʊədɪs] s. covardia
cowardliness ['kaʊədlɪnɪs] s. covardia
cowardly ['kaʊədlɪ] adj. cobarde
cowbane ['kaʊbeɪn] s. BOTÂNICA cicuta aquática
cowbell ['kaʊbel] s. (gado) badalo
cowberry ['kaʊbərɪ] s. BOTÂNICA murtinho, mirtilo vermelho
cowboy ['kaʊbɔɪ] s. cobói, vaqueiro
cower ['kaʊə] v.intr. 1 aninhar-se, agachar-se; 2 encolher-se de medo
cowfish ['kaʊfɪʃ] s. ZOOLOGIA lamantim
cowgirl ['kaʊgɜːl] s. {fem. de **cowboy**}
cowherd ['kaʊhɜːd] s. vaqueiro
cowhide ['kaʊhaɪd] Ⓐ s. 1 couro; 2 [EUA] chicote de couro Ⓑ v.tr. [EUA] chicotear
cowl [kaʊl] Ⓐ s. 1 capuz de monge; 2 hábito de monge, com capuz; 3 cata-vento (de chaminé); 4 capota (do automóvel) Ⓑ v.tr. cobrir (chaminé, etc.) ❖ *the* ~ *does not make the monk* nem sempre o hábito faz o monge
cowling ['kaʊlɪŋ] s. 1 cobertura; 2 capota do motor; 3 AERONÁUTICA cobertura amovível do motor
coworker [kaʊˈwɜːkə] s. 1 colega de trabalho; 2 colaborador
cowpat ['kaʊpæt] s. bosta
cowpox ['kaʊpɒks] s. VETERINÁRIA (varíola bovina) vacina ❖ VETERINÁRIA ~ *vaccine* vacina antivariólica
cowpuncher ['kaʊˌpʌntʃə] s. gaúcho, vaqueiro
cowrie ['kaʊrɪ] s. caurim
cowrite [kəʊˈraɪt] v.tr. escrever com; escrever em co-autoria com
cowry ['kaʊrɪ] s. ⟨pl. **-ies**⟩ ⇒ **cowrie**
cowshed ['kaʊʃed] s. estábulo; vacaria
cowslip ['kaʊslɪp] s. BOTÂNICA primavera
cox [kɒks] s.,v.tr. ⇒ **coxswain**
coxa ['kɒksə] s. quadril, anca
coxalgia [kɒkˈsældʒə, kɒkˈsældʒɪə] s. MEDICINA coxalgia
coxalgic [kɒkˈsældʒɪk] adj. coxálgico
coxcomb ['kɒkskəʊm] s. dândi, pretensioso
coxcombry ['kɒkskəʊmrɪ] s. [arc.] fatuidade, modos de dândi
coxswain ['kɒkswəɪn, 'kɒksn] Ⓐ s. 1 timoneiro; 2 patrão de barco Ⓑ v.tr. guiar (barco), dirigir o leme
coy [kɔɪ] adj. ⟨comp. **-er**, superl. **-est**⟩ 1 tímido; 2 reservado; fechado; recatado; 3 [depr.] dissimulado; com um falso ar de

timidez; afectado; 4 [depr.] piegas, delico-doce ❖ to be ~ of speech ser de poucas falas

coyly ['kɔɪlɪ] adv. 1 timidamente; 2 com reserva; 3 [depr.] afectando timidez, simulando pudor

coyness ['kɔɪnɪs] s. 1 timidez; 2 reserva, recato; 3 [depr.] afectação de timidez, afectação de pudor

coyote [kɔɪ'əʊtɪ] s. ZOOLOGIA coiote

coz [kʌz] s. [arc.] primo

coze [kʌz] Ⓐ s. conversa Ⓑ v.intr. conversar

cozen ['kʌzn] v.tr. [arc.] enganar, intrujar

cozenage ['kʌznɪdʒ] s. [arc.] intrujice, engano

cozener ['kʌznə] s. [arc.] intrujão; embusteiro

cozening ['kʌznɪŋ] adj. [arc.] enganador; intrujão

cozy ['kəʊzɪ] adj. ⇒ **cosy** Ⓐ

cp Ⓐ [abrev. de candle power] Ⓑ [abrev. de chemically pure]

cp. [abrev. de compare]

CP Ⓐ [abrev. de Court of Probate] Ⓑ [abrev. de Common Pleas] Ⓒ [abrev. de Country Party] Ⓓ RELIGIÃO [abrev. de Congregation of Passionist Fathers]

CPA Ⓐ [abrev. de Commonwealth Parliamentary Association] Ⓑ INFORMÁTICA [abrev. de critical path analysis]

CPC [abrev. de Clerk of the Privy Council]

CPR Ⓐ MEDICINA [abrev. de cardiopulmonary resuscitation] Ⓑ [abrev. de Canadian Pacific Railway]

CPS Ⓐ [abrev. de Keeper of the Privy Seal (Custos Privati Sigilli)] Ⓑ [abrev. de Clerk of Petty Sessions]

CPU INFORMÁTICA [abrev. de Central Processing Unit] UCP

cr. Ⓐ [abrev. de creditor] Ⓑ [abrev. de credit]

Cr QUÍMICA [abrev. de chromium]

CR [abrev. de Keeper of the Rolls (Custos Rotulorum)]

crab [kræb] Ⓐ s. 1 ZOOLOGIA (crustáceo) caranguejo; 2 BOTÂNICA (árvore) macieira brava; 3 BOTÂNICA (fruto) maçã brava; 4 (parasita) chato; 5 pessoa avinagrada; 6 crítica; 7 guindaste com grampos; guincho, cábrea molinete Ⓑ v.tr.,intr. (formação de particípios: -bb-) 1 (falcões) lutar com as garras; 2 rebaixar, deitar abaixo, denegrir; estragar; 3 [cal.] lamuriar-se, queixar-se, criticar [about, de]; he's always crabbing about sth tem sempre de que se queixar; 4 azedar; 5 mover-se de lado; 6 caçar caranguejos ❖ BOTÂNICA ~ apple maçã brava; macieira brava; (parasita) ~ louse chato; piolho na região púbica; to catch a ~ remar em falso; ficar com um remo preso na água

Crab [kræb] s. ASTRONOMIA (constelação, signo) Caranguejo, Câncer

crabbed ['kræbɪd] adj. 1 intrincado, complicado; 2 [ant.] irritável, intratável; 3 (caligrafia) pouco claro, difícil de decifrar; 4 avinagrado, desagradável ❖ ~ style estilo rebarbativo

crabbedly ['kræbɪdlɪ] adv. 1 impertinentemente; 2 confusamente

crabbedness ['kræbɪdnɪs] s. 1 carácter áspero, acre; 2 mau humor, impertinência

crabber ['kræbə] s. rezingão, rezinga

crabby ['kræbɪ] adj. intratável, rezingão

crack [kræk] Ⓐ s. 1 estalido; estalo; ruído súbito e seco; 2 início, momento inicial; 3 fenda; racha; greta; there's a ~ in this cup esta chávena está rachada; 4 fractura parcial; 5 [coloq.] piada, boca_coloq_; 6 [coloq.] mentira; 7 [cal.] (droga) crack, craque; 8 [coloq.] tentativa; to have a ~ at tentar, fazer uma tentativa; 9 [coloq.] craque, perito, ás; 10 cavalo de primeira ordem Ⓑ v.tr.,intr. 1 (ruído) estalar; 2 dar à língua; 3 partir, quebrar; 4 rachar; abrir fendas; 5 arruinar, prejudicar; 6 sucumbir, ir-se abaixo; 7 (voz) mudar; his voice begins to ~ ele está a começar a mudar de voz; 8 (piada) contar; he's always cracking jokes ele está sempre a mandar piadas; 9 decifrar, resolver; they cracked the code and opened the safe eles descobriram o código e abriram o cofre; 10 [coloq.] arrombar, forçar; 11 [coloq.] abrir; he cracked a bottle of his best wine ele abriu uma garrafa do melhor vinho que tinha; 12 QUÍMICA (petróleo, etc.) decompor por meio do calor e forte pressão para a produção de hidrocarbonetos Ⓒ adj. 1 de elite; 2 de primeira ordem; 3 excelente Ⓓ interj. craque!, zás! ❖ ~ of doom o trovão no juízo final; at the ~ of dawn ao romper do dia; in a ~ num momento; they're not giving us a fair ~ of the whip eles não nos estão a dar a mínima oportunidade; [cal.] to ~ a crib assaltar uma casa; [coloq.] to ~ a smile deixar fugir um sorriso; to ~ the brain enlouquecer; to

ficar tolinho; to ~ one's side with laughing rebentar de riso; to ~ open revelar; tornar conhecido; [coloq.] to get cracking pôr mãos à obra; começar a mexer; [GB] [coloq.] what's the crack? o que é que se passa?

◆**crack down on** v.tr. tomar medidas enérgicas contra; actuar com severidade em relação a; combater; reprimir

◆**crack up** Ⓐ v.intr. 1 ir-se abaixo; ter um colapso (nervoso ou físico); 2 rir a bandeiras despregadas; 3 abrir fendas; rachar Ⓑ v.tr. 1 [coloq.] fazer rir a bandeiras despregadas; you crack me up! partes-me todo!; 2 gabar; elogiar ❖ not all it's cracked up to be não tão bom como se diz

crack-brained ['krækbreɪnd] adj. disparatado, louco, sem pés nem cabeça

crackdown ['krækdaʊn] s. 1 combate [on, a]; 2 medidas repressivas; medidas severas [on, contra]

cracked ['krækt] adj. 1 rachado; estalado; 2 fendido; 3 gretado; 4 (voz) rouco; roufenho, rachado; 5 [coloq.] amalucado, com um parafuso a menos ❖ to have ~ brains ser desmiolado; não ter juízo

cracker ['krækə] s. 1 (fogo-de-artifício) petardo; 2 bombom explosivo; 3 CULINÁRIA biscoito salgado, bolacha salgada; 4 quebra, colapso; 5 [coloq.] (mentira) peta_coloq_; 6 quebra-nozes; 7 INFORMÁTICA [cal.] cracker, pirata informático; 8 [coloq.] espectáculo_coloq_

crackers ['krækəz] adj. [coloq.] doido, louco

cracking ['krækɪŋ] Ⓐ adj. 1 [coloq.] muito rápido; 2 [coloq.] fantástico, sensacional; 3 [coloq.] elegante Ⓑ s. 1 (barulho) estalido, estampido; 2 fractura, fraccionamento; 3 rachadura ❖ [coloq.] get cracking! mexe-te!; [coloq.] at a ~ speed a toda a velocidade

crackle ['krækl] Ⓐ v.intr. crepitar Ⓑ s. crepitação

crackling ['kræklɪŋ] s. 1 crepitação; 2 pele torrada de porco assado

cracknel ['kræknl] s. biscoito seco

crackpot ['krækpɒt] Ⓐ s. [coloq., depr.] excêntrico; maluco; indivíduo que não regula bem da cabeça Ⓑ adj. 1 [coloq.] excêntrico; maluco; 2 [coloq.] irrealista; impraticável

cracksman ['kræksmən] s. (pl. -men) salteador

crack-up ['krækʌp] s. 1 [coloq.] esgotamento (mental ou físico); 2 (carro, avião) acidente, desastre

cracky ['krækɪ] adj. (comp. -ier, superl. -iest) 1 cheio de fendas, prestes a estalar; 2 [coloq.] pateta

Cracow ['krækaʊ, 'kra:kaʊ] s.top. Cracóvia

cradle ['kreɪdl] Ⓐ s. 1 berço; to rock the ~ embalar o berço; 2 [fig.] (lugar de origem) berço [of, de]; 3 [GB] andaime; 4 (construção naval) carreira; 5 (telefone) descanso; 6 ceifeira de trigo, ancinho combinado com foice; 7 (minas) dispositivo para separar o ouro da terra; 8 NÁUTICA cesta de salvamento Ⓑ v.tr. 1 segurar com cuidado; 2 embalar; 3 colocar no berço; 4 NÁUTICA pôr na carreira; 5 ceifar ❖ ~ song canção de embalar; (jogo infantil) cat's cama do gato; from the ~ desde o berço; desde pequenino; from the ~ to the grave desde o nascimento até à morte; a vida toda; [poét.] the ~ of the deep o mar; [joc.] to rob the ~ estar envolvido com uma pessoa muito mais jovem

craft [krɑ:ft] Ⓐ s. 1 ofício, arte; profissão; 2 artesanato; 3 habilidade, capacidade; 4 negócio; 5 astúcia, esperteza, falsidade; 6 NÁUTICA barco, embarcação; small ~ embarcações pequenas; 7 AERONÁUTICA avião; 8 the ~ a franco-maçonaria Ⓑ v.tr. trabalhar; a crafted vase um vaso trabalhado; 2 arquitectar ❖ ~ brother oficial do mesmo ofício; ~ fair feira de artesanato; ~ guild corporação; every man to his ~ cada um no seu ofício; there is a ~ in daubing todo o ofício exige certa habilidade

craftily ['krɑ:ftɪlɪ] adv. astuciosamente

craftiness ['krɑ:ftɪnɪs] s. 1 manhosice, astúcia; 2 estratagema, manha

craftsman ['krɑ:ftsmən] s. (pl. -men) 1 artífice, artista, artesão; 2 operário especializado

craftsmanly ['krɑ:ftsmənlɪ] adv. 1 como artista; 2 na qualidade de artesão

craftsmanship ['krɑ:ftsmənʃɪp] s. habilidade, capacidade de artífice, perfeição, trabalho, arte

craftswoman ['krɑ:ftswʊmən] s.f. 1 artesã, artífice; 2 artista

crafty ['krɑ:ftɪ] adj. (comp. -ier, superl. -iest) astucioso, astuto

crag [kræg] s. **1** rocha escarpada, despenhadeiro; **2** depósitos de areias conquíferas encontradas em Essex, Norfolk e Suffolk

cragged ['krægɪd] adj. rochoso, escarpado

cragginess ['kræɡɪnɪs] s. **1** anfractuosidade; **2** aspecto rochoso

craggy ['krægɪ] adj. (comp. **-ier**, superl. **-iest**) rochoso, escarpado

cragsman ['krægzmən] s. (pl. **-men**) **1** montanhista, alpinista; **2** trepador de rochedos

crake [kreɪk] Ⓐ s. **1** codorniz; **2** grito de codorniz Ⓑ v.intr. (codorniz) gritar

cram [kræm] Ⓐ s. **1** pancada; **2** [coloq.] empanturramento; fartote; **3** multidão compacta; **4** (estudo apressado) marranço; **5** mentira Ⓑ v.tr. **1** enfiar, meter; *he crammed the bank notes into his pocket* ele enfiou as notas no bolso; **2** encher [**with**, de], atafulhar [**with**, de]; **3** empanturrar-se de Ⓒ v.intr. **1** aglomerar-se [**into**, em]; **2** [coloq.] (estudar à pressão) marrar [**for**, para]; *he was cramming for his finals* ele estava a marrar para os exames finais ❖ *to be crammed with* estar a abarrotar de

crambo ['kræmbəʊ] s. passatempo que consiste em achar rima para uma palavra dada

cram-full ['kræmˌfʊl] adj. (autocarro) completamente cheio, lotado, apinhado

crammer ['kræmə] s. **1** explicador, preparador para exame; **2** mentira, peta

cramoisy ['kræmɔɪzɪ] adj. [arc.] carmesim

cramp [kræmp] Ⓐ s. **1** cãibra; *I had a ~ in my leg* tive uma cãibra na perna; **2** grampo de ferro; gastalho; **3** NÁUTICA tesoura; **4** [fig.] dificuldade, obstáculo; **5** pl. dores menstruais Ⓑ v.tr. **1** apertar com grampo/gastalho; **2** apertar, comprimir; **3** [fig.] limitar; entravar, restringir; coarctar; **4** causar cãibras a Ⓒ adj. **1** difícil de decifrar; pouco claro; **2** constrangido ❖ *~ frame* grampo de carpinteiro; *~ iron* grampo/gato de ferro; [coloq.] *to ~ one's style* limitar o seu campo de acção

cramped ['kræmpt] adj. **1** (espaço) estreito, exíguo, apertado; **2** (caligrafia) minúsculo; **3** desconfortável; **4** (estado de espírito) constrangido; **5** (estilo) difícil, pouco claro; **6** limitado; restrito ❖ [coloq.] *to be ~ for space* estar como sardinha em lata

crampon ['kræmpən] s. **1** grampos de ferro; **2** sola com tachas de metal para se caminhar no gelo

cran [kræn] s. [Esc.] medida para arenques frescos

cranage ['kreɪnɪdʒ] s. **1** imposto de guindaste; **2** emprego dos guindastes

cranberry ['krænbərɪ, 'krænberɪ] s. (pl. **-ies**) BOTÂNICA arando; uva-do-monte; mirtilo

crane [kreɪn] Ⓐ s. **1** grua, guindaste; **2** sifão; **3** ZOOLOGIA grou Ⓑ v.tr. **1** erguer/baixar por meio de guindaste; **2** alongar; estender; esticar; *to ~ one's neck* esticar o pescoço Ⓒ v.intr. esticar-se ❖ *~ arm/beam* braço de guindaste; *~ driver/operator* operador de grua; ZOOLOGIA (melga) *~ fly* tipulídeo; *~ hook* gato do guindaste; *~ rail* trilho do guindaste; *~ rope* cabo do guindaste

◆**crane forward** v.intr. (para ver) esticar o pescoço

cranesbill ['kreɪnzbɪl] s. BOTÂNICA gerânio

cranial ['kreɪnɪəl] adj. craniano; relativo ao crânio

craniologist [ˌkreɪnɪ'ɒlədʒɪst] s. craniologista

craniology [ˌkreɪnɪ'ɒlədʒɪ] s. craniologia

craniometry [ˌkreɪnɪ'ɒmətrɪ] s. cefalometria

craniotomy [ˌkreɪnɪ'ɒtəmɪ] s. CIRURGIA craniotomia

cranium ['kreɪnɪəm] s. (pl. **-ia** ou **-s**) crânio

crank [kræŋk] Ⓐ s. **1** manivela; *to turn the ~* rodar a manivela; **2** (pessoa estranha) excêntrico, original, ave rara_fig_; **3** [EUA] rezingão, **4** braço de sino; **5** espécie de disco movido por condenados; **6** [depr.] fanático; *a religious ~* um fanático religioso; **7** frase bombástica; **8** paradoxo, mania Ⓑ v.tr.,intr. **1** dar forma de manivela; **2** prender com manivela; **3** dar à manivela (de); **4** (rodas) chiar; **5** ziguezaguear Ⓒ adj. **1** fraco, instável; **2** excêntrico; **3** MECÂNICA que trabalha mal; **4** NÁUTICA (navio) susceptível de se virar; **5** [depr.] fanático ❖ *~ arm* braço de manivela; *~ driven* accionado por manivela; *~ handle* cabo de manivela

◆**crank out** v.tr. (produzir depressa) pôr cá fora

◆**crank up** v.tr. **1** dar à manivela de; fazer andar por meio de manivela; *to ~ the engine* pôr o motor a funcionar com a manivela; **2** aumentar, fazer subir; *to ~ the volume* aumentar o volume, subir o som

crankcase ['kræŋkkeɪs] s. MECÂNICA cárter

cranked ['kræŋkt] adj. dobrado

crankily ['kræŋkɪlɪ] adv. **1** desequilibradamente, de maneira defeituosa; **2** com mau humor

crankiness ['kræŋkɪnɪs] s. **1** MECÂNICA funcionamento defeituoso; **2** (navio) instabilidade; **3** (pessoa) mau humor, excentricidade

crankshaft ['kræŋkʃæft] s. MECÂNICA cambota

cranky ['kræŋkɪ] adj. (comp. **-ier**, superl. **-iest**) **1** [coloq.] excêntrico; **2** de trato difícil; **3** resmungão, rabugento; **4** adoentado; **5** MECÂNICA com mau funcionamento; pouco fiável; **6** NÁUTICA (navio) susceptível de se voltar

crannied ['krænɪd] adj. com fendas

crannog ['krænɒɡ] s. [Esc., Irl.] antiga habitação lacustre

cranny ['krænɪ] s. (pl. **-ies**) **1** greta, fenda; **2** vão; **3** [Índia] mestiço

crap [kræp] Ⓐ s. **1** [cal.] merda; **2** excremento, caca; **3** [cal.] tretas Ⓑ adj. [cal.] de merda_cal_ Ⓒ v.intr. (part. **-pp-**) cagar ❖ [cal.] *cut the crap!* deixa-te de merdas_cal_!; [cal.] *to be full of ~* só dizer disparates; só dizer merda_cal_

crape [kreɪp] Ⓐ s. **1** (tecido) crepe; **2** (sinal de luto) fumo, fita de crepe Ⓑ v.tr. revestir de crepe, guarnecer de crepe ❖ (tecido) *~ cloth* tecido de lã a imitar crepe

craped [kreɪpt] adj. **1** com crepe; **2** crespo

crapehanger ['kreɪpˌhæŋə] s. **1** pessimista; **2** desmancha-prazeres

crappy ['kræpɪ] adj. (comp. **-ier**, superl. **-iest**) [cal.] de caca, de merda_cal_

crapulence ['kræpjʊləns] s. crápula, libertinagem

crapulent ['kræpjʊlənt] adj. crapuloso

crapulently ['kræpjʊləntlɪ] adv. **1** desregradamente; **2** com devassidão

crapulous ['kræpjʊləs] adj. crapuloso

crash [kræʃ] Ⓐ s. (pl. **-es**) **1** estrépito, barulho de coisas partidas; **2** estampido; estrondo; *it fell down with a ~* caiu com um estrondo; **3** (acidente) choque, colisão, embate; **4** queda de avião; **5** ECONOMIA quebra, bancarrota, colapso financeiro; **6** (computador) avaria; **7** linho grosseiro para toalhas Ⓑ v.tr. **1** (veículos) bater com; *she crashed her car* ela bateu com o carro; **2** deixar cair com estrondo; **3** (festa) entrar sem convite; *they crashed the party* eles entraram na festa sem convite Ⓒ v.intr. **1** (veículos) colidir, bater, chocar; *the car crashed into a tree* o carro bateu contra uma árvore; **2** (avião) cair; *the plane crashed* o avião caiu; **3** despedaçar-se; *the plates crashed to the ground* os pratos despedaçaram-se no chão; **4** (computador) rebentar; **5** ECONOMIA falir; *the company crashed* a empresa faliu; **6** [EUA] [cal.] dormir; *can I ~ at your place tonight?* posso dormir em tua casa esta noite? ❖ (estrada) *~ barrier* barreira de protecção; *~ course* curso intensivo; *~ diet* dieta de choque; (submarino) *~ dive* imersão súbita (em situação de perigo); (motociclismo) *~ helmet* capacete de protecção; (avião) *~ landing* aterragem forçada/de emergência; *to ~ the gate* invadir local sem autorização; *to ~ with one's teeth* quebrar com os dentes

crashing ['kræʃɪŋ] adj. **1** (barulho) que faz estrondo, estrondoso; **2** aparatoso; **3** [coloq., ant.] completo, total ❖ [coloq.] *a ~ bore* uma chatice de primeira

crash-land ['kræʃlænd] v.intr. AERONÁUTICA fazer uma aterragem forçada

crash-test ['kræʃtest] v.tr. submeter (um veículo) a acidentes para verificar a sua segurança

crasis ['kreɪsɪs] s. crase

crass [kræs] adj. **1** grosseiro; **2** crasso; **3** estúpido; **4** espesso, grosso

crassitude ['kræsɪtjuːd] s. crassitude

crassly ['kræslɪ] adv. crassamente

crassness ['kræsnɪs] s. crassidão

cratch [krætʃ] s. (pl. **-es**) manjedoura

crate [kreɪt] Ⓐ s. **1** grade; caixa; **2** engradado; **3** cesto grande Ⓑ v.tr. embalar; engradar

crater ['kreɪtə] s. **1** cratera (aberta pela explosão de granada); **2** cratera (de vulcão)

cravat [krə'væt] s. **1** VESTUÁRIO (gravata usada com fraque) plastrão; **2** lenço de pescoço

cravatted [krə'vætɪd] adj. com gravata, engravatado

crave [kreɪv] v.tr.,intr. **1** ter ganas [**for**, de]; estar mortinho_fig._ [**for**, por]; **2** suspirar, ansiar [**for**, por]; *to ~ for a drink* ansiar por uma bebida; **3** (gravidez) sentir desejos [**for**, de]; **4** sentir necessidade [**for**, de]; **5** suplicar, implorar; *to ~ for mercy* implorar misericórdia

craven ['kreɪvn] adj.,s. [ant.] covarde, cobardolas ❖ *to cry ~* render-se

cravenness ['kreɪvənɪs] s. covardia

craver ['kreɪvə] s. suplicante

craving ['kreɪvɪŋ] s. **1** ânsia; carência; desejo insaciável; **2** desejo [**for**, de]; *she had a ~ for sweets* ela tinha desejos de guloseimas; **3** (bebidas, tabaco, droga) necessidade [**for**, de]; **4** súplica ❖ *to have a ~ stomach* estar sempre com vontade de comer

craw [krɔː] s. papo (das aves)

crawfish ['krɔːfɪʃ] s. ZOOLOGIA caranguejo ou lagostim (do rio)

crawl [krɔːl] Ⓐ s. **1** rastejo, movimento rastejante; **2** (deslocação) passo de caracol_fig._; ritmo lento; *at a ~* a passo de caracol_fig._; **3** DESPORTO (natação) crawl; **4** lagosteiro; viveiro para peixes; **5** camboa Ⓑ v.intr. **1** rastejar; **2** gatinhar; *the baby crawled across the bedroom* o bebé gatinhou pelo quarto; **3** estar cheio [**with**, de], estar repleto [**with**, de]; *the kitchen was crawling with ants* a cozinha estava infestada de formigas; **4** [coloq., depr.] lamber as botas_fig._ [**to**, a]; *to ~ to sb* lamber as botas a alguém_fig._; **5** (trânsito) avançar a passo de caracol_fig._ ❖ [coloq.] *to make sb's skin ~* arrepiar/chocar alguém

crawler ['krɔːlə] s. **1** pessoa ou coisa que rasteja ou se desloca lentamente; **2** réptil; **3** piolho; **4** fato-macaco de criança; **5** táxi que se desloca muito devagar à procura de fregueses

crawling ['krɔːlɪŋ] Ⓐ adj. **1** rastejante; **2** cheio [**with**, de] Ⓑ s. **1** reptação; **2** DESPORTO (natação) crawl; **3** defeito de envernizamento

crawly ['krɔːlɪ] adj. (comp. **-ier**, superl. **-iest**) com formigueiro, com prurido

crayfish ['kreɪfɪʃ] s. (pl. **-es**) caranguejo ou lagostim (do rio)

crayon ['kreɪən] Ⓐ s. **1** lápis de desenho; **2** carvão, desenho a carvão; **3** carvão de arco voltaico Ⓑ v.tr. **1** desenhar a carvão; **2** esboçar

craze [kreɪz] Ⓐ s. **1** (actividade muito popular) mania, paixão, loucura, moda; *~ for stamp collecting* mania de coleccionar selos; *computer ~* mania dos computadores; **2** (cerâmica) fenda Ⓑ v.tr.,intr. **1** enlouquecer; **2** rachar, fender; **3** [arc.] despedaçar

crazed ['kreɪzd] adj. **1** de louco, demente, demencial; **2** enlouquecido; **3** rachado

craze-mill ['kreɪz‚mɪl] s. [arc.] moinho para moer estanho

crazily ['kreɪzɪlɪ] adv. totalmente, loucamente

craziness ['kreɪzɪnɪs] s. demência, loucura

crazy ['kreɪzɪ] adj. (comp. **-ier**, superl. **-iest**) **1** tolo, pateta; **2** louco, doido; **3** disparatado ❖ *~ golf* minigolfe; [GB] *~ paving* pavimentação em pedras de tamanho irregular; (embarcação) *~ ship* xaveco; (gostar muito) *to be ~ about…* ser louco por…; (fúria) *to make sb ~* pôr alguém fora de si; *to work like ~* trabalhar como um louco

creak [kriːk] Ⓐ v.intr. **1** chiar; **2** ranger Ⓑ s. chiadeira (de portas, sapatos, etc.)

creaking ['kriːkɪŋ] Ⓐ adj. que chia Ⓑ s. chiadeira

creaky [kriːkɪ] adj. (comp. **-ier**, superl. **-iest**) **1** que range; **2** que chia

cream [kriːm] Ⓐ s. **1** nata; **2** CULINÁRIA creme; **3** (cosmética) creme; **4** [fig.] (sociedade) nata, elite, fina-flor; *the ~ of the crop* o que há de melhor; **5** (cor) creme Ⓑ adj. (cor) creme Ⓒ v.tr.,intr. **1** CULINÁRIA bater até ficar cremoso; **2** adicionar (natas) a; **3** formar nata (em), provocar a formação de nata; **4** desnatar; **5** (café, chá) deitar leite em; **6** [fig.] tirar a parte melhor (de qualquer coisa); filtrar (o que há de melhor); **7** [cal.] (ofensivo) ejacular (sobre) ❖ (pastel) *~ cake* nata; *~ cheese* queijo creme; *~ of tartar* cremor tártaro; *~ separator* desnatadeira; *~ tea* lanche em que se serve chá e *scones* com natas e compota; *creamed potatoes* puré de batata; *the ~ of the business is that…* o ponto mais curioso do negócio é que…

◆**cream off** v.tr. seleccionar (o melhor)

creamer ['kriːmə] s. **1** desnatadeira; **2** canequinha de natas; **3** sucedâneo de leite

creamery ['kriːmərɪ] s. (pl. **-ies**) **1** leitaria; **2** fábrica de manteiga

creaminess ['kriːmɪnɪs] s. **1** macieza, suavidade; **2** aveludado

creamy ['kriːmɪ] adj. (comp. **-ier**, superl. **-iest**) **1** cremoso; **2** com nata, suave, macio

crease [kriːs] Ⓐ s. **1** dobra, prega, vinco; **2** ruga; **3** (críquete) linha branca que indica a posição do *bowler* ou *batsman*; **4** (hóquei) área em frente à baliza Ⓑ v.tr.,intr. **1** vincar, fazer dobras; **2** enrugar, enrodilhar, amarrotar

◆**crease up** v.tr.,intr. **1** amarrotar; **2** [GB] [coloq.] (fazer) rir a bandeiras despregadas

crease-resistant [‚kriːsrɪˈzɪstənt] adj. que não enruga, resistente a vincos

creasing ['kriːsɪŋ] s. **1** acto de dobrar ou fazer dobras; **2** acção de estriar

create [kriːˈeɪt] Ⓐ v.tr. **1** criar; inventar; **2** gerar; causar; produzir; **3** desenvolver; **4** lançar; *to ~ a new fashion* lançar uma nova moda; **5** nomear; conferir o título de; *he was created duke* recebeu o título de duque Ⓑ v.intr. [GB] [coloq.] fazer uma cena; armar escândalo ❖ *to ~ a precedent* abrir um precedente; *to ~ a sensation* fazer sensação

creatine ['kriːətiːn] s. BIOQUÍMICA creatina

creation [kriːˈeɪʃən] s. criação

creationism [kriːˈeɪʃənɪzəm] s. FILOSOFIA criacionismo

creative [kriːˈeɪtɪv] Ⓐ adj. **1** criativo; imaginativo; **2** de criação; **3** engenhoso; **4** inovador Ⓑ s. (publicidade) criativo ❖ [depr.] *~ accounting* manipulação de números; *~ writing* escrita criativa

creatively [kriːˈeɪtɪvlɪ] adv. criativamente

creativeness [kriːˈeɪtɪvnɪs] s. criatividade

creativity [‚kriːeɪˈtɪvətɪ] s. criatividade, imaginação

creator [krɪˈeɪtə] s. criador

creature ['kriːtʃə] s. **1** (geral) criatura; **2** ser vivo; **3** animal; *dumb creatures* animais irracionais; **4** [fig., depr.] instrumento, joguete; *to be the ~ of the Government* ser instrumento do governo, estar vendido ao governo ❖ *~ comforts* pequenos confortos; *~ of a day* pessoa que recebe celebridade transitória; *to be a ~ of habit* ser um animal de hábitos

crèche [kreɪʃ] s. infantário

credence ['kriːdəns] s. **1** credibilidade; crédito; *to give ~ to* dar crédito a; acreditar em; **2** RELIGIÃO credência ❖ *letter of ~* credencial; *worthy of ~* digno de crédito

credential [krɪˈdenʃəl] s. **1** credencial; **2** pl. cartas credenciais; **3** pl. referências; *both candidates have excellent credentials* ambos os candidatos possuem excelentes referências

credibility [‚kredɪˈbɪlɪtɪ] s. credibilidade; *to lose ~* perder a credibilidade ❖ *~ gap* falta de credibilidade

credible ['kredɪbəl] adj. credível, crível

credibleness ['kredɪblnɪs] s. credibilidade

credibly ['kredɪblɪ] adv. credivelmente, verosimilmente

credit ['kredɪt] Ⓐ s. **1** confiança, crédito; **2** boa reputação; credibilidade; **3** motivo de orgulho [**to**, para]; *you're a ~ to your team* és um motivo de orgulho para a tua equipa; **4** COMÉRCIO crédito; **5** (educação) crédito; **6** depósito bancário; **7** conta a favor; **8** COMÉRCIO haver; **9** pl. CINEMA genérico Ⓑ v.tr. **1** acreditar em; dar crédito a; **2** COMÉRCIO lançar em crédito, creditar; *the cheque has been credited to your account* o cheque foi creditado na sua conta; **3** (apreciação) julgar, considerar ❖ *~ card* cartão de crédito; *~ circulation* circulação fiduciária; *~ entry* lançamento em crédito; *~ note* nota de crédito; *~ transfer* transferência bancária; *letter of ~* carta de crédito; COMÉRCIO *on ~* a crédito; *to be in ~* ter a conta bancária com crédito; *to do sb ~* fazer jus a alguém; *to give sb ~ for…* reconhecer a alguém o mérito de; *to open a ~ account* abrir uma conta para comprar a crédito; *to pass to the ~* lançar a crédito; *to take ~ for* colher os louros de

◆**credit with** v.tr. **1** atribuir a; **2** reconhecer a; *nobody credited him with any good quality* ninguém lhe reconhecia qualquer qualidade; **3** julgar, considerar; *she isn't so clever as people credit her with* não é tão esperta como julgam

creditable ['kredɪtəbəl] adj. **1** honroso; **2** digno de elogio

creditably ['kredɪtəblɪ] adv. honrosamente

creditor ['kredɪtə] s. **1** credor; **2** conta credora; **3** COMÉRCIO haver ❖ *~ on mortgage* credor hipotecário

credo ['kriːdəʊ] s. (pl. **-s**) credo

credulity [krəˈdjuːlɪtɪ] s. credulidade
credulous [ˈkredjʊləs] adj. crédulo
credulously [ˈkredjʊləslɪ] adv. credulamente
credulousness [ˈkredjʊləsnɪs] s. ⇒ **credulity**
creed [kriːd] s. 1 credo; 2 profissão de fé; 3 crença
creedless [ˈkriːdləs] adj. sem credo, sem fé
creek [kriːk] s. 1 angra, ancoradouro, enseada; 2 [EUA] afluente; 3 vale plano
creel [kriːl] s. cesto de verga para peixe; cabaz
creep [kriːp] Ⓐ v.intr. (prt. e part. pass. **crept**) 1 rastejar, arrastar-se; 2 deslizar; 3 aproximar-se; 4 GEOLOGIA deslocar-se, desviar-se; 5 (indústria) deformar-se; 6 [coloq.] dar graxa; andar com falinhas mansas; 7 BOTÂNICA (planta) trepar; 8 arrepiar-se; ficar cheio de impressão Ⓑ s. 1 rastejo; 2 deslize; 3 GEOLOGIA desvio, deslocamento; 4 (indústria) deformação; 5 [coloq.] pulha, patife, canalha; 6 [coloq.] graxista, lambe-botas; 7 pl. pele de galinha; arrepios; calafrios ❖ *to give sb the creeps* horrorizar alguém; *to make one's flesh ~* fazer uma pessoa arrepiar-se de medo ou horror; *he has always a hole to ~ out at* ele arranja sempre um subterfúgio
◆**creep in** v.intr. 1 entrar sorrateiramente; avançar com muito cuidado; 2 infiltrar-se; ganhar terreno
◆**creep into** v.tr. insinuar-se em; infiltrar-se em; penetrar gradualmente em
◆**creep out** Ⓐ v.intr. sair sorrateiramente Ⓑ v.tr. fazer impressão a; horrorizar
◆**creep up on** v.intr. 1 aproximar-se sorrateiramente de; 2 aparecer de repente a; apanhar de surpresa
creeper [ˈkriːpə] s. 1 picancilho, carrapito; 2 planta rasteira ou trepadeira; 3 fateixa, arpão
creeping [ˈkriːpɪŋ] Ⓐ adj. 1 rastejante; *~ plant* planta rastejante; 2 adulador; graxista[coloq.]; 3 progressivo; 4 [depr.] (processo) moroso Ⓑ s. 1 reptação; 2 ascensão; 3 (pele) arrepio; 4 adulação, servilismo; *~ and crouching* bajulação, servilismo ❖ MEDICINA *~ paralysis* paralisia progressiva
creepy [ˈkriːpɪ] adj. (comp. **-ier**, superl. **-iest**) 1 rastejante; 2 [coloq.] sinistro; horripilante; 3 que faz impressão; que faz pele de galinha; *your story made everyone ~* a tua história fez toda a gente ficar com pele de galinha; 4 repelente
creepy-crawly [ˌkriːpɪˈkrɔːlɪ] Ⓐ s. [coloq.] (insecto) bicho Ⓑ adj. 1 que rasteja; 2 adulador, servil; 3 que causa uma sensação de arrepio
creese [kriːs] s. cris, punhal malaio
cremains [krɪˈmeɪnz] s.pl. [EUA] cinzas da cremação
cremaster [kriːˈmɑːstə] s. ANATOMIA cremáster; músculo cremastérico
cremate [krɪˈmeɪt] v.tr. cremar
cremation [krɪˈmeɪʃən] s. cremação
cremator [krɪˈmeɪtə] s. 1 forno crematório; 2 cremador, pessoa encarregada da cremação
crematorial [ˌkreməˈtɔːrɪəl] adj. relativo a crematório
crematorium [ˌkreməˈtɔːrɪəm] s. (pl. **-s** ou **-a**) crematório, forno crematório
crematory [ˈkremətərɪ] Ⓐ adj. crematório Ⓑ s. (pl. **-ies**) ⇒ **crematorium**
cremona [krɪˈməʊnə] s. cremona, violino feito em Cremona
crenature [ˈkrenətʃə, ˈkrɪnətʃə] s. BOTÂNICA crena
crenel [ˈkrenəl] s. ameia
crenelate [ˈkrenəleɪt] v.tr. guarnecer de ameias, fortificar com ameias
crenelation [ˌkrenəˈleɪʃən] s. instalação de ameias
crenellate [ˌkrenəˈleɪt] v.tr. guarnecer de ameias, fortificar com ameias
crenellation [ˌkrenəˈleɪʃən] s. instalação de ameias
crenelle [kreˈnel] s. ameia
creole [ˈkriːəʊl] adj.,s. crioulo
creosote [ˈkriːəsəʊt] s. creosote
crepe [kreɪp] s. 1 (tecido, borracha, papel) crepe; 2 CULINÁRIA crepe ❖ *~ paper* papel crepe
crêpe [kreɪp] s. 1 (tecido, borracha, papel) crepe; 2 CULINÁRIA crepe; panqueca ❖ *~ paper* papel crepe
creperie [ˈkrepərɪ] s. creperia
crepitant [ˈkrepɪtənt] adj. crepitante

crepitate [ˈkrepɪteɪt] v.intr. crepitar
crepitation [ˌkrepɪˈteɪʃən] s. crepitação
crêpoline [ˈkrepəlɪn] s. crepolina
crépon [ˈkrepɔ̃] s. crespão
crept [krept] prt. e part. pass. de **to creep**
crepuscular [krɪˈpʌskjʊlə] adj. crepuscular
crepuscule [ˈkrepəskjuːl] s. crepúsculo
crescendo [krɪˈʃendəʊ] s. (pl. **-s**) MÚSICA crescendo
crescent [ˈkresənt] Ⓐ s. 1 (lua) quarto crescente; 2 (bandeira turca) crescente; 3 [fig.] (povo) (os) Maometanos; 4 RELIGIÃO islamismo, muçulmanismo; 5 rua em curva; 6 fileira de casas que contorna curva Ⓑ adj. 1 que aumenta, que cresce; 2 em forma de crescente ❖ *~ roll* croissant; *~ wrench* chave-inglesa
crescent-shaped [ˈkresntʃeɪpd] adj. (forma) em meia-lua
cress [kres] s. (pl. **-es**) BOTÂNICA agrião ❖ BOTÂNICA *winter ~* agrião-da-terra
cresset [ˈkresɪt] s. facho, fanal
crest [krest] Ⓐ s. 1 (galináceo) crista; 2 (pássaros, adereço) poupa, penacho, pluma; 3 (estrada, encosta, rampa) cume; topo; 4 (telhado) espigão; 5 (situação) clímax; auge; 6 HERÁLDICA cimeira, timbre; 7 (papel de carta) armas, brasão; 8 (rios) ponto máximo de cheia Ⓑ v.tr.,intr. 1 ornamentar com crista; 2 subir até ao cimo; 3 (postura) empertigar(-se); 4 atingir o auge/clímax ❖ *~ value* valor máximo; *family ~* brasão de família; *~ of a curve* ponto mais elevado duma curva; *on the ~ of a wave* na crista da onda
crestfallen [ˈkrestˌfɔːlən] adj. desanimado, abatido; de orelha murchafig.
cretaceous [krəˈteɪʃəs, krɪˈteɪʃəs] adj. 1 cretáceo; 2 gredoso
Cretaceous [krɪˈteɪʃəs, krəˈteɪʃəs] Ⓐ s. GEOLOGIA Cretáceo Ⓑ adj. GEOLOGIA cretáceo
Crete [kriːt] s.top. Creta
Cretic [ˈkriːtɪk] adj. crético
cretification [ˌkriːtɪfɪˈkeɪʃən] s. degenerescência calcária
cretin [ˈkretɪn] s. cretino
cretinism [ˈkretɪnɪzəm] s. cretinismo
cretinous [ˈkretɪnəs] adj. cretino
crevasse [krɪˈvæs] Ⓐ s. 1 fenda, fissura; 2 GEOLOGIA crevasse Ⓑ v.intr. 1 formar fendas ou fissuras; 2 GEOLOGIA formar crevasses
crevice [ˈkrevɪs] s. fenda, abertura, racha
crew [kruː] Ⓐ s. 1 NÁUTICA tripulação, equipagem; *~ member* membro da tripulação; 2 DESPORTO equipa de remo; 3 CINEMA, TELEVISÃO pessoal de filmagem/rodagem; 4 pessoal de serviço; 5 [coloq.] (amigos) pessoal, malta; 6 [depr.] súcia, corja Ⓑ v.intr. fazer parte da equipa/tripulação (**for**, de) Ⓒ v.tr. fazer parte da tripulação de Ⓓ prt. de **to crow** (cabelo) *~ cut* corte à escovinha; *ground ~* pessoal de terra
crib [krɪb] Ⓐ s. 1 berço; 2 manjedoura; 3 cabana, choupana; 4 presépio; 5 plágio; 6 [cal.] (escola) cábula; burro; 7 [Austr.] (refeição leve) lanche; 8 colocação, emprego; 9 armadilha de verga para pescar salmões; 10 alicerces de traves pesadas, cruzadas em terra solta Ⓑ v.tr. (particípios: -**bb**-) 1 colocar em berço; 2 surripiar; 3 plagiar; 4 [coloq.] copiar
cribbage [ˈkrɪbɪdʒ] s. jogo de cartas de três ou quatro pessoas
cribble [ˈkrɪbəl] s. crivo
cribriform [ˈkrɪbrɪfɔːm] adj. cribriforme
crick [krɪk] Ⓐ s. torcicolo Ⓑ v.tr. provocar um torcicolo
cricket [ˈkrɪkɪt] Ⓐ s. 1 ZOOLOGIA grilo; 2 DESPORTO críquete Ⓑ v.intr. jogar críquete ❖ *that's not ~* isso não é justo; isso não é leal
cricketer [ˈkrɪkɪtə] s. jogador de críquete
cricoid [ˈkraɪkɔɪd] adj.,s. ANATOMIA cricóide
crier [ˈkraɪə] s. pregoeiro
crikey [ˈkraɪkɪ] interj. (surpresa) credo!; bolas!
crime [kraɪm] Ⓐ s. 1 crime; *to commit a ~* cometer um crime; 2 delinquência; 3 [fig., coloq.] (pena, vergonha) pecado Ⓑ v.tr. 1 incriminar; 2 condenar ❖ *~ fiction* literatura policial; *~ fighting* luta contra o crime; *~ prevention* prevenção da criminalidade; *~ wave* vaga de crimes; *~ of passion* crime passional; *~ doesn't pay* o crime não compensa
Crimea [kraɪˈmɪə] s.top. Crimeia
crimeless [ˈkraɪmləs] adj. inocente
criminal [ˈkrɪmɪnəl] Ⓐ s. criminoso Ⓑ adj. 1 criminoso; *~ action* acto criminoso; 2 DIREITO criminal ❖ DIREITO *~ code* código penal; *~ conversation* adultério; *~ investigation* inquérito

criminal; ~ *law* direito penal; ~ *offence* delito; crime punível por lei; ~ *record* registo criminal; cadastro; *to have a ~ record* ter cadastro
criminality [ˌkrɪmɪˈnælɪtɪ] s. criminalidade
criminalization [ˌkrɪmɪnəlaɪˈzeɪʃn] s. penalização, criminalização
criminalize [ˈkrɪmɪnəlaɪz] v.tr. penalizar, criminalizar
criminate [ˈkrɪmɪneɪt] v.tr. incriminar
crimination [ˌkrɪmɪˈneɪʃən] s. incriminação
criminologist [ˌkrɪmɪˈnɒlədʒɪst] s. criminologista
criminology [ˌkrɪmɪˈnɒlədʒɪ] s. criminologia
criminous [ˈkrɪmɪnəs] adj. criminoso ❖ ~ *clerk* padre que cometeu um crime ou acção condenável
crimp [krɪmp] Ⓐ s. recrutador de marinheiros ou soldados Ⓑ v.tr. 1 recrutar, angariar marinheiros ou soldados; 2 frisar; 3 franzir, fazer folhos; 4 amassar, amolgar; 5 ondear; 6 golpear (peixe acabado de pescar)
crimpy [ˈkrɪmpɪ] adj. (comp. -ier, superl. -iest) frisado, franzido
crimson [ˈkrɪmzn] Ⓐ adj.,s. carmesim Ⓑ v.tr.,intr. 1 tingir de carmesim; 2 enrubescer
cringe [krɪndʒ] Ⓐ s. 1 encolhimento; 2 retraimento; 3 acanhamento; 4 recuo; 5 adulação servil Ⓑ v.intr. 1 encolher-se; 2 retrair-se; 3 acanhar-se; 4 adular servilmente
cringe-making [ˈkrɪndʒmeɪkɪŋ] adj. 1 embaraçoso; 2 incómodo, desconfortável; 3 desagradável
cringle [krɪŋgl] s. NÁUTICA olhal de cabo que permite a passagem doutro cabo
crinite [ˈkraɪnaɪt] adj. BOTÂNICA, ZOOLOGIA crinito, peludo
crinkle [ˈkrɪŋkl] Ⓐ s. ruga Ⓑ v.tr.,intr. 1 enrugar; engelhar; 2 ondear ❖ *crinkled paper* papel plissado
crinkly [ˈkrɪŋklɪ] adj. 1 enrugado; 2 quebradiço, estaladiço
crinoid [ˈkraɪnɔɪd, ˈkrɪnɔɪd] s. crinóide
crinoline [ˈkrɪnəliːn] s. 1 crinolina; 2 rede de aço para defender navios contra torpedos
cripple [ˈkrɪpl] Ⓐ s. 1 aleijado; 2 inválido Ⓑ v.tr. 1 aleijar, estropiar; 2 mutilar; 3 [fig.] paralisar; 4 [fig.] prejudicar gravemente
crippled [ˈkrɪpəld] adj. 1 inválido, estropiado; mutilado; 2 [fig.] tolhido [with, por]; paralisado [with, por]; 3 [fig.] gravemente prejudicado ❖ *emotionally ~* com bloqueios afectivos
crippling [ˈkrɪplɪŋ] adj. 1 (doença, acidente) que provoca invalidez, que afecta grandemente a qualidade de vida; 2 (dor) atroz; 3 com efeitos extremamente negativos, castrador; traumatizante
cris [krɪs] s. ⇒ **creese**
crisis [ˈkraɪsɪz] s. (pl. crises) crise
crisp [krɪsp] Ⓐ adj. 1 estaladiço; crocante; 2 (legume) fresco; 3 quebradiço, duro e seco; 4 (ar, tempo) tonificante, fresco; puro; 5 vivo, rápido, decidido; 6 (atitude) directo, frontal; sem contemplações; 7 (imagem) nítido; 8 (nota de banco) novo em folha; 9 encaracolado; ondulado Ⓑ s. 1 [cal.] nota de banco; 2 CULINÁRIA (sobremesa) *crumble*; 3 pl. [GB] batatas fritas (de pacote); *packet of crisps* pacote de batatas fritas Ⓒ v.tr.,intr. 1 encrespar, enrugar; 2 torrar, esturricar; 3 CULINÁRIA (forno) gratinar; 4 CULINÁRIA (frango, etc.) dourar ❖ ~ *manner* atitude decidida; ~ *repartee* resposta bem dada; [coloq.] *to be burnt to a ~* estar/ficar esturricado
crisply [ˈkrɪsplɪ] adv. 1 agressivamente; 2 duramente; 3 frontalmente
crispness [ˈkrɪspnɪs] s. 1 dureza; 2 secura; 3 aspereza; 4 vivacidade
crispy [ˈkrɪspɪ] adj. (comp. -ier, superl. -iest) crocante, estaladiço
crisscross [ˈkrɪskrɒs] Ⓐ adj. 1 com linhas cruzadas; 2 entrelaçado; 3 rabugento Ⓑ adv. 1 torto, de través; 2 em direcções opostas; 3 de forma entrecruzada Ⓒ s. 1 entrecruzamento; 2 linhas cruzadas; 3 emaranhado (de ruas) Ⓓ v.tr.,intr. cruzar(-se); entrecruzar(-se)
criteria [kraɪˈtɪərɪə] s. {pl. de **criterion**}
criterion [kraɪˈtɪərɪən] s. (pl. **criteria**) critério
critic [ˈkrɪtɪk] adj.,s. crítico
critical [ˈkrɪtɪkəl] adj. 1 (negativo) crítico [of, em relação a]; 2 (trabalho) crítico; ~ *analysis* análise crítica; 3 (momento, situação) crítico; *at a ~ moment* num momento crítico; *in a ~ condition* em estado crítico; 4 crucial, decisivo; *the next few days will be ~* os próximos dias serão decisivos ❖ ~ *acclaim* boas críticas; ~ *angle* ângulo limite; ~ *point* ponto crítico; ~ *pressure* pressão máxima/crítica; ~ *success* sucesso da crítica; ~ *temperature* temperatura crítica
critically [ˈkrɪtɪkəlɪ] adv. 1 perigosamente, criticamente; 2 de maneira exigente; 3 examinando como crítico
criticaster [ˈkrɪtɪkæstə] s. criticastro
criticism [ˈkrɪtɪsɪzəm] s. crítica
criticize [ˈkrɪtɪsaɪz] v.tr. criticar
criticizer [ˈkrɪtɪsaɪzə] s. crítico
critique [krɪˈtiːk] Ⓐ s. 1 apreciação, crítica; 2 arte da crítica Ⓑ v.tr. escrever a crítica de
critter [ˈkrɪtə] s. [EUA] [coloq.] criatura
crizzle [krɪzl] s. imperfeição na superfície do vidro motivada pela existência de numerosas ranhuras muito finas
croak [krəʊk] Ⓐ v.tr.,intr. 1 crocitar; 2 coaxar; 3 profetizar coisas más; 4 [coloq.] morrer; 5 resmungar Ⓑ s. 1 crocito; 2 coaxo
croaker [ˈkrəʊkə] s. 1 resmungão; 2 pessimista; 3 anunciador do mal
croakily [ˈkrəʊkɪlɪ] adv. com som rouco, áspero
croaky [ˈkrəʊkɪ] adj. (comp. -ier, superl. -iest) rouco, áspero, semelhante ao coaxar ou crocitar
Croat [ˈkrəʊæt] Ⓐ adj. croata Ⓑ s. (língua, pessoa) croata
Croatia [krəʊˈeɪʃə] s.top. Croácia
Croatian [krəʊˈeɪʃən] Ⓐ adj. croata, croácio Ⓑ s. (língua, pessoa) croata
croc [krɒk] s. [coloq.] ⇒ **crocodile**
croceate [ˈkrəʊsɪeɪt] adj. 1 de açafrão; 2 cor de açafrão
crochet [ˈkrəʊʃeɪ] Ⓐ s. croché Ⓑ v.intr. fazer croché Ⓒ v.tr. fazer em croché ❖ ~ *file* lima muito fina; ~ *hook* agulha de croché
crocidolite [krəʊˈsɪdəlaɪt] s. MINERALOGIA crocidolite
crock [krɒk] Ⓐ s. 1 caneca, panelo de barro; 2 caco para tapar o buraco de vaso de flores; 3 [dial.] panelo de metal; 4 [coloq.] (coisa, pessoa) cangalho_fig_; 5 cavalo rebentado; 6 [Esc.] ovelha velha Ⓑ v.tr.,intr. 1 inutilizar, rebentar; 2 adoecer
crockery [ˈkrɒkərɪ] s. 1 (louça) faiança; porcelanas; 2 louça de barro
crocket [ˈkrɒkɪt] s. ARQUITECTURA florão
crocodile [ˈkrɒkədaɪl] s. 1 ZOOLOGIA crocodilo; 2 pele de crocodilo; 3 [GB] [coloq.] fila de raparigas de colégio caminhando duas a duas ❖ ~ *shoes* sapatos em pele de crocodilo; ~ *tears* lágrimas de crocodilo
crocus [ˈkrəʊkəs] s. (pl. **-es**) 1 BOTÂNICA croco, açafrão; 2 peróxido de ferro para polir
Croesus [ˈkriːsəs] s.antr. Creso
croft [krɒft] s. 1 campo murado; 2 quinta pequena
crofter [ˈkrɒftə] s. pequeno caseiro, sobretudo nas terras montanhosas da Escócia
croissant [ˈkrwɑːsɒ̃] s. CULINÁRIA croissant
cromlech [ˈkrɒmlek] s. ARQUEOLOGIA cromeleque, grupo de menires dispostos em círculo
cromosphere [ˈkrɒməʊsfɪə] s. ASTRONOMIA cromosfera
cromospheric [ˌkrɒməʊˈsfɪərɪk] adj. cromosférico
crone [krəʊn] s. 1 (ofensivo) velha (de pele murcha e rugosa); 2 ovelha velha
crony [ˈkrəʊnɪ] s. (pl. **-ies**) [depr.] compincha; amigo íntimo
cronyism [ˈkrəʊnɪɪzəm] s. [depr.] favorecimento de amigos e conhecidos
crook [krʊk] Ⓐ s. 1 [coloq.] vigarista, intrujão, trapaceiro; 2 (pau) cajado; croque; báculo; *shepherd's ~* cajado de pastor; 3 gancho; 4 curva; 5 acto de curvar Ⓑ v.tr.,intr. 1 encurvar, curvar; 2 apanhar com gancho Ⓒ adj. 1 [Austr.] desonesto; 2 [Austr.] curvo; torto; 3 [Austr.] [coloq.] indisposto ❖ *by hook or by ~* de qualquer maneira; seja de que maneira for; *on the ~* de maneira desonesta
crookbacked [ˈkrʊkˌbækt] adj. [ant.] corcunda
crooked [ˈkrʊkɪd] Ⓐ adj. 1 arqueado; curvo; torcido; 2 (caminho) sinuoso; 3 torto; *that picture is ~* aquele quadro está torto; 4 [fig.] desonesto, corrupto Ⓑ part. pass. de **to crook** ❖ *a ~ smile* um sorriso contrafeito; um sorriso enigmático
crookedly [ˈkrʊkɪdlɪ] adv. de través

crookedness ['krʊkɪdnɪs] *s.* 1 desonestidade; 2 tortuosidade; 3 curvatura

crooking ['krʊkɪŋ] *s.* acto de curvar, curvatura

croon [kru:n] Ⓐ *s.* trauteio, canto a meia voz Ⓑ *v.tr.* trautear, cantarolar

crooner ['kru:nə] *s.* 1 cantor de música ligeira, cantor de charme; 2 *crooner*, pessoa que canta a meia voz

crop [krɒp] Ⓐ *s.* 1 AGRICULTURA cultivo; 2 AGRICULTURA colheita, produção; *the crops* as colheitas; 3 [fig.] safra*fig.*; produção; *this year's ~ of films* a produção cinematográfica deste ano; 4 cabo de chicote; pingalim; 5 ZOOLOGIA (ave) papo; 6 corte à escovinha; 7 (animal) pele completa e curtida; 8 bocado cortado Ⓑ *v.tr.,intr.* ⟨particípios: **-pp-**⟩ 1 (cabelo) cortar rente, cortar à escovinha; 2 (imagem, fotografia) recortar; 3 (animais) tosar, comer o cimo das plantas; 4 colher; 5 semear, plantar; 6 produzir; *to ~ well* produzir uma boa colheita ❖ *~ rotation* rotação de culturas; *a bumper ~* uma óptima colheita; *a ~ of lies* um monte de mentiras; (terra) *to be in/under ~* estar cultivada; (terra) *to be out of ~* não ser cultivada

◆**crop out** *v.intr.* aflorar, aparecer

◆**crop up** *v.intr.* surgir inesperadamente

cropper ['krɒpə] *s.* 1 cultivador; 2 tosquiador; 3 ZOOLOGIA pombo de papo saliente; 4 planta produtora ❖ [coloq.] *to come a ~* cair pesadamente; falhar rotundamente

croppy ['krɒpɪ] *s.* ⟨*pl.* **-ies**⟩ 1 pessoa com cabelo cortado curto; 2 HISTÓRIA (1789) irlandês revoltoso, simpatizante da Revolução Francesa

croquet ['krəʊkeɪ] Ⓐ *s.* cróquete, modalidade desportiva em que a bola, de madeira, é impelida com um taco Ⓑ *v.tr.* afastar a bola do adversário por choque com a nossa

croquette [krəʊ'ket] *s.* CULINÁRIA croquete

crore [krɔ:] *s.* [Índia] dez milhões de rupias

crosier ['krəʊʒə] *s.* croça, báculo episcopal ou de abade

cross [krɒs] Ⓐ *s.* ⟨*pl.* **-es**⟩ 1 cruz; 2 [fig.] [com maiúscula] religião cristã; 3 [fig.] cruz*fig.*, aflição, provação, tormento; 4 (raças, espécies) cruzamento; 5 mistura [**between**, entre]; 6 DESPORTO (futebol) passe cruzado; 7 (boxe) combinação entre adversários; 8 [coloq.] logro, fraude Ⓑ *v.tr.,intr.* 1 cruzar(-se); atravessar(-se); *to ~ the street* atravessar a rua; (braços, pernas, dedos) cruzar; *she crossed her arms* ela cruzou os braços; 3 (cheque) cruzar; 4 transpor; *to ~ a fence* transpor uma vedação; 5 traçar uma linha através; 6 fazer o sinal da cruz; *to ~ oneself* fazer o sinal da cruz; 7 chatear; enfurecer; 8 (planos) frustrar; contrariar; 9 montar; 10 DESPORTO frazer um passe cruzado; 11 provocar cruzamento Ⓒ *adj.* 1 zangado [**with**, com], furioso [**with**, com]; *Dad was really ~ with me* o Pai estava mesmo zangado comigo; *as ~ as two sticks* furioso; 2 transversal; atravessado; 3 oposto; contrário ❖ *~ arm* cruzeta; travessão; travessa; *~ iron* ferro em cruz; [coloq.] *~ my heart (and hope to die)* juro (por tudo o que é mais sagrado); *a heavy ~ to bear* uma cruz pesada; um fardo; *no ~ no crown* sem sofrimento não há glória; *on the ~* em diagonal; RELIGIÃO *the sign of the ~* o sinal da cruz; *to ~ one's fingers* fazer figas; *to ~ one's mind* ocorrer; passar pela cabeça; *to ~ sb's hand with money* dar dinheiro a alguém; *to ~ sb's path* atravessar-se no caminho de alguém; *to make one's ~* assinar com uma cruz; *we'll ~ that bridge when we come to it* cada coisa a seu tempo

◆**cross off/out** *v.tr.* 1 cortar, riscar; *to cross out a word* riscar uma palavra; 2 eliminar, pôr de parte

◆**cross over** *v.intr.* atravessar

cross-action [,krɒs'ækʃən] *s.* DIREITO acção de contradita

crossbar ['krɒsbɑ:] *s.* barra transversal

crossbeam ['krɒsbi:m] *s.* trave mestra

crossbearer ['krɒs,beərə] *s.* cruciferário, crucífero

crossbelt ['krɒsbelt] *s.* bandoleira

cross-bench [krɒs'bentʃ] Ⓐ *s.* ⟨*pl.* **-es**⟩ banco atravessado na Câmara dos Comuns para deputados independentes Ⓑ *adj.* imparcial, independente

crossbill ['krɒsbɪl] *s.* ZOOLOGIA (ave) bico-cruzado, cruza-bico, trinca-nozes

crossbones ['krɒsbəʊnz] *s.* (geralmente sob caveira) dois ossos cruzados ❖ (piratas, perigo) *skull and ~* caveira sobre ossos cruzados

crossbow ['krɒsbəʊ] *s.* (arma) besta

cross-brace ['krɒsbreɪs] Ⓐ *s.* escora Ⓑ *v.tr.* escorar

crossbred ['krɒsbred] *adj.,s.* híbrido; mestiço

crossbreed ['krɒsbri:d] Ⓐ *s.* 1 (raças, espécies) cruzamento; híbrido; 2 mestiço Ⓑ *v.tr.* ⟨*prt.* e *part. pass.* **-bred**⟩ 1 cruzar; 2 mestiçar

cross-bun [,krɒs'bʌn] *s.* CULINÁRIA pãozinho de leite com uma cruz marcada

crosscheck [,krɒs'tʃek] *v.tr.* verificar por comparação

cross-country [,krɒs'kʌntrɪ] Ⓐ *s.* DESPORTO corta-mato Ⓑ *adj.* 1 DESPORTO corta-mato; 2 que atravessa um país de um lado ao outro Ⓒ *adv.* 1 em corta-mato; 2 de um ao outro lado de um país ❖ *~ running* corrida de corta-mato

cross-cultural [,krɒs'kʌltʃərəl] *adj.* intercultural, transversal*fig.*

crosscut ['krɒskʌt] Ⓐ *s.* 1 corte transversal; 2 serra manobrada por duas pessoas Ⓑ *v.tr.* cortar transversalmente

cross-dress [,krɒs'dres] *v.intr.* travestir-se

cross-dressing [,krɒs'dresɪŋ] *s.* travestismo

crosse [krɒs] *s.* DESPORTO raqueta de lacrosse

cross-examination [,krɒsɪgzæmɪ'neɪʃən] *s.* 1 DIREITO instância a uma testemunha pelo advogado da parte contrária; 2 interrogatório

cross-examine [,krɒsɪg'zæmɪn] *v.tr.* DIREITO instar, interrogar

cross-examiner [,krɒsɪg'zæmɪnə] *s.* DIREITO aquele que insta, aquele que interroga

cross-eye ['krɒsaɪ] *s.* estrabismo

cross-eyed ['krɒsaɪd] *adj.* estrábico

crossfire ['krɒsfaɪə] *s.* fogo cruzado

cross-girder [,krɒsgɜ:də] *s.* trave transversal

cross-grained [,krɒs'greɪnd] *adj.* 1 (madeira) de veio irregular; 2 (pessoa) intratável, irascível

crosshead ['krɒshed] *s.* 1 cruzeta; 2 JORNALISMO (a meio de título) subtítulo

crossing ['krɒsɪŋ] *s.* 1 travessia; 2 passagem; 3 cruzamento, encruzilhada; 4 (para peões) passadeira ❖ *~ point* ponto de passagem; *level ~* passagem de nível

crossing-over [,krɒsɪŋ'əʊvə] *s.* BIOLOGIA (genética) crossing-over, entrecruzamento

cross-legged [,krɒs'legd] *adj.* de perna cruzada

cross-light ['krɒslaɪt] *s.* 1 luz de outra origem; 2 nova maneira de ver as coisas

crossly ['krɒslɪ] *adv.* zangado, de mau humor

crossness ['krɒsnɪs] *s.* má disposição, mau humor

crossover ['krɒsəʊvə] Ⓐ *s.* 1 passagem; 2 transição; 3 cruzamento; 4 BIOLOGIA (genética) crossing-over, entrecruzamento; 5 (estilos) cruzamento, fusão, mestiçagem*fig.*, miscigenação*fig.*; *the ~ of jazz and rock* o cruzamento de jazz e rock; 6 transformação, transfiguração, metamorfose; *the ~ from singer to actress* a transfiguração da cantora em actriz Ⓑ *adj.* 1 transversal; 2 (roupa) de trespasse; 3 (estilos) mestiçado*fig.*, miscigenado*fig.*

crosspatch ['krɒspætʃ] *s.* ⟨*pl.* **-es**⟩ indivíduo rabugento

cross-purposes [,krɒs'pɜ:pəsɪz] *s.pl.* 1 objectivos contrários; 2 mal-entendido ❖ *to be/talk at ~* estarem a falar de coisas diferentes

cross-question [,krɒs'kwestʃən] *s.* pergunta feita pelo advogado da parte contrária

cross-reference [,krɒs'refrəns] *s.* remissão, nota remissiva

cross-referencing [,krɒs'refrənsɪŋ] *adj.* (nota, índice) remissivo

crossroad ['krɒsrəʊd] *s.* 1 caminho transversal; 2 estrada lateral; 3 encruzilhada

crossroads ['krɒsrəʊdz] *s.* encruzilhada; cruzamento ❖ (momento crítico/decisivo) *to be at a ~* estar numa encruzilhada

cross-section [,krɒs'sekʃən] *s.* 1 corte transversal, secção, perfil transversal; 2 [fig.] secção, grupo, fatia*fig.*; 3 [fig.] (população) amostra representativa ❖ *~ of timber* secção de madeira; *elliptic ~* secção elíptica; corte elíptico

cross-sectional [,krɒs'sekʃənəl] *adj.* transversal

cross-stitch ['krɒsstɪtʃ] Ⓐ *s.* (bordados) ponto de cruz Ⓑ *v.tr.* bordar a ponto de cruz

cross-street [,krɒs'stri:t] *s.* rua transversal

crosstalk ['krɒstɔ:k] *s.* interferência telefónica

crosswalk ['krɒswɔ:k] *s.* [EUA] passadeira para peões

crossway ['krɒsweɪ] *s.* caminho transversal

crosswind ['krɒswɪnd] *s.* vento lateral

crosswise ['krɒsˌwaɪz] *adv.* transversalmente, de través
crossword ['krɒsˌwɜːd] *s.* palavras cruzadas; ~ *puzzle* palavras cruzadas
crotch [krɒtʃ] *s.* 1 entrepernas; 2 (vestuário) fundilho ❖ *a kick in the* ~ um pontapé entre as pernas
crotchet ['krɒtʃɪt] *s.* 1 MÚSICA semínima; 2 capricho, fantasia
crotchety ['krɒtʃɪtɪ] *adj.* caprichoso, excêntrico
croton ['krəʊtən] *s.* BOTÂNICA cróton
crouch [kraʊtʃ] Ⓐ *v.intr.* 1 inclinar-se; 2 rastejar; 3 adular servilmente Ⓑ *s.* (*pl.* **-es**) 1 inclinação; 2 submissão
croup [kruːp] *s.* 1 (cavalo) garupa; 2 MEDICINA difteria, garrotilho, crupe
croupier ['kruːpɪə] *s.* (jogo) crupiê, banqueiro
crow [krəʊ] Ⓐ *s.* 1 ZOOLOGIA corvo; 2 cantar do galo; 3 palrar alegre de criança; 4 pé-de-cabra Ⓑ *v.intr.* (*pret.* **crew** ou **crowed**, *p. p.* **crowed**) 1 (galo) cucuricar, cantar; 2 (criança) palrar alegremente; 3 [coloq.] gabar-se [**about/over**, de] ❖ [coloq.] (rugas) *crow's feet* pés-de-galinha; ARQUITECTURA ~ *step* ressalto; *white* ~ raridade; *as the* ~ *flies* a direito; [EUA] *to eat* ~ reconhecer o(s) erro(s) cometido(s); *to have a* ~ *to pluck with sb* ter contas a ajustar com alguém
crowbar ['krəʊbɑː] Ⓐ *s.* pé-de-cabra Ⓑ *v.tr.* (*particípios:* **-rr-**) abrir com pé de cabra
crowd [kraʊd] Ⓐ *s.* 1 multidão; ajuntamento; 2 turba, populaça; 3 [coloq.] (amigos) grupo; pessoal; malta; 4 (espectáculos) público; espectadores; 5 [coloq.] (grande quantidade) montes [**of**, de]; *a* ~ *of work to do* montes de trabalho Ⓑ *v.tr.* 1 encher; *the fans crowded the concert hall* os fãs encheram a sala do concerto; 2 acotovelar; dar encontrões a; 3 forçar a entrada de [**into**, em]; empurrar [**into**, para]; 4 [fig.] pressionar Ⓒ *v.intr.* 1 aglomerar-se; apinhar-se; *we crowded into the hall* reunimo-nos à entrada; 2 reunir(-se) [**about/around**, em torno de]; agrupar(-se) [**about/around**, em torno de] ❖ (filme) ~ *scene* cena de multidão; ~ *trouble* tumultos; desordens; TEATRO *the* ~ os figurantes; *it would pass in a* ~ é sofrível; escapa; vá lá; NÁUTICA *to* ~ *(on) sail* largar mais velas que o normal; *to follow the* ~ seguir a onda
◆**crowd in** *v.intr.* 1 (multidão) amontoar-se; acotovelar-se; 2 acumular-se ameaçadoramente [**on**, sobre]; aproximar-se ameaçadoramente [**on**, de]; acossar [**on**, -]; oprimir [**on**, -]
◆**crowd out** *v.tr.* (espaço) expulsar; empurrar para fora; forçar a saída de; *to crowd sb out of a place* expulsar alguém de um lugar
crowded ['kraʊdɪd] *adj.* 1 apinhado de gente; a abarrotar de gente; 2 (dia, agenda) cheio; muito preenchido; sobrecarregado; *a* ~ *day* um dia cheio; 3 (cidade, zona) sobrepovoado; 4 (profissão) concorrido ❖ (casa de espectáculos) ~ *house* casa cheia; *it's getting* ~ *in here* isto está a encher
crowd-pleaser ['kraʊdˌpliːzə] *s.* alguém ou algo popular
crowd-puller ['kraʊdpʊlə] *s.* (pessoa, coisa, acontecimento) atracção pública, chamariz ❖ *to be a* ~ atrair multidões
crowdy ['kraʊdɪ] *adj.* superpovoado; cheio de gente
crowfoot ['krəʊfʊt] *s.* BOTÂNICA ranúnculo ❖ ZOOLOGIA ~ *of an awning* aranha do toldo
crown [kraʊn] Ⓐ *s.* 1 coroa; 2 (cabeça, monte, etc.) coroa, cimo, parte mais elevada; 3 (árvore, chapéu) copa; 4 BOTÂNICA coroa; 5 (unidade monetária) coroa; 6 cabeça; *from* ~ *to toe* da cabeça aos pés; 7 ARQUITECTURA coroa, cimásio; 8 [fig.] corolário; perfeição; glória; 9 tonsura; 10 tamanho de papel (15 x 20 polegadas); 11 símbolo designativo de património nacional Ⓑ *v.tr.* 1 coroar; *to be crowned king* ser coroado rei; 2 recompensar, premiar; *success has crowned her years of effort* os seus anos de esforço foram recompensados com o sucesso; 3 [fig.] rematar; consumar; 4 (dente) pôr uma coroa em; 5 encimar; 6 (estrada) alombar; 7 bater na cabeça de ❖ ~ *bar* barra de suspensão; [GB] ~ *cap* carica; ~ *prince* príncipe herdeiro; ~ *wheel* roda de coroa; ~ *wood* madeira de primeira; madeira de boa qualidade; *martyr's* ~ coroa do martírio; *to* ~ *it all* para cúmulo
Crown [kraʊn] *s.* 1 (monarquia) Coroa; 2 poder real; poder da Coroa; 3 estado (governado por monarca) ❖ ~ *appointment* nomeação régia; ~ *Colony* Colónia dependente da Coroa; ~ *jewels* jóias da coroa
crowning ['kraʊnɪŋ] Ⓐ *s.* coroação Ⓑ *adj.* 1 de coroação; 2 [fig.] supremo; culminante ❖ *to be sb's* ~ *glory* ser o maior triunfo de alguém

croydon ['krɔɪdn] *s.* carruagem de duas rodas
croze [krəʊz] Ⓐ *s.* javre Ⓑ *v.tr.* javrar
crozier ['krəʊʒə] *s.* ⇒ **crosier**
CRT (ecrã de monitor) [*abrev. de* cathode ray tube]
crucial ['kruːʃəl] *adj.* crucial, decisivo
cruciate ['kruːʃɪɪt] *adj.* cruciforme
crucible ['kruːsɪbəl] *s.* 1 (metalurgia) cadinho; 2 [fig.] duro teste; prova severa
cruciferous [kruːˈsɪfərəs] *adj.* crucífero
crucifix ['kruːsɪfɪks] *s.* (*pl.* **-es**) crucifixo
crucifixion [ˌkruːsɪˈfɪkʃən] *s.* crucificação, crucifixão
cruciform ['kruːsɪfɔːm] *adj.* cruciforme
crucify ['kruːsɪfaɪ] *v.tr.* 1 crucificar; 2 mortificar (a carne)
crud [krʌd] *s.* 1 (indústria) resíduo; 2 [cal.] esterco, porcaria, imundície; 3 [coloq., depr.] (coisa, pessoa) nojo; 4 [coloq.] disparates, asneirada; 5 (esqui) neve derretida
cruddy ['krʌdɪ] *adj.* [coloq.] nojento, asqueroso, imundo
crude [kruːd] *adj.* (*comp.* **-er**, *superl.* **-est**) 1 cru; simples; 2 verde, sem amadurecer; 3 rudimentar; 4 imperfeito; tosco; grosseiro; 5 (pessoa) ordinário; rude, 6 (material) bruto; 7 LINGUÍSTICA sem modificações, sem desinência ❖ ~ *asphalt* asfalto bruto; ~ *lead* chumbo não beneficiado; ~ *metal* metal bruto; ~ *oil* crude
crudely ['kruːdlɪ] *adv.* 1 de maneira tosca; 2 grosseiramente; 3 rudemente
crudeness ['kruːdnɪs] *s.* crueza, rudeza
crudity ['kruːdɪtɪ] *s.* (*pl.* **-ies**) crueza
cruel ['kruːəl] *adj.* cruel
cruelly ['kruːəlɪ] *adv.* cruelmente
cruelty ['kruːəltɪ] *s.* (*pl.* **-ies**) crueldade
cruelty-free ['kruːəltɪfriː] *adj.* (indústria) não testado em animais
cruet ['kruːɪt] *s.* 1 galheta, galheteiro; 2 (sal, pimenta, etc.) frasco ❖ ~ *stand* galheteiro
cruise [kruːz] Ⓐ *s.* cruzeiro; *to go on a* ~ fazer um cruzeiro Ⓑ *v.intr.* 1 fazer um cruzeiro; *we went cruising in the Mediterranean* fizemos um cruzeiro no Mediterrâneo; 2 circular [**at**, a]; deslocar-se [**at**, a]; *the car was cruising at 60 km/h* o carro circulava a 60 km por hora; 3 (carro, etc.) avançar devagar; 4 passear; vaguear sem destino; 5 [cal.] andar no engate ❖ MILITAR ~ *missile* míssil cruzeiro; *to* ~ *to victory* ganhar sem esforço
cruiser ['kruːzə] *s.* 1 NÁUTICA, MILITAR cruzador; 2 iate de cruzeiro ❖ MILITAR ~ *tank* tanque cruzador
cruisewear ['kruːzweə] *s.* [EUA] roupa informal
cruising ['kruːzɪŋ] *s.* NÁUTICA cruzeiro ❖ (avião) ~ *range* autonomia de voo; ~ *speed* velocidade de cruzeiro; ~ *taxi* táxi que procura fregueses circulando; ~ *yacht* iate de cruzeiro
cruive [kruːv] *s.* [Esc.] nassa para salmões
crumb [krʌm] Ⓐ *s.* 1 migalha; *to brush the crumbs off the table* limpar as migalhas da mesa; 2 (pão) miolo; 3 fracção, fragmento, pedaço; 4 [EUA] [ant.] pessoa desprezível Ⓑ *v.tr.* 1 cobrir de migalhas; 2 esmigalhar; 3 limpar as migalhas de ❖ *a* ~ *of comfort* um pouco de consolo; *a* ~ *of hope* um fio de esperança; *to pick up one's crumbs* ir ganhando forças; ir-se restabelecendo pouco a pouco (de doença)
crumbcloth ['krʌmˌklɒθ] *s.* cobertura (para tapete de sala de jantar)
crumble ['krʌmbəl] Ⓐ *v.tr.* 1 esfarelar; esmigalhar; 2 desfazer, desintegrar; 3 fraccionar Ⓑ *v.intr.* 1 esfarelar-se; esmigalhar-se; esboroar-se; 2 desmoronar-se; 3 fraccionar-se; desagregar-se; 4 desfazer-se, deteriorar-se [**into**, em]; *to* ~ *into dust* desfazer-se em pó Ⓒ *s.* CULINÁRIA (sobremesa) *crumble*
crumbling ['krʌmblɪŋ] Ⓐ *s.* 1 desagregação, desintegração; 2 derrocada, desmoronamento Ⓑ *adj.* em desintegração, a desintegrar-se
crumbly ['krʌmblɪ] *adj.* 1 quebradiço; 2 que facilmente se desfaz
crumby ['krʌmɪ] *adj.* 1 que se esfarela; 2 com mau aspecto; 3 miserável; 4 (acto) desprezível, mesquinho
crummy ['krʌmɪ] *adj.* (*comp.* **-ier**, *superl.* **-iest**) 1 [coloq.] pobre, sujo, miserável; 2 com mau aspecto, degradado; 3 (acto) desprezível, mesquinho
crump [krʌmp] Ⓐ *s.* 1 pancada forte; 2 trambolhão, queda violenta; 3 MILITAR [cal.] explosão de granada Ⓑ *v.tr.* 1 [coloq.] (críquete) bater a bola com força; 2 explodir; 3 ⇒ **crunch** ❖ ~ *hole* cratera de granada

crumpet ['krʌmpɪt] s. 1 CULINÁRIA espécie de panqueca espessa; 2 [cal.] (mulher atraente) borracho_coloq_, biscoitinho_coloq_.

crumple ['krʌmpl] Ⓐ v.tr. 1 amarrotar; enrugar; 2 amarfanhar Ⓑ v.intr. amarrotar(-se); enrugar(-se)

◆**crumple up** v.tr. (papel) amassar; amarfanhar ❖ *to ~ the paper into a ball* fazer uma bola de papel

crunch [krʌntʃ] Ⓐ v.tr.,intr. 1 trincar; dar uma dentada a; mastigar ruidosamente; 2 triturar; esmagar; 3 pisar Ⓑ v.intr. 1 roer [**on**, -]; *the dog was crunching on a bone* o cão estava a roer um osso; 2 ranger; fazer um ruído seco; 3 caminhar com barulho Ⓒ s. 1 mastigação ruidosa; 2 trituração, esmagamento; 3 [fig.] momento crítico, momento decisivo Ⓓ adj. crítico, decisivo, crucial ❖ *when it comes to the ~* na hora do aperto

crunchy ['krʌntʃɪ] adj. estaladiço, crocante

crupper ['krʌpə] s. 1 (cavalo) garupa; 2 (arreio) retranca

crural ['kruərəl] adj. crural

crusade [kru:'seɪd] Ⓐ s. 1 cruzada; 2 campanha [**against**, contra, **for**, por]; *a ~ against smoking* uma campanha contra o tabaco Ⓑ v.intr. 1 HISTÓRIA partir em cruzada; 2 fazer campanha [**against/for**, contra/por]; pugnar [**for/against**, por/contra]; bater-se [**for/against**, por/contra]

crusader [kru:'seɪdə] s. 1 HISTÓRIA cruzado; 2 [fig.] paladino, defensor

cruse [kru:z] s. [arc.] bilha, cântara de barro ❖ *widow's ~* fonte inesgotável

crush [krʌʃ] Ⓐ s. (pl. **-es**) 1 (muita gente) aperto, multidão; 2 [coloq.] paixoneta [**on**, por]; *to have a ~ on sb* ter uma paixoneta por alguém; 3 esmagamento; 4 colisão, choque Ⓑ v.tr. 1 esmagar; 2 triturar, moer, pulverizar; britar; 3 CULINÁRIA triturar; 4 (gelo) picar; 5 (uvas) pisar; 6 comprimir, apertar; 7 amarrotar; 8 [fig.] subjugar, dominar; esmagar; *to ~ a rebellion* esmagar uma revolta; 9 [fig.] destruir; *all his hopes were crushed* todas as esperanças dele foram destruídas; 10 [arc.] beber; *to ~ a cup of wine* liquidar um copo de vinho, beber um copo de vinho ❖ (multidões) *~ barrier* barreira de protecção; *~ resistant* resistente a esmagamento ou enrugamento; inquebrável

◆**crush up** v.intr. [GB] (grupo de pessoas) apertar-se como sardinha em lata

crushed ['krʌʃt] adj. 1 esmagado; 2 britado, triturado; 3 pulverizado, moído; 4 (tecido) enrugado; 5 [fig.] destroçado ❖ *~ stone* pedra britada

crusher ['krʌʃə] s. 1 triturador; 2 esmagadeira; 3 britadeira; 4 britador; 5 desgraça súbita

crushing ['krʌʃɪŋ] Ⓐ adj. 1 esmagador; *~ defeat* derrota esmagadora; 2 terrível, aniquilador; *~ news* notícias terríveis; 3 dilacerante; doloroso; 4 (crítica, comentário) cáustico, demolidor, destrutivo Ⓑ s. 1 esmagamento; 2 trituração, pulverização; 3 moagem ❖ *~ machine* britadeira

crushingly ['krʌʃɪŋlɪ] adv. 1 duma maneira aniquiladora; 2 esmagadoramente; 3 de forma demolidora

crushproof ['krʌʃˌpru:f] adj. inquebrável

crust [krʌst] Ⓐ s. 1 crosta; 2 (pão) côdea; 3 GEOLOGIA crusta terrestre; 4 (ferimento) crosta, casca, bostela; 5 cobertura; 6 (vinho) depósito (em garrafa); 7 [coloq., fig.] (sociedade) classe alta; *the upper ~* a nata da sociedade; 8 [ant., coloq.] descaramento, atrevimento; *to have the ~ to* ter o descaramento de; 9 [coloq.] pão_fig_; *to earn a ~* ganhar o pão Ⓑ v.tr.,intr. 1 cobrir (com crosta); 2 formar crosta (em); incrustar(-se)

Crustacea [krʌ'steɪʃə] s.pl. crustáceos

crustacean [krʌ'steɪʃən] s. ZOOLOGIA crustáceo

crustaceous [krʌ'steɪʃəs] adj. crustáceo

crustation [krʌs'teɪʃən] s. incrustação

crusted ['krʌstɪd] adj. com crosta, antigo

crustily ['krʌstɪlɪ] adv. irritadamente

crustiness ['krʌstɪnɪs] s. dureza, irritabilidade

crusty ['krʌstɪ] adj. (comp. **-ier**, superl. **-iest**) 1 estaladiço; 2 com crosta, com côdea; 3 irritável, mal-humorado

crutch [krʌtʃ] s. (pl. **-es**) 1 muleta; *to go on crutches* andar de muletas; 2 [fig.] suporte; apoio; 3 descanso; 4 (sela) cepilho

crux [krʌks] s. (pl. **-es**) 1 dificuldade; 2 ponto capital

cry [kraɪ] Ⓐ v.tr.,intr. 1 chorar; 2 gritar, exclamar; apregoar; 3 latir; 4 [arc.] implorar Ⓑ s. (pl. **cries**) 1 grito; 2 choro; 3 clamor, rumor; 4 pregão; 5 voz pública; 6 (caça) matilha de cães de caça; 7 latido ❖ *a ~ for help* um pedido de ajuda; *a far ~ (from sth)* a uma grande distância (de algo); *hue and ~* protesto; condenação; perseguição; *much ~ and little wool* muita parra e pouca uva; *to cry/ask for the moon* exigir o impossível; *to ~ on sb's shoulder* chorar no ombro de alguém; [coloq.] *to ~ one's eyes/heart out* chorar baba e ranho; chorar copiosamente; *to ~ oneself to sleep* chorar até dormir; *to ~ over spilt milk* chorar sobre o leite derramado; *to ~ quits* pôr fim a uma contenda; *to ~ stinking fish* dizer mal das próprias coisas; *to ~ wolf* dar um falso alarme; pedir ajuda desnecessariamente

◆**cry down** v.tr. depreciar; minimizar; dizer mal de

◆**cry off** Ⓐ v.intr. 1 faltar ao prometido; 2 desistir Ⓑ v.tr. anular; cancelar; desistir de

◆**cry out** v.tr.,intr. 1 gritar, exclamar; 2 pedir aos gritos [**for**, -]; gritar [**for**, por] ❖ (impaciência) *for crying out loud!* por amor de Deus!; *to be crying out for sth* precisar de algo urgentemente

◆**cry out against** v.tr. 1 protestar contra; manifestar indignação em relação a; 2 queixar-se de

◆**cry up** v.tr. elogiar muito; louvar; exaltar

crybaby ['kraɪbeɪbɪ] s. [coloq., depr.] choramingas, menino da mamã

crying ['kraɪɪŋ] Ⓐ s. 1 gritos; clamor; 2 choro; pranto Ⓑ adj. 1 que chora; a chorar; 2 [fig.] clamoroso; gritante; flagrante; de bradar aos céus; 3 urgente, premente; *there's a ~ need for food* há necessidade urgente de comida ❖ *it's a ~ shame!* é escandaloso!

cryogenic [kraɪə'dʒenɪk] adj. criogénico

cryogenics [ˌkraɪə'dʒenɪks] s. criogenia

cryonic [kraɪ'ɒnɪk] adj. criogénico

cryonics [kraɪ'ɒnɪks] s. criogenia

cryotherapy [ˌkraɪəʊ'θerəpɪ] s. MEDICINA crioterapia

crypt [krɪpt] s. cripta

cryptanalysis [ˌkrɪptə'nælɪsɪs] s. criptanálise

cryptanalyst [ˌkrɪpt'ænəlɪst] s. criptanalista

cryptanalytic [ˌkrɪptænə'lɪtɪk] adj. criptanalítico

cryptanalytical [ˌkrɪptænə'lɪtɪkl] adj. criptanalítico

cryptic ['krɪptɪk] adj. secreto, oculto

cryptically ['krɪptɪkəlɪ] adv. secretamente

cryptogam ['krɪptəʊgæm] s. BOTÂNICA criptógama

cryptogamic [ˌkrɪptə'gæmɪk] adj. criptogâmico

cryptogamous [krɪp'tɒgəməs] adj. criptogâmico

cryptogamy [krɪp'tɒgəmɪ] s. criptogamia

cryptogram ['krɪptəgræm] s. criptograma

cryptograph ['krɪptəgra:f] s. criptograma

cryptography [krɪp'tɒgrəfɪ] s. criptografia

cryptological [ˌkrɪptə'lɒdʒɪkəl] adj. criptológico

cryptology [krɪp'tɒlədʒɪ] s. criptologia

cryptomeria [ˌkrɪptəʊ'mɪərɪə] s. BOTÂNICA criptoméria, cedro japonês

crystal ['krɪstəl] Ⓐ s. 1 cristal; 2 [EUA] vidro de relógio; 3 vidro, objecto muito transparente; 4 [poét.] água límpida, água transparente; 5 FÍSICA, QUÍMICA cristal Ⓑ adj. 1 de cristal; 2 como cristal; 3 transparente; cristalino ❖ (futurologia) *~ ball* bola de cristal; FÍSICA *~ current* piezoelectricidade; *~ gazer* vidente; *rock ~* cristal de rocha

crystal-clear ['krɪstəlklɪə] adj. 1 límpido; cristalino; 2 (significado) claro; transparente; evidente

crystalline ['krɪstəlaɪn] adj. cristalino ❖ QUÍMICA *~ compound* composto cristalino; QUÍMICA *~ constituent* componente cristalino; ANATOMIA (olho) *~ lens* cristalino; *~ salt* sal cristalino; *~ structure* estrutura cristalina; *~ system* sistema cristalino

crystallizable [ˌkrɪstə'laɪzəbəl] adj. cristalizável

crystallization [ˌkrɪstəlaɪ'zeɪʃən] s. cristalização

crystallize ['krɪstəlaɪz] v.tr.,intr. cristalizar

crystallized ['krɪstəlaɪzd] adj. cristalizado ❖ *~ fruit* fruta cristalizada; *in a ~ state* em cristalização

crystallizer ['krɪstəlaɪzə] s. cristalizador

crystallogenesis [ˌkrɪstələ'dʒenɪsɪs] s. formação de cristais

crystallographic [ˌkrɪstələ'græfɪk] adj. cristalográfico

crystallographical [ˌkrɪstələ'græfɪkəl] adj. cristalográfico

crystallography [ˌkrɪstə'lɒgrəfɪ] s. cristalografia

crystalloid ['krɪstəlɔɪd] adj.,s. cristalóide

crystallometry [ˌkrɪstə'lɒmətrɪ] s. cristalometria

Cs

Cs QUÍMICA [símbolo de caesium]
CS Ⓐ [abrev. de Civil Service] Ⓑ [abrev. de Court of Session] Ⓒ [abrev. de Christian Science] Ⓓ [abrev. de Christian Scientist] Ⓔ [abrev. de Clerk to the Signet] Ⓕ [abrev. de Congregation of Salesians]
CSA [abrev. de Child Support Agency]
CSC Ⓐ [abrev. de Conspicuous Service Cross] Ⓑ [abrev. de Civil Service Commission]
CSE [abrev. de Certificate of Secondary Education]
CSIR [abrev. de Council of Scientific and Industrial Research]
CSIRO [abrev. de Commonwealth Scientific and Industrial Research Organization]
CSM MILITAR [abrev. de Company Sergeant-Major]
CSP [abrev. de Council for Scientific Policy]
CSR [Austr.] [abrev. de Colonial Sugar Refinery Co. Ltd.]
C.Ss.R. [abrev. de Congregation of the Most Holy Redeemer (Redemptorist Order)]
CST [abrev. de Central Standard Time]
C.St.J. [abrev. de Commander of the Order of St. John of Jerusalem]
Ct. Ⓐ [abrev. de Connecticut] Ⓑ [abrev. de Court] Ⓒ [abrev. de Count]
CT Ⓐ [abrev. de Certificate of Teaching] Ⓑ [abrev. de Central Time] Ⓒ [abrev. de computerized tomography]
CTA [abrev. de Commercial Travellers Association]
CTC Ⓐ [abrev. de Cyclists' Touring Club] Ⓑ [abrev. de City Technology College]
ctenoid ['ti:nɔɪd] adj.,s. ctenóide
ctl [abrev. de constructive total loss]
cts [abrev. de cents]
Ctte [abrev. de Committee]
Cu QUÍMICA [símbolo de copper]
CU [abrev. de Cambridge University]
cub [kʌb] Ⓐ s. 1 ZOOLOGIA cria, filho de raposa, urso ou outros animais selvagens; 2 [fig.] rapaz simplório, grosseiro Ⓑ v.tr.,intr. (particípios: -bb-) (animais) parir, dar à luz
Cuba ['kju:bə] s.top. Cuba
cubage ['kju:bɪdʒ] s. cubagem
Cuban ['kju:bən] adj.,s. cubano
cubature ['kju:bətjʊə] s. cubatura
cubbing ['kʌbɪŋ] s. caça à cria da raposa
cubbish ['kʌbɪʃ] adj. desajeitado
cubbyhole ['kʌbɪhəʊl] s. 1 cubículo; 2 [fig.] esconderijo
cube [kju:b] Ⓐ s. 1 cubo; *a sugar ~* um cubo de açúcar; *an ice ~* um cubo de gelo; 2 MATEMÁTICA cubo; *the ~ of 3 is 27* 3 ao cubo são 27 Ⓑ v.tr. 1 MATEMÁTICA elevar ao cubo; *3 cubed is 27* 3 ao cubo são 27; 2 pavimentar com cubos; 3 CULINÁRIA cortar aos cubinhos ❖ MATEMÁTICA *~ root* raiz cúbica
cubic ['kju:bɪk] adj. cúbico ❖ *~ capacity* volume; GEOMETRIA *~ centimetre/metre* centímetro/metro cúbico; MATEMÁTICA *~ equation* equação do terceiro grau; GEOMETRIA *~ foot* pé-cúbico; GEOMETRIA *~ inch* polegada cúbica; GEOMETRIA *~ measure* medida de volume
cubical ['kju:bɪkəl] adj. ⇒ **cubic** ❖ *~ expansion* expansão em volume
cubically ['kju:bɪkəlɪ] adv. cubicamente
cubicle ['kju:bɪkl] s. cubículo
cubism ['kju:bɪzəm] s. ARTES PLÁSTICAS cubismo
cubist ['kju:bɪst] adj.,s. ARTES PLÁSTICAS cubista
cubistic [,kju:'bɪstɪk] adj. ARTES PLÁSTICAS cubista
cubit ['kju:bɪt] s. [ant.] (medida) côbito
cubital ['kju:bɪtəl] adj. cubital
cubo-cube [,kjub ə'kju:b] s. MATEMÁTICA sexta potência
cubo-cubo-cube [,kjubə,kjubə'kju:b] s. MATEMÁTICA nona potência
cuboid ['kju:bɔɪd] adj.,s. cubóide
cucking-stool ['kʌkɪŋstu:l] s. HISTÓRIA banco, cadeira de castigo para mulheres cruéis e turbulentas e comerciantes desonestos
cuckold ['kʌkəld] Ⓐ s. [arc.] marido cuja esposa lhe é infiel Ⓑ v.tr. [arc.] enganar (o marido)
cuckoo ['kʊku:] Ⓐ s. 1 ZOOLOGIA cuco; 2 [coloq.] louco, tolo Ⓑ adj. [coloq.] louco, tolo ❖ *~ clock* relógio de cuco
cuckoopoint ['kʊku:pɔɪnt] s. BOTÂNICA árum, jarro
cucumber ['kju:kʌmbə] s. BOTÂNICA pepino ❖ *as cool as a ~* impávido e sereno

cucurbit [kju'kɜ:bɪt] s. abóbora; cucúrbita
cud [kʌd] s. ZOOLOGIA, VETERINÁRIA bolo ruminal ❖ *to chew the ~* ruminar uma ideia; matutar
cudbear ['kʌdbeə] s. BOTÂNICA urzela
cuddle ['kʌdl] Ⓐ v.tr.,intr. 1 abraçar; 2 amimar; 3 fazer festinhas a; 4 aninhar-se; 5 encostar-se ternamente a alguém; 6 deitar-se confortavelmente Ⓑ s. abraço
cuddly ['kʌdlɪ] adj. 1 fofo; macio; 2 amoroso; fofo; que dá vontade de abraçar; *~ child* criança amorosa ❖ (boneco) *~ toy* peluche
cuddy ['kʌdɪ] s. (pl. **-ies**) 1 camarata; 2 tilha de pequeno navio; 3 sala de estar de navio grande; 4 guarda-louça; 5 pateta, tolo, simplório
cudgel ['kʌdʒəl] Ⓐ s. clava, moca, cacete Ⓑ v.tr. (particípios: -ll-) agredir com moca ❖ *~ play* jogo do pau; *to cross the cudgels* dar-se por vencido; desistir; [ant.] *to ~ one's brains* puxar pela cabeça; dar tratos à cabeça; dar voltas aos miolos; *to take up the cudgels for sb/sth* defender alguém/algo com toda a energia
cudgelling ['kʌdʒəlɪŋ] s. tareia, sova; *to give sb a ~* dar uma sova a alguém
cue [kju:] Ⓐ s. 1 TEATRO deixa; 2 MÚSICA sinal de entrada; 3 estímulo, incitamento; 4 sugestão; insinuação; 5 (bilhar) taco; 6 (cabelo) rabicho; 7 [arc.] papel, função Ⓑ v.tr. (port. e part. pass. **cued**, part. pres. **cueing**) 1 dar a deixa a; dar o sinal a; 2 (cabelo) entrançar; 3 (bilhar) dar uma tacada em ❖ (bilhar) *~ ball* bola branca; (TV, etc.) *~ card* cartão de ponto; *(right) on ~* na hora H; *to happen on ~* acontecer como previsto; *to take one's ~ from* pegar na deixa de; seguir o exemplo de
◆ **cue in** v.tr. 1 dar a deixa a; fazer sinal a; 2 dar instruções a; 3 pôr ao corrente [on, de]; informar [on, sobre]
cueist [kju:ɪst] s. bilharista, jogador de bilhar
cuff [kʌf] Ⓐ s. 1 VESTUÁRIO punho; canhão; 2 [EUA, Can., Austr.] (calças) dobra; 3 tabefe; bofetada; 4 pl. algemas Ⓑ v.tr. 1 esbofetear; socar; 2 algemar ❖ *off the ~* improvisado; sem preparação prévia; *on ~* a crédito; de graça
cuffing ['kʌfɪŋ] s. pancada, pancadaria
cufflinks ['kʌflɪŋks] s.pl. botões de punho
cuirass [kwɪ'ræs] s. (pl. **-es**) couraça
cuirassier [,kwɪrə'sɪə] s. HISTÓRIA (soldado) couraceiro
cuisine [kwɪ'zi:n] s. (culinária) cozinha; *French ~* cozinha francesa
cuisse [kwɪs] s. coxote
cul-de-sac [,kʌldə'sæk] s. beco sem saída
culinary ['kʌlɪnərɪ] adj. culinário ❖ *~ vessels* utensílios de cozinha
cull [kʌl] Ⓐ v.tr. 1 seleccionar, escolher; 2 eliminar Ⓑ s. animal tirado dum rebanho por ser demasiado idoso para a reprodução, ou por ser inferior na qualidade
cullender ['kʌlɪndə] s. coador
cullet ['kʌlɪt] s. aparas, pó de vidro
cully ['kʌlɪ] s. [coloq.] simplório
culm [kʌlm] s. 1 pó de carvão; 2 BOTÂNICA colmo
culminant ['kʌlmɪnənt] adj. 1 no ponto mais alto; 2 ASTRONOMIA no meridiano
culminate ['kʌlmɪneɪt] v.intr. 1 culminar; 2 atingir o ponto mais alto; 3 ASTRONOMIA estar no meridiano
culminating ['kʌlmɪneɪtɪŋ] adj. culminante ❖ *~ point* auge; clímax; cúmulo
culmination [,kʌlmɪ'neɪʃən] s. culminação (de astro)
culottes [kju'lɒts] s.pl. VESTUÁRIO saia-calça
culpability [,kʌlpə'bɪlɪtɪ] s. culpabilidade
culpable ['kʌlpəbəl] adj. culpado
culpableness ['kʌlpəblnɪs] s. culpabilidade
culpably ['kʌlpəblɪ] adv. com culpas, culpavelmente
culprit ['kʌlprɪt] s. 1 réu; 2 acusado; 3 culpado
cult [kʌlt] s. 1 culto; 2 RELIGIÃO seita ❖ *~ figure* figura de culto; ídolo; *~ film* filme de culto
cultivable ['kʌltɪvəbəl] adj. cultivável
cultivate ['kʌltɪveɪt] v.tr. 1 cultivar; 2 dedicar-se a; 3 melhorar, desenvolver; 4 trabalhar, cultivar (a terra)
cultivated ['kʌltɪveɪtɪd] adj. 1 (pessoa) culto; 2 de cultura; cultivado; 3 (voz) educado ❖ *~ pearls* pérolas de cultura
cultivation [,kʌltɪ'veɪʃən] s. cultura
cultivator ['kʌltɪveɪtə] s. 1 agricultor; 2 cultivador (pessoa ou instrumento agrícola)

cultrate ['kʌltrɪt] *adj.* cultriforme
cultriform ['kʌltrɪfɔːm] *adj.* cultriforme
cultural ['kʌltʃərəl] *adj.* cultural ❖ ~ *anthropology* antropologia cultural; ~ *attaché* adido cultural; ~ *integration* aculturação; ~ *revolution* revolução cultural
culture ['kʌltʃə] Ⓐ *s.* cultura (intelectual, do solo, de peixes, bactérias, etc.) Ⓑ *v.tr.* cultivar
cultured ['kʌltʃəd] *adj.* **1** culto; polido; **2** civilizado; **3** de cultura; ~ *pearl* pérola da cultura
culver ['kʌlvə] *s.* pombo bravo
culverin ['kʌlvərɪn] *s.* colubrina
culvert ['kʌlvət] *s.* galeria, bueiro
cumber ['kʌmbə] Ⓐ *v.tr.* **1** [arc., poét.] impedir, embaraçar; **2** [arc., poét.] oprimir Ⓑ *s.* [arc., poét.] obstrução
cumbersome ['kʌmbəsəm] *adj.* **1** incómodo; **2** pesado; **3** embaraçoso
cumbersomely ['kʌmbəsəmlɪ] *adv.* **1** de maneira incómoda; **2** com embaraço
cumbersomeness ['kʌmbəsəmnɪs] *s.* **1** embaraço; **2** peso
Cumbrian ['kʌmbrɪən] *adj.,s.* cumbriano
cumbrous ['kʌmbrəs] *adj.* **1** [arc., lit.] incómodo; **2** [arc., lit.] embaraçoso; **3** [arc., lit.] pesado
cumbrously ['kʌmbrəslɪ] *adv.* [arc., lit.] de modo incómodo, pesadamente
cumbrousness ['kʌmbrəsnɪs] *s.* embaraço, peso
cum div. [*abrev. de* cum dividend]
cumin ['kʌmɪn] *s.* BOTÂNICA, CULINÁRIA cominhos
cummer ['kʌmə] *s.* **1** [Esc.] comadre; **2** companheira; **3** mulher
cummerbund ['kʌməbʌnd] *s.* VESTUÁRIO faixa de smoking
cummin ['kʌmɪn] *s.* cominhos
cumulate[1] ['kjuːmjʊleɪt] *v.tr.* **1** acumular; **2** fundir
cumulate[2] ['kjuːmjʊlɪt] *adj.* acumulado
cumulation [ˌkjuːmjʊ'leɪʃən] *s.* acumulação
cumulative ['kjuːmjʊlətɪv] *adj.* acumulativo
cumulatively ['kjuːmjʊlətɪvlɪ] *adv.* cumulativamente
cumulous ['kjuːmjʊləs] *adj.* em forma de cúmulo
cumulus ['kjuːmjʊləs] *s.* (*pl.* -i) METEOROLOGIA (nuvem) cúmulo
cuneiform ['kjuːnɪfɔːm] Ⓐ *adj.* cuneiforme Ⓑ *s.* escrita cuneiforme
cunnilingus [ˌkʌnɪ'lɪŋgəs] *s.* cunilíngua
cunning ['kʌnɪŋ] Ⓐ *s.* **1** habilidade, engenho; **2** astúcia, manha; **3** capacidade, destreza Ⓑ *adj.* **1** habilidoso, engenhoso; **2** astuto, matreiro; **3** capaz; **4** [EUA] coloq.] (pessoa) (giro) amoroso ❖ ~ *fetch* estratagema; [coloq.] ~ *ham* pateta, parvo
cunningly ['kʌnɪŋlɪ] *adv.* **1** habilidosamente, engenhosamente; **2** com astúcia
cunt [kʌnt] *s.* **1** [cal.] (ofensivo) cona, rata; **2** [cal.] (ofensivo) cabra$_{cal}$; cabrão$_{cal}$
cup [kʌp] Ⓐ *s.* **1** chávena; *a tea/coffee* ~ um chávena de chá/café; *a* ~ *of tea/coffee* um chávena de chá/café; **2** taça, cálice, copa; copo; **3** (troféu, competição) taça; **4** (bebida) ponche; **5** (soutien) copa; **6** DESPORTO (golfe) buraco; **7** cavidade arredondada; **8** ventosa Ⓑ *v.tr.* (*particípios*: **-pp-**) **1** pôr (as mãos) em concha; segurar com as mãos em concha; **2** sangrar por meio de ventosas; **3** DESPORTO (golfe) bater no chão com os ferros ao lançar a bola ❖ DESPORTO (futebol) ~ *final* final de campeonato; final da taça; MECÂNICA ~ *packing* guarnição embutida; [EUA] *suction* ~ ventosa; (desânimo) *a* ~ *too low* um bocado em baixo; [arc.] *in one's cups* ébrio; *not to be sb's* ~ *of tea* não fazer o género de alguém; DESPORTO (futebol) *the World* ~ o campeonato do mundo; *that's another* ~ *of tea* isso é uma coisa muito diferente; *there's many a slip between/twixt (the)* ~ *and (the) lip* da mão a boca se perde a sopa; *to be* ~ *and can* serem amigos íntimos; serem grandes companheiros
cupbearer ['kʌpˌbeərə] *s.* copeiro
cupboard ['kʌbəd] *s.* **1** armário; **2** guarda-louça, aparador; **3** guarda-roupa ❖ ~ *love* amor interesseiro; *plenty of* ~ *space* boa arrumação
cupel ['kjuːpəl] Ⓐ *s.* copela Ⓑ *v.tr.* (*particípios*: **-ll-**) copelar
cupellation [ˌkjuːpə'leɪʃən] *s.* copelação
cupful ['kʌpfʊl] *s.* taça ou chávena cheia
Cupid ['kjuːpɪd] *s.* MITOLOGIA Cupido
cupidity [kjuː'pɪdɪtɪ] *s.* cupidez

cupola ['kjuːpələ] *s.* cúpula, zimbório, abóbada esférica
cupping ['kʌpɪŋ] *s.* **1** abertura em forma de taça; **2** MEDICINA aplicação de ventosas ❖ MEDICINA ~ *glass* ventosa
cupreous ['kjuːprɪəs] *adj.* **1** de cobre; **2** como cobre
cupric ['kjuːprɪk] *adj.* QUÍMICA cúprico ❖ QUÍMICA ~ *acid* ácido cúprico; QUÍMICA ~ *oxide* óxido cúprico
cupriferous [kjuː'prɪfərəs] *adj.* cuprífero
cuprite ['kjuːpraɪt] *s.* MINERALOGIA cuprite
cupronickel [ˌkjuːprəʊ'nɪkəl] *s.* cuproníquel
cuprous ['kjuːprəs] *adj.* cuproso ❖ QUÍMICA ~ *cyanide* cianeto cuproso; QUÍMICA ~ *oxide cell* pilha de óxido cuproso
cup-tie ['kʌptaɪ] *s.* DESPORTO jogo ou desafio entre equipas vencedoras em provas anteriores
cupule ['kjuːpjuːl] *s.* BOTÂNICA cúpula
cur [kɜː] *s.* **1** (cão) rafeiro; **2** [fig., coloq.] (pessoa) canalha
cur. [*abrev. de* current, this month]
curability [ˌkjʊərə'bɪlɪtɪ] *s.* curabilidade
curable ['kjʊərəbəl] *adj.* curável
curaçao [ˌkjʊərə'səʊ] *s.* (bebida) curaçau
curacy ['kjʊərəsɪ] *s.* (*pl.* -**ies**) vicariato
curare [kjʊ'rɑːrɪ] *s.* curare
curarize ['kjʊərəraɪz] *v.tr.* curarizar, submeter à acção do curare
curassow ['kjʊərəsəʊ] *s.* ZOOLOGIA alector
curate ['kjʊərɪt] *s.* coadjutor (eclesiástico)
curative ['kjʊərətɪv] *adj.,s.* curativo
curator [kjʊə'reɪtə] *s.* **1** conservador (de museu); **2** membro do conselho administrativo de universidade; **3** curador
curatorship [kjʊə'reɪtəʃɪp] *s.* cargo, funções de conservador ou curador
curb [kɜːb] Ⓐ *s.* **1** barbela do freio do cavalo; **2** tumor duro na perna do cavalo; **3** freio; **4** limitação; restrição; **5** (poço) beira, parapeito; **6** [EUA] (passeio) beira, borda Ⓑ *v.tr.* **1** reprimir; pôr freio; refrear; **2** restringir; limitar; **3** [EUA] pôr uma beira em (passeio) ❖ *to put a* ~ *on...* pôr travão a... ; refrear...; *to* ~ *one's tongue* dobrar a língua; ter cuidado com o que se diz
curbside ['kɜːbsaɪd] *s.* [EUA] (estrada) berma
curcuma ['kɜːkjuːmə] *s.* BOTÂNICA cúrcuma
curd [kɜːd] Ⓐ *s.* coalhada Ⓑ *v.tr.,intr.* coalhar
curdle ['kɜːdl] *v.tr.,intr.* **1** coagular; coalhar; **2** (maionese, etc.) talhar ❖ *terror curdled his blood* o sangue gelou-se-lhe de medo
curdy ['kɜːdɪ] *adj.* (*comp.* -**ier**, *superl.* -**iest**) coalhado, coagulado
cure [kjʊə] Ⓐ *s.* **1** cura [**for**, para]; **2** tratamento; **3** (problema) remédio$_{fig}$, solução; **4** RELIGIÃO cura de almas Ⓑ *v.tr.,intr.* **1** curar; **2** tratar; **3** [fig.] eliminar (um mal); **4** (problema) remediar; solucionar; reparar; *to* ~ *an injustice* reparar uma injustiça; **5** (queijo, carne, etc.) curar; defumar ❖ *to be past* ~ ser incurável; *what can't be cured, must be endured* o que não tem remédio remediado está
cure-all ['kjʊərɔːl] *s.* (*pl.* -**s**) panaceia
curer ['kjʊərə] *s.* médico
curette [kjʊə'ret] Ⓐ *s.* CIRURGIA cureta Ⓑ *v.tr.,intr.* curetar
curfew ['kɜːfjuː] *s.* **1** recolher obrigatório; **2** toque de recolher; **3** [ant.] sinal de recolher e de apagar o lume nas lareiras; sino que dava esse sinal
curia ['kjʊərɪə] *s.* (*pl.* -**ae**) cúria
curial ['kjʊərɪəl] *adj.* curial
curie ['kjʊərɪ] *s.* FÍSICA curie
curing ['kjʊərɪŋ] *s.* **1** (alimentos) defumação; **2** cura; tratamento
curio ['kjʊərɪəʊ] *s.* curiosidade, objecto de arte
curiosity [ˌkjʊərɪ'ɒsɪtɪ] *s.* (*pl.* -**ies**) **1** curiosidade [**about**, em relação a]; **2** (objecto, fenómeno) raridade, curiosidade ❖ ~ *shop* loja de antiguidades; ~ *killed the cat* a curiosidade matou o gato; *(just) out of* ~ só por curiosidade; *to be burning/bursting with* ~ estar cheio de curiosidade, estar a rebentar de curiosidade
curious ['kjʊərɪəs] *adj.* **1** curioso; **2** minucioso; **3** estranho
curiously ['kjʊərɪəslɪ] *adv.* curiosamente
curiousness ['kjʊərɪəsnɪs] *s.* curiosidade
curium ['kjʊərɪəm] *s.* QUÍMICA (elemento químico) cúrio
curl [kɜːl] Ⓐ *s.* **1** caracol, anel de cabelo; **2** espiral; **3** acto de se recurvar; **4** ondulação; **5** mal temporão das batatas em que as folhas se recurvam Ⓑ *v.tr.,intr.* **1** (cabelo) encaracolar, frisar; **2** encaracolar(-se); enrolar(-se); mover-se em espiral;

4 [coloq.] sofrer um colapso ❖ *to ~ one's lip* fazer uma careta; *with a ~ of the lip* com uma careta
◆**curl up** *v.intr.* 1 enroscar-se; encolher-se; *to ~ in bed* enroscar-se na cama; 2 (perigo) encolher-se; contrair o corpo; 3 (pontas) enrolar-se; enrugar-se
curler ['kɜːlə] *s.* 1 rolo de cabelo; 2 frisador; 3 (cosmética) revirador; *lash ~* revirador de pestanas; 4 DESPORTO jogador de curling
curlew ['kɜːljuː] *s.* ZOOLOGIA (ave) maçarico-real
curlicue ['kɜːlɪkjuː] *s.* 1 traçado de rubrica; 2 figura de patinagem
curling ['kɜːlɪŋ] *s.* 1 ondulação; 2 frisagem; 3 DESPORTO curling ❖ (cabelo) *~ irons/tongs* ferros de frisar; (cabelo) *~ papers* papelotes
curlpaper ['kɜːlpeɪpə] *s.* (para encaracolar o cabelo) papelote
curly ['kɜːlɪ] *adj.* (*comp.* -**ier**, *superl.* -**iest**) 1 (cabelo) encaracolado; ondulado; 2 frisado; 3 revirado; *~ eyelashes* pestanas reviradas; 4 [fig.] (pergunta) difícil ❖ *~ brackets* chavetas; *~ lettuce* alface frisada
curly-pate ['kɜːlɪpeɪt] *s.* pessoa com cabelo encaracolado
curmudgeon [kɜːˈmʌdʒən] *s.* indivíduo miserável, grosseiro
curmudgeonly [kɜːˈmʌdʒənlɪ] *adj.* grosseiro, miserável
currach ['kʌrəx] *s.* ⇒ **coracle**
curragh ['kʌrə, 'kʌrəx] *s.* terreno pantanoso ❖ GEOGRAFIA *the ~* região do condado Kildare, na Irlanda
currant ['kʌrənt] *s.* 1 BOTÂNICA groselha; 2 (uva-passa) corinto, uva de Corinto ❖ BOTÂNICA *~ bush* groselheira; *~ loaf* pão de passas; BOTÂNICA *red ~* groselheira vermelha
currency ['kʌrənsɪ] *s.* (*pl.* -**ies**) 1 (unidade monetária) moeda; *foreign ~* moeda estrangeira; *hard ~* moeda forte; 2 curso, circulação; 3 termo de pagamento; 4 (ideias, costumes) aceitação; adesão ❖ FINANÇAS *~ drain* saída excessiva de capitais; *~ market* mercado financeiro; *~ unit* unidade monetária; *to give ~ to* pôr a circular; divulgar; promover; *to gain ~* ganhar força; espalhar-se
current ['kʌrənt] Ⓐ *adj.* 1 actual; 2 (mês, ano) em curso; 3 (legislação) vigente; 4 (número de publicação) último; 5 (consensual) corrente, geral, aceite; *it passes for ~ that* é por todos aceite que Ⓑ *s.* 1 (água, ar, etc.) curso, corrente; *currents of hot air* correntes de ar quente; 2 ELECTRI-CIDADE corrente; 3 tendência ❖ [GB] *~ account* conta à ordem; *~ affairs/events* actualidades; (revista) *~ issue/number* último número; número mais recente; *to take the ~ when it serves* a ferro quente malhar de repente
currently ['kʌrəntlɪ] *adv.* actualmente, no presente
curricle ['kʌrɪkl] *s.* cabriolé de dois cavalos
curriculum [kəˈrɪkjʊləm] *s.* (*pl.* **curricula**) 1 (escola) programa; 2 currículo ❖ *~ vitae* curriculum vitae, currículo
currier ['kʌrɪə] *s.* curtidor (de coiros)
currish ['kɜːrɪʃ] *adj.* 1 intratável, rabugento; 2 agressivo, desagradável, hostil; 3 inferior, baixo
currishly ['kɜːrɪʃlɪ] *adv.* 1 agressivamente; 2 rudemente; com grosseria
currishness ['kɜːrɪʃnɪs] *s.* 1 má vontade; 2 agressividade; hostilidade; 3 baixeza, inferioridade
curry ['kʌrɪ] Ⓐ *s.* CULINÁRIA caril Ⓑ *v.tr.* 1 preparar com caril; 2 (limpar) escovar (um cavalo), arranjar (um cavalo); 3 curtir (couro); 4 bater em, dar uma sova a ❖ *to ~ favour with sb* procurar captar as boas graças de alguém
currycomb ['kʌrɪkəʊm] Ⓐ *s.* almofaça Ⓑ *v.tr.* escovar (um cavalo) com almofaça
curse [kɜːs] Ⓐ *s.* 1 praga, maldição; *to lay a ~ on* rogar uma praga a; 2 palavrão; 3 blasfémia; 4 praga; desgraça, calamidade; 5 RELIGIÃO excomunhão; 6 [cal., ant.] menstruação; *she has the ~* ela está com o período Ⓑ *v.intr.* 1 dizer palavrões; praguejar; 2 rogar pragas; 3 blasfemar Ⓒ *v.tr.* 1 maldizer; amaldiçoar; 2 [fig.] perseguir; atormentar; acossar; 3 RELIGIÃO excomungar ❖ *curses go home to roost* quem roga pragas em cima do corpo lhe caem; (jogos de cartas) *the ~ of Scotland* o nove de ouros
cursed ['kɜːsɪd] *adj.* 1 amaldiçoado; 2 maldito; 3 abominável, execrável
cursedly ['kɜːsɪdlɪ] *adv.* de modo maldito
cursedness ['kɜːsɪdnɪs] *s.* maldade, perversidade
cursive ['kɜːsɪv] *adj.,s.* cursivo
cursor ['kɜːsə] Ⓐ *s.* INFORMÁTICA cursor Ⓑ *v.intr.* INFORMÁTICA mover o cursor

cursorial [kɜːˈsɔːrɪəl] *adj.* ZOOLOGIA cursório, de membros adaptados à corrida
cursorily ['kɜːsərɪlɪ] *adv.* 1 rapidamente; 2 superficialmente
cursoriness ['kɜːsərɪnɪs] *s.* pressa, precipitação
cursory ['kɜːsərɪ] *adj.* 1 rápido, apressado, precipitado; 2 negligente; 3 superficial, desatento
curt [kɜːt] *adj.* 1 brusco, seco; 2 curto, conciso, breve
curtail [kɜːˈteɪl] *v.tr.* 1 reduzir; 2 restringir; 3 encurtar; 4 cortar; 5 privar (de)
curtailment [kɜːˈteɪlmənt] *s.* 1 redução, encurtamento; 2 mutilação, amputação
curtail-step [kɜːˈteɪlstep] *s.* último degrau da escada
curtain ['kɜːtn] Ⓐ *s.* 1 cortina; 2 TEATRO pano de boca, cortina; 3 (fortificações) cortina Ⓑ *v.tr.* cobrir com cortinas; munir de cortinas; separar com cortinas ❖ TEATRO *~ call* chamada ao palco; MILITAR *~ fire* fogo de barragem; [arc.] *~ lecture* censura feita pela esposa ao marido depois de deitados; *~ raiser* demonstração; aperitivo; entremez; TEATRO *safety ~/fire ~/fireproof ~* pano de ferro; *behind the ~* nos bastidores; em segredo; [coloq.] *it'll be curtains for sb/sth* será o fim de alguém/algo; *to draw the curtains* correr as cortinas
◆**curtain off** *v.tr.* separar com cortina; esconder atrás de cortina
curtained ['kɜːtnd] *adj.* com cortinas
curtana [kɜːˈtɑːnə, kɜːˈteɪnə] *s.* espada sem ponta, usada na coroação dos reis de Inglaterra como símbolo de clemência
curtilage ['kɜːtɪlɪdʒ] *s.* DIREITO [dial.] terra ligada a uma casa de habitação
curtly ['kɜːtlɪ] *adv.* 1 concisamente; 2 bruscamente, secamente
curtness ['kɜːtnɪs] *s.* concisão
curtsey ['kɜːtsɪ] Ⓐ *s.* (*pl.* -**s** ou -**ies**) vénia; reverência; *to make/drop a ~* fazer uma vénia Ⓑ *v.intr.* fazer (uma) vénia(s)
curtsy ['kɜːtsɪ] *s.,v.intr.* ⇒ **curtsey**
curule ['kjʊəruːl] *adj.* curul
curvaceous [kɜːˈveɪʃəs] *adj.* (corpo) curvilíneo, cheio de curvas
curvature ['kɜːvətʃə] *s.* curvatura ❖ *~ of mirror* curvatura de espelho; *~ of the spine* desvio da coluna vertebral; *~ of wheel* arqueamento de roda
curve [kɜːv] Ⓐ *s.* 1 curva; 2 *pl.* régua de curvas Ⓑ *v.tr.,intr.* encurvar(-se), fazer uma curva, curvar(-se); dobrar(-se); *to ~ inwards* curvar-se para dentro Ⓒ *adj.* [arc.] curvo, encurvado ❖ (estatística) *~ plotting* traçado de curvas; *~ of polarization* curva de polarização; [EUA] (surpresa negativa) *to throw sb a ~ (ball)* apanhar alguém desprevenido
curved ['kɜːvd] *adj.* curvo; encurvado ❖ *~ body of the wave* ventre da onda; *~ compasses* compasso curvo; *~ line* linha curva; *~ nose* nariz arqueado; *~ nose pliers* alicate de ponta recurvada
curvet [kɜːˈvet] Ⓐ *s.* curveta Ⓑ *v.intr.* (*particípios*: -**tt**- ou -**t**-) curvetear
curvilineal [kɜːvɪˈlɪnɪəl] *adj.* curvilíneo
curvilinear [ˌkɜːvɪˈlɪnɪə] *adj.* ⇒ **curvilineal** ❖ *~ motion* movimento curvilíneo
curvirostral [ˌkɜːvɪˈrɒstrəl] *adj.* curvirrostro
curvometer [kɜːˈvɒmɪtə] *s.* curvímetro
curvy ['kɜːvɪ] *adj.* cheio de curvas
cuscus ['kʌskʌs] *s.* BOTÂNICA vetiver
cushat ['kʌʃət] *s.* pombo torcaz
cushing ['kʊʃɪŋ] *s.* amortecimento
cushion ['kʊʃən] Ⓐ *s.* 1 almofada; 2 coxim; 3 amortecedor; 4 (mesa de bilhar) tabela; 5 (carne) pá de porco Ⓑ *v.tr.* 1 almofadar; 2 abafar, amortecer; 3 atenuar; 4 (bilhar) colocar (bola) junto à tabela; 5 [fig.] proteger; *to ~ sb against sth* proteger alguém de alguma coisa ❖ *~ spring* mola amortecedora
cushioned ['kʊʃənd] *adj.* com almofadas; almofadado
cushiony ['kʊʃənɪ] *adj.* 1 fofo, macio; 2 [fig.] (emprego, ocupação) cómodo, agradável, fácil
cushy ['kʊʃɪ] *adj.* (*comp.* -**ier**, *superl.* -**ier**) [coloq.] (emprego, ocupação) cómodo, agradável, fácil
cusp [kʌsp] *s.* ponta, vértice, extremidade, cúspide
cusped [kʌspt] *adj.* com pontas
cuspid ['kʌspɪd] *s.* dente canino
cuspidate ['kʌspɪdɪt] *adj.* cuspidado, cuspidato; *~ tooth* dente cuspidato

cuspidated ['kʌspɪdeɪtɪd] *adj.* cuspidado, cuspidato
cuspidor ['kʌspɪdɔː] *s.* escarrador
cuss [kʌs] *s. (pl.* **-es)** **1** maldição; **2** [coloq.] tipo
cussed ['kʌsɪd] *adj.* maldito
cussedness ['kʌsɪdnɪs] *s.* perversidade; má vontade ❖ *the ~ of things* a ironia das coisas
custard ['kʌstəd] *s.* CULINÁRIA creme de leite, açúcar e ovos ❖ BOTÂNICA *~ apple* anona; *~ pie* tarte de creme
custodial [kʌs'təʊdɪəl] *adj.* relativo a custódia
custodian [kʌs'təʊdɪən] *s.* **1** guarda; **2** conservador
custody ['kʌstədɪ] *s.* **1** detenção, prisão; **2** (protecção) custódia; **3** DIREITO (menores) guarda; *joint ~* guarda conjunta; **4** protecção; cuidado; vigilância ❖ *in safe ~* em lugar seguro; *to be in ~* estar detido; *to take into ~* prender
custom ['kʌstəm] Ⓐ *s.* **1** costume; uso; hábito; **2** direito consuetudinário; **3** clientela, freguesia; **4** compra Ⓑ *adj.* feito por encomenda ❖ [EUA] *~ clothes* roupa feita por encomenda; roupa feita por medida; *as is his ~* como é seu hábito; *it is (the) ~ (for sb) to do sth* é costume (alguém) fazer algo; *rate ot ~* taxa alfandegária; *to lose ~* perder clientes; *to withdraw one's ~* deixar de ser cliente
customarily ['kʌstəmərɪlɪ] *adv.* habitualmente
customariness ['kʌstəmərɪnɪs] *s.* hábito
customary ['kʌstəmərɪ, 'kʌstəmerɪ] Ⓐ *adj.* usual, consuetudinário Ⓑ *s.* compilação de usos e costumes dum país
custom-build ['kʌstəmbɪld] *v.tr.* (prte. e part. pass. **-built**) fazer à medida
custom-built ['kʌstəmbɪlt] *adj.* feito à medida
customer ['kʌstəmə] *s.* **1** cliente, comprador, freguês; **2** [coloq.] pessoa, indivíduo, tipo; *a funny ~* um tipo excêntrico ❖ *~ base* clientela; *~ profile* perfil do consumidor; *~ services* serviço de apoio ao cliente
customhouse ['kʌstəm‚haʊs] *s.* alfândega ❖ *~ officer* empregado da alfândega; *~ regulations* regulamento da alfândega; *~ seal* selo da alfândega
customize ['kʌstəmaɪz] *v.tr.* **1** fazer por encomenda; **2** fazer à medida; **3** INFORMÁTICA personalizar, adaptar
custom-made ['kʌstəmmeɪd] *adj.* **1** feito por encomenda; **2** feito à medida; **3** personalizado
customs ['kʌstəmz] *s.* **1** alfândega; *at/in the ~* na alfândega; *to go through ~* passar pela alfândega; **2** direitos alfandegários; *to pay the ~* pagar os direitos alfandegários ❖ *~ clearance* despacho alfandegário; *~ declaration* declaração alfandegária; *~ duty* direitos alfandegários; *custom(s) house* alfândega
custos ['kʌstɒs] *s. (pl.* **custodes)** guardião ❖ *~ rotulorum* guarda dos arquivos; principal juiz de paz de condado
cut [kʌt] Ⓐ *v.tr.,intr. (prt. e part. pass.* **cut**) **1** cortar; **2** ferir, golpear, abrir, fender, picar, partir; **3** reduzir; **4** suprimir, pôr de parte, retirar; **5** criticar severamente; **6** gravar; MÚSICA *to ~ a record* gravar um disco; **7** ser susceptível de se cortar; **8** parar, desligar; **9** [coloq.] baldar-se a, faltar a; **10** fazer sofrer, magoar; **11** ir-se embora; **12** lapidar; **13** (animal) castrar Ⓑ *s.* **1** corte; **2** golpe; cutilada; **3** corte, redução; **4** fatia; **5** supressão; **6** (moda) corte; **7** recusa em reconhecer alguém; **8** gravura, ilustração; **9** DESPORTO (críquete, ténis, beisebol, etc.) determinada jogada; **10** atalho; **11** ataque, ofensa; **12** (aulas) falta; **13** lapidação; **14** (caminhos-de-ferro) linha aberta através de monte; **15** papelinho ou palha para tirar à sorte; **16** MÚSICA canção, faixa; **17** AGRICULTURA molho; *a ~ of hay* um molho de feno Ⓒ *adj.* **1** cortado; **2** lapidado; **3** reduzido; **4** aparelhado; **5** (animal) castrado; **6** [cal.] circuncidado ❖ *~ glass* vidro lapidado; INFORMÁTICA *~ and paste* cortar e colar; [coloq.] *can't ~ it/can't ~ the mustard* não conseguir lidar com a situação; não aguentar; [coloq.] *they are all of the same ~* são todos da mesma laia; *to be a ~ above sb* estar acima de alguém; ser bem melhor que alguém; *to ~ a loss* abandonar a tempo uma coisa que dá prejuízo; *to ~ a caper/to ~ capers* fazer cabriolas; saltar; dar saltos de contente; agir tolamente; *to ~ a dash* exibir-se; armar-se; [coloq.] *to ~ a long story short* resumindo e concluindo; [coloq.] *to ~ and run* fugir apressadamente; fugir a sete pés; *to ~ a poor figure* fazer má figura; *to ~ both ways* ser uma faca de dois gumes; dar para os dois lados; ter vantagens e desvantagens; [EUA] [coloq.] *to ~ class* [coloq.] faltar a uma aula; baldar-se; *to ~ corners* poupar trabalhos; meter-se em atalhos; [EUA] *to ~ in line* desrespeitar uma fila; passar à frente (numa fila); [coloq.] *to ~ it fine* chegar em cima da hora; ficar por um triz; *to ~ no ice (with sb)* não fazer (alguém) mudar de ideias; *to ~ one's coat according to one's cloth* viver dentro das suas posses; *to ~ one's head open* rachar a cabeça; *to ~ oneself (on sth/with sth)* cortar-se (em alguma coisa/com alguma coisa); *to ~ sb dead* fazer de conta que não se conhece alguém; ignorar alguém; *to ~ sb/sth short* interromper alguém/algo; [coloq.] *to ~ sb some slack* dar a alguém um desconto; perdoar (algo) a alguém; *to ~ sb to the quick* abalar alguém; fazer alguém sofrer; *to ~ sth short* encurtar algo; acabar algo mais cedo; [coloq.] *to ~ the crap* deixar-se de tretas; *to ~ the Gordian knot* cortar o nó górdio; *to ~ the ground from under sb's feet* deixar alguém em situação pouco firme; *to get one's hair ~* cortar o cabelo; *to give sb the ~* fingir que não se conhece alguém; *you could ~ the atmosphere with a knife* estava um ambiente de cortar à faca

✦**cut across** *v.tr.* **1** atravessar; atalhar por; **2** ir contra
✦**cut away** *v.tr.* **1** tirar; **2** eliminar; *you should ~ these paragraphs* devias eliminar estes parágrafos; **3** trabalhar com o buril, entalhar
✦**cut back** Ⓐ *v.tr.* **1** reduzir; *they are cutting back posts* estão a reduzir os postos de trabalho; **2** podar; aparar; *the gardener is cutting back the tree* o jardineiro está a podar a árvore Ⓑ *v.intr.* fazer cortes [**on**, em]; *they are cutting back on costs* estão a reduzir nas despesas
✦**cut down** *v.tr.* **1** reduzir; diminuir; cortar; *try cutting down expenses* tenta diminuir as despesas; **2** cortar; deitar abaixo; *the tree has been ~* a árvore foi cortada; **3** [fig.] (matar) ceifar*fig*; *they were ~ by the plague* as vidas deles foram ceifadas pela peste ❖ *to cut sb down to size* reduzir alguém à sua insignificância
✦**cut down on** *v.tr.* reduzir o consumo de; cortar em; *you should ~ smoking* devias cortar no tabaco
✦**cut in** Ⓐ *v.intr.* **1** interromper; intervir; *he ~ on the conversation* ele interveio na conversa; **2** atravessar-se; *the driver ~ dangerously in front of the other car* o condutor atravessou-se na frente do outro carro; **3** disparar; *the safety device cuts in automatically* o dispositivo de segurança dispara automaticamente Ⓑ *v.tr.* (jogo, negócio) aceitar (alguém), deixar (alguém) fazer parte
✦**cut off** *v.tr.* **1** cortar; amputar; **2** cortar; deixar de fornecer; *the water has been ~ in my building* a água foi cortada no meu prédio; **3** isolar [**from**, de]; *the village was ~ by the flood* a aldeia ficou isolada pelas cheias; **4** interromper; não deixar falar; cortar a palavra a; **5** deserdar; *to cut sb off with a shilling* não deixar nada a alguém no testamento ❖ (telefone) *to get ~* ficar sem ligação
✦**cut out** Ⓐ *v.tr.* **1** retirar, recortar; **2** impedir [**of**, de]; **3** pôr de parte; excluir; eliminar; omitir; **4** (hábito) deixar de, abandonar; **5** [coloq.] parar com; pôr um fim a; **6** deserdar Ⓑ *v.intr.* (motor) ir abaixo, deixar de funcionar ❖ *cut it/that out!* pára com isso!; *to be ~ for* ser talhado para; *to be ~ to be* ser talhado para ser; ser apto para ser; *to cut sb out of one's will* deserdar alguém; excluir alguém do testamento; [coloq.] *to have one's work ~ (for one)* ter um trabalhão
✦**cut through** *v.tr.* (problema, dificuldade, etc.) passar por cima de, eliminar
✦**cut up** *v.tr.* **1** cortar (em pedaços pequenos), partir (em pedaços pequenos); *she ~ the apple* ela cortou a maçã aos pedacinhos; **2** ferir, golpear; **3** [fig.] (transtornar) dilacerar; **4** [EUA] portar-se mal; *he's been cutting up in class* ele tem estado a portar-se mal na escola ❖ *to ~ rough* fazer barulho; zangar-se
cutaneous [kju:'teɪnjəs] *adj.* cutâneo
cutaway ['kʌtəweɪ] Ⓐ *s.* vista diagramática Ⓑ *adj.* diagramático
cutback ['kʌtbæk] *s.* **1** redução; corte; diminuição; (despesas) *drastic cutbacks* cortes drásticos; *staff ~* corte de pessoal; **2** CINEMA flashback [**to**, de]
cutcherry [kʌ'tʃerɪ] *s. (pl.* **-ies)** [Índia] tribunal, edifício público
cutchery [kʌ'tʃerɪ] *s. (pl.* **-ies)** [Índia] tribunal, edifício público
cute [kju:t] *adj. (comp.* **-er**, *superl.* **-est)** **1** (boa aparência) giro; **2** queridinho, fofo, adorável; **3** [ant.] esperto, perspicaz
cutely ['kju:tlɪ] *adv.* **1** habilidosamente; **2** de modo atraente

cuteness ['kju:tnɪs] *s.* 1 graça, beleza, elegância; 2 [ant.] perspicácia, esperteza
cutesy ['kju:tzɪ] *adj.* (*comp.* **-ier**, *superl.* **-iest**) 1 [depr.] piegas, delicodoce; 2 [depr.] piroso
Cuthbert ['kʌθət] *s.* [coloq.] aquele que foge ao serviço militar activo
cuticle ['kju:tɪkl] *s.* cutícula
cuticular [kju:'tɪkjʊlə] *adj.* cuticular
cutie ['kjutɪ] *s.* 1 [EUA] [coloq.] (pessoa atraente) coisa fofa; (rapariga bonita) bonequinha; 2 [coloq.] (coisa bonita) beleza
cutis ['kju:tɪs] *s.* derme
cutlass ['kʌtləs] *s.* (*pl.* **-es**) alfange
cutler ['kʌtlə] *s.* cuteleiro
cutlery ['kʌtlərɪ] *s.* cutelaria
cutlet ['kʌtlɪt] *s.* CULINÁRIA costeleta
cutline ['kʌtlaɪn] *s.* [EUA] (de ilustração) legenda
cutoff ['kʌtɒf] *s.* (*pl.* **-s**) 1 cessação; término; 2 paragem; interrupção; 3 corte, suspensão; 4 atalho; 5 represa; 6 *pl.* VESTUÁRIO calções feitos de jeans cortados ❖ ~ *date* data limite; ~ *point* limite; ~ *switch* interruptor
cutout ['kʌtaʊt] *s.* 1 recorte; figura recortada em cartão; 2 ELECTRICIDADE disjuntor, interruptor automático
cut-price [kʌt'praɪs] *adj.,adv.* a preço reduzido, mais barato
cutter ['kʌtə] *s.* 1 cortador; talhador; 2 x-acto; 3 lenhador; 4 tijolo especial que pode ser cortado; 5 NÁUTICA cúter; 6 NÁUTICA baleeira de barco de guerra; 7 assaltante, fora-da-lei ❖ ~ *block* mandril; ~ *sharpener* afiador de ferramenta de corte
cutthroat ['kʌtθrəʊt] Ⓐ *s.* [ant.] assassino Ⓑ *adj.* 1 agressivo, feroz; impiedoso, sem escrúpulos; desenfreado; ~ *competition* concorrência desenfreada; 2 violento, sanguinário, bárbaro; 3 (jogos de cartas) individual (com três ou mais pessoas) ❖ ~ *razor* navalha de barba
cutting ['kʌtɪŋ] Ⓐ *adj.* 1 cortante; 2 (vento) cortante; glacial; 3 (comentários) incisivo; cáustico; mordaz Ⓑ *s.* 1 corte; 2 (jornais, revistas, etc.) recorte; 3 CINEMA montagem; ~ *room* sala de montagem; 4 perfuração; 5 cinzelagem, entalhe; 6 escavação; 7 BOTÂNICA estaca ❖ [EUA] CULINÁRIA ~ *board* tábua (de cozinha); ~ *depth* altura de corte; ~ *down* corte; chapota; ~ *edge* fio; gume; ~ *in* intromissão, intervenção; intercalamento; ~ *nippers* alicate de cortar; corta-arame; ~ *off* corte; separação; ~ *plane* plano de corte; ~ *width* largura de corte
cutting-edge ['kʌtɪŋedʒ] *adj.* 1 inovador; 2 pioneiro; 3 revolucionário; 4 (tecnologia) de ponta
cuttlebone ['kʌtəlˌbəʊn] *s.* ZOOLOGIA osso de choco
cuttlefish ['kʌtəlˌfɪʃ] *s.* (*pl.* **-es**) lula
cutty ['kʌtɪ] Ⓐ *adj.* muito curto Ⓑ *s.* (*pl.* **-ies**) cachimbo pequeno
cutwater ['kʌtˌwɔ:tə] *s.* talha-mar, beque
cutworm ['kʌtˌwɜ:m] *s.* ZOOLOGIA agrótis
cuvette [kju:'vet] *s.* cuveta
CVO [*abrev. de* Commander of the Royal Victorian Order]
cw [*abrev. de* continuous waves]
CW MILITAR [*abrev. de* Chemical Warfare]
CWA [Austr.] [*abrev. de* Country Women's Association]
c.w.o. [*abrev. de* cash with order]
CWS [*abrev. de* Cooperative Wholesale Society]
cwt [*abrev. de* hundredweight]
cyan ['saɪən] *adj.,s.* (cor) ciano
cyanic [saɪ'ænɪk] *adj.* QUÍMICA ciânico; *cyanic acid* ácido ciânico
cyanide ['saɪənaɪd] *s.* cianeto
cyanogen [saɪ'ænədʒɪn] *s.* QUÍMICA (gás) cianogénio
cyanosis [saɪə'nəʊsɪs] *s.* cianose
Cybele ['sɪbɪlɪ] *s.* MITOLOGIA Cíbele
cybercafé [ˌsaɪbə'kæfeɪ] *s.* cibercafé
cyberchondria [saɪbə'kɒndrɪə] *s.* MEDICINA (Internet) cibercondria
cyberchondriac [saɪbə'kɒndrɪæk] *s.* MEDICINA (Internet) cibercondríaco
cybercrime ['saɪbəkraɪm] *s.* INFORMÁTICA cibercrime
cyberculture ['saɪbəkʌltʃə] *s.* cibercultura
cyberfear ['saɪbəfɪə] *s.* medo de ciberterrorismo
cyberflirtation [saɪbəflɜ:'teɪʃən] *s.* (Internet) namoro virtual
cybernated [saɪbə'neɪtɪd] *adj.* INFORMÁTICA controlado por computador
cybernaut [ˌsaɪbə'nɒt] *s.* INFORMÁTICA cibernauta

cybernetician [ˌsaɪbənə'tɪʃən] *s.* ciberneticista
cyberneticist [saɪbə'netɪsɪst] *s.* ciberneticista
cybernetics [saɪbə'netɪks] *s.* cibernética
cyberpet ['saɪbəpet] *s.* INFORMÁTICA bichinho virtual
cyberphobia [saɪbə'fəʊbɪə] *s.* ciberfobia
cyberporn ['saɪbəpɔ:n] *s.* (Internet) pornografia disponível no ciberespaço
cyberpunk ['saɪbəpʌŋk] *s.* LITERATURA, CINEMA (ficção científica) cyberpunk
cybersales ['saɪbəseɪlz] *s.pl.* (Internet) comércio electrónico
cyberself ['saɪbəself] *s.* (*pl.* **-selves**) (Internet) identidade virtual
cybersex [ˌsaɪbəseks] *s.* cibersexo
cybershopping ['saɪbəˌʃɒpɪŋ] *s.* (Internet) comércio electrónico; compras electrónicas
cyberspace ['saɪbəspeɪs] *s.* INFORMÁTICA ciberespaço
cybersurfer ['saɪbəsɜ:fə] *s.* [cal.] (Internet) cibernauta
cyberterrorism [saɪbə'terərɪzəm] *s.* INFORMÁTICA ciberterrorismo
cybertraveller [saɪbə'trævlə] *s.* INFORMÁTICA [cal.] (Internet) cibernauta
cyberwar ['saɪbəwɔ:] *s.* INFORMÁTICA guerra cibernética
cyborg ['saɪbɔ:g] *s.* {*contr. de* **cybernetics organism**} (ficção científica) ciborgue
cycad ['saɪkæd] *s.* BOTÂNICA cica
Cyclades ['sɪklədi:z] *s.* Cíclades
cyclamen ['sɪkləmən] *s.* BOTÂNICA cíclame
cycle ['saɪkəl] Ⓐ *s.* 1 ciclo; período; 2 (máquina) programa; 3 velocípede, bicicleta Ⓑ *v.intr.* 1 andar de bicicleta; ir de bicicleta; 2 deslocar-se ciclicamente ❖ ~ *counter* contador de rotações; ~ *lane/path* ciclovia; faixa para ciclistas; ~ *race track* velódromo; ~ *of operation* ciclo de funcionamento
cyclic ['saɪklɪk] *adj.* cíclico
cyclical ['saɪklɪkəl] *adj.* cíclico
cyclically ['saɪklɪkəlɪ] *adv.* ciclicamente
cycling ['saɪklɪŋ] *s.* DESPORTO ciclismo ❖ ~ *shorts* calções de ciclista; ~ *track* velódromo; *to go* ~ ir andar de bicicleta; *to go on a* ~ *holiday* ir fazer cicloturismo
cyclist ['saɪklɪst] *s.* ciclista
cyclocross ['saɪkləʊkrɒs] *s.* DESPORTO ciclocrosse
cyclograph ['saɪkləʊgrɑ:f] *s.* ciclógrafo
cycloid ['saɪklɔɪd] *s.* ciclóide
cycloidal [saɪ'klɔɪdl] *adj.* cicloidal
cyclometer [saɪ'klɒmɪtə] *s.* ciclómetro
cyclone ['saɪkləʊn] *s.* ciclone
cyclonic [saɪ'klɒnɪk] *adj.* ciclónico
Cyclop ['saɪklɒp] *s.* (*pl.* **cyclops** *ou* **cyclopes**) MITOLOGIA Ciclope
cyclopaedia [ˌsaɪklə'pi:dɪə] *s.* enciclopédia
cyclopaedic [saɪklə'pi:dɪk] *adj.* enciclopédico
Cyclopean [saɪ'kləʊpɪən] *adj.* ciclópico
cyclopedia [saɪklə'pi:dɪə] *s.* enciclopédia
Cyclopian [saɪ'kləʊpɪən] *adj.* ciclópico
Cyclops ['saɪklɒps] *s.* (*pl.* **Cyclopes** *ou* **Cyclopses**) MITOLOGIA Ciclope
cyclorama [ˌsaɪklə'rɑ:mə] *s.* ciclorama
cyclostyle [ˌsaɪkləstaɪl] *s.* copiógrafo
cyclothymia [saɪkləʊ'θaɪmɪə] *s.* MEDICINA ciclotimia
cyclothymic [saɪkləʊ'θaɪmɪk] *adj.* MEDICINA ciclotímico
cyclotron ['saɪklətrɒn] *s.* FÍSICA ciclotrão
cygnet ['sɪgnɪt] *s.* cisne novo
cylinder ['sɪlɪndə] *s.* 1 cilindro; 2 MECÂNICA (motor) cilindro; 3 (máquina) tambor; 4 rolo ❖ *hot water* ~ cilindro; esquentador
cylindric [sɪ'lɪndrɪk] *adj.* cilíndrico; ~ *shape* configuração cilíndrica ❖ ~ *stack* chaminé cilíndrica
cylindrical [sɪ'lɪndrɪkəl] *adj.* ⇒ **cylindric**
cylindrically [sɪ'lɪndrɪkəlɪ] *adv.* cilindricamente
cylindriform [sɪ'lɪndrɪfɔ:m] *adj.* cilindriforme
cylindroid [sɪ'lɪndrɔɪd] *adj.,s.* cilindróide
cyma ['saɪmə] *s.* ARQUITECTURA cimácio, cimalha (de cornija)
cymbal ['sɪmbəl] *s.* MÚSICA címbalo
cyme [saɪm] *s.* BOTÂNICA cimeira
Cymric ['kɪmrɪk] *adj.* galês
cynic ['sɪnɪk] *adj.,s.* cínico
cynical ['sɪnɪkəl] *adj.* cínico
cynically ['sɪnɪkəlɪ] *adv.* cinicamente

cynicism ['sɪnɪsɪzəm] s. cinismo
cynocephalus [ˌsaɪnə'sefələs] s. cinocéfalo
cynosure ['sɪnəsjʊə] s. ponto ou centro de atracção
cypher ['saɪfə] v.tr.,intr.,s. ⇒ **cipher**
cyphosis [saɪ'fəʊsɪs] s. (desvio da coluna) cifose
cypress ['saɪprɪs] s. (pl. **-es**) BOTÂNICA cipreste
Cyprian ['sɪprɪən] adj.,s. cíprio, cipriota
Cypriot ['sɪprɪɔt] adj.,s. cipriota
Cypriote ['sɪprɪɔt] adj.,s. ⇒ **Cypriot**
Cyprus ['saɪprəs] s.top. Chipre
Cyrenaic [saɪrə'neɪk] adj.,s. cirenaico
Cyrenaica [saɪrə'neɪkə] s.top. Cirenaica
Cyrene [saɪ'riːnɪ] s.top. (capital da antiga Cirenaica) Cirene
Cyrillic [sɪ'rɪlɪk] adj. (alfabeto, caracteres) cirílico
Cyrus ['saɪərəs] s.antr. Ciro
cyst [sɪst] s. 1 ANATOMIA cisto; 2 MEDICINA quisto
cystic ['sɪstɪk] adj. 1 ANATOMIA cístico; 2 MEDICINA quístico ❖ MEDICINA **~ fibrosis** fibrose quística
cystitis [sɪ'staɪtɪs] s. MEDICINA cistite
cytochemical [ˌsaɪtəʊ'kemɪkəl] adj. QUÍMICA citoquímico
cytochemistry [ˌsaɪtəʊ'kemɪstrɪ] s. QUÍMICA citoquímica
cytogenetic [ˌsaɪtəʊdʒɪ'netɪk] adj. citogenético
cytogenetics [ˌsaɪtəʊdʒɪ'netɪks] s. MEDICINA citogenética
cytologist [saɪ'tɒlədʒɪst] s. citologista
cytology [saɪ'tɒlədʒɪ] s. citologia
cytopathology [ˌsaɪtəʊpə'θɒlədʒɪ] s. BIOLOGIA, MEDICINA citopatologia
cytoplasm ['saɪtəʊplæzəm] s. BIOLOGIA citoplasma
cytoplasmic [ˌsaɪtəʊ'plæzmɪk] adj. citoplasmático
cytostatic [ˌsaɪtəʊ'stætɪk] adj. BIOLOGIA (células) citostático
czar [zɑː, tzɑː] s. czar
czardas ['zɑːdæs] s. (pl. **-es**) czardas
czarevitch ['zɑːrɪvɪtʃ] s. (pl. **-es**) filho do czar
czarevna [zɑː'revnə] s. filha do czar
czarina [zɑː'riːnə, tzɑː'riːnə] s. czarina
Czech [tʃek] Ⓐ adj. checo; da República Checa Ⓑ s. (pessoa, língua) checo ❖ **the ~ Republic** República Checa
Czechoslovak [ˌtʃekə'sləʊvæk] s. [ant.] checoslovaco
Czechoslovakia ['tʃekəsləˌvækɪə] s.top. [ant.] Checoslováquia
Czechoslovakian [ˌtʃekəʊsləʊ'vækɪən] adj.,s. [ant.] checoslovaco

D

d [di:] s. (pl. **-s** ou **-ees**) 1 (letra) d, D; 2 MÚSICA [com maiúscula] ré

d. Ⓐ [abrev. de denarius ou denarii (penny ou pence)] Ⓑ [abrev. de died]

'd [d] Ⓐ [forma abreviada que had assume quando aposto a pronomes pessoais, designadamente em tempos compostos, como na frase I'd never been to the theatre before] Ⓑ [forma abreviada que would assume quando aposto a pronomes pessoais, designadamente em tempos compostos, como na frase I'd like a cup of tea]

da [dæ] s. ⇒ **dad**

DA Ⓐ [abrev. de Diploma in Anaesthesiology] Ⓑ [EUA] [abrev. de District Attorney]

dab [dæb] Ⓐ s. 1 (pequena quantidade) pouquinho; gota; *a ~ of butter* uma noz de manteiga; *a ~ of glue* uma gota de cola; 2 pancadinha; 3 ZOOLOGIA azevia, patruça, patrúcia, solha das pedras; 4 [arc.] mancha (de cor, tinta, humidade); 5 [arc.] salpico (de lama) Ⓑ v.tr. (particípios: **-bb-**) 1 dar pancadinha(s) leve(s) em; bater levemente em; 2 (creme, pomada, etc.) aplicar com pancadinhas; 3 pincelar com pequenos toques; 4 passar (com o pincel ou boneca) ❖ *to be a ~ hand at...* ter muita habilidade para...; ser perito em...; *to ~ one's eyes* enxugar os olhos

◆**dab at** v.tr. 1 friccionar delicadamente; 2 tocar levemente em ❖ *to ~ a stain* esfregar levemente uma nódoa; *to ~ a wound with...* limpar uma ferida cuidadosamente com...

◆**dab off** v.tr. tirar com pancadinhas

◆**dab on** v.tr. aplicar um pouquinho de (algo) em; *I dabbed some ointment on my wound* apliquei pomada na minha ferida

dabber ['dæbə] s. 1 boneca (para envernizar); 2 tampão

dabble ['dæbəl] v.tr.,intr. 1 salpicar; humedecer; 2 esparrinhar; 3 chapinhar (na água); *to ~ one's hands in the water* chapinhar com as mãos na água; 4 interessar-se vagamente [**in**, por]; fazer (qualquer coisa) como passatempo [**in**, -]; *to ~ in politics* dedicar-se vagamente à política

dabbler ['dæblə] s. [depr.] amador

dabchik ['dæbtʃɪk] s. ZOOLOGIA (ave) mergulhão

dabster ['dæbstə] s. 1 perito; 2 [depr.] amador

DAC [abrev. de Development Assistance Committee]

dace [deɪs] s. ZOOLOGIA (peixe) leucisco

dachshund ['dæksənd, 'dɑ:kshʊnd] s. ZOOLOGIA (cão) dachshund, teckel

Dacia ['deɪsɪə] s.top. (região ao norte do Danúbio) Dácia

dacoit [də'kɔɪt] s. salteador birmane ou indiano

dacoity [də'kɔɪtɪ] s. assalto

dactyl ['dæktɪl] s. dáctilo

dactylic [dæk'tɪlɪk] adj.,s. dactílico

dactylogram [dæk'tɪləgræm] s. dactilograma

dactylography [dæktɪ'lɒgrəfɪ] s. dactilografia

dactyloscopy [dæktɪ'lɒskəpɪ] s. dactiloscopia

dad [dæd] s. paizinho, papá

Dada ['dɑ:dɑ:] s. ARTES PLÁSTICAS, LITERATURA dadá, dadaísmo

Dadaism ['dɑ:dəɪzm] s. ARTES PLÁSTICAS, LITERATURA dadaísmo

Dadaist ['dɑ:dəɪst] adj.,s. ARTES PLÁSTICAS, LITERATURA dadaísta

daddler ['dædlə] s. [coloq.] ⇒ **farthing**

daddy ['dædɪ] s. (pl. **-ies**) ⇒ **dad** ❖ ZOOLOGIA *~ longlegs* típula, melga

dado ['deɪdəʊ] s. (pl. **-s**) 1 dado, tronco ou corpo do pedestal que sustenta uma figura ou coluna; 2 lambrim

dadoed [deɪdəʊd] adj. com lambrim

daedal ['di:dəl] adj. 1 [poét.] inventivo; 2 labiríntico; 3 complexo, misterioso

Daedalian [dɪ'deɪlɪən] adj. 1 dedáleo; relativo a Dédalo; 2 labiríntico

Daedalus ['di:dələs] s. MITOLOGIA Dédalo

daemon ['di:mən] s. ⇒ **demon**

daemonic [di:'mɒnɪk] adj. ⇒ **demonic**

daff [dæf] v.tr. [arc.] renunciar, desistir

daffadowndilly ['dæfədaʊndɪlɪ] s. [poét.] ⇒ **daffodil**

daffodil ['dæfədɪl] Ⓐ s. 1 BOTÂNICA (flor) narciso amarelo; 2 (cor) amarelo-vivo Ⓑ adj. cor de narciso, amarelo-vivo

daffodilly ['dæfədɪlɪ] s. [poét.] ⇒ **daffodil**

daffy ['dæfɪ] adj. tonto, amalucado

DAFS [abrev. de Department of Agriculture and Fisheries for Scotland]

daft [dɑ:ft] adj. 1 pateta, tolo; 2 doido

dagger ['dægə] Ⓐ s. 1 punhal; adaga; 2 TIPOGRAFIA óbelo, cruz Ⓑ v.tr. 1 apunhalar; 2 assinalar com óbelo; marcar com uma cruz ❖ *to be at daggers drawn* estar prestes a lutar/a passar a vias de facto; *to look daggers at sb* lançar um olhar fulminante a alguém

dago ['deɪgəʊ] s. (pl. **-es** ou **s**) [EUA] (ofensivo) luso-americano; hispano-americano; italo-americano

Dagobert ['dægəʊbɜ:t] s.antr. Dagoberto

Dagon ['deɪgɒn] s. RELIGIÃO (Bíblia) Dagão, Dago, divindade dos Filisteus

D. Agr. [abrev. de Doctor of Agriculture]

D. Agr. Sc. [abrev. de Doctor of Agricultural Science]

daguerreotype [də'gerəʊtaɪp] Ⓐ s. daguerreótipo Ⓑ v.tr. daguerreotipar

daguerreotypy [də'gerəʊtaɪpɪ] s. daguerreotipia

dahabeeyah [dɑ:hə'bi:jə] s. barco à vela do Nilo

dahlia ['deɪlɪə, 'dæljə] s. BOTÂNICA dália ❖ *blue ~* coisa impossível

Dahoman [də'həʊmən] adj.,s. 1 do Daomé (actual Benim); 2 natural, habitante do Daomé

Dahomey [də'həʊmɪ] s.top. (actual Benim) Daomé

daign [deɪn] v.tr. ⇒ **deign**

Dail Eireann [daɪl'ɛərən] s. Parlamento da República da Irlanda

dailiness ['deɪlɪnɪs] s. actividade diária

daily ['deɪlɪ] Ⓐ adj. diário Ⓑ s. (pl. **-ies**) (jornal) diário Ⓒ adv. 1 diariamente; todos os dias; 2 por dia; *twice ~* duas vezes por dia ❖ *~ help* mulher-a-dias; MILITAR *~ inspection* inspecção diária; *~ output* produção diária; *~ wages* soldada; *one's ~ bread* o pão nosso de cada dia

daimio ['daɪmjəʊ] s. dáimio, senhor feudal no Japão antigo

daimon ['daɪmɒn] s. 1 ser de natureza intermédia entre os homens e os deuses; 2 génio; 3 demónio

daintily ['deɪntɪlɪ] adv. 1 com elegância; 2 com delicadeza

daintiness ['deɪntɪnɪs] s. 1 delicadeza; 2 graça, elegância

dainty ['deɪntɪ] Ⓐ s. (pl. **-ies**) 1 manjar, iguaria; 2 acepipe, petisco; 3 gulodice Ⓑ adj. (comp. **-ier**, superl. **-iest**) 1 refinado; requintado; 2 delicado, elegante, gracioso; *~ hands* mãos finas/delicadas; 3 de paladar requintado; 4 [depr.] afectado ❖ *dainty-mouthed* guloso; *to be born with a ~ tooth* ser esquisito de boca

daiquiri ['daɪkərɪ] s. (bebida) daiquiri

dairy ['dɛərɪ] s. (pl. **-ies**) 1 leitaria; 2 vacaria; 3 lacticínios; produtos lácteos ❖ *~ cattle* gado leiteiro; *~ farming* criação de gado leiteiro; *~ industry* indústria de lacticínios; *~ produce* lacticínios; produtos lácteos

dairy-free ['dɛərɪˌfri:] adj. sem lactose

dairying ['dɛərɪɪŋ] s. indústria leiteira

dairymaid ['dɛərɪmeɪd] s. leiteira, mulher do leite

dairyman ['deərɪmən] s. (pl. -men) 1 leiteiro, negociante de leite; 2 criador de gado leiteiro
dairywoman ['deərɪwʊmən] s. leiteira, negociante de leite
dais [deɪs] s. (pl. -es) 1 estrado; 2 dossel
daisy ['deɪzɪ] s. (pl. -ies) BOTÂNICA margarida ❖ ~ *chain* guirlanda de margaridas; corrente, sucessão (de coisas, acontecimentos, etc.); (peça de máquina) ~ *wheel* margarida; [coloq.] *to be pushing up (the) daisies* estar morto e enterrado
daisycutter ['deɪzɪˌkʌtə] s. 1 DESPORTO (críquete) bola que rasa o solo; 2 MILITAR bomba de fragmentação
dak [dɑːk] s. ⇒ dawk
dâk [dɑːk] s. ⇒ dawk
Dakar ['dækə] s.top. Dacar
Dalai Lama [ˌdælaɪ'lɑːmə] s. dalai-lama
dalasi [dəˈlɑːsɪ] s. (moeda da Gâmbia) dalasi
dale [deɪl] s. vale pequeno (na Ingl. do Norte)
dalesman ['deɪlzmən] s. (pl. -men) habitante dos vales (no Norte da Inglaterra)
dalliance ['dælɪəns] s. 1 brincadeira, comportamento infantil, comportamento frívolo; 2 namorico; 3 galanteio
dally ['dælɪ] v.tr.,intr. 1 entreter-se [**with**, com]; divertir-se [**with**, com]; 2 [ant.] namoriscar [**with**, com]; 3 atrasar-se [**over**, com]; demorar [**over**, com]; 4 perder tempo; fingir que se trabalha ❖ *to ~ away time* perder tempo com frivolidades
Dalmatia [dæl'meɪʃə] s.top. Dalmácia
Dalmatian [dæl'meɪʃən] Ⓐ adj. dálmata, da Dalmácia Ⓑ s. 1 (indivíduo, língua) dálmata; 2 ZOOLOGIA (cão) dálmata
dalmatic [dæl'mætɪk] s. dalmática
daltonic [dɒl'tɒnɪk] adj. daltónico
daltonism ['dɒltənɪzəm] s. daltonismo
dam [dæm] Ⓐ s. 1 barragem; 2 açude; dique; represa; 3 água contida pela barragem ou dique; 4 ensecadeira; 5 (animais) mãe Ⓑ v.tr. (participios: **-mm-**) 1 represar; limitar por meio de barragem ou dique; opor um dique a; *to ~ up water* represar água; 2 obstruir; 3 [fig.] conter; reprimir ❖ ~ *weir* barragem; *the devil and his ~* o diabo incarnado
damage ['dæmɪdʒ] Ⓐ s. 1 dano; estrago; perda; prejuízo; 2 avaria; 3 MEDICINA lesão; *brain ~* lesão cerebral; 4 [coloq.] custo, preço; *what's the damage?* quanto é?; 5 pl. indemnização por perdas e danos; *to sue sb for damages* intentar uma acção contra alguém por perdas e danos Ⓑ v.tr. 1 danificar; 2 prejudicar; 3 deteriorar; 4 (hipóteses) comprometer; 5 MEDICINA causar lesões em ❖ ~ *repair* reparação de avarias; ~ *report* relatório de avarias; ~ *survey* inspecção de avarias; *the ~ is done* o mal está feito; *to make good the ~* pagar uma indemnização pelos prejuízos causados
damaged ['dæmɪdʒd] adj. 1 avariado; 2 defeituoso
damaging ['dæmɪdʒɪŋ] adj. prejudicial [**to**, a]
damascene ['dæməsiːn] v.tr. damasquinar
Damascene ['dæməsiːn] adj.,s. damasceno
damascening ['dæməsiːnɪŋ] s. damasquinagem, damasquinaria
Damascus [dəˈmɑːskəs] s.top. Damasco
damask ['dæməsk] Ⓐ s. 1 (tecido de seda) damasco; 2 (cor) cor-de-rosa carregado; 3 aço damasquino Ⓑ adj. (cor) cor-de-rosa carregado Ⓒ v.tr. 1 damasquinar, adamascar; 2 colorir com tom róseo carregado
damaskeen ['dæməskiːn] v.tr. damasquinar
dame [deɪm] s. 1 [EUA] [coloq.] (por vezes ofensivo) miúda; tipa; 2 [arc.] senhora; dama; dona ❖ [ant.] ~ *school* escola elementar dirigida por senhora de idade; BOTÂNICA *dame's violet/rocket* juliana
Dame [deɪm] s. 1 título concedido à esposa de cavaleiro ou baronete; 2 membro feminino da Ordem do Império Britânico
damfool [ˌdæm'fuːl] s. [coloq.] indivíduo disparatado, tolo, imbecil
dammer ['dæmə] s. construtor de diques ou barragens
damn [dæm] Ⓐ adj. maldito Ⓑ adv. 1 extremamente, muito; *to know ~ well* saber muito bem; 2 absolutamente; ~ *all* nada de nada, absolutamente nada Ⓒ v.tr.,intr. 1 condenar; censurar; 2 amaldiçoar; ~ *him!* que vá para o diabo! Ⓓ interj. diabo!; merda!.cal. Ⓔ s. 1 maldição; 2 coisa sem importância ❖ *I don't give a damn!* estou-me nas tintas!; *I'll be damned if …* diabos me levem se …; *that's not worth a ~* isso não vale uma palha
damnable ['dæmnəbəl] adj. 1 condenável, censurável; 2 aborrecido; 3 [coloq.] muito mau; 4 odioso
damnably ['dæmnəblɪ] adv. 1 odiosamente; 2 de uma maneira condenável; 3 horrivelmente; terrivelmente
damnation [dæm'neɪʃən] Ⓐ s. condenação, danação Ⓑ interj. maldição!
damnatory ['dæmnətərɪ] adj. que origina a condenação, que provoca danação
damned ['dæmd] Ⓐ adj. 1 maldito; 2 votado às penas eternas; condenado; danado Ⓑ adv. extremamente, muito; [coloq.] ~ *hot* horrivelmente quente Ⓒ s. RELIGIÃO *the ~* os condenados, os malditos ❖ *I'll be damned!* diabos me levem!; *I'll be ~ if…* diabos me levem se…; *to do one's damnedest* dar tudo por tudo
damnification [ˌdæmnɪfɪ'keɪʃən] s. DIREITO dano, prejuízo
damnify ['dæmnɪfaɪ] v.tr. DIREITO lesar, prejudicar
damning ['dæmnɪŋ, 'dæmɪŋ] Ⓐ adj. 1 condenatório, incriminatório; 2 extremamente adverso; 3 (crítica) feroz, duro Ⓑ s. 1 danação, condenação; 2 praga, praguejamento
Damocles ['dæməkliːz] s.antr. Dâmocles ❖ *sword of ~* espada de Dâmocles
Damon and Pythias ['deɪmənˌənˈpɪθɪæs] s. [fig.] amigos dedicados
damosel ['dæməʊzel] s.f. [arc.] donzela
damp [dæmp] Ⓐ adj. 1 húmido; 2 de humidade; *a ~ patch* uma mancha de humidade; 3 pouco entusiasmado, indiferente Ⓑ s. 1 humidade; 2 névoa; 3 relento; 4 [arc.] abatimento; desânimo; 5 mofeta Ⓒ v.tr.,intr. 1 humedecer; 2 (sons, fogo) amortecer; abafar; 3 esfriar (o entusiasmo de); desencorajar; desanimar ❖ *to cast a ~ over…* ensombrar de tristeza ou desânimo
◆**damp down** v.tr. 1 humedecer; molhar levemente; 2 atenuar; 3 reduzir; controlar; fazer baixar; 4 (fogo) abafar; 5 (som) amortecer
◆**damp off** v.intr. (plantas) arejar; murchar devido à humidade
dampcourse ['dæmpkɔːs] s. (isolamento) camada hidrófuga
damped ['dæmpt] adj. 1 humedecido; 2 abafado, amortecido; ~ *vibration* vibração amortecida
dampen ['dæmpən] v.tr.,intr. 1 humedecer; 2 amortecer; 3 diminuir
damper ['dæmpə] s. 1 coisa deprimente; 2 (pessoa) desmancha-prazeres; 3 registo (de tubo de chaminé, fogão ou forno); 4 amortecedor; 5 MÚSICA (piano) abafador; 6 (automóvel) silencioso; 7 humedecedor de selos, papel, etc. ❖ MECÂNICA ~ *regulator* amortecedor; ~ *weight* contrapeso; *to put a ~ on* estragar; esmorecer
damping ['dæmpɪŋ] s. 1 humidificação, humedecimento; 2 amortecimento ❖ ~ *action* amortecimento; ~ *apparatus* aparelho de humidificação; ~ *effect* efeito amortecedor; ~ *of oscillation* amortecimento de oscilações
dampish ['dæmpɪʃ] adj. um tanto húmido
damply ['dæmplɪ] adv. com névoa, com humidade
dampness ['dæmpnɪs] s. humidade
damp-proof ['dæmppruːf] adj. hidrófugo; impermeável; estanque ❖ (isolamento) ~ *course* camada hidrófuga
damsel ['dæmzəl] s. [arc.] rapariga, donzela
damson ['dæmzən] s. 1 BOTÂNICA (fruto) ameixa-de-damasco; 2 BOTÂNICA (árvore) ameixoeira
Danaë ['dænɪiː] s. MITOLOGIA Dánae, filha de Acrísio, rei de Argos
Danaid ['dæneɪd] s. MITOLOGIA Danaide
dance [dæns] Ⓐ v.tr.,intr. 1 dançar; *to ~ a waltz* dançar uma valsa; 2 fazer dançar; arrastar dançando; 3 embalar; *to ~ a baby* embalar um bebé Ⓑ s. 1 dança; 2 (festa) baile; bailarico ❖ ~ *floor* pista de dança; ~ *hall* salão de baile; ~ *music* música de dança; ~ *of Death* dança dos mortos; *St. Vitus's ~* dança-de-são-vito; coreia; *to ~ about* saltitar de um lado para o outro; *to ~ attendance on sb* andar sempre atrás de alguém; ter de esperar por alguém; *to ~ away* afastar-se dançando; *to ~ for/with joy* dar saltos de alegria; [coloq.] *to ~ off* pôr-se a andar/mexer; *to ~ on nothing* ser enforcado; *to ~ to sb's piping* fazer todas as vontades de alguém

danceable ['dænsəbəl] *adj.* dançável, que dá vontade de dançar
dancer ['dænsə] *s.* bailarino; dançarino ❖ [coloq.] *the merry dancers* a aurora boreal
dancing ['dænsɪŋ] Ⓐ *s.* dança Ⓑ *adj.* dançante; de dança ❖ *~ master* professor de dança; *~ party* baile; reunião dançante
dandelion ['dændɪlaɪən] *s.* BOTÂNICA dente-de-leão, taráxaco ❖ *~ metal* liga metálica formada de estanho, antimónio e chumbo
dander ['dændə] Ⓐ *s.* 1 [EUA] [coloq.] cólera, indignação; 2 (animais) lanugem, pêlo; 3 [Irl.] caspa Ⓑ *v.intr.* 1 vaguear; flanar; 2 devanear ❖ *to get one's ~ up* irritar-se
dandiacal [dæn'daɪəkl] *adj.* aperaltado, ajanotado, afectado no vestuário
Dandie Dinmont ['dændɪˌdɪnmənt] *s.* determinada raça canina
dandified ['dændɪfaɪd] *adj.* 1 todo fino, ajanotado; 2 afectado
dandle ['dændl] *v.tr.* 1 embalar, balouçar (criança, sobre os joelhos ou nos braços); 2 acariciar
dandriff ['dændrɪf] *s.* ⇒ **dandruff**
dandruff ['dændrəf] *s.* caspa
dandy ['dændɪ] Ⓐ *s.* (*pl.* **-ies**) 1 [ant.] dândi; 2 [coloq.] (coisa, pessoa excelente) espectáculo*coloq., fig.*; 3 NÁUTICA dengue; 4 MEDICINA dengue Ⓑ *adj.* (*comp.* **-ier**, *superl.* **-iest**) 1 [ant.] dândi, elegante; 2 [coloq.] espectacular, óptimo, esplêndido, excelente ❖ *~ brush* escova de cavalos; *~ cart* carrinho de leiteiro
dandyish ['dændɪʃ] *adj.* 1 dândi; 2 elegante
dandyism ['dændɪɪzəm] *s.* dandismo, janotismo
Dane [deɪn] *s.* (pessoa) dinamarquês
Danegeld ['deɪngeld] *s.* imposto lançado no século X para fazer face aos ataques dos Dinamarqueses
dang ['dæŋ] *interj.,adj.,s.,v.tr.,intr.* ⇒ **damn**
danger ['deɪndʒə] *s.* 1 risco, perigo; 2 sinal de perigo ❖ *~ money* subsídio de risco; *~ signal* sinal de perigo; *~ of ignition* perigo de explosão; *in ~ of life* em perigo de morte; *out of ~* livre de perigo; *to be in little ~* não correr grande risco
dangerous ['deɪndʒərəs] *adj.* 1 perigoso; 2 arriscado ❖ DIREITO *~ driving* condução perigosa
dangerously ['deɪndʒərəslɪ] *adv.* 1 perigosamente; 2 gravemente; *~ ill* gravemente doente
dangerousness ['deɪndʒərəsnɪs] *s.* perigosidade, perigo
dangle ['dæŋgl] *v.tr.,intr.* 1 baloiçar suspenso; 2 suspender; 3 pendurar e baloiçar; 4 andar atrás [**after**, de]; *to ~ after sb* andar atrás de alguém; 5 (persuasão, sedução) acenar com (algo) [**before**, perante/a]; *to ~ bright prospects before sb* acenar com brilhantes perspectivas a alguém ❖ (expectativa, impasse) *to leave sb dangling* deixar alguém pendurado
dangler ['dæŋglə] *s.* 1 mulherengo, galanteador; 2 indivíduo que está preso (por uma mulher)
dangles ['dæŋglz] *s.pl.* pingentes, brincos
dangling ['dæŋglɪŋ] *adj.* pendente, balouçando, a abanar; *~ knot* borla pendente
Danish ['deɪnɪʃ] Ⓐ *adj.* dinamarquês; da Dinamarca Ⓑ *s.* (língua) dinamarquês Ⓒ *s.pl.* *the ~* os dinamarqueses ❖ *~ balance* balança romana de contrapeso; CULINÁRIA *~ pastry* folhado doce
dank [dæŋk] *adj.* desagradavelmente húmido e frio
Dantean ['dæntiːən] *adj.* 1 LITERATURA de Dante; relativo a Dante; 2 (estilo) dantesco
Dantesque [dæn'tesk] *adj.* dantesco
Danube ['dænjuːb] *s.* Danúbio
Danubian [dæ'njuːbɪən] *adj.* danubiano
dap [dæp] Ⓐ *v.tr.,intr.* 1 pescar com a isca ao cimo da água; 2 mergulhar levemente; 3 ressaltar; 4 fazer ressaltar Ⓑ *s.* (bola) ressalto, salto
daphne ['dæfnɪ] *s.* BOTÂNICA (arbusto) dafne
Daphne ['dæfnɪ] *s.* MITOLOGIA Dafne
dapper ['dæpə] *adj.* 1 elegante, gentil; 2 vivo; 3 activo, dinâmico
dapple ['dæpl] Ⓐ *v.tr.,intr.* 1 sarapintar, pintalgar; 2 (cavalo) ser rodado; 3 (céu) manchar-se Ⓑ *s.* 1 mancha de cor; 2 cavalo rodado ❖ *~ horse* tordilho rodado ❖ *~ grey* cavalo cinzento com manchas pretas
dappled ['dæpəld] *adj.* 1 às manchas; sarapintado; 2 (cavalo) rodado ❖ *~ black horse* um cavalo atavanado
darbies ['dɑːbɪz] *s.pl.* [coloq.] algemas

Darby and Joan [ˌdɑːbɪənd'ʒəʊn] *s.* [fig.] casal de idade que se dá muito bem
Dardanelles [ˌdɑːdə'nelz] *s.top.* (estreito) Dardanelos
Dardanus ['dɑːdənəs] *s.* MITOLOGIA Dárdano
dare [deə] Ⓐ *v.tr.* (*prt.* **dared**, [arc.] *prt.* **durst**, *part. pass.* **dared**) 1 ousar, atrever-se a; 2 ter coragem para; 3 ter o descaramento de; 4 desafiar; *I ~ you to deny what I said* desafio-o a negar aquilo que eu disse Ⓑ *s.* desafio; provocação ❖ *how ~ you!* como se atreve?!; *I ~ say* parece-me; *I ~ say that ...* creio bem que ...; *I ~ you!* experimenta!; *who dares wins* quem não arrisca não petisca
dare-devil ['deədevl] *adj.,s.* 1 temerário; 2 audacioso
Dares ['deərɪz] *s.* MITOLOGIA nome de antigo sacerdote, citado por Homero na Ilíada
daresay ['deəseɪ] *v.tr.* (*prt. e part. pass.* **said**) atrever-se a dizer
dari ['dɑːrɪ] *s.* (cereal indiano) durra
daring ['deərɪŋ] Ⓐ *adj.* ousado, audacioso, temerário Ⓑ *s.* temeridade, audácia, ousadia, coragem
daringly ['deərɪŋlɪ] *adv.* temerariamente, ousadamente, corajosamente
Darius [də'raɪəs] *s.antr.* Dário
dark [dɑːk] Ⓐ *adj.* 1 escuro, sombrio, quase negro; 2 (cor) escuro; *~ blue* azul-escuro; *~ brown* castanho escuro; 3 (cabelo) escuro; 4 (pele) moreno; 5 mau, cruel; 6 triste; pesado; sinistro; negro; 7 misterioso; obscuro; pouco claro; secreto; pouco conhecido Ⓑ *s.* 1 escuridão; escuro; *to be afraid of the ~* ter medo do escuro; 2 o anoitecer; *before ~* antes que anoiteça; 3 [fig.] ignorância ❖ *~ chocolate* chocolate preto; *~ glasses* óculos escuros; *~ horse* vencedor inesperado; incógnita; enigma; *~ lantern* lanterna de furta-fogo; ASTRONOMIA *~ matter* matéria negra; *~ red* vermelho-escuro; (vinho) retinto, tinto carregado; *in the ~* às escuras; *the ~ Ages* a alta Idade Média; *the ~ of the moon* a lua nova; *to be in the ~* não saber de nada; *to keep sb in the ~* esconder qualquer coisa de alguém; *to keep sth ~* guardar segredo sobre qualquer coisa; *to look on the ~ side of things* ser pessimista
dark-adapted [ˌdɑːkə'dæptɪd] *adj.* ANATOMIA com visão nocturna
darken ['dɑːkn] *v.tr.,intr.* 1 escurecer; 2 obscurecer; 3 carregar de tom; 4 [fig.] entristecer; 5 [fig.] ensombrar ❖ *to ~ counsel* confundir ainda mais; *never ~ my doors again!* não voltes a pôr os pés em minha casa!
darkening ['dɑːknɪŋ] *s.* escurecimento, obscurecimento
darkey ['dɑːkɪ] *s.* [ant.] (ofensivo) pretinho
darkie ['dɑːkɪ] *s.* [ant.] (ofensivo) pretinho
darkish ['dɑːkɪʃ] *adj.* um tanto escuro
darkle ['dɑːkl] *v.intr.* escurecer, ocultar-se
darkling ['dɑːklɪŋ] Ⓐ *adj.* sombrio, escuro Ⓑ *adv.* no escuro
darkly ['dɑːklɪ] *adv.* sombriamente
darkness ['dɑːknɪs] *s.* 1 escuridão; 2 trevas; 3 ignorância; 4 tom carregado
darkroom ['dɑːkruːm] *s.* FOTOGRAFIA câmara escura
dark-skinned ['dɑːkˌskɪnd] *adj.* moreno; de pele escura
darksome ['dɑːksəm] *adj.* sombrio
darky ['dɑːkɪ] *s.* [ant.] (ofensivo) pretinho
darling ['dɑːlɪŋ] Ⓐ *adj.* 1 querido; 2 adorável, encantador Ⓑ *s.* 1 querido; 2 amor, amado; 3 favorito
darn [dɑːn] Ⓐ *v.tr.* 1 pontear, cerzir; 2 consertar; 3 [coloq.] ⇒ **damn** Ⓑ *s.* conserto, cerzidura Ⓒ *adv.* muito, extremamente; *he was so ~ tired that he went to bed* ele estava tão cansado que se foi deitar ❖ *I don't give a ~ whether you come or not* é-me totalmente indiferente que venhas ou não
darnel ['dɑːnl] *s.* joio
darner ['dɑːnə] *s.* 1 cerzidor, cerzideira; 2 máquina eléctrica de apanhar malhas (em meias ou peúgas)
darning ['dɑːnɪŋ] *s.* conserto, cerzidura ❖ *~ ball/egg/last* ovo de passajar; *~ cotton* linha/algodão de passajar; *~ needle* agulha de passajar
dart [dɑːt] Ⓐ *s.* 1 dardo; *poison ~* dardo venenoso; 2 seta, flecha; 3 (insecto) ferrão; 4 movimento súbito para a frente; 5 *pl.* jogo dos dardos; *a game of darts* uma partida de dardos Ⓑ *v.tr.* lançar, atirar Ⓒ *v.intr.* 1 precipitar-se; 2 atirar-se como uma seta ❖ *to make a ~ for/towards* precipitar-se para
dartboard ['dɑːtbɔːd] *s.* (jogo dos dardos) alvo

darter ['dɑːtə] s. arqueiro, frecheiro
dartle ['dɑːtl] v.tr.,intr. atirar setas continuamente
Dartmoor ['dɑːtmɔː] s. 1 penitenciária perto de Princetown; 2 trabalhos forçados; *he was sent to ~* foi condenado a trabalhos forçados
dartre ['dɑːtə] s. MEDICINA dartro
dartrous ['dɑːtrəs] adj. MEDICINA dartroso
Darwinism ['dɑːwɪnɪzəm] s. darwinismo
Darwinist ['dɑːwɪnɪst] adj.,s. darwinista
dash [dæʃ] Ⓐ s. 1 travessão (-); 2 (código Morse) traço; 3 movimento súbito; 4 barulho, ruído, pancada; 5 pitada; *a ~ of pepper* uma pitada de pimenta; 6 (bebida) gota; 7 DESPORTO pequena corrida de velocidade; 8 impetuosidade; energia; dinamismo; 9 ostentação Ⓑ v.tr.,intr. 1 atirar com violência; 2 desfazer, quebrar; 3 [fig.] (esperanças) reduzir a nada; 4 precipitar-se, mover-se rapidamente; 5 atirar-se de encontro a; 6 esparrinhar; 7 deitar; 8 misturar; 9 desencorajar, confundir 10 esbarrar-se ❖ *~ panel* quadro de instrumentos; *~ it!* maldição!; *~ of colour* mancha de cor; *he made a ~ for the taxi* ele precipitou-se para o táxi; [ant.] *to cut a ~* fazer um figurão; *to ~ aside* atirar para o lado; *to ~ through* passar a vau; *to ~ to pieces* quebrar; fazer em bocados
◆**dash off** Ⓐ v.tr. 1 [coloq.] escrever à pressa; escrevinhar; 2 (desenho, composição) improvisar Ⓑ v.intr. sair a correr
◆**dash out** v.intr. sair rapidamente ❖ *to ~ one's brains* dar um tiro nos miolos
dashboard ['dæʃbɔːd] s. (carro) painel de instrumentos, quadro de instrumentos
dasher ['dæʃə] s. 1 batedor de nata; 2 [arc.] peralvilho; 3 [EUA] guarda-lamas
dashing ['dæʃɪŋ] adj. 1 arrojado, impetuoso, fogoso; 2 elegante
dashingly ['dæʃɪŋlʌ] adv. com ímpeto, fogosamente
dashpot ['dæʃpɒt] s. MECÂNICA amortecedor
dastard ['dæstəd] s. 1 [arc.] covarde; 2 [arc.] infame
dastardliness ['dæstədlɪnɪs] s. covardia, infâmia
dastardly ['dæstədlɪ] adj. covarde, ignóbil
DAT [abrev. de digital audio tape] DAT
data ['deɪtə, 'dɑːtə] s.pl. dados; informação ❖ *~ bank* banco de dados; *~ base* base de dados; *~ capture* entrada de dados; *~ processing* processamento/tratamento de dados; *~ superhighway* auto-estrada de informação
database ['deɪtəˌbeɪs] s. INFORMÁTICA base de dados ❖ *~ administrator* administrador de base de dados; *~ management* gestão de base de dados; *~ management system* sistema de gestão de base de dados
datable ['deɪtəbəl] adj. datável
dataglove ['deɪtəglʌv] s. luva usada na realidade virtual
dataller ['deɪtələ] s. jornaleiro
datary ['deɪtərɪ] s. (pl. *-ies*) 1 RELIGIÃO datário; 2 Dataria Apostólica
date [deɪt] Ⓐ s. 1 data; *~ of birth* data de nascimento; *to set a ~* marcar uma data; 2 época; 3 [EUA] encontro romântico; *a heavy ~* um encontro muito importante; 4 [EUA] pessoa com que se vai sair, par, acompanhante; *my ~ stood me up!* a pessoa com que ia sair não apareceu!; 5 BOTÂNICA tâmara Ⓑ v.tr. 1 datar; colocar uma data em; 2 tornar antiquado; 3 [EUA] sair com; andar com; *she's dating my brother* ela anda com o meu irmão Ⓒ v.intr. 1 datar [from, de]; remontar [back to, a]; 2 [EUA] sair juntos; namorar ❖ BOTÂNICA *~ palm* tamareira; *~ of delivery* data de entrega; *~ of maturity* data de vencimento; *dated 15th* datado do dia 15; *at a later ~* mais tarde; *out of ~* desactualizado; antiquado; fora de moda; *to ~* até à data
dated ['deɪtɪd] adj. 1 datado, fora de moda; 2 antiquado
dateless ['deɪtləs] adj. 1 (carta) sem data; 2 imemorial; 3 sem fim
dateline ['deɪtˌlaɪn] s. 1 (cabeçalho de publicação ou artigo) data e local no cabeçalho de uma publicação ou artigo; 2 linha de mudança de data/hora (180° de Greenwich)
dater ['deɪtə] s. 1 datador; 2 carimbo para datas
dating ['deɪtɪŋ] s. 1 datação; 2 (vida social) encontros; saídas ❖ (vida social) *~ agency* agência de contactos; *~ machine* máquina de pôr datas; datador
dative ['deɪtɪv] adj.,s. LINGUÍSTICA dativo

datum ['deɪtəm, 'dɑːtəm] s. ⟨pl. *data*⟩ dado, princípio aceite ❖ *~ point* ponto de referência
daub [dɔːb] Ⓐ v.tr.,intr. 1 cobrir (com argamassa, barro, etc.); 2 borrar, sujar; 3 pintar toscamente Ⓑ s. 1 pintura tosca e grosseira; 2 camada (de barro, argamassa, etc.); 3 parede mal pintada
dauber ['dɔːbə] s. [coloq.] borrador, troca-tintas
daubster ['dɔːbstə] s. ⇒ dauber
dauby ['dɔːbɪ] adj. 1 viscoso, pegajoso; 2 mal pintado; 3 [coloq.] borrado
daughter ['dɔːtə] s. filha
daughter-in-law ['dɔːtərɪnlɔː] s. nora
daughterly ['dɔːtəlɪ] adj. filial, próprio de filha
daunt [dɔːnt] v.tr. intimidar; desencorajar; assustar ❖ *nothing daunted* sem se deixar intimidar; sem receio
daunting ['dɔːntɪŋ] adj. intimidante, assustador, desencorajador
dauntless ['dɔːntləs] adj. arrojado, destemido, audaz, intrépido
dauntlessly ['dɔːntləslɪ] adv. 1 intrepidamente; 2 sem medo
dauntlessness ['dɔːntləsnɪs] s. intrepidez
dauphin ['dɔːfɪn] s. delfim, o filho mais velho do rei da França
dauphiness ['dɔːfɪnɪs] s. esposa de delfim
davenport ['dævnpɔːt] s. 1 papeleira; 2 escrivaninha; 3 [EUA] sofá
David and Jonathan ['deɪvɪdənˈdʒɒnəθən] s. [fig.] dois amigos leais
davit ['dævɪt] s. NÁUTICA gaviete, turco
davy ['deɪvɪ] s. [coloq.] [abrev. de affidavit] ❖ *to take one's ~ that ...* jurar que ...
Davy ['deɪvɪ] s. lâmpada de Davy usada pelos mineiros
Davy Jones's locker [ˌdeɪvɪˈdʒəʊnɪzˈlɒkə] s. [fig.] o fundo do mar
daw [dɔː] s. ZOOLOGIA (ave) gralha
dawdle ['dɔːdl] Ⓐ v.intr. 1 (progressão lenta) mandriar; fazer cera*fig.*; 2 demorar uma eternidade [over, a] Ⓑ s. 1 pessoa que perde o tempo com ninharias; 2 basbaque ❖ *to ~ along* caminhar lentamente
dawdler ['dɔːdlə] s. preguiçoso, empata, indivíduo que perde o tempo com coisas sem importância
dawk [dɔːk] s. [Índia] [arc.] sistema postal ou de transporte por mudas de cavalos ou homens
dawn [dɔːn] Ⓐ v.intr. 1 amanhecer, despontar o dia; 2 [fig.] surgir; começar a aparecer Ⓑ s. 1 madrugada; aurora; *at ~* de madrugada; *at the break/crack of ~* ao amanhecer; 2 [fig.] início [of, de]; despontar [of, de]; primeiros passos [of, de]; *the ~ of civilization* o início da civilização ❖ *the day will ~ when...* ainda há-de chegar o dia em que...
◆**dawn on** v.intr. perceber, compreender; aperceber-se, dar conta; *it has just dawned on me* fiquei agora a compreender ❖ (compreensão) *suddenly the light dawned on him* de repente fez-se luz
day [deɪ] s. 1 dia; 2 pl. tempo; época; *during my school days* nos meus tempos de escola ❖ *~ boarder* aluno semi-interno; *~ labourer* jornaleiro; *~ nurse* enfermeira de dia; *~ nursery* creche; infantário; *~ off* dia de folga; *~ out* dia de sair; ZOOLOGIA *~ owl* coruja diurna; (comboio, autocarro) *~ return* bilhete de ida e volta; *~ school* externato; *~ shift* turno de dia; *~ ticket* bilhete de ida e volta válido para um dia; *~ after* dia após dia; *~ and night* continuamente; *~ by* gradualmente; *~ in ~ out* dia após dia; *~ of grace* período de tolerância para pagamento de uma letra; *any ~ now* qualquer dia; um dia destes; *every other ~* dia sim dia não; *everything has its ~* alguma vez tem de ser; *in days to come* no futuro; *in this ~ and age* nos dias de hoje; *let's call it a ~* acabamos por hoje; *let's make a ~ of it!* vamos festejar!; aproveitemos o dia!; *men of the ~* pessoas importantes; *one of these days* um dia destes; *the better the ~ the better the deed* quanto melhor o dia melhores as obras; *the ~ after* no dia seguinte; *the ~ before* na véspera; *the ~ before yesterday* anteontem; *these days* hoje em dia; *this ~ week/this ~ fortnight* de hoje a uma semana; de hoje a quinze dias; *to get the ~* sair vitorioso; *to have one's ~* ter a sua época
daybook ['deɪbʊk] s. COMÉRCIO (contabilidade) diário

dayboy ['deɪˌbɔɪ] s. aluno externo
daybreak ['deɪbreɪk] s. amanhecer; aurora; romper do dia; *at ~* ao romper do dia
daycare ['deɪkeə] s. 1 (crianças) infantário; 2 (idosos) assistência diária, acompanhamento
daydream ['deɪdri:m] Ⓐ s. fantasia, devaneio Ⓑ v.intr. 1 sonhar acordado; 2 fantasiar, devanear
daydreamer ['deɪdri:mə] s. sonhador
daydreaming ['deɪdri:mɪŋ] s. 1 sonhos; 2 fantasias, devaneios
daylight ['deɪlaɪt] s. 1 luz do dia; 2 dia; *in broad ~* em pleno dia; *it's still ~* ainda é de dia; 3 aurora; 4 DESPORTO (corridas) intervalo entre barcos; 5 [coloq.] (parte de copo) colarinho, gravata; *no ~* não gosto de colarinhos; enche o copo até cima ❖ *these prices are ~ robbery!* estes preços são um roubo!; *to expose to ~* denunciar; expor publicamente; *to see ~* começar a compreender
daylight-saving ['deɪlaɪt'seɪvɪŋ] adj. (horário) de verão ❖ *~ time* hora de Verão
daypack ['deɪpæk] s. mochila pequena
dayspring ['deɪsprɪŋ] s. [poét.] aurora
day-to-day [ˌdeɪtə'deɪ] adj. 1 diário; 2 quotidiano, de todos os dias; 3 rotineiro
daywear ['deɪweə] s. vestuário de dia
daze [deɪz] Ⓐ v.tr. 1 ofuscar; 2 aturdir; 3 confundir Ⓑ s. 1 estupefacção; 2 confusão ❖ *in a ~* aturdido; desorientado
dazed [deɪzd] adj. 1 aturdido, atordoado; 2 ofuscado; 3 siderado
dazedly ['deɪzɪdlɪ] adv. confusamente, desorientadamente
dazzle ['dæzl] Ⓐ v.tr. 1 ofuscar; encandear; 2 deslumbrar Ⓑ s. 1 brilho ofuscante; 2 encandeamento; 3 deslumbramento ❖ *~ lights* faróis de máximo; *to ~ a ship* camuflar um navio
dazzlement ['dæzlmənt] s. deslumbramento, encandeamento
dazzler ['dæzlə] s. pessoa deslumbrante; pessoa vistosa; pessoa que dá nas vistas
dazzling ['dæzlɪŋ] adj. 1 brilhante; resplandecente; 2 ofuscante; 3 deslumbrante
Db QUÍMICA [símbolo de dubnium]
DBE [abrev. de Dame Commander of the Order of the British Empire]
DBMS [abrev. de database management system] SGBD
DC Ⓐ [EUA] [abrev. de District of Columbia] Ⓑ MÚSICA [abrev. de da capo (from the beginning)] Ⓒ ELECTRICIDADE [abrev. de direct current] corrente contínua ❖ *d. c. armature* induzido de corrente contínua; *d. c. input* admissão de corrente contínua; *d. c. supply* fornecimento de corrente contínua
DCC [abrev. de digital compact cassette]
DCL Ⓐ [abrev. de Doctor of Civil Law] Ⓑ [abrev. de Doctor of Canon Law]
DCM MILITAR [abrev. de Distinguished Conduct Medal]
DD [abrev. de Doctor of Divinity]
D-Day ['di:ˌdeɪ] s. dia D, dia do desembarque no Norte da França das tropas inglesas e norte-americanas durante a Segunda Grande Guerra (6 de Junho de 1944)
DDE INFORMÁTICA [abrev. de Dynamic Data Exchange]
DDS [abrev. de Doctor of Dental Surgery]
DDSc [abrev. de Doctor of Dental Science]
DDT [abrev. de dichlorodiphenyltricholoroethane]
DE [abrev. de Department of Employment]
deacon ['di:kən] s. diácono
deaconess ['di:kənɪs] s.f. diaconisa
deaconry ['di:kənrɪ] s. (pl. -ies) 1 diaconato, conjunto dos diáconos; 2 habitação do diácono
deaconship ['di:kənʃɪp] s. diaconato, cargo de diácono
deactivate [di:'æktɪveɪt] v.tr. desactivar
deactivation [diːˌæktɪ'veɪʃən] s. desactivação
dead [ded] Ⓐ adj. 1 morto; *~ and gone* morto e enterrado; *~ as a doornail* completamente morto; 2 inanimado; inerte; 3 parado, sem energia; 4 (membros) entorpecido; *my hand is ~* tenho a mão dormente; 5 inútil, sem serventia; 6 ELECTRICIDADE que não funciona; sem energia; sem carga; *the phone is ~* o telefone não funciona; 7 profundo; completo; *~ silence* silêncio total; 8 (som) abafado; 9 [fig.] de rastos; *I'm absolutely ~* estou completamente de rastos Ⓑ adv. 1 absolutamente; completamente; *to be ~ broke* estar completamente falido; *to be ~ sure* ter a certeza absoluta; 2 exactamente; *his shot was ~ on target* o disparo atingiu o alvo em cheio; 3 (intensificador) muitíssimo; *~ slow* terrivelmente lento; *he's in ~ earnest* ele está a falar muito a sério; *he was ~ drunk* ele estava a cair de bêbedo Ⓒ s.pl. *the ~* os mortos ❖ *~ ball* bola fora de jogo; *~ body* cadáver; *~ burnt lime* cal apagada; *~ calm* paz podre; *~ colour* primeira demão de tinta; *~ end* beco sem saída; *~ fire* fogo-de-santelmo; *~ freight* importância paga; (corrida, competição) *~ heat* empate; *~ hours* horas mortas; *~ house* casa mortuária; (leis) *~ letter* letra morta; *~ level* nível perfeito; *~ lime* cal apagada; ELECTRICIDADE *~ line* linha cortada; *~ loan* empréstimo não reembolsável; *~ load* peso morto; *~ loss* perda sem indemnização; *~ march* marcha fúnebre; *~ office* ofício fúnebre; *~ reckoning* cálculo, estimativa; *~ shot* atirador exímio, que não falha; ELECTRICIDADE *~ short* curto-circuito; *~ weight* contrapeso; peso morto; *~ window* janela fingida; ELECTRICIDADE *~ wire* fio sem corrente eléctrica; *~ dogs do not bite/~ men tell no tales* morto o bicho acaba a peçonha; *~ weight safety valve* válvula de segurança com contrapeso; *in the/at ~ of night* no silêncio da noite; *in the ~ of winter* em pleno Inverno; GEOGRAFIA *the Dead Sea* Mar Morto; *the train came to a ~ stop* o comboio parou e não mais andou; [coloq.] *to be ~ and done for* estar pronto; liquidado; *to come to/reach a ~ end* chegar a um beco sem saída; *to pull the ~ horse* liquidar uma dívida, pagando-a com trabalho
dead-and-alive [ˌdedəndə'laɪv] adj. 1 desinteressante; insípido; monótono; 2 sem ânimo ❖ *a ~ place* um buraco no fim do mundo
deadbeat ['dedbi:t] Ⓐ s. 1 [coloq.] mandrião, preguiçoso; 2 [coloq.] chupista, parasita; 3 [EUA] [coloq.] caloteiro Ⓑ adj. 1 (pessoa) exausto, esgotado; *to be ~* estar morto de fadiga; 2 FÍSICA (instrumento) aperiódico; *~ galvanometer* galvanómetro aperiódico
deaden ['dedn] v.tr.,intr. 1 amortecer; 2 abrandar; atenuar; 3 insensibilizar; 4 perder a força ❖ *to ~ a shock* amortecer um choque
dead-end [ded'end] adj. 1 sem saída; 2 [fig.] sem futuro, sem perspectivas
deadeye ['dedaɪ] s. 1 NÁUTICA sapata; 2 [coloq.] atirador certeiro
deadhead ['dedˌhed] s. 1 [coloq.] incompetente; 2 [coloq.] (espectáculos) pessoa com convite; 3 [coloq.] (meios de transporte) pessoa com passe gratuito; 4 [EUA] veículo que não transporta passageiros
dead-hearted ['dedhɑ:tɪd] adj. frio, impassível; insensível
dead-heat [ded'hi:t] v.intr. (corrida, competição) terminar ao mesmo tempo; terminar em situação de empate técnico
deadline ['dedlaɪn] s. prazo; data-limite; *to have a ~ to meet* ter um prazo a cumprir; *to meet a ~* cumprir um prazo
deadliness ['dedlɪnɪs] s. perigo de morte
deadlock ['dedlɒk] s. 1 ponto morto; 2 beco sem saída; 3 paralisação completa; 4 INFORMÁTICA bloqueio
deadly ['dedlɪ] Ⓐ adj. (comp. -ier, superl. -iest) 1 mortal; fatal; 2 mortífero; 3 certeiro; implacável; 4 total; absoluto; 5 [coloq.] chato; *a ~ party* uma festa aborrecida de morte Ⓑ adv. 1 (intensificador) muito; terrivelmente; *~ tired* terrivelmente cansado; 2 mortalmente ❖ BOTÂNICA *~ nightshade* beladona; *~ pale* com uma palidez cadavérica; *a ~ silence* um silêncio pesado; *I'm ~ serious* não podia estar a falar mais a sério; *seven ~ sins* sete pecados mortais
deadman ['dedˌmæn] s. (construção) bloco ou placa enterrado para ancoragem de algo
deadness ['dednɪs] s. indiferença, torpor
dead-on ['dedˌɒn] adj. [coloq.] exacto; preciso; certeiro, que acerta em cheio
deadpan ['dedpæn] Ⓐ adj. 1 inexpressivo; 2 frio, impassível; 3 distante; 4 impessoal Ⓑ adv. 1 inexpressivamente; 2 friamente, sem emoção; 3 impessoalmente
deadwood ['dedwʊd] s. 1 lenha; 2 (pessoas) inúteis; 3 (coisas) supérfluo; inutilidades ❖ (empresa) *to get rid of the ~* fazer cortes de pessoal
deadzone ['dedˌzəʊn] s. [EUA] (junto às margens de um rio) águas paradas

deaf [def] *adj.* (*comp.* **-er**, *superl.* **-est**) 1 surdo; ~ *in one ear* surdo de um ouvido; 2 [fig.] insensível [**to**, a]; indiferente [**to**, a]; que se recusa a ouvir; *she was ~ to all my requests* ignorou todos os meus pedidos ❖ *none so ~ as those that won't hear* não há ninguém mais surdo que aquele que não quer ouvir; *to be as ~ as a post* ser surdo como uma porta; *to fall on ~ ears* ser em vão; *to turn a ~ ear to* fazer ouvidos moucos a

deaf-and-dumb [ˈdefənˌdʌm] *adj.* surdo-mudo

deafen [ˈdefn] *v.tr.* 1 ensurdecer; 2 dar cabo dos ouvidos

deafening [ˈdefnɪŋ] *adj.* ensurdecedor

deafly [ˈdeflɪ] *adv.* surdamente

deaf-mute [defˈmjuːt] *s.* surdo-mudo

deafness [ˈdefnɪs] *s.* surdez

deal [diːl] Ⓐ *s.* 1 acordo comercial; 2 negócio; *to strike/make/cut a ~* fazer/fechar um negócio; 3 quantidade; *a good/great ~* muito, bastante; 4 (jogo) vez de dar cartas; *whose ~ is it?* quem é agora a dar?; 5 pranchão; 6 tábua de pinho, madeira de pinho Ⓑ *v.tr.,intr.* (*prt. e part. pass.* **dealt**) 1 repartir, dividir; 2 dar (cartas); 3 ter relações comerciais, comprar; 4 negociar; 5 traficar; 6 tratar com alguém ou alguma coisa; 7 tratar de, ocupar-se de ❖ [coloq.] *big deal!* grande coisa!; HISTÓRIA *New Deal* plano social e económico da administração de Roosevelt iniciado em 1932; [coloq.] *raw ~* tratamento incorrecto/injusto; *to give sb a square ~* tratar alguém com lealdade; *to make a great ~ of sb* ter alguém em grande consideração; *to think a great ~ of oneself* ter-se em grande conta

✦**deal in** *v.tr.* 1 negociar (em); estar no negócio de compra e venda de; *he deals in art* negoceia em arte; 2 (crime) traficar; 3 (jogo) dar cartas a; 4 (actividade) incluir; *deal me in* conta comigo

✦**deal out** Ⓐ *v.tr.* 1 repartir; distribuir; 2 fazer; *he dealt out justice* fez justiça Ⓑ *v.intr.* dar as cartas; *it's your turn to ~* é a tua vez de dar as cartas

✦**deal with** *v.tr.* 1 tratar de; lidar com; *he's dealing with a new case* está a tratar de um caso novo; 2 tomar medidas em relação a; 3 enfrentar; controlar; combater; *to ~ stress* combater o stress; 4 negociar com; ter relações comerciais com; tratar com; *I've never dealt with them* nunca tive negócios com eles; 5 (livro, filme) ser sobre; falar de; tratar de ❖ (impaciência) *just ~ it!* não há nada a fazer!

dealer [ˈdiːlə] *s.* 1 comerciante, negociante; 2 fornecedor; 3 (drogas) traficante; 4 (jogos de cartas) jogador que dá as cartas ❖ *antiques ~* antiquário; *retail ~* retalhista; *wholesale ~* negociante por junto

dealership [ˈdiːləʃɪp] *s.* 1 COMÉRCIO concessão; 2 COMÉRCIO concessionário ❖ *~ network* rede de concessionários

dealing [ˈdiːlɪŋ] *s.* 1 comportamento, maneira de proceder; 2 acto de dar (as cartas); 3 *pl.* relações comerciais, transacções comerciais, negócios ❖ *there is no ~ with that fellow* não se pode tratar com esse indivíduo

dealt [delt] *prt. e part. pass. de* **to deal**

deambulation [dɪˌæmbjuˈleɪʃən] *s.* deambulação

deambulatory [dɪˈæmbjulətərɪ] *adj.* deambulatório

dean [diːn] *s.* 1 reitor; 2 orientador de estudos; 3 deão; 4 decano

deanery [ˈdiːnərɪ] *s.* (*pl.* **-ies**) deado

deanship [ˈdiːnʃɪp] *s.* deado, decania

dear [dɪə] Ⓐ *adj.* (*comp.* **-er**, *superl.* **-est**) 1 querido; 2 amoroso; encantador; adorável; 3 importante [**to**, para]; *his family is very ~ to him* a família é muito importante para ele; 4 (cartas formais) Caro; Excelentíssimo; *~ John* Caro João; *~ Sir* Exmo. Senhor; 5 caro, dispendioso; 6 careiro; *he paid ~ for his mistake* o erro ficou-lhe muito caro Ⓑ *s.* querido, amor; *my ~* meu querido; *she's such a ~* ela é um amor Ⓒ *adv.* caro, por alto preço; *to cost sb ~* sair muito caro a alguém Ⓓ *interj.* *oh ~ me!* valha-me Deus!

dearie [ˈdɪərɪ] *s.* ⇒ **deary**

dearish [ˈdɪərɪʃ] *adj.* bastante caro

dearly [ˈdɪəlɪ] *adv.* 1 muito; 2 sinceramente; de todo o coração; 3 por alto preço, caro; *he paid ~ for his mistake* o erro ficou-lhe muito caro ❖ RELIGIÃO *~ beloved* caríssimos

dearness [ˈdɪənɪs] *s.* 1 carestia; 2 afecto

dearth [dɜːθ] *s.* 1 escassez; *~ of water* escassez de água; 2 carestia; 3 falta, penúria ❖ *there is no ~ of...* não faltam...

deary [ˈdɪərɪ] *s.* (*pl.* **-ies**) [coloq.] meu caro; minha querida

death [deθ] *s.* 1 morte; 2 fim ❖ *~ bell* dobre de finados; *~ certificate* certidão de óbito; *~ duty* direito sucessório; *~ fire* fogo-fátuo; *~ mask* máscara mortuária; *~ penalty* pena de morte; *~ rate* taxa de mortalidade; *~ rattle* estertor da morte; *~ roll* obituário; *~ row* corredor da morte; *~ toll* número de vítimas mortais; *~ warrant* sentença de morte; *to be at death's door* estar às portas da morte; [coloq.] *to be in at the ~* assistir ao fim/conclusão de algo; *to be the ~ of* ser a morte de; mortificar; *to do to ~* saturar; repetir tanta vez que se torna fatigante; matar

deathbed [ˈdeθˌbed] Ⓐ *s.* leito de morte Ⓑ *adj.* às portas da morte; nas vascas da morte; antes de morrer

deathblow [ˈdeθˌbləʊ] *s.* 1 golpe mortal; golpe fatal; 2 [fig.] (acontecimento) gota de água

death-dealing [ˈdeθdiːlɪŋ] *adj.* [lit.] fatal; mortal

death-defying [ˈdeθdɪfaɪŋ] *adj.* que desafia a morte; perigosíssimo; muito arriscado

deathless [ˈdeθləs] *adj.* imortal

deathlessly [ˈdeθlɪslɪ] *adv.* de uma maneira imortal

deathlessness [ˈdeθlɪsnɪs] *s.* imortalidade

deathlike [ˈdeθlaɪk] *adj.,adv.* 1 cadavérico; 2 mortal, de morte

deathly [ˈdeθlɪ] *adj.,adv.* mortal, de morte

death-qualify [ˈdeθˈkwɒlɪfaɪ] *v.tr.* [EUA] DIREITO (objecção de consciência) dispensar (alguém) de um júri de homicídio

deathtrap [ˈdeθˌtræp] *s.* 1 lugar perigoso; 2 armadilha mortal

deathwatch [ˈdeθˌwɒtʃ] *s.* velório ❖ ZOOLOGIA *deathwatch beetle* bicho da madeira

deattribution [dɪˌætrɪˈbjuːʃən] *s.* mudança na atribuição da autoria de uma obra de arte

deb [deb] *s.* [coloq.] (menina) debutante

débâcle [deɪˈbɑːkl] *s.* 1 colapso, queda; 2 descongelação, fusão, ruptura de gelo; 3 torrente súbita de água arrastando consigo pedras e outros detritos

debar [dɪˈbɑː] *v.tr.* (*particípios:* **-rr-**) 1 excluir; 2 impedir; 3 negar, privar

debark [dɪˈbɑːk] *v.tr.,intr.* desembarcar

debarkation [ˌdiːbɑːˈkeɪʃən] *s.* desembarque

debase [dɪˈbeɪs] *v.tr.* 1 rebaixar, aviltar; 2 adulterar; 3 depreciar

debasement [dɪˈbeɪsmənt] *s.* 1 rebaixamento, aviltamento; 2 depreciação

debaser [dɪˈbeɪsə] *s.* 1 pessoa que rebaixa; 2 falsificador

debasing [dɪˈbeɪsɪŋ] *adj.,s.* 1 aviltante; 2 aviltamento

debasingly [dɪˈbeɪsɪŋlɪ] *adv.* de modo aviltante

debatable [dɪˈbeɪtəbəl] *adj.* discutível, contestável

debate [dɪˈbeɪt] Ⓐ *s.* 1 debate; discussão; *to be under ~* estar em debate; *to hold a ~* fazer um debate; *to open the ~* abrir o debate; 2 consideração; deliberação Ⓑ *v.tr.,intr.* 1 debater, discutir; 2 deliberar, considerar ❖ *to be debating what to do* estar indeciso em relação ao que fazer

debater [dɪˈbeɪtə] *s.* 1 orador, tribuno; 2 participante em debate

debating [dɪˈbeɪtɪŋ] *s.* debate, arte do debate ❖ *~ society* clube de debate; *~ point* ponto a debater

debauch [dɪˈbɔːtʃ] Ⓐ *v.tr.* 1 perverter moralmente, desmoralizar; 2 seduzir; 3 viciar Ⓑ *s.* perversão moral, deboche, devassidão

debauchable [dɪˈbɔːtʃəbəl] *adj.* susceptível de corrupção, de perversão

debauched [dɪˈbɔːtʃd] *adj.* debochado

debauchee [ˌdebɔːˈtʃiː] *s.* pervertido, debochado

debauchery [dɪˈbɔːtʃərɪ] *s.* (*pl.* **-ies**) devassidão, deboche

debenture [dɪˈbentʃə] *s.* 1 obrigação do Tesouro; 2 certificado alfandegário passado ao exportador para reembolso de direitos já pagos ❖ *~ bond* título de obrigação; *mortgage ~* obrigação hipotecária

debilitate [dɪˈbɪlɪteɪt] *v.tr.* debilitar

debilitating [dɪˈbɪlɪteɪtɪŋ] *adj.* 1 debilitante; 2 esgotante, extenuante

debilitation [dɪˌbɪlɪˈteɪʃn] *s.* debilitação

debility [dɪˈbɪlɪtɪ] *s.* debilidade

debit [ˈdebɪt] Ⓐ *s.* débito Ⓑ *v.tr.* debitar; *to ~ sb's account with a sum* debitar uma quantia na conta de alguém ❖ *~ account* conta devedora; *~ card* cartão de débito; *~ note* nota de débito; *on the ~ side* como inconveniente

debonair [debə'neə] *adj.* 1 donairoso; 2 jovial, afável
Deborah ['debərə] *s.antr.* Débora
deboshed [dɪ'bɒʃt] *adj.* [arc.] debochado
debouch [dɪ'baʊtʃ, dɪ'buːʃ] *v.intr.* desembocar, desaguar
debouchment [dɪ'baʊtʃmənt, dɪ'buːʃmənt] *s.* desembocadura
debrief [dɪ'briːf] Ⓐ *v.tr.* 1 interrogar; 2 recolher o testemunho de Ⓑ *v.intr.* fazer o relatório
debriefing [dɪ'briːfɪŋ] *s.* 1 interrogatório; 2 testemunho, depoimento; 3 relatório (oral)
debris ['deɪbriː, 'debriː] *s.* 1 restos; 2 detritos; 3 destroços
debt [det] *s.* 1 dívida; 2 débito; 3 endividamento; 4 [arc.] pecado
❖ ~ *collector* cobrador; *floating* ~ dívida flutuante; *funded* ~ dívida consolidada; *to be in sb's* ~ estar em dívida para com alguém; *to be up to the eyes in* ~/*to be head over ears in* ~ estar crivado de dívidas; *to get/run into* ~ endividar-se; *to pay the* ~ *of nature* morrer
debtor ['detə] *s.* 1 devedor; 2 (livros comerciais) deve
debug [diː'bʌg] *v.tr.* (particípios: -**gg**-) 1 INFORMÁTICA localizar e eliminar os erros de, depurar; 2 remover escutas de
debugger [diː'bʌgə] *s.* 1 INFORMÁTICA detector de erros; 2 detector de escutas
debunk [diː'bʌŋk] *v.tr.* 1 desmistificar; desconstruir; 2 desacreditar, desprestigiar; 3 [coloq.] fazer (alguém) baixar do pedestal
deburr [dɪ'bɜː] *v.tr.* rebarbar
deburring [dɪ'bɜːrɪŋ] *s.* rebarbação
debus [diː'bʌs] *v.tr.,intr.* MILITAR descarregar (soldados ou material), de transportes motorizados
debut ['deɪbjuː] Ⓐ *s.* 1 estreia; 2 (sociedade) debute; *to make one's* ~ debutar Ⓑ *v.tr.,intr.* 1 estrear; aparecer pela primeira vez em público; 2 (sociedade) debutar
débutante ['debjutɑːnt] *s.* 1 (menina) debutante; 2 estreante
decade ['dekeɪd] *s.* década
decadence ['dekədns] *s.* decadência
decadent ['dekədənt] *adj.,s.* decadente
decaf ['diːkæf] *s.* descafeinado
decaffeinate [diː'kæfɪneɪt] *v.tr.* descafeinar
decaffeinated [diː'kæfɪneɪtɪd] Ⓐ *adj.* 1 descafeinado; 2 sem cafeína Ⓑ *s.* descafeinado
decagon ['dekəgən] *s.* decágono
decagonal [dɪ'kægənl] *adj.* decagonal
decagram ['dekəgræm] *s.* [EUA] decagrama
decagramme ['dekəgræm] *s.* [GB] decagrama
decahedron [dekə'hiːdrən] *s.* decaedro
decal ['diːkæl] *s.* decalcomania
decalcification [diːkælsɪfɪ'keɪʃən] *s.* descalcificação
decalcify [diː'kælsɪfaɪ] *v.tr.* descalcificar
decalcomania [dɪˌkælkə'meɪnɪə] *s.* decalcomania
decalitre ['dekəliːtə] *s.* decalitro
decalogue ['dekəlɒg] *s.* decálogo
Decameron [dɪ'kæmərən] *s.* LITERATURA Decâmeron
decametre ['dekəmiːtə] *s.* decâmetro
decamp [dɪ'kæmp] *v.intr.* 1 decampar; 2 levantar o acampamento; 3 [coloq.] fugir, pôr-se a andar, pôr-se a mexer
decampment [dɪ'kæmpmənt] *s.* decampamento, levantamento do campo
decanal [dɪ'keɪnəl] *adj.* relativo ao decano, ao deão ❖ *the* ~ *side of the choir* o lado sul do coro
decant [dɪ'kænt] *v.tr.* decantar (líquido)
decantation [dɪkæn'teɪʃən] *s.* decantação
decanter [dɪ'kæntə] *s.* licoreira, garrafa de cristal ou vidro lapidado
decanting [dɪ'kæntɪŋ] *s.* decantação
decapitate [dɪ'kæpɪteɪt] *v.tr.* decapitar
decapitation [dɪˌkæpɪ'teɪʃən] *s.* decapitação
decapod ['dekəpɒd] *s.* (sociedade) decápode
decarbonization [diːkɑːbənaɪ'zeɪʃən] *s.* descarbonização
decarbonize [diː'kɑːbənaɪz] *v.tr.* descarbonizar
decarbonizer [diː'kɑːbənaɪzə] *s.* descarbonizador
decarburization [diːˌkɑːbjʊraɪ'zeɪʃən] *s.* ⇒ **decarbonization**
decarburize [diː'kɑːbjʊraɪz] *v.tr.* ⇒ **decarbonize**
decarburizer [diː'kɑːbjʊraɪzə] *s.* ⇒ **decarbonizer**
decastere ['dekəstɪə] *s.* decastere

decasualization [diːˌkæʒjʊəlaɪ'zeɪʃən] *s.* solução do carácter casual do trabalho
decasualize [diː'kæʒjʊəlaɪz] *v.tr.* 1 pagar salário semanal fixo; 2 proteger contra as contingências do trabalho
decasyllabic [dekəsɪ'læbɪk] *adj.* decassilábico
decasyllable ['dekəsɪləbəl] *adj.,s.* decassílabo
decathlete [dɪ'kæθliːt] *s.* DESPORTO atleta do decatlo
decathlon [dɪ'kæθlɒn] *s.* DESPORTO decatlo
decatholicize [diːkə'θɒlɪsaɪz] *v.tr.* descatolicizar
decatize ['dekətaɪz] *v.tr.* tirar o preparo (dum tecido)
decay [dɪ'keɪ] Ⓐ *s.* 1 decomposição; apodrecimento; 2 deterioração; enfraquecimento; 3 (dentes) cárie; *tooth/dental* ~ cárie dentária; 4 decadência; declínio; *economical* ~ declínio económico Ⓑ *v.tr.,intr.* 1 apodrecer; 2 estar em declínio; estar em decadência; 3 deteriorar-se; ficar degradado; 4 estar em ruína
❖ ELECTRICIDADE ~ *of current* queda de corrente
decayed [dɪ'keɪd] *adj.* 1 (dente) cariado; 2 (madeira) podre; 3 (corpo) em decomposição; 4 (edifício) degradado, devoluto; 5 (civilização, nobreza) decadente; 6 (saúde) débil, frágil; 7 (beleza) murcho; 8 FÍSICA desintegrado
decaying [dɪ'keɪŋ] *adj.* 1 apodrecido; 2 cariado; 3 estragado; 4 decadente, em decadência
decease [dɪ'siːs] Ⓐ *s.* morte, falecimento Ⓑ *v.intr.* falecer, morrer
deceased [dɪ'siːst] *adj.,s.* falecido, defunto
deceit [dɪ'siːt] *s.* 1 engano; 2 fraude, dolo; 3 ludíbrio
deceitful [dɪ'siːtfʊl] *adj.* 1 enganador, traiçoeiro; 2 falso
deceitfulness [dɪ'siːtfəlnɪs] *s.* falsidade
deceivable [dɪ'siːvəbəl] *adj.* que pode enganar-se
deceivableness [dɪ'siːvəblnɪs] *s.* carácter enganador
deceive [dɪ'siːv] *v.tr.,intr.* 1 enganar; 2 iludir; 3 desiludir, desapontar
deceiver [dɪ'siːvə] *s.* 1 impostor, vigarista; 2 velhaco
deceiving [dɪ'siːvɪŋ] *adj.* enganador, ilusório
deceivingly [dɪ'siːvɪŋlɪ] *adv.* de modo enganador
decelerate [diː'seləreɪt] *v.tr.,intr.* abrandar (o ritmo, a velocidade, etc.)
deceleration [diːseləˈreɪʃən] *s.* (ritmo, velocidade, etc.) abrandamento; desaceleração ❖ ~ *curve* curva de abrandamento (de velocidade, ritmo, etc.)
December [dɪ'sembə] *s.* Dezembro
decemvir [dɪ'semvə] *s.* decênviro
decemvirate [dɪ'semvɪrɪt] *s.* decenvirato
decency ['diːsnsɪ] *s.* (pl. -**ies**) 1 decência, compostura, decoro; 2 respeitabilidade; 3 pudor
decennary [dɪ'senərɪ] *adj.,s.* 1 decenal; 2 decénio
decennial [dɪ'senɪəl] *adj.* decenal
decennially [dɪ'senjəlɪ] *adv.* de dez em dez anos
decennium [dɪ'senɪəm] *s.* decénio
decent ['diːsənt] *adj.* 1 decente; 2 honrado; respeitável; 3 correcto; 4 adequado; apropriado; 5 com decoro; 6 aceitável, menos mau; 7 (cortesia) amável; 8 bom, equilibrado ❖ *a* ~ *sort of fellow* pessoa correcta/direita; *to do the* ~ *thing* agir correctamente; fazer o que se deve
decently ['diːsəntlɪ] *adv.* 1 decentemente; 2 bem
decentralism [diː'sentrəlɪzm] *s.* descentralismo
decentralization [diːˌsentrəlaɪ'zeɪʃən] *s.* descentralização
decentralize [diː'sentrəlaɪz] *v.tr.* descentralizar
decentralizing [diː'sentrəlaɪzɪŋ] *adj.* descentralizador
decentre [diː'sentə] *v.tr.* descentrar
decentring [diː'sentrɪŋ] *s.* descentração
deception [dɪ'sepʃən] *s.* 1 decepção, desilusão; 2 engano; 3 fraude
deceptive [dɪ'septɪv] *adj.* enganador, ilusório ❖ *appearances are* ~ as aparências iludem
deceptively [dɪ'septɪvlɪ] *adv.* 1 ilusoriamente; 2 de um modo falaz
deceptiveness [dɪ'septɪvnɪs] *s.* carácter ilusório, enganador
decerebrate [diː'serɪbreɪt] *v.tr.* MEDICINA descerebrar
dechristianize [diː'krɪstjənaɪz] *v.tr.* descristianizar
Decian ['diːʃjən] *adj.* relativo a Décio
decibel ['desɪbel] *s.* FÍSICA (sistema internacional de unidades de medida) decibel

decidable [dɪˈsaɪdəbəl] *adj.* que pode resolver-se
decide [dɪˈsaɪd] *v.tr.,intr.* decidir; resolver ❖ *to ~ against doing sth* decidir não fazer alguma coisa; *to ~ for* decidir a favor de; optar por; escolher
◆**decide on/upon** *v.tr.* optar por; escolher
decided [dɪˈsaɪdɪd] *adj.* 1 decidido, resolvido; 2 nítido, evidente; 3 inegável
decidedly [dɪˈsaɪdɪdlɪ] *adv.* 1 decididamente; 2 resolutamente; 3 incontestavelmente
decider [dɪˈsaɪdə] *s.* 1 juiz; árbitro; 2 factor decisivo; 3 DESPORTO prova decisiva
deciding [dɪˈsaɪdɪŋ] *adj.* 1 decisivo; 2 de desempate
deciduous [dɪˈsɪdʒʊəs] *adj.* 1 BOTÂNICA, ZOOLOGIA decíduo, caduco; 2 (árvore) de folha caduca; 3 (dente) de leite; 4 efémero, transitório
deciduously [dɪˈsɪdʒʊəslɪ] *adv.* 1 efemeramente; 2 transitoriamente
deciduousness [dɪˈsɪdʒʊəsnɪs] *s.* caducidade
decigram [ˈdesɪgræm] *s.* [EUA] decigrama
decigramme [ˈdesɪgræm] *s.* [GB] decigrama
decile [ˈdesɪl] *s.* (estatística) decil
decilitre [ˈdesɪliːtə] *s.* decilitro
decillion [dɪˈsɪljən] *s.* decilião
decimal [ˈdesɪməl] *adj.,s.* 1 decimal; 2 *pl.* decimais, cálculo decimal ❖ *~ balance* balança decimal; *~ candle* vela decimal; *~ fraction* fracção decimal; *~ hour watch* relógio que marca décimos de hora; *~ number* número decimal; MATEMÁTICA *~ point* vírgula; *recurring ~* dízima periódica
decimalization [ˌdesɪməlaɪˈzeɪʃən] *s.* 1 decimalização, redução ao sistema decimal; 2 introdução do sistema decimal
decimalize [ˈdesɪməlaɪz] *v.tr.* decimalizar, reduzir ao sistema decimal
decimally [ˈdesɪməlɪ] *adv.* por décimas; por múltiplos de dez; por dezenas
decimate [ˈdesɪmeɪt] *v.tr.* dizimar
decimation [ˌdesɪˈmeɪʃən] *s.* dizimação
decimetre [ˈdesɪmiːtə] *s.* decímetro
decipher [dɪˈsaɪfə] *v.tr.* decifrar
decipherable [dɪˈsaɪfərəbəl] *adj.* decifrável
deciphering [dɪˈsaɪfərɪŋ] *s.* decifração
decipherment [dɪˈsaɪfəmənt] *s.* decifração
decision [dɪˈsɪʒən] *s.* 1 decisão; 2 resolução; determinação ❖ *a look of ~* um ar resoluto; *to arrive at a ~* chegar a uma resolução; *to come to a ~* chegar a uma resolução; *to make a ~* tomar uma decisão
decisive [dɪˈsaɪsɪv] *adj.* 1 decisivo; 2 decidido
decisively [dɪˈsaɪsɪvlɪ] *adv.* 1 decisivamente; 2 decididamente
decisiveness [dɪˈsaɪsɪvnɪs] *s.* poder de decisão
decistere [ˈdesɪstɪə] *s.* decistere
Decius [ˈdiːʃɪəs] *s.antr.* Décio
decivilize [diːˈsɪvɪlaɪz] *v.tr.* descivilizar
deck [dek] Ⓐ *s.* 1 NÁUTICA convés, coberta; *lower ~* primeiro convés; *upper ~* coberta superior; 2 (navio, autocarro) piso; 3 [EUA] (cartas) baralho; *to shuffle the ~* baralhar as cartas Ⓑ *v.tr.* enfeitar [**with**, com]; embelezar [**with**, com] ❖ *~ boy* grumete; *~ chair* espreguiçadeira; NÁUTICA *~ fittings* superstrutura; NÁUTICA *~ hand* marinheiro que trabalha no convés; *~ light* vigia do convés; *~ load* carga do convés; *~ passenger* passageiro que só pagou para viajar na coberta; *to clear the ~* (navio de guerra) preparar-se para o combate; arrumar a casa; desbravar caminho; *to hit the ~* dar um trambolhão
deckhouse [ˈdekˌhaʊs] *s.* NÁUTICA cabine de convés; camarote de convés
decking [ˈdekɪŋ] *s.* 1 NÁUTICA os convés; 2 decoração
deckle [ˈdekl] *s.* molde empregado no fabrico de papel ❖ *~ edge* papel com as bordas cortadas de modo irregular
declaim [dɪˈkleɪm] *v.tr.,intr.* 1 declamar; 2 falar com ênfase; 3 falar com paixão; 4 recitar
declaimer [dɪˈkleɪmə] *s.* declamador
declamation [ˌdeklə'meɪʃən] *s.* declamação
declamatory [dɪˈklæmətərɪ] *adj.* declamatório
declarant [dɪˈkleərənt] *s.* DIREITO declarante
declaration [ˌdeklə'reɪʃən] *s.* 1 declaração; 2 proclamação
declarative [dɪˈklærətɪv] *adj.* declarativo
declaratively [dɪˈklærətɪvlɪ] *adv.* declarativamente
declaratory [dɪˈklærətərɪ] *adj.* declaratório
declare [dɪˈkleə] *v.tr.,intr.* 1 declarar; 2 anunciar; 3 proclamar; 4 afirmar; 5 pronunciar-se (a favor ou contra); *to ~ against* opor-se a; *to ~ for* declarar-se a favor de ❖ *to ~ bankruptcy* abrir falência; *to ~ off* interromper; não dar seguimento; rescindir; *to ~ war on* declarar guerra a; *well, I declare!* essa agora!
declared [dɪˈkleəd] *adj.* declarado, confessado
declaredly [dɪˈkleərɪdlɪ] *adv.* declaradamente, abertamente
declarer [dɪˈkleərə] *s.* declarante
déclassé [dɪˈklæseɪ] *adj.* caído socialmente
declassify [dɪˈklæsɪfaɪ] *v.tr.* levantar o segredo oficial de; levantar a confidencialidade de
declension [dɪˈklenʃən] *s.* 1 decadência, deterioração, declínio; 2 LINGUÍSTICA declinação
declinable [dɪˈklaɪnəbəl] *adj.* declinável
declination [ˌdeklɪˈneɪʃən] *s.* 1 declive, inclinação; 2 ASTRONOMIA declinação magnética ❖ ASTRONOMIA *~ compass* declinómetro; bússola de declinação
declinatory [dɪˈklaɪnətərɪ] *adj.* DIREITO declinatório
decline [dɪˈklaɪn] Ⓐ *v.tr.,intr.* 1 estar em declínio, estar em decadência, decair; 2 diminuir; decrescer; *the number of students is declining* o número de estudantes está a diminuir; 3 piorar; deteriorar-se; 4 (convite, oferta) recusar, declinar; 5 LINGUÍSTICA declinar; 6 inclinar(-se), baixar(-se) Ⓑ *s.* 1 declínio; 2 enfraquecimento; 3 decréscimo; diminuição; *a ~ in production* um decréscimo de produção; 4 tuberculose pulmonar ❖ *the ~ of the moon* o quarto minguante da lua; *to be on the ~* estar a diminuir; *to fall into ~* entrar em declínio
declining [dɪˈklaɪnɪŋ] Ⓐ *adj.* 1 em declínio, declinante; 2 em decadência; 3 decrescente; 4 em baixa Ⓑ *s.* 1 recusa; 2 decadência; 3 LINGUÍSTICA declinação ❖ *in one's ~ years* no fim da vida
declinometer [ˌdeklɪˈnɒmɪtə] *s.* declinómetro
declivitous [dɪˈklɪvɪtəs] *adj.* escarpado
declivitously [dɪˈklɪvɪtəslɪ] *adv.* de uma maneira escarpada
declivitousness [dɪˈklɪvɪtəsnɪs] *s.* declividade; aspecto escarpado
declivity [dɪˈklɪvɪtɪ] *s.* ⟨*pl.* -ies⟩ declive, inclinação
declivous [dɪˈklaɪvəs] *adj.* [rar.] em declive, inclinado
declutch [diːˈklʌtʃ] *v.intr.* desengatar, desembraiar (o automóvel)
decoct [dɪˈkɒkt] *v.tr.* 1 ferver; 2 diminuir fervendo; 3 cozer; 4 aquecer; 5 preparar por meio do calor; 6 extrair por decocção
decoction [dɪˈkɒkʃən] *s.* 1 decocção; 2 decocto, cozimento
decode [diːˈkəʊd] *v.tr.* 1 descodificar; 2 decifrar
decoder [diːˈkəʊdə] *s.* 1 descodificador; 2 decifrador
decoding [diːˈkəʊdɪŋ] *s.* 1 descodificação; 2 decifração
decoke [diːˈkəʊk] *v.tr.* [coloq.] descarbonizar
decollate [dɪˈkɒleɪt] *v.tr.* decapitar, degolar
decollation [ˌdɪkəˈleɪʃən] *s.* decapitação, degolação
décolletage [ˌdeɪkɒlˈtɑːʒ] *s.* decote
décolleté [deɪˈkɒlteɪ] Ⓐ *adj.* decotado Ⓑ *s.* decote
decolonization [diːˌkɒlənaɪˈzeɪʃən] *s.* descolonização
decolonize [diːˈkɒlənaɪz] *v.tr.* descolonizar
decolorization [diːˌkʌləraɪˈzeɪʃən] *s.* descoloração
decolorize [diːˈkʌləraɪz] *v.tr.* descolorar
decolourization [diːˌkʌləraɪˈzeɪʃən] *s.* descoloração
decolourize [diːˈkʌləraɪz] *v.tr.* descolorar
decommission [ˌdiːkəˈmɪʃən] *v.tr.* 1 (arma nuclear, central nuclear) desmantelar; 2 retirar da circulação
decompensation [diːˌkɒmpənˈseɪʃən] *s.* MEDICINA descompensação
decomplex [ˈdiːkɒmˌpleks] *adj.* formado de partes complexas
decomposable [ˌdiːkəmˈpəʊzəbəl] *adj.* decomponível
decompose [ˌdiːkəmˈpəʊz] Ⓐ *v.tr.* decompor Ⓑ *v.intr.* decompor-se
decomposer [ˌdiːkəmˈpəʊzə] *s.* o que provoca a decomposição
decomposing [ˌdiːkəmˈpəʊzɪŋ] *adj.* 1 que decompõe; 2 em decomposição
decomposite [ˌdiːˈkɒmpəzɪt] *adj.,s.* 1 sobrecomposta; 2 palavra sobrecomposta
decomposition [ˌdiːkɒmpəˈzɪʃən] *s.* 1 decomposição, análise; 2 putrefacção, desintegração
decompound [ˌdiːkɒmˈpaʊnd] *adj.,s.* ⇒ **decomposite**

decompress [diːkəmˈpres] *v.tr.* descomprimir
decompression [diːkəmˈpreʃən] *s.* descompressão ❖ *~ action* descompressão; *~ chamber* câmara de descompressão; *~ stroke* curso de descompressão
decompressor [diːkəmˈpresə] *s.* descompressor
decondition [diːkənˈdɪʃən] *v.tr.* descondicionar, anular o condicionamento de
deconditioning [diːkənˈdɪʃənɪŋ] *s.* descondicionamento
decongest [diːkənˈdʒest] *v.tr.* descongestionar (vias respiratórias)
decongestant [diːkənˈdʒestənt] *adj.,s.* FARMÁCIA (vias respiratórias) descongestionante
deconsecrate [diːˈkɒnsɪkreɪt] *v.tr.* secularizar
deconsecration [diːkɒnsɪˈkreɪʃən] *s.* secularização
deconstruct [diːkənsˈtrʌkt] *v.tr.* (análise de texto) desconstruir
deconstruction [diːkənsˈtrʌkʃən] *s.* (análise de texto) desconstrução
deconstructionism [diːkənsˈtrʌkʃənɪzəm] *s.* desconstrucionismo
deconstructionist [diːkənsˈtrʌkʃənɪst] *s.* desconstrucionista
decontaminate [diːkənˈtæmɪneɪt] *v.tr.* descontaminar
decontamination [diːkənˌtæmɪˈneɪʃən] *s.* descontaminação
decontrol [diːkənˈtrəʊl] Ⓐ *v.tr.* libertar de fiscalização (comércio, indústria, etc.) Ⓑ *s.* libertação, liberdade comercial ou industrial
décor [ˈdeɪkɔː] *s.* 1 *décor*, decoração (de palco, aposento); 2 cenário
decorate [ˈdekəreɪt] *v.tr.* ornamentar, decorar
decorated [ˈdekəreɪtɪd] *adj.* 1 decorado; 2 ARQUITECTURA (Gótico) flamejante
decoration [ˌdekəˈreɪʃən] *s.* 1 decoração; 2 ornamentação, embelezamento; 3 condecoração; 4 *pl.* condecorações
decorative [ˈdekərətɪv] *adj.* 1 decorativo; 2 ornamental ❖ *~ arts* artes decorativas; *~ drawing* desenho decorativo
decorator [ˈdekəreɪtə] *s.* decorador
decorous [ˈdekərəs] *adj.* decoroso
decorously [ˈdekərəslɪ] *adv.* com decoro
decorticate [dɪˈkɔːtɪkeɪt] *v.tr.* 1 descorticar; 2 descascar
decortication [dɪˌkɔːtɪˈkeɪʃən] *s.* descorticação
decorticator [dɪˈkɔːtɪkeɪtə] *s.* descorticador
decorum [dɪˈkɔːrəm] *s.* 1 decoro, compostura; 2 conveniência (acordo da expressão com as pessoas, ideias e circunstâncias)
decouple [diːˈkʌpəl] *v.tr.* 1 ELECTRICIDADE (corrente) cortar; 2 desemparelhar; 3 (cão de caça) desatrelar
decoy[1] [dɪˈkɔɪ] *v.tr.* 1 atrair para armadilha; 2 fazer cair em armadilha; 3 colocar em perigo
decoy[2] [ˈdɪkɔɪ] *s.* 1 engodo, chamariz; 2 isca; 3 armadilha, laço; 4 cúmplice de vigarista
decrease[1] [diːˈkriːs] *s.* 1 decréscimo [*in*, em; *of*, de]; diminuição [*in*, em; *of*, de]; *a ~ of 10%* uma diminuição de 10%; 2 descida ❖ *~ in output* diminuição de rendimento; *~ in production* decréscimo na produção; *~ of pressure* diminuição de pressão; *~ of speed/of velocity* diminuição/redução de velocidade; ELECTRICIDADE *~ of voltage* queda na voltagem
decrease[2] [dɪˈkriːs] *v.tr.,intr.* diminuir, tornar menor, reduzir
decreasing [dɪˈkriːsɪŋ] *adj.* decrescente; em baixa; a diminuir ❖ *~ motion* movimento retardado; *~ speed* velocidade decrescente
decreasingly [dɪˈkriːsɪŋlɪ] *adv.* a diminuir, decrescentemente
decree [dɪˈkriː] Ⓐ *s.* decreto, lei, decisão judicial; *to issue a ~* emitir um decreto Ⓑ *v.tr.* 1 decretar; 2 ordenar ❖ *~ nisi* divórcio provisório (só definitivo no prazo de 6 meses, se não houver razão contrária); [*form.*] *to ~ an end to* decretar o fim de
decrement [ˈdekrɪmənt] *s.* 1 diminuição, decréscimo; 2 decrescimento
decrepit [dɪˈkrepɪt] *adj.* decrépito
decrepitate [dɪˈkrepɪteɪt] *v.tr.,intr.* 1 calcinar (sal ou mineral); 2 crepitar, decrepitar
decrepitation [dɪˌkrepɪˈteɪʃən] *s.* decrepitação
decrepitude [dɪˈkrepɪtjuːd] *s.* decrepitude, caducidade
decrescendo [diːkrɪˈʃendəʊ] *adv.,s.* MÚSICA diminuindo
decrescent [dɪˈkresənt] *adj.* decrescente
decretal [dɪˈkriːtəl] *adj.,s.* decretal
decriminalization [diːˌkrɪmɪnəlaɪˈzeɪʃən] *s.* despenalização

decriminalize [diːˈkrɪmɪnəlaɪz] *v.tr.* despenalizar
decry [dɪˈkraɪ] *v.tr.* caluniar, rebaixar, desacreditar
decrying [dɪˈkraɪɪŋ] *s.* calúnia, rebaixamento, depreciação
decrypt [diːˈkrɪpt] *v.tr.* INFORMÁTICA descriptar, descodificar
decubitus [dɪˈkjuːbɪtəs] *s.* decúbito
decuman [ˈdekjumən] *adj.* grande, forte
decumbence [dɪˈkʌmbəns] *s.* decúbito, posição de deitado
decumbency [dɪˈkʌmbənsɪ] *s.* decúbito, posição de deitado
decumbent [dɪˈkʌmbənt] *adj.* decumbente
decuple [ˈdekjupl] Ⓐ *adj.,s.* décuplo Ⓑ *v.tr.,intr.* decuplicar
decurion [deˈkjʊərɪən] *s.* decurião
decury [ˈdekjurɪ] *s.* decúria
decussate[1] [dɪˈkʌseɪt] *v.tr.,intr.* 1 entrecruzar em X; 2 cortar em ângulo agudo
decussate[2] [dɪˈkʌsɪt] *adj.* 1 cruzado em X; 2 entrecruzado
decussation [diːkʌˈseɪʃən] *s.* entrecruzamento, decussação
dedicate [ˈdedɪkeɪt] *v.tr.* 1 dedicar; 2 consagrar
dedicated [ˈdedɪkeɪtɪd] *adj.* 1 dedicado [*to*, a]; 2 extremoso; *a ~ father* um pai extremoso; 3 empenhado [*to*, em]; 4 INFORMÁTICA (especializado) específico; 5 (livro, etc.) com dedicatória
dedicatee [ˌdedɪkəˈtiː] *s.* pessoa a quem se dedica
dedication [ˌdedɪˈkeɪʃən] *s.* 1 consagração; 2 dedicatória
dedicator [ˈdedɪkeɪtə] *s.* aquele que dedica
dedicatory [ˈdedɪkətərɪ] *adj.* dedicatório
deduce [dɪˈdjuːs] *v.tr.* 1 deduzir, concluir, inferir; 2 seguir, fazer provir, descender
deducible [dɪˈdjuːsɪbəl] *adj.* deduzível
deduct [dɪˈdʌkt] *v.tr.* 1 subtrair, tirar, abater; 2 deduzir
deductible [dɪˈdʌktɪbəl] *adj.* dedutível
deduction [dɪˈdʌkʃən] *s.* 1 abatimento; 2 desconto; 3 dedução; 4 conclusão
deductive [dɪˈdʌktɪv] *adj.* dedutivo
deductively [dɪˈdʌktɪvlɪ] *adv.* dedutivamente
deed [diːd] Ⓐ *s.* 1 acção; acto; feito; *good ~* boa acção; *heroic deeds* feitos heróicos; 2 DIREITO documento judicial, documento notarial; 3 DIREITO escritura Ⓑ *v.tr.* [EUA] transferir por escritura ❖ *foul ~* crime; *~ of daring* heroicidade; *~ of gift* doação entre vivos; *man of deeds* homem de acção; *to do one's good ~ for the day* fazer a boa acção do dia
deem [diːm] *v.tr.,intr.* 1 acreditar, julgar, supor, imaginar; *I never deemed that possible* nunca imaginei que tal fosse possível; 2 considerar; *to ~ necessary* considerar necessário ❖ *to ~ highly of* ter em grande consideração
de-emphasize [diːˈemfəsaɪz] *v.tr.* 1 reduzir a importância de; 2 retirar relevo a; 3 pôr de parte
deemster [ˈdiːmstə] *s.* um dos dois juízes da ilha de Man
deep [diːp] Ⓐ *adj.* 1 fundo; profundo; 2 vasto; 3 difícil; 4 forte; intenso; 5 (cor) escuro; carregado; *~ blue* azul-escuro; 6 de profundidade; *the well is ten metres ~* o poço tem dez metros de profundidade Ⓑ *adv.* profundamente; *he was ~ in sleep* ele estava a dormir profundamente Ⓒ *s.* 1 pélago, mar; 2 abismo, cavidade; 3 região misteriosa e insondável ❖ *~ fryer* fritadeira eléctrica; (minas) *~ level* galeria de fundo; *~ space* espaço intersideral; LINGUÍSTICA *~ structure* estrutura profunda; *~ down* no fundo; no íntimo; *~ drawn* do fundo do peito; *~ in debt* crivado de dívidas; *~ in thought* absorto em pensamentos; *~ into the night* pela noite dentro; *~ mourning* luto pesado; [*coloq.*] *in ~ water* em dificuldades; *to go off the ~ end* irritar-se, encolerizar-se
deep-dyed [diːpˈdaɪd] *adj.* 1 (tecido) que não desbota; 2 (crenças, opiniões, etc.) fanático
deepen [ˈdiːpən] Ⓐ *v.tr.* 1 aprofundar; 2 intensificar; 3 tornar (som, voz) mais grave Ⓑ *v.intr.* 1 tornar-se mais profundo; 2 acentuar-se, intensificar-se; 3 ficar com um tom mais carregado; 4 (voz) tornar-se mais grave
deepening [ˈdiːpnɪŋ] Ⓐ *adj.* 1 que se aprofunda; 2 que se intensifica; 3 que escurece Ⓑ *s.* 1 aprofundamento; 2 intensificação
deepfreeze [diːpˈfriːz] Ⓐ *s.* 1 arca congeladora; 2 congelamento; 3 [*coloq.*] (actividade) suspensão Ⓑ *v.tr.* (*prt.* **-froze**, *part. pass.* **-frozen**) 1 congelar; 2 armazenar a baixas temperaturas; 3 [*coloq.*] (actividade) suspender
deep-fry [diːpˈfraɪ] *v.tr.* CULINÁRIA fritar em óleo/azeite abundante

deepish [di:pɪʃ] *adj.* bastante fundo
deep-laid ['di:pleɪd] *adj.* **1** bem organizado; bem estruturado; **2** secreto; confidencial
deeply [di:plɪ] *adv.* profundamente
deepness ['di:pnɪs] *s.* **1** profundeza; profundidade; **2** (SOM) gravidade
deep-pan [di:p'pæn] *adj.* CULINÁRIA (pizza) de massa alta
deep-rooted [,di:p'ru:tɪd] *adj.* **1** (afeição, crença) profundo; firme; **2** arraigado; profundamente enraizado; inveterado; *a ~ habit* um hábito arraigado; **3** (planta) com raízes profundas
deep-sea [di:p'si:] *adj.* **1** (organismo, corrente) pelágico; **2** do fundo do mar; de águas profundas; **3** (mergulho, etc.) em águas profundas; *~ diving* mergulho em águas profundas; **4** (pesca) em mar alto; *~ fishing* pesca em mar alto ❖ NÁUTICA *~ line* corda de prumo
deep-seated [,di:p'si:tɪd] *adj.* **1** profundo, enraizado, firme, arraigado; **2** inveterado, ancestral ❖ *~ cough* tosse cavernosa; *~ problem* problema de base
deep-set ['di:pset] *adj.* **1** (olhos) encovado; **2** (janela) embutido
deep-six [di:p'sɪks] *v.tr.* **1** [EUA] [cal.] destruir; **2** [EUA] [cal.] livrar-se de
deer [dɪə] *s. (pl.* deer) ZOOLOGIA veado, gamo ❖ *~ forest* terrenos reservados para a caça ao veado; *~ lick* lugares impregnados de sal que os veados vêm lamber; (cavalo) *~ neck* pescoço de veado
deerhound ['dɪəhaʊnd] *s.* ZOOLOGIA galgo escocês
deerskin ['dɪəskɪn] *s.* camurça
deerstalker ['dɪəstɔ:kə] *s.* **1** caçador de veados; **2** chapéu à Sherlock Holmes
de-escalate [di:'eskəleɪt] *v.tr.* diminuir, atenuar os perigos (de guerra, etc.)
de-escalation [di:eskə'leɪʃən] *s.* **1** desescalada; **2** movimento contrário ao de escalada; **3** atenuação dos perigos (de guerra, etc.)
def. [*abrev. de* defendant]
deface [dɪ'feɪs] *v.tr.* **1** desfigurar, desfear; **2** estragar
defacement [dɪ'feɪsmənt] *s.* **1** desfiguramento, destruição, mutilação; **2** apagamento
defacer [dɪ'feɪsə] *s.* aquele que estraga ou desfigura; mutilador
defacing [dɪ'feɪsɪŋ] *s.* **1** destruição, desfiguramento; **2** mutilação
defalcate ['di:fælkeɪt] *v.intr.* desfalcar, cometer desfalque
defalcation [,di:fæl'keɪʃən] *s.* desfalque, desvio de fundos
defalcator [di:fæl'keɪtə] *s.* **1** concussor, concussionário; **2** autor de desfalque
defamation [,defə'meɪʃən] *s.* difamação
defamatory [dɪ'fæmətərɪ] *adj.* difamatório
defame [dɪ'feɪm] *v.tr.* difamar, caluniar
defamer [dɪ'feɪmə] *s.* difamador, caluniador
defat [di:'fæt] *v.tr.* **1** desengordurar; **2** remover a gordura de
defatted [di:'fætɪd] *adj.* desengordurado
default [dɪ'fɔ:lt] Ⓐ *s.* **1** falta; não comparência; **2** ausência; **3** não cumprimento; **4** incumprimento de pagamento; *you are in ~ on this month's instalment* estás em falta em relação à prestação deste mês Ⓑ *v.tr.,intr.* **1** faltar; não comparecer; **2** faltar aos compromissos; não cumprir as obrigações legais; **3** (não pagar) faltar [on, com]; *he defaulted on this month's instalment* ele não pagou a prestação deste mês; **4** condenar à revelia ❖ *in ~ of* na ausência de; à falta de; *judgement by ~* julgamento à revelia; DESPORTO *match won by ~* jogo ganho por falta de comparência do adversário; *we must not let it go by ~* não devemos deixar escapar esta oportunidade
defaulter [dɪ'fɔ:ltə] *s.* **1** delinquente; **2** refractário; **3** concussor
defaulting [dɪ'fɔ:ltɪŋ] *adj.* faltoso
defeasance [dɪ'fi:zəns] *s.* DIREITO anulação
defeasibility [dɪ,fi:zɪ'bɪlɪtɪ] *s.* anulabilidade
defeasible [dɪ'fi:zɪbəl] *adj.* anulável
defeasibleness [dɪ'fi:zɪblnɪs] *s.* carácter anulável
defeasibly [dɪ'fi:zɪblɪ] *adv.* de maneira anulável
defeat [dɪ'fi:t] Ⓐ *v.tr.* **1** derrotar, vencer; **2** destruir; **3** fazer malograr; **4** DIREITO anular Ⓑ *s.* **1** derrota; **2** DIREITO anulação
defeatism [dɪ'fi:tɪzəm] *s.* derrotismo
defeatist [dɪ'fi:tɪst] *adj.,s.* derrotista

defeature [dɪ'fi:tʃə] *v.tr.* desfigurar
defecate ['defəkeɪt] *v.tr.* **1** defecar; **2** purificar; **3** refinar; **4** clarificar
defecation [,defə'keɪʃən] *s.* **1** defecação; **2** purificação; **3** refinação
defecator [,defə'keɪtə] *s.* purificador, aparelho de refinação
defect[1] ['di:fekt] *s.* **1** defeito, falta, insuficiência; **2** imperfeição
defect[2] [dɪ'fekt] *v.intr.* **1** exilar-se; **2** desertar; **3** passar-se para o inimigo; **4** passar a defender a opinião contrária
defection [dɪ'fekʃən] *s.* defecção, apostasia
defective [dɪ'fektɪv] Ⓐ *adj.* **1** com defeito(s); defeituoso; **2** com falhas; com insuficiências; **3** anómalo; anormal; **4** LINGUÍSTICA (verbo) defectivo Ⓑ *s.* **1** (ofensivo) deficiente (mental); **2** LINGUÍSTICA verbo defectivo ❖ *~ heart* malformação cardíaca; *~ work* refugo
defectively [dɪ'fektɪvlɪ] *adv.* defeituosamente, deficientemente
defectiveness [dɪ'fektɪvnɪs] *s.* deficiência, defeituosidade
defector [dɪ'fektə] *s.* **1** MILITAR desertor; **2** POLÍTICA trânsfuga; **3** apóstata; **4** exilado
defeminize [di:'femənaɪz] *v.tr.* tornar menos feminino
defence [dɪ'fens] *s.* **1** defesa; **2** protecção **3** [**against**, contra]; **3** auxílio; *he came to my ~* ele veio em meu auxílio; **4** DIREITO defesa; *counsel for the ~* advogado de defesa; *witness for the ~* testemunha de defesa; **5** DESPORTO defesa; *to play in ~* jogar à defesa ❖ *~ mechanism* defesa; mecanismo de defesa; POLÍTICA *Ministry of ~* Ministério da Defesa; *the body's defences* as defesas do organismo; *to come to sb's ~* sair em defesa de alguém
defenceless [dɪ'fensləs] *adj.* **1** sem defesa, desprotegido, indefeso, desarmado; **2** indefensável
defencelessly [dɪ'fenslɪslɪ] *adv.* desprotegidamente, sem defesa
defencelessness [dɪ'fenslɪsnɪs] *s.* **1** indefensibilidade; **2** impossibilidade de defesa
defend [dɪ'fend] Ⓐ *v.tr.* **1** defender [**from/against**, de]; **2** proteger, guardar; **3** pôr a salvo Ⓑ *v.intr.* DESPORTO defender, jogar à defesa
defendant [dɪ'fendənt] *s.* DIREITO réu, arguido, acusado
defender [dɪ'fendə] *s.* **1** defensor; **2** DESPORTO defesa; **3** DESPORTO defensor do título, campeão que defende o título; **4** [Esc.] DIREITO arguido
defending [dɪ'fendɪŋ] *adj.* que defende, defensor, de defesa ❖ *~ champion* detentor do título; actual campeão
defenestrate [di:'fenɪstreɪt] *v.tr.* [joc.] defenestrar
defenestration [di:fenɪ'streɪʃən] *s.* [joc.] defenestração
defense [dɪ'fens] *s.* [EUA] ⇒ **defence**
defenseless [dɪ'fensləs] *adj.* [EUA] ⇒ **defenceless**
defensibility [dɪ,fensɪ'bɪlɪtɪ] *s.* defensibilidade
defensible [dɪ'fensɪbəl] *adj.* defensável
defensibly [dɪ'fensɪblɪ] *adv.* defensavelmente
defensive [dɪ'fensɪv] Ⓐ *adj.* **1** defensivo; de defesa; **2** que está à defesa Ⓑ *s.* defensiva; *to be on the ~* estar na defensiva ❖ DESPORTO *to play a ~ game* jogar à defesa
defensiveness [dɪ'fensɪvnɪs] *s.* defensiva
defer [dɪ'fɜ:] Ⓐ *v.tr.,intr. (particípios:* **-rr-**) **1** diferir, adiar; *to ~ a meeting* adiar uma reunião; **2** demorar; atrasar Ⓑ *v.intr.* (aceitar) curvar-se [**to**, a]; submeter-se [**to**, a]
deference ['defərəns] *s.* **1** deferência; respeito; consideração; **2** (atitude) cerimónia ❖ *out of ~ for/in ~ to* por uma questão de deferência para com; *with all due ~ to you* com o devido respeito
deferent ['defərənt] *adj.* **1** ANATOMIA, ASTRONOMIA deferente; **2** [rar.] deferente, atencioso
deferential [,defə'renʃəl] *adj.* deferente, atencioso
deferentially [,defə'renʃəlɪ] *adv.* com deferência, atenciosamente
deferment [dɪ'fɜ:mənt] *s.* adiamento
deferral [dɪ'fɜ:rəl] *s.* ⇒ **deferment**
deferred [dɪ'fɜ:d] Ⓐ *prt. e part. pass. de* **to defer** Ⓑ *adj.* diferido; *~ annuity* renda diferida ❖ *~ payment* pagamento a prestações

defiance [dɪˈfaɪəns] s. 1 desafio; provocação; 2 desobediência ❖ *in ~ of* a despeito de; em oposição a; desrespeitando (normas); *to set at ~/to bid ~ to* desafiar; provocar; desobedecer
defiant [dɪˈfaɪənt] adj. desafiador, provocador
defiantly [dɪˈfaɪəntlɪ] adv. 1 provocadoramente; 2 em ar de desafio
defibrillate [diːˈfɪbrɪleɪt] v.tr. MEDICINA desfibrilar
defibrillation [diːˈfɪbrɪleɪʃən] s. MEDICINA desfibrilação
defibrillator [diːˈfɪbrɪleɪtə] s. MEDICINA desfibrilador
deficiency [dɪˈfɪʃənsɪ] s. (pl. -ies) 1 deficiência; 2 insuficiência; 3 falha; imperfeição; 4 falta; carência ❖ MEDICINA *~ disease* avitaminose
deficient [dɪˈfɪʃənt] adj. 1 deficiente; 2 incompleto, defeituoso; 3 deficiente (mental)
deficiently [dɪˈfɪʃəntlɪ] adv. deficientemente
deficit [ˈdefɪsɪt] s. 1 défice, *deficit* [of, de]; *a ~ of 10%* um défice de 10%; *in ~* em défice; 2 falta [in, de]; *a ~ in calcium* falta de cálcio ❖ *to make good the ~* equilibrar as contas
defier [dɪˈfaɪə] s. provocador, desafiador
defilade [defɪˈleɪd] Ⓐ v.tr. proteger contra o fogo de enfiada do inimigo Ⓑ s. desenfiamento, protecção contra o fogo de enfiada
defile¹ [dɪˈfaɪl] v.tr.,intr. 1 desfilar; 2 sujar, conspurcar; 3 profanar; 4 desonrar
defile² [diːˈfaɪl] s. 1 desfiladeiro; 2 desfile
defilement [dɪˈfaɪlmənt] s. 1 conspurcação; 2 profanação, mancha, mácula; 3 poluição
defiler [dɪˈfaɪlə] s. conspurcador, profanador
definable [dɪˈfaɪnəbəl] adj. definível, que pode determinar-se
define [dɪˈfaɪn] v.tr. 1 definir, explicar; 2 determinar, precisar
definite [ˈdefɪnɪt] adj. 1 definido; claro; preciso; 2 definitivo; *a ~ date* uma data definitiva; 3 certo, seguro; 4 evidente, inegável; 5 LINGUÍSTICA definido; *~ article* artigo definido ❖ *to be ~ about* ter a certeza (acerca) de
definitely [ˈdefɪnɪtlɪ] adv. 1 de certeza; sem dúvida; seguramente; 2 definitivamente; 3 nitidamente; claramente ❖ *~ not!* claro que não!
definiteness [ˈdefɪnɪtnɪs] s. exactidão, precisão, nitidez
definition [defɪˈnɪʃən] s. 1 definição; 2 (imagem) nitidez; 3 decisão; 4 delimitação
definitive [dɪˈfɪnɪtɪv] adj. 1 definitivo; 2 conclusivo; 3 decisivo; 4 fundamental; 5 mais importante; 6 insuperável
definitively [dɪˈfɪnɪtɪvlɪ] adv. definitivamente
deflagrate [ˈdiːfləgreɪt, ˈdefləgreɪt] v.tr.,intr. deflagrar, arder, queimar em combustão rápida
deflagration [diːfləˈgreɪʃən, defləˈgreɪʃən] s. deflagração, combustão rápida
deflate [diːˈfleɪt] Ⓐ v.tr. 1 (bola, câmara-de-ar) esvaziar; 2 rebaixar, humilhar, ridicularizar; 3 desanimar; 4 desconstruir, desmontar, destruir; 5 FINANÇAS praticar a deflação em Ⓑ v.intr. esvaziar-se
deflated [diːˈfleɪtɪd] adj. 1 desanimado; em baixo; desalentado; 2 (sem ar) vazio; 3 ECONOMIA que sofreu deflação
deflation [diːˈfleɪʃən] s. 1 ECONOMIA, GEOLOGIA deflação; 2 esvaziamento (de bola, câmara-de-ar)
deflationary [diːˈfleɪʃənrɪ] adj. deflacionário
deflationism [diːˈfleɪʃənɪzəm] s. deflacionismo
deflationist [diːˈfleɪʃənɪst] adj.,s. deflacionista
deflator [diːˈfleɪtə] s. ECONOMIA deflator
deflect [dɪˈflekt] v.tr.,intr. 1 desviar, desviar-se; 2 deflectir
deflecting [dɪˈflektɪŋ] adj. 1 que desvia; 2 deflectido
deflection [dɪˈflekʃən] s. 1 deflexão, desvio; 2 declinação magnética; 3 deformação; 4 DESPORTO (bola) desvio; 5 (automóvel) ângulo de viragem ❖ *~ amplifier* amplificador de oscilação; *~ plate current* corrente da placa de desvio
deflective [dɪˈflektɪv] adj. que desvia, deflector
deflector [dɪˈflektə] s. deflector
deflexion [dɪˈflekʃən] s. ⇒ **deflection**
defloration [diːflɔːˈreɪʃən] s. defloração
deflower [diːˈflaʊə] v.tr. 1 desflorar; 2 poluir
defluent [ˈdefluənt] Ⓐ adj. defluente Ⓑ s. 1 deflúvio; 2 parte que se desloca de glaciar
defocus [diːˈfəʊkəs] Ⓐ v.tr.,intr. 1 desfocar; 2 parar de focar Ⓑ s. desfocagem

defog [diːˈfɒg] v.tr.,intr. (part. **-gg-**) [EUA] (vidros, lentes) desembaciar
defogger [diːˈfɒgə] s. desembaciador
defoliant [diːˈfəʊlɪənt] s. (produto químico) desfolhante
defoliate [diːˈfəʊlɪeɪt] v.tr. desfolhar
defoliation [diːfəʊlɪˈeɪʃən] s. desfoliação, desfolhação
deforest [diːˈfɒrɪst] v.tr. ⇒ **disforest**
deforestation [diːˌfɒrɪsˈteɪʃən] s. desflorestação, desflorestamento
deform [dɪˈfɔːm] v.tr. deformar, desfigurar
deformation [diːfɔːˈmeɪʃən] s. deformação ❖ *~ limit* limite de deformação; *lateral ~* deformação transversal; dilatação lateral
deformed [dɪˈfɔːmd] adj. deformado, desfigurado
deforming [dɪˈfɔːmɪŋ] s. deformação
deformity [dɪˈfɔːmɪtɪ] s. (pl. -ies) deformidade
defrag [dɪˈfræg] v.tr. INFORMÁTICA [coloq.] ⇒ **defragment**
defragment [dɪˈfrægmənt] v.tr. INFORMÁTICA desfragmentar
defragmentation [dɪˌfrægmənˈteɪʃn] s. INFORMÁTICA desfragmentação
defraud [dɪˈfrɔːd] v.tr. defraudar
defrauder [dɪˈfrɔːdə] s. defraudador
defrauding [dɪˈfrɔːdɪŋ] s. defraudamento
defray [dɪˈfreɪ] v.tr. liquidar, pagar, satisfazer despesa
defrayable [dɪˈfreɪəbəl] adj. 1 a cargo de; 2 pago por
defrayal [dɪˈfreɪəl] s. pagamento
defrayment [dɪˈfreɪmənt] s. pagamento
defreeze [diːˈfriːz] v.tr. descongelar
defrock [diːˈfrɒk] v.tr. despadrar
defrost [diːˈfrɒst] v.tr. descongelar
defroster [diːˈfrɒstə] s. descongelador
deft [deft] adj. (comp. **-er**, superl. **-est**) hábil, destro
deftly [ˈdeftlɪ] adv. com destreza, com habilidade
deftness [ˈdeftnɪs] s. destreza, habilidade
defunct [dɪˈfʌŋkt] adj.,s. falecido, defunto
defuse [diːˈfjuːz] v.tr. 1 despoletar, tirar a espoleta de; desactivar; *to ~ a bomb* despoletar uma bomba; 2 [fig.] acalmar, aliviar, abrandar; *to ~ the situation* acalmar as coisas
defy [dɪˈfaɪ] v.tr. 1 desafiar; 2 opor-se a
deg. [abrev. de degree]
degauss [diːˈgɒs] v.tr. desmagnetizar; anular o campo magnético de
degeneracy [dɪˈdʒenərəsɪ] s. abastardamento, degeneração
degenerate¹ [dɪˈdʒenəreɪt] v.intr. degenerar
degenerate² [dɪˈdʒenərɪt] adj.,s. degenerado
degeneration [dɪˌdʒenəˈreɪʃən] s. degenerescência
degenerative [dɪˈdʒenərətɪv] adj. degenerativo
deglamorise [diːˈglæməraɪz] v.tr. tornar menos apelativo; fazer parecer menos atraente
deglutition [diːgluːˈtɪʃən] s. deglutição
degradable [dɪˈgreɪdəbəl] adj. degradável
degradation [degrəˈdeɪʃən] s. 1 degradação; 2 aviltamento
degrade [dɪˈgreɪd] v.tr.,intr. 1 degradar, rebaixar; 2 aviltar, aviltar-se; 3 BIOLOGIA, FÍSICA, QUÍMICA degradar; 4 desintegrar; 5 (Cambridge) adiar a prestação de provas um ano depois do tempo normal
degrading [dɪˈgreɪdɪŋ] adj. degradante, aviltante
degradingly [dɪˈgreɪdɪŋlɪ] adv. degradantemente, aviltantemente
degrease [dɪˈgriːs] v.tr. desengordurar
degreaser [dɪˈgriːsə] s. 1 desengordurante; 2 substância para desengordurar
degreasing [dɪˈgriːsɪŋ] s. desengorduramento
degree [dɪˈgriː] s. 1 grau; *~ of accuracy* grau de precisão; 2 gradação; 3 licenciatura; curso; *to take a ~ in Mathematics* tirar o curso de Matemática; *to take one's ~* formar-se, obter a graduação; 4 etapa; *the process evolved by degrees* o processo evoluiu por etapas; 5 (temperatura) grau; *~ centigrade* grau centígrado; *~ Fahrenheit* grau Fahrenheit; 6 posição social; 7 situação ❖ *third ~* interrogatório severo e prolongado; *by degrees* gradualmente; a pouco e pouco; *in some ~/ to a (certain) ~* de certa maneira; em certa medida; [EUA] *to some ~* até certo ponto
degression [dɪˈgreʃən] s. degressão

degressive [dɪˈgresɪv] *adj.* degressivo
dehisce [dɪˈhɪs] *v.intr.* abrir, ser deiscente, entreabrir-se
dehiscence [dɪˈhɪsəns] *s.* BOTÂNICA deiscência
dehiscent [dɪˈhɪsənt] *adj.* deiscente
dehortative [dɪˈhɔːtətɪv] *adj.,s.* 1 dissuasório; 2 argumento ou coisa que procura dissuadir
dehumanization [diːˌhjuːmənaɪˈzeɪʃn] *s.* desumanização
dehumanize [ˌdiːˈhjuːmənaɪz] *v.tr.* desumanizar
dehumidification [ˌdiːhjuːmɪdɪfɪˈkeɪʃən] *s.* desumidificação
dehumidifier [ˌdiːhjuːˈmɪdɪfaɪə] *s.* desumidificador
dehumidify [ˌdiːhjuːˈmɪdɪfaɪ] *v.tr.* desumidificar
dehydrate [diːˈhaɪdreɪt] *v.tr.* desidratar
dehydrated [diːhaɪˈdreɪtɪd] *adj.* 1 desidratado; 2 em pó; ~ *milk* leite em pó
dehydration [ˌdiːhaɪˈdreɪʃən] *s.* desidratação
dehydrogenate [ˌdiːhaɪˈdrɒdʒəneɪt] *v.tr.* desidrogenar
dehydrogenation [ˌdiːhaɪdrɒdʒəˈneɪʃən] *s.* desidrogenação
dehydrogenization [ˌdiːhaɪdrɒdʒənaɪˈzeɪʃən] *s.* desidrogenação
dehypnotize [ˌdiːˈhɪpnətaɪz] *v.tr.* desipnotizar
de-ice [ˌdiːˈaɪs] *v.tr.* (pára-brisas) descongelar
de-icer [ˌdiːˈaɪsə] *s.* (pára-brisas) descongelador
deicide [ˈdeɪɪsaɪd] *s.* 1 deicida; 2 deicídio
deictic [ˈdaɪktɪk] *adj.,s.* LINGUÍSTICA deíctico
deification [ˌdeɪɪfɪˈkeɪʃən] *s.* deificação
deify [ˈdeɪɪfaɪ] *v.tr.* deificar
deign [deɪn] *v.tr.* condescender, dignar-se (a fazer alguma coisa)
deindustrialise [ˌdiːɪnˈdʌstrɪəlaɪz] *v.tr.,intr.* ⇒ **deindustrialize**
deindustrialization [ˌdiːɪnˌdʌstrɪəlaɪˈzeɪʃən] *s.* desindustrialização
deindustrialize [ˌdiːɪnˈdʌstrɪəlaɪz] Ⓐ *v.tr.* desindustrializar Ⓑ *v.refl.* desindustrializar-se
deionize [diːˈaɪənaɪz] *v.tr.* desionizar
deipnosophist [daɪpˈnɒsəfɪst] *s.* deipnosofista
deism [ˈdeɪɪzəm] *s.* deísmo
deist [ˈdeɪɪst] *s.* deísta
deistic [deɪˈɪstɪk] *adj.* deísta
deistical [deɪˈɪstɪkəl] *adj.* deísta
deity [ˈdeɪətɪ] *s.* ⟨*pl.* **-ies**⟩ divindade
deject [dɪˈdʒekt] *v.tr.* desanimar, deprimir, abater
dejecta [dɪˈdʒektə] *s.pl.* excrementos, dejecções
dejected [dɪˈdʒektɪd] *adj.* deprimido; abatido; desanimado; desalentado
dejectedly [dɪˈdʒektɪdlɪ] *adv.* melancolicamente; tristemente; com desalento
dejection [dɪˈdʒekʃən] *s.* 1 depressão; desânimo; desalento; 2 MEDICINA dejecção
déjeuner [ˈdeɪʒəneɪ] *s.* 1 pequeno-almoço; 2 almoço (de cerimónia)
dekko [ˈdekəʊ] *s.* [coloq.] olhadela; vista de olhos; *to have/take a ~ at sth* dar uma vista de olhos a algo
Del. [abrev. de Delaware]
delaine [dəˈleɪn] *s.* musselina de lã
delaminate [diːˈlæmɪneɪt] *v.tr.* laminar, dividir em camadas finas
delamination [diːˌlæmɪˈneɪʃən] *s.* laminação, divisão em camadas finas
delate [dɪˈleɪt] *v.tr.* delatar, informar, denunciar
delation [dɪˈleɪʃən] *s.* delação, denúncia
delator [dɪˈleɪtə] *s.* delator
delay [dɪˈleɪ] Ⓐ *s.* 1 atraso; demora; delonga; 2 adiamento Ⓑ *v.tr.,intr.* 1 demorar; 2 atrasar; 3 adiar; *the match had to be delayed* o jogo teve que ser adiado ❖ *~ spring* mola retardadora; *without further ~* sem mais demoras; *this matter will bear no ~* este assunto tem de ser tratado imediatamente
delayed [dɪˈleɪd] *adj.* 1 atrasado; 2 retardado ❖ *~ effect* efeito retardatário; *~ firing* inflamação atrasada
delayed-action [dɪˌleɪdˈækʃən] *adj.* de acção retardada; *~ bomb* bomba de acção retardada; *~ shutter* obturador de acção retardada
delaying [dɪˈleɪɪŋ] *adj.* dilatório, moratório; *~ tactics* estratégia dilatória
del credere [delˈkredərɪ] *s.* COMÉRCIO del-credere

dele [ˈdiːliː] *s.* TIPOGRAFIA deleatur
delectable [dɪˈlektəbəl] *adj.* agradável, deleitável
delectableness [dɪˈlektəblnɪs] *s.* 1 agradabilidade; 2 deleite; delícia
delectably [dɪˈlektəblɪ] *adv.* agradavelmente, deleitavelmente
delectation [ˌdiːlekˈteɪʃən] *s.* deleitação, deleite
delectus [dɪˈlektəs] *s.* colectânea, antologia
delegacy [ˈdelɪgəsɪ] *s.* ⟨*pl.* **-ies**⟩ delegacia, delegação
delegate¹ [ˈdelɪgeɪt] *v.tr.* delegar
delegate² [ˈdelɪgɪt] *s.* 1 delegado; 2 representante
delegation [ˌdelɪˈgeɪʃən] *s.* delegação
delete [dɪˈliːt] *v.tr.* cortar, safar, raspar, apagar
deleterious [ˌdelɪˈtɪərɪəs] *adj.* deletério, pernicioso
deleteriously [ˌdelɪˈtɪərɪəslɪ] *adv.* deleteriamente
deleteriousness [ˌdelɪˈtɪərɪəsnɪs] *s.* perniciosidade
deletion [dɪˈliːʃən] *s.* 1 eliminação, supressão; 2 rasura; 3 BIOLOGIA (genética) deleção
delf [delf] *s.* louça de Delft
delft [delft] *s.* louça de Delft
Delhi [ˈdelɪ] *s.top.* Deli
deli [ˈdelɪ] *s.* ⟨*pl.* **-s**⟩ mercearia de luxo
deliberate¹ [dɪˈlɪbəreɪt] *v.tr.,intr.* deliberar; debater; ponderar cuidadosamente
deliberate² [dɪˈlɪbərɪt] *adj.* 1 deliberado, intencional; 2 circunspecto, cauteloso
deliberately [dɪˈlɪbərɪtlɪ] *adv.* deliberadamente
deliberateness [dɪˈlɪbərɪtnɪs] *s.* 1 intencionalidade; 2 circunspecção
deliberation [dɪˌlɪbəˈreɪʃən] *s.* 1 deliberação; 2 debate; 3 ponderação
deliberative [dɪˈlɪbərətɪv] *adj.* 1 deliberativo; de deliberação; 2 de reflexão ❖ *~ assembly* assembleia deliberativa; *in a ~ moment* num momento de reflexão
deliberatively [dɪˈlɪbərətɪvlɪ] *adv.* 1 por deliberação; 2 circunspectamente
delicacy [ˈdelɪkəsɪ] *s.* ⟨*pl.* **-ies**⟩ 1 delicadeza; 2 fragilidade; 3 sensibilidade; 4 leveza; 5 pudor, modéstia; 6 *pl.* acepipes, coisas boas ❖ *a matter of some ~* um assunto delicado; *to feel a ~ about sth* sentir escrúpulos em relação a algo
delicate [ˈdelɪkɪt] *adj.* 1 delicado; 2 suave; 3 frágil; 4 fino; 5 (assunto, situação) difícil; melindroso; delicado ❖ *delicate-looking* com aspecto frágil, delicado; *to be/to tread on ~ ground* envolver-se em assuntos delicados
delicately [ˈdelɪkɪtlɪ] *adv.* delicadamente
delicateness [ˈdelɪkɪtnɪs] *s.* delicadeza, fragilidade
delicatessen [ˌdelɪkəˈtes(ə)n] *s.* (estabelecimento e produtos) charcutaria
delicious [dɪˈlɪʃəs] *adj.* 1 delicioso; 2 encantador
deliciously [dɪˈlɪʃəslɪ] *adv.* 1 deliciosamente; 2 encantadoramente
deliciousness [dɪˈlɪʃəsnɪs] *s.* deliciosidade, delícia
delict [ˈdiːlɪkt] *s.* delito ❖ *in flagrant ~* em flagrante delito
delight [dɪˈlaɪt] Ⓐ *s.* 1 deleite, delícia, prazer; 2 alegria Ⓑ *v.tr.* 1 deleitar; 2 alegrar; 3 encantar Ⓒ *v.tr.,intr.* encontrar prazer [in, em]; deleitar-se [in, com]; deliciar-se [in, com] ❖ *to my great ~* com grande alegria minha; *to take ~ in* sentir prazer em; deleitar-se com
delighted [dɪˈlaɪtɪd] *adj.* contente, satisfeito, encantado
delightedly [dɪˈlaɪtɪdlɪ] *adv.* com prazer, com satisfação
delightful [dɪˈlaɪtfʊl] *adj.* delicioso, encantador
delightfully [dɪˈlaɪtfəlɪ] *adv.* deliciosamente, encantadoramente
delightfulness [dɪˈlaɪtfəlnɪs] *s.* 1 delícia, encanto; 2 prazer
delightsome [dɪˈlaɪtsəm] *adj.* delicioso, deleitável
Delilah [dɪˈlaɪlə] *s.antr.* Dalila
delimit [dɪˈlɪmɪt] *v.tr.* delimitar
delimitate [dɪˈlɪmɪteɪt] *v.tr.* delimitar
delimitation [dɪˌlɪmɪˈteɪʃən] *s.* delimitação
delimiter [dɪˈlɪmɪtə] *s.* INFORMÁTICA (programação) delimitador
delineate [dɪˈlɪnɪeɪt] *v.tr.* 1 delinear, traçar; 2 esboçar, desenhar
delineation [dɪˌlɪnɪˈeɪʃən] *s.* 1 delineação; 2 traçado, esboço
delineator [dɪˈlɪnɪeɪtə] *s.* 1 delineador, desenhador; 2 aparelho para delinear

delinquency

delinquency [dɪˈlɪŋkwənsɪ] s. (pl. -ies) delinquência, delito
delinquent [dɪˈlɪŋkwənt] adj.,s. delinquente
deliquesce [ˌdelɪˈkwes] v.intr. QUÍMICA deliquescer, derreter, liquefazer-se
deliquescence [ˌdelɪˈkwesəns] s. deliquescência
deliquescent [ˌdelɪˈkwesənt] adj. deliquescente
deliquium [deˈlɪkwɪəm] s. 1 [ant.] delíquio; 2 liquefacção
delirious [dɪˈlɪrɪəs] adj. delirante, em delírio
deliriously [dɪˈlɪrɪəslɪ] adv. delirantemente
deliriousness [dɪˈlɪrɪəsnɪs] s. 1 delírio; 2 exaltação doentia
delirium [dɪˈlɪrɪəm] s. delírio
delist [dɪˈlɪst] v.tr. ECONOMIA retirar da Bolsa
delitescence [ˌdelɪˈtesəns] s. MEDICINA delitescência
delitescent [ˌdelɪˈtesənt] adj. MEDICINA delitescente
deliver [dɪˈlɪvə] Ⓐ v.tr. 1 entregar [to, a]; 2 distribuir; *to ~ goods* distribuir mercadorias; 3 atirar; 4 atacar; 5 realizar; fazer; 6 proferir; pronunciar; *to ~ a speech* pronunciar um discurso; 7 [form.] libertar; salvar; 8 assistir ao parto de; 9 dar à luz; *to be delivered of a child* dar à luz uma criança Ⓑ v.intr. 1 cumprir o prometido; 2 COMÉRCIO fazer entregas; *we ~* fazemos entregas ao domicílio ❖ RELIGIÃO *~ us from evil* livrai-nos do mal; *to ~ an assault* lançar um ataque; *to ~ an ultimatum* fazer um ultimato; [arc.] *to ~ oneself* falar; dar a opinião; *to ~ sth by hand* entregar algo em mãos; *to ~ the goods* cumprir o prometido
deliverable [dɪˈlɪvərəbəl] adj. que pode entregar-se
deliverance [dɪˈlɪvərəns] s. 1 salvamento; 2 veredicto; 3 declaração expressa
deliverer [dɪˈlɪvərə] s. 1 salvador, libertador; 2 pessoa que faz a entrega (de mercadorias); 3 distribuidor
delivery [dɪˈlɪvərɪ] s. (pl. -ies) 1 (correio, mercadorias) entrega; distribuição; 2 volume de descarga; 3 elocução, dicção; 4 execução; 5 libertação; 6 parto ❖ *~ chamber* câmara de compressão; COMÉRCIO *~ note* guia de remessa; *~ pipe* tubo de evacuação; *~ pressure* pressão de distribuição; (hospital) *~ room* sala de partos; *~ service* serviço de entrega ao domicílio; *~ terms* condições de fornecimento; *~ truck* camioneta de entrega de mercadorias; *cash on ~* contra reembolso; *payment on ~* entrega contra reembolso; *to have a rapid ~* falar muito depressa
dell [del] s. [poét.] pequeno vale ao fundo de encostas arborizadas
delocalization [diːləʊkəlaɪˈzeɪʃən] s. deslocação
delocalize [diːˈləʊkəlaɪz] v.tr. deslocar
Delos [ˈdiːlɒs] s.top. (ilha grega) Delos
delouse [diːˈlaʊs] v.tr. despiolhar, tirar os piolhos
delousing [diːˈlaʊsɪŋ] s. despiolhamento
Delphi [ˈdelfɪ] s.top. (cidade da Grécia antiga) Delfo, Delfos
Delphian [ˈdelfɪən] adj. délfico
Delphic [ˈdelfɪk] adj. délfico
delphinine [ˈdelfɪnɪn] s. QUÍMICA delfinina
delphinium [delˈfɪnɪəm] s. BOTÂNICA delfínio, esporas-bravas
delta [ˈdeltə] s. 1 (letra, forma) delta; 2 GEOGRAFIA delta; 3 ELECTRICIDADE triângulo; *~ connection* ligação em triângulo; *~ system* sistema de ligação em triângulo ❖ FÍSICA *~ rays* raios delta; *~ wing plane* avião com asas em forma de delta
deltaic [delˈteɪk] adj. deltaico
deltiologist [ˌdeltɪˈɒlədʒɪst] s. coleccionador de postais ilustrados
deltiology [ˌdeltɪˈɒlədʒɪ] s. coleccionismo de postais ilustrados
deltoid [ˈdeltɔɪd] adj.,s. deltóide
delude [dɪˈluːd] v.tr. 1 enganar; 2 iludir, deludir
deluge [ˈdeljuːdʒ] Ⓐ s. 1 dilúvio; 2 inundação; 3 [fig.] grande quantidade, avalancha Ⓑ v.tr. 1 inundar; 2 [fig.] encher de, inundar com
delusion [dɪˈluːʒən] s. 1 ilusão; engano; *a fond ~* uma ilusão agradável; 2 MEDICINA delírio; alucinação; paranóia; *to suffer from delusions* ter crises de delírio ❖ *delusions of grandeur* mania das grandezas; megalomania; *to be under the ~ that* acreditar/pensar erradamente que
delusional [dɪˈluːʒənəl] adj. 1 MEDICINA com alucinações; 2 MEDICINA delirante; paranóico
delusive [dɪˈluːsɪv] adj. ilusório, enganador
delusively [dɪˈluːsɪvlɪ] adv. de uma maneira ilusória; enganadoramente
delusiveness [dɪˈluːsɪvnɪs] s. ilusividade

delusory [dɪˈluːsərɪ] adj. ilusório
deluxe [dəˈlʌks] adj. de luxo; *~ apartments* apartamentos de luxo; *~ edition* edição de luxo
delve [delv] Ⓐ v.tr.,intr. 1 remexer [into, em]; vasculhar [into, -]; 2 investigar [into, -]; aprofundar [into, -]; 3 (caminho, estrada) baixar de repente; 4 cavar, escavar Ⓒ s. 1 antro, cavidade; 2 depressão à superfície
Dem. Ⓐ [abrev. de Democrat] Ⓑ [abrev. de Democratic]
demagnetise [diːˈmæɡnətaɪz] v.tr.,intr. ⇒ **demagnetize**
demagnetization [diːˌmæɡnətaɪˈzeɪʃən] s. desmagnetização
demagnetize [diːˈmæɡnətaɪz] v.tr.,intr. 1 desmagnetizar; 2 desmagnetizar-se
demagogic [ˌdeməˈɡɒɡɪk] adj. demagógico
demagogism [ˈdeməɡɒɡɪzəm] s. demagogismo, demagogia
demagogue [ˈdeməɡɒɡ] s. demagogo
demagoguery [ˈdeməɡɒɡərɪ] s. [EUA] demagogismo
demagogy [ˈdeməɡɒɡɪ] s. demagogia
demand [dɪˈmɑːnd] Ⓐ s. 1 exigência; reclamação; reivindicação; *a ~ for a 5% pay increase* reivindicação de um aumento salarial de 5%; *to give in to sb's demands* ceder às exigências de alguém; 2 COMÉRCIO procura [for, de]; (produto) *to be in great ~* ser muito procurado; *to meet ~* satisfazer a procura; 3 busca, pedido, solicitação; 4 intimação; 5 interrogação; 6 pl. exigências, necessidades Ⓑ v.tr. 1 exigir; 2 reivindicar; 3 necessitar de; precisar de; 4 perguntar; *to ~ one's business* perguntar o que é que deseja ❖ (banco) *~ deposit* depósito à ordem; conta de movimento; *~ of power* energia necessária; *laws of supply and ~* leis da oferta e da procura; *payable on ~* pagável à vista; *to have many demands on one's time* ter o tempo muito ocupado
demandable [dɪˈmɑːndəbəl] adj. exigível
demandant [dɪˈmɑːndənt] s. DIREITO demandante, queixoso
demander [dɪˈmɑːndə] s. 1 comprador; 2 demandante
demanding [dɪˈmɑːndɪŋ] adj. exigente; difícil
demarcate [ˈdiːmɑːkeɪt] v.tr. demarcar
demarcating [ˈdiːmɑːkeɪtɪŋ] adj. limite, que serve para demarcar
demarcation [ˌdiːmɑːˈkeɪʃən] s. demarcação
demarcator [ˈdiːmɑːkeɪtə] s. demarcador
dematerialize [ˌdiːməˈtɪərɪəlaɪz] v.tr.,intr. desmaterializar
deme [diːm] s. demo, burgo, cidadania da antiga Ática
demean [dɪˈmiːn] Ⓐ v.tr. rebaixar, aviltar Ⓑ v.refl. 1 rebaixar-se, aviltar-se; 2 [ant.] comportar-se
demeaning [dɪˈmiːnɪŋ] adj. humilhante; degradante; aviltante
demeanour [dɪˈmiːnə] s. comportamento, procedimento
dement [dɪˈment] v.tr. dementar, fazer enlouquecer
demented [dɪˈmentɪd] adj. demente, louco
dementedly [dɪˈmentɪdlɪ] adv. como um demente
dementia [dɪˈmenʃə] s. demência
demerara [ˌdeməˈreərə] s. (açúcar amarelo) demerara
demerge [dɪˈmɜːdʒ] v.tr. FINANÇAS (companhia) dividir, subdividir
demerger [dɪˈmɜːdʒə] s. FINANÇAS (companhia) divisão, subdivisão
demerit [diːˈmerɪt] s. demérito
demersal [dɪˈmɜːsəl] adj. ZOOLOGIA que se encontra no fundo do oceano
demesh [diːˈmeʃ] v.tr. desenganchar, desenredar
demesne [dɪˈmeɪn] s. 1 posse, propriedade; 2 domínio, património; 3 terras; 4 região, âmbito
Demeter [dɪˈmiːtə] s. MITOLOGIA Deméter
Demetrius [dɪˈmiːtrɪəs] s.antr. Demétrio
demigod [ˈdemɪɡɒd] s. semideus
demigoddess [ˌdemɪˈɡɒdɪs] s.f. semideusa
demijohn [ˈdemɪdʒɒn] s. garrafão (de 3 a 10 galões)
demilitarise [diːˈmɪlɪtəraɪz] v.tr. ⇒ **demilitarize**
demilitarization [diːˌmɪlɪtəraɪˈzeɪʃən] s. desmilitarização
demilitarize [diːˈmɪlɪtəraɪz] v.tr. desmilitarizar
demilune [ˈdemɪluːn] s. (fortificações) revelim
demimonde [ˌdemɪˈmɒnd] s. 1 gente de reputação duvidosa; 2 cortesã
demineralization [diːˌmɪnərəlaɪˈzeɪʃən] s. desmineralização
demineralize [diːˈmɪnərəlaɪz] v.tr. desmineralizar
demi-pension [ˌdemɪˈpɑ̃sjɔ̃] s. (hotel) meia-pensão
demirep [ˈdemɪrep] s. pessoa de castidade duvidosa
demisable [dɪˈmaɪzəbəl] adj. transferível, transmissível

demise [dɪˈmaɪz] Ⓐ s. 1 DIREITO morte, falecimento; 2 [fig.] desaparecimento, extinção; 3 arrendamento; 4 legado, transmissão por testamento ou abdicação Ⓑ v.tr. 1 arrendar; 2 transferir por testamento ou abdicação; 3 ceder; 4 legar
demisemiquaver [ˈdemɪsemɪˌkweɪvə] s. MÚSICA fusa
demission [dɪˈmɪʃən] s. demissão
demist [diːˈmɪst] v.tr. desembaciar
demister [diːˈmɪstə] s. [GB] (automóvel) desembaciador de pára-brisas
demit [dɪˈmɪt] v.tr.,intr. (particípios: -tt-) (cargo importante) demitir(-se); *to ~ office* demitir-se de um cargo, abandonar funções
demiurge [ˈdemɪɜːdʒ] s. demiurgo
demo [ˈdeməʊ] Ⓐ s. 1 {forma abreviada de **demonstration**} [GB] [coloq.] manifestação; 2 [coloq.] (gravação, etc.) demo; 3 [coloq.] (produto, etc.) demonstração; 4 [coloq.] amostra Ⓑ v.tr. [coloq.] (produto, etc.) fazer uma demonstração de; demonstrar o funcionamento de ❖ *~ model* modelo de demonstração
demob [diːˈmɒb] v.tr. (particípios: -bb-) [coloq.] [usado principalmente no part. pass.] desmobilizar
demobilization [dɪˌməʊbɪlaɪˈzeɪʃən] s. desmobilização
demobilize [diːˈməʊbɪlaɪz] v.tr. desmobilizar
democ [dɪˈmɒk] v.intr. [rar.] aceitar a derrota com correcção
democracy [dɪˈmɒkrəsɪ] s. (pl. -ies) democracia
democrat [ˈdeməkræt] s. democrata
democratic [deməˈkrætɪk] adj. democrático
democratically [deməˈkrætɪkəlɪ] adv. democraticamente
democratism [dɪˈmɒkrətɪzəm] s. democratismo
democratization [dɪˌmɒkrətaɪˈzeɪʃən] s. democratização
democratize [dɪˈmɒkrətaɪz] v.tr.,intr. democratizar, democratizar-se
Democritus [dɪˈmɒkrɪtəs] s.antr. Demócrito
demodex [ˈdiːmədeks] s. ZOOLOGIA demódex
demodulate [diːˈmɒdjʊleɪt] v.tr. ELECTRICIDADE desmodular
demodulation [diːmɒdjʊˈleɪʃən] s. ELECTRICIDADE desmodulação
demodulator [diːˈmɒdjʊleɪtə] s. ELECTRICIDADE desmodulador
demographer [diːˈmɒɡrəfə] s. demógrafo
demographic [deməˈɡræfɪk] adj. demográfico
demographics [deməˈɡræfɪks] s.pl. 1 dados demográficos; 2 perfil demográfico
demography [diːˈmɒɡrəfɪ] s. demografia
demoiselle [dəmwæˈzel] s. 1 menina; 2 ZOOLOGIA grou da Numídia
demolish [dɪˈmɒlɪʃ] v.tr. 1 demolir, destruir; 2 desmantelar
demolisher [dɪˈmɒlɪʃə] s. demolidor
demolishing [dɪˈmɒlɪʃɪŋ] adj. demolidor
demolition [deməˈlɪʃən] s. demolição
demon [ˈdiːmən] s. 1 demónio, diabo; 2 espírito maligno; 3 [coloq., fig.] ás; perito; *to be a ~ at* ser um ás em, ser muito bom em ❖ *(medos, etc.) private demons* demónios interiores; [coloq.] *to be a ~ for work* trabalhar muito
demonetization [diːˌmʌnɪtaɪˈzeɪʃən] s. desmonetização
demonetize [diːˈmʌnɪtaɪz] v.tr. desmonetizar
demoniac [dɪˈməʊnɪæk] adj.,s. demoníaco
demoniacal [diːməˈnaɪəkəl] adj. diabólico, demoníaco
demoniacally [diːməˈnaɪəklɪ] adv. diabolicamente, demoniacamente
demonic [diːˈmɒnɪk] adj. 1 demoníaco; 2 sobrenatural
demonism [ˈdiːmənɪzəm] s. demonismo
demonist [ˈdiːmənɪst] s. demonista
demonology [diːməˈnɒlədʒɪ] s. demonologia
demonry [ˈdiːmənrɪ] s. demoninharia, bruxaria
demonstrability [dɪˌmɒnstrəˈbɪlɪtɪ, deˌmɒnstrəˈbɪlɪtɪ] s. demonstrabilidade
demonstrable [dɪˈmɒnstrəbəl, ˈdemənstrəbəl] adj. demonstrável
demonstrably [dɪˈmɒnstrəblɪ, ˈdemənstrəblɪ] adv. claramente, como se pode demonstrar
demonstrate [ˈdemənstreɪt] Ⓐ v.tr. 1 demonstrar; fazer uma demonstração de; 2 mostrar; explicar; 3 provar; dar provas de; confirmar Ⓑ v.intr. participar numa manifestação, manifestar-se [**against**, contra; **for**, por]; *they demonstrated against nuclear weapons* eles participaram numa manifestação contra as armas nucleares

demonstration [demənsˈtreɪʃən] s. 1 demonstração; 2 manifestação
demonstrative [dɪˈmɒnstrətɪv] adj. 1 LINGUÍSTICA (pronome, determinante) demonstrativo; 2 convincente; 3 conclusivo; 4 (pessoa) expansivo, expressivo
demonstratively [dɪˈmɒnstrətɪvlɪ] adv. 1 demonstrativamente; 2 expansivamente
demonstrativeness [dɪˈmɒnstrətɪvnɪs] s. expansividade, comunicabilidade
demonstrator [ˈdemənstreɪtə] s. 1 demonstrador; 2 manifestante
demoralise [dɪˈmɒrəlaɪz] v.tr. ⇒ **demoralize**
demoralization [dɪˌmɒrəlaɪˈzeɪʃən] s. desmoralização
demoralize [dɪˈmɒrəlaɪz] v.tr. desmoralizar
demoralizing [dɪˈmɒrəlaɪzɪŋ] adj. desencorajante, desmoralizador, desanimador
demos [ˈdiːmɒs] s. o povo
Demosthenes [dɪˈmɒsθəniːz] s.antr. Demóstenes
Demosthenic [deməsˈθenɪk] adj. demosténico
demote [dɪˈməʊt] v.tr. 1 fazer baixar de categoria; 2 despromover
demotic [dɪˈmɒtɪk] adj. demótico
demotion [dɪˈməʊʃən] s. 1 despromoção; 2 descida de categoria; 3 passagem compulsiva para uma classe inferior
demotivate [diːˈməʊtɪveɪt] v.tr. desmotivar
demulcent [dɪˈmʌlsənt] adj.,s. demulcente
demultiplying [diːˈmʌltɪplaɪɪŋ] adj. 1 que desmultiplica; 2 MECÂNICA desmultiplicador
demur [dɪˈmɜː] Ⓐ s. objecção, dúvida, hesitação; *without ~* sem qualquer objecção, sem hesitação Ⓑ v.intr. (particípios: -rr-) 1 hesitar; 2 objectar, levantar objecções, pôr dificuldades [**at**, a]
demure [dɪˈmjʊə] adj. 1 sério, grave; 2 composto; 3 reservado; 4 modesto; 5 afectadamente recatado
demurely [dɪˈmjʊəlɪ] adv. 1 com ar reservado, grave, sóbrio; 2 modestamente; 3 com recato afectado
demureness [dɪˈmjʊənɪs] s. 1 gravidade de porte; 2 recato; 3 modéstia afectada
demurrable [dɪˈmjʊərəbəl] adj. objectável, que pode impugnar-se
demurrage [dɪˈmʌrɪdʒ] s. 1 taxa paga como indemnização ao dono do navio quando a carga ou descarga não se efectua dentro do prazo estipulado; 2 taxa idêntica no caminho-de-ferro; 3 taxa de armazenagem; 4 importância paga ao Banco de Inglaterra, ao trocar barras de ouro ou prata por moeda; 5 demora
demurrer [dɪˈmɜːrə] s. 1 DIREITO excepção; 2 objecção por irrelevância; 3 pessoa que levanta objecções, que põe dificuldades
demy [dɪˈmaɪ] s. (pl. -ies) 1 formato de papel (20 x 15 polegadas para papel de escrever, 22 x 17 para papel de desenho, 22 x 17 para papel de impressão); 2 (Oxford) bolseiro do Colégio Magdalen
demystification [diːˌmɪstɪfɪˈkeɪʃən] s. desmistificação
demystify [diːˈmɪstɪfaɪ] v.tr. desmistificar
den [den] s. 1 antro, caverna (de animal); 2 quarto pequeno, sujo e miserável; 3 gabinete privado onde se pode estar sem ser incomodado
denarius [dɪˈneərɪəs] s. (pl. denarii) 1 denário; 2 péni
denary [ˈdiːnərɪ] adj. decimal
denationalization [diːˌnæʃnəlaɪˈzeɪʃən] s. desnacionalização
denationalize [diːˈnæʃnəlaɪz] v.tr. desnacionalizar
denaturalization [diːˌnætʃərəlaɪˈzeɪʃən] s. desnaturalização
denaturalize [diːˈnætʃərəlaɪz] v.tr. desnaturalizar
denaturant [diːˈneɪtʃərənt] s. desnaturante
denaturate [diːˈneɪtʃəreɪt] v.tr. desnaturar
denaturation [diːˌneɪtʃəˈreɪʃən] s. desnaturação
denature [diːˈneɪtʃə] v.tr. desnaturar
denaturing [diːˈneɪtʃərɪŋ] Ⓐ adj. desnaturante Ⓑ s. desnaturação
denaturize [diːˈneɪtʃəraɪz] v.tr. ⇒ **denaturate**
dendriform [ˈdendrɪfɔːm] adj. dendriforme
dendrite [ˈdendraɪt] s. GEOLOGIA dendrite
dendritic [denˈdrɪtɪk] adj. dendrítico
dendroid [ˈdendrɔɪd] adj. dendróide
dendrologist [denˈdrɒlədʒɪst] s. dendrologista
dendrology [denˈdrɒlədʒɪ] s. dendrologia
dene [diːn] s. 1 duna; 2 vale

denegation [diːnəˈgeɪʃən] s. denegação
DEng. [abrev. de Doctor of Engineering]
dengue [ˈdeŋgɪ] s. MEDICINA dengue
deniable [dɪˈnaɪəbəl] adj. negável
denial [dɪˈnaɪəl] s. 1 recusa, rejeição; 2 negação; 3 desmentido; *explicit/formal* ~ desmentido formal/oficial; *to issue a* ~ publicar um desmentido ❖ ~ *of self* abnegação; *to be in* ~ *about sth* recusar-se a admitir algo
denier [dɪˈnaɪə] s. aquele que nega ou desmente
denigrate [ˈdenɪgreɪt] v.tr. denegrir, rebaixar
denigration [ˌdenɪˈgreɪʃən] s. difamação
denigrator [ˈdenɪgreɪtə] s. caluniador, difamador
denim [ˈdenɪm] s. (pl. **-s**) 1 ganga; 2 pl. VESTUÁRIO roupa de ganga
Denis [ˈdenɪs] s.antr. Dinis
denitrate [diːˈnaɪtreɪt] v.tr. desnitrificar
denitration [diːnaɪˈtreɪʃən] s. desnitrificação
denitrification [diːnaɪtrɪfɪˈkeɪʃən] s. desnitrificação
denitrify [diːˈnaɪtrɪfaɪ] v.tr. ⇒ **denitrate**
denizen [ˈdenɪzn] Ⓐ s. 1 cidadão, habitante; 2 indígena (animal ou planta); 3 estrangeiro a quem foram concedidos certos direitos de naturalização; 4 animal, planta ou palavra estrangeira aclimatada ou nacionalizada Ⓑ v.tr. conceder certos direitos de naturalização
denizenship [ˈdenɪznʃɪp] s. seminaturalização
Denmark [ˈdenmɑːk] s.top. Dinamarca
denominal [dɪˈnɒmɪnəl] adj. LINGUÍSTICA denominal
denominate [dɪˈnɒmɪneɪt] v.tr. denominar
denominating [dɪˈnɒmɪneɪtɪŋ] s. designação
denomination [dɪˌnɒmɪˈneɪʃən] s. 1 denominação, nome; 2 comunidade religiosa, seita, grupo; 3 MATEMÁTICA denominador; 4 unidade (não fundamental) de medidas lineares, etc.
denominational [dɪˌnɒmɪˈneɪʃənəl] adj. confessional
denominationalism [dɪˌnɒmɪˈneɪʃənəlɪzəm] s. FILOSOFIA denominacionalismo
denominative [dɪˈnɒmɪnətɪv] adj. denominativo
denominator [dɪˈnɒmɪneɪtə] s. MATEMÁTICA denominador ❖ *common* ~ denominador comum; *lowest common* ~ mínimo denominador comum
denotation [ˌdiːnəʊˈteɪʃən] s. 1 denotação; 2 indício, indicação, sinal; 3 LÓGICA extensão
denotative [dɪˈnəʊtətɪv] adj. 1 denotativo; 2 indicativo; 3 LÓGICA extensivo
denote [dɪˈnəʊt] v.tr. 1 denotar; 2 mostrar, indicar; 3 referir-se a; 4 significar
denouement [deɪˈnuːmɒ̃] s. ⇒ **dénouement**
dénouement [deɪˈnuːmɒ̃] s. desfecho, desenlace final, catástrofe
denounce [dɪˈnaʊns] v.tr. 1 denunciar, delatar; 2 acusar publicamente; desmascarar; condenar; *to* ~ *an impostor* desmascarar um impostor; 3 [form.] (tratado, acordo) denunciar, pôr termo a; *to* ~ *a treaty* denunciar um tratado
denouncement [dɪˈnaʊnsmənt] s. denúncia, denunciação
denouncer [dɪˈnaʊnsə] s. denunciador
dense [dens] adj. (comp. **-er**, superl. **-est**) 1 denso, compacto; 2 estúpido
densely [ˈdenslɪ] adv. 1 densamente; 2 crassamente
denseness [ˈdensnɪs] s. 1 densidade, espessura, opacidade; 2 estupidez
densher [ˈdenʃə] v.tr. queimar o mato ou a vegetação rasteira de um terreno
densimeter [denˈsɪmɪtə] s. densímetro
densimetry [denˈsɪmɪtrɪ] s. densimetria
densitometer [ˌdensɪˈtɒmɪtə] s. densitómetro
density [ˈdensɪtɪ] s. (pl. **-ies**) 1 densidade; 2 espessura; 3 opacidade; 4 [fig.] estupidez ❖ ~ *meter* densímetro; ~ *test* prova de densidade; *population* ~ densidade populacional; ~ *of air* densidade do ar; ~ *of illumination* intensidade de iluminação
dent [dent] Ⓐ s. amolgadela, mossa, boca Ⓑ v.tr. 1 amolgar, fazer uma mossa em; 2 [fig.] abalar; enfraquecer ❖ ~ *and indent* dente e entalhe
dental [ˈdentl] adj. 1 dental, dentário, dos dentes; ~ *hygiene* higiene dentária; 2 LINGUÍSTICA dental ❖ ~ *appointment* consulta no dentista; ~ *floss* fio dental; ~ *nurse* assistente dentária; ~ *plate* dentadura; ~ *surgeon* dentista

dentaria [denˈteərɪə] s. BOTÂNICA dentária
dentary [ˈdentərɪ] adj. ANATOMIA dentário
dentate [ˈdenteɪt] adj. dentado
dentation [denˈteɪʃən] s. 1 denteado; 2 recorte dentado
dented [ˈdentɪd] adj. 1 amolgado, com mossas; 2 serrilhado; 3 dentado; ~ *wheel* roda dentada ❖ ~ *ring* cremalheira
denticle [ˈdentɪkl] s. dentículo
denticular [denˈtɪkjʊlə] adj. denticular, denticulado
denticulate [denˈtɪkjʊlɪt] adj. denticular, denticulado
denticulated [denˈtɪkjʊleɪtɪd] adj. denticular, denticulado
denticulation [denˌtɪkjʊˈleɪʃən] s. denticulação
dentiform [ˈdentɪfɔːm] adj. dentiforme
dentifrice [ˈdentɪfrɪs] s. dentífrico, dentifrício
dentil [ˈdentɪl] s. dentículo
dentine [ˈdentiːn] s. dentina
dentist [ˈdentɪst] s. dentista
dentistry [ˈdentɪstrɪ] s. medicina dentária, cirurgia dentária
dentition [denˈtɪʃən] s. dentição
denture [ˈdentʃə] s. dentadura
denudation [ˌdɪnjuːˈdeɪʃən] s. 1 desnudação; 2 erosão
denudative [dɪˈnjuːdətɪv] adj. desnudativo
denude [dɪˈnjuːd] v.tr. desnudar, despojar
denunciate [dɪˈnʌnsɪeɪt] v.tr. [form.] denunciar; condenar publicamente
denunciation [dɪˌnʌnsɪˈeɪʃən] s. 1 delação, denúncia; 2 previsão; 3 acusação; 4 condenação
denunciative [dɪˈnʌnsɪətɪv] adj. denunciatório
denunciator [dɪˈnʌnsɪeɪtə] s. denunciador
denunciatory [dɪˈnʌnsɪətərɪ] adj. denunciatório
deny [dɪˈnaɪ] v.tr. 1 negar; 2 recusar; rejeitar; 3 abjurar, renegar; *to* ~ *the faith* abjurar, renegar a fé; 4 desmentir; 5 (emoções) reprimir ❖ *there's no denying that...* é indiscutível que...; *to* ~ *oneself sth* privar-se de alguma coisa
deodand [ˈdiːəʊdænd] s. coisa legada ao Estado para fins beneficentes, como compensação por ter causado a morte de alguém
deodar [ˈdɪəʊdɑː] s. cedro do Himalaia
deodorant [diːˈəʊdərənt] s. desodorizante
deodorise [diːˈəʊdəraɪz] v.tr. ⇒ **deodorize**
deodorization [diːˌəʊdəraɪˈzeɪʃən] s. desodorização
deodorize [diːˈəʊdəraɪz] v.tr. desodorizar
deodorizer [diːˈəʊdəraɪzə] s. ⇒ **deodorant**
deontological [diːˌɒntəˈlɒdʒɪkl] adj. deontológico
deontology [diːɒnˈtɒlədʒɪ] s. deontologia
deorbit [diːˈɔːbɪt] v.tr.,intr. desorbitar, exorbitar
deoxidise [diːˈɒksɪdaɪz] v.tr. ⇒ **deoxidize**
deoxidization [diːˌɒksɪdaɪˈzeɪʃən] s. desoxidação
deoxidize [diːˈɒksɪdaɪz] v.tr. desoxidar
deoxidizer [diːˈɒksɪdaɪzə] s. desoxidante
deoxygenate [diːˈɒksɪdʒəneɪt] v.tr. desoxigenar
deoxygenation [diːˌɒksɪdʒəˈneɪʃn] s. desoxigenação
deoxyribonucleic [ˌdiːɒksɪraɪbəʊnjuːˈkliːɪk] adj. desoxirribonucleico ❖ ~ *acid* ácido desoxirribonucleico
dep. Ⓐ [abrev. de department] Ⓑ [abrev. de deputy]
DEP [EUA] [abrev. de Department of Environmental Protection]
depart [dɪˈpɑːt] Ⓐ v.tr.,intr. 1 partir [**from**, de]; sair [**from**, de]; *the train departed from Lisbon at seven o'clock* o comboio partiu de Lisboa às sete horas; 2 separar-se, afastar-se; 3 (assunto) desviar-se [**from**, de]; 4 (falecimento) partir; *to* ~ *this life* falecer Ⓑ s. QUÍMICA separação ❖ *to* ~ *from one's word* faltar à palavra
departed [dɪˈpɑːtɪd] adj.,s. 1 desaparecido; 2 falecido, defunto ❖ *the* ~ o falecido; os mortos
department [dɪˈpɑːtmənt] s. 1 departamento; 2 secção, repartição; 3 serviço; *heads of departments* chefes dos serviços; 4 ministério; ~ *of Social Security* Ministério da Segurança Social; 5 departamento (divisão administrativa em França); 6 corporação; [EUA] *fire* ~ corpo de bombeiros; 7 [coloq.] competência; *that's not my* ~ isso não é da minha competência ❖ ~ *store* loja grande
departmental [ˌdiːpɑːtˈmentəl] adj. departamental
departmentalise [ˌdiːpɑːtˈmentəlaɪz] v.tr. ⇒ **departmentalize**
departmentalize [ˌdiːpɑːtˈmentəlaɪz] v.tr. 1 dividir em departamentos; 2 [depr.] compartimentar, dividir excessivamente

departure [dɪˈpɑːtʃə] s. 1 partida; 2 embarque; 3 desvio, afastamento; 4 NÁUTICA desvio de longitude, diferença de longitude; 5 tendência, orientação; 6 mudança; modificação; 7 inovação; 8 novo caminho; nova via ❖ (aeroporto) ~ *gate* portão de embarque; (aeroporto) ~ *lounge* sala de embarque; (caminhos-de-ferro) ~ *platform* cais de embarque; *a ~ from the norm* uma excepção à regra; *point of ~* ponto de partida; *to take one's ~* partir

depasture [diːˈpɑːstʃə] v.tr.,intr. 1 pastar; 2 levar a pastar

depauperate [diːˈpɔːpəreɪt] v.tr. empobrecer, depauperar

depauperation [diːˌpɔːpəˈreɪʃən] s. empobrecimento, depauperamento

depauperize [diːˈpɔːpəraɪz] v.tr. libertar da pobreza, libertar da indigência

depend [dɪˈpend] v.intr. 1 depender [**on/upon**, de]; estar dependente [**on/upon**, de]; *her decision depends on several things* a decisão dela depende de várias coisas; *it depends* depende; 2 confiar [**on**, em]; *you can ~ on her* podes confiar nela; 3 [arc.] pender, estar pendente; estar suspenso [**from**, de] ❖ *all depends/that depends* isso é conforme; isso depende; *~ upon it* não há qualquer dúvida; *to have little to ~ upon* ter pouco de que viver

dependability [dɪˌpendəˈbɪlɪtɪ] s. 1 confiança, segurança; 2 fiabilidade

dependable [dɪˈpendəbəl] adj. 1 de confiança, em que se pode confiar; 2 fiável

dependableness [dɪˈpendəblnəs] s. ⇒ **dependability**

dependably [dɪˈpendəblɪ] adv. de um modo digno de confiança

dependance [dɪˈpendəns] [EUA] ⇒ **dependence**

dependant [dɪˈpendənt] s. 1 [GB] (família) dependente; 2 protegido

dependence [dɪˈpendəns] s. 1 dependência, sujeição; 2 confiança

dependency [dɪˈpendənsɪ] s. 1 sujeição; 2 confiança; 3 dependência, aposento, anexo; 4 POLÍTICA domínio; colónia; *overseas dependencies* colónias ultramarinas; *the country is an American ~* o país está sob domínio americano

dependent [dɪˈpendənt] Ⓐ adj. 1 dependente [**on/upon**, de]; 2 LINGUÍSTICA subordinado; *~ clause* oração subordinada; 3 [arc., lit.] suspenso, pendurado Ⓑ s. 1 [EUA] (família) dependente; 2 protegido

depersonalization [dɪˌpɜːsənəlaɪˈzeɪʃən] s. 1 despersonalização; 2 descaracterização

depersonalize [dɪˈpɜːsənəlaɪz] v.tr. 1 despersonalizar; 2 tornar impessoal; 3 descaracterizar

dephosphorization [diːˌfɒsfəraɪˈzeɪʃən] s. desfosforação

dephosphorize [diːˈfɒsfəraɪz] v.tr. desfosforar

depict [dɪˈpɪkt] v.tr. 1 pintar, representar por desenho; 2 retratar, representar, descrever

depicter [dɪˈpɪktə] s. 1 pintor; 2 pessoa que faz uma descrição

depiction [dɪˈpɪkʃən] s. 1 pintura; 2 descrição, representação

depictor [dɪˈpɪktə] s. 1 pintor; 2 pessoa que faz uma descrição

depigmentation [dɪˌpɪɡmenˈteɪʃn] s. despigmentação

depilate [ˈdepɪleɪt] v.tr. depilar

depilation [depɪˈleɪʃən] s. depilação

depilatory [dɪˈpɪlətərɪ] adj.,s. depilatório

deplenish [dɪˈplenɪʃ] v.tr. esvaziar, despojar, desguarnecer

deplete [dɪˈpliːt] v.tr. 1 diminuir, reduzir; 2 esvaziar; 3 esgotar; 4 descongestionar

depleted [dɪˈpliːtɪd] adj. 1 vazio; esvaziado; 2 baixo; reduzido; 3 empobrecido; *~ uranium* urânio empobrecido; 4 (pessoa) exausto; esgotado

depletion [dɪˈpliːʃən] s. 1 redução, diminuição; *ozone ~* diminuição da camada de ozono; 2 depleção; 3 esgotamento; *the ~ of water reserves* o esgotamento das reservas de água

deplorable [dɪˈplɔːrəbəl] adj. deplorável

deplorableness [dɪˈplɔːrəblnɪs] s. aspecto deplorável

deplorably [dɪˈplɔːrəblɪ] adv. deploravelmente

deploration [dɪˌplɔːˈreɪʃən] s. deploração, lamentação

deplore [dɪˈplɔː] v.tr. deplorar, lamentar

deploy [dɪˈplɔɪ] Ⓐ v.tr.,intr. 1 MILITAR abrir, desdobrar em linha; 2 colocar; 3 utilizar Ⓑ s. 1 MILITAR desdobramento em linha; 2 colocação

deployment [dɪˈplɔɪmənt] s. 1 MILITAR desdobramento em linha, colocação; 2 uso; utilização eficaz ❖ *rapid ~ force* força de intervenção

deplumation [dɪpluːˈmeɪʃən] s. queda das penas, muda

deplume [dɪˈpluːm] v.tr. depenar

depolarise [diːˈpəʊləraɪz] v.tr. ⇒ **depolarize**

depolarization [diːˌpəʊləraɪˈzeɪʃən] s. despolarização

depolarize [diːˈpəʊləraɪz] v.tr. despolarizar, abalar, perturbar

depolarized [diːˈpəʊləraɪzd] adj. despolarizado

depolarizer [diːˈpəʊləraɪzə] s. despolarizador

depolarizing [diːˈpəʊləraɪzɪŋ] s. despolarização ❖ *~ effect* efeito despolarizante

depoliticize [ˌdiːpəˈlɪtɪsaɪz] v.tr. despolitizar

depollute [diːpəˈluːt] v.tr. despoluir

depolymerization [diːˌpɒlɪməraɪˈzeɪʃən] s. despolimerização

depolymerize [diːˈpɒlɪməraɪz] v.tr. despolimerizar

depone [dɪˈpəʊn] v.tr.,intr. DIREITO depor, declarar

deponent [dɪˈpəʊnənt] adj.,s. 1 depoente; 2 declarante

depopulate [diːˈpɒpjʊleɪt] v.tr.,intr. despovoar, despovoar-se

depopulation [diːˌpɒpjʊˈleɪʃən] s. despovoamento ❖ *rural ~* êxodo rural

depopulator [diːˈpɒpjʊleɪtə] s. despovoador

deport [dɪˈpɔːt] v.tr. deportar, desterrar ❖ *to ~ oneself* comportar-se

deportation [ˌdiːpɔːˈteɪʃən] s. desterro, deportação

deportee [ˌdiːpɔːˈtiː] s. degredado, deportado

deportment [dɪˈpɔːtmənt] s. 1 porte; 2 procedimento, comportamento; modos, atitudes

deposal [dɪˈpəʊzəl] s. 1 destituição, deposição; 2 demissão

depose [dɪˈpəʊz] v.tr.,intr. 1 depor, destituir; 2 destronar; 3 declarar, fazer um depoimento, depor

deposit [dɪˈpɒzɪt] Ⓐ s. 1 depósito; (banco) *to make a ~ of 40 dollars* fazer um depósito de 40 dólares; 2 (pagamento) entrada; *I put down a ~ on a car* paguei a entrada para um carro; 3 garantia; 4 (dinheiro) sinal; 5 sedimento, borra; *~ of oil* borra de óleo; 6 jazigo, camada Ⓑ v.tr. 1 depositar [**in**, em]; fazer um depósito de; 2 (objectos) pousar; deixar; 3 (sedimento) deixar assentar ❖ *~ account* conta a prazo

depositary [dɪˈpɒzɪtrɪ] s. (pl. -ies) depositário

depositing [dɪˈpɒzɪtɪŋ] s. depósito

deposition [ˌdepəˈzɪʃən] s. 1 depoimento; testemunho; 2 (poder) deposição; destituição; 3 depósito ❖ *to make a ~ on oath* declarar sob juramento

depositor [dɪˈpɒzɪtə] s. depositante (em banco)

depository [dɪˈpɒzɪtərɪ] s. (pl. -ies) 1 depositário; 2 depósito, entreposto

depot [ˈdepəʊ] s. 1 armazém; entreposto; depósito; 2 [EUA] estação de caminho-de-ferro; 3 [EUA] central de autocarros; terminal de autocarros ❖ *~ ship* navio de abastecimento

depravation [ˌdeprəˈveɪʃən] s. depravação

deprave [dɪˈpreɪv] v.tr. depravar

depraved [dɪˈpreɪvd] adj. depravado

depravity [dɪˈprævɪtɪ] s. depravação

deprecate [ˈdeprɪkeɪt] v.tr. 1 pedir, rogar; 2 desaprovar, censurar

deprecating [ˈdeprɪkeɪtɪŋ] adj. que desaprova

deprecatingly [ˈdeprɪkeɪtɪŋlɪ] adv. desaprovativamente

deprecation [ˌdeprɪˈkeɪʃən] s. 1 deprecação; 2 desaprovação

deprecative [ˈdeprɪkeɪtɪv] adj. deprecativo

deprecatory [ˈdeprɪkeɪtərɪ] adj. deprecatório

depreciate [dɪˈpriːʃɪeɪt] v.tr.,intr. 1 depreciar; 2 desvalorizar; 3 baratear; 4 rebaixar

depreciatingly [dɪˈpriːʃɪeɪtɪŋlɪ] adv. depreciativamente

depreciation [dɪˌpriːʃɪˈeɪʃən] s. 1 depreciação; 2 rebaixamento

depreciative [dɪˈpriːʃətɪv] adj. depreciativo

depreciator [dɪˈpriːʃɪeɪtə] s. 1 depreciador; 2 pessoa que rebaixa, que difama

depreciatory [dɪˈpriːʃɪətərɪ] adj. depreciativo

depredate [ˈdeprɪdeɪt] v.tr. [form.] saquear; devastar; *the troops depredated the village* as tropas saquearam a aldeia

depredation [ˌdeprɪˈdeɪʃən] s. depredação

depredator [ˈdeprɪdeɪtə] s. depredador

depredatory [dɪˈpredətərɪ] adj. depredatório

depress

depress [dɪˈpres] v.tr. 1 deprimir; 2 humilhar; 3 desanimar, desencorajar; 4 baixar, fazer diminuir (comércio); 5 carregar, calcar
depressant [dɪˈpresənt] adj.,s. 1 calmante, sedativo; 2 inibidor
depressed [dɪˈprest] adj. 1 deprimido; desanimado; *to get* ~ ficar deprimido; 2 MEDICINA com depressão; *clinically* ~ com depressão clínica; 3 (economia) em recessão; em baixa; 4 desnivelado ❖ ~ *arch* arco abatido; ~ *area* zona desertificada
depressing [dɪˈpresɪŋ] adj. deprimente
depression [dɪˈpreʃən] s. 1 MEDICINA depressão; 2 abatimento, desânimo; 3 METEOROLOGIA, GEOGRAFIA depressão; 4 ECONOMIA crise, recessão; 5 desnível; desnivelamento, 6 baixa, abaixamento ❖ ~ *of ground* depressão de terreno
depressive [dɪˈpresɪv] Ⓐ adj. 1 depressivo; 2 deprimente Ⓑ s. depressivo, pessoa com tendência para a depressão ❖ MEDICINA *severe* ~ *disorder* grave depressão; *to be a bit of a* ~ ter tendência para a depressão
depressor [dɪˈpresə] s. depressor, abaixador ❖ *tongue* ~ abaixa-língua
depressurise [diːˈpreʃəraɪz] v.tr. ⇒ **depressurize**
depressurization [diːˌpreʃəraɪˈzeɪʃən] s. despressurização
depressurize [diːˈpreʃəraɪz] v.tr. despressurizar
deprivable [dɪˈpraɪvəbəl] adj. 1 removível; 2 excluível
deprival [dɪˈpraɪvəl] s. perda, privação
deprivation [ˌdeprɪˈveɪʃən] s. 1 perda, privação; 2 carência; 3 penúria, miséria; 4 destituição, revocação
deprive [dɪˈpraɪv] v.tr. 1 privar [**of**, de]; 2 despojar [**of**, de]; 3 destituir; exonerar ❖ *to* ~ *oneself of sth* privar-se de algo
dept [abrev. de department]
depth [depθ] s. 1 profundidade; *the water was five metres in* ~ a água tinha cinco metros de profundidade; 2 espessura; *this wall is one metre in* ~ esta parede tem um metro de espessura; 3 intensidade; 4 fundo; íntimo; interior; 5 [lit.] profundezas ❖ ~ *charge* carga de profundidade; ~ *finder/gauge* sonda; ~ *of cut* profundidade do corte; ~ *of field* profundidade de campo; NÁUTICA ~ *of the hold* pontal do porão; ~ *of water* altura da água; ~ *rudder* leme de profundidade; *in the* ~ *of the country* no interior do país; *in the* ~ *of winter* em pleno Inverno; *in the depths of despair* no desespero mais profundo; *the briny depths* o oceano; o alto mar; *to be out of one's* ~ não ter pé; estar como um peixe fora de água; *that's beyond my* ~ isso está para além da minha capacidade
depurant [ˈdepjʊrənt, dɪˈpjʊərənt] adj.,s. depurativo
depurate [ˈdepjʊreɪt] v.tr.,intr. depurar, purificar
depuration [ˌdepjʊˈreɪʃən] s. depuração
depurative [deˈpjʊərətɪv] adj.,s. depurativo
deputation [ˌdepjʊˈteɪʃən] s. deputação
depute [dɪˈpjuːt] v.tr. deputar, delegar
deputise [ˈdepjʊtaɪz] v.intr. ⇒ **deputize**
deputize [ˈdepjʊtaɪz] v.intr. substituir [**for**, -]; actuar em representação [**for**, de]
deputy [ˈdepjʊti] s. (pl. -ies) 1 procurador, delegado, representante; 2 substituto; 3 (França, Alemanha, Itália) deputado ❖ ~ *chairman* vice-presidente; ~ *governor* vice-governador; ~ *manager* subdirector; *ambassador's* ~ encarregado de negócios
deputyship [ˈdepjʊtiʃɪp] s. deputação, delegação
deracinate [dɪˈræsɪneɪt] v.tr. arrancar pela raiz
deracination [dɪˌræsɪˈneɪʃən] s. arrancamento pela raiz, extirpação
derail [dɪˈreɪl] Ⓐ v.tr. fazer descarrilar Ⓑ v.intr. descarrilar
derailment [dɪˈreɪlmənt] s. descarrilamento
derange [dɪˈreɪndʒ] v.tr. 1 desorganizar, confundir; 2 perturbar (o espírito), transtornar
deranged [dɪˈreɪndʒd] adj. 1 desarranjado; 2 perturbado, transtornado ❖ *to be (mentally)* ~ estar transtornado de espírito
derangement [dɪˈreɪndʒmənt] s. 1 desarranjo, avaria; 2 perturbação; 3 loucura, alienação
derbies [ˈdɑːbɪz] s.pl. [cal.] algemas
derby [ˈdɑːbɪ] s. (pl. -ies) 1 DESPORTO (competição importante) dérbi; 2 corrida de cavalos; 3 [EUA, Can.] chapéu de coco
Derby [ˈdɑːbɪ] s. corrida de cavalos em Epsom, na primeira quarta-feira de Junho ❖ ~ *dog* acontecimento desagradável e imprevisto

Derbyite [ˈdɑːbɪɪt] s. soldado recrutado segundo o plano de Lorde Derby (1915)
deregister [diːˈredʒɪstə] v.tr. irradiar (alguém duma sociedade)
deregulate [diːˈregjʊleɪt] v.tr. liberalizar, livrar de restrições
deregulation [dɪˌregjʊˈleɪʃən] s. liberalização
derelict [ˈderɪlɪkt] Ⓐ adj. 1 abandonado, devoluto; 2 degradado; 3 em ruínas; 4 DIREITO negligente Ⓑ s. 1 sem-abrigo; desfavorecido; 2 edifício abandonado; 3 navio abandonado
dereliction [ˌderɪˈlɪkʃən] s. 1 abandono; 2 degradação, deterioração; 3 recuo, retrocesso (do mar); 4 negligência, incúria, descuido
deride [dɪˈraɪd] v.tr. ridicularizar, escarnecer
derider [dɪˈraɪdə] s. escarnecedor, motejador
deridingly [dɪˈraɪdɪŋli] adv. escarnecedoramente
derision [dɪˈrɪʒən] s. irrisão
derisive [dɪˈraɪsɪv] adj. trocista, irónico
derisively [dɪˈraɪsɪvli] adv. com ironia
derisory [dɪˈraɪsəri] adj. 1 ridículo; 2 trocista
derivable [dɪˈraɪvəbəl] adj. derivável
derivation [ˌderɪˈveɪʃən] s. derivação
derivative [dɪˈrɪvətɪv] Ⓐ s. 1 QUÍMICA derivado; 2 (geral) sucedâneo; 3 LINGUÍSTICA palavra derivada; 4 MATEMÁTICA derivada Ⓑ adj. 1 derivado; 2 derivativo; 3 [fig.] pouco original; 4 [fig.] um pouco batido
derivatively [dɪˈrɪvətɪvli] adv. por derivação
derive [dɪˈraɪv] Ⓐ v.tr. conseguir; obter; retirar; *to* ~ *pleasure from* retirar prazer de Ⓑ v.intr. 1 derivar [**from**, de]; 2 (causa) ser originado [**from**, por]; ter origem [**from**, em]; provir [**from**, de]; 3 ter a ver [**from**, com]; relacionar-se [**from**, com]; *all that derives from the fact that* tudo isso tem a ver com ❖ *to be derived from* (palavra) derivar de; (substância) ser um derivado de
derived [dɪˈraɪvd] adj. derivado ❖ FINANÇAS ~ *demand* procura derivada
derm [dɜːm] s. derme
dermabrasion [dɜːməˈbreɪʒən] s. CIRURGIA (operação plástica) dermabrasão
dermal [ˈdɜːməl] adj. dérmico
dermatitis [ˌdɜːməˈtaɪtɪs] s. dermatite
dermatoglyphic [ˌdɜːmətəʊˈglɪfɪk] adj. DIREITO, MEDICINA dermatoglífico
dermatoglyphics [ˌdɜːmətəʊˈglɪfɪks] Ⓐ s. MEDICINA dermatoglifia Ⓑ s.pl. (pele) dermatóglifo
dermatological [ˌdɜːmətəˈlɒdʒɪkəl] adj. dermatológico
dermatologist [ˌdɜːməˈtɒlədʒɪst] s. MEDICINA dermatologista
dermatology [ˌdɜːməˈtɒlədʒi] s. MEDICINA dermatologia
dermatosis [ˌdɜːməˈtəʊsɪs] s. MEDICINA dermatose
dermic [ˈdɜːmɪk] adj. dérmico
dermis [ˈdɜːmɪs] s. ANATOMIA derme
dermographia [ˌdɜːməʊˈgræfɪə] s. dermografia
dermographism [dɜːˈmɒgrəfɪzəm] s. dermografismo
dern [dɜːn] [coloq.] ⇒ **darn**
derogate [ˈderəgeɪt] v.intr. 1 baixar [**from**, -]; diminuir [**from**, -]; 2 depreciar [**from**, -]; desvalorizar [**from**, -]; 3 DIREITO derrogar ❖ *to* ~ *from oneself* comportar-se de forma indigna; *without derogating from* sem querer diminuir o mérito de
derogation [ˌderəˈgeɪʃən] s. 1 diminuição, aviltamento; 2 derrogação
derogatory [dɪˈrɒgətəri] adj. 1 depreciativo; 2 derrogatório
derrick [ˈderɪk] s. 1 grua, grande guindaste; 2 (exploração petrolífera) torre de perfuração/sondagem ❖ ~ *chain* corrente da grua
derring-do [ˌderɪŋˈduː] s. LITERATURA temeridade, heroicidade
derringer [ˈderɪndʒə] s. pequena pistola de grande calibre
derry [ˈderi] s. 1 grupo de versos; 2 palavra sem sentido usada como refrão
dervish [ˈdɜːvɪʃ] s. (pl. -es) dervixe
DES [GB] [abrev. de Department of Education and Science]
desalinate [diːˈsælɪneɪt] v.intr. dessalinizar
desalination [diːˌsælɪˈneɪʃən] s. dessalinização
descale [diːˈskeɪl] v.tr. 1 tirar o tártaro a; 2 desincrustar
descant[1] [ˈdeskænt] s. 1 MÚSICA descante; contraponto; 2 [arc.] comentário

descant² [dɪsˈkænt] v.intr. 1 MÚSICA acompanhar em descante; cantar em contraponto; 2 falar livremente [**on/upon**, sobre]; discorrer [**on/upon**, sobre]

descend [dɪˈsend] v.tr.,intr. 1 descer; 2 (noite) cair; 3 descender [**from**, de]; 4 ser transmitido de geração em geração ❖ *now we can ~ to particulars* agora podemos tratar de pormenores

◆**descend on** v.intr. abater-se sobre, cair sobre; atacar subitamente; *the enemy descended on to the town* o inimigo caiu sobre a cidade

◆**descend to** v.tr. rebaixar-se a ❖ *to ~ sb's level* descer ao nível de alguém

descendance [dɪˈsendəns] s. descendência
descendant [dɪˈsendənt] adj.,s. descendente
descended [dɪˈsendɪd] adj. que descende de, descendente de
descendible [dɪˈsendɪbəl] adj. transmissível por herança
descending [dɪˈsendɪŋ] Ⓐ adj. 1 descendente; *~ stroke* curso descendente; 2 de descida; *~ speed* velocidade de descida; 3 decrescente; *in ~ order* por ordem decrescente Ⓑ s. descida
descent [dɪˈsent] s. 1 descida; 2 declive; inclinação; 3 (família) origens; raízes; ascendência; *of African ~* de ascendência africana; 4 (bens, tradições) transmissão por herança; 5 [fig.] (degradação) queda; declínio; 6 [fig.] (ataque) incursão [**on**, em]; investida [**on**, sobre]; invasão [**on**, de] ❖ *~ of piston* descida do êmbolo
descrambler [diːˈskræmblə] s. TELEVISÃO descodificador
describable [dɪsˈkraɪbəbəl] adj. descritível
describe [dɪsˈkraɪb] v.tr. 1 descrever, relatar; 2 desenhar; 3 traçar
describer [dɪsˈkraɪbə] s. aquele que descreve
description [dɪsˈkrɪpʃən] s. 1 descrição; 2 relato; 3 espécie, género, variedade, tipo; *in the harbour you might see vessels of every ~* no porto podiam ver-se embarcações de todas as espécies e feitios ❖ *beyond/past ~* sem descrição; *of the worst ~* da pior espécie; *to answer to the ~* corresponder à descrição
descriptive [dɪsˈkrɪptɪv] adj. descritivo ❖ *~ geometry* geometria descritiva; *~ linguistics* linguística descritiva
descriptively [dɪsˈkrɪptɪvlɪ] adv. descritivamente
descriptor [dɪsˈkrɪptə] s. LINGUÍSTICA, INFORMÁTICA descritor
descry [dɪsˈkraɪ] v.tr. [arc.] divisar, descobrir, distinguir
Desdemona [dezdɪˈməʊnə] s.antr. Desdémona
desecrate [ˈdesɪkreɪt] v.tr. profanar, desconsagrar
desecration [ˌdesɪˈkreɪʃən] s. 1 profanação; 2 desconsagração
desecrator [ˈdesɪˌkreɪtə] s. profanador
desegregate [diːˈsegrəgeɪt] v.tr.,intr. (etnia, raça) dessegregar; acabar com a separação entre grupos
desegregation [diːˌsegrəˈgeɪʃən] s. dessegregação
deselect [ˌdiːsɪˈlekt] v.tr. 1 POLÍTICA rejeitar (membro do parlamento) para votação de reeleição; 2 INFORMÁTICA deixar de seleccionar
desensitise [diːˈsensɪtaɪz] v.tr. ⇒ **desensitize**
desensitization [diːˌsensɪtaɪˈzeɪʃən] s. dessensibilização
desensitize [diːˈsensɪtaɪz] v.tr. FOTOGRAFIA dessensibilizar
desensitizer [diːˈsensɪtaɪzə] s. FOTOGRAFIA dessensibilizador
desert¹ [dɪˈzɜːt] Ⓐ s. merecimento; mérito Ⓑ v.tr.,intr. 1 abandonar; 2 desertar [**from**, de]; 3 desamparar; *his presence of mind deserted him* começou a atrapalhar-se, começou a perder a presença de espírito ❖ *to ~ to the enemy* passar-se para o inimigo; *to meet with/to get one's deserts* receber a recompensa/o castigo que se merece
desert² [ˈdezət] Ⓐ s. 1 deserto; 2 ermo; descampado Ⓑ adj. 1 deserto; ermo; 2 desértico; do deserto ❖ *~ island* ilha deserta; ZOOLOGIA *~ rat* rato do deserto; HISTÓRIA, MILITAR *Desert Rat* soldado da VII divisão blindada britânica na campanha do Norte de África (1941-42)
deserted [dɪˈzɜːtɪd] adj. 1 ermo; deserto; 2 abandonado
deserter [dɪˈzɜːtə] s. desertor
desertification [dɪˌzɜːtɪfɪˈkeɪʃən] s. desertificação
desertion [dɪˈzɜːʃən] s. 1 deserção; 2 abandono
deserve [dɪˈzɜːv] v.tr.,intr. 1 merecer; 2 ser digno de; 3 ter direito a ❖ *one good turn deserves another* amor com amor se paga
deservedly [dɪˈzɜːvɪdlɪ] adv. merecidamente
deservedness [dɪˈzɜːvɪdnɪs] s. justeza, justiça
deserving [dɪˈzɜːvɪŋ] Ⓐ adj. 1 meritório; louvável; 2 digno [**of**, de]; merecedor [**of**, de]; *to be ~ of* ser merecedor de Ⓑ s. mérito

deservingly [dɪˈzɜːvɪŋlɪ] adv. 1 meritoriamente; 2 merecidamente
desex [diːˈseks] v.tr. 1 castrar; 2 dessexualizar
desexualise [diːˈseksjʊəlaɪz, diːˈsekʃʊəlaɪz] v.tr. dessexualizar
desexualize [diːˈseksjʊəlaɪz, diːˈsekʃʊəlaɪz] v.tr. dessexualizar
deshabille [ˌdezəˈbiːl] s. roupão, traje caseiro
déshabillé [ˌdezəˈbiːeɪ] s. ⇒ **dishabille**
desiccant [ˈdesɪkənt] s. dessecador, dessecativo
desiccate [ˈdesɪkeɪt] v.tr. 1 secar (para conserva), desidratar; 2 enxugar
desiccated [ˈdesɪkeɪtɪd] adj. desidratado ❖ CULINÁRIA *~ coconut* coco ralado
desiccation [ˌdesɪˈkeɪʃən] s. desidratação; secagem
desiccative [deˈsɪkətɪv] adj. dessecativo
desiccator [ˈdesɪˌkeɪtə] s. secador
desiderate [dɪˈzɪdəreɪt] v.tr. 1 sentir a falta de; 2 desejar
desiderative [dɪˈzɪdərətɪv] Ⓐ adj. desiderativo Ⓑ s. LINGUÍSTICA verbo desiderativo
desideratum [dɪˌzɪdəˈreɪtəm] s. (pl. **-a**) desiderato
Desiderius [ˌdesɪˈdɪərɪəs] s.antr. Desidério
design [dɪˈzaɪn] Ⓐ s. 1 design; *industrial ~ design* industrial; *interior ~* design de interiores; 2 (decoração) padrão; motivo; *a floral ~* um padrão floral; 3 desenho, esboço, planta, plano; 4 concepção; 5 estilo; 6 desígnio, intenção Ⓑ v.tr.,intr. 1 fazer o design de; 2 desenhar; 3 conceber; projectar; 4 planear; 5 elaborar; 6 destinar [**to**, a]; designar [**to**, para] ❖ *by ~* intencionalmente; propositadamente; *to have designs on* andar de olho em
designate¹ [ˈdezɪgneɪt] v.tr. 1 designar; 2 nomear; 3 indicar, mostrar
designate² [ˈdezɪgnɪt] adj. 1 designado; 2 nomeado (mas ainda não empossado)
designation [ˌdezɪgˈneɪʃən] s. 1 nomeação; 2 indicação; 3 designação; 4 título, descrição
designedly [dɪˈzaɪnɪdlɪ] adv. 1 intencionalmente; 2 de propósito
designer [dɪˈzaɪnə] Ⓐ s. 1 designer, artista gráfico, desenhador; 2 criador, autor; 3 (moda) estilista, costureiro; 4 (publicidade) criativo Ⓑ adj. 1 (roupa) de marca; 2 à última moda, actual ❖ *~ drug* droga sintética; *~ label* marca; *~ stubble* barba de três dias
designing [dɪˈzaɪnɪŋ] Ⓐ adj. 1 intriguista; 2 manhoso Ⓑ s. 1 desenho; 2 plano, planta
designingly [dɪˈzaɪnɪŋlɪ] adv. astuciosamente
desilverize [diːˈsɪlvəraɪz] v.tr. despratear
desinence [ˈdesɪnəns] s. LINGUÍSTICA desinência
desipience [dɪˈsɪpɪəns] s. 1 superficialidade; 2 frivolidade
desirability [dɪˌzaɪərəˈbɪlɪtɪ] s. 1 desejabilidade, carácter desejável; 2 carácter apelativo; 3 atracção; 4 conveniência; 5 vantagens
desirable [dɪˈzaɪərəbəl] adj. 1 desejável; 2 apetecível; 3 atractivo, atraente; 4 conveniente, aconselhável
desirableness [dɪˈzaɪərəblnɪs] s. ⇒ **desirability**
desirably [dɪˈzaɪərəblɪ] adv. 1 desejavelmente; de modo desejável; 2 atractivamente ❖ (habitação) *~ located* bem situado; *~ priced* com um preço interessante
desire [dɪˈzaɪə] Ⓐ s. 1 desejo; 2 aspiração; 3 apetite, ânsia Ⓑ v.tr. 1 desejar; sentir o desejo de; 2 ansiar (por) ❖ *it leaves a lot to be desired* deixa muito a desejar; *to have no ~ to* não querer de forma alguma
desired [dɪˈzaɪəd] adj. desejado; almejado ❖ *to have the ~ effect* surtir o efeito desejado
desirous [dɪˈzaɪərəs] adj. desejoso
desirously [dɪˈzaɪərəslɪ] adv. desejosamente
desist [dɪˈzɪst] v.intr. parar, cessar
desistance [dɪˈzɪstəns] s. renúncia
desk [desk] s. 1 secretária; 2 carteira; 3 escrivaninha; 4 (lojas) caixa; 5 recepção; balcão ❖ [EUA] (hotel) *~ clerk* recepcionista; *~ fan* ventoinha portátil; *information ~* balcão de informações; *pedestal ~* secretária-ministro
deskbound [ˈdeskbaʊnd] adj. (trabalho) sedentário
desktop [ˈdesktɒp] Ⓐ s. 1 (tampo) secretária; 2 área de trabalho; 3 INFORMÁTICA ambiente de trabalho Ⓑ adj. de secretária ❖ INFORMÁTICA *~ computer* computador pessoal; computador de secretária; INFORMÁTICA *~ publishing* edição electrónica, edição assistida por computador

desolate¹ ['desəleɪt] v.tr. **1** desolar; **2** assolar; **3** despovoar; **4** lançar na desolação
desolate² ['desələt] adj. **1** desolado; **2** solitário, só
desolately ['desələtlɪ] adv. **1** com desolação; **2** solitariamente
desolateness ['desələtnɪs] s. desolação
desolation [desə'leɪʃən] s. **1** desolação; **2** miséria; **3** ruína
despair [dɪs'peə] Ⓐ s. **1** desespero; **2** aflição Ⓑ v.intr. **1** desesperar [**of**, com]; **2** perder a esperança; não ter esperança [**of**, de]; *her life is despaired of* não há esperanças de a salvar ❖ *to be in ~* estar desesperado; *to drive sb to ~* levar alguém ao desespero
despairing [dɪ'speərɪŋ] adj. desesperado, sem esperança
despairingly [dɪ'speərɪŋlɪ] adv. desesperadamente
despatch [dɪs'pætʃ] s. ⇒ **dispatch**
desperado [despə'rɑ:dəʊ] s. (pl. -es) **1** homem perdido, pessoa pronta a qualquer crime; **2** facínora
desperate ['despərɪt] adj. **1** desesperado; em desespero; **2** sem esperança; **3** violento, terrível; *a ~ night* uma noite terrível; **4** muito perigoso; *a ~ fellow* um homem capaz de tudo ❖ *~ cases require ~ remedies* para grandes males, grandes remédios; *to do sth ~* cometer uma loucura
desperately ['despərɪtlɪ] adv. desesperadamente
desperateness ['despərɪtnɪs] s. **1** desesperação; **2** loucura
desperation [despə'reɪʃən] s. **1** desespero; **2** aflição ❖ *in sheer ~* em desespero de causa; *to drive sb to ~* exasperar alguém
despicability [dɪsˌpɪkə'bɪlɪtɪ] s. **1** carácter desprezível; **2** vileza
despicable [dɪ'spɪkəbəl] adj. vil, desprezível
despicableness [dɪ'spɪkəblnɪs] s. carácter desprezível
despicably [dɪ'spɪkəblɪ] adv. **1** de modo desprezível; **2** vilmente
despise [dɪs'paɪz] v.tr. **1** desprezar; **2** menosprezar
despiser [dɪs'paɪzə] s. desprezador
despisingly [dɪs'paɪzɪŋlɪ] adv. com desprezo
despite [dɪ'spaɪt] Ⓐ s. **1** despeito; **2** orgulho ofendido; **3** injúria, ultraje Ⓑ prep. apesar de
despiteful [dɪ'spaɪtfʊl] adj. despeitoso, despeitado
despitefully [dɪ'spaɪtfʊlɪ] adv. cheio de despeito
despoil [dɪ'spɔɪl] v.tr. **1** pilhar, espoliar, despojar; **2** roubar
despoiler [dɪ'spɔɪlə] s. **1** espoliador; **2** despojador
despoilment [dɪ'spɔɪlmənt] s. espoliação
despoliation [dɪspɒlɪ'eɪʃən] s. espoliação
despond [dɪs'pɒnd] Ⓐ v.intr. **1** desanimar, esmorecer; **2** perder a coragem Ⓑ s. [arc., poét.] desânimo
despondency [dɪs'pɒndənsɪ] s. desânimo, abatimento, prostração
despondent [dɪs'pɒndənt] adj. desencorajado, desanimado, abatido
despondently [dɪs'pɒndəntlɪ] adv. **1** desencorajadamente; **2** com um ar desanimado
despondingly [dɪs'pɒndɪŋlɪ] adv. **1** desencorajadamente; **2** desanimadamente
despot ['despɒt] s. déspota, tirano, opressor
despotic [dɪ'spɒtɪk] adj. despótico
despotical [dɪ'spɒtɪkl] adj. ⇒ **despotic**
despotically [dɪ'spɒtɪkəlɪ] adv. despoticamente
despotism ['despətɪzəm] s. despotismo
desquamate ['deskwəmeɪt] v.tr. descamar
desquamation [deskwə'meɪʃən] s. descamação
dessert [dɪ'zɜ:t] s. sobremesa; *what's for dessert?* que é a sobremesa? ❖ *~ grapes* uvas de mesa; *~ knife* faca de sobremesa; *~ plate* prato de sobremesa
dessertspoon [dɪ'zɜ:tˌspu:n] s. colher de sobremesa
destabilize [dɪ'steɪbəlaɪz] v.tr. desestabilizar
destination [destɪ'neɪʃən] s. destino, local de destino
destine ['destɪn] v.tr. destinar, reservar, designar
destined ['destɪnd] adj. **1** destinado [**for**, a]; *this money is ~ for the poor* este dinheiro é para pobres; **2** (viagens) com destino [**for**, a]; *~ for Paris* com destino a Paris; **3** predestinado [**to**, a]; **4** condenado [**to**, a]; *~ to fail* condenado ao fracasso

destiny ['destɪnɪ] s. (pl. -ies) **1** destino; **2** sina; **3** sorte
destitute ['destɪtju:t] Ⓐ adj. **1** pobre; indigente; **2** desamparado; **3** desprovido [**of**, de]; destituído [**of**, de] Ⓑ s.pl. *the ~* os desfavorecidos ❖ *to be left ~* ficar na miséria
destitution [destɪ'tju:ʃən] s. **1** pobreza; indigência; miséria; **2** desamparo; **3** destituição
destrier ['destrɪe] s. [arc.] corcel de batalha
destroy [dɪ'strɔɪ] v.tr. **1** destruir; **2** matar; **3** aniquilar; **4** neutralizar ❖ *to ~ oneself* suicidar-se
destroyable [dɪ'strɔɪəbəl] adj. destrutível
destroyer [dɪ'strɔɪə] s. **1** destruidor; **2** MILITAR contratorpedeiro
destructibility [dɪˌstrʌktɪ'bɪlɪtɪ] s. destrutibilidade
destructible [dɪ'strʌktəbl] adj. destrutível
destruction [dɪ'strʌkʃən] s. **1** destruição; **2** ruína; **3** perdição
destructive [dɪ'strʌktɪv] adj. **1** destrutivo; **2** de destruição; **3** perigoso; pernicioso; prejudicial ❖ *~ distillation* destilação seca; *~ inspection* exame destinado a avaliar a resistência máxima duma peça
destructively [dɪ'strʌktɪvlɪ] adv. destrutivamente
destructiveness [dɪ'strʌktɪvnɪs] s. destrutividade
destructor [dɪ'strʌktə] s. **1** destruidor; **2** (forno) incinerador
desuetude ['deswɪtju:d] s. desuso
desulphurise [di:'sʌlfjʊraɪz] v.tr. ⇒ **desulphurize**
desulphurization [di:ˌsʌlfjʊraɪ'zeɪʃən] s. dessulfuração
desulphurize [di:'sʌlfjʊraɪz] v.tr. dessulfurar
desultorily ['desəltərɪlɪ] adv. **1** desligadamente; **2** sem método
desultoriness ['desəltərɪnəs] s. **1** ausência de método, de plano; **2** confusão
desultory ['desəltərɪ] adj. **1** desligado, sem ligação; **2** sem método
desynonymize [ˌdi:sɪ'nɒnɪmaɪz] v.tr. diferenciar no sentido
detach [dɪ'tætʃ] v.tr. **1** separar; **2** MILITAR, MÚSICA destacar; **3** desligar, desmontar
detachability [dɪˌtætʃə'bɪlɪtɪ] s. possibilidade de se separar
detachable [dɪ'tætʃəbəl] adj. **1** destacável; amovível; **2** desmontável ❖ *~ collar* colarinho postiço
detached [dɪ'tætʃt] adj. **1** autónomo; separado; **2** independente; *a ~ mind* um espírito independente; **3** (perspectiva) objectivo; imparcial; distanciado; **4** (comportamento) distante; frio; indiferente; **5** MEDICINA desprendido, descolado; *~ retina* retina descolada ❖ *~ house* casa de quatro frentes; habitação autónoma; *to become ~* descolar-se; despegar-se
detachedly [dɪ'tætʃɪdlɪ] adv. **1** separadamente; **2** distanciadamente; **3** friamente
detachedness [dɪ'tætʃɪdnɪs] s. **1** separação; **2** distância; **3** indiferença
detachment [dɪ'tætʃmənt] s. **1** separação; **2** distância, distanciamento; **3** afastamento; **4** indiferença; **5** liberdade de espírito; **6** MILITAR destacamento; **7** MEDICINA descolamento; *~ of the retina* descolamento da retina
detail ['di:teɪl] Ⓐ s. **1** pormenor, minudência; **2** MILITAR destacamento; **3** ordem do dia Ⓑ v.tr. **1** pormenorizar; **2** especificar; **3** MILITAR destacar [**to**, para] ❖ *~ part* peça avulsa; *in ~* pormenorizadamente; *to go into details* entrar em pormenores; *war of ~* guerra de escaramuças
detailed ['di:teɪld] adj. pormenorizado, circunstanciado
detain [dɪ'teɪn] v.tr. **1** deter, conservar preso; **2** impedir; **3** fazer esperar; **4** reter, conservar
detainee [ˌdɪteɪ'ni:] s. **1** detido; **2** preso político
detainer [dɪ'teɪnə] s. **1** detenção (de propriedade); **2** sequestro; **3** prisão; **4** captura; **5** mandado de prisão ❖ *forcible ~* apropriação legal de imóvel
detainment [dɪ'teɪnmənt] s. detenção, retenção
detect [dɪ'tekt] v.tr. **1** detectar; **2** notar; descobrir, encontrar; **3** entrever
detectable [dɪ'tektəbəl] adj. **1** detectável; **2** perceptível; **3** que pode encontrar-se
detecting [dɪ'tektɪŋ] adj. detector
detection [dɪ'tekʃən] s. **1** descoberta; **2** detecção; **3** percepção; **4** MEDICINA (doença) despistagem ❖ *~ device* dispositivo para detecção; *~ work* investigações; *the ~ of crime* a luta contra o crime; *to escape ~* passar despercebido

detective [dɪˈtektɪv] Ⓐ s. detective Ⓑ adj. **1** detector; de detecção; **2** de investigação ❖ *amateur* ~ detective amador; FOTOGRAFIA ~ *camera* detectiva; LITERATURA ~ *story* policial; ~ *work* investigações; *private* ~ detective particular

detector [dɪˈtektə] s. **1** detector; indicador; **2** aquele que descobre ❖ *metal* ~ detector de metais; *smoke* ~ detector de incêndios

detent [dɪˈtent] s. **1** escape (de relógio); **2** linguete; **3** mecanismo de paragem; **4** detentor; **5** gatilho ❖ ~ *pivot* articulação da lingueta; ~ *spring* mola da lingueta; ~ *wheel* ~ retentor da roda

détente [ˈdeɪtɑːnt] s. **1** desanuviamento; **2** calma

detention [dɪˈtenʃən] s. **1** detenção; **2** retenção; **3** demora; **4** (escola) castigo; *to be in* ~ estar de castigo ❖ ~ *barracks* prisão militar; [EUA] ~ *center* casa de correcção; [GB] ~ *home* casa de correcção; *house of* ~ casa de reclusão

deter [dɪˈtɜː] v.tr. (particípios: -rr-) **1** dissuadir; **2** desencorajar, deter; **3** fazer hesitar

deterge [dɪˈtɜːdʒ] v.tr. detergir

detergency [dɪˈtɜːdʒənsɪ] s. detergência

detergent [dɪˈtɜːdʒənt] adj.,s. **1** detergente; **2** detersivo

deteriorate [dɪˈtɪərɪəreɪt] v.tr.,intr. **1** deteriorar, deteriorar-se; **2** depreciar, depreciar-se; **3** degenerar; **4** diminuir de valor

deterioration [dɪˌtɪərɪəˈreɪʃən] s. **1** deterioração; **2** enfraquecimento; **3** depauperamento

deteriorative [dɪˈtɪərɪəˌreɪtɪv] adj. prejudicial

determent [dɪˈtɜːmənt] s. **1** afastamento; **2** desvio

determinable [dɪˈtɜːmɪnəbəl] adj. determinável

determinant [dɪˈtɜːmɪnənt] adj.,s. **1** determinante; **2** causa determinante

determinate [dɪˈtɜːmɪnɪt] adj. **1** determinado; **2** exacto, preciso; **3** resolvido, decidido

determinately [dɪˈtɜːmɪnɪtlɪ] adv. **1** exactamente, com precisão; **2** decididamente

determination [dɪˌtɜːmɪˈneɪʃən] s. **1** determinação, fixação; **2** definição, delimitação; **3** decisão, resolução; **4** sentença judicial ❖ ~ *of blood to* afluxo do sangue a; *quantity* ~ doseamento; dosagem; *to come to a* ~ chegar a uma resolução; tomar uma decisão

determinative [dɪˈtɜːmɪnətɪv] adj.,s. **1** determinativo, determinante; **2** demonstrativo

determine [dɪˈtɜːmɪn] v.tr.,intr. **1** determinar; causar; **2** delimitar, definir; precisar, estabelecer; **3** resolver; decidir; **4** terminar

◆ **determine on/upon** v.tr. **1** resolver; decidir; **2** decidir-se por; escolher; optar por

determined [dɪˈtɜːmɪnd] adj. **1** determinado; **2** decidido

determinedly [dɪˈtɜːmɪndlɪ] adv. de uma maneira decidida, resoluta

determiner [dɪˈtɜːmɪnə] s. **1** juiz, árbitro; **2** pessoa que decide; **3** LINGUÍSTICA determinante

determining [dɪˈtɜːmɪnɪŋ] adj. determinante, decisivo

determinism [dɪˈtɜːmɪnɪzəm] s. determinismo

determinist [dɪˈtɜːmɪnɪst] adj.,s. determinista

deterrence [dɪˈterəns] s. MILITAR força de dissuasão

deterrent [dɪˈterənt] Ⓐ adj. **1** que detém; **2** suspensivo, impeditivo; **3** desencorajante Ⓑ s. **1** forma de dissuasão; **2** meio de intimidação; **3** impedimento, dificuldade

detersion [dɪˈtɜːʃən] s. detersão

detersive [dɪˈtɜːsɪv] adj.,s. detersivo

detest [dɪˈtest] v.tr. detestar

detestable [dɪˈtestəbəl] adj. detestável

detestableness [dɪˈtestəblnɪs] s. carácter detestável

detestably [dɪˈtestəblɪ] adv. detestavelmente

detestation [diːteˈsteɪʃən] s. **1** repulsa, aversão; **2** ódio de estimação ❖ *to hold in* ~ detestar

dethrone [dɪˈθrəʊn] v.tr. destronar

dethronement [dɪˈθrəʊnmənt] s. **1** destronação; **2** destronização

dethroner [dɪˈθrəʊnə] s. destronador

detinue [ˈdetɪnjuː] s. DIREITO reivindicação ❖ *action of* ~ acção de reivindicação

detonate [ˈdetəneɪt] v.tr.,intr. **1** detonar, rebentar; **2** fazer detonar

detonating [ˈdetəneɪtɪŋ] adj.,s. detonante ❖ ~ *point* ponto crítico de explosão

detonation [ˌdetəˈneɪʃən] s. detonação

detonator [ˈdetəneɪtə] s. **1** detonador; **2** cápsula, fulminante

detour [ˈdiːtʊə] Ⓐ s. **1** desvio; **2** rodeio, volta Ⓑ v.tr.,intr. fazer um desvio; dar uma volta Ⓒ v.tr. desviar ❖ *to make a* ~ fazer um desvio

détour [ˈdiːtʊə] s. ⇒ **detour**

detox [ˈdiːtɒks] Ⓐ s. {forma abreviada de **detoxification**} desintoxicação Ⓑ v.tr.,intr. {forma abreviada de **detoxify**} desintoxicar

detoxicate [diːˈtɒksɪkeɪt] v.tr. desintoxicar

detoxication [diːˌtɒksɪˈkeɪʃən] s. desintoxicação

detoxification [diːˌtɒksɪfɪˈkeɪʃən] s. desintoxicação

detoxify [diːˈtɒksɪfaɪ] v.tr. **1** desintoxicar; **2** anular a toxicidade de

detract [dɪˈtrækt] v.tr.,intr. **1** (desvalorizar) diminuir o valor [**from**, de]; depreciar; **2** [arc.] difamar

detractingly [dɪˈtræktɪŋlɪ] adv. depreciativamente

detraction [dɪˈtrækʃən] s. detracção

detractive [dɪˈtræktɪv] adj. **1** detractivo; **2** depreciativo

detractor [dɪˈtræktə] s. **1** detractor; **2** depreciador

detrain [diːˈtreɪn] v.tr.,intr. (comboio) desembarcar, sair

detraining [diːˈtreɪnɪŋ] s. (comboio) desembarque, saída

detrainment [diːˈtreɪnmənt] s. (comboio) desembarque, saída

detribalization [diːˌtraɪbəlaɪˈzeɪʃən] s. perda ou abandono de hábitos tribais

detribalize [diːˈtraɪbəlaɪz] v.tr. **1** destruir os hábitos tribais de; **2** expulsar de tribo

detriment [ˈdetrɪmənt] s. **1** detrimento; *to the* ~ *of* em detrimento de; **2** prejuízo; *without* ~ *to* sem prejuízo de

detrimental [ˌdetrɪˈmentəl] adj. prejudicial [**to**, a]; nocivo [**to**, para] ❖ *to have a* ~ *effect on* fazer mal a

detrimentally [ˌdetrɪˈmentəlɪ] adv. prejudicialmente

detrital [dɪˈtraɪtəl] adj. GEOLOGIA detrítico

detrited [dɪˈtraɪtɪd] adj. **1** GEOLOGIA desintegrado; **2** detrítico

detrition [dɪˈtrɪʃən] s. GEOLOGIA detrição

detritivore [dɪˈtrɪtɪvɔː] s. BIOLOGIA detritívoro

detritus [dɪˈtraɪtəs] s. GEOLOGIA detritos

Deucalion [djuːˈkeɪlɪən] s. MITOLOGIA Deucalião, filho de Prometeu

deuce [djuːs] s. **1** (cartas, dados, etc.) dois; **2** (ténis) quarenta igual; **3** [coloq.] diabo, demónio; **4** praga ❖ *the* ~ *is in it if I cannot* diabos me levem se eu não posso; *the* ~ *take him!* diabos o levem!; *they had the* ~ *of a row* tiveram uma questão dos diabos; *to play the* ~ *with* prejudicar; arruinar; *where the* ~ *have you been?* onde diabo estiveste?

deuced [djuːst] adj.,adv. enorme, muito grande ❖ *what* ~ *bad weather!* que tempo horrível!

Deut. [abrev. de Deuteronomy]

deuteragonist [djuːtəˈrægənɪst] s. deuteragonista

deuteranopia [ˌdjuːtərəˈnəʊpɪə] s. MEDICINA deuteranopia

deuteranopic [ˌdjuːtərəˈnəʊpɪk] adj. MEDICINA deuteranópico

deuterocanonical [ˌdjuːtərəkəˈnɒnɪkəl] adj. HISTÓRIA, RELIGIÃO deuterocanónico

Deuteronomy [ˌdjuːtəˈrɒnəmɪ] s. RELIGIÃO (Bíblia) Deuteronómio

deutzia [ˈdjuːtsɪə] s. BOTÂNICA dêutzia

devalorization [diːˌvæləraɪˈzeɪʃən] s. desvalorização

devalorize [diːˈvæləraɪz] v.tr. desvalorizar

devaluate [diːˈvæljʊeɪt] v.tr. **1** desvalorizar; **2** depreciar

devaluation [diːˌvæljʊˈeɪʃən] s. desvalorização

devalue [diːˈvæljuː] v.tr. desvalorizar

Devanagari [ˌdeɪvəˈnɑːɡərɪ] adj.,s. **1** devanagárico; **2** devanagári

devastate [ˈdevəsteɪt] v.tr. **1** devastar; **2** destruir; **3** esmagar

devastated [ˈdevəsteɪtɪd] adj. **1** destruído; **2** arrasado; destroçado; **3** extremamente chocado

devastating [ˈdevəsteɪtɪŋ] adj. **1** devastador; **2** desastroso; catastrófico; ~ *effects* efeitos catastróficos; **3** esmagador; avassalador; **4** (crítica) cáustico, destrutivo; demolidor; **5** [fig.] deslumbrante; irresistível

devastatingly [ˈdevəsteɪtɪŋlɪ] adv. **1** assoladoramente, devastadoramente; **2** esmagadoramente; **3** avassaladoramente; **4** irresistivelmente

devastation [ˌdevəˈsteɪʃən] s. **1** devastação; **2** dilapidação

devastator [ˈdevəsteɪtə] s. devastador

devastavit [dɪˈvæsteɪvɪt] s. DIREITO acção contra tutor por má administração dos bens que lhe foram confiados

develop [dɪ'veləp] v.tr.,intr. 1 desenvolver, desenvolver-se, crescer; 2 mostrar; 3 FOTOGRAFIA revelar
developable [dɪ'veləpəbəl] adj. FOTOGRAFIA que pode revelar-se
developer [dɪ'veləpə] s. 1 responsável pelo desenvolvimento; 2 produtor; 3 (construção civil) empreiteiro; 4 promotora imobiliária, construtora; 5 FOTOGRAFIA revelador
developing [dɪ'veləpɪŋ] ⒶⒶ adj. 1 em vias de desenvolvimento; ~ *countries* países em vias de desenvolvimento; 2 em crescimento; em expansão Ⓑ s. FOTOGRAFIA revelação; ~ *bath* banho de revelação; ~ *tray* tina de revelação
development [dɪ'veləpmənt] s. 1 desenvolvimento; 2 alargamento; 3 FOTOGRAFIA revelação; 4 exploração; 5 planificação; 6 novo acontecimento
developmental [dɪˌveləp'mentəl] adj. 1 do desenvolvimento; 2 do crescimento ❖ ~ *biology* biologia do desenvolvimento; ~ *psychology* psicologia do desenvolvimento
deviance ['di:vɪəns] s. (comportamento) desviância
deviancy ['di:vɪənsɪ] s. (comportamento) desviância
deviant ['di:vɪənt] Ⓐ adj. 1 desviante; 2 anormal; 3 pervertido Ⓑ s. desviado
deviate ['di:vɪeɪt] v.intr. afastar-se, desviar-se
deviation [di:vɪ'eɪʃən] s. 1 desvio, afastamento; ~ *of magnetic field* desvio do campo magnético; 2 desvio da agulha; 3 derivação; 4 variante
deviationism [di:vɪ'eɪʃənɪzəm] s. 1 desviacionismo; 2 dissidência
deviationist [di:vɪ'eɪʃənɪst] adj.,s. POLÍTICA dissidente
deviatory ['di:vɪətərɪ] adj. 1 que afasta, desvia; 2 que provoca a derivação
device [dɪ'vaɪs] s. 1 plano, expediente, meio; 2 instrumento, dispositivo, engenhoca, invenção; 3 desenho; 4 emblema, divisa
deviceful [dɪ'vaɪsfʊl] adj. 1 inventivo; 2 com imaginação
devil ['devl] Ⓐ s. 1 diabo; demónio; 2 (pessoa má) sacana; 3 [coloq.] pobre diabo; 4 máquina de esfiar farrapos para o fabrico de papel Ⓑ v.tr.,intr. (particípios: -ll-) 1 (trabalhar para os outros) servir de negro [**for**, a]; 2 (comida) condimentar fortemente; apimentar; 3 [EUA] [coloq.] (pedidos, etc.) atormentar [**with**, com] ❖ BOTÂNICA ~ *guts* cuscuta; [coloq.] *blue devils* neurastenia; neura; [ant.] *printer's* ~ moço de recados de uma tipografia; ~ *a one* nenhum; ninguém; BOTÂNICA ~ *in the bush* nigela; *between the* ~ *and the deep blue sea* entre a espada e a parede; entre Cila e Caríbdis; *talk of the* ~ *and he's sure to appear* fala-se no Diabo e ele aparece; *that's enough to kill the* ~ isso é um desespero; *the* ~ *may dance in his pocket* ele não tem nem cheta; *the* ~ *and all* tudo mau; (jogo) *the* ~ *on two sticks* diábolo; *the devil's advocate* o advogado do diabo; (jogo) *the devil's bones* dados; *to be the* ~ *incarnate* ser o diabo encarnado; *to give the* ~ *his due* reconhecer o mérito a alguém de quem não se gosta; *to paint the* ~ *blacker than he is* pintar o diabo pior que o que ele é; *to play the* ~ *with* pintar o diabo com; arruinar; *where the* ~ *are you?* onde raio estás tu?; *you lucky devil!* seu sortudo!
devilfish ['devlfɪʃ] s. (pl. **devilfish** ou **devilfishes**) ZOOLOGIA diabo-do-mar, manta, raia gigante
devilish ['devlɪʃ] adj.,adv. 1 diabólico; 2 diabolicamente
devilishly ['devlɪʃlɪ] adv. diabolicamente
devilishness ['devlɪʃnɪs] s. carácter diabólico
devilism ['devlɪzəm] s. satanismo
devil-may-care ['devəlmeɪˌkeə] adj. 1 despreocupado; 2 descontraído; 3 [depr.] leviano; negligente; desleixado
devilment ['devlmənt] s. 1 coisa estranha, coisa diabólica; 2 diabrura
devilry ['devlrɪ] s. 1 artes mágicas; 2 magia negra; 3 demonologia; 4 as obras do Diabo; 5 crueldade
deviltry ['devltrɪ] s. 1 artes mágicas; 2 magia negra; 3 demonologia; 4 obras do Diabo; 5 crueldade
devious ['di:vɪəs] adj. 1 desviado, afastado; 2 errante, perdido; 3 sinuoso; 4 [fig.] tortuoso; retorcido; 5 [fig.] desonesto, desleal ❖ *by* ~ *means* à custa de estratagemas
deviously ['di:vɪəslɪ] adv. 1 errantemente; 2 desviadamente; 3 sinuosamente; 4 [fig.] tortuosamente; 5 [fig.] desonestamente, deslealmente
deviousness ['di:vɪəsnɪs] s. 1 desvio; 2 sinuosidade; 3 [fig.] tortuosidade; 4 [fig.] deslealdade, desonestidade

devisable [dɪ'vaɪzəbəl] adj. 1 imaginável; 2 ideável; 3 disponível, transmissível (por testamento)
devise [dɪ'vaɪz] Ⓐ v.tr. 1 imaginar, idear, inventar; 2 legar (bens imobiliários) Ⓑ s. legado (de bens imobiliários)
devisee [devɪ'zi:, dɪvaɪ'zi:] s. DIREITO herdeiro, legatário
deviser [dɪ'vaɪzə] s. inventor
devisor [dɪ'vaɪzɜ:] s. testador
devitalization [diːˌvaɪtəlaɪ'zeɪʃən] s. desvitalização
devitalize [di:'vaɪtəlaɪz] v.tr. desvitalizar
devitrification [di:ˌvɪtrɪfɪ'keɪʃən] s. desvitrificação
devitrify [di:'vɪtrɪfaɪ] v.tr. desvitrificar
devocalize [di:'vəʊkəlaɪz] v.tr. LINGUÍSTICA (fonética) desvocalizar
devoice [di:'vɔɪs] v.tr. LINGUÍSTICA (fonética) tornar surdo
devoid [dɪ'vɔɪd] adj. desprovido [**of**, de] ❖ ~ *of sense* pateta; tolo
devoir ['devwɑː] s. 1 obrigação, dever; 2 pl. atenções
devolution [di:və'lu:ʃən] s. 1 delegação de poderes; 2 descentralização de poderes; 3 BIOLOGIA degenerescência, abastardamento
devolve [dɪ'vɒlv] v.tr.,intr. 1 transferir, delegar, transmitir; 2 recair, cair sobre; 3 ser entregue
Devonian [de'vəʊnɪən] Ⓐ s. 1 natural de Devon; 2 GEOLOGIA Devónico, Devoniano Ⓑ adj. 1 GEOLOGIA devónico, devoniano; 2 natural de Devon
devote [dɪ'vəʊt] v.tr. dedicar [**to**, a]; consagrar [**to**, a]; *to* ~ *oneself to* dedicar-se a
devoted [dɪ'vəʊtɪd] adj. 1 dedicado, devotado, fervoroso; 2 fiel; leal; 3 abnegado; 4 votado à desgraça, condenado
devotedly [dɪ'vəʊtɪdlɪ] adv. 1 devotadamente; 2 com dedicação; 3 fervorosamente; 4 fielmente; lealmente; 5 abnegadamente
devotee [devəʊ'ti:] s. 1 devoto; 2 entusiasta
devoting [dɪ'vəʊtɪŋ] s. dedicação
devotion [dɪ'vəʊʃən] s. 1 devoção; 2 dedicação; 3 afecto; 4 pl. devoções, orações
devotional [dɪ'vəʊʃənəl] adj. 1 devoto, piedoso; 2 de orações
devotionalist [dɪ'vəʊʃnəlɪst] s. 1 devoto; 2 beato
devotionally [dɪ'vəʊʃnəlɪ] adv. 1 devotamente; 2 religiosamente
devour [dɪ'vaʊə] v.tr. 1 devorar; [fig.] *to* ~ *a book* devorar um livro; 2 destruir, devastar, dizimar; 3 [fig.] consumir; *to be devoured by* ser consumido por
devourer [dɪ'vaʊərə] s. devorador
devouring [dɪ'vaʊərɪŋ] adj. devorador
devouringly [dɪ'vaʊərɪŋlɪ] adv. vorazmente
devout [dɪ'vaʊt] adj. (comp. **-er**, superl. **-est**) devoto, piedoso
devoutly [dɪ'vaʊtlɪ] adv. 1 piedosamente; 2 com devoção
devoutness [dɪ'vaʊtnɪs] s. devoção
dew [dju:, du:] Ⓐ s. 1 orvalho; 2 relento Ⓑ v.tr.,intr. 1 orvalhar; 2 humedecer ❖ ~ *point* ponto de condensação (para a formação de orvalho); [ant.] *mountain* ~ uísque clandestino
dewberry ['dju:ˌberɪ] s. BOTÂNICA amora
dewclaw ['dju:klɔ:] s. 1 ZOOLOGIA esporão; 2 ZOOLOGIA dedo rudimentar
dewdrop ['dju:drɒp] s. gota de orvalho
dewfall ['dju:fɔl] s. 1 orvalhada; 2 noitinha; *at* ~ à noitinha, à hora em que o orvalho começa a cair
dewiness ['dju:ɪnɪs] s. humidade causada pelo orvalho
dewlap ['dju:læp] s. papada, barbela
dewlapped ['dju:læpt] adj. com papada, com barbela
dewy ['dju:ɪ] adj. 1 coberto de orvalho, orvalhado; 2 húmido
dewy-eyed [dju:ˈaɪd] adj. 1 comovido, emocionado; 2 puro, inocente, ingénuo, inexperiente
dexter ['dekstə] adj. direito, dextro
dexterity [deks'terɪtɪ] s. destreza, habilidade
dexterous ['dekstərəs] adj. destro, habilidoso
dexterously ['dekstərəslɪ] adv. destramente
dextrin ['dekstrɪn] s. dextrina
dextrose ['dekstrəʊs] s. dextrose
dextrous ['dekstrəs] adj. ⇒ **dexterous**
Dey [deɪ] s. dei, antigo chefe da milícia turca em Argel
DF Ⓐ [abrev. de Dean of the Faculty] Ⓑ NÁUTICA [abrev. de directional finding]

DFC MILITAR [abrev. de Distinguished Flying Cross]
DFM MILITAR [abrev. de Distinguished Flying Medal]
dg [abrev. de decigram]
DG Ⓐ [abrev. de Deo gratias] Ⓑ [abrev. de director-general]
DGO [abrev. de Diploma of Gynaecology and Obstetrics]
dhan [dæn] s. grão de arroz
dhow [daʊ] s. 1 navio árabe usado, na África Oriental, para o tráfego de escravos; 2 navio de um só mastro e cerca de 200 toneladas, vulgar no mar Arábico
DHSS [GB] [abrev. de Department of Health and Social Security]
dhurra [ˈdʌrə] s. BOTÂNICA durra
diabase [ˈdaɪəbeɪs] s. MINERALOGIA diabase
diabetes [ˌdaɪəˈbiːtiːz] s. MEDICINA diabetes
diabetic [ˌdaɪəˈbetɪk] Ⓐ s. diabético Ⓑ adj. 1 diabético; 2 (chocolate, etc.) para diabéticos ❖ ~ *gangrene* gangrena diabética
diablerie [dɪˈɑːblərɪ] s. 1 magia; 2 diabruras
diabolic [ˌdaɪəˈbɒlɪk] adj. 1 diabólico; 2 infernal
diabolical [ˌdaɪəˈbɒlɪkəl] adj. 1 diabólico; 2 infernal; 3 horrível; atroz
diabolically [ˌdaɪəˈbɒlɪkəlɪ] adv. 1 diabolicamente; de forma diabólica; 2 (intensificador) horrivelmente; assustadoramente; atrozmente ❖ ~ *funny* de ir às lágrimas
diabolism [daɪˈæbəlɪzəm] s. 1 artes mágicas; 2 satanismo
diabolist [dɪˈæbəlɪst] s. 1 adorador satânico; 2 jogador de diábolo
diabolize [daɪˈæbəlaɪz] v.tr. 1 transformar em diabo; 2 representar como diabo
diabolo [dɪˈæbəloʊ] s. (pl. -s) (brinquedo, jogo) diábolo
diacetonuria [ˌdaɪəsiːtəˈnjʊərɪə] s. diacetonúria, diacetúria
diachronic [ˌdaɪəˈkrɒnɪk] adj. diacrónico
diachrony [daɪˈækrənɪ] s. diacronia
diachylon [daɪˈækɪlən] s. diaquilão, diaquílio
diachylum [daɪˈækɪləm] s. diaquilão, diaquílio
diacid [daɪˈæsɪd] adj. diácido
diaconal [daɪˈækənəl] adj. diaconal
diaconate [daɪˈækənɪt] s. diaconato
diacritic [ˌdaɪəˈkrɪtɪk] adj., s. LINGUÍSTICA diacrítico
diacritical [ˌdaɪəˈkrɪtɪkəl] adj. LINGUÍSTICA diacrítico; ~ *mark* sinal diacrítico
diactinic [ˌdaɪəkˈtɪnɪk] adj. diactínico
diadelphous [ˌdaɪəˈdelfəs] adj. diadelfo
diadem [ˈdaɪədem] s. diadema
diaeresis [daɪˈɪərɪsɪs] s. (pl. -eses) 1 LINGUÍSTICA diérese; 2 LINGUÍSTICA (sinal) trema
diagnosable [ˌdaɪəgˈnəʊzəbəl] adj. diagnosticável
diagnose [ˈdaɪəgnəʊz] v.tr. diagnosticar
diagnosis [ˌdaɪəgˈnəʊsɪs] s. (pl. -oses) 1 diagnóstico; 2 diagnose
diagnostic [ˌdaɪəgˈnɒstɪk] Ⓐ adj. diagnóstico; relativo ao diagnóstico Ⓑ s. teste de diagnóstico
diagnostician [ˌdaɪəgnɒsˈtɪʃən] s. MEDICINA diagnosticador
diagonal [daɪˈægənəl] Ⓐ adj. diagonal; em diagonal Ⓑ s. diagonal ❖ ~ *crossing* cruzamento em diagonal; ~ *cylinder* cilindro em diagonal; ~ *engine* máquina inclinada
diagonally [daɪˈægənəlɪ] adv. diagonalmente
diagram [ˈdaɪəgræm] Ⓐ s. diagrama, gráfico Ⓑ v.tr. representar em diagrama, em esquema
diagrammatic [ˌdaɪəgrəˈmætɪk] adj. esquemático ❖ ~ *drawing* esquema
diagrammatically [ˌdaɪəgrəˈmætɪkəlɪ] adv. esquematicamente
diagrammatize [ˌdaɪəˈgræmətaɪz] v.tr. esquematizar, representar por diagrama
diagraph [ˈdaɪəgrɑːf] s. diágrafo
dial [daɪəl] Ⓐ s. 1 (relógio, contador) mostrador; 2 (telefone) disco; 3 quadrante, relógio de sol Ⓑ v.tr. (particípios: -ll-) 1 (telefone) marcar, discar; *to* ~ *a number* marcar um número; 2 indicar; 3 medir ❖ ~ *card* rosa-dos-ventos; ~ *counter* contador de disco; ~ *recorder* aparelho registador com mostrador; ~ *telephone* telefone automático
dialect [ˈdaɪəlekt] s. dialecto
dialectal [ˌdaɪəˈlektəl] adj. dialectal
dialectally [ˌdaɪəˈlektəlɪ] adv. dialectalmente
dialectic [ˌdaɪəˈlektɪk] adj. 1 dialéctico; 2 dialectal

dialectical [ˌdaɪəˈlektɪkəl] adj. dialéctico ❖ ~ *materialism* materialismo dialéctico
dialectically [ˌdaɪəˈlektɪkəlɪ] adv. dialecticamente
dialectician [ˌdaɪəlekˈtɪʃən] s. dialectista
dialectics [ˌdaɪəˈlektɪks] s. dialéctica
dialectologist [ˌdaɪəlekˈtɒlədʒɪst] s. dialectólogo
dialectology [ˌdaɪəlekˈtɒlədʒɪ] s. dialectologia
diallage [ˈdaɪəlɪdʒ] s. (minas) diálage
dialling [ˈdaɪəlɪŋ] s. (telefone) marcação ❖ (telefone) ~ *code* indicativo; (telefone) ~ *tone* sinal de marcação
dialog [ˈdaɪəlɒg] s. [EUA] ⇒ **dialogue**
dialogic [ˌdaɪəˈlɒdʒɪk] adj. dialógico
dialogical [ˌdaɪəˈlɒdʒɪkəl] adj. dialógico
dialogue [ˈdaɪəlɒg] s. [GB] diálogo
dial-up [ˈdaɪəlʌp] adj. INFORMÁTICA por modem ❖ INFORMÁTICA ~ *connection* ligação por modem
dialysable [ˌdaɪəˈlaɪzəbəl] adj. dialisável
dialyse [ˈdaɪəlaɪz] v.tr. dialisar
dialyser [ˈdaɪəlaɪzə] s. MEDICINA dializador
dialysis [daɪˈælɪsɪs] s. (pl. **dialyses**) MEDICINA diálise
diam. [abrev. de diameter]
diamagnetic [ˌdaɪəmægˈnetɪk] adj. diamagnético
diamagnetically [ˌdaɪəmægˈnetɪkəlɪ] adv. diamagneticamente
diamagnetism [ˌdaɪəˈmægnɪtɪzəm] s. diamagnetismo
diamantiferous [ˌdaɪəmænˈtɪfərəs] adj. diamantífero
diameter [daɪˈæmɪtə] s. diâmetro; *to be 2 metres in* ~ ter dois metros de diâmetro ❖ ~ *of hole* diâmetro interno de perfuração; *internal* ~ diâmetro interno; calibre
diametral [daɪˈæmɪtrəl] adj. diametral
diametrally [daɪˈæmɪtrəlɪ] adv. diametralmente
diametrical [ˌdaɪəˈmetrɪkəl] adj. diametral; directo
diametrically [ˌdaɪəˈmetrɪkəlɪ] adv. diametralmente; directamente
diamond [ˈdaɪəmənd] Ⓐ s. 1 MINERALOGIA diamante; 2 (forma) losango; rombo; 3 (naipe de cartas) ouros; *the queen of diamonds* a rainha de ouros; 4 TIPOGRAFIA corpo 4 Ⓑ adj. de diamante Ⓒ v.tr. ornamentar com diamante ❖ (caminhos-de-ferro) ~ *crossing* cruzamento oblíquo; ~ *cutting* lapidação; ZOOLOGIA ~ *snake* morélia; ~ *steel* aço ultraduro; ~ *wedding* bodas de diamante; *black diamonds* hulha; *rough* ~ diamante em bruto; ~ *cut* para vilão e meio; duro com duro não faz bom muro; [EUA] *the* ~ *state* o estado de Delaware
diamond-cut [ˈdaɪəməndkʌt] adj. lapidado
diamondiferous [ˌdaɪəmənˈdɪfərəs] adj. diamantífero
diamond-shaped [ˈdaɪəməndʃeɪpd] adj. em forma de losango
diapason [ˌdaɪəˈpeɪsn] s. 1 diapasão; 2 harmonia, melodia
diaper [ˈdaɪəpə] Ⓐ s. 1 [EUA] fralda; 2 tecido, padrão em forma de losangos (para ornamentação); 3 toalha aos quadrados Ⓑ v.tr. ornamentar, bordar em losangos ❖ [EUA] (bebé) ~ *rash* assadura; intertrigem
diaphaneity [ˌdaɪəfəˈniːɪtɪ] s. diafaneidade
diaphanous [daɪˈæfənəs] adj. diáfano
diaphoresis [ˌdaɪəfəˈriːsɪs] s. diaforese
diaphoretic [ˌdaɪəfəˈretɪk] adj., s. diaforético
diaphragm [ˈdaɪəfræm] s. (geral) diafragma ❖ ~ *plate* chapa-diafragma
diaphragmatic [ˌdaɪəfrægˈmætɪk] adj. diafragmático
diaphysis [daɪˈæfəsɪs] s. ANATOMIA diáfise
diaplegia [ˌdaɪəˈpliːdʒə, ˌdaɪəˈpliːdʒɪə] s. diaplegia
diarchal [daɪˈɑːkl] adj. diárquico
diarchic [daɪˈɑːkɪk] adj. diárquico
diarchy [ˈdaɪɑːkɪ] s. (pl. -ies) diarquia
diarist [ˈdaɪərɪst] s. pessoa que tem um diário
diarize [ˈdaɪəraɪz] v.tr., intr. 1 registar em diário; 2 ter um diário
diarrhoea [ˌdaɪəˈrɪə] s. diarreia
diarrhoeal [ˌdaɪəˈrɪəl] adj. diarreico
diarrhoeic [ˌdaɪəˈriːɪk] adj. diarreico
diarthrosis [ˌdaɪɑːˈθrəʊsɪs] s. 1 diartrose; 2 articulação móvel
diary [ˈdaɪərɪ] s. (pl. -ies) 1 diário; 2 agenda
diaspora [daɪˈæspərə] s. diáspora
diastaltic [ˌdaɪəˈstæltɪk] adj. diastáltico

diastase [ˈdaɪəsteɪs] s. BIOLOGIA diástase
diastasis [daɪˈæstəsɪs] s. CIRURGIA diástase
diastema [daɪəˈstiːmə] s. (pl. -ata) diastema
diastole [daɪˈæstəlɪ] s. diástole
diastolic [daɪəˈstɒlɪk] adj. diastólico
diatessaron [daɪəˈtɪsərən] s. HISTÓRIA, RELIGIÃO diatéssaron
diathermancy [daɪəˈθɜːmənsɪ] s. diatermância
diathermanous [daɪəˈθɜːmənəs] adj. diatérmico
diathermia [daɪəˈθɜːmɪə] s. ⇒ **diathermy**
diathermic [daɪəˈθɜːmɪk] adj. diatérmico
diathermy [ˈdaɪəθɜːmɪ] s. MEDICINA diatermia ❖ ~ *machine* aparelho de diatermia
diathesis [daɪˈæθɪsɪs] s. (pl. -eses) MEDICINA diátese
diathetic [daɪəˈθetɪk] adj. diatésico
diatom [ˈdaɪətɒm] s. BOTÂNICA diatomácea
diatomaceous [daɪətəˈmeɪʃəs] adj. diatomáceo ❖ ~ *silica* diatomito
diatomic [daɪəˈtɒmɪk] adj. QUÍMICA diatómico
diatomite [daɪˈætəmaɪt] s. MINERALOGIA diatomito
diatonic [daɪəˈtɒnɪk] adj. diatónico ❖ MÚSICA ~ *scale* escala diatónica
diatribe [ˈdaɪətraɪb] s. diatribe
dib [dɪb] v.intr. ⇒ **dab**
dibasic [daɪˈbeɪsɪk] adj. QUÍMICA dibásico; ~ *compound* composto dibásico
dibber [ˈdɪbə] s. instrumento para plantar ou semear
dibble [ˈdɪbəl] Ⓐ s. 1 semeador, plantador (instrumentos); 2 sachola Ⓑ v.tr.,intr. 1 trabalhar com o plantador ou semeador; 2 preparar a terra com o plantador; 3 semear; 4 plantar
dibs [dɪbz] s.pl. 1 [ant., coloq.] dinheiro; 2 [coloq.] domínio, propriedade, direito; 3 [arc.] jogo infantil com pedrinhas ou ossos de carneiro ❖ *to call ~ on* reclamar domínio sobre; *to have ~ on* ter direito a
dicast [ˈdɪkæst] s. HISTÓRIA (Grécia antiga) dicasta
dicastery [dɪˈkæstərɪ] s. dicastério
dice [daɪs] Ⓐ s. 1 {pl. de **die**} (objecto, jogo) dados; *to play ~* jogar aos dados; *to roll ~* lançar os dados; 2 {pl. **dices**} (forma) cubinho Ⓑ v.tr.,intr. 1 jogar os dados; 2 CULINÁRIA cortar em cubinhos; 3 [Austr.] [coloq.] livrar-se de ❖ ~ *box* copo para dados (de jogar); [coloq.] *I tried to do it, but it was no ~* tentei fazê-lo, mas não consegui; [coloq.] *to ~ with death* brincar com o perigo
dicer [ˈdaɪsə] s. jogador de dados
dicey [ˈdaɪsɪ] adj. 1 arriscado, perigoso; 2 incerto
dichlamydeous [daɪkləˈmɪdɪəs] adj. BOTÂNICA que tem cálice e corola
dichogamous [daɪˈkɒɡəməs] adj. BOTÂNICA dicogâmico
dichotomic [daɪkəˈtɒmɪk] adj.
dichotomize [daɪˈkɒtəmaɪz] v.tr.,intr. dicotomizar(-se)
dichotomous [daɪˈkɒtəməs] adj. dicótomo, dicotómico
dichotomy [daɪˈkɒtəmɪ] s. (pl. -ies) dicotomia
dichroic [daɪˈkrəʊɪk] adj. dicróico
dichroism [ˈdaɪkrəʊɪzəm] s. dicroísmo
dichromate [daɪˈkrəʊmət] s. QUÍMICA dicromato
dichromatic [daɪkrəˈmætɪk] adj. dicromático
dichromic [daɪˈkrəʊmɪk] adj. dicrómico, dicromático (visão)
dicing [ˈdaɪsɪŋ] s. dados, jogo dos dados
dick [dɪk] s. [cal.] (ofensivo) pila_cal._
Dick [dɪk] s. dim. de *Richard*
dickens [ˈdɪkɪnz] s. [coloq.] demónio, diabo ❖ *to play the ~* pintar o diabo a quatro; *what the ~ do you want?* que diabo queres tu?
Dickensian [dɪˈkenzɪən] Ⓐ adj. de Dickens; relativo a Dickens Ⓑ s. 1 estudioso de Dickens; 2 admirador de Dickens
dicker [ˈdɪkə] Ⓐ s. 1 [coloq.] regateio; 2 COMÉRCIO dezena Ⓑ v.intr. [coloq.] regatear, negociar
dickey [ˈdɪkɪ] s. 1 [coloq.] jumento; 2 ave pequena; 3 peito postiço de camisa; 4 avental, bibe; 5 assento do cocheiro; 6 lugar do lacaio na parte de trás da carruagem; 7 (automóvel) banco, assento traseiro
dickhead [ˈdɪkhed] s. [cal.] estúpido, imbecil
dicky [ˈdɪkɪ] Ⓐ s. 1 peito postiço de camisa; 2 [coloq.] jumento; 3 ave pequena; 4 avental, bibe; 5 assento do cocheiro; 6 lugar do lacaio na parte de trás da carruagem; 7 (automóvel) banco, assento traseiro Ⓑ adj. (comp. -ier, superl. -iest) 1 [coloq.] adoentado; 2 [coloq.] fraco, pouco estável, inseguro; 3 [coloq.] em mau estado
dicotyledon [daɪkɒtɪˈliːdən] s. BOTÂNICA dicotiledónea
dicotyledonous [daɪkɒtɪˈliːdənəs] adj. dicotiledóneo
dictaphone [ˈdɪktəfəʊn] s. dictafone
dictate¹ [dɪkˈteɪt] v.tr.,intr. 1 ditar; 2 (regras) estipular; impor; prescrever; 3 dar ordens; *I won't be dictated to* não estou disposto a receber ordens
dictate² [ˈdɪkteɪt] s. ditame, ordem
dictating [dɪkˈteɪtɪŋ] s. ditado ❖ ~ *machine* dictafone
dictation [dɪkˈteɪʃən] s. 1 ditado; 2 ordens
dictator [dɪkˈteɪtə] s. 1 pessoa que dita; 2 ditador
dictatorial [dɪktəˈtɔːrɪəl] adj. 1 autoritário; 2 ditatorial
dictatorially [dɪktəˈtɔːrɪəlɪ] adv. 1 ditatorialmente; 2 autoritariamente
dictatorship [dɪkˈteɪtəʃɪp] s. ditadura
diction [ˈdɪkʃən] s. 1 dicção; 2 arte de dizer
dictionary [ˈdɪkʃənərɪ, ˈdɪkʃənerɪ] s. (pl. -ies) dicionário ❖ *pocket ~* dicionário de bolso; *to look up a word in a ~* procurar uma palavra num dicionário; (pessoa) *walking ~* dicionário ambulante
dictograph [ˈdɪktəɡrɑːf] s. dictógrafo
dictum [ˈdɪktəm] s. (pl. -a ou -ums) 1 dito, afirmação; 2 máxima; 3 DIREITO opinião emitida por juiz, mas sem valor legal
dicy [ˈdaɪsɪ] adj. arriscado, perigoso
did [dɪd] prt. de *to do*³
didactic [daɪˈdæktɪk, dɪˈdæktɪk] adj. didáctico
didactically [daɪˈdæktɪkəlɪ, dɪˈdæktɪkəlɪ] adv. didacticamente
didacticism [daɪˈdæktɪsɪzəm, dɪˈdæktɪsɪzəm] s. didacticismo
didactics [daɪˈdæktɪks, dɪˈdæktɪks] s. didáctica
didapper [ˈdaɪdæpə] s. ZOOLOGIA (ave) mergulhão
diddle [ˈdɪdl] v.tr. [coloq.] enganar, vigarizar, burlar; *he diddled me out of my money* vigarizou-me e levou-me o dinheiro; *he diddled me out of 300 euros* ele burlou-me em 300 euros
diddler [ˈdɪdlə] s. [coloq.] intrujão, vigarista, burlão
didn't [ˈdɪdənt] contracção de *did not*
Dido [ˈdaɪdəʊ] s. MITOLOGIA Dido
didst [dɪdst] [arc.] 2ª pes. sing. prt. imperf. de *to do*³
didymium [dɪˈdɪmɪəm] s. QUÍMICA didímio
didymous [ˈdɪdɪməs] adj. BOTÂNICA dídimo
die¹ [daɪ] Ⓐ s. (pl. **dice**) dado (para jogar) Ⓑ s. (pl. **dies**) 1 forma, molde; 2 matriz; 3 cunho; 4 corrediça do sector, dado do sector; 5 suporte, soco ❖ ~ *carriage* carreta do molde; ~ *casting* fundição em molde; ~ *dowel* encaixe da matriz; ~ *face* face da matriz; ~ *press* prensa de cunhagem; ~ *shim* calço da matriz; *the ~ is cast* a sorte está lançada; *upon the ~* em jogo
die² [daɪ] v.intr. (part. pres. **dying**) 1 morrer; 2 extinguir-se; 3 (desejo intenso) morrer [**for**, por]; ansiar [**for**, por] ❖ *to ~ a fair death* morrer de morte natural; *to ~ by famine* morrer de fome; *to ~ for love* morrer de amor; *to ~ from starvation* morrer de fome; *to ~ game* morrer a lutar; *to ~ hard* morrer a custo; lutar até ao fim; *to ~ in harness* morrer a trabalhar; *to ~ in one's bed* morrer de morte natural; *to ~ in one's boots* morrer de acidente ou de morte violenta; *to ~ in the last ditch* lutar até ao último extremo; *to ~ in the prime of life* morrer na flor da vida; *to ~ laughing* morrer a rir; chorar de rir; *never say ~* a esperança é a última a morrer

◆ **die away** v.intr. 1 (som) desvanecer-se; extinguir-se; 2 desaparecer pouco a pouco; morrer

◆ **die back** v.intr. (planta) estiolar e perder as folhas

◆ **die down** v.intr. 1 (fogo) extinguir-se; apagar-se; 2 (emoção) acalmar, sossegar; 3 atenuar-se; 4 (vento, tempestade) amainar, aplacar-se; 5 (aplausos) cessar

◆ **die off** v.intr. 1 ir morrendo um a um; morrer uns a seguir aos outros; 2 extinguir-se

◆ **die out** v.intr. 1 (raça, espécie) desaparecer; extinguir-se; 2 (costume) desaparecer; passar de moda

diehard [ˈdaɪhɑːd] Ⓐ adj. 1 muito conservador; avesso às mudanças; 2 teimoso, obstinado Ⓑ s. 1 conservador; 2 reaccionário

dielectric [daɪɪˈlektrɪk] adj.,s. dieléctrico

dieresis [daɪˈɪərɪsɪs] s. LINGUÍSTICA ⇒ **diaeresis**
diesel [ˈdiːzəl] s. diesel ❖ ~ *engine* motor a diesel; ~ *fuel* gasóleo; ~ *oil* gasóleo
diesis [ˈdaɪəsɪs] s. (pl. **-es**) MÚSICA diese
dies non [ˌdaɪiːzˈnɒn] s. DIREITO feriado
diet [ˈdaɪət] Ⓐ s. 1 regime alimentar, dieta; 2 HISTÓRIA (assembleia) dieta Ⓑ adj. (alimento) magro; baixo em calorias; de dieta Ⓒ v.intr. fazer dieta Ⓓ v.tr. pôr a dieta ❖ ~ *cures better than lancet* boa dieta é melhor que a lanceta; *to be on a* ~ estar a fazer dieta; *to go on a* ~ fazer dieta
dietarian [daɪəˈtæərɪən] s. pessoa que está a dieta, que segue um regime
dietary [ˈdaɪətərɪ, ˈdaɪətərɪ] Ⓐ adj. alimentar Ⓑ s. (pl. **-ies**) 1 [arc.] dieta; 2 [arc.] comida, alimentação (fornecida por hospital, cantina, etc.) ❖ ~ *fibre* fibras alimentares; ~ *habits* hábitos alimentares
dietetic [daɪəˈtetɪk] adj. dietético
dietetics [daɪəˈtetɪks] s. dietética
diethylamide [dɪəˈθɪləmaɪd] s. QUÍMICA dictilamida
dietician [daɪəˈtɪʃən] s. dietista, nutricionista
differ [ˈdɪfə] v.intr. 1 diferir; divergir; *to* ~ *on a point* divergir num ponto; 2 ser diferente [**from**, de; **in**, em]; distinguir-se [**from**, de; **in**, em]; 3 discordar [**from**, de]; ter opiniões diferentes [**about/on/over**, em relação a] ❖ *I beg to* ~ permita-me que discorde; *to agree to* ~ desistirem de se convencerem mutuamente; ficar cada um na sua; *to* ~ *nothing from* não divergir em nada de; de modo algum ser diferente de
difference [ˈdɪfərəns] Ⓐ s. 1 diferença; 2 desigualdade; 3 desacordo; divergência Ⓑ v.tr. distinguir, diferenciar ❖ ~ *of level* diferença de nível; desnível; *it makes no* ~ *to me* é-me indiferente; *it makes no* ~/*it doesn't make any* ~ não adianta nada; *same difference!* é a mesma coisa!; *that makes all the* ~ isso muda tudo; *to make a (big)* ~ ter impacto; ser importante; melhorar (muito); *to split the* ~ entrar em acordo; chegar a um compromisso; *what* ~ *does it make?* qual é a diferença?, adianta alguma coisa?
different [ˈdɪfərənt] adj. 1 diferente; 2 diverso; 3 fora do vulgar
differentia [dɪfəˈrenʃɪə] s. (pl. **-iae**) FILOSOFIA diferença específica
differential [dɪfəˈrenʃəl] adj.,s. diferencial ❖ ~ *brake* travão diferencial; MATEMÁTICA ~ *calculus* cálculo diferencial; [téc.] ~ *carrier* suporte/coquilha do diferencial; ~ *case* cárter do diferencial; ~ *driving pinion* pinhão (de ataque); ~ *gauge* manómetro diferencial; ~ *gear* diferencial, planetário; ~ *pinion* carreto do diferencial; satélite; MECÂNICA ~ *ring gear* roda de coroa; ~ *shaft* eixo do diferencial; semieixo
differentially [dɪfəˈrenʃəlɪ] adv. diferencialmente
differentiate [dɪfəˈrenʃɪeɪt] v.tr.,intr. 1 distinguir, diferenciar; 2 distinguir-se, diferenciar-se
differentiation [dɪfərenʃɪˈeɪʃən] s. diferenciação
differently [ˈdɪfərəntlɪ] adv. de forma diferente
difficult [ˈdɪfɪkəlt] adj. 1 difícil; complicado; *to find sth* ~ achar alguma coisa difícil; *he is* ~ *to get on with* é difícil lidar com ele; 2 custoso; 3 árduo ❖ *this book is too* ~ *for me to understand* este livro é demasiado difícil para mim; *I find it* ~ *to believe* custa-me a acreditar; *to make life* ~ *for sb* fazer a vida negra a alguém
difficulty [ˈdɪfɪkəltɪ] s. (pl. **-ies**) 1 dificuldade, complicação; 2 obstáculo; 3 perigo ❖ *to be in financial difficulties* estar com problemas financeiros; *to have* ~ *(in) walking* andar com dificuldade; *to make difficulties for sb* arranjar problemas a alguém; *to raise difficulties* criar obstáculos; levantar dificuldades; *with/without* ~ com/sem dificuldade
diffidence [ˈdɪfɪdəns] s. 1 acanhamento, timidez; 2 insegurança
diffident [ˈdɪfɪdənt] adj. 1 tímido; 2 inseguro [**about**, em relação a]; 3 hesitante ❖ *to be* ~ *about doing sth* hesitar em fazer alguma coisa
diffidently [ˈdɪfɪdəntlɪ] adv. 1 acanhadamente, timidamente; 2 difidentemente
diffluence [ˈdɪfluəns] s. difluência
diffluent [ˈdɪfluənt] adj. difluente
diffract [dɪˈfrækt] v.tr. difractar
diffracting [dɪˈfræktɪŋ] adj. difringente

diffraction [dɪˈfrækʃən] s. difracção
diffractive [dɪˈfræktɪv] adj. difractivo, difringente
diffuse¹ [dɪˈfjuːz] v.tr.,intr. 1 difundir, espalhar; 2 difundir-se, misturar-se
diffuse² [dɪˈfjuːs] adj. 1 difuso; 2 prolixo
diffused [dɪˈfjuːzd] adj. difuso ❖ ~ *lighting* iluminação indirecta
diffusedly [dɪˈfjuːzdlɪ] adv. difusamente
diffusedness [dɪˈfjuːzdnɪs] s. difusividade
diffusely [dɪˈfjuːzlɪ] adv. 1 prolixamente; 2 em todos os lados
diffuseness [dɪˈfjuːznɪs] s. 1 prolixidade; 2 redundância
diffuser [dɪˈfjuːzə] s. difusor
diffusibility [dɪˌfjuːzəˈbɪlɪtɪ] s. difusibilidade
diffusible [dɪˈfjuːzɪbl] adj. difusível
diffusion [dɪˈfjuːʒən] s. difusão ❖ ~ *screen* tela de difusão
diffusive [dɪˈfjuːsɪv] adj. difusivo
diffusively [dɪˈfjuːsɪvlɪ] adv. difusivamente
diffusiveness [dɪˈfjuːsɪvnɪs] s. difusividade
dig [dɪg] Ⓐ s. 1 cotovelada; pequeno encontrão; 2 [coloq.] piada, boca_coloq_; *to have a* ~ *at* mandar uma boca a; 3 tentativa; 4 ARQUEOLOGIA escavação; 5 pl. alojamento, pensão Ⓑ v.tr.,intr. (prt. e part. pass. **dug**) 1 cavar, escavar, trabalhar a terra; 2 desenterrar; 3 estudar, trabalhar intensamente; 4 [coloq.] tocar; dar um pequeno encontrão; dar uma cotovelada a; 5 (coisas) espetar; *the child dug the pen into the rubber* a criança espetou a caneta na borracha; 6 [EUA] [cal.] (gostar de) curtir; *to* ~ *sb* curtir alguém; 7 [cal.] (perceber) pescar; *you dig?* estás a morder? ❖ *to* ~ *a pit for* montar uma armadilha a; *to* ~ *one's own grave* cavar a própria sepultura
◆ **dig in** v.intr. 1 escavar, abrir uma trincheira; 2 MILITAR entrincheirar-se; *the soldiers dug in* os soldados entrincheiraram-se; 3 aplicar-se com diligência, agarrar-se ao trabalho; 4 [coloq.] (comida) atacar ❖ *to dig one's toes in* firmar-se; *to dig oneself in* entrincheirar-se
◆ **dig into** v.tr. 1 (investigar) vasculhar; 2 (recorrer a) lançar mão de
◆ **dig out** v.tr. 1 remover; extrair; *the doctor dug out the bullet* o médico extraiu a bala; 2 (informação, objecto) desencantar; desenterrar; *I dug out this old record in the attic* desencantei este disco antigo no sótão
◆ **dig up** v.tr. 1 desenterrar; *the gardner dug up the plant* o jardineiro desenterrou a planta; 2 (dados) desencantar; desenterrar; descobrir; *he dug up some information about the politician* desenterrou umas informações sobre o político
digamma [daɪˈɡæmə] s. digama
digamous [ˈdɪɡəməs] adj. que tornou a casar
digamy [ˈdɪɡəmɪ] s. segundo casamento
digastric [daɪˈɡæstrɪk] adj.,s. digástrico
digest¹ [daɪˈdʒest, dɪˈdʒest] v.tr.,intr. 1 sumariar, resumir, sintetizar; 2 digerir; 3 absorver, assimilar; 4 engolir (ofensa, insulto); 5 alimentar-se de; 6 QUÍMICA purificar sobre fogo brando
digest² [ˈdaɪdʒest] s. 1 resumo, epítome, sumário; 2 digesto
digester [daɪˈdʒestə] s. 1 QUÍMICA digestor, marmita; 2 digestivo; 3 (pessoa) adaptador ❖ *Papin's* ~ marmita de Papin; *to be a bad* ~ ter má digestão
digestibility [daɪdʒestəˈbɪlɪtɪ] s. digestibilidade
digestible [daɪˈdʒestɪbəl] adj. digestível
digestion [daɪˈdʒestʃən] s. 1 digestão; 2 assimilação; 3 QUÍMICA acto de submeter a fogo brando
digestive [daɪˈdʒestɪv] Ⓐ adj. digestivo; ~ *biscuits* bolachas digestivas Ⓑ s. 1 digestivo; 2 bolacha digestiva ❖ ~ *system* sistema digestivo; ~ *tract* aparelho digestivo
digger [ˈdɪɡə] s. 1 cavador, escavador; 2 pesquisador; 3 [coloq.] australiano, soldado australiano ou neo-zelandês; 4 [EUA] índio que se alimenta de raízes; 5 escavadeira; 6 charrua
digging [ˈdɪɡɪŋ] s. 1 escavação; 2 cavagem da terra; 3 desaterro
dight [daɪt] [arc.] ornamentar, adornar
digit [ˈdɪdʒɪt] s. 1 MATEMÁTICA dígito; 2 ANATOMIA (pé, mão) dedo; 3 ASTRONOMIA dígito
digital [ˈdɪdʒɪtəl] adj. digital ❖ ~ *audio tape (DAT)* cassete digital; ~ *camera* máquina fotográfica digital; ~ *clock* relógio digital; ~ *recording* gravação digital; (Internet) ~ *signature* assinatura digital; (design) ~ *tablet* mesa de desenho digitalizadora; ~ *television* televisão digital; ~ *video disc (DVD)* DVD
digitalin [dɪdʒɪˈteɪlɪn] s. digitalina

digitalis [dɪdʒɪ'teɪlɪs] s. digitális, digital, dedaleira
digitalise ['dɪdʒɪtəlaɪz] v.tr. ⇒ **digitalize**
digitalize ['dɪdʒɪtəlaɪz] v.tr. ⇒ **digitize**
digitate ['dɪdʒɪtɪt] adj. digitado
digitated ['dɪdʒɪteɪtɪd] adj. ⇒ **digitate**
digitation [dɪdʒɪ'teɪʃən] s. digitação
digitiform ['dɪdʒɪtɪfɔːm] adj. digitiforme
digitigrade ['dɪdʒɪtɪgreɪd] adj.,s. digitígrado
digitinervate [dɪdʒɪtɪ'nɜːvɪt] adj. digitinervado
digitise ['dɪdʒɪtaɪz] v.tr. ⇒ **digitize**
digitization [dɪdʒɪtaɪ'zeɪʃən] s. INFORMÁTICA digitalização
digitize ['dɪdʒɪtaɪz] v.tr. INFORMÁTICA digitalizar
digitizer ['dɪdʒɪtaɪzə] s. INFORMÁTICA digitalizador
diglossia [daɪ'glɒsɪə] s. LINGUÍSTICA diglossia
dignified ['dɪgnɪfaɪd] adj. 1 digno; 2 importante; 3 solene; 4 circunspecto
dignify ['dɪgnɪfaɪ] v.tr. 1 dignificar, enobrecer; 2 dar um nome pomposo
dignitary ['dɪgnɪtərɪ, 'dɪgnɪterɪ] s. (pl. **-ies**) dignitário
dignity ['dɪgnɪtɪ] s. (pl. **-ies**) 1 dignidade; 2 seriedade; 3 alto cargo; 4 alto dignitário ❖ *beneath one's ~* abaixo da dignidade de alguém; indigno; *to support one's ~* manter a dignidade
digraph ['daɪgrɑːf] s. dígrafo, digrama
digress [daɪ'gres] v.intr. afastar-se, divagar, digressionar
digression [daɪ'greʃən] s. digressão, divagação
digressive [daɪ'gresɪv] adj. digressivo
digressively [daɪ'gresɪvlɪ] adv. digressivamente
digressiveness [daɪ'gresɪvnɪs] s. digressividade
dihedral [daɪ'hiːdrəl] adj.,s. GEOMETRIA diedro ❖ *~ angle* ângulo diedro
dihedron [daɪ'hiːdrən] s. diedro
dike [daɪk] s. ⇒ **dyke**
dilacerate [dɪ'læsəreɪt] v.tr. dilacerar
dilaceration [dɪˌlæsə'reɪʃən] s. dilaceração
dilapidate [dɪ'læpɪdeɪt] Ⓐ v.tr. 1 dilapidar; 2 arruinar; 3 degradar Ⓑ v.intr. 1 estragar-se; 2 arruinar-se; 3 degradar-se
dilapidated [dɪ'læpɪdeɪtɪd] adj. 1 em ruínas, decrépito; 2 degradado; devoluto; em mau estado; 3 estragado
dilapidation [dɪˌlæpɪ'deɪʃən] s. 1 dilapidação; 2 degradação; 3 deterioração; 4 desagregação
dilatability [daɪleɪtə'bɪlɪtɪ] s. expansibilidade, dilatabilidade
dilatable [daɪ'leɪtəbəl] adj. dilatável
dilatation [daɪlə'teɪʃən] s. dilatação
dilatator [daɪlə'teɪtə] s. 1 ANATOMIA músculo dilatador; 2 CIRURGIA instrumento para dilatar uma abertura
dilate [daɪ'leɪt] v.tr.,intr. dilatar, dilatar-se
dilation [daɪ'leɪʃən] s. 1 dilação; 2 dilatação
dilator [daɪ'leɪtə] s. ⇒ **dilatator**
dilatoriness [dɪlətərɪnɪs] s. lentidão, dilação, demora
dilatory ['dɪlətərɪ] adj. 1 dilatório; 2 lento
dildo ['dɪldəʊ] s. (pl. **-s**) pénis artificial
dildoe ['dɪldəʊ] s. (pl. **-s**) ⇒ **dildo**
dilemma [dɪ'lemə, daɪ'lemə] s. dilema; *to be in a ~* estar num dilema ❖ *to be in a sad ~* estar entre a espada e a parede
dilemmatic [dɪle'mætɪk] adj. dilemático
dilettante [dɪlə'tæntɪ] adj.,s. diletante
dilettantish [dɪlə'tæntɪʃ] adj. próprio de diletante
dilettantism [dɪlə'tæntɪzəm] s. diletantismo
diligence ['dɪlɪdʒəns] s. 1 iniciativa, diligência; 2 aplicação, dedicação, zelo; 3 (veículo) diligência
diligent ['dɪlɪdʒənt] adj. trabalhador, aplicado, diligente, zeloso
diligently ['dɪlɪdʒəntlɪ] adv. aplicadamente, diligentemente
dill [dɪl] s. 1 BOTÂNICA funcho, endro; 2 [Austr.] [coloq.] idiota, imbecil
dilly-dallier ['dɪlɪˌdælɪə] s. tunante, vadio
dilly-dally ['dɪlɪˌdælɪ] Ⓐ s. ⇒ **dilly-dallier** Ⓑ v.intr. 1 fazer que faz; 2 perder tempo; 3 vadiar
diluent ['dɪljuənt] adj.,s. diluente
dilute [daɪ'luːt] Ⓐ adj. 1 diluído; 2 aguado; 3 (intensidade) atenuado, fraco Ⓑ v.tr. 1 diluir, dissolver [**with**, em]; *to ~ a solution* diluir uma solução; 2 atenuar; enfraquecer ❖ *to ~ labour* substituir operários especializados por outros que não o são
diluted [daɪ'luːtɪd] adj. diluído; *~ sulphuric acid* ácido sulfúrico diluído
dilutee [daɪluː'tiː] s. operário não especializado

dilution [daɪ'luːʃən] s. diluição
diluvial [daɪ'luːvɪəl] adj. diluvial, diluviano
diluvian [daɪ'luːvɪən] adj. diluvial, diluviano
diluvium [daɪ'luːvɪəm] s. (pl. **-a**) GEOLOGIA dilúvio
dim [dɪm] Ⓐ adj. (comp. **dimmer**, superl. **dimmest**) 1 (luz) fraco, ténue; 2 obscuro; sombrio; 3 pouco perceptível; indistinto; vago; esbatido; 4 [coloq.] (pessoa) tolo; 5 (futuro) pouco promissor Ⓑ v.tr.,intr. (particípios: **-mm-**) 1 (luz) diminuir; *to ~ the lights* baixar as luzes; 2 esbater-se; desvanecer-se; esmorecer ❖ (automóvel) *~ lights* mínimos; *~ sighted* com má visão; *to take a ~ view of* mostrar-se céptico em relação a
dime [daɪm] s. [EUA] (dólar) dez cêntimos
dimension [daɪ'menʃən, dɪ'menʃən] s. 1 dimensão; 2 aspecto, faceta; vertente; *there's another ~ to this problem* este problema tem uma outra vertente; 3 pl. medidas; dimensões ❖ *~ figure* cota; *~ line* linha de cota
dimensional [daɪ'menʃənəl, dɪ'menʃənəl] adj. dimensional
dimensionless [daɪ'menʃənləs, dɪ'menʃənləs] adj. sem dimensão
dimer ['daɪmə] s. QUÍMICA dímero
dimerous ['dɪmərəs] adj. dímero
dimeter ['dɪmɪtə] s. dímetro
dimidiate[1] [dɪ'mɪdɪeɪt] v.tr. dimidiar
dimidiate[2] [dɪ'mɪdɪt] adj. dimidiado
diminish [dɪ'mɪnɪʃ] v.tr.,intr. 1 diminuir, reduzir; 2 atenuar-se, baixar
diminishable [dɪ'mɪnɪʃəbəl] adj. susceptível de diminuir
diminished [dɪ'mɪnɪʃt] adj. 1 diminuído; 2 reduzido; diminuto ❖ (parede) *~ breast wall* pano de peito; MÚSICA *~ interval* intervalo diminuto; *to hide one's ~ head* baixar a cabeça, envergonhado
diminishing [dɪ'mɪnɪʃɪŋ] adj. que diminui
diminuendo [dɪˌmɪnju'endəʊ] adv.,s. (pl. **-s**) MÚSICA diminuindo
diminution [dɪmɪ'njuːʃən] s. diminuição
diminutive [dɪ'mɪnjʊtɪv] Ⓐ adj. 1 diminuto, minúsculo, muito pequeno; 2 LINGUÍSTICA diminutivo Ⓑ s. 1 LINGUÍSTICA diminutivo; 2 LINGUÍSTICA sufixo diminutivo
diminutively [dɪ'mɪnjʊtɪvlɪ] adv. 1 diminutivamente; 2 empregado como diminutivo
diminutiveness [dɪ'mɪnjʊtɪvnɪs] s. pequenez
dimissory [dɪ'mɪsərɪ] adj. demissório
dimity ['dɪmɪtɪ] s. (tecido de algodão) metim, dimiti
dimly ['dɪmlɪ] adv. 1 fracamente; debilmente; 2 vagamente; indistintamente; 3 obscuramente ❖ *~ lit* mal iluminado; com pouca luz
DIMM INFORMÁTICA [abrev. de dual in-line memory module]
dimmer ['dɪmə] s. regulador da intensidade da luz; *~ for stage lighting* regulador da intensidade luminosa no palco
dimming ['dɪmɪŋ] s. 1 obscurecimento luminoso; 2 enfraquecimento
dimness ['dɪmnɪs] s. 1 obscuridade; 2 falta de intensidade; 3 imprecisão
dimorphic [daɪ'mɔːfɪk] adj. dimorfo
dimorphism [daɪ'mɔːfɪzəm] s. BIOLOGIA, BOTÂNICA, QUÍMICA dimorfia, dimorfismo
dimorphous [daɪ'mɔːfəs] adj. dimorfo
dimple [dɪmpl] Ⓐ s. 1 (rosto) covinha; 2 ondulação Ⓑ v.tr.,intr. 1 (rosto) fazer covinhas; 2 (superfície da água) ondular, agitar
dimpled ['dɪmpəld] adj. (rosto) com covinhas
dimply ['dɪmplɪ] adj. ⇒ **dimpled**
dimwit ['dɪmwɪt] s. [coloq., depr.] palerma, pateta
dimwitted ['dɪmwɪtɪd] adj. [coloq.] imbecil, idiota
dimwittedness [dɪm'wɪtɪdnɪs] s. [coloq.] imbecilidade, idiotia
din [dɪn] Ⓐ s. 1 barulho, ruído; 2 estridor Ⓑ v.tr.,intr. 1 fazer barulho; 2 retinir; 3 repetir inúmeras vezes
dinar ['diːnɑː] s. (moeda) dinar
Dinaric [dɪ'nærɪk] adj. GEOGRAFIA dinárico
dine [daɪn] Ⓐ v.intr. 1 jantar; 2 comer ao jantar [**on/off**, -]; *I love dining on exotic food* gosto muito de comida exótica ao jantar Ⓑ v.tr. 1 dar de jantar; 2 acomodar para jantar; convidar para jantar ❖ *to ~ with Duke Humphrey* passar sem jantar
◆ **dine in** v.intr. jantar em casa
◆ **dine out** v.intr. jantar fora

diner ['daɪnə] s. 1 comensal; 2 [EUA] restaurante barato; 3 (caminhos-de-ferro) carruagem-restaurante
ding [dɪŋ] v.tr.,intr. retinir, fazer barulho
dingbat ['dɪŋbæt] s. 1 [EUA] [coloq.] imbecil, palerma, tonto; 2 [EUA] [cal.] coisa; 3 TIPOGRAFIA logótipo
ding-dong ['dɪŋdɒŋ] Ⓐ s. 1 (toque dos sinos) dlim-dlão; 2 [coloq.] discussão encarniçada Ⓑ adj. 1 como um sino; 2 [coloq.] (discussão) encarniçado; 3 [coloq.] (corrida, competição) renhido, disputado
dinge ['dɪndʒ] Ⓐ s. 1 cor sombria, nuvem; 2 amolgadela, mossa Ⓑ v.tr. amolgar
dingey ['dɪŋɪ] s. 1 baleeira pequena; 2 pequeno barco a remos
dinghy ['dɪŋɪ] s. (pl. -ies) ⇒ dingey
dingily ['dɪndʒɪlɪ] adv. 1 de uma maneira suja, sórdida; 2 sombriamente
dinginess ['dɪndʒɪnɪs] s. 1 cor sombria, carregada; 2 aspecto soturno
dingle ['dɪŋgl] s. [poét.] vale profundo, geralmente com árvores
dingo ['dɪŋgəʊ] Ⓐ s. (pl. -es) ZOOLOGIA dingo Ⓑ adj. [coloq.] com uma falha
dingy ['dɪndʒɪ] adj. (comp. -ier, superl. -iest) 1 lúgubre; sombrio; 2 carregado; 3 desbotado, baço, apagado; 4 sórdido; 5 sujo
dining ['daɪnɪŋ] s. jantar ❖ (comboio) ~ car carruagem-restaurante; vagão-restaurante; ~ room sala de jantar; ~ table mesa de sala de jantar
Dink [dɪŋk] s. [EUA] [cal.] soldado sul-vietnamita
dinky ['dɪŋkɪ] adj. (comp. -ier, superl. -iest) 1 [coloq.] pequeno; 2 [coloq.] giro, bonito, elegante, atraente
dinner ['dɪnə] s. jantar ❖ ~ can marmita; VESTUÁRIO ~ jacket smoking; ~ mat base para pratos e travessas; ~ party jantar de festa; (louça) ~ set serviço de jantar; ~ time hora de jantar; ~ wagon mesinha com rodas; public ~ banquete
dinner-dance ['dɪnədæns] s. jantar dançante
dinnerless ['dɪnələs] adj. sem jantar
dinnerware ['dɪnəweə] s. [EUA] louça
Dinorah [dɪ'nɔːrə] s.antr. Dinora
dinosaur ['daɪnəsɔː] s. dinossauro
dinosaurian [ˌdaɪnə'sɔːrɪən] adj. dinossauriano
dinotherium [ˌdaɪnə'θɪərɪəm] s. (pl. -a) dinotério
dint [dɪnt] Ⓐ s. amolgadela, mossa, pancada; a ~ in the car door uma amolgadela na porta do carro Ⓑ v.tr. amolgar ❖ by ~ of à custa de; à força de
dintless ['dɪntləs] adj. sem mossas
dioc. Ⓐ [abrev. de diocese] Ⓑ [abrev. de diocesan]
diocesan [daɪ'ɒsɪsən] adj.,s. 1 diocesano; 2 bispo em relação à diocese; 3 membro da diocese em relação ao bispo
diocese ['daɪəsɪs] s. diocese
Diocletian [ˌdaɪə'kliːʃən] s.antr. Diocleciano
diode ['daɪəʊd] s. ELECTRICIDADE díodo
Diodorus [ˌdaɪə'dɔːrəs] s.antr. Diodoro
dioecious [daɪ'iːʃəs] adj. dióico
Diogenes [daɪ'ɒdʒɪniːz] s.antr. Diógenes
Diomede ['daɪəmiːd] s.antr. Diómedes
Dionysiac [ˌdaɪə'nɪsɪæk] adj. dionisíaco
Dionysus [ˌdaɪə'naɪsəs] s. MITOLOGIA Dionísio, Baco
dioptre [daɪ'ɒptə] s. dioptria
dioptric [daɪ'ɒptrɪk] adj. dióptrico ❖ ~ glass telescópio
dioptrics [daɪ'ɒptrɪks] s. FÍSICA dióptrica
diorama [ˌdaɪə'rɑːmə] s. diorama
dioramic [ˌdaɪə'ræmɪk] adj. diorâmico
diorite ['daɪərʌɪt] s. diorito
dioxide [daɪ'ɒksaɪd] s. bióxido, dióxido
dioxin [daɪ'ɒksɪn] s. dioxina
dip [dɪp] Ⓐ v.tr. (particípios: -pp-) 1 (líquido) mergulhar [in/into, em]; 2 afundar [into, em]; to ~ one's feet into the sand afundar os pés na areia; 3 baixar; inclinar; 4 (animais) desinfectar; to ~ sheep lavar carneiros com desinfectante Ⓑ v.intr. 1 descer a pique; (superfície) afundar Ⓒ s. 1 imersão; 2 mergulho; to go for a ~/to take a ~ ir dar um mergulho; 3 declive; 4 (solo) depressão; 5 (preços, quantias) descida acentuada; 6 AERONÁUTICA voo picado; 7 CULINÁRIA molho; 8 líquido em que se mergulha qualquer coisa; 9 abaixamento de bandeira em saudação; 10 vela ❖ ~ cup lata para pincéis; at the ~ a meia adriça; to ~ a dress tingir um vestido; to ~ candles fazer velas molhando o pavio em cera; [GB] (carros) to ~ the headlights pôr os médios; to ~ one's flag saudar com uma bandeira; [fig.] to ~ one's pen in gall escrever com fel

◆**dip into** v.tr. 1 (livro, revista, etc.) ler por alto; folhear; passar os olhos por; 2 recorrer a (poupanças) ❖ to ~ one's purse gastar dinheiro às largas; (gastar dinheiro) to ~ one's savings meter a mão ao bolso

DipEd [abrev. de Diploma in Education]
DipFor [abrev. de Diploma in Forestry]
diphasic [daɪ'feɪzɪk] adj. difásico
DipHE [abrev. de Diploma in Higher Education]
diphtheria [dɪf'θɪərɪə] s. difteria
diphtherial [dɪf'θɪərɪəl] adj. diftérico
diphtheric [dɪf'θerɪk] adj. diftérico
diphtheritic [ˌdɪfθə'rɪtɪk] adj. com difteria
diphthong ['dɪfθɒŋ, 'dɪpθɒŋ] Ⓐ s. ditongo Ⓑ v.tr. ditongar
diphthongal ['dɪfθɒŋl, 'dɪpθɒŋl] adj. relativo a ditongo
diphthongization [dɪfˌθɒŋgaɪ'zeɪʃən, dɪpˌθɒŋgaɪ'zeɪʃən] s. ditongação
diphthongize ['dɪfθɒŋgaɪz, 'dɪpθɒŋgaɪz] Ⓐ v.tr. ditongar Ⓑ v.intr. ditongar-se
Dip. J. [abrev. de Diploma of Journalism]
diplegia [daɪ'pliːdʒə, daɪ'pliːdʒɪə] s. diplegia
diploma [dɪ'pləʊmə] s. (pl. -s) 1 diploma; 2 carta de curso ❖ to hold/have a ~ in... ser diplomado em...
diplomacy [dɪ'pləʊməsɪ] s. diplomacia
diplomaed [dɪ'pləʊməd] adj. diplomado
diplomat ['dɪpləmæt] s. diplomata
diplomate ['dɪpləmeɪt] s. diplomado
diplomatic [ˌdɪplə'mætɪk] adj. diplomático ❖ ~ corps corpo diplomático; ~ immunity imunidade diplomática
diplomatically [ˌdɪplə'mætɪkəlɪ] adv. diplomaticamente
diplomatics [ˌdɪplə'mætɪks] s. diplomática
diplomatist [dɪ'pləʊmətɪst] s. diplomata
diplomatize [dɪ'pləʊmətaɪz] v.intr. 1 agir como diplomata; 2 exercer a diplomacia
diplopia [dɪ'pləʊpɪə] s. MEDICINA diplopia
dipper ['dɪpə] s. 1 mergulhador; 2 ZOOLOGIA (ave) pica-peixe, torda-mergulheira; 3 concha (de tirar a sopa); 4 anabaptista ❖ big ~ montanha russa; [EUA] the Big ~ Ursa Maior; [EUA] the Little ~ Ursa Menor
dipping ['dɪpɪŋ] adj.,s. 1 inclinado; 2 inclinação ❖ ~ apparatus escafandro; ~ compass bússola de inclinação; ~ needle agulha magnética
dippy ['dɪpɪ] adj. (comp. -ier, superl. -iest) 1 [coloq.] louco, doido; 2 [coloq.] meio tonto; 3 [coloq.] em delírio
dipso ['dɪpsəʊ] s. (pl. -s) [cal.] (ofensivo) bêbedo
dipsomania [ˌdɪpsəʊ'meɪnɪə] s. dipsomania
dipsomaniac [ˌdɪpsəʊ'meɪnɪæk] adj. dipsomaníaco
dipstick ['dɪpstɪk] s. 1 MECÂNICA (óleo do carro) vareta medidora; 2 [coloq.] imbecil, incompetente
Diptera ['dɪptərə] s.pl. dípteros
dipteral ['dɪptərəl] adj. ARQUITECTURA díptero
dipterous ['dɪptərəs] adj. díptero
diptych ['dɪptɪk] s. (pl. -s) díptico
dire ['daɪə] adj. (comp. -er, superl. -est) 1 terrível; 2 horrível; 3 extremo; ~ necessity necessidade extrema, dura necessidade ❖ ~ sisters as Fúrias; to be in ~ need of ter necessidade urgente de; to be in ~ straits estar em apuros; estar em maus lençóis; to live in ~ poverty viver em condições de pobreza extrema
direct [də'rekt, dɪ'rekt, daɪ'rekt] Ⓐ adj. 1 (geral) directo; a ~ consequence uma consequência directa; 2 imediato; 3 ininterrupto; 4 (pessoa, palavras) franco; frontal; claro; 5 LINGUÍSTICA directo; ~ object objecto directo; ~ speech discurso directo Ⓑ adv. 1 directamente; 2 (transmissão) em directo Ⓒ v.tr.,intr. 1 dirigir [to, para/a]; direccionar [to/towards, para]; orientar [to/towards, para]; 2 chefiar; coordenar; to ~ an operation coordenar uma operação; 3 administrar; 4 (orquestra) dirigir; 5 CINEMA realizar; to ~ a film realizar um filme; 6 (atenção) concentrar [to, em]; 7 endereçar [to, a] ❖ ELECTRICIDADE ~ circuit

direction

circuito directo; (automóvel) **~ drive** velocidade directa; quarta velocidade; **~ fire** fogo directo; MILITAR **~ hit** acerto em cheio; **~ lighting** iluminação directa; **~ tax** imposto directo; ARQUITECTURA **~ vault** abóbada directa; MECÂNICA **~ wheel** roda maciça; *as directed* conforme as indicações fornecidas

direction [dəˈrekʃən, dɪˈrekʃən, daɪˈrekʃən] *s.* **1** (rumo) direcção; **2** orientação; *sense of* **~** sentido de orientação; **3** direcção; chefia; administração; coordenação; **4** CINEMA realização; **5** *pl.* instruções; indicações ❖ **~ antenna** antena direccional; **~ finder** radiogoniómetro; **~ finding** radiogoniometria; **~ of a force** direcção de uma força; **~ of movement/rotation** sentido do movimento/rotação; GEOLOGIA **~ of the stratum** direcção da camada; *directions for use* modo de emprego; instruções; *in every ~* em todas as direcções

directional [dɪˈrekʃənəl, daɪˈrekʃənəl] *adj.* direccional ❖ **~ signal** seta de direcção; **~ wireless** radiogoniometria

directive [dəˈrektɪv, dɪˈrektɪv, daɪˈrektɪv] Ⓐ *adj.* directivo Ⓑ *s.* directriz, directiva

directly [dəˈrektlɪ, dɪˈrektlɪ, daɪˈrektlɪ] Ⓐ *adv.* **1** directamente; a direito; **2** completamente; **3** imediatamente Ⓑ *conj.* logo que

directness [dəˈrektnɪs, dɪˈrektnɪs, daɪˈrektnɪs] *s.* **1** carácter direito; **2** rectidão; **3** franqueza; **4** direcção rectilínea

director [dəˈrektə, dɪˈrektə, daɪˈrektə] *s.* **1** director; **2** chefe; **3** regente; **4** administrador; **5** superintendente; **6** CINEMA realizador; **7** HISTÓRIA (França) membro do Directório; **8** RELIGIÃO director espiritual

directorate [dəˈrektərɪt, dɪˈrektərɪt, daɪˈrektərɪt] *s.* **1** directorado; **2** direcção; **3** conselho directivo; **4** conselho de administração

directorial [dɪrekˈtɔːrɪəl, daɪrekˈtɔːrɪəl] *adj.* directorial

directorship [dɪˈrektəʃɪp, daɪˈrektəʃɪp] *s.* **1** direcção, cargo de director; **2** directoria

directory [dɪˈrektərɪ, daɪˈrektərɪ] Ⓐ *adj.* directivo Ⓑ *s.* (*pl.* **-ies**) **1** directório; **2** (empresa) directoria, directores; **3** lista; *street ~* lista de endereços; **4** lista telefónica; *to look up in the ~* procurar na lista telefónica; **5** anuário; *trade ~* anuário comercial; **6** RELIGIÃO livro de orações ❖ [EUA] (telefone) **~ assistance** (serviço de) informações; [GB] (telefone) **~ inquiries** (serviço de) informações

directress [dɪˈrektrɪs, daɪˈrektrɪs] *s.f.* (*pl.* **-es**) **1** directora; **2** GEOMETRIA directriz

directrix [dɪˈrektrɪks, daɪˈrektrɪks] *s.* (*pl.* **-ices**) GEOMETRIA directriz; **~ of elipse** directriz de elipse; **~ of parabola** directriz de parábola

direful [ˈdaɪəfʊl] *adj.* terrível, horrível

direfully [ˈdaɪəfʊlɪ] *adv.* terrivelmente

direly [ˈdaɪəlɪ] *adv.* **1** sombriamente; **2** horrivelmente; atrozmente; **3** gravemente

direness [ˈdaɪənɪs] *s.* horror, calamidade

dirge [dɜːdʒ] Ⓐ *s.* **1** hino fúnebre; **2** endecha Ⓑ *v.tr.,intr.* entoar um canto fúnebre

dirham [ˈdɪəræm] *s.* (moeda de Marrocos, etc.) dirham

dirigibility [dɪrɪdʒəˈbɪlɪtɪ] *s.* dirigibilidade

dirigible [ˈdɪrɪdʒɪbəl] Ⓐ *s.* AERONÁUTICA dirigível Ⓑ *adj.* dirigível; manobrável ❖ **~ balloon** dirigível

dirigisme [diˈriːʒɪzm] *s.* POLÍTICA dirigismo

diriment [ˈdɪrɪmənt] *adj.* DIREITO dirimente

dirk [dɜːk] Ⓐ [Esc.] *punhal* Ⓑ *v.tr.* apunhalar

dirndl [ˈdɜːndl] *s.* VESTUÁRIO vestido à camponesa

dirt [dɜːt] *s.* **1** porcaria, imundície; **2** lama; **3** sujidade; **4** pó; terra; **5** lixo; coisa sem valor; **6** escória, refugo; **7** conversa porca, linguagem obscena; **8** baixeza, vileza ❖ **~ eating** geofagia; **~ road** caminho de terra batida; DESPORTO **~ track** pista de cinza; [coloq.] *yellow ~* bagalhoço; dinheiro; ouro; *to eat ~* engolir um insulto; *to fling ~ at* caluniar; insultar; injuriar; *to throw ~ at sb* caluniar alguém; *to treat a person like ~* tratar alguém como lixo; tratar alguém abaixo de cão

dirt-cheap [ˈdɜːtˌtʃiːp] *adj.* (muito barato) ao preço da chuva

dirtily [ˈdɜːtɪlɪ] *adv.* de uma maneira porca, suja

dirtiness [ˈdɜːtɪnɪs] *s.* **1** porcaria, sujidade; **2** baixeza

dirty [ˈdɜːtɪ] Ⓐ *adj.* (*comp.* **-ier**, *superl.* **-iest**) **1** sujo; porco; **2** obsceno; indecente; **~ story** história obscena; **3** desprezível; *to be a ~ little coward* ser um covardas desprezível Ⓑ *adv.*

1 desonestamente; *to play ~* fazer jogo sujo; **2** obscenamente; *to talk ~* dizer coisas obscenas; **3** [coloq.] (intensificador) muito; *a ~ great car* um carro bestialmente grande Ⓒ *v.tr.,intr.* sujar(-se) ❖ ZOOLOGIA **~ Allan** mandrião; **~ trick** golpe baixo; **~ weather** um tempo de cão; **~ words** palavrões; **~ work** trabalho sujo; *to get ~* sujar-se; *to give sb a ~ look* fulminar alguém com o olhar

disability [dɪsəˈbɪlɪtɪ] *s.* (*pl.* **-ies**) **1** deficiência; **2** incapacidade; **3** impedimento; **4** desvantagem ❖ **~ pension** pensão de invalidez

disable [dɪsˈeɪbəl] *v.tr.* **1** incapacitar; **2** pôr fora de combate; **3** inutilizar; **4** tornar inválido; **5** (mecanismo) desactivar

disabled [dɪsˈeɪbəld] Ⓐ *adj.* **1** com deficiência, deficiente; **2** incapacitado, inválido; **3** (mecanismo) desactivado; avariado; **4** desavorado Ⓑ *s.pl. the ~* os as pessoas com deficiência, os deficientes; *the war ~* os mutilados de guerra

disablement [dɪsˈeɪblmənt] *s.* incapacidade; invalidez ❖ **~ annuity** pensão de invalidez

disabuse [dɪsəˈbjuːz] *v.tr.* desiludir, desenganar

disaccord [dɪsəˈkɔːd] Ⓐ *s.* desacordo Ⓑ *v.intr.* estar em desacordo

disaccustom [dɪsəˈkʌstəm] *v.tr.* desacostumar

disadjustment [dɪsədˈʒʌstmənt] *s.* **1** desafinação; **2** MECÂNICA desarranjo

disadvantage [dɪsədˈvɑːntɪdʒ] Ⓐ *s.* **1** desvantagem; inconveniente; **2** detrimento; prejuízo; *to sb's ~* em detrimento de alguém Ⓑ *v.tr.* ser desvantajoso para; agir contra; prejudicar ❖ *to be at a ~* estar em desvantagem; *to take at a ~* apanhar desprevenido; *to work to one's ~* agir contra nós

disadvantaged [dɪsədˈvɑːntɪdʒd] Ⓐ *adj.* **1** desfavorecido; **2** em desvantagem Ⓑ *s.pl. the ~* os desfavorecidos

disadvantageous [dɪsædvɑːnˈteɪdʒəs] *adj.* desvantajoso

disadvantageously [dɪsædvɑːnˈteɪdʒəslɪ] *adv.* desvantajosamente

disaffect [dɪsəˈfekt] *v.tr.* descontentar; perder o afecto de

disaffected [dɪsəˈfektɪd] *adj.* **1** desafecto; **2** descontente; **3** maldisposto

disaffectedness [dɪsəˈfektɪdnɪs] *s.* **1** desafeição; **2** descontentamento

disaffection [dɪsəˈfekʃən] *s.* **1** desafeição; **2** descontentamento

disaffirm [dɪsəˈfɜːm] *v.tr.* **1** DIREITO revogar, anular; **2** denunciar

disaffirmation [dɪsəfɜːˈmeɪʃən] *s.* revogação, anulação

disafforest [dɪsəˈfɒrɪst] *v.tr.* **1** desarborizar; **2** libertar do regime florestal

disafforestation [dɪsəfɒrɪsˈteɪʃən] *s.* desflorestamento, desarborização

disaggregate [dɪsˈægrɪgeɪt] *v.tr.* desagregar, fragmentar, separar

disagree [dɪsəˈgriː] *v.intr.* **1** discordar [**with**, de; **on/about**, em relação a]; **2** (informação) divergir; não coincidir; **3** (comida, etc.) não fazer bem [**with**, a]; *that wine disagrees with me* esse vinho não me faz bem, não me cai bem

disagreeable [dɪsəˈgriːəbəl] *adj.* desagradável

disagreeableness [dɪsəˈgriːəblnɪs] *s.* **1** desagrado, aborrecimento, enfado; **2** mau humor

disagreeables [dɪsəˈgriːəblz] *s.pl.* incómodos, maçadas, coisas desagradáveis

disagreeably [dɪsəˈgriːəblɪ] *adv.* desagradavelmente

disagreement [dɪsəˈgriːmənt] *s.* **1** desacordo; **2** questão; **3** desinteligência

disallow [dɪsəˈlaʊ] *v.tr.* **1** não aceitar, rejeitar; **2** DESPORTO (golo) anular; **3** proibir; **4** não sancionar

disallowance [dɪsəˈlaʊəns] *s.* não reconhecimento, não aceitação

disambiguate [dɪsæmˈbɪgjʊeɪt] *v.tr.* **1** LINGUÍSTICA desambiguar, resolver a ambiguidade de; **2** clarificar, esclarecer

disambiguation [dɪsæmbɪgjʊˈeɪʃn] *s.* **1** LINGUÍSTICA desambiguação, resolução da ambiguidade; **2** clarificação, esclarecimento

disannul [dɪsəˈnʌl] *v.tr.* (particípios: **-ll-**) anular

disappear [dɪsəˈpɪə] *v.intr.* desaparecer, esvair-se, perder-se

disappearance [dɪsəˈpɪərəns] *s.* desaparecimento

disappearing [dɪsəˈpɪərɪŋ] adj. em vias de extinção ❖ *to do the ~ act* desaparecer; eclipsar-se
disappoint [ˌdɪsəˈpɔɪnt] v.tr. 1 desapontar; 2 faltar com a palavra a; 3 desiludir, desgostar
disappointed [ˌdɪsəˈpɔɪntɪd] adj. desiludido [**at/about sth**, com algo; **in/with sb**, com alguém]; desapontado [**at/about sth**, com algo; **in/with sb**, com alguém]; *to be ~ at the news* ficar decepcionado com a notícia; *to be ~ with sb* estar decepcionado com alguém
disappointedly [dɪsəˈpɔɪntɪdlɪ] adv. desapontadamente
disappointing [dɪsəˈpɔɪntɪŋ] adj. decepcionante, que desilude, que provoca desapontamento
disappointingly [ˌdɪsəˈpɔɪntɪŋlɪ] adv. desanimadoramente
disappointment [ˌdɪsəˈpɔɪntmənt] s. 1 desapontamento, desilusão, decepção; 2 dissabor
disapprobation [dɪsæprəˈbeɪʃən] s. desaprovação
disapprobative [dɪsˈæprəbeɪtɪv] adj. desaprobativo
disapprobatory [dɪsˈæprəbeɪtərɪ] adj. desaprobativo
disapproval [dɪsəˈpruːvəl] s. desaprovação
disapprove [dɪsəˈpruːv] v.tr.,intr. 1 desaprovar; 2 não concordar, não gostar
disapproving [dɪsəˈpruːvɪŋ] adj. de reprovação, reprovador
disapprovingly [dɪsəˈpruːvɪŋlɪ] adv. desaprovativamente
disarm [dɪsˈɑːm] v.tr.,intr. 1 desarmar; 2 tornar inofensivo
disarmament [dɪsˈɑːməmənt] s. desarmamento
disarmed [dɪsˈɑːmd] adj. desarmado
disarmer [dɪsˈɑːmə] s. partidário do desarmamento
disarming [dɪsˈɑːmɪŋ] Ⓐ adj. 1 que desarma; 2 encantador Ⓑ s. MILITAR desarmamento
disarmingly [dɪsˈɑːmɪŋlɪ] adv. de um modo que desarma
disarrange [ˌdɪsəˈreɪndʒ] v.tr. 1 desorganizar, desarranjar; 2 pôr em desordem
disarrangement [dɪsəˈreɪndʒmənt] s. desordem, desarranjo
disarray [dɪsəˈreɪ] Ⓐ s. desordem, confusão Ⓑ v.tr. 1 lançar em desordem; 2 [poét.] despir
disarticulate [dɪsɑːˈtɪkjʊleɪt] v.tr. 1 desarticular; 2 desmontar
disarticulation [dɪsɑːtɪkjʊˈleɪʃən] s. 1 desarticulação; 2 desmontagem
disassemble [dɪsəˈsembəl] v.tr. desmontar, desfazer
disassembler [dɪsəˈsemblə] s. desmontador
disassociate [dɪsəˈsəʊʃɪeɪt] v.tr. 1 dissociar; 2 desinteressar-se
disaster [dɪˈzɑːstə] s. 1 catástrofe; calamidade; 2 [coloq.] (falhanço) desastre; 3 infelicidade; revés ❖ *~ area* zona sinistrada; *~ fund* fundo de auxílio; CINEMA *~ movie* filme catástrofe; *natural ~* catástrofe natural; *to be headed/heading for ~* ser um desastre à espera de acontecer
disastrous [dɪˈzɑːstrəs] adj. 1 desastroso; 2 catastrófico
disastrously [dɪˈzɑːstrəslɪ] adv. 1 desastrosamente; 2 catastroficamente
disavow [dɪsəˈvaʊ] v.tr. 1 negar, repudiar; 2 retractar-se
disavowal [dɪsəˈvaʊəl] s. 1 repúdio, negação; 2 retractação
disband [dɪsˈbænd] Ⓐ v.tr.,intr. 1 (sociedade, comissão) dissolver; 2 separar; 3 MILITAR (soldados) licenciar Ⓑ v.intr. 1 dissolver-se; 2 separar-se, dispersar-se
disbanding [dɪsˈbændɪŋ] s. 1 MILITAR (tropas) licenciamento; 2 (comissão, sociedade) dissolução; 3 separação
disbandment [dɪsˈbændmənt] s. 1 MILITAR (tropas) licenciamento; 2 (comissão, sociedade) dissolução; 3 separação
disbar [dɪsˈbɑː] v.tr. *(particípios: -rr-)* expulsar, irradiar da Ordem dos Advogados
disbarment [dɪsˈbɑːmənt] s. expulsão da Ordem dos Advogados
disbelief [dɪsbɪˈliːf] s. descrença, incredulidade
disbelieve [dɪsbɪˈliːv] v.tr. descrer, não acreditar
disbeliever [dɪsbɪˈliːvə] s. 1 descrente; 2 incrédulo
disbench [dɪsˈbentʃ] v.tr. expulsar da Ordem dos *benchers*
disbranch [dɪsˈbrɑːntʃ] v.tr. podar, tirar os ramos (à árvore)
disbud [dɪsˈbʌd] v.tr. *(particípios: -dd-)* tirar, cortar os rebentos (a uma árvore)
disburden [dɪsˈbɜːdn] v.tr. 1 desabafar; 2 aliviar; 3 descarregar
disbursal [dɪsˈbɜːsəl] s. desembolso
disburse [dɪsˈbɜːs] v.tr. 1 desembolsar; 2 gastar
disbursement [dɪsˈbɜːsmənt] s. desembolso, despesa

disc [dɪsk] s. 1 (geral) disco; 2 rodela; 3 tampão; 4 cone ❖ *~ brake* travão de discos; *~ valve* válvula em disco; ANATOMIA *slipped ~* hérnia discal
discalceate [dɪsˈkælsɪɪt] adj. RELIGIÃO (frade, freira) descalço
discalceated [dɪsˈkælsɪɪtɪd] adj. RELIGIÃO (frade, freira) descalço
discalced [dɪsˈkælst] adj. RELIGIÃO (frade, freira) descalço
discant¹ [ˈdɪskænt] s. ⇒ **descant**¹
discant² [dɪsˈkænt] v.intr. ⇒ **descant**²
discard¹ [dɪsˈkɑːd] v.tr. 1 desfazer-se de; deitar fora; 2 descartar; pôr de parte; *to ~ a possibility* descartar uma possibilidade; 3 abandonar; 4 (jogos de cartas) descartar
discard² [ˈdɪskɑːd] s. 1 (jogo) descarte; 2 coisa para o lixo
discarding [dɪsˈkɑːdɪŋ] s. (jogo de cartas) descarte
discarnate [dɪsˈkɑːnɪt] adj. 1 descarnado; 2 sem carne; 3 liberto da carne
discarnation [dɪskɑːˈneɪʃən] s. 1 libertação da carne; 2 separação da alma do corpo
discern [dɪˈsɜːn] v.tr. discernir, distinguir
discernible [dɪˈsɜːnɪbəl] adj. discernível
discernibly [dɪˈsɜːnɪblɪ] adv. discernivelmente
discerning [dɪˈsɜːnɪŋ] adj. 1 com discernimento, criterioso; 2 exigente; 3 perspicaz; 4 com bom gosto, refinado; 5 culto, educado
discernment [dɪˈsɜːnmənt] s. 1 discernimento; 2 penetração, perspicácia
discharge¹ [dɪsˈtʃɑːdʒ] v.tr.,intr. 1 (mercadorias, electricidade) descarregar; ELECTRICIDADE *to ~ an accumulator* descarregar um acumulador; (mercadorias) *to ~ a container* descarregar um contentor; 2 deitar, lançar; 3 (setas, balas) disparar; despedir; 4 (hospital) dar alta a; *to ~ a patient* dar alta a um doente; 5 (dívidas, etc.) pagar, liquidar; 6 cumprir; 7 exonerar; 8 (decisão de tribunal) anular; 9 (detido) pôr em liberdade, libertar; 10 destingir; 11 desaguar ❖ *to ~ a volley* dar uma salva de artilharia; *to ~ one's conscience* aliviar a consciência; *to ~ sb of his oath* desobrigar alguém do juramento feito
discharge² [ˈdɪstʃɑːdʒ] s. 1 descarga; *~ of toxic waste* descarga de resíduos tóxicos; *electric ~* descarga eléctrica; 2 (carregamento) descarga; 3 disparo, tiro; 4 (fumo, gases) emissão; 5 MEDICINA secreção, supuração; 6 (cargo) despedimento; 7 licença; 8 (detido) libertação; 9 (doente) alta; 10 COMÉRCIO liquidação; *~ of a debt* liquidação de uma dívida; 11 (tecido) descoloração ❖ *~ capacity* capacidade de descarga; *~ conveyor* transportador de carga; *~ hole* orifício de descarga; *~ pressure* pressão de escoamento; *port of ~* desembarcadouro
dischargeable [dɪsˈtʃɑːdʒəbəl] adj. 1 (dívida, conta) que pode satisfazer-se; 2 (soldado) licenciável; 3 que pode reformar-se
dischargee [dɪstʃɑːˈdʒiː] s. 1 reformado; 2 (soldado) licenciado
dischargement [dɪsˈtʃɑːdʒmənt] s. descarga de navio
discharger [dɪsˈtʃɑːdʒə] s. aparelho que produz descarga eléctrica
discharging [dɪsˈtʃɑːdʒɪŋ] s. 1 descarga; 2 expulsão; 3 despedimento ❖ *~ switch* interruptor de descarga; *~ tube* bocal de descarga
disciple [dɪˈsaɪpl] s. discípulo
discipleship [dɪˈsaɪplʃɪp] s. discipulado, discipulato
disciplinable [ˈdɪsɪplɪnəbəl] adj. disciplinável
disciplinarian [dɪsɪplɪˈneərɪən] s. disciplinador
disciplinarily [ˈdɪsɪplɪnərɪlɪ] adv. disciplinarmente
disciplinary [ˈdɪsɪplɪnərɪ, ˈdɪsɪplɪnerɪ] adj. disciplinar
discipline [ˈdɪsɪplɪn] Ⓐ s. 1 disciplina; 2 castigo, mortificação; 3 disciplina, cada uma das matérias ensinadas Ⓑ v.tr. 1 disciplinar; 2 castigar
disciplining [ˈdɪsɪplɪnɪŋ] s. disciplinamento
discipular [dɪˈsɪpjʊlə] adj. discipular
disc-jockey [ˈdɪskdʒɒkɪ] s. disco-jóquei
disclaim [dɪsˈkleɪm] v.tr.,intr. 1 negar, rejeitar; 2 renunciar; 3 desmentir
disclaimer [dɪsˈkleɪmə] s. 1 desmentido; *to issue a ~* publicar um desmentido; 2 (contrato) limitação de responsabilidade; 3 renúncia; 4 aquele que nega ou rejeita
disclose [dɪsˈkləʊz] v.tr. descobrir, revelar, divulgar
disclosure [dɪsˈkləʊʒə] s. 1 revelação; 2 divulgação
disco [ˈdɪskəʊ] *forma abreviada de* **discotheque**
discobolus [dɪsˈkɒbələs] s. *(pl.* **-i***)* discóbolo

discographic [ˌdɪskəˈgræfɪk] *adj.* MÚSICA discográfico
discography [dɪsˈkɒgrəfɪ] *s.* MÚSICA discografia
discoid [ˈdɪskɔɪd] *adj.* discóide
discoidal [ˈdɪskɔɪdl] *adj.* discóide
discolor [dɪsˈkʌlə] *v.tr.,intr.* [EUA] ⇒ **discolour**
discoloration [dɪsˌkʌləˈreɪʃən] *s.* descoloração
discolour [dɪsˈkʌlə] *v.tr.,intr.* 1 [GB] descolorar, descolorar-se; 2 [GB] destingir
discolouration [dɪsˌkʌləˈreɪʃən] *s.* descoloração
discolourment [dɪsˈkʌləmənt] *s.* ⇒ **discoloration**
discombobulate [ˌdɪskəmˈbɒbjʊleɪt] *v.tr.* [EUA, Can.] [coloq.] confundir, desconcertar
discomfit [dɪsˈkʌmfɪt] *v.tr.* 1 derrotar em batalha; 2 desconcertar; 3 frustrar
discomfiture [dɪsˈkʌmfɪtʃə] *s.* 1 derrota; 2 desconcerto; 3 atrapalhação
discomfort [dɪsˈkʌmfət] Ⓐ *s.* 1 desconsolo; 2 inquietação, desconforto; 3 mal-estar Ⓑ *v.tr.* 1 incomodar, inquietar; 2 desconsolar
discommode [ˌdɪskəˈməʊd] *v.tr.* incomodar
discommon [dɪsˈkɒmən] *v.tr.* retirar a um comerciante a autorização para fornecer estudantes
discompose [ˌdɪskəmˈpəʊz] *v.tr.* 1 descompor; 2 agitar; 3 transtornar
discomposedly [ˌdɪskəmˈpəʊzɪdlɪ] *adv.* agitadamente
discomposingly [ˌdɪskəmˈpəʊzɪŋlɪ] *adv.* inquietamente
discomposure [ˌdɪskəmˈpəʊʒə] *s.* 1 (estado mental) transtorno; agitação; 2 (local) desordem; desarranjo; confusão
disconcert [ˌdɪskənˈsɜːt] *v.tr.* desconcertar, atrapalhar, confundir
disconcerting [ˌdɪskənˈsɜːtɪŋ] *adj.* desconcertante
disconcertingly [ˌdɪskənˈsɜːtɪŋlɪ] *adv.* desconcertantemente
disconcertment [ˌdɪskənˈsɜːtmənt] *s.* 1 embaraço, atrapalhação; 2 desconcerto
disconnect [ˌdɪskəˈnekt] *v.tr.* desligar, separar
disconnected [ˌdɪskəˈnektɪd] *adj.* 1 desligado, separado; 2 descosido; 3 incoerente
disconnectedly [ˌdɪskəˈnektɪdlɪ] *adv.* sem ligação, de modo confuso
disconnectedness [ˌdɪskəˈnektɪdnɪs] *s.* falta de ligação, confusão
disconnecting [ˌdɪskəˈnektɪŋ] *s.* 1 separação, desligação; 2 desengate ❖ ~ *lever* alavanca de desengate; ~ *switch* interruptor; disjuntor
disconnection [ˌdɪskəˈnekʃən] *s.* desconexão, separação
disconnexion [ˌdɪskəˈnekʃən] *s.* desconexão, separação
disconsolate [dɪsˈkɒnsəlɪt] *adj.* desconsolado, desapontado, triste
disconsolately [dɪsˈkɒnsəlɪtlɪ] *adv.* desconsoladamente
discontent [ˌdɪskənˈtent] Ⓐ *s.* descontentamento Ⓑ *adj.* descontente Ⓒ *v.tr.* descontentar
discontented [ˌdɪskənˈtentɪd] *adj.* descontente, aborrecido
discontentedly [ˌdɪskənˈtentɪdlɪ] *adv.* com descontentamento
discontentedness [ˌdɪskənˈtentɪdnɪs] *s.* descontentamento
discontentment [ˌdɪskənˈtentmənt] *s.* descontentamento, insatisfação
discontiguous [ˌdɪskənˈtɪgjʊəs] *adj.* descontíguo
discontinuance [ˌdɪskənˈtɪnjʊəns] *s.* 1 interrupção; suspensão; 2 paragem; 3 cessação; 4 abandono; desistência ❖ *without* ~ sem interrupção; ininterruptamente
discontinue [ˌdɪskənˈtɪnjuː] *v.tr.,intr.* 1 descontinuar, interromper, deixar de; 2 suspender; 3 terminar
discontinuity [ˌdɪskɒntɪˈnjuːɪtɪ] *s.* (*pl.* **-ies**) 1 descontinuidade; 2 intervalo
discontinuous [ˌdɪskənˈtɪnjʊəs] *adj.* descontínuo; intermitente; com interrupções ❖ MATEMÁTICA ~ *quantity* quantidade discreta
discontinuously [ˌdɪskənˈtɪnjʊəslɪ] *adv.* 1 de modo descontínuo; 2 intermitentemente
discord[1] [ˈdɪskɔːd] *s.* 1 discórdia, desacordo; 2 MÚSICA dissonância
discord[2] [dɪsˈkɔːd] *v.intr.* 1 discordar, estar em desacordo; 2 produzir dissonância
discordance [dɪsˈkɔːdəns] *s.* discordância, desacordo
discordant [dɪsˈkɔːdənt] *adj.* 1 discordante; 2 dissonante
discordantly [dɪsˈkɔːdəntlɪ] *adv.* de uma maneira discordante, dissonante
discotheque [ˈdɪskətek] *s.* discoteca
discount[1] [ˈdɪskaʊnt] *s.* desconto; abatimento; redução ❖ ~ *price* preço reduzido; ~ *rate* taxa de desconto; *at a* ~ com desconto; *cash* ~ desconto por pronto pagamento; *to make a* ~ fazer um desconto
discount[2] [dɪsˈkaʊnt] *v.tr.* 1 descontar; 2 abater; 3 dar um desconto a (notícias, histórias, etc.), fazer pouco caso de
discountable [dɪsˈkaʊntəbəl] *adj.* descontável
discountenance [dɪsˈkaʊntɪnəns] *v.tr.* 1 desconcertar, atrapalhar, enlear; 2 desaprovar
discourage [dɪsˈkʌrɪdʒ] *v.tr.* desencorajar, desanimar
discouragement [dɪsˈkʌrɪdʒmənt] *s.* 1 desencorajamento; 2 desânimo; 3 desaprovação
discouraging [dɪsˈkʌrɪdʒɪŋ] *adj.* desencorajante, desanimador
discouragingly [dɪsˈkʌrɪdʒɪŋlɪ] *adv.* desanimadoramente
discourse[1] [ˈdɪskɔːs] *v.tr.,intr.* 1 discorrer; 2 conversar; 3 dissertar
discourse[2] [ˈdɪskɔːs] *s.* 1 discurso; 2 dissertação; 3 conversa, conversação
discourser [dɪsˈkɔːsə] *s.* 1 aquele que discorre ou discursa; 2 conversador
discourteous [dɪsˈkɜːtɪəs] *adj.* descortês
discourteously [dɪsˈkɜːtɪəslɪ] *adv.* descortesmente
discourtesy [dɪsˈkɜːtəsɪ] *s.* (*pl.* **-ies**) descortesia
discover [dɪsˈkʌvə] *v.tr.* 1 descobrir, revelar, mostrar; 2 encontrar
discoverable [dɪsˈkʌvərəbəl] *adj.* que pode descobrir-se
discoverer [dɪsˈkʌvərə] *s.* descobridor
discovert [dɪsˈkʌvət] *adj.* DIREITO não casada; viúva; sem marido
discovery [dɪsˈkʌvərɪ] *s.* (*pl.* **-ies**) 1 descoberta; 2 revelação
discredit [dɪsˈkredɪt] Ⓐ *s.* 1 descrédito; 2 falta de confiança; 3 vergonha [**to**, para]; 4 perda de reputação Ⓑ *v.tr.* 1 desacreditar; 2 questionar; pôr em dúvida; negar ❖ *to be a ~ to* ser uma vergonha para; *to bring ~ to* desacreditar; *to fall into ~* cair em descrédito
discreditable [dɪsˈkredɪtəbəl] *adj.* 1 indigno, impróprio; 2 que traz descrédito
discreditably [dɪsˈkredɪtəblɪ] *adv.* 1 de modo indigno, impróprio; 2 de maneira a causar descrédito
discreet [dɪsˈkriːt] *adj.* 1 discreto, avisado, circunspecto; 2 sóbrio
discreetly [dɪsˈkriːtlɪ] *adv.* discretamente
discrepancy [dɪˈskrepənsɪ] *s.* (*pl.* **-ies**) discrepância, desacordo, oposição
discrepant [dɪsˈkrepənt] *adj.* discrepante
discrete [dɪsˈkriːt] *adj.* 1 discreto; 2 autónomo; distinto, diferenciado; 3 FILOSOFIA abstracto ❖ LINGUÍSTICA ~ *propositions* proposições disjuntivas; MATEMÁTICA ~ *quantity* quantidade discreta
discretion [dɪsˈkreʃən] *s.* 1 discrição; 2 discernimento, sagacidade; reserva, circunspecção, prudência; *to use one's* ~ usar de discernimento; 3 critério; *to leave sth to sb's* ~ deixar algo ao critério de alguém ❖ *age of* ~ idade da razão; *at* ~ à discrição; *to surrender at* ~ render-se incondicionalmente; *use your own ~ in it* faça como entender melhor
discretionarily [dɪˈskreʃənərɪlɪ, dɪˈskreʃənerɪlɪ] *adv.* discricionariamente
discretionary [dɪˈskreʃnərɪ, dɪˈskreʃnerɪ] *adj.* discricionário
discriminant [dɪˈskrɪmɪnənt] *adj.,s.* discriminante
discriminate [dɪˈskrɪmɪneɪt] *v.tr.,intr.* 1 discriminar, distinguir; 2 fazer uma distinção; 3 ser discriminatório
discriminating [dɪˈskrɪmɪneɪtɪŋ] *adj.* 1 com discernimento, criterioso; 2 sagaz; 3 culto, educado; 4 exigente; 5 com bom gosto, refinado; 6 discriminativo, discriminante
discriminatingly [dɪˌskrɪmɪˈneɪtɪŋlɪ] *adv.* 1 criteriosamente; 2 inteligentemente, sagazmente; 3 refinadamente; 4 discriminadamente
discrimination [dɪˌskrɪmɪˈneɪʃən] *s.* 1 discriminação, distinção; 2 discernimento ❖ *racial discrimination* discriminação racial
discriminative [dɪˈskrɪmɪnətɪv] *adj.* discriminativo
discriminatively [dɪˈskrɪmɪnətɪvlɪ] *adv.* discriminativamente
discriminator [dɪˈskrɪmɪneɪtə] *s.* ELECTRICIDADE discriminador
discriminatory [dɪˈskrɪmɪnətərɪ] *adj.* discriminatório

discrown [dɪsˈkraʊn] *v.tr.* depor, tirar a coroa a
discursive [dɪˈskɜːsɪv] *adj.* **1** discursivo; **2** (estilo) digressivo; **3** prolixo ❖ **~ faculty** faculdade discursiva, fala
discursively [dɪˈskɜːsɪvlɪ] *adv.* **1** discursivamente; **2** digressivamente, divagando; **3** prolixamente
discursiveness [dɪˈskɜːsɪvnɪs] *s.* **1** discursividade; **2** digressão, divagação; **3** prolixidade
discus [ˈdɪskəs] *s. (pl. disci)* **1** DESPORTO disco; *to throw the ~* lançar o disco; **2** DESPORTO (competição) lançamento do disco ❖ **~ thrower** atleta de lançamento do disco; discóbolo
discuss [dɪsˈkʌs] *v.tr.* debater, discutir
discussant [dɪˈskʌsənt] *s.* pessoa que toma parte num simpósio ou discussão
discussible [dɪˈskʌsɪbəl] *adj.* debatível, discutível
discussion [dɪˈskʌʃən] *s.* debate, discussão
disdain [dɪsˈdeɪn] Ⓐ *s.* desdém Ⓑ *v.tr.* desdenhar
disdainful [dɪsˈdeɪnfʊl] *adj.* desdenhoso
disdainfully [dɪsˈdeɪnfʊlɪ] *adv.* com desdém, desdenhosamente
disease [dɪˈziːz] *s.* **1** doença, enfermidade; **2** moléstia
diseased [dɪˈziːzd] *adj.* **1** doente, enfermo; **2** mórbido; **3** doentio
disembark [ˌdɪsɪmˈbɑːk] *v.tr.,intr.* desembarcar
disembarkation [ˌdɪsembɑːˈkeɪʃən] *s.* desembarque
disembarrass [ˌdɪsɪmˈbærəs] *v.tr.* **1** desembaraçar; **2** libertar, desprender
disembarrassment [ˌdɪsɪmˈbærəsmənt] *s.* libertação, desembaraçamento
disembodied [ˌdɪsɪmˈbɒdɪd] *adj.* incorpóreo
disembodiment [ˌdɪsɪmˈbɒdɪmənt] *s.* **1** libertação, separação da alma do corpo; **2** licenciamento de tropas
disembody [ˌdɪsɪmˈbɒdɪ] *v.tr.* **1** separar, libertar a alma do corpo; **2** licenciar (tropas)
disembogue [ˌdɪsɪmˈbəʊɡ] *v.tr.,intr.* **1** desaguar; **2** desembocar
disembosom [ˌdɪsɪmˈbuːzəm] *v.tr.,intr.* [arc.] revelar, abrir-se, fazer confidências
disembowel [ˌdɪsɪmˈbaʊəl] *v.tr.* estripar
disembroil [ˌdɪsɪmˈbrɔɪl] *v.tr.* desenredar, desembaraçar, deslindar
disenchant [ˌdɪsɪnˈtʃɑːnt] *v.tr.* desencantar, desiludir
disenchanted [ˌdɪsɪnˈtʃɑːntɪd] *adj.* desencantado
disenchantment [ˌdɪsɪnˈtʃɑːntmənt] *s.* desencantamento
disencumber [ˌdɪsɪnˈkʌmbə] *v.tr.* **1** desimpedir, desembaraçar; **2** desipotecar
disendow [ˌdɪsɪnˈdaʊ] *v.tr.* **1** retirar uma doação; **2** tirar a uma igreja os seus rendimentos
disendowment [ˌdɪsɪnˈdaʊmənt] *s.* requesto, secularização de bens eclesiásticos
disenfranchise [ˌdɪsɪnˈfræntʃaɪz] *v.tr.* **1** privar de direitos civis; **2** privar do direito de voto
disenfranchisement [ˌdɪsɪnˈfræntʃɪzmənt] *s.* privação dos direitos civis ou do direito de voto
disenfranchising [ˌdɪsɪnˈfræntʃaɪzɪŋ] *s.* privação dos direitos civis ou do direito de voto
disengage [ˌdɪsɪnˈɡeɪdʒ] Ⓐ *v.tr.,intr.* **1** libertar(-se); **2** separar(-se); distanciar(-se); **3** desprender; desengatar; *to ~ the catch* desengatar; **4** perder o contacto; perder a ligação; **5** MILITAR cessar o combate; retirar; **6** DESPORTO (esgrima) libertar o florete Ⓑ *s.* determinado golpe em esgrima
disengaged [ˌdɪsɪnˈɡeɪdʒd] *adj.* **1** livre, desocupado, sem ter que fazer; **2** distanciado
disengagement [ˌdɪsɪnˈɡeɪdʒmənt] *s.* **1** separação; **2** libertação; **3** distanciamento; **4** desengate; **5** ruptura de ajuste de casamento ❖ **~ of a catch** desengate
disengaging [ˌdɪsɪnˈɡeɪdʒɪŋ] Ⓐ *adj.* que liberta, que desengata Ⓑ *s.* **1** libertação; **2** desengate ❖ **~ gear** engrenagem de desengate; **~ lever** alavanca de desengate
disenslave [ˌdɪsɪnˈsleɪv] *v.tr.* libertar, descravizar
disentail [ˌdɪsɪnˈteɪl] *v.tr.* desvincular (propriedade)
disentangle [ˌdɪsɪnˈtæŋɡəl] *v.tr.,intr.* **1** libertar; **2** desembaraçar, desembaraçar-se; **3** desenredar, deslindar
disentanglement [ˌdɪsɪnˈtæŋɡəlmənt] *s.* desenredamento, deslindamento

disenthral [ˌdɪsɪnˈθrɔːl] *v.tr.* ⟨particípios: -ll-⟩ [form.] libertar, descravizar, resgatar da condição de escravo
disenthralment [ˌdɪsɪnˈθrɔːlmənt] *s.* libertação, descravização
disentomb [ˌdɪsɪnˈtuːm] *v.tr.* exumar, desenterrar
disentombment [ˌdɪsɪnˈtuːmmənt] *s.* exumação
disequilibrium [ˌdɪsiːkwɪˈlɪbrɪəm] *s.* desequilíbrio
disestablish [ˌdɪsɪˈstæblɪʃ] *v.tr.* separar (a Igreja do Estado)
disestablishment [ˌdɪsɪˈstæblɪʃmənt] *s.* separação (da Igreja do Estado)
diseur [diːˈzɜː] *s.* ⟨fem. **diseuse**⟩ recitador, declamador
disfavour [dɪsˈfeɪvə] Ⓐ *s.* **1** desfavor, desaprovação; **2** situação desfavorável Ⓑ *v.tr.* **1** ser desfavorável a; não aprovar; **2** não gostar de; não estimar ❖ *to fall into ~* cair em desgraça; *to fall into sb's ~/to incur sb's ~* incorrer no desfavor de alguém
disfeature [dɪsˈfiːtʃə] *v.tr.* desfigurar
disfiguration [dɪsˌfɪɡəˈreɪʃən] *s.* desfiguração
disfigure [dɪsˈfɪɡə] *v.tr.* **1** desfigurar; **2** descaracterizar
disfigured [dɪsˈfɪɡəd] *adj.* desfigurado
disfigurement [dɪsˈfɪɡəmənt] *s.* desfiguração
disforest [dɪsˈfɒrɪst] *v.tr.* **1** desflorestar; **2** desarborizar
disfranchise [dɪsˈfræntʃaɪz] *v.tr.* **1** privar de direitos civis; **2** privar do direito de voto
disfranchisement [dɪsˈfræntʃɪzmənt] *s.* privação de direitos civis ou do direito de voto
disfrock [dɪsˈfrɒk] *v.tr.* despadrar
disgorge [dɪsˈɡɔːdʒ] *v.tr.,intr.* **1** vomitar; **2** restituir (o roubado); **3** desaguar
disgrace [dɪsˈɡreɪs] Ⓐ *s.* **1** desgraça, desonra; **2** vergonha Ⓑ *v.tr.* **1** desgraçar; **2** desonrar; **3** desacreditar
disgraceful [dɪsˈɡreɪsfʊl] *adj.* vergonhoso, infamante
disgracefully [dɪsˈɡreɪsfʊlɪ] *adv.* **1** vergonhosamente; **2** de modo indigno
disgracefulness [dɪsˈɡreɪsfʊlnɪs] *s.* **1** afronta, infâmia; **2** vergonha
disgruntled [dɪsˈɡrʌntəld] *adj.* **1** descontente; **2** de mau humor; **3** ressentido
disguise [dɪsˈɡaɪz] Ⓐ *v.tr.* **1** disfarçar [**as**, **de**]; **2** mascarar; *to ~ oneself as...* mascarar-se de...; **3** dissimular; **4** (sentimentos, erros) esconder; ocultar Ⓑ *s.* **1** disfarce; máscara; **2** dissimulação; **3** artifício ❖ *a blessing in ~* um mal que vem por bem; *in ~* disfarçado
disguisement [dɪsˈɡaɪzmənt] *s.* **1** disfarce; **2** dissimulação
disgust [dɪsˈɡʌst] Ⓐ *s.* **1** repugnância, aversão; **2** desgosto profundo; Ⓑ *v.tr.* **1** repugnar; **2** causar aversão; **3** desgostar profundamente; **4** enojar; **5** indignar
disgustedly [dɪsˈɡʌstɪdlɪ] *adv.* com repugnância, com desgosto
disgustful [dɪsˈɡʌstfʊl] *adj.* **1** desgostante; **2** chocante; **3** repugnante
disgusting [dɪsˈɡʌstɪŋ] *adj.* **1** repugnante, nojento, asqueroso; **2** que causa aversão; **3** desagradável; **4** desgostante; **5** chocante
disgustingly [dɪsˈɡʌstɪŋlɪ] *adv.* **1** de um modo chocante, repugnante, asquerosamente; **2** desagradavelmente
dish [dɪʃ] Ⓐ *s.* ⟨pl. **-es**⟩ **1** (recipiente, comida) prato; **2** (para servir) travessa; terrina; taça; **3** antena parabólica; **4** [coloq., fig.] (pessoa atraente) brasa*fig.*; **5** *pl.* louça; *to do the dishes* lavar a louça Ⓑ *v.tr.,intr.* **1** preparar para ser servido à mesa; pôr em travessas; **2** ser mais esperto que o adversário; derrotar o adversário usando as armas dele; **3** (cavalo) manquejar ❖ **~ cover** cobertura para conservar a comida quente nas travessas; **~ of gossip** fofoca; bisbilhotice; **~ of the day** prato do dia; *standing ~* prato servido diariamente; *the ~ wears its own cover* tal amo tal criado; *to ~ oneself* comprometer-se
◆ **dish out** *v.tr.* **1** (comida) servir; **2** distribuir; repartir; **3** (castigo) administrar; dar ❖ (crítica, pancada) *to dish it out* dar uma tareia
◆ **dish up** *v.tr.,intr.* **1** (alimentos, refeição) servir; **2** [fig.] inventar ou cozinhar (histórias) ❖ *I am dished up* estou frito
dishabille [ˌdɪsəˈbiːl] *s.* roupão, penteador
dishabituate [ˌdɪsəˈbɪtʃʊeɪt] *v.tr.* desabituar
disharmonious [ˌdɪshɑːˈməʊnɪəs] *adj.* desarmonioso
disharmonize [dɪsˈhɑːmənaɪz] *v.tr.* desarmonizar
disharmony [dɪsˈhɑːmənɪ] *s.* ⟨pl. **-ies**⟩ desarmonia
dishcloth [ˈdɪʃklɒθ] *s.* **1** (lavar) esfregão da louça; **2** (limpar) pano da louça

dishearten [dɪsˈhɑːtn] v.tr. desencorajar, desanimar
disheartening [dɪsˈhɑːtnɪŋ] adj. desanimador, desencorajante
disheartenment [dɪsˈhɑːtnmənt] s. desânimo, abatimento
dished [dɪʃt] adj. em forma de prato; abaulado; ~ *bottom* fundo abaulado; ~ *disc wheel* roda de disco abaulado
disherison [dɪsˈherɪzn] s. deserdação
dishevel [dɪˈʃevəl] v.tr. (particípios: -ll-) 1 desgrenhar, pôr os cabelos em pé; 2 desarrumar, desalinhar
dishevelled [dɪˈʃevəld] adj. 1 despenteado; 2 desgrenhado; 3 em desalinho
dishevelment [dɪˈʃevəlmənt] s. desalinho, desgrenhamento
dishful [ˈdɪʃfʊl] s. pratada
dishonest [dɪsˈɒnɪst] adj. 1 desonesto, fraudulento; 2 desleal
dishonestly [dɪsˈɒnɪstlɪ] adv. desonestamente
dishonesty [dɪsˈɒnɪstɪ] s. (pl. -ies) 1 desonestidade, falta de seriedade; 2 deslealdade
dishonour [dɪsˈɒnə] Ⓐ s. 1 desonra, descrédito; 2 coisa desonrosa; 3 afronta, ofensa; 4 não-pagamento, não-aceitação de letra comercial Ⓑ v.tr. 1 desonrar; 2 tratar indignamente; 3 [ant.] desflorar; 4 não aceitar uma letra comercial
dishonourable [dɪsˈɒnərəbəl] adj. 1 desonroso, indigno; 2 sem honra
dishonourableness [dɪsˈɒnərəblnɪs] s. desonra, indignidade
dishonourably [dɪsˈɒnərəblɪ] adv. de modo desonroso
dishonoured [dɪsˈɒnəd] adj. desonrado ❖ ~ *bill* letra protestada
dishorn [dɪsˈhɔːn] v.tr. descornar
dishouse [dɪsˈhaʊz] v.tr. desalojar, tirar a casa
dishrag [ˈdɪʃræg] s. esfregão da louça
dishwasher [ˈdɪʃwɒʃə] s. 1 máquina de lavar louça; 2 (restaurante) lavador de pratos; *to work as a ~* lavar pratos
dishwashing [ˈdɪʃwɒʃɪŋ] adj. de lavar a louça ❖ ~ *liquid* detergente da louça; ~ *machine* máquina de lavar louça
dishwater [ˈdɪʃwɔːtə] s. 1 água de lavar a louça; 2 (bebida) mistela; água-chilra; zurrapa ❖ [EUA] [coloq.] ~ *blond* louro oxigenado; *as dull as ~* chato como a potassa
dishy [ˈdɪʃɪ] adj. [coloq.] (pessoa) apetecível, apetitoso_fig._, atraente, tentador
disillusion [dɪsɪˈluːʒən] Ⓐ s. desengano, desilusão, decepção Ⓑ v.tr. desiludir, desenganar, decepcionar
disillusioned [dɪsɪˈluːʒənd] adj. desiludido, desenganado
disillusionize [dɪsɪˈluːʒənaɪz] v.tr. ⇒ **disillusion** Ⓑ
disillusionment [dɪsɪˈluːʒənmənt] s. desilusão, desencantamento
disincarnate [dɪsɪnˈkɑːnɪt] adj. desincarnado
disincentive [ˌdɪsɪnˈsentɪv] s. elemento dissuasivo; forma de dissuasão ❖ *to be a ~ to* desincentivar; desencorajar
disinclination [ˌdɪsɪnklɪˈneɪʃən] s. 1 aversão; repugnância; *to have a ~ for sth* ter aversão a algo; 2 relutância; pouco entusiasmo; pouca vontade; *to have a ~ to do sth* estar com pouca vontade de fazer alguma coisa
disincline [dɪsɪnˈklaɪn] v.tr. indispor
disinclined [dɪsɪnˈklaɪnd] adj. não disposto; com pouca vontade; relutante
disincorporate [ˌdɪsɪnˈkɔːpəreɪt] v.tr. dissolver, desfazer (sociedade)
disinfect [dɪsɪnˈfekt] v.tr. desinfectar
disinfectant [dɪsɪnˈfektənt] adj.,s. desinfectante
disinfecting [dɪsɪnˈfektɪŋ] s. desinfecção
disinfection [dɪsɪnˈfekʃən] s. ⇒ **disinfecting**
disinfector [dɪsɪnˈfektə] s. desinfectador
disinfest [dɪsɪnˈfest] v.tr. desinfestar
disinfestation [dɪsɪnfesˈteɪʃən] s. desinfestação
disinflation [dɪsɪnˈfleɪʃən] s. desinflação
disinformation [dɪsɪnfɔːˈmeɪʃən] s. desinformação
disingenuous [dɪsɪnˈdʒenjʊəs] adj. 1 pouco sincero, dissimulado; 2 pouco franco; 3 oculto
disingenuously [dɪsɪnˈdʒenjʊəslɪ] adv. dissimuladamente; de maneira pouco franca
disingenuousness [ˌdɪsɪnˈdʒenjʊəsnɪs] s. dissimulação, falta de sinceridade
disinherit [dɪsɪnˈherɪt] v.tr. deserdar
disinheritance [dɪsɪnˈherɪtəns] s. deserdação

disinheriting [dɪsɪnˈherɪtɪŋ] s. ⇒ **disinheritance**
disinhibit [dɪsɪnˈhɪbɪt] v.tr. PSICOLOGIA desinibir
disinhibition [dɪsɪnhɪˈbɪʃən] s. PSICOLOGIA desinibição
disintegrate [dɪsˈɪntɪgreɪt] v.tr.,intr. 1 desintegrar, desintegrar-se; 2 desagregar-se; 3 quebrar; 4 britar, triturar
disintegrating [dɪsˈɪntɪgreɪtɪŋ] s. 1 desintegração; 2 desagregação ❖ ~ *mill* britadeira
disintegration [dɪsˌɪntɪˈgreɪʃən] s. desintegração, desagregação
disintegrator [dɪsˈɪntɪgreɪtə] s. 1 desintegrador; 2 desagregador
disinter [ˌdɪsɪnˈtɜː] v.tr. (particípios: -rr-) 1 desenterrar; 2 exumar
disinterest [dɪsˈɪntrest] v.tr. desinteressar, perder o interesse
disinterested [dɪsˈɪntrɪstɪd] adj. 1 desinteressado; 2 imparcial
disinterestedly [dɪsˈɪntrɪstɪdlɪ] adv. desinteressadamente
disinterestedness [dɪsˈɪntrɪstɪdɪdnɪs] s. 1 indiferença; 2 desinteresse
disinterment [dɪsɪnˈtɜːmənt] s. exumação
disinvest [ˌdɪsɪnˈvest] Ⓐ v.intr. retirar o investimento Ⓑ v.tr. retirar o investimento de
disinvestment [dɪsɪnˈvestmənt] s. 1 retirada do investimento; 2 redução de investimento
disjoin [dɪsˈdʒɔɪn] v.tr. 1 desconjuntar; 2 separar, desunir
disjoint [dɪsˈdʒɔɪnt] v.tr. 1 deslocar, desmembrar, desfazer; 2 trinchar
disjointed [dɪsˈdʒɔɪntɪd] adj. 1 deslocado; 2 desarticulado; 3 com pouca coerência, sem ligação
disjointedly [dɪsˈdʒɔɪntɪdlɪ] adv. 1 desarticuladamente; 2 incoerentemente
disjointedness [dɪsˈdʒɔɪntɪdnɪs] s. desarticulação, incoerência
disjunct [dɪsˈdʒʌŋkt] adj. MÚSICA disjunto
disjunction [dɪsˈdʒʌŋkʃən] s. LINGUÍSTICA, LÓGICA, GEOLOGIA disjunção
disjunctive [dɪsˈdʒʌŋktɪv] Ⓐ adj. disjuntivo Ⓑ s. 1 LINGUÍSTICA conjunção disjuntiva; 2 LÓGICA disjunção
disk [dɪsk] s. 1 INFORMÁTICA disco; 2 ⇒ **disc** ❖ INFORMÁTICA ~ *space* espaço em disco; INFORMÁTICA *floppy* ~ disquete; INFORMÁTICA *hard* ~ disco duro
diskette [dɪsˈket] s. INFORMÁTICA disquete
dislike [dɪsˈlaɪk] Ⓐ s. antipatia; aversão Ⓑ v.tr. 1 não gostar de; 2 antipatizar com ❖ *to take a ~ to sb/sth* antipatizar com alguém/algo
dislocate [ˈdɪsləkeɪt] v.tr. 1 deslocar, desarranjar; 2 desmanchar; 3 sofrer uma luxação; 4 desorganizar
dislocation [dɪsləˈkeɪʃən] s. 1 deslocação, luxação; 2 desorganização
dislodge [dɪsˈlɒdʒ] v.tr. 1 desalojar; 2 expulsar; 3 roubar o lugar de
dislodgement [dɪsˈlɒdʒmənt] s. 1 desalojamento; 2 expulsão
dislodgment [dɪsˈlɒdʒmənt] s. 1 desalojamento; 2 expulsão
disloyal [dɪsˈlɔɪəl] adj. desleal
disloyally [dɪsˈlɔɪəlɪ] adv. deslealmente
disloyalty [dɪsˈlɔɪəltɪ] s. (pl. -ies) deslealdade
dismal [ˈdɪzməl] adj. 1 triste; carregado; sombrio; escuro; 2 [coloq.] péssimo; horrível; *a ~ movie* um filme péssimo ❖ *the ~ science* a economia política
dismally [ˈdɪzməlɪ] adv. 1 soturnamente, lugubremente; 2 (má qualidade) lamentavelmente
dismalness [ˈdɪzməlnɪs] s. soturnidade, melancolia, tristeza
dismantle [dɪsˈmæntl] v.tr. 1 desmantelar; 2 desguarnecer; 3 desarmar; 4 desaparelhar; 5 desmontar
dismantlement [dɪsˈmæntlmənt] s. 1 desmantelamento; 2 desaparelhamento; 3 desarmamento; 4 desmontagem
dismantling [dɪsˈmæntlɪŋ] s. 1 desmantelamento, desarmamento; 2 desaparelhamento; 3 desmontagem
dismast [dɪsˈmɑːst] v.tr. desmastrar, desmastrear
dismasting [dɪsˈmɑːstɪŋ] s. acção de tirar os mastros
dismay [dɪsˈmeɪ] Ⓐ s. 1 consternação, desânimo; 2 medo, receio Ⓑ v.tr. 1 assustar, encher de medo ou desânimo; 2 consternar
dismember [dɪsˈmembə] v.tr. 1 desmembrar; 2 dividir
dismembering [dɪsˈmembərɪŋ] s. desmembramento
dismemberment [dɪsˈmembəmənt] s. 1 desmembramento; 2 divisão

dismiss [dɪsˈmɪs] Ⓐ v.tr. 1 mandar embora, despedir; 2 demitir, destituir; 3 dispersar; 4 dissolver (assembleia, reunião); 5 pôr de parte; rejeitar; 6 MILITAR destroçar, licenciar Ⓑ s. MILITAR destroçar (toque ou voz de destroçar)
dismissal [dɪsˈmɪsəl] s. 1 destituição, demissão; 2 despedimento; 3 rejeição
dismissible [dɪsˈmɪsɪbəl] adj. 1 destituível; 2 rejeitável; 3 que pode ser despedido
dismissive [dɪsˈmɪsɪv] adj. depreciativo; desdenhoso ❖ *to be ~ of* fazer pouco caso de, não atribuir grande importância a
dismissively [dɪsˈmɪsɪvlɪ] adv. depreciativamente, com indiferença, com desdém
dismount [dɪsˈmaʊnt] Ⓐ v.intr. (cavalo, bicicleta) apear-se [**from**, de], desmontar [**from**, de]; *he dismounted from the horse* ele desmontou do cavalo Ⓑ v.tr. desmontar, fazer desmontar; apear Ⓒ s. apeamento; acto de desmontar ❖ *to ~ the batteries of the enemy* fazer calar as baterias inimigas
dismountable [dɪsˈmaʊntəbəl] adj. 1 desmontável; 2 removível
dismounted [dɪsˈmaʊntɪd] adj. 1 a pé; 2 desmontado
disobedience [dɪsəˈbiːdɪəns] s. desobediência
disobedient [dɪsəˈbiːdɪənt] adj. desobediente
disobediently [dɪsəˈbiːdɪəntlɪ] adv. desobedientemente
disobey [dɪsəˈbeɪ] v.tr. desobedecer
disoblige [ˌdɪsəˈblaɪdʒ] v.tr. 1 ser descortês para; 2 não ser amável com; 3 desagradar a ❖ *I'm sorry to ~ you* lamento não lhe poder fazer a vontade
disobliging [dɪsəˈblaɪdʒɪŋ] adj. 1 desagradável, pouco amável; 2 pouco prestável
disobligingly [dɪsəˈblaɪdʒɪŋlɪ] adv. 1 descortesmente; 2 desagradavelmente
disobligingness [ˌdɪsəˈblaɪdʒɪŋnɪs] s. 1 indelicadeza, falta de atenção; 2 descortesia
disomic [daɪˈsəʊmɪk] adj. (genética) dissómico
disorder [dɪsˈɔːdə] Ⓐ s. 1 desordem; 2 tumulto, confusão; 3 MEDICINA distúrbio, perturbação; *eating ~* distúrbio alimentar; 4 indisposição; *stomach ~* indisposição estomacal; 5 transtorno Ⓑ v.tr. 1 desordenar, pôr em desordem, desorganizar; 2 desarranjar; 3 PSICOLOGIA perturbar
disordered [dɪsˈɔːdəd] adj. 1 desordenado, em desordem; 2 desarranjado, doente; 3 desequilibrado
disorderliness [dɪsˈɔːdəlɪnɪs] s. 1 desordem, desordenação; 2 desregramento; 3 tumulto
disorderly [dɪsˈɔːdəlɪ] adj. 1 desordenado, sem ordem; 2 turbulento; 3 desregrado
disorganization [dɪsˌɔːɡənaɪˈzeɪʃən] s. desorganização
disorganize [dɪsˈɔːɡənaɪz] v.tr. desorganizar
disorientate [dɪsˈɔːrɪənteɪt] v.tr. 1 desorientar; 2 confundir
disorientation [dɪsˌɔːrɪənˈteɪʃn] s. desorientação, desnorteamento, atrapalhação
disown [dɪsˈəʊn] v.tr. 1 negar; 2 renegar
disowner [dɪsˈəʊnə] s. aquele que nega ou renega
disparage [dɪˈspærɪdʒ] v.tr. 1 denegrir, rebaixar; 2 desacreditar; 3 falar depreciativamente sobre
disparagement [dɪˈspærɪdʒmənt] s. 1 depreciação; 2 descrédito
disparager [dɪˈspærɪdʒə] s. detractor, maldizente
disparaging [dɪˈspærɪdʒɪŋ] adj. 1 depreciativo; 2 desdenhoso; 3 aviltante, rebaixante
disparagingly [dɪˈspærɪdʒɪŋlɪ] adv. 1 depreciativamente; 2 desdenhosamente
disparate [ˈdɪspərɪt] adj. 1 díspar, distinto, diferente; 2 discrepante; 3 sem qualquer relação
disparity [dɪˈspærɪtɪ] s. (pl. -ies) 1 disparidade; 2 discrepância; 3 divergência; 4 dissemelhança
dispark [dɪˈspɑːk] v.tr. tirar o carácter de parque (a terrenos)
dispart[1] [dɪsˈpɑːt] v.tr.,intr. 1 dividir; 2 separar-se
dispart[2] [ˈdɪspɑːt] Ⓐ s. 1 mira de arma de fogo; 2 calibre de boca de peça Ⓑ v.tr. 1 calibrar; 2 medir o calibre de
dispassionate [dɪsˈpæʃənɪt] adj. 1 sem paixão, calmo, frio; 2 imparcial
dispassionately [dɪsˈpæʃənɪtlɪ] adv. desapaixonadamente, calmamente

dispassionateness [dɪsˈpæʃnɪtnɪs] s. imparcialidade, frieza, calma
dispatch [dɪˈspætʃ] Ⓐ s. (pl. **-es**) 1 comunicação; despacho; *important ~* comunicação importante; *government ~* despacho governamental; 2 envio, expedição; *~ of special troops* envio de tropas especiais; 3 rapidez, eficiência, prontidão; *to do sth with ~* fazer com prontidão Ⓑ v.tr.,intr. 1 enviar, despachar, expedir; 2 matar, liquidar; 3 comer ❖ *~ box* pasta de viagem; mala diplomática; *~ note* aviso de envio; *~ rider* correio; estafeta; *happy ~* haraquiri
dispatcher [dɪˈspætʃə] s. expedidor
dispel [dɪˈspel] v.tr. (particípios: **-ll-**) dissipar, afastar, dispersar
dispensable [dɪˈspensəbəl] adj. dispensável; que pode ser dispensado
dispensary [dɪˈspensərɪ] s. (pl. **-ies**) dispensário
dispensation [ˌdɪspenˈseɪʃən] s. 1 distribuição, entrega; 2 exercício; prática; 3 dispensação, governo do mundo por Deus; 4 ordenação natural; 5 sistema religioso de dada época; 6 dispensa, desobrigação ❖ *Christian ~* a lei cristã
dispensatory [dɪˈspensətərɪ] s. (pl. **-ies**) farmacopeia
dispense [dɪˈspens] v.tr.,intr. 1 fornecer; distribuir; entregar; 2 dispensar, conceder, administrar; 3 desobrigar, isentar ❖ (farmácia) *to ~ a prescription* aviar uma receita
◆**dispense with** v.tr. 1 dispensar; prescindir de; passar sem; 2 deixar de usar
dispenser [dɪˈspensə] s. 1 farmacêutico; 2 (máquina) distribuidor automático; 3 (justiça) administrador, pessoa que administra
dispensing [dɪˈspensɪŋ] s. 1 distribuição, entrega; 2 (receitas médicas) aviamento ❖ [GB] *~ chemist* farmacêutico
dispersal [dɪˈspɜːsəl] s. dispersão
dispersant [dɪˈspɜːsənt] adj.,s. dispersante
disperse [dɪˈspɜːs] v.tr.,intr. 1 dispersar, dispersar-se; 2 dissipar-se; 3 pôr em debandada; 4 fugir
dispersedly [dɪˈspɜːstlɪ] adv. dispersamente
dispersing [dɪˈspɜːsɪŋ] Ⓐ s. dispersão Ⓑ adj. divergente; *~ lens* lente divergente
dispersion [dɪˈspɜːʃən] s. 1 dispersão; 2 disseminação; 3 difusão ❖ *~ of light* dispersão de luz; *~ photometer* fotómetro divergente
dispersive [dɪˈspɜːsɪv] adj. dispersivo
dispersively [dɪˈspɜːsɪvlɪ] adv. dispersivamente
dispirit [dɪˈspɪrɪt] v.tr. desanimar, desencorajar, desalentar
dispirited [dɪˈspɪrɪtɪd] adj. desanimado, desalentado
dispiritedly [dɪˈspɪrɪtɪdlɪ] adv. desanimadamente, cheio de desalento
dispiriting [dɪˈspɪrɪtɪŋ] adj. desencorajante
dispiteous [dɪˈspɪtɪəs] adj. implacável, sem piedade
displace [dɪsˈpleɪs] v.tr. 1 deslocar, tirar do lugar; 2 despedir, demitir; 3 substituir; 4 afastar, pôr fora
displaceable [dɪsˈpleɪsəbəl] adj. que pode ser afastado, substituído ou demitido
displacement [dɪsˈpleɪsmənt] s. 1 deslocação; deslocamento; *~ of a liquid* deslocamento de um líquido; 2 mudança; 3 substituição; 4 PSICOLOGIA (afectos) (transferência) deslocamento; 5 NÁUTICA deslocamento (de navio); *~ of a ship* deslocamento de um navio; 6 NÁUTICA tonelagem; 7 desalojamento; 8 demissão
displacer [dɪsˈpleɪsə] s. êmbolo auxiliar de compressão
display [dɪˈspleɪ] Ⓐ s. 1 exibição, exposição; *on ~* em exposição; 2 (apresentação) exibição; demonstração; *a ~ of gymnastics* uma exibição de ginástica; 3 [depr.] ostentação; aparato; 4 INFORMÁTICA monitor; *colour ~* monitor a cores; 5 INFORMÁTICA visualização, apresentação visual dos dados; 6 TIPOGRAFIA colocação em tipo maior para chamar a atenção Ⓑ v.tr. 1 exibir, mostrar, ostentar; 2 expor; 3 trair, revelar, deixar ver; 4 INFORMÁTICA visualizar; 5 TIPOGRAFIA pôr em tipo maior ❖ (publicidade) *~ advertising* placards; *~ cabinet* vitrina; *~ window* escaparate; (computador) *~ unit* écran; unidade de visualização
displease [dɪsˈpliːz] v.tr. 1 desagradar a; 2 contrariar; aborrecer
displeased [dɪsˈpliːzd] adj. descontente [**at/with**, com] ❖ *to be ~ at/with* desaprovar; não estar contente com
displeasedly [dɪsˈpliːzdlɪ] adv. 1 com descontentamento; 2 aborrecido
displeasing [dɪsˈpliːzɪŋ] adj. desagradável

displeasingly [dɪs'pli:zɪŋlɪ] adv. desagradavelmente
displeasure [dɪs'pleʒə] Ⓐ s. 1 descontentamento, desaprovação; 2 cólera Ⓑ v.tr. aborrecer, contrariar, irritar
displume [dɪs'plu:m] v.tr. [poét.] deplumar, depenar
disport [dɪ'spɔ:t] Ⓐ s. [arc.] diversão, desporto Ⓑ v.intr.,refl. [arc.] divertir-se
disposability [dɪˌspəʊzə'bɪlɪtɪ] s. disponibilidade
disposable [dɪ'spəʊzəbəl] adj. 1 descartável; ~ *nappy* fralda descartável; 2 FINANÇAS (fundos, bens, valores) disponível; líquido; ~ *income* rendimento líquido
disposal [dɪ'spəʊzəl] s. 1 disposição; 2 (lixo) eliminação, destruição; 3 (resíduos) tratamento; ~ *of chemical waste* tratamento de resíduos químicos; 4 (propriedade) transferência; trespasse; 5 colocação, arrumação; 6 cessão; 7 ordem; 8 vontade ❖ ~ *field* aterro sanitário; *at one's* ~ à disposição de alguém; *for* ~ para venda; *the divine* ~ a providência divina; *to be at sb's* ~ estar à disposição de alguém; *to put oneself at sb's* ~ colocar-se à disposição de alguém
dispose [dɪ'spəʊz] v.tr.,intr. 1 dispor, colocar, ordenar; 2 determinar, regular; 3 solucionar; 4 predispor [to, a]; persuadir [to, a]; induzir [to, a] ❖ *man proposes, God disposes* o homem põe e Deus dispõe
❖ **dispose of** v.tr. 1 deitar fora; desfazer-se de; livrar-se de; 2 (matar) liquidar; 3 (tarefa) despachar; tratar de; 4 [form.] dispor de; 5 vender
disposed [dɪ'spəʊzd] adj. disposto [to, a], inclinado [to, a]
disposedly [dɪ'spəʊzɪdlɪ] adv. com compostura, com importância
disposer [dɪ'spəʊzə] s. 1 ordenador; 2 árbitro, juiz; 3 vendedor; 4 outorgante
disposition [ˌdɪspə'zɪʃən] s. 1 disposição, arranjo; 2 (personalidade) temperamento; *of nervous* ~ de temperamento nervoso; 3 inclinação, tendência, predisposição; 4 mandamento, preceito ❖ *to make a* ~ *of one's effects* dispor dos seus bens
dispossess [ˌdɪspə'zes] v.tr. 1 desalojar, privar de; 2 livrar (alguém) de espírito mau
dispossession [ˌdɪspə'zeʃən] s. 1 expropriação, privação de; 2 desalojamento
dispossessor [ˌdɪspə'zesə] s. 1 aquele que desaloja; 2 expropriador
dispraise [dɪs'preɪz] Ⓐ s. 1 censura; 2 depreciação Ⓑ v.tr. 1 censurar; 2 depreciar, rebaixar
dispraising [dɪs'preɪzɪŋ] adj. rebaixante, depreciativo
dispraisingly [dɪs'preɪzɪŋlɪ] adv. depreciativamente
disproof [dɪs'pru:f] s. refutação
disproportion [ˌdɪsprə'pɔ:ʃən] s. desproporção
disproportionate [ˌdɪsprə'pɔ:ʃnɪt] adj. desproporcionado
disproportionately [ˌdɪsprə'pɔ:ʃnɪtlɪ] adv. desproporcionadamente
disproportionateness [ˌdɪsprə'pɔ:ʃnɪtnɪs] s. desproporção
disproportioned [ˌdɪsprə'pɔ:ʃənd] adj. desproporcionado
disprove [dɪs'pru:v] v.tr. (prt. e part. pass. **disproved**, [rar.] part. pass. **disproven**) 1 refutar; 2 contestar
disputable [dɪs'pju:təbəl] adj. 1 disputável; 2 duvidoso
disputably [dɪs'pju:təblɪ] adv. duvidosamente
disputant [dɪs'pju:tənt] s. parte em litígio, disputador
disputation [ˌdɪspju'teɪʃən] s. discussão, disputa, debate, controvérsia
disputatious [ˌdɪspju'teɪʃəs] adj. que gosta de discutir
disputatiously [ˌdɪspju'teɪʃəslɪ] adv. com discussão
dispute [dɪ'spju:t] Ⓐ s. disputa, debate, controvérsia Ⓑ v.tr. 1 (argumentação) contestar; pôr em questão; 2 discutir; 3 disputar; lutar por; *to* ~ *a seat* disputar um lugar Ⓒ v.intr. discutir [about, por causa de] ❖ *beyond/past/without* ~ incontestavelmente; *the matter in* ~ o assunto em questão; *to be beyond* ~ ser irrefutável
disputer [dɪ'spju:tə] s. 1 aquele que disputa; 2 contestante, contestador
disqualification [dɪsˌkwɒlɪfɪ'keɪʃən] s. 1 desqualificação; 2 desclassificação; 3 incapacidade; 4 falta de idoneidade
disqualify [dɪs'kwɒlɪfaɪ] v.tr. 1 desqualificar; 2 desclassificar; 3 incapacitar

disqualifying [dɪs'kwɒlɪfaɪɪŋ] Ⓐ adj. 1 desqualificador; 2 desclassificador Ⓑ s. desqualificação, incapacitamento, desclassificação
disquiet [dɪs'kwaɪət] Ⓐ s. inquietação, intranquilidade, desassossego Ⓑ adj. inquieto, intranquilo Ⓒ v.tr. 1 inquietar, desassossegar; 2 perturbar, incomodar
disquieting [dɪs'kwaɪətɪŋ] adj. 1 inquietante; 2 preocupante
disquietingly [dɪs'kwaɪətɪŋlɪ] adv. inquietantemente
disquietness [dɪs'kwaɪətnɪs] s. inquietude, inquietação, desassossego, ansiedade
disquietude [dɪs'kwaɪətju:d] s. inquietude, inquietação, desassossego
disquisition [ˌdɪskwɪ'zɪʃən] s. 1 disquisição; 2 investigação; 3 disquirição
disquisitional [ˌdɪskwɪ'zɪʃənəl] adj. disquisitivo
disrate [dɪs'reɪt] v.tr. 1 MILITAR fazer baixar em hierarquia, despromover; 2 passar para uma classe inferior
disregard [ˌdɪsrɪ'gɑ:d] Ⓐ s. 1 falta de atenção, indiferença; 2 menosprezo; 3 inobservância Ⓑ v.tr. 1 não prestar atenção; 2 ignorar; 3 tratar com indiferença, menosprezo; 4 pôr de parte
disregardful [ˌdɪsrɪ'gɑ:dfʊl] adj. 1 indiferente [of, a]; 2 negligente; 3 desatento
disrelish [dɪs'relɪʃ] Ⓐ s. [arc.] repugnância, antipatia, aversão Ⓑ v.tr. 1 [arc.] não gostar de; 2 [arc.] sentir repugnância por
disremember [ˌdɪsrɪ'membə] v.tr. esquecer, não se lembrar
disrepair [ˌdɪsrɪ'peə] s. 1 ruína, degradação; 2 mau estado; 3 avaria, necessidade de conserto
disreputable [dɪs'repjʊtəbəl] adj. 1 desonroso, vergonhoso; 2 que traz descrédito; 3 com má reputação; 4 com mau aspecto
disreputableness [dɪs'repjʊtəblnɪs] s. descrédito, má reputação
disreputably [dɪs'repjʊtəblɪ] adv. 1 desonrosamente; 2 vergonhosamente
disrepute [ˌdɪsrɪ'pju:t] s. má reputação, descrédito
disrespect [ˌdɪsrɪs'pekt] s. 1 falta de respeito; 2 rudeza; 3 desrespeito
disrespectful [ˌdɪsrɪs'pektfʊl] adj. 1 irreverente; 2 rude; 3 desrespeitoso
disrespectfully [ˌdɪsrɪs'pektfʊlɪ] adv. 1 desrespeitosamente; 2 irreverentemente
disrobe [dɪs'rəʊb] v.tr.,intr. 1 despir, despir-se; 2 desvestir-se
disroot [dɪs'ru:t] v.tr. arrancar, desarraigar
disrupt [dɪs'rʌpt] v.tr. 1 despedaçar, rebentar; 2 quebrar, desfazer
disrupter [dɪs'rʌptə] s. aquele que rebenta ou desfaz
disruption [dɪs'rʌpʃən] s. 1 interrupção; disrupção; 2 perturbação; 3 rebentamento; ruptura, 4 desmembramento ❖ HISTÓRIA, RELIGIÃO *the* ~ a Disrupção, cisma da Igreja Escocesa em 1843
disruptive [dɪs'rʌptɪv] adj. 1 disruptivo; 2 perturbador, 3 insubordinado, indisciplinado; 4 prejudicial, nocivo, nefasto ❖ ~ *behaviour* mau comportamento; indisciplina; ~ *influence* má influência
disruptor [dɪs'rʌptə] s. disruptor
dissatisfaction [dɪˌsætɪs'fækʃən] s. descontentamento
dissatisfactory [dɪˌsætɪs'fæktərɪ] adj. insatisfatório
dissatisfied [dɪ'sætɪsfaɪd] adj. descontente, pouco satisfeito
dissatisfy [dɪ'sætɪsfaɪ] v.tr. desagradar, descontentar
dissect [dɪ'sekt] v.tr. 1 dissecar; *to* ~ *a frog* dissecar uma rã; 2 [fig.] (texto, assunto) (análise profunda) dissecar ❖ *dissected puzzle* jogo da paciência
dissecting [dɪ'sektɪŋ] s. dissecção, dissecação
dissection [dɪ'sekʃən] s. dissecção
dissector [dɪ'sektə] s. 1 dissecador; 2 dissector
disseise [ˌdɪs'si:z] v.tr. (terras) desapossar
disseisee [dɪssi:'zi:] s. pessoa esbulhada (de terras)
disseising [dɪs'si:zɪŋ] s. esbulho (de terras)
disseize [dɪs'si:z] v.tr. (terras) desapossar
disseizee [dɪssi:'zi:] s. pessoa esbulhada (de terras)
disseizin [dɪs'si:zɪn] s. esbulho (de terras)
dissemble [dɪ'sembəl] v.tr.,intr. 1 disfarçar, esconder; 2 fingir não ver, ignorar; 3 dissimular
dissembler [dɪ'semblə] s. dissimulador, hipócrita, mentiroso
dissembling [dɪ'semblɪŋ] s. encobrimento, hipocrisia, dissimulação

disseminate [dɪˈsemɪneɪt] *v.tr.* disseminar, espalhar, propagar
dissemination [dɪˌsemɪˈneɪʃən] *s.* disseminação
disseminator [dɪˈsemɪneɪtə] *s.* disseminador
dissension [dɪˈsenʃən] *s.* dissensão, discórdia
dissent [dɪˈsent] Ⓐ *v.intr.* divergir, estar em desacordo, dissentir Ⓑ *s.* divergência, dissenção, dissidência
dissenter [dɪˈsentə] *s.* 1 dissidente; 2 aquele que se separou da igreja inglesa ou escocesa
dissentient [dɪˈsenʃɪənt] *adj.,s.* 1 dissidente; 2 contrário
dissenting [dɪˈsentɪŋ] *adj.* 1 dissidente, de dissidência; 2 discordante, contrário; 3 discrepante
dissentingly [dɪˈsentɪŋlɪ] *adv.* dissidentemente
dissepiment [dɪˈsepɪmənt] *s.* 1 divisória orgânica; 2 septo
dissert [dɪˈsɜːt] *v.intr.* dissertar
dissertate [ˈdɪsɜːteɪt] *v.intr.* dissertar
dissertation [ˌdɪsəˈteɪʃən] *s.* dissertação
dissertationist [ˌdɪsəˈteɪʃənɪst] *s.* dissertador
dissertator [ˈdɪsəteɪtə] *s.* dissertador
disserve [dɪˈsɜːv] *v.tr.* desservir, prejudicar
disservice [dɪˈsɜːvɪs] *s.* desserviço
dissever [dɪˈsevə] *v.tr.,intr.* separar, dividir
dissidence [ˈdɪsɪdəns] *s.* 1 divergência; 2 dissidência
dissident [ˈdɪsɪdənt] *adj.,s.* dissidente
dissimilar [dɪˈsɪmɪlə] *adj.* 1 diferente; 2 dissemelhante
dissimilarity [dɪsɪmɪˈlærɪtɪ] *s.* (*pl.* **-ies**) dissimilaridade, dissemelhança
dissimilate [dɪˈsɪmɪleɪt] *v.tr.* dissimilar
dissimilation [dɪˌsɪmɪˈleɪʃən] *s.* dissimilação
dissimilitude [ˌdɪsɪˈmɪlɪtjuːd] *s.* dissimilitude
dissimulate [dɪˈsɪmjʊleɪt] *v.tr.* dissimular
dissimulation [dɪˌsɪmjʊˈleɪʃən] *s.* dissimulação
dissimulator [dɪˈsɪmjʊleɪtə] *s.* dissimulador
dissipate [ˈdɪsɪpeɪt] *v.tr.,intr.* 1 dissipar, dissipar-se; 2 levar uma vida dissoluta; 3 espalhar; 4 dispersar, dispersar-se
dissipated [ˈdɪsɪpeɪtɪd] *adj.* gastador, perdulário, desbragado ❖ ~ **man** estroina
dissipation [ˌdɪsɪˈpeɪʃən] *s.* 1 dissipação, devassidão; 2 esbanjamento; 3 dispersão, diminuição; 4 desaparecimento; 5 diversão ❖ ~ **of heat** perda de calor; ~ **of mind** distracção
dissipative [ˈdɪsɪpətɪv] *adj.* 1 dissipador; 2 dispersivo
dissociable [dɪˈsəʊʃəbəl] *adj.* dissociável, separável
dissocialize [dɪˈsəʊʃəlaɪz] *v.tr.* afastar da sociedade, tornar anti-social
dissociate [dɪˈsəʊʃɪeɪt] *v.tr.* dissociar [**from**, de]; desvincular [**from**, de]; separar [**from**, de]; *he dissociated himself from the firm* ele desvinculou-se da firma ❖ *dissociated personality* desdobramento de personalidade
dissociation [dɪˌsəʊʃɪˈeɪʃən] *s.* 1 dissociação; ~ **of carbon** dissociação de carbono; 2 separação
dissolubility [dɪˌsɒljʊˈbɪlɪtɪ] *s.* dissolubilidade
dissoluble [dɪˈsɒljʊbəl] *adj.* dissolúvel
dissolubleness [dɪˈsɒljʊblnɪs] *s.* dissolubilidade
dissolubly [dɪˈsɒljʊblɪ] *adv.* dissoluvelmente
dissolute [ˈdɪsəluːt] *adj.* dissoluto, devasso
dissolutely [ˈdɪsəluːtlɪ] *adv.* 1 devassamente; 2 dissolutamente
dissoluteness [ˈdɪsəluːtnɪs] *s.* devassidão
dissolution [ˌdɪsəˈluːʃən] *s.* dissolução
dissolvability [dɪˌzɒlvəˈbɪlɪtɪ] *s.* dissolubilidade
dissolvable [dɪˈzɒlvəbəl] *adj.* dissolvível, dissolúvel
dissolve [dɪˈzɒlv] *v.tr.,intr.* 1 dissolver(-se); 2 liquefazer(-se); 3 dispersar; *the crowd dissolved* a multidão dispersou; 4 desvanecer-se; 5 anular, desfazer, suprimir ❖ *to ~ a marriage* dissolver um casamento; *to ~ into tears* desfazer-se em lágrimas; *to ~ into thin air* esfumar-se; desvanecer-se
dissolvent [dɪˈzɒlvənt] *adj.,s.* dissolvente
dissolver [dɪˈzɒlvə] *s.* dissolvente
dissolving [dɪˈzɒlvɪŋ] *adj.* dissolvente
dissonance [ˈdɪsənəns] *s.* 1 MÚSICA dissonância; 2 divergência
dissonant [ˈdɪsənənt] *adj.* 1 dissonante; 2 divergente
dissonantly [ˈdɪsənəntlɪ] *adv.* dissonantemente
dissuade [dɪˈsweɪd] *v.tr.* dissuadir [**from**, de]; *he was dissuaded from going abroad* dissuadiram-no de ir para o estrangeiro
dissuasion [dɪˈsweɪʒən] *s.* dissuasão

dissuasive [dɪˈsweɪsɪv] *adj.* dissuasivo
dissuasively [dɪˈsweɪsɪvlɪ] *adv.* dissuasivamente
dissuasiveness [dɪˈsweɪsɪvnɪs] *s.* carácter dissuasivo
dissyllabic [ˌdɪsɪˈlæbɪk] *adj.* dissilábico
dissyllable [dɪˈsɪləbəl] *s.* dissílabo
dissymmetrical [ˌdɪsɪˈmetrɪkəl] *adj.* dissimétrico
dissymmetry [dɪˈsɪmɪtrɪ] *s.* (*pl.* **-ies**) dissimetria
distaff [ˈdɪstɑːf] *s.* (para fiar) roca ❖ [*ant.*] ~ *side* lado materno da família
distain [dɪsˈteɪn] *v.tr.* 1 tingir, manchar com cor diferente do natural; 2 conspurcar, macular, profanar
distal [ˈdɪstəl] *adj.* ANATOMIA distal
distance [ˈdɪstəns] Ⓐ *s.* 1 distância; 2 espaço; intervalo; 3 afastamento; 4 [*fig.*] (comportamento) distância; reserva Ⓑ *v.tr.* distanciar [**from**, de]; afastar [**from**, de] ❖ ~ *learning* ensino à distância; *at a ~/from a ~* à distância; *in the ~* ao longe; *it's no ~* é perto; *to ~ oneself from* distanciar-se de; afastar-se de; desvincular-se de; *to go the ~* ir até ao fim; *to hire a car by ~* alugar um carro ao quilómetro; *to keep one's ~* ser muito reservado; manter as distâncias
distant [ˈdɪstənt] *adj.* 1 distante, remoto; 2 distanciado; 3 (viagem) longo; *a ~ journey* uma viagem longa; 4 (tempo) longínquo; *the tournament is still very ~* o torneio está ainda muito longe; 5 (parente) afastado; *to be a ~ relative* ser um parente afastado; 6 reservado, pouco acessível; 7 distraído; ausente ❖ ~ *control* comando à distância; ~ *trade* longo curso
distantly [ˈdɪstəntlɪ] *adv.* 1 com altivez; 2 à distância
distaste [dɪsˈteɪst] *s.* aversão, desgosto, antipatia, repugnância
distasteful [dɪsˈteɪstfʊl] *adj.* desagradável
distastefully [dɪsˈteɪstfʊlɪ] *adv.* 1 desagradavelmente; 2 repugnantemente
distastefulness [dɪsˈteɪstfʊlnɪs] *s.* 1 mau gosto; falta de gosto; 2 aspecto desagradável, aspecto repugnante; 3 aversão, antipatia; 4 insipidez
Dist. Atty [EUA] [*abrev. de* District Attorney]
distemper [dɪsˈtempə] Ⓐ *s.* 1 indisposição, perturbação orgânica; 2 enfermidade; 3 desarranjo, desequilíbrio; 4 inquietação; 5 doença canina com enfraquecimento geral e tosse; 6 agitação pública, agitação política; 7 tumulto; 8 ARTES PLÁSTICAS pintura a têmpera Ⓑ *v.tr.* 1 alterar, perturbar a saúde; 2 ARTES PLÁSTICAS pintar a têmpera
distend [dɪsˈtend] *v.tr.,intr.* 1 distender, distender-se; 2 encher, dilatar-se
distensible [dɪsˈtensɪbəl] *adj.* distensível, dilatável
distension [dɪsˈtenʃən] *s.* distensão, dilatação
distich [ˈdɪstɪk] *s.* dístico
distichous [ˈdɪstɪkəs] *adj.* BOTÂNICA disticado
distil [dɪsˈtɪl] *v.tr.,intr.* (*particípios:* **-ll-**) 1 destilar; 2 purificar, refinar; 3 cair gota a gota
distill [dɪsˈtɪl] *v.tr.,intr.* [EUA] ⇒ distil
distillate [ˈdɪstɪlət] *s.* produto de destilação
distillation [ˌdɪstɪˈleɪʃən] *s.* 1 destilação; 2 destilado ❖ ~ *apparatus* aparelho de destilação; ~ *flask* balão de destilação; ~ *in steam* destilação ao vapor
distillatory [dɪsˈtɪlətərɪ] *adj.* destilatório
distilled [dɪsˈtɪld] *adj.* destilado ❖ ~ *water* água destilada
distiller [dɪsˈtɪlə] *s.* destilador
distillery [dɪsˈtɪlərɪ] *s.* (*pl.* **-ies**) 1 destilaria; 2 refinaria
distilling [dɪsˈtɪlɪŋ] *s.* destilação ❖ ~ *apparatus* alambique; ~ *plant* destilador
distinct [dɪsˈtɪŋkt] *adj.* 1 diferente, distinto; 2 nítido
distinction [dɪsˈtɪŋkʃən] *s.* 1 diferença, distinção; 2 condecoração; 3 excelência, superioridade; 4 distinção; honra; reconhecimento público ❖ *a ~ without a difference* nenhuma diferença; *a person of ~* uma pessoa distinta
distinctive [dɪsˈtɪŋktɪv] *adj.* 1 distintivo; ~ *trait* traço distintivo; 2 característico; 3 identificativo ❖ LINGUÍSTICA ~ *feature* traço distintivo
distinctively [dɪsˈtɪŋktɪvlɪ] *adv.* distintivamente
distinctiveness [dɪsˈtɪŋktɪvnɪs] *s.* distinção, característica distintiva
distinctly [dɪsˈtɪŋktlɪ] *adv.* 1 distintamente; 2 claramente
distinctness [dɪsˈtɪŋktnɪs] *s.* nitidez, clareza

distinguish [dɪˈstɪŋgwɪʃ] Ⓐ v.intr. fazer a distinção [**between**, entre]; saber traçar a distinção [**between**, entre] Ⓑ v.tr. 1 distinguir [**from**, de]; *to ~ one thing from the other* diferenciar uma coisa da outra; 2 caracterizar; 3 (sentidos) discernir; captar ❖ *to ~ oneself* distinguir-se; notabilizar-se; destacar-se
distinguishable [dɪˈstɪŋgwɪʃəbəl] adj. 1 diferente; distinto; 2 discernível; que pode notar-se
distinguished [dɪˈstɪŋgwɪʃt] adj. 1 distinto; 2 notável; 3 eminente
distinguishing [dɪˈstɪŋgwɪʃɪŋ] adj. 1 distintivo; 2 característico
distort [dɪˈstɔːt] v.tr. distorcer, deformar, desfigurar, alterar
distorted [dɪˈstɔːtɪd] adj. deformado, desfigurado
distortion [dɪˈstɔːʃən] s. 1 distorção; 2 deformação ❖ *~ factor* factor de distorção; *~ of magnetic field* distorção do campo magnético
distortionist [dɪˈstɔːʃənɪst] s. contorcionista
distortionless [dɪˈstɔːʃənləs] adj. sem distorção
distract [dɪˈstrækt] v.tr. 1 distrair; 2 afastar, dispersar; 3 confundir
distracted [dɪˈstræktɪd] adj. 1 furioso; 2 enlouquecido; 3 com a cabeça perdida; 4 com o espírito perturbado
distractedly [dɪˈstræktɪdlɪ] adv. furiosamente
distracting [dɪˈstræktɪŋ] adj. 1 que distrai; 2 perturbador; 3 incómodo
distraction [dɪˈstrækʃən] s. 1 distracção; divertimento; diversão; 2 interrupção; 3 desorientação; 4 loucura; transtorno ❖ *to drive sb to ~* levar alguém à loucura; *to love sb to ~* amar alguém loucamente
distrain [dɪˈstreɪn] v.intr. arrestar [**upon**, -]; penhorar [**upon**, -]; embargar [**upon**, -]
distrainable [dɪˈstreɪnəbəl] adj. arrestável, embargável
distrainee [dɪstreɪˈniː] s. pessoa executada judicialmente
distrainer [dɪˈstreɪnə] s. DIREITO executor
distrainment [dɪˈstreɪnmənt] s. execução judicial
distrainor [dɪˌstreɪˈnɔː] s. ⇒ **distrainer**
distraint [dɪˈstreɪnt] s. execução, embargo, arresto
distraught [dɪˈstrɔːt] adj. 1 [arc.] enlouquecido; furioso; 2 confuso; com o espírito perturbado
distress [dɪˈstres] Ⓐ s. 1 aflição, angústia; 2 (físico) dor; desconforto; 3 perigo; problemas; dificuldades; *to be in ~* estar em perigo, estar com problemas; 4 (pobreza) miséria, penúria; *many people live in ~* muita gente vive na miséria; 5 DIREITO arresto, sequestro; 6 exaustão, esgotamento Ⓑ v.tr. 1 afligir, fazer sofrer, angustiar; 2 tornar infeliz; 3 exaurir ❖ *~ signal* sinal de socorro; DIREITO *~ warrant* mandato de arresto
distressed [dɪˈstrest] adj. 1 aflito, agitado, preocupado; 2 consternado; desolado; 3 em perigo; 4 na miséria; 5 arrestado; 6 (aspecto) (artificialmente) envelhecido ❖ *to be ~ for money* estar aflito com falta de dinheiro
distressful [dɪˈstresfʊl] adj. 1 angustiante, aflitivo; 2 desolador
distressfully [dɪˈstresfʊlɪ] adv. angustiantemente, aflitivamente
distressing [dɪˈstresɪŋ] adj. 1 perturbador; 2 preocupante; 3 angustiante; 4 que aflige, que entristece, penoso, doloroso; 5 desolador
distressingly [dɪˈstresɪŋlɪ] adv. 1 dolorosamente; 2 desoladoramente
distributable [dɪsˈtrɪbjutəbəl] adj. 1 distribuível, repartível; 2 que pode ordenar-se
distributary [dɪsˈtrɪbjutərɪ] Ⓐ adj. distributivo, de distribuição Ⓑ s. (pl. **-ies**) 1 canal distribuidor; 2 regato formado pelas águas divergentes dum rio
distribute [dɪsˈtrɪbjuːt] v.tr. 1 distribuir, repartir, espalhar; 2 LÓGICA empregar um termo em toda a sua extensão; 3 TIPOGRAFIA distribuir
distributer [dɪsˈtrɪbjutə] s. distribuidor
distributing [dɪsˈtrɪbjuːtɪŋ] Ⓐ adj. que distribui, de distribuição Ⓑ s. distribuição ❖ ELECTRICIDADE *~ box* caixa de distribuição; *~ network* rede de distribuição
distribution [ˌdɪstrɪˈbjuːʃən] s. 1 distribuição; 2 (partilha) distribuição; divisão; repartição; 3 LÓGICA emprego dum termo em toda a sua extensão ❖ ELECTRICIDADE *~ box* caixa de distribuição; *~ diagram* diagrama de distribuição; *~ panel* quadro distribuidor; *~ of light* distribuição de luz; *~ of load* distribuição de carga

distributional [ˌdɪstrɪˈbjuːʃənəl] adj. 1 de distribuição; 2 LINGUÍSTICA distribucional
distributive [dɪsˈtrɪbjutɪv] adj.,s. distributivo
distributively [dɪsˈtrɪbjutɪvlɪ] adv. distributivamente
distributor [dɪsˈtrɪbjutə] s. 1 distribuidor; 2 COMÉRCIO fornecedor; 3 agente; 4 CINEMA distribuidora de filmes; 5 MECÂNICA distribuidor ❖ *~ breaker* interruptor do distribuidor; *~ cable* cabo do distribuidor; *~ guard* tampa do distribuidor; MECÂNICA *~ plate* placa do distribuidor; cachimbo; *~ segment* segmento do distribuidor
district [ˈdɪstrɪkt] Ⓐ s. 1 (local) distrito; região; sector; *country districts* distritos da província; 2 (povoação) zona; bairro; *the fancy ~ of the town* a zona chique da cidade; 3 (administração) comarca; divisão administrativa; repartição; *tax ~* bairro fiscal Ⓑ v.tr. dividir em distritos ❖ [EUA] *~ attorney* advogado de acusação; [EUA] *~ court* tribunal de primeira instância; [ant.] *~ nurse* enfermeiro domiciliário; [ant.] *~ visiting* visita aos pobres
distrust [dɪsˈtrʌst] Ⓐ s. desconfiança, suspeição Ⓑ v.tr. desconfiar de, duvidar de, não ter confiança em
distrustful [dɪsˈtrʌstfʊl] adj. desconfiado
distrustfully [dɪsˈtrʌstfʊlɪ] adv. com desconfiança; suspeitosamente
distrustfulness [dɪsˈtrʌstfʊlnəs] s. falta de confiança; suspeição
disturb [dɪsˈtɜːb] v.tr. perturbar, desorientar, incomodar, inquietar
disturbance [dɪsˈtɜːbəns] s. 1 perturbação; 2 confusão, agitação, tumulto; 3 PSICOLOGIA distúrbio
disturbed [dɪsˈtɜːbd] adj. 1 perturbado; transtornado; 2 ansioso, preocupado; 3 agitado; 4 com perturbações mentais
disturber [dɪsˈtɜːbə] s. perturbador; agitador; *~ of the peace* perturbador da ordem pública
disturbing [dɪsˈtɜːbɪŋ] adj. 1 que perturba, perturbador; 2 inquietante; 3 alarmante
disturbingly [dɪsˈtɜːbɪŋlɪ] adv. inquietantemente, preocupantemente
disunion [ˌdɪsˈjuːnɪən] s. desunião, separação
disunite [ˌdɪsjuˈnaɪt] Ⓐ v.tr. 1 desunir, separar, fracturar_fig._; 2 dividir em facções Ⓑ v.intr. 1 desunir-se; 2 dividir-se em facções
disuniting [ˌdɪsjuˈnaɪtɪŋ] adj. que provoca a desunião; que divide; fracturante_fig._
disunity [ˌdɪsˈjuːnɪtɪ] s. 1 desunião; falta de unidade e coesão; 2 divisão; discórdia
disuse [dɪsˈjuːs] s. desuso ❖ *to fall into ~* cair em desuso
disuse[1] [dɪsˈjuːz] v.tr. deixar de usar
disuse[2] [dɪsˈjuːs] s. desuso
disused [dɪsˈjuːzd] adj. 1 desusado; em desuso; 2 abandonado
disyllabic [ˌdɪsɪˈlæbɪk] adj. dissilábico
disyllable [dɪˈsɪləbəl] s. dissílabo
ditch [dɪtʃ] Ⓐ s. (pl. **-es**) 1 fosso, vala; 2 (estrada) valeta, sarjeta; 3 corrente de água Ⓑ v.tr.,intr. 1 pôr de parte; 2 livrar-se de; 3 [coloq.] (pessoa) deixar, dar com os pés em_coloq._; 4 abrir valas ou fossos; 5 cercar de fossos; 6 consertar valas; 7 drenar; 8 AERONÁUTICA fazer amaragem forçada ❖ *to be in a dry ~* estar bem acomodado; *to die in a ~* morrer na maior miséria; *to die in the last ~* lutar até à última
ditcher [ˈdɪtʃə] s. aquele que cuida, conserta ou limpa valas ou fossos
ditchwater [ˈdɪtʃˌwɔːtə] s. (poças, fosso) água estagnada ❖ *dull as ~* aborrecido de morte
ditheism [ˈdaɪθɪɪzəm] s. diteísmo
dither [ˈdɪðə] Ⓐ v.intr. 1 tremer; estremecer; 2 vacilar; hesitar [**over**, em relação a] Ⓑ s. 1 tremor, tremura; 2 hesitação; 3 pânico ❖ *stop dithering!* decide-te!; *to be all of a ~* estar muito nervoso; *to be in a ~* não saber o que fazer
ditherer [ˈdɪðərə] s. indeciso
dithering [ˈdɪðərɪŋ] s. INFORMÁTICA sombreado
dithery [ˈdɪðərɪ] adj. 1 tremente; 2 hesitante, indeciso ❖ *to feel ~* estar a tremer; estar nervoso
dithyramb [ˈdɪθɪræm] s. ditirambo
dithyrambic [ˌdɪθɪˈræmbɪk] adj. 1 ditirâmbico; 2 [fig.] entusiástico; 3 [fig.] excessivo
ditsy [ˈdɪtsɪ] adj. (comp. **-ier**, superl. **-iest**) 1 [coloq.] tolo, tonto, pateta; 2 [coloq.] disparatado
dittany [ˈdɪtənɪ] s. (pl. **-ies**) BOTÂNICA dictamno

ditto ['dɪtəʊ] *adj.,s.* idem ❖ *to say ~ to* concordar com

dittography [dɪ'tɒɡrəfɪ] *s.* repetição errada de letra, palavra ou frase no trabalho de copista

ditty ['dɪtɪ] *s. (pl. -ies)* [ant.] cançoneta, cantiga ❖ *~ bag/box* saca ou caixa de marinheiro ou pescador

ditzy ['dɪtzɪ] *s.* [EUA] [coloq.] desmiolado, pateta, tolo

diuresis [ˌdaɪjʊ'riːsɪs] *s.* diurese

diuretic [ˌdaɪjʊə'retɪk] *adj.,s.* diurético

diurnal [daɪ'ɜːnəl] Ⓐ *adj.* diurno, diurnal Ⓑ *s.* diurnal

diurnally [daɪ'ɜːnəlɪ] *adv.* 1 de dia; 2 diariamente

diva ['diːvə] *s. (pl. -s)* diva, grande cantora, prima-dona

divagate ['daɪvəɡeɪt] *v.intr.* divagar

divagation [ˌdaɪvə'ɡeɪʃən] *s.* divagação

divalent [daɪ'veɪlənt] *adj.* bivalente

divan [dɪ'væn, daɪ'væn] *s.* 1 divã; 2 sala do conselho; 3 tribunal; 4 conselho privado na Turquia; 5 sala de fumo; 6 casa de tabacos ❖ *~ bed* sofá-cama

divaricate[1] [daɪ'værɪkeɪt] *v.intr.* divergir; bifurcar-se; divaricar

divaricate[2] [daɪ'værɪkɪt] *adj.* BOTÂNICA divaricado

divarication [daɪˌværɪ'keɪʃən] *s.* bifurcação; divergência; divaricação

dive [daɪv] Ⓐ *s.* 1 mergulho; *to go for a ~/to take a ~* ir dar um mergulho; 2 (competição) salto para a água; 3 (baleia, submarino) imersão; 4 mergulho submarino; 5 partida súbita; 6 [coloq.] (bar, discoteca) espelunca, antro; 7 FINANÇAS descida acentuada; 8 AERONÁUTICA voo picado Ⓑ *v.intr.* 1 mergulhar [**into**, em]; 2 submergir-se; 3 atirar-se para o chão; 4 FINANÇAS descer acentuadamente; 5 enfiar(-se) [**in/into**, em/por]; *to ~ into the crowd* enfiar-se pelo meio da multidão ❖ MILITAR *~ bomber* bombardeiro de voo picado; MILITAR *~ torpedo bomber* bombardeiro-torpedeiro mergulhante; *he dived into his pockets* ele procurou nos bolsos; *to ~ into* penetrar em; entrar rapidamente

◆**dive in** *v.intr.* 1 mergulhar; 2 [fig.] atirar-se de cabeça; 3 [coloq.] (refeição) atacar

diver ['daɪvə] *s.* 1 mergulhador; 2 [GB] ZOOLOGIA mergulhão

diverge [daɪ'vɜːdʒ, dɪ'vɜːdʒ] *v.tr.,intr.* 1 divergir, desviar-se; 2 fazer divergir, afastar

divergence [daɪ'vɜːdʒəns, dɪ'vɜːdʒəns] *s.* divergência, afastamento

divergency [daɪ'vɜːdʒənsɪ, dɪ'vɜːdʒənsɪ] *s.* divergência, afastamento

divergent [daɪ'vɜːdʒənt, dɪ'vɜːdʒənt] *adj.* divergente; *~ lines* linhas divergentes

divergently [daɪ'vɜːdʒəntlɪ, dɪ'vɜːdʒəntlɪ] *adv.* divergentemente

diverging [daɪ'vɜːdʒɪŋ, dɪ'vɜːdʒɪŋ] Ⓐ *adj.* divergente; *~ lens* lente divergente Ⓑ *s.* divergência

divers ['daɪvəz] *adj.* [arc.] diversos, vários

diverse [daɪ'vɜːs, dɪ'vɜːs] *adj.* 1 diverso, diferente; 2 mutável, variado

diversely [daɪ'vɜːslɪ, dɪ'vɜːslɪ] *adv.* diversamente

diverseness [daɪ'vɜːsnɪs, dɪ'vɜːsnɪs] *s.* diversidade

diversification [daɪˌvɜːsɪfɪ'keɪʃən, dɪˌvɜːsɪfɪ'keɪʃən] *s.* diversificação

diversiform [daɪ'vɜːsɪfɔːm, dɪ'vɜːsɪfɔːm] *adj.* diversiforme

diversify [daɪ'vɜːsɪfaɪ, dɪ'vɜːsɪfaɪ] *v.tr.* diversificar

diversion [daɪ'vɜːʃən, dɪ'vɜːʃən] *s.* 1 diversão, distracção; 2 desvio, afastamento

diversionary [daɪ'vɜːʃənərɪ] *adj.* de diversão ❖ *~ tactics* manobras de diversão

diversionist [daɪ'vɜːʃənɪst] *s.* (pessoa) diversionista, perturbador

diversity [daɪ'vɜːsɪtɪ, dɪ'vɜːsɪtɪ] *s. (pl. -ies)* diversidade, variedade

divert [daɪ'vɜːt, dɪ'vɜːt] *v.tr.* 1 afastar, desviar; 2 distrair; 3 divertir

diverting [daɪ'vɜːtɪŋ, dɪ'vɜːtɪŋ] *adj.* divertido

divertingly [daɪ'vɜːtɪŋlɪ, dɪ'vɜːtɪŋlɪ] *adv.* divertidamente

divest [daɪ'vest, dɪ'vest] *v.tr.* 1 despojar [**of**, de]; *to ~ oneself of* despojar-se de; 2 privar [**of**, de]; 3 livrar [**of**, de]; 4 despir

divestiture [daɪ'vestɪtʃə, dɪ'vestɪtʃə] *s.* despojamento, renúncia, desapossamento

divestment [daɪ'vestmənt, dɪ'vestmənt] *s.* despojamento, privação

dividable [dɪ'vaɪdəbəl] *adj.* divisível

divide [dɪ'vaɪd] Ⓐ *s.* 1 divisória, linha divisória (de águas); 2 [fig.] (separação) fosso Ⓑ *v.tr.,intr.* 1 dividir, separar; 2 atravessar; 3 lançar na discordância, desunir; 4 dividir-se, cindir-se; 5 bifurcar-se

divided [dɪ'vaɪdɪd] *adj.* 1 dividido; 2 distinto, diferente, separado; 3 desunido; 4 em desacordo; 5 indeciso ❖ *~ attention* distracção; VESTUÁRIO *~ skirt* saia-calça; *opinions are ~* as opiniões divergem; *to feel ~* não ter a certeza

dividend ['dɪvɪdənd] *s.* dividendo ❖ *ex ~* sem dividendo; *to pay dividends* dar frutos

divider [dɪ'vaɪdə] *s.* 1 aquele que divide; 2 (capa, dossier) separador; 3 (sala) divisória, biombo

dividers [dɪ'vaɪdəz] *s.pl.* compasso de pontas secas, com ajustamento para pequenos intervalos

dividing [dɪ'vaɪdɪŋ] Ⓐ *s.* divisão Ⓑ *adj.* de divisão, de separação, divisório ❖ *~ arm* ponteiro divisor; *~ head* cabeçote divisor; *~ line* linha divisória; *~ rule* régua de cálculo

dividual [dɪ'vɪdjʊəl] *adj.* 1 dividual; 2 separado

dividually [dɪ'vɪdjʊəlɪ] *adv.* dividualmente, separadamente

divination [ˌdɪvɪ'neɪʃən] *s.* adivinhação

divinatory [dɪ'vɪnətərɪ] *adj.* divinatório

divine [dɪ'vaɪn] Ⓐ *adj. (comp. -er, superl. -est)* 1 divino; 2 religioso; 3 sagrado; 4 [ant.] fantástico Ⓑ *s.* 1 teólogo; 2 sacerdote, padre Ⓒ *v.tr.,intr.* 1 adivinhar, predizer, profetizar, prognosticar; 2 praticar a adivinhação ❖ *~ service* missa

divinely [dɪ'vaɪnlɪ] *adv.* 1 divinamente; 2 encantadoramente

diviner [dɪ'vaɪnə] *s.* 1 adivinho; 2 vedor; *water ~* vedor de águas

diving ['daɪvɪŋ] *s.* 1 DESPORTO mergulho; 2 DESPORTO saltos para a água; 3 AERONÁUTICA voo picado ❖ *~ bell* sino de mergulhador; (natação) *~ board* prancha de saltos/de mergulho; *~ helmet* capacete de mergulhador; *~ pump* bomba de mergulhador; *~ shoes* sapatos especiais de mergulhador; *~ speed* velocidade em voo picado, velocidade de mergulho; *~ suit* fato de mergulhador; *skin ~* mergulho submarino

divining [dɪ'vaɪnɪŋ] Ⓐ *adj.* adivinhador Ⓑ *s.* adivinhação

divinity [dɪ'vɪnɪtɪ] *s. (pl. -ies)* 1 divindade; 2 teologia; *doctor of ~* doutor em teologia

divinization [dɪˌvɪnaɪ'zeɪʃən] *s.* divinização

divinize ['dɪvɪnaɪz] *v.tr.* divinizar

divisibility [dɪˌvɪzɪ'bɪlɪtɪ] *s.* divisibilidade

divisible [dɪ'vɪzɪbəl] *adj.* divisível

divisibly [dɪ'vɪzɪblɪ] *adv.* divisivelmente

division [dɪ'vɪʒən] *s.* 1 divisão; 2 repartição, distribuição; 3 secção; 4 divisória; 5 [GB] (parlamento britânico) votação; *the bill passed without a ~* a lei foi aprovada sem votação; *to come to a ~* recorrer à votação; 6 distrito, região, província; 7 desunião; discórdia ❖ *~ plate* chapa divisória; MATEMÁTICA *~ sign* sinal de dividir (:); *~ wall* divisória; *~ of a circle* divisão da circunferência; *~ of load* distribuição de carga

divisional [dɪ'vɪʒənəl] *adj.* divisionário

divisor [dɪ'vaɪzə] *s.* divisor

divitism ['dɪvɪtɪzəm] *s.* divitismo

divorce [dɪ'vɔːs] Ⓐ *s.* 1 divórcio, desquite*Bras*; 2 separação Ⓑ *v.tr.,intr.* 1 divorciar-se (de), desquitar-se (de)*Bras*; *he divorced his wife* divorciou-se da mulher; 2 pronunciar sentença de divórcio; 3 separar, separar-se de; 4 dissociar [**from**, de] ❖ *to sue for ~* pedir o divórcio

divorcé [dɪ'vɔːsɪ] *s.* divorciado

divorcee [dɪvɔː'siː] *s.* divorciado

divorcement [dɪ'vɔːsmənt] *s.* separação, divórcio

divorcer [dɪ'vɔːsə] *s.* cônjuge que requer ou solicita divórcio

divot ['dɪvət] *s.* 1 [Esc.] tufo de relva; 2 torrão; 3 (golfe) relva cortada por pancada defeituosa

divulgation [dɪvʌl'ɡeɪʃən, dɪvʌl'ɡeɪʃən] *s.* divulgação

divulge [daɪ'vʌldʒ, dɪ'vʌldʒ] *v.tr.* divulgar

divulgement [daɪ'vʌldʒmənt, dɪ'vʌldʒmənt] *s.* ⇒ **divulgation**

divulgence [daɪ'vʌldʒəns, dɪ'vʌldʒəns] *s.* ⇒ **divulgation**

divvy ['dɪvɪ] Ⓐ *s. (pl. -ies)* 1 quinhão, quota, parte dos dividendos; 2 [cal.] imbecil, idiota Ⓑ *v.tr.* (dividendos) partilhar, dividir ❖ [EUA] *to ~ up* fazer a partilha de

Dixie ['dɪksɪ] *s.* 1 Estados norte-americanos do Sul, nomeadamente aqueles que formaram a Confederação na Guerra da Secessão; 2 variante de música jazz originária de Nova Orleães

Dixieland ['dɪksɪˌlænd] *s.* 1 Estados norte-americanos do Sul, nomeadamente aqueles que formaram a Confederação na Guerra da Secessão; 2 variante de música jazz originária de Nova Orleães

dixy ['dɪksɪ] s. (pl. **-ies**) marmita, caldeirão de campanha
DIY [abrev. de do-it-yourself]
dizen ['daɪzn] v.tr. enfeitar, adornar, ataviar
dizzily ['dɪzɪlɪ] adv. 1 com vertigens; 2 vertiginosamente
dizziness ['dɪzɪnɪs] s. vertigens, tonturas
dizzy ['dɪzɪ] Ⓐ adj. (comp. **-ier**, superl. **-iest**) 1 confundido, tonto, com vertigens; 2 muito alto; 3 vertiginoso Ⓑ v.tr. confundir, entontecer, desorientar
DJ MÚSICA [abrev. de disc jockey]
djibba ['dʒɪbə] s. espécie de casaco comprido maometano
djibbah ['dʒɪbə] s. espécie de casaco comprido maometano
Djibouti [dʒɪ'buːtɪ] s.top. Jibuti
DLitt Ⓐ (Oxford) [abrev. de Doctor of Literature] Ⓑ (Cambridge) [abrev. de Doctor of Letters]
DLO [abrev. de dead letter office]
DMA INFORMÁTICA [abrev. de direct memory access]
DMRE [abrev. de Diploma of Medical Radiology and Electrology]
DMS INFORMÁTICA [abrev. de Database Management System] SGBD
DMus [abrev. de Doctor of Music]
DNA BIOLOGIA [abrev. de deoxyribonucleic acid] ADN
DNB [abrev. de Dictionary of National Biography]
DNI [abrev. de Director of Naval Intelligence]
DNR MEDICINA [abrev. de do not resuscitate] não reanimar
DNS INFORMÁTICA [abrev. de Domain Name Server] DNS
do. [abrev. de ditto (the same)]
do¹ [dəʊ] s. (pl. **-s**) 1 MÚSICA dó; 2 a tónica
do² [duː] s. 1 mentira, imposturice; 2 festa; [coloq.] *there's a big do at school* há uma grande festa na escola
do³ [duː, du] v.tr.,intr. (prt. **did**, part. pass. **done**) [usado como auxiliar da forma negativa, interrogativa e enfática, e para evitar, na resposta, a repetição do verbo da pergunta]; 1 fazer, realizar; 2 trabalhar; 3 representar, estudar, preparar, arranjar; 4 cozinhar, cozer; 5 convir, ser conveniente; 6 ver, visitar; 7 tratar, receber, obsequiar, alimentar; 8 passar, prosperar, ter boa saúde; 9 agir, ocupar-se com qualquer coisa; 10 enganar, intrujar; 11 arruinar, destruir, estragar; 12 ser suficiente; 13 proceder; 14 acabar ❖ *to do a good turn* ajudar; auxiliar; *to do one's bit* cumprir a sua parte; *to do one's damnedest/one's endeavour* esforçar-se ao máximo; dar tudo por tudo; *to do right to* fazer bem em; ter razão para; *to do the best one can/all one can/one's best/one's utmost* fazer o melhor que se pode; fazer tudo quanto se pode; *to do the sights* ver as vistas; *to do well by* beneficiar; ser generoso para com; *all talk and no do* muita parra, pouca uva; *do as you would be done by* faz aos outros como desejarias que te fizessem; *how do you do?* como está?; *it is do or die this time* agora é a valer; desta vez vai ser lutar até ao fim; *nothing doing* nada feito; *she is doing medicine* ela anda a estudar medicina; *that is not done* isso não se faz; *they did very well by her* trataram-na muito bem; *they have been hard done by* trataram-nos duramente; *what is done cannot be undone* mal feito não tem remédio
◆**do away with** v.tr. 1 suprimir, abolir; 2 livrar-se de; fazer desaparecer; pôr de parte; 3 [coloq.] matar
◆**do down** v.tr. 1 [coloq.] dizer mal de; *she has been doing him down* ela tem andado a dizer mal dele; 2 intrujar; enganar; *he did her down* ele intrujou-a; 3 derrotar; levar a melhor sobre
◆**do for** v.tr. 1 cuidar de; *to ~ sb* cuidar de alguém; 2 arranjar; *to ~ sth* arranjar alguma coisa; 3 acabar com; 4 servir; 5 matar ❖ (sarilho) *to be done for* estar feito; estar arrumado
◆**do in** v.tr. 1 (matar) liquidar, assassinar; *he did her in* liquidou-a; 2 (extenuar) deixar de rastos, cansar, fatigar extremamente; *the walk did me in* o passeio deixou-me de rastos; 3 dar cabo de; 4 enganar, intrujar
◆**do out** v.tr. 1 decorar; 2 limpar, fazer uma limpeza a fundo a; 3 arrumar
◆**do out of** v.tr. 1 [coloq.] burlar em; levar em; ludibriar; *he's been done out of 20 €* foi burlado em 20 €; 2 impedir de
◆**do over** v.tr. 1 refazer; tornar a fazer; repetir; 2 (decoração, pintura) renovar; 3 [cal.] (espancar) dar uma tareia a; *he's been done over* levou uma tareia
◆**do up** Ⓐ v.tr. 1 apertar; fechar; *~ your shoelaces* aperta os cordões; 2 renovar; restaurar; 3 (vestir) arranjar; *she's doing herself up for dinner* ela está a arranjar-se para jantar; 4 embrulhar; empacotar; 5 lavar; 6 cansar, fatigar; 7 preparar; arranjar Ⓑ v.intr. apertar, abotoar; fechar; *the dress does up at the back* o vestido fecha nas costas
◆**do with** v.tr. 1 precisar de; *I could ~ some help* uma ajuda vinha a calhar; 2 fazer a; *what have I done with my glasses?* o que é que fiz aos meus óculos?; 3 ter a ver com; estar relacionado com; 4 acabar de; *I've done with reading the book* acabei de ler o livro
◆**do without** v.tr. passar sem; *I can't ~ coffee* não posso passar sem café
DO Ⓐ [abrev. de Doctor of Optometry] Ⓑ [abrev. de Doctor of Osteopathy]
doable ['duːəbl] adj. [coloq.] praticável, exequível, fazível_coloq._
doat [dəʊt] v.intr. 1 estar senil, estar fraco de espírito; 2 estar apaixonado ❖ *to ~ upon sb* amar loucamente alguém; ter um fraco por alguém
dobbin ['dɒbɪn] s. cavalo de lavoura
Doberman ['dəʊbəmən] s. (pl. **-s**) ZOOLOGIA (cão) Doberman
dobra ['dəʊbrə] s. (moeda de S. Tomé e Príncipe) dobra
Docetism [dəʊ'siːtɪzəm] s. docetismo
Docetist [dəʊ'siːtɪst] s. doceta
docile ['dəʊsaɪl, 'dɒsaɪl] adj. dócil
docility [dəʊ'sɪlɪtɪ, dɒ'sɪlɪtɪ] s. docilidade
dock [dɒk] Ⓐ s. 1 BOTÂNICA azeda, azedas; 2 DIREITO teia, banco dos acusados; 3 parte carnuda da cauda de animal; 4 rabicho (de sela); 5 doca, doca de descarga; 6 dique; 7 estaleiro; 8 (caminhos-de-ferro) término de linha Ⓑ v.tr.,intr. 1 conduzir (navio) para uma doca; 2 entrar em doca; 3 cortar a cauda a (cavalo ou cão); 4 cortar o cabelo a (pessoa); 5 diminuir, limitar, privar de ❖ *~ dues* importância paga pela utilização da doca; *~ glass* copo grande para provas; *~ master* director das docas; NÁUTICA *~ pilot* piloto de porto; *~ wall* muro de dique; *dry ~* doca seca; *floating ~* doca flutuante
dockage ['dɒkɪdʒ] s. direitos de utilização das docas, docagem
docker ['dɒkə] s. estivador, carregador de porto
docket ['dɒkɪt] Ⓐ s. 1 registo de julgamentos, registo de causas pendentes; 2 sumário, extracto de documento; 3 certificado da Alfândega, recibo Ⓑ v.tr. 1 registar; 2 tirar um extracto de (documento); 3 classificar
docking ['dɒkɪŋ] s. colocação em doca, entrada em doca
dockization [dɒkaɪ'zeɪʃən] s. construção de docas ao longo do rio
dockize ['dɒkaɪz] v.tr. aproveitar (um rio) para construção de série de docas
dockland ['dɒklənd] s. docas, zona portuária
docksman ['dɒksmən] s. (pl. **-men**) trabalhador das docas
dockworker ['dɒkwɜːkə] s. trabalhador portuário
dockyard ['dɒkjɑːd] s. 1 estaleiro, carreira de construção naval; 2 certos aparelhos mecânicos reguladores; 3 mosca artificial ❖ *~ crane* grua do estaleiro
Doc Martens ['dɒkmɑːtɪnz] s.pl. (calçado) botas de tropa
doctor ['dɒktə] Ⓐ s. 1 médico; *to go to the ~* ir ao médico; 2 (grau académico) doutor, doutorado [of, em]; *~ of Medicine* doutor em medicina; *to take one's degree of ~* doutorar-se Ⓑ v.tr.,intr. 1 (doentes) tratar; 2 (animal) castrar, capar; 3 falsificar; adulterar; manipular; *to ~ up* adulterar; 4 remendar; atamancar ❖ *doctor's office* consultório médico; *doctor's practice* clínica; *doctor's stuff* remédio, droga; RELIGIÃO *the doctors of the Church* os doutores da Igreja
doctoral ['dɒktərəl] adj. (universidade) relativo ao doutoramento, doutoral
doctorand ['dɒktərænd] s. (universidade) doutorando
doctorate ['dɒktərɪt] s. (universidade) doutoramento
doctorial [dɒk'tɔːrɪəl] adj. ⇒ **doctoral**
Doctors' Commons ['dɒktəzˌkɒmənz] s.pl. colégio dos doutores em direito civil em Londres
doctress ['dɒktrɪs] s.f. [ant.] doutora, médica
doctrinaire [ˌdɒktrɪ'neə] adj.,s. 1 teórico pretensioso; 2 visionário; 3 idealista pedante sem ligação com a realidade
doctrinal ['dɒktrɪnəl] adj. doutrinal
doctrinally ['dɒktrɪnəlɪ] adv. doutrinalmente
doctrinarian [ˌdɒktrɪ'neərɪən] adj.,s. 1 teórico pretensioso; 2 visionário; 3 idealista pedante sem ligação com a realidade

doctrine ['dɒktrɪn] s. doutrina
doctrinize ['dɒktrɪnaɪz] v.intr. doutrinar
docudrama ['dɒkjudrɑːmə] s. TELEVISÃO, CINEMA docudrama
document ['dɒkjʊmənt] Ⓐ s. documento Ⓑ v.tr. documentar; prover de documentos ❖ *to draw up a ~* redigir um documento
documental [dɒˈkjʊməntəl] adj. documental
documentalist [dɒkjʊˈmentəlɪst] s. documentalista
documentary [dɒkjʊˈmentərɪ] Ⓐ s. CINEMA, TELEVISÃO documentário Ⓑ adj. documental; *~ evidences* provas documentais ❖ CINEMA, TELEVISÃO *~ film-maker* documentarista
documentation [dɒkjʊmenˈteɪʃən] s. documentação
dodder ['dɒdə] Ⓐ s. BOTÂNICA cuscuta, linho-de-cuco Ⓑ v.intr. 1 [coloq.] cambalear; 2 tremer de velhice ou doença ❖ *to ~ along* caminhar todo trémulo
doddered ['dɒdəd] adj. (árvore) sem a copa ou sem os ramos
dodderer ['dɒdərə] s. [coloq.] indivíduo decrépito
doddering ['dɒdərɪŋ] adj. a tremer, trémulo
doddery ['dɒdərɪ] adj. trémulo de velhice ou doença
doddle ['dɒdəl] s. [coloq.] (coisa fácil) canja_fig_; *it's a doddle!* isso é canja!_fig_, faço isso com uma perna às costas!_fig_
dodecagon [dəʊˈdekəgɒn] s. dodecágono
dodecagonal [dəʊdɪˈkægənəl] adj. dodecagonal
dodecahedral [ˌdəʊdɪkəˈhiːdrəl] adj. dodecaédrico
dodecahedron [ˌdəʊdɪkəˈhiːdrən] s. dodecaedro
Dodecanese [ˌdəʊdɪkəˈniːz, ˌdəʊdəkəˈniːz] s.top. Dodecaneso
dodecaphonic [ˌdəʊdekəˈfɒnɪk] adj. MÚSICA dodecafónico
dodecaphonism [dəʊdekəˈfɒnɪzəm] s. MÚSICA dodecafonismo
dodecaphonist [dəʊdekəˈfɒnɪst] s. MÚSICA dodecafonista
dodecaphony [ˌdəʊdəˈkæfənɪ] s. MÚSICA dodecafonia
dodecasyllable [ˌdəʊdekəˈsɪləbəl] s. dodecassílabo
dodge [dɒdʒ] Ⓐ v.tr.,intr. 1 desviar-se; mover-se de um lado para o outro; 2 esquivar-se, furtar-se; 3 fugir, esconder-se; *don't ~ your problems!* não fujas aos problemas que te preocupam; *to ~ behind a wall* esconder-se atrás duma parede; 4 fintar; 5 iludir; *to ~ a question* iludir uma pergunta; 6 interrogar de maneira inesperada; 7 sofismar Ⓑ s. 1 finta, evasiva; 2 (movimento) desvio; 3 expediente; estratagema; *to do all sorts of dodges* pôr em prática todo o tipo de estratagemas
dodgems ['dɒdʒemz] s.pl. (feiras populares) carrinhos de choque
dodger ['dɒdʒə] s. espertalhão, habilidoso, trapaceiro
dodgy ['dɒdʒɪ] adj. 1 [coloq.] espertalhão, finório; 2 de pouca confiança; 3 duvidoso; arriscado
dodo ['dəʊdəʊ] s. ⟨pl. -s⟩ ZOOLOGIA dodó ❖ *dead as a ~* obsoleto; antiquado
doe [dəʊ] s. fêmea (de cabrito, lebre, veado, etc.) ❖ *~ rabbit* coelha
DOE [abrev. de Department of the Environment]
doer ['duːə] s. 1 (por acção) responsável; agente; 2 pessoa empreendedora, pessoa dinâmica ❖ *talkers are not good doers* quem muito fala pouco faz
does [dʌz, dəz, dz] 3ª pes. sing. pres. ind. de **to do**³
doeskin ['dəʊskɪn] s. 1 pele de gamo, couro de gamo; 2 tecido imitativo da pele de gamo
doesn't ['dʌznt] contracção de **does not**
doest [dʊəst] [arc.] 2ª pes. sing. pres. ind. de **to do**³
doeth ['duːɪθ] [arc.] 3ª pes. sing. pres. ind de **to do**³
doff [dɒf] v.tr. 1 tirar (chapéu); 2 despir; 3 [rar.] abandonar, pôr de parte
doffer ['dɒfə] s. tambor de descarga
dog [dɒg] Ⓐ s. 1 ZOOLOGIA cão, cadela; 2 (raposa, lobo, coiote, etc.) macho; 3 [coloq.] gajo_coloq_; *you're such a dirty dog!* és um canalha!; 4 grampo, gancho; 5 tranqueta; 6 barrilete; 7 cavalete; 8 peça de percussão Ⓑ v.tr. ⟨particípios: **-gg-**⟩ 1 seguir de perto como cão; 2 seguir; perseguir; *to ~ a criminal* perseguir um criminoso ❖ *~ cheap* muitíssimo barato; *~ club* clube cinófilo; *~ days* canícula, (luta) *~ fall* queda conjunta de dois adversários; BOTÂNICA *~ fennel* camomila; *~ kennel* canil; *~ Latin* latim macarrónico; *~ nail/spike* cavilha; grampo; BOTÂNICA *~ rose* rosa-canina; rosa-de-cão; *~ show* exposição de cães; *~ sleep* sono leve; BOTÂNICA *~ violet* violeta sem perfume; *dog('s)-ears* dobras nos cantos das folhas dos livros; BOTÂNICA *dog('s)-grass* grama; *dog's tail* rabo-de-cão;

BOTÂNICA *dog's tooth* dente de cão, eritrónio; ASTRONOMIA *Dog Star* Sírius; ASTRONOMIA *Greater Dog* Cão Maior; ASTRONOMIA *Lesser Dog* Cão Menor; *~ in the manger* invejoso; aquele que nem come nem deixa os outros comer; *barking dogs don't bite* cão que ladra não morde; *every ~ has its day* toda a gente tem o seu dia de sorte; *give a ~ a bad name and hang him* uma pessoa perde-se pela fama que tem; *let sleeping dogs lie* não acordes cão que dorme; *not even a dog's chance* sem sorte nenhuma; *to be top ~* ser o mandão; *to be under ~* estar em posição subalterna; *to go to the dogs* arruinar-se; ficar arruinado; *to help a lame ~ over a stile* ajudar alguém numa dificuldade; *to lead a dog's life* levar uma vida de cão; *to put on the ~* pôr um ar de superioridade
dog-and-pony [dɒgənˈpəʊnɪ] adj. [EUA] [coloq.] feito para impressionar; *~ show* apresentação/espectáculo impressionante
dogate ['dəʊgɪt] s. dogado, funções de doge
dogcart ['dɒgkɑːt] s. [ant.] (carruagem) dogcart
dog-collar ['dɒgkɒlə] s. 1 coleira; 2 [coloq.] volta (de sacerdote); 3 (colar justo) gargantilha
doge [dəʊdʒ] s. doge
dogeate ['dəʊdʒɪt] s. dogado
dogfish ['dɒgfɪʃ] s. ZOOLOGIA (tubarão) esqualo, cação
dogged ['dɒgɪd] adj. 1 persistente; tenaz; determinado; 2 teimoso; obstinado; 3 (luta, etc.) renhido ❖ [coloq.] *it's ~ does it* quem teima consegue; é preciso ser persistente
doggedly ['dɒgɪdlɪ] adv. persistentemente; teimosamente
doggedness ['dɒgɪdnɪs] s. teimosia, persistência, perseverança
dogger ['dɒgə] s. dogre, pequeno barco de pesca holandês
doggerel ['dɒgərəl] Ⓐ adj. (verso) burlesco, inferior Ⓑ s. verso macarrónico, verso irregular
doggie ['dɒgɪ] s. [coloq.] cãozinho
doggish ['dɒgɪʃ] adj. 1 com aspecto canino; 2 cínico; cruel; brutal
doggo ['dɒgəʊ] adv. quieto ❖ *to lie ~* estar quieto; não dar sinal de si
doggone [dɒgˈɒn] Ⓐ interj. [EUA] [ant.] maldição! Ⓑ adj. [EUA] [ant.] amaldiçoado
doggy ['dɒgɪ] Ⓐ s. ⟨pl. -ies⟩ [infant.] au-au, cãozinho Ⓑ adj. canino
doghouse ['dɒghaʊs] s. [Can.] casota do cão ❖ *to be in the ~* ter caído em desgraça
dogma ['dɒgmə] s. dogma
dogmatic [dɒgˈmætɪk] adj. dogmático
dogmatically [dɒgˈmætɪklɪ] adv. dogmaticamente
dogmatics [dɒgˈmætɪks] s. dogmática
dogmatism ['dɒgmətɪzəm] s. dogmatismo
dogmatist ['dɒgmətɪst] s. dogmatista
dogmatize ['dɒgmətaɪz] v.intr. dogmatizar
do-gooder [duːˈgʊdə] s. 1 benfeitor; 2 [depr., irón.] alma caridosa
dogsbody ['dɒgzˌbɒdɪ] s. ⟨pl. -ies⟩ [GB] [coloq., depr.] (tarefas menores) lacaio; capacho
dog-tired ['dɒgtaɪəd] adj. [coloq.] morto de cansaço, estafado, exausto, esgotado
dogwatch ['dɒgˌwɒtʃ] s. NÁUTICA (vigilância) turno das 16 às 18 ou das 18 às 20
dogwood ['dɒgwʊd] s. BOTÂNICA cornizo
doily ['dɔɪlɪ] s. ⟨pl. -ies⟩ 1 base rendada para copos, pratos; 2 paninho ornamental
doing ['duːɪŋ] Ⓐ s. 1 obra; *that is his ~* isso é obra dele; 2 esforço; *that requires some ~* isso não é assim tão fácil; 3 pl. acontecimentos; 4 pl. acções Ⓑ part. pres. de **to do**³ ❖ *there is a great difference between ~ and saying* falar é fácil; olha para o que eu digo, não olhes para o que eu faço
doit [dɔɪt] s. 1 moeda ou quantia de valor insignificante; 2 bagatela ❖ *I don't care a ~* não ligo; não quero saber
doited ['dɔɪtɪd] adj. caquéctico (com a idade)
do-it-yourself [duːɪtjəˈself] Ⓐ s. 1 bricolage; 2 sistema faça-você-mesmo Ⓑ adj. 1 amador; 2 artesanal; 3 por iniciativa própria; 4 (divórcio) sem recurso a advogados
do-it-yourselfer [duːɪtjəˈselfə] s. apaixonado da bricolage
doldrums ['dɒldrəmz] s.pl. 1 marasmo, estagnação; 2 abatimento, depressão, neurastenia; 3 METEOROLOGIA calmas equatoriais ❖ (actividade, situação) *to be in the ~* estagnar; estar calmo

dole [dəʊl] Ⓐ s. 1 subsídio de desemprego; *to be on the ~* receber subsídio de desemprego; 2 oferta, distribuição de caridade; 3 lamento, lamentação, dor; 4 [arc.] destino, sorte, fado Ⓑ v.tr. (caridade) distribuir em pequenas porções; repartir; dar ❖ [ant.] *happy man be his* ~ oxalá seja feliz

◆**dole out** v.tr. [coloq.] distribuir em pequenas porções; repartir; racionar

doleful ['dəʊlfʊl] adj. 1 triste, sombrio, lúgubre; 2 queixoso; 3 doloroso

dolefully ['dəʊlfʊlɪ] adv. 1 dolorosamente; 2 lugubremente; 3 lamentosamente

dolefulness ['dəʊlfʊlnɪs] s. tristeza, aflição, desgosto

dolerite ['dɒləraɪt] s. dolerito

dolichocephalic [ˌdɒlɪkəʊsɪˈfælɪk] adj. dolicocéfalo

dolichocephalous [ˌdɒlɪkəʊˈsefələs] adj. ⇒ **dolichocephalic**

dolichocephaly [ˌdɒlɪkəʊˈsefəlɪ] s. dolicocefalia

do-little ['duːˌlɪtəl] s. [EUA] [coloq.] (pessoa) preguiçoso

doll [dɒl] s. 1 boneco, boneca; *to play with dolls* brincar com bonecas; 2 [EUA] [fig.] (pessoa simpática) amor, amor de pessoa; 3 [cal.] (mulher atraente) borracho ❖ *doll's house* casa de bonecas

◆**doll up** v.tr. enfeitar; embonecar ❖ *to doll oneself up/to get dolled up* aperaltar-se

dollar ['dɒlə] s. dólar; [EUA] ~ *bill* nota de um dólar ❖ ~ *sign* cifrão ($); *the almighty* ~ o dinheiro todo-poderoso; *to look like a million dollars* estar com um aspecto fantástico

dollop ['dɒləp] s. bocado, pedaço grosseiro de comida, etc.

dolly ['dɒlɪ] s. (pl. **-ies**) 1 bonequinha; 2 (lavandaria) batedor de roupa; 3 macinho; 4 mexedor (de minério); 5 CINEMA, TELEVISÃO plataforma móvel (para operador de câmara)

dolman ['dɒlmən] s. (pl. **-s**) dólman, peliça

dolmen ['dɒlmen] s. (pl. **-s**) dólmen

dolomite ['dɒləmaɪt] s. dolomite

dolomitic [ˌdɒləˈmɪtɪk] adj. dolomítico

dolorous ['dɒlərəs, 'dəʊlərəs] adj. [poét.] doloroso

dolorously ['dɒlərəslɪ, 'dəʊlərəslɪ] adv. 1 dolorosamente; 2 tristemente

dolorousness ['dɒlərəsnɪs, 'dəʊlərəsnɪs] s. 1 carácter doloroso; 2 tristeza

dolose [dəˈləʊs] adj. doloso

dolour ['dɒlə, 'dəʊlə] s. [poét.] dor, lamentação

dolphin ['dɒlfɪn] s. 1 ZOOLOGIA (mamífero) golfinho, delfim; 2 ZOOLOGIA (peixe) dourada; ~ *fish* dourada; 3 NÁUTICA baderna ❖ NÁUTICA ~ *of the mast* trinca do mastro

dols. [abrev. de dollars]

dolt [dəʊlt] s. pateta, palerma, estúpido

doltish ['dəʊltɪʃ] adj. estúpido, pateta

doltishly ['dəʊltɪʃlɪ] adv. estupidamente, apatetadamente

doltishness ['dəʊltɪʃnɪs] s. estupidez, disparate

DOM [abrev. de Deo Optimo Maximo (To God)]

domain [dəʊˈmeɪn] s. 1 domínio, INFORMÁTICA (Internet) ~ *name* domínio; 2 terras, posses; 3 campo de acção ❖ *in the public* ~ no domínio público

dome [dəʊm] Ⓐ s. 1 cúpula; zimbório; 2 (tecto) abóbada; 3 (monte) cume arredondado; 4 [arc.] edifício senhorial; 5 (parte de máquina) capacete de vapor Ⓑ v.tr. 1 cobrir com cúpula; 2 dar forma de cúpula ❖ ~ *cap* tampo de cúpula; ~ *light* luz do tecto

domelike ['dəʊmlaɪk] adj. em forma de cúpula

Domesday Book ['duːmzdeɪbʊk] s. HISTÓRIA registo da grande inquirição mandada fazer em 1086 por Guilherme o Conquistador

dome-shaped ['dəʊmʃeɪpd] adj. abobadado

domestic [dəˈmestɪk] Ⓐ adj. 1 doméstico; que se relaciona com a casa ou com a família; ~ *chores* tarefas domésticas; 2 POLÍTICA nacional, respeitante à vida interna de um país; 3 interno; ~ *flight* voo interno; ~ *trade* comércio interno; 4 (pessoa) caseiro; 5 familiar; conjugal Ⓑ s. empregado doméstico ❖ ZOOLOGIA ~ *animal* animal doméstico; ~ *appliance* electrodoméstico; ~ *violence* violência doméstica; ~ *waste* resíduos domésticos

domesticable [dəˈmestɪkəbəl] adj. domesticável, civilizável

domestically [dəˈmestɪklɪ] adv. domesticamente

domesticate [dəˈmestɪkeɪt] v.tr. 1 domesticar; 2 naturalizar; 3 civilizar; 4 aclimatar

domestication [dəˌmestɪˈkeɪʃən] s. 1 domesticação; 2 aclimatação

domesticity [ˌdəʊmeˈstɪsɪtɪ] s. (pl. **-ies**) 1 domesticidade; 2 vida familiar; 3 ambiente de família; 4 pl. as coisas, os assuntos da casa

domett ['dəʊmet] s. tecido de lã e algodão

domicile ['dɒmɪsaɪl] Ⓐ s. [form.] domicílio Ⓑ v.tr.,intr. domiciliar(-se) ❖ *bills domiciled in* letras pagáveis em

domiciliary [ˌdɒmɪˈsɪlɪərɪ, dəˌmɪˈsɪlɪerɪ] adj. domiciliário

domiciliate [ˌdɒmɪˈsɪlɪeɪt] v.tr.,intr. domiciliar, domiciliar-se

domiciliation [ˌdɒmɪsɪlɪˈeɪʃən] s. lugar de pagamento (de letra)

dominance ['dɒmɪnəns] s. 1 predomínio, domínio; 2 superioridade; 3 BIOLOGIA (genética) dominância

dominant ['dɒmɪnənt] Ⓐ adj. 1 dominador, dominante; 2 preponderante; 3 MÚSICA dominante Ⓑ s. MÚSICA dominante

dominantly ['dɒmɪnəntlɪ] adv. dominantemente

dominate ['dɒmɪneɪt] v.tr.,intr. 1 dominar; 2 influenciar; 3 estar sobranceiro a; 4 comandar

dominating ['dɒmɪneɪtɪŋ] adj. dominante

domination [ˌdɒmɪˈneɪʃən] s. 1 domínio; 2 ascendência, influência; 3 pl. RELIGIÃO dominações

dominator ['dɒmɪneɪtə] s. dominador

dominatrix [ˌdɒmɪˈneɪtrɪks] s. (pl. **dominatrices**) mulher dominadora

domineer [ˌdɒmɪˈnɪə] v.intr. dominar, imperar tiranicamente, tiranizar

domineering [ˌdɒmɪˈnɪərɪŋ] adj. autoritário, dominador, tirânico

domineeringly [ˌdɒmɪˈnɪərɪŋlɪ] adv. autoritariamente; tiranicamente

Dominica [ˌdɒmɪˈniːkə] s.top. Domínica

dominical [dəˈmɪnɪkəl] adj. 1 RELIGIÃO [form.] dominical; 2 RELIGIÃO [form.] relativo a Jesus cristo ❖ ARQUITECTURA ~ *vault* abóbada de cúpula

Dominican[1] [dəˈmɪnɪkən] adj.,s. 1 RELIGIÃO dominicano, da ordem dos Dominicanos; 2 dominicano, da República Dominicana

Dominican[2] [ˌdɒmɪˈniːkən] adj.,s. dominicano, de Domínica

Dominican Republic [dəˌmɪnɪkənrɪˈpʌblɪk] s.top. República Dominicana

dominie ['dɒmɪnɪ] s. [Esc.] mestre-escola

dominion [dəˈmɪnjən] s. 1 domínio, autoridade, soberania; 2 terras de senhor feudal; 3 domínio, território; *the* ~ *of New Zealand* o Domínio da Nova Zelândia

domino ['dɒmɪnəʊ] s. (pl. **-es**) (jogo, máscara, mascarado) dominó

dominoed ['dɒmɪnəʊd] adj. mascarado com dominó

Domitian [dəˈmɪʃɪən] s.antr. Domiciano

DOMS [abrev. de Diploma in Ophthalmic Medicine and Surgery]

don [dɒn] Ⓐ s. 1 (título) dom; 2 fidalgo; 3 professor universitário; 4 pessoa distinta Ⓑ v.tr. (particípios: **-nn-**) 1 vestir, pôr; 2 [fig.] assumir ❖ *to be a* ~ *at sth* ser exímio em alguma coisa

dona [ˈdəʊnə] s. dona

donah [ˈdəʊnə] s. dona

donate [dəʊˈneɪt] v.tr. doar

donation [dəʊˈneɪʃən] s. 1 (acto) doação; 2 donativo; *to make a* ~ *to* fazer um donativo para

donative ['dəʊnətɪv] Ⓐ s. [ant.] donativo, oferta, doação Ⓑ adj. que pode ser doado

donator [dəʊˈneɪtə] s. doador

donatory ['dəʊnətərɪ] s. donatário

donatrix [dəʊˈneɪtrɪks] s.f. donatária

Donatus [dəʊˈneɪtəs] s.antr. (gramático romano) Donato

done [dʌn] s. {part. pass. de **to do**} ❖ *done!* pronto!; *I'm* ~ *to the wide* não posso mais; *let's be* ~ *with it!* vamos lá acabar com isto!; *no sooner said than* ~ dito e feito; *that's as good as* ~ isso é como se estivesse feito; [GB] [ant.] *the* ~ *thing* um comportamento aceite; *to be* ~ *for* estar liquidado; *to get a thing* ~ mandar fazer uma coisa; *well done!* bom trabalho!; *well begun is half* ~ bem começado é meio acabado

donee [dəʊˈniː] s. 1 donatário; 2 aquele que recebe

dong [dɒŋ] s. (moeda do Vietname) dong

donga [ˈdɒŋɡə] s. ravina, barranco

dongle [ˈdɒŋɡəl] s. INFORMÁTICA (hardware) chave anticópia

donjon [ˈdɒndʒən] s. torre de castelo, masmorra

Don Juan [dɒnˈdʒuːən] Ⓐ *s.antr.* (figura lendária) Don Juan Ⓑ *s.* (conquistador) don juan
donkey [ˈdɒŋkɪ] *s.* 1 burro; jumento; 2 [coloq.] (pessoa) burro; estúpido; imbecil; 3 bomba auxiliar ❖ ~ *work* trabalho pesado; [coloq.] *for donkey's years* há muito tempo; há séculos
donnish [ˈdɒnɪʃ] *adj.* 1 intelectual, cerebral; 2 [depr.] pretensioso, pedante
donor [ˈdəʊnə] *s.* 1 doador; 2 dador
do-nothing [ˈdʌnʌθɪŋ] *s.* [coloq.] ocioso; desocupado
don't [dəʊnt] *s.* {contr. de **do not**} coisa a não fazer
doodle [ˈduːdl] Ⓐ *s.* 1 simplório, pateta; 2 gatafunho, sarrabisco; 3 [cal.] pénis Ⓑ *v.tr.,intr.* 1 [dial.] enganar, intrujar; 2 gatafunhar, sarrabiscar; 3 tocar (gaita-de-foles)
doodlebug [ˈduːdlbʌg] *s.* primeiro tipo de bombas voadoras empregadas pelos Alemães na Segunda Grande Guerra
doofer [ˈduːfə] *s.* [coloq.] (objecto de cujo nome não nos conseguimos lembrar) cena, coiso
doofus [ˈduːfəs] *s.* [cal.] (ofensivo) estúpido, idiota, palerma
doohickey [ˈduːhɪkɪ] *s.* [EUA] [coloq.] geringonça, mecanismo
doolie [ˈduːlɪ] *s.* maca, padiola
dooly [ˈduːlɪ] *s.* maca, padiola
doom [duːm] Ⓐ *s.* 1 destino; fatalidade; fado; 2 perdição; ruína; condenação; 3 lei, decreto Ⓑ *v.tr.* condenar [**to**, a] ❖ *the day of ~/the crack of ~* o dia do Juízo Final
doomed [duːmd] *adj.* condenado; *the project was ~ to failure* o projecto estava condenado ao fracasso
doom-laden [ˈduːmleɪdn] *adj.* agoureiro, lúgubre, sinistro
doomnik [ˈduːmnɪk] *s.* profeta da desgraça, da ruína
doomsday [ˈduːmzdeɪ] *s.* dia do Juízo Final ❖ *from now till ~* até ao fim do mundo
doomsman [ˈduːmzmən] *s.* 1 profeta da desgraça; 2 pessoa que prevê uma data para o fim do mundo
door [dɔː] *s.* 1 porta; *to answer the ~* ver quem está à porta; *to knock on the ~* bater à porta; 2 entrada, saída ❖ *~ bar* tranca; *~ bolt* ferrolho; *~ handle* puxador da porta; *~ knocker* aldraba; *~ latch* trinco; *~ lock* fechadura da porta; *~ money* custo da entrada; *~ window* porta com a parte superior disposta em janela; *at death's ~* às portas da morte; *out of doors* fora de casa; no exterior; ao ar livre; *three, four doors off* três, quatro portas mais além; *to close the ~ upon sth* tornar qualquer coisa impossível; *to lay sth at sb's ~* censurar alguma coisa a alguém; *to open the ~ to sth* tornar qualquer coisa possível; *to show sb the ~* indicar a saída a alguém; *to slam the ~ on sb's face* bater com a porta na cara de alguém; *within doors* dentro de portas
doorbell [ˈdɔːbel] *s.* (porta) campainha
doorcase [ˈdɔːkeɪs] *s.* (porta) caixilho
do-or-die [ˌduːɔːˈdaɪ] *adj.* (risco) de tudo ou nada
doorframe [ˈdɔːfreɪm] *s.* (porta) caixilho
doorjamb [ˈdɔːdʒæm] *s.* ombreira da porta
doorkeeper [ˈdɔːkiːpə] *s.* porteiro
doorknob [ˈdɔːnɒb] *s.* puxador da porta
doorman [ˈdɔːmən] *s.* porteiro
doormat [ˈdɔːmæt] *s.* 1 (tapete) capacho (da entrada); 2 [fig., depr.] (pessoa servil) capacho; *to be treated like a ~* ser tratado como um capacho
doornail [ˈdɔːneɪl] *s.* prego com que se chapeia as portas
doorplate [ˈdɔːpleɪt] *s.* (porta de entrada) placa de identificação de residentes
doorpost [ˈdɔːpəʊst] *s.* ombreira da porta
doorsill [ˈdɔːsɪl] *s.* (porta) soleira
doorstep [ˈdɔːstep] Ⓐ *s.* 1 degrau de entrada; soleira; 2 [coloq., joc.] grande fatia de pão Ⓑ *v.tr.* (*particípios:* -**pp**-) (jornalismo) esperar à porta de casa de (alguém) para forçar uma entrevista Ⓒ *v.tr.,intr.* (campanha eleitoral) fazer visitas a casa de (eleitores) ❖ *~ salesman* vendedor ao domicílio; *on my ~* ao pé da minha casa; mesmo à minha porta
door-to-door [ˌdɔːtəˈdɔː] *adj.* 1 (inquéritos, campanha, vendas) de porta em porta; ao domicílio; 2 (percurso) do princípio ao fim ❖ *~ delivery* entregas ao domicílio; *~ salesman* vendedor ao domicílio; *~ selling* vendas ao domicílio; *we deliver door to door* fazemos entregas ao domicílio
doorway [ˈdɔːweɪ] *s.* porta, entrada ❖ *in the ~* à entrada

doozy [ˈduːzɪ] *s.* [EUA] [cal.] assombro, maravilha
dopa [ˈdəʊpə] *s.* FARMÁCIA (aminoácido) dopa
dopamine [ˈdəʊpəmiːn] *s.* BIOQUÍMICA dopamina
dopant [ˈdəʊpənt] *s.* FÍSICA (impureza) dopante
dope [dəʊp] Ⓐ *s.* 1 [cal.] droga; 2 DESPORTO doping; 3 lubrificante, óleo; 4 tinta grossa especial para as asas dos aeroplanos; 5 anestésico; 6 [coloq., depr.] palerma; pateta; parvo; *stop being such a dope!* deixa de ser parvo!; 7 [EUA] informação secreta Ⓑ *v.tr.* 1 drogar; dopar; 2 (comida, bebida) pôr droga em; 3 falsificar; adulterar; 4 envernizar; pintar ❖ *~ fiend* toxicodependente; drogado
◆**dope out** *v.tr.* [EUA] [coloq.] (compreender) topar; fisgar
◆**dope up** *v.tr.* drogar
dopehead [ˈdəʊphed] *s.* [cal.] drogado
dopester [ˈdəʊpstə] *s.* [EUA] [coloq.] (desporto, política) informador
dopey [ˈdəʊpɪ] *adj.* ⇒ **dopy**
doping [ˈdəʊpɪŋ] *s.* doping
doppelgänger [ˈdɒpəlɡɛŋə] *s.* duplo, sósia
dopy [ˈdəʊpɪ] *adj.* (*comp.* **-ier**, *superl.* **-iest**) 1 [coloq.] palerma, imbecil, paspalhão; 2 [coloq.] drogado, narcotizado
dor [dɔː] *s.* ZOOLOGIA besouro, escaravelho
dorado [dəˈrɑːdəʊ] *s.* (*pl.* **-s**) ZOOLOGIA dourada, doiradinha
Dorcas [ˈdɔːkəs] *s.* 1 Dorcas; 2 agremiação feminina para confeccionar vestuário para os necessitados
Dorian [ˈdɔːrɪən] *adj.,s.* 1 dório, dórico; 2 natural da Dórida ou Dórica
Doric [ˈdɒrɪk] *adj.,s.* dórico ❖ ARQUITECTURA *~ order* ordem dórica
dork [dɔːk] *s.* [cal.] nabo, lorpa, idiota; *he's such a dork!* ele é tão parvo!
dorky [ˈdɔːkɪ] *adj.* [cal.] idiota, inútil, palerma
dorm [dɔːm] *s.* {forma abreviada de **dormitory**} dormitório
dormancy [ˈdɔːmənsɪ] *s.* 1 sonolência, dormência; 2 GEOLOGIA (vulcão) inactividade; 3 [fig.] latência
dormant [ˈdɔːmənt] *adj.* 1 sonolento; dormente; 2 GEOLOGIA (vulcão) inactivo, 3 [fig.] latente; *to lie ~* estar latente, estar em suspenso ❖ *~ law* lei que não é aplicada; *~ partner* sócio comanditário; (trave) *~ tree* dormente; *~ warrant* ordem em branco; mandado em branco
dormer [ˈdɔːmə] *s.* lucerna, janela de sótão formando saliência no telhado
dormer-window [ˈdɔːməwɪndəʊ] *s.* lucerna, janela de sótão formando saliência no telhado
dormitory [ˈdɔːmɪtrɪ, ˈdɔːmɪtɔːrɪ] *s.* (*pl.* **-ies**) 1 dormitório; 2 [EUA] (estudantes) residência ❖ *~ town* cidade-dormitório
dormouse [ˈdɔːmaʊs] *s.* (*pl.* **-mice**) ZOOLOGIA arganaz
dormy [ˈdɔːmɪ] *adj.* (golfe) com tantos buracos adiantado como os que há para jogar
Dorothea [ˌdɒrəˈθɪə] *s.antr.* Doroteia
Dorothy [ˈdɒrəθɪ] *s.antr.* Doroteia
dorothy bag [ˈdɒrəθɪbæg] *s.* saca de senhora fechada por cordão pendente do pulso
dorsal [ˈdɔːsəl] *adj.* dorsal ❖ *~ fin* estabilizador dorsal
dorter [ˈdɔːtə] *s.* dormitório em convento
dortour [ˈdɔːtə] *s.* dormitório em convento
dory [ˈdɔːrɪ] *s.* (*pl.* **-ies**) 1 ZOOLOGIA xarroco, enxarroco, alfaqueti; 2 peixe-galo, são-pedro, dourada; 3 NÁUTICA dóri
DOS INFORMÁTICA [*abrev. de* Disk Operating System]
dosage [ˈdəʊsɪdʒ] *s.* 1 dosagem, posologia; 2 acto de ministrar um medicamento
dose [dəʊs] Ⓐ *s.* 1 dose; 2 porção; quantidade Ⓑ *v.tr.* 1 dosear; 2 medicar [**with**, com]; 3 misturar vinho com aguardente ❖ *to ~ oneself with* automedicar-se com
◆**dose up** *v.tr.* receitar; medicar; *he's been dosed up by the doctor* o médico receitou-lhe um monte de remédios ❖ *to dose oneself up with* automedicar-se com
dosh [dɒʃ] *s.* [coloq.] (dinheiro) massa[coloq.], pastel[coloq.]
dosimeter [dəʊˈsɪmɪtə] *s.* dosímetro
dosimetry [dəʊˈsɪmɪtrɪ] *s.* dosimetria
doss [dɒs] Ⓐ *s.* (*pl.* **-es**) 1 cama em albergue nocturno ou pensão barata; 2 [coloq.] cama improvisada; 3 [coloq.] soneca Ⓑ *v.intr.* 1 passar a noite em albergue nocturno; 2 [coloq.] fazer uma soneca
dossal [ˈdɒsəl] *s.* dossel

dosser ['dɒsə] s. 1 [coloq., depr.] sem-abrigo; 2 [Irl.] [coloq., depr.] gandulo, vadio; 3 [coloq.] albergue nocturno; 4 cesto de padeiro
dosserful ['dɒsəful] s. cestada, cesto cheio
dosshouse ['dɒshauz] s. albergue nocturno; pensão barata
dossier ['dɒsıeı] s. 1 dossier; 2 arquivo; 3 cadastro
dossy ['dɒsı] adj. [coloq.] elegante, bem vestido
dost [dʌst, dəst] [arc.] 2ª pes. sing. pres. ind. de **to do**³
dot [dɒt] Ⓐ s. 1 ponto; pinta; 2 MÚSICA ponto de aumentação; 3 [coloq.] catraio, criança pequena; 4 dote Ⓑ v.tr. (particípios: **-tt-**) 1 marcar com pontos; 2 pôr pontos em; 3 salpicar [**with**, de/com]; *the landscape was dotted with white houses* a paisagem estava salpicada de casas brancas ❖ *dots and dashes* pontos e traços (-.-.-.); *in the year ~* há muitos anos atrás; [cal.] *off one's ~* perturbado do juízo; *on the ~/to the ~* em ponto; pontual; *three dots* à hora marcada; *three dots* reticências (...); [coloq.] *to arrive on the ~* chegar na altura exacta/no momento próprio; *to ~ a man one* bater em alguém; [joc.] *to ~ and go on* coxear; *to ~ the i's and cross the t's* entrar em pormenores; não deixar lugar a dúvidas; *to pay on the ~* pagar em dinheiro
dotage ['dəutıdʒ] s. 1 caquexia, segunda infância; 2 senilidade; 3 amor excessivo
dotard ['dəutəd] s. velho rabugento, caquéctico, tonto
dotcom ['dɒtkɒm] Ⓐ s. INFORMÁTICA empresa com base na Internet Ⓑ adj. da Internet; com base na Internet
dote [dəut] v.intr. ⇒ **doat**
doth [dʌθ, dəθ] [arc.] 3ª pes. sing. pres. ind. de **to do**³
doting ['dəutıŋ] Ⓐ adj. 1 senil; 2 com demasiado amor Ⓑ s. ternura excessiva, carinho demasiado
dotingly ['dəutıŋlı] adv. 1 de modo senil; 2 com amor ou carinho demasiado
dotted ['dɒtıd] adj. 1 ponteado, com pontos, tracejado; 2 salpicado [**with**, de] ❖ *~ line* tracejado; *tear along the ~ line* recorte pelo tracejado
dotterel ['dɒtərəl] s. ZOOLOGIA tarambola
dotting ['dɒtıŋ] s. acção de pontear ❖ *~ needle* agulha de pontear; *~ pen* tira-linhas
dottle ['dɒtl] s. resto de tabaco que fica no cachimbo por fumar
dottrel ['dɒtrəl] s. ZOOLOGIA tarambola
dotty ['dɒtı] adj. (comp. **-ier**, superl. **-iest**) 1 cheio de pontos; 2 [coloq.] tonto, palerminha; 3 [coloq.] disparatado, absurdo; 4 [coloq.] (apaixonado) caidinho; *to be ~ on sb* estar caidinho por alguém
double ['dʌbəl] Ⓐ adj. 1 duplo; duplicado; 2 de casal; *~ bed* cama de casal; 3 (sentido) ambíguo; dúbio; 4 [fig.] simulado, desleal Ⓑ s. 1 dobro; 2 CINEMA duplo; 3 sósia; 4 volta rápida de animal perseguido; 5 curva súbita de rio; 6 DESPORTO (ténis, badminton) pares Ⓒ adv. 1 a dobrar; duas vezes mais; *to see ~* ver a dobrar; 2 aos pares Ⓓ v.tr./intr. 1 dobrar, duplicar; 2 dobrar, tornear navegando; 3 dobrar ao meio; 4 TEATRO representar dois papéis na mesma peça; 5 substituir (um actor); 6 correr aos ziguezagues; 7 funcionar também [**as**, como]; *the study doubles as a living room* o estúdio pode funcionar também como sala de estar ❖ *~ agent* agente duplo; MÚSICA (instrumento) *~ bass* contrabaixo; CULINÁRIA *~ boiler* banho-maria; *~ bottom* fundo duplo; *~ chin* queixo duplo; *~ crossover* cruzamento duplo; *~ dealing* desonestidade; *~ Dutch* algaraviada incompreensível; [coloq.] *~ eagle* vinte dólares; *~ game* jogo duplo; *~ gear* engrenagem dupla; *~ glazing* vidro duplo; *~ meaning* ambiguidade; *~ rack* cremalheira dupla; *~ room* quarto duplo; *~ salt* sal duplo; *~ track* via dupla; (ferramentas) *~ ended spanner* chave de duas bocas; ELECTRICIDADE *~ break switch* disjuntor bifásico; ÓPTICA *~ concave lens* lente bicôncava; *~ geared engine* motor com duas velocidades; *~ phase motor* motor bifásico; *~ or quits* ou o dobro ou estamos quites; *a ~ knock at the door* duas pancadas na porta; *at the ~/on the ~* imediatamente; *to wear a ~ face* jogar com um pau de dois bicos
✦**double back** Ⓐ v.intr. dar meia volta; voltar para trás Ⓑ v.tr. dobrar outra vez
✦**double up** Ⓐ v.tr. enrolar; dobrar Ⓑ v.intr. 1 (a rir, com dores) contorcer-se; *to ~ in laughter* partir-se a rir; 2 (quarto, casa) partilhar, dividir
double-acting [,dʌbəl'æktıŋ] adj. 1 (mecanismo) de duplo efeito; 2 actuando em duas direcções ❖ MECÂNICA *~ engine* máquina de duplo efeito

double-barrelled [,dʌbəl'bærəld] adj. 1 (espingarda) de dois canos; 2 (apelido) composto, ligado por hífen; 3 de duplo sentido; ambíguo
double-breasted [,dʌbəl'brestıd] adj. VESTUÁRIO (casaco) de trespasse
double-check [,dʌbəltʃek] v.tr./intr. tornar a verificar, verificar segunda vez
double-chinned [,dʌbəl'tʃınd] adj. com duplo queixo
double-click [,dʌbəlklık] v.intr. INFORMÁTICA fazer duplo clique [**on**, sobre]
double-cross [,dʌbl'krɒs] Ⓐ v.tr. [coloq.] atraiçoar, enganar, intrujar Ⓑ s. [coloq.] traição
double-dealer [,dʌbəl'di:lə] s. 1 pessoa de duas caras, pessoa sem carácter; 2 responsável por fraude
double-dealing [,dʌbəl'di:lıŋ] Ⓐ s. 1 jogo duplo; 2 duplicidade; 2 fraude Ⓑ adj. 1 que faz jogo duplo; 2 hipócrita; 3 fraudulento
double-decker [,dʌbəl'dekə] Ⓐ adj. de dois andares Ⓑ s. 1 autocarro de dois andares; 2 sanduíche de dois andares
double-declutch [,dʌbldi:'klʌtʃ] v.tr. fazer uma desembraiagem dupla
double-edged [,dʌbəl'edʒd] adj. 1 de dois gumes; 2 ambíguo, com duplo sentido; 3 bidireccional
double entendre [du:blã:'tã:ndr] s. frase palavra ou expressão com duplo sentido, um dos quais geralmente inconveniente
double-faced [,dʌbl'feısd] adj. 1 bifronte; com duas faces; 2 (roupa) reversível, sem avesso; 3 [fig.] (hipócrita) de duas caras ❖ *~ hammer* marreta
double-ganger ['dʌbəl,gæŋə] s. (aparição) duplo
double-headed [,dʌbəl,hedıd] adj. bicéfalo
double-lock [,dʌbl'lɒk] v.tr. fechar com duas voltas
double-park [,dʌbl'pɑ:k] v.tr./intr. estacionar em segunda fila
double-quick [,dʌbəl,kwık] Ⓐ adj. muito rápido Ⓑ adv. muito rapidamente ❖ *~ in ~ time* em dois tempos; num piscar de olhos
double-sided ['dʌbl,saıdıd] adj. de face dupla; *~ record* disco de face dupla
doublet ['dʌblıt] s. 1 gibão; 2 duplicado; 3 formas divergentes ou alotrópicas; 4 combinação de duas lentes simples; 5 (dados) parelhas
doubleton ['dʌbltən] s. (jogos de cartas) duas cartas do mesmo naipe
double-tongued [,dʌbəl,tʌŋd] adj. falso; desleal
doubloon [dʌb'lu:n] s. dobrão, moeda espanhola de ouro
doubly ['dʌblı] adv. duplamente
doubt [daut] Ⓐ s. dúvida; incerteza; hesitação; suspeita; *there is no room for ~* não há qualquer motivo de dúvida Ⓑ v.tr. 1 duvidar de; *I've never doubted his word* eu nunca duvidei da palavra dele; 2 desconfiar de; *I ~ everything he tells* eu desconfio de tudo o que ele diz Ⓒ v.intr. ter dúvidas; não ter a certeza; 2 hesitar ❖ *beyond the shadow of a ~* indubitavelmente; sem sombra de dúvida; *no ~* sem dúvida; (resultado, etc.) *to be in ~* não ser certo; ser uma incerteza; *to give sb the benefit of the ~* dar a alguém o benefício da dúvida; *when in ~* em caso de dúvida
doubter ['dautə] s. céptico, incrédulo
doubtful ['dautful] adj. 1 duvidoso, incerto, suspeito; 2 indeciso, discutível
doubtfully ['dautfulı] adv. 1 de modo duvidoso, incerto; 2 hesitantemente
doubtfulness ['dautfulnıs] s. 1 incerteza, dúvida, ambiguidade; 2 indecisão
doubtless ['dautləs] adv. sem dúvida
doubtlessly ['dautləslı] adv. 1 indubitavelmente; indiscutivelmente; 2 com certeza; sem dúvida
douce [du:s] adj. [Esc.] suave, calmo
douceur [du:'sɜ:] s. gorjeta, gratificação
douche [du:ʃ] Ⓐ s. duche Ⓑ v.tr./intr. administrar um duche a Ⓒ v.intr. tomar um duche
dough [dəu] s. 1 CULINÁRIA massa; 2 [coloq.] (dinheiro) massa ❖ ZOOLOGIA *~ bird* maçarico-do-norte
doughboy ['dəu,bɔı] s. 1 [EUA] CULINÁRIA sonho de pão; 2 [EUA] MILITAR [cal.] rapaz de Infantaria

doughiness ['daʊɪnɪs] s. 1 aspecto macilento do rosto; 2 deficiência de cozedura (pão, bolos, etc.)
doughnut ['dəʊnʌt] s. CULINÁRIA donut, bolo em forma de anel
doughtily ['daʊtɪlɪ] adv. corajosamente; com valentia
doughtiness ['daʊtɪnɪs] s. coragem, valentia
doughty ['daʊtɪ] adj. (comp. **-ier**, superl. **-iest**) corajoso; determinado
doughy ['dəʊɪ] adj. 1 embaciado; 2 pastoso
Doukhobors ['du:kəʊbɔ:z] s.pl. nome duma seita religiosa
doum [du:m] s. BOTÂNICA palmeira egípcia
dour [dʊə, 'daʊər] adj. 1 severo; rígido; 2 obstinado
dourine ['dʊəri:n] s. durina, daurina
dourly ['dʊəlɪ] adv. 1 austeramente, friamente; 2 obstinadamente
dourness ['dʊənɪs] s. 1 severidade, frieza; 2 obstinação
douse [daʊs] v.tr. 1 mergulhar na água, banhar; encharcar; 2 (chama, fogo) apagar; 3 NÁUTICA arriar a vela; 4 fechar a escotilha
dove [dʌv] s. 1 ZOOLOGIA pombo, pomba; 2 POLÍTICA pacifista; 3 [coloq.] querido; amor; *my* ~ amorzinho ❖ BOTÂNICA ~ *foot* gerânio; ZOOLOGIA ~ *hawk* busardo
dovecot ['dʌv͵kɒt] s. pombal ❖ *to flutter the dovecots* assustar, alarmar pessoas pacatas
dovecote ['dʌv͵kəʊt] s. pombal
dove-eyed ['dʌvaɪd] adj. de olhos meigos
dovelike ['dʌvlaɪk] adj.,adv. 1 próprio de pomba; 2 como pomba
dovetail ['dʌvteɪl] Ⓐ v.tr.,intr. 1 (carpintaria) ensamblar, malhetar; 2 atarraxar; encaixar; 3 [fig.] bater certo [**with**, com]; encaixar [**with**, com] Ⓑ s. malhete; encaixe; sambladura; rabo de minhoto; ganzepe ❖ ~ *saw* serra de samblar
dovetailing ['dʌvteɪlɪŋ] s. (carpintaria) ensamblamento; ensamblagem; rabo de minhoto; cauda de andorinha ❖ ~ *plane* plaina de samblar; ~ *saw* serra de samblar
dovish ['dʌvɪʃ] adj. POLÍTICA brando, transigente
dow [daʊ] s. 1 navio árabe usado, na África Oriental, para o tráfego de escravos; 2 navio de um só mastro e cerca de 200 toneladas, vulgar no mar Arábico
dowager ['daʊədʒə] s. 1 viúva; *the Queen Dowager* a rainha viúva; 2 velha dama
dowd [daʊd] s. espantalho; pessoa pouco apresentável, pouco elegante
dowdily ['daʊdɪlɪ] adv. sem gosto, sem elegância
dowdiness ['daʊdɪnɪs] s. desleixo, falta de elegância
dowdy ['daʊdɪ] adj. (comp. **-ier**, superl. **-iest**) deselegante, desleixado no vestir
dowel ['daʊəl] Ⓐ s. 1 (carpintaria) munhão, tarugo; 2 cavilha (de madeira), taco Ⓑ v.tr. (particípios: -ll-) unir, prender com cavilha, tarugo ou taco ❖ ~ *joint* junta de encaixe; ~ *screw* parafuso de encaixe
dower ['daʊə] Ⓐ s. 1 [arc.] dote, bens legados à mulher por morte do marido; 2 arras; 3 dote, talento, dom natural Ⓑ v.tr. dotar
dowerless ['daʊələs] adj. [arc.] (viúva) sem dote, sem comparticipação nos bens do marido
dowlas ['daʊləs] s. tecido forte de linho ou algodão
down [daʊn] Ⓐ adv. 1 para baixo; em baixo; 2 no chão; 3 até [**to**, -]; *let's go* ~ *to Paris* vamos até Paris; 4 mais barato; *wine is* ~ o vinho está mais barato Ⓑ prep. em baixo, abaixo Ⓒ adj. 1 descendente; ~ *train* comboio descendente; ~ *pipe* tubo ou cano descendente; 2 de descida; ~ *main* tubo de descida da água Ⓓ s. 1 antipatia; má vontade; *to have a* ~ *on sb* ter má vontade contra alguém; antipatizar com alguém; 2 pl. (maus momentos) baixos, reveses da sorte; *the ups and downs of life* os altos e baixos da vida Ⓔ s. 1 duna; 2 (frutos, aves) penugem; lanugem; 3 buço; 4 [GB] colina Ⓕ v.tr. 1 deitar abaixo, derrubar, abater; 2 (trabalho) suspender; 3 [cal.] (beber) emborcar, botar abaixo_cal._ Ⓖ interj. abaixo!, fora!; ~ *with traitors!* abaixo os traidores! ❖ (pagamento) ~ *payment* entrada; ~ *the wind* ao sabor do vento; abandonado; *cash* ~/*money* ~ nada de crédito; pagamento imediato/a pronto; DESPORTO *the local team was* ~ *by two* a equipa local terminou com uma desvantagem de dois golos; *to be* ~ *and out* estar completamente arruinado; *to be* ~ *on one's luck* estar em maré de pouca sorte; *to* ~ *tools* fazer greve; *to look* ~ *through the ages* percorrer a história até aos nossos dias; [coloq.] *two down, one to go* duas já cá cantam, falta uma

downbeat ['daʊnbi:t] Ⓐ adj. 1 abatido, desanimado, deprimido, desiludido; 2 comedido, prudente, reservado; 3 discreto; 4 apagado; 5 informal, descontraído Ⓑ s. MÚSICA compasso
downcast ['daʊnkɑːst] Ⓐ adj. 1 abatido, deprimido; 2 cabisbaixo Ⓑ s. 1 ventilador (de mina); 2 poço de entrada de ar
downcome ['daʊnkʌm] s. queda, ruína
downcomer ['daʊnkʌmə] s. MECÂNICA (caldeira) tubo de escoamento descendente
downcry [͵daʊn'kraɪ] v.tr. denegrir, rebaixar, desvalorizar
downer ['daʊnə] s. 1 (sedativo) drunfo_cal_; 2 factor de depressão; 3 (pessoa) derrotista, ave de mau agouro; 4 fossa, depressão; *to be on a* ~ estar em baixo, estar na fossa
downfall ['daʊnfɔːl] s. 1 carga (de água); 2 queda (de neve); 3 [fig.] queda, ruína; desagregação
downgrade ['daʊngreɪd] Ⓐ s. 1 descida; 2 rampa descendente Ⓑ v.tr. 1 despromover; 2 desclassificar; 3 desprestigiar; 4 rebaixar; 5 menosprezar; 6 desprezar; 7 negligenciar ❖ *on the* ~ em declínio
downhearted [͵daʊn'hɑːtɪd] adj. 1 desanimado; 2 deprimido
downhill [͵daʊn'hɪl] Ⓐ s. 1 encosta, declive; 2 DESPORTO *downhill* Ⓑ adj. 1 inclinado, que desce; 2 [coloq.] fácil Ⓒ adv. 1 pela encosta abaixo; *to go* ~ descer a encosta; 2 a descer, em declínio ❖ *it's all* ~ *from now on* de agora em diante é sempre a abrir; *the* ~ *of life* a segunda metade da vida; *to go* ~ piorar; entrar em declínio; ir de mal a pior
downiness ['daʊnɪnɪs] s. 1 BOTÂNICA pubescência; 2 penugem
Downing Street ['daʊnɪŋstri:t] s.top. 1 nome da rua onde se encontra a residência oficial do primeiro-ministro britânico; 2 governo britânico
download [͵daʊn'ləʊd] Ⓐ v.tr.,intr. INFORMÁTICA transferir (informação), carregar Ⓑ s. INFORMÁTICA transferência, carregamento
downloadable [͵daʊn'ləʊdəbəl] adj. INFORMÁTICA transferível, carregável
downloading [͵daʊn'ləʊdɪŋ] s. INFORMÁTICA transferência de informação, carregamento de informação
downlooking ['daʊnlʊkɪŋ] adj. 1 cabisbaixo; 2 abatido; 3 envergonhado; 4 inferior
downmarket [͵daʊn'mɑːkɪt] Ⓐ adj. 1 de baixa qualidade; popular, pimba_coloq_; de mau gosto; 2 barato Ⓑ adv. 1 para as massas; para um sector de mercado menos exigente; 2 com menos qualidade ❖ *to move* ~ perder qualidade
downmost ['daʊnməʊst] adj.,adv. 1 muito baixo; 2 em baixo
downpipe ['daʊnpaɪp] s. goteira
downplay [͵daʊn'pleɪ] v.tr. minimizar a importância de
downpour ['daʊnpɔː] s. aguaceiro, carga de água
downright ['daʊnraɪt] Ⓐ adj. franco, sincero, direito; *a* ~ *fellow* um homem direito; 2 completo; 3 inequívoco; categórico; 4 descarado; *a* ~ *lie* uma mentira descarada Ⓑ adv. abertamente; directamente; francamente; inequivocamente; completamente; *I'll tell you* ~ digo-to abertamente
downrightness ['daʊnraɪtnɪs] s. sinceridade, franqueza
downriver [͵daʊn'rɪvə] adj.,adv. a jusante; corrente abaixo
downscale [͵daʊn'skeɪl] Ⓐ v.tr. 1 diminuir; 2 restringir; 3 reduzir a envergadura de; reduzir as dimensões de; 4 (empresa) diminuir o número de efectivos de; 5 tornar apelativo para as massas Ⓑ adj. 1 [EUA] pimba_coloq_, popular; 2 [EUA] de baixa qualidade; 3 [EUA] de mau gosto
downshift ['daʊnʃɪft] v.intr. 1 abrandar o ritmo; passar a levar uma vida mais calma; 2 [EUA] (carro) reduzir, meter velocidade mais baixa
downshifter [͵daʊn'ʃɪftə] s. (abrandamento) pessoa que mudou de estilo de vida
downshifting [͵daʊn'ʃɪftɪŋ] s. (abrandamento) mudança de estilo de vida
downside ['daʊnsaɪd] s. inconveniente, desvantagem, lado mau ❖ *on the* ~ do lado das desvantagens; como inconveniente
downsize ['daʊnsaɪz] v.tr. 1 tornar mais pequeno; 2 (empresa) reduzir o número de efectivos de
downspout ['daʊnspaʊt] s. goteira
Down's syndrome ['daʊnz͵sɪndrəʊm] s. MEDICINA trissomia, síndrome de Down
downstairs [͵daʊn'steəz] Ⓐ adj.,adv. 1 em baixo, no andar de baixo; 2 do andar de baixo; *a* ~ *room* um aposento do rés-do-chão Ⓑ s. andar de baixo ❖ *to go* ~ descer as escadas

downstream ['daʊnstriːm] adv. a jusante; corrente abaixo; ao sabor da corrente; a favor da corrente
downswing ['daʊnˌswɪŋ] s. baixa, declínio, descida
downthrow ['daʊnθrəʊ] s. GEOLOGIA depressão de estratos
downtime ['daʊntaɪm] s. (máquina, computador) tempo de inactividade
down-to-earth [daʊntʊ'ɜːθ] adj. terra a terra, prático, realista, sem fantasias
downtown [ˌdaʊn'taʊn] Ⓐ adv. na baixa, à baixa; *that's ~* isso fica na baixa Ⓑ adj. da baixa; *in ~ Chicago* na baixa de Chicago Ⓒ s. [EUA] (centro da cidade) baixa
downtrodden ['daʊntrɒdn] adj. 1 pisado, calcado; 2 oprimido
downturn ['daʊnˌtɜːn] s. baixa, declínio, descida
downward ['daʊnwəd] adj.,adv. 1 descendente; *~ motion* movimento descendente; 2 para baixo ❖ MECÂNICA *~ stroke* curso descendente
downward-mobile [daʊnwəd'məʊˌbaɪl] adj. em despromoção social e financeira
downwards ['daʊnwədz] adv. 1 para baixo; 2 em direcção aos nossos dias
downwind ['daʊnwɪnd] adj.,adv. ao sabor do vento
downy ['daʊnɪ] adj. (comp. -ier, superl. -iest) 1 macio, fofo; 2 aveludado; 3 penugento; 4 pubescente; 5 (terreno) ondulado, suave
dowry ['daʊərɪ] s. (pl. -ies) 1 dote; 2 dom natural
dowse[1] [daʊz] v.intr. procurar água com a varinha de vedor
dowse[2] [daʊs] v.tr. 1 mergulhar na água; 2 molhar; 3 (luz, fogo) apagar
dowser ['daʊzə] s. vedor
dowsing ['daʊzɪŋ] s. artes de vedor ❖ *~ rod* varinha de vedor
doxology [dɒk'sɒlədʒɪ] s. (pl. -ies) doxologia
doxy ['dɒksɪ] s. 1 concubina; 2 [coloq.] opinião (em coisas religiosas)
doyen ['dɔɪən] s. decano, especialmente do corpo diplomático
doyley ['dɔɪlɪ] s. paninho de renda
doz. [abrev. de dozen]
doze [dəʊz] Ⓐ v.intr. dormitar Ⓑ s. soneca*coloq.* ❖ *to have a ~* fazer uma soneca
◆**doze off** v.intr. adormecer; passar pelo sono; passar pelas brasas
dozen ['dʌzn] s. dúzia; *a ~ eggs* uma dúzia de ovos ❖ *dozens of* montes de; *a baker's/printer's ~* uma dúzia de frade (13); *by the ~* às dúzias; em grande quantidade; *half a ~* meia dúzia; *to talk nineteen to the ~* falar pelos cotovelos
dozer ['dəʊzə] s. 1 o que dormita; 2 [coloq.] buldózer
dozing ['dəʊzɪŋ] s. sonolência, sesta
dozy ['dəʊzɪ] adj. 1 sonolento; entorpecido; 2 [coloq.] idiota; lento de compreensão
DP Ⓐ [abrev. de diametral pitch] Ⓑ [abrev. de displaced person] Ⓒ INFORMÁTICA [abrev. de data processing]
D/P Ⓐ [abrev. de documents against payment] Ⓑ COMÉRCIO [abrev. de documents against presentation]
DPA [abrev. de Diploma in Public Administration]
DPC (NATO) [abrev. de Defence Planning Committee]
DPH Ⓐ [abrev. de Department of Public Health] Ⓑ [abrev. de Doctor of Public Health]
dpi INFORMÁTICA [abrev. de dots per inch]
DPM [abrev. de Diploma in Psychological Medicine]
DPO [abrev. de Distributing Post Office]
dpt Ⓐ [abrev. de department] Ⓑ [abrev. de deponent]
dr Ⓐ [abrev. de drachma] Ⓑ FINANÇAS [abrev. de debtor] Ⓒ [abrev. de dram]
Dr Ⓐ [abrev. de Doctor] Ⓑ [abrev. de Drive]
DR Ⓐ NÁUTICA [abrev. de dead reckoning] Ⓑ [abrev. de dry riser]
drab [dræb] Ⓐ adj. 1 baço, sem brilho; 2 monótono, pesado; 3 aborrecido, desinteressante; 4 sem graça; 5 (cor) castanho-claro Ⓑ s. 1 [arc., depr.] mulher desleixada e preguiçosa; 2 [arc.] prostituta; 3 monotonia; 4 (cor) castanho-claro Ⓒ v.intr. [arc.] entregar-se à devassidão
drabbet ['dræbɪt] s. pano grosseiro para blusas de lavrador
drabble ['dræbəl] v.tr.,intr. 1 patinhar; 2 sujar, molhar com lama ou água; 3 enlamear-se; 4 pescar arrastando a linha
drabbling ['dræblɪŋ] s. 1 chafurdice (na lama); 2 pesca arrastando a linha
drachm [dræm] s. 1 (unidade de peso) dracma; 2 (moeda) ⇒ **drachma**
drachma ['drækmə] s. (pl. **-as** ou **-ae**) (antiga moeda grega) dracma

Draco ['dreɪkəʊ] Ⓐ s.antr. Drácon Ⓑ s. ASTRONOMIA (constelação) Dragão
Dracon ['drækən] s.antr. Drácon
Draconian [dreɪ'kəʊnɪən, drə'kəʊnɪən] adj. draconiano
draff [dræf] s. 1 resíduos, sedimento, borras; 2 lavagem para porcos
draft [drɑːft, dræft] Ⓐ s. 1 esboço; anteprojecto; 2 projecto; 3 rascunho; 4 ordem de pagamento, cheque, letra; 5 MILITAR destacamento, contingente, grupo de pessoas recrutadas; 6 [EUA, Can.] DESPORTO contratação; reforço; 7 talha de pedra de cantaria; 8 tiragem de carro por animal; 9 calado de navio; 10 [EUA] corrente de ar Ⓑ adj. prévio; preliminar Ⓒ v.tr. 1 delinear; esboçar; *to ~ a project* delinear um projecto; 2 (texto) fazer o rascunho de; 3 destacar [to, para]; seleccionar [to, para]; 4 [EUA] recrutar; *to be drafted to serve in the air forces* ser recrutado para a força aérea; 5 talhar, aparelhar pedra ❖ DIREITO *~ bill* anteprojecto de lei; MILITAR *~ lodger* desertor; *~ of an agreement* projecto de acordo; *~ oxen* bois de trabalho, bois de tiro; *~ resister* opositor ao regime militar; *~ tube* tubo de aspiração
draftee [drɑːf'tiː, dræf'tiː] s. indivíduo recrutado
drafter ['drɑːftə, 'dræftə] s. 1 aquele que esboça; 2 autor de projecto
draftsman ['drɑːftsmən, 'dræftsmən] s. (pl. **-men**) 1 autor de esboço, projecto; 2 desenhador
drafty ['dræftɪ] adj. [EUA] ⇒ **draughty**
drag [dræg] Ⓐ v.tr.,intr. (particípios: **-gg-**) 1 arrastar, puxar; 2 dragar; *to ~ a river* dragar um rio; 3 arrastar-se Ⓑ s. 1 draga; 2 [fig.] estorvo [on, para]; entrave [on, para]; 3 resistência; obstrução; 4 rede de arrasto; 5 grade; 6 [coloq.] chato; 7 [coloq.] chatice; *what a drag!* que seca!; 8 [coloq.] (cigarro) passa; *to take a ~* dar uma passa; 9 travesti; *in ~* de travesti; 10 armadilha, negaça arrastada pelos campos para atrair as raposas; 11 caça com este género de negaças; 12 calço de ferro para segurar o veículo em descidas muito pronunciadas; 13 carro grande e pesado de quatro rodas, tirado a quatro cavalos ❖ NÁUTICA *~ anchor* âncora de capa; *~ bolt* cavilha de engate; *~ hook* gancho de arrasto; (automóvel) *~ link* barra de direcção; *~ rope* cabo pendente; *~ wire* cabo de reboque; *to ~ a wretched life* ter uma vida miserável; NÁUTICA *to ~ the anchor* garrar; *to ~ the bottom* roçar o fundo
◆**drag about** v.tr.,intr. arrastar(-se) ❖ (dor, esforço) *to drag oneself about* arrastar-se
◆**drag along** v.tr. arrastar contra vontade ❖ *to drag oneself along* avançar a custo
◆**drag in** v.tr. 1 mencionar; trazer à baila; 2 referir desnecessariamente; 3 arrastar
◆**drag on** v.intr. prolongar-se; arrastar-se; continuar por muito tempo
◆**drag out** v.tr. 1 prolongar; 2 deixar arrastar; 3 levar até ao fim
◆**drag out of** v.tr. arrancar a
◆**drag up** v.tr. 1 (história, escândalo) desenterrar; 2 educar mal
drag and drop ['drægənˌdrɒp] v.tr. INFORMÁTICA arrastar e largar (com o rato)
dragging ['drægɪŋ] s. 1 arrasto, acto de puxar ou arrastar; 2 dragagem; 3 pesca arrastando a linha
draggle ['drægl] v.tr.,intr. 1 arrastar(-se) sujando(-se); 2 demorar, ficar para trás
draggle-tail ['drægltaɪl] s. [depr.] (mulher mal-arranjada) espantalho
draggy ['drægɪ] adj. 1 [coloq.] arrastado, lento, sem ritmo; 2 [coloq.] chato, desinteressante
dragnet ['drægnet] s. 1 (pesca) rede de arrasto; 2 (polícia) operação de captura
dragoman ['drægəʊmən] s. (pl. **-mans** ou **-men**) dragomano, drogomano, turgimão
dragon ['drægən] s. 1 MITOLOGIA dragão; 2 ZOOLOGIA dragão-de-komodd; 3 [coloq., depr.] (mulher má) bruxa; 4 MILITAR tractor ❖ BOTÂNICA *dragon's blood* sangue-de-dragão; BOTÂNICA *~ tree* dragoeiro; RELIGIÃO *the old ~* Satanás; *to water the ~* urinar
Dragon ['drægən] s. ASTRONOMIA ⇒ **Draco**
dragonet ['drægənɪt] s. dragão pequeno
dragonfly ['drægənflaɪ] s. ZOOLOGIA libélula, libelinha

dragonnade [ˌdrægəˈneɪd] Ⓐ s. 1 dragonada, carga de dragões; 2 perseguição política com tropas Ⓑ v.tr. 1 perseguir com tropas; 2 atacar com dragonadas

dragoon [drəˈguːn] Ⓐ s. 1 [ant.] (soldado de cavalaria) dragão; 2 indivíduo muito feroz; 3 dragão, raça de pombos domésticos Ⓑ v.tr. 1 perseguir com dragões; 2 forçar uma pessoa a fazer qualquer coisa

drail [dreɪl] s. (pesca) linha de fundo

drain [dreɪn] Ⓐ s. 1 tubo, canalização; 2 cano de esgoto; 3 MEDICINA dreno; 4 sorvedouro; 5 [coloq.] resto, restinho, alguma coisa para beber; 6 pl. sistema de esgotos, canos de esgoto Ⓑ v.tr.,intr. 1 escoar; drenar; 2 secar (terrenos), ficar seco; 3 escoar-se; 4 esvaziar; 5 gastar, esgotar; 6 [coloq.] deitar abaixo, beber ❖ ~ *canal* canal de drenagem; ~ *plug* bujão de escoamento; ~ *well* fossa; *colour drained from his face* o rosto dele ficou sem pinta de sangue; *that's money down the* ~ isso é deitar dinheiro pela janela fora; *to go down the* ~ ir por água abaixo; *to* ~ *dry/to* ~ *to the dregs* beber até à última gota; *to* ~ *the soil* drenar o solo; *the war drained the country of men and money* a guerra esgotou o país em homens e dinheiro

◆**drain away** v.intr. esgotar-se; estar a desaparecer; gastar-se; esvaziar-se; secar-se

drainable [ˈdreɪnəbəl] adj. drenável

drainage [ˈdreɪnɪdʒ] s. 1 drenagem, escoamento das águas; 2 saneamento; sistema de esgotos ❖ GEOGRAFIA ~ *area/basin* bacia hidrográfica; ~ *pipe* tubo de drenagem; ~ *pump* bomba de escoamento; CIRURGIA ~ *tube* dreno; ~ *works* obras de saneamento

drainboard [ˈdreɪnbɔːd] s. [EUA] escorredor da louça

drainer [ˈdreɪnə] s. 1 secador, dispositivo para deixar as coisas a escorrer; 2 drenador

draining [ˈdreɪnɪŋ] Ⓐ s. 1 escoamento, drenagem; 2 enxugo (de terrenos); 3 esvaziamento Ⓑ adj. 1 esgotante; 2 debilitante ❖ ~ *board* escorredor da louça; ~ *device* separador de água

drainpipe [ˈdreɪnpaɪp] s. 1 cano de esgoto; tubo de escoamento; 2 pl. VESTUÁRIO calças justas

drake [dreɪk] s. 1 ZOOLOGIA pato, marreco; 2 ZOOLOGIA (insecto) efémero

dram [dræm] s. 1 (moeda da Arménia) dram; 2 (bebida) copinho ❖ ~ *shop* taberna; [coloq.] *to be fond of the* ~ gostar da pinga

drama [ˈdrɑːmə] s. 1 LITERATURA drama; 2 peça de teatro; 3 teatro; arte dramática; 4 [fig.] drama; emoções fortes ❖ TELEVISÃO ~ *series* série dramática; [coloq.] *don't be such a* ~ *queen!* não exageres!; não sejas melodramático!

dramatic [drəˈmætɪk] adj. 1 TEATRO dramático; teatral; 2 (situação) dramático; emocionante; 3 (mudança) drástico; acentuado; impressionante ❖ ~ *change* reviravolta; ~ *irony* ironia dramática

dramatically [drəˈmætɪklɪ] adv. dramaticamente

dramatics [drəˈmætɪks] s. arte dramática, teatro

dramatist [ˈdræmətɪst] s. dramaturgo

dramatization [ˌdræmətaɪˈzeɪʃən] s. dramatização

dramatize [ˈdræmətaɪz] v.tr.,intr. dramatizar

dramatizing [ˈdræmətaɪzɪŋ] s. dramatização

dramaturgic [ˌdræməˈtɜːdʒɪk] adj. dramatúrgico

dramaturgist [ˈdræmətɜːdʒɪst] s. dramaturgo

dramaturgy [ˈdræmətɜːdʒɪ] s. dramaturgia

drank [dræŋk] prt. de **to drink**

drape [dreɪp] Ⓐ v.tr. 1 adornar com colgaduras; 2 dispor com arte as pregas de vestidos Ⓑ s. 1 tecido, pano; 2 roupagem; 3 pl. [EUA] cortinados

draper [ˈdreɪpə] s. [ant.] negociante com loja de fazendas e miudezas

draperied [ˈdreɪpərɪd] adj. com tapeçarias, roupagens

drapery [ˈdreɪpərɪ] s. (pl. -**ies**) 1 comércio de fazendas; 2 indústria de tecidos, algodões e linhos; 3 arranjo artístico das roupas numa escultura; 4 pl. roupagens, tapeçarias

draping [ˈdreɪpɪŋ] Ⓐ adj. adornado com roupagens Ⓑ s. adorno com roupagens

drastic [ˈdræstɪk] adj. 1 drástico, enérgico; *to take* ~ *measures* tomar medidas drásticas; 2 acentuado; radical; *a* ~ *fall in the birth rate* uma quebra acentuada na taxa de natalidade

drastically [ˈdræstɪklɪ] adv. drasticamente

drat [dræt] interj. [coloq.] arre!, c'os diabos!

dratted [ˈdrætɪd] adj. maroto, maldito

draught [drɑːft, dræft] Ⓐ s. 1 corrente de ar; *to feel a* ~ sentir uma corrente de ar; 2 tiragem de ar; ~ *of a chimney* tiragem de uma chaminé; 3 tracção animal; tiro; 4 esvaziamento de líquidos; 5 golada; trago; *to drink at a* ~ beber de um gole; 6 NÁUTICA calado (de navio); 7 emprego de rede de arrasto; peixe pescado com a rede de arrasto; 8 MILITAR destacamento, reforço; 9 rascunho, esboço; 10 letra, cheque, ordem de pagamento; 11 pl. jogo das damas Ⓑ v.tr. 1 fazer um esboço, esboçar; 2 MILITAR formar, seleccionar destacamento ou grupo para determinada missão ❖ ~ *gauge* indicador de tiragem; ~ *horse* cavalo de tiro; ~ *net* draga; ~ *screen* guarda-vento; ~ *beer/beer on* ~ cerveja de barril; *on* ~ à pressão; de barril

draughtboard [ˈdrɑːftbɔːd] s. [GB] (jogo de damas) tabuleiro

draughtiness [ˈdrɑːftɪnɪs, ˈdræftɪnɪs] s. correntes de ar

draughtsman [ˈdrɑːftsmən, ˈdræftsmən] s.m. (pl. -**men**) 1 (jogo das damas) pedra; 2 autor de esboço; 3 desenhador

draughtsmanship [ˈdrɑːftsmənʃɪp, ˈdræftsmənʃɪp] s. arte de desenhar

draughtswoman [ˈdrɑːftswʊmən, ˈdræftswʊmən] s.f. (pl. -**women**) desenhadora

draughty [ˈdrɑːftɪ, ˈdræftɪ] adj. (comp. -**ier**, superl. -**iest**) com correntes de ar

draw [drɔː] Ⓐ v.tr.,intr. (prt. **drew**, part. pass. **drawn**) 1 desenhar; traçar; 2 puxar, arrastar; 3 atrair, chamar; 4 conseguir, obter; 5 aspirar; 6 extrair; arrancar; 7 mostrar; 8 distorcer, deformar; 9 passar (cheque, letra, etc.); *to* ~ *a cheque* passar um cheque; 10 levantar (dinheiro); *to* ~ *money from the bank* levantar dinheiro do banco; 11 mover; 12 tirar à sorte; 13 empatar, ficar igual no fim do jogo; *to* ~ *a game/match* empatar um jogo/desafio; 14 (chaminé) puxar, tirar; 15 (chá) abrir; 16 deslocar (tonelagem de navio); 17 tirar as vísceras (de peça de caça); 18 deduzir, inferir, tirar uma conclusão; *to* ~ *a conclusion* tirar uma conclusão; 19 prolongar; 20 (documento) escrever; 21 correr (cortina, reposteiro) Ⓑ s. 1 tracção; 2 tiragem; 3 (lotaria, etc.) extracção; sorteio; 4 (minas) galeria de extracção; 5 DESPORTO empate; 6 atracção; chamariz ❖ ~ *hook* engate; gancho de tracção; ~ *spring* mola de engate; ~ *table* mesa extensível; *to* ~ *a blank* não apanhar nada; *to* ~ *breath* respirar; tomar fôlego; *to* ~ *a parallel between ...* traçar um paralelo entre...; *to* ~ *a perpendicular* baixar uma perpendicular; *to* ~ *a prize* tirar um prémio; *to* ~ *blood* fazer correr o sangue; tirar sangue; *to* ~ *first blood* desferir o primeiro golpe; *to* ~ *interest* render juros; *to* ~ *it fine/to* ~ *it mild* não exagerar; *to* ~ *lots* tirar à sorte; *to* ~ *near* aproximar-se; *to* ~ *one's first breath* nascer; *to* ~ *one's last breath* morrer; expirar; *to* ~ *sth by lot* tirar qualquer coisa à sorte; *to* ~ *the line* pôr um limite; *to* ~ *the long bow* exagerar; *to* ~ *the teeth of* tornar inofensivo; *to* ~ *to a close* aproximar-se do fim; terminar

◆**draw apart** v.tr.,intr. separar(-se)

◆**draw aside** v.tr. 1 pôr de parte; 2 afastar; 3 entreabrir

◆**draw away** Ⓐ v.intr. afastar-se [**from**, de]; distanciar-se [**from**, de] Ⓑ v.tr. 1 afastar [**from**, de]; 2 retirar [**from**, a]; 3 dissuadir [**from**, de]

◆**draw back** Ⓐ v.tr. puxar; *she drew back a chair* puxou uma cadeira Ⓑ v.intr. 1 afastar-se [**from**, de]; *he drew back from the fire* afastou-se do lume; 2 recuar

◆**draw down** v.tr. 1 (persiana) baixar; fechar; 2 provocar; causar; originar

◆**draw in** v.intr. 1 (dias) ficar mais curto; *in October the days* ~ em Outubro os dias ficam mais curtos; 2 (dia) acabar; *the day is drawing in* o dia está a acabar; 3 aproximar-se; chegar; *the night is drawing in* a noite está a aproximar-se

◆**draw into** v.tr. envolver (alguém); arrastar (alguém) para; induzir (alguém) em ❖ *to be drawn into* ser arrastado para; ser envolvido em

◆**draw off** v.tr. (líquido) tirar; retirar

◆**draw on** Ⓐ v.tr. 1 recorrer a; valer-se de; 2 inspirar-se em Ⓑ v.intr. 1 aproximar-se; *winter is drawing on* o Inverno está a aproximar-se; 2 passar; *it got colder as the days drew on* o tempo foi arrefecendo à medida que os dias passavam

◆**draw out** Ⓐ v.tr. 1 arrancar; tirar; extrair; 2 (dinheiro) levantar; 3 pôr à vontade; fazer falar; 4 prolongar Ⓑ v.intr. 1 (dias) ficar maior; aumentar; 2 (comboio) partir

drawback

◆**draw together** v.intr. juntar-se; aproximar-se
◆**draw up** Ⓐ v.tr. 1 (documento) redigir; minutar; 2 (plano) esboçar; arranjar; 3 puxar; 4 endireitar; *he drew himself up* endireitou-se Ⓑ v.intr. parar; *the taxi drew up at the curb* o taxi parou junto ao passeio
drawback ['drɔːbæk] s. 1 desvantagem, inconveniente; 2 (alfândega) reembolso de direitos de importação; 3 abatimento
drawbar ['drɔːbɑː] s. barra de engate
drawbridge ['drɔːbrɪdʒ] s. ponte móvel, ponte levadiça
Drawcansir ['drɔːkænsə] s. ferrabrás, valentão que mete medo a todos
drawdown ['drɔːdaʊn] s. (reservatório) descida do nível de água
drawee [drɔːˈiː] s. sacado
drawer ['drɔːə] s. 1 gaveta; *top ~* gaveta de cima; 2 FINANÇAS sacador; 3 desenhador ❖ [fig.] *bottom ~* enxoval; *chest of drawers* cómoda
drawers ['drɔːəz] s. [ant.] ceroulas
drawing ['drɔːɪŋ] s. 1 desenho; 2 extracção; tiragem; 3 acto de passar (um cheque) ❖ *~ account* conta-corrente; *~ board* estirador; prancheta; *~ card* chamariz; motivo de atracção; *~ compass* compasso; *~ frame* fieira; *~ instruments* utensílios de desenho; *~ office* gabinete de desenho; *~ paper* papel de desenho; *~ pen* tira-linhas; [GB] *~ pin* pionés; *~ room* sala de visitas; salão para recepções; [coloq.] *to go back to the ~ board* começar de novo
drawknife ['drɔːnaɪf] s. (pl. -ves) (plaina) corteché
drawl [drɔːl] Ⓐ s. tom de voz ou maneira de falar arrastada, lenta, indolente Ⓑ v.tr.,intr. 1 falar vagarosamente; 2 pronunciar de modo lento e arrastado
drawling ['drɔːlɪŋ] Ⓐ s. arrastamento de voz, pronúncia lenta Ⓑ adj. arrastado, lento
drawlingly ['drɔːlɪŋlɪ] adv. arrastadamente
drawn [drɔːn] Ⓐ part. pass. de **to draw** Ⓑ adj. 1 esgotado, exausto, abatido; 2 (aspecto) tenso, crispado; 3 CULINÁRIA derretido; *~ butter* manteiga derretida; 4 DESPORTO empatado; 5 (cortinas) abertas; 6 (espada, arma) desembainhado; *with ~ sword* de espada desembainhada
drawplate ['drɔːpleɪt] s. (aparelho) fieira
drawshave ['drɔːʃeɪv] s. (plaina) corteché
drawstring ['drɔːstrɪŋ] s. cordão ❖ VESTUÁRIO *~ trousers* calças com cintura de cordão
dray [dreɪ] s. 1 carrinho, carroça sem lados para cargas muito pesadas; 2 zorra
drayman ['dreɪmən] s. (pl. -men) carreteiro, carregador
dread [dred] Ⓐ v.tr. 1 recear, ter medo de; 2 apavorar-se com Ⓑ s. medo, grande temor, pavor Ⓒ adj. 1 temido; 2 temeroso; 3 terrível; 4 venerável
dreadful ['dredfʊl] adj. 1 terrível, medonho; 2 desagradável, incómodo, maçador
dreadfully ['dredfʊlɪ] adv. 1 terrivelmente; horrivelmente; 2 muitíssimo; extremamente ❖ *I'm ~ sorry!* peço imensas desculpas!
dreadlocks ['dredlɒkz] s.pl. (penteado) tranças afro
dreadnought ['drednɔːt] s. 1 NÁUTICA couraçado; 2 casaco grosso de frisa para tempo invernoso ou tempestade
dream [driːm] Ⓐ s. 1 sonho; *to have a ~* ter um sonho; *to fulfil a ~* concretizar um sonho; 2 ideal; 3 fantasia; *he lived in a world of dreams* vivia num mundo de fantasia Ⓑ adj. 1 de sonho; fantástico; *a ~ house* uma casa de sonho; 2 imaginário; de fantasia Ⓒ v.tr.,intr. (prt. e part. pass. **dreamt** ou **dreamed**) 1 sonhar [**that**, que; **about/of**, com]; 2 sonhar [**that**, que; **of**, em]; supor [**that**, que]; imaginar [**that**, que]; 3 fantasiar; devanear ❖ *~ book* livro interpretativo dos sonhos; *~ reader* intérprete dos sonhos; *a ~ come true* um sonho tornado realidade; *I wouldn't ~ of asking him that* nem em sonhos lhe pediria tal; *not in your wildest dreams* nem pensar nisso; *to have a bad ~* ter um pesadelo
◆**dream away** v.tr. passar a sonhar; perder em sonhos; *to ~ one's time* passar o tempo a sonhar
◆**dream up** v.tr. inventar; imaginar
dreamer ['driːmə] s. 1 sonhador; 2 idealista; 3 visionário
dreamily ['driːmɪlɪ] adv. sonhadoramente
dreaminess ['driːmɪnɪs] s. abstracção, sonho, devaneio, imaginação

dreamland ['driːmlænd] s. país dos sonhos
dreamless ['driːmləs] adj. sem sonhos
dreamy ['driːmɪ] adj. (comp. -ier, superl. -iest) 1 sonhador, devaneador; 2 vago, etéreo, imaterial; 3 [coloq.] (aparência) giro
drear [drɪə] adj. [poét.] lúgubre, monótono, triste
drearily ['drɪərəlɪ] adv. lugubremente, desoladoramente
dreariness ['drɪərɪnɪs] s. 1 monotonia, tristeza; 2 insipidez, vulgaridade
drearisome ['drɪərɪsəm] adj. monótono, triste, lúgubre
dreary ['drɪərɪ] adj. (comp. -ier, superl. -iest) 1 triste, desolador; 2 monótono, aborrecido
dredge [dredʒ] Ⓐ s. 1 draga; 2 dragador; 3 rede de arrasto Ⓑ v.tr.,intr. 1 dragar; 2 CULINÁRIA polvilhar [**with**, com]; salpicar [**with**, de] ❖ *~ boat* dragador; *~ work* dragagem
◆**dredge up** v.tr. 1 dragar; 2 (água) recuperar (corpo); 3 [fig.] (escândalo) desenterrar
dredger ['dredʒə] s. 1 dragador; 2 draga, pescador de ostras; 3 CULINÁRIA polvilhador
dredging ['dredʒɪŋ] s. 1 dragagem; 2 polvilhação ❖ *~ box* polvilhador; *~ machine* draga
dree [driː] v.tr. [Esc.] suportar ❖ *to ~ one's weird* conformar-se com a sua sorte
dreg [dreg] s. 1 sedimento, borra, depósito; 2 escória; *the dregs of the population/of society* a escória da sociedade ❖ [coloq.] *not a ~* nem um resto; nem ponta; *to drink to the dregs* beber até ao fim
dreggily ['dregɪlɪ] adv. de maneira turva ou com borras
dregginess ['dregɪnɪs] s. 1 aspecto turvo; 2 sedimentos, borras
dreggy ['dregɪ] adj. 1 cheio de escórias, de sedimento; 2 turvo
drench [drentʃ] Ⓐ s. (pl. -es) 1 dose, remédio para animais; 2 MEDICINA poção; 3 chuvada, carga de água Ⓑ v.tr. 1 ensopar, encharcar, molhar por completo; 2 forçar (um animal) a tomar um remédio; 3 forçar a beber em grande quantidade
drencher ['drentʃə] s. 1 chuvada pesada que molha tudo; 2 aparelho, dispositivo para obrigar os animais a tomar qualquer droga
drenching ['drentʃɪŋ] Ⓐ adj. (chuva) torrencial Ⓑ s. 1 chuvada; 2 banho, imersão
Dresden ['drezdən] s.top. ❖ *~ china* porcelana de Saxónia
dress [dres] Ⓐ s. (pl. -es) 1 VESTUÁRIO vestido; *evening ~* vestido de noite; 2 roupa; vestuário em geral; *to spend money on ~* gastar dinheiro em roupa; 3 preparos Ⓑ v.tr.,intr. 1 vestir(-se); *to be dressed in* estar vestido de/com; 2 arranjar-se [**for**, para]; *I must ~ for dinner* tenho de me arranjar para o jantar; 3 vestir fato de cerimónia, 4 embelezar, arranjar, enfeitar, ornamentar; 5 CULINÁRIA (salada) temperar; 6 CULINÁRIA preparar; *to ~ the meat* preparar a carne; 7 (ferimentos) tratar, fazer curativo; 8 alinhar soldados, pô-los em linha, formar em linha ❖ (sala de espectáculos) *~ circle* primeiro balcão; VESTUÁRIO *~ coat* fraque; (bicicleta) *~ guard* rede de protecção para vestidos; *~ parade* parada militar; (boneco) *~ stand* manequim; VESTUÁRIO *~ suit* fato de cerimónia, TEATRO *~ rehearsal* ensaio geral; *evening ~* traje de noite; *full ~* traje de cerimónia; *morning ~* traje de passeio; *to ~ a ship* embandeirar um navio; *to ~ a tree* podar uma árvore; *to ~ a window* decorar uma montra; *to ~ one's hair* arranjar o cabelo; (minas) *to ~ ores* preparar os minérios; *to ~ the ground* preparar a terra
◆**dress down** Ⓐ v.tr. repreender; dar um raspanete a Ⓑ v.intr. vestir-se de forma informal
◆**dress up** Ⓐ v.tr. (factos, etc.) disfarçar; enfeitar Ⓑ v.intr. 1 arranjar-se; aperaltar-se; 2 mascarar-se [**as**, de]; disfarçar-se [**as**, de]
dress-down ['dresˌdaʊn] adj. (indumentária) informal; (local de trabalho) *~ day* dia informal
dresser ['dresə] s. 1 [GB] armário de cozinha, guarda-louça; aparador; 2 [EUA] toucador, cómoda; 3 curtidor de peles; 4 médico, cirurgião ajudante; 5 aquele que prepara ou arranja qualquer coisa; 6 costureiro; 7 desbastador
dressership ['dresəʃɪp] s. função de cirurgião assistente
dressiness ['dresɪnɪs] s. requinte, elegância no vestir
dressing ['dresɪŋ] s. 1 acto de vestir; 2 arranjo; 3 CULINÁRIA (salada) tempero, molho; 4 [EUA] CULINÁRIA recheio; 5 (ferida) tratamento; curativo, penso; 6 preparação, limpeza; 7 curtimento;

8 embandeiramento ❖ (objectos de uso pessoal) ~ *case* estojo de viagem; ~ *chisel* desbastador; ~ *gown* roupão; penteador; TEATRO ~ *room* camarim; quarto de vestir; MILITAR ~ *station* posto de socorro; ~ *table* mesinha de toucador

dressing-down ['drɛsɪŋdaʊn] s. sermão, repreensão, descompostura; *to give sb a dressing-dow* repreender alguém

dressmaker ['drɛsˌmeɪkə] s. costureiro

dressmaking ['drɛsˌmeɪkɪŋ] s. costura

dressy ['drɛsɪ] adj. (comp. -ier, superl. -iest) **1** elegante no vestir; **2** que gosta de vestir bem **3** fino, vistoso

drew [dru:] prt. de **to draw**

drib [drɪb] s. (pequena quantidade) poucochinho; pouquinho ❖ *in dribs and drabs* aos poucos; às pinguinhas

dribble ['drɪbəl] Ⓐ s. **1** gotejamento, queda gota a gota, escorrimento; **2** baba; **3** DESPORTO finta, driblagem, drible Ⓑ v.tr.,intr. **1** gotejar, correr lentamente, babar-se; **2** DESPORTO fintar, driblar

dribbler ['drɪblə] s. **1** pessoa que se baba; **2** driblador

dribbling ['drɪblɪŋ] s. **1** gotejamento; **2** DESPORTO drible, acção de driblar

driblet ['drɪblɪt] s. **1** gota; **2** pequena quantidade de dinheiro; **3** coisa de pouca importância ❖ *in driblets* a conta-gotas_fig._

dried [draɪd] adj. **1** seco; **2** desidratado; **3** (leite) em pó ❖ ~ *flowers* flores secas; ~ *fruits* frutos secos

drier ['draɪə] s. **1** secador; *electric* ~ secador eléctrico; **2** (tintas) secante

drift [drɪft] Ⓐ s. **1** movimento, impulso; **2** curso do vento ou da água; **3** inclinação; tendência; **4** linha de pensamento; objectivo; *do you get my drift?* percebes o que quero dizer?; **5** (atitude) inacção; deriva; **6** desvio de navio devido a correntes; desvio de projéctil por causa da rotação; **7** coisa levada pelo vento ou corrente de água; **8** (areia, folhas, etc.) acumulação (devido ao vento ou à água); montículo; **9** (nevoeiro, neve) banco; **10** galeria horizontal que acompanha o filão de minério; **11** broca de passar furos; mandril Ⓑ v.tr.,intr. **1** ser levado pela corrente; andar à deriva; *the ship was drifting* o navio andava à deriva; **2** ser arrastado pelo vento; **3** espalhar, impelir, levar consigo; **4** andar sem rumo; vaguear [**about/around**, por]; **5** amontoar-se; acumular-se; **6** flutuar; **7** deixar ir; **8** abrir, alargar um buraco ❖ NÁUTICA ~ *anchor* âncora flutuante; MATEMÁTICA ~ *angle* ângulo de derivação; ~ *ice* massa de gelo à deriva; (minas) ~ *mining* exploração mineira pelo sistema de galerias; NÁUTICA ~ *net* rede sardinheira de emalhar; (minas) ~ *of the stratum* direcção da camada; ~ *sand* areia movediça; ~ *test* ensaio de perfuração; ~ *triangle* triângulo de velocidade; *to let things* ~ deixar correr as coisas

◆**drift along** v.intr. andar sem destino
◆**drift apart** v.intr. distanciar-se
◆**drift in** v.intr. entrar por acaso; entrar ou participar sem interesse
◆**drift off** v.intr. **1** afastar-se pouco a pouco; **2** deixar-se adormecer

driftage ['drɪftɪdʒ] s. **1** terreno de aluvião; **2** deriva

drifter ['drɪftə] s. **1** vagabundo; **2** pessoa sem ocupação fixa; **3** NÁUTICA traineira; barco de pesca de arrasto; **4** vento que traz neve

drifting ['drɪftɪŋ] Ⓐ adj. que vai à deriva Ⓑ s. **1** arrastamento pela corrente ou pelo vento; **2** abertura de galerias em direcção ao minério

driftwood ['drɪftˌwʊd] s. madeira flutuante

drill [drɪl] Ⓐ s. **1** berbequim, broca, furador; **2** verruma, pua; **3** exercício; *spelling drills* exercícios de ortografia; *military drills* exercícios militares; **4** simulação; *fire* ~ simulação de incêndio; **5** procedimento(s); trâmite(s); normas, rotina; **6** instrução militar, disciplina; **7** sulco, rego para lançar a semente; **8** máquina de semear; **9** ZOOLOGIA dril, variedade de bugio Ⓑ v.tr.,intr. **1** exercitar(-se); **2** ensinar, treinar repetindo muitas vezes; **3** semear em sulcos, em linha; **4** furar com broca ou berbequim, usar broca ou berbequim; **5** perfurar, furar; *to* ~ *the ground in search of water* perfurar o solo em busca de água ❖ ~ *bit* broca; pua; ~ *book* livro de exercícios; ~ *bow* arco de rabeca; MILITAR ~ *ground* terreno para exercícios militares; MILITAR ~ *sargeant* sargento instrutor; [coloq.] *I'll* ~ *it into them* hei-de meter-lhes isso na cabeça

driller ['drɪlə] s. pessoa que fura, furador

drilling ['drɪlɪŋ] s. **1** perfuração; **2** sementeira em sulcos; **3** MILITAR exercícios, treino ❖ MILITAR ~ *ground* campo de exercícios; ~ *machine/mill* máquina furadora; ~ *tool* broca; pua; ferramenta para furar

drily ['draɪlɪ] adv. ⇒ **dryly**

drink [drɪŋk] Ⓐ v.tr. (prt. **drank**, part. pass. **drunk**) **1** beber; tomar; **2** [fig.] absorver Ⓑ v.intr. (bebidas alcoólicas) beber; *he doesn't* ~ ele é abstémio, não bebe álcool Ⓒ s. **1** bebida; copo_fig._; *have a drink!* tomas um copo?; **2** (bebidas alcoólicas) álcool ❖ ~ *money* gorjeta; *to* ~ *a toast to* fazer um brinde a; *to* ~ *like a fish* beber como um desalmado; *to* ~ *oneself to death* beber até morrer; *you must* ~ *as you have brewed* quem boa cama fizer nela se deitará

◆**drink down** v.tr. **1** beber de um gole/trago; **2** beber até ao fim
◆**drink in** v.tr. **1** absorver; **2** beber_fig._; *he was drinking in her words* ele bebia as palavras delas; **3** saborear; deleitar-se com
◆**drink to** v.tr. brindar a; beber à saúde de ❖ *we all drank to his success* fizemos um brinde para lhe desejar o maior êxito
◆**drink up** Ⓐ v.tr. acabar de beber; ~ *your milk* acaba de beber o leite Ⓑ v.intr. beber tudo; beber até ao fim

drinkable ['drɪŋkəbl] adj. potável, bebível

drinkables ['drɪŋkəblz] s.pl. bebidas

drinker ['drɪŋkə] s. **1** consumidor de bebidas alcoólicas; **2** bebedor

drinking ['drɪŋkɪŋ] s. **1** bebida; **2** consumo de bebidas alcoólicas; **3** alcoolismo ❖ ~ *bout* patuscada; farra; ~ *fountain* fontanário público; (para animais) ~ *trough* bebedouro; ~ *water* água potável; *excessive* ~ abuso de álcool

drink-sodden ['drɪŋkˌsɒdn] adj. embrutecido pelo álcool

drip [drɪp] Ⓐ s. **1** gotejamento; **2** gota; **3** goteira; **4** [coloq.] (pessoa) mosquinha-morta Ⓑ v.tr.,intr. (particípios: **-pp-**) **1** pingar; gotejar; cair em gotas; **2** deixar cair às gotas ❖ ~ *cock* torneira de purga; ~ *drop* pingue-pongue; ~ *pan* tabuleiro colector de óleo; ~ *pipe* tubo de purga

drip-dry ['drɪpdraɪ] Ⓐ adj. VESTUÁRIO que não precisa de ser passado a ferro Ⓑ v.tr.,intr. secar sem pregas

drip-feed ['drɪpfiːd] v.tr. **1** MEDICINA administrar de forma intravenosa; **2** AGRICULTURA, BOTÂNICA regar a conta-gotas; **3** FINANÇAS emprestar (dinheiro) a prestações

dripping ['drɪpɪŋ] Ⓐ s. **1** CULINÁRIA pingue; banha; **2** gotejamento Ⓑ adj. **1** gotejante; que pinga; **2** empapado; encharcado; ~ *wet* totalmente encharcado, a escorrer ❖ (cozinha) ~ *pan* pingadeira; ~ *tube* conta-gotas; *constant* ~ *will wear a stone* água mole em pedra dura tanto bate até que fura

drippy ['drɪpɪ] adj. **1** que pinga; a pingar; **2** chuvoso; **3** húmido; **4** inútil; **5** [coloq., depr.] piegas, lamechas, sentimentalóide

drivability [ˌdraɪvəˈbɪlɪtɪ] s. **1** maleabilidade; **2** docilidade

drivable ['draɪvəbəl] adj. **1** (carro) em bom estado; **2** (carro) fácil de conduzir; de agradável condução

drive [draɪv] Ⓐ s. **1** passeio de carro; *to go for a* ~ ir dar um volta de carro; **2** (ligação entre casa e rua) caminho de entrada; **3** energia; dinamismo; *he had plenty of* ~ ele era uma pessoa muito activa; **4** instinto; necessidade; impulso; *sex* ~ instinto sexual; **5** esforço; **6** (vendas) campanha; *sales* ~ campanha de vendas, promoção; **7** (automóvel) tracção; transmissão mecânica; **8** INFORMÁTICA *drive*, unidade de disco; **9** levantamento (de caça) em direcção aos caçadores; **10** impulso dado à bola quando é batida com a pá (críquete) ou taco (golfe) Ⓑ v.tr.,intr. (prt. **drove**, part. pass. **driven**) **1** (carro, carroça, etc.) guiar, conduzir; *I don't* ~ não conduzo, não tenho carta (de condução); **2** transportar, levar de carro (ou carruagem) [**to**, a]; **3** mover, movimentar; **4** fazer andar, accionar; **5** DESPORTO impelir a bola com força, atirar; **6** levar a, atirar para, forçar, impelir, obrigar; **7** edificar; construir; **8** passar, precipitar-se ❖ MECÂNICA ~ *clutch* embraiagem accionadora; ~ *shaft* eixo motor; ~ *wheel* volante; *front wheel* ~ tracção dianteira; *to* ~ *a roaring trade* ter um negócio esplêndido; [ant.] *to* ~ *four in hand* guiar com quatro cavalos; *to* ~ *oneself too hard* ser demasiado exigente consigo mesmo; *to* ~ *sb mad/crazy/insane* pôr alguém maluco; *to* ~ *sth home* tornar algo claro; insistir em algo até ficar claro; NÁUTICA *to* ~ *with the anchors ahead* garrar

◆**drive along** Ⓐ *v.intr.* andar de carro Ⓑ *v.tr.* afastar; empurrar
◆**drive at** *v.tr.* insinuar; querer dizer; querer chegar; *what are you driving at?* onde é que estás a querer chegar?
◆**drive away** Ⓐ *v.intr.* (de carro) ir-se embora Ⓑ *v.tr.* 1 enxotar; afugentar; 2 expulsar; 3 (suspeitas, dúvidas, etc.) dissipar ❖ *to ~ at* trabalhar arduamente em
◆**drive by** *v.intr.* (de carro) não parar, continuar a andar
◆**drive down** Ⓐ *v.tr.* diminuir Ⓑ *v.intr.* ir (de carro) [to, até a]
◆**drive in** Ⓐ *v.intr.* entrar; entrar de carro Ⓑ *v.tr.* espetar (um prego)
◆**drive off** Ⓐ *v.tr.* afugentar; pôr em fuga Ⓑ *v.intr.* (de carro) ir-se embora
◆**drive on** Ⓐ *v.intr.* (de carro) seguir em frente; não parar Ⓑ *v.tr.* incitar; instigar; encorajar
◆**drive out** Ⓐ *v.tr.* afastar; expulsar; *he was driven out of the market by his opponent* foi afastado do mercado pelo concorrente Ⓑ *v.intr.* (partir) sair (de carro)
◆**drive through** *v.tr.,intr.* 1 penetrar; 2 fazer entrar; 3 atravessar; 4 passar (num meio de transporte) por
driveability [draɪvəˈbɪlɪti] *s.* ⇒ **drivability**
drive-by [ˈdraɪvbaɪ] *s.* [coloq.] veículo em movimento ❖ *~ shooting* tiroteio a partir de veículo(s) em movimento
drive-in [ˈdraɪvɪn] *s. drive-in* ❖ *a ~ restaurant* restaurante *drive-in*; *a ~ theatre* cinema *drive-in*
drivel [ˈdrɪvl] Ⓐ *v.tr.,intr.* (particípios: -ll-) 1 babar-se; 2 falar de modo apatetado, dizer disparates Ⓑ *s.* 1 baba; 2 conversa parva e disparatada
driveller [ˈdrɪvlə] *s.* 1 pessoa que se baba; 2 pateta
drivelling [ˈdrɪvlɪŋ] *adj.* apatetado ❖ *~ idiot* idiota chapado
driven [ˈdrɪvən] *part. pass. de* **to drive**
driver [ˈdraɪvə] *s.* 1 condutor; automobilista; 2 motorista; 3 piloto; 4 (comboio) maquinista; 5 cocheiro; 6 roda propulsora; 7 INFORMÁTICA (software) programa de controlo; 8 accionador, propulsionador; 9 [fig.] força motriz; 10 DESPORTO (golfe) taco especial de madeira para atirar a grandes distâncias ❖ [EUA] *driver's license* carta de condução; *cab ~* taxista; *engine ~* maquinista; *rear ~* bicicleta com tracção traseira
drivetrain [ˈdraɪvˌtreɪn] *s.* MECÂNICA transmissão
driveway [ˈdraɪvweɪ] *s.* (ligação entre garagem e rua) caminho de entrada; rampa de entrada
driving [ˈdraɪvɪŋ] Ⓐ *adj.* 1 que guia; de condução; 2 motriz; *~ force* força motriz; 3 enérgico, dinâmico; 4 (chuva) torrencial Ⓑ *s.* 1 condução; *dangerous ~* condução perigosa; 2 MECÂNICA transmissão ❖ MECÂNICA *~ belt* correia de transmissão; *~ licence* carta de condução; *~ mirror* espelho retrovisor; *~ test* exame de condução; *~ wheel* roda propulsora
drizzle [ˈdrɪzəl] Ⓐ *s.* chuva fina; chuvisco Ⓑ *v.intr.* chuviscar
drizzling [ˈdrɪzlɪŋ] Ⓐ *adj.* penetrante, fino Ⓑ *s.* chuva miudinha
drizzly [ˈdrɪzlɪ] *adj.* 1 chuvoso, com chuviscos; 2 brumoso, enevoado; 3 húmido
drogher [ˈdrəʊgə] *s.* NÁUTICA barco costeiro da Índia ocidental
drogue [drəʊg] *s.* 1 bóia colocada na extremidade da linha que segura o arpão; 2 drogue
droit [drɔɪt] *adj.* direito, devido, legal
droll [drəʊl] Ⓐ *adj.* 1 engraçado, divertido; 2 curioso Ⓑ *s.* brincalhão, bobo, truão Ⓒ *v.intr.* 1 fazer de bobo; 2 gracejar (com)
drollery [ˈdrəʊləri] *s.* (*pl.* -ies) 1 brincadeira, palhacice; 2 comicidade
drollness [ˈdrəʊlnɪs] *s.* comicidade
drolly [ˈdrəʊlɪ] *adv.* de maneira cómica, engraçada, chocarreira
drome [drəʊm] *s.* [coloq.] aeródromo
dromedary [ˈdrɒmədərɪ] *s.* (*pl.* -ies) dromedário
drone [drəʊn] Ⓐ *s.* 1 zângão; 2 pessoa indolente; 3 zumbido; 4 rumor; 5 orador monótono; 6 discurso monótono; 7 nota baixa de gaita-de-foles Ⓑ *v.tr.,intr.* 1 zumbir; 2 não fazer nada, ser indolente; 3 falar, cantar sem vida, monotonamente
droning [ˈdrəʊnɪŋ] Ⓐ *adj.* zumbidor, monótono, arrastado Ⓑ *s.* 1 zumbido, zunido, zunzum; 2 indolência; 3 monotonia
droningly [ˈdrəʊnɪŋlɪ] *adv.* monotonamente
droob [dru:b] *s.* [coloq.] (insulto) patetinha, palerminha

drool [dru:l] Ⓐ *s.* 1 baba; 2 [fig.] conversa parva e disparatada Ⓑ *v.intr.* 1 babar-se; 2 [coloq., fig.] (desejo, admiração) babar-se todo, ficar todo babado [**over**, perante]
droop [dru:p] Ⓐ *v.tr.* 1 baixar, inclinar; 2 inclinar-se, tombar, pender; 3 inclinar a cabeça; 4 murchar, secar; 5 [fig.] (entusiasmo) arrefecer Ⓑ *s.* 1 inclinação; 2 abatimento; 3 prostração ❖ *to ~ the colours* saudar a bandeira
drooping [ˈdru:pɪŋ] Ⓐ *adj.* 1 pendente, inclinado; 2 murcho, caído Ⓑ *s.* abatimento, prostração
droopingly [ˈdru:pɪŋlɪ] *adv.* 1 com abatimento; 2 languidamente
droopy [ˈdru:pɪ] *adj.* (*comp.* -**ier**, *superl.* -**iest**) 1 descaído; 2 pendente; 3 caído; 4 mole
drop [drɒp] Ⓐ *s.* 1 pingo, pinga, gota; 2 (preço, temperatura, etc.) queda, descida, baixa; *~ in pressure/voltage* queda de pressão/voltagem; *~ of speed* diminuição de velocidade; *to take a ~* sofrer uma descida; 3 (rebuçado) drope; 4 entrega; distribuição; lançamento Ⓑ *v.tr.,intr.* (*particípios*: -**pp**-) 1 deixar cair; 2 cair; tombar; 3 baixar; diminuir; descer; *birth rate dropped* a taxa de natalidade baixou; 4 gotejar; pingar; 5 derramar; 6 deixar ficar; abandonar; renunciar a; 7 DIREITO retirar; *to ~ a charge* retirar uma queixa; 8 deitar; 9 cair desmaiado, desfalecer; *to work until you ~* trabalhar até desfalecer; 10 perder; *the team hasn't dropped a single match* a equipa não perdeu um único jogo ❖ *~ bottle* conta-gotas, TEATRO *~ curtain* pano-de-boca; (metalurgia) *~ forging* estampagens a quente; FOTOGRAFIA *~ shutter* obturador; *~ window* janela de guilhotina; *~ dead!* desaparece!; põe-te a andar!; (quantidade insignificante) *a ~ in the bucket/a ~ in the ocean* uma gota no oceano; *at the ~ of a hat* imediatamente; *let it drop!* já chega!; acaba com isso!; *to be ready to ~* não poder mais; estar a cair de exaustão; *to ~ a perpendicular on a line* traçar uma perpendicular a uma linha; AERONÁUTICA *to ~ bombs* bombardear; *to ~ into gear* engrenar; *to ~ sb* cortar relações com alguém; (correspondência) *to ~ sb a line* escrever uma linhas a alguém; *to get the ~ on…* puxar pela pistola mais depressa do que…; antecipar-se a…; ter à sua mercê; *to give sb the ~* fingir não conhecer alguém; *to have a ~ too much* estar bêbado; *to let ~ that…* deixar escapar que…
◆**drop across** Ⓐ *v.tr.* encontrar por acaso; *to ~ sb* encontrar alguém por acaso Ⓑ *v.intr.* (visita) aparecer; *she dropped across to see me* ela apareceu para uma visita
◆**drop away** *v.intr.* 1 desaparecer; 2 (quantidade, interesse) diminuir; 3 ficar para trás; 4 afastar-se
◆**drop back** *v.intr.* ficar para trás
◆**drop behind** *v.intr.* ficar para trás
◆**drop by** Ⓐ *v.intr.* (visita) aparecer (em casa de alguém) Ⓑ *v.tr.* passar por; dar um salto a
◆**drop down** *v.intr.* 1 cair; 2 cair por terra
◆**drop in** *v.intr.* (visita) aparecer; *to ~ on sb* aparecer para visitar alguém ❖ *to ~ at the chemist's* passar pela farmácia
◆**drop off** Ⓐ *v.intr.* 1 [coloq.] adormecer; 2 tombar; 3 [coloq.] (interesse, vendas, etc.) cair; diminuir; 4 (meio de transporte) descer Ⓑ *v.tr.* 1 (encomenda, etc.) entregar; 2 (boleia, viagem) deixar em; levar a; *that bus will drop you off at…* esse autocarro leva-te a…
◆**drop out** *v.intr.* 1 abandonar os estudos; 2 (competição) desistir [**of**, de]; 3 [coloq.] marginalizar-se; colocar-se à margem da sociedade ❖ *to ~ of sight* desaparecer de vista
◆**drop round** *v.intr.* ⇒ **drop by**
◆**drop through** *v.intr.* 1 ficar pelo caminho; 2 falhar; fracassar; não dar em nada
droplet [ˈdrɒplɪt] *s.* gotícula
dropout [ˈdrɒpaʊt] *s.* 1 marginal; 2 falhado; 3 desistente; *highschool ~* desistente da escola; 4 INFORMÁTICA perda de informação ❖ *~ rate* índice de desistência dos estudos, taxa de abandono escolar
droppable [ˈdrɒpəbl] *adj.* que pode cair, que se pode deixar cair
dropped [drɒpt] {*prt. e part. pass. de* **to drop**} ❖ (bicicleta) *~ handle bar* guiador virado para baixo à ciclista
dropper [ˈdrɒpə] *s.* conta-gotas
dropper-in [ˌdrɒpərˈɪn] *s.* (*pl.* **droppers-in**) visitante inesperado; visitante casual

dropping ['drɒpɪŋ] s. 1 gotejamento, queda gota a gota; 2 MEDICINA ptose da matriz; 3 pl. (de animal) excrementos; bosta; 4 pl. pingos ❖ ~ *angle* ângulo de lançamento
dropsical ['drɒpsɪkəl] adj. hidrópico
dropsied ['drɒpsɪd] adj. [coloq.] hidrópico
dropsy ['drɒpsɪ] s. hidropisia
dropwort ['drɒpwɜːt] s. BOTÂNICA filipêndula
drosera ['drɒsərə] s. BOTÂNICA drósera
droshky ['drɒʃkɪ] s. (pl. **-ies**) 1 carro baixo russo de quatro rodas; 2 cupé (nalgumas cidades alemãs)
dross [drɒs] s. 1 escórias (de metal); 2 impurezas; 3 coisas sem valor
drossy ['drɒsɪ] adj. 1 cheio de escórias, de impurezas; 2 sem valor
drought [draʊt] s. falta de água, seca, aridez
droughty ['draʊtɪ] adj. árido, seco, sem água
drove [drəʊv] Ⓐ s. 1 multidão; 2 manada (de bois), rebanho (de carneiros) que se desloca; 3 cinzel de pedreiro Ⓑ prt. de **to drive**
drover ['drəʊvə] s. 1 guardador de animais; 2 negociante de gado
drown [draʊn] Ⓐ v.intr. afogar-se; morrer afogado Ⓑ v.tr. 1 afogar; 2 inundar [**with**, de]; submergir [**with**, em]; ensopar [**with**, em] ❖ (bebida) *to ~ one's sorrows* afogar as mágoas
◆**drown out** v.tr. (som) sobrepor-se a; abafar; não deixar ouvir; *her voice was drowned out by the roar of the waves* a voz dela foi abafada pelo barulho das ondas
drowning ['draʊnɪŋ] Ⓐ s. 1 afogamento; 2 inundação; 3 submersão; 4 (sons) amortecimento Ⓑ adj. a afogar-se, afogado ❖ *a ~ man clutches at a straw* um homem perdido agarra-se a tudo
drowse [draʊz] v.tr.,intr. dormitar ❖ *to ~ away one's time* passar o tempo a dormitar
drowsily ['draʊzɪlɪ] adv. de uma maneira sonolenta; ensonadamente
drowsiness ['draʊzɪnɪs] s. sonolência
drowsy ['draʊzɪ] adj. (comp. **-ier**, superl. **-iest**) sonolento
drub [drʌb] v.tr. (particípios: **-bb-**) 1 bater com um pau; 2 agredir com pancadas
drubbing ['drʌbɪŋ] s. 1 pancadaria; 2 tareia, sova
drudge [drʌdʒ] Ⓐ s. [coloq.] escravo; lacaio; pau para toda a colher_fig._ Ⓑ v.intr. trabalhar como escravo ❖ *to ~ for oysters* apanhar ostras
drudgery ['drʌdʒərɪ] s. (pl. **-ies**) 1 trabalho excessivo, trabalho de escravo; 2 escravidão
drudgingly ['drʌdʒɪŋlɪ] adv. como escravo
drug [drʌg] Ⓐ s. 1 droga; 2 FARMÁCIA medicamento; 3 DIREITO estupefaciente; 4 [fig.] coisa velha, já sem venda; *a ~ on the market* artigo que deixou de se vender, artigo que ninguém compra Ⓑ v.tr. (particípios: **-gg-**) 1 drogar; 2 deitar droga em ❖ *~ abuse* consumo de droga; *~ addict* toxicodependente; *~ check/test* controlo antidoping; *~ dealer* traficante de droga; *~ habit* dependência de drogas; *~ traffic* tráfico de droga; *~ pusher* passador de droga; *~ runner* correio de droga; *drugs squad* brigada de estupefacientes; *a mortal ~* um veneno
drugged ['drʌgd] adj. 1 drogado; 2 sedado, medicado com sedativos; 3 [fig.] entorpecido, amodorrado, sonolento ❖ *~ with sleep* bêbedo de sono
druggie ['drʌgɪ] s. [coloq.] drogado
druggist ['drʌgɪst] s. 1 [EUA] farmacêutico; 2 droguista
druggy ['drʌgɪ] s. (pl. **-ies**) [coloq.] drogado
drugstore ['drʌgstɔː] s. [EUA, Can.] farmácia; drogaria
Druid ['druːɪd] s.m. druida, antigo sacerdote celta
Druidess ['druːɪdɪs] s.f. druida, sacerdotisa celta
Druidical [druːˈɪdɪkəl] adj. druídico
Druidism ['druːɪdɪzəm] s. druidismo
drum [drʌm] Ⓐ s. 1 MÚSICA tambor; *to beat a ~* tocar tambor; 2 (som) rufar; tamborilar; *the ~ of the rain* o tamborilar da chuva; 3 pl. MÚSICA bateria; *to play drums* tocar bateria; 4 ANATOMIA (ouvido) tímpano; 5 (máquinas) cilindro; tambor; 6 colector de vapor; 7 (petróleo, etc.) barril; bidão Ⓑ v.tr.,intr. (particípios: **-mm-**) 1 tocar tambor; rufar; 2 tocar bateria; 3 (som) tamborilar; martelar; *to ~ one's fingers* tamborilar com os dedos ❖ *to follow the ~* seguir a vida de soldado
◆**drum in** v.tr. ressoar em; martelar em
◆**drum into** v.tr. 1 fazer entrar à força em; 2 (informação) martelar; repetir insistentemente; meter à força em
◆**drum out** v.tr. 1 expulsar a toque de tambor; 2 expulsar [**of**, de]
◆**drum up** v.tr. 1 convocar por meio de toque de tambor; 2 (entusiasmo, apoio) obter; suscitar; 3 (negócio) atrair ❖ *to ~ the business* animar o negócio
drumbeat ['drʌmbiːt] s. rufo de tambor
drumfire ['drʌmˌfaɪə] s. (tiroteio) fogo de barragem
drummer ['drʌmə] s. 1 MÚSICA baterista; 2 MÚSICA (pessoa) tambor; 3 [EUA] caixeiro-viajante
drumming ['drʌmɪŋ] s. 1 tamborilada; 2 toque de tambor; 3 zumbido de insecto; 4 [EUA] ofício de caixeiro-viajante
Drummond light ['drʌməndlaɪt] s. luz oxídrica
drumstick ['drʌmˌstɪk] s. 1 MÚSICA baqueta; 2 CULINÁRIA (galinha) coxa
drunk [drʌŋk] Ⓐ adj. 1 [coloq.] bêbedo, ébrio; 2 [fig.] inebriado, cego_fig._ [**with**, por]; *~ with power* cego pelo poder Ⓑ s. bêbedo Ⓒ part. pass. de **to drink** ❖ *~ driver* condutor em estado de embriaguez; *~ driving* condução em estado de embriaguez; *ever ~ ever dry* quanto mais se bebe mais apetece beber; *to get ~* embebedar-se
drunkard ['drʌŋkəd] s. bêbedo, alcoólico
drunken ['drʌŋkən] adj. 1 bêbedo, embriagado, ébrio; 2 causado pela bebida ❖ *~ driver* condutor em estado de embriaguez; *~ saw* serra circular oscilante
drunkenly ['drʌŋkənlɪ] adv. em estado de embriaguez
drunkenness ['drʌŋkənnɪs] s. embriaguez
drupaceous [druːˈpeɪʃəs] adj. BOTÂNICA drupáceo
drupe [druːp] s. BOTÂNICA drupa
drupel ['druːpl] s. BOTÂNICA drupéola
drupelet ['druːplɪt] s. BOTÂNICA drupéola
druse [druːz] s. drusa
Druse [druːz, druːs] s. Druso, membro de seita política e religiosa de origem maometana
druthers ['drʌðəz] s. preferência, escolha, opção ❖ *if I had my druthers,...* se dependesse de mim,...
dry [draɪ] Ⓐ adj. (comp. **drier**, superl. **driest**) 1 seco; 2 sem humidade, sem água; 3 [coloq.] sequioso; 4 [fig.] sarcástico, mordaz, cáustico; *to have a ~ sense of humour* ter um sentido de humor cáustico; 5 [fig.] insípido; desinteressante; 6 [fig.] (relato) seco; directo; objectivo; 7 sem permissão para usar bebidas alcoólicas Ⓑ v.tr.,intr. secar; enxugar ❖ *~ battery* bateria de pilhas secas; *~ bread* pão sem manteiga; *~ cell* pilha seca; MINERALOGIA *~ clay* argila seca; *~ condensation* condensação por superfície; *~ country* país onde impera a Lei Seca; *~ fallen* seco; murcho; *~ fuel* combustível sólido; COMÉRCIO *~ goods* tecidos; novidades; *~ land* terra firme; *~ law* lei seca; *~ measure* medida de capacidade para secos; *~ nurse* ama-seca; *~ provisions* mantimentos secos; *~ rot* caruncho; *~ rotten* podre; sem possibilidade de continuar; *~ run* simulação; *~ steam* vapor seco; *~ wine* vinho seco; *~ wood* madeira seca; *~ as a bone* seco como um pau; *he is scarcely ~ behind the ears* ele ainda é uma criança; *to go ~* secar
◆**dry out** v.intr. 1 secar; 2 (alcoólico) fazer uma desintoxicação
◆**dry up** v.tr.,intr. 1 (rio, poço) secar; 2 enxugar; 3 evaporar; 4 limpar (a loiça); 5 (fundos, reserva, etc.) esgotar-se; 6 calar-se; emudecer ❖ [coloq.] *dry up!* está calado!, está quieto!
dryad ['draɪəd, 'draɪæd] s. MITOLOGIA dríade
dryas ['draɪəs] s. BOTÂNICA drias
dryasdust ['draɪəzdʌst] Ⓐ adj. árido, sem interesse Ⓑ s. 1 historiador pesadão, sem interesse; 2 autor maçador e pesado
Dryburgh Abbey [draɪbərəˈæbɪ] s. Abadia de Dryburgh, em Berwickshire na Escócia, provavelmente fundada por David I, por volta de 1150, e presentemente em ruínas
dry-clean [draɪˈkliːn] v.tr. limpar a seco
dry-cleaner's [draɪˈkliːnəz] s. lavandaria
dry-cleaning [draɪˈkliːnɪŋ] s. 1 limpeza a seco; 2 roupa levada para a lavandaria
dry-dock [draɪˌdɒk] Ⓐ s. doca seca Ⓑ v.tr.,intr. 1 fazer entrar em doca seca; 2 entrar em doca seca

dryer ['draɪə] s. 1 secador; *electric* ~ secador eléctrico; 2 (tintas) secante
dry-eyed [draɪ'aɪd] adj. sem chorar, sem uma lágrima
drying ['draɪɪŋ] Ⓐ adj. que seca, secante Ⓑ s. secagem ❖ ~ *apparatus* secador
dryly ['draɪlɪ] adv. secamente, com secura, friamente
dryness ['draɪnɪs] s. 1 aridez, secura; 2 rigidez, severidade
drysalter ['draɪsɔːltə] s. 1 droguista, comerciante de tintas e produtos químicos; 2 comerciante de carnes salgadas
drysaltery ['draɪsɔːltərɪ] s. (pl. **-ies**) 1 comércio de droguista; 2 comércio de carnes salgadas
dry-shod ['draɪʃɒd] adj. sem molhar os pés
d.s. Ⓐ FINANÇAS [abrev. de days after sight] Ⓑ COMÉRCIO [abrev. de days' sight]
DSc [abrev. de Doctor of Science]
DSC [abrev. de Distinguished Service Cross]
DSL [abrev. de Digital Subscriber Line]
DSM MILITAR [abrev. de Distinguished Service Medal]
DSN INFORMÁTICA [abrev. de Data Source Name]
DSO [abrev. de Distinguished Service Order]
DST [abrev. de daylight-saving time]
DT Ⓐ [abrev. de Doctor Theologiae] Ⓑ [abrev. de delirium tremens]
DTH [abrev. de delayed-type hypersensitivity]
DTI [GB] [abrev. de Department of Trade and Industry]
DTMH [abrev. de Diploma of Tropical Medicine and Hygiene]
dual ['djuːəl] adj.,s. 1 duplo; 2 dual ❖ [GB] ~ *carriageway* estrada de faixa dupla em cada sentido; ELECTRICIDADE ~ *circuit* circuito duplo; ~ *citizenship* dupla cidadania; dupla nacionalidade; ~ *diaphragm* diafragma duplo; ~ *ignition* ignição dupla; ~ *personality* dupla personalidade; ~ *pump* bomba de acção dupla; ~ *speaker* sistema de dois altifalantes conjugados
dualin ['djuːəlɪn] s. QUÍMICA dualina
dualism ['djuːəlɪzəm] s. dualismo, dualidade
dualist ['djuːəlɪst] s. dualista
dualistic [ˌdjuːə'lɪstɪk] adj. dualista
duality [djuː'ælɪtɪ] s. (pl. **-ies**) dualidade
dual-purpose [ˌdjuːəl'pɜːpəs] adj. com duas funções, de dupla finalidade, de uso misto
dub [dʌb] Ⓐ v.tr. (particípios: **-bb-**) 1 alcunhar, apelidar; 2 (cerimónia formal) armar cavaleiro; 3 conceder uma honraria a; 4 (filme) dobrar [**into**, em]; *the film was dubbed into English* o filme foi dobrado em Inglês; 5 (gravação) copiar para outro formato; 6 (couro) ensebar; 7 (pesca) arranjar mosca artificial Ⓑ s. 1 dobragem; 2 (gravação) cópia; 3 lago fundo em rios do norte; 4 [EUA] [coloq.] paparoca ❖ [ant.] *to ~ up* pagar totalmente
dubbin ['dʌbɪn] s. gordura, sebo
dubbing ['dʌbɪŋ] s. 1 sebo, gordura; 2 CINEMA dobragem; 3 cópia, transferência
dubiety [djuː'baɪətɪ] s. (pl. **-ies**) 1 dúvida, incerteza; 2 dubiedade
dubious ['djuːbɪəs] adj. 1 dúbio, duvidoso, incerto; 2 hesitante
dubiously ['djuːbɪəslɪ] adv. de modo dúbio, de modo incerto, com hesitação
dubiousness ['djuːbɪəsnɪs] s. 1 incerteza, carácter dúbio; 2 dubiedade
dubitable ['djuːbɪtəbəl] adj. duvidoso
dubitate ['djuːbɪteɪt] v.intr. duvidar, hesitar
dubitation [ˌdjuːbɪ'teɪʃən] s. dubitação, dúvida
dubitative ['djuːbɪtətɪv] adj. dubitativo, duvidoso
dubitatively ['djuːbɪtətɪvlɪ] adv. dubitativamente
Dubliner ['dʌblɪnə] s. dublinense
dubnium ['dʌbnɪəm] s. QUÍMICA (elemento químico) dúbnio
ducal ['djuːkəl] adj. ducal
ducat ['dʌkət] s. 1 (moeda) ducado; 2 pl. dinheiro
ducatoon [ˌdʌkə'tuːn] s. (numismática) ducatão
duchess ['dʌtʃɪs] s. (pl. **-es**) 1 duquesa; 2 senhora da grande sociedade; 3 (cetim) duquesa
duchy ['dʌtʃɪ] s. (pl. **-ies**) 1 ducado; 2 ducado real da Cornualha e Lancaster
duck [dʌk] Ⓐ s. (pl. **duck** ou **ducks**) 1 ZOOLOGIA pato; 2 CULINÁRIA carne de pato; *roast* ~ pato assado; 3 [coloq.] amor, querido; 4 mergulho; 5 desvio súbito; 6 (boxe) acto de se esquivar a um golpe; 7 (tecido) cotim; brim branco; 8 lona para velas de navio; 9 MILITAR [cal.] carro anfíbio; 10 DESPORTO (críquete) diz-se quando o *batsman* marca 0 Ⓑ v.tr.,intr. 1 curvar(-se) de súbito; desviar(-se); baixar(-se); 2 fugir a; esquivar-se a; evitar; *to ~ responsibility* fugir à responsabilidade; *to ~ sb* evitar alguém; *to ~ the issue* fugir ao assunto, fugir à questão; 3 mergulhar; 4 meter debaixo de água ❖ ~ *farm* quinta de criação de patos; ZOOLOGIA ~ *hawk* busardo dos charcos; ~ *shooting* caça ao pato; ~ *and drake* jogar ao patinho (pedra rente à água); *in two shakes of duck's tail* num abrir e fechar de olhos; *to be like water off a duck's back* produzir apenas indiferença; *to make ducks and drakes of…/to play ducks and drakes with…* desperdiçar…; dar cabo de…; *to take to anything like a ~ to water* adaptar-se bem a algo
◆**duck out** v.tr. escapar [**of**, a]; esquivar-se [**of**, a]; evitar [**of**, -]; *she's trying to ~ of paying the bills* ela está a tentar evitar pagar as contas
duckbill ['dʌkbɪl] s. ZOOLOGIA ornitorrinco
ducker ['dʌkə] s. 1 criador de patos; 2 mergulhão
ducking ['dʌkɪŋ] s. 1 banho forçado; 2 mergulho ❖ [ant.] (punição) ~ *stool* cadeira/banco usado para mergulhar criminosos na água
duckling ['dʌklɪŋ] s. ZOOLOGIA patinho
duckweed ['dʌkwiːd] s. BOTÂNICA lentilha-de-água
ducky ['dʌkɪ] Ⓐ s. (pl. **-ies**) querido Ⓑ adj. [ant.] agradável, amoroso
duct [dʌkt] s. 1 canal, via, canalização; 2 tubo; 3 vaso ❖ ANATOMIA *biliary* ~ canal biliar; ANATOMIA *Eustachian* ~ trompa de Eustáquio
ductile ['dʌktaɪl] adj. 1 dúctil; 2 maleável; 3 flexível
ductility [dʌk'tɪlɪtɪ] s. 1 ductilidade; 2 flexibilidade; 3 maleabilidade
ductless ['dʌktləs] adj. endócrino ❖ *ductless gland* glândula endócrina
duct tape ['dʌktˌteɪp] s. fita adesiva
ductwork ['dʌktˌwɜːk] s. sistema de canais
dud [dʌd] Ⓐ s. 1 [coloq.] pessoa ou coisa inútil; 2 plano sem importância; 3 bomba que não chegou a rebentar; 4 espantalho; 5 pl. farrapos, roupas Ⓑ adj. (comp. e sup. **-dd-**) 1 ineficaz; inoperante; 2 imperfeito; com falhas; 3 incompetente; 4 inútil; 5 (nota) falso ❖ ~ *cheque* cheque sem cobertura
dude [djuːd, duːd] s. 1 [coloq.] homem, tipo; meu; 2 [EUA] [coloq.] elegante pretensioso
dudeen [djuː'diːn] s. [Irl.] pequeno cachimbo de barro
dudgeon ['dʌdʒən] s. ressentimento; exasperação ❖ *in high ~* ofendido e zangado
dudheen [djuː'diːn] s. [Irl.] pequeno cachimbo de barro
due [djuː, duː] Ⓐ adj. 1 devido; adequado; próprio; conveniente; 2 esperado; *the train is ~ at 5 p.m.* o comboio deve chegar às 5 da tarde; 3 devido [**to**, a]; causado [**to**, por] Ⓑ adv. em direcção a; *this plane is ~ north* este avião vai para o norte Ⓒ s. 1 o que é devido; o que é merecido; *you must give him his ~* tens de lhe dar o que é dele de direito; 2 obrigação; dívida; *to pay one's* ~ saldar as dívidas; 3 pl. direitos, impostos, taxas; 4 pl. emolumentos; 5 pl. (clube, associação, etc.) cotas, cotização; *to pay the dues* pagar as quotas ❖ ~ *date* data de vencimento; *after ~ consideration* após a necessária reflexão; *in ~ course* na devida altura; *to be ~ to* dever-se a; ser causado por; *to be ~ to arrive at…* ter chegada prevista às…; ECONOMIA *to fall ~* vencer; *to give the devil his ~* ser justo até com inimigos; *with ~ respect* sem querer faltar ao respeito
duel ['djuːəl] Ⓐ s. 1 duelo; 2 contenda Ⓑ v.intr. (particípios: **-ll-**) travar um duelo, bater-se em duelo
dueller ['djuːələ] s. duelista
duelling ['djuːəlɪŋ] s. duelo
duellist ['djuːəlɪst] s. duelista
duenna [djuː'enə] s. 1 senhora de idade como dama de companhia e vigilante de meninas; 2 governanta
duet [djuː'et, duː'et] s. 1 dueto; 2 par; 3 (piano) trecho a quatro mãos
duettist [djuː'etɪst] s. duetista
duff [dʌf] Ⓐ adj. (comp. **-er**, superl. **-est**) 1 [coloq.] inútil, inoperante, ineficaz; 2 [coloq.] fraco, de baixa qualidade Ⓑ s. 1 [dial.] massa de pão; 2 [cal.] (ofensivo) cu*vulg.* Ⓒ v.tr. 1 [cal.] falsificar mercadorias; 2 dar (a qualquer coisa) uma aparência de novo; 3 roubar gado e modificar-lhe as marcas para não ser reconhecido mais tarde ❖ [cal.] (ofensivo) *up the ~* grávida

◆**duff up** v.tr. [coloq.] dar uma tareia a; *to duff sb up* chegar a roupa ao pêlo a alguém

duffel ['dʌfəl] s. 1 tecido grosso de lã com pêlo espesso; 2 [EUA] (campismo, montanhismo) equipamento ❖ **~ bag** mochila cilíndrica; (casaco) **~ coat** canadiana

duffer ['dʌfə] s. 1 [ant., coloq.] tapado, bronco, burro; 2 [ant., coloq.] inutilidade; 3 [arc.] bufarinheiro ❖ *to be a ~ at ...* ser uma nulidade em ...; não dar uma para a caixa em ...

duffle ['dʌfəl] s. ⇒ **duffel**

dug [dʌg] Ⓐ s. teta, úbere (de animal) Ⓑ *prt. e part. pass. de* **to dig**

dugong ['du:gɒŋ] s. ZOOLOGIA dugongo

dugout ['dʌgaʊt] s. 1 MILITAR abrigo subterrâneo; 2 MILITAR [cal.] oficial reformado de novo chamado a prestar serviço; 3 DESPORTO (futebol) banco; 4 NÁUTICA piroga

duh [dʌ] interj. [EUA] [cal.] (ironia, impaciência) dah!

duke [dju:k, du:k] s. (*fem.* **duchess**) 1 duque; 2 [cal.] punho, mão ❖ *to dine with ~ Humphrey* ficar sem jantar

dukedom ['dju:kdəm, 'du:kdəm] s. ducado

dulcet ['dʌlsɪt] adj. suave, doce

dulcification [ˌdʌlsɪfɪ'keɪʃən] s. dulcificação

dulcify ['dʌlsɪfaɪ] v.tr. dulcificar

dulcimer ['dʌlsɪmə] s. 1 MÚSICA (instrumento) saltério; 2 xilofone

Dulcinea [ˌdʌlsɪ'nɪə, dʌl'sɪnɪə] s.antr. Dulcineia

dulcite ['dʌlsaɪt] s. QUÍMICA dulcina

dull [dʌl] Ⓐ adj. 1 lento, estúpido, bronco, tapado; 2 sem imaginação, parado, monótono, apagado, sem interesse; 3 sem brilho; 4 (som) surdo, abafado; 5 (lâmina) embotado; 6 (mercadorias) sem saída, sem venda; 7 (tempo) pesado, carregado, enevoado; 8 (vinho) opalescente Ⓑ v.tr.,intr. 1 entorpecer; embotar; 2 atenuar; 3 (som) amortecer; 4 embrutecer ❖ *~ finish* acabamento mate; *~ red hot* aquecido ao rubro sombrio; *~ as ditchwater* aborrecido de morte

dullard ['dʌləd] adj.,s. bronco, obtuso, cretino

dull-browed ['dʌlˌbraʊd] adj. 1 com cara pouco expressiva; 2 com cara de pouco inteligente; 3 carrancudo

dulling ['dʌlɪŋ] s. 1 embrutecimento; 2 amortecimento

dullish ['dʌlɪʃ] adj. 1 baço, sem cor viva; 2 um tanto monótono, pesado de espírito

dullness ['dʌlnɪs] s. 1 obtusidade, lentidão de espírito; 2 monotonia; 3 inactividade, marasmo, estagnação

dullsville ['dʌlzvɪl] s. [EUA] [coloq.] pasmaceira

dull-witted ['dʌlˌwɪtɪd] de raciocínio lento

dully ['dʌlɪ] adv. 1 pesadamente; 2 monotonamente; 3 apaticamente, passivamente, inertemente

dulness ['dʌlnɪs] s. 1 obtusidade, lentidão de espírito; 2 monotonia; 3 inactividade, marasmo, estagnação

dulse [dʌls] s. BOTÂNICA alga comestível

duly ['dju:lɪ] adv. 1 devidamente; 2 em forma; 3 na altura conveniente

duma ['du:mə, 'dju:mə] s. HISTÓRIA duma, parlamento russo (1905-1917)

dumb [dʌm] Ⓐ adj. (comp. **-er**, superl. **-est**) 1 mudo; 2 silencioso; calado; 3 [coloq.] (surpresa, choque, etc.) sem pio; boquiaberto; 4 [coloq.] pateta; estúpido; tolo; *to act ~* fingir-se de tolo; 5 INFORMÁTICA passivo **~** *terminal* terminal passivo Ⓑ s.pl. *the ~* os mudos Ⓒ v.tr. 1 fazer emudecer; 2 amortecer ❖ *~ animals/creatures* animais irracionais; *~ barge* barco sem remos nem velas; [depr.] (ofensivo) *~ blonde* loura burra; [depr.] *~ head* estúpido; MÚSICA *~ piano* piano sem cordas, para exercitar os dedos apenas; (espectáculo) *~ show* mímica; (surpresa, choque, etc.) *to be struck ~* ficar parvo

◆**dumb down** v.tr. [coloq.] simplificar em demasia; estupidificar

dumbbell ['dʌmbel] s. 1 DESPORTO haltere; 2 [coloq.] (insulto) idiota; palerma; imbecil

dumbfound [dʌm'faʊnd] v.tr. 1 confundir; 2 espantar, assarapantar; 3 emudecer

dumbfounded [dʌm'faʊndɪd] adj. estupefacto; abismado; pasmado, atónito

dumbfounding [dʌm'faʊndɪŋ] adj. assombroso, espantoso

dumbness ['dʌmnɪs] s. 1 mutismo, mudez; 2 silêncio

dumbo ['dʌmbəʊ] s. [coloq.] (ofensivo) parvo, pacóvio

dumbstruck ['dʌmstrʌk] adj. (surpreendido) sem palavras, mudo com a surpresa, estupefacto

dumbwaiter ['dʌmˌweɪtə] s. 1 elevador para louça e comida; 2 (refeições) carrinho; 3 (centro da mesa) tabuleiro giratório

dumdum ['dʌmdʌm] s. (bala) dum-dum

dummy ['dʌmɪ] Ⓐ s. (*pl.* **-ies**) 1 manequim (de alfaiate); 2 (ventríloquo) boneco; 3 [coloq.] idiota, imbecil, burro; 4 [coloq.] (pessoa) mono; 5 [GB] chupeta; 6 simulação; imitação; 7 (edição) maqueta; 8 DESPORTO finta; (râguebi) *to sell the ~* enganar o adversário simulando um passe; 9 espantalho; 10 pessoa que apenas faz ofício de corpo presente; 11 (whist, bridge) morto Ⓑ adj. 1 postiço, falso, fictício; *~ load* carga fictícia; 2 de imitação; 3 de brincadeira; (brinquedo) *~ gun* espingarda de madeira; 4 de ensaio; *~ run* teste de ensaio, simulação; 5 [coloq.] idiota, imbecil, burro ❖ [coloq.] *to chuck a ~* estar maldisposto

dump [dʌmp] Ⓐ s. 1 lixeira, entulheira; 2 [fig., coloq.] (local) espelunca; 3 MILITAR depósito, local de armazenamento transitório de artigos militares; 4 pancada surda; 5 espécie de cavilha na construção naval; 6 [ant.] moeda australiana; 7 [cal.] moeda de valor muito diminuto; 8 pessoa baixa e gorda Ⓑ v.tr.,intr. 1 deitar fora, livrar-se de; 2 largar; 3 despejar, esvaziar; 4 [coloq.] (relação amorosa) acabar com, dar com os pés em*fig*, deixar, abandonar; 5 [coloq.] (expulsar) pôr na rua, mandar embora; 6 COMÉRCIO vender a preço muito baixo; fazer *dumping* de; 7 INFORMÁTICA descarregar; transportar; 8 MILITAR estabelecer um depósito de munições, géneros, etc. ❖ *~ truck* camião de descargas; *that's not worth a ~* isso não vale um chavo

dumper ['dʌmpə] s. 1 descarregador; 2 exportador por baixo preço de artigos em superprodução; 3 camião de carroçaria móvel

dumpiness ['dʌmpɪnɪs] s. aspecto atarracado, aspecto cheio (de pessoa)

dumping ['dʌmpɪŋ] s. 1 despejo de lixo; 2 descarga (de poluição no mar); 3 COMÉRCIO dumping ❖ *~ ground* lixeira; *no ~* proibido deitar lixo

dumpish ['dʌmpɪʃ] adj. triste, deprimido, abatido, melancólico

dumpishly ['dʌmpɪʃlɪ] adv. de modo triste ou deprimido, melancolicamente

dumpishness ['dʌmpɪʃnɪs] s. 1 melancolia; 2 tristeza; 3 depressão de espírito

dumpling ['dʌmplɪŋ] s. 1 CULINÁRIA espécie de sonho (doce ou salgado); 2 [coloq.] (pessoa) gordinho

dumps [dʌmps] s.pl. depressão ❖ *in the ~* desanimado; deprimido

dumpster ['dʌmpstə] s. [EUA] contentor do lixo

dumpy ['dʌmpɪ] Ⓐ adj. (*comp.* **-ier**, *superl.* **-iest**) 1 atarracado, baixo, gorducho; 2 deprimido, triste Ⓑ s. (*pl.* **-ies**) 1 raça escocesa de galinhas de perna curta; 2 *pl.* o 19º regimento de hussardos ❖ *~ level* nível de óculo; nível de telescópio fixo

dun [dʌn] Ⓐ adj. 1 castanho-escuro; 2 pardo; escuro; sombrio Ⓑ s. 1 credor incómodo; 2 cobrador de dívidas; 3 pedido de pagamento; 4 (pesca) mosca artificial Ⓒ v.tr. (*particípios:* **-nn-**) 1 (dívidas) cobrar de forma persistente; *to ~ sb for money owed* insistir com alguém para que pague uma dívida; 2 (pedidos, exigências) assediar; importunar ❖ ZOOLOGIA *~ bird* pato-do-mar; ZOOLOGIA *~ diver* merganso

dunce [dʌns] s. ignorante, estúpido, cretino

Dunciad ['dʌnsɪæd] s. LITERATURA Dunciáda, poema satírico da autoria de Alexandre Pope

dunderhead ['dʌndəhed] s. estúpido, bronco, imbecil

dunderheaded ['dʌndəhedɪd] adj. estúpido

dune [dju:n, du:n] s. duna

dung [dʌŋ] Ⓐ s. 1 excremento de animal; 2 bosta; 3 estrume, esterco Ⓑ v.tr. estrumar, adubar (terras) ❖ ZOOLOGIA *~ beetle* bosteiro; *~ cart* carro de estrume; *~ fork* ancinho; gadanho de estrume; [coloq.] *~ of rabbits* caganitas de coelho

dungaree [ˌdʌŋgə'ri:] s. tecido indiano de algodão grosseiro

dungarees [ˌdʌŋgə'ri:z] s.pl. 1 VESTUÁRIO fato-macaco; 2 VESTUÁRIO jardineiras

dungeon ['dʌndʒən] Ⓐ s. 1 calabouço, masmorra; 2 torre de menagem de castelo Ⓑ v.tr. encarcerar em masmorra

dunghill ['dʌŋhɪl] s. pilha de estrume; esterqueira ❖ *to be cock on one's own ~* ser mandão em casa

duniwassal [du:nɪ'wæsəl] s. nobre das Terras Altas da Escócia, mas não da primeira nobreza

dunk [dʌŋk] v.tr. 1 mergulhar em leite, café, etc.; 2 ensopar

Dunkirk ['dʌnkɜ:k, ˌdʌn'kɜ:k] s.top. Dunquerque

dunlin ['dʌnlɪn] s. ZOOLOGIA galinhola pequena

dunnage ['dʌnɪdʒ] s. 1 esteiras, grade, estiva do porão para evitar a humidade nas mercadorias; 2 cobro do porão; 3 saco de marinheiro ❖ ~ *mat* esteira do porão; ~ *plank* prancha do cobro do porão; ~ *wood* madeira do cobro do porão
dunno [dʌ'nəʊ] [coloq.] contr. de (I) do not know
dunnock ['dʌnək] s. ZOOLOGIA carriça
Dunstaffnage [dʌn'stæfnɪdʒ] s. nome dum castelo, hoje em ruínas, existente na Escócia, em Argyllshire
dunt [dʌnt] s. impulso súbito recebido por um avião devido a uma corrente vertical de ar
duo ['dju:əʊ] s. (pl. -s) 1 MÚSICA dueto; 2 duo; 3 par
duodecennial [ˌdju:əʊdɪ'senɪəl] adj. duodecenal
duodecimal [ˌdju:əʊ'desɪməl] adj. duodecimal
duodecimo [ˌdju:əʊ'desɪməʊ] s. (pl. -s) TIPOGRAFIA formato de 1/12
duodenal [ˌdju:əʊ'di:nəl] adj. ANATOMIA duodenal ❖ MEDICINA ~ *ulcer* úlcera do duodeno
duodenary [ˌdju:əʊ'di:nərɪ] adj. duodenário
duodenitis [ˌdju:əʊdɪ'naɪtɪs] s. MEDICINA duodenite
duodenum [ˌdju:əʊ'di:nəm] s. (pl. -s ou -a) duodeno
duologue ['dju:əʊlɒg] s. 1 diálogo; 2 composição dramática com dois actores
duopoly [dju:'ɒpəlɪ] s. duopólio
duopsony [dju:'ɒpsənɪ] s. (pl. -ies) ECONOMIA duopsónio
dupable ['dju:pəbəl] adj. 1 que pode ser enganado; 2 fácil de intrujar
dupe [dju:p] Ⓐ s. 1 pateta, lorpa; 2 ingénuo; 3 joguete Ⓑ v.tr. enganar; intrujar
dupery ['dju:pərɪ] s. engano, logro
duple ['dju:pl] adj. 1 duplo; 2 binário ❖ MÚSICA ~ *time* compasso binário
duplex ['dju:pleks] Ⓐ adj. 1 duplo; 2 com dois elementos Ⓑ s. (pl. -es) [EUA] (apartamento) dúplex ❖ ~ *carburettor* carburador duplo; ~ *engine* motor com dois cilindros; ~ *pump* bomba dupla
duplicate[1] ['dju:plɪkeɪt] v.tr. 1 duplicar; 2 fazer em duplicado; 3 tirar cópias
duplicate[2] ['dju:plɪkɪt] Ⓐ adj. duplo, duplicado; ~ *receipt* recibo em duplicado Ⓑ s. 1 cópia; duplicado; 2 reprodução ❖ *a* ~ *key* uma cópia da chave; *in* ~ em duplicado; *to make a* ~ *of* fazer uma cópia de
duplicating ['dju:plɪkeɪtɪŋ] s. 1 duplicação; 2 tiragem de cópias ❖ MATEMÁTICA ~ *unit* unidade duplicadora
duplication [ˌdju:plɪ'keɪʃən] s. 1 duplicação; 2 cópia; 3 repetição
duplicative ['dju:plɪkətɪv] adj. duplicativo
duplicator ['dju:plɪkeɪtə] s. 1 fotocopiadora; 2 duplicador
duplicature ['dju:plɪkeɪtʃə] s. duplicadura
duplicitous [dju:'plɪsɪtəs] adj. 1 dúplice; 2 enganador; 3 traiçoeiro; 4 falso
duplicity [dju:'plɪsɪtɪ] s. (pl. -ies) duplicidade
durability [ˌdjʊərə'bɪlɪtɪ] s. durabilidade
durable ['djʊərəbəl] adj. 1 durável; 2 resistente
durableness ['djʊərəbəlnɪs] s. durabilidade
durably ['djʊərəblɪ] adv. de modo durável
duralumin [djʊə'ræljʊmɪn] s. duralumínio
duraluminium [ˌdjʊərælju'mɪnɪəm] s. duralumínio
dura mater [ˌdjʊərə'meɪtə] s. ANATOMIA dura-máter
duramen [djʊ'reɪmen] s. BOTÂNICA durâmen, durame, cerne
durance ['djʊərəns] s. 1 prisão, cativeiro; 2 encarceramento
duration [djʊ'reɪʃən] s. duração [of, de] ❖ FOTOGRAFIA ~ *of exposure* tempo de exposição; *for the* ~ por muito tempo; *of long* ~ de longa duração
durbar ['dɜ:bɑ:] s. [Índia] durbar
duress [djʊ'res] s. 1 coacção; *under* ~ sob coacção; 2 aprisionamento; prisão
duresse [djʊ'res] s. ⇒ duress
durian ['djʊrɪən, du:'rɪən] s. BOTÂNICA dúrio, durião, duriango
during ['djʊərɪŋ] prep. durante
durmast ['dɜ:mɑ:st] s. BOTÂNICA variedade de carvalho
durn [dɜ:n] v.tr. ⇒ damn
durra ['dʌrə] s. BOTÂNICA durra
durst [dɜ:st] [arc.] prt. de to dare
dusk [dʌsk] Ⓐ s. 1 crepúsculo; 2 anoitecer, escurecer; *in the* ~ *of evening* ao anoitecer Ⓑ adj. escuro, obscuro, sombrio Ⓒ v.tr.,intr. escurecer

duskiness ['dʌskɪnɪs] s. 1 obscuridade; 2 tom carregado; 3 [ant.] moreno
dusky ['dʌskɪ] adj. (comp. -ier, superl. -iest) 1 escuro, sombrio; 2 [ant.] moreno, de cor escura
dust [dʌst] Ⓐ s. 1 pó; *to clean the* ~ limpar o pó; *to gather* ~ encher-se de pó; 2 poeira; 3 restos mortais, cinzas; 4 [cal.] dinheiro Ⓑ v.tr.,intr. 1 limpar o pó; espanar; 2 cobrir de pó; encher de pó; 3 CULINÁRIA polvilhar [with, com]; salpicar [with, com] ❖ MECÂNICA (carburador) ~ *cap* filtro de ar; ~ *coal* carvão em pó; VESTUÁRIO (casaco) ~ *coat* guarda-pó; (livro) ~ *cover* sobrecapa; ~ *extractor* aspirador de poeiras; ~ *filter* filtro de pó; ~ *helmet* capacete contra as poeiras; (livro) ~ *jacket* sobrecapa; ~ *removal* aspiração do pó; ~ *shield* tampa protectora contra o pó; ~ *shoot* nitreira; RELIGIÃO (Bíblia) ~ *thou art and* ~ *thou shalt return* tu és pó e ao pó hás-de voltar; *in the* ~ em situação inferior; humilhado; *to bite the* ~ morder o pó; [coloq.] *to* ~ *sb's jacket* dar uma sova a alguém; chegar-lhe a roupa ao pêlo; *to kick up a* ~ fazer uma cena; *to raise/make* ~ fazer pó; levantar poeira; *to shake the* ~ *off one's feet* ir-se embora indignado; *to throw* ~ *in sb's eyes* lançar poeira aos olhos de alguém
◆**dust down** v.tr. 1 escovar; 2 sacudir o pó de
◆**dust off** v.tr. 1 (pó, migalhas) limpar; escovar; 2 [ant.] repreender
◆**dust out** Ⓐ v.tr. limpar o pó a Ⓑ v.intr. [EUA] [coloq.] bater em retirada, fugir
dustbin ['dʌstbɪn] s. [GB] lata do lixo
dustbowl ['dʌstbəʊl] s. zona desertificada
dustcart ['dʌstkɑ:t] s. [GB] carro do lixo
duster ['dʌstə] s. 1 pano do pó; 2 pessoa que limpa o pó; 3 NÁUTICA bandeira, pavilhão; 4 (quadro) apagador; 5 VESTUÁRIO bata
dustily ['dʌstɪlɪ] adv. 1 de maneira poeirenta; 2 rudemente; secamente; bruscamente
dustiness ['dʌstɪnɪs] s. 1 poeira; 2 aspecto poeirento
dusting ['dʌstɪŋ] s. 1 limpeza de pó; *to do the* ~ limpar o pó; 2 (pó) camada, revestimento; 3 CULINÁRIA polvilhação; 4 [cal.] (derrota) banhada; *to take a* ~ levar uma banhada
dustman ['dʌstmən] s. (pl. -men) homem do lixo, varredor
dust-off ['dʌst,ɒf] adj. [EUA] de emergência/evacuação; *the* ~ *choppers* os helicópteros de emergência
dustpan ['dʌstpæn] s. apanhador, pá do lixo
dust-proof ['dʌstpru:f] adj. à prova de poeiras
dusty ['dʌstɪ] adj. (comp. -ier, superl. -iest) 1 poeirento, empoeirado; 2 (cor) acinzentado; ~ *blue* azul acinzentado; ~ *rose* rosa velho, rosa acinzentado; 3 [fig.] desinteressante; árido ❖ BOTÂNICA ~ *miller* aurícula; *not so* ~ mais ou menos; *to get* ~ ganhar pó; [ant.] *to give sb a* ~ *answer* dar uma resposta torta a alguém
dutch [dʌtʃ] s. [cal.] mulher; *my old* ~ a minha velhota, a minha mulher
Dutch [dʌtʃ] Ⓐ adj. holandês, neerlandês Ⓑ s. (língua) neerlandês Ⓒ s.pl. *the* ~ os holandeses ❖ ~ *auction* leilão no qual o preço, em vez de subir, vai baixando até surgir comprador; (contraceptivo) ~ *cap* diafragma; ~ *cheese* queijo flamengo; BOTÂNICA ~ *clover* trevo branco; ~ *comfort* fraco conforto; ~ *courage* coragem conseguida à custa de bebida; ~ *tile* azulejo; ~ *treat* festa em que cada um paga a sua despesa; (linguagem incompreensível) *double* ~ grego_fig_; (língua) *High* ~ alto-alemão; (língua) *Low* ~ baixo-alemão; *it beats the* ~ *how he managed it* é extraordinário como ele conseguiu isso; *to be/to get in* ~ *with* ter complicações com; arranjar complicações com; *to go* ~ pagar cada um a sua despesa; *to talk to sb like a* ~ *uncle* pregar um sermão a alguém com atitudes paternais
Dutchman ['dʌtʃmən] s.m. (pl. -men) (homem) holandês ❖ NÁUTICA *Dutchman's breeches* aberta; desanuviamento; *you'll do it, or I'm a* ~ diabos me levem se não hás-de fazer isso
Dutchwoman ['dʌtʃˌwʊmən] s.f. (pl. -men) (mulher) holandesa
duteous ['dju:tɪəs] adj. respeitoso, obediente, submisso
duteously ['dju:tɪəslɪ] adv. 1 respeitosamente; 2 obedientemente
duteousness ['dju:tɪəsnɪs] s. 1 respeito, deferência, obediência; 2 submissão
dutiable ['dju:tɪəbəl] adj. sujeito a direitos (alfandegários)
dutiful ['dju:tɪfʊl] adj. atencioso, respeitador, obediente
dutifully ['dju:tɪfʊlɪ] adv. respeitosamente

dutifulness ['dju:tɪfʊlnɪs] *s.* respeito, obediência, submissão
duty ['dju:tɪ] *s. ⟨pl.* -**ies**⟩ **1** dever; obrigação; *to do one's ~* cumprir o dever; **2** função; **3** respeito, cumprimento respeitoso; **4** (alfândega) direito; imposto; *customs duties* direitos aduaneiros ❖ *to be off ~* não estar de serviço; *to be on ~* estar de serviço; *to come off ~* sair do serviço; *to do ~ for* servir de; *to take up one's duties* entrar em funções
duty-bound ['dju:tɪbaʊnd] *adj.* moralmente obrigado
duty-free ['dju:tɪfri:] Ⓐ *adj.* isento de impostos Ⓑ *adv.* livre de impostos Ⓒ *s.* artigo não sujeito a impostos ❖ *~ shop* loja *duty-free*
duumvir [dju:'ʌmvə] *s. ⟨pl.* -**s**⟩ duúnviro
duumvirate [dju:'ʌmvɪrɪt] *s.* duunvirato
duvet ['du:veɪ] *s.* edredão
dux [dʌks] *s. ⟨pl.* -**es**⟩ urso*fig.*, o melhor aluno da turma
DV [*abrev. de* Deo volente (God willing)]
DV and WP [coloq.] [*abrev. de* God willing and weather permitting]
DVB TELEVISÃO [*abrev. de* Digital Video Broadcasting] Televisão Digital
DVD [*abrev. de* Digital Versatile Disc ou Digital Video Disc] DVD
DVI [*abrev. de* Digital Voice Imaging]
DVS [*abrev. de* Doctor of Veterinary Surgery]
DVT MEDICINA [*abrev. de* Deep Vein Thrombosis] tromboflebite
DW NÁUTICA [*abrev. de* dead weight]
dwale [dweɪl] *s.* BOTÂNICA [arc.] beladona
dwarf [dwɔ:f] Ⓐ *adj.* **1** anão; **2** muito pequeno Ⓑ *s. ⟨pl.* -**s**⟩ **1** anão; **2** duende pequeno; **3** gnomo Ⓒ *v.tr.* **1** impedir de crescer, enfezar; **2** diminuir
dwarfing ['dwɔ:fɪŋ] *s.* **1** acto de impedir o crescimento; **2** diminuição, menorização, secundarização
dwarfish ['dwɔ:fɪʃ] *adj.* como anão, baixo, pequeno
dwarfishness ['dwɔ:fɪʃnɪs] *s.* nanismo, nanossomia, anomalia de crescimento própria dos anões
dwarfism ['dwɔ:fɪzəm] *s.* nanismo
dweeb [dwi:b] *s.* [coloq.] idiota, atado, incapaz
dwell [dwel] Ⓐ *v.intr.* (*prt. e part. pass.* **dwelt**) **1** viver, habitar, residir [**in**, em]; *to ~ out of* morar fora de; **2** (cavalo) hesitar antes de dar o salto para passar o obstáculo Ⓑ *s.* pausa regular e momentânea no movimento de máquina
◆**dwell on/upon** *v.tr.* **1** (pensar em) remoer; repisar, insistir em; *don't dwell on it!* não penses mais nisso!; **2** conversar extensamente sobre; **3** (assunto) ser sobre; tratar de
dweller ['dwelə] *s.* **1** morador, habitante; **2** cavalo que hesita antes de formar o salto
dwelling ['dwelɪŋ] *s.* habitação; residência; domicílio ❖ *~ house* moradia; casa de habitação
dwindle ['dwɪndl] *v.intr.* **1** ficar mais pequeno, diminuir; **2** degenerar; **3** perder importância
dwindling ['dwɪndlɪŋ] Ⓐ *adj.* **1** que diminui; em queda; a descer; **2** decrescente; **3** cada vez mais reduzido; **4** cada vez mais limitado Ⓑ *s.* diminuição, redução
dwine [dwaɪn] *v.intr.* enfraquecer, enlanguescer
dwt. [*abrev. de* pennyweight]
Dy QUÍMICA [*símbolo de* dysprosium]
dyad ['daɪæd, 'daɪəd] *s.* díada, díade
dyarchy ['daɪɑ:kɪ] *s. ⟨pl.* -**ies**⟩ diarquia
dye [daɪ] Ⓐ *s.* **1** tinta; **2** coloração; cor; **3** matiz; **4** matéria corante Ⓑ *v.tr.,intr.* (*3.ª pes. sing. pres. ind.* **dyes**) **1** pintar(-se); *to ~ one's hair* pintar o cabelo; **2** tingir(-se); *to ~ (sth) blue* tingir (alguma coisa) em azul ❖ *~ formula* fórmula de matéria corante; *~ house/~ works* tinturaria; *fast ~* tinto fixo; *hair ~* tinta para o cabelo; *a scoundrel of the deepest ~* um patife da pior espécie; *to ~ in the wool/to ~ in grain* tingir enquanto o tecido está por receber os últimos preparos; *this material dyes well* este tecido aguenta bem o tinto
dyed-in-the-wool ['daɪdɪnðəˌwʊl] *adj.* **1** de gema; assumido; **2** [depr.] inflexível; intransigente; acérrimo; fundamentalista; **3** (têxteis) tingido antes de ser tecido
dyeing ['daɪɪŋ] *s.* **1** tinturaria; **2** acto de tingir
dyer ['daɪə] *s.* tintureiro ❖ *~ and cleaner* tinturaria e lavagem a seco; BOTÂNICA *dyer's rocket* lírio-dos-tintureiros
dyewood ['daɪˌwʊd] *s.* madeira com propriedades corantes

dying ['daɪɪŋ] Ⓐ *adj.* **1** moribundo; **2** em vias de extinção, quase extinto; *a ~ breed* uma espécie em vias de extinção; **3** último, final; *in the ~ seconds of the game* nos últimos segundos do jogo Ⓑ *s.* **1** morte; **2** (antes da morte) agonia Ⓒ *s.pl. the ~* os moribundos; os que vão morrer ❖ *~ bed* leito de morte; *~ oath* juramento feito às portas da morte; *~ wish* última vontade; *to be ~ to* ansiar por; estar ansioso por; morrer por
dyke [daɪk] *s.* ⇒ **dike**
dynamic [daɪ'næmɪk] Ⓐ *adj.* **1** dinâmico; **2** activo; enérgico; **3** funcional Ⓑ *s.* dinâmica ❖ *~ balance* equilíbrio dinâmico; *~ factor* factor dinâmico; *~ measurement* medição dinâmica; *~ pressure* pressão dinâmica; ELECTRICIDADE *~ welder* soldador dinâmico
dynamical [daɪ'næmɪkl] *adj.* dinâmico; relativo à dinâmica ❖ *~ electricity* electricidade voltaica; *~ unbalance* desequilíbrio dinâmico
dynamics [daɪ'næmɪks] *s.* dinâmica
dynamism ['daɪnəmɪzəm] *s.* dinamismo
dynamist ['daɪnəmɪst] *s.* dinamista
dynamitard ['daɪnəmaɪtɑ:d] *s.* bombista
dynamite ['daɪnəmaɪt] Ⓐ *s.* **1** dinamite; *~ cartridge* cartucho de dinamite; **2** [fig.] assunto explosivo*fig.*; **3** [fig., coloq.] (coisa, pessoa fantástica) bomba; *he's dynamite!* ele é espectacular! Ⓑ *v.tr.* dinamitar
dynamiter ['daɪnəmaɪtə] *s.* bombista
dynamo ['daɪnəməʊ] *s. ⟨pl.* -**s**⟩ dínamo ❖ *~ magnetic* dinamomagnético; *~ power* potência do dínamo
dynamoelectric [ˌdaɪnəməʊɪ'lektrɪk] *adj.* ELECTRICIDADE dinamoeléctrico ❖ ELECTRICIDADE *~ generator* gerador dinamoeléctrico
dynamograph ['daɪnəməʊgrɑ:f] *s.* dinamógrafo
dynamometer [ˌdaɪnə'mɒmɪtə] *s.* dinamómetro
dynamometric [ˌdaɪnəmə'metrɪk] *adj.* dinamométrico
dynamometrical [ˌdaɪnəmə'metrɪkəl] *adj.* dinamométrico
dynamometry [ˌdaɪnə'mɒmətrɪ] *s. ⟨pl.* -**ies**⟩ dinamometria
dynast ['dɪnəst, 'daɪnæst, 'daɪnəst] *s.* dinasta
dynastic [dɪ'næstɪk, daɪ'næstɪk] *adj.* dinástico
dynasty ['dɪnəstɪ, 'daɪnəstɪ] *s. ⟨pl.* -**ies**⟩ dinastia
dyne [daɪn] *s.* FÍSICA dine
dysarthria [dɪs'ɑ:θrɪə] *s.* disartria
dyscrasia [dɪs'kreɪzɪə] *s.* discrasia
dysenteric [ˌdɪsn'terɪk, ˌdɪsən'terɪk] *adj.* MEDICINA disentérico
dysentery ['dɪsɪntrɪ] *s.* MEDICINA disenteria
dysfunction [dɪs'fʌŋkʃən] *s.* disfunção
dysfunctional [dɪs'fʌŋkʃənəl] *adj.* disfuncional
dysgenic [dɪs'dʒenɪk] *adj.* disgénico, disgenético
dyslalia [dɪs'leɪlɪə] *s.* dislalia
dyslexia [dɪs'leksɪə, dɪs'lekʃə] *s.* dislexia
dyslexic [dɪs'leksɪk] *adj.,s.* disléxico
dyslogistic [ˌdɪslə'dʒɪstɪk] *adj.* dislogístico; depreciativo; pejorativo
dysmenorrhoea [ˌdɪsmenə'rɪə] *s.* dismenorreia
dyspepsia [dɪs'pepsɪə, dɪs'pepʃə] *s.* dispepsia
dyspeptic [dɪs'peptɪk] *adj.* dispéptico
dyspeptically [dɪs'peptɪklɪ] *adv.* dispepticamente
dysphagia [dɪs'feɪdʒə, dɪs'feɪdʒɪə] *s.* disfagia
dysphagic [dɪs'fædʒɪk] *adj.* disfágico
dysphasia [dɪs'feɪzɪə, dɪs'feɪʒə] *s.* disfasia
dysphemism ['dɪsfɪmɪzəm] *s.* LINGUÍSTICA disfemismo
dysphoria [dɪs'fɔ:rɪə] *s.* disforia
dysphoric [dɪs'fɒrɪk] *adj.* disfórico
dyspnoea [dɪs'pni:ə] *s.* dispneia
dyspnoeic [dɪs'pni:ɪk] *adj.* dispneico
dyspraxia [ˌdɪs'præksɪə] *s.* dispraxia
dyspraxic [ˌdɪs'præksɪk] *adj.* que sofre de dispraxia
dysprosium [dɪ'sprəʊzɪəm] *s.* QUÍMICA (elemento químico) disprósio
dystopia [dɪs'təʊpɪə] *s.* LITERATURA distopia
dystopian [dɪs'təʊpɪən] *adj.* distópico
dystrophic [dɪs'trɒfɪk] *adj.* distrófico
dystrophy ['dɪstrəfɪ] *s.* distrofia
dysuria [dɪs'jʊərɪə] *s.* disúria
dysury ['dɪsjʊrɪ] *s.* disúria
dz. [*abrev. de* dozen]
dziggetai ['dzɪgɪtaɪ] *s.* ZOOLOGIA hemíono

e [i:] s. ⟨pl. **es** ou **e's**⟩ 1 (letra) e, E; 2 [com maiúscula] MÚSICA mi; **E** *flat* mi bemol
E. [abrev. de Earl]
ea ['i:ə] s. [dial.] rio
each [i:tʃ] adj.,pron. 1 cada; 2 cada um; ~ *one of us* cada um de nós ❖ ~ *and everyone* toda a gente; ~ *other* um ao outro; uns aos outros; *triangles equal* ~ *to* ~ triângulos respectivamente iguais; ~ *of them wanted to go* todos queriam ir; *to give sth* ~ dar algo a cada um
eager ['i:gə] adj. 1 ansioso, impaciente [**to/for**, por]; *to be* ~ *to do sth* estar ansioso por fazer alguma coisa; 2 cheio de entusiasmo; 3 ardente; apaixonado ❖ ~ *beaver* trabalhador incansável; *to be* ~ *for sth* desejar ardentemente alguma coisa
eagerly ['i:gəli] adv. avidamente, ardentemente
eagerness ['i:gənis] s. ansiedade, avidez, impaciência, desejo intenso
eagle ['i:gəl] s. 1 ZOOLOGIA águia; 2 [ant.] (moeda de 10 dólares) águia; *double* ~ moeda de vinte dólares; 3 estandarte, insígnia militar de algumas nações ❖ ~ *eye* olhar de lince; ZOOLOGIA ~ *owl* mocho-real; bufo; MINERALOGIA ~ *stone* pedra-de-águia; aetite
eagle-eyed ['i:gəlaɪd] adj. com olhar de lince
eaglet ['i:glɪt] s. 1 aguieta; 2 águia muito nova
eaglewood ['i:gəlwʊd] s. (árvore, madeira) pau-de-águia, pau-d'áquila, aquilária
eagre [ˈeɪgə, ˈi:gə] s. macaréu
ear [ɪə] s. 1 orelha; 2 (percepção auditiva) ouvido; 3 espiga; ~ *of corn* espiga de trigo; 4 (vaso, cesto) asa; 5 objecto ou peça em forma de orelha ❖ [ant.] (problemas de audição) ~ *trumpet* corneta acústica; MEDICINA *ear, nose & throat specialist* otorrinolaringologista; *I would give my ears for* daria tudo por; *she plays the piano by* ~ ela toca piano de ouvido; *to be all ears* ser todo ouvidos; *to be head over ears in/to be up to one's ears in* estar sobrecarregado de; não ter mãos a medir com; *to go in at one* ~ *and out at the other* entrar por um ouvido e sair pelo outro; *to have an* ~ *for* ter ouvido para; ser sensível a; *to keep one's* ~ *close to the ground* prestar muita atenção à opinião pública; *to lend an* ~ *to* prestar atenção a; ouvir com atenção; *to meet the wolf by the ears* enfrentar o perigo com decisão; ver-se em sério aperto; *to turn a deaf* ~ *to* fazer ouvidos de mercador; [coloq.] *your ears must be tingling/you must have your ears ringing* deves ter as orelhas a arder
earache ['ɪəreɪk] s. dores de ouvido; *to have (an)* ~ ter dores de ouvido
earbash ['ɪəbæʃ] Ⓐ v.tr. [Austr.] [coloq.] chatear Ⓑ v.intr. [Austr.] [coloq.] falar ininterruptamente
eardrop ['ɪədrɒp] s. 1 pingente; brinco; 2 pl. FARMÁCIA gotas para os ouvidos
eardrum ['ɪədrʌm] s. ANATOMIA tímpano
eared [ɪəd] adj. com espigas ❖ ZOOLOGIA (otarídeo) ~ *seal* leão-marinho; lobo-marinho
earflap ['ɪəflæp] s. 1 (boné, gorro, etc.) orelheira; protector para as orelhas; 2 lobo da orelha
earing ['ɪərɪŋ] s. uma das pequenas cordas que seguram o punho do gurutil
earl [ɜ:l] s. ⟨fem. **countess**⟩ conde ❖ [GB] HISTÓRIA *Earl Marshal* alto dignitário presidente do Heralds' College (organismo encarregado do registo de genealogias e da autorização para o uso de brasões)
earldom ['ɜ:ldəm] s. 1 dignidade de conde; 2 condado; 3 título de conde
earless ['ɪələs] adj. 1 com mau ouvido; 2 sem orelhas; 3 sem espigas
earlet ['ɪəlet] s. orelhão de morcego

earliness ['ɜ:lɪnɪs] s. 1 prematuridade, precocidade; 2 madrugada, alvorada
earlobe ['ɪələʊb] s. ANATOMIA lóbulo da orelha
Earlswood ['ɜ:lzwʊd] s. hospital para doentes mentais em Surrey
early ['ɜ:lɪ] adj.,adv. ⟨comp. **-ier**, superl. **-iest**⟩ 1 cedo; de madrugada; ~ *in the morning* bem cedinho; 2 antecipadamente; com tempo; 3 que está no princípio; inicial; 4 antecipado; antes do tempo usual; ~ *opening* abertura antecipada; 5 prematuro; *an* ~ *childbirth* um parto prematuro; 6 primeiro; primitivo; primevo; ~ *man* homem primitivo; *an* ~ *form of* uma forma primitiva de; *the* ~ *Church* a igreja primitiva ❖ ~ *fruit* fruta temporã; ~ *indications* primeiros sinais; ~ *remembrance* recordação de infância; ~ *retirement* pré-reforma; [GB] ~ *closing day* dia da semana em que o comércio fecha mais cedo; ~ *in life* bem cedo na vida; ~ *to bed,* ~ *to rise, makes a man healthy, wealthy and wise* deitar cedo e cedo erguer dá saúde e faz crescer; *an* ~ *bird/riser* uma pessoa madrugadora; *as* ~ *as 1998* já em 1998; *at an* ~ *age* muito jovem; *at an* ~ *date* proximamente; dentro em breve; *at your earliest convenience* logo que lhe convenha; mal possa; *earlier on* mais cedo; antecipadamente; *in its* ~ *stages* no início; na fase inicial; *in the* ~ *part of the 20th century* nos princípios do século XX; *the* ~ *bird catches the worm* Deus ajuda quem madruga; *the* ~ *hours* a madrugada; (artes) *the* ~ *masters* os primitivos; *to keep* ~ *hours* levantar-se cedo habitualmente; ser madrugador
earmark ['ɪəmɑ:k] Ⓐ s. 1 marca na orelha dum animal; 2 marca, sinal de identificação Ⓑ v.tr. 1 marcar (orelha de animal); 2 marcar; 3 destinar, reservar
ear-minded [ɪəˈmaɪndɪd] adj. PSICOLOGIA (pessoa) auditivo, com particular receptividade às sensações auditivas
earmuff ['ɪəmʌf] s. ⟨pl. **-s**⟩ (boné, gorro, etc.) orelheira, protector para as orelhas
earn [ɜ:n] v.tr. 1 (dinheiro) ganhar; receber; *how much do you earn?* quanto ganhas?; 2 merecer; 3 adquirir; obter; *to* ~ *a reputation for...* adquirir a reputação de...; 4 alcançar; 5 (investimentos) render ❖ *to* ~ *one's living* ganhar a vida; *to* ~ *one's place in history* passar à posteridade
earner ['ɜ:nə] s. 1 assalariado; 2 fonte de receitas; 3 bom negócio; 4 ganha-pão
earnest ['ɜ:nɪst] Ⓐ adj. 1 sério; 2 sentido; sincero; fervoroso; 3 grave; circunspecto; 4 zeloso; cuidadoso Ⓑ s. 1 seriedade; 2 [lit.] penhor, garantia, testemunho; 3 [lit.] presságio ❖ (transacção) ~ *money* sinal; depósito de garantia; *in (good)* ~ a sério; seriamente; *to be in* ~ *of what is to come* ser um prenúncio do que está para acontecer
earnestly ['ɜ:nɪstlɪ] adv. seriamente, com seriedade
earnestness ['ɜ:nɪstnɪs] s. 1 seriedade; 2 sinceridade, fervor
earnings ['ɜ:nɪŋz] s.pl. 1 salário; 2 ganhos; proventos; rendimentos ❖ FINANÇAS ~ *per share* lucro por acção
earnings-related [ɜ:nɪŋzrɪˈleɪtɪd] adj. (pensão, contribuições) proporcional ao salário
earphone ['ɪəfəʊn] s. (auscultador) fone
earpiece ['ɪəpi:s] s. 1 (telefone) auscultador; 2 auricular
ear-piercing ['ɪəpɪəsɪŋ] Ⓐ adj. (som) ensurdecedor Ⓑ s. (orelha) furo
earplug ['ɪəplʌg] s. tampão para os ouvidos
earring ['ɪərɪŋ] s. brinco
earshot ['ɪəʃɒt] s. (som) alcance do ouvido; *out of* ~ fora do alcance do ouvido; *within* ~ ao alcance do ouvido
ear-splitting ['ɪəsplɪtɪŋ] adj. ensurdecedor

earth [ɜːθ] Ⓐ s. 1 geralm. com maiúsc. (planeta) Terra; mundo; globo terrestre; *the planet ~* o planeta Terra; 2 terra; solo; *vegetable ~* terra vegetal; 3 (raposa, texugo, etc.) toca, lura; (raposa) *to take ~* refugiar-se na toca; 4 ELECTRICIDADE ligação à terra; *~ connection* ligação à terra Ⓑ v.tr. 1 ELECTRICIDADE ligar à terra; 2 cobrir com terra; 3 (animal) obrigar a fugir para a toca Ⓒ v.intr. fugir para a toca ❖ *~ borer* sonda; *~ colour* matéria mineral corante; *~ fall* desabamento de terras; *~ flax* asbesto; amianto; *~ leakage* fuga de corrente para a terra; *~ potential* potencial terrestre; *~ wax* cera fóssil; *to come back to ~* regressar à realidade; deixar de sonhar; *to move heaven and ~* mover céus e terra; *who on ~ did that?* quem diabo fez isso?; *why on ~ did you write that letter?* para que diabo escreveste essa carta?

earthbound [ˈɜːθbaʊnd] adj. 1 em direcção à Terra; 2 confinado à terra, preso à terra; 3 [fig.] terra-a-terra; 4 [fig.] razoável, com os pés bem assentes no chão; 5 [fig., depr.] pouco imaginativo, prosaico, demasiado concreto

earthed [ɜːθt] adj. 1 ELECTRICIDADE com fio de terra; 2 FÍSICA ligado à massa

earthen [ˈɜːθən] adj. 1 de terra; 2 de barro ❖ *~ jar* bilha; *~ pan* vaso de barro; alguidar; *~ pottery* louça de barro

earthenware [ˈɜːθənweə] Ⓐ s. louça de barro; cerâmica; faiança Ⓑ adj. em barro ❖ ELECTRICIDADE *~ insulator* isolador de barro

earthiness [ˈɜːθɪnəs] s. 1 [fig.] carácter terra-a-terra; 2 [fig.] (humor) truculência, violência

earthliness [ˈɜːθlɪnəs] s. mundanidade; carácter terreno

earthling [ˈɜːθlɪŋ] s. terráqueo

earthly [ˈɜːθlɪ] Ⓐ adj. (comp. -ier, superl. -iest) 1 terrestre, terreno; 2 material; 3 [coloq.] possível; imaginável Ⓑ s. [coloq.] possibilidade; hipótese; *she hasn't an ~ chance* não tem a mínima hipótese ❖ *it's no ~ use to…* não serve de nada…; *of no ~ use* inútil; *there's no ~ reason to…* não há nenhuma razão para…; *to have no ~ chance* não ter a menor hipótese

earthmover [ˈɜːθˌmuːvə] s. escavadora mecânica; buldózer

earthmoving [ˈɜːθˌmuːvɪŋ] adj. de terraplenagem ❖ *~ machine* máquina de terraplenagem

earthquake [ˈɜːθkweɪk] s. tremor de terra, terramoto

earth-shattering [ˌɜːθˈʃætərɪŋ] adj. 1 espantoso, fantástico, transcendental; 2 intenso, violento; 3 revolucionário

earthwork [ˈɜːθwɜːk] s. 1 aterro, terraplanagem; 2 MILITAR fortificação

earthworm [ˈɜːθwɜːm] s. lombriga, minhoca

earthy [ˈɜːθɪ] adj. 1 terroso; 2 terra-a-terra; 3 grosseiro, rude

earwax [ˈɪəwæks] s. (ouvidos) cera, cerume

earwig [ˈɪəwɪg] Ⓐ s. ZOOLOGIA bicha-cadela Ⓑ v.tr. (particípios: -gg-) 1 encher os ouvidos (a uma pessoa); 2 exercer influência (sobre alguém) contando coisas

earwitness [ˈɪəwɪtnəs] s. testemunha auricular

ease [iːz] Ⓐ s. 1 à-vontade; *to be perfectly at ~* estar perfeitamente à vontade; *with the greatest of ~* com o maior à-vontade; 2 conforto; bem-estar; 3 sossego; tranquilidade; ausência de preocupações; *to lead a life of ~* levar uma vida sem preocupações; 4 facilidade; *~ of use/access* facilidades de uso/acesso; *~ of working* facilidade de trabalho; *for ~ of transportation* para maior facilidade de transporte Ⓑ v.tr.,intr. 1 abrandar; afrouxar; 2 (dor, tensão) aliviar; suavizar; 3 tranquilizar; *to ~ the population* tranquilizar a população; 4 minorar; atenuar; mitigar; *to ~ the effects of war* mitigar as consequências da guerra; 5 libertar(-se); descomprimir; 6 conseguir gradualmente; 7 (vestuário) alargar ❖ NÁUTICA *~ her!* abranda a marcha!; *~ of manners* à-vontade; desenvoltura; *~ of mind* paz de espírito; MILITAR *stand at ease!* descansar!; *to be ill at ~* estar inquieto; [coloq.] *to ~ nature/oneself* aliviar a bexiga/as tripas; *to put sb's mind at ~/to ~ sb's mind* tranquilizar/sossegar alguém

◆**ease back** v.intr. 1 recuar lentamente; 2 reclinar-se; recostar-se; 3 relaxar; descontrair; 4 ser mais tolerante [on, com]; ser menos exigente [on, com]; esperar menos [on, de]

◆**ease off** Ⓐ v.intr. 1 abrandar; acalmar; 2 diminuir; baixar Ⓑ v.tr. retirar cuidadosamente

◆**ease up** v.intr. 1 (dor, tensão, chuva) abrandar; acalmar; 2 (pessoa) abrandar o ritmo; 3 não ser tão duro [on, com]; *~ on them!* não sejas tão duro com eles! ❖ *~ a bit!* mais devagar!; com mais calma!

easeful [ˈiːzfʊl] adj. 1 calmante, tranquilo; 2 confortável

easefully [ˈiːzfʊlɪ] adv. 1 confortavelmente; 2 tranquilamente

easefulness [ˈiːzfʊlnɪs] s. 1 tranquilidade, sossego; 2 conforto; 3 à-vontade, descontracção

easel [ˈiːzəl] s. cavalete de pintor

easement [ˈiːzmənt] s. 1 servidão (de terrenos), direito de uso; 2 [arc.] alívio

easily [ˈiːzɪlɪ] adv. 1 facilmente; 2 (provavelmente) bem; *that might ~ be true* isso pode bem ser verdade; 3 (claramente) de longe; *they are ~ the best* eles são de longe os melhores; 4 descontraidamente ❖ *~ kindled* altamente/facilmente inflamável; *just as ~* da mesma forma; igualmente; perfeitamente

easiness [ˈiːzɪnɪs] s. 1 facilidade; 2 comodidade; 3 leveza; 4 indiferença, negligência

easing [ˈiːzɪŋ] s. 1 alívio; 2 abrandamento; 3 suavização; 4 repouso; calma ❖ FINANÇAS *~ of the capital market* melhoria do mercado de capitais

east [iːst] Ⓐ s. este, leste, oriente; *the ~* o oriente Ⓑ adj. oriental Ⓒ adv. para oriente, em direcção a leste ❖ *East End* parte oriental de Londres; *~ longitude* longitude este; *the Far East* o Extremo Oriente; *the Middle East* o Médio Oriente; *the Near ~* o Próximo Oriente; *to sail due ~* navegar para leste; *too far ~ is west* os extremos tocam-se

eastbound [ˈiːstbaʊnd] adj. em direcção a este/leste; para oriente

Easter [ˈiːstə] s. Páscoa ❖ *~ eggs* ovos da Páscoa; *~ Sunday* Domingo de Páscoa; *Thursday before ~* Quinta-Feira Santa

easterly [ˈiːstəlɪ] Ⓐ adj. oriental, leste Ⓑ adv. para leste; para oriente Ⓒ s. (meteorologia) vento de leste ❖ *~ wind* vento leste; (exposição solar) *~ aspect* virado para leste

eastern [ˈiːstən] adj. 1 oriental; de leste; 2 da igreja grega ortodoxa ❖ *Eastern Bloc* países de leste; RELIGIÃO *Eastern Church* a Igreja grega ortodoxa

easternism [ˈiːstənɪzəm] s. orientalismo

easternmost [ˈiːstənməʊst] adj. o mais oriental

Eastertide [ˈiːstətaɪd] s. período pascal; época da Páscoa

easting [ˈiːstɪŋ] s. NÁUTICA caminho leste, rota leste

east-northeast [ˌiːstnɔːθˈiːst] s. lés-nordeste

eastward [ˈiːstwəd] Ⓐ adj. leste, oriental Ⓑ adv. em direcção a leste

eastwards [ˈiːstwədz] adv. em direcção a leste, para leste

easy [ˈiːzɪ] Ⓐ adj. (comp. -ier, superl. -iest) 1 fácil; 2 simples, acessível; 3 agradável, suave; *~ rolling* balanço suave; 4 sem dificuldades; 5 condescendente; 6 calmo, tranquilo; 7 (roupa) largo, solto Ⓑ adv. 1 de modo fácil, leve; 2 facilmente, devagar Ⓒ s. (remo) pequena paragem, descanso ❖ *~ chair* poltrona; (ingénuo) *~ mark* anjinho; *~ of access* de fácil acesso; NÁUTICA *~ all!* parar de remar!; NÁUTICA *~ ahead* devagar avante; NÁUTICA *~ astern* devagar à ré; *~ come, ~ go* tão depressa vem como desaparece; *easier said than done* é mais fácil de dizer que de fazer; *as ~ as shelling peas* fácil como tudo; duma facilidade espantosa; *free and ~* à vontade; sem constrangimento; *in ~ circumstances* bem; sem dificuldades; com meios suficientes para viver descansado; COMÉRCIO *on ~ terms* com facilidades de pagamento; *take it easy!* calma!; *that's ~ for you to say* é fácil falar; *to go ~ on…* ter cuidado com; tratar (doente) com cuidado; evitar estragar; ser benevolente com; poupar; *to make oneself ~* pôr-se à vontade; [coloq.] *to put sb on ~ street* livrar alguém de preocupações financeiras

easygoing [ˌiːzɪˈgəʊɪŋ] adj. 1 despreocupado, descontraído; 2 bonacheirão; 3 tolerante; 4 pouco exigente

easy-peasy [ˌiːzɪˈpiːzɪ] adj. 1 [coloq.] facílimo; que é canja fig.; 2 para principiantes

eat [iːt] Ⓐ v.tr.,intr. (prt. ate, part. pass. eaten) 1 comer; *to ~ a lot* comer muito; *to ~ sensibly* fazer uma alimentação equilibrada; 2 [fig., coloq.] devorar; absorver em grandes quantidades; 3 [fig., coloq.] (preocupar) moer o juízo; *what's eating you?* que bicho te mordeu?; 4 [coloq.] (patranha) (acreditar em) engolir Ⓑ s. pl. [coloq.] comida, comes; *eats and drinks* comes e bebes ❖ [coloq.] *he won't ~ you!* ele não morde!; *to ~ humble pie* humilhar-se; ver-se obrigado a reconhecer o(s) erro(s) cometido(s); (animal) *to ~ its head off* custar mais a sustentar do que aquilo que vale; *to ~*

eatable

like a bird comer como um passarinho; *to ~ like a horse* comer que nem um abade; *to ~ one's fill* comer até ficar satisfeito; [joc.] *to ~ sb out of house and home* comer tudo o que alguém tem em casa; *to ~ the calf in the cow's belly* gastar o azeite antes de plantar as oliveiras
◆**eat away** v.tr. 1 corroer; 2 desgastar; 3 causar erosão em
◆**eat away at** v.tr. 1 gastar; 2 absorver; 3 [fig.] (preocupações) consumir
◆**eat into** v.tr. 1 corroer; *acid eats into the metal* o ácido corrói o metal; 2 (tempo, dinheiro) absorver; gastar
◆**eat out** v.intr. comer fora; ir a restaurante ❖ *to eat one's heart out* roer-se de inveja
◆**eat up** v.tr. 1 comer tudo; *~ the soup* come a sopa toda; 2 acabar de comer; *have you eaten up yet?* já acabaste de comer?; 3 [fig.] devorar; *he eats up books* ele devora livros; 4 [fig.] (consumir) absorver em grandes quantidades ❖ *to be eaten up with jealousy* estar morto de ciúmes
eatable ['i:təbl] adj. comestível; que se come; *~ plants* plantas comestíveis
eatables ['i:təblz] s.pl. comestíveis
eaten ['i:tn] {part. pass. de **to eat**} comido ❖ *~ up with pride* todo inchado de orgulho
eater ['i:tə] s. comedor
eatery ['i:təri] s. ⟨pl. **-ies**⟩ [coloq.] restaurante
eating ['i:tɪŋ] Ⓐ s. alimentação Ⓑ adj. 1 comestível; 2 alimentar; para alimentação ❖ MEDICINA *~ disorder* distúrbio alimentar; *~ habits/patterns* hábitos alimentares; *~ house* casa de pasto; *~ plan* regime; dieta
eats [i:ts] s.pl. [EUA] [cal.] comida
eaves [i:vz] s.pl. (telhado) goteira; caleira; beiral
eavesdrop ['i:vzdrɒp] v.intr. (particípios: **-pp-**) ouvir às escondidas; *to ~ on a conversation* ouvir uma conversa às escondidas
eavesdropper ['i:vzdrɒpə] s. ouvinte indesejado; curioso; pessoa que escuta às escondidas
eavesdropping ['i:vzdrɒpɪŋ] s. curiosidade activa em relação às conversas alheias; hábito de escutar às escondidas
ebb [eb] Ⓐ s. 1 refluxo; baixa-mar; maré baixa; 2 [fig.] decadência; declínio; *to be on the ~* estar em declínio Ⓑ v.intr. 1 (maré) baixar, vazar; 2 [fig.] decair; estar em declínio; 3 [fig.] esmorecer; *to be ebbing* estar a esmorecer ❖ *~ tide* maré vazante; *~ and flow* fluxo e refluxo; *~ of life* velhice; *the ~ and flow of economy* os altos e baixos da economia; [coloq.] *to be at a low ~* estar em baixo; ter as coisas mal paradas
ebbing ['ebɪŋ] Ⓐ adj. 1 vazante; 2 [fig.] em declínio Ⓑ s. refluxo, baixa-mar
Ebenezer [ˌebɪ'ni:zə] s. Ebenezer, padrão levantado por Samuel para comemorar o auxílio recebido de Jeová numa vitória alcançada sobre os Filisteus
Ebionite ['i:bjənaɪt] s. hebionita, membro duma seita herética dos fins do séc. I
E-boat ['i:bəʊt] s. lancha torpedeira inimiga ultra-rápida
ebon ['ebən] Ⓐ s. ébano Ⓑ adj. de ébano; como ébano
ebon-coloured ['ebənˌkʌləd] adj. cor de ébano; escuro
ebonite ['ebənaɪt] s. QUÍMICA ebonite ❖ *~ insulation* isolamento de ebonite; *~ rod* haste de ebonite
ebonize ['ebənaɪz] v.tr. ebanizar
ebony ['ebəni] s. ⟨pl. **-ies**⟩ ébano
e-book ['i:bʊk] s. {contr. de **electronic book**} INFORMÁTICA livro electrónico
eBook ['i:bʊk] s. INFORMÁTICA ⇒ **e-book**
Ebor. [abrev. de Eboracum (York)]
Eboracum [i:'bɒrəkəm] s. designação latina da cidade de York
ebriety [i:'braɪətɪ] s. ebriedade
ebrious ['i:brɪəs] adj. ébrio
ebullience [ɪ'bʌlɪəns] s. 1 efervescência, ebulição; 2 exuberância, excitação, entusiasmo
ebulliency [ɪ'bʌlɪənsɪ] s. 1 efervescência, ebulição; 2 exuberância, excitação, entusiasmo
ebullient [ɪ'bʌlɪənt] adj. 1 efervescente; 2 exuberante, entusiasta
ebulliometer [ˌebʌlɪ'ɒmɪtə] s. ebuliómetro
ebullioscope [ɪ'bʌlɪəskəʊp] s. ebulioscópio

ebullition [ˌebə'lɪʃən, ˌebʊ'lɪʃən] s. ebulição
ebur ['i:bɜː] s. marfim
eburnation [ˌɪbɜː'neɪʃən] s. MEDICINA eburnação
eburnean [ɪ'bɜːnɪən] adj. ebúrneo
ebusiness ['i:bɪznɪs] s. ⇒ **e-business**
e-business ['i:bɪznɪs] s. negócios electrónicos
EC Ⓐ [abrev. de European Community] CE Ⓑ [abrev. de European Commission] Ⓒ [abrev. de East Central (Postal District, London)]
ECAFE [abrev. de Economic Commission for Asia and the Far East]
écarté [eɪ'kɑːteɪ] s. jogo de cartas para duas pessoas
ecbolic [ek'bɒlɪk] adj. ecbólico
eccentric [ɪk'sentrɪk] Ⓐ adj. 1 excêntrico; 2 GEOMETRIA excêntrico; *~ circles* circunferências excêntricas; 3 fora do vulgar; 4 descentrado, que não tem o mesmo centro Ⓑ s. 1 (pessoa) excêntrico; 2 MECÂNICA roda excêntrica ❖ GEOMETRIA *~ axis* eixo excêntrico; *~ cam* roda excêntrica; *~ motion* movimento excêntrico; *~ radius* raio de excentricidade
eccentrically [ɪk'sentrɪklɪ] adv. excentricamente
eccentricity [ˌɪksen'trɪsɪtɪ] s. ⟨pl. **-ies**⟩ excentricidade
ecchymosed ['ekɪməʊsd] adj. com equimoses
ecchymosis [ˌekɪ'məʊsɪs] s. equimose
Eccl. [abrev. de Ecclesiastes]
Eccles. ⇒ **Eccl.**
ecclesia [ɪ'kli:zɪə] s. HISTÓRIA eclésia
ecclesiarch [e'kli:zɪɑːk] s. eclesiarca
Ecclesiast [ɪkli:zɪ'æst] s. 1 eclesiasta; 2 autor do Eclesiastes
Ecclesiastes [ɪˌkli:zɪ'æsti:z] s. RELIGIÃO (Bíblia) Eclesiastes
ecclesiastic [ɪˌkli:zɪ'æstɪk] adj.,s. eclesiástico
ecclesiastical [ɪˌkli:zɪ'æstɪkl] adj. RELIGIÃO eclesiástico; da igreja; *~ matters* assuntos eclesiásticos ❖ *~ body* sacerdócio; *~ Commission* administradores dos bens da igreja anglicana
ecclesiastically [ɪˌkli:zɪ'æstɪklɪ] adv. eclesiasticamente
ecclesiasticism [ɪˌkli:zɪ'æstɪsɪzəm] s. clericalismo
Ecclesiasticus [ɪˌkli:zɪ'æstɪkəs] s. RELIGIÃO (Bíblia) Eclesiástico, livro do Eclesiastes
ecclesiology [ɪˌkli:zɪ'ɒlədʒɪ] s. eclesiologia
ecdysis ['ekdɪsɪs] s. mudança de pele, na cobra
ECE [abrev. de Economic Commission for Europe]
ECG Ⓐ MEDICINA [abrev. de electrocardiogram] Ⓑ MEDICINA [abrev. de electrocardiograph] Ⓒ MEDICINA [abrev. de echocardiograph]
ECGD COMÉRCIO [abrev. de Export Credits Guarantee Department]
echelon ['eʃəlɒn] Ⓐ s. MILITAR escalão Ⓑ v.tr. MILITAR escalonar
echeloning ['eʃəlɒnɪŋ] s. MILITAR escalonamento
echidna [ɪ'kɪdnə] s. equidna
echinite ['ekɪnaɪt] s. equinita
echinoderm [ɪ'kaɪnəʊdɜːm] s. ZOOLOGIA equinoderme
echinops ['ekɪnɒps] s. BOTÂNICA equinopes
echinus [ɪ'kaɪnəs] s. ⟨pl. **-i**⟩ 1 ZOOLOGIA equino; 2 equino, moldura em quarto de círculo
echo ['ekəʊ] Ⓐ s. ⟨pl. **-es**⟩ eco Ⓑ v.tr.,intr. 1 ecoar; 2 repercutir(-se); 3 [fig.] fazer eco de; repetir; secundar; *to ~ sb's opinions* fazer eco das opiniões de alguém ❖ *~ box* caixa de ressonância; *~ chamber* câmara de ressonância; *~ sounder* sonda sonora (por intermédio do eco); *to cheer sb to the ~* aplaudir alguém ruidosamente
echocardiogram [ekəʊ'kɑːdɪəgræm] s. MEDICINA ecocardiograma
echocardiograph [ekəʊ'kɑːdɪəgrɑːf] s. MEDICINA ecocardiógrafo
echocardiographic [ekəʊkɑːdɪə'græfɪk] adj. ecocardiográfico
echocardiography [ekəʊkɑːdɪ'ɒgrəfɪ] s. MEDICINA ecocardiografia
echoic [e'kəʊɪk] adj. 1 da natureza do eco; 2 onomatopaico
echolalia [ekəʊ'leɪlɪə] s. MEDICINA ecolalia
echoless ['ekəʊləs] adj. sem eco, sem ressonâncias
echolocate ['ekəʊləʊˌkeɪt] v.tr. ecolocar, ecolocalizar
echolocation [ekəʊləʊ'keɪʃən] s. ecolocação, ecolocalização
echolocator [ekəʊləʊ'keɪtə] s. (animal) ecolocador, ecolocalizador
éclair [ɪ'kleə, 'eɪkleə] s. CULINÁRIA éclair

eclampsia [ɪˈklæmpsɪə] *s.* MEDICINA eclampsia
éclat [ˈeɪklɑː] *s.* esplendor, pompa, brilho, glória
eclectic [ɪkˈlektɪk] *adj.,s.* ecléctico
eclectically [ɪkˈlektɪklɪ] *adv.* eclecticamente
eclecticism [ɪkˈlektɪsɪzəm] *s.* eclectismo
eclipse [ɪˈklɪps] Ⓐ *s.* 1 ASTRONOMIA eclipse; *lunar/solar* ~ eclipse lunar/solar; *partial/total* ~ eclipse parcial/total; 2 [fig.] declínio Ⓑ *v.tr.* 1 eclipsar; 2 [fig.] ofuscar, obscurecer, fazer sombra a ❖ (Inverno) *bird in* ~ ave que perdeu o brilho da plumagem; *to suffer an* ~ perder poder/influência; entrar em declínio
ecliptic [ɪˈklɪptɪk] Ⓐ *adj.* eclíptico Ⓑ *s.* eclíptica
eclogue [ˈeklɒg] *s.* LITERATURA écloga
ecocatastrophe [iːkəʊkəˈtæstrəfɪ] *s.* catástrofe ecológica
ecocentre [ˈiːkəʊsentə] *s.* ecocentro
ecoconsumer [iːkəʊkənˈsjuːmə] *s.* consumidor ecológico
eco-friendly [iːkəʊˈfrendlɪ] *adj.* ecológico, amigo do ambiente
ecological [iːkəˈlɒdʒɪkəl] *adj.* ecológico
ecologically [iːkəˈlɒdʒɪkəlɪ] *adv.* ecologicamente
ecologist [ɪˈkɒlədʒɪst] *s.* ecologista
ecology [ɪˈkɒlədʒɪ] *s.* ecologia
ecommerce [ˈiːkɒmɜːs] *s.* INFORMÁTICA (Internet) ⇒ **e-commerce**
e-commerce [ˈiːkɒmɜːs] *s.* {*contr. de* **electronic commerce**} INFORMÁTICA (Internet) comércio electrónico
econometric [ɪˌkɒnəˈmetrɪk] *adj.* econométrico
econometrics [ɪˌkɒnəˈmetrɪks] *s.* econometria
economic [iːkəˈnɒmɪk] *adj.* 1 económico; relativo à economia política; ~ *situation/outlook* conjuntura económica; 2 rentável; *to make sth* ~ tornar algo rentável, rentabilizar algo ❖ ~ *geography* geografia económica; ~ *growth* crescimento económico; ~ *indicator* indicador económico; ~ *zone* zona económica; *Economic and Monetary Union* União Monetária e Económica
economical [iːkəˈnɒmɪkəl] *adj.* 1 (pessoa) económico, poupado; 2 (preços) barato, acessível, módico; 3 (estilo) conciso ❖ *to be* ~ *with* poupar; economizar; *to be* ~ *with the truth* faltar à verdade
economically [iːkəˈnɒmɪklɪ] *adv.* economicamente; do ponto de vista económico
economics [iːkəˈnɒmɪks] *s.* 1 economia política; 2 regime de economia, sistema económico
economist [iˈkɒnəmɪst] *s.* economista
economization [ɪˌkɒnəmaɪˈzeɪʃən] *s.* 1 economia, poupança; 2 administração de recursos
economize [ɪˈkɒnəmaɪz] *v.tr.,intr.* economizar
economizer [ɪˈkɒnəmaɪzə] *s.* economizador, pessoa ou aparelho que economiza
economy [ɪˈkɒnəmɪ] *s.* (pl. **-ies**) 1 economia; 2 frugalidade, parcimónia; 3 poupanças, economias; *to make economies* fazer economias ❖ (viagens) ~ *class* classe turística; ~ *size* tamanho familiar; ~ *of an enterprise* prosperidade económica de um empreendimento; ~ *of time* economia de tempo; ~ *packs* pacotes económicos; *planned* ~ economia planificada
ECOSOC [*abrev. de* Economic and Social Council (of the United Nations)]
ecospecies [iːkəʊˈspiːʃiːz] *s.* BIOLOGIA ecospécie
ecosystem [ˈiːkəʊsɪstəm] *s.* ecossistema
ecotone [ˈekəʊtəʊn] *s.* BIOLOGIA ecotono
ecotourism [iːkəʊˈtʊrɪzəm] *s.* ecoturismo
ecotoxicology [iːkəʊtɒksɪˈkɒlədʒɪ] *s.* ecotoxicologia
ecotype [ˈekəʊtaɪp] *s.* BIOLOGIA ecótipo
ecowarrior [iːkəʊˈwɒrɪə] *s.* activista ambiental
ecru [ˈekruː] Ⓐ *adj.* cru, não branqueado Ⓑ *s.* pano cru
ECSC [*abrev. de* European Coal and Steel Community]
ecstasied [ˈekstəsɪd] *adj.* em êxtase
ecstasize [ˈekstəsaɪz] *v.tr.,intr.* extasiar, extasiar-se
ecstasy [ˈekstəsɪ] *s.* (pl. **-ies**) 1 êxtase; arrebatamento; enlevo; *to be in ecstasies over* estar em êxtase por causa de; *to go into ecstasies over sth* entrar em êxtase perante algo; *with* ~ em êxtase; 2 (droga) *ecstasy*
ecstatic [ɪkˈstætɪk] *adj.* extático
ecstatically [ɪkˈstætɪklɪ] *adv.* extaticamente
ectasis [ˈektəsɪs] *s.* 1 éctase; 2 ectasia
ectomorph [ˈektəʊmɔːf] *s.* ectomorfo

ectomorphic [ektəʊˈmɔːfɪk] *adj.* ectomórfico
ectopic [ekˈtɒpɪk] *adj.* ectópico ❖ MEDICINA ~ *pregnancy* gravidez ectópica
ectoplasm [ˈektəʊplæzm] *s.* BIOLOGIA ectoplasma
ectoplasmic [ektəʊˈplæzmɪk] *adj.* ectoplasmático, ectoplásmico
Ecuador [ˈekwədɔː] *s.top.* (país) Equador
Ecuadoran [ekwəˈdɔːrən] *adj.,s.* equatoriano
Ecuadorian [ekwəˈdɔːrɪən] *adj.,s.* equatoriano
ecumenical [iːkjʊˈmenɪkəl] *adj.* ecuménico, universal
ecumenicalism [iːkjʊˈmenɪkəlɪzəm] *s.* movimento ecuménico
ecumenicism [iːkjʊˈmenɪsɪzəm] *s.* ecumenicidade, ecumenismo
ecumenist [iːkjʊˈmenɪst] *s.* partidário do movimento ecuménico
Ecumenopolis [iːkjʊˈmenəʊpəlɪs] *s.* cidade universal
eczema [ˈeksɪmə, ˈekzɪmə] *s.* MEDICINA eczema; *weeping/moist* ~ eczema húmido
ed. Ⓐ [*abrev. de* edition] Ⓑ [*abrev. de* editor]
edacious [ɪˈdeɪʃəs] *adj.* 1 edace, edaz; 2 voraz, devorador
edacity [ɪˈdæsɪtɪ] *s.* 1 edacidade; 2 voracidade
Edam [ˈiːdæm] *s.* (queijo) edam
EDC MILITAR [*abrev. de* European Defence Community]
Ed.D. [*abrev. de* Doctor of Education]
Edda [ˈedə] *s.* LITERATURA, MITOLOGIA Eda
eddy [ˈedɪ] Ⓐ *s.* (pl. **-ies**) 1 redemoinho; turbilhão; 2 refluxo de corrente Ⓑ *v.tr.,intr.* 1 (ar, água) redemoinhar; 2 rodopiar; espiralar-se ❖ ~ *wind* rajada de vento
edelweiss [ˈeɪdlvaɪs] *s.* BOTÂNICA edelvaisse
edema [ɪˈdiːmə] *s.* MEDICINA, BOTÂNICA ⇒ **oedema**
Eden [ˈiːdn] *s.* éden
Edenic [iːˈdenɪk] *adj.* edénico
edentata [ɪdenˈteɪtə] *s.pl.* ZOOLOGIA desdentados
Edentate [ɪˈdentɪt] *adj.,s.* ZOOLOGIA desdentado
edge [edʒ] Ⓐ *s.* 1 orla; borda; 2 fio; gume; 3 (montanha) crista; 4 aresta; 5 (livro) borda; 6 [coloq.] vantagem; avanço; *to have an* ~ *on sb* ter leve vantagem sobre alguém; 7 [fig.] vigor; intensidade; veemência Ⓑ *v.tr.* 1 afiar, aguçar; 2 cortar, aparar; 3 mover, deslocar; 4 (roupa) debruar, guarnecer; 5 DESPORTO bater de lado, chutar de lado; 6 (esqui) inclinar Ⓒ *v.intr.* deslocar-se vagarosa e cuidadosamente ❖ ~ *bone* osso da rabadilha; ~ *gauge* calibre de corte; (moeda) ~ *ring* serrilha; ~ *tool* ferramenta cortante; *to be on* ~ estar irritado/enervado; *to be on the* ~ *of* estar à beira de; estar no limiar de; *to give a person the* ~ *of one's tongue* repreender/descompor uma pessoa; *to have an* ~ *on* estar levemente embriagado; *to play with* ~ *tools* brincar com o fogo; *to put to the* ~ *of the sword* passar a fio de espada; *to set an* ~ *on* afiar; *to set the teeth on* ~ arrepiar-se; bulir com os nervos; *to take the* ~ *off sth* abrandar/atenuar qualquer coisa; *fall back, fall* ~ aconteça o que acontecer; *not to put too fine an* ~ *upon it* para falar com franqueza; para dizer as coisas como elas são; *to* ~ *to the north* virar a rota para norte
◆ **edge away** *v.intr.* afastar-se cautelosamente
◆ **edge forward** *v.intr.* avançar lentamente; avançar pouco a pouco
◆ **edge in** *v.tr.* [EUA] (horário preenchido) encaixar (actividade) ❖ *to* ~ *a word* meter a sua colherada
◆ **edge off** *v.intr.* afastar-se
◆ **edge on** *v.tr.* impulsionar; fazer andar para a frente; animar
◆ **edge out** *v.tr.* 1 afastar gradualmente; 2 [coloq.] (competição) eliminar por um triz; excluir
edged [edʒd] *adj.* afiado; cortante ❖ *don't play with* ~ *tools* não brinques com o fogo
edgeways [ˈedʒweɪz] *adv.* 1 de lado; 2 de ponta; de canto; 3 de ponta a ponta ❖ [coloq.] *to get a word in* ~ meter-se na conversa
edgewise [ˈedʒwaɪz] *adv.* ⇒ **edgeways**
edging [ˈedʒɪŋ] *s.* guarnição estreita, orla, debrum, bainha
edgy [ˈedʒɪ] *adj.* (comp. **-ier**, superl. **-iest**) 1 nervoso, tenso; 2 irritável, irritadiço; 3 recortado; 4 de arestas vivas; 5 de contornos nítidos
EDI INFORMÁTICA [*abrev. de* Electronic Data Interchange]

edibility [edɪ'bɪlɪtɪ] s. comestibilidade
edible ['edɪbəl] Ⓐ adj. comestível Ⓑ s. pl. comestíveis
edict ['i:dɪkt] s. [form.] edicto; édito; decreto; *to observe an ~* obedecer a um decreto ❖ HISTÓRIA *~ of Nantes* Édito de Nantes
edification [edɪfɪ'keɪʃən] s. edificação, aperfeiçoamento
edifice ['edɪfɪs] s. edifício, construção
edifier ['edɪfaɪə] s. 1 edificador; 2 [irón.] doutrinador
edify ['edɪfaɪ] v.tr. 1 (educar) edificar; 2 [irón.] doutrinar
edifying ['edɪfaɪɪŋ] adj. edificante
Edinburgh ['edɪnbərə] s.top. Edimburgo
edit ['edɪt] v.tr. 1 (texto) rever; preparar para publicação; 2 (publicação) ser o editor de; coordenar; *to ~ the sports section in a paper* coordenar a secção desportiva de um jornal; 3 (filme) montar
◆**edit out** v.tr. cortar; suprimir; apagar
Edith ['i:dɪθ] s.antr. Edite
editing ['edɪtɪŋ] s. 1 (filme) montagem; 2 (texto) redacção; 3 (texto) revisão; 4 coordenação de edição
edition [ɪ'dɪʃən] s. 1 edição; *revised ~* edição revista; 2 TELEVISÃO emissão ❖ *limited ~* (edição com) tiragem limitada
editor ['edɪtə] s. 1 (publicações) editor; coordenador; 2 revisor; 3 CINEMA montador; 4 director ❖ *managing ~* coordenador geral; INFORMÁTICA *text ~* editor de texto
editorial [edɪ'tɔ:rɪəl] Ⓐ adj. editorial Ⓑ s. [EUA] (jornal) editorial ❖ *~ representatives* agentes literários; *the ~ staff* a redacção, o corpo redactorial
editorially [edɪ'tɔ:rɪəlɪ] adv. 1 editorialmente; 2 na qualidade de editor ou redactor
editorship ['edɪtəʃɪp] s. 1 função, actividade de editor, redactor, comentador, anotador; 2 direcção de revista ou jornal
editress ['edɪtrəs] fem. de **editor**
Edmund ['edmənd] s.antr. Edmundo
EDP INFORMÁTICA [abrev. de electronic data processing]
educability [edjʊkə'bɪlɪtɪ] s. educabilidade
educable ['edjʊkəbəl] adj. educável
educand ['edjʊkənd] s. educando
educate ['edjʊkeɪt, 'edʒʊkeɪt] v.tr. educar, formar; ensinar, instruir
educated ['edjʊkeɪtɪd, 'edʒʊkeɪtɪd] adj. educado, instruído
education [edjʊ'keɪʃən, edʒʊ'keɪʃən] s. 1 ensino; 2 educação; instrução; 3 pedagogia; 4 formação; 5 cultura ❖ *Education Act* lei sobre o ensino; *~ system* sistema educativo; *compulsory ~* escolaridade obrigatória; *elementary ~* ensino básico; *higher ~* ensino superior; *secondary/high school ~* ensino secundário; *Board of Education* Ministério da Educação
educational [edjʊ'keɪʃənəl, edʒʊ'keɪʃənəl] adj. 1 educacional; 2 escolar; 3 educativo; pedagógico ❖ *~ adviser* conselheiro pedagógico; *~ establishment* estabelecimento de ensino; *~ psychology* psicopedagogia
educationalist [edjʊ'keɪʃənəlɪst, edʒʊ'keɪʃənəlɪst] s. pedagogo, educador
educationist [edjʊ'keɪʃənɪst, edʒʊ'keɪʃənɪst] s. pedagogo, educador
educative ['edjʊkətɪv, 'edʒʊkətɪv] adj. educativo
educator ['edjʊkeɪtə, 'edʒʊkeɪtə] s. educador, pedagogo
educe [i:'dju:s] v.tr. 1 eduzir, extrair; 2 induzir, deduzir, inferir
educible [i:'dju:sɪbəl] adj. que pode ser eduzido, extraído
educt ['i:dʌkt] s. 1 educto; 2 dedução; 3 produto de decomposição química; 4 extracto
eduction [i:'dʌkʃən] s. 1 edução; extracção; 2 dedução; 3 (vapor) descarga
edulcorate [ɪ'dʌlkəreɪt] v.tr. edulcorar
edulcoration [ɪdʌlkə'reɪʃən] s. edulcoração
edutainment [edjʊ'teɪnmənt, edʒʊ'teɪnmənt] s. {contr. de **education+entertainment**} entretenimento educativo, brincadeiras educativas, material educativo apresentado como divertimento
Edward ['edwəd] s.antr. Eduardo
Edwardian [ed'wɔ:dɪən] adj. eduardiano; relativo à época ou ao reinado de Eduardo VII (1901-1910)
Edwin ['edwɪn] s.antr. Eduíno
edy ['edɪ] adj. irritável, com os nervos à flor da pele
e.e. [abrev. de errors excepted]
EEA [i:i:'eɪ] [abrev. de European Economic Area] Área Económica Europeia

EEC [abrev. de European Economic Community]
EEG Ⓐ MEDICINA [abrev. de electroencephalogram] Ⓑ MEDICINA [abrev. de electroencephalograph] Ⓒ MEDICINA [abrev. de echoencephalograph]
eek [i:k] interj. (repulsa, admiração) ah! ❖ *eek! a mouse!* ah! um rato!
eel [i:l] s. 1 ZOOLOGIA enguia; 2 [fig.] troca-tintas; pessoa que não é de confiança; aldrabão ❖ *~ basket* nassa para enguias; *~ pond* viveiro de enguias; ZOOLOGIA *electric ~* gimnoto; enguia-eléctrica; *to be as slippery as an ~* ser escorregadio como uma enguia; ser difícil de segurar
eelgrass ['i:lgrɑ:s] s. BOTÂNICA zostera
eelpout ['i:lpaʊt] s. ZOOLOGIA (peixe) lota
eelworm ['i:lwɜ:m] s. ZOOLOGIA anguílula
e'en [i:n] adv. ⇒ **even**
e'er [eə] adv. ⇒ **ever**
eerie ['ɪərɪ] adj. 1 misterioso, estranho, fantástico; 2 fantasmagórico; 3 sinistro; 4 arrepiante
eerily ['ɪərɪlɪ] adv. 1 misteriosamente; 2 de forma sinistra, sinistramente; 3 estranhamente
eeriness ['ɪərɪnɪs] s. carácter misterioso, estranho, fantasmagórico, sobrenatural
eery ['ɪərɪ] adj. 1 misterioso, estranho, fantástico; 2 fantasmagórico; 3 sinistro; 4 arrepiante
eff [ef] v.intr. [cal.] (ofensivo) ⇒ **fuck** ❖ *~ and blind* dizer palavrões; praguejar
efface [ɪ'feɪs] Ⓐ v.tr. 1 [form.] apagar, fazer desaparecer, obliterar; 2 eclipsar Ⓑ v.refl. 1 apagar-se; tentar passar despercebido; 2 desaparecer; *to ~ oneself in the crowd* desaparecer por entre a multidão
effaceable [ɪ'feɪsəbəl] adj. obliterável, apagável
effacement [ɪ'feɪsmənt] s. supressão, apagamento
effect [ɪ'fekt] Ⓐ s. 1 resultado; consequência; efeito; *~ of heat* efeito do calor; *the ~ of sth on sb* o efeito de algo em alguém; *the side effects of a medicine* os efeitos secundários de um medicamento; 2 impacto; *to have no ~* não ter qualquer impacto; 3 eficácia; 4 trabalho mecânico; 5 pl. bens, haveres Ⓑ v.tr. realizar, efectuar ❖ *cause and ~* causa e efeito; *calculated for ~* feito para dar nas vistas; *for ~* para impressionar; *in ~* de facto, efectivamente; em vigor; *it was all to no ~* foi tudo em vão; *of no ~* inútil; *or words to that ~* ou qualquer coisa no género; CINEMA *sound and visual effects* efeitos sonoros e visuais; CINEMA *special effects* efeitos especiais; *to the same ~* para o mesmo fim; *to bring/put/carry sth into ~* pôr algo em marcha; levar a cabo alguma coisa; *to come/go into ~* realizar-se; concretizar-se; *to take ~* entrar em vigor
effective [ɪ'fektɪv] adj. 1 eficaz; 2 de efeito; impressionante; com impacto; 3 (argumentos) convincente; 4 efectivo; concreto; verdadeiro; real; *the ~ leader of the gang* o verdadeiro cabecilha do bando; 5 vigente, em vigor; operativo; *the law is already ~* a lei já entrou em vigor; 6 pronto a ser utilizado ❖ *~ money* moeda real; *~ output* rendimento real; *~ power* potência efectiva/real; *~ pressure* pressão efectiva
effectively [ɪ'fektɪvlɪ] adv. 1 eficientemente; eficazmente; 2 na realidade; de facto; realmente; com efeito
effectiveness [ɪ'fektɪvnɪs] s. 1 eficiência; 2 eficácia; 3 efeito, impressão nítida
effectives [ɪ'fektɪvz] s.pl. efectivos militares
effectual [ɪ'fektʃʊəl] adj. válido, eficaz
effectually [ɪ'fektʃʊəlɪ] adv. eficazmente; de uma maneira válida
effectualness [ɪ'fektʃʊəlnɪs] s. 1 eficácia; 2 validade
effectuate [ɪ'fektʃʊeɪt] v.tr. efectuar, levar a cabo
effectuation [ɪfektʃʊ'eɪʃən] s. efectuação
effeminacy [ɪ'femɪnəsɪ] s. efeminação
effeminate[1] [ɪ'femɪneɪt] v.tr. efeminar
effeminate[2] [ɪ'femɪnɪt] adj.,s. efeminado
effeminately [ɪ'femɪnɪtlɪ] adv. efeminadamente
effeminateness [ɪ'femɪnɪtnəs] s. efeminação
effeminating [ɪ'femɪneɪtɪŋ] Ⓐ adj. efeminante Ⓑ s. efeminação
effendi [e'fendɪ] s. efêndi

efferent ['efərənt] *adj.* FISIOLOGIA eferente
effervesce [ˌefə'ves] *v.intr.* efervescer
effervescence [ˌefə'vesəns] *s.* efervescência
effervescency [ˌefə'vesənsɪ] *s.* efervescência
effervescent [ˌefə'vesənt] *adj.* efervescente
effete [ɪ'fiːt] *adj.* **1** gasto, exausto, incapaz; **2** estéril; **3** caduco
effeteness [ɪ'fiːtnɪs] *s.* **1** exaustão, esgotamento; **2** incapacidade; **3** caducidade
efficacious [ˌefɪ'keɪʃəs] *adj.* eficaz
efficaciously [ˌefɪ'keɪʃəslɪ] *adv.* eficazmente
efficaciousness [ˌefɪ'keɪʃəsnɪs] *s.* eficácia
efficacy ['efɪkəsɪ] *s.* ⇒ **efficaciousness**
efficiency [ɪ'fɪʃənsɪ] *s.* **1** eficiência; **2** (método) eficácia; **3** (pessoa) competência; **4** bom funcionamento; **5** rendimento ❖ (apartamento) ~ *appartment* estúdio; ECONOMIA ~ *curve* curva de rendimento; ECONOMIA ~ *wages* salário proporcional à produção; *commercial* ~ rendimento económico
efficient [ɪ'fɪʃənt] *adj.* **1** (pessoas) eficiente; **2** (sistema, etc.) eficaz; **3** (máquina) com bom rendimento
efficiently [ɪ'fɪʃəntlɪ] *adv.* **1** eficientemente; **2** de modo eficaz
effigy ['efɪdʒɪ] *s.* (*pl.* **-ies**) efígie
effloresce [ˌeflə'res] *v.intr.* eflorescer
efflorescence [ˌeflə'resəns] *s.* BOTÂNICA, QUÍMICA eflorescência
efflorescent [ˌeflə'resənt] *adj.* eflorescente
effluence ['efluəns] *s.* efluência
effluent ['efluənt] Ⓐ *adj.* efluente Ⓑ *s.* **1** (poluição) efluente; **2** rio que se forma de outro maior, de lago, etc.
effluvium [e'fluːvɪəm] *s.* (*pl.* **-ia**) eflúvio; emanação
efflux ['eflʌks] *s.* (*pl.* **-es**) efluxo
effluxion [e'flʌkʃən] *s.* efluxo ❖ [form.] ~ *of time* expiração de prazo
effort ['efət] *s.* **1** esforço; *you must make an* ~ tens de te esforçar, tens de fazer por isso; *to make an* ~ fazer um esforço, esforçar-se; **2** (iniciativa) empreendimento; realização ❖ *to make every* ~ fazer o possível; *not to be worth the* ~ não valer a pena; [coloq.] *that's a good effort!* foi uma boa tentativa!; *to spare no* ~ não se poupar a esforços; *with* ~ a custo; com alguma dificuldade; *without* ~ facilmente; sem a mínima dificuldade
effortful ['efətfʊl] *adj.* que requer grande esforço
effortless ['efətləs] *adj.* **1** fácil; **2** sem esforço; **3** passivo
effrontery [ɪ'frʌntərɪ] *s.* (*pl.* **-ies**) descaramento, desaforo, topete
effulgence [ɪ'fʌldʒəns, ɪ'fʊldʒəns] *s.* esplendor, brilho, cintilação
effulgent [ɪ'fʌldʒənt, ɪ'fʊldʒənt] *adj.* esplendente, brilhante, radiante
effuse[1] [ɪ'fjuːz, e'fjuːz] *v.tr.,intr.* **1** efundir, derramar, entornar; **2** espalhar-se
effuse[2] [ɪ'fjuːs, e'fjuːs] *adj.* espalhado
effusion [ɪ'fjuːʒən] *s.* efusão
effusive [ɪ'fjuːsɪv] *adj.* (atitude) efusivo; expansivo; caloroso ❖ GEOLOGIA ~ *rock* rocha efusiva; *to be* ~ *in one's apologies* desfazer-se em desculpas
effusively [ɪ'fjuːsɪvlɪ] *adv.* efusivamente, efusamente
effusiveness [ɪ'fjuːsɪvnɪs] *s.* efusividade
EFL [abrev. de English as a Foreign Language]
eft [eft] *s.* ZOOLOGIA tritão
EFTA ECONOMIA [abrev. de European Free Trade Association]
eftsoon [eft'suːn] *adv.* [arc.] logo a seguir, imediatamente
eftsoons [eft'suːnz] *adv.* [arc.] logo a seguir, imediatamente
e.g. [abrev. de exempli gratia]
egad [ɪ'ɡæd] *interj.* [arc.] por Deus!
egalitarian [ɪˌɡælɪ'teərɪən] Ⓐ *adj.* igualitário Ⓑ *s.* igualitarista; defensor do igualitarismo
egalitarianism [ɪˌɡælɪ'teərɪənɪzəm] *s.* igualitarismo
Egbert ['eɡbɜːt] *s.antr.* Egberto
Egeria [iː'dʒɪərɪə] *s.* MITOLOGIA Egéria
egest [ɪ'dʒest] *v.tr.* FISIOLOGIA evacuar
egg [eɡ] Ⓐ *s.* **1** ovo; *to lay an* ~ pôr um ovo; **2** BIOLOGIA óvulo; **3** [coloq.] bomba altamente explosiva lançada por avião Ⓑ *v.tr.* **1** incitar; **2** provocar ❖ ~ *coal* antracite triturada; (ovos quentes) ~ *cosy* abafador; ~ *flip* gemada (com leite, vinho ou cerveja); ~ *poacher* escalfador de ovos; ~ *slice* espátula de fritar escumadeira; ~ *whites beaten stiff* claras batidas em castelo; *addled* ~ ovo goro; *bad* ~ ovo choco; *darning* ~ ovo de coser meias; *fried* ~ ovo estrelado; [coloq.] *good* ~ boa pessoa; coisa boa; *poached* ~ ovo escalfado; *raw* ~ ovo cru; *scrambled eggs* ovos mexidos; ovo esfarrapado; [coloq.] *he is a bad* ~ ele é fraco traste; *in the* ~ ainda em embrião; muito no início; *it's like the curate's* ~ nem é bom nem mau; *to put all one's eggs in one basket* arriscar tudo o que se tem numa coisa só
◆**egg on** *v.tr.* incitar, animar
egg-and-dart [eɡən'dɑːt] *s.* ARQUITECTURA molde decorativo
eggbeater ['eɡbiːtə] *s.* **1** CULINÁRIA batedeira de ovos; **2** [EUA] [cal.] helicóptero
eggcup ['eɡkʌp] *s.* oveiro, suporte para ovo cozido
egg-fruit ['eɡfruːt] *s.* BOTÂNICA beringela
egghead ['eɡhed] *s.* [coloq., joc.] crânio$_{fig}$, cérebro$_{fig}$, intelectual, sábio
egg-laying ['eɡleɪŋ] Ⓐ *adj.* ovíparo Ⓑ *s.* postura de ovos
eggnog ['eɡnɒɡ] *s.* (bebida) *eggnog*
eggplant ['eɡplɑːnt] *s.* [EUA] BOTÂNICA beringela
eggshell ['eɡʃel] Ⓐ *s.* casca de ovo Ⓑ *adj.* **1** (cor) pálido, claro; ~ *blue* azul claro; **2** [fig.] frágil; delicado ❖ *to walk on eggshells* ter mil cuidados
eggwhisk ['eɡwɪsk] *s.* batedor de ovos
eggy ['eɡɪ] *adj.* manchado com gema de ovo
eglantine ['eɡləntaɪn] *s.* rosa silvestre, rosa amarela
ego ['iːɡəʊ, 'eɡəʊ] *s.* FILOSOFIA ego
egocentric [ˌiːɡəʊ'sentrɪk, ˌeɡəʊ'sentrɪk] *adj.* egocêntrico
egocentrism [ˌiːɡəʊ'sentrɪzəm, ˌeɡəʊ'sentrɪzəm] *s.* egocentrismo
egoism ['iːɡəʊɪzəm] *s.* egoísmo
egoist ['iːɡəʊɪst, 'eɡəʊɪst] *s.* egoísta
egoistic [ˌiːɡəʊ'ɪstɪk, ˌeɡəʊ'ɪstɪk] *adj.* egoísta
egoistical [ˌiːɡəʊ'ɪstɪkəl, ˌeɡəʊ'ɪstɪkəl] *adj.* egoísta
egoistically [ˌiːɡəʊ'ɪstɪklɪ, ˌeɡəʊ'ɪstɪklɪ] *adv.* de uma maneira egoísta, egoisticamente
egomania [ˌeɡəʊ'meɪnɪə, ˌiːɡəʊ'meɪnɪə] *s.* egomania
egomaniac [ˌeɡəʊ'meɪnɪæk] *s.* egomaníaco
egomaniacal [ˌeɡəʊmə'naɪəkəl] *adj.* egomaníaco
egotism ['iːɡəʊtɪzəm, 'eɡəʊtɪzəm] *s.* egotismo
egotist ['iːɡəʊtɪst, 'eɡəʊtɪst] *s.* egotista; egoísta
egotistic [ˌiːɡəʊ'tɪstɪk, ˌeɡəʊ'tɪstɪk] *adj.* egotista
egotistical [ˌiːɡəʊ'tɪstɪkəl, ˌeɡəʊ'tɪstɪkəl] *adj.* egotista
egotistically [ˌiːɡəʊ'tɪstɪklɪ, ˌeɡəʊ'tɪstɪklɪ] *adv.* de modo egotista
egotize ['iːɡəʊtaɪz, 'eɡəʊtaɪz] *v.intr.* **1** dar predomínio ao seu eu; **2** considerar tudo em função de si mesmo
egregious [ɪ'ɡriːdʒəs] *adj.* **1** [lit.] egrégio, insigne; **2** [depr.] (erro) flagrante; declarado; **3** [depr.] absoluto; rematado; ~ *folly* loucura rematada
egregiously [ɪ'ɡriːdʒəslɪ] *adv.* de modo egrégio; ilustremente
egregiousness [ɪ'ɡriːdʒəsnɪs] *s.* **1** distinção, nobreza, carácter egrégio; **2** [depr.] enormidade
egress ['iːɡres] *s.* **1** saída, egresso, egressão; **2** direito de saída
egression [iː'ɡreʃən] *s.* egressão
egret ['iːɡret] *s.* **1** ZOOLOGIA garça; **2** garça-real, airão; **3** poupa, pluma, penacho
Egypt ['iːdʒɪpt] *s.top.* Egipto
Egyptian [ɪ'dʒɪpʃən] *adj.,s.* egípcio
Egyptologist [ˌiːdʒɪp'tɒlədʒɪst] *s.* egiptólogo
Egyptology [ˌiːdʒɪp'tɒlədʒɪ] *s.* egiptologia
eh [eɪ] *interj.* (surpresa, incompreensão) eh!
EHP Ⓐ [abrev. de Electrical horsepower] Ⓑ [abrev. de effective horsepower]
EIDE INFORMÁTICA [abrev. de Enhanced Integrated Device Electronics]
eider ['aɪdə] *s.* ZOOLOGIA (ave) êider
eiderdown ['aɪdədaʊn] *s.* **1** edredão; **2** penugem, penas de êider
eidetic [aɪ'detɪk] *adj.* FILOSOFIA, PSICOLOGIA eidético; ~ *image* imagem eidética
eidograph ['aɪdəʊɡrɑːf] *s.* pantógrafo
eidolon [aɪ'dəʊlən] *s.* (*pl.* **-a** ou **-ons**) fantasma, espectro
Eiffel Tower ['aɪfəlˌtaʊə] *s.* torre Eiffel (em Paris)
eight [eɪθ] *num.card.,s.* oito; *five eights are forty* oito vezes cinco são quarenta; *in* ~ *days from now* dentro de oito dias

eighteen

❖ (Oxford, Cambridge) *the eights* as corridas de barcos; [coloq.] *to be behind the ~ ball* estar numa situação difícil; [coloq.] *to have one over the ~* beber de mais

eighteen [eɪ'ti:n] *num.card.,s.* dezoito

eighteenmo [eɪ'ti:nməʊ] *adj.,s.* TIPOGRAFIA formato de 10 x 8

eighteenth [eɪ'ti:nθ] Ⓐ *num.ord.* décimo oitavo Ⓑ *s.* dezoito avos

eightfold ['eɪtfəʊld] *adj.,adv.* 1 óctuplo; 2 oito vezes mais

eighth [eɪtθ, eɪθ] *num.ord.,s.* oitavo

eighthly ['eɪtθlɪ, 'eɪθlɪ] *adv.* em oitavo lugar

eightieth ['eɪtɪəθ] *num.ord.,s.* octogésimo

eightsome ['eɪtsəm] *s.* dança escocesa para oito pessoas

eighty ['eɪtɪ] *num.card.,s.* oitenta

einkorn ['aɪnkɔːn] *s.* BOTÂNICA espelta

einsteinium [aɪnʃ'taɪnɪəm] *s.* QUÍMICA (elemento químico) einstéinio

Eire ['eərə] *s.top.* República da Irlanda

eirenicon [aɪ'riːnɪkɒn] *s.* RELIGIÃO proposta irénica; proposta destinada a apaziguar as discórdias entre os Cristãos

EIS INFORMÁTICA [*abrev. de* Executive Information System]

eistddfodd [aɪs'teðvɒd] *s.* (*pl.* **eisteddfodau** ou **eistddfodds**) reunião de bardos galeses, jogos florais

either ['aɪðə, 'iːðə] *adj.,adv.,conj.,pron.* 1 um de dois; 2 [em frases negativas e interrogativas-negativas] tão-pouco, também não; *I don't like it ~* eu também não gosto disso; *nor I either!* nem eu tão-pouco!; 3 ou ❖ *either... or* ou... ou, quer... quer; *~ of them* os dois; *~ come in or go out* ou entras ou sais; *if she is not going, I shall not ~* se ela não for também não vou; *on ~ side* de cada lado; *there is no evidence ~ way* faltam provas quer dum lado quer doutro; *they can do it ~ way* podem fazer como quiserem

either-or ['aɪðə,ɔː] *adj.* (escolha) limitado a duas opções; *an ~ situation* situação com duas opções

ejaculate [ɪ'dʒækjʊleɪt] *v.tr.* 1 ejacular; 2 pronunciar de súbito; proferir

ejaculation [ɪ,dʒækjʊ'leɪʃən] *s.* 1 ejaculação; 2 exclamação; 3 arrazoado

ejaculatory [ɪ'dʒækjʊlətərɪ] *adj.* 1 ejaculatório; 2 jaculatório

eject[1] [ɪ'dʒekt] Ⓐ *v.tr.* 1 ejectar; 2 expulsar; 3 (inquilino) pôr na rua; 4 despedir Ⓑ *v.intr.* AERONÁUTICA ejectar-se ❖ *~ mechanism* mecanismo ejector

eject[2] ['iːdʒekt] *s.* inferência, objecto inferido

ejecta [ɪ'dʒektə] *s.pl.* 1 ejecções; 2 FISIOLOGIA, GEOLOGIA dejecções

ejection [ɪ'dʒekʃən] *s.* 1 ejecção; 2 despedimento; 3 expulsão; 4 *pl.* dejecções ❖ *~ pipe* cano de descarga

ejective [ɪ'dʒektɪv] *adj.* 1 que provoca a ejecção; 2 relativo à ejecção

ejectment [ɪ'dʒektmənt] *s.* DIREITO despejo

ejector [ɪ'dʒektə] *s.* 1 MECÂNICA ejector; 2 aquele que põe fora alguém, quem expulsa ❖ *~ button* botão de ejecção; *~ pipe* tubo do ejector; *~ seat* assento ejectável

eke [iːk] Ⓐ *v.tr.* 1 aumentar; completar; *he ekes out his salary by doing odd jobs* ele aumenta o vencimento fazendo biscates; 2 poupar, economizar, fazer durar; 3 preencher Ⓑ *adv.* [arc.] também ❖ *to ~ out a living* sobreviver com dificuldades

EKG [EUA] MEDICINA [*abrev. de* electrocardiogram, electrocardiograph] electrocardiograma, electrocardiógrafo

ekker ['ekə] *s.* [Esc.] exercício físico

elaborate[1] [ɪ'læbəreɪt] Ⓐ *v.tr.* elaborar, preparar pormenorizadamente Ⓑ *v.intr.* 1 entrar em detalhes; 2 aprofundar

elaborate[2] [ɪ'læbərət] *adj.* 1 elaborado; 2 complicado; 3 trabalhado; 4 preparado cuidadosamente

elaborately [ɪ'læbərətlɪ] *adv.* elaboradamente

elaborateness [ɪ'læbərətnəs] *s.* 1 cuidado minucioso, perfeição; 2 primor; 3 acabamento; 4 MECÂNICA complicação

elaboration [ɪ,læbə'reɪʃən] *s.* elaboração

elaborative [ɪ'læbərətɪv] *adj.* elaborativo

Elamite ['iːləmaɪt] *adj.,s.* elamita

élan [eɪ'lɑːn] *s.* élan

eland ['iːlənd] *s.* ZOOLOGIA cefo, antílope africano

elapse [ɪ'læps] *v.intr.* decorrer, passar

elastane [ɪ'læsteɪn] *s.* elastano

elastic [ɪ'læstɪk] Ⓐ *adj.* 1 elástico; 2 [fig.] flexível; adaptável Ⓑ *s.* elástico; *~ band* elástico ❖ *~ deflection* flexão elástica; *~ deformation* deformação elástica; *~ fulcrum* apoio elástico; *~ limit* limite de elasticidade; *~ power* força elástica; *~ strain* deformação elástica

elastically [ɪ'læstɪklɪ] *adv.* de uma maneira elástica, elasticamente

elasticity [iːlæs'tɪsɪtɪ] *s.* 1 elasticidade; 2 flexibilidade

elastin [ɪ'læstɪn] *s.* BIOQUÍMICA elastina

elastomer [ɪ'læstəmə] *s.* elastómero

elastomeric [ɪ,læstə'merɪk] *adj.* elastomérico

elate [ɪ'leɪt] Ⓐ *v.tr.* exaltar, enlevar; extasiar Ⓑ *adj.* 1 eufórico, exultante; 2 enlevado, embevecido; 3 extasiado

elated [ɪ'leɪtɪd] *adj.* 1 eufórico, exultante; 2 enlevado, embevecido; 3 extasiado

elatedness [ɪ'leɪtɪdnɪs] *s.* elação

elaterium [elə'tɪərɪəm] *s.* 1 BOTÂNICA elatério; 2 pepino-de-são-gregório

elation [ɪ'leɪʃən] *s.* elação, exaltação, júbilo

Elba ['elbə] *s.top.* (ilha) Elba

Elbe [elb] *s.top.* (rio) Elba

elbow ['elbəʊ] Ⓐ *s.* 1 cotovelo; 2 (rua) esquina; 3 ângulo Ⓑ *v.tr.,intr.* abrir caminho às cotoveladas; acotovelar ❖ *~ bend* curva em cotovelo; *~ chair* poltrona; cadeira de braços; *~ glove* luva alta, passando dos cotovelos; [coloq.] *~ grease* trabalho duro; esforço; *~ of land* língua de terra; *at one's ~* perto; à mão; *out at the elbows* de cotovelos puídos; andrajoso; *up to the elbows in work* muito ocupado; *to ~ one's way* abrir caminho à força de cotoveladas; *to rub elbows with* misturar-se com; conviver com

◆**elbow out** *v.tr.* 1 excluir; 2 expulsar

elbowroom ['elbəʊrʊm] *s.* 1 espaço; liberdade de movimentos; *to have enough ~* poder mexer-se à vontade; 2 [fig.] margem de manobra; *to have no ~* não ter margem de manobra

elchee ['eltʃɪ] *s.* embaixador

eld [eld] *s.* 1 [arc.] velhice; 2 [arc.] velhos tempos

elder ['eldə] Ⓐ *adj.* 1 mais velho; *he is my ~ brother* ele é o meu irmão mais velho; 2 mais idoso; 3 superior; com mais categoria Ⓑ *s.* 1 ancião; 2 pessoa idosa; 3 (judeus, presbiterianos) funcionário com cargo directivo em algumas igrejas; 4 BOTÂNICA sabugueiro; amieiro; 5 *pl.* pessoas mais velhas/de mais idade; *you must respect your elders* deves respeitar os mais velhos ❖ *Pliny the ~* Plínio, o Velho

elderberry ['eldəberɪ, 'eldəbərɪ] *s.* BOTÂNICA sabugo, sabugueiro

elderly ['eldəlɪ] *adj.* de certa idade

eldership ['eldəʃɪp] *s.* dignidade de ancião

eldest ['eldɪst] *adj.* o mais velho

ELDO [*abrev. de* European Launch Development Organization]

El Dorado [eldə'rɑːdəʊ] *s.top.* Eldorado

eldritch ['eldrɪtʃ] *adj.* [Esc.] terrível, sobrenatural

Elea ['iːlɪə] *s.top.* (antiga cidade da Itália meridional) Eleia

Eleanor ['elɪnə] *s.antr.* Leonor

e-learning [iː'lɜːnɪŋ] *s.* (*contr. de* **electronic learning**) aprendizagem electrónica

Eleatic [elɪ'ætɪk] Ⓐ *adj.* eleático Ⓑ *s.* eleata

elecampane [elɪkæm'peɪn] *s.* BOTÂNICA énula-campana

elect [ɪ'lekt] Ⓐ *adj.* eleito Ⓑ *s.pl. the elect* os eleitos Ⓒ *v.tr.* 1 eleger; 2 escolher

election [ɪ'lekʃən] Ⓐ *s.* 1 eleições; 2 votação; 3 escolha Ⓑ *adj.* eleitoral ❖ *~ campaign* campanha eleitoral; *to hold an ~* convocar eleições

electioneer [ɪ,lekʃə'nɪə] *v.intr.* 1 fazer propaganda, fazer campanha eleitoral; 2 angariar votos; 3 galopinar

electioneerer [ɪ,lekʃə'nɪərə] *s.* agente eleitoral

electioneering [ɪ,lekʃə'nɪərɪŋ] *s.* campanha eleitoral

elective [ɪ'lektɪv] *adj.* 1 electivo; 2 eleito, seleccionado por votação; 3 (posição) com direito a voto; 4 facultativo; 5 (escola) opcional, de opção; 6 POLÍTICA eleitoral ❖ QUÍMICA *~ affinity* afinidade electiva

electively [ɪ'lektɪvlɪ] *adv.* por eleição, electivamente

elector [ɪ'lektə] *s.m.* eleitor

electoral [ɪ'lektərəl] *adj.* eleitoral ❖ *~ roll/register* cadernos eleitorais

electorate [ɪ'lektərɪt] *s.* eleitorado

Electra [ɪ'lektrə] *s.* MITOLOGIA Electra (filha de Agamémnon e irmã de Ifigénia e Orestes) ❖ PSICOLOGIA ~ *complex* complexo de Electra
electress [ɪ'lektrɪs] *s.f.* eleitora
electric [ɪ'lektrɪk] ⓐ *adj.* 1 eléctrico; 2 [fig.] (ambiente) excitante ⓑ *s.* 1 [coloq.] corrente eléctrica; 2 mecanismo eléctrico ❖ ~ *arc* arco voltaico; (cor) ~ *blue* azul eléctrico; ~ *blanket* cobertor eléctrico; ~ *cable* cabo de electricidade; ~ *chair* cadeira eléctrica; ~ *charge* carga eléctrica; ~ *circuit* circuito eléctrico; ~ *cord* fio de tomada; ~ *current* corrente eléctrica; ~ *discharge* descarga eléctrica; ~ *drive* accionamento eléctrico; ZOOLOGIA ~ *eel* gimnoto; enguia-eléctrica; ~ *eye* célula fotoeléctrica; ~ *field* campo eléctrico; ~ *fire* radiador eléctrico; MÚSICA ~ *guitar* guitarra eléctrica; ~ *installation* instalação de máquinas eléctricas; ~ *jar* garrafa de Leyden; ~ *leakage* fuga de corrente eléctrica; ~ *light* luz eléctrica; ~ *magnet* electroíman; ~ *metal* metal obtido por processos eléctricos; ~ *meter* contador da electricidade; ~ *plant* central eléctrica; ~ *porcelain* porcelana isoladora; ~ *potential* tensão dos eléctrodos; ~ *power* potência eléctrica; ~ *railroad* caminho-de-ferro electrificado; ~ *sign* anúncio luminoso; ~ *shock* (terapia) electrochoque; (acidente) choque eléctrico; ~ *supply* fornecimento de corrente eléctrica; ~ *train* comboio eléctrico; ~ *voltage* voltagem; ~ *central station* central eléctrica; ~ *generating machine* dínamo; ~ *generating set* grupo gerador; ~ *insulating material* material de isolamento eléctrico; ~ *light engine* motor de dínamo; ~ *light plant* central eléctrica; ~ *power transmission* transmissão de energia eléctrica; ~ *time system* sistema de relógios eléctricos; ~ *wiring supplies* material para instalações eléctricas
electrical [ɪ'lektrɪkəl] *adj.* eléctrico ❖ ~ *appliance* electrodoméstico; ~ *blower* ventoinha eléctrica; ~ *buzzer* sinal de alarme eléctrico; ~ *chain* cadeia eléctrica; ~ *charge* carga eléctrica; ~ *connection* ligação eléctrica; ~ *defect* falha de electricidade; ~ *efficiency* rendimento eléctrico; ~ *engineer* engenheiro electrotécnico; ~ *engineering* engenharia electrotécnica; ~ *fitter* mecânico electricista; ~ *lock* fecho eléctrico; ~ *machinery* maquinaria eléctrica; ~ *shop* oficina de objectos eléctricos
electrically [ɪ'lektrɪklɪ] *adv.* electricamente ❖ ~ *connected* ligado electricamente; ~ *operated* accionado electricamente; que funciona a electricidade
electrician [ɪˌlek'trɪʃən] *s.* electricista
electricity [ɪˌlek'trɪsɪtɪ] *s.* 1 electricidade; ~ *was cut off* a electricidade foi cortada, houve um corte de electricidade; 2 [fig.] (ambiente) excitação, efervescência ❖ ~ *bill* factura da electricidade; ~ *works* central eléctrica
electrifiable [ɪ'lektrɪfaɪəbəl] *adj.* electrificável
electrification [ɪˌlektrɪfɪ'keɪʃən] *s.* electrificação
electrified [ɪ'lektrɪfaɪd] *adj.* electrificado; ~ *railroad* linha férrea electrificada; ~ *fence* barreira electrificada
electrifier [ɪ'lektrɪfaɪə] *s.* electrificador
electrify [ɪ'lektrɪfaɪ] *v.tr.* 1 electrificar; 2 electrizar
electrifying [ɪ'lektrɪfaɪɪŋ] ⓐ *adj.* electrizante ⓑ *s.* 1 electrificação; 2 electrização
electrization [ɪˌlektrɪ'zeɪʃən] *s.* electrização
electrize [ɪ'lektraɪz] *v.tr.* electrizar
electro [ɪ'lektrəʊ] ⓐ *s.* 1 [coloq.] cromagem; 2 galvanoplastia ⓑ *v.tr.* 1 [coloq.] cromar; 2 niquelar; 3 pratear, etc., por galvanoplastia
electroanalysis [ɪˌlektrəʊə'nælɪsɪs] *s.* análise eléctrica
electrocardiogram [ɪˌlektrəʊ'kɑːdɪəʊgræm] *s.* MEDICINA electrocardiograma
electrocardiograph [ɪˌlektrəʊ'kɑːdɪəgrɑːf] *s.* MEDICINA electrocardiógrafo
electrocardiographic [ɪˌlektrəʊˌkɑːdɪə'græfɪk] *adj.* MEDICINA electrocardiográfico
electrocardiography [ɪˌlektrəʊkɑːdɪ'ɒgrəfɪ] *s.* MEDICINA electrocardiografia
electrocautery [ɪˌlektrəʊ'kɔːtərɪ] *s.* 1 electrocautério; 2 galvanocautério
electrochemical [ɪˌlektrəʊ'kemɪkəl] *adj.* electroquímico ❖ ~ *cell* pilha electroquímica; ~ *phenomenon* fenómeno electroquímico

electrochemistry [ɪˌlektrəʊ'kemɪstrɪ] *s.* electroquímica
electroconvulsive [ɪˌlektrəʊkən'vʌlsɪv] *adj.* MEDICINA de electrochoques ❖ ~ *therapy* tratamento por electrochoques
electrocute [ɪ'lektrəkjuːt] *v.tr.* electrocutar
electrocution [ɪˌlektrəʊ'kjuːʃən] *s.* electrocussão
electrode [ɪ'lektrəʊd] *s.* eléctrodo
electrodialysis [ɪˌlektrəʊdaɪ'ælɪsɪs] *s.* electrodiálise
electrodynamic [ɪˌlektrəʊdaɪ'næmɪk] *adj.* electrodinâmico
electrodynamics [ɪˌlektrəʊdaɪ'næmɪks] *s.* electrodinâmica
electrodynamometer [ɪˌlektrəʊdaɪnə'mɒmɪtə] *s.* electrodinamómetro
electroencephalogram [ɪˌlektrəʊɪn'sefələʊgræm] *s.* MEDICINA electroencefalograma
electroencephalograph [ɪˌlektrəʊɪn'sefələʊgrɑːf] *s.* MEDICINA electroencefalógrafo
electroencephalography [ɪˌlektrəʊɪnsefə'lɒgrəfɪ] *s.* electroencefalografia
electroforming [ɪˌlektrəʊ'fɔːmɪŋ] *s.* electroformação
electrogalvanic [ɪˌlektrəʊgæl'vænɪk] *adj.* electrogalvânico
electro-gild [ɪˌlektrəʊ'gɪld] *v.tr.* dourar por electrólise
electro-gilding [ɪˌlektrəʊ'gɪldɪŋ] *s.* acto de dourar por processos eléctricos
electrokinetic [ɪˌlektrəʊkɪ'netɪk] *adj.* electrocinético
electrokinetics [ɪˌlektrəʊkɪ'netɪks] *s.* electrocinética
electrolier [ɪˌlektrəʊ'lɪə] *s.* lustre, candelabro eléctrico
electroluminescence [ɪˌlektrəʊluːmɪ'nesəns] *s.* electroluminescência
electroluminescent [ɪˌlektrəʊluːmɪ'nesənt] *adj.* electroluminescente
electrolyse [ɪ'lektrəʊlaɪz] *v.tr.* electrolisar
electrolyser [ɪ'lektrəʊlaɪzə] *s.* electrolisador
electrolysis [ɪˌlek'trɒlɪsɪs] *s.* electrólise
electrolyte [ɪ'lektrəʊlaɪt] *s.* electrólito
electrolytic [ɪˌlektrəʊ'lɪtɪk] *adj.* electrolítico
electromagnet [ɪˌlektrəʊ'mægnɪt] *s.* electroíman
electromagnetic [ɪˌlektrəʊmæg'netɪk] *adj.* electromagnético
electromagnetism [ɪˌlektrəʊ'mægnətɪzəm] *s.* electromagnetismo
electromechanical [ɪˌlektrəʊmɪ'kænɪkəl] *adj.* electromecânico
electromechanics [ɪˌlektrəʊmɪ'kænɪks] *s.* electromecânica
electrometallurgical [ɪˌlektrəʊmetə'lɜːdʒɪkəl] *adj.* electrometalúrgico
electrometallurgist [ɪˌlektrəʊmɪ'tælədʒɪst] *s.* electrometalurgista
electrometallurgy [ɪˌlektrəʊmɪ'tælədʒɪ] *s.* electrometalurgia
electrometer [ɪˌlek'trɒmɪtə] *s.* electrómetro
electrometry [ɪˌlek'trɒmətrɪ] *s.* electrometria
electromobile [ɪˌlektrəʊ'məʊbaɪl] *adj.* electromóvel
electromotive [ɪˌlektrəʊ'məʊtɪv] *adj.* electromotor; ~ *power* força electromotriz
electromotor [ɪˌlektrəʊ'məʊtə] *s.* motor eléctrico
electromyography [ɪˌlektrəʊmaɪ'ɒgrəfɪ] *s.* electromiografia
electron [ɪ'lektrɒn] *s.* FÍSICA electrão ❖ ~ *density* densidade electrónica; ~ *discharge* descarga electrónica
electronegative [ɪˌlektrəʊ'negətɪv] *adj.* electronegativo
electronegativity [ɪˌlektrəʊnegə'tɪvɪtɪ] *s.* electronegatividade
electronic [ɪˌlek'trɒnɪk] *adj.* electrónico ❖ ~ *book* livro electrónico; ~ *engineer* engenheiro electrónico; ~ *engineering* electrónica; ~ *eye* olho mágico/electrónico; ~ *mail* correio electrónico; ~ *microscope* microscópio electrónico; ~ *publishing* edição electrónica; (detidos) ~ *tag* pulseira electrónica
electronics [ɪˌlek'trɒnɪks] *s.* 1 electrónica; 2 *pl.* (máquinas) sistema electrónico ❖ ~ *engineer* engenheiro electrónico; ~ *industry* indústria electrónica
electropathy [ɪˌlek'trɒpəθɪ] *s.* electroterapia
electrophilic [ɪˌlektrəʊ'fɪlɪk] *adj.* electrófilo, electrofílico
electrophone [ɪ'lektrəʊfəʊn] *s.* electrofone
electrophoresis [ɪˌlektrəʊfə'rɪsɪs] *s.* electroforese
electrophoretic [ɪˌlektrəʊfə'retɪk] *adj.* FÍSICA electroforético
electrophorus [ɪˌlek'trɒfərəs] *s.* electróforo
electrophysics [ɪˌlektrəʊ'fɪzɪks] *s.* electrofísica

electrophysiological [ɪˌlektrəʊˌfɪzɪəʊˈlɒdʒɪkəl] *adj.* electrofisiológico
electroplate [ɪˈlektrəʊpleɪt] Ⓐ *s.* 1 cromado; 2 niquelado Ⓑ *v.tr.* 1 cromar; 2 niquelar, dourar, etc. (por galvanoplastia)
electropositive [ɪˌlektrəʊˈpɒzɪtɪv] *adj.* electropositivo
electropositivity [ɪˌlektrəʊpɒzɪˈtɪvɪtɪ] *s.* electropositividade
electropuncture [ɪˌlektrəʊˈpʌŋktʃə] *s.* electropunctura
electroscope [ɪˈlektrəskəʊp] *s.* electroscópio
electroshock [ɪˈlektrəʊʃɒk] *s.* MEDICINA electrochoque
electrosmelting [ɪˌlektrəʊˈsmeltɪŋ] *s.* fusão eléctrica de minérios (para extracção de metais)
electrostatic [ɪˌlektrəʊˈstætɪk] *adj.* electrostático ❖ ~ *discharge* descarga electrostática
electrostatics [ɪˌlektrəʊˈstætɪks] *s.* electrostática
electrostriction [ɪˌlektrəʊˈstrɪkʃən] *s.* electrostricção
electrosurgery [ɪˌlektrəʊˈsɜːdʒərɪ] *s.* electrocirurgia
electrosurgical [ɪˌlektrəʊˈsɜːdʒɪkəl] *adj.* electrocirúrgico
electrotherapeutics [ɪˌlektrəʊθerəˈpjuːtɪks] *s.* electroterapêutica
electrotherapy [ɪˌlektrəʊˈθerəpɪ] *s.* MEDICINA electroterapia
electrothermal [ɪˌlektrəʊˈθɜːməl] *adj.* electrotérmico
electrothermic [ɪˌlektrəʊˈθɜːmɪk] *adj.* electrotérmico
electrotype [ɪˈlektrəʊtaɪp] *s.* (impressão) electrótipo
electrovalence [ɪˌlektrəʊˈveɪləns] *s.* electrovalência
electrovalent [ɪˌlektrəʊˈveɪlənt] *adj.* electrovalente
electrum [ɪˈlektrəm] *s.* MINERALOGIA electrum, ouro argêntico
electuary [ɪˈlektjuərɪ, ɪˈlektʃuərɪ] *s.* (*pl.* **-ies**) electuário
eleemosynary [ˌelɪiːˈmɒsɪnərɪ] *adj.* 1 que vive de esmolas, pobre; 2 caritativo
elegance [ˈelɪɡəns] *s.* elegância
elegancy [ˈelɪɡənsɪ] *s.* elegância
elegant [ˈelɪɡənt] Ⓐ *adj.* elegante Ⓑ *s.* pessoa elegante, à moda
elegantly [ˈelɪɡəntlɪ] *adv.* elegantemente
elegiac [ˌelɪˈdʒaɪək] *adj.* elegíaco
elegiacal [ˌelɪˈdʒaɪəkəl] *adj.* elegíaco
elegiacs [ˌelɪˈdʒaɪəks] *s.pl.* versos elegíacos
elegist [ˈelɪdʒɪst] *s.* 1 poeta elegíaco; 2 elegiógrafo, elegista
elegize [ˈelɪdʒaɪz] *v.tr.,intr.* 1 escrever em tom de elegia; 2 escrever uma elegia sobre (determinado assunto)
elegy [ˈelɪdʒɪ] *s.* (*pl.* **-ies**) LITERATURA elegia
element [ˈelɪmənt] *s.* 1 elemento; 2 componente; 3 factor; *the ~ of chance* o factor sorte; 4 princípio fundamental; 5 corpo simples; 6 matéria-prima; 7 (aparelho eléctrico) resistência; 8 *pl.* rudimentos; 9 *pl.* forças da natureza, elementos; *the four elements* os quatro elementos (terra, água, fogo, ar) ❖ QUÍMICA *~ combination* combinação de elementos; *to be in one's ~* estar no seu elemento; *to be out of one's ~* estar fora do seu elemento, sentir-se como um peixe fora de água
elemental [ˌelɪˈmentəl] *adj.* 1 elementar, elemental; 2 relativo aos quatro elementos de Empédocles (terra, água, ar e fogo)
elementals [ˌelɪˈmentlz] *s.pl.* elementais
elementarily [ˌelɪˈmentərɪlɪ] *adv.* elementarmente
elementariness [ˌelɪˈmentərɪnɪs] *s.* elementaridade
elementary [ˌelɪˈmentərɪ] *adj.* 1 (rudimentar) elementar; 2 básico; *~ education* ensino básico; 3 primário; *~ school* escola primária ❖ ELECTRICIDADE *~ connection* ligação elementar; *~ geometry course* fundamentos de geometria; *~ motion* movimento elementar; *~ particle* partícula elementar
elemi [ˈelɪmɪ] *s.* elemi
elench [ɪˈlenk] *s.* (*pl.* **-i**) LÓGICA ⇒ **elenchus**
elenchus [ɪˈlenkəs] *s.* (*pl.* **-i**) LÓGICA refutação ❖ *Socratic ~* método socrático
elenctic [ɪˈlenktɪk] *adj.* elêntico
elephant [ˈelɪfənt] *s.* ZOOLOGIA elefante; *baby ~* cria de elefante; *bull ~* elefante macho; *cow ~* elefante fêmea ❖ ZOOLOGIA *~ beetle* variedade de escaravelho; *~ driver* cornaca; (edifício) *white ~* elefante branco; *he has a memory like an ~* ele tem memória de elefante
elephantiasis [ˌelɪfænˈtaɪəsɪs] *s.* MEDICINA elefantíase
elephantine [ˌelɪˈfæntaɪn] *adj.* 1 elefantino; 2 obtuso, pesado
eleusine [ˌeljuːˈsaɪn] *s.* BOTÂNICA eleusina
Eleusinian [ˌeljuːˈsɪnɪən] *adj.* eleusino

Eleusis [ɪˈljuːsɪs] *s.top.* Elêusis
Eleutheria [ɪˌluːˈθɪərɪə] *s.pl.* Eleutérias
elevate [ˈelɪveɪt] *v.tr.* 1 elevar, erguer; 2 exaltar, inspirar; 3 levantar
elevated [ˈelɪveɪtɪd] *adj.* 1 elevado, alto; *~ temperature* temperatura elevada; 2 (pensamentos) nobre; exaltado; elevado ❖ *~ railroad* caminho-de-ferro aéreo; *~ tank* reservatório alto
elevating [ˈelɪveɪtɪŋ] Ⓐ *s.* elevação Ⓑ *adj.* 1 formativo; que eleva; que enobrece; 2 (mecanismo) elevatório; de elevação
elevation [ˌelɪˈveɪʃən] *s.* 1 elevação; 2 altitude; *at an ~ of...* a uma altitude de...; 3 exaltação; dignidade; nobreza; 4 (carreira) subida; promoção; 5 ARQUITECTURA alçado, cota ❖ *~ above sea level* altitude; RELIGIÃO (missa) *~ of host* elevação da hóstia; ARQUITECTURA *sectional ~* corte vertical
elevator [ˈelɪveɪtə] *s.* 1 [EUA] elevador; 2 monta-cargas; 3 [Can., EUA] (celeiro) silo em forma de torre; 4 AERONÁUTICA leme de profundidade ❖ AERONÁUTICA *~ control* comando do leme de profundidade; *~ maintenance* manutenção do elevador; *~ operator* rapaz do elevador; *~ rope* cabo de elevador
eleven [ɪˈlevən] *num.card.,s.* onze ❖ DESPORTO *an ~* equipa formada por onze jogadores; RELIGIÃO *the ~* os onze discípulos (sem Judas)
elevenses [ɪˈlevənzɪz] *s.pl.* lanche da manhã
eleventh [ɪˈlevənθ] Ⓐ *num.ord.* décimo primeiro; undécimo Ⓑ *s.* 1 (ordem) décimo primeiro; 2 (fracção) onze avos ❖ *at the ~ hour* à última da hora; no último momento; *they made several ~ hour changes* fizeram várias modificações de última hora
eleventhly [ɪˈlevənθlɪ] *adv.* em décimo primeiro lugar; em undécimo lugar
elf [elf] *s.* (*pl.* **elves**) 1 gnomo, trasgo, duende; 2 anão ❖ *~ bolt* ponta de seta de sílex; *~ child* criança de peito trocada pelas fadas; *~ land* região dos gnomos
elfin [ˈelfɪn] Ⓐ *adj.* próprio de gnomo, relativo a gnomos, duendes Ⓑ *s.* 1 anão, duende; 2 diabrete, criança endiabrada
elfish [ˈelfɪʃ] *adj.* 1 próprio de gnomo, de duende; 2 malicioso, travesso
elflike [ˈelflaɪk] *adj.* 1 relativo a duendes ou gnomos; 2 travesso; maldoso
elflock [ˈelflɒk] *s.* madeixa de cabelo emaranhado
Elgin [ˈelɡɪn] *s.top.* (cidade escocesa) Elgin ❖ *~ Marbles* célebre colecção de antigas esculturas gregas do Museu Britânico trazidas para Inglaterra por acção do VII conde de Elgin
elicit [ɪˈlɪsɪt] *v.tr.* 1 extrair, fazer sair; 2 obter; 3 desencadear, provocar; 4 deduzir; descobrir; 5 esclarecer
elicitation [ɪˌlɪsɪˈteɪʃən] *s.* 1 obtenção gradual; 2 dedução
elide [ɪˈlaɪd] *v.tr.* elidir, omitir (sílaba ou vogal) ao pronunciar
eligibility [ˌelɪdʒəˈbɪlɪtɪ] *s.* (*pl.* **-ies**) 1 elegibilidade; 2 idoneidade, aptidão
eligible [ˈelɪdʒəbəl] *adj.* 1 elegível; que cumpre os requisitos; que pode candidatar-se; 2 apto; 3 desejável; preferível ❖ *an ~ young man* um bom partido; *to be ~ for* reunir os requisitos para
eligibleness [ˈelɪdʒəbəlnɪs] *s.* 1 elegibilidade; 2 idoneidade, aptidão
Elijah [ɪˈlaɪdʒə] *s.antr.* RELIGIÃO (Bíblia) Elias
eliminable [ɪˈlɪmɪnəbəl] *adj.* eliminável
eliminate [ɪˈlɪmɪneɪt] *v.tr.* 1 eliminar, suprimir; 2 pôr de parte
eliminating [ɪˈlɪmɪneɪtɪŋ] *adj.* eliminatório
elimination [ɪˌlɪmɪˈneɪʃən] *s.* 1 eliminação; 2 erradicação ❖ *~ process* processo eliminatório; *by ~* por eliminação
eliminative [ɪˈlɪmɪnətɪv] *adj.* eliminatório
eliminator [ɪˈlɪmɪneɪtə] *s.* 1 DESPORTO (prova) eliminatória; 2 eliminador ❖ (automóvel) *shock ~* amortecedor
eliminatory [ɪˈlɪmɪnətərɪ] *adj.* eliminatório
elision [ɪˈlɪʒən] *s.* elisão
elite [ɪˈliːt, eɪˈliːt] Ⓐ *s.* 1 elite; 2 TIPOGRAFIA elite Ⓑ *adj.* de elite; de prestígio
elitism [ɪˈliːtɪzəm, eɪˈliːtɪzəm] *s.* elitismo
elitist [ɪˈliːtɪst, eɪˈliːtɪst] *adj.,s.* elitista
elixir [ɪˈlɪksə] *s.* elixir
Eliza [ɪˈlaɪzə] *s.antr.* Elisa
Elizabeth [ɪˈlɪzəbəθ] *s.antr.* Isabel
Elizabethan [ɪˌlɪzəˈbiːθən] *adj.,s.* 1 isabelino, elizabetano, da época de Isabel I; 2 pessoa que viveu nessa época

elk [elk] s. ZOOLOGIA alce
ell [el] s. [arc.] (medida de comprimento) vara ❖ *give him an inch and he'll take an ~* oferece-lhe o pé e ele toma logo a mão
Ellen ['elɪn] s.antr. Helena
ellipse [ɪ'lɪps] s. GEOMETRIA elipse ❖ *~ of inertia* elipse de inércia
ellipsis [ɪ'lɪpsɪs] s. (pl. **-pses**) LINGUÍSTICA elipse
ellipsoid [ɪ'lɪpsɔɪd, e'lɪpsɔɪd] s. GEOMETRIA elipsóide
ellipsoidal [ˌɪlɪp'sɔɪdəl, eˌlɪp'sɔɪdəl] adj. elipsoidal
elliptic [ɪ'lɪptɪk, e'lɪptɪk] adj. (geral) elíptico ❖ *~ cylinder* cilindro de base elíptica; *~ spring* mola elíptica
elliptical [ɪ'lɪptɪkəl, e'lɪptɪkəl] adj. ⇒ **elliptic** ❖ *~ function* função elíptica; *~ orbit* órbita elíptica
elliptically [ɪ'lɪptɪklɪ, e'lɪptɪklɪ] adv. elipticamente
ellipticity [ˌɪlɪp'tɪsɪtɪ, eˌlɪp'tɪsɪtɪ] s. elipticidade
elm [elm] s. BOTÂNICA olmo, ulmo, olmeiro, ulmeiro, negrilho
elmy ['elmɪ] adj. com olmos
elocute [eləˈkjuːt] v.intr. [EUA] recitar, declamar
elocution [eləˈkjuːʃən] s. 1 elocução; 2 dicção
elocutionary [eləˈkjuːʃənərɪ, eləˈkjuːʃənerɪ] adj. 1 elocutivo; 2 LINGUÍSTICA elocutório; *~ act* acto elocutório
elocutionist [eləˈkjuːʃənɪst] s. 1 declamador; 2 professor de declamação
Elohim [eˈləʊhɪm] s. RELIGIÃO (Bíblia) Eloim
elongate¹ [ˈiːlɒŋɡeɪt, ɪ'lɔːŋɡeɪt] v.tr.,intr. alongar(-se)
elongate² [ɪ'lɒŋɡɪt] adj. alongado
elongated [ˈiːlɒŋɡeɪtɪd, ɪ'lɔːŋɡeɪtɪd] adj. alongado; comprido ❖ *~ hole* orifício ovalado
elongation [ˌiːlɒŋˈɡeɪʃən] s. 1 alongamento; *~ up to the breaking strain* alongamento até ao máximo de elasticidade; 2 aumento; prolongamento; 3 ASTRONOMIA elongação
elope [ɪ'ləʊp] v.intr. fugir, fugir de casa com amante ou namorado
elopement [ɪ'ləʊpmənt] s. fuga do domicílio conjugal ou da casa paterna
eloper [ɪ'ləʊpə] s. pessoa que foge com noivo, namorado ou amante
eloquence ['eləkwəns] s. 1 eloquência; 2 retórica
eloquent ['eləkwənt] adj. eloquente
eloquently ['eləkwəntlɪ] adv. eloquentemente
else [els] adv. 1 mais; 2 de outro modo; 3 [segue-se a pron. indef. ou interr.] além disso ❖ *anybody else?* mais alguém?; *anything else?* mais alguma coisa?; *if all ~ fails* se o resto falhar; *if nothing ~* pelo menos; *little ~* pouca coisa mais; *much ~* muita coisa mais; *nobody ~* mais ninguém; *nothing ~* nada mais; *not much ~* pouco mais; *or ~* ou então; se não; *what else?* que mais?; *who else?* quem mais?
elsewhere ['elsweər, ˌels'weə] adv. em qualquer outra parte
elsewhither [ˌels'wɪðə] adv. para qualquer outra parte
elsewise ['elswaɪz] adv. de outra maneira
Elsinore ['elsɪnɔː] s.top. Elsinor
ELT [abrev. de English Language Teaching]
elucidate [ɪ'luːsɪdeɪt] v.tr. elucidar, esclarecer
elucidation [ɪˌluːsɪ'deɪʃən] s. elucidação, esclarecimento
elucidative [ɪ'luːsɪdətɪv] adj. elucidativo
elucidator [ɪ'luːsɪdeɪtə] s. elucidador
elucidatory [ɪ'luːsɪdeɪtərɪ] adj. elucidatório
elude [ɪ'luːd] v.tr. eludir, fugir a, evitar
elusion [ɪ'luːʒən] s. acto de eludir, evasão, fuga, evasiva
elusive [ɪ'luːsɪv] adj. 1 elusivo, inapreensível; 2 esquivo, difícil de reter
elusively [ɪ'luːsɪvlɪ] adv. de modo elusivo
elusiveness [ɪ'luːsɪvnɪs] s. elusividade, carácter elusivo
elusory [ɪ'luːsərɪ] adj. difícil de apreender, alusivo
elute [ɪ'luːt] v.tr. QUÍMICA eluir
elution [ɪ'luːʃən] s. QUÍMICA eluição
elutriate [ɪ'ljuːtrɪeɪt] v.tr. purificar, decantar
elutriation [ɪˌljuːtrɪ'eɪʃən] s. elutriação
elvan ['elvən] s. rocha dura de origem ígnea
elver ['elvə] s. ZOOLOGIA (peixe) enguia nova
elves [elvz] pl. de **elf**
elvish ['elvɪʃ] adj. 1 próprio de gnomo, duende; 2 travesso
Elysian [ɪ'lɪzɪən, ɪ'lɪʒən] adj. elísio; relativo ao Elísio ❖ *the ~ fields* os Campos Elísios

Elysium [ɪ'lɪʒəm, ɪ'lɪzɪəm] s. MITOLOGIA Elísio
elytron ['elɪtrɒn] s. (pl. **-ra**) élitro
Elzevir ['elzɪvɪə] Ⓐ s.antr. Elzevir Ⓑ adj. elzeviriano, elzevir ❖ TIPOGRAFIA *~ edition* edição elzeviriana; TIPOGRAFIA *~ type* caracteres elzevirianos
Elzevirian [ˌelzɪ'vɪərɪən] adj. elzeviriano
'em [əm] pron. ⇒ **them** [forma abreviada de *them* quando aposto a verbos]
emaciate [ɪ'meɪʃɪeɪt] v.tr. 1 emaciar; 2 empobrecer (o solo)
emaciated [ɪ'meɪʃɪeɪtɪd] adj. emaciado, macilento, descarnado
emaciation [ɪˌmeɪsɪ'eɪʃən] s. 1 emaciação, emagrecimento; 2 tabescência
email ['iːmeɪl] s.,v.tr. ⇒ **e-mail**
e-mail ['iːmeɪl] Ⓐ s. {contr. de **electronic mail**} correio electrónico Ⓑ v.tr. enviar por correio electrónico
emanate ['eməneɪt] v.intr. emanar
emanation [emə'neɪʃən] s. emanação
emanative ['emənetɪv] adj. emanante
emancipate [ɪ'mænsɪpeɪt] v.tr. 1 emancipar [**from**, em relação a]; libertar [**from**, de]; 2 (escravatura, etc.) manumitir; libertar ❖ *to ~ oneself from* emancipar-se de
emancipated [ɪ'mænsɪpeɪtɪd] adj. 1 emancipado; 2 manumitido
emancipation [ɪˌmænsɪ'peɪʃən] s. 1 emancipação; 2 manumissão, alforria
emancipationist [ɪˌmænsɪ'peɪʃənɪst] s. 1 antiescravista; 2 [EUA] abolicionista
emancipator [ɪ'mænsɪpeɪtə] s. 1 emancipador; 2 manumissor
emancipatory [ɪ'mænsɪpəˌtɔrɪ] adj. 1 emancipador; 2 manumitente
Emanuel [ɪ'mænjuəl] s.antr. 1 Emanuel; 2 Manuel
EMAs [abrev. de Employment Medical Advisers]
emasculate¹ [ɪ'mæskjʊleɪt] v.tr. 1 emascular; 2 castrar; 3 efeminar; 4 empobrecer (linguagem); 5 tirar o vigor a obra literária, expurgando-a
emasculate² [ɪ'mæskjʊlɪt] adj. 1 emasculado; 2 enfraquecido
emasculated [ɪ'mæskjʊleɪtɪd] adj. 1 emasculado; 2 enfraquecido; sem energia; 3 castrado
emasculating [ɪ'mæskjʊleɪtɪŋ] adj. 1 efeminante; 2 castrador
emasculation [ɪˌmæskjʊ'leɪʃən] s. emasculação
Emaus ['emɑːs] s.antr. Emaús
embalm [ɪm'bɑːm] v.tr. 1 embalsamar; 2 preservar; 3 perfumar
embalmer [ɪm'bɑːmə] s. embalsamador
embalming [ɪm'bɑːmɪŋ] s. embalsamamento
embalmment [ɪm'bɑːmmənt] s. embalsamação
embank [ɪm'bæŋk] v.tr. 1 represar, fazer represa; 2 terraplenar; 3 aterrar
embanked [ɪm'bæŋkt] adj. 1 em talude; 2 terraplenado
embanking [ɪm'bæŋkɪŋ] s. 1 represa; 2 talude; 3 represamento
embankment [ɪm'bæŋkmənt] s. 1 represa; 2 talude; 3 aterro
embargo [ɪm'bɑːɡəʊ] Ⓐ s. (pl. **-es**) 1 embargo; 2 impedimento; 3 interdição; proibição Ⓑ v.tr. 1 embargar; impor embargo sobre; 2 proibir; impedir ❖ *to be under an ~* estar sob embargo; *to lay an ~ on* embargar, proibir; *to lift/rise/take off the ~ on* levantar o embargo sobre
embark [ɪm'bɑːk] v.tr.,intr. embarcar
◆**embark on/upon** v.tr. 1 empreender; iniciar; embarcar em fig.; 2 aventurar-se a; 3 (discussão) lançar-se em
embarkation [ˌɪmbɑː'keɪʃən] s. 1 embarque, embarcamento; 2 coisas embarcadas
embarrass [ɪm'bærəs] v.tr. 1 embaraçar, confundir; 2 envergonhar; 3 dificultar, impedir
embarrassed [ɪm'bærəst] adj. 1 embaraçado; inibido; 2 nervoso; *an ~ laugh* um riso nervoso; 3 envergonhado; 4 em dificuldades financeiras ❖ *~ estate* propriedade sobrecarregada de hipotecas; *~ by debts* atrapalhado de dívidas; *an ~ silence* um silêncio embaraçoso; *to feel ~ about...* não se sentir à vontade para...
embarrassing [ɪm'bærəsɪŋ] adj. 1 embaraçoso; *an ~ silence* um silêncio embaraçoso; 2 incómodo; constrangedor ❖ *how*

embarrassing! que situação embaraçosa!; *to get out of an ~ situation* sair de embaraços

embarrassingly [ɪmˈbærəsɪŋlɪ] *adv.* de uma maneira embaraçosa

embarrassment [ɪmˈbærəsmənt] *s.* 1 embaraço; *much to my ~* para meu grande embaraço; 2 vergonha; fonte de humilhação; *you're an ~ to your family* és uma vergonha para a tua família; 3 dificuldade; problema; *financial embarrassments* problemas financeiros; 4 perturbação

embassy [ˈembəsɪ] *s.* (*pl.* -**ies**) embaixada

embattle [ɪmˈbætl] *v.tr.* 1 dispor em ordem de batalha; 2 guarnecer de ameias; 3 fortificar

embattled [ɪmˈbætəld] *adj.* HERÁLDICA bastilhado, ameado

embay [ɪmˈbeɪ] *v.tr.* 1 encerrar (navio) numa baía; 2 prender (navio) como numa baía, meter entre dois cabos; 3 forçar para dentro duma baía

embayment [ɪmˈbeɪmənt] *s.* baía, entrada em baía

embed [ɪmˈbed] *v.tr.* (*particípios:* -**dd**-) 1 firmar; prender; fixar; *to ~ in concrete* firmar em cimento; 2 embutir, encastrar; 3 (pedras, jóias) incrustar; 4 cravar; 5 LINGUÍSTICA encaixar; 6 INFORMÁTICA integrar, inserir, incorporar; 7 [fig.] (memória) gravar; *to be embedded in sb's memory* estar gravado na memória de alguém

embedding [ɪmˈbedɪŋ] *s.* 1 embutidura, cravamento; 2 LINGUÍSTICA encaixe; 3 INFORMÁTICA integração

embedment [ɪmˈbedmənt] *s.* 1 embutidura; 2 cravamento; 3 LINGUÍSTICA encaixe

embellish [ɪmˈbelɪʃ] *v.tr.* 1 embelezar, enfeitar; 2 [fig.] romancear, tornar (relato) mais interessante

embellisher [ɪmˈbelɪʃə] *s.* embelezador; decorador

embellishment [ɪmˈbelɪʃmənt] *s.* embelezamento, ornato, enfeite

ember [ˈembə] *s.* 1 brasa, carvão incandescente; 2 [fig.] vestígio; 3 ZOOLOGIA (ave) mergulhão; 4 *pl.* cinzas; borralho ❖ RELIGIÃO *Ember Days* as Quatro Têmporas; RELIGIÃO *Ember Week* semana das Quatro Têmporas

embezzle [ɪmˈbezəl] *v.tr.* 1 defraudar, desviar dinheiros; 2 roubar

embezzlement [ɪmˈbezəlmənt] *s.* desfalque, desvio de fundos

embezzler [ɪmˈbezlə] *s.* desfalcador, autor de desfalque, de desvio de fundos

embitter [ɪmˈbɪtə] *v.tr.* amargurar, tornar amargo, encher de azedume

embittered [ɪmˈbɪtəd] *adj.* 1 cheio de azedume, amargo; 2 irritado

embittering [ɪmˈbɪtərɪŋ] Ⓐ *adj.* 1 que enche de azedume; 2 que irrita Ⓑ *s.* 1 azedume; 2 agravamento

embitterment [ɪmˈbɪtəmənt] *s.* 1 azedume; 2 agastamento; 3 amargura

emblazon [ɪmˈbleɪzən] *v.tr.* 1 ornar com brasão; 2 exaltar

emblazoned [ɪmˈbleɪzənd] *adj.* brasonado

emblazoner [ɪmˈbleɪzənə] *s.* pintor de brasões, de armaduras

emblazonry [ɪmˈbleɪzənrɪ] *s.* 1 heráldica; 2 brasões, armaduras

emblem [ˈembləm] Ⓐ *s.* símbolo, divisa, emblema; *sporting ~* emblema desportivo Ⓑ *v.tr.* simbolizar

emblematic [ˌembləˈmætɪk] *adj.* simbólico, emblemático

emblematical [ˌembləˈmætɪkəl] *adj.* simbólico, emblemático

emblematically [ˌembləˈmætɪkəlɪ] *adv.* simbolicamente

emblematize [emˈblemətaɪz] *v.tr.* representar simbolicamente, representar por meio de emblemas

emblements [ˈemblmənts] *s.pl.* produtos naturais da Terra

embodiment [ɪmˈbɒdɪmənt] *s.* 1 corporização; 2 encarnação, personificação

embody [ɪmˈbɒdɪ] *v.tr.* 1 corporizar, dar corpo a; 2 encarnar; 3 personificar; 4 incluir, incorporar

embog [emˈbɒg] *v.tr.* (*particípios:* -**gg**-) mergulhar, atolar num charco

embolden [ɪmˈbəʊldən] *v.tr.* encorajar, animar

embolism [ˈembəlɪzəm] *s.* MEDICINA embolia

embonpoint [ˌɒmbɒnˈpwæ̃] Ⓐ *s.* [ant., joc.] aspecto roliço ou rechonchudo, gordura (sobretudo feminina) Ⓑ *adj.* [ant., joc.] roliço, rechonchudo, gorducho

embosom [ɪmˈbʊzəm] *v.tr.* 1 [arc.] abraçar; 2 [arc.] acolher; 3 [arc.] cercar, rodear; 4 [arc.] proteger

emboss [ɪmˈbɒs] *v.tr.* 1 gravar em relevo; 2 trabalhar em relevo

embossed [ɪmˈbɒst] *adj.* 1 gravado em relevo; *~ leather* couro gravado em relevo; 2 trabalhado em relevo ❖ *~ seal* selo branco; *~ work* ornatos em relevo

embosser [ɪmˈbɒsə] *s.* 1 gravador em relevo; 2 máquina de gravar em relevo

embossing [ɪmˈbɒsɪŋ] *s.* gravação em relevo ❖ *~ tool* ferramenta para gravação em relevo

embossment [ɪmˈbɒsmənt] *s.* 1 trabalho em relevo; 2 (decoração) relevo ❖ *~ map* mapa em relevo

embottle [ɪmˈbɒtl] *v.tr.* engarrafar

embouchure [ˌɒmbuˈʃʊə] *s.* 1 MÚSICA (instrumento de sopro) embocadura; 2 foz de rio; 3 abertura de vale

embowel [ˌɪmˈbaʊəl] *v.tr.* (*particípios:* -**ll**-) estripar

embower [ɪmˈbaʊə] *v.tr.* [arc., lit.] envolver de verdura, cobrir com caramanchão

embrace [ɪmˈbreɪs] Ⓐ *s.* abraço Ⓑ *v.tr.* 1 [form.] abraçar, dar um abraço a; 2 abranger; abarcar; englobar; compreender; 3 (ideias, fé) adoptar; aderir a; converter-se a; 4 DIREITO subornar (um jurado) Ⓒ *v.intr.* [form.] abraçarem-se; dar um abraço; *they embraced* eles deram um abraço ❖ *to ~ an opportunity* aproveitar uma oportunidade; *to ~ a situation* encarar uma situação

embracement [ɪmˈbreɪsmənt] *s.* 1 abraço, amplexo; 2 adopção; aceitação

embracer [ɪmˈbreɪsə] *s.* 1 aquele que abraça, adopta ou segue; 2 DIREITO aquele que suborna

embracery [ɪmˈbreɪsərɪ] *s.* DIREITO suborno (de jurado)

embracing [ɪmˈbreɪsɪŋ] *adj.* abrangente

embranchment [ɪmˈbrɑːntʃmənt] *s.* ramificação, bifurcação

embrangle [ɪmˈbræŋgl] *v.tr.* enredar, emaranhar, confundir

embranglement [ɪmˈbræŋglmənt] *s.* enredo, emaranhamento, confusão

embrasure [ɪmˈbreɪʒə] *s.* 1 canhoneira, abertura em muralha para saída da boca do canhão; 2 vão de porta ou janela

embrasured [ɪmˈbreɪʒəd] *adj.* 1 provido de canhoneiras, portinholas; 2 com vãos

embrocate [ˈembrəkeɪt] *v.tr.* 1 fomentar, aplicar fomentações; 2 friccionar com substância medicamentosa; 3 aplicar linimento

embrocation [ˌembrəˈkeɪʃən] *s.* 1 linimento, fomentação; 2 fricção com substância medicamentosa

embroider [ɪmˈbrɔɪdə] *v.tr.* 1 bordar; 2 [fig.] embelezar, romancear

embroiderer [ɪmˈbrɔɪdərə] *s.* bordador

embroideress [ɪmˈbrɔɪdərɪs] *s.* bordadora

embroidering [ɪmˈbrɔɪdərɪŋ] *s.* 1 bordado; 2 [fig.] embelezamento ❖ *~ frame* bastidor; *~ machine* máquina de bordar

embroidery [ɪmˈbrɔɪdərɪ] *s.* (*pl.* -**ies**) 1 bordado; 2 adorno

embroil [ɪmˈbrɔɪl] *v.tr.* 1 enredar, embrulhar; 2 fazer tomar parte em, arrastar para

embroilment [ɪmˈbrɔɪlmənt] *s.* 1 confusão, embrulhada, enredo; 2 complicação

embryo [ˈembrɪəʊ] *s.* (*pl.* -**s**) embrião; *in ~* em embrião ❖ BOTÂNICA *~ sac* saco embrionário

embryogenesis [ˌembrɪəʊˈdʒenɪsɪs] *s.* embriogénese, embriogenia

embryogenetic [ˌembrɪəʊdʒɪˈnetɪk] *adj.* embriogénico

embryogenic [ˌembrɪəʊˈdʒenɪk] *adj.* ⇒ **embryogenetic**

embryogeny [ˌembrɪˈɒdʒənɪ] *s.* ⇒ **embryogenesis**

embryologic [ˌembrɪəʊˈlɒdʒɪk] *adj.* embriológico

embryological [ˌembrɪəʊˈlɒdʒɪkəl] *adj.* embriológico

embryologist [ˌembrɪˈɒlədʒɪst] *s.* embriólogo, embriologista

embryology [ˌembrɪˈɒlədʒɪ] *s.* BIOLOGIA, MEDICINA embriologia

embryonary [ˌembrɪˈəʊnərɪ, ˈembrɪəʊnərɪ] *adj.* embrionário

embryonic [ˌembrɪˈɒnɪk] *adj.* embrionário

embus [ɪmˈbʌs] *v.tr.,intr.* (*particípios:* -**ss**-) MILITAR embarcar em autocarro(s)

emend [ɪˈmend] *v.tr.* emendar

emendable [ɪˈmendəbəl] *adj.* emendável

emendate [ˈiːmendeɪt] *v.tr.* [rar.] emendar, corrigir

emendation [ˌiːmenˈdeɪʃən] *s.* emenda, correcção

emendator [ˈiːmendeɪtə] *s.* emendador, aquele que emenda ou corrige

emerald ['emərəld] Ⓐ s. 1 MINERALOGIA (pedra preciosa) esmeralda; 2 (cor) verde-esmeralda; ~ *green* verde-esmeralda Ⓑ adj. (cor) verde-esmeralda ❖ *the ~ Isle* a Irlanda

emerge [ɪ'mɜːdʒ] v.intr. 1 emergir; 2 surgir, aparecer; 3 vir a saber-se, descobrir-se

emergence [ɪ'mɜːdʒəns] s. aparecimento, emergência

emergency [ɪ'mɜːdʒənsɪ] s. (pl. -**ies**) 1 emergência; 2 incidente inesperado; 3 súbita conjuntura; momento crítico ❖ ~ *brake* travão de emergência; ~ *chute* pára-quedas de emergência; ~ *door/exit* saída de emergência; ~ *hands* operários extraordinários; AERONÁUTICA ~ *landing* aterragem de emergência; ~ *lighting* iluminação de emergência; ~ *number* número de emergência; (hospital) ~ *ward* sala de urgências; ~ *repairs* consertos de urgência; reparações de emergência; MEDICINA *an ~ case* uma urgência; *in case of ~* em caso de emergência; *state of ~* estado de emergência

emergent [ɪ'mɜːdʒənt] adj. 1 emergente; 2 novo, recente; 3 que está a dar os primeiros passos$_{fig.}$; 4 em vias de desenvolvimento

emergently [ɪ'mɜːdʒəntlɪ] adv. 1 em caso de emergência; 2 como em caso de emergência

emerging [ɪ'mɜːdʒɪŋ] adj. 1 emergente; 2 novo, recente; 3 que está a dar os primeiros passos$_{fig.}$; 4 em vias de desenvolvimento

emeritus [ɪ'merɪtəs] adj. jubilado, emérito

emersion [ɪ'mɜːʃən] s. emersão

Emersonian [eməˈsəʊnjən] adj.,s. emersoniano, partidário das doutrinas de Emerson

emery ['emərɪ] s. esmeril ❖ ~ *board* lima das unhas; ~ *cloth* lixa de esmeril; ~ *cutter* roda de esmeril; ~ *grinder* roda de esmeril; ~ *paper* lixa esmeril; ~ *stick* esmerilador; ~ *wheel* rebolo de esmeril; mó de esmeril; pedra de esmeril

emetic [ɪ'metɪk] adj.,s. FARMÁCIA emético

emeu ['iːmjuː] s. ZOOLOGIA (ave) ema

emf [abrev. de electromotive force]

emigrant ['emɪgrənt] adj.,s. emigrante ❖ ~ *vessel* navio de emigrantes

emigrate ['emɪgreɪt] v.tr.,intr. 1 emigrar; 2 ajudar alguém a emigrar

emigrating ['emɪgreɪtɪŋ] adj. emigrante, emigrador

emigration [emɪ'greɪʃən] s. emigração

Emilia [ɪ'mɪlɪə] s.antr. Emília

Emily ['emɪlɪ] s.antr. Emília

eminence ['emɪnəns] s. 1 eminência, elevação; 2 superioridade; 3 (título dos cardeais) eminência

eminency ['emɪnənsɪ] s. (pl. -**ies**) ⇒ **eminence**

eminent ['emɪnənt] adj. 1 eminente; 2 [form.] notável; destacado; distinto ❖ *most ~* eminentíssimo

eminently ['emɪnəntlɪ] adv. eminentemente

emir [e'mɪə] s. emir

emirate [e'mɪərɪt] s. (território, cargo) emirato

emissary ['emɪsərɪ, 'emɪserɪ] s. (pl. -**ies**) emissário, mensageiro, agente secreto

emission [ɪ'mɪʃən] s. 1 emissão; ~ *of toxic gases into the atmosphere* emissão de gases tóxicos para a atmosfera; 2 descarga; 3 FISIOLOGIA ejaculação ❖ ~ *curve* curva de emissão; ~ *of rays* emissão de raios; ~ *power* potência de emissão; ~ *spectrum* espectro de emissão

emissive [ɪ'mɪsɪv] adj. emissivo

emissivity [iːmɪ'sɪvɪtɪ] s. emissividade

emit [ɪ'mɪt] v.tr. (particípios: -**tt**-) 1 emitir; 2 expedir; 3 pôr em circulação

emitter [ɪ'mɪtə] s. emissor

emitting [ɪ'mɪtɪŋ] Ⓐ adj. emissor Ⓑ s. emissão ❖ ~ *surface* superfície emissora

Emma ['emə] s.antr. Ema

Emmanuel [iː'mænjuəl] s.antr. Emanuel

Emmaus [e'meɪəs] s.top. RELIGIÃO (Bíblia) Emaús

emmenology [emɪ'nɒlədʒɪ] s. MEDICINA emenologia

Emmenthal ['emənta:l] s. CULINÁRIA (queijo) emmenthal

emmet ['emɪt] s. [arc.] formiga

emmetropia [emɪ'trəʊpɪə] s. emetropia

emollient [ɪ'mɒlɪənt] adj.,s. emoliente

emolument [ɪ'mɒljʊmənt] s. emolumento

emote [ɪ'məʊt] v.intr. emocionar-se, comover-se

emoticon [ɪ'məʊtɪkɒn] s. (contr. de **emotional icon**) (Internet) smiley

emotion [ɪ'məʊʃən] s. emoção, abalo, comoção

emotional [ɪ'məʊʃənəl] adj. 1 emocional; afectivo; ~ *problems* problemas emocionais; *on an ~ level* no plano afectivo; 2 (personalidade) emotivo; muito sensível; 3 emocionado, comovido; *to get ~* comover-se; ficar emocionado; 4 (situação) comovedor; dramático; de grande emoção; que apela ao sentimento ❖ [coloq.] *to be an ~ cripple* sofrer de bloqueios afectivos; [coloq.] *to be on an ~ roller coaster* ser apanhado num turbilhão de emoções

emotionalism [ɪ'məʊʃənəlɪzəm] s. emocionismo

emotionalist [ɪ'məʊʃənəlɪst] s. 1 emotivo; 2 [depr.] pessoa teatral e exagerada

emotionality [ɪməʊʃə'nælɪtɪ] s. emotividade

emotionalize [ɪ'məʊʃənəlaɪz] v.tr. 1 tratar de forma sentimental; 2 atribuir significado(s) afectivo(s) a ❖ *to ~ the issue* apelar ao sentimento

emotionally [ɪ'məʊʃənəlɪ] adv. 1 emocionalmente; 2 emotivamente, com emoção; 3 do ponto de vista afectivo; 4 afectivamente; sentimentalmente ❖ ~ *charged* carregado de emoção; ~ *deprived* com carências afectivas

emotionless [ɪ'məʊʃənləs] adj. sem emoções, impassível, frio

emotionlessness [ɪ'məʊʃənlɪsnɪs] s. frieza, impassibilidade

emotive [ɪ'məʊtɪv] adj. 1 emotivo; ~ *moments* momentos emotivos; 2 delicado; *an ~ subject* um assunto delicado

emotively [ɪ'məʊtɪvlɪ] adv. emotivamente

empale [ɪm'peɪl] v.tr. ⇒ **impale**

empanel [ɪm'pænl] v.tr. (particípios: -**ll**-) DIREITO fazer a lista dos jurados

empathetic [empə'θetɪk] adj. compreensivo, solidário

empathic [em'pæθɪk] adj. ⇒ **empathetic**

empathise ['empəθaɪz] v.intr. ⇒ **empathize**

empathize ['empəθaɪz] v.intr. 1 sentir empatia [**with**, com]; 2 identificar-se [**with**, com]; 3 solidarizar-se [**with**, com]; *to ~ with sb else's problems* solidarizar-se com os problemas de alguém, mostrar compreensão

empathy ['empəθɪ] s. 1 empatia, afinidade; 2 compreensão

Empedocles [em'pedəʊkliːz] s.antr. Empédocles

empennage [em'penɪdʒ] s. AERONÁUTICA empenagem

emperor [s.m. 1 imperador; 2 ZOOLOGIA (peixe) cardeal ❖ ZOOLOGIA *purple ~* borboleta *Apatura iris*

emphasis ['emfəsɪs] s. ênfase

emphasize ['emfəsaɪz] v.tr. realçar, acentuar, dar ênfase

emphatic [ɪm'fætɪk] adj. 1 enfático; expressivo; 2 autoritário; categórico; 3 explícito; claro; 4 insistente; 5 (vitória, derrota, etc.) esmagador; incontestável ❖ LINGUÍSTICA ~ *form* forma enfática

emphatically [ɪm'fætɪklɪ] adv. 1 de maneira enfática, enfaticamente; 2 categoricamente; 3 energicamente

emphatics [ɪm'fætɪks] s. expressões, termos enfáticos

emphysema [emfɪ'siːmə] s. MEDICINA enfisema

emphysematous [emfɪ'siːmətəs] adj. enfisemático, enfisematoso

empire ['empaɪə] s. 1 império; 2 [fig.] domínio ❖ *Empire City* Nova Iorque; [GB] [ant.] *Empire Day* Dia do Império (24 de Maio); HISTÓRIA *Empire Marketing Board* organismo encarregado de promover a venda na Grã-Bretanha de produtos provenientes dos Domínios; *Empire State* o estado de Nova Iorque

empiric [ɪm'pɪrɪk] Ⓐ adj. empírico Ⓑ s. 1 empírico; 2 charlatão

empirical [ɪm'pɪrɪkəl] adj. empírico ❖ (ciência) ~ *method* método empírico

empirically [ɪm'pɪrɪklɪ] adv. empiricamente

empiricism [ɪm'pɪrɪsɪzəm] s. empirismo

empiricist [ɪm'pɪrɪsɪst] s. empirista

emplace [ɪm'pleɪs] v.tr. colocar um canhão no devido lugar

emplacement [ɪm'pleɪsmənt] s. 1 local, situação; 2 plataforma para canhões

emplane [ɪm'pleɪn] v.tr.,intr. entrar ou fazer entrar para avião

employ [ɪm'plɔɪ] Ⓐ s. emprego, cargo, serviço Ⓑ v.tr. 1 empregar; dar trabalho a; 2 [form.] recorrer a; usar, fazer uso de; *the police had to ~ force* a polícia teve de usar a força;

employable

3 (tempo) ocupar ❖ [form.] *to be in sb's* ~ estar ao serviço de alguém; *to be employed in* trabalhar em/como; *to be better employed doing sth* mais valer fazer alguma outra coisa
employable [ɪmˈplɔɪəbəl] *adj.* que pode empregar-se
employé [ɒmˈplɔɪeɪ] *s.* ⇒ **employee**
employee [emplɔɪˈiː, ˌɪmplɔɪˈiː] *s.* empregado, funcionário
employer [ɪmˈplɔɪə] *s.* **1** entidade patronal; **2** patrão, proprietário de empresa ❖ *employers' association* associação patronal; *employer's liability* responsabilidade patronal; *employers and employed* patrões e operários; *body of employers* patronato
employment [ɪmˈplɔɪmənt] *s.* **1** emprego; **2** trabalho; ocupação; emprego; **3** [form.] uso [**of**, de]; recurso [**of**, a]; *the* ~ *of force* o uso da força ❖ *Employement Law* Direito do Trabalho; ~ *office/agency* centro de emprego; ~ *of capital* emprego de capital
empoison [ɪmˈpɔɪzn] *v.tr.* envenenar
emporium [ɪmˈpɔːrɪəm] *s.* (loja, estabelecimento) empório
empower [ɪmˈpaʊə] *v.tr.* **1** empossar; **2** conceder plenos poderes a; reconhecer plenos poderes a; **3** autorizar; **4** habilitar; **5** delegar; **6** fortalecer
empowerment [ɪmˈpaʊəmənt] *s.* **1** empossamento; **2** outorga de plenos poderes; reconhecimento de plenos poderes; **3** emancipação; acesso ao poder; **4** fortalecimento
empress [ˈemprɪs] *s.f.* imperatriz
emprise [emˈpraɪz] *s.* [arc.] empresa (cavaleiresca)
emptier [ˈemptɪə] *s.* vazador
emptiness [ˈemptɪnɪs] *s.* vazio, vácuo
emption [ˈempʃən] *s.* DIREITO compra
empty [ˈemptɪ] Ⓐ *adj.* (*comp.* -**ier**, *superl.* -**iest**) **1** vazio, sem nada; **2** vago, desocupado; **3** (fútil) oco; vão; inútil; ~ *words* palavras ocas Ⓑ *s.* (garrafa, caixa, etc.) recipiente/contentor vazio Ⓒ *v.tr.* **1** esvaziar; *to* ~ *of* esvaziar de; **2** esgotar; **3** descarregar; transferir Ⓓ *v.intr.* **1** esvaziar-se; ficar vazio; **2** (rio, etc.) desaguar [**into**, em]; desembocar [**into**, em] Ⓔ *v.refl.* aliviar-se; libertar-se ❖ [coloq.] *to go* ~ *away* ir embora de mãos a abanar
◆**empty out** *v.tr.* despejar
empty-handed [ˌemptɪˈhændɪd] *adj.* de mãos vazias; de mãos a abanar; *to return* ~ vir de mãos a abanar
emptying [ˈemptɪɪŋ] *s.* **1** esvaziamento; **2** esgotamento; **3** desentulho; **4** *pl.* borras, lia, depósito; **5** *pl.* escória, ralé
empurple [emˈpɜːpl] *v.tr.* tingir de púrpura
empyreal [empɪˈrɪəl, ˌempaɪˈrɪəl] *adj.* do empíreo; relativo ao empíreo
empyrean [ˌempɪˈrɪən, ˌempaɪˈrɪən] Ⓐ *adj.* relativo ao empíreo Ⓑ *s.* empíreo
EMS Ⓐ [*abrev. de* European Monetary System] SME Ⓑ INFORMÁTICA [*abrev. de* Expanded Memory Specification]
emu [ˈiːmjuː] *s.* ZOOLOGIA (ave) ema
EMU [*abrev. de* European Monetary Union]
emulant [ˈemjʊlənt] *s.* êmulo
emulate [ˈemjʊleɪt] *v.tr.* **1** rivalizar, competir com, procurar igualar ou ultrapassar; **2** emular
emulation [ˌemjʊˈleɪʃən] *s.* **1** [form.] emulação; **2** rivalidade; competitividade; **3** INFORMÁTICA (simulação) emulação ❖ *in* ~ *of one another* ao desafio
emulative [ˈemjʊlətɪv] *adj.* emulativo ❖ ~ *of* que pretende rivalizar com
emulator [ˈemjʊleɪtə] *s.* **1** êmulo, rival, antagonista; **2** INFORMÁTICA emulador
emulgent [ɪˈmʌldʒənt] *adj.* emulgente
emulous [ˈemjʊləs] *adj.* [form.] êmulo, emulador ❖ ~ *of honours* ávido de honras
emulously [ˈemjʊləslɪ] *adv.* com emulação
emulsification [ɪˌmʌlsɪfɪˈkeɪʃən] *s.* emulsificação
emulsifier [ɪˈmʌlsɪfaɪə] *s.* emulsionante, emulsionador
emulsify [ɪˈmʌlsɪfaɪ] *v.tr.* emulsionar
emulsifying [ɪˈmʌlsɪfaɪɪŋ] *s.* emulsionação ❖ ~ *agent* agente emulsionador
emulsion [ɪˈmʌlʃən] *s.* emulsão ❖ ~ *stabilizer* estabilizador da emulsão
emulsionize [ɪˈmʌlʃənaɪz] *v.tr.* emulsionar
emulsive [ɪˈmʌlsɪv] *adj.* emulsivo

emunctory [ɪˈmʌŋktərɪ] Ⓐ *adj.* emunctório Ⓑ *s.* (*pl.* -**ies**) **1** emunctório, órgão emunctório; **2** sistema de eliminação dos produtos catabólicos dos organismos animais
emyd [ˈemɪd] *s.* (*pl.* **emydes**) ZOOLOGIA emidíneo
emys [ˈemɪs] *s.* (*pl.* **emydes**) ZOOLOGIA emidíneo
enable [ɪˈneɪbəl] *v.tr.* **1** possibilitar [**to**, que]; permitir [**to**, que]; *to* ~ *sb to do sth* possibilitar que alguém faça alguma coisa; **2** capacitar, tornar capaz [**to**, de]; **3** habilitar [**to**, a]; *your lessons enabled me to speak English fluently* as suas lições habilitaram-me a falar inglês correntemente
enabler [ɪˈneɪblə] *s.* mecenas, encorajador
enabling [ɪˈneɪblɪŋ] *adj.* **1** que habilita legalmente; **2** que permite
enact [ɪˈnækt] *v.tr.* **1** (leis) promulgar; decretar; **2** TEATRO desempenhar o papel de, representar ❖ *as by law enacted* nos termos da lei
enacting [ɪˈnæktɪŋ] *adj.* legal; relativo à lei
enaction [ɪˈnækʃən] *s.* **1** lei, decreto; **2** promulgação de lei
enactive [ɪˈnæktɪv] *adj.* legal, com força de lei
enactment [ɪˈnæktmənt] *s.* **1** promulgação; **2** lei, decreto; **3** TEATRO representação ❖ DIREITO *by legislative* ~ por texto legislativo
enactor [ɪˈnæktə] *s.* **1** legislador, autor de instrumento legal; **2** actor, intérprete de determinado papel
enallage [ɪˈnælədʒɪ] *s.* LINGUÍSTICA enálage
enamel [ɪˈnæməl] Ⓐ *s.* **1** esmalte dos dentes; **2** esmalte, cor esmaltada; **3** laca, charão Ⓑ *v.tr.* (*particípios*: -**ll**-) **1** esmaltar; **2** lacar ❖ ~ *paint* tinta de esmalte; ~ *painting* pintura a esmalte; ~ *ware* louça esmaltada; *painting in* ~ pintura em esmalte
enamelled [ɪˈnæməld] *adj.* **1** esmaltado; em esmalte; **2** pintado a esmalte; **3** envernizado ❖ ~ *pipe* cano esmaltado; ~ *saucepan* caçarola de ferro esmaltado; ~ *tile* azulejo
enameller [ɪˈnæmələ] *s.* esmaltador
enamelling [ɪˈnæməlɪŋ] *s.* esmaltagem; esmalte ❖ ~ *furnace* forno de esmaltar
enamellist [ɪˈnæməlɪst] *s.* esmaltador
enamour [ɪˈnæmə] *v.tr.* enamorar, cativar
enamoured [ɪˈnæməd] *adj.* **1** enamorado [**of**, de]; apaixonado [**of**, por]; *to be* ~ *of sb* estar apaixonado por alguém; **2** encantado [**of**, com]; *to be* ~ *of sth* estar encantado com alguma coisa
enarthrosis [ˌenɑːˈθrəʊsɪs] *s.* ANATOMIA enartrose
en bloc [ɒ̃ˈblɒk] *adv.* em bloco
Encaenia [enˈsiːnɪə] *s.* **1** (universidade) festa anual em Oxford em memória dos fundadores; **2** encénia
encage [ɪnˈkeɪdʒ] *v.tr.* enjaular, engaiolar
encamp [ɪnˈkæmp] *v.tr.,intr.* **1** fazer acampar; **2** acampar
encampment [ɪnˈkæmpmənt] *s.* acampamento
encapsulate [ɪnˈkæpsjʊleɪt] *v.tr.* **1** FARMÁCIA encapsular; **2** condensar, resumir, abreviar
encapsulated [ɪnˈkæpsjʊleɪtɪd] *adj.* **1** encapsulado; **2** fechado, encerrado num pequeno espaço
encase [ɪnˈkeɪs] *v.tr.* **1** cobrir, revestir (de); **2** encerrar (em); **3** meter (em estojo)
encasement [ɪnˈkeɪsmənt] *s.* cobertura, revestimento, invólucro
encash [ɪnˈkæʃ] *v.tr.* COMÉRCIO meter em caixa
encashable [ɪnˈkæʃəbəl] *adj.* COMÉRCIO susceptível de ser metido em caixa
encashment [ɪnˈkæʃmənt] *s.* receita, entrada em caixa
encasing [ɪnˈkeɪsɪŋ] *s.* **1** cobertura; **2** encerramento (em estojo, etc.)
encaustic [ɪnˈkɔːstɪk] Ⓐ *adj.* encáustico Ⓑ *s.* encáustica
Enc. Brit. [*abrev. de* Encyclopaedia Britannica]
Enceladus [enˈselədəs] *s.* MITOLOGIA Encélado, gigante filho de Tártaro e da Terra
encephalic [ˌensɪˈfælɪk, ˌenkɪˈfælɪk] *adj.* encefálico
encephalitis [ˌensefəˈlaɪtɪs, ˌenkefəˈlaɪtɪs] *s.* encefalite
encephalogram [enˈsefələʊɡræm, enˈkefələʊɡræm] *s.* encefalograma
encephalomalacia [enˌsefələʊməˈleɪʃɪə, enˌkefələʊməˈleɪʃɪə] *s.* encefalomalacia

encephalon [enˈsefəlɒn, enˈkefəlɒn] s. encéfalo
encephalopathy [ˌensefəˈlɒpəθɪ, ˌenkefəˈlɒpəθɪ] s. MEDICINA encefalopatia
enchain [ɪnˈtʃeɪn] v.tr. prender com cadeias, acorrentar
enchainment [ɪnˈtʃeɪnmənt] s. acorrentamento
enchant [ɪnˈtʃɑːnt] v.tr. 1 enfeitiçar; 2 encantar; 3 seduzir
enchanted [ɪnˈtʃɑːntɪd] adj. 1 enfeitiçado; 2 encantado
enchanter [ɪnˈtʃɑːntə] s. feiticeiro, mágico, encantador
enchanting [ɪnˈtʃɑːntɪŋ] adj. encantador, arrebatador
enchantingly [ɪnˈtʃɑːntɪŋlɪ] adv. de modo encantador
enchantment [ɪnˈtʃɑːntmənt] s. 1 encanto, arrebatamento; 2 feitiço
enchantress [ɪnˈtʃɑːntrɪs] s.f. feiticeira
encharm [ɪnˈtʃɑːm] v.tr. enfeitiçar
enchase [ɪnˈtʃeɪs] v.tr. engastar, encastoar
enchiridion [ˌenkaɪəˈrɪdɪən] s. enquirídio
encipher [ɪnˈsaɪfə] v.tr. cifrar, escrever em cifra
encircle [ɪnˈsɜːkəl] v.tr. 1 rodear; cercar; *the equator encircles the earth* o equador rodeia a Terra; 2 cingir; abraçar
encirclement [ɪnˈsɜːkəlmənt] s. cerco, acto de cercar
encircling [ɪnˈsɜːklɪŋ] Ⓐ s. cerco; envolvimento Ⓑ adj. envolvente; abrangente; *~ movement* movimento envolvente
enclasp [ɪnˈklɑːsp] v.tr. 1 abraçar, envolver; 2 apertar com fivela
enclave [ˈenkleɪv] Ⓐ s. GEOGRAFIA enclave Ⓑ v.tr. encravar, formar enclave
enclavement [ˈenkleɪvmənt] s. encravamento
enclitic [ɪnˈklɪtɪk] Ⓐ adj. LINGUÍSTICA enclítico Ⓑ s. LINGUÍSTICA enclítica
enclose [ɪnˈkləʊz] v.tr. 1 cercar [**in/with**, com]; rodear [**in/with**, com]; *to ~ a property in a hedge* cercar uma propriedade com uma sebe; 2 COMÉRCIO anexar; remeter junto; 3 enclausurar ❖ COMÉRCIO *we ~ our list of prices* junto enviamos a nossa lista de preços
enclosed [ɪnˈkləʊzd] adj. 1 fechado; 2 cercado; rodeado; 3 (espaço) isolado; 4 RELIGIÃO de clausura; *~ order* ordem de clausura ❖ COMÉRCIO *~ herewith* em anexo, incluso; COMÉRCIO *~ letter* carta em anexo; COMÉRCIO *please find ~* em anexo enviamos
enclosing [ɪnˈkləʊzɪŋ] Ⓐ adj. que veda, limita Ⓑ s. 1 vedação, cerrado; 2 assédio; 3 anexo (em carta)
enclosure [ɪnˈkləʊʒə] s. 1 recinto; 2 COMÉRCIO (documento) anexo; 3 (caça) tapada; 4 cerca; vedação; 5 clausura ❖ *~ wall* muro de vedação; *the public enclosures* o jardim/largo público
enclothe [ɪnˈkləʊð] v.tr. revestir
encloud [ɪnˈklaʊd] v.tr. ensombrear, cobrir de nuvens
encode [ɪnˈkəʊd] v.tr. INFORMÁTICA codificar
encoder [ɪnˈkəʊdə] s. INFORMÁTICA codificador
encoffin [ɪnˈkɒfɪn] v.tr. meter em ataúde
encomiast [ɪnˈkəʊmɪæst] s. encomiasta, panegirista
encomiastic [ɪnˌkəʊmɪˈæstɪk] adj. encomiástico
encomium [ɪnˈkəʊmɪəm] s. (pl. -s) [form.] encómio ❖ *to bestow encomiums on* derramar encómios sobre; elogiar
encompass [ɪnˈkʌmpəs] v.tr. 1 rodear, cercar, envolver; 2 abarcar, abranger, conter, incluir
encompassing [ɪnˈkʌmpəsɪŋ] adj. 1 circundante, que rodeia; 2 ambiente; 3 abrangente
encore [ɒŋˈkɔː] Ⓐ v.tr. TEATRO bisar Ⓑ s., interj. bis
encounter [ɪnˈkaʊntə] Ⓐ v.tr., intr. 1 encontrar-se; 2 defrontar-se; 3 enfrentar, encontrar subitamente Ⓑ s. 1 recontro; 2 luta; 3 batalha; 4 encontro (inesperado)
encourage [ɪnˈkʌrɪdʒ, ɪnˈkɜːrɪdʒ] v.tr. 1 encorajar, animar; 2 ajudar, apoiar; 3 fomentar, promover, estimular
encouragement [ɪnˈkʌrɪdʒmənt, ɪnˈkɜːrɪdʒmənt] s. encorajamento
encouraging [ɪnˈkʌrɪdʒɪŋ, ɪnˈkɜːrɪdʒɪŋ] adj. encorajante
encouragingly [ɪnˈkʌrɪdʒɪŋlɪ, ɪnˈkɜːrɪdʒɪŋlɪ] adv. de forma encorajadora, encorajantemente
encrimson [ɪnˈkrɪmzən] v.tr. tingir de carmim, carminar
encroach [ɪnˈkrəʊtʃ] v.intr. 1 invadir [**upon**, -]; 2 apossar-se [**upon**, de]; *to ~ upon sb else's rights* apossar-se dos direitos de alguém; 3 usurpar [**upon**, -]; *to ~ upon sb's time* usurpar o tempo de alguém; 4 prejudicar, lesar [**upon**, -]; 5 ganhar terreno [**upon**, em relação a]; *the sea is encroaching upon the land* o mar está a ganhar terreno

encroacher [ɪnˈkrəʊtʃə] s. 1 usurpador, invasor; 2 lesador
encroaching [ɪnˈkrəʊtʃɪŋ] adj. usurpador, invasor
encroachment [ɪnˈkrəʊtʃmənt] s. 1 invasão; incursão; 2 usurpação; *the ~ on the rights of another* a usurpação dos direitos de outro; 3 avanço; *the encroachments made by the sea upon the land* o avanço do mar sobre a terra
en croute [ɒ̃ˈkruːt] adj., adv. encodeado; com crosta
encrust [ɪnˈkrʌst] v.tr., intr. 1 cobrir com crosta; 2 formar crosta; 3 incrustar
encrusted [ɪnˈkrʌstɪd] adj. 1 encodeado, com crosta; 2 incrustado, com incrustações
encrustment [ɪnˈkrʌstmənt] s. crosta, incrustação
encrypt [ɪnˈkrɪpt] v.tr. INFORMÁTICA encriptar, codificar
encrypting [ɪnˈkrɪptɪŋ] s. encriptação, codificação ❖ INFORMÁTICA *~ program* programa de encriptação
encryption [ɪnˈkrɪpʃən] s. INFORMÁTICA encriptação, codificação
encumber [ɪnˈkʌmbə] v.tr., intr. 1 estorvar; embaraçar; entravar; 2 (espaço) atravancar; 3 (trabalho, dificuldades) sobrecarregar; *to be encumbered with debts* estar sobrecarregado de dívidas
encumbrance [ɪnˈkʌmbrəns] s. 1 estorvo; embaraço; impedimento; 2 sobrecarga; fardo; 3 DIREITO hipoteca ❖ DIREITO *without ~* sem filhos
encumbrancer [ɪnˈkʌmbrənsə] s. credor hipotecário
ency. [abrev. de encyclopaedia]
encyclic [ɪnˈsɪklɪk] adj., s. ⇒ **encyclical**
encyclical [ɪnˈsɪklɪkəl] Ⓐ adj. encíclico Ⓑ s. encíclica
encyclically [ɪnˈsɪklɪkəlɪ] adv. enciclicamente
encyclopaedia [ɪnˌsaɪkləˈpiːdɪə] s. enciclopédia
encyclopaedic [ɪnˌsaɪkləˈpiːdɪk] adj. enciclopédico
encyclopaedical [ɪnˌsaɪkləˈpiːdɪkəl] adj. enciclopédico
encyclopaedism [ɪnˌsaɪkləˈpiːdɪzəm] s. enciclopedismo
encyclopaedist [ɪnˌsaɪkləˈpiːdɪst] s. enciclopedista
encyst [enˈsɪst] v.tr. enquistar-se, enquistar
encystation [enˈsɪsteɪʃən] s. enquistamento
encysted [enˈsɪstɪd] adj. enquistado
encystment [enˈsɪstmənt] s. enquistamento
end [end] Ⓐ s. 1 fim; final; *at the ~ of* no fim de; 2 cessação; conclusão; 3 termo; limite; 4 extremidade; extremo; ponta; *~ to ~* pelas extremidades; *from ~ to ~* dum extremo a outro; 5 objectivo, fim, desígnio; *to what end?* com que objectivo?, para que fim?; 6 morte; *an untimely ~* uma morte precoce; 7 (telefone) lado; 8 (acordo) parte; *our ~ of the deal* a nossa parte do combinado; 9 DESPORTO (campo) extremo; lado Ⓑ v.tr., intr. 1 terminar; acabar; concluir; 2 pôr um fim a, acabar com Ⓒ v.intr. acabar [**in**, em] ❖ *~ connection* ligação final; *~ on* com a extremidade voltada para nós; *~ play* jogo axial; *~ product* produto final; resultado; MECÂNICA *~ of stroke* fim do curso; (vacina) *~ point of effectiveness* termo de eficácia; DESPORTO (futebol) *~ player* ponta-de-lança; COMÉRCIO *a mistake at your ~* um engano de V. Exa.; *and there's an ~ of it* e ponto final; *at a loose ~* sem nada de especial a fazer; *he is at the ~ of his tether* ele não pode mais; *in the ~* no fim; afinal; no fim de contas; [coloq.] *no ~* muito; muitíssimo; *on ~* continuamente; de pé; ao alto; *the affair ended happily* tudo terminou bem; *the ~ justifies the means* os fins justificam os meios; *to be at an ~* ter chegado ao fim; *to ~ in smoke* não dar em nada; *to keep one's ~ up* resistir; aguentar; *to make an ~ of/to put an ~ to* pôr um termo a; terminar; acabar com; *to make both ends meet* equilibrar as receitas com as despesas; *to no ~* em vão; *to the very ~* até ao fim
◆**end off** v.tr., intr. concluir, terminar, acabar
◆**end up** v.intr. 1 acabar; 2 ir dar [**in**, a]; 3 ir parar [**in**, a] ❖ *to ~ being...* acabar por ser
endamage [ɪnˈdæmɪdʒ] v.tr. prejudicar, danificar
endanger [ɪnˈdeɪndʒə] v.tr. 1 ameaçar; 2 pôr em perigo; colocar em risco
endangered [ɪnˈdeɪndʒəd] adj. ameaçado; em perigo ❖ *~ species* espécies em vias de extinção
end-around [endəˈraʊnd] s. DESPORTO (futebol americano) jogada em que o jogador que está na linha defensiva ou ofensiva lança a bola para o lado oposto do campo
endcue [ˈendkjuː] s. palavras finais de uma reportagem ou entrevista

endear [ɪn'dɪə] v.tr. tornar estimado, querido
endearing [ɪn'dɪərɪŋ] adj. cativante; encantador; atractivo
❖ ~ *qualities* qualidades que atraem
endearingly [ɪn'dɪərɪŋli] adv. 1 cativantemente; 2 afectuosamente; 3 encantadoramente
endearment [ɪn'dɪəmənt] s. 1 encanto, ternura, afecto; 2 pl. carícias
endeavour [ɪn'devə] Ⓐ s. 1 esforço; diligência; tentativa; 2 empreendimento; iniciativa Ⓑ v.intr. esforçar-se [to, por]; lutar [to, por]; empenhar-se ao máximo [to, por]; fazer o possível [to, por]; *to ~ to achieve sth big* esforçar-se por conseguir algo importante ❖ *to make every ~ to* fazer todos os possíveis para; envidar todos os esforços para
endeavourer [ɪn'devərə] s. membro da *Christian Endeavourer Society*
endeavouring [ɪn'devərɪŋ] s. tentativa, esforço
endecagon [en'dekəgən] s. hendecágono
endemic [en'demɪk] Ⓐ adj. endémico Ⓑ s. MEDICINA endemia
endemicity [ˌende'mɪsɪti] s. endemicidade
endermic [en'dɜːmɪk] adj. MEDICINA endérmico
endgame ['endɡeɪm] s. 1 (xadrez) fase final; 2 [fig.] últimos passos
ending ['endɪŋ] Ⓐ adj. último; final Ⓑ s. 1 conclusão; desenlace; final; remate; *happy ~* final feliz; 2 LINGUÍSTICA terminação; desinência
endive ['endaɪv, 'endɪv] s. BOTÂNICA endiva, endívia; chicória
endless ['endləs] adj. 1 sem fim, interminável, infinito; *that's an ~ task* isso é uma tarefa interminável; 2 contínuo, incessante; 3 inesgotável ❖ *~ belt* correia circular; correia sem fim; *~ saw* serra de fita
endlessly ['endlɪsli] adv. 1 interminavelmente; 2 continuamente
endlessness ['endlɪsnɪs] s. carácter infinito; perpetuidade
endmost ['endməʊst] adj. 1 mais distante; 2 mais próximo da extremidade; 3 mais perto do fim
endocarditis [ˌendəʊkɑː'daɪtɪs] s. endocardite
endocardium [ˌendəʊ'kɑːdɪəm] s. endocárdio
endocarp ['endəʊkɑːp] s. endocarpo
endocrine ['endəʊkraɪn] adj. endócrino
endocrinology [ˌendəʊkrɪ'nɒlədʒi] s. endocrinologia
endocytosis [ˌendəʊsaɪ'təʊsɪs] s. BIOLOGIA (citologia) endocitose
endoderm ['endəʊdɜːm] s. endoderme
endogamy [en'dɒɡəmi] s. endogamia
endogenetic [ˌendəʊdʒə'netɪk] adj. endogenético
endogenous [en'dɒdʒənəs] adj. endógeno
endogeny [en'dɒdʒəni] s. endogenia
endometritis [ˌendəʊmɪ'traɪtɪs] s. endometrite
endomorph ['endəʊmɔːf] s. MINERALOGIA endomorfo
endomorphic [ˌendəʊ'mɔːfɪk] adj. endomórfico
endoparasite [ˌendəʊ'pærəsaɪt] s. endoparasita
endoplasm ['endəʊplæzm] s. endoplasma
endopleura [ˌendəʊ'plʊərə] s. endopleura
endoproct ['endəʊˌprɒkt] s. ZOOLOGIA entoprocto
endorphin [en'dɔːfɪn] s. endorfina
endorse [ɪn'dɔːs] v.tr. 1 (cheque) endossar; *to ~ in blank* endossar em branco; 2 apoiar publicamente; 3 aprovar; sancionar; *I ~ what you say* aprovo o que o senhor diz; 4 referendar ❖ *to have one's driving licence endorsed* ter carta de condução com cadastro
endorsee [ˌɪndɔː'siː] s. endossado
endorsement [ɪn'dɔːsmənt] s. 1 (cheque) endosso; 2 aval; 3 (documento) acrescentamento; adenda; 4 apoio público; 5 recomendação publicitária
endorser [ɪn'dɔːsə] s. endossante
endoscope ['endəʊskəʊp] s. endoscópio
endoscopy [en'dɒskəpi] s. MEDICINA endoscopia
endoskeleton [ˌendəʊ'skelɪtən] s. ANATOMIA endoesqueleto
endosmometer [ˌendəʊs'mɒmɪtə] s. endosmómetro
endosmose ['endɒzməʊs] s. endosmose
endosmosis [ˌendɒz'məʊsɪs] s. endosmose
endosmotic [ˌendɒz'mɒtɪk] adj. endosmótico
endosperm ['endəʊspɜːm] s. endosperma
endospermic [ˌendəʊ'spɜːmɪk] adj. endospérmico
endospore ['endəʊspɔː] s. endósporo

endosporium [ˌendəʊs'pɔːrɪəm] s. (pl. **-a**) ⇒ **endospore**
endostome ['endəʊstəʊm] s. endóstomo
endothelial [ˌendəʊ'θiːlɪəl] adj. endotelial
endothelium [ˌendəʊ'θiːlɪəm] s. endotélio
endothermic [ˌendəʊ'θɜːmɪk] adj. endotérmico
endow [ɪn'daʊ] v.tr. 1 dotar [**with**, de]; *to be endowed with beauty* ser dotado de beleza; 2 (donativos) assegurar renda a; doar fundos a; 3 [arc.] prover de dote
endowed [ɪn'daʊd] adj. com dotação; com renda ❖ *~ school* escola sustentada por uma fundação
endowment [ɪn'daʊmənt] s. 1 doação, dotação, renda, legado; 2 dote, dom natural
endpaper ['endpeɪpə] s. (pl. **-s**) (livro, encadernação) guarda
end-run [end'rʌn] v.tr. (prt. **-ran**, part. pass. **-run**) [coloq.] passar por cima de; contornar
end-stopped ['endstɒpt] adj. LITERATURA tendo uma pausa no fim de cada verso
endue [ɪn'djuː] v.tr. 1 dotar; 2 vestir, revestir; 3 possuir
endurable [ɪn'djʊərəbəl] adj. 1 suportável; 2 durável
endurableness [ɪn'djʊərəblnɪs] s. 1 durabilidade; 2 carácter suportável
endurably [ɪn'djʊərəbli] adv. suportavelmente
endurance [ɪn'djʊərəns] s. 1 resistência; *he has great powers of ~* tem grande capacidade de resistência; 2 pertinácia; tenacidade; 3 (tempo) persistência; permanência; continuidade; 4 DESPORTO resistência; endurance ❖ *~ limit* limite de resistência; *~ test* prova de resistência; *beyond/past ~* insuportável; (pessoa) *to come to the end of one's ~* já não poder mais
endure [ɪn'djʊə] v.tr., intr. 1 suportar; sofrer; passar por; 2 aguentar; resistir a; *we must ~ to the end* temos de aguentar até ao fim; 3 perdurar; persistir; permanecer ❖ *what can't be cured must be endured* o que não tem remédio remediado está
enduring [ɪn'djʊərɪŋ] adj. 1 duradouro; estável; *~ peace* paz duradoura; 2 contínuo; persistente; 3 paciente; sofredor
enduringly [ɪn'djʊərɪŋli] adv. 1 com estabilidade; 2 duma maneira durável; 3 persistentemente
enduringness [ɪn'djʊərɪŋnɪs] s. 1 continuidade, durabilidade; 2 persistência
endways ['endweɪz] adv. 1 de ponta, com a extremidade voltada para o espectador; 2 ponta a ponta; 3 longitudinalmente; 4 ao comprido; 5 de pé, em pé
endwise ['endwaɪz] adv. 1 de ponta, com a extremidade voltada para o espectador; 2 ponta a ponta; 3 longitudinalmente; 4 ao comprido; 5 de pé, em pé
Endymion [en'dɪmɪən] s. MITOLOGIA Endimião
ENE [abrev. de *East-northeast*]
Eneas ['iːnɪæs, 'iːnɪæs] s.antr. Eneias
Eneid ['iːnɪɪd] s. Eneida
enema ['enɪmə] s. MEDICINA enema, clister
enemy ['enəmi] adj.,s. (pl. **-ies**) inimigo; adversário ❖ *~ forces* forças adversárias; *by ~ action* por acção do inimigo; [coloq.] *how goes the enemy?* que horas são?; *to make enemies* fazer inimigos
energetic [ˌenə'dʒetɪk] adj. enérgico, activo
energetically [ˌenə'dʒetɪkli] adv. com energia, energicamente
energetics [ˌenə'dʒetɪks] s. energética
energize ['enədʒaɪz] Ⓐ v.tr. 1 incutir energia a; 2 estimular; 3 fornecer electricidade a Ⓑ v.intr. actuar energicamente
energizing ['enədʒaɪzɪŋ] adj. 1 energético; 2 estimulante
energumen [ˌenɜː'ɡjuːmen] s. 1 energúmeno, possesso; 2 fanático; 3 entusiasta
energy ['enədʒi] s. (pl. **-ies**) 1 energia; *sources of ~* fontes de energia; *to save ~* poupar energia; 2 (actividade) energia; força; vigor; vitalidade; 3 pl. forças; esforços; *to devote one's energies to* envidar esforços para; *to throw all one's ~ into* dedicar-se com afinco a, não se poupar a esforços para ❖ *~ input* admissão de energia; *~ losses* perdas de energia; *~ output* saída de energia; rendimento; *potential ~* energia potencial; *~ of discharge* energia de descarga; *~ producing foods* alimentos energéticos; *~ put in* energia absorvida
energy-efficient [ˌenədʒɪ'fɪʃənt] adj. que poupa energia

energy-giving [ˈenədʒɪˌgɪvɪŋ] *adj.* 1 energético; 2 nutritivo

enervate¹ [ˈenəveɪt] *v.tr.* 1 enfraquecer, debilitar; 2 amolecer; 3 enervar

enervate² [ˈenəvɪt] *adj.* 1 sem nervo; 2 fraco; 3 débil

enervating [ˈenəveɪtɪŋ] Ⓐ *adj.* 1 enervante; 2 debilitante, que enfraquece Ⓑ *s.* enfraquecimento, debilitamento

enervation [ˌenəˈveɪʃən] *s.* enfraquecimento, prostração, moleza, abatimento, enervação

enface [ɪnˈfeɪs] *v.tr.* COMÉRCIO escrever, imprimir numa letra

enfacement [ɪnˈfeɪsmənt] *s.* COMÉRCIO frase, palavras inscritas numa letra

en famille [ɒ̃fæˈmiː] *adv.* em família

enfeeble [ɪnˈfiːbəl] *v.tr.* debilitar

enfeeblement [ɪnˈfiːbəlmənt] *s.* enfraquecimento

enfeoff [ɪnˈfiːf] *v.tr.* 1 HISTÓRIA enfeudar, constituir em feudo; 2 submeter, subjugar ❖ *enfeoffed to tyranny* sujeito à tirania

enfeoffment [ɪnˈfiːfmənt] *s.* enfeudação

enfetter [ɪnˈfetə] *v.tr.* agrilhoar, acorrentar

enfilade [ˌenfɪˈleɪd] Ⓐ *s.* tiro, fogo de enfiada Ⓑ *v.tr.* submeter a tiro de enfiada

enfilading [ˌenfɪˈleɪdɪŋ] *adj.* de enfiada

enfold [ɪnˈfəʊld] *v.tr.* 1 [form.] envolver [**in**, em]; cobrir [**in**, de]; *to ~ sth in a white fabric* envolver algo num tecido branco; 2 [form.] cingir [**in**, em]; apertar [**in**, em] ❖ *to ~ sb in one's arms* abraçar alguém

enfolding [ɪnˈfəʊldɪŋ] Ⓐ *adj.* envolvente Ⓑ *s.* abraço, envolvimento

enforce [ɪnˈfɔːs] *v.tr.* 1 impor [**on**, a]; *to ~ the law (on all citizens)* impor a lei (a todos os cidadãos); 2 fazer cumprir, fazer valer; *to ~ one's rights* fazer valer os seus direitos; 3 aplicar; 4 reforçar; consolidar; 5 forçar; obrigar ❖ *to ~ obedience* fazer-se obedecer

enforceability [ɪnˌfɔːsəˈbɪlɪtɪ] *s.* possibilidade de cumprimento

enforceable [ɪnˈfɔːsəbəl] *adj.* 1 que se aplica; 2 que se pode fazer cumprir; 3 executório

enforced [ɪnˈfɔːst] *adj.* 1 forçado; 2 imposto

enforcement [ɪnˈfɔːsmənt] *s.* cumprimento, aplicação, execução (de lei)

enframe [ɪnˈfreɪm] *v.tr.* encaixilhar, emoldurar

enfranchise [ɪnˈfræntʃaɪz] *v.tr.* 1 conceder direito de voto; 2 conceder privilégios (a cidade ou vila); 3 manumitir, libertar

enfranchisement [ɪnˈfræntʃɪzmənt] *s.* 1 manumissão; 2 libertação de feudo; 3 concessão de direito de voto, concessão de regalias (a cidade ou vila)

engage [ɪnˈgeɪdʒ] *v.tr.,intr.* 1 contratar; *to ~ sb's services* contratar alguém; 2 (atenção) chamar; atrair; captar; 3 engatar [**with**, a]; prender [**with**, a]; engrenar [**with**, -]; 4 empreender, encarregar-se de; 5 ocupar-se de, tomar parte [**in**, em]; participar [**in**, em]; 6 atacar, travar batalha [**with**, com]; *to ~ with the enemy* atacar o inimigo; 7 lançar(-se) [**in**, em]; *to ~ in politics* lançar-se na política; *to ~ in war* lançar-se na guerra; 8 (automóveis) engatar, meter; *to ~ the first gear* meter a primeira velocidade ❖ (hotel) *to ~ a room* marcar/reservar um quarto; [arc.] *to ~ for* garantir; tomar a responsabilidade de; *to ~ the catch* engatar, ligar o engate

engaged [ɪnˈgeɪdʒd] *adj.* 1 ocupado; *my time is fully ~* tenho o tempo todo ocupado; (telefone) *to be ~* estar ocupado; 2 comprometido; noivo; *to get ~ with* ficar noivo de; 3 MECÂNICA engatado ❖ (telefone) *~ tone* sinal de ocupado; (telefone) *line ~ signal* sinal de linha ocupada; *to be otherwise ~* ter outro compromisso

engagement [ɪnˈgeɪdʒmənt] *s.* 1 compromisso; *to keep one's engagements* ser fiel aos seus compromissos; 2 [form.] acordo; ajuste; 3 (artistas) contrato; compromisso; 4 noivado; *to break off the ~* romper o noivado; 5 combate, batalha; *they had an ~ with the enemy* travaram batalha com o inimigo ❖ *~ ring* anel de noivado

engaging [ɪnˈgeɪdʒɪŋ] *adj.* 1 interessante; cativante; sedutor; atraente; *to have an ~ manner* ter modos cativantes; 2 MECÂNICA que engata; de engate

engagingly [ɪnˈgeɪdʒɪŋlɪ] *adv.* 1 de forma cativante; 2 com encanto; 3 de forma interessante

en garde [ɒ̃ˈgɑːd] *interj.* DESPORTO (esgrima) em posição defensiva

engarland [ɪnˈgɑːlənd] *v.tr.* engrinaldar

engender [ɪnˈdʒendə] *v.tr.* engendrar, produzir, gerar

engendering [ɪnˈdʒendərɪŋ] *adj.* paritário; *~ parliaments* parlamentos paritários

engine [ˈendʒɪn] Ⓐ *s.* 1 máquina; 2 locomotiva; 3 motor; 4 mecanismo Ⓑ *v.tr.* 1 munir de motor; 2 (navio) montar máquinas em ❖ *~ builder* serralheiro mecânico; *~ counter* contador de rotações; *~ detail* peça de máquina; *~ displacement* cilindrada; *~ driver* maquinista; *~ failure* avaria no motor; paragem por avaria do motor; *~ flywheel* volante do motor; *~ house/~ room* casa das máquinas; *~ oil* óleo de máquinas; óleo para motores; *~ parts* partes de máquinas; órgãos do motor; peças do motor; *~ power* potência do motor; (automóvel) *~ suspension* suspensão do motor; *fire ~* carro dos bombeiros; *oil ~* motor a óleo; *steam ~* máquina a vapor; *internal combustion ~* motor de combustão interna

engined [ˈendʒɪnd] *adj.* com motor

engineer [ˌendʒɪˈnɪə] Ⓐ *s.* 1 engenheiro; 2 (manutenção) técnico; 3 (navio) mecânico, oficial encarregado das máquinas; 4 [EUA, Can.] (caminhos-de-ferro) maquinista; 5 [fig.] autor; 6 MILITAR soldado de engenharia Ⓑ *v.tr.* 1 fazer como engenheiro; 2 construir, edificar; 3 imaginar, engendrar; 4 (genética) manipular ❖ *agricultural ~* engenheiro agrónomo; *civil ~* engenheiro civil; *electrical ~* engenheiro electrotécnico; *~ surveyor* perito de máquinas; *mining ~* engenheiro de minas; *naval ~* engenheiro naval; *bridge and road ~* engenheiro de obras públicas; *engineer's logbook* diário das máquinas

engineering [ˌendʒɪˈnɪərɪŋ] *s.* 1 engenharia; 2 técnica; *a feat of ~* uma maravilha da técnica; 3 [fig.] manobras; artimanhas ❖ *~ factory* fábrica de construção de máquinas; *~ industries* indústrias de equipamento; *~ laboratory* laboratório de engenharia; *~ science* ciência da engenharia

enginery [ˈendʒɪnərɪ] *s.* 1 maquinaria, engenhos; 2 manejos

engird [ɪnˈgɜːd] *v.tr.* cingir com cinto

engirdle [ɪnˈgɜːdl] *v.tr.* cingir com cinto

England [ˈɪŋglənd] *s.top.* Inglaterra

Englander [ˈɪŋgləndə] *s.* inglês ❖ HISTÓRIA [depr.] *Little ~* inglês contrário ao imperialismo britânico

Englified [ˈɪŋglɪfaɪd] *adj.* [Esc.] [coloq., depr.] inglesado

English [ˈɪŋglɪʃ] Ⓐ *adj.* inglês Ⓑ *s.* (língua) inglês Ⓒ *s.pl. the ~* os ingleses Ⓓ *v.tr.* 1 traduzir em inglês; 2 anglicizar ❖ GEOGRAFIA *~ Channel* Canal da Mancha; NÁUTICA (navio) *~ manned* com uma equipagem inglesa; com tripulação inglesa; *Middle ~* médio inglês; *Old ~* anglo-saxão; velho inglês; ARQUITECTURA *early ~ style* gótico do séc. XIII; *in plain ~* em palavras simples; *the King's ~* em inglês correcto; (dar erros) *to murder the King's ~* assassinar a língua inglesa

Englishman [ˈɪŋglɪʃmən] *s.m.* (*pl.* -**men**) (homem) inglês

English-speaking [ˈɪŋglɪʃˈspiːkɪŋ] *adj.* 1 anglófono; 2 onde se fala inglês; 3 em língua inglesa

Englishwoman [ˈɪŋglɪʃˌwʊmən] *s.f.* (*pl.* -**women**) (mulher) inglesa

englobe [ɪnˈgləʊb] *v.tr.* [ant.] englobar

engorge [ɪnˈgɔːdʒ] *v.tr.,intr.* 1 devorar; engolir vorazmente; 2 empanturrar(-se de); 3 congestionar(-se)

engorgement [ɪnˈgɔːdʒmənt] *s.* 1 ingurgitamento, enfarte; 2 congestão

engraft [ɪnˈgrɑːft] *v.tr.* 1 enxertar; 2 implantar

engraftment [ɪnˈgrɑːftmənt] *s.* 1 enxerto; 2 enxertia; 3 acrescento; 4 implantação (de ideias, princípios)

engrail [ɪnˈgreɪl] *v.tr.* dentear, serrilhar

engrailment [ɪnˈgreɪlmənt] *s.* círculo marcado com pontinhos no bordo das moedas

engrain [ɪnˈgreɪn] *v.tr.* ⇒ **ingrain**¹

engram [ˈengræm] *s.* engrama

engrave [ɪnˈgreɪv] *v.tr.* 1 (placas) gravar [**with**, em]; *to ~ sth with an inscription* gravar uma inscrição em algo; 2 [fig.] gravar [**on**, em]; fixar [**on**, em]; *to ~ on the memory* gravar na memória

engraver [ɪnˈgreɪvə] *s.* gravador

engraving [ɪnˈgreɪvɪŋ] *s.* 1 (actividade) gravação; *~ on copper* gravação em cobre; 2 gravura; *rock engravings* gravuras rupestres

engross [ɪnˈɡrəʊs] v.tr. 1 (atenção) absorver; 2 cativar; 3 ocupar; entreter; *to ~ sb's time* ocupar o tempo de alguém; 4 ECONOMIA (matérias-primas, produtos) açambarcar; monopolizar; 5 (leis) tirar pública-forma de; 6 [ant.] transcrever em grandes letras, transcrever em letra legível

engrossed [ɪnˈɡrəʊsd] adj. absorto; *to be ~ in* estar absorto em

engrosser [ɪnˈɡrəʊsə] s. aquele que redige uma pública-forma

engrossing [ɪnˈɡrəʊsɪŋ] Ⓐ adj. cativante, fascinante, apaixonante, absorvente Ⓑ s. 1 absorção (de espírito); 2 redacção de pública-forma

engrossment [ɪnˈɡrəʊsmənt] s. 1 transcrição; 2 pública-forma; 3 redacção de pública-forma; 4 absorção do espírito

engulf [ɪnˈɡʌlf] v.tr. 1 engolfar; 2 submergir; 3 engolir

engulfment [ɪnˈɡʌlfmənt] s. 1 mergulho, submersão; 2 tragamento; 3 absorção

enhance [ɪnˈhɑːns, ɪnˈhæns] v.tr. 1 melhorar; 2 aumentar, engrandecer; 3 valorizar; 4 INFORMÁTICA optimizar; 5 encarecer; 6 realçar, elevar

enhancement [ɪnˈhɑːnsmənt, ɪnˈhænsmənt] s. 1 melhoramento; 2 engrandecimento, desenvolvimento; 3 valorização; 4 INFORMÁTICA optimização; 5 aumento, acrescento; 6 elevação

enhancer [ɪnˈhɑːnsə] s. intensificador; *flavour ~* intensificador de sabor

enhancing [ɪnˈhɑːnsɪŋ, ɪnˈhænsɪŋ] s. ⇒ **enhancement**

enharmonic [enhɑːˈmɒnɪk] adj. enarmónico

enharmonically [enhɑːˈmɒnɪklɪ] adv. enarmonicamente

enigma [ɪˈnɪɡmə] s. 1 enigma; 2 coisa enigmática, pessoa enigmática

enigmatic [enɪɡˈmætɪk] adj. enigmático

enigmatical [enɪɡˈmætɪkəl] adj. enigmático

enigmatically [enɪɡˈmætɪklɪ] adv. enigmaticamente

enigmatize [ɪˈnɪɡmətaɪz] v.intr. empregar enigmas, enigmar

enisle [ɪˈnaɪl] v.tr. 1 [lit.] isolar; insular; 2 [lit.] transformar em ilha

enjambement [ɪnˈdʒæmmənt] s. LITERATURA (versos) encavalgamento, transporte

enjambment [ɪnˈdʒæmmənt] s. LITERATURA (versos) encavalgamento, transporte

enjoin [ɪnˈdʒɔɪn] v.tr. 1 [form.] impor, ordenar, mandar [to, que]; *to ~ sb to do sth* ordenar a alguém que faça alguma coisa; 2 recomendar; intimar; *to ~ sb to silence/secrecy* recomendar segredo a alguém; 3 proibir [from, de]; *to ~ sb from doing sth* proibir alguém de fazer alguma coisa

enjoy [ɪnˈdʒɔɪ] v.tr. 1 gozar, usufruir, desfrutar; 2 ter, possuir, gozar de ❖ *~ your meal!* bom apetite!; *how did you ~ the journey?* gostou da viagem?; *to ~ doing sth* sentir prazer em fazer alguma coisa; *to ~ good health* gozar de boa saúde; *to ~ good income* usufruir de bom rendimento; *to ~ oneself* divertir-se

enjoyable [ɪnˈdʒɔɪəbəl] adj. 1 agradável, aprazível; 2 que pode apreciar-se

enjoyableness [ɪnˈdʒɔɪəblnɪs] s. 1 aprazibilidade; 2 agrado; 3 prazer

enjoyably [ɪnˈdʒɔɪəblɪ] adv. 1 aprazivelmente; 2 agradavelmente

enjoyment [ɪnˈdʒɔɪmənt] s. 1 prazer; satisfação; *to get ~ out of sth* retirar prazer de algo; *to live only for ~* viver só para o prazer; 2 posse; usufruto; 3 (divertimento) prazer; *the enjoyments in life* os prazeres da vida

enkindle [ɪnˈkɪndl] v.tr. 1 inflamar, excitar; 2 acender

enlace [ɪnˈleɪs] v.tr. 1 enlaçar, entrelaçar; 2 abraçar

enlacement [ɪnˈleɪsmənt] s. enlace, abraço

enlarge [ɪnˈlɑːdʒ] v.tr.,intr. 1 alargar(-se); aumentar; 2 desenvolver(-se); expandir(-se); 3 FOTOGRAFIA ampliar; *to ~ a photograph* ampliar uma fotografia; 4 dilatar ❖ COMÉRCIO *to ~ the payment of a bill* prorrogar o prazo de pagamento duma letra

♦ **enlarge on/upon** v.tr. 1 dissertar sobre; divagar sobre; 2 desenvolver

enlarged [ɪnˈlɑːdʒd] adj. 1 aumentado; alargado; 2 FOTOGRAFIA ampliado; 3 dilatado; 4 MEDICINA hipertrofiado ❖ MEDICINA *~ heart* dilatação cardíaca; *~ ideas* vistas largas

enlargement [ɪnˈlɑːdʒmənt] s. 1 alargamento; aumento; expansão; *~ of a pipe* alargamento dum tubo; 2 (fotografia) ampliação; 3 crescimento; acrescento; 4 MEDICINA hipertrofia

enlarger [ɪnˈlɑːdʒə] s. ampliador

enlighten [ɪnˈlaɪtn] v.tr. 1 (conhecimento) informar; instruir; 2 (dúvidas) esclarecer [on, em relação a]; *to ~ sb on sth* esclarecer alguém em relação a alguma coisa

enlightened [ɪnˈlaɪtnd] adj. 1 esclarecido; 2 bem informado; 3 culto; 4 liberal, tolerante

enlightener [ɪnˈlaɪtnə] s. aquele que esclarece, pessoa que elucida

enlightening [ɪnˈlaɪtnɪŋ] adj. esclarecedor, elucidativo, informativo

enlightenment [ɪnˈlaɪtnmənt] s. 1 esclarecimento; 2 informação; explicação; 3 iluminação; 4 liberalismo, tolerância

Enlightenment [ɪnˈlaɪtnmənt] s. HISTÓRIA Iluminismo ❖ *the Age of ~* o Século das Luzes

enlink [ɪnˈlɪŋk] v.tr. ligar, atar, prender

enlist [ɪnˈlɪst] v.tr.,intr. 1 alistar, alistar-se; 2 conseguir, atrair; 3 recrutar; 4 assegurar

enlisted [ɪnˈlɪstɪd] adj. MILITAR alistado; no serviço militar ❖ [EUA] *~ man* soldado raso

enlisting [ɪnˈlɪstɪŋ] s. alistamento

enlistment [ɪnˈlɪstmənt] s. recrutamento, alistamento

enliven [ɪnˈlaɪvən] v.tr. 1 animar, vivificar; 2 inspirar; 3 alegrar, distrair

enlivening [ɪnˈlaɪvənɪŋ] Ⓐ adj. que alegra, alegre, animado Ⓑ s. animação, alegria

en masse [ɒ̃ˈmæs] adv. em grupo

enmesh [ɪnˈmeʃ] v.tr. 1 enredar; 2 pescar com rede

enmity [ˈenmɪtɪ] s. (pl. **-ies**) inimizade [**for/towards**, em relação a]; hostilidade [**for/towards**, em relação a] ❖ *to be at ~ with sb* hostilizar abertamente alguém

ennead [ˈenɪæd] s. 1 enéada; 2 série de nove; 3 novena

enneagon [ˈenɪəɡən] s. eneágono

enneagonal [enɪˈæɡənəl] adj. eneagonal

enneasyllabic [enɪəsɪˈlæbɪk] adj. eneassilábico

ennoble [ɪˈnəʊbəl] v.tr. 1 enobrecer; 2 nobilitar

ennoblement [ɪˈnəʊbəlmənt] s. 1 enobrecimento; 2 nobilitação

ennobling [ɪˈnəʊblɪŋ] Ⓐ adj. nobilitante Ⓑ s. enobrecimento

ennui [ɑ̃ːˈnwiː, ˈɒnwiː] s. tédio, aborrecimento

enol [ˈiːnɒl] s. QUÍMICA enol

enology [iːˈnɒlədʒɪ] s. [EUA] ⇒ **oenology**

enophthalmus [ɪnɒfˈθælməs] s. enoftalmia

enormity [ɪˈnɔːmɪtɪ] s. (pl. **-ies**) 1 enormidade; 2 maldade, grande crime

enormous [ɪˈnɔːməs] adj. enorme, muito grande

enormously [ɪˈnɔːməslɪ] adv. enormemente

enormousness [ɪˈnɔːməsnɪs] s. 1 enormidade; 2 descomunalidade

enosis [ˈenəʊsɪs, ɪˈnəʊsɪs] s. enose, união de Chipre à Grécia

enough [ɪˈnʌf] Ⓐ adj.,s. bastante; suficiente; *to have ~ money/money ~* ter dinheiro bastante; *to have ~ to live on* ter o bastante para viver; *not to have ~ room* não ter espaço suficiente Ⓑ adv. bastante; suficientemente; *to be good ~* ser suficientemente bom; *to be large ~* ser suficientemente grande ❖ *~ is as good as a feast* não é preciso mais que o suficiente; *~ is ~!* isto já é de mais!; (repreenda) *~ of this!* já chega!, pára!; *~ of this nonsense!* basta de disparates!; *~ said!* não precisas de dizer mais nada!; *curiously ~* caso curioso; *fair enough!* é justo!; *he is not man ~ to...* ele não é homem para...; *I have had ~ of it* já estou farto disso; *I have not half ~ money* o dinheiro não me chega para metade; *it is good ~ for you* serve muito bem para ti; *to have ~ and to spare* ter mais que o necessário; *you know well ~ that...* sabes muito bem que...

enounce [ɪˈnaʊns] v.tr. enunciar, pronunciar, declarar

enouncement [ɪˈnaʊnsmənt] s. 1 afirmação; 2 frase

enow [ɪˈnaʊ] adj.,adv.,s. [poét.] ⇒ **enough**

en passant [ɒ̃ˈpæsɒ̃] adv. 1 de passagem; por alto; 2 a propósito

enplane [ɪnˈpleɪn] v.tr. [EUA] ⇒ **emplane**

enquire [ɪnˈkwaɪə] v.tr. ⇒ **inquire**

enquiry [ɪnˈkwaɪərɪ] s. ⇒ **inquiry**

enrage [ɪnˈreɪdʒ] v.tr. enfurecer; *to ~ sb* pôr alguém furioso

en rapport [ɒ̃ˈræpɔː] adv. [form.] em harmonia

enrapture [ɪnˈræptʃə] v.tr. arrebatar, encantar, entusiasmar
enraptured [ɪnˈræptʃəd] adj. encantado, extasiado
enregiment [ɪnˈredʒɪmənt] v.tr. 1 incorporar em regimento; 2 disciplinar
enrich [ɪnˈrɪtʃ] v.tr. 1 enriquecer; 2 valorizar; 3 melhorar (a terra)
enriching [ɪnˈrɪtʃɪŋ] Ⓐ s. 1 enriquecimento; 2 beneficiação (da terra) Ⓑ adj. enriquecedor
enrichment [ɪnˈrɪtʃmənt] s. enriquecimento
enring [ɪnˈrɪŋ] v.tr. [poét.] envolver, cercar
enrobe [ɪnˈrəʊb] v.tr. vestir, revestir
enrol [ɪnˈrəʊl] Ⓐ v.tr. (particípios -ll-) 1 MILITAR alistar, recrutar; 2 registar; 3 inscrever, matricular Ⓑ v.intr. 1 MILITAR alistar-se, recrutar-se; 2 inscrever-se; matricular-se [**at/in**, em]; *to ~ in a course* inscrever-se num curso; *to ~ at the University of Porto* inscrever-se na Universidade do Porto ❖ *enrolled members* membros inscritos
enroll [ɪnˈrəʊl] v.tr.,intr. [EUA] ⇒ **enrol**
enrollment [ɪnˈrəʊlmənt] s. [EUA] ⇒ **enrolment**
enrolment [ɪnˈrəʊlmənt] s. 1 recrutamento; alistamento; 2 ajuste; 3 registo, inscrição, matrícula
en route [ɒnˈruːt] adv. em caminho
ENSA [abrev. de Entertainments National Service Association]
ensample [ɪnˈsɑːmpl] s. [arc.] exemplo
ensanguined [ɪnˈsæŋgwɪnd] adj. ensanguentado
ensconce [ɪnˈskɒns] v.tr. 1 anichar-se, esconder-se; 2 meter-se
ensemble [ˈɑ̃ːnsɑ̃mbəl] s. conjunto
ensete [ɪnˈsiːtɪ] s. banana da Abissínia
enshrine [ɪnˈʃraɪn] v.tr. guardar em relicário
enshrinement [ɪnˈʃraɪnmənt] s. colocação em relicário
enshroud [ɪnˈʃraʊd] v.tr. 1 amortalhar; 2 esconder, encobrir
ensiform [ˈensɪfɔːm] adj. ensiforme
ensign [ˈensaɪn, ˈensən] s. 1 bandeira; pendão; 2 NÁUTICA pavilhão; 3 [GB] NÁUTICA [ant.] porta-bandeira; 4 [EUA] NÁUTICA cadete; 5 insígnia, emblema; símbolo
ensigncy [ˈensaɪnsɪ] s. [ant.] posto de porta-bandeira, posto de alferes
ensilage [ˈensɪlɪdʒ] Ⓐ s. ensilagem Ⓑ v.tr. ensilar
ensile [enˈsaɪl] v.tr. ensilar
ensky [ɪnˈskaɪ] v.tr. divinizar
enslave [ɪnˈsleɪv] v.tr. escravizar ❖ *to be enslaved to...* ser escravo de...
enslavement [ɪnˈsleɪvmənt] s. 1 escravização; 2 escravidão
enslaver [ɪnˈsleɪvə] s. 1 o que escraviza; 2 pessoa que prende pelos seus encantos, que torna outra sua escrava
ensnare [ɪnˈsneə] v.tr. 1 enredar; 2 armar cilada a; 3 armar o laço a; 4 iludir
ensnarl [ɪnˈsnɑːl] v.tr. emaranhar, confundir
ensoul [ɪnˈsəʊl] v.tr. infundir uma alma em
ensphere [ɪnˈsfɪə] v.tr. envolver
ensue [ɪnˈsjuː] v.tr.,intr. 1 seguir-se, suceder; *a long silence ensued* seguiu-se um longo silêncio; 2 resultar, surgir como consequência [**from**, de]; *to ~ from sb's lack of experience* resultar da falta de experiência de alguém; 3 RELIGIÃO (Bíblia) procurar
ensuing [ɪnˈsjuːɪŋ] adj. seguinte, subsequente
en suite [ɒ̃ˈswiːt] Ⓐ adj.,adv. que faz parte de um conjunto, anexo Ⓑ s. 1 [coloq.] (hotel) quarto de banho anexo; 2 [coloq.] (hotel) suite
ensure [ɪnˈʃʊə, ɪnˈʃɔː] v.intr. garantir; assegurar; certificar-se; *to ~ that...* garantir que...
ensured [ɪnˈʃʊəd, ɪnˈʃɔːd] adj. 1 seguro, no seguro; 2 garantido
ensuring [ɪnˈʃʊərɪŋ, ɪnˈʃɔːrɪŋ] s. acção de assegurar, de garantir
enswathe [ɪnˈsweɪð] v.tr. enfaixar
entablature [enˈtæblətʃə] s. ARQUITECTURA entablamento
entablement [enˈteɪblmənt] s. cimalha
entail [ɪnˈteɪl] Ⓐ s. 1 (vínculo) morgado; 2 herança Ⓑ v.tr. 1 (terras) vincular; 2 ocasionar, ter como consequência; 3 implicar ❖ *to break ~* invalidar/revogar um testamento; *to cut off the ~* deserdar; abolir os vínculos da sucessão hereditária; (propriedade) *entailed estate* morgado

entailment [ɪnˈteɪlmənt] s. 1 DIREITO vínculo; 2 implicação
entangle [ɪnˈtæŋgəl] v.tr. 1 (fio) emaranhar, enredar; 2 embaraçar, estorvar; 3 (situações) envolver, enredar [**in**, em] ❖ *to be entangled by* ficar preso por; ser enredado em; *to get entangled with sb* envolver-se numa relação (comprometedora) com alguém
entanglement [ɪnˈtæŋgəlmənt] s. 1 enredamento, emaranhamento; 2 embaraço; estorvo; 3 confusão; complicação; 4 pl. rede de arame farpado ❖ *to have an ~ with sb* ter uma ligação (comprometedora) com alguém
entangling [ɪnˈtæŋglɪŋ] adj. 1 que confunde; 2 que embaraça; 3 que compromete
entelechy [enˈteləkɪ] s. (pl. **-ies**) enteléquia
entente [ɒnˈtɒnt] s. (diplomacia) entendimento, acordo, pacto
enter [ˈentə] v.tr.,intr. 1 entrar, entrar em; *they entered the church* eles entraram na igreja (edifício); 2 (instituição) entrar para; *they entered the Church* entraram para a Igreja (tomaram ordens sacras); *to ~ Europe* entrar para a União Europeia; *to ~ the Army* entrar para o exército; 3 (etapa) iniciar; encetar; 4 registar, tomar nota, pôr numa lista [**in/for**, em]; *he entered his name for* ele pôs o seu nome numa lista para; 5 participar em, tomar parte em; *to ~ a competition* participar numa competição; 6 INFORMÁTICA inserir, introduzir; 7 (proposta) apresentar; 8 DIREITO intentar; *to ~ an action against* intentar uma acção contra ❖ *to ~ an appearance* comparecer; estar presente; *to ~ a protest* protestar por escrito; COMÉRCIO (alfândega) *to ~ goods* fazer declaração de mercadorias
◆ **enter into** v.tr. 1 entrar em; lançar-se em; *to ~ explanations* lançar-se em explicações; 2 ser importante para; 3 compreender; *to ~ sb's feelings* compreender os sentimentos de alguém; 4 examinar; perscrutar; *to ~ everything* examinar tudo ❖ *what you think doesn't ~ it* o que tu pensas não vem ao caso; *to ~ the spirit of sth* começar a entrar no espírito de algo
◆ **enter on/upon** v.tr. 1 iniciar; encetar; empreender; 2 envolver-se em; 3 (cargo, herança) tomar posse de
◆ **enter up** v.tr. registar, tomar nota de
enterable [ˈentərəbəl] adj. 1 registável; 2 em que se pode entrar
enteric [enˈterɪk] adj. entérico; intestinal ❖ MEDICINA *~ fever* febre tifóide
entering [ˈentərɪŋ] Ⓐ adj. que entra Ⓑ s. 1 entrada, admissão; 2 registo; 3 inscrição; 4 COMÉRCIO contabilização ❖ *~ stream* corrente de entrada
enteritis [entəˈraɪtɪs] s. MEDICINA enterite
enterocolitis [ˌentərəʊkəʊˈlaɪtɪs] s. MEDICINA enterocolite
enteron [ˈentərən] s. (pl. **-a**) intestino
enterorrhagia [ˌentərəʊˈreɪdʒə, ˌentərəʊˈreɪdʒɪə] s. MEDICINA enterorragia, enteremorragia
enterostomy [entəˈrɒstəmɪ] s. CIRURGIA enterostomia
enterotomy [entəˈrɒtəmɪ] s. CIRURGIA enterotomia
enterprise [ˈentəpraɪz] Ⓐ s. 1 empresa, firma; 2 empreendimento, projecto; 3 (espírito empreendedor) iniciativa; arrojo; *he has no ~ in him* ele não tem nenhuma iniciativa Ⓑ v.tr. empreender ❖ *free ~* livre iniciativa; *private ~* iniciativa privada; sector privado; *public ~* sector público
enterpriser [ˈentəpraɪzə] s. empreendedor
enterprising [ˈentəpraɪzɪŋ] adj. empreendedor
entertain [ˌentəˈteɪn] v.tr.,intr. 1 (convidados) receber; oferecer festa/jantar a; 2 divertir; entreter; 3 (ter em mente) abrigar, albergar; alimentar; considerar, tomar em consideração; *to ~ a dangerous idea* alimentar uma ideia perigosa; *to ~ a doubt about sth* albergar uma dúvida acerca de alguma coisa ❖ *they ~ a great deal* eles têm sempre muitos convidados; *to ~ a high esteem for sb* ter alguém em grande estima
entertainer [ˌentəˈteɪnə] s. 1 artista; 2 animador; 3 dono da casa, anfitrião
entertaining [ˌentəˈteɪnɪŋ] Ⓐ adj. 1 divertido; 2 interessante Ⓑ s. 1 divertimento; 2 banquete
entertainingly [ˌentəˈteɪnɪŋlɪ] adv. agradavelmente, divertidamente
entertainment [ˌentəˈteɪnmənt] s. 1 (espectáculo) entretenimento; 2 divertimento, diversão; 3 (hospitalidade) banquete, festa; recepção ❖ *~ industry* indústria do espectáculo; *~ tax*

enthalpy

taxa paga sobre o preço das entradas em espectáculos; *much to the ~ of...* para gáudio de...
enthalpy ['enθælpɪ] *s.* FÍSICA, QUÍMICA entalpia
enthral [ɪn'θrɔːl] *v.tr.* (*particípios*: -ll-) **1** encantar, enfeitiçar, cativar; **2** dominar, escravizar, sujeitar
enthrall [ɪn'θrɔːl] *v.tr.* (*particípios*: -ll-) **1** encantar, enfeitiçar, cativar; **2** dominar, escravizar, sujeitar
enthralling [ɪn'θrɔːlɪŋ] *adj.* **1** atraente, cativante; **2** arrebatador
enthralment [ɪn'θrɔːlmənt] *s.* **1** encanto, feitiço; **2** sujeição, escravidão
enthrone [ɪn'θrəʊn] *v.tr.* entronizar
enthronement [ɪn'θrəʊnmənt] *s.* entronização
enthronization [ɪnˌθrəʊnaɪ'zeɪʃən] *s.* entronização
enthuse [ɪn'θjuːz] Ⓐ *v.tr.* [coloq.] entusiasmar Ⓑ *v.intr.* [coloq.] (entusiasmo) delirar, passar-se [**about**/**over**, com]
enthusiasm [ɪn'θjuːzɪæzəm] *s.* entusiasmo
enthusiast [ɪn'θjuːzɪæst] *s.* entusiasta; fã ❖ *music ~* apaixonado pela música
enthusiastic [ɪnˌθjuːzɪ'æstɪk] *adj.* **1** entusiasta; **2** apaixonado
enthusiastically [ɪnˌθjuːzɪ'æstɪklɪ] *adv.* entusiasticamente, com entusiasmo
enthymeme ['enθɪmiːm] *s.* entimema
entice [ɪn'taɪs] *v.tr.* **1** atrair; seduzir; **2** incitar [**to**, a]; aliciar [**to**, a]; convencer [**to**, a]; *to ~ sb to do sth* convencer alguém a fazer uma coisa ❖ *to ~ sb away from sth* levar alguém a afastar-se de algo
enticement [ɪn'taɪsmənt] *s.* **1** sedução, encanto; **2** engodo
enticer [ɪn'taɪsə] *s.* sedutor
enticing [ɪn'taɪsɪŋ] Ⓐ *adj.* **1** atraente, sedutor; **2** tentador Ⓑ *s.* atracção, encanto; sedução
enticingly [ɪn'taɪsɪŋlɪ] *adv.* sedutoramente, atraentemente
entire [ɪn'taɪə] Ⓐ *adj.* **1** inteiro, integral; todo; *the ~ set* o conjunto todo; **2** completo, total; *an ~ delusion* uma ilusão completa; **3** não castrado; *~ horse* cavalo não castrado; **4** puro Ⓑ *s.* **1** cavalo inteiro; **2** cerveja preta inglesa ❖ *in my ~ life* em toda a minha vida
entirely [ɪn'taɪəlɪ] *adv.* **1** completamente, inteiramente, totalmente; *I ~ agree* concordo inteiramente; *to be ~ mistaken* estar completamente enganado; **2** permanentemente; incessantemente ❖ *it's ~ up to you* só depende de ti; *to be ~ another matter* ser um assunto totalmente diferente
entireness [ɪn'taɪənɪs] *s.* totalidade; integralidade; inteireza; plenitude
entirety [ɪn'taɪətɪ] *s.* (*pl.* -**ies**) integralidade, totalidade, integridade ❖ *by entireties* indivisivelmente; em comum; *in its ~* totalmente
entitle [ɪn'taɪtl] *v.tr.* **1** intitular; **2** dar direito [**to**, a/de]; permitir [**to**, a/que]; **3** habilitar [**to**, a]
entitled [ɪn'taɪtld] *adj.* **1** intitulado; **2** com direito [**to**, a]; *to be ~ to vote* ter direito ao voto; **3** autorizado a [**to**, a]; **4** habilitado [**to**, a] ❖ (*livro, etc.*) *to be entitled...* intitular-se...
entitlement [ɪn'taɪtlmənt] *s.* **1** direito; **2** prerrogativa
entity ['entɪtɪ] *s.* (*pl.* -**ies**) **1** entidade; **2** individualidade ❖ *legal ~* pessoa moral/jurídica
entomb [ɪn'tuːm] *v.tr.* sepultar, meter num túmulo, servir de túmulo
entombment [ɪn'tuːmmənt] *s.* inumação, enterramento
entomic [en'tɒmɪk] *adj.* entómico
entomological [ˌentəmə'lɒdʒɪkəl] *adj.* entomológico
entomologist [ˌentə'mɒlədʒɪst] *s.* entomólogo, entomologista
entomology [ˌentə'mɒlədʒɪ] *s.* (*pl.* -**ies**) entomologia
entomophagous [ˌentə'mɒfəgəs] *adj.* insectívoro, entomófago
entomophilous [ˌentə'mɒfɪləs] *adj.* entomófilo
entophyte ['entəʊfaɪt] *s.* BOTÂNICA entófito
entoproct ['entəˌprɒkt] *s.* ZOOLOGIA ⇒ **endoproct**
entoptic [en'tɒptɪk] *adj.* (*sensações visuais*) entóptico, causado por estímulo diferente da luz
entourage [ˌɒntʊ'rɑːʒ] *s.* **1** comitiva; **2** séquito; **3** escolta; **4** [fig.] círculo pessoal
entozoon [ˌentəʊ'zəʊɒn] *s.* (*pl.* -**oa**) entozoário
entr'acte ['ɒntrækt] *s.* TEATRO, MÚSICA (peça, ópera) entreacto
entrails ['entreɪlz] *s.pl.* **1** intestinos; **2** entranhas
entrain [ɪn'treɪn] *v.tr.,intr.* **1** arrastar, levar consigo; **2** meter (tropas) em comboio; **3** viajar de comboio

entraining [ɪn'treɪnɪŋ] *s.* embarque (em comboio)
entrainment [ɪn'treɪnmənt] *s.* embarque (em comboio)
entrammel [ɪn'træməl] *v.tr.* (*particípios*: -ll-) impedir, dificultar
entrance[1] ['entrəns] *s.* **1** entrada; *to be at the ~* estar à entrada; **2** porta; passagem; corredor de entrada; **3** TEATRO entrada em cena; **4** admissão ❖ (*dinheiro*) *~ fee* jóia, entrada; *~ hall* hall de entrada; *~ ramp* rampa de acesso; *~ into/upon office* posse dum lugar, investidura num cargo; *back ~* entrada das traseiras; *front ~* porta principal, entrada principal; *to gain ~ to/into...* tornar-se membro de...; *to gain ~ to a university* entrar na universidade; *to make one's ~* entrar
entrance[2] [ɪn'trɑːns] *v.tr.* arrebatar; pôr em êxtase; extasiar ❖ *to be entranced by/with* ficar extasiado por/com
entrancement [ɪn'trɑːnsmənt] *s.* êxtase, arrebatamento
entrancing [ɪn'trɑːnsɪŋ] *adj.* arrebatador; fascinante; encantador
entrancingly [ɪn'trɑːnsɪŋlɪ] *adv.* extaticamente
entrant ['entrənt] *s.* **1** concorrente; participante; *all entrants are required to present themselves ten minutes before the appointed time* pede-se a todos os concorrentes que compareçam dez minutos antes da hora marcada; **2** estreante; principiante
entrap [ɪn'træp] *v.tr.* (*particípios*: -**pp**-) apanhar em armadilha, apanhar no laço
entrapment [ɪn'træpmənt] *s.* **1** armadilha; **2** INFORMÁTICA colocação de armadilhas
entreat [ɪn'triːt] *v.tr.* **1** rogar, suplicar, implorar; *to ~ sb's indulgence* suplicar indulgência a alguém; *he entreated me to tell him* rogou-me que lhe dissesse; **2** pedir insistentemente; *to ~ sth of sb* pedir insistentemente alguma coisa a alguém
entreating [ɪn'triːtɪŋ] *adj.* suplicante
entreatingly [ɪn'triːtɪŋlɪ] *adv.* suplicantemente
entreaty [ɪn'triːtɪ] *s.* (*pl.* -**ies**) [form.] súplica; rogo; petição ❖ *look of ~* olhar de súplica; *he is open to ~* ele é sensível às súplicas
entrechat [ˌɒntrə'ʃɑː] *s.* batimento dos calcanhares, várias vezes, durante um salto de dança
entrecôte ['ɒntrəkəʊt] *s.* CULINÁRIA entrecosto
entrée ['ɒntreɪ] *s.* **1** entrada livre, admissão; **2** CULINÁRIA entrada
entrench [ɪn'trentʃ] *v.tr.* **1** entrincheirar; **2** [fig.] reforçar, consolidar
entrenched [ɪn'trentʃd] *adj.* **1** arreigado; **2** sólido, firme; **3** profundo
entrenching [ɪn'trentʃɪŋ] *s.* entrincheiramento
entrenchment [ɪn'trentʃmənt] *s.* entrincheiramento
entrepôt ['ɒntrəpəʊ] *s.* **1** entreposto, armazém; **2** entreposto aduaneiro
entrepreneur [ˌɒntrəprə'nɜː] *s.* empresário
entrepreneurial [ˌɒntrəprə'nɜːrɪəl] *adj.* empreendedor
entresol ['ɒntrəsɒl] *s.* rés-do-chão alto, mezanino
entropic [en'trɒpɪk] *adj.* entrópico
entropy ['entrəpɪ] *s.* entropia; *~ of liquids* entropia dos líquidos; *~ of vapour* entropia do vapor
entrust [ɪn'trʌst] *v.tr.* confiar [**with**/**to**, a]; entregar [**with**/**to**, a]; *to ~ a person with sth* confiar alguma coisa a alguém
entry ['entrɪ] *s.* (*pl.* -**ies**) **1** entrada; **2** acesso; **3** assento, registo de entrada, nota, lançamento; **4** (*nome*) inscrição; **5** começo; **6** posse; **7** (*dicionário, etc.*) entrada, verbete; **8** embocadura ❖ *~ book* livro de bordo; *~ form* impresso de inscrição; COMÉRCIO *double ~* escrita por partidas dobradas; *single ~* partida simples; *Britain's ~ into Europe* entrada da Inglaterra para o mercado comum; *lines of ~ into* vias de acesso a; *the soldiers made a triumphal ~* os soldados fizeram uma entrada triunfal; *to make an ~ in* registar
entry-level ['entrɪˌlevəl] *adj.* INFORMÁTICA básico
entryphone ['entrɪfəʊn] *s.* porteiro automático
entwine [ɪn'twaɪn] *v.tr.,intr.* **1** entrelaçar(-se), enlaçar(-se); **2** enrolar(-se) [**around**, em torno de] ❖ *to ~ one's arms round sb's waist* passar os braços em torno da cintura de alguém; *with arms entwined* com os braços enlaçados
enucleate [ɪ'njuːklɪeɪt] *v.tr.* **1** enuclear, extirpar; **2** [fig.] esclarecer, explicar
enucleation [ɪˌnjuːklɪ'eɪʃən] *s.* enucleação
enumerate [ɪ'njuːmərɪt] *v.tr.* enumerar

enumeration [ɪˌnjuːməˈreɪʃən] s. enumeração
enumerative [ɪˈnjuːmərətɪv] adj. enumerativo
enumerator [ɪˈnjuːməreɪtə] s. enumerador
enunciate [ɪˈnʌnsɪeɪt] v.tr. 1 enunciar, declarar, expor; 2 articular, pronunciar
enunciation [ɪˌnʌnsɪˈeɪʃən] s. 1 exposição, enunciação; 2 enunciado; 3 articulação, pronúncia
enunciative [ɪˈnʌnsɪətɪv, ɪˈnʌnsɪeɪtɪv] adj. enunciativo
enunciator [ɪˈnʌnsɪeɪtə] s. enunciador
enure [ɪˈnjuə] v.tr.,intr. ⇒ **inure**
envelop [ɪnˈveləp] v.tr. (particípios: **-p-**) envolver
envelope [ˈenvɪləʊp] s. 1 (carta) sobrescrito, envelope; *sealed ~* envelope lacrado; 2 (embalagem) invólucro, envoltório
enveloping [ɪnˈveləpɪŋ] Ⓐ adj. envolvente Ⓑ s. envolvimento
envelopment [ɪnˈveləpmənt] s. 1 envolvimento; 2 invólucro, envoltório
envenom [ɪnˈvenəm] v.tr. envenenar
envenoming [ɪnˈvenəmɪŋ] s. envenenamento
enviable [ˈenvɪəbəl] adj. invejável
enviably [ˈenvɪəblɪ] adv. 1 invejavelmente; 2 com inveja
envious [ˈenvɪəs] adj. invejoso ❖ *to be ~ of* ter inveja de; invejar; suplicar
enviously [ˈenvɪəslɪ] adv. com inveja, cheio de inveja
environ [ɪnˈvaɪərən] v.tr. rodear, cercar
environment [ɪnˈvaɪərənmənt] s. 1 (geral) ambiente; *a good working ~* um bom ambiente de trabalho; 2 (sociologia) meio ❖ (ecologia) *protection of the ~* protecção ambiental; (ecologia) *concern for the ~* preocupações ambientais; *the Department of ~* o Ministério do Ambiente
environmental [ɪnˌvaɪərənˈmentəl] adj. 1 ambiental; ecológico; 2 POLÍTICA ambientalista; *an ~ group* um grupo ambientalista; 3 (sociologia) relativo ao meio ❖ *~ disaster* catástrofe ecológica; *~ impact* impacto ambiental; *~ issues* questões ambientais; POLÍTICA *~ policy* política de ambiente; *~ studies* ecologia
environmentalism [ɪnˌvaɪərənˈmentəlɪzəm] s. ambientalismo, protecção do ambiente, ecologia
environmentalist [ɪnˌvaɪərənˈmentəlɪst] s. ambientalista, ecologista
environmentally [ɪnˌvaɪərənˈmentəlɪ] adv. (ecologia) do ambiente; em relação ao ambiente ❖ *~ friendly* amigo do ambiente; *~ sensitive area* área protegida
environment-friendly [ɪnˌvaɪərənmənt'frendlɪ] adj. amigo do ambiente
environs [ɪnˈvaɪərənz] s.pl. subúrbios, arredores
envisage [ɪnˈvɪzɪdʒ] v.tr. 1 enfrentar, encarar, olhar de frente; 2 considerar; 3 examinar; 4 planear, fazer
envisagement [ɪnˈvɪzɪdʒmənt] s. acto de encarar, de olhar de frente
envision [ɪnˈvɪʒən] v.tr. visionar
envoy [ˈenvɔɪ] s. 1 POLÍTICA enviado, representante, emissário; 2 LITERATURA pequena estância final em certos poemas antigos ❖ (diplomacia) *extraordinary ~* enviado extraordinário
envy [ˈenvɪ] Ⓐ s. (pl. **-ies**) inveja; *out of ~* por inveja; *to be the ~ of...* fazer inveja a... Ⓑ v.tr. invejar; *to ~ sb sth* invejar alguma coisa a alguém ❖ *better be envied than pitied* mais vale ser invejado que lastimado; *to be green with ~* estar morto de inveja; *to pine away with ~* roer-se de inveja
enwind [ɪnˈwaɪnd] v.tr. rodear, envolver
enwrap [ɪnˈræp] v.tr. (particípios **-pp-**) 1 (interesse, atenção) envolver; absorver; 2 embrulhar; 3 enrolar ❖ *to be enwrapped in thought* estar absorto em pensamentos
enwreathe [ɪnˈriːð] v.tr. coroar, engrinaldar
enzootic [ˌenzəʊˈɒtɪk] Ⓐ adj. enzoótico Ⓑ s. enzootia
enzymatic [ˌenzaɪˈmætɪk] adj. enzimático
enzyme [ˈenzaɪm] s. enzima
Eocene [ˈiːəʊsiːn] Ⓐ s. GEOLOGIA Eoceno, Eocénico Ⓑ adj. GEOLOGIA eoceno, eocénico
E & OE [abrev. de errors and omissions excepted]
Eolian [iːˈəʊlɪən] adj. ⇒ **Aeolian**
Eolic [iːˈɒlɪk] adj.,s. ⇒ **Aeolic**
eolith [ˈiːəʊlɪθ] s. eólito
eolithic [ˌiːəʊˈlɪθɪk] adj. eolítico

eon [ˈiːɒn, ˈiːən] s. ⇒ **aeon**
eosin [ˈiːəʊsɪn] s. QUÍMICA eosina
Ep. [abrev. de epistle]
EP MÚSICA (disco) [abrev. de Extended Play] EP
epacris [ɪˈpækrɪs] s. BOTÂNICA epácrida
epact [ˈiːpækt] s. epacta
eparch [ˈepɑːk] s. eparca
eparchy [ˈepɑːkɪ] s. (pl. **-ies**) eparquia
epaulement [eˈpɔːlmənt] s. resguardo, parapeito (de bateria)
epaulet [ˈepəˈlet] s. dragona
epaulette [ˌepəˈlet] s. dragona
epeirogenic [eˌpaɪrəʊˈdʒenɪk] adj. epirogénico
ependyma [eˈpendɪmə] s. epêndimo, epêndima
epenthesis [eˈpenθɪsɪs] s. (pl. **epentheses**) LINGUÍSTICA epêntese
epenthetic [ˌepenˈθetɪk] adj. LINGUÍSTICA epentético
epergne [ɪˈpɜːn, eˈpeən] s. centro de mesa
epexegesis [eˌpeksɪˈdʒiːsɪs] s. epexegese
Eph. [abrev. de Ephesians]
ephebe [ˈefiːb, ɪˈfiːb] s. efebo
ephedra [eˈfiːdrə] s. BOTÂNICA éfedra
ephedrin [ˈefɪdrɪn] s. FARMÁCIA efedrina
ephelis [eˈfiːlɪs] s. (pl. **-ides**) efélide
ephemera [ɪˈfemərə] s. (pl. **-s**) 1 ZOOLOGIA efémero; 2 coisa efémera
ephemeral [ɪˈfemərəl] adj. efémero
ephemeridae [ɪfiˈmerɪdiː] s.pl. ZOOLOGIA efémeros
ephemeris [ɪˈfemərɪs] s. (pl. **ephemerides**) efeméride
ephemeron [ɪˈfemərɒn] s. (pl. **-a**) ZOOLOGIA efémero
ephemerous [ɪˈfemərəs] adj. efémero
Ephesian [ɪˈfiːʒən, ɪˈfiːʒjən] adj.,s. 1 de Éfeso; 2 natural de Éfeso; 3 habitante de Éfeso
Ephesus [ˈefɪsəs] s.top. Éfeso
ephod [ˈiːfɒd] s. HISTÓRIA (Israel) efó, éfode
ephor [ˈefɔː] s. HISTÓRIA (Grécia antiga) éforo
ephoralty [ˈefərəltɪ] s. HISTÓRIA (Grécia antiga) eforado, eforato
Ephraim [ˈiːfreɪm, ˈiːfrɪəm] s.antr. Efraim
epiblast [ˈepɪblæst] s. epiblasto
epiboly [ɪˈpɪbəlɪ] s. epibolia
epic [ˈepɪk] Ⓐ adj. 1 LITERATURA épico; 2 [fig.] enorme, gigantesco; 3 [joc.] homérico, heróico Ⓑ s. 1 LITERATURA poema épico, epopeia; 2 LITERATURA poesia épica; 3 CINEMA épico do grande ecrã
epical [ˈepɪkəl] adj. épico
epicarp [ˈepɪkɑːp] s. BOTÂNICA epicarpo
epicedium [ˌepɪˈsiːdɪəm] s. (pl. **-ia**) 1 epicédio; 2 nénia
epicene [ˈepɪsiːn] Ⓐ adj. epiceno Ⓑ s. hermafrodita
epicentre [ˈepɪˌsentə] s. epicentro
epicentrum [ˌepɪˈsentrəm] s. epicentro
epicranial [ˌepɪˈkreɪnɪəl] adj. epicraniano
epicranium [ˌepɪˈkreɪnɪəm] s. epicrânio
epicure [ˈepɪkjʊə] s. gastrónomo
Epicurean [ˌepɪkjʊˈriːən] adj.,s. epicureu, epicurista
Epicureanism [ˌepɪkjʊˈriːənɪzəm] s. epicurismo
Epicurism [ˈepɪkjʊrɪzəm] s. ⇒ **Epicureanism**
Epicurus [ˌepɪˈkjʊərəs] s.antr. Epicuro
epicycle [ˈepɪsaɪkl] s. epiciclo
epicyclic [ˌepɪˈsaɪklɪk] adj. epicíclico
Epidaurus [ˌepɪˈdɔːrəs] s.top. Epidauro
epidemic [ˌepɪˈdemɪk] Ⓐ adj. epidémico Ⓑ s. epidemia
epidemical [ˌepɪˈdemɪkəl] adj. epidémico
epidemically [ˌepɪˈdemɪklɪ] adv. de modo epidémico
epidemicity [ˌepɪdəˈmɪsɪtɪ] s. epidemicidade
epidemiological [ˌepɪdiːmɪəˈlɒdʒɪkəl] adj. epidemiológico
epidemiologist [ˌepɪdiːmɪˈɒlədʒɪst] s. epidemiologista
epidemiology [ˌepɪdiːmɪˈɒlədʒɪ] s. MEDICINA epidemiologia
epidendrum [ˌepɪˈdendrəm] s. BOTÂNICA epidendro
epidermal [ˌepɪˈdɜːməl] adj. epidérmico
epidermic [ˌepɪˈdɜːmɪk] adj. epidérmico
epidermis [ˌepɪˈdɜːmɪs] s. epiderme
epidermoid [ˌepɪˈdɜːmɔɪd] adj. epidermóide
epidermoidal [ˌepɪdɜːˈmɔɪdəl] adj. epidermóide
epidermolysis [ˌepɪdɜːˈmɒlɪsɪs] s. 1 MEDICINA epidermólise; 2 pênfigo familiar

epidiascope [ˌepɪˈdaɪəskəʊp] s. epidiascópio
epidiascopic [ˌepɪdaɪəˈskɒpɪk] adj. epidiascópico
epididymis [ˌepɪˈdɪdɪmɪs] s. (pl. **-ides**) ANATOMIA epidídimo
epidote [ˈepɪdəʊt] s. MINERALOGIA epídoto
epidural [ˌepɪˈdjuːrəl] Ⓐ adj. ANATOMIA epidural Ⓑ s. MEDICINA (injecção) epidural
epigastric [ˌepɪˈɡæstrɪk] adj. epigástrico
epigastrium [ˌepɪˈɡæstrɪəm] s. epigastro
epigenesis [ˌepɪˈdʒenɪsɪs] s. BIOLOGIA (genética) epigénese, epigenesia
epigenetic [ˌepɪdʒəˈnetɪk] adj. epigenético
epiglottic [ˌepɪˈɡlɒtɪk] adj. epiglótico
epiglottis [ˌepɪˈɡlɒtɪs] s. (pl. **-es**) epiglote
epigone [ˈepɪɡəʊn] s. 1 LITERATURA, ARTES PLÁSTICAS epígono; 2 BOTÂNICA epigónio, epígono
epigoni [eˈpɪɡənaɪ, eˈpɪɡəniː] s.pl. epígonos
epigram [ˈepɪɡræm] s. epigrama
epigrammatic [ˌepɪɡrəˈmætɪk] adj. epigramático
epigrammatically [ˌepɪɡrəˈmætɪklɪ] adv. epigramaticamente
epigrammatist [ˌepɪˈɡræmətɪst] s. epigramatista
epigrammatize [ˌepɪˈɡræmətaɪz] v.intr. fazer epigramas
epigraph [ˈepɪɡrɑːf] s. epígrafe
epigraphic [ˌepɪˈɡræfɪk] adj. epigráfico
epigraphist [eˈpɪɡrəfɪst] s. epigrafista
epigraphy [eˈpɪɡrəfɪ] s. epigrafia
epigynous [eˈpɪdʒɪnəs] adj. BOTÂNICA epígino, epigínico
epigyny [eˈpɪdʒɪnɪ] s. epiginia
epilate [ˈepɪleɪt] v.tr. depilar
epilation [ˌepɪˈleɪʃən] s. depilação
epilepsy [ˈepɪlepsɪ] s. MEDICINA epilepsia
epileptic [ˌepɪˈleptɪk] adj.,s. MEDICINA epiléptico; ~ *fit* ataque epiléptico
epilobium [ˌepɪˈləʊbɪəm] s. BOTÂNICA epilóbio
epilog [ˈepɪlɒɡ] s. [EUA] ⇒ **epilogue**
epilogist [eˈpɪlədʒɪst] s. autor do epílogo
epilogue [ˈepɪlɒɡ] s. epílogo
Epimenides [ˌepɪˈmenɪdiːz] s. MITOLOGIA Epiménides
epinephrin [ˌepɪˈnefrɪn] s. BIOQUÍMICA epinefrina
epinephrine [ˌepɪˈnefrɪn] s. BIOQUÍMICA ⇒ **epinephrin**
Epiphany [ɪˈpɪfənɪ] s. RELIGIÃO dia dos reis
epiphenomenon [ˌepɪfɪˈnɒmɪnən] s. (pl. **-ena**) epifenómeno
epiphyllous [ˌepɪˈfɪləs] adj. BOTÂNICA epifilo
epiphyllum [ˌepɪˈfɪləm] s. BOTÂNICA epifilo
epiphysis [eˈpɪfɪsɪs] s. epífise
epiphytal [ˌepɪˈfaɪtəl] adj. epífito
epiphytatism [ˌepɪˈfɪtətɪzəm] s. BOTÂNICA epifitia
epiphytic [ˌepɪˈfɪtɪk] adj. epífito
epiploic [ˌepɪˈpləʊɪk] adj. ANATOMIA epiplóico
epiploon [eˈpɪpləʊɒn] s. ANATOMIA epíploo, dobra do peritoneu que envolve os intestinos
epipodium [ˌepɪˈpəʊdɪəm] s. 1 ZOOLOGIA epipódio; 2 BOTÂNICA epípode
Epirote [eˈpaɪərət] s. Epirota, habitante do Epiro
Epirotic [ˌepaɪˈrɒtɪk] adj. Epirota
Epirus [eˈpaɪərəs] s.top. Epiro
episcopacy [ɪˈpɪskəpəsɪ] s. 1 episcopado; 2 governo da Igreja pelos bispos
episcopal [ɪˈpɪskəpəl] adj. episcopal
episcopalian [ɪˌpɪskəˈpeɪlɪən] adj.,s. RELIGIÃO episcopaliano
episcopally [ɪˈpɪskəpəlɪ] adv. episcopalmente
episcopate [ɪˈpɪskəʊpɪt] s. episcopado
episcope [ˈepɪskəʊp] s. episcópio
episode [ˈepɪsəʊd] s. episódio
episodic [ˌepɪˈsɒdɪk] adj. episódico
episodical [ˌepɪˈsɒdɪkəl] adj. episódico
episodically [ˌepɪˈsɒdɪklɪ] adv. episodicamente
episome [ˈepɪsəʊm] s. BIOLOGIA (genética) epissoma
episperm [ˈepɪspɜːm] s. episperma
epistasis [eˈpɪstəsɪs] s. (pl. **epistases**) BIOLOGIA (genética) epistasia
epistemological [ɪˌpɪstɪməˈlɒdʒɪkəl] adj. epistemológico
epistemologist [ɪˌpɪstiːˈmɒlədʒɪst] s. epistemólogo
epistemology [ɪˌpɪstiːˈmɒlədʒɪ] s. epistemologia, teoria do conhecimento

epistle [ɪˈpɪsəl] s. 1 [form.] epístola; 2 [form.] carta; 3 LITERATURA romance epistolar ❖ RELIGIÃO ~ *side* lado da epístola; lado direito da igreja de quem está de frente para o altar
epistler [ɪˈpɪslə] s. sacerdote que lê a epístola
epistolarian [eˌpɪstəˈleərɪən] adj.,s. 1 epistológrafo; 2 que escreve muitas epístolas
epistolary [ɪˈpɪstələrɪ, ɪˈpɪstələrɪ] adj. epistolar
epistoler [ɪˈpɪstələ] s. ⇒ **epistler**
epistolographer [ɪˌpɪstəˈlɒɡrəfə] s. epistológrafo
epistolography [ɪˌpɪstəˈlɒɡrəfɪ] s. epistolografia
epistrophe [ɪˈpɪstrəfɪ] s. epístrofe
epistyle [ˈepɪstaɪl] s. epistilo, arquitrave
epitaph [ˈepɪtɑːf] s. epitáfio
epitasis [eˈpɪtəsɪs] s. epítase
epithalamium [ˌepɪθəˈleɪmɪəm] s. (pl. **-s** ou **-a**) epitalâmio
epithelial [ˌepɪˈθiːlɪəl] adj. epitelial
epithelioma [ˌepɪθiːlɪˈəʊmə] s. (pl. **-s** ou **-ta**) epitelioma
epithelium [ˌepɪˈθiːlɪəm] s. (pl. **-s** ou **-a**) epitélio
epithet [ˈepɪθet] s. epíteto
epithetic [ˌepɪˈθetɪk] adj. epitético
epithetical [ˌepɪˈθetɪkəl] adj. epitético
epitome [ɪˈpɪtəmɪ] s. epítome, resumo
epitomize [ɪˈpɪtəmaɪz] v.tr. 1 condensar; resumir; 2 personificar; corporizar
epitrope [eˈpɪtrəpɪ] s. epítrope
epizoic [ˌepɪˈzəʊɪk] adj. epizóico
epizoon [ˌepɪˈzəʊɒn] s. (pl. **-zoa**) epizoário
epizootic [ˌepɪzəʊˈɒtɪk] adj. epizoótico
epizooty [ˌepɪˈzəʊətɪ] s. epizootia
epoch [ˈiːpɒk, ˈepək] s. 1 época; 2 era
epochal [ˈiːpɒkəl, ˈepəkəl] adj. 1 histórico, que fez história; 2 que marcou uma época; 3 muito importante
epoch-making [ˈiːpɒkmeɪkɪŋ] adj. 1 histórico, que fez história; 2 que marcou uma época; 3 muito importante
epode [ˈepəʊd] s. epodo
eponym [ˈepənɪm] s. epónimo
eponymic [ˌepəˈnɪmɪk] adj. eponímico
eponymous [ɪˈpɒnɪməs] adj. epónimo
eponymy [ɪˈpɒnɪmɪ] s. eponímia
epopee [ˈepəʊpiː] s. [rar.] epopeia, poema épico
epos [ˈepɒs] s. (pl. **-es**) 1 poema épico; 2 poesia épica primitiva; 3 epopeia
eppie [ˈepɪ] s. [coloq.] (fúria) ataque
eprouvette [ˌepruːˈvet] s. proveta
eps FINANÇAS [abrev. de earnings per share]
epsilon [epˈsaɪlən] s. épsilo, épsilon
Epsom [ˈepsəm] s.top. (cidade inglesa) Epsom ❖ MEDICINA ~ *salts* sais de Epsom, sulfato de magnésio
EPT [abrev. de Excess Profits Tax]
eq. Ⓐ [abrev. de equal] Ⓑ [abrev. de equivalent] Ⓒ [abrev. de equation]
equability [ˌekwəˈbɪlɪtɪ] s. equabilidade
equable [ˈekwəbəl] adj. 1 uniforme; constante; regular; ~ *pulse* pulso regular; 2 (clima) ameno; 3 calmo; moderado; comedido
equableness [ˈekwəbəlnɪs] s. equabilidade; uniformidade
equably [ˈekwəblɪ] adv. tranquilamente; calmamente
equal [ˈiːkwəl] Ⓐ adj. 1 igual; idêntico; 2 equiparável; comparável; semelhante [**to**, a]; *your attitude is* ~ *to his* a tua atitude é equiparável a dele; 3 uniforme, regular Ⓑ s. igual; par; *to treat sb as an* ~ tratar alguém de igual para igual Ⓒ v.tr. (particípios **-ll-**) 1 igualar; equiparar-se a; 2 MATEMÁTICA ser igual a; 3 oferecer a mesma importância que ❖ ~ *opportunities* igualdade de oportunidades; *equal(s) sign* sinal de igual; ~ *and opposite force* força igual e contrária; DESPORTO ~ *in points* com igualdade de pontos; *mix with your equals* mistura-te com os da tua igualha; *not to be equalled* sem par; sem igual; *not to feel* ~ *to sth* não se sentir à altura de alguma coisa; *on* ~ *terms* em pé de igualdade; *other things being* ~ se nada se alterar; (capacidade) *to be* ~ *to* estar à altura de; *to be* ~ *to the occasion* estar à altura das circunstâncias; *to find one's* ~ encontrar forma para o seu pé[fig.]; [coloq.] *to get* ~ *with sb* vingar-se de alguém; *to have no* ~ não ter igual; *we never saw its* ~ nunca vimos coisa igual; *with* ~ *ease* com a mesma facilidade

equalitarian [ˌiːkwɒlɪˈtɛərɪən] *adj.,s.* igualitário
equalitarianism [ˌiːkwɒlɪˈtɛərɪənɪzəm] *s.* igualitarismo
equality [ɪˈkwɒlɪtɪ] *s.* (*pl.* **-ies**) igualdade; ~ *of opportunity* igualdade de oportunidades; *on a footing of* ~ *with/on an* ~ *footing with* em pé de igualdade com
equalization [ˌiːkwəlaɪˈzeɪʃən] *s.* 1 distribuição; 2 igualação, acto de tornar igual; nivelamento; 3 compensação; 4 FINANÇAS (dividendos) regularização ❖ ~ *fund* caixa de compensação
equalize [ˈiːkwəlaɪz] Ⓐ *v.tr.* 1 igualar, nivelar, equilibrar; 2 compensar Ⓑ *v.intr.* DESPORTO empatar, igualar o marcador
equalizer [ˈiːkwəlaɪzə] *s.* 1 ELECTRICIDADE equalizador; 2 igualador; 3 compensador; 4 DESPORTO golo de empate; ponto de empate ❖ ~ *wire* fio de compensador
equalizing [ˈiːkwəlaɪzɪŋ] Ⓐ *s.* 1 compensação; 2 equilíbrio Ⓑ *adj.* 1 de compensação; de equilíbrio; 2 igualador, que iguala ❖ ELECTRICIDADE ~ *conductor* fio neutro; (automóvel) ~ *gear* diferencial
equally [ˈiːkwəlɪ] *adv.* igualmente
equanimity [ˌiːkwəˈnɪmɪtɪ] *s.* 1 equanimidade, serenidade de espírito; 2 rectidão
equanimous [ɪˈkwænɪməs] *adj.* equânime
equate [ɪˈkweɪt] *v.tr.* 1 igualar, equiparar; 2 pôr em equação, equacionar; 3 comparar
equating [ɪˈkweɪtɪŋ] *s.* 1 igualação; 2 equacionação
equation [ɪˈkweɪʒən] *s.* 1 MATEMÁTICA equação; *simple* ~ equação de primeiro grau; *quadratic* ~ equação do segundo grau; *to solve an* ~ resolver uma equação; 2 equilíbrio; 3 relação ❖ *to enter the* ~ ser tomado em conta; *to find the* ~ *of a problem* pôr um problema em equação
equator [ɪˈkweɪtə] *s.* equador
equatorial [ˌekwəˈtɔːrɪəl] *adj.* equatorial
equatorially [ˌekwəˈtɔːrɪəlɪ] *adv.* equatorialmente
equerry [ˈekwərɪ, ɪˈkwerɪ] *s.* (*pl.* **-ies**) 1 eguariço, estribeiro; 2 funcionário da Casa real inglesa
equestrian [ɪˈkwestrɪən] Ⓐ *adj.* equestre Ⓑ *s.* cavaleiro equilibrista
equestrianism [ɪˈkwestrɪənɪzəm] *s.* hipismo
equestrienne [ɪˌkwestrɪˈen] *s.f.* 1 amazona; mulher que monta o cavalo; 2 artista de circo que se exibe a cavalo
equiangular [ˌiːkwɪˈæŋɡjʊlə] *adj.* equiângulo
equidifferent [ˌiːkwɪˈdɪfərənt] *adj.* equidiferente
equidistance [ˌiːkwɪˈdɪstəns] *s.* equidistância
equidistant [ˌiːkwɪˈdɪstənt] *adj.* equidistante [**from**, de]; ~ *point* ponto equidistante
equidistantly [ˌiːkwɪˈdɪstəntlɪ] *adv.* equidistantemente
equilateral [ˌiːkwɪˈlætərəl] *adj.* GEOMETRIA equilátero ❖ GEOMETRIA ~ *rectangle* quadrado; GEOMETRIA ~ *triangle* triângulo equilátero
equilibrate [iːˈkwɪlɪbreɪt] *v.tr.,intr.* 1 equilibrar; 2 equilibrar-se
equilibrating [iːˈkwɪlɪbreɪtɪŋ] *adj.* equilibrador
equilibration [iːˌkwɪlɪbreɪˈʃən] *s.* 1 equilibração, acto de equilibrar; 2 equilíbrio
equilibrator [iːˈkwɪlɪbreɪtə] *s.* equilibrador
equilibratory [iːˈkwɪlɪbrətərɪ] *adj.* equilibrante, equilibrador
equilibrist [ɪˈkwɪlɪbrɪst] *s.* [rar.] equilibrista, acrobata, funâmbulo
equilibrium [ˌiːkwɪˈlɪbrɪəm] *s.* (*pl.* **-s** ou **-a**) equilíbrio; ~ *of forces* equilíbrio de forças; *to be in* ~ estar em equilíbrio; *to lose one's* ~ perder o equilíbrio
equimolar [ˌiːkwɪˈməʊlə] *adj.* QUÍMICA equimolar
equimolecular [ˌiːkwɪməˈlekjʊlə] *adj.* QUÍMICA equimolecular
equimultiple [ˌiːkwɪˈmʌltɪpl] *adj.* equimúltiplo
equine [ˈekwaɪn, ˈiːkwaɪn] *adj.* equino, cavalar
equinoctial [ˌiːkwɪˈnɒkʃəl] Ⓐ *adj.* equinocial Ⓑ *s.* 1 linha equinocial; 2 *pl.* ventos equinociais ❖ ~ *gales* ventos equinociais; ~ *storms* tempestades equinociais
equinox [ˈiːkwɪnɒks] *s.* (*pl.* **-es**) equinócio ❖ *the vernal* ~ o equinócio da Primavera
equip [ɪˈkwɪp] *v.tr.* (*particípios* **-pp-**) 1 equipar [**with**, com; **for**, para]; 2 prover do necessário; aprovisionar; 3 apetrechar; preparar; *to* ~ *oneself for a journey* preparar-se com o necessário para uma viagem
equipage [ˈekwɪpɪdʒ] *s.* 1 carruagem; 2 apetrechos, equipagem

equipment [ɪˈkwɪpmənt] *s.* 1 equipamento; apetrechos; 2 material; *office* ~ material de escritório; 3 instalação; aparelhagem; *electrical* ~ aparelhagem/instalação eléctrica ❖ *camping* ~ material de campismo; *piece of* ~ artigo que faz parte do equipamento
equipoise [ˈekwɪpɔɪz] Ⓐ *s.* 1 equilíbrio; 2 contrapeso Ⓑ *v.tr.* 1 equilibrar, manter em equilíbrio; 2 contrabalançar
equipollence [ˌiːkwɪˈpɒləns] *s.* equipolência, igualdade de valor de duas proposições
equipollency [ˌiːkwɪˈpɒlənsɪ] *s.* equipolência, igualdade de valor de duas proposições
equipollent [ˌiːkwɪˈpɒlənt] *adj.* 1 equipolente; 2 equivalente
equipotential [ˌiːkwɪpəˈtenʃəl] *adj.* equipotencial
equipping [ɪˈkwɪpɪŋ] *s.* equipamento
equisetum [ˌekwɪˈsiːtəm] *s.* BOTÂNICA equiseto
equitable [ˈekwɪtəbl] *adj.* equitativo
equitableness [ˈekwɪtəblnɪs] *s.* equidade
equitably [ˈekwɪtəblɪ] *adv.* equitativamente
equitant [ˈekwɪtənt] *adj.* BOTÂNICA acavalado
equitation [ˌekwɪˈteɪʃən] *s.* [form.] equitação
equity [ˈekwɪtɪ] *s.* (*pl.* **-ies**) 1 equidade; 2 FINANÇAS capital de contrapartida ❖ FINANÇAS ~ *capital* capital social; FINANÇAS ~ *issue* emissão de capital; FINANÇAS ~ *market* mercado de acções; FINANÇAS ~ *stocks* acções ordinárias
equivalence [ɪˈkwɪvələns] *s.* equivalência ❖ ECONOMIA *equivalences of exchange* paridades de câmbio
equivalency [ɪˈkwɪvələnsɪ] *s.* ⇒ **equivalence**
equivalent [ɪˈkwɪvələnt] Ⓐ *adj.* equivalente [**to**, a] Ⓑ *s.* equivalente [**of/to**, de/para] ❖ ~ *load* carga equivalente; *to be* ~ *to…* equivaler a…
equivalently [ɪˈkwɪvələntlɪ] *adv.* de modo equivalente
equivocal [ɪˈkwɪvəkəl] *adj.* 1 equívoco; *an* ~ *answer* uma resposta equívoca; 2 ambíguo; dúbio; 3 suspeito; 4 indeciso [**about**, em relação a]
equivocality [ɪˌkwɪvəˈkælɪtɪ] *s.* 1 carácter equívoco; 2 coisa, atitude, expressão equívoca
equivocally [ɪˈkwɪvəklɪ] *adv.* 1 equivocamente; 2 ambiguamente
equivocalness [ɪˈkwɪvəkəlnɪs] *s.* carácter equívoco, ambíguo
equivocate [ɪˈkwɪvəkeɪt] *v.intr.* usar frases equívocas
equivocation [ɪˌkwɪvəˈkeɪʃən] *s.* equivocação, equívoco
equivocator [ɪˈkwɪvəkeɪtə] *s.* aquele que emprega equívocos
equivoke [ˈekwɪvəʊk] *s.* equívoco, trocadilho, ambiguidade
equivoque [ˈekwɪvəʊk] *s.* equívoco, trocadilho, ambiguidade
er [ɜː, ə] *interj.* (hesitação) hum!
Er QUÍMICA [*símbolo de* erbium]
ER Ⓐ [EUA] MEDICINA [*abrev. de* Emergency Room] Ⓑ [*abrev. de* Elizabeth Regina]
era [ˈɪərə] *s.* era, época
eradiate [ɪˈreɪdɪeɪt] *v.intr.* irradiar
eradiation [ɪˌreɪdɪˈeɪʃən] *s.* irradiação
eradicable [ɪˈrædɪkəbl] *adj.* erradicável, extirpável
eradicate [ɪˈrædɪkeɪt] *v.tr.* erradicar, eliminar, extirpar
eradicating [ɪˈrædɪkeɪtɪŋ] *s.* 1 erradicação; 2 eliminação; 3 extirpação
eradication [ɪˌrædɪˈkeɪʃən] *s.* 1 erradicação; 2 eliminação; 3 extirpação; 4 arrancamento
erasable [ɪˈreɪzəbl] *adj.* delével, que se pode safar, apagar
erase [ɪˈreɪz] *v.tr.* 1 apagar, safar; 2 raspar; 3 delir
erased [ɪˈreɪzd] *adj.* apagado, raspado
erasement [ɪˈreɪzmənt] *s.* 1 acto de raspar ou safar; 2 rasura
eraser [ɪˈreɪzə] *s.* 1 apagador; 2 [EUA] (escritos) borracha; *ink* ~ borracha de tinta; 3 raspadeira
erasing [ɪˈreɪzɪŋ] *s.* 1 (escritos) acção de apagar/safar; 2 acto de raspar ❖ ~ *knife* raspadeira; ~ *rubber* borracha de safar
erasion [ɪˈreɪʒən] *s.* ⇒ **erasement**
Erasmian [ɪˈræzmɪən] *adj.,s.* erasmista
Erasmianism [ɪˈræzmɪənɪzəm] *s.* erasmismo
Erasmus [ɪˈræzməs] *s.antr.* Erasmo
ERASMUS [*abrev. de* European Action Scheme for the Mobility of University Students] Programa Europeu para a Mobilidade de Estudantes Universitários
Erastian [ɪˈræstɪən] *adj.,s.* erastiano

Erastianism [ɪˈræstɪənɪzəm] s. erastianismo
erasure [ɪˈreɪʒə, ɪˈreɪʃə] s. rasura
erbium [ˈɜːbɪəm] s. QUÍMICA (elemento químico) érbio
ere [eə] Ⓐ prep. [arc.] antes de Ⓑ conj. [arc.] antes que ❖ ~ *long* dentro em pouco
Erebus [ˈerɪbəs] s. MITOLOGIA Érebo
Erechtheum [ˌerekˈθɪəm] s. Erécteon, nome dum templo, do qual ainda hoje existem ruínas, levantado em Atenas, na Acrópole, a Erécteo cerca de 420 a. C.
Erechtheus [ɪˈrekθjuːs] s.antr. (rei de Atenas) Erecteu
erect [ɪˈrekt] Ⓐ adj. 1 vertical; direito; 2 erecto; em erecção Ⓑ v.tr. 1 erigir; construir; 2 levantar; erguer; elevar; 3 (instituição, sistema) montar; organizar ❖ *to ~ a perpendicular* levantar/tirar uma perpendicular
erectile [ɪˈrektaɪl] adj. eréctil
erectility [ˌrekˈtɪlɪtɪ] s. erectilidade
erecting [ɪˈrektɪŋ] s. 1 erecção; 2 montagem; 3 construção ❖ ~ *shop* oficina de montagem
erection [ɪˈrekʃən] s. 1 erecção; 2 edifício, construção; 3 instalação, montagem
erectly [ɪˈrektlɪ] adv. 1 direito; 2 de cabeça levantada; 3 erecto
erectness [ɪˈrektnɪs] s. posição direita, erecta
erector [ɪˈrektə] s. 1 erector; 2 instalador; montador ❖ *erector's tools* ferramentas de montagem
eremite [ˈerɪmaɪt] s. eremita
eremitic [erɪˈmɪtɪk] adj. eremítico
eremitical [ˌerɪˈmɪtɪkəl] adj. eremítico
erethism [ˈerɪθɪzəm] s. eretismo
erewhile [eəˈwaɪl] adv. 1 [arc.] outrora; 2 [arc.] primitivamente
Erewhon [ˈerɪwɒn] s. nome de um romance de Samuel Butler
erg [ɜːg] s. FÍSICA erg, ergo
ergastulum [ɜːˈgæstjʊləm] s. (pl. -a) ergástulo
ergative [ˈɜːgətɪv] adj.,s. LINGUÍSTICA ergativo
ergatocracy [ˌɜːgəˈtɒkrəsɪ] s. ergatocracia, governo dos trabalhadores
ergmeter [ˈɜːgmɪtə] s. ergómetro
ergo [ˈɜːgəʊ] adv. portanto
ergocalciferol [ˌɜːgəʊkælˈsɪfərəl] s. BIOQUÍMICA ergocalciferol
ergonomic [ˌɜːgəˈnɒmɪk] adj. ergonómico
ergonomics [ˌɜːgəˈnɒmɪks] s. ergonomia
ergonomist [ɜːˈgɒnəmɪst] s. ergonomista
ergot [ˈɜːgət, ˈɜːgɒt] s. 1 cravagem-do-centeio; 2 morrão
ergoted [ˈɜːgətɪd] adj. com cravagem
ergotine [ˈɜːgətɪn] s. ergotina
ergotism [ˈɜːgətɪzəm] s. ergotismo
ergotize [ˈɜːgətaɪz] v.tr. intoxicar com cravagem-de-centeio
erianthus [erɪˈænθəs] s. BOTÂNICA erianto
ERIC [EUA] [abrev. de Educational Resources Information Center]
Ericaceae [erɪˈkeɪsɪː] s.pl. BOTÂNICA Ericáceas
eringo [eˈrɪŋgəʊ] s. BOTÂNICA eríngio
Erinnyes [eˈrɪnɪːz] s. MITOLOGIA Erínias
Eris [ˈerɪs] s. MITOLOGIA Éris, deusa da discórdia
erismatura [ˌerɪzməˈtʊrə] s. ZOOLOGIA erismatura (género de aves)
eristic [eˈrɪstɪk] adj.,s. erístico
Eritrea [erɪˈtreɪə] s.top. Eritreia
Eritrean [erɪˈtriːən] Ⓐ adj. relativo à Eritreia Ⓑ s. natural ou habitante da Eritreia
erk [ɜːk] s. 1 [cal.] recruta muito rude, sem qualquer instrução; 2 principiante sem qualquer preparação
Erl-king [ˈɜːlkɪŋ] s. MITOLOGIA rei dos álamos
ermine [ˈɜːmɪn] s. (pele, animal) arminho ❖ *dispute between silk and ~* divergência entre o advogado e o juiz; *to rise to the ~* ser nomeado juiz; *to wear the ~* ser juiz
erne [ɜːn] s. ZOOLOGIA pigargo, pigarga
Ernest [ˈɜːnɪst] s.antr. Ernesto
Ernestine [ˈɜːnɪstɪn] s.antr. Ernestina
erode [ɪˈrəʊd] v.tr. 1 erodir, provocar erosão em; 2 desgastar, corroer, carcomer, roer, escavar
eroded [ɪˈrəʊdɪd] adj. 1 que sofreu erosão; 2 desgastado, corroído, escavado
erodent [ɪˈrəʊdənt] adj.,s. erodente
erogenous [ɪˈrɒdʒənəs] adj. erógeno; *erogenous zone* zona erógena

Eros [ˈerɒs, ˈɪərɒs] s. MITOLOGIA Eros
erosion [ɪˈrəʊʒən] s. 1 erosão; 2 desgaste ❖ ~ *resistant* resistente à erosão; *soil* ~ erosão dos solos
erosive [ɪˈrəʊsɪv] adj. 1 erosivo; 2 corrosivo; 3 desgastante ❖ ~ *wind* vento erosivo
erotic [ɪˈrɒtɪk] adj. erótico
erotica [ɪˈrɒtɪkə] s. (literatura, cinema, etc.) arte erótica
eroticism [ɪˈrɒtɪsɪzəm] s. erotismo
erotism [ˈerɒtɪzəm] s. ⇒ **eroticism**
erotogenic [ɪˌrɒtəˈdʒenɪk, ɪˌrəʊtəˈdʒenɪk] adj. ⇒ **erogenous**
erotomania [ɪˌrɒtəʊˈmeɪnɪə] s. erotomania
erotomaniac [ɪˌrɒtəʊˈmeɪnɪæk] s. erotomaníaco
ERP INFORMÁTICA [abrev. de enterprise resource planning]
err [ɜː] v.intr. 1 errar, cometer erros; *to ~ out of ignorance* errar por ignorância; 2 pecar; *to ~ on the side of...* pecar por...; *to ~ on the side of mercy* pecar por excessiva bondade; 3 [arc.] (caminhar) errar; deambular; 4 [arc.] (princípios, moralidade) desviar-se, afastar-se; *to ~ from the straight path* afastar-se do bom caminho ❖ *to ~ in one's judgement* cometer um erro de julgamento; *to ~ is human* errar é humano; *to ~ on the right side* errar com boas intenções
errancy [ˈerənsɪ] s. 1 mau comportamento; 2 tendência para o erro
errand [ˈerənd] s. 1 recado; 2 mensagem; 3 incumbência; tarefa; 4 missão ❖ ~ *boy* moço de recados; paquete; estafeta; *to go on errands for sb/to run errands for sb* fazer recados para alguém
errant [ˈerənt] adj. 1 errante; 2 malcomportado; ~ *children* crianças malcomportadas; 3 faltoso; não cumpridor ❖ *knight ~* cavaleiro andante
errantry [ˈerəntrɪ] s. vida errante
errata [eˈrɑːtə, ɪˈreɪtə] pl. de **erratum**
erratic [ɪˈrætɪk] adj. 1 errático; ~ *life* vida errática; 2 irregular; ~ *working (of a machine)* funcionamento irregular (de máquina); 3 (comportamento) imprevisível; 4 extravagante, excêntrico; inusitado ❖ ~ *driving* condução pouco segura
erratically [ɪˈrætɪklɪ] adv. 1 irregularmente; 2 de modo excêntrico
erratum [eˈrɑːtəm, ɪˈreɪtəm] s. (pl. -a) errata
erring [ˈɜːrɪŋ] adj. no erro; que erra
erringly [ˈɜːrɪŋlɪ] adv. erroneamente, de maneira errónea
erroneous [ɪˈrəʊnɪəs] adj. erróneo ❖ ~ *spelling* grafia errada
erroneously [ɪˈrəʊnɪəslɪ] adv. erroneamente
erroneousness [ɪˈrəʊnɪəsnɪs] s. falsidade, erro
error [ˈerə] s. 1 erro [in, de]; ~ *in calculation* erro de cálculo; 2 lapso; engano; 3 ilusão, doutrina falsa ❖ ~ *detector* detector de erros; ~ *message* mensagem de erro; ~ *of judgement* erro de julgamento; ~ *of observation* erro de observação; *errors and omissions excepted* salvo erro ou omissão; *errors of youth* desvarios da juventude; *a clerical ~* erro de escrita; *printer's ~* erro de impressão; *to be in ~* laborar em erro; *to lead sb into ~* induzir alguém em erro; *to run into ~* enganar-se; cair em erro; *to see the ~ in one's ways* reconhecer os erros
ersatz [ˈeəzæts] Ⓐ adj. 1 de imitação; 2 substituto, sucedâneo Ⓑ s. sucedâneo
Erse [ɜːs] Ⓐ adj. erse Ⓑ s. (língua do grupo gaélico) erse
erst [ɜːst] adv. [arc.] outrora, antigamente
erstwhile [ˈɜːstwaɪl] Ⓐ adj. [form., ant.] antigo; ~ *colleagues* antigos colegas Ⓑ adv. 1 [arc.] outrora; 2 [arc.] primitivamente
erubescence [ˌeruˈbesəns] s. erubescência
erubescent [ˌeruˈbesənt] adj. erubescente
eruct [ɪˈrʌkt] v.tr.,intr. arrotar, eructar
eructate [ɪˈrʌkteɪt] v.tr.,intr. arrotar, eructar
eructation [ɪˌrʌkˈteɪʃən] s. arroto, eructação
erudite [ˈerudaɪt] adj. erudito
eruditely [ˈerudaɪtlɪ] adv. eruditamente
erudition [ˌeruˈdɪʃən] s. erudição
erupt [ɪˈrʌpt] v.intr. 1 entrar em erupção; 2 (dentes) romper
eruption [ɪˈrʌpʃən] s. 1 erupção; 2 acesso
eruptional [ɪˈrʌpʃənəl] adj. relativo a erupção
eruptive [ɪˈrʌptɪv] adj. eruptivo
eruptively [ɪˈrʌptɪvlɪ] adv. eruptivamente

eruptiveness [ɪˈrʌptɪvnɪs] s. eruptividade
eryngium [eˈrɪndʒɪəm] s. BOTÂNICA eríngio
erysipelas [erɪˈsɪpeləs] s. erisipela
erysipelatous [erɪsɪˈpelətəs] adj. erisipelatoso
erythema [erɪˈθiːmə] s. eritema
erythematous [erɪˈθemətəz] adj. eritematoso
erythraea [erɪˈθriːə] s. BOTÂNICA eritreia
Erythraean [erɪˈθriːən] adj. da Eritreia
erythrin [eˈrɪθrɪn] s. QUÍMICA eritrina
erythrism [ɪˈrɪθrɪzəm] s. BIOLOGIA eritrismo
erythrite [eˈrɪθraɪt] s. MINERALOGIA, QUÍMICA eritrite
erythrocyte [ɪˈrɪθrəʊsaɪt] s. BIOLOGIA (glóbulo vermelho) eritrócito
erythronium [erɪˈθrəʊnɪəm] s. eritrónio
Es QUÍMICA [símbolo de einsteinium]
ESA Ⓐ [abrev. de European Space Agency] Ⓑ (ecologia) [abrev. de environmentally sensitive area]
Esau [ˈiːsɔː] s.antr. Esaú
escalade [eskəˈleɪd] Ⓐ s. escalada Ⓑ v.tr. escalar
escalate [ˈeskəleɪt] Ⓐ v.intr. 1 intensificar-se; 2 agravar-se; 3 (preços) subir em flecha, disparar; 4 ascender; 5 alastrar Ⓑ v.tr. 1 intensificar; 2 agravar; 3 fazer subir em flecha ❖ *to ~ into* terminar em; degenerar em
escalation [eskəˈleɪʃən] s. 1 (estado de guerra) escalada, intensificação, agravamento; 2 (preços) subida em flecha
escalator [ˈeskəleɪtə] s. escada rolante
escallop [ˈeskələp] s.,v.tr. ⇒ **scallop**
escalope [ˈeskələʊp] s. CULINÁRIA escalope
escapade [eskəˈpeɪd] s. 1 escapada, escapadela; 2 leviandade, brincadeira
escape [ɪˈskeɪp] Ⓐ s. 1 fuga, evasão; 2 (distracção) evasão; 3 salvamento; 4 (gás, líquido, etc.) fuga; 5 INFORMÁTICA deslocamento; 6 escoadouro, saída Ⓑ v.tr. 1 libertar; 2 evitar; 3 esquecer, fugir da memória; 4 não compreender bem; *the meaning escapes me* não compreendo bem o significado Ⓒ v.intr. 1 escapar, fugir; *to ~ to* fugir para; 2 libertar-se; 3 (palavras impulsivas) sair; 4 INFORMÁTICA fazer *escape* ❖ *~ pipe* tubo de descarga; *~ valve* válvula de segurança; válvula de escape; *~ warrant* mandado de captura; (relógio) *~ wheel* roda catarina; *to ~ by the skin of one's teeth* escapar por um triz; *to ~ notice* passar despercebido; *to ~ pursuit* escapar à perseguição; *to have a narrow ~* escapar por um triz; *to make (good) one's ~* conseguir fugir
escapee [ɪˌskeɪˈpiː] s. evadido
escapement [ɪˈskeɪpmənt] s. 1 [arc.] saída; escapadela; meio de fuga; 2 (relógio) escape, escapo
escaping [ɪˈskeɪpɪŋ] s. acção de escapar, escapamento, fuga
escapism [ɪˈskeɪpɪzəm] s. escapismo
escapist [ɪˈskeɪpɪst] s. escapista
escapology [ɪskeɪˈpɒlədʒɪ] s. estudo de técnicas e métodos para fugir à prisão ou cativeiro
escarp [ɪˈskɑːp] Ⓐ s. escarpa Ⓑ v.tr. talhar em escarpa, escarpar
escarpment [ɪˈskɑːpmənt] s. talude, escarpamento, escarpa
eschalot [ˈeʃəlɒt] s. ⇒ **shallot**
eschar [ˈeskɑː] s. MEDICINA escara
eschatological [eskətəˈlɒdʒɪkəl] adj. escatológico
eschatologically [eskətəˈlɒdʒɪklɪ] adv. escatologicamente
eschatologist [eskəˈtɒlədʒɪst] s. escatologista
eschatology [eskəˈtɒlədʒɪ] s. escatologia
escheat [ɪsˈtʃiːt] Ⓐ s. 1 reversão de bens para a Coroa ou dono do feudo por falta de herdeiros; 2 propriedade que sofreu a reversão; 3 confiscação Ⓑ v.tr.,intr. 1 confiscar; 2 reverter para a Coroa por falta de herdeiros
escheatable [ɪsˈtʃiːtəbəl] adj. susceptível de reverter para a Coroa por falta de herdeiros
escheatment [ɪsˈtʃiːtmənt] s. reversão para a Coroa
eschew [ɪsˈtʃuː] v.tr. 1 evitar, afastar-se de; 2 renunciar a
eschewing [ɪsˈtʃuːɪŋ] s. abstenção
escort[1] [ˈɪskɔːt] v.tr. 1 escoltar; 2 acompanhar
escort[2] [ˈeskɔːt] s. 1 (vigilância) escolta; *under police ~* sob escolta policial; 2 acompanhamento; séquito; 3 (acontecimento social) acompanhante ❖ *~ agency* agência de acompanhantes; *~ vessel* navio-escolta
escribe [ɪˈskraɪb] v.tr. MATEMÁTICA circunscrever

escribed [ɪˈskraɪbd] adj. circunscrito ❖ GEOMETRIA *~ circle* circunferência tangente
escritoire [eskrəˈtwɑː] s. secretária, escrivaninha
escrow [ˈeskrəʊ] s. DIREITO custódia, documento de custódia; depósito fiduciário ❖ FINANÇAS *~ account* conta congelada; DIREITO *in ~* sob custódia
escudo [eˈskuːdəʊ] s. (pl. **-s**) [ant.] (moeda) escudo
esculent [ˈeskjʊlənt] Ⓐ adj. esculento, nutritivo Ⓑ s. substância comestível
esculin [ˈeskjʊlɪn] s. esculina
escutcheon [ɪˈskʌtʃən] s. 1 brasão, escudo de armas; 2 escudete; 3 (fechadura, interruptor) espelho; escudete ❖ *~ plate* escudete; *a blot on sb's ~* uma mancha na reputação de alguém; *to besmirch sb's ~* manchar a reputação de alguém
Esd. [abrev. de Esdras]
ESE [abrev. de East-southeast]
Esk [esk] s. nome de numerosos rios ingleses e escoceses
Eskimo [ˈeskɪməʊ] s. (pl. **-(e)s**) esquimó
ESL [abrev. de English as a Second Language]
ESOL [abrev. de English for Speakers of Other Languages]
esophageal [iːˌzɒfəˈdʒiːəl] adj. esofágico
esophagus [ɪˈsɒfəɡəs] s. (pl. **-gi**) esófago
esoteric [esəʊˈterɪk, ˌiːsəʊˈterɪk] adj. esotérico
esoterical [esəʊˈterɪkəl, ˌiːsəʊˈterɪkəl] adj. esotérico
esoterically [esəʊˈterɪkəlɪ, ˌiːsəʊˈterɪkəlɪ] adv. esotericamente
esotericism [eˌsəʊˈterɪsɪzəm, ˌiːsəʊˈterɪsɪʒəm] s. esoterismo
esp. [abrev. de especially]
ESP Ⓐ [abrev. de extrasensory perception] Ⓑ [abrev. de English for Special Purposes]
espadrille [espəˈdrɪl] s. (calçado) alpercata
espagnolette [espænjəʊˈlet] s. 1 fecho de porta envidraçada; 2 tranca
espalier [ɪsˈpæljə] s. espaldeira, renque de árvores vertical
esparto [ɪˈspɑːtəʊ] s. BOTÂNICA esparto
especial [ɪsˈpeʃəl] adj. particular, específico, especial
especially [ɪsˈpeʃəlɪ] adv. especialmente, sobretudo, especificamente
Esperantist [espəˈræntɪst] adj.,s. esperantista
Esperanto [espəˈræntəʊ] s. esperanto
espial [ɪsˈpaɪəl] s. 1 descoberta; 2 detecção; 3 espionagem
espionage [espɪəˈnɑːʒ, ˈespɪənɪdʒ] s. espionagem ❖ *industrial ~* espionagem industrial
esplanade [ˈespləneɪd, ˈesplənɑːd] s. esplanada
espousal [ɪˈspaʊzəl] s. 1 adesão, apoio (a uma causa ou ideia); 2 [geralm. no pl.] esponsal
espouse [ɪˈspaʊz] v.tr. 1 esposar, contrair matrimónio com; 2 esposar, abraçar uma causa, ideia, etc.
espouser [ɪˈspaʊzə] s. paladino; defensor
espresso [eˈspresəʊ] s. café (curto), café expresso ❖ (estabelecimento) *~ bar* café; *~ machine* máquina de café
esprit de corps [eˌspriːdəˈkɔː] s. espírito de classe
espy [ɪˈspaɪ] v.tr. divisar, entrever, descobrir, ver ao longe
Esq. [ˈɪskwaɪə] [abrev. de Esquire]
Esquimau [ˈeskɪməʊ] s. (pl. **-aux**) ⇒ **eskimo**
esquire [ɪsˈkwaɪə] s. 1 [arc.] escudeiro; 2 título de cortesia colocado a seguir ao nome; *W. J. Smith, Esq.* Exmo. Sr. W. J. Smith
ESRO [abrev. de European Space Research Organization]
essay[1] [ˈeseɪ] s. 1 LITERATURA ensaio; 2 ensaio, tentativa, experiência; 3 (escola) composição, redacção
essay[2] [eˈseɪ, ˈeseɪ] v.tr. tentar; ensaiar; experimentar; testar
essayist [ˈeseɪɪst] s. ensaísta
essence [ˈesəns] s. 1 essência; *the true ~ of things* a verdadeira essência das coisas; 2 gasolina; 3 perfume, odor; essência; 4 CULINÁRIA extracto; *meat ~* extracto de carne; 5 âmago; cerne; fundamento; 6 espírito; entidade ❖ *~ of turpentine* aguarrás; *in ~* essencialmente; *time is of the ~* é urgente tomar uma atitude; *to be of the ~* ser fundamental
Essene [ˈesiːn, eˈsiːn] s. essénio
Essenism [ˈesənɪzəm] s. essenismo
essential [ɪˈsenʃəl] Ⓐ adj. 1 essencial; *the ~ point* o ponto essencial; *the ~ thing is...* o essencial é...; 2 principal; fundamental; crucial; 3 imprescindível Ⓑ s. 1 essencial; principal; 2 necessidade básica; coisa imprescindível ❖ *~ oil* óleo volátil; *the bare essentials* o imprescindível

essentiality [ɪsenʃɪˈælɪtɪ] s. essencialidade
essentially [ɪˈsenʃəlɪ] adv. essencialmente
essentials [ɪˈsenʃəlz] s.pl. 1 (o) essencial; 2 (as) coisas essenciais ou principais
Essex [ˈesɪks] s.top. (condado inglês) Essex ❖ [coloq.] *~ lion* vitelo, vitela
EST [abrev. de Eastern Standard Time]
establish [ɪsˈtæblɪʃ] Ⓐ v.tr. 1 fundar; estabelecer; instaurar; 2 estabelecer [**with**, com]; *to ~ contact with sb* estabelecer contacto com alguém; 3 entabular [**with**, com]; 4 (conclusão) determinar; descortinar; *to ~ the cause of sth* determinar a causa de alguma coisa Ⓑ v.refl. (actividade, reputação) instalar-se; estabelecer-se [**as**, como]; impor-se [**as**, como]; *to ~ oneself as a lawyer* estabelecer-se como advogado
established [ɪsˈtæblɪʃt] adj. 1 estabelecido; *~ rules* regras estabelecidas; 2 provado, demonstrado, comprovado; irrefutável, indesmentível; *an ~ fact* um facto indesmentível; *an ~ truth* uma verdade irrefutável; 3 oficializado, oficial ❖ *Established Church* Igreja Oficial (Anglicana na Inglaterra; Presbiteriana na Escócia)
establishing [ɪsˈtæblɪʃɪŋ] s. confirmação, estabelecimento
establishment [ɪsˈtæblɪʃmənt] s. 1 estabelecimento; fundação, instauração; 2 (comércio, etc.) estabelecimento; *business ~* casa comercial; *educational ~* estabelecimento de ensino; *to set up an ~* montar um estabelecimento; 3 estado das coisas; sistema estabelecido; poder instalado; 4 estrutura social ❖ *~ charges* despesas da casa; *charitable ~* instituição de caridade; MILITAR *peace ~* efectivos em tempo de paz; MILITAR *war ~* efectivos de guerra
estate [ɪsˈteɪt] s. 1 bens; *life ~* bens vitalícios; *personal ~* bens mobiliários; *real ~* bens imobiliários; 2 propriedade, quinta, herdade; 3 estado, classe social; *of high ~* de alta condição social; *of low ~* de condição humilde; 4 estádio, época, período ❖ *~ agency* agência imobiliária; *~ agent* agente imobiliário; [GB] *~ car* carrinha; *~ duty* imposto sucessório; *the three estates of the realm - the Lords Spiritual, the Lords Temporal and the Commons* os três estados do reino – clero, nobreza e povo
esteem [ɪsˈtiːm] Ⓐ s. apreço; consideração; estima; *to hold sb in high ~* ter grande estima por alguém Ⓑ v.tr. 1 estimar; ter em muito apreço; 2 considerar; *I ~ it an honour* considero uma honra ❖ COMÉRCIO *your esteemed favour* a sua estimada carta
ester [ˈestə] s. QUÍMICA éster
esterification [estərɪfɪˈkeɪʃən] s. esterificação
esterified [eˈstərɪfaɪd] adj. esterificado
Esth. [abrev. de Esther]
Esther [ˈestə] s.antr. Ester
Esthonia [eˈstəʊnɪə] s.top. Estónia
Esthonian [eˈstəʊnɪən] adj.,s. estoniano
estimable [ˈestɪməbəl] adj. 1 estimável, respeitável, digno de apreço, digno de estima; 2 avaliável, calculável
estimate[1] [ˈestɪmət] s. estimativa; orçamento; cálculo ❖ *~ of the cost* orçamento; *~ on demand* orçamento a pedido; *at the lowest ~* calculando por baixo; *Naval estimates* orçamento da marinha; *rough ~* cálculo grosseiro; orçamento aproximado; *the Estimates* o Orçamento de Estado; *to form a wrong ~ of* fazer uma ideia errada de
estimate[2] [ˈestɪmeɪt] v.tr.,intr. 1 calcular, avaliar, estimar; 2 fazer a estimativa de; fazer o orçamento de
estimated [ˈestɪmeɪtɪd] adj. 1 calculado, avaliado; 2 (número) aproximado; *an ~ number of...* cerca de..., aproximadamente...; 3 previsto; *~ time of arrival* hora prevista de chegada ❖ MECÂNICA *~ horsepower* potência calculada em cavalos
estimating [ˈestɪmeɪtɪŋ] s. estimativa
estimation [estɪˈmeɪʃən] s. 1 estimativa; apreciação; 2 opinião; juízo; 3 [arc.] estima, consideração ❖ *(ponto de vista) in my estimation...* quanto a mim...
estimative [ˈestɪmətɪv] adj. estimativo
estimator [ˈestɪmeɪtə] s. estimador, aquele que estima ou calcula
estimatory [ˈestɪmətərɪ] adj. estimativo
estivage [ˈestɪvɪdʒ] s. estivagem
estival [ˈestɪvəl] adj. estival
Estonia [eˈstəʊnɪə] s.top. Estónia
Estonian [eˈstəʊnɪən] adj.,s. estónio
estop [ɪˈstɒp] v.tr. (particípios: **-pp-**) impedir, excluir de
estoppage [ɪˈstɒpɪdʒ] s. DIREITO excepção
estoppel [ɪsˈtɒpəl] s. DIREITO acto de sofrer excepção
estovers [ɪˈstəʊvəz] s. 1 pensão alimentar; 2 lenha necessária para as actividades domésticas
estrade [eˈstrɑːd] s. estrado
estrange [ɪˈstreɪndʒ] v.tr. 1 provocar separação entre, separar; afastar; 2 indispor [**from**, contra] ❖ *to ~ sb* perder a estima de alguém
estranged [ɪˈstreɪndʒd] adj. 1 separado; *~ couple* casal separado; 2 de relações cortadas, zangado [**from**, com]; *to be ~ from one's family* estar de relações cortadas com a família; 3 afastado, distante [**from**, de]
estrangement [ɪˈstreɪndʒmənt] s. 1 afastamento, distanciamento; 2 separação; 3 indiferença; 4 desavença
estreat [ɪˈstriːt] v.tr. tirar um extracto de
estrogen [ˈiːstrədʒən, ˈestrədʒən] s. MEDICINA estrogénio
estrogenic [ˌiːstrəˈdʒenɪk, ˌestrəˈdʒenɪk] adj. estrogénico
estuary [ˈestʃʊərɪ] s. (pl. **-ies**) estuário
esurience [ɪˈsjʊərɪəns] s. fome canina, devoradora
esuriency [ɪˈsjʊərɪənsɪ] s. fome canina, devoradora
esurient [ɪˈsjʊərɪənt] adj. esfomeado, sôfrego
esuriently [ɪˈsjʊərɪəntlɪ] adv. sofregamente; com uma fome canina
ET [abrev. de extraterrestrial] ET
ETA [abrev. de estimated time of arrival]
ETAC [abrev. de English Teaching Advisory Committee]
et al. Ⓐ [abrev. de et alibi (and elsewhere)] Ⓑ [abrev. de et alii, et aliae (and others)]
etc. [abrev. de etcetera]
etcetera [ɪtˈsetərə, etˈsetərə] s. 1 etc.; 2 tudo o mais
etch [etʃ] v.tr.,intr. 1 gravar a água-forte; 2 causticar; 3 cauterizar; 4 [fig.] gravar, marcar
etcher [etʃə] s. gravador a água-forte
etching [ˈetʃɪŋ] s. (gravura, arte) água-forte ❖ *~ lye* lixívia cáustica; *~ needle* agulha de gravador
eternal [ɪˈtɜːnəl] Ⓐ adj. 1 eterno; 2 contínuo; incessante Ⓑ s. *the ~* o Eterno ❖ *the ~ triangle* o eterno triângulo amoroso; RELIGIÃO *the Father Eternal* o Pai Eterno
eternality [ɪtɜːˈnælɪtɪ] s. carácter eterno
eternalize [ɪˈtɜːnəlaɪz] v.tr. eternizar
eternally [ɪˈtɜːnəlɪ] adv. eternamente
eternity [ɪˈtɜːnɪtɪ] s. (pl. **-ies**) eternidade; [coloq., fig.] *we waited an ~* esperamos uma eternidade ❖ *~ ring* anel com pedras preciosas a toda a volta; *the eternities* as verdades eternas
eternize [iːˈtɜːnaɪz] v.tr. eternizar, imortalizar
eternizing [iːˈtɜːnaɪzɪŋ] s. eternização
Etesian [ɪˈtiːʒɪən] adj. etésio ❖ *~ winds* ventos etésios
ETF Ⓐ [abrev. de European Training Foundation] Fundação Europeia para a Formação Ⓑ [abrev. de Electronic Transfer of Funds] Transferência Electrónica de Fundos
ethanol [ˈeθənɒl] s. etanol
ether [ˈiːθə] s. 1 éter; 2 [lit.] céus; ares
ethereal [ɪˈθɪərɪəl] adj. 1 etéreo; 2 impalpável; 3 volátil
ethereality [ɪθɪərɪˈælɪtɪ] s. carácter etéreo
ethereally [ɪˈθɪərɪəlɪ] adv. etereamente
etherialize [ɪˈθɪərɪəlaɪz] v.tr. sublimar, tornar etéreo
etheric [ˈiːθərɪk] adj. do éter ❖ HISTÓRIA (rádio) *~ telegraphy* radiotelegrafia
etherification [iːθərɪfɪˈkeɪʃən] s. eterificação
etherify [ˈiːθərɪfaɪ] v.tr. eterificar
etherism [ˈiːθərɪzəm] s. eterismo
etherization [iːθəraɪˈzeɪʃən] s. eterização
etherize [ˈiːθəraɪz] v.tr. eterizar
Ethernet [ˈiːθənet] s. INFORMÁTICA Ethernet
etheromania [iːθərəʊˈmeɪnɪə] s. eteromania
ethic [ˈeθɪk] Ⓐ s. ética; princípios Ⓑ adj. ⇒ **ethical**
ethical [ˈeθɪkəl] adj. ético; moral; *~ values* valores éticos; *a high ~ standard* um alto nível moral
ethically [ˈeθɪklɪ] adv. de acordo com a moral, com a ética

ethics ['eθɪks] s. ética, moral
Ethiopia [i:θɪ'əʊpɪə] s.top. Etiópia
Ethiopian [i:θɪ'əʊpɪən] adj.,s. etíope
Ethiopic [i:θɪ'ɒpɪk, i:θɪ'əʊpɪk] adj. etiópico
ethmoid ['eθmɔɪd] adj. etmóide ❖ ANATOMIA *the ~ bone* o etmóide
ethmoidal [eθ'mɔɪdəl] adj. etmoidal
ethnarch ['eθnɑ:k] s. etnarca
ethnarchy ['eθnɑ:kɪ] s. (pl. -ies) etnarquia
ethnic ['eθnɪk] adj. 1 étnico; 2 etnológico; 3 [arc.] gentílico ❖ *~ cleansing* limpeza étnica; *~ group* etnia; *~ minority* minoria étnica; *~ music* música étnica
ethnical ['eθnɪkəl] adj. 1 étnico, gentílico; 2 etnológico
ethnically ['eθnɪklɪ] adv. etnologicamente
ethnicity [eθ'nɪsɪtɪ] s. etnia
ethnocentric [eθnəʊ'sentrɪk] adj. etnocêntrico
ethnocentrism [eθnəʊ'sentrɪzəm] s. etnocentrismo
ethnocide ['eθnəʊsaɪd] s. etnocídio
ethnographer [eθ'nɒgrəfə] s. etnógrafo
ethnographic [eθnə'græfɪk] adj. etnográfico
ethnographical [eθnə'græfɪkəl] adj. etnográfico
ethnography [eθ'nɒgrəfɪ] s. etnografia
ethnolinguistic [eθnəʊlɪŋ'gwɪstɪk] adj. etnolinguístico
ethnolinguistics [eθnəʊlɪŋ'gwɪstɪks] s. etnolinguística
ethnologic [eθnə'lɒdʒɪk] adj. etnológico
ethnological [eθnə'lɒdʒɪkəl] adj. etnológico
ethnologically [eθnə'lɒdʒɪklɪ] adv. etnologicamente
ethnologist [eθ'nɒlədʒɪst] s. etnólogo
ethnology [eθ'nɒlədʒɪ] s. etnologia
ethnonym ['eθnəʊnɪm] s. etnónimo
ethologic [i:θə'lɒdʒɪk] adj. etológico
ethological [i:θə'lɒdʒɪkəl] adj. etológico
ethologist [ɪ'θɒlədʒɪst] s. etologista
ethology [ɪ'θɒlədʒɪ] s. etologia
ethos ['i:θɒs] s. etos, espírito característico de uma comunidade ou povo
ethyl ['i:θaɪl, 'eθɪl] s. QUÍMICA etilo ❖ *~ alcohol* álcool etílico
ethylene ['eθɪli:n] s. QUÍMICA etileno
ETIC [abrev. de English Teaching Information Centre]
etiolate ['i:tɪəʊleɪt] v.tr.,intr. estiolar, estiolar-se
etiolated ['i:tɪəʊleɪtɪd] adj. 1 estiolado; 2 pálido, anémico
etiolation [i:tɪəʊ'leɪʃən] s. estiolamento
etiologist [i:tɪ'ɒlədʒɪst] s. etiologista
etiology [i:tɪ'ɒlədʒɪ] s. etiologia
etiquette ['etɪket] s. 1 cerimonial, etiqueta; 2 regras
etna ['etnə] s. lâmpada de álcool
ETO [abrev. de European Theatre of Operations]
Eton ['i:tn] s.top. (povoação inglesa) Eton ❖ *~ blue* azul-claro; *~ collar* largo colarinho branco engomado, característico de Eton; *~ College* Colégio de Eton; (mulheres) *~ crop* corte de cabelo curto; *~ jacket* casaco curto característico de Eton
Etonian [ɪ'təʊnɪən] s. aluno de Eton
Etruria [ɪ'trʊərɪə] s.top. Etrúria
Etruscan [ɪ'trʌskən] adj.,s. etrusco
et seq. [abrev. de et sequentes, et sequentia (and the following)]
ETSI [abrev. de European Telecommunications Standards Institute]
ETU [GB] [abrev. de Electrical Trades Union]
etui [e'twi:] s. estojo
etymologic [etɪmə'lɒdʒɪk] adj. etimológico
etymological [etɪmə'lɒdʒɪkəl] adj. etimológico
etymologically [etɪmə'lɒdʒɪklɪ] adv. etimologicamente
etymologist [etɪ'mɒlədʒɪst] s. etimologista
etymologize [etɪ'mɒlədʒaɪz] v.tr.,intr. 1 procurar o étimo de; 2 estudar etimologia
etymology [etɪ'mɒlədʒɪ] s. (pl. -ies) etimologia
etymon ['etɪmɒn] s. étimo
Eu QUÍMICA [símbolo de europium]
EU [abrev. de European Union] UE
Euboea [ju:'bɪə] s.top. (ilha grega) Eubeia
eucaine ['ju:keɪn, а:'keɪn] s. eucaína
eucalyptol [ju:kə'lɪptɒl] s. QUÍMICA, FARMÁCIA eucaliptol
eucalyptus [ju:kə'lɪptəs] s. (pl. -es) BOTÂNICA eucalipto

eucaryote [ju:'kærɪəʊt] s. BIOLOGIA ⇒ **eukaryote**
eucharis ['ju:kərɪs] s. BOTÂNICA eucare, género de amarilidáceas
Eucharist ['ju:kərɪst] s. Eucaristia
Eucharistic [ju:kə'rɪstɪk] adj. eucarístico; *~ Congress* Congresso Eucarístico
Eucharistical [ju:kə'rɪstɪkəl] adj. ⇒ **Eucharistic**
eucharistically [ju:kə'rɪstɪklɪ] adv. eucaristicamente
euchlorine [ju:'klɔ:ri:n] s. euclorina
euchologion [juːkəʊ'ləʊdʒɪən] s. eucológio
euchology [ju:'kɒlədʒɪ] s. ⇒ **euchologion**
euchre ['ju:kə] Ⓐ s. jogo de cartas americano para duas, três ou quatro pessoas Ⓑ v.tr. ganhar vantagem sobre o adversário no jogo do *euchre*
euchromatin [ju:'krəʊmətɪn] s. BIOLOGIA (genética) eucromatina
Euclid ['ju:klɪd] Ⓐ s.antr. Euclides Ⓑ s. geometria euclidiana
Euclidean [ju:'klɪdɪən] adj. euclidiana
eudemonism [ju:'di:mənɪzəm] s. eudemonismo
eudemonist [ju:'di:mənɪst] s. eudemonista
eudiometer [ju:dɪ'ɒmɪtə] s. eudiómetro
eudiometric [ju:dɪəʊ'metrɪk] adj. eudiométrico
eudiometrical [ju:dɪəʊ'metrɪkəl] adj. eudiométrico
eudiometry [ju:dɪ'ɒmətrɪ] s. eudiometria
Eudoxia [ju:'dɒksɪə] s.antr. Eudóxia
Eugene ['ju:dʒi:n] s.antr. Eugénio
eugenesis [ju:'dʒenɪsɪs] s. eugenia, eugénica
Eugenia [ju:'dʒi:nɪə] s.antr. Eugénia
eugenic [ju:'dʒenɪk] adj. eugénico
eugenically [ju:'dʒenɪklɪ] adv. eugenicamente
eugenics [ju:'dʒenɪks] s. eugenia, eugenismo
Eugenius [ju:'dʒi:njəs] s.antr. Eugénio
euhemerism [ju:'hi:mərɪzəm] s. evemerismo
euhemerist [ju:'hi:mərɪst] s. evemerista
Euhemerus [ju:'hi:mərəs] s.antr. Evémero
eukaryote [ju:'kærɪəʊt] s. BIOLOGIA eucariota
eukaryotic [ju:kærɪ'ɒtɪk] adj. BIOLOGIA eucariótico
Eulalia [ju:'leɪlɪə] s.antr. Eulália
eulogist ['ju:lədʒɪst] s. aquele que elogia
eulogistic [ju:lə'dʒɪstɪk] adj. laudatório, elogioso
eulogistical [ju:lə'dʒɪstɪkəl] adj. laudatório, elogioso
eulogistically [ju:lə'dʒɪstɪklɪ] adv. elogiosamente, laudatoriamente
eulogium [ju:'ləʊdʒɪəm] s. (pl. -s ou -ia) elogio, panegírico
eulogize ['ju:lədʒaɪz] v.tr. elogiar, fazer o panegírico de
eulogy ['ju:lədʒɪ] s. (pl. -ies) elogio, panegírico, encómio
Eumenides [ju:'menɪdi:z] s. MITOLOGIA Fúrias, Euménides
eunuch ['ju:nək] s. eunuco
eunuchism ['ju:nəkɪzəm] s. eunuquismo
eunuchoid ['ju:nəkɔɪd] adj. eunucóide
euonymus [ju:'ɒnɪməs] s. (pl. -es) evónimo
Eupatrid [ju:'pætrɪd] s. (pl. -s ou -ae) eupátrida
eupepsia [ju:'pepsɪə] s. eupepsia
eupepsy [ju:'pepsɪ] s. ⇒ **eupepsia**
eupeptic [ju:'peptɪk] adj. eupéptico
Euphemia [ju:'fi:mɪə] s.antr. Eufémia
euphemism ['ju:fɪmɪzəm] s. eufemismo
euphemistic [ju:fɪ'mɪstɪk] adj. eufemístico, eufémico
euphemistical [ju:fɪ'mɪstɪkəl] adj. eufemístico, eufémico
euphemistically [ju:fɪ'mɪstɪklɪ] adv. eufemisticamente
euphemize ['ju:fɪmaɪz] v.tr.,intr. empregar eufemismos (em relação a algo)
euphonic [ju:'fɒnɪk] adj. eufónico
euphonical [ju:'fɒnɪkəl] adj. eufónico
euphonically [ju:'fɒnɪklɪ] adv. eufonicamente
euphonious [ju:'fəʊnɪəs] adj. eufónico
euphoniously [ju:'fəʊnɪəslɪ] adv. de maneira eufónica
euphonium [ju:'fəʊnɪəm] s. MÚSICA êufono, eufónio
euphonize ['ju:fənaɪz] v.tr. tornar eufónico
euphony ['ju:fənɪ] s. (pl. -ies) eufonia
euphorbia [ju:'fɔ:bɪə] s. BOTÂNICA eufórbia
Euphorbiaceae [ju:fɔbɪ'eɪsɪ:] s.pl. BOTÂNICA Euforbiáceas
euphorbium [ju:'fɔ:bɪəm] s. 1 BOTÂNICA eufórbia; 2 (resina) eufórbio

euphoria [juˈfɔːrɪə] s. euforia
euphoric [juˈfɒrɪk] adj. eufórico
euphrasy [ˈjuːfrəsɪ] s. eufrásia
Euphrates [juːˈfreɪtiːz] s.top. Eufrates
Euphrosyne [juːˈfrɒzɪniː] s. MITOLOGIA Eufrosina
Euphues [ˈjuːfjuiːz] s. nome de um romance escrito em 1578 por John Lyly
euphuism [ˈjuːfjuɪzəm] s. eufuísmo
euphuist [ˈjuːfjuɪst] s. eufuísta
euphuistic [juːfjuˈɪstɪk] adj. eufuístico
euphuistically [juːfjuˈɪstɪklɪ] adv. eufuisticamente
Eurafrican [juəˈræfrɪkən] s. euro-africano
Eurasia [juəˈreɪʒə] s.top. Eurásia
Eurasian [juəˈreɪʒən] adj.,s. euro-asiático, eurasiático, eurásio
Euratom [abrev. de European Atomic Energy Community]
eureka [juəˈriːkə] s.,interj. eureca
eurhythmic [juːˈrɪðmɪk] adj. eurítmico, rítmico
eurhythmics [juːˈrɪðmɪks] s. ginástica rítmica
eurhythmy [juːˈrɪðmɪ] s. euritmia
EURIBOR ECONOMIA [abrev. de Euro Interbank Offered Rate]
Euripides [juəˈrɪpɪdiːz] s.antr. Eurípedes
Euro [ˈjuərəu] s. (pl. -s) (moeda europeia) euro
eurobond [ˈjuərəubɒnd] s. ECONOMIA obrigação de país europeu
Eurocrat [ˈjuərəukræt] s. eurocrata, funcionário da comunidade europeia
Europa [juəˈrəupə] s. MITOLOGIA Europa
Europasian [juərəuˈpeɪʒən, juərəuˈpeɪʃən] adj.,s. eurásio
Europe [ˈjuərəp] s.top. Europa
European [juərəˈpɪən] adj.,s. europeu ❖ ~ *Common Market* Mercado Comum Europeu; ~ *Investment Bank* Banco de Investimento Europeu; ~ *Monetary System* Sistema Monetário Europeu; ~ *Parliament* Parlamento Europeu; ~ *Social Fund* Fundo Social Europeu; ~ *Union* União Europeia
Europeanization [juərəpɪənaɪˈzeɪʃən] s. europeização
Europeanize [juərəˈpɪənaɪz] v.tr. europeizar
europium [juəˈrəupɪəm] s. QUÍMICA (elemento químico) európio
Eurosceptic [juərəuˈskeptɪk] s. eurocéptico
Euroscepticism [juərəuˈskeptɪsɪzəm] s. eurocepticismo
Eurovision [juərəuˈvɪʒən] s. eurovisão
Eurydice [juəˈrɪdɪsɪ] s. MITOLOGIA Eurídice
Eusebius [juːˈsiːbɪəs] s.antr. Eusébio
Eustachian [juːsˈteɪʃən] adj. eustaquiano; relativo a Eustáquio ❖ ANATOMIA ~ *tube* trompa de Eustáquio; ANATOMIA ~ *valve* válvula de Eustáquio
eutectic [juːˈtektɪk] adj. QUÍMICA eutéctico
Euterpe [juːˈtɜːpɪ] Ⓐ s. MITOLOGIA Euterpe Ⓑ s. BOTÂNICA euterpe
Euterpean [juːˈtɜːpɪən] adj. filarmónico
euthanasia [juːθəˈneɪzɪə, juːθəˈneɪʒə] s. eutanásia
eutrophic [juːˈtrɒfɪk, juːˈtrəufɪk] adj. eutrófico
Eutropius [juːˈtrəupɪəs] s.antr. Eutrópio
Euxine [ˈjuːksaɪn] s.top. Ponto-Euxino
evacuant [ɪˈvækjuənt] adj.,s. evacuante
evacuate [ɪˈvækjueɪt] v.tr.,intr. 1 evacuar; 2 descarregar; 3 evacuar (pessoas de local considerado perigoso); 4 escapar-se
evacuation [ɪvækjuˈeɪʃən] s. 1 (local) evacuação; 2 defecação; evacuação; 3 pl. dejectos ❖ ~ *Day* dia comemorativo da retirada dos Ingleses de Nova Iorque (25 de Novembro); ~ *pipe* tubo de evacuação
evacuative [ɪˈvækjuətɪv] adj.,s. evacuante
evacuee [ɪvækjuˈiː] s. pessoa evacuada, pessoa retirada de local considerado perigoso
evadable [ɪˈveɪdəbəl] adj. 1 evitável; 2 sofismável
evade [ɪˈveɪd] v.tr. 1 escapar a, fugir a; 2 evitar; esquivar-se a; 3 (assunto) sofismar, iludir, evadir; contornar ❖ *to ~ the law* contornar a lei
evader [ɪˈveɪdə] s. 1 aquele que foge; 2 pessoa que sofisma ou evita
evading [ɪˈveɪdɪŋ] s. 1 acto de evitar ou de sofismar; 2 acção de fugir
evaginate [ɪˈvædʒɪneɪt] v.tr. desenvaginar
evagination [ɪvædʒɪˈneɪʃən] s. desenvaginação
evaluate [ɪˈvæljueɪt] v.tr. avaliar, calcular, estimar

evaluation [ɪvæljuˈeɪʃən] s. avaliação
Evander [ɪˈvændə] s. MITOLOGIA Evandro
evanesce [iːvəˈnes] v.intr. esvaecer
evanescence [iːvəˈnesəns] s. evanescência
evanescent [iːvəˈnesənt] adj. 1 evanescente; 2 MATEMÁTICA infinitesimal
evanescently [iːvəˈnesəntlɪ] adv. evanescentemente
evangel [ɪˈvændʒəl] s. [arc.] evangelho
evangelic [iːvænˈdʒelɪk] adj. evangélico
evangelical [iːvænˈdʒelɪkəl] Ⓐ adj. 1 evangélico; 2 da religião evangélica Ⓑ s. membro da religião evangélica
evangelicalism [iːvænˈdʒelɪkəlɪzəm] s. evangelismo, protestantismo evangélico
evangelically [iːvænˈdʒelɪklɪ] adv. evangelicamente
Evangeline [ɪˈvændʒɪliːn] s.antr. Evangelina
evangelism [ɪˈvændʒɪlɪzəm] s. evangelização, evangelismo
evangelist [ɪˈvændʒɪlɪst] s. evangelista
evangelistic [ɪvændʒɪˈlɪstɪk] adj. evangelizador
evangelization [ɪvændʒɪlaɪˈzeɪʃən] s. evangelização
evangelize [ɪˈvændʒɪlaɪz] v.tr.,intr. evangelizar, pregar o evangelho
evangelizer [ɪˈvændʒɪlaɪzə] s. evangelizador
evangelizing [ɪˈvændʒɪlaɪzɪŋ] s. evangelização
evanish [ɪˈvænɪʃ] v.intr. desaparecer, dissipar-se, esvair-se
evanishment [ɪˈvænɪʃmənt] s. desaparecimento
evaporable [ɪˈvæpərəbəl] adj. evaporável
evaporate [ɪˈvæpəreɪt] Ⓐ v.tr. evaporar, fazer evaporar; *heat evaporates water* o calor faz evaporar a água Ⓑ v.intr. 1 (líquido) evaporar-se; *to ~ in the open air* evaporar-se ao ar livre; 2 (objecto, pessoa, situação) evaporar-se; desvanecer-se; dissipar-se; esfumar-se ❖ *to ~ down* diminuir por evaporação
evaporating [ɪˈvæpəreɪtɪŋ] s. evaporação ❖ ~ *pan* panela de evaporação; ~ *temperature* temperatura de evaporação
evaporation [ɪvæpəˈreɪʃən] s. evaporação ❖ ~ *losses* perdas por evaporação; ~ *residue* resíduo de evaporação
evaporative [ɪˈvæpəreɪtɪv] adj. evaporativo; de evaporação ❖ ~ *condenser* condensador de evaporação; ~ *heat* calor de vaporização; ~ *power* potência de vaporização
evaporator [ɪˈvæpəreɪtə] s. vaporizador ❖ ~ *pressure* pressão do vaporizador
evaporimeter [ɪvæpəˈrɪmɪtə] s. evaporómetro
evaporite [ɪˈvæpəraɪt] s. (rocha) evaporito
evapotranspiration [ɪvæpəutrænspəˈreɪʃən] s. (ecologia, pedologia) evapotranspiração
evasion [ɪˈveɪʒən] s. 1 evasão; fuga; 2 evasiva; subterfúgio; desculpa; rodeio; *to resort to evasions* recorrer a evasivas ❖ *tax ~* fuga ao fisco
evasive [ɪˈveɪsɪv] adj. evasivo
evasively [ɪˈveɪsɪvlɪ] adv. com evasivas, evasivamente
evasiveness [ɪˈveɪsɪvnɪs] s. carácter evasivo
eve [iːv] s. 1 véspera; *on the ~ of* na véspera de; 2 [poét., arc.] fim de tarde; crepúsculo; serão ❖ *Christmas ~* véspera de Natal; *New Year's ~* véspera de Ano Novo
Eve [iːv] s.antr. Eva
evection [ɪˈvekʃən] s. ASTRONOMIA evecção
even [ˈiːvən] Ⓐ adj. 1 regular; uniforme; ~ *running* marcha regular; ~ *temperature/load* temperatura/carga uniforme; ~ *fracture* fractura uniforme; 2 plano; ~ *surface* superfície plana, superfície lisa; *an ~ country* uma região plana; 3 igual, sem variações; 4 MATEMÁTICA (número) par; ~ *number* número par; 5 bem distribuído; 6 (competição, jogo) equilibrado Ⓑ adv. 1 ainda; *better* ainda melhor; *this is ~ nicer than that* isto é ainda mais bonito que aquilo; 2 até, mesmo; ~ *if/though* mesmo que, ainda que; ~ *in winter* mesmo no Inverno, até no Inverno; ~ *now* mesmo agora; ~ *so* mesmo assim; ~ *then* mesmo então; 3 igualmente, de modo igual; 4 nem; *I'll do that, ~ though I have to talk to your father* hei-de fazer isso, mesmo que tenha de falar com o teu pai; *I never ~ spoke to him* eu nem (sequer) lhe falei; 5 justamente, mesmo, precisamente, exactamente Ⓒ v.tr. 1 (superfície) aplanar; nivelar; 2 [arc.] tratar como igual [**to**, a]

Ⓓ s. [poét.] tardinha; anoitecer ❖ **~ as** precisamente quando; mesmo enquanto; **~ as he said that** precisamente quando ele dizia isso; **~ reckoning makes lasting friends** boas contas fazem bons amigos; **~ virtue** equanimidade; **not ~** nem sequer; **of ~ date** da mesma data; **to be on ~ terms with** estar em pé de igualdade com; **to get ~ with sb** ficar quite com; pagar na mesma moeda a; vingar-se de; **to make ~** igualar

◆**even out** v.tr. **1** distribuir equalitariamente; **2** equilibrar

◆**even up** v.tr. equilibrar; tornar mais equilibrado; compensar; **that will even things up** isso vai equilibrar as coisas

evenfall ['i:vənfɔ:l] s. [arc.] (o) cair da noite

even-handed [ˌi:vən'hændɪd] adj. **1** equitativo; **2** justo; **3** imparcial

evening ['i:vnɪŋ] s. noite; noitinha; **in the ~** à noite; à noitinha; **this ~** hoje à noite; **yesterday ~** ontem à noite ❖ **~ classes** aulas à noite; **~ dress** traje de cerimónia; **~ paper** vespertino, jornal da tarde; **~ party** sarau; TEATRO **~ performance** representação nocturna; CINEMA **~ show** sessão da noite; **~ star** Vénus, estrela da tarde; **the ~ crowns the day** o fim coroa a obra; **to make an ~ of it** passar uma noite agradável com qualquer coisa

evenly ['i:vənlɪ] adv. **1** com regularidade; **2** uniformemente; **3** calmamente; **4** equilibradamente; **5** imparcialmente

evenness ['i:vənnɪs] s. **1** uniformidade, igualdade; **2** calma; **3** imparcialidade

evensong ['i:vənsɒŋ] s. vésperas, horas de ofício divino rezadas de tarde

even-steven [ˌi:vən'sti:vn] Ⓐ adj. [coloq.] quites; em igualdade de circunstâncias; empatados Ⓑ adv. em duas partes iguais

event [ɪ'vent] s. **1** acontecimento; **2** caso; **3** facto; **4** evento; **5** DESPORTO (competição) prova; **track events** provas de pista ❖ **at all events** seja como for, de qualquer modo; **in any ~** aconteça o que acontecer; **in either ~** quer num caso quer noutro; **in that ~** nesse caso; **in the normal/ordinary course of events** normalmente; **in the course of events** a seguir; no decorrer dos acontecimentos; **in the ~ of** no caso de

even-tempered [ˌi:vən'tempəd] adj. **1** sereno, calmo; **2** estável; **3** equilibrado

eventful [ɪ'ventfʊl] adj. **1** animado, fértil em acontecimentos, com grandes acontecimentos; **2** movimentado, agitado, acidentado; **3** emocionante; **4** importante, digno de nota

eventfulness [ɪ'ventfʊlnɪs] s. **1** animação, grande quantidade de acontecimentos; **2** agitação; **3** emoção; **4** importância

eventide ['i:vəntaɪd] s. [poét.] o cair da noite

eventless [ɪ'ventləs] adj. **1** sem nada de especial, sem grandes acontecimentos; **2** calmo, rotineiro

eventual [ɪ'ventʃʊəl] adj. eventual; **2** final

eventuality [ɪventʃʊ'ælɪtɪ] s. (pl. **-ies**) eventualidade

eventually [ɪ'ventʃʊəlɪ] adv. **1** eventualmente; **2** no fim de contas; **3** afinal

eventuate [ɪ'ventʃʊeɪt] v.intr. **1** suceder, acontecer; **2** ter como resultado

ever ['evə] adv. **1** já, em qualquer ocasião, alguma vez; **have you ~ been to England?** já estiveste na Inglaterra?; **2** sempre; **an ~ increasing danger** um perigo sempre crescente; **3** nunca; jamais; **hardly ~** quase nunca; **worse than ~** pior que nunca; **he hasn't been here ~** ele nunca esteve aqui; (reforço) **never ~** nunca por nunca; **nothing ~ happens** nunca acontece nada ❖ **~ and anon** de quando em quando; **~ since** desde então; **~ so difficult** terrivelmente difícil; **~ so much** muitíssimo; **~ so simple** tão simples; [depr.] **all he ~ does** a única coisa que ele faz; **be she ~ so rich** por mais rica que ela seja; (indignação) **did you ever!** alguma vez viste tal?; **she has lived here ~ since she was a girl** ela tem vivido aqui desde rapariga; **thank you ~ so much** muitíssimo obrigado; **what ~ does she want?** que diabo é que ela quer?; **why ~ didn't you say that?** por que é que não disseste isso?

Everard ['evəra:d] s.antr. Everardo

Everest ['evərɪst] s.top. Evereste

everglade ['evəɡleɪd] s. região pantanosa

evergreen ['evəɡri:n] Ⓐ adj. BOTÂNICA (planta) de folha persistente Ⓑ s. planta de folha persistente

everlasting [ˌevə'lɑ:stɪŋ] Ⓐ adj. **1** [lit.] eterno, perpétuo; **2** [lit.] permanente; **3** [lit.] infindável, incessante, interminável Ⓑ s. [lit.] eternidade; **from ~** desde sempre; **for ~** para toda a eternidade ❖ **the ~** o Eterno

everlastingly [ˌevə'lɑ:stɪŋlɪ] adv. **1** eternamente, perpetuamente; **2** infindavelmente, incessantemente, interminavelmente

everlastingness [ˌevə'lɑ:stɪŋnɪs] s. eternidade, perpetuidade

everliving [ˌevə'lɪvɪŋ] adj. imortal

evermore [ˌevə'mɔ:] adv. sempre; eternamente ❖ **for ~** para sempre

ever-present [evə'preznt] adj. sempre presente, constante, omnipresente, permanente

eversion [ɪ'vɜ:ʃən] s. eversão

evert [ɪ'vɜ:t] v.tr. praticar eversão

every ['evrɪ] adj. **1** cada, cada um; **~ one of us** cada um de nós; **2** todos; **~ book** todos os livros; **~ day** todos os dias; **~ year** todos os anos ❖ **~ Jack had his Jill** todos tinham namorada; **~ man for himself!** salve-se quem puder!; [coloq.] **~ man Jack** todo o bicho-careta; **~ now and again** de quando em quando; **~ now and then** de vez em quando; **~ other day** dia sim, dia não; **~ three days** de três em três dias; **~ time** de todas as vezes, sempre que, sempre; **~ time she goes** sempre que ela vai; **~ two days** de dois em dois dias; **~ minute** a qualquer momento; em todos os momentos; **to be ~ bit/inch a patriot** ser patriota dos quatro costados; **there is ~ reason to think that...** há todas as razões e mais alguma para se pensar que...; **this book is (in) ~ way better than that** este livro é melhor que aquele em todos os aspectos

everybody ['evrɪbɒdɪ, 'evrɪbɑ:dɪ] pron. toda a gente

everyday ['evrɪdeɪ] adj. **1** diário; de todos os dias; **~ life** a vida de todos os dias; **2** quotidiano; habitual; **3** corrente; **an ~ expression** uma expressão de uso corrente

everydayness [ˌevrɪ'deɪnɪs] s. **1** rotina diária; **2** monotonia

Everyman ['evrɪmæn] s. qualquer pessoa

everyone ['evrɪwʌn] pron. toda a gente

everything ['evrɪθɪŋ] pron. tudo; **I have ~ that I need** tenho tudo o que preciso ❖ **money isn't ~** o dinheiro não é tudo; **there is mercy for ~** não há pecado sem perdão

everyway ['evrɪweɪ] adv. a todos os respeitos

everywhere ['evrɪweə] adv. em toda a parte

evict [ɪ'vɪkt] v.tr. desalojar, pôr fora, expulsar

evicting [ɪ'vɪktɪŋ] s. evicção

eviction [ɪ'vɪkʃən] s. evicção, despejo, expulsão

evictor [ɪ'vɪktə] s. evictor

evidence ['evɪdəns] Ⓐ s. **1** (investigação) prova; **to get ~** obter provas; **2** depoimento; testemunho; prova testemunhal; **to give ~** prestar depoimento, testemunhar; **to take sb's ~** recolher o depoimento de alguém; **3** sinal; indício; **there was no ~ of...** não havia sinal de...; **to show ~ of...** mostrar sinais de..., revelar indícios de...; **4** indicação; confirmação Ⓑ v.tr. **1** [form.] provar; demonstrar; **2** [form.] manifestar; **3** [form.] testemunhar ❖ DIREITO **circumstantial ~** prova indirecta/circunstancial; DIREITO **documentary ~** prova documental; **external/internal ~** provas extrínsecas/intrínsecas; **on the ~ of** com base em; **to be in ~** estar à vista; notar-se; **to be very much in ~** estar em destaque; estar em evidência; **to fly in the face of ~** recusar-se à evidência dos factos; **to turn King's/Queen's ~** testemunhar contra os próprios cúmplices; **whatever you say may be held in ~ against you** tudo o que disser poderá ser usado contra si

evident ['evɪdənt] adj. evidente, óbvio, claro

evidential [ˌevɪ'denʃəl] adj. evidencial, comprovativo

evidently ['evɪdəntlɪ] adv. evidentemente

evil ['i:vəl] Ⓐ adj. **1** mau; **2** malvado; **3** perverso Ⓑ s. **1** mal; **2** maldade; **3** prevaricação; **4** infortúnio; **5** desastre ❖ **~ eye** mau-olhado; **the ~ One** o Demónio; **the King's ~** escrófulas; **~ be to him who ~ thinks** maldito seja quem disto pensar mal; **in an ~ hour** numa hora má; **to get into ~ ways** cair em maus caminhos

evil-boding ['i:vəlˌbɒdɪŋ] adj. agoirento; de mau presságio

evildoer ['i:vəldʊə] s. malfeitor

evil-living ['i:vəˌlɪvɪŋ] adj. de maus costumes

evil-looking [ˈiːvəˌlʊkɪŋ] *adj.* com mau aspecto
evilly [ˈiːvəlɪ] *adv.* 1 mal; 2 em oposição com o bem; 3 maldosamente
evil-minded [ˈiːvəlmaɪndɪd] *adj.* mal-intencionado; maldoso
evilness [ˈiːvəlnɪs] *s.* maldade
evil-smelling [ˈiːvəlˌsmelɪŋ] *adj.* malcheiroso
evil-speaking [ˈiːvəlˌspiːkɪŋ] Ⓐ *s.* maledicência Ⓑ *adj.* maldizente
evince [ɪˈvɪns] *v.tr.* 1 demonstrar; 2 indicar; 3 evidenciar, mostrar, provar
evincible [ɪˈvɪnsəbəl] *adj.* que evidencia ou mostra
evincive [ɪˈvɪnsɪv] *adj.* demonstrativo, indicativo
evirate [ˈiːvɪreɪt] *v.tr.* emascular, evirar
eviration [iːvɪˈreɪʃən] *s.* emasculação
eviscerate [ɪˈvɪsəreɪt] *v.tr.* 1 eviscerar; 2 privar das coisas essenciais
evisceration [ɪvɪsəˈreɪʃən] *s.* evisceração
evitable [ˈevɪtəbəl] *adj.* evitável
evocable [ɪˈvɒkəbəl, ˈevəkəbəl] *adj.* evocável
evocation [iːvəʊˈkeɪʃən, evəˈkeɪʃən] *s.* evocação
evocative [ɪˈvɒkətɪv] *adj.* evocativo
evocator [ˈevəʊkeɪtə] *s.* evocador
evocatory [eˈvɒkətərɪ] *adj.* evocatório
evoe [ɪˈvəʊeɪ] *interj.* evoé!
evoke [ɪˈvəʊk] *v.tr.* 1 DIREITO, PSICOLOGIA evocar; 2 invocar, suscitar
evolute¹ [ˈiːvəluːt] *adj.,s.* 1 evoluto; 2 GEOMETRIA evoluta
evolute² [ˈiːvəʊljuːt] *v.intr.* evolver
evolution [iːvəˈluːʃən, evəˈluːʃən] *s.* 1 evolução (desenvolvimento progressivo; movimento de tropas); 2 manobra
evolutionary [iːvəˈluːʃənərɪ, evəˈluːʃənərɪ] *adj.* 1 evolutivo; 2 gradual; por etapas; *an ~ process* um processo gradual; 3 (ciência) evolucionista; *~ theory* teoria evolucionista
evolutionism [iːvəˈluːʃənɪzəm, evəˈluːʃənɪzəm] *s.* evolucionismo
evolutionist [iːvəˈluːʃənɪst, evəˈluːʃənɪst] *s.* evolucionista
evolve [ɪˈvɒlv] Ⓐ *v.intr.* 1 evoluir; 2 desenvolver-se [**from**, a partir de]; 3 transformar-se [**into/in**, em]; *to ~ into an intelligent being* transformar-se num ser inteligente Ⓑ *v.tr.* 1 desenvolver; *to ~ a new plan* desenvolver um novo plano; 2 (gases) emitir; expelir ❖ *to ~ from sb's inner consciousness* ser produto da imaginação de alguém
evolvent [ɪˈvɒlvənt] *s.* 1 GEOMETRIA evoluta; 2 evolvente, curva derivada da evoluta
evolving [ɪˈvɒlvɪŋ] *s.* 1 desenvolvimento; 2 elaboração; 3 desprendimento
evulse [ɪˈvʌls] *v.tr.* arrancar, extrair
evulsion [ɪˈvʌlʃən] *s.* evulsão
ewe [juː] *s.* ovelha ❖ *~ lamb* a coisa que mais se estima
ewe-necked [ˈjuːnekd] *adj.* (cavalo, cão) com pescoço de veado
ewer [ˈjuːə] *s.* jarro de água
ex. Ⓐ [*abrev. de* example] Ⓑ [*abrev. de* exception] Ⓒ [*abrev. de* extra]
exacerbate [ɪɡˈzæsəbeɪt] *v.tr.* exacerbar, irritar, agravar
exacerbation [ɪɡzæsəˈbeɪʃən] *s.* exacerbação, irritação
exact [ɪɡˈzækt] Ⓐ *adj.* 1 exacto; preciso; rigoroso; *~ measurement* medida exacta; 2 justo, certo; correcto; 3 perfeito; total; 4 meticuloso; minucioso; escrupuloso [**in**, em relação a] Ⓑ *v.tr.* 1 exigir [**from**, a]; 2 requerer; 3 reclamar; *to ~ payment of a debt* reclamar pagamento de uma dívida; 4 extorquir ❖ *~ fit* encaixe perfeito; *~ sciences* ciências exactas; *that's ~* exactamente; *to be ~* para ser mais rigoroso; *to ~ revenge* vingar-se
exactable [ɪɡˈzæktəbəl] *adj.* exigível
exacting [ɪɡˈzæktɪŋ] *adj.* exigente; rigoroso; *to be too ~ with sb* ser demasiado exigente com alguém
exaction [ɪɡˈzækʃən] *s.* 1 exacção; 2 extorsão, exigência
exactitude [ɪɡˈzæktɪtjuːd] *s.* exactidão
exactly [ɪɡˈzæktlɪ] *adv.* 1 exactamente; precisamente; rigorosamente; 2 (horas) em ponto ❖ *exactly!* exacto!; *he's not ~ a handsome man* não é propriamente um homem atraente; *I don't ~ know* não sei bem; *not ~* não é bem isso
exactness [ɪɡˈzæktnɪs] *s.* 1 exactidão, justeza; 2 cumprimento rigoroso

exactor [ɪɡˈzæktə] *s.* exactor
exaggerate [ɪɡˈzædʒəreɪt] *v.tr.* exagerar
exaggerated [ɪɡˈzædʒəreɪtɪd] *adj.* exagerado
exaggeratedly [ɪɡˈzædʒəreɪtɪdlɪ] *adv.* exageradamente
exaggeration [ɪɡzædʒəˈreɪʃən] *s.* exagero, exageração
exaggerative [ɪɡˈzædʒərətɪv] *adj.* 1 exagerado; 2 exagerativo
exaggerator [ɪɡˈzædʒəreɪtə] *s.* exagerado
exalt [ɪɡˈzɔːlt] *v.tr.* 1 [form.] (promover) elevar [**to**, a]; 2 [form.] (elogiar muito) exaltar; incensar; colocar nos píncaros; 3 [form.] reforçar; intensificar
exaltation [eɡzɔːlˈteɪʃən] *s.* exaltação, elevação, engrandecimento
exalted [ɪɡˈzɔːltɪd] *adj.* 1 elevado; 2 exaltado; 3 inflamado
exam [ɪɡˈzæm] *s.* exame; prova ❖ *~ paper* enunciado de exame; *to take/sit an ~* fazer um exame
examinable [ɪɡˈzæmɪnəbəl] *adj.* 1 examinável; 2 susceptível de consideração em juízo
examination [ɪɡzæmɪˈneɪʃən] *s.* 1 exame, prova; 2 exame médico; 3 inspecção; verificação; 4 (laboratório) examinação; 5 (testemunhas) exame ❖ *~ paper* prova de exame; *competitive ~* concurso; provas de concurso; *end-of-year ~* exame de passagem; *entrance ~* exame de aptidão; *written ~* exame escrito; *viva voce ~* exame oral; *on ~* após exame; *to be under ~* estar a ser examinado; *to fail in an ~* reprovar num exame; *to take/sit an ~* fazer um exame; *what you have just said will not bear ~* o que acabaste de dizer não resiste a um exame que se lhe faça
examine [ɪɡˈzæmɪn] *v.tr.* 1 examinar; 2 verificar, inspeccionar; 3 DIREITO interrogar, instar
examinee [ɪɡzæmɪˈniː] *s.* examinando
examiner [ɪɡˈzæmɪnə] *s.* 1 (testes) examinador; 2 (instituição) inspector; investigador; 3 (investigação) interrogador ❖ *the examiners* o júri de exame
example [ɪɡˈzɑːmpəl] Ⓐ *s.* 1 exemplo; ilustração; 2 espécime; modelo; 3 aviso; lição Ⓑ *v.tr.* exemplificar ❖ *beyond ~* sem exemplo; *for ~* por exemplo; *for example's sake* só para exemplificar; a título de exemplificação; *let this be an ~ to you!* que te sirva de lição!; *to give/set the ~* dar o exemplo; *to make an ~ of sb* dar um castigo exemplar a alguém
exanimate [ɪɡˈzænɪmɪt] *adj.* exânime
exanthema [eksænˈθiːmə] *s.* (*pl.* **-ata**) exantema
exanthematous [eksænˈθɪmətəs] *adj.* exantematoso, exantemático
exarch [ˈeksɑːk] *s.* exarca
exarchate [ˈeksɑːkeɪt] *s.* exarcado
exasperate [ɪɡˈzɑːspəreɪt] *v.tr.* 1 exasperar, irritar; 2 agravar
exasperating [ɪɡˈzɑːspəreɪtɪŋ] *adj.* 1 exasperador; 2 irritante
exasperation [ɪɡzɑːspəˈreɪʃən] *s.* exasperação, irritação; 2 agravamento
exc. [*abrev. de* except]
Exc. [*abrev. de* Excellency]
Excalibur [ekˈskælɪbə] *s.* nome da espada mística do rei Artur
ex cathedra [eksˈkæθɪdrə, eksˈkæθɪdrə] *adv.* ex cátedra
excavate [ˈekskəveɪt] *v.tr.* 1 escavar, cavar; 2 desaterrar
excavating [ˈekskəveɪtɪŋ] *s.* escavação ❖ *~ machine* escavadora
excavation [ekskəˈveɪʃən] *s.* 1 escavação; 2 desaterro
excavator [ˈekskəveɪtə] *s.* escavadora; máquina escavadora
exceed [ɪkˈsiːd] *v.tr.* 1 exceder; ir além de; ultrapassar; *to ~ the speed limit* ultrapassar o limite de velocidade; *10 exceeds 6 by 4* 10 excede 6 em 4; 2 exagerar; 3 beber ou comer imoderadamente
exceeding [ɪkˈsiːdɪŋ] Ⓐ *adj.* 1 enorme, imenso; 2 excessivo, demasiado Ⓑ *adv.* [arc.] extremamente
exceedingly [ɪkˈsiːdɪŋlɪ] *adv.* muito, extremamente
excel [ekˈsel, ɪkˈsel] *v.tr.,intr.* (*particípios:* **-ll-**) 1 distinguir-se, sobressair, notabilizar-se; 2 ser superior, ser excelente; 3 ultrapassar
excellence [ˈeksələns] *s.* perfeição, excelência
Excellency [ˈeksələnsɪ] *s.* (*pl.* **-ies**) (título) Excelência; *His Excellency, the Portuguese Ambassador* Sua Excelência, o Embaixador de Portugal; *Your ~* Vossa Excelência
excellent [ˈeksələnt] *adj.* excelente

excellently ['eksələntlɪ] adv. excelentemente
excelsior [ek'selsɪɔː] Ⓐ s. [EUA] tiras de madeira para empacotamento Ⓑ adj. 1 superior; 2 (ainda) mais elevado ❖ [EUA] *the ~ State* o Estado de Nova Iorque
except [ɪk'sept] Ⓐ v.tr. 1 excluir; pôr de parte; 2 DIREITO propor uma excepção jurídica Ⓑ prep. 1 excepto; menos; *all ~ me* todos menos eu; 2 a não ser; *~ if...* a não ser que...; *~ when...* a não ser quando.... Ⓒ conj. [arc.] a não ser que, a menos que; *~ he be back again...* a não ser que ele regresse de novo... ❖ *~ for...* exceptuando...; com a excepção de...; *~ for the fact of being (sth)* tirando o facto de ser (alguma coisa); *present company excepted* exceptuando os presentes
excepting [ɪk'septɪŋ] conj.,prep. ⇒ **except**
exception [ɪk'sepʃən] s. 1 excepção; *to make an ~* abrir uma excepção; *with the ~ of* com a excepção de; 2 objecção; *liable to ~* sujeito a objecção ❖ *beyond ~* indiscutível; *the ~ proves the rule* a excepção confirma a regra; *to take ~ to* protestar contra, não aceitar, manifestar oposição a; ficar ofendido com
exceptionable [ɪk'sepʃənəbəl] adj. objectável, criticável
exceptional [ɪk'sepʃənəl] adj. excepcional, invulgar
exceptionality [ɪksepʃə'nælɪtɪ] s. carácter excepcional, excepcionalidade
exceptionally [ɪk'sepʃnəlɪ] adv. excepcionalmente
exceptive [ɪk'septɪv] adj. 1 exceptivo; 2 excepcional
excerpt[1] ['eksɜːpt] s. excerto, extracto [**from**, de]; *an ~ from her new book* um excerto do seu novo livro
excerpt[2] [ek'sɜːpt] v.tr. extrair, retirar; *we ~ this passage from the Canterbury Tales* este passo é retirado dos Contos da Cantuária
excerption [ek'sɜːpʃən] s. extracto, excerto, citação
excess [ɪk'ses, 'ekses] s. (pl. **-es**) 1 excesso; *~ of money* excesso de dinheiro; 2 excedente; 3 adicional; acréscimo; extra; 4 pl. desmandos, excessos; falta de moderação ❖ *~ baggage/luggage* excesso de bagagem; (caminhos-de-ferro) *~ fare* sobretaxa; *~ load* sobrecarga; *~ (of) weight* excesso de peso; *~ postage* porteado (por falta ou insuficiência de franquia); *in ~ of* além de, mais que, superior a; *to ~* em excesso; *to drink to ~* beber em demasia
excessive [ɪk'sesɪv] adj. excessivo; *~ expenses* despesas excessivas; *~ friction* atrito excessivo ❖ *~ drinking* abuso de álcool; *~ speed* excesso de velocidade; *~ wear* desgaste
excessively [ɪk'sesɪvlɪ] adv. excessivamente
excessiveness [ɪk'sesɪvnɪs] s. excessividade, excesso
exch. Ⓐ [abrev. de exchange] Ⓑ [abrev. de exchequer]
exchange [ɪks'tʃeɪndʒ, eks'tʃeɪndʒ] Ⓐ s. 1 troca; permuta; 2 (dinheiro) câmbio; 3 (ideias, estudantes) intercâmbio; 4 COMÉRCIO bolsa; 5 [fig.] discussão; 6 centro; central; *labour ~* centro de emprego; *telephone ~* central telefónica Ⓑ v.tr.,intr. 1 trocar [**for**, por]; *to ~ a CD for a DVD* trocar um CD por um DVD; *to ~ greetings* trocar saudações; 2 mudar; *to ~ into a new post* mudar para outro cargo; 3 permutar [**with**, com]; *to ~ a post with sb* trocar de cargo com alguém ❖ *~ bank* banco de operações cambiais; *~ broker* corretor de câmbios; *~ student* aluno de programa de intercâmbio; *~ and barter* troca; *bill of ~* letra de câmbio; *in ~* em troca; em compensação; *in ~ for* em troca de; FINANÇAS *rate of ~* cotação cambial; FINANÇAS (Londres) *the Royal/Stock Exchange* a Bolsa de Comércio; *fair ~ is no robbery* trocado não é roubado; [colloq.] *to ~ blows* agredir-se mutuamente; trocar insultos
exchangeability [ɪkstˌʃeɪndʒə'bɪlɪtɪ, ekstˌʃeɪndʒə'bɪlɪtɪ] s. permutabilidade
exchangeable [ɪks'tʃeɪndʒəbəl, eks'tʃeɪndʒəbəl] adj. permutável, trocável
exchanger [ɪks'tʃeɪndʒə, eks'tʃeɪndʒə] s. 1 aquele que troca; 2 cambista
exchanging [ɪks'tʃeɪndʒɪŋ, eks'tʃeɪndʒɪŋ] s. troca
exchequer [ɪks'tʃekə, eks'tʃekə] s. 1 tesouro público; 2 Ministério das Finanças; 3 orçamento particular ❖ *~ bill* bilhete do Tesouro; *the Chancellor of the ~* o chanceler do Tesouro; o ministro das Finanças
excipient [ek'sɪpɪənt] s. FARMÁCIA excipiente
excisable [ek'saɪzəbəl] adj. colectável

excise [ek'saɪz] Ⓐ s. imposto de consumo Ⓑ v.tr. 1 lançar imposto indirecto sobre; 2 taxar; 3 extirpar; excisar ❖ *~ duties/tax* impostos indirectos; *Excise Office* secção das finanças para arrecadação dos impostos indirectos
exciseman [ek'saɪzmən] s. (pl. **-men**) cobrador de impostos
excision [ek'sɪʒən] s. excisão, ablação
excitability [ɪkˌsaɪtə'bɪlɪtɪ] s. excitabilidade
excitable [ɪk'saɪtəbəl] adj. 1 excitável; 2 emotivo
excitant [ɪk'saɪtənt, 'eksɪtənt] adj.,s. excitante
excitation [eksɪ'teɪʃən] s. excitação
excite [ɪk'saɪt] v.tr. 1 excitar; 2 estimular; 3 (interesse) apaixonar; *to ~ great public interest* apaixonar a opinião pública; 4 incitar; 5 provocar; despertar; suscitar; *to ~ a riot* provocar um tumulto; 6 FOTOGRAFIA (placa) sensibilizar
excited [ɪk'saɪtɪd] adj. 1 excitado; 2 animado; entusiasmado [**at**, com]; 3 agitado ❖ *to be ~ over sth* estar impaciente devido a qualquer coisa; *to get ~* excitar-se; enervar-se
excitedly [ɪk'saɪtɪdlɪ] adv. com excitação
excitement [ɪk'saɪtmənt] s. 1 excitação; 2 agitação; 3 coisa que provoca agitação ou barulho
exciter [ɪk'saɪtə] s. 1 ELECTRICIDADE excitador; 2 excitante
exciting [ɪk'saɪtɪŋ] adj. emocionante, excitante, entusiasmante
exclaim [ɪks'kleɪm] v.tr.,intr. exclamar
exclamation [eksklə'meɪʃən] s. exclamação ❖ [GB] *~ mark* ponto de exclamação; [EUA] *~ point* ponto de exclamação
exclamative [eks'klæmətɪv] adj. exclamativo
exclamatively [eks'klæmətɪvlɪ] adv. exclamativamente
exclamatorily [eks'klæmətərɪlɪ, eks'klæmətɔːrɪlɪ] adv. exclamativamente
exclamatory [eks'klæmətərɪ, eks'klæmətɔːrɪ] adj. exclamatório
exclave ['eksklerv] s. parte dum Estado encaixada noutro, considerada em relação ao primeiro
exclude [ɪk'skluːd] v.tr. excluir, exceptuar, pôr de parte
excluding [ɪk'skluːdɪŋ] prep. excluindo, excepto, com exclusão de, com a excepção de
exclusion [ɪk'skluːʒən] s. exclusão ❖ *~ clause* cláusula de exclusão; *~ order* interdição; *~ zone* zona de exclusão; *to the ~ of...* excluindo...
exclusive [ɪk'skluːsɪv] Ⓐ adj. 1 exclusivo; 2 (jornalismo) em exclusivo; 3 reservado; restrito; 4 elitista; fechado; 5 de luxo; 6 único Ⓑ s. (jornalismo) exclusivo; furo ❖ *~ of* excluindo, não contando com; *~ of postage and packing* não incluídas as despesas de expedição e envio; *~ rights* direitos de exclusividade; *two ~ conditions* duas condições incompatíveis
exclusively [ɪk'skluːsɪvlɪ] adv. exclusivamente
exclusiveness [ɪk'skluːsɪvnɪs] s. exclusividade, exclusivismo
exclusivism [ɪk'skluːsɪvɪzəm] s. exclusivismo
exclusivist [ɪk'skluːsɪvɪst] adj.,s. exclusivista
exclusivity [ˌɪkskluː'sɪvɪtɪ] s. 1 exclusividade; 2 carácter restrito
excogitate [eks'kɒdʒɪteɪt] v.tr. 1 excogitar; 2 imaginar
excogitation [ekskɒdʒɪ'teɪʃən] s. excogitação
excommunicate[1] [ekskə'mjuːnɪkeɪt] v.tr. RELIGIÃO excomungar
excommunicate[2] [ekskə'mjuːnɪkɪt] adj.,s. RELIGIÃO excomungado
excommunicating [ekskə'mjuːnɪkeɪtɪŋ] s. excomunhão
excommunication [ekskəmjuːnɪ'keɪʃən] s. RELIGIÃO excomunhão
excommunicative [ekskə'mjuːnɪkeɪtɪv] adj. relativo à excomunhão
excommunicatory [ekskə'mjuːnɪkətərɪ, ˌekskə'mjuːnɪkətɔːrɪ] adj. respeitante à excomunhão
excoriate [eks'kɔːrɪeɪt] v.tr. escoriar, esfolar
excoriation [ekskɔːrɪ'eɪʃən] s. escoriação
excrement ['ekskrɪmənt] s. excremento
excremental [ekskrɪ'mentəl] adj. excrementício
excrescence [ɪk'skresəns] s. excrescência
excrescent [ɪks'kresənt] adj. 1 excrescente; 2 supérfluo, redundante
excreta [ɪks'kriːtə] s.pl. excreções
excrete [ɪk'skriːt] v.tr. excretar, evacuar

excretion [ɪk'skriːʃən] s. excreção
excretive [ɪk'skriːtɪv] adj. excretório
excretory [ɪk'skriːtərɪ, 'ekskrətɔːrɪ] adj. excretório
excruciate [ɪk'skruːʃɪeɪt] v.tr. excruciar, martirizar
excruciating [ɪk'skruːʃɪeɪtɪŋ] adj. 1 excruciante, atroz; 2 horrível
excruciatingly [ɪk'skruːʃɪeɪtɪŋlɪ] adv. excruciantemente, atrozmente
excruciation [ɪkskruːʃɪ'eɪʃən] s. excruciação
exculpate ['ekskʌlpeɪt] v.tr. 1 desculpar, exculpar; 2 justificar, declarar inocente, ilibar
exculpation [ekskʌl'peɪʃən] s. 1 desculpa, exculpação; 2 justificação; 3 ilibação
exculpatory [eks'kʌlpətərɪ, eks'kʌlpətɔːrɪ] adj. ilibatório, justificativo
excurrent [eks'kʌrənt] adj. 1 que corre para fora; 2 (sangue) arterial; 3 que dá uma saída; 4 que sai
excursion [ɪks'kɜːʃən] s. 1 (viagem, grupo) excursão; 2 saída; saltadela; escapadela; *an ~ to the shopping centre* uma visita ao centro comercial; 3 (tentativa) incursão [**into**, em] ❖ (comboios) *~ ticket* bilhete de excursão; *~ train* comboio de excursionistas
excursionist [ɪks'kɜːʃənɪst] s. excursionista
excursionize [ɪks'kɜːʃənaɪz] v.intr. fazer excursões
excursive [ɪks'kɜːsɪv] adj. digressivo, divagante
excursively [ɪks'kɜːsɪvlɪ] adv. de modo irregular, digressivo
excursus [ɪks'kɜːsəs] s. (pl. -es) dissertação, divagação, excurso
excusability [ɪks,kjuːzə'bɪlɪtɪ] s. escusabilidade
excusable [ɪks'kjuːzəbəl] adj. escusável, desculpável
excusableness [ɪks'kjuːzəbəlnɪs] s. desculpabilidade
excusably [ɪks'kjuːzəblɪ] adv. desculpavelmente, escusavelmente
excusal [ɪks'kjuːzəl] s. isenção de impostos
excuse[1] [ɪks'kjuːz] v.tr. 1 desculpar, escusar; 2 dispensar; 3 perdoar
excuse[2] [ɪks'kjuːs] s. 1 desculpa; justificação; *a lame ~* uma desculpa esfarrapada; 2 pretexto; *that is just an ~ to miss the appointment* isso é apenas um pretexto para faltar ao compromisso ❖ *by way of ~* à laia de desculpa; *in ~ of* para se desculpar de; *to admit no ~* não ter desculpa; *to make excuses* inventar desculpas, dar desculpas
exeat ['eksɪæt] s. autorização de saída (em colégios)
exec. DIREITO [abrev. de executor]
exec [ɪg'zek] s. [coloq.] executivo
execrable ['eksɪkrəbəl] adj. execrável
execrableness ['eksɪkrəbəlnɪs] s. execrabilidade
execrably ['eksɪkrəblɪ] adv. execravelmente
execrate ['eksɪkreɪt] v.tr. execrar
execration [eksɪ'kreɪʃən] s. execração
execratory ['eksɪkreɪtərɪ] adj. execratório
executable ['eksɪkjuːtəbəl] adj.,s. INFORMÁTICA executável
executant [ɪg'zekjʊtənt] s. executante
execute ['eksɪkjuːt] v.tr. 1 executar, realizar, pôr em prática; 2 efectuar uma execução, executar uma sentença de morte; 3 representar; 4 legalizar (assinar e selar, etc.) documento
executer ['eksɪkjuːtə] s. aquele que executa, que realiza
execution [eksɪ'kjuːʃən] s. 1 execução; realização; 2 (espectáculos) interpretação; actuação; 3 DIREITO execução judicial; aplicação; 4 (pena capital) execução ❖ *Excution Dock* lugar junto ao Tamisa, perto de Wapping, onde outrora se enforcavam os piratas; *writ of ~* título executório; *to carry/put into ~* levar a cabo; executar; *to do ~* fazer grande destroço
executioner [eksɪ'kjuːʃənə] s. 1 executor; 2 carrasco, verdugo
executive [ɪg'zekjʊtɪv] Ⓐ s. 1 (profissional) executivo; 2 poder executivo; 3 (governo, etc.) comité central; executivo Ⓑ adj. 1 executivo; 2 para executivos; 3 de luxo ❖ *~ director* director administrativo
executively [ɪg'zekjʊtɪvlɪ] adv. executivamente
executor [ɪg'zekjʊtə] s. 1 aquele que executa ou realiza; 2 executor, cumpridor; 3 executor testamentário
executory [ɪg'zekjʊtərɪ] adj. 1 executório; 2 executivo
executrix [ɪg'zekjʊtrɪks] s.f. (pl. -es) executora testamentária
exedra ['eksedrə, ek'siːdrə] s. (pl. -ae) êxedra
exegesis [eksɪ'dʒiːsɪs] s. exegese
exegete ['eksɪdʒiːt] s. exegeta

exegetic [eksɪ'dʒetɪk] adj. exegético
exegetical [eksɪ'dʒetɪkəl] adj. exegético
exegetically [eksɪ'dʒetɪklɪ] adv. exegeticamente
exegetics [eksɪ'dʒetɪks] s. exegética
exegetist [eksɪ'dʒiːtɪst] s. exegeta
exemplar [ɪg'zemplə] s. exemplo, modelo
exemplarily [ɪg'zemplərɪlɪ] adv. exemplarmente
exemplariness [ɪg'zemplərɪnɪs] s. exemplaridade
exemplarity [ɪgzem'plærɪtɪ] s. ⇒ **exemplariness**
exemplary [ɪg'zemplərɪ] adj. 1 exemplar; 2 que serve como exemplo, como aviso
exemplification [ɪgˌzemplɪfɪ'keɪʃən] s. 1 exemplificação; 2 cópia autêntica, traslado
exemplified [ɪg'zemplɪfaɪd] adj. autêntico; certificado ❖ *~ copy* cópia certificada
exemplify [ɪg'zemplɪfaɪ] v.tr. 1 exemplificar; 2 ilustrar; 3 trasladar, tirar cópia autêntica
exempt [ɪg'zempt] Ⓐ adj. isento [**from**, de]; livre [**from**, de]; dispensado [**from**, de]; *~ from taxation* isento de imposto Ⓑ v.tr. 1 isentar [**from**, de]; 2 dispensar [**from**, de] Ⓒ s. 1 (impostos) pessoa isenta; 2 (um dos quatro oficiais que comandam os Alabardeiros Reais) exempto ❖ *to be exempted from military service* ser dispensado do serviço militar
exemption [ɪg'zempʃən] s. 1 dispensa, libertação; 2 isenção (de impostos, serviço militar)
exequatur [eksɪ'kweɪtə] s. exequátur
exequies ['eksɪkwɪz] s.pl. exéquias
exercisable ['eksəsaɪzəbəl] adj. que pode exercer-se
exercise ['eksəsaɪz] Ⓐ s. 1 exercício; 2 treino; 3 actividade; 4 prática; aplicação; 5 uso; 6 pl. [EUA] cerimónias Ⓑ v.tr. 1 exercitar; 2 usar, empregar; 3 [form.] preocupar, ocupar; *to ~ sb's mind* deixar alguém preocupado Ⓒ v.intr. 1 exercitar-se, fazer exercício; 2 MILITAR fazer exercícios ❖ DESPORTO *~ bike* bicicleta fixa; (escola) *~ book* caderno diário; caderno de exercícios; *~ of authority* exercício de autoridade; *to ~ great care* ter muito cuidado; *to take ~* fazer exercício físico
exerciser ['eksəsaɪzə] s. aquele que exerce, exercitante
exercising ['eksəsaɪzɪŋ] s. 1 exercício; 2 treino
exercitation [egˌzɜːsɪ'teɪʃən] s. exercício, exercitação
exergue [ek'sɜːg] s. (numismática) exergo
exert [ɪg'zɜːt] v.tr. 1 exercer; 2 empregar; recorrer a; fazer uso de ❖ *to ~ oneself* esforçar-se, tentar; *he exerted himself on my behalf* ele esforçou-se por me ajudar
exerting [ɪg'zɜːtɪŋ] s. emprego, uso
exertion [ɪg'zɜːʃən] s. 1 esforço; 2 exercício; aplicação; 3 emprego; uso ❖ *to use every ~ to...* empregar todos os esforços para...; fazer todos os possíveis para
exes ['eksɪz] s.pl. [coloq.] despesas
exeunt ['eksɪʌnt] v.intr. TEATRO (didascália) sair do palco
exfoliant [eks'fəʊlɪənt] adj. esfoliante, exfoliante
exfoliate [eks'fəʊlɪeɪt] Ⓐ v.tr. esfoliar Ⓑ v.intr. esfoliar-se
exfoliation [eksfəʊlɪ'eɪʃən] s. esfoliação
exhalation [ekshə'leɪʃən] s. exalação; eflúvio
exhale [eks'heɪl] v.tr.,intr. exalar, exalar-se
exhaling [eks'heɪlɪŋ] s. exalação
exhaust [ɪg'zɔːst] Ⓐ s. 1 (carro) escape; 2 saída; 3 descarga Ⓑ v.tr. 1 esgotar; 2 extenuar; 3 esvaziar; 4 aspirar ❖ *~ fan* ventilador de aspiração; *~ gas* gás de escape; *~ pipe* tubo de escape; (automóvel) *~ silencer* silencioso; *~ tube* tubo de descarga; *~ valve* válvula de escape; válvula de saída; *to ~ a subject* esgotar um assunto
exhausted [ɪg'zɔːstɪd] adj. 1 gasto; 2 exausto, esgotado
exhauster [ɪg'zɔːstə] s. 1 aspirador; 2 ventoinha de aspiração; 3 extractor
exhaustible [ɪg'zɔːstəbəl] adj. exaurível
exhausting [ɪg'zɔːstɪŋ] Ⓐ adj. exaustivo, esgotante Ⓑ s. esgotamento, exaustão
exhaustion [ɪg'zɔːstʃən] s. cansaço, fadiga extrema; exaustão ❖ *~ of steam* evacuação de vapor
exhaustive [ɪg'zɔːstɪv] adj. 1 exaustivo, completo; 2 detalhado, minucioso
exhaustively [ɪg'zɔːstɪvlɪ] adv. 1 exaustivamente; 2 minuciosamente

exhedra ['eksedrə, ek'si:drə] *s.* (*pl.* **-ae**) ARQUITECTURA êxedra
exheredate [eks'herɪdeɪt] *v.tr.* [rar.] deserdar
exheredation [ekʃherɪ'deɪʃən] *s.* [rar.] deserdação
exhibit [ɪg'zɪbɪt] Ⓐ *s.* **1** exposição; **2** objecto em exposição; **3** DIREITO (tribunal) prova Ⓑ *v.tr.,intr.* **1** expor; **2** exibir publicamente; **3** mostrar, apresentar; **4** DIREITO (tribunal) apresentar como prova
exhibiting [ɪg'zɪbɪtɪŋ] *s.* exposição, exibição
exhibition [eksɪ'bɪʃən] *s.* **1** exposição; *painting* ~ exposição de pintura; **2** exibição; demonstração; **3** (prémio) bolsa de estudo; **4** [depr.] (comportamento) cena ❖ *the great* ~ a exposição realizada em Londres em 1851; *to be on* ~ estar exposto; [coloq.] *to make an* ~ *of oneself* fazer figuras tristes; dar espectáculo
exhibitioner [eksɪ'bɪʃnə] *s.* bolseiro (de universidade)
exhibitionism [eksɪ'bɪʃənɪzəm] *s.* MEDICINA, PSICOLOGIA exibicionismo
exhibitionist [eksɪ'bɪʃənɪst] *s.* exibicionista
exhibitionistic [eksɪbɪʃə'nɪstɪk] *adj.* exibicionista
exhibitive [eg'zɪbɪtɪv] *adj.* indicativo, representativo de
exhibitor [ɪg'zɪbɪtə] *s.* expositor
exhilarant [ɪg'zɪlərənt] *adj.,s.* **1** hilariante; **2** estimulante
exhilarate [ɪg'zɪləreɪt] *v.tr.* animar, alegrar, encher de alegria, entusiasmar
exhilarated [ɪg'zɪləreɪtɪd] *adj.* animado, alegre, entusiasmado
exhilarating [ɪg'zɪləreɪtɪŋ] *adj.* **1** divertido, alegre; **2** estimulante, entusiasmante; **3** emocionante
exhilaration [ɪgzɪlə'reɪʃən] *s.* alegria, regozijo, satisfação
exhilarative [ɪg'zɪlərətɪv] *adj.* alegre, que provoca alegria
exhort [ɪg'zɔ:t, eg'zɔ:t] *v.tr.* exortar, excitar à prática de
exhortation [egzɔ:'teɪʃən] *s.* exortação
exhortative [ɪg'zɔ:tətɪv] *adj.* exortativo
exhortatory [ɪg'zɔ:tətərɪ, ɪg'zɔ:tətɔ:rɪ] *adj.* exortatório
exhumation [ekshju'meɪʃən] *s.* exumação
exhume [eks'hju:m, ɪg'zu:m] *v.tr.* exumar
exhumer [eks'hju:mə] *s.* exumador
exigence ['eksɪdʒəns] *s.* ⇒ **exigency**
exigency ['eksɪdʒənsɪ] *s.* **1** [form.] urgência; emergência; *in this* ~ nesta emergência; **2** [form.] exigência; pressão
exigent ['eksɪdʒənt] *adj.* **1** [form.] urgente; de emergência; **2** [form.] exigente ❖ ~ *of* que exige
exigible ['eksɪdʒɪbəl] *adj.* exigível
exiguity [eksɪ'gju:ɪtɪ] *s.* exiguidade
exiguous [eg'zɪgjʊəs] *adj.* exíguo
exiguousness [eg'zɪgjʊəsnɪs] *s.* ⇒ **exiguity**
exile ['egzaɪl, 'eksaɪl] Ⓐ *s.* **1** exílio, banimento; **2** desterro; **3** exilado, desterrado Ⓑ *v.tr.* exilar, banir, desterrar
exilian [eg'zɪlɪən] *adj.* respeitante ao cativeiro dos Judeus em Babilónia
exilic [eg'zɪlɪk] *adj.* ⇒ **exilian**
exility [eg'zɪlɪtɪ] *s.* fragilidade, subtileza, tenuidade
exist [ɪg'zɪst] *v.intr.* **1** existir; **2** subsistir; **3** ser
existence [ɪg'zɪstəns] *s.* **1** existência; **2** presença; **3** vida; *a hard* ~ uma vida difícil; **4** [lit.] ser; ente ❖ *to call into* ~ criar; *to come into* ~ nascer
existent [ɪg'zɪstənt] *adj.* existente
existential [egzɪs'tenʃəl] *adj.* existencial ❖ ~ *crisis* crise existencial
existentialism [egzɪs'tenʃəlɪzəm] *s.* FILOSOFIA existencialismo
existentialist [egzɪs'tenʃəlɪst] *adj.,s.* existencialista
existing [ɪg'zɪstɪŋ] *adj.* **1** existente; **2** presente, actual
exit ['eksɪt, 'egzɪt] Ⓐ *s.* **1** saída; **2** TEATRO saída de cena, saída do palco; **3** (autoestrada) saída; nó; **4** [fig.] falecimento, morte Ⓑ *v.intr.* **1** TEATRO sair de cena, sair do palco; ~ *Hamlet* sai Hamlet; **2** [fig.] falecer, morrer ❖ (tabuleta) ~ *only* só para saída; (eleições) ~ *poll* sondagem à boca das urnas; (passaportes) ~ *visa* visto de saída; *emergency* ~ saída de emergência; *to make one's* ~ sair de cena
ex-libris [eks'lɪbrɪs] *s.* ex-líbris
ex-librist [eks'lɪbrɪst] *s.* ex-librista
exobiological [eksəʊbaɪə'lɒdʒɪkl] *adj.* exobiológico
exobiologist [eksəʊbaɪ'ɒlədʒɪst] *s.* exobiólogo, exobiologista
exobiology [eksəʊbaɪ'ɒlədʒɪ] *s.* exobiologia
exocarp ['eksəʊka:p] *s.* BOTÂNICA exocarpo
exocrine ['eksəʊkraɪn, 'eksəʊkrɪn] *adj.* exócrino

exocytosis [eksəʊsaɪ'təʊsɪs] *s.* BIOLOGIA (citologia) exocitose
exode ['eksəʊd] *s.* êxodo, remate da tragédia grega
exoderm ['eksəʊdɜ:m] *s.* exoderme
exodium [ek'səʊdɪəm] *s.* ⇒ **exode**
exodus ['eksədəs] *s.* (*pl.* **-es**) **1** êxodo, saída; **2** (Bíblia) êxodo dos Hebreus
exogamus [ek'sɒgəməs] *adj.* exógamo
exogamy [ek'sɒgəmɪ] *s.* exogamia
exogen ['eksəʊdʒen] *s.* planta exógena
exogenous [ek'sɒdʒenəs] *adj.* exógeno
exogynous [ek'sɒdʒɪnəs] *adj.* exógino
exon ['eksɒn] *s.* (*pl.* **-s**) **1** BIOLOGIA (genética) éxon; **2** exempto, um dos quatro oficiais que comandam os Alabardeiros Reais
exonerate [ɪg'zɒnəreɪt] *v.tr.* **1** desobrigar; **2** ilibar de culpa; **3** exonerar
exoneration [ɪgzɒnə'reɪʃən] *s.* **1** ilibação; **2** dispensa, exoneração
exonerative [ɪg'zɒnərətɪv] *adj.* **1** exonerativo; **2** que iliba
Exonian [ek'səʊnɪən] *adj.,s.* natural de Exeter
exophthalmic [eksɒf'θælmɪk] *adj.* exoftálmico
exophthalmus [eksɒf'θælməs] *s.* exoftalmo, exoftalmia
exor. DIREITO [abrev. de Executor]
exorable ['eksəʊrəbəl] *adj.* exorável, compassivo
exorbitance [ɪg'zɔ:bɪtəns] *s.* exorbitância
exorbitant [ɪg'zɔ:bɪtənt] *adj.* **1** exorbitante; **2** excessivo
exorbitantly [ɪg'zɔ:bɪtəntlɪ] *adv.* exorbitantemente
exorcism ['eksɔ:sɪzəm, 'egsɔ:sɪzəm] *s.* exorcismo
exorcist ['eksɔ:sɪst, 'egsɔ:sɪst] *s.* exorcista
exorcize ['eksɔ:saɪz, 'egsɔ:saɪz] *v.tr.* exorcizar, exorcismar
exordial [eg'zɔ:dɪəl] *adj.* exordial
exordium [ek'sɔ:dɪəm] *s.* (*pl.* **-s** ou **-a**) exórdio
exors. [abrev. de Executors]
exoskeleton [eksəʊ'skelɪtən] *s.* ANATOMIA exoesqueleto
exosmose ['eksəʊsməʊs] *s.* exosmose
exosmosis [eksɒs'məʊsɪs] *s.* exosmose
exosmotic [eksɒs'mɒtɪk] *adj.* exosmótico
exosphere ['ekzəʊsfɪə] *s.* exosfera
exospheric [ekzəʊ'sferɪk] *adj.* exosférico
exospore ['eksəʊspɔə] *s.* exósporo
exostosis [eksəʊ'stəʊsɪs] *s.* exostose
exoteric [eksəʊ'terɪk] *adj.* **1** exotérico; **2** geral, popular
exoterical [eksəʊ'terɪkəl] *adj.* **1** exotérico; **2** geral, popular
exoterically [eksəʊ'terɪklɪ] *adv.* exotericamente
exothermic [eksəʊ'θɜ:mɪk] *adj.* exotérmico
exotic [ɪg'zɒtɪk] Ⓐ *adj.* exótico Ⓑ *s.* planta exótica
exoticism [ɪg'zɒtɪsɪzəm] *s.* exotismo
expand [ɪks'pænd] *v.tr.,intr.* **1** dilatar(-se); **2** expandir(-se); **3** desenvolver(-se); **4** aumentar; **5** (pessoa) ser mais expansivo; abrir-se; **6** disseminar(-se) ❖ *to be expanding* estar em expansão
◆ **expand on/upon** *v.tr.* (escrito, relato) completar; desenvolver; ampliar
expanded [ɪks'pændɪd] *adj.* **1** dilatado; **2** aberto
expander [ɪks'pændə] *s.* **1** extensor ginástico; **2** aparelho que serve para alargar; **3** dilatador; **4** mandril de roletes
expanding [ɪks'pændɪŋ] Ⓐ *adj.* **1** em expansão; **2** crescente; **3** que se dilata; **4** extensível Ⓑ *s.* **1** dilatação; **2** expansão
expanse [ɪks'pæns] *s.* extensão [of, de]; vastidão [of, de]; *the expanses of the desert* a vastidão do deserto ❖ [lit.] *the* ~ o firmamento, a vastidão do céu
expansibility [ɪks,pænsɪ'bɪlɪtɪ] *s.* **1** expansibilidade; **2** dilatabilidade
expansible [ɪks'pænsɪbəl] *adj.* **1** dilatável; **2** expansível
expansibleness [ɪks'pænsɪbəlnɪs] *s.* expansibilidade
expansibly [ɪks'pænsɪblɪ] *adv.* de maneira expansível ou dilatável
expansion [ɪks'pænʃən] *s.* **1** expansão; **2** aumento; **3** desenvolvimento; crescimento; **4** dilatação; **5** amplificação ❖ ~ *due to heat* dilatação devida ao calor; *the* ~ *of the currency* o aumento da circulação fiduciária
expansionism [ɪks'pænʃənɪzəm] *s.* expansionismo
expansionist [ɪks'pænʃənɪst] *adj.,s.* expansionista
expansive [ɪks'pænsɪv] *adj.* **1** (pessoa) comunicativo; expansivo; caloroso; aberto; **2** [form.] vasto; extenso; longo; **3** espaçoso ❖ ~ *power* potência expansiva; *to become* ~ tornar-se expansivo

expansively [ɪksˈpænsɪvlɪ] *adv.* expansivamente
expansiveness [ɪksˈpænsɪvnɪs] *s.* 1 expansividade; 2 expansibilidade
expansivity [ɪkspænˈsɪvɪtɪ] *s.* expansividade
ex parte [eksˈpɑːtɪ] *adj.,adv.* DIREITO de uma parte, de uma das partes
expat [eksˈpæt] *adj.,s.* [abrev. de expatriate] expatriado
expatiate [ɪkˈspeɪʃɪeɪt, ekˈspeɪʃɪeɪt] *v.intr.* 1 discorrer, divagar, dissertar [**on/upon/about**, sobre]; 2 [arc.] vaguear
expatiater [ɪkˈspeɪʃɪeɪtə, ekˈspeɪʃɪeɪtə] *s.* 1 aquele que discorre, que se alarga em considerações; 2 indivíduo prolixo
expatiation [ˌɪkspeɪʃɪˈeɪʃən, ˌekspeɪʃɪˈeɪʃən] *s.* digressão, divagação
expatiator [ɪkˈspeɪʃɪeɪtə, ekˈspeɪʃɪeɪtə] *s.* 1 aquele que discorre, que se alarga em considerações; 2 indivíduo prolixo
expatiatory [ekˈspeɪʃɪətərɪ, ɪkˈspeɪʃɪətərɪ] *adj.* 1 que divaga ou se alarga em considerações; 2 prolixo
expatriate [eksˈpeɪtrɪeɪt, eksˈpætrɪeɪt] *v.tr.* 1 expatriar; 2 exilar
expatriation [eksˌpeɪtrɪˈeɪʃən, eksˌpætrɪˈeɪʃən] *s.* expatriação, desterro
expect [ɪkˈspekt] *v.tr.* 1 contar [**to**, com]; 2 prever; estar à espera de; 3 (desejo) esperar; 4 (probabilidade) supor, imaginar; *I ~ so* suponho que sim ❖ *to ~ the worse* estar preparado para o pior; *to ~ too much (of)* ter expectativas demasiado elevadas (em relação a); *to be expecting* estar grávida; *to be expecting next month* contar com o parto para o mês seguinte; *I know what to ~* já sei aquilo que me espera; já sei com o que conto; *only to be expected* que já era de esperar; *what did you expect?* estavas à espera de quê?
expectancy [ɪkˈspektənsɪ] *s. (pl.* -**ies**) 1 expectativa; 2 espera; perspectiva; 3 esperança; 4 ansiedade; impaciência; *with eager ~* ansiosamente ❖ *life ~* esperança de vida
expectant [ɪkˈspektənt] Ⓐ *adj.* 1 na expectativa; expectante; 2 com esperanças Ⓑ *s.* (cargo) candidato ❖ (grávida) *~ mother* futura mãe
expectantly [ɪkˈspektəntlɪ] *adv.* expectantemente; com ansiedade; impacientemente
expectation [ˌekspekˈteɪʃən] *s.* 1 expectativa; 2 esperança; anseio; 3 *pl.* (herança futura) perspectivas; probabilidades ❖ *~ of life* esperança de vida; *according to ~* conforme se esperava; *against ~* contrariamente às expectativas; *beyond ~* ultrapassando todas as expectativas; *contrary to ~* ao contrário do que se esperava; *in ~* em perspectiva; *in ~ of* na expectativa de; contando com; *to answer/come up to one's expectations* corresponder ao que se esperava; *to fall short of one's expectations* ficar aquém das expectativas
expectative [ɪkˈspektətɪv] Ⓐ *adj.* RELIGIÃO [rar.] expectativo Ⓑ *s.* RELIGIÃO [rar.] expectativa
expected [ɪkˈspektɪd] Ⓐ *adj.* esperado Ⓑ *s.* aquilo que se espera
expecter [ɪkˈspektə] *s.* aquele que espera
expecting [ɪkˈspektɪŋ] *s.* acto de esperar, de aguardar
expectorant [ɪkˈspektərənt] *adj.,s.* FARMÁCIA expectorante
expectorate [ɪkˈspektəreɪt] *v.tr.* 1 expectorar; 2 [coloq.] escarrar
expectoration [ɪkspektəˈreɪʃən] *s.* expectoração
expedience [ɪkˈspiːdɪəns] *s.* 1 conveniência, oportunidade; 2 interesse próprio; 3 oportunismo
expediency [ɪkˈspiːdɪənsɪ] *s.* 1 conveniência, oportunidade; 2 interesse próprio; 3 oportunismo
expedient [ɪkˈspiːdɪənt] Ⓐ *adj.* 1 vantajoso; conveniente; *it is ~ that he should do it* é conveniente que ele o faça; 2 oportuno; apropriado; adequado Ⓑ *s.* expediente, meio, recurso; *to resort to expedients* recorrer a expedientes
expediently [ɪkˈspiːdɪəntlɪ] *adv.* apropriadamente, convenientemente, oportunamente
expedite [ˈekspədaɪt] *v.tr.* 1 apressar; 2 acelerar; 3 despachar; 4 realizar com presteza, levar a cabo
expediter [ˈekspədaɪtə] *s.* aquele que apressa, realiza ou despacha com presteza
expedition [ˌekspəˈdɪʃən] *s.* 1 expedição; viagem; *an exploring ~* viagem de exploração; 2 [form.] diligência; prontidão; rapidez; *to do sth with ~* fazer qualquer coisa com rapidez
expeditionary [ˌekspəˈdɪʃənərɪ, ˌekspəˈdɪʃənerɪ] *adj.* expedicionário ❖ MILITAR *~ force* força expedicionária

expeditious [ˌekspɪˈdɪʃəs] *adj.* rápido, despachado, expedito
expeditiously [ˌekspəˈdɪʃəslɪ] *adv.* rapidamente, expeditamente
expeditiousness [ˌekspəˈdɪʃəsnɪs] *s.* rapidez, despacho, prontidão
expel [ɪkˈspel] *v.tr.* (particípios: -ll-) expulsar, expelir
expellee [ɪkspeˈliː] *s.* pessoa expulsa
expelling [ɪkˈspelɪŋ] Ⓐ *adj.* que expulsa, que expele Ⓑ *s.* expulsão
expend [ɪkˈspend] *v.tr.* 1 despender, gastar; 2 esgotar, consumir; 3 NÁUTICA enrolar resto de cabo em torno de mastro
expendable [ɪkˈspendəbəl] *adj.* 1 dispensável; 2 substituível ❖ MILITAR *~ stores* material de consumo; *to be ~* ser fácil de substituir
expenditure [ɪkˈspendɪtʃə] *s.* 1 gasto, despesa; 2 consumo ❖ *the national ~* as despesas públicas
expense [ɪkˈspens] *s.* 1 despesa, gasto; 2 custo; 3 fonte de despesas ❖ *~ account* ajudas de custo; *all expenses paid* com tudo incluído; *at the ~ of* à custa de; em detrimento de; *discharging expenses* despesas de desembarque; *free of ~* livre de despesas; franco de porte; *household expenses* despesas domésticas; *petty expenses* despesas miúdas; *travelling expenses* despesas de deslocação; *to be a great ~ to* ser um grande encargo para; *to go to great ~ to do sth* gastar muito dinheiro para fazer alguma coisa; *to incur expenses* incorrer em despesas; *to put sb to ~* meter alguém em despesas
expensive [ɪkˈspensɪv] *adj.* caro; dispendioso ❖ *to come ~* vir a sair caro
expensively [ɪkˈspensɪvlɪ] *adv.* dispendiosamente
expensiveness [ɪkˈspensɪvnɪs] *s.* dispêndio, gasto
experience [ɪkˈspɪərɪəns] Ⓐ *s.* 1 experiência; vivência; *to have a nasty ~* passar por uma má experiência; *to lack ~* não ter experiência; *to speak from ~* falar por experiência; 2 aventura; *he wrote a book about his experiences in Asia* ele escreveu um livro sobre as suas aventuras na Ásia Ⓑ *v.tr.* 1 sentir; sofrer; *to ~ great difficulty* sentir grande dificuldade; 2 experimentar; deparar-se com ❖ *to know from bitter ~* ter aprendido à própria custa
experienced [ɪkˈspɪərɪənst] *adj.* experimentado, com experiência
experiential [ɪkˌspɪərɪˈenʃəl] *adj.* 1 baseado na experiência; 2 empírico
experiment [ɪkˈsperɪmənt] Ⓐ *s.* experiência; prova; ensaio; *~ in chemistry* experiência química; *scientific ~* experiência científica Ⓑ *v.intr.* 1 experimentar; 2 fazer experiências [**on**, em; **with**, com]; *to ~ on animals* fazer experiências em animais ❖ *as an ~* a título de experiência; *some people learn by ~ and others by experience* algumas pessoas experimentam para aprender, outras aprendem observando o que as rodeia; *to carry out an ~* fazer uma experiência
experimental [ɪkˌsperɪˈmentəl] *adj.* experimental ❖ *~ analysis* análise experimental; *~ chemistry* química experimental; *~ manufacturing* fabrico experimental; *~ method* método experimental
experimentalism [ɪkˌsperɪˈmentəlɪzəm] *s.* experimentalismo
experimentalize [ɪkˌsperɪˈmentəlaɪz] *v.intr.* fazer experimentações, experimentar
experimentally [ɪkˌsperɪˈmentəlɪ] *adv.* experimentalmente
experimentation [ɪkˌsperɪmenˈteɪʃən] *s.* experimentação, experiência
experimenter [ɪkˈsperɪmentə] *s.* experimentador
experimenting [ɪkˈsperɪmentɪŋ] *s.* experimentação
expert [ˈekspɜːt, ekˈspɜːt] Ⓐ *s.* perito; especialista Ⓑ *adj.* 1 conhecedor; 2 habilidoso; hábil, destro ❖ DIREITO *~ evidence* prova pericial; *with the eye of an ~* com um olho treinado; *to be an ~ at doing sth* ser um especialista em algo; *to be an ~ on* ser perito em; ser especialista em; *to seek ~ advice* procurar aconselhamento especializado, consultar um especialista
expertise [ˌekspɜːˈtiːz] *s.* 1 perícia; habilidade; 2 mestria; competência; 3 conhecimentos próprios de perito, qualidades de perito; 4 DIREITO vistoria pericial
expertly [ˈekspɜːtlɪ] *adv.* destramente, habilmente

expertness [ˈekspɜːtnəs] s. **1** habilidade; perícia; **2** conhecimentos de perito
expiable [ˈekspɪəbəl] adj. expiável
expiate [ˈekspɪeɪt] v.tr. expiar
expiation [ˌekspɪˈeɪʃən] s. expiação
expiatory [ˈekspɪətərɪ, ˌekspɪˈeɪtərɪ, ˈekspɪətɔːrɪ] adj. expiatório
expiration [ˌekspɪˈreɪʃən] s. **1** [form.] vencimento; termo; fim; **2** MEDICINA (respiração) expiração; **3** (morte) falecimento ❖ [EUA] (comida, medicamentos) ~ *date* prazo de validade
expiratory [ɪkˈspaɪərətərɪ, ɪkˈspaɪərətɔːrɪ] adj. expirador, expiratório
expire [ɪkˈspaɪə] v.tr.,intr. **1** expirar; **2** exalar; **3** atingir o seu termo, acabar, morrer, extinguir-se
expiring [ɪkˈspaɪərɪŋ] Ⓐ adj. que expira, que se extingue Ⓑ s. expiração
expiry [ɪkˈspaɪərɪ] s. (pl. **-ies**) **1** termo; fim; expiração; **2** vencimento; caducidade ❖ (comida, medicamentos) ~ *date* prazo de validade
explain [ɪkˈspleɪn] Ⓐ v.tr. **1** explicar; **2** justificar; **3** esclarecer Ⓑ v.intr. **1** explicar-se; **2** justificar-se ❖ *there is no explaining* é inexplicável
◆**explain away** v.tr. (erro) justificar; dar uma explicação satisfatória para
explainable [ɪkˈspleɪnəbəl] adj. justificável, explicável
explainer [ɪkˈspleɪnə] s. explicador
explanation [ˌekspləˈneɪʃən] s. esclarecimento, explicação
explanative [ekˈsplænətɪv] adj. explicativo
explanatively [ekˈsplænətɪvlɪ] adv. como explicação
explanatorily [ɪkˈsplænətərɪlɪ, ɪkˈsplænətɔːrɪlɪ] adv. explanatoriamente
explanatory [ɪkˈsplænətərɪ, ɪkˈsplænətɔːrɪ] adj. **1** explanatório; **2** explicativo; **3** interpretativo
expletive [ɪkˈspliːtɪv, ˈekspləˌtɪv] Ⓐ adj. LINGUÍSTICA, LITERATURA expletivo Ⓑ s. LINGUÍSTICA, LITERATURA partícula expletiva
expletively [ɪkˈspliːtɪvlɪ, ˈekspləˌtɪvlɪ] adv. expletivamente
explicable [ekˈsplɪkəbəl] adj. explicável
explicableness [ekˈsplɪkəbəlnɪs] s. explicabilidade
explicate [ˈeksplɪkeɪt] v.tr. **1** desenvolver, expor; **2** ARQUITECTURA explicar
explication [ˌeksplɪˈkeɪʃən] s. **1** desenvolvimento, exposição; **2** interpretação
explicative [ekˈsplɪkətɪv] Ⓐ adj. explicativo Ⓑ s. palavra explicativa
explicatory [ekˈsplɪkətərɪ, ekˈsplɪkətɔːrɪ] adj. elucidativo
explicit [ɪkˈsplɪsɪt] adj. **1** explícito; claro; **2** inequívoco; ~ *support* apoio inequívoco; **3** categórico, peremptório; ~ *orders* ordens categóricas; **4** formal; ~ *denial* desmentido formal ❖ ~ *sex* sexo explícito
explicitly [ɪkˈsplɪsɪtlɪ] adv. **1** explicitamente; claramente; **2** categoricamente, peremptoriamente; **3** formalmente
explicitness [ɪkˈsplɪsɪtnəs] s. clareza, transparência, nitidez
explode [ɪkˈspləʊd] Ⓐ v.tr. **1** refutar; mostrar a sem-razão de; demolir; *to* ~ *a theory* refutar uma teoria; **2** explodir com; rebentar com; **3** destruir Ⓑ v.intr. **1** explodir; **2** [fig.] rebentar [**with**, de]; *to* ~ *with laughter/impatience* rebentar de riso/impaciência; **3** (aumentar rapidamente) disparar_fig._ ❖ *to* ~ *with rage* ter um ataque de fúria
exploded [ɪkˈspləʊdɪd] adj. que explodiu; detonado; ~ *charge* carga detonada; [fig.] *an* ~ *idea* uma ideia desacreditada
explodent [ɪkˈspləʊdənt] s. consoante explosiva
exploder [ɪkˈspləʊdə] s. **1** detonador; **2** provocador de explosão; **3** pessoa que fez ruir uma teoria, ideia, etc.
exploding [ɪkˈspləʊdɪŋ] s. explosão
exploit¹ [ɪkˈsplɔɪt] v.tr. **1** explorar, abusar de; **2** tirar partido de, rentabilizar
exploit² [ˈeksplɔɪt] s. proeza, façanha
exploitable [ɪkˈsplɔɪtəbəl] adj. explorável
exploitation [ˌeksplɔɪˈteɪʃən] s. (abuso, aproveitamento) exploração
exploiter [ɪkˈsplɔɪtə] s. explorador
exploiting [ɪkˈsplɔɪtɪŋ] s. [depr.] exploração
exploration [ˌeksplɔːˈreɪʃən] s. (viagem, estudo, recursos) exploração ❖ *preliminary* ~ reconhecimento de terreno
explorative [ekˈsplɔːrətɪv] adj. explorador, explorativo
exploratory [ɪkˈsplɔːrətərɪ, ɪkˈsplɔːrətɔːrɪ] adj. **1** exploratório; **2** preliminar, preparatório
explore [ɪkˈsplɔː] v.tr. **1** (local) explorar; descobrir; desbravar; **2** (estudo) explorar; pesquisar; estudar; examinar; **3** considerar; *to* ~ *all the possibilities* considerar todas as possibilidades ❖ *to go exploring* partir à descoberta
explorer [ɪkˈsplɔːrə] s. **1** explorador; **2** sonda
exploring [ɪkˈsplɔːrɪŋ] s. exploração
explosion [ɪkˈspləʊʒən] s. **1** explosão; **2** [fig.] aumento, crescimento súbito; subida em flecha ❖ ~ *chamber* câmara de explosão; ~ *engine* motor de explosão; ~ *pressure* pressão da explosão; ~ *proof* à prova de explosão; *population* ~ explosão demográfica
explosive [ɪkˈspləʊsɪv, ɪkˈspləʊzɪv] Ⓐ adj. **1** explosivo; **2** [fig.] (escândalo) bombástico, explosivo; *an* ~ *situation* uma situação explosiva Ⓑ s. explosivo, bomba; *plastic* ~ bomba artesanal ❖ ~ *bullet* bala explosiva; ~ *charge* carga explosiva; LINGUÍSTICA ~ *consonant* consoante explosiva; ~ *device* engenho explosivo; ~ *engine* motor de explosão; ~ *mixture* mistura explosiva
explosively [ɪkˈspləʊsɪvlɪ, ɪkˈspləʊzɪvlɪ] adv. **1** com grande intensidade; **2** furiosamente
explosiveness [ɪkˈspləʊsɪvnɪs, ɪkˈspləʊzɪvnɪs] s. explosividade
exponent [ɪkˈspəʊnənt] adj.,s. **1** intérprete, executante; **2** representante; **3** expoente
exponential [ˌekspəˈnenʃəl, ˌekspəʊˈnenʃəl] adj. exponencial ❖ MATEMÁTICA ~ *equation* equação exponencial; MATEMÁTICA ~ *function* função exponencial; ~ *quantity* quantidade exponencial
export¹ [ɪkˈspɔːt] v.tr. exportar
export² [ˈekspɔːt] s. **1** exportação; *for* ~ para exportação; **2** artigo de exportação ❖ ~ *duty* direitos de exportação; ~ *earnings* receitas de exportação; ~ *trade* comércio de exportação
exportable [ɪkˈspɔːtəbəl] adj. exportável
exportation [ˌekspɔːˈteɪʃən] s. exportação
exporter [ɪkˈspɔːtə] s. exportador
exporting [ɪkˈspɔːtɪŋ] Ⓐ adj. exportador Ⓑ s. exportação
expose [ɪkˈspəʊz] v.tr. **1** expor; revelar, tornar conhecido; mostrar; descobrir; **2** expor [**to**, a]; sujeitar [**to**, a]; **3** denunciar; comprometer; **4** FOTOGRAFIA expor; **5** HISTÓRIA (recém-nascido) abandonar ❖ (atentado ao pudor) *to* ~ *oneself* exibir-se; RELIGIÃO *to* ~ *the Blessed Sacrament* expor o Santíssimo Sacramento; *to* ~ *to danger* colocar em risco; colocar em perigo
exposé [ekˈspəʊzeɪ] s. **1** (artigo, livro, documentário sobre escândalo ou crime) revelação, denúncia; **2** declaração
exposed [ɪkˈspəʊzd] adj. **1** exposto; ~ *flame* chama exposta; ~ *surface* superfície exposta; **2** desprotegido; vulnerável ❖ HISTÓRIA ~ *child* criança abandonada, exposta, enjeitada
exposition [ˌekspəˈzɪʃən] s. exposição
expositive [ekˈspɒzɪtɪv] adj. expositivo
expositor [ekˈspɒzɪtə] s. expositor, comentador
expository [ˌekˈspɒzɪtərɪ, ˌekˈspɒzɪtɔːrɪ] adj. **1** expositivo; **2** enunciativo
ex post facto [ˌekspəʊstˈfæktəʊ] adj. DIREITO retroactivo ❖ DIREITO ~ *law* lei com efeito retroactivo
expostulate [ɪkˈspɒstjʊleɪt, ɪkˈspɒstʃʊleɪt] v.intr. **1** [form.] protestar; discordar; **2** [form.] expostular, queixar-se; *to* ~ *with sb about sth* queixar-se de qualquer coisa a alguém
expostulation [ɪkˌspɒstjʊˈleɪʃən, ɪkˌspɒstʃʊˈleɪʃən] s. expostulação, queixa, admoestação
expostulatory [ɪkˈspɒstjʊlətərɪ, ɪkˈspɒstjʊlətɔːrɪ] adj. expostulatório
exposure [ɪkˈspəʊʒə] s. **1** (luz, perigo, etc.) exposição; **2** denúncia; revelação; escândalo; *the fear of* ~ o receio dum escândalo; **3** JORNALISMO publicidade, cobertura; *to have a lot of* ~ ter muita publicidade; **4** MEDICINA hipotermia; *to die of* ~ morrer de hipotermia; **5** FOTOGRAFIA tempo de exposição; **6** (rolo fotográfico) fotografia ❖ ~ *meter* fotómetro; ~ *speed* velocidade de exposição; (edifício) ~ *to the sun* exposição ao sol; orientação; *bulb* ~ meia pose

expound [ɪk'spaʊnd] v.tr. expor, interpretar, comentar
expounder [ɪk'spaʊndə] s. comentador
expounding [ɪk'spaʊndɪŋ] s. comentário, explicação, exposição, interpretação
express [ɪk'spres] Ⓐ v.tr. 1 exprimir; expressar; manifestar; transmitir; apresentar; 2 enunciar; formular; 3 (carta, encomenda) enviar por expresso; despachar a grande velocidade Ⓑ adj. 1 expresso; claro; evidente; 2 (rápido, directo) expresso; 3 (ordem, instrução) categórico; 4 intencional; deliberado Ⓒ s. 1 comboio expresso, expresso; 2 mensageiro especial Ⓓ adv. 1 a toda a velocidade; 2 por expresso ❖ ~ *coach* camioneta expresso; ~ *mail* correio azul; ~ *service* serviço rápido; ~ *train* comboio expresso; (palavras, arte) *to* ~ *oneself* exprimir-se; *to* ~ *an interest in...* manifestar interesse por...; *to be the* ~ *image of sb* ser a cara chapada de alguém
expressible [ɪk'spresɪbəl] adj. exprimível
expressing [ɪk'spresɪŋ] s. expressão
expression [ɪk'spreʃən] s. 1 expressão; manifestação; 2 (rosto) expressão; ar; *an* ~ *of anger* uma expressão de fúria; 3 MATEMÁTICA expressão; *algebraical* ~ expressão algébrica; 4 LINGUÍSTICA locução; expressão ❖ *beyond* ~ inexprimível; *freedom of* ~ liberdade de expressão; *to be full of* ~ ser muito expressivo; *to find* ~ *in* exprimir-se por; *to give* ~ *to* manifestar; exprimir; dar voz a
expressional [ɪk'spreʃənəl] adj. expressional
expressionism [ɪk'spreʃənɪzəm] s. ARTES PLÁSTICAS, LITERATURA expressionismo
expressionist [ɪk'spreʃənɪst] adj.,s. ARTES PLÁSTICAS, LITERATURA expressionista
expressionless [ɪk'spreʃənləs] adj. 1 sem expressão; 2 impassível
expressive [ɪk'spresɪv] adj. 1 expressivo, eloquente; 2 de expressão; 3 que exprime [of, -]
expressively [ɪk'spresɪvlɪ] adv. com expressão
expressiveness [ɪk'spresɪvnɪs] s. expressividade
expressivity [ˌɪkspre'sɪvɪtɪ] s. 1 (eloquência) expressividade; 2 BIOLOGIA (genética) expressividade
expressly [ɪk'spreslɪ] adv. expressamente; claramente
expressway [ɪk'spresweɪ] s. [EUA] auto-estrada
expropriate [ek'sprəʊprɪeɪt, ɪk'sprəʊprɪeɪt] v.tr. expropriar
expropriating [ek'sprəʊprɪeɪtɪŋ, ɪk'sprəʊprɪeɪtɪŋ] adj. que expropria
expropriation [eksprəʊprɪ'eɪʃən, ˌɪksprəʊprɪ'eɪʃən] s. expropriação
expropriator [eks'prəʊprɪeɪtə, ˌɪks'prəʊprɪeɪtə] s. expropriador
expulsion [ɪk'spʌlʃən] s. expulsão
expulsive [ɪk'spʌlsɪv] adj. expulsivo
expunction [ɪk'spʌŋkʃən] s. expunção
expunge [ɪk'spʌndʒ] v.tr. expungir, eliminar, expurgar
expunging [ɪk'spʌndʒɪŋ] s. expunção, eliminação
expurgate ['ekspəgeɪt] v.tr. 1 expurgar, depurar; 2 eliminar
expurgation [ekspə'geɪʃən] s. expurgação
expurgator ['ekspəgeɪtə] s. expurgador
expurgatory [ek'spɜːgətrɪ, ek'spɜːgətɔːrɪ] adj. expurgatório
exquisite ['ekskwɪzɪt, ɪk'skwɪzɪt] adj. 1 atraente; encantador; 2 refinado; requintado; ~ *sensibility* sensibilidade requintada; 3 minucioso; subtil; 4 (sensação) agudo, intenso; ~ *pain* dor aguda
exquisitely ['ekskwɪzɪtlɪ, ɪk'skwɪzɪtlɪ] adv. 1 elegantemente, de maneira requintada; 2 extremamente; intensamente
exquisiteness ['ekskwɪzɪtnɪs, ɪk'skwɪzɪtnɪs] s. 1 requinte, delicadeza; 2 acuidade
exrx. [abrev. de executrix]
exsanguinate [eks'sæŋgwɪneɪt] v.tr. sangrar
exsanguine [eks'sæŋgwɪn] adj. exangue
exscind [ek'sɪnd] v.tr. 1 excisar; 2 amputar
ex-serviceman [eks'sɜːvɪsmən] s. (pl. -men) antigo combatente, ex-combatente
exsiccate ['eksɪkeɪt] v.tr. secar, exsicar, enxugar
exsiccation [eksɪ'keɪʃən] s. exsicação, dessecação, enxugo
exsuction [eks'sʌkʃən] s. exsucção
ext. Ⓐ [abrev. de external] Ⓑ [abrev. de extension]
extant [ek'stænt, 'ekstənt] adj. ainda existente

extemporaneous [ɪkˌstempə'reɪnɪəs] adj. extemporâneo
extemporaneously [ɪkˌstempə'reɪnɪəslɪ] adv. 1 extemporaneamente; 2 de improviso
extemporary [ɪk'stempərərɪ] adj. improvisado, sem preparação
extempore [ek'stempərɪ] Ⓐ adj. improvisado, sem preparação Ⓑ adv. de improviso; *to speak* ~ falar de improviso
extemporization [ɪkˌstempəraɪ'zeɪʃən] s. improvisação
extemporize [ɪk'stempəraɪz] v.tr.,intr. 1 improvisar; 2 falar de improviso
extemporizer [ɪk'stempəraɪzə] s. improvisador
extend [ɪk'stend] Ⓐ v.intr. 1 estender-se; prolongar-se; continuar [**for**, ao longo de; **to/as far as**, até]; 2 durar [**from**, desde; **into**, até] Ⓑ v.tr. 1 ampliar, alargar; 2 (tempo) dilatar; adiar; *to* ~ *a deadline* dilatar um prazo; 3 abranger, englobar, tornar extensivo a; 4 oferecer; estender; *to* ~ *your hand to sb* estender a mão a alguém; 5 [form.] endereçar [**to**, a]; apresentar [**to**, a]; *to* ~ *a welcome to sb* dar as boas-vindas a alguém; *to* ~ *condolences/sympathies to sb* apresentar condolências a alguém; 6 DIREITO penhorar, sequestrar ❖ DIREITO *to* ~ *a deed* tirar pública-forma de documento; COMÉRCIO *to* ~ *an invoice* dar os totais parciais numa factura; *to* ~ *oneself* dar o seu melhor
extended [ɪk'stendɪd] adj. 1 estendido; 2 prolongado; 3 alargado; 4 aumentado; 5 amplo, vasto; 6 (terra) penhorado
extendible [ɪk'stendɪbəl] adj. penhorável
extending [ɪk'stendɪŋ] s. aumento, prolongamento
extensibility [ɪkˌstensə'bɪlɪtɪ] s. extensibilidade ❖ ~ *factor* factor de dilatação
extensible [ɪk'stensɪbəl] adj. extensível ❖ ~ *lever* alavanca extensível
extension [ɪk'stenʃən] s. 1 extensão; prolongamento; 2 alargamento; dilatação; ~ *by heat* dilatação devido ao calor; 3 alongamento; 4 (tempo) prolongamento; adiamento; prorrogação; *she was given an* ~ *of the deadline* concederam-lhe um adiamento do prazo; 5 (cabelo) extensão; *hair extensions* extensões do cabelo; 6 (edifício) anexo [**of**, de]; 7 ELECTRICIDADE extensão; ~ *lead* extensão eléctrica; [EUA] ~ *cord* extensão eléctrica ❖ [GB] ~ *courses* cursos de regime não presencial; ~ *ladder* escada extensível; ~ *table* mesa extensível; ~ *telephone* extensão telefónica; *by* ~ por arrastamento
extensive [ɪk'stensɪv] adj. 1 extenso; grande; vasto; 2 amplo, abrangente; ~ *debate* debate amplo; 3 exaustivo, profundo, minucioso; 4 de grande envergadura; importante; vasto; 5 AGRICULTURA extensivo; ~ *agriculture* agricultura extensiva ❖ ~ *damage* graves danos; *to make* ~ *use of...* recorrer frequentemente a...
extensively [ɪk'stensɪvlɪ] adv. extensivamente, consideravelmente
extensiveness [ɪk'stensɪvnɪs] s. extensão
extensometer [ˌɪksten'sɒmɪtə] s. extensómetro
extensor [ɪk'stensə] s. músculo extensor
extent [ɪk'stent] s. 1 tamanho, extensão, dimensão; 2 (situação complicada) amplitude; dimensões; 3 (medidas) alcance; 4 grau; ponto; 5 [GB] [arc.] (propriedades) avaliação; 6 [GB] (propriedades) penhora ❖ *to a great/large* ~ em grande medida; *to a lesser/greater* ~ em menor/maior escala; *to some/a certain* ~ até certo ponto; *to such an* ~ *that* de tal maneira que; *to what extent?* até que ponto?, em que medida?
extenuate [ɪk'stenjueɪt] v.tr. diminuir, atenuar, desculpar
extenuating [ɪk'stenjueɪtɪŋ] adj. atenuante ❖ DIREITO ~ *circumstances* circunstâncias atenuantes
extenuation [ɪkstenju'eɪʃən] s. 1 atenuação; 2 extenuação; debilitamento, enfraquecimento ❖ DIREITO *circumstances in* ~ *of* circunstâncias atenuantes de
extenuatory [ɪk'stenjuətərɪ] adj. atenuante
exterior [ɪk'stɪərɪə, ek'stɪərɪə] Ⓐ s. 1 exterior; 2 aparência, aspecto; *a calm* ~ uma aparência calma Ⓑ adj. exterior; externo ❖ ~ *angle* ângulo externo; MATEMÁTICA ~ *secant* secante externa; *on the* ~ no exterior
exteriority [ɪkˌstɪərɪ'ɒrɪtɪ, ekˌstɪərɪ'ɒrɪtɪ] s. exterioridade
exteriorization [ˌɪkstɪərɪəraɪ'zeɪʃən, ˌekstɪərɪəraɪ'zeɪʃən] s. exteriorização
exteriorize [ɪk'stɪərɪəraɪz, ek'stɪərɪəraɪz] v.tr. exteriorizar
exteriorly [ɪk'stɪərɪəlɪ, ek'stɪərɪəlɪ] adv. exteriormente

exterminate [ɪkˈstɜːmɪneɪt] *v.tr.* exterminar
exterminating [ɪkˈstɜːmɪneɪtɪŋ] Ⓐ *adj.* exterminador Ⓑ *s.* exterminação
extermination [ɪkˌstɜːmɪˈneɪʃən] *s.* exterminação
exterminative [ɪksˈtɜːmɪnətɪv] *adj.* que extermina
exterminator [ɪksˈtɜːmɪneɪtə] *s.* exterminador ❖ *ant* ~ formicida
extern [ˈekstɜːn] *s.* médico externo de hospital
external [ɪkˈstɜːnəl, ekˈstɜːnəl] Ⓐ *adj.* 1 externo; 2 exterior; 3 POLÍTICA estrangeiro Ⓑ *s.* 1 exterior, aspecto exterior; aparência; *to judge by externals* julgar pelas aparências; 2 ambiente ❖ ~ *angle* ângulo externo; ~ *diameter* diâmetro externo; ~ *evidence* provas extrínsecas; ~ *lighting* iluminação externa; MEDICINA *for* ~ *application* para uso externo
externality [ekstɜːˈnælɪtɪ] *s.* (*pl.* -**ies**) exterioridade
externalization [ekstɜːnəlaɪˈzeɪʃən] *s.* exteriorização
externalize [ekˈstɜːnəlaɪz] *v.tr.* exteriorizar
externalizing [ekˈstɜːnəlaɪzɪŋ] *s.* exteriorização
exterritoriality [ekstərɪtɔːrɪˈælɪtɪ] *s.* exterritorialidade
extinct [ɪkˈstɪŋkt] *adj.* extinto ❖ GEOLOGIA ~ *volcano* vulcão extinto; *to become* ~ extinguir-se; *to be nearly* ~ estar em vias de extinção
extinction [ɪkˈstɪŋkʃən] *s.* 1 extinção; 2 desaparecimento
extinctive [ɪkˈstɪŋktɪv] *adj.* extintivo
extinguish [ɪkˈstɪŋgwɪʃ] *v.tr.* 1 [form.] extinguir; 2 (fumo, fogo, luz) apagar; *please* ~ *your cigarette* por favor, apague o cigarro; 3 pôr termo a; acabar com; 4 exterminar; destruir
extinguishable [ɪkˈstɪŋgwɪʃəbəl] *adj.* extinguível
extinguisher [ɪkˈstɪŋgwɪʃə] *s.* 1 aquele que extingue ou apaga; 2 extintor; *fire* ~ extintor de incêndios; *foam* ~ extintor de espuma
extinguishment [ɪkˈstɪŋgwɪʃmənt] *s.* 1 extinção; 2 supressão; 3 abolição
extirpate [ˈekstɜːpeɪt] *v.tr.* 1 extirpar; 2 exterminar
extirpating [ˈekstɜːpeɪtɪŋ] *s.* extirpação
extirpation [ekstɜːˈpeɪʃən] *s.* 1 extirpação; 2 extermínio
extirpator [ˈekstɜːpeɪtə] *s.* extirpador
extol [ɪkˈstəʊl] *v.tr.* (*particípios:* -**ll**-) exaltar, enaltecer, elogiar
extoller [ɪkˈstəʊlə] *s.* 1 aquele que louva ou elogia; 2 panegirista
extolling [ɪkˈstəʊlɪŋ] *s.* enaltecimento, louvor
extort [ɪkˈstɔːt] *v.tr.* 1 extorquir [**from**, a]; *to* ~ *money from sb* extorquir dinheiro a alguém; 2 (informação) arrancar [**from**, de]; *to* ~ *a confession from sb* arrancar uma confissão a alguém
extorter [ɪkˈstɔːtə] *s.* extortor, extorsionário; aquele que pratica extorsão
extorting [ɪkˈstɔːtɪŋ] *s.* extorsão
extortion [ɪkˈstɔːʃən] *s.* extorsão
extortionary [ɪkˈstɔːʃənərɪ] *adj.* extorsionário
extortionate [ɪkˈstɔːʃənɪt] *adj.* 1 extorsionário; 2 exorbitante
extortioner [ɪkˈstɔːʃənə] *s.* extorsionista
extortionist [ɪkˈstɔːʃənɪst] *s.* extorsionista
extortive [ɪkˈstɔːtɪv] *adj.* extorsivo
extra [ˈekstrə] Ⓐ *adj.* extra, extraordinário; adicional; suplementar; ~ *expenses* despesas extra Ⓑ *s.* 1 extra; 2 sobretaxa; 3 CINEMA figurante; 4 [fig., coloq.] pequeno luxo; conforto Ⓒ *adv.* 1 extraordinariamente; 2 extra; por fora; *the wine is* ~ o vinho é por fora ❖ [GB] DESPORTO ~ *time* prolongamento; ~ *hard* extraforte; ~ *strong* reforçado; *an* ~ *charge* uma sobretaxa
extra-atmospheric [ˌekstræætməsˈferɪk] *adj.* extra-atmosférico
extra-axillary [ˌekstræksˈɪlərɪ] *adj.* extra-axilar
extrabold [ˈekstrəbəʊld] *s.* TIPOGRAFIA tipo muito preto
extracanonical [ˌekstrəkəˈnɒnɪkəl] *adj.* excluído do cânone bíblico
extracellular [ekstrəˈseljʊlə] *adj.* extracelular
extracorporeal [ˌekstrəkɔːˈpɔːrɪəl] *adj.* extracorpóreo, extracorporal
extra-cosmical [ekstrəˈkɒzmɪkəl] *adj.* extracósmico
extract[1] [ɪkˈstrækt] *v.tr.,intr.* 1 extrair [**from**, de]; *to* ~ *sth from the sand* extrair algo da areia; 2 tirar; *to* ~ *a tooth* tirar um dente; 3 retirar [**from**, de]; *to* ~ *pleasure from...* retirar prazer de...; 4 [fig.] extorquir [**from**, de]; arrancar [**from**, de]; *to* ~ *the truth*

from sb arrancar a verdade a alguém; 5 retirar excertos, fazer citações [**from**, de]; *to* ~ *from Shakespeare* fazer citações de Shakespeare; 6 QUÍMICA fazer extractos químicos de ❖ *extracted honey* mel centrifugado; *to* ~ *advantage from* tirar partido de, beneficiar de
extract[2] [ˈekstrækt] *s.* 1 (texto) excerto, [**from**, de]; 2 traslado; versão; 3 CULINÁRIA extracto; concentrado; *beef* ~ extracto de carne; *plant extracts* extractos vegetais
extractable [ɪkˈstræktəbəl] *adj.* extraível
extracting [ɪkˈstræktɪŋ] *s.* extracção
extraction [ɪkˈstrækʃən] *s.* 1 extracção; *coal* ~ extracção de carvão; 2 [form.] origem; *he is of Portuguese* ~ ele tem origem portuguesa; *of low* ~ de origem humilde; 3 [form.] linhagem; *of noble* ~ de alta linhagem ❖ MEDICINA *to have an* ~ tirar um dente
extractive [ɪkˈstræktɪv] Ⓐ *adj.* 1 extractivo; 2 obtido por extracção Ⓑ *s.* extracto ❖ ~ *industries* indústrias extractivas
extractor [ɪkˈstræktə] *s.* extractor ❖ ~ *fan* exaustor
extracurricular [ekstrəkəˈrɪkjʊlə] *adj.* extracurricular
extraditable [ˈekstrədaɪtəbəl] *adj.* extraditável; a que pode aplicar-se a extradição
extradite [ˈekstrədaɪt] *v.tr.* extraditar
extradition [ekstrəˈdɪʃən] *s.* extradição
extrados [ekˈstreɪdɒs] *s.* extradorso
extradosed [ekˈstreɪdɒst] *adj.* extradorsado
extra-dry [ˈekstrədraɪ] *adj.* (vinho) extra-seco
extrajudicial [ˌekstrədʒuːˈdɪʃəl] *adj.* extrajudicial, extralegal
extrajudicially [ˌekstrədʒuːˈdɪʃəlɪ] *adv.* extrajudicialmente
extra-legal [ekstrəˈliːgəl] *adj.* extralegal
extramarital [ekstrəˈmærɪtəl] *adj.* extraconjugal
extra-metropolitan [ˌekstrəmetrəˈpɒlɪtən] *adj.* 1 extrametropolitano; 2 fora de barreiras
extramundane [ekstrəˈmʌndeɪn] *adj.* extramundano
extramural [ekstrəˈmjʊərəl] *adj.* de fora; extramuros ❖ ~ *studies* curso de extensão universitária
extramurally [ekstrəˈmjʊərəlɪ] *adv.* extramuros
extraneous [ɪksˈtreɪnɪəs] *adj.* 1 estranho, de fora; 2 alheio [**to**, a]; 3 não relacionado [**to**, com]
extraneously [ɪksˈtreɪnɪəslɪ] *adv.* 1 sem relações; 2 vindo de fora
extraneousness [ɪksˈtreɪnɪəsnɪs] *s.* falta de relação
extranet [ˈekstrənet] *s.* INFORMÁTICA extranet
extraordinaries [ɪkˈstrɔːdnrɪz] *s.pl.* rações extra para as tropas
extraordinarily [ɪksˈtrɔːdɪnərɪlɪ] *adv.* extraordinariamente
extraordinariness [ɪksˈtrɔːdɪnərɪnɪs] *s.* carácter extraordinário
extraordinary [ɪksˈtrɔːdnrɪ, ɪksˈtrɔːdneɪ] *adj.* 1 extraordinário; 2 invulgar, excepcional; 3 notável ❖ ~ *meeting* assembleia extraordinária; *ambassador* ~ embaixador extraordinário; *envoy* ~ enviado extraordinário
extraparliamentary [ˌekstrəpɑːləˈmentərɪ] *adj.* extraparlamentar
extraparochial [ekstrəpəˈrəʊkɪəl] *adj.* de fora da paróquia
extrapolate [ɪkˈstræpəleɪt] *v.tr.* MATEMÁTICA extrapolar
extrapolation [ɪkˌstræpəˈleɪʃən] *s.* extrapolação
extrapyramidal [ˌekstrəpɪˈræmɪdəl] *adj.* ANATOMIA, FISIOLOGIA extrapiramidal
extrasensory [ekstrəˈsensərɪ] *adj.* extra-sensorial; ~ *perception* percepção extra-sensorial
extraspecial [ekstrəˈspeʃəl] *adj.* extra-especial
extra-spectral [ekstrəˈspektrəl] *adj.* de fora do espectro solar
extraterrestrial [ˌekstrətəˈrestrɪəl] *adj., s.* extraterrestre
extraterritorial [ˌekstrətərɪˈtɔːrɪəl] *adj.* extraterritorial
extraterritoriality [ˌekstrətərɪtɔːrɪˈælɪtɪ] *s.* extraterritorialidade
extrauterine [ekstrəˈjuːtəraɪn] *adj.* extra-uterino
extravagance [ɪkˈstrævəgəns] *s.* 1 extravagância; 2 esbanjamento, prodigalidade
extravagancy [ɪkˈstrævəgənsɪ] *s.* 1 extravagância; 2 esbanjamento, prodigalidade
extravagant [ɪkˈstrævəgənt] *adj.* 1 extravagante; 2 gastador, esbanjador, pródigo; 3 abundante
extravagantly [ɪkˈstrævəgəntlɪ] *adv.* 1 extravagantemente; 2 prodigamente; 3 com esbanjamento

extravaganza [ɪkˌstrævəˈgænzə] s. 1 capricho literário, musical ou dramático; 2 composição, comportamento, linguagem fantástica
extravagate [ekˈstrævəgeɪt] v.intr. 1 vaguear, desviar-se do bom caminho; 2 extravagar
extravasate [ekˈstrævəseɪt] v.tr.,intr. extravasar, extravasar-se
extravasation [ˌekstrævəˈseɪʃən] s. extravasamento, extravasação
extraversion [ekstrəˈvɜːʃən] s. extroversão
extravert [ˈekstrəvɜːt] s. extrovertido
extra-virgin [ˌekstrəˈvɜːdʒɪn] adj. (azeite) extravirgem
extreme [ɪkˈstriːm] Ⓐ adj. 1 extremo; ~ *poverty* pobreza extrema; *to live under* ~ *conditions* viver em condições extremas; 2 máximo; *the* ~ *penalty* pena máxima; 3 extremo; radical; POLÍTICA *the* ~ *left* a extrema esquerda; 4 extremista; *to be* ~ *in one's opinions* ser extremista; 5 excepcional, de excepção; 6 exagerado, excessivo Ⓑ s. extremo; *extremes meet* os extremos tocam-se; *to go from one* ~ *to the other* passar de um extremo ao outro; *to take sth to extremes* levar alguma coisa ao extremo; *to go to extremes* chegar a extremos ❖ DESPORTO ~ *sports* desportos radicais; RELIGIÃO ~ *unction* Extrema-Unção; ~ *youth* primeira juventude; *in* ~ *danger* em enorme perigo; em grande risco; *in the* ~ ao máximo; ao extremo; *of* ~ *importance* extremamente importante; importantíssimo
extremely [ɪkˈstriːmlɪ] adv. extremamente
extremism [ɪkˈstriːmɪzəm] s. extremismo
extremist [ɪkˈstriːmɪst] adj.,s. extremista
extremity [ɪkˈstremɪtɪ] s. (pl. **-ies**) 1 extremidade; 2 extremo, limite; situação limite; *what can they do in this extremity?* que poderão eles fazer nesta situação extrema?; 3 ponto máximo; 4 (ideias) radicalismo; 5 pl. (mãos e pés) extremidades do corpo; 6 pl. medidas extremas ❖ *to be reduced to* ~ estar reduzido à miséria
extricable [ɪkˈstrɪkəbəl, ekˈstrɪkəbəl] adj. deslindável
extricate [ˈekstrɪkeɪt] v.tr. 1 soltar, desprender, desenredar; 2 libertar; 3 livrar; 4 libertar (gás) dum estado de combinação
extrication [ˌekstrɪˈkeɪʃən] s. 1 desprendimento, desenredamento; 2 libertação (de gás)
extrinsic [eksˈtrɪnsɪk] adj. extrínseco
extrinsical [eksˈtrɪnsɪkəl] adj. extrínseco
extrinsically [eksˈtrɪnsɪklɪ] adv. extrinsecamente
extrorse [ekˈstrɔːs] adj. extrorso
extroversion [ˌekstrəˈvɜːʃən] s. extroversão
extrovert [ˈekstrəvɜːt] adj.,s. PSICOLOGIA extrovertido
extrude [ɪkˈstruːd] v.tr. 1 obrigar a sair por extrusão; 2 praticar extrusão; 3 expulsar; expelir; 4 tornar saliente
extruded [ɪkˈstruːdɪd] adj. obtido por extrusão
extruding [ɪkˈstruːdɪŋ] s. 1 expulsão; 2 fabrico por extrusão
extrusion [ɪkˈstruːʒən] s. extrusão
extrusive [ɪkˈstruːsɪv] adj. 1 GEOLOGIA (rocha) extrusivo; 2 saliente, protuberante
exuberance [ɪgˈzjuːbərəns] s. exuberância
exuberancy [ɪgˈzjuːbərənsɪ] s. exuberância
exuberant [ɪgˈzjuːbərənt] adj. exuberante
exuberantly [ɪgˈzjuːbərəntlɪ] adv. exuberantemente, com exuberância
exuberate [ɪgˈzjuːbəreɪt] v.intr. exuberar, abundar, superabundar
exudation [ˌeksjuːˈdeɪʃən] s. exsudação
exude [ɪgˈzjuːd] v.tr.,intr. 1 exsudar; 2 transpirar; 3 ressumar
exulcerate [ɪgˈzʌlsəreɪt] v.tr.,intr. 1 exulcerar, ulcerar; 2 ulcerar-se
exulceration [ɪgˌzʌlsəˈreɪʃən] s. exulceração, ulceração
exult [ɪgˈzʌlt] v.intr. 1 exultar; 2 triunfar (sobre alguém)
exultancy [ɪgˈzʌltənsɪ] s. exultação
exultant [ɪgˈzʌltənt] adj. exultante
exultation [ˌegzʌlˈteɪʃən] s. exultação
exulting [ɪgˈzʌltɪŋ] adj. exultante
exultingly [ɪgˈzʌltɪŋlɪ] adv. exultantemente
exutory [egˈzjuːtərɪ] s. MEDICINA exutório
exuviae [ɪgˈzjuːviːː] s.pl. exúvias
exuviate [ɪgˈzjuːvɪeɪt] v.tr.,intr. lançar exúvias
ex-voto [ˌeksˈvəʊtəʊ] s. ex-voto

eyas [ˈaɪəs] s. ⟨pl. **-es**⟩ 1 ave de rapina implume; 2 falcão tirado do ninho para ser treinado; 3 falcão ainda não completamente treinado
eye [aɪ] Ⓐ s. 1 olho; 2 vista; visão; 3 BOTÂNICA olho; gomo vegetal; rebento; 4 (agulha) fundo; 5 (ferramenta) orifício de introdução do cabo; 6 aselha, laçada de cordame; 7 (colchete) fêmea; 8 NÁUTICA olhal; escovém Ⓑ v.tr. ⟨part. pres. **eyeing**⟩ 1 olhar; fitar; observar; *to* ~ *sb up and down* olhar alguém de alto a baixo; 2 [coloq.] devorar com os olhos ❖ ~ *beam* olhar; olhadela; [coloq.] ~ *doctor* oftalmologista; ~ *dropper* conta-gotas; ~ *hospital* hospital oftalmológico; ~ *service* serviço que só se efectua enquanto há vigilância; MEDICINA ~ *specialist* médico oftalmologista; MEDICINA ~ *surgeon* cirurgião de oftalmologia; ~ *tube* telescópio; (hospital) ~ *ward* sala de oftalmologia; ~ *wink* piscadela; pestanejo; (ovo) ~ *of an egg* galadura; *eyes front!* olhar em frente!; *eyes right!* olhar à direita!; *an* ~ *for an* ~, *a tooth for a tooth* olho por olho, dente por dente; *as far as the* ~ *could reach* a perder de vista; *in the* ~ *of the law* segundo a interpretação dada pela lei; *to be all eyes* prestar toda a atenção; olhar muito atento; *to have an* ~ *for* [coloq.] perceber de; ter olho para; *to have an* ~ *on* planear; ter em vista; *to keep an* ~ *on* vigiar com cuidado; não tirar os olhos de; *to keep one's eyes open* conservar os olhos abertos; estar alerta; *to keep one's eyes skinned/to keep one's eyes peeled* manter-se vigilante; [ant.] *to make eyes at sb* fazer olhinhos meigos para alguém; *to open sb's eyes to sth* fazer ver alguma coisa a alguém; chamar a atenção de alguém para alguma coisa; *to run one's eyes through/over...* dar uma rápida vista de olhos a...; *to see* ~ *to* ~ *with sb* concordar completamente com alguém; *to see sth in one's mind's* ~ imaginar; conseguir visualizar; *to see sth with half an* ~ ver uma coisa sem a menor dificuldade; *to set eyes on* ver; pôr a vista em; *under one's eyes* na presença de; *with an* ~ *to* com o fim de; com o objectivo de
eyeball [ˈaɪbɔːl] Ⓐ s. ANATOMIA globo ocular Ⓑ v.tr. [coloq.] fitar, olhar fixamente ❖ ~ *to* ~ de olhos nos olhos; *to stand* ~ *to* ~ *with sb* estar frente a frente com alguém; *to be up to one's eyeballs in...* estar cheio de...
eyebath [ˈaɪbɑːθ] s. taça para lavagem de olhos
eyebolt [ˈaɪbəʊlt] s. cavilha de olhal, pitão
eyebright [ˈaɪbraɪt] s. BOTÂNICA eufrásia
eyebrow [ˈaɪbraʊ] s. sobrancelha ❖ (maquilhagem) ~ *pencil* lápis das sobrancelhas; *he never raised an* ~ ele nem pestanejou; *to raise some eyebrows* surpreender algumar pessoas; dar que falar
eye-catcher [ˈaɪkætʃə] s. pessoa (ou coisa) que chama a atenção
eye-catching [ˈaɪkætʃɪŋ] adj. 1 que dá nas vistas; 2 que chama a atenção, chamativo; 3 visualmente apelativo
eyecup [ˈaɪkʌp] s. [EUA] ⇒ eyebath
eyeful [ˈaɪfʊl] s. 1 olhar demorado; 2 [cal.] (pessoa, coisa) regalo para os olhos, coisa linda de se ver ❖ *to get an* ~ *of* ver pela primeira vez; ficar a conhecer
eyeglass [ˈaɪglɑːs] s. 1 monóculo; 2 pl. [EUA] [form.] óculos
eyehole [ˈaɪhəʊl] s. 1 órbita ocular; 2 ilhó
eyehook [ˈaɪhʊk] s. gancho unido a uma argola
eyelash [ˈaɪlæʃ] s. ⟨pl. **-es**⟩ pestana
eyeless [ˈaɪləs] adj. sem olhos
eyelet [ˈaɪlɪt] s. ilhó
eyelevel [ˈaɪlevl] adj. colocado ao nível dos olhos
eyelid [ˈaɪlɪd] s. pálpebra
eyeliner [ˈaɪlaɪnə] s. (cosmética) eyeliner
eye-minded [ˈaɪˌmaɪndɪd] adj. PSICOLOGIA (pessoa) visual, com particular receptividade às sensações visuais
eye-opener [ˈaɪˌəʊpnə] s. 1 revelação; 2 acontecimento surpreendente; 3 grande surpresa
eye-opening [ˈaɪˌəʊpnɪŋ] adj. 1 esclarecedor; 2 revelador; 3 surpreendente
eyepiece [ˈaɪpiːs] s. ocular (binóculo, etc.)
eye-pleasing [ˈaɪˌpliːzɪŋ] adj. agradável à vista
eye-popper [ˈaɪˌpɒpə] s. [coloq.] assombro, deslumbramento
eye-popping [ˈaɪˌpɒpɪŋ] adj. [coloq.] assombroso, deslumbrante, de arregalar o olho

eyeshade [ˈaɪʃeɪd] s. visor de protecção
eyeshadow [ˈaɪʃædəʊ] s. (cosmética) sombra (para os olhos)
eye-shaped [ˈaɪʃeɪpd] adj. oculiforme
eyeshot [ˈaɪʃɒt] s. alcance da vista; *beyond* ~ fora do alcance da vista
eyesight [ˈaɪsaɪt] s. 1 vista; 2 visão
eyes-only [aɪzˈəʊnlɪ] adj. (informação) confidencial, privilegiado
eyesore [ˈaɪsɔː] s. (visão chocante) monstruosidade
eyespot [ˈaɪspɒt] s. ocelo
eyestalk [ˈaɪˌstɔːk] s. ZOOLOGIA pedículo, pedicelo
eyestrain [ˈaɪstreɪn] s. fadiga ocular
eyestrings [ˈaɪstrɪŋz] s.pl. músculos e tendões oculares
eyetooth [ˈaɪtuːθ] s. ⟨pl. **-teeth**⟩ (dente) canino superior ❖ *to cut one's eyeteeth* deixar de ser criança; crescer; *to give one's eyeteeth for (sth)* dar tudo por (algo)
eyewash [ˈaɪwɒʃ] s. 1 FARMÁCIA colírio; 2 [coloq.] (palavreado oco) conversa; tretas; *that's a lot of eyewash!* isso é só conversa!, isso é atirar poeira aos olhos das pessoas!

eyewater [ˈaɪwɔːtə] s. 1 humor vítreo e aquoso; 2 colírio
eyewear [ˈaɪwɛə] s. o que se usa sobre os olhos para os proteger ou para corrigir a visão (óculos, lentes de contacto)
eyewitness [ˈaɪwɪtnəs] s. testemunha ocular ❖ ~ *account* relato/depoimento de testemunha ocular
eyewort [ˈaɪwɜːt] s. BOTÂNICA eufrásia
eyot [eɪt, ˈeɪət] s. [reg.] ilhota (sobretudo fluvial)
eyre [ɛə] s. 1 jornada, deslocação; 2 HISTÓRIA (Inglaterra medieval) tribunal itinerante ❖ *justices in* ~ juízes que se deslocam/itinerantes
eyrie [ˈɛərɪ, ˈaɪərɪ] s. 1 ninho de águia ou ave de rapina; 2 casa alcandorada em montanha
eyry [ˈɛərɪ, ˈaɪərɪ] s. ⇒ **eyrie**
Ez. [abrev. de Ezra]
Ezek. [abrev. de Ezekiel]
Ezekiel [ɪˈziːkɪəl] s.antr. Ezequiel

f [ef] Ⓐ *s. (pl.* **fs** ou **f's**) **1** (letra) f, F; **2** MÚSICA [com maiúscula] fá Ⓑ [com maiúscula] [*abrev. de* Fahrenheit] Ⓒ NÁUTICA [*abrev. de* fathom] Ⓓ [*abrev. de* female] Ⓔ [*abrev. de* feminine] Ⓕ [*abrev. de* folio] Ⓖ DESPORTO [*abrev. de* foul] Ⓗ FÍSICA [*abrev. de* force] Ⓘ MÚSICA [*abrev. de* forte] Ⓙ [*abrev. de* franc]
F QUÍMICA [*símbolo de* fluorine]
fa [fɑː] *s.* MÚSICA fá
FA [*abrev. de* Football Association]
f.a.a. [*abrev. de* free of all average]
FAA Ⓐ [EUA] [*abrev. de* Federal Aviation Administration] Administração Federal da Aviação Ⓑ [*abrev. de* Fleet Air Arm]
Fabian ['feɪbɪən] Ⓐ *adj.* **1** contemporizador, prudente; **2** fabiano Ⓑ *s.* fabiano, membro da Sociedade Fabiana, fundada em Inglaterra em 1884
Fabianism ['feɪbɪənɪzəm] *s.* fabianismo, princípios de evolução progressiva preconizados pela Sociedade Fabiana
fable ['feɪbəl] Ⓐ *s.* **1** LITERATURA fábula, história, conto; **2** enredo, argumento; **3** mentira, fantasia Ⓑ *v.tr.,intr.* **1** [arc.] imaginar; **2** fantasiar; **3** contar fábulas
fabled ['feɪbəld] *adj.* **1** lendário; **2** imaginário; **3** fictício
fabliau ['fæblɪəʊ] *s. (pl.* **-x**) LITERATURA conto em verso da primitiva literatura francesa
fabric ['fæbrɪk] *s.* **1** tecido, pano; **2** estrutura; **3** construção, edifício; **4** contextura ❖ *~ bag* saco de tecido/de pano; *~ ribbon* fita (de máquina de escrever ou de calcular); *the ~ of society* o tecido social; *woollen fabrics* lãs
fabricate ['fæbrɪkeɪt] *v.tr.* **1** inventar; imaginar; **2** (fraude) forjar; *to ~ a document* forjar um documento; **3** construir; fabricar; produzir
fabrication [fæbrɪ'keɪʃən] *s.* **1** invenção, fábula; **2** contrafacção, falsificação; **3** construção, fabricação
fabricator ['fæbrɪkeɪtə] *s.* **1** construtor; **2** forjador; **3** contrafactor, inventor mentiroso
Fabricius [fə'brɪʃɪəs] *s.antr.* Fabrício
fabulist ['fæbjʊlɪst] *s.* **1** fabulista; **2** mentiroso
fabulous ['fæbjʊləs] *adj.* fabuloso
fabulously ['fæbjʊləslɪ] *adv.* fabulosamente
fabulousness ['fæbjʊləsnɪs] *s.* carácter fabuloso
façade [fə'sɑːd] *s.* fachada
FACD [*abrev. de* Fellow of the American College of Dentists]
face [feɪs] Ⓐ *s.* **1** cara, face, rosto; **2** (pessoa) cara; *new faces* caras novas; *the same old faces* as mesmas pessoas de sempre; **3** aparência, aspecto; expressão; *a long ~* uma expressão triste; uma expressão carrancuda; **4** careta; *to pull a ~* fazer uma careta; *to make faces at* fazer caretas a; **5** descaramento; atrevimento; *to have the ~ to* ter o descaramento de; **6** face, superfície, parte principal; **7** parte exterior, testeira; **8** (relógio) mostrador; **9** [coloq.] maquilhagem para a cara Ⓑ *v.tr.,intr.* **1** enfrentar, voltar-se para; **2** estar virado para, dar para; *the window faces the park* a janela dá para o parque; **3** enfrentar, defrontar, fazer frente a, aguentar a pé firme, confrontar; lidar com; *to be faced with a problem* ver-se confrontado com um problema; **4** admitir; aceitar; **5** cobrir; revestir, guarnecer ❖ [EUA] (jogos de cartas) *~ card* figura (rei, dama ou valete); *~ down* virado para baixo; de bruços; (protecção da cara) *~ guard* máscara; (protecção, disfarce) *~ mask* máscara; (cosmética) *~ pack* máscara; (cosmética) *~ powder* pó-de-arroz; *~ up* virado para cima; voltado para cima; *~ value* valor facial; valor nominal; aspecto exterior; (cosmética) *~ wash* loção para o rosto; [coloq.] *get out of my face!* some-te da minha vista!; *in the ~ of* em face de; perante; *let's ~ it!* sejamos realistas!; *on the ~ of it* julgando pelas aparências; ao que parece; *to blow up/explode in sb's ~* rebentar nas mãos de alguém; *to carry two faces under one hood* ser pessoa de duas caras; *to ~ both ways* jogar com um pau de dois bicos; [coloq.] *to ~ the music* dar a cara; aguentar com as consequências; *to keep a straight ~* mostrar uma cara séria; conter o riso; *to laugh in sb's ~* rir-se na cara de alguém; *to look sb in the ~* olhar alguém de frente; *to lose one's ~* perder a face; prejudicar a sua reputação; *to make/pull a ~* mostrar relutância; mostrar discordância; *to put a good ~ on a bad game* aceitar uma coisa má mostrando boa cara; *(to say sth) to sb's ~* (dizer algo) na cara de alguém/cara-a-cara/de frente/abertamente; *to set one's ~ against* opor-se a; não concordar com; *to take sth at ~ value* aceitar/acreditar em algo sem questionar; *to turn about ~* virar para trás; [coloq.] *what's his ~* o não-sei-quantos
◆**face about** *v.intr.* **1** voltar-se; **2** dar meia-volta; **3** MILITAR fazer meia-volta
◆**face down** *v.tr.* **1** confrontar; intimidar; **2** dominar; elevar-se acima de
◆**face out** *v.tr.* enfrentar com coragem; aguentar corajosamente
◆**face up to** *v.tr.* **1** assumir; aceitar; reconhecer; admitir; *to ~ one's responsibilities* assumir as responsabilidades; **2** enfrentar; defrontar
faceache ['feɪseɪk] *s.* **1** nevralgia facial; **2** [GB] [cal.] feioso; **3** [GB] [cal.] indivíduo com cara de enterro
faced [feɪst] *adj.* **1** com face; **2** com rosto virado para ❖ *sad-faced* triste
faceless ['feɪsləs] *adj.* **1** anónimo; **2** incógnito, desconhecido
facelift ['feɪslɪft] *s.* **1** MEDICINA (rosto) *lifting*; *to have a ~* fazer um *lifting*; **2** [fig.] remodelação; renovação; **3** modernização; requalificação; obras ❖ *to give a ~ to* remodelar; renovar; rejuvenescer
face-off ['feɪsɒf] *s.* **1** DESPORTO (hóquei no gelo) início do jogo; **2** confronto
faceplate ['feɪspleɪt] *s.* **1** (capacete, etc.) visor; **2** (máquina, aparelho, telemóvel) cobertura protectora; **3** prato de torno; prato de furos
facer ['feɪsə] *s.* **1** (carpintaria) plaina; **2** [coloq.] (dificuldade) problema; *to be a ~* ser um problema; **3** pancada no rosto
face-saver ['feɪsseɪvə] *s.* forma de salvar a face
face-saving ['feɪsseɪvɪŋ] *adj.* **1** para salvar a face; **2** para manter as aparências
facet ['fæsɪt, 'fæset] *s.* faceta
faceted ['fæsɪtɪd] *adj.* facetado
facetiae [fə'siːʃɪiː] *s.pl.* **1** facécias; **2** (em catálogos de livrarias) livros humorísticos ou de carácter obsceno
facetious [fə'siːʃəs] *adj.* faceto
facetiously [fə'siːʃəslɪ] *adv.* **1** com um tom faceto; **2** chistosamente
facetiousness [fə'siːʃəsnɪs] *s.* carácter faceto; jocosidade
face-to-face [feɪstə'feɪs] *adj.,adv.* frente a frente; cara a cara ❖ (debate) *a ~ discussion* um frente-a-frente; *to come ~ with* dar de caras com; deparar com; ver-se confrontado com; *to speak ~* falar cara a cara; falar pessoalmente
facia ['feɪʃə] *s.* tabuleta de casa comercial
facial ['feɪʃəl] Ⓐ *adj.* facial; do/no rosto; *~ expression* expressão facial; *~ nerve* nervo facial Ⓑ *s.* limpeza de pele; *to have a ~* ir fazer uma limpeza de pele ❖ *~ scrub* exfoliante
facially ['feɪʃəlɪ] *adv.* facialmente, na cara, no rosto ❖ *~ disfigured* desfigurado; *~ scarred* com cicatrizes no rosto; *~ similar* muito parecidos de cara
facies ['feɪʃɪiːz] *s.* GEOLOGIA fácies

facile ['fæsaɪl] *adj.* 1 superficial; fútil; 2 simplista; 3 [depr.] (vitória, solução, etc.) fácil; ~ *morals* moral fácil; 4 dócil ❖ ~ *tongue* fala-barato
facilitate [fə'sɪlɪteɪt] *v.tr.* facilitar
facilitation [fəsɪlɪ'teɪʃən] *s.* facilitação
facilitator [fəsɪlɪ'teɪtə] *s.* 1 facilitador; 2 dinamizador; 3 (evento, reunião, seminário) organizador
facility [fə'sɪlɪtɪ] *s.* (*pl.* **-ies**) 1 facilidade, habilidade; 2 função, recurso; 3 *pl.* instalações; serviços; *school facilities* instalações escolares; 4 *pl.* facilidades, oportunidades, vantagens; 5 *pl.* quarto de banho ❖ *shopping facilities* galeria comercial; *transport facilities* meios de transporte
facing ['feɪsɪŋ] *s.* 1 cobertura, revestimento; 2 forro; entretela; 3 MILITAR movimento de frente; 4 adorno, enfeites, guarnição ❖ ~ *brick* tijolo de paramento; ~ *machine/tool* ferramenta/máquina de facetar; ~ *of a wall* paramento
F.A.C.P. [abrev. de Fellow of the American College of Physicians]
F.A.C.S. [abrev. de Fellow of the American College of Surgeons]
facsimile [fæk'sɪmɪlɪ] Ⓐ *s.* fac-símile Ⓑ *v.tr.* fac-similar
fact [fækt] *s.* 1 facto; 2 realidade; 3 circunstância; 4 acontecimento ❖ ~ *sheet* ficha informativa; ~ *and fiction* a realidade e a ficção; *as a matter of* ~ por acaso; na realidade; *I know it for a* ~ tenho a certeza; *in* ~ de facto; *in point of* ~ de facto; na verdade; *is that a fact?* a sério?; *that's an actual* ~ não há a menor dúvida acerca disso; *the bare facts* a verdade nua e crua; *the facts of life* sexualidade; *the* ~ *remains that* a verdade é que; *to accept sth for a* ~ não duvidar da veracidade de algo; *to know for a* ~ *that* saber de fonte segura que
fact-finding ['fækt,faɪndɪŋ] Ⓐ *s.* investigação; inquérito Ⓑ *adj.* investigador; de inquérito ❖ ~ *commission* comissão de inquérito; comissão investigadora
faction ['fækʃən] *s.* 1 facção; 2 parcialidade; 3 tumulto
factional ['fækʃənəl] *adj.* faccioso
factionalism ['fækʃənəlɪzəm] *s.* facciosismo
factionary ['fækʃənərɪ] *s.* faccionário
factionist ['fækʃənɪst] *s.* faccionário
factious ['fækʃəs] *adj.* faccioso
factiously ['fækʃəslɪ] *adv.* facciosamente
factiousness ['fækʃəsnɪs] *s.* facciosidade, facciosismo
factitious [fæk'tɪʃəs] *adj.* factício; artificial
factitiously [fæk'tɪʃəslɪ] *adv.* facticiamente
factitiousness [fæk'tɪʃəsnɪs] *s.* artificialidade
factitive ['fæktɪtɪv] *adj.* factitivo
factor ['fæktə] Ⓐ *s.* 1 factor; 2 elemento; 3 agente; 4 consignatário; 5 [Esc.] gerente, administrador de propriedade Ⓑ *v.intr.* 1 ser importante, influenciar; 2 MATEMÁTICA decompor em factores; 3 [Esc.] administrar propriedade ❖ (protector solar) ~ *9 (sun protection)* factor de protecção 9; ~ *of safety* coeficiente de segurança; *to increase by a* ~ *of three* multiplicar por três
◆**factor in/into** *v.tr.* tomar em consideração; tomar em linha de conta
factorage ['fæktərɪdʒ] *s.* 1 comissão; 2 corretagem
factorial [fæk'tɔːrɪəl] *s.* MATEMÁTICA factorial
factorization [fæktəraɪ'zeɪʃən] *s.* factorização
factorize ['fæktəraɪz] *v.tr.* decompor em factores
factorship ['fæktəʃɪp] *s.* 1 agência; 2 [Esc.] cargo de administrador, de feitor
factory ['fæktərɪ] *s.* (*pl.* **-ies**) 1 fábrica; 2 oficina; 3 HISTÓRIA feitoria ❖ *Factory Acts* legislação operária; ~ *farming* criação intensiva de animais; ~ *floor* área de produção (numa fábrica); ~ *hooter* sirene de fábrica; ~ *installation* instalação industrial; ~ *prices* preços de fábrica; ~ *ship* navio-fábrica; ~ *worker* operário fabril; *on the* ~ *floor* entre os trabalhadores (de uma fábrica)
factory-gate ['fæktərɪ,geɪt] *adj.* de fábrica; ~ *price* preço de fábrica
factotum [fæk'təʊtəm] *s.* factoto, factótum
factsheet ['fæktʃiːt] *s.* ficha de informação
factual ['fæktʃʊəl] *adj.* 1 factual; objectivo; 2 real; positivo; 3 concreto; ~ *data* dados concretos, elementos concretos
factum ['fæktəm] *s.* memorial
facula ['fækjʊlə] *s.* (*pl.* **-ae**) ASTRONOMIA fácula
facultative ['fækəltətɪv, 'fækəltɛɪtɪv] *adj.* 1 facultativo; 2 contingente; 3 relativo às faculdades

faculty ['fækəltɪ] *s.* (*pl.* **-ies**) 1 faculdade; 2 dom, aptidão, capacidade; 3 (universidade) faculdade; *the* ~ *of Science* a Faculdade de Ciências; 4 [EUA] corpo docente; 5 (grupo profissional) classe; *the legal* ~ a classe dos advogados
facundity [fæ'kʌndɪtɪ] *s.* facúndia
fad [fæd] *s.* 1 tendência, moda passageira; *that's only a* ~ isso é uma moda passageira; 2 mania; capricho
faddiness ['fædɪnɪs] *s.* capricho, extravagância
faddish ['fædɪʃ] *adj.* caprichoso
faddist ['fædɪst] *s.* indivíduo cheio de caprichos, fantasias
faddy ['fædɪ] *adj.* (*comp.* **-ier**, *superl.* **-iest**) cismático, maníaco
fade [feɪd] *v.tr.,intr.* 1 murchar, emurchecer; 2 enfraquecer; esmorecer; 3 desvanecer-se; diluir-se; 4 (cor) desbotar; perder a cor; 5 extinguir-se; 6 morrer; 7 RÁDIO diminuir o volume do som
◆**fade away** *v.intr.* 1 (imagem, som) desvanecer-se; esfumar-se; 2 (pessoa) definhar; enfraquecer ❖ *to* ~ *to nothing* esvair-se pouco a pouco; desaparecer gradualmente
◆**fade in** *v.tr.* 1 (som) aumentar gradualmente; 2 (imagem) aparecer progressivamente
◆**fade out** Ⓐ *v.tr.* (som, imagem) fazer desaparecer progressivamente Ⓑ *v.intr.* desaparecer progressivamente; desvanecer-se
faded ['feɪdɪd] *adj.* 1 desbotado; 2 emurchecido
fadeless ['feɪdlɪs] *adj.* 1 fixo, firme; 2 de cor fixa
fader ['feɪdə] *s.* potenciómetro
fading ['feɪdɪŋ] Ⓐ *adj.* a murchar, a esbater-se Ⓑ *s.* 1 emurchecimento; 2 desbotamento; 3 enfraquecimento; 4 diminuição da intensidade do som, diminuição do volume do som
faecal ['fiːkəl] *adj.* fecal
faeces ['fiːsiːz] *s.pl.* 1 fezes; 2 sedimentos
faecula ['fekjʊlə] *s.* fécula
faerie ['feɪrɪ, 'feərɪ] Ⓐ *s.* 1 país das fadas; 2 fada Ⓑ *adj.* visionário, maravilhoso, mágico
faery ['feərɪ] Ⓐ *s.* 1 país das fadas; 2 as fadas Ⓑ *adj.* visionário, maravilhoso, mágico
faff [fæf] *v.intr.* [coloq.] perder tempo; empatar
◆**faff about/around** *v.intr.* [coloq.] perder tempo; empatar
fag [fæg] Ⓐ *s.* 1 [GB] [coloq.] cigarro; (ponta de cigarro) ~ *end* beata, prisca; 2 [EUA] [cal.] (ofensivo) (homossexual) maricas; 3 [coloq.] seca; *what a fag!* que seca!; 4 [coloq.] (esforço grande) trabalheira; canseira; 5 [GB] [ant.] moço de recados Ⓑ *v.tr.,intr.* (*particípios:* **-gg-**) 1 trabalhar, esgotar-se com trabalho; *to* ~ *away at doing sth* matar-se com trabalho; *to* ~ *oneself out* ficar extenuado; 2 [GB] [ant.] fazer recados ❖ ~ *end* resto; parte pior; extremidade
fagged ['fægd] *adj.* [coloq.] (cansado) esgotado, extenuado, estourado ❖ *to be* ~ *out* estar todo roto
fagging ['fægɪŋ] Ⓐ *adj.* esgotante, fatigante Ⓑ *s.* 1 trabalho violento, fatigante; 2 cansaço
faggot ['fægət] Ⓐ *s.* 1 molho, feixe, braçado; 2 faxina; 3 molho de vigas de aço; 4 CULINÁRIA almôndega de fígado; 5 [EUA] (ofensivo) homossexual, maricas Ⓑ *v.tr.,intr.* atar em molhos; enfeixar
fagmaster ['fægmɑːstə] *s.* estudante mais antigo que tem ao seu serviço outro mais novo
fagot ['fægət] *v.tr.,intr.,s.* ⇒ **faggot**
FAGS [abrev. de Fellow of the American Geographical Society]
Fahr. [abrev. de Fahrenheit]
Fahrenheit ['færənhaɪt] Ⓐ *s.antr.* (físico alemão) Fahrenheit Ⓑ *adj.* (temperatura) Fahrenheit; *twelve degrees* ~ doze graus Fahrenheit ❖ ~ *scale* escala Fahrenheit; ~ *thermometer* termómetro Fahrenheit
faience [faɪ'ɑːns, feɪ'ɑːns] *s.* faiança
FAII [abrev. de Fellow of the Australian Insurance Institute]
fail [feɪl] Ⓐ *s.* 1 (escola) reprovação; 2 falta; *without* ~ sem falta Ⓑ *v.tr.,intr.* 1 falhar; não conseguir; ser incapaz de; *he failed to convince his father* não conseguiu convencer o pai; 2 não chegar, ser insuficiente; 3 faltar; *words* ~ *me* faltam-me as palavras; 4 carecer de; 5 (pessoa) deixar ficar mal; decepcionar; 6 esquecer, olvidar; 7 deixar de; 8 (saúde) ressentir-se; fraquejar; 9 abrir falência, falir; 10 reprovar; *he failed in the examination* ele reprovou no exame; *they failed the candidates* eles reprovaram os candidatos, não deixaram passar os candidatos ❖ *I* ~ *to see* não estou a compreender; *to* ~ *sb* faltar ao que se tinha prometido a alguém

failed ['feɪld] *adj.* fracassado, falhado
failing ['feɪlɪŋ] Ⓐ *adj.* 1 fraco, débil; 2 que falha; 3 em declínio Ⓑ *s.* 1 falta; 2 falha; 3 enfraquecimento; 4 desaire; 5 fraqueza, ponto fraco; 6 defeito, imperfeição; *her ~ is* ela peca por Ⓒ *prep.* 1 à falta de; 2 se; salvo se; *~ this* se não for possível, se isto não se verificar; *~ your letter* se não receber a tua carta
fail-safe ['feɪlseɪf] Ⓐ *adj.* 1 (dispositivo, mecanismo) de segurança; 2 seguro, infalível Ⓑ *s.* dispositivo de segurança
failure ['feɪljə] *s.* 1 fracasso, falhanço; insucesso, desaire; *academic ~* insucesso escolar; *the event was a ~* a iniciativa fracassou; 2 fiasco; 3 [coloq.] (pessoa) nulidade, negação, fracassado; *to be a ~ as…* ser uma nulidade como…; *to be a ~ at…* ser uma negação a…; 4 incapacidade; 5 esquecimento, distracção; 6 falha; *~ of an engine* falha de motor; *~ of ignition* falha na ignição; 7 carência; falta; 8 MEDICINA insuficiência; *kidney ~* insuficiência renal; 9 quebra, falência ❖ ELECTRICIDADE *power ~* falta de energia; ELECTRICIDADE *~ of current* falta de corrente; *~ to appear* falta de comparência; *to be doomed to ~* estar condenado ao fracasso
FAIM [*abrev. de* Fellow of the Australian Institute of Management]
fain [feɪn] Ⓐ *adj.* 1 [arc.] resignado [**to**, a]; disposto [**to**, a]; 2 [arc.] obrigado [**to**, a]; *they were ~ to eat what they had found* não tinham outra alternativa senão comer o que tinham encontrado Ⓑ *adv.* [arc.] de bom grado, bem; *I would ~ do it* fá-lo-ia de bom grado
faint [feɪnt] Ⓐ *adj.* 1 fraco, débil; 2 com tonturas; 3 exausto, fatigado; 4 vago, indistinto, incerto; 5 (cor) desmaiado; 6 ligeiro; leve; 7 cobarde; tímido; 8 frouxo; brando Ⓑ *v.intr.* 1 desmaiar; 2 [arc.] enfraquecer; 3 [arc.] esvair-se, esbater-se; 4 [arc.] perder a coragem Ⓒ *s.* 1 desmaio; síncope; 2 [arc.] esvaimento ❖ *heart never won fair lady* dos fracos não reza a história; (surpresa, choque) *I nearly/almost fainted!* ia-me dando uma coisa!; *to feel ~* sentir-se mal; sentir-se desfalecer; *to go off in a ~* desmaiar; *I haven't the faintest idea* não faço a menor ideia
fainthearted ['feɪntˌhɑːtɪd] *adj.* tímido; medroso; *a ~ attempt* uma tentativa tímida ❖ *not for the ~* não aconselhado a pessoas impressionáveis
fainting ['feɪntɪŋ] Ⓐ *adj.* débil, que diminui Ⓑ *s.* esvaimento, enfraquecimento
faintness ['feɪntnɪs] *s.* debilidade, mal-estar
fair [feə] Ⓐ *adj.* 1 justo; *that's only ~* nada mais justo; 2 correcto, leal, honesto; 3 razoável; *a ~ chance of success* boas probabilidades de êxito; 4 [GB] (quantidade) considerável; significativo; apreciável; *a ~ number of things* um número considerável de coisas; 5 (pele, cabelo) claro, de cor clara; louro; *~ skin* pele clara; 6 bom; *a ~ name* boa reputação; 7 favorável; ameno; agradável; *~ weather* tempo ameno, agradável; *~ wind* vento favorável; 8 [lit.] belo, formoso, encantador; 9 limpo ❖ *s.* 1 feira; *book ~* feira do livro, 2 exposição; 3 tômbola, festa de caridade; 4 [GB] feira popular Ⓒ *adv.* 1 cortesmente, com delicadeza; 2 em cheio; *to strike ~ on the chin* atingir em cheio no queixo; 3 honestamente; correctamente; com lealdade; 4 com clareza, legivelmente Ⓓ *v.tr.* tirar cópia de, copiar (documentos) ❖ *~ play* honestidade; desportivismo; *~ and square* honestamente; sinceramente; sem rodeios; claramente; *~ enough!* de acordo!; *fair's fair!* é justo!; *~ and softly goes far* devagar se vai ao longe; *a day after the ~* demasiado tarde; *a ~ crack of the whip* uma oportunidade; *all I ask is a ~ field and no favour* não peço favores, só o que é justo; *by ~ means or foul* duma maneira ou doutra; a bem ou a mal; *the ~ sex* o belo sexo; *to be ~ game* ser uma presa fácil; *to be in a ~ way to* ter todas as probabilidades de; estar a caminho de; estar prestes a; *to give a ~ warning* dar um bom conselho; *to make a ~ copy* tirar uma cópia a limpo; *to play ~* fazer jogo limpo
fairground ['feəgraʊnd] *s.* recinto de feira popular
fairing ['feərɪŋ] *s.* 1 (carro, avião) carenagem; 2 [arc.] presente comprado em feira
fairish ['feərɪʃ] *adj.* 1 a fugir para o loiro; 2 razoável
fairlead ['feəliːd] *s.* RÁDIO descida da antena, entrada da antena
fairlight ['feəlaɪt] *s.* bandeira envidraçada (de porta ou janela)
fairly ['feəlɪ] *adv.* 1 com imparcialidade, com lealdade; 2 honestamente, com honestidade; 3 completamente; 4 razoavelmente, toleravelmente

fair-minded ['feəˌmaɪndɪd] *adj.* justo; correcto; imparcial
fairness ['feənɪs] *s.* 1 beleza; 2 justiça, equidade; 3 frescura; 4 brancura; 5 cor loira
fair-sized ['feəsaɪzd] *adj.* 1 de tamanho razoável; 2 de bom tamanho
fair-spoken [feə'spəʊkən] *adj.* 1 cortês; agradável; muito delicado; 2 que fala muito bem; 3 de falinhas mansas
fairway ['feəweɪ] *s.* 1 passagem, canal; 2 águas navegáveis; 3 (campo de golfe) parte plana entre os buracos
fair-weather [feə'weðə] *adj.* 1 de/com bom tempo; 2 (pessoa) de ocasião, interesseiro ❖ *~ friend* amigo de Peniche; (inexperiência) *~ sailor* marinheiro de água doce
fairy ['feərɪ] Ⓐ *s.* (*pl.* **-ies**) 1 fada; 2 [cal., depr.] (homossexual) maricas Ⓑ *adj.* de fada; próprio de fada; relativo a fadas ❖ *~ cycle* bicicleta de criança; triciclo; *~ godmother* fada madrinha; (Natal, etc.) *~ lights* luzinhas; luzes para iluminações decorativas; *~ queen* rainha das fadas; *~ ring* círculo de cogumelos ou de relva mais escura; LITERATURA *~ tale* conto de fadas
fairyland ['feərɪlænd] *s.* país das fadas, país encantado
fairylike ['feərɪlaɪk] *adj.* 1 de fada(s); relativo a fadas; 2 feérico; mágico; fantástico; 3 de conto de fadas
fairy-tale ['feərɪˌteɪl] *adj.* de conto de fadas
faith [feɪθ] Ⓐ *s.* 1 fé [**in**, em]; *to have ~ in God* ter fé em Deus; 2 religião; credo; fé; doutrina; crença; *people from all faiths* pessoas de todas as religiões; 3 confiança [**in**, em]; *blind ~* confiança cega; 4 lealdade; sinceridade, honestidade Ⓑ *v.tr.* [arc.] ter fé em, acreditar em ❖ *~ healing* cura pela fé; *by my ~* por minha fé; *in bad ~* com má-fé; *in ~* na verdade; *in ~ whereof* em fé do que; *in good ~* de boa-fé; *to break ~ with* faltar à palavra dada a; abusar da confiança de; *to keep ~ with* continuar a apoiar; manter a lealdade a; cumprir o prometido a; *to pledge one's ~* empenhar a palavra; *to put one's ~ in* confiar em
faithful ['feɪθfʊl] Ⓐ *adj.* 1 fiel [**to**, a]; 2 leal; 3 de confiança; 4 exacto, correcto Ⓑ *s.pl.* 1 RELIGIÃO crentes, fiéis; 2 DESPORTO adeptos; 3 POLÍTICA apoiantes, partidários ❖ *to be ~ to sb's wishes* respeitar/cumprir os desejos de alguém
faithfully ['feɪθfʊlɪ] *adv.* 1 fielmente; 2 sinceramente; 3 lealmente ❖ *to promise ~* dar a palavra; [GB] (carta formal) *yours ~* atentamente; com os melhores cumprimentos
faithfulness ['feɪθfʊlnɪs] *s.* 1 lealdade, fidelidade; 2 exactidão
faithless ['feɪθləs] *adj.* 1 sem fé, infiel; 2 em quem não se pode confiar; 3 desleal
faithlessly ['feɪθlɪslɪ] *adv.* deslealmente
faithlessness ['feɪθlɪsnɪs] *s.* 1 deslealdade; 2 infidelidade; 3 incredulidade
fake [feɪk] Ⓐ *s.* 1 imitação, falsificação; *the documents were simply fakes* os documentos eram pura falsificação; 2 impostor, charlatão; 3 boato; 4 patranha; 5 NÁUTICA aducha Ⓑ *adj.* 1 falso; 2 forjado; 3 fictício; 4 artificial; *~ fur* pele artificial; 5 (pessoa) fingido Ⓒ *v.tr.* 1 falsificar; forjar; 2 (pessoas) simular; fingir; *he faked pain* ele fingiu ter dores; 3 enganar; 4 roubar; 5 NÁUTICA aduchar ❖ DESPORTO *to ~ a pass* fintar o adversário
faker ['feɪkə] *s.* falsificador, falsário
faking ['feɪkɪŋ] *s.* falsificação
fakir ['feɪkɪə, fə'kɪə] *s.* faquir
Falaba [fæ'lɑːbɑː] *s.* nome dum navio americano de passageiros torpedeado por um submarino alemão ao largo da costa meridional irlandesa, em 27 de Março de 1915
falbala ['fælbələ] *s.* guarnição, enfeite, adorno
falcate ['fælkeɪt] *adj.* falcado, falciforme
falchion ['fɔːltʃən] *s.* cimitarra
falciform ['fælsɪfɔːm] *adj.* falciforme
falcon ['fɔːlkən, 'fɔːkən, 'fælkən] *s.* falcão
falconer ['fɔːlkənə, 'fɔːknə, 'fælkənə] *s.* falcoeiro
falconet ['fɔːlkənɪt, 'fælkənɪt] *s.* MILITAR falconete
falconry ['fɔːlkənrɪ, 'fælkənrɪ] *s.* falcoaria
falderal ['fældəræl] *s.* 1 frioleira, ninharia, bagatela; 2 estribilho, sem significado, de canção
faldstool ['fɔːldstuːl] *s.* (igreja) faldistório
Falernian [fə'lɜːnɪən] *adj.* de Falerno
Falkland Islands [ˌfɔːklənd'aɪləndz] *s.top.* Ilhas Falkland

fall [fɔːl] Ⓐ *v.intr.* ⟨*prt.* **fell**, *part. pass.* **fallen**⟩ **1** cair; **2** descer, diminuir, baixar; **3** descair, pender; **4** tombar, sucumbir; **5** ceder, não resistir; **6** POLÍTICA cair, ser derrubado; *the government has fallen* o governo caiu; **7** DESPORTO, MILITAR ser derrotado; perder; **8** ficar, tornar-se; **9** acontecer, calhar [**on**, em]; *it falls on a Monday* calha numa segunda-feira; *Easter falls on the 1ˢᵗ of April this year* a Páscoa este ano calha a 1 de Abril; **10** entristecer, desanimar; **11** abrandar; **12** RELIGIÃO [arc.] apostatar; **13** (cordeiro) nascer Ⓑ *s.* **1** queda; trambolhão; **2** baixa [**in**, de]; quebra [**in**, em]; descida [**in**, de]; *a ~ in prices* descida dos preços; **3** [EUA] Outono; **4** *pl.* queda de água, cataratas, cascata; GEOGRAFIA *the Niagara Falls* as cataratas do Niagara ❖ *~ of potential* queda de potencial; GEOLOGIA *~ of the stratum* inclinação da camada; (caça) *~ trap* armadilha; [coloq.] (surpresa) *I nearly/almost fell off my chair!* fiquei de queixo caído!; NÁUTICA (navio) *to ~ aboard of* abordar; *to ~ (all) over oneself* ser excessivamente amável; mostrar um entusiasmo exagerado; *to ~ asleep* adormecer; *to ~ asleep at the switch* adormecer no posto; deixar de fazer aquilo de que se foi encarregado; *to ~ at sb's feet* cair aos pés de alguém; *to ~ by the wayside* ficar pelo caminho; *to ~ dry* dar em seco; (pagamento) *to ~ due* ser devido; vencer-se; *to ~ foul of* entrar em conflito com; *to ~ ill* adoecer; *to ~ in battle* tombar em combate; *to ~ in/into line (with)* concordar (com); agir em conformidade (com); *to ~ in love (with)* apaixonar-se (por); MECÂNICA *to ~ into gear* engrenar; *to ~ into place* começar a fazer sentido; correr sem problemas; *to ~ into step with* acompanhar; agir como; *to ~ into the habit of* cair no hábito de; habituar-se a; *to ~ into the hands/ clutches of* cair nas mãos/garras de; *to ~ into the wrong hands* cair nas mãos erradas; *to ~ on one's feet* sair-se bem duma dificuldade; ter sorte; *to ~ on hard times* ficar numa situação difícil; ficar com problemas económicos; *to ~ on stony ground* cair em saco roto; não ser tido em consideração; *to ~ short* faltar; ser insuficiente; não chegar ao ponto esperado; *to ~ short of* ficar aquém de; desiludir; frustrar; *to ~ silent* silenciar-se; *to ~ to one's knees* ajoelhar-se; *to ~ to pieces/bits* desfazer-se; desmoronar-se; cair aos pedaços; *to ~ to the ground* cair por terra; *to ~ vacant* ficar vago; *to ~ victim to* ser vítima de; sofrer por causa de

✦**fall about** *v.intr.* [GB] rir-se descontroladamente [**at**, com]; *he fell about laughing* ele partiu-se a rir

✦**fall among** *v.tr.* **1** cair no meio de; **2** ser associado a

✦**fall apart** *v.intr.* **1** desfazer-se; cair aos pedaços; *his car is falling apart* o carro dele está a cair aos pedaços; **2** [fig.] ir por água abaixo; desmoronar-se; *his business is falling apart* o negócio dele está a ir por água abaixo; **3** [coloq.] (sentimentos) sofrer muito; *to be falling apart* estar em grande sofrimento

✦**fall away** *v.intr.* **1** esmorecer; desvanecer-se; diluir-se; *enthusiasm fell away* o entusiasmo esmoreceu; **2** (terreno) descer; *the village falls away to the river* a aldeia desce até ao rio; **3** (de superfície) descolar; desprender-se; despegar-se; cair; **4** decrescer; diminuir; **5** estar em declínio; **6** destronar; apostatar

✦**fall back** *v.intr.* **1** recuar; retroceder; chegar-se para trás; **2** bater em retirada; *the soldiers fell back* os soldados bateram em retirada; **3** cair para trás; **4** ficar para trás

✦**fall back on** *v.tr.* recorrer a; apoiar-se em; *to ~ one's savings* recorrer às poupanças

✦**fall behind** *v.intr.* **1** ficar para trás, deixar-se ultrapassar; **2** (pagamento) atrasar-se [**with**, com] ❖ *to ~ schedule* atrasar-se; não cumprir a tempo o que foi planeado; *to ~ with one's work* deixar o trabalho acumular-se

✦**fall down** *v.intr.* **1** cair; *to ~ the stairs* cair pelas escadas abaixo; **2** (edificação) ruir; *the house is falling down* a casa está a cair; **3** [fig.] (projecto) cair por terra; ir por água abaixo; *the plan fell down* o plano foi por água abaixo ❖ *to ~ before sb* prostrar-se diante de alguém

✦**fall down on** *v.tr.* sair-se mal em ❖ *to ~ the job* causar uma desilusão; não corresponder ao que se esperava; *to ~ a subject* sair-se mal a uma disciplina; reprovar a uma disciplina

✦**fall for** *v.tr.* **1** [coloq.] (ser enganado) deixar-se levar por; cair em; *I'm not falling for that one* eu nessa não caio; **2** [coloq.] ceder aos encantos de; apaixonar-se por

✦**fall in** *v.intr.* **1** aluir; desabar; *the ceiling has fallen in* o tecto desabou; **2** MILITAR (soldados) alinhar-se; formar fileira; *the soldiers fell in* os soldados formaram fileiras; **3** (face) encovar-se

✦**fall into** *v.tr.* **1** começar a; **2** dividir-se em; *it falls into three categories* divide-se em três categorias; **3** inserir-se em; incluir-se em ❖ *to ~ error/sin/temptation* cair em erro/pecado/tentação

✦**fall in with** *v.tr.* **1** conhecer por acaso; ligar-se a, fazer amizade com; **2** concordar com; aceitar; *to ~ sb's views* concordar com o ponto de vista de alguém; **3** harmonizar-se com; enquadrar-se em

✦**fall off** *v.intr.* **1** despegar-se; desprender-se; soltar-se; cair; **2** decrescer; diminuir; baixar; *prices have fallen off* os preços baixaram; **3** estar em declínio; **4** NÁUTICA desobedecer ao leme, desviar-se da rota

✦**fall on** *v.tr.* **1** competir a; caber a; recair em; *it falls on you to break the news to her* é a ti que compete dar-lhe a notícia; **2** (olhos, vista) reparar em; deter-se em; **3** [lit.] atacar; **4** [lit.] cair sobre

✦**fall out** *v.intr.* **1** discutir [**with/over**, com/por causa de]; **2** zangar-se [**with**, com]; chatear-se [**with**, com]; *she's fallen out with her parents* ela zangou-se com os pais; **3** (cabelo, dente, etc.) cair; **4** (soldados) sair das fileiras; sair do alinhamento; dispersar; **5** acontecer; suceder

✦**fall over** Ⓐ *v.intr.* (queda) desequilibrar-se; cair Ⓑ *v.tr.* **1** tropeçar em; **2** cair por cima de ❖ (entusiasmo, boa vontade) *to ~ oneself* esforçar-se ao máximo; exceder-se

✦**fall through** *v.intr.* (plano, acordo, etc.) não dar em nada; fracassar; *the plan fell through* o plano foi por água abaixo

✦**fall to** *v.tr.* **1** competir a; caber a; recair em; *it fell to him to cook* coube-lhe cozinhar; **2** (começar a) pôr-se a; dar-lhe para; *he fell to complaining* começou a protestar; **3** (comida) atacar ❖ *to ~ one's lot* caber em sorte

✦**fall under** *v.tr.* **1** incluir-se em; inserir-se em; classificar-se como; **2** cair sob; cair debaixo de; **3** estar sob

✦**fall upon** *v.tr.* ⇒ **fall on**

fallacious [fəˈleɪʃəs] *adj.* falaz

fallaciously [fəˈleɪʃəslɪ] *adv.* dum modo falaz

fallaciousness [fəˈleɪʃəsnɪs] *s.* carácter ilusório, falaz

fallacy [ˈfæləsɪ] *s.* (*pl.* **-ies**) **1** falácia; sofisma, argumento enganador; **2** carácter ilusório

fal-lal [ˈfælˌlæl] *s.* ninharia

fallback [ˈfɔːlbæk] Ⓐ *s.* alternativa; plano de reserva Ⓑ *adj.* alternativo, de recurso; *~ position* alternativa, solução de recurso ❖ INFORMÁTICA *~ procedures* procedimentos de recuperação

fallen [ˈfɔːlən] Ⓐ {*part. pass. de* **fall**} Ⓑ *adj.* **1** caído; **2** em desgraça; **3** perdido; *~ woman* mulher perdida Ⓒ *s.pl.* (campo de batalha) *the ~* as baixas ❖ MEDICINA *~ arches* pé chato; *~ leaves* folhas caídas; folhas secas

faller [ˈfɔːlə] *s.* **1** vareta (de tear); **2** aquele que cai

fallibility [ˌfælɪˈbɪlɪtɪ] *s.* falibilidade

fallible [ˈfælɪbəl] *adj.* falível

fallibleness [ˈfælɪbəlnɪs] *s.* falibilidade

fallibly [ˈfælɪblɪ] *adv.* falivelmente

falling [ˈfɔːlɪŋ] Ⓐ *adj.* **1** que cai; cadente; em queda; que tomba; **2** que desce; descendente Ⓑ *s.* **1** queda; **2** abaixamento; **3** derrocada; **4** aluimento ❖ FÍSICA *~ body* corpo cadente; *~ door* alçapão; *~ freely* em queda livre; *~ gradient* declive; *~ latch* tranqueta; *~ potential* potencial decrescente; [ant.] *~ sickness* epilepsia; *~ star* estrela cadente; *~ temperature* temperatura decrescente; *~ of speed* diminuição de velocidade; decréscimo de velocidade; MEDICINA *~ of the womb* prolapso do útero

falling-off [ˌfɔːlɪŋˈɒf] *s.* **1** diminuição; declínio; decréscimo; **2** queda; **3** desvio de rota; **4** abandono

falling-out [ˌfɔːlɪŋˈaʊt] *s.* (*pl.* **fallings-out**) desentendimento; zanga

falloff [ˈfɔːlɒf] *s.* **1** queda; **2** descida; **3** redução, diminuição, decréscimo

Fallopian [fəˈləʊpɪən] *adj.* falopiano ❖ ANATOMIA *~ tube* trompa de Falópio

fallout [ˈfɔːlaʊt] *s.* **1** poeiras radioactivas; **2** [fig.] (consequências) repercussões; sequelas ❖ *~ shelter* abrigo atómico

fallow ['fæləʊ] Ⓐ adj. 1 AGRICULTURA de pousio, em pousio; ~ land terreno em pousio; 2 (terra) sem cultura; inculto; 3 inactivo; pouco movimentado; 4 (cor) fulvo Ⓑ s. AGRICULTURA terra de pousio, alqueive Ⓒ v.tr. AGRICULTURA alqueivar, pôr de alqueive ❖ ZOOLOGIA ~ deer gamo pequeno aloirado com manchas brancas
fallowness ['fæləʊnɪs] s. 1 pousio, alqueive; 2 incultura
fallway ['fɔːlweɪ] s. buraco de alagem
false [fɔːls] Ⓐ adj. 1 falso; 2 enganador, que falta à verdade; 3 errado, incorrecto; 4 artificial, postiço; fingido; 5 desonesto; desleal Ⓑ adv. [ant.] deslealmente ❖ ~ alarm falso alarme; ~ bottom fundo falso; fundo duplo; ~ claim pretensão infundada; (gramática) ~ concord falta de concordância; ~ imprisonment/arrest detenção ilegal; NÁUTICA ~ keel contraquilha; ~ modesty falsa modéstia; ~ pretences pretextos falsos; fraude; DESPORTO ~ start falsa partida; ~ step passo em falso; ~ teeth dentes postiços; dentadura; one ~ move um passo/movimento em falso; to bear ~ witness prestar falso testemunho; mentir; to ring ~ soar a falso; to sail under/with ~ colours mostrar-se diferente daquilo que se é; navegar com bandeira de outro país
false-hearted ['fɔːls,hɑːtɪd] adj. falso; pérfido; traiçoeiro
falsehood ['fɔːlshʊd] s. 1 falsidade; 2 mentira
falsely ['fɔːlslɪ] adv. 1 falsamente; 2 perfidamente
falseness ['fɔːlsnɪs] s. falsidade
falsettist [fɔːl'setɪst] s. MÚSICA (pessoa) falsete
falsetto [fɔːl'setəʊ] Ⓐ s. (pl. -s) 1 MÚSICA voz de falsete; 2 falsete Ⓑ adv. em falsete
falsification [,fɔːlsɪfɪ'keɪʃən] s. falsificação
falsifier ['fɔːlsɪfaɪə] s. falsificador
falsify ['fɔːlsɪfaɪ] v.tr. 1 falsificar; 2 refutar; mostrar a falsidade de
falsity ['fɔːlsɪtɪ] s. (pl. -ies) falsidade
Falstaffian [fɔːl'stɑːfɪən] adj. relativo a Falstaff
falter ['fɔːltə] v.tr.,intr. 1 hesitar; vacilar; 2 esmorecer; 3 gaguejar; balbuciar; she faltered out an excuse ela balbuciou uma desculpa
faltering ['fɔːltərɪŋ] Ⓐ adj. 1 hesitante, balbuciante, gaguejante; 2 pouco seguro, vacilante Ⓑ s. hesitação, vacilação, balbucio
falteringly ['fɔːltərɪŋlɪ] adv. 1 de modo balbuciante ou vacilante; 2 com hesitação
fame [feɪm] s. fama; renome ❖ ill ~ má fama; má reputação; to rise to ~ ficar famoso
famed [feɪmd] adj. famoso, com renome
Famennian [fə'menɪən] adj. GEOLOGIA fameniano
familial [fə'mɪlɪəl] adj. de família
familiar [fə'mɪlɪə] Ⓐ adj. 1 familiar; 2 (conhecimento, experiência) familiarizado [with, com]; to be ~ with estar familiarizado com, conhecer bem; 3 conhecido; habitual; 4 informal; ~ language linguagem informal [s. 1 [form.] (amigo) íntimo; 2 (adjuvante de bruxa) espírito; demónio; 3 HISTÓRIA oficial (da Inquisição) ❖ to be on ~ terms with sb ser tu cá tu lá com alguém; to become all too ~ tornar-se corriqueiro; (pessoa) to get much too ~ tomar liberdades excessivas; to grow ~ with familiarizar-se com; habituar-se a
familiarity [fə,mɪlɪ'ærɪtɪ] s. (pl. -ies) 1 familiaridade; 2 intimidade; 3 conhecimento; 4 pl. [depr.] (abuso) familiaridades excessivas; liberdades; confiança a mais ❖ ~ breeds contempt familiaridade excessiva dá origem ao desprezo
familiarization [fə,mɪlɪəraɪ'zeɪʃən] s. familiarização
familiarize [fə'mɪlɪəraɪz] v.tr. familiarizar
family ['fæmɪlɪ] s. (pl. -ies) 1 família; 2 linhagem ❖ ~ allowance abono de família; ~ dinner jantar em família; [GB] DIREITO ~ Division Tribunal de Família; ~ divisions partilhas entre família; [GB] ~ doctor médico de família; médico de clínica geral; [coloq.] (semelhança) ~ likeness ar de família; ~ man pai de família; [EUA] ~ name apelido; ~ planning planeamento familiar; ~ portrait retrato de família; [EUA] (medicina) ~ practice clínica geral; [EUA] ~ practitioner médico de família; médico de clínica geral; ~ tree árvore genealógica; in a ~ way com intimidade; it runs in the ~ é de família; she is in the ~ way ela está grávida; to start a ~ constituir família; the ~ estate os bens familiares
family-size ['fæmɪlɪ,saɪz] s. em tamanho familiar; ~ packet embalagem em tamanho familiar

family-sized ['fæmɪlɪ,saɪzd] adj. ⇒ family-size
famine ['fæmɪn] s. 1 fome; 2 carência; escassez ❖ ~ fever tifo; ~ prices preços exorbitantes; ~ relief luta contra a fome; water ~ falta de água; it's feast or ~ é oito ou oitenta
famish ['fæmɪʃ] v.tr.,intr. 1 estar esfomeado, passar fome; 2 esfaimar; 3 reduzir pela fome
famished ['fæmɪʃt] adj. faminto, esfomeado
famishing ['fæmɪʃɪŋ] adj. cheio de fome; esfomeado; I'm ~ estou cheio de fome
famous ['feɪməs] adj. 1 famoso, célebre, de renome; 2 [coloq.] esplêndido, óptimo
famously ['feɪməslɪ] adv. famosamente, optimamente
famousness ['feɪməsnɪs] s. renome, celebridade
famulus ['fæmjʊləs] s. (pl. -i) fâmulo, ajudante
fan[1] [fæn] Ⓐ s. 1 leque; 2 ventoinha, ventilador; 3 aspirador; 4 AGRICULTURA joeira Ⓑ v.tr. (particípios: -nn-) 1 abanar com leque; 2 ventilar; 3 soprar; acalmar; 4 AGRICULTURA joeirar; 5 espalhar em forma de leque; 6 atiçar; avivar; to ~ a fire atiçar o fogo ❖ ~ aerial antena em leque; ~ belt correia da ventoinha; ~ draught corrente de ar provocada por ventiladores; (automóvel) radiator ~ ventoinha do motor; to ~ the flames atiçar os ânimos; piorar uma situação; deitar lenha para a fogueira
✦**fan out** Ⓐ v.intr. 1 abrir-se em leque; 2 dividir-se; bifurcar-se; there the main road fans out in two directions a estrada principal bifurca-se ali em duas direcções Ⓑ v.tr. dispersar; espalhar em forma de leque
fan[2] [fæn] s. {abrev. de fanatic} [coloq.] fã; admirador; entusiasta, apaixonado ❖ ~ club clube de fãs; ~ mail cartas dos admiradores; football ~ adepto de futebol
fanatic [fə'nætɪk] adj.,s. fanático
fanatical [fə'nætɪkəl] adj. fanático
fanatically [fə'nætɪklɪ] adv. fanaticamente
fanaticism [fə'nætɪsɪzəm] s. fanatismo
fanaticize [fə'nætɪsaɪz] v.tr.,intr. 1 fanatizar; 2 actuar com fanatismo
fanciable ['fænsɪəbəl] adj. 1 imaginário; 2 atraente
fancier ['fænsɪə] s. 1 apreciador; conhecedor; amador; 2 criador; a pidgeon ~ criador de pombos; 3 cultivador; a rose ~ cultivador de rosas
fanciful ['fænsɪfʊl] adj. 1 caprichoso, cheio de fantasias; 2 singular, extravagante; 3 fantasista
fancifully ['fænsɪfʊlɪ] adv. 1 de uma maneira fantasista, extravagante; 2 caprichosamente
fancifulness ['fænsɪfʊlnɪs] s. 1 fantasia; 2 carácter fantasista, carácter caprichoso
fancy ['fænsɪ] Ⓐ s. (pl. -ies) 1 capricho; a passing ~ um capricho passageiro; 2 simpatia, afeição; 3 gosto; I took a ~ to swimming eu tomei gosto pela natação; 4 ideia vaga, impressão; I have a ~ that ... tenho a impressão que...; 5 [poét.] fantasia, imaginação; a world of ~ um mundo de fantasia; flights of ~ devaneios; 6 [arc.] the ~ os apaixonados (por qualquer desporto, sobretudo boxe) Ⓑ adj. (comp. -ier, superl. -iest) 1 de luxo, caro; 2 extravagante; invulgar; 3 elaborado, complicado; 4 de fantasia; 5 imaginário, ideal Ⓒ v.tr 1 querer; desejar; inclinar-se a; do you fancy... ? apetece-te...?; she fancied a cake apetecia-lhe um bolo; 2 gostar de; 3 [GB] [coloq.] achar piada a; sentir-se atraído por; desejar; 4 [ant.] supor, imaginar, crer, julgar, calcular; 5 [GB] achar que (alguém) poderá ser bem sucedido; who do you ~ to win? quem achas que vai vencer? ❖ ~ animals animais de luxo; ~ ball baile de fantasia; [GB] ~ dress vestido de fantasia; [ant., depr.] ~ man amante; proxeneta; ~ price preço exorbitante; [ant., depr.] ~ woman amante; mulher de vida fácil; prostituta; [GB] fancy!/fancy that!/just fancy! ora veja lá!; imagine!; ~ meeting you here! mas que surpresa encontrá-lo aqui!; nothing ~ nada de extravagante; nada de mais; [coloq.] to ~ oneself achar-se o máximo; ser um convencido; to take/tickle sb's ~ atrair alguém; captar a atenção de alguém
✦**fancy up** v.tr. [EUA] enfeitar, decorar, ornamentar
fancy-free ['fænsɪ,friː] adj. despreocupado, descontraído ❖ footloose and ~ livre como um passarinho; sem compromissos
fancywork ['fænsɪwɜːk] s. bordados
fandangle [fæn'dæŋgl] s. 1 farrapada; 2 tolices

fandango [fæn'dæŋɡəʊ] s. (pl. -s) fandango
fane [feɪn] s. [arc.] fano, templo, santuário
fanfare ['fænfeə] s. toque de trombetas
fanfaronade [ˌfænfærə'nɑːd] s. fanfarronada
fang [fæŋ] Ⓐ s. **1** presa, dente de animal, colmilho; **2** dente de víbora; **3** defesa; **4** raiz de dente Ⓑ v.tr. deitar água em bomba para puxar a água acima
fanged [fæŋd] adj. com presas, com colmilhos
fangless ['fæŋləs] adj. **1** sem presas, sem colmilhos; **2** desdentado; **3** (dente) sem raízes
fanlight ['fænlaɪt] s. **1** (janela, porta) (vidro) bandeira; **2** ARQUITECTURA clarabóia ❖ **~ shutter** persiana
fanner ['fænə] s. máquina de joeirar
fanny ['fænɪ] s. **1** [cal.] cona_{cal}, rata_{cal}; **2** [EUA, Can.] [cal.] cu_{cal}.
fanon ['fænən] s. manípulo (de sacerdote)
fan-shaped ['fænʃeɪpt] adj. em forma de leque
fantad ['fæntæd] s. [coloq.] mau humor ❖ **to have the fantads** estar de mau humor
fantail ['fænteɪl] s. **1** cauda em forma de leque; **2** ZOOLOGIA pombo com cauda em leque; **~ pigeon** pomba com cauda em leque
fantasia [fæn'teɪzɪə, fæn'teɪzɜː] s. MÚSICA fantasia
fantasist ['fæntəzɪst] s. fantasista
fantasize ['fæntəsaɪz] v.intr. ter fantasias [**about**, com]; fantasiar [**about**, sobre]
fantastic [fæn'tæstɪk] adj. fantástico, excêntrico
fantasticality [fænˌtæstɪ'kælɪtɪ] s. carácter fantástico, excentricidade
fantastically [fæn'tæstɪklɪ] adv. excentricamente, fantasticamente
fantasticalness [fæn'tæstɪkəlnɪs] s. excentricidade, capricho
fantasy ['fæntəsɪ] s. (pl. -ies) **1** fantasia; **2** imaginação
Fantee [fæn'tiː] adj.,s. (tribo, língua, etc.) fanti ❖ **to go ~** adoptar os costumes indígenas
fantigue [fæn'tiːɡ] s. mau humor
fantoccini [fæntəʊ'tʃiːnɪ] s.pl. fantoches; robertos
fantoosh [fæn'tuːʃ] adj. [Esc.] [coloq.] aparatoso, faustoso, pomposo, pretensioso, vistoso
FANY [abrev. de First Aid Nursing Yeomanry]
fanzine ['fænziːn] s. fanzine
FAO (Nações Unidas) [abrev. de Food and Agriculture Organization]
f.a.q. [abrev. de free alongside quay]
FAQ INFORMÁTICA [abrev. de frequently asked questions]
far [fɑː] adj.,adv. (comp. **farther** ou **further**, superl. **farthest** ou **furthest**) **1** longe [**from**, de]; distante [**from**, de]; **is it far?** é longe?; **2** (espaço, tempo) longínquo; remoto; afastado; **the ~ past** o passado remoto; **3** POLÍTICA extremo; **~ right** extrema direita; **4** GEOGRAFIA extremo; **the Far East** o Extremo Oriente; **5** (nível) muito; bastante; **to be ~ above average** estar bastante acima da média ❖ **~ and away the best** de longe o melhor; **~ and near** de todos os lados; em toda a parte; **~ and wide** por todo o lado; por toda a parte; **~ be it from me** longe de mim; **~ beyond** muito além de; **~ from it** longe disso; pelo contrário!; **~ gone** muito doente; muito embriagado; louco; crivado de dívidas; **as ~ as** até; tanto quanto; **as ~ as I am concerned** no que me diz respeito; **as ~ as I can remember** tanto quanto me lembro; **as ~ as I know** tanto quanto sei; **as ~ as I see** pelo que vejo; **by ~** de longe; nitidamente; indiscutivelmente; **how ~ are you going?** até onde vais?; **how ~ is it?** a que distância fica?; **so ~ all right**, até agora; até ao presente; **so ~ so good** até aqui tudo bem; **the ~ end** a extremidade; **the ~ side** o lado oposto; **to be a ~ cry from...** ficar muito aquém de...; **to go ~** ir longe
farad ['færəd] s. ELECTRICIDADE (sistema internacional de unidades de medida) farad
faradaic [færə'deɪk] adj. ELECTRICIDADE farádico
farandole ['færəndəʊl] s. (dança, música) farândola
faraway ['fɑːrəweɪ] adj. **1** longínquo, distante, remoto; **2** (olhar) vago, ausente
far-between [ˌfɑːbɪ'twiːn] adj. **1** raro, pouco frequente; **2** intervalado, espaçado
farce [fɑːs] Ⓐ s. **1** farsa; **2** CULINÁRIA recheio Ⓑ v.tr. CULINÁRIA rechear, entremear
farcical ['fɑːsɪkəl] adj. **1** burlesco; **2** de farsa; **3** ridículo
farcically ['fɑːsɪklɪ] adv. **1** burlescamente; **2** ridiculamente
farcied ['fɑːsɪd] adj. atacado de mormo
farcy ['fɑːsɪ] s. mormo (dos cavalos)
fardel ['fɑːdəl] s. **1** [arc.] fardo, carga; **2** ZOOLOGIA folhoso, folho, terceiro estômago dos ruminantes
fare [feə] Ⓐ s. **1** bilhete, custo do bilhete, importância da passagem; (autocarro, comboio) **all fares, please!** bilhetes, fazem favor!; (táxi) **what is the fare?** quanto é?, quanto marca?; **2** frete; **3** passageiro; **4** alimentação, comida; **good ~** boa comida; **homely ~** comida caseira Ⓑ v.intr. **1** sair-se; arranjar-se; desenrascar-se; **how did you fare?** como é que correu?; **2** acontecer; correr; passar-se; **3** [ant.] comer, alimentar-se; **he fares well** ele trata-se bem ❖ **adult ~** tarifa de pessoa adulta; **all year ~** bilhete anual; **direct ~** bilhete directo; **excess ~** excesso a pagar (em viagem); **normal ~** tarifa normal; **proportional ~** tarifa proporcional, em combinação com outras tarifas directas; **published ~** tarifa publicada; AERONÁUTICA **return ~** bilhete de ida e volta; AERONÁUTICA **single ~** bilhete de ida; **special ~** tarifa especial; **bill of ~** ementa; lista; **to ~ alike** compartilhar da mesma sorte; **to ~ forth** ir; partir; **you may go farther and ~ worse** é melhor contentares-te com o que tens
farewell [feə'wel] Ⓐ interj. adeus! até à vista!; **~ to the holidays** adeus férias! Ⓑ s. despedida, partida, adeus ❖ **a ~ dinner** um jantar de despedida; **the last ~** o último adeus; **to bid farewell/to make one's farewells** despedir-se; [coloq.] **you can say ~ to...** podes dizer adeus a...; é melhor esqueceres...
farfalle ['fɔrfəl] s. CULINÁRIA (massa) lacinhos; farfalle
far-famed [fɑː'feɪmd] adj. famoso, célebre, de renome
far-fetched [fɑː'fetʃd] adj. **1** rebuscado; **2** forçado, inverosímil; **3** artificial
far-flung [fɑː'flʌŋ] adj. **1** extenso, vasto; **2** dilatado; **3** remoto, longínquo, afastado
farina [fə'riːnə, fə'raɪnə] s. **1** farinha; **2** pólen; **3** amido, fécula
farinaceous [ˌfærɪ'neɪʃəs] adj. farináceo
farinose ['færɪnəʊs] adj. farinhoso, farináceo
farl [fɑːl] s. [Esc.] pequeno bolo de farinha
farm [fɑːm] Ⓐ s. **1** herdade; quinta; casa de lavoura; **2** (ostras, peixe, etc.) viveiro; **trout ~** viveiro de trutas Ⓑ adj. **1** do campo; agrícola; **2** (produto) caseiro Ⓒ v.tr.,intr. **1** cultivar, granjear, amanhar terras; **2** criar (animais); fazer criação de; **3** [ant.] arrendar, arrematar ❖ [EUA] **~ belt** região agrícola; **~ boy** moço de lavoura; **~ hand** mão-de-obra agrícola; **~ labourer** criado de lavoura; **~ machinery** maquinaria agrícola
◆ **farm out** v.tr. (trabalho) passar [**to**, a]; delegar [**to**, em]; encarregar [**to**, de]
farmer ['fɑːmə] s. **1** agricultor, lavrador; **2** rendeiro; **3** arrematador de impostos ❖ **farmer's market** mercado de produtores; **stock ~** criador de gado; **a good ~ makes a good farm** olho do dono faz medrar a terra
farmhand ['fɑːmhænd] s. trabalhador agrícola
farmhouse ['fɑːmhaʊz] s. granja; casa de quinta; casa de habitação em herdade
farming ['fɑːmɪŋ] Ⓐ adj. agricultor, cultivador Ⓑ s. agricultura, exploração agrícola
farmland ['fɑːmlænd] s. (agricultura) terra de cultivo
farmstead ['fɑːmsted] s. [EUA] (edifícios e terreno) quinta; herdade
farmyard ['fɑːmjɑːd] s. pátio da quinta; terreiro
farness ['fɑːnɪs] s. afastamento, distância
faro ['feərəʊ] s. faraó (antigo jogo de azar)
far-off [fɑːr'ɒf] adj. longínquo, remoto, afastado
far-out [fɑːr'aʊt] adj. **1** [coloq.] estranho, curioso; surpreendente, inesperado; **2** [coloq.] fantástico, espantoso; **3** [coloq.] radical, extremista
farrago [fə'rɑːɡəʊ, fə'reɪɡəʊ] s. (pl. -es ou -s) ferragem, balbúrdia
far-reaching [fɑː'riːtʃɪŋ] adj. **1** de grande alcance; **2** de grande envergadura
farrier ['færɪə] s. ferrador, alveitar
farriery ['færɪərɪ] s. **1** alveitaria; **2** ofício de ferrador
farrow ['færəʊ] Ⓐ s. ninhada de porquinhos, barrigada Ⓑ v.tr.,intr. parir (a porca)
far-seeing [fɑː'siːɪŋ] adj. **1** perspicaz; **2** prudente; **3** previdente; **4** com vistas largas

farsighted [fɑːˈsaɪtɪd] *adj.* 1 prudente; previdente; 2 perspicaz; 3 [EUA] (oftalmologia) presbita
farsightedly [fɑːˈsaɪtɪdlɪ] *adv.* 1 prudentemente; 2 com previdência; 3 perspicazmente
farsightedness [fɑːˈsaɪtɪdnəs] *s.* 1 prudência; 2 previdência, previsão; 3 perspicácia; 4 [EUA] (oftalmologia) presbitia, presbiopia
fart [fɑːt] Ⓐ *s.* [cal.] peido_cal._ Ⓑ *v.intr.* [cal.] peidar-se_cal._
farther [ˈfɑːðə] *adj.,adv.* 1 {*comp. de* far} mais afastado; mais distante; 2 além disso; 3 mais tarde, ulteriormente; 4 oposto; *the ~ bank of the river* a margem oposta do rio ❖ *~ up* mais acima; mais à frente; *at the ~ end of* na extremidade de; ao fundo de; *how much ~ is it?* ainda é longe?; *to wish sb ~* mandar alguém para o Diabo; *to get ~ and ~ away* afastar-se cada vez mais
farthermost [ˈfɑːðəməʊst] *adj.* 1 o mais distante; 2 remoto
farthest [ˈfɑːðɪst] *adj.,adv.* {*superl. de* far} o mais distante, mais afastado; à maior distância; *at (the) ~* o mais longe, na maior distância, o mais tarde, o mais tardar
farthing [ˈfɑːðɪŋ] *s.* [GB] a quarta parte de um dinheiro, a quarta parte de um péni ❖ [coloq.] *I don't care a ~* estou-me nas tintas; [coloq.] *that's not worth a brass ~* isso não vale um chavo
farthingale [ˈfɑːðɪŋɡeɪl] *s.* 1 verdugada, verdugadim; 2 anquinhas
Far West [fɑːˈwest] *s.* [EUA] faroeste
f.a.s. [*abrev. de* free alongside ship]
FASA [*abrev. de* Fellow of the American Society of Appraisers]
fasces [ˈfæsiːz] *s.pl.* (insígnia dos lictores romanos) fasces, feixes de varas
fascia[1] [ˈfeɪʃə] *s.* (*pl.* -iae) ARQUITECTURA imposta
fascia[2] [ˈfæʃɪə] *s.* (*pl.* -iae) 1 ANATOMIA fáscia, faixa; 2 tabuleta
fascial [ˈfæʃɪəl] *adj.* fascial
fasciated [ˈfæʃɪeɪtɪd] *adj.* fasciado
fasciation [ˌfæʃɪˈeɪʃən] *s.* BOTÂNICA fasciação
fascicle [ˈfæsɪkəl] *s.* fascículo
fascicled [ˈfæsɪkəld] *adj.* fasciculado
fascicular [fəˈsɪkjʊlə] *adj.* fasciculado
fasciculate [fəˈsɪkjʊlɪt] *adj.* fasciculado
fasciculated [fəˈsɪkjʊleɪtɪd] *adj.* fasciculado
fascicule [ˈfæsɪkjuːl] *s.* ⇒ **fascicle**
fasciculus [fəˈsɪkjʊləs] *s.* (*pl.* -i) ANATOMIA feixe (de fibras, vasos sanguíneos, etc.)
fascinate [ˈfæsɪneɪt] *v.tr.* fascinar, encantar
fascinating [ˈfæsɪneɪtɪŋ] Ⓐ *adj.* fascinante, encantador Ⓑ *s.* fascinação, encanto, encantamento
fascination [ˌfæsɪˈneɪʃən] *s.* fascinação
fascinator [ˈfæsɪneɪtə] *s.* fascinador
fascine [fæˈsiːn] Ⓐ *s.* MILITAR faxina, feixe de ramos muito apertados empregados em fortificações, como revestimento dos taludes nos entrincheiramentos Ⓑ *v.tr.* faxinar ❖ *~ dwelling* habitação lacustre
fascism [ˈfæʃɪzəm] *s.* POLÍTICA fascismo
fascist [ˈfæʃɪst] *adj.,s.* POLÍTICA fascista
fash [fæʃ] Ⓐ *s.* (*pl.* -es) 1 rebarba (de metal); 2 maçada, aborrecimento Ⓑ *v.tr.* irritar, aborrecer
fashion [ˈfæʃən] Ⓐ *s.* 1 moda; 2 maneira; forma; modo; *in his/her ~* à sua maneira; 3 costume; hábito; *as was his/her ~* como era seu costume; 4 estilo; 5 alta sociedade; *woman of ~* mulher da alta sociedade Ⓑ *v.tr.* 1 moldar; dar forma a; 2 talhar; 3 adaptar ❖ *~ designer* estilista; *~ magazine* revista de moda; *~ parade* passagem de modelos; *~ show* desfile de moda; *high ~* alta-costura; *after a ~* de certo modo; de certa maneira; mais ou menos; sofrivelmente; *after the ~ of* à maneira de; *out of ~* fora de moda; *the latest ~* a última moda; *to be all the ~* ser a grande moda; *to be in ~* estar na moda; *to go out of ~* passar de moda; *to set the ~* lançar a moda
fashionable [ˈfæʃnəbəl] *adj.* 1 à moda; da moda; 2 em voga; 3 elegante
fashionableness [ˈfæʃnəbəlnɪs] *s.* elegância
fashionables [ˈfæʃnəbəlz] *s.pl.* elegantes; pessoas que andam sempre à moda
fashionably [ˈfæʃnəblɪ] *adv.* 1 à moda; 2 elegantemente
fashioned [ˈfæʃənd] *adj.* 1 requintado; 2 trabalhado; 3 elegante

fashioning [ˈfæʃənɪŋ] *s.* 1 acto de talhar, moldar, de dar forma a; 2 fabrico
fast [fɑːst] Ⓐ *adj.* 1 rápido; veloz; 2 firme, fixo, seguro; 3 fechado, bem fechado; 4 (relógio) adiantado; *my watch is ~* o meu relógio está adiantado; 5 (cor) firme, que não desbota; ~ *to light* que não desbota; 6 [depr.] libertino; promíscuo; 7 [depr.] fácil; *~ money* dinheiro fácil; 8 [depr.] espertinho; intrujão Ⓑ *adv.* 1 depressa, rapidamente; *as ~ as your legs could carry you* o mais depressa possível; 2 bem, com firmeza, firmemente; *hold fast!* segura-te bem!; 3 fortemente, profundamente; *to be ~ asleep* estar a dormir profundamente Ⓒ *v.intr.* 1 jejuar; 2 abster-se [from, de] Ⓓ *s.* 1 jejum; 2 NÁUTICA amarra ❖ *~ day* dia de jejum; *~ food* [fig.] comida rápida; comida de plástico; *~ knot* nó cego; nó difícil de desatar; (estrada) *~ lane* faixa rápida; FOTOGRAFIA *~ lens* objectiva luminosa; *~ train* comboio rápido; *~ firing cannon* canhão de tiro rápido; [poét.] *~ beside/by* mesmo ao pé de; *~ bind ~ find* não há nada como jogar pelo seguro; *hard and ~ rules* regras rígidas que não podem infringir-se; regras claras; [coloq.] *not so fast!* mais devagar!; *to break one's ~* quebrar o jejum; tomar o pequeno-almoço; (relógio) *to go ~* adiantar-se; (ideia, valor, princípio, etc.) *to hold ~* to agarrar-se a; *to lead a ~ life* levar uma vida de prazer; levar uma vida de diversões; *to make ~ the door* fechar bem a porta; [ant.] (relação amorosa) *to play ~ and loose with* fazer jogo duplo com; brincar com os sentimentos de; *to pull a ~ one on sb* passar a perna a alguém; *to stand ~* manter-se firme; não arredar pé; *to stick ~* não sair do sítio; *to take a ~ hold of* segurar com firmeza
fasten [ˈfɑːsən] *v.tr.,intr.* 1 fixar; firmar; 2 atar; prender; apertar; *to ~ a screw* apertar um parafuso; *to ~ the blame on...* atirar as culpas para...; 3 atribuir [on, a]; imputar [on, a]; *to ~ a crime on sb* imputar um crime a alguém; 4 fechar; trancar; 5 unir; 6 NÁUTICA trincafiar, aboçar ❖ *to ~ off* segurar com um nó; *to ~ one's eyes on* fixar o olhar em; olhar fixamente para
◆**fasten down** *v.tr.* 1 prender; fixar; 2 atar
◆**fasten on** *v.tr.* 1 fixar, prender; 2 (pessoa) agarrar-se [to, a]; 3 (atenção) concentrar-se em; prestar muita atenção a
◆**fasten up** *v.tr.* 1 (vestuário) apertar; fechar; 2 prender; firmar; amarrar
fastener [ˈfɑːsənə] *s.* 1 fecho; 2 colchete ❖ *paper ~* agrafo; *zip ~* fecho de correr
fastening [ˈfɑːsənɪŋ] *s.* 1 fixação; acção de prender, trancar ou apertar; 2 fecho ❖ *~ nut* porca de fixação
faster [ˈfɑːstə] Ⓐ *v.tr.,intr.* jejuar Ⓑ *s.* jejuador Ⓒ *adj.,adv.* {*comp. de* fast} mais rápido ❖ *~ than sound* supersónico
fasti [ˈfæstiː, ˈfæstaɪ] *s.pl.* fastos
fastidious [fæˈstɪdɪəs] *adj.* 1 aborrecido, difícil de satisfazer; 2 exigente, miudinho; 3 esquisito
fastidiously [fæˈstɪdɪəslɪ] *adv.* 1 com enfado; 2 com desdém
fastidiousness [fæˈstɪdɪəsnɪs] *s.* 1 exigência; 2 carácter miudinho, difícil de contentar
fastigiate [fæˈstɪdʒɪɪt] *adj.* fastigiado
fastness [ˈfɑːstnɪs] *s.* 1 estabilidade, firmeza, solidez; 2 rapidez, velocidade; 3 liberdade de atitudes; 4 praça forte, baluarte
fast-track [ˈfɑːstˈtræk] Ⓐ *adj.* (abordagem) rápido, expedito Ⓑ *s.* progressão ultra-rápida Ⓒ *v.intr.* ir rapidamente Ⓓ *v.tr.* 1 dar prioridade a; 2 desenvolver rapidamente; 3 acelerar a carreira de
fat [fæt] Ⓐ *adj.* 1 gordo; corpulento; [coloq.] *a bit on the ~ side* um bocadinho para o gordo; *as ~ as a monk* gordo como um cevado; 2 (volume) grosso; cheio; 3 chorudo; avultado; *a ~ sum of money* uma soma avultada de dinheiro; 4 CULINÁRIA com gordura; gorduroso; 5 untuoso; 6 fértil, rico; abundante; 7 (carvão) betuminoso Ⓑ *s.* 1 gordura; *you should cut down on fats* devias cortar nas gorduras; 2 CULINÁRIA banha; *hog's ~* banha de porco; 3 óleo, sebo; 4 [coloq.] excesso; *with little ~* sem excessos Ⓒ *v.tr.,intr.* (particípios: -tt-) [rar.] engordar ❖ *~ cat* manda-chuva; *~ chance!* nem pensar!; *~ clay* argila gorda; *~ coal* carvão gordo; [cal.] *~ guts* barrigudo; *~ lime* cal gorda; [coloq.] *a ~ lot you care!* não ligas nenhuma!; [coloq.] *the ~ is in the fire* vai ser o diabo; vai ser um sarilho; agora é que vão ser elas; [coloq.] *to chew the ~* dar à língua; *to cut it ~* exagerar; *to grow ~ on sth* enriquecer às custas de algo; *to kill the fatted calf* matar o vitelo mais gordo; receber festivamente; *to live on/off the ~ of the land* viver à grande; *to put on ~* engordar; ganhar gordura

FAT INFORMÁTICA [abrev. de file allocation table]
fatal ['feɪtəl] adj. 1 fatal; a ~ mistake um erro fatal; 2 mortal; 3 funesto; fatídico ❖ the ~ Sisters as Parcas; the ~ thread o fio da vida (fiado pelas Parcas)
fatalism ['feɪtəlɪzəm] s. fatalismo
fatalist ['feɪtəlɪst] s. fatalista
fatalistic [feɪtə'lɪstɪk] adj. fatalista
fatality [fə'tælɪtɪ, feɪ'tælɪtɪ] s. (pl. -ies) 1 (atitude) fatalidade; fatalismo; 2 acidente mortal; 3 morte, baixa; vítima mortal ❖ bathing fatalities afogamentos; road fatalities vítimas mortais de acidentes de estrada
fatally ['feɪtəlɪ] adv. fatalmente
Fata Morgana [fɑːtəmɔː'gɑːnə] s. miragem
fate [feɪt] s. destino; fado ❖ as sure as ~ tão certo como a morte; by a twist of ~ por ironia do destino; MITOLOGIA the Fates as Parcas; to leave sb to his/her ~ deixar alguém entregue à sua sorte; to meet one's ~ encontrar a morte; to meet with a strange ~ ter um destino curioso
fated ['feɪtɪd] adj. 1 predestinado [**to**, a]; 2 condenado [**to**, a]; 3 fadado; marcado pelo destino ❖ she was ~ to be happy estava escrito que ela havia de ser feliz
fateful ['feɪtʊl] adj. 1 fatídico; fatal; 2 agoirento; ominoso; funesto
fat-free ['fætfriː] adj. (alimento) magro; dietético; ~ yoghurts iogurtes magros
fath. [abrev. de fathom]
fathead ['fæthed] s. [coloq., depr.] cavalgadura; cretino; estúpido; idiota
father ['fɑːðə] Ⓐ s. 1 pai; 2 antepassado; 3 fundador; 4 precursor; 5 líder; the town fathers os líderes da cidade; 6 RELIGIÃO sacerdote, padre (sobretudo católico); 7 RELIGIÃO (Santíssima Trindade) Pai Ⓑ v.tr. 1 ser o pai de; 2 gerar; 3 conceber, criar, ser o autor de; 4 originar; 5 adoptar; 6 assumir a paternidade de ❖ Father Christmas o Pai Natal; ~ confessor director espiritual; Father's day dia do Pai; ~ in God bispo; from ~ to son de pais para filhos; (provérbio) like ~ like son tal pai, tal filho; the Fathers of the Church os Padres da Igreja; the Father, the Son, and the Holy Ghost o Pai, o Filho e o Espírito Santo; the Holy ~ o Santo Padre; [coloq.] you are your father's son és bem o filho de teu pai
fatherhood ['fɑːðəhʊd] s. paternidade
fathering ['fɑːðərɪŋ] s. 1 acto de gerar; 2 atribuição de paternidade, de autoria; 3 adopção
father-in-law ['fɑːðərɪnlɔː] s. sogro
fatherland ['fɑːðəlænd] s. pátria, terra pátria
fatherless ['fɑːðələs] adj. 1 órfão de pai; 2 sem pai
fatherlike ['fɑːðəlaɪk] Ⓐ adj. como pai; paternal Ⓑ adv. paternalmente
fatherly ['fɑːðəlɪ] Ⓐ adj. paternal Ⓑ adv. paternalmente
fathership ['fɑːðəʃɪp] s. paternidade
fathom ['fæðəm] Ⓐ s. 1 NÁUTICA braça; 2 superfície de 6 pés quadrados; 3 profundidade Ⓑ v.tr. 1 sondar; 2 aprofundar; 3 abarcar com os braços
fathoming ['fæðəmɪŋ] s. aprofundamento, investigação
fathomless ['fæðəmləs] adj. insondável, abismal
fatidical [feɪ'tɪdɪkəl] adj. fatídico, profético
fatigue [fə'tiːg] Ⓐ s. 1 fadiga; cansaço; 2 MILITAR serviço de faxina Ⓑ v.tr. fatigar; cansar ❖ ~ experiment ensaio de fadiga; ~ limit/point limite de fadiga; to be on ~ estar de faxina
fatigued [fə'tiːgd] adj. fatigado, exausto, esgotado
fatiguing [fə'tiːgɪŋ] adj. fatigante
Fatima ['fætɪmə] s.antr.,top. Fátima
fatless ['fætləs] adj. sem gordura
fatling ['fætlɪŋ] s. animal novo engordado, para matar
fatness ['fætnɪs] s. 1 gordura, corpulência; 2 fertilidade do solo
fatso ['fætsəʊ] s. (pl. -es) [EUA] [cal., depr.] bucha, gordo
fat-soluble [fæt'sɒljʊbəl] adj. lipossolúvel
fatten ['fætn] v.tr.,intr. 1 cevar; 2 engordar
fattener ['fætnə] s. 1 aquele que ceva animais; 2 alimento que faz engordar
fattening ['fætnɪŋ] Ⓐ adj. que engorda, que faz engordar Ⓑ s. engorda
fattish ['fætɪʃ] adj. um tanto gordo; rechonchudo

fatty ['fætɪ] Ⓐ adj. (comp. **-ier**, superl. **-iest**) 1 gorduroso, untuoso, oleoso; 2 gordo; 3 ANATOMIA adiposo Ⓑ s. [depr., coloq.] (pessoa) bucha, gorducho ❖ ~ acid ácido gordo; ~ heart gordura sobre o coração; ~ oil óleo gordo; ~ tissues tecidos adiposos
fatuity [fə'tjuːɪtɪ] s. (pl. -ies) estupidez, imbecilidade
fatuous ['fætjʊəs, 'fætʃʊəs] adj. 1 estúpido, imbecil; 2 fátuo
fatuously ['fætjʊəslɪ, 'fætʃʊəslɪ] adv. parvamente, fatuamente
fatuousness ['fætjʊəsnəs, 'fætʃʊəsnəs] s. estupidez, fatuidade
fatwa ['fætwə] s. RELIGIÃO (decreto islâmico) fatwa
faucal ['fɔːkəl] Ⓐ adj. LINGUÍSTICA (fonética) gutural Ⓑ s. LINGUÍSTICA (fonética) som gutural
fauces ['fɔːsiːz] s.pl. 1 garganta, laringe; 2 fauces
faucet ['fɔːsɪt] s. 1 [EUA] torneira; 2 espiche, espicho
faugh [fɔː] interj. que nojo!
fault [fɔːlt] s. 1 falta, defeito; 2 (responsabilidade) culpa; it wasn't my ~ não tive culpa; that's entirely your ~ a culpa é toda tua; whose ~ is it? de quem é a culpa?; 3 erro, engano; 4 (mecanismo) falha [**in**, em]; anomalia; there is a ~ in the system há uma falha no sistema; 5 DESPORTO falta; 6 GEOLOGIA falha, quebra de terrenos; tectonic ~ falha tectónica ❖ ~ in a casting defeito de fundição; ~ in design defeito de construção; faults of spelling erros de ortografia; he is generous to a ~ ele é demasiado generoso; my memory is at ~ a memória falha-me; to a ~ em excesso; to be at ~ estar errado; falhar; fazer mal; laborar num erro; to find ~ with implicar com
faultage ['fɔːltɪdʒ] s. GEOLOGIA deslocação de estratos
fault-finder ['fɔːltfaɪndə] s. 1 pessoa que está sempre a criticar, sempre a achar defeitos; 2 detector de fugas, galvanómetro
fault-finding ['fɔːltfaɪndɪŋ] Ⓐ adj. 1 que acha sempre tudo mal; 2 rabugento Ⓑ s. tendência para criticar
faultily ['fɔːltɪlɪ] adv. 1 deficientemente; 2 incorrectamente; 3 imperfeitamente
faultiness ['fɔːltɪnɪs] s. deficiência, imperfeição
faultless ['fɔːltləs] adj. 1 impecável, sem defeito; 2 irrepreensível
faultlessly ['fɔːltləslɪ] adv. 1 irrepreensivelmente; 2 impecavelmente
faultlessness ['fɔːltləsnɪs] s. perfeição
faulty ['fɔːltɪ] adj. (comp. **-ier**, superl. **-iest**) 1 imperfeito, deficiente; 2 com erros; erróneo; incorrecto; 3 com defeito; defeituoso ❖ ~ work refugo
faun [fɔːn] s. fauno
fauna ['fɔːnə] s. fauna
faunal ['fɔːnəl] adj. fauniano
Faust [faʊst] s.antr. Fausto
Faustus ['faʊstəs, 'fɔːstəs] s.antr. Fausto
faux pas [fəʊ'pɑː] s. passo em falso
faveolate [fæ'viːəlɪt] adj. com favos, com alvéolos
faveolus [fæ'viːələs] s. (pl. -i) alvéolo
favor ['feɪvə] s.,v.tr. [EUA] ⇒ **favour**
favorite ['feɪvərɪt] adj.,s. [EUA] ⇒ **favourite**
favour ['feɪvə] Ⓐ s. 1 favor; 2 aprovação, boa vontade, auxílio; 3 protecção; under ~ of sob protecção de; a coberto de; 4 parcialidade; 5 roseta; 7 carta comercial; we have received your ~ of the 20th recebemos a sua estimada carta datada do dia 20 Ⓑ v.tr. 1 favorecer; beneficiar; auxiliar; 2 honrar; 3 obsequiar; 4 (opção) preferir; votar a favor de; 5 facilitar; 6 assemelhar-se mais a; she favours her mother ela sai mais ao lado da mãe ❖ by ~ por favor; in ~ of a favor de; em defesa de; (cheque) à ordem de; out of ~ fora das boas graças; não muito apreciado; to be treated with ~ ser beneficiado; to find ~ in sb's eyes ganhar as boas graças de alguém; to stand high in sb's ~ estar nas boas graças de alguém; you're not doing yourself any favours a tua atitude não está a facilitar as coisas
favourable ['feɪvərəbəl] adj. favorável
favourableness ['feɪvərəbəlnɪs] s. 1 carácter favorável; 2 benignidade
favourably ['feɪvərəblɪ] adv. favoravelmente
favoured ['feɪvəd] adj. 1 escolhido; 2 favorito; preferencial; 3 da preferência [**by**, de]; 4 favorecido [**with**, com/por] ❖ the ~ few os eleitos
favourer ['feɪvərə] s. 1 aquele que favorece; 2 amigo
favouring ['feɪvərɪŋ] adj. favorável, que favorece

favourite ['feɪvərɪt] adj.,s. preferido, favorito
favouritism ['feɪvərɪtɪzəm] s. favoritismo
fawn [fɔːn] Ⓐ s. 1 ZOOLOGIA (veado jovem) enho; 2 (cor) fulvo; bege Ⓑ adj. (cor) fulvo; bege Ⓒ v.tr.,intr. 1 (corça) parir; 2 acariciar; fazer festas; 3 adular; lisonjear; 4 rastejar_fig_ ❖ (corça) *in ~* prenhe; com cria
◆**fawn on** v.tr. 1 bajular, adular servilmente; 2 (animal) esfregar-se em
◆**fawn over** v.tr. bajular, adular servilmente
fawn-coloured ['fɔːnˌkʌləd] adj. fulvo
fawner ['fɔːnə] s. adulador, bajulador
fawning ['fɔːnɪŋ] Ⓐ adj. 1 (cão) que faz festas; 2 adulador Ⓑ s. adulação, servilismo
fawningly ['fɔːnɪŋlɪ] adv. aduladoramente
fax [fæks] Ⓐ s. fax; *by ~* por fax Ⓑ v.tr. enviar por fax; *~ me your reply* envie-me a resposta por fax ❖ *~ machine* fax; *~ number* número do fax
fay [feɪ] Ⓐ s. fada Ⓑ v.tr.,intr. nivelar, unir
faying ['feɪɪŋ] s. nivelamento
faze [feɪz] v.tr. [EUA] agitar, perturbar
FBA [abrev. de Fellow of the British Academy]
FBAA [abrev. de Fellow of the British Association of Accountants and Auditors]
FBI Ⓐ [abrev. de Federal Bureau of Investigation] Ⓑ [abrev. de Federation of British Industries]
FBOA [abrev. de Fellow of the British Optical Association]
FBS [abrev. de Fellow of the Botanical Society]
FBsS [abrev. de Fellow of the British Psychological Society]
FC Ⓐ [Esc.] [abrev. de Free Church] Ⓑ [abrev. de Football Club]
FCA [abrev. de Fellow of the Institute of Chartered Accountants]
fcap [abrev. de foolscap]
FCCA [abrev. de Fellow of the Chartered Association of Certified Accountants]
FCGI [GB] [abrev. de Fellow of the City and Guilds Institute]
FCIA [abrev. de Fellow of the Corporation of Insurance Agents]
FCIB [abrev. de Fellow of the Corporation of Insurance Brokers]
FCII [abrev. de Fellow of the Chartered Insurance Institute]
FCIS [abrev. de Fellow of the Chartered Institute of Secretaries]
fcp [abrev. de foolscap]
FCP [abrev. de Fellow of the College of Preceptors]
FCRA [EUA] [abrev. de Fair Credit Reporting Act]
FCS [abrev. de Fellow of the Chemical Society]
FCU [Austr.] [abrev. de Federated Clerks' Union]
FD Ⓐ [abrev. de Fidei Defensor (Defender of the Faith)] Ⓑ [abrev. de free delivery]
FDSRCS [abrev. de Fellow in Dental Surgery, Royal College of Surgeons]
Fe QUÍMICA [símbolo de iron]
fealty ['fiːəltɪ] s. menagem, fidelidade ❖ *to swear ~ to* fazer preito e menagem
fear [fɪə] Ⓐ s. 1 receio; medo; temor; 2 terror; 3 perigo Ⓑ v.tr. recear; ter medo de; temer Ⓒ v.intr. estar com medo; temer [**for**, por] ❖ *~ of God* temor a Deus; *~ of heights* vertigens; *for ~ of* com receio de; *for ~ that* para que não; *in ~* com medo; *never fear!* coragem!; *to be in ~ of one's life* temer pela vida; *to ~ the worst* temer o pior; *without ~ of favour* imparcialmente; com justiça
feared [fɪəd] adj. temido
fearful ['fɪəfʊl] adj. 1 temeroso, medroso; 2 terrível, assustador
fearfully ['fɪəfʊlɪ] adv. 1 terrivelmente; 2 medrosamente
fearfulness ['fɪəfʊlnɪs] s. 1 timidez; 2 receio; 3 terribilidade
fearless ['fɪəlɪs] adj. corajoso, intrépido
fearlessly ['fɪəlɪslɪ] adv. com intrepidez, corajosamente
fearlessness ['fɪəlɪsnɪs] s. coragem, intrepidez
fearnought ['fɪənɔːt] s. (tecido de lã grosseiro) frisa
fearsome ['fɪəsəm] adj. 1 terrível, assustador; 2 tímido
fearsomeness ['fɪəsəmnɪs] s. terribilidade
feasibility [ˌfiːzəˈbɪlɪtɪ] s. possibilidade, praticabilidade
feasible ['fiːzəbəl] adj. 1 exequível, praticável, possível, realizável; 2 plausível, verosímil
feast [fiːst] Ⓐ s. 1 banquete; 2 festa, festim; 3 deleite; regalo; 4 RELIGIÃO festa Ⓑ v.tr.,intr. 1 festejar; 2 divertir-se; 3 dar uma festa; 4 regalar; 5 banquetear-se [**on**, com]; regalar-se [**on**, com] ❖ *movable ~* festa móvel; *it's ~ or famine* é oito ou oitenta; *to ~ away the night* passar a noite a divertir-se; *to ~ one's eyes on* regalar os olhos com
feaster ['fiːstə] s. 1 aquele que oferece a festa, dono da casa; 2 pessoa que gosta de comer bem, gastrónomo
feasting ['fiːstɪŋ] s. 1 festejo; 2 bom jantar
feat [fiːt] Ⓐ s. façanha notável, proeza, feito Ⓑ adj. 1 [arc.] destro; 2 elegante
feather ['feðə] Ⓐ s. 1 (ave) pena; pluma; plumagem; 2 tufo de cabelo; tufo de pêlos; 3 NÁUTICA cavalete; 4 [arc.] traje, vestuário Ⓑ v.tr.,intr. 1 forrar com penas, adornar com penas; 2 dar a forma de pena; 3 mover à flor da água com a pá horizontal; *to ~ the oars* mover os remos à flor da água com a pá horizontal; 4 deslocar-se como uma pena; 5 (ave) começar a ter penas; 6 desgastar; 7 (carpintaria) ensamblar; 8 (carpintaria) chanfrar ❖ *~ bed* cama com colchão de penas; *~ duster* espanador de penas; (carpintaria) *~ joint* ensambladura; *~ pillow* almofada de penas; *a ~ in one's cap* uma lança em África; um motivo de orgulho; um triunfo pessoal; *as light as a ~* leve como uma pena; (pessoas semelhantes) *birds of a ~* farinha do mesmo saco; *birds of a ~ flock together* diz-me com quem andas, dir-te-ei quem és; *fine feathers make fine birds* o hábito faz o monge; *in high/fine ~* cheio de boa disposição; muito animado; *to ruffle sb's feathers* irritar alguém; [coloq.] *to ~ one's (own) nest* juntar dinheiro; enriquecer; encher os bolsos; *to show the white ~* mostrar que se tem medo; [coloq.] *you could have knocked me down with a ~* fiquei de queixo caído
featherbed ['feðəˌbed] Ⓐ s. colchão de penas Ⓑ v.tr. (particípios -dd-) 1 estragar com mimos, proteger excessivamente; 2 ECONOMIA (indústria) proteger
featherbrain ['feðəˌbreɪn] s. [coloq., depr.] despistado, cabeça-no-ar, cabeça-de-vento
featherbrained ['feðəˌbreɪnd] adj. [coloq., depr.] despistado, cabeça-no-ar, cabeça-de-vento
feathered ['feðəd] adj. plumado; com penas; cheio de penas ❖ *~ bolt* cavilha de ressalto
featheredge ['feðəˌredʒ] s. (carpintaria) chanfradura, bisel
feathering ['feðərɪŋ] Ⓐ s. 1 plumagem; 2 penacho; 3 (animal) tufo de pêlo nas patas; 4 ensamblamento; 5 acto de mover o remo à flor da água com a pá horizontal Ⓑ adj. (ave) que começa a ter penas
feather-legged ['feðəˌlegɪd] adj. 1 (ave) calçado; 2 [EUA] [rar.] covarde
featherless ['feðəlɪs] adj. implume
featherlet ['feðəlɪt] s. plumazinha
featherweight ['feðəˌweɪt] s. (boxe) peso pluma
feathery ['feðərɪ] adj. 1 leve como pena; 2 com aspecto de penugem; 3 de penas
featly ['fiːtlɪ] adv. com destreza, com elegância
feature ['fiːtʃə] Ⓐ s. 1 característica, particularidade; *geographical features* características geográficas; 2 traço fisionómico; *the features* as feições, o rosto; 3 componente; 4 funcionalidade; 5 COMÉRCIO (loja) especialidade, atracção principal; 6 CINEMA longa-metragem; filme ou número principal dum programa; 7 (jornalismo) rubrica; 8 (jornalismo) artigo de fundo, reportagem importante; 9 LINGUÍSTICA traço; *distinctive ~* traço distintivo Ⓑ v.tr. 1 realçar; fazer sobressair; dar grande importância a; 2 marcar; caracterizar; 3 incluir; apresentar; *a film featuring...* um filme com...; 4 fazer parte [**in**, de]; figurar [**in**, em], entrar, aparecer [**in**, em]; *my favourite actor features in this film* o meu actor preferido entra neste filme; 5 expor; 6 imaginar, visualizar; 7 [arc.] assemelhar-se a, apresentar os traços de ❖ *~ film* longa-metragem; filme principal; *double ~* sessão cinematográfica com dois filmes de longa metragem; *the redeeming ~* o lado bom; *to make a ~ of* dar grande importância a
featureless ['fiːtʃələs] adj. 1 incaracterístico; 2 incolor, sem interesse
febricity [fɪˈbrɪsɪtɪ] s. febrilidade
febrifugal [fɪˈbrɪfjugəl] adj. febrífugo
febrifuge ['febrɪfjuːdʒ] adj.,s. antipirético; febrífugo
febrile ['fiːbraɪl] adj. febril
February ['februərɪ] s. Fevereiro

fec. [*abrev. de* Fecit (He did it)]
fecal ['fiːkəl] *adj.* fecal
feces ['fiːsiːz] *s.pl.* [EUA] ⇒ **faeces**
feckless ['fekləs] *adj.* 1 sem energia, débil; 2 fraco; 3 tíbio, indeciso
fecklessly ['feklɪslɪ] *adv.* 1 debilmente; 2 desajeitadamente
fecklessness ['feklɪsnɪs] *s.* frouxidão, tibieza
fecula ['fekjʊlə] *s.* fécula
feculence ['fekjʊləns] *s.* 1 feculência; 2 fetidez; 3 sujidade
feculent ['fekjʊlənt] *adj.* 1 turvo; 2 fétido; 3 sujo; 4 com sedimento
fecund ['fiːkənd, 'fekənd] *adj.* fecundo
fecundate ['fiːkəndeɪt, 'fekəndeɪt] *v.tr.* fecundar
fecundation [ˌfiːkən'deɪʃən, ˌfekən'deɪʃən] *s.* fecundação
fecundity [fɪ'kʌndɪtɪ, fe'kʌndɪtɪ] *s.* fecundidade
fed [fed] Ⓐ {*prt. e part. pass. de* **to feed**}; nutrido; *well* **~** bem alimentado, bem nutrido ❖ **~** *up with...* farto de...; [coloq.] (saturação) *to be ~ up to the back teeth* estar cheio até às pontas dos cabelos
federacy ['fedərəsɪ] *s.* (*pl.* **-ies**) confederação, federação (de Estados)
federal ['fedərəl] *adj.* federal
federalism ['fedərəlɪzəm] *s.* federalismo
federalist ['fedərəlɪst] *s.* federalista
federalization [ˌfedərəlaɪ'zeɪʃən] *s.* federalização
federalize ['fedərəlaɪz] *v.tr.* federalizar
federate[1] ['fedəreɪt] *v.tr.,intr.* 1 federar; 2 confederar-se
federate[2] ['fedərɪt] *adj.,s.* federado, confederado
federation [fedə'reɪʃən] *s.* federação, associação ❖ *sporting ~* federação desportiva
federationist [fedə'reɪʃənɪst] *s.* federalista
federative ['fedərətɪv] *adj.* federativo
FEDFA [*abrev. de* Federated Engine Drivers and Firemen's Associations]
fedora [fə'dɔːrə] *s.* VESTUÁRIO chapéu de veludo geralmente com uma fita
fee [fiː] Ⓐ *s.* 1 honorários; emolumentos; salário; 2 (ensino) propina(s); *university fees* propinas da universidade; 3 (associação) quota; 4 taxa; 5 HISTÓRIA feudo; *to hold in ~* receber em feudo; 6 [arc.] gratificação Ⓑ *v.tr.* [arc.] gratificar ❖ DIREITO **~** *simple* propriedade livre; propriedade total; **~** *splitting* repartição de honorários; DIREITO **~** *tail* propriedade em fideicomisso; DIREITO **~** *tail general* feudo masculino; DIREITO **~** *tail special* feudo feminino; *entrance ~* entrada; ingresso; *registration ~* matrícula
feeble ['fiːbəl] *adj.* 1 fraco, débil, frágil; 2 sem energia; 3 (argumento) frágil; inconsistente; de pouco peso
feeble-minded [ˌfiːbəl'maɪndɪd] *adj.* 1 [depr.] imbecil; pouco inteligente; 2 [depr.] de espírito fraco; 3 [depr.] mal pensado; pouco estruturado
feebleness ['fiːbəlnɪs] *s.* debilidade, fraqueza
feeblish ['fiːblɪʃ] *adj.* um tanto fraco, débil
feebly ['fiːblɪ] *adv.* debilmente
feed [fiːd] Ⓐ *v.tr.,intr.* {*prt. e part. pass.* **fed**} 1 alimentar [**on**, com]; dar de comer a; dar como alimento [**to**, a]; 2 sustentar; manter; 3 sustentar-se; comer, alimentar-se [**off/on**, de]; 4 fornecer; 5 ir ter [**into**, a]; desaguar [**into**, em]; 6 TEATRO dar as deixas a (actor principal); 7 DESPORTO (futebol) fazer um passe a; 8 alimentar, fornecer energia; 9 (fio, tubo, etc.) enfiar Ⓑ *s.* 1 alimentação, alimento; 2 ração; 3 sustento; 4 (máquina) alimentação, carregador; 5 TEATRO actor que dá as deixas; 6 (televisão, rádio) sinal de transmissão; 7 [ant.] refeição farta; *we had a good ~* comemos optimamente ❖ MECÂNICA **~** *cock* torneira de alimentação; *a mouth to ~* uma boca para alimentar; *to ~ sb a line* meter uma peta a alguém; [coloq.] *to ~ the fishes* ir dar de comer aos peixinhos; afogar-se; enjoar; DESPORTO (futebol) *to ~ the forwards* dar jogo aos avançados
➧ **feed up** *v.tr.* engordar; fazer engordar
feedback ['fiːdbæk] *s.* 1 feedback; 2 realimentação, alimentação de retorno; 3 retroacção; 4 retorno; 5 [fig.] reacção ❖ ELECTRICIDADE **~** *circuit* circuito de realimentação; ELECTRICIDADE **~** *coil* bobina de regeneração
feedbag ['fiːdbæg] *s.* [EUA] (cavalos) saco da ração

feeder ['fiːdə] *s.* 1 planta ou animal que se alimenta; 2 pessoa ou coisa que dá alimento; 3 (máquina) alimentador, carregador; 4 (estrada, linha de comboio) ramal; **~** *line* ramal; 5 afluente; **~** *stream* afluente de rio; 6 biberão; 7 (criança) baba, babinha; 8 reserva de estiva ❖ ELECTRICIDADE **~** *circuit* circuito do alimentador; *to be a fussy ~* ser esquisito com a comida; *to be a heavy ~ of* precisar de muito...; ser um guloso por...
feeding ['fiːdɪŋ] Ⓐ *s.* alimentação Ⓑ *adj.* alimentador, de alimentação ❖ **~** *bottle* biberão; AGRICULTURA **~** *ground* pasto; **~** *time* hora do biberão; hora da papa; hora de comer; *in a ~ frenzy* em competição desenfreada
feedstock ['fiːdstɒk] *s.* matéria-prima
fee-faw-fum [fiː'fɔːfʌm] *s.,interj.* 1 exclamação do ogre ou do papão, nos contos de fadas; 2 disparate (para meter medo a crianças)
fee-free ['fiːfriː] *adj.* gratuito, não tributado
feel [fiːl] Ⓐ *v.tr.,intr.* {*prt. e part. pass.* **felt**} 1 sentir; 2 notar, dar por; 3 ser sensível a, sofrer com; 4 dar a impressão de; 5 ter a impressão de; ter a consciência de; 6 pensar [**on**, sobre/em relação a]; 7 reconhecer; 8 tactear; 9 compadecer-se Ⓑ *s.* 1 tacto; *to know sth by the ~* conhecer alguma coisa pelo tacto; 2 toque; 3 sensação, impressão; 4 [fig.] aptidão natural, inclinação, queda*fig.*; *to have a ~ for music* ter queda para a música; 5 [fig.] familiaridade ❖ *to ~ about* tactear; apalpar; *to ~ after...* procurar tacteando; tentar encontrar às apalpadelas; *to ~ like* sentir-se disposto a; apetecer; dar a impressão de; *to ~ like a new man* sentir-se forte outra vez; sentir-se outro homem; *to ~ oneself* melhorar; sentir-se bem outra vez; ganhar confiança; *to ~ one's feet* sentir-se seguro; conhecer o terreno; sentir os pés doridos ou cansados; *to ~ one's way* apalpar caminho; *to ~ small* sentir-se atrapalhado/envergonhado; *to ~ the pulse* tomar o pulso; *to get the ~ of* habituar-se a; *I don't ~ like singing now* não me apetece cantar agora; *I ~ it in my bones that ...* sinto intimamente que...; *I ~ quite myself again* já me sinto restabelecido; *it feels like glass* dá a impressão de vidro; *it feels like rain* parece que vai chover
➧ **feel for** *v.tr.* 1 (pessoa) ter pena de; compadecer-se de; lamentar; *I ~ her deeply* lamento imenso o que lhe aconteceu; 2 (objecto) procurar às apalpadelas
➧ **feel out** *v.tr.* 1 sondar; tactear o terreno junto a; 2 experimentar; examinar
➧ **feel up** *v.tr.* [coloq.] apalpar; *to feel sb up* apalpar alguém
➧ **feel up to** *v.tr.* 1 sentir-se à altura de; 2 sentir-se com forças para; sentir-se com ânimo para; *he doesn't ~ ...* ele não se sente com a saúde necessária para ...
feeler ['fiːlə] *s.* 1 pessoa que tacteia, toca ou apalpa; 2 ZOOLOGIA antena; 3 batedor; 4 guarda-avançada; 5 pessoa sensível; 6 balão de ensaio
feel-good ['fiːlgʊd] Ⓐ *adj.* 1 que causa bem-estar; que dispõe bem; 2 aprazível; agradável; simpático Ⓑ *s.* bem-estar; boa disposição; satisfação ❖ [coloq.] **~** *movie* filme levezinho
feeling ['fiːlɪŋ] Ⓐ *s.* 1 sentimento [**of**, de]; *a ~ of guilt* um sentimento de culpa; *to have mixed feelings about...* ter sentimentos contraditórios em relação a...; 2 sensação; impressão; *a ~ of happiness* uma sensação de felicidade; *I have the ~ that sth is wrong* tenho a sensação de que algo está errado; 3 opinião [**on/about**, sobre]; *one's personal ~* a sua opinião pessoal sobre alguma coisa; 4 sensibilidade; *he lost ~ in the arm* ele perdeu a sensibilidade no braço; *he has no ~ in his finger* não sente o dedo; 5 (sentido do) tacto; 6 *pl.* emoção, sentimentos; *he has no feelings* ele não tem sentimentos, não tem coração; *she could not control her feelings* ela não conseguia controlar a emoção Ⓑ *adj.* 1 sensível; 2 invadido pela comoção ❖ *a ~ for beauty* receptividade para a beleza; capacidade de apreciar a beleza; *a sinking ~* um aperto no coração; *good ~* simpatia; amizade; *I know the ~* sei bem o que isso é; *ill ~* animosidade; hostilidade; *no hard feelings* sem ressentimentos; *to speak with ~* falar com convicção
feelingly ['fiːlɪŋlɪ] *adv.* 1 com sentimento, com emoção; *to sing ~* cantar com sentimento, cantar com alma; 2 com simpatia, com compreensão
feelingness ['fiːlɪŋnɪs] *s.* sensibilidade

feet [fi:t] s. {pl. de **foot**} pés ❖ *to carry one off one's* ~ comover alguém; arrebatar alguém; extasiar; *to lift a person to his* ~ levantar uma pessoa; ajudar uma pessoa a levantar-se
feign [feɪn] v.tr.,intr. **1** fingir, simular; **2** inventar, pretextar; **3** forjar (documento)
feigned [feɪnd] adj. simulado, fingido ❖ ~ *name* nome suposto; ~ *modesty* falsa modéstia
feigning [ˈfeɪnɪŋ] s. dissimulação, simulação
feint [feɪnt] Ⓐ s. **1** DESPORTO finta; **2** simulação, engano Ⓑ v.intr. **1** simular, lançar um ataque simulado; **2** fazer uma finta, fintar Ⓒ adj.,adv. pautado a azul-claro ❖ ~ *lines* linhas em papel pautado; ~ *ruled paper* papel pautado
feinter [ˈfeɪntə] s. DESPORTO (futebol) jogador que faz uma finta
feisty [ˈfaɪsti] adj. **1** [coloq.] enérgico, dinâmico, vigoroso; **2** agressivo; **3** refilão
feldspar [ˈfeldspɑ:] s. feldspato
feldspathic [feldˈspæθɪk] adj. feldspático
Felicia [fəˈliʃə, fɪˈlɪsɪə] s.antr. Felícia
felicitate [fəˈlɪsɪteɪt] v.tr. felicitar
felicitation [fəˌlɪsɪˈteɪʃən] s. felicitação
felicitous [fəˈlɪsɪtəs] adj. **1** feliz; **2** a propósito, apropriado; **3** ditoso
felicitously [fəˈlɪsɪtəsli] adv. felizmente, com felicidade
felicity [fəˈlɪsɪti] s. (pl. **-ies**) **1** felicidade; **2** dita; **3** alegria; **4** a-propósito
felid [ˈfi:lɪd] s. ZOOLOGIA felídeo
felidiae [fi:ˈlɪdɪi:] s.pl. ZOOLOGIA felídeos
feline [ˈfi:laɪn] adj.,s. felino
felinity [fɪˈlɪnɪti] s. características de felino
Felix [ˈfi:lɪks] s.antr. Félix
fell [fel] Ⓐ prt. de **to fall** Ⓑ v.tr. **1** cortar, derrubar, deitar abaixo; **2** abater; **3** sobrecoser (costura) Ⓒ s. **1** pele de animal com o pêlo; tosão; **2** cabeleira; **3** montanha ou colina rochosa; **4** larga extensão de baldios ao norte de Inglaterra; **5** corte de árvores; **6** sobrecostura Ⓓ adj. feroz; cruel; impiedoso; terrível ❖ ~ *necessity* dura necessidade
fella [ˈfelə] s. [coloq.] tipo
fellah [ˈfelə] s. (pl. **-heen** ou **-hs**) felá
fellatio [fɪˈleɪʃɪəʊ] s. felação
fellation [fɪˈleɪʃən] s. felação
feller [ˈfelə] s. **1** aquele que abate árvores; **2** calcador (de máquina de costura); **3** [coloq.] indivíduo
felling [ˈfelɪŋ] s. **1** matança (de boi); **2** derrubamento de árvores; **3** sobrecostura
fellmonger [ˈfelmʌŋə] s. peleiro, peliqueiro
fellness [ˈfelnɪs] s. **1** [poét.] ferocidade; **2** [poét.] carácter impiedoso
felloe [ˈfeləʊ] s. jante (de roda)
fellow [ˈfeləʊ] Ⓐ s. **1** [ant.] indivíduo, sujeito, tipo; *poor fellow!* coitado do tipo!; **2** [ant.] companheiro, camarada; colega; **3** (universidade) membro do corpo directivo; **4** (academia, sociedade literária ou científica) membro; *a* ~ *of the academy* um membro da academia; **5** par, igual; *the* ~ *of a glove* o par duma luva; **6** [ant.] namorado Ⓑ adj. próximo; semelhante ❖ ~ *being* semelhante; ~ *citizen* concidadão; ~ *countryman* patrício, compatriota; ~ *creature* semelhante; próximo; ~ *feeling* simpatia; ~ *student* condiscípulo; ~ *traveller* companheiro de viagem; simpatizante do comunismo; ~ *worker* colaborador; colega de trabalho; *a jolly good* ~ um bom companheiro; uma pessoa direita; *a young* ~ *me lad* um jovem; *we never saw his* ~ nunca se viu pessoa assim; nunca se viu semelhante
fellowship [ˈfeləʊʃɪp] s. **1** companhia, associação, sociedade; **2** amizade; **3** corporação; **4** dignidade de membro de certas sociedades; **5** determinada categoria dentro do corpo directivo de algumas universidades ❖ *good* ~ camaradagem
felly [ˈfeli] s. (pl. **-ies**) jante (de roda)
felo de se [ˌfi:ləʊdiˈsi:] s. (pl. **felones de se** ou **felos de se**) **1** suicida; **2** suicídio
felon [ˈfelən] Ⓐ adj. cruel, malvado, assassino Ⓑ s. **1** criminoso, culpado de felonia; **2** panariz, panarício
felonious [fɪˈləʊnɪəs] adj. criminoso, malvado
feloniously [fɪˈləʊnɪəsli] adv. criminosamente
felonry [ˈfelənri] s. mundo do crime

felony [ˈfeləni] s. (pl. **-ies**) crime grave (assalto à mão armada, assassínio, fogo posto)
felsite [ˈfelsaɪt] s. felsita, felsito
felspar [ˈfelspɑ:] s. feldspato
felspathic [felˈspæθɪk] adj. feldspático
felstone [ˈfelstəʊn] s. feldspato amorfo
felt [felt] Ⓐ prt. e part. pass. de **to feel** Ⓑ s. feltro Ⓒ v.tr.,intr. feltrar ❖ ~ *hat* chapéu de feltro; ~ *pen* caneta de feltro; ~ *seal* vedação de feltro
felt-tip [ˈfelttɪp] s. caneta de feltro; marcador
felty [ˈfelti] adj. com aspecto de feltro
felucca [fɪˈlʌkə, feˈlʌkə] s. NÁUTICA faluca, feluca
female [ˈfi:meɪl] Ⓐ adj. **1** feminino; **2** fêmea, do sexo feminino, de fêmea; *a* ~ *animal* uma fêmea Ⓑ s. **1** ZOOLOGIA fêmea; **2** [depr.] (rapariga, mulher) fêmea ❖ ~ *child* menina; criança do sexo feminino; ~ *impersonator* travesti; ~ *nozzle* bocal com rosca interna; ~ *operatives* operárias; ~ *screw* porca de parafuso
femaleness [ˈfi:meɪlnɪs] s. feminidade
feme [fi:m] s. DIREITO mulher ❖ ~ *covert* mulher casada; ~ *sole* mulher solteira ou viúva
feminality [femɪˈnælɪti] s. (pl. **-ies**) **1** feminilidade; **2** bugigangas femininas
femineity [femɪˈneɪti] s. (pl. **-ies**) feminilidade
feminine [ˈfemɪnɪn] adj.,s. (geral) feminino; *the eternal* ~ o eterno feminino ❖ ~ *hygiene* higiene feminina; LITERATURA ~ *rhyme* rima feminina; LINGUÍSTICA *in the* ~ no feminino
femininely [ˈfemɪnɪnli] adv. femininamente
feminineness [ˈfemɪnɪnɪs] s. feminidade
femininity [ˌfemɪˈnɪnɪti] s. feminidade
feminism [ˈfemɪnɪzəm] s. feminismo
feminist [ˈfemɪnɪst] adj.,s. feminista
feminity [feˈmɪnɪti] s. (pl. **-ies**) feminidade
feminize [ˈfemɪnaɪz] v.tr.,intr. feminizar(-se)
femoral [ˈfemərəl] adj. femoral
femur [ˈfi:mə] s. (pl. **femurs** ou **femora**) ANATOMIA fémur
fen [fen] s. **1** charco, pântano; brejo; **2** (moeda chinesa) fen ❖ ~ *fire* fogo-fátuo; ~ *shooting* caça às aves palustres; GEOLOGIA *black* ~ turfa negra; *the Fens* os Fens, terrenos alagadiços em Lincolnshire, Huntingdonshire, Cambridgeshire e Norfolk
fence [fens] Ⓐ s. **1** cerca; vedação; *electric* ~ vedação electrificada; *wire* ~ vedação de arame; **2** sebe; tapume; **3** DESPORTO barreira; obstáculo; *to take a* ~ saltar, passar uma barreira; **4** DESPORTO esgrima; **5** DESPORTO (hóquei em patins) tabela; **6** [cal., ant.] (crime) receptador; local onde se encontra o receptador Ⓑ v.tr.,intr. **1** DESPORTO praticar esgrima, esgrimir; **2** vedar, proteger com vedação, proteger com muro; *they fenced the field* puseram uma vedação à volta do campo; **3** manter-se à distância [with, de], fugir [with, a], evitar [with, -]; *to* ~ *with a question* fugir a uma pergunta, dar respostas evasivas; **4** fortificar; **5** defender, proteger; **6** [cal., ant.] (crime) servir de receptador ❖ ~ *season/time* defeso da caça ou pesca; ~ *sitter* indeciso; ~ *wall* muro de vedação; *sunk* ~ valado; vala; *to come down on the right side of the* ~ tomar o partido do vencedor depois duma questão; *to sit on the* ~ não tomar partido; manter-se neutro; adiar decisão
◆**fence in** v.tr. **1** construir uma cerca à volta de; **2** (pessoa) encerrar; prender; limitar
◆**fence off** v.tr. separar com uma cerca; separar com sebe; separar com tapume
fenceless [ˈfenslɪs] adj. **1** sem vedação; **2** sem defesa
fencer [ˈfensə] s. **1** DESPORTO esgrimista; **2** cavalo saltador de barreiras
fencible [ˈfensɪbəl] Ⓐ adj. **1** [arc.] (pessoa) válido; **2** [arc.] seguro Ⓑ s. [arc.] soldado da guarda territorial
fencing [ˈfensɪŋ] s. **1** DESPORTO esgrima; **2** barreira, vedação; **3** material para cercas, material de vedação; **4** evasivas; respostas ardilosas; **5** [cal., ant.] (crime) receptação de objectos roubados ❖ (esgrima) ~ *bout* assalto; ~ *gloves* luvas de esgrima; ~ *instructor* professor de esgrima; [cal., ant.] (crime) ~ *ken* armazém de mercadorias roubadas; ~ *master* mestre de armas; ~ *school* sala de armas; escola de esgrima
fend [fend] v.tr.,intr. prover [for, a] ❖ *to* ~ *for oneself* tratar da vida; arranjar-se; desenrascar-se

✦fend off v.tr. 1 (golpe) aparar; desviar-se de; 2 (questão) esquivar-se a ❖ to ~ a blow defender-se; evitar um golpe
fender ['fendə] s. 1 guarda-fogo; 2 resguardo; 3 NÁUTICA defensa; 4 pára-choques; 5 [EUA] guarda-lamas; ~ antenna antena de rádio no guarda-lamas ❖ ~ bender amolgadela
fenestrate [fɪ'nestreɪt] adj. fenestrado
fenestration [ˌfɪnes'treɪʃən] s. fenestragem
Fenian ['fiːnɪən] s. feniano
Fenianism ['fiːnɪənɪzəm] s. fenianismo
fenland ['fenlənd] s. terra pantanosa
fenman ['fenmən] s. habitante dos Fens
fennel ['fenəl] s. BOTÂNICA funcho ❖ BOTÂNICA ~ flower nigela-dos-alqueives; barbas-de-velho
fenny ['fenɪ] adj. pantanoso
fent [fent] s. 1 retalho, pedaço de tecido; 2 fenda
fenugreek ['fenjugriːk] s. BOTÂNICA fenacho
feoff [fiːf, fef] Ⓐ s. feudo Ⓑ v.tr. enfeudar
feoffee [fe'fiː, fiː'fiː] s. feudatário
feoffer ['fefə] s. senhor que concede feudo
feoffment ['fefmənt] s. enfeudação
feoffor ['fefə] s. ⇒ feoffer
feracious [fɪ'reɪʃəs] adj. feraz, fértil
feral ['fɪərəl] adj. 1 selvagem; 2 por cultivar
Ferdinand ['fɜːdɪnənd] s.antr. Fernando
feretory ['ferɪtərɪ, 'ferɪtɔːrɪ] s. (pl. -ies) 1 relicário; 2 capela onde se guardam os relicários
feria ['fɪərɪə] s. féria, dia da semana
ferial ['fɪərɪəl] adj. 1 ferial; 2 relativo a féria; 3 relativo a férias
ferine ['fɪəraɪn] adj. ferino
Feringhee [fə'rɪŋgɪ] s. termo indiano designativo de europeu, especialmente de português nascido na Índia ou mestiço de indiana e português
ferment[1] [fə'ment] v.tr.,intr. 1 fermentar; 2 agitar, excitar
ferment[2] ['fɜːment] s. 1 fermento; 2 fermentação; 3 agitação, efervescência
fermentable [fə'mentəbəl] adj. fermentável
fermentation [ˌfɜːmen'teɪʃən] s. 1 fermentação; 2 efervescência, agitação
fermentative [fɜː'mentətɪv] adj. fermentativo
fermented [fə'mentɪd] adj. 1 fermentado; 2 levedado
fermenting [fə'mentɪŋ] s. fermentação
fermentum [fə'mentəm] s. fermento
fermion ['fɜːmɪˌɒn] s. FÍSICA fermião
fermium ['fɜːmɪəm] s. QUÍMICA (elemento químico) férmio
fern [fɜːn] s. BOTÂNICA feto ❖ ZOOLOGIA ~ owl noitibó
fernery ['fɜːnərɪ] s. (pl. -ies) fetal, terreno onde crescem fetos
ferny ['fɜːnɪ] adj. repleto de fetos
ferocious [fə'rəʊʃəs] adj. feroz
ferociously [fə'rəʊʃəslɪ] adv. ferozmente
ferocity [fə'rɒsɪtɪ] s. (pl. -ies) ferocidade
ferox ['ferɒks] s. grande truta dos lagos
ferrate ['fereɪt] s. QUÍMICA ferrato
ferreous ['ferɪəs] adj. ferroso
ferret ['ferɪt] Ⓐ s. 1 furão; 2 investigador, detective; 3 fita de seda ou algodão Ⓑ v.tr.,intr. 1 caçar com furão; 2 pesquisar, investigar; 3 [COLOQ.] vasculhar, esquadrinhar, remexer em [about/around, -]
✦ferret out v.tr. (mistério) deslindar; descobrir após cuidadosa investigação
ferreter ['ferɪtə] s. caçador que utiliza o furão
ferreting ['ferɪtɪŋ] s. caça com furão ❖ to go ~ ir à caça com furão
ferrety ['ferɪtɪ] adj. 1 de furão; 2 esmiuçador
ferriage ['ferɪdʒ] s. 1 direitos de passagem em barco; 2 transporte em barco
ferric ['ferɪk] adj. férrico ❖ ~ chloride cloreto de ferro; ~ hydroxide hidróxido de ferro; ~ oxyde peróxido de ferro anidro
ferriferous [fe'rɪfərəs] adj. ferrífero
ferrite ['feraɪt] s. ferrite
ferro-alloy [ˌferəʊ'ælɔɪ] s. liga de ferro
ferro-calcite [ˌferəʊ'kælsaɪt] s. ferrocalcite
ferrocerium [ˌferəʊ'sɪərɪəm] s. ferrocério
ferro-chrome ['ferəʊkrəʊm] s. ferrocrómio
ferro-concrete [ˌferəʊ'kɒŋkriːt] s. 1 betão armado; 2 cimento armado
ferrocyanhydric [ˌferəʊsaɪən'haɪdrɪk] adj. ⇒ ferrocyanic
ferrocyanic [ˌferəʊsaɪ'ænɪk] adj. ferrocianídrico
ferrocyanide [ˌferəʊ'saɪənaɪd] s. ferrocianeto
ferromagnetic [ˌferəʊmæg'netɪk] adj. ferromagnético
ferro-nickel [ˌferəʊ'nɪkəl] s. ferroníquel
ferrotype ['ferəʊtaɪp] s. ferrotipia
ferrous ['ferəs] adj. ferroso ❖ ~ hydroxide hidróxido ferroso; ~ sulphate sulfato ferroso
ferruginous [fe'ruːdʒɪnəs] adj. ferruginoso ❖ ~ water água ferruginosa
ferrule ['feruːl] s. 1 virola; 2 ponteira, ferrão
ferruled ['feruːld] adj. provido de virola ou ponteira
ferry ['ferɪ] Ⓐ s. (pl. -ies) 1 NÁUTICA ferry, ferryboat; 2 local onde (o rio ou lago) pode ser atravessado de barco Ⓑ v.tr.,intr. 1 atravessar de ferry; 2 transportar (pessoas ou bens) de ferry; 3 levar de barco, passar (alguém ou alguma coisa) de barco; 4 AERONÁUTICA pilotar um avião desde a fábrica até ao campo operacional ❖ ~ bridge barco para transporte de comboios; AERONÁUTICA ~ pilot piloto encarregado de levar os aviões desde a fábrica até ao campo operacional
ferryboat ['ferɪbəʊt] s. NÁUTICA ferryboat
ferrying ['ferɪɪŋ] s. passagem, transporte de barco
ferryman ['ferɪmən] s. (pl. -men) barqueiro
ferrywoman ['ferɪwʊmən] s.f. (pl. -women) barqueira
fertile ['fɜːtaɪl] adj. 1 fértil, produtivo; 2 fecundo
fertility [fɜː'tɪlɪtɪ] s. 1 fertilidade, produtividade; 2 fecundidade
fertilizable [fɜːtɪ'laɪzəbəl] adj. fertilizável
fertilization [fɜːtɪlaɪ'zeɪʃən] s. 1 fertilização; 2 fecundação
fertilize ['fɜːtɪlaɪz] v.tr. 1 fertilizar; 2 fecundar; 3 adubar
fertilizer ['fɜːtɪlaɪzə] s. 1 fertilizador; 2 adubo (para a terra), adubo químico
ferula ['ferjulə] s. (pl. -ae) [ESC.] BOTÂNICA férula
ferule ['ferjuːl] Ⓐ s. ⇒ ferula Ⓑ v.tr. castigar com a férula
fervency ['fɜːvənsɪ] s. ardor, fervor, vivacidade
fervent ['fɜːvənt] adj. ardente, fervente, vivo
fervently ['fɜːvəntlɪ] adv. ardentemente, ferventemente
fervid ['fɜːvɪd] adj. férvido, ardente
fervidly ['fɜːvɪdlɪ] adv. ardentemente, com fervor
fervor ['fɜːvə] s. [EUA] ⇒ fervour
fervour ['fɜːvə] s. fervor, ardor
FES [abrev. de Fellow of the Entomological Society]
fescennine ['fesɪnaɪn] adj. fescenino
fescue ['feskjuː] s. 1 ponteiro do professor, para apontar no quadro; 2 BOTÂNICA festuca
fesse [fes] s. HERÁLDICA faixa
fessey ['fesɪ] adj. HERÁLDICA faixado
festal ['festəl] adj. 1 de festa, festivo; 2 alegre
fester ['festə] Ⓐ s. 1 inflamação supurativa; 2 úlcera, chaga Ⓑ v.tr.,intr. 1 ulcerar, supurar; 2 putrefazer, apodrecer; 3 motivar supuração
festering ['festərɪŋ] Ⓐ adj. 1 ulceroso, supurante; 2 em putrefacção Ⓑ s. 1 supuração, ulceração; 2 putrefacção
festival ['festɪvəl] adj.,s. festival
festive ['festɪv] adj. 1 festivo; 2 alegre
festively ['festɪvlɪ] adv. festivamente
festivity [fes'tɪvɪtɪ] s. (pl. -ies) festividade, festa
festoon [fes'tuːn] Ⓐ s. grinalda, festão Ⓑ v.tr. 1 festoar, festonar; 2 engrinaldar
festoonery [fes'tuːnərɪ] s. ornamentação com festões
fetch [fetʃ] Ⓐ v.tr.,intr. 1 ir buscar; shall I ~ you the book? quer que lhe vá buscar o livro?; 2 trazer; 3 provocar o aparecimento de; 4 agredir com; he fetched him a box on the ears ele deu-lhe um bofetão; 5 produzir efeito sobre, encantar; 6 alcançar; 7 mover-se Ⓑ s. 1 [arc.] esforço; 2 estratagema; 3 distância a percorrer; 4 extensão; 5 espectro de pessoa; 6 duplo espectral de pessoa, precedendo ou seguindo imediatamente a sua morte ❖ (cão) fetch! busca!; to ~ a deep breath respirar fundo; to ~ a deep sigh suspirar profundamente; to ~ a pump deitar água em bomba para ela pegar; NÁUTICA to ~ about bolinar; to ~ and carry for sb andar ao serviço de alguém; andar a fazer recados para alguém; to ~ back fazer recordar; relembrar; to ~

fetcher

sb to restaurar (as forças, a saúde de) alguém; *to ~ through* conseguir chegar ao fim/a bom porto; *to praise the child fetches the parents* quem os meus filhos beija minha boca adoça; *your old car won't ~ you much* o teu carro velho pouco dinheiro te dará

◆**fetch in** *v.tr.* 1 (pessoa) mandar entrar; 2 (objecto) fazer entrar; recolher

◆**fetch out** *v.tr.* 1 (pessoa) mandar sair; 2 (objecto) tirar [of, de]; fazer sair [of, de]

◆**fetch up** Ⓐ *v.intr.* ir parar [at, a]; acabar por aparecer [at, em; in, dentro de] Ⓑ *v.tr.* 1 fazer recordar; 2 ir buscar; 3 recuperar; 4 [GB] [coloq.] vomitar

fetcher ['fetʃə] *s.* 1 aquele que vai buscar; 2 [EUA] atracção

fetching ['fetʃɪŋ] *adj.* 1 com bom aspecto, atraente; 2 cativante, encantador

fête [feɪt] Ⓐ *s.* 1 (evento público) festa, festival; 2 bazar; 3 festa em honra de um santo Ⓑ *v.tr.* festejar, honrar ❖ *~ day* celebração onomástica; *~ champêtre* festa ao ar livre; celebração ao ar livre; festival rural

fetial ['fi:ʃəl] *adj.,s.* fecial

fetid ['fi:tɪd, 'fetɪd] *adj.* [form.] fétido

fetidity [fi:'tɪdɪtɪ, fe'tɪdɪtɪ] *s.* fetidez

fetidness ['fi:tɪdnəs, 'fetɪdnəs] *s.* ⇒ **fetidity**

fetish ['fi:tɪʃ, 'fetɪʃ] *s.* (*pl.* **-es**) fetiche ❖ *to have a ~ about* estar obcecado com; ter a mania de

fetishism ['fi:tɪʃɪzəm, 'fetɪʃɪzəm] *s.* fetichismo

fetishist ['fi:tɪʃɪst, 'fetɪʃɪst] *s.* fetichista

fetishistic [ˌfi:tɪ'ʃɪstɪk, ˌfetɪ'ʃɪstɪk] *adj.* fetichista

fetishize ['fi:tɪʃaɪz, 'fetɪʃaɪz] *v.tr.* 1 encarar como fetiche; 2 transformar em fetiche

fetlock ['fetlɒk] *s.* topete (na pata do cavalo)

fetor ['fi:tɔ:] *s.* fedor, fetidez

fetter ['fetə] Ⓐ *s.* 1 grilheta; 2 *pl.* grilhões; cadeias; *in fetters* agrilhoado Ⓑ *v.tr.* 1 agrilhoar, acorrentar, prender com grilhões ou cadeias de ferro; 2 (acção) inibir; entravar; restringir ❖ *to put a prisoner in fetters* acorrentar um recluso

fettered ['fetəd] *adj.* agrilhoado, acorrentado

fetterless ['fetələs] *adj.* 1 sem correntes; 2 livre, liberto

fetterlock ['fetəlɒk] *s.* peia de cavalo

fettle [fetl] Ⓐ *s.* 1 situação, aspecto; 2 estado; condições Ⓑ *v.tr.* 1 aprontar; 2 alisar; 3 rebarbar (metal) ❖ (pessoa) *to be in fine/good ~* estar óptimo; estar bem-disposto, com boa saúde; (objecto) *to be in fine/good ~* estar em bom estado

fettler ['fetlə] *s.* rebarbador

fettling ['fetlɪŋ] *s.* rebarbação

fetus ['fi:təs] *s.* [EUA] ⇒ **foetus**

feu [fju:] *s.* 1 [Esc.] arrendamento perpétuo mediante renda fixa; 2 terra arrendada nestas condições

feud. Ⓐ [*abrev. de* feudal] Ⓑ [*abrev. de* feudalism]

feud [fju:d] *s.* 1 contenda, rixa entre famílias ou tribos, de consequências sangrentas; 2 feudo

feudal ['fju:dəl] *adj.* feudal

feudalism ['fju:dəlɪzəm] *s.* feudalismo

feudalist ['fju:dəlɪst] *s.* feudalista

feudality [fju:'dælɪtɪ] *s.* feudalidade, feudalismo

feudalize ['fju:dəlaɪz] *v.tr.* enfeudar

feudatory ['fju:dətəri, 'fju:dətə:rɪ] *adj.,s.* feudatário, vassalo

fever ['fi:və] Ⓐ *s.* 1 febre; *he has a ~* ele tem febre; *bout of ~* acesso de febre; *to be running a ~* estar a ficar com febre; 2 (moda) febre; mania Ⓑ *v.tr.,intr.* 1 MEDICINA [arc.] ter febre, estar febril; produzir febre em; 2 entusiasmar; excitar ❖ [EUA] *~ blister* herpes labial; *~ hospital* hospital de doenças contagiosas; *~ trap* região foco de doenças infecciosas; (situação) *at ~ pitch* ao rubro

feverfew ['fi:vəfju:] *s.* BOTÂNICA matricária

feverish ['fi:vərɪʃ] *adj.* febril, febrígeno

feverishly ['fi:vərɪʃlɪ] *adv.* febrilmente

feverishness ['fi:vərɪʃnəs] *s.* febrilidade, estado febril

fever-smitten ['fi:vəsmɪtn] *adj.* atacado pela febre

few [fju:] *adj.,pron.* poucos; *~ people* poucas pessoas ❖ *a faithful ~ remained* permaneceram alguns fiéis; *a ~ people* algumas pessoas; *a good ~* bastantes; *as ~ as* só; apenas; *every ~ minutes/hours* com intervalos de alguns minutos/de algumas horas; *not a ~* muitos; [coloq.] *quite a ~* bastantes; *some ~ of them* alguns deles; *to be ~ and far between* ser extremamente raro; *the chosen ~* os eleitos; *the thinking ~* a minoria pensante; *with a ~ exceptions* com algumas excepções

fewer ['fju:ə] *adj.,pron.* {*comp. de* few} menos, em menor número ❖ *the ~ the better* quantos menos melhor

fewest ['fju:ɪst] *adj.* {*superl. de* few} no menor número, o menos numeroso

fewness ['fju:nɪs] *s.* 1 pequeno número; 2 raridade

fey [feɪ] *adj.* 1 visionário; 2 sobrenatural; 3 [Esc.] condenado a morrer

feyness ['feɪnɪs] *s.* 1 gracilidade, leveza; 2 sexto sentido

fez [fez] *s.* (*pl.* **-es**) fez, barrete árabe

FFA [*abrev. de* Fellow of the Faculty of Actuaries]

FFR [*abrev. de* Fellow of the Faculty of Radiologists]

f.g.a. [*abrev. de* foreign general average]

FGS [*abrev. de* Fellow of the Geological Society]

FH [*abrev. de* fire hydrant]

f.i. [*abrev. de* for instance]

f.i.a. [*abrev. de* full interest admitted]

FIA Ⓐ [*abrev. de* Fellow of the Institute of Actuaries] Ⓑ [*abrev. de* Federated Ironworkers' Association]

FIAA [*abrev. de* Fellow of the Incorporated Association of Architects]

fiancé [fɪ'ɑ̃:ŋseɪ] *s.* noivo

fiancée [fɪ'ɑ̃:ŋseɪ] *s.* noiva

fiasco [fɪ'æskəʊ] *s.* (*pl.* **fiascos**) fiasco, fracasso

fiat ['faɪæt, 'fi:æt] Ⓐ *s.* 1 autorização; 2 ordem; 3 decreto Ⓑ *v.tr.* 1 autorizar; 2 decretar ❖ [EUA] *~ money* papel-moeda tornado legal por decreto do governo

fib [fɪb] Ⓐ *s.* 1 [coloq.] peta; mentirita sem importância; 2 (boxe) soco Ⓑ *v.tr.,intr.* (*particípios:* **-bb-**) 1 contar histórias; dizer mentiras sem importância; 2 gracejar; 3 maltratar ❖ *you're fibbing!* fala a sério!

fibber ['fɪbə] *s.* 1 brincalhão; pessoa que gosta de contar histórias da carochinha; 2 mentiroso

fiber ['faɪbə] *s.* [EUA] ⇒ **fibre**

fibre ['faɪbə] *s.* 1 (alimentos, tecido, etc.) fibra; *cereals are high in ~* os cereais são ricos em fibra; *cotton ~* fibra de algodão; 2 filamento; 3 BOTÂNICA radícula; 4 [fig.] (carácter, força) fibra*fig.* ❖ ELECTRICIDADE *~ fuse* fusível de fibra; (tecnologia) *~ optics* fibra óptica; *man-made ~* fibra artificial; *muscle ~* fibra muscular; *optical ~* fibra óptica

fibreglass ['faɪbəglɑ:s] *s.* fibra de vidro

fibreless ['faɪbələs] *adj.* 1 sem fibra; 2 sem energia

fibrescope ['faɪbəˌskəʊp] *s.* ÓPTICA fibroscópio

fibriform ['faɪbrɪfɔ:m] *adj.* fibriforme

fibril ['faɪbrɪl] *s.* fibrila

fibrilla ['faɪbrɪlə] *s.* (*pl.* **-ae**) ⇒ **fibril**

fibrillar ['faɪbrɪlə] *adj.* fibrilar

fibrillary ['faɪbrɪlərɪ] *adj.* fibrilar

fibrillate ['faɪbrɪleɪt] *adj.* fibrilar

fibrillation [faɪbrɪ'leɪʃən] *s.* fibrilação

fibrillose ['faɪbrɪləʊs] *adj.* fibriloso

fibrin ['faɪbrɪn] *s.* 1 BIOQUÍMICA fibrina; 2 BOTÂNICA glúten ❖ BIOQUÍMICA *~ ferment* trombina

fibrinogen [faɪ'brɪnədʒen] *s.* BIOQUÍMICA fibrinogénio

fibrinous ['faɪbrɪnəs] *adj.* fibrinoso

fibroblast ['faɪbrəʊblɑ:st] *s.* BIOLOGIA fibroblasto

fibrocartilage [ˌfaɪbrəʊ'kɑ:tɪlɪdʒ] *s.* fibrocartilagem

fibrocartilaginous [ˌfaɪbrəʊkɑ:tɪ'lædʒɪnəs] *adj.* fibrocartilaginoso

fibrocement [ˌfaɪbrəʊsɪ'ment] *s.* fibrocimento

fibroid ['faɪbrɔɪd] Ⓐ *adj.* fibróide Ⓑ *s.* fibroma

fibroin ['faɪbrəʊɪn] *s.* fibroína

fibroma [faɪ'brəʊmə] *s.* (*pl.* **-ta**) fibroma

fibromyalgia [faɪbrəʊmɑɪ'ældʒə] *s.* MEDICINA fibromialgia

fibrosis [faɪ'brəʊsɪs] *s.* fibrose

fibrous ['faɪbrəs] *adj.* fibroso ❖ *~ glass* vidro fibroso; *~ insulation* isolamento fibroso; *~ iron* ferro fibroso; ANATOMIA *~ tissue* tecido fibroso

fibrovascular [ˌfaɪbrəʊ'væskjʊlə] *adj.* fibrovascular

fibster ['fɪbstə] *s.* pessoa amiga de contar coisas fantasiadas
fibula ['fɪbjʊlə] *s.* (*pl.* **-ae** ou **-as**) ANATOMIA perónio; fíbula
FICA [EUA] [*abrev. de* Federal Insurance Contributions Act]
fichu ['fiːʃuː] *s.* VESTUÁRIO [*ant.*] (séc. XVIII e XIX) pequeno xaile ou lenço triangular usado sobre os ombros e o pescoço
fickle ['fɪkəl] *adj.* **1** instável, inconstante; **2** volúvel
fickleness ['fɪkəlnɪs] *s.* **1** inconstância; **2** volubilidade
fictile ['fɪktaɪl] *adj.* **1** maleável; plástico; **2** de barro; de argila
fiction ['fɪkʃən] *s.* **1** ficção; **2** obras de ficção, romances, novelas
fictional ['fɪkʃənəl] *adj.* ficcional, de ficção
fictionalise ['fɪkʃənəlaɪz] *v.tr.,intr.* dar forma de ficção
fictioneer [fɪkʃə'nɪə] *s.* romancista barato
fictionist ['fɪkʃənɪst] *s.* ficcionista
fictitious [fɪk'tɪʃəs] *adj.* fictício
fictitiously [fɪk'tɪʃəslɪ] *adv.* ficticiamente
fictitiousness [fɪk'tɪʃəsnɪs] *s.* carácter fictício
fictive ['fɪktɪv] *adj.* imaginário, fictício
fid [fɪd] *s.* NÁUTICA cunha do mastaréu, cavirão
Fid. Def. [*abrev. de* Fidei Defensor]
fiddle ['fɪdl] Ⓐ *s.* **1** MÚSICA [*coloq.*] violino; rabeca; **2** NÁUTICA borda da mesa levantada para impedir que as coisas caiam dela; **3** [*coloq.*] burla, fraude; **4** [*coloq.*] mentira, intrujice; **5** coisa difícil Ⓑ *v.tr.,intr.* **1** MÚSICA [*coloq.*] tocar violino; tocar rabeca; **2** mexer [**with**, em]; remexer [**with**, em]; **3** [*coloq.*] burlar, intrujar, aldrabar; **4** [*coloq.*] falsificar; **5** [*coloq.*] conseguir por meios ilegítimos; **6** perder tempo, fazer coisas inúteis e sem objectivo ❖ ~ *bow* arco de violino; ~ *string* corda de violino; [*coloq.*] *tax* ~ fraude fiscal; *as fit as a* ~ são como um pêro; de óptima saúde; *to play second* ~ (*to sb*) desempenhar uma posição subalterna (em relação a alguém); ser menos importante do que alguém
◆**fiddle around/about** *v.intr.* perder tempo; andar dum lado para o outro sem fazer nada; fazer coisas inúteis e sem objectivo
◆**fiddle around/about with** *v.tr.* estar sempre a mexer em; remexer em; estar a brincar com
◆**fiddle away** *v.tr.,intr.* desperdiçar ❖ *to* ~ *one's time* passar o tempo com frioleiras
fiddledeedee [fɪdldɪ'diː] *interj.* **1** ora!; **2** histórias!, **3** disparate!
fiddle-faddle ['fɪdlfædl] Ⓐ *s.* bagatelas, patetices, frivolidades Ⓑ *adj.* **1** papalvo; **2** rabugento Ⓒ *interj.* **1** histórias!; **2** tolice! Ⓓ *v.intr.* **1** desperdiçar o tempo; **2** rabujar; **3** entreter-se com futilidades
fiddle-faddler ['fɪdlfædlə] *s.* pessoa que passa o tempo com frivolidades
fiddle-faddling ['fɪdlfædlɪŋ] *s.* perda de tempo com bagatelas
fiddler ['fɪdlə] *s.* **1** [*coloq.*] violinista, rabequista, tocador de rabeca; **2** vigarista, trapaceiro; **3** alguém que desperdiça tempo ❖ ZOOLOGIA ~ *crab* caranguejo-violinista; NÁUTICA *Fiddler's Green* paraíso dos marinheiros; lugar de diversões em terra
fiddlestick ['fɪdlstɪk] *s.* **1** arco de rabeca; **2** disparate, patetice ❖ [*coloq.*] *fiddlesticks!* que disparate!; [*coloq.*] *I don't care a* ~ *about it* estou-me nas tintas para isso
fiddlesticks ['fɪdlstɪks] *interj.* **1** histórias!; **2** disparate!
fiddley ['fɪdlɪ] *s.* NÁUTICA braçola
fiddly ['fɪdlɪ] *adj.* (trabalho, tarefa) delicado, minucioso
fidei-commissary [faɪdeɪ'kɒmɪsərɪ] *s.* fideicomissário
fidei-commissum [faɪdeɪkɒ'mɪsəm] *s.* fideicomisso
Fidelio [fɪ'deɪlɪəʊ] *s.antr.* Fidélio
fidelity [fɪ'delɪtɪ] *s.* (*pl.* **-ies**) **1** fidelidade [**to**, a]; **2** lealdade; **3** fidelidade; rigor; exactidão; **4** ELECTRICIDADE fidelidade; *high* ~ alta fidelidade
fidget ['fɪdʒɪt] Ⓐ *v.tr.,intr.* **1** estar desassossegado; remexer-se; não parar quieto; **2** impacientar-se; dar sinais de impaciência; **3** (nervosismo) mexerucar [**with**, em] Ⓑ *s.* **1** [*coloq.*] (criança) traquinas, diabrete; **2** pessoa desassossegada; **3** impaciência; agitação ❖ *stop fidgeting!* pára quieto!; *to be in a* ~ não sossegar; *to* ~ *about* preocupar-se com; [GB] *to have the fidgets* ter bichos-carpinteiros
fidgetiness ['fɪdʒɪtɪnɪs] *s.* excitação, agitação nervosa
fidgeting ['fɪdʒɪtɪŋ] Ⓐ *adj.* excitado, agitado Ⓑ *s.* excitação, agitação
fidgety ['fɪdʒɪtɪ] *adj.* inquieto, nervoso, agitado

fidibus ['faɪdɪbəs] *s.* tira de papel para acender velas, cachimbos, etc.
Fido ['faɪdəʊ] *s.* (nome de cão) Fiel
fiducial [fɪ'djuːʃɪəl] *adj.* **1** [*form.*] fiducial; **2** de fé ❖ ~ *line* linha de fé (tomada como base para comparações ou medições)
fiduciary [fɪ'djuːʃɪərɪ] Ⓐ *adj.* **1** fiduciário; **2** DIREITO fiducial Ⓑ *s.* **1** depositário; **2** fiduciário; **3** fideicomissário
fidus Achates ['faɪdəsæ'keɪtiːz] *s.* partidário, amigo fiel
fie [faɪ] *interj.* (condenação, desagrado) que vergonha!; fora! ❖ ~ *upon you!* devias mas era ter vergonha!
fief [fiːf] *s.* feudo
fiefdom ['fiːfdəm] *s.* feudo
fie-fie [faɪfaɪ] *adj.* vergonhoso, inconveniente
field [fiːld] Ⓐ *s.* **1** (geral) campo; **2** (saber) área; campo; *in the* ~ *of history* no campo da História; **3** DESPORTO campo; *playing* ~ campo de jogos; *to take the* ~ entrar em campo; **4** DESPORTO participantes; concorrentes; **5** DESPORTO (críquete, basebol) grupo oposto ao do batedor; jogador do grupo oposto ao do batedor; **6** (mercado) sector; *to lead the* ~ liderar o sector, ser líder na sua área; **7** (caça à raposa) grupo de participantes Ⓑ *v.tr.,intr.* **1** DESPORTO (críquete, beisebol) correr e apanhar a bola lançada pelo batedor para impedir que ela se afaste muito; **2** seleccionar para equipa; apresentar em equipa; colocar em campo; **3** escalonar, recrutar; juntar, reunir; **4** (pergunta, queixa) responder a; lidar com ❖ ~ *artillery* artilharia de campanha; BOTÂNICA ~ *ash* sorveira; [GB] MILITAR ~ *battery* bateria de campanha; ~ *colours* guiões; bandeiras; ~ *day* dia de actividades ao ar livre; dia de manobras militares; dia de grandes acontecimentos; DESPORTO ~ *events* provas de atletismo (excluindo corridas); ~ *glasses* binóculos de campanha; ~ *guide* guia de plantas e animais; ~ *gun* peça de campanha; [EUA] DESPORTO ~ *hockey* hóquei em campo; ~ *hospital* hospital de campanha; FÍSICA ~ *intensity* intensidade de campo; ~ *magnet* indutor; MILITAR ~ *marshal* marechal de campo; ~ *of energy* campo de energia; MILITAR ~ *officer* oficial superior; ~ *sports* caça e pesca; FÍSICA ~ *strength* intensidade do campo; ~ *study* trabalho de campo; estudo de campo; ~ *survey* topografia; trabalho de campo; ~ *testing* testagem em campo; (escola) ~ *trip* visita de estudo; excursão; ~ *of fire* campo de tiro; ~ *of force* campo de força; ~ *of ice* banco de gelo; ~ *of vision/visual* ~ campo visual; ZOOLOGIA ~ *vole* campanhol; ~ *warfare* guerra em campo aberto; *a fair* ~ *and no favour* igualdade de condições; *to have a* ~ *day* ter grande êxito; aproveitar-se; deliciar-se; *to hold/keep the* ~ aguentar-se; manter-se; *to leave the* ~ *clear to sb* deixar o caminho livre para alguém; *to play the* ~ sair com muita gente (evitando relação séria)
fielder ['fiːldə] *s.* DESPORTO (críquete) jogador cuja função é apanhar a bola jogada pelo batedor
fieldfare ['fiːldfeə] *s.* ZOOLOGIA tordo-zorzal, tordeia
fieldmouse ['fiːldmaʊs] *s.* (*pl.* **-mice**) ZOOLOGIA arganaz; rato do campo
fieldsman ['fiːldzmən] *s.* (*pl.* **-men**) ⇒ **fielder**
fieldstrip ['fiːldstrɪp] *v.tr.* (*particípios* **-pp-**) MILITAR desmontar (uma arma) para inspecção, limpeza ou reparação
field-test ['fiːldtest] *v.tr.* testar no terreno
fieldwork ['fiːldwɜːk] *s.* **1** trabalho de campo; **2** MILITAR fortificação de campanha improvisada
fiend [fiːnd] *s.* **1** [*ant., lit.*] diabo, demónio; **2** [*fig.*] (pessoa) malvado; **3** fanático; maluquinho; *to be a football* ~ ser um fanático por futebol
fiendish ['fiːndɪʃ] *adj.* demoníaco, satânico, diabólico, infernal
fiendishly ['fiːndɪʃlɪ] *adv.* diabolicamente
fiendishness ['fiːndɪʃnɪs] *s.* espírito satânico, diabólico
fiendlike ['fiːndlaɪk] *adj.* diabólico
fierce [fɪəs] *adj.* **1** cruel, feroz; *a* ~ *hatred* um ódio feroz; **2** violento; cruel; **3** forte; muito intenso; **4** (discussão) acalorado
fiercely ['fɪəslɪ] *adj.* furiosamente, ferozmente
fierceness ['fɪəsnɪs] *s.* **1** ferocidade, fúria; **2** brutalidade
fieri facias [faɪəraɪ'feɪʃɪəs] *s.* DIREITO auto de execução
fierily ['faɪərɪlɪ] *adv.* **1** ardentemente; **2** impetuosamente
fieriness ['faɪərɪnɪs] *adj.* **1** impetuosidade, ardor; **2** fogosidade, calor

fiery ['faɪərɪ] *adj. (comp.* -**ier***, superl.* -**iest**) **1** ardente, inflamado; **2** escaldante; **3** impetuoso, fogoso; **4** (cor) rubro; **5** inflamável; **6** (comida) picante; **7** (bebida) forte ❖ ~ *cross* cruz escocesa como sinal de rebelião

fife [faɪf] Ⓐ *s.* pífaro, pífano Ⓑ *v.tr.,intr.* **1** tocar uma música no pífaro; **2** tocar pífaro

fifer ['faɪfə] *s.* tocador de pífaro

fifteen [ˌfɪf'ti:n] *num.card.,s.* **1** quinze; **2** equipa de râguebi ❖ HISTÓRIA *the Fifteen* a revolta jacobita de 1715

fifteenth [ˌfɪf'ti:nθ] Ⓐ *num.ord.* décimo quinto Ⓑ *s.* quinze avos

fifteenthly [fɪf'ti:nθlɪ] *adv.* em décimo quinto lugar

fifth [fɪfθ] Ⓐ *num.ord.* quinto Ⓑ *s.* quinto; quinta parte ❖ (traidores) ~ *column* quinta coluna; ~ *gear* quinta velocidade; [EUA] [coloq.] ~ *wheel* empecilho; empata

fifth-generation ['fɪfθdʒenəˌreɪʃən] *adj.* (tecnologia) de quinta geração; altamente avançado

fifthly ['fɪfθlɪ] *adv.* em quinto lugar

fifth-rate [fɪfθ'reɪt] *adj.* de quinta categoria; péssimo

fiftieth ['fɪftɪɪθ] Ⓐ *num.ord.* quinquagésimo Ⓑ *s.* quinquagésima parte

fifty ['fɪftɪ] *num.card.,s.* **1** cinquenta; **2** [EUA] [coloq.] nota de cinquenta dólares ❖ (década) *the fifties* os anos cinquenta; *to be in one's fifties* ser um cinquentão

fifty-fifty [ˌfɪftɪ'fɪftɪ] *adj.,adv.* a meias; em duas partes iguais; cinquenta-cinquenta ❖ *a ~ chance* 50% de hipóteses; *to divide sth ~* dividir algo em duas partes iguais; *to go ~ with sth* repartir algo igualmente

fig [fɪg] Ⓐ *s.* **1** BOTÂNICA (fruto) figo; **2** BOTÂNICA (árvore) figueira; ~ *tree* figueira; **3** [arc.] vestuário, equipamento; **4** condição, forma; *in good/fine* ~ em boa forma; **5** figa Ⓑ *v.tr. (particípios:* -**gg**-) **1** [arc.] ataviar, adornar; **2** [arc.] fazer uma figa ❖ ~ *garden/orchard* figueiral; ARTES PLÁSTICAS ~ *leaf* parra (que esconde órgãos genitais); *dried* ~ figo seco; [ant.] *I don't care/give a ~ (for)* estou-me nas tintas (para); [arc.] *in full* ~ de ponto em branco

figeater ['fɪgi:tə] *s.* ZOOLOGIA papa-figos

fight [faɪt] Ⓐ *s.* **1** luta; combate; **2** discussão [**over**, por causa de]; *they had a ~ over the car* tiveram uma discussão por causa do carro; **3** garra; espírito combativo; *to show ~* ter garra, dar luta Ⓑ *v.tr.,intr. (prt. e part. pass.* **fought**) **1** lutar, combater; bater-se; *to ~ a duel* bater-se em duelo; **2** conduzir na luta; **3** guerrear ❖ (distúrbios) *free* ~ tumulto generalizado; ~ *for life* luta contra a morte; *to ~ a battle* travar uma batalha; *to ~ a ship* manobrar um barco; *to ~ hand to hand* combater corpo a corpo; *to ~ one's way in the world* subir a pulso; *to ~ shy of* manter-se afastado de; *to ~ tooth and nail* lutar com unhas e dentes; *to ~ to the finish/to go down fighting* lutar até ao fim; *to put up a good ~* dar luta; ser um adversário à altura

✦**fight back** Ⓐ *v.tr.* **1** (emoções) reprimir; conter; *she fought back her tears* ela engoliu as lágrimas; **2** combater, lutar contra; *he fought back his illness* ele lutou contra a doença Ⓑ *v.intr.* **1** reagir; ripostar; protestar; **2** retaliar; *the army fought back* o exército retaliou; **3** defender-se; opor resistência; resistir

✦**fight down** *v.tr.* **1** vencer; **2** reprimir

✦**fight off** *v.tr.* **1** (dificuldades) lutar contra, combater; superar, ultrapassar; **2** livrar-se de; **3** (inimigo) dominar; pôr em fuga; **4** (críticas) responder a; reagir a

✦**fight on** *v.intr.* continuar a luta; persistir

✦**fight out** *v.tr.* resolver à pancada; resolver lutando; *the others refused to interfere and let the two boys fight it out* os outros não quiseram intervir e deixaram os dois rapazes resolver o caso à pancada

fighter ['faɪtə] *s.* **1** lutador; **2** combatente; **3** AERONÁUTICA caça; **4** (boxe) pugilista

fighting ['faɪtɪŋ] Ⓐ *adj.* **1** de combate; ~ *line* linha de combate; **2** aguerrido; combativo; lutador Ⓑ *s.* **1** combate; luta; **2** discussões; **3** conflito(s) ❖ *close* ~ luta corpo-a-corpo; ~ *spirit* garra, combatividade; *to have a ~ chance* ter algumas possibilidades de (na hipótese de se lutar com coragem para isso)

figment ['fɪgmənt] *s.* ficção, invenção

figuline ['fɪgjʊlɪn] Ⓐ *adj.* figulino Ⓑ *s.* figulina

figurable ['fɪgjʊrəbəl] *adj.* figurável

figurant ['fɪgjʊrənt] *s.* (ballet) figurante

figuration [fɪgjʊ'reɪʃən] *s.* **1** figuração; **2** configuração; **3** embelezamento

figurative ['fɪgjʊrətɪv] *adj.* **1** (linguagem) figurado, metafórico; *in the ~ sense* em sentido figurado; **2** ARTES PLÁSTICAS figurativo; ~ *painting* pintura figurativa

figuratively ['fɪgjʊrətɪvlɪ] *adv.* **1** metaforicamente, em sentido figurado; **2** ARTES PLÁSTICAS figurativamente

figurativeness ['fɪgjʊrətɪvnɪs] *s.* **1** carácter metafórico; **2** ARTES PLÁSTICAS figurativismo

figure ['fɪgə, 'fɪgjər] Ⓐ *s.* **1** algarismo, dígito, número; **2** (dinheiro) quantia; valor; **3** (ilustração) figura; imagem; diagrama; **4** (formas) figura; linha; **5** silhueta; **6** (pessoa) personalidade; figura; *public ~* figura pública; **7** LITERATURA figura; ~ *of speech* figura de retórica Ⓑ *v.tr.,intr.* **1** figurar, aparecer [**in**, em]; constar, fazer parte [**in**, de]; **2** esperar; calcular; imaginar; **3** trabalhar com números ❖ DESPORTO ~ *skating* patinagem artística; *a four ~ number* um número com quatro algarismos; um número na casa dos milhares; *a ~ of fun* um cromo_{fig.}; um bobo da corte; *father/mother ~* figura paterna/materna; [joc.] *fine ~ of a man/woman* homem/mulher de boa figura; *go figure!* vê lá tu!; imagina!; *person of ~* pessoa com presença; *that cuts no ~* isso não tem importância para o caso; *that/it figures!* já era de esperar!; faz sentido!; *to cut a fine ~* fazer boa figura; *to cut a poor/sorry ~* fazer uma triste figura; *to have a head for figures* ter jeito para contas/números

✦**figure on** *v.tr.* [EUA] contar com; estar à espera de

✦**figure out** *v.tr.* **1** entender; compreender; encontrar explicação para; **2** planear; resolver

✦**figure up** *v.tr.* **1** fazer um total de; **2** adicionar, calcular

figured ['fɪgəd, 'fɪgjərd] *adj.* **1** com desenhos, com figuras; **2** florido

figurehead ['fɪgəhed] *s.* **1** NÁUTICA figura de proa; **2** [fig.] testa-de-ferro; chefe nominal

figurine ['fɪgəri:n, ˌfɪgjʊ'ri:n] *s.* **1** figura; **2** estatueta

figuring ['fɪgərɪŋ] *s.* cálculo

figwort ['fɪgwɜ:t] *s.* BOTÂNICA ficária

FIJ [*abrev. de* Fellow of the Institute of Journalists]

Fiji ['fi:dʒi:] *s.top.* (arquipélago) Fiji

Fijian ['fi:dʒi:ən] *s.* fijiano

filagree ['fɪləgri:] *s.* filigrana

filament ['fɪləmənt] *s.* filamento ❖ ~ *lamp* lâmpada de filamento

filamentary [fɪlə'mentərɪ] *adj.* filamentoso

filamented ['fɪləmentɪd] *adj.* com filamentos

filamentless ['fɪləmentləs] *adj.* sem filamento ❖ ~ *tube* válvula electrónica sem filamento

filamentous [fɪlə'mentəs] *adj.* filamentoso

filaria [fɪ'leərɪə] *s.* filária

filariasis [fɪlə'rɪeɪsɪs] *s.* filaríase, filariose

filariosis [fɪləˈrɪɒsɪs] *s.* filaríase, filariose

filature ['fɪlətʃʊə] *s.* fábrica de fiação de seda

filbert ['fɪlbɜ:t] *s.* **1** BOTÂNICA avelã; **2** BOTÂNICA (árvore) avelaneira

filch [fɪltʃ] *v.tr.* **1** roubar; **2** [coloq.] pifar, bifar

filcher ['fɪltʃə] *s.* larápio, ladrão

filching ['fɪltʃɪŋ] *s.* furto, gatunice

file [faɪl] Ⓐ *s.* **1** arquivo; **2** pasta de arquivo, classificador; **3** lima; limatão; *nail ~* lima das unhas; *in ~* em fila; em coluna; *in single/Indian ~* em fila indiana; **4** INFORMÁTICA ficheiro; **5** fila, coluna; **6** multidão Ⓑ *v.tr.,intr.* **1** arquivar, pôr em arquivo; **2** classificar, meter no classificador; **3** DIREITO (petição, queixa) apresentar; (processo) dar entrada a; **4** registar; **5** limar; **6** [fig.] limar, apurar; **7** andar em fila, desfilar; fazer desfilar ❖ ~ *card* verbete; ficha; ~ *case* ficheiro; ~ *closer* cerra-fila; ~ *copy* exemplar de arquivo; ~ *cutter* fabricante de limas; ~ *dust* lima-lha; ~ *leader* chefe de fila; ~ *number* número de arquivo; cota; *card-index* ~ ficheiro; *on* ~ nos arquivos; registado; *to ~ one's petition in bankruptcy* apresentar-se como falido

✦**file away** *v.tr.* **1** arquivar; arrumar (em arquivo); **2** [fig.] armazenar (na mente)

✦**file out** *v.tr.,intr.* sair em fila [**of**, de]

filemot ['fɪlɪmɒt] *adj.,s.* cor de folha seca, amarelo-acastanhado

filename ['faɪlneɪm] *s.* INFORMÁTICA nome de ficheiro

filer ['faɪlə] *s.* **1** limador; **2** ficheiro, classificador

filet ['fɪleɪ] Ⓐ s. CULINÁRIA filete Ⓑ v.tr. CULINÁRIA cortar em filetes
filial ['fɪlɪəl] adj. filial
filially ['fɪlɪəlɪ] adv. filialmente
filiation [fɪlɪ'eɪʃən] s. **1** filiação; **2** DIREITO investigação de paternidade; **3** [form.] filial, sucursal (de agremiação, etc.)
filibeg ['fɪlɪbeg] s. VESTUÁRIO saiote escocês
filibuster ['fɪlɪbʌstə] Ⓐ s. flibusteiro Ⓑ v.intr. **1** actuar como flibusteiro, piratear; **2** POLÍTICA fazer obstrução, fazer obstrucionismo
filibustering ['fɪlɪbʌstərɪŋ] s. POLÍTICA obstrucionismo
filigree ['fɪlɪgriː] Ⓐ s. filigrana Ⓑ v.tr. filigranar ❖ ~ *work* trabalho em filigrana
filigreed ['fɪlɪgriːd] adj. em filigrana
filing ['faɪlɪŋ] s. **1** arquivo, classificação; **2** registo; **3** acto de limar ❖ ~ *cabinet* arquivo; ficheiro; ~ *case* ficheiro; ~ *clerk* arquivista; ~ *machine* limadora mecânica
filings ['faɪlɪŋz] s.pl. limalha; *iron* ~ limalha de ferro
filipendula [fɪlɪ'pendjʊlə] s. BOTÂNICA filipêndula
Filipino [fɪlɪ'piːnəʊ] s. filipino
fill [fɪl] Ⓐ v.tr.,intr. **1** encher; *her eyes filled with tears* os olhos encheram-se-lhe de lágrimas; *the sails filled with wind* o vento encheu as velas; **2** preencher; *to ~ a vacancy* preencher uma vaga; *to ~ a void* preencher uma lacuna; **3** satisfazer; **4** ocupar; **5** obturar (dente); *to ~ a tooth* obturar um dente; **6** CULINÁRIA rechear [with, com] Ⓑ s. **1** abundância; **2** quantidade bastante ❖ *to eat one's* ~ comer à vontade; *to ~ a prescription* aviar uma receita; *to ~ sb's shoes* substituir alguém; [coloq.] *to ~ the bill* satisfazer; cumprir a sua função; *to ~ to the brim/to the full* encher completamente; encher até à borda; *to have one's ~ of* encher-se de; ficar farto de; *we've had our ~ of...* já tivemos a nossa dose de
◆**fill in** Ⓐ v.tr. **1** (documento, tempo) preencher; *~ this form* preencha este impresso; **2** informar; pôr ao corrente; *I'll fill him in* eu ponho-o ao corrente Ⓑ v.intr. (função) substituir [for, -]; *I'll ~ for him* eu substituo-o
◆**fill out** Ⓐ v.tr. **1** (documentos) preencher; **2** desenvolver; enriquecer Ⓑ v.intr. **1** inchar; **2** (engordar) ficar mais cheio; **3** crescer; alargar-se; aumentar
◆**fill up** Ⓐ v.tr. **1** (recipiente) encher até cima, até à borda; **2** (espaço, documento) preencher tudo Ⓑ v.intr. encher ❖ *his eyes filled up with tears* ficou com os olhos rasos de lágrimas; (comida) *to fill oneself up with...* empanturrar-se de...
filler ['fɪlə] s. **1** enchimento; **2** recheio; **3** carregador; **4** pessoa ou coisa que enche
fillet ['fɪlɪt] Ⓐ s. **1** CULINÁRIA filete; **2** (enfeite) fita, laço; **3** ARQUITECTURA listel, filete; **4** HERÁLDICA, TIPOGRAFIA filete; **5** ligadura; **6** *pl.* lombo de animal Ⓑ v.tr. **1** CULINÁRIA cortar em filetes; **2** (enfeite) ornar com filete; **3** atar com laço
filleting ['fɪlɪtɪŋ] s. guarnição de filetes
fill-in ['fɪlɪn] s. substituto
filling ['fɪlɪŋ] Ⓐ s. **1** MEDICINA (dentista) obturação, chumbo[coloq.]; **2** CULINÁRIA recheio; **3** enchimento; **4** carregamento; **5** atulhamento Ⓑ adj. (alimento) que satisfaz, que sacia ❖ ~ *block* calço; ~ *station* bomba de gasolina
fillip ['fɪlɪp] Ⓐ s. **1** piparote; **2** insignificância, frioleira; **3** estimulante, chicotada[fig.] Ⓑ v.tr. **1** dar um piparote; **2** estimular
fillis ['fɪlɪs] s. filaça
fillister ['fɪlɪstə] s. **1** goivete, guilherme, junteira; **2** rebaixador ❖ ~ *head screw* parafuso de cabeça cilíndrica
filly ['fɪlɪ] s. (pl. **-ies**) potra, poldra
film [fɪlm] Ⓐ s. **1** filme; *to shoot a* ~ rodar um filme; **2** FOTOGRAFIA rolo, película fotográfica; **3** (camada fina) película; **4** película aderente; **5** *pl.* cinema Ⓑ v.tr.,intr. **1** CINEMA filmar; **2** cobrir com película; **3** cobrir-se de película, velar-se ❖ ~ *crew* equipa de filmagem; ~ *fan* cinéfilo; ~ *festival* festival de cinema; ~ *industry* indústria cinematográfica; ~ *library* cinemateca; ~ *set* plateau; ~ *society/club* cineclube; ~ *star* estrela de cinema; ~ *test* teste cinematográfico; ~ *of oil* película de óleo
filmable ['fɪlməbəl] adj. filmável
filmdom ['fɪlmdəm] s. o mundo do cinema
filmgoer ['fɪlmgəʊə] s. CINEMA espectador de cinema, cinéfilo
filmic ['fɪlmɪk] adj. fílmico
film-maker ['fɪlmmeɪkə] s. CINEMA realizador, cineasta

film-making ['fɪlmmeɪkɪŋ] s. cinema, realização e produção de filmes
filmography [fɪlm'ɒgrəfɪ] s. filmografia
filmset ['fɪlmset] v.tr. trabalhar na fotocomposição de
filmsetter ['fɪlmsetə] s. fotocompositor
filmsetting ['fɪlmsetɪŋ] s. fotocomposição
filmstrip ['fɪlmstrɪp] s. diafilme
filmy ['fɪlmɪ] adj. (comp. **-ier**, superl. **-iest**) **1** leve como película; **2** transparente; **3** velado, coberto com película
filoselle ['fɪləʊsel] s. filosela
filter ['fɪltə] Ⓐ s. filtro Ⓑ v.tr. filtrar; depurar Ⓒ v.intr. **1** filtrar-se; **2** entrar pouco a pouco [**into**, em]; **3** passar ❖ ~ *cloth* pano do filtro; ~ *disc* disco filtrante; FOTOGRAFIA ~ *glass* filtro para a luz; ~ *paper* papel-filtro; ~ *screen* filtro de luz; ~ *stone* lioz; (cigarro) ~ *tip* filtro
◆**filter out** Ⓐ v.tr. **1** depurar por filtragem; **2** eliminar Ⓑ v.intr. (informação) vir a público
filterable ['fɪltərəbəl] adj. filtrante ❖ ~ *virus* vírus filtrante
filtered ['fɪltəd] adj. **1** filtrado; ~ *light* luz filtrada; **2** ELECTRICIDADE rectificado; ~ *voltage* voltagem rectificada
filterer ['fɪltərə] s. filtrador
filtering ['fɪltərɪŋ] s. filtragem ❖ ~ *effect* efeito de filtragem; ~ *stone* pedra de filtrar; ~ *vat* cuba de filtração
filth [fɪlθ] s. **1** imundície, porcaria; **2** obscenidades, linguagem grosseira; **3** imoralidade
filthily ['fɪlθɪlɪ] adv. de maneira imoral, obscena, porca
filthiness ['fɪlθɪnɪs] s. **1** obscenidade; **2** imundície, porcaria, imoralidade
filthy ['fɪlθɪ] adj. (comp. **-ier**, superl. **-iest**) **1** imundo, sujo; **2** infecto; **3** chocante, imoral, obsceno
filtrate[1] ['fɪltreɪt] Ⓐ v.tr. filtrar Ⓑ v.intr. filtrar-se
filtrate[2] ['fɪltrɪt, 'fɪltreɪt] s. filtrado
filtration [fɪl'treɪʃən] s. filtração
fimbriate ['fɪmbrɪeɪt] adj. fimbriado
fimbriated ['fɪmbrɪeɪtɪd] adj. fimbriado
fin [fɪn] s. **1** barbatana; **2** barba de baleia; **3** AERONÁUTICA leme de inclinação, plano vertical fixo, estabilizador vertical; **4** [cal.] mão ❖ [coloq.] *tip us your* ~ estende cá esses ossos; dá cá um aperto de mão
finable ['faɪnəbəl] adj. **1** multável; **2** clarificável
final ['faɪnəl] Ⓐ adj. **1** final; derradeiro, último; ~ *stage* fase final; ~ *exam* exame final; **2** decisivo; **3** definitivo Ⓑ s. **1** final; (competição) *to advance/get through to the* ~ chegar à final; **2** *pl.* exame final, prova final; *the law finals* exame final de Direito; *to take one's finals* fazer o exame final dum curso ❖ MECÂNICA ~ *adjustment* afinação final; ~ *assembly* montagem final; LINGUÍSTICA ~ *clause* oração final; ~ *pressure* pressão terminal; *and that's final!* e acabou-se!; e ponto final!; *in the* ~ *analysis* em última análise; *the* ~ *straw* a gota de água; *to put the* ~ *touches* dar os últimos retoques
finale [fɪ'nɑːlɪ] s. **1** MÚSICA final; **2** fecho de drama; **3** conclusão
finalist ['faɪnəlɪst] s. DESPORTO finalista
finality [faɪ'nælɪtɪ] s. (pl. **-ies**) **1** fim, finalidade; **2** carácter definitivo; **3** peremptoriedade
finalization [ˌfaɪnəlaɪ'zeɪʃən] s. acabamento, remate, conclusão, últimos retoques
finalize ['faɪnəlaɪz] v.tr. dar a última forma a
finally ['faɪnəlɪ] adv. **1** em definitivo; **2** finalmente
finance [faɪ'næns, fɪ'næns] Ⓐ s. **1** finança; **2** *pl.* finanças públicas Ⓑ v.tr.,intr. **1** financiar; **2** meter-se em operações financeiras
financial [faɪ'nænʃəl, fɪ'nænʃəl] adj. financeiro ❖ ~ *aid* auxílio financeiro; ~ *circles* esfera financeira; ~ *management* gestão financeira; ~ *policy* política financeira; ~ *year* ano fiscal
financially [faɪ'nænʃəlɪ, fɪ'nænʃəlɪ] adv. financeiramente
financier[1] [faɪ'nænsɪə] s. financeiro, especialista em finanças
financier[2] [fɪnæn'sɪə] v.tr.,intr. **1** ocupar-se de operações financeiras moralmente duvidosas; **2** praticar a agiotagem; **3** ganhar dinheiro com essas operações
financing [faɪ'nænsɪŋ, fɪ'nænsɪŋ] s. financiamento
finback ['fɪnbæk] s. ZOOLOGIA baleia rorqual
finch [fɪntʃ] s. (pl. **-es**) ZOOLOGIA tentilhão

find [faɪnd] ⒶＡ v.tr.,intr. (prt. e part. pass. **found**) **1** encontrar; achar; descobrir; **2** verificar, observar, notar; **3** arranjar; *can you ~ me a pencil?* arranjas-me um lápis?; **4** DIREITO decidir [**for**, em favor de; **against**, contra]; *the jury found for the defendant* o júri decidiu em favor do réu Ⓑ *s.* achado; descoberta ❖ *to ~ fault with* implicar com; *to ~ one's feet* ganhar confiança; *I can't ~ it in my heart to do such a thing* não tenho coragem para fazer uma coisa dessas; *seek and you will ~* quem procura sempre alcança; *she found her voice at last* até que enfim perdeu a vergonha de falar; *the baby found its feet last month* o bebé começou a andar o mês passado; *they found him guilty* declararam-no culpado

◆**find out** v.tr. **1** descobrir; *he found out the truth* ele descobriu a verdade; **2** apanhar; *his teacher found him out cheating* o professor apanhou-o a copiar; *I've found him out* descobri-o, apanhei-o em falta

findable ['faɪndəbəl] *adj.* encontrável

finder ['faɪndə] *s.* **1** aquele que encontra; **2** pequena lente de referência; **3** visor, ocular; **4** inventor

finding ['faɪndɪŋ] *s.* **1** achado, descoberta; **2** invenção; **3** DIREITO veredicto, conclusão, decisão (de tribunal ou júri)

fine [faɪn] Ⓐ *adj.* **1** bom; muito bom; óptimo; excelente; **2** saudável, fino; **3** esplêndido, excepcional; **4** (tempo) sem chuva, agradável, solarengo; **5** belo, atraente, encantador; **6** fino, delgado; afiado; **7** delicado; **8** elegante; **9** subtil, ligeiro; **10** requintado, refinado; **11** (metal) puro Ⓑ *adv.* **1** bem, muito bem, optimamente; *to be doing ~* estar a ir bem; estar a sair-se bem; **2** em pedaços pequenos, finamente; *chop the onion ~* corte a cebola em pedacinhos; **3** por pouco, por pouca diferença Ⓒ *s.* **1** multa; *a heavy ~* uma multa pesada; *to impose a ~ on sb* multar alguém; **2** [arc.] fim; **3** [arc.] coima Ⓓ *v.tr.,intr.* **1** multar [**for**, por]; **2** purificar, refinar, clarificar; **3** purificar-se, refinar-se, clarificar-se; **4** reduzir, diminuir ❖ *~ arts* belas-artes; *~ darning* cerzidura; (documento) *~ print* letras pequenas; *~ work* trabalho de precisão; *finer feelings* sentimentos mais nobres; *~ feathers make ~ birds* o hábito faz o monge; [joc.] *~ figure of a man/woman* homem/mulher de boa figura; *a ~ line between* uma linha ténue entre; *not to put too ~ a point on/upon it* para falar com franqueza; *that's/it's ~ by me* por mim, tudo bem; *that will do just ~* isso serve perfeitamente; [coloq.] *to cut it ~* chegar em cima da hora

◆**fine away** v.tr. reduzir; diminuir
◆**fine back** v.tr. reduzir; diminuir
◆**fine down** Ⓐ v.tr. **1** reduzir; **2** simplificar; **3** refinar Ⓑ v.intr. tornar-se mais fino

fineable ['faɪnəbəl] *adj.* **1** multável; **2** clarificável

fine-cut ['faɪnkʌt] *adj.* **1** cortado em fatias finas; **2** finamente cinzelado; **3** [fig.] reduzidíssimo; **4** (tabaco) picado fino

fine-drawn ['faɪndrɔːn] *adj.* **1** delicado, fino; **2** subtil; **3** elegante; **4** (desportista) reduzido ao peso mínimo mercê de regime especial e treino

fine-grained [faɪn'greɪnd] *adj.* de textura fina ❖ *~ iron* ferro de grão fino; *~ sand* areia fina

fine-looking [faɪn'lʊkɪŋ] *adj.* com bom aspecto, elegante, atraente

finely ['faɪnlɪ] *adv.* **1** (requinte) primorosamente, admiravelmente; **2** com delicadeza; **3** (espessura) finamente; *~ ground* moído muito fino; **4** (cuidado) minuciosamente; com precisão

fine-meshed [faɪn'meʃt] *adj.* de malha estreita

fineness ['faɪnnɪs] *s.* **1** finura, delicadeza, elegância; **2** excelência; **3** quilate, carate

finer ['faɪnə] *s.* refinador (de metais)

finery ['faɪnərɪ] *s.* (pl. **-ies**) **1** oficina de afinação de metais; **2** afinação, afinagem; **3** enfeite, adorno, ornamento; **4** berloques

fine-spoken [faɪn'spəʊkən] *adj.* bem-falante

finesse [fɪ'nes] Ⓐ *s.* **1** delicadeza, subtileza; **2** ardil, manha, estratagema Ⓑ *v.tr.,intr.* **1** usar de estratagemas ou manha; **2** enganar

finesser [fɪ'nesə] *s.* aquele que usa de manhas ou estratagemas; trapaceiro

finessing [fɪ'nesɪŋ] *s.* **1** astúcia; **2** artifício

fine-tune [ˌfaɪn'tjuːn] v.tr. **1** ajustar, afinar; **2** aperfeiçoar; **3** regular com exactidão

fine-tuning [ˌfaɪn'tjuːnɪŋ] *s.* **1** ajuste; **2** aperfeiçoamento; **3** regulação mais exacta

finger ['fɪŋgə] Ⓐ *s.* **1** (mão, luva, etc.) dedo; **2** tira, faixa; **3** (medida) (um) dedo, (um) pouco; *just a ~ of bread* só um bocadinho de pão; **4** [cal.] delator, bufo, dedo-duro$_{Bras.}$; **5** indicador; **6** [ant.] ponteiro de relógio Ⓑ v.tr. **1** tocar em; tactear; manusear; **2** dedilhar; MÚSICA *to ~ scales* dedilhar escalas; **3** [cal.] delatar ❖ *~ alphabet* alfabeto dos surdos-mudos; (refeições) *~ bowl* taça para lavar mãos; *~ guard* copos da espada; protecção para os dedos; *~ hole* orifício (para os dedos); [GB] *~ post* poste de sinalização; MÚSICA *~ work* dedilhação; *he didn't raise/lift a ~* ele não mexeu uma palha; ele não fez nada; *to be all fingers and thumbs* ter mãos de aranha; ser muito desajeitado com as mãos; *to cross one's fingers* fazer figas; [EUA] [cal.] *to give sb the ~* fazer a alguém um gesto obsceno; mostrar a alguém o dedo médio; *to have a ~ in every pie* interessar-se por tudo e mais alguma coisa; *to have a ~ in the pie* estar metido na questão; *to have green fingers* ter jeito para jardinagem; *to keep one's ~ on the pulse* acompanhar as mudanças; manter-se actualizado; *to keep one's fingers crossed* fazer figas; *to lay a ~ on sb* bater em alguém; tocar em alguém; *to look through one's fingers at* fingir que não se vê; *to point the ~ at* apontar o dedo a; acusar; [coloq.] *to pull/get one's ~ out* começar a esforçar-se a sério; *to put one's ~ on sth* identificar algo; explicar algo; descobrir algo; *to twist/wrap sb around one's little ~* manobrar alguém à vontade; dominar alguém por completo

fingered ['fɪŋgəd] *adj.* digitado

fingering ['fɪŋgərɪŋ] *s.* **1** palpação; **2** dedilhação; **3** lã grossa para meias

fingermark ['fɪŋgəmɑːk] *s.* **1** dedada; **2** impressão digital; **3** defeito de tecelagem que dá a impressão de dedadas na superfície do tecido

fingernail ['fɪŋgəneɪl] *s.* unha ❖ *~ polish* verniz para as unhas

fingerpick ['fɪŋgəpɪk] *s.* MÚSICA palheta

fingerprint ['fɪŋgəprɪnt] Ⓐ *s.* **1** impressão digital; **2** dedada; **3** [fig.] assinatura$_{fig.}$, traço distintivo$_{fig.}$, imagem de marca$_{fig.}$ Ⓑ v.tr. tirar as impressões digitais de; *to take sb's fingerprints* tirar as impressões digitais de alguém ❖ *~ identification* dactiloscopia

fingerstall ['fɪŋgəstɔːl] *s.* (protecção) dedeira

fingertip ['fɪŋgətɪp] *s.* ponta dos dedos ❖ *at your fingertips* à mão; à disposição; *to be sth to one's fingertips* ser algo dos pés à cabeça

finial ['fɪnɪəl, 'faɪnɪəl] *s.* ARQUITECTURA florão, remate

finical ['fɪnɪkəl] *adj.* ⇒ **finicky**

finicality [fɪnɪ'kælɪtɪ] *s.* **1** meticulosidade excessiva; **2** preciosismo; **3** afectação

finicalness ['fɪnɪkəlnɪs] *s.* ⇒ **finicality**

finick ['fɪnɪk] v.intr. esmerar-se, aprimorar-se ❖ *to ~ over* esmerar

finicking ['fɪnɪkɪŋ] *adj.* ⇒ **finicky**

finicky ['fɪnɪkɪ] *adj.* (comp. **-ier**, superl. **-iest**) **1** meticuloso, miudinho; **2** afectado; **3** demasiado perfeito em pormenores

finikin ['fɪnɪkɪn] *adj.* ⇒ **finicky**

fining ['faɪnɪŋ] *s.* **1** afinação; **2** refinação

finis ['fɪnɪs] *s.* fim (na última página de livro)

finish ['fɪnɪʃ] Ⓐ *s.* **1** fim; termo; *from start to ~* do princípio ao fim; *to the ~* até ao fim; **2** remate; **3** aperfeiçoamento; **4** acabamento; *with a matt ~* com acabamento mate; **5** DESPORTO chegada Ⓑ v.tr.,intr. **1** acabar, terminar; *he finished third* ele acabou em terceiro lugar; **2** cessar, chegar ao fim; **3** completar; **4** liquidar, matar, acabar com; *it almost finished me* quase acabou comigo; **5** desorientar, confundir; **6** polir; aperfeiçoar; rematar; retocar; dar os últimos retoques a ❖ *and to ~ with* e para terminar; *to be in at the ~* ficar até ao fim; *to fight to the ~* lutar até ao fim

◆**finish off** Ⓐ v.tr. **1** (matar) acabar com; liquidar; **2** (acto) terminar; concluir; dar os últimos retoques a Ⓑ v.intr. terminar [**with**, com]; acabar [**with**, com]; concluir [**with**, com]; *he finished off with a joke* ele terminou com uma anedota

◆**finish up** Ⓐ v.tr. (comida, bebida) acabar com; *they finished up everything* comeram tudo Ⓑ v.intr. 1 ir parar [**in**, a]; *they finished up in Lisbon* foram parar a Lisboa; 2 acabar por; acabar como; *he finished up working in a publishing house* ele acabou a trabalhar numa editora

◆**finish with** v.tr. 1 (hábito, etc.) acabar com; deixar de; *I have finished with that* acabei com isso; 2 (relação amorosa) acabar com; romper com; *I have finished with John* acabei com o John ❖ (repreensão) *I haven't finished with you yet!* ainda não acabei!, ainda há mais!

finished ['fɪnɪʃt] adj. 1 acabado; concluído; finalizado; 2 completo; perfeito; rematado; 3 (perdido, exausto) acabado ❖ **~ surface** superfície polida; *beautifully ~* com acabamentos magníficos; (pessoa) *to be ~ with...* não querer mais nada com...; (coisa) *to be ~ with...* ter acabamentos em...

finisher ['fɪnɪʃə] s. 1 aquele que acaba, que aperfeiçoa; 2 polidor

finishing ['fɪnɪʃɪŋ] Ⓐ adj. 1 derradeiro, último, final; 2 da meta, de chegada Ⓑ s. 1 acabamento; conclusão; 2 aperfeiçoamento; 3 último retoque ❖ **~ blow** golpe de misericórdia; DESPORTO **~ line** meta; chegada; **~ touch** toque final; *to cross the ~ line* cortar a meta; (projecto) chegar ao fim

Finisterre [fɪnɪs'teə] s.top. Finisterra

finite ['faɪnaɪt] adj.,s. finito, limitado; *the ~ and the infinite* o finito e o infinito ❖ MATEMÁTICA **~ number** número finito

finiteness ['faɪnaɪtnɪs] s. finidade

fink [fɪŋk] Ⓐ s. 1 [EUA] [cal.] fura-greves; 2 [EUA] [cal.] pessoa desprezível; 3 [EUA] [cal., depr.] informador, delator Ⓑ v.intr. 1 [EUA] [cal., depr.] fazer denúncia; denunciar [**on**, -]; 2 [EUA] [cal.] furar greves

◆**fink out** v.intr. [EUA] [cal., ant.] baldar-se, cortar-se

Finland ['fɪnlənd] s.top. Finlândia

Finlander ['fɪnləndə] s. finlandês

Finn [fɪn] s. (pessoa) finlandês

finnan ['fɪnən] s. carne ou peixe defumado

finned ['fɪnd] adj. com barbatanas

finner ['fɪnə] s. ZOOLOGIA baleia rorqual

Finnic ['fɪnɪk] adj. finlandês

Finnish ['fɪnɪʃ] Ⓐ adj. finlandês; da Finlândia Ⓑ s. (língua) finlandês Ⓒ s.pl. *the ~* os finlandeses ❖ **~ teacher** professor de finlandês

finny ['fɪnɪ] adj. com barbatanas

Finst. P [abrev. de Fellow of the Institute of Physics]

FIO [abrev. de Fellow of the Institute of Ophthalmic Opticians]

fiord ['fjɔːd] s. GEOGRAFIA fiorde

fiorin ['faɪərɪn] s. BOTÂNICA agróstis

fiorite ['fɪːɔːraɪt] s. fiorite

fioritura [fɪɔːrɪ'tuːrə] s. (pl. **-e**) MÚSICA fioritura

FIPA [abrev. de Fellow of the Institute of Public Administration]

fir. [abrev. de firkin]

fir [fɜː] s. BOTÂNICA abeto ❖ BOTÂNICA **~ cone** pinha; BOTÂNICA **~ tree** abeto; BOTÂNICA *silver ~* abeto branco; BOTÂNICA *Spanish ~* abeto espanhol

fire ['faɪə] Ⓐ s. 1 fogo; lume; *on slow ~* a fogo lento; *to catch/take ~* incendiar-se; pegar fogo; *to put out the ~* apagar o fogo; *to set ~ to sth/to set sth on ~* deitar/pegar fogo a alguma coisa; 2 incêndio; *to fight a ~* combater um incêndio; 3 fogueira; *to light/make a ~* acender uma fogueira; 4 chamas; *on ~* em chamas, a arder; 5 [GB] aquecedor; *electric ~* aquecedor eléctrico; 6 (arma) fogo; tiro; descarga; *to open ~ (on)* abrir fogo (sobre); *under ~* sob fogo; 7 [fig.] ardor; paixão Ⓑ v.tr.,intr. 1 disparar, fazer fogo; *to ~ a gun* disparar uma arma; *to ~ a salute* disparar uma salva; 2 pôr na rua, despedir; 3 carregar de combustível, acender; 4 (cerâmica) cozer; 5 [coloq.] fazer ir ao ar; 6 incendiar, deitar fogo a; 7 incendiar-se, explodir; 8 [fig.] excitar a imaginação; encher de entusiasmo; 9 [fig.] acender, irritar-se, enfurecer-se ❖ **~ alarm** alarme de incêndio; **~ balloon** balão (que sobe por combustão); **~ basket** braseira; (instituição) **~ brigade** (sapadores) bombeiros; **~ chief** chefe dos bombeiros; [EUA] (instituição) **~ department** (sapadores) bombeiros; **~ door** saída de emergência; porta de fornalha; porta à prova de fogo; **~ drill** simulação de incêndio; **~ engine** camião dos bombeiros; **~ escape** saída de emergência; **~ extinguisher** extintor de incêndios; **~ grate** grelha; **~ hose** mangueira para combater incêndios; **~ hydrant** boca de incêndio; **~ insurance** seguro contra incêndios; **~ irons** ferros do fogão/da lareira; **~ kiln** fornalha; **~ ladder** escada de incêndio; MINERALOGIA **~ marble** lumaquela; **~ office** secção de seguros contra incêndio; **~ policy** apólice de seguro contra incêndio; **~ practice** simulação de incêndio; NÁUTICA **~ quarters** postos contra incêndio; [GB] **~ raiser** incendiário; pirómano; **~ rake** atiçador; rodo; **~ risk** risco de incêndio; **~ season** época de incêndios; **~ screen** pára-fogo; guarda-fogo; anteparo de fogão de sala; [ant.] (navio em chamas) **~ ship** brulote; **~ station** quartel de bombeiros; **~ trench** trincheira na linha de fogo; [EUA] **~ warden** guarda-florestal; *baptism of/by ~* baptismo de fogo; *by ~ and sword* a ferro e fogo; *to fight ~ with ~* usar as mesmas armas; pagar na mesma moeda; *to go through ~ and water* passar por grandes dificuldades; [coloq.] *to hang ~* adiar; demorar; *to miss ~ (with)* não produzir qualquer efeito (em); ir ao lado; *to play with ~* brincar com o fogo; *to set the world on ~* causar sensação

◆**fire away** v.intr. 1 disparar; continuar a disparar; 2 [coloq.] desembuchar; dizer o que se tem a dizer; 3 [coloq.] (perguntar) disparar coloq.

firearm ['faɪɑːm] s. arma de fogo

fireball ['faɪəbɔːl] s. 1 FÍSICA (explosão nuclear) bola de fogo; 2 ASTRONOMIA (meteorito) bólide; bola de fogo; 3 [coloq.] (pessoa enérgica) vulcão fig.; 4 granada iluminante

firebird ['faɪəbɜːd] s. ZOOLOGIA verdelhão americano

firebomb ['faɪəbɒm] Ⓐ s. bomba incendiária Ⓑ v.tr.,intr. colocar bomba incendiária (em)

firebox ['faɪəbɒks] s. (pl. **-es**) fornalha

firebrand ['faɪəbrænd] s. 1 tocha, tição, brandão; 2 [fig.] (pessoa) agitador; activista

firebreak ['faɪəbreɪk] s. 1 guarda-fogo; 2 (floresta) linha quebra-fogo

firebrick ['faɪəbrɪk] s. tijolo refractário

fireclay ['faɪəkleɪ] s. argila refractária ❖ **~ brick** tijolo de barro refractário

firedamp ['faɪədæmp] s. (gás) grisu

firedog ['faɪədɒg] s. [EUA] (armação em metal) cão da chaminé

firedrake ['faɪədreɪk] s. 1 MITOLOGIA dragão; 2 meteoro

fire-eater ['faɪəˌiːtə] s. 1 engolidor de fogo, artista que engole fogo; 2 [fig., coloq.] brigão, mata-mouros

firefight ['faɪəfaɪt] s. MILITAR luta armada

firefighter ['faɪəfaɪtə] s. bombeiro

firefighting ['faɪəfaɪtɪŋ] Ⓐ s. combate aos incêndios Ⓑ adj. de incêndio; usado no combate aos incêndios ❖ **~ pump** bomba de incêndio

fire-float ['faɪəfləʊt] s. barco contra incêndios

firefly ['faɪəflaɪ] s. ZOOLOGIA pirilampo

fireguard ['faɪəgɑːd] s. 1 guarda-fogo; 2 (floresta) linha quebra-fogo

fireless ['faɪələs] adj. sem fogo, sem lume

firelight ['faɪəlaɪt] s. luz do fogo ❖ *by/in the ~* à luz do fogo

firelighter ['faɪəlaɪtə] s. acendalha

firelock ['faɪəlɒk] s. espingarda de pederneira

fireman ['faɪəmən] s. (pl. **-men**) 1 bombeiro; 2 fogueiro

firepan ['faɪəpæn] s. braseira

fireplace ['faɪəpleɪs] s. lareira, fogão de sala

fireplug ['faɪəplʌg] s. [EUA] boca de incêndio

firepower ['faɪəpaʊə] s. MILITAR poder militar destrutivo

fireproof ['faɪəpruːf] adj. à prova de fogo; resistente ao fogo; incombustível ❖ **~ covering** revestimento à prova de fogo; **~ paint** tinta resistente ao fogo

fireproofing ['faɪəpruːfɪŋ] s. processo de incombustibilização

firer ['faɪərə] s. 1 deflagrador; 2 incendiário

fire-resistant [ˌfaɪərɪ'zɪstənt] adj. resistente ao fogo

fireside ['faɪəsaɪd] s. 1 lareira; *by the ~* à lareira; 2 casa

firetrap ['faɪətræp] s. edifício perigoso em caso de incêndio

firewalker ['faɪəwɔːkə] s. faquir (que caminha sobre brasas)

firewalking ['faɪəwɔːkɪŋ] s. (cerimónia) caminhar sobre brasas

firewall ['faɪəwɔːl] s. INFORMÁTICA (Internet) *firewall*, barreira de protecção

firewater ['faɪəˌwɔːtə] s. [ant., joc.] uísque, bebida alcoólica forte

firewood ['faɪəwʊd] s. (combustível) lenha
firework ['faɪəwɜːk] s. 1 fogo-de-artifício; 2 pl. sessão de fogo--de-artifício ❖ *a spent ~* pessoa acabada
fire-worship ['faɪəwɜːʃɪp] s. adoração do fogo
fire-worshipper ['faɪəwɜːʃɪpə] s. adorador do fogo
fire-worshipping ['faɪəwɜːʃɪpɪŋ] adj. que adora o fogo
firing ['faɪərɪŋ] s. 1 aquecimento; 2 (cerâmica) acendimento, cozedura; 3 combustível; 4 tiro, fogo ❖ *~ chamber* câmara de explosão; *~ door* porta por onde a fornalha é carregada; (motor de explosão) *~ order* ordem de ignição; *~ line* linha de fogo; vanguarda; *~ party/squad* pelotão de execução; *~ pin* percutor; MILITAR *~ power* potencial de fogo; *in/on the ~ line* na linha de fogo
firkin ['fɜːkɪn] s. 1 pequeno barril (para manteiga, líquidos, peixe); 2 medida de capacidade de 9 galões
firm [fɜːm] Ⓐ s. firma, casa comercial, sociedade comercial Ⓑ adj. 1 firme; 2 estável; 3 seguro, fixo; 4 forte; 5 inflexível; 6 (conhecimento) sólido Ⓒ adv. firmemente; *to stand ~* aguentar firmemente, manter-se firme Ⓓ v.tr.,intr. firmar(-se); fixar(-se) ❖ *the firm's capital* o capital social; *to take a ~ hold of* agarrar com firmeza
◆**firm up** Ⓐ v.tr. 1 confirmar; 2 concretizar; 3 tornar mais firme Ⓑ v.intr. 1 consolidar-se; 2 estabilizar
firmament ['fɜːməmənt] s. firmamento
firman [fəˈmɑːn] s. formão, firmão (licença, salvo-conduto, decreto oriental)
firmer ['fɜːmə] s. cinzel ❖ *~ chisel* formão
firmly ['fɜːmlɪ] adv. 1 firmemente; 2 com firmeza; 3 sinceramente; *I ~ believe that ...* acredito sinceramente que ...
firmness ['fɜːmnɪs] s. firmeza, solidez
firn [fɜːn] s. 1 nevada; 2 camada de neve endurecida
firry ['fɜːrɪ] adj. relativo ao abeto
first [fɜːst] Ⓐ num.ord.,s. 1 (o) primeiro; 2 princípio; começo; *from ~ to last* do princípio ao fim; *from the ~* desde o princípio; 3 primeira vez; *that's the ~ I've heard of it* é a primeira vez que ouço falar disso; 4 (viagem) primeira classe; 5 [GB] (classificação de licenciatura) muito bom; 6 (velocidade) primeira; 7 pl. artigos de primeira qualidade Ⓑ adj. 1 primeiro; 2 principal; mais importante Ⓒ adv. 1 primeiramente, primeiro; em primeiro lugar; *I would say that ~* eu diria isso em primeiro lugar; 2 pela primeira vez; *when did you ~ see him?* quando é que o viste pela primeira vez?; 3 preferentemente ❖ *~ aid* primeiros socorros; (curso) socorrismo; [GB] *~ floor* primeiro andar; [EUA] *~ floor* rés-do-chão; (meios de transporte, correio) *~ class* primeira classe; correio azul; *~ fruits* primícias; *~ gear* primeira velocidade; *First Lady* Primeira Dama; *~ name* primeiro nome; nome de baptismo; TEATRO *~ night* noite de estreia; *~ performance* estreia; primeira representação; *~ speed* primeira velocidade; *~ and foremost* em primeiro lugar; sobretudo; antes de mais nada; *~ and last* no conjunto, tudo considerado; MILITAR *First Lord of the Admiralty* primeiro Lorde do Almirantado; ministro da Marinha; *~ of all* em primeiro lugar; antes de mais nada; primeiro que tudo; [coloq.] *~ off* em primeiro lugar; *~ thing* antes de mais nada; sem demora; logo de manhã; [EUA] [coloq.] *~ thing off the bat* imediatamente; *~ things ~* o mais importante em primeiro lugar; tudo a seu tempo; *at ~* a princípio; *at ~ hand* em primeira mão; *at ~ sight/glance/blush* à primeira vista; *he doesn't know the ~ thing about* ele não percebe nada de; [coloq.] *in the ~ place* em primeiro lugar; para começar; *I'd die/kill myself first!* antes queria morrer!; *to be on ~ name terms/basis* tratar alguém pelo primeiro nome; tratar alguém por tu; *to come ~* ter prioridade, estar em primeiro lugar; [EUA] [coloq.] *to get to ~ base* passar a primeira etapa; conseguir beijar (alguém); *to make the ~ move* dar o primeiro passo
first-aid [fɜːstˈeɪd] adj. de primeiros socorros ❖ *~ classes* curso/aulas de socorrismo; *~ kit* kit de primeiros socorros; *~ post/station* posto de socorrismo; *~ worker* socorrista
first-born [fɜːstˈbɔːn] s. primogénito
first-class [fɜːstˈklɑːs] Ⓐ adj. 1 de primeira qualidade, de primeira ordem; 2 óptimo, esplêndido, excelente; 3 (viagem) de primeira classe; que viaja em primeira classe; 4 (correspondência, selo) de correio azul; 5 (curso) com classificação final de *bom* ou *muito bom* Ⓑ adv. 1 em primeira classe; *to travel ~* viajar em primeira; 2 em correio azul; *to send sth ~* enviar algo por correio azul ❖ *~ mail/post* correio azul; *~ ticket* bilhete de primeira classe
first-classer [fɜːstˈklɑːsə] s. DESPORTO craque, jogador muito bom
first-degree [ˌfɜːstdɪˈgriː] adj. de primeiro grau ❖ *~ burn* queimadura de primeiro grau; MATEMÁTICA *~ equation* equação do primeiro grau; [EUA] *~ murder* homicídio premeditado
first-foot [ˈfɜːstfʊt] Ⓐ s. [Esc.] (Ano Novo) primeiro visitante do ano Ⓑ v.tr.,intr. [Esc.] ser o primeiro visitante (de)
first-generation [fɜːstˌdʒenəˈreɪʃən] adj. (imigração, tecnologia) de primeira geração
first-hand [ˌfɜːstˈhænd] adj.,adv. em primeira mão ❖ *~ information* informação em primeira mão; *~ experience* experiência directa
firstling [ˈfɜːstlɪŋ] s. 1 primogénito de rebanho; 2 pl. primícias
firstly [ˈfɜːstlɪ] adv. 1 em primeiro lugar; 2 primeiramente; 3 antes de mais
firstnighter [ˈfɜːstnaɪtə] s. pessoa que vai sempre às primeiras representações
first-person [fɜːstˈpɜːsən] adj. 1 (narração) de primeira pessoa; 2 (relato) autobiográfico
first-rate [fɜːstˈreɪt] Ⓐ adj. 1 de primeira ordem; da melhor qualidade; 2 excelente; esplêndido Ⓑ adv. óptimo; excelente; *I feel ~* estou óptimo
firth [fɜːθ] s. 1 braço de mar; 2 estuário
FIS [abrev. de Fellow of the Institute of Surveyors]
FISA [abrev. de Fellow of the Incorporated Secretaries Association]
fisc [fɪsk] s. 1 tesouro da antiga Roma, tesouro pessoal do imperador da antiga Roma; 2 erário público
fiscal [ˈfɪskəl] Ⓐ adj. 1 fiscal; 2 financeiro Ⓑ s. funcionário, fiscal (em alguns países estrangeiros) ❖ *~ year* ano fiscal, ano financeiro
fiscally [ˈfɪskəlɪ] adv. fiscalmente
fish [fɪʃ] Ⓐ s. (pl. *-es*, pl. *fish*) 1 ZOOLOGIA peixe; *to catch a ~* apanhar/pescar um peixe; 2 NÁUTICA (mastros, vergas, etc.) chúmea, reforço de madeira; 3 reforço; 4 (caminhos-de-ferro) travessa de madeira sobre que assentam os carris; 5 (jogos de azar) ficha; 6 [cal.] otário Ⓑ v.tr.,intr. 1 pescar; andar à pesca; 2 pescar em, andar à pesca em; *to ~ a river* pescar num rio; 3 [fig.] andar à procura [*for*, de]; 4 NÁUTICA chumear, chumbear; 5 içar, puxar; 6 (bolso, saco, etc.) vascular; remexer ❖ CULINÁRIA *~ and chips* filetes de peixe com batata frita; CULINÁRIA *~ ball/cake* croquete de peixe; *~ breeding* piscicultura; *~ carver* trinchante de peixe; ZOOLOGIA *~ crow* corvo-marinho; *~ farm* viveiro de peixes; CULINÁRIA *~ finger* douradinho; *~ glue* cola de peixe; (pesca) *~ hook* anzol; *~ market* mercado de peixe; *~ pot* rede lagosteira; *~ preserve* reserva de pesca; [GB] *~ slice* trinchante de peixe; espátula; *~ smoking* fumagem de peixe; [EUA] CULINÁRIA *~ stick* douradinho; [coloq.] *~ story* peta; (pessoa importante) *big ~* peixe graúdo; manda-chuva; *a cold ~* uma pessoa carrancuda; uma pessoa insensível; *all's ~ that comes to the net* tudo o que vem à rede é peixe; [coloq.] *as drunk as a ~* bêbado que nem um cacho; *as mute as a ~* mudo como um penedo; *neither ~, flesh nor good red herring* nem carne nem peixe; *neither ~ nor fowl/flesh* nem carne nem peixe; *there are plenty more ~ in the sea* há mais peixe no mar; isso não é único no mundo; há mais coisas iguais; [GB] [ant., coloq.] *to be a queer/an odd ~* ser uma pessoa excêntrica; ser um esquisito; *to be/feel like a ~ out of water* estar como peixe fora de água; sentir-se fora do seu elemento; [coloq.] *to drink like a ~* beber como uma esponja; [coloq., joc.] *to feed the fishes* ir dar de comer aos peixinhos; afogar-se; enjoar; *to ~ for compliments* andar à procura de elogios; *to ~ for oneself* desembaraçar-se; livrar-se de apuros; *to ~ in troubled waters* pescar em águas turvas; [coloq.] *to have other ~ to fry* ter coisas mais importantes a tratar; *to make ~ of one and flesh of another* ser parcial; mostrar grande parcialidade
◆**fish out** v.tr. 1 extrair [*from*, de]; retirar [*from*, de]; 2 esgotar os peixes de (um local); *to ~ a river* esgotar a pesca dum rio
fish-bellied [ˈfɪʃˌbelɪd] adj. em forma de barriga de peixe, que incha em baixo
fishbone [ˈfɪʃbəʊn] s. espinha

fishbowl ['fɪʃbaʊl] s. aquário redondo
fisher ['fɪʃə] s. 1 pescador; 2 ZOOLOGIA animal pescador; 3 [cal.] nota de libra ❖ RELIGIÃO (Bíblia) ~ *of men* pescador de homens; *Fisher's seal* o selo de S. Pedro
fisherman ['fɪʃəmən] s. (*pl.* **-men**) pescador ❖ NÁUTICA *fisherman's knot* nó inglês
fishery ['fɪʃəri] s. (*pl.* **-ies**) 1 pesca, pescaria; 2 indústria da pesca; pesqueira; 3 zona de pesca industrial; 4 local de criação de peixes ❖ *coast/inshore* ~ pesca costeira; *cod* ~ pesca do bacalhau; *deep-sea* ~ pesca do mar alto
Fishes ['fɪʃɪz] s. ASTRONOMIA (constelação, signo) Peixes
fishhook ['fɪʃhʊk] s. (pesca) anzol
fishiness ['fɪʃɪnɪs] s. 1 sabor ou cheiro a peixe; 2 carácter suspeito, carácter equívoco de qualquer coisa
fishing ['fɪʃɪŋ] s. pesca ❖ ~ *boat* barco de pesca; ZOOLOGIA ~ *frog* peixe-sapo; tamboril; ~ *ground* zona de pesca; ~ *line* linha de pesca; ~ *net* rede de pesca; ~ *rod* cana de pesca; (barco de pesca) ~ *smack* sumaca; ~ *tackle* apetrechos de pesca; ~ *vessel* navio de pesca
fishmonger ['fɪʃmʌŋgə] s. peixeiro, vendedor de peixe ❖ *fishmonger's (shop)* peixaria
fishnet ['fɪʃnet] s. 1 rede de pesca; 2 VESTUÁRIO rede; ~ *stockings/tights* meias de rede
fishpond ['fɪʃpɒnd] s. 1 viveiro de peixes; 2 lago com peixinhos
fishwife ['fɪʃwaɪf] s. (*pl.* **-ves**) peixeira
fishy ['fɪʃɪ] adj. (*comp.* **-ier**, *superl.* **-iest**) 1 com cheiro ou gosto a peixe; 2 [coloq.] suspeito; esquisito; de carácter duvidoso
fisk [fɪsk] s. 1 tesouro da antiga Roma, tesouro pessoal do imperador da antiga Roma; 2 erário público
fissile ['fɪsaɪl] adj. físsil, com tendência a fender-se ❖ FÍSICA ~ *materials* materiais cindíveis
fission ['fɪʃən] s. 1 fissão; *nuclear* ~ fissão nuclear; 2 BIOLOGIA cissiparidade, fissiparidade; 3 FÍSICA cisão
fissiparism [fɪ'sɪpərɪzəm] s. BIOLOGIA (genética) fissiparidade
fissiparous [fɪ'sɪpərəs] adj. BIOLOGIA (genética) fissíparo
fissiped ['fɪsɪped] adj. fissípede
fissipedal [fɪsɪ'pedəl] adj. fissípede
fissure ['fɪʃə] Ⓐ s. fissura, fenda Ⓑ *v.tr.,intr.* fender, abrir fenda
fist [fɪst] Ⓐ s. 1 punho; *to clench one's* ~ cerrar o punho; 2 [coloq.] mão; [coloq.] *give us your* ~ estende cá essa mão; aperta cá a mão; 3 [coloq.] punhado; 4 [ant., coloq.] caligrafia; *I know her* ~ conheço-lhe a letra Ⓑ *v.tr.* 1 socar; agredir com os punhos; dar murros a; 2 (vela, remo, etc.) manobrar ❖ ~ *law* lei do mais forte; [coloq.] *to grease sb's fist/hand/palm* untar as unhas a alguém; subornar alguém; [ant.] *to make a bad/poor* ~ *of sth* ser mal sucedido em alguma coisa; sair-se mal em alguma coisa; [ant.] *to make a good* ~ *of sth* ser bem sucedido em alguma coisa; sair-se bem em alguma coisa
fistful ['fɪstfʊl] s. punhado
fistic ['fɪstɪk] adj. [joc.] pugilístico
fistical ['fɪstɪkəl] adj. [joc.] pugilístico
fisticuffs ['fɪstɪkʌfs] s.pl. luta, combate a soco
fistula ['fɪstjʊlə] s. 1 MEDICINA fístula; 2 respiradouro (de baleia)
fistular ['fɪstjʊlə] adj. fistuloso, ulcerado
fistulous ['fɪstjʊləs] adj. fistuloso, ulcerado
fit [fɪt] Ⓐ s. 1 ataque; acesso; *a* ~ *of coughing* um ataque de tosse; *a* ~ *of laughter* um ataque de riso; *a* ~ *of temper* um ataque de mau humor; 2 crise; 3 desmaio; *a fainting* ~ desmaio, síncope; 4 paroxismo; 5 corte, modo de talhar (roupa, fatos, etc.); *that suit is an excellent* ~ esse fato tem um corte esplêndido, assenta muito bem; 6 adaptação, ajuste Ⓑ *adj.* 1 próprio, conveniente; 2 apropriado [**for**, para]; adequado [**for**, a]; *he is not* ~ *for the position* ele não se adequa ao lugar; 3 apto [**for**, para]; ~ *for duty* apto para o serviço; 4 pronto; 5 certo, justo, legítimo, próprio; *it is not* ~ *that you should say such a thing* não está certo que digas uma coisa dessas; 6 em boa condição física, em boa forma; *to keep* ~ manter-se em forma Ⓒ *v.tr.,intr.* (particípios: **-tt-**) 1 adaptar-se, assentar, servir; *it fits you to a nicety/it fits you like a glove* assenta que nem uma luva; 2 preparar-se para; 3 aprontar; 4 fornecer; 5 ser próprio; 6 ajustar-se ❖ ~ *to eat* que se pode comer; *as* ~ *as a fiddle* são como um pêro; (processo) *by fits and starts* aos arrancos; sem continuidade; *he'll do as he thinks/sees* ~ fará como bem entender; *that's all you are* ~ *for* só serves para isso; *the key doesn't* ~ *the lock* a chave não serve na fechadura; *to give one a* ~ chocar uma pessoa; [coloq.] *to have/to throw a* ~ ter um ataque de cólera; ficar muito surpreendido; *water* ~ *to drink* água potável

◆**fit in** Ⓐ *v.intr.* 1 encaixar; 2 caber; *will we all fit in?* cabemos todos?, há espaço para todos?; 3 ajustar-se [**with**, a]; *I don't know if my arrangements will* ~ *with yours* não sei se os meus planos se poderão harmonizar com os seus; 4 enquadrar-se [**with**, com/em]; 5 (pessoa) integrar-se; *to have problems fitting in* ter problemas de integração Ⓑ *v.tr.* 1 encaixar; 2 ter/encontrar espaço/tempo para

◆**fit on** *v.tr.* 1 colocar; 2 adaptar ❖ *to have a new coat fitted on* provar um casaco novo

◆**fit out** *v.tr.* equipar [**with**, com]; apetrechar [**with**, com]; *to* ~ *a ship* equipar um navio com o necessário ❖ *to fit a room out with (sth)* instalar (determinado equipamento) numa divisão

◆**fit up** *v.tr.* 1 prover, munir, fornecer, mobilar; *to fit the house up with sth* instalar algo em casa; 2 transformar [**as**, em]; *to fit a room up as...* transformar uma divisão em...; 3 culpar; *to fit sb up* deitar as culpas para alguém

fitch [fɪtʃ] s. (*pl.* **-es**) pêlo de toirão, escova feita de pêlo de toirão
fitchew ['fɪtʃuː] s. doninha, toirão
fitful ['fɪtfʊl] adj. 1 incerto, irregular; 2 caprichoso
fitfully ['fɪtfʊlɪ] adv. 1 aos arrancos; 2 irregularmente
fitment ['fɪtmənt] s. móvel, peça de mobília
fitness ['fɪtnɪs] s. 1 capacidade, aptidão; 2 oportunidade, justeza, conveniência; *the* ~ *of things* a conveniência das coisas; 3 boa forma, boa condição física ❖ ~ *centre* ginásio; centro de manutenção; *physical* ~ boa forma; saúde
fitted ['fɪtɪd] adj. 1 calibrado, ajustado; 2 feito à medida; (roupa) justo; 3 (mobiliário) embutido; ~ *wardrobe* armário embutido; 5 com mobília embutida; com mobília feita à medida; 6 equipado [**with**, com]; *is the car* ~ *with a radio?* o carro está equipado com rádio? ❖ ~ *carpet* alcatifa
fitter ['fɪtə] s. 1 oficial de alfaiate (que prova fatos); 2 adaptador, ajustador, montador (de máquinas); 3 mecânico, serralheiro ❖ *fitter's tools* ferramenta de mecânico
fitting ['fɪtɪŋ] Ⓐ *adj.* adequado, apropriado, próprio, conveniente Ⓑ s. 1 (roupas) prova; 2 ajustamento; 3 MECÂNICA acessório; 4 (máquina) montagem, instalação; 5 (roupa, calçado) tamanho; 6 *pl.* mobiliário; 7 *pl.* acessórios; 8 *pl.* guarnições, ferramentas ❖ (loja de roupa) ~ *room* provador; gabinete de provas; ~ *shop* oficina de ajustamento; serralharia, secção de montagem (de máquinas); *electric fittings* aparelhagem eléctrica; *office fittings* mobiliário de escritório; ~ *for portable lamps* armação de lâmpada portátil
fittingly ['fɪtɪŋlɪ] adv. 1 apropriadamente, adequadamente; 2 a propósito; 3 à altura da ocasião
five [faɪv] *num.card.*, s. 1 cinco; 2 (jogos de cartas) quina; 3 nota de 5 libras; nota de 5 dólares ❖ ~ *figure* de cinco algarismos; *five-day/five-month/five-year* de cinco dias/meses/anos; *five-year plan* plano quinquenal; plano de fomento de cinco anos; [coloq.] *give me/gimme (a) five!* dá cá mais cinco!; *in fives* em grupos de cinco; [EUA] [coloq.] *to take* ~ fazer um curto intervalo
five-finger ['faɪvˌfɪŋgə] s. BOTÂNICA potentilha, cinco-em-ramo
fivefold ['faɪvfəʊld] adj.,adv. 1 quíntuplo; 2 ao quíntuplo
fivepence ['faɪfpəns, 'faɪvpəns] s. importância de cinco dinheiros
fivepenny ['faɪfpənɪ, 'faɪvpənɪ] adj. com o valor de cinco dinheiros
fiver ['faɪvə] s. 1 [GB] [coloq.] nota de cinco libras; 2 [EUA] [coloq.] nota de cinco dólares
fives [faɪvz] s. determinado jogo de bola
fivesome ['faɪvsəm] s. partida de golfe com cinco jogadores
fivespot ['faɪvspɒt] s. nota de cinco dólares
five-star [ˌfaɪv'stɑː] adj. 1 (hotel, restaurante, serviço) de cinco estrelas; 2 óptimo; excelente; de categoria
fix [fɪks] Ⓐ *v.tr.,intr.* 1 fixar, firmar; *he fixed his eyes on me* ele fitou-me; 2 resolver; 3 decidir, arranjar; 4 dirigir, orientar firmamente; 5 dominar com o olhar; 6 coagular; 7 confundir, tornar perplexo; 8 [EUA] [coloq.] preparar, arranjar, consertar; *can you* ~ *this?* és capaz de arranjar isto?; [EUA] *to* ~ *a flat tire* consertar

um furo ⓑ s. 1 (situação crítica) enrascada, encrenca; *to be in a ~* estar numa enrascada; 2 (opinião) posição; 3 [coloq.] fraude; batota; *the election was a fix!* as eleições foram uma fraude!; 4 [EUA] estado; *in good ~* em bom estado ❖ *radio ~* posição de navio ou avião fixada pela rádio; *can you ~ a date for the meeting?* pode marcar uma data para a reunião?; *to ~ a photographic negative* fixar um negativo; MILITAR *to ~ bayonets* calar baionetas; *to ~ somewhere* instalar-se em qualquer parte; fixar-se

◆**fix on** v.tr. 1 escolher, optar por; 2 (data) determinar, estabelecer, fixar; 3 (tampa, etc.) colocar

◆**fix up** v.tr. 1 (conserto) arranjar; 2 organizar; 3 (construção) desenrascar; 4 arranjar, conseguir [with, -]; *they fixed me up with* arranjaram-me..., conseguiram-me... ❖ *to fix sb up for the night* alojar alguém durante a noite; *to ~ a quarrel* harmonizar uma questão

fixate ['fikseit] Ⓐ v.tr. 1 (olhos) fixar; fitar; 2 obcecar Ⓑ v.intr. 1 fixar-se; 2 estabilizar; 3 desenvolver uma fixação

fixated [fi'keitid] adj. 1 fixo; 2 que tem uma fixação [**on**, por]; obcecado [**on**, com]

fixation [fik'seiʃən] s. 1 fixação; 2 solidificação; 3 coagulação; 4 obsessão, ideia fixa; 5 PSICOLOGIA estacionamento do desenvolvimento mental ❖ *to have a ~ about/on/with...* estar obcecado com...

fixative ['fiksətiv] Ⓐ s. fixador, substância que serve para fixar desenhos e cores Ⓑ adj. fixativo

fixature ['fiksətʃə] s. fixador (para o cabelo)

fixed ['fikst] adj. 1 fixo, fixado; 2 firme, invariável, constante; 3 (resultados) manipulado; 4 previsto ❖ *~ bar* barra fixa; *~ beam* viga encastrada; ELECTRICIDADE *~ current* corrente constante/fixa; *~ engine* motor fixo; máquina fixa; FOTOGRAFIA *~ focus* posição ideal das lentes para instantâneos; *~ gauge* verificador; *~ girder* viga embutida/fixa; *~ star* astro; *~ at both ends* engastado nas duas extremidades; *~ horizontal surface* plano horizontal fixo; *~ price tariff* tarifa a preço fixo; *~ vertical fin* plano vertical fixo; *~ voltage* voltagem constante; *to be well ~* estar bem; ter dinheiro

fixedly ['fiksidli] adv. fixamente

fixedness ['fiksidnis] s. 1 fixidez; 2 estabilidade, constância, permanência

fixer ['fiksə] s. 1 fixador; 2 preparado que serve para fixar; 3 montador (de máquinas)

fixing ['fiksiŋ] s. 1 arranjo, reparação; 2 fixação; 3 fixagem ❖ FOTOGRAFIA *~ bath* banho fixador

fixity ['fiksiti] s. ⟨pl. *-ies*⟩ 1 fixidez; 2 firmeza; 3 imutabilidade

fixture ['fikstʃə] s. 1 imóvel, prédio; 2 peça fixa; móvel embutido; 3 DESPORTO desafio, encontro; 4 [fig., coloq.] pessoa que ocupa qualquer cargo durante muito tempo; *he's a ~* ele já faz parte da mobília; 5 pl. instalações; imóveis ❖ *electric fixtures* sistema eléctrico

fizgig ['fiz,gig] s. 1 [ant.] rapariga atiradiça; 2 fogo-de-artifício sibilante; 3 (pesca) lança

fizz [fiz] Ⓐ s. ⟨pl. *-es*⟩ 1 efervescência; 2 silvo, assobio, zumbido; 3 bebida com gás; champanhe; 4 [fig.] excitação, agitação, animação Ⓑ v.intr. 1 efervescer; 2 (champanhe) fazer espuma; 3 silvar, zumbir

fizzer ['fizə] s. (críquete) bola atirada com toda a velocidade

fizzing ['fiziŋ] Ⓐ adj. 1 sibilante; 2 extraordinário Ⓑ s. 1 efervescência; 2 silvo

fizzle ['fizəl] Ⓐ s. 1 efervescência; 2 silvo; 3 [coloq.] fiasco Ⓑ v.intr. 1 produzir efervescência; 2 silvar

◆**fizzle out** v.intr. 1 ser mal sucedido, dar fiasco; 2 (planos) ir por água abaixo; 3 (interesse) esmorecer; desvanecer-se; 4 desaparecer, morrer

fizzy ['fizi] Ⓐ adj. ⟨comp. *-ier*, superl. *-iest*⟩ 1 com gás, gasoso; 2 espumoso; 3 efervescente Ⓑ s. [coloq.] champanhe, espumante

fjord [fjɔːd] s. GEOGRAFIA fiorde

fl. [abrev. de fluid]

Fl. Ⓐ [abrev. de Flemish] Ⓑ [abrev. de Flanders]

Fla. [abrev. de Florida]

FLA [abrev. de Fellow of the Library Association]

flab [flæb] s. flacidez, gordura, adiposidade

flabbergast ['flæbəgɑːst] v.tr. [coloq.] espantar; confundir; assarapantar

flabbergasted ['flæbəgɑːstid] adj. [coloq.] estupefacto [**at**, com]; atónito [**at**, com]; assarapantado [**at**, com]

flabbergasting ['flæbəgɑːstiŋ] adj. que faz espantar

flabbily ['flæbili] adv. flacidamente, molemente

flabbiness ['flæbinis] s. flacidez, moleza, frouxidão

flabby ['flæbi] adj. ⟨comp. *-ier*, superl. *-iest*⟩ 1 flácido, mole; 2 sem energia

flabellate ['flæbəlit] adj. flabelado

flabelliform [flæ'belifɔːm] adj. flabeliforme

flabellum [flæ'beləm] s. ⟨pl. *-la*⟩ flabelo

flaccid ['flæksid] adj. flácido, mole, frouxo

flaccitidy [flæk'siditi] s. flacidez, frouxidão, moleza

flag [flæg] Ⓐ s. 1 bandeira; pavilhão; estandarte; bandeirola; *to hoist the ~* içar a bandeira; *to strike the ~* arriar a bandeira; 2 marca; marcação; marcador; 3 BOTÂNICA lírio-roxo; 4 espadana; 5 laje; 6 (ave) rémige; 7 folha de cereal; 8 (jornal, revista) nome (impresso na primeira página ou capa); 9 NÁUTICA navio-almirante Ⓑ v.tr. ⟨particípios: *-gg-*⟩ 1 enfeitar com bandeiras, embandeirar; 2 assinalar; marcar; 3 chamar a atenção de; 4 fazer sinal a; 5 enviar mensagem por meio de bandeiras; 6 lajear, cobrir com lajes Ⓒ v.intr. ⟨particípios: *-gg-*⟩ 1 murchar, emurchecer; 2 esmorecer, enfraquecer, diminuir; *his enthusiasm was flagging* o entusiasmo dele estava a diminuir; 3 tombar ❖ *~ bearer* porta-bandeira; NÁUTICA *~ captain* capitão de bandeira; *~ day* dia da festa da bandeira; dia em que se vendem pequenas bandeirinhas para fins de beneficência; [GB] *~ fall* tarifa máxima do táxi; MILITAR *~ lieutenant* ajudante de campo (de almirante); *~ officer* oficial general da Armada (almirante, contra-almirante, vice-almirante, comodoro); *black ~* bandeira preta dos piratas; *~ merchant* bandeira mercante; *powder ~* bandeira vermelha indicativa de que há explosivos a bordo; *white ~* bandeira branca; *yellow ~* bandeira amarela; sinal de quarentena; (corrida de automóveis) *the chequered ~* a bandeira axadrezada; *to get one's ~* atingir o posto de almirante; *to keep the ~ flying* não se deixar dominar; defender a bandeira; *to show/wave/fly the ~* dar sinal de si; mostrar-se; aparecer; mostrar o apoio pela bandeira; *under the ~ of* em representação de (um país, organização,...); *with flags fore and aft* embandeirado em arco

◆**flag down** v.tr. 1 fazer sinal a (um veículo ou pessoa) para; *to ~ a taxi* fazer sinal a um táxi; 2 (polícia) dar sinal de paragem a

flagellant ['flædʒilənt] adj.,s. 1 flagelante; 2 pessoa que flagela, que se submete a flagelos

flagellata [flædʒi'leitə] s.pl. ZOOLOGIA flagelados

flagellate[1] ['flædʒəleit] v.tr. flagelar

flagellate[2] ['flædʒilit] adj. flagelado, flageliforme

flagellation [,flædʒə'leiʃən] s. flagelação

flagellator ['flædʒəleitə] s. flagelador

flagelliform [flə'dʒelifɔːm] adj. flageliforme

flagellum [flə'dʒeləm] s. ⟨pl. *-a*⟩ 1 flagelo; 2 BOTÂNICA estolho

flageolet [,flædʒə'let] s. 1 flautim; 2 feijão branco

flagging ['flægiŋ] adj. 1 em baixa, em declínio; 2 decrescente; 3 enfraquecido; 4 murcho, caído

flagitious [flə'dʒiʃəs] adj. flagicioso

flagitiously [flə'dʒiʃəsli] adv. flagiciosamente

flagitiousness [flə'dʒiʃəsnis] s. flagício

flagman ['flægmən] s. (funcionário de sinalização) bandeirinha

flagon ['flægən] s. 1 frasco; 2 caneca, com tampa, para água; 3 RELIGIÃO galheta; 4 garrafa de água com asa

flagpole ['flægpəul] s. (bandeira) haste; mastro ❖ *to run sth up the ~* propor algo

flagrancy ['fleigrənsi] s. ⟨pl. *-ies*⟩ 1 flagrância; 2 carácter escandaloso, escândalo

flagrant ['fleigrənt] adj. 1 flagrante, notório; 2 escandaloso

flagrantly ['fleigrəntli] adv. flagrantemente, escandalosamente

flagship ['flægʃip] Ⓐ s. 1 NÁUTICA navio almirante; navio principal; 2 [fig.] (produto, sucursal, etc.) estrela*fig*, vedeta*fig*, elemento principal Ⓑ adj. principal, de proa

flagstaff ['flægstɑːf] s. mastro de bandeira

flagstone ['flægstəun] s. lájea, laje

flag-waver ['flægweivə] s. 1 patriota fanático; 2 sinalizador

flag-waving ['flægweɪvɪŋ] s. patriotismo fanático; patriotismo de aparato

flail [fleɪl] Ⓐ s. malho, mangual Ⓑ v.tr.,intr. malhar Ⓒ v.intr. 1 balançar; 2 agitar-se ❖ ~ *tank* máquina destinada a libertar um terreno de minas

◆**flail about/around** v.intr. agitar-se; debater-se

flair [fleə] s. 1 faro*fig.*, instinto especial para o que é bom; 2 (talento) dom [**for**, para]; 3 gosto, queda, fraco; *he had a ~ for sport cars* ele tinha um fraco por carros desportivos

flaith [fleɪθ] s. [Irl.] chefe de família

flake [fleɪk] Ⓐ s. 1 floco; 2 faísca, centelha; 3 escama; 4 lasca; 5 camada; 6 cravo raiado; 7 rede para secar peixe Ⓑ v.tr.,intr. 1 cair em flocos; 2 desfazer-se em escamas; 3 cobrir com flocos; 4 fazer lascar

flaked ['fleɪkt] adj. em lascas

flaking ['fleɪkɪŋ] s. acto de se desfazer em lascas, em escamas

flaky ['fleɪkɪ] adj. (comp. **-ier**, superl. **-iest**) 1 com escamas; 2 em flocos; 3 em lâminas, em lascas; 4 CULINÁRIA (massa) folhado; ~ *pastry* massa folhada; 5 [EUA] [coloq.] (excêntrico) louco, amalucado

flam [flæm] s. 1 historieta, fantasia; 2 rufo de tambor

flambé ['flɒmbeɪ] adj. CULINÁRIA flambé, flambê

flambeau ['flæmbəʊ] s. (pl. **-s** ou **-x**) archote

flamboyance [flæm'bɔɪəns] s. extravagância

flamboyant [flæm'bɔɪənt] Ⓐ adj. 1 vistoso; que dá nas vistas; 2 brilhante, flamante; 3 teatral; 4 extravagante; 5 ARQUITECTURA flamejante Ⓑ s. 1 BOTÂNICA plantas de cor chamejante; 2 chagas

flamboyantly [flæm'bɔɪəntlɪ] adv. vistosamente, de forma extravagante

flame [fleɪm] Ⓐ s. 1 chama; labareda; *in flames* em chamas; 2 fogo; 3 [fig.] chama, ardor, paixão; 4 [fig.] (pessoa) paixão; *old ~* paixão antiga; 5 cor de fogo; 6 INFORMÁTICA (correio electrónico, *newsgroup*) mensagem insultuosa Ⓑ adj. cor de fogo Ⓒ v.tr.,intr. 1 arder; 2 inflamar-se; 3 brilhar; 4 lançar chamas; 5 fazer sinal por meio de chamas; 6 submeter ao fogo, queimar; 7 enfurecer-se; 8 corar; 9 INFORMÁTICA (correio electrónico, *newsgroup*) inundar com mensagens insultuosas; 10 irromper ❖ BIOLOGIA ~ *cell* célula-flama; ~ *detector* detector de incêndios; ~ *hardening* têmpera pelo fogo; ~ *resistant* à prova de chama; *to burst into flames* arder; ser destruído pelo fogo; *to commit sb to the flames* imolar alguém pelo fogo; *to fan the flames* deitar achas para a fogueira; *to go up in flames* arder, ser destruído pelo fogo; desvanecer-se

◆**flame up** v.intr. 1 arder; 2 corar; 3 enfurecer-se

flameless ['fleɪmləs] adj. sem chama

flamen ['fleɪmen] s. flâmine

flameproof ['fleɪmpruːf] adj. à prova de chama; ignífugo

flame-thrower ['fleɪmθrəʊə] s. lança-chamas

flaming ['fleɪmɪŋ] Ⓐ adj. 1 chamejante; em chamas; a arder; 2 flamejante; 3 [fig.] ardente, intenso; 4 brilhante; 5 (cor) forte; 6 [coloq., depr.] maldito Ⓑ s. 1 clarão; 2 incêndio; 3 abrasamento; 4 INFORMÁTICA (correio electrónico) envio de mensagens insultuosas

flamingo [flə'mɪŋgəʊ] s. (pl. **-es** ou **-s**) ZOOLOGIA flamingo

flammable ['flæməbəl] adj. inflamável

flan [flæn] s. CULINÁRIA tarte recheada

Flanders ['flɑːndəz, 'flændəz] s.top. Flandres

flange [flændʒ] Ⓐ s. 1 rebordo, borda saliente; 2 verdugo, a parte mais saliente de roda de carruagem de caminho-de-ferro que a mantém firme no carril; 3 manilha (de tubo); 4 patilha; 5 MECÂNICA prato Ⓑ v.tr. 1 colocar um rebordo ou saliência; 2 rebaixar ❖ MECÂNICA ~ *coupling* união de pratos; ~ *joint* junta de pratos; ~ *belt pulley* polia com rebordos; ~ *of a beam* banzo de viga

flanged [flændʒd] adj. 1 com rebordo; 2 com manilhas ❖ ~ *pipe* tubo de manilhas; ~ *union* junta de manilhas

flanging ['flændʒɪŋ] s. 1 bordeação; 2 reviragura de bordos ❖ ~ *machine* máquina de bordear

flank [flæŋk] Ⓐ s. 1 lado; 2 ilharga; 3 flanco Ⓑ v.tr. 1 flanquear; 2 proteger flanqueando; 3 apanhar de flanco; atacar de flanco; 4 ladear; acompanhar lado a lado; *to be flanked by...* estar ladeado por... ❖ *to take the ~ of the enemy* atacar o inimigo pelos flancos

flanker ['flæŋkə] s. 1 (fortificações) flanco; 2 coisa que flanqueia outra; 3 flanqueador

flanking ['flæŋkɪŋ] s. flanqueamento

flannel ['flænl] s. 1 (tecido) flanela; 2 toalhete (para lavar o rosto e as mãos); 3 [coloq., fig.] conversa fiada, lábia, palavreado; 4 pl. VESTUÁRIO calças de flanela; roupa de flanela ❖ [EUA] CULINÁRIA ~ *cake* panqueca

flannelette [flænə'let] s. flanela de algodão

flannelled ['flænəld] adj. vestido de flanela

flannelly ['flænəlɪ] adj. como flanela

flanning ['flænɪŋ] s. vão (de porta ou janela)

flap [flæp] Ⓐ s. 1 (bolsa, mesa, chapéu, etc.) aba; ~ *of a coat* aba do casaco; 2 dobra; beira; 3 palmada leve; pequena pancada; 4 (asa, vela, etc.) leve batimento; ondulação; *the flaps of a sail* o ondular duma vela; 5 (envelope) dobra; 6 (livro) badana; 7 LINGUÍSTICA (fonética) vibrante simples; 8 [coloq.] agitação, pânico; [coloq.] *to be in a ~* estar agitado; estar excitado; [coloq.] *to get into a ~* desorientar-se; perder a cabeça Ⓑ v.tr.,intr. (particípios: **-pp-**) 1 (asas, velas, etc.) bater, agitar, ondular; 2 (braços) esbracejar; 3 dar leve palmada a; 4 atirar; 5 [coloq.] desorientar-se; correr dum lado para o outro; 6 enxotar; *to ~ the flies (away)* enxotar as moscas ❖ ~ *hat* chapéu de abas largas e pendentes; ~ *table* mesa com abas; (porta) *cat ~* entrada para gato; ANATOMIA ~ *of the ear* pavilhão auricular

flapdoodle ['flæpduːdl] s. [ant.] disparate, tolice

flap-eared ['flæpɪəd] adj. 1 de orelhas pendentes; 2 (pessoa) com orelhas de abano

flapjack ['flæpdʒæk] s. 1 bolo de aveia; 2 [EUA] panqueca

flapped [flæpt] adj. 1 com abas; 2 pendente

flapper ['flæpə] s. 1 pato bravo muito novo; 2 perdigoto, perdiz nova; 3 caça-moscas; 4 taramela para espantar pássaros; 5 grande barbatana; 6 [coloq.] mão; 7 [coloq.] (anos 20) rapariga nova, rapariga adolescente, garota; 8 cauda de crustáceo; 9 borda pendente de dobradiça

flapping ['flæpɪŋ] s. 1 que se agita; 2 (asas) que bate

flare [fleə] Ⓐ s. 1 brilho; cintilação; fulgor; 2 (sinal) foguete luminoso; 3 ostentação; exibição; 4 NÁUTICA (casco de navio) bojo; 5 (saia) folho; 6 toucinho; 7 pl. [GB] VESTUÁRIO calças à boca de sino Ⓑ v.intr. 1 cintilar; flamejar; 2 dilatar-se; bojar; alargar; 3 alargar no fundo; 4 recrudescer; 5 encolerizar-se; inflamar-se; *tempers flared* os ânimos inflamaram-se Ⓒ v.tr. 1 fazer flamejar; 2 sinalizar com luz brilhante; 3 exibir, ostentar ❖ AERONÁUTICA ~ *path* pista iluminada

◆**flare up** v.intr. 1 cintilar; flamejar; 2 (ânimos) inflamar-se; irritar-se; 3 (situação) rebentar; explodir ❖ *to ~ at the slightest thing* ferver em pouca água

flared [fleəd] adj. (saia) com folhos

flare-up ['fleərʌp] s. 1 irrupção, acesso; 2 intensificação, recrudescência; 3 (fogo) reacendimento; 4 (doença) recaída

flaring ['fleərɪŋ] Ⓐ adj. 1 brilhante; 2 bojudo Ⓑ s. 1 brilho, fulgor; 2 bojo; 3 folhos

flash [flæʃ] Ⓐ s. (pl. **-es**) 1 clarão [**of**, de]; centelha; brilho súbito; *a ~ of lightning* o clarão de um relâmpago; 2 FOTOGRAFIA flash; 3 momento; instante; *in a ~* num instante; 4 (informação) flash, boletim; *news ~* flash/boletim informativo; 5 [fig.] acesso [**of**, de]; rasgo [**of**, de]; *a ~ of anger* um acesso de fúria; 6 ostentação; pompa Ⓑ adj. 1 vistoso; exibicionista; 2 falso, fingido; 3 rápido; momentâneo; transitório; 4 relativo a ladrões; relativo a salteadores Ⓒ v.tr.,intr. 1 (luz) brilhar; reluzir; piscar; 2 aparecer subitamente; 3 fazer cintilar; 4 dardejar; 5 (velocidade) passar como um raio; 6 ocorrer, passar; *it flashed into my mind* ocorreu-me de súbito; 7 lançar; chispar; *her eyes flashed fire* os seus olhos lançavam fogo; 8 exibir, ostentar; 9 mostrar rapidamente; 10 mostrar os órgãos genitais em público ❖ ~ *bomb* bomba luminosa; ~ *gentry* gatunos; ladrões; FOTOGRAFIA ~ *lamp* flash; lâmpada que permite tirar fotografias à noite ou com pouca luz; ~ *money* dinheiro falso; ~ *of wit* saída espirituosa; QUÍMICA ~ *point* ponto de inflamação; ponto de ignição; ~ *wheel* roda hidráulica; *a ~ in the pan* sol de pouca dura

◆**flash around** v.tr. andar a exibir; ostentar

◆**flash back** v.intr. 1 regressar [**to**, a]; 2 fazer um flashback [**to**, a partir de]

flashback ['flæʃbæk] s. flashback, analepse

flashbulb ['flæʃbʌlb] s. FOTOGRAFIA lâmpada de flash
flashcard ['flæʃkɑːd] s. (didáctica) cartaz (mostrado por momentos)
flasher ['flæʃə] s. 1 [coloq.] exibicionista; 2 sinalizador luminoso, farol
flashily ['flæʃɪlɪ] adv. vistosamente
flashiness ['flæʃɪnɪs] s. 1 superficialidade, falso brilho; 2 exterioridade
flashing ['flæʃɪŋ] Ⓐ s. 1 brilho, cintilação; 2 (em telhado) revestimento de zinco; 3 (sexual) exibicionismo; 4 espigão de suporte Ⓑ adj. cintilante; brilhante ❖ ~ *beacon* farol intermitente; QUÍMICA ~ *point* ponto de inflamação; ponto de ignição; ~ *signal* sinal de relâmpagos
flashlight ['flæʃlaɪt] s. 1 FOTOGRAFIA flash; 2 [EUA] lanterna; 3 luz intermitente
flashover ['flæʃəʊvə] s. ELECTRICIDADE centelha
flashpan ['flæʃpæn] s. caçoleta de espingarda antiga
flashpoint ['flæʃpɔɪnt] s. 1 QUÍMICA ponto de inflamação; 2 [fig.] fase crítica; 3 área de risco, área problemática ❖ *the situation had nearly reached* ~ a situação era potencialmente explosiva
flashy ['flæʃɪ] adj. (comp. -ier, superl. -iest) 1 vistoso, para dar nas vistas; 2 superficial
flask [flɑːsk] s. 1 frasco; 2 (laboratório) balão de vidro; 3 caixa de fundição; 4 [ant.] polvorinho ❖ ~ *casting* fundição em caixa; *vacuum* ~ garrafa-termo
flat [flæt] Ⓐ adj. 1 liso, plano; horizontal; ~ *surface* superfície plana; [coloq.] *as* ~ *as a pancake* completamente liso; 2 raso; 3 chato; achatado, espalmado; 4 uniforme, fixo, sem variação, sempre o mesmo; *he pays a* ~ *rate for electric light* ele paga uma importância fixa para luz eléctrica; 5 (pneu, bola) em baixo, sem ar; [coloq.] *to have a* ~ *tyre* ter um furo num pneu, ter um pneu em baixo; 6 (bebida) que perdeu o gás; 7 insípido, insosso; monótono, sem interesse; 8 pouco movimentado, morto fig.; 9 absoluto, terminante, completo; ~ *refusal* recusa terminante; 10 sem grande profundidade; 11 (vinho) insípido, morto; *this wine tastes* ~ este vinho está sem paladar, este vinho está sem força; 12 [GB] (bateria) descarregado, que não funciona, gasto; 13 MÚSICA bemol; *E* ~ *mi* bemol Ⓑ s. 1 [GB] apartamento, andar; *garden* ~ apartamento com jardim; 2 [EUA] [coloq.] pneu em baixo, furo; 3 MÚSICA bemol; 4 terreno plano (geralmente baixo e húmido); 5 (mão) palma; *the* ~ *of the hand* a palma da mão; 6 (lâmina de espada) lado; 7 parte da casa para habitação; 8 pl. (calçado) sapatos rasos Ⓒ adv. 1 horizontalmente; numa posição plana; 2 completamente; terminantemente; 3 exactamente; *in three minutes* ~ dentro de exactamente três minutos; 4 sem rodeios, francamente; 5 nitidamente Ⓓ v.tr. (particípios: -**tt**-) 1 alisar; 2 achatar; 3 atenuar ❖ (esculpir) ~ *chisel* escopro; ~ *feet* pés chatos; ~ *out* a toda a velocidade; a todo o vapor; abruptamente; de forma brusca; sem rodeios; MÚSICA ~ *pick* palheta; ~ *rate of pay* taxa uniforme de salários; ARQUITECTURA ~ *roof* tecto horizontal; ~ *shoes* sapatos rasos; ~ *silver* talheres de prata; ~ *stone* laje; ~ *trajectory* trajectória tensa; *a block of flats* um prédio; [coloq.] *and that's* ~ e ponto final; *mud* ~ charco de lama; *to be* ~ *on one's back* estar estendido (de costas); estar de cama; *to be on the* ~ ser tudo plano; (piada, ideia, etc.) *to fall* ~ não produzir o efeito desejado; falhar; sair frustrado; [coloq.] *to fall* ~ *on one's face* estatelar-se; *to feel* ~ sentir-se em baixo; sentir-se deprimido; [coloq.] *to go* ~ *against* ignorar; desobedecer a
flatboat ['flætbəʊt] s. NÁUTICA barco de fundo chato
flatcar ['flætkɑː] s. (comboios) vagão de bordas baixas
flat-chested [ˌflætˈtʃestɪd] adj. (mulher) com pouco peito; com seios muito pequenos
flatfish ['flætfɪʃ] s. (pl. flatfish ou flatfishes) ZOOLOGIA soleídeo, peixe da família do linguado, da solha, etc.
flatfoot ['flætfʊt] s. 1 MEDICINA pé chato; 2 [cal., ant.] (patrulha a pé) bófia, chui
flatfooted [ˌflætˈfʊtɪd] Ⓐ adj. 1 (anomalia física) com pé chato; 2 [fig., coloq.] desastrado; desajeitado; canhestro; inábil; 3 (afirmação) directo; claro; inequívoco; 4 [coloq.] mal preparado Ⓑ adv. inequivocamente; claramente; abertamente; *to come out* ~ (*for*) asssumir abertamente o seu apoio (a) ❖ *to catch sb* ~ apanhar alguém desprevenido; apanhar alguém de surpresa

flat-headed ['flætˌhedɪd] adj. de cabeça chata ~ *screw* parafuso de cabeça chata
flatiron ['flætaɪən] s. 1 barra chata de ferro; 2 [ant.] ferro (de engomar)
flatlet ['flætlɪt] s. pequeno andar ou parte de casa
flatly ['flætlɪ] adv. 1 em baixo; 2 de modo liso; 3 sem graça; 4 terminantemente, redondamente
flatmate ['flætmeɪt] s. companheiro de apartamento, pessoa com quem se divide o apartamento
flatness ['flætnɪs] s. 1 insipidez; monotonia; banalidade; 2 franqueza; 3 planura; ausência de relevo
flat-nosed ['flætnəʊzd] adj. 1 de nariz achatado; 2 de pontas chatas; ~ *pliers* alicate de pontas chatas
flat-out ['flætaʊt] Ⓐ adv. [coloq.] completamente Ⓑ adj. [coloq.] absoluto, completo
flatpack ['flætpæk] Ⓐ s. mobília para montar Ⓑ adj. empacotado e para montar
flatstone ['flætstəʊn] s. pedra tumular
flatted ['flætɪd] adj. 1 esbatido, alisado, achatado; 2 de aluguer, para alugar
flatten ['flætən] v.tr.,intr. 1 achatar, abater, aplanar; 2 tornar insípido; 3 esbater; 4 [coloq.] pôr uma pessoa no seu lugar, não a deixar abusar
flattened ['flætənd] adj. 1 espalmado; liso; 2 abatido, rebaixado; 3 (pneu) esvaziado; 4 desanimado; deprimido ❖ ~ *arch* arco abatido; ~ *tube* cano achatado
flattener ['flætnə] s. 1 aquele que rebaixa; 2 abaixador
flattening ['flætnɪŋ] s. 1 esvaziamento (de pneu); 2 atenuação (de cor); 3 esmagamento; 4 alisamento
flatter ['flætə] Ⓐ v.tr.,intr. 1 lisonjear, adular, elogiar demasiado; 2 agradar, encantar; 3 embelezar Ⓑ s. 1 laminador; 2 alisador; 3 flauta (utensílio de ferreiro)
flatterer ['flætərə] s. lisonjeiro, lisonjeador; adulador
flattering ['flætərɪŋ] Ⓐ adj. 1 lisonjeiro, lisonjeador; 2 (roupa) que favorece Ⓑ s. bajulação, lisonja
flatteringly ['flætərɪŋlɪ] adv. lisonjeiramente
flattery ['flætərɪ] s. (pl. -ies) lisonja, adulação
flattop ['flættɒp] s. 1 [cal.] porta-aviões; 2 corte de cabelo raso em cima
flatty ['flætɪ] s. [cal.] polícia
flatulence ['flætjʊləns] s. 1 flatulência; 2 vaidade, presunção
flatulency ['flætjʊlənsɪ] s. 1 flatulência; 2 vaidade, presunção
flatulent ['flætjʊlənt] adj. 1 flatulento; 2 inchado, presunçoso
flatus ['fleɪtəs] s. (pl. -es) flatuosidade, flato
flaunt [flɔːnt] Ⓐ v.tr.,intr. 1 pavonear-se, exibir-se; 2 fazer gala de, exibir; 3 (bandeira) flutuar, ondular Ⓑ s. exibição, ostentação
flaunter ['flɔːntə] s. 1 exibicionista, ostentador; 2 vaidoso
flaunting ['flɔːntɪŋ] Ⓐ s. ostentação, exibição Ⓑ adj. 1 exibicionista; 2 vistoso; 3 flutuante, flutuando
flauntingly ['flɔːntɪŋlɪ] adv. 1 com ostentação; 2 para dar nas vistas
flaunty ['flɔːntɪ] adj. 1 vistoso; 2 que gosta de dar nas vistas; 3 vaidoso
flautist ['flɔːtɪst] s. MÚSICA flautista
flavescent [fleɪˈvesənt] adj. flavescente
flavin ['fleɪvɪn] s. flavina
flavonoid ['fleɪvənɔɪd, 'flævənɔɪd] s. BIOLOGIA flavonóide
flavor ['fleɪvə] s. [EUA] ⇒ flavour
flavorous ['fleɪvərəs] adj. saboroso
flavour ['fleɪvə] Ⓐ s. 1 gosto, sabor; 2 (comida, bebida) aroma; 3 cheiro, odor Ⓑ v.tr. 1 CULINÁRIA temperar, deitar tempero em; 2 aromatizar
flavoured ['fleɪvəd] adj. 1 com sabor a; *strawberry-flavoured* com sabor a morango; *chocolate-flavoured* com sabor a chocolate; 2 aromatizado; 3 condimentado, temperado
flavourer ['fleɪvərə] s. 1 tempero, condimento; 2 aromatizante
flavouring ['fleɪvərɪŋ] s. 1 condimento, tempero; 2 aromatizante
flavourless ['fleɪvələs] adj. sem sabor; insípido
flavoursome ['fleɪvəsəm] adj. saboroso
flaw [flɔː] Ⓐ s. 1 defeito, imperfeição, falha; ~ *in a casting* defeito de fundição; ~ *in the material* defeito do material;

2 (reputação) mancha; mácula; **3** problema; *there's just one ~* há só um problema; **4** deficiência; **5** fenda, greta; **6** ampola; **7** rajada (de vento ou chuva) Ⓑ *v.tr.,intr.* **1** danificar; deteriorar; tornar imperfeito; **2** afectar (negativamente); prejudicar; **3** fender; rachar

flawed [flɔːd] *adj.* **1** com defeito, defeituoso; **2** imperfeito, com falhas

flawless [ˈflɔːləs] *adj.* **1** impecável, sem defeito; **2** sem mácula, sem mancha

flawlessly [ˈflɔːlɪslɪ] *adv.* impecavelmente, de modo perfeito

flawlessness [ˈflɔːlɪsnɪs] *s.* perfeição

flawn [flɔːn] *s.* [arc.] espécie de leite-creme

flawy [ˈflɔːɪ] *adj.* (*comp.* **-ier**, *superl.* **-iest**) imperfeito, com defeitos

flax [flæks] *s.* (planta, fibra) linho ❖ *~ comb* sedeiro; *~ dresser* cardador de linho; *~ field* linhal; *~ yarn* fio de linho

flaxen [ˈflæksən] *adj.* **1** de linho, feito de linho; **2** [poét.] loiro de linho ❖ *~ hair* cabelo loiro (como estriga de linho)

flaxseed [ˈflækssiːd] *s.* linhaça; semente do linho ❖ *~ oil* óleo de linhaça

flay [fleɪ] *v.tr.* **1** esfolar, tirar a pele a; **2** explorar; despojar; **3** [fig.] deitar abaixo, arrasar, criticar sem dó nem piedade ❖ [coloq.] *to ~ sb alive* esfolar alguém vivo

flayer [ˈfleɪə] *s.* **1** explorador; **2** esfolador ❖ *every fox must pay his own skin to the ~* tantas vezes vai o cântaro à fonte que no fim lá deixa a asa

flay-flint [ˈfleɪˌflɪnt] *s.* [rar.] ⇒ **skinflint**

flaying [ˈfleɪɪŋ] *s.* esfolamento

FLCM [abrev. de Fellow of the London College of Music]

flea [fliː] *s.* ZOOLOGIA pulga ❖ *~ collar* coleira antipulgas; *~ market* feira da ladra; (críticas, censuras) *to send away sb with a ~ in his ear* pôr uma pessoa com as orelhas a arder

fleabag [ˈfliːbæg] *s.* **1** [coloq.] (animal) saco de pulgas*fig.*; **2** [cal.] cama

fleabane [ˈfliːbeɪn] *s.* pulicária

fleabite [ˈfliːbaɪt] *s.* **1** mordedura de pulga; **2** [coloq., fig.] pequeno aborrecimento

flea-bitten [ˈfliːbɪtən] *adj.* **1** com mordeduras de pulgas; **2** [fig.] incomodado; **3** [fig.] com mau aspecto, degradado, decadente

flea-flicker [ˈfliːflɪkə] *s.* DESPORTO jogada enganadora

fleam [fliːm] *s.* **1** lanceta; **2** flame

fleamarket [ˈfliːmɑːkɪt] *s.* feira da ladra

fleapit [ˈfliːpɪt] *s.* (estabelecimento, teatro, cinema) espelunca

fleawort [ˈfliːwɜːt] *s.* BOTÂNICA parietária, alfavaca-de-cobra

flèche [fleɪʃ] *s.* ARQUITECTURA agulha, flecha

fleck [flek] Ⓐ *s.* **1** mancha, nódoa; **2** pequena extensão Ⓑ *v.tr.* **1** manchar, lançar pequenas manchas; **2** salpicar

flecker [ˈflekə] *v.tr.* manchar, salpicar

flecking [ˈflekɪŋ] *s.* manchas, pintas

fleckless [ˈfleklɪs] *adj.* imaculado, sem mancha

flecky [ˈflekɪ] *adj.* (*comp.* **-ier**, *superl.* **-iest**) **1** às manchas, às pintas; **2** pintalgado, raiado

fled [fled] *prt. e part. pass. de* **to flee**

fledge [fledʒ] *v.tr.* **1** cobrir de penas ou penugem; **2** prover com asas; **3** emplumar

fledged [fledʒd] *adj.* **1** com penas; **2** capaz de voar

fledgeling [ˈfledʒlɪŋ] Ⓐ *s.* **1** passarinho que começou a voar; **2** [fig.] novato, pessoa inexperiente Ⓑ *adj.* inexperiente

fledgling [ˈfledʒlɪŋ] Ⓐ *s.* **1** passarinho que começou a voar; **2** [fig.] novato, pessoa inexperiente Ⓑ *adj.* inexperiente

flee [fliː] *v.tr.,intr.* (*prt. e part. pass.* **fled**) **1** fugir de; abandonar; *they fled the country* fugiram do país; **2** escapar; **3** evitar

fleece [fliːs] Ⓐ *s.* **1** velo, velocino, tosão; **2** nuvem branca com o aspecto de algodão; **3** neve em flocos Ⓑ *v.tr.* **1** tosquiar; **2** esfolar; **3** [fig.] (explorar) esfolar, depenar, roubar; **4** espalhar, cobrir [**with**, de]; *a sky fleeced with clouds* um céu coberto ou forrado de nuvens ❖ *the Golden ~* o Tosão de Ouro

fleeced [fliːst] *adj.* coberto de lã ❖ *~ with snow* coberto de um manto de neve

fleecer [ˈfliːsə] *s.* **1** tosquiador; **2** explorador

fleecing [ˈfliːsɪŋ] Ⓐ *adj.* que rouba Ⓑ *s.* exploração, extorsão

fleecy [ˈfliːsɪ] *adj.* (*comp.* **-ier**, *superl.* **-iest**) **1** em flocos; **2** lanoso, como lã

fleed [fliːd] *s.* lardo, toucinho

fleeing [ˈfliːɪŋ] Ⓐ *adj.* em fuga Ⓑ *s.* fuga

fleer[1] [ˈfliːə] *s.* pessoa que foge, fugitivo

fleer[2] [fliə] Ⓐ *s.* risota, chacota Ⓑ *v.intr.* fazer chacota, rir-se de, escarnecer, fazer pouco de

fleet [fliːt] Ⓐ *s.* **1** NÁUTICA frota, armada, esquadra; **2** (transporte) frota; *a ~ of taxis* uma frota de táxis; **3** pequena baía ou enseada Ⓑ *adj.* **1** rápido, veloz, célere; **2** superficial, pouco profundo Ⓒ *v.intr.* **1** deslizar rapidamente, passar; **2** [arc.] desaparecer ❖ [EUA] *~ admiral* almirante; comandante-chefe da esquadra; *Fleet Street* rua de Londres onde se encontravam concentrados os principais jornais; os jornalistas; a imprensa; *the Fleet* afluente do Tamisa em Londres, agora coberto; antiga prisão de Londres

fleet-footed [ˈfliːtˌfʊtɪd] *adj.* de pés ligeiros, rápido

fleetful [ˈfliːtfʊl] *s.* **1** grande quantidade; **2** uma frota inteira

fleeting [ˈfliːtɪŋ] *adj.* **1** fugitivo, fugaz; **2** efémero, transitório

fleetingly [ˈfliːtɪŋlɪ] *adv.* **1** fugazmente, fugidiamente; **2** transitoriamente; **3** de modo efémero

fleetly [ˈfliːtlɪ] *adv.* **1** rapidamente; **2** fugitivamente

fleetness [ˈfliːtnɪs] *s.* **1** rapidez, velocidade; **2** ligeireza; **3** efemeridade

Flem [flem] *s.* [coloq.] flamengo

Fleming [ˈflemɪŋ] *s.* (pessoa) flamengo

flemish [ˈflemɪʃ] *v.intr.* (cão) tremer com o corpo e cauda enquanto fareja

Flemish [ˈflemɪʃ] Ⓐ *adj.* flamengo; de Flandres Ⓑ *s.* (língua) flamengo Ⓒ *s.pl.* *the ~* os flamengos ❖ PINTURA (séc. XV e XVI) *~ school* escola flamenga

flench [flenʃ] *v.tr.* **1** esquartejar (baleia); **2** esfolar (foca)

flencher [ˈflenʃə] *s.* **1** esquartejador de baleias; **2** esfolador de focas

flense [flenz] *v.tr.* **1** esquartejar (baleia); **2** esfolar (foca)

flenser [ˈflenzə] *s.* **1** esquartejador de baleias; **2** esfolador de focas

flesh [fleʃ] Ⓐ *s.* **1** carne; **2** (frutos, vegetais) polpa, parte carnuda, parte comestível; **3** [fig.] carne, corpo, matéria (em oposição ao espírito); *the pleasures of the ~* os prazeres da carne; **4** natureza humana, raça humana; **5** [coloq.] gordura; *to gather/put on ~* engordar; *to lose ~* emagrecer Ⓑ *v.tr.* **1** dar o baptismo de sangue; **2** excitar com carne, dar o gosto de sangue; **3** saciar; fartar; **4** engordar; **5** descarnar ❖ *~ brush/glove* escova/luva para fricções; *~ colour* cor de carne; cor de pele; *~ fly* mosca de carne; *~ pink* tom róseo de carne; *~ tights* vestuário de malha ou seda, cor de carne, justo ao corpo; *~ tints* carnação; carnações; *~ wound* ferida superficial; *in the ~* em carne e osso; pessoalmente; *one's (own) ~ and blood* pessoas de família mais chegadas; carne da sua carne; (Bíblia) *the spirit indeed is willing, but the ~ is weak* o espírito, na verdade, está pronto, mas a carne é fraca; *to demand one's pound of ~* exigir o pagamento total de uma dívida; exigir o que é devido; *to go the way of all ~* morrer; *to make sb's ~ creep/crawl* arrepiar alguém; horrorizar alguém; (plano, ideia, etc.) *to put ~ on sth* completar algo; dar consistência a algo

❖**flesh out** Ⓐ *v.tr.* **1** dar consistência a; **2** desenvolver; enriquecer; **3** aumentar; encher Ⓑ *v.intr.* [coloq.] engordar

flesh-eating [ˈfleʃiːtɪŋ] *adj.* carnívoro

fleshiness [ˈfleʃɪnɪs] *s.* **1** corpulência; **2** boa nutrição; **3** gordura

fleshing [ˈfleʃɪŋ] *s.* **1** descarnadura; **2** *pl.* vestuário de malha ou seda justo ao corpo

fleshless [ˈfleʃləs] *adj.* descarnado, sem carne

fleshliness [ˈfleʃlɪnɪs] *s.* carnalidade, concupiscência

fleshly [ˈfleʃlɪ] *adj.* **1** carnal; **2** sensual

fleshpot [ˈfleʃpɒt] *s.* **1** [joc.] lupanar, zona de devassidão; **2** *pl.* vida regalada, luxúria

fleshy [ˈfleʃɪ] *adj.* (*comp.* **-ier**, *superl.* **-iest**) suculento, carnudo

fleur-de-lis [ˌflɜːdəˈliː] *s.* (*pl.* **fleurs-de-lis**) flor-de-lis

fleuret [ˈflʊəret] *s.* floreta

fleuron [ˈflɜːrən] *s.* florão

fleury [ˈflʊərɪ] *adj.* HERÁLDICA flor-de-lisado

flew [flu:] *prt. de* **to fly**
flews [flu:z] *s.pl.* beiços grossos e pendentes de certos cães
flex [fleks] Ⓐ *v.tr.* flectir, dobrar Ⓑ *s. (pl.* **-es**) ELECTRICIDADE fio, condutor eléctrico flexível
flexibility [ˌfleksɪ'bɪlɪtɪ] *s.* flexibilidade ❖ ~ *factor* factor de flexibilidade
flexible ['fleksɪbəl] *adj.* flexível ❖ ~ *brake* freio/travão flexível; ELECTRICIDADE ~ *cord* condutor flexível; ~ *curve* régua flexível; ~ *joint pipe* tubo articulado; ~ *mold* molde flexível; ELECTRICIDADE ~ *plugging* ligação flexível
flexile ['fleksaɪl] *adj.* **1** flexível, móvel; **2** versátil
flexion ['flekʃən] *s.* **1** flexão; **2** curva; **3** inflexão; **4** LINGUÍSTICA [arc.] flexão
flexional ['flekʃənəl] *adj.* (músculo) flexor
flexitime ['fleksɪtaɪm] *s.* horário flexível
flexuose ['fleksjʊəʊs] *adj.* flexuoso, sinuoso
flexuosity [ˌfleksjʊ'ɒsɪtɪ] *s. (pl.* **-ies**) flexuosidade
flexuous ['fleksjʊəs] *adj.* flexuoso
flexure ['flekʃə] *s.* flexão; curvatura ❖ *test by repeated* ~ ensaio de flexão alternada
flibbertigibbet [ˌflɪbətɪ'dʒɪbɪt] *s.* **1** indivíduo frívolo, caprichoso; **2** cabeça-no-ar
flick [flɪk] Ⓐ *s.* **1** piparote; pancada leve; **2** sacão, movimento súbito; **3** estalido, ruído seco; **4** salpico, pincelada, mancha; **5** [coloq.] filme Ⓑ *v.tr.* **1** mover rapidamente; virar; **2** (pó) sacudir; afastar com um piparote; **3** (chicote) zurzir; **4** (livro) folhear; **5** (máquinas) premir ❖ [GB] ~ *knife* navalha de mola; [coloq.] *to go to the flicks* ir ao cinema
◆**flick away** *v.intr.* **1** sacudir; **2** (gesto) mandar embora com a mão [*at*, -]
◆**flick off** *v.tr.* sacudir com um piparote; remover com a mão, num gesto rápido
◆**flick out** *v.tr.,intr.* espetar para fora
◆**flick over** *v.tr.* (páginas) folhear rapidamente
◆**flick through** *v.tr.* (páginas) folhear; ler por alto ❖ (televisão) *to ~ the TV channels* fazer zapping; mudar de canal
flicker ['flɪkə] Ⓐ *s.* **1** movimento vacilante, tremente; **2** luz vacilante; **3** ZOOLOGIA picanço, cascarrolho Ⓑ *v.intr.* **1** tremer, tremeluzir, bruxulear, tremular; **2** voltear; **3** pestanejar
flickering ['flɪkərɪŋ] Ⓐ *adj.* **1** tremente, tremulante, bruxuleante; **2** vacilante; **3** oscilante Ⓑ *s.* **1** tremulação; *the ~ of light* o tremeluzir da luz; **2** vacilação
flier ['flaɪə] *s.* ⇒ **flyer**
flight [flaɪt] *s.* **1** voo; deslocação aérea; *in ~* em voo; **2** distância percorrida em voo; **3** AERONÁUTICA linha, carreira; **4** (aviões) esquadrilha; **5** (aves) bando; *a ~ of ducks* um bando de patos; **6** arroubo, inspiração; *a ~ of fancy* um arroubo de fantasia; **7** deslocação muito rápida; **8** (escadas) lanço; *a ~ of stairs* um lanço de escadas; **9** fuga; evasão; retirada; (Bíblia) *the ~ into Egypt* a fuga para o Egipto; *to put sb to ~* pôr alguém em fuga; *to take (to) ~* fugir ❖ ~ *attendant* assistente de bordo; (porta-aviões) ~ *deck* convés de voo; (ave) ~ *feather* rémige; AERONÁUTICA ~ *indicator* indicador do voo; ~ *lieutenant* capitão-aviador; ~ *path* rota; trajectória de voo; AERONÁUTICA ~ *recorder* caixa negra; ~ *simulator* simulador de voo; *in the first ~* entre os primeiros
flightiness ['flaɪtɪnɪs] *s.* **1** instabilidade, inconstância; **2** volubilidade; **3** irreflexão; **4** frivolidade, futilidade
flighty ['flaɪtɪ] *adj. (comp.* **-ier**, *superl.* **-iest**) **1** inconstante; **2** volúvel; **3** irreflectido; **4** frívolo, fútil
flim-flam ['flɪmflæm] *s.* **1** disparate, tolice, frioleira; **2** fraude, engano
flimsiness ['flɪmzɪnɪs] *s.* **1** futilidade; **2** leveza, falta de solidez
flimsy ['flɪmzɪ] Ⓐ *adj. (comp.* **-ier**, *superl.* **-iest**) **1** fraco, pouco sólido, sem grande consistência; *a ~ argument* um argumento pouco sólido; **2** superficial, frívolo, banal Ⓑ *s.* **1** papel muito fino; **2** duplicado, cópia; **3** [cal.] nota de banco
flinch [flɪntʃ] *v.intr.* **1** tremer, titubear, hesitar, vacilar; **2** estremecer; **3** retrair-se [*from*, perante]; *to ~ from doing sth* retrair-se perante algo Ⓑ *v.tr.* **1** esquartejar (baleia); **2** esfolar (foca) ❖ *without flinching* sem pestanejar
flinders ['flɪndəz] *s.pl.* bocados, fragmentos, estilhaços

fling [flɪŋ] Ⓐ *s.* **1** arremesso, lanço; **2** sacão, movimento súbito; **3** (ligação breve) aventura, romance; **4** borga, farra; **5** dança e música escocesa; **6** remoque Ⓑ *v.tr.,intr. (prt. e part. pass.* **flung**) **1** atirar; arremessar; **2** (braços, pernas) agitar; **3** precipitar-se [*onto*, para]; **4** [fig.] (entusiasmo) atirar-se [*into*, a] ❖ *in full ~* em plena actividade; *to ~ aside* pôr de lado; atirar para o lado; *to ~ caution to the winds* pôr a cautela para trás das costas; *to ~ down* deitar por terra; *to ~ oneself at* atirar-se a; precipitar-se violentamente para; *to ~ over* abandonar; *to have one's ~* gozar a vida; *to ~ wide open* abrir de par em par
◆**fling away** *v.tr.* **1** deitar fora; **2** deitar (dinheiro) pela janela fora
◆**fling back** *v.tr.* **1** lançar outra vez; devolver; **2** (cortinas) abrir bruscamente; **3** repelir
◆**fling off** *v.tr.* **1** (roupas) desembaraçar-se de; tirar à pressa; **2** livrar-se de; **3** deitar fora *v.intr.* partir subitamente, ir-se embora subitamente ❖ *to ~ one's pursuers* despistar os perseguidores
◆**fling on** *v.tr.* (roupas) enfiar; vestir à pressa
◆**fling out** *v.tr.* **1** deitar fora; desfazer-se de; livrar-se de; **2** rejeitar
◆**fling up** *v.tr.* atirar ao ar
flint [flɪnt] *s.* **1** MINERALOGIA pederneira, sílex; **2** pedra, rocha; **3** pedra de isqueiro ❖ ~ *age* idade da pedra; GEOLOGIA ~ *clay* argila refractária; ~ *corn* milho de grão duro; ~ *glass* cristal de rocha; ~ *gun* espingarda (antiga) de pederneira; *as hard as ~* duro como pedra; *to set one's face like a ~ against* opor-se decididamente a; *to wring water from a ~* fazer uma coisa impossível
flint-hearted ['flɪntˌhɑːtɪd] *adj.* impiedoso; implacável; com um coração de pedra
flintlock ['flɪntlɒk] *s.* fuzil
flinty ['flɪntɪ] *adj. (comp.* **-ier**, *superl.* **-iest**) **1** duro; **2** de pedra; **3** pedregoso; **4** insensível, impiedoso
flip [flɪp] Ⓐ *s.* **1** bebida quente preparada com cerveja, conhaque, açúcar e ovos; **2** movimento súbito, sacudidela, pequena pancada com o dedo ou ponta de chicote; **3** [coloq.] pequeno passeio de avião Ⓑ *v.tr.,intr. (particípios:* **-pp-**) **1** dar um piparote com os dedos; **2** dar um pequeno sacão; **3** sacudir com um movimento súbito
flipbook ['flɪpbʊk] *s.* livro de desenhos animados
flip-flap ['flɪpflæp] *s.* **1** género de carrocel; **2** salto perigoso, salto mortal; **3** determinado género de fogo-de-artifício
flip-flop ['flɪpflɒp] Ⓐ *s.* **1** ELECTRICIDADE flip-flop; **2** DESPORTO flip-flop, salto mortal; **3** [fig.] volte-face, mudança radical Ⓑ *v.intr.* (*particípios:* **-pp-**) **1** DESPORTO dar um flip-flop; **2** [fig.] mudar radicalmente
flippancy ['flɪpənsɪ] *s.* **1** desembaraço, desenvoltura; **2** irreverência, falta de respeito; **3** superficialidade, falta de gravidade, falta de compostura
flippant ['flɪpənt] *adj.* **1** superficial, frívolo, pouco profundo; **2** cabeça-no-ar; **3** demasiado desenvolto; **4** irreverente, atrevido
flippantly ['flɪpəntlɪ] *adv.* **1** irreverentemente; com algum atrevimento; **2** de ânimo leve; **3** superficialmente
flipper ['flɪpə] *s.* **1** ZOOLOGIA barbatana; **2** (equipamento de natação) barbatana
flipperty-flopperty [ˌflɪpətɪ'flɒpətɪ] *adj.* solto, pendente
flipping ['flɪpɪŋ] *adj.* [coloq.] maldito
flirt [flɜːt] Ⓐ *s.* **1** flirt; **2** pessoa que gosta de passar o tempo namoriscando; **3** sacudidela, sacão, movimento súbito e rápido logo reprimido Ⓑ *v.tr.,intr.* **1** participar em flirts, namoriscar; **2** [fig.] entreter-se com, brincar com a ideia de; **3** dar uma sacudidela, um sacão; **4** sacudir subitamente; **5** agitar; **6** agitar-se, saracotear-se
flirtation [flɜː'teɪʃən] *s.* **1** flirt; **2** interesse temporário
flirtatious [flɜː'teɪʃəs] *adj.* atiradiço, namoriscador
flirting ['flɜːtɪŋ] *s.* **1** sacudidela, tremulação, agitação; **2** namorico, namorisco como mero passatempo
flit [flɪt] Ⓐ *v.intr. (particípios:* **-tt-**) **1** esvoaçar; *to ~ from tree to tree* esvoaçar de árvore em árvore; **2** (actividade, ideia) saltar; *to ~ from one thing to another* saltar de uma coisa para outra; **3** sair, emigrar, partir; **4** mudar de casa; **5** passar rapidamente; **6** fugir em segredo Ⓑ *s.* mudança de casa ❖ *to ~ to and fro* passarinhar de um lado para o outro

flitch [flɪtʃ] Ⓐ s. (pl. **-es**) 1 pedaço, manta de toucinho; 2 talhada, posta de hipogloss; 3 casqueira, tábua costaneira Ⓑ v.tr. 1 cortar em postas, em talhadas; 2 cortar em casqueira
flitter ['flɪtə] v.intr. 1 passarinhar; andar de um lado para o outro; 2 esvoaçar; voejar; volitar
flittermouse ['flɪtəˌmaʊs] s. (pl. **-mice**) morcego
flitting ['flɪtɪŋ] Ⓐ adj. fugitivo Ⓑ s. 1 mudança de residência, partida; 2 voo, adejo
flivver ['flɪvə] s. 1 [EUA] [cal., ant.] (carro barato) lata*coloq.*; 2 [ant.] (pessoa) enguiço; *he is a ~* ele dá azar
flix [flɪks] s. pêlo de castor
float [fləʊt] Ⓐ v.intr. 1 (líquido) flutuar, boiar; 2 (ar) flutuar, pairar, planar; 3 ser levado pelo ar; 4 ECONOMIA flutuar; 5 vaguear; 6 [poét.] mover-se graciosamente, pairar, deslizar Ⓑ v.tr. 1 fazer flutuar, pôr a flutuar; *the water was not enough to ~ the ship* a água não chegava para o barco flutuar; 2 lançar, iniciar, fundar; *to ~ a new business company* fundar uma nova companhia comercial; 3 (ideia, sugestão) propor; 4 negociar; *to ~ a loan* negociar um empréstimo; 5 ECONOMIA permitir a flutuação; *to ~ the pound* dar à libra uma cotação flutuante; 6 alisar com pá de trolha; 7 AGRICULTURA irrigar; 8 [EUA] passar um cheque careca Ⓒ s. 1 flutuador, objecto flutuante; 2 jangada, balsa; 3 (cortejo) carro alegórico; 4 (procissões) estrado montado sobre rodas; 5 (linha de pesca) bóia; 6 [EUA] bebida com uma bola de gelado; 7 (banco) período em que uma quantia depositada não está disponível; 8 pá de trolha; 9 lima de um só corte; 10 (bóia para aprender a nadar) prancha, placa; 11 NÁUTICA pá de roda propulsora; 12 BIOLOGIA bexiga natatória; 13 carroça, carro de eixo baixo; 14 TEATRO ribalta; 15 COMÉRCIO (trocos) caixa ❖ *~ bridge* ponte de barcas; [GB] *milk ~* carrinha do leiteiro; *to ~ a rumour* lançar um boato
floatable ['fləʊtəbəl] adj. flutuável
floatage ['fləʊtɪdʒ] s. 1 flutuação; 2 tudo o que flutua; 3 transporte por flutuação; 4 obras mortas de navio; 5 flutuabilidade; 6 destroços
floatation [fləʊ'teɪʃən] s. 1 flutuação; 2 fundação de empresa ou companhia; 3 emissão de empréstimo
floater ['fləʊtə] s. 1 flutuador, pessoa ou coisa que flutua; 2 banhista que bóia; 3 eleitor venal; 4 pessoa de moralidade pouco sólida; 5 fundador de empresa ou companhia; 6 título de dívida pública
floating ['fləʊtɪŋ] Ⓐ adj. 1 flutuante; sobre a água, que bóia; 2 móvel, que se desloca; 3 marítimo; 4 flutuante, variável, que aumenta ou diminui Ⓑ s. 1 flutuação; 2 (companhia, empresa, etc.) fundação; 3 FINANÇAS emissão de empréstimo; 4 lançamento à água de navio ❖ *~ anchor* âncora flutuante; *~ bridge* ponte de barcas; ponte flutuante; *~ crane* guindaste flutuante; ECONOMIA *~ debt* dívida flutuante; *~ dock* doca flutuante; MEDICINA *~ kidney* rim flutuante; *~ light* bóia luminosa; GEOGRAFIA *~ population* população flutuante; ANATOMIA *~ ribs* costelas flutuantes; *~ trade* comércio marítimo; *~ voter* indeciso
flocci-nauci-nihili-pili-fication [ˌflɔksɪnɔsɪnaɪˈlɪpaɪlɪfɪ'keɪʃən] s. ausência de valor
floccose [flɒ'kəʊs] adj. flocoso
flocculate ['flɒkjʊleɪt] v.tr.,intr. flocular
flocculation [ˌflɒkjʊ'leɪʃən] s. floculação
floccule ['flɒkjuːl] s. floco
flocculent ['flɒkjʊlənt] adj. flocado, flocoso
flocculose [ˌflɒkjʊ'ləʊs] adj. ⇒ **flocculent**
flocculus ['flɒkjʊləs] s. (pl. **-i**) 1 floco, flóculo; 2 flóculus, lóbulo do nervo pneumogástrico
floccus ['flɒkəs] s. (pl. **flocci**) 1 BOTÂNICA, ZOOLOGIA penugem; 2 floco
flock [flɒk] Ⓐ s. 1 (aves) bando; *a ~ of seagulls* um bando de gaivotas; 2 rebanho; 3 (grupo de pessoas) multidão; massa; *they came in flocks* afluíram em massa; 4 número de pessoas a cargo de outra; 5 alunos em relação ao professor; 6 paroquianos em relação ao pároco; 7 tufo de cabelo ou lã; 8 desperdícios de algodão ou lã utilizados para encher colchões Ⓑ v.intr. 1 reunir-se, juntar-se em grupo; 2 afluir [**to**, a]; *people flocked to the seaside* as pessoas afluíam à praia ❖ *flocks and herds* ovelhas e gado vacum; *to ~ after* seguir em grande número; *to ~ into* entrar em grande número; *birds of a feather ~ together* diz-me com quem andas, dir-te-ei quem és

flocky ['flɒkɪ] adj. (comp. **-ier**, superl. **-iest**) 1 em flocos; 2 cheio de flocos
floculous ['flɒkjʊləs] adj. ⇒ **flocculent**
floe [fləʊ] s. massa de gelo flutuante
flog [flɒg] v.tr. (particípios: **-gg-**) 1 flagelar; açoitar; 2 castigar, punir; 3 [cal.] vender; *how much did you ~ it for?* por quanto o vendeste? ❖ *to ~ a dead horse* esforçar-se inutilmente; *to ~ a willing horse* fatigar/esgotar alguém
flogger ['flɒgə] s. aquele que castiga, que pune
flogging ['flɒgɪŋ] s. 1 flagelação; 2 castigo, punição; 3 açoite; sova ❖ *~ hammer* marreta
flong [flɒŋ] s. papel preparado para estereotipia
flood [flʌd] Ⓐ s. 1 inundação; cheia; dilúvio; 2 fluxo, preia-mar; 3 (iluminação) projector; 4 [fig.] (grande quantidade) torrente [**of**, de] Ⓑ v.tr.,intr. 1 inundar; 2 encher de água; alagar; 3 (rio) transbordar, passar para as margens; 4 [fig.] surgir em grande número; encher [**with**, de]; inundar [**with**, de]; 5 MEDICINA sofrer metrorragia ❖ *~ tide* maré-cheia; *ebb and ~* fluxo e refluxo; *half ~* meia maré; *to ~ the engine* abafar o motor; encharcar o motor
◆**flood in** v.intr. 1 (grande quantidade) chover; chegar em abundância; 2 (pessoas) afluir; acorrer; 3 (luz) entrar a rodos
◆**flood out** v.tr. expulsar devido a inundação
Flood [flʌd] s. (Bíblia) Dilúvio ❖ [joc.] (passado remoto) *before the ~* antes do Dilúvio; há muito, muito tempo; no tempo em que os animais falavam
floodable ['flʌdəbəl] adj. inundável, irrigável
floodgate ['flʌdgeɪt] s. comporta
flooding ['flʌdɪŋ] s. 1 inundação, cheia; 2 irrigação; 3 metrorragia
floodlight ['flʌdlaɪt] Ⓐ s. 1 (iluminação) projector; 2 iluminação com projectores Ⓑ v.tr.,intr. (prt. e part. pass. **-lit**) [coloq.] iluminar com projectores ❖ *by ~* à luz dos projectores
floodmark ['flʌdmɑːk] s. (inundação, praia-mar) linha das águas
floodometer [flʌ'dɒmɪtə] s. mareómetro, marégrafo
floor [flɔː] Ⓐ s. 1 chão; *on the ~* no chão; 2 sobrado, soalho, pavimento; 3 (edifício) andar, piso; *the first ~* o primeiro andar*GB*, rés-do-chão*EUA*; *the ground ~* o rés-do-chão; *the second ~* o segundo andar*GB*, o primeiro andar*EUA*; *the top ~* o andar de cima, o piso superior; 4 eira; 5 (floresta, gruta, etc.) fundo, chão; 6 (oceano) leito; 7 [coloq.] (dança) pista; *dance ~* pista de dança; 8 (direito de falar) palavra; *to ask for the ~* pedir a palavra; *to have the ~* ter a palavra; *to hold the ~* falar durante muito tempo; *to take the ~* tomar a palavra; 9 (Câmara de Comuns) parte reservada aos deputados; 10 (grupo de pessoas) *the ~* os participantes, o painel Ⓑ v.tr. 1 sobradar, soalhar; 2 desorientar; deixar sem palavras, reduzir ao silêncio; 3 (boxe) derrubar; 4 deitar por terra; 5 derrotar; 6 [EUA] [coloq.] (automóvel) carregar (no acelerador) a fundo ❖ DESPORTO (ginástica) *~ exercises* exercícios de solo; [EUA] *~ lamp* candeeiro de pé; *~ machine* máquina de polir soalhos; *~ manager* (TV) assistente de realização; (loja) chefe de secção; *~ plan* plano de quarto/andar; *~ polish* cera para soalhos; encáustica; *~ space* área da sala; *~ tile* ladrilho; *to ~ a paper* responder a todos os pontos dum exame; (preços) *to go through the ~* baixar muito; *to pick oneself up off the ~* reerguer-se; *to wipe/mop up the ~ with sb* vencer alguém muito facilmente; vencer alguém nas calmas; dar uma cabazada*coloq.* a alguém
floorboard ['flɔːbɔːd] s. 1 soalho; 2 [EUA] (carro) chão
floorcloth ['flɔːklɒθ] s. pano de chão
floorer ['flɔːrə] s. 1 [coloq.] problema, pergunta a que não se sabe responder; 2 coisa que nos desconcerta; 3 [coloq.] estenderete
floorheads ['flɔːˌhedz] s. NÁUTICA cantos do porão do navio
flooring ['flɔːrɪŋ] s. 1 lajedo, pavimentação; 2 material para soalhar; 3 acto de pavimentar, de soalhar; 4 soalho, solho; 5 derrubamento, derrota de adversário
floorwalker ['flɔːˌwɔːkə] s. [EUA] (loja, supermercado, etc.) chefe de secção
floozy ['fluːzɪ] s. [cal.] (insulto) lambisgóia, flausina
flop [flɒp] Ⓐ v.intr. (particípios: **-pp-**) 1 tombar, cair pesadamente; 2 (cadeira, sofá, cama) afundar-se; *to ~ down on the bed* afundar-se na cama; 3 [coloq.] ser um fiasco Ⓑ s. 1 (som) baque; 2 [coloq.] fiasco, insucesso, fracasso; *the play was a ~* a peça

flophouse

foi um fiasco © *interj.* pum!, pumba! ⓓ *adv.* surdamente ❖ *to go ~* ir por água abaixo
*◆**flop over** v.intr.* (mudar completamente) transfigurar-se ❖ *to ~ to a new idea* mudar de ideias
flophouse ['flɒphaʊz] *s.* [EUA] [coloq.] albergue nocturno; pensão barata
floppy ['flɒpɪ] Ⓐ *adj.* (*comp.* **-ier**, *superl.* **-iest**) **1** mole, molengão; **2** pendente; **3** largo, bastante folgado Ⓑ *s.* INFORMÁTICA disquete ❖ INFORMÁTICA *~ disk* disquete
flor. [*abrev. de* floruit (He ou She flourished)]
flora ['flɔːrə] *s.* flora
floral ['flɔːrəl] *adj.* floral
Florence ['flɒrəns] *s.top.* Florença
Florentine ['flɒrəntaɪn] *adj.,s.* **1** florentino; **2** tipo de seda entrançada
florescence [flɔːˈresəns] *s.* florescência
florescent [flɔːˈresənt] *adj.* florescente
floret ['flɒrət, 'flɔːrɪt] *s.* **1** cada uma das flores que compõem um florão; **2** flósculo; **3** florinha
floriculture ['flɔːrɪˌkʌltʃə] *s.* floricultura
floriculturist [flɔːrɪˈkʌltʃərɪst] *s.* floricultor
florid ['flɒrɪd] *adj.* **1** florido; **2** enfeitado; **3** ornamentado; **4** corado, cheio de cor
Floridian [flɒˈrɪdɪən] *adj.,s.* **1** natural da Florida; **2** relativo à Florida
floridity [flɒˈrɪdɪtɪ] *s.* carácter florido, ornamentado
floridness ['flɒrɪdnɪs] *s.* ⇒ **floridity**
floriferous [flɔːˈrɪfərəs] *adj.* florífero
florilegium [flɒrɪˈliːdʒɪəm] *s. (pl.* **-ia**) florilégio
florin ['flɒrɪn] *s.* (moeda) florim
florist ['flɒrɪst] *s.* florista
floristic [flɒˈrɪstɪk] *adj.* florístico
floristics [flɒˈrɪstɪks] *s.f.* BOTÂNICA florística
floscular ['flɒskjʊlə] *adj.* flosculoso
floscule ['flɒskjuːl] *s.* flósculo
flosculous ['flɒskjʊləs] *adj.* flosculoso
floss [flɒs] Ⓐ *s.* **1** fio dental; **2** seda de casulo grosseira; **3** cadarço Ⓑ *v.tr.,intr.* (dentes) limpar com fio dental
flossy ['flɒsɪ] *adj.* sedoso
flotation [fləʊˈteɪʃən] *s.* **1** flutuação; **2** fundação de empresa ou companhia; **3** emissão de empréstimo ❖ AERONÁUTICA *~ gear* flutuadores
flotilla [fləʊˈtɪlə] *s.* flotilha
flotsam ['flɒtsəm] *s.* **1** destroços, restos de naufrágio; **2** viveiro de ostras
flounce ['flaʊns] Ⓐ *s.* **1** folho, orla, debrum; **2** sacão, movimento brusco, sacudidela Ⓑ *v.tr.,intr.* **1** debruar, guarnecer com folhos; **2** agitar, agitar-se com impaciência; **3** debater-se ❖ *to ~ down* sentar-se com violência, com irritação; *to ~ out of a room* sair teatralmente
flouncy ['flaʊnsɪ] *adj.* com folhos
flounder ['flaʊndə] Ⓐ *s.* **1** ZOOLOGIA (peixe) solha-das-pedras, patruça; **2** tentativa hesitante para andar, movimento desajeitado para segurar Ⓑ *v.intr.* **1** esforçar-se descontroladamente por se segurar, para não cair; **2** chafurdar, patinhar na lama; **3** debater-se; **4** gaguejar, tropeçar, hesitar
flounderer ['flaʊndərə] *s.* aquele que chafurda ou patinha
floundering ['flaʊndərɪŋ] *adj.* **1** que patinha; **2** que se atrapalha; **3** confuso Ⓑ *s.* acção de patinhar, de chafurdar
flour ['flaʊə] Ⓐ *s.* farinha; *plain ~* farinha sem fermento; *self-raising ~* farinha com fermento Ⓑ *v.tr.* **1** CULINÁRIA passar por farinha; *to ~ the fish* passar o peixe por farinha; **2** enfarinhar; **3** moer ❖ *~ barrel* barrica de farinha; ZOOLOGIA *~ beetle* tenebrião; *~ bin* ucha; masseira; *~ factor* moageiro; *~ mill* moinho; *~ milling* fábrica de moagem
flourish ['flʌrɪʃ] Ⓐ *v.tr.,intr.* **1** desenvolver-se, florescer; **2** prosperar, brilhar; *trade is flourishing* o comércio prospera; **3** brandir, agitar; **4** exibir; **5** florear; **6** vangloriar-se de, orgulhar-se de; *to ~ one's riches* orgulhar-se das suas riquezas; **7** MÚSICA fantasiar Ⓑ *s. (pl.* **-es**) **1** floreio; **2** gesto teatral, gesto ou movimento floreado; **3** passo de livro ou discurso todo floreado; **4** toque (de trombetas); **5** floreado musical, floreado caligráfico ❖ *they are all flourishing* encontram-se todos de óptima saúde

flourishing ['flʌrɪʃɪŋ] Ⓐ *adj.* florescente, próspero Ⓑ *s.* **1** crescimento, desenvolvimento, prosperidade; **2** toque (de trombetas); **3** brandimento (de espada)
flourishingly ['flʌrɪʃɪŋlɪ] *adv.* florescentemente
floury ['flaʊərɪ] *adj.* (*comp.* **-ier**, *superl.* **-iest**) enfarinhado, farinhento
flout [flaʊt] Ⓐ *v.tr.* **1** escarnecer, zombar de; **2** mofar; **3** desprezar Ⓑ *s.* **1** zombaria, troça, mofa; **2** escárnio
flouting ['flaʊtɪŋ] *s.* zombaria, chacota
flow [fləʊ] Ⓐ *v.intr.* **1** correr; espalhar-se; fluir; circular; **2** ondular; **3** pender; **4** abundar Ⓑ *s.* **1** fluxo; **2** (líquido) corrente; **3** curso de água; **4** grande quantidade; **5** inundação; **6** (trânsito) circulação; **7** (pessoas) afluência; **8** (vestido, etc.) fluir ❖ *~ chart* organigrama; gráfico de operação; *~ of electric current* circulação de corrente eléctrica; *~ of heat* fluxo de calor; *~ resistance* resistência à circulação; *the ebb and ~ of the sea* a maré-baixa e a maré-alta; *the tide began to ~* a maré começou a subir; *to ~ back* refluir; *to go with the ~* deixar-se ir na onda
*◆**flow from** v.tr.* decorrer de; resultar de; derivar de; ser uma consequência de
*◆**flow in** v.intr.* **1** afluir; entrar às torrentes; **2** entrar a rodos
*◆**flow into** v.intr.* **1** (rio) desaguar em; **2** desembocar em
*◆**flow out** v.intr.* sair em torrente
*◆**flow over** v.tr.* **1** (sensação, etc.) ser invadido por; **2** (problemas) passar ao lado de ❖ *let the music ~ you* entregue-se à música
flowage ['fləʊɪdʒ] *s.* deslocação (de gelos, rochas, etc.)
flowchart ['fləʊˌtʃɑːt] *s.* fluxograma, organigrama
flower ['flaʊə] Ⓐ *s.* **1** flor; *in ~* em flor; **2** [fig.] (elite) fina-flor, escol, nata; **3** *pl.* QUÍMICA flor; **4** *pl.* [arc.] menstruação Ⓑ *v.tr.,intr.* **1** florir, florescer; **2** cobrir de flores; **3** florear; **4** [fig.] florescer; dar fruto ❖ *~ arranging* arranjo floral; *~ basket* cesto de flores; *~ box* vaso com flores; *~ bud* botão de flor; BOTÂNICA *~ cup* cálice; *~ garden* jardim; (mercado de rua) *~ girl* florista; BOTÂNICA *~ head* capítulo; (estabelecimento) *~ shop* florista; *~ show* exposição de flores; BOTÂNICA *~ stalk* pedúnculo; *~ wire* arame; *in the ~ of one's age/youth* na flor da idade; *to burst/come into ~* florir; *to lay flowers on a grave* enfeitar uma campa com flores
flowerbed ['flaʊəˌbed] *s.* canteiro de flores
flowered ['flaʊəd] *adj.* (padrão) florido
flowerer ['flaʊərə] *s.* planta que floresce em determinada época
floweret ['flaʊərət, 'flaʊərɪt] *s.* florinha
floweriness ['flaʊərɪnɪs] *s.* flores de retórica, estilo florido, estilo floreado
flowering ['flaʊərɪŋ] Ⓐ *adj.* **1** que dá flor; **2** florido, florescente, em flor Ⓑ *s.* **1** floração; **2** (tecido, papéis, tapete, etc.) flores; **3** [fig.] (expansão) florescimento
flowerpot ['flaʊəˌpɒt] *s.* vaso
flowery ['flaʊərɪ] *adj.* (*comp.* **-ier**, *superl.* **-iest**) **1** florido; **2** a flores; *a ~ smell* um cheiro a flores; **3** enfeitado; **4** (estilo) floreado; rebuscado; *~ language* linguagem floreada
flowing ['fləʊɪŋ] Ⓐ *adj.* **1** corrente, que corre; **2** fluido; **3** fluente; **4** leve; **5** (cabelo, vestuário) caindo solto; **6** (maré) que sobe Ⓑ *s.* **1** curso, fluxo, (o) correr (de líquido); **2** abundância; **3** inundação ❖ *~ metal* metal doce; *~ water* água corrente; *~ wind* vento de feição
flowingly ['fləʊɪŋlɪ] *adv.* **1** fluentemente; **2** com leveza
flowingness ['fləʊɪŋnɪs] *s.* fluidez, fluência
flown [fləʊn] Ⓐ *adj.* [arc.] inchado, envaidecido, cheio; *~ with insolence and pride* cheio de insolência e orgulho Ⓑ {*part. pass. de* **to fly**} *letters are ~ to Lisbon* o correio para Lisboa é transportado de avião
FLQ [*abrev. de* Quebec Liberation Front]
FLS [*abrev. de* Fellow of the Linnean Society]
flu [fluː] *s.* gripe; *he's got (the) ~* ele está com gripe ❖ [coloq.] *~ shot* vacina contra a gripe
flubdub ['flʌbdʌb] *s.* [EUA] [coloq.] retórica, grandiloquência
fluctuant ['flʌktʃʊənt] *adj.* flutuante
fluctuate ['flʌktʃʊeɪt] *v.intr.* **1** flutuar; **2** variar, oscilar; **3** vacilar, hesitar
fluctuating ['flʌktʃʊeɪtɪŋ] *adj.* flutuante, variável, incerto ❖ *~ load* carga variável

fluctuation [ˌflʌktʃuˈeɪʃən] s. 1 flutuação; 2 oscilação; 3 variação ❖ ~ *of pressure* variação da pressão; ~ *of voltage* desequilíbrio da voltagem; *fluctuations in speed* variação de velocidade

flue [flu:] Ⓐ s. 1 (rede de pesca) tarrafa, tresmalho; 2 cotão; 3 cano de chaminé; 4 tubo, serpentina para aquecimento de água; 5 (âncora) unha; 6 (anzol) barbela; 7 gripe Ⓑ v.tr.,intr. (abertura) alargar(-se) ❖ ~ *boiler* caldeira de galerias; ~ *gases* gases de combustão; ~ *pipe* tubo de chaminé

flueless [ˈfluːləs] adj. sem cano de chaminé

fluency [ˈfluːənsɪ] s. fluência, facilidade de falar

fluent [ˈfluːənt] adj. fluente

fluently [ˈfluːəntlɪ] adv. fluentemente; com desembaraço

fluey [ˈfluːɪ] adj. com cotão, peludo

fluff [flʌf] Ⓐ s. 1 penugem; lanugem; 2 buço; 3 (sujidade) cotão; 4 (roupa) borboto; 5 [coloq.] tolice; 6 [coloq.] papel teatral mal estudado Ⓑ v.tr. 1 cardar; 2 amaciar; aveludar; 3 [coloq.] (fazer mal) estragar; 4 TEATRO representar mal ❖ *to ~ one's lines* distrair-se

◆**fluff out** v.tr. 1 sacudir (almofadas); 2 amaciar; aveludar; 3 cardar

fluffer [ˈflʌfə] s. (caminhos-de-ferro) empregado encarregado da limpeza da linha

fluffiness [ˈflʌfɪnɪs] s. carácter aveludado, macio, com penugem

fluffless [ˈflʌfləs] adj. liso, sem penugem

fluffy [ˈflʌfɪ] adj. (comp. **-ier**, superl. **-iest**) 1 fofo; 2 (boneco) de peluche; 3 penugento; 4 com lanugem; 5 esponjoso; 6 CULINÁRIA espumoso

fluffy-minded [ˌflʌfɪˈmaɪndɪd] adj. 1 [coloq.] cabeça-no-ar; 2 [coloq.] leviano

fluid [ˈfluːɪd] adj.,s. fluido; líquido ❖ ~ *dynamics* dinâmica dos fluidos; ~ *mechanics* mecânica dos fluidos; *bodily fluids* secreções corporais; fluidos corporais

fluidify [fluːˈɪdɪfaɪ] v.tr. fluidificar

fluidity [fluːˈɪdɪtɪ] s. 1 fluidez; 2 instabilidade, mutabilidade

fluidize [ˈfluːɪdaɪz] v.tr. fluidificar

fluke [fluːk] Ⓐ s. 1 [coloq.] acaso feliz; feliz coincidência; golpe de sorte; *by a ~* por um acaso feliz; 2 (jogo) sorte, lance de sorte; 3 unha de âncora; 4 ZOOLOGIA fascíola, dístomo; 5 ZOOLOGIA (peixe) patrúcia, solha-das-pedras; 6 pl. cauda de baleia Ⓑ v.tr.,intr. 1 ter sorte; 2 ter uma jogada de sorte

flukily [ˈfluːkɪlɪ] adv. por sorte, à sorte

flukiness [fluːˈkɪnɪs] s. incerteza, contingência

fluky [ˈfluːkɪ] adj. (comp. **-ier**, superl. **-iest**) incerto, contingente, dependente do acaso, da sorte

flume [fluːm] Ⓐ s. 1 canal para transporte de água; 2 cale, calha, caleira; 3 ravina com torrente Ⓑ v.tr.,intr. 1 construir canal ou caleira; 2 transportar por canal ou caleira

flummery [ˈflʌmərɪ] s. (pl. **-ies**) 1 creme de ovos; 2 espécie de geleia de aveia; 3 bagatelas, ninharias; 4 disparate; 5 elogio servil

flummox [ˈflʌməks] v.tr. [coloq.] desconcertar, confundir, desorientar

flump [flʌmp] Ⓐ v.tr.,intr. 1 mover-se pesadamente; 2 deixar cair ruidosamente Ⓑ s. barulho produzido pela queda de objecto pesado Ⓒ interj. pumba! ❖ *to ~ about* caminhar pesadamente

flung [flʌŋ] prt. e part. pass. de **to fling**

flunk [flʌŋk] Ⓐ v.tr.,intr. [EUA] [coloq.] chumbar, reprovar (em exame) Ⓑ s. [EUA] [coloq.] chumbo, reprovação (em exame)

flunkey [ˈflʌŋkɪ] s. 1 lacaio, criado com libré; 2 adulador, bajulador

flunkeydom [ˈflʌŋkɪdəm] s. criadagem

flunkeyism [ˈflʌŋkɪɪzəm] s. servilismo, adulação

flunkout [ˈflʌŋkaʊt] s. [EUA] [depr.] aluno excluído do ensino

fluor [ˈfluːɔː, fluə] s. MINERALOGIA fluorite, fluorina

fluorene [ˈfluərɪːn] s. QUÍMICA fluoreno

fluoresce [ˌfluːəˈres] v.intr. entrar em fluorescência

fluorescein [flɔːˈresɪːn] s. QUÍMICA fluoresceína

fluorescence [flɔːˈresəns] s. fluorescência

fluorescent [flɔːˈresənt] adj. fluorescente ❖ ~ *bulb* lâmpada fluorescente; ~ *dye* corante fluorescente; ~ *lacquer* laca fluorescente; ~ *lighting* iluminação fluorescente

fluoride [ˈfluəraɪd] s. 1 QUÍMICA fluoreto; 2 (dentífrico) flúor

fluorine [ˈfluərɪːn] s. QUÍMICA (elemento químico) flúor ❖ ~ *gas* flúor

fluorite [ˈfluəraɪt] s. MINERALOGIA fluorite

fluoroscope [ˈflɔːrəskəʊp] s. fluoroscópio

fluoroscopic [ˌflɔːrəˈskɒpɪk] adj. fluoroscópico ❖ MEDICINA ~ *examination* radioscopia

fluoroscopy [flɔːˈrɒskəpɪ, fluəˈrɒskəpɪ] s. MEDICINA fluoroscopia, radioscopia

fluorsilicate [flɔːˈsɪlɪkeɪt] s. QUÍMICA fluossilicato

fluorsilicic [flɔːsɪˈlɪsɪk] adj. QUÍMICA fluossilícico

fluorspar [ˈfluəspɑː] s. MINERALOGIA fluorite, fluorina

flurry [ˈflʌrɪ] Ⓐ s. (pl. **-ies**) 1 agitação, pressa, perturbação; 2 pé-de-vento; 3 chuvada, saraivada, porção de neve; 4 estertor, agonia derradeira (de baleia) Ⓑ v.tr. 1 confundir, perturbar, atrapalhar, desorientar com barulho e agitação

flush [flʌʃ] Ⓐ s. (pl. **-es**) 1 rubor; 2 (emoção) arrebatamento [**of**, de]; acesso [**of**, de]; *a ~ of anger* um acesso de raiva; 3 súbita abundância; 4 brilho, animação, vigor, energia; 5 fluxo de água, torrente; 6 (autoclismo) descarga; 7 limpeza por meio de água sob pressão; 8 (aves) revoada, voo súbito; 9 (Primavera) renascer da natureza; 10 clarão vermelho do céu; 11 instalação; 12 (jogos de cartas) série de cartas do mesmo naipe Ⓑ adj. 1 cheio [**with**, de]; abundante [**with**, em]; 2 generoso; *to be ~ with one's money* ser generoso com o dinheiro; 3 ao mesmo nível; *to be ~ with...* estar ao mesmo nível de...; 4 plano; 5 embutido; ~ *rivet* rebite embutido; 6 transbordante, que inunda Ⓒ v.tr.,intr. 1 voar, levantar voo subitamente, fazer levantar voo; 2 limpar com jacto(s) de água; esguichar; 3 encher de água; 4 (planta) rebentar, deitar novos rebentos, fazer rebentar; *rain flushes the plants* a chuva faz as plantas rebentarem; 5 enrubescer, corar subitamente; *her face flushed* ficou toda corada; 6 aquecer, animar-se, entusiasmar-se; 7 nivelar, pôr ao mesmo nível ❖ *to ~ over* transbordar; *to ~ the toilet* puxar o autoclismo

◆**flush away** v.tr. deitar fora pela pia ou pela sanita

◆**flush out** v.tr. limpar com jacto(s) de água

flushed [flʌʃt] adj. congestionado, vermelho, corado

flushing [ˈflʌʃɪŋ] s. 1 rubor; 2 BOTÂNICA renovo, rebento; 3 limpeza (por jacto de água) ❖ ~ *chain* corrente de autoclismo; ~ *cistern/tank* depósito de água de autoclismo; ~ *pipe* cano da ligação do depósito do autoclismo

flushness [ˈflʌʃnɪs] s. prosperidade, abundância

fluster [ˈflʌstə] Ⓐ s. excitação; agitação Ⓑ v.tr.,intr. excitar; perturbar; desorientar; enervar Ⓒ v.intr. enervar-se; estar agitado ❖ *to be all in a ~* estar todo excitado/todo nervoso

flustra [ˈflʌstrə] s. (pl. **-ae** ou **-s**) flustra

flute [fluːt] Ⓐ s. 1 MÚSICA flauta; 2 tocador de flauta, flautista; 3 estria, ranhura; 4 caneladura, canelura Ⓑ v.tr.,intr. 1 tocar flauta, flautear; 2 canelar, estriar, acanalar

fluted [ˈfluːtɪd] adj. 1 aflautado; 2 com caneluras, estriado; ~ *roller* cilindro com caneluras

fluting [ˈfluːtɪŋ] s. 1 canelagem, canelura; 2 estriamento; 3 acto de tocar flauta; 4 som aflautado ❖ ~ *machine* máquina de abrir estrias ou caneluras

flutist [ˈfluːtɪst] s. MÚSICA flautista

flutter [ˈflʌtə] Ⓐ v.tr.,intr. 1 flutuar ao vento; 2 esvoaçar ao vento; 3 (asas, tapete, bandeira, etc.) sacudir, agitar, bater; 4 voltear, rodopiar; 5 tremer; 6 (pulso, coração) bater irregularmente; 7 perturbar, alarmar Ⓑ s. 1 agitação, alvoroço, alarme, excitação; 2 (asas) batimento; 3 acção de soltar uma bandeira ao vento; 4 (coração) palpitação; 5 sensação; *to make a ~* causar sensação; 6 [coloq.] aposta ❖ *to be in a ~* estar todo agitado; *to ~ the wings* bater as asas; *to ~ to and fro* passarinhar de um lado para o outro

fluttering [ˈflʌtərɪŋ] Ⓐ adj. tremente, agitado, palpitante, excitado Ⓑ s. agitação, excitação, batimento (de asas)

fluty [ˈfluːtɪ] adj. (comp. **-ier**, superl. **-iest**) aflautado

fluvial [ˈfluːvɪəl] adj. fluvial

fluviatile [ˈfluːvɪətaɪl] adj. fluviátil

fluviometer [fluːvɪˈɒmɪtə] s. fluviómetro

flux [flʌks] Ⓐ s. (pl. **-es**) 1 (geral) fluxo; 2 MEDICINA [ant.] fluxo, fluxão; 3 torrente; 4 incerteza, instabilidade; mudança contínua; 5 enchente, montante Ⓑ v.tr.,intr. 1 correr, brotar; 2 liquefazer-se; 3 fluir; tornar(-se) fluido; 4 derreter, pôr em fusão ❖ FÍSICA ~ *density* densidade do campo magnético; *bloody ~* disenteria; *in a state of ~* em permanente mutação

fluxibility [ˌflʌksɪˈbɪlɪtɪ] s. fluxibilidade
fluxible [ˈflʌksɪbəl] adj. fluível
fluxion [ˈflʌkʃən] s. 1 fluxão, fluxo; 2 MATEMÁTICA fluxão
fluxional [ˈflʌkʃənəl] adj. fluxionário
fluxionary [ˈflʌkʃənərɪ, ˈflʌkʃənerɪ] adj. fluxionário
fly [flaɪ] Ⓐ v.tr.,intr. (prt. **flew**, part. pass. **flown**) 1 voar; 2 viajar de avião; 3 levar de avião; fazer voar; 4 pilotar; *to ~ a plane* pilotar um avião; 5 sobrevoar; 6 flutuar, tremular ao vento, esvoaçar; 7 precipitar-se, correr a toda a velocidade; 8 fugir; *they must ~ the country* eles têm de fugir do país; *to ~ for one's life* fugir o mais que se pode; 9 (boatos, acusações, notícias, etc.) espalhar-se; *some gossip is flying round* dizem para aí umas coisas; 10 (bandeira) hastear; 11 (papagaio de papel) lançar Ⓑ s. (pl. **flies**) 1 ZOOLOGIA mosca; 2 (pesca) mosca (natural ou artificial para servir de isco); 3 VESTUÁRIO braguilha; *your ~ is undone/open* tens a braguilha aberta; 4 (barraca, tenda) toldo de lona; 5 pl. **flys** [GB] [ant.] cabriolé, fiacre, carro de praça; 6 voo, distância percorrida a voar; 7 VESTUÁRIO lapela de casaco; 8 comprimento de bandeira, extremidade de bandeira mais distante do mastro; *the ~ and hoist of a flag* o comprimento e largura duma bandeira; 9 (relógio) volante, mecanismo regulador; 10 pl. TEATRO bambolina Ⓒ adj. [ant., coloq.] espertalhão, finório; 2 [ant., coloq.] em cima do acontecimento, actual, actualizado; 3 [cal.] (pessoa) (elegante) com estilo, *fashion*, *in* ❖ (cogumelo) *~ agaric* amanita; *~ ash* cinza volante; (pesca) *~ book* colecção de moscas artificiais; *~ cutter* cortador giratório; (cogumelo) *~ fungus* amanita; *~ hook* anzol com mosca; *~ killer* apanha-moscas; *~ paper* papel mata-moscas; *~ powder* pó mata-moscas; *~ rod* cana para pescar com mosca; *~ swatter* mata-moscas; ZOOLOGIA *~ weevil* gorgulho; *a ~ in amber* uma relíquia curiosa; *a ~ in the ointment* uma nota discordante; um pormenor que estraga tudo; *he wouldn't hurt/harm a ~* ele não faz mal a uma mosca; *I must fly!* tenho de sair a correr!; tenho de me despachar!; *like flies* como tordos; *on the ~* apressadamente; a correr; sem preparação anterior; [fig.] (pessoa procurada) *the bird has flown* o pássaro fugiu; [coloq.] *there are no flies on him* ele não é cá nenhum; *to be a ~ on the wall* ser uma mosquinha; AERONÁUTICA *to ~ by instruments* voar sem visibilidade; voar só com o auxílio dos instrumentos de bordo; *to ~ by/past* passar muito depressa; passar em parada; *to ~ high* ter grande sucesso; ter grandes ambições; *to ~ in pieces* partir-se em bocados; *to ~ in the face of* desafiar; provocar abertamente; [coloq.] *to ~ off the handle* irritar-se subitamente; descontrolar-se; *to ~ to arms* recorrer às armas; *to ~ to sb's head* subir à cabeça de alguém; *to go flying* ir pelo ar; *to let ~ at* atacar; começar a gritar com; *to make the dust ~* espicaçar; fazer uma cena; resolver-se a fazer algo com energia; *to make the fur ~* armar zaragata; fazer grande espalhafato; *to make the money ~* gastar muito dinheiro; ser mãos largas; *to send sb/sth flying* mandar alguém/algo pelo ar; pôr alguém/algo a andar; afastar alguém/algo para longe; *you catch more flies with honey than with vinegar* não é com vinagre que se apanham moscas
◆**fly about** v.intr. 1 andar a voar dum lado para o outro; 2 correr dum lado para o outro; 3 ser instável
◆**fly along** v.intr. precipitar-se a toda a velocidade
◆**fly at** v.tr. atirar-se a
◆**fly away** v.intr. 1 voar para longe; 2 fugir
◆**fly into** v.tr. 1 (fúria, etc.) ser acometido por; ter um ataque de; *to ~ a rage* ter um ataque de fúria; 2 [EUA] atirar-se a; *the man flew into him* o homem atirou-se a ele
◆**fly off** v.intr. 1 fugir; 2 saltar fora; 3 sair disparado; 4 despegar-se
◆**fly out** v.intr. 1 fugir; 2 [coloq.] pôr-se a mexer
fly-away [ˈflaɪəweɪ] adj. 1 leve; 2 (vestuário) solto, à vontade
flyblow [ˈflaɪbləʊ] Ⓐ s. (mosca varejeira) ovos Ⓑ v.tr. (prt. **-blew**, part. pass. **-blown**) contaminar com ovos; depositar ovos em
flyblown [ˈflaɪbləʊn] adj. 1 cheio de ovos de mosca varejeira; 2 sujo e em más condições; 3 contaminado
flyby [ˈflaɪbaɪ] s. voo rasante
fly-by-night [ˈflaɪbaɪnaɪt] Ⓐ adj. 1 efémero; 2 sem estabilidade; 3 insignificante, de pouca importância; 4 (negócios) pouco escrupuloso, desonesto Ⓑ s. 1 noctívago; 2 negócio duvidoso

flycatcher [ˈflaɪkætʃə] s. ZOOLOGIA (pássaro) papa-moscas
flyer [ˈflaɪə] s. 1 piloto; aviador; 2 passageiro (de avião); *frequent ~* passageiro frequente; *to be a frequent ~* viajar muito de avião; *to be a bad ~* não gostar de andar de avião; 3 ave ou animal que voa; 4 folheto, prospecto; 5 veículo que atinge grandes velocidades; 6 comboio expresso; 7 DESPORTO (equitação) salto de volteio; 8 [EUA] empreendimento arriscado
fly-fishing [ˈflaɪfɪʃɪŋ] s. pesca com mosca
fly-flapper [ˈflaɪflæpə] s. apanha-moscas
flying [ˈflaɪɪŋ] Ⓐ adj. 1 voador; volante; 2 rápido, móvel, que se desloca facilmente; 3 em fuga, que foge Ⓑ s. 1 voo, aviação; 2 acção de desfraldar ao vento; 3 fuga, fugida, evasão; 4 acto de lançar ao ar, acto de fazer voar ❖ (natação) *~ angel* salto de anjo; *~ boat* hidroavião; *~ bomb* bomba voadora; *~ bridge* ponte volante; ARQUITECTURA *~ buttress* arcobotante; *~ club* aeroclube; (II Guerra Mundial) *~ dustbin* bomba de avião altamente explosiva; (marinheiro, navio) *~ Dutchman* Holandês Voador; Navio Fantasma; *~ field* aeródromo; ZOOLOGIA *~ fish* peixe voador; AERONÁUTICA (bombardeiro da II Guerra Mundial) *~ fortress* fortaleza voadora; ZOOLOGIA (morcego) *~ fox* raposa-voadora; NÁUTICA *~ jib* giba; *~ jump/leap* salto com balanço; NÁUTICA *~ kite* vela alta; MILITAR *~ officer* tenente aviador; *~ saucer* disco voador; *~ visit* visita rápida; visita-relâmpago; visita de médico; *with ~ colours* com distinção; com grande sucesso
flyleaf [ˈflaɪliːf] s. (pl. **-leaves**) (livro) guarda
flyness [ˈflaɪnɪs] s. esperteza, astúcia
flyover [ˈflaɪəʊvə] s. 1 viaduto elevado; 2 (aviões) desfile aéreo
fly-past [ˈflaɪpɑːst] s. desfile aéreo
flysheet [ˈflaɪʃiːt] s. folheto; panfleto; prospecto
flyspeck [ˈflaɪspek] s. [cal.] pinta de mosca; cagadela de mosca_cal._
flyswatter [ˈflaɪˌswɒtə] s. mata-moscas
fly-through [ˈflaɪθruː] Ⓐ s. 1 (de reconhecimento) voo de uma nave espacial (sobre uma determinada área); 2 INFORMÁTICA (três dimensões) simulação de voo Ⓑ adj. (simulação, missão) de voo, de reconhecimento
flyway [ˈflaɪweɪ] s. (pl. **-s**) (aves) rota migratória
flyweight [ˈflaɪweɪt] s. DESPORTO (boxe) peso-mosca
flywheel [ˈflaɪwiːl] s. (de mecanismo) volante
flywhisk [ˈflaɪwɪsk] s. enxota-moscas
fm [abrev. de fathom]
Fm QUÍMICA [símbolo de fermium]
FM Ⓐ [abrev. de Field Marshal] Ⓑ RÁDIO [abrev. de frequency modulation]
FMD INFORMÁTICA [abrev. de Fluorescent Multilayer Disc]
fo. [abrev. de folio (one sheet)]
FO Ⓐ [abrev. de Foreign Office] Ⓑ [abrev. de Field Officer] Ⓒ [abrev. de Flying Officer]
foal [fəʊl] Ⓐ s. potro, poldro Ⓑ v.tr.,intr. (égua, jumenta, burra) parir ❖ (égua, jumenta) *in ~/with ~* cheia; com cria
foam [fəʊm] Ⓐ s. 1 espuma; 2 baba; 3 [poét.] o mar, o oceano Ⓑ v.intr. 1 espumar; fazer espuma; 2 babar-se; 3 estar cheio; estar à cunha ❖ *~ extinguisher* extintor de espuma; *shaving ~* espuma de barbear; *the sea ~* a espuma do mar; (ondas) *to break into ~* rebentar; (irritação, doença) *to ~ at the mouth* espumar; espumar pela boca; espumar de raiva
foamable [ˈfəʊməbəl] adj. 1 que faz espuma, que produz espuma; 2 que se transforma em espuma
foamed [fəʊmd] adj. coberto de espuma
foaming [ˈfəʊmɪŋ] Ⓐ adj. espumante, cheio de espuma Ⓑ s. espuma ❖ *~ scum* escumação
foamy [ˈfəʊmɪ] adj. (comp. **-ier**, superl. **-iest**) espumante, coberto de espuma
fob [fɒb] Ⓐ s. 1 bolso pequeno para relógio; 2 [EUA] corrente de relógio, fita para segurar o relógio; 3 foguetão nuclear capaz de contornar a Terra (particípios. **-bb-**) 1 meter no bolso; 2 enganar (alguém) ❖ *~ watch* relógio de bolso; *to ~ sth off on sb* impingir alguma coisa a alguém; *to ~ sb off with sth* enganar alguém com alguma coisa
FOB[2] COMÉRCIO [abrev. de free on board]
focaccia [fəˈkɒtʃə] s. (pão italiano) focaccia
focal [ˈfəʊkəl] adj. 1 focal; 2 (assunto) crucial; central ❖ *~ plane* plano focal; *~ plane shutter* obturador de cortina; *the ~ length/distance* a distância focal

focalization [fəʊkəlaɪˈzeɪʃən] s. focagem, focalização
focalize [ˈfəʊkəlaɪz] v.tr. **1** focar, focalizar; **2** concentrar, fazer convergir (raios de luz, etc.)
focalizing [ˈfəʊkəlaɪzɪŋ] s. focagem, focalização
focometer [fəʊˈkɒmɪtə] s. focómetro
foc's'le [ˈfəʊksl] s. ⇒ **forecastle**
focus [ˈfəʊkəs] Ⓐ s. (pl. **focuses** ou **foci**) **1** foco; **2** ponto de convergência; **3** centro; ponto central; *to be the ~ of attention* ser o centro das atenções; **4** (questão) âmago, parte essencial [of, the]; *the ~ of sb's intervention* o essencial da intervenção de alguém; **5** atracção; pólo de atracção; **6** sede Ⓑ v.tr.,intr. **1** focar; **2** realçar; **3** concentrar(-se) [on, em]; *~ on work* concentra-te no trabalho; *to ~ one's attention on sth* concentrar a atenção em qualquer coisa; **4** fazer convergir (raios luminosos, etc.) ❖ *~ adjuster* regulador do foco; *in ~* claro; nítido; distinto; em foco; focado; *out of ~* turvo; indistinto; desfocado; *the ~ of an earthquake* o epicentro de um tremor de terra; *to bring (sth) into ~* focar devidamente; tornar claro, nítido; chamar a atenção para
fodder [ˈfɒdə] Ⓐ s. forragem Ⓑ v.tr. dar forragem a animais
foddering [ˈfɒdərɪŋ] s. distribuição de forragem
fodderless [ˈfɒdələs] adj. sem forragem
foe [fəʊ] s. adversário, inimigo
foeman [ˈfəʊmən] s. (pl. **-men**) adversário, inimigo
foetal [ˈfiːtəl] adj. fetal
foetation [fiːˈteɪʃən] s. fetação
foeticide [ˈfiːtɪsaɪd] s. feticida
foetid [ˈfiːtɪd] adj. ⇒ **fetid**
foetus [ˈfiːtəs] s. (pl. **-es**) feto, embrião animal
fog [fɒg] Ⓐ s. **1** nevoeiro; névoa; bruma; **2** [fig.] confusão; *to be in a ~* estar confuso, estar a confundir tudo; **3** FOTOGRAFIA mancha em chapa fotográfica; **4** erva nova, segunda camada de erva deixada durante o Inverno Ⓑ v.tr.,intr. (particípios: **-gg-**) **1** embaciar; **2** enevoar, cobrir de névoa; **3** [fig.] perturbar; confundir; complicar; obscurecer; *to ~ the issue* complicar a questão; **4** FOTOGRAFIA velar(-se) ❖ *~ bank* nevoeiro denso; nevoeiro cerrado; [GB] (automóvel) *~ lamp* farol de nevoeiro; [EUA] (automóvel) *~ light* farol de nevoeiro; *~ producer* máquina de nevoeiro artificial; *to be fogged* estar desorientado
◆**fog up** v.intr. **1** embaciar; **2** enevoar
fogbound [ˈfɒgbaʊnd] adj. **1** imobilizado pelo nevoeiro; **2** envolto em nevoeiro
fogbow [ˈfɒgbəʊ] s. arco-íris provocado pelo nevoeiro
fogey [ˈfəʊgɪ] s. ⇒ **fogy**
fogger [ˈfɒgə] s. pessoa que coloca os sinais detonantes sobre os carris para avisar o maquinista de que há nevoeiro
fogginess [ˈfɒgɪnɪs] s. nebulosidade; nevoeiro cerrado
foggy [ˈfɒgɪ] adj. (comp. **-ier**, superl. **-iest**) **1** com nevoeiro; nebuloso; **2** FOTOGRAFIA velado, manchado; **3** [fig.] confuso, pouco claro ❖ *I don't have the foggiest idea!* não faço a mínima ideia!
foghorn [ˈfɒghɔːn] s. sirene de nevoeiro
fogy [ˈfəʊgɪ] s. [depr.] bota-de-elástico; jarreta; *old ~* velho jarreta
fogydom [ˈfəʊgɪdəm] s. ideias antiquadas
fogyism [ˈfəʊgɪɪzəm] s. ideias antiquadas
foible [ˈfɔɪbəl] s. **1** mania; **2** ponto fraco; **3** parte da lâmina da espada, desde o meio até à ponta ❖ *every man has his ~* ninguém é perfeito
foil [fɔɪl] Ⓐ s. **1** lâmina, folha delgada de metal; **2** folha de prata, ouro ou platina; **3** CULINÁRIA papel de alumínio; **4** contraste; realce por oposição; **5** (esgrima) florete; **6** rasto, pista de animal; **7** parte arredondada de arco de janela; **8** [arc.] desaire, derrota, contratempo Ⓑ v.tr.,intr. **1** realçar por contraste; **2** desorientar; **3** distorçar, fazer perder a pista; **4** [arc.] pôr em cheque, derrotar; **5** levar a melhor sobre ❖ *it serves as a ~ to her beauty* serve para lhe realçar a beleza; *to ~ the scent* despistar
foison [ˈfɔɪzn] s. [arc.] abundância
foist [fɔɪst] v.tr. **1** introduzir fraudulentamente; **2** impingir; **3** enganar
fol. [abrev. de **folio**]
fold [fəʊld] Ⓐ v.tr.,intr. **1** dobrar; **2** embrulhar; **3** CULINÁRIA envolver; **4** integrar; **5** (braços) cruzar; **6** (mãos) entrelaçar; **7** abraçar, cingir ao peito; *to ~ in one's arms* abraçar; **8** encerrar em curral, encurralar (animais); colocar em cercado ou num campo para adubar a terra Ⓑ s. **1** prega; dobra; vinco; **2** ondulação, acidente de terreno; **3** aprisco, curral, aido, redil; **4** [fig.] igreja, seio da igreja
◆**fold away** Ⓐ v.tr. dobrar (para arrumar) Ⓑ v.intr. (cama, mesa) desdobrar-se
◆**fold back** v.tr. **1** arregaçar; *to ~ the sleeves* arregaçar as mangas; **2** (persianas) abrir; **3** (cobertas) puxar para trás
◆**fold down** v.tr. dobrar
◆**fold in** v.tr. CULINÁRIA juntar, acrescentar
◆**fold over** v.tr. (papel, cobertor) dobrar
◆**fold up** Ⓐ v.tr. (tecido, papel) dobrar; *to ~ a letter* dobrar uma carta Ⓑ v.intr. **1** COMÉRCIO falir; abrir bancarrota; *several houses folded up in those years* várias casas faliram naqueles anos; **2** (riso, dor, etc.) ir-se abaixo; sucumbir
foldable [ˈfəʊldəbəl] adj. que pode dobrar-se, dobrável
foldaway [ˈfəʊldəweɪ] adj. **1** desdobrável; **2** de abrir e fechar; **3** articulado; *~ bed* cama articulada
folder [ˈfəʊldə] s. **1** (arquivo) pasta; **2** circular, prospecto, folheto; **3** dobrador; **4** máquina de dobrar
folderol [ˈfɒldərɒl] s. **1** [arc.] refrão, estribilho de canção; **2** berloque; bugiganga
folding [ˈfəʊldɪŋ] Ⓐ adj. **1** desdobrável, que dobra, que pode dobrar-se; **2** flexível Ⓑ s. **1** dobra, acto de dobrar; **2** dobra (de terreno); **3** cruzamento (de braços) ❖ *~ bed* cama de campanha; cama articulada; *~ camera* máquina fotográfica de fole; *~ chair* cadeira articulada; cadeira portátil de dobrar; *~ door* alçapão; porta que se dobra sobre si mesma; *~ ladder* escadote; *~ pocket measure* metro articulado; *~ rule* metro articulado; *~ screen* biombo; *~ seat* assento que se dobra sobre si mesmo; MILITAR *~ sight* alça articulada de arma de fogo; *~ table* mesa dobradiça
foldout [ˈfəʊldaʊt] s. (de publicação) encarte
foliage [ˈfəʊlɪdʒ] s. folhagem
foliaged [ˈfəʊlɪdʒd] adj. com folhagem, com folhas
foliar [ˈfəʊlɪə] adj. foliar
foliate[1] [ˈfəʊlɪeɪt] v.tr.,intr. **1** estalar, partir, fender-se em lascas; **2** estanhar (espelho); **3** laminar; **4** ornamentar com lóbulos; **5** numerar (folhas de livro)
foliate[2] [ˈfəʊlɪət] adj. folheado, folhado
foliated [ˈfəʊlɪeɪtɪd] adj. **1** laminado, em lâminas; **2** foliáceo; folheado ❖ *~ gold* ouro em folhas; *~ silver* prata em folhas
foliation [fəʊlɪˈeɪʃən] s. **1** folheação, folheatura; **2** ARQUITECTURA folhagem; **3** estanhagem (de espelho); **4** laminagem; **5** xistosidade; **6** numeração de folhas (em livro)
folic [ˈfəʊlɪk] adj. fólico ❖ *~ acid* ácido fólico
folio [ˈfəʊlɪəʊ] s. (pl. **-s**) fólio, folha dobrada, volume in-fólio
foliole [ˈfəʊlɪəʊl] s. BOTÂNICA folíolo
foliose [ˈfəʊlɪəʊz] adj. BOTÂNICA em forma de folha, foliforme
folk [fəʊk] Ⓐ s. **1** povo; pessoas; *country ~* camponeses, gente das aldeias; **2** MÚSICA música popular, música tradicional; **3** pl. [coloq.] (vocativo) pessoal; malta; gente; *that's all for tonight, folks* por esta noite é tudo, malta; **4** pl. pais; familiares, família, parentes; *the old folks at home* os pais, os avós, os velhotes Ⓑ adj. popular; tradicional; típico ❖ *~ art* arte popular; *~ dance* dança popular; dança tradicional; danças típicas; *~ memory* memória colectiva; *~ music* música popular; música tradicional; *~ song* canção popular; canção tradicional; *~ speech* linguagem popular; linguagem dialectal; *~ tale* conto popular; conto tradicional
folklore [ˈfəʊklɔː] s. folclore; costumes; tradições populares
folkloric [fəʊˈklɔːrɪk] adj. folclórico; do folclore; da tradição popular
folklorist [ˈfəʊklɔːrɪst] s. folclorista, etnólogo
follicle [ˈfɒlɪkl] s. **1** ANATOMIA folículo; **2** BOTÂNICA casulo
follicular [fɒˈlɪkjʊlə] adj. folicular
folliculated [fɒˈlɪkjʊleɪtɪd] adj. folicoloso
folliculle [ˈfɒlɪkjʊl] s. folículo
folliculitis [fɒlɪkjʊˈlaɪtɪs] s. foliculite
folliculose [fɒlɪkjʊˈləʊs] adj. folicoloso
folliculous [fɒˈlɪkjʊləs] adj. ⇒ **folliculose**

follow ['fɒləʊ] Ⓐ v.tr.,intr. **1** seguir, ir atrás de; **2** ir depois de; **3** (profissão, carreira) seguir, abraçar; **4** acompanhar; **5** suceder a; **6** obedecer; **7** compreender; *do you follow?* estás a compreender?; *I don't quite ~* não estou a perceber bem; **8** ser partidário de, ser discípulo de; **9** ser consequência de, resultar de Ⓑ s. **1** (bilhar) tacada mal dada; **2** (restaurante) repetição de prato ❖ *as follows* como se segue; *hence it follows that* daqui se segue que; *that doesn't ~* não se pode tirar essa conclusão; *to ~ in sb's footsteps* seguir o exemplo de alguém; *to ~ one's nose* seguir a direito; *to ~ sb's example* seguir o exemplo de alguém; *to ~ suit* seguir; imitar; fazer o mesmo; (jogo de cartas) *to ~ suit* seguir o naipe; enaipar; *to ~ the law* estudar direito; dedicar-se à advocacia; *to ~ the plough* dedicar-se à lavoura; *to ~ the sea* ser marinheiro; seguir a vida do mar

◆**follow around** v.tr. seguir para todo o lado; andar atrás de
◆**follow on** v.intr. **1** continuar; **2** resultar [**from**, de]; ser consequência [**from**, de]; derivar [**from**, de]
◆**follow out** v.tr. **1** (ideia, plano) prosseguir até ao fim; levar a cabo; concretizar; **2** (ordem) executar; cumprir; **3** (instruções) seguir
◆**follow through** v.tr. levar a cabo; completar ❖ *to ~ with sth* levar uma coisa até ao fim
◆**follow up** v.tr. **1** investigar; **2** seguir de perto; *to follow sb up* seguir alguém de perto; **3** aprofundar; debruçar-se sobre; **4** explorar; tirar partido de; **5** dar seguimento a

follower ['fɒləʊə] s. **1** seguidor; **2** partidário, adepto, sequaz, sectário; **3** discípulo; **4** apoiante; **5** tambor de transmissão; **6** roda secundária dependente de outra; *~ wheel* roda accionada por outra; **7** séquito, comitiva

following ['fɒləʊɪŋ] Ⓐ prep. depois de, a seguir a; *~ that event* depois disso Ⓑ adj. seguinte; que segue; *on the ~ day* no dia seguinte Ⓒ s. **1** séquito, comitiva; **2** partidários; seguidores; discípulos; **3** o(s) seguinte(s) ❖ *~ your letter...* no seguimento da sua carta...

follow-me-lads ['fɒləʊmiːlædz] s. caracóis de cabelo ou fitas sobre os ombros

follow-on [ˌfɒləʊ'ɒn] Ⓐ s. (pl. **-s**) **1** continuação, seguimento; **2** reforço Ⓑ adj. **1** resultante; **2** subsequente

follow-through [ˌfɒləʊ'θruː] s. (pl. **-s**) **1** continuação; **2** acompanhamento; **3** remate; **4** finalização, acabamento

follow-up ['fɒləʊʌp] s. (pl. **-s**) **1** continuação, seguimento; **2** acompanhamento ❖ MEDICINA *~ care* cuidados pós-hospitalares; *~ interview* entrevista complementar; segunda entrevista

folly ['fɒlɪ] s. (pl. **-ies**) **1** loucura, tolice; **2** acto, ideia disparatada ou ridícula; **3** edifício dispendioso e tido como inútil

foment [fəʊ'ment] v.tr. **1** fomentar, aplicar fomentação a; **2** promover, favorecer

fomentation [ˌfəʊmen'teɪʃən] s. **1** fomentação; **2** fomento, estímulo, apoio

fomenter [fəʊ'mentə] s. fomentador

fond [fɒnd] adj. **1** amigo, apreciador; **2** amável, amoroso, muito dedicado; **3** simples, simplório, demasiado crédulo; **4** (anseios, etc.) vão, irrealizável; *a ~ hope* uma esperança vã ❖ *~ memories* boas recordações; *to be ~ of* gostar muito de; ter muita simpatia por; *to be ~ of doing sth* gostar de fazer alguma coisa

fondant ['fɒndənt] s. doce que se derrete rapidamente na boca
fondle ['fɒndl] v.tr. acariciar, fazer festas, fazer festinhas, amimar
fondler ['fɒndlə] s. aquele que acarinha, que faz festas
fondling ['fɒndlɪŋ] Ⓐ adj. carinhoso, meigo Ⓑ s. afago, carinhos, carícias
fondly ['fɒndlɪ] adv. **1** ternamente, afectuosamente; **2** ingenuamente
fondness ['fɒndnɪs] s. **1** afecto, carinho, ternura; **2** inclinação; **3** dedicação; **4** gosto, predilecção
fondue ['fɒnduː] s. CULINÁRIA fondue
font [fɒnt] s. **1** pia baptismal; **2** pia de água benta; **3** depósito (de lâmpada); **4** TIPOGRAFIA (caracteres) fonte
fontal ['fɒntəl] adj. **1** original, primitivo, que brota de fonte; **2** baptismal
fontanel [ˌfɒntə'nel] s. fontanela
fontanelle [ˌfɒntə'nel] s. fontanela

food [fuːd] s. **1** comida, alimento; alimentação, alimentos; **2** víveres, sustento ❖ *~ bank* banco alimentar; *~ cannery* indústria conserveira; *~ card* senha de racionamento (para alimentação); *~ chain* cadeia alimentar; *~ controller* controlador alimentar; (centro comercial) *~ court* praça da alimentação; *~ industry* indústria alimentar; indústria de géneros alimentícios; MEDICINA *~ poisoning* intoxicação alimentar; *~ preservation* conservação de alimentos; *~ processor* robô de cozinha; *~ pyramid* pirâmide alimentar; *~ value* valor nutritivo; *dog/cat ~* comida de cão/gato; *fast ~* comida rápida; *fast food*; *plastic ~* comida de plástico; *junk ~* comida de plástico; porcarias; *~ for thought* assunto que dá que pensar; *~ packing machine* máquina para embalar géneros alimentícios; *GM/genetically modified ~* alimentos geneticamente modificados; *to be ~ for fishes* ter morrido afogado; *to be ~ for worms* estar morto; *to be off one's ~* estar sem apetite

foodie ['fuːdɪ] s. [coloq.] apreciador de comida, gastrónomo, gourmet
foodless ['fuːdləs] adj. **1** improdutivo; **2** sem víveres
foodstuffs ['fuːdstʌfs] s.pl. géneros alimentícios; alimentos
fool [fuːl] Ⓐ s. **1** tolo, louco, pateta, estúpido; **2** HISTÓRIA (corte) bobo; truão; **3** CULINÁRIA mousse de fruta Ⓑ v.tr.,intr. **1** fazer disparates, disparatar; fazer de tolo; **2** brincar; estar na brincadeira; *stop fooling with that gun!* não se brinca com armas!; *who has been fooling with my camera?* quem esteve para aqui a brincar com a minha máquina fotográfica?; **3** enganar, intrujar, lograr; *she has been fooled out of her money* conseguiram ficar-lhe com o dinheiro ❖ *fool('s) cap* carapuça com guizos, usada pelos bobos na Idade Média; *fool's paradise* paraíso dos tolos; felicidade ilusória; *All Fools' day* dia de enganos (1 de Abril); *April ~* pessoa que se deixou enganar no dia 1 de Abril; *every man has a ~ in his sleeve* de poeta e de louco todos temos um pouco; *no ~ like an old ~* não há tolo maior que aquele que tinha obrigação de ter juízo; *to act/play the ~* fazer de tolo; *to be a ~ for one's pains* esforçar-se sem resultado; fazer algo sem receber recompensa ou agradecimentos; *to be no ~* não ser nada tolo; *to ~ away* perder; desperdiçar; *to go on a fool's errand* iniciar um projecto que se sabe condenado à partida; *to make a ~ of oneself* fazer fraca figura; fazer figura de parvo; *to make a ~ of sb* enganar, iludir alguém; fazer alguém passar por idiota

◆**fool about/around** v.intr. **1** perder tempo; *to be fooling about/around* andar dum lado para o outro sem fazer nada, a perder tempo; **2** fazer de palhaço; perder tempo com brincadeiras estúpidas; fazer disparates; **3** (relações) ter um caso; ter uma aventura

foolery ['fuːlərɪ] s. (pl. **-ies**) **1** tolice, disparate; **2** intrujice, chocarrice, truanice
foolhardily ['fuːlˌhɑːdɪlɪ] adv. **1** temerariamente; **2** imprudentemente
foolhardiness ['fuːlˌhɑːdɪnɪs] s. temeridade, audácia, imprudência
foolhardy ['fuːlˌhɑːdɪ] adj. (comp. **-ier**, superl. **-iest**) temerário, audacioso, imprudente
foolish ['fuːlɪʃ] adj. **1** néscio, insensato, tolo; **2** disparatado; **3** louco; **4** ridículo ❖ *a ~ question requires no answer* palavras loucas, orelhas moucas; *to look ~* cair no ridículo
foolishly ['fuːlɪʃlɪ] adv. **1** tolamente, insensatamente; **2** imbecilmente
foolishness ['fuːlɪʃnɪs] s. **1** disparate, loucura, tolice; **2** parvoíce, patetice
foolproof ['fuːlpruːf] adj. **1** à prova de distracções; à prova de descuidos; **2** 100% seguro; **3** (plano, método) infalível
foolscap ['fuːlskæp] s. **1** ⇒ *fool's cap*; **2** papel ministro
foosball ['fuːzbɔːl] s. [EUA] matraquilhos
foot [fʊt] Ⓐ s. (pl. **feet**) **1** pé; **2** (animal) pata; **3** (montanha) sopé, falda, base; **4** (escadas, página) fundo; *at the ~ of the stairs* ao fundo das escadas; **5** posição inferior; **6** MILITAR infantaria; **7** pl. *feet ou foot* (comprimento) pé (304,74 mm); **8** (versificação) pé Ⓑ v.tr.,intr. **1** (conta, despesas, etc.) pagar; *to ~ the bill* pagar as despesas; **2** adicionar; *to ~ (up) an account* adicionar uma conta; **3** passar a pé; **4** [ant.] dançar; **5** (peúgas, meias, etc.) pôr pés em, pôr calcanhares em ❖ *~ bolt* cavilha de pé ou base da máquina; *~ brake*

travão de pé; (automóvel) ~ *dimmer* pedal para baixar as luzes dos faróis; DESPORTO (ténis) ~ *fault* falta cometida com os pés; MILITAR ~ *guards* guardas a pé; infantaria; (ferryboat) ~ *passenger* passageiro que não trouxe carro; DESPORTO ~ *race* corrida de atletismo; VETERINÁRIA ~ *rot* peeira; ~ *rule* régua com o comprimento de 12 polegadas (= 1 pé); MILITAR ~ *soldier* soldado de infantaria; (automóvel) ~ *starter* pedal de arranque; ~ *walk* passeio; passeio a pé; caminho reservado a peões; (minas) ~ *wall* camada de rocha por baixo do filão; MILITAR ~ *and horse* infantaria e cavalaria; RELIGIÃO (ritual) *feet washing* lava-pés; *from head to* ~ dos pés à cabeça; [ant.] *my foot!* uma ova!; *on* ~ a pé; *on one's feet* de pé; novamente com saúde; independente; *to begin to feel one's feet* começar a tomar pé; *to be rushed/run off one's feet* ter muito que fazer; *to fall/land on one's feet* cair de pé; safar-se; ter sorte; *to find one's feet* acostumar-se à situação; *to* ~ *it* ir a pé; *to get off on the wrong* ~ começar mal; começar da pior maneira; *to get one's* ~ *in the door* entrar no mercado de trabalho; furar_fig.; *to get to one's feet* levantar-se; *to have both feet on the ground* ter os pés assentes na terra; *to have feet of clay* ter pés de barro; [joc.] *to have one* ~ *in the grave* estar com os pés na cova; *to have sth/sb at one's feet* ter algo/alguém a seus pés; *to keep one's feet* aguentar-se; não cair; *to knock sb off his/her feet* fazer alguém perder o equilíbrio; arruinar a saúde a alguém; [coloq.] *to put one's best* ~ *forward* causar a melhor impressão possível; *to put one's* ~ *down* bater o pé; mostrar firmeza; *to put one's* ~ *in it/in one's mouth* meter a pata na poça; meter água; *to rise/get/jump/leap to one's feet* levantar-se; *to set* ~ *in* entrar em; pôr os pés em; *to set sb on his feet* tornar alguém independente; *to set sth on* ~ pôr algo em marcha; pôr algo em movimento; pôr algo em andamento

footage ['fʊtɪdʒ] *s.* 1 CINEMA metragem; 2 CINEMA sequências, imagens; 3 comprimento (em pés) ❖ *real* ~ imagens reais

foot-and-mouth [ˌfʊtənˈmaʊθ] *adj.* VETERINÁRIA ~ *disease* febre aftosa

football ['fʊtbɔːl] *s.* 1 DESPORTO futebol; 2 bola de futebol

footballer ['fʊtbɔːlə] *s.* DESPORTO jogador de futebol, futebolista

footballing ['fʊtbɔːlɪŋ] *adj.* de futebol, futebolístico; ~ *career* carreira futebolística; ~ *history* história do futebol ❖ (futebol) ~ *injury* lesão sofrida durante uma partida; *the great* ~ *countries* os países com mais história no futebol

footbath ['fʊtbɑːθ] *s.* 1 bacia para lavar os pés; 2 (acção) lava-pés

footboard ['fʊtbɔːd] *s.* 1 plataforma de locomotiva; 2 estribo

footboy ['fʊtbɔɪ] *s.* paquete (rapaz), lacaio

footbridge ['fʊtbrɪdʒ] *s.* ponte pedonal

footcloth ['fʊtklɒθ] *s.* [arc.] (para cavalo) gualdrapa; xabraque

foot-controlled ['fʊtkənˌtrəʊld] *adj.* accionado por pedal; controlado por pedal

footed ['fʊtɪd] *adj.* com pés; que tem pés ❖ *four-footed* com quatro pés; quadrúpede

footer ['fʊtə] *s.* 1 pé de página, rodapé; 2 [coloq.] futebol; 3 [arc.] peão

footfall ['fʊtfɔːl] *s.* 1 ruído de passos; 2 passadas

footgear ['fʊtɡɪə] *s.* calçado

foothill ['fʊthɪl] *s.* 1 ARQUITECTURA contraforte; 2 *pl.* GEOGRAFIA (sopé de montanha) contrafortes

foothold ['fʊthəʊld] *s.* 1 apoio para o pé; 2 ponto de apoio; 3 base de operações; 4 posição firme, posição segura ❖ *to gain a* ~ consolidar a posição; expandir-se; *to keep one's* ~ segurar-se; equilibrar-se; *to lose one's* ~ desequilibrar-se

footing ['fʊtɪŋ] *s.* 1 posição, colocação dos pés; 2 apoio para os pés; 3 equilíbrio; *to lose one's* ~ perder o equilíbrio; 4 colocação de calcanhares, pés (em peúgas); 5 peanha, soco; 6 base; fundamento; 7 admissão, entrada; 8 piso; 9 adição (duma série de parcelas) ❖ *on a war* ~ em pé de guerra; *to be on a friendly* ~ *with* estar de boas relações com; *to be on an equal* ~ *with* estar em pé de igualdade com; *to get a* ~ *in* conseguir ser bem recebido em; *to lose one's* ~ perder pé; *to put on the same* ~ *as* pôr em pé de igualdade com

footle ['fuːtl] *v.intr.* 1 ocupar-se com ninharias; 2 fazer patetices

footler ['fuːtlə] *s.* pessoa que se ocupa com ninharias

footless ['fʊtləs] *adj.* 1 sem pés; 2 sem patas

footlights ['fʊtlaɪts] *s.pl.* ribalta

footling ['fuːtlɪŋ] *adj.* fútil, frívolo

footloose ['fʊtluːs] *adj.* 1 livre; 2 sem compromissos ❖ ~ *and fancy-free* livre e desimpedido

footman ['fʊtmən] *s.* (*pl.* **-men**) 1 infante, soldado de infantaria; 2 lacaio, criado

footmark ['fʊtmɑːk] *s.* pegada

footnote ['fʊtnəʊt] Ⓐ *s.* nota de rodapé Ⓑ *v.tr.* 1 colocar em nota de rodapé; 2 acrescentar notas de rodapé a

footpace ['fʊtpeɪs] *s.* 1 passo lento; 2 estrado

footpad ['fʊtpæd] *s.* [arc.] salteador das estradas

footpath ['fʊtpɑːθ] *s.* 1 atalho, caminho para peões; 2 passeio

footplate ['fʊtpleɪt] *s.* (locomotiva) plataforma (de condução)

footprint ['fʊtprɪnt] *s.* 1 pegada; marca deixada pelo pé; 2 (hardware de computador) área ocupada; 3 (satélite) zona de feixe

footrace ['fʊtreɪs] *s.* corrida a pé

footrest ['fʊtrest] *s.* apoio para os pés

footrope ['fʊtrəʊp] *s.* 1 NÁUTICA estribo; 2 NÁUTICA relinga; 3 NÁUTICA tralha

foot-second [ˌfʊtˈsekənd] *s.* velocidade necessária para se percorrer um pé (=304,74 mm) num segundo

footslog ['fʊtslɒɡ] *v.intr.* (*particípios* **-gg-**) andar com muito esforço; arrastar-se

footslogger ['fʊtˌslɒɡə] *s.* 1 soldado de infantaria; 2 caminhante

footsore ['fʊtsɔː] *adj.* com os pés doridos

footstalk ['fʊtstɔːk] *s.* BOTÂNICA pedúnculo, pecíolo

footstall ['fʊtstɔːl] *s.* peanha, pedestal, soco

footstep ['fʊtstep] *s.* 1 passo; 2 pegada

footstone ['fʊtˌstəʊn] *s.* pedra colocada ao fundo de campa

footstool ['fʊtstuːl] *s.* escabelo, banquinho para os pés

footway ['fʊtweɪ] *s.* caminho para peões, passeio

footwear ['fʊtweə] *s.* calçado

footwork ['fʊtwɜːk] *s.* 1 DESPORTO jogo de pernas; 2 [fig., coloq.] habilidade, engenho, perícia; 3 [fig., coloq.] manipulação

foozle ['fuːzl] Ⓐ *v.tr.* 1 (golfe) falhar uma jogada; 2 fazer (qualquer coisa) mal e desajeitadamente Ⓑ *s.* 1 (golfe) jogada que saiu mal; 2 trabalho mal feito

fop [fɒp] *s.* fátuo, enfatuado, peralvilho, presumido

fopling ['fɒplɪŋ] *s.* peralvilho

foppery ['fɒpərɪ] *s.* (*pl.* **-ies**) janotismo, peralvilhice

foppish ['fɒpɪʃ] *adj.* enfatuado, afectado, adamado, aperaltado

foppishly ['fɒpɪʃlɪ] *adv.* 1 afectadamente; 2 aperaltadamente

foppishness ['fɒpɪʃnɪs] *s.* peralvilhice, fatuidade

for[1] [fɔː] Ⓐ *prep.* 1 para; *the book is* ~ *me* o livro é para mim; 2 por; *I took him* ~ *a German* tomei-o por um alemão; 3 durante; *the war lasted* ~ *two years* a guerra durou dois anos; *they lived in Scotland* ~ *2 years* viveram na Escócia durante 2 anos; 4 por causa de, devido a; *he couldn't buy the car* ~ *want of money* ele não podia comprar o carro por falta de dinheiro; 5 (finalidade, objectivo) para; 6 (desejo) por, de; 7 (troca, substituição) por; 8 como; *he has Mr. Smith* ~ *a teacher* ele tem o sr. Smith como professor; 9 de; *she danced* ~ *joy* ela dançou de alegria; 10 a favor de Ⓑ *conj.* porque, visto que, porquanto ❖ ~ *all his money* apesar de todo o seu dinheiro; ~ *all I know* tanto quanto eu sei; ~ *all that* apesar de tudo isso; ~ *all the world like* exactamente; ~ *certain* de certeza; ~ *fear that* para que não; com receio de; ~ *good* para sempre; *de vez*; ~ *life* para toda a vida; ~ *myself*; ~ *my part* pela minha parte; por mim; ~ *short* em abreviatura; [cal.] ~ *the love of Mike, go home!* por amor de Deus, vai-te embora!; ~ *the present* por agora; *as* ~ *me* quanto a mim; *as* ~ *the books* quanto aos livros; *but* ~ se não fosse; sem; *it is not* ~ *you to say that* não é a ti que compete dizer isso; *now you are* ~ *it!* agora estás metido nelas!; *oh,* ~ *a glass of wine!* ah, quem dera um copo de vinho!; *she has been writing* ~ *three hours* há três horas que ela está a escrever; *what can I do* ~ *you?* em que lhe posso ser útil?; *what for?* para quê?

FOR[2] COMÉRCIO [*abrev. de* free on rail]

for. Ⓐ [*abrev. de* foreign] Ⓑ [*abrev. de* forestry]

forage ['fɒrɪdʒ] Ⓐ *s.* 1 forragem; *green* ~ forragens verdes; 2 procura de comida; 3 pilhagem Ⓑ *v.tr.,intr.* 1 andar à procura

forager

de comida; **2** forragear, apanhar forragens; **3** dar forragens a; alimentar com forragens; **4** saquear; pilhar; **5** vasculhar; procurar [**for**, **-**] ❖ [GB] MILITAR ~ *cap* barrete; *on the* ~ em busca de forragens; a saquear; a pilhar
forager ['fɒrɪdʒə] *s.* forrageador
foraging ['fɒrɪdʒɪŋ] *s.* acto de forragear
foramen [fə'reɪmɛn] *s.* ⟨*pl.* **-mina**⟩ forâmen, forame
foraminate [fə'ræmɪneɪt] *adj.* foraminoso
foraminated [fə'ræmɪneɪtɪd] *adj.* foraminoso
forasmuch as [fərəz'mʌtʃəz] *conj.* visto que, uma vez que, porquanto
foray ['fɒreɪ] Ⓐ *s.* **1** pilhagem, razia, saque; **2** incursão; investida Ⓑ *v.tr., intr.* saquear, invadir, pilhar
forbade [fə'bæd] *prt. de* **to forbid**
forbear[1] [fɔː'beə] *v.tr., intr.* ⟨*prt.* **forbore**, *part. pass.* **forborne**⟩ **1** evitar; abster-se; *to* ~ *with* abster-se de fazer alguma coisa; **2** pôr de parte ❖ *to* ~ *with* mostrar-se paciente com; *to bear and* ~ tolerar; ser indulgente
forbear[2] ['fɔːbeə] *s.* antepassado
forbearance [fɔː'beərəns] *s.* **1** paciência, indulgência; **2** abstenção
forbearing [fɔː'beərɪŋ] *adj.* paciente, indulgente, tolerante
forbearingly [fɔː'beərɪŋlɪ] *adv.* **1** indulgentemente; **2** com paciência
forbid [fə'bɪd] *v.tr.* ⟨*prt.* **forbade**, *part. pass.* **forbidden**⟩ **1** proibir [*to*, *de*]; *to* ~ *sb to do sth* proibir alguém de fazer alguma coisa; **2** impedir; não permitir ❖ *God* ~ *that ...* Deus não permita que ...; *I* ~ *you to!* estás proibido!
forbiddance [fə'bɪdəns] *s.* proibição
forbidden [fə'bɪdən] Ⓐ *particípio passado de* **to forbid** Ⓑ *adj.* **1** proibido; **2** (assunto) tabu; **3** (acesso) interdito ❖ ~ *fruit* fruto proibido; ~ *territory* assunto tabu; (China) *the Forbidden City* Cidade Proibida
forbidding [fə'bɪdɪŋ] Ⓐ *s.* proibição Ⓑ *adj.* **1** proibitivo; **2** desagradável, que afasta; **3** repugnante; **4** ameaçador; **5** sinistro
forbiddingly [fə'bɪdɪŋlɪ] *adv.* **1** desagradavelmente; **2** ameaçadoramente; **3** de maneira carrancuda
forbiddingness [fə'bɪdɪŋnɪs] *s.* aspecto desagradável, chocante
forbore [fɔː'bɔː] *prt. de* **to forbear**[1]
forborne [fɔː'bɔːn] *part. pass. de* **to forbear**[1]
forby [fɔː'baɪ] *adv., prep.* [ESC.] além disso
forbye [fɔː'baɪ] *adv., prep.* [ESC.] [arc.] além disso
force [fɔːs] Ⓐ *s.* **1** potência; energia; vigor; intensidade; força; **2** FÍSICA força; ~ *of gravity* força da gravidade; *gravitational forces* forças gravitacionais; **3** poder; poderio; influência; **4** valor; eficácia, significado; **5** (violência) força; *by* ~ à força; *brute* ~ força bruta; *by* ~ *of arms* pela força das armas; **6** MILITAR força militar; efectivos; *land forces* efectivos terrestres; *relieving* ~ exército de socorro; *sea* ~ força naval; *the air* ~ força aérea; a aviação; *the armed forces* as forças armadas; **7** DIREITO vigor; (regulamentos, etc.) *to be put into* ~/*to come into* ~ entrar em vigor; **8** *the* ~ a polícia Ⓑ *v.tr.* **1** forçar; *to* ~ *a smile* forçar um sorriso; *to* ~ *the lock/door/window* forçar a fechadura/a porta/a janela; **2** obrigar; constranger; pressionar; **3** produzir à força; **4** fazer mover; **5** fazer crescer à força; fazer amadurecer à força; **6** violentar; **7** [arc.] reforçar ❖ FÍSICA ~ *polygon* polígono de forças; *by/from* ~ *of habit* pela força do hábito; *driving/propelling* ~ força motriz; *labour* ~ força laboral; *the police* ~ a força policial; *to* ~ *one's way* abrir caminho à força; *to* ~ *sb's hand* pressionar alguém; obrigar alguém a tomar uma atitude; *to* ~ *the issue* fazer pressão; *to join/combine forces (with)* unir forças/esforços (com)
◆**force back** *v.tr.* **1** (ataque) repelir; fazer recuar; **2** (emoção) reprimir
◆**force down** *v.tr.* **1** (comida) engolir à força; **2** (avião) obrigar a aterrar; **3** empurrar para baixo; pressionar ❖ *to force sth down sb's throat* obrigar alguém a engolir algo; impingir algo a alguém
◆**force in** *v.tr.* **1** fazer entrar à força; forçar a entrada de; **2** (porta) meter dentro; **3** arrombar
◆**force on** *v.tr.* **1** (decisão, regra) impor; **2** (acto) intensificar; reforçar; **3** obrigar a continuar

◆**force out** *v.tr.* **1** fazer sair; forçar a saída de; **2** excluir; eliminar; **3** pronunciar a custo; **4** arrancar
◆**force up** *v.tr.* obrigar a subir
forced [fɔːst] *adj.* **1** forçado; **2** constrangido; **3** imposto ❖ ~ *draught* tiragem forçada; ~ *flow* corrente forçada; circulação forçada; ~ *labour* trabalhos forçados; ~ *landing* aterragem de emergência; aterragem forçada; ~ *laugh* riso forçado, constrangido; ~ *lubrication* lubrificação sob pressão; ~ *march* marcha forçada
force-feed ['fɔːsfiːd] *v.tr.* ⟨*prt. e part. pass.* **force-fed**⟩ alimentar à força, obrigar a comer
forceful ['fɔːsfʊl] *adj.* **1** (pessoa) assertivo; firme; **2** enérgico, forte; **3** violento, duro; **4** convincente; poderoso; *a* ~ *argument* uma razão convincente ❖ *to be* ~ *in doing sth* fazer algo energicamente
forcefully ['fɔːsfʊlɪ] *adv.* **1** energicamente; **2** violentamente; **3** de forma convincente
forcemeat ['fɔːsmiːt] *s.* CULINÁRIA recheio
forceps ['fɔːseps, 'fɔːsɪps] *s.* ⟨*pl.* **-es**⟩ **1** MEDICINA fórceps; **2** tenaz; **3** pinça ❖ *artery* ~ pinça hemostática
forcer ['fɔːsə] *s.* pistão, êmbolo
force-ripe ['fɔːsˌraɪp] Ⓐ *adj.* (fruta) amadurecido artificialmente Ⓑ *v.tr.* (fruta) amadurecer artificialmente
forcible ['fɔːsɪbəl] *adj.* **1** forçado; com recurso à força; **2** forte, violento; **3** impositivo; **4** enérgico; **5** convincente; *a* ~ *speaker* um orador convincente ❖ ~ *entry* roubo com arrombamento
forcibleness ['fɔːsɪblnɪs] *s.* violência, energia, força
forcibly ['fɔːsɪblɪ] *adv.* energicamente, violentamente, à força
ford [fɔːd] Ⓐ *s.* vau Ⓑ *v.tr.* vadear, passar a vau
fordable ['fɔːdəbəl] *adj.* vadeável
fording ['fɔːdɪŋ] *s.* vadeação, passagem a vau
fordo [fɔː'duː] *v.tr.* ⟨*prt.* **fordid**, *part. pass.* **fordone**⟩ [arc.] matar, destruir, estragar, arruinar
fordone [fɔː'dʌn] *adj.* exausto, cansado
fore [fɔː] Ⓐ *adj.* **1** anterior, situado adiante; *the* ~ *side/part* parte anterior; **2** pertencente à proa Ⓑ *interj.* (golfe) atenção!, cuidado! Ⓒ *s.* **1** parte anterior, parte da frente; **2** proa Ⓓ *adv.* **1** para a frente, para a parte anterior; **2** para a proa ❖ ~ *axle* eixo dianteiro; *to come to the* ~ ficar em situação de evidência; adquirir importância; *to have money to the* ~ ter dinheiro disponível
fore-and-aft [fɔːrə'nɑːft] *adj.* **1** longitudinalmente; **2** NÁUTICA da popa à proa
fore-and-after [fɔːrə'nɑːftə] *s.* NÁUTICA galeota de velas longitudinais
forearm[1] [fɔːr'ɑːm] *v.tr.* precaver, premunir, prevenir, armar antecipadamente
forearm[2] ['fɔːrɑːm] *s.* ANATOMIA antebraço
forearmed ['fɔːrɑːmd] *adj.* preparado; prevenido ❖ *forewarned is* ~ homem prevenido vale por dois
forebear [fɔː'beə] *s.* ⇒ **forebear**[2]
forebode [fɔː'bəʊd] *v.tr.* vaticinar, pressagiar, agourar, prognosticar
foreboder [fɔː'bəʊdə] *s.* **1** prognosticador; **2** profeta, adivinho; **3** presságio, prenúncio
foreboding [fɔː'bəʊdɪŋ] Ⓐ *s.* **1** pressentimento; **2** agouro, mau presságio, mau prenúncio Ⓑ *adj.* de mau agouro, ominoso
forebrain ['fɔːbreɪn] *s.* ANATOMIA cérebro anterior, protencéfalo, telencéfalo
forecabin ['fɔːˌkæbən] *s.* NÁUTICA camarote de segunda classe em navio
forecast ['fɔːkɑːst] Ⓐ *s.* **1** prognóstico; **2** previsão Ⓑ *v.tr.* ⟨*prt. e part. pass.* **forecast** *ou* **forecasted**⟩ **1** prognosticar; **2** prever, predizer ❖ *weather* ~ boletim meteorológico
forecaster ['fɔːkɑːstə] *s.* **1** TELEVISÃO apresentador da meteorologia; **2** analista que faz prognósticos
forecastle ['fəʊksəl] *s.* NÁUTICA castelo da proa
foreclose [fɔː'kləʊz] *v.tr., intr.* **1** excluir, impedir; **2** impedir pessoa de se libertar de hipoteca; **3** privar do direito de remir uma hipoteca; **4** executar uma hipoteca
foreclosure [fɔː'kləʊʒə] *s.* **1** FINANÇAS execução hipotecária; **2** sequestro
foreconscious [fɔː'kɒnʃəs] *adj.* preconsciente

forecourt ['fɔːkɔːt] s. pátio de entrada
foredate ['fɔːdeɪt] v.tr. pré-datar
foredeck ['fɔːdek] s. NÁUTICA coberta da proa
foredoom [fɔːˈduːm] v.tr. 1 condenar à partida; 2 condenar ao fracasso; 3 pressagiar o fracasso de
foredoomed [fɔːˈduːmd] adj. condenado à partida; destinado a fracassar
forefather ['fɔːfɑːðə] s. antepassado
forefinger ['fɔːˌfɪŋɡə] s. (dedo) indicador
forefoot ['fɔːfʊt] s. (pl. **-feet**) 1 ZOOLOGIA pata anterior; 2 NÁUTICA beque, talha-mar
forefront ['fɔːfrʌnt] s. 1 frente; 2 primeiro plano; 3 primeira linha; linha da frente; vanguarda; *to be at/in the ~ of...* estar na linha da frente de...; 4 fachada ❖ *to bring sth to the ~* chamar a atenção para algo
foregather [fɔːˈɡæðə] v.intr. ⇒ **forgather**
foregift ['fɔːɡɪft] s. prémio de arrendamento
forego [fɔːˈɡəʊ] v.tr.,intr. (prt. **forewent**, part. pass. **foregone**) 1 anteceder, preceder; 2 abster-se de, deixar de usar, renunciar
foregoer [fɔːˈɡəʊə] s. predecessor, precursor
foregoing [fɔːˈɡəʊɪŋ] adj. antecedente, precedente, anterior
foregone ['fɔːɡɒn] Ⓐ adj. antecedente; precedente Ⓑ part. pass. de **to forego** ❖ *it was a ~ conclusion* já era de esperar; isso era inevitável
foreground ['fɔːɡraʊnd] Ⓐ s. primeiro plano; *in the ~* no primeiro plano Ⓑ v.tr. 1 chamar a atenção para; colocar em primeiro plano; 2 dar prioridade a
forehand ['fɔːhænd] s. 1 quarto dianteiro do cavalo; 2 DESPORTO (ténis) jogada a direito, sem mudar de mão
forehanded ['fɔːhændɪd] adj. 1 económico, previdente; 2 abastado; 3 (jogada de ténis) a direito
forehandedness ['fɔːhændɪdnɪs] s. previdência
forehander ['fɔːhændə] s. (ténis) jogada a direito
forehead ['fɒrɪd, 'fɔːhed] s. testa
forehold ['fɔːhəʊld] s. porão da proa
forehook ['fɔːhʊk] s. NÁUTICA grinalda
foreign ['fɒrən] adj. 1 estrangeiro; *~ language* língua estrangeira; 2 POLÍTICA, ECONOMIA externo; *~ aid* ajuda externa; *~ debt* dívida externa; *~ policy* política externa; *~ trade* comércio externo; 3 forasteiro, adventício; 4 estranho, alheio, exterior [**to**, a]; 5 desconhecido, ignorado, irrelevante ❖ POLÍTICA *Foreign Affairs* Negócios Estrangeiros; *~ body/matter* corpo estranho; (imprensa, banco, etc.) *~ correspondent* correspondente no estrangeiro; correspondente para línguas estrangeiras; *~ currency* divisas estrangeiras; (exército) *Foreign Legion* legião estrangeira; POLÍTICA *Foreign Minister* Ministério dos Negócios Estrangeiros; POLÍTICA *Foreign Ministry* Ministério dos Negócios Estrangeiros; *~ money order* vale postal internacional; POLÍTICA *Foreign Office* Ministério dos Negócios Estrangeiros; *~ parts* o estrangeiro; terras estranhas; POLÍTICA *Foreign Secretary* Ministro dos Negócios Estrangeiros
foreign-born ['fɒrənˌbɔːn] adj. de origem estrangeira; nascido no estrangeiro
foreign-built ['fɒrənˌbɪlt] adj. feito no estrangeiro; importado
foreigner ['fɒrɪnə] s. estrangeiro
foreignism ['fɒrɪnɪzəm] s. estrangeirismo
foreignize ['fɒrɪnaɪz] Ⓐ v.tr. estrangeirar Ⓑ v.intr. tomar um ar estrangeirado
foreknow [fɔːˈnəʊ] v.tr. 1 saber antecipadamente; 2 pressentir
foreknowledge [fɔːˈnɒlɪdʒ] s. presciência, previsão
forel ['fɒrəl] s. espécie de pergaminho para capas de livros
foreland ['fɔːlənd] s. promontório, cabo
foreleg ['fɔːleɡ] s. perna dianteira, perna da frente
forelock ['fɔːlɒk] Ⓐ s. 1 madeixa de cabelo sobre a testa; 2 topete; 3 chaveta, cavilha Ⓑ v.tr. 1 colocar uma chaveta; 2 firmar por meio de chaveta ❖ *to take time by the ~* aproveitar a ocasião
foreman ['fɔːmən] s. (pl. **-men**) 1 maioral; 2 capataz; 3 contramestre; 4 NÁUTICA encarregado da gávea de proa; 5 patrão; 6 chefe de grupo de mineiros; 7 chefe de tipografia; 8 (jurados) presidente; *~ of the jury* presidente dos jurados
foremanship ['fɔːmənʃɪp] s. 1 funções de maioral, de capataz; 2 chefia; 3 presidência de jurados

foremast ['fɔːmɑːst] s. mastro do traquete
forementioned [fɔːˈmenʃənd] adj. [form.] supracitado
foremost ['fɔːməʊst] adj.,adv. 1 primeiro, o mais avançado, em primeiro lugar, o que se encontra em primeiro lugar; 2 à frente; dianteiro ❖ *first and ~* em primeiro lugar; antes de mais nada
forename ['fɔːneɪm] s. nome de baptismo
forenamed ['fɔːneɪmd] adj. [form.] supracitado
forenoon ['fɔːnuːn] s. 1 manhã; 2 parte da manhã
forensic [fəˈrensɪk] adj. 1 médico-legal; 2 forense; de foro judicial; 3 retórico ❖ *~ expert* perito em medicina legal; *~ laboratory* laboratório médico-legal; *~ medicine/science* medicina legal; *~ scientist* médico legista
foreordain [ˌfɔːrɔːˈdeɪn] v.tr. predestinar, destinar antecipadamente
foreordination [ˌfɔːrɔːdɪˈneɪʃən] s. predestinação
forepart ['fɔːpɑːt] s. 1 [form.] (animais) parte dianteira; 2 [form.] (tempo) início
forepeak ['fɔːpiːk] s. esporão, espigão na proa de navio
foreplane ['fɔːpleɪn] s. garlopa
foreplay ['fɔːpleɪ] s. (sexo) preliminares
forequarter ['fɔːˌkwɔːtə] s. quarto dianteiro (de animal); *the forequarters of a horse* os quartos dianteiros de um cavalo
forereach [fɔːˈriːtʃ] v.tr.,intr. 1 NÁUTICA ultrapassar; 2 adiantar-se
forerun [fɔːˈrʌn] v.tr. (prt. **foreran**, part. pass. **forerun**) preceder, anteceder
forerunner ['fɔːrʌnə] s. 1 precursor; 2 mensageiro
foresaid ['fɔːsed] adj. [form.] supracitado; já mencionado
foresail ['fɔːseɪl] s. NÁUTICA vela do traquete
foresee [fɔːˈsiː] v.tr. (prt. **foresaw**, part. pass. **foreseen**) 1 prever, prognosticar; 2 entrever
foreseeable [fɔːˈsiːəbəl] adj. previsível
foreseeing [fɔːˈsiːɪŋ] Ⓐ adj. previdente Ⓑ s. previdência
foreshadow [fɔːˈʃædəʊ] v.tr. 1 pressagiar; 2 prefigurar; 3 pressupor
foresheet ['fɔːʃiːt] s. NÁUTICA escota do traquete
foreshock ['fɔːʃɒk] s. sismo precursor; abalo precursor
foreshore ['fɔːʃɔː] s. parte da praia deixada a descoberto pela maré-baixa
foreshorten [fɔːˈʃɔːtn] v.tr. 1 PINTURA escorçar; 2 reduzir
foreshortened [fɔːˈʃɔːtnd] adj. 1 PINTURA escorçado; 2 reduzido
foreshortening [fɔːˈʃɔːtnɪŋ] s. 1 PINTURA escorço; 2 redução
foresight ['fɔːsaɪt] s. 1 previdência; 2 intuição, clarividência; 3 antevisão, previsão; 4 mira (de arma de fogo)
foresighted ['fɔːsaɪtɪd] adj. previdente
foresightful ['fɔːsaɪtfʊl] adj. ⇒ **foresighted**
foreskin ['fɔːskɪn] s. prepúcio
forest ['fɒrəst] Ⓐ s. 1 floresta; mata; bosque; 2 [fig.] (aglomeração) selva.fig. Ⓑ adj. florestal; *~ fire* incêndio florestal; Ⓒ v.tr. arborizar ❖ ZOOLOGIA *~ fly* tavão; atavão; BOTÂNICA *~ oak* casuarina; *~ ranger* guarda-florestal; *~ tree* árvore de grande porte
forestage ['fɔːsteɪdʒ] s. TEATRO proscénio
forestall [fɔːˈstɔːl] v.tr. 1 monopolizar, açambarcar (para vender com maior lucro); 2 adiantar-se a, antecipar, prevenir
forestaller [fɔːˈstɔːlə] s. monopolizador, açambarcador
forestalling [fɔːˈstɔːlɪŋ] s. 1 monopólio, açambarcamento; 2 antecipação; 3 previsão
forestay ['fɔːsteɪ] s. NÁUTICA estai do traquete
forester ['fɒrɪstə] s. 1 guarda-florestal; 2 habitante de floresta; 3 silvícola; 4 árvore de grande porte
forestland ['fɒrəstlænd] s. terreno florestal
forestry ['fɒrɪstrɪ] s. silvicultura
foretaste[1] ['fɔːteɪst] Ⓐ s. 1 antegosto; 2 amostra; 3 antecipação Ⓑ v.tr. 1 ver uma amostra de; 2 experimentar antecipadamente
foretaste[2] ['fɔːteɪst] s. 1 antegosto; 2 prenúncio, indício, sinal
foretell [fɔːˈtel] v.tr. (prt. e part. pass. **foretold**) prognosticar, predizer, pressagiar
foretellable [fɔːˈteləbəl] adj. pressagiável, prognosticável
foreteller [fɔːˈtelə] s. profeta, pressagiador, adivinho
foretelling [fɔːˈtelɪŋ] Ⓐ adj. pressagiador, profético Ⓑ s. presságio, profecia, prognóstico
forethought ['fɔːθɔːt] Ⓐ adj. premeditado, com premeditação Ⓑ s. 1 premeditação; 2 prudência, previsão
foretime ['fɔːtaɪm] s. tempo passado; passado

foretoken¹ [fɔːˈtəʊkən] v.tr. 1 predizer, anunciar; 2 pressagiar
foretoken² [ˈfɔːtəʊkən] s. 1 presságio, profecia, predição; 2 sinal anunciador
foretold [fɔːˈtəʊld] prt. e part. pass. de **to foretell**
foretooth [ˈfɔːtuːθ] s. (pl. **-teeth**) dente da frente
foretop [ˈfɔːtɒp] s. NÁUTICA gávea
foretype [ˈfɔːtaɪp] s. protótipo
forever [fəˈrevə] adv. 1 para sempre; 2 [coloq.] sempre; *he is ~ complaining about my work* ele está sempre a queixar-se do meu trabalho ❖ *~ and a day* para toda a eternidade; *~ and ever* para todo o sempre; *to take ~* demorar uma eternidade
forevermore [fərevəˈmɔː] adv. sempre, para sempre
forewarn [fɔːˈwɔːn] v.tr. advertir, prevenir, avisar ❖ *forewarned is forearmed* homem prevenido vale por dois
forewarning [fɔːˈwɔːnɪŋ] s. 1 aviso, advertência, prevenção; 2 pressentimento
forewent [fɔːˈwent] prt. de **to forego**
forewoman [ˈfɔːwʊmən] s.f. (pl. **-women**) 1 presidente de júri feminino; 2 operária principal; 3 contramestre, dirigente
foreword [ˈfɔːwɜːd] s. prefácio, prólogo
foreyard [ˈfɔːjɑːd] s. 1 NÁUTICA verga do traquete; 2 pátio de entrada
forfars [ˈfɔːfɑːz] s. linho grosseiro por branquear
forfeit [ˈfɔːfɪt] Ⓐ adj. confiscado Ⓑ s. 1 (falta de cumprimento de contrato) multa; 2 indemnização; 3 confisco, perda por confisco, comisso; 4 (jogo) prenda; *game of forfeits* jogo das prendas Ⓒ v.tr. 1 perder o direito a; 2 perder por confisco; *to be forfeited to the State* ser confiscado pelo Estado; 3 (negociação) abdicar de; ceder ❖ *to ~ one's health* perder a saúde; *his life was the ~ he paid for working so hard* pagou com a vida o trabalhar tanto
forfeitable [ˈfɔːfɪtəbəl] adj. confiscável
forfeiter [ˈfɔːfɪtə] s. aquele que sofreu confisco
forfeiting [ˈfɔːfɪtɪŋ] s. 1 confisco; 2 perda de direitos; 3 perda
forfeiture [ˈfɔːfɪtʃə] s. 1 perda de direitos por confiscação; 2 confisco; 3 perda
forfend [fɔːˈfend] v.tr. 1 impedir; 2 afastar ❖ *God forfend!* Deus nos livre!
forfex [ˈfɔːfeks] s. fórfex, fórfico
forficate [ˈfɔːfɪkɪt] adj. em forma de fórfice
forgather [fɔːˈgæðə] v.intr. 1 reunir-se, juntar-se; 2 andar (com)
forgave [fəˈgeɪv] prt. de **to forgive**
forge [fɔːdʒ] Ⓐ s. 1 (oficina metalúrgica) forja; 2 (forno) forja; fornalha Ⓑ v.tr.,intr. 1 (ferro) forjar, bater; 2 (copiar) forjar, inventar, falsificar; *to ~ a signature/a document/a work of art* falsificar uma assinatura/um documento/uma obra de arte; 3 (relação, ligação, etc.) estabelecer, construir ❖ *~ roller* laminador; *~ shop* oficina metalúrgica; *~ steel* aço de forja
◆**forge ahead** v.intr. 1 seguir em frente; progredir; avançar; 2 NÁUTICA passar à frente (de outro navio)
forgeability [ˌfɔːdʒəˈbɪlɪtɪ] s. 1 maleabilidade; 2 forjabilidade
forgeable [ˈfɔːdʒəbəl] adj. forjável
forged [fɔːdʒd] adj. 1 forjado; 2 falsificado; falso ❖ *~ iron* ferro forjado; *~ scrap iron* sucata de ferro
forgeman [ˈfɔːdʒmən] s. (pl. **-men**) ferreiro
forger [ˈfɔːdʒə] s. 1 ferreiro, ferrador; 2 falsificador; 3 falsário
forgery [ˈfɔːdʒərɪ] s. (pl. **-ies**) falsificação, contrafacção, documento falsificado
forget [fəˈget] v.tr.,intr. (prt. **forgot**, part. pass. **forgotten**) esquecer; não se lembrar ❖ *~ it!* não penses mais nisso!; nem penses nisso!; *eaten bread is soon forgotten* o bem que se tem depressa esquece; *forgive and ~* perdoa e esquece; *not forgetting...* sem esquecer...; *to ~ oneself* perder a cabeça; não ser egoísta
forgetful [fəˈgetfʊl] adj. 1 esquecido; 2 desleixado
forgetfulness [fəˈgetfʊlnɪs] s. 1 esquecimento; 2 desleixo
forget-me-not [fəˈgetmɪnɒt] s. BOTÂNICA miosótis, não-me-esqueças
forgettable [fəˈgetəbəl] adj. insignificante; pouco memorável, para esquecer
forgetting [fəˈgetɪŋ] s. esquecimento
forgework [ˈfɔːdʒwɜːk] s. 1 peça forjada; 2 trabalho de forja
forging [ˈfɔːdʒɪŋ] s. 1 trabalho de forja; 2 forjamento; forjadura; 3 peça forjada; 4 falsificação, contrafacção ❖ *~ die* molde de forjar; *~ hammer* martelo de forja; *~ press* prensa de forjar

forgivable [fəˈgɪvəbəl] adj. 1 que pode esquecer-se; 2 perdoável
forgive [fəˈgɪv] v.tr.,intr. (prt. **forgave**, part. pass. **forgiven**) 1 perdoar; 2 desculpar; 3 remir (dívida)
forgiveness [fəˈgɪvnɪs] s. 1 perdão; 2 remissão; 3 piedade, indulgência
forgiver [feˈgɪvə] s. aquele que perdoa
forgiving [fəˈgɪvɪŋ] adj. 1 inclinado ao perdão; 2 clemente, indulgente
forgivingness [fəˈgɪvɪŋnɪs] s. generosidade, clemência, perdão
forgo [fɔːˈgəʊ] v.tr. (prt. **forwent**, part. pass. **forgone**) 1 abster-se de, renunciar a; 2 pôr de parte; 3 passar sem
forgoing [fɔːˈgəʊɪŋ] s. 1 abstenção de; 2 renúncia; 3 abandono
forgot [fəˈgɒt] prt. de **to forget**
forgotten [fəˈgɒtn] Ⓐ {part. pass. de **to forget**} Ⓑ adj. esquecido; abandonado ❖ *never to be ~* inesquecível; que jamais se pode esquecer
forint [ˈfɒrɪnt] s. [ant.] (moeda da Hungria) forint
fork [fɔːk] Ⓐ s. 1 garfo; 2 forquilha, forcado; *~ arm* braço de forquilha; *~ stag* forquilha de suporte; 3 forqueta; *~ wrench* chave de forqueta; 4 varinha (de vedor); 5 (rio) confluência; 6 bifurcação; *the ~ of a road* a bifurcação de uma estrada; 7 suporte em forma de garfo; 8 qualquer coisa em forma de garfo ou forquilha; 9 [cal., arc.] dedo Ⓑ v.tr.,intr. 1 deslocar, remover, remexer com forcado, forquilha ou gadanho; 2 bifurcar-se; 3 (xadrez) pôr em cheque duas pedras; 4 (mina) secar, esgotar ❖ *carving ~* garfo (com dois dentes) de trinchante; *tuning ~* diapasão; *~ of lightning* ziguezague de relâmpago; (mina) *in ~* em seco
◆**fork out** Ⓐ v.tr. [coloq.] (dinheiro) (desembolsar) largar Ⓑ v.intr. [coloq.] (pagar) financiar [**for**, -]
◆**fork over** v.tr.,intr. forcar, revolver com forquilha
◆**fork up** v.tr. 1 forcar, revolver com forquilha; 2 [coloq.] (dinheiro) (desembolsar) largar
forked [fɔːkt] adj. bifurcado, forcado ❖ [coloq.] *~ cap* mitra episcopal; *~ lever* alavanca em forqueta
forkful [ˈfɔːkfʊl] s. 1 garfada; 2 quantidade apanhada duma só vez por um gadanho ou forcado
forking [ˈfɔːkɪŋ] s. 1 bifurcação; 2 esgotamento (de mina)
forklift [ˈfɔːklɪft] s. 1 (mecanismo de empilhadora) garfo; 2 (veículo) empilhadora de garfo; *~ truck* empilhadora de garfo
forky [ˈfɔːkɪ] adj. 1 bifurcado; 2 em forma de garfo ou gadanho
forlorn [fəˈlɔːn] adj. 1 abandonado, desamparado; 2 perdido, sem esperança ❖ *~ hope* grupo de soldados enviados para missão extremamente perigosa; empreendimento arriscado e praticamente sem possibilidades de êxito
forlornly [fəˈlɔːnlɪ] adv. com aspecto abandonado, desolado
forlornness [fəˈlɔːnnɪs] s. 1 abandono, desamparo; 2 desalento
form [fɔːm] Ⓐ s. 1 forma [**of**, de]; 2 formulário; impresso; *to fill in/out/up a ~* preencher um impresso ou formulário; 3 [GB] (escola) ano, classe, turma; 4 forma, estado físico, estado de saúde, condição física; *to be on ~* estar em forma; *to be off ~* estar em baixo de forma; 5 formalidade; cerimonial; etiqueta; *for form's sake* pela forma; por um pró-forma; por mera formalidade; *that's a mere matter of ~* isso é pura formalidade; *we shall have to go there just as a matter of ~* temos de ir lá só por uma questão de etiqueta; 6 molde; modelo; 7 configuração; modalidade de apresentação; 8 fórmula; 9 [ant.] banco comprido sem costas; 10 TIPOGRAFIA tipo pronto a entrar na máquina de impressão; 11 ZOOLOGIA (lebre) cama Ⓑ v.tr.,intr. 1 formar, dar forma a; 2 formar-se, constituir-se; 3 constituir; estabelecer; 4 conceber, idealizar, criar; 5 treinar, criar, educar ❖ *~ letter* carta-tipo; *~ of return* impresso de declaração de rendimentos; [GB] (escola) *~ teacher* professor responsável por uma turma; director de turma; [ant.] *bad ~* falta de correcção; falta de boas maneiras; [ant.] *good ~* boas maneiras; *in due ~* na devida forma; *in the ~ of* em/na forma de; *life ~* forma de vida; *on top ~* em boa forma; *to ~ a line* fazer uma fila; formar uma fila; *to ~ an opinion* formar uma opinião; *~ into line* formar em linha; *to take ~* ganhar forma; *to take the ~ of* assumir a forma de; *under the ~ of* sob a forma de
formal [ˈfɔːməl] adj. 1 formal; 2 de cerimónia; *~ call* visita de cerimónia; *~ dress* traje de cerimónia; 3 cerimonioso, de

acordo com as regras; **4** manifesto, explícito; **5** (pessoa) formalista; **6** oficial; ~ *address* discurso oficial; ~ *declaration of war* declaração oficial de guerra; ~ *denial* desmentido oficial; **7** convencional
formaldehyde [fɔːˈmældɪhaɪd] *s.* formaldeído
formalin [ˈfɔːməlɪn] *s.* formalina
formalism [ˈfɔːməlɪzəm] *s.* formalismo
formalist [ˈfɔːməlɪst] *adj.,s.* formalista
formalistic [fɔːməˈlɪstɪk] *adj.* formalístico
formality [fɔːˈmælɪtɪ] *s. (pl.* **-ies***)* **1** formalidade; *a mere* ~ uma mera formalidade; **2** cerimónia, etiqueta; **3** praxe; **4** artificialidade ❖ *there's too much* ~ há demasiado formalismo
formalize [ˈfɔːməlaɪz] *v.tr.* **1** formalizar, imbuir de formalismo; **2** dar um aspecto rígido, convencional; **3** afectar
formally [ˈfɔːməlɪ] *adv.* **1** formalmente; **2** do ponto de vista formal; **3** cerimoniosamente
formant [ˈfɔːmənt] *s.* LINGUÍSTICA formante
format [ˈfɔːmæt] Ⓐ *s.* formato Ⓑ *v.tr. 〈part.* **-tt-***〉* INFORMÁTICA formatar
formate¹ [fɔːˈmeɪt] *v.intr.* AERONÁUTICA voar em formação
formate² [ˈfɔːmeɪt] *s.* QUÍMICA formiato
formation [fɔːˈmeɪʃən] *s.* **1** formação; ~ *of rust* formação de ferrugem; ~ *of steam* formação/produção de vapor; **2** constituição; criação; **3** disposição; **4** AERONÁUTICA, MILITAR formação; ~ *flying* voo em formação; *battle* ~ formação de combate; *close* ~ formação cerrada
formative [ˈfɔːmətɪv] Ⓐ *adj.* **1** formativo; (escola) ~ *assessment* avaliação formativa; **2** LINGUÍSTICA de formação Ⓑ *s.* LINGUÍSTICA (morfologia) elemento de formação ❖ ~ *arts* artes plásticas; ~ *years* anos de formação
forme [fɔːm] *s.* TIPOGRAFIA forma, tipo pronto a entrar na máquina de impressão
formene [ˈfɔːmiːn] *s.* formeno; metano
former [ˈfɔːmə] Ⓐ *adj.* **1** primeiro, precedente, anterior; *the* ~ o primeiro (de dois já mencionados); **2** antigo, passado; **3** primitivo Ⓑ *s.* **1** forma, molde, matriz; **2** aquele que dá forma; **3** fundador, formador; **4** formão; **5** bisel ❖ *in* ~ *days* antigamente
formerly [ˈfɔːməlɪ] *adv.* **1** antigamente, a princípio; **2** primitivamente
formfitting [ˈfɔːmfɪtɪŋ] *adj.* (vestuário) justo
formic [ˈfɔːmɪk] *adj.* fórmico ❖ ~ *acid* ácido fórmico
formicant [ˈfɔːmɪkənt] *adj.* formicante
formicary [ˈfɔːmɪkərɪ] *s. (pl.* **-ies***)* formigueiro
formication [fɔːmɪˈkeɪʃən] *s.* formicação, formigueiro, prurido
formidable [fəˈmɪdəbəl, ˈfɔːmɪdəbəl] *adj.* **1** formidável; impressionante; **2** terrível
formidableness [fəˈmɪdəblnɪs, ˈfɔːmɪdəblnɪs] *s.* **1** carácter formidável; **2** enorme dificuldade
formidably [ˈfɔːmɪdəblɪ] *adv.* **1** formidavelmente; **2** terrivelmente
forming [ˈfɔːmɪŋ] *s.* **1** formação; **2** instituição; **3** constituição ❖ ~ *die* matriz de modelação; ~ *pressure* pressão de modelação; ~ *tools* ferramentas para moldagem
formless [ˈfɔːmləs] *adj.* informe
formlessness [ˈfɔːmlɪsnɪs] *s.* **1** deformidade, informidade; **2** ausência de forma
formol [ˈfɔːmɒl] *s.* formol
formula [ˈfɔːmjʊlə] *s. (pl.* **-as** ou **-ae***)* fórmula ❖ ~ *milk* leite para bebé; DESPORTO (automobilismo) *Formula One* Fórmula Um; *collection of formulae* formulário
formulaic [fɔːmjʊˈleɪɪk] *adj.* **1** formular; **2** formalizado; **3** [depr.] preso a fórmulas; previsível; pouco original
formulary [ˈfɔːmjʊlərɪ] Ⓐ *s. (pl.* **-ies***)* **1** FARMÁCIA formulário; **2** RELIGIÃO (livro de orações) formulário; **3** [arc.] (colecção de fórmulas) formulário Ⓑ *adj.* **1** formal; **2** preso a fórmulas
formulate [ˈfɔːmjʊleɪt] *v.tr.* **1** formular; **2** enunciar; **3** exprimir; **4** elaborar
formulation [fɔːmjʊˈleɪʃən] *s.* **1** formulação; **2** expressão; **3** elaboração
formulism [ˈfɔːmjʊlɪzəm] *s.* **1** formalismo; **2** trabalho sem originalidade, sem valor
formulist [ˈfɔːmjʊlɪst] *adj.,s.* formulista

fornicate¹ [ˈfɔːnɪkeɪt] *v.intr.* fornicar
fornicate² [ˈfɔːnɪkɪt] *adj.* arqueado
fornication [fɔːnɪˈkeɪʃən] *s.* fornicação
fornicator [ˈfɔːnɪkeɪtə] *s.m.* fornicador
fornicatress [ˈfɔːnɪkeɪtrəs] *s.f. (pl.* **-es***)* fornicadora
fornix [ˈfɔːnɪks] *s. (pl.* **-ices***)* **1** fórnice; **2** trígono
for-profit [fəˈprɒfɪt] *adj.* com fins lucrativos
forrader [ˈfɒrədə] *s.* [coloq.] ⇒ **forwarder**
forrel [ˈfɒrəl] *s.* ⇒ **forel**
forsake [fəˈseɪk] *v.tr. 〈prt.* **forsook***, part. pass.* **forsaken***〉* **1** [form.] abandonar, deixar, partir para longe de; **2** [form.] pôr de parte, renunciar a, prescindir de ❖ *to* ~ *one's religion* apostatar
forsaken [fəˈseɪkən] *part. pass. de* **to forsake**
forsaking [fəˈseɪkɪŋ] *s.* **1** renúncia, abandono; **2** rejeição, acto de pôr de parte
forsook [fəˈsʊk] *prt. de* **to forsake**
forsooth [fəˈsuːθ] *adv.* [arc.] na verdade, em verdade; verdadeiramente
forspent [fɔːˈspent] *adj.* **1** exausto, extremamente fatigado; **2** sem forças
forswear [fɔːˈsweə] Ⓐ *v.tr. 〈prt.* **forswore***, part. pass.* **forsworn***〉* repudiar, abjurar, renegar Ⓑ *v.intr.* jurar falso ❖ *to* ~ *oneself* perjurar; cometer perjúrio
forswearer [fɔːˈsweərə] *s.* perjuro
forswearing [fɔːˈsweərɪŋ] *s.* **1** retractação, abjuração; **2** perjúrio
forsworn [fɔːˈswɔːn] *adj.* perjuro
forsythia [fɔːˈsaɪθɪə] *s.* BOTÂNICA forsítia
fort [fɔːt] *s.* forte, fortaleza ❖ ~ *small* ~ fortim; *to hold the* ~ *for sb* substituir alguém na sua ausência
fortalice [ˈfɔːtəlɪs] *s.* [arc., poét.] fortaleza, fortim
forte¹ [ˈfɔːteɪ, fɔːt] *s.* **1** forte, ponto forte (de alguém); *that's not my* ~ isso não é o meu forte; **2** parte da espada desde o punho até meio da lâmina
forte² [ˈfɔːteɪ] Ⓐ *adj.* MÚSICA forte Ⓑ *adv.* MÚSICA com força Ⓒ *s.* MÚSICA som reforçado, nota tocada com força
forth [fɔːθ] *adv.* **1** em lugar de realce; **2** para a frente, para diante; **3** avante; **4** diante, adiante ❖ *and so* ~ etc.; e assim por diante; *from this day* ~ a partir deste dia; de hoje para o futuro; *from this time* ~ a partir de agora; *to come* ~ avançar; *to walk back and* ~ andar de um lado para o outro; andar para a frente e para trás
forthcoming [fɔːθˈkʌmɪŋ] *adj.* **1** próximo; vindouro; *the* ~ *election* as próximas eleições; **2** prestes a aparecer, que está para surgir; *the money will be* ~ o dinheiro há-de aparecer; **3** prestes a ser publicado; a sair; *the* ~ *books* os livros que vão ser publicados; **4** (pessoa) aberto, expansivo, comunicativo [**about**, em relação a]
forthright [ˈfɔːθraɪt] Ⓐ *adv.* **1** a direito; **2** com franqueza; **3** imediatamente Ⓑ *adj.* **1** decisivo, decidido; **2** franco Ⓒ *s.* caminho a direito
forthrightness [ˈfɔːθraɪtnɪs] *s.* sinceridade, franqueza
forthwith [fɔːθˈwɪθ] *adv.* imediatamente
fortieth [ˈfɔːtɪəθ] *num.ord.,adj.,s.* quadragésimo
fortifiable [ˈfɔːtɪfaɪəbəl] *adj.* fortificável
fortification [fɔːtɪfɪˈkeɪʃən] *s.* **1** fortificação; **2** reforço; **3** fortalecimento; **4** *pl.* fortificações
fortified [ˈfɔːtɪfaɪd] *adj.* fortalecido ❖ ~ *area* zona fortificada; ~ *place* praça forte; ~ *wine* vinho licoroso
fortifier [ˈfɔːtɪfaɪə] *s.* **1** aquele que fortifica, fortificador; **2** tónico, fortificante
fortify [ˈfɔːtɪfaɪ] *v.tr.* **1** fortificar; **2** reforçar; **3** fortalecer; **4** tonificar; revigorar; **5** (vinho) elevar a graduação alcoólica de ❖ *to* ~ *oneself against the cold* proteger-se contra o frio
fortifying [ˈfɔːtɪfaɪɪŋ] Ⓐ *s.* **1** reforço; **2** fortalecimento; **3** elevação da graduação alcoólica (de vinhos) Ⓑ *adj.* fortificante
fortissimo [fɔːˈtɪsɪməʊ] *adv.,s.* MÚSICA fortíssimo
fortitude [ˈfɔːtɪtjuːd] *s.* fortitude, força moral, fortaleza de espírito
fortnight [ˈfɔːtnaɪt] *s.* quinzena; quinze dias; *a* ~ *ago* há quinze dias; *a* ~ *today/today* ~ de hoje a quinze dias; *a* ~ *tomorrow* de amanhã a quinze ❖ *I would rather keep him a week than a* ~ ele come que é uma coisa por demais

fortnightly ['fɔ:tnaɪtlɪ] Ⓐ adj. quinzenal, bimensal; a ~ review uma revista quinzenal Ⓑ adv. quinzenalmente, bimensalmente, de quinze em quinze dias

fortran ['fɔ:træn] s. INFORMÁTICA fortran

fortress ['fɔ:trəs] s. (pl. -es) 1 fortaleza, forte; 2 praça forte

fortuitous [fɔ:'tju:ɪtəs] adj. fortuito, casual; ~ event caso fortuito; ~ meeting encontro casual

fortuitously [fɔ:'tju:ɪtəslɪ] adv. fortuitamente, por acaso

fortuitousness [fɔ:'tju:ɪtəsnɪs] s. casualidade, carácter fortuito

fortuity [fɔ:'tju:ɪtɪ] s. (pl. -ies) 1 carácter fortuito, caso fortuito; 2 casualidade

fortunate ['fɔ:tʃnət] adj. 1 afortunado; 2 feliz; by a ~ coincidence por uma feliz coincidência; 3 favorável ❖ how fortunate! que sorte!; I was ~ enough to... tive a sorte de...; they were ~ to escape foi uma sorte terem escapado; to be ~ in ter sorte em

fortunately ['fɔ:tʃnətlɪ] adv. 1 por sorte; 2 afortunadamente

Fortunatus [,fɔ:tju:'neɪtəs] s.antr. Fortunato

fortune ['fɔ:tʃən] s. 1 (dinheiro) fortuna; riqueza; prosperidade; to make a ~ fazer fortuna; 2 sorte; felicidade, sucesso; 3 destino, sina, fado; to tell sb's ~ ler a sina de alguém; to struggle against ~ lutar contra o destino; 4 futuro ❖ (biscoito chinês) ~ cookie bolinho da sorte; ~ hunter caçador de dotes; aventureiro; ill ~ má sorte; ~ favours fools a fortuna sorri aos tolos; a gentleman of ~ um aventureiro; by good ~ por sorte; it was my good ~ to tive a sorte de; soldier of ~ soldado mercenário; the wheel of ~ a roda da fortuna; to come into a ~ herdar uma fortuna; receber uma grande herança; to cost/spend/be worth a ~ custar/gastar/valer uma fortuna; to have the good ~ to ter a sorte de; to marry a ~ casar com uma pessoa que tem ou há-de vir a ter muito dinheiro; to try one's ~ tentar a sorte

fortuneless ['fɔ:tʃənləs] adj. sem fortuna

fortune-teller ['fɔ:tʃən,telə] s. adivinho; vidente

forty ['fɔ:tɪ] num.card.,s. quarenta ❖ [coloq.] ~ winks sesta; soneca; (idade) he's in his forties ele já anda na faixa dos quarenta; ele tem entre 40 e 49 anos; (década) the forties os anos quarenta; (Academia Francesa) the ~ os quarenta; the roaring forties faixa marítima tempestuosa entre 40° e 50° de latitude sul

forty-five [,fɔ:tɪ'faɪv] s. 1 [EUA, Can.] arma de calibre .45; 2 disco de 45 rotações ❖ HISTÓRIA Forty-five revolta jacobita de 1745

forty-niner [,fɔ:tɪ'naɪnə] s. HISTÓRIA mineiro que tomou parte na corrida do ouro em 1849, na Califórnia

forum ['fɔ:rəm] s. fórum

forwandered [fɔ:'wɒndəd] adj. [Esc.] perdido, extenuado

forward ['fɔ:wəd] Ⓐ adj.,adv. 1 à frente, situado à frente; 2 para a frente; 3 adiantado; 4 precoce; 5 ansioso; 6 impaciente; 7 indiscreto, descarado, atrevido; 8 futuro; 9 para a frente, para diante; 10 em direcção ao futuro; a longo prazo Ⓑ s. DESPORTO (futebol) avançado; centre ~ avançado-centro; DESPORTO (futebol) to play ~ jogar como avançado Ⓒ v.tr. 1 enviar, fazer seguir, expedir; 2 remeter; 3 apoiar, favorecer; 4 proteger; 5 promover; 6 apressar o crescimento de ❖ (ginástica) ~ roll cambalhota; ~ motion/movement movimento para a frente; from now ~ de hoje em diante; from this time ~ a partir de agora; to bring ~ mostrar; exibir; produzir; to get ~ avançar; progredir; to get ~ with fazer progressos com; to go ~ avançar; to look ~ pensar no futuro; to look ~ to esperar com ansiedade; pensar com satisfação em; to move ~ avançar; to put oneself ~ mostrar-se/exibir-se com ar de importância; to rush ~ precipitar-se

forwarder ['fɔ:wədə] s. 1 expedidor; 2 fomentador, promotor, agente de transportes

forwarding ['fɔ:wədɪŋ] s. 1 expedição, envio, despacho; 2 transporte de mercadorias; international ~ transporte internacional; 3 impulso, fomento, estímulo ❖ ~ address novo endereço; ~ agent agente expedidor; agência expedidora; (empresa) transportadora

forward-looking ['fɔ:wədlʊkɪŋ] adj. 1 previdente; 2 virado para o futuro; 3 progressista

forwardness ['fɔ:wədnɪs] s. 1 adiantamento, progresso, antecipação, precocidade; 2 arrogância, insolência, atrevimento; 3 solicitude, diligência

forwards ['fɔ:wədz] adv. ⇒ forward Ⓐ

forward-thinking ['fɔ:wədθɪŋkɪŋ] adj. 1 previdente; 2 virado para o futuro; 3 progressista

forwearied [fɔ:'wɪərɪd] adj. [arc.] exausto, esgotado de forças

forworn [fɔ:'wɔ:n] adj. ⇒ forwearied

fossa ['fɒsə] s. (pl. -ae) ANATOMIA fossa

fosse [fɒs] s. 1 fosso, vala; 2 ANATOMIA fossa

fossette [fɒ'set] s. fosseta

fossick ['fɒsɪk] v.intr. vasculhar, rebuscar, remexer, revolver

fossil ['fɒsəl, 'fɑ:səl] Ⓐ adj. 1 fóssil; ~ fuel combustível fóssil; ~ salt sal fóssil; ~ wax cera fóssil; 2 [fig.] antiquado Ⓑ s. 1 fóssil; 2 [fig., depr.] (pessoa) fóssil ❖ ~ coal carvão de pedra; ~ oil petróleo

fossilation [,fɒsɪ'laɪʃən] s. fossilização

fossiliferous [fɒsɪ'lɪfərəs] adj. fossilífero

fossilization [,fɒsəlaɪ'zeɪʃən] s. fossilização

fossilize ['fɒsəlaɪz] v.tr.,intr. fossilizar, fossilizar-se

fossilized ['fɒsəlaɪzd] adj. fossilizado

fossorial [fɒ'sɔ:rɪəl] adj. que fossa, que fura, que escava a terra

foster ['fɒstə] Ⓐ v.tr. 1 nutrir, alimentar, criar; 2 (criança em família de acolhimento) acolher; 3 (criança) colocar em família de acolhimento; 4 manter; 5 animar; 6 animar, encorajar; 7 ajudar, apoiar; 8 proteger; 9 albergar (no espírito); to ~ a desire for revenge albergar um desejo de vingança Ⓑ adj. (família) de acolhimento; de criação; ~ brother irmão de criação/de leite; irmão colaço; ~ family família de acolhimento; ~ father pai de acolhimento; ~ mother mãe de acolhimento; ama de leite ❖ [ant.] ~ nurse ama de leite

fosterage ['fɒstərɪdʒ] s. 1 apoio, encorajamento; 2 patrocínio; 3 (família de acolhimento) acolhimento de criança; 4 [ant.] (ama de leite) lactação; 5 [ant.] dinheiro devido pela amamentação

fosterer ['fɒstərə] s. 1 protector; 2 pessoa que concebe ou fomenta qualquer coisa; 3 pessoa, parente que provê ao sustento de

fostering ['fɒstərɪŋ] Ⓐ s. 1 apoio, auxílio; 2 favorecimento; 3 protecção, amparo; 4 apoio, encorajamento; 5 (ideia, plano) concepção; 6 (família de acolhimento) acolhimento Ⓑ adj. 1 favorável; 2 protector; 3 benigno; 4 propício

fosterling ['fɒstəlɪŋ] s. 1 filho adoptivo; 2 [ant.] criança amamentada por ama de leite

fother ['fɒðə] v.tr. NÁUTICA estancar, vedar (entrada de água)

fothering ['fɒðərɪŋ] s. estancamento (de veio de água)

fougade [fu'gæd] s. MILITAR fornilho, fornilha

fougasse [fu'gæs] s. ⇒ fougade

fought [fɔ:t] prt. e part. pass. de to fight

foul [faʊl] Ⓐ adj. 1 sujo, imundo, sórdido; 2 fedorento, malcheiroso, nauseabundo; nojento; 3 chocante, abominável, revoltante, muito desagradável; 4 com maus instintos, criminoso, mau, malvado; 5 baixo, de má educação, condenável; 6 obsceno; indecente; grosseiro; ~ language linguagem obscena; 7 obstruído, encravado, entupido; 8 (tempo) tempestuoso, chuvoso, com vento; 9 contaminado, turvo, impuro; 10 putrefacto; 11 ilícito; desleal, desonesto; 12 TIPOGRAFIA cheio de erros; 13 [arc.] feio, desfigurado Ⓑ adv. deslealmente, ilicitamente, contra as regras Ⓒ s. 1 DESPORTO falta [on, sobre]; infracção; irregularidade; jogo desleal; professional ~ falta intencional; to claim a ~ reclamar contra qualquer irregularidade, pedir uma falta; 2 NÁUTICA choque, abalroamento; 3 enredamento; 4 sujidade, porcaria Ⓓ v.tr.,intr. 1 sujar, conspurcar, poluir; 2 DESPORTO cometer uma falta (sobre); cometer uma irregularidade; 3 entupir(-se), obstruir(-se), encravar(-se); 4 esbarrar-se (com), colidir (com), abalroar; 5 (corda, cabo, corrente, etc.) enredar(-se); 6 desonrar; manchar ❖ ~ breath mau hálito; NÁUTICA ~ coast costa má para a navegação (cheia de penedos e bancos de areia); ~ copy rascunho; ~ deed infâmia; TIPOGRAFIA ~ page página cheia de erros; ~ play actividade criminosa, batota; jogo desleal; NÁUTICA ~ rope cabo enredado; ~ taste mau gosto; ~ water água estagnada, água lodosa; ~ wind pé-de-vento; rabanada de vento; by fair means or ~ a bem ou a mal; duma maneira ou doutra; through fair and ~ nos bons e nos maus momentos; to have a ~ temper estar com um humor de cão; to fall ~ of sb desentender-se com alguém; to fall ~ of sth ter problemas com alguma coisa; to fall ~ of the law ter complicações com a justiça; to have a ~ cold estar

terrivelmente constipado; *to meet with* ~ *play* ser vítima duma emboscada; *to play sb* ~ tratar alguém com deslealdade; NÁUTICA *to run/go* ~ abalroar; colidir; ter dificuldades com
◆**foul out** *v.intr.* DESPORTO ser expulso por faltas
◆**foul up** *v.tr.* estragar; arruinar; *you've fouled it all up!* estragaste tudo!
foulard ['fuːlɑː, fuːˈlɑːd] *s.* **1** tecido fino de seda ou algodão, espécie de tafetá; **2** lenço deste tecido, écharpe
foulbrood ['faʊlbruːd] *s.* VETERINÁRIA peste das abelhas
fouling ['faʊlɪŋ] *s.* **1** encravamento, entupimento, obstrução; **2** abalroamento, colisão; **3** incrustações
foully ['faʊlɪ] *adv.* **1** de modo condenável, obscenamente; **2** abominavelmente; **3** maldosamente; **4** porcamente; **5** criminosamente
foulness ['faʊlnɪs] *s.* **1** grosseria, baixeza; **2** obscenidade; **3** impureza; **4** sujidade, imundície, falta de limpeza; **5** acto criminoso, infâmia; **6** encravamento, entupimento
foul-up ['faʊlʌp] *s. (pl.* **foul-ups**) [coloq.] trapalhada, confusão
foumart ['fuːmɑːt] *s.* ZOOLOGIA [arc.] doninha
found [faʊnd] Ⓐ *v.tr.* **1** fundar, estabelecer, instituir, lançar as bases de, os fundamentos de; *to* ~ *a colony* fundar uma colónia; *to* ~ *a scholarship* instituir/criar uma bolsa de estudo; **2** criar; **3** basear [**on**, em]; *to* ~ *oneself on* basear-se em; **4** (metais, etc.) fundir, moldar, derreter Ⓑ *{prt. e part. pass. de* **to find***}* ❖ € *1000 all* ~ mil euros de ordenado, com cama e mesa
foundation [faʊnˈdeɪʃən] *s.* **1** fundamento, base, apoio; **2** (construção) alicerce; *to dig the foundations* abrir os alicerces; *to lay the foundations* lançar os alicerces; **3** (criação) fundação, estabelecimento; **4** (organização) fundação, instituição; **5** (moral) princípio; fundamento; **6** (argumentação) razão de ser; fundamento; *to have no* ~ não ter razão de ser; *without* ~ sem razão de ser; **7** (cosmética) base; **8** ARQUITECTURA envasamento; **9** (renda, pintura, etc.) fundo; **10** [GB] (educação) primeiro ano do ensino pré-escolar ❖ (croché) ~ *chain* cordão; ~ *course* curso ou disciplina de iniciação, ARQUITECTURA ~ *mass* envasamento; ~ *school* escola dependente duma fundação; ~ *stone* primeira pedra, ARQUITECTURA ~ *wall* jamba; subestrutura; *to lay the* ~ *stone* lançar a primeira pedra; *to shake sth to its foundations* abalar alguma coisa até aos alicerces
foundational [faʊnˈdeɪʃənəl] *adj.* **1** fundamental; **2** básico; **3** (curso) introdutório, de iniciação
foundationer [faʊnˈdeɪʃənə] *s.* bolseiro, estudante bolseiro
founder ['faʊndə] Ⓐ *s.* **1** fundador; ~ *member* membro fundador, sócio fundador; **2** instituidor; **3** criador; **4** fundidor, moldador; **5** VETERINÁRIA aguamento, doença no entrecasco dos cavalos Ⓑ *v.tr.,intr.* **1** afundar-se, ir a pique, naufragar; **2** fracassar; **3** (cavalo) cair, tropeçar devido a excesso de trabalho; **4** atolar-se, atascar-se em lama, pântano ou lodaçal; **5** desmoronar-se; **6** fazer (cavalo) tropeçar; **7** fazer ir a pique ❖ *founder's day* dia do fundador; *founder's work* peça fundida; *every man is the* ~ *of his own fortune* cada qual é autor da sua fortuna
foundered ['faʊndəd] *adj.* **1** (navio) naufragado; **2** (cavalo) aguado
foundering ['faʊndərɪŋ] *s.* **1** afundamento, submersão; **2** derrocada, desmoronamento
founding ['faʊndɪŋ] Ⓐ *s.* fundação [**of**, de] Ⓑ *adj.* fundador; de fundação ❖ ~ *fathers* fundadores; pais da nação
foundling ['faʊndlɪŋ] *s.* [ant.] (criança) enjeitado, exposto
foundress ['faʊndrəs] *s.f. (pl.* **-es**) fundadora
foundry ['faʊndrɪ] *s. (pl.* **-ies**) fundição ❖ TIPOGRAFIA ~ *proof* última prova tipográfica; ~ *work* oficina de fundição
fount [faʊnt] *s.* **1** (caracteres) fonte; **2** [poét.] fonte, nascente, manancial, origem, princípio, causa; **3** reservatório de tinta (em caneta) ❖ ~ *of all knowledge* fonte de todo o conhecimento
fountain ['faʊntən] *s.* **1** fonte; fontanário; **2** repuxo; bebedouro de repuxo; **3** (líquido) jacto; **4** [fig.] origem ❖ ~ *pen* caneta de tinta permanente; ZOOLOGIA ~ *shell* estrombo; concha univalve; *drinking/water* ~ bebedouro
fountained ['faʊntɪnd] *adj.* com fontes, cheio de fontes
fountainhead ['faʊntɪnˌhed] *s.* **1** (água) manancial; nascente; **2** [fig.] origem; fonte; *to go to the* ~ ir à fonte, ir à origem
four [fɔː] *num.card.,s.* quatro ❖ (refeição) *four-course* com quatro pratos; *four-figure* de quatro algarismos; *four-oar* barco de quatro remos; BOTÂNICA ~ *o'clock* boas-noites; *four-poster bed* cama com quatro colunas; *four-speed gearbox* caixa de mudanças com quatro velocidades; MILITAR *form fours!* formar por quatro!; *from the* ~ *corners of the earth/world* dos quatro cantos do mundo; *in fours* em grupos de quatro; *on all fours* de gatas; *to be on all fours with* estar em situação de paridade com; coincidir com; *to go/move on all fours* andar de gatas; andar a quatro patas; *to make up a* ~ formar um grupo de quatro
four-ball ['fɔːbɔːl] *s.* DESPORTO (golfe) partida com dois pares de jogadores e quatro bolas
four-bladed ['fɔːbleɪdɪd] *adj.* de quatro pás ❖ ~ *airscrew/propeller* hélice de quatro pás
four-cleft ['fɔːkleft] *adj.* **1** dividido em quatro partes; **2** BOTÂNICA quadrífido, quadrifendido
four-cornered [ˌfɔːˈkɔːnəd] *adj.* quadrangular, com quatro cantos
four-eyes ['fɔːraɪs] *s.* [coloq., depr.] (pessoa) caixa-de-óculos
fourfold ['fɔːfəʊld] Ⓐ *adj.* quádruplo Ⓑ *adv.* **1** ao quádruplo; **2** quatro vezes mais ❖ *to increase* ~ quadruplicar
four-handed [ˌfɔːˈhændɪd] *adj.* **1** a quatro mãos; **2** quadrúmano
four-in-hand [ˌfɔːrɪnˈhænd] *s.* **1** carruagem tirada a quatro cavalos; **2** (gravata) plastrão
four-leaved ['fɔːliːvd] *adj.* com quatro folhas ❖ BOTÂNICA ~ *clover* trevo de quatro folhas; marsílea
four-letter [ˌfɔːˈletə] *adj.* de quatro letras ❖ ~ *word* palavrão; obscenidade
fourpence ['fɔːpəns] *s.* importância de quatro dinheiros
fourpenny ['fɔːpənɪ] *adj.* com o valor de quatro dinheiros
four-phase ['fɔːfeɪz] *adj.* **1** em quatro fases; **2** tetrafásico; ELECTRICIDADE ~ *alternating current* corrente alterna tetrafásica
four-pole ['fɔːpəʊl] *adj.* tetrapolar
four-poster ['fɔːpəʊstə] *s.* **1** cama de dossel; **2** NÁUTICA lugre de quatro mastros
fourscore [ˌfɔːˈskɔː] *adj.* [arc.] oitenta, com oitenta anos
four-seater ['fɔːˌsiːtə] Ⓐ *s.* carro de quatro lugares Ⓑ *adj.* com quatro lugares, com quatro assentos
foursome ['fɔːsəm] Ⓐ *s.* **1** partida de golfe entre dois pares; **2** dois casais Ⓑ *adj.* a quatro
four-star ['fɔːstɑː] *adj.* (hotel, restaurante, serviço) de quatro estrelas ❖ [GB] ~ *petrol* gasolina super
four-stroke ['fɔːstrəʊk] *adj.* (motor) a quatro tempos
fourteen [ˌfɔːˈtiːn] *num.card.,s.* catorze
fourteenth [ˌfɔːˈtiːnθ] Ⓐ *num.ord.* décimo quarto Ⓑ *s.* catorze avos
fourteenthly [ˌfɔːˈtiːnθlɪ] *adv.* em décimo quarto lugar
fourth [fɔːθ] Ⓐ *num.ord.* quarto Ⓑ *s.* **1** quarto; **2** MÚSICA quarta; **3** (velocidade) quarta Ⓒ *adv.* quarto, em quarto lugar ❖ ~ *gear/speed* quarta velocidade; MATEMÁTICA ~ *power* quarta potência; MATEMÁTICA ~ *root* raiz quarta; *the* ~ *dimension* a quarta dimensão; o tempo; *the Fourth Estate* o quarto poder; a imprensa; *the Fourth of July* o 4 de Julho; comemoração da independência americana
fourth-dimensional [ˌfɔːθdaɪˈmenʃənəl] *adj.* **1** de quarta dimensão; **2** [fig.] extraordinário, invulgar
fourthly ['fɔːθlɪ] *adv.* em quarto lugar
four-toed ['fɔːtəʊd] *adj.* tetradáctilo
four-way ['fɔːweɪ] *adj.* **1** de quatro vias; que permite passagem em quatro direcções; **2** a quatro; que inclui quatro participantes ❖ ~ *cock* torneira de quatro vias; ELECTRICIDADE ~ *switch* interruptor com quatro contactos
four-wheel ['fɔːwiːl] *adj.* **1** com quatro rodas; **2** (veículos) às quatro rodas; ~ *brake* travão às quatro rodas; ~ *drive* tracção às quatro rodas
four-wheeler ['fɔːˌwiːlə] *s.* **1** [EUA] motoquatro; **2** veículo de quatro rodas
fovea ['fəʊvɪə] *s. (pl.* **foveae**) ANATOMIA fóvea
FOW [*abrev. de* free on wharf]
fowl [faʊl] Ⓐ *s.* **1** ave de capoeira; galo, galinha, frango; *roast* ~ galinha assada; *to keep fowls* ter galinhas; **2** (caça) ave; **3** [arc.] ave, pássaro Ⓑ *v.intr.* (aves) andar à caça, caçar; apanhar com armadilhas ❖ ~ *house* capoeira; galinheiro; ~ *plague* peste das galinhas; ~ *run* capoeira; galinheiro; *neither fish nor* ~ nem peixe nem carne

fowler ['faʊlə] s. passarinheiro
fowling ['faʊlɪŋ] s. (aves) caça ❖ ~ *net* rede para caçar aves; ~ *piece* espingarda caçadeira (de tiro a chumbo)
fox [fɒks] Ⓐ s. ⟨pl. **-es**, fem. **vixen** ou **bitch-fox**⟩ 1 ZOOLOGIA raposa; 2 [fig.] (pessoa matreira) raposa, espertalhão; *he's an old* ~ ele é uma raposa matreira; 3 [EUA] [coloq.] (mulher atraente) boazona_{coloq.}, gata_{Bras.}; 4 NÁUTICA (cabo) coxim, arrebém; 5 contraporca; 6 [arc.] espada Ⓑ v.tr.,intr. 1 agir manhosamente, actuar de modo matreiro, proceder com dissimulação, agir com astúcia; 2 enganar, intrujar; 3 confundir, baralhar, trocar as voltas a; 4 (cerveja) azedar; 5 manchar, sujar com dedadas; 6 desbotar, descolorar; 7 [arc.] intoxicar, envenenar ❖ ZOOLOGIA (morcego) ~ *bat* raposa-voadora; ~ *brush* cauda de raposa; ~ *burrow* toca da raposa; ~ *cub* raposinho; ~ *evil/mange* alopecia, pelada; ZOOLOGIA ~ *fish* tubarão de longa cauda; *fox's earth* toca da raposa; ZOOLOGIA ~ *shark* tubarão de longa cauda; ~ *sleep* sono fingido; ~ *trap* armadilha para raposas; ~ *wedge* contraporca; ZOOLOGIA (morcego) *flying* ~ raposa-voadora; ZOOLOGIA *sea* ~ tubarão de longa cauda; NÁUTICA *Spanish* ~ mialhar; *to play the* ~ ser matreiro; usar de manha; *to set the* ~ *to keep the geese* pôr o lobo de guarda às ovelhas
Fox [fɒks] s. ASTRONOMIA (constelação) Raposa
foxed [fɒkst] adj. 1 manchado, sujo com dedadas; 2 desbotado; 3 azedo; 4 azedado; 5 picado; 6 caruncheiro; 7 ébrio; 8 confundido, desorientado
foxfire [fɒks,faɪə] s. fosforescência (de fungos)
foxglove ['fɒksɡlʌv] s. BOTÂNICA dedaleira; digital
foxhole ['fɒkshəʊl] s. 1 toca de raposa; 2 MILITAR abrigo subterrâneo
foxhound ['fɒkshaʊnd] s. foxhound, cão de caça à raposa
foxhunting ['fɒks,hʌntɪŋ] s. caça à raposa
foxiness ['fɒksɪnɪs] s. astúcia; esperteza; manha
foxing ['fɒksɪŋ] s. 1 ardil, manha; 2 descoloração; 3 manchas
foxtail ['fɒksteɪl] s. 1 cauda de raposa; 2 BOTÂNICA rabo-de-raposa
fox terrier [fɒks'terɪə] s. ZOOLOGIA (cão) fox terrier
foxtrot ['fɒkstrɒt] Ⓐ s. MÚSICA foxtrot Ⓑ v.intr. dançar o foxtrot
foxy ['fɒksɪ] adj. ⟨comp. **-ier**, superl. **-iest**⟩ 1 semelhante à raposa; 2 desbotado, manchado, sujo com dedadas; 3 caruncheiro; 4 azedado; 5 ruivo, cor de tijolo; 6 [EUA] [coloq.] atraente
foyer ['fɔɪeɪ, fwaɪeɪ] s. foyer
f. oz. [abrev. de fluid ounces]
FP [EUA] [abrev. de fireplug]
FPA Ⓐ [abrev. de Family Planning Association] Ⓑ [abrev. de Free from Particular Average]
FPS Ⓐ [abrev. de Fellow of the Philological Society] Ⓑ [abrev. de Fellow of the Pharmaceutical Society]
fr. [abrev. de from]
Fr. Ⓐ [abrev. de French] Ⓑ [abrev. de France] Ⓒ [abrev. de franc]
Fr QUÍMICA [símbolo de francium]
fracas ['fræka:] s. barulho, desordem ruidosa
FRACI [abrev. de Fellow of the Royal Australian Chemical Institute]
FRACP [abrev. de Fellow of the Royal Australasian College of Physicians]
FRACS [abrev. de Fellow of the Royal Australasian College of Surgeons]
fractal ['fræktəl] s. fractal
fraction ['frækʃən] s. 1 MATEMÁTICA fracção; *decimal* ~ fracção decimal; *improper* ~ fracção imprópria; *proper* ~ fracção própria; 2 [fig.] bocadinho, pouquinho; *just a* ~ *to the right* só um bocadinho mais para a direita; 3 [fig.] pequena parte; *a* ~ *of the cost* uma pequena parte do preço total; 4 divisão ❖ *for a* ~ *of second* por uma fracção de segundo; em menos de um segundo; *to escape by the* ~ *of an inch* escapar por um triz
fractional ['frækʃnəl] adj. 1 MATEMÁTICA fraccionário; 2 fraccionado; 3 muito reduzido; minúsculo ❖ ~ *distillation* destilação fraccionada; ~ *evaporation* evaporação parcial; MATEMÁTICA ~ *number* fracção; número fraccionário
fractionally ['frækʃnəlɪ] adv. por fracções, fraccionariamente
fractionary ['frækʃnərɪ] adj. fraccionário
fractionate ['frækʃəneɪt] v.tr. QUÍMICA fraccionar
fractionation [,frækʃə'neɪʃən] s. destilação fraccionada
fractionize ['frækʃənaɪz] v.tr. MATEMÁTICA fraccionar

fractious ['frækʃəs] adj. 1 intratável, rabugento; 2 de trato difícil; 3 irascível, turbulento; 4 recalcitrante; 5 indócil
fractiously ['frækʃəslɪ] adv. 1 de modo rabugento, intratável; 2 com mau humor
fractiousness ['frækʃəsnɪs] s. 1 mau humor, rabugice, intratabilidade; 2 rebeldia
fracture ['fræktʃə] Ⓐ s. 1 fractura; *to set a* ~ reduzir uma fractura; 2 quebra; ruptura; ~ *of a pipe* ruptura de um tubo Ⓑ v.tr.,intr. fracturar(-se) ❖ ~ *test* ensaio/teste de ruptura
fraenum ['fri:nʌm] s. ANATOMIA freio
FR.Ae.S. [abrev. de Fellow of the Royal Aeronautical Society]
frag [fræɡ] s. [EUA] granada v.tr. (particípios **-gg-**) [EUA] [coloq.] matar (alguém) com explosivos
fragile ['frædʒaɪl] adj. 1 frágil; 2 débil, enfezado
fragilely ['frædʒaɪlɪ] adv. com fragilidade
fragility [frə'dʒɪlɪtɪ] s. fragilidade, fraqueza
fragment[1] ['fræɡmənt] s. 1 fragmento, pedaço, bocado; 2 (explosão) estilhaço; 3 excerto, extracto ❖ *to smash to fragments* escacar
fragment[2] [fræɡ'ment] Ⓐ v.tr. 1 fragmentar; 2 escacar Ⓑ v.intr. 1 fragmentar-se; 2 desagregar-se; desfazer-se; desintegrar-se
fragmentary ['fræɡməntərɪ, 'fræɡməntərɪ] adj. 1 fragmentário; 2 incompleto; *a* ~ *report of an event* um relato incompleto de um acontecimento; 3 desconexo; 4 GEOLOGIA clástico
fragmentation [,fræɡmən'teɪʃən] s. fragmentação ❖ ~ *bomb* bomba de fragmentação
fragrance ['freɪɡrəns] s. fragrância, aroma, perfume
fragrant ['freɪɡrənt] adj. 1 fragrante, aromático, perfumado; 2 [fig.] muito agradável, delicioso; ~ *memories* recordações agradáveis
FRAHS [abrev. de Fellow of the Royal Australian Historical Society]
FRAI [abrev. de Fellow of the Royal Anthropological Institute]
FRAIA [abrev. de Fellow of the Royal Australian Institute of Architects]
frail [freɪl] Ⓐ adj. 1 frágil, delicado, débil; 2 efémero, transitório; ~ *bliss* felicidade efémera, transitória; 3 fraco, influenciável Ⓑ s. cesta, cabaz (para acondicionamento de fruta)
frailness ['freɪlnɪs] s. 1 transitoriedade, carácter efémero; 2 fragilidade, debilidade, delicadeza; 3 fraqueza, pouca resistência às tentações
frailty ['freɪltɪ] s. ⟨pl. **-ies**⟩ 1 ponto fraco, fraqueza, defeito; 2 culpa; 3 efemeridade; 4 fragilidade, debilidade; 5 pouca resistência às tentações
fraise [freɪz] s. 1 espécie de pua ou broca; 2 fresa
FRAM [abrev. de Fellow of the Royal Academy of Music]
framboesia [fræm'bi:zɪə] s. MEDICINA framboésia
frame [freɪm] Ⓐ s. 1 (construção, aparelho, etc.) armação, estrutura, esqueleto; 2 caixilho, moldura, cercadura; 3 estrutura; sistema; composição; 4 enquadramento; contexto; 5 (pessoa, animal) corpo, constituição; ossatura; 6 (automóvel) chassis; 7 (bicicleta) quadro; 8 NÁUTICA cavername; 9 (óculos) armação; 10 CINEMA fotograma; 11 cavalete; 12 (motor) carcaça; 13 (bordados) bastidor; 14 (plantas) armação (com tampa de vidro para abrigo); 15 cércea Ⓑ v.tr.,intr. 1 construir, formar, fabricar, edificar; 2 encaixilhar, emoldurar; *to* ~ *a picture* pôr uma moldura num quadro; 3 (assunto) enquadrar; contextualizar; *to be framed in* estar enquadrado em; 4 colocar a armação de; *to* ~ *a roof* colocar a armação dum telhado; 5 evoluir, desenvolver-se; *our plans are not framing well* os nossos planos não estão a correr como previsto; 6 conceber; engendrar; forjar, imaginar; *to* ~ *a plan* estabelecer um plano; *to* ~ *sth to oneself* imaginar alguma coisa; 7 [coloq.] tramar; incriminar; 8 [arc.] destinar, preparar, apropriar ❖ (construção) ~ *angle* cantoneira; ~ *bridge* ponte de madeira; ~ *house* casa desmontável de madeira; ~ *saw* serrote de arco; serra braçal; *time* ~ período de tempo esperado; ~ *of mind* estado de espírito; ~ *of reference* quadro de referências; sistema de valores; *to be framed for* ser capaz de; ter a resistência necessária para; *to be in a sad* ~ *of mind* estar desanimado
framed [freɪmd] adj. 1 com armação; 2 com moldura ou caixilho; 3 estruturado ❖ ~ *and ledged door* porta engradada; ~ *veneer/whipsaw* serra de traçar

framer ['freɪmə] s. 1 pessoa que imaginou ou planeou; 2 armador; 3 moldureiro; 4 autor

frame-up ['freɪmʌp] s. [coloq.] tramóia; maquinação

framework ['freɪmwɜːk] s. 1 madeiramento, esqueleto, cavername; 2 armação; 3 estrutura; organização; 4 contexto; *within the ~ of...* no contexto de...; 5 base ❖ *legal ~* quadro legal; *the ~ of society* a organização social

framing ['freɪmɪŋ] s. 1 esboço, construção, plano; 2 concepção; 3 esqueleto (de construção); 4 cavername; 5 suportes; 6 armação; 7 corpo, constituição (física)

franc [fræŋk] s. [ant.] (moeda) franco

France [frɑːns] s.top. França

Frances ['frɑːnsɪs] s.antr. Francisca

franchise ['fræntʃaɪz] s. 1 privilégio, imunidade; 2 direito de voto; 3 direitos políticos; direitos civis; 4 COMÉRCIO concessão, licença; *~ for a bus service* concessão de um serviço de autocarros ❖ *~ agent* concessionário; *~ for all* sufrágio universal

franchisee [,fræntʃaɪˈziː] s. COMÉRCIO concessionário

franchiser [,fræntʃaɪˈzə] s. COMÉRCIO concessionista, licenciador (de concessões)

Francis ['frɑːnsɪs] s.antr. Francisco

Franciscan [frænˈsɪskən] adj.,s. franciscano ❖ *the ~ Order* Ordem dos Franciscanos

Francisco[1] [frænˈsɪskəʊ] s.antr. Francisco

francium ['frænsɪəm] s. QUÍMICA (elemento químico) frâncio

francization [frænsɪˈzeɪʃən] s. afrancesamento

francize ['frænsaɪz] v.tr. afrancesar

Franco-American [,fræŋkəʊəˈmerɪkən] adj. franco-americano

francolin ['fræŋkəʊlɪn] s. ZOOLOGIA francolim

Francomania [,fræŋkəʊˈmeɪnɪə] s. galomania

Franconia [fræŋˈkəʊnɪə] s.top. Francónia

Franconian [fræŋˈkəʊnɪən] adj.,s. 1 natural da Francónia; 2 habitante da Francónia

Francophile ['fræŋkəʊfaɪl] adj.,s. francófilo

Francophobe ['fræŋkəʊfəʊb] adj.,s. francófobo

Francophobia [,fræŋkəʊˈfəʊbɪə] s. francofobia

Francophone ['fræŋkəʊfəʊn] adj.,s. francófono

frangibility [frændʒɪˈbɪlɪtɪ] s. frangibilidade

frangible ['frændʒɪbəl] adj. frangível, susceptível de se quebrar; frágil

frangipane ['frændʒɪpeɪn] s. CULINÁRIA frangipana

frangipani [,frændʒɪˈpɑːnɪ] s. (pl. -s) BOTÂNICA frangipani

frangula ['fræŋgjʊlə] s. frângula, frangulina

frank [fræŋk] Ⓐ adj. 1 franco, aberto, sincero, leal; *I'm going to be quite ~ with you* vou ser completamente franco consigo; 2 ingénuo, simples; 3 isento, livre Ⓑ s. 1 rubrica que servia para franquear; 2 invólucro sobrescrito franquiado Ⓒ v.tr. 1 franquear; 2 desimpedir o caminho a (pessoa); 3 transportar gratuitamente; 4 abrir ❖ *~ tenement* domínio absoluto de propriedade

Frank [fræŋk] Ⓐ s. 1 franco, dos Francos; 2 membro das tribos germânicas que se estabeleceram no Norte da França e ao longo do Reno no séc. VI; 3 (no Oriente) pessoa do Ocidente; 4 europeu Ⓑ dim. de **Francis**

Frankenstein ['fræŋkənstaɪn] s. pessoa perdida por causa das suas próprias obras ❖ *Frankenstein's monster* coisa que se torna um pesadelo para a pessoa que a criou

franker ['fræŋkə] s. máquina de franquear cartas

Frankforter ['fræŋkfɔːtə] adj.,s. 1 natural de Frankfurt (Francoforte); 2 habitante de Frankfurt (Francoforte)

Frankfurt ['fræŋkfɜːt] s.top. Frankfurt, Francoforte

frankfurter ['fræŋkfɜːtə] s. CULINÁRIA salsicha alemã

Frankfurter ['fræŋkfɜːtə] adj.,s. 1 natural de Frankfurt (Francoforte); 2 habitante de Frankfurt (Francoforte)

frankincense ['fræŋkɪnsens] s. incenso, olíbano

franking ['fræŋkɪŋ] s. franquia

Frankish ['fræŋkɪʃ] Ⓐ adj. franco, relativo aos Francos Ⓑ s. a língua dos francos

franklin ['fræŋklɪn] s. proprietário de terras de nascimento livre embora não nobre (sécs. XIV e XV)

frankly ['fræŋklɪ] adv. com franqueza, sinceramente, francamente ❖ *to speak ~* falar com franqueza

Franklyn ['fræŋklɪn] s.antr. Franquelim

frankness ['fræŋknɪs] s. sinceridade, franqueza

frantic ['fræntɪk] adj. 1 (actividade) frenético; agitado; 2 (estado psíquico) nervoso; descontrolado; desesperado; 3 (excitação) doido; desvairado; *to be ~ with joy* estar doido de alegria ❖ *to drive sb ~* fazer alguém perder a cabeça

frantically ['fræntɪkəlɪ] adv. 1 freneticamente; 2 como um maluco; 3 (intensificador) terrivelmente; *he is ~ busy* ele cheiíssimo de trabalho

frap [fræp] v.tr. (particípios: **-pp-**) NÁUTICA rizar

frapping ['fræpɪŋ] s. 1 rizamento; 2 amarra, cabo

FRAS Ⓐ [abrev. de Fellow of the Royal Asiatic Society] Ⓑ [abrev. de Fellow of the Royal Astronomical Society]

frass [fræs] s. excremento (de larvas)

frat [fræt] s. [EUA] [coloq.] associação de estudantes duma universidade, associação de antigos estudantes

frate ['frɑːteɪ] s. (pl. **-ti**) frade

frater ['freɪtə] s. refeitório de mosteiro ou convento

fraternal [frəˈtɜːnəl] adj. fraternal, fraterno

fraternally [frəˈtɜːnəlɪ] adv. fraternalmente, fraternamente

fraternity [frəˈtɜːnɪtɪ] s. (pl. **-ies**) 1 fraternidade; 2 irmandade, confraria; 3 grémio; 4 [EUA] (universidade) associação de estudantes; 5 comunidade; grupo de pessoas com interesses em comum ❖ *the ~ of the Press* a imprensa; *the legal ~* os juristas; *the medical ~* a classe médica

fraternization [,frætənaɪˈzeɪʃən] s. fraternização

fraternize ['frætənaɪz] v.intr. fraternizar

fraternizing ['frætənaɪzɪŋ] s. fraternização, confraternização

fratricidal [,frætrɪˈsaɪdl, ,freɪtrɪˈsaɪdl] adj. fratricida

fratricide ['frætrɪsaɪd, 'freɪtrɪsaɪd] s. 1 (pessoa) fratricida; 2 (acção) fratricídio

fratting ['frætɪŋ] s. [coloq.] confraternização

fraud [frɔːd] s. 1 fraude; *tax ~* fraude fiscal; 2 engano, dolo; 3 estratagema; 4 intrujão, impostor, burlão; 5 trocista; 6 impostura ❖ *pious ~* mentira piedosa; *that is a ~* isso é uma mistificação; *to the ~ of/in ~ of* prejudicando; lesando

fraudster ['frɔːdstə] s. vigarista

fraudulence ['frɔːdjʊləns] s. 1 fraudulência; 2 fraude, infidelidade

fraudulent ['frɔːdjʊlənt] adj. fraudulento

fraudulently ['frɔːdjʊləntlɪ] adv. fraudulentamente

fraught [frɔːt] adj. 1 (problemas) carregado, repleto, cheio [with, de]; *a life ~ with worries* uma vida cheia de preocupações; 2 (situação) problemático; delicado; 3 (pessoa) angustiado, preocupado

Fraunhofer ['fraʊnhəʊfə] s.antr. FÍSICA *~ lines* riscas de Fraunhofer

fraxinella [fræksɪˈnelə] s. BOTÂNICA dictamno

fray [freɪ] Ⓐ s. 1 desordem, zaragata, refrega, barafunda, rixa; 2 desgaste pelo uso; 3 sítio puído (em tecido) Ⓑ v.tr.,intr. 1 coçar, puir, desgastar (tecido); 2 friccionar; 3 raspar; 4 puir-se, coçar-se ❖ *eager for the ~* ansioso pela luta; *in the thick of the ~* no mais aceso da luta; *that frays my nerves* isso mexe-me com os nervos

frayed [freɪd] adj. coçado, gasto, puído ❖ *~ nerves* nervos esgotados

fraying ['freɪɪŋ] s. 1 desgaste; 2 puimento

frazil ['freɪzɪl] s. [Can., EUA] gelo no fundo de curso de água

frazzle ['fræzl] Ⓐ s. 1 exausto; esgotamento; 2 puimento, estado de coçado pelo uso Ⓑ v.tr.,intr. 1 (desgaste, cansaço) extenuar; esgotar; 2 esfiar(-se); 3 puir ❖ (comida) *burnt to a ~* carbonizado; *I'm done to a ~* já não posso mais; *to ~ oneself* cansar-se, fatigar-se em extremo; [coloq.] *worn to a ~* estoirado; arrasado; com os nervos escangalhados

frazzled ['fræzəld] adj. 1 [coloq.] exausto; 2 [coloq.] com os nervos em franja

FRBS [abrev. de Fellow of the Royal Society of British Sculptors]

FRCM [abrev. de Fellow of the Royal College of Music]

FRCO [abrev. de Fellow of the Royal College of Organists]

FRCOG [abrev. de Fellow of the Royal College of Obstetricians and Gynaecologists]

FRCP [GB] [abrev. de Fellow of the Royal College of Physicians]

FRCS [GB] [abrev. de Fellow of the Royal College of Surgeons]

FRCVS [GB] [*abrev. de* Fellow of the Royal College of Veterinary Surgeons]

freak [fri:k] Ⓐ *s.* 1 [coloq.] (pessoa) anormal; 2 fenómeno; ~ *of nature* fenómeno/aborto da natureza; 3 [coloq.] fanático; 4 [cal.] drogado; 5 fantasia, capricho, extravagância; *out of mere ~* por mero capricho Ⓑ *adj.* insólito, bizarro, inesperado Ⓒ *v.intr.* 1 [coloq.] passar-se; 2 (drogas) flipar, alucinar Ⓓ *v.tr.* [coloq.] fazer (alguém) passar-se

◆**freak out** *v.intr.* 1 [coloq.] perder a cabeça; passar-se; 2 [coloq.] drogar-se [**on**, com]; *to ~ on marijuana* ganzar-se com marijuana Ⓑ *v.tr.* 1 assustar; 2 surpreender; 3 irritar; enervar ❖ *to freak sb out* assustar alguém; irritar alguém; surpreender alguém

freakish [ˈfriːkɪʃ] *adj.* 1 caprichoso, extravagante, bizarro; 2 fora do vulgar, fora do normal

freakishly [ˈfriːkɪʃlɪ] *adv.* 1 extravagantemente; 2 de modo caprichoso; 3 duma maneira bizarra

freakishness [ˈfriːkɪʃnɪs] *s.* 1 extravagância, carácter bizarro, caprichoso; 2 anormalidade

freaky [ˈfriːkɪ] *adj.* (*comp.* -**ier**, *superl.* -**iest**) 1 [coloq.] bizarro, esquisito, estranho; 2 [coloq.] invulgar; 3 [coloq.] extravagante

freckle [ˈfrekl] Ⓐ *s.* sarda, efélide, lentigem Ⓑ *v.tr.,intr.* 1 cobrir de sardas; 2 cobrir-se de sardas

freckled [ˈfrekəld] *adj.* 1 sardento; 2 (animal) malhado, às manchas

freckly [ˈfreklɪ] *adj.* (*comp.* -**ier**, *superl.* -**iest**) sardento

Fred [fred] *dim. de* **Frederic**

Freddy [ˈfredɪ] *dim. de* **Frederic**

Frederic [ˈfredrɪk] *s.antr.* Frederico

Frederick [ˈfredrɪk] *s.antr.* Frederico

free [friː] Ⓐ *adj.* 1 livre; em liberdade; *as ~ as a bird* livre como um passarinho; 2 grátis, gratuito, sem necessidade de pagamento; *admission ~* entrada grátis; *~ sample* amostra grátis; 3 livre, disponível, sem ter que fazer; *are you ~ this afternoon?* estás livre hoje à tarde?, tens que fazer hoje à tarde?; 4 livre, isento [**from/of**, de]; *~ from cracks* sem fendas; 5 largo, folgado; 6 solto, desatado; 7 liberal, generoso, pródigo; *to be ~ with one's money* ser mãos-largas com o dinheiro; *to be ~ with sth* ser generoso em relação a algo; 8 QUÍMICA não combinado, no estado livre; 9 espontâneo, de moto próprio; 10 desenvolto Ⓑ *adv.* gratuitamente, de graça; *the gallery is open ~ on Sundays* entrada gratuita no museu aos domingos Ⓒ *v.tr.* 1 libertar; soltar; *to ~ a prisoner* libertar um prisioneiro; 2 (escravo) manumitir, libertar; 3 libertar, desembaraçar, livrar [**from**, de]; 4 desentupir; desobstruir; 5 disponibilizar; 6 tornar isento; isentar [**from**, de] ❖ *~ association* associação livre; RELIGIÃO *~ Church* Igreja não conformista; *~ election* eleições livres; (liberalismo) *~ enterprise* livre iniciativa; *~ fall* queda livre; ECONOMIA *~ goods* mercadorias isentas de quaisquer taxas; *~ hand* carta-branca; autoridade ilimitada; DESPORTO (futebol) *~ kick* livre; pontapé livre; *~ love* amor livre; *~ market* mercado livre; DIREITO *~ pardon* amnistia; indulto; *~ pass* livre-trânsito; *~ port* porto franco; *~ rein* rédea larga, liberdade de acção; *~ speech* liberdade de expressão; QUÍMICA *~ sulphur* enxofre livre, enxofre natural; DESPORTO (basquetebol) *~ throw* lançamento livre; *~ time* tempo livre; (comércio livre) *~ trade* livre troca; *~ translation* tradução livre; LITERATURA *~ verse* verso livre; *~ will* livre-arbítrio; *~ and easy* descontraído; (aeroporto) *~ baggage allowance* bagagem transportada gratuitamente; *~ from danger* livre de perigo; *~ of charge* de graça; *~ on board (f.o.b.)* franco a bordo; *~ on trucks* posto no vagão; [coloq.] (permissão) *feel ~ to* está à vontade para; não faças cerimónias em; não tenhas problemas em; *for ~* de graça; *there's no such thing as a ~ lunch* não há almoços grátis; *to be ~ of sb's house* ter entrada livre na casa de alguém; *to be ~ to do sth* ser livre para fazer algo; poder fazer algo; *to do sth of your own ~ will* fazer algo de livre vontade; NÁUTICA *to ~ a boat* esgotar a água dum barco (com um escoadouro); *to ~ a property* despotecar uma propriedade; NÁUTICA *to ~ a ship* esgotar a água dum navio (por meio de bombas); *to have one's hands ~* estar livre; ter liberdade de acção; *to make ~ with sth* usar algo (que é de outra pessoa) como se fosse seu

◆**free up** *v.tr.* 1 libertar; 2 desembaraçar; 3 desempernar; 4 desbloquear

free-and-easiness [ˌfriːənˈiːzɪnɪs] *s.* 1 descontracção, informalidade; 2 à-vontade

free-and-easy [ˌfriːənˈiːzɪ] *adj.* 1 descontraído, informal; 2 à vontade; 3 sem convencionalismos

freebie [ˈfriːbɪ] *s.* 1 [coloq.] brinde; oferta; *it's a ~* é uma oferta; 2 [coloq.] extra

freeboard [ˈfriːbɔːd] *s.* NÁUTICA obras mortas

freebooter [ˈfriːbuːtə] *s.* pirata, flibusteiro

freebooting [ˈfriːbuːtɪŋ] *s.* pirataria, corso

free-born [ˈfriːbɔːn] *adj.* (cidadão) livre de nascença

Free-Churchman [ˈfriːtʃʌːtʃmən] *s.* (*pl.* -**men**) RELIGIÃO membro da igreja não conformista

freedman [ˈfriːdmən] *s.* (*pl.* -**men**) liberto, antigo escravo que obteve carta de alforria

freedom [ˈfriːdəm] *s.* 1 liberdade; 2 liberdade de acção; 3 independência; 4 poder de autodeterminação; 5 privilégio, regalia, imunidade; 6 facilidade de movimentos; 7 arrojo de concepção; 8 familiaridade excessiva; *to take freedoms with sb* tomar certas liberdades com alguém; 9 à-vontade ❖ *~ of speech* liberdade de expressão; *to receive the ~ of a town* ser nomeado cidadão honorário de uma cidade; *I gave him the ~ of my library* pus a minha biblioteca à sua disposição

free-floating [ˌfriːˈfləʊtɪŋ] *adj.* 1 que flutua livremente; 2 (pessoa) livre; independente; desvinculado ❖ *~ anxiety* estado de ansiedade generalizada

free-for-all [ˌfriːfərˈɔːl] *s.* (*pl.* **free-for-alls**) 1 [coloq.] bandalheira, caos generalizado; 2 [coloq.] bruaá; batalha campal *fig.*

free-growing [ˌfriːˈɡrəʊɪŋ] *adj.* 1 (plantas) que cresce livremente; 2 (terra) cultivado de uma maneira específica

freehand [ˈfriːhænd] *adj.,adv.* à mão livre ❖ *~ drawing* desenho à mão livre

freehanded [ˌfriːˈhændɪd] *adj.* liberal, generoso

freehandedness [ˌfriːˈhændɪdnɪs] *s.* liberalidade, generosidade

free-hearted [ˌfriːˈhɑːtɪd] *adj.* sincero

freehold [ˈfriːhəʊld] Ⓐ *adj.* alodial, livre Ⓑ *s.* 1 propriedade; 2 bens de raiz livres, alodiais

freeholder [ˈfriːhəʊldə] *s.* indivíduo proprietário de bens livres, não vinculados

freeing [ˈfriːɪŋ] *s.* 1 libertação; 2 alforria; manumissão; 3 desentupimento; 4 desobstrução

freelance [ˈfriːlɑːns] Ⓐ *s.* 1 freelancer, trabalhador independente; 2 [fig.] independente; 3 HISTÓRIA (Idade Média) mercenário Ⓑ *adj.* (trabalho, trabalhador) freelance, independente, externo Ⓒ *adv.* (trabalho) como freelance, em regime freelance Ⓓ *v.intr.* trabalhar como freelance; *she freelances for this newspaper* ela colabora em regime freelance com este jornal

freelancer [ˈfriːlɑːnsə] *s.* freelancer, trabalhador independente

free-living [ˌfriːˈlɪvɪŋ] *adj.* 1 desregrado; 2 que vive à vontade

freeload [ˈfriːləʊd] *v.intr.* [coloq.] parasitar, viver às custas de alguém

freeloader [ˈfriːləʊdə] *s.* [coloq.] parasita *fig.*, chupista

freely [ˈfriːlɪ] *adv.* 1 livremente, espontaneamente; 2 francamente, abertamente; 3 à vontade; 4 (quantidade) abundantemente; à larga; generosamente ❖ *to be ~ available* ser fácil de arranjar

freeman [ˈfriːmən] *s.* (*pl.* -**men**) 1 homem livre; 2 cidadão de Estado livre

freemason [ˈfriːmeɪsn] *s.* 1 mação; 2 franco-mação; 3 pedreiro-livre

freemasonry [ˈfriːmeɪsnrɪ] *s.* 1 maçonaria; 2 franco-maçonaria

free-minded [ˌfriːˈmaɪndɪd] *adj.* 1 de pensamento livre; 2 [depr.] negligente, indiferente

free-mindedness [ˌfriːˈmaɪndɪdnɪs] *s.* 1 livre-pensamento; 2 [depr.] negligência, indiferença

free-range [ˌfriːˈreɪndʒ] *adj.* 1 (animal) à solta, em liberdade; 2 (animal) caseiro; do campo; 3 (comida) caseiro, de animais caseiros

freesia [ˈfriːzɪə] *s.* BOTÂNICA frésia

free-spoken [ˌfriːˈspəʊkən] *adj.* franco, sincero, frontal

free-spokenness [ˌfriːˈspəʊkənnɪs] *s.* franqueza, sinceridade, frontalidade

free-standing [ˌfriːˈstændɪŋ] *adj.* 1 sem apoio; 2 independente; 3 autoportante; 4 (mobília) não encastrado
freestone [ˈfriːstəʊn] *s.* 1 pedra de talha; 2 grés, arenito; 3 (fruta) caroço que se extrai facilmente ❖ ~ *peach* pêssego maracotão
freestyle [ˈfriːstaɪl] *s.* DESPORTO (natação) estilo livre
freethinker [ˈfriːˌθɪŋkə] *s.* livre-pensador
freethinking [friːˈθɪŋkɪŋ] Ⓐ *s.* livre-pensamento Ⓑ *adj.* 1 livre-pensador, progressista, liberal; 2 que pensa pela própria cabeça; 3 esclarecido, culto, informado
free-tongued [friːˈtʌŋd] *adj.* insolente; atrevido
free-trader [friːˈtreɪdə] *s.* partidário da livre troca
freeware [ˈfriːweə] *s.* INFORMÁTICA freeware, software distribuído gratuitamente
freeway [ˈfriːweɪ] *s.* [EUA] auto-estrada
freewheel [friːˈwiːl] Ⓐ *s.* 1 (bicicleta) roda livre; 2 (automóvel) ponto morto Ⓑ *v.intr.* 1 (bicicleta) andar em roda livre; 2 (automóvel) ir em ponto morto
freewheeling [friːˈwiːlɪŋ] *adj.* 1 em ponto morto; 2 em roda livre; 3 [coloq.] despreocupado; 4 [coloq.] descontraído, informal
free-working [friːˈwɜːkɪŋ] *adj.* (terra) fácil de trabalhar
freeze [friːz] Ⓐ *s.* 1 vaga de frio; 2 gelo; 3 ECONOMIA congelamento; *price* ~ congelamento de preços; *wage* ~ congelamento de salários; 4 (actividade, movimento) interrupção; paragem; *a* ~ *on production* uma paragem na produção Ⓑ *v.tr.,intr.* (prt. **froze**, part. pass. **frozen**) 1 gelar, transformar-se em gelo; congelar; 2 tremer de frio, sentir muito frio; 3 [fig.] (imobilizar-se) paralisar; 4 ECONOMIA congelar, bloquear ❖ ~ *right there!* quieto, já!; *I'm freezing!* estou a morrer de frio!, estou gelado!; *to* ~ *sb's blood* fazer alguém gelar de terror; *to* ~ *sb out of sth/sb* afastar alguém (de algo/alguém) tratando-o com frieza; *to* ~ *to death* morrer de frio
✦**freeze on to** *v.tr.* [coloq.] segurar com firmeza; agarrar bem
✦**freeze out** *v.tr.* pôr de parte; excluir [**of/from**, de]
✦**freeze over** *v.intr.* gelar; *the lake froze over* o lago gelou
✦**freeze up** *v.intr.* congelar, gelar
freezer [ˈfriːzə] *s.* 1 arca congeladora; 2 [EUA] (parte do frigorífico) congelador ❖ (parte do frigorífico) ~ *compartment* congelador; *chest/chest type* ~ arca congeladora
freeze-up [ˈfriːzʌp] *s.* 1 período de frio; 2 (automóvel) congelação da água no radiador
freezing [ˈfriːzɪŋ] Ⓐ *adj.* 1 que congela; 2 muito frio; gelado; 3 glacial; gélido Ⓑ *s.* congelação ❖ ~ *chamber* câmara frigorífica; QUÍMICA ~ *mixture* mistura frigorífica; ~ *point* ponto de congelação; ~ *preventive* anticongelante
Freiburg [ˈfraɪbɜːg] *s.top.* Friburgo
freight [freɪt] Ⓐ *s.* 1 frete, transporte; 2 carregamento, carga; 3 custo do transporte; 4 aluguer de barco, avião ou qualquer veículo para transporte de mercadorias Ⓑ *v.tr.* 1 fretar; 2 transportar por água; 3 [EUA] transportar por terra; 4 carregar (barco) ❖ ~ *car* vagão de mercadorias; ~ *list* registo de carga de navio; ~ *locomotive* locomotiva de mercadorias; ~ *outwards* frete de ida; ~ *platform* molhe; cais de embarque; ~ *train* comboio de mercadorias; *dead* ~ frete falso; *return freight/return freight home* frete de volta
freightage [ˈfreɪtɪdʒ] *s.* 1 fretagem, fretamento; 2 frete; 3 transporte de mercadorias por água, terra ou ar
freighter [ˈfreɪtə] *s.* 1 fretador; 2 NÁUTICA cargueiro; 3 avião de transporte; 4 agente de transportes; 5 [EUA] vagão de mercadorias
freighting [ˈfreɪtɪŋ] *s.* frete, transporte por via marítima, terrestre ou aérea
freightliner [ˈfreɪtˌlaɪnə] *s.* comboio rápido de mercadorias
fremitus [ˈfremɪtəs] *s.* frémito
French [frentʃ] Ⓐ *adj.* francês Ⓑ *s.* (língua) francês Ⓒ *s.pl. the* ~ os Franceses ❖ BOTÂNICA ~ *bean* feijão-verde; ~ *bread* pão francês; ~ *chalk* giz de alfaiate; CULINÁRIA (saladas) ~ *dressing* molho francês; CULINÁRIA ~ *fries* batatas fritas; ~ *kiss* [coloq.] beijo molhado; ~ *leave* despedida à francesa; [coloq.] ~ *letter* preservativo; ~ *loaf* baguete; ~ *roll* pãozinho pequeno; ~ *roof* mansarda; ~ *toast* pão frito; ~ *window* porta envidraçada, para jardim ou varanda; *to take* ~ *leave* despedir-se à francesa
Frenchified [ˈfrentʃɪfaɪd] *adj.* 1 afrancesado; 2 à francesa
Frenchify [ˈfrentʃɪfaɪ] *v.tr.,intr.* afrancesar, afrancesar-se
Frenchless [ˈfrentʃləs] *adj.* desconhecedor da língua francesa
Frenchman [ˈfrentʃmən] *s.m.* (pl. **-men**) 1 (homem) francês; 2 navio francês; 3 [coloq.] perdiz de perna vermelha
French-polish [ˌfrentʃˈpɒlɪʃ] *v.tr.* envernizar
French-polisher [ˌfrentʃˈpɒlɪʃə] *s.* envernizador
French-polishing [ˌfrentʃˈpɒlɪʃɪŋ] *s.* envernizamento
Frenchwoman [ˈfrentʃwʊmən] *s.f.* (pl. **-women**) (mulher) francesa
Frenchy [ˈfrentʃɪ] Ⓐ *adj.* 1 francês; 2 à francesa Ⓑ *s.* 1 francês; 2 francesote
frenetic [frɪˈnetɪk] *adj.* 1 frenético; 2 desesperado
freneticism [frɪˈnetɪsɪzm] *s.* frenesi; afã; grande actividade
frenum [ˈfriːnəm] *s.* (pl. **-a**) ANATOMIA freio
frenzied [ˈfrenzɪd] *adj.* enlouquecido, frenético, delirante
frenzy [ˈfrenzɪ] Ⓐ *s.* (pl. **-ies**) 1 frenesi, frenesim; ~ *of joy* frenesi de alegria; 2 agitação; 3 delírio; 4 furor; arrebatamento Ⓑ *v.tr.* 1 enfrenesiar, causar frenesi a; 2 enfurecer ❖ *to be in a* ~ estar muito agitado, estar frenético

freq. [abrev. de frequent]
frequence [ˈfriːkwəns] *s.* frequência
frequency [ˈfriːkwənsɪ] *s.* (pl. **-ies**) frequência ❖ RÁDIO ~ *adjustment* regulação de frequência; *high* ~ alta frequência; *low* ~ baixa frequência
frequent[1] [frɪˈkwent] *v.tr.* frequentar
frequent[2] [ˈfriːkwənt] *adj.* 1 frequente, que se repete muitas vezes; 2 abundante; 3 vulgar, corrente, habitual ❖ ~ *flyer* passageiro frequente; ~ *pulse* pulso rápido; ~ *wash shampoo* champô de uso frequente
frequentation [ˌfriːkwenˈteɪʃən] *s.* frequentação
frequentative [frɪˈkwentətɪv] Ⓐ *adj.* LINGUÍSTICA frequentativo Ⓑ *s.* LINGUÍSTICA verbo frequentativo
frequenter [frɪˈkwentə] *s.* frequentador
frequently [ˈfriːkwəntlɪ] *adv.* 1 com frequência, frequentemente; 2 muitas vezes; 3 habitualmente ❖ ~ *asked questions (FAQ)* perguntas mais frequentes
fresco [ˈfreskəʊ] Ⓐ *s.* (pl. **-s** ou **-es**) fresco, pintura a fresco; *to paint in* ~ pintar a fresco Ⓑ *v.tr.* pintar a fresco
fresh [freʃ] Ⓐ *adj.* 1 fresco; ~ *as a daisy* fresco como uma alface; 2 novo, diferente; recente, de há pouco; 3 viçoso; 4 moderno; 5 puro, claro, limpo; 6 (água) doce; 7 (legume) verde; 8 (pessoa) inexperiente; 9 [EUA] [coloq.] atrevido Ⓑ *adv.* 1 recentemente, de fresco; ~ *caught* apanhado há pouco; ~ *run* fresco, acabado de pescar; 2 de maneira fresca, com frescura Ⓒ *s.* 1 frescura, frescor; *in the* ~ *of the morning* na frescura da manhã; 2 inundação; enxurrada ❖ ~ *air* ar fresco; ~ *bread* pão fresco; ~ *butter* manteiga fresca sem sal; ~ *from* acabado de sair de; acabado de chegar de; ~ *water* água doce; ~ *wind* vento fresco; vento de certa intensidade; *don't you get* ~ *with me!* que confiança é essa?; *in the* ~ *air* ao ar livre; [EUA] *to be* ~ *out of sth* acabar de ficar sem algo; *to break* ~ *ground* iniciar qualquer coisa de novo; desbravar terreno; *to make a* ~ *start* recomeçar; começar de novo
freshen [ˈfreʃən] *v.tr.,intr.* 1 refrescar; 2 arrefecer; 3 refrigerar; 4 tirar o sal; 5 reanimar, restaurar
freshener [ˈfreʃnə] *s.* purificador ❖ *air* ~ ambientador; purificador de ar
freshening [ˈfreʃnɪŋ] *s.* 1 refrescamento, esfriamento; 2 avivamento; 3 dessalgação (de água do mar)
fresher [ˈfreʃə] *s.* caloiro
freshet [ˈfreʃɪt] *s.* 1 inundação (causada pelo aumento de volume de águas dum rio, devido a chuvas ou degelo); 2 corrente de água doce irrompendo pelo mar dentro
fresh-faced [ˈfreʃfeɪsd] *adj.* 1 jovem, de aparência jovem; 2 inexperiente
freshly [ˈfreʃlɪ] *adv.* 1 de há pouco; 2 recentemente; 3 com um aspecto fresco, cheio de vigor ❖ ~ *baked* a sair do forno; ~ *painted* pintado de fresco; ~ *squeezed orange juice* sumo de laranja natural
freshman [ˈfreʃmən] *s.* (pl. **-men**) caloiro, novato, primeiranista (de universidade)
freshness [ˈfreʃnɪs] *s.* 1 frescura; 2 vivacidade; 3 inexperiência; 4 ingenuidade; 5 aspecto recente de qualquer coisa; 6 [EUA] atrevimento

freshwater ['freʃwɔ:tə] adj. de água doce; ~ *fish* peixe de água doce; ~ *sailor* marinheiro de água doce

fret [fret] Ⓐ v.tr.,intr. ⟨particípios: **-tt-**⟩ 1 preocupar(-se); *don't* ~ não te preocupes; 2 incomodar(-se); arreliar(-se); afligir(-se), atormentar(-se); *what are you fretting about?* que é que tens, que estás com um aspecto tão infeliz?; 3 agitar-se; 4 ferver, fermentar; 5 morder; 6 betar, matizar; 7 adornar com trabalho em relevo (tecto), insculpir; 8 desgastar (por fricção), corroer; *to* ~ *a rope* desgastar/esfiapar uma corda; 9 colocar trastos (em guitarra, viola, etc.) Ⓑ s. 1 inquietação, perturbação, agitação; 2 irritação, má disposição; 3 ARQUITECTURA grega; 4 trasto (de guitarra, viola, etc.); 5 fricção, atrito, desgaste ❖ *to be in a* ~ estar muito preocupado; *to* ~ *for...* andar a choramingar atrás de...

fretful ['fretfʊl] adj. 1 irritável, rabugento; 2 mal-disposto; 3 inquieto; 4 insatisfeito; 5 (vento) às rajadas; 6 (rio) agitado

fretfully ['fretfʊlɪ] adv. 1 com irritação, rabugentamente; 2 (vento) às rajadas

fretfulness ['fretfʊlnɪs] s. 1 agitação (das águas); 2 rabugice, má disposição, irritabilidade

fretsaw ['fretsɔ:] s. 1 serrote de relojoeiro; 2 serra de rodear

fretted ['fretɪd] adj. 1 insculpido; 2 (tecto) com ornamentações em relevo

fretter ['fretə] s. insecto roedor

fretting ['fretɪŋ] s. 1 ornamentação; 2 corrosão, atrito, desgaste, fricção; 3 inquietação; 4 incómodo, arrelia

fretty ['fretɪ] adj. ⟨comp. **-ier**, superl. **-iest**⟩ impertinente, aborrecido, choramingas

fretwork ['fretwɜ:k] s. 1 obra de talha; 2 ornamentação (de tectos)

Freudian ['frɔɪdɪən] adj. Freudiano, de Freud

Freudism ['frɔɪdɪzəm] s. freudismo

FRFPS [abrev. de Fellow of the Royal Faculty of Physicians and Surgeons]

FRGS [abrev. de Fellow of the Royal Geographical Society]

FR.Hist.S. [abrev. de Fellow of the Royal Historical Society]

FRHS [abrev. de Fellow of the Royal Horticultural Society]

Fri. [abrev. de Friday]

friability [ˌfraɪəˈbɪlɪtɪ] s. friabilidade

friable ['fraɪəbəl] adj. 1 friável; 2 frágil, quebradiço

friableness ['fraɪəblnɪs] s. ⇒ **friability**

friar ['fraɪə] s. frade, monge ❖ *Austin* ~ frade agostinho; *Black* ~ dominicano; *Grey* ~ franciscano; *White* ~ carmelita

friary ['fraɪərɪ] s. ⟨pl. **-ies**⟩ convento de frades, mosteiro

FRIBA [abrev. de Fellow of the Royal Institute of British Architects]

fribble ['frɪbəl] Ⓐ s. 1 disparate, frivolidade; 2 pessoa frívola Ⓑ v.tr.,intr. divertir-se com frivolidades; entreter-se, passar o tempo com futilidades

fribbler ['frɪblə] s. pessoa frívola

FRIC [abrev. de Fellow of the Royal Institute of Chemistry]

fricandeau ['frɪkəndəʊ] Ⓐ s. ⟨pl. **-s**⟩ CULINÁRIA fricandó Ⓑ v.tr. preparar um fricandó

fricassee [frɪkəˈsi:] Ⓐ s. CULINÁRIA fricassé Ⓑ v.tr. fazer um fricassé de

fricative ['frɪkətɪv] Ⓐ adj. LINGUÍSTICA fricativo Ⓑ s. LINGUÍSTICA consoante fricativa

FRICS [abrev. de Fellow of the Royal Institution of Chartered Surveyors]

friction ['frɪkʃən] s. 1 fricção; atrito; 2 (creme, etc.) fricção; 3 [fig.] fricção, atrito; desacordo; conflito; tensão; *a source of* ~ uma fonte de desentendimentos; *to cause/create* ~ criar atritos; causar conflitos; 4 desgaste ❖ MECÂNICA ~ *clutch* embraiagem por fricção

frictional ['frɪkʃənəl] adj. de atrito; de fricção ❖ ~ *electricity* electricidade produzida por atrito; ~ *resistance* resistência ao atrito

frictionally ['frɪkʃənəlɪ] adv. por atrito; por fricção

friction-proof ['frɪkʃənpru:f] adj. antifricção

Friday ['fraɪdɪ] s. sexta-feira ❖ *Black* ~ sexta-feira negra; dia aziago; *Good* ~ Sexta-Feira Santa; *man* ~ criado dedicado e fiel; braço-direito

fridge [frɪdʒ] s. [coloq.] frigorífico, geladeira$_{Bras.}$

fridge-freezer ['frɪdʒˌfri:zə] s. (frigorífico e congelador) combinado

fried [fraɪd] Ⓐ prt. e part. pass. de **to fry** Ⓑ adj. 1 frito; 2 [EUA] [coloq.] (álcool) com os copos; 3 [EUA] [coloq.] (droga) pedrado; 4 [EUA] [coloq.] (cansaço) estafado

friend [frend] Ⓐ s. 1 amigo; *a* ~ *of ours* um amigo nosso; *a good/close* ~ um bom amigo, um amigo chegado; *an old* ~ um velho amigo, um amigo de longa data; *a* ~ *of mine/his/John's/etc.* um amigo meu/dele/do John/etc.; 2 companheiro; conhecido; colega, parceiro; 3 RELIGIÃO membro da Sociedade dos Amigos (*Quakers*); 4 conhecimento; contacto; protector; 5 adepto; simpatizante; partidário; defensor; *to be no* ~ *of* não ser adepto de, não simpatizar com; 6 (duelos) testemunha Ⓑ v.tr. 1 [coloq.] ser amigo de; 2 [rar.] proteger, auxiliar ❖ *best* ~ melhor amigo; *bosom* ~ amigo do peito; amigo íntimo; *pen* ~ correspondente; pessoa com quem se troca correspondência; *a* ~ *at court* um protector com influência; um amigo nas altas esferas; *a* ~ *in need is a* ~ *indeed* os amigos verdadeiros conhecem-se nas ocasiões; os amigos são para as ocasiões; (Câmara dos Comuns) *my honourable* ~ o ilustre deputado; (advogados) *my learned* ~ o meu ilustre colega; (utilidade) *sb's best* ~ o melhor amigo de alguém; (confiança) *to be among friends* estar entre amigos; *to be friends (with sb)* ser amigo (de alguém); *to have friends in high places* ser bem relacionado; ter contactos; *to make friends* fazer amigos; *to make friends with sb* tornar-se amigo de alguém; [joc.] *with friends like you, who needs enemies?* com amigos assim, quem precisa de inimigos?

friendless ['frendləs] adj. desamparado, sem amigos, sem ninguém

friendlessness ['frendlɪsnɪs] s. desamparo, abandono

friendlily ['frendlɪlɪ] adv. amigavelmente, como amigo

friendliness ['frendlɪnɪs] s. 1 amizade, dedicação; 2 simpatia; 3 benevolência; 4 (objecto) facilidade de uso

friendly ['frendlɪ] Ⓐ adj. ⟨comp. **-ier**, superl. **-iest**⟩ 1 amigável, amistoso, cordial; 2 de amizade; 3 simpático, amável; 4 favorável, propício; [fig.] ~ *winds* ventos propícios; 5 agradável, acolhedor; 6 benévolo; 7 (objecto) fácil de usar, de uso agradável Ⓑ adv. amavelmente, amigavelmente Ⓒ s. ⟨pl. **-ies**⟩ DESPORTO desafio amigável ❖ DESPORTO ~ *game/match* jogo/desafio amigável; ~ *gathering* reunião de amigos; ~ *lead* espectáculo de caridade; ~ *nation* nação amiga; ~ *society* associação de socorros mútuos, associação de beneficência; ~ *turn* favor de amigo; *in a* ~ *way* como amigo; *the Friendly Islands* o arquipélago de Tonga; *to be* ~ *with* ser amigo de; *to be on* ~ *terms with sb* ter boas relações com alguém

friendship ['frendʃɪp] s. amizade; *to do sth out of* ~ fazer qualquer coisa por amizade; *to form a* ~ estabelecer amizade ❖ *to live in* ~ viver em harmonia; viver como amigos

frier ['fraɪə] s. ⇒ **fryer**

fries [fraɪz] s.pl. CULINÁRIA batatas fritas; *French* ~ batatas fritas

Friesian ['fri:zɪən] adj.,s. ⇒ **Frisian**

Friesland ['fri:zlənd] s.top. Frísia

frieze [fri:z] Ⓐ s. 1 (tecido) frisa, ratina; 2 ARQUITECTURA friso; 3 orla, bordadura Ⓑ v.tr. ratinar

friezing ['fri:zɪŋ] s. acto de ratinar ❖ ~ *machine* ratinadora

frig [frɪg] v.tr.,intr. ⟨particípios **-gg-**⟩ 1 [cal.] ter relações sexuais (com); 2 [cal.] masturbar(-se)

frigate ['frɪgɪt] s. 1 NÁUTICA fragata; 2 ZOOLOGIA (ave) fragata

fright [fraɪt] Ⓐ s. 1 susto, medo súbito; *she was filled with* ~ ela ficou cheia de medo; *to take* ~ *at* encher-se de medo de; 2 sobressalto; 3 pavor; 4 [coloq.] (pessoa) pavor$_{fig.}$; susto$_{fig.}$; *she is a* ~ ela é um pavor Ⓑ v.tr. [poét.] assustar ❖ *to be in a deadly* ~ apanhar um susto terrível; *to get a* ~ apanhar um susto; *to get the* ~ *of one's life* apanhar um susto de morte; *to give sb a* ~ pregar um susto a alguém; [coloq.] *to look a* ~ estar com um aspecto horrível

frighten ['fraɪtn] v.tr. 1 assustar, encher de medo, amedrontar, intimidar; 2 aterrar, aterrorizar; 3 pressionar, coagir [**into**, a]; *she was frightened into signing the paper* ela foi coagida a assinar o papel ❖ *to* ~ *sb out of doing sth* obrigar uma pessoa a deixar de fazer alguma coisa, por medo; *to* ~ *sb out of his wits* fazer alguém perder a cabeça com medo; *to* ~ *to death* fazer morrer de medo

◆ **frighten away/off** v.tr. 1 assustar; espantar; 2 afugentar (enchendo de medo)

frightened ['fraɪtənd] *adj.* assustado, cheio de medo ❖ *to be easily ~* ser assustadiço; ser fácil de assustar; *to be/feel ~* ter medo; estar com medo; *to be ~ that...* ter medo que...; *to be ~ out of one's wits* perder a cabeça com medo; *to be ~ to death* estar com um medo de morte

frightening ['fraɪtənɪŋ] *adj.* terrível, assustador

frightful ['fraɪtful] *adj.* 1 assustador, medonho, terrível, tremendo; 2 feio, desagradável; 3 detestável ❖ *a ~ day* um dia terrível; *a ~ dress* um vestido horroroso

frightfully ['fraɪtfulɪ] *adv.* 1 medonhamente, assustadoramente, terrivelmente; 2 [coloq.] muito, extremamente, espantosamente; *to be ~ happy* estar imensamente feliz

frightfulness ['fraɪtfulnɪs] *s.* 1 horror; 2 fereza; 3 carácter atroz; 4 atrocidade; 5 terror

frigid ['frɪdʒɪd] *adj.* 1 (sexualidade) frígido; 2 (temperatura) gélido; glacial; 3 frio, apático, indiferente; 4 insípido

frigidity [frɪ'dʒɪdɪtɪ] *s.* 1 frieza, frialdade; 2 frigidez, anafrodisia

frigidly ['frɪdʒɪdlɪ] *adv.* 1 friamente; 2 de um modo glacial, frígido

frigidness ['frɪdʒɪdnɪs] *s.* frialdade, frieza

frigorific [ˌfrɪɡəʊ'rɪfɪk] *adj.* frigorífico

frill [frɪl] Ⓐ *s.* 1 folho (de vestuário), pregueado, guarnição de renda; 2 folhos de papel; 3 colarete, mesentério de animais; 4 franzido na borda de placa fotográfica; 5 *pl.* afectação; denguices; [coloq.] *to put on frills* proceder com afectação; 6 *pl.* arrebiques, floreados (literários ou de oratória) Ⓑ *v.tr.* folhar; preguear ❖ *pleated ~* plissado

frilled [frɪld] *adj.* 1 aos folhos; 2 com pregas, pregueado, franzido ❖ ZOOLOGIA *~ lizard* clamidossauro

frillies ['frɪlɪz] *s.pl.* [coloq.] folhos, roupa interior com folhos

frilling ['frɪlɪŋ] *s.* pregueado, franzimento, franzido

frilly ['frɪlɪ] *adj.* 1 com folho(s); 2 franzido; pregueado

fringe [frɪndʒ] Ⓐ *s.* 1 [GB] (cabelo) franja; 2 (peça de roupa, pano, cortina, etc.) guarnição, orla, fímbria; 3 franja, faixa, facção, grupo; 4 POLÍTICA ala, facção; *the radical ~* a ala radical; 5 (parte periférica) borda, extremidade, margem, orla; *the ~ of the forest* a orla da floresta Ⓑ *adj.* 1 de periferia; dos arredores; fora do centro; 2 (importância) lateral; marginal; secundário; *a ~ issue* uma questão lateral; 3 (não convencional) alternativo Ⓒ *v.tr.* 1 colocar franja em; 2 formar franja à volta de; 3 orlar, ladear; *a forest fringed with oaks* uma floresta orlada de carvalhos; 4 debruar ❖ (empresas) *~ benefit* benefícios adicionais; regalias; *~ net* rede para o cabelo; *~ theatre* teatro experimental; *on the ~ of* na borda de; à margem de; afastado de; *the ~ of the question* a superfície do problema; *to be fringed with/by* estar cercado de; estar rodeado de

fringed ['frɪndʒd] *adj.* bordado, com franjas

fringing ['frɪndʒɪŋ] Ⓐ *s.* franjado, franjamento Ⓑ *adj.* 1 que orla, que ladeia; 2 marginal

fringy ['frɪndʒɪ] *adj.* 1 franjado; 2 semelhante a franja

frippery ['frɪpərɪ] Ⓐ *s.* (*pl.* -**ies**) 1 velharias, coisas velhas e sem valor; 2 fancaria, coisa ordinária; 3 enfeites baratos; 4 estilo oco; 5 ninharias Ⓑ *adj.* fútil, inútil

Frisbee ['frɪzbɪ] *s.* (jogo com disco de plástico) disco voador

Frisco ['frɪskəʊ] *s.top.* [cal.] a cidade de São Francisco (E. U. A.)

Frisian ['frɪzɪən] Ⓐ *adj.* frísio, frisão Ⓑ *s.* (língua, pessoa) frísio, frisão

frisk [frɪsk] Ⓐ *s.* 1 salto, cabriola, cambalhota; 2 (exame) revista Ⓑ *v.intr.* 1 dar cabriolas, saltar; 2 brincar, pular Ⓒ *v.tr.* [EUA] [coloq.] revistar ❖ *to ~ the tail* agitar a cauda

frisket ['frɪskɪt] *s.* TIPOGRAFIA frasqueta ❖ *~ hole* buraco aberto nas folhas impressas pelas pontas que as prendem ao cilindro

friskily ['frɪskɪlɪ] *adv.* de uma maneira brincalhona

friskiness ['frɪskɪnɪs] *s.* 1 espírito brincalhão; 2 alegria, brincadeira

frisky ['frɪskɪ] *adj.* (*comp.* -**ier**, *superl.* -**iest**) 1 vivo, brincalhão; 2 atiradiço

frit [frɪt] Ⓐ *s.* frita, cozimento de ingredientes com que se faz o vidro Ⓑ *v.tr.* fritar, proceder à frita dos ingredientes com que se faz o vidro

frit-fly ['frɪtflaɪ] *s.* mosca do trigo

frith [frɪθ] *s.* 1 estuário, braço de mar; 2 [dial.] talude, sebe

fritillaria [ˌfrɪtɪ'leərɪə] *s.* BOTÂNICA fritilária

fritillary [frɪ'tɪlərɪ] *s.* BOTÂNICA fritilária

fritter ['frɪtə] Ⓐ *s.* 1 CULINÁRIA frito, fritura; 2 *pl.* resíduos de óleo de baleia Ⓑ *v.tr.* 1 cortar aos bocadinhos; 2 desperdiçar, dissipar

fritz [frɪts] *s.* [EUA] [coloq.] *on the ~* avariado

✦**fritz out** *v.intr.* avariar(-se)

Fritz [frɪts] *s.* [coloq.] um alemão; *the Fritzes* os Alemães

frivol ['frɪvəl] *v.tr.,intr.* (*particípios:* -**ll**-) 1 dizer ou fazer frivolidades; 2 passar o tempo com bagatelas; 3 desperdiçar tolamente

frivolity [frɪ'vɒlɪtɪ] *s.* (*pl.* -**ies**) frivolidade, futilidade, frioleira

frivoller ['frɪvələ] *s.* indivíduo frívolo

frivolling ['frɪvəlɪŋ] Ⓐ *adj.* frívolo, fútil Ⓑ *s.* futilidades, ninharias, frioleiras

frivolous ['frɪvələs] *adj.* 1 frívolo; 2 insignificante; 3 fútil; 4 leviano

frivolously ['frɪvələslɪ] *adv.* frivolamente

frivolousness ['frɪvələsnɪs] *s.* frivolidade

frivvle [frɪvl] *v.tr.,intr.* 1 [coloq.] passar o tempo com frivolidades; 2 proceder frivolamente; 3 dizer ou fazer frivolidades

friz [frɪz] Ⓐ *s.* 1 ondulação (de cabelo); 2 cabelo ondulado; 3 frisado, encaracolado Ⓑ *v.tr.,intr.* 1 encaracolar, frisar, ondular (cabelo); 2 preparar (peles, couro) com pedra-pomes

frizz [frɪz] Ⓐ *s.* 1 ondulação (de cabelo); 2 cabelo ondulado; 3 frisado, encaracolado Ⓑ *v.tr.,intr.* 1 encaracolar, frisar, ondular (cabelo); 2 preparar (peles, couro) com pedra-pomes

frizzle ['frɪzl] Ⓐ *s.* cabelo frisado, encaracolado Ⓑ *v.tr.,intr.* 1 encaracolar, frisar; 2 frigir, fritar, grelhar regindo; 3 chiar na frigideira

frizzly ['frɪzlɪ] *adj.* (*superl.* -**iest**, *comp.* -**ier**) encaracolado, frisado

frizzy ['frɪzɪ] *adj.* (*comp.* -**ier**, *superl.* -**iest**) ⇒ **frizzly**

FR.Met.S. [abrev. de Fellow of the Royal Meteorological Society]

FRNS [abrev. de Fellow of the Royal Numismatic Society]

FRNZ [abrev. de Fellow of the Royal Society of New Zealand]

fro [frəʊ] *adv.* para longe ❖ *to and ~* de um lado para o outro; *to go to and ~ between...* ir e vir entre...

frock [frɒk] Ⓐ *s.* 1 VESTUÁRIO (mulher, criança) vestido; 2 (monge, frade) hábito; 3 bata; 4 dólman em forma de sobrecasaca; 5 [ant.] sobrecasaca; *~ coat* sobrecasaca Ⓑ *v.tr.* RELIGIÃO ordenar, investir na dignidade sacerdotal

frog [frɒɡ] *s.* 1 ZOOLOGIA rã; 2 (caminhos-de-ferro) agulha; 3 (ofensivo) (trancês) franciú; 4 (cavalo) ranilha, forquilha, forqueta, arnilha; 5 passadeira de boldrié, passadeira de cinturão; porta-espada; 6 VESTUÁRIO alamar ❖ (caminhos-de-ferro) *~ point* ponto central da agulha; MEDICINA *~ tongue* rânula; VESTUÁRIO *frogs and loops* alamares; BOTÂNICA *frog's bit* rainúnculo; [coloq.] *to have a ~ in one's throat* ter a garganta arranhada; ter pigarro

frogbit ['frɒɡbɪt] *s.* BOTÂNICA rainúnculo

frogfish ['frɒɡfɪʃ] *s.* ZOOLOGIA peixe-sapo, tamboril

frogged ['frɒɡd] *adj.* com alamares

froggery ['frɒɡərɪ] *s.* charco

froggy ['frɒɡɪ] Ⓐ *s.* (*pl.* -**ies**) 1 [coloq.] francês; 2 comedor de rãs; 3 [infant.] rã Ⓑ *adj.* com rãs; cheio de rãs

frogman ['frɒɡmən] *s.* homem-rã; mergulhador submarino

frogmarch ['frɒɡmɑːtʃ] Ⓐ *s.* transporte de pessoa, agarrando-a à força, com a face para baixo, pelos braços e pelas pernas Ⓑ *v.tr.* levar uma pessoa à força, agarrando-a, com a face para baixo, pelos braços e pelas pernas

frog's-march ['frɒɡzmɑːtʃ] *s.,v.tr.* ⇒ **frogmarch**

frogspawn ['frɒɡspɔːn] *s.* ovas de rã

frolic ['frɒlɪk] Ⓐ *s.* brincadeira, folguedo, divertimento Ⓑ *adj.* travesso, folgazão, brincalhão Ⓒ *v.intr.* (*prt. e part. pass.* **frolicked**) divertir-se, folgar, brincar, fazer travessuras

frolicker ['frɒlɪkə] *s.* pessoa divertida, patusca, folgazona, brincalhona

frolicking ['frɒlɪkɪŋ] Ⓐ *s.* divertimento, folguedo Ⓑ *adj.* alegre, brincalhão, folgazão

frolickly ['frɒlɪklɪ] *adv.* 1 alegremente; 2 de modo brincalhão, folgazão

frolicsome ['frɒlɪksəm] *adj.* folgazão, alegre, divertido, brincalhão

frolicsomeness ['frɒlɪksəmnɪs] *s.* divertimento, brincadeira, galhofa

from [frɒm, frʌm] *prep.* 1 desde, a partir de; 2 (indicando matéria empregada e transformada) de, com; 3 (origem) de; 4 segundo, conforme; 5 de, contra; 6 (indicando mudança de estado) de; 7 por, devido a ❖ ~ *above* do alto; ~ *afar* de longe; ~ *among* do meio de; ~ *bad to worse* de mal a pior; ~ *end to end* de ponta a ponta; ~ *experience* por experiência própria; ~ *Lisbon to Oporto* de Lisboa ao Porto; ~ *that time* desde esse tempo; ~ *this point of view* deste ponto de vista; ~ *head to toe* dos pés à cabeça; ~ *what he said you might suppose ...* daquilo que ele disse poder-se-ia supor que ...; *he does not know one* ~ *the other* ele não distingue um do outro; *he was quite breathless* ~ *running* ele estava todo ofegante com a corrida; *he went away* ~ *home* ele saiu de casa; *I got a letter* ~ *my sister* recebi uma carta de minha irmã; *painted* ~ *nature* pintado do natural

frond [frɒnd] *s.* fronda, fronde
frondage ['frɒndɪdʒ] *s.* frondação, conjunto de frondas
frondescence [frɒn'desəns] *s.* frondescência
frondescent [frɒn'desənt] *adj.* frondescente
frondiferous [frɒn'dɪfərəs] *adj.* frondífero
frondose [frɒn'dəʊs] *adj.* frondoso
frondous ['frɒndəs] *adj.* ⇒ **frondose**
front [frʌnt] Ⓐ *s.* 1 frente; parte da frente; 2 (edifício) frente, frontaria, fachada, frontispício; 3 MILITAR frente de combate; *to go to the* ~ partir para a frente de batalha; 4 METEOROLOGIA frente; *cold* ~ frente fria; 5 (livro, revista) primeiras páginas, princípio; 6 (actividades ilegais) fachada; *to be a* ~ *for* ser uma fachada para, ser um disfarce para; 7 [GB] passeio marítimo, esplanada junto ao mar; 8 [GB] descaramento; atrevimento; *to have the* ~ *to* ter o descaramento de; 9 [arc.] rosto, fronte Ⓑ *adj.* 1 da frente; (automóvel) ~ *fender* guarda-lamas da frente; (automóvel) ~ *shock absorber* amortecedor da frente; ~ *teeth* dentes da frente; 2 dianteiro; (automóvel) ~ *drive/suspension* tracção/suspensão dianteira; 3 anterior; 4 fronteiro; 5 LINGUÍSTICA (fonética) anterior Ⓒ *v.tr.,intr.* 1 estar em frente, fazer face, estar virado para, frontear; 2 enfrentar, defrontar; 3 estar à frente de; encabeçar; dirigir; liderar; 4 apresentar; 5 LINGUÍSTICA topicalizar ❖ (parlamento britânico) ~ *bench* banco dos principais membros do governo; banco dos principais membros da oposição; ~ *desk* recepção; ~ *door* porta da frente; porta da rua; porta principal; ~ *man/woman* líder (de grupo musical); testa-de-ferro; ~ *money* entrada; pagamento adiantado; (jornal) ~ *page* primeira página; ~ *room* quarto da frente; salão; sala de estar; ~ *row* primeira fila; fila da frente; ~ *seat* banco da frente/dianteiro; lugar (sentado) à frente; ~ *view* alçado da frente; *out* ~ à entrada; na parte do público; POLÍTICA *popular* ~ frente popular; *up* ~ à frente; adiantado; *in* ~ *of* em frente de; à frente de; *in (the)* ~ à frente; *in the* ~ *line* na linha da frente, na vanguarda; *on all fronts* em todas as frentes; *to be at the* ~ *of* estar à frente de; *to come to the* ~ ficar em lugar de realce; vir para a frente; *to know sth back to* ~ saber alguma coisa de trás para a frente; *to put up a* ~ procurar causar impressão; dar-se à importância; *to show/put on a bold* ~ enfrentar destemidamente

◆**front for** *v.tr.* servir de fachada para; servir de disfarce a
frontage ['frʌntɪdʒ] *s.* 1 frontaria, fachada; 2 vista, perspectiva; 3 terreno ao longo de rua, rio, etc.
frontager ['frʌntɪdʒə] *s.* pessoa com propriedades ao longo de rua, rio, ou viradas ao mar
frontal ['frʌntl] Ⓐ *adj.* 1 frontal, paramento que cobre a frente do altar; 2 fachada, frontaria; 3 ANATOMIA osso frontal Ⓑ *adj.* 1 frontal; ~ *attack* ataque frontal; (acidente) ~ *impact* choque frontal; 2 ANATOMIA frontal; ~ *bone* osso frontal ❖ *full* ~ nu frontal
frontally ['frʌntəlɪ] *adv.* de frente
frontbencher ['frʌnt,bentʃə] *s.* (parlamento) um dos principais membros do governo ou da oposição
frontier ['frʌntɪə] Ⓐ *s.* 1 fronteira, raia; 2 [EUA] região inexplorada; 3 *pl.* (conhecimento, etc.) limites Ⓑ *adj.* fronteiro; fronteiriço; raiano; de fronteira; ~ *post/station* posto fronteiriço; ~ *town* cidade fronteiriça
frontiersman ['frʌntɪəzmən] *s.* (*pl.* **-men**) 1 colono que vive nos limites do território; 2 raiano
frontispiece ['frʌntɪspiːs] *s.* 1 frontispício; 2 [coloq.] rosto, cara

frontless ['frʌntləs] *adj.* 1 sem vergonha, descarado; 2 sem frente, sem fachada
frontlet ['frʌntlɪt] *s.* 1 madeixa de cabelos sobre a testa, usada como ornamento; 2 filacteria; 3 testa de animal
frontman ['frʌntmən] *s.* TELEVISÃO apresentador
fronton ['frʌntən] *s.* frontão
frontrunner ['frʌntrʌnə] *s.* (prova, concurso) favorito
frontsman ['frʌntsmən] *s.* (*pl.* **-men**) vendedor ao balcão
frontwards ['frʌntwɜːdz] *adv.* para a frente
front-wheel ['frʌnt,wiːl] *adj.* das rodas da frente ❖ (automóvel) ~ *drive* tracção às rodas da frente
frore [frɔː] *adj.* [poét.] gélido, gelado
frost [frɒst] Ⓐ *s.* 1 geada; *it seems we are going to have* ~ parece que vamos ter geada; *windows covered with* ~ janelas cobertas de geada; 2 frio intenso; temperaturas negativas; 3 [fig.] desânimo, abatimento, frieza; 4 [coloq.] fracasso, fiasco; *the play was a* ~ a peça foi uma decepção, a peça foi um autêntico fiasco Ⓑ *v.tr.,intr.* 1 cobrir de geada; 2 congelar, gelar; 3 queimar com frio, queimar com geada; 4 (vidro) foscar; 5 [EUA] CULINÁRIA cobrir (bolos) com mistura de açúcar e claras; 6 (cabelo) fazer madeixas claras em ❖ ZOOLOGIA ~ *fish* gádida; gadídeo; ~ *hardy* resistente ao frio; ~ *nip* queimadura causada pelo frio; ~ *proof* resistente a geada; (plantas) ~ *tender* sensível à geada; *black* ~ frio intenso sem geada no solo; *early* ~ geada que cai logo no princípio do Inverno ou até mesmo no Outono; *five degrees of* ~ cinco graus negativos; *hard* ~ camada forte de geada; *hoar* ~ escarcha; geada branca; (personificação) *Jack Frost* o senhor inverno; o senhor frio; *sharp* ~ geada intensa; frio intenso; *white* ~ escarcha; geada branca

◆**frost over/up** *v.intr.* cobrir-se de geada
frostbite ['frɒstbaɪt] Ⓐ *s.* frieira; queimadura de frio Ⓑ *v.tr.* (*prt.* **bit**, *part. pass.* **bit** ou **bitten**) (frio) queimar
frostbitten ['frɒst,bɪtən] *adj.* 1 (plantas) queimado pela geada; 2 com queimadura(s) de frio; queimado pelo frio
frost-cleft ['frɒstkleft] Ⓐ *adj.* gretado pelo frio Ⓑ *s.* racha, fenda, greta causada pelo frio
frost-crack ['frɒstkræk] *s.* ⇒ **frost-cleft** Ⓑ
frost-cracked ['frɒstkrækt] *adj.* ⇒ **frost-cleft** Ⓐ
frosted ['frɒstɪd] *adj.* 1 coberto de geada; gelado, congelado; ~ *windowpanes* vidraças cheias de geada; 2 queimado pela geada; ~ *plants* plantas queimadas pela geada; 3 [EUA] CULINÁRIA (bolo) com cobertura glacé ❖ ~ *glass* vidro fosco; ~ *hair* cabelo com madeixas claras; ~ *polish* verniz nacarado
frostily ['frɒstɪlɪ] *adv.* friamente; glacialmente; duma maneira fria
frostiness ['frɒstɪnɪs] *s.* 1 frio intenso, frio glacial; 2 [fig.] ambiente glacial, ambiente frio, pouco acolhedor; *the* ~ *of her reception* a frieza com que me recebeu
frosting ['frɒstɪŋ] *s.* 1 CULINÁRIA (doces) cobertura, glacé (de açúcar e claras); 2 acção de tornar o vidro fosco; 3 camada de geada
frost-nipped ['frɒst,nɪpt] *adj.* queimado pela geada
frostweed ['frɒst,wiːd] *s.* BOTÂNICA helianthemo
frostwork ['frɒst,wɜːk] *s.* 1 cristais de geada nas janelas; 2 padrão que imita cristais de geada
frosty ['frɒstɪ] *adj.* (*comp.* **-ier**, *superl.* **-iest**) 1 gelado, muito frio, glacial; ~ *weather* tempo glacial; [fig.] *she gave him a* ~ *look* lançou-lhe um olhar glacial; 2 coberto de geada; 3 picado das bexigas
froth [frɒθ] Ⓐ *s.* 1 espuma; *the* ~ *of the sea* a espuma do mar; *the* ~ *on a glass of beer* a espuma num copo de cerveja; 2 (pessoa, animal) baba; 3 [fig.] (conversa) banalidades; futilidades Ⓑ *v.tr.,intr.* espumar; fazer espuma ❖ [joc.] ~ *blower* consumidor de cerveja; *to* ~ *at the mouth* espumar pela boca; babar-se; *to be frothing at the mouth* espumar de raiva
frothiness ['frɒθɪnɪs] *s.* 1 espumosidade; espuma; 2 [coloq.] banalidade, futilidade
frothy ['frɒθɪ] *adj.* (*comp.* **-ier**, *superl.* **-iest**) 1 espumoso, com espuma; 2 [fig.] superficial, oco, fútil, sem substância
frou-frou ['fruːfruː] *s.* frufru, ruge-ruge, ruído característico de vestidos
frouzy ['fraʊzɪ] *adj.* ⇒ **frowzy**
frow [fraʊ] *s.* holandesa, mulher holandesa

froward ['frəʊəd, 'froʊərd] *adj.* **1** [arc.] indócil, rebelde; **2** teimoso
frowardly ['frəʊədlɪ] *adv.* **1** com rebeldia; **2** sem docilidade; **3** teimosamente
frowardness ['frəʊədnɪs] *s.* **1** [arc.] indocilidade, perversidade, rebeldia; **2** teimosia, obstinação
frown [fraʊn] Ⓐ *s.* **1** sobrolho franzido; má cara; **2** olhar carrancudo; olhar carregado, olhar severo; *there was a ~ on his face* estava com ar severo Ⓑ *v.intr.* **1** franzir o sobrolho; **2** fazer má cara; mostrar um semblante severo; *to ~ at sb* fazer má cara a alguém ❖ *the frowns of fortune* a severidade da fortuna; os rigores da sorte; *to ~ defiance on* olhar ameaçadoramente para; olhar com um ar de desafio para; *to ~ sb down* fulminar alguém com o olhar
◆frown on/upon *v.tr.* ver com maus olhos; reprovar; condenar
frowning ['fraʊnɪŋ] Ⓐ *adj.* **1** carrancudo, com um olhar carregado, de sobrancelhas franzidas; **2** sombrio, torvo, ameaçador Ⓑ *s.* **1** acto de franzir as sobrancelhas; **2** ar carregado
frowningly ['fraʊnɪŋlɪ] *adv.* **1** com um ar de desaprovação, com um ar carregado; **2** franzindo as sobrancelhas
frowst [fraʊst] Ⓐ *s.* **1** ambiente quente e abafado; **2** cheiro a mofo, cheiro característico dos sítios fechados Ⓑ *v.intr.* **1** permanecer num ambiente abafado; **2** estar sempre com tudo fechado
frowstiness ['fraʊstɪnɪs] *s.* **1** cheiro a abafado, cheiro a bafio; **2** ambiente bafiento
frowsty ['fraʊstɪ] *adj.* bafiento, que cheira a abafado
frowsy ['fraʊzɪ] *adj.* ⇒ **frowzy**
frowzy ['fraʊzɪ] *adj.* ⟨comp. **-ier**, superl. **-iest**⟩ **1** abafado, bolorento, que cheira a bafio; **2** sujo, desmazelado, mal-arranjado, despenteado, desgrenhado
froze [frəʊz] *prt.* de **to freeze**
frozen ['frəʊzn] Ⓐ {part. pass. de **to freeze**} Ⓑ *adj.* **1** congelado; *a ~ lake* um lago congelado; **2** [coloq.] (pessoa) gelado; cheio de frio; **3** [fig.] (imóvel) paralisado; *to be ~ with fear* estar paralisado de medo ❖ (comida) *~ food* congelados; [coloq.] *the ~ limit* o cúmulo
FRPS [abrev. de Fellow of the Royal Photographic Society]
FRS [abrev. de Fellow of the Royal Society]
FRSA [abrev. de Fellow of the Royal Society of Arts]
FRSE [abrev. de Fellow of the Royal Society of Edinburgh]
FRSL Ⓐ [abrev. de Fellow of the Royal Society of Literature] Ⓑ [abrev. de Fellow of the Royal Society of London]
FRSM [abrev. de Fellow of the Royal Society of Medicine, London]
FRSS [abrev. de Fellow of the Royal Statistical Society]
frt [abrev. de freight]
fructed ['frʌktɪd] *adj.* HERÁLDICA frutado
fructiferous [,frʌk'tɪfərəs] *adj.* frutífero
fructification [,frʌktɪfɪ'keɪʃən] *s.* **1** frutificação, produção de frutos; **2** órgãos reprodutores das criptogâmicas
fructiform ['frʌktɪfɔ:m] *adj.* frutiforme
fructify ['frʌktɪfaɪ] *v.tr.,intr.* **1** frutificar, produzir frutos; **2** fazer frutificar, fecundar
fructose ['frʌktəʊz] *s.* QUÍMICA frutose
fructuous ['frʌktjʊəs] *adj.* **1** cheio de frutos; **2** frutífero; **3** produtivo; **4** vantajoso
frugal ['fru:gəl] *adj.* frugal, simples, sóbrio, económico; *a ~ meal* uma refeição frugal ❖ *to be ~ of* não desperdiçar; aproveitar bem
frugality [fru:'gælɪtɪ] *s.* frugalidade, sobriedade, simplicidade, economia
frugally ['fru:gəlɪ] *adv.* frugalmente, sobriamente, economicamente
frugiferous [fru'dʒɪfərəs] *adj.* frugífero, frutífero
frugivorous [fru'dʒɪvərəs] *adj.* frugívoro, frutívoro, que se alimenta de frutos
fruit [fru:t] Ⓐ *s.* **1** fruto; fruta, frutos; (árvore) *to bear ~* dar fruto; **2** [fig.] (resultados) fruto; *the ~ of* o fruto de; o resultado de; *to bear ~* dar frutos, resultar, funcionar; **3** [EUA] [cal., ant.] (ofensivo) maricas_cal._ Ⓑ *v.tr.,intr.* **1** produzir fruto, frutificar; *those trees ~ well* aquelas árvores produzem bem; **2** fazer frutificar ❖ *~ clipper* navio rápido para o transporte de fruta; *~ farmer/ ~ grower* fruticultor; *~ farming* fruticultura; ZOOLOGIA *~ fly* mosca da fruta; *~ juice* sumo de fruta; *~ knife* faca para fruta; PINTURA *~ piece* natureza morta com frutos; CULINÁRIA *~ salad* salada de frutas; *~ sugar* frutose; levulose; *~ tree* árvore de fruto; fruteira; *dried ~* frutos secos; [GB] [ant.] (forma de tratamento) *old fruit!* meu velho!; CULINÁRIA *preserved ~* compota de fruta; *stewed ~* fruta cozida; *the forbidden ~* o fruto proibido
fruitage ['fru:tɪdʒ] *s.* **1** frutos, fruto; **2** frutificação
fruitarian [fru:'teərɪən] *s.* frugívoro, frutívoro
fruit-bearing [fru:t'beərɪŋ] Ⓐ *adj.* frutífero; que produz fruto Ⓑ *s.* frutificação
fruitcake ['fru:tkeɪk] *s.* **1** CULINÁRIA bolo inglês; **2** [coloq., depr.] maluco; excêntrico
fruiter ['fru:tə] *s.* **1** navio destinado ao transporte de frutas; **2** BOTÂNICA fruteira, árvore frutífera; **3** fruticultor
fruiterer ['fru:tərə] *s.m.* negociante de frutas
fruiteress ['fru:tərəs] *s.f.* mulher que negoceia em frutas
fruitful ['fru:tfʊl] *adj.* **1** produtivo, fértil, fecundo; *~ soil* solo fértil; **2** prolífico; **3** frutuoso, que dá fruto; **4** lucrativo, rendoso, remunerador ❖ *~ in/of* fértil em
fruitfully ['fru:tfʊlɪ] *adv.* **1** produtivamente; **2** de maneira fértil, de modo fecundo; **3** lucrativamente, rendosamente
fruitfulness ['fru:tfʊlnɪs] *s.* **1** fertilidade, produção, fecundidade, produtividade; **2** utilidade; **3** carácter lucrativo
fruitiness ['fru:tɪnɪs] *s.* **1** sabor ou cheiro a fruta; **2** (vinho) sabor a uva
fruition [fru:'ɪʃən] *s.* **1** fruição, gozo; **2** posse, consecução, obtenção daquilo que se deseja; **3** realização, materialização (de projecto, ideia, etc.) ❖ *to bring to ~* realizar; conseguir; obter; *to come to ~* realizar-se; tornar-se realidade
fruitless ['fru:tləs] *adj.* **1** sem fruto, improdutivo, estéril; **2** inútil, vão, sem resultado
fruitlessly ['fru:tləslɪ] *adv.* infrutiferamente; inutilmente; em vão
fruitlessness ['fru:tləsnəs] *s.* **1** improdutividade, esterilidade; **2** inutilidade
fruitlet ['fru:tlɪt] *s.* ⇒ **drupel**
fruity ['fru:tɪ] *adj.* ⟨comp. **-ier**, superl. **-iest**⟩ **1** relativo a fruta; **2** com sabor a fruta, que cheira a fruta; **3** (vinho) frutado; **4** (voz) bem timbrado; **5** [coloq.] indecente, picante, escabroso
frumentaceous [fru:mən'teɪʃəs] *adj.* frumentáceo, frumentário, frumental
frumenty ['fru:məntɪ] *s.* CULINÁRIA prato de farinha triga fervida em leite, com açúcar, canela, etc.
frump [frʌmp] *s.* [coloq., depr.] desmazelada no vestir
frumpily ['frʌmpɪlɪ] *adv.* ⇒ **frumpishly**
frumpish ['frʌmpɪʃ] *adj.* **1** desmazelado no vestir, desleixado; **2** rabugento
frumpishly ['frʌmpɪʃlɪ] *adv.* **1** desleixadamente; **2** com desmazelo no vestir; **3** com rabugice
frumpy ['frʌmpɪ] *adj.* ⇒ **frumpish**
frustrate[1] [frʌs'treɪt, 'frʌstreɪt] *v.tr.* **1** frustrar, fazer malograr; **2** impedir de realizar; **3** desapontar, desiludir; **4** enervar; **5** neutralizar, inutilizar ❖ *to ~ sb's hopes* desiludir alguém; destruir as esperanças de alguém
frustrate[2] ['frʌstreɪt] *adj.* [arc.] frustrado, malogrado, baldado
frustrated [frʌs'treɪtɪd] *adj.* **1** (pessoa) frustrado; insatisfeito; descontente; **2** falhado; *a ~ poet* um poeta falhado; **3** (esforço, desejo, etc.) frustrado; por cumprir; em vão
frustrating [frʌs'treɪtɪŋ, 'frʌstreɪtɪŋ] *adj.* **1** frustrante; **2** exasperante; **3** deprimente
frustration [frʌs'treɪʃən] *s.* **1** frustração; **2** malogro; **3** inutilização, destruição (de esperanças, projectos, etc.)
frustulle ['frʌstjʊl] *s.* BOTÂNICA frústulo, cada uma das partes da concha bivalve das algas diatomáceas
frustum ['frʌstəm] *s.* ⟨pl. **-s** ou **-a**⟩ GEOMETRIA tronco; *~ of cone/ of pyramid* tronco de cone/pirâmide
frutescent [fru:'tesənt] *adj.* frutescente, que cria frutos
frutex ['fru:teks] *s.* ⟨pl. **-ces**⟩ BOTÂNICA frútice, vegetal herbáceo que, crescendo, toma consistência lenhosa, aproximando-se assim dos arbustos
fruticose ['fru:tɪkəʊs] *adj.* fruticuloso
fry [fraɪ] Ⓐ *s.* **1** peixinhos muito novos e pequenos; **2** peixe miúdo em cardumes; **3** salmão de um ou dois anos; **4** geração numerosa de outros animais (rãs, abelhas, etc.); **5** CULINÁRIA frito;

6 fritada; **7** miúdos fritos de animais ⓑ *v.tr.,intr.* frigir, fritar, passar na frigideira; *to ~ fish* fritar peixe ❖ *to ~ in one's own fat/grease* sofrer as consequências dos seus próprios actos; *to ~ with impatience* ferver de impaciência; *fried eggs* ovos estrelados; *fried potatoes* batatas fritas; *small ~* coisas insignificantes; crianças; criançada; pessoas sem qualquer importância ou significado

fryer ['fraɪə] *s.* **1** pessoa que frita; **2** frigideira

frying ['fraɪɪŋ] *s.* **1** acção de fritar; **2** fritos; *a smell of ~* cheiro a fritos ❖ *~ pan* frigideira; *out of the ~ pan (and) into the fire* de mal a pior; de cavalo para burro

fry-up ['fraɪʌp] *s.* CULINÁRIA fritada

FS [*abrev. de* Fleet Surgeon]

FSA [*abrev. de* Fellow of the Society of Antiquaries]

FSE [*abrev. de* Fellow of the Society of Engineers]

FSP [*abrev. de* Functional Sentence Perspective]

ft. ⓐ [*abrev. de* foot] ⓑ [*abrev. de* feet] ⓒ [*abrev. de* fortification]

fthm. [*abrev. de* fathom]

ft-lb [*abrev. de* foot-pound]

FTP INFORMÁTICA [*abrev. de* file-transfer protocol]

Fuad ['fuːæd] *s.antr.* Fuade

fubsy ['fʌbzɪ] *adj. (comp.* **-ier**, *superl.* **-iest**) gordo, anafado, nédio, rechonchudo

Fucaceae [fjuˈkeɪsɪiː] *s.pl.* BOTÂNICA Fucáceas, família de algas feofíceas

fuchsia ['fjuːʃə] *s.* BOTÂNICA fúcsia, brincos-de-princesa

fuchsine ['fuːksiːn] *s.* fucsina, substância corante vermelha

fuck [fʌk] ⓐ *v.tr.,intr.* [cal.] (ofensivo) foder*cal.* ⓑ *s.* [cal.] (ofensivo) foda*cal.* ⓒ *interj.* [cal.] (ofensivo) foda-se!*cal.*

fuck-all ['fʌkɔːl] *s.* [GB] [cal.] nada de nada; *I know ~ about it* não sei nada de nada sobre isso

fucker ['fʌkə] *s.* [cal.] (ofensivo) filho da puta*cal.*

fucking ['fʌkɪŋ] ⓐ *adj.* [cal.] (ofensivo) fodido, de merda; *~ hell!* porra de merda!*cal*; *~ bastard* filho da puta*cal.* ⓑ *adv.* [cal.] (ofensivo) mesmo muito; *it's ~ brilliant!* é bestial, foda-se!*cal*; *it's ~ hot!* está um calor do caralho!*cal*

fuck-up ['fʌkʌp] *s.* **1** [cal.] asneirada, cagada*cal*; **2** [cal.] trapalhada

fuckwit ['fʌkwɪt] *s.* [cal.] (ofensivo) burro; tapado; idiota

fucoid ['fjuːkɔɪd] ⓐ *adj.* fucóide, fuciforme ⓑ *s.* (planta fóssil) fucóide

fucus ['fjuːkəs] *s. (pl.* **-ci**) BOTÂNICA fuco, algas castanhas do mesmo género das bodelhas

fuddle ['fʌdl] ⓐ *s.* **1** [coloq.] embriaguez, bebedeira, carraspana; **2** confusão, perturbação, aturdimento ⓑ *v.tr.,intr.* **1** embriagar; **2** estupidificar; **3** [arc.] beber, embebedar-se; *he fuddled himself with whisky* embriagou-se com uísque ❖ *to be in a ~* estar meio tonto; estar ébrio; [coloq.] *to go on the ~* andar no bródio

fuddled ['fʌdəld] *adj.* **1** (ideias) confuso; tonto; desorientado; **2** [coloq.] embriagado ❖ *to be in a ~ state* estar intoxicado pelo álcool; *to get ~* embriagar-se

fuddling ['fʌdlɪŋ] *adj.* **1** folgazão, amigo da pândega; **2** que gosta de beber

fuddy-duddy ['fʌdɪdʌdɪ] *s.* [coloq., depr.] careta, bota-de elástico

fudge [fʌdʒ] ⓐ *s.* **1** disparate, coisa absurda; **2** patranha, léria, história inventada, mentira alinhavada às três pancadas; **3** coisa mal feita, mal acabada; **4** caramelo mole; **5** informações de última hora ⓑ *interj.* disparate!, tolice! ⓒ *v.tr.,intr.* **1** falsificar; forjar; inventar; **2** remendar mal, arranjar às três pancadas, atamancar; **3** disparatar, dizer tolices ❖ *to ~ the issue* fugir ao assunto; fugir à questão

fuel ['fjuːəl] ⓐ *s.* **1** combustível; **2** (motores) carburante; **3** [fig.] incentivo, alimento, estímulo ⓑ *v.tr. (particípios:* **-ll-**) **1** abastecer, meter combustível em; **2** [fig.] estimular, dar alento a; **3** [fig.] alimentar, nutrir, sustentar ⓒ *v.intr.* abastecer-se de combustível, encher o depósito; *the ship entered the port in order to ~* o navio entrou no porto para meter combustível ❖ *~ box* depósito de combustível; *~ consumption* consumo de combustível; *~ dope* substância antidetonante; *~ engine* motor de explosão; *~ gas* gás combustível; *~ gauge* indicador do nível da gasolina; *~ mixture* mistura combustível; *~ oil* fuelóleo; *~ pump* bomba de gasolina; *~ saving* económico; que economiza combustível;

~ tank depósito de gasolina; *~ value* poder calorífico; *~ wood* lenha; *to add ~ to the fire/flames* deitar lenha para a fogueira

◆ **fuel up** *v.intr.* encher o depósito; abastecer-se de combustível

fuelling ['fjuːəlɪŋ] *s.* **1** abastecimento de combustível; **2** aprovisionamento de combustível; **3** combustíveis ❖ (gasolina, carvão, óleo) *~ station* posto de abastecimento

fug [fʌg] ⓐ *s.* **1** ar abafado; ar bafiento em quarto fechado; **2** pó, lixo acumulado aos cantos ⓑ *v.intr. (particípios:* **-gg-**) permanecer em ambiente abafado; ficar em recinto fechado e sem ventilação ❖ *to ~ at home* estar sempre metido em casa

fugacious [fjuːˈgeɪʃəs] *adj.* **1** fugaz, efémero, transitório; **2** caduco

fugaciously [fjuːˈgeɪʃəslɪ] *adv.* **1** fugazmente; **2** efemeramente

fugaciousness [fjuːˈgeɪʃəsnɪs] *s.* ⇒ **fugacity**

fugacity [fjuːˈgæsɪtɪ] *s.* **1** fugacidade; **2** carácter efémero; **3** caducidade

fugal ['fjuːɡəl] *adj.* MÚSICA relativo a fuga

fugato [fuˈɡɑːtəʊ] *adv.* MÚSICA fugato, em estilo de fuga

fugginess ['fʌɡɪnɪs] *s.* atmosfera abafada

fuggy ['fʌɡɪ] *adj. (comp.* **-ier**, *superl.* **-iest**) **1** abafado, bafiento, sem ventilação; **2** (pessoa) sempre metida em casa

fughetta [fjuːˈɡetə] *s.* MÚSICA fugueta, pequena fuga

fugitive ['fjuːdʒɪtɪv] ⓐ *adj.* **1** fugitivo; **2** fugidio; **3** transitório, efémero, fugaz, passageiro; **4** de interesse ou valor transitório ⓑ *s.* **1** fugitivo; **2** exilado; **3** refugiado ❖ *~ works* obras de efémera duração ou interesse

fugitively ['fjuːdʒɪtɪvlɪ] *adv.* fugitivamente

fugle ['fjuːɡl] *v.intr.* servir de guia ou de orientador

fugleman ['fjuːɡlmən] *s. (pl.* **-men**) **1** MILITAR chefe de fila, soldado colocado em frente dos outros durante a realização de exercícios para mostrar como eles se executam; **2** orientador, chefe, organizador; **3** porta-voz

fugue ['fjuːɡ] ⓐ *s.* MÚSICA, PSICOLOGIA fuga ⓑ *v.tr.,intr.* MÚSICA compor fugas, dar forma de fuga

fugued ['fjuːɡd] *adj.* MÚSICA fugado, em forma de fuga

fuguist ['fjuːɡɪst] *s.* MÚSICA compositor de fugas

Fulahs ['fuːlɑːz] *s.pl.* Fulas, povo de raça africana (Guiné-Bissau)

fulcrum ['fʌlkrəm] *s. (pl.* **-a** ou **-s**) **1** fulcro, ponto de apoio; **2** sustentáculo, suporte, esteio; **3** BOTÂNICA fulcro ❖ *~ bolt* cavilha do fulcro; *~ point* ponto de apoio; *give me a ~ and I will lift the world* dai-me um ponto de apoio e eu levantarei o Mundo

fulfil [fʊlˈfɪl] *v.tr. (particípios:* **-ll-**) **1** realizar, executar, fazer, cumprir, desempenhar; *to ~ a command* cumprir uma ordem; *to ~ one's duties* cumprir o dever; **2** (satisfazer) preencher; *to ~ all the requirements* preencher todos os requisitos; **3** completar, levar a cabo, concretizar ❖ (satisfação pessoal) *to ~ oneself* realizar-se; *to ~ sb's instructions* seguir as instruções de alguém

fulfill [fʊlˈfɪl] *v.tr.* [EUA] ⇒ **fulfil**

fulfilled [fʊlˈfɪld] *adj.* **1** (desejo, etc.) realizado; concretizado; que se cumpriu; **2** (pessoa) realizado; satisfeito; *to feel ~* sentir-se realizado

fulfiller [fʊlˈfɪlə] *s.* **1** aquele que cumpre (dever, promessa, etc.); **2** aquele que leva a cabo ou satisfaz (desejo, tarefa, etc.)

fulfilling [fʊlˈfɪlɪŋ] *adj.* que satisfaz, que faz sentir realizado

fulfillment [fʊlˈfɪlmənt] *s.* [EUA] ⇒ **fulfilment**

fulfilment [fʊlˈfɪlmənt] *s.* **1** cumprimento, realização, desempenho, satisfação, execução; **2** deferimento

fulgent ['fʌldʒənt] *adj.* fulgente, luzente, brilhante, resplandecente

fulgurant ['fʌlɡjʊrənt] *adj.* fulgurante

fulgurate ['fʌlɡjʊreɪt] *v.intr.* fulgurar, fulgir, irradiar fulgor

fulguration [fʌlɡjʊˈreɪʃən] *s.* **1** fulguração, clarão luminoso feito pela prata no momento em que perde a fluidez; **2** clarão; **3** MEDICINA fulguração

fulgurite ['fʌlɡjʊraɪt] *s.* **1** GEOLOGIA fulgurite, vitrificação de areia produzida pela acção do raio; **2** nome de certo explosivo

fulgurous ['fʌlɡjʊrəs] *adj.* fulgurante, brilhante

fulham ['fʊləm] *s.* dado viciado, dado com chumbo num dos lados

fuliginosity [fjuːlɪdʒɪˈnɒsɪtɪ] *s.* fuliginosidade

fuliginous [fjuːˈlɪdʒɪnəs] *adj.* fuliginoso

full [fʊl] Ⓐ *adj.* **1** cheio [**of**, de]; **2** (espaço) cheio, repleto; **3** inteiro; completo; *he spent three ~ hours studying* ele passou três horas a estudar ininterruptamente; **4** abundante, copioso, amplo; **5** detalhado, pormenorizado; *I want a ~ report of the event* quero um relatório detalhado do acontecimento; **6** (actividade) preenchido; intenso; *to lead a ~ life* ter uma vida preenchida; **7** (saciado) cheio; *to feel ~* estar cheio; **8** (vinho) retinto, tinto carregado; **9** VESTUÁRIO solto, folgado, largo; *the coat must be a little fuller across the back* o casaco deve ser um pouco mais folgado nas costas; **10** NÁUTICA (vela) enfunado, panado, bojudo; *~ sails* velas enfunadas; **11** total, máximo; *at ~ volume* no volume máximo; **12** (corpo) (forte) cheio; **13** (sabor) intenso Ⓑ *s.* **1** todo, totalidade; *I cannot tell you the ~ of it* não posso contar-te tudo; **2** máximo; *to the ~* ao máximo; **3** auge Ⓒ *adv.* **1** completamente, por completo, plenamente, inteiramente, totalmente; **2** perfeitamente; *to know ~ well* saber perfeitamente; **3** pelo menos, à vontade; *it is ~ ten miles* são umas boas dez milhas; *she waited a ~ hour* ela esperou uma hora à vontade; **4** directamente, em cheio; *I hit him ~ on the nose/~ in the stomach* atingi-o em cheio no nariz/em cheio no estômago Ⓓ *v.tr.,intr.* **1** VESTUÁRIO apanhar, arrepanhar, franzir, tufar; **2** (panos) pisoar, submeter à fula, fuloar; **3** (tecido) dar corpo a, enfortir; **4** [EUA] atingir a fase de lua-cheia ❖ *~ age* maioridade; [GB] (automóvel) *~ beam* máximos, faróis de longo alcance; ZOOLOGIA *~ blood* raça pura; (hotelaria) *~ board* pensão completa; *~ brother* irmão germano; *~ cargo* carga completa; *~ cause* razão suficiente; *~ daylight* plena luz do dia; *~ dress* traje de cerimónia; *~ eyes* olhos grandes; olhos rasgados; *~ face* de frente; virado para o espectador; *~ fare* bilhete inteiro; (lotação) *~ house* casa cheia; (escola) *~ marks* nota máxima; pontuação completa; *~ member* membro/sócio efectivo; *~ moon* lua cheia; *~ name* nome completo; *~ particulars* todos os pormenores; *~ pay* salário por inteiro; vencimento por inteiro; *~ point* ponto final; *~ power* carta-branca; plenos poderes; a toda a força; [EUA] *~ professor* professor catedrático; *~ repayment* reembolso total; *~ session* reunião plenária; *~ size* tamanho real; tamanho natural; *~ statement* exposição completa; [GB] *~ stop* ponto final; *~ time* tempo inteiro; tempo completo; *~ up* completo; repleto; ARQUITECTURA *~ centre arch* arco de volta inteira; *~ cream milk* leite gordo; *~ as interesting as* absolutamente tão interessante como; *~ force of men* pessoal completo; *~ load voltage* voltagem com carga máxima; [poét.] *~ many a time* muita vez; muitas vezes; *~ of the news* incapaz de se calar por mais tempo com as novidades; NÁUTICA *~ speed ahead/astern!* toda a força à vante/à ré!; *~ to bursting* a abarrotar; *~ to overflowing* cheio até deitar para fora; *~ to the brim* cheio até à borda; *as ~ as an egg* cheio como um ovo; *at ~ length* na íntegra; por completo; a todo o comprimento; *at ~ speed/pelt/tilt* a toda a velocidade; *at/in ~ gallop* a todo o galope; *in ~* por inteiro, por extenso; *in ~ blossom* em plena floração; florido; *in ~ detail* com todos os pormenores; *in ~ sun* em plena exposição ao sol; *in ~ swing* em plena actividade; (militar, escuteiro, etc.) *in ~ uniform* de grande uniforme; *in ~ view of sb* à vista de alguém; *the ~ amount* o total; a quantia total; *the ~ story* tudo; a história completa; toda a verdade; *to ask for fuller information* pedir informações mais completas; *to be ~ of oneself* sentir-se muito importante; *to be ~ of one's importance* estar cheio de importância; *to be ~ of one's subject* estar absorto no assunto que se está a tratar; *to be ~ of praise of sb* desfazer-se em elogios a alguém; *to be ~ up with business* ter muitíssimo que fazer; *to come to a ~ stop* parar por completo; terminar; *to die ~ of years* morrer numa idade provecta; morrer numa idade avançada; *(to do sth) on a ~ stomach* (fazer algo) de barriga cheia; *to fall ~ length* cair ao comprido; ficar estendido no chão; *to fill one's glass ~* encher o copo até cima; *to give ~ details* dar todos os pormenores; dar todas as informações; *to lie ~ length* estar estendido no chão; NÁUTICA *under ~ sail* a todo o pano

fullback ['fʊlbæk] *s.* DESPORTO (râguebi, basebol, etc.) defesa central
full-blooded [,fʊl'blʌdɪd] *adj.* **1** de raça pura; **2** forte, vigoroso; **3** sensual
full-blown [,fʊl'bləʊn] *adj.* **1** verdadeiro, a sério, autêntico; **2** diplomado; **3** declarado; **4** adiantado; **5** em flor; **6** (flor) completamente aberta
full-bodied [,fʊl'bɒdɪd] *adj.* **1** (vinho) encorpado; **2** bem feito; **3** robusto; **4** poderoso
full-contact [fʊl'kɒntækt] *s.* DESPORTO full contact
full-dress [,fʊl'dres] *adj.* **1** (roupas) de cerimónia; **2** formal; *~ debate* debate formal; **3** importante; **4** profundo; detalhado; de fundo; exaustivo
fuller ['fʊlə] Ⓐ *s.* **1** pisoador, pisoeiro; **2** (ferramenta) assentador, meia-cana de ferreiro; **3** sulco feito por meia-cana em ferraduras de cavalos Ⓑ *v.tr.* encalcar, calcar com a meia-cana de ferreiro ❖ *fuller's earth* greda/terra de pisoeiro; BOTÂNICA *fuller's grass* saboeira, saponária; sabão-de-soldado
fullering ['fʊlərɪŋ] *s.* **1** encalque; **2** canelura, sulco
fullery ['fʊləri] *s. (pl. -ies)* oficina de pisoagem
full-fledged [,fʊl'fledʒd] *adj.* ⇒ **fully-fledged**
full-grown [fʊl'grəʊn] *adj.* ⇒ **fully-grown**
full-hearted [fʊl'hɑ:tɪd] *adj.* **1** corajoso; confiante; **2** que revela entrega e dedicação; que dá o seu melhor; cheio de empenho e motivação; **3** emocionado
fulling ['fʊlɪŋ] *s.* pisoamento, pisoagem ❖ *~ mill* apisoador
fullish ['fʊlɪʃ] *adj.* **1** bastante cheio; **2** um tanto forte; **3** um tanto largo, um tanto folgado
full-length [fʊl'leŋθ] Ⓐ *adj.* **1** (retrato, espelho) de corpo inteiro; **2** (roupa) comprido; *~ skirt* saia comprida; **3** a todo o comprimento; **4** até ao chão; *~ curtains* cortinas até ao chão; **5** completo Ⓑ *adv.* a todo o comprimento; ao comprido ❖ CINEMA *~ film* longa-metragem
full-mouthed [fʊl'maʊðd] *adj.* **1** (animal) com dentição completa; **2** (cão) que ladra forte; **3** (estilo) sonoro, composto, vigoroso
fullness ['fʊlnɪs] *s.* **1** plenitude, completude; **2** totalidade, abundância; **3** riqueza, magnificência, opulência; **4** (descrição, explicação) exaustividade; **5** volume de formas, corpulência; **6** amplitude ❖ *a feeling of ~ after meals* uma sensação de enfartamento depois das refeições; *in the ~ of time* com o tempo; em devido tempo; no tempo destinado; *the ~ of the heart* sentimentos verdadeiros; peso do coração; *the ~ of the world* o Mundo e o que ele encerra
full-page ['fʊlpeɪdʒ] *adj.* (anúncio) de página inteira; *~ advertisement* anúncio de página inteira
full-rigged [fʊl'rɪgt] *adj.* NÁUTICA armado em galera
full-scale [,fʊl'skeɪəl] *adj.* **1** (desenho, modelo) em tamanho real; **2** (conflito, investigação) em grande escala, de grande envergadura
full-sized ['fʊlsaɪzd] *adj.* **1** de corpo inteiro; **2** em tamanho real, em tamanho natural
full-time [,fʊl'taɪm] Ⓐ *adj.,adv.* **1** a tempo inteiro; *~ job* trabalho a tempo inteiro; *a ~ teacher* professor a tempo inteiro; *to work ~* trabalhar a tempo inteiro; **2** DESPORTO (resultado) final; *~ score* resultado final Ⓑ *s.* DESPORTO fim do jogo; *at ~* no final do jogo
full-timer [,fʊl'taɪmə] *s.* **1** trabalhador a tempo inteiro; **2** estudante que não trabalha
fully ['fʊli] *adv.* **1** completamente, inteiramente, totalmente; **2** integralmente, na íntegra; **3** perfeitamente; **4** pelo menos; *~ 50* pelo menos 50 ❖ *~ paid up capital* capital integralmente realizado; *~ paid up shares* acções integralmente liberadas; *~ seven days* sete dias completos; uns bons sete dias; *I am ~ aware of* estou perfeitamente consciente de; *I am ~ aware that* sei muito bem que; estou perfeitamente consciente que; *I'll write you more ~ next week* serei mais extenso quando te escrever na próxima semana; *to be ~ entitled to* ter todos os direitos a; *to treat a subject ~* tratar a fundo um assunto
fully-fledged [,fʊli'fledʒd] *adj.* **1** ZOOLOGIA com penas de ave adulta; capaz de voar; **2** (projecto, sistema, etc.) com pernas para andar,*fig.*; **3** autónomo; **4** com maturidade suficiente; **5** apto; **6** habilitado, qualificado, diplomado
fully-grown [,fʊli'grəʊn] *adj.* **1** completamente desenvolvido; **2** crescido; **3** adulto
fulmar ['fʊlmə] *s.* ZOOLOGIA fulmaríneo
fulminant ['fʌlmɪnənt] *adj.* **1** fulminante; **2** repentino
fulminate ['fʌlmɪneɪt] Ⓐ *v.tr.,intr.* **1** insurgir-se [**against**, contra]; **2** fulminar; **3** explodir, detonar; **4** fulgurar, brilhar como relâmpago; **5** trovejar (censuras, etc.); **6** cominar com excomunhão Ⓑ *s.* QUÍMICA fulminato

fulminating ['fʌlmɪneɪtɪŋ] *adj.* fulminante, que fulmina
fulminatory ['fʌlmɪnətərɪ] *adj.* fulminatório
fulminic [fʊl'mɪnɪk] *adj.* QUÍMICA fulmínico
fulness ['fʊlnɪs] *s.* ⇒ **fullness**
fulsome ['fʊlsəm] *adj.* **1** servil, bajulador; **2** excessivo, exagerado, afectado ❖ *he was given ~ praise* elogiaram-no grosseiramente
fulsomely ['fʊlsəmlɪ] *adv.* **1** exageradamente; de modo excessivo; **2** enjoativamente
fulsomeness ['fʊlsəmnɪs] *s.* **1** servilidade, baixeza; **2** exagero insincero (em elogios, apreciações, etc.)
fulvous ['fʌlvəs] *adj.* fulvo
fumade [fju'meɪd] *s.* sardinha defumada
fumagine ['fjuːmədʒɪn] *s.* fumagina
fumago [fju'meɪgəʊ] *s.* BOTÂNICA fumago
fumarole ['fjuːmərəʊl] *s.* fumarola, emanação de gases dos flancos dum vulcão através de fracturas existentes no solo
fumatorium [fjuːmə'təʊrɪəm] *s.* (*pl.* **-a**) câmara de fumigação
fumble ['fʌmbl] Ⓐ *v.tr.,intr.* **1** ser trapalhão com as mãos; **2** remexer desajeitadamente em; **3** mostrar imperícia, inépcia; **4** atrapalhar-se ao agarrar (qualquer coisa); **5** procurar qualquer coisa às escuras Ⓑ *s.* trapalhice, falta de jeito ❖ *to ~ after/for* procurar desajeitadamente; *to ~ at a lock* tentar desajeitadamente introduzir a chave na fechadura; *to ~ for words* procurar as palavras certas; *to ~ one's way* tactear o caminho; *to ~ the ball* atrapalhar-se ao agarrar a bola; deixá-la cair; não a segurar bem
fumble-fisted ['fʌmbəlfɪstɪd] *adj.* desajeitado
fumbler ['fʌmblə] *s.* **1** pessoa trapalhona, pessoa desajeitada, pessoa desastrada; **2** [cal., arc.] homem com impotência sexual
fumbling ['fʌmblɪŋ] Ⓐ *adj.* trapalhão, desajeitado Ⓑ *s.* **1** acção de mexer desajeitadamente; **2** trapalhice, falta de jeito
fumblingly ['fʌmblɪŋlɪ] *adv.* **1** desajeitadamente; **2** com imperícia; **3** às apalpadelas
fume [fjuːm] Ⓐ *s.* **1** fumo, fumaça; *factory fumes* fumos de fábrica; **2** gás; *bad-smelling fumes* gases de cheiro desagradável; **3** vapor; *fumes of wine* vapores do vinho; **4** emanação, exalação; **5** acesso de fúria, acesso de cólera; *to be in a ~* estar furioso Ⓑ *v.tr.,intr.* **1** deitar fumo; fumegar; **2** (poluição) emitir fumo, emitir gás; emitir vapores; **3** passar pelo fumo; **4** FOTOGRAFIA submeter aos vapores da amónia; **5** perfumar com incenso; **6** irritar-se, enfurecer-se, deitar fumo pelas ventas[coloq.]; *he fumed at that sight* encolerizou-se ao ver aquilo ❖ *to fret, (fuss) and ~ about trifles* irritar-se com ninharias
fumigate ['fjuːmɪgeɪt] *v.tr.* **1** fumigar; desinfectar com certos vapores; purificar com determinados fumos; *to ~ a room* desinfectar um aposento por meio de fumigação; **2** perfumar
fumigating ['fjuːmɪgeɪtɪŋ] *s.* fumigação
fumigation [fjuːmɪ'geɪʃən] *s.* fumigação
fumigator ['fjuːmɪgeɪtə] *s.* **1** aparelho de fumigação; **2** pessoa que fumiga
fuming ['fjuːmɪŋ] Ⓐ *adj.* **1** que deita fumo, fumegante; **2** cheio de cólera, irado, irritado Ⓑ *s.* **1** defumação; **2** enegrecimento por meio do fumo; **3** FOTOGRAFIA acto de submeter aos vapores da amónia; **4** acto de perfumar com incenso; **5** irritação, cólera
fumitory ['fjuːmɪtərɪ] *s.* (*pl.* **-ies**) BOTÂNICA fumária
fumy ['fjuːmɪ] *adj.* com fumo
fun [fʌn] Ⓐ *s.* **1** diversão, divertimento; *it was great ~* foi muito divertido; **2** pândega; **3** coisa ou pessoa divertida; *your brother is great ~* o teu irmão é muito divertido; **4** gracejo, graça, galhofa, brincadeira; *I don't see the ~ of it* não vejo onde é que está a graça Ⓑ *adj.* [coloq.] divertido Ⓒ *v.intr.* (*participios:* -**nn**-) **1** [coloq.] gracejar, brincar; **2** [coloq.] divertir-se ❖ *for ~/for the ~ of it* por brincadeira, a brincar; *I was only making ~* estava só a brincar; *like ~* rapidamente; energicamente; vigorosamente; muito; *to have ~* divertir-se; *to make ~ of/to poke ~ at* fazer pouco de; rir-se de; *that's where the ~ comes in* é aí que a coisa começa a tornar-se engraçada; *what fun!* mas que divertido!
funambulatory [fjuː'næmbjʊlətərɪ] *adj.* funambulesco
funambulism [fjuː'næmbjʊlɪzəm] *s.* funambulismo
funambulist [fjuː'næmbjʊlɪst] *s.* funâmbulo
funboard ['fʌnbɔːd] *s.* DESPORTO *funboard*

function ['fʌŋkʃən] Ⓐ *s.* **1** função; **2** MATEMÁTICA função; *trigonometric ~* função trigonométrica; **3** fim, objectivo, finalidade; **4** solenidade, cerimónia, festa; **5** ocupação, tarefa, emprego; **6** papel; cargo; ofício; qualidade; *in my ~ as a magistrate* na minha qualidade de magistrado Ⓑ *v.intr.* **1** (estar em actividade) funcionar; trabalhar; **2** (função) funcionar [**as**, como]; actuar [**as**, como]; desempenhar a função [**as**, de] ❖ *society ~* reunião de sociedade; reunião mundana; *vital functions* funções vitais; *as a ~ of* em função de; *the functions of a judge* as funções de um juiz; *to discharge one's functions* desempenhar as suas funções
functional ['fʌŋkʃənəl] *adj.* **1** funcional; **2** prático; **3** operacional, pronto a funcionar; **4** MEDICINA não orgânico, relativo à função de um órgão; **5** que possui determinada função; **6** MATEMÁTICA respeitante às funções ❖ *~ inspection* exame feito depois de montada uma máquina para verificar o seu funcionamento
functionalism ['fʌŋkʃnəlɪzəm] *s.* funcionalismo
functionality [fʌŋkʃə'nælɪtɪ] *s.* funcionalidade
functionally ['fʌŋkʃənəlɪ] *adv.* funcionalmente
functionarism ['fʌŋkʃnərɪzəm] *s.* funcionalismo
functionary ['fʌŋkʃnərɪ] Ⓐ *adj.* funcional Ⓑ *s.* (*pl.* **-ies**) funcionário público
functionate ['fʌŋkʃəneɪt] *v.intr.* funcionar, trabalhar
fund [fʌnd] Ⓐ *s.* **1** (dinheiro) fundo, base, reserva; **2** FINANÇAS fundos, capital disponível, verba; *to be short of funds* ter escassez de verbas; **3** *pl.* fundos públicos, recursos financeiros, papéis de crédito do Estado; *to buy funds* comprar títulos de dívida pública; **4** (organização) fundação; **5** [fig.] fonte; reserva; *a ~ of common sense* uma reserva de senso comum Ⓑ *v.tr.* **1** financiar, prover de fundos, custear; **2** (dívida pública) consolidar; **3** investir (dinheiro) em fundos públicos; **4** [rar.] acumular, juntar ❖ *mission funds* fundos destinados às missões; *(old-age) pension ~* caixa de pensões para a velhice; *relief ~* fundo de auxílio; *sinking ~* fundo de amortização; *to start a ~* lançar um empréstimo público
fundable ['fʌndəbəl] *adj.* FINANÇAS consolidável
fundament ['fʌndəmənt] *s.* [joc.] nádegas; ânus; traseiro
fundamental [fʌndə'mentəl] *adj.* **1** fundamental, essencial; basilar, básico; *the ~ rules* as regras fundamentais; *to be ~ to...* ser essencial a/para...; **2** MÚSICA fundamental, tónico; *~ note* nota mais grave dum acorde Ⓑ *s.* **1** parte essencial; **2** MÚSICA som fundamental; **3** *pl.* fundamentos, bases; princípios; *the fundamentals of mathematics* os princípios fundamentais da matemática ❖ RÁDIO *~ harmonic frequency* frequência da harmónica fundamental
fundamentalism [fʌndə'mentəlɪzəm] *s.* fundamentalismo
fundamentalist [fʌndə'mentəlɪst] *adj.,s.* fundamentalista
fundamentalistic [fʌndəmentə'lɪstɪk] *adj.* fundamentalista
fundamentally [fʌndə'mentəlɪ] *adv.* **1** no fundo; **2** essencialmente; **3** profundamente, radicalmente
funded ['fʌndɪd] *adj.* **1** FINANÇAS consolidado, aplicado em fundos públicos; **2** dotado de fundos; **3** financiado
fundholder ['fʌndˌhəʊldə] *s.* detentor de títulos de dívida pública
funding ['fʌndɪŋ] *s.* **1** FINANÇAS consolidação; **2** financiamento; dotação de fundos
fund-raiser [fʌnd'reɪzə] *s.* **1** angariador de fundos; **2** (jantar, reunião, etc.) encontro para angariação de fundos
fund-raising [fʌnd'reɪzɪŋ] Ⓐ *s.* angariação de fundos Ⓑ *adj.* de angariação de fundos
fundus ['fʌndəs] *s.* (*pl.* **-i**) ANATOMIA fundo (de órgão)
funeral ['fjuːnərəl] Ⓐ *adj.* **1** fúnebre; *~ oration* oração fúnebre; **2** funerário; *~ urn* urna funerária; **3** de funeral, de enterro; *~ pace* passo de enterro Ⓑ *s.* funeral, cortejo fúnebre, enterro ❖ *~ director* dono de agência funerária; [EUA] *~ home* casa funerária, [GB] *~ parlour* casa funerária; *pile/pyre* pira crematória; *~ procession* cortejo fúnebre, [EUA] [coloq.] *none of your ~* nada que te diga respeito; *to attend a ~* assistir a um funeral; *to be given a state ~* ter um funeral com honras de estado
funerary ['fjuːnərərɪ, 'fjuːnərerɪ] *adj.* funerário
funereal [fjuː'nɪərɪəl] *adj.* **1** fúnebre; **2** lúgubre, tétrico, funéreo; **3** sepulcral; **4** sombrio ❖ *a ~ expression* uma cara de enterro

funereally [fjuˈnɪərɪəlɪ] adv. 1 duma maneira fúnebre; 2 lugubremente, funereamente
funfair [ˈfʌnfeə] s. 1 feira popular; 2 parque de diversões
funfest [ˈfʌnfest] s. festa
fungible [ˈfʌndʒɪbəl] adj. DIREITO fungível
fungicidal [fʌndʒɪˈsaɪdəl] adj. fungicida
fungicide [ˈfʌndʒɪsaɪd] s. fungicida
fungiform [ˈfʌndʒɪfɔːm] adj. fungiforme
fungin [ˈfʌndʒɪn] s. fungina, metacelulose
fungistat [ˈfʌŋɡɪstæt] s. fungicida
fungivorous [fʌnˈdʒɪvərəs] adj. fungívoro
fungoid [ˈfʌŋɡɔɪd] adj. fungoso
fungosity [fʌŋˈɡɒsɪtɪ] s. (pl. **-ies**) fungosidade, excrescência vascular formada na superfície de feridas ou úlceras
fungous [ˈfʌŋɡəs] adj. fungoso
fungus [ˈfʌŋɡəs] s. (pl. **fungi** ou **funguses**) 1 fungo; 2 cogumelo venenoso; 3 fungo venenoso; 4 coisa que cresce subitamente; 5 excrescência mórbida e esponjosa, micose
funicle [ˈfjuːnɪkl] s. 1 BOTÂNICA funículo; 2 cordão umbilical
funicular [fjuːˈnɪkjʊlə] Ⓐ adj. 1 funicular; 2 que trabalha por meio de cabos; 3 formado por cordas Ⓑ s. (veículo, sistema) funicular ❖ **~ polygon** polígono funicular; **~ railway** funicular
funiculus [fjuːˈnɪkjʊləs] s. (pl. **-i**) funículo; cordão; ANATOMIA *funiculi of a nerve* cordões nervosos
funiform [ˈfjuːnɪfɔːm] adj. funiforme, em forma de cordão
funk [fʌŋk] Ⓐ s. 1 MÚSICA (estilo musical) funk; 2 [coloq.] medo, pavor, terror, pânico; 3 (pessoa) covarde; 4 [EUA] [cal.] mau cheiro, cheirete, pivete; 5 [EUA] [cal.] parolice, saloiice Ⓑ v.tr.,intr. 1 recear, ter medo (de), estar com medo (de); *to ~ doing sth* recear fazer alguma coisa; 2 [GB] [ant.] demonstrar covardia perante, fugir a ❖ **~ hole** abrigo de trincheira; esconderijo; refúgio; *in a (blue) ~* apavorado; desolado; *to get into a ~* ficar cheio de medo; ficar desolado
funker [ˈfʌŋkə] s. 1 covarde, indivíduo medroso; 2 pessoa que procura fugir às suas responsabilidades
funky [ˈfʌŋkɪ] adj. (comp. **-ier**, superl. **-iest**) 1 MÚSICA do estilo do funk; 2 excêntrico, extravagante; 3 [EUA] [cal.] malcheiroso; 4 [ant., coloq.] assustado, medroso
fun-loving [fʌnˈlʌvɪŋ] adj. que gosta de se divertir
funnel [ˈfʌnəl] Ⓐ s. 1 funil; 2 (navio a vapor, locomotiva) chaminé; 3 cano de chaminé; tubo de chaminé; 4 tubo de ventilação Ⓑ v.tr.,intr. 1 afunilar; 2 verter através de um funil; 3 [fig.] canalizar [**to**, para]; direccionar [**to**, para]; 4 [fig.] fazer convergir; concentrar; centralizar ❖ QUÍMICA *separating ~* funil de decantação
funnelled [ˈfʌnəld] adj. 1 afunilado; em forma de funil; 2 com chaminé; (navio) *three-funnelled steamer/vessel/cruiser/etc* vapor/embarcação/cruzeiro/etc. com três chaminés
funnel-shaped [ˈfʌnəlʃeɪpt] adj. afunilado; em forma de funil
funnies [ˈfʌnɪz] s.pl. [EUA] histórias aos quadradinhos, publicadas em jornal ou revista
funnily [ˈfʌnɪlɪ] adv. 1 de forma estranha; curiosamente; 2 comicamente; com graça ❖ **and ~ enough, ...** e, coisa curiosa,...
funniness [ˈfʌnɪnɪs] s. 1 graça, comicidade, brincadeira divertida; 2 carácter curioso, carácter singular ou bizarro
funny [ˈfʌnɪ] Ⓐ adj. (comp. **-ier**, superl. **-iest**) 1 engraçado, cómico, divertido; **~ film** filme cómico; 2 risível; 3 invulgar, estranho, singular, difícil de compreender, esquisito, bizarro; **~ shapes** formas bizarras; configurações bizarras; *that tastes ~* isso tem um gosto esquisito; 4 [coloq.] (adoentado) maldisposto; 5 [fig., coloq.] duvidoso, suspeito; *there's something ~ in here* há algo que está mal, aqui há gato Ⓑ s. 1 [coloq.] graça, piada; 2 pl. [EUA] [coloq.] (num jornal) banda desenhada; 3 barco estreito de um só remador ❖ **~ bone** osso cubital, na articulação do cotovelo, onde passa o nervo ulnar; **~ man** cómico; *he is just trying to be ~* está a armar-se em engraçadinho; *the ~ thing about it was...* mas o mais engraçado era que...
fur. [abrev. de furlong]
fur [fɜː] Ⓐ s. 1 ZOOLOGIA (animais) pêlo, pelagem; 2 (roupa) pele; peça de vestuário em pele; 3 (língua) sarro, saburra; 4 (caldeiras) depósito calcário; 5 (vinho) depósito; 6 pl. peles, casacos de pele, peliças, abafos de pele; 7 pl. caça (exceptuando as aves) Ⓑ v.tr.,intr. (particípios: **-rr-**) 1 forrar a pele, forrar com peles; 2 guarnecer a pele; 3 cobrir com crosta, incrustar; desincrustar; 4 cobrir de sarro; 5 (carpintaria) forrar Ⓒ v.intr. 1 cobrir-se de incrustações; 2 cobrir-se de sarro; 3 (língua) cobrir-se de saburra ❖ VESTUÁRIO **~ coat** casaco de peles; **~ farming** criação de animais para aproveitamento das peles; **~ making** pelaria; arte de peleiro; ZOOLOGIA **~ seal** lobo-marinho; **~ trader** negociante de peles; **~ and feather** animais mamíferos (com pêlo) e aves; *fun ~* pele artificial; *to hunt ~* andar à caça (de animais com pêlo); *to make the ~ fly/to set the ~ flying* armar zaragata; fazer grande espalhafato
✦**fur up** v.intr. 1 (caldeira) ficar cheia de incrustações; 2 (língua) ficar cheia de saburra
furbearer [ˈfɜːbeərə] s. animal com pele procurada comercialmente (raposa, marta, vison, etc.)
furbelow [ˈfɜːbɪləʊ] Ⓐ s. 1 falbalá, folho em saia ou roupa interior; 2 pl. [depr.] ornamentos vistosos, enfeites aparatosos; 3 pl. BOTÂNICA variedade de alga Ⓑ v.tr. ornamentar com folhos
furbelowed [ˈfɜːbɪləʊd] adj. com folhos
furbish [ˈfɜːbɪʃ] v.tr. 1 polir, limpar, lustrar, dar lustro a; *to ~ a sword* polir uma espada; 2 remodelar, restaurar, renovar ❖ [coloq.] *to ~ up one's Greek* dar uma polidela ao grego; aperfeiçoar o grego
furbisher [ˈfɜːbɪʃə] s. polidor
furbishing [ˈfɜːbɪʃɪŋ] s. 1 polimento; 2 restauro, renovação
furcate [ˈfɜːkeɪt] Ⓐ adj. 1 bifurcado, com bifurcação; 2 ramificado Ⓑ v.intr. bifurcar-se, ramificar-se
furcation [fɜːˈkeɪʃən] s. bifurcação
fur-clad [ˈfɜːklæd] adj. vestido de peles; com vestuário em pele
furcula [ˈfɜːkjʊlə] s. ZOOLOGIA fúrcula, parte superior do esterno das aves
furfuraceous [fɜːfjʊˈreɪʃəs] adj. furfuráceo, semelhante a farelo
furibund [ˈfjʊərɪbʌnd] adj. furibundo
furious [ˈfjʊərɪəs] adj. 1 furioso, cheio de fúria; *to be ~ at having to ...* estar furioso por ter de ...; *to be ~ with sb* estar furioso com alguém; 2 violento, arrebatado, impetuoso, desenfreado; 3 frenético ❖ *at a ~ pace* a uma velocidade vertiginosa; (alegria ou divertimento) *fast and ~* ruidoso; barulhento; descontrolado; *to get ~* ficar furioso; enfurecer-se
furiously [ˈfjʊərɪəslɪ] adv. 1 furiosamente; 2 encarniçadamente; 3 [fig.] a toda a velocidade
furiousness [ˈfjʊərɪəsnɪs] s. 1 violência, impetuosidade, fúria; 2 furor, encarniçamento
furl [fɜːl] Ⓐ s. (papel, pano, etc.) rolo; enrolamento Ⓑ v.tr.,intr. 1 dobrar(-se); 2 enrolar(-se); 3 (bandeira) recolher; 4 NÁUTICA (velas) ferrar, amarrar; *to ~ the sails* ferrar as velas; *with all sails furled* com todas as velas ferradas ❖ *to ~ away* dissipar-se; esvair-se no horizonte como nuvens
fur-lined [ˈfɜːlaɪnd] adj. forrado a pele
furlong [ˈfɜːlɒŋ] s. medida de comprimento equivalente a 1/8 de milha (201 metros)
furlough [ˈfɜːləʊ] Ⓐ s. licença (concedida a militares, marinheiros ou funcionários civis em serviço no estrangeiro) Ⓑ v.tr. conceder licença a ❖ *to go home on ~* ir a casa de licença; *to have a five months ~* ter uma licença de cinco meses
furmety [ˈfɜːmɪtɪ] s. ⇒ **frumenty**
furnace [ˈfɜːnɪs] s. 1 forno; fornalha; *electric ~* forno eléctrico; *gas ~* forno a gás; 2 forno de fundição; 3 caldeira de aquecimento; 4 [fig.] (lugar muito quente) forno; *it's like a ~ in here!* isto está um forno!; 5 [fig.] prova de fogo ❖ **~ annealing** recozimento em forno; **~ bar** barra de grelha; **~ bellows** fole de forno; **~ brick** tijolo refractário; **~ bridge** altar/muro da fornalha; **~ crown** tecto da fornalha; **~ flue** fornalha propriamente dita; **~ front** frente da fornalha; **~ grate** grelha; **~ hole** boca do forno; **~ lining** revestimento do forno; **~ plate** chapa da fornalha; **~ resistance** resistência para forno eléctrico; *everything was a glowing ~* estava tudo transformado num imenso braseiro; *they have been tried in the ~* eles formaram-se na escola da adversidade
furnish [ˈfɜːnɪʃ] Ⓐ v.tr.,intr. 1 mobilar, guarnecer com mobília; *to ~ a house* mobilar uma casa; 2 fornecer, prover; *to ~ sb with sth* fornecer algo a alguém; 3 equipar, aparelhar; 4 (animal) engordar Ⓑ s. (fabrico de papel) matérias-primas ❖ *to ~ a bill with a stamp* pôr um selo numa conta

furnished ['fɜːnɪʃt] *adj.* (apartamento, quarto) mobilado; equipado; apetrechado ❖ *a well ~ house* uma casa bem mobilada; *a well ~ purse* uma bolsa bem recheada

furnisher ['fɜːnɪʃə] *s.* **1** negociante de mobílias, vendedor de mobílias; **2** fornecedor

furnishing ['fɜːnɪʃɪŋ] *s.* **1** fornecimento; abastecimento; **2** acto de mobilar; **3** *pl.* guarnições; **4** *pl.* mobiliário; **5** *pl.* acessórios, equipamento, decoração ❖ *school ~ company* sociedade para fornecimento de material escolar

furniture ['fɜːnɪtʃə] *s.* **1** mobília, mobiliário, móveis; **2** equipamento, acessórios, aprestos; **3** adornos, enfeites, guarnições; *door ~* guarnições para portas; **4** [arc.] arreios de cavalo ❖ *~ broker* negociante de móveis velhos; (mudanças) *~ removers* transportadores; funcionários da transportadora; funcionários de empresa de mudanças; *~ shop* casa de móveis; *~ van* camioneta para o transporte de mobílias; camião de mudanças; *a full set of ~* mobiliário completo; *a piece/an item/an article of ~* um móvel; uma peça de mobiliário; *complete set of dining room ~* mobília completa de sala de jantar; *reproduction ~* cópias de mobília antiga; *to be part of the ~* fazer parte da mobília; ser familiar

furor ['fjʊərɔː] *s.* **1** furor; **2** MEDICINA [arc.] loucura frenética

furore [fjʊə'rɔːri] *s.* **1** escândalo; *to cause a ~* causar escândalo; **2** furor, entusiasmo excessivo, admiração descontrolada; *to create/make a ~* fazer furor

furred [fɜːd] *adj.* **1** forrado a peles; de pele; **2** vestido de peles; **3** (língua) com saburra; **4** com incrustações ❖ *~ game* caça de animais com pêlos

furrier ['fʌrɪə] Ⓐ *s.* **1** peleiro; **2** pessoa que prepara, compra ou vende peles de agasalho Ⓑ *v.tr.* preparar peles de agasalho

furriery ['fʌrɪəri] *s. (pl. -ies)* **1** pelaria; **2** indústria da preparação de peles; **3** casa onde se vendem peles; **4** pelame

furring ['fɜːrɪŋ] *s.* **1** acção de forrar com peles, forro de peles; **2** incrustações em caldeiras; **3** saburra, crosta branco-amarelada que cobre a língua em certas doenças ou perturbações

furrow ['fʌrəʊ] Ⓐ *s.* **1** sulco; rego; *water ~* rego da água; **2** ranhura, estria; **3** (face, testa) ruga; **4** NÁUTICA esteira Ⓑ *v.tr.* **1** abrir sulcos com a charrua, sulcar, lavrar; **2** estriar, abrir estrias em, abrir ranhuras em; **3** enrugar; franzir; **4** NÁUTICA sulcar Ⓒ *v.intr.* enrugar-se ❖ *~ slice* porção de terra virada pela charrua; *to cut the boundary ~ of a field* abrir o sulco que delimita um campo; *to plough a lonely ~* seguir um caminho solitário

furrowed ['fʌrəʊd] *adj.* **1** com sulcos, com regos; **2** raiado, estriado; **3** com ranhuras, com estrias; **4** cheio de rugas profundas

furrower ['fʌrəʊə] *s.* pessoa que abre sulcos ou regos

furrowy ['fʌrəʊɪ] *adj.* **1** com sulcos ou regos; **2** com rugas

furry ['fɜːrɪ] *adj. (comp. -ier, superl. -iest)* **1** peludo; **2** com peles; **3** (língua) com saburra; **4** (caldeira, etc.) com incrustações ou depósito

further ['fɜːðə] Ⓐ *adj.* **1** {*comp. de* far} ulterior, posterior, futuro; *till ~ notice* até instruções ulteriores; **2** adicional, suplementar; *he was given a ~ credit* concederam-lhe um crédito suplementar; **3** mais distante; *on the ~ side* no lado mais distante Ⓑ *adv.* **1** {*comp. de* far} mais adiante; mais longe; *don't go any ~* não vás mais longe; *nothing can be ~ from the truth* nada pode estar mais longe da verdade; *to go one step ~* ir mais longe; **2** avante; *to take sth ~* levar alguma coisa avante; **3** ainda; *he ~ added that he knew everything* ele acrescentou ainda que sabia de tudo; **4** [form.] para além disso; *further, he won the competition* para além disso, venceu a competição Ⓒ *v.tr.* favorecer, facilitar, apoiar, patrocinar, promover; *to ~ sb's plans* apoiar os planos de alguém ❖ *~ on* mais adiante; *~ down the road* no futuro; COMÉRCIO *to your letter* no seguimento da vossa carta; *a ~ reason* mais uma razão; *I'll see you ~ first* de modo nenhum; de maneira nenhuma; impossível; nem pensar nisso; *I won't need ~ help* não necessito de mais auxílio; *it was not safe to proceed ~* era pouco seguro continuar; *nothing ~* nada mais; *seek no ~* não procures mais; *to go ~ and fare worse* passar de uma situação má para outra pior; *to go ~ back* recuar no tempo; remontar a uma época mais recuada; *to go into ~ details* entrar em mais pormenores; *to go no ~ in the matter* não avançar mais no assunto; marcar passo; *to inquire ~* proceder a investigações ulteriores; *upon ~ consideration* tendo-se de novo examinado o assunto; COMÉRCIO *with ~ reference to our letter of the 25th inst.* em seguimento da nossa carta de 25 do corrente; *without ~ ado* sem mais cerimónia; sem mais delongas

furtherance ['fɜːðərəns] *s.* **1** apoio, auxílio, ajuda; **2** desenvolvimento, promoção ❖ *for the ~ of; in ~ of* para o progresso de; em auxílio de

furtherer ['fɜːðərə] *s.* apoiante; adepto; partidário; *the furtherers of a plan* os partidários de determinado plano

furthermore [fɜːðə'mɔː] *adv.* **1** além disso; **2** demais

furthermost ['fɜːðəməʊst] *adj.* (o) mais distante, (o) mais longínquo

furthersome ['fɜːðəsəm] *adj.* favorável, propício, vantajoso

furthest ['fɜːðɪst] Ⓐ *adj.* {*superl. de* far} extremo, o mais extremo Ⓑ *adv.* {*superl. de* far} mais profundamente, mais completamente

furtive ['fɜːtɪv] *adj.* furtivo; dissimulado; escondido; *a ~ glance* um olhar furtivo

furtively ['fɜːtɪvlɪ] *adv.* furtivamente, às escondidas

fur-trimmed ['fɜːˌtrɪmd] *adj.* VESTUÁRIO guarnecido a peles

furuncle ['fjʊərʌŋkl] *s.* furúnculo

furuncular [fjʊə'rʌŋkjʊlə] *adj.* furuncular, furunculoso

furunculosis [fjʊəˌrʌŋkjʊ'ləʊsɪs] *s.* furunculose

fury ['fjʊərɪ] *s. (pl. -ies)* **1** fúria, furor, raiva; **2** frenesi; **3** cólera violenta; **4** impetuosidade, ímpeto; **5** violência (do tempo, de uma doença, etc.) ❖ *~ like* furiosamente; MITOLOGIA *the Furies* as Fúrias; *to be beside oneself with ~* estar fora de si; *to be filled with ~* estar cheio de fúria; *to get into a ~* enfurecer-se

furze [fɜːz] *s.* BOTÂNICA tojo

furzy ['fɜːzɪ] *adj.* coberto de tojo

fusain [fjʊˈzɛ̃] *s.* desenho a carvão

fuscous ['fʌskəs] *adj.* fusco, a fugir para o negro, de cor sombria

fuse [fjuːz] Ⓐ *s.* **1** ELECTRICIDADE fusível; *to blow a ~* queimar um fusível; *to change the ~* mudar o fusível; **2** detonador; **3** rastilho, mecha; **4** espoleta Ⓑ *v.tr.,intr.* **1** [GB] (lâmpada) fundir; **2** fundir, derreter, pôr em fusão; **3** (juntar) fundir(-se); amalgamar(-se); **4** colocar mecha em, colocar rastilho em; **5** (projéctil) espoletar ❖ *~ board* quadro da electricidade; *~ box* caixa de fusíveis; *~ rack* quadro dos fusíveis; *~ wire* fio de fusível; (pessoa) *to blow a ~* enfurecer-se; *to have a short ~* ferver em pouca água

fusee [fjuːˈziː] *s.* **1** fuso de relógio; **2** exostose na canela do cavalo; **3** fósforo de cabeça grande para acender charuto ou cachimbo quando está vento

fuselage ['fjuːzəlɑːʒ] *s.* AERONÁUTICA fuselagem

fusel-oil ['fjuːzəlˌɔɪl] *s.* álcool amílico

fusibility [ˌfjuːzɪ'bɪlɪtɪ] *s.* fusibilidade

fusible ['fjuːzɪbəl] *adj.* fusível, fúsil, que pode fundir-se ❖ *~ lead* chumbo fusível; *~ plug* tampão fusível

fusiform ['fjuːzɪfɔːm] *adj.* fusiforme, em forma de fuso

fusil ['fjuːzɪl] *s.* fuzil, mosquete antigo e leve

fusilier [fjuːzəˈlɪə] *s.* MILITAR fuzileiro

fusillade [fjuːzəˈleɪd] Ⓐ *s.* **1** fuzilaria, fuzilada; **2** fuzilamento por descargas sucessivas Ⓑ *v.tr.* fuzilar, disparar sobre

fusing ['fjuːzɪŋ] *s.* fusão ❖ *~ burner* maçarico que corta por fusão; *~ point* ponto de fusão; *~ temperature* temperatura de fusão

fusinist ['fjuːzɪnɪst] *s.* desenhador a carvão

fusion ['fjuːʒən] *s.* **1** fusão; **2** massa fundida; **3** fundição; **4** mistura; **5** união, combinação, junção; **6** aliança ❖ *~ bomb* bomba de hidrogénio; *~ point* ponto de fusão; *~ welding* soldagem por fusão; *the ~ of political parties* a fusão de partidos políticos

fusionist ['fjuːʒənɪst] *adj.,s.* POLÍTICA fusionista

fuss [fʌs] Ⓐ *s.* **1** barulho, espalhafato, agitação, excitação; *a lot of ~ about nothing* muito barulho por nada; *without any ~* sem espalhafato, com simplicidade; **2** ansiedade, preocupação exagerada; **3** azáfama; **4** minudências excessivas Ⓑ *v.tr.,intr.* **1** preocupar-se com ninharias; **2** excitar-se, ficar nervoso, inquietar-se, atarantar-se; **3** excitar alguém, importunar, afligir, exasperar ❖ *~ and feather* prosápia; bazófia; *don't ~ over that so much* não te preocupes tanto com isso; *he never fussed* ele mantinha-se sempre calmo; *style free from ~* estilo simples;

there is nothing to make a ~ about não há motivo para tanto alvoroço; não há razão para tanto espanto; *to ~ about trifles* preocupar-se com ninharias; *to make a great ~ of sb* fazer cerimónia com alguém
✦fuss about/around *v.intr.* apressar-se
fussbudget ['fʌsbʌdʒɪt] *s.* [EUA] [coloq.] coca-bichinhos
fussily ['fʌsɪlɪ] *adv.* **1** com espalhafato, com rebuliço; **2** agitadamente; **3** ansiosamente; **4** com agitação nervosa
fussiness ['fʌsɪnɪs] *s.* **1** rebuliço, espalhafato; **2** agitação nervosa, falta de calma, preocupação contínua com coisas sem importância
fussing ['fʌsɪŋ] *s.* **1** preocupação com coisas insignificantes; **2** agitação; **3** azáfama desnecessária; **4** espalhafato
fusspot ['fʌspɒt] *s.* [coloq.] coca-bichinhos
fussy ['fʌsɪ] *adj. (comp.* -**ier**, *superl.* -**iest**) **1** espalhafatoso, exagerado; **2** esquisito, niquento, miudinho, picuinhas; **3** ansioso, nervoso, agitado, irrequieto; **4** irritadiço, rabugento; que está sempre a queixar-se; **5** complicado, rebuscado ❖ *to be ~* ser muito miudinho; levantar dificuldades; nunca achar nada bem
fustanella [fʌstə'nelə] *s.* saia curta, branca, usada pelos homens na Grécia
fustet ['fʌstɪt] *s.* BOTÂNICA sumagre, sumagreira
fustian ['fʌstɪən] *s.* **1** fustão; **2** discurso bombástico, linguagem empolada, escrito bombástico mas sem conteúdo; **3** coisa sem valor e pretensiosa
fustic ['fʌstɪk] *s.* **1** BOTÂNICA tatajiba, tatajuba, tatarema, tataí; **2** fustete
fustigate ['fʌstɪgeɪt] *v.tr.* [arc.] fustigar
fustigation [fʌstɪ'geɪʃən] *s.* [arc.] fustigação
fustigator ['fʌstɪgeɪtə] *s.* [arc.] fustigador, aquele que fustiga
fustiness ['fʌstɪnɪs] *s.* **1** cheiro a abafado, cheiro a bafio, atmosfera bafienta; **2** mofo, ranço; **3** aspecto velho ou desactualizado
fusty ['fʌstɪ] *adj. (comp.* -**ier**, *superl.* -**iest**) **1** bafiento, bolorento, com cheiro a mofo; **2** abafado, sem ventilação, sem ar fresco; **3** [depr.] retrógrado, antiquado, ultrapassado; *~ ideas* ideias retrógradas, ultrapassadas
futchel ['fʌtʃəl] *s.* **1** forqueta, forquilha; **2** armação, em carruagem, que sustenta o eixo, veio de transmissão, etc.
futhorc ['fu:θɔ:k] *s.* alfabeto rúnico
futile ['fju:taɪl] *adj.* **1** frívolo; **2** de valor insignificante; **3** vão, inútil
futilely ['fju:taɪllɪ] *adv.* **1** duma maneira fútil; frivolamente; **2** inutilmente, em vão
futility [fju:'tɪlɪtɪ] *s. ⟨pl.* -**ies**⟩ **1** futilidade; **2** frivolidade; **3** coisa fútil; **4** inutilidade
futon ['fu:tɒn] *s.* (mobília) futon

futtock ['fʌtək] *s.* NÁUTICA braço do cavername, caverna, alheta, apostura
future ['fju:tʃə] Ⓐ *adj.* futuro, que há-de vir, vindouro; *in ~ ages* nos tempos vindouros, em épocas futuras; *my ~ wife* a minha futura mulher Ⓑ *s.* **1** futuro; **2** porvir; **3** LINGUÍSTICA futuro; **4** noivo, noiva; **5** perspectivas de futuro; **6** *pl.* mercadorias compradas para serem fornecidas ou pagas mais tarde ❖ LINGUÍSTICA *~ tense* o futuro; *for ~ reference* a título de informação; *for the ~/in ~* no futuro; para o futuro; futuramente; *goods for ~ delivery* mercadorias para serem entregues mais tarde; *in ~* da próxima vez; *in the distant ~* a longo prazo; *in the near ~* num futuro próximo; a curto prazo; em breve; *what has the ~ in store for all of us?* que nos reservará o futuro?
futureless ['fju:tʃələs] *adj.* sem futuro
futurism ['fju:tʃərɪzəm] *s.* ARTES PLÁSTICAS, LITERATURA futurismo
futurist ['fju:tʃərɪst] *adj.,s.* ARTES PLÁSTICAS, LITERATURA futurista
futuristic [fju:tʃə'rɪstɪk] *adj.* LITERATURA, ARTES PLÁSTICAS futurista
futurity [fju:'tjʊərətɪ] *s. ⟨pl.* -**ies**⟩ **1** futuro; acontecimentos futuros; **2** a outra vida (após a morte) ❖ [EUA] (corrida de cavalos) *~ race* corrida realizada muito tempo após as inscrições; *to endanger one's ~* pôr em perigo a sua salvação (na outra vida)
futurological [fju:tʃərə'lɒdʒɪkl] *adj.* futurológico
futurologist [fju:tʃə'rɒlədʒɪst] *s.* futurologista
futurology [fju:tʃə'rɒlədʒɪ] *s.* futurologia
fuze [fju:z] *s.* ⇒ **fuse**
fuzee [fju:'zi:] *s.* ⇒ **fusee**
fuzz [fʌz] Ⓐ *s.* **1** penugem fina, lanugem; **2** flocos; **3** cotão; **4** cabelo frisado; **5** [cal., ant.] polícia Ⓑ *v.tr.,intr.* **1** esfiar, esfiar-se; **2** soltar cotão, cobrir-se de cotão; **3** frisar
fuzzball ['fʌzbɔ:l] *s.* BOTÂNICA determinada variedade de cogumelo
fuzzily ['fʌzɪlɪ] *adv.* **1** de modo indistinto; **2** sem nitidez; **3** aos flocos; **4** com aspecto frisado
fuzziness ['fʌzɪnɪs] *s.* **1** (cabelo) ondulação, frisagem; **2** inexactidão, falta de clareza; **3** (imagem) imprecisão, falta de nitidez; **4** aspecto semelhante a flocos
fuzzy ['fʌzɪ] *adj. (comp.* -**ier**, *superl.* -**iest**) **1** (cabelo) ondulado, frisado, crespo; **2** vago, impreciso, indistinto; **3** pouco nítido; **4** penugento, lanuginoso; **5** (têxteis) com cotão; **6** (têxteis) esfiado
FWIW INFORMÁTICA (Internet, e-mail) [abrev. de for what it's worth]
F-word ['ef,wɜ:d] *s.* eufemismo de "fuck"; palavrão
fye [faɪ] *interj.* ⇒ **fie**
fyke [faɪk] *s.* [EUA] rede para a pesca do sável
fylfot ['fɪlfɒt] *s.* cruz gamada; cruz suástica
fytte [fɪt] *s.* [arc.] parte de poema
FZS [abrev. de Fellow of the Zoological Society]

G

g [dʒi:] s. ⟨pl. **-s** ou **-ees**⟩ 1 (letra) g, G; 2 [com maiúscula] MÚSICA sol; MÚSICA *G clef* clave de sol; MÚSICA *in G minor* em sol menor; 3 [EUA] [coloq.] cem dólares

g. Ⓐ [abrev. de gauge] Ⓑ [abrev. de gender] Ⓒ [abrev. de gram] Ⓓ [abrev. de gravity]

Ga. [abrev. de Georgia]

Ga QUÍMICA [símbolo de Gallium]

GA Ⓐ [abrev. de General Assembly] Ⓑ [abrev. de general average] Ⓒ [abrev. de Georgia]

gab [gæb] Ⓐ v.intr. ⟨particípios: **-bb-**⟩ 1 palrar, tagarelar, falar pelos cotovelos; 2 mexericar Ⓑ s. 1 conversa, tagarelice; 2 palratório; 3 MECÂNICA entalhe ❖ *stop your gab!* cala-te para aí!; *to have the gift of the ~* ter o dom da palavra

gabardine ['gæbədi:n] s. ⇒ **gaberdine**

gabbart ['gæbət] s. NÁUTICA gabarra

gabble ['gæbəl] Ⓐ v.tr.,intr. 1 [coloq.] falar precipitadamente; atropelar as palavras; 2 [coloq.] tagarelar, palrar; 3 ler em voz alta demasiado depressa Ⓑ s. 1 tagarelice; falatório; 2 algaraviada; 3 (galinhas) cacarejo; 4 (patos) grasnada ❖ TEATRO *to ~ one's part* recitar o papel depressa e mal

◆**gabble off/out** v.tr.,intr. falar rapidamente; desembuchar ❖ *to gabble out a speech* despachar um discurso o mais depressa possível

◆**gabble through** v.tr. debitar; falar de cor ❖ *to ~ a lesson* dar uma lição de cor, mecanicamente

gabbler ['gæblə] s. 1 palrador, falador, tagarela; 2 pessoa que fala precipitadamente e comendo as palavras; 3 [fig.] charlatão

gabbling ['gæblɪŋ] s. 1 loquacidade, tagarelice; 2 precipitação no falar; 3 conversa confusa; 4 grasnada

gabbro ['gæbrəʊ] s. MINERALOGIA gabro

gabby ['gæbi] adj. [EUA] tagarela, palrador

gabelle [gæ'bel] s. gabela, imposto sobre o sal

gaberdine ['gæbədi:n] s. 1 (tecido) gabardina; 2 gabão, varino; 3 gabinardo (usado pelos Judeus na Idade Média)

gaberlunzie [gæbə'lʌnzi] s. [Esc.] vadio, vagabundo

gabey ['geɪbɪ] s. ⇒ **gaby**

gabfest ['gæbfest] s. [EUA] [coloq.] conversa informal, tagarelice

gabion ['geɪbɪən] Ⓐ s. (fortificações) gabião Ⓑ v.tr. proteger com gabiões ❖ ARQUITECTURA *gabioned parapet* gabionada

gabionade [geɪbɪə'neɪd] s. gabionada, fileira de gabiões

gable ['geɪbəl] s. 1 empena; *~ end* empena, bico ❖ *~ frame* parte superior, de forma triangular, da fachada de um edifício, constituída pelo beiral do telhado; *~ roof* telhado de duas águas

gabled ['geɪbəld] adj. com empena, com espigão

gablet ['geɪblɪt] s. gablete

Gabon ['gæbɒn] s.top. Gabão

Gabonese [gæbə'ni:z] adj.,s. gabonês

gaby ['geɪbi] s. ⟨pl. **-ies**⟩ papalvo, papa-moscas, simplório

gad [gæd] Ⓐ v.intr. ⟨particípios **-dd-**⟩ [ant.] vaguear de lugar em lugar; passear-se de um lado para o outro; caminhar sem destino [**around/about**, **-**] Ⓑ s. 1 estilete; 2 pau com ferrão na ponta; 3 MINERALOGIA cunha de aço Ⓒ interj. [arc.] (surpresa) com a breca!; caramba! ❖ [ant.] *to be on the ~* andar em passeio

gadabout ['gædəbaʊt] s. 1 vagabundo; 2 pessoa que gosta de andar sempre a passear dum lugar para o outro; 3 [coloq.] pessoa que anda na gandaia

Gadara ['gædərə] s.top. (antiga cidade da Síria) Gádara

gadder ['gædə] s. vadio, vagabundo

gaddi ['gʌdɪ] s. trono almofadado de soberano indiano

gade [geɪd] s. ZOOLOGIA (peixe) gado

gadfly ['gædflaɪ] s. ZOOLOGIA tavão, moscardo

gadget ['gædʒɪt] s. 1 [coloq.] engenhoca, maquineta, treco$_{Bras}$; 2 instrumento, aparelho, dispositivo, mecanismo; *knife-sharpening ~* dispositivo para afiar facas

gadgetry ['gædʒɪtrɪ] s. 1 técnica, tecnologia; 2 [depr., joc.] engenhocas

Gadhelic [gæ'delɪk] adj.,s. ⇒ **Gaelic**

gadi ['gʌdɪ] s. ⇒ **gaddi**

gadidae ['gædɪdi:] s.pl. ZOOLOGIA gadídeos

gadolinium [gædə'lɪnɪəm] s. QUÍMICA (elemento químico) gadolínio

gadroon [gə'dru:n] s. 1 espiralada; 2 borda estriada ornamental

gadsteel ['gædsti:l] s. 1 aço muito duro; 2 barra de aço, lingote de aço

gadwall ['gædwɔ:l] s. ZOOLOGIA pato cinzento do Norte da Europa

Gael [geɪl] s. (pessoa) celta

Gaelic ['geɪlɪk] Ⓐ adj. gaélico Ⓑ s. (língua) gaélico

gaff [gæf] Ⓐ s. 1 gafa, gancho; 2 arpão; 3 NÁUTICA carangueja; 4 (combate de galos) esporão de aço; 5 [coloq.] disparate, absurdo; 6 [ant., coloq.] casa de espectáculos; teatro Ⓑ v.tr. 1 (peixe) apanhar com gancho, com croque; 2 (galo de combate) armar com esporões Ⓒ v.intr. jogar, arriscar no jogo, jogar a dinheiro ❖ *~ hook* croque; *penny ~* teatro inferior; *to blow the ~* revelar o segredo; *to blow the ~ on sb* denunciar alguém; [coloq.] *to stand the ~* aguentar firme; sofrer as consequências sem se queixar

gaffe [gæf] s. gaffe, passo em falso

gaffer ['gæfə] s. 1 [coloq.] patrão, chefe; 2 velhote

gaffsail ['gæfseɪl] s. NÁUTICA (verga de vela) carangueja

gaff-topsail ['gæf,tɒpseɪl] s. NÁUTICA gafetope

gag [gæg] Ⓐ s. 1 mordaça; 2 (dentista) abre-boca; 3 azinha, aparelho para segurar o focinho das bestas enquanto elas são ferradas; 4 POLÍTICA (parlamento) encerramento dos debates; 5 TEATRO improviso; gag; TEATRO *~ piece* comédia improvisada; 6 piada; brincadeira; 7 mentira, imposturice; 8 falta de ar; 9 náusea; vómito; 10 (carpintaria) trambelho de serra Ⓑ v.tr. ⟨particípios: **-gg-**⟩ 1 amordaçar; 2 [fig.] amordaçar$_{fig}$; limitar a liberdade de expressão a; *to ~ the press* amordaçar a imprensa; 3 mentir, enganar; 4 (cavalo) colocar um freio duro em; 5 (dentista) manter uma boca aberta; 6 (cano ou válvula) obstruir, entupir Ⓒ v.intr. 1 chalacear, gracejar; 2 ter falta de ar; 3 sentir náuseas; ter vómitos

gaga ['gɑ:gɑ:] adj. 1 [coloq.] decrépito, xexé, caído numa segunda infância; 2 [coloq.] tolinho

gag-bit ['gægbɪt] s. (equitação) freio duro

gage [geɪdʒ] Ⓐ s. 1 garantia, penhor, caução; 2 BOTÂNICA (ameixa) rainha-cláudia; 3 NÁUTICA tirante de água; 4 (medição) calibre, bitola; 5 (carpintaria) graminho; 6 [arc.] (de luva) desafio; (duelo) *to throw down the ~* lançar a luva, desafiar Ⓑ v.tr. 1 dar como penhor; garantir; 2 empenhar, comprometer; 3 calcular, medir; 4 calibrar; 5 (carpintaria) riscar com o graminho, graminhar; 6 NÁUTICA arquear; *to ~ a ship* arquear um navio ❖ *~ of wind* barlavento; *carpenter's ~* graminho; *railway ~* bitola; largura da via-férrea

gager ['geɪdʒə] s. 1 arqueador (de navio); 2 calculador, medidor

gagger ['gægə] s. 1 actor que improvisa, que faz interpolações no seu papel; 2 aquele que amordaça

gaggle ['gægl] Ⓐ v.intr. (gansos) grasnar Ⓑ s. 1 tagarelice, ajuntamento de pessoas faladoras; 2 bando de gansos

gaiety ['geɪətɪ] s. ⟨pl. **-ies**⟩ 1 alegria, contentamento, boa disposição; 2 pl. diversões, festas

gaily ['geɪlɪ] adv. ⇒ **gayly**

gain [geɪn] Ⓐ s. 1 lucro; 2 ganho; benefício; *no gains without pains* não há ganho sem esforço; 3 vantagem; 4 aumento, acrescento; *~ in weight* aumento de peso; 5 ELECTRICIDADE aumento de energia; **6** entalhe, ranhura para encaixe; **7** (relógio) adiantamento Ⓑ *v.tr.* **1** conseguir, obter; *to ~ a hearing* obter uma audiência; *to ~ one's end* conseguir o seu objectivo; **2** ganhar; *to ~ one's living* ganhar a vida; *to ~ time* ganhar tempo; **3** chegar a, atingir; *to ~ the shore* atingir a praia, chegar à praia; **4** avançar; *the sea is gaining on the land* o mar vai avançando pela terra dentro; **5** conquistar, vencer Ⓒ *v.intr.* **1** lucrar, conseguir lucros; **2** melhorar, progredir; **3** (relógio) adiantar-se; *my watch gains* o meu relógio adianta-se; **4** ganhar terreno ❖ *~ in space* economia de espaço; *ill-gotten gains seldom prosper* dinheiro mal ganho, água o deu, água o levou; *she is gaining in weight* ela está a aumentar de peso; ela está a engordar; *to ~ a person into* convencer uma pessoa a; *to ~ ground* ganhar terreno; progredir; *to ~ strength* convalescer; restabelecer-se; fortalecer-se; *to ~ the day* ganhar a batalha; *to ~ the ear of* fazer-se ouvir por; *to ~ the top* chegar ao cimo; *to ~ the upper hand* vencer; dominar; NÁUTICA *to ~ the wind* ganhar o barlavento

✦**gain over** *v.tr.* convencer; conquistar

✦**gain upon/on** *v.tr.* **1** aproximar-se de; reduzir a distância em relação a; *to gain on a ship* aproximar-se de um navio; **2** (avanço) distanciar-se de; *to gain on one's pursuers* distanciar-se dos perseguidores; **3** dominar; vencer

gainable [ˈɡeɪnəbəl] *adj.* **1** ganhável; **2** adquirível; **3** que pode chamar-se a nosso lado, para o nosso partido

gainer [ˈɡeɪnə] *s.* ganhador; vencedor ❖ *to be a ~ by sth* sair a ganhar; ficar a lucrar com qualquer coisa

gainful [ˈɡeɪnfʊl] *adj.* **1** lucrativo; **2** remunerador; **3** vantajoso

gainfully [ˈɡeɪnfʊli] *adv.* **1** lucrativamente; **2** vantajosamente; **3** proveitosamente

gainfulness [ˈɡeɪnfʊlnɪs] *s.* **1** lucro; **2** vantagem; **3** proveito

gaining [ˈɡeɪnɪŋ] *s.* **1** ganho, aquisição, obtenção; **2** *pl.* lucros, proveito

gainless [ˈɡeɪnləs] *adj.* não remunerador, não lucrativo, sem vantagens

gainsay [ˌɡeɪnˈseɪ] *v.tr.* (prt. e part. pass. **gainsaid**) [form.] contradizer; refutar; contrariar; desmentir; *to ~ a statement* refutar uma afirmação; *he refuses to be gainsaid* ele não admite que o contradigam ❖ *that cannot be gainsaid* isso é irrefutável, incontestável

gainsayer [ˌɡeɪnˈseɪə] *s.* **1** contraditor; **2** antagonista

gainsaying [ˌɡeɪnˈseɪɪŋ] *s.* refutação; negação; contradição; desmentido ❖ *there's no ~ that* não se pode pôr isso em dúvida

gainst [ɡeɪnst] *prep.* [poét.] ⇒ **against**

'gainst [ɡeɪnst] *prep.* [poét.] ⇒ **against**

gait [ɡeɪt] *s.* **1** [form.] (pessoa) maneira de andar, andar; *a graceful ~* um andar gracioso; *I knew him by his ~* reconheci-o pela maneira de andar; **2** (veículo, cavalo) marcha; andamento

gaiter [ˈɡeɪtə] *s.* VESTUÁRIO polaina, perneira; polainito

gaitered [ˈɡeɪtəd] *adj.* com polainas

Gaius [ˈɡaɪəs] *s.antr.* Gaio

gal. [abrev. de gallon]

gal [ɡæl] *s.* [coloq.] rapariga

Gal. [abrev. de Galatians]

gala [ˈɡɑːlə] *s.* **1** gala; certame; festival; **2** DESPORTO competição; acontecimento desportivo ❖ *~ day* dia de gala; *~ dress* traje de gala; *~ night* récita/noite de gala; *swimming ~* festival de natação

galactic [ɡəˈlæktɪk] *adj.* galáctico

galactometer [ˌɡælækˈtɒmɪtə] *s.* galactómetro, galactodensímetro

galactose [ɡəˈlæktəʊs] *s.* QUÍMICA galactose

galactozime [ɡəˈlæktəʊzaɪm] *s.* galactozima

galalith [ˈɡæləlɪθ] *s.* galalite

galanga [ɡəˈlæŋɡə] *s.* **1** BOTÂNICA galanga; **2** BOTÂNICA junça ordinária

galantine [ˈɡælənˌtiːn] *s.* galantina

galanty show [ɡəˈlæntɪ ʃəʊ] *s.* sombras chinesas

Galapagos [ɡəˈlæpəɡəs] *s.top.* Galápagos

Galatea [ˌɡæləˈtiːə] *s.* MITOLOGIA Galateia, filha de Nereu de Dóris

Galatia [ɡəˈleɪʃɪə] *s.top.* Galácia

Galatian [ɡəˈleɪʃɪən] Ⓐ *adj.* gálata, relativo à Galácia Ⓑ *s.* gálata, habitante da Galácia, natural da Galácia

galaxy [ˈɡæləksɪ] *s. (pl.* **-ies**) **1** ASTRONOMIA galáxia; **2** [fig.] plêiade*fig.*, grupo de pessoas notáveis

Galaxy [ˈɡæləksɪ] *s.* ASTRONOMIA Via Láctea

galbanum [ˈɡælbənəm] *s.* gálbano

galbulus [ˈɡælbjʊləs] *s.* BOTÂNICA gálbula, gálbulo

gale [ɡeɪl] *s.* **1** ventania; vendaval; **2** NÁUTICA temporal, tempestade; **3** [poét., arc.] brisa suave, viração; **4** BOTÂNICA murta dos pântanos; **5** [GB] aluguer, renda periódica; concessão; *hanging ~* renda vencida ❖ *~ strong winds* rajadas de vento muito fortes; *fresh ~* vento fresco; *loom ~* vento do joanete; *strong ~* vento rijo; *whole ~* temporal; *a ~ of laughter* um coro de gargalhadas

galea [ˈɡeɪlɪə] *s. (pl.* **-ae**) gálea

galeate [ˈɡælɪeɪt] *adj.* BOTÂNICA, ZOOLOGIA galeado, galeato

galeated [ˈɡælɪeɪtɪd] *adj.* BOTÂNICA, ZOOLOGIA galeado, galeato

galeeny [ɡəˈliːnɪ] *s. (pl.* **-ies**) pintada, galinha-da-índia, galinha-da-guiné

galeiform [ˈɡælɪfɔːm] *adj.* galeiforme

Galen [ˈɡeɪlən, ˈɡeɪlɪn] *s.antr.* **1** Galeno; **2** [joc.] médico

galena [ɡəˈliːnə] *s.* MINERALOGIA galena

Galenic [ɡeɪˈlenɪk] *adj.* galénico

Galenical [ɡeɪˈlenɪkəl] *adj.,s.* galénico

Galenism [ˈɡeɪlənɪzəm] *s.* galenismo

Galenist [ˈɡeɪlənɪst] *s.* galenista

Galerius [ɡəˈlɪərɪəs] *s.antr.* Galério

Galicia [ɡəˈlɪsɪə] *s.top.* **1** (região polaca) Galícia; **2** (região autónoma espanhola) Galiza

Galilean [ˌɡælɪˈliːən] *adj.,s.* **1** galileu; **2** da Galileia

galilee [ˈɡælɪliː] *s.* galilé, alpendre ou pórtico à porta da igreja

Galilee [ˈɡælɪliː] *s.top.* Galileia ❖ *the Sea of ~* o mar da Galileia

Galileo [ˌɡælɪˈleɪəʊ, ˌɡælɪˈliːəʊ] *s.antr.* Galileu

galimatias [ˌɡælɪˈmeɪʃəs, ˌɡælɪˈmætɪəs] *s.* galimatias, aranzel, discurso confuso ou sem significado

galingale [ˈɡælɪŋɡeɪl] *s.* **1** BOTÂNICA galanga; **2** BOTÂNICA junça ordinária

galiot [ˈɡælɪət] *s.* NÁUTICA galeota

galipot [ˈɡælɪpɒt] *s.* galipote, galipódio, galipó

gall [ɡɔːl] Ⓐ *s.* **1** descaramento; *he had the ~ to...* ele teve o descaramento de; **2** [lit.] amargura; rancor; *it left a ~ in her mind* deixou-lhe um rancor no espírito; **3** [arc.] bílis, fel; *to vent one's ~ on sb* descarregar a bílis em alguém; **4** [arc.] vesícula biliar; **5** (pele) bolha; escoriação causada na pele por fricção contínua; **6** fezes do vidro; **7** defeito, imperfeição; **8** região despida em prado ou mata; **9** BOTÂNICA galha, cecídia Ⓑ *v.tr.* **1** ferir friccionando, esfolar, arranhar; **2** vexar, humilhar, ferir; **3** exasperar, atormentar, mortificar ❖ ANATOMIA *~ duct* canal biliar; ZOOLOGIA *~ wasp* cinipídeo; ZOOLOGIA *~ of the earth* centáurea-menor

gallant [ˈɡælənt, ɡəˈlænt] Ⓐ *adj.* **1** corajoso, ousado, destemido; heróico; *a ~ soldier* um soldado corajoso; **2** galhardo; **3** belo, imponente; *a ~ show* um espectáculo imponente; **4** (sedutor) galanteador, galante Ⓑ *s.* **1** [ant.] galante; **2** [arc.] sedutor Ⓒ *v.tr.,intr.* **1** escoltar, acompanhar (uma senhora); **2** galantear, cortejar ❖ *~ adventures* aventuras galantes; *~ behaviour* bravura; valentia; [GB] (Câmara dos Comuns) *the ~ gentleman* deputados que foram oficiais das Forças Armadas (os civis são *honourable gentlemen*); *to play the ~* galantear; armar-se em sedutor

gallantly [ˈɡæləntlɪ, ɡəˈlæntlɪ] *adv.* **1** corajosamente, destemidamente; **2** galanteadoramente

gallantry [ˈɡæləntrɪ] *s. (pl.* **-ies**) **1** coragem, valentia, intrepidez; **2** galantaria

gallbladder [ˈɡɔːlblædə] *s.* ANATOMIA vesícula biliar

galled [ɡɔːld] *adj.* **1** humilhado; vexado; ofendido; **2** com escoriações; esfolado, arranhado; **3** (local em prado ou mata) despido

galleon [ˈɡælɪən] *s.* NÁUTICA galeão

galleried [ˈɡælərɪd] *adj.* com galerias

gallery [ˈɡælərɪ] *s. (pl.* **-es**) galeria, sala de exposições; *art ~* galeria de arte; **2** (corredor) galeria; **3** TEATRO geral, galeria; **4** tribuna, local reservado para determinadas pessoas ❖ *open ~* balcão; varanda; *to play to the ~* representar para agradar; dar espectáculo

galley ['gælɪ] s. 1 NÁUTICA galé, galeota; 2 (navio) cozinha; 3 TIPOGRAFIA galé ❖ (navio) ~ *funnel* chaminé de cozinha; TIPOGRAFIA ~ *proof* prova de granel; ~ *slave* condenado às galés; (navio) ~ *stove* fogão de cozinha; ~ *tile* telha quadrada pequena

gallfly ['gɔːlflaɪ] s. (*pl.* **-ies**) ZOOLOGIA cinipídeo

Gallia ['gælɪə] *s.top.* Gália

galliambic [gælɪ'æmbɪk] Ⓐ *adj.* galiâmbico Ⓑ *s.* galiambo

galliard ['gælɪɑːd] *s.* (dança) galharda

Gallic ['gælɪk] *adj.,s.* gaulês

Gallican ['gælɪkən] *adj.,s.* galicano

Gallicanism ['gælɪkənɪzəm] *s.* galicanismo

Gallicanist ['gælɪkənɪst] *s.* galicanista

gallicism ['gælɪsɪzəm] *s.* galicismo

gallicize ['gælɪsaɪz] *v.tr.,intr.* 1 afrancesar; 2 afrancesar-se

galligaskins ['gælɪgæskɪnz] *s.pl.* 1 VESTUÁRIO [joc.] bragas, bombachas, calções; 2 VESTUÁRIO calças largas

gallimaufry [gælɪ'mɔːfrɪ] *s.* (*pl.* **-ies**) salgalhada, mistura, embrulhada

Gallinaceae [gælɪ'neɪsɪiː] *s.pl.* Gallináceos

gallinacean [gælɪ'neɪʃən] *adj.,s.* galináceo

gallinaceous [gælɪ'neɪʃəs] *adj.* galináceo

gallinae [gæ'laɪniː] *s.pl.* galináceos

galling ['gɔːlɪŋ] Ⓐ *s.* 1 escoriação; 2 ferida; 3 esfoladela Ⓑ *adj.* 1 que fere; 2 que provoca escoriação; 3 humilhante, vexatório

Gallionic [gælɪ'ɒnɪk] *adj.* 1 partidário da atitude tomada por Galião; 2 indiferente em matéria religiosa

galliot ['gælɪət] *s.* NÁUTICA galeota

gallipoli [gə'lɪpəlɪ] *s.* azeite (de oliveira de Gallipoli)

gallipot ['gælɪpɒt] *s.* 1 boião (para pomadas, etc.); 2 frasco

gallium ['gælɪəm] *s.* QUÍMICA (elemento químico) gálio

gallivant ['gælɪvænt] *v.intr.* 1 andar atrás de mulheres; 2 deambular dum lado para o outro; 3 andar na gandaia; 4 viajar por prazer, sem objectivo sério

gallivanter ['gælɪvæntə] *s.* 1 indivíduo que anda sempre dum lado para o outro; 2 galanteador

gallnut ['gɔːlnʌt] *s.* BOTÂNICA bugalho

Gallo-German [gæləʊ'dʒɜːmən] *adj.* franco-alemão

Gallomania [gæləʊ'meɪnɪə] *s.* galomania

Gallomaniac [gæləʊ'meɪnɪæk] *adj.,s.* galómano; galomaníaco

gallon ['gælən] *s.* 1 (medida de capacidade) galão (4,545 litros no Reino Unido, 3,785 litros nos E.U.A.); 2 *pl.* [coloq.] (grande quantidade) um montão [**of**, de]

galloon [gə'luːn] *s.* galão, tira entrançada de ouro, prata, seda ou algodão

gallooned [gə'luːnd] *adj.* galonado; agaloado

gallop ['gæləp] Ⓐ *s.* galope; *full* ~ galope largo; *hand* ~ galope curto; *to break into a* ~ meter a galope; *at a* ~ a galope Ⓑ *v.intr.* 1 (cavalo) galopar; 2 (cavaleiro) andar a galope; 3 [fig., coloq.] (pessoa) andar com muita rapidez, andar apressadamente Ⓒ *v.tr.* obrigar a/fazer andar a galope; *to* ~ *a horse* obrigar um cavalo a andar a galope ❖ *to* ~ *away* afastar-se a galope; *to* ~ *through a book* devorar um livro; *to* ~ *through one's work* despachar o trabalho a grande velocidade; *to go for a* ~ ir dar uma volta a galope

gallopade [gælə'peɪd] *s.* (dança) galope

galloper ['gæləpə] *s.* 1 aquele que galopa; 2 MILITAR ajudante de campo; 3 ordenança; 4 pequena peça de campanha

Gallophile ['gæləʊfaɪl] *adj.,s.* galófilo

Gallophilism ['gæləʊfɪlɪzəm] *s.* galofilia

Gallophobe ['gæləʊfəʊb] *adj.,s.* galófobo

Gallophobia [gæləʊ'fəʊbɪə] *s.* galofobia

galloping ['gæləpɪŋ] Ⓐ *adj.* que galopa; galopante Ⓑ *s.* galope ❖ MEDICINA ~ *consumption* tuberculose galopante

Gallo-Roman [gæləʊ'rəʊmən] *adj.* galo-romano

Gallovidian [gæləʊ'vɪdɪən] *adj.,s.* 1 relativo a Galloway (na Escócia); 2 habitante de Galloway

galloway ['gæləweɪ] *s.* 1 raça cavalar de Galloway; 2 cavalo pequeno

gallows ['gæləʊz] *s.* [usado geralm. com verbo no sing.] 1 forca, patíbulo, cadafalso; ~ *tree* forca, patíbulo; 2 (sentença) morte por enforcamento; 3 armação de aparelhos de ginástica; 4 cavalete de prensa ❖ ~ *bird* criminoso; indivíduo digno de forca; NÁUTICA ~ *bitts* bonecas; *he is heading straight for the* ~ vai acabar na forca; *to have a* ~ *look*/*to have the look of a* ~ *bird*/*to have the* ~ *in one's face* ter um ar patibular

gallstone ['gɔːlstəʊn] *s.* MEDICINA cálculo biliar

galoot [gə'luːt] *s.* 1 [coloq.] marinheiro de água doce; 2 pessoa desajeitada

galop ['gæləp] Ⓐ *s.* galope, dança de compasso binário Ⓑ *v.tr.* dançar um galope

galore [gə'lɔː] Ⓐ *adv.* [coloq.] em abundância; à farta; em grande quantidade; *beef and beer* ~ carne e cerveja à farta Ⓑ *s.* [coloq.] abundância ❖ *children* ~ uma porção de filhos

galosh [gə'lɒʃ] *s.* (*pl.* **-es**) 1 galocha; 2 gáspea

galoshed [gə'lɒʃt] *adj.* 1 com galochas; 2 com gáspeas

galumph ['gælʌmf] *v.intr.* 1 pavonear-se a cavalo; 2 avançar em galope triunfal; 3 mover-se desajeitadamente

galvanic [gæl'vænɪk] *adj.* 1 galvânico; 2 [fig.] galvanizante; electrizante; 3 [fig.] crispado; ~ *grin*/*smile* sorriso forçado

galvanism ['gælvənɪzəm] *s.* galvanismo

galvanization [gælvənaɪ'zeɪʃən] *s.* galvanização

galvanize ['gælvənaɪz] *v.tr.* 1 ELECTRICIDADE galvanizar; submeter a galvanoplastia; 2 [fig.] galvanizar*fig.* [**into**, para]; estimular, entusiasmar, incentivar [**into**, a]; *the defeat galvanized us into action* a derrota incentivou-nos a entrar em acção; 3 reanimar; *to* ~ *into life* reanimar por meio de choque

galvanized ['gælvənaɪzd] *adj.* galvanizado

galvanizer ['gælvənaɪzə] *s.* galvanizador

galvanizing ['gælvənaɪzɪŋ] *s.* galvanização

galvano-cautery [gælvænəʊ'kɔːtərɪ] *s.* galvanocautério

galvanograph ['gælvənəʊgrɑːf] *s.* galvanógrafo

galvanometer [gælvə'nɒmɪtə] *s.* galvanómetro

galvanometric [gælvənəʊ'metrɪk] *adj.* galvanométrico

galvanoplastic [gælvənəʊ'plæstɪk] *adj.* galvanoplástico; ~ *bath* banho galvanoplástico

galvanoplastics [gælvənəʊ'plæstɪks] *s.* galvanoplastia

galvanoplasty ['gælvənɒplæstɪ] *s.* galvanoplastia

galvanoscope ['gælvənəskəʊp] *s.* galvanoscópio

Galwegian [gæl'wiːdʒɪən] Ⓐ *adj.* relativo a Galloway (na Escócia) Ⓑ *s.* natural de Galloway, habitante de Galloway

gam [gæm] Ⓐ *v.intr.* 1 reunir-se (pescadores de baleias, para se distraírem ou conversarem); 2 agrupar-se (baleias) Ⓑ *s.* 1 reunião de pescadores de baleias (para se divertirem e passarem o tempo); 2 grupo de baleias

gamba ['gæmbə] *s.* MÚSICA gamba; viola de gamba

gambade [gæm'beɪd] *s.* 1 salto, cabriola (de cavalo); 2 capricho, travessura

gambado [gæm'beɪdəʊ] *s.* (*pl.* **-es**) 1 polaina comprida; 2 salto, cabriola de cavalo

Gambia ['gæmbɪə] *s.top.* Gâmbia

Gambian ['gæmbɪən] Ⓐ *adj.* da Gâmbia Ⓑ *s.* habitante ou natural da Gâmbia

gambier ['gæmbɪə] *s.* BOTÂNICA gambir

gambit ['gæmbɪt] *s.* 1 (xadrez) gambito; 2 [fig.] estratagema, manobra

gamble ['gæmbəl] Ⓐ *s.* 1 jogo de azar; jogo, aposta a dinheiro; 2 risco; jogada arriscada Ⓑ *v.tr.,intr.* 1 jogar a dinheiro; apostar (dinheiro) [**on**, em]; *to* ~ *on the Stock Exchange* jogar na Bolsa; 2 jogar, apostar, arriscar; *to* ~ *on a project* apostar num projecto; 3 (expectativas) estar à espera [**on**, de]; contar [**on**, com] ❖ *don't* ~ *with your future* não brinques com o teu futuro; *it's a bit of a* ~ é um bocado arriscado; *to take a* ~ correr um risco

◆**gamble away** *v.tr.,intr.* perder ao jogo

gambler ['gæmblə] *s.* jogador a dinheiro ❖ *pathological* ~ jogador compulsivo; *to be a bit of a* ~ ser um aventureiro; gostar do risco

gambling ['gæmblɪŋ] *s.* jogo; jogo a dinheiro; apostas; jogo de azar ❖ ~ *debts* dívidas de jogo; ~ *den*/*joint* casa de jogo; ~ *table* mesa de jogo

gamboge [gæm'buːʒ] *s.* BOTÂNICA guta ❖ ~ *tree* guteira

gambol ['gæmbəl] Ⓐ *s.* 1 cabriola, cambalhota, salto; 2 brincadeira, divertimento Ⓑ *v.intr.* (*particípios*: **-ll-**) 1 fazer cabriolas, dar cambalhotas, dar saltos; 2 divertir-se, brincar

gamboller ['gæmbələ] s. aquele que faz cabriolas, que dá saltos, pulos

gambrel ['gæmbrəl] s. (cavalos) jarrete ❖ ~ *roof* telhado com tacaniça cortada; VETERINÁRIA ~ *swelling* alifafe (tumor nas articulações do jarrete do cavalo)

game [geɪm] Ⓐ s. **1** jogo; ~ *of chance* jogo de azar; *round* ~ jogo no qual toma parte um número ilimitado de jogadores; jogo para todos jogarem; *square* ~ jogo com quatro jogadores; **2** diversão, divertimento; **3** competição desportiva; **4** brincadeira, graça; **5** intenções; plano; projecto; *what's his game?* que é que ele pretende?, onde é que ele quer chegar?; **6** [coloq.] (profissão) ramo; **7** (actividade, animais) caça (tigres, leões, etc.) *big* ~ caça grossa; *a head of* ~ uma peça de caça Ⓑ adj. **1** disposto [**for**, a]; pronto [**for**, para]; capaz [**for**, de]; *to be* ~ *for* ser capaz de; **2** corajoso, valente, arrojado; *to die* ~ morrer como um valente; **3** que está sempre pronto a lutar; **4** [ant., depr.] aleijado, estropiado; ~ *arm* braço aleijado/inválido Ⓒ v.intr. jogar a dinheiro ❖ ~ *bag* bolsa de caça; ~ *laws* leis venatórias; ~ *licence* licença de caça; ~ *preserve/reserve* terra coutada; reserva de caça; TELEVISÃO ~ *show* concurso; *fair* ~ caça legal; pessoa que merece ser atacada ou ridicularizada; *he tried to have a* ~ *with me* ele tentou enganar-me, levar-me; *none of your little games!* não me venhas cá com as habilidadezinhas do costume!; *that's not fair* ~ isso não é leal; *the* ~ *is four to two* o resultado está em quatro a dois; *the* ~ *is not worth the candle* isso não vale nada; isso não merece qualquer preocupação; [coloq.] *the* ~ *is up* falhou tudo; está tudo acabado; foi tudo por água abaixo; *to* ~ *cooperar*; mostrar-se camarada; concordar; (jogo) *to be* ~ *and* ~*/to be* ~ *all* estar empatado; *to be off one's* ~ estar em baixo de forma; *to be on one's* ~ estar em forma; *to beat somebody at his own* ~ derrotar alguém com as suas próprias armas; *to fly at higher* ~ ter ambições mais altas; *to get the best of the* ~*/to have the best of the* ~ dominar o jogo; *to have the* ~ *in one's hands* ter o jogo nas mãos; ter a situação controlada; *to make* ~ *of* fazer pouco de; ridicularizar; *to play a losing* ~ meter-se numa coisa votada ao insucesso; *to play sb's* ~ entrar no jogo de alguém; *to play the* ~ proceder com lealdade; *to spoil sb's* ~ estragar o jogo de alguém; estragar os planos de alguém

◆**game away** v.tr. desperdiçar ao jogo; desbaratar ao jogo; *to* ~ *one's time* desperdiçar o seu tempo ao jogo

gamecock ['geɪmkɒk] s. (combates de galos) galo de luta

gamekeeper ['geɪmkiːpə] s. **1** couteiro; **2** encarregado da caça

game-legged ['geɪmlegd] adj. coxo, aleijado das pernas; paralítico das pernas

gameness ['geɪmnɪs] s. capacidade de decisão, coragem

gamesome ['geɪmsəm] adj. [arc.] galhofeiro, folgazão, bem-humorado

gamesomely ['geɪmsəmlɪ] adv. **1** galhofeiramente; **2** com um modo folgazão

gamester ['geɪmstə] s. [arc.] jogador (a dinheiro)

gamete ['gæmiːt] s. BIOLOGIA gâmeta

gametophyte [gə'miːtəʊfaɪt] s. BIOLOGIA gametófita, gametófito

gametophytic [gə'miːtəʊfɪtɪk] adj. BIOLOGIA gametófito

gamin ['gæmɪn] s. [arc.] miúdo de rua

gaming ['geɪmɪŋ] s. jogo a dinheiro ❖ ~ *debt* dívida de jogo; ~ *machine* máquina (de jogo); ~ *room* sala de jogo; ~ *table* mesa de jogo

gamma ['gæmə] s. (letra do alfabeto grego) gama ❖ ZOOLOGIA ~ *moth* plúsia; FÍSICA ~ *radiation* emissão de raios gama; ~ *ray detector* detector de raios gama

gammadion [gæ'meɪdɪən] s. cruz gamada

gammer ['gæmə] s. **1** velha, velhota; **2** tiazinha

gammon ['gæmən] Ⓐ s. **1** [GB] presunto; **2** [GB] presunto defumado; **3** [GB] fiambre defumado; **4** NÁUTICA (volta de cabo) trinca; **5** (jogo do gamão) partida dobrada; **6** chalaça; troça; **7** charlatanice; burla Ⓑ v.tr.,intr. **1** (presunto) defumar; salgar; **2** chalacear, chasquear; **3** burlar, enganar; **4** NÁUTICA trincar; **5** (jogo do gamão) vitória dobrada Ⓒ interj. disparate! ❖ *that's all* ~ *and spinach* tudo isso não passa de imposturice; *to* ~ *well* ser mexeriqueiro

gammoning ['gæmənɪŋ] s. NÁUTICA trinca do gurupés

gammy ['gæmɪ] adj. (comp. **-ier**, superl. **-iest**) estropiado, aleijado

gamopetalous [gæməʊ'petələs] adj. BOTÂNICA gamopétalo

gamosepalous [gæməʊ'sepələs] adj. BOTÂNICA gamossépalo

gamp [gæmp] s. [coloq.] chuço, guarda-chuva grande e maljeitoso

gamut ['gæmət] s. **1** gama, série; *to run the (whole)* ~ *of...* passar por toda a espécie de...; **2** MÚSICA (pauta medieval) gama

gamy ['geɪmɪ] adj. (comp. **-ier**, superl. **-iest**) **1** abundante em caça; **2** corajoso, decidido; **3** divertido, folgazão, cheio de vitalidade; **4** (carne) que começa a cheirar mal

gander ['gændə] s. **1** ZOOLOGIA (macho) ganso; **2** [coloq., depr.] pateta, simplório; **3** [coloq.] olhadela ❖ ~ *party* reunião/festa a que só compareçem homens; *sauce for the goose is sauce for the* ~ o que serve para um serve para outro

gang [gæŋ] Ⓐ s. **1** gang, bando, quadrilha; **2** cambada; **3** malta; [coloq.] *the whole* ~ toda a malta; **4** jogo de ferramentas; **5** MINERALOGIA ganga Ⓑ v.tr. agrupar Ⓒ v.intr. [Esc.] ir ❖ *don't get mixed with that* ~ não te mistures com essa tropa; *to* ~ *one's own gait* seguir o seu próprio caminho

◆**gang up** v.intr. (pessoas) unir-se [**with**, a]

◆**gang up on** v.tr. unir-se contra; conspirar contra; *Russia seems to be afraid the other countries may* ~ *her* aparentemente, a Rússia receia que os outros países se unam contra ela

gangbang ['gæŋbæŋ] Ⓐ s. **1** [cal.] sexo entre uma pessoa e um grupo de outras; **2** [cal.] violação colectiva Ⓑ v.tr.,intr. **1** [cal.] participar em sexo entre uma pessoa e um grupo de outras; **2** [cal.] participar em violação colectiva

gang-board ['gæŋbɔːd] s. (embarcação) prancha de descarga; prancha de desembarque

gangbuster ['gæŋbʌstə] Ⓐ s. **1** [ant.] membro da secção de polícia criminal para o combate ao crime organizado; **2** êxito; sucesso Ⓑ adj. **1** [cal.] excelente; espectacular; **2** [cal.] entusiástico ❖ *like (the) gangbusters* com força; poderosamente

ganger ['gæŋə] s. **1** capataz; **2** chefe de grupo de trabalhadores; **3** NÁUTICA talinga

Ganges ['gændʒiːz] s. (rio) Ganges

Gangetic [gæn'dʒetɪk] adj. gangético

gangland ['gæŋlænd] s. [EUA] bairro de cidade onde imperam os criminosos

gangliated ['gæŋglɪeɪtɪd] adj. ganglionado

gangliform ['gæŋglɪfɔːm] adj. gangliforme

gangling ['gæŋglɪŋ] adj. desengonçado

ganglion ['gæŋglɪən] s. (pl. **-ia**) gânglio ❖ ~ *cell* gânglio nervoso

ganglionary ['gæŋglɪənərɪ, 'gæŋglɪənerɪ] adj. ganglionar

ganglionated ['gæŋglɪəneɪtɪd] adj. ganglionado

ganglionic [gæŋglɪ'ɒnɪk] adj. ganglionar

gangly ['gæŋglɪ] adj. ⇒ **gangling**

gangplank ['gæŋplæŋk] s. NÁUTICA prancha de embarque

gangrel ['gæŋgrəl] s. [Esc.] vagabundo

gangrene ['gæŋgriːn] Ⓐ s. gangrena Ⓑ v.tr.,intr. **1** gangrenar; **2** gangrenar-se

gangrened ['gæŋgriːnd] adj. gangrenado

gangrenous ['gæŋgrənəs] adj. gangrenoso

gangster ['gæŋstə] s. gangster, bandido, criminoso

gangue [gæŋ] s. ganga, veio de minério

gangway ['gæŋweɪ] s. **1** (autocarro, etc.) corredor central; **2** (embarques, desembarques) prancha; **3** NÁUTICA portaló; **4** NÁUTICA coxia ❖ *gangway!* deixem passar, por favor!; NÁUTICA ~ *ladder* escada do portaló; *members above the* ~ membros influentes (de partido político)

ganister ['gænɪstə] s. pedra encontrada na base de veio carbonífero

gannet ['gænɪt] s. ZOOLOGIA ave marinha semelhante a um ganso, que se encontra em pequenas ilhas rochosas da Inglaterra, Escócia, Islândia e Canadá

ganoid ['gænɔɪd] adj.,s. ganóide

gantline ['gæntlaɪn] s. **1** NÁUTICA corda de apoio, corda que serve de corrimão; **2** adriça

gantry ['gæntrɪ] s. (pl. **-ies**) **1** canteiro, poial para pipas; **2** torre, cavalete para grua móvel ❖ ~ *crane* guindaste de cavalete

Ganymede ['gænɪmiːd] s. **1** ASTRONOMIA, MITOLOGIA Ganimedes; **2** [joc.] copeiro, criado de café, moço de taberna

gaol [dʒeɪl] Ⓐ s. 1 prisão, cadeia; 2 cárcere Ⓑ v.tr. prender, meter na cadeia ❖ ~ *book* registo de presos; lista de presos; ~ *delivery* leva de presos; MEDICINA [ant.] ~ *fever* tifo

gaol-bird ['dʒeɪlbɜːd] s. condenado; cadastrado; indivíduo que anda sempre na cadeia

gaoler ['dʒeɪlə] s. carcereiro

gaoleress ['dʒeɪlərɪs] s.f. (pl. **-es**) carcereira

gap [gæp] Ⓐ s. 1 fenda; abertura; brecha; frincha; 2 (tempo) hiato; lapso; intervalo; 3 (distância, disparidade) fosso; abismo; 4 lacuna, vazio; *to fill a ~* preencher uma lacuna; 5 falha, deficiência; 6 TIPOGRAFIA espaço entre as palavras Ⓑ v.tr. (*particípios* **-pp-**) chanfrar, recortar, entalhar ❖ ~ *year* ano de paragem antes de se entrar na universidade; ~ *of spanner* abertura da chave da porca; *the age* ~ a diferença etária; *the trade* ~ o défice comercial

gape [geɪp] Ⓐ v.intr. 1 bocejar, abrir a boca; 2 olhar de boca aberta [**at**, para]; pasmar [**at**, para]; 3 abrir-se, escancarar-se Ⓑ s. 1 bocejo; 2 boca aberta; 3 fenda, abertura; 4 ZOOLOGIA (animal) abertura de boca ❖ *don't stand there gaping* não estejas para aí de boca aberta; *to give sb the gapes* fazer alguém bocejar

◆ **gape after/for** v.tr. desejar ansiosamente, desejar ardentemente

gaper ['geɪpə] s. 1 basbaque; indivíduo que fica de boca aberta; 2 papa-moscas, papalvo

gaping ['geɪpɪŋ] Ⓐ adj. 1 aberto, escancarado, hiante; 2 (pessoa) boquiaberto; *to stand there* ~ ficar de boca aberta; 3 (ferida, golpe) profundo Ⓑ s. 1 (pessoa) boca-aberta; 2 abertura; 3 fenda; ~ *of a joint* fenda de uma junta

gap-toothed ['gæptuːθt] adj. com falhas nos dentes, desdentado

gapy ['geɪpɪ] adj. que boceja

garage ['gæraːʒ, 'gærɪdʒ, gə'raːʒ] Ⓐ s. garagem Ⓑ v.tr. meter, guardar na garagem

garancin ['gærənsɪn] s. garancina, substância corante extraída da garança

garancine ['gærənsɪn] s. ⇒ **garancin**

garb [gɑːb] Ⓐ s. 1 maneira de vestir; 2 traje; *clerical* ~ traje de sacerdote; 3 [fig.] aspecto; aparência; 4 conduta; modo de agir; 5 feixe, paveia, molho Ⓑ v.tr. 1 vestir [**in**, com]; *to be garbed in...* estar vestido de...; 2 revestir ❖ *in nature's* ~ nu; despido

garbage ['gɑːbɪdʒ] s. 1 [EUA] lixo; restos; 2 [arc.] entranhas, vísceras de animais; 3 [fig.] refugo, rebotalho; 4 [fig.] coisas sem valor; 5 [coloq., fig.] disparates, balelas, tretas; *don't talk such a load of garbage!* não digas tantos disparates! ❖ [EUA] ~ *barrel/can/pail* caixote do lixo; [EUA] ~ *truck* carro do lixo; *literary* ~ lixo literário

garbanzo [gɑː'bænzəʊ] s. BOTÂNICA, CULINÁRIA grão-de-bico, gravanço

garble ['gɑːbəl] v.tr. 1 fazer uma escolha tendenciosa; 2 mutilar, truncar os textos; 3 escolher determinados passos dum livro, discurso, etc., com omissão de outros, de modo a dar uma ideia errada do conjunto; 4 alterar; 5 interpretar erradamente

garbled ['gɑːbəld] adj. 1 (textos) confuso, incompreensível; 2 truncado; ~ *edition* edição truncada

garbler ['gɑːblə] s. 1 aquele que altera textos ou faz citações incompletas ou tendenciosas; 2 falsificador

garbling ['gɑːblɪŋ] s. 1 mutilação tendenciosa de textos; 2 alteração; 3 falsificação

garboard ['gɑːbɔːd] s. NÁUTICA gaborndo

garden ['gɑːdn] Ⓐ s. 1 jardim; 2 horta; 3 quintal; 4 pomar; 5 pl. jardim público, parque Ⓑ adj. 1 de jardim; 2 vulgar Ⓒ v.intr. jardinar; dedicar-se à jardinagem Ⓓ v.tr. ajardinar ❖ ~ *bed* canteiro de jardim; ~ *city* cidade-jardim; ~ *engine* bomba de rega; ~ *hose* mangueira de rega; ~ *mould* húmus; terra vegetal; ~ *party* festa ao ar livre; recepção ao ar livre; ~ *plot* terreno de jardim; ~ *pot* vaso; ~ *seat* banco de jardim; ~ *spider* aranha-cruzeira; ~ *stuff* legumes; hortaliças; verduras; ~ *tillage* cultivo de jardins ou hortas; ~ *tree* árvore ornamental; ZOOLOGIA ~ *warbler* toutinegra; ZOOLOGIA ~ *white* borboleta da couve; *flower* ~ jardim; *vegetable* ~/*kitchen* ~ quintal; horta; *hanging gardens* jardins suspensos; *the* ~ *of England* a região de Kent; a ilha de Wight; *to lead sb up the* ~ *path* enganar; desviar do bom caminho

gardener ['gɑːdnə] s. 1 jardineiro; 2 hortelão ❖ BOTÂNICA *gardener's delight* anémona-pulsatila

gardenia [gɑː'diːnɪə] s. BOTÂNICA gardénia

gardening ['gɑːdnɪŋ] s. 1 jardinagem; 2 horticultura ❖ ~ *tools* utensílios de jardinagem

garden-variety ['gɑːdnvə,raɪətɪ] adj. [EUA] comum, ordinário, vulgar

garderobe ['gɑːdrəʊb] s. [arc.] (mobília, roupa) guarda-roupa

Gardner ['gɑːdnə] s. tipo antigo de metralhadora

Gardner gun ['gɑːdnəgʌn] s. tipo antigo de metralhadora

gardyloo ['gɑːdɪluː] interj. [Esc.] [ant.] água-vai

garefowl ['geəfaʊl] s. ZOOLOGIA ave marinha da família *Alcidae* (*Alca impennis*), hoje extinta

garfish ['gɑːfɪʃ] s. ZOOLOGIA peixe-agulha

garganey ['gɑːgənɪ] s. ZOOLOGIA cerceta, marreca, marrequinho

gargantuan [gɑː'gæntjuən] adj. enorme, gigantesco

gargle ['gɑːgl] Ⓐ s. 1 gargarejo; 2 [coloq.] bebida alcoólica Ⓑ v.tr., intr. 1 gargarejar; 2 [coloq.] beber (cerveja, etc.)

gargling ['gɑːglɪŋ] s. gargarejo

gargoyle ['gɑːgɔɪl] s. gárgula, goteira, carranca

garibaldi [gærɪ'bɔːldɪ] s. 1 garibáldi; 2 biscoito ou bolacha com uvas passas

Garibaldian [gærɪ'bɔːldɪən] adj., s. HISTÓRIA (Itália) garibaldino

garish ['geərɪʃ] adj. 1 [depr.] vistoso, aparatoso; 2 [depr.] (luz) brilhante; ofuscante; 3 [depr.] (cor) berrante, demasiado vivo; 4 [depr.] excessivamente ornamentado

garishly ['geərɪʃlɪ] adv. de modo demasiado vivo, excessivamente berrante

garishness ['geərɪʃnɪs] s. 1 ostentação; 2 aparato; 3 brilho excessivo; 4 pompa

garland ['gɑːlənd] Ⓐ s. 1 (coroa) grinalda; festão; 2 (textos) antologia, colectânea; 3 (correia) linga; 4 NÁUTICA rede para provisões Ⓑ v.tr. 1 engrinaldar; 2 coroar [**with**, com/de] ❖ *to carry away the* ~ levar a palma; conquistar a vitória

garlic ['gɑːlɪk] s. BOTÂNICA alho; *bulb of* ~ cabeça de alho; *clove of* ~ dente de alho ❖ ~ *bread* pão de alho

garment ['gɑːmənt] s. 1 peça de vestuário; 2 pl. roupas

garmented ['gɑːməntɪd] adj. 1 vestido; 2 ataviado

garn [gɑːn] interj. [coloq.] (expressão de ridículo ou desconfiança) vamos lá!, vamos lá a ver!

garner ['gɑːnə] Ⓐ s. 1 [arc.] celeiro; 2 (poesias, etc.) colectânea Ⓑ v.tr. 1 enceleirar; 2 (informação) colher, recolher; 3 (coisa difícil) conseguir

garnering ['gɑːnərɪŋ] s. 1 enceleiramento; 2 recolha

garnet ['gɑːnɪt] Ⓐ s. 1 MINERALOGIA (pedra preciosa) granada; 2 (cor) grená; 3 NÁUTICA candeliça, talha, talhinha Ⓑ adj. (cor) grená ❖ MINERALOGIA *red* ~ almandina

garnish ['gɑːnɪʃ] Ⓐ v.tr. 1 guarnecer, embelezar, ornamentar [**with**, com]; 2 CULINÁRIA guarnecer [**with**, com]; *to* ~ *a dish with* guarnecer um prato com; 3 DIREITO citar, notificar, intimar Ⓑ s. 1 CULINÁRIA guarnição; 2 ornamento; adorno

garnishee [gɑːnɪ'ʃiː] s. 1 DIREITO pessoa a quem se dirige aviso para reter o dinheiro devido a outra; 2 pessoa notificada

garnisher ['gɑːnɪʃə] s. 1 aquele que guarnece ou embeleza; 2 DIREITO parte em nome da qual é enviada a notificação

garnishing ['gɑːnɪʃɪŋ] s. 1 embelezamento; 2 ornamentação; 3 apuramento; 4 guarnição (de prato, travessa, etc.)

garnishment ['gɑːnɪʃmənt] s. 1 embelezamento; 2 aperfeiçoamento, apuramento; 3 guarnição (de prato, travessa, etc.); 4 DIREITO citação em juízo

garniture ['gɑːnɪtʃə] s. 1 adorno, enfeite; 2 guarnição; 3 floreado (de estilo); 4 acessórios

garotte [gə'rɒt] Ⓐ s. 1 garrote, suplício de estrangulação sem se suspender o condenado; 2 assalto com estrangulamento da vítima Ⓑ v.tr. 1 garrotar, garrotear; 2 estrangular, esganar; 3 assaltar e estrangular com o objectivo do roubo

gar-pike ['gɑːpaɪk] s. ZOOLOGIA peixe-agulha

garran ['gærən] s. garrano

garret ['gærɪt] Ⓐ s. 1 sótão, águas-furtadas; 2 [coloq.] cabeça, quarto andar,fig. Ⓑ v.tr. 1 formar; 2 reforçar ❖ ~ *master* trabalhador por conta própria; ~ *window* trapeira; [ant.] *to be wrong in the* ~/*to have one's* ~ *unfurnished* não regular bem do quarto andar; ter uma aduela a menos

garreteer [gærə'tɪə] s. 1 pessoa que vive num sótão; 2 escritor pobre que vive em águas-furtadas
garreting ['gærətɪŋ] s. 1 acção de firmar; 2 escoramento
garrison ['gærɪsən] Ⓐ s. MILITAR guarnição (militar) Ⓑ v.tr. 1 guarnecer com soldados; 2 estabelecer guarnição militar em ❖ ~ *artillery* artilharia fixa
garrisoned ['gærɪsənd] adj. com guarnição militar
garrisoning ['gærɪsənɪŋ] s. acto de guarnecer militarmente, de colocar uma guarnição militar
garron ['gærən] s. garrano de raça escocesa ou irlandesa
garrot [gə'rɒt, gə'rəʊt] s. 1 CIRURGIA garrote; 2 ZOOLOGIA adem
garrotte [gə'rɒt, gə'rəʊt] Ⓐ s. 1 garrote, suplício de estrangulação sem se suspender o condenado; 2 assalto com estrangulamento da vítima Ⓑ v.tr. 1 garrotar, garrotear; 2 estrangular; esganar; 3 assaltar e estrangular com o objectivo do roubo
garrotter [gə'rɒtə, gə'rəʊtə] s. 1 carrasco que mata por intermédio do garrote; 2 estrangulador
garrotting [gə'rɒtɪŋ, gə'rəʊtɪŋ] s. 1 garrote; 2 acto de garrotear; 3 estrangulamento
garrulity [gæ'ruːlɪtɪ] s. garrulice, garrulidade, loquacidade
garrulous ['gærələs] adj. gárrulo; loquaz; verboso; palrador, tagarela
garrulously ['gærələslɪ] adv. com loquacidade; com verbosidade
garrulousness ['gærələsnɪs] s. garrulice; verbosidade
garter ['gɑːtə] Ⓐ s. VESTUÁRIO jarreteira, liga Ⓑ v.tr. 1 prender com liga; 2 investir na Ordem da Jarreteira ❖ ~ *blue* azul-escuro; ~ *King-of-Arms* rei de armas; *Knight of the* ~ cavaleiro da Ordem da Jarreteira; *the Order of the* ~ a Ordem da Jarreteira
garth [gɑːθ] s. 1 [arc.] pátio; 2 recinto murado; 3 jardim; 4 pequena tapada; 5 espaço aberto no meio de claustros
gas [gæs] Ⓐ s. (pl. -es) 1 gás; 2 gás de iluminação; 3 (anestésico) gás; 4 [EUA] gasolina; 5 [EUA] [coloq.] (automóvel) acelerador; *to step on the* ~ carregar no acelerador; 6 [coloq.] (flatulência) gases; 7 [coloq.] palavrório, conversa tola Ⓑ v.tr. (particípios: -ss-) 1 gasear, intoxicar com gás; 2 passar pelo gás; 3 ferver Ⓒ v.intr. 1 [coloq.] tagarelar, falar tolamente; 2 [EUA] (depósito) atestar ❖ ~ *bomb* bomba com gases asfixiantes; ~ *buoy* bóia luminosa; ~ *burner* bico de gás; ~ *coal* carvão de gás; ~ *cock* torneira de gás; ~ *company* companhia do gás; ~ *cooker* fogão a gás; ~ *driven* movido a gás; ~ *fire* radiador a gás; ~ *flow* circulação do gás; ~ *furnace* forno a gás; ~ *helmet* máscara de gás; ~ *jet* bico de gás; (automóvel) ~ *lever* acelerador; ~ *mask* máscara antigás; ~ *meter* contador de gás; contador de rotações; ~ *pipeline* gasoduto; ~ *shell* granada com gases asfixiantes; [EUA] ~ *station* bomba de gasolina; ~ *stove* fogão a gás; *pit* ~ grisu; ~ *consumption meter* contador do consumo de gás
◆**gas about** v.tr. 1 alardear; 2 vangloriar-se de
◆**gas up** v.tr.,intr. [EUA] [coloq.] (automóvel) abastecer; *we had better* ~ *at once* era melhor enchermos já o depósito (de gasolina)
gasahol ['gæsəhɒl] s. [EUA] gasóleo agrícola
gasbag ['gæsbæg] s. 1 saco de gás; 2 balão de gás; 3 [coloq.] (pessoa) fala-barato
Gascon ['gæskən] adj.,s. gascão
gasconade [gæskə'neɪd] Ⓐ s. gasconada, fanfarronada Ⓑ v.intr. bazofiar, dizer fanfarronadas
Gascony ['gæskənɪ] s.top. Gasconha
gaselier [gæsə'lɪə] s. candeeiro a gás suspenso do tecto; lustre a gás
gaseous ['gæsɪəs] adj. gasoso ❖ ~ *form* estado gasoso; ~ *fuel* combustível gasoso; ~ *solution* solução gasosa; ~ *steam* vapor superaquecido; *to reduce to a* ~ *state* gaseificar
gash [gæʃ] Ⓐ s. (pl. -es) 1 golpe fundo, ferida profunda, cutilada penetrante; 2 gilvaz; 3 rasgão, ferida (causada por chifres de animal) Ⓑ v.tr. 1 ferir, golpear, acutilar; 2 cortar
gasholder ['gæshəʊldə] s. gasómetro
gasifiable [gæsɪ'faɪəbəl] adj. gasificável, gaseificável
gasification [gæsɪfɪ'keɪʃən] s. gasificação, gaseificação
gasiform ['gæsɪfɔːm] adj. gaseiforme
gasify ['gæsɪfaɪ] v.tr.,intr. 1 gasificar; 2 gasificar-se
gasket ['gæskɪt] s. 1 NÁUTICA gaxeta; 2 entrançado feito de cabo; 3 calabrote, calabrete; 4 MECÂNICA cordão de empanque, junta de culatra

gaslighting ['gæslaɪtɪŋ] s. iluminação a gás
gasogene ['gæsəʊdʒiːn] s. gasógeno, aparelho para a produção de águas gasosas
gasolene ['gæsəliːn] s. ⇒ **gasoline**
gasolier [gæsə'lɪə] s. ⇒ **gaselier**
gasoline ['gæsəliːn] s. [EUA] gasolina ❖ ~ *engine* motor a gasolina; ~ *pump* bomba de gasolina; ~ *refinery* refinaria de gasolina; (automóvel) ~ *tank* depósito de gasolina
gasometer [gæ'sɒmɪtə] s. gasómetro
gasometry [gæ'sɒmətrɪ] s. gasometria
gasoscope [gæsəskəʊp] s. gasoscópio, aparelho destinado a descobrir a presença de gases inflamáveis nas minas
gasp [gɑːsp] Ⓐ s. 1 respiração difícil; arquejo; arfada; ofego; 2 sobressalto Ⓑ v.tr.,intr. 1 arfar; respirar com dificuldade; arquejar; 2 sobressaltar-se ❖ *to the last* ~ até ao último suspiro; *to be at one's last* ~ estar exausto; estar prestes a exalar o último suspiro; *to* ~ *for a drink* estar a morrer de sede; *to* ~ *for breath* arquejar; ofegar; sufocar; *to* ~ *life away* expirar; *to* ~ *with rage* mal conseguir falar de raiva; *to give the last* ~ dar o último suspiro; expirar
◆**gasp out** v.intr. 1 soltar o último suspiro; morrer; 2 falar ofegantemente
gasper ['gɑːspə] s. [cal., ant.] cigarro de má qualidade; cigarro barato
gasping ['gɑːspɪŋ] Ⓐ s. 1 respiração difícil, entrecortada; 2 arquejo; 3 boqueada Ⓑ adj. anelante, agonizante
gassed [gæst] adj. gaseado, intoxicado com gás
Gassendist [gæ'sendɪst] s. discípulo ou partidário das doutrinas de Gassendi, filósofo francês (1592-1655)
gasser ['gæsə] s. parlapatão; indivíduo que fala muito
gassing ['gæsɪŋ] s. 1 gaseificação; 2 tratamento de substância através de um gás; 3 intoxicação por gases ❖ QUÍMICA ~ *factor* coeficiente de gaseificação
gassy ['gæsɪ] adj. (comp. -ier, superl. -iest) 1 gasoso, cheio de gás; 2 (vinho) espumante, espumoso, gasoso; 3 falador, verboso, palroso
gasteropod ['gæstərəpɒd] s. (pl. **gasteropoda** ou **gasteropods**) ZOOLOGIA gastrópode
gasteropodous [gæstə'rɒpədəs] adj. gastrópode
gastight ['gæstaɪt] adj. estanque ao gás
gastralgia [gæs'trældʒə, gæs'trældʒɪə] s. gastralgia
gastralgic [gæs'trældʒɪk] adj. gastrálgico
gastrectomy [gæs'trektəmɪ] s. CIRURGIA gastrectomia
gastric ['gæstrɪk] adj. gástrico ❖ BIOLOGIA ~ *contents* bolo alimentar; BIOLOGIA ~ *juice* suco gástrico; MEDICINA ~ *trouble* embaraço gástrico; MEDICINA ~ *ulcer* úlcera gástrica
gastritis [gæs'traɪtɪs] s. gastrite
gastrocele ['gæstrəsiːl] s. MEDICINA gastrocele
gastro-duodenal [gæstrəʊdjuəʊ'diːnəl] adj. gastroduodenal
gastrodynia [gæstrəʊ'daɪnɪə] s. gastrodinia, gastralgia
gastroenteritis [gæstrəʊentə'raɪtɪs] s. MEDICINA gastroenterite
gastroenterology [gæstrəʊentə'rɒlədʒɪ] s. MEDICINA gastroenterologia
gastro-hepatitis [gæstrəʊhepə'taɪtɪs] s. MEDICINA gastrepatite
gastrointestinal [gæstrəʊɪn'testɪnəl] adj. gastrintestinal
gastronome ['gæstrənəʊm] s. gastrónomo
gastronomer [gæs'trɒnəmə] s. gastrónomo
gastronomic [gæstrə'nɒmɪk] adj. gastronómico
gastronomical [gæstrə'nɒmɪkəl] adj. gastronómico
gastronomist [gæs'trɒnəmɪst] s. gastrónomo
gastronomy [gæs'trɒnəmɪ] s. gastronomia
gastropod ['gæstrəpɒd] s. (pl. **gastropoda** ou **gastropods**) ZOOLOGIA gastrópode
gastropodous [gæs'trɒpədəs] adj. gastrópode
gastropub ['gæstrəʊpʌb] s. pub que serve comida de boa qualidade
gastrotomy [gæs'trɒtəmɪ] s. CIRURGIA gastrotomia
gastrovascular [gæstrəʊ'væskjʊlə] adj. gastrovascular
gastrula ['gæstrʊlə] s. gástrula
gastrulation [gæstrʊ'leɪʃən] s. gastrulação
gasworks ['gæswɜːks] s. fábrica de gás
gat [gæt] s. 1 canal; 2 estreito; 3 [cal., ant.] arma de fogo

gate [geɪt] Ⓐ s. **1** portão; cancela; **2** porta de cidade; entrada; **3** vedação; muro; **4** passagem entre montanhas; **5** canal; **6** RELIGIÃO (Bíblia) local de reunião da assembleia dos juízes, na cidade; **7** barreira; (caminhos-de-ferro) *level-crossing gates* barreiras de passagem de nível; **8** porta corrediça; **9** comporta; **10** [Esc.] caminho, rua; **11** (mina) galeria; **12** jito para circulação do metal fundido; **13** (aeroporto) porta de embarque; **14** (espectáculo, evento desportivo) lotação, entradas; **15** (espectáculo, evento desportivo) receita das entradas; ❖ *money* produto das entradas Ⓑ v.tr. **1** (Oxford, Cambridge) reter um estudante no colégio; **2** instalar portão ou cancela em ❖ **~ hinge** gonzo de portão; **~ meeting** reunião com entradas pagas; GEOGRAFIA *the Iron Gates* as Portas de Ferro; (Oxford, Cambridge) *to break gates* chegar fora de horas; *to give sb the ~* pôr alguém na rua; *to take the ~* pôr-se a caminho

gatecrasher ['geɪtkræʃə] s. [coloq.] (festa) pessoa sem convite; intruso; penetra

gatecrashing ['geɪtkræʃɪŋ] s. (festa) presença sem convite

gatefold ['geɪtfəʊld] s. [EUA] (publicação) encarte

gatekeeper ['geɪtkiːpə] s. **1** porteiro; vigilante; **2** (caminhos-de--ferro) guarda-cancela, guarda-barreira

gateless ['geɪtləs] adj. **1** sem portão; **2** sem cancela

gateman ['geɪtmən] s. (pl. **-men**) (caminhos-de-ferro) guarda--barreira

gatepost ['geɪtpəʊst] s. couceira ❖ *between you and me and the ~* entre nós apenas; confidencialmente

gatesman ['geɪtsmən] s. (pl. **-men**) (caminhos-de-ferro) guarda--barreira

gateway ['geɪtweɪ] s. **1** entrada, porta de entrada; **2** portal; **3** portão; **4** INFORMÁTICA acesso, porta de conversão

gather ['gæðə] Ⓐ v.tr.,intr. **1** reunir; juntar; congregar; **2** apanhar, colher; **3** amontoar(-se), acumular(-se); **4** adquirir, obter; **5** concluir, inferir, deduzir; *what do you ~ from that?* que é que conclui disso?; **6** franzir; *to ~ the brows* franzir as sobrancelhas; **7** (tecidos) franzir(-se); fazer pregas; **8** criar pus, supurar, inchar Ⓑ s. [geralm. no pl.] (tecidos) franzido, prega ❖ *to ~ breath* tomar alento; respirar; *to ~ dust* cobrir-se de pó; *to ~ flesh* engordar; *to ~ ground on sb* tomar a dianteira a alguém; *to ~ one's thoughts* concentrar-se; *to ~ rents* receber rendas; *to ~ strength* recobrar forças; *to ~ speed* ganhar velocidade; *to ~ to a head* atingir um ponto crítico; *to ~ way* aumentar a velocidade; *a storm is gathering* está a formar-se uma tempestade; *to be gathered to one's fathers* morrer; *to have a gathered finger* ter um abcesso num dedo

♦**gather in** v.tr. **1** juntar, agrupar; *to gather sb/sth in* agrupar alguém/alguma coisa; **2** cobrar; **3** guardar; recolher; *to ~ the harvest* guardar as colheitas

♦**gather round** v.intr. (pessoas) reunir-se, juntar-se em círculo ❖ *gather round!* aproximem-se!; *they had all gathered round to help* tinham-se juntado para ajudar

♦**gather together** Ⓐ v.tr. recolher; reunir Ⓑ v.intr. juntar-se; reunir-se ❖ *to gather oneself together* concentrar-se

♦**gather up** v.tr. **1** reunir; juntar; **2** recolher ❖ *to gather oneself up* preparar-se para o salto; *to ~ one's courage* arranjar coragem; *to ~ one's strength* recobrar forças; NÁUTICA *to ~ the sails* colher as velas

gatherable ['gæðərəbəl] adj. **1** admissível; **2** que pode concluir-se

gathered ['gæðəd] adj. **1** com pregas; **2** (testa) enrugada

gatherer ['gæðərə] s. **1** aquele que apanha ou guarda; aquele que junta ou reúne; **2** ceifeiro; segador; **3** colector; **4** (frutos, etc.) máquina de colheita ❖ *~ of customs* arrecadador de direitos alfandegários

gathering ['gæðərɪŋ] Ⓐ s. **1** reunião; *family ~* reunião de família; **2** ajuntamento; **3** amontoado; **4** (informação) recolha; **5** colheita; **6** MEDICINA abcesso, supuração; **7** (tecido) franzido, pregas Ⓑ adj. crescente; **~ darkness** escuridão crescente ❖ **~ of taxes** arrecadação de impostos; **with ~ speed** cada vez mais depressa

Gatling ['gætlɪŋ] s. metralhadora Gatling

GATT [abrev. de General Agreement on Tariffs and Trade]

gatter ['gætə] s. [cal.] cerveja

gaub-lines [ˈgɔːblaɪnz] s. NÁUTICA patarrás

gauche [gəʊʃ] adj. **1** desastrado; **2** sem tacto; **3** acanhado

gaucherie ['gəʊʃrɪ] s. **1** acanhamento, embaraço, falta de à-vontade; **2** falta de tacto; **3** falta de jeito

gaucho ['gaʊtʃəʊ, 'gaʊtʃoʊ] s. (pl. **-s**) gaúcho

gaud [gɔːd] s. **1** ornamento vistoso; **2** bugiganga sem valor; **3** pl. cerimónias, festas aparatosas

gaudery ['gɔːdərɪ] s. (pl. **-ies**) **1** ouropel; **2** farrapada sem valor; **3** traje que dá nas vistas

gaudily ['gɔːdɪlɪ] adv. **1** de modo berrante; **2** com grande aparato; **3** dando nas vistas

gaudiness ['gɔːdɪnɪs] s. **1** pompa, ostentação, afectação vistosa no vestir; **2** brilho excessivo

gaudy ['gɔːdɪ] Ⓐ adj. (comp. **-ier**, superl. **-iest**) **1** berrante, garrido, vivo; **2** de mau gosto Ⓑ s. (pl. **-ies**) grande festa, jantar anual de antigos membros de colégio universitário; **~ day** dia em que se realiza esse jantar ❖ **~ green** verde-claro; verde-gaio

gauffer [ˈgɒfə] s.,v.tr. ⇒ **goffer**

gauge [geɪdʒ] Ⓐ s. **1** instrumento de medição, medida; **2** calibre; **~ reading** indicação, registo de calibre, marcação de calibre; **3** padrão de medida, bitola; **4** norma, modelo; **5** escala; **6** escalão; **7** (pressão, nível de líquidos, etc.) indicador; *fuel ~* indicador do nível do carburante; *oil ~* indicador do nível de óleo; *petrol ~* indicador do nível de gasolina; *water ~* indicador do nível de água; **8** manómetro; *pressure ~* manómetro; **9** espessura; **~ of wire** espessura do fio, número de fieira; **10** capacidade; **11** extensão; **12** NÁUTICA calado; **13** graminho; **14** TIPOGRAFIA regulador de margem; **15** NÁUTICA posição relativa ao vento; **16** (caminhos-de-ferro) largura da via; **~ of the track** largura da via; *narrow ~* via estreita Ⓑ v.tr. **1** medir; **2** calcular; **3** calibrar; aferir; **4** sondar; **5** determinar a capacidade de recipiente por meio de cálculo; **6** graminhar, marcar com graminho; **7** uniformizar, estandardizar ❖ **~ stuff** estuque; *angle ~* goniómetro; *height ~* altímetro; *to ~ sb's strength* calcular a força de alguém; *to ~ sth by the eye* medir alguma coisa a olho; *to ~ the contents of* calcular o conteúdo de; *to ~ the future* prever o futuro; *to take the ~ of* calcular

gaugeable ['geɪdʒəbəl] adj. **1** avaliável; **2** mensurável

gauged ['geɪdʒd] adj. calibrado, aferido, estandardizado

gauger ['geɪdʒə] s. medidor, avaliador, aferidor

gauging ['geɪdʒɪŋ] s. **1** medição; **2** arqueação; **3** aferição; **4** estandardização ❖ **~ line** escala; **~ rod** vara de calibrar; vara de medir

Gaul [gɔːl] Ⓐ s.top. Gália Ⓑ s. (pessoa) gaulês

Gaulish [ˈgɔːlɪʃ] Ⓐ adj. gaulês Ⓑ s. (língua) gaulês

gault [gɔːlt] s. estratos, camadas de arenisca e marga

gaultheria [gɔːlˈθɪərɪə] s. BOTÂNICA gaultéria

gaunt [gɔːnt] adj. **1** magro, sem carnes, com aspecto doentio; **2** desolado, sem vegetação; **3** lúgubre

gauntlet ['gɔːntlɪt] s. **1** (luva de armadura) guante, manopla; **2** (equipamentos) luva de couro de cano comprido; **3** punho de luva ❖ *to pick up/take up the ~* aceitar um desafio; HISTÓRIA (castigo) *to run the ~ of...* passar entre duas filas de homens munidos de varas, cordas, etc.; *to run the ~ of...* expor-se a...; *to throw down/fling down the ~* lançar a luva; desafiar

gauntness ['gɔːntnɪs] s. **1** magreza; **2** aspecto macilento, chupado

gauntree ['gɔːntrɪ] s. ⇒ **gantry**

gauntry ['gɔːntrɪ] s. ⇒ **gantry**

gaur ['gaʊə] s. ZOOLOGIA gauro, bisão

gauss [gaʊs] s. FÍSICA gauss

Gaussian ['gaʊstən] adj. relativo a Gauss

gauze [gɔːz] s. **1** gaze; **2** névoa muito leve; **3** tela metálica; **~ wire** tela metálica; **4** (tecido) escumilha

gauziness ['gɔːzɪnɪs] s. leveza, transparência, semelhança com gaze

gauzy ['gɔːzɪ] adj. (comp. **-ier**, superl. **-iest**) como gaze, leve, transparente

gave [geɪv] prt. de **to give**

gavel ['gævəl] Ⓐ s. martelo usado por leiloeiro ou presidente de qualquer reunião Ⓑ v.tr.,intr. martelar

gavelkind [ˈgævəlkaɪnd, ˈgævəlkɪnd] s. DIREITO partilha de terras em partes iguais entre os filhos da pessoa falecida

gavel-to-gavel [ˌgævəltʊˈgævəl] adj. [EUA] [coloq.] do princípio ao fim

gavial ['geɪvɪəl] s. ZOOLOGIA gavial
gavotte [gə'vɒt] s. MÚSICA (música e dança) gavota
Gawd [gɒd] interj. [pop.] meu Deus! ❖ [pop.] *I've got a ~ mighty headache* tenho uma dor de cabeça terrível
gawk [gɔːk] Ⓐ s. 1 indivíduo acanhado, tímido; 2 pateta; 3 parolo Ⓑ v.intr. abrir a boca de espanto, ficar de boca aberta
gawkily ['gɔːkɪlɪ] adv. desajeitadamente
gawkiness ['gɔːkɪnɪs] s. 1 patetice; 2 ar apatetado
gawky ['gɔːkɪ] Ⓐ adj. (comp. **-ier**, superl. **-iest**) maljeitoso, desajeitado, palerma Ⓑ s. 1 indivíduo acanhado; 2 pateta; 3 labrego
gawn [gɔːn] s. cuba, tina, dorna
gawp [gɔːp] v.intr. [coloq.] ⇒ **gape**
gay [geɪ] Ⓐ adj. (comp. **gayer**, superl. **gayest**) 1 homossexual; gay; 2 (aparência) vistoso; brilhante; vivo, de cores vivas; ~ *colours* cores vivas; 3 alegre; feliz; 4 divertido; jovial Ⓑ s. (pl. **gays**) homossexual ❖ *as ~ as a lark* vivo como um pardal; *the ~ science* a gaia-ciência
gayal ['gejəl] s. ZOOLOGIA gaial
gaylussite ['geɪlʊsaɪt] s. MINERALOGIA gailussite
gayly ['geɪlɪ] adv. 1 alegremente; 2 com ar vivo, esperto; 3 com modo jovial
gayness ['geɪnɪs] s. homossexualidade
gaze [geɪz] Ⓐ s. 1 olhar fixo; olhar pasmado; 2 contemplação; admiração Ⓑ v.intr. 1 fitar, olhar fixamente [**at/upon**, para]; 2 embasbacar, pasmar [**at/upon**, para]; 3 contemplar [**at/upon**, -]; admirar [**at/upon**, -] ❖ *our gazes met* trocámos olhares; *to ~ into space* olhar no vazio
♦**gaze about/around** v.intr. olhar em volta; olhar em torno
gazebo [gə'ziːbəʊ] s. (pl. **-s**) 1 belveder; 2 mirante; 3 varanda; 4 janela saliente
gazelle [gə'zel] s. ZOOLOGIA gazela
gazer ['geɪzə] s. aquele que contempla, aquele que olha fixamente, contemplador
gazette [gə'zet] Ⓐ s. (publicação periódica) gazeta; jornal Ⓑ v.tr. [principalmente na passiva] publicar em jornal oficial; *they were gazetted yesterday* a nomeação deles foi publicada ontem ❖ ~ *writer* noticiarista; gazetista; *the London ~* a Gazeta Oficial de Londres
gazetteer [gæzə'tɪə] s. 1 gazetista; 2 dicionário geográfico
gazillion [gə'zɪlɪən] s. [coloq.] (grande quantidade) montes; *gazillions of balloons* um monte de balões
gazing ['geɪzɪŋ] Ⓐ s. 1 contemplação; 2 olhar fixo, intenso Ⓑ adj. 1 contemplativo; 2 que olha
gazogene ['gæzəʊdʒiːn] s. gasógeno, aparelho para a produção de águas gasosas
gazpacho [gəz'pætʃəʊ] s. CULINÁRIA gaspacho
GB [abrev. de Great Britain]
GBE [abrev. de Grand Cross of the Order of the British Empire]
GC Ⓐ [abrev. de George Cross] Ⓑ FÍSICA [abrev. de gigacycle]
g. cal. [abrev. de gramme-calory]
GCB [abrev. de Grand Cross of the Order of the Bath]
GCF MATEMÁTICA [abrev. de greatest common factor]
GCM [abrev. de greatest common measure]
GCMG [abrev. de Grand Cross of the Order of St. Michael and St. George]
G. C. S. System [dʒiːsiːes-sɪstəm] s. sistema C. G. S., sistema de medida usado em Física, cujas unidades fundamentais são o centímetro (unidade de comprimento), o grama (unidade de massa) e o segundo (unidade de tempo)
GCVO [abrev. de Grand Cross of the Victorian Order]
Gd QUÍMICA [símbolo de gadolinium]
GD Ⓐ [abrev. de Grand Duke] Ⓑ [abrev. de Grand Duchess]
GDP ECONOMIA [abrev. de gross domestic product] PIB
GDR [abrev. de German Democratic Republic]
Ge QUÍMICA [símbolo de germanium]
gean [giːn] s. cereja brava
gear [gɪə] Ⓐ s. 1 engrenagem; 2 engrenagem de ligação; 3 engrenagem de transmissão; 4 aparelho de transmissão; *driving ~* transmissão; 5 roda dentada; 6 (automóvel) velocidade; *my car has four gears* o meu carro tem quatro velocidades; 7 mecanismo, maquinismo; ~ *work* engrenagens, maquinismo; 8 [coloq.] material, aparelhagem, equipamento; *camping ~* utensílios de campismo; *fishing ~* utensílios de pesca; 9 [coloq.] roupa e acessórios; 10 [coloq.] objectos de uso pessoal; 11 [cal.] drogas ilegais; 12 (cavalo) jaez Ⓑ v.tr. 1 engrenar, engatar, ligar; 2 ajustar o trabalho a; 3 embraiar; 4 (cavalo) arrear, aparelhar ❖ ~ *changes* mudanças de velocidade; (automóvel) ~ *lever* alavanca das velocidades; ~ *shift* mudança de velocidade; ~ *tooth* dente da engrenagem; *first ~* primeira velocidade; *high ~* grande velocidade; *low ~* pequena velocidade; *neutral ~* ponto morto; *reverse ~* marcha-atrás; [GB] *top ~* quarta velocidade; [EUA] *top ~* quinta velocidade; ~ *shift lever* alavanca das velocidades; *in ~* engrenado; a funcionar; *out of ~* desengatado; fora de serviço; desorganizado; *to change to middle ~* mudar para segunda velocidade
♦**gear down** v.intr. (automóvel) diminuir a velocidade
♦**gear to/towards** v.tr. adaptar-se a
♦**gear up** v.tr.,intr. 1 (automóvel) aumentar a velocidade; 2 preparar(-se) [**for/to**, para] ❖ *to ~ production* aumentar o ritmo da produção
gearbox ['gɪəbɒks] s. (automóvel) caixa de velocidades
geared [gɪəd] adj. 1 com engrenagens; 2 (automóveis) engatado; engrenado ❖ ~ *airscrew* hélice com desmultiplicador; ~ *countershaft* engrenagem intermediária; ~ *flywheel* volante com roda dentada
gearing ['gɪərɪŋ] Ⓐ s. 1 MECÂNICA engate, embraiagem; 2 engrenagem; 3 transmissão (de movimento) Ⓑ adj. que engrena ❖ ~ *down* desmultiplicação; ~ *up* multiplicação
gearless ['gɪələs] adj. 1 sem engrenagens; 2 de ligação directa
gearwheel ['gɪəwiːl] s. roda dentada
geat [dʒiːt] s. jito, canal de transporte do metal fundido
gecko ['gekəʊ] s. (pl. **-s** ou **-es**) ZOOLOGIA geco, género de répteis sáurios
gee [dʒiː] interj. 1 [coloq.] ena!, ena pá!; xi!; 2 (cavalos) vamos!, mais depressa!; 3 [rar.] (cavalos) para a direita! ❖ ~ *whiz!* ena!, ena!; xi!
geegee ['dʒiːdʒiː] s. [infant.] cavalo
gee-ho ['dʒiːhəʊ] interj. (cavalos) mais depressa!; para a direita!
geek [giːk] s. 1 [coloq., depr.] parvo; 2 [coloq., depr.] chato; 3 [coloq., depr.] parolo; 4 [coloq., depr.] fanático dos computadores
geeky ['giːkɪ] adj. (comp. **-ier**, superl. **-iest**) 1 [coloq., depr.] parvo; 2 [coloq., depr.] de chato; 3 [coloq., depr.] (roupas) parolo, fora de moda, ultrapassado
geese [giːs] s. {pl. de **goose**} gansos ❖ [coloq.] *all his ~ are swans* é um exagerado
gee-up ['dʒiːʌp] interj. ⇒ **gee-ho**
gee-wo ['dʒiːwəʊ] interj. ⇒ **gee-ho**
geezer ['giːzə] s. [cal.] velhote
Gehenna [gɪ'henə] s. 1 geena; 2 Inferno; 3 RELIGIÃO (Bíblia) o vale de Hanon, ou de Tofete
geisha ['geɪʃə] s. gueixa
gel [dʒel] Ⓐ s. QUÍMICA gel Ⓑ v.intr. (particípios: **-ll-**) 1 gelificar; 2 flocular-se, coagular-se; 3 [fig.] tomar forma, consolidar-se; 4 [fig., coloq.] dar-se bem
gelatine [dʒelə'tiːn] s. gelatina
gelatiniform [dʒelə'tɪnɪfɔːm] adj. gelatiniforme
gelatinization [dʒɪlætɪnaɪ'zeɪʃən] s. gelatinização
gelatinize [dʒɪ'lætɪnaɪz] v.tr.,intr. 1 gelatinizar; 2 gelatinizar-se
gelatinized [dʒɪ'lætɪnaɪzd] adj. gelatinizado
gelatino-bromide [dʒɪlætɪnəʊ'brəʊmaɪd] s. gelatinobrometo
gelatino-chloride [dʒɪlætɪnəʊ'klɔːraɪd] s. gelatinocloreto
gelatinoid [dʒɪ'lætɪnɔɪd] adj. gelatinóide
gelatinous [dʒɪ'lætɪnəs] adj. gelatinoso
gelation [dʒɪ'leɪʃən] s. congelação
geld [geld] v.tr. castrar, capar
gelder ['geldə] s. capador
gelding ['geldɪŋ] s. 1 castração; 2 cavalo ou qualquer outro animal castrado
gelid ['dʒelɪd] adj. gélido, glacial, gelado
gelidly ['dʒelɪdlɪ] adv. 1 gelidamente; 2 de maneira glacial
gelidness ['dʒelɪdnɪs] s. gelidez
gelignite ['dʒelɪgnaɪt] s. QUÍMICA gelenhite
gelose [dʒe'ləʊs] s. QUÍMICA gelosa, gelose
gem [dʒem] Ⓐ s. 1 gema, pedra preciosa; 2 [fig., coloq.] (pessoa, coisa) jóia; 3 [fig.] a parte melhor Ⓑ v.tr. (particípios: **-mm-**) cravejar;

ornamentar com gemas; enfeitar com pedras preciosas; [fig.] *the sky was gemmed with stars* o céu estava cravejado de estrelas ❖ ~ *cutting* lapidaria; arte de lapidar

gemel-ring ['dʒeməl‚rɪŋ] s. (anel) aliança

gemelus [dʒə'meləs] s. ANATOMIA (músculo) gémeos

geminate[1] ['dʒemɪneɪt] v.tr. 1 geminar; 2 dobrar; 3 dispor aos pares

geminate[2] ['dʒemɪnɪt] Ⓐ adj. 1 geminado; 2 duplo Ⓑ s. consoante geminada

geminated ['dʒemɪneɪtɪd] adj. geminado

gemination [dʒemɪ'neɪʃən] s. geminação

gemini ['dʒemɪnaɪ] interj. (surpresa) essa agora!, por amor de Deus!

Gemini ['dʒemɪnaɪ] s. (pl. **Geminis**) ASTRONOMIA (constelação, signo) Gémeos

Geminian [dʒemɪ'naɪən] Ⓐ s. (astrologia) geminiano, nativo do signo Gémeos Ⓑ adj. 1 geminiano; 2 típico do signo Gémeos

gemma ['dʒemə] s. (pl. **-ae**) 1 BOTÂNICA rebento, gema, gomo, botão; 2 borbulha

gemmate[1] ['dʒemeɪt] v.intr. 1 gemar, lançar gemas, rebentar; 2 reproduzir-se por gemação

gemmate[2] ['dʒemɪt] adj. 1 coberto de gemas ou gomos; 2 gemado; 3 que se produz por gemação

gemmation [dʒe'meɪʃən] s. 1 gemação; 2 reprodução por gemas

gemmed ['dʒemd] adj. cheio de gemas, de pedras preciosas

gemmiferous [dʒe'mɪfərəs] adj. gemífero

gemmiflorate [dʒemɪ'flɔːrɪt] adj. BOTÂNICA gemifloro

gemmiform ['dʒemɪfɔːm] adj. gemiforme

gemmiparous [dʒe'mɪpərəs] adj. gemíparo

gemmule ['dʒemjuːl] s. BOTÂNICA gémula

gemmy ['dʒemɪ] adj. 1 repleto de pedras preciosas; 2 cheio de gemas; 3 cintilante

gemote [gɪ'məʊt] s. assembleia, comício, ajuntamento

gemsbok ['gemzbɒk] s. ZOOLOGIA antílope que habita as regiões desertas do sudoeste africano

gemstone ['dʒemstəʊn] s. pedra preciosa

gen [dʒen] s. [GB] [coloq.] informação ❖ *to give sb the ~ on sth* pôr alguém ao corrente

Gen. Ⓐ MILITAR [abrev. de General] Ⓑ [abrev. de Genesis]

genappe [dʒe'næp] s. (lã cardada) estambre fabricado em Genappe (Bélgica)

gendarme [ʒɒ̃'dɑːm] s. gendarme

gender ['dʒendə] s. 1 LINGUÍSTICA género; *feminine/masculine/ neuter ~* género feminino/masculino/neutro; *to agree in ~* fazer concordância de género; 2 género; sexo ❖ ~ *bender* andrógino; ~ *bias* sexismo; ~ *gap* diferenças entre os sexos; ~ *studies* estudo dos papéis sociais do homem e da mulher

gender-bending ['dʒendə‚bendɪŋ] Ⓐ adj. andrógino, neutro Ⓑ s. androginia, aparência andrógina, neutralidade

genderless ['dʒendələs] adj. sem género

gender-neutral [dʒendə'njuːtrəl] adj. não sexista, politicamente correcto

gene [dʒiːn] s. BIOLOGIA gene ❖ ~ *mapping* cartografia genética; (espécie) ~ *pool* património genético; ~ *therapy* terapia genética; *it's in my genes* corre-me no sangue

genealogical [dʒiːnɪə'lɒdʒɪkəl] adj. genealógico ❖ [form.] ~ *tree* árvore genealógica

genealogically [dʒiːnɪə'lɒdʒɪklɪ] adv. genealogicamente

genealogist [dʒiːnɪ'ælədʒɪst] s. genealogista

genealogize [dʒiːnɪ'ælədʒaɪz] v.tr.,intr. 1 estabelecer a genealogia de; 2 traçar genealogias

genealogy [dʒiːnɪ'ælədʒɪ] s. (pl. **-ies**) genealogia

genera ['dʒenərə] pl. de **genus**

general ['dʒenərəl] Ⓐ s. 1 geral, generalidade; 2 (ordem religiosa) general; 3 MILITAR general; 4 [coloq.] hospital geral; 5 [coloq.] anestesia geral; ~ *anaesthetic* anestesia geral Ⓑ adj. 1 (oposto a particular) geral, universal, comum a todos; 2 genérico; 3 extenso; 4 corrente, usual; 5 indeterminado, vago; 6 chefe, superior ❖ ~ *arrangement* plano geral; ~ *articles* cláusulas gerais; ~ *charges* encargos gerais; ~ *dealer* comerciante que vende de tudo; ~ *drawing* desenho de conjunto; POLÍTICA ~ *election* eleições legislativas; MILITAR ~ *head hospital* hospital central; ~ *headquarters* grande quartel-general; ~ *knowledge* cultura geral; ~ *meeting* assembleia geral; MILITAR ~ *order* ordem do dia; ~ *post* primeira distribuição do correio; ~ *practitioner* policlínico; médico de clínica geral; ~ *relativity* relatividade geral; MILITAR *General Staff* Estado-Maior; ~ *strike* greve geral; MILITAR ~ *of the Army* marechal; ~ *post office* correio geral; [arc.] *the ~* o grande público; *the ~ reader* o leitor médio; os leitores; *as a ~ rule* geralmente; por via de regra; *in a ~ way* dum modo geral; *in ~* em geral; *to be a ~ reader* ler de tudo; *to become ~* generalizar-se

generalate ['dʒenərəleɪt] s. generalato

generalissimo [dʒenərə'lɪsɪməʊ] s. (pl. **-s**) generalíssimo

generality [dʒenə'rælətɪ] s. (pl. **-ies**) 1 generalidade; *to talk in generalities* dizer generalidades; 2 carácter geral; 3 pl. aspectos gerais; considerações gerais; generalidades ❖ *in the ~* em regra; *the ~ of...* a maior parte de

generalization [dʒenərəlaɪ'zeɪʃən] s. generalização

generalize ['dʒenərəlaɪz] v.tr. 1 generalizar; 2 tornar geral

generalizer ['dʒenərəlaɪzə] s. aquele que generaliza, generalizador

generalizing ['dʒenərəlaɪzɪŋ] Ⓐ s. generalização Ⓑ adj. que generaliza; generalizador

generally ['dʒenərəlɪ] adv. 1 geralmente; em geral; 2 habitualmente; 3 em todo o lado ❖ ~ *speaking* em geral; duma maneira geral

general-purpose [‚dʒenərəl'pɜːpəs] adj. 1 de utilização genérica; 2 geral, generalista, de interesse geral; ~ *dictionary* dicionário generalista; 3 multiusos, polivalente; 4 universal

generalship ['dʒenərəlʃɪp] s. 1 generalato; 2 estratégia, habilidade militar; 3 diplomacia

generant ['dʒenərənt] s. GEOMETRIA geratriz

generate ['dʒenəreɪt] v.tr. 1 gerar; criar; produzir; *to ~ an electric current* gerar corrente eléctrica; *to ~ steam* produzir vapor; 2 dar origem a; causar; provocar; suscitar; *to ~ excitement* suscitar entusiasmo e adesão; 3 procriar; conceber; gerar

generating ['dʒenəreɪtɪŋ] adj. gerador ❖ GEOMETRIA ~ *line* geratriz; ~ *plant* instalação de corrente; ~ *set/unit* grupo electrógeno; ~ *station* central eléctrica; GEOMETRIA ~ *surface* superfície geratriz

generation [dʒenə'reɪʃən] s. 1 geração; 2 (energia) produção; ~ *of electricity/power* produção de electricidade/energia; 3 gestação, concepção; 4 [form.] progénie ❖ ~ *gap* conflito de gerações; *equivocal ~* geração espontânea; *from ~ to ~* de geração em geração; *the coming/rising ~* a nova geração; *third-generation Canadians* canadianos de terceira geração; *within a ~* no espaço de uma geração

generative ['dʒenərətɪv] adj. 1 gerador, que produz, que dá origem; 2 LINGUÍSTICA generativo; ~ *grammar* gramática generativa

generator ['dʒenəreɪtə] s. 1 (aparelho) gerador; 2 (motor) dínamo; 3 GEOMETRIA geratriz; 4 autor; responsável pela concepção; 5 procriador ❖ ~ *capacity* rendimento do gerador; capacidade do gerador; ~ *gas* gás pobre; ~ *operation* funcionamento do gerador; *steam ~* caldeira a vapor

generatrix ['dʒenə‚reɪtrɪks] s. (pl. **generatrices**) GEOMETRIA geratriz

generic [dʒə'nerɪk] adj.,s. genérico ❖ FARMÁCIA (medicamento) ~ *drug* genérico

generical [dʒə'nerɪkəl] adj. genérico

generically [dʒə'nerɪkəlɪ] adv. genericamente; de modo genérico

generosity [dʒenə'rɒsɪtɪ] s. (pl. **-ies**) generosidade, magnanimidade, liberalidade

generous ['dʒenərəs] adj. 1 generoso; 2 liberal; magnânimo; 3 (solo) fértil; 4 abundante, copioso ❖ ~ *wine* vinho generoso; *to be ~ with one's money* ser um mãos-largas

generously ['dʒenərəslɪ] adv. com generosidade; generosamente

genesis ['dʒenɪsɪz] s. 1 génese; criação; 2 origem ❖ (Bíblia) *the Genesis* o Génesis

genet ['dʒenɪt] s. ZOOLOGIA geneta

genethliacal [dʒenəθ'laɪəkəl] adj. genetlíaco; relativo ao horóscopo

genetic [dʒə'netɪk] adj. 1 BIOLOGIA genético; 2 genesíaco ❖ ~ *code* código genético; ~ *engineering* engenharia genética

genetically [dʒə'netɪkəlɪ] adv. ❖ ~ *modified food* alimentos transgénicos

geneticist [dʒəˈnetɪsɪst] s. geneticista, especialista em genética
genetics [dʒəˈnetɪks] s. BIOLOGIA genética
geneva [dʒəˈniːvə] s. (bebida) genebra
Geneva [dʒəˈniːvə] s.top. Genebra ❖ HISTÓRIA ~ *Convention* Convenção de Genebra; ~ *gear* engrenagem intermitente; ~ *movement* movimento intermitente
Genevan [dʒəˈniːvən] adj.,s. 1 genebrês, genebrino; 2 calvinista
Genevese [dʒenəˈviːz] adj.,s. genebrês, genebrino
genevieve [dʒenəˈviːv] s. [cal.] dona-elvira, carro muito velho e de modelo antigo
Genevieve [dʒenəˈviːv] s. religioso da congregação de Santa Genoveva
genial¹ [ˈdʒiːnjəl] adj. 1 (clima, atmosfera) ameno, suave, temperado; 2 amável, agradável, simpático; 3 bem-disposto, jovial, bem-humorado; sociável; 4 (que favorece o crescimento) gestacional; 5 de génio, genial; 6 [arc.] nupcial; gestativo ❖ ~ *bed* leito conjugal
genial² [dʒəˈniːəl] adj. relativo ao queixo
geniality [dʒiːnɪˈælɪtɪ] s. 1 boa disposição, bom humor; 2 jovialidade; 3 alegria natural; 4 suavidade (de clima), doçura
genialize [ˈdʒiːnɪəlaɪz] v.tr. 1 suavizar; 2 tornar mais dado, tornar mais afável; 3 dispor bem
genially [ˈdʒiːnɪəlɪ] adv. 1 jovialmente, com bom humor; 2 com cordialidade, com amabilidade
geniculate [dʒeˈnɪkjʊlɪt] adj. geniculado
geniculated [dʒeˈnɪkjʊleɪtɪd] adj. geniculado
genie [ˈdʒiːnɪ] s. (pl. **genies** ou **genii**) MITOLOGIA génio
genii [ˈdʒiːnɪaɪ] Ⓐ pl. de **genie** Ⓑ pl. de **genius**²
genip [ˈdʒenɪp] s. BOTÂNICA jenipapo
genista [dʒɪˈnɪstə] s. BOTÂNICA giesta
genital [ˈdʒenɪtəl] adj. genital
genitalia [dʒenɪˈteɪlɪə] s.pl. órgãos sexuais, órgãos genitais externos
genitals [ˈdʒenɪtəlz] s.pl. órgãos sexuais, órgãos genitais externos
genitival [dʒenɪˈtaɪvəl] adj. LINGUÍSTICA do genitivo; relativo ao genitivo
genitive [ˈdʒenɪtɪv] adj.,s. LINGUÍSTICA genitivo; ~ *absolute* genitivo absoluto; ~ *ending* flexão do genitivo; *in the* ~ no genitivo
genito-crural [dʒenɪtəʊˈkrʊərəl] adj. ANATOMIA genitocrural
genito-urinary [dʒenɪtəʊˈjʊərɪnərɪ] adj. génito-urinário
genius¹ [ˈdʒiːnɪəs] s. (pl. **geniuses**) 1 (pessoa) génio; *to be a* ~ ser um génio; 2 génio, talento especial; *to have a* ~ *for* ter talento para, ser dotado para ❖ *a man of* ~ um homem genial; *a work of* ~ uma obra de génio
genius² [ˈdʒiːnɪəs] s. (pl. **genii**) génio, demónio, espírito bom ou mau que se supõe determinar o destino das pessoas
Genoa [ˈdʒenəʊə] s.top. Génova
genocide [ˈdʒenəsaɪd] s. 1 (acto) genocídio; 2 (pessoa) genocida
Genoese [dʒenəʊˈiːz] adj.,s. genovês
genome [ˈdʒiːnəʊm] s. (genética) genoma
genomic [dʒɪˈnəʊmɪk] adj. (genética) genómico; ~ *library* biblioteca genómica
genomics [dʒɪˈnəʊmɪks] s. (genética) genómica
genotype [ˈdʒenəʊtaɪp] s. BIOLOGIA genótipo
genotypic [dʒenəʊˈtɪpɪk] adj. genotípico
genre [ʒɑ̃ːnr] s. 1 (artes) género; 2 modalidade; tipo ❖ PINTURA (cenas domésticas) ~ *painting* quadro/pintura de género; *literary* ~ género literário
gens [dʒenz] s. (pl. **gentes**) clã, tribo (em Roma ou na Grécia)
Genseric [ˈdʒensərɪk, ˈgensərɪk] s.antr. (rei dos Vândalos) Genserico
gent [dʒent] s. {forma abreviada de **gentleman**} [joc.] pessoa com pretensões a «gentleman»
genteel [dʒenˈtiːl] adj. 1 distinto; fino; refinado; 2 cortês; polido; de boas maneiras; 3 elegante, bem vestido; 4 [depr.] amaneirado; afectado; pretensioso ❖ *to live in* ~ *poverty* viver em condições de pobreza moderada
genteelism [dʒenˈtiːlɪzəm] s. 1 pretensiosismo de linguagem; 2 imitação ridícula da chamada linguagem fina
genteelly [dʒenˈtiːlɪ] adv. 1 correctamente, convenientemente; 2 um tanto pretensiosamente
genteelness [dʒenˈtiːlnɪs] s. 1 distinção afectada; 2 pretensão a ser distinto, a ser fino

gentes [ˈdʒentiːz] pl. de **gens**
gentian [ˈdʒenʃən] s. BOTÂNICA genciana
gentile [ˈdʒentaɪl] Ⓐ adj. 1 gentílico; 2 pagão Ⓑ s. 1 gentio; 2 pagão; 3 LINGUÍSTICA nome gentílico
gentilitial [dʒentɪˈlɪʃəl] adj. gentílico, gentilício
gentility [dʒenˈtɪlɪtɪ] s. 1 alta estirpe, nobreza, alta burguesia; 2 distinção afectada, pretensão
gentle [ˈdʒentl] Ⓐ adj. (comp. **-er**, superl. **-est**) 1 suave, brando; 2 amável, afável; 3 manso, dócil; 4 (clima) ameno, agradável; 5 de boa estirpe, de bom nascimento, de boa família; 6 com direito a usar brasão; brasonado Ⓑ s. 1 (pesca) isca de larva de insecto; 2 (classe alta) pessoas fina Ⓒ v.tr. (cavalo) amansar ❖ ~ *exercise* exercício físico moderado; ~ *pursuits* passatempos requintados; (literatura) ~ *reader* leitor amável; *the* ~ *craft* a pesca à linha; [ant.] *the* ~ *sex* o sexo fraco; *to be* ~ *on the skin* não irritar a pele; *to apply* ~ *pressure* pressionar ligeiramente; *to cook over a* ~ *heat* cozinhar em lume brando
gentlefolk [ˈdʒentlfəʊk] s. [arc.] gente fina, pessoas da classe alta
gentlehood [ˈdʒentlhʊd] s. situação social elevada; boa família; alta estirpe
gentleman [ˈdʒentlmən] s. (pl. **-men**) 1 cavalheiro; senhor; 2 homem de carácter, indivíduo correcto; 3 gentil-homem; 4 (críquete) amador; 5 [arc.] contrabandista ❖ [ant.] (Oxford, Cambridge) ~ *commoner* estudante privilegiado; ~ *farmer* fidalgo rural; ~ *at large* pessoa sem ocupação definida; indivíduo desocupado; *gentleman's agreement* acordo de base legal, mas que vale pela palavra dada; *gentleman's* ~ criado de quarto; *gentlemen's hairdresser* cabeleireiro de homens; *my* ~ a pessoa de quem eu falava; *to be a* ~ *of leisure* viver dos rendimentos; *to behave like a* ~ comportar-se como um cavalheiro
gentlemanlike [ˈdʒentlmənlaɪk] adj. 1 de cavalheiro; 2 correcto; com correcção; 3 com aprumo ❖ [ant.] *to keep* ~ *hours* deitar-se ou levantar-se muito tarde
gentlemanliness [ˈdʒentlmənlɪnəs] s. distinção, boas maneiras
gentlemanly [ˈdʒentlmənlɪ] adj. 1 próprio de cavalheiro; 2 com distinção, distinto, fino, elegante
gentleness [ˈdʒentlnɪs] s. 1 suavidade, brandura, docilidade; 2 origem nobre
gentlewoman [ˈdʒentlwʊmən] s. (pl. **-women**) 1 dama; 2 fidalga; 3 senhora de boa família; 4 senhora que vive dos seus rendimentos; 5 (na corte) dama de companhia
gently [ˈdʒentlɪ] adv. 1 suavemente; com suavidade; brandamente; docemente; 2 mansamente; 3 devagar ❖ ~ *born* de bom nascimento; de sangue nobre; ~ *does it!* é uma questão de jeito e não de força!, devagar!; com calma!; *to simmer* ~ cozer em lume brando
gentrification [dʒentrɪfɪˈkeɪʃn] s. 1 [depr.] aburguesamento; 2 [depr.] descaracterização
gentrify [ˈdʒentrɪfaɪ] v.tr. 1 [depr.] aburguesar; 2 [depr.] descaracterizar
gentry [ˈdʒentrɪ] s. 1 classes altas; 2 [ant.] pequena aristocracia; pequena nobreza; *the nobility and the* ~ a alta e a pequena nobreza; 3 [depr.] gente, malta; *these* ~ estes indivíduos, estes tipos
gents [dʒents] s. instalações sanitárias públicas para homens
genuflect [ˈdʒenjuflekt] v.intr. 1 genuflectir; 2 fazer genuflexões
genuflection [dʒenjuˈflekʃən] s. genuflexão
genuflexion [dʒenjuˈflekʃən] s. genuflexão
genuine [ˈdʒenjuɪn] adj. 1 genuíno, autêntico; 2 sincero; ~ *belief* fé sincera; 3 verdadeiro; ~ *friend* amigo verdadeiro; 4 puro, não falsificado ❖ FINANÇAS ~ *assets* activo real
genuinely [ˈdʒenjuɪnlɪ] adv. de modo genuíno, autêntico, sem disfarces; sinceramente
genuineness [ˈdʒenjuɪnnɪs] s. 1 genuinidade; 2 sinceridade; 3 autenticidade; 4 pureza
genus [ˈdʒenəs, ˈdʒiːnəs] s. (pl. **genera**) 1 BOTÂNICA, LÓGICA, ZOOLOGIA género; *the* ~ *Homo* o género humano; 2 espécie, classe, ordem
geocentric [dʒiːəʊˈsentrɪk] adj. geocêntrico
geocentrical [dʒiːəʊˈsentrɪkəl] adj. geocêntrico

geocentrically [dʒiːəʊˈsentrɪkəlɪ] adv. geocentricamente
geode [ˈdʒiːəʊd] s. GEOLOGIA geode, uma das formas de agregação de cristais que cobrem o interior duma cavidade
geodesic [ˌdʒiːəʊˈdiːsɪk, ˌdʒiːəʊˈdesɪk] adj. geodésico
geodesy [dʒiːˈɒdɪsɪ] s. geodesia
geodetic [dʒiːəʊˈdetɪk] adj. geodésico
geodetical [ˌdʒiːəʊˈdetɪkəl] adj. geodésico
geodetics [ˌdʒiːəʊˈdetɪks] s. geodesia
geodic [dʒiːˈɒdɪk] adj. geodético
geodynamic [dʒiːəʊdaɪˈnæmɪk] adj. geodinâmico
Geoffrey [ˈdʒefrɪ] s.antr. Godofredo
geogeny [dʒiːˈɒdʒənɪ] s. geogenia
geognosy [dʒiːˈɒgnəsɪ] s. geognosia
geographer [dʒiːˈɒgrəfə] s. geógrafo
geographic [dʒiːəˈgræfɪk] adj. ⇒ **geographical**
geographical [dʒiːəˈgræfɪkəl] adj. geográfico ❖ ~ *map* carta geográfica
geographically [dʒiːəˈgræfɪkəlɪ] adv. geograficamente
geography [dʒɪˈɒgrəfɪ] s. (pl. -ies) 1 geografia; 2 tratado, manual de geografia
geoid [ˈdʒiːɔɪd] s. geóide
geologic [dʒiːəˈlɒdʒɪk] adj. ⇒ **geological**
geological [dʒiːəˈlɒdʒɪkəl] adj. geológico ❖ ~ *formation* formação geológica
geologically [dʒiːəˈlɒdʒɪkəlɪ] adv. geologicamente
geologist [dʒiːˈɒlədʒɪst] s. geólogo
geologize [dʒiːˈɒlədʒaɪz] v.tr.,intr. 1 dedicar-se à geologia; 2 fazer investigações de carácter geológico; 3 estudar a geologia de determinada região
geology [dʒiːˈɒlədʒɪ] s. (pl. -ies) geologia
geomancer [ˈdʒiːəʊˌmænsə] s. geomante
geomancy [ˈdʒiːəʊˌmænsɪ] s. geomancia
geomantic [ˈdʒiːəʊˌmæntɪk] adj. geomântico
geometer [dʒɪˈɒmɪtə] s. 1 geómetra; 2 ZOOLOGIA geómetra, agrimensora, lagarta-mede-palmos
geometric [dʒiːəˈmetrɪk] adj. (formas) geométrico; ~ *drawing* desenho geométrico
geometrical [dʒiːəˈmetrɪkəl] adj. (ciência, formas) geométrico ❖ ~ *figure* figura geométrica; GEOMETRIA ~ *prism* prisma geométrico; GEOMETRIA ~ *solid* sólido geométrico; GEOMETRIA ~ *theorem* teorema geométrico; ~ *curve* curva geométrica; GEOMETRIA ~ *mean* média geométrica; GEOMETRIA ~ *progression* progressão geométrica; GEOMETRIA ~ *proportion* proporção geométrica
geometrically [dʒiːəˈmetrɪkəlɪ] adv. geometricamente
geometrician [ˌdʒiːɒmeˈtrɪʃən] s. geómetra
geometrid [dʒɪˈɒmətrɪd] s. ZOOLOGIA falena
geometrize [dʒiːˈɒmətraɪz] v.tr.,intr. 1 dedicar-se à geometria; 2 aplicar processos geométricos
geometry [dʒɪˈɒmətrɪ] s. (pl. -ies) geometria ❖ *analytical/ coordinate* ~ geometria analítica; *higher* ~ geometria superior; *solid* ~ geometria no espaço
geomorphic [dʒiːəˈmɔːfɪk] adj. geomórfico
geophagy [dʒiːˈɒfədʒɪ] s. geofagia
geophone [ˈdʒiːəfəʊn] s. geofone, instrumento que permite a percepção e localização de ruídos subterrâneos
geophysical [dʒiːəʊˈfɪzɪkəl] adj. geofísico
geophysicist [ˌdʒiːəʊˈfɪzɪsɪst] s. geofísico
geophysics [ˌdʒiːəʊˈfɪzɪks] s. geofísica
geopolitical [dʒiːəʊpəˈlɪtɪkl] adj. geopolítico
geopolitics [dʒiːəʊˈpɒlɪtɪks] s. geopolítica
geoponic [dʒiːəʊˈpɒnɪk] adj. [joc.] agrícola, rural, rústico
Geordie [ˈdʒɔːdɪ] s. natural de Tyneside
George [dʒɔːdʒ] s.antr. 1 Jorge; 2 [gír.] piloto automático de avião ❖ *a yellow* ~ um guinéu; [coloq.] *by George!* caramba!; (23 de Abril, dia nacional da Inglaterra) *St. George's day* dia de S. Jorge
georgette [dʒɔːˈdʒet] s. 1 seda fina para vestidos; 2 «georgette»
Georgia [ˈdʒɔːdʒə] s.top. Geórgia
Georgian [ˈdʒɔːdʒən] adj.,s. 1 georgiano, relativo à Geórgia; 2 jorgiano, relativo a um dos reis Jorge
georgic [ˈdʒɔːdʒɪk] Ⓐ adj. geórgico Ⓑ s. (texto, imagem) geórgica ❖ LITERATURA (Virgílio) *the Georgics* as Geórgicas
geoscience [dʒiːəʊˈsaɪəns] s. geociência
geosphere [ˈdʒiːəʊsfɪə] s. geosfera
geostatic [dʒiːəʊˈstætɪk] adj. geostático
geostatics [dʒiːəʊˈstætɪks] s. geostática
geostationary [dʒiːəʊˈsteɪʃənərɪ] adj. geoestacionário
geostrategic [dʒiːəʊstrəˈtɪdʒɪk] adj. geostratégico
geostrategist [dʒiːəʊˈstrætədʒɪst] s. geoestratega
geostrategy [dʒiːəʊˈstrætədʒɪ] s. geoestratégia
geosynclinal [dʒiːəʊsɪnˈklaɪnəl] adj.,s. GEOLOGIA geossinclinal
geotaxis [dʒiːəʊˈtæksɪs] s. geotaxia, geotactismo
geotectonic [dʒiːəʊtekˈtɒnɪk] adj. geotectónico
geothermal [dʒiːəʊˈθɜːməl] adj. geotérmico
geotropic [dʒiːəʊˈtrɒpɪk] adj. geotrópico
geotropism [dʒiːˈɒtrəpɪzəm] s. geotropismo
Gerald [ˈdʒerəld] s.antr. Geraldo
Geraldine [ˈdʒerəldiːn, ˈdʒerəldaɪn] s.antr. Geraldina
geranium [dʒəˈreɪnɪəm] s. 1 BOTÂNICA gerânio, sardinheira; 2 bico-de-grou-sanguíneo
Gerard [ˈdʒerɑːd, ˈdʒered, dʒeˈrɑːd] s.antr. Gerardo
gerb [dʒɜːb] s. girândola (de foguetes)
gerbil [ˈdʒɜːbɪl] s. ZOOLOGIA gerbilo, género de mamíferos roedores
gerfalcon [ˈdʒɜːfɔːlkən] s. ZOOLOGIA gerifalte, gerifalto, gerifalco
geriatric [dʒerɪˈætrɪk] adj. geriátrico
geriatrician [dʒerɪəˈtrɪʃən] s. geriatra
geriatrics [dʒerɪˈætrɪks] s. MEDICINA geriatria
geriatry [ˈdʒerɪətrɪ] s. geriatria
germ [dʒɜːm] s. 1 germe, gérmen; 2 (doença) bacilo; micróbio; bactéria; 3 [fig.] embrião; *in* ~ em embrião ❖ ~ *carrier* portador de micróbios; ~ *cell* gâmeta; óvulo; espermatozóide; ~ *plasm* plasma germinativo; ~ *warfare* guerra biológica
german [ˈdʒɜːmən] adj.,s. 1 germano, que nasceu do mesmo pai e da mesma mãe; 2 [arc.] ⇒ **germane**
German [ˈdʒɜːmən] Ⓐ adj. alemão Ⓑ s. (pessoa, língua) alemão ❖ ~ *comb* os dedos; MEDICINA ~ *measles* rubéola; ~ *Confederation* a Confederação Alemã; ZOOLOGIA (cão) ~ *shepherd* pastor-alemão; (liga metálica) ~ *silver* argentão; ~ *text* tipo gótico; letra gótica; *High* ~ alto-alemão; *Low* ~ baixo-alemão; *the* ~ *Ocean* o mar do Norte
germander [dʒɜːˈmændə] s. BOTÂNICA carvalhinha, têucrio
germane [dʒɜːˈmeɪn] adj. relativo [**to**, a]; respeitante [**to**, a]; relacionado [**to**, com]
Germania [dʒɜːˈmeɪnɪə] s.top. Germânia
germanic [dʒɜːˈmænɪk] adj. QUÍMICA germânico
Germanic [dʒɜːˈmænɪk] adj. 1 alemão; 2 germânico
germanism [ˈdʒɜːmənɪzəm] s. germanismo
germanist [ˈdʒɜːmənɪst] s. germanista
germanium [dʒɜːˈmeɪnɪəm] s. QUÍMICA (elemento químico) germânio
germanization [dʒɜːmənaɪˈzeɪʃən] s. germanização
germanize [ˈdʒɜːmənaɪz] v.tr. germanizar
germanizer [ˈdʒɜːmənaɪzə] s. germanizante, germanizador; aquele que germaniza
germanizing [ˈdʒɜːmənaɪzɪŋ] Ⓐ adj. germanizante Ⓑ s. germanização
germanomania [ˌdʒɜːmənəʊˈmeɪnɪə] s. germanomania, germanofilia
germanophile [dʒɜːˈmænəʊfaɪl] s. germanófilo
germanophilist [dʒɜːməˈnɒfɪlɪst] s. germanófilo
germanophobe [dʒɜːˈmænəʊfəʊb] s. germanófobo
germanophobia [dʒɜːmænəʊˈfəʊbɪə] s. germanofobia
germanophobic [dʒɜːmænəʊˈfəʊbɪk] adj. germanófobo
Germany [ˈdʒɜːmənɪ] s.top. Alemanha
germen [ˈdʒɜːmən] s. BIOLOGIA embrião, germe, ovário
germicidal [dʒɜːmɪˈsaɪdəl] adj. germicida; microbicida
germicide [ˈdʒɜːmɪsaɪd] s. germicida, microbicida
germinal [ˈdʒɜːmɪnəl] adj. 1 germinal, referente ao germe; 2 da natureza do germe; 3 em germe, em embrião
germinate [ˈdʒɜːmɪneɪt] Ⓐ v.intr. germinar, brotar, nascer Ⓑ v.tr. fazer germinar, fazer nascer
germinating [ˈdʒɜːmɪneɪtɪŋ] s. germinação
germination [dʒɜːmɪˈneɪʃən] s. germinação
germinative [ˈdʒɜːmɪnətɪv] adj. germinativo
gerontics [dʒeˈrɒntɪks] s. gerôntica
gerontocracy [dʒerɒnˈtɒkrəsɪ] s. gerontocracia
gerontologist [dʒerɒnˈtɒlədʒɪst] s. gerontologista

gerontology [dʒerɒn'tɒlədʒɪ] s. MEDICINA gerontologia
gerrymander ['dʒerɪmændə] Ⓐ s. 1 alteração, falsificação do recenseamento eleitoral, com o objectivo de conseguir predomínio político; 2 manipulação Ⓑ v.tr. 1 falsear, falsificar, alterar o recenseamento eleitoral; 2 manipular
gerrymanderer ['dʒerɪmændərə] s. 1 falsificador; 2 político que altera os resultados duma eleição ou as listas eleitorais
gerrymandering [,dʒerɪ'mændərɪŋ] s. 1 enredo, tramóia, manigância; 2 falsificação eleitoral
Gertrude ['gɜːtruːd] s.antr. Gertrudes
gerund ['dʒerənd] s. gerúndio ❖ ~ *grinder* professor de latim
gerundial [dʒə'rəndɪəl] adj. LINGUÍSTICA relativo ao gerúndio
gerundival [dʒərən'daɪvəl] adj. ⇒ **gerundial**
gerundive [dʒə'rʌndɪv] adj.,s. gerundivo
gerundively [dʒə'rʌndɪvlɪ] adv. gerundivamente
Gervase ['dʒɜːveɪz, 'dʒɜːvəs] s.antr. Gervásio
Geryon ['gerɪən] s. MITOLOGIA Gerion, rei de Erítia, que tinha três corpos
gesso ['dʒesəʊ] s. ARTES PLÁSTICAS gesso, gipso, gesso-de-paris
gest [dʒest] s. 1 LITERATURA gesta; 2 aventura
Gestalt [gə'ʃtaːlt] s. PSICOLOGIA, ARTES PLÁSTICAS *gestalt*
Gestapo [ges'taːpəʊ] s. polícia secreta alemã antes e durante a 2.ª Grande Guerra
gestate [dʒe'steɪt] Ⓐ v.intr. estar em gestação Ⓑ v.tr. 1 gerar, conceber; 2 (ideia) engendrar, desenvolver
gestation [dʒes'teɪʃən] s. gestação
gestatorial [dʒestə'tɔːrɪəl] adj. gestatório; transportável ❖ (Papa) ~ *chair* cadeira gestatória
gesticulate [dʒes'tɪkjʊleɪt] v.tr.,intr. 1 gesticular; 2 exprimir por gestos
gesticulation [dʒestɪkjʊ'leɪʃən] s. gesticulação
gesticulator [dʒes'tɪkjʊleɪtə] s. gesticulador
gesticulatory [dʒes'tɪkjʊlətərɪ] adj. relativo a gestos, à gesticulação
gestural ['dʒestʃərəl] adj. gestual ❖ ~ *language* linguagem gestual
gesture ['dʒestʃə] Ⓐ s. 1 gesto; *with a sweeping ~* com gesto largo; 2 [fig.] atitude, acção; 3 [fig.] sinal; *as a ~ of* em sinal de Ⓑ v.tr.,intr. 1 fazer gestos, gesticular [to, a]; *he gestured sth to his friend* ele fez um gesto qualquer ao amigo; 2 exprimir, dizer por meio de gestos ❖ *to ~ with one's head* acenar com a cabeça
get [get] Ⓐ v.tr.,intr. (prt. *got*, part. pass. *got* ou *gotten*) 1 adquirir, obter; 2 comprar; 3 receber, ganhar; 4 ter, possuir; 5 apanhar; 6 ir buscar, procurar; 7 atingir, compreender; *to ~ it* compreender, perceber; [coloq.] *do you ~ me?* está a perceber?; *I don't ~ you!* não te percebo!; 8 aprender; 9 ser; 10 tornar-se, vir a ser; 11 arranjar, preparar; 12 convencer, persuadir [to, a]; 13 contribuir para, motivar, causar; 14 [seguido de particípio] mandar; *you ought to ~ your watch repaired* tens de mandar arranjar o teu relógio; 15 chegar (a); *to ~ to* chegar a; *to ~ home* chegar a casa; 16 confundir, desorientar; 17 [coloq.] prender, capturar; 18 [coloq.] conseguir, arranjar maneira de; 19 irritar, chatear; 20 (pancada) acertar [in, em] Ⓑ s. (animais) descendência, geração ❖ [coloq.] *~ a load of this!* tens de ouvir esta!; *~ cracking!/ ~ going!/~ weaving!* põe-te a mexer; põe-te a andar; [coloq.] *~ with it!* actualiza-te!; *I have got them against me* eles estão contra mim; *I've got to do it* tenho de fazer isso; *they got talking* começaram a falar; *to ~ a radio station* captar uma estação radiofónica; *to ~ against* encontrar como opositores; *to ~ among* andar; mover-se; espalhar-se; tornar-se conhecido; *to ~ before* adiantar-se; ir à frente; *to ~ better* melhorar; *to ~ done with* acabar; concluir; *to ~ fairly under way* começar a singrar na vida; *to ~ from* obter de; partir de; sair de; *to ~ going* partir; ir-se embora; *to ~ his/to ~ hers/to ~ theirs* receber o castigo devido; *to ~ home* chegar a casa; atingir o objectivo; acertar no alvo; *to ~ it out of* sacar a; investigar; conseguir que alguém revele o que se pretende descobrir; [coloq.] *to ~ left* ficar para trás; ficar a ver navios; *to ~ married* casar; *to ~ near* aproximar-se; *to ~ nowhere* não conseguir nada; *to ~ one's eye in/to ~ one's hand in* familiarizar-se com; *to ~ one's own way* ser bem sucedido; conseguir o que se pretende; *to ~ ready* aprontar-se; preparar-se; *to ~ rid of* livrar-se de; *to ~ sb home* levar alguém a casa; *to ~ sth right* esclarecer algo; entender bem alguma coisa; [coloq.] *to ~ on sb's goat* irritar alguém; aborrecer alguém; [ant.] *to ~ sth down cold* decorar; aprender bem; *to ~ the better of* levar a melhor sobre; *to ~ under way* começar a andar; pôr-se a caminho; *to ~ used to* habituar-se a; *what's that got to do with it?* que é que isso tem que ver com a questão?

◆**get about** v.intr. 1 mexer-se; passear; sair; viajar; 2 constar; tornar-se público; 3 (doença) restabelecer-se

◆**get above** v.tr. colocar-se em plano superior a, pôr-se acima de ❖ *to ~ oneself* julgar-se muito importante; *you're getting above yourself!* quem pensas tu que és?

◆**get across** Ⓐ v.tr. 1 (rua, ponte, rio, etc.) atravessar; 2 comunicar; transmitir; *he couldn't get the idea across* não conseguiu transmitir a ideia; 3 chegar a; atingir; irritar Ⓑ v.intr. 1 fazer-se compreender; ser compreendido [to, por]; 2 encontrar bom acolhimento [to, em]; 3 ser bem sucedido

◆**get ahead** v.intr. 1 prosperar; ser bem sucedido; 2 ultrapassar; passar à frente [of, de]

◆**get along** v.intr. 1 dar-se bem [with, com]; *they don't ~ very well* não se dão muito bem; 2 sair; ir embora; *we should be getting along* temos de ir andando; 3 progredir; avançar; fazer progressos [in, em] ❖ (descrença) *~ (with you)! it can't be true!* ora vai passear! isso não pode ser verdade!; *how are you getting along?* então como tem passado?; *to ~ without* passar sem

◆**get around** Ⓐ v.intr. 1 [coloq.] andar por aí; sair; passear; 2 (notícia, informação) espalhar-se; *the news got around* a notícia espalhou-se Ⓑ v.tr. 1 (problema) dar a volta a; contornar; evitar; *to ~ a regulation* fugir a um regulamento, escapar a um regulamento; 2 (pessoa) dar a volta a; convencer; 3 (circuito, percurso) dar a volta a; 4 livrar-se de

◆**get around to** v.tr. 1 ter tempo para; 2 decidir-se a

◆**get at** v.tr. 1 (criticar) implicar com; *she's always getting at him* está sempre a implicar com ele; 2 subornar; *don't trust him, because he's been got at* não confies nele, porque já o subornaram; 3 chegar a; *to ~ the heart of the matter* chegar ao fundo da questão; *what are you getting at?* onde é que estás a tentar chegar?; 4 descobrir; *she will do anything to ~ the truth* fará qualquer coisa para descobrir a verdade

◆**get away** v.intr. 1 ir embora [from, de]; 2 escapar [from, de]; 3 (férias) ir para fora; 4 afastar-se; *we're getting away from the main point* estamos a afastar-nos do que interessa ❖ (descrença) *get away!* fala a sério!; *there is no getting away from* não é possível fugir a

◆**get away with** v.tr. (impunidade) safar-se com; escapar com ❖ [EUA] [coloq.] *to ~ it* escapar sem repreensão ou castigo

◆**get back** Ⓐ v.tr. 1 recuperar; *did you get your umbrella back?* recuperaste o teu guarda-chuva?; 2 (relação amorosa) reconquistar; 3 levar de volta a Ⓑ v.intr. 1 regressar [from, de; to, a]; *I'll ~ at five o'clock* volto às cinco horas; 2 retroceder, chegar-se para trás

◆**get back at** v.tr. vingar-se de [for, por]

◆**get back to** v.tr. 1 voltar a ligar; *I'll ~ you later* volto a ligar-te mais tarde; 2 responder a; 3 retomar

◆**get behind** v.tr. 1 atrasar-se [with, em]; *he got behind with the payment* atrasou-se no pagamento; 2 ficar para trás; 3 mostrar o que está por trás de; 4 [EUA] apoiar

◆**get beyond** v.tr. ultrapassar; passar à frente de

◆**get by** Ⓐ v.intr. desenrascar-se; sobreviver [with, com; on, com] Ⓑ v.tr. passar; *could you let me get by, please?* dá-me licença de passar, por favor?

◆**get down** Ⓐ v.tr. 1 deprimir; *he gets me down every time* fico sempre deprimido quando falo com ele; 2 anotar; *get this message down* anota esta mensagem; 3 engolir; *he got the tablet down* engoliu a pastilha; 4 baixar Ⓑ v.intr. 1 baixar-se; 2 descer [from, de; to, a]; 3 (crianças) sair (da mesa); *may I ~ (from the table)?* posso sair (da mesa)?

◆**get down to** v.tr. concentrar-se em; dedicar-se a; *I must ~ work* tenho de me concentrar no trabalho

◆**get in** Ⓐ v.intr. 1 entrar; 2 chegar; 3 chegar a casa; 4 ser eleito; *they got in at the last election* foram eleitos nas últimas eleições Ⓑ v.tr. 1 entrar em; *they couldn't ~ the club* não conseguiram entrar na discoteca; **2** fazer entrar; meter dentro; **3** (colheitas) recolher; **4** chamar; **5** entregar; enviar ❖ NÁUTICA *to ~ a sail* meter uma vela; *to ~ a word* dizer uma palavra; intrometer-se na conversa; meter o bico

◆**get in on** *v.tr.* [coloq.] alinhar em; tomar parte; participar em

◆**get into** *v.tr.* **1** chegar a; **2** entrar em; **3** penetrar; **4** fazer entrar; meter; introduzir em; **5** (peça de vestuário) enfiar; **6** passa com; *I don't know what's got into him* não sei o que se passa com ele; **7** meter-se em; envolver-se em; *she's got into piano lessons* meteu-se em lições de piano ❖ *to ~ a bad corner* meter-se em dificuldades; *to ~ a rage* ficar furioso; *to ~ debt* endividar-se; *to ~ one's head* meter na cabeça; compreender; *to ~ the way of doing sth* aprender a fazer alguma coisa

◆**get in with** *v.tr.* [coloq.] insinuar-se junto de; captar as boas graças de

◆**get off** Ⓐ *v.tr.* **1** (veículo) sair de; **2** descer de; **3** enviar, mandar; **4** livrar(-se) de; **5** adormecer; *she is getting the baby off* está a adormecer o bebé; **6** largar, deixar; **7** (vestuário) tirar, despir; **8** (férias, folga) tirar; *can you get some time off next week?* consegues tirar uns dias para a semana?; **9** [coloq.] sacar; *did you get that money off him?* sacaste-lhe o dinheiro? ❖ Ⓑ *v.intr.* **1** sair; *she gets off at five o'clock* sai às cinco horas; **2** partir; ir-se embora; **3** começar; **4** escapar, safar-se; *to ~ easy* escapar com uma pena leve; **5** ter o atrevimento de ❖ *to get a ship off* desencalhar um navio; *to ~ on the wrong foot* começar mal; proceder com pouco senso; *to ~ sb's back/case* deixar de implicar com alguém; deixar alguém em paz; *to ~ to a flying start* começar lindamente; [GB] [coloq.] *to ~ to sleep* adormecer; *to get sth off one's chest* desabafar

◆**get off with** *v.tr.* [coloq.] (relação amorosa) dar-se logo bem com

◆**get on** Ⓐ *v.tr.* **1** (vestuário) colocar; pôr; **2** entrar para; subir para; *~ the bus* entra para o autocarro; **3** (refeição, bebida) preparar ❖ Ⓑ *v.intr.* **1** começar; continuar; **2** relacionar-se, dar-se bem [with, com]; *he gets on well with his colleagues* dá-se bem com os colegas; **3** envelhecer; *to ~ in years* envelhecer; **4** ter sucesso [in, em]; **5** progredir; avançar; fazer progressos [with, em]; **6** sair; ir embora; *it's time we were getting on* são horas de irmos andando ❖ *to ~ one's feet* levantar-se; estabelecer casa comercial; ganhar confiança em si mesmo; *to ~ one's nerves* irritar; enervar; [EUA] [coloq.] *to ~ the ball* estar mais atento; mostrar-se mais expedito; *to ~ the phone* telefonar

◆**get on for** *v.tr.* ser quase; estar quase; haver quase, aproximar-se de ❖ *it's getting on for seven o'clock* aproximam-se as sete horas; *he's getting on for fifty* ele tem quase cinquenta anos

◆**get onto** *v.tr.* **1** [coloq.] dar uma palavrinha a, contactar; **2** descobrir; localizar; **3** conseguir compreender; **4** (assunto, questão) passar a; **5** (pessoas) meter em; *who got her onto drugs?* quem é que a meteu na droga?

◆**get out** Ⓐ *v.tr.* **1** tirar [of, de]; *you must get me out of here* tens de me tirar daqui; **2** publicar, produzir; **3** (palavras) arrancar ❖ Ⓑ *v.intr.* **1** escapar; **2** sair; **3** retirar-se; ir-se embora; **4** (notícia, informação) vir a público, tornar-se conhecido ❖ [EUA] [coloq.] *get out! I don't believe it!* vai passear! não acredito!

◆**get out of** *v.tr.* **1** sair de; **2** livrar(-se) de; *to ~ a scrape* libertar-se duma dificuldade; **3** arrancar; tirar de; *he got the truth out of her* arrancou-lhe a verdade; **4** desabituar-se de; *to ~ a habit* perder um hábito; **5** (vestuário) tirar, despir ❖ *to ~ one's mind* esquecer; *to ~ the way* afastar; afastar-se; *can't get sth out of one's head* não conseguir tirar algo da cabeça

◆**get over** *v.tr.* **1** (doença, choque) recuperar de, restabelecer-se de; **2** (crise) superar; ultrapassar; **3** (transmitir) fazer passar; *she got the idea over* fez passar a ideia; **4** ir a, dirigir-se a; **5** (problema, etc.) ultrapassar; solucionar; dominar; **6** terminar ❖ Ⓑ *v.intr.* **1** causar boa impressão; **2** desviar-se

◆**get over with** *v.tr.* **1** acabar, terminar; **2** libertar-se de

◆**get round** Ⓐ *v.tr.* **1** contornar; evitar, fugir a; *to ~ the law* fugir à lei; **2** convencer, persuadir; [coloq.] *she knows how to ~ him* ela sabe como o há-de levar; **3** (circuito, percurso) dar a volta a ❖ Ⓑ *v.intr.* vir a público, tornar-se conhecido, constar

◆**get round to** *v.tr.* ter tempo para; decidir-se a

◆**get through** Ⓐ *v.tr.* **1** atravessar; ultrapassar; **2** (exame) passar em; **3** acabar, terminar, chegar ao fim de; **4** gastar; usar; **5** (lei) fazer aprovar; **6** passar através de; **7** chegar até junto de; **8** dissipar ❖ Ⓑ *v.intr.* **1** conseguir chegar [to, a]; **2** (telefone) contactar [to, com]; *I can't ~ to him* não o consigo contactar; **3** explicar-se; fazer-se entender; ser transmitido; **4** (competição) ser apurado

◆**get together** Ⓐ *v.intr.* **1** encontrar-se; **2** juntar-se; reunir-se; **3** fazer uma reunião; **4** chegar a acordo; **5** concentrar-se ❖ Ⓑ *v.tr.* **1** juntar; reunir; **2** (montagem) montar; **3** organizar ❖ *to get oneself together/to get it together* concentrar-se; organizar-se

◆**get under** *v.tr.* **1** meter-se debaixo de; **2** submeter; subjugar; dominar

◆**get up** Ⓐ *v.intr.* **1** levantar-se; **2** vestir-se, arranjar-se; **3** subir na vida ❖ Ⓑ *v.tr.* **1** acordar, despertar; **2** chegar ao cimo de; **3** organizar, preparar; planear; **4** elevar; aumentar; **5** mascarar; **6** urdir ❖ *to ~ steam* (máquina) ganhar pressão; (pessoa) reunir forças

◆**get up to** *v.tr.* **1** chegar a; **2** preparar; fazer; *what have you been getting up to?* que tens feito?

Getae ['geɪtaɪ, 'dʒiːtɔɪ] *s.pl.* Getas, antigo povo da Cítia

get-at-able [get'ætəbəl] *adj.* **1** acessível; **2** fácil de se conseguir

get-at-ableness [get'ætəblnɪs] *s.* acessibilidade

getaway ['getəweɪ] *s.* **1** fuga; **2** retirada; **3** evasão; **4** arranque, largada, partida

getby ['getbaɪ] *s.* processo de sobrevivência ❖ *~ makeshift* expediente para sobreviver

getgo ['getgəʊ] *s.* [coloq.] princípio, começo; *from the ~* desde o princípio

Gethsemane [geθ'semənɪ] *s.top.* RELIGIÃO (Bíblia) Getsémani

get-rich-quick ['getrɪtʃˌkwɪk] *adj.* que sonha com grandes fortunas

gettable ['getəbəl] *adj.* que se pode arranjar, conseguir, adquirir

getter ['getə] *s.* **1** aquele que adquire ou obtém; **2** [fig.] procriador, pai

getter-up ['getərʌp] *s.* **1** promotor; **2** organizador

get-there ['getðeə] *adj.* oportunista

getting ['getɪŋ] *s.* obtenção, aquisição ❖ *~ across* passagem; travessia; *~ away* fuga; evasão; partida; *~ back* regresso; recuperação; *~ in* recolha; entrada; *~ into* admissão a; entrada em; *~ off* partida; descolagem (de avião); desencalhe (de navio); *~ on* progresso; avanço; *~ out* publicação; lançamento à água (de navio); extracção; *~ over* passagem; restabelecimento (de doença); *~ through* êxito; passagem; admissão; *~ together* reunião; junção; *~ up* montagem; organização; arranjo; apresentação; preparação; aparelhamento; acção de se levantar

get-together [getə'geðə] *s.* **1** encontro, reunião entre amigos; **2** festa

Getulians [dʒɪ'tjuːlɪənz] *s.pl.* Getulos, povo da antiga Getúlia

getup ['getʌp] *s.* **1** [coloq.] roupa, vestuário; **2** [coloq.] apresentação, aspecto

get-well ['getwel] *adj.* de melhoras; *~ card* cartão de melhoras

geum ['dʒiːəm] *s.* **1** BOTÂNICA geo; **2** erva-benta

gewgaw ['gjuːgɔː] *s.* **1** ninharia, bagatela, futilidade; **2** ostentação

geyser[1] ['giːzə, 'gaɪzə] *s.* **1** GEOLOGIA géiser; **2** [GB] esquentador da água

geyser[2] ['giːzə] *s.* velhote, velhota

geyserite ['geɪzəraɪt] *s.* geiserito

GFS [*abrev. de* Girls' Friendly Society]

Ghana ['gɑːnə] *s.top.* Gana

Ghanaian [gɑː'neɪən] *adj., s.* ganês

gharry ['gærɪ] *s.* carruagem indiana de aluguer

ghastliness ['gɑːstlɪnɪs] *s.* **1** carácter sinistro; **2** horror, pavor; **3** palidez cadavérica, palidez mortal

ghastly ['gɑːstlɪ] Ⓐ *adj.* (*comp.* -ier, *superl.* -iest) **1** lívido; *~ pale* com uma palidez de morte; **2** monstruoso; horroroso; pavoroso; *a ~ accident* um desastre horroroso; **3** sinistro; **4** [coloq.] horrível, detestável; *~ weather* tempo horrível; **5** execrável; horrível; *~ people* gente execrável ❖ Ⓑ *adv.* **1** horrorosamente; horrivelmente; **2** pavorosamente; **3** terrivelmente

ghawazee [gə'wɑːzɪ] *s.pl.* (Egipto) dançadeiras que se exibem nas ruas

ghazeeyeh [gæ'ziːjə] *s.* (Egipto) dançadeira das ruas

Gheber ['geɪbə] *s.* guebro

ghee [giː] *s.* manteiga feita de leite de búfalo indiano, clarificada de modo a parecer óleo

Ghent [gent] *s.top.* Gante

gherkin ['gɜːkɪn] s. pepino pequeno e verde usado em conservas
ghetto ['getəʊ] s. (pl. **-s** ou **-es**) gueto, bairro onde habitam minorias
ghettoise [getəʊ'aɪz] v.tr. 1 (minorias) empurrar para um gueto; marginalizar; 2 pôr de parte; 3 segregar, discriminar
ghettoization [ˌgetəʊaɪ'zeɪʃn] s. 1 (minorias) marginalização; 2 discriminação, segregação
ghettoize [getəʊ'aɪz] v.tr. 1 (minorias) empurrar para um gueto; marginalizar; 2 pôr de parte; 3 segregar, discriminar
Ghibelline ['gɪbəlaɪn] adj.,s. HISTÓRIA gibelino, membro do partido político que se opunha aos guelfos, na Itália, durante a Idade Média
Ghibellinism ['gɪbəlaɪnɪzəm] s. HISTÓRIA gibelinismo
ghost [gəʊst] Ⓐ s. 1 fantasma; espectro; alma penada; aparição; espírito; *to lay a ~* esconjurar um espírito; *to raise a ~* evocar um espírito; 2 RELIGIÃO espírito; alma; 3 possibilidade remota; 4 sombra, vestígio; *~ of a smile* vestígio de um sorriso; 5 ÓPTICA imagem falsa ou secundária; 6 escritor ou artista que realiza um trabalho que outro assina Ⓑ v.tr.,intr. escrever, por dinheiro e anonimamente, uma obra que outro assina ❖ *~ ship* navio fantasma; *~ word* palavra que tem origem em qualquer equívoco; RELIGIÃO *the Holy ~* o Espírito Santo; *not the ~ of a chance* sem a menor possibilidade; *to give up the ~* expirar
ghostbuster [gəʊst'bʌstə] s. 1 [coloq.] caça-fantasma; 2 [coloq.] funcionário que detecta pessoas que não declararam os seus rendimentos para efeitos de imposto
ghostlike ['gəʊstlaɪk] adj. 1 espectral, fantasmal, fantasmagórico; 2 incorpóreo; 3 irreal, que já não existe
ghostly ['gəʊstlɪ] adj. (comp. **-ier**, superl. **-iest**) 1 fantasmagórico; espectral; 2 RELIGIÃO [arc.] espiritual ❖ *~ comfort* reconforto religioso; RELIGIÃO *~ director* director espiritual; RELIGIÃO *~ father* confessor
ghostwrite ['gəʊstraɪt] v.tr. (prt. **ghostwrote**, part. pass. **ghostwritten**) ser negro de, escrever sob o nome de pessoa conhecida
ghostwriter ['gəʊstraɪtə] s. (texto publicado com nome de pessoa conhecida) negro, verdadeiro autor
ghoul [guːl] s. 1 vampiro; espírito maligno; 2 [fig.] pessoa mórbida
ghoulish ['guːlɪʃ] adj. 1 macabro, mórbido; 2 medonho, horrível; 3 vampírico, próprio de vampiro
ghoulishness ['guːlɪʃnɪs] s. 1 apetite, atitudes de vampiro; 2 mobidez; 3 horror, hediondez
GHQ [abrev. de General Headquarters]
ghyll [gɪl] s. 1 ravina; 2 torrente estreita entre montanhas
GI Ⓐ [EUA] [abrev. de General Issue] Ⓑ adj. 1 fornecido pelo governo; 2 de acordo com os regulamentos Ⓒ s. (pl. **-s** ou **-'s**) [EUA] soldado raso ❖ MILITAR *GI field boots* botas de campanha; MILITAR *GI haircut* corte de cabelo regulamentar
G. I. ['dʒɜːˈaɪ] adj.,s. ⇒ GI
giant ['dʒaɪənt] Ⓐ s. gigante Ⓑ adj. gigantesco; *a ~ strength* uma força gigantesca ❖ (promontório na Irlanda do Norte) *the Giant's Causeway* Calçada dos Gigantes
giantess ['dʒaɪəntɪs] s.f. (pl. **-es**) giganta
giantism ['dʒaɪəntɪzəm] s. MEDICINA gigantismo
giant-killer ['dʒaɪəntˌkɪlə] s. (desporto, política, negócios) tomba-gigantes
giantlike ['dʒaɪəntlaɪk] adj. gigantesco
giaour ['dʒaʊə] s. nome de desprezo que os Turcos davam aos que não seguiam a sua religião, particularmente aos cristãos
gib [dʒɪb] Ⓐ s. contrachaveta Ⓑ v.tr. (particípios: **-bb-**) prender com chaveta ❖ *~ and cotter* chaveta e contrachaveta
Gib [dʒɪb] ⇒ **Gibraltar**
gibber ['dʒɪbə] Ⓐ s. 1 algaraviada; 2 gritos, sons inarticulados Ⓑ v.intr. 1 produzir sons inarticulados; 2 falar sem sentido, gaguejando ou balbuciando, como louco; 3 mal conseguir articular as palavras com medo ou cólera
gibbering ['dʒɪbərɪŋ] Ⓐ adj. 1 balbuciante; 2 produzindo sons inarticulados Ⓑ s. gritos, sons inarticulados produzidos por macaco ou por idiota
gibberish ['dʒɪbərɪʃ] s. 1 algaraviada incompreensível; 2 sons inarticulados; 3 linguagem sem nexo
gibbet ['dʒɪbɪt] Ⓐ s. 1 forca; 2 armação de madeira, para enforcar condenados, firme no solo por um só poste ou pilar; 3 morte pela forca Ⓑ v.tr. 1 enforcar; 2 condenar à forca; 3 matar pela forca; 4 pendurar na forca; 5 expor a desprezo ou infâmia

gibbon ['gɪbən] s. ZOOLOGIA gibão, mamífero símio
gibbose [gɪ'bəʊs] adj. 1 com corcova, com corcunda; 2 convexo
gibbosity [gɪ'bɒsɪtɪ] s. (pl. **-ies**) 1 gibosidade; 2 protuberância, bossa
gibbous ['gɪbəs] adj. ⇒ **gibbose**
gibbously ['gɪbəslɪ] adv. corcovadamente
gibbousness ['gɪbəsnɪs] s. aspecto corcovado ou de corcunda
gibe [dʒaɪb] Ⓐ s. 1 chacota; zombaria; 2 sarcasmo; escárnio Ⓑ v.tr.,intr. zombar [**at**, de]; escarnecer [**at**, de]; fazer pouco [**at**, de]; *to ~ at sb* escarnecer de alguém
Gibeon ['gɪbɪən] s.top. RELIGIÃO (Bíblia) Gábaon
Gibeonite ['gɪbɪənaɪt] s. RELIGIÃO (Bíblia) gabaonita
giber ['dʒaɪbə] s. escarnecedor, pessoa que escarnece, que zomba
gibing ['dʒaɪbɪŋ] adj. escarnecedor, zombeteiro, trocista
gibingly ['dʒaɪbɪŋlɪ] adv. escarnecedoramente; zombeteiramente; sarcasticamente
giblets ['dʒɪblɪts] s.pl. 1 CULINÁRIA miúdos, vísceras comestíveis de aves; 2 [coloq.] farrapos
Gibraltarian [ˌdʒɪbrɔːl'teərɪən] s. habitante ou natural de Gibraltar
gibus ['dʒaɪbəs, 'dʒɪbəs] s. (pl. **-es**) 1 chapéu alto de molas; 2 chapéu de claque
gid [gɪd] s. 1 VETERINÁRIA cenurose dos carneiros; 2 vertigens
giddily ['gɪdɪlɪ] adv. 1 vertiginosamente; 2 com vertigens; 3 estouvadamente
giddiness ['gɪdɪnɪs] s. 1 tontura; entontecimento; 2 vertigem; 3 [ant.] frivolidade; estouvamento ❖ *fits of ~* tonturas
giddy ['gɪdɪ] Ⓐ adj. (comp. **-ier**, superl. **-iest**) 1 tonto, zonzo; estonteado; 2 com vertigens; 3 vertiginoso, que causa vertigens; *a ~ height* uma altura vertiginosa; 4 (atmosfera) animado; contagiante; 5 [ant.] frívolo; leviano Ⓑ v.tr. entontecer, causar vertigens a ❖ *~ pate* pateta; cabeça-no-ar; *to feel ~* sentir vertigens; *to play the ~ goat* fazer de tolo; levar uma vida desregrada
Gideon ['gɪdɪən] s.antr. RELIGIÃO (Bíblia) Gedeão
GIF INFORMÁTICA [abrev. de graphic interchange format]
gift [gɪft] Ⓐ s. 1 oferta, presente, prenda; *as a ~* como oferta; *birthday ~* prenda de anos; 2 dádiva, donativo, doação; 3 dom natural; dote; *to be a person of many gifts* ser uma pessoa muito dotada, com muitos dotes; *to have a ~ for* ter um dom para Ⓑ v.tr. 1 oferecer; prendar; 2 dar; doar; 3 dotar ❖ *~ shop* loja de prendas; *~ token* oferta de vale de compras; *by free ~* sem encargos; a título gratuito; DIREITO *deed of ~* escritura de doação; *never look a ~ horse in the mouth* a cavalo dado não se lhe olha o dente; *to have the ~ of the gab* ter o dom da palavra
gifted ['gɪftɪd] adj. 1 talentoso, dotado; 2 prendado ❖ *a ~ child* uma criança sobredotada; *to be ~ with* ser dotado de
giftie ['gɪftɪ] s. [Esc.] dom ❖ [Esc.] *the ~ gie us to see ourselves as others see us* dai-nos o dom de nos vermos a nós mesmos como os outros nos vêem
gift-wrapped ['gɪftræpt] adj. para oferecer, embrulhado para oferecer, com embrulho de fantasia
gig [gɪg] Ⓐ s. 1 cabriolé, carro aberto e leve com duas rodas, puxado por um cavalo; 2 NÁUTICA guiga; 3 (pesca) arpéu; 4 máquina de cardar tecidos de lã; 5 MÚSICA actuação Ⓑ v.intr. MÚSICA actuar, dar um concerto
gigabyte ['dʒɪgəbaɪt, 'gɪgəbaɪt] s. INFORMÁTICA gigabyte
gigantic [dʒaɪ'gæntɪk] adj. gigantesco, colossal, enorme
gigantically [dʒaɪ'gæntɪkəlɪ] adv. gigantescamente
gigantism [dʒaɪ'gæntɪzəm] s. gigantismo
gigawatt ['dʒɪgəwɒt] s. ELECTRICIDADE gigawatt
giggle ['gɪgl] Ⓐ v.intr. rir com um risinho abafado e despropositado; dar risadinhas Ⓑ s. 1 risinho sacudido; 2 risinho abafado e despropositado; 3 risadinha
giggling ['gɪglɪŋ] Ⓐ adj. 1 aos risinhos; 2 que dá risadinhas Ⓑ s. risinho despropositado; risadinha pateta
giggly ['gɪglɪ] adj. 1 risonho; 2 às gargalhadinhas
giglamps ['gɪglæmps] s.pl. [cal.] óculos
giglet ['gɪglɪt] s. rapariga turbulenta; maria-rapaz
giglot ['gɪglət] s. ⇒ **giglet**
gigolo ['dʒɪgələʊ] s. gigolô

gigsman ['gɪgzmən] s. (pl. **-men**) homem que navega em guiga
Gilbert ['gɪlbət] s.antr. Gilberto
Gilbertian [gɪl'bɜːtɪən] adj. 1 cómico; 2 característico das situações cómicas nas óperas de Gilbert e Sullivan
gild [gɪld] Ⓐ v.tr. (prt. e part. pass. **gilded**) 1 dourar, tingir com dourado; 2 adornar; tornar atraente; 3 embelezar com palavras Ⓑ s. sociedade de socorros mútuos ❖ *to ~ the lily* estragar aquilo que já está bom com tentativas de melhoramento; *to ~ the pill* dourar/adoçar a pílula
gilded ['gɪldɪd] adj. dourado ❖ (emblema da Cavalaria) *~ spurs* esporas de ouro; *~ woodcarvings* talha dourada; *the Gilded Chamber* a Câmara dos Lordes
gilder ['gɪldə] s. 1 dourador; 2 dourador de molduras
gilding ['gɪldɪŋ] s. 1 douradura; 2 brilho ❖ *~ bath* banho para dourar
Gilead ['gɪlɪæd] s.top. RELIGIÃO (Bíblia) Galaad
gill¹ [gɪl] Ⓐ s. 1 ZOOLOGIA (peixe) [geralm. no pl.] guelra, brânquia; 2 (certas aves) monco, papada; 3 BOTÂNICA (cogumelo) lamela; 4 (pessoas) papada, barbela; 5 pente de fiação; 6 (tubos, radiadores, etc.) anilha; 7 ravina profunda e geralmente arborizada; 8 rio estreito de montanha Ⓑ v.tr. 1 (peixe) estripar; 2 tirar as lâminas existentes na face interior dos cogumelos; 3 (peixe) apanhar pelas guelras em rede apropriada ❖ *~ covers* opérculos; aparelho opercular; *~ net* rede própria para apanhar o peixe pelas guelras; [coloq.] *to look green about the gills* ter aspecto doentio; [coloq.] *to look white about the gills* ter má aparência; [ant.] *to turn red about the gills* ficar vermelho de cólera
gill² [dʒɪl] s. medida de capacidade equivalente a 1,42 dl
gillaro [gɪləˈruː] s. truta irlandesa
gilled [gɪld] adj. 1 com guelras; 2 laminado ❖ *~ tube* tubo com nervuras
Gillian ['dʒɪlɪən] s.antr. Juliana
gillie ['gɪlɪ] Ⓐ s. 1 [Esc.] criado de chefe de clã; 2 ajudante de desportista Ⓑ v.intr. [Esc.] servir como ajudante de desportista (de pescador, caçador, etc.)
gillyflower ['dʒɪlɪflaʊə] s. BOTÂNICA goivo ❖ BOTÂNICA *the queen's ~* goiveiro encarnado; BOTÂNICA *the stock ~* goiveiro amarelo
gilt [gɪlt] Ⓐ adj. dourado; coberto de ouro; *~ frames* molduras douradas; *~ metal* metal dourado Ⓑ s. dourado, douradura ❖ (livro) *gilt-topped* dourado na parte superior; [coloq.] *to take the ~ off the gingerbread* deitar um balde de água fria; estragar a festa
gilt-edged [gɪlt'edʒd] adj. 1 ARTES PLÁSTICAS de borda dourada; 2 FINANÇAS de garantia máxima; *~ paper/securities/stocks* valores públicos de toda a confiança; 3 [fig.] de ouro; *~ opportunity* oportunidade de ouro
gilthead ['gɪlthed] s. ZOOLOGIA (peixe) dourada
gimbals ['dʒɪmbəlz] s.pl. 1 MECÂNICA balanceiro; 2 suspensão Cardan; 3 NÁUTICA suporte anelar que mantém bússola em posição estável ❖ NÁUTICA *~ of a compass* suspensão duma agulha
gimcrack ['dʒɪmkræk] Ⓐ adj. [depr.] vistoso e barato; 2 [depr.] mal feito; de pouca qualidade Ⓑ s. [depr.] obra de pacotilha, obra de qualidade inferior, artigo barato e mal feito ❖ *~ ornaments* enfeites de qualidade inferior, baratos e de mau gosto
gimcrackery ['dʒɪmkrækərɪ] s. 1 obra de fancaria; 2 artigo de pacotilha
gimcracky ['dʒɪmkrækɪ] adj. 1 vistoso e sem valor; 2 de fancaria; 3 de pacotilha
gimlet ['gɪmlɪt] Ⓐ s. 1 pua, verruma; 2 (bebida) cocktail de gin ou vodka com lima Ⓑ adj. penetrante Ⓒ v.tr. verrumar
gimlet-eyed ['gɪmlɪtaɪd] adj. 1 com olhar de lince; 2 perspicaz
gimme ['gɪmɪ] contr. de **give me**
gimmick ['gɪmɪk] s. 1 truque, habilidade, artimanha; 2 mistificação; 3 geringonça, maquineta
gimmicky ['gɪmɪkɪ] adj. 1 truncado; 2 cheio de truques; 3 manhoso
gimp [gɪmp] Ⓐ s. 1 passamane; 2 presilha, alamar; 3 galão; 4 divisa; 5 linha de pesca, de seda, protegida por arame; 6 fio grosso empregado, em costura, para contornos de desenhos; 7 [EUA] coxo; 8 [EUA] [depr.] desastrado, incapaz Ⓑ v.tr. guarnecer com passamanes, apassamanar Ⓒ v.intr. [EUA] coxear
gin [dʒɪn] Ⓐ s. 1 (bebida) gin, genebra; 2 máquina que separa as sementes da fibra do algodão; 3 espécie de cábrea; molinete; guincho; 4 roldana; 5 armadilha, laço, rede; 6 [Austr.] mulher aborígene; 7 [coloq.] (jogo de cartas) *gin rummy* Ⓑ v.tr. (particípios: **-nn-**) 1 descaroçar o algodão; 2 apanhar um animal com armadilhas ❖ *~ fizz* refresco de gin, limão, soda, etc.; *~ house* lugar onde o algodão é descaroçado; [EUA] [ant.] *~ mill* bar; [ant.] *~ palace* loja de bebidas alcoólicas montada com grande aparato; *~ shop* loja de bebidas alcoólicas, especialmente de gin; *~ sling* refresco de gin e açúcar; *~ soaked* alcoolizado; em gin; [coloq.] *~ and it* gin com vermute italiano; *~ and tonic* gin tónico

◆**gin up** v.tr. 1 (história) fabricar; 2 exagerar; 3 espicaçar
gingall ['dʒɪŋɡəl] s. (China e Índia) tiro de canhão ligeiro
ginger ['dʒɪndʒə] Ⓐ s. 1 BOTÂNICA, CULINÁRIA gengibre; 2 energia, animação, vivacidade; *it lacks ~* falta-lhe um bocado de vida; é um bocadinho insípido; 3 (cabelos) cor ruiva Ⓑ adj. (cor) ruivo Ⓒ v.tr. 1 aromatizar com gengibre; 2 dar mais vida a, animar ❖ (bebida) *~ ale* ginger ale; *~ group* grupo de deputados que, no Parlamento, fazem pressão sobre o governo para uma acção mais decidida; *~ pop* bebida não alcoólica, feita com gengibre; *black ~* gengibre das Índias Orientais; *white ~* gengibre da Jamaica; *wild ~* gengibre silvestre; zedoária
◆**ginger up** v.tr. [GB] dar mais vida a, animar; *to ~ a performance* dar mais vida a uma representação ❖ *to ~ a horse* dar a um cavalo uma alimentação mais estimulante
gingerade ['dʒɪndʒəreɪd] s. bebida alcoólica produzida através da fermentação do gengibre
gingerbread ['dʒɪndʒəbred] s. biscoito ou bolo de gengibre ❖ *~ work* ornamentação de mau gosto
gingerly ['dʒɪndʒəlɪ] Ⓐ adj. 1 cauteloso; 2 cuidadoso; 3 delicado Ⓑ adv. 1 cautelosamente; 2 cuidadosamente; 3 delicadamente
gingersnap ['dʒɪndʒəsnæp] s. [EUA] bolacha de gengibre
gingery ['dʒɪndʒərɪ] adj. 1 com gosto a gengibre; 2 com vida, com animação; 3 com energia; 4 (cabelo) ruivo
gingham ['gɪŋəm] s. 1 (tecido de algodão fino) guingão (geralmente às listas ou em xadrez); 2 [coloq.] guarda-chuva
gingili ['dʒɪndʒɪlɪ] s. BOTÂNICA gergelim, sésamo
gingival [gɪn'dʒaɪvəl] adj. gengival; relativo às gengivas
gingivitis [dʒɪndʒɪ'vaɪtɪs] s. gengivite
ginglymus ['dʒɪŋɡlɪməs, 'gɪŋɡlɪməs] s. (pl. **-mi**) ANATOMIA gínglimo, articulação em forma de charneira
gink [gɪŋk] s. [EUA] [coloq., depr.] tipo estranho; desastrado
ginkgo ['gɪŋɡəʊ] s. (pl. **-es**) BOTÂNICA (árvore) ginkgo
ginnery ['dʒɪnərɪ] s. [Áfr. do S.] fábrica de fiação de algodão
ginormous [dʒaɪ'nɔːməs] adj. [coloq.] gigantesco
ginseng ['dʒɪnseŋ] s. BOTÂNICA ginsengue
gip [dʒɪp] s., v.tr. [EUA] [coloq.] ⇒ **gyp**
gipo ['dʒɪpəʊ] s. 1 árabe egípcio; 2 cigano
gippo ['dʒɪpəʊ] s. MILITAR [cal.] sopa, caldo, estufado
Gippy ['dʒɪpɪ] s. (pl. **-ies**) MILITAR [cal.] soldado egípcio
gipsy ['dʒɪpsɪ] s. (pl. **-ies**) ⇒ **gypsy**
gipsyfy ['dʒɪpsɪfaɪ] v.tr. aciganar; tornar cigano
gipsyhood ['dʒɪpsɪhʊd] s. ciganos; conjunto dos ciganos
gipsyish ['dʒɪpsɪɪʃ] adj. aciganado
gipsyism ['dʒɪpsɪɪzəm] s. 1 conjunto de ciganos; 2 vida, costumes dos ciganos
giraffe [dʒɪ'rɑːf] s. girafa
girandole ['dʒɪrəndəʊl] s. 1 candelabro, serpentina; 2 (fogo-de-artifício) girândola; 3 jacto de água giratório; 4 pingente, brinco com grande pedra central rodeada por outras mais pequenas
girasol ['dʒɪrəsɒl] s. MINERALOGIA (pedra preciosa) girassol
girasole ['dʒɪrəsəʊl] s. ⇒ **girasol**
gird [gɜːd] Ⓐ v.tr. (prt. e part. pass. **girded** ou **girt**) 1 cingir; 2 apertar com cinto; 3 rodear, cercar Ⓑ v.intr. [GB] escarnecer, zombar, troçar [at, de]; *to ~ at sb* fazer pouco de alguém Ⓒ s. 1 [GB] escárnio, brincadeira, zombaria; 2 [Esc.] aro, argola ❖ *by fits and by girds* frequentemente; *to ~ oneself for* preparar-se para; *to ~ sb with authority* revestir alguém de autoridade; *to ~ up one's loins* preparar-se para entrar em acção; *the place was girt around with walls* o lugar estava rodeado de muralhas
◆**gird on/upon** v.tr. pôr à cintura
◆**gird up** v.tr. 1 cingir; 2 cercar, rodear
girded ['gɜːdɪd] adj. cingido, atado com cinto

girder ['gɜːdə] s. 1 trave, viga; barrote; 2 viga mestra; 3 suporte; 4 NÁUTICA pontal; 5 [GB] trocista, escarnecedor ❖ ~ *crossing* cruzamento de via

girderage ['gɜːdərɪdʒ] s. vigamento, travejamento

girding ['gɜːdɪŋ] Ⓐ s. acto de atar com cinto, de cingir Ⓑ adj. irónico, escarninho, trocista

girdle ['gɜːdl] Ⓐ s. 1 VESTUÁRIO cinta; 2 (faixa, cordão, corda) cinto; 3 cintura; ~ *of walls* cintura amuralhada; 4 (pedra preciosa) aresta central para engaste; 5 (tronco de árvores) círculo sem casca; 6 [Esc.] grelha para fogão Ⓑ v.tr. 1 cingir; rodear, cercar; 2 fazer incisão circular em (casca de árvore) ❖ ANATOMIA *hip* ~ cintura pélvica; *like a hen on a hot* ~ como gato sobre brasas; *to have sb's head under one's* ~ ter alguém sob a sua alçada

girl [gɜːl] s. 1 rapariga; menina; 2 filha; 3 [ant.] (ofensivo) empregada, criada, funcionária ❖ ~ *Friday* assistente; assessora; [GB] *Girl Guide* escuteira; [EUA] *Girl Scout* escuteira; *best* ~ namorada; ~ *out of her teens* rapariga com mais de dezanove anos

girlfriend ['gɜːlfrend] s. 1 namorada; 2 rapariga amiga

girlhood ['gɜːlhʊd] s. 1 adolescência feminina; 2 meninice; 3 as raparigas

girlie ['gɜːlɪ] Ⓐ s. (pl. -s) 1 [ant.] pequena, rapariguinha; 2 (ofensivo) garina_cal_; catraia Ⓑ adj. 1 feminino; 2 ameninado ❖ [coloq.] (pornografia) ~ *magazine* revista de mulheres nuas

girlish ['gɜːlɪʃ] adj. 1 de rapariguinha, ameninado; 2 feminino; 3 [depr.] efeminado

girlishly ['gɜːlɪʃlɪ] adv. como uma rapariguinha, como uma menina; ameninadamente

girlishness ['gɜːlɪʃnɪs] s. atitudes de rapariga; meninice

girly ['gɜːlɪ] adj. (comp. -ier, superl. -iest) 1 feminino; 2 ameninado

girly-girly ['gɜːlɪgɜːlɪ] adj. 1 [coloq.] efeminado; 2 [coloq.] afectado

giro ['dʒaɪərəʊ] s. [GB] vale postal ❖ *bank* ~ *system* sistema de transferência bancária; *by* ~ *transfer* por vale postal; por transferência bancária; ~ *cheque* vale postal

Girondist [dʒɪ'rɒndɪst] adj.,s. HISTÓRIA (Revolução Francesa) girondino, partidário da Gironda

girt [gɜːt] Ⓐ adj. 1 atado com cinto; 2 rodeado; 3 amarrado Ⓑ s. 1 periferia; 2 contorno; 3 perímetro Ⓒ v.tr. medir a periferia, o contorno de

girth [gɜːθ] Ⓐ s. 1 cilha, correia ou faixa de tecido forte que passa por baixo da barriga das cavalgaduras para segurar a carga ou a sela; 2 cilhão; 3 medida tomada em torno de coisa mais ou menos cilíndrica; 4 periferia; 5 contorno; 6 perímetro; 7 circunferência Ⓑ v.tr.,intr. 1 cilhar; 2 pôr cilha; 3 apertar com cilha; 4 medir o perímetro, a circunferência de; 5 cingir; 6 medir

Girtonian [gɜː'təʊnɪən] s. (Cambridge) estudante pertencente ao colégio de Girton

gist [dʒɪst] s. 1 pontos principais; aspecto essencial; *this is the* ~ *of the case* eis o fundamental da questão; 2 essência; substância; 3 ideia geral; linhas gerais; *to get the* ~ *of* ficar com uma ideia geral de

git [gɪt] s. 1 [coloq.] (pessoa) chaga_fig_; 2 (insulto ofensivo) imbecil, parvo

gitana [dʒɪ'tɑːnə] s.f. cigana

gitano [dʒɪ'tɑːnəʊ] s. cigano

gith [gɪθ] s. 1 BOTÂNICA barbas-de-velho; 2 nigela-dos-alqueives

gittern ['gɪtɜːn] s. ⇒ **cithern**

give [gɪv] Ⓐ s. elasticidade; *there's no* ~ *in that floor* esse soalho não tem elasticidade nenhuma Ⓑ v.tr. (prt. **gave**, part. pass. **given**) 1 dar, oferecer, ceder gratuitamente; 2 transmitir; 3 pagar; 4 entregar; 5 fornecer, prover, abastecer; 6 munir; 7 mostrar; 8 outorgar; 9 conferir; 10 diminuir; 11 (espectáculo) dar, fazer, representar; *they are giving Hamlet* estão a representar o Hamlet; 12 beber à saúde de Ⓒ v.intr. 1 ceder, dar de si; 2 possuir certa elasticidade ❖ ~ *and take* concessão mútua; compromisso; toma e dá; *given this third of May* dado aos três de Maio; *he gives twice who gives without delay* quem dá depressa dá duas vezes; *he is not given that way* ele não é desses; *I don't* ~ *a damn whether he comes or not* tanto se me dá que ele venha como não; *I would* ~ *a lot to see it!* o que eu não daria para ver isso!; *the window gives upon the street* a janela dá para a rua; [coloq.] *to* ~ *a big hand* aplaudir; *to* ~ *a fine edge* afiar; *to* ~ *a hand with* ajudar; *to* ~ *a look* lançar um olhar; *to* ~ *a party* dar uma festa; *to* ~ *a piece of one's mind* censurar; dar a conhecer a nossa opinião; dizer o que pensamos; *to* ~ *a Roland for an Oliver* responder à letra; *to* ~ *an appetite* despertar o apetite; *to* ~ *and take* comportar-se de maneira correcta; ajudar e aceitar ajuda; *to* ~ *as good as one gets* responder à letra; pagar na mesma moeda; *to* ~ *best* confessar; reconhecer a derrota ou insucesso; *to* ~ *change for* dar troco; trocar; *to* ~ *ear to* prestar atenção a; dar ouvidos a; *to* ~ *evidence* prestar declarações; fazer o seu depoimento; servir de testemunha; *to* ~ *evidence of* dar provas de; *to* ~ *hell* atormentar; afligir intensamente; *to* ~ *it him* castigar; *to* ~ *judgment* pronunciar uma sentença; *to* ~ *lectures on* dar aulas sobre (na Universidade); pronunciar conferências sobre; *to* ~ *notice to* despedir; (jogo) *to* ~ *odds* dar partido; *to* ~ *offence* ofender; *to* ~ *one no rest* não dar descanso a uma pessoa; *to* ~ *one one's due* dar o seu a seu dono; fazer justiça a alguém; *to* ~ *one's cold to* contagiar (alguém) com uma constipação; *to* ~ *one's love to* dar afectuosos cumprimentos a; dar muitas saudades a; *to* ~ *one's name* inscrever-se; dar o nome; [coloq.] *to* ~ *oneself airs* dar-se ares; armar à importância; *to* ~ *oneself to* entregar-se a; *to* ~ *six months hard* condenar a seis meses de trabalhos forçados; [coloq.] *to* ~ *sb best* reconhecer a superioridade de alguém; *to* ~ *the time of day* dar os bons-dias, as boas-tardes, etc.; *to* ~ *to understand* dar a entender; *to* ~ *way* retirar-se; bater em retirada; recuar; ceder; dar de si; partir; quebrar; remar com força; dar lugar a; ser substituído por; *you gave me what for!* arranjaste-ma bonita!

◆**give away** v.tr. 1 dar, oferecer; 2 mostrar, expor; contar, revelar; *to* ~ *a secret* revelar um segredo; 3 trair, atraiçoar; *to give oneself away* atraiçoar-se; 4 conduzir ao altar; *he gave the bride away* conduziu a noiva ao altar; 5 entregar; 6 DESPORTO (ponto, golo, etc.) dar; 7 [Austr.] abandonar, desistir de

◆**give back** v.tr. devolver; restituir; *the operation gave him back his sight* a operação restituiu-lhe a vista

◆**give forth** v.tr. 1 (livro) publicar; 2 produzir; 3 soltar; irradiar; emitir; 4 (cheiro) exalar

◆**give in** Ⓐ v.intr. 1 ceder; *to* ~ *to pressure* ceder à pressão; 2 render-se; 3 submeter-se [**to**, a]; 4 [EUA] ir-se abaixo, sucumbir Ⓑ v.tr. (trabalho, etc.) entregar

◆**give of** Ⓐ v.tr. (tempo, dedicação) dar; *he gave of his best* deu o seu melhor Ⓑ v.refl. dar-se ❖ *to* ~ *oneself* dar-se; entregar-se

◆**give off** v.tr. 1 (calor, luz) emitir, libertar; *to* ~ *heat* libertar calor; 2 (cheiro) exalar; 3 [fig.] transmitir; passar; *to* ~ *a sense of* transmitir uma sensação de

◆**give on/onto** v.tr. [GB] dar para; abrir para; *the door gives onto the garden* a porta abre para o jardim

◆**give out** Ⓐ v.tr. 1 (folhetos, etc.) distribuir; 2 (som, calor) emitir; 3 tornar público, anunciar, dizer; *it was given out that they were in Italy* disseram que eles estavam na Itália Ⓑ v.intr. 1 (máquina, etc.) deixar de funcionar; avariar; 2 chegar ao fim; esgotar-se ❖ *to give oneself out for* apresentar-se como sendo

◆**give over** v.intr. [GB] [coloq.] parar; *give over! I can't work with you shouting like that!* pára! não consigo trabalhar contigo aos berros!

◆**give over to** v.tr. 1 consagrar a; dedicar a; *he's given his life over to work* dedicou a vida ao trabalho; 2 entregar; transmitir; passar; distribuir ❖ *to give oneself over to* entregar-se a; dar-se a

◆**give up** Ⓐ v.intr. desistir; render-se, submeter-se; *to give oneself up* entregar-se, render-se Ⓑ v.tr. 1 abandonar; pôr de parte; 2 deixar de; *to* ~ *smoking* deixar de fumar; 3 dedicar; entregar, oferecer [**to**, a]; 4 (informação, segredo) revelar ❖ *to* ~ *for lost* considerar perdido; dar como perdido; *to* ~ *the ghost* morrer; entregar a alma ao Criador

◆**give up on** v.tr. desistir de; perder as esperanças em relação a

giveaway ['gɪvəweɪ] Ⓐ s. 1 revelação involuntária; *her smile was a* ~ o sorriso dela atraiçoou-a; 2 brinde, oferta; [fig.] *the exam was a giveaway!* o exame foi canja! Ⓑ adj. 1 (preço) baixo, irrisório, simbólico; 2 grátis; *a* ~ *sample* uma amostra grátis

given ['gɪvən] adj. 1 dado; 2 determinado; 3 propenso [**to**, a]; com inclinação [**to**, para] ❖ ~ *name* nome de baptismo; ~ *that...* dado que...; partindo do princípio que...; *I'm* ~ *to*

giver *understand that...* deram-me a entender que...; depreendo que...; *not to be ~ to...* não ter por hábito...; *under the ~ conditions* nessas condições; *well ~* de boa índole
giver ['gɪvə] *s.* dador, doador ❖ *the ~ of a bill* o sacador duma letra
giving ['gɪvɪŋ] Ⓐ *adj.* 1 generoso; *a ~ person* uma pessoa generosa; 2 que dá Ⓑ *s.* 1 dádiva, oferta; 2 dom; 3 (substância) acto de administrar ❖ *~ away* denúncia; traição; concessão; distribuição; *~ back* restituição; cedência; *~ forth* publicação; produção; *~ out* anúncio; aviso; distribuição; consumo (total); *~ up* resignação; abandono
Gizeh ['gɪ:zɪ, 'gɪ:zeɪ] *s.top.* (cidade e província do Alto-Egipto) Gizé
gizmo ['gɪzməʊ] *s.* [coloq.] maquineta, geringonça
gizzard ['gɪzəd] *s.* 1 (aves) moela; 2 (crustáceos, insectos) canal alimentar; 3 [fig.] garganta ❖ *to fret one's ~* irritar-se; indispor-se; (ofensa) *to stick in one's ~* ficar atravessado na garganta
GL [*abrev. de* Grand Lodge]
glabella [glə'belə] *s.* ANATOMIA glabela
glabrous ['gleɪbrəs] *adj.* glabro, desprovido de pêlos
glacé ['glæseɪ] *adj.* 1 (calçado) de verniz; 2 (tecido) lustroso; 3 CULINÁRIA cristalizado, com cobertura de açúcar
glacial ['gleɪʃəl, 'gleɪsɪəl] *adj.* 1 glacial; gelado; 2 GEOLOGIA glaciário; *~ epoch* época glaciária; 3 QUÍMICA em cristais; cristalizado; 4 [fig.] (olhar) gélido; gelado
glaciated ['gleɪʃeɪtɪd, 'gleɪsɪeɪtɪd] *adj.* 1 polido pela acção do gelo; 2 coberto de gelo, de glaciares
glaciation [gleɪsɪ'eɪʃən, gleɪʃɪ'eɪʃən] *s.* 1 glaciação; 2 acção de glaciares; 3 congelação
glacier ['glæsɪə, 'gleɪʃə] *s.* 1 GEOLOGIA glaciar; 2 geleira
glaciered ['glæsɪəd, 'gleɪʃəd] *adj.* com glaciares; coberto de glaciares
glacieret ['glæsɪərɪt, 'gleɪʃərɪt] *s.* glaciar pequeno
glacis ['glæsɪs] *s.* talude, esplanada inclinada de fortificação, na qual os atacantes estão expostos ao fogo da defesa
glad [glæd] Ⓐ *adj.* 1 satisfeito, contente [**to**, por]; *to be ~ to know sth* ficar contente por saber alguma coisa; 2 alegre, ditoso, feliz Ⓑ *v.tr.* [arc.] alegrar ❖ *~ rags* roupa de festa; *~ tidings* boa-nova; *~ to meet you* muito prazer (em conhecê-lo); *I would be ~ of...* agradecia que...; ficaria grato se...; *I would be ~ to assist you* tenho todo o prazer em ajudar; *to be ~ of* estar satisfeito com; *to give the ~ hand to sb* dar as boas-vindas a alguém; receber alguém de braços abertos; *to give sb the ~ eye* fazer olhinhos a alguém
gladden ['glædn] *v.tr.* alegrar, tornar alegre, tornar feliz
gladdon ['glædən] *s.* BOTÂNICA lírio-fétido
glade [gleɪd] *s.* 1 clareira em floresta; 2 caminho em floresta, ladeado de árvores
glad-hand [glæd'hænd] *v.tr.,intr.* [EUA] cumprimentar efusivamente
gladiate ['glædɪɪt] *adj.* BOTÂNICA gladiado
gladiator ['glædɪeɪtə] *s.* gladiador
gladiatorial [glædɪə'tɔ:rɪəl] *adj.* gladiatório; relativo a gladiador
gladiolus [glædɪ'əʊləs] *s.* (*pl.* **-luses** ou **-li**) BOTÂNICA gladíolo
gladly ['glædlɪ] *adv.* 1 alegremente; 2 com prazer; 3 de boa vontade
gladness ['glædnɪs] *s.* 1 alegria, satisfação, contentamento; 2 gosto; 3 regozijo
gladsome ['glædsəm] *adj.* feliz, alegre, ditoso, contente
gladsomely ['glædsəmlɪ] *adv.* 1 alegremente; 2 com satisfação; 3 com alegria
gladsomeness ['glædsəmnɪs] *s.* satisfação, regozijo, contentamento, alegria
Gladstone ['glædstən] Ⓐ *s.antr.* apelido do estadista inglês William Ewart G. (1809-1898) Ⓑ *s.* mala leve de viagem
gladwyn ['glædwɪn] *s.* BOTÂNICA lírio-fétido
glair [gleə] Ⓐ *s.* 1 clara de ovo; 2 qualquer substância viscosa semelhante Ⓑ *v.tr.* untar com clara de ovo
glaireous ['gleərɪəs] *adj.* 1 semelhante, parecido com clara de ovo; 2 viscoso
glairy ['gleərɪ] *adj.* (*comp.* **-ier**, *superl.* **-iest**) ⇒ **glaireous**
glaive [gleɪv] *s.* [arc., poét.] gládio, espada larga
glam [glæm] *adj.,s.* {*forma abreviada de* **glamorous**} (rock dos anos 70) glam

glamorization [glæməraɪ'zeɪʃənz] *s.* 1 glamorização; 2 idealização, romantização
glamorize ['glæməraɪz] *v.tr.* 1 glamorizar, tornar glamoroso; 2 idealizar, romantizar
glamorous ['glæmərəs] *adj.* ⇒ **glamourous**
glamour ['glæmə] Ⓐ *s.* 1 glamour; 2 brilho; prestígio; 3 atracção; deslumbramento; 4 [arc.] (feitiço) encantamento; *to cast a ~ over* lançar um encantamento sobre Ⓑ *v.tr.* [arc.] encantar, enfeitiçar
glamourous ['glæmərəs] *adj.* 1 glamoroso; 2 com enorme poder de atracção, sedutor, atraente; 3 fascinante, enfeitiçador
glance [glɑ:ns] Ⓐ *s.* 1 olhar; olhadela; *a saucy ~* um olhar atrevido; *at a ~* com um olhar, com uma olhadela; 2 vista de olhos [**at**, a]; *to take a ~ at...* dar uma vista de olhos a...; 3 relance; vislumbre [**of**, de]; *to catch a ~ of...* ver de relance...; 4 brilho súbito; 5 ricochete; 6 MINERALOGIA mineral lustroso Ⓑ *v.tr.,intr.* 1 olhar [**towards**, para]; 2 relancear; olhar de relance [**at**, para]; 3 dar uma vista de olhos [**at**, a]; 4 brilhar, cintilar, resplandecer; 5 ricochetear ❖ MINERALOGIA *~ coal* carvão brilhante; MINERALOGIA *lead ~* galena; *at first ~* à primeira vista; *the sword glanced aside* a espada resvalou, desviou-se para o lado; *to ~ aside* falhar no objectivo; ricochetar; *to ~ towards* olhar em direcção a
◆**glance away** *v.intr.* desviar o olhar
◆**glance down** *v.intr.* baixar o olhar; olhar para baixo
◆**glance off** *v.tr.* 1 ricochetear em, fazer ricochete em; 2 atingir de raspão
◆**glance round** *v.intr.* olhar em volta; olhar em torno; 2 olhar para trás
◆**glance up** *v.intr.* erguer os olhos; olhar para cima
glancing ['glɑ:nsɪŋ] Ⓐ *adj.* 1 oblíquo; 2 de lado, de través; 3 brilhante, reluzente; 4 fugaz, efémero, passageiro Ⓑ *s.* brilho, fulgor ❖ *~ aside* ricochete; desvio
gland [glænd] *s.* 1 ANATOMIA glândula; 2 MECÂNICA bucim
glandered ['glændəd] *adj.* mormoso, que tem mormo
glanders ['glændəz] *s.* mormo
glandiferous [glæn'dɪfərəs] *adj.* BOTÂNICA glandífero
glandiform ['glændɪfɔ:m] *adj.* glandiforme
glandular ['glændjʊlə] *adj.* 1 glandular; 2 adenóide
glandule ['glændjʊl] *s.* glândula
glandulous ['glændjʊləs] *adj.* glanduloso
glans [glænz] *s.* 1 ANATOMIA, BOTÂNICA glande; 2 BOTÂNICA lande, bolota
glare [gleə] Ⓐ *s.* 1 brilho intenso; brilho ofuscante; 2 olhar furioso; 3 [EUA] lençol de gelo; 4 (media) destaque excessivo; 5 ornamentação berrante Ⓑ *adj.* [EUA] (gelo) brilhante, vítreo Ⓒ *v.intr.* 1 ter uma luz ofuscante; 2 deslumbrar; 3 lançar um olhar furioso [**at**, a]; *to ~ at a person* fulminar alguém com o olhar; 4 saltar à vista
glareole ['glærɪəʊl] *s.* 1 ZOOLOGIA glaréola; 2 perdiz-do-mar
glaring ['gleərɪŋ] *adj.* 1 brilhante; ofuscante; 2 deslumbrante; 3 flagrante; notório; evidente; *a ~ mistake* um erro flagrante; 4 vistoso, que dá na vista; 5 irritado; feroz ❖ *~ eyes* olhar furioso
glaringly ['gleərɪŋlɪ] *adv.* 1 notoriamente; 2 vivamente; 3 manifestamente; 4 de maneira deslumbrante, ofuscante
glaringness ['gleərɪŋnɪs] *s.* 1 brilho intenso e ofuscante; 2 deslumbramento; 3 aparato, espavento; 4 prova nítida, evidência
glary ['gleərɪ] *adj.* (*comp.* **-ier**, *superl.* **-iest**) 1 brilhante, ofuscante; 2 furioso, feroz
glass [glɑ:s] Ⓐ *s.* (*pl.* **-es**) 1 vidro; *clear ~* vidro branco; *crow ~* vidro vulgar; *cut ~* vidro talhado; *sheet ~* vidro laminado; 2 espelho; *looking ~* espelho; 3 copo; *to have a ~* tomar/beber um copo; 4 óculo; 5 [ant.] barómetro; *weather ~* barómetro; 6 lente, lupa; *magnifying ~* lente, lupa; 7 (copos, taças, cálices) vidraria, objectos de vidro; 8 estufa; *under ~* em estufa Ⓑ *v.tr.* 1 (janela, etc.) colocar vidros; 2 reflectir, espelhar; 3 tornar vítreo; 4 polir; 5 [coloq.] (pessoa) cortar com vidro, ferir com vidro ❖ *~ bell* campânula de vidro; (móvel) *~ cabinet* cristaleira; *~ case* montra; caixa de vidro; *~ cupboard* armário envidraçado; *~ dealer* vidraceiro; *~ dial* mostrador de vidro; *~ door* porta envidraçada; porta de vidro; *~ fibre* fibra de vidro; *~ painting* pintura

em vidro; ~ *roof* clarabóia; telhado de vidro; ~ *stopper* rolha de vidro; ~ *wool* lã de vidro; *cupping* ~ ventosa; *opera* ~ binóculo de teatro; *stained* ~ vitral; *window* ~ vidro de janela; [coloq.] *to be fond of a* ~ gostar de beber; gostar da pinga; *to have a ~ too much* beber um copo a mais
✦**glass in** v.tr. envidraçar
glassed-in ['glɑːstɪn] adj. envidraçado
glasses ['glɑːsəz] s.pl. óculos; ~ *for distance* óculos para ver ao longe; ~ *for reading* óculos de leitura
glassful ['glɑːsfʊl] s. copo cheio, copada
glasshouse ['glɑːshaʊs] s. 1 (plantas) estufa; 2 [cal.] prisão militar; 3 fábrica de vidro ❖ *people who live in glasshouses shouldn't throw stones* quem tem telhados de vidro não atira pedras aos do vizinho
glassmaker ['glɑːsmeɪkə] s. (fabricante) vidreiro
glassmaking ['glɑːsmeɪkɪŋ] s. hialurgia; fabrico de vidro
glasspaper ['glɑːsˌpeɪpə] s. folha de lixa
glassware ['glɑːsweə] s. objectos de vidro
glasswork ['glɑːswɜːk] s. (fabrico, produtos, instalações) vidraria
glassworks ['glɑːswɜːks] s. (fábrica) vidraria
glasswort ['glɑːswɜːt] s. BOTÂNICA salicórnia
glassy ['glɑːsɪ] adj. (comp. **-ier**, superl. **-iest**) 1 vítreo; 2 hialóide, hialino; 3 [fig.] vidrado, sem brilho, sem expressão
glassy-eyed ['glɑːsɪˌaɪd] adj. sem expressão, parado
Glaswegian [glæsˈwiːdʒən] adj.,s. 1 de Glasgow ou Glásgua; 2 habitante de Glasgow ou Glásgua
Glauber's salt ['glaʊbəzˌsɔːlt] s. sulfato de sódio
glaucescence [glɔːˈsesəns] s. BOTÂNICA glaucescência
glaucescent [glɔːˈsesənt] adj. BOTÂNICA glaucescente, levemente glauco
glaucium ['glɔːsɪəm] s. BOTÂNICA gláucio
glaucoma [glɔːˈkəʊmə] s. MEDICINA glaucoma
glaucomatous [glɔːˈkəʊmətəs] adj. glaucomatoso
glauconite ['glɔːkənaɪt] s. MINERALOGIA glaucónia, glauconite
glaucous ['glɔːkəs] adj. 1 glauco; 2 BOTÂNICA glauco, de coloração verde-azulada
glaze [gleɪz] Ⓐ v.tr.,intr. 1 colocar vidros; envidraçar; *to* ~ *a window* colocar vidros numa janela; 2 (louçaria) vitrificar; 3 tornar--se vítreo; 4 acetinar, lustrar, dar brilho a, polir; 5 envernizar; 6 esmaltar Ⓑ s. 1 (louça) vidrado; 2 lustro, polimento, brilho; 3 verniz; 4 esmalte vitrificado; 5 CULINÁRIA cobertura
✦**glaze over** v.intr. 1 (olhar) ficar ausente; ficar vago; *his eyes glazed over* adquiriu um ar ausente; 2 (olhos) ficar vidrado, vítreo; 3 vitrificar-se
glazed [gleɪzd] adj. 1 (superfície) vidrado; 2 (olhar) vidrado, vítreo; *with a* ~ *look* de olhos vidrados; 3 (telhado, porta) envidraçado; 4 (papel) acetinado, lustroso; 5 envernizado; 6 esmaltado ❖ ~ *board* cartão acetinado; ~ *brick* tijolo vitrificado; ~ *cotton* algodão com revestimento de material vidrado; ~ *insulator* isolador vidrado; ~ *porcelana* porcelana vidrada; ~ *tile* azulejo
glazer ['gleɪzə] s. 1 acetinador, polidor, lustrador; 2 envernizador; 3 mó esmeril
glazier ['gleɪzɪə] s. vidraceiro ❖ *glazier's putty* massa de vidraceiro; [coloq.] *is your father a glazier?* és muito baço para espelho
glaziery ['gleɪzɪərɪ] s. vidraria
glazing ['gleɪzɪŋ] s. 1 colocação de vidros; envidraçamento; 2 (material) vidros, vidraria; 3 polimento; 4 acetinação ❖ *double* ~ vidro duplo
glazy ['gleɪzɪ] adj. (comp. **-ier**, superl. **-iest**) 1 vítreo; 2 lustroso
GLC [abrev. de Greater London Council]
gleam [gliːm] Ⓐ s. 1 raio (de luz); 2 brilho débil, claridade frouxa; 3 cintilação; reverberação; 4 [fig.] vislumbre Ⓑ v.intr. 1 brilhar; cintilar; 2 reluzir; refulgir ❖ *a* ~ *of hope* um raio de esperança
gleaming ['gliːmɪŋ] Ⓐ adj. reluzente, cintilante Ⓑ s. cintilação, brilho, reflexo luminoso, revérbero
gleamy ['gliːmɪ] adj. luminoso, fulgurante, cintilante
glean [gliːn] Ⓐ v.tr.,intr. 1 recolher, reunir; 2 (agricultura) respigar; 3 (informação) recolher; coligir [**from**, a partir de]; extrair [**from**, de]; 4 deduzir, inferir [**from**, de] Ⓑ s. 1 (agricultura) respiga
gleaner ['gliːnə] s. 1 respigador; 2 compilador
gleaning ['gliːnɪŋ] s. 1 respiga; 2 pl. compilação, antologia; 3 pl. restos

glebe [gliːb] s. 1 [poét.] gleba; 2 terra, terreno, campo; 3 porção de terreno ligada a benefício eclesiástico
glee [gliː] s. 1 alegria, contentamento, gozo, satisfação; 2 MÚSICA canção a três ou quatro vozes, sem acompanhamento ❖ ~ *club* agrupamento orfeónico; orfeão
gleeful ['gliːfʊl] adj. alegre, cheio de contentamento, cheio de satisfação
gleefully ['gliːfʊlɪ] adv. alegremente; com jovialidade
gleeman ['gliːmən] s. (pl. **-men**) 1 menestrel; 2 jogral
gleesome ['gliːsəm] adj. cheio de contentamento; jovial, alegre
gleet [gliːt] s. 1 gonorreia; 2 corrimento mucopurulento da uretra
gleety ['gliːtɪ] adj. 1 com gonorreia; 2 com corrimento purulento
glen [glen] s. vale estreito
glendoveer [glendəˈvɪə] s. duende, fada bela que, segundo Southey, aparece em mitos hindus
glene ['gliːnɪ] s. glena
glengarry [glenˈgærɪ] s. gorra, barrete usado nas terras altas da Escócia
glenoid ['gliːnɔɪd] adj. ANATOMIA glenóide, glenoidal
glenoidal [glɪˈnɔɪdəl] adj. ⇒ **glenoid**
glia ['gliːə] s. ANATOMIA glia
gliadin ['glaɪədɪn] s. BIOQUÍMICA gliadina
glial ['gliːəl] adj. glial
glib [glɪb] adj. 1 (discurso) facundo, prolixo, palavroso; 2 [depr.] (pessoa) com muita lábia; verboso; 3 [depr.] superficial; oco ❖ *a* ~ *talker* um fala-barato
glibly ['glɪblɪ] adv. 1 fluentemente, sem hesitação; 2 com sofisma
glibness ['glɪbnɪs] s. 1 fluência, facilidade (de linguagem); 2 palavreado; 3 volubilidade; 4 falta de sinceridade
glide [glaɪd] Ⓐ v.intr. 1 deslizar; 2 (voo) planar; 3 passar sem se notar; deslizar Ⓑ v.tr. fazer deslizar; fazer seguir; *the wind glided the ship on her course* o vento fazia o navio seguir suavemente na sua rota Ⓒ s. 1 deslizamento; 2 voo planado, voo com o motor parado; 3 MÚSICA (passagem de tom) portamento; 4 LINGUÍSTICA semivogal ❖ AERONÁUTICA ~ *landing* aterragem com o motor parado; aterragem em voo planado
glider ['glaɪdə] s. 1 planador; 2 hidroplanador
gliding ['glaɪdɪŋ] Ⓐ adj. 1 deslizante, que desliza suavemente; 2 que plana Ⓑ s. 1 AERONÁUTICA voo planado; 2 deslize suave ❖ ~ *angle* ângulo de voo planado; ANATOMIA (articulação) ~ *joint* artródia
glidingly ['glaɪdɪŋlɪ] adv. 1 planando; 2 deslizando
glim [glɪm] s. [cal., arc.] vela, luz, lanterna
glimmer ['glɪmə] Ⓐ s. 1 brilho frouxo; 2 reflexo; 3 luz fraca; 4 vislumbre; 5 MINERALOGIA mica, malacacheta Ⓑ v.intr. 1 bruxulear, tremeluzir; 2 cintilar; reluzir ❖ *a* ~ *of hope* um raio/vislumbre de esperança
glimmer-gowk ['glɪməgaʊk] s. ZOOLOGIA coruja, mocho
glimmering ['glɪmərɪŋ] Ⓐ adj. vacilante, bruxuleante, tremeluzente Ⓑ s. 1 luz fraca e vacilante; 2 brilho frouxo; 3 reflexo
glimmeringly ['glɪmərɪŋlɪ] adv. bruxuleantemente; tremeluzindo
glimmery ['glɪmərɪ] adj. (luz) bruxuleante, vacilante
glimpse [glɪmps] Ⓐ s. 1 vislumbre; relance; 2 breve clarão, brilho fugaz Ⓑ v.tr.,intr. 1 entrever; ver de relance; vislumbrar; 2 lançar uma rápida vista de olhos ❖ *to catch a* ~ *of* vislumbrar; ver de relance; entrever
glint [glɪnt] Ⓐ v.intr. 1 brilhar, reluzir; 2 cintilar; 3 tremeluzir Ⓑ s. 1 brilho débil; 2 clarão de luz; 3 revérbero; 4 reflexo
glioma [glaɪˈəʊmə] s. (pl. **-ata**) ANATOMIA, MEDICINA glioma
gliptodon ['glɪptədɒn] s. gliptodonte, género de mamíferos fósseis da ordem dos desdentados
glissade [glɪˈsɑːd] Ⓐ s. 1 acto de deslizar, de escorregar (sobre o gelo); 2 deslize, escorregamento; 3 plano inclinado coberto de neve ou gelo, para prática de desportos de Inverno; 4 (passo de ballet) glissade Ⓑ v.tr. deslizar, escorregar (sobre encosta coberta de gelo ou neve)
glissando [glɪˈsændəʊ] s. MÚSICA glissando
glist [glɪst] s. MINERALOGIA mica
glisten ['glɪsən] Ⓐ s. 1 brilho, cintilação; 2 reflexo Ⓑ v.intr. 1 brilhar, cintilar, reluzir; 2 reflectir

glistening ['glɪsənɪŋ] Ⓐ *adj.* **1** brilhante, cintilante; **2** reluzente Ⓑ *s.* brilho, reflexo, cintilação
glister ['glɪstə] Ⓐ *s.* [arc.] brilho, reflexo, cintilação Ⓑ *v.intr.* **1** brilhar, cintilar; **2** reverberar
glitch [glɪtʃ] Ⓐ *s.* ELECTRICIDADE, INFORMÁTICA falha, problema técnico, avaria Ⓑ *v.intr.* ELECTRICIDADE, INFORMÁTICA ter um problema técnico, avariar
glitchy ['glɪtʃɪ] *adj.* ELECTRICIDADE, INFORMÁTICA avariado, com problemas técnicos
glitter ['glɪtə] Ⓐ *s.* **1** brilho; refulgência; **2** cintilação; **3** [fig.] esplendor; deslumbramento; **4** [fig.] glamour Ⓑ *v.intr.* **1** brilhar; refulgir; **2** tremeluzir, reluzir; cintilar; **3** [fig.] resplandecer; **4** [fig.] ser glamouroso ❖ *all that glitters is not gold* nem tudo o que luz é ouro
glitterati [glɪtə'rɑːtiː] *s.pl.* ricos e famosos
glittering ['glɪtərɪŋ] Ⓐ *adj.* **1** brilhante, reluzente; **2** resplandecente; **3** [fig.] com aspecto atraente mas de pouco valor Ⓑ *s.* cintilação, brilho
glitteringly ['glɪtərɪŋlɪ] *adv.* **1** com brilho; **2** resplendentemente
glittery ['glɪtərɪ] *adj.* brilhante, cintilante
glitz [glɪtz] *s.* luxo, pompa, fausto, opulência, ostentação
glitzy ['glɪtzɪ] *adj.* luxuoso, faustoso, opulento
gloaming ['gləʊmɪŋ] *s.* **1** o anoitecer; **2** crepúsculo vesperal; crepúsculo da noite
gloat [gləʊt] *v.intr.* **1** regozijar-se; comprazer-se; *to ~ on/over sb's misfortunes* regozijar-se com os infortúnios de alguém; **2** devorar com o olhar; olhar com maus pensamentos
gloating ['gləʊtɪŋ] *adj.* com uma satisfação maldosa
gloatingly ['gləʊtɪŋlɪ] *adv.* **1** maldosamente; **2** olhando, contemplando com maldade
global ['gləʊbəl] *adj.* **1** global; **2** mundial; à escala mundial; **3** (forma) esférico, com forma de globo ❖ INFORMÁTICA *~ search and replace* busca e substituição automáticas; (telecomunicações) *~ village* aldeia global; (ecologia) *~ warming* aquecimento global da Terra
globalization [gləʊbəlaɪ'zeɪʃən] *s.* globalização
globalize ['gləʊbəlaɪz] *v.tr.,intr.* **1** globalizar; **2** universalizar; **3** alargar à escala mundial
globe [gləʊb] Ⓐ *s.* **1** globo; **2** esfera; **3** [fig.] Terra; **4** globo ocular Ⓑ *v.tr.* dar a forma de globo a Ⓒ *v.intr.* tornar-se esférico ou esferoidal ❖ BOTÂNICA *~ daisy* globulária; ELECTRICIDADE *~ insulator* isolador eléctrico; *~ lantern* farol de globo; BOTÂNICA *~ thistle* equinopes; *to go round the ~* dar a volta ao mundo
globed [gləʊbd] *adj.* esférico, esferoidal
globefish ['gləʊbfɪʃ] *s.* ZOOLOGIA peixe porco-espinho
globeflower ['gləʊb,flaʊə] *s.* BOTÂNICA trólio
globetrot ['gləʊbtrɒt] *v.intr.* (*part.* **-tt-**) viajar à volta do mundo, viajar muito
globetrotter ['gləʊbtrɒtə] *s.* viajante incansável
globose ['gləʊbəʊs] *adj.* globóide, globoso
globosity [gləʊ'bɒsɪtɪ] *s.* esfericidade, globosidade
globular ['glɒbjʊlə] *adj.* globuloso, globular
globularia [glɒbjʊ'leərɪə] *s.* BOTÂNICA globulária
globule ['glɒbjuːl] *s.* glóbulo
globulin ['glɒbjʊlɪn] *s.* BIOQUÍMICA globulina
glomerate ['glɒmərɪt] *adj.* **1** glomerulado; **2** reunido em glomérulo
glomerule ['glɒməruːl] *s.* ANATOMIA, BOTÂNICA glomérulo
gloom [gluːm] Ⓐ *s.* **1** (luz) escuridão, trevas, obscuridade; **2** (estado de espírito) tristeza, melancolia; *nothing could chase his ~ away* nada conseguia afastar-lhe aquela melancolia; **3** pessimismo Ⓑ *v.tr.,intr.* **1** tornar escuro, ensombrar, obscurecer; **2** entristecer; ficar melancólico; **3** ensombrar-se; **4** ficar com aspecto carrancudo, mal-encarado ❖ *to ~ at* olhar sombriamente para
gloomily ['gluːmɪlɪ] *adv.* **1** melancolicamente; **2** sombriamente
gloominess ['gluːmɪnɪs] *s.* **1** tristeza, melancolia; **2** abatimento; **3** aspecto sombrio, pesado; **4** aspecto carrancudo, mal-encarado; **5** obscuridade
glooming ['gluːmɪŋ] Ⓐ *adj.* **1** escuro, obscuro, sombrio, pesado; **2** carrancudo Ⓑ *s.* **1** aspecto carrancudo; **2** crepúsculo da noite, crepúsculo vesperal

gloomy ['gluːmɪ] *adj.* (*comp.* **-ier**, *superl.* **-iest**) **1** (luz, tempo) carregado, escuro, sombrio, pesado; **2** (pessoa) melancólico; triste; deprimido ❖ *to feel ~ about sth* sentir-se com poucas esperanças, deprimido em relação a alguma coisa
gloop [gluːp] *s.* [coloq.] matéria viscosa, matéria pegajosa
gloria ['glɔːrɪə] *s.* auréola
Gloria ['glɔːrɪə] *s.* RELIGIÃO glória, doxologia, hino laudatório a Deus
glorification [glɔːrɪfɪ'keɪʃən] *s.* **1** glorificação; **2** regozijo
glorified ['glɔːrɪfaɪd] *adj.* **1** glorificado; **2** exaltado; **3** [depr.] balofo; com ar de importante; pretensioso ❖ *~ body* corpo glorioso; *to be nothing but a glorified...* não ser mais do que um vulgar....
glorifier ['glɔːrɪfaɪə] *s.* **1** glorificador; **2** enaltecedor
glorify ['glɔːrɪfaɪ] *v.tr.* **1** glorificar; **2** exaltar; **3** [coloq.] embelezar, dar aspecto atraente
glorifying ['glɔːrɪfaɪɪŋ] *s.* glorificação
gloriole ['glɔːrɪəʊl] *s.* auréola
glorious ['glɔːrɪəs] *adj.* **1** glorioso; **2** magnífico, esplêndido, soberbo; *it was a ~ day* estava um dia esplêndido; **3** [coloq.] agradável, óptimo ❖ [irón.] *what a ~ mess!* mas que grande salgalhada!; [coloq.] *we had a ~ time* divertimo-nos à grande
glory ['glɔːrɪ] *s.* (*pl.* **-ies**) **1** glória; triunfo; **2** glória; prestígio; honra; **3** magnificência, majestade; **4** RELIGIÃO glória, hino laudatório a Deus; **5** RELIGIÃO resplendor celeste, vida celestial; **6** RELIGIÃO (santos) auréola; halo ❖ (surpresa) *~ be!* caramba!; louvado seja Deus!; *~ hole* janela de forno; [fig., coloq.] *~ hole* aposento todo desarrumado; **7** (textos) anotação à margem; nota; *Old Glory* a bandeira dos Estados Unidos; *to be in one's ~* sentir-se feliz; estar nas sete quintas; *to crown with ~* glorificar; *to go to ~* morrer; *to send to ~* matar
◆ **glory in** *v.tr.* **1** orgulhar-se de; **2** regozijar-se com; exultar com; **3** vangloriar-se de
gloryingly ['glɔːrɪɪŋlɪ] *adv.* **1** gloriosamente; **2** jactanciosamente
Glos [*abrev. de* Gloucestershire]
gloss [glɒs] Ⓐ *s.* (*pl.* **-es**) **1** brilho, lustro acetinado; **2** preparo (para tornar os tecidos brilhantes); **3** (cosmética) bâton de brilho; **4** boas maneiras; polimento; **5** [fig.] falsa aparência; verniz; *a ~ of respectability* uma falsa aparência de respeitabilidade; **6** glosa; paráfrase; explicação; interpretação; **7** (textos) anotação à margem; nota; **8** interpretação errada; **9** glossário; **10** tradução interlinear Ⓑ *v.tr.* **1** lustrar, dar brilho a; **2** polir; **3** acetinar; **4** dar preparo a (tecido para o tornar brilhante); **5** glosar, comentar ❖ *to take the ~ off sth* tirar o lustro a alguma coisa; roubar todo encanto de alguma coisa; estragar alguma coisa
◆ **gloss over** *v.tr.* **1** atenuar; **2** desvalorizar; não dar importância a; **3** omitir; deixar passar; **4** (dissimular) encobrir
glossal ['glɒsəl] *adj.* ANATOMIA glossiano, lingual
glossarist ['glɒsərɪst] *s.* **1** glossarista; **2** glosador, comentador
glossary ['glɒsərɪ] *s.* (*pl.* **-ies**) glossário
glossator [glɒ'seɪtə] *s.* glosador, comentador
glossematics [glɒsɪ'mætɪks] *s.* glossemática
glosser ['glɒsə] *s.* **1** glosador, comentador; **2** operário que dá preparo aos tecidos para os tornar mais lustrosos
glossic ['glɒsɪk] *adj.* glóssico
glossina [glɒ'siːnə] *s.* ZOOLOGIA glossina
glossiness ['glɒsɪnɪs] *s.* **1** lustre, brilho, verniz, polimento; **2** aspecto acetinado, sedoso
glossist ['glɒsɪst] *s.* glosador, comentador
glossitis [glɒ'saɪtɪs] *s.* MEDICINA glossite, inflamação da língua
glossographer [glɒ'sɒgrəfə] *s.* glossógrafo, indivíduo que se dedica à glossografia
glossological [glɒsəʊ'lɒdʒɪkəl] *adj.* glossológico
glossologist [glɒ'sɒlədʒɪst] *s.* glossólogo, glossologista
glossology [glɒ'sɒlədʒɪ] *s.* (*pl.* **-ies**) glossologia
glosso-pharyngeal [glɒsəʊfærɪn'dʒiːəl] *adj.* glossofaríngeo
glossy ['glɒsɪ] *adj.* (*comp.* **-ier**, *superl.* **-iest**) **1** brilhante, lustroso; polido; **2** acetinado; **3** vistoso, que dá nas vistas ❖ *~ magazine* revista de luxo, revista cara; *~ paper* papel de lustro; CINEMA *~ production* megaprodução
glottal ['glɒtəl] *adj.* glótico, glóssico
glottic ['glɒtɪk] *adj.* glótico
glottis ['glɒtɪs] *s.* ANATOMIA glote

glottology [glɒˈtɒlədʒɪ] s. glotologia
glove [glʌv] Ⓐ s. luva; *to put on gloves* calçar luvas Ⓑ v.tr. enluvar ❖ (caixa) ~ *box* porta-luvas; ~ *buttoner* abotoador de luvas; (automóvel) ~ *compartment* porta-luvas; ~ *factory* fábrica de luvas; ~ *fastener* botão de apertar as luvas; ~ *fight* combate com luvas de boxe; ~ *hook* abotoador de luvas; [coloq.] ~ *money* gorjeta; luvas; ~ *shop* luvaria; ZOOLOGIA ~ *sponge* esponja com forma de luva; ~ *stretcher* alargador de luvas; *fabric* ~ luva de algodão; *to be hand in* ~ *with* ser unha e carne com; *to fit like a* ~ assentar como uma luva; *to handle a person without gloves* tratar alguém rudemente, sem qualquer consideração; *to handle with kid gloves* tratar com grande tacto e diplomacia; *to take off the gloves to* tratar com rudeza, sem a menor consideração; *to take up the* ~ levantar a luva; aceitar um desafio; *to throw down the* ~ desafiar; lançar a luva
gloveless [ˈglʌvləs] adj. sem luvas
glover [ˈglʌvə] s. luveiro
glow [gləʊ] Ⓐ v.intr. 1 brilhar; 2 iluminar; 3 incandescer; estar incandescente; 4 resplandecer [**with**, de/com]; estar radiante [**with**, de]; *she was glowing with happiness* toda ela respirava felicidade; 5 corar, ruborizar-se Ⓑ s. 1 brilho; clarão; cintilação; 3 entusiasmo; paixão; calor; ardor; 4 cor viva; 5 rubor; 6 sensação agradável de plenitude ❖ ~ *discharge* descarga luminosa; descarga incandescente; ~ *lamp* lâmpada de incandescência; *in a* ~ em brasa; (pessoa) afogueado
glower [ˈglaʊə] Ⓐ v.intr. olhar ameaçadoramente; fitar com ar zangado; mostrar má cara [**at**, a] Ⓑ s. 1 olhar carrancudo; 2 ar ameaçador; 3 parte incandescente da lâmpada
glowering [ˈglaʊərɪŋ] adj. mal-humorado, carrancudo
gloweringly [ˈglaʊərɪŋlɪ] adv. carrancudamente
glowing [ˈgləʊɪŋ] Ⓐ s. 1 incandescência, brilho; calor sem chama; 2 aquecimento ao rubro Ⓑ adj. 1 incandescente, em brasa; 2 brilhante; 3 ao rubro; 4 corado, afogueado; 5 entusiasmado; 6 caloroso ❖ ELECTRICIDADE ~ *filament* filamento incandescente; ~ *sky* céu em fogo; *to paint sth in* ~ *colours* descrever algo entusiasticamente; *to speak of sth/sb in* ~ *terms* elogiar algo/alguém
glowingly [ˈgləʊɪŋlɪ] adv. 1 calorosamente; 2 entusiasticamente
glowworm [ˈgləʊwɜːm] s. ZOOLOGIA pirilampo
gloxinia [glɒkˈsɪnɪə] s. BOTÂNICA gloxínia
gloze [gləʊz] v.tr.,intr. 1 [arc.] glosar, comentar; 2 disfarçar, atenuar, diminuir; 3 adular; 4 empregar palavras bonitas
glucagon [ˈgluːkəgɒn] s. BIOQUÍMICA glucagon, glucagão
glucan [ˈgluːkən] s. QUÍMICA polímero derivado da glicose
glucic [ˈglusɪk] adj. glúcico
glucin [ˈglusɪn] s. QUÍMICA glucina
glucine [ˈglusɪn] s. QUÍMICA glucina
glucinium [gluˈsɪnɪəm] s. QUÍMICA glucínio; berílio
glucinum [gluˈsaɪnəm] s. ⇒ **glucinium**
glucocorticoid [ˌgluːkəʊˈkɔːtɪkɔɪd] s. BIOQUÍMICA glucocorticóide
glucohemia [ˌgluːkəʊˈhiːmɪə] s. hiperglicemia
glucometer [gluːˈkɒmɪtə] s. glicómetro
glucose [ˈgluːkəʊs] s. BIOQUÍMICA glucose, glicose
glucosuria [ˌgluːkəʊˈsjʊərɪə] s. MEDICINA glicosúria
glue [gluː] Ⓐ s. 1 cola forte; 2 grude; 3 sopa ou caldo pesado e grosso Ⓑ v.tr. 1 colar; 2 grudar ❖ ~ *boiler* fabricante de grude; ~ *pot* recipiente de grude; pote de cola
gluer [ˈgluːə] s. aquele que cola; colador
glue-sniffer [ˈgluːsnɪfə] s. pessoa que inala cola
glue-sniffing [ˈgluːsnɪfɪŋ] s. inalação de cola
gluey [ˈgluːɪ] adj. (comp. **-uier**, superl. **-uiest**) 1 pegajoso, viscoso; 2 glutinoso, gelatinoso
glug-glug [ˈglʌgglʌg] s. gluglu
gluing [ˈgluːɪŋ] s. 1 colagem; 2 acção de grudar, colar com grude ❖ ~ *machine* máquina de colar
gluish [ˈgluːɪʃ] adj. 1 semelhante a cola; 2 pegajoso
glum [glʌm] adj. (comp. **glummer**, superl. **glummest**) 1 calado; 2 sorumbático, macambúzio; 3 sombrio, carregado; 4 mal-humorado, mal-encarado, carrancudo; 5 deprimido
glumaceous [gluˈmeɪʃəs] adj. BOTÂNICA glumáceo
glume [gluːm] s. BOTÂNICA gluma
glumella [gluˈmelə] s. BOTÂNICA glumela
glumly [ˈglʌmlɪ] adv. 1 sorumbaticamente; 2 carrancudamente; 3 sombriamente

glumness [ˈglʌmnɪs] s. 1 taciturnidade; 2 ar carrancudo; 3 mau humor; 4 depressão
glumose [gluˈməʊs] adj. glumáceo
glump [glʌmp] s. indivíduo macambúzio, pessoa sorumbática
glumpily [ˈglʌmpɪlɪ] adv. 1 sorumbaticamente; duma maneira macambúzia; 2 com ar maldisposto
glumpy [ˈglʌmpɪ] adj. (comp. **-ier**, superl. **-iest**) 1 sorumbático, macambúzio; 2 maldisposto, de mau humor
glut [glʌt] Ⓐ s. 1 superabundância; excesso; 2 enchente; 3 fartura; satisfação; saciedade Ⓑ v.tr. (particípios **-tt-**) 1 empanturrar, alimentar excessivamente; 2 saciar; fartar; 3 inundar; *to* ~ *the market* inundar o mercado de; 4 QUÍMICA saturar ❖ ~ *bucket* balde de sebo; *a* ~ *of* um excesso de; *to be glutting with sth* estar a abarrotar de alguma coisa; *to* ~ *oneself on* empanturrar-se de
glutamic [gluːˈtæmɪk] adj. QUÍMICA glutâmico
gluteal [gluːˈtiːəl] adj. glúteo; relativo às nádegas
gluten [ˈgluːtən] s. glúten
gluteus [ˈgluːtɪəs] s. (pl. **-ei**) músculo glúteo, músculo nadegueiro
glutinize [ˈgluːtɪnaɪz] v.tr. tornar glutinoso
glutinosity [ˌgluːtɪˈnɒsɪtɪ] s. glutinosidade
glutinous [ˈgluːtɪnəs] adj. glutinoso
glutinousness [ˈgluːtɪnəsnɪs] s. glutinosidade
glutting [ˈglʌtɪŋ] s. satisfação, saciedade, fartura
glutton [ˈglʌtən] s. 1 (pessoa) glutão; guloso; comilão; 2 ZOOLOGIA (mamífero) glutão ❖ *to be a* ~ *for punishment* ser masoquista; *to be a* ~ *for work* ser viciado em trabalho
gluttonize [ˈglʌtənaɪz] v.intr. 1 comer sofregamente; 2 comer como um glutão
gluttonous [ˈglʌtənəs] adj. 1 glutão; 2 comilão; 3 guloso; 4 voraz
gluttonously [ˈglʌtənəslɪ] adv. 1 como um glutão, como um comilão; 2 gulosamente; 3 vorazmente, com voracidade
gluttony [ˈglʌtənɪ] s. 1 glutonaria; 2 gulodice; 3 voracidade; 4 avidez por comida
glyceria [glɪˈsɪərɪə] s. BOTÂNICA gliceria
glyceric [glɪˈserɪk] adj. QUÍMICA glicérico
glyceride [ˈglɪsəraɪd] s. QUÍMICA glicereto
glycerin [ˈglɪsəriːn] s. glicerina
glycerinate [ˈglɪsərɪneɪt] v.tr. tratar com glicerina
glycerine [ˈglɪsəriːn] s. glicerina
glycerite [ˈglɪsəraɪt] s. glicerado
glycerized [ˈglɪsəraɪzd] adj. glicerinado
glycerol [ˈglɪsərɒl] s. glicerol, glicerina
glycerole [ˈglɪsərəʊl] s. glicerolado, glicéreo, gliceróleo
glycerophosphate [ˌglɪsərəʊˈfɒsfeɪt] s. glicerofosfato
glyceryl [ˈglɪsərɪl] s. QUÍMICA gliceril
glycin [ˈglaɪsiːn] s. QUÍMICA glicina
glycocoll [ˈglaɪkəkɒl] s. QUÍMICA glicocola, aminoácido também conhecido por glicina
glycogen [ˈglaɪkədʒen] s. QUÍMICA glicogénio
glycogenesis [ˌglaɪkəʊˈdʒenɪsɪs] s. glicogénese
glycogenic [ˌglaɪkəʊˈdʒenɪk] adj. glicogénico
glycohaemia [ˌglaɪkəʊˈhiːmɪə] s. glicemia
glycol [ˈglaɪkɒl, ˈglaɪkəʊl] s. QUÍMICA glicol
glycoline [ˈglaɪkəlɪn] s. QUÍMICA glicolina
glycolipid [ˌglaɪkəʊˈlɪpɪd] s. BIOQUÍMICA glicolipídeo
glycolysis [glaɪˈkɒlɪsɪs] s. QUÍMICA glicólise
glycometer [glaɪˈkɒmɪtə] s. glicómetro
glyconic [glaɪˈkɒnɪk] adj. LITERATURA (verso grego) glicónico, formado de um espondeu e dois dáctilos
glycosuria [ˌglaɪkəʊˈsjʊərɪə] s. MEDICINA glicosúria
glyph [glɪf] s. glifo, canal cilíndrico ou triangular aberto em ornatos arquitectónicos
glyphic [ˈglɪfɪk] adj. glífico
glyptics [ˈglɪptɪks] s. glíptica, arte de gravar em pedras finas
glyptography [glɪpˈtɒgrəfɪ] s. gliptografia
glyptology [glɪpˈtɒlədʒɪ] s. gliptologia
gm [abrev. de gram]
GM Ⓐ [abrev. de George Medal] Ⓑ [abrev. de grand master] Ⓒ [abrev. de general manager]
G-man [ˈdʒiːmæn] s. (pl. **-men**) [EUA] polícia, detective federal
GMO [abrev. de genetically modified organism]
GMT [abrev. de Greenwich Mean Time]

GMWU [abrev. de General and Municipal Workers Union]
gnar [nɑ:] v.intr. rosnar, roncar
gnarl [nɑ:l] Ⓐ s. nó, excrescência lenhosa na casca das árvores, rugosidade na casca Ⓑ v.intr. rosnar, roncar
gnarled ['nɑ:ld] adj. 1 nodoso, cheio de nós, rugoso; 2 deformado
gnarly ['nɑ:lɪ] adj. (comp. -ier, superl. -iest) ⇒ **gnarled**
gnash [næʃ] Ⓐ v.tr.,intr. ranger (os dentes) Ⓑ s. ranger (de dentes)
gnashing ['næʃɪŋ] s. ranger (de dentes)
gnat [næt] s. 1 ZOOLOGIA mosquito; 2 [fig.] coisa muito pequena; 3 [fig.] (pequeno incómodo) bagatela ❖ **to strain at a ~** preocupar-se com ninharias; hesitar em coisas sem importância
gnathic ['næθɪk] adj. relativo às maxilas
gnatty ['nætɪ] adj. cheio de mosquitos, com muitos mosquitos
gnaw [nɔ:] v.tr.,intr. (prt. **gnawed**, part. pass. **gnawed** ou **gnawn**) 1 roer; 2 corroer; 3 [fig.] atormentar, torturar, consumir
gnawed ['nɔ:d] adj. 1 corroído; 2 roído; 3 [fig.] consumido
gnawing ['nɔ:ɪŋ] Ⓐ adj. 1 roedor; 2 devorador; 3 torturante; 4 [fig.] constante, permanente, insistente; **~ care** preocupação constante Ⓑ s. 1 acção de roer, corroer, torturar; 2 sofrimento, dor ❖ **the gnawings of conscience** os remorsos
gnd. [abrev. de ground]
gneiss [naɪs, gə'naɪs] s. GEOLOGIA gnaisse
gneissic ['naɪsɪk] adj. gnáissico
gnome[1] [nəʊm] s. MITOLOGIA gnomo
gnome[2] ['nəʊmi:] s. aforismo, máxima
gnomic ['nəʊmɪk] adj. 1 gnómico; 2 sentencioso
gnomon ['nəʊmɒn] s. gnómon
gnomonic [nəʊ'mɒnɪk] adj. gnomónico
gnomonics [nəʊ'mɒnɪks] s. gnomónica
gnosis ['nəʊsɪs] s. gnose
gnostic ['nɒstɪk] adj.,s. gnóstico
gnosticism ['nɒstɪsɪzəm] s. gnosticismo
GNP ECONOMIA [abrev. de gross national product] PNB
gnu [nu:, nju:] s. ZOOLOGIA gnu, antílope africano
go [gəʊ] Ⓐ v.intr. (prt. **went**, part. pass. **gone**) 1 ir, andar; 2 ir-se embora, afastar-se, desaparecer; 3 chegar a, atingir, alcançar; 4 contribuir para, tender; 5 entrar para a posse de, destinar-se a; 6 pertencer a, estar, andar; 7 tornar-se, ficar; 8 decidir-se, ficar decidido; 9 começar; 10 proceder, actuar de acordo com; 11 acompanhar; 12 ceder, falhar, ir abaixo, cair; 13 funcionar, trabalhar; 14 caber; 15 vender; 16 correr, constar, ser aceite, ser conhecido; **as the saying goes** como diz o provérbio; **the story goes that** consta que, dizem que; 17 morrer; **all is over now, he is gone** tudo está acabado agora, ele morreu; 18 gastar-se; ELECTRICIDADE **a fuse went** fundiu-se um fusível; 19 perder-se; 20 ser; 21 ser moda; 22 (telefone, etc.) tocar Ⓑ s. (pl. **-es**) 1 [coloq.] força; energia; entusiasmo; **to be full of go** estar cheio de energia; 2 movimento; actividade; agitação; **to be always on the go** andar sempre dum lado para o outro; 3 moda; **it's all the go!/it's quite the go!** é a grande moda!, é o que se usa agora!; 4 situação difícil; situação embaraçosa; [irón.] **what a go!** bonita situação!; 5 tentativa; ensejo; oportunidade; **to have a go at it** fazer uma tentativa; 6 vez; **it's your go** é a tua vez; **at one go** de uma só vez; 7 (quantidade servida) dose; 8 sucesso; **to make a go of sth** ter êxito em algo ❖ DESPORTO **are you ready? go!** estão prontos? partir!; **from the word go** desde o princípio; **go and eat coke/go and boil yourself** vai bugiar; [coloq.] **go easy on the butter** não gastes muita manteiga; **go it!** coragem!; vamos!; **go to Bath!/go to Jericho!/go to blazes!** vai para o diabo!; **is it a go?** entendido?; combinado?; **it's no go** não se pode fazer nada; nada há a fazer; **it was a near go** foi por um triz; **keep going!** continua!; **she went hot and cold when she received the letter** ela ficou sem pinga de sangue quando recebeu a carta; **three into six goes twice** seis a dividir por três dá dois; **to go all out** esforçar-se ao máximo; **to go (and do)** ir (fazer); **to go apart** separar-se; **to go backward** andar para trás; retroceder; ir às arrecuas; (alimento) **to go bad** apodrecer, deteriorar-se; **to go behind** ir para trás; voltar a examinar (resolução tomada, etc.); rever (uma decisão); **to go between** colocar-se entre; pôr-se no meio de; **to go by air/bus/car/coach/train** ir de avião/autocarro/automóvel/camioneta/comboio;

to go by/under the name of dar pelo nome de; chamar-se; **to go by the worst** ficar com a parte pior; **to go it** gastar à larga; levar vida desregrada; dedicar-se de alma e coração; lançar-se a; **to go it alone** lutar sozinho; agir sozinho; **to go one better** ultrapassar; fazer melhor; (livro, publicação) **to go out of print** esgotar-se; **to go the way of all the earth/to go the way of all flesh** morrer; **to go well** correr bem; **to go well with** ficar bem com; combinar bem com; [joc.] **to go west** caminhar para oeste; perder-se; morrer; **to go without saying** ser evidente; **to go wrong** falhar; enganar-se; seguir caminho errado; apodrecer; ficar em mau estado; **where does this book go?** onde é que se põe este livro?

◆ **go about** Ⓐ v.intr. 1 andar por aí; 2 (boato, informação) correr, constar; 3 (doença) espalhar-se; 4 NÁUTICA virar de bordo Ⓑ v.tr. 1 começar; **you must ~ your work** tens de começar já com o teu trabalho; 2 andar a fazer; tratar de; dedicar-se a ❖ **to ~ in...** andar vestido com...; **to ~ one's business** tratar da sua vida; prestar atenção ao que lhe diz respeito; não se meter na vida dos outros

◆ **go after** v.tr. 1 seguir; 2 andar atrás de; ir atrás de; 3 (trabalho) candidatar-se a; 4 [fig.] atacar

◆ **go against** v.tr. 1 ser desfavorável a; 2 ir contra; opor-se a; fazer oposição a ❖ **to ~ the grain** ser contra os princípios de alguém; **to ~ the tide** remar contra a corrente

◆ **go ahead** v.intr. 1 (projecto) avançar [**with**, com]; levar a cabo [**with**, -]; 2 adiantar-se; ir à frente [**of**, de]; 3 continuar ❖ **go ahead!** força!

◆ **go along** Ⓐ v.intr. 1 [coloq.] ir andando; progredir; continuar; 2 ir também [**to**, a; **with**, com]; **he said he'd ~ to the party with us** ele disse que também ia à festa connosco; 3 [EUA] ir logo atrás; **whatever I say, he goes right along** o que quer que eu diga, ele vai logo atrás Ⓑ v.tr. 1 caminhar ao longo de; andar ao longo de; avançar ao longo de; 2 passar por

◆ **go along with** v.tr. apoiar; concordar com ❖ [coloq.] **~ you!** não sejas pateta!; tem juízo!; não julgues que acredito numa coisa dessas!

◆ **go around/round** Ⓐ v.intr. 1 andar por aí; 2 sair [**with**, com]; andar [**with**, com]; 3 (papel, cartão, etc.) passar, dar a volta; **the card's going around for people to sign** o cartão está a ser passado para as pessoas assinarem; 4 (boato, informação) correr, constar; 5 (doença) espalhar-se; 6 ser suficiente; chegar; **is there enough food to go round?** há comida suficiente?; 7 girar; andar à volta Ⓑ v.tr. 1 andar por; 2 dar a volta a; contornar; 3 andar à volta de ❖ **what goes around comes around** assim como fizeres, assim acharás

◆ **go at** v.tr. 1 atirar-se a; atacar; **he went at them like a madman** atirou-se a eles como louco; 2 ser vendido a (determinado preço)

◆ **go away** v.intr. 1 ir-se embora; retirar-se; 2 ir para fora; **I'm going away next week** vou para fora na próxima semana; 3 passar; **has your headache gone away?** já te passou a dor de cabeça?

◆ **go back** v.intr. 1 regressar; 2 voltar [**to**, a/para]; 3 voltar atrás; retroceder; 4 (tempo) remontar [**to**, a]; **the castle goes back to the 12th century** o castelo remonta ao século XII; 5 (extensão) estender-se [**to**, até]; 6 ir de volta; ser devolvido; 7 (relógio) atrasado ❖ **we ~ a long way** conhecemo-nos há muito tempo

◆ **go back on** v.tr. 1 voltar atrás com; não cumprir; faltar a; **he went back on his word** voltou com a palavra atrás; 2 (pessoa) trair

◆ **go before** v.tr. 1 (avaliação, discussão) comparecer perante; ser chamado; ir a; **when does this case ~ the judge?** quando é que este caso vai a julgamento?; 2 preceder; 3 ir à frente de; caminhar à frente de ❖ **all that has gone before** tudo o que já se passou; **those who've gone before** os que já partiram; os nossos antepassados

◆ **go beyond** v.tr. ultrapassar; ir além de; exceder

◆ **go by** Ⓐ v.tr. 1 (regras, princípios) guiar-se por; seguir; **to ~ what sb says** orientar-se por aquilo que uma pessoa diz; 2 deixar-se levar por; 3 passar por, passar junto a, passar através de Ⓑ v.intr. (tempo, dias, semanas, etc.) passar; **many years have gone by** já passaram muitos anos ❖ **in days gone by** outrora; antigamente; **to let the opportunity ~** perder a oportunidade

✦**go down** Ⓐ *v.intr.* **1** descer; **2** cair; **3** diminuir; **4** (sol) pôr-se; **5** afundar-se; naufragar; **6** ser registado; ser recordado [**as**, como]; ser considerado [**as**, -]; **7** passar de geração em geração; **8** (jogo) perder; **9** ir abaixo; *my computer went down* o meu computador foi abaixo; **10** (discurso, frase, etc.) ser recebido, ser acolhido; **11** piorar, declinar; **12** (alimento) ser digerido, passar para o estômago; **13** (pneu) esvaziar-se; **14** [GB] [coloq.] (prisão) ir dentro; **15** ser expulso [**from**, de] Ⓑ *v.tr.* (rua, escadas) descer; *to ~ the street* descer a rua, ir pela rua abaixo ✣ *to ~ to posterity* passar à posteridade

✦**go down with** *v.tr.* **1** [coloq.] (doença) apanhar; *to ~ an illness* ficar doente; **2** ser inaceitável a; parecer inverosímil a; *that won't ~ me!* essa não engulo!

✦**go for** *v.tr.* **1** atacar; **2** lutar por; **3** apontar para; ter em vista; fazer-se a; **4** escolher; ir para; *I would ~ the yellow wallpaper* eu ia para o papel de parede amarelo; **5** aplicar-se a; *my advice goes for you too* o meu conselho também se aplica a ti; **6** ter valor para; ser válido para; **7** ir buscar; procurar; dirigir-se para; **8** inspirar confiança a; **9** gostar de; *I don't go for...* não sou grande apreciador de; **10** vender a (determinado preço); **11** censurar, ralhar a ✣ *~ it!* força!; *to have sth going for you* ter coisas a favor; ter méritos

✦**go forth** *v.intr.* **1** partir; sair; **2** publicar-se; **3** ser anunciado

✦**go forward** *v.intr.* **1** progredir; avançar; **2** (acontecimento) ter lugar; **3** (relógio) ser adiantado, andar para frente; **4** (competição, etc.) ser apurado [**to**, para]

✦**go in** Ⓐ *v.intr.* **1** entrar; **2** (sol, lua) esconder-se atrás de nuvens; **3** (tropas) avançar Ⓑ *v.tr.* entrar para ✣ *~ and win!* felicidades!; boa sorte!; *to ~ and out* entrar e sair; mover-se dum lado para o outro; apagar e acender; aparecer e desaparecer

✦**go in for** *v.tr.* **1** participar em; *to ~ a competition* entrar num concurso, concorrer; **2** fazer; **3** interessar-se por; *I ~ painting* interesso-me por pintura; **4** dedicar-se a; *to ~ sport* dedicar-se ao desporto; **5** (emprego, etc.) candidatar-se a; **6** (exame) apresentar-se a ✣ *submeter-se a* ✣ *to ~ a course of lectures* seguir um curso; inscrever-se em determinado curso

✦**go into** *v.tr.* **1** entrar em; **2** seguir; *he wants to ~ teaching* quer seguir o ensino; **3** tratar de, ocupar-se de; *to ~ a matter* tratar dum assunto, ocupar-se dum assunto; **4** (colisão) bater contra; **5** estudar pormenorizadamente; *that matter is being gone into* essa questão está a ser estudada; **6** meter-se em, participar em ✣ *to ~ black/mourning* deitar luto; *to ~ committee* organizar-se em comissão; *to ~ details* entrar em pormenores; *to ~ effect* entrar em vigor; *to ~ fits of laughter* ter um ataque de riso; *to ~ hysterics* ter um ataque de nervos; *to ~ lengthy explanations* entrar em longas explicações; *to ~ Parliament* entrar para o Parlamento; *to ~ partnership* entrar em sociedade; *to ~ second gear* meter segunda velocidade

✦**go off** Ⓐ *v.intr.* **1** (pessoa) ir-se embora, partir; **2** (bomba) explodir, rebentar; **3** (alarme, despertador) tocar; **4** (arma) disparar; **5** deixar de funcionar; *the radio went off* o rádio desligou-se; **6** [GB] (leite, carne) estragar-se; *the meat has gone off* a carne estragou-se; **7** (dor) passar; **8** adormecer; *to ~ to sleep* adormecer; **9** piorar, decair; **10** (espectáculo, exibição, etc.) correr; *the show went off very well* o espectáculo correu muito bem; **11** (cor) empalidecer; **12** vender-se bem, ter muita saída Ⓑ *v.tr.* [coloq.] perder o interesse por, já não querer saber de; **2** afastar-se de; *to ~ the beaten track* afastar-se do caminho batido; **3** saltar fora de; sair de ✣ *to ~ one's head* ficar maluco; perder o juízo

✦**go off with** *v.tr.* **1** fugir com; levar; **2** (relação amorosa) fugir com

✦**go on** Ⓐ *v.intr.* **1** (luzes, electricidade) ligar-se; **2** continuar; seguir; **3** prosseguir [**with**, com]; **4** acontecer; passar-se; *what's going on?* que se passa?; **5** ir à frente; **6** queixar-se [**at**, a, **about**, de]; **7** falar sem parar [**about**, de/sobre]; **8** (tempo) passar; durar; *how long has this been going on?* há quanto tempo é que isto dura?; **9** (tampa, cobertura) servir; assentar; **10** ralhar, barafustar [**at**, com] Ⓑ *v.tr.* **1** basear-se em; *what evidence are you going on?* em que provas se baseia o senhor?; **2** [coloq.] gostar de ✣ (idade) *he must be going on 50* ele deve andar pelos 50; *she went on to say that...* depois disse que...; *to ~ to another matter* passar para outro assunto

✦**go out** *v.intr.* **1** sair [**of**, de]; **2** (divertimento) sair; *she goes out a great deal* ela sai muito frequentemente; **3** (namorar) andar [**with**, com]; **4** (fogo, luz) extinguir-se; apagar-se; *the candle went out* a vela apagou-se; **5** (televisão, rádio) dar; **6** entrar em greve; **7** passar de moda, tornar-se antiquado, ficar obsoleto; **8** (maré) baixar ✣ *to ~ of one's mind* perder o juízo; esquecer; deixar escapar; *to ~ of one's way* fazer um desvio; *to ~ of one's way to* não se poupar a esforços para; *to ~ shopping* ir fazer compras; *to ~ to work* ir trabalhar

✦**go over** Ⓐ *v.tr.* **1** rever; recapitular; **2** examinar; *to ~ an account* examinar uma conta; **3** revistar; **4** ver; visitar; **5** passar por cima de, atravessar; passar à frente de; **6** ultrapassar; **7** voar sobre; **8** ler, passar uma vista de olhos por Ⓑ *v.intr.* **1** ir [**to**, até]; **2** dirigir-se [**to**, a]; **3** (barco) virar-se; **4** (veículo) capotar

✦**go over to** *v.tr.* mudar para; passar para; *he went over to another supplier* mudou para outro fornecedor ✣ *to ~ the enemy* passar-se para o inimigo

✦**go round** *v.intr.* **1** chegar, ser suficiente; *to ~ among* chegar, ser suficiente; **2** fazer um rodeio; **3** dar uma volta; **4** girar

✦**go through** Ⓐ *v.tr.* **1** (experiência) passar por; **2** rever; verificar; **3** procurar em; revistar; examinar; **4** atravessar; passar através de, passar por; furar; **5** gastar; *to ~ all one's money* gastar todo o dinheiro que se tem; **6** (preceitos, rotina) seguir; cumprir Ⓑ *v.intr.* **1** ser aceite; ser aprovado; **2** (competição) ser apurado [**to**, para] ✣ *to ~ one's apprenticeship* fazer a aprendizagem; *to ~ some editions* ter várias edições

✦**go through with** *v.tr.* realizar; levar a cabo

✦**go to** *v.tr.* **1** ir para; passar a ser pertença de; calhar a; **2** dar-se a; *don't ~ any trouble on my behalf* não te dês a tanto trabalho por minha causa; **3** ir a; dirigir-se a; visitar; **4** pagar ✣ *to ~ bat for sb* interceder por alguém; ajudar alguém; *to ~ Canossa* humilhar-se, depois de verificar ser impossível conseguir os seus fins; *to ~ great expense* meter-se em grandes despesas; *to ~ law* recorrer aos tribunais; *to ~ one's head* subir à cabeça; *to ~ pieces* ficar em bocados; rebentar; partir; ir-se abaixo; *to ~ sea* fazer-se marinheiro; *to ~ sleep* ir deitar-se; ir dormir; adormecer; *to ~ the bar* seguir a carreira de advogado

✦**go towards** *v.tr.* **1** ir em direcção a; ir para; **2** ser destinado a; reservar-se a

✦**go under** *v.intr.* **1** [coloq.] falir; **2** afundar-se; **3** ir-se abaixo, sucumbir; **4** (sol) descer no horizonte, pôr-se

✦**go up** *v.intr.* **1** subir; *to ~ the street* subir a rua; **2** (preços, temperatura, etc.) aumentar; *to ~ in price* aumentar, subir de preço; **3** ir [**to**, a]; dirigir-se [**to**, a]; aproximar-se [**to**, de]; *to ~ to sb* dirigir-se a uma pessoa, abordar alguém; *to ~ north* dirigir-se para o norte; *to ~ to town* ir à cidade; **4** explodir, ir ao ar; **5** elevar-se; **6** entrar para a universidade; *to ~ to the university* entrar para/ir para a universidade; **7** (escala musical) percorrer subindo ✣ *to ~ for an examination* apresentar-se a exame; *to ~ in flames* incendiar-se; *to ~ in one's esteem* subir na estima de alguém; *to ~ in the air* ir aos arames; irritar-se; ficar furioso; *to ~ in the world* subir na escala social; *to ~ rungs of the ladder* subir (na vida); *to ~ to the first division* subir à primeira divisão

✦**go up against** **1** [EUA] [coloq.] (competição, etc.) enfrentar; bater-se com; **2** colocar-se junto a; encostar-se a

✦**go upon** *v.tr.* **1** confiar em; basear-se em; **2** empreender

✦**go with** *v.tr.* **1** acompanhar; andar com; caminhar com; **2** combinar com; condizer com; ficar bem com; **3** harmonizar-se com; *to ~ sb's opinions* harmonizar-se com as opiniões de alguém; **4** associar-se a; **5** estar incluído em; **6** apoiar; *I'd ~ that* isso teria o meu apoio; **7** optar por ✣ *to ~ child* estar grávida; *to ~ the crowd* ser igual aos outros; (animal) *to ~ young* estar prenhe

✦**go without** *v.tr.* passar sem; privar-se de ✣ *to ~ oneself* privar-se de tudo

GO MILITAR [*abrev. de* general order]

goa [ˈɡəʊə] *s.* ZOOLOGIA antílope do Tibete

Goa [ˈɡəʊə] *s.top.* Goa ✣ *~ powder* pó de Goa; pó da Baía; pó de araroba

goad [ɡəʊd] Ⓐ *s.* **1** aguilhão; **2** [fig.] incentivo; estímulo Ⓑ *v.tr.* **1** aguilhoar, picar; **2** [fig.] acicatar; incitar [**to**, a]; levar [**to**, a]; *hunger goaded him to steal* a fome levou-o a roubar

✦**goad on** *v.tr.* instigar; incitar; *to goad sb on* incitar alguém

goadsman [ˈɡəʊdzmən] *s.* (*pl.* **-men**) boieiro que utiliza o aguilhão

goaf [gəʊf] s. 1 (minas) entulho; 2 espaço vazio após a extracção do carvão

go-ahead [ˈgəʊəhed] Ⓐ s. [coloq.] luz verde_fig._; ordem para avançar; autorização Ⓑ adj. [coloq.] dinâmico; empreendedor

goal [gəʊl] s. 1 fim; meta; objectivo a atingir; 2 DESPORTO (futebol, andebol, etc.) baliza; 3 DESPORTO golo; ponto; *to score a* ~ marcar um golo, marcar ponto; *to win by two goals* ganhar por duas bolas ❖ ~ *kick* pontapé de baliza; ~ *scorer* goleador

goalie [ˈgəʊlɪ] s. [coloq.] guarda-redes

goalkeeper [ˈgəʊlkiːpə] s. DESPORTO guarda-redes

goalless [ˈgəʊləs] adj. 1 sem golos marcados; 2 gratuito; sem objectivo ❖ DESPORTO ~ *draw* empate a zero

goalmouth [ˈgəʊlmaʊθ] s. boca da baliza; *in the* ~ à boca da baliza

goalpost [ˈgəʊlpəʊst] s. 1 poste da baliza; 2 [fig.] meta, objectivo ❖ *to change/shift the goalposts* mudar as regras do jogo

Goan [ˈgəʊən] adj.,s. goês, goense

goat [gəʊt] s. 1 cabra; (macho) bode; *young* ~ cabrito; 2 [depr.] devasso ❖ ~ *cheese* queijo de cabra; ~ *god* o deus Pã; ~ *weed* erva-de-são-geraldo; ~ *willow* espécie de salgueiro; BOTÂNICA *goat's beard* barba-de-bode; *goat's milk* leite de cabra; BOTÂNICA *goat's rue* galega; *to act the* ~/*to play the* ~ fazer de parvo; *to get sb's* ~ irritar alguém; *to lose one's* ~ zangar-se; *to separate the sheep from the goats* separar os bons dos maus; separar o trigo do joio

Goat [gəʊt] s. ASTRONOMIA (constelação, signo) Capricórnio

goatee [gəʊˈtiː] s. barbicha, pêra

goatherd [ˈgəʊthɜːd] s. cabreiro; indivíduo que toma conta dum rebanho de cabras

goatish [ˈgəʊtɪʃ] adj. 1 caprino, próprio de cabra; 2 com cheiro a bodum, a bode; 3 sensual, libidinoso

goatlike [ˈgəʊtlaɪk] adj. semelhante a bode, a cabra

goatling [ˈgəʊtlɪŋ] s. cabrito, chibo

goatskin [ˈgəʊtskɪn] s. 1 pele de cabra; 2 odre

goatsucker [ˈgəʊtsʌkə] s. ZOOLOGIA noitibó, boa-noite

goaty [ˈgəʊtɪ] adj. com cheiro a bodum

gob [gɒb] Ⓐ s. 1 expectoração, 2 qualquer pequena porção de matéria viscosa semelhante a escarro ou saliva; 3 [cal.] escarro, bisca; 4 [EUA] marujo, marinheiro; 5 entulho, aterro; 6 goelas, boca; 7 massa de vidro derretido que é apanhada pelo tubo de soprar Ⓑ v.intr. (particípios: -bb-) escarrar

gobang [gəʊˈbæŋ] s. jogo com um tabuleiro idêntico ao do xadrez

gobbet [ˈgɒbɪt] s. 1 mancha; 2 bocado de qualquer coisa; 3 (exame) excerto; 4 [arc.] bocado, pedaço de carne crua

gobble [ˈgɒbəl] Ⓐ v.intr. 1 (peru) fazer gluglu; 2 (acesso de cólera, etc.) falar com a voz presa na garganta Ⓑ v.tr. devorar; engolir vorazmente; *don't gobble!* come mais devagar! Ⓒ s. 1 (peru) gluglu; 2 DESPORTO (golfe) bola rolada que entra a direito num buraco

gobbledegook [ˈgɒbldɪguːk] s. 1 algaraviada; 2 gíria incompreensível

gobbledygook [ˈgɒbldɪguːk] s. ⇒ **gobbledegook**

gobbler [ˈgɒblə] s. 1 glutão; indivíduo comilão; 2 [coloq.] peru macho

gobby [ˈgɒbɪ] s. NÁUTICA guarda-costas

gobelin [ˈgəʊbəlɪn] s. gobelim, gobelina ❖ (tapeçaria dos Gobelins) ~ *tapestry* gobelim; gobelina

gobemouche [ˈgəʊbmuːʃ] s. pessoa crédula

go-between [ˈgəʊˌbɪtwiːn] s. intermediário

Gobi [ˈgəʊbɪ] s.top. Góbi

gobiidae [gəʊˈbiːɪdiː] s.pl. ZOOLOGIA gobiídeos, família de peixes teleósteos

goblet [ˈgɒblɪt] s. 1 copo de pé; 2 [ant.] taça

goblin [ˈgɒblɪn] s. trasgo, demónio; duende maléfico

gobsmacked [ˈgɒbsmækt] adj. [cal.] atónito, estupefacto, abismado, pasmado

gobstopper [ˈgɒbstɒpə] s. rebuçado

goby [ˈgəʊbɪ] s. ZOOLOGIA (peixe) góbio

go-by [ˈgəʊbaɪ] s. [cal.] desfeita, desconsideração; *to give sb the* ~ prescindir de alguém; largar alguém

GOC [abrev. de General Officer Commanding]

go-cart [ˈgəʊkɑːt] s. 1 DESPORTO kart; 2 carrinho de criança

go-carting [ˈgəʊkɑːtɪŋ] s. DESPORTO karting

GOC-in-C [abrev. de General Officer Commanding in Chief]

god [gɒd] s. deus; divindade ❖ ~ *of day* Febo; Sol; ~ *of fire* Vulcano; ~ *of the sea* Neptuno; ~ *of war* deus da guerra; Marte; ~ *of wine* deus do vinho; Baco; *a tin* ~/*a little tin* ~ pessoa colocada em plano muito superior ao merecido; TEATRO [coloq.] *the gods* a galeria; o galinheiro; *that's a sight for the gods* isso é uma coisa excepcional, digna de deuses; [coloq.] *to make a* ~ *of one's belly* pensar só na barriga

God [gɒd] s. Deus; ~ **Almighty** Deus Omnipotente ❖ *God's earth* toda a santa Terra; *God's truth* verdade divina; verdade absoluta; *for God's sake!* por amor de Deus; ~ *forbid!* Deus me livre!; ~ *grant!* Deus o queira!; ~ *knows!* sabe Deus!; ~ *willing* querendo Deus; se Deus quiser; ~ *wot!* Deus o sabe!; *help yourself and* ~ *will help you* Deus ajuda a quem madruga; *thank God!* graças a Deus!; *would to* ~ prouvera a Deus!

god-awful [gɒdˈɔːfəl] adj. [cal.] horrível, horroroso, medonho

godchild [ˈgɒdtʃaɪld] s. (pl. -children) afilhado

goddam [ˈgɒdæm] Ⓐ adj. [EUA] [cal.] maldito Ⓑ interj. porra!

goddaughter [ˈgɒddɔːtə] s. afilhada

goddess [ˈgɒdɪs] s.f. (pl. -es) deusa

godet [ˈgəʊdeɪ] s. ondulado, folho largo de saia

godetia [gəʊˈdiːʃə] s. BOTÂNICA godécia

godfather [ˈgɒdfɑːðə] Ⓐ s. padrinho; *to stand* ~ *to* ser padrinho de Ⓑ v.tr. apadrinhar ❖ ~ *offer* oferta irrecusável

godfearing [ˈgɒdfɪərɪŋ] adj. 1 temente a Deus; 2 pio, devoto, muito religioso

godforsaken [ˈgɒdfəseɪkən] adj. 1 maldito; miserável; 2 (lugar) abandonado; desolado

Godfrey [ˈgɒdfrɪ] s.antr. Godofredo

godhead [ˈgɒdhed] s. divindade

godless [ˈgɒdləs] adj. 1 ateu; 2 ímpio

godlessness [ˈgɒdlɪsnɪs] s. 1 impiedade; 2 incredulidade

godlike [ˈgɒdlaɪk] adj. 1 semelhante a Deus; 2 divino; 3 olímpico

godliness [ˈgɒdlɪnɪs] s. 1 piedade; 2 religiosidade

godly [ˈgɒdlɪ] adj. (comp. -ier, superl. -iest) 1 [form.] devoto; piedoso; religioso; 2 divino

God-man [ˈgɒdmæn] s. Cristo

godmother [ˈgɒdmʌðə] s. madrinha; *to stand* ~ *to* ser madrinha de

godown [ˈgəʊdaʊn] s. 1 feitoria; 2 entreposto indiano

godparents [ˈgɒdˌpeərəntz] s.pl. padrinhos

godroon [gəˈdruːn] s. borda estriada ornamental

godsend [ˈgɒdsend] s. 1 graça divina; dádiva divina; bênção; 2 [coloq.] pechincha

godship [ˈgɒdʃɪp] s. divindade

godson [ˈgɒdsʌn] s. afilhado

Godspeed [ˈgɒdspiːd] interj. [ant.] Deus te acompanhe!, boa viagem!, felicidades!

godwards [ˈgɒdwɜːdz] adv. para Deus; em direcção a Deus

godwit [ˈgɒdwɪt] s. 1 ZOOLOGIA limosa; 2 fusela-nova, parda, grualeta; 3 milhurango, milherango

goer [ˈgəʊə] s. 1 frequentador; 2 [depr.] promíscuo; 3 [coloq.] boa ideia, ideia com pernas para andar

Goethian [ˈgɜːtɪən, ˈgɜːtɪən] adj.,s. goethiano

gofer [ˈgəʊfə] s. moço de recados

goffer [ˈgɒfə] Ⓐ s. pregueado, plissado Ⓑ v.tr. 1 plissar; 2 preguear; 3 frisar; 4 ondear; 5 lavrar (couro); 6 estampar

goffered [ˈgəʊfəd] adj. 1 plissado; 2 estampado (a quente); 3 lavrado

gofferer [ˈgəʊfərə] s. 1 estampador; 2 impressor, gravador

goffering [ˈgəʊfərɪŋ] s. 1 (tecido) plissado; 2 (tecido, livros) estampado; 3 estampagem; 4 impressão (a quente) ❖ ~ *tongs* ferros de gravar

go-getter [ˈgəʊgetə] s. fura-vidas, lutador, vencedor

goggle [ˈgɒgl] Ⓐ v.tr.,intr. 1 (surpresa, terror) arregalar (os olhos); *his eyes were goggling out of his head* os olhos pareciam saltar-lhe das órbitas; 2 revirar o olhar Ⓑ adj. 1 (olhos) salientes, protuberantes, bugalhudos; 2 que se reviram

gogglebox [ˈgɒglbɒks] s. (pl. -es) [coloq., ant.] televisor

goggled [ˈgɒgld] adj. (alpinista, automobilista, etc.) com óculos protectores

goggle-eyed [ˈgɒgəlaɪd] adj. de olhos esbugalhados

goggles ['gɒglz] s.pl. 1 óculos protectores; 2 VETERINÁRIA (doença dos carneiros) cenurose

goglet ['gɒglɪt, 'gʌglɪt] s. gorgoleta, bilha de barro para conservar a água fresca

go-go ['gəʊgəʊ] Ⓐ adj. 1 frenético; 2 urgente, apressado; 3 dinâmico, enérgico; 4 irrequieto, agitado, impaciente; 5 excitante, contagiante; 6 FINANÇAS especulativo, de especulação; 7 [ant.] de discoteca Ⓑ s. MÚSICA go-go Ⓒ v.intr. dançar o go-go

Goidel ['gɔɪdəl] s. nome dum povo celta que invadiu, no Neolítico, a Inglaterra

Goidelic [gɔɪˈdelɪk] adj. goidélico; relativo aos Goidels

going ['gəʊɪŋ] Ⓐ s. 1 ida, partida; ~ *away* partida; 2 marcha; passo, andamento; velocidade; 3 piso, caminho; situação do piso ou caminho, estado do piso ou caminho Ⓑ adj. 1 existente; 2 actual, corrente; 3 que vai, que caminha; 4 que vai de vento em popa ❖ ~ *ahead* marcha à frente; ~ *astern* marcha à ré; ~ *back* regresso; volta, recuo; ~ *concern* empresa de sucesso; ~ *down* descida; queda; pôr (do Sol); ~ *in* entrada; registo; ~ *off* partida; afastamento; disparo; ~ *out* saída; vazante; baixa-mar; ~ *through* rebusca, pesquisa; cumprimento; observância; ~ *up* subida; explosão; ~ *without* privação; carência; *one of the best teachers* ~ um dos melhores professores que existem; *she is* ~ *sixteen* ela tem perto de dezasseis anos; *that was good* ~ foi rápido; *to be hard* ~ ser duro; *while the* ~ *is good* enquanto podemos

going-over [ˌgəʊɪŋˈəʊvə] s. 1 [coloq.] revisão geral, inspecção; 2 [coloq.] repreensão; 3 [coloq.] tareia

goings-on [ˌgəʊɪŋzˈɒn] s.pl. 1 atitudes, comportamento; 2 acontecimentos

goiter ['gɔɪtə] s. MEDICINA ⇒ goitre

goitre ['gɔɪtə] s. MEDICINA bócio

goitred ['gɔɪtəd] adj. que sofre de bócio

goitrous ['gɔɪtrəs] adj. com bócio

go-kart ['gəʊkɑːt] s. DESPORTO kart

go-karting ['gəʊkɑːtɪŋ] s. DESPORTO karting

gold [gəʊld] Ⓐ s. 1 QUÍMICA (elemento químico) ouro; 2 objectos de ouro; 3 [fig.] riqueza, dinheiro; 4 (cor) dourado, cor de ouro; 5 (vinho) ambreado Ⓑ adj. 1 de ouro; ~ *ring* anel de ouro; 2 dourado ❖ ~ *alloy* liga de ouro; ~ *bath* banho de ouro; ~ *brick* coisa que parece valiosa mas, na realidade, não tem valor; ~ *dust* ouro em pó; ~ *fever* febre do ouro; ~ *filling* obturação dentária com ouro; aurificação; ~ *finder* pesquisador de ouro; ~ *finer* refinador de ouro; ~ *foil* lâmina de ouro; papel de ouro; ~ *glimmer* mica amarela; ~ *lace* galão de ouro; ~ *leaf* folha de ouro (fina); ~ *mine* mina de ouro; ~ *occurrence* descoberta de ouro; existência de ouro; ~ *ore* minério de ouro; ~ *piece* moeda de ouro; ~ *plate* baixela de ouro; ~ *plater* dourador; ~ *rush* corrida ao ouro; ~ *shares* valores; papéis auríferos; ~ *thread* fio dourado; ~ *washing* lavagem (do ouro); ~ *plate does not fill your belly* palavras bonitas não enchem barriga; *pure* ~ ouro fino; GEOGRAFIA *the Gold Coast* a Costa do Ouro

gold-bearing [ˈgəʊldˌbeərɪŋ] adj. aurífero

gold-beater [ˈgəʊldˌbiːtə] s. (folhas de ouro) bate-folhas

goldcrest ['gəʊldkrest] s. ZOOLOGIA carriça, carriço, carricinha

gold-digger [ˈgəʊldˌdɪgə] s. 1 pesquisador de ouro; 2 [depr.] (ganância) explorador; aventureiro

gold-digging [ˈgəʊldˌdɪgɪŋ] s. 1 pesquisa do ouro; 2 [depr.] (ganância) exploração; aventureirismo

golden ['gəʊldən] adj. 1 dourado; 2 de ouro; 3 [fig.] precioso; maravilhoso; 4 [fig.] áureo ❖ ~ *age* idade de ouro; época áurea; ~ *boy/girl* menino/menina bonito(a); ~ *delicious* maçãs *golden*; ZOOLOGIA ~ *eagle* águia-real; ~ *goose* galinha dos ovos de ouro; (verniz) ~ *oak* carvalho-ouro; (canção) ~ *oldie* clássico; ~ *opportunity* oportunidade única; BOTÂNICA ~ *thistle* cardo-silvestre; (casamento) ~ *wedding* bodas de ouro; *the* ~ *calf* o bezerro de ouro; MITOLOGIA *the Golden Fleece* o Velo de Ouro

goldeneye [ˈgəʊldənaɪ] s. ZOOLOGIA adem; pato-real; lavanco

goldenrod [ˈgəʊldənrɒd] s. BOTÂNICA verga-de-ouro, virga-áurea

goldfield [ˈgəʊldfiːld] s. campo aurífero

goldfinch [ˈgəʊldfɪntʃ] s. (pl. -es) ZOOLOGIA (ave) pintassilgo, pintassilho, pinta-cardeira

goldfish [ˈgəʊldfɪʃ] s. (peixe) dourada; douradinha; safata

goldilocks [ˈgəʊldɪlɒks] s. 1 ranúnculo, ranúnculo; 2 pessoa com cabelos louros

gold-plated [ˌgəʊldˈpleɪtɪd] adj. 1 dourado; 2 com revestimento a ouro; 3 [fig.] (negócio) milionário

goldsmith [ˈgəʊldsmɪθ] s. ourives

goldy [ˈgəʊldɪ] adj. dourado

golem [ˈgəʊləm] s. RELIGIÃO (judaísmo) *golem*

golf [gɒlf] Ⓐ s. DESPORTO golfe Ⓑ v.intr. jogar golfe ❖ ~ *club* taco de golfe; clube de golfe; ~ *course* campo de golfe; ~ *links* campo de golfe

golfer [ˈgɒlfə] s. jogador de golfe

golfing [ˈgɒlfɪŋ] Ⓐ adj. de golfe Ⓑ s. DESPORTO (actividade) golfe; *to go* ~ ir jogar golfe

Golgotha [ˈgɒlgəθə] s.top. Gólgota

Goliath [gəˈlaɪəθ] s.antr. RELIGIÃO (Bíblia) Golias

golliwog [ˈgɒlɪwɒg] s. 1 fantasma, papão; 2 boneca grotesca

gollop [ˈgɒləp] v.tr. [coloq.] engolir, devorar

golly [ˈgɒlɪ] interj. meu Deus!, safa!

gollywog [ˈgɒlɪwɒg] s. ⇒ golliwog

goloptious [gəˈlɒpʃəs] adj. [joc.] ⇒ **goluptious**

golosh [gəˈlɒʃ] s. (pl. -es) ⇒ galosh

goluptious [gəˈlʌpʃəs] adj. [joc.] delicioso, muito saboroso

GOM (epíteto dado a Gladstone) [abrev. de Grand Old Man]

gombeen [gɒmˈbiːn] s. [Irl.] usura ❖ ~ *man* usurário

gomerel [ˈgɒmərəl] s. [Esc.] imbecil, idiota

Gomorrah [gəˈmɒrə] s.top. Gomorra

gomphosis [gɒmˈfəʊsɪs] s. ANATOMIA gonfose

gonad [ˈgɒnæd] s. ANATOMIA gónada

gondola [ˈgɒndələ] s. 1 NÁUTICA gôndola; 2 barquinha (de aeróstato)

gondolier [ˌgɒndəˈlɪə] s. gondoleiro

gone [gɒn] Ⓐ part. pass. de **to go** Ⓑ adj. 1 ido, desaparecido; 2 morto; 3 desesperado, sem esperança; 4 [coloq.] grávida; *far* ~ *with child* em estado adiantado de gravidez; *four months* ~ grávida de quatro meses ❖ *a* ~ *case* um caso perdido; *a* ~ *man* um homem perdido, liquidado; [EUA] [coloq.] *a* ~ *coon* pessoa cujo caso é desesperado; *far* ~ *in years* avançado na idade; *to be* ~ *on* estar louco por; *to be pretty far* ~ estar bêbedo; *to be too far* ~ ser um caso perdido

goner [ˈgɒnə] s. 1 [coloq.] pessoa liquidada, perdida, morta; 2 [coloq.] caso perdido

gonfalon [ˈgɒnfələn] s. gonfalão, pendão, bandeira

gonfalonier [ˌgɒnfələˈnɪə] s. 1 gonfaloneiro; 2 porta-bandeira

gong [gɒŋ] Ⓐ s. 1 tantã, gongo; 2 campainha larga, aberta, em forma de pires Ⓑ v.tr. (polícia) buzinar, fazer sinal sonoro a (condutor de carro para parar)

gongorism [ˈgɒŋgərɪzəm] s. gongorismo

gongster [ˈgɒŋstə] s. polícia das estradas

gonidium [gɒˈnɪdɪəm] s. BOTÂNICA gonídio

goniograph [ˈgəʊnɪəgrɑːf] s. goniógrafo

goniography [ˌgəʊnɪˈɒgrəfɪ] s. goniografia

goniometer [ˌgəʊnɪˈɒmɪtə] s. goniómetro

goniometric [ˌgəʊnɪəˈmetrɪk] adj. goniométrico

goniometrical [ˌgəʊnɪəˈmetrɪkəl] adj. goniométrico

goniometry [ˌgəʊnɪˈɒmətrɪ] s. goniometria

gonion [ˈgəʊnɪən] s. gónio

gonio-sight [ˈgəʊnɪəsaɪt] s. colimador (em goniómetro de artilharia)

gonococcus [ˌgɒnəʊˈkɒkəs] s. (pl. -cocci) gonococo

gonophore [ˈgɒnəfɔː] s. BOTÂNICA gonóforo, prolongamento do receptáculo que apenas suporta os estames e o pistilo

gonorrhoea [ˌgɒnəˈrɪə] s. gonorreia; blenorragia

gonorrhoeal [ˌgɒnəˈrɪəl] adj. gonorreico; blenorrágico

gonzo [ˈgɒnzəʊ] adj. 1 subjectivo; 2 estranho, bizarro, esquisito; 3 pouco convencional

goo [guː] s. 1 substância pegajosa; 2 lamechice, pieguice

goober [ˈguːbə] s. [EUA] amendoim

good [gʊd] Ⓐ adj. (comp. **better**, superl. **best**) 1 bom; 2 excelente; 3 de boa qualidade; de qualidade superior; 4 útil, benéfico; 5 próprio, apropriado, adequado; 6 bem comportado, educado, amável; ~ *behaviour* bom comportamento; 7 generoso, virtuoso; 8 em bom estado de conservação, fresco; 9 autêntico, genuíno; 10 forte; 11 completo; 12 vantajoso, favorável Ⓑ adv. bem; *you did* ~ fizeste bem, saíste-te bem Ⓒ s. 1 bem; ~ *and evil* o bem e o mal; *it's for your own* ~ é para teu bem;

goodbye

a lot of ~ muito bem; **2** utilidade, proveito, vantagem, benefício Ⓓ *s.pl.* (os) bons; *the* ~ *and the bad* os bons e os maus Ⓔ *interj.* bom!; bem! ❖ RELIGIÃO *Good Friday* Sexta-Feira Santa; ~ *many* muitos; ~ *turn* amabilidade; obséquio; *a* ~ *four miles* umas boas quatro milhas; *all in* ~ *time* na altura própria; quando chegar o momento; *as* ~ *as* quase; praticamente; como se; *for* ~*/for* ~ *and all* para sempre; definitivamente; *have a* ~ *time!* divirta-se!; *more than is* ~ *for him* mais do que deve; *in* ~ *earnest* a sério; sem ser por brincadeira; *it seems too* ~ *to be true* é tão bom que não pode ser verdade; *it's* ~ *to be here!* é um prazer estar aqui!; *it's no* ~ *talking about that* não vale a pena falar nisso; [irón.] *much* ~ *may it do you!* goza muito!; *she as* ~ *as told me that ...* ela deu-me a entender que ...; *that is as* ~ *as done* isso está praticamente feito; *that is as* ~ *as gold* isso é de óptima qualidade; *that's very* ~ *of you* isso é muita amabilidade sua; *they are up to no* ~ eles não se preparam para coisa boa; *they were £30 to the* ~ tiveram um lucro de 30 libras; *to be* ~ *at...* ser bom a/em; *to be in* ~ *spirits* estar animado; *to have a* ~ *mind to* estar inclinado a; *what* ~ *is it?* para que serve isso?; *would you be so* ~ *as to ...* quererá ter a bondade de ...; *it will do you a lot of* ~ far-te-á muito bem

goodbye [ˌgʊdˈbaɪ] Ⓐ *s.* adeus; despedida Ⓑ *interj.* adeus!, até à vista! ❖ *for the present* até logo; [coloq.] ~ *to all that!* acabou-se!; *I must say* ~ tenho de me despedir agora; *to bid/wish* ~ despedir-se; apresentar as suas despedidas

good-for-nothing [ˌgʊdfəˈnʌθɪŋ] *adj.* **1** [depr.] preguiçoso; **2** [depr.] inútil, imprestável; **3** [depr.] irresponsável

good-humoured [ˌgʊdˈhjuːməd] *adj.* **1** bem-disposto; **2** alegre, jovial; **3** (debate, discussão) descontraído

goodies [ˈgʊdɪz] *s.pl.* guloseimas, coisas boas

goodish [ˈgʊdɪʃ] *adj.* **1** bastante bom, razoável, sofrível; **2** bastante grande, considerável (distância)

goodliness [ˈgʊdlɪnɪs] *s.* boa aparência, beleza, formosura

good-looker [ˈgʊdˌlʊkə] *s.* beleza, boa estampa

good-looking [ˌgʊdˈlʊkɪŋ] *adj.* **1** com bom aspecto; **2** agradável à vista; **3** atraente

goodly [ˈgʊdlɪ] *adj.* (*comp.* **-ier**, *superl.* **-iest**) **1** substancial; considerável; vasto; *a* ~ *number* um número considerável; *a* ~ *sum of money* uma substancial soma de dinheiro; **2** [arc.] com bom aspecto, com boa aparência, bem-parecido; **3** [arc.] agradável

goodman [ˈgʊdmən] *s.* (*pl.* **-men**) [arc.] dono da casa ❖ [Esc.] *the* ~ o meu marido

good-natured [ˌgʊdˈneɪtʃəd] *adj.* **1** agradável, simpático; **2** acessível; **3** de trato fácil; **4** bem-disposto

good-naturedly [ˌgʊdˈneɪtʃədlɪ] *adv.* **1** de forma afável; com bonomia; **2** de forma simpática; com amabilidade; amavelmente; **3** com bondade

goodness [ˈgʊdnɪs] *s.* **1** bondade; **2** afabilidade; amabilidade; **3** virtude; **4** boa qualidade; excelência; **5** (alimentos) conteúdo nutritivo ❖ ~ *gracious!* meu Deus!; ~ *knows* só Deus sabe; ~ *knows that...* Deus sabe que...; ~ *me!* valha-me Deus!; *for* ~ *sake!* por amor de Deus!; *have the* ~ *to...* tenha a bondade de...; *I wish to* ~ *to...* Deus permita que...; *my goodness!* meu Deus!

goodnight [gʊdˈnaɪt] *interj.* boa noite! ❖ *to bid sb* ~ desejar boa noite a alguém; *to give sb a* ~ *kiss* dar a alguém um beijinho de boa noite

goods [gʊdz] *s.pl.* **1** mercadorias, objectos; **2** artigos, bens; **3** bens móveis; **4** bagagem; **5** [coloq.] provas; *to have the* ~ *on sb* ter provas contra alguém; *to get the* ~ *on a murderer* conseguir provas seguras contra um assassino ❖ ~ *lift* monta-cargas; ~ *shed* armazém; ~ *train* comboio de mercadorias; ~ *wagon* furgão, vagão de mercadorias; *fancy* ~ artigos de fantasia; *figured* ~ tecidos com desenhos; ~ *and chattels* artigos pessoais; [EUA] *green* ~ moeda falsa; notas falsas; *manufactured* ~ artigos manufacturados; *by fast/slow* ~ *service* a grande/pequena velocidade

good-sized [ˌgʊdˈsaɪzd] *adj.* (tamanho) bastante grande, razoável

good-tempered [ˌgʊdˈtempəd] *adj.* **1** bem-disposto; **2** de trato fácil; **3** agradável; **4** amável

goodwife [ˈgʊdwaɪf] *s.* (*pl.* **-wives**) [Esc.] dona de casa ❖ [Esc.] *the* ~ a minha mulher

goodwill [gʊdˈwɪl] *s.* **1** boa vontade; *a policy of* ~ uma política de boa vontade; **2** benevolência, indulgência; **3** COMÉRCIO bom nome, boa reputação ❖ *to be in a person's* ~ estar nas boas graças de alguém; *with* ~ com boa vontade; de alma e coração

goody [ˈgʊdɪ] Ⓐ *s.* (*pl.* **-ies**) **1** guloseima, coisa boa; **2** (personagem) um dos bons; *the goodies and the baddies* os bons e os maus; **3** [arc.] [usado antes do nome] velhota, tiazinha Ⓑ *interj.* [coloq.] óptimo! Ⓒ *adj.* [depr.] sonso, santarrão; *a* ~ *two-shoes* um sonso

goody-goody [ˈgʊdɪˌgʊdɪ] *adj.* ⇒ **goody** Ⓒ

gooey [ˈguːɪ] *adj.* **1** [coloq., depr.] pegajoso; **2** [coloq., depr.] cor-de-rosa*fig*, lamechas, sentimental

goof [guːf] Ⓐ *s.* **1** [coloq., depr.] pateta, palerma; **2** [coloq.] gaffe, deslize; **3** [coloq.] asneira, bacorada Ⓑ *v.tr.* [coloq.] estragar Ⓒ *v.intr.* **1** [coloq.] asneirar, meter os pés pelas mãos*fig*; **2** [coloq.] fracassar, ir ao charco*fig*

◆ **goof around** *v.intr.* **1** [EUA] [coloq.] andar na brincadeira; **2** baldar-se (a obrigações)

◆ **goof off** *v.intr.* [EUA] [coloq.] (trabalho) baldar-se a obrigações

◆ **goof up** Ⓐ *v.intr.* [EUA] [coloq.] cometer uma gaffe; asneirar Ⓑ *v.tr.* [EUA] [coloq.] estragar

goofball [ˈguːfbɔːl] *s.* **1** parvo, tolo; **2** barbitúrico

goofiness [ˈguːfɪnəs] *s.* palermice, patetice, parvoíce

goof-up [ˈguːfʌp] *s.* **1** [coloq.] gaffe, deslize; **2** [coloq.] asneira; **3** [coloq.] bacorada

goofy [ˈguːfɪ] *adj.* (*comp.* **-ier**, *superl.* **-iest**) **1** [depr., coloq.] palerma, parvo, pateta; **2** [coloq.] (dentadura) saliente, protuberante ❖ *with* ~ *teeth* dentuça; dentolas

googly [ˈguːglɪ] *s.* (críquete) bola lançada com determinado efeito

googol [ˈguːgɒl] *s.* termo inventado pelo matemático norte-americano Edward Kasner para indicar a expressão matemática 10^{100}

goo-goo [ˈguːguː] *adj.* meigo, meiguinho, doce ❖ *to make* ~ *eyes at sb* fazer olhinhos meigos a alguém

gook [guːk] *s.* **1** [EUA] [cal.] (ofensivo) chino, chinoca*cal*; **2** imundície, porcaria, esterco

goon [guːn] *s.* **1** [depr.] desastrado, inepto, imbecil; **2** [coloq.] palhaço*fig*; **3** [EUA] (gangster) rufião

goop [guːp] *s.* **1** [coloq.] rústico, labrego; **2** [coloq.] pateta

goopy [ˈguːpɪ] *adj.* (*comp.* **-ier**, *superl.* **-iest**) [coloq.] inchado, enfatuado

goora-nut [ˈguːrənʌt] *s.* noz de cola

goosander [guːˈsændə] *s.* ZOOLOGIA (ave) merganso, mergulhão

goose [guːs] Ⓐ *s.* (*pl.* **geese**) **1** ganso; **2** gansa, fêmea de ganso; **3** [coloq.] pateta; palerma; **4** *pl.* **gooses** ferro de alfaiate; **5** *pl.* **gooses** [cal.] apalpão no rabo Ⓑ *v.tr.* **1** [cal.] apalpar no rabo; **2** [coloq.] espicaçar ❖ (marisco) ~ *barnacle* lapa; ~ *bumps*/ ~ *pimples* pele de galinha; [EUA] ~ *egg* nada; zero; ovo de gansa, MILITAR ~ *step* passo de ganso; *green* ~ ganso com menos de quatro meses; *he is unable to say boo to a* ~ ele não faz mal a uma mosca; *to kill the* ~ *that laid the golden eggs* matar a galinha dos ovos de ouro

gooseberry [ˈgʊzbərɪ, ˈgʊzberɪ] *s.* (*pl.* **-ies**) **1** BOTÂNICA (fruta) groselha verde, groselha, uva-espim; **2** BOTÂNICA (planta) groselheira, groselheira-espim; **3** [coloq.] (terceira pessoa) vela*fig*; *to play* ~ segurar a velinha ❖ BOTÂNICA (fruto) *Chinese* ~ quivi, kiwi

gooseflesh [ˈguːsfleʃ] *s.* pele de galinha; *to come out in* ~ ficar com pele de galinha, ficar todo arrepiado

goosefoot [ˈguːsfʊt] *s.* BOTÂNICA quenopódio, anserina

goosegog [ˈguːzgɒg] *s.* [coloq.] ⇒ **gooseberry**

goosegrass [ˈguːsgrɑːs] *s.* BOTÂNICA amor-de-hortelão, erva-coalheira

gooseherd [ˈguːshɜːd] *s.* guardador de gansos

gooseneck [ˈguːsnek] *s.* tubo recurvado; tubo em U ❖ *a* ~ *lamp* um candeeiro recurvado

goosy [ˈguːsɪ] *adj.* [coloq.] com pele de galinha, arrepiado

GOP [EUA] POLÍTICA [abrev. de Grand Old Party]

gopher [ˈgəʊfə] Ⓐ *s.* **1** ⇒ **goffer** **2** ZOOLOGIA esquilo *gopher*; **3** ZOOLOGIA tartaruga *gopher*; **4** [coloq.] (alcunha) indivíduo natural de Minnesota; **5** INFORMÁTICA (disponibilização de dados) Gopher Ⓑ *v.intr.* abrir uma galeria subterrânea Ⓒ *v.tr.* ⇒ **goffer** ❖ [EUA] *the Gopher State* o Estado de Minnesota

Gorboduc ['gɔːbədʌk] s. nome pelo qual também é conhecida a tragédia inglesa do séc. XVI «Ferrex and Porrex»

Gordian ['gɔːdɪən] adj. ZOOLOGIA górdio ❖ *the ~ knot* o nó górdio

gore [gɔː] Ⓐ s. 1 sangue derramado; 2 VESTUÁRIO (pano para alargar roupa) ensancha; 3 (vestido) folho; 4 (balão, guarda-chuva, globo) gomo; 5 cutelo; 6 NÁUTICA pequenas velas suplementares Ⓑ v.tr. 1 escornear, escornar, ferir com os cornos; 2 espetar; 3 ferir com arma branca; 4 cortar em bico; 5 (vestido) enfolar, preguear ❖ *he was gored to death by the bull* o touro deu cabo dele com os cornos; *to lay in one's ~* jazer banhado em sangue

gorge [gɔːdʒ] Ⓐ s. 1 desfiladeiro; 2 ANATOMIA garganta, gorja; 3 (obstáculo) garganta; 4 (fortificações) acesso a bastião; 5 moldura; 6 grande comezaina Ⓑ v.tr.,intr. 1 (comer vorazmente) engolir; devorar; 2 empanturrar-se [on, de] ❖ *it makes my ~ rise* isso enoja-me; isso faz-me revolver o estômago

gorged ['gɔːdʒd] adj. 1 saciado, cheio, farto (de comida), empanturrado; 2 ingurgitado

gorgeous ['gɔːdʒəs] adj. 1 lindo, magnífico, deslumbrante; *a ~ sunset* um pôr-do-sol deslumbrante; 2 óptimo, excelente; 3 (pessoa) lindo, atraente ❖ *a ~ meal* uma refeição opípara

gorgeously ['gɔːdʒəslɪ] adv. 1 magnificentemente, esplendorosamente; 2 de modo grandioso

gorgeousness ['gɔːdʒəsnɪs] s. 1 beleza, esplendor; 2 excelência, grandiosidade

gorgerin ['gɔːdʒərɪn] s. 1 gorjal; 2 friso de capitel

gorget ['gɔːdʒɪt] s. 1 gorjal; 2 gargantilha; 3 mancha de cor no pescoço de ave; 4 determinado instrumento cirúrgico

gorging ['gɔːdʒɪŋ] s. fartadela, fartote

Gorgon ['gɔːgən] s. 1 MITOLOGIA Górgona; 2 cabeça decorativa de mulher ornada de serpentes e com a boca aberta; 3 [depr.] mulher feia ou terrível, mulher repelente

gorgonia [gɔːˈgəʊnɪə] s. (pl. -iae ou -ias) ZOOLOGIA (coral) gorgónia

Gorgonian [gɔːˈgəʊnɪən] adj. gorgóneo; relativo às Górgonas

Gorgonize ['gɔːgənaɪz] v.tr. 1 fitar como uma Górgona; 2 petrificar com o olhar

Gorgonzola [gɔːgənˈzəʊlə] s. (queijo) gorgonzola

gorilla [gəˈrɪlə] s. ZOOLOGIA gorila

gorily ['gɔːrɪlɪ] adv. de uma maneira sangrenta; com sangue

goring ['gɔːrɪŋ] s. NÁUTICA cutelo

gormandism ['gɔːməndɪzəm] s. glutonaria, gula

gormandize ['gɔːməndaɪz] Ⓐ s. gula, glutonaria Ⓑ v.tr.,intr. 1 devorar, comer como um glutão; 2 encher-se de comida, ficar abarrotado de comida

gormandizer ['gɔːməndaɪzə] s. 1 glutão, comilão; 2 gastrónomo

gormandizing ['gɔːməndaɪzɪŋ] adj. comilão, glutão

gormless ['gɔːmləs] adj. 1 simplório; 2 parvalhão

gorse [gɔːs] s. BOTÂNICA giesta, junco, carqueja, tojo

gorsy ['gɔːsɪ] adj. 1 que cheira a giesta; 2 coberto de giesta

gory ['gɔːrɪ] adj. (comp. -ier, superl. -iest) 1 cheio de sangue, ensanguentado; 2 sangrento; 3 horrível; sórdido ❖ *in ~ detail* com todos os pormenores, mesmo os mais sórdidos

gosh [gɒʃ] interj. caramba! ❖ *by ~* caramba!; com a breca!

goshawk [ˈgɒshɔːk] s. ZOOLOGIA açor

Goshen ['gəʊʃən] s.top. RELIGIÃO (Bíblia) Gessen

gosling ['gɒzlɪŋ] s. 1 ganso jovem e pequeno; 2 [fig.] novato, pessoa inexperiente

go-slow [ˌgəʊˈsləʊ] s. [GB] greve de zelo

gospel ['gɒspəl] s. 1 doutrina, credo, conjunto de princípios; 2 MÚSICA gospel ❖ *~ truth* verdade absoluta; *to take sth for ~* considerar alguma coisa como verdade absoluta

Gospel ['gɒspəl] s. 1 RELIGIÃO Evangelho; *the ~ according to St. John* o Evangelho segundo S. João; *the ~ according to St. Mark* o Evangelho segundo S. Marcos; 2 RELIGIÃO doutrina de Cristo ❖ *~ oath* juramento feito sobre os Evangelhos; *~ shop* igreja metodista; *to preach the ~* pregar o Evangelho

gospeller ['gɒspələ] s. (serviço religioso) leitor do Evangelho ❖ *hot ~* fundamentalista cristão

gossamer ['gɒsəmə] Ⓐ s. 1 (tecido) gaze muito leve; 2 teia de aranha; 3 filamento; fibra; 4 fio de teia Ⓑ adj. 1 muito leve, delicado, semelhante a teia de aranha; 2 ténue, frágil

gossamered ['gɒsəməd] adj. 1 delicado, extremamente leve; 2 ténue, frágil; 3 como teia

gossamery ['gɒsəmərɪ] adj. 1 delicado, extremamente leve; 2 ténue, frágil; 3 como teia

gossip ['gɒsɪp] Ⓐ s. 1 conversa entre amigos, conversa amena, cavaqueira; *to have a ~ with* conversar um bocado com; 2 mexeriquice, mexerico, bisbilhotice; 3 intriguista, mexeriqueiro, bisbilhoteiro; 4 [arc.] comadre, madrinha Ⓑ v.intr. 1 tagarelar, conversar um bocado; 2 mexericar, bisbilhotar, falar dos outros ❖ (revista, jornal) *~ column* crónica da sociedade; *~ corner/shop* lugar de má-língua; lugar onde se diz mal dos outros; (revista, jornal) *~ writer* cronista da sociedade; *a piece of ~* uma fofoca

gossiper ['gɒsɪpə] s. bisbilhoteiro, má-língua

gossiping ['gɒsɪpɪŋ] adj. palrador, conversador, tagarela, mexeriqueiro

gossipmonger ['gɒsɪpˌmʌŋgə] s. bisbilhoteiro, má-língua

gossipry ['gɒsɪprɪ] s. 1 tagarelice, conversa, falatório, má-língua; 2 pessoas tagarelas, bisbilhoteiras

gossipy ['gɒsɪpɪ] adj. 1 mexeriqueiro, de mexericos; 2 (estilo) coloquial, informal

gossoon [gɒˈsuːn] s. 1 [Irl.] rapaz; 2 criado

gossypium [gɒˈsɪpɪəm] s. BOTÂNICA gossípio

got [gɒt] {prt. e part. pass. de **to get**} ❖ *~ up* arranjado; artificial

Goth. [abrev. de Gothic]

Goth [gɒθ] s. 1 (pessoa) Godo; 2 [fig., depr.] vândalo, selvagem

Gotha ['gəʊθə, 'gəʊtə] s. gota, avião de bombardeamento usado pelos Alemães na primeira Grande Guerra

Gothenburg [ˈgɒθənbɜːg] s.top. Gotemburgo

Gothic ['gɒθɪk] adj.,s. (língua, povo, estilo) gótico ❖ ARQUITECTURA *~ arch* arco ogival; LITERATURA *~ novel* romance gótico; TIPOGRAFIA *~ type* caracteres góticos; ARQUITECTURA *~ vault* abóbada gótica; abóbada em ogiva

Gothicism ['gɒθɪsɪzəm] s. 1 expressão goda, maneira própria dos Godos; 2 goticismo; 3 [fig.] crueza, rudeza

Gothicize ['gɒθɪsaɪz] v.tr. tornar gótico

Gothish ['gɒθɪʃ] adj. gótico, rude

Gothland ['gɒθlənd] s.top. Gótia

gotten ['gɒtn] [EUA] part. pass. de **to get**

Göttingen ['gɜːtɪŋən] s.top. Gotinga

gouache [guˈɑːʃ] s. PINTURA (técnica, tinta, quadro) guache

gouda ['gaʊdə] s. (queijo) gouda

goudron ['guːdrɒn] s. mistura de asfalto puro com resíduos da destilação do queroseno

gouge [gaʊdʒ] Ⓐ s. 1 (carpintaria) meia-cana, goiva; 2 estria ou buraco feito com uma goiva; 3 canelura, ranhura; 4 MEDICINA escopro Ⓑ v.tr. 1 cortar, trabalhar com goiva; 2 escavar; 3 arrancar; 4 [fig.] enganar; extorquir (dinheiro)

◆ **gouge out** v.tr. 1 arrancar; 2 extorquir ❖ *to gouge sb's eyes out* arrancar os olhos a alguém

gouging ['gaʊdʒɪŋ] s. goivadura, trabalho com goiva

gourd [gʊəd] s. 1 BOTÂNICA cabaça, abóbora; 2 (recipiente) cabaça ❖ *~ pepper* pimentão; *~ tree* cabaceira; BOTÂNICA *the ~ family* a família das Cucurbitáceas

gourde [gʊəd] s. (moeda do Haiti) gourde

gourmand ['gʊəmənd] s. 1 glutão, comilão; 2 apreciador de boa mesa

gourmandism ['gʊəməndɪzəm] s. gastronomia

gourmet ['gʊəmeɪ] s. gastrónomo

gout [gaʊt] s. 1 MEDICINA gota; podagra; 2 determinada doença do trigo; 3 gota, pingo, mancha; 4 (indústria têxtil) mancha em tecido ❖ *fit of the ~* ataque de gota; *rheumatic ~* reumatismo gotoso

gouties ['gaʊtɪz] s.pl. espécie de polainas ou polainitos, usados por cima do calçado

goutily ['gaʊtɪlɪ] adv. com aspecto gotoso

goutiness ['gaʊtɪnɪs] s. artritismo, situação de quem sofre do mal da gota

goutweed ['gaʊtwiːd] s. BOTÂNICA egopódio
goutwort ['gaʊtwɜːt] s. BOTÂNICA egopódio
gouty ['gaʊtɪ] adj. 1 gotoso; 2 artrítico
govern ['gʌvən] v.tr.,intr. 1 governar; 2 administrar, dirigir; 3 dominar, imperar; 4 determinar; ditar; 5 exercer influência sobre; subjugar; refrear; 6 LINGUÍSTICA reger; *it governs the accusative* rege o acusativo; 7 MECÂNICA regular, comandar ❖ *to ~ one's temper* dominar-se; acalmar-se
governable ['gʌvənəbəl] adj. 1 governável, que se deixa governar; 2 obediente; dócil
governableness ['gʌvənəblnɪs] s. docilidade, obediência
governance ['gʌvənəns] s. 1 governo, governação; 2 administração; 3 império; 4 regulamentação
governess ['gʌvənəs] s.f. (pl. **-es**) 1 governanta; 2 preceptora ❖ *~ car/cart* carro leve de duas rodas com assentos laterais
governing ['gʌvənɪŋ] Ⓐ adj. 1 que governa; 2 directivo; dirigente Ⓑ s. 1 direcção; comando; governo; 2 regulação ❖ *~ body* conselho directivo; conselho de administração; *~ mechanism* mecanismo regulador
government ['gʌvnmənt] Ⓐ s. 1 governo; *to form a ~* constituir governo; 2 administração; *local ~* administração local; 3 regime; sistema de governo; 4 poder executivo; 5 LINGUÍSTICA regência; 6 (disciplina) ciência política Ⓑ adj. 1 governamental; do governo; 2 do Estado ❖ *~ department* ministério; *~ expenditure/spending* despesas públicas; *~ loan* empréstimo público; *~ monopoly* monopólio do estado; *~ stock* fundos públicos; *the ~ party* o partido no poder
governmental [gʌvən'mentəl] adj. governamental
governmentally [gʌvən'mentəlɪ] adv. governamentalmente
governor ['gʌvnə] s. 1 governador; 2 governante; 3 (escola, colégio, hospital, etc.) director, membro do conselho directivo; 4 dono; 5 [coloq.] patrão; chefe; *shall I buy you the paper, governor?* quer que lhe compre o jornal, patrão?; 6 (pai) velhote; 7 regulador, mecanismo regulador
governor-general [gʌvnə'dʒenrəl] s. governador-geral
governorship ['gʌvnəʃɪp] s. governo, funções do governador
gowan ['gaʊən] s. [Esc.] BOTÂNICA margarida
gowk [gaʊk] s. 1 [dial.] cuco; 2 deficiente mental; 3 tolo, imbecil
gown [gaʊn] Ⓐ s. 1 vestido; *a dinner ~* um vestido de jantar; *evening ~* vestido de noite; 2 (juiz) toga, beca; 3 (médico) bata; 4 (universidade) capa de estudante; 5 roupão Ⓑ v.tr. (toga, beca) vestir ❖ *the ~ and the sword* a toga e a espada; (Oxford, Cambridge) *town and ~* futricas e estudantes
gownsman ['gaʊnzmən] s. (pl. **-men**) 1 civil, não-militar; 2 catedrático, membro de universidade, estudante universitário; 3 indivíduo que usa toga
GP MEDICINA [abrev. de General Practitioner]
GPO [abrev. de General Post Office]
GPRS (comunicações móveis) [abrev. de General Packet Radio Service]
GPS [abrev. de Global Positioning System] Sistema de Navegação por Satélite
Gr. Ⓐ [abrev. de Greece] Ⓑ [abrev. de Greek]
GR [abrev. de Georgius Rex]
grab [græb] Ⓐ v.tr.,intr. (particípios: **-bb-**) 1 apanhar; agarrar; 2 apoderar-se de; 3 [fig.] cativar; seduzir; impressionar; 4 [fig.] conquistar Ⓑ s. 1 acto de arrebatar, de agarrar subitamente; 2 grampo, dente, garra ❖ *~ bag* amálgama; miscelânea; [coloq.] *how does that ~ you?* que é que achas disso?; [coloq.] *that doesn't ~ me* isso não me diz nada; *to ~ hold of* pôr as mãos em cima de; [coloq.] *to be up for grabs* estar à disposição; *to ~ sth away from sb* arrancar algo a alguém; *to have the ~ on sb* ter vantagem sobre alguém; *to make a ~ at sth* tentar agarrar qualquer coisa
◆**grab at** v.tr. 1 tentar apanhar; tentar agarrar; 2 puxar, dar um sacão a; *the man grabbed at her handbag* o homem deu um sacão à malinha de mão dela
grab-all ['græbɔːl] s. açambarcador; pessoa que quer tudo
grabber ['græbə] s. 1 pessoa que quer tudo para si, açambarcador; 2 ladrão, gatuno
grabble ['græbəl] v.intr. 1 procurar às apalpadelas, procurar de gatas; 2 andar de gatas
grabby ['græbɪ] adj. (comp. **-ier**, superl. **-iest**) 1 [coloq., depr.] ganancioso, açambarcador; 2 [coloq., depr.] agressivo; 3 [coloq.] chamativo, apelativo

Gracchus ['grækəs] s.antr. Graco
grace [greɪs] Ⓐ s. 1 graça; 2 elegância, graciosidade, encanto; 3 bondade; 4 favor, obséquio; *act of ~* favor; 5 vontade; *with bad ~* de má vontade; *with good ~* de boa vontade; 6 oração dita antes ou depois das refeições; 7 mercê, graça divina; 8 perdão; 9 FINANÇAS prorrogação, além do prazo legal, para o pagamento de letra ou outro compromisso; *~ period/days of ~* prorrogação para o pagamento de letra ou outro compromisso Ⓑ v.tr. 1 adornar, embelezar; 2 honrar; 3 dar graça a; 4 conferir título ou dignidade a ❖ (banquetes, festas) *~ cup* última taça bebida; *airs and graces* boas maneiras; *by God's ~* por graça de Deus; graças a Deus; *in a state of ~* em estado de graça; *to be in sb's good graces* estar nas boas graças de alguém; RELIGIÃO *to fall from ~* perder a graça; *to fall out of ~ with sb* deixar de estar nas boas graças de alguém
Grace [greɪs] s. (título) (duque, duquesa, arcebispo) Graça; *your ~* vossa Graça; *His ~ (the Duke)* Sua Graça o Duque ❖ MITOLOGIA *the Graces* as três Graças
graceful ['greɪsfʊl] adj. 1 gracioso; elegante; 2 delicado; 3 virtuoso ❖ *~ of memory* de gloriosa memória
gracefully ['greɪsfʊlɪ] adv. com graça, com graciosidade
gracefulness ['greɪsfʊlnɪs] s. 1 elegância, graça, graciosidade; 2 donaire
graceless ['greɪsləs] adj. 1 deselegante, sem graça; 2 desajeitado; 3 mau, desavergonhado; 4 que não se encontra em estado de graça, perdido, ímpio
gracelessness ['greɪslɪsnɪs] s. 1 deselegância; 2 falta de jeito, acanhamento, rudeza de movimentos ou atitudes; 3 descaramento, depravação, impiedade
gracile ['græsaɪl] adj. grácil, fino, delicado
gracing ['greɪsɪŋ] s. [coloq.] corridas de galgos
gracious ['greɪʃəs] adj. 1 gracioso; agradável; 2 amável; atencioso; 3 elegante; polido; 4 RELIGIÃO (Deus) misericordioso; bom; cheio de compaixão ❖ (surpresa) *~ me!/~ goodness!* Deus meu!; *Good Gracious!* Santo Deus!; *her ~ Majesty* sua graciosa majestade, a rainha
graciously ['greɪʃəslɪ] adv. 1 graciosamente, atenciosamente; 2 benevolentemente, misericordiosamente
graciousness ['greɪʃəsnɪs] s. 1 graça, suavidade; 2 afabilidade; 3 bondade, benevolência, indulgência; 4 misericórdia
grackle ['grækl] s. ZOOLOGIA quíscalo
grad [græd] s. [coloq.] diplomado por universidades; licenciado
gradate [grə'deɪt] Ⓐ v.tr. 1 esbater; 2 graduar Ⓑ v.intr. esbater-se
gradated [grə'deɪtɪd] adj. disposto em degraus
gradation [grə'deɪʃən] s. 1 gradação; 2 (tons) esbatimento; nuance; 3 graduação ❖ LINGUÍSTICA *vowel ~* mutação vocálica, apofonia
gradational [grə'deɪʃənəl] adj. gradual
grade [greɪd] Ⓐ s. 1 categoria; *~ B eggs* ovos de categoria B; *first-grade player* jogador de primeira categoria; 2 (empresa, instituição) posto; cargo; 3 grau; 4 GEOMETRIA grado; 5 [EUA] (escola) ano; *to be in the 12th ~* andar no 12.º ano; 6 (testes, trabalhos) classificação, nota; 7 (estrada, linha de comboio) declive; 8 qualidade, graduação; 9 (pedras de esmeril) potência da substância aglutinante Ⓑ v.tr.,intr. 1 classificar; 2 graduar; 3 (tons) esbater; 4 (inclinações) nivelar, regularizar; 5 LINGUÍSTICA sofrer apofonia; 6 (animais) cruzar raças; 7 (testes, exames) classificar ❖ [EUA] (comboio) *~ crossing* passagem de nível; [EUA] *~ school* escola primária; *graded tax* imposto gradual; [EUA] *at ~* ao mesmo nível; [EUA] *to make the ~* ser bem sucedido; cumprir os objectivos
◆**grade down** v.tr. 1 baixar de categoria; 2 depreciar; desvalorizar; 3 (nível) baixar proporcionalmente
◆**grade up** v.tr. 1 subir de categoria; 2 aumentar; incrementar; 3 (animais) melhorar (raça) por cruzamento com raça superior
grader ['greɪdə] s. 1 classificador; 2 nivelador; 3 seleccionador; 4 tarara
gradient ['greɪdɪənt] s. 1 declive; 2 rampa; ladeira; encosta; 3 METEOROLOGIA gradiente
gradin ['greɪdɪn] s. degrau (de altar, anfiteatro, etc.)
gradine ['greɪdɪn] s. degrau (de altar, anfiteatro, etc.)
grading ['greɪdɪŋ] s. 1 classificação, graduação; 2 separação (de minério); 3 esbatimento (de cores); 4 nivelamento; 5 cruzamento (de raças de animais); 6 apofonia

gradual ['grædʒuəl] Ⓐ *adj.* 1 gradual; progressivo; ~ *acceleration* aceleração progressiva; ~ *braking* travagem gradual; 2 graduado Ⓑ *s.* RELIGIÃO gradual

gradually ['grædʒuəlɪ] *adv.* 1 gradualmente; 2 progressivamente

gradualness ['grædʒuəlnɪs] *s.* carácter gradual

graduate[1] ['grædʒueɪt] *v.tr.,intr.* 1 licenciar-se, bacharelar-se, formar-se; *he graduated at Oxford* ele formou-se em Oxford; 2 conferir grau universitário, diploma; 3 [EUA] (estabelecimento de ensino) receber diploma; 4 graduar; 5 (tons) esbater; 6 QUÍMICA preparar; refinar; concentrar; 7 subir de posto, categoria; ascender na carreira

graduate[2] ['grædʒuət] *s.* 1 [GB] licenciado, pessoa com grau universitário; 2 bacharel; 3 [EUA] pessoa que completou um curso de qualquer grau de ensino

graduated ['grædʒueɪtɪd] *adj.* graduado ❖ ~ *cup* copo graduado; ~ *float* flutuador graduado; ~ *tape* fita métrica; escala; ~ *thermometer* termómetro graduado; ~ *income tax* imposto graduado; imposto proporcional ao rendimento

graduating ['grædʒueɪtɪŋ] *s.* graduação

graduation [ˌgrædʒu'eɪʃən] *s.* 1 licenciatura, formatura, obtenção de grau universitário; 2 [EUA] conclusão de qualquer curso; 3 graduação, efeito ou acto de graduar; 4 divisão em graus numa escala; 5 gradação, progressão gradual; 6 esbatimento (de cores); 7 refinação

graduator ['grædʒu'eɪtə] *s.* 1 instrumento graduador; 2 gradímetro; 3 forno de graduação

graduette ['grædʒuet] *fem. de* **graduate**[2]

gradus ['greɪdəs] *s.* (*pl.* -es) manual de prosódia grega ou latina

Graecism ['griːsɪzəm] *s.* 1 helenismo, palavra ou locução própria da língua grega; 2 espírito helénico

Graecize ['griːsaɪz] *v.tr.,intr.* 1 helenizar, dar um aspecto ou forma grega a; 2 imitar os Gregos

Graeco-Latin [griːkəʊ'lætɪn] *adj.* greco-latino

Graecomania [griːkəʊ'meɪnɪə] *s.* grecomania

Graecomaniac [griːkəʊ'meɪnɪæk] *adj.* greco-maníaco

Graecophil ['griːkəfɪl] *adj.,s.* helenófilo

Graeco-Roman [griːkəʊ'rəʊmən] *adj.* greco-romano

Graeco-Slavonic [griːkəʊslə'vɒnɪk] *adj.* greco-eslavo

graffiti [grə'fiːtɪ] Ⓐ *s.pl.* grafitis Ⓑ *v.tr.* (*port. de part. pass.* **graffitied**) pintar com grafitis, cobrir com grafitis ❖ ~ *artist* pintor de grafitis

graffito [græ'fiːtəʊ] *s.* (*pl.* -i) grafito

graft [grɑːft] Ⓐ *s.* 1 BOTÂNICA, CIRURGIA enxerto; 2 corrupção, desonestidade na vida pública, processos ilícitos de conseguir determinados fins; 3 trapaça, vigarice; 4 trabalho duro mas honesto Ⓑ *v.tr.,intr.* 1 BOTÂNICA, CIRURGIA enxertar; fazer enxertos; 2 conseguir dinheiro com melhoria de posição social por processos desonestos; 3 trapacear, cultivar a corrupção

graftage ['grɑːftɪdʒ] *s.* enxertia, enxerto

grafter ['grɑːftə] *s.* 1 enxertador; 2 (instrumento) enxertadeira; 3 [EUA] vigarista, trapaceiro; 4 político ou funcionário corrupto

grafting ['grɑːftɪŋ] *s.* enxerto, enxertia ❖ ~ *knife* enxertadeira; ~ *saw* serrote

grail [greɪl] *s.* 1 RELIGIÃO gradual; 2 espécie de lima de fabricante de pentes

Grail [greɪl] *s.* RELIGIÃO Graal ❖ *the Holy* ~ o Santo Graal

grain [greɪn] Ⓐ *s.* 1 (trigo, arroz, centeio, aveia, etc.) cereais, grão; 2 grão, semente; 3 (areia, sal, etc.) grânulo, grão; 4 [ant.] (medida) grão (64,8 mg); 5 granulação; fibra (de madeira); textura; *leather of a fine* ~ couro com uma superfície muito macia e igual; 6 (rocha, madeira) veio; 7 FOTOGRAFIA grão; 8 ponta de ferro; 9 cochinilha, grã (para tingir); 10 [fig.] tendência, maneira de ser, inclinação Ⓑ *v.tr.,intr.* 1 granular; 2 tingir em lã; 3 granitar, granar; 4 dar um aspecto granuloso ao couro; 5 betar, pintar de modo a imitar fibras de madeira ou veios em rocha; 6 (peixe) fisgar, arpoar ❖ ~ *alcohol* álcool de cereais; ~ *carbon* carvão granulado; ~ *carrier* navio de transporte de cereais; [EUA, Can.] (depósito) ~ *elevator* silo de cereais; ~ *feeder* reserva de estiva; ~ *leather* chagrém; ~ *tin* estanho granulado; estanho fino; *grains of Paradise/Guinea grains* grão-do-paraíso; malagueta-da-guiné; *oily* ~ gergelim; *against the* ~/*across the* ~ a contrapelo; de mau grado; contrariado; *a knave in* ~ um velhaco chapado; *it goes against the* ~ *for him to...* é contra o princípios dele....; *there's not a* ~ *of truth in it!* não há ali um pingo de verdade!; *without a* ~ *of sense* sem o menor senso

grained [greɪnd] *adj.* 1 granulado; granitado; 2 com veios, fibras ❖ ~ *iron* ferro granulado; ~ *leather* chagrém; chagrim

grainer ['greɪnə] *s.* 1 pessoa que imita, pintando, as fibras de madeira ou veios de mineral; 2 indivíduo que prepara chagrém; 3 navalha de curtidor

grainly ['greɪnlɪ] *adj.* (*comp.* -ier, *superl.* -iest) granuloso, granulado

grains ['greɪnz] *s.* 1 arpéu, forquilha de três dentes para arpoar peixes; 2 minério em grãos

grainy ['greɪnɪ] *adj.* 1 granuloso, 2 FOTOGRAFIA (fotografia) com grão

graith [greɪθ] *s.* móveis, utensílios, trastes da casa, objectos

grallae ['græliː] *s.pl.* aves pernaltas

grallatorial [ˌgrælə'tɔːrɪəl] *adj.* que diz respeito às aves pernaltas

grallatory ['grælətərɪ] *adj.* pernalta

gralloch ['grælɒk, 'grælɒx] Ⓐ *s.* entranhas (do veado) Ⓑ *v.tr.* tirar as vísceras (ao veado)

gram [græm] *s.* 1 (medida de peso) grama; 2 BOTÂNICA grão-de-bico, gravanço

grama ['grɑːmə] *s.* BOTÂNICA grama, graminha

gramarye ['græməri] *s.* [arc.] necromancia, magia

gramercy [grə'mɜːsɪ] *interj.* [arc.] muito obrigado

graminaceous [ˌgræmɪ'neɪʃəs] *adj.* gramíneo

gramineae [grə'mɪnɪiː] *s.pl.* BOTÂNICA gramíneas, gramináceas

gramineous [græ'mɪnɪəs] *adj.* gramíneo

graminiferous [ˌgræmɪ'nɪfərəs] *adj.* 1 com ervas, com plantas gramíneas; 2 graminoso

graminivorous [ˌgræmɪ'nɪvərəs] *adj.* herbívoro

gramma ['græmə] *s.* BOTÂNICA grama, graminha

grammalogue ['græməlɒg] *s.* logograma, palavra representada, em taquigrafia, por um só símbolo

grammar ['græmə] *s.* 1 LINGUÍSTICA gramática; *comparative* ~ gramática comparativa; *historical* ~ gramática histórica; 2 (livro) gramática ❖ [GB] ~ *school* liceu; escola secundária

grammarian [grə'meərɪən] *s.* gramático

grammatical [grə'mætɪkəl] *adj.* 1 gramatical; 2 correcto ❖ ~ *gender* género gramatical

grammaticality [grəmætɪ'kælətɪ] *s.* LINGUÍSTICA gramaticalidade

grammatically [grə'mætɪkəlɪ] *adv.* gramaticalmente

grammaticize [grə'mætɪsaɪz] *v.tr.,intr.* 1 tornar gramatical; 2 pôr de acordo com as regras da gramática; 3 dissertar sobre gramática

grammatite ['græmətaɪt] *s.* MINERALOGIA gramatite, tremolite

grammatological [ˌgræmətə'lɒdʒɪkəl] *adj.* LINGUÍSTICA gramatológico

grammatologist [ˌgræmə'tɒlədʒɪst] *s.* LINGUÍSTICA gramatólogo

grammatology [ˌgræmə'tɒlədʒɪ] *s.* LINGUÍSTICA gramatologia

gramme [græm] *s.* (medida de peso) ⇒ **gram** 1

grammy ['græmɪ] *s.* [EUA] [coloq.] avó

gramophone ['græməfəʊn] *s.* gramofone

gramophonic [ˌgræmə'fɒnɪk] *adj.* fonográfico

gramps ['græmps] *s.* [coloq.] avozinho

grampus ['græmpəs] *s.* (*pl.* -es) 1 ZOOLOGIA orca, roaz-de-bandeira; 2 [fig.] indivíduo que respira ruidosamente

granadilla [ˌgrænə'dɪlə] *s.* BOTÂNICA maracujá, passiflora, martírio

granam ['grænəm] *s.* ⇒ **grannom**

granary ['grænərɪ] *s.* (*pl.* -es) 1 celeiro; 2 tulha

grand [grænd] Ⓐ *adj.* 1 grandioso, esplêndido, magnífico, imponente; 2 distinto, importante; 3 orgulhoso, vaidoso; 4 grande, notável; 5 principal; 6 completo, bom, muito bom Ⓑ *s.* 1 MÚSICA piano de cauda; ~ *piano* piano de concerto ou piano de cauda; 2 mil libras, mil dólares ❖ ~ *duchess* grã-duquesa; ~ *duke* grão-duque; DIREITO ~ *larceny* furto qualificado; ~ *master* grão-mestre; DESPORTO *Grand Prix* Grande Prémio; ~ *staircase* escadaria de honra, escadaria principal; ~ *total* total geral; resultado final; *on a* ~ *scale* em grande escala; (corridas de cavalos) *the Grand National* o Grande Prémio Nacional de Liverpool; *the Grand Vizier* o grão-vizir; *to do things on a* ~ *scale* fazer as coisas em grande; *to have a* ~ *time* divertir-se; passar um tempo esplêndido; *to live in* ~ *style* viver à grande

grandad ['grændæd] *s.* [coloq.] avozinho

grandaddy ['grændædɪ] s. [coloq.] avozinho
grandam ['grændæm] s.f. 1 [arc.] avó; 2 antepassada
grandame ['grændæm] s.f. 1 [arc.] avó; 2 [arc.] antepassada
grandchild ['græntʃaɪld] s. (pl. **-children**) neto, neta
granddaughter ['græn,dɔːtə] s. neta
grandee [græn'diː] s. pessoa nobre da mais elevada estirpe
grandeeship [græn'diːʃɪp] s. grandeza, alta estirpe
grandeur ['grændʒə] s. 1 nobreza, grandeza; 2 esplendor, magnificência, pompa
grandfather ['grændfɑːðə] s. 1 avô; 2 [fig.] antepassado ❖ ~ *clock* relógio de parede
grandfatherly ['grændfɑːðəlɪ] adj. próprio de avô
grandiloquence [græn'dɪləkwəns] s. grandiloquência
grandiloquent [græn'dɪləkwənt] adj. 1 grandíloquo; 2 com grande eloquência
grandiloquently [græn'dɪləkwəntlɪ] adv. de forma grandiloquente
grandiose ['grændɪəʊs] adj. grandioso, imponente, magnífico, majestoso, pomposo
grandiosely ['grændɪəʊslɪ] adv. 1 grandiosamente; 2 pomposamente
grandiosity [,grændɪ'ɒsɪtɪ] s. grandiosidade, imponência, pompa, majestade
grandly ['grændlɪ] adv. 1 de modo esplêndido; 2 imponentemente; 3 grandiosamente
grandma ['grænmɑː] s.f. avozinha; avó
grandmamma ['grænməmɑː] s.f. avozinha; avó
grandmaster ['grænd,mɑːstə] s. 1 DESPORTO campeão de xadrez; 2 grão-mestre; 3 ás, portento
grandmother ['grænmʌðə] s.f. avó ❖ *go and teach your ~ to suck eggs* vai ensinar o Padre-Nosso ao vigário
grandmotherly ['græn,mʌðəlɪ] adv. 1 próprio de avó; 2 [fig.] demasiado maternal
grandnephew ['grændnefjuː] s. segundo-sobrinho
grandness ['grændnɪs] s. grandiosidade, grandeza
grandniece ['grændniːs] s. segunda-sobrinha
grandpa ['grænpɑː] s. avô, avozinho
grandpapa ['grænpəpɑː] s. 1 avô, avozinho
grandparent ['grændpeərənt] s. 1 avô, avó; 2 pl. avós
grandparental [grændpə'rentəl] adj. dos avós
grandsire ['grændsaɪə] s. 1 avô; 2 antepassado
grandson ['grænsʌn] s. neto
grandstand ['grændstænd] Ⓐ s. tribuna principal Ⓑ v.intr. exibir-se; tentar dar nas vistas; chamar a atenção ❖ *to have a ~ view of* ter uma boa visão de
grand-uncle ['græn,ʌŋkəl] s. tio-avô
grange ['greɪndʒ] s. 1 casa de lavoura; 2 casa senhorial; 3 herdade, granja
granger ['greɪndʒə] s. rendeiro, caseiro, administrador de herdade
grangerite ['greɪndʒəraɪt] s. indivíduo que ilustra livros, inserindo-lhes, nas páginas em branco, gravuras e desenhos muitas vezes recortados de outros livros
grangerize ['greɪndʒəraɪz] v.tr. ilustrar livros, inserindo-lhes, nas páginas em branco, gravuras e desenhos muitas vezes recortados de outros livros
grangerizing ['greɪndʒəraɪzɪŋ] s. acto de ilustrar um livro inserindo-lhe, nas páginas em branco, ilustrações e desenhos muitas vezes recortados de outros
graniferous [græ'nɪfərəs] adj. granífero
graniform ['grænɪfɔːm] adj. graniforme
granite ['grænɪt] s. 1 (pedra) granito; *~ block* bloco de granito; 2 [fig.] (carácter) solidez, firmeza ❖ *~ hammer* marreta de quebrar pedra; *the Granite City* a cidade de Aberdeen; *to bite on ~* teimar em vão
granitic [græ'nɪtɪk] adj. granítico
granitical [græ'nɪtɪkəl] adj. granítico
granitiform [græ'nɪtɪfɔːm] adj. granitóide, com a aparência de granito
granitoid ['grænɪtɔɪd] adj. granitóide
granivorous [græ'nɪvərəs] adj. granívoro
grannie ['grænɪ] s.f. 1 avozinha; 2 mulher idosa
grannom ['grænəm] s. mosca de água

granny ['grænɪ] s.f. (pl. **-ies**) 1 avozinha; 2 mulher idosa ❖ *granny's knot* nó mal feito
granola [grə'nəʊlə] s. [EUA] (pequeno-almoço) muesli
granolithic [,grænə'lɪθɪk] adj. relativo a material de construção que imita granito granuloso
grant [grɑːnt] Ⓐ s. 1 concessão; outorga; *to receive a ~ of land from the Government* receber do Governo uma concessão de terras; 2 doação; 3 subvenção; auxílio; subsídio; 4 (estudo) bolsa; *student ~* bolsa de estudo; 5 cessão, cedência; 6 [arc.] mercê Ⓑ v.tr. 1 conceder [to, a]; *to ~ an allowance to sb* conceder uma licença a alguém; 2 outorgar [to, a]; 3 doar [to, a]; 4 reconhecer; admitir; concordar; *I ~ you that...* reconheço que...; *it must be granted that...* é preciso reconhecer que...; 5 [arc.] fazer mercê de ❖ *~ holder* bolseiro; *God ~ that...* Deus permita que...; *granting that...* admitindo que...; *to ~ a favour* fazer um favor; *to ~ the truth of* admitir a verdade de; *to take sb/sth for granted* tomar alguém/algo como certo
grantable ['grɑːntəbəl] adj. outorgável, que pode ceder-se, que pode conceder-se
grant-aided ['grɑːnt,eɪdɪd] adj. subsidiado, sustentado
grantee [grɑːn'tiː] s. 1 donatário; 2 adjudicatário; 3 concessionário
grant-in-aid [,grɑːntɪn'eɪd] s. auxílio do Estado, subvenção do Estado
granting ['grɑːntɪŋ] s. 1 doação; 2 concessão; 3 adjudicação; 4 reconhecimento, aceitação
grantor ['grɑːntɔː] s. 1 doador; 2 adjudicador; 3 concessor
granular ['grænjʊlə] adj. granular; granuloso; granulado ❖ *~ insulation* isolamento granular; *~ soap* sabão granuloso
granularity [,grænjʊ'lærɪtɪ] s. granulosidade
granulate ['grænjʊleɪt] v.tr.,intr. 1 granular(-se); 2 reduzir a grãos; 3 dar um aspecto granuloso, ficar com aspecto granuloso; 4 (açúcar) cristalizar(-se)
granulated ['grænjʊleɪtɪd] adj. 1 granulado, granuloso; 2 cristalizado ❖ *~ salt* sal granulado; *~ sugar* açúcar cristalizado
granulating ['grænjʊleɪtɪŋ] s. granulação ❖ *~ crusher* britador granulador; (martelo para pedra) *~ hammer* bujarda; *~ machine* granulador; máquina de granular
granulation [,grænjʊ'leɪʃən] s. granulação
granule ['grænjuːl] s. grânulo; pequeno grão, grãozinho ❖ *~ cell* célula granulosa
granuliform [græ'njuːlɪfɔːm] adj. granuliforme
granulite ['grænjʊlaɪt] s. granulite, leptinite
granuloma [,grænjʊ'ləʊmə] s. granuloma
granulose [,grænju'ləʊs] Ⓐ adj. granuloso, granular Ⓑ s. QUÍMICA granulose
granulous ['grænjʊləs] adj. granulado, granuloso
grape [greɪp] s. 1 BOTÂNICA uva, bago de uva; *a bunch of grapes* um cacho de uvas; 2 vinha; 3 [joc.] vinho; 4 cor de uva; 5 ⇒ *grapeshot* ❖ *~ brandy* aguardente vínica; *~ cure* cura pela uva; regime dietético de uvas; *~ gathering* vindima; *~ grower* viticultor; *~ growing* viticultura; *~ house* estufa para uvas; BOTÂNICA *~ hyacinth* muscari; jacinto-bravo, jacinto-das-searas; *~ juice* sumo de uva; *~ picker* vindimador; *~ sugar* glicose; dextrose; *dessert grapes* uvas de mesa; *wild ~* uva branca silvestre; *grapes left on vines at vintage* rebusco; restos que escaparam à vindima; *sour grapes!/the grapes are sour!* há, mas estão verdes!; atitude de mau perdedor; LITERATURA *The Grapes of Wrath* As Vinhas da Ira; *to gather the grapes/to harvest the grapes* vindimar
grapefruit ['greɪpfruːt] s. BOTÂNICA toranja
grapery ['greɪpərɪ] s. (pl. **-ies**) 1 vinha; 2 estufa para uvas
grapeseed ['greɪpsiːd] s. grainha de uva
grape-shaped ['greɪpʃeɪpd] adj. uviforme; em forma de bago de uva
grapeshot ['greɪpʃɒt] s. (balas) metralha ❖ *to fire ~ on* metralhar
grapevine ['greɪpvaɪn] s. 1 BOTÂNICA videira, vide, ramada; 2 [coloq.] boatos; diz-que-diz ❖ *to hear (sth) on/through the ~* ouvir dizer
graph [græf] Ⓐ s. 1 diagrama; gráfico; *sales ~* gráfico de vendas; 2 mapa, esquema, esboço; 3 copiador de gelatina; 4 INFORMÁTICA grafo Ⓑ v.tr. 1 traçar gráfico de; 2 representar por meio de gráfico; 3 tirar cópias em copiador de gelatina ❖ *~ paper* papel milimétrico

grapheme [græ'fi:m] *s.* LINGUÍSTICA grafema
graphic ['græfɪk] *adj.* 1 gráfico; 2 [fig.] (descrição, etc.) realista; pormenorizado; ~ *account* relato realista; 3 [fig.] vivo, animado ❖ ~ *arts* artes gráficas; ~ *design* design gráfico; ~ *designer* designer gráfico; ~ *geometry* geometria descritiva; ~ *instrument* instrumento de registo; ~ *symbol* símbolo gráfico
graphical ['græfɪkəl] *adj.* ⇒ **graphic** ❖ ~ *determination* determinação gráfica
graphically ['græfɪkəlɪ] *adv.* 1 graficamente; ~ *represented* representado graficamente; 2 [fig.] em detalhe; de forma realista
graphicness ['græfɪknɪs] *s.* 1 vivacidade (de relato, etc.); 2 realismo; 3 crueza
graphics ['græfɪks] Ⓐ *s.* 1 representação gráfica; 2 grafismo Ⓑ *s.pl.* artes gráficas ❖ (design) ~ *tablet* mesa de desenho digitalizadora; *computer* ~ imagens geradas por computador
graphite ['græfaɪt] *s.* MINERALOGIA grafite; plumbagina ❖ ~ *content* percentagem/teor de grafite
graphitic [grə'fɪtɪk] *adj.* MINERALOGIA grafítico; ~ *anthracite* antracite grafítica
graphitization [græfɪtaɪ'zeɪʃən] *s.* grafitação
graphitoleo ['græfɪtəʊlɪəʊ] *s.* óleo grafitado
graphiure ['græfɪjʊə] *s.* ZOOLOGIA grafiúro
graphologist [græ'fɒlədʒɪst] *s.* grafólogo
graphology [græ'fɒlədʒɪ] *s.* grafologia
graphomania [græfəʊ'meɪnɪə] *s.* grafomania
graphometer [græ'fɒmɪtə] *s.* grafómetro
graphometric [græfəʊ'metrɪk] *adj.* grafométrico
graphometrical [græfəʊ'metrɪk l] *adj.* grafométrico
graphometrics [græfəʊ'metrɪks] *s.* grafometria
graphophone ['græfəfəʊn] *s.* grafofone
graphotype ['græfəʊtaɪp] *s.* grafotipia
grapnel ['græpnəl] *s.* NÁUTICA fateixa; âncora pequena com mais de dois braços; arpéu de abordagem
grapple ['græpl] Ⓐ *v.tr.,intr.* 1 agarrar com firmeza; prender fortemente; 2 passar a vias de facto; lutar, brigar, engalfinhar-se [*with*, com]; *to* ~ *with sb* lutar com alguém; *they grappled together* engalfinharam-se; 3 lidar [*with*, com]; atacar [*with*, -]; *to* ~ *with a problem* lidar com um problema; 4 NÁUTICA abordar navio por meio de arpéu; praticar a abordagem Ⓑ *s.* 1 fateixa; arpéu; 2 luta, corpo-a-corpo, briga; 3 acção de agarrar ❖ *to come to grapples with* encarar; enfrentar; atacar
grappler ['græplə] *s.* 1 fateixa, arpéu de abordagem; 2 aquele que ataca, que enfrenta (pessoa ou problema); 3 lutador
grappling ['græplɪŋ] *s.* 1 ataque 2 abordagem; 3 vias de facto, corpo-a-corpo
grapy ['greɪpɪ] *adj.* 1 de uva; 2 relativo a uvas; 3 com uvas; 4 (vinho) frutado
grasp [grɑːsp] Ⓐ *v.tr.,intr.* 1 agarrar (firmemente); *he grasped my arm* segurou-me o braço; 2 compreender, alcançar, apanhar o significado de; *did you* ~ *it?* compreendeste?; 3 aproveitar; *to* ~ *the opportunity* aproveitar a ocasião Ⓑ *s.* 1 acto de agarrar, segurar fortemente com a mão; 2 força de pulso; 3 compreensão; capacidade de compreensão; *that's beyond his* ~ isso fica para além da capacidade de compreensão dele; 4 conhecimento; *to have a good/thorough* ~ *of...* ter um bom conhecimento de; 5 (espada, remo) punho ❖ ~ *all lose all* quem tudo quer tudo perde; *to be in the* ~ *of...* estar nas mãos de; estar em poder de...; *to be within sb's* ~ estar ao alcance de alguém; *to lose one's* ~ *on reality* perder a noção da realidade
◆ **grasp at** *v.tr.* 1 agarrar-se a; 2 lutar por; tentar atingir; 3 almejar ❖ *if you* ~ *too much you may lose everything* quando mais alto se sobe de mais alto é a queda
grasper ['grɑːspə] *s.* 1 pessoa que quer tudo; 2 açambarcador
grasping ['grɑːspɪŋ] Ⓐ *s.* 1 capacidade de compreensão, compreensão; 2 força de pulso, aperto (com a mão) Ⓑ *adj.* 1 ávido, ganancioso, que quer tudo; 2 unhas-de-fome, somítico
graspingly ['grɑːspɪŋlɪ] *adv.* 1 gananciosamente; 2 com avidez
graspingness ['grɑːspɪŋnɪs] *s.* 1 ganância, avidez; 2 avareza
grass [grɑːs] Ⓐ *s. (pl.* -es) 1 relva, erva; 2 relvado; 3 [cal.] (marijuana) erva$_{cal}$; 4 [cal.] (delator) bufo$_{cal}$; 5 *pl.* gramíneas, cereais, canas, bambus Ⓑ *v.tr.* 1 cobrir de erva; semear erva em; 2 (roupa) corar estendendo sobre a erva; 3 (adversário) lançar por terra; 4 (minas) fazer subir (o minério); 5 (peixe) trazer para a margem; 6 (caça) fazer tombar, fazer cair no solo; 7 (animal) alimentar com erva Ⓒ *v.intr.* [cal.] (delatar) bufar$_{cal}$ ❖ ~ *cloth* tecido de rame ou rami; ~ *cutter* segadeira (máquina); segador; *grass-feeding* herbívoro; *grass-grown* cheio de erva; coberto de erva; ~ *hook* foucinha; ~ *snake* cobra vulgar anelada; ~ *widow(er)* pessoa separada; pessoa cujo cônjuge está frequentemente ausente; BOTÂNICA ~ *wrack* zostera; sargaço; ~ *does not grow under his feet* ele não é pessoa para perder tempo com coisas inúteis; *he hears the* ~ *grow* é esperto como um alho; nada lhe escapa; *keep off the* ~ não pisar a relva; *to be at* ~ não ter que fazer; estar desocupado; *to go to* ~ tombar; estender-se no solo; *to send sb to* ~ derrubar alguém
grassed [grɑːst] *adj.* (ferros de golfe) com a face levemente inclinada
grasser ['grɑːsə] *s.* queda de cavalo
grass-green ['grɑːsgriːn] *adj.* (cor) verde-relva
grasshopper ['grɑːshɒpə] *s.* ZOOLOGIA saltão, gafanhoto
grassing ['grɑːsɪŋ] *s.* 1 arrelvamento; 2 acção de cobrir de erva, de semear com erva; 3 acto de corar sobre relva; 4 (minas) subida de minério; 5 queda de cavaleiro; 6 acto de deitar caça abaixo (com tiro)
grassland ['grɑːslænd] *s.* 1 prado, pradaria; 2 pastagem
grassroots ['grɑːsruːts] *s.pl.* 1 (comunidade) populares; 2 POLÍTICA [fig.] militantes de base; 3 [fig.] base, essencial ❖ POLÍTICA ~ *candidate* candidato apoiado pelos militantes de base; *at* ~ *level* na base
grassy ['grɑːsɪ] *adj. (comp.* -ier, *superl.* -iest) com erva, coberto de erva
grate [greɪt] Ⓐ *s.* 1 grelha; 2 grade Ⓑ *v.tr.,intr.* 1 (pão, queijo, etc.) ralar; *to* ~ *cheese* ralar queijo; 2 raspar; 3 ranger, chiar; 4 [fig.] irritar; ferir; *it grates on the ear* isso fere os ouvidos; 5 [fig.] ofender; 6 gradear ❖ ~ *area* superfície da grelha; área da grelha; ~ *fire* fogo aberto; ~ *surface* área da grade; superfície da grelha; *to* ~ *on one's nerves* enervar
grateful ['greɪtfʊl] *adj.* 1 grato, agradecido, reconhecido; 2 agradável
gratefully ['greɪtfʊlɪ] *adv.* 1 com reconhecimento, com gratidão; 2 agradavelmente
gratefulness ['greɪtfʊlnɪs] *s.* 1 gratidão, reconhecimento; 2 satisfação
grater ['greɪtə] *s.* ralador
Gratiano [grɑː'ʃɑːnəʊ] *s.antr.* LITERATURA (personagem shakespeariana) Graciano
graticulate [græ'tɪkjʊleɪt] *v.tr.* quadricular
graticulation [grætɪkjʊ'leɪʃən] *s.* quadriculação
graticule ['grætɪkjuːl] *s.* 1 quadrícula; 2 retículo
gratification [grætɪfɪ'keɪʃən] *s.* 1 contentamento, satisfação, aprazimento; 2 prazer, fruição; 3 gratificação, gorjeta, recompensa
gratified ['grætɪfaɪd] *adj.* contente, satisfeito
gratify ['grætɪfaɪ] *v.tr.* 1 contentar, encantar, satisfazer, proporcionar satisfação a; 2 ser agradável a; 3 obsequiar; 4 gratificar, recompensar
gratifying ['grætɪfaɪɪŋ] *adj.* 1 gratificante; 2 satisfatório, que causa satisfação; 3 agradável; 4 compensatório, remunerador
gratin ['grætɪn] Ⓐ *s.* CULINÁRIA gratinado Ⓑ *v.tr.* CULINÁRIA gratinar
grating ['greɪtɪŋ] Ⓐ *adj.* 1 irritante; 2 dissonante; que faz impressão Ⓑ *s.* 1 raspagem; 2 (dobradiça, etc.) chiadeira; 3 som desagradável e áspero; 4 gradeamento, grade; 5 xadrez
gratingly ['greɪtɪŋlɪ] *adv.* 1 de modo dissonante; 2 desagradavelmente
gratis ['grɑːtɪs, 'greɪtɪs] *adj.,adv.* grátis
gratitude ['grætɪtjuːd] *s.* reconhecimento, gratidão
gratters ['grætəz] *s.pl.* [coloq.] (universidade) parabéns
gratuitous [grə'tjuːɪtəs] *adj.* 1 gratuito, grátis; 2 gratuito, sem fundamento, sem base, injustificado
gratuitously [grə'tjuːɪtəslɪ] *adv.* 1 gratuitamente, graciosamente, sem encargos; 2 sem fundamento, injustificadamente
gratuitousness [grə'tjuːɪtəsnɪs] *s.* gratuidade, gratuitidade
gratuity [grə'tjuːɪtɪ] *s.* 1 gorjeta, gratificação; 2 recompensa monetária dada a um soldado quando é desmobilizado
gratulatory ['grætjələtərɪ] *adj.* congratulatório ❖ *a* ~ *letter* uma carta de parabéns

gravamen [grəˈveɪmen] s. (pl. **-ina**) **1** agravo, gravame; **2** ponto mais grave da acusação

grave [greɪv] Ⓐ s. **1** sepultura; túmulo; sepulcro; **2** vala; *mass ~ vala comum*; *the pauper's ~* a vala comum Ⓑ adj. **1** (pessoa) grave, sério; solene; **2** (situação) importante, difícil; *a ~ decision* uma decisão importante; **3** LINGUÍSTICA (acento) grave Ⓒ v.tr. (prt. **graved**, part. pass. **graven** ou **graved**) **1** [arc.] enterrar, sepultar; **2** gravar, esculpir, insculpir; **3** [fig.] (na mente) inculcar [**in**, **em**]; **4** NÁUTICA espalmar, limpar o casco ❖ *~ clothes* sudário; mortalha; *sb is walking on my ~* estou todo arrepiado; (segredo) *to be as secret as the ~* ser como um túmulo; *to dig one's own ~* cavar a própria sepultura; *to have one foot in the ~* estar com os pés para a cova

gravedigger [ˈgreɪvdɪɡə] s. coveiro

gravel [ˈɡrævəl] Ⓐ s. **1** areia grossa; saibro arenoso; **2** gravilha; cascalho miúdo; **3** MEDICINA gravela, litíase; *to suffer from ~* sofrer de gravela Ⓑ v.tr. (particípios: **-ll-**) **1** cobrir com areia grossa ou gravilha; **2** [fig.] desorientar, confundir, atarantar ❖ BOTÂNICA *~ bind* soldanela; couve-marinha; *~ path* caminho arenoso; álea, em jardim, coberta de areia grossa; *~ pit* saibreira; local de onde se extrai saibro

gravel-blind [ˈɡrævəlblaɪnd] adj. [depr.] quase cego

graveless [ˈɡreɪvləs] adj. sem sepultura, insepulto

gravelled [ˈɡrævəld] adj. **1** desorientado, confundido, embatucado; **2** NÁUTICA encalhado na areia

gravelling [ˈɡrævəlɪŋ] s. **1** acto de cobrir com areia grossa; **2** calcetamento com cascalho miúdo e solto

gravelly [ˈɡrævəlɪ] adj. **1** com cascalho miúdo e solto; **2** com areia grossa; **3** pedregoso; **4** MEDICINA graveloso

gravely [ˈɡreɪvlɪ] adv. **1** gravemente; **2** solenemente

graven [ˈɡreɪvən] Ⓐ {part. pass. de **to grave**} Ⓑ adj. enterrado ❖ *~ image* ídolo

graveness [ˈɡreɪvnɪs] s. **1** gravidade; **2** solenidade; **3** circunspecção

graver [ˈɡreɪvə] s. **1** indivíduo que grava, gravador; **2** burilador; **3** cinzel de gravar, buril, punção; **4** NÁUTICA espalmador, limpador de casco dos navios

gravestone [ˈɡreɪvstəʊn] s. pedra tumular, lápide

graveyard [ˈɡreɪvjɑːd] s. cemitério

gravid [ˈɡrævɪd] adj. **1** [form.] grávida; **2** (animais) prenhe, cheia

gravidity [ɡrəˈvɪdɪtɪ] s. [form.] gravidez

gravimeter [ɡrəˈvɪmɪtə] s. gravímetro

gravimetric [ɡrævɪˈmetrɪk] adj. gravimétrico

gravimetry [ɡrəˈvɪmɪtrɪ] s. gravimetria

graving [ˈɡreɪvɪŋ] s. **1** calafetamento; **2** limpeza do casco do navio ❖ *~ dock* doca seca

gravitas [ˈɡrævɪtæs] s. (pessoa) seriedade, gravidade

gravitate [ˈɡrævɪteɪt] v.intr. gravitar

gravitating [ˈɡrævɪteɪtɪŋ] adj. que gravita

gravitation [ɡrævɪˈteɪʃən] s. gravitação; atracção universal ❖ FÍSICA *~ constant* constante de gravitação

gravitational [ɡrævɪˈteɪʃənəl] adj. gravitacional; respeitante à gravitação ❖ FÍSICA *~ field* campo gravitacional; FÍSICA *~ pull* força gravitacional

gravity [ˈɡrævɪtɪ] s. **1** FÍSICA gravidade; *the centre of ~* o centro de gravidade; **2** (situação) gravidade; seriedade; **3** (pessoa) circunspecção; ponderação ❖ FÍSICA *~ acceleration* aceleração da gravidade; FÍSICA *~ circulation* circulação por gravidade; FÍSICA *specific ~* densidade relativa; *to keep one's ~* manter um ar grave; *to lose one's ~* perder o ar grave/solene

gravure [ɡrəˈvjʊə] s. fotogravura

gravy [ˈɡreɪvɪ] s. (pl. **-ies**) CULINÁRIA molho de carne; suco de carne ❖ *~ boat* molheira; *~ soup* caldo de carne; (emprego) *~ train* tacho; dinheiro fácil

gray [ɡreɪ] Ⓐ adj.,s.,v.tr.,intr. ⇒ **grey** Ⓑ s. (sistema internacional de unidades de medida) gray

grayish [ˈɡreɪɪʃ] adj. pardacento

grayling [ˈɡreɪlɪŋ] s. ZOOLOGIA umbla

graze [ɡreɪz] Ⓐ v.tr.,intr. **1** pastar; **2** apascentar, pastorear, levar ao pasto; **3** roçar; raspar; *the bullet grazed his arm* a bala roçou-lhe pelo braço Ⓑ s. **1** toque leve; raspadela; roçadura; **2** (escoriação leve) esfoladela, arranhadela ❖ NÁUTICA *to ~ the bottom* tocar no fundo

grazier [ˈɡreɪzɪə] s. **1** tratador de gado; **2** criador de gado

grazing [ˈɡreɪzɪŋ] Ⓐ adj. **1** que roça; **2** (terrenos) de pasto; *~ land* terras de pasto Ⓑ s. **1** raspão; **2** roçadela; **3** pastagem

grease [ɡriːs] Ⓐ s. **1** gordura; **2** massa lubrificante; **3** [fig.] suborno; **4** VETERINÁRIA (doença dos cavalos e outros animais) graxa Ⓑ v.tr. **1** engordurar; **2** CULINÁRIA untar; **3** lubrificar ❖ *~ box* caixa de sebo, caixa de lubrificação; *~ coat* revestimento ou camada de graxa; *~ gun* pistola de lubrificação; almotolia-pistola; [coloq.] *~ monkey* ajudante de mecânico; *to ~ sb's palm* subornar alguém; *to remove ~* desengordurar

greasepaint [ˈɡriːspeɪnt] s. maquilhagem de actor

greaseproof [ˈɡriːspruːf] adj. à prova de gordura ❖ *~ paper* papel encerado; papel parafinado

greaser [ˈɡriːsə] s. **1** engraxador; **2** lubrificador; **3** caixa da massa lubrificante; **4** [EUA] termo de desprezo usado em relação aos hispano-americanos; **5** pl. batatas fritas

greasiness [ˈɡriːsɪnɪs] s. **1** gordura; **2** untuosidade

greasing [ˈɡriːsɪŋ] s. lubrificação, untura

greasy [ˈɡriːsɪ] adj. (comp. **-ier**, superl. **-iest**) **1** gorduroso, cheio de gordura; *~ water* água gordurosa; **2** untado com gordura, besuntado; **3** oleoso; *~ hair* cabelo oleoso; **4** escorregadio; *~ road* estrada escorregadia; **5** [fig.] untuoso, melífluo, bajulador ❖ (animais) *~ heel* úlcera

great [ɡreɪt] Ⓐ adj. **1** grande, grandioso; **2** notável, eminente; **3** insigne; **4** elevado, distinto, alto; **5** nobre; **6** de alta hierarquia ou posição social; **7** vasto, espaçoso, extenso; **8** [coloq.] óptimo, esplêndido; *that's great!* esplêndido!, óptimo!; **9** [arc.] grávida; *~ with child* grávida; (animais) *to be ~ with young* andar prenhe Ⓑ adv. [coloq.] muito bem; *everything's going great!* está tudo óptimo!; *he's not feeling too ~* não anda a sentir-se muito bem Ⓒ s. **1** (pessoa importante) um dos grandes; **2** (título) grande; *Alexander the Great* Alexandre o Grande ❖ *~ apes* gorilas; orangotangos, chimpanzés; *~ auger* trado; *Great Bible* a versão da Bíblia de Coverdale, de 1539; *~ calorie* grande caloria; *~ circle* círculo máximo; [coloq.] *Great Scott!* meu Deus!; *the Great Bear* a Ursa Maior; *the ~ majority* a maior parte; *the Great Mogul* o Grão-Mogol; *to be ~ at* ser muito bom a; *to be ~ in* sobressair em; *to be ~ on* interessar-se muito por; saber muito de; *to freight by the ~* fretar todo o navio

great-bellied [ˈɡreɪtbelɪd] adj. **1** barrigudo; **2** grávida; **3** [fig.] fértil em acontecimentos

Great Britain [ˌɡreɪtˈbrɪtən] s.top. Grã-Bretanha

greatcoat [ˈɡreɪtkəʊt] s. **1** capote; sobretudo; **2** MILITAR capote

Great Dane [ɡreɪtˈdeɪn] s. ZOOLOGIA (cão) Grand Danois

greaten [ˈɡreɪtən] v.tr.,intr. engrandecer, engrandecer-se

great-grandchild [ˌɡreɪtˈɡræntʃaɪld] s. (pl. **-children**) bisneto

great-granddaughter [ˌɡreɪtˈɡrænˌdɔːtə] s. bisneta

great-grandfather [ˌɡreɪtˈɡrænˌfɑːðə] s. bisavô

great-grandmother [ˌɡreɪtˈɡrænˌmʌðə] s. bisavó

great-grandparents [ˌɡreɪtˈɡrænˌpeərənts] s. bisavós

great-grandson [ˌɡreɪtˈɡrænsʌn] s. bisneto

great-great-grandfather [ˌɡreɪtɡreɪtˈɡrænˌfɑːðə] s. trisavô

great-great-grandmother [ˌɡreɪtɡreɪtˈɡrænˌmʌðə] s. trisavó

great-great-grandson [ˌɡreɪtɡreɪtˈɡrænsʌn] s. trineto

greatly [ˈɡreɪtlɪ] adv. **1** muito, grandemente; **2** com grandeza, com nobreza

greatness [ˈɡreɪtnɪs] s. **1** grandeza, elevação, nobreza; *~ of the soul* grandeza de alma; **2** grandiosidade; pompa; **3** dimensão, extensão; **4** importância

greats [ɡreɪts] s. (Oxford) exame final

great-uncle [ˈɡreɪtˌʌŋkəl] s. tio-avô

greave [ɡriːv] s. greva, caneleira, parte da armadura que protege as pernas

greaved [ɡriːvd] adj. com caneleiras, com grevas

greaves [ɡriːvz] s.pl. torresmos, resíduos de banha para alimentação de animais, ou para isca na pesca

grebe [ɡriːb] s. ZOOLOGIA grebe, colimbo

Grecian [ˈɡriːʃən] Ⓐ adj. grego Ⓑ s. **1** helenista; **2** (pessoa) grego; **3** (Christ's Hospital) aluno sénior ❖ *~ gift* oferta que traz água no bico; *~ knot* penteado feminino à grega; *~ nose* nariz grego; *~ profile* perfil grego; *the ~ horse* o cavalo de Tróia

Grecism [ˈɡriːsɪzəm] s. ⇒ **Graecism**

Grecize [ˈɡriːsaɪz] v.tr.,intr. ⇒ **Graecize**

Greco-Latin [ˌgriːkəʊˈlætɪn] adj. ⇒ **Graeco-Latin**
Grecomania [ˌgriːkəʊˈmeɪnɪə] s. ⇒ **Graecomania**
Grecomaniac [ˌgriːkəʊˈmeɪnɪæk] adj. ⇒ **Graecomaniac**
Grecophil [ˈgriːkəʊfɪl] adj.,s. ⇒ **Graecophil**
Greco-Roman [ˌgriːkəʊˈrəʊmən, ˌgrekəʊˈrəʊmən] adj. ⇒ **Graeco-Roman**
Greco-Slavonic [ˌgriːkəʊsləˈvɒnɪk] adj. ⇒ **Graeco-Slavonic**
grecque [grek] s. ARQUITECTURA grega
Greece [griːs] s.top. Grécia
greed [griːd] s. avidez, cupidez, cobiça
greedily [ˈgriːdɪlɪ] adv. 1 avidamente, cupidamente; 2 vorazmente, com voracidade
greediness [ˈgriːdɪnɪs] s. 1 cupidez, cobiça, avidez de ganhos; 2 voracidade, gula
greedy [ˈgriːdɪ] adj. (comp. -ier, superl. -iest) 1 ambicioso; 2 interesseiro; ganancioso; 3 avarento; 4 ávido [for, de]; 5 insaciável; voraz; 6 guloso ❖ **~ guts** glutão; **to be ~ for** ambicionar
greegree [ˈgriːgriː] s. feitiço; manipanço ❖ **~ man** feiticeiro
Greek [griːk] Ⓐ adj. grego Ⓑ s. (pessoa, língua) grego; (língua) modern **~** grego moderno ❖ ARQUITECTURA **~ border** grega; LITERATURA **~ tragedy** tragédia grega; **at the ~ calends** para as calendas gregas; **it's all ~ to me** isso para mim é grego; RELIGIÃO **the ~ Church** a igreja ortodoxa/grega; **when ~ meets ~ then comes the tug of war** quando se nos depara um adversário digno de nós é que as coisas se tornam sérias
green [griːn] Ⓐ adj. 1 (cor) verde; 2 verde, que ainda não está maduro; 3 (vinho) verde, verdasco, averdascado; 4 inexperiente, novato, com pouco conhecimento das coisas; **he is not so ~ as he looks** ele não é tão inexperiente como parece; 5 cheio de energia, cheio de vigor, vigoroso, na força da vida; 6 POLÍTICA ecologista, dos verdes; **the ~ party** partido dos verdes; 7 (produto) amigo do ambiente; 8 invejoso; [coloq.] **to be ~ with envy** estar cheio de inveja, morder-se de inveja Ⓑ s. 1 (cor) verde; 2 folhagem, verdura; 3 relva, relvado; 4 largo (de aldeia); 5 DESPORTO relvado de golfe; 6 [EUA] [coloq.] (dinheiro) massa; 7 pl. hortaliça, legumes verdes Ⓒ v.tr. 1 fazer reverdecer; 2 pintar de verde; 3 (espaço urbano) tornar verde; 4 [coloq.] enganar, burlar, mistificar Ⓓ v.intr. cobrir-se de verdura, reverdecer ❖ **~ bean** feijão-verde; MEDICINA **~ blindness** acloroblepsia; ZOOLOGIA **~ bone** órfia; **~ book** livro verde (nome dado à publicação de documentos ou declarações oficiais do Governo indiano); **~ Christmas** Natal em que não cai neve; MINERALOGIA **~ earth** glauconite; glaucónia; **~ eye** ciúme; **~ food** forragens verdes; **~ gold** nome dado à liga de 75% de ouro com 25% de prata; **~ goose** ingénuo; simplório; **~ hand** aprendiz; principiante; **~ light** luz verde; sinal para avançar; autorização; ZOOLOGIA **~ louse** pulgão; **~ meat** carnes verdes, carnes frescas; ZOOLOGIA **~ peak** peto real; picanço; **~ sickness** clorose; **~ table** mesa de jogo; **~ tea** chá verde; **~ vitriol** caparrosa; vitríolo verde; **~ winter** Inverno sem neve; **~ wood** madeira verde; madeira por secar; MINERALOGIA **~ carbonate of copper** malaquite; [EUA, Can.] **to have a ~ thumb** ter um jeito especial para as plantas; [GB] **to have ~ fingers** ter um jeito especial para as plantas; **to be ~ about the gills** ficar aterrado; **to be ~ from the country** ter acabado de chegar da província; **to be in the ~** estar na juventude; ser muito jovem; **to give the ~ light to** dar luz verde a; **to go ~** adquirir consciência ecológica
greenback [ˈgriːnbæk] s. [EUA] [coloq.] (dinheiro) nota
greencod [ˈgriːnkɒd] s. ⇒ **coalfish**
greener [ˈgriːnə] s. 1 novato, noviço, indivíduo inexperiente; 2 operário que chegou de fora em busca de trabalho
greenery [ˈgriːnərɪ] s. (pl. **-ies**) 1 folhagem, verdura, vegetais; 2 estufa
green-eyed [ˈgriːnaɪd] adj. 1 de olhos verdes; 2 [fig.] invejoso ❖ **the ~ monster** o ciúme; a inveja
greenfield [ˈgriːnfiːld] adj. sem construções anteriores ❖ **~ site** terreno por explorar
greenfinch [ˈgriːnfɪntʃ] s. (pl. **-es**) ZOOLOGIA verdelhão
greenfly [ˈgriːnflaɪ] s. ZOOLOGIA pulgão das roseiras
greengage [ˈgriːngeɪdʒ] s. BOTÂNICA rainha-cláudia, ameixa-caranguejeira
greengrocer [ˈgriːnˌgrəʊsə] s. hortaliceiro; merceeiro ❖ (estabelecimento) **greengrocer's** pomar; frutaria
greengrocery [ˈgriːnˌgrəʊsərɪ] s. pomar, frutaria; comércio de frutas, hortaliças, etc.

greenhead [ˈgriːnhed] s. ZOOLOGIA pato-bravo
greenheart [ˈgriːnhɑːt] s. BOTÂNICA beberu, nectandra_Bras._
greenhorn [ˈgriːnhɔːn] s. indivíduo inexperiente, simplório, papalvo
greenhouse [ˈgriːnhaʊs] s. estufa ❖ (ambiente) **the ~ effect** o efeito de estufa
greening [ˈgriːnɪŋ] s. maçã com a cor verde, mesmo depois de madura
greenish [ˈgriːnɪʃ] adj. esverdeado
Greenland [ˈgriːnlənd] Ⓐ s.antr. Ⓑ s.top. Gronelândia
Greenlander [ˈgriːnləndə] s. (pessoa) gronelandês
Greenlandic [ˈgriːnlændɪk] Ⓐ adj. gronelandês Ⓑ s. (dialecto) gronelandês
green-leaved [ˈgriːnliːvd] adj. de folhas verdes
greenness [ˈgriːnnɪs] s. 1 verdura, verdor, cor verde; 2 inexperiência, ingenuidade, simplicidade; 3 (pessoa de idade) energia, vigor; 4 juventude
greenshank [ˈgriːnʃæŋk] s. ZOOLOGIA ave do género dos totanos (_Totanus canescens_)
greenstick [ˈgriːnstɪk] s. MEDICINA ramo verde ❖ MEDICINA **~ fracture** fractura em ramo verde
greenstone [ˈgriːnstəʊn] s. MINERALOGIA nefrite
greenstuff [ˈgriːnstʌf] s. hortaliças; verduras
greensward [ˈgriːnswɔːd] s. 1 relvado; 2 campo cheio de erva
greenwash [ˈgriːnwɒʃ] v.tr.,intr. (empresa poluidora) tentar passar uma imagem de responsabilidade em termos ambientais
greenwashing [ˈgriːnwɒʃɪŋ] s. publicidade que pretende dar de uma empresa poluidora uma imagem responsável em termos ambientais
greenweed [ˈgriːnwiːd] s. BOTÂNICA giesta-dos-tintureiros
green-wellie [ˈgriːnˌwelɪ] adj. [coloq.] (pessoa) que aprecia actividades campestres
greenwood [ˈgriːnwʊd] s. floresta cheia de verdura
greet [griːt] v.tr.,intr. 1 saudar, cumprimentar, felicitar; 2 [Esc.] chorar
greeting [ˈgriːtɪŋ] s. 1 saudação; cumprimento; **send him my greetings** manda-lhe os meus cumprimentos; 2 acolhimento; 3 [Esc.] lágrimas ❖ **greetings card** cartão de felicitações; **birthday greetings** parabéns; **New-year greetings** cumprimentos de Ano Novo
gregarious [grɪˈgeərɪəs] adj. 1 gregário; **the ~ instinct** o instinto gregário; 2 sociável
gregariously [grɪˈgeərɪəslɪ] adv. de modo gregário
gregariousness [grɪˈgeərɪəsnɪs] s. instinto gregário
Gregorian [grɪˈgɔːrɪən] adj. gregoriano ❖ MÚSICA **~ chants** cantos gregorianos; **~ Year** ano gregoriano
Gregory [ˈgregərɪ] s.antr. Gregório
gremial [ˈgriːmɪəl] s. RELIGIÃO gremial
Grenada [grɪˈneɪdə, grəˈneɪdə] s.top. Granada
grenade [grɪˈneɪd, grəˈneɪd] s. granada, granada de mão
Grenadian [grɪˈneɪdɪən, grəˈneɪdɪən] adj.,s. granadino
grenadier [ˌgrenəˈdɪə] s. 1 granadeiro; 2 [GB] soldado do regimento dos _Grenadier Guards_
grenadilla [ˌgrenəˈdɪlə] s. BOTÂNICA maracujá, passaflora, martírio
grenadine[1] [ˌgrenəˈdiːn] Ⓐ s. 1 granadina, xarope de romã; 2 vermelho alaranjado Ⓑ adj. vermelho alaranjado
grenadine[2] [ˌgrenəˈdiːn] s. 1 (tecido de seda crua ou seda e lã) granadina; 2 CULINÁRIA prato de carne de vitela ou caça, disposta às fatias e entremeada de toucinho
gressorial [greˈsɔːrɪəl] adj. ZOOLOGIA ambulatório
grew [gruː] prt. de **to grow**
grey [greɪ] Ⓐ adj. 1 (cor) cinzento; 2 grisalho; 3 pálido; 4 pardacento; 5 triste; 6 [fig.] sem grande esperança Ⓑ s. 1 (cor) cinzento; 2 roupa cinzenta; 3 cavalo cinzento; 4 [EUA] (soldado dos Estados Confederados) casaca cinzenta; **~ coat** casaca cinzenta Ⓒ v.intr. 1 ficar cinzento; 2 tornar-se grisalho; ficar grisalho ❖ **~ eminence** eminência parda; **~ friar** monge franciscano; **~ goose** pato bravo europeu; **~ iron** ferraguso cinzento; **~ matter** massa cinzenta; **~ monk** monge de Cister; **everything looks so ~** as perspectivas são más em tudo; **the ~ mare is the better horse** a mulher é que manda no marido; **to turn ~** ficar com o cabelo grisalho; empalidecer
greyback [ˈgreɪbæk] s. 1 gralha, corvo cinzento; 2 animal de dorso cinzento

greybeard ['greɪbɪəd] s. [arc.] velhote, indivíduo de idade
greycing ['greɪsɪŋ] s. [coloq.] corrida de galgos
greyhen ['greɪhen] s. galinha-brava, fêmea do galo silvestre
greyhound ['greɪhaʊnd] s. ZOOLOGIA (cão) galgo ❖ ~ *racing* corridas de galgos; ~ *racing track* pista para corridas de galgos
greying ['greɪɪŋ] adj. (cabelo) grisalho
greyish ['greɪɪʃ] adj. 1 grisalho; 2 acinzentado
greylag ['greɪlæg] s. pato-bravo europeu
greymalkin [greɪ'mɒlkɪn] s. gata velha
greyness ['greɪnɪs] s. 1 tom cinzento, tonalidade cinzenta; 2 aspecto sombrio; 3 cinzentismo; insipidez; banalidade
grid [grɪd] s. 1 grade; 2 DESPORTO grelha; *starting* ~ grelha de partida; 3 (electricidade, gás, água) rede; 4 (mapa) quadrícula ❖ (mapa) ~ *reference* coordenadas cartográficas
gridded ['grɪdɪd] adj. quadriculado
griddle ['grɪdl] Ⓐ s. CULINÁRIA chapa de ferro circular suspensa sobre o lume para torrar bolos Ⓑ v.tr. torrar sobre chapa de ferro
gride [graɪd] Ⓐ s. 1 rangido; 2 chiadeira Ⓑ v.intr. ranger, chiar, fazer um ruído áspero e estridente
griding ['graɪdɪŋ] adj. 1 estridente, áspero, que fere os ouvidos; 2 agudo, cortante
gridiron ['grɪdaɪən] s. 1 CULINÁRIA (forno) grelha; 2 grade; 3 [EUA] campo de futebol americano; 4 [EUA] [coloq.] futebol americano; 5 TEATRO armação que sustenta os cenários; 6 NÁUTICA armação de barras paralelas para segurar os navios quando em doca seca ❖ (bicicleta) ~ *carrier* porta-bagagens
gridlock ['grɪdlɒk] s. 1 (trânsito) engarrafamento; 2 (situação) impasse, beco sem saída fig.
grief [gri:f] s. 1 dor, sofrimento profundo; aflição; pesar; 2 [coloq.] preocupação; chatice ❖ *good grief!* Deus do céu!; *to come to* ~ malograr-se; sofrer um acidente; ruir; *to die of* ~ morrer de dor; *to give sb* ~ criar problemas a alguém
grief-stricken ['gri:f,strɪkən] adj. transtornado; dominado pela dor
grievance ['gri:vəns] s. 1 ofensa, agravo; 2 injustiça; *to redress a* ~ reparar uma injustiça; 3 ressentimento; rancor; *to nurse a* ~ guardar rancor
grieve [gri:v] Ⓐ v.tr. 1 afligir; 2 entristecer; magoar Ⓑ v.intr. 1 sofrer; sentir dor; sentir pesar; 2 afligir-se; angustiar-se; 3 lamentar [over, -] ❖ *it grieves us to...* é com muita pena que...; *to ~ for sb's death* chorar a morte de alguém; fazer o luto
grieved [gri:vd] adj. desolado, entristecido, aflito, cheio de dor
grieving ['gri:vɪŋ] Ⓐ adj. 1 desolado, entristecido; 2 desconsolador, doloroso, que faz sofrer Ⓑ s. 1 dor, sofrimento; 2 tristeza
grievingly ['gri:vɪŋlɪ] adv. 1 com mágoa; 2 com pesar; 3 dolorosamente
grievious ['gri:vɪəs] adj. ⇒ **grievous**
grievous ['gri:vəs] adj. 1 penoso; difícil de suportar; 2 doloroso; angustiante; 3 que aflige, aflitivo; 4 severo; grave; 5 atroz; terrível; *a* ~ *accident* um acidente terrível ❖ DIREITO ~ *bodily harm* danos corporais severos
grievously ['gri:vəslɪ] adv. 1 penosamente; 2 dolorosamente; 3 severamente; 4 gravemente; 5 atrozmente
grievousness ['gri:vəsnɪs] s. 1 gravidade; 2 severidade; 3 pesar; 4 aflição; 5 aspecto doloroso
griff [grɪf] s. 1 europeu recém-chegado à Índia; 2 indivíduo inexperiente; 3 [cal.] informação; 4 sugestão, alusão
griffin ['grɪfɪn] s. MITOLOGIA grifo, animal fabuloso com cabeça e asas de águia e corpo de leão
griffon ['grɪfən] s. 1 MITOLOGIA grifo, animal fabuloso com cabeça e asas de águia e corpo de leão; 2 ZOOLOGIA grifo, abutre, abetarda; 3 ZOOLOGIA (raça canina) grifom
grig [grɪg] s. 1 enguia pequena, enguia da areia; 2 grilo; 3 [fig.] pessoa cheia de vivacidade
grike [graɪk] s. GEOLOGIA fenda, fractura, abertura
grill [grɪl] Ⓐ s. 1 grelha; 2 CULINÁRIA grelhado; 3 (convento, porta, janela, etc.) grade, gradeado; 4 restaurante especializado em grelhados Ⓑ v.tr.,intr. 1 CULINÁRIA grelhar, assar sobre grelha; 2 gradear; 3 [fig.] atormentar; interrogar persistentemente; (tribunal) *to ~ a witness* confundir uma testemunha com perguntas

grillage ['grɪlɪdʒ] s. gradeado, estacaria de madeira para sustentar alicerces de edifício em terreno pouco firme
grille [grɪl] Ⓐ s. 1 grade, gradeado (de convento, janela, etc.); 2 ralo, fresta gradeada de porta; 3 gelosia; 4 (piscicultura) incubadora; 5 tela Ⓑ v.tr. gradear
grilled [grɪld] adj. 1 gradeado, rodeado de grades; 2 com forma de rede; 3 semelhante a grelha; 4 CULINÁRIA grelhado; ~ *meat* carne grelhada ❖ ~ *cover* tampa em rede para ventilação
griller ['grɪlə] s. 1 aquele que assa na grelha; 2 grelha (para assar)
grilling ['grɪlɪŋ] s. [coloq.] interrogatório
grillroom ['grɪlru:m] s. churrasqueira, churrascaria, restaurante de grelhados
grilse [grɪls] s. salmão novo, salmonete
grim [grɪm] adj. 1 deprimente; triste; 2 implacável; cruel; 3 severo, carrancudo, ameaçador; 4 terrível, sinistro; ~ *laughter* gargalhada sinistra ❖ *the* ~ *reality* a dura realidade; *the* ~ *truth* toda a verdade; *to hold on like* ~ *death* agarrar-se firmemente; *to look* ~ estar com um aspecto carregado
grimace [grɪ'meɪs, 'grɪməs] Ⓐ s. 1 trejeito, careta, esgar; *to make grimaces* fazer caretas Ⓑ v.intr. fazer caretas; fazer esgares
grimacer [grɪ'meɪsə, 'grɪməsə] s. aquele que faz caretas ou momices
grimacing [grɪ'meɪsɪŋ, 'grɪməsɪŋ] adj. 1 caricato; 2 que faz caretas, esgares
grimalkin [grɪ'mælkɪn] s. 1 gata velha; 2 [fig.] camafeu, mulher velha e feia
grime [graɪm] Ⓐ s. fuligem, pó de carvão, sujidade proveniente do fumo de combustíveis Ⓑ v.tr. sujar, enegrecer com fuligem
griminess ['graɪmɪnɪs] s. negrume, falta de limpeza (nas mãos, rosto, roupa branca, etc.)
grimly ['grɪmlɪ] adv. 1 de modo severo, sinistro; 2 ameaçadoramente; 3 sombriamente
grimness ['grɪmnɪs] s. 1 aspecto sinistro, ameaçador; 2 inflexibilidade; 3 severidade; 4 crueldade
grimy ['graɪmɪ] adj. (comp. **-ier**, superl. **-iest**) 1 sujo, enegrecido com fuligem; 2 cheio de negrume
grin [grɪn] Ⓐ s. 1 (satisfação) sorriso rasgado; 2 (dor, desdém) esgar Ⓑ v.tr.,intr. (particípios **-nn-**) 1 sorrir de modo aberto; 2 sorrir ironicamente ❖ *broad* ~ sorriso aberto; *to* ~ *and bear it* aguentar e não bufar; aguentar estoicamente; *to* ~ *from ear to ear* sorrir de orelha a orelha; [coloq.] *to* ~ *like a Cheshire cat* rir tolamente, a propósito de tudo e de nada; *wipe that* ~ *off your face* tira esse sorriso da cara
grind [graɪnd] Ⓐ v.tr.,intr. (prt. e part. pass. **ground**) 1 moer, triturar; 2 britar, esmagar, pulverizar; *to* ~ *to pieces* esmigalhar; 3 polir, alisar, esmerilar; 4 amolar, afiar; *to* ~ *a knife* amolar uma faca; 5 ranger; *to* ~ *one's teeth* ranger os dentes; 6 [fig.] oprimir; explorar; *to* ~ *(the faces of) the poor* oprimir os pobres; 7 roçar; *they could hear the ship grinding on the rocks* podia ouvir-se o navio a roçar pelos rochedos; 8 [coloq.] (estudar intensamente) empinar, marrar; *to* ~ *for an exam* empinar para exame Ⓑ s. 1 moagem, moedura; 2 rangido; 3 (trabalho monótono e árduo) labuta; 4 estudo intenso; 5 (manutenção física) passeio a pé, caminhada; 6 (cavalos) corrida de obstáculos; 7 [EUA] (estudante) marrão; 8 (ancas) meneio, saracoteio ❖ *the daily* ~ a rotina diária; MECÂNICA *to* ~ *a valve* rodar uma válvula; *to* ~ *corn into flour* fazer farinha do grão; *to* ~ *to a halt* chiar até parar; *to have an axe to* ~ ter um interesse pessoal a defender
◆**grind away** v.intr. 1 [coloq.] (trabalho) trabalhar como um mouro; atirar-se com unhas e dentes [at, a]; 2 [coloq.] (estudo) marrar [at, -]; *to* ~ *at history* marrar História
◆**grind down** v.tr. 1 oprimir; 2 dar cabo de; acabar com; esmagar; 3 esmerilar, alisar
◆**grind on** v.intr. 1 (tempo) (prolongar-se) arrastar-se; eternizar-se; 2 (pessoa) persistir ainda que penosamente
◆**grind out** v.tr. 1 (tarefa) fazer de cor; executar em piloto automático; 2 esmagar, esmigalhar; 3 (informação, trabalho) arrancar a ferros; 4 (música) tocar; 5 (voz) rosnar; resmungar por entre os dentes ❖ *to* ~ *an oath* praguejar por entre os dentes; *to* ~ *some verses* conseguir escrever alguns versos ao fim de muito esforço
◆**grind up** v.tr. esmigalhar; pulverizar

grinder ['graɪndə] s. 1 amolador, afiador; 2 rebolo, rebolo de esmeril; 3 triturador; 4 (café) moinho; *coffee* ~ moinho de café; 5 moleiro; 6 (moinho) mó; 7 esmeril, mó de esmeril; 8 ANATOMIA (dente) molar; 9 *pl.* [coloq.] dentes; 10 tocador de realejo; 11 [coloq.] (para exame) explicador; 12 [EUA] [coloq.] (aluno que estuda muito) marrão ❖ *grinder's oil stone* pedra de afiar com caixa

grindery ['graɪndərɪ] s. 1 ferramenta de sapateiro; 2 oficina de amolador

grinding ['graɪndɪŋ] Ⓐ *adj.* 1 que mói; 2 molar; 3 opressivo; 4 doloroso; 5 extremo; ~ *poverty* pobreza extrema; 6 (som) incomodativo; desagradável Ⓑ *s.* 1 moagem; 2 amolação, amoladura, afiação; 3 polimento; 4 trituração; 5 esmerilação; 6 MECÂNICA rectificação, rodagem; 7 opressão, tirania ❖ ~ *machine* máquina de polir; máquina de amolar; máquina de afiar; rectificadora; ~ *stone* mó; rebolo; ~ *wheel* rebolo; roda de esmeril; mó de rectificar; pedra de afiar; *to come to a* ~ *halt* parar bruscamente

grindstone ['graɪndstəʊn] s. 1 pedra de afiar, pedra de amolar; 2 mó, rebolo ❖ *to hold one's nose to the* ~ trabalhar sem descanso

gringo ['grɪŋgəʊ] s. [coloq.] anglo-americano, inglês

grinner ['grɪnə] s. pessoa que sorri ironicamente

grinning ['grɪnɪŋ] *adj.* 1 que sorri mostrando os dentes; 2 sorridente

griotte [grɪ'ɔt] s. mármore com manchas castanhas e avermelhadas

grip [grɪp] Ⓐ *s.* 1 aperto; 2 força de pulso; 3 alça; 4 mão, garra; 5 cabo, punho, pega; 6 domínio, controlo; *to lose one's* ~ perder o controlo; 7 compreensão; poder de captação; *to have a good* ~ *of* ter boa visão de; ter boa compreensão de; 8 [EUA] (viagem) mala de mão, maleta; 9 vala aberta, rego; 10 TEATRO assistente de palco; 11 CINEMA, TELEVISÃO assistente de produção; 12 (cabelo) gancho; 13 poder de aderência; ~ *of the wheels* poder de aderência das rodas Ⓑ *v.tr.* (particípios: -pp-) 1 agarrar com firmeza, prender fortemente; 2 apertar com a mão; 3 pegar; 4 apanhar; 5 atrair, prender a atenção de; *to* ~ *the audience* prender a atenção do público; 6 dominar, controlar Ⓒ *v.intr.* 1 aderir; *the wheels don't* ~ as rodas não aderem à estrada; 2 firmar-se; *the anchor does not* ~ a âncora não se firma (no fundo) ❖ ~ *brake* travão de mão; *get a grip!* controla-te!; *in the* ~ *of* paralisado por; exposto a; dominado por; *the brake doesn't* ~ o travão não trava; *to come to grips with* lutar com; debater-se com; aceitar; assumir; *to get a* ~ *of* dominar; controlar; ter na mão

gripe [graɪp] Ⓐ *v.tr.,intr.* 1 [coloq.] queixar-se [**at/about**, de]; 2 [coloq.] agarrar; prender; 3 [coloq.] dominar; oprimir; 4 NÁUTICA segurar com boças ou trincas; 5 NÁUTICA aguçar de ló; 6 sentir cólicas Ⓑ *s.* 1 [coloq.] queixa; 2 [coloq.] agarradela; 3 punho, cabo, pega; 4 poder; domínio; 5 NÁUTICA trinca, boça de lancha ❖ *to be in the* ~ *of* estar sob o domínio de; *to come to gripes with* passar a vias de facto com

gripeful ['graɪpfʊl] s. [rar.] mão-cheia

gripes [graɪps] s.pl. cólicas, dores de barriga

griping ['graɪpɪŋ] Ⓐ *adj.* 1 que causa cólicas; 2 [fig.] avarento, avaro, mesquinho; 3 NÁUTICA que aguça de ló Ⓑ *s.* 1 acto de agarrar, de prender; 2 cólicas, dores de barriga; 3 domínio, opressão

grippe [grɪp] s. [arc.] gripe

gripper ['grɪpə] s. 1 pinça; 2 pegador; punho; empunhadura; 3 garra

gripping ['grɪpɪŋ] Ⓐ *adj.* apaixonante; envolvente; extremamente interessante Ⓑ *s.* aperto, acto de agarrar

gripsack ['grɪpsæk] s. [EUA] mala de mão

grisaille [grɪ'zeɪl, grɪ'zaɪl] s. PINTURA grisalha

griseous ['grɪzɪəs] *adj.* azulado ou cinzento-pérola

grisette [grɪ'zet] s. rapariga (francesa) das classes trabalhadoras

griskin ['grɪskɪn] s. CULINÁRIA lombo de porco

grisliness ['grɪzlɪnɪs] s. carácter horroroso, medonho, sinistro

grisly ['grɪzlɪ] *adj.* (comp. **-ier**, superl. **-iest**) 1 terrível, medonho, horrível; 2 macabro, sinistro

grist [grɪst] s. 1 (trigo, milho, etc.) grão de cereal destinado a ser moído; 2 (fabricação de cerveja) grão de malte; 3 espessura de corda ou fio ❖ *all is* ~ *that comes to his mill* tudo o que vem à rede é peixe; *to bring* ~ *to the mill* dar proveito; dar lucro

gristle ['grɪsl] s. ANATOMIA cartilagem

gristly ['grɪslɪ] *adj.* cartilaginoso

gristmill ['grɪstmɪl] s. moinho de grão

gristmiller ['grɪstmɪlə] s. moleiro

grit [grɪt] Ⓐ *s.* 1 areia, grão de areia, areia grossa; 2 gravilha; cascalho; saibro; 3 arenito, grês; 4 pó; *to have got a piece of* ~ *in the eye* ter uma poeira no olho; 5 [fig.] garra; persistência; energia; determinação; *he has plenty of* ~ ele é uma pessoa cheia de garra Ⓑ *v.tr.,intr.* (particípios -tt-) 1 (ao caminhar) ranger, estalar; 2 (dentes) cerrar; ranger; *to* ~ *one's teeth* cerrar os dentes; 3 (ruas) ensaibrar

grits [grɪts] s.pl. 1 aveia meio moída, sem casca; 2 rolão

gritstone ['grɪtstəʊn] s. arenito, grês

grittiness ['grɪtɪnɪs] s. 1 aspecto arenoso, areento; 2 determinação; energia; 3 crueza; realismo

gritty ['grɪtɪ] *adj.* (comp. **-ier**, superl. **-iest**) 1 arenoso, areento, saibroso, pedregoso; 2 [fig.] decidido, determinado, enérgico; 3 [fig.] realista, cru

grizzle ['grɪzl] Ⓐ *adj.* 1 cinzento, acinzentado; 2 grisalho Ⓑ *s.* 1 lamúria, choradeira; 2 desabafo Ⓒ *v.tr.,intr.* 1 encanecer, ficar grisalho; 2 chorar-se, andar com lamúrias; 3 desabafar, contar as suas mágoas a outrem

grizzled ['grɪzəld] *adj.* grisalho, encanecido

grizzler ['grɪzlə] s. 1 pessoa lamurienta, pessoa que gosta de contar as suas mágoas; 2 choramingas

grizzling ['grɪzlɪŋ] s. 1 encanecimento; 2 lamúria, choradeira, lamentação

grizzly ['grɪzlɪ] Ⓐ *adj.* 1 grisalho; 2 cinzento, acinzentado, pardo Ⓑ *s.* (pl. **-ies**) ZOOLOGIA urso-pardo da América ❖ ZOOLOGIA ~ *bear* urso-pardo da América

groan [grəʊn] Ⓐ *s.* 1 gemido; 2 queixa; lamentação; 3 suspiro; 4 (protesto) murmúrio de desagrado; resmungo Ⓑ *v.tr.,intr.* 1 gemer, soltar gemidos; 2 lamentar(-se); 3 (desagrado) murmurar; resmungar [**about**, -]; 4 (porta, etc.) ranger; chiar; 5 estar carregado [**with**, de]; *the table groans with food* a mesa está carregada de iguarias, quase verga sob o peso das iguarias ❖ *to* ~ *down a speaker* fazer calar um orador com murmúrios de desaprovação

◆**groan for** *v.tr.* ansiar por; desejar ansiosamente

◆**groan out** *v.intr.* contar gemendo; relatar gemendo

groaning ['grəʊnɪŋ] Ⓐ *adj.* que geme Ⓑ *s.* 1 gemidos; 2 murmúrios ❖ *a* ~ *board* uma mesa carregada de iguarias

groat [grəʊt] s. 1 antiga moeda de prata no valor de quatro dinheiros; 2 [fig.] pequena importância ❖ [coloq.] *I don't care a* ~ estou-me nas tintas

groats [grəʊts] s.pl. 1 aveia meio moída; 2 sêmola

grocer ['grəʊsə] s. merceeiro ❖ (estabelecimento) *grocer's* merceeria; *grocer's itch* eczema (provocado pelo contínuo contacto da pele com o açúcar); *to be at the grocer's* estar na merceeria

grocery ['grəʊsərɪ] s. (pl. **-ies**) 1 mercearia; 2 pl. artigos de mercearia

grody ['grəʊdɪ] *adj.* [EUA] [cal.] desagradável, nojento, repugnante

grog [grɒg] Ⓐ *s.* 1 grogue; 2 material empregado no fabrico de substâncias refractárias; 3 [Austr.] [coloq.] bebida alcoólica Ⓑ *v.tr.,intr.* (particípios: -gg-) 1 beber grogues; 2 deitar água a ferver dentro de pipa para tirar o álcool impregnado na madeira ❖ ~ *blossom* nariz avermelhado devido ao abuso do álcool; ~ *tub* cantil

groggily ['grɒgɪlɪ] *adv.* 1 hesitantemente; 2 com pouca firmeza; 3 com vacilações de ébrio

grogginess ['grɒgɪnɪs] s. 1 pouca segurança nas pernas; 2 embriaguez; 3 pouca firmeza

groggy ['grɒgɪ] *adj.* (comp. **-ier**, superl. **-iest**) 1 (fraqueza) cambaleante, vacilante, pouco firme; tonto, zonzo, com a cabeça a andar à roda; 2 (bebida) grogue, tonto, atordoado ❖ *to feel* ~ não se segurar nas pernas

grogram ['grɒgrəm] s. pano grosso, gorgorão

grogshop ['grɒgʃɒp] s. loja de bebidas; taberna

groin [grɔɪn] Ⓐ *s.* 1 ANATOMIA virilha; 2 ARQUITECTURA aresta, nervura; 3 quebra-mar, esporão, paredão Ⓑ *v.tr.,intr.* 1 formar arestas, construir com arestas, com nervuras; 2 construir esporões ou paredões perpendiculares à praia

grok ['grɒk] v.tr. (particípios -kk-) [EUA] [cal.] compreender completamente, perceber, captar

grommet ['grɒmɪt] s. 1 NÁUTICA anel de corda das velas de estai, garruncho; 2 ilhó metálico

gromwell ['grɒmwəl] s. BOTÂNICA litospermo

groom [grʊm] Ⓐ s. 1 noivo; 2 moço de cavalos, moço de estrebaria; 3 [ant.] palafreneiro; 4 lacaio, criado; 5 (câmara real) camareiro, gentil-homem; ~ *of the bedchamber* gentil-homem encarregado do guarda-roupa real Ⓑ v.tr. 1 (animais) tratar de; limpar; escovar; almofaçar; 2 [coloq.] (candidatos) preparar [**for**, para]

groomed ['grʊmd] adj. 1 arranjado; preparado; 2 apresentado; 3 tratado

grooming ['grʊmɪŋ] s. tratamento, alimentação, limpeza, etc. (de cavalos)

groomsman ['grʊmzmən] s. (pl. **-men**) amigo solteiro do noivo que o acompanha na cerimónia do casamento

groove [gru:v] Ⓐ s. 1 ranhura; estria, craca; 2 sulco; entalhe; 3 (colunas) canelura; 4 (vasilhas) javre; 5 (cavilha) escatel; 6 juntura; 7 NÁUTICA gorne; 8 [coloq.] ramerrão; rotina; *to slip into the ~* cair na rotina; 9 [EUA] [gír.] onda; *to get into the ~* entrar na onda; 10 [EUA] [gír.] curtição; *it's a groove!* é o máximo!, é uma curtição! Ⓑ v.tr. 1 chanfrar; recortar em forma de meia-cana; 2 entalhar; 3 acanelar; estriar; 4 abrir ranhuras em; 5 [gír.] curtir; *I ~ it!* estou a curtir! ❖ *~ of the rail* canal do carril

grooved [gru:vd] adj. 1 chanfrado; acanelado; 2 canelado; 3 estriado; 4 com ranhuras; com entalhes

grooviness ['gru:vɪnɪs] s. 1 ramerrão; 2 rotina

grooving ['gru:vɪŋ] s. 1 ranhura; estria; 2 entalhe; chanfradura; 3 acção de estriar, acanelar ❖ *~ machine* máquina de chanfrar; (carpintaria) *~ plane* guilherme, goivete

groovy ['gru:vɪ] adj. (comp. **-ier**, superl. **-iest**) 1 [EUA] [coloq., ant.] fabuloso, fantástico; todo giro; *a ~ tie* uma gravata toda gira; 2 [depr.] rotineiro

grope [grəʊp] Ⓐ v.tr.,intr. 1 tactear; avançar às apalpadelas; 2 procurar às apalpadelas; *to ~ after/for sth* procurar qualquer coisa às apalpadelas; 3 [depr.] apalpar Ⓑ s. apalpadela ❖ *to ~ around for sth* remexer, vasculhar tudo à procura de alguma coisa; *to be groping for words* estar à procura das palavras certas; (desconhecimento) *to be groping in the dark* avançar às escuras; avançar às cegas

groper ['grəʊpə] s. aquele que tacteia, aquele que busca às apalpadelas

groping ['grəʊpɪŋ] Ⓐ adj. tacteante Ⓑ s. tacteamento, tacteio, tactura

gropingly ['grəʊpɪŋlɪ] adv. 1 às apalpadelas; 2 tacteando

grosbeak ['grəʊsbi:k] s. 1 ZOOLOGIA bico-grosso, bico-grossudo, bico-gordo, pardal-do-norte, chincalhão-do-norte; 2 trinca-pinhas

groschen ['grɒʃən, 'grəʊʃən] s. 1 antiga moeda alemã de prata; 2 antiga moeda austríaca correspondente à centésima parte do xelim austríaco

gros de Naples [grəʊdə'neɪplz] s. tecido de seda bastante encorpado

grosgrain ['grəʊsgreɪn] s. gorgorão

gross [grəʊs] Ⓐ adj. 1 (acto) grave; grosseiro; flagrante; *~ injustice* injustiça flagrante; 2 (pessoa, acto) grosso, grosseiro; vulgar; ordinário; *~ language* linguagem grosseira; 3 (maneiras) bronco, tosco; 4 estúpido, de entendimento lento; 5 feioso; disforme; 6 gordo, volumoso; balofo; 7 exuberante, luxuriante; *~ vegetation* vegetação luxuriante; 8 COMÉRCIO bruto, sem descontos, sem abatimentos; ilíquido; 9 [coloq.] nojento Ⓑ s. grosa, doze dúzias; *great ~* doze grosas; *small ~* dez dúzias; *two ~ pencils* duas grosas de lápis Ⓒ v.tr. ganhar, receber em bruto ❖ [coloq.] *~ feeder* comilão; glutão; *~ ignorance* ignorância crassa; ECONOMIA *~ income* rendimento bruto; *~ indecency* atentado ao pudor; *~ load* carga bruta; *~ power* potência bruta; *~ sum* soma total; *~ tonnage* tonelagem bruta; *~ weight* peso bruto; ECONOMIA *~ domestic product* produto interno bruto; ECONOMIA *~ national product* produto nacional bruto; COMÉRCIO *by the ~* por junto; *in the ~* em conjunto; duma maneira geral

◆**gross out** v.tr. 1 [EUA] [coloq.] meter nojo a; 2 (taxas) tirar; abater

◆**gross up** v.tr. 1 calcular o montante bruto de; 2 (taxas) acrescer, somar, adicionar

grossly ['grəʊslɪ] adv. 1 grosseiramente; 2 grandemente

grossness ['grəʊsnɪs] s. 1 grosseria; 2 vulgaridade, carácter ordinário, inconveniência; 3 baixeza; 4 rudeza; 5 enormidade; 6 grossura, espessura

grossularite ['grɒsjʊlərɪt] s. MINERALOGIA grossulária

grot [grɒt] s. [poét.] ⇒ **grotto**

grotesque [grəʊ'tesk] Ⓐ adj. grotesco, caricato, ridículo Ⓑ s. grotesco

grotesquely [grəʊ'tesklɪ] adv. grotescamente

grotesqueness [grəʊ'tesknɪs] s. carácter grotesco

grotto ['grɒtəʊ] s. (pl. **-s**) 1 gruta, caverna natural; 2 gruta artificial, caverna

grotty ['grɒtɪ] adj. 1 [coloq.] asqueroso; 2 [coloq.] horrível; 3 [coloq.] maldisposto; em baixo

grouch [graʊtʃ] Ⓐ s. 1 [coloq.] mau humor, má disposição; 2 amuo; 3 indivíduo resmungão Ⓑ v.intr. 1 [coloq.] resmungar; 2 ser rabugento

groucher ['graʊtʃə] s. [coloq.] resmungão; rabugento

grouchiness ['graʊtʃɪnɪs] s. rabugice, resmunguice

grouchy ['graʊtʃɪ] adj. 1 rabugento, resmungão; 2 impertinente

ground [graʊnd] Ⓐ adj. (prt. e part. pass. de **to grind**) *~ coffee* café moído Ⓑ s. 1 chão; solo; 2 terra, terreno arável; 3 terreno, campo; *even ~* terreno plano; *open ~* terreno aberto, campo aberto; 4 recinto; 5 (mar, rio, etc.) leito, fundo; *sandy ~* fundo de areia; 6 razão, causa, motivo; *grounds for complaint* razões de queixa; *on what ground?* por que motivo?, por que razão?; *to do sth on personal grounds* fazer algo por motivos pessoais; 7 (esfera de acção) terreno; *to be sure of one's ~* conhecer o terreno que se pisa; *to gain ~* ganhar terreno; avançar; progredir; *to give ~* retroceder; perder terreno, ser obrigado a retirar; *to lose ~ on* perder terreno em favor de; 8 (quadro, etc.) fundo, plano de fundo; 9 ELECTRICIDADE [EUA] terra, massa; *to connect to ~* ligar à terra; 10 PINTURA primeira demão; 11 pl. borra, sedimento, matéria depositada; *coffee grounds* depósito do café; 12 pl. jardins, parque Ⓒ v.tr. 1 AERONÁUTICA impedir de levantar voo; cancelar; 2 (ideias, argumentos, etc.) basear, fundar, fundamentar, apoiar; 3 ensinar os rudimentos, as bases (de qualquer assunto); *to ~ a boy in a subject* ensinar a um aluno os princípios essenciais duma disciplina; 4 PINTURA dar uma mão de aparelho; 5 (quadro, etc.) preparar o fundo; 6 [EUA] [fig., coloq.] castigar; proibir de sair; 7 [EUA] ELECTRICIDADE ligar à terra; 8 fixar; firmar Ⓓ v.intr. encalhar; dar em terra; dar em seco ❖ BOTÂNICA *~ ash* angélica-silvestre, angélica-sarreira; (pesca) *~ baiting* acção de iscar; ZOOLOGIA *~ beetle* cárabo, carocha; BOTÂNICA *~ box* buxo vulgar; ELECTRICIDADE *~ cable* cabo ligado à terra; *~ circuit* circuito de terra; AERONÁUTICA *~ crew* pessoal de terra; *~ fishing* pesca de fundo; *~ floor* rés-do-chão; (coelhos, lebres, etc.) *~ game* caça de animais terrestres; AERONÁUTICA *~ gear* mecanismo de aterragem; ZOOLOGIA *~ gudgeon* pardelha; ruivaca; *~ ice* gelo formado no fundo; gelo formado em torno da âncora; BOTÂNICA *~ ivy* hera; *~ landlord* proprietário de terreno arrendado para construções; *~ leaf* folha que cresce rente ao solo; AERONÁUTICA *~ light* sinalização luminosa de aeroporto; *~ line* linha de terra; linha de base; base de triângulo; NÁUTICA *~ log* barquinha de fundo; indicador de fundo; MÚSICA *~ note* nota fundamental; ELECTRICIDADE *~ outlet* tomada de terra; BOTÂNICA *~ pine* iva; iva-moscada; *~ plan* traçado; planta; projecção horizontal; ELECTRICIDADE *~ plate* placa de terra; chapa de terra; *~ plot* terreno para construções; *~ rent* renda paga ao proprietário do terreno; foro; *~ rule* princípio básico; regra fundamental; *~ sea* vaga alta do mar, em tempo calmo, junto à costa; AERONÁUTICA *~ speed* velocidade em relação ao solo; velocidade absoluta; *~ surface* superfície polida; NÁUTICA *~ swell* vaga alta causada por tempestade ou terramoto; ELECTRICIDADE *~ system* sistema de ligação à terra; *~ tackle* âncoras e amarras; *~ torpedo* torpedo; mina fixa no fundo do mar; MILITAR *~ troops* tropas de terra; GEOLOGIA *~ water* lençol freático; ELECTRICIDADE *~ wire* fio de terra; *anchoring ~* ancoradouro; *below ~* morto e enterrado; *forbidden ~* assunto proibido; questão em que se não deve tocar; *under ~* debaixo da terra; *~ to air* da terra para o avião; (quadro, paisagem, etc.) *the middle ~* o segundo plano; MILITAR *~ arms!* descansar armas!; *to cut the ~ from under sb's feet* cortar as bases a alguém; *to fall to the ~* cair por terra; dar em nada; *to find a common ~ for* encontrar uma base ou ponto de acordo para; *to shift one's ~* mudar de posição; mudar de argumentação; *to stand one's ~* manter-se firme; *to take ~* encalhar; NÁUTICA *to touch ~* tocar no fundo

groundage ['graʊndɪdʒ] *s.* NÁUTICA direitos de ancoragem

groundbreaker ['graʊndbreɪkə] *s.* pioneiro, inovador, renovador

groundbreaking ['graʊndbreɪkɪŋ] *adj.* pioneiro, inovador, renovador

grounded ['graʊndɪd] *adj.* 1 realista, pragmático, terra à terra; 2 fundado; 3 fundamentado; 4 [EUA] [fig., coloq.] castigado, proibido de sair; 5 ensinado; 6 ELECTRICIDADE ligado à terra; *~ antenna* antena ligada à terra; 7 NÁUTICA encalhado

grounder ['graʊndə] *s.* DESPORTO bola que desliza sobre o terreno de jogo

groundhog ['graʊndhɒg] *s.* ZOOLOGIA marmota americana ❖ *Groundhog Day* Dia 2 de Fevereiro

grounding ['graʊndɪŋ] *s.* 1 (conhecimentos) bases; *to have a good ~ in...* ter boas bases de...; 2 fundamentação; 3 NÁUTICA encalhe; 4 PINTURA (quadro) fundo; 5 PINTURA aparelho; 6 AERONÁUTICA aterragem; 7 ELECTRICIDADE ligação à terra ❖ ELECTRICIDADE *~ contact* contacto de terra; ELECTRICIDADE *~ terminal* borne de ligação à terra

groundless ['graʊndləs] *adj.* sem bases, sem fundamentação, infundado, gratuito, injustificado

groundlessly ['graʊndləslɪ] *adv.* 1 infundadamente; 2 sem motivo; 3 injustificadamente

groundlessness ['graʊndləsnɪs] *s.* 1 carência de fundamentos; 2 falta de razão, de motivo

groundling ['graʊndlɪŋ] *s.* 1 BOTÂNICA planta trepadeira; 2 planta anã; 3 ZOOLOGIA gobião, góbio caboz, cadoz; 4 TEATRO espectador da plateia; 5 [fig.] pessoa sem cultura

groundnut ['graʊndnʌt] *s.* BOTÂNICA amendoim

groundsel ['graʊndsl] *s.* 1 BOTÂNICA tasneirinha, cardo-morto; 2 limiar, soleira; 3 peitoril; 4 frechal

groundsheet ['graʊndʃiːt] *s.* tela impermeável

groundsman ['graʊndzmən] *s.* (*pl.* **-men**) guarda encarregado de recinto desportivo

groundways ['graʊndweɪz] *s.pl.* longrinas (de estaleiro)

groundwork ['graʊndwɜːk] *s.* 1 (preparação) trabalho de fundo; trabalho de sapa; 2 plano, esboço; 3 base, fundamento; 4 alicerces; 5 infra-estrutura

group [gruːp] Ⓐ *s.* 1 grupo; conjunto; 2 série; ordem; 3 MATEMÁTICA conjunto; 4 COMÉRCIO consórcio; 5 POLÍTICA facção Ⓑ *v.tr.,intr.* 1 agrupar(-se); juntar(-se); reunir(-se) em grupos; 2 classificar ❖ *~ booking* reservas para grupos; *~ control* comando em série; *~ drive* accionamento por grupos; *~ dynamics* dinâmica de grupos; *~ practice* consultórios médicos; clínica; *~ sex* sexo em grupo; MATEMÁTICA *~ theory* teoria de conjuntos; *~ therapy* terapia de grupo; *literary ~* círculo literário

groupage ['gruːpɪdʒ] *s.* 1 agrupamento, associação; 2 combinação; 3 distribuição, repartição

grouped ['gruːpt] *adj.* agrupado

grouper ['gruːpə] *s.* ZOOLOGIA (peixe) escorpena, requeime, serrão

grouping ['gruːpɪŋ] *s.* 1 agrupamento; associação; 2 combinação; 3 distribuição, repartição ❖ *~ of cells* associação de pilhas

groupthink ['gruːpθɪŋk] *s.* 1 espírito de equipa; 2 [depr.] seguidismo

groupuscule [gruːpəsˈkjuːl] *s.* POLÍTICA [depr.] grupelho

groupware ['gruːpweə] *s.* INFORMÁTICA software para trabalho em equipa

grouse [graʊs] Ⓐ *s.* 1 ZOOLOGIA galo silvestre; galinha-brava; lagópode; 2 [coloq.] resmunguice, resmoneio Ⓑ *v.intr.* 1 resmungar, resmonear; 2 queixar-se [**about**, de]

grouser ['graʊsə] *s.* [coloq.] resmungão

grousing ['graʊsɪŋ] *s.* [coloq.] resmunguice

grout [graʊt] Ⓐ *s.* 1 argamassa muito fina para preencher pequenas aberturas ou ranhuras; 2 sedimento, borra Ⓑ *v.tr.,intr.* 1 firmar com argamassa fina; argamassar; encher com argamassa fina; 2 fossar (o porco), descobrir fossando

grouting ['graʊtɪŋ] *s.* 1 acto de firmar com argamassa fina; 2 enchimento com argamassa fina

grouty ['graʊtɪ] *adj.* (*comp.* **-ier**, *superl.* **-iest**) [EUA] [coloq.] rabugento, macambúzio, de mau humor

grove [grəʊv] *s.* 1 (frutos) pomar; 2 arvoredo; 3 pequena mata, pequeno bosque; 4 [GB] rua ❖ *olive ~* olival; *orange ~* laranjal; *pine ~* pinhal

grovel ['grɒvl, 'grʌvl] *v.intr.* (*particípios* **-ll-**) 1 [depr.] humilhar-se [**to/before**, perante]; 2 prostrar-se, prosternar-se; 3 rastejar; rojar-se; *to ~ in the dust* rojar-se no pó

groveller ['grɒvlə, 'grʌvlə] *s.* adulador servil, bajulador, lambe-botas; indivíduo que se humilha servilmente

grovelling ['grɒvlɪŋ, 'grʌvlɪŋ] Ⓐ *adj.* 1 servil; 2 bajulador; 3 abjecto Ⓑ *s.* bajulação, adulação servil

grovellingly ['grɒvlɪŋlɪ, 'grʌvlɪŋlɪ] *adv.* servilmente, com humilhação servil, sem dignidade

grow [grəʊ] *v.tr.,intr.* (*prt.* **grew**, *part. pass.* **grown**) 1 crescer; desenvolver-se; 2 dar-se, produzir-se [**on**, em]; 3 tornar-se, ficar, vir a ser; 4 cultivar, criar; 5 deixar crescer ❖ *to ~ better* melhorar; *to ~ fat* engordar; *to ~ in beauty* ficar mais belo; *to ~ in years* envelhecer; *to ~ late* fazer-se tarde; *to ~ lean* emagrecer; adelgaçar-se; *to ~ old* envelhecer; *to ~ rich* enriquecer; *to ~ young* rejuvenescer; *to ~ to like sth* acabar por gostar de alguma coisa; *ill weeds ~ apace* erva ruim depressa cresce

◆**grow apart** *v.intr.* 1 (pessoas) afastar-se gradualmente; 2 (relações) perder o contacto

◆**grow away** *v.tr.* afastar-se [**from**, de]; distanciar-se [**from**, de]

◆**grow down** *v.intr.* (raízes) penetrar no solo; arraigar-se

◆**grow in** *v.intr.* (unha) encravar-se

◆**grow into** *v.tr.* 1 transformar-se em; tornar-se; 2 (crianças em crescimento) passar a caber em (peça de roupa); 3 adaptar-se a; entrosar-se em, integrar-se em ❖ *to ~ a man/woman* tornar-se adulto(a); *to ~ the habit of...* adquirir o hábito de...; acostumar-se a...

◆**grow on/upon** *v.tr.* 1 cativar; conquistar as boas graças de; 2 agradar cada vez mais a; 3 recordar ❖ *it grows on you* acaba-se por gostar; aprende-se a gostar

◆**grow out of** *v.intr.* 1 (hábito, vício) abandonar; deixar de; *she grew out of playing with dolls* ela deixou de brincar com bonecas; 2 (vestuário) deixar de servir; 3 tornar-se demasiado grande para; 4 originar-se em; ser consequência de

◆**grow up** *v.intr.* 1 crescer; 2 (plantas) trepar; 3 (ideias) desenvolver; amadurecer ❖ [coloq.] *grow up!* cresce e aparece!; *to ~ together* desenvolver-se em conjunto; criar-se na mesma família; *when I ~* quando eu for grande; *when I was growing up* quando eu era pequeno

growable ['grəʊəbl] *adj.* 1 cultivável; que pode cultivar-se; 2 que pode plantar-se, semear-se

grower ['grəʊə] *s.* 1 produtor; cultivador; *potato ~* produtor de batata; 2 planta que cresce; *fast ~* planta que se desenvolve rapidamente ❖ *fruit ~* fruticultor; *wine ~* viticultor

growing ['grəʊɪŋ] Ⓐ *adj.* 1 crescente, que cresce; de/em crescimento; 2 em desenvolvimento; em expansão Ⓑ *s.* 1 crescimento; 2 expansão, desenvolvimento; 3 cultura ❖ *~ opinion* opinião cada vez mais arraigada; *~ pains* dores de crescimento; dificuldades iniciais; *potato ~ district* região produtora de batata

growingly ['grəʊɪŋlɪ] *adv.* 1 cada vez mais; 2 de forma crescente

growl [graʊl] Ⓐ *v.tr.,intr.* 1 rosnar [**at**, a]; roncar; *the dog growled at us* o cão rosnou-nos; 2 rugir Ⓑ *v.tr.* [fig.] rosnar, resmonear, resmungar Ⓒ *s.* 1 rosnadela; ronco; 2 grunhido; 3 [fig.] resmungadela, resmoneio ❖ *to ~ out some words* resmonear algumas palavras de mau modo

growler ['graʊlə] *s.* 1 indivíduo que resmunga; 2 pessoa que fala surdamente, em tom ameaçador; 3 cão que rosna; 4 trem de praça de quatro rodas; 5 pequeno icebergue

growling ['graʊlɪŋ] Ⓐ *adj.* 1 resmungador; 2 que rosna Ⓑ *s.* 1 acto de rosnar; 2 rosnadela; 3 ronco

grown [grəʊn] *adj.* 1 desenvolvido; 2 grande; 3 crescido; adulto; *he's a ~ man* ele é adulto, ele já é crescidinho ❖ *~ sea* mar grosso

grown-up ['grəʊnʌp] Ⓐ *adj.* 1 adulto; crescido; com maturidade; 2 (tema, etc.) de adultos; para adultos Ⓑ *s.* (*pl.* **-s**) [coloq.] adulto ❖ *try to be more ~ about it!* não sejas tão infantil!; *when I'm grown-up...* quando eu for grande

growth [grəʊθ] s. 1 crescimento; 2 ECONOMIA desenvolvimento; expansão; 3 (personalidade) amadurecimento; desenvolvimento; *personal* ~ desenvolvimento pessoal; 4 cultivo; produção; 5 (vinho) colheita; 6 MEDICINA tumor, excrescência; *a cancerous* ~ um tumor cancerígeno ❖ ~ *area* sector em expansão; ~ *rate* taxa de crescimento; ~ *of beard* barba por fazer; *in full* ~ em pleno desenvolvimento; BOTÂNICA *to be of foreign* ~ ser de origem exótica

groyne [grɔɪn] Ⓐ s. estacada, quebra-mar (de madeira) Ⓑ v.tr. 1 levantar estacadas; 2 proteger com quebra-mar (de madeira)

groyning ['grɔɪnɪŋ] s. 1 estacadas; 2 construção de estacadas

grub [grʌb] Ⓐ s. 1 larva, verme, bichinho, lagarta; 2 [coloq.] (comida) paparoca; 3 (críquete) bola jogada rente ao solo; 4 escrevinhador Ⓑ v.tr. (particípios: **-bb-**) 1 escavar, cavar; 2 fossar; 3 levantar terra; 4 (terrenos) desbravar; 5 desenterrar, descobrir escavando; 6 [coloq.] alimentar, sustentar; 7 comer Ⓒ v.intr. 1 trabalhar arduamente; afadigar-se; 2 [fig.] vasculhar; dedicar-se a buscas; dedicar-se a pesquisas ❖ ~ *axe* enxadão; *grub-eaten* comido pelos vermes; ~ *hunter* naturalista; ~ *screw* parafuso sem cabeça; ~ *shop* casa de comidas

♦**grub along** v.intr. ir vivendo
♦**grub away** v.intr. estafar-se; esfalfar-se; afadigar-se
♦**grub out** v.tr. 1 arrancar pela raiz; extirpar pela raiz; 2 (terreno) desbravar
♦**grub up** v.tr. desenterrar; arrancar da terra

grubber ['grʌbə] s. 1 aquele que escava na terra; 2 pessoa que rebusca minuciosamente; 3 pessoa que trabalha muito; 4 comida; 5 instrumento, enxada de arrancar raízes

grubbiness ['grʌbɪnɪs] s. 1 falta de limpeza; 2 porcaria, sujidade

grubby ['grʌbɪ] adj. (comp. **-ier**, superl. **-iest**) 1 sujo, porco, por lavar; 2 cheio de vermes, com bichos

grudge [grʌdʒ] Ⓐ s. 1 inveja; 2 ressentimento; rancor; 3 má vontade Ⓑ v.tr. 1 fazer contrariado; mostrar má vontade em relação a; 2 invejar; 3 levar a mal ❖ ~ *match* ajuste de contas; *to bear a* ~ guardar rancor; *to bear a* ~ *against sb* sentir rancor em relação a alguém; *to owe sb a* ~ estar sentido com alguém

grudging ['grʌdʒɪŋ] Ⓐ adj. 1 de má vontade; 2 invejoso, rancoroso; 3 mesquinho Ⓑ s. 1 mesquinhez; 2 ressentimento; 3 inveja

grudgingly ['grʌdʒɪŋlɪ] adv. 1 de má vontade; 2 com ressentimento; 3 mesquinhamente

gruel ['gru:əl] Ⓐ s. 1 papa de aveia muito diluída; 2 [arc.] castigo; derrota Ⓑ v.tr. (particípios **-ll-**) sovar, desancar ❖ [coloq.] *to have/get/take one's* ~ levar em cheio; ser duramente castigado

grueller ['gru:ələ] s. 1 situação desagradável, situação difícil; 2 pancada forte

gruelling ['gru:əlɪŋ] Ⓐ adj. 1 difícil, duro, penoso; 2 severo; castigador; 3 fatigante, esgotante; *a* ~ *race* uma corrida esgotante Ⓑ s. 1 [GB] tareia, sova; 2 [GB] [fig.] situação difícil

gruesome ['gru:səm] adj. terrível, horrível, horrendo, que infunde pavor, arrepiante, macabro

gruesomely ['gru:səmlɪ] adv. 1 de maneira arrepiante; 2 de modo macabro; 3 horrendamente

gruesomeness ['gru:səmnɪs] s. 1 horror; 2 carácter macabro; aspecto arrepiante

gruff [grʌf] adj. 1 rude, duro; 2 áspero, grosseiro; 3 abrupto, impaciente

gruffly ['grʌflɪ] adv. 1 rudemente; 2 bruscamente

gruffness ['grʌfnɪs] s. 1 brusquidão, rudeza; 2 aspecto carregado, ar carrancudo

grufted ['grʌftɪd] adj. sujo, imundo

grumble ['grʌmbəl] Ⓐ v.tr.,intr. 1 resmungar, resmonear [**about/at/over**, por]; 2 queixar-se de [**about/at/over**, de]; protestar [**about/at/over**, por]; 3 roncar; *my belly is grumbling* tenho a barriga a roncar; 4 [lit.] troar; ribombar; ressoar Ⓑ s. 1 resmungadela, resmoneio; 2 pl. [coloq.] mau humor ❖ *they are always grumbling* nunca estão satisfeitos; *to keep grumbling* protestar por tudo e por nada

grumbler ['grʌmblə] s. resmungão, rezingão, rabugento

grumbling ['grʌmblɪŋ] Ⓐ adj. 1 resmungão, rabugento; 2 descontente Ⓑ s. resmunguice, queixa resmungada, murmúrio de descontentamento

grumblingly ['grʌmblɪŋlɪ] adv. com rabugice

grume [gru:m] s. 1 MEDICINA coágulo de sangue; 2 grumo

grummet ['grʌmɪt] s. 1 NÁUTICA estropo, anel de corda que prende o remo ao tolete; 2 garruncho; 3 ilhó metálico

grumous ['gru:məs] adj. com grumos

grumpily ['grʌmpɪlɪ] adv. 1 com rabugice; 2 de mau humor; 3 resmungando

grumpiness ['grʌmpɪnɪs] s. 1 rabugice, má disposição, mau humor; 2 aspereza

grumpish ['grʌmpɪʃ] adj. 1 maldisposto, mal-humorado; 2 grosseiro

grumpy ['grʌmpɪ] adj. ⇒ **grumpish**

grundified ['grʌndɪfaɪd] adj. [ant.] fingido, falsamente virtuoso, afectado

grundyism ['grʌndɪɪzəm] s. afectação de virtude, hipocrisia, dissimulação

grunge ['grʌndʒ] s. 1 [EUA] [cal.] lixo, porcaria; 2 (música, moda) *grunge*

grungy ['grʌndʒɪ] adj. 1 [EUA] [cal.] com mau aspecto, miserável; 2 de estilo *grunge*

grunt [grʌnt] Ⓐ s. 1 (suíno) grunhido; 2 roncadela; 3 rabugice; resmunguice Ⓑ v.tr.,intr. 1 (suíno) grunhir; 2 roncar; 3 (pessoa) resmungar, resmonear; rabujar

grunter ['grʌntə] s. 1 resmungão; 2 indivíduo cuja maneira de falar se assemelha a grunhidos; 3 suíno, porco

grunting ['grʌntɪŋ] Ⓐ adj. 1 grunhidor; 2 resmungador Ⓑ s. grunhidos

gruntling ['grʌntlɪŋ] s. leitão, bacorinho

gruyère ['gru:jeə] s. (queijo) gruyère

gryphon ['grɪfən] s. ⇒ **griffon**

grysbok ['graɪsbɒk] s. ZOOLOGIA pequeno antílope pardo sul-africano

GS Ⓐ [abrev. de General Secretary] Ⓑ [abrev. de General Service] Ⓒ MILITAR [abrev. de general staff]

GSM [abrev. de Global System for Mobile Communications]

GSO MILITAR [abrev. de General Staff Officer]

G-spot ['dʒi:spɒt] s. (mulher) ponto G

GST [abrev. de Greenwich Sideral Time]

GTCs [abrev. de Government Training Centres]

GTS [abrev. de Geostationary Technology Satellite]

Guadalquivir [gwɑ:dəlkwɪ'vɪə] s. Guadalquivir

guag [gwæg] s. (minas) espaço vazio depois de o minério se ter esgotado

guaiacol ['gwaɪəkɒl] s. gaiacol, guaiacol

guaiaconic [gwaɪə'kɒnɪk] adj. QUÍMICA guaiacónico

guaiacum ['gwaɪəkəm] s. BOTÂNICA, QUÍMICA guaiaco

guan [gwɑ:n] s. ZOOLOGIA ave galinácea da América do Sul

guana ['gwɑ:nə] s. ZOOLOGIA iguana

guanaco [gwɑ:'nɑ:kəʊ] s. ZOOLOGIA guanaco

Guanches ['gwæntʃɪz] s.pl. Guanches, Guanchos

guano ['gwɑ:nəʊ] Ⓐ s. guano Ⓑ v.tr. estrumar, adubar com guano

guarani [gwɑ:rə'ni:] s. (moeda do Paraguai) guarani

guarantee [gærən'ti:] Ⓐ s. 1 garantia; 2 penhor; fiança; caução; 3 fiador; abonador Ⓑ v.tr. 1 garantir; assegurar; 2 afiançar; 3 abonar; 4 ficar por fiador de ❖ ~ *fund* fundo de garantia; COMÉRCIO ~ *of a bill of exchange* aval duma letra; *to be guaranteed for* ter uma garantia de; COMÉRCIO *to* ~ *a bill of exchange* avalizar uma letra

guaranteed [gærən'ti:d] adj. 1 garantido, assegurado; 2 com garantia

guaranteeing [gærən'ti:ɪŋ] Ⓐ adj. que garante Ⓑ s. 1 garantia; 2 penhor; 3 caução

guarantor [gærən'tɔ:] s. 1 aquele que garante, que toma a responsabilidade por; 2 fiador; 3 abonador; 4 avalista

guaranty ['gærəntɪ] Ⓐ s. (pl. **-ies**) documento legal de garantia ou fiança Ⓑ v.tr. [rar.] ⇒ **guarantee**

guard [gɑ:d] Ⓐ s. 1 guarda, vigia; *to be on* ~ estar de guarda; *to keep* ~ estar de guarda; 2 DESPORTO (esgrima, boxe, etc.) guarda, posição defensiva; 3 protecção, defesa; 4 sentinela, grupo de sentinelas; 5 (soldado, soldados ou vigilante) guarda, vigia; 6 (comboio) revisor; 7 (espingarda) guarda-mato; 8 (espada) guarda-mão;

9 MECÂNICA esbarro, espera, tampa ⓑ *v.tr.* **1** guardar, defender, proteger; **2** vigiar; **3** ter cuidado com; **4** [arc.] escoltar, custodiar; **5** MEDICINA administrar correctivos a medicamentos ⓒ *v.intr.* estar de guarda, estar de sentinela ❖ *~ boat* barco-Patrulha; *~ mounting* parada; *~ plate* placa de protecção; *~ shield* blindagem de protecção; *advanced ~* guarda avançada; *to be caught off one's ~* ser apanhado desprevenido; *to be off one's ~* estar distraído; não ter cautela; *to be on one's ~* ter cuidado; tomar as cautelas devidas; *to ~ one's tongue* medir as palavras; ver bem o que se diz; *to mount ~* montar guarda; *to relieve the ~* render a guarda; *to set ~ on* vigiar; mandar vigiar; *to stand ~* estar de sentinela

◆**guard against** *v.tr.* **1** evitar; **2** prevenir; **3** precaver-se contra; acautelar-se em relação a; proteger-se contra

guarded ['gɑːdɪd] *adj.* **1** recatado; circunspecto; reservado; **2** cauteloso, prudente; *~ language* linguagem cautelosa; **3** protegido, defendido; sob vigilância; **4** sob prisão ❖ *a closely ~ secret* um segredo bem guardado

guardedly ['gɑːdɪdlɪ] *adv.* **1** cautelosamente; **2** com prudência

guardhouse ['gɑːdhaʊs] *s.* MILITAR casa da guarda; quartel

guardian ['gɑːdɪən] *s.* **1** guardião; defensor; protector; **2** DIREITO tutor; **3** (bens) curador; administrador; **4** superior de convento de Franciscanos ❖ *~ angel* anjo-da-guarda; *board of guardians* conselho de família; *legal ~* tutor legal

guardianship ['gɑːdɪənʃɪp] *s.* **1** DIREITO tutoria, tutela; **2** (bens) curadoria; administração; **3** protecção ❖ *under ~* sob tutela

guarding ['gɑːdɪŋ] *s.* guarda, vigia

guardrail ['gɑːdreɪl] *s.* **1** grade de protecção; **2** balaustrada; **3** (escadas) corrimão; **4** (caminho-de-ferro) contracarril

guardroom ['gɑːdruːm] *s.* MILITAR casa da guarda; quartel

guardsman ['gɑːdzmən] *s.* (*pl.* -**men**) soldado da guarda, oficial da guarda

guardstone ['gɑːdstəʊn] *s.* marco de pedra

Guatemala [ˌgwætəˈmɑːlə] *s.top.* Guatemala

Guatemalan [ˌgwɑːtəˈmɑːlən] *adj.,s.* guatemalense, guatemalteco

guava ['gwɑːvə] *s.* **1** BOTÂNICA goiaba; **2** BOTÂNICA goiabeira ❖ *~ jelly* goiabada

gubbins ['gʌbɪnz] *s.pl.* [coloq.] conteúdo; coisas; engenhoca(s); *my tool box is here, but most of the ~ are missing* está aqui a caixa de ferramentas, mas falta a maior parte das coisas

gubernatorial [ˌguːbənəˈtɔːrɪəl] *adj.* **1** relativo a governador; **2** governamental

guddle [gʌdl] *v.tr.,intr.* pescar à mão

guddling ['gʌdlɪŋ] *s.* pesca à mão

gudgeon ['gʌdʒən] *s.* **1** ZOOLOGIA gobião, cadoz, caboz; **2** (pessoa) simplório, papalvo; **3** MECÂNICA cavilha, cavilhão; **4** cruzeta; **5** gonzo; **6** (arma) munhão; **7** perno ❖ *~ pin* haste de biela; [fig., coloq.] *to swallow a ~* engolir sapos

Guebre ['giːbə, 'geɪbə] *s.* guebro

guelder rose [ˈgeldəˌrəʊz] *s.* BOTÂNICA rosa-de-gueldres, bola-de-neve

Guelph [gwelf] *s.* guelfo

guerdon ['gɜːdən] *s.* ⓐ [poét.] recompensa ⓑ *v.tr.* [poét.] recompensar

Guernsey ['gɜːnzɪ] *s.top.* (ilha no canal da Mancha) Guernsey ❖ *~ coat/shirt* camisola de lã à marinheiro; (pecuária) *~ cow* vaca Guernsey

guerrilla [gəˈrɪlə] *s.* guerrilheiro ❖ *~ attack* ataque de guerrilheiros; *~ marketing* marketing agressivo; *~ war(fare)* guerrilha

guess [ges] ⓐ *s.* (*pl.* -**es**) **1** suposição, conjectura, hipótese; **2** tentativa; *I give you two guesses* tens duas tentativas ⓑ *v.tr.,intr.* **1** adivinhar; *can you ~ the answer?* és capaz de adivinhar a resposta?; **2** dizer à sorte; **3** conjecturar; imaginar; **4** [EUA, Can.] pensar, julgar, supor; *I ~ they are going to the movies* suponho que vão ao cinema ❖ NÁUTICA *~ rope* cabo de reboque; *~ what!* sabes uma coisa?; *at a ~* à sorte; pouco mais ou menos; *by ~* à sorte; a adivinhar; *have a guess!* vê se adivinhas!; *I ~ not!* parece que não!; *I ~ so!* parece que sim!; *to make a ~* tentar adivinhar; *to make a wild ~* dizer à sorte; *your ~ is as good as mine* sabes tanto como eu

guessable ['gesəbəl] *adj.* que pode adivinhar-se

guesser ['gesə] *s.* adivinhador

guessing ['gesɪŋ] *s.* conjectura, suposição ❖ *~ games* adivinhas

guesstimate ['gestɪmɪt] ⓐ *s.* [coloq.] estimativa aproximada ⓑ *v.tr.,intr.* [coloq.] estimar aproximadamente

guesswork ['geswɜːk] *s.* suposições; conjecturas; *this is pure ~* isto são apenas conjecturas

guest [gest] ⓐ *s.* **1** convidado; conviva; **2** visita; **3** hóspede; pensionista; cliente; **4** parasita ⓑ *v.intr.* [coloq.] aparecer como convidado (**on**, em); *she's guesting on his show* ela aparece como convidada no espectáculo dele ❖ *~ chamber* quarto de hóspedes; *~ hall* sala de recepção; NÁUTICA *~ rope* cabo de reboque; *~ of honour* convidado de honra; *be my guest!* faça favor!

guesthouse ['gesthaʊs] *s.* residencial

guestroom ['gestrʊm] *s.* quarto de hóspedes; quarto das visitas

guest-star [gestˈstɑː] *v.tr.,intr.* participar como convidado especial ou apresentar como convidado especial

guff [gʌf] *s.* **1** [EUA] [coloq.] disparate, tolice; **2** [Esc.] cheiro

guffaw [gʌˈfɔː] ⓐ *s.* gargalhada grosseira ⓑ *v.tr.,intr.* **1** dizer, rindo com ruído; **2** rir ruidosamente

guffawing [gʌˈfɔːɪŋ] *s.* gargalhada ruidosa

guggle [gʌgl] *v.intr.* ⇒ **gurgle**

gugglet ['gʌglɪt] *s.* **1** bilha de barro para conservar a água fresca; **2** gorgoleta

Gui. [abrev. de Guiana]

GUI INFORMÁTICA [abrev. de graphical user interface] GUI

Guiana [gɪəˈnɑː] *s.top.* Guiana

Guianese [ˌgaɪəˈniːz, ˌgiːˈniːz] *adj.,s.* guianês, guianense

guidance ['gaɪdəns] *s.* **1** orientação; conselhos; **2** direcção, chefia; **3** comando ❖ *for your ~* a título de informação; para sua orientação; *under the ~ of* sob orientação de

guide [gaɪd] ⓐ *s.* **1** guia; (livro) *~ to France* guia de França; (pessoa) *tour ~* guia turístico; **2** princípio orientador; **3** director, mentor, conselheiro; **4** indicação, informação; **5** exemplo, padrão, modelo ⓑ *v.tr.* **1** guiar, dirigir; **2** orientar; aconselhar; **3** indicar, informar ❖ *~ dog* cão-guia; [EUA] (dicionário, enciclopédia, etc.) *~ word* cabeça; *to take sth as a ~* guiar-se por algo; seguir algo

guidebook ['gaɪdbʊk] *s.* turismo guia; roteiro

guided ['gaɪdɪd] *adj.* **1** orientado; dirigido; **2** conduzido; guiado ❖ MILITAR *~ missile* míssil telecomandado; (visita, excursão) *~ tour* visita guiada

guideline ['gaɪdlaɪn] *s.* directriz, directiva, indicação, linha mestra, linha de orientação

guidepost ['gaɪdpəʊst] *s.* (estrada) poste de sinalização

guiderail ['gaɪdreɪl] *s.* **1** contracarril; **2** trilho-guia

guideway ['gaɪdweɪ] *s.* **1** guia; **2** corrediça

guiding ['gaɪdɪŋ] ⓐ *adj.* **1** orientador; **2** directivo; director; **3** orientador; de orientação ⓑ *s.* **1** orientação; **2** direcção ❖ *~ force* força motriz; *~ mark* marca de referência; *~ principle* directriz; *~ star* guia; estrela-guia

guidon ['gaɪdən] *s.* MILITAR guião, pendão, estandarte

Guienne [gɪˈen] *s.top.* Guiana

guild [gɪld] *s.* **1** corporação; **2** grémio; **3** associação ❖ *~ socialism* socialismo corporativo; corporativismo

guilder ['gɪldə] *s.* [ant.] florim

guildhall ['gɪldhɔːl] *s.* **1** sala de reunião das corporações medievais; **2** [rar.] câmara municipal

guile [gaɪl] *s.* **1** [lit.] astúcia, artifício; **2** [lit.] astúcia; perfídia; duplicidade ❖ *to get sth by ~* obter algo por manha, astúcia

guileful ['gaɪlfʊl] *adj.* **1** cheio de artimanha; **2** astucioso; **3** insidioso; **4** enganador; **5** pérfido

guilefully ['gaɪlfʊlɪ] *adv.* **1** com artimanha; **2** astuciosamente, com perfídia

guileless ['gaɪlləs] *adj.* franco, sincero, simples, leal, sem maldade

guilelessly ['gaɪllɪslɪ] *adv.* **1** com franqueza, com sinceridade; **2** com lealdade; **3** lealmente; **4** com simplicidade

guilelessness ['gaɪllɪsnɪs] *s.* **1** franqueza, sinceridade; **2** simplicidade

guillemot ['gɪlɪmɒt] *s.* ZOOLOGIA (ave) mergulhão

guilloche [gɪˈləʊʃ] ⓐ *s.* guiloché, ornato composto de linhas que se cruzam simetricamente ⓑ *v.tr.* ornamentar com guilochés

guillotine ['gɪləti:n] ⒶⒶ s. guilhotina ⒷⒷ v.tr. 1 guilhotinar; 2 decapitar com a guilhotina; 3 cortar com a guilhotina
guillotining ['gɪləti:nɪŋ] s. execução pela guilhotina
guilt [gɪlt] s. 1 culpa; 2 crime, delito
guiltily ['gɪltɪlɪ] adv. 1 com culpa; 2 culposamente
guiltiness ['gɪltɪnɪs] s. culpabilidade
guiltless ['gɪltləs] adj. 1 inocente; 2 sem culpa ❖ *I am ~ of Latin* não sei uma única palavra de latim
guiltlessly ['gɪltlɪslɪ] adv. inocentemente
guiltlessness ['gɪltlɪsnɪs] s. inocência
guilty ['gɪltɪ] adj. (comp. -ier, superl. -iest) 1 (crime, acto) culpado; 2 culpável; 3 [fig.] com um peso na consciência, com a consciência pesada [**about**, por] ❖ *~ pleasure* prazer secreto; *~ secret* segredo vergonhoso; *a ~ look* um ar de culpa; *to find sb ~/not ~* declarar alguém culpado/inocente; *to have a ~ conscience* ter a consciência pesada; *to plead ~/not ~* declarar-se culpado/inocente
guimp [gɪmp] s.,v.tr. ⇒ **gimp**
guinea ['gɪnɪ] s. guinéu (antiga moeda de ouro britânica, presentemente com o valor de 21 xelins)
Guinea [gɪnɪ] s.top. Guiné
Guinea-Bissau [ˌgɪnɪbɪ'saʊ] s.top. Guiné-Bissau
guinea-fowl ['gɪnɪfaʊl] s. ZOOLOGIA (ave) pintada, galinha-da-índia, galinha-da-guiné
guinea-goose ['gɪnɪgu:s] s. ZOOLOGIA (ave) ganso-da-guiné
guinea-hen ['gɪnɪhen] s. ZOOLOGIA (fêmea) pintada, galinha-da-índia, galinha-da-guiné
Guinean [gɪnɪən] adj.,s. guineense, guinéu
guinea-pig ['gɪnɪpɪg] ⒶⒶ s. 1 ZOOLOGIA porquinho-da-índia, cobaia; 2 [fig.] cobaia; *to be a ~* servir de cobaia ⒷⒷ v.intr. (part. **-gg-**) servir de cobaia
guinea-worm ['gɪnɪwɜ:m] s. ZOOLOGIA (parasita) dracúnculo, filária-de-medina
guise [gaɪz] s. 1 aspecto, aparência; forma; 2 [arc.] vestuário; maneira de vestir ❖ *in the ~ of...* disfarçado de...; *under the ~ of friendship* sob a capa da amizade; *under various guises* de várias formas
guiser ['gaɪzə] s. máscara, pessoa mascarada
guising ['gaɪzɪŋ] s. mascarada (de crianças)
guitar [gɪ'tɑ:] s. MÚSICA guitarra, viola, violão
guitarist [gɪ'tɑ:rɪst] s. 1 MÚSICA guitarrista; 2 pessoa que toca viola ou violão
gulch [gʌltʃ] s. (pl. **-es**) [EUA] ravina, especialmente com curso de água
gulden ['gʊldən] s. ⇒ **guilder**
gules [gju:lz] s. HERÁLDICA goles, cor vermelha no esmalte dos brasões, simbolizando denodo, ânimo bélico e valor
gulf [gʌlf] ⒶⒶ s. 1 GEOGRAFIA golfo; 2 abismo, precipício; 3 redemoinho; vórtice; 4 [fig.] (distância) fosso [**between**, entre]; *the ~ between two cultures* o fosso entre duas culturas; 5 [GB] [cal.] (universidade) estudante que passa pela tangente ⒷⒷ v.tr. engolir; tragar ❖ *~ weed* sargaço; *the Gulf stream* a corrente do Golfo
gull [gʌl] ⒶⒶ s. 1 ZOOLOGIA gaivota; 2 [arc., fig.] (pessoa) simplório, papalvo, lorpa ⒷⒷ v.tr. [arc.] enganar, mistificar, intrujar ❖ ZOOLOGIA *herring ~* gaivota prateada
gullery ['gʌlərɪ] s. colónia de gaivotas
gullet ['gʌlɪt] s. 1 esófago, garganta; 2 canal; 3 desfiladeiro, estreito
gullibility [ˌgʌlə'bɪlɪtɪ] s. 1 ingenuidade; 2 credulidade; 3 lorpice
gullible ['gʌləbəl] adj. intrujável, que acredita facilmente, crédulo, que se deixa iludir
gullied ['gʌlɪd] adj. com ravinas
gully ['gʌlɪ] ⒶⒶ s. (pl. **-ies**) 1 ravina; 2 barranco pequeno; 3 canal artificial fundo; 4 escoadouro, esgoto; 5 pequeno regato; 6 faca grande ⒷⒷ v.tr.,intr. 1 abrir canais; 2 formar ravinas, formar barrancos ❖ *~ hole* boca de esgoto
gullying ['gʌlɪɪŋ] s. 1 perfuração; 2 acto de abrir ravinas
gulp [gʌlp] ⒶⒶ s. 1 gole, golada; trago; *at one ~* de um trago; 2 (emoções) nó na garganta*ᶠⁱᵍ*; gole em seco ⒷⒷ v.tr. 1 engolir apressadamente; beber dum gole; 2 engolir com dificuldade ⒸⒸ v.intr. 1 engasgar-se; 2 engolir em seco; *he gulped when he saw the bill* ele engoliu em seco quando viu a conta; 3 (emoções) ficar/estar com um nó na garganta ❖ *to ~ air* inspirar pela boca; engolir ar

◆**gulp back** v.tr. 1 (emoções) reprimir; sufocar; conter; 2 (lágrimas, soluços) engolir; *to ~ one's tears* engolir as lágrimas
◆**gulp down** v.tr. 1 (comida) devorar; 2 (bebida) engolir de um trago
gulper ['gʌlpə] s. comilão, glutão
gum [gʌm] ⒶⒶ s. 1 goma, cola vegetal; 2 qualquer árvore que produza goma; 3 [coloq.] pastilha elástica; *chewing ~* pastilha elástica; 4 (doce) goma; 5 remela; 6 ANATOMIA gengiva; 7 pl. [EUA] botas de borracha ⒷⒷ v.tr. (particípios: **-mm-**) 1 colar, unir com cola, unir com goma; 2 engomar, preparar com goma ❖ *~ ammoniac* goma-amoníaco; *~ arabic* goma-arábica; *gum-bearing* gomífero; *~ benzoin* benjoim; *~ elastic* goma elástica; *~ guaiac* goma-guaiaco; *~ lac* goma-laca; *~ ladanum* ládano; *~ resin* goma-resina; *gum-yielding* gomífero; *by gum!* caramba!; *up a ~ tree* atrapalhado
◆**gum up** v.tr. obstruir com algo pegajoso; bloquear com algo pegajoso ❖ [coloq.] *to ~ the works* estragar tudo
gumbo ['gʌmbəʊ] s. 1 BOTÂNICA quiabeiro, quiabo; 2 CULINÁRIA guisado de peixe e carne; 3 [EUA] terreno alagadiço; 4 [EUA] [coloq.] mistura ❖ [EUA] *~ soil* terreno alagadiço
gumboil ['gʌmbɔɪl] s. (gengiva) abcesso
gumboot ['gʌmbu:t] s. bota de borracha
gumboots ['gʌmbu:ts] s.pl. galochas, botas de borracha
gumma ['gʌmə] s. MEDICINA goma, tumor sifilítico de origem terciária
gummatous ['gʌmətəs] adj. MEDICINA que tem goma
gummed ['gʌmd] adj. 1 colado; 2 gomado; 3 engomado; 4 remeloso; 5 pegado
gummer ['gʌmə] s. engomador
gummiferous [gʌ'mɪfərəs] adj. gomífero
gumminess ['gʌmɪnɪs] s. carácter gomoso, gomosidade, viscosidade
gumming ['gʌmɪŋ] s. 1 colagem (com goma); 2 acto de colar, de engomar; 3 engorduramento; 4 ensebamento
gummy ['gʌmɪ] adj. (comp. **-ier**, superl. **-iest**) 1 gomoso, pegajoso; 2 entumecido, inchado; 3 remeloso; 4 sem dentes
gump [gʌmp] ⒶⒶ s. [EUA] pateta, patetóide ⒷⒷ v.intr. safar-se por sorte
gumption ['gʌmpʃən] s. 1 [coloq.] sentido prático das coisas; 2 despacho, decisão; 3 bom senso, espírito empreendedor; 4 PINTURA veículo
gumshoe ['gʌmʃu:] s. 1 [EUA] [coloq.] detective privado; 2 pl. sapatos de borracha; 3 pl. sapatilhas
gun [gʌn] ⒶⒶ s. 1 arma de fogo; 2 canhão, peça de artilharia; 3 metralhadora; 4 espingarda, mosquete, fuzil; 5 tiro, disparo; 6 caçador; *a party of ~ guns* um grupo de seis caçadores; 7 MECÂNICA pistola de lubrificação; 8 [EUA] [coloq.] (veículo) acelerador ⒷⒷ v.tr. (particípios: **-nn-**) disparar ⒸⒸ v.intr. espingardear, matar a tiro ❖ MILITAR *~ carriage* carreta; *~ cart* porta-metralhadora; *~ charger* carregador de peças de artilharia; carregador de canhões; [coloq.] *~ fodder* carne para canhão; *~ foundry* fundição de canhões; *~ layer* apontador; *~ licence* licença de porte de arma; *~ metal* bronze próprio para canhões; bronze duro; *~ rack* armeiro; móvel para guardar armas; [coloq.] *big ~* pessoa muito importante; manda-chuva; [cal.] *son of a ~* filho da mãe; *to be high ~* ser bom atirador; (vento) *to blow great guns* soprar com grande violência; *to carry a ~* andar armado; *to go great guns* empenhar-se a fundo; não se poupar a esforços; *to paint with a spray ~* pintar à pistola; *to stand to one's guns/to stick to one's guns* manter-se firme; teimar
◆**gun down** v.tr. abater a tiro
◆**gun for** v.tr. 1 apontar a; visar; pretender atingir; 2 pretender; andar à procura de
gunboat ['gʌnbəʊt] s. NÁUTICA, MILITAR canhoneira
gun-cotton ['gʌnkɒtən] s. algodão-pólvora, algodão azótico, algodão-fulminante, piroxilina, nitrocelulose
gundog ['gʌndɒg] s. cão de caça
gunfight ['gʌnfaɪt] s. luta armada
gunfighter ['gʌnfaɪtə] s. lutador armado; guerrilheiro
gunfire ['gʌnfaɪə] s. tiroteio
gunge [gʌndʒ] s. [coloq.] (substância pegajosa ou viscosa) porcaria, imundície
gung-ho [gʌŋ'həʊ] adj. 1 com um entusiasmo insuportável, delirante de entusiasmo; 2 agressivo; 3 belicoso

gungy [ˈgʌndʒɪ] *adj.* 1 pegajoso; 2 viscoso
gunk [gʌŋk] *s.* [coloq.] (substância pegajosa ou viscosa) porcaria, imundície
gunky [ˈgʌŋkɪ] *adj.* (*comp.* **-ier**, *superl.* **-iest**) viscoso, pegajoso
gunmaker [ˈgʌnmeɪkə] *s.* 1 armeiro; 2 fabricante de armas
gunman [ˈgʌnmən] *s.* (*pl.* **-men**) 1 homem armado; 2 atirador
gunned [gʌnd] *adj.* armado
gunnel [ˈgʌnəl] *s.* ⇒ **gunwale**
gunner [ˈgʌnə] *s.* 1 artilheiro; 2 NÁUTICA oficial subalterno encarregado de peça de artilharia; 3 caçador ❖ HISTÓRIA *gunner's daughter* peça a que se amarravam os marinheiros quando açoitados, HISTÓRIA *to kiss/marry the gunner's daughter* ser açoitado
gunnery [ˈgʌnərɪ] *s.* 1 artilharia; 2 balística ❖ NÁUTICA [cal.] ~ *jack* tenente; MILITAR ~ *officer* oficial de artilharia
gunning [ˈgʌnɪŋ] *s.* 1 caça; 2 tiro
gunny [ˈgʌnɪ] *s.* (*pl.* **-ies**) 1 saco de juta; 2 pano de juta
gunplay [ˈgʌnpleɪ] *s.* (armas) disparos
gunpoint [ˈgʌnpɔɪnt] *s.* mira de arma ❖ *at* ~ sob ameaça de arma
gunpowder [ˈgʌnpaʊdə] *s.* pólvora ❖ ~ *tea* chá-pérola; [GB] HISTÓRIA *the Gunpowder Plot* a Conspiração da Pólvora (5 de Novembro de 1605)
gunrunner [ˈgʌnrʌnə] *s.* traficante de armas
gun-runner [ˈgʌnrʌnə] *s.* traficante de armas
gunrunning [ˈgʌnrʌnɪŋ] *s.* tráfico de armas
gun-running [ˈgʌnrʌnɪŋ] *s.* tráfico de armas
gunship [ˈgʌnʃɪp] *s.* MILITAR canhoneira ❖ MILITAR *helicopter* ~ helicóptero de combate
gunshot [ˈgʌnʃɒt] *s.* tiro de canhão; tiro de espingarda ❖ ~ *wound* ferimento de bala; *to be within* ~ estar ao alcance de tiro
gun-shy [ˈgʌnʃaɪ] *adj.* 1 com medo de armas; 2 [fig.] cauteloso, tímido
gunsight [ˈgʌnsaɪt] *s.* (arma) mira
gunsmith [ˈgʌnsmɪθ] *s.* armeiro
gunstock [ˈgʌnstɒk] *s.* (espingarda) coronha
gunwale [ˈgʌnəl] *s.* NÁUTICA talabardão; alcatrate; borda de navio; amurada de navio
gup [gʌp] *s.* 1 [coloq.] má-língua; 2 tolices, disparates
gurgitation [gɜːdʒɪˈteɪʃən] *s.* efervescência, ondulação, agitação
gurgle [ˈgɜːgl] Ⓐ *v.tr.,intr.* 1 gorgolhar, gorgolejar, fazer gluglu; 2 borbulhar; 3 pronunciar como se gorgolejasse Ⓑ *s.* gorgolejo, gluglu
gurgling [ˈgɜːglɪŋ] Ⓐ *adj.* que gorgoleja, gorgolejante, gorgolhante, que faz gluglu Ⓑ *s.* 1 gorgolejo, gluglu; 2 murmúrio
gurjun [ˈgɜːdʒən] *s.* BOTÂNICA árvore oriental, donde se extrai bálsamo com aplicações médicas
Gurkha [ˈgʊəkə, ˈgɜːkə] *s.* gurca
gurnard [ˈgɜːnəd] *s.* 1 ZOOLOGIA trigla; 2 ruivo, belo, bêbedo, cabaço; 3 cabra, cabrinha, bacamarte (peixe da família dos tríglidas)
gurnet [ˈgɜːnɪt] *s.* 1 ZOOLOGIA trigla; 2 ruivo, belo, bêbedo, cabaço; 3 cabra, cabrinha, bacamarte (peixe da família dos tríglidas)
gurry [ˈgʌrɪ] *s.* pequeno forte indiano
guru [ˈgʊruː] *s.* guru
gush [gʌʃ] Ⓐ *s.* (*pl.* **-es**) 1 borbotão, golfada; jorro, jacto; 2 efusão, efusividade Ⓑ *v.intr.* 1 brotar, jorrar; irromper; *the water gushed out from the pipe* a água jorrou da conduta; 2 manifestar-se efusivamente [**over/about**, em relação a]; manifestar-se exageradamente [**over/about**, em relação a]; 3 (emoções) descontrolar-se Ⓒ *v.tr.* jorrar; deitar em jactos, jorros; *the wound gushed blood* jorrava sangue da ferida ❖ *a* ~ *of anger* um ataque de cólera; *to* ~ *out into tears* desfazer-se em lágrimas
gusher [ˈgʌʃə] *s.* 1 espalha-brasas; indivíduo exuberante nas suas emoções; 2 poço de petróleo que brota naturalmente
gushing [ˈgʌʃɪŋ] Ⓐ *adj.* 1 que brota, que jorra; 2 exuberante; efusivo; exagerado; 3 emocionante; 4 descontrolado Ⓑ *s.* golfada; jorro ❖ (desejo) *to be* ~ *on sth* morrer por algo
gushingly [ˈgʌʃɪŋlɪ] *adv.* exuberantemente, efusivamente
gushy [ˈgʌʃɪ] *adj.* expansivo, exuberante, efusivo

gusset [ˈgʌsɪt] *s.* 1 (peça de armadura) gorjal; 2 (roupa) reforço de protecção; entretela; 3 (junta de construção) placa de reforço ❖ ~ *plate* esquadro horizontal
gust [gʌst] Ⓐ *s.* 1 (vento) rajada, lufada, rabanada; ~ *of wind* rajada de vento; 2 bátega, aguaceiro, chuvada; *a* ~ *of rain* uma chuvada; 3 saraivada repentina; 4 [fig.] acesso, ataque; ~ *of rage* ataque de cólera; ~ *of laughter* gargalhada Ⓑ *v.intr.* (vento) soprar em rajadas
gustation [gʌsˈteɪʃən] *s.* gustação
gustative [ˈgʌstətɪv] *adj.* gustativo
gustatory [ˈgʌstətərɪ] *adj.* gustativo
Gustavus [gʊˈstɑːvəs] *s.antr.* Gustavo
gustiness [ˈgʌstɪnɪs] *s.* 1 grau de tempestuosidade; 2 tempestuosidade
gusto [ˈgʌstəʊ] *s.* 1 entusiasmo; excitação; fervor; 2 sabor especial, gosto ❖ *to do sth with* ~ fazer uma coisa com prazer
gusty [ˈgʌstɪ] *adj.* (*comp.* **-ier**, *superl.* **-iest**) 1 tormentoso, tempestuoso; 2 ventoso, desabrido; 3 (temperamento) irascível
gut [gʌt] Ⓐ *s.* 1 ANATOMIA intestino, tripa*pop*; 2 [coloq.] pança; 3 (raquetes, instrumentos musicais) corda de tripa; 4 NÁUTICA estreito, passagem estreita; 5 desfiladeiro; 6 congosta, caminho apertado, afunilamento de rua; 7 (corridas de barcos) inclinação de rio; 8 *pl.* [coloq.] (força interior) coragem; atrevimento; estômago*fig.*; *he has no guts for it* ele não tem estômago para isso; *it takes a lot of guts to do sth like that* é preciso coragem para falar dessa maneira; 9 *pl.* [coloq.] (máquinas, sistemas) interior Ⓑ *adj.* coloq. instintivo; ~ *reaction* reacção instintiva Ⓒ *v.tr.* (*particípios* **-tt-**) 1 estripar, tirar as tripas a; eventrar; 2 CULINÁRIA arranjar (animal); esvaziar (ave); 3 (edifício, etc.) destruir o interior de; esventrar; *to be gutted by fire* ser esventrado pelo fogo; 4 (quarto, etc.) esvaziar; 5 (texto) extrair; 6 [cal.] comer vorazmente ❖ ANATOMIA *blind* ~ ceco; cego; [coloq.] *fat guts* barriga; pança; [coloq.] *greedy* ~ glutão; ANATOMIA *small* ~ intestino delgado; *deep down in the* ~ no mais íntimo; *I hate his guts!* não posso com ele!; *to have sb's guts for garters* tratar da saúde a alguém; *to work one's guts out* matar-se a trabalhar; MEDICINA [coloq.] *twisting of the guts* volvo; vólvulo; nó da tripa
gutless [ˈgʌtləs] *adj.* [coloq.] sem coragem, sem energia
gutsy [ˈgʌtzɪ] *adj.* 1 audaz, ousado, corajoso; 2 determinado; 3 com garra
gutta [ˈgʌtə] *s.* ARQUITECTURA gota
gutta-milk [ˈgʌtəmɪlk] *s.* látex de guteira
gutta-percha [ˌgʌtəˈpɜːtʃə] *s.* guta-percha
guttate [ˈgʌteɪt] *adj.* pintalgado, mosqueado
gutter [ˈgʌtə] Ⓐ *s.* 1 calha, caleira, goteira, algeroz; 2 sarjeta; valeta; 3 [fig.] bairros miseráveis; telhado de lata Ⓑ *v.intr.* 1 (vela) derreter rapidamente; 2 (luz) tremeluzir; vacilar; 3 cair em gotas; correr num fio Ⓒ *v.tr.* formar sulcos em, formar canais em ❖ ~ *child/snipe* garoto da rua; ~ *press* imprensa sensacionalista; ~ *tile* telha chata de encaixe; algeroz; *to rise from the* ~ sair da sarjeta
guttering [ˈgʌtərɪŋ] *s.* 1 goteiras, algerozes; 2 caleiras; 3 valetas; 4 o derreter duma vela
guttiferous [gʌˈtɪfərəs] *adj.* BOTÂNICA gutífero
gutting [ˈgʌtɪŋ] *s.* acto de estripar, de tirar os miúdos a animal
guttural [ˈgʌtərəl] Ⓐ *adj.* gutural Ⓑ *s.* som gutural
gutturality [ˌgʌtəˈrælɪtɪ] *s.* guturalidade
gutturalize [ˈgʌtərəlaɪz] *v.tr.* guturalizar; pronunciar com inflexão gutural
gutturally [ˈgʌtərəlɪ] *adv.* guturalmente
gutturalness [ˈgʌtərəlnɪs] *s.* ⇒ **gutturality**
gutty [ˈgʌtɪ] *s.* (*pl.* **-ies**) DESPORTO (golfe) bola de guta-percha
gut-wrenching [ˈgʌtrentʃɪŋ] *adj.* doloroso; impressionante; de fazer chorar as pedras da calçada*fig*
guy [gaɪ] Ⓐ *s.* 1 [coloq.] tipo; gajo; *a regular* ~ um bom rapaz; 2 efígie de Guy Fawkes queimada a 5 de Novembro, em evocação da descoberta da Conspiração da Pólvora; 3 espantalho; 4 [arc.] espantalho, indivíduo de aspecto pitoresco; 5 NÁUTICA retenida; ovém; estai; patarrás; patarral; 6 corda que conserva afastados das paredes os objectos que estão a içar-se; 7 corrente ou corda que mantém firme qualquer coisa; 7 ridicularizar; 2 segurar com corda ou cabo; 3 exibir em efígie Ⓒ *v.intr.* [cal.] fugir; pôr-se a mexer; pôr-se a andar ❖ *the guys* o pessoal; *to do a* ~ desaparecer; *to give the* ~ *to* fugir de; escapar de

Guyana [gaɪˈænə] s.top. Guiana
Guyanese [ˌgaɪəˈniːz] adj.,s. guianês, guianense
guying [ˈgaɪɪŋ] s. acto de firmar com cordas ou cabos
guyline [ˈgaɪlaɪn] s. ⇒ **guyrope**
guyrope [ˈgaɪrəʊp] s. 1 (tenda) corda de firmar; 2 cabo de estai
guywire [ˈgaɪˌwaɪə] s. ⇒ **guyrope**
guzzle [ˈgʌzl] Ⓐ s. regabofe, comezaina, patuscada de comes e bebes Ⓑ v.tr.,intr. 1 comer e beber como um glutão; 2 andar no bródio, comendo e bebendo muito; 3 gastar dinheiro a comer e a beber; 4 dissipar dinheiro em patuscadas comendo e bebendo
guzzler [ˈgʌzlə] s. 1 comilão, glutão; 2 grande bebedor
guzzling [ˈgʌzlɪŋ] Ⓐ adj. 1 comilão, glutão; 2 beberrão Ⓑ s. 1 patuscada com comes e bebes, comezaina; 2 pândega com bebidas
GWR [abrev. de Great Western Railway]
gwyniad [ˈgwɪnɪæd] s. peixe, semelhante ao salmão, de carne branca, que se encontra em alguns lagos
gybe [dʒaɪb] Ⓐ s. NÁUTICA acto de pôr de capa Ⓑ v.tr.,intr. 1 NÁUTICA mudar, cambiar uma vela; 2 mudar-se; 3 pôr-se de capa
gyle [gaɪl] s. 1 tina para fabrico de cerveja; 2 mosto em fermentação; 3 dorna, cuba de fermentação
gym [dʒɪm] s. 1 [coloq.] ginásio; 2 ginástica ❖ ~ *lessons* aulas de ginástica; ~ *shoes* sapatilhas desportivas
gymkhana [dʒɪmˈkɑːnə] s. gincana
gymnasial [dʒɪmˈneɪzɪəl] adj. 1 ginasial; 2 relativo aos chamados ginásios (liceus) alemães
gymnasiarch [dʒɪmˈneɪzɪɑːk] s. 1 gimnasiarca, gimnasiarco; 2 reitor dum ginásio alemão
gymnasium [dʒɪmˈnɑːzɪəm] s. (pl. **-iums** ou **-ia**) 1 ginásio, local onde se praticam exercícios ginásticos; 2 ginásio, liceu
gymnast [ˈdʒɪmnæst] s. ginasta
gymnastic [dʒɪmˈnæstɪk] adj. ginástico
gymnastics [dʒɪmˈnæstɪks] s. ginástica; *to do* ~ fazer ginástica ❖ *mental* ~ agilidade mental
gymnocarpous [dʒɪmnəʊˈkɑːpəs] adj. BOTÂNICA gimnocarpo
gymnodont [ˈdʒɪmnəʊdɒnt] adj.,s. ZOOLOGIA gimnodonte
gymnosomate [dʒɪmnəʊˈsəʊmɪt] adj. gimnossómico
gymnosophist [dʒɪmˈnɒsəfɪst] s. gimnosofista
gymnosophy [dʒɪmˈnɒsəfɪ] s. gimnossofia, gimnossofismo
gymnosperm [ˈdʒɪmnəʊspɜːm] s. BOTÂNICA gimnosperma
gymnospermous [dʒɪmnəʊˈspɜːməs] adj. BOTÂNICA gimnospérmico
gymnospermy [dʒɪmnəʊˈspɜːmɪ] s. BOTÂNICA gimnospermia
gymnotus [dʒɪmˈnəʊtəs] s. (pl. **-i**) ZOOLOGIA gimnoto
gymp [gɪmp] Ⓐ s. 1 passamane; 2 presilha, alamar; 3 galão; 4 divisa; 5 linha de pesca, de seda, protegida por arame; 6 fio grosso empregado, em costura, para contornos de desenhos Ⓑ v.tr. guarnecer com passamanes, apassamanar
gynaeceum [ˌgaɪnɪˈsiːəm] s. gineceu
gynaecolatry [ˌgaɪnɪˈkɒlətrɪ] s. ginecolatria
gynaecological [ˌgaɪnɪkəˈlɒdʒɪkəl] adj. ginecológico
gynaecologist [ˌgaɪnɪˈkɒlədʒɪst] s. MEDICINA ginecologista
gynaecology [ˌgaɪnɪˈkɒlədʒɪ] s. MEDICINA ginecologia
gynandromorphous [dʒaɪnændrəʊˈmɔːfəs] adj. ginandromorfo

gynandrous [dʒaɪˈnændrəs] adj. ginandro
gynecology [ˌgaɪnɪˈkɒlədʒɪ] s. [EUA] ⇒ **gynaecology**
gynerium [dʒɪˈnɪərɪəm] s. BOTÂNICA ginério
gynoecium [dʒaɪnɪˈsɪəm] s. BOTÂNICA gineceu
gynophore [ˈdʒaɪnəʊfɔə] s. BOTÂNICA ginóforo
gyp [dʒɪp] Ⓐ s. [coloq.] aldrabice Ⓑ v.tr. (particípios **-pp-**) enganar; intrujar; burlar; vigarizar ❖ [coloq.] *to give one* ~ fazer alguém sofrer; *to* ~ *sb out of sth* extorquir algo a alguém
gypaetus [dʒɪˈpiːtəs] s. ZOOLOGIA gipaeto
gypoun [ɡɪˈpuːn] s. cota de armas
gypseous [ˈdʒɪpsɪəs] adj. gípseo ❖ ~ *earth* terra gípsea
gypsiferous [dʒɪpˈsɪfərəs] adj. gipsoso, gipsífero
gypsographic [dʒɪpsəˈgræfɪk] adj. gipsográfico
gypsographical [dʒɪpsəˈgræfɪkəl] adj. gipsográfico
gypsography [dʒɪpˈsɒgrəfɪ] s. gipsografia
gypsophila [dʒɪpˈsɒfɪlə] s. BOTÂNICA gipsófila
gypsum [ˈdʒɪpsəm] Ⓐ s. gesso-de-paris, gipso Ⓑ v.tr. (terreno) beneficiar com gesso ❖ ~ *mould* molde de gesso
gypsy [ˈdʒɪpsɪ] s. (pl. **-ies**) 1 cigano; 2 boémio, natural da Boémia ❖ ~ *bonnet* chapéu de abas largas; BOTÂNICA ~ *rose* saudade; escabiosa; ~ *table* mesa pé-de-galo desmontável; BOTÂNICA ~ *wort* licopódio
gyrate[1] [dʒaɪəˈreɪt] v.intr. girar, rodar em volta, rodar em torno de si mesmo
gyrate[2] [ˈdʒaɪreɪt] adj. BOTÂNICA circinal, enrolado em espiral sobre si mesmo
gyration [dʒaɪəˈreɪʃən] s. rotação; movimento circular
gyratory [ˈdʒaɪərətərɪ, dʒaɪəˈreɪtərɪ] adj. 1 giratório; 2 rotatório
gyre [ˈdʒaɪə] s. 1 [poét.] rotação, giro, volta, revolução; 2 cone rotativo Ⓑ v.intr. girar, rodar
gyro-centre [ˈdʒaɪərəʊˌsentə] s. centro de gravidade de giroscópio
gyrocompass [ˈdʒaɪərəʊˌkʌmpəs] s. bússola giroscópica
gyrograph [ˈdʒaɪərəʊgræf] s. FÍSICA girógrafo
gyro-horizon [ˌdʒaɪərəʊhəˈraɪzən] s. horizonte giroscópico
gyromagnetic [ˌdʒaɪərəʊmæɡˈnetɪk] adj. giromagnético
gyromagnetical [ˌdʒaɪərəʊmæɡˈnetɪkəl] adj. giromagnético
gyrometer [dʒaɪˈrɒmɪtə] s. FÍSICA girómetro
gyron [ˈdʒaɪərən] s. HERÁLDICA girão
gyronny [dʒaɪˈrɒnɪ] adj. HERÁLDICA gironado
gyro-pilot [ˈdʒaɪərəʊˌpaɪlət] s. 1 AERONÁUTICA giropiloto; 2 aparelho giroscópico de pilotagem
gyroplane [ˈdʒaɪərəʊpleɪn] s. AERONÁUTICA giroplano
gyroscope [ˈdʒaɪərəskəʊp, ˈdʒaɪərəskoʊp] s. FÍSICA giroscópio
gyroscopic [ˌdʒaɪərəˈskɒpɪk] adj. giroscópico
gyroscopter [ˈdʒaɪərəskɒptə] s. giroplano
gyrostat [ˈdʒaɪərəʊstæt] s. FÍSICA giróstato
gyrostatic [ˌdʒaɪərəʊˈstætɪk] adj. girostático
gyrostatical [ˌdʒaɪərəʊˈstætɪkəl] adj. girostático
gyrostatically [ˌdʒaɪərəʊˈstætɪkəlɪ] adv. girostaticamente
gyrostatics [ˌdʒaɪərəʊˈstætɪks] s. girostática
gyve [dʒaɪv] v.tr. acorrentar, prender com cadeias de ferro, prender com grilhões, agrilhoar
gyves [dʒaɪvz] s.pl. grilhetas, grilhões, grilhos

h [eɪtʃ] (pl. **-s** ou **-'s**) (letra) h, H ❖ *aspirate h* h aspirado; *silent h* h mudo; *to drop one's h's* não pronunciar os agás; não aspirar os agás
h. Ⓐ [abrev. de harbour] Ⓑ [abrev. de height] Ⓒ [abrev. de hour] Ⓓ [abrev. de hundred] Ⓔ MÚSICA [abrev. de horn]
H QUÍMICA [símbolo de hydrogen]
ha¹ [hɑː] interj. ah!
ha² [abrev. de hectare]
haar [hɑː] s. nevoeiro, névoa sobre o mar
Habakkuk ['hæbəkək] s.antr. RELIGIÃO (Bíblia) Habacuc
hab. corp. DIREITO [abrev. de habeas corpus]
habeas corpus ['heɪbɪæs'kɔːpəs] s. DIREITO habeas-corpus
haberdasher ['hæbədæʃə] s. vendedor de loja de miudezas, proprietário de loja de miudezas, capelista
haberdashery ['hæbədæʃərɪ] s. loja de miudezas
habergeon ['hæbədʒən] s. cota de malha sem mangas
habile ['hæbɪl] adj. [poét.] hábil, capaz
habiliment [hə'bɪlɪmənt] s. 1 equipamento, apetrechos; 2 pl. vestuário, traje
habilitate [hə'bɪlɪteɪt] v.tr.,intr. 1 prover com o capital necessário para ser possível a exploração (de uma mina); 2 doutorar-se (nas universidades alemãs)
habilitation [hə,bɪlɪ'teɪʃən] s. 1 adiantamento de capital para tornar possível a exploração (de uma mina); 2 doutoramento (nas universidades alemãs)
habilitator [hə'bɪlɪteɪtə] s. 1 capitalista; 2 pessoa que adianta capital
habit ['hæbɪt] Ⓐ s. 1 hábito; costume, uso; mania; 2 tendência; atitude; 3 [coloq.] (droga) dependência, vício; *heroin* ~ dependência de heroína; 4 RELIGIÃO, VESTUÁRIO hábito; traje; *riding* ~ traje de equitação Ⓑ v.tr. 1 vestir; 2 [arc.] habitar ❖ ~ *of mind* maneira de ser; *I'm not in the* ~ *of lending money* eu não costumo emprestar dinheiro; *from force of* ~ por força de hábito; *once does not make a* ~ uma vez não são vezes; *ouf off/from* ~ por hábito; *out of sheer* ~ meramente por uma questão de hábito; *to be in the* ~ *of* costumar; ter por hábito; *to break the* ~ *(of)* perder o hábito (de); *to fall/get into the* ~ *of* habituar-se a; adquirir o hábito de; *to fall/get out of a* ~ perder um hábito; *to fall into bad habits* cair em maus hábitos; *to have a* ~ *of doing sth* fazer algo habitualmente; [coloq.] *to kick the* ~ largar o vício; *to make a* ~ *of* habituar-se a
habitability [,hæbɪtə'bɪlɪtɪ] s. habitabilidade
habitable ['hæbɪtəbəl] adj. habitável
habitableness ['hæbɪtəblnɪs] s. habitabilidade
habitant ['hæbɪtənt] s. 1 canadiano de ascendência francesa; 2 [rar.] habitante
habitat ['hæbɪtæt] s. 1 habitat; 2 habitação
habitation [,hæbɪ'teɪʃən] s. 1 habitação; 2 moradia; 3 casa
habit-forming ['hæbɪtfɔːmɪŋ] adj. 1 que cria dependência; 2 que gera habituação; 3 viciante
habitual [hə'bɪtʃuəl] adj. 1 habitual, usual; do costume; 2 empedernido, inveterado; *a* ~ *drunkard* um ébrio inveterado; 3 reincidente ❖ *to become* ~ tornar-se um hábito
habitually [hə'bɪtʃuəlɪ] adv. 1 habitualmente; 2 ordinariamente
habituate [hə'bɪtʃueɪt] v.tr. [form.] habituar [**to**, a]
habituation [hə,bɪtʃu'eɪʃən] s. 1 hábito, costume; 2 habituação
habitude ['hæbɪtjuːd] s. 1 tendência, maneira de ser, temperamento; 2 hábito, costume
habitué [hə'bɪtjueɪ] s. habitué; frequentador habitual
HAC [abrev. de Honourable Artillery Company]

hachures [hæ'ʃʊəz] s.pl. tracejado, em topografia, para indicar acidentes de terreno
hack [hæk] Ⓐ v.tr.,intr. 1 cortar grosseiramente, cortar de qualquer maneira; golpear, acutilar; retalhar; cortar com machado; mutilar; dirigir golpes violentos [**at**, contra]; *to* ~ *to pieces* fazer em bocados; 2 [coloq.] aguentar, suportar; *I can't* ~ *it!* não consigo aguentar isto!; 3 [EUA] guiar um táxi; 4 [GB] andar a cavalo, seguir a cavalo (ao longo da estrada); 5 [GB] DESPORTO (futebol, râguebi) dar caneladas; *in last Sunday's match I was hacked on the shin* deram-me um pontapé na canela no desafio do último domingo; 6 ter tosse seca e frequente; 7 vulgarizar, banalizar; 8 [GB] alugar cavalos, utilizar cavalos alugados; 9 INFORMÁTICA (sistema, programa) aceder ilegalmente [**into**, a]; alterar [**into**, -]; 10 (escritor) trabalhar servilmente [**for**, para]; vender a sua pena; 11 [ant.] prostituir-se Ⓑ s. 1 jornalistazeco; escritorzeco; escritor assalariado que trabalha por conta de outrem; 2 político de segunda categoria; 3 [EUA] táxi; carro de aluguer; taxista; 4 golpe, cortadura, cutilada, corte; entalhe; abertura, brecha; 5 cavalo de aluguer, besta de aluguer; 6 pileca; 7 [GB] passeio a cavalo, volta a cavalo; 8 tossidela; 9 picareta; pico, picão; 10 enxada, enxadão; 11 DESPORTO (futebol, râguebi) canelada; 12 mercenário; 13 grade; grade para secar tijolos Ⓒ adj. 1 banal, desinteressante, medíocre; 2 de segunda categoria, de meia-tigela ❖ ~ *watch* cronómetro; ~ *writer* escritor medíocre
◆**hack about** v.tr. retalhar; mutilar; estropiar
◆**hack down** v.tr. 1 mutilar, retalhar; 2 (árvore) abater
◆**hack off** v.tr. 1 arrancar à machadada; 2 [coloq.] chatear; irritar
hackberry ['hækbərɪ, 'hækberɪ] s. (pl. **-ies**) BOTÂNICA lódão-bastardo, agreira
hacker ['hækə] s. 1 picareta, alvião; 2 INFORMÁTICA viciado em computadores; 3 INFORMÁTICA pirata informático
hackery ['hækərɪ] s. [Índia] carro de bois
hackie ['hækɪ] s. [EUA] [coloq.] taxista
hacking ['hækɪŋ] Ⓐ s. 1 corte, golpe; 2 DESPORTO (futebol) canelada; 3 INFORMÁTICA pirataria; *computer* ~ pirataria informática Ⓑ adj. entrecortado; seco; ~ *cough* tosse seca ❖ ~ *jacket* casaco de montar; ~ *knife* faca de vidraceiro
hackle ['hækl] Ⓐ s. 1 (linho, lã) espadela, gramadeira, carda; 2 pena comprida (no pescoço do galo e outras aves); 3 (pesca) mosca artificial; 4 [coloq.] coragem; 5 pl. (animais) pêlo no pescoço; 6 pl. (animais) pêlo no pescoço Ⓑ v.tr. 1 (linho, lã) gramar, espadelar, cardar; 2 passar com o pente (o cânhamo); 3 retalhar, cortar, mutilar ❖ *with his hackles up* todo encrespado; de crista levantada; irritado; agressivo; *to get sb's hackles up* enfurecer alguém; *to make sb's hackles rise* pôr alguém com os cabelos em pé
hackler ['hæklə] s. 1 aquele que trabalha com a gramadeira; 2 penteador, espadelador, cardador
hackling ['hæklɪŋ] s. penteação, cardação, assedagem
hackly ['hæklɪ] adj. rugoso, áspero, desigual ❖ ~ *fracture* fractura de bordos rugosos, desiguais
hackmatack ['hækmətæk] s. BOTÂNICA lárício, lárice americano
hackney ['hæknɪ] Ⓐ s. 1 cavalo vulgar de sela ou tiro; 2 cavalo de aluguer; 3 tipóia, carruagem de aluguer; 4 táxi; 5 mercenário; 6 [arc.] trabalhador servil Ⓑ v.tr. 1 vulgarizar, tornar banal, banalizar; 2 alugar; 3 transportar em tipóia Ⓒ adj. 1 vulgar, banal; 2 alugado; 3 de aluguer, para alugar ❖ [GB] ~ *cab* táxi; [GB] ~ *carriage* táxi; carruagem de aluguer; [EUA] ~ *coach* carruagem de aluguer; tipóia
hackneyed ['hæknɪd] adj. banal, vulgar, banalizado, gasto ❖ ~ *expression* lugar-comum; cliché

hacksaw

hacksaw ['hæksɔ:] Ⓐ s. (para metais) serra de arco Ⓑ v.tr. cortar com serra de arco
hacktivism ['hæktɪvɪzəm] s. pirataria informática com fins políticos
hacktivist ['hæktɪvɪst] s. INFORMÁTICA pirata informático cujos objectivos são políticos
hackwork ['hækwɜ:k] s. [depr.] trabalho literário encomendado
had [hæd] {prt. e part. pass. de **to have**} *if you paid €9 for it, you've been ~* se deste 9 euros por isso, foste levado; *the poor boy has been run over, and I'm afraid he's ~ it* o pobre rapaz foi atropelado e receio bem que já não haja nada a fazer (morreu, ficou seriamente ferido, etc.); *you ~ better talk to him* era melhor falares com ele
haddock ['hædək] s. ZOOLOGIA eglefim
hade [heɪd] Ⓐ s. inclinação de mina, inclinação de filão ou camada de terreno Ⓑ v.intr. (filão, veio de metal, camada de terreno) inclinar-se
Hades ['heɪdi:z] s. MITOLOGIA Hades ❖ [coloq.] *what the ~ are you doing?* que diabo estás tu para aí a fazer?
Hadrian ['heɪdrɪən] s.antr. Adriano ❖ *Hadrian's Wall* a muralha de Adriano
haemal ['hi:məl] adj. hemal
haematemesis [hi:məˈtemɪsɪs] s. hematémese
haematic [hi:ˈmætɪk] adj. hemático
haematin ['hi:mətɪn] s. BIOQUÍMICA hematina
haematite ['hi:mətaɪt] s. hematite
haematoblast [hi:ˈmætəublɑ:st] s. hematoblasto
haematocele [hi:ˈmætəusi:l] s. hematocele
haematography [hi:məˈtɒgrəfɪ] s. hematografia
haematology [hi:məˈtɒlədʒɪ] s. hematologia
haematoma [hi:məˈtəumə] s. MEDICINA hematoma
haematophobia [hi:mətəuˈfəubɪə] s. hematofobia
haematose ['hi:mətəus] adj. FISIOLOGIA relativo à hematose
haematosis [hi:məˈtəusɪs] s. hematose
haematuria [hi:məˈtjuərɪə] s. MEDICINA hematúria
haemodialysis [hi:məudaɪˈælɪsɪs] s. MEDICINA hemodiálise
haemoglobin [hi:məuˈgləubɪn] s. hemoglobina
haemophilia [hi:məuˈfɪlɪə] s. MEDICINA hemofilia
haemophiliac [hi:məuˈfɪlɪæk] s.,adj. hemofílico
haemoptysical [hi:məupˈtɪzɪkəl] adj. hemoptísico
haemoptysis [hi:ˈmɒptɪsɪs] s. hemoptise
haemorrhage ['hemərɪdʒ] s. hemorragia
haemorrhoidal [heməˈrɔɪdəl] adj. hemorroidal
haemorrhoids ['hemərɔɪdz] s.pl. hemorróides
haemostasis [hi:məuˈsteɪsɪs] s. hemostasia, hemóstase
haemostat ['hi:məustæt] s. hemostático
haemostatic [hi:məuˈstætɪk] adj. hemostático
hafnium ['hæfnɪəm] s. QUÍMICA (elemento químico) háfnio
haft [hɑ:ft] Ⓐ s. cabo, punho (de ferramenta, faca, punhal, etc.) Ⓑ v.tr. 1 pôr um cabo em, pôr um punho em; 2 encabar
hafting ['hɑ:ftɪŋ] s. acção de encabar, de colocar um cabo
hag [hæg] Ⓐ s. 1 bruxa; feiticeira; 2 [depr.] (mulher velha e feia) bruxa; 3 [arc.] espírito maligno em forma de mulher; 4 ZOOLOGIA peixe-bruxa; 5 atoleiro; 6 ponto firme em lodaçal Ⓑ v.tr. (particípios: -**gg**-) [arc.] cansar, fatigar; atordoar
hagberry ['hægbərɪ, 'hægberɪ] s. (pl. **-ies**) cereja miúda
haggard ['hægəd] Ⓐ adj. 1 com ar descomposto; 2 com aspecto perturbado, alterado; 3 desvairado, com ar esgazeado; 4 fatigado, macilento, pálido; 5 tresnoitado; 6 (falcão) não ensinado, bravio Ⓑ s. falcão não ensinado
haggardness ['hægədnɪs] s. aspecto esgazeado, bravio, macilento
haggis ['hægɪs] s. (pl. **-es**) CULINÁRIA (prato típico escocês) coração, pulmões, fígado e outros miúdos de carneiro picados e cozinhados dentro do bucho, com bastantes temperos
haggish ['hægɪʃ] adj. feio, com aspecto de feiticeira velha e muito feia
haggishly ['hægɪʃlɪ] adv. 1 com fealdade; 2 como feiticeira velha e feia
haggishness ['hægɪʃnɪs] s. 1 aspecto de feiticeira velha e feia; 2 fealdade estranha
haggle ['hægl] v.intr. discutir preços, regatear, marralhar ❖ *to ~ about/over sth* discutir algo de forma bastante acalorada

haggler ['hæglə] s. 1 aquele que discute, aquele que marralha ou regateia; 2 regateador
haggling ['hæglɪŋ] s. regateio de preços, discussão de preços
hagiarchy ['hægɪɑ:kɪ] s. hagiarquia
hagiographa [hægɪˈɒgrəfə] s.pl. hagiografias
hagiographal [hægɪˈɒgrəfəl] adj. hagiográfico
hagiographer [hægɪˈɒgrəfə] s. hagiógrafo
hagiographic [hægɪəˈgræfɪk] adj. hagiográfico
hagiographical [hægɪəˈgræfɪkəl] adj. hagiográfico
hagiography [hægɪˈɒgrəfɪ] s. hagiografia
hagiolatry [hægɪˈɒlətrɪ] s. hagiolatria
hagiologic [hægɪəˈlɒdʒɪk] adj. hagiológico
hagiological [hægɪəˈlɒdʒɪkəl] adj. hagiológico
hagiologist [hægɪˈɒlədʒɪst] s. hagiólogo
hagiology [hægɪˈɒlədʒɪ] s. hagiologia
hag-ridden ['hægrɪdən] adj. 1 atormentado [**by/with**, por]; 2 atormentado por pesadelos
Hague [heɪg] s.top. Haia ❖ *the ~ Conference* a Conferência de Haia
hah [hɑ:] interj. ah!
ha-ha [hɑ:ˈhɑ:] s. valado, vedação baixa de parque ou jardim
ha ha ['hɑ:hɑ:] interj. (riso) ah! ah!
haick [haɪk] s. albornoz
haik [haɪk] s. albornoz
haiku ['haɪku:] s. LITERATURA haiku
hail [heɪl] Ⓐ s. 1 saraiva, granizo; 2 saraivada; 3 saudação, exclamação de boas-vindas; 4 [fig.] (grande número) saraivada, tempestade; *a ~ of questions* uma saraivada de perguntas Ⓑ interj. [arc.] salve!, ave! Ⓒ v.tr.,intr. 1 chamar, chamar a atenção de; 2 saraivar, cair saraiva, cair granizo; *it hails* está a cair saraiva, está a saraivar; 3 derramar como se fosse saraiva, fazer cair violentamente; 4 saudar; *they hailed us as we came in* saudaram-nos quando entrámos; 5 aclamar [**as**, como]; *they were hailed as heroes* eles foram aclamados como heróis; 6 NÁUTICA chamar à fala; *to ~ a ship* chamar um navio à fala; 7 ser originário [**from**, de]; *she hailed from England* ela era originária de Inglaterra; 8 vir (dum porto); pertencer (a um porto) ❖ RELIGIÃO (oração) *Hail Mary* Ave-Maria; RELIGIÃO *Hail Mary, full of grace!* Ave, Maria, cheia de graça!; *to ~ a taxi/cab* chamar um táxi; *within ~* ao alcance da voz
hail-fellow-well-met [heɪlfeləuwelˈmet] Ⓐ adj. excessivamente amigável; que toma confianças Ⓑ s. (bom camarada) compincha; companheiro ❖ *to be ~ with...* ser tu cá tu lá com...
hailstone ['heɪlstəun] s. pedra de granizo; pedra de saraiva
hailstorm ['heɪlstɔ:m] s. saraivada
haimish ['haɪmɪʃ] adj. [EUA] [coloq.] familiar
hair [heə] s. 1 cabelo, cabelos; cabeleira; *to do one's ~* arranjar o cabelo; pentear-se; *to get/have one's ~ cut* ir cortar o cabelo; *to let one's ~ down* soltar o cabelo; *to wash one's ~* lavar a cabeça; 2 (pele) pêlos; 3 (animais) pêlo, pelagem; 4 penugem; 5 BOTÂNICA filamento; 6 [fig.] coisa diminuta; coisa insignificante ❖ *~ crack* greta; rachadela; fissura capilar; *~ curler* rolo; frisador; ferro de frisar; papelote; *~ gel* gel (para o cabelo); (cabeleireiro) *~ extension* extensão (no cabelo); *~ felt* feltro de cabelo; [GB] *~ lacquer* laca; *~ loss* queda de cabelo; BOTÂNICA *~ moss* polítrico; *~ removal* depilação; *~ remover* depilatório; *~ restorer* tónico capilar; restaurador dos cabelos; (couro) *~ side* lado da pele; *~ spray* laca; *~ salon* salão de cabeleireiro; [GB] (cabelo) *~ slide* travessão; *~ trigger* gatilho de pouca pressão; gatilho auxiliar; *a bad ~ day* um dia não; um dia para esquecer; *against the ~* a contrapelo; [coloq.] *keep your ~ on!* tem calma!; não te exaltes!; *not to have a ~ out of place* estar impecável; *not to turn a ~* permanecer imperturbável; ficar impassível; reagir como se não fosse nada; *to a ~* com muita exactidão; (irritação, desespero, frustração) *to be tearing one's ~ out* arrancar os cabelos; descabelar-se; *to get in sb's ~* [Bras.] irritar alguém; não dar descanso a alguém; não largar do pé de alguém; *to harm/touch a ~ on sb's head* tocar num (fio de) cabelo de alguém; [cal.] *to have/get sb by the short hairs* ter alguém à sua mercê; dominar alguém por completo; *to let one's ~ down* descontrair; *to make sb's ~ stand on end* pôr os cabelos de alguém em pé; fazer alguém ficar com os cabelos em pé; *to split hairs* dar demasiada atenção a pormenores; ser muito minucioso

hairball ['heəbɔːl] s. bola de pêlo
hairband ['heəbænd] s. (cabelo) fita
hairbreadth ['heəbredθ] Ⓐ s. ⇒ **hair's-breadth** Ⓑ adj. ínfimo; diminuto; extremamente reduzido ❖ *to have a ~ escape* escapar por um triz
hairbrush ['heəbrʌʃ] s. (pl. **-es**) escova de cabelo
haircloth ['heəklɒθ] s. 1 cilício; 2 crinolina
haircut ['heəkʌt] s. 1 corte de cabelo; 2 penteado
hairdo ['heəduː] s. [coloq.] penteado
hairdresser ['heədresə] s. cabeleireiro
hairdressing ['heədresɪŋ] s. 1 tratamento do cabelo; 2 penteado; 3 profissão de cabeleireiro ❖ *~ salon* salão de cabeleireiro
hairdryer ['heədraɪə] s. secador de cabelo
hairgrip ['heəgrɪp] s. [GB] gancho do cabelo
hairiness ['heərɪnɪs] s. aspecto peludo, cabeludo
hairless ['heələs] adj. 1 calvo, sem cabelo; 2 sem pêlos, pelado
hairlike ['heəlaɪk] adj. semelhante a cabelo; com a espessura de um cabelo; filiforme
hairline ['heəlaɪn] s. 1 raiz dos cabelos; 2 linha fina; 3 tecido às risquinhas ❖ *~ crack* fenda imperceptível; (cabelo) *receding ~* entradas
hairnet ['heənet] s. rede para o cabelo
hairpiece ['heəpiːs] s. (cabelo) postiço; peruca
hairpin ['heəpɪn] s. gancho de cabelo ❖ (estrada) *~ bend/curve* curva fechada
hair-raiser [,heə'reɪzə] s. 1 experiência assustadora; 2 história de pôr os cabelos em pé; 3 coisa arrepiante
hair-raising ['heə,reɪzɪŋ] adj. 1 pavoroso, medonho, assustador; 2 terrível; 3 de pôr os cabelos em pé; 4 arrepiante
hair-salt ['heəsɔːlt] s. MINERALOGIA sulfato natural de magnésia
hair's-breadth ['heəzbretθ] s. 1 triz; nada; 2 margem reduzida; 3 grossura de um cabelo ❖ *by a ~* por um triz; por uma margem reduzida; à justa; *to a ~* exactamente; com exactidão; tal e qual; *to be within a ~ of...* estar a um passo de...
hairsplitting [heə'splɪtɪŋ] adj. 1 excessivamente minucioso; 2 com distinções demasiado subtis
hairstyle ['heəstaɪl] s. 1 corte de cabelo; 2 penteado
hairstylist ['heəstaɪlɪst] s. cabeleireiro
hairtail ['heəteɪl] s. [GB] ZOOLOGIA triquiúro, peixe-espada-lírio
hair-trigger ['heə'trɪgə] adj. (temperamento) impulsivo, explosivo
hairwash ['heəwɒʃ] s. loção capilar
hairworm ['heəwɜːm] s. ZOOLOGIA cobra-de-cabelo, górdio
hairy ['heərɪ] adj. (comp. **-ier**, superl. **-iest**) 1 cabeludo; 2 peludo; 3 piloso; 4 [fig., coloq.] assustador, de pôr os cabelos em pé[fig.]; 5 [fig., coloq.] complicado; difícil
hairy-heeled [,heərɪ'hɪəld] adj. [cal., rar.] rude de maneiras, sem educação, casca-grossa
Haiti ['heɪtɪ] s.top. Haiti
Haitian ['heɪʃən] adj.,s. haitiano
hake [heɪk] s. 1 ZOOLOGIA merlúcio; 2 armação de madeira para a secagem de tijolos
Hal [hæl] dim. de **Harold**
halated [hə'leɪtɪd] adj. FOTOGRAFIA com halo
halation [hə'leɪʃən] s. FOTOGRAFIA halo
halberd ['hælbəd] s. alabarda
halberdier [hælbɜː'dɪə] s. alabardeiro
halbert ['hælbɜːt] s. alabarda
halcyon ['hælsɪən] Ⓐ s. 1 MITOLOGIA alcião, alcíone; 2 ZOOLOGIA pica-peixe Ⓑ adj. calmo; *~ days* dias tranquilos, sossegados, calmos
hale [heɪl] Ⓐ adj. (idoso) forte, vigoroso, robusto, ainda com boa saúde Ⓑ v.tr. 1 [arc.] arrastar à força; 2 NÁUTICA puxar à sirga, içar, alar
half [hɑːf] Ⓐ adj.,adv. 1 meio; *~ a dozen/a mile/an hour* meia dúzia/milha/hora; *a ~ hour* meia hora; 2 metade; *~ Portuguese, ~ French* metade português, metade francês; 3 semi; 4 quase; 5 meio, mais ou menos, em parte; *I ~ expected...* eu estava mais ou menos à espera... Ⓑ s. (pl. **halves**) 1 metade, meio; *two and a ~* dois e meio; *two halves* dois meios; 2 DESPORTO parte; *the first ~* a primeira parte; 3 (escola) semestre; 4 [GB] (transportes) meio bilhete Ⓒ (livro) *~ binding* meia encadernação; (hotel) *~ board* meia-pensão; (calçado) *~ boot* bota de meio cano; *~ fare* meio bilhete; MECÂNICA *~ nut* meia-porca; MÚSICA (violino, etc.) *~ shift* segunda posição; NÁUTICA *~ tide* meia-maré; DESPORTO *~ time* intervalo; *by ~* muitíssimo; de longe; *in ~* a meio; ao meio; a metade; *into halves* ao meio, em duas partes iguais; *not ~* de todo; de modo nenhum; nem metade; *outward ~* a metade do bilhete correspondente à ida; *return ~* a metade do bilhete correspondente à volta; *~ a moment* um curto momento; (horas) *~ past one/two/...* uma/duas/... e meia; [GB] [ant., coloq.] *~ seas over* alegrote; alegre; tocado; com um grão na asa; [joc.] *(one's) better/other ~* a cara-metade (de alguém); *not to do things by halves* não deixar as coisas a metade; *to cry halves* reclamar partes iguais; *to do sth by halves* fazer algo aos bocados; não acabar o que se começa; *to get a ~ nelson on* dominar completamente; ter à sua mercê; *to go by halves* ir a meias; *to go halves (on sth with sb)* repartir (algo) igualmente (com alguém); *to have ~ a mind to* estar quase resolvido a
half-and-half [,hɑːfən'hɑːf] Ⓐ s. 1 mistura a partir de duas componentes com a mesma quantidade; 2 mistura de cerveja branca e preta Ⓑ adj. com metade de cada Ⓒ adv. em partes iguais, em doses iguais
halfback ['hɑːfbæk] s. DESPORTO (futebol) médio de defesa
half-baked ['hɑːfbeɪkd] adj. 1 CULINÁRIA meio cru; 2 [coloq.] incompleto, inacabado, sem pernas para andar[fig.]; 3 [coloq.] mal alinhavado[fig.], mal planeado, pouco trabalhado; 4 [coloq.] idiota, imbecil, mentecapto
half-blood ['hɑːfblʌd] s. 1 meio-irmão, meia-irmã; 2 [depr.] mestiço[depr.]
half-blooded ['hɑːfblʌdɪd] adj. 1 (meio-irmão) com apenas um dos pais em comum; 2 [depr.] mestiço[depr.]; 3 ZOOLOGIA híbrido
half-bound ['hɑːfbaʊnd] adj. (livro) em meia encadernação
half-bred ['hɑːfbred] adj. ZOOLOGIA (animal) raçado
half-breed ['hɑːfbriːd] s. 1 [depr.] mestiço[depr.]; 2 ZOOLOGIA animal raçado; 3 BOTÂNICA híbrido
half-brother ['hɑːfbrʌðə] s. meio-irmão
half-caste ['hɑːfkeɪst] adj.,s. [depr.] mestiço[depr.]
half-circle [hɑːf'sɜːkl] s. 1 semicírculo; 2 meia volta
half-closed [hɑːf'kləʊzd] adj. entreaberto
half-cock ['hɑːfkɒk] s. (gatilho de arma) posição de segurança; *at ~* em descanso, na posição de segurança ❖ (plano, acontecimento) *to go off at ~* abortar; falhar
half-cocked ['hɑːfkɒkd] adj. 1 (gatilho de espingarda) em descanso, na posição de segurança; 2 [fig.] incompleto, mal planeado; mal preparado
half-court [hɑːf'kɔːt] s. DESPORTO (ténis) meio-campo
halfcrown [,hɑːf'kraʊn] s. meia coroa, moeda de prata de 2 xelins e meio
half-cut [,hɑːf'kʌt] adj. [GB] [coloq.] bêbedo, embriagado, borracho[pop.]
half-dead [hɑːf'ded] adj. 1 [coloq.] meio morto; 2 [coloq.] exausto
half-deck [hɑːf'dek] s. NÁUTICA coberta da ré, tolda
half-decked [hɑːf'dekd] adj. NÁUTICA com meia coberta
half-dime [hɑːf'daɪm] s. [EUA] moeda de cinco cêntimos
half-done ['hɑːfdʌn] adj. 1 meio feito, meio pronto, quase pronto; 2 incompleto; 3 inacabado; 4 semicozinhado; 5 (bife) mal passado
half-face [hɑːf,feɪs] Ⓐ s. perfil Ⓑ adv. em perfil, de perfil
half-faced ['hɑːf,feɪsd] adj. 1 de perfil, em perfil; 2 (moeda) com perfil; 3 [fig.] imperfeito, incompleto
half-finished [,hɑːf'fɪnɪʃt] adj. 1 semi-acabado; por acabar; 2 incompleto, inacabado; imperfeito; 3 semi-manufacturado; *~ product* produto semi-manufacturado
half-hearted ['hɑːf,hɑːtɪd] adj. 1 desmotivado; 2 pouco empenhado; 3 pouco entusiasmado; 4 hesitante; 5 sem grande convicção; 6 indiferente
half-heartedly ['hɑːf,hɑːtɪdlɪ] adv. 1 sem motivação; 2 sem empenho; 3 sem convicção
half-hitch [hɑːf'hɪtʃ] s. NÁUTICA meia volta
half-holiday [hɑːf'hɒlɪdeɪ] s. meio feriado, feriado da parte da tarde
half-hourly [hɑːf'aʊəlɪ] adv. de meia em meia hora, todas as meias horas
half-length [hɑːf'leŋθ] Ⓐ adj. 1 (retrato) em meio corpo; 2 VESTUÁRIO (roupas) pelo joelho Ⓑ s. retrato em meio corpo
half-life ['hɑːf,laɪf] s. FÍSICA meia-vida

half-light

half-light ['hɑːflaɪt] s. lusco-fusco, meia-luz
half-marathon [hɑːf'mærəθən] s. DESPORTO meia maratona
half-mast ['hɑːfmɑːst] Ⓐ s. (posição de bandeira) meia haste; meia adriça; *flag at ~* bandeira a meia adriça, bandeira a meia haste Ⓑ v.tr. (bandeira) baixar a meia haste
half-measure ['hɑːfmeʒə] s. meia medida, paliativo
half-moon [hɑːf'muːn] s. 1 meia-lua; 2 (unha) lúnula ❖ *~ glasses* óculos de meia-lua
half-note ['hɑːfnəʊt] s. MÚSICA mínima
half-open ['hɑːfˌəʊpən] adj. entreaberto
half-pay [hɑːf'peɪ] s. meio soldo
halfpenny ['heɪpnɪ] s. (pl. **-pence** ou **-pennies**) 1 meio-dinheiro; 2 moeda de meio-dinheiro
halfpennyworth ['heɪpnɪwɜːθ] s. 1 valor de meio-dinheiro; 2 quantidade minúscula; *a ~ of* um bocadinho de
half-pie [hɑːf'paɪ] adj. [colloq.] defeituoso, imperfeito
half-price ['hɑːfpraɪs] adj.,adv. 1 a metade do preço; 2 a preços reduzidos
half-round [hɑːf'raʊnd] Ⓐ adj. 1 semicircular, semi-redondo; 2 de meia-cana Ⓑ s. meia-cana
half-seas-over [hɑːfˌsiːz'əʊvə] Ⓐ adj. [ant., colloq.] (embriaguez) alegrote, alegre, com um grão na asa Ⓑ adv. (viagem marítima) a meio do caminho
half-sister ['hɑːfsɪstə] s. meia-irmã
half-snipe ['hɑːfsnaɪp] s. ZOOLOGIA narceja pequena
half-sole ['hɑːfsəʊl] v.tr. pôr meias-solas
half-sovereign [hɑːf'sɒvrɪn] s. [ant.] (moeda) meio-soberano
half-speed [hɑːf'spiːd] s. NÁUTICA meia-força ❖ NÁUTICA *~ ahead* meia-força à vante; NÁUTICA *~ astern* meia-força à ré
half-staff [hɑːf'stɑːf] s. [EUA] meia haste, meia adriça
half-time ['hɑːftaɪm] s. 1 DESPORTO (jogo) intervalo; meio tempo; 2 (trabalho) meio tempo; 3 metade do tempo
half-timer ['hɑːftaɪmə] s. 1 trabalhador a meio tempo; 2 [ant.] trabalhador-estudante
halftone [hɑːf'təʊn] s. 1 ARTES PLÁSTICAS meia-tinta; 2 [EUA] MÚSICA semitom, meio-tom; 3 similigravura ❖ *~ work* similigravura
half-truth [hɑːf'truːθ] s. meia-verdade; inverdade
half-turn [hɑːf'tɜːn] s. meia volta; meia rotação
half-wave [hɑːf'weɪv] Ⓐ s. RÁDIO meia-onda Ⓑ adj. RÁDIO de meia-onda
halfway ['hɑːfweɪ] Ⓐ adj. 1 intermédio; 2 equidistante Ⓑ adv. 1 a meio; *we are ~ through dinner* estamos a meio do jantar; 2 a meia distância; a meio caminho [**to**, **de**]; *~ down*, *~ up* a meia encosta; 3 mais ou menos; minimamente ❖ *~ house* centro de reabilitação; DESPORTO (futebol) *~ line* linha média; *it's a ~ house between...* é uma espécie de meio-termo/compromisso entre...; *to meet (sb) ~* chegar a um acordo; *the salary doesn't go ~ towards paying the car* o ordenado não chega nem por sombras para pagar o carro
half-wit ['hɑːfwɪt] s. [colloq.] pateta, idiota
half-witted ['hɑːfwɪtɪd] adj. [colloq.] pateta, idiota
half-year ['hɑːfjɪə] s. meio ano, semestre
half-yearly ['hɑːfjɪəlɪ] adv. semestralmente
halibut ['hælɪbət] s. ZOOLOGIA hipoglosso, halibute
Halicarnassus [ˌhælɪkɑː'næsəs] s.top. Halicarnasso
halidom ['hælɪdəm] s. [arc.] relíquia, coisa sagrada ❖ *by my halidom!* pela minha salvação!
halieutic [ˌhælɪ'juːtɪk] adj. haliêutico; relativo à pesca
halieutics [ˌhælɪ'juːtɪks] s. haliêutica, arte da pesca
haliplankton [ˌhælɪˌplæŋktən] s. BIOLOGIA haliplâncton
halite ['hælaɪt] s. MINERALOGIA halita, sal-gema
halitosis [ˌhælɪ'təʊsɪs] s. mau hálito
hall [hɔːl] s. 1 (entrada) vestíbulo; átrio; 2 corredor de ligação; 3 (palácio, castelo, etc.) salão de recepções ou banquetes; 4 (colégio, escola) refeitório; 5 centro de conferências; casa de espectáculos; grande edifício público; 6 (prédio, hotel) *~ porter* porteiro; [GB] *~ stand* bengaleiro; [EUA] *~ tree* bengaleiro; [GB] *~ of residence* residência universitária; *concert ~* sala de concertos; *parish ~* salão paroquial; [EUA] *residence ~* residência universitária; *Town Hall* Paços do Concelho; *waiting ~* sala de espera; *Westminster Hall* o Palácio de Justiça de Westminster (até 1882), presentemente o grande salão junto dos Comuns, utilizado em ocasiões solenes (homenagens, funeral de reis, etc.).

halleluiah [ˌhælɪ'luːjə] s.,interj. aleluia
hallelujah [ˌhælɪ'luːjə] s.,interj. aleluia
halliard ['hæljəd] s. ⇒ **halyard**
hallmark ['hɔːlmɑːk] Ⓐ s. 1 (ouro, prata, platina) contraste, marca de contraste; 2 marca de qualidade; 3 [fig.] imagem de marca, traço distintivo Ⓑ v.tr. (ouro, prata, platina) gravar o contraste em
hallo ['hæləʊ] Ⓐ s.,interj. olá!, viva!, ora viva!, olé! Ⓑ v.intr. 1 dizer olá; 2 saudar com um olá; 3 chamar olá
halloa [hə'ləʊ] Ⓐ s.,interj. olá!, viva!, ora viva!, olé! Ⓑ v.intr. 1 dizer olá; 2 saudar com um olá; 3 chamar olá
halloo [hə'luː] Ⓐ interj. 1 (caça) boca!, pega!; 2 (surpresa) essa agora!; 3 (chamada de atenção) olhe cá! Ⓑ v.tr.,intr. 1 (caça) açular os cães; gritar boca!/pega!; 2 chamar em voz alta; gritar por ❖ *don't ~ till you are out of the wood* não cantes vitória antes do tempo
hallooing [hə'luːɪŋ] s. 1 gritaria, algazarra; 2 acto de incitar os cães na caça
hallow ['hæləʊ] Ⓐ s. santo, pessoa em estado de santidade Ⓑ v.tr.,intr. 1 santificar, venerar como santo; 2 consagrar; 3 incitar os cães na caça, incitar com gritos; 4 caçar com grande gritaria
hallowed ['hæləʊd] adj. 1 santificado, bendito; *~ be Thy Name* santificado seja o Vosso Nome; 2 santo; *~ ground* campo santo; 3 reverenciado, respeitado
Halloween [ˌhæləʊ'iːn] s. véspera do dia de Todos os Santos
Hallowe'en [ˌhæləʊ'iːn] s. ⇒ **Halloween**
Hallowmas ['hæləʊmæs] s. dia de Todos os Santos; dia de finados; dia dos fiéis defuntos
hallucinate [hə'luːsɪneɪt] v.tr. alucinar, produzir alucinação em
hallucination [həˌluːsɪ'neɪʃən] s. alucinação
hallucinatory [hæ'luːsɪnətərɪ] adj. alucinatório
hallucinogen [ˌhæluː'sɪnədʒən] s. alucinogénio
hallucinogenic [hæˌluːsɪnə'dʒenɪk] adj. alucinogénio
hallway ['hɔːlweɪ] s. [EUA] entrada, pátio de entrada
halm [hɑːm] s. ⇒ **haulm**
halma ['hælmə] s. jogo, para o qual se utiliza um tabuleiro de 256 casas
halo ['heɪləʊ] Ⓐ s. (pl. **-s** ou **-es**) 1 halo; 2 auréola; 3 nimbo; 4 aréola, resplendor, círculo, anel luminoso; 5 ANATOMIA aréola Ⓑ v.tr. aureolar, rodear com auréola
haloed ['heɪləʊd] adj. aureolado
halogen ['hælədʒen] adj. QUÍMICA halógeno, halogénio
halogenous [hæ'lɒdʒənəs] adj. halogénico
haloid ['hælɔɪd] adj.,s. QUÍMICA halóide; *~ salt* sal halóide
halology [hæ'lɒlədʒɪ] s. halologia, halografia
halometer [hæ'lɒmɪtə] s. halómetro
halometry [hæ'lɒmətrɪ] s. halometria, halimetria
halophile ['hæləʊfaɪl] s. BOTÂNICA halófilo
halophilous [hæ'lɒfɪləs] adj. BOTÂNICA halófilo
halophyte ['hæləʊfaɪt] s. BOTÂNICA halófito
halophytic [ˌhæləʊ'fɪtɪk] adj. BOTÂNICA halófito
halotechny [hæləʊ'teknɪ] s. QUÍMICA halotecnia
halt [hɔːlt] Ⓐ s. 1 paragem; 2 pausa; interrupção temporária; 3 alto, 4 (comboios) apeadeiro; 5 andar hesitante; 6 [arc.] coxeio, coxeadura; *to walk with a ~* coxear, mancar Ⓑ v.tr.,intr. 1 fazer alto, parar; 2 fazer parar, deter; 3 hesitar; *to ~ between two opinions* hesitar entre duas opiniões; 4 caminhar de maneira hesitante; 5 [arc.] coxear, mancar, manquejar Ⓒ adj. [arc.] coxo, aleijado, estropiado Ⓓ s.pl. [arc.] *the ~* os estropiados, os aleijados ❖ *halt!* alto!, pare!; *to call a ~ to* pôr fim a; *to come to a ~/to make a ~* parar; fazer uma paragem; *to speak with a ~* falar de maneira hesitante
halter ['hɔːltə] Ⓐ s. 1 (arreio) cabresto; cabeçada; 2 corda com nó corredio para enforcar, baraço; 3 forca; enforcamento; 4 VESTUÁRIO vestido ou blusa sem costas Ⓑ v.tr. 1 prender com cabresto, encabrestar; 2 lançar uma corda ao pescoço, prender com corda; 3 enforcar ❖ VESTUÁRIO *~ neck* vestido ou blusa sem costas; *with a ~ round one's neck* com a corda ao pescoço
halter-break ['hɔːltəbreɪk] v.tr. habituar (cavalo) ao cabresto
halteres ['hæltɪəz] s.pl. ZOOLOGIA halteres, balanceiros
halterneck ['hɔːltənek] Ⓐ s. t-shirt sem costas, e com uma tira que rodeia o pescoço Ⓑ adj. sem costas
haltertop ['hɔːltəˌtɒp] s. VESTUÁRIO top sem costas

halting ['hɔːltɪŋ] Ⓐ *adj.* hesitante; indeciso Ⓑ *s.* 1 hesitação, indecisão; 2 pouca fluência; 3 coxeadura, manqueira ❖ *~ verse* verso coxo; verso pouco perfeito

haltingly ['hɔːltɪŋlɪ] *adv.* 1 hesitantemente; 2 titubeando

halve [hɑːv] *v.tr.* 1 dividir ao meio, dividir em dois, repartir igualmente; 2 reduzir a metade; 3 juntar, encaixar, ligar a meia-madeira

halves [hɑːvz] *pl. de* **half**

halving ['hɑːvɪŋ] *s.* meia-madeira

halyard ['hæljəd] *s.* NÁUTICA adriça, ostaga

ham [hæm] Ⓐ *s.* 1 presunto; 2 pernil de porco; 3 parte traseira de animal; 4 ANATOMIA lado posterior do joelho, fossa poplítea; 5 actor artificial, actor exagerado; 6 *pl.* traseiro, nádegas; 7 HISTÓRIA [rar.] aldeia, cidade, burgo Ⓑ *v.tr.,intr.* (*particípios* **-mm-**) 1 (actor) representar cabotinamente; 2 (pessoa) exagerar; agir de forma teatral

hamadryad [ˌhæməˈdraɪəd] *s.* 1 MITOLOGIA hamadríada, hamadríade, ninfa dos bosques, filha de Nereu e de Dóris, que vivia e morria com a árvore que habitava; 2 serpente venenosa da Índia; 3 macaco abissínio

hamate ['heɪmət] *adj.,s.* ANATOMIA unciforme

Hamburg ['hæmbɜːg] *s.top.* Hamburgo ❖ *~ steak* hambúrguer

hamburger ['hæmbɜːgə] *s.* CULINÁRIA hambúrguer

Hamburger ['hæmbɜːgə] *s.* 1 habitante de Hamburgo; 2 natural de Hamburgo

Hamburgh ['hæmbərə] *s.* 1 uva preta; 2 galinha-de-hamburgo

hames [heɪmz] *s.pl.* partes curvas de madeira ou metal da coelheira de cavalos de tiro

hamesucken ['heɪmsʌkən] *s.* DIREITO [arc.] delito cometido no domicílio da vítima

ham-fisted ['hæmfɪstɪd] *adj.* desajeitado; pouco hábil com as mãos

ham-handed ['hæmhændɪd] *adj.* [EUA] ⇒ **ham-fisted**

Hamilcar [hæˈmɪlkɑː] *s.antr.* Amílcar

hamite ['hæmaɪt] *s.* cefalópode fóssil

Hamite ['hæmaɪt] *s.* 1 hamita; 2 camita, descendente de Cam; 3 indivíduo egípcio, etíope ou líbio

Hamitic [hæˈmɪtɪk] *adj.* 1 hamita; 2 camítico

hamlet ['hæmlɪt] *s.* lugarejo, lugar, aldeola

hammer ['hæmə] Ⓐ *s.* 1 (geral) martelo; 2 martinete; martelão; 3 (arma de fogo) cão Ⓑ *v.tr.,intr.* 1 martelar; bater com martelo; malhar; 2 pregar; *to ~ a nail* pregar um prego; 3 bater insistentemente [*at, a*]; *the police hammered at the door* os polícias bateram à porta com força; 4 [coloq.] (jogo) derrotar, humilhar, dar uma cabazada a$_{coloq}$; 5 [coloq.] (criticar) arrasar; 6 atacar; 7 fazer entrar à força (na cabeça de alguém), meter à força (na cabeça de alguém) [*into, em*] ❖ (comunismo) *~ and sickle* foice e martelo; ZOOLOGIA *~ fish* peixe-martelo; tubarão-martelo; DESPORTO *~ throw* lançamento do martelo; *air ~* martelo pneumático; *pneumatic ~* martelo pneumático; *to be/go at it ~ and tongs* dedicar-se com todo o afinco; dedicar-se com toda a energia; *to bring to the ~* levar a leilão; *to come/go under the ~* ser posto em leilão; ir a leilão; *to ~ sth home* deixar algo bem claro; reforçar algo; *to live ~ and tongs* viver como o cão e o gato

◆ **hammer away at** *v.intr.* 1 trabalhar com afinco em; trabalhar arduamente em; 2 repetir exaustivamente; insistir muito em; 3 atormentar; importunar

◆ **hammer down** *v.tr.* 1 introduzir à martelada; fixar a golpes de martelo; 2 pregar; 3 (metal) alisar, martelando

◆ **hammer in** *v.tr.* 1 enfiar à martelada; 2 pregar; *to hammer a nail in* pregar um prego; 3 repetir exaustivamente

◆ **hammer out** *v.tr.* 1 (metal) trabalhar com o martelo; 2 (acordo difícil) chegar a; conseguir; arranjar ❖ *to ~ one's fortune* conquistar a própria fortuna; subir a pulso

hammered ['hæməd] *adj.* martelado, batido, trabalhado com o martelo; *~ copper* cobre batido; *~ iron* ferro trabalhado

hammerer ['hæmərə] *s.* martelador

hammer-harden ['hæməhɑːdn] *v.tr.* martelar a frio

hammerhead ['hæməhed] *s.* 1 cabeça do martelo; 2 ZOOLOGIA tubarão-martelo; peixe-martelo; 3 [cal.] idiota ❖ *~ shark* tubarão-martelo; peixe-martelo

hammering ['hæmərɪŋ] *s.* 1 ruído do martelo; 2 acção de martelar, de bater com o martelo; 3 (ferro) batedura; 4 batimento; *~ of the valve* batimento da válvula; 5 [fig., coloq.] (derrota, crítica violenta) tareia$_{fig}$; coça$_{fig}$; *to take a ~* apanhar uma tareia$_{fig}$

hammerless ['hæmələs] *adj.* (espingarda) sem cão

hammerman ['hæməmən] *s.* (*pl.* **-men**) malhador

hammersmith ['hæməsmɪθ] *s.* ferreiro que trabalha com martelo

hammer-throwing ['hæməθrəʊɪŋ] *s.* DESPORTO lançamento do martelo

hammock ['hæmək] *s.* 1 rede; cama de rede; 2 cama suspensa; 3 maca ❖ *~ chair* cadeira de lona

hamper ['hæmpə] Ⓐ *v.tr.* 1 impedir; 2 dificultar; 3 embaraçar, estorvar, entravar; 4 prejudicar Ⓑ *s.* 1 cesto grande com tampa; 2 cesta; 3 NÁUTICA acessórios de navio, necessários mas incómodos

hampered ['hæmpəd] *adj.* 1 embaraçado; 2 atrapalhado; 3 prejudicado

hamster ['hæmstə] *s.* ZOOLOGIA hamster, criceto, marmota-da-alemanha

hamstring ['hæmstrɪŋ] Ⓐ *s.* 1 ANATOMIA tendão da curva do joelho; 2 tendão do jarrete Ⓑ *v.tr.* (*prt. e part. pass.* **hamstrung** ou **hamstringed**) 1 jarretar, estropiar cortando os tendões por trás do joelho; 2 [fig.] paralisar; 3 [fig.] incapacitar

hamulate ['hæmjʊlɪt] *adj.* BOTÂNICA em forma de gancho

hamulose ['hæmjʊləʊs] *adj.* ⇒ **hamulate**

hanap ['hænæp] *s.* hanape, taça

hand [hænd] Ⓐ *s.* 1 mão; 2 (animal) pata dianteira; 3 palmo; 4 [fig.] mão, mãozinha, ajuda; *to need a ~* precisar de uma ajuda; *to lend a ~ to sb* dar uma ajuda a alguém; 5 trabalhador manual; operário; 6 capacidade; habilidade; *to be a poor ~ at* não ter grande habilidade para; 7 [fig.] (autoridade) pulso$_{fig}$, mão$_{fig}$; *to rule with a firm ~* governar com pulso firme; *with a heavy ~* com mão pesada, com mão de ferro; 8 [fig.] mão; parte; responsabilidade; participação; envolvimento; influência; *my ~ is in* estou metido nisso, meti-me nisso; *my ~ is out* já não tenho nada com isso, desliguei-me disso; *to have a ~ in* estar envolvido em; haver a mão de alguém em; ter parte em; estar implicado em; ter responsabilidades em; 9 (relógio) ponteiro; 10 (jogos de cartas) mão; jogo; jogador; 11 [ant.] caligrafia, letra; *to write a good ~* ter uma boa caligrafia; 12 marinheiro; 13 lado, direcção; mão; 14 (medida da altura de cavalo) quatro polegadas; 15 assinatura; 16 aplauso, ovação, palmas; [EUA] [coloq.] *she was given a big ~ by the audience* recebeu do público uma ovação enorme; recebeu uma salva de palmas; 17 feixe; cacho; 18 [arc.] origem (de informação, fornecimento, etc.), fonte; *from good hands* de boa fonte Ⓑ *v.tr.* 1 passar, dar, entregar [*to, a*]; 2 ajudar, auxiliar (com a mão); *he handed her out of the carriage* ele ajudou-a a sair da carruagem; 3 [fig.] reconhecer o mérito de; *you have to ~ it to...* há que dar os parabéns a..., há que reconhecer o mérito de... Ⓒ *adj.* 1 manual; *~ control* comando/controlo manual; *~ labour* trabalho manual; *~ press* prensa manual; *~ pressure* pressão manual; 2 de mão, MILITAR *~ grenade* granada de mão; [EUA] *~ truck* carro de mão; 3 portátil; *~ level* nível portátil; *~ tool* ferramenta portátil ❖ *~ balancer* acrobata; *~ crank* manivela; *~ drill* berbequim; berbequim de manivela; *~ hammer* marreta; malho; *~ in glove* unha com carne; em grande intimidade; em conjunto; *~ in ~* de mãos dadas; [EUA] MÚSICA *~ organ* realejo; *~ over fist* facilmente; com toda a facilidade; cada vez mais; *~ over head* inconsideradamente; (carpintaria) *~ plane* rabote, rebote; *~ reader* quiromante; *~ reading* quiromancia; *~ rest* descanso para a mão; apoio para a mão; *~ sorting* escolha à mão; selecção feita à mão; *~ span* palmo; *hands off!* [cal.] tira as mãos!; tira as patas!; *hands up!* mãos ao ar!; mãos ao alto!; *all hands to the pump!* toda a gente tem de ajudar!; *an old ~ (at)* uma pessoa experimentada (em); *at first ~* em primeira mão; *at ~* próximo; perto; à mão; *at the hands of* às mãos de; (honestidade) *clean hands* mãos limpas; *close/near at ~* perto; *in the hands of* nas mãos de; *on all hands* de todos os lados; por toda a gente; *on ~* à mão; disponível; *on hands and knees de gatas*; *on the one ~... on the other ~* por um lado... por outro lado; *out of ~* logo a seguir; imediatamente; descontrolado; inconveniente; despropositado; *the matter in ~*

handbag

o assunto em questão; *to ask for sb's ~ (in marriage)* pedir a mão de alguém (em casamento); *to be good with one's hands* ter boas mãos; *to be made by ~* ser feito à mão; *to bring up by ~* criar a biberão; *to change hands* mudar de dono; mudar de mãos; *to come to ~* vir à mão; ser recebido; *to gain/get/have the upper ~* levar a melhor; *to get in ~* dominar; ter na mão; *to get one's ~ in* exercitar-se em; *to get one's hands on* obter; apanhar; pôr as mãos em cima de; *to get out of ~* tornar-se impossível de dominar; *to get sth off one's hands* deixar de ser responsável por alguma coisa; ver-se livre de alguma coisa; *to go ~ in ~* andar de mãos dadas; ir a par um do outro; *to have one's hands full* ter muito que fazer; não ter mãos a medir; *to keep one's ~ in* manter a prática em; *to live (from) ~ to mouth* viver do dia a dia; gastar o que se ganha sem pensar no futuro; *to put one's ~ in one's pocket* abrir os cordões à bolsa; *to put/turn one's ~ to* começar a trabalhar em; dedicar-se a; ocupar-se de (embora tendo pouca experiência); *to take sb by the ~* levar alguém pela mão; *to try one's ~ (at sth)* experimentar (algo); *to wash one's hands of* lavar as mãos de; não tomar a responsabilidade por; *under my ~ (and seal)* firmado por mim; por mim assinado e selado; *with a high ~* com arrogância

◆**hand around/round** *v.tr.* 1 fazer circular, fazer passar (de mão em mão); 2 oferecer
◆**hand back** *v.tr.* devolver; restituir
◆**hand down** *v.tr.* 1 transmitir; passar de uma geração para a outra; 2 passar, dar, entregar (a alguém que está em baixo); 3 (decisão, sentença, castigo) anunciar, transmitir
◆**hand in** *v.tr.* 1 entregar, fazer entrega de; 2 apresentar; *to ~ one's resignation* apresentar a demissão
◆**hand on** *v.tr.* 1 passar; dar; entregar; 2 transmitir
◆**hand out** *v.tr.* 1 distribuir; 2 (conselhos) dar; 3 (castigo) aplicar
◆**hand over** *v.tr.* 1 entregar [to, a]; 2 passar [to, a]; transmitir [to, a]; 3 ceder [to, a]; delegar [to, em]

handbag ['hændbæg] Ⓐ *s.* 1 bolsa de mão, carteira; 2 (viagem) saco de mão Ⓑ *v.tr.* [fig.] (mulher) atacar verbalmente; vituperar
handbagging ['hænd.bægɪŋ] *s.* (ataque verbal) tareia*fig.*, coça*fig.*
handball ['hændbɔːl] *s.* DESPORTO andebol
handbarrow ['hænd.bærəʊ] *s.* 1 padiola; 2 carrinho de mão
handbasket ['hændbɑːskɪt] *s.* cesto de mão
handbell ['hændbel] *s.* sineta, campainha
handbill ['hændbɪl] *s.* prospecto; folheto
handbook ['hændbʊk] *s.* 1 guia; 2 manual
handbrake ['hændbreɪk] *s.* (automóvel) travão de mão; *to put the ~ on* puxar o travão de mão; *to release the ~* destravar
handcart ['hændkɑːt] *s.* 1 carrinho-de-mão; 2 (vendedor ambulante) carreta
handclap ['hændklæp] *s.* aplauso ❖ *a thunderous ~* uma salva de palmas
handclasp ['hændklɑːsp] *s.* aperto de mão, cumprimento
hand-controlled ['hænd.kəntrəʊld] *adj.* com comandos manuais; controlado manualmente
handcuff ['hændkʌf] *v.tr.* algemar
handcuffs ['hændkʌfs] *s.pl.* algemas
hand-driven ['hænd.drɪvn] *s.* accionado à mão; movido à mão
handedness ['hændɪdnɪs] *s.* 1 uso exclusivo de uma só mão; 2 tendência para usar uma mão mais que a outra
Handel ['hændl] *s.antr.* (compositor) Händel, Haendel
handfeed ['hændfiːd] *v.tr.* (*prt. e part. pass.* **-fed**) 1 alimentar à mão; 2 alimentar com biberão
handfeeding ['hændfiːdɪŋ] *s.* 1 alimentação manual; 2 aleitamento com o biberão
handful ['hændfʊl] *s.* 1 mão-cheia [of, de]; punhado [of, de]; *by the handful/in handfuls* às mãos-cheias; aos punhados; 2 [fig.] (pequena quantidade) meia dúzia [of, de]; *there was only a ~ of people at the party* só havia meia dúzia de pessoas na festa ❖ (pessoas, coisas) *to be a ~* não dar um minuto de descanso
handgrip ['hændgrɪp] *s.* 1 força de pulso; 2 punho, pega; 3 (viagem) saco de mão
handgun ['hændgʌn] *s.* revólver; pistola
handheld ['hændheld] *adj.* 1 de mão; 2 portátil; *~ camera* câmara portátil
handhold ['hændhəʊld] *s.* 1 apoio para a mão; 2 ponto de apoio, suporte; 3 punho

handhole ['hændhəʊl] *s.* MECÂNICA (caldeira) abertura de limpeza
handicap ['hændɪkæp] Ⓐ *s.* 1 desvantagem; 2 [fig.] dificuldade, obstáculo, impedimento; 3 MEDICINA deficiência; *mental ~* deficiência mental; *physical ~* deficiência física; 4 desvantagem imposta a um corredor ou jogador, a fim de o colocar em pé de igualdade, quanto a possibilidades de vitória, com outros que lhe são inferiores; 5 prova desportiva em que se impõem desvantagens Ⓑ *v.tr. (particípios:* **-pp-**) 1 prejudicar, lesar; 2 colocar em desvantagem ❖ *to be under a ~* estar em desvantagem
handicapped ['hændɪkæpt] Ⓐ *adj.* 1 com desvantagem; 2 em dificuldade; 3 com deficiência, deficiente; *mentally ~* com deficiência mental; *physically ~* com deficiência física Ⓑ *s.pl. the ~* as pessoas com deficiência(s)
handicapper ['hændɪkæpə] *s.* o que impõe a desvantagem
handicapping ['hændɪkæpɪŋ] *s.* DESPORTO sistema de desvantagens
handicraft ['hændɪkrɑːft] *s.* 1 trabalho manual; 2 actividade manual; 3 ofício manual; 4 artesanato
handicraftsman ['hændɪkrɑːftsmən] *s.* (*pl.* **-men**) artífice, operário, artesão
handily ['hændɪlɪ] *adv.* 1 com habilidade, com jeito; 2 prontamente
handiwork ['hændɪwɜːk] *s.* ofício manual, trabalho manual
handkerchief ['hæŋkətʃɪf] *s.* (*pl.* **handkerchiefs** ou **handkerchieves**) 1 lenço de bolso, lenço de assoar; 2 lenço de pescoço
handle ['hændl] Ⓐ *s.* 1 cabo, punho; *the ~ of a tool* o cabo duma ferramenta; *the ~ of a hammer* o cabo dum martelo; 2 puxador; 3 asa; 4 manípulo; *~ of a cock* manípulo de torneira; 5 botão de trinco; 6 picota de bomba; 7 vergueiro; 8 chave; 9 [fig.] vantagem; ponto de apoio; *you are giving a ~ to your enemies* estás a dar aos teus inimigos armas para te atacarem; 10 [coloq.] nome, título; *a ~ to one's name* um título; 11 (arado) rabelo, rabiça Ⓑ *v.tr.* 1 tratar de, lidar com; *they are hard to ~* são difíceis de tratar, é difícil lidar com eles; *he was roughly handled* foi maltratado; 2 tocar em; pegar em, manejar, manusear; palpar, apalpar; 3 dirigir, comandar, conduzir; *to ~ a ship* governar um navio; 4 dominar, controlar; *to ~ a situation* dominar uma situação; 5 negociar em Ⓒ *v.intr.* 1 funcionar; 2 comportar-se; 3 (carro, barco) responder, reagir; *the car handles well, even in rough weather* o carro responde bem, mesmo com mau tempo ❖ *~ with care* frágil; [coloq.] (fúria) *to fly off the ~* [coloq.] passar-se; *to get a ~ on...* chegar a entender...; *to ~ oneself* dominar-se; controlar-se; [coloq.] *to ~ the ribbons* guiar um carro de cavalos; manobrar as rédeas; *to ~ well/badly* ser fácil/difícil de controlar; *to ~ without gloves/mittens* agir sem hesitações; actuar com firmeza
handlebar ['hændlbɑː] *s.* (bicicleta, mota) guiador ❖ *~ moustache* bigode de pontas reviradas
handled ['hændəld] *adj.* 1 tocado com a mão; 2 com cabo, com punho
handler ['hændlə] *s.* 1 (animais) treinador, tratador; *dog ~* tratador de cães; 2 transportador; 3 manobrador ❖ *baggage ~* bagageiro
handling ['hændlɪŋ] *s.* 1 abordagem; tratamento; 2 manejo; manuseamento; manipulação; 3 manobra; 4 COMÉRCIO embalagem e transporte; 5 toque; 6 colocação de cabo ou punho
handloom ['hændluːm] Ⓐ *s.* tear manual, tear caseiro Ⓑ *v.tr.* fazer em tear manual
handmade ['hændmeɪd] *adj.* feito à mão
handmaid ['hændmeɪd] *s.* 1 [arc.] criada; 2 [fig.] suporte, base
handmaiden ['hændmeɪdən] *s.* 1 [arc.] criada; 2 [fig.] suporte, base, sustentáculo
hand-me-down ['hændmɪdaʊn] Ⓐ *s.* (*pl.* **-s**) peça de roupa herdada, peça de roupa usada, peça de roupa em segunda mão Ⓑ *adj.* 1 usado; em segunda mão; 2 herdado
hand-operated ['hænd.ɒpəreɪtɪd] *adj.* com comandos manuais; accionado à mão
handout ['hændaʊt] *s.* 1 esmola; 2 (instituição, governo) subsídio; 3 prospecto, folheto; 4 fotocópias; 5 (jornalismo) comunicado à imprensa
handover ['hændəʊvə] *s.* passagem, transmissão, transferência
handpick ['hændpɪk] *v.tr.* 1 (fruta, legumes) colher à mão, apanhar à mão; 2 [fig.] escolher a dedo

handpicked ['hændpɪkd] adj. 1 (frutas, legumes) colhido à mão, apanhado à mão; 2 [fig.] escolhido a dedo
handprint ['hændprɪnt] s. marca da mão
handrail ['hændreɪl] s. 1 corrimão; 2 parapeito; balaustrada
handsaw ['hændsɔː] s. serrote; ~ *without back piece* serrote sem costas
hands-down [hændz'daʊn] adj. fácil, indiscutível, sem problemas
handsel ['hænsəl] Ⓐ s. 1 presente dado pelo Ano Novo, ou quando se cria uma situação nova; 2 penhor, sinal; 3 arras; 4 estreia, primeiras vendas Ⓑ v.tr. (particípios: -ll-) 1 presentear, 2 inaugurar, estrear; 3 dar sinal, dar penhor
handset ['hændset] s. (telefone) auscultador ❖ ~ *cord* cordão do auscultador; ~ *cradle* gancho do telefone
handsewn ['hændsəʊn] adj. cosido à mão
hands-free [hændz'friː] adj. mãos-livres
handshake ['hændʃeɪk] s. aperto de mão, cumprimento
handshaking ['hændʃeɪkɪŋ] s. 1 (cumprimento) aperto de mão; 2 INFORMÁTICA entrada em contacto ❖ *to be on* ~ *terms with a person* conhecer uma pessoa o bastante para lhe apertar a mão
hands-off [hændz'ɒf] adj. sem controlo, sem envolvimento, sem interferência
handsome ['hænsəm] adj. 1 belo; bonito; agradável à vista; gracioso; elegante; 2 (pessoa) bem-parecido; atraente; 3 (dinheiro) belo; considerável; generoso; chorudo; *a* ~ *fortune* uma bela fortuna; *a* ~ *reward* uma recompensa choruda; 4 (prazer) esplêndido; *we had a* ~ *dinner* tivemos um jantar esplêndido ❖ ~ *is that* ~ *does* o comportamento de uma pessoa tem mais valor que o seu bom aspecto; a nobreza de cada um provém da sua virtude
handsomely ['hænsəmlɪ] adv. 1 com elegância; 2 com generosidade; 3 com liberalidade
handsomeness ['hænsəmnɪs] s. 1 beleza; 2 elegância; 3 gentileza, graça; 4 generosidade
hands-on ['hændzɒn] adj. 1 prático; 2 efectivo, real; 3 interactivo
handspike ['hændspaɪk] s. 1 espeque; 2 barra do cabrestante; 3 barra do molinete; 4 alavanca ❖ ~ *of the windlass* espeque de bolinete
handspring ['hændsprɪŋ] s. DESPORTO salto mortal apoiado nas mãos
handstand ['hændstænd] s. DESPORTO pino
handstitched ['hændstɪtʃt] adj. cosido à mão
hand-to-hand [hændtə'hænd] adj.,adv. corpo a corpo; ~ *fight* corpo-a-corpo; *to fight* ~ lutar corpo a corpo
hand-to-mouth [,hændtə'maʊθ] Ⓐ adj. 1 pobre; *a* ~ *existence* vida pobre; 2 escasso; frugal Ⓑ adv. na pobreza ❖ *to lead a* ~ *existence* sobreviver a custo
handwheel ['hændwiːl] s. 1 volante; 2 manípulo de torneira
handwork ['hændwɜːk] s. trabalho manual
handworker ['hændwɜːkə] s. trabalhador, operário
handwrite ['hændraɪt] v.tr. manuscrever, escrever à mão
handwriting ['hændraɪtɪŋ] s. caligrafia; letra; escrita
handwritten ['hændrɪtn] adj. manuscrito; escrito à mão
handwrought [,hænd'rɔːt] adj. de fabrico artesanal; trabalhado (à mão); forjado (à mão)
handy ['hændɪ] adj. (comp. -ier, superl. -iest) 1 habilidoso, destro com as mãos, capaz; 2 conveniente, útil, cómodo; 3 manejável; 4 à mão; 5 (localização) mesmo ao lado; *to be* ~ *for...* estar mesmo ao lado de..., estar bem localizado em relação a... ❖ *to be* ~ *with...* ter muito jeito para...; *to come in* ~ ser útil; vir mesmo a propósito
handyman ['hændɪmæn] s. faz-tudo, topa-a-tudo, habilidoso
hang [hæŋ] Ⓐ v.tr.,intr. (prt. e part. pass. **hung**) 1 suspender; pendurar; 2 estar pendurado; estar suspenso; 3 deixar ficar pendurado; 4 (parede) aplicar, colocar; *to* ~ *wallpaper* colocar papel de parede; 5 demorar, hesitar, ser lento; 6 (prt. e part. pass. **hanged**) enforcar; ser enforcado; *he was hanged for a murder* enforcaram-no como assassino; 7 (expressão) ir para o diabo; *let them go* ~ que vão para o diabo; 8 (expressão) ser levado pelo diabo; *I'll be hanged if I know!* diabos me levem se eu sei; *oh,* ~ *it all!* diabos levem tudo isto! Ⓑ s. 1 inclinação, ladeira, declive; 2 (casaco, etc.) aba; 3 [coloq.] sentido, significado; *to get the* ~ *of* apanhar o sentido de, compreender, apanhar o jeito de ❖ *as well be hanged for a sheep as for a lamb* perdido por um, perdido por mil;

I don't care a ~ quero lá saber!; *to* ~ *behind* arrastar-se; demorar-se; ficar para trás; *to* ~ *by a hair/by a thread* estar suspenso por um fio; *to* ~ *fire* atrasar o fogo; ser lento no fogo; demorar (-se); estar a demorar; *to* ~ *in doubt* estar indeciso; *to* ~ *in the balance* ficar por resolver; [EUA] [coloq.] *to* ~ *loose* não ter preocupações; deixar correr; manter-se calmo; (convite) *to* ~ *off* mostrar-se pouco disposto a aceitar; *to* ~ *on sb's lips* estar suspenso das palavras de alguém

◆**hang about/around** v.intr. 1 vaguear; dar umas voltas; andar por ali; 2 deixar-se ficar; 3 perder tempo; 4 esperar; *to keep sb hanging about* fazer alguém esperar; *hang about!* espera aí!; 5 passar o tempo; entreter-se

◆**hang back** v.intr. 1 ficar para trás; atrasar-se; 2 tardar [**on**, em]; demorar-se [**on**, a]; 3 hesitar [**from**, em]; mostrar alguma relutância [**from**, em] ❖ *to* ~ *from saying sth* retrair-se

◆**hang down** v.intr. pender, estar pendente ❖ *to* ~ *one's head* baixar a cabeça

◆**hang in** v.intr. 1 [coloq.] aguentar-se; persistir; 2 empenhar-se ❖ ~ *there!* força!

◆**hang on** Ⓐ v.intr. 1 esperar; ~ *for ten minutes* espera dez minutos; 2 aguentar; ~ *and you will win* aguenta e vencerás Ⓑ v.tr. 1 agarrar-se [**to**, a]; ~ *to the handrail* agarra-te ao corrimão; 2 pendurar-se em; 3 depender de; *it hangs on your decision* depende da tua decisão; 4 (atenção) estar suspenso de; *to* ~ *sb's words* estar suspenso das palavras de alguém, ouvir absorto as palavras de alguém ❖ [coloq.] ~ *a sec!* só um segundo!; *to* ~ *like grim death* agarrar-se com todas as forças

◆**hang onto** v.tr. 1 agarrar com força; segurar; *she hung onto her purse* ela segurou a carteira com força; 2 não esquecer; reter na memória; *she hangs onto the past* ela não esquece o passado

◆**hang out** Ⓐ v.tr. 1 pendurar; estender; *she was hanging out the washing* ela estava a estender a roupa; 2 (bandeira) arvorar Ⓑ v.intr. 1 passar o tempo; andar; *he usually hangs out near the beach* ele costuma andar pelos lados da praia; 2 (local) viver [**at**, em]; residir [**at**, em]; 3 deitar para fora; ficar a cair para fora ❖ *to* ~ *with sb* passar muito tempo com alguém; andar muito com alguém

◆**hang over** Ⓐ v.tr. 1 pairar sobre; 2 ameaçar; estar na iminência de acontecer Ⓑ v.intr. (adiamento) ficar em suspenso [**until**, até]

◆**hang together** v.intr. 1 manter-se unidos; 2 ser coerente; *the story didn't* ~ a história não era coerente, a história estava cheia de incoerências

◆**hang up** v.tr.,intr. 1 (telefone) desligar; *she hung up the phone* ela desligou o telefone; *to* ~ *on sb* desligar o telefone na cara de alguém; 2 pendurar; 3 adiar ❖ *to* ~ *one's boots* pendurar as botas; reformar-se; *to* ~ *one's hat* reformar-se; retirar-se

◆**hang with** v.tr. conviver com; dar-se com; andar muito com
hangar ['hæŋə] s. hangar
hangbird ['hæŋbɜːd] s. ZOOLOGIA verdelhão
hangdog ['hæŋdɒg] Ⓐ adj. 1 envergonhado, compungido, contrito; *did you notice his* ~ *expression at the trial?* reparaste na expressão compungida dele no julgamento?; 2 triste, abatido Ⓑ s. indivíduo desprezível
hanger ['hæŋə] s. 1 cabide; 2 gancho; suspensor; suporte; 3 pessoa que pendura; 4 (automóvel) pendural; 5 lanceiro; 6 carrasco; 7 (arma) alfange ❖ *clothes* ~ cabide; cruzeta; *coat* ~ cabide; cruzeta
hanger-on [hæŋər'ɒn] s. (pl. **hangers-on**) 1 [depr.] parasita; 2 [depr.] sequaz
hang-glide ['hæŋglaɪd] v.intr. DESPORTO praticar asa-delta
hang-glider ['hæŋglaɪdə] s. DESPORTO (aparelho) asa-delta
hang-gliding ['hæŋglaɪdɪŋ] s. DESPORTO (actividade) asa-delta
hanging ['hæŋɪŋ] Ⓐ adj. 1 punível com enforcamento; *a* ~ *offence* um crime punível com enforcamento; 2 pendente, suspenso; *the* ~ *gardens of Babylon* os jardins suspensos de Babilónia; 3 pênsil; ~ *bridge* ponte pênsil; 4 de aspecto criminoso Ⓑ s. 1 suspensão; 2 enforcamento; 3 colocação; 4 (porta, etc) montagem; 5 pl. tapeçarias, colgaduras ❖ ~ *committee* júri que decide sobre a admissão de quadros numa exposição; ~ *hook* gancho para pendurar; ~ *judge* juiz que condena muitos criminosos à forca; ~ *valve* válvula de charneira; (minas) ~ *wall* camada de rocha por cima do filão; *it's not a* ~ *offence!* não é um crime!

hanglock ['hæŋlɒk] s. cadeado com fechadura
hangman ['hæŋmən] s. (pl. **-men**) 1 carrasco; 2 (jogo) forca; *to play ~* jogar à forca
hangnail ['hæŋneɪl] s. (unha) espigo, espigão, espiga
hangout ['hæŋaʊt] s. 1 ; 2 [coloq.] (lugar predilecto) ponto de encontro; poiso habitual
hangover ['hæŋəʊvə] s. 1 ressaca; 2 [fig.] vestígio
hangtag ['hæŋtæg] s. [EUA] etiqueta
hang-up ['hæŋʌp] s. 1 [coloq.] complexo [**about**, por causa de]; *to have a ~ about...* ter complexos em relação a...; 2 [coloq.] problema; dilema; 3 [coloq.] preocupação
hank [hæŋk] Ⓐ s. 1 (lã) novelo; meada; *a ~ of cotton* uma meada de algodão; 2 madeixa; 3 NÁUTICA palomba, garruncho; 4 autoridade, poder, influência; 5 propensão Ⓑ v.tr. enovelar ❖ *to have a ~ on sb* ter poder sobre alguém; ter alguém à sua disposição
hanker ['hæŋkə] v.intr. ansiar [**for/after**, por]; suspirar [**for/after**, por]; desejar ardentemente [**for/after**, -]; *to ~ after fame* ansiar por fama
hankering ['hæŋkərɪŋ] s. desejo ardente, aspiração, ânsia; *a ~ after power* uma ânsia de poder; *a ~ for sth* um desejo ardente de qualquer coisa
hanky ['hæŋkɪ] s. (pl. **-ies**) [coloq.] ⇒ **handkerchief**
hanky-panky [,hæŋkɪ'pæŋkɪ] s. 1 trapaçaria; 2 prestidigitação
Hannah ['hænə] s.antr. Ana
Hannibal ['hænɪbəl] s.antr. Aníbal
Hanover ['hænəʊvə] s.top. Hanôver
Hanoverian [,hænəʊ'vɪərɪən] adj.,s. hanoveriano
Hansard ['hænsɑ:d] s. 1 registo oficial dos debates parlamentares; 2 relato, diário
hansardize ['hænsədaɪz] v.tr. pôr um deputado em confronto com as suas próprias palavras registadas no Hansard
hanse [hæns] s. hansa ❖ *the Hanse* a Liga Hanseática
hanseatic [,hænsɪ'ætɪk] adj. hanseático
hansel ['hænsəl] s. ⇒ **handsel**
hansom ['hænsəm] s. cabriolé com a boleia atrás
hansom cab ['hænsəmkæb] s. cabriolé com a boleia atrás
Hants [hænts] ⇒ **Hampshire**
hap [hæp] Ⓐ s. 1 [arc.] sorte, destino; 2 [arc.] acaso; acidente; *by good ~* por um acaso feliz Ⓑ v.tr. 1 [arc.] acontecer por acaso; 2 [Esc.] aconchegar, proteger do frio; *to ~ sb in bed* aconchegar a roupa a alguém que está deitado
haphazard [hæp'hæzəd] Ⓐ adj. 1 desorganizado; desordenado; 2 deixado ao acaso; 3 casual, acidental, fortuito Ⓑ s. acaso, sorte; *at/by ~* à sorte Ⓒ adv. à sorte; ao acaso
haphazardly [hæp'hæzədlɪ] adv. à sorte; ao acaso
hapless ['hæpləs] adj. desafortunado, infeliz, desgraçado
haplessly ['hæplɪslɪ] adv. desafortunadamente, infelizmente, desgraçadamente
haplography [hæp'lɒgrəfɪ] s. haplografia
haploid ['hæplɔɪd] Ⓐ adj. BIOLOGIA haplóide Ⓑ s. BIOLOGIA célula haplóide; organismo haplóide
haplology [hæp'lɒlədʒɪ] s. haplologia
haplopetalous [,hæpləʊ'petələs] adj. haplopétalo
haply ['hæplɪ] adv. [arc.] acaso, talvez
ha'p'orth ['heɪpəθ] s. ⇒ **halfpennyworth**
happen ['hæpən] v.intr. 1 acontecer, suceder, ocorrer, produzir-se; 2 acontecer por acaso; *I happened to meet him* por acaso encontrei-o ❖ *as it happens* por acaso; ao que parece; *don't let it ~ again!* que isto não se repita!; *do you ~ to...?* por acaso não...?; *if anything should ~ to me* se alguma coisa me acontecer; *it happens to be true* acontece que é verdade; [EUA] [coloq.] *it's what's happening* é o que está a dar; é o que está na moda; *it so happened that* aconteceu que; *whatever happens* haja o que houver; *what has happened to him?* que é feito dele?
✦ **happen on/upon** v.tr. encontrar por acaso; achar; deparar com
happening ['hæpənɪŋ] s. 1 acontecimento, caso, sucesso; 2 (arte) happening
happenstance ['hæpənstæns] s. [coloq.] acaso; acontecimento fortuito; circunstância fortuita ❖ *by ~* por acaso
happily ['hæpɪlɪ] adv. 1 felizmente; 2 com felicidade

happiness ['hæpɪnɪs] s. felicidade, dita, ventura, sorte
happy ['hæpɪ] adj. (comp. **-ier**, superl. **-iest**) 1 feliz; alegre, contente, satisfeito [**about/with**, com]; 2 feliz, ditoso, venturoso, afortunado; *they were ~ to escape alive* eles tiveram sorte em escapar com vida; 3 (excelente) feliz; *a ~ idea* uma ideia feliz; 4 [coloq.] (bebida) alegre ❖ *~ birthday* parabéns; feliz aniversário; [joc.] *~ camper* paz-de-alma; pessoa feliz com a sua situação; *~ ending* final feliz; *~ medium* meio-termo; compromisso; *as ~ as a bird on a tree* feliz como um passarinho; *as ~ as a lark* alegre como uma cotovia; [GB] *many ~ returns (of the day)* parabéns; feliz aniversário; [ant.] *she was ~ in a daughter* ela tinha a felicidade de possuir uma filha; [joc.] *the ~ day* o casório; o enlace; o dia do casamento; [GB] [joc.] *the ~ event* o feliz acontecimento; o nascimento de um bebé; *to be/feel ~ for sb* ficar feliz/contente por alguém; *to be ~ to* ter o prazer de; ter todo o gosto em; ter sorte em; *to be ~ to see the back of sb* ficar contente por ver alguém pelas costas; *to keep sb ~* satisfazer alguém
happy-clappy [hæpɪ'klæpɪ] adj. [depr.] (prática religiosa) informal, espontâneo e com música; entusiástico
happy-go-lucky [hæpɪgəʊ'lʌkɪ] adj. 1 despreocupado; 2 à sorte
Hapsburg ['hæpsbɜ:g] s.antr. Habsburgo
haptophore ['hæptəfɔ:] adj. haptóforo
hara-kiri [,hærə'kɪrɪ] s. haraquiri; *to commit ~* fazer haraquiri
harangue [hə'ræŋ] Ⓐ v.tr.,intr. arengar, fazer arenga, discursar Ⓑ s. arenga, alocução pública, aranzel
haranguer [hə'ræŋə] s. arengador
haras ['hærəs] s. coudelaria
harass ['hærəs, hə'ræs] v.tr. 1 incomodar, molestar, assediar; 2 perturbar, vexar; 3 hostilizar; 4 assaltar, perseguir, assolar
harassing ['hærəsɪŋ, hə'ræsɪŋ] Ⓐ adj. 1 maçador, chato; 2 agressivo; 3 incomodativo Ⓑ s. 1 perturbação; 2 ataque
harassment ['hærəsmənt, hə'ræsmənt] s. 1 assédio; 2 perseguição; 3 tensão; pressão ❖ *sexual ~* assédio sexual
harbinger ['hɑ:bɪndʒə] Ⓐ s. 1 mensageiro, anunciador, precursor; 2 prenúncio Ⓑ v.tr. anunciar, predizer
harbour ['hɑ:bə] Ⓐ s. 1 porto de abrigo; 2 refúgio; 3 albergue, asilo Ⓑ v.tr. 1 proteger, abrigar, albergar; 2 dar asilo a; dar guarida a; 3 (ideia, sentimento, etc.) guardar, acalentar; *to ~ a grudge against sb* guardar rancor contra alguém; *to ~ a hope* acalentar uma esperança Ⓒ v.intr. (navio) abrigar-se num porto ❖ *~ dues* direito de porto; emolumentos de porto; *~ master* capitão do porto; *~ of refuge* porto de abrigo; *~ station* gare marítima; *artificial ~* porto artificial; *natural ~* porto natural; *to clear the ~* deixar o porto
harbourage ['hɑ:bərɪdʒ] s. abrigo, refúgio, asilo
harbourer ['hɑ:bərə] s. 1 aquele que dá protecção ou asilo; 2 encobridor (de ladrões); 3 protector
hard [hɑ:d] Ⓐ adj. 1 duro; 2 rígido, rijo, teso; 3 firme, sólido; 4 vigoroso, forte; 5 difícil; 6 áspero; 7 duro, severo [**on**, com]; *don't be too ~ on her* não sejas muito duro com ela; 8 insensível, de coração empedernido; 9 difícil de suportar, difícil de tolerar; 10 indesmentível, irrefutável, verdadeiro; *~ facts* factos indesmentíveis; 11 LINGUÍSTICA surdo, forte; 12 (tempo) duro, rigoroso; *a ~ winter* um Inverno rigoroso; 13 [EUA] que contém álcool; [joc.] *the ~ stuff* bebida forte Ⓑ adv. 1 em circunstâncias difíceis, em dificuldades, com dificuldade; 2 com força, fortemente; *to hit ~* bater forte, bater fortemente; 3 muito, activamente, afincadamente, diligentemente; *to work ~* trabalhar muito, trabalhar duramente; 4 profundamente, com concentração; *to think ~* pensar profundamente; 5 muito, violentamente; *to rain ~* chover muito; 6 demasiado, excessivamente; 7 imediatamente, logo a seguir; 8 [ant.] perto, muito perto; *~ by* mesmo ao pé (de), muito perto (de) Ⓒ s. NÁUTICA desembarcadouro inclinado ❖ *~ case* rufia; [GB] [irón.] *~ cheese!* pouca sorte!; azar!; paciência!; *~ coal* carvão magro; INFORMÁTICA *~ copy* cópia em papel; DESPORTO (ténis) *~ court* campo de ténis asfaltado ou cimentado; INFORMÁTICA *~ disk* disco rígido; disco duro; *~ drugs* drogas duras; (construção civil) *~ hat* capacete; *~ labour* trabalhos forçados; [GB] [ant.] *~ lines!* pouca sorte!; *~ luck!* foi azar!; ANATOMIA *~ palate* palato duro; MÚSICA *~ rock* hard rock; *~ rubber* ebonite; *~ science* ciência dura; *~ sell* marketing agressivo; [GB] (auto-estrada) *~ shoulder* berma; *~ and*

fast rule mão de ferro; regra firme; [coloq.] (pessoa, situação) *~ nut to crack* osso duro de roer; *~ of hearing* duro de ouvido; *~ to swallow* difícil de engolir; [coloq.] *~ up (for)* nas lonas; necessitado (de); a precisar (de); *a ~ left/right* uma curva acentuada à esquerda/direita; *as ~ as nails* insensível; sem coração; são como um pêro; [coloq.] *no ~ feelings* sem ressentimentos; *the ~ way* da maneira mais difícil; da pior maneira; *to be as ~ as a flint* ter um coração de pedra; *to be ~ put to do sth* ter dificuldade em fazer algo, estar atrapalhado para fazer algo; [coloq.] *to give sb a ~ time* fazer alguém passar por um mau bocado; [coloq.] *to have a ~ time* passar um mau bocado; *to take a ~ line on/over* ser duro em relação a; ser severo quanto a; *to try one's hardest* esforçar-se ao máximo

hardback ['hɑːdbæk] *s.* livro de capa dura
hardball ['hɑːdbɔːl] *s.* [EUA] DESPORTO basebol ❖ *to play ~* fazer jogo duro
hard-bitten [ˌhɑːdˈbɪtən] *adj.* 1 duro de roer*fig.*; 2 persistente, tenaz; 3 experiente, calejado
hardboard ['hɑːdbɔːd] *s.* cartão duro, cartão prensado
hard-boil ['hɑːdˈbɔɪl] *v.tr.* CULINÁRIA (ovo) cozer
hard-boiled [ˌhɑːdˈbɔɪld] *adj.* 1 CULINÁRIA (ovo) cozido; *~ egg* ovo cozido; 2 [coloq., fig.] duro, realista, pragmático
hardboot ['hɑːdbuːt] *v.tr.* INFORMÁTICA reiniciar (o computador)
hardcopy ['hɑːdkɒpɪ] *s.* cópia em papel ❖ *~ dictionaries* dicionários em papel
hard-core [ˌhɑːdˈkɔː] *adj.* 1 puro e duro; 2 ferrenho, incondicional; 3 (pornografia) pesado
hardcover ['hɑːdkʌvə] *s.* livro de capa dura
hard-drawn [ˌhɑːdˈdrɔːn] *adj.* (metal) de grande resistência
hard-earned [ˌhɑːdˈɜːnd] *adj.* ganho à custa de muito esforço, esforçado
harden ['hɑːdn] *v.tr.,intr.* 1 endurecer, tornar duro; 2 temperar; *to ~ steel* temperar o aço; 3 endurecer-se; 4 ossificar-se; 5 tornar-se insensível; 6 tonificar, enrijecer; *to ~ the body* enrijecer o corpo ❖ *to ~ a person to fatigue* acostumar uma pessoa à fadiga; *to ~ and draw* temperar o aço e abrandar a seguir um pouco a sua dureza, para não ficar quebradiço; *to ~ the heart* endurecer o coração
hardened ['hɑːdənd] *adj.* 1 (metal) temperado; 2 duro; endurecido; 3 calejado; 4 insensível [to, a]; indiferente [to, a] ❖ *a ~ criminal* criminoso inveterado; *to be ~ to sth* já estar habituado a algo; já não fazer diferença
hardener ['hɑːdənə] *s.* endurecedor; aquilo ou aquele que endurece
hardening ['hɑːdənɪŋ] *s.* 1 endurecimento, enrijamento; 2 têmpera; *~ bath* banho para temperar; *~ furnace* fornalha para temperar ❖ MEDICINA *~ of the arteries* arteriosclerose
hard-faced [ˌhɑːdˈfeɪst] *adj.* ⇒ **hard-featured**
hard-featured [ˌhɑːdˈfiːθəd] *adj.* de feições duras
hard-fisted [ˌhɑːdˈfɪstɪd] *adj.* avarento, forreta, unhas-de-fome*coloq.*
hard-fought [ˌhɑːdˈfɔːt] *adj.* 1 (concurso, eleição) renhido, muito disputado; 2 (questão) vivamente contestado
hardhead ['hɑːdhed] *s.* 1 pessoa pragmática; pessoa realista; 2 ZOOLOGIA nome dum peixe muito vulgar na costa oriental da América do Norte (*Brevoortia tyrannus*)
hardheaded [ˌhɑːdˈhedɪd] *adj.* 1 pragmático, prático, realista; 2 teimoso, obstinado
hardhearted [ˌhɑːdˈhɑːtɪd] *adj.* 1 impiedoso, implacável; 2 insensível, sem coração; 3 empedernido; 4 inflexível
hardheartedly [ˌhɑːdˈhɑːtɪdlɪ] *adv.* sem piedade, sem compaixão
hardheartedness [ˌhɑːdˈhɑːtɪdnɪs] *s.* falta de compaixão, falta de piedade, insensibilidade, impiedade
hard-hit [ˌhɑːdˈhɪt] *adj.* 1 com sérios problemas; em grandes dificuldades; 2 muito apaixonado
hard-hitting [ˌhɑːdˈhɪtɪŋ] *adj.* 1 implacável; 2 duro; 3 rigoroso
hardihood [ˈhɑːdɪhʊd] *s.* 1 coragem, audácia, intrepidez, ânimo; 2 descaramento, atrevimento
hardily [ˈhɑːdɪlɪ] *adv.* 1 audaciosamente, corajosamente, com intrepidez; 2 com aspereza, vigorosamente
hardiness [ˈhɑːdɪnɪs] *s.* 1 vigor, força, robustez; 2 coragem, intrepidez

hardline [ˈhɑːdˌlaɪn] *adj.* (política) puro e duro
hardliner [ˈhɑːdˌlaɪnə] *s.* POLÍTICA partidário de uma linha dura; elemento do núcleo puro e duro
hardly [ˈhɑːdlɪ] *adv.* 1 severamente, com dureza, asperamente; *to be ~ treated* ser tratado com dureza; 2 dificilmente; 3 mal, apenas; *he ~ said…* ele mal disse…; *she could ~ understand what he said* ela mal conseguia compreender o que ele dizia; *she ~ knew* ela mal sabia; 4 quase; *~ anyone* quase ninguém; *~ ever* quase nunca ❖ *hardly!* claro que não!
hardmouthed [ˈhɑːdˌmaʊθt] *adj.* 1 (cavalo) duro de boca; 2 [fig.] teimoso
hard-natured [ˌhɑːdˈneɪtʃəd] *adj.* duro; inflexível
hard-naturedly [ˌhɑːdˈneɪtʃədlɪ] *adv.* inflexivelmente; implacavelmente
hardness [ˈhɑːdnɪs] *s.* 1 dureza; 2 rigidez; 3 firmeza; 4 solidez; 5 têmpera; 6 dificuldade, rigor, severidade; 7 brutalidade; 8 insensibilidade; 9 estabilização ❖ *~ number* dureza Brinell; *~ test* ensaio de dureza; *~ of hearing* dureza de ouvido; *~ of metal* resistência/dureza de metal; *~ of water* dureza da água
hard-nosed [ˌhɑːdˈnəʊzd] *adj.* 1 pragmático, prático; 2 realista; 3 duro, rigoroso, desapiedado, implacável
hard-on [ˈhɑːdɒn] *s.* [cal.] tesão; *to have a ~* estar com tesão
hardpan [ˈhɑːdpæn] *s.* GEOLOGIA crosta calcária
hard-pressed [ˌhɑːdˈprest] *adj.* 1 atrapalhado; pressionado; com problemas; em dificuldades; 2 muito solicitado ❖ *to be ~ for money* estar sem dinheiro; estar atrapalhado; *to be ~ for time* não ter tempo; *to be ~ to do sth* ter dificuldades em fazer algo
hard-pushed [ˈhɑːdpʊʃt] *adj.* ⇒ **hard-pressed**
hardscrabble [ˈhɑːdˌskræbəl] *s.* [EUA] miserável
hard-set [ˌhɑːdˈset] *adj.* 1 firme; 2 rígido, duro, endurecido; 3 em situação crítica, atrapalhado, numa camisa de onze varas*coloq.*; 4 obstinado
hardship [ˈhɑːdʃɪp] *s.* 1 dificuldades, trabalho, privações; 2 sofrimento; 3 aflição, infortúnio; 4 tribulação; 5 fadiga
hardtack [ˈhɑːdtæk] *s.* NÁUTICA [ant.] (comida) biscoito de bordo
hardware [ˈhɑːdweə] *s.* 1 quinquilharia; 2 ferragens; 3 INFORMÁTICA hardware, equipamento informático
hardwareman [ˈhɑːdweəmən] *s.* (*pl.* -men) ferrageiro, quinquilheiro
hard-wearing [ˌhɑːdˈweərɪŋ] *adj.* 1 resistente ao uso; 2 duradouro
hardwired [ˌhɑːdˈwaɪəd] *adj.* INFORMÁTICA ligado por cabo
hard-won [ˌhɑːdˈwʌn] *adj.* conquistado com dificuldade, obtido à custa de muito esforço
hardwood [ˈhɑːdwʊd] *s.* madeira dura
hard-working [ˌhɑːdˈwɜːkɪŋ] *adj.* trabalhador, aplicado, diligente
hardy [ˈhɑːdɪ] Ⓐ *adj.* (*comp.* -ier, *superl.* -iest) 1 corajoso, intrépido, ousado, destemido; 2 forte, resistente à fadiga, robusto; 3 BOTÂNICA vivaz, resistente ao tempo frio Ⓑ *s.* talhadeira, instrumento de aço para cortar metais com o auxílio do malho ❖ *~ annual* assunto que é debatido todos os anos, que surge todos os anos; BOTÂNICA *~ annual* planta que se dá ao ar livre; planta que pode ser semeada ao ar livre; BOTÂNICA *half ~* que só requer abrigo no Inverno
hare [heə] Ⓐ *s.* (*pl.* -s ou hare) ZOOLOGIA lebre; *buck ~* lebrão, lebre-macho; *doe ~* lebre-fêmea Ⓑ *v.intr.* [coloq.] correr como uma lebre; correr a sete pés ❖ *~ coursing* caça à lebre; *~ and hounds* jogo no qual uma equipa é perseguida por outra; *as mad as a (March) ~* tolinho; maluco; [coloq.] *to raise/start a ~* dar novo rumo à conversa; [ant.] *to run with the ~ and hunt with the hounds* jogar com um pau de dois bicos; procurar agradar a Deus e ao Diabo
harebell [ˈheəbel] *s.* BOTÂNICA campainha
harebrained [ˈheəbreɪnd] *adj.* desmiolado, desajuizado, insensato; *~ fellow* indivíduo estouvado, cabeça-no-ar
hare-hearted [ˌheəˈhɑːtɪd] *adj.* medroso, assustadiço
harelip [ˈheəlɪp] *s.* MEDICINA lábio leporino
harelipped [ˈheəlɪpt] *adj.* MEDICINA com lábio leporino
harem [ˈhɑːriːm, ˈheərəm] *s.* harém
hare's-ear [ˈheəzˌɪə] *s.* BOTÂNICA bupleuro, perfolhada
hare's-foot [ˈheəzˌfʊt] *s.* BOTÂNICA pé-de-lebre ❖ *~ clover/fern* (trevo) pé-de-lebre

harewood ['hɛəwʊd] s. BOTÂNICA bordo, ácer
haricot ['hærɪkəʊ] s. 1 feijão branco; 2 CULINÁRIA guisado (geralmente de carneiro)
hark [hɑːk] v.tr.,intr. 1 ouvir, escutar; 2 prestar atenção [**to**, a]
◆ **hark back** v.intr. 1 voltar [**to**, a]; insistir [**to**, em]; repisar [**to**, -]; 2 relembrar; recordar
harl [hɑːl] s. 1 fibra, filamento de cânhamo ou linho; 2 barba, ramificação lateral do ráquis duma pena
Harleian [hɑːˈliːən] adj. 1 relativo a Robert Harley, conde de Oxford; 2 relativo à sua biblioteca
harlequin ['hɑːlɪkwɪn] s. (personagem) arlequim
harlequinade [ˌhɑːlɪkwɪˈneɪd] s. arlequinada
harlot ['hɑːlət] Ⓐ s. [lit., ant.] prostituta, meretriz Ⓑ v.intr. prostituir-se ❖ **to play the ~** prostituir-se
harlotry ['hɑːlətrɪ] s. prostituição
harm [hɑːm] Ⓐ s. 1 ofensa, mal, dano, ferimento; *he meant no ~* ele não fez por mal; *is there any ~ in doing this?* haverá algum mal em fazer isto?; *to do ~ to* fazer mal a; 2 injúria; 3 agravo; 4 prejuízo Ⓑ v.tr. 1 fazer mal a; prejudicar; causar dano a; 2 ofender ❖ **~ watch, ~ catch** ir buscar lã e ficar tosquiado; *no ~ done* não tem mal; não houve qualquer problema; *out of harm's way* a salvo; em lugar seguro; longe do perigo; *there's no ~ in asking* não custa perguntar
harmattan [hɑːˈmætən] s. harmatão, vento muito quente que sopra na costa da Guiné de Dezembro a Fevereiro
harmful ['hɑːmfʊl] adj. pernicioso, malfazejo, nocivo, prejudicial, perigoso
harmfully ['hɑːmfʊlɪ] adv. de maneira nociva, prejudicial; perniciosamente
harmfulness ['hɑːmfʊlnɪs] s. 1 carácter prejudicial, nocividade; 2 perniciosidade
harmless ['hɑːmləs] adj. 1 inofensivo, inocente, que não faz mal; 2 que não prejudica; 3 são e salvo
harmlessly ['hɑːmlɪslɪ] adv. 1 de modo inofensivo; 2 sem fazer mal, sem prejudicar, inocentemente
harmlessness ['hɑːmlɪsnɪs] s. 1 inocuidade; 2 inocência
harmonic [hɑːˈmɒnɪk] Ⓐ adj. harmónico Ⓑ s. MÚSICA harmónico, som cuja frequência é múltipla de determinada onda sonora ❖ **~ amplifier** amplificador das harmónicas; **~ current** corrente harmónica; **~ distortion** distorção das harmónicas; **~ motion** movimento oscilatório simples; **~ output** saída das harmónicas
harmonica [hɑːˈmɒnɪkə] s. MÚSICA harmónica de boca
harmonically [hɑːˈmɒnɪkəlɪ] adv. harmonicamente
harmonicon [hɑːˈmɒnɪkən] s. ⇒ **harmonica**
harmonics [hɑːˈmɒnɪks] s. MÚSICA (sons) harmónicos
harmonious [hɑːˈməʊnɪəs] adj. harmonioso; melodioso; com harmonia
harmoniously [hɑːˈməʊnɪəslɪ] adv. harmoniosamente; com harmonia; em harmonia
harmonist ['hɑːmənɪst] s. harmonista
harmonistic [ˌhɑːməˈnɪstɪk] adj. harmonizador
harmonistics [hɑːməˈnɪstɪks] s. harmonística
harmonium [hɑːˈməʊnɪəm] s. MÚSICA harmónio
harmonization [ˌhɑːmənaɪˈzeɪʃən] s. harmonização
harmonize ['hɑːmənaɪz] Ⓐ v.tr. 1 harmonizar, tornar harmónico; 2 conciliar; congraçar; 3 MÚSICA harmonizar, juntar uma ou mais partes vocais ou instrumentais a uma melodia Ⓑ v.intr. 1 harmonizar-se [**with**, com]; estar em harmonia [**with**, com]; 2 combinar [**with**, com]
harmonizer ['hɑːmənaɪzə] s. MÚSICA harmonizador
harmonometer [hɑːməˈnɒmɪtə] s. harmonómetro
harmonometric [hɑːmənəˈmetrɪk] adj. harmonométrico
harmonometrical [hɑːmənəˈmetrɪkəl] adj. harmonométrico
harmony ['hɑːmənɪ] s. (pl. -ies) 1 harmonia, concordância, paz; 2 MÚSICA harmonia; 3 harmonia; simetria; 4 combinação harmónica ❖ FILOSOFIA **pre-established ~** harmonia preestabelecida; *to be in ~ with* estar de/em harmonia com
harmotome ['hɑːmətəʊm] s. MINERALOGIA harmótomo
harness ['hɑːnəs] Ⓐ s. 1 arreios, aparelho de bestas; jaez, arnês; 2 (equipamento de protecção) arnês, correia(s); 3 [arc.] arnês, armadura de guerreiro; escudo Ⓑ v.tr. 1 arrear, pôr arreios, aparelhar; ajaezar; prender; 2 dominar, explorar; aproveitar, rentabilizar; *to ~ natural resources* explorar os recursos naturais; 3 [arc.] couraçar, proteger com couraça, proteger com armadura ❖ NÁUTICA **~ cask** salgadeira de bordo; balsa; **~ horse** cavalo de tiro; **~ pad** cabeçalho; *in double ~* acompanhado; casado; *in ~* em actividade; a trabalhar em conjunto; *to be back in ~* voltar ao trabalho
harnessing ['hɑːnɪsɪŋ] s. 1 arreios; 2 acto de ajaezar; colocação de rédeas, etc.
Harold ['hærəld] s.antr. Haroldo
harp [hɑːp] Ⓐ s. MÚSICA harpa; *Aeolian ~* harpa eólia Ⓑ v.intr. 1 tocar harpa; 2 repisar [**on**, -]; insistir [**on**, em] ❖ *to ~ on about sth* estar sempre a bater na mesma tecla
harper ['hɑːpə] s. tocador de harpa, harpista
harping ['hɑːpɪŋ] s. 1 harpejo; 2 acto de tocar harpa; 3 insistência maçadora no mesmo assunto; 4 pl. NÁUTICA armaduras
harpist ['hɑːpɪst] s. MÚSICA harpista
harpoon [hɑːˈpuːn] Ⓐ s. arpão, arpéu Ⓑ v.tr. arpoar, lançar o arpão sobre
harpooner [hɑːˈpuːnə] s. arpoador, arpoeiro
harpooning [hɑːˈpuːnɪŋ] s. arpoação
harpsichord ['hɑːpsɪkɔːd] s. MÚSICA cravo
harpsichordist ['hɑːpsɪkɔːdɪst] s. MÚSICA cravista
harpy ['hɑːpɪ] s. (pl. -ies) 1 MITOLOGIA harpia; 2 [fig.] harpia, pessoa avarenta e rapace; 3 [fig.] (mulher cruel) harpia, megera ❖ ZOOLOGIA (morcego) **~ bat** harpia, ZOOLOGIA (ave de rapina sul-americana) **~ eagle** harpia
harquebus ['hɑːkwɪbəs] s. (pl. **-es**) arcabuz
harquebusade [hɑːkwɪbəˈseɪd] s. arcabuzada
harquebusier [hɑːkwɪbəˈsɪə] s. arcabuzeiro
harridan ['hærɪdən] s. 1 bruxa, mulher velha, macilenta e desgrenhada; 2 prostituta
harrier ['hærɪə] s. 1 saqueador, devastador; 2 ZOOLOGIA (cão) lebreiro, lebré, lebrel, lebréu; 3 ZOOLOGIA (ave) busardo, espécie de falcão; 4 corredor de longos percursos, corredor de fundo; 5 pl. matilha de lebreiros juntamente com os caçadores
Harriet ['hærɪət] s.antr. Henriqueta
Harris tweed [hærɪsˈtwiːd] s. nome de tecido fabricado em Harris, nas Hébridas (Escócia)
Harrovian [həˈrəʊvɪən] Ⓐ adj. relativo a Harrow Ⓑ s. aluno da Escola de Harrow
harrow ['hærəʊ] Ⓐ s. AGRICULTURA (utensílio de lavoura) grade Ⓑ v.tr. 1 AGRICULTURA gradar, esterroar com grade a superfície de terra lavrada; 2 atormentar; torturar; 3 devastar ❖ *to be under the ~* sofrer dificuldades; passar por grandes tribulações
harrower ['hærəʊə] s. gradador
harrowing ['hærəʊɪŋ] adj. lancinante, cruciante, pungente
harrumph [həˈrʌmf] v.intr. 1 aclarar a garganta; 2 murmurar críticas
harry ['hærɪ] v.tr. 1 atormentar, fazer sofrer; 2 torturar; 3 não dar sossego a; 4 devastar, assolar, saquear
Harry ['hærɪ] s.antr. Henrique ❖ *to play old ~ with* pintar o diabo com; fazer mal a
harsh [hɑːʃ] adj. 1 (voz, som) áspero, desagradável, irritante; 2 rigoroso, severo, duro, rígido; **~ words** palavras cruéis; *to be ~ on sb* ser muito duro com alguém; 3 cruel, desapiedado; 4 (cor) vivo; berrante; 5 chocante ❖ **~ laugh** riso seco; *the ~ facts of...* a dura realidade de...
harshly ['hɑːʃlɪ] adv. 1 de modo áspero, desagradável; 2 rudemente; 3 bruscamente; 4 com severidade, com rigor; 5 cruelmente
harshness ['hɑːʃnɪs] s. 1 aspereza; 2 carácter desagradável; 3 brusquidão; 4 severidade, rigor; 5 crueldade
hart [hɑːt] s. (fem. **hind**) ZOOLOGIA cervo, veado (com mais de cinco anos) ❖ **~ of ten** veado com dez esgalhos nos chifres
hartal [hɑːˈtɑːl] s. [Índia] encerramento dos estabelecimentos ou suspensão do trabalho como manifestação política ou sinal de pesar
hartbeest ['hɑːtbiːst] s. ZOOLOGIA caama, veado-do-cabo
hartebeest ['hɑːtɪbiːst] s. ZOOLOGIA caama, veado-do-cabo
hartshorn ['hɑːtshɔːn] s. substância obtida dos chifres do veado ❖ **salt of ~** sais amoniacais; **spirit of ~** solução aquosa de amoníaco
hart's-tongue ['hɑːtstʌŋ] s. BOTÂNICA língua-cervina

harum-scarum [ˌheərəmˈskeərəm] ⒶⓂ *adj.* cabeça-no-ar, estouvado; volúvel; leviano; arrebatado Ⓑ *adv.* à toa, descontroladamente Ⓒ *s.* pessoa inconstante, irresponsável, cabeça-no-ar ❖ *in a ~ way* à toa; às três pancadas

Harvard [ˈhɑːvəd] *s.* nome da universidade mais antiga dos E.U.A., em Massachusetts

harvest [ˈhɑːvəst] Ⓐ *s.* **1** colheita, apanha; ceifa, sega; **2** [fig.] (resultados) colheita, fruto Ⓑ *v.tr.,intr.* **1** colher; segar, ceifar; **2** fazer as colheitas; **3** recolher ❖ ZOOLOGIA *~ bug/mite* pulgão das colheitas; piolho das colheitas; *~ festival* festa da colheitas; ZOOLOGIA *~ fly* cigarra; *~ hand* ceifeiro; *~ home* fim das colheitas; *~ moon* lua cheia, próximo do equinócio de Outono; ZOOLOGIA *~ mouse* murganho; rato pequeno; ZOOLOGIA *~ spider* aranha-navalheira; *~ time* época das colheitas; época das ceifas; *~ watch* vigia das colheitas; guarda das colheitas; *~ watchman* indivíduo que está de guarda às colheitas; *to get in the ~* fazer as colheitas

harvester [ˈhɑːvəstə] *s.* **1** (máquina) ceifeira, cegadeira; **2** (pessoa) ceifeiro, ceifador; **3** pulgão das colheitas, piolho das colheitas ❖ (máquina) *combine ~* ceifeira-debulhadora

harvester-thresher [ˌhɑːvəstəˈθreʃə] *s.* [ant.] (máquina) ceifeira-debulhadora

harvesting [ˈhɑːvɪstɪŋ] *s.* ceifa, colheita

harvestman [ˈhɑːvəstmən] *s.* (*pl.* **-men**) **1** ceifeiro; **2** ZOOLOGIA aranha-navalheira

has [hæz] 3.ª pes. sing. pres. ind. de **to have**

has-been [ˈhæzbiːn] *s.* **1** [coloq.] (pessoa) velha glória; *he's a ~* ele está acabado; **2** (coisa inútil) velharia, antiguidade

Hasdrubal [ˈhæzdrubəl] *s.antr.* Asdrúbal

hash [hæʃ] Ⓐ *s.* (*pl.* **-es**) **1** CULINÁRIA fricassé de carne e legumes; **2** [fig.] salgalhada, confusão; **3** (símbolo) cardinal (#); **4** {forma abreviada de **hashish**} [cal.] haxixe; *to smoke ~* fumar haxixe Ⓑ *v.tr.* CULINÁRIA (carne, legumes) picar; fazer picado de ❖ *to make a ~ of* estragar; baralhar; *to settle a person's ~* ajustar contas com alguém

◆ **hash out** *v.tr.* **1** discutir exaustivamente; conversar longamente sobre; **2** acabar por resolver; solucionar

◆ **hash over** *v.tr.* discutir exaustivamente; conversar longamente sobre

◆ **hash up** *v.tr.* **1** CULINÁRIA picar, cortar em miúdos; **2** estragar; falhar; *to hash it up* estragar tudo

hasheesh [ˈhæʃiːʃ] *s.* haxixe

hashish [ˈhæʃɪʃ] *s.* haxixe

haskinization [ˌhæskɪnaɪˈzeɪʃən] *s.* vulcanização (da madeira)

haskinize [ˈhæskɪnaɪz] *v.tr.* vulcanizar (a madeira)

haslet [ˈheɪzlət] *s.* CULINÁRIA fressura (especialmente de porco)

hasp [hɑːsp, hæsp] Ⓐ *s.* **1** ferrolho, anel de ferro onde se prende um aloquete; **2** gato de ferro; **3** fecho; **4** gancho Ⓑ *v.tr.* **1** fechar com ferrolho, com aloquete; **2** fechar com cadeado de ferro

hassium [ˈhæsɪəm] *s.* QUÍMICA (elemento químico) hássio

hassle [ˈhæsəl] Ⓐ *s.* **1** confusão; complicação; **2** incómodo; transtorno; maçada; **3** preocupação Ⓑ *v.tr.* [coloq.] chatear; *don't ~ him!* deixa-o em paz! Ⓒ *v.intr.* discutir ❖ *legal hassles* burocracias jurídicas; *it isn't worth the hassle!* não vale a pena!; *what a hassle!* que grande história!

hassock [ˈhæsək] *s.* **1** almofada pequena e espessa para os joelhos (nas igrejas); **2** genuflexório; **3** tufo de relva; **4** (em Kent) grés calcário

hast [hæst] [arc.] 2.ª pes. sing. pres. ind. de **to have**

hastate [ˈhæsteɪt] *adj.* BOTÂNICA lanceolado

haste [heɪst] Ⓐ *s.* **1** presteza, diligência, prontidão, celeridade; **2** pressa; **3** urgência Ⓑ *v.tr.,intr.* [poét.] ⇒ **hasten** ❖ *in ~* à pressa; *in hot ~* a toda a pressa; *make haste!* despachem-se!; *more ~ less speed* devagar que tenho pressa; quanto mais pressas mais vagar

hasten [ˈheɪsn] *v.tr.,intr.* **1** apressar(-se); acelerar; *he hastened to tell me* apressou-se a dizer-me; **2** precipitar; **3** antecipar ❖ *to ~ away* partir apressadamente; *to ~ down* descer a toda a pressa; *to ~ in* entrar precipitadamente

hastening [ˈheɪsnɪŋ] *s.* **1** adiantamento; **2** antecipação; **3** aceleração

hastily [ˈheɪstɪlɪ] *adv.* **1** apressadamente; **2** precipitadamente, com vivacidade

hastiness [ˈheɪstɪnɪs] *s.* **1** pressa, precipitação; **2** arrebatamento, vivacidade

hasty [ˈheɪstɪ] *adj.* (*comp.* **-ier**, *superl.* **-iest**) **1** apressado; **2** precipitado; **3** feito a correr e com pouco cuidado; **4** irreflectido, imprudente; **5** vivo; **6** rápido; *~ pudding* pudim rápido (de leite e farinha) ❖ *not so hasty!* mais devagar!

hat [hæt] Ⓐ *s.* **1** chapéu; **2** [fig.] papel, lugar, função; *to wear sb's ~* assumir, desempenhar as funções de alguém Ⓑ *v.tr.* (particípios: **-tt-**) dar um chapéu a; cobrir com chapéu ❖ *~ block* forma de chapéu; *~ case* chapeleira; *~ lining* forro de chapéu; *~ shop* chapelaria; *~ stand* bengaleiro; cabide; DESPORTO *~ trick* hat trick; conjunto de três golos marcados pelo mesmo jogador; três vitórias consecutivas; *bad ~* pessoa desonesta; má rês; (construção, etc.) *hard ~* capacete (de segurança/protecção); *high ~* cartola; altivo; fanfarrão; *old ~* ultrapassado; antiquado; *~ in hand* de chapéu na mão; com humildade; *at the drop of a ~* imediatamente; sem mais; sem reflectir; *I'll eat my ~ (if...)* como o meu chapéu (se...); [ant.] (surpresa) *my hat!* caramba!; *to hang up one's ~* pendurar as chuteiras; deixar de trabalhar; reformar-se; assentar; *to keep sth under one's ~* guardar segredo de algo; manter algo em segredo; *to lift one's ~ to sb/to take one's ~ off to sb* tirar o chapéu a alguém; *to pass the ~ (round/around)* recolher dinheiro; recolher contribuições; *to pick out of a ~* escolher à sorte; *to pull sth out of your ~* tirar alguma coisa da cartola; *to send round the ~* solicitar auxílio monetário; [coloq.] *to talk through one's ~* [coloq.] exagerar; bazofiar; regar

hatband [ˈhætbænd] *s.* fita de chapéu

hatbox [ˈhætbɒks] *s.* chapeleira, caixa de chapéus

hatch [hætʃ] Ⓐ *s.* (*pl.* **-es**) **1** alçapão; **2** NÁUTICA escotilha, tampo da escotilha; **3** comporta; **4** parte inferior de porta dividida em duas no sentido horizontal; **5** (animais) ninhada; **6** nascimento, saída do ovo; **7** carrinha com porta traseira; **8** TIPOGRAFIA sombreado Ⓑ *v.tr.,intr.* **1** (ovo) chocar; incubar, empolhar; **2** sair do ovo, nascer; *these chicks hatched yesterday* estes pintainhos nasceram ontem; **3** maquinar, tramar, planear secretamente; *to ~ a plot* tramar uma conspiração; **4** cobrir a tracejado, sombrear ❖ *do not count your chickens before they are hatched* não fales antes do tempo; não há nada como jogar pelo seguro; não deites contas ao que não tens; [coloq.] (antes de beber) *down the hatch!* e vai para dentro!; (secção de jornal) *hatches, catches, matches and dispatches* nascimentos, noivados, casamentos e óbitos; *under hatches* debaixo da coberta; no porão; morto

◆ **hatch out** *v.intr.* sair do ovo, nascer

hatchback [ˈhætʃbæk] *s.* carrinha com porta traseira (de elevação)

hatchel [ˈhætʃl] Ⓐ *s.* sedeiro, carda, restelo Ⓑ *v.tr.* rastejar, restelar, assedar, sedar, cardar

hatcheler [ˈhætʃlə] *s.* restelador, cardador, assedador

hatcher [ˈhætʃə] *s.* **1** chocadeira; **2** incubadora; **3** galinha choca; **4** fomentador, maquinador (de conspirações, etc.)

hatchery [ˈhætʃərɪ] *s.* (*pl.* **-ies**) **1** incubadora; chocadeira; **2** (peixes) estação aquícola; viveiro; *trout ~* viveiro de trutas

hatchet [ˈhætʃɪt] *s.* machadinha; *~ helve* cabo de machadinha ❖ *to bury the ~* enterrar o machado de guerra; acabar com as hostilidades; *to dig up the ~* desenterrar o machado de guerra; romper hostilidades; *to do a ~ job on sth/sb* denegrir algo/alguém

hatchettite [ˈhætʃɪttaɪt] *s.* sebo mineral

hatching [ˈhætʃɪŋ] *s.* **1** sombreado, tracejado; **2** incubação

hatchling [ˈhætʃlɪŋ] *s.* peixe ou ave que acaba de nascer

hatchment [ˈhætʃmənt] *s.* **1** escudo de armas, brasão; **2** placa com o brasão da pessoa falecida colocada na fachada da residência que ocupou em vida

hatchures [ˈhætʃʊəz] *s.pl.* ⇒ **hachures**

hatchway [ˈhætʃweɪ] *s.* **1** NÁUTICA escotilha; **2** alçapão; **3** comporta

hate [heɪt] Ⓐ *s.* **1** ódio; *full of ~* cheio de ódio; **2** aversão; **3** antipatia Ⓑ *v.tr.* **1** odiar, abominar, sentir aversão a; **2** detestar; **3** desejar mal a ❖ *~ campaign* campanha de difamação; *~ mail* cartas/mensagens insultuosas; *I ~ to say it* lamento dizê-lo

hateable [ˈheɪtəbəl] *adj.* odioso, detestável

hateful ['heɪtfʊl] *adj.* odioso, que inspira ou merece ódio, abominável, detestável
hatefully ['heɪtfʊlɪ] *adv.* 1 odiosamente; 2 de modo abominável
hatefulness ['heɪtfʊlnɪs] *s.* carácter odioso
hater ['heɪtə] *s.* antipatizante; detractor acérrimo; aquele que odeia ❖ *woman ~* misógino
hatful ['hætfʊl] *s.* (um) chapéu cheio
hath [hæθ] [arc.] *3.ª pes. sing. pres. ind. de* **to have**
hathi ['hɑːθɪ] *s.* [Índia] elefante
hatless ['hætləs] *adj.* sem chapéu, em cabelo
hatmaker ['hætmeɪkə] *s.* chapeleiro, fabricante de chapéus
hatmaking ['hætmeɪkɪŋ] *s.* indústria de chapelaria
hatpin ['hætpɪn] *s.* alfinete de chapéu
hatrack ['hætræk] *s.* 1 cabide para chapéus; cabide; 2 [cal.] (indivíduo muito magro) pau de virar tripas, espeto
hatred ['heɪtrɪd] *s.* 1 ódio [**of**, a]; 2 aversão [**of**, a]; 3 forte antipatia; forte má vontade ❖ *to bear ~* odiar
hatstand ['hætstænd] *s.* bengaleiro para chapéus
hatter ['hætə] *s.* chapeleiro ❖ *hatter's* chapelaria; *as mad as a ~* furioso; louco
hauberk ['hɔːbɜːk] *s.* cota de malha, lorigão
hauerite ['haʊəraɪt] *s.* MINERALOGIA hauerite
haugh [hɔː] *s.* [Esc.] extensão de terra aluvial
haughtily ['hɔːtɪlɪ] *adv.* altivamente, arrogantemente
haughtiness ['hɔːtɪnɪs] *s.* 1 altivez, arrogância, sobranceria; 2 orgulho
haughty ['hɔːtɪ] *adj.* (*comp.* **-ier**, *superl.* **-iest**) 1 altivo, arrogante; 2 orgulhoso
haul [hɔːl] Ⓐ *s.* 1 acção de tirar, de arrastar, de puxar; 2 distância percorrida enquanto se arrasta ou puxa; *a long ~* uma longa distância de arrasto; 3 trajecto; 4 arrasto; 5 aquilo que se apanhou durante o arrasto; 6 lanço, pesca; 7 redada; *at one ~* com um só lanço de rede; com uma só redada; 8 aquilo que se conseguiu com certo esforço; 9 aquisição; 10 roubo, assalto Ⓑ *v.tr.,intr.* 1 arrastar, transportar arrastando; 2 puxar com força; 3 rebocar, levar a reboque; 4 NÁUTICA içar, alar, mudar rota de navio; *to ~ ahead* alar para a proa; *to ~ astern* alar para a popa ❖ *a good ~* uma boa aquisição; uma boa pescaria; um bom assalto; *it's a long haul!* é um longo caminho!; *over the long ~* a longo prazo; *to ~ alongside* atracar; acostar; *to ~ close* andar à bolina; *to ~ over the boom* caçar a retranca; (repreensão) *to ~ sb over the coals* dar uma ensaboadela a alguém
◆ **haul down** *v.tr.* baixar; arriar ❖ *to ~ one's flag/colours* render-se
◆ **haul in** *v.tr.* 1 içar, alar; 2 recolher; *to ~ the line* recolher a sonda; 3 (afogamento) resgatar
◆ **haul up** *v.tr.* 1 (bandeira, vela) içar; puxar para cima; 2 levar a tribunal ❖ *to ~ a sail in the brails* carregar uma vela
haulage ['hɔːlɪdʒ] *s.* 1 transporte; 2 despesas de transporte; 3 arrasto; 4 tracção; 5 reboque; 6 custo do reboque; 7 sirgagem ❖ *~ company* transportadora; *~ man* mineiro encarregado das vagonetas nas minas; *man ~* tracção a braço
hauler ['hɔːlə] *s.* [EUA] ⇒ **haulier**
haulier ['hɔːlɪə] *s.* 1 transportador; transportadora; 2 camionista
hauling ['hɔːlɪŋ] *s.* 1 reboque; *~ rope* cabo de reboque; 2 arrasto; 3 sirga, sirgagem; *~ cable* cabo de sirga; *~ chain* corrente de sirga; 4 condução de minério em vagonetas ❖ *~ line* cabo de vaivém; *~ machine* tractor mecânico
haulm [hɔːm] *s.* 1 palha, haste, cana, caule de cereais; 2 restolho
haulmy ['hɔːmɪ] *adj.* 1 com restolho; 2 com folhas, hastes de cereal, etc.
haunch [hɔːntʃ] *s.* (*pl.* **-es**) 1 *pl.* ANATOMIA anca, quadril; 2 (animal) pata traseira, coxa; 3 (cavalo) garupa; 4 CULINÁRIA perna, pernil ❖ ANATOMIA *~ bone* osso ilíaco; *on one's haunches* agachado
haunt [hɔːnt] Ⓐ *v.tr.* 1 (fantasmas) assombrar; 2 impressionar; 3 perturbar, inquietar; 4 obcecar; 5 frequentar, visitar habitualmente, visitar com frequência Ⓑ *s.* 1 lugar favorito; poiso habitual; 2 esconderijo; 3 antro, covil ❖ *to be haunted by a memory* sentir-se continuamente perseguido por uma lembrança
haunted ['hɔːntɪd] *adj.* 1 assombrado; encantado; *~ castle* castelo assombrado; 2 (olhar, ar, etc.) perturbado, alucinado
haunter ['hɔːntə] *s.* frequentador

haunting ['hɔːntɪŋ] Ⓐ *adj.* 1 perturbador, inquietante; 2 impressionante; 3 obsessivo, obsidiante; 4 frequente, habitual Ⓑ *s.* 1 (fantasmas) aparição; 2 visita frequente ❖ *~ memory* ideia fixa
hausmannite ['haʊsmənaɪt] *s.* MINERALOGIA hausmanite
haustellum [hɔːˈstelʌm] *s.* (*pl.* **-a**) haustelo, região da extremidade da tromba ou rostro da armadura bucal de insectos
haustorium [hɔːˈstɔːrɪəm] *s.* (*pl.* **-ia**) BOTÂNICA haustório, órgão sugador de plantas parasitas
haustrum ['hɔːstrəm] *s.* (*pl.* **-a**) sáculo do cólon
hautboy ['əʊbɔɪ, 'haʊbɔɪ] *s.* 1 MÚSICA oboé; 2 BOTÂNICA variedade de morango
HAV MEDICINA [*abrev. de* hepatitis A virus]
have [hæv, həv, əv, hæf] Ⓐ *v.tr.,intr.* (*prt. e part. pass.* **had**) 1 ter; possuir; 2 (fazer) dar, tomar, ter; *to ~ a look* dar uma olhadela; *to ~ a shower* tomar um banho de chuveiro; *to ~ a talk* ter uma conversa; *to ~ a walk* dar um passeio; 3 tomar; comer; beber; *to ~ a glass of beer* beber um copo de cerveja; *to ~ breakfast* tomar o pequeno-almoço; *to ~ lunch* almoçar; 4 aceitar; receber; *I had a phone call* recebi um telefonema; 5 (resultado) fazer (com) que, mandar, pôr, deixar; *I had a letter written* mandei escrever uma carta; *to ~ sb do sth* mandar alguém fazer algo; fazer com que alguém faça algo; *to ~ sth done* mandar fazer alguma coisa; *he had them laughing* ele pô-los a rir; 6 permitir, tolerar; *I won't ~ him do it* não permito que ele faça isso; *I won't ~ any of that* não admito nada isso; 7 dizer, afirmar; *the newspapers ~ it that the Prime Minister is going to resign* os jornais dizem que o primeiro-ministro vai pedir a demissão; 8 saber; *to ~ no Greek* não saber grego, não ter estudado grego; 9 enganar, iludir; levar a melhor sobre; *they'll ~ you if you go there* se fores lá, enganam-te; *you've been had* foste levado; 10 [cal.] ter relações sexuais com; 11 insistir; *he will ~ it that he is right* ele insiste em que tem razão; 12 [rar.] compreender, alcançar (a intenção de alguém); *I ~ you, you mean to go to England* já te compreendo, tencionas ir a Inglaterra Ⓑ *v.aux.* *~ you finished?* já terminaste?; *I had written a letter* eu tinha escrito uma carta Ⓒ *v.mod.* ter de, dever; *I had to do that* tive de fazer isso Ⓓ *s.* 1 [coloq.] engano, vigarice, embuste; 2 *pl.* ricos; *the haves and the have-nots* os ricos e os pobres ❖ *~ it your own way!* resolve lá como quiseres!; *can/could/may I ~...?* pode/podia dar-me...?; *I had rather go* prefiro ir; antes quero ir; *I'll have...* vou querer...; quero...; [coloq.] (irritação) *I'll ~ you know* fica sabendo; *she has a way with her* ela tem certo encanto; *to ~ a bad time* passar um mau bocado; *to ~ a go (with sth)* tentar; experimentar (algo); *to ~ a good time* divertir-se; *to ~ done with* terminar com; pôr termo a; *to ~ had it* estar farto; estar fora de moda; falhar; ser derrotado; *to ~ it both ways* optar por duas coisas ao mesmo tempo; ter tudo, [coloq.] *to ~ it coming* estar a merecer; *to ~ it in for sb* querer mal a alguém; [GB] [cal.] *to ~ it off (with sb)* [cal.] dar uma queca (com alguém); *to ~ nothing against sb* não ter nada contra alguém; *to ~ nothing to do with* não ter nada a ver com; *to ~ sth against sb* ter alguma coisa contra alguém; *to ~ sth going/working* deixar alguma coisa a funcionar; deixar alguma coisa ligada; *to ~ sth going with sb* ter um caso com alguém; *to ~ sth/sb (all) to oneself* ficar com algo/alguém só para si; *to ~ to do with* ter a ver com; *you can't ~ it your own way* não podes resolver como te apetecer; *you had better do it at once* era melhor fazeres isso imediatamente
◆ **have back** *v.tr.* 1 reaver; recuperar; *I still haven't had my book back* ainda não me devolveram o livro; 2 readmitir; 3 retribuir a hospitalidade recebida
◆ **have in** *v.tr.* 1 mandar vir, mandar chamar; 2 ter em casa ❖ *to have it in one* ser capaz de algo
◆ **have on** *v.tr.* 1 (roupa) trazer vestido, trazer, usar, ter, andar com; *she had her new trousers on* ela estava com as calças novas; 2 deixar ligado; *she had the television on all night* deixou a televisão ligada a noite toda; 3 [GB] enganar, levar, intrujar; *he had her on with his story* ele enganou-a com a história dele; 4 instalar; *I have the new computer on* instalei o computador novo; 5 ter algum compromisso, ter alguma coisa planeada; *what do you have on?* o que é que tens planeado?;

quais são os teus planos? ❖ *to have nothing on* estar nu; *to have sth on sb* ter algo (provas, informação) contra alguém; *you're having me on!* não gozes!
◆**have out** *v.tr.* tirar, extrair; *she had a tooth out* ela tirou um dente ❖ *to have it out (with sb)* pedir explicações (a alguém); tirar satisfações (com alguém); esclarecer tudo (com alguém)
◆**have over** *v.tr.* ter a visita de (alguém); receber (alguém) em casa
◆**have up** *v.tr.* [GB] levar a tribunal (para ser condenado), processar; *she was had up for murder* ela foi julgada por assassínio ❖ *to be had up* ir a julgamento
haven ['heɪvn] *s.* **1** porto, baía, enseada; **2** abrigo, refúgio
have-nots [hæv'nɒts] *s.pl.* os desfavorecidos; *the haves and ~* os que têm e os que não têm, os ricos e os pobres
haver ['heɪvə] *v.intr.* [Esc.] dizer banalidades, frioleiras, disparates
havers ['heɪvəz] *s.pl.* [Esc.] tolices, disparates
haversack ['hævəsæk] *s.* mochila, saco de campismo
havildar ['hævɪldɑː] *s.* sargento indiano
having ['hævɪŋ] {*part. pres. de* **to have**} *~ a high melting point* com alto ponto de fusão
havings ['hævɪŋz] *s.pl.* posses, bens, haveres
havoc ['hævək] ⓐ *s.* **1** devastação, estrago, destroço, destruição; *to wreak ~ on/ to play ~ with* devastar, causar grandes estragos em, semear a destruição em; **2** matança; **3** prejuízo ⓑ *v.tr.* (*particípios*: **-ck-**) devastar, assolar, destruir ⓒ *interj.* mata! ❖ *to play ~ with...* fazer muito mal a...; prejudicar grandemente...
haw [hɔː] ⓐ *s.* **1** BOTÂNICA (baga) pilrito, baga do pilriteiro, baga do espinheiro-alvar; **2** BOTÂNICA (planta) pilriteiro, espinheiro-alvar; **3** gaguejo; balbuciação; **4** ANATOMIA membrana nictitante, pálpebra nictitante; **5** MEDICINA terçol; **6** enxadão, alvião; **7** cercado, vedação ⓑ *v.intr.* **1** balbuciar, hesitar no falar, gaguejar, tartamudear; **2** (parelha de cavalos) virar à esquerda ❖ *to hum and ~* falar com hesitação; gaguejar; balbuciar
Hawaii [hə'waɪɪ] *s.top.* Havai
Hawaiian [hə'waɪən] *adj.,s.* havaiano
hawbuck ['hɔːbʌk] *s.* **1** indivíduo pesadão, desajeitado, palerma; **2** rústico, campónio
hawfinch ['hɔːfɪntʃ] *s.* (*pl.* **-es**) ZOOLOGIA bico-grossudo, bico-grosso, bico-gordo, trinca-pinhas, chincalhão-do-norte, pardal-do-norte
haw-haw ['hɔːhɔː] ⓐ *s.* **1** riso ruidoso, gargalhada; **2** pronúncia afectada de certas escolas ⓑ *interj.* ⇒ **ha ha** ⓒ *v.intr.* **1** rir ruidosamente, rir tolamente; **2** soltar gargalhadas
hawk [hɔːk] ⓐ *s.* **1** ZOOLOGIA falcão; açor; **2** POLÍTICA partidário de uma política enérgica, partidário da força militar, pessoa intransigente; **3** talocha, tábua rectangular de pedreiro e estucador; **4** esforço feito para expectorar; expectoração ⓑ *v.tr.,intr.* **1** caçar com falcões ensinados; **2** atacar; **3** atirar-se, cair [at, sobre]; **4** vender pelas ruas; apregoar mercadorias pelas ruas; **5** escarrar ruidosamente ❖ ZOOLOGIA (borboleta) *~ moth* esfinge; cabeça-de-morto; *~ nose* nariz aquilino; ZOOLOGIA *~ owl* coruja--falcão; coruja-gavião; BOTÂNICA *hawk's beard* crépis; *a ~ of the first coat* um falcão de quatro anos; *between ~ and buzzard* entre a cruz e a caldeirinha; *to enter a ~* amansar um falcão; *to know a ~ from a handsaw* ter senso comum
hawkbill ['hɔːkbɪl] *s.* ZOOLOGIA espécie de tartaruga
hawker ['hɔːkə] *s.* **1** falcoeiro; **2** vendedor ambulante, bufarinheiro ❖ *hawker's news* notícias ou novidades que toda a gente conhece
hawk-eyed ['hɔːkˌaɪd] *adj.* com olhos de lince
hawkish ['hɔːkɪʃ] *adj.* **1** semelhante a falcão; **2** próprio de falcão
hawk-nosed ['hɔːkˌnəʊzd] *adj.* de nariz aquilino
hawks-bill ['hɔːksbɪl] *s.* ZOOLOGIA espécie de tartaruga
hawkweed ['hɔːkwiːd] *s.* BOTÂNICA leituga, olho-de-mocho
hawsers [hɔːz] *s.* **1** NÁUTICA escovém; **2** NÁUTICA parte da proa onde se encontram os escovéns; **3** NÁUTICA espaço entre o navio ancorado e as âncoras ❖ *the ship rides ~ full* a água entra pelos escovéns do navio; *to cross sb's ~* atravessar-se nos planos de alguém
hawsehole ['hɔːzˌhəʊl] *s.* NÁUTICA escovém, buraco de passagem do cabo da amarra

hawser ['hɔːzə] *s.* **1** NÁUTICA amarra, corda forte; **2** NÁUTICA sirga, cabo de reboque; cabo de aço ❖ *to cast off the hawsers* soltar as amarras
hawser-laid ['hɔːzəleɪd] *adj.* (corda) constituído por cordões entrelaçados ❖ *~ rope* cabo de massa
hawthorn ['hɔːθɔːn] *s.* BOTÂNICA pilriteiro, espinheiro-alvar
hay [heɪ] ⓐ *s.* **1** feno; **2** forragem seca; **3** [EUA] [cal.] dinheirinho, pasta_cal._ ⓑ *v.tr.,intr.* **1** pôr um campo a feno; pôr um campo a forragem; **2** transformar em forragem; **3** preparar forragem; **4** alimentar com forragem ❖ *~ baler* máquina para enfardar feno; *~ binder* máquina de atar o feno; *~ fever* febre dos fenos; *~ harvest* ceifa do feno; colheita do feno; *~ time* época do feno; [coloq.] *to hit the ~* ir para a cama; *to make ~ of* embrulhar; confundir; pôr em desordem; *to make ~ while the sun shines* aproveitar a ocasião; malhar o ferro enquanto está quente
haybag ['heɪbæg] *s.* [depr.] mulher
haybox ['heɪbɒks] *s.* [GB] caixote de palha para acabar de cozinhar comida já quente
haycock ['heɪkɒk] *s.* pequena meda de feno
hayfork ['heɪfɔːk] *s.* (utensílio agrícola) forcado; garfo; forquilha
haying ['heɪɪŋ] *s.* ceifa do feno
hayloft ['heɪlɒft] *s.* palheiro; loja do feno
haymaker ['heɪmeɪkə] *s.* **1** aquele que trata do feno; **2** máquina de voltar o feno, secar o feno
haymaking ['heɪmeɪkɪŋ] *s.* ceifa, sega do feno ❖ [coloq.] *to be ~* estar a mexer em tudo; estar a pôr tudo de pernas para o ar
haymow ['heɪməʊ] *s.* **1** meda de feno; **2** palheiro; loja do feno
hayrack ['heɪræk] *s.* ancinho, forquilha
hayrick ['heɪrɪk] *s.* meda de feno
hay-scented ['heɪsentɪd] *adj.* com cheiro a feno
haystack ['heɪstæk] *s.* meda de feno
hayward ['heɪwəd] *s.* funcionário paroquial encarregado de vigiar tapadas, cercados e vedações
haywire ['heɪwaɪə] ⓐ *s.* arame para enfardar ⓑ *adj.* **1** [coloq.] confuso; **2** [coloq.] louco; maluco ❖ *to go ~* ficar maluco; passar-se
hazard ['hæzəd] ⓐ *s.* **1** acaso, sorte; **2** perigo, risco; **3** determinado jogo de dados; **4** (bilhar) jogada que faz entrar uma das bolas na ventanilha; **5** DESPORTO (golfe) acidente de terreno; **6** [Irl.] estação de carros de praça ⓑ *v.tr.* **1** arriscar; **2** correr o risco de; **3** pôr em perigo, risco; *you're hazarding the whole operation* estás a pôr em perigo toda a operação ❖ *at all hazards* custe o que custar; de qualquer maneira; seja como for; *at the ~ of* com risco de; *to run the ~ of* correr o risco de
hazardous ['hæzədəs] *adj.* **1** arriscado; **2** perigoso; **3** prejudicial; **4** incerto ❖ *~ waste* resíduos perigosos
hazardously ['hæzədəslɪ] *adv.* **1** perigosamente; **2** de modo incerto, arriscado
haze [heɪz] ⓐ *s.* **1** névoa, nevoeiro, neblina; **2** bruma; **3** [fig.] pequena perturbação mental ⓑ *v.tr.,intr.* **1** nublar, enevoar, cobrir de névoa; **2** toldar; **3** NÁUTICA sobrecarregar com trabalho excessivo; **4** [EUA] dizer graças a, troçar de; **5** [EUA] [coloq.] entrar com (caloiros)
hazel ['heɪzəl] ⓐ *s.* **1** BOTÂNICA aveleira, avelaneira, avelãzeira; **2** (fruto) avelã; **3** cor de avelã ⓑ *adj.* cor de avelã ❖ ZOOLOGIA *~ grouse/hen* galinha-do-mato; *~ grove* avelanal; BOTÂNICA *witch ~* hamamele
hazelnut ['heɪzlnʌt] *s.* BOTÂNICA avelã
hazily ['heɪzɪlɪ] *adv.* **1** confusamente, indistintamente, vagamente; **2** de modo nevoento, brumoso
haziness ['heɪzɪnɪs] *s.* **1** bruma; névoa; **2** imprecisão (de conhecimento, etc.); **3** incerteza (de espírito)
HAZMAT ['hæzmæt] [*abrev. de* hazardous material]
hazy ['heɪzɪ] *adj.* (*comp.* **-ier**, *superl.* **-iest**) **1** enublado, brumoso, com nevoeiro; *it's very ~ today* hoje está muito nevoeiro; **2** indistinto, vago, incerto; **3** esfumado, esbatido; **4** um pouco tonto; **5** levemente ébrio ❖ *to be ~ about* não ter ideias precisas acerca de
HBC [*abrev. de* Hudson's Bay Company]
HBM [*abrev. de* His (or Her) Britannic Majesty]
H-bomb [*abrev. de* hydrogen bomb]
HBV MEDICINA [*abrev. de* hepatitis B virus]
HC [*abrev. de* House of Commons]

HCF [abrev. de highest common factor]
HCI INFORMÁTICA [abrev. de human-computer interaction]
hcp [abrev. de handicap]
hd Ⓐ [abrev. de hand]; Ⓑ [abrev. de head]
HDL BIOLOGIA [abrev. de high-density lipoprotein]
HDTV TELEVISÃO [abrev. de high-definition television]
he [hi:, hɪ, ɪ] Ⓐ pron.pess. (pl. **they**) 1 ele; *he speaks* ele fala; *he and I* eu e ele; 2 aquele; *he who says that* aquele que diz isso Ⓑ s. (pl. **-s**) (sexo masculino) homem; menino; macho; *he-bear* urso-macho; *he-goat* bode; *is it a he or a she?* é um ele ou uma ela?; é menino ou menina?; é macho ou fêmea?; *she always thinks about a he* ela anda sempre a pensar num homem
He QUÍMICA [símbolo de helium]
HE Ⓐ [abrev. de His (or Her) Excellency] Ⓑ [abrev. de His Eminence] Ⓒ [abrev. de high explosive]
head [hed] Ⓐ s. 1 ANATOMIA cabeça; 2 [fig.] (inteligência, equilíbrio mental) cabeça; 3 direcção; chefia; comando; *to be at the ~ of* dirigir, chefiar; 4 chefe; dirigente; director; reitor; comandante; *~ of household* chefe de família; [GB] TELEVISÃO, RÁDIO *~ of programming* director de programação; POLÍTICA *~ of state* chefe de estado; 5 indivíduo; pessoa; cabeça; *so much a/per ~* tanto por cabeça; tanto por pessoa; tanto cada um; 6 (gado) cabeça; *a hundred ~ of cattle* cem cabeças de gado; 7 parte superior; 8 topo; cimo; cume; 9 (escadas) cimo; 10 título; cabeçalho; 11 (ferramenta) cabeça; *~ of a hammer* cabeça de martelo; 12 ponto decisivo, crise; *to bring to a ~* provocar uma crise, precipitar as coisas; 13 BOTÂNICA gomo, botão, olho; 14 (rio, riacho) fonte, nascente; 15 GEOGRAFIA cabo; promontório; 16 pl. (moeda) cara, anverso; (moeda ao ar) *heads or tails?* cara ou coroa?; 17 [cal.] drogado; 18 (bebidas fermentadas) espuma; 19 NÁUTICA proa; beque; 20 LINGUÍSTICA núcleo; 21 [coloq.] dor de cabeça; *I've got a bit of a ~* estou com um bocadinho de dores de cabeça; 22 ponto, tópico; 23 (cama, mesa) cabeceira; 24 pressão de líquido; 25 (tambor) pele; 26 [arc.] poder, força, domínio, superioridade; 27 (bengala) castão; 28 (seta) ponta; 29 (pipa) tampo; 30 (machado) olho Ⓑ v.tr.,intr. 1 chefiar, comandar, pôr-se à cabeça de, pôr-se à frente de, tomar a dianteira de; 2 dirigir-se [**for**, a]; avançar, ir [**toward(s)**, em direcção a]; 3 DESPORTO jogar com a cabeça, cabecear; 4 orientar, dirigir, encaminhar; 5 dar um título [**with**, a]; fornecer um cabeçalho [**with**, a]; 6 ir à frente de; 7 colocar uma cabeça em, encabeçar; 8 decapitar; 9 enfrentar, opor-se a; meter-se à frente de; 10 colocar uma tampa em; *to ~ a cask* pôr os tampos numa pipa; 11 manar, brotar; 12 espigar Ⓒ adj. 1 principal; *~ clerk* empregado principal, chefe de secretaria; 2 central; (companhia) *~ office* sede, escritório central; 3 chefe; *~ cook* chefe de cozinha; *~ waiter* chefe dos empregados de mesa ❖ (escola) *~ boy* aluno mais velho considerado exemplar; *~ money* capitação; imposto por cabeça; recompensa pela captura de fugitivo; *~ plate* placa frontal; capa dianteira; MÚSICA *~ register/voice* voz de falsete; *~ and shoulders above...* muito superior a...; *~ over heels* a rebolar; de cabeça; completamente; impetuosamente; NÁUTICA *~ to wind* vento pela proa; [joc.] *heads I win, tails you lose* duma maneira ou doutra, quem ganha sempre sou eu; *heads will roll!* vão rolar cabeças!; [coloq.] *a bad/sore ~* uma dor de cabeça; *I can't make ~ nor tail of* não percebo nada de; *from ~ to foot/toe* dos pés à cabeça; [coloq.] *off one's ~* tolo; pateta; *off the top of one's ~* de cabeça; assim de repente; *to come to a ~* supurar; culminar; [coloq.] *to do sth (standing) on one's ~* fazer uma coisa com uma perna às costas; *to get one's ~ round...* descobrir...; *to get sth into one's ~* meter algo na cabeça; [cal.] *to give ~* fazer uma mamada; fazer um broche; fazer um minete; *to give sb his/her ~* deixar uma pessoa à vontade; deixar uma pessoa seguir livremente o seu caminho; NÁUTICA *to go (down) by the ~* ter a proa inclinada; *to go to sb's ~* subir à cabeça de alguém; *to have a full/good/thick ~ of hair* ter muito cabelo; ter uma cabeleira; *to have a good ~ on one's shoulders* ter a cabeça no lugar; ter uma boa cabeça; *to have a ~ for* ter cabeça para; ter jeito para; *to have a ~ like a sieve* ter memória de grilo; *to have one's ~ in the clouds* andar com a cabeça na lua; [coloq.] *to have one's ~ screwed on* ter a cabeça no lugar; *to keep one's ~* manter-se calmo; não se desorientar; *to keep one's ~ above water* manter-se livre de dívidas; *to keep one's ~ down* tentar passar despercebido; não levantar ondas; *to lay/put heads together* trocar opiniões; conferenciar; *to lose one's ~* perder a cabeça; *to make ~* fazer progressos; *to make ~ against* opor-se com êxito a; *to take it into one's ~ to do sth* meter na cabeça que se vai fazer qualquer coisa; *to use one's ~* usar a cabeça

◆**head off** Ⓐ v.tr. 1 evitar; impedir; *to ~ disaster* impedir a catástrofe; 2 interceptar; *to head sb off at...* interceptar alguém em...; 3 desviar [**from**, de] Ⓑ v.intr. (caminho, viagem) partir [**for**, para; **towards**, em direcção a] ❖ *to ~ onto the subject of...* abordar o assunto de...

◆**head up** v.intr. 1 espigar, desabrochar, repolhar; 2 comandar, encabeçar, chefiar, liderar

headache ['hedeɪk] s. dor de cabeça
headachy ['hedeɪkɪ] adj. 1 que sofre de enxaqueca, que tem dores de cabeça; 2 que causa dores de cabeça
headband ['hedbænd] s. 1 fita (para a cabeça); 2 cabeceira; 3 (encadernação) contraforte saliente na lombada
headbang ['hedbæŋ] v.intr. [coloq.] (heavy metal) dançar a abanar a cabeça
headbanger ['hedbæŋə] s. [coloq.] metaleiro_{coloq}, fã de *heavy metal*
headboard ['hedbɔ:d] s. 1 cabeceira da cama; 2 NÁUTICA anteparo do beque
headborough ['hedbʌrə] s. meirinho
head-butt ['hedbʌt] Ⓐ s. cabeçada Ⓑ v.tr. (violência) dar uma cabeçada a
headcloth ['hedklɒθ] s. cobertura para a cabeça
headcount ['hedkaʊnt] s. contagem do número de pessoas presentes; verificação de presenças
headdress ['heddres] s. toucado
headed ['hedɪd] adj. 1 com cabeça, que tem cabeça; 2 timbrado; *~ notepaper* papel timbrado; 3 com cabeçalho; 4 comandado
header ['hedə] s. 1 (página) cabeçalho; 2 DESPORTO (futebol) cabeçada, golpe de cabeça; *to take a ~* mergulhar de cabeça; 4 (carpintaria) travessão; 5 MECÂNICA tubo de comunicação; 6 juntoura; 7 máquina escavadora; 8 indivíduo encarregado de colocar uma cabeça em alfinetes, pregos, etc.
headfast ['hedfɑ:st] s. NÁUTICA amarra da proa
headfirst ['hed,fɜ:st] adv. 1 de cabeça; 2 de cabeça para baixo; de cabeça para a frente; 3 [fig.] precipitadamente; impetuosamente; irreflectidamente ❖ *a ~ dive* um mergulho de cabeça; *to rush into things ~* precipitar-se; atirar-se de cabeça sem pensar nas consequências
headgear ['hedgɪə] s. VESTUÁRIO [coloq.] (chapéus, boinas, bonés, etc.) acessórios para a cabeça
headhunt ['hedhʌnt] Ⓐ v.tr. (recursos humanos) recrutar Ⓑ v.intr. (antropologia) coleccionar cabeças
headhunter ['hed,hʌntə] s. 1 (recrutamento de pessoal) caçador de cérebros; recrutador de quadros; 2 (antropologia) caçador de cabeças
headhunting ['hed,hʌntɪŋ] s. 1 (recursos humanos) recrutamento; 2 (antropologia) colecção de cabeças
headiness ['hedɪnɪs] s. 1 temeridade, impetuosidade, arrebatamento; 2 graduação alcoólica de vinhos
heading ['hedɪŋ] s. 1 título; 2 cabeçalho; 3 galeria subterrânea ❖ *~ machine* máquina de cravar cabeças de parafusos, pregos, etc.; *~ tool* ferro de corteché; (dicionário) *page headings* cabeças
headlamp ['hedlæmp] s. farol dianteiro
headland ['hedlənd] s. 1 cabo, promontório, pequena península; 2 ponta de terra deixada por cultivar no extremo dum campo
headless ['hedləs] adj. 1 acéfalo, sem cabeça; 2 sem chefia, sem chefe ❖ *~ screw* parafuso sem cabeça
headlight ['hedlaɪt] s. farol dianteiro
headline ['hedlaɪn] Ⓐ s. 1 manchete; 2 título; 3 pl. principais notícias do dia Ⓑ v.tr. 1 colocar em manchete; 2 intitular; 3 (espectáculos) indicar como cabeça-de-cartaz
headliner ['hedlaɪnə] s. TEATRO, MÚSICA vedeta
headlock ['hedlɒk] s. DESPORTO (luta livre) prisão de cabeça

headlong ['hedlɒŋ] Ⓐ adj. 1 de cabeça; *to fall ~* cair de cabeça; 2 impetuoso, temerário; 3 precipitado, imprudente; 4 íngreme, escarpado; *~ cliffs* rochedos escarpados Ⓑ adv. 1 precipitadamente; 2 impetuosamente ❖ *~ flight* pânico; fuga desordenada; fuga precipitada; *to rush ~ into* precipitar-se para
headman ['hedmən] s. (pl. **-men**) 1 chefe; 2 cabeça (de tribo)
headmaster [ˌhedˈmɑːstə] s. (escola) director
headmastership [ˌhedˈmɑːstəʃɪp] s. (escola) direcção
headmistress [ˌhedˈmɪstrəs] s.f. (escola) directora
headmost ['hedməʊst] adj. dianteiro; mais avançado; que vai mais à frente
head-on [hedˈɒn] Ⓐ adj. 1 frontal; de frente; *~ collision* choque frontal; 2 directo; *~ confrontation* confronto directo Ⓑ adv. 1 de frente; frontalmente; *to collide/crash ~ into...* chocar de frente com...; 2 directamente
headphones ['hedfəʊnz] s. auscultadores
headpiece ['hedpiːs] s. 1 capacete; elmo; 2 TIPOGRAFIA florão, vinheta; 3 par de auscultadores; 4 inteligência, faculdade intelectual
headquarters ['hedˌkwɔːtəz] s. 1 quartel-general; 2 estado-maior; 3 sede social; 4 sede principal
headrace ['hedreɪs] s. (turbina, etc.) canal adutor
headrest ['hedrest] s. apoio para a cabeça
headroom ['hedruːm, 'hedrʊm] s. 1 espaço livre para a cabeça; 2 (parte de cima de um veículo) espaço para passar
headrope ['hedrəʊp] s. NÁUTICA relinga, tralha do gurutil
headsail ['hedseɪl] s. NÁUTICA bujarrona
headset ['hedset] s. auscultadores
headship ['hedʃɪp] s. 1 chefia, direcção; 2 lugar de comando, primeiro lugar
headsman ['hedzmən] s. (pl. **-men**) 1 carrasco, algoz, verdugo, executor; 2 NÁUTICA patrão de baleeira
heads-of-agreement [hedzəvəˈɡriːmənt] s. sumário das questões em discussão
headspring ['hedsprɪŋ] s. 1 nascente principal de rio; 2 fonte de origem
headstand ['hedstænd] s. DESPORTO (ginástica) pino; *to do a ~* fazer o pino
headstock ['hedstɒk] s. cabeçote de torno mecânico ❖ *~ chuck* mandril de cabeçote
headstone ['hedstəʊn] s. 1 lápide funerária; pedra tumular; 2 ARQUITECTURA pedra angular, pedra principal, pedra fundamental
headstrong ['hedstrɒŋ] adj. 1 teimoso, obstinado; 2 voluntarioso
headstrongness ['hedstrɒŋnɪs] s. teimosia; obstinação
heads-up ['hedzʌp] Ⓐ s. 1 [EUA] pré-aviso; 2 problema a resolver Ⓑ adj. [EUA] atento, prevenido, vigilante
head-to-head [ˌhedtəˈhed] Ⓐ s. confronto directo Ⓑ adj. (confronto) directo Ⓒ adv. 1 lado a lado; 2 contiguamente
head-turning ['hedˌtɜːnɪŋ] adj. atractivo, atraente
headwaters ['hedˌwɔːtəz] s.pl. (rio) água a montante; correntes que dão origem ao rio
headway ['hedweɪ] s. 1 avanço, progresso; 2 NÁUTICA marcha, andamento de navio; 3 altura interior de ponte; 4 elevação; 5 intervalo entre duas carruagens, autocarros, etc. ❖ *to make ~* avançar; seguir; fazer caminho; progredir; *to make ~ against* fazer frente a; *to make no ~* marcar passo; não progredir; não andar para a frente
headwear ['hedweə] s. 1 toucado; 2 enfeites no penteado, enfeites para a cabeça
headwind ['hedˌwɪnd] s. vento de proa; vento de frente
headword ['hedwɜːd] s. (dicionário) entrada, verbete
headwork ['hedwɜːk] s. 1 trabalho intelectual; esforço mental; 2 (arco) decoração arquitectónica
headworker ['hedwɜːkə] s. trabalhador intelectual
heady ['hedɪ] adj. (comp. **-ier**, superl. **-iest**) 1 temerário, impetuoso, arrebatado; 2 capitoso, que sobe à cabeça; 3 que causa tonturas
heal [hiːl] v.tr.,intr. 1 curar, sarar; 2 cicatrizar; 3 melhorar; 4 [fig.] curar; remendar ❖ *time heals all sorrows* o tempo tudo cura; *to ~ the breach* permitir a reconciliação; *to ~ the wounds* sarar as feridas

heal-all [ˈhiːlˌɔːl] s. 1 panaceia universal; 2 BOTÂNICA prunela, erva-férrea
heald ['hiːld] s. liço, cada um dos fios entre dois liçaróis, entre os quais passa a urdidura do tear
healer ['hiːlə] s. curandeiro
healing ['hiːlɪŋ] Ⓐ adj. 1 que cura; terapêutico; medicinal; 2 cicatrizante, regenerante; 3 calmante; 4 de conciliação; apaziguador; 5 que está em recuperação; que está a caminho da cura Ⓑ s. 1 cura, recuperação; 2 cicatrização; 3 regeneração
health [helθ] s. 1 saúde; estado de saúde; *to be good/bad for one's ~* fazer bem/mal à saúde; *in good/poor ~* de boa/má saúde; 2 sanidade; 3 (brinde) saúde; *to drink a ~ to sb* fazer um brinde a alguém; *to drink to sb's ~* beber à saúde de alguém; *your health!* à sua/tua saúde! ❖ *~ authorities* autoridades sanitárias; *~ care* cuidados de saúde; *~ centre* centro de saúde; *~ club* ginásio; *~ food* alimentos naturais; (médico) *~ officer* delegado de saúde; *~ visitor* enfermeiro visitante; inspector dos serviços de saúde; *public ~* saúde pública; *~ before wealth* a saúde antes do dinheiro; a saúde vale mais que a riqueza; não há dinheiro que pague a saúde; *bill of ~* atestado de saúde; *board of ~* junta de saúde pública; ministério da saúde; *for ~ reasons* por motivos de saúde; *to look/be the picture of ~* respirar saúde por todos os poros; *to regain one's ~* recuperar a saúde
healthcare ['helθˌkeə] s. serviços médicos, serviços de saúde
healthful ['helθfʊl] adj. saudável, salutar
healthfully ['helθfʊlɪ] adv. saudavelmente; salutarmente; com saúde
healthfulness ['helθfʊlnɪs] s. saúde, salubridade, sanidade
health-giving ['helθˌɡɪvɪŋ] adj. saudável; tonificante; puro
healthily ['helθɪlɪ] adv. ⇒ **healthfully**
healthiness ['helθɪnɪs] s. ⇒ **healthfulness**
healthy ['helθɪ] adj. (comp. **-ier**, superl. **-iest**) 1 são, saudável, sadio; de boa saúde; *~ appetite* apetite saudável; *~ look* aspecto saudável; 2 forte, vigoroso; 3 [coloq.] (quantidade) substancial; *a ~ amount of* uma dose substancial de ❖ *~ eating* alimentação equilibrada; *~ as a horse* são como um pêro
heap [hiːp] Ⓐ s. 1 monte, montão, pilha; 2 grande quantidade; *there were heaps of magazines* havia uma quantidade enorme de revistas Ⓑ v.tr. 1 amontoar, juntar, acumular, empilhar; 2 encher [**with**, de]; cobrir [**with**, de]; *to ~ sb with (sth)/to ~ (sth) on sb* encher uma pessoa de (qualquer coisa); 3 sobrecarregar [**with**, com/de]; *to ~ work on sb* sobrecarregar alguém de trabalho ❖ *heaps better* muito melhor; *heaps of times* muitas vezes; *there is heaps more to see* há muitas mais coisas para ver; *to be struck all of a ~* ficar admirado, pasmado, abismado; *to have heaps of time* ter muito tempo
✦**heap up** v.tr. 1 amontoar, empilhar; 2 acumular, juntar; *to ~ riches* acumular riquezas
heaped [hiːpt] adj. amontoado
heaping ['hiːpɪŋ] s. amontoamento
hear [hɪə] v.tr.,intr. (prt. e part. pass. **heard**) 1 ouvir; escutar, prestar atenção a; *do you ~ (me)?* estás a ouvir?; *I heard him sing at a concert* ouvi-o cantar em concerto; *when I came in, I heard him singing* quando entrei, ouvi-o a cantar; 2 saber, ouvir, ouvir contar, ouvir falar [**of/about**, em/de]; *he won't ~ of such a thing* ele nem quer ouvir falar em tal coisa; *I never heard of that* nunca ouvi falar nisso; *they have not been heard of since* nunca mais se ouviu falar deles; 3 (tomar conhecimento de) saber de; *I've heard the news* já soube da notícia; 4 [fig.] compreender; *I heard him all right!* compreendi-o muito bem!; 5 (tribunal) ouvir, interrogar (réu, testemunha); presidir a (julgamento, caso) ❖ *hear! hear!* apoiado!; muito bem!; (anedota) *have you heard the one about...?* já ouviste a do/da...?; *I can't ~ myself think* não consigo pensar com tanto barulho!; [coloq.] *I'll never ~ the end of it* vou ter de estar sempre a levar com isso; [ant.] *I've heard tell* ouvi dizer; [coloq.] *so I've heard* já soube; já ouvi dizer; *there's none so deaf as those who will not ~* o pior cego é o que não quer ver; *to ~ Mass* assistir à missa; [coloq.] *to ~ the last of sth/sb* nunca mais ouvir falar em alguma coisa/alguém; livrar-se de alguma coisa/alguém; *to ~ warning bells* ouvir soar o alarme; aperceber-se de algo negativo; *you could ~ a pin drop* não se ouvia uma mosca

hearable

◆**hear from** *v.tr.* **1** ter notícias de; **2** ouvir a opinião de; **3** (repri-menda) ter de ouvir (alguém); *you are going to ~ me!* vais ter de me ouvir! ❖ (carta) *I look forward to hearing from you* com os melhores cumprimentos; (carta) *hoping to ~ you* esperando receber em breve notícias suas

◆**hear out** *v.tr.* ouvir até ao fim; *to hear sb/sth out* ouvir alguém/algo até ao fim ❖ *hear him out!* deixa-o falar!

hearable ['hɪərəbəl] *adj.* audível

heard [hɜːd] *prt. e part. pass. de* **to hear** ❖ *to make oneself ~* fazer-se ouvir

hearer [hɪərə] *s.* **1** aquele que ouve, ouvinte; **2** *pl.* ouvintes, auditório

hearing ['hɪərɪŋ] *s.* **1** audição; *~ loss* perda de audição; **2** ouvido; *hard of ~* duro de ouvido; *quick of ~* de ouvido apurado; **3** alcance do ouvido; **4** DIREITO audiência; *to gain a ~* conseguir uma audiência; *to give sb a ~* conceder uma audiência a alguém; **5** DIREITO (testemunhas, etc.) interrogatório, exame; *~ of witnesses* interrogatório das testemunhas ❖ *~ aid* prótese auditiva; *out of ~* fora do alcance da voz; [coloq.] *that's good ~* eis uma boa notícia; *within ~* ao alcance da voz

hearken ['haːkən] *v.intr.* escutar [**to**, -]; ouvir com atenção [**to**, -]; prestar atenção [**to**, a]

hearsay ['hɪəseɪ] *s.* boato; rumor; *it's just ~* são só boatos ❖ *I know it from ~* ouvi dizer

hearse [hɜːs] *s.* carro fúnebre

hearst [hɜːst] *s.* corça nova, de dois ou três anos

heart [haːt] *s.* **1** ANATOMIA coração; **2** (emoções) coração*fig*, íntimo, interior, alma; **3** (parte central) coração*fig*, centro, âmago; **4** (estado de espírito) coragem; ânimo; vontade; disposição; **5** generosidade; compaixão; **6** (forma) coração; **7** *pl.* (naipe de cartas) copas; *king of hearts* rei de copas ❖ *~ attack* ataque cardíaco; *~ block* bloqueio cardíaco; *~ case* doente cardíaco; *~ condition* problemas cardíacos; *~ disease* doença cardíaca; *~ failure* insuficiência cardíaca; *~ massage* massagem cardíaca; *~ murmur* sopro cardíaco; *~ rate* frequência cardíaca; *~ specialist* especialista em doenças do coração; *~ transplant* transplante cardíaco; *~ trouble* problemas cardíacos; *~ and hand* de todo o coração; *affairs of the ~* assuntos do coração; *after one's own ~* ao seu gosto; à sua vontade; que lhe convém; *at ~* no fundo; no íntimo; *by/off by ~* de cor; de cabeça; *close/dear to sb's ~* no coração de alguém; muito querido para/a alguém, caro a alguém; [coloq.] *cross my ~ (and hope to die)!* juro por tudo o que é sagrado!; *from the bottom of one's ~* do fundo do coração; *from the ~* do coração; sinceramente; [joc.] *have a heart!* tem pena de mim!, tem piedade!; *(deep down) in one's ~* no fundo do coração; *in one's ~ of ~s* no mais fundo do coração; *kind hearts are more than coronets* mais vale coração amigo que títulos de nobreza; [joc.] *my ~ bleeds for…!* que peninha que eu tenho de… !; *my ~ goes out to* os meus pensamentos estão com; estou solidário com; *my ~ isn't in it* não estou para aí virado; *my ~ sank* perdi a esperança; fiquei desiludido; fiquei desanimado; *my ~ skips/misses a beat* fico muito nervoso; *sb's heart's desire* o maior desejo de alguém; aquilo que alguém mais quer; *she felt her ~ leap into her mouth* ela sentiu o coração bater muito depressa; ela assustou-se; ela não cabia em si de contente; *with all one's ~* de todo o coração; com todas as forças; *the ~ has reasons that reason does not know/understand/recognize* o coração tem razões que a razão desconhece; *to eat one's ~ out* roer-se de inveja; *to find it in one's ~ to* ser generoso ao ponto de; ter coragem para; *to have a good ~* ter bom coração; *to have a ~ of gold* ter um coração de ouro; *to have a ~ of stone* ter um coração de pedra; *to have ~ trouble* sofrer do coração; *to have one's ~ in one's boots* desanimar, perder a coragem; *to have one's ~ in one's mouth* ter o coração nas mãos; assustar-se facilmente; *to have one's ~ in one's work* ter todo o interesse naquilo que se está a fazer; *to have sth at ~* desejar algo; *to have the ~ in the right place* ser bem-intencionado; sem bom e generoso; *to have the ~ to* ter coragem de/para; *to know the way to sb's ~* saber como agradar a alguém; *to lose ~* desanimar; *to lose one's ~ to* apaixonar-se por; *to make sb's ~ flutter* fazer palpitar o coração de alguém; fascinar alguém; *to one's heart's content* à vontade; à discrição; sem restrições;

to open/bare one's ~ to abrir o coração a; desabafar com; *to put one's ~ and soul into* pôr toda a sua energia em; estar de alma e coração em; *to set one's ~ on* desejar muito; ambicionar; dedicar-se de alma e coração a; *to take ~* ganhar coragem; *to take sth to ~* levar algo a peito; ficar sentido com algo; *to wear one's ~ on one's sleeve* ter o coração ao pé da boca; *to win sb's ~* conquistar o coração de alguém; *young at ~* jovem de espírito

heartache ['haːteɪk] *s.* desgosto; mágoa; angústia

heartbeat ['haːtbiːt] *s.* pulsação; batimento cardíaco

heartbreak ['haːtbreɪk] *s.* desgosto; grande mágoa

heartbreaker ['haːtbreɪkə] *s.* **1** quebra-corações; (homem) conquistador; (mulher) mulher fatal; **2** pessoa impiedosa

heartbreaking ['haːtbreɪkɪŋ] *adj.* de partir o coração; muito doloroso; desolador

heartbroken ['haːtbrəʊkən] *adj.* desolado; inconsolável; tristíssimo; de coração partido

heartburn ['haːtbɜːn] *s.* azia

hearten ['haːtn] *v.tr.* animar; encorajar

heartener ['haːtnə] *s.* **1** pessoa que anima, que dá coragem; **2** coisa que anima

heartening ['haːtnɪŋ] *adj.* encorajante, animador

heartfelt ['haːtfelt] *adj.* sincero; sentido; do fundo do coração

hearth [haːθ] *s.* **1** lareira, canto do fogão; **2** lar; **3** (metalurgia) soleira, forno de fundição; **4** forja; **5** cadinho ❖ HISTÓRIA (igreja católica) *~ money/penny* antigo imposto anual pago por cada lar inglês ao Papa; contribuição anual voluntária por parte dos católicos à Santa Sé

hearthstone ['haːθstəʊn] *s.* pedra do lar

heartily ['haːtɪlɪ] *adv.* **1** cordialmente, de todo o coração; **2** com vontade; **3** sinceramente

heartiness ['haːtɪnɪs] *s.* **1** sinceridade; **2** cordialidade; **3** energia, vontade

heartland ['haːtlænd] *s.* **1** coração (de país, de região); **2** centro; **3** [fig.] feudo

heartless ['haːtləs] *adj.* **1** sem coração, sem piedade, sem compaixão; **2** duro, cruel; **3** desumano

heartlessly ['haːtləslɪ] *adv.* **1** impiedosamente, desumanamente; **2** sem compaixão; **3** cruelmente

heartlessness ['haːtləsnɪs] *s.* desumanidade, crueldade, impiedade

heart-lung ['haːtlʌŋ] *adj.* cardiopulmonar ❖ *~ machine* aparelho de suporte cardiopulmonar

heartpea ['haːtpiː] *s.* BOTÂNICA cardiospermo

heart-piercing ['haːtˌpɪəsɪŋ] *adj.* dilacerante; de partir o coração

heart-rending ['haːtˌrendɪŋ] *adj.* dilacerante; de partir o coração

heart-searching ['haːtsɜːtʃɪŋ] *s.* introspecção

heartsease ['haːtziːz] *s.* **1** BOTÂNICA amor-perfeito; **2** tranquilidade

heart's-ease ['haːtziːz] *s.* BOTÂNICA amor-perfeito

heartsick ['haːtsɪk] *adj.* desgostado, desanimado, desolado

heartsickness ['haːtsɪknəs] *s.* desânimo, desgosto, desolação

heart-smart ['haːtˌsmaːt] *adj.* [coloq.] (alimentação) amigo do coração, que previne doenças coronárias; baixo em gorduras e colesterol

heartsome ['haːtsəm] *adj.* alegre, divertido, bem-disposto

heartsore ['haːtsɔː] Ⓐ *adj.* [arc., poét.] magoado, ferido no coração Ⓑ *s.* **1** [arc., poét.] desgosto; **2** [arc., poét.] dissabor

heartsoreness ['haːtsɔːnəs] *s.* [arc., poét.] aflição, dor pungente

heartstrings ['haːtstrɪŋz] *s.pl.* fundo do coração*fig* ❖ *to tug at sb's ~* tocar fundo; ir direito ao coração

heartthrob ['haːtθrɒb] *s.* **1** [ant.] ídolo, galã; **2** palpitação, batimento cardíaco

heart-to-heart [haːttəˈhaːt] Ⓐ *s.* conversa franca; conversa íntima Ⓑ *adj.* franco; sincero; aberto; íntimo; sem reservas; *a ~ talk* uma conversa franca

heartwarming ['haːtwɔːmɪŋ] *adj.* **1** agradável; **2** reconfortante, tranquilizador, apaziguador; **3** gratificante

heartwood ['haːtwʊd] *s.* BOTÂNICA cerne da madeira, durâmen

hearty ['haːtɪ] Ⓐ *adj.* (comp. **-ier**, superl. **-iest**) **1** cordial; **2** caloroso, sincero, sentido; **3** ruidoso, espalhafatoso; **4** forte, robusto, de boa saúde; **5** (alimentação) vigoroso, substancial; *a ~ breakfast* um pequeno-almoço substancial Ⓑ *s.* ⟨*pl.* **-ies**⟩ **1** [coloq., depr.] atleta, desportista; **2** NÁUTICA [arc.] valente, moço ❖ *a ~ appetite* um apetite saudável; *a ~ eater* um bom garfo

heat [hi:t] Ⓐ s. 1 calor; 2 ardor, veemência; ânsia; 3 excitação; 4 exaltação, cólera; 5 DESPORTO (corrida) eliminatória; 6 (animais) cio, berra, brama; [EUA] *in* ~ com o cio; [GB] *on* ~ com o cio; 7 [EUA] aquecimento Ⓑ *v.tr.,intr.* 1 aquecer, esquentar; 2 animar, entusiasmar; 3 inflamar-se, entusiasmar-se ❖ *~ capacity* capacidade calorífica; *~ energy* energia térmica; *~ engine* máquina termodinâmica; *~ haze* névoa produzida pelo calor; *~ ray* raio calorífico; *~ spectrum* espectro calorífico; *~ wave* vaga de calor; *boiling ~* temperatura de ebulição; *melting ~* temperatura de fusão; *red ~* calor rubro; *white ~* calor de incandescência; *in the ~ of the moment* no calor do momento; [coloq.] *the ~ is off* o pior já passou; [coloq.] *the ~ is on* começou a pressão; (corridas) *to run a dead ~* chegar ao mesmo tempo; *to take the ~ out of the situation* arrefecer os ânimos; [coloq.] *to turn on/up the ~ (on sb)* pressionar (alguém)

◆**heat up** *v.tr.,intr.* 1 aquecer; 2 (comida já pronta) aquecer; 3 (situação) aquecer, intensificar, agravar(-se)

heat-conveying [ˈhiːtkənˈveɪɪŋ] *adj.* calorífero, condutor de calor

heated [ˈhiːtɪd] *adj.* 1 aquecido, quente; *~ gas* gás aquecido; *~ pool* piscina aquecida; 2 (quarto, sala) com aquecimento; 3 (debate, discussão) aceso; acalorado; *~ discussion* discussão acalorada; 4 requentado; *~ food* comida requentada ❖ *~ to incandescence* aquecido até à incandescência; *to get ~* animar-se; exaltar-se

heatedly [ˈhiːtɪdlɪ] *adv.* acaloradamente

heater [ˈhiːtə] *s.* 1 aquecedor; esquentador; radiador; 2 calefactor; 3 ELECTRICIDADE filamento calefactor de válvula electrónica; 4 [EUA] [cal., ant.] arma de fogo ❖ *~ unit* unidade de aquecimento; *electric ~* aquecedor eléctrico; radiador eléctrico; *gas ~* aquecedor a gás

heath [hi:θ] *s.* 1 charneca; 2 brejo, matagal; tojal; urzal; 3 BOTÂNICA urze, torga, quiroga, queiró, magoriça ❖ BOTÂNICA *~ bell* campainha-do-monte; *~ broom* vassoura de giesta

heathberry [ˈhiːθbərɪ] *s.* BOTÂNICA camarinha

heathclad [ˈhiːθklæd] *adj.* coberto de urze

heathcock [ˈhiːθkɒk] *s.* ZOOLOGIA galo silvestre

heathen [ˈhiːðən] *adj.,s.* 1 pagão, idólatra; 2 [depr.] bárbaro, não civilizado, ignorante, rude ❖ *the ~* os pagãos

heathendom [ˈhiːðəndəm] *s.* 1 paganismo, gentilidade; 2 mundo pagão

heathenish [ˈhiːðənɪʃ] *adj.* idólatra, pagão, gentio

heathenishly [ˈhiːðənɪʃlɪ] *adv.* como idólatra, como pagão

heathenize [ˈhiːðənaɪz] *v.tr.,intr.* paganizar, paganizar-se

heather [ˈheðə] *s.* 1 BOTÂNICA urze, estorga, torga, quiroga; 2 BOTÂNICA queiró, magoriça; 3 cor de urze ❖ BOTÂNICA *~ bell* campainha-do-monte; *to take the ~* fugir para os montes; tornar-se um fora-da-lei

heathery [ˈheðərɪ] *adj.* 1 semelhante a urze; 2 coberto de urze

heathy [ˈhiːθɪ] *adj.* (comp. -**ier**, superl. -**iest**) coberto de tojo, de vegetação rasteira

heating [ˈhiːtɪŋ] Ⓐ *adj.* que aquece, que produz calor Ⓑ *s.* 1 aquecimento; 2 fermentação ❖ *~ apparatus* aquecedor; dispositivo de aquecimento; *~ area* superfície de aquecimento; *~ device* dispositivo de aquecimento; *~ effect* efeito calorífico; *~ plant* central de aquecimento; *~ power* poder calorífico; potência calefactora; *~ stove* forno giratório; *~ system* sistema de aquecimento, (caldeira) *~ tube* tubo de ebulição; *~ value* poder calorífico; *central ~* aquecimento central

heat-proof [ˈhiːtpruːf] *adj.* 1 à prova de calor; resistente ao calor; 2 (louça) que pode ir ao forno

heat-resisting [ˈhiːtrɪzɪstɪŋ] *adj.* resistente ao calor ❖ *~ alloy* liga resistente ao calor

heatseeker [ˈhiːtˌsiːkə] *s.* [cal.] cliente que adquire a versão mais recente de um produto

heatstroke [ˈhiːtstrəʊk] *s.* MEDICINA insolação

heatwave [ˈhiːtweɪv] *s.* vaga de calor; onda de calor; canícula

heave [hi:v] Ⓐ *s.* 1 elevação; puxão para cima; 2 esforço para levantar ou puxar; 3 arremesso, lança; 4 (mar) altura de onda; 5 esforço para vomitar; náusea, enjoo; 6 palpitação; 7 esforço para suspirar; 8 GEOLOGIA fenda, deslocação horizontal de veio ou estrato; 9 *pl.* pulmoeira Ⓑ *v.tr.,intr.* (prt. e part. pass. **heaved** ou **hove**) 1 elevar, levantar com esforço; 2 içar; levantar; *to ~ aboard* içar para bordo; *to ~ anchor* levantar a âncora; 3 atirar, lançar; 4 soltar, produzir (suspiro); 5 agitar-se, elevar-se; 6 ansiar, palpitar; 7 respirar com dificuldade; 8 sentir náuseas; fazer esforço para vomitar; *that makes my stomach ~* isso dá-me voltas ao estômago ❖ *~ away!* grito soltado pelos marinheiros ao desprenderem as amarras; NÁUTICA *to ~ ahead* virar sobre a proa; NÁUTICA *to ~ astern* virar sobre a popa; *to ~ a sigh of relief* suspirar de alívio; NÁUTICA *to ~ at the capstan* virar o cabrestante; NÁUTICA *to ~ at the windlass* virar a amarra com o bolinete; NÁUTICA *to ~ down* querenar; virar de querena; *to ~ in sight* aparecer (ao longe); NÁUTICA *to ~ in the cable* virar a amarra; (navio) *to ~ off* desencalhar; *to ~ out* içar vela; desfraldar velas; *to ~ overboard* lançar pela borda fora; deitar ao mar; *to ~ the lead* deitar a sonda

◆**heave to** *v.tr.,intr.* (navio) parar; imobilizar(-se)

◆**heave up** *v.tr.,intr.* 1 NÁUTICA levantar a âncora; 2 (pessoa) vomitar

heave-ho [ˈhiːvhəʊ] Ⓐ *interj.* NÁUTICA exclamação usada para incitar os marinheiros a puxar uma corda ou amarra; ala! Ⓑ *s.* [coloq.] demissão, destituição, rejeição

heaven [ˈhevən] Ⓐ *s.* 1 RELIGIÃO Céu; *to go to ~* ir para o Céu; 2 [fig.] (local, situação) céu, paraíso; *~ on earth* paraíso na Terra, o céu na Terra; *this is ~* isto é o paraíso; 3 céu; firmamento Ⓑ *interj.* geralm. no pl. céus!, credo!, santo Deus!; *good Heavens!* meu Deus!, santo Deus! ❖ [coloq.] *~ forbid!* Deus me livre!; [coloq.] *~ grant!* Deus permita!; Deus queira!; *~ (only) knows* só Deus sabe; [coloq.] *for heaven's sake!* por amor de Deus!; (chuva torrencial) *the heavens opened* o céu desabou; *to be in seventh ~* estar no sétimo céu; estar nas suas sete quintas; *to move ~ and earth* mover céus e terra; revolver o céu e a terra; fazer todos os possíveis; BOTÂNICA *tree of ~* ailanto

heavenly [ˈhevənlɪ] Ⓐ *adj.* 1 RELIGIÃO celeste, celestial, divino; *~ vision* visão celestial; 2 [coloq.] divinal, delicioso Ⓑ *adv.* [arc.] divinamente ❖ *~ body* corpo celeste; astro; RELIGIÃO (Deus) *~ Father* Pai Celestial; RELIGIÃO (anjos) *the Heavenly Host* o exército celeste

heavenly-minded [ˈhevənlɪˌmaɪndɪd] *adj.* piedoso, devoto

heaven-sent [ˈhevənˌsent] *adj.* providencial; oportuno; abençoado

heavenward [ˈhevnwəd] *adv.* para o céu

heavenwards [ˈhevnwədz] *adv.* para o céu

heaver [ˈhiːvə] *s.* 1 carregador, descarregador; 2 alavanca, pé-de-cabra

heavily [ˈhevɪlɪ] *adv.* 1 pesadamente, de uma maneira pesada; 2 lentamente; 3 fortemente; 4 profundamente; 5 seriamente; 6 pesarosamente; 7 dificilmente ❖ *time hangs ~ on our hands* muito custa o tempo a passar; *to drink ~* beber em excesso; *to go off ~* vender-se com dificuldade; *to lose ~* sofrer uma derrota esmagadora; *to rain ~* chover torrencialmente; *to sleep ~* dormir profundamente

heaviness [ˈhevɪnɪs] *s.* 1 pesadume, peso; 2 opressão; 3 abatimento; 4 lassidão, indolência, quebreira; 5 tristeza; 6 piso duro, piso em mau estado (de estrada); 7 riqueza (de solo)

heaving [ˈhiːvɪŋ] Ⓐ *adj.* agitado, palpitante Ⓑ *s.* 1 agitação, elevação (das águas do mar); 2 GEOLOGIA deslocação de terreno; 3 viragem de navio

Heaviside layer [ˌhevɪsaɪdˈleɪə] *s.* 1 camada de ar ionizado que envolve a Terra; 2 ionosfera

heavy [ˈhevɪ] Ⓐ *adj.* (comp. -**ier**, superl. -**iest**) 1 pesado; [fig.] *~ silence* silêncio pesado; 2 denso; compacto; *~ soil* solo compacto; 3 abundante; *~ crops* colheita abundante, colheita fora do vulgar; 4 forte; *~ rain* chuva forte; 5 intenso; *~ fire* fogo intenso, fogo nutrido; 6 carregado; *~ sky* céu carregado; 7 cheio; *~ line* linha cheia, linha grossa; 8 duro; difícil; complicado; *~ going* difícil, complicado; *~ reading* leitura indigesta; 9 (movimento, passo, etc.) pesado, lento; *to have a ~ gait* ter um andar pesado; 10 invulgar; 11 monótono, aborrecido; 12 indolente; 13 compulsivo, inveterado; *a ~ smoker* um fumador compulsivo; 14 preenchido, ocupado, movimentado; 15 triste, infeliz; deprimido Ⓒ *s.* (*pl.* -**ies**) 1 vilão; 2 [cal.] capanga ❖ MILITAR *~ artillery* artilharia pesada; *~ bomber* bombardeiro pesado; *~ breathing* respiração ofegante; *~ expenditure* despesas de monta; *~ heart* tristeza; desânimo; MÚSICA *~ metal* heavy metal; QUÍMICA *~ metal* metal de densidade superior a 5; *~ sea* mar

heavy-armed

agitado; ~ *sleeper* pessoa com sono pesado; MINERALOGIA ~ *spar* barita; ~ *tidings* más notícias; notícias tristes; *how* ~ *is that?* quanto é que isso pesa?; *to be* ~ *on sth* gastar muito de alguma coisa; [EUA] [coloq.] *to have a* ~ *foot* gostar de acelerar; [GB] [coloq.] *to make* ~ *weather of sth* fazer de alguma coisa um bicho-de-sete-cabeças

heavy-armed [ˈhevɪˌɑːmd] *adj.* fortemente armado; armado até aos dentes

heavy-duty [ˌhevɪˈdjuːtɪ] *adj.* 1 (material, etc.) resistente; 2 (equipamento) de uso industrial; 3 [fig.] importante, sério, intenso; *a* ~ *meeting* uma reunião importante

heavy-handed [ˌhevɪˈhændɪd] *adj.* (*comp.* **heavier-handed**, *sup.* **heaviest-handed**) 1 desajeitado; trapalhão; 2 (autoridade) opressivo; pesado; duro

heavy-headed [ˌhevɪˈhedɪd] *adj.* 1 cabeçudo; 2 obtuso, pouco esperto, estúpido; 3 (sono, etc.) com a cabeça pesada

heavy-hearted [ˌhevɪˈhɑːtɪd] *adj.* [lit.] triste; acabrunhado; desanimado; com um peso no coração

heavy-laden [ˌhevɪˈleɪdn] *adj.* 1 sobrecarregado; 2 oprimido; sufocado; atormentado; cheio de sofrimento

heavyset [ˈhevɪˌset] *adj.* entroncado, robusto, corpulento

heavyweight [ˈhevɪweɪt] *s.* 1 (pugilista) peso pesado; 2 [fig.] (pessoa importante) peso pesado

Heb. [abrev. de Hebrew]

hebdomadal [hebˈdɒmədl] *adj.* hebdomadário

hebdomadally [hebˈdɒmədəlɪ] *adv.* hebdomadariamente

hebdomadary [hebˈdɒmədərɪ] *adj.,s.* hebdomadário

Hebe [ˈhiːbɪ] *s.* MITOLOGIA Hebe, filha de Juno e deusa da juventude

hebetate [ˈhebɪteɪt] *v.tr.,intr.* 1 hebetar, hebetar-se; 2 estupidificar, estupidificar-se

hebetude [ˈhebɪtjuːd] *s.* hebetação, embotamento dos sentidos, estupidificação

Hebr. [abrev. de Hebrew]

Hebraic [hiːˈbreɪɪk] *adj.* hebraico

Hebraically [hiːˈbreɪɪkəlɪ] *adv.* à maneira hebraica

Hebraism [ˈhiːbreɪɪzəm] *s.* hebraísmo

Hebraist [ˈhiːbreɪɪst] *s.* hebraísta

Hebraistic [hiːbreɪˈɪstɪk] *adj.* hebraico

hebraistically [hiːbreɪˈɪstɪkəlɪ] *adv.* à maneira hebraica, à maneira judaica

hebraize [ˈhiːbreɪaɪz] *v.tr.,intr.* hebraizar

Hebrew [ˈhiːbruː] Ⓐ *adj.* hebreu, hebraico, israelita Ⓑ *s.* (língua, pessoa) hebraico, hebreu; *the Hebrews* os Hebreus

Hebridean [ˌhebrəˈdiːən] *adj.,s.* hebridense

Hebrides [ˈhebrɪdiːz] *s.top.* Hébridas

Hebron [ˈhiːbrɒn] *s.top.* RELIGIÃO (Bíblia) Hébron

Hecate [ˈhekətiː] *s.* MITOLOGIA Hécate, filha de Júpiter e de Latona

hecatomb [ˈhekətuːm, ˈhekətəʊm] *s.* hecatombe

heck [hek] Ⓐ *interj.* bolas! Ⓑ *s.* 1 [coloq.] diabo; *who the* ~ *does he think he is?* quem diabo pensa ele que é?; 2 (para impedir a passagem de peixes) gradeado, caniçado; 3 [Esc.] grade de manjedoura ❖ *a* ~ *of a lot/one* ~ *of a lot* muita coisa

heckle [ˈhekl] Ⓐ *s.* 1 espadela; 2 ⇒ **hackle** Ⓑ *v.tr.* 1 gramar, espadelar, cardar; 2 interrogar em público, fazendo perguntas difíceis ou embaraçosas

heckler [ˈheklə] *s.* 1 cardador, espadelador; 2 oponente que procura fazer perguntas difíceis ou embaraçosas; pessoa que procura atrapalhar o adversário com perguntas difíceis

heckling [ˈheklɪŋ] *s.* 1 cardação, espadelada; 2 interrogatório feito ao adversário para o atrapalhar ou confundir

hectare [ˈhektɑː] *s.* hectare

hectic [ˈhektɪk] Ⓐ *adj.* 1 héctico; 2 tuberculoso; 3 febril; 4 agitado Ⓑ *s.* 1 héctica, tuberculose, tísica; 2 pessoa tuberculosa

hectically [ˈhektɪkəlɪ] *adv.* febrilmente

hecticity [hekˈtɪsɪtɪ] *s.* hecticidade

hectoampere [ˈhektəʊæmpeə] *s.* hectoampere

hectogram [ˈhektəʊgræm] *s.* hectograma

hectogramme [ˈhektəʊgræm] *s.* hectograma

hectograph [ˈhektəʊgrɑːf] Ⓐ *s.* hectógrafo, aparelho para tirar cópias Ⓑ *v.tr.* 1 hectografar; 2 autocopiar

hectographing [ˈhektəʊgrɑːfɪŋ] *s.* 1 hectografia; 2 acção de hectografar

hectoliter [ˈhektəʊliːtə] *s.* hectolitro

hectolitre [ˈhektəʊliːtə] *s.* hectolitro

hectometer [ˈhektəʊˌmiːtə] *s.* hectómetro

hectometre [ˈhektəˌmiːtə] *s.* hectómetro

hector [ˈhektə] Ⓐ *v.tr.,intr.* 1 intimidar, meter medo, ameaçar, amedrontar; 2 armar a valente, fazer de fanfarrão, fanfarronar Ⓑ *s.* [arc., lit.] fanfarrão, ferrabrás, mata-mouros

Hector [ˈhektə] *s.antr.* Heitor

hectoring [ˈhektərɪŋ] *adj.* 1 que mete medo, que intimida; 2 autoritário; 3 próprio de fanfarrão

hectostere [ˈhektəstɪə] *s.* hectostere, medida equivalente a cem esteres

Hecuba [ˈhekjʊbə] *s.* MITOLOGIA Hécuba, mulher de Príamo

he'd [hiːd] Ⓐ *contr. de* **he would** Ⓑ *contr. de* **he had**

heddles [hedlz] *s.pl.* liços

hederaceous [hedəˈreɪʃəs] *adj.* BOTÂNICA hederáceo

hederiform [ˈhedərɪfɔːm] *adj.* hederiforme

hedge [hedʒ] Ⓐ *s.* 1 sebe, cerca, vedação feita de plantas ou ramos entrelaçados; *dead* ~ sebe de plantas mortas; *quickset* ~ sebe viva; 2 (protecção) barreira [**against**, contra] Ⓑ *v.tr.,intr.* 1 rodear de sebe, cercar com sebe; vedar; 2 fazer uma sebe; 3 limitar, restringir; 4 ser vago, ser equívoco; procurar não se comprometer; esquivar-se [**on**, a]; 5 [coloq.] jogar com um pau de dois bicos; 6 precaver-se [**against**, contra]; 7 (Bolsa) fazer compras de modo a evitar possíveis perdas futuras devido à flutuação de preços Ⓒ *adj.* [arc.] de fraca qualidade; rústico; mau; ~ *tavern* taberna de baixa qualidade e frequência; ~ *writer* escrevinhador; autor de má qualidade ❖ (instrumento) ~ *bill* podão; podoa; ~ *clippers* tesouras de podar; ~ *shears* tesoura de cortar sebes; ZOOLOGIA (ave) ~ *sparrow* carriça; ferreirinha-comum; *it doesn't grow on every* ~ isso não se encontra em toda a parte; isso é raro; *over* ~ *and ditch* por montes e vales; *to be on the wrong side of the* ~ enganar-se; não acertar; [coloq.] *to* ~ *your bets* dar uma no cravo e outra na ferradura

◆**hedge in** *v.tr.* 1 rodear, cercar; 2 limitar, restringir

◆**hedge off** *v.tr.* vedar com sebe

hedgehog [ˈhedʒhɒg] *s.* ZOOLOGIA ouriço-cacheiro

hedgehoggy [ˈhedʒhɒgɪ] *adj.* 1 rabugento, intratável; 2 espinhoso

hedgehop [ˈhedʒhɒp] *v.intr.* (*particípios* **-pp-**) AERONÁUTICA voar a baixa altitude; voar a rasar a terra

hedgehopping [ˈhedʒhɒpɪŋ] *s.* AERONÁUTICA voo a rasar a terra

hedger [ˈhedʒə] *s.* 1 indivíduo que trata, conserta ou faz sebes; 2 pessoa que evita comprometer-se, decidindo-se num ou noutro sentido

hedgerow [ˈhedʒrəʊ] *s.* vedação, sebe feita de árvores ou arbustos

hedge-school [ˈhedʒskuːl] *s.* (séc. XVII e XVIII) escola ao ar livre (na Irlanda)

hedging [ˈhedʒɪŋ] *s.* 1 vedação, sebe; 2 (corridas de cavalos) aposta feita ao mesmo tempo em mais que um concorrente

hedonic [hiːˈdɒnɪk] *adj.* hedónico

hedonics [hiːˈdɒnɪks] *s.* hedonística

hedonism [ˈhiːdənɪzəm] *s.* hedonismo

hedonist [ˈhiːdənɪst] *s.* hedonista

hedonistic [hiːdəˈnɪstɪk] *adj.* hedonístico

heebie-jeebies [hiːbɪˈdʒiːbɪz] *s.pl.* [coloq.] tremeliques, ansiedade provocada pelo medo

heed [hiːd] Ⓐ *s.* 1 atenção; 2 reparo; 3 cuidado, cautela Ⓑ *v.tr.,intr.* 1 prestar atenção a, estar atento a; 2 ter cuidado com, acautelar-se com ❖ *take no* ~ *of what they say* não lhes ligues; ignora-os; *to give* ~ *to* prestar atenção a; *to take* ~ *of* ter cuidado com; *to take* ~ *to do sth* ter o cuidado de fazer alguma coisa

heedful [ˈhiːdfʊl] *adj.* cuidadoso, cauteloso, prudente

heedfully [ˈhiːdfʊlɪ] *adv.* 1 com atenção; 2 cautelosamente, cuidadosamente; 3 prudentemente

heedfulness [ˈhiːdfʊlnɪs] *s.* cuidado, cautela, atenção, prudência

heedless [ˈhiːdləs] *adj.* 1 desatento; 2 descuidado; negligente; 3 precipitado; estouvado; inconsciente; imprudente ❖ *to be* ~ *of ...* não querer saber de ...

heedlessly [ˈhiːdləslɪ] *adv.* 1 precipitadamente, com imprudência; 2 negligentemente

heedlessness [ˈhiːdləsnɪs] *s.* 1 falta de atenção, desatenção; 2 precipitação, imprudência; 3 negligência

heehaw ['hiːhɔː] Ⓐ s. 1 zurro; 2 [coloq.] gargalhada ruidosa; casquinada; relincho de riso_fig._ Ⓑ v.intr. 1 zurrar; 2 [coloq.] casquinar; relinchar de riso_fig._

heel [hiːl] Ⓐ s. 1 ANATOMIA calcanhar; 2 ANATOMIA talão; pé; 3 (calçado) salto, tacão; 4 resto, parte restante, parte que fica; 5 NÁUTICA pé do mastro; 6 parte traseira do casco do cavalo; 7 (caminhos-de-ferro, mudança de agulhas) ponto central; 8 (navio) inclinação lateral; 9 [ant., depr.] pessoa sem princípios, indivíduo rude, indivíduo traiçoeiro e desleal; 10 (taco de golfe) base do ferro Ⓑ v.tr.,intr. 1 colocar salto(s) em, pôr tacões em; 2 consertar o tacão de; 3 seguir, perseguir de muito perto; 4 (dança) bater com o tacão no chão; 5 DESPORTO (futebol, râguebi) passar a bola com o calcanhar; 6 (golfe) bater a bola com a base do ferro; 7 NÁUTICA inclinar-se lateralmente; fazer inclinar lateralmente ❖ ANATOMIA (OSSO) ~ *bone* calcâneo; (arma) ~ *plate* chapa de coronha; *Achilles* ~ calcanhar de Aquiles; *down at (the) heel(s)* com os tacões gastos; de sapatos cambados; *head over heels* a rebolar; de cabeça; completamente; impetuosamente; *heels over head* de pernas para o ar; ao contrário; com muita pressa; *on the heels of* logo a seguir a; *out at (the) heels* com aspecto de pobre; de sapatos ou meias esburacados; *to be at sb's heels* seguir alguém de perto, andar atrás de alguém, não deixar alguém; *to bring sb to* ~ pôr alguém na ordem; *to come to* ~ ser obediente; submeter-se à disciplina, aos regulamentos; (cão) seguir sempre atrás do dono; [coloq.] *to cool one's heels* esperar de pé; ser obrigado a esperar de pé; *to have the heels of* passar à frente de; tomar a dianteira a; [coloq.] *to kick up one's heels* divertir-se à grande (sem pensar nas opiniões dos outros); *to lay by the heels* pôr grilhões a; prender com grilhões; aprisionar; neutralizar; *to set sb back on their heels* deixar alguém chocado; *to show a clean pair of heels* fugir; dar à sola; *to snap at sb's heels* correr atrás de alguém para o morder; morder os calcanhares de/a alguém; *to take to one's heels* fugir; dar à sola; *to turn on one's heels* dar meia volta; virar-se de repente; *under the* ~ *of* debaixo do pé de; debaixo da bota de; sob o domínio de; sob a pata de

heelball ['hiːlbɔːl] s. bola de cera de sapateiro

heeled [hiːld] adj. 1 de salto, com tacões; *high-heeled shoes* sapatos de salto alto; *low-heeled shoes* sapatos de tacão baixo; 2 (galo) com esporões; 3 [coloq.] com dinheiro; 4 [cal.] armado de revólver

heeler ['hiːlə] s. 1 indivíduo que coloca saltos, que põe tacões; 2 [EUA] homem de confiança; 3 galo que luta bem

heeling ['hiːlɪŋ] s. 1 colocação de tacões; 2 DESPORTO (futebol) pontapé com o calcanhar, passagem da bola com o calcanhar; 3 inclinação lateral do navio

heelpiece ['hiːlpiːs] s. (meia, sapato, etc.) calcanhar de reforço

heeltap ['hiːltæp] s. 1 (fundo dos copos) resto de bebida, depósito, pé; 2 camada de couro que reveste o tacão

heft [heft] Ⓐ s. 1 [EUA] peso; 2 elevação para tomar o peso; 3 esforço Ⓑ v.tr. [EUA] sopesar, tomar o peso a, avaliar o peso de

hefty ['heftɪ] adj. (comp. **-ier**, superl. **-iest**) 1 [coloq.] forte, vigoroso, robusto; 2 pesado

hegelian [heɪˈgiːlɪən] adj.,s. hegeliano

hegemonic [ˌhegəˈmɒnɪk, ˌhedʒəˈmɒnɪk] adj. hegemónico

hegemony [hiːˈgemənɪ, hiːˈdʒemənɪ] s. (pl. **-ies**) hegemonia

hegira ['hedʒɪrə] s. hégira (era maometana)

he-goat ['hɪɡəʊt] s. bode

Heidelberg ['haɪdlbɜːg] s.top. Heidelberga

heifer ['hefə] s. 1 bezerra, novilha; 2 toura, toira

heigh [heɪ] interj. 1 eia!, vamos!, coragem!; 2 espere lá!, olhe cá!

heigh-ho ['heɪhəʊ] interj. [ant.] (desilusão, resignação) ora bolas!; que aborrecimento!

height [haɪt] s. 1 altura; ~ *of a building* altura de um edifício; *ten feet in* ~ dez pés de altura; 2 GEOMETRIA altura; ~ *of a triangle* altura de um triângulo; 3 (pessoa) estatura; altura; *average* ~ estatura média; *what* ~ *are you?* quanto medes?; 4 altitude; *to gain/lose* ~ ganhar altitude; 5 elevação; ponto elevado, monte; 6 auge; *at the* ~ *of* no auge de; 7 [depr.] cúmulo; *the* ~ *of arrogance* o cúmulo da arrogância; 8 cota; 9 NÁUTICA pontal ❖ ~ *above base* altura acima do solo; ~ *above sea level* altitude; ~ *barometer* barómetro altimétrico; ~ *finder/gage/gauge* altímetro; ~ *indicator* indicador de altura; ~ *of fall* altura da queda; ~ *recorder* registador de altura; ~ *sickness* mal-estar das montanhas; medo das alturas; *in the* ~ *of fashion* à última moda

heighten ['haɪtn] Ⓐ v.tr.,intr. 1 intensificar; 2 acentuar; 3 aumentar; 4 altear, subir; 5 pôr mais alto, elevar; 6 realçar; 7 avivar; 8 animar; 9 elevar-se Ⓑ v.intr. 1 intensificar-se; 2 aumentar; 3 subir; 4 crescer; 5 avivar-se; 6 animar-se

heightening ['haɪtnɪŋ] s. 1 intensificação; 2 acentuação; 3 elevação; 4 aumento

heinous ['heɪnəs] adj. atroz, abominável, horrendo, odioso

heinously ['heɪnəslɪ] adv. atrozmente, abominavelmente, de modo odioso

heinousness ['heɪnəsnɪs] s. atrocidade, barbaridade, odiosidade

heir [eə] s. 1 DIREITO herdeiro [**to**, de]; *the* ~ *to the throne* o herdeiro do trono; 2 herdeiro, sucessor [**to**, de] ❖ ~ *apparent* herdeiro forçado/legitimário; sucessor; ~ *at law* herdeiro legítimo; ~ *presumptive* herdeiro presuntivo; *joint* ~ co-herdeiro; *to fall* ~ *to sth* herdar algo

heirdom [ˈeədəm] s. herança, direito de sucessão, sucessão

heiress [ˈeərɪs] s.f. (pl. **-es**) herdeira

heiri [ˈheərɪ] s. meari, dromedário rápido

heirless [ˈeələs] adj. sem herdeiros

heirloom [ˈeəluːm] s. bem móvel que tem estado na posse da família durante gerações

heirship [ˈeəʃɪp] s. 1 direito de herdar; 2 qualidade de herdeiro

heist [haɪst] Ⓐ s. [coloq.] assalto Ⓑ v.tr. [coloq.] assaltar

hejira ['hedʒɪrə] s. ⇒ hegira

held [held] prt. e part. pass. de **to hold**

Helen ['helɪn] s.antr. Helena

Helena ['helənə] s.antr. Helena

Helenus ['helɪnəs] s.antr. Heleno

heliacal [hiːˈlaɪəkəl] adj. helíaco

helianthemum [hiːlɪˈænθɪməm] s. BOTÂNICA heliântemo

helianthus [ˌhiːlɪˈænθəs] s. BOTÂNICA helianto

helical ['helɪkəl] adj. 1 helicoidal, helicóide; 2 em espiral ❖ ~ *drill* broca helicoidal; ~ *gearwheel* roda helicoidal; ~ *spring* mola helicoidal; ~ *vault* abóbada em caracol

helically ['helɪkəlɪ] adv. 1 em espiral; 2 em hélice

helicoid ['helɪkɔɪd] adj. helicóide, helicoidal

helicoidal [ˌhelɪˈkɔɪdəl] adj. helicóide, helicoidal

Helicon ['helɪkən] s. MITOLOGIA Hélicon, monte da Beócia consagrado às Musas e a Apolo

helicopter ['helɪkɒptə] Ⓐ s. helicóptero Ⓑ v.tr. transportar de helicóptero ❖ MILITAR ~ *gunship* helicóptero de combate; ~ *station* heliporto; *to* ~ *out* evacuar de helicóptero

heliculture [ˈhelɪˌkʌltʃə] s. (caracóis) helicicultura

Heligoland ['helɪɡəʊlænd] s.top. Heligolândia

helio ['hiːlɪəʊ] Ⓐ s. [coloq.] heliógrafo Ⓑ v.tr. [coloq.] heliografar

heliocentric [ˌhiːlɪəʊˈsentrɪk] adj. heliocêntrico

heliochromy [ˈhiːlɪəʊkrəʊmɪ] s. heliocromia

Heliodorous [ˌhiːlɪəʊˈdɔːrəs] s.antr. Heliodoro

Heliogabalus [ˌhiːlɪəˈɡæbələs] s.antr. Heliogábalo, Elagábalo

heliograph ['hiːlɪəɡrɑːf] Ⓐ s. 1 heliógrafo, heliostato; 2 mensagem enviada por intermédio dum heliógrafo; 3 heliogravura Ⓑ v.tr. 1 heliografar; 2 enviar mensagem por meio de heliógrafo; 3 reproduzir por heliogravura

heliographic [ˌhiːlɪəˈɡræfɪk] adj. heliográfico

heliographical [ˌhiːlɪəˈɡræfɪkəl] adj. heliográfico

heliography [ˌhiːlɪˈɒɡrəfɪ] s. heliografia

heliogravure [ˌhiːlɪəɡrəˈvjʊə] s. 1 heliogravura; 2 fotogravura

heliometer [ˌhiːlɪˈɒmɪtə] s. heliómetro

heliometric [ˌhiːlɪəʊˈmetrɪk] adj. heliométrico

heliometrical [ˌhiːlɪəʊˈmetrɪkəl] adj. heliométrico

Helios ['hiːlɪɒs] s. MITOLOGIA Hélio, deus do Sol

helioscope ['hiːlɪəskəʊp] s. helioscópio

helioscopic [ˌhiːlɪəˈskɒpɪk] adj. helioscópico

helioscopical [ˌhiːlɪəˈskɒpɪkəl] adj. helioscópico

helioscopy [ˌhiːlɪˈɒskəpɪ] s. helioscopia

heliostat ['hiːlɪəʊstæt] s. helióstato

heliostatic [ˌhiːlɪəʊˈstætɪk] adj. heliostático

heliostatical [ˌhiːlɪəʊsˈtætɪkəl] *adj.* heliostático
heliotherapy [ˌhiːlɪəʊˈθerəpɪ] *s.* MEDICINA helioterapia
heliothermometer [ˌhiːlɪəʊθəˈmɒmɪtə] *s.* heliotermómetro
heliotrope [ˈhiːlɪətrəʊp] *s.* 1 BOTÂNICA, MINERALOGIA heliotrópio; 2 BOTÂNICA balsamina
heliotropic [ˌhiːlɪəˈtrɒpɪk] *adj.* heliotrópico
heliotropism [ˌhiːlɪˈɒtrəpɪzəm] *s.* heliotropismo
heliotype [ˈhiːlɪəʊtaɪp] *s.* 1 heliótipo; 2 heliotipia
heliotypography [ˌhiːlɪəʊtaɪˈpɒɡrəfɪ] *s.* heliotipografia
helipad [ˈhelɪpæd] *s.* 1 estação para helicópteros; 2 campo de aterragem para helicópteros
heliport [ˈhelɪpɔːt] *s.* heliporto
helispheric [helɪsˈferɪk] *adj.* espiral
helispherical [helɪsˈferɪkəl] *adj.* espiral
helistop [ˈhelɪstɒp] *s.* heliporto
helium [ˈhiːlɪəm] *s.* QUÍMICA (elemento químico) hélio ❖ *~ gas* hélio
helix [ˈhiːlɪks] *s. (pl.* **helixes** ou **helices**) 1 hélice; 2 voluta, espira; 3 linha em espiral; 4 contorno exterior da orelha; 5 caracol ❖ *~ gear* engrenagem helicoidal
hell [hel] Ⓐ *s.* 1 RELIGIÃO Inferno; *to go to ~* ir para o Inferno; 2 [fig.] (situação, local) inferno, tortura; caos Ⓑ *interj.* (irritação) que inferno!; raios partam! ❖ [EUA] (estudantes universitários) *~ week* semana da praxe; [coloq.] *a ~ of a ...* um ... dos diabos; *all ~ breaks loose* é um pandemónio; é um barulho dos diabos; *come ~ and high water* aconteça o que acontecer; [EUA] *get the ~ out of here!* põe-te a mexer daqui para fora!; *go to hell!* vai para o inferno!; [coloq.] *just for the ~ of it* só pelo divertimento; [coloq.] *like hell!* isso querias tu!; o tanas!; *like ~* muito; como o diabo; desesperadamente; no duro; freneticamente; intensamente; *the road to ~ is paved with good intentions* de boas intenções está o inferno cheio; [coloq.] *to beat the ~ out of sb* dar a alguém uma coça dos diabos; *to give sb ~* infernizar a vida de alguém; mandar vir com alguém; *to go through ~ on earth* comer o pão que o diabo amassou; *to ~ with (sth)!* (alguma coisa) que vá para o diabo!; que se lixe (alguma coisa)!; *to make sb's life ~* transformar a vida de alguém num inferno; [coloq.] *to play ~ with sth* danificar algo; *to scare the ~ out of sb* pregar um susto dos diabos a alguém; [coloq.] *what the hell!* que se lixe!; *what the ~ do you want?* que diabo é que tu queres?; [coloq.] *when ~ freezes over* no dia de S. Nunca; quando as galinhas tiverem dentes
he'll [hiːl] *contr. de* **he will**
hellacious [heˈleɪʃəs] *adj.* 1 [EUA] [coloq.] atroz, horrível; 2 [EUA] [coloq.] (festa) incrível; 3 [EUA] [coloq.] (férias) excelente; 4 [EUA] [cal.] enorme, medonho
Hellas [ˈheləs] *s.top.* Hélade
hellbender [ˈhelbendə] *s.* 1 [coloq.] patuscada; 2 pessoa amiga de patuscadas; 3 grande salamandra norte-americana
hellbent [ˈhelbent] *adj.* 1 determinado, decidido; *to be ~ on doing sth* estar determinado a fazer alguma coisa; 2 teimoso, insistente; 3 inflexível, implacável
hellborn [ˈhelbɔːn] *adj.* infernal; nascido no Inferno
hellcat [ˈhelkæt] *s.* 1 bruxa, feiticeira; 2 [depr.] (mulher agressiva) bruxa, megera
helleboraster [helɪbəˈræstə] *s.* BOTÂNICA heléboro, erva-besteira, heléboro-fétido
hellebore [ˈhelɪbɔː] *s.* BOTÂNICA heléboro; *black ~* heléboro-negro; *false ~* heléboro-branco, veratro; *stinking ~* heléboro-fétido
Hellene [ˈheliːn] *s.* heleno
Hellenic [heˈliːnɪk] *adj.* 1 helénico; 2 heleno
Hellenism [ˈhelɪnɪzəm] *s.* helenismo
Hellenist [ˈhelɪnɪst] *s.* helenista
Hellenistic [ˌhelɪˈnɪstɪk] *adj.* helenístico
hellenize [ˈhelɪnaɪz] *v.tr.,intr.* helenizar, helenizar-se
hellenizing [ˈhelɪnaɪzɪŋ] *adj.* 1 helenizante; 2 helenista
Hellespont [ˈhelɪspɒnt] *s.top.* Helesponto
hellfire [ˈhelfaɪə] Ⓐ *s.* fogo do inferno Ⓑ *adj.* infernal
hellhole [ˈhelhəʊl] *s.* (lugar horrível) inferno
hellhound [ˈhelhaʊnd] *s.* 1 MITOLOGIA mastim do Inferno; cérbero; 2 (pessoa) alma do Diabo
hellion [ˈheljən] *s.* [EUA] [coloq.] (criança, adulto) diabinho
hellish [ˈhelɪʃ] *adj.* 1 diabólico; 2 infernal; 3 medonho, terrível

hellishly [ˈhelɪʃlɪ] *adv.* 1 diabolicamente; 2 de modo infernal; 3 terrivelmente
hellishness [ˈhelɪʃnɪs] *s.* 1 maldade diabólica; 2 carácter infernal
hello [heˈləʊ] *interj.* 1 (cumprimento) olá; 2 (telefone) estou, está, lá; 3 (chamar a atenção) eh!; 4 [ant.] (surpresa) ena!, olá!, espera lá! ❖ [EUA] [ant., coloq.] *~ girl* menina dos telefones; telefonista; *to say ~* dizer olá; cumprimentar
hell-raiser [ˈhelˌreɪzə] *s.* devasso; debochado
hellweed [ˈhelwiːd] *s.* BOTÂNICA cuscuta
helm [helm] Ⓐ *s.* 1 NÁUTICA leme, cana do leme; 2 timão, barra do leme; 3 [fig.] governo; *the ~ of the state* as rédeas do governo, a governação do Estado; 4 [arc.] capacete, elmo Ⓑ *v.tr.* dirigir, governar ❖ *a hand to the helm!* homem ao leme!; *right the helm!* leme a direito!; *the man at the ~* o homem do leme; *to be at the ~* estar ao leme; ter as rédeas do poder; *to take the ~* tomar conta do leme; assumir o comando
helmed [helmd] *adj.* com capacete, com elmo
helmet [ˈhelmɪt] *s.* 1 capacete; (motociclista) *crash ~* capacete de protecção; *tropical ~* capacete colonial; *to put the ~ on* pôr o capacete; 2 HISTÓRIA, MILITAR elmo, morrião ❖ MILITAR (ONU) *Blue Helmets* Capacetes Azuis
helmeted [ˈhelmɪtɪd] *adj.* protegido com capacete
helminth [ˈhelmɪnθ] *s.* helminto, verme
helminthagogic [helmɪnθəˈɡɒdʒɪk] *adj.* helmintagogo, vermífugo
helminthagogue [helˈmɪnθəɡɒɡ] *s.* helmintagogo; vermífugo
helminthiasis [ˌhelmɪnˈθaɪəsɪs] *s.* MEDICINA helmintíase
helminthoid [helˈmɪnθɔɪd] *adj.* helmintóide, semelhante a helminto
helminthology [ˌhelmɪnˈθɒlədʒɪ] *s.* helmintologia
helmsman [ˈhelmzmən] *s.* (pl. -men) 1 NÁUTICA homem do leme; 2 timoneiro
Heloise [ˈheləʊɪːz] *s.antr.* Heloísa
helot [ˈhelət] *s.* 1 hilota; 2 servo, escravo
helotism [ˈhelətɪzəm] *s.* hilotismo
helotry [ˈhelətrɪ] *s.* hilotismo
help [help] Ⓐ *s.* 1 ajuda, auxílio; socorro; assistência; *to call for ~* pedir auxílio; *to cry for ~* gritar por socorro; 2 remédio; *to be past ~* já não ter remédio; 3 auxiliar; 4 empregado doméstico, criado; *the ~* o pessoal doméstico Ⓑ *v.tr.,intr.* 1 ajudar, auxiliar; *~ him (to) find his coat* ajuda-o a procurar o casaco; 2 socorrer; 3 proteger; 4 remediar, dar solução a; *it can't be helped* não há remédio, não há nada a fazer; 5 servir (alimentos, bebidas, etc.); *~ yourself to some fruit* sirva-se de fruta; *to ~ oneself to...* servir-se de...; 6 [com *can* e *could*] impedir, evitar; *I can't ~ it* não consigo evitar; *I couldn't ~ laughing* não pude deixar de me rir ❖ INFORMÁTICA *~ desk* assistência técnica; *God helps him who helps himself* Deus ajuda a quem se ajuda; *so ~ me God* se Deus quiser; que Deus me ajude!; *to ~ down* ajudar a descer; contribuir para a ruína de; *to ~ forward* facilitar o progresso de; favorecer; *to ~ in/into* ajudar a entrar; *to ~ off* ajudar a escapar-se; *to ~ off with a coat* ajudar a tirar o casaco; *to ~ on* auxiliar; favorecer; *to ~ on with a coat* ajudar a vestir o casaco; *to ~ over* ajudar a passar; (após queda) *to ~ sb to their feet* ajudar alguém a levantar-se; NÁUTICA *wind at ~* vento favorável
◆ **help along** *v.tr.* ajudar a avançar; fazer progredir
◆ **help out** *v.tr.,intr.* 1 ajudar, dar uma mão a; 2 tirar de uma dificuldade
◆ **help up** *v.tr.* 1 ajudar a subir; 2 ajudar a levantar; *to help sb up* ajudar alguém a levantar-se
helper [ˈhelpə] *s.* 1 ajudante, assistente, auxiliar; 2 (caminhos-de-ferro) máquina de socorro
helpful [ˈhelpfʊl] *adj.* 1 (pessoa) prestável; 2 útil, bom; 3 que presta auxílio; 4 que serve
helpfully [ˈhelpfʊlɪ] *adv.* 1 de maneira prestável; 2 de modo proveitoso; 3 utilmente
helpfulness [ˈhelpfʊlnɪs] *s.* 1 utilidade; 2 prestabilidade; 3 ajuda
helping [ˈhelpɪŋ] Ⓐ *s.* porção de comida; dose; *he had two helpings of meat* ele serviu-se de carne duas vezes Ⓑ *adj.* 1 prestável; 2 de ajuda; de auxílio ❖ *to give a ~ hand* dar uma ajuda

helpless ['helpləs] *adj.* 1 abandonado, desamparado; 2 indefeso; 3 impossibilitado de qualquer solução; 4 de mãos atadas*fig.*; impotente; 5 sem força, sem saber o que fazer
helplessly ['helplɪslɪ] *adv.* 1 desamparadamente; 2 ao abandono; 3 sem iniciativa; 4 impotentemente
helplessness ['helplɪsnɪs] *s.* 1 abandono, desamparo; 2 falta de energia; 3 incapacidade de tomar decisões
helpline ['helplaɪn] *s.* (linha telefónica) linha aberta, linha de apoio, serviço de assistência telefónica
helpmate ['helpmeɪt] *s.* 1 companheiro; 2 ajudante, colaborador; 3 marido, esposa
helpmeet ['helpmiːt] *s.* ⇒ **helpmate**
Helsinki ['helsɪŋkɪ] *s.top.* Helsínquia
helter-skelter [ˌheltə'skeltə] Ⓐ *adv.* apressadamente e em desordem Ⓑ *adj.* 1 desordenado; 2 precipitado Ⓒ *s.* 1 confusão, precipitação, baralhada; 2 debandada precipitada
helve [helv] Ⓐ *s.* cabo de machado; cabo de martelo Ⓑ *v.tr.* pôr um cabo em; encabar ❖ *to throw the ~ after the hatchet* para onde vai o pião vai o ferrão
helved ['helvd] *adj.* com cabo, que tem cabo
Helvetia [hel'viːʃə, hel'viːʃɪə] *s.top.* Helvécia
Helvetian [hel'viːʃən, hel'viːʃɪən] *adj.,s.* helveto, helvécio
Helvetic [hel'vetɪk] *adj.* helvético
Helvetii [hel'viːʃjiː] *s.pl.* Helvetas
hem [hem] Ⓐ *s.* 1 bainha; *openwork ~* bainha de ponto-aberto; 2 debrum Ⓑ *v.tr.,intr.* (*particípios:* **-mm-**) 1 abainhar, embainhar; fazer bainha em; 2 debruar; 3 gaguejar; balbuciar; hesitar ao falar; 4 tossicar; 5 pronunciar a interjeição hem Ⓒ *interj.* hum! ❖ *to ~ about/round* rodear; cercar; *to ~ and haw* gaguejar; não estar à vontade
◆ **hem in** *v.tr.* 1 rodear; cercar; 2 restringir; limitar; 3 (pessoa) oprimir; prender; reprimir; sufocar; *to feel hemmed in* sentir-se preso, sentir-se a sufocar
hemal ['hiːməl] *adj.* hemal
he-man ['hiːmæn] *s.* [coloq.] homenzarrão; latagão
hematic [hiˈmætɪk] *adj.* hemático
hematine ['hiːmətaɪn] *s.* QUÍMICA hematina
hematite ['hiːmətaɪt] *s.* hematite
hematozoon ['hemətəʊˌzəʊɒn] *s.* (*pl.* **-zoa**) ZOOLOGIA hematozoário
hemeralopia [ˌhemərəˈləʊpɪə] *s.* MEDICINA hemeralopia
hemerocallis [ˌhemərəʊˈkælɪs] *s.* BOTÂNICA hemerocale
hemialgia [ˌhemɪˈældʒə, ˌhemɪˈældʒɪə] *s.* hemialgia
hemianaesthesia [ˌhemɪænɪsˈθiːzɪə, ˌhemɪænɪsˈθiːʒə] *s.* hemianestesia
hemianopsia [hemɪæˈnɒpsɪə] *s.* hemianopsia, perda de visão em metade do campo visual
hemicrania [ˌhemɪˈkreɪnɪə] *s.* hemicrania, hemialgia, enxaqueca
hemicycle ['hemɪsaɪkl] Ⓐ *s.* hemiciclo Ⓑ *adj.* semicircular
hemicyclic [hemɪˈsaɪklɪk] *adj.* hemicíclico
hemicylindric [hemɪsɪˈlɪndrɪk] *adj.* hemicilíndrico
hemicylindrical [hemɪsɪˈlɪndrɪkəl] *adj.* hemicilíndrico
hemiedron [hemɪˈhiːdrən] *adj.* hemiedro
hemihedral [hemɪˈhiːdrəl] *adj.* hemiédrico
hemihedric [hemɪˈhiːdrɪk] *adj.* hemiédrico
hemihedrism [hemɪˈhiːdrɪzəm] *s.* hemiedria
hemimellitene [hemɪˈmelɪtɪn] *s.* QUÍMICA hemimeliteno, hememeliteno
hemimetabola [hemɪmɪˈtæbələ] *s.pl.* insectos hemimetabólicos
hemione ['hemɪəʊn] *s.* ZOOLOGIA hemíono
hemiopia [hemɪˈəʊpɪə] *s.* hemiopia
hemiparesis [hemɪˈpærɪsɪs] *s.* hemiparesia
hemiplegia [ˌhemɪˈpliːdʒə, ˌhemɪˈpliːdʒɪə] *s.* hemiplegia
hemiplegic [ˌhemɪˈpliːdʒɪk] *adj.,s.* hemiplégico
hemipter [heˈmɪptə] *s.* (*pl.* **-era** ou **-ers**) hemíptero
hemipteral [heˈmɪptərəl] *adj.* hemíptero
hemipteran [heˈmɪptərən] *s.* ZOOLOGIA hemíptero
hemipterous [heˈmɪptərəs] *adj.* hemíptero
hemisphere ['hemɪsfɪə] *s.* hemisfério
hemispheric [hemɪˈsferɪk] *adj.* hemisférico

hemispherical [hemɪˈsferɪkəl] *adj.* hemisférico; *~ reflector* reflector hemisférico
hemistich ['hemɪstɪk] *s.* hemistíquio
hemitrope ['hemɪtrəʊp] *adj.* hemítropo
hemitropic [hemɪˈtrɒpɪk] *adj.* ⇒ **hemitrope**
hemitropism ['hemɪtrəpɪzəm] *s.* hemitropia
hemline ['hemlaɪn] *s.* VESTUÁRIO bainha
hemlock ['hemlɒk] *s.* 1 BOTÂNICA cicuta, cegude; 2 cónio; 3 determinado abeto do Canadá
hemmer ['hemə] *s.* (pessoa, máquina) embainhador
hemoglobin [ˌhiːməʊˈgləʊbɪn] *s.* [EUA] ⇒ **haemoglobin**
hemorrhage ['hemərɪdʒ] *s.* hemorragia
hemorrhoids ['hemərɔɪdz] *s.pl.* hemorróides
hemostatic [ˌhiːməʊˈstætɪk] *adj.* ⇒ **haemostatic**
hemp [hemp] *s.* 1 BOTÂNICA cânhamo; 2 [joc.] corda para enforcar ❖ *~ break* gramadeira; *~ comb* sedeiro; *~ core* alma do cânhamo; *~ field* canhameiral; *~ gasket* trança de cânhamo; *~ mill* desfibradora de cânhamo; BOTÂNICA *~ nettle* cânhamo bastardo; *~ rope* corda de cânhamo; *~ seed oil* óleo de semente de cânhamo; *~ yarn* cânhamo em fio
hempen ['hempən] *adj.* de cânhamo
hemstitch ['hemstɪtʃ] Ⓐ *s.* (costura) ponto aberto Ⓑ *v.tr.,intr.* bordar em ponto aberto; coser com ponto aberto
hemstitched ['hemstɪtʃt] *adj.* com ponto-aberto
hen [hen] *s.* 1 ZOOLOGIA galinha; 2 ZOOLOGIA fêmea (de certas aves, lagosta, polvo, caranguejo, etc.); *hen-sparrow* pardal-fêmea, pardoca, pardaloca, pardeja; 3 [ant., depr.] (mulher) galinha ❖ *~ fruit* ovos; ZOOLOGIA *~ harrier/drive* tartanhão-azul; milhafre; milhano; [GB] *~ night* despedida de solteira; chá de panela; *~ party* festa só de mulheres; *~ run* galinheiro; [ant.] *like a ~ with one chicken* absurdo; [EUA] *to be as scarce as hen's teeth* ser muito raro
henbane ['henbeɪn] *s.* BOTÂNICA meimendro
hence [hens] *adv.* 1 [form.] por isso; por este motivo; daí; *~ his worry* daí a preocupação dele; 2 [form.] daqui por diante; a partir desta altura; a contar deste momento; *a week ~* dentro de uma semana, daqui a uma semana; *from this day ~* daqui por diante; 3 [arc.] daqui; a partir daqui; *two miles ~* a duas milhas daqui; 4 [arc.] longe, para longe ❖ *~ with you!* fora daqui!; [EUA] *the golden ~* o paraíso
henceforth [hensˈfɔːθ] *adv.* de futuro; para o futuro; daqui em diante; doravante
henceforward [hensˈfɔːwəd] *adv.* de futuro; para o futuro; daqui em diante; doravante
henchman ['hentʃmən] *s.* (*pl.* **-men**) 1 homem de confiança; 2 capanga; 3 [arc.] escudeiro
hencoop ['henkuːp] *s.* capoeira
hendecagon [henˈdekəgən] *s.* hendecágono
hendecagonal [hendeˈkægəʊnəl] *adj.* hendecagonal
hendecahedron [hendekəˈhiːdrən] *s.* hendecaedro
hendecasyllabic [hendekəsɪˈlæbɪk] *adj.* hendecassilábico
hendecasyllable [hendekəˈsɪləbəl] *s.* hendecassílabo
hendiadys [henˈdaɪədɪs] *s.* (retórica) hendíadis
henhouse ['henhaʊs] *s.* capoeira
henna ['henə] Ⓐ *s.* 1 BOTÂNICA hena; 2 alcana Ⓑ *v.tr.* tingir com hena
hennery ['henərɪ] *s.* (*pl.* **-ies**) 1 capoeira, galinheiro; 2 local de criação de galinhas
henny ['henɪ] Ⓐ *adj.* semelhante a galinha, parecido com uma galinha Ⓑ *s.* galo parecido com uma galinha
henotheism [ˌhenəʊˈθiːɪzəm] *s.* henoteísmo
hen-peck ['henpek] *v.tr.* dominar, mandar no (marido)
hen-pecked ['henpekt] *adj.* 1 dominado pela mulher; 2 às ordens da mulher
Henrician [henˈrɪʃən, henˈrɪʃɪən] *adj.,s.* HISTÓRIA partidário de Henrique VIII
henroost ['henruːst] *s.* poleiro das galinhas
henry ['henrɪ] *s.* (*pl.* **-ies**) FÍSICA (sistema internacional de unidades de medida) henry
Henry ['henrɪ] *s.antr.* Henrique ❖ *~ the Navigator* o infante D. Henrique

hep [hep] Ⓐ *s.* baga de roseira brava Ⓑ *adj.* 1 [EUA] [cal., ant.] a par [**to**, de]; *he is ~ to all that* ele está a par de tudo isso; 2 [EUA] [cal., ant.] em cima do acontecimento
hepatic [hɪˈpætɪk] *adj.,s.* hepático
hepatica [hɪˈpætɪkə] *s.* BOTÂNICA hepática
hepatism [ˈhepətɪzəm] *s.* hepatismo
hepatite [ˈhepətaɪt] *s.* MINERALOGIA hepatite, barite, baritina
hepatitis [ˌhepəˈtaɪtɪs] *s.* MEDICINA hepatite; *~ A* hepatite A; *~ B* hepatite B; *infectious ~* hepatite A
hepatization [hepətaɪˈzeɪʃən] *s.* MEDICINA hepatização
hepatize [ˈhepətaɪz] *v.tr.* MEDICINA hepatizar
hepatocele [ˈhepətəʊsiːl] *s.* hepatocele, hérnia do fígado
hepatogastritis [ˌhepətəʊgæsˈtraɪtɪs] *s.* hepato-gastrite
hepatolith [ˈhepətəʊlɪθ] *s.* hepatólito, cálculo biliar
Hephaestus [hɪˈfiːstəs] *s.* MITOLOGIA Hefesto, deus do fogo e das artes
hepialus [heˈpaɪələs] *s.* ZOOLOGIA hepíalo
Hepplewhite [ˈheplwaɪt] Ⓐ *s.antr.* apelido do decorador inglês George H. (falecido em 1786), que criou o estilo de mobiliário que tem o seu nome Ⓑ *adj.,s.* 1 estilo de mobílias do século XVIII criado por George Hepplewhite; 2 relativo a esse estilo, feito nesse estilo; *~ chairs* cadeiras estilo Hepplewhite
heptachord [ˈheptəkɔːd] *adj.,s.* heptacórdio, heptacorde
heptad [ˈheptæd] *s.* conjunto ou grupo de sete
heptagon [ˈheptəgən] *s.* heptágono
heptagonal [hepˈtægənəl] *adj.* heptagonal
heptahedron [ˌheptəˈhiːdrən] *s.* heptaedro
heptameron [hepˈtæmərən] *s.* heptâmero
heptameter [hepˈtæmɪtə] *s.* LITERATURA (verso) heptâmetro
heptane [ˈheptein] *s.* 1 QUÍMICA heptano; 2 hidrogeneto de heptilo
heptaphyllous [hepˈtəfɪləs] *adj.* BOTÂNICA heptafilo
heptarch [ˈheptɑːk] *s.* heptarca
heptarchy [ˈheptɑːkɪ] *s.* (*pl.* **-ies**) heptarquia
heptasyllabic [hepˌtəsɪˈlæbɪk] *adj.* heptassilábico
Heptateuch [ˈheptətjuːk] *s.* heptateuco
heptavalent [hepˈtəˈveɪlənt] *adj.* heptavalente
her [hɜː] Ⓐ *pron.pess.* 1 lhe; *give ~ the book* dá-lhe o livro; 2 ela, a ela; *it's ~* é ela; 3 a; 4 nela; *he is thinking of ~* ele está a pensar nela Ⓑ *adj.poss.* seu, sua, seus, suas (dela); *~ brother* o irmão dela; *~ sisters* as irmãs dela
Heraclean [ˌherəˈkliːən] *adj.* hérácleo
Heracles [ˈherəkliːz] *s.* MITOLOGIA Héracles
Heraclid [ˈherəklɪd] *s.* (*pl.* **Heraclids** ou **Heraclidae**) MITOLOGIA Heráclida
Heraclitus [ˌherəˈklaɪtəs] *s.antr.* Heraclito
herald [ˈherəld] Ⓐ *s.* 1 arauto; 2 mensageiro; 3 precursor; 4 funcionário encarregado de organizar o registo das famílias que possuem brasão; 5 oficial de armas Ⓑ *v.tr.* 1 anunciar; 2 prenunciar; 3 proclamar [**as**, -]
heraldic [həˈrældɪk] *adj.* heráldico ❖ *~ bearing* brasão
heraldically [həˈrældɪkəlɪ] *adv.* heraldicamente
heraldist [ˈherəldɪst] *s.* heraldista
heraldry [ˈherəldrɪ] *s.* (*pl.* **-ies**) heráldica ❖ *book of ~* armorial
herb [hɜːb] *s.* erva, ervas ❖ *~ beer* tisana; BOTÂNICA *~ bennet* erva-benta; BOTÂNICA *~ Christopher* erva-de-são-cristóvão; BOTÂNICA *~ Robert* erva-roberta; erva-de-são-roberto; *~ shop* ervanário; *~ tea* chá de ervas; tisana; BOTÂNICA *~ trinity* amor-perfeito; BOTÂNICA *~ twopence* lisimáquia; numulária; *medicinal herbs* ervas medicinais
herbaceous [hɜːˈbeɪʃəs] *adj.* herbáceo
herbage [ˈhɜːbɪdʒ] *s.* 1 ervas; 2 relva; 3 DIREITO direito de pastagem em terrenos alheios
herbal [ˈhɜːbəl] Ⓐ *adj.* de ervas, feito com ervas Ⓑ *s.* herbário ❖ *~ medicine* fitoterapia; *~ tea* tisana
herbalism [ˈhɜːbəlɪzəm] *s.* MEDICINA fitoterapia
herbalist [ˈhɜːbəlɪst] *s.* ervanário, herborista
herbarium [hɜːˈbeərɪəm] *s.* herbário
herb-eating [ˈhɜːbˌiːtɪŋ] *adj.* herbívoro
herbed [ˈhɜːbd] *adj.* com ervas aromáticas
Herbert [ˈhɜːbət] *s.antr.* Herberto
herbicide [ˈhɜːbɪsaɪd] *s.* herbicida
herbivora [hɜːˈbɪvərə] *s.pl.* herbívoros, animais herbívoros

herbivore [ˈhɜːbɪvɔː] *s.* ZOOLOGIA herbívoro
herbivorous [hɜːˈbɪvərəs] *adj.* herbívoro
herborize [ˈhɜːbəraɪz] *v.intr.* herborizar
herbous [ˈhɜːbəs] *adj.* herboso, ervoso
Herculean [ˌhɜːkjuˈliːən] *adj.* 1 hercúleo; 2 de Hércules
Hercules [ˈhɜːkjuliːz] *s.* MITOLOGIA, ASTRONOMIA Hércules
Herculid [ˈhɜːkjulɪd] *s.* ASTRONOMIA estrela da constelação de Hércules
Hercynian [hɜːˈsɪnɪən] *adj.* herciniano, herciniense
herd [hɜːd] Ⓐ *s.* 1 rebanho; 2 manada; 3 (porcos) vara; 4 grupo de animais; 5 multidão, gentalha; 6 [depr.] carneirada; (pessoa) *to follow the ~* ser um carneirinho; 7 [arc.] pastor, guardador de rebanhos Ⓑ *v.tr.,intr.* 1 viver em rebanho; 2 juntar em rebanho, reunir em rebanho; 3 tomar conta do rebanho; 4 (grupo de pessoas) conduzir, levar ❖ *~ instinct* instinto gregário; *the common ~* a multidão; a ralé
herd-book [ˈhɜːdbʊk] *s.* (bovinos, suínos, etc.) registo genealógico
herdsman [ˈhɜːdzmən] *s.* (*pl.* **-men**) 1 pastor; 2 boieiro; 3 vaqueiro
here [hɪə] *adv.* 1 aqui; 2 neste lugar; 3 neste momento ❖ (chamadas) *here!* presente!; *~ and now* imediatamente; *~ and there* em vários lugares; (início de acção) *~ goes* cá vai; *~ I am* aqui estou; *here's to …!* um brinde a …!; *here's to you!* à tua saúde!; *~ lies* aqui jaz; *here, there and everywhere* por todo o lado; em muitos lugares; *~ you are* aqui tem; *neither ~ nor there* nem aqui nem ali; *that's neither ~ nor there* isso não vem ao caso; *up to ~* até aqui
hereabout [ˌhɪərəˈbaʊt] *adv.* 1 por aqui, perto daqui; 2 por estas redondezas
hereabouts [ˌhɪərəˈbaʊts] *adv.* 1 por aqui, perto daqui; 2 por estas redondezas
hereafter [ˌhɪərˈɑːftə] Ⓐ *adv.* 1 de hoje em diante, para o futuro; 2 ulteriormente; 3 na outra vida; 4 a seguir, rnais abaixo Ⓑ *s.* 1 o futuro, a vida futura; 2 a outra vida
hereat [hɪəˈræt] *adv.* [arc.] nisto, em isto
hereby [hɪəˈbaɪ] *adv.* 1 COMÉRCIO por este meio, pela presente; 2 [dial.] perto
hereditable [hɪˈredɪtəbəl] *adj.* 1 herdável, que pode herdar-se; 2 transmissível (por herança)
hereditament [ˌherɪˈdɪtəmənt] *s.* 1 herança; 2 todos os bens susceptíveis de serem legados como herança
hereditarian [hɪˌredɪˈteərɪən] *s.* indivíduo que sustenta o valor da hereditariedade
hereditarily [hɪˈredɪtərɪlɪ, hɪˈredɪterɪlɪ] *adv.* hereditariamente
hereditary [hɪˈredɪtərɪ, hɪˈredɪterɪ] *adj.* hereditário
hereditism [hɪˈredɪtɪzəm] *s.* hereditariedade
heredito-syphilitic [hɪˌredɪtəʊsɪfəˈlɪtɪk] *adj.* heredossifilítico
heredity [hɪˈredɪtɪ] *s.* (*pl.* **-ies**) hereditariedade
herein [ˌhɪərˈɪn] *adv.* 1 aqui, neste lugar; 2 incluso; 3 junto; 4 sobre este assunto ❖ DIREITO (documentos, etc.) *~ above* acima; DIREITO (documentos, etc.) *~ after* a seguir; (documentos, etc.) *~ under* abaixo
hereof [ˌhɪərˈɒv] *adv.* disto, acerca disto
heresiarch [heˈriːzɪɑːk] *s.* heresiarca
heresy [ˈherəsɪ] *s.* (*pl.* **-ies**) heresia
heretic [ˈherətɪk] *adj.,s.* herege, herético
heretical [hɪˈretɪkəl] *adj.* herético
hereto [hɪəˈtuː] *adj.* incluso, incluído, em anexo
heretofore [ˌhɪətuˈfɔː] Ⓐ *adv.* 1 outrora, antigamente; 2 até agora Ⓑ *s.* passado
hereunder [hɪərˈʌndə] *adv.* abaixo; *~ you can see the results* abaixo poderá consultar os resultados
hereupon [ˌhɪərəˈpɒn] *adv.* 1 com isto, dito isto, neste ponto, a este respeito; 2 posto isto
herewith [ˌhɪəˈwɪð] *adv.* 1 juntamente, incluso, em anexo; 2 com isto
heriot [ˈherɪət] *s.* tributo pago ao dono da terra por morte do arrendatário
heritable [ˈherɪtəbəl] *adj.* 1 que pode herdar-se, que pode legar-se por herança; 2 transmissível (por herança); 3 apto, idóneo para herdar; 4 BIOLOGIA transmitido por via hereditária
heritably [ˈherɪtəblɪ] *adv.* hereditariamente

heritage ['herɪtɪdʒ] s. 1 herança; 2 legado; espólio; 3 património; *world ~* património mundial ❖ *~ centre* museu local; *~ industry* turismo cultural e histórico
heritor ['herɪtə] s. 1 herdeiro, aquele que herda; 2 [Esc.] censionário
herl [hɜ:l] s. ⇒ **harl**
hermaphrodite [hɜ:'mæfrədaɪt] adj.,s. 1 hermafrodita; 2 NÁUTICA pequena escuna de gávea à proa, goleta
hermaphroditic [hɜ:ˌmæfrə'dɪtɪk] adj. hermafrodita
hermaphroditical [hɜ:ˌmæfrə'dɪtɪkəl] adj. hermafrodita
hermaphroditism [hɜ:'mæfrədɪtɪzəm] s. hermafroditismo
Hermaphroditus [hɜ:ˌmæfrəʊ'daɪtəs] s. MITOLOGIA filho de Hermes e Afrodite
hermeneutic [ˌhɜ:mɪ'nju:tɪk] adj. hermenêutico
hermeneutical [ˌhɜ:mɪ'nju:tɪkəl] adj. hermenêutico
hermeneutics [ˌhɜ:mɪ'nju:tɪks] s. hermenêutica
hermetic [hɜ:'metɪk] adj. 1 hermético; *~ sealing* vedação hermética; 2 (alquimia) hermético
hermetical [hɜ:'metɪkəl] adj. ⇒ **hermetic**
hermetically [hɜ:'metɪkəlɪ] adv. hermeticamente; *~ closed* fechado hermeticamente; *~ sealed* selado hermeticamente
Hermetism ['hɜ:mɪtɪzəm] s. hermetismo
hermit ['hɜ:mɪt] s. eremita, ermitão, anacoreta ❖ ZOOLOGIA *~ crab* eremita; casa-roubada; casa-alugada
hermitage ['hɜ:mɪtɪdʒ] s. 1 eremitério, eremitagem; 2 (vinho francês) *hermitage*
Hermocrates [hɜ:'mɒkrəti:z] s.antr. Hermócrates
Hermogenes [hɜ:'mɒdʒɪni:z] s.antr. Hermógenes
hern [hɜ:n] s. ⇒ **heron**
hernia ['hɜ:nɪə] s. MEDICINA hérnia ❖ *inguinal ~* merocele
hernial ['hɜ:nɪəl] adj. hernial
herniary ['hɜ:nɪərɪ, 'hɜ:nɪerɪ] adj. hérnico, herniário
herniated ['hɜ:nɪeɪtɪd] adj. herniado, com hérnia
herniation [ˌhɜ:nɪ'eɪʃən] s. formação de hérnia
herniotomy [ˌhɜ:nɪ'ɒtəmɪ] s. CIRURGIA herniotomia
hero ['hɪərəʊ] s. (pl. **-es**) 1 (geral) herói; 2 (livro, filme) protagonista; 3 (admiração) ídolo ❖ *~ worship* culto dos heróis; idolatria; *no man is a ~ to his valet* ninguém é grande para o seu criado de quarto; santo da casa não faz milagres; *the ~ of the hour* o herói do momento; *war ~* herói de guerra
Herod ['herəd] s.antr. Herodes
Herodian [he'rəʊdjən] adj. herodiano
Herodias [he'rəʊdɪæs] s.antr. Herodíade
Herodotus [he'rɒdətəs] s.antr. Heródoto
heroic [hɪ'rəʊɪk] adj. heróico ❖ *~ tales* romances de capa e espada; LITERATURA *in ~ verse* em decassílabos
heroical [hɪ'rəʊɪkəl] adj. ⇒ **heroic**
heroically [hɪ'rəʊɪkəlɪ] adv. heroicamente
heroicalness [hɪ'rəʊɪkəlnɪs] s. heroicidade
heroi-comic [ˌhɪrəʊ'kɒmɪk] adj. herói-cómico
heroi-comical [ˌhɪrəʊ'kɒmɪkəl] adj. herói-cómico
heroics [hɪ'rəʊɪks] s.pl. 1 LITERATURA versos heróicos; 2 ênfase; 3 grandiloquência, exagero, estilo bombástico
heroify [hɪ'rəʊɪfaɪ] v.tr. heroificar, elevar à categoria de herói
heroin ['herəʊɪn] s. (droga) heroína ❖ *~ addict* heroinómano
heroine ['herəʊɪn] s.f. (mulher, personagem) heroína
heroism ['herəʊɪzəm] s. heroísmo
heroize ['hɪərəʊaɪz] Ⓐ v.tr. [rar.] heroificar, exaltar Ⓑ v.intr. [rar.] fazer de herói
heron ['herən] s. ZOOLOGIA garça-real
heronry ['herənrɪ] s. (pl. **-ies**) lugar onde as garças têm criação
heronshaw ['herənʃɔ:] s. garça, garça nova
herpes ['hɜ:pi:z] s. herpes
herpetic [hɜ:'petɪk] adj. herpético
herpetological [ˌhɜ:petə'lɒdʒɪkəl] adj. herpetológico
herpetologist [ˌhɜ:pɪ'tɒlədʒɪst] s. herpetologista, herpetólogo
herpetology [ˌhɜ:pɪ'tɒlədʒɪ] s. herpetologia
herring ['herɪŋ] s. (pl. **herring** ou **-s**) ZOOLOGIA (peixe) arenque ❖ *~ bus* arenqueiro; barco para a pesca do arenque; *~ fishery* pescaria de arenque; *~ hangs* defumadouros de arenque; *~ net* rede para a pesca do arenque; *~ smack* barco arenqueiro; *pickled ~* arenque salgado; *red ~* arenque defumado; manobra de diversão; *to draw a red ~ across the track* desviar a conversa; desviar a atenção; despistar
herringbone ['herɪŋbəʊn] Ⓐ s. 1 espinha de arenque; 2 (forma, padrão) espinha de peixe, ziguezague Ⓑ v.tr. guarnecer com ponto de espinha ❖ *~ flooring* parqué em forma de espinha de peixe; soalho de espinha; *~ pattern* padrão em espinha; padrão espinhado; *~ stitch* ponto de espinha; *~ teeth* dentes angulares
hers [hɜ:z] pron.poss. seu, sua, seus, suas (dela); *my book and ~* o meu livro e o dela; *some friends of ~* algumas amigas dela
herse [hɜ:s] s. 1 MILITAR cavalo de frisa; 2 ouriço de defesa
herself [hɜ:'self] pron.refl.,enf. 1 ela própria, ela mesma; *she ~ spoke to my brother* ela mesma falou com o meu irmão; 2 a si mesma; *she cut ~* cortou-se ❖ *all by ~* sozinha; *of ~* espontaneamente; *she was not ~* não estava muito bem; nem parecia ela
hertz [hɜ:tz] s. FÍSICA (sistema internacional de unidades de medida) hertz
Hertzian ['hɜ:tsɪən] adj. hertziano ❖ *~ antenna* antena hertziana; *~ waves* ondas hertzianas
Herzegovinian [ˌhɜ:tsəgəʊ'vi:nɪən] adj.,s. herzegoviniano
he's [hi:z] Ⓐ contr. de **he is** Ⓑ contr. de **he has**
Hesiod ['hi:sɪɒd] s.antr. Hesíodo
hesitancy ['hezɪtənsɪ] s. (pl. **-ies**) 1 hesitação; 2 irresolução
hesitant ['hezɪtənt] adj. hesitante, irresoluto
hesitantly ['hezɪtəntlɪ] adv. hesitantemente
hesitate ['hezɪteɪt] v.intr. 1 hesitar (em agir, em falar); *to ~ about...* hesitar acerca de, hesitar perante...; *to ~ to do sth* hesitar em fazer alguma coisa; 2 mostrar-se indeciso; 3 titubear ❖ *to ~ for a word* hesitar em busca da palavra desejada
hesitating ['hezɪteɪtɪŋ] adj. 1 hesitante; 2 pouco firme; 3 vacilante
hesitatingly ['hezɪteɪtɪŋlɪ] adv. de modo hesitante, com hesitação
hesitation [ˌhezɪ'teɪʃən] s. 1 hesitação; 2 indecisão; dúvida; incerteza ❖ *after some ~* depois de um momento de hesitação; *to have no ~ about/in ...* não ter dúvidas em relação a...; *there is no room for ~* não há que hesitar; *without ~* sem hesitar
Hesper ['hespə] s.antr. Hésper
Hesperia [he'spɪərɪə] s.top. Hespéria
Hesperian [he'spɪərɪən] adj.,s. hespério, ocidental
Hesperides [hes'perɪdi:z] s. MITOLOGIA Hespérides ❖ *the Garden of the ~* o Jardim das Hespérides
hesperis ['hespərɪs] s. BOTÂNICA hesperídea, goiveiro
Hesperus ['hespərəs] s.antr. Vésper, Hésper
hessian ['hesɪən] s. (tecido) tela de cânhamo ou juta
Hessian ['hesɪən] adj.,s. natural de Hesse ❖ *~ boots* botas altas, usadas pela primeira vez pelos soldados de Hesse; *~ fly* mosca de Hesse, cuja larva ataca e destrói o trigo
hessite ['hesaɪt] s. MINERALOGIA hessite
hessonite ['hesəʊnaɪt] s. MINERALOGIA hessonita
hest [hest] s. [arc.] ⇒ **behest**
Hester ['hestə] s.antr. Ester
hetaera [he'taɪərə] s. (pl. **-ae**) hetera, hetaíra, cortesã na antiga Grécia
hetaerism [he'taɪərɪzəm] s. heterismo
hetaira [he'taɪərə] s. (pl. **-ae**) ⇒ **hetaera**
hetairism [he'taɪərɪzəm] s. ⇒ **hetaerism**
heterocarpian [hetərəʊ'ka:pɪən] adj. BOTÂNICA heterocarpo
heterocarpus [hetərəʊ'ka:pəs] adj. ⇒ **heterocarpian**
heterocentric [hetərəʊ'sentrɪk] adj. 1 que foge do centro; 2 difuso
heterochromatin [ˌhetərəʊ'krəʊməθɪn] s. BIOLOGIA (genética) heterocromatina
heterochromous [hetərəʊ'krəʊməs] adj. heterocrómico
heteroclite ['hetərəʊklaɪt] adj.,s. LINGUÍSTICA (palavra) heteroclítico; heteróclito
heterocyclic [ˌhetərəʊ'saɪklɪk] adj. QUÍMICA heterocíclico
heterodont ['hetərəʊdɒnt] adj.,s. ZOOLOGIA heterodonte
heterodox ['hetərəʊdɒks] adj. heterodoxo
heterodoxy ['hetərəʊdɒksɪ] s. heterodoxia
heterodynamous [ˌhetərəʊ'daɪnəməs] adj. heterodinâmico

heterodyne ['hetərəʊdaɪn] Ⓐ *adj.* RÁDIO heteródino Ⓑ *v.intr.* tornar heteródino
heterogamous [hetə'rɒgəməs] *adj.* heterógamo, heterogâmico
heterogamy [hetə'rɒgəmi] *s.* heterogamia
heterogeneity [ˌhetərəʊdʒi'niːəti] *s. (pl. -ies)* heterogeneidade
heterogeneous [ˌhetərəʊ'dʒiːnɪəs] *adj.* heterogéneo
heterogeneously [ˌhetərəʊ'dʒiːnɪəsli] *adv.* heterogeneamente
heterogeneousness [ˌhetərəʊ'dʒiːnɪəsnɪs] *s.* heterogeneidade
heterogenesis [ˌhetərəʊ'dʒenɪsɪs] *s.* heterogénese
heterogeny [hetə'rɒdʒəni] *s.* heterogenia, heterogenesia
heteromerous [hetə'rɒmərəs] *adj.* heterómero
heteromorphic [ˌhetərəʊ'mɔːfɪk] *adj.* heteromórfico
heteromorphous [ˌhetərəʊ'mɔːfəs] *adj.* heteromorfo
heteronomy [hetə'rɒnəmi] *s.* heteronomia
heteronym [ˈhetərəʊnɪm] *s.* LITERATURA heterónimo
heteronymous [ˌhetə'rɒnɪməs] *adj.* heterónimo
heterophyllous [ˌhetərəʊ'fɪləs] *adj.* BOTÂNICA heterofilo
heterophylly [ˌhetərəʊ'fɪli] *s.* BOTÂNICA heterofilia
heteroplasty ['hetərəʊplæsti] *s.* heteroplastia
heteropoda [hetə'rɒpədə] *s.pl.* ZOOLOGIA heterópodes
heteroptera [hetə'rɒptərə] *s.pl.* ZOOLOGIA heterópteros
heteroscian [hetə'rɒʃjən] *s.* heteróscio
heterosexual [ˌhetərəʊ'seksjʊəl, ˌhetərəʊ'sekʃʊəl] *adj.,s.* heterossexual
heterosexuality [ˌhetərəʊseksjʊ'ælɪti] *s.* heterossexualidade
heterostatic [ˌhetərəʊ'stætɪk] *adj.* ELECTRICIDADE heterostático
heterosuggestion [ˌhetərəʊsə'dʒestʃən] *s.* heterossugestão
heterotaxy ['hetərəʊtæksi] *s.* heterotaxia, heterotactismo
heterotroph ['hetərəʊtrɒf] *s.* BOTÂNICA heterotrófito
heterotrophic [ˌhetərəʊ'trɒfɪk] *adj.* BOTÂNICA heterotrófico
heterotrophy [hetərəʊ'trɒfi] *s.* BIOLOGIA heterotrofia
heterozygote [ˌhetərəʊ'zaɪgəʊt] *s.* BIOLOGIA (genética) heterozigótico
heterozygous [ˌhetərəʊ'zaɪgəs] *adj.* BIOLOGIA heterozigótico
hetman ['hetmən] *s. (pl. -s)* comandante militar entre os Cossacos polacos
Hetty ['heti] *s.antr.* Henriquetazinha
het up ['hetʌp] *adj.* 1 [EUA] [coloq.] agitado, nervoso, perturbado; 2 [EUA] [coloq.] zangado, irritado
heuchera ['hjukərə] *s.* BOTÂNICA hêuquera
heuristic [hjʊə'rɪstɪk] Ⓐ *adj.* heurístico; ~ *method* método heurístico Ⓑ *s.* heurística
heuristics [ˌhjʊə'rɪstɪks] *s.* heurística
hevea ['hiːvɪə] *s.* BOTÂNICA hévea
hew [hjuː] *v.tr. (prt.* **hewed**, *part. pass.* **hewed** ou **hewn**) 1 (com machado) cortar, decepar; 2 (com escopro, cinzel, etc.) desbastar, talhar; 3 derrubar, deitar abaixo ❖ *to* ~ *down* abater; derrubar; *to* ~ *off* derrubar; deitar abaixo; *to* ~ *out* talhar; cinzelar; *to* ~ *one's way* abrir caminho à força de golpes; *to* ~ *the enemy to pieces* dar cabo do inimigo; desfazer o inimigo; *to* ~ *to pieces* cortar aos bocados
hewer ['hjuːə] *s.* 1 cinzelador, talhador; 2 cortador, lenhador; 3 mineiro ❖ *hewers of wood and drawers of water* trabalhador que leva uma vida de forçado, que trabalha duramente
hewgag ['hjuːgæg] *s.* [EUA] flauta de cana
hewing ['hjuːɪŋ] *s.* derrube, corte, esquadrejamento
hewn ['hjuːn] *part. pass. de* **to hew**
hex [heks] Ⓐ *s.* 1 enguiço, feitiço, maldição; 2 ave de mau agouro Ⓑ *v.tr.* 1 enguiçar, embruxar, enfeitiçar; 2 amaldiçoar; 3 dar má sorte a
hexachord ['heksəkɔːd] *s.* hexacórdio, hexacorde
hexad ['heksæd] *adj.,s.* QUÍMICA (elemento químico, radical ou átomo) hexavalente
hexagon ['heksəgən, 'heksəgɑːn] *s.* hexágono
hexagonal [hek'sægənəl] *adj.* hexagonal ❖ ~ *rivet* rebite hexagonal; ~ *rod* vareta sextavada
hexagram ['heksəgræm] *s.* hexagrama
hexagynian [heksə'dʒɪnɪən] *adj.* BOTÂNICA hexágino, que tem seis pistilos
hexagynous [hek'sædʒɪnəs] *adj.* ⇒ **hexagynian**
hexahedral [heksə'hiːdrəl] *adj.* hexaédrico
hexahedron [heksə'hiːdrən] *s.* hexaedro
hexamerous [hek'sæmərəs] *adj.* hexâmero
hexameter [hek'sæmɪtə] *s.* LITERATURA (verso) hexámetro
hexamethylene-tetramine [ˌheksə'meθɪliːn'tetrəmiːn] *s.* QUÍMICA hexametilenotetramina
hexametric [heksə'metrɪk] *adj.* hexámetro
hexametrical [heksə'metrɪkəl] *adj.* hexámetro
hexamine ['heksəmiːn] *s.* QUÍMICA hexamina
hexandrous [hek'sændrəs] *adj.* BOTÂNICA hexandro
hexane ['heksein] *s.* QUÍMICA hexana
hexangular [heks'æŋgjʊlə] *adj.* hexangular, hexágono
hexaoctahedron [ˌheksəɒktə'hiːdrən] *s.* hexaoctaedro
hexapod ['heksəpɒd] *adj.,s.* ZOOLOGIA hexápode
hexapody [hek'sæpədi] *s. (pl. -ies)* hexapodia
hexarchy ['heksɑːki] *s. (pl. -ies)* hexarquia
hexastyle ['heksəstaɪl] Ⓐ *s.* hexastilo, pórtico de seis colunas Ⓑ *adj.* formado por seis colunas
hexasyllabic [ˌheksəsɪ'læbɪk] *adj.* hexassilábico
Hexateuch ['heksətjuːk] *s.* RELIGIÃO (Bíblia) Hexateuco, designação dada ao Pentateuco e ao livro de Josué
hexavalent [heksə'veɪlənt] *adj.* QUÍMICA hexavalente
hexoctahedral [ˌheksɒktə'hiːdrəl] *adj.* hexaoctaédrico
hexoctahedron [ˌheksɒktə'hiːdrən] *s.* hexaoctaedro
hexode ['heksəʊd] *s.* ELECTRICIDADE hêxodo, válvula electrónica com seis elementos
hexose ['heksəʊz] *s.* QUÍMICA hexose
hextetrahedral [heksɪtrə'hiːdrəl] *adj.* hextetraedro
hextetrahedron [heksɪtətrə'hiːdrən] *s.* hextetraedro
hey [heɪ] *interj.* 1 (chamamento) olhe cá!; 2 (dúvida) quê?; 3 (saudação) olá! ❖ (ilusionismo) ~ *presto!* pronto! cá está ela!; (surpresa, contrariedade) *what the hey!* que diabo!
heyday ['heɪdeɪ] Ⓐ *s.* 1 apogeu, auge; *in one's* ~ no auge; *in the* ~ *of...* no apogeu de...; 2 [arc.] boa disposição, contentamento Ⓑ *interj.* [arc.] (alegria, surpresa) eh!, ena!, olá!
heyduck ['heɪdʌk, 'haɪduk] *s.* húngaro pertencente à alta classe militar
hey-ho [ˌheɪ'həʊ] *interj.* (aborrecimento, decepção) ora bolas!
Hf QUÍMICA [símbolo de hafnium]
HF Ⓐ RÁDIO [abrev. de high frequency] Ⓑ [abrev. de Holy Father]
hf. bd. [abrev. de half-bound]
Hg QUÍMICA [símbolo de mercury]
HG Ⓐ [abrev. de Home Guard] Ⓑ [abrev. de High German] Ⓒ [abrev. de His (ou Her) Grace]
HGH MEDICINA [abrev. de human growth hormone] hormona do crescimento humano
HGP [abrev. de Human Genome Project] projecto de sequenciação do genoma humano
HH Ⓐ [abrev. de His (ou Her) Highness] Ⓑ [abrev. de His Holiness] Ⓒ DIREITO [abrev. de His (ou Her) Honour] Ⓓ [abrev. de double hard]
hhd [abrev. de hogshead]
hi [haɪ] *interj.* 1 olá!; 2 olhe cá!, atenção!
HI Ⓐ [abrev. de Hawaii] Ⓑ [abrev. de Hawaiian Islands]
hiatus [haɪ'eɪtəs] *s. (pl. -es)* 1 hiato; 2 lacuna; 3 brecha, fenda
hibernacula [ˌhaɪbə'nækjʊlə] *s. [pl. de* **hibernaculum**}
hibernaculum [ˌhaɪbə'nækjʊləm] *s.* hibernáculo
hibernal [haɪ'bɜːnəl] *adj.* hibernal
hibernant [haɪ'bɜːnənt] *adj.* hibernante
hibernate ['haɪbəneɪt] *v.intr.* 1 hibernar; 2 ficar inactivo
hibernating ['haɪbəneɪtɪŋ] *adj.* hibernante
hibernation [ˌhaɪbə'neɪʃn] *s.* hibernação
Hibernia [haɪ'bɜːnɪə] *s.top.* Hibérnia
Hibernian [haɪ'bɜːnɪən] *adj.,s.* hibérnico, hibérnio, irlandês
Hibernianism [haɪ'bɜːnɪənɪzəm] *s.* hibernianismo, expressão irlandesa
Hibernicism [haɪ'bɜːnɪsɪzəm] *s.* ⇒ **Hibernianism**
hibiscus [hɪ'bɪskəs] *s.* BOTÂNICA hibisco
hiccough ['hɪkʌp] Ⓐ *s.* soluço Ⓑ *v.tr.,intr.* 1 estar com soluços, soluçar; 2 pronunciar gaguejando, soluçando
hiccup ['hɪkʌp] Ⓐ *s.* soluço Ⓑ *v.tr.,intr.* 1 estar com soluços, soluçar; 2 pronunciar gaguejando, soluçando
hiccupy ['hɪkʌpi] *adj.* 1 soluçante; 2 (voz) entrecortada de soluços
hick [hɪk] *adj.,s.* [EUA] provinciano, rústico, caipira_{Bras.}
hickey ['hɪki] *s.* 1 [EUA, Can.] [coloq.] geringonça, mecanismo; 2 [EUA, Can.] [coloq.] chupão_{coloq.}; 3 [EUA, Can.] [coloq.] (borbulha) espinha; 4 TIPOGRAFIA gralha

hickory ['hɪkərɪ] s. (pl. **-ies**) 1 espécie de nogueira americana; 2 nogueira amarga
hid [hɪd] prt. de **to hide**
hidden ['hɪdn] Ⓐ {part. pass. de **to hide**} Ⓑ adj. 1 escondido; 2 oculto; 3 encoberto ❖ ~ *edge* borda invisível; canto invisível; ~ *meaning* segundo sentido; *to remain* ~ não se revelar
hide [haɪd] Ⓐ v.tr.,intr. (prt. **hid**, part. pass. **hidden** ou **hid**) 1 esconder, ocultar; *to* ~ *sth from a person* esconder alguma coisa de alguém; 2 esconder-se, ocultar-se; *where are you going to hide?* onde é que te vais esconder?; 3 conservar em segredo; não revelar; 4 dar uma sova em, dar uma tareia em Ⓑ s. 1 (caçador) esconderijo; 2 couro (curtido ou por curtir); 3 pele (de animal); 4 [coloq.] pele (humana); 5 [ant.] medida agrária de cerca de 120 ares; 6 jeira ❖ *to have the* ~ *to* ter o descaramento de; ter a falta de senso de; *to* ~ *one's light under a bushel* ser demasiado modesto; não mostrar o que se vale; *to save one's* ~ salvar a pele; fugir a um castigo; *to tan a person's* ~ dar uma sova em alguém; chegar-lhe a roupa ao pêlo
◆**hide away** Ⓐ v.tr. esconder Ⓑ v.intr. retirar-se; desaparecer de vista; esconder-se; ocultar-se
◆**hide out/up** v.intr. estar escondido; esconder-se [**from**, de]
hide-and-go-seek [ˌhaɪdəngəʊˈsiːk] s. ⇒ **hide-and-seek**
hide-and-seek [ˌhaɪdənˈsiːk] s. (jogo) escondidas, escondidinhas, esconde-esconde; *to play* ~ jogar às escondidas
hideaway ['haɪdəweɪ] s. esconderijo, refúgio
hidebound ['haɪdbaʊnd] adj. 1 [depr.] de inteligência limitada; 2 [depr.] preconceituoso; 3 [depr.] conservador; 4 muito magro; 5 (livro) encadernado em pele
hided ['haɪdɪd] adj. 1 de couro; 2 coberto de pele
hideous ['hɪdɪəs] adj. muito feio, medonho, horrível, terrível, hediondo
hideously ['hɪdɪəslɪ] adv. hediondamente, horrivelmente
hideousness ['hɪdɪəsnɪs] s. hediondez, horribilidade, terribilidade
hideout ['haɪdaʊt] s. esconderijo, refúgio
hider ['haɪdə] s. 1 pessoa que anda escondida; 2 fugitivo; 3 aquele que esconde
hiding ['haɪdɪŋ] s. 1 ocultação; dissimulação; 2 acto de esconder ou de se esconder; 3 sova, tareia; *to give sb a good* ~ dar uma boa sova em alguém ❖ ~ *place* esconderijo; refúgio; (tinta) ~ *power* poder de opacidade; *to be in* ~ andar escondido; *to be on a* ~ *to nothing* não ter nenhuma hipótese; estar condenado; *to go into* ~ esconder-se; fugir
hidrosis [hɪˈdrəʊsɪs] s. efidrose
hie [haɪ] v.intr. 1 [poét.] apressar-se; 2 caminhar rapidamente; 3 caminhar célere
Hier. [abrev. de Hierosolyma (Jerusalém)]
Hierapolis [haɪəˈræpəlɪs] s.top. Hierápolis
hierarch ['haɪərɑːk] s. 1 hierarca; 2 arcebispo; 3 sumo-sacerdote
hierarchal [ˌhaɪəˈrɑːkəl] adj. hierárquico
hierarchic [ˌhaɪəˈrɑːkɪk] adj. hierárquico
hierarchical [ˌhaɪəˈrɑːkɪkəl] adj. hierárquico
hierarchically [ˌhaɪəˈrɑːkɪklɪ] adv. hierarquicamente
hierarchize ['haɪərɑːkaɪz] v.tr. hierarquizar
hierarchy ['haɪərɑːkɪ] s. (pl. **-ies**) hierarquia
hieratic [ˌhaɪəˈrætɪk] adj. hierático
hieratically [ˌhaɪəˈrætɪklɪ] adv. hieraticamente
hierodule ['haɪərəʊdjuːl] s. hierodulo
hieroglyph ['haɪərəglɪf] s. hieróglifo
hieroglyphic [ˌhaɪərəˈglɪfɪk] adj. hieroglífico
hieroglyphical [ˌhaɪərəˈglɪfɪkəl] adj. hieroglífico
hieroglyphically [ˌhaɪərəˈglɪfɪklɪ] adv. 1 hieroglificamente; 2 por meio de hieróglifos
hieroglyphics [ˌhaɪərəˈglɪfɪks] s.pl. hieróglifos
hierogram ['haɪərəʊgræm] s. hierograma
hierograph ['haɪərəʊgrɑːf] s. hierógrafo, inscrição hierográfica
hierographic [ˌhaɪərəʊˈgræfɪk] adj. hierográfico
hierographical [ˌhaɪərəʊˈgræfɪkəl] adj. hierográfico
hierography [ˌhaɪəˈrɒgrəfɪ] s. hierografia
hieronymite [ˌhaɪəˈrɒnɪmaɪt] s. hieronimita
Hieronymus [ˌhaɪəˈrɒnɪməs] s.antr. Jerónimo
hieronymy [ˌhaɪəˈrɒnɪmɪ] s. hieronímia

hierophant ['haɪərəʊfænt] s. hierofanta, hierofante
Hierosolymitan [ˌhaɪərəʊˈsɒlɪmaɪtən] adj.,s. hierosolimita, hiero-solimitano
Hierosolymite [ˌhaɪərəʊˈsɒlɪmaɪt] adj.,s. hierosolimita, hierosolimitano
hi-fi ['haɪfaɪ] s. (pl. **-s**) 1 alta-fidelidade; 2 aparelho de som de alta-fidelidade ❖ ~ *system* aparelhagem de alta-fidelidade
higgle ['hɪgl] Ⓐ s. [arc.] regateio, discussão de preço Ⓑ v.intr. [arc.] regatear, discutir o preço
higgledypiggledy [ˌhɪgldɪˈpɪgldɪ] adv. 1 em desordem, tudo misturado, tudo em confusão; 2 à toa
higgler ['hɪglə] s. aquele que regateia, que discute o preço
higgling ['hɪglɪŋ] Ⓐ adj. [arc.] regateador, que discute o preço Ⓑ s. [arc.] regateio
high [haɪ] Ⓐ adj.,adv. (comp. **-er**, superl. **-est**) 1 alto; grande, de grande altura; 2 de altura; *five metres* ~ cinco metros de altura; 3 elevado; 4 importante, principal; *to be* ~ *in office* ter um alto cargo; 5 de posição social elevada; 6 intenso, forte; *a* ~ *flavour* um paladar forte (bem temperado); ~ *wind* vento forte; 7 avançado; adiantado; 8 nobre; superior; 9 (som) estrídulo, agudo; 10 contentíssimo [**on**, com/por causa de]; 11 [cal.] (drogado) pedrado; *to get* ~ ficar pedrado; 12 entusiasta [**on**, por]; 13 extremo; POLÍTICA *a* ~ *Tory* membro do partido conservador de ideias extremas; 14 pleno; *in* ~ *summer* em pleno Verão; 15 no alto, no cimo; 16 muito; grandemente; fortemente; intensamente; *to drink* ~ beber muito; *to feed* ~ comer à grande Ⓑ s. 1 recorde; máximo; *an all-time* ~ um recorde absoluto; 2 [coloq.] euforia; excitação; *to be on a* ~ estar eufórico; 3 METEOROLOGIA zona de alta pressão, anticiclone ❖ ~ *altar* altar-mor; [EUA] (automóvel) ~ *beam* máximos; ~ *chair* cadeirinha de bebé; RELIGIÃO **High Church** Igreja Alta; igreja anglicana ritualista; RELIGIÃO **High Churchman** membro da igreja anglicana ritualista; MILITAR ~ *command* alto-comando; DIREITO **High Court** Supremo Tribunal; ~ *efficiency* alto rendimento; ~ *explosive* explosivo muito forte; AGRICULTURA ~ *farming* cultura intensiva por meio de adubos químicos; ~ *frequency* alta frequência; ~ *gear* grande velocidade; LINGUÍSTICA **High German** alto-alemão; ~ *hat* cartola; altivo; fanfarrão; [ant.] ~ *jinks* tempo divertido; folia, pândega; DESPORTO ~ *jump* salto em altura; ~ *life* alta-roda; vida de alta sociedade; boa vida; RELIGIÃO **High Mass** missa solene; ~ *noon* meio-dia; ponto alto; momento crucial; ~ *point* ponto alto; ~ *priest* sumo-sacerdote; ~ *relief* alto relevo; ~ *road* estrada nacional; estrada principal; melhor caminho; ~ *school* escola secundária; liceu; ~ *seas* mar alto; mar agitado; mar encrespado; ~ *season* época alta; ~ *society* alta sociedade; ~ *spirits* alegria; boa disposição; (eventos, cerimónias) ~ *spot* ponto alto; [GB] ~ *street* rua principal; [GB] ~ *table* mesa de honra; [GB] ~ *tea* chá ajantarado; lanche; ~ *technology* alta tecnologia; ~ *tide* maré alta; ~ *treason* alta traição; ~ *water* maré cheia; maré alta; *higher education* estudos superiores; AERONÁUTICA ~ *altitude flight* voo a grande altura; ~ *and dry* em seco; encalhado; abandonado; desactualizado; MEDICINA ~ *blood pressure* hipertensão arterial; tensão alta; ~ *in the sky* nas alturas; (droga, excesso de álcool, alegria) *as* ~ *as a kite* tolinho; pedrado; bêbado; *glory be to God on* ~ glória a Deus nas alturas; *how* ~ *is that?* que altura tem isso?; *in* ~ *spirits* bem-disposto; alegre; *it's* ~ *time to leave* são mais que horas de irmos embora; *on* ~ no céu; lá em cima; nas alturas; *the most High* o Altíssimo; Deus; *to be* ~ *and mighty* armar a grande senhor; *to be* ~ *time* ser mais que horas; *to be* ~ *up in the civil service* ocupar um alto cargo na função pública; *to be on/mount/get on the* ~ *horse* tomar ares arrogantes; encher-se de importância; (instruções, ordens) *to come from on* ~ vir de cima; *to have a* ~ *opinion of sb* ter grande consideração por alguém; *to hunt/search* ~ *and low (for sth)* procurar (algo) em toda a parte; procurar (algo) por todo o lado; *with a* ~ *hand* triunfalmente; com arrogância; cheio de importância
high-altitude [ˌhaɪˈæltɪtjuːd] adj. a grande altura; a grande altitude; ~ *flight* voo a grande altitude
high-aspiring [haɪəˈspaɪərɪŋ] adj. com grandes aspirações, que aspira a grandes coisas, ambicioso
highball ['haɪbɔːl] s. [EUA] uísque com soda

high-binder ['haɪbaɪndə] s. [EUA] membro de determinada sociedade secreta
highboy ['haɪbɔɪ] s. [EUA] cómoda alta
high-bred [haɪ'bred] adj. 1 de nascimento nobre; 2 bem educado; 3 (cavalo) de fina raça
high-bridged [haɪ'brɪdʒd] adj. (nariz) curvo, arqueado
highbrow ['haɪbraʊ] adj.,s. intelectual, elitista
high-class [,haɪ'klɑːs] adj. 1 de classe alta; 2 de primeira ordem; 3 caro; 4 sofisticado
high-concept [haɪ'kɒnsept] adj. (filme, etc.) destinado ao grande público
high-crowned [haɪ'kraʊnd] adj. 1 (chapéu) de copa alta; 2 (estrada) com forte lomba ❖ ARQUITECTURA ~ *arch* arco de ogiva sobrelevado
high-definition [,haɪdefɪ'nɪʃən] adj. (imagem) de alta definição; ~ *television* televisão de alta definição
high-density [haɪ'densɪtɪ] adj. de alta densidade ❖ ~ *lipoprotein* lipoproteína de alta densidade
high-end [haɪ'end] adj. 1 (tecnologia) topo de gama; 2 sofisticado; 3 mais caro
higher ['haɪə] Ⓐ adj. superior (**than**, a] Ⓑ adv. mais alto ❖ ~ *education* ensino superior
higher-up [,haɪər'ʌp] s. [coloq.] maioral$_{coloq.}$, manda-chuva$_{coloq.}$
highfalutin [,haɪfə'luːtɪn] adj. (estilo, atitude) ridículo, pomposo, declamatório
highfaluting [,haɪfə'luːtɪŋ] adj. (estilo, atitude) ridículo, pomposo, declamatório
high-five [,haɪ'faɪv] s. [coloq.] cumprimento ou saudação em que duas pessoas batem com as palmas das mãos
high-flown [,haɪ'fləʊn] adj. (palavras, discurso) empolado, pomposo, bombástico
high-flyer [,haɪ'flaɪə] s. 1 lutador; 2 vencedor; 3 líder
high-flying [,haɪ'flaɪɪŋ] adj. 1 que voa alto; 2 ambicioso; 3 pomposo
high-frequency [,haɪ'friːkwənsɪ] adj. ELECTRICIDADE de alta frequência
high-grade [,haɪ'greɪd] adj. de alta qualidade; de qualidade superior; de primeira água ❖ ~ *fuel* carburante de qualidade superior; ~ *ore* minério rico; ~ *steel* aço de qualidade superior
high-handed [,haɪ'hændɪd] adj. despótico, tirânico, arbitrário
high-handedly [,haɪ'hændɪdlɪ] adv. despoticamente, tiranicamente, arbitrariamente
high-hat [,haɪ'hæt] Ⓐ s. 1 [coloq., arc.] snobe, empertigado; 2 [coloq., arc.] peralvilho, janota Ⓑ v.tr.,intr. (particípios: **-tt-**) 1 [ant.] armar à importância; 2 [ant.] falar de alto a alguém
high-heeled [,haɪ'hiːld] adj. de salto alto; de tacão alto; ~ *shoes* sapatos de salto alto
high-impedance [,haɪˌɪm'piːdəns] adj. ELECTRICIDADE de alta impedância; ~ *input circuit* circuito de entrada de alta impedância
high-intensity [haɪˌɪn'tensɪtɪ] adj. de alta intensidade; ~ *projector* projector de alta intensidade
highjack ['haɪdʒæk] v.tr. ⇒ **hijack**
high-keyed [,haɪ'kiːd] adj. 1 em tom elevado; 2 exaltado, nervoso; tenso
highland ['haɪlənd] s. terra alta, região de altitude elevada ❖ *the Highlands* as terras altas da Escócia
Highlander ['haɪləndə] s. 1 serrano, montanhês; 2 habitante da Alta Escócia
highlandman ['haɪləndmən] s. (pl. **-men**) 1 serrano, montanhês; 2 habitante da Alta Escócia
high-leaded [,haɪ'ledɪd] adj. com alto teor de chumbo
high-level ['haɪlevəl] adj. 1 de alto nível; 2 que envolve gente importante ❖ INFORMÁTICA ~ *language* linguagem de alto nível; ~ *modulation* modulação de alto nível; (combustível nuclear, etc.) ~ *waste* resíduos de alto nível
highlight ['haɪlaɪt] Ⓐ s. 1 ponto alto; *the highlights of the match* os melhores lances do jogo; 2 destaque; realce; 3 retoque; 4 PINTURA parte mais clara de um quadro; 5 pl. (cabelo) madeixas; *to have highlights put in one's hair* fazer madeixas Ⓑ v.tr. (prt. e part. pass. **-lighted**) 1 destacar, realçar; 2 sublinhar; assinalar com marcador fluorescente; 3 (cabelo) fazer madeixas em

highlighter ['haɪlaɪtə] s. marcador fluorescente
high-low ['haɪˌləʊ] s. 1 (jogo de cartas) variante do póquer; 2 [arc.] bota até aos tornozelos
highly ['haɪlɪ] adv. 1 altamente; grandemente; extremamente; ~ *amusing* muito divertido; 2 muito bem; ~ *paid* muito bem remunerado ❖ ~ *descended* nobre; de alta linhagem; *to think* ~ *of sb* ter alguém em elevada consideração
highly-strung [,haɪlɪ'strʌŋ] adj. 1 tenso, nervoso; 2 susceptível, irritável
high-mettled [,haɪ'metəld] adj. ardente, fogoso
high-minded [,haɪ'maɪndɪd] adj. 1 nobre, de sentimentos elevados; 2 com princípios; 3 magnânimo, generoso
high-mindedness [,haɪ'maɪndɪdnɪs] s. 1 nobreza de espírito, grandeza de alma; 2 magnanimidade
highness ['haɪnɪs] s. 1 elevação; 2 grandeza; 3 excelência; 4 força, veemência; 5 (título) alteza; *Her/His Royal* ~ Sua Alteza Real; *Your* ~ Vossa Alteza
high-octane [,haɪ'ɒkteɪn] adj. 1 (combustível) com elevado índice de octanas; ~ *fuel* carburante com elevado índice de octanas, supercarburante; 2 [fig., coloq.] exigente, dinâmico
high-output [,haɪ'aʊtpʊt] adj. de rendimento elevado; de alto rendimento
high-pitched [,haɪ'pɪtʃd] adj. 1 (som) agudo, alto; 2 (telhado) com grande inclinação; 3 trabalhado, elaborado, rebuscado; 4 emotivo, intenso; 5 (pensamentos, sentimentos) elevado, nobre
high-power [,haɪ'paʊə] adj. 1 muito poderoso; 2 de grande intensidade; 3 dinâmico; 4 de alta potência
high-powered [,haɪ'paʊəd] adj. 1 muito poderoso; muito influente; 2 (cargo) de grande responsabilidade; 3 muito potente, de alta potência; 4 de grande alcance; 5 de grande intensidade; 6 (lente) com grande poder de aumento; 7 (pessoa) dinâmico, cheio de energia
high-precision [,haɪprɪ'sɪʒən] adj. de grande precisão, de elevada precisão; ~ *graphics* gráficos de elevada precisão
high-pressure [,haɪ'preʃə] adj. 1 de alta pressão; 2 (meteorologia) de altas pressões; ~ *area* zona de altas pressões, área anticiclónica; 3 (situação) de stress; exigente; de crise; 4 (indivíduo) persistente, agressivo
high-priced [,haɪ'praɪst] adj. caro; de preço elevado
high-principled [haɪ'prɪnsɪpəld] adj. com bons princípios, de bons princípios; nobre; elevado
high-profile [,haɪ'prəʊfaɪl] adj. 1 importante, influente, de vulto; 2 notório, famoso; 3 de grande envergadura; 4 chamativo, apelativo
high-range [,haɪ'reɪndʒ] adj. de grande alcance
high-ranking [,haɪ'ræŋkɪŋ] adj. 1 de categoria elevada; 2 de topo ❖ ~ *official* alto funcionário
high-reaching [haɪ'riːtʃɪŋ] adj. ambicioso
high-reactance [,haɪrɪ'æktəns] adj. de alta reactância
high-resistance [,haɪrɪ'zɪstəns] adj. de alta resistência; ~ *steel* aço de alta resistência
high-rise ['haɪraɪz] Ⓐ adj. com vários andares Ⓑ s. prédio, arranha-céus ❖ ~ *building* prédio; torre
high-risk [,haɪ'rɪsk] adj. de alto risco; ~ *investment* investimento de alto risco ❖ (doença) ~ *group* grupo de risco; ~ *recreation* actividades arriscadas; desportos radicais
high-shouldered [haɪ'ʃəʊldəd] adj. de cabeça metida entre os ombros
high-souled [haɪ'səʊld] adj. magnânimo, de espírito elevado
high-sounding ['haɪˌsaʊndɪŋ] adj. (discurso) grandiloquente; bombástico
high-speed [,haɪ'spiːd] adj. de alta velocidade ❖ ~ *camera* máquina fotográfica de alta velocidade; ~ *train* comboio rápido; comboio de alta velocidade
high-spirited [haɪ'spɪrɪtɪd] adj. 1 dinâmico; enérgico; cheio de garra; 2 fogoso; impetuoso; 3 bem-disposto; alegre; expansivo; exuberante
high-stomached [haɪ'stʌməkd] adj. 1 [arc.] altivo; 2 [arc.] afectado
high-strung [haɪ'strʌŋ] adj. [EUA, Can.] ⇒ **highly-strung**
hight [haɪt] adj. [arc., poét.] chamado, denominado
high-tech [,haɪ'tek] adj. 1 de alta tecnologia, tecnologicamente avançado; 2 (design) vanguardista, futurista$_{fig.}$

high-tension [ˌhaɪˈtenʃən] adj. ELECTRICIDADE de alta tensão ❖ ~ *cable* cabo de alta tensão

high-up [ˈhaɪʌp] s. ⇒ **higher-up**

high-voltage [ˌhaɪˈvəʊltɪdʒ] adj. de alta voltagem ❖ ~ *protector* fusível para alta tensão

highway [ˈhaɪweɪ] s. 1 estrada nacional; 2 via pública; via de grande importância (marítima ou terrestre) ❖ [GB] ~ *code* código das estradas; ~ *crossing* cruzamento de estradas; ~ *system* rede rodoviária; *community* ~ caminho vicinal; [ant.] *to take to the* ~ fazer-se salteador

highwayman [ˈhaɪweɪmən] s. (pl. **-men**) salteador da estrada

hijack [ˈhaɪdʒæk] Ⓐ v.tr. 1 assaltar; 2 sequestrar, desviar; *to ~ a plane* sequestrar um avião; 3 [fig.] (ideias, etc.) apoderar-se de; apropriar-se indevidamente de Ⓑ s. sequestro de avião, desvio de avião, assalto a avião

hijacker [ˈhaɪdʒækə] s. 1 pirata do ar, sequestrador de avião; 2 bandido

hijacking [ˈhaɪdʒækɪŋ] s. sequestro de avião, desvio de avião, assalto a avião ❖ *precautions against* ~ medidas de prevenção contra sequestros de aviões

hike [haɪk] Ⓐ s. 1 caminhada; passeio a pé; marcha; *to go on a* ~ participar numa caminhada; 2 (preços, taxas, juros) subida, aumento Ⓑ v.tr.,intr. 1 (turismo) fazer caminhadas (em/por), fazer longos trajectos a pé; 2 (preços, taxas, juros) aumentar, subir ❖ *take a hike!* vai dar uma volta!

◆ **hike up** v.tr. 1 (roupa) levantar; 2 (preços, taxas) aumentar; subir

hiker [ˈhaɪkə] s. caminheiro, caminhante, pessoa que faz longas marchas

hiking [ˈhaɪkɪŋ] s. 1 DESPORTO pedestrianismo; 2 realização de marchas ou caminhadas; participação em marchas ou caminhadas

hilar [ˈhaɪlə] adj. hilar, hilário

hilarious [hɪˈleərɪəs] adj. alegre, divertido, hilariante

hilariously [hɪˈleərɪəslɪ] adv. 1 alegremente; 2 com hilaridade

hilarity [hɪˈlærɪtɪ] s. hilaridade, alegria

Hildebrand [ˈhɪldəbrænd] s.antr. Hildebrando

hill [hɪl] Ⓐ s. 1 colina; outeiro; monte; 2 encosta, ladeira Ⓑ v.tr. 1 fazer um pequeno monte de (terra); 2 amontoar; 3 firmar (as plantas) com um pequeno monte de terra ❖ ~ *country* região montanhosa; *as old as the hills* velho como a sé de Braga; com barbas; antiquíssimo; desde que o mundo é mundo; over ~ *and dale* por montes e vales; [coloq.] *to be over the* ~ começar a ficar velho; já estar entradote

hillbilly [ˈhɪlbɪlɪ] s. (pl. **-ies**) [EUA] [depr.] rústico, saloio, parolo

hilliness [ˈhɪlɪnɪs] s. carácter acidentado (de qualquer região)

hilling [ˈhɪlɪŋ] s. 1 acção de amontoar; 2 aterro

hillman [ˈhɪlmən] s. montanhês; serrano; habitante das montanhas

hillo [hɪˈləʊ] interj. olhe cá!, essa agora!

hilloa [hɪˈləʊ] interj. olhe cá!, essa agora!

hillock [ˈhɪlək] s. 1 montículo, outeiro; 2 montão de terra

hillside [ˈhɪlsaɪd] s. ladeira; encosta; *on the* ~ na encosta

hilltop [ˈhɪltɒp] s. cume; topo; *on the* ~ no topo da colina

hilly [ˈhɪlɪ] adj. (comp. **-ier**, superl. **-iest**) 1 acidentado; 2 montanhoso

hilt [hɪlt] Ⓐ s. 1 (espada) copos; punho; 2 cabo Ⓑ v.tr. 1 (espada) pôr um punho em; 2 pôr um cabo em ❖ *to prove up to the* ~ demonstrar insofismavelmente; provar de modo cabal; *to support sb up to the* ~ defender alguém com unhas e dentes; [fig.] *up to the* ~ até ao pescoço

hilum [ˈhaɪləm] s. hilo

him [hɪm] pron.pess. 1 ele, a ele; *we spoke to* ~ falámos com ele; *it's ~; that's* ~ é ele; 2 o; *I met* ~ *three days ago* conheci-o há três dias; 3 lhe; *she gave* ~ *a book* ela deu-lhe um livro; 4 nele; *don't think of* ~ não penses nele; 5 aquele

HIM [abrev. de His (ou Her) Imperial Majesty]

Himalaya [ˌhɪməˈleɪə] s.top. Himalaia

Himalayan [ˌhɪməˈleɪən] adj.,s. 1 himalaico; 2 natural do Himalaia

himself [hɪmˈself] pron.refl.,enf. 1 ele mesmo; ele próprio; ele em pessoa; *he* ~ *spoke to those men* ele mesmo falou com aqueles homens; 2 si mesmo; *he cut* ~ cortou-se ❖ *(all) by* ~ sozinho; sem ajuda; *he was not* ~ não estava muito bem; nem parecia ele

hind [haɪnd] Ⓐ s. 1 ZOOLOGIA corça; 2 [GB] administrador de herdades; 3 [GB, Esc.] criado de lavoura; 4 rústico, campónio Ⓑ adj. posterior; traseiro; situado atrás; ~ *axle* eixo traseiro; ~ *wheel* roda traseira

hinder[1] [ˈhɪndə] v.tr. 1 estorvar; embaraçar; levantar obstáculos a; 2 travar; entravar; 3 impedir; *he hindered me from doing it* ele impediu-me de o fazer; 4 atrasar

hinder[2] [ˈhaɪndə] adj. 1 traseiro; posterior; ~ *legs* patas traseiras; 2 das traseiras; ~ *gate* portão das traseiras; 3 último; ~ *part* última parte

hinderer [ˈhɪndərə] s. pessoa que põe obstáculos, que estorva

hindering [ˈhɪndərɪŋ] adj. impedidor, impeditivo, que dificulta

hindermost [ˈhaɪndəməʊst] adj. ⇒ **hindmost**

Hindi [ˈhɪndiː] Ⓐ adj. do Norte da Índia Ⓑ s. (língua) hindi

hindmost [ˈhaɪndməʊst] adj. 1 último, derradeiro; 2 posterior

Hindoo [ˈhɪnduː] adj.,s. ⇒ **Hindu**

hindquarters [ˈhaɪndˌkwɔːtəz] s.pl. 1 (animal) quartos traseiros; 2 (cavalo) garupa

hindrance [ˈhɪndrəns] s. 1 impedimento, obstáculo, dificuldade, estorvo; 2 bloqueio, obstrução

hindsight [ˈhaɪndsaɪt] s. 1 retrospecção; 2 (espingarda) alça ❖ *in* ~ olhando para trás; retrospectivamente

Hindu [ˈhɪnduː] adj.,s. hindu

Hinduism [ˈhɪnduɪzəm] s. RELIGIÃO hinduísmo

Hindustan [ˌhɪnduˈstɑːn] s.top. Hindustão

Hindustani [ˌhɪnduˈstɑːniː] Ⓐ adj. hindustânico Ⓑ s. (língua) hindustani

hinge [hɪndʒ] Ⓐ s. 1 dobradiça, gonzo; charneira; bisagra; macha-fêmea; 2 articulação; 3 (construção) leme; 4 ponto principal, questão fundamental; 5 ficha Ⓑ v.tr.,intr. 1 pôr gonzos em, engonçar; colocar dobradiças em; 2 articular; 3 engrenar, fazer girar sobre gonzos; 4 girar sobre gonzos ❖ ~ *joint* (corpo) diartrose; junta de gonzo; articulação de charneira; *off the hinges* fora dos eixos; fora dos gonzos; em desordem; em confusão

◆ **hinge on** v.tr. 1 depender de; *everything hinges on the letter he is going to write* tudo depende da carta que ele vai escrever; 2 assentar em

hinged [hɪndʒd] adj. 1 com charneiras, com dobradiças; ~ *bolt* cavilha com charneira; ~ *cover* tampa com dobradiças; 2 articulado; ~ *door* porta articulada; ~ *girder* viga articulada

hingeless [ˈhɪndʒləs] adj. sem gonzos

hinny [ˈhɪnɪ] Ⓐ s. (pl. **-ies**) 1 macho, mu, muar (híbrido de burro e égua, ou de cavalo e burra); 2 [Esc.] querido, amor Ⓑ v.intr. rinchar, relinchar

hint [hɪnt] Ⓐ s. 1 (sugestão) dica; palpite; *hints for teachers* dicas para professores; 2 pista; 3 alusão; *a broad* ~ uma alusão clara; 4 (insinuação) indirecta; *to drop a* ~ mandar uma indirecta; 5 aviso; conselho; 6 (vestígio) toque; ponta; *with no* ~ *of irony* sem ponta de ironia Ⓑ v.tr.,intr. sugerir; insinuar; aludir veladamente a; dar a entender; deixar entrever ❖ *at the first* ~ *of trouble* ao primeiro sinal de problemas; *not a* ~ *of* nem sombra de; *to drop a* ~ *that* dar a entender que; *to give a* ~ dar a entender; *to give no* ~ *of* não deixar transparecer; *to take a* ~ perceber uma indirecta; aceitar uma sugestão

hinterland [ˈhɪntəlænd] s. 1 GEOGRAFIA interior dum país; 2 região para além da linha da costa e das margens dos rios

hip [hɪp] Ⓐ s. 1 ANATOMIA anca, quadril; 2 BOTÂNICA baga de roseira brava; 3 ARQUITECTURA rincão, parte cavada nos ornatos de cantaria, viga em esquadria na aresta do telhado; 4 [arc.] neurastenia, hipocondria Ⓑ adj. 1 [coloq.] em cima do acontecimento, na moda, a par, actual; 2 até aos quadris Ⓒ v.tr. (particípios: **-pp-**) [arc.] provocar neurastenia em; deprimir ❖ (bolsa à cintura) ~ *bag* banana; ~ *flask* cantil (para bebidas alcoólicas); ANATOMIA ~ *joint* articulação da anca; (calças) ~ *pocket* bolso de trás; ~ *tile* telha de cobrir; *hip, hip, hooray!* hip, hip, hurra!; *they are joined at the* ~ eles são inseparáveis; *to have sb on the* ~ dominar alguém; levar a melhor sobre alguém; *to smite* ~ *and thigh* desancar sem dó nem piedade

hipbath [ˈhɪpbɑːθ] s. banho de assento

hipbone [ˈhɪpbəʊn] s. ANATOMIA osso ilíaco

hip-disease [ˈhɪpdɪziːz] s. MEDICINA coxalgia

hipe [haɪp] Ⓐ s. golpe que prende a perna do adversário (em luta livre) Ⓑ v.tr. dominar (adversário) aplicando a prisão de perna
hip-hop ['hɪphɒp] adj.,s. MÚSICA hip-hop
hip-huggers ['hɪpˌhʌgəz] s.pl. [EUA] VESTUÁRIO calças de cinta descida
Hipparchus [hɪ'pɑːkəs] s.antr. Hiparco
hipped [hɪpt] adj. 1 com ancas, de ancas; *broad-hipped* de ancas largas; 2 [cal.] interessadíssimo [**on**, em]; 3 (telhado) de quatro águas; 4 [arc.] deprimido ❖ ~ *roof* telhado de quatro águas; ~ *side* tacaniça; lanço do telhado que resguarda a empena
hippety-hop [ˌhɪpətɪ'hɒp] adv. aos pulinhos, aos saltinhos
Hippias ['hɪpɪæs] s.antr. Hípias
hippic ['hɪpɪk] adj. hípico
hippie ['hɪpɪ] adj.,s. hippie
hippo ['hɪpəʊ] s. [coloq.] hipopótamo
hipboscid [ˌhɪpə'bɒsɪd] s. ZOOLOGIA hipoboscídeo
hippocampi [ˌhɪpə'kæmpaɪ] s. {pl. de **hippocampus**}
hippocampus [ˌhɪpə'kæmpəs] s. 1 hipocampo; 2 cavalo-marinho
hippocras ['hɪpəkræs] s. hipocraz, vinho com mel, canela, açúcar e amêndoa
Hippocrates [hɪ'pɒkrətiːz] s.antr. Hipócrates
Hippocratic [ˌhɪpəʊ'krætɪk] adj. hipocrático ❖ ~ *oath* juramento de Hipócrates
Hippocrene ['hɪpəʊkriːn] s.antr. Hipocrene
Hippodamia [ˌhɪpəʊdə'maɪə] s.antr. Hipodâmia
hippodrome ['hɪpədrəʊm] s. HISTÓRIA (Grécia e Roma antigas) hipódromo
hippogryph ['hɪpəgrɪf] s. MITOLOGIA hipogrifo, animal fabuloso metade grifo e metade cavalo
hippology [hɪ'pɒlədʒɪ] s. hipologia
Hippolytus [hɪ'pɒlɪtəs] s.antr. Hipólito
hippophagy [hɪ'pɒfədʒɪ] s. hipofagia
hippopotamus [ˌhɪpə'pɒtəməs] s. ⟨pl. **-es** ou **-mi**⟩ ZOOLOGIA hipopótamo
hippy ['hɪpɪ] Ⓐ adj. ⟨comp. **-ier**, superl. **-iest**⟩ que tem ancas largas, largo de ancas Ⓑ s. ⇒ **hippie**
hip-shooting ['hɪpˌʃuːtɪŋ] Ⓐ s. [cal.] precipitação, pressa Ⓑ adj. [cal.] precipitado, apressado
hipster ['hɪpstə] s. 1 [GB] VESTUÁRIO cinta descida; 2 [ant.] termo designativo de determinadas pessoas com certas semelhanças com os *beatniks* e igualmente integradas na *Beat Generation*; ~ *slang* calão próprio dos *hipsters* ❖ ~ *skirt* saia de cinta descida; *hipsters* calças de cinta descida
hirable ['haɪərəbəl] adj. 1 que se pode alugar; 2 que se pode contratar
hircine ['hɜːsaɪn] adj. hircino
hire ['haɪə] Ⓐ v.tr. 1 contratar, tomar ao seu serviço; 2 assalariar; 3 alugar, tomar de aluguer; *to ~ a bicycle by the hour* alugar uma bicicleta à hora Ⓑ s. 1 soldada, salário; 2 aluguer ❖ ~ *purchase* compra a crédito; pagamento a prestações; *for ~* para alugar; *taxi for ~* táxi livre; *to let on ~* alugar; *to take on ~* tomar de aluguer
◆ **hire out** v.tr. 1 alugar, dar de aluguer; 2 (pessoas) contratar
hireable ['haɪərəbəl] adj. 1 que se pode alugar; 2 que se pode contratar
hired ['haɪəd] adj. 1 alugado; 2 contratado ❖ ~ *gun* assassino contratado; ~ *troops* tropas mercenárias
hireling ['haɪəlɪŋ] s. [depr.] mercenário, pessoa que presta serviços apenas por dinheiro
hirer ['haɪərə] s. dono, pessoa que aluga, pessoa que dá de aluguer
hiring ['haɪərɪŋ] s. 1 contrato, ajuste, assalariamento; 2 aluguer
hirsel ['hɜːsəl] s. [Esc.] pasto, pastagem
hirsute ['hɜːsjuːt] adj. 1 hirsuto, com pêlos compridos e duros; 2 cabeludo; 3 áspero; 4 grosseiro
hirsuteness ['hɜːsjutnɪs] s. 1 hirsutez; 2 cerdosidade
hirudiniculture [hɪˌruːdaɪnɪ'kʌltʃə] s. hirudinicultura
hirudinidae [hɪru'daɪnɪdiː] s.pl. 1 hirudíneas; 2 sanguessugas

hirundinidae [hɪrʌn'daɪnɪdiː] s.pl. andorinhas
his [hɪz] adj.poss.,pron.poss. seu, sua, seus, suas (dele); ~ *book* o livro dele; ~ *sisters* as irmãs dele; *a friend of ~* um amigo dele; *the book is not mine, it's ~* o livro não é meu, é dele
Hispania [hɪ'spæniə] s.top. Hispânia
Hispanic [hɪ'spænɪk] adj.,s. hispânico
Hispanicism [hɪ'spænɪsɪzəm] s. hispanismo
Hispano-American [hɪˌspænəʊə'merɪkən] adj.,s. hispano-americano
hispid ['hɪspɪd] adj. 1 híspido; 2 coberto de pêlos ásperos e afastados
hiss [hɪs] Ⓐ s. ⟨pl. **-es**⟩ 1 sibilo, sibilação; 2 som sibilante; 3 silvo; 4 assobio das serpentes Ⓑ v.tr.,intr. 1 sibilar; 2 silvar; 3 produzir um som sibilante; 4 assobiar; 5 pronunciar com voz sibilante; 6 TEATRO mostrar desagrado assobiando; assobiar (um actor, uma peça); *to ~ a play* assobiar uma peça ❖ *to ~ sb down* impedir, com assobios, que alguém continue a falar
hissing ['hɪsɪŋ] Ⓐ adj. sibilante Ⓑ s. sibilo, sibilação
hist [hɪst] interj. caluda!, silêncio!, olhe cá!
histamine ['hɪstəmiːn] s. FISIOLOGIA histamina
histaminic [ˌhɪstə'mɪnɪk] adj. FISIOLOGIA, MEDICINA histamínico
hister ['hɪstə] s. ZOOLOGIA escaravelho
histogenesis [ˌhɪstə'dʒenəsɪs] s. histogénese
histogenetic [ˌhɪstədʒɪ'netɪk] adj. histogéneo
histogeny [hɪ'stɒdʒənɪ] s. histogenia, histogénese
histogram ['hɪstəgræm] s. (gráfico) histograma
histological [ˌhɪstə'lɒdʒɪkl] adj. histológico
histologist [hɪ'stɒlədʒɪst] s. histologista
histology [hɪ'stɒlədʒɪ] s. histologia
historian [hɪ'stɔːrɪən] s. historiador, investigador da história
historiated [hɪ'stɔːrɪeɪtɪd] adj. (livro, mapa, etc.) ornamentado com figuras de homens e animais
historic [hɪ'stɒrɪk] adj. histórico ❖ LINGUÍSTICA ~ *infinitive* infinitivo histórico; infinitivo de narração; LINGUÍSTICA ~ *present* presente histórico
historical [hɪ'stɒrɪkl] adj. histórico; que diz respeito à História ❖ ~ *account* relato histórico; ~ *criticism* crítica histórica; ~ *linguistics* linguística diacrónica; LITERATURA ~ *novel* romance histórico; *in ~ sequence* por ordem cronológica
historically [hɪ'stɒrɪklɪ] adv. historicamente
historicity [ˌhɪstə'rɪsɪtɪ] s. 1 historicidade; 2 autenticidade histórica
historicize [hɪs'tɒrɪsaɪz] v.tr. historiar, narrar
historicocritical [hɪsˌtɒrɪkəʊ'krɪtɪkəl] adj. histórico-crítico
historico-literary [hɪsˌtɒrɪkəʊ'lɪtərərɪ] adj. histórico-literário
historico-philosophic [hɪsˌtɒrɪkəʊfɪlə'sɒfɪk] adj. histórico-filosófico
historiographer [hɪˌstɒrɪ'ɒgrəfə] s. historiógrafo
historiographic [hɪˌstɔːrɪə'græfɪk] adj. historiográfico
historiographical [hɪˌstɔːrɪə'græfɪkl] adj. historiográfico
historiography [hɪˌstɒrɪ'ɒgrəfɪ] s. historiografia
history ['hɪstərɪ] s. ⟨pl. **-ies**⟩ 1 História; 2 historial; 3 MEDICINA antecedentes, historial; 4 (vida) passado [**of**, de]; [ant., depr.] *a woman with a ~* uma mulher com um passado ❖ MILITAR, NÁUTICA ~ *sheet* ficha; *natural ~* história natural; ~ *repeats itself* a história repete-se; *and the rest is ~* e o resto é história; *that's (ancient/past) ~* isso já passou à história; isso já faz parte do passado; *to change the course of ~* alterar o rumo da história; *to go down in ~ as* entrar para a história como; ser relembrado como; *to make ~* entrar para a história; [coloq.] *you're history!* já foste!; estás acabado!
histotomy [hɪ'stɒtəmɪ] s. MEDICINA histotomia
histrion ['hɪstrɪən] s. 1 histrião; 2 comediante
histrionic [ˌhɪstrɪ'ɒnɪk] adj. 1 TEATRO histriónico; 2 [depr.] teatral
histrionical [ˌhɪstrɪ'ɒnɪkl] adj. ⇒ **histrionic**
histrionically [ˌhɪstrɪ'ɒnɪklɪ] adv. 1 histrionicamente; 2 teatralmente
histrionicism [ˌhɪstrɪ'ɒnɪsɪzəm] s. 1 histrionia, histrionismo; 2 arte dramática
histrionics [ˌhɪstrɪ'ɒnɪks] s. 1 arte dramática; 2 histrionia
histrionism [ˌhɪstrɪ'ɒnɪzəm] s. 1 histrionia, histrionismo; 2 arte dramática

hit [hɪt] Ⓐ *s.* **1** pancada, golpe; **2** batida; **3** êxito, sucesso; *the play was a ~* a peça foi um êxito; **4** sorte; **5** boca, piada; *that was a ~ at him* isso foi uma piadinha dirigida a ele; **6** acerto; impacto no alvo; **7** INFORMÁTICA (página de Internet) acesso, visita; **8** [EUA] [cal.] assassinato Ⓑ *adj.* de sucesso Ⓒ *v.tr.,intr.* (*prt. e part. pass.* **hit**) **1** bater em; dar uma pancada em; **2** chocar com; **3** atingir, afectar, ferir, magoar; *she was hard ~ by her father's death* ela ficou muito chocada com a morte do pai; **4** descobrir por acaso ❖ *lucky ~* boa ideia; frase feliz; bom lance de jogo; *~ hard!/~ out!* força!, dá-lhe com força!; *to ~ a man when he's down* bater num homem caído; *to ~ home* bater/tocar no ponto vulnerável; ser verdadeiramente compreendido; *to ~ it* acertar na resposta; *to ~ one's head against a wall* bater com a cabeça na parede; *to ~ the bottle* começar a beber; [coloq.] *to ~ the ceiling* ir aos arames; irritar-se muito; [coloq.] *to ~ the hay* ir para a cama; *to ~ the high spots* atingir um alto grau de qualidade; entregar-se à dissipação; *to ~ the mark* acertar no alvo; *to ~ the opponent below the belt* atacar alguém deslealmente; atingir alguém com um golpe baixo; *to ~ the (right) nail on the head* adivinhar; acertar em cheio; proceder certo; dizer exactamente o que se deve dizer; *to ~ the road* fazer-se à estrada; ir embora; *to ~ the spot* vir mesmo a propósito; [coloq.] *to make a ~ with sb* dar-se bem com alguém desde o primeiro momento; cair no goto de alguém
◆ **hit back** *v.intr.* contra-atacar; retaliar; ripostar; defender-se; *he ~ at the accusations* respondeu às acusações ❖ *to ~ at sb* vingar-se de alguém
◆ **hit off** Ⓐ *v.tr.* imitar; ridicularizar Ⓑ *v.intr.* concordar ❖ *to hit it off with…* dar-se bem com…; concordar com…
◆ **hit on/upon** *v.tr.* **1** descobrir por acaso; achar; encontrar; *he hit on the solution for the problem* descobriu a solução do problema; **2** encontrar na memória, lembrar-se; *I can't hit on that* não consigo lembrar-me disso
◆ **hit out** *v.intr.* **1** atacar; agredir; *he ~ at the burglar* ele atacou o ladrão; **2** contra-atacar; ripostar; reagir [at, a]; defender-se [at, de] ❖ *hit out!* força!, dá-lhe com força!
hit-and-run [ˌhɪtənˈrʌn] Ⓐ *adj.* **1** (acidente) de atropelamento e fuga; *a ~ affair* um caso de atropelamento e fuga; *a ~ driver* um condutor que foge sem prestar assistência à pessoa que atropelou; **2** de surpresa; *a ~ attack* um ataque surpresa Ⓑ *s.* atropelamento e fuga
hitch [hɪtʃ] Ⓐ *s.* (*pl.* **-es**) **1** dificuldade; impedimento; empecilho; obstáculo; *without a ~* sem problemas, facilmente; **2** (caravana) engate; **3** NÁUTICA nó, volta de cabo; (nó) *half ~* meia volta; **4** sacão, sacudidela; puxão forte e súbito; *to give a ~* dar um sacão, dar um puxão para cima Ⓑ *v.tr.,intr.* **1** [coloq.] pedir boleia; andar à boleia; *to ~ a ride/lift with sb* arranjar boleia (de alguém); **2** puxar subitamente; dar um puxão forte; **3** amarrar, prender com um nó; *to ~ a horse to a tree* amarrar um cavalo a uma árvore; **4** atrelar; **5** ficar preso; **6** coxear ❖ *~ pin* cavilha; [coloq.] *to get hitched* dar o nó; *to have a ~ in one's gait* coxear
◆ **hitch up** *v.tr.* **1** VESTUÁRIO puxar para cima; arregaçar; *to ~ one's trousers* puxar as calças para cima; **2** atrelar; amarrar ❖ [coloq.] *to be hitched up* casar-se; enforcar-se*fig.*
hitched [hɪtʃd] *adj.* [coloq.] (casamento) caçado*fig*, enforcado*fig* ❖ [coloq.] *to get ~* dar o nó; casar-se; enforcar-se
hitchhike [ˈhɪtʃhaɪk] *v.intr.* andar à boleia
hitchhiker [ˈhɪtʃhaɪkə] *s.* pessoa que pede boleia
hitching [ˈhɪtʃɪŋ] *s.* acto de prender, de amarrar, de puxar ❖ *~ up* acto de atrelar cavalos
hi-tech [ˌhaɪˈtek] *adj.* **1** de alta tecnologia, tecnologicamente avançado; **2** (design) avançado, futurista*fig.*
hither [ˈhɪðə] Ⓐ *adj.* **1** daqui, de cá; **2** deste lado; **3** mais próximo de nós Ⓑ *adv.* aqui, para aqui ❖ *~ and thither* de cá para lá
hitherto [ˌhɪðəˈtuː] *adv.* até agora
hitherward [ˈhɪðəwɔːd] *adv.* **1** [arc.] nesta direcção; **2** para cá
hitlerian [hɪtˈlɪərɪən, hɪtˈlɪrɪən] *adj.* hitleriano
hitman [ˈhɪtmæn] *s.* (*pl.* **-men**) [cal.] assassino contratado
hitter [ˈhɪtə] *s.* aquele que bate, que dá pancadas
Hittite [ˈhɪtaɪt] *adj.,s.* **1** hitita; **2** relativo aos Hititas

HIV [*abrev. de* human immunodeficiency virus] HIV ❖ *~ carrier* portador do vírus da SIDA; *~ negative* seronegativo; *~ positive* seropositivo
hive [haɪv] Ⓐ *s.* **1** colmeia, cortiço; **2** enxame; **3** colmeal; **4** [fig.] local onde trabalha muita gente junta; colmeia, multidão; *the factory was a ~ of activity* havia um fervilhar de actividade na fábrica; **5** *pl.* urticária Ⓑ *v.tr.,intr.* **1** meter (abelhas) na colmeia; **2** armazenar (mel) na colmeia; **3** viver em colmeia; entrar numa colmeia; **4** [fig.] armazenar ❖ *~ dross* cera bruta; cera virgem; *frame ~* colmeia desmontável
◆ **hive off** Ⓐ *v.tr.* **1** separar [from, de]; **2** (empresa) privatizar Ⓑ *v.intr.* **1** separar-se; **2** [coloq.] pirar-se; pôr-se a andar
hiveful [ˈhaɪvful] *s.* conteúdo de colmeia
hives [ˈhaɪvz] *s.pl.* **1** urticária, erupção da pele; **2** garrotilho, difteria; **3** inflamação da laringe, intestinos, etc.
HJS [*abrev. de* Hic Jacet Sepultus (Here lies buried)]
hl [*abrev. de* hectolitre]
HL POLÍTICA [*abrev. de* House of Lords]
HLI [*abrev. de* Highland Light Infantry]
hm [*abrev. de* hectometre]
h'm [hm] *interj.* hum!
HM Ⓐ [*abrev. de* headmaster] Ⓑ [*abrev. de* headmistress] Ⓒ MÚSICA [*abrev. de* heavy metal] Ⓓ [*abrev. de* His (or Her) Majesty]
HMA INFORMÁTICA [*abrev. de* High Memory Area]
HMAS [*abrev. de* His (ou Her) Majesty's Australian Ship]
HMP [*abrev. de* Hoc Monumentum Posuit (Erected this monument)]
hmph [mh] *interj.* exprime indiferença
HMS Ⓐ [*abrev. de* His (ou Her) Majesty's Service] Ⓑ [*abrev. de* His (ou Her) Majesty's Ship]
HMSO [*abrev. de* His (ou Her) Majesty's Stationery Office]
ho [həʊ] Ⓐ *interj.* **1** oh!; **2** (para cavalos) olá, atenção!, alto! Ⓑ *s.* **1** [arc.] ponderação, moderação; **2** limites ❖ (resignação, aborrecimento) *ho hum* pois é! é a vida!; *out of all ho* sem qualquer moderação; descontroladamente; *sail ho!* navio à vista; *Westward ho!* para oeste!
Ho QUÍMICA [*abrev. de* holmium]
HO Ⓐ [*abrev. de* Home Office] Ⓑ [*abrev. de* head office]
hoar [hɔː] Ⓐ *adj.* [poét.] encanecido, branco; de cabelos brancos Ⓑ *s.* geada
hoard [hɔːd] Ⓐ *s.* **1** tesouro escondido; **2** depósito secreto; provisões ocultas Ⓑ *v.tr.,intr.* **1** guardar, armazenar; **2** amontoar, acumular; **3** amealhar, entesourar ❖ *a ~ of* um fornecimento de
hoarder [ˈhɔːdə] *s.* **1** aquele que amealha, que junta dinheiro; **2** acumulador; **3** açambarcador
hoarding [ˈhɔːdɪŋ] *s.* **1** acumulação, armazenamento; **2** entesouramento; **3** vedação de tábuas; **4** cartaz publicitário, painel publicitário; *electronic advertising ~* painel publicitário rotativo
hoarfrost [ˈhɔːfrɒst] *s.* geada
hoarhound [ˈhɔːhaʊnd] *s.* ⇒ **horehound**
hoariness [ˈhɔːrɪnɪs] *s.* **1** aspecto encanecido, brancura (do cabelo); **2** velhice
hoarse [hɔːs] *adj.* enrouquecido, rouco
hoarsely [ˈhɔːslɪ] *adv.* roucamente, com uma voz rouca
hoarsen [ˈhɔːsn] *v.tr.,intr.* enrouquecer, ficar rouco
hoarseness [ˈhɔːsnɪs] *s.* rouquidão
hoarstone [ˈhɔːstəʊn] *s.* [arc.] marco de fronteira
hoary [ˈhɔːrɪ] *adj.* (*comp.* **-ier**, *superl.* **-iest**) **1** encanecido, branco, embranquecido; **2** muito antigo ❖ *of ~ antiquity* da mais remota antiguidade
hoax [həʊks] Ⓐ *s.* (*pl.* **-es**) **1** mistificação; **2** embuste, intrujice, peta; **3** brincadeira de mau gosto Ⓑ *v.tr.* **1** intrujar, mistificar; **2** pregar uma peta a ❖ *to play a ~ on* pregar uma peta a; enganar
hoaxer [ˈhəʊksə] *s.* mistificador, trapaceiro
hoaxing [ˈhəʊksɪŋ] *s.* mistificação, trapaçaria
hob [hɒb] Ⓐ *s.* **1** (fogão) chapa de aquecimento, placa; **2** [arc.] duende, trasgo, elfo, fantasma, espírito; **3** travessura, partida; prejuízo; **4** [arc.] rústico, aldeão; **5** MECÂNICA fresa, tarraxa, engrenagens Ⓑ *v.tr.* (*particípios:* **-bb-**) fresar ❖ *to play ~ with* rir-se de; fazer travessuras com
hobber [ˈhɒbə] *s.* máquina de fresar
hobbing [ˈhɒbɪŋ] *s.* fresamento ❖ *~ machine* fresadora de engrenagens

hobble ['hɒbəl] Ⓐ v.tr.,intr. **1** mancar, coxear; **2** prender (animal) com peia, pear; prender com maniota; **3** atrapalhar, embaraçar, entravar Ⓑ s. **1** manqueira; acto de mancar, de manquejar; **2** trava, peia, maniota; **3** dificuldade, embaraço; *to get into a ~* meter-se em dificuldades, meter-se em apuros ❖ VESTUÁRIO *~ skirt* saia travada

hobbledehoy ['hɒbldɪ'hɔɪ] s. **1** adolescente acanhado, desajeitado; **2** [coloq.] trangalhadanças

hobbledehoydom [,hɒbldɪ'hɔɪdəm] s. acanhamento de adolescente, falta de jeito de adolescente

hobbledehoyism [,hɒbldɪ'hɔɪɪzəm] s. acanhamento de adolescente, falta de jeito de adolescente

hobbledohoyhood [,hɒbldɪ'hɔɪhʊd] s. acanhamento de adolescente, falta de jeito de adolescente

hobbling ['hɒblɪŋ] adj. **1** manquejante; **2** que coxeia

hobby ['hɒbɪ] s. (pl. **-ies**) **1** hobby, passatempo favorito; *she makes a ~ of...* o hobby dela é...; **2** ZOOLOGIA esmerilhão; **3** [fig.] cisma, ideia fixa; **4** (brinquedo) cavalo de pau; **5** [arc.] cavalo pequeno ❖ [GB] [joc.] *~ bobby* polícia a tempo parcial

hobbyhorse ['hɒbɪhɔːs] s. **1** (brinquedo) cavalinho de pau; **2** cavalinho de baloiço; **3** [fig.] tema preferido

hobgoblin [hɒb'gɒblɪn] s. **1** trasgo, duende; **2** [fig.] (coisa assustadora) pesadelo*fig*, papão*fig*.

hobnail ['hɒbneɪl] Ⓐ s. **1** labrego, campónio; **2** tacha, carda grossa (para ferrar calçado) Ⓑ v.tr. ferrar (calçado)

hobnailed ['hɒbneɪld] adj. cardado ❖ *~ boots* botas ferradas; *~ liver* fígado atacado pela cirrose

hobnob ['hɒbnɒb] Ⓐ v.intr. (pret. e p. p. **-bb-**) [coloq.] confraternizar [**with**, com]; conviver [**with**, com]; cultivar boas relações [**with**, com]; *to ~ with friends* conviver com amigos Ⓑ adv. à sorte

hobo ['həʊbəʊ] Ⓐ s. (pl. **-es**) **1** [EUA] vagabundo; **2** trabalhador ambulante Ⓑ v.tr. **1** vagabundear; **2** vaguear (à procura de trabalho)

hoboism ['həʊbəʊɪzəm] s. vagabundagem

Hobson ['hɒbsən] s.antr. ❖ *it's Hobson's choice* é pegar ou largar

hock [hɒk, hɔk] Ⓐ s. **1** (animal) jarrete; **2** vinho branco do Reno (de Hochheim) Ⓑ v.tr. **1** cortar o jarrete; **2** [EUA] empenhar, pôr no prego ❖ *a ~ of bacon* um presunto pequeno; [EUA] *in ~* na cadeia; no prego; empenhado

hockey ['hɒkɪ] s. DESPORTO hóquei ❖ *~ stick* aléu, taco de hóquei; *field ~* hóquei em campo; *ice ~* hóquei no gelo; *rink ~* hóquei em patins; *roller-skate/roller-skating ~* hóquei em patins

hocus ['həʊkəs] Ⓐ s. bebida narcotizada Ⓑ v.tr. (particípios: **-ss-**) **1** enganar, mistificar; **2** dar um narcótico, misturar narcótico em bebida

hocus-pocus [,həʊkəs'pəʊkəs] Ⓐ s. **1** habilidade de prestidigitador, truques, prestidigitação; **2** embuste, trapaça, mistificação Ⓑ v.tr.,intr. (particípios: **-ss-**) **1** fazer prestidigitação; **2** enganar, mistificar, escamotear

hod [hɒd] s. **1** cocho de pedreiro, constituído por um receptáculo em V, com um cabo comprido, para transportar tijolos, pedras, etc.; **2** caixa, balde de carvão

hodden ['hɒdn] s. [Esc.] tecido grosseiro de lã

Hodge [hɒdʒ] s. Zé-Pacóvio, figura típica do trabalhador rural inglês

hodge-podge ['hɒdʒpɒdʒ] s. ⇒ **hotch-pot**

hodiernal [,həʊdɪ'ɜːnəl] adj. hodierno

hodman ['hɒdmən] s. (pl. **-men**) **1** servente de pedreiro; **2** rapaz da cal, rapaz do barro

hodograph ['hɒdəgrɑːf] s. hodógrafo

hodometer [hɒ'dɒmɪtə] s. hodómetro

hodometric [,hɒdə'metrɪk] adj. hodométrico

hodometrical [,hɒdə'metrɪkl] adj. hodométrico

hodometry [hɒ'dɒmətrɪ] s. hodometria

hoe [həʊ] Ⓐ s. **1** sacho; sachola; enxada; **2** [rar.] promontório Ⓑ v.tr.,intr. **1** sachar, trabalhar com sacho; **2** mondar; **3** limpar com o sacho ❖ *~ rake* gadanho, ancinho-sacho; *double-headed ~* enxadão; *miner's ~* sapa (de mineiro); *to have a hard row to ~* ter uma tarefa dura a cumprir

hoedown ['həʊdaʊn] s. **1** [EUA, Can.] dança americana; **2** [cal.] briga; quebra-pau

hoeing ['həʊɪŋ] s. mondagem (com o sacho), cava, sacha

hoer ['həʊə] s. sachador, cavador, pessoa que trabalha com sacho ou enxada

hog [hɒg] Ⓐ s. **1** ZOOLOGIA porco; suíno; cerdo; **2** porco capado destinado à matança; **3** [fig., coloq.] (pessoa) comilão, glutão; **4** [fig., coloq.] (pessoa) porcalhão; **5** [Austr.] [dial.] carneiro muito novo antes da primeira tosquia; **6** NÁUTICA escova dura (para limpar o costado do navio imerso na água) Ⓑ v.tr.,intr. (particípios: **-gg-**) **1** [coloq.] açambarcar, monopolizar, ocupar; **2** devorar vorazmente, empanturrar-se de; **3** [coloq.] comportar-se como um porco; **4** arquear(-se); **5** NÁUTICA limpar (o costado do navio imerso na água); **6** (cavalo) cortar (a crina) quase rente; **7** RÁDIO perturbar as emissões radiofónicas por meio dum posto mais potente ❖ [EUA] VETERINÁRIA *~ cholera* peste porcina; peste suína; (cavalo) *~ mane* crina cortada quase rente; ZOOLOGIA *Mexican ~* pecari; *~ in armour* pessoa desajeitada, de movimentos rígidos; BOTÂNICA *hog's bean* meimendro; BOTÂNICA *hog's bread* ciclame; *hog's bristle* cerda; *hog's lard* banha de porco; [EUA] [cal.] *to be in ~ heaven* estar no paraíso; estar todo contente; [coloq.] *to go the whole ~* ir até ao fim; ir até ao último extremo; arriscar tudo; [EUA] [coloq.] *to live high on/off the ~* viver à grande e à francesa

hogan ['həʊgən] s. cabana de pele-vermelha

hogback ['hɒgbæk] s. GEOGRAFIA (montanhas) abaulamento, ondulação da linha de cume

hogbacked ['hɒgbækt] adj. abaulado

hogfish ['hɒgfɪʃ] s. ZOOLOGIA bodião-de-pluma

hogged ['hɒgd] adj. **1** arqueado; **2** abaulado; **3** (crina de cavalo) em forma de escova

hogget ['hɒgɪt] s. carneiro dum ano

hoggin ['hɒgɪn] s. cascalho passado pelo crivo

hogging ['hɒgɪŋ] s. **1** arqueado da quilha; **2** limpeza da parte do costado imersa na água; **3** corte curto da crina de cavalo

hoggish ['hɒgɪʃ] adj. **1** porcino, próprio de porco; **2** [fig.] glutão; **3** [fig.] grosseiro, porco

hoggishness ['hɒgɪʃnɪs] s. **1** grosseria, glutonaria; **2** modos de pessoa grosseira ou porca

hogling ['hɒglɪŋ] s. leitão

hogmanay ['hɒgmənɛɪ] s. **1** [Esc.] o último dia do ano; **2** presente de doces ou bolos que as crianças pedem naquele dia

hogpen ['hɒgpen] s. pocilga, aido de porcos

hogringer ['hɒgrɪŋə] s. pessoa que põe arganéis no focinho dos porcos

hogshead ['hɒgzhed] s. **1** barril, casco, pipa grande, tonel; **2** medida de líquidos equivalente a 52,5 galões imperiais

hogwash ['hɒgwɒʃ] s. **1** (porcos) lavagem; **2** [coloq.] treta; asneiras; disparates; *that sounds like ~ to me* isso parece-me tudo uma treta

hogweed ['hɒgwiːd] s. BOTÂNICA sempre-noiva, erva-da-muda; **2** serralha, leituraga; **3** tussilagem, unha-de-cavalo

ho-hum ['həʊhʌm] Ⓐ adj. **1** [coloq.] maçador; banal; monótono; desinteressante; **2** [coloq.] desmotivado; indiferente Ⓑ interj. (aborrecimento) e pronto!; o costume!

hoick [hɔɪk] Ⓐ v.tr.,intr. **1** arrancar; puxar repentinamente; **2** levantar abruptamente; subir abruptamente; **3** obrigar avião a subir de repente, forçar avião a uma subida abrupta Ⓑ s. pancada seca, sacão Ⓒ interj. (para incitar cães) boca! ❖ *to ~ out of bed* tirar alguém da cama

hoicks [hɔɪks] interj. (para incitar cães) boca!

hoik [hɔɪk] v.tr.,intr.,s. ⇒ **hoick**

hoi polloi [,hɔɪpə'lɔɪ] s.pl. [depr., joc.] (multidão) ralé, marralha

hoise [hɔɪz] v.tr. (pret. e part. pass. **hoist**) [arc.] ⇒ **hoist**

hoisin ['hɔɪsɪn] adj. CULINÁRIA agridoce; *~ sauce* molho agridoce

hoist [hɔɪst] Ⓐ s. **1** acção de levantar, de erguer, de içar; **2** guincho, molinete, sarilho, guindaste; **3** ascensor, elevador, monta-cargas; **4** elevador de automóveis nas estações de serviço; **5** NÁUTICA relinga, guinda Ⓑ v.tr. **1** içar; *to ~ a sail* içar uma vela; *to ~ the flag* içar a bandeira; **2** guindar; **3** levantar; *to ~ the anchors* levantar as âncoras Ⓒ {part. pass. de **to hoise**} *to be ~ with one's own petard* ser vítima das próprias maquinações ❖ *~ bridge* ponte levadiça; *~ engine* guincho; *~ truck* camião-guindaste; *the fly and ~ of a flag* o comprimento e a largura da bandeira; *to give sb a ~* puxar, empurrar alguém para cima; ajudar alguém a subir; *to ~ a boat out* arriar um barco ao mar; botar a lancha fora; *to ~ in* içar para bordo; *to ~ up* içar; arvorar; guindar; fazer subir

hoisting ['hɔɪstɪŋ] s. **1** levantamento; **2** acção de içar, içamento; **3** guindagem ❖ ~ *arm* mastro de carga; ~ *chain* corrente de grua; ~ *device* guincho; guindaste; ~ *drum* tambor de guincho; ~ *engine* máquina de içar; ~ *gear* aparelho de içar; (minas) ~ *plant* maquinaria de extracção

hoity-toity [,hɔɪtɪ'tɔɪtɪ] Ⓐ *interj.* (surpresa) essa agora! Ⓑ *adj.* **1** pretensioso, petulante, que arma a importante; **2** susceptível; **3** brincalhão Ⓒ *s.* (*pl.* **-ies**) comportamento irreflectido, comportamento estouvado

hokey ['həʊkɪ] *adj.* **1** [EUA] [coloq.] artificial, fingido, forçado; **2** [EUA] [coloq.] piroso, melodramático

hokey-pokey [,həʊkɪ'pəʊkɪ] s. **1** ⇒ **hocus-pocus**; **2** gelado barato de vendedor ambulante

hold [həʊld] Ⓐ *v.tr.,intr.* (*prt. e part. pass.* **held**) **1** segurar; agarrar; prender com a mão; *to ~ fast (to sth)* segurar (algo) com firmeza, agarrar-se (a algo) com firmeza; **2** sustentar, manter, aguentar; *to ~ one's head up* manter a cabeça erguida; **3** abraçar; **4** conter, levar; **5** atrasar; **6** reter; *to ~ one's breath* reter o fôlego, suster a respiração; **7** suspender; parar, fazer parar; *~ everything!* parem tudo!; *there's no holding him* ninguém o pára; ninguém o segura; **8** ter, possuir; dominar; **9** fazer; organizar; realizar; *to ~ a wager* fazer uma aposta; lançar uma aposta; **10** presidir a; **11** considerar, julgar, ter como; **12** (opinião) sustentar; crer; afirmar; *he holds that...* ele afirma que...; **13** (atenção, interesse, etc.) ocupar, prender, captar; *to ~ one's audience* prender a atenção do auditório; **14** (cargo, posição, etc.) exercer, ocupar, deter; *to ~ an office* exercer um cargo; *to ~ the first place* ocupar o primeiro lugar; **15** DIREITO decidir; **16** prosseguir, continuar, persistir, manter-se; *he held on his way* continuou no mesmo caminho; **17** manter-se firme, não ceder; defender, aguentar contra o adversário; **18** valer, ser válido; **19** (telefone) esperar, aguardar, não desligar; *to ~ the line* não desligar; **20** restringir; limitar; **21** MÚSICA prolongar (uma nota); aguentar (uma nota); **22** reservar; *what the future holds* o que o futuro nos reserva; **23** (lugar, mesa, sala, etc.) guardar Ⓑ *s.* **1** acto de segurar, acto de agarrar, acto de prender; *to catch/get/grab/seize/take ~ of* segurar; agarrar; deitar a mão a; *to let go one's ~* soltar o que se tinha agarrado; *to lose ~ of* deixar fugir, largar; **2** apoio, suporte; **3** pega; **4** força, poder; **5** domínio [**on/over**, sobre]; **6** pausa; atraso; **7** cárcere, prisão; **8** [ant.] forte; **9** DESPORTO (luta livre) prisão; **10** NÁUTICA porão; *to stow the ~* dispor a carga no porão; **11** MÚSICA pausa; **12** compreensão, conhecimento; *I wonder whether he has any ~ of the subject* pergunto a mim mesmo se ele percebe alguma coisa do assunto ❖ NÁUTICA *~ ladder* escada do porão; [coloq.] *~ it!* espera!; alto!; [coloq.] *~ your horses!* aguenta os cavalos!; *it can't ~ a candle to...* é muito pior que...; não chega aos calcanhares de...; *no holds barred* nenhum limite; nenhuma restrição; *on ~* à espera; em espera; interrompido; [GB] *to be left holding the baby* aguentar sozinho com as responsabilidades; ficar com a batata quente; [EUA] *to be left holding the bag* aguentar sozinho com as responsabilidades; ficar com a batata quente; *to get ~ of* obter; arranjar; contactar (alguém); encontrar (alguém); *to ~ (oneself) aloof* isolar-se; manter-se à parte; *to ~ dear* amar; gostar de; *to ~ fast (to sth)* manter-se fiel (a algo); *to ~ good* ser verdadeiro; ser válido; valer; bater certo; *to ~ hands* dar as mãos; *to ~ one's ground* manter-se firme; não ceder terreno; *to ~ one's own (against)* manter a sua posição (contra); defender-se (contra); afirmar-se (contra); rivalizar (com); *to ~ one's peace* não falar; calar-se; *to ~ sb at arm's length* não dar confiança a alguém; *to ~ sb hostage/prisoner* manter alguém como refém/prisioneiro; *to ~ sth in place* manter algo no sítio; segurar algo; *to ~ still* ficar quieto; não se mexer; *to ~ the stage* chamar sobre si as atenções gerais; ser o ponto principal de interesse; *to ~ true* ser verdadeiro; ser válido; valer; bater certo; *to ~ watch* estar de guarda; *to ~ water* ser impermeável; não deixar passar água; ser válido; ter validade; NÁUTICA *to keep a good ~ of the land* não perder de vista a terra; *to lose one's ~ on reality* perder a noção da realidade; *to put sth on ~* deixar algo à espera; atrasar algo; deixar algo em suspenso; *to take ~* fazer efeito

◆**hold against** *v.tr.* usar contra ❖ *to hold sth against sb* recriminar alguém por causa de algo

◆**hold back** Ⓐ *v.tr.* **1** conter; controlar; *the police was unable to ~ the crowd* a polícia não foi capaz de controlar a multidão; **2** omitir; esconder; conservar secreto; não divulgar; *he held back important facts* omitiu factos importantes; *to be holding sth back* estar a esconder alguma coisa; **3** suspender; interromper; **4** atrasar; **5** manter afastado Ⓑ *v.intr.* **1** hesitar; **2** conter-se; **3** abster-se [**from**, de] ❖ *to hold sb back from doing sth* impedir alguém de fazer alguma coisa

◆**hold down** *v.tr.* **1** controlar; reprimir; *the rioters were held down* os desordeiros foram controlados; **2** manter; conservar; *he can't ~ a job for more than a month* não consegue manter um emprego por mais de um mês ❖ *to ~ costs* refrear as despesas; [EUA] *hold it down!* pouco barulho!

◆**hold forth** *v.intr.* dissertar [**on/about**, sobre]

◆**hold in** *v.tr.* **1** restringir; **2** refrear; dominar; controlar ❖ *hold your stomach in!* põe a barriga para dentro!; (emoções) *don't hold it in!* não metas tudo para dentro!

◆**hold off** Ⓐ *v.tr.* **1** manter à distância; *the troops held off the enemy* as tropas mantiveram o inimigo à distância; **2** resistir a; *the troops held off the attacks* os soldados resistiram aos ataques; **3** adiar; *she held off the trip* adiou a viagem Ⓑ *v.intr.* (chuva, neve) não cair; *the rain held off during the walk* não choveu durante o passeio

◆**hold on** *v.intr.* **1** agarrar-se [**to**, a]; *~ to the handrail* agarra-te ao corrimão; **2** segurar [**to**, -]; *she held on tightly to her purse* segurou a carteira com firmeza; **3** manter-se fiel [**to**, a]; *he held on to his decision until the end* manteve-se fiel à sua decisão até ao fim; **4** esperar; aguentar; *they held on until the firemen arrived* aguentaram até à chegada dos bombeiros ❖ *hold on!* espera!; espera aí!; espera lá!; alto aí!

◆**hold out** Ⓐ *v.tr.* **1** estender; esticar; *she held out the newspaper to her father* estendeu o jornal ao pai; **2** (esperança) ter, manter, alimentar; *he doesn't ~ much hope of recovery* não tem muitas esperanças de recuperar Ⓑ *v.intr.* **1** lutar [**for**, por]; **2** resistir; aguentar; manter-se firme; *the rebels didn't ~ against the attack* os rebeldes não resistiram ao ataque; **3** durar; *the food will ~ for a week* a comida dura uma semana ❖ *to ~ one's arms out* abrir os braços

◆**hold out on** *v.tr.* esconder informação de; *he was holding out on the police* ele estava a esconder informações da polícia

◆**hold over** *v.tr.* **1** adiar [**until**, para]; *the meeting was held over until the next day* a reunião foi adiada para o dia seguinte; **2** usar contra; ameaçar com

◆**hold to** *v.tr.* **1** manter; cumprir; *she held to her decision* ela manteve a decisão; **2** fazer cumprir; *she held him to his promise* ela obrigou-o a cumprir a promessa

◆**hold together** Ⓐ *v.tr.* **1** segurar; *that nail won't ~ the two pieces of wood* esse prego não vai segurar os dois pedaços de madeira; **2** manter juntos, unidos Ⓑ *v.intr.* **1** manter(-se) juntos, unidos; *they've held together all these years* mantiveram-se juntos estes anos todos; **2** ser coerente

◆**hold up** Ⓐ *v.tr.* **1** levantar; elevar; erguer; *he held his arm up* ergueu o braço; **2** apoiar; sustentar; suportar; *these beams hold the balcony up* estas vigas sustentam a varanda; **3** reter; atrasar; impedir; *I was held up by traffic* fiquei presa no trânsito; *to ~ a train* fazer parar um comboio; **4** (à mão armada) assaltar; *the bank was held up* o banco foi assaltado; **5** expor [**to**, a]; *to ~ to ridicule* expor ao ridículo Ⓑ *v.intr.* aguentar; durar; manter-se ❖ *he will never be able to hold his head up again* ele nunca mais vai conseguir andar de cabeça erguida; *to hold sth/sb up as* usar algo/alguém como exemplo de; apresentar algo/alguém como modelo de

◆**hold with** *v.tr.* [usado na negativa] aprovar; subscrever; concordar com; *I don't ~ his behaviour* não aprovo o comportamento dele

holdall ['həʊldɔːl] s. [GB] saco de viagem

holdback ['həʊldbæk] s. **1** dificuldade; **2** impedimento; **3** obstáculo, estorvo; **4** bloqueio

hold-down ['həʊld,daʊn] s. [EUA] (preços, salários) limitação, restrição

holder ['həʊldə] s. **1** possuidor, detentor; **2** titular; **3** portador [**of**, de]; **4** depositário [**of**, de]; **5** pessoa que segura, pessoa que agarra, pessoa que prende; **6** recipiente; **7** suporte; apoio; **8** fixador; grampo, colchete; **9** (panela, recipiente, etc.) punho, asa ❖ *holders of debt claims* credores; *cigarette ~* boquilha

holdfast ['həʊldfɑːst] *s.* **1** suporte, apoio; **2** gancho, grampo, grampo de carpinteiro; **3** gastalho; **4** escápula; **5** gato de ferro; **6** BOTÂNICA gavinha

holding ['həʊldɪŋ] *s.* **1** terra arrendada; arrendamento; **2** herdade; **3** fixação, acto de segurar, acto de manter firme; **4** colocação de capital; **5** acções ou valores mobiliários; **6** conservação; **7** sessão (de conselho), reunião; **8** MÚSICA prolongamento de nota; **9** poder, domínio, influência ❖ (empresa) *~ company holding*; *~ operation* situação provisória

hold-up ['həʊldʌp] *s.* **1** assalto à mão armada; **2** (trânsito) engarrafamento; **3** paragem, interrupção; **4** atraso

hole [həʊl] Ⓐ *s.* **1** buraco [**in**, em]; **2** furo, cova; cavidade; orifício; fresta, abertura, olhal; **3** (lugar desagradável) buraco; choça; choupana, habitação miserável, tugúrio; **4** toca, covil de animal; **5** lapso, falha, defeito Ⓑ *v.tr.,intr.* **1** esburacar, abrir um buraco em; fazer buracos; **2** meter num buraco; **3** ficar com buracos; **4** (golfe) meter a bola no buraco; *to ~ (out) in one* meter a bola no buraco com uma pancada só ❖ (papelaria) *~ punch(er)* furador; AERONÁUTICA *air ~* poço de ar; ASTRONOMIA *black ~* buraco negro; AERONÁUTICA *~ in the air* poço de ar; *this story's full of holes* é uma história muito mal contada; [coloq.] *to be in a ~* estar em situação difícil; [EUA] [coloq.] *to be in the ~* estar em dívida; *to make a ~ in* abrir um rombo em; [joc.] *to need sth like a ~ in the head* não precisar de alguma coisa para nada; *to pick holes (in)* criticar; censurar; achar mal; pôr defeitos (em); *to put sb in a ~* colocar alguém entre a espada e a parede

◆**hole up** *v.intr.* **1** [coloq.] esconder-se [**in**, em]; refugiar-se [**in**, em]; **2** (isolamento) enfurnar-se *fig.*; **3** (animal) hibernar

hole-and-corner [ˌhəʊlənˈkɔːnə] *adj.* furtivo; clandestino; secreto

hole-in-the-wall [ˌhəʊlɪnðəˈwɔːl] *s.* ⟨*pl.* **holes-in-the-wall**⟩ **1** [coloq.] caixa multibanco; **2** [coloq.] (restaurante) tasquinha; **3** [coloq.] lojeca

holey ['həʊlɪ] *adj.* cheio de buracos

holiday ['hɒlɪdeɪ, 'hɒlɪdɪ] Ⓐ *s.* **1** [GB] férias; *on (one's) ~* em/de férias; *to take a ~* fazer férias, ir de férias; **2** feriado; dia de descanso; **3** dia santo; festa religiosa Ⓑ *v.intr.* [GB] fazer férias [**in/at**, em] ❖ [GB] *~ camp* campo de férias; *~ clothes* roupa de festa; *~ course* curso de férias; *~ ground* estância balnear; *~ flat* apartamento de férias; *~ home* casa de férias; *~ resort* estância turística; [GB] *bank ~* feriado; *national ~* feriado nacional; *public ~* feriado; *summer holidays* férias grandes; férias de Verão; *~ of obligation* dia santo obrigatório

holidaymaker ['hɒlɪdɪˌmeɪkə] *s.* [GB] pessoa que está em férias; excursionista; turista; veraneante

holily ['həʊlɪlɪ] *adv.* santamente

holiness ['həʊlɪnɪs] *s.* santidade

holism ['həʊlɪzəm] *s.* holismo

holistic [həʊˈlɪstɪk] *adj.* holístico

holland ['hɒlənd] *s.* holanda, pano de Holanda

Holland ['hɒlənd] *s.top.* Holanda

Hollander ['hɒləndə] *s.* [ant.] holandês

hollands ['hɒləndz] *s.* genebra holandesa

holler ['hɒlə] Ⓐ *v.tr.,intr.* gritar [**at**, a]; berrar [**at**, a]; *to ~ out* gritar, berrar Ⓑ *s.* grito, berro

hollo ['hɒləʊ] Ⓐ *interj.* olá!, atenção!, olhe cá! Ⓑ *s.* (um) olhe cá, (um) olá Ⓒ *v.tr.,intr.* gritar

holloa ['hɒləʊ] *v.tr.,intr.* gritar aos cães

hollow ['hɒləʊ] Ⓐ *adj.* **1** oco; **2** (fisionomia) cavado, chupado; *~ cheeks* faces cavadas, rosto chupado; **3** (som) surdo, cavernoso; **4** [fig.] oco, irreal, falso, enganador; *~ promises* promessas ocas, promessas vãs; **5** [fig.] insignificante, sem valor; *~ victory* vitória falsa, vitória sem verdadeiro valor; **6** escavado; côncavo; **7** de estômago vazio Ⓑ *adv.* **1** ocamente, surdamente; **2** a oco, a falso Ⓒ *s.* **1** cavidade, concavidade, reentrância; **2** cova, buraco; caverna; **3** [EUA] vale, depressão; *a wooded ~* um pequeno vale arborizado; **4** vazio, vácuo; **5** (sulco) cavado, calha, canelura; **6** (cavidade) bacia Ⓓ *v.tr.* **1** escavar; **2** abrir uma concavidade em; tornar oco; **3** abrir um buraco em, esburacar; **4** [rar.] gritar Ⓔ *v.intr.* **1** tornar-se oco; **2** esvaziar-se ❖ *~ mould* molde oco; *~ space* cavidade; MILITAR *~ square* quadrado de infantaria; *to beat all ~* derrotar completamente; superar completamente; *to feel ~* estar cheio de fome; ter o estômago vazio

◆**hollow out** *v.tr.* escavar; abrir um buraco em; abrir uma concavidade em; tornar oco

hollow-eyed [ˌhɒləʊˈaɪd] *adj.* de olhos fundos, cavados nas órbitas

hollow-hearted [ˌhɒləʊˈhɑːtɪd] *adj.* falso; desleal; pérfido

hollowing ['hɒləʊɪŋ] *s.* **1** acção de tornar oco ou côncavo; abertura de reentrância(s); **2** escavação

hollowly ['hɒləʊlɪ] *adv.* **1** ocamente, surdamente; **2** falsamente

hollowness ['hɒləʊnɪs] *s.* **1** concavidade; **2** reentrância, cavidade; **3** tom cavernoso; **4** falsidade, insinceridade

holluschickie ['hɒləstʃɪkɪ] *s.* foca-macho muito jovem

holly ['hɒlɪ] *s.* ⟨*pl.* **-ies**⟩ azevinho ❖ *~ berry* baga de azevinho

hollyhock ['hɒlɪhɒk] *s.* BOTÂNICA malva-rosa, alteia

holm [həʊm] *s.* **1** pequena ilha, ilhota junto à costa ou no meio de rio; **2** extensão de terra coberta na enchente; **3** BOTÂNICA (árvore) azinheira, carvalho-verde

holmia ['həʊlmɪə] *s.* QUÍMICA óxido de hólmio

holmium ['həʊlmɪəm] *s.* QUÍMICA (elemento químico) hólmio

holoblastic [ˌhɒləʊˈblæstɪk] *adj.* BOTÂNICA holoblástico

holocaust ['hɒləkɔːst] *s.* holocausto

holocephala [ˌhɒləˈsefələ] *s.pl.* ZOOLOGIA holocéfalos

holocephalous [ˌhɒləˈsefələs] *adj.* holocéfalo

holocrine ['hɒləkraɪn] *adj.* holócrino, holocrínico

hologram ['hɒləgræm] *s.* holograma

holograph ['hɒləgrɑːf] Ⓐ *adj.* hológrafo Ⓑ *s.* **1** testamento, documento hológrafo; **2** holografia

holographic [ˌhɒləˈgræfɪk] *adj.* holográfico

holography [hɒˈlɒgrəfɪ] *s.* holografia

holohedral [ˌhɒləʊˈhiːdrəl] *adj.* holoédrico

holohedrism [ˌhɒləʊˈhiːdrɪzəm] *s.* holoedria

holohedron [ˌhɒləʊˈhiːdrən] *s.* holoedro

holometabolous [ˌhɒləʊməˈtæbələs] *adj.* ZOOLOGIA holometabólico

holometer [hɒˈlɒmɪtə] *s.* holómetro

holomorphic [ˌhɒləʊˈmɔːfɪk] *adj.* holomórfico

holophote ['hɒləʊfəʊt] *s.* [rar.] holofote

holophrastic [ˌhɒləʊˈfræstɪk] *adj.* holofrástico

holosymmetry [ˌhɒləʊˈsɪmɪtrɪ] *s.* holoedria

holothuria [ˌhɒləʊˈθjʊərɪə] *s.* ZOOLOGIA holoturídeo

holothurian [ˌhɒləʊˈθjʊərɪən] *s.* ZOOLOGIA holotúria

holothurid [ˌhɒləʊˈθjʊərɪd] *s.* ⇒ **holothuria**

holotype ['hɒləʊtaɪp] *s.* BIOLOGIA holótipo

holp [həʊlp] [arc.] *prt. de* **to help**

holpen ['həʊlpən] [arc.] *part. pass. de* **to help**

hols [hɒlz] *s.pl.* [coloq.] férias

Holsteiner ['hɒlstaɪnə] *adj.,s.* natural, habitante do Holstein

holster ['həʊlstə] *s.* coldre (de pistola)

holt [həʊlt] *s.* **1** [poét.] bosque, colina arborizada; **2** toca de lontra, toca de animal

holus-bolus [ˌhəʊləsˈbəʊləs] *adv.* **1** de repente; **2** num rápido; **3** sem hesitação

holy ['həʊlɪ] Ⓐ *adj.* (*comp.* **-ier**, *superl.* **-iest**) **1** sagrado, santo, consagrado; *~ ground* terra sagrada; **2** piedoso; **3** salutar; *a ~ fear of* um terror salutar de Ⓑ *s.* *the Holy of Holies* o Santo dos Santos ❖ *Holy City* Cidade Santa; *Holy Communion* comunhão sagrada; *Holy Cross Day* dia da exaltação da Santa Cruz; *Holy Family* Sagrada Família; *Holy Ghost/Spirit* Espírito Santo; *~ Joe* pessoa muito piedosa; *~ orders* ordens sacras; *Holy Saturday* Sábado de Aleluia; (surpresa) *~ smoke!* credo!, caramba!; (criança) *~ terror* peste; *Holy Thursday* Quinta-feira da Ascensão (na Igreja Anglicana); Quinta-Feira Santa (na Igreja Católica); *~ war* guerra santa; *~ water* água benta; *Holy Week* Semana Santa; *Holy Writ* Bíblia; *the Holy Father* o Santo Padre; *the Holy Land* a Terra Santa; a Terra da Promissão; *the Holy Office* a Inquisição; o Santo Ofício; *the Holy Trinity* a Santíssima Trindade; *the most Holy* o Santíssimo; *to keep the Sabbath day ~* santificar o domingo

holystone ['həʊlɪstəʊn] Ⓐ s. NÁUTICA pedra arenosa empregada para esfregar o convés dos navios Ⓑ v.tr. NÁUTICA esfregar o convés com pedra de raspar

homage ['hɒmɪdʒ] s. 1 homenagem; preito; 2 obediência; respeito ❖ *in ~ to* em homenagem a; *to do/pay ~ to* prestar homenagem a

homburg ['hɒmbɜːg] s. ⇒ **Homburg hat**

home [həʊm] Ⓐ s. 1 casa, lar; *at ~* em casa; *to be at ~* estar em casa; 2 lar; família; *a broken ~* um lar desfeito; 3 habitação, residência; 4 instituição, lar [for, para]; *~ for the aged* lar de terceira idade; *a ~ for the blind* um lar para os invisuais; 5 terra; país natal, pátria; *at ~* internamente; no próprio país; 6 origem [of, de]; 7 BOTÂNICA, ZOOLOGIA habitat [of, de]; 8 DESPORTO casa; *~ ground* casa, terreno pertencente ao clube; *to play at ~* jogar em casa; 9 (jogos, desportos) meta; baliza; 10 [ant.] céu, vida futura; sepultura Ⓑ adj. 1 doméstico; 2 caseiro; *~ cooking* comida caseira; 3 pátrio, nacional; interno; não estrangeiro; *~ consumption* consumo nacional; *~ market* mercado interno; 4 forte, eficaz, certeiro; evidente, convincente, indiscutível; *~ proof* prova convincente; *~ reason* razão forte, convincente; 5 DESPORTO da casa; *~ team* equipa da casa; 6 principal Ⓒ adv. 1 para casa, em direcção a casa; *to come ~* vir para casa; *to go ~* ir para casa; *on one's way ~* ao ir para casa; *to be/get ~* chegar a casa; 2 em casa; *to stay ~* ficar em casa; 3 à pátria; na pátria; 4 no/para o sítio correcto; no/para o centro Ⓓ v.tr.,intr. 1 regressar a casa, ir para casa; 2 [ant.] viver, residir, habitar; 3 regressar ao país de origem, regressar à terra natal; 4 [ant.] alojar, dar casa a, fornecer casa a ❖ *~ address* endereço (de casa); direcção particular; *~ bird* pessoa caseira; *~ economics* economia doméstica; (águas territoriais britânicas) *Home Fleet* Esquadra Metropolitana; (guerra) *~ front* sector civil; *Home Guard* Guarda Territorial; *~ healthcare/care* apoio domiciliário; *~ help* empregado doméstico; apoio domiciliário; *~ industries* indústrias caseiras; *~ life* vida caseira; vida familiar; *~ loan* crédito à habitação; *~ movie* filme amador; filme caseiro; *Home Office* Ministério da Administração Interna; POLÍTICA *~ rule* autonomia; *Home Secretary* Ministro do Interior; Ministro da Administração Interna; *~ schooling* educação familiar; educação em casa; *~ straight* parte final; *~ town* cidade natal; *~ trade* comércio interno; *~ truth* verdade incómoda; *~ video* vídeo amador; *~ waters* águas territoriais; *~ and dry* que atingiu os objectivos; vitorioso; com sucesso; *~ (phone) number* número do telefone de casa; *home, sweet ~* lar, doce lar; *charity begins at ~* a caridade bem entendida começa por nós mesmos; [GB] *city dogs'/dogs ~* canil municipal; *I'm home!* já cheguei!; [EUA] *it's a ~ away from ~* está-se como em casa; [GB] *it's a ~ from ~* está-se como em casa; *nothing to write ~ about* nada de especial; nada digno de registo; *secretary of State for Home Affairs* Ministro do Interior; Ministro da Administração Interna; *the Home Counties* os condados próximos de Londres (Surrey, Kent, Essex, Middlesex); *there's no place like ~* lar, doce lar; não há nada como a nossa casa; *to be at ~ (in/with)* sentir-se à vontade (em/com); conhecer bem; *to be at ~ on* conhecer bem (um assunto); sentir-se perfeitamente à vontade (num assunto); [EUA] *to be ~ free* não ter problemas (porque o pior já passou); *to bring ~ the bacon* ganhar o pão; sustentar a família; *to bring sth ~ to sb* explicar alguma coisa a alguém; *to come ~ to sb* afectar alguém; dizer respeito a alguém; tornar-se evidente para alguém; *to feel at ~* sentir-se em casa; sentir-se à vontade; [ant.] *to go to one's long ~* morrer; *to leave ~* sair de casa; *to make oneself at ~* pôr-se à vontade; fazer de conta que se está em casa

◆ **home in on** v.tr. 1 avançar em direcção a (um alvo); ir directamente para; 2 concentrar-se em; focar

home-baked ['həʊmbeɪkd] adj. caseiro, feito em casa; *~ bread* pão caseiro

homebody ['həʊmbɒdi] s. [coloq.] pessoa muito caseira

home-born ['həʊmbɔːn] adj. 1 nativo; local; 2 doméstico; caseiro; 3 rústico; grosseiro

homebound ['həʊmbaʊnd] adv. 1 a caminho de casa; 2 de regresso à pátria; 3 [EUA] confinado em casa, sem poder sair de casa ❖ *~ teaching* ensino em casa

homebuyer ['həʊmbaɪə] s. (habitação) comprador de casa

homecoming ['həʊm,kʌmɪŋ] Ⓐ s. 1 regresso a casa; 2 regresso à pátria Ⓑ adj. 1 que regressa a casa; 2 que regressa à pátria

homecraft ['həʊmkrɑːft] s. indústria(s) caseira(s)

home-grown ['həʊm,grəʊn] adj. 1 de produção nacional; 2 de cultivo próprio; do próprio quintal

homeland ['həʊmlænd, 'həʊmlənd] s. pátria

homeless ['həʊmləs] Ⓐ adj. sem casa, sem abrigo, sem lar; *~ person* sem-abrigo Ⓑ s.pl. *the ~* os sem-abrigo

homelike ['həʊmlaɪk] adj. 1 caseiro; 2 familiar; acolhedor

homeliness ['həʊmlɪnɪs] s. 1 conforto; aconchego; carácter acolhedor; 2 simplicidade, singeleza; modéstia; 3 [EUA] [depr.] (aparência) falta de graça, rusticidade

homely ['həʊmli] Ⓐ adj. (comp. **-ier**, superl. **-iest**) 1 confortável, acolhedor, caseiro; 2 simples, singelo, despretensioso; modesto, sem aparato; 3 [EUA] [depr.] (aparência) rústico, grosseiro, desajeitado Ⓑ adv. 1 com modéstia; 2 grosseiramente; 3 sem graça

home-made ['həʊmmeɪd] adj. caseiro; *~ bread* pão caseiro

homemaker ['həʊm,meɪkə] s. pessoa que trabalha em casa

homeopath ['həʊmɪə,pæθ] s. homeopata

homeopathic [,həʊmɪə'pæθɪk] adj. homeopático

homeopathy [,həʊmɪ'ɒpəθɪ] s. homeopatia

homeostasis [,həʊmɪəʊ'steɪsɪs] s. BIOLOGIA homeostasia

homeostatic [,həʊmɪəʊ'stætɪk] adj. BIOLOGIA homeostático

homeowner ['həʊməʊnə] s. 1 (casa) proprietário; 2 morador, residente

homepage ['həʊm,peɪdʒ] s. INFORMÁTICA (Internet) homepage, página de acolhimento

homer ['həʊmə] s. [coloq.] pombo-correio

Homer ['həʊmə] s.antr. Homero

Homeric [həʊ'merɪk] adj. homérico

homesick ['həʊmsɪk] adj. 1 com saudades de casa; 2 com saudades da terra; com saudades da pátria ❖ *to be ~ (for)* estar cheio de saudades (de)

homesickness ['həʊm,sɪknɪs] s. 1 saudades de casa; 2 saudades da pátria

homespun ['həʊmspʌn] Ⓐ adj. 1 tecido em casa, fiado em casa; 2 caseiro; 3 simples, despretensioso; 4 [depr.] pouco sofisticado; 5 [depr.] rude Ⓑ s. tecido de fabrico manual caseiro

homestay ['həʊmsteɪ] s. 1 [EUA] estadia em casa de família no estrangeiro; 2 [Austr.] alojamento e pequeno-almoço em casa particular

homestead ['həʊmsted] s. 1 (casa e terrenos anexos) propriedade; 2 herdade; casa de lavoura

homesteader ['həʊmstedə] s. 1 proprietário; 2 [EUA, Can.] colono

home-thrust ['həʊm,θrʌst] s. 1 (esgrima) estocada a fundo; 2 [fig.] golpe de mestre

homeward ['həʊmwəd] Ⓐ adj. 1 que se dirige para casa; 2 que regressa ao país, que regressa à pátria; 3 NÁUTICA de torna-viagem Ⓑ adv. 1 em direcção a casa; 2 em direcção ao país, em direcção à pátria; 3 de regresso; *~ voyage* viagem de regresso

homeward-bound ['həʊmwəd,baʊnd] adj. 1 de regresso a casa, que volta a casa; 2 de regresso à pátria, que volta ao seu país

homewards ['həʊmwədz] adv. ⇒ **homeward** Ⓑ

homework ['həʊmwɜːk] s. (escola) trabalho(s) de casa, deveres

home-wrecker ['həʊm,rekə] s. destruidor(a) de lares

homey ['həʊmi] adj. [EUA] ⇒ **homely**

homicidal [,hɒmɪ'saɪdl] adj. homicida

homicide ['hɒmɪsaɪd] s. 1 (pessoa) homicida, assassino; 2 (crime) homicídio; *culpable/wilful ~* homicídio voluntário; *excusable ~* homicídio involuntário; *felonious ~* homicídio com premeditação

homilist ['hɒməlɪst] s. homiliasta

homily ['hɒmɪli] s. (pl. **-ies**) homilia

homing ['həʊmɪŋ] adj. 1 que regressa a casa; 2 (mecanismo) de orientação automática ❖ *~ pigeon* pombo-correio

hominid ['hɒmɪnɪd] adj.,s. hominídeo

hominoid ['hɒmɪnɔɪd] adj.,s. ⇒ **hominid**

hominy ['hɒmɪni] s. [EUA] papas de milho com água e leite

homo ['həʊməʊ] s. (pl. **homos**) [cal., depr.] homossexual

homocentric [,həʊməʊ'sentrɪk] adj. homocêntrico

homocentrical [ˌhəʊməʊˈsentrɪkl] adj. homocêntrico
homocercal [ˌhəʊməʊˈsɜːkl] adj. ZOOLOGIA homocerco
homocyclic [ˌheʊməʊˈsaɪklɪk] adj. homocíclico
homodromal [həʊˈmɒdrəməl] adj. homodromo
homodromous [həʊˈmɒdrəməs] adj. ⇒ **homodromal**
homodyne [ˈhəʊmədaɪn] adj. RÁDIO homódino
homoeomeria [ˌhəʊmɪəʊˈmɪrɪə] s. homomeria, homeomeria
homoeopath [ˈhəʊmɪəpæθ] s. [GB] homeopata
homoeopathic [ˌhəʊmɪəˈpæθɪk] adj. [GB] homeopático
homoeopathist [ˌhəʊmɪˈɒpəθɪst] s. ⇒ **homoeopath**
homoeopathy [ˌhəʊmɪˈɒpəθɪ] s. [GB] MEDICINA homeopatia
homoerotic [ˌhəʊməʊɪˈrɒtɪk] adj. homoerótico
homoeroticism [ˌhəʊməʊɪˈrɒtɪsɪzm] s. homoerotismo
homogamous [həˈmɒgəməs] adj. BOTÂNICA homógamo
homogeneity [ˌhəʊməʊdʒɪˈniːətɪ] s. homogeneidade
homogeneous [ˌhəʊməˈdʒiːnɪəs] adj. homogéneo
homogeneously [ˌhəʊməˈdʒiːnɪəslɪ] adv. 1 com homogeneidade; 2 homogeneamente
homogeneousness [ˌhəʊməʊˈdʒiːnɪəsnɪs] s. 1 natureza homogénea; 2 homogeneidade
homogenesis [ˌhɒməˈdʒenəsɪs] s. 1 homogenesia; 2 homogenia
homogenize [həˈmɒdʒənaɪz] v.tr. homogeneizar
homogeny [həˈmɒdʒənɪ] s. homogenia
homograph [ˈhɒməʊɡrɑːf] s. homógrafo
homographic [ˌhɒməˈɡræfɪk] adj. homográfico
homographical [ˌhɒməˈɡræfɪkl] adj. homográfico
homography [hɒˈmɒɡrəfɪ] s. homografia
homolateral [ˌhɒməʊˈlætərəl] adj. homolateral
homologate [hɒˈmɒləɡeɪt] v.tr. 1 homologar; 2 ratificar
homologation [hɒˌmɒləˈɡeɪʃn] s. homologação
homologative [ˌhɒməˈlɒɡətɪv] adj. homologatório
homological [ˌhɒməˈlɒdʒɪkl] adj. homológico
homologically [ˌhɒməˈlɒdʒɪklɪ] adv. homologicamente
homologize [həˈmɒlədʒaɪz] v.tr.,intr. 1 ser homólogo; 2 tornar homólogo
homologous [həˈmɒləɡəs] adj. homólogo
homologue [ˈhɒmələɡ] s. coisa homóloga
homology [həˈmɒlədʒɪ] s. homologia
homonomy [həˈmɒnəmɪ] s. homonomia
homonym [ˈhɒmənɪm] s. LINGUÍSTICA homónimo
homonymous [həˈmɒnɪməs] adj. LINGUÍSTICA homónimo
homonymy [həˈmɒnɪmɪ] s. LINGUÍSTICA homonímia
homopetalous [ˌhɒməˈpetələs] adj. homopétalo
homophobe [ˈhəʊməʊfəʊb] s. homófobo
homophobia [ˌhəʊməʊˈfəʊbɪə] s. homofobia
homophobic [ˌhəʊməʊˈfəʊbɪk] adj. homofóbico
homophone [ˈhɒməfəʊn] s. homófono
homophonic [ˌhɒməˈfɒnɪk] adj. homofónico
homophonous [həˈmɒfənəs] adj. homófono
homophony [həˈmɒfənɪ] s. homofonia
homopolar [ˌhɒməˈpəʊlə] adj. unipolar; ~ *dynamo* dínamo unipolar
homoptera [həˈmɒptərə] s.pl. ZOOLOGIA homópteros
homosexual [ˌhəʊməʊˈseksjʊəl, ˌhəʊməʊˈsekʃʊəl] adj.,s. homossexual
homosexuality [ˌhəʊməʊseksjʊˈælətɪ, ˌhəʊməʊsekʃʊˈælətɪ] s. homossexualidade
homothermal [ˌhɒməˈθɜːməl] adj. homotermal, homotérmico
homothermous [ˌhɒməˈθɜːməs] adj. homotermo, homotermal
homothetic [ˌhɒməˈθetɪk] adj. GEOMETRIA homotético
homotype [ˈhɒmətaɪp] s. homótipo
homotypic [ˌhɒməˈtɪpɪk] adj. homotípico
homotypical [ˌhɒməˈtɪpɪkl] adj. homotípico
homozygote [ˌhɒməˈzaɪɡəʊt] s. BIOLOGIA (genética) homozigoto
homozygous [həˈmɒzɪɡəs] adj. BIOLOGIA homozigótico
homuncle [hɒˈmʌŋkl] s. ⇒ **homuncule**
homuncule [hɒˈmʌŋkjuːl] s. 1 homúnculo; 2 anão
homunculus [hɒˈmʌŋkjʊləs] s. homúnculo
homy [ˈhəʊmɪ] adj. (comp. **-ier**, superl. **-iest**) familiar, caseiro
Hon. Ⓐ [abrev. de Honourable] Ⓑ [abrev. de Honorary]
honcho [ˈhɒntʃəʊ] Ⓐ s. (pl. **honchos**) [EUA] [cal.] maioral, manda-chuva Ⓑ v.tr. [EUA] [cal.] ser o maioral de, comandar as tropas de

Honduran [hɒnˈdjʊərən] adj.,s. 1 hondurenho; das Honduras; 2 natural ou habitante das Honduras
Honduranean [ˌhɒndjʊˈreɪnɪən] adj.,s. 1 hondurenho; das Honduras; 2 natural ou habitante das Honduras
Honduras [hɒnˈdjʊərəs] s.top. Honduras
hone [həʊn] Ⓐ s. pedra de afiar (sobretudo lâminas e navalhas de barba); assentador Ⓑ v.tr. 1 afiar; 2 (lâmina, navalha de barba) passar pelo assentador; 3 [fig.] polir, refinar
honest [ˈɒnɪst] adj. 1 honesto, sério; recto; de confiança; 2 franco; sincero (**with/about**, com/em relação a]; *an ~ opinion* uma opinião franca, uma opinião sincera; 3 justo; 4 puro, genuíno, autêntico, não adulterado; 5 [ant.] respeitável, de respeito ❖ [coloq.] *honest!* a sério!; [coloq.] *~ to God* juro por Deus; *let's be ~* vamos falar honestamente; [coloq.] *to be ~* para ser sincero; para dizer a verdade; [joc.] *to earn an ~ living* ganhar a vida honestamente; [joc.] *to make an ~ woman (out) of* oficializar, assumir uma relação através do casamento; *to turn an ~ penny* ganhar a vida honestamente
honestly [ˈɒnɪstlɪ] adv. 1 honestamente, honradamente; 2 francamente, sinceramente; *honestly, that is what I know about him* sinceramente é isso que eu sei acerca dele; *quite honestly, ...* muito sinceramente, ... ❖ *honestly?* a sério?; *~ speaking, ...* para dizer a verdade, ...
honest-to-god [ˌɒnɪsttəˈɡɒd] adj. 1 [coloq.] autêntico; genuíno; 2 [coloq.] verdadeiro; completo; *an ~ mess* uma trapalhada completa
honest-to-goodness [ˌɒnɪsttəˈɡʊdnəs] adj. ⇒ **honest-to-god**
honesty [ˈɒnəstɪ] s. 1 honestidade; probidade; rectidão; inteireza de carácter; integridade moral; 2 sinceridade, franqueza; 3 BOTÂNICA lunária ❖ *~ is the best policy* a honestidade é a melhor política; *~ pays* vale sempre a pena ser honesto; o crime não compensa
honey [ˈhʌnɪ] s. 1 mel; *virgin ~* mel virgem; *wild ~* mel silvestre; 2 (termo de carinho) amor, querido(a); *yes, ~* sim, querido(a); 3 cor de mel; 4 doçura; brandura; suavidade; meiguice; 5 [coloq.] (algo muito bom) espanto, beleza; *that's a ~ of a car* é um espanto de carro ❖ *~ apple* maçã muito doce; maçã com mel; BOTÂNICA *~ gland* nectário; BOTÂNICA *~ lotus* meliloto; trevo-de-cheiro; *~ is sweet, but the bee stings* não há mel sem fel; *a ~ tongue, a heart of gall* língua de mel, coração de fel; *daub yourself with ~ and you'll be covered with flies* quem com mel se unta de exploradores se besunta
honey-bag [ˈhʌnɪˌbæɡ] s. (abelhas) receptáculo de mel
honeybee [ˈhʌnɪbiː] s. ZOOLOGIA abelha
honeyberry [ˈhʌnɪbərɪ] s. BOTÂNICA melicoca
honey-buzzard [ˈhʌnɪˌbʌzəd] s. ZOOLOGIA falcão-abelheiro, bútio-vespeiro
honeycomb [ˈhʌnɪkəʊm] Ⓐ s. 1 favo de mel; 2 colmeia; 3 alvéolo; 4 qualquer estrutura com o aspecto de favo; 5 bolha no interior de metal Ⓑ v.tr. 1 crivar de buracos, cavidades, túneis, comunicações, passagens, etc.; 2 dar aspecto de colmeia ou favo a; 3 [fig.] minar, corroer ❖ *~ radiator* radiador alveolar; *~ stomach* segundo estômago dos ruminantes
honeycombed [ˈhʌnɪkəʊmd] adj. 1 em forma de favo; 2 cheio de alvéolos, alveolar; 3 em forma de colmeia; 4 furado ❖ *~ casting* fundição porosa
honeycombing [ˈhʌnɪkəʊmɪŋ] s. 1 acto de atravessar com cavidade, buracos, etc.; 2 corrosão
honeydew [ˈhʌnɪdjuː] s. 1 substância doce e viscosa encontrada nas folhas das plantas; 2 tabaco adocicado com melaço ❖ *~ melon* melão
honey-eating [ˈhʌnɪˌiːtɪŋ] adj. melívoro, melífago, que se alimenta de mel
honeyed [ˈhʌnɪd] adj. 1 com mel, coberto de mel; 2 doce; 3 melífluo
honeymoon [ˈhʌnɪmuːn] Ⓐ s. lua-de-mel Ⓑ v.intr. passar a lua-de-mel [**in**, em]; POLÍTICA (depois de eleições) *~ period* estado de graça; *~ trip* viagem de núpcias
honeymooners [ˈhʌnɪˌmuːnəz] s.pl. casal em lua-de-mel
honeysucker [ˈhʌnɪsʌkə] s. ZOOLOGIA beija-flor
honeysuckle [ˈhʌnɪsʌkl] s. BOTÂNICA madressilva ❖ BOTÂNICA *French ~* esparceto; sanfeno-de-espanha
honey-tongued [ˈhʌnɪˌtʌŋd] adj. melífluo; de palavras mansas; lisonjeiro
honeywort [ˈhʌnɪwɜːt] s. BOTÂNICA chupa-mel

hong [hɒŋ] *s.* **1** entreposto comercial na China ou Japão; **2** (na China) série de edifícios usados como fábrica

honied ['hʌnɪd] *adj.* **1** coberto de mel; **2** melífluo

honing ['həʊnɪŋ] *s.* afiação; acto de passar uma navalha ou lâmina pelo assentador ❖ ~ *machine* máquina de afiar

honk [hɒŋk] Ⓐ *s.* **1** grasnido do ganso; **2** toque de cláxon Ⓑ *v.tr.,intr.* tocar (cláxon), buzinar

honky ['hɒŋkɪ] *s.* [EUA] [depr.] homem branco

honky-tonk ['hɒŋkɪˌtɒŋk] Ⓐ *s.* **1** [EUA] [cal.] bar ou discoteca rasca; **2** MÚSICA tipo de música *country* Ⓑ *v.intr.* frequentar bares ou discotecas rascas

honor ['ɒnə] Ⓐ *s.* [EUA] ⇒ **honour** Ⓑ *v.tr.* [EUA] ⇒ **honour**

honorable ['ɒnərəbl] *adj.* [EUA] ⇒ **honourable**

honorarium [ˌɒnəˈreərɪəm] *s.* (*pl.* **-s** ou **-ia**) honorário, honorários

honorary ['ɒnərərɪ, 'ɒnərerɪ] *adj.* honorário; sem retribuição; ~ *secretary* secretário honorário ❖ (universidade) ~ *degree* grau *honoris causa*; ~ *monument* cenotáfio

honorific [ˌɒnəˈrɪfɪk] Ⓐ *adj.* honorífico; Ⓑ *s.* expressão de delicadeza, expressão honorífica

Honorius [həˈnɔːrɪəs] *s.antr.* Honório

honour ['ɒnə] Ⓐ *s.* **1** honra; pundonor; *in ~ of* em honra de; *for honour's sake* por uma questão de honra; *on my ~* por minha honra; **2** reverência, respeito, veneração; **3** alta distinção, reputação; **4** dignidade, probidade, magnanimidade; **5** (jogos de cartas) rei, dama, valete e ás de trunfo; **6** título concedido a/por altas personalidades; distinção; *birthday honours* títulos honoríficos concedidos pela rainha no dia do seu aniversário natalício; *New Year's honours* distinções honoríficas concedidas pela rainha no ano novo; **7** *pl.* distinções académicas; *academic honours* distinções académicas; *to pass with honours in* passar com distinção em; *to take honours in* especializar-se em; **8** *pl.* honrarias Ⓑ *v.tr.* **1** honrar, venerar, reverenciar; ~ *thy father and thy mother* honrarás pai e mãe; **2** prestar honras a; **3** (dívidas) honrar, aceitar e pagar na data devida; *to ~ a draft* honrar um saque; **4** reconhecer, honrar (assinatura) ❖ ~ *where ~ is due* a honra a quem a merece; *acceptor for* ~ avalista de letra de câmbio; *an affair of* ~ um duelo; *the last honours* as honras fúnebres; *to be bound in* ~ *to do sth* sentir-se moralmente obrigado a fazer determinada coisa; *to carry off the honours* levar a palma; *to do the honours of the house* fazer as honras da casa; *to have the* ~ *of* ter a honra de; *to hold a place of* ~ ocupar um lugar de honra/de relevo; *to hold in great* ~ ter em alta consideração; ter em alta estima; *to pay due* ~ *to a bill of exchange* honrar uma letra de câmbio; *will you do me the* ~ *of …?* quer dar-me a honra de …?; *word of* ~ palavra de honra

honourable ['ɒnərəbəl] *adj.* **1** honrado, honesto; **2** honroso; ~ *mention* menção honrosa; **3** [GB] (parlamento) ilustre; *my Honourable friend* o meu ilustre amigo; *the Most Honourable* o muito ilustre (título dado aos marqueses); *the Right Honourable* o altamente ilustre (título dado aos Pares acima da hierarquia de marquês, ao Lorde Maior de Londres e aos Conselheiros Privados da Coroa)

honourableness ['ɒnərəblnɪs] *s.* **1** honorabilidade; **2** honestidade

honourably ['ɒnərəblɪ] *adv.* **1** honrosamente; **2** honradamente

honoured ['ɒnəd] *adj.* honrado

honourer ['ɒnərə] *s.* **1** aquele que presta honras, que honra; **2** venerador

hooch [huːtʃ] *s.* [EUA] [cal.] bebida alcoólica, uísque destilado ilegalmente

hood [hʊd] Ⓐ *s.* **1** capuz, touca; **2** (universidade) capelo; **3** [EUA] (automóvel) capô; **4** capota; qualquer cobertura parecida com um capuz ou capota; ~ *lock* fechadura da capota; *perambulator with a* ~ carrinho de bebé com capota; **5** cobertura de chaminé; **6** (falcão) caparão; **7** NÁUTICA gaiuta Ⓑ *v.tr.* **1** cobrir com capuz; **2** pôr cobertura em; **3** (falcão) pôr o caparão a; **4** vendar, cobrir (os olhos) com uma venda ❖ *all hoods make not monks* o hábito não faz o monge

hooded ['hʊdɪd] *adj.* **1** encapuzado, com capuz; **2** coberto; **3** escondido; **4** de olhos vendados

hoodie ['hʊdɪ] *s.* ZOOLOGIA gralha com poupa

hoodlum ['huːdləm] *s.* **1** [EUA] vadio, valdevinos; **2** (jovem) rufia

hoodoo ['huːduː] Ⓐ *adj.* azarento, aziago Ⓑ *s.* agitação, emoção, confusão

hoodwink ['hʊdwɪŋk] *v.tr.* **1** enganar, ludibriar; **2** [arc.] vendar (alguém); **3** [arc.] esconder (algo)

hooey ['huːɪ] *s.* [coloq.] asneiras; disparates

hoof [huːf, hʊf] Ⓐ *s.* (*pl.* **-s** ou **hooves**) **1** (cavalo, bovino, etc.) casco; **2** [joc.] (pé) pata Ⓑ *v.tr.,intr.* **1** [coloq.] dar um pontapé em; **2** pôr fora aos pontapés; **3** [coloq.] andar à pata, ir a pé ❖ VETERINÁRIA ~ *sore* formigo; (gado) *on the* ~ vivo; *to beat the* ~ andar a pé; andar à pata; *to do sth on the* ~ fazer algo sem pensar, enquanto se faz outras coisas; [cal.] *to* ~ *it* andar à pata; dançar; *under the* ~ *of* sob a pata de; sob o domínio de

hoof-and-mouth [ˌhuːfənˈmaʊθ] *s.* [EUA] VETERINÁRIA ~ *disease* febre aftosa

hoofed [huːft, hʊft] *adj.* ZOOLOGIA ungulado, unguligrado

hoofer ['huːfə, 'hʊfə] *s.* [EUA] [coloq.] bailarino profissional

hook [hʊk] Ⓐ *s.* **1** gancho; **2** cabide; *hang your coat on the* ~ pendura o casaco no cabide; **3** (pesca) anzol; **4** VESTUÁRIO colchete; ~ *and eye* colchete macho e fêmea; **5** (murro) gancho; **6** (telefone) descanso; *to leave the phone off the* ~ deixar o telefone fora do descanso; **7** [fig.] isca, engodo, chamariz; *to take the* ~ morder a isca; **8** NÁUTICA garruncho, boçarda; **9** foicinha; *reap* ~ foicinha; **10** (criança) parte que fica no ouvido; **11** (vaca) quadril Ⓑ *v.tr.* **1** prender; pendurar; **2** pescar (com anzol); **3** vergar, arquear; **4** [EUA] [fig.] captar a atenção de; **5** acolchetar; **6** encaixar; **7** [cal.] (drogas) viciar; **8** (boxe) dar um gancho a; **9** marrar contra Ⓒ *v.intr.* **1** engatar; **2** fazer uma curva acentuada; fazer uma curva perigosa; **3** [cal.] prostituir-se ❖ *shepherd's* ~ cajado de pastor; *by* ~ *or by crook* a bem ou a mal; dê lá por onde der; *off the* ~ safo; livre de responsabilidade; sem dever nada a ninguém; [coloq.] *off the hooks* imediatamente; *on one's own* ~ por conta própria; sem ajuda, sem auxílio; (situação difícil) *to be off the* ~ estar livre; estar safo; ficar livre; safar-se; (situação difícil) *to get/let sb off the* ~ livrar alguém; safar alguém; [ant., cal.] *to* ~ *it* pôr-se a mexer; pirar-se; *to* ~ *oneself on to sb* prender-se a alguém; teimar em acompanhar alguém; *to* ~ *sb in* assegurar-se à viva força dos serviços de alguém; [GB] [cal.] *to sling one's* ~ pôr-se a andar; [coloq.] (mentira) *to swallow the story hook, line and sinker* cair como um patinho

◆ **hook up** Ⓐ *v.tr.* **1** (electrónica) conectar; ligar [**to**, a]; **2** (roupa) apertar com colchete; **3** juntar Ⓑ *v.intr.* (pessoas) juntar-se [**with**, a]

hookah ['hʊkə] *s.* (cachimbo) narguilé

Hooke [hʊk] *s.antr.* ❖ *Hooke's joint* junta universal

hooked [hʊkt] *adj.* **1** curvo, adunco; **2** em forma de gancho; ~ *bolt* cavilha em forma de gancho; ~ *spring ring* anel elástico de gancho; **3** [coloq.] (drogas) viciado [**on**, em]; agarrado [**on**, a]; ~ *on drugs* toxicodependente; **4** [coloq., fig.] obcecado [**on**, por]; ~ *on sb* obcecado por alguém

hooker ['hʊkə] *s.* **1** NÁUTICA urca; **2** indivíduo que liga, que prende; **3** DESPORTO (críquete, golfe) golpe dado; **4** [EUA] [coloq.] prostituta

hookey ['hʊkɪ] *s.* [coloq.] gazeta; [EUA] *to play* ~ fazer gazeta, faltar à escola ❖ [EUA] [coloq.] ~ *walker* disparate

hookup ['hʊkʌp] *s.* **1** acoplamento; **2** sistema de ligação; **3** (pessoas) aliança, relação, ligação

hookworm ['hʊkwɜːm] *s.* ZOOLOGIA ancilóstomo ❖ ~ *disease* ancilostomíase; ancilostomose

hooky ['hʊkɪ] *s.* ⇒ **hookey**

hooley ['huːlɪ] *s.* [coloq.] festarola, festança animada

hooligan ['huːlɪɡən] *s.* hooligan, vândalo, desordeiro, arruaceiro, rufião

hooliganism ['huːlɪɡənɪzəm] *s.* hooliganismo, vandalismo

hoon [huːn] Ⓐ *s.* **1** [Austr.] [coloq.] hooligan, rufia; **2** [Austr.] [coloq.] (condutor) acelera; **3** [Austr.] [coloq.] condução perigosa Ⓑ *v.intr.* [Austr.] [coloq.] conduzir a alta velocidade

hoop [huːp] Ⓐ *s.* **1** (barril, brinquedo, etc.) arco, aro; **2** (brinco) argola; **3** arco, aro; argola; braçadeira; cinta, cinto, colar, anel; **4** (jogo de croqueté) arco de ferro; **5** VESTUÁRIO (saia) armação (feita de arame ou varas de baleia); **6** DESPORTO (basquetebol) aro (do cesto); **7** DESPORTO [coloq.] basquetebol; **8** tosse convulsa, som característico da tosse convulsa Ⓑ *v.tr.,intr.* **1** prender com arcos; firmar com arcos; **2** colocar uma cercadura; **3** pronunciar o som *hoop* ❖ ~ *maker* fabricante de arcos (para pipas); ~ *net*

hooper

rede de pesca com arco; ~ *skirt* saia de balão; *to jump/go through hoops/the* ~ passar dificuldades; ser posto à prova; *to put sb through the* ~ dificultar a vida de alguém; tornar dura a vida a alguém

hooper ['hu:pə] *s.* 1 tanoeiro; 2 ZOOLOGIA cisne silvestre

hooping ['hu:pɪŋ] *s.* 1 colocação de arcos; 2 função de tanoeiro ❖ ~ *cough* tosse convulsa

hoop-la ['hu:plɑ:] *s.* jogo com argolas

hoopoe ['hu:pu:] *s.* ZOOLOGIA poupa

hooray [hʊˈreɪ] *interj., s.* hurra

hoosh [huːʃ] *s.* [cal.] guisado ou sopa grossa de carne usada nas regiões polares

hoosier ['hu:ʒə] *s.* [EUA] [coloq.] natural de Indiana; habitante de Indiana

hoot [hu:t] Ⓐ *s.* 1 (coruja, mocho) pio; 2 (carro) buzinadela; 3 (comboio, sirene) apito, silvo; 4 [depr., coloq.] vaia; 5 algazarra, alarido, gritaria Ⓑ *v.tr.,intr.* 1 (coruja, mocho) piar; 2 (sirene, buzina, cláxon, apito) tocar; 3 (comboio, sirene) assobiar, silvar, apitar; 4 apupar, assobiar, assuar; *to* ~ *an actor* assobiar um actor; *to* ~ *sb down* impedir que alguém consiga fazer-se ouvir, assobiando-o e apupando-o; 5 produzir o som *uuuuuu* Ⓒ *interj.* [Esc.] vamos depressa!, que maçada!

hootch [hu:tʃ] *s.* 1 [EUA] [coloq.] aguardente; 2 bebida alcoólica

hooter ['hu:tə] *s.* 1 sirene; *the hooters blew* as sirenes tocaram; 2 buzina; 3 [coloq., joc.] (nariz grande) penca, bicanca; 4 *pl.* [EUA] [cal.] mamas*cal*.

hooting ['hu:tɪŋ] Ⓐ *adj.* 1 (mocho, coruja) que pia; 2 que grita Ⓑ *s.* 1 pio (de coruja, mocho); 2 toque (de cláxon, buzina, sirene, etc.)

hoots [hu:ts] *interj.* [Esc.] vamos depressa!, que maçada!

hoove [hu:v] *s.* meteorismo, doença do gado com dilatação do estômago provocada por gases

hoover ['hu:və] Ⓐ *s.* [GB] aspirador Ⓑ *v.tr.* [GB] aspirar; *to* ~ *the room* aspirar o quarto

hoovering ['hu:vərɪŋ] *s.* limpeza com o aspirador

hop [hɒp] Ⓐ *v.tr.,intr.* (particípios **-pp-**) 1 saltitar; saltar, pular; saltar ao pé-coxinho; 2 atravessar saltando, saltar por cima de; 3 [coloq.] (meio de transporte) apanhar [**on**, -]; entrar [**on**, **em**]; *we hopped on a plane to Chicago* apanhámos um avião até Chicago; 4 colher lúpulo Ⓑ *v.tr.* 1 deitar lúpulo Ⓒ *s.* 1 salto, pulo; saltinho; salto de pé-coxinho; 2 AERONÁUTICA etapa; *to fly from Lisboa to Macao in five hops* voar de Lisboa a Macau em cinco etapas; 3 [ant., coloq.] dança; 4 BOTÂNICA lúpulo; ~ *field/garden/ground* plantação de lúpulo ❖ BOTÂNICA ~ *clover* lupulina; [GB] [ant.] ~ *it!* põe-te a andar! [coloq.] *hop, step and jump* triplo salto; [coloq.] *to be a short* ~ ser um saltinho; ser um pulinho; não ser muito longe; *to be on the* ~ andar sempre ocupado; [coloq.] *to catch sb on the* ~ apanhar alguém desprevenido; *to* ~ *the stick/twig* morrer; partir subitamente; pôr-se a andar; *to keep sb on the* ~ manter alguém ocupado; dar que fazer a alguém

◆ **hop away** *v.intr.* afastar-se aos saltinhos

◆ **hop off** *v.tr.,intr.* 1 [coloq.] (pessoa) pôr-se a andar; 2 AERONÁUTICA partir; 3 (meio de transporte) descer de, sair de; *to* ~ *one's bicycle* desmontar da bicicleta

◆ **hop up** *v.tr.* 1 [ant., coloq.] drogar, estimular com drogas; 2 [coloq.] (automóvel, motor, etc.) tornar mais potente; 3 [coloq.] entusiasmar

hope [həʊp] Ⓐ *s.* 1 esperança; *beyond* ~ sem esperança; *past* ~ sem esperança; 2 promessa; 3 [arc.] terreno cultivado no meio de terras incultas; 4 [Esc.] pequena baía Ⓑ *v.tr.,intr.* 1 esperar; *I* ~ *not!* espero que não! *I* ~ *so!* espero que sim!; 2 ter esperança; 3 manter-se em expectativa; 4 esperar desejando; *to* ~ *and expect that* esperar confiadamente que; 5 confiar; *to* ~ *in God* confiar em Deus ❖ [EUA] ~ *chest* enxoval; MILITAR *forlorn* ~ tropa sacrificada; *hoping to hear from you soon* esperando receber em breve notícias suas; *don't get your hopes up* não tenhas muitas esperanças; *to have little* ~ *of* ter poucas esperanças de; *to* ~ *against* ~ esperar mesmo quando já não há esperança; *to* ~ *for the best* esperar que as coisas corram pelo melhor; *to lose* ~ *of* perder a esperança de; *where there is life there is* ~ enquanto há vida há esperança

hopeful ['həʊpfʊl] Ⓐ *adj.* 1 esperançoso; optimista; 2 prometedor Ⓑ *s.* aspirante ❖ (pessoa) *young* ~ jovem esperança

hopefully ['həʊpfʊlɪ] *adv.* 1 esperançosamente, com esperança, com confiança; 2 com boas perspectivas; 3 com alguma sorte ❖ *hopefully!* esperemos que sim!; ~ *not!* esperemos que não!; ~ *it won't rain* esperemos que não chova

hopefulness ['həʊpfl̩nɪs] *s.* esperança, confiança, perspectiva de bons resultados

hopeless ['həʊpləs] *adj.* 1 sem esperança; 2 desesperado, sem remédio, sem solução; 3 sem perspectivas de bons resultados; *a* ~ *illness* uma doença sem possibilidades de cura ❖ *it's* ~ é inútil; *this is a* ~ *case* é um caso perdido; *to be* ~ *at* ser uma nódoa a

hopelessly ['həʊpləslɪ] *adv.* desesperadamente, irremediavelmente

hopelessness ['həʊpləsnɪs] *s.* 1 desespero; situação desesperada; 2 inutilidade

hoplite ['hɒplaɪt] *s.* hoplita, antigo soldado grego

hop-o'-my-thumb [ˌhɒpəmaɪˈθʌm] *s.* pigmeu, anão

hopper ['hɒpə] *s.* 1 insecto saltitante; 2 saltador, pulador, pessoa ou animal que dá saltos; 3 (peça) funil de carga, tegão, tremonha, canoura, moega; 4 AGRICULTURA semeador; 5 apanhador de lúpulo; 6 [Austr.] [coloq.] canguru ❖ ~ *feeder* alimentador automático

hop-picker ['hɒpˌpɪkə] *s.* colhedor de lúpulo

hop-picking ['hɒpˌpɪkɪŋ] *s.* colheita de lúpulo

hopping ['hɒpɪŋ] *s.* salto, saltinho, pulo

hopple ['hɒpl̩] Ⓐ *v.tr.* pear, prender (animal) com peia, prender com maniota Ⓑ *s.* peia, trava, maniota

hopscotch ['hɒpskɒtʃ] *s.* jogo da semana, jogo da macaca

Horace ['hɒrəs] *s.antr.* Horácio

horary ['hɒrərɪ] *adj.* [arc.] horário

Horatian [həˈreɪʃn] *adj.* LITERATURA horaciano; de Horácio; ~ *ode* ode horaciana

Horatio [həˈreɪʃɪəʊ] *s.antr.* Horácio

Horatius [həˈreɪʃɪəs] *s.antr.* Horácio

horde [hɔːd] *s.* 1 horda, tribo errante de tártaros ou outros nómadas; 2 bando indisciplinado

hordeolum [hɔːˈdɪələm] *s.* hordéolo, terçol

horehound ['hɔːhaʊnd] *s.* BOTÂNICA marroio; *black* ~ marroio-negro, balota

horizon [həˈraɪzn] *s.* horizonte; *on the* ~ no horizonte ❖ *apparent/sensible/visible* ~ horizonte visual

horizontal [ˌhɒrɪˈzɒntəl] Ⓐ *adj.* 1 horizontal; 2 plano; 3 deitado Ⓑ *s.* linha horizontal; plano horizontal ❖ DESPORTO (ginástica) ~ *bar* barra fixa; ~ *plane* plano horizontal

horizontality [hɒˌrɪzɒnˈtælətɪ] *s.* horizontalidade

horizontally [ˌhɒrɪˈzɒntəlɪ] *adv.* horizontalmente

hormonal [hɔːˈməʊnəl] *adj.* hormonal

hormone ['hɔːməʊn] *s.* hormona

horn [hɔːn] Ⓐ *s.* 1 ZOOLOGIA chifre, corno; 2 (substância) chifre; 3 ZOOLOGIA (insecto) cornilho, antena; 4 buzina, cláxon$_{ant}$; *to sound the* ~ buzinar; tocar a buzina; 5 MÚSICA trombeta, corneta; trompa, corne; cornetim; *hunting* ~ trompa de caça; 6 sirene; 7 corno da Lua, cada uma das pontas do crescente da Lua; 8 [cal.] telefone; 9 [cal.] (erecção) tesão; 10 *pl.* ZOOLOGIA (veado, carneiro, etc.) armação Ⓑ *v.tr.,intr.* 1 escornear, cornear, atacar com os chifres; 2 [EUA] [cal.] (trair) pôr os cornos a; 3 fazer; 4 NÁUTICA ajustar a caverna, colocar à caverna ❖ VETERINÁRIA *distemper* cárie dos chifres; ELECTRICIDADE ~ *fuse* fusível de antena; ~ *meal* chifre em pó; GEOGRAFIA *Horn of Africa* Corno de África; ARTES PLÁSTICAS ~ *of plenty* cornucópia; símbolo da abundância e da felicidade; *on the horns of a dilemma* num dilema difícil; perante uma escolha difícil; *to draw/pull in one's horns* encolher-se; moderar-se; passar a gastar menos; *to take the bull by the horns* pegar o touro pelos cornos; atacar o problema de frente

◆ **horn in** *v.intr.* [EUA] meter o bedelho; interferir; intrometer-se [**on**, **em**]

hornbeam ['hɔːnbiːm] *s.* álamo-branco, choupo-branco, faia-branca

hornbill ['hɔːnbɪl] *s.* ZOOLOGIA calau

horneblend ['hɔːnblɛnd] *s.* MINERALOGIA horneblenda

horned [hɔːnd, hɔːnɪd] *adj.* 1 com chifres, com cornos, cornudo; ~ *viper* víbora cornuda; 2 HERÁLDICA de metal ou esmalte diferente do corpo ❖ ~ *cattle* gado vacum; BOTÂNICA ~ *poppy* gláucia; espécie de papoila; *single-horned* unicorne

horner ['hɔːnə] s. 1 corneteiro; 2 pessoa que trabalha em chifres

hornet ['hɔːnɪt] s. vespão, moscardo, tavão, tabão ❖ *a hornet's nest* vespeiro; uma situação difícil que envolve intrigas e traições; *to bring a hornet's nest about one's ears* provocar uma grande irritação (em alguém); *to stir up a nest of hornets* mexer num vespeiro

hornfish ['hɔːnfɪʃ] s. ZOOLOGIA peixe-agulha, agulhão

hornful ['hɔːnful] s. chifre cheio

Hornie ['hɔːnɪ] s. [ESC.] *Auld ~* o Demónio

horniness ['hɔːnɪnɪs] s. 1 calosidade; 2 natureza córnea; 3 [cal.] (excitação sexual) tesão

hornist ['hɔːnɪst] s. MÚSICA trombetista

hornless ['hɔːnləs] adj. 1 desprovido de chifres, sem cornos; 2 ZOOLOGIA ácero

hornpipe ['hɔːnpaɪp] s. 1 determinada espécie de dança (vulgar entre marinheiros, geralmente dançada por uma só pessoa); 2 música para esta dança; 3 [arc.] gaita de foles

hornstone ['hɔːnstəʊn] s. MINERALOGIA espécie de quartzo, pedra córnea

hornswoggle ['hɔːnswɒgl] v.tr. [cal.] enganar, ludibriar

hornwork ['hɔːnwɜːk] s. 1 hornaveque, obra avançada em fortificação; 2 artigos feitos de chifre

horny ['hɔːnɪ] adj. (comp. **-ier**, superl. **-iest**) 1 córneo; 2 feito de chifre, feito de corno; 3 com cornos, com chifres; 4 caloso; 5 [cal.] (sexualmente) com tesão, excitado; 6 [cal.] (atraente) todo bom ❖ (diabo) *Auld Horny* o chifrudo

horny-handed [,hɔːnɪ'hændɪd] adj. com mãos calosas; de mãos calejadas

horography [hə'rɒgrəfɪ] s. horografia, arte de construir quadrantes solares

horological [,hɒrə'lɒdʒɪkl] adj. horologial

horologist [hə'rɒlədʒɪst] s. relojoeiro, fabricante de relógios

horology [hə'rɒlədʒɪ] s. 1 relojoaria; 2 horometria

horoscope ['hɒrəskəʊp] s. horóscopo

horoscopy [hə'rɒskəpɪ] s. horoscopia

horrendous [hɒ'rendəs, hə'rendəs] adj. horrendo, medonho, horrífico

horrent ['hɒrənt] adj. [poét.] áspero, eriçado

horrible ['hɒrɪbəl] adj. 1 horrível, terrível, hórrido, espantoso; 2 [coloq.] desagradável

horribleness ['hɒrɪblnɪs] s. horribilidade, terribilidade

horribly ['hɒrɪblɪ] adv. horrivelmente, terrivelmente

horrid ['hɒrɪd] adj. 1 atroz, horrível, terrível; 2 [coloq.] desagradável, aborrecido; 3 maldoso, mau; *to be ~ to sb* ser maldoso com alguém

horridly ['hɒrɪdlɪ] adv. 1 terrivelmente; 2 abominavelmente

horridness ['hɒrɪdnɪs] s. 1 horribilidade; 2 maldade

horrific [hɒ'rɪfɪk] adj. horrífico, horrível

horrification [,hɒrɪfɪ'keɪʃn] s. horror

horrify ['hɒrɪfaɪ] v.tr. 1 horrorizar, causar horror a, apavorar; 2 escandalizar

horrifying ['hɒrɪfaɪɪŋ] adj. horrificante, horroroso

horripilate [hɒ'rɪpɪleɪt] v.tr. 1 horripilar, horrorizar; 2 causar arrepios

horripilation [hɒ,rɪpɪ'leɪʃn] s. 1 horripilação; 2 arrepio

horror ['hɒrə] s. 1 horror; terror; pavor; 2 CINEMA, LITERATURA terror; 3 [coloq.] (criança) peste; *little ~* pestinha; 4 pl. delírio alcoólico; *delirium tremens* ❖ CINEMA *~ film/movie* filme de terror; *~ story* história de terror; *in ~* horrorizado; aterrorizado; *to give sb the horrors* horrorizar alguém; *to have a ~ of* ter pavor a; abominar; *to sb's ~* para seu horror

horror-stricken ['hɒrəstrɪkən] adj. ⇒ **horror-struck**

horror-struck ['hɒrəstrʌk] adj. aterrorizado, aterrado, horrorizado

hors d'oeuvre [ɔː'dɜːvr] s. CULINÁRIA aperitivo(s)

horse [hɔːs] Ⓐ s. 1 ZOOLOGIA cavalo; *cut ~* cavalo castrado; *docked ~* cavalo rabão; 2 MILITAR [com verbo no singular ou no plural] cavalaria, tropas a cavalo; *light ~* cavalaria ligeira; 3 cavalete; 4 DESPORTO (ginástica) cavalo; 5 [cal., ant.] (droga) cavalo, heroína, ❖ NÁUTICA estribo; 6 pl. [coloq.] cavalos, cavalos-vapor Ⓑ v.tr.,intr. 1 fornecer cavalos; 2 ir a cavalo; montar; 3 arrastar; 4 (égua) estar no cio; 5 cobrir (uma égua) ❖ MILITAR *~ and foot* cavalaria e infantaria; ZOOLOGIA *~ ant* formiga vermelha; formiga da madeira; *~ artillery* artilharia montada; BOTÂNICA *~ bean* fava-de-holanda; fava-cavalinha; fava forrageira; *~ block* poial em que o cavaleiro se coloca para montar o cavalo; *~ breaker* picador; adestrador de cavalos; MILITAR *~ brigade* brigada de cavalaria; BOTÂNICA *~ chestnut* castanha-da-índia; BOTÂNICA *~ chestnut tree* castanheiro-da-índia; *~ colt* poldro; potro; *~ comb* almofaça; ZOOLOGIA *~ crab* caranguejo-ferradura; *~ guards* guardas reais a cavalo; *~ latitudes* zona das grandes calmas equatoriais; ZOOLOGIA *~ mackerel* carapau; cavala; chicharro; *~ marine* indivíduo fora do seu elemento; marinheiro a cavalo; *~ mushroom* cogumelo comestível (*Agaricus arvensis*); *~ nail* cravo de ferradura; [coloq.] (filme) *~ opera* western; *~ pond* bebedouro (para cavalos); *~ race* corrida de cavalos; *~ racing* corridas de cavalos; hipismo; DESPORTO *~ riding* equitação; *~ sense* senso comum elementar; *~ show* concurso hípico; exposição de cavalos; *horse's neck* bebida de limão e gengibre; MILITAR *~ soldier* soldado de cavalaria; *~ trainer* treinador de cavalos de corrida; *~ trappings* gualdrapas; *dark ~* cavalo desconhecido; cavalo cujas probabilidades de ganho se desconhecem; cavalo cuja vitória não se esperava; pessoa reservada que surpreende; *a ~ of another colour* um assunto muito diferente; [ant.] *gentleman of the ~* estribeiro; [coloq.] *hold your horses!* aguenta os cavalos!; calma!; *it's a good ~ that never stumbles* não há cavalo que não tropece; *never/ don't look a gift ~ in the mouth* a cavalo dado não se olha o dente; *to be on/mount/get on the high ~* tomar ares arrogantes; encher-se de importância; *to flog/beat a dead ~* perder tempo com coisas inúteis; MILITAR *to horse!* a cavalo!; MILITAR *to sound to ~* tocar a bota-selas; *to take a mare to* levar uma égua à cobrição; *to take ~* montar a cavalo; *to work like a ~* trabalhar como um burro; NÁUTICA *white horses* carneiros; carneirinhos; ondas com crista de espuma branca

◆**horse around/about** v.intr. 1 andar na brincadeira; andar na palhaçada; comportar-se de forma tola; 2 exibir-se; andar a mostrar-se

horseback ['hɔːsbæk] s. dorso do cavalo ❖ *~ riding* equitação; *on ~* a cavalo; *to ride on ~* andar a cavalo

horsebox ['hɔːsbɒks] s. veículo para transporte de cavalos

horsecar ['hɔːskɑː] s. 1 veículo para transporte de cavalos; 2 carro puxado a cavalos

horse-drawn ['hɔːsdrɔːn] adj. puxado a cavalos

horseflesh ['hɔːsfleʃ] s. 1 carne de cavalo; 2 cavalos

horsefly ['hɔːsflaɪ] s. ZOOLOGIA moscardo; tavão

horsehair ['hɔːsheə] s. crina de cavalo ❖ *vegetable ~* crina vegetal

horseheal ['hɔːsˌhiːl] s. BOTÂNICA énula, énula-campana

horsehide ['hɔːshaɪd] s. pele de cavalo; couro de cavalo

horselaugh ['hɔːslɑːf] s. gargalhada ruidosa

horseleech ['hɔːsliːtʃ] s. 1 sanguessuga; 2 [arc.] ferrador, alveitar

horseless ['hɔːsləs] adj. sem cavalo

horse-litter ['hɔːslɪtə] s. 1 liteira puxada por cavalos; 2 cama de palha (para cavalo)

horseman ['hɔːsmən] s. (pl. **-men**) 1 cavaleiro; 2 bom cavaleiro; 3 ZOOLOGIA pombo-correio grande

horsemanship ['hɔːsmənʃɪp] s. 1 equitação; 2 arte de cavalaria

horsemint ['hɔːsmɪnt] s. BOTÂNICA mentastro, hortelã silvestre

horseplay ['hɔːspleɪ] s. palhaçadas; macacadas; *to indulge in ~* fazer palhaçadas

horsepower ['hɔːspaʊə] s. 1 cavalo-vapor; 2 potência (em cavalos); (carro) *a ten ~ car* um dez cavalos; 3 [fig.] potência, poder, força

horseradish ['hɔːsrædɪʃ] s. BOTÂNICA rábano picante

horseshoe ['hɔːsʃuː] s. 1 ferradura; 2 BOTÂNICA unha-de-cavalo, tussilagem; 3 ZOOLOGIA caranguejo-ferradura; límulo ❖ *~ gauge* podómetro; calibre de ferradura; *~ magnet* íman em forma de ferradura; *~ nail* cravo para ferradura

horseshoer ['hɔːsʃuːə] s. ferrador

horsetail ['hɔːsteɪl] s. 1 cauda do cavalo; 2 BOTÂNICA cavalinha

horsewhip ['hɔːswɪp] Ⓐ s. chicote, pingalim Ⓑ v.tr. (particípios: **-pp-**) 1 chicotear; 2 açoitar

horsewhipping ['hɔːswɪpɪŋ] s. acção de chicotear

horsewoman ['hɔːswʊmən] s.f. (pl. **-women**) amazona

horsey ['hɔːsɪ] *adj.* 1 apaixonado por cavalos; 2 amante da equitação; 3 [*depr.*] (aparência) equino
horsiness ['hɔːsɪnɪs] *s.* imitação da maneira de ser e do modo de falar dos jóqueis
horsing ['hɔːsɪŋ] Ⓐ *adj.* (égua) com cio Ⓑ *s.* 1 acto de montar; 2 [*arc.*] acção de chicotear ❖ NÁUTICA ~ *iron* ferro de calafate
horst [hɔːst] *s.* GEOLOGIA horst, compartimento da crusta terrestre que, em consequência da descida dos compartimentos laterais, nos aparece levantado entre dois sistemas de falhas
horsy ['hɔːsɪ] *adj.* (*comp.* -ier, *superl.* -iest) 1 relativo a cavalos; 2 respeitante a corridas de cavalos; 3 hipomaníaco; apaixonado por cavalos ou corridas de cavalos
hortative ['hɔːtətɪv] *adj.* exortativo, exortatório
hortatory ['hɔːtətərɪ, 'hɔːtətɔːrɪ] *adj.* exortatório
hortensia [hɔːˈtensɪə, hɔːˈtenʃɪə] *s.* hortênsia
horticultural [ˌhɔːtɪˈkʌltʃrəl] *adj.* hortícola; hortense ❖ ~ *show* exposição de horticultura
horticulturally [ˌhɔːtɪˈkʌltʃrəlɪ] *adv.* do ponto de vista hortícola
horticulture ['hɔːtɪkʌltʃə] *s.* horticultura
horticulturist [ˌhɔːtɪˈkʌltʃərɪst] *s.* horticultor
hortus siccus [ˌhɔːtəsˈsɪkəs] *s.* herbário
hosanna [həʊˈzænə] Ⓐ *interj.* hosana!, salve! Ⓑ *s.* hosana, hossana
hose [həʊz] Ⓐ *s.* 1 mangueira; 2 VESTUÁRIO meias; peúgas; collants; 3 *s.colect.* VESTUÁRIO [*arc.*] calções Ⓑ *v.tr.* 1 regar com mangueira; lavar com mangueira; 2 fornecer uma mangueira; 3 [EUA] [*cal.*] intrujar; aldrabar; regar; 4 [*cal.*] dizimar ❖ ~ *cock* torneira da mangueira; ~ *reel* carretel para enrolar mangueiras; ~ *wrench* chave de união (de mangueiras)
✦**hose down** *v.tr.* lavar com mangueira
hosepipe ['həʊzpaɪp] *s.* mangueira, tubo de mangueira
hosier ['həʊzɪə, 'həʊʒər] *s.* camiseiro, indivíduo que vende camisas, colarinhos, peúgas, meias, etc.
hosiery ['həʊzɪərɪ, 'həʊʒərɪ] *s.* (artigos) meias
hospice ['hɒspɪs] *s.* hospício
hospitable [hɒˈspɪtəbəl, 'hɒspɪtəbəl] *adj.* hospitaleiro
hospitably [hɒˈspɪtəblɪ] *adv.* hospitaleiramente
hospital ['hɒspɪtəl] *s.* hospital ❖ ~ *attendant* assistente hospitalar; ~ *nurse* enfermeira; ~ *ship* navio-hospital; ~ *train* comboio sanitário; ~ *ward* enfermaria; *to go into* ~ ser hospitalizado
hospitaler ['hɒspɪtlə] *s.* 1 hospitalário; 2 capelão (em alguns hospitais londrinos)
hospitality [ˌhɒspɪˈtælɪtɪ] *s.* (*pl.* -ies) hospitalidade
hospitalization [ˌhɒspɪtəlaɪˈzeɪʃn] *s.* hospitalização
hospitalize ['hɒspɪtəlaɪz] *v.tr.* hospitalizar
hospitaller ['hɒspɪtələ] *s.* 1 RELIGIÃO, HISTÓRIA hospitalário; 2 capelão (em alguns hospitais) ❖ *Knights Hospitallers* cavaleiros da Ordem do Hospital; cavaleiros hospitalários
host [həʊst] Ⓐ *s.* 1 anfitrião; 2 dono da casa; 3 (país, cidade) anfitrião; organizador; *the ~ city for the Olympic Games* cidade anfitriã dos Jogos Olímpicos; 4 TELEVISÃO, RÁDIO apresentador; 5 INFORMÁTICA computador hospedeiro; 6 BIOLOGIA (organismo) hospedeiro; 7 multidão, grande número; *a ~ of things* uma porção de coisas, muitas coisas; 8 RELIGIÃO hóstia; 9 [*ant.*] hoteleiro, estalajadeiro; 10 [*arc.*] hoste, exército; *the heavenly hosts* as milícias celestes, os anjos, os corpos celestes (Sol, Lua e estrelas); RELIGIÃO *the Lord of Hosts* o Senhor dos Exércitos, Deus dos Exércitos Ⓑ *v.tr.* 1 receber; acolher; ser o anfitrião de; 2 (cidade, país) organizar; ser palco de; *to play ~ to a conference* ser palco de uma conferência; 3 TELEVISÃO, RÁDIO apresentar; 4 INFORMÁTICA (Internet) acolher, fornecer espaço para ❖ *he is a ~ in himself* ele sozinho vale por todos; *to reckon without one's ~* fazer planos sem ouvir a pessoa interessada
hostage ['hɒstɪdʒ] *s.* 1 refém; *to take/hold sb ~* fazer (alguém) refém; 2 penhor ❖ *to give hostages/a ~ to fortune* correr riscos
hostel ['hɒstəl] *s.* 1 hospedaria, estalagem, pousada; 2 lar ❖ *youth ~* pousada da juventude
hosteller ['hɒstələ] *s.* 1 (pousada, etc.) cliente; hóspede; 2 (pousada, etc.) proprietário
hostelry ['hɒstəlrɪ] *s.* (*pl.* -ies) [*arc.*] estalagem; hospedaria
hostess ['həʊstɪs] *s.f.* (*pl.* -es) 1 anfitriã; 2 dona da casa; 3 TELEVISÃO, RÁDIO apresentadora; 4 (avião, barco, comboio) assistente de bordo, hospedeira; 5 [*ant.*] estalajadeira, dona de hotel ou pensão

hostile ['hɒstaɪl] *adj.* 1 hostil [**to**, em relação a]; adverso [**to**, a]; 2 com má vontade [**to**, em relação a]; 3 agressivo [**to**, com]
hostilely ['hɒstaɪlɪ] *adv.* 1 hostilmente; agressivamente; 2 como inimigo
hostility [hɒˈstɪlɪtɪ] *s.* (*pl.* -ies) 1 hostilidade, inimizade, animosidade; *to feel ~ towards sb* sentir animosidade contra alguém; 2 agressividade; má vontade; 3 *pl.* hostilidades; ataques; estado de guerra; *to open hostilities* abrir as hostilidades
hostler ['hɒslə, 'ɒslə] *s.* ⇒ **ostler**
hot [hɒt] Ⓐ *adj.* 1 quente; com calor, cheio de calor; *to be very ~* ter muito calor; estar muito calor; (tempo) *scorching ~* a ferver; quentíssimo; (bebida) *boiling/scalding ~* a escaldar; a ferver; quentíssimo; 2 CULINÁRIA (sabor) picante; 3 (tema, assunto) quente; polémico; complicado; desagradável; ~ *issue/topic* tema quente; 4 (temperamento) impetuoso, ardente, fogoso; 5 zangado, irritado; 6 de sucesso, popular, com muita saída; 7 [*coloq.*] atraente, sexy, bom[*coloq.*]; 8 picante, lascivo, excitante; ~ *story* história picante; 9 [*coloq.*] excelente, fantástico, sensacional, muito bom [*at*, a/em]; 10 [*coloq.*] versado [*at*, em]; 11 (concorrência, competição) forte, cerrado; 12 (notícia) de última hora, quente, excitante; 13 [*cal.*] (bens, objectos, etc.) roubado, gamado[*cal.*]; 14 exigente, rígido, inflexível; 15 intenso; violento; ~ *words* palavras violentas Ⓑ *adv.* 1 dum modo quente; 2 duma maneira exaltada, exaltadamente; 3 impetuosamente; ardorosamente Ⓒ *v.tr.* (*particípios* -tt-) [*coloq.*] aquecer ❖ ~ *air* ar quente; fanfarronada; ~ *blast* jacto de ar quente; (bebida) ~ *chocolate* chocolate quente; (jogo) ~ *cockles* adivinha-quem-foi; ~ *dog* cachorro-quente; (eleições, competição, corrida, etc.) ~ *favourite* favorito; candidato à vitória; ECONOMIA ~ *money* capitais flutuantes; capitais voláteis; (roupa feminina) ~ *pants* calções curtos; mini-calções; (fogão) ~ *plate* disco de aquecimento; (máquina) ~ *press* calandra; prensa de acetinar a quente; ~ *pressing* estampagem a quente; [EUA] [*cal.*] ~ *seat* posição de responsabilidade; cadeira eléctrica; [EUA] [*cal.*] ~ *shit* espectacular; do melhor; ~ *spot* zona popular; zona perigosa; ponto sobreaquecido; ~ *spring* termas; ELECTRICIDADE ~ *wire* filamento incandescente; fio térmico; filamento emissor; [GB] [*cal.*] *shit ~* espectacular; do melhor; ~ *and heavy* muito intensamente; apaixonadamente; ~ *off the press* acabado de imprimir; (seguir) ~ *on sb's heels* em cima de alguém; muito perto de alguém; [*coloq.*] ~ *under the collar* indignado; irritado; (perseguição) *in ~ pursuit* na peugada; no seu encalço; [*coloq.*] *not so ~* nada famoso; não muito bem; *to be (all) ~ and bothered* estar de cabeça quente; irritar-se; exaltar-se; *to be ~ on sb's trail/track* estar muito perto do rasto de alguém; estar quase a apanhar alguém; [*coloq.*] *to be ~ at/on sth* saber muito sobre alguma coisa; ser inflexível em relação a alguma coisa; ser entusiasta de; *to be in the ~ seat* estar numa posição de responsabilidade; estar numa situação difícil; [*coloq.*] *to be selling/going like ~ cakes* vender como pãezinhos quentes; *to blow ~ and cold* mudar constantemente de opinião; *to get ~* aquecer; exaltar-se; *to get into ~ water* meter-se em sarilhos; cair em dificuldades; cair em desgraça; *to go ~ and cold (all over)* sentir arrepios; sentir calafrios; *to have a ~ temper* ferver em pouca água; [*coloq.*] *to let off ~ air* dizer banalidades; falar sem dizer nada; *to make it (too) ~ for sb* tornar as coisas intoleráveis para alguém; causar (demasiados) problemas a alguém
✦**hot up** Ⓐ *v.intr.* 1 [GB] [*coloq.*] (agitação, perigo, etc.) aquecer; intensificar-se; *it's hotting up!* isto está a aquecer!; 2 [*coloq.*] animar; ficar interessante Ⓑ *v.tr.* reforçar; intensificar; aumentar
hot-air [hɒtˈeə] *adj.* de ar quente ❖ ~ *balloon* balão; aeróstato; ~ *bath* estufa seca; ~ *blast* corrente de ar quente; ~ *engine* máquina de ar quente; motor a gás pobre; ~ *heater* aquecedor a ar quente; ~ *heating* aquecimento a ar quente
hotbed ['hɒtbed] *s.* 1 (jardinagem) viveiro de plantas, caixa coberta de vidro onde as plantas estão protegidas do frio pela decomposição do estrume; 2 [*fig.*] foco; centro; núcleo; antro; [*depr.*] *a ~ of vice* um antro de vício
hot-blooded ['hɒtˌblʌdɪd] *adj.* 1 de sangue na guelra; 2 fogoso; apaixonado; ardente; 3 irascível; irritável
hot-brained ['hɒtbreɪnd] *adj.* ⇒ **hotheaded**
hot-button [hɒtˈbʌtn] *adj.* [EUA] [*coloq.*] controverso, polémico; ~ *issue* tema polémico

Hotchkiss ['hɒtʃkɪs] s. determinada marca de metralhadora
hotchpot ['hɒtʃpɒt] s. **1** CULINÁRIA prato com várias coisas misturadas, sobretudo carne de carneiro com vegetais; **2** DIREITO fusão de propriedades com o objectivo de conseguir uma repartição em partes iguais; **3** miscelânea, mistura, salgalhada
hotchpotch ['hɒtʃpɒtʃ] s. CULINÁRIA estufado de carne
hotel [həʊ'tel] s. hotel; *to stay at a ~* ficar num hotel ❖ *~ workers* pessoal de hotelaria; *the ~ trade* a indústria hoteleira
hotelier [həʊ'telɪeɪ] s. proprietário de hotel; hoteleiro
hotelkeeper [həʊ'tel,ki:pə] s. [EUA] proprietário de hotel; hoteleiro
hotfoot ['hɒtfʊt] Ⓐ *adv.* [coloq.] apressadamente; precipitadamente; a toda a velocidade; a todo o gás Ⓑ *v.tr.* [coloq.] *to ~ it* andar a toda a velocidade, correr a toda a velocidade, apressar-se
hothead ['hɒthed] s. pessoa exaltada, impetuosa
hotheaded [hɒt'hedɪd] *adj.* **1** exaltado, impetuoso; **2** violento; **3** fogoso
hothouse ['hɒthaʊs] s. estufa
hotline ['hɒtlaɪn] s. **1** linha directa; **2** (chefes de estado) telefone vermelho
hotlist ['hɒtlɪst] s. lista de preferências
hotly ['hɒtlɪ] *adv.* **1** calorosamente; **2** com vivacidade, ardorosamente
hot-mould ['hɒtməʊld] *v.tr.* moldar a quente
hotness ['hɒtnɪs] s. **1** fogosidade, impetuosidade; **2** calor, ardor; **3** sabor picante, fortemente condimentado
hotpot ['hɒtpɒt] s. CULINÁRIA estufado de carne e legumes (por exemplo, cabrito, cebola e batatas)
hot-roll ['hɒtrəʊl] *v.tr.* laminar a quente
hot-short ['hɒtˌʃɔːt] *adj.* (aço) quebradiço quando quente
hotshot ['hɒtʃɒt] Ⓐ s. **1** [coloq.] figurão_coloq._; **2** [coloq.] craque, especialista, perito Ⓑ *adj.* **1** [coloq.] importante; **2** [coloq.] influente; **3** [coloq.] bem sucedido
hotspur ['hɒtspɜː] s. indivíduo impetuoso, arrebatado, violento
hotsy ['hɒtzɪ] *adj.* CINEMA comercial, popular, lucrativo
hot-tempered [hɒt'tempəd] *adj.* impulsivo; exaltado; colérico; com mau génio
Hottentot ['hɒtntɒt] *adj.,s.* [ant.] hotentote
hot-water ['hɒtˌwɔːtə] *adj.* de água quente ❖ *~ bottle* botija de água quente; *~ heater* caldeira; *~ heating* aquecimento por caldeira
hot-wire ['hɒtwaɪə] *v.tr.* [coloq.] (carro) fazer uma ligação directa em
hough [hɒk] Ⓐ s. jarrete de animal Ⓑ *v.tr.* jarretar, estropiar cortando os tendões do jarrete
hound [haʊnd] Ⓐ s. **1** cão de caça; **2** [coloq.] cão, cãozarrão; **3** [ant.] miserável, homem desprezível; **4** [coloq.] entusiasta, adepto fervoroso; **5** corredor no jogo *hare and hounds* Ⓑ *v.tr.* **1** assediar; incomodar insistentemente; importunar; perseguir; **2** caçar com cães; perseguir com cães; **3** soltar os cães ❖ (cão) *Afghan ~* galgo afegão; (cão) *Arabian gazelle ~* galgo persa; *pack of hounds* matilha de cães; *to follow the hounds/to ride to hounds* caçar com matilha
◆**hound down** *v.tr.* perseguir e capturar
◆**hound out** *v.tr.* correr com; obrigar a sair; obrigar a desistir
houndfish ['haʊndfɪʃ] s. pequeno tubarão
hounding ['haʊndɪŋ] s. NÁUTICA guinda de mastro
hound's-tongue ['haʊndztʌŋ] s. BOTÂNICA cinoglossa
hour ['aʊə] s. **1** hora; *half an ~* meia hora; **2** ocasião; momento; **3** *pl.* (trabalho, negócios, etc.) horário ❖ *~ hand* ponteiro das horas; [ant.] (relógio) *~ plate* quadrante, mostrador; *lunch ~* hora de almoço; *office hours* horário de atendimento; horário de funcionamento; *opening hours* horário de atendimento; horário de funcionamento; *rush ~* hora de ponta; (hospital) *visiting hours* horário de visitas; *after ~* hora após hora; horas e horas; durante muitas horas; *after hours* depois do horário normal de trabalho; *an hour's walk/drive* uma hora a pé/de carro; *an uncivilized ~* uma hora imprópria; *at all hours* a toda a hora; em permanência; *at the eleventh ~* à última da hora; o mais tarde possível; *by the ~* à hora; (every ~) on the ~ (de hora em hora) à hora certa; (morte) *his ~ has come* chegou a sua hora; *in an hour/an hour's time* dentro de uma hora; daqui a uma hora; *in sb's ~ of need* quando alguém necessita; num momento de necessidade; *of the ~* do momento; *out of hours* fora de horas; *the darkest ~ is just before the dawn* depois da tempestade vem a bonança; *the small hours* entre a meia-noite e as duas ou três da manhã; *to keep early/late hours* deitar-se e levantar-se cedo/tarde
hourglass ['aʊəglɑːs] s. ampulheta ❖ *~ figure* silhueta com cintura bem marcada
houri ['hʊərɪ] s. huri
hourly ['aʊəlɪ] Ⓐ *adj.* **1** horário, de hora em hora; **2** por hora; **3** contínuo Ⓑ *adv.* **1** continuamente, a todas as horas; **2** dum momento para o outro
house¹ [haʊs] s. **1** casa; habitação, domicílio; **2** agregado familiar; pessoas que vivem na casa; **3** edifício; prédio; **4** casa comercial, firma; estabelecimento; **5** POLÍTICA câmara, assembleia, parlamento; **6** TEATRO assistência, auditório ❖ [GB] *~ agent* agente imobiliário; *~ arrest* prisão domiciliária; *~ builder* construtor civil; *~ building* construção civil; (cuidados de saúde) *~ call* chamada ao domicílio; *~ cat* gato doméstico; *~ coal* carvão para consumo doméstico; *~ decorator* decorador de casas; *~ design* planta de casa; projecto de casa; NÁUTICA *~ flag* bandeira que indica a que companhia o navio pertence; *~ guest* convidado; visita; MÚSICA *~ music* música *house*; *~ physician* médico interno; médico residente; *~ sitter* alguém que toma conta de casa na ausência dos moradores; (campismo) *~ trailer* caravana; roulotte; *~ wine* vinho da casa; *business ~* casa comercial; estabelecimento comercial; *country ~* casa de campo; (livros) *publishing ~* editora; *show ~* casa modelo; *~ of cards* castelo de cartas; (parlamento) *House of Commons* Câmara dos Comuns; [EUA] *~ of correction* estabelecimento de correcção; (parlamento) *House of Lords* Câmara dos Lordes; *~ of prayer* casa de oração; *from ~ to ~* de casa em casa; (bebidas, comida) *on the ~* por conta da casa; *the ~ of God* a casa de Deus; a igreja; *the Lord's ~* a casa do Senhor; a igreja; *the lower House* a Câmara baixa; *the upper House* a Câmara alta; *the White House* a Casa Branca; TEATRO *to bring the ~ down* deitar a casa abaixo (com risos ou aplausos); *to have neither ~ nor home* não ter onde morar; *to keep ~* tratar da casa; governar a casa; ter casa própria; *to keep open ~* ter a porta sempre aberta; receber visitas a qualquer hora; [GB] *to move ~* mudar de casa; (jogo infantil) *to play ~* brincar às casinhas; *to put/set/get one's ~ in order* arrumar a casa; organizar a vida; resolver os seus problemas; *to set up ~* pôr casa; montar casa; [GB] *Wendy ~* casa de brinquedo
house² [haʊz] *v.tr.,intr.* **1** alojar, receber em casa; hospedar(-se); albergar; **2** fornecer casas; **3** abrigar; **4** conter; **5** NÁUTICA (vela) recolher, arrear; **6** NÁUTICA (mastro) arrear ❖ *to be housed in...* estar situado em...; localizar-se em...
houseboat ['haʊsbəʊt] s. casa flutuante
housebound ['haʊsbaʊnd] *adj.* confinado a casa, sem poder sair de casa
housebreaker ['haʊsˌbreɪkə] s. **1** ladrão que assalta uma casa de dia; **2** pessoa encarregada de demolir casas velhas
housebreaking ['haʊsˌbreɪkɪŋ] s. **1** violação de domicílio, assalto; **2** demolição de casas
housecoat ['haʊskəʊt] s. **1** bata; **2** penteador
housecraft ['haʊskrɑːft] s. artes domésticas
housedog ['haʊsdɒg] s. cão de guarda
housefly ['haʊsflaɪ] s. (*pl.* -ies) ZOOLOGIA mosca doméstica
houseful ['haʊsfʊl] s. casa cheia; *a ~ of people* uma casa cheia de pessoas
household ['haʊshəʊld] Ⓐ s. **1** (casa) residentes; agregado familiar; **2** casa, lar; **3** governo da casa; **4** pessoal doméstico Ⓑ *adj.* **1** da casa; doméstico; *~ expenses* orçamento doméstico; **2** caseiro; *~ remedy* remédio caseiro ❖ *~ appliances* electrodomésticos; *~ goods* mobiliário; *~ waste* resíduos domésticos; *Household Cavalry* guarda real montada; *the Queens Household* a casa real; *to become a ~ name* tornar-se muito conhecido, popular
householder ['haʊshəʊldə] s. **1** proprietário da casa, dono da casa; **2** chefe de família
housekeeper ['haʊsˌki:pə] s. **1** responsável pelo governo da casa; governanta; dona de casa; **2** vigilante, guarda de casa
housekeeping ['haʊsˌki:pɪŋ] s. **1** governo da casa; **2** economia doméstica; **3** vigilância de casa

housel [ˈhaʊzl] *v.tr.* dar a sagrada comunhão
houseleek [ˈhaʊsliːk] *s.* BOTÂNICA saião
houseless [ˈhaʊsləs] *adj.* sem casa, sem abrigo
houseline [ˈhaʊslaɪn] *s.* NÁUTICA merlim
housemaid [ˈhaʊsmeɪd] *s.* [ant.] criada ❖ *housemaid's knee* higroma do joelho
houseman [ˈhaʊsmən] *s.* (*pl.* -men) [GB] (médico) interno
housemaster [ˈhaʊsˌmɑːstə] *s.* professor encarregado da direcção de internato anexo a uma escola
housemate [ˈhaʊzmeɪt] *s.* (pessoa com quem se divide a casa) companheiro de casa
housepainter [ˈhaʊsˌpeɪntə] *s.* [EUA] pintor de casas
houseplant [ˈhaʊsplɑːnt] *s.* planta de interior
house-proud [ˈhaʊspraʊd] *adj.* preocupado com a limpeza e arrumação da casa; *to be ~* sentir orgulho da sua casa
houseroom [ˈhaʊsruːm, ˈhaʊsrʊm] *s.* **1** espaço em casa; espaço útil; **2** alojamento ❖ *not to give sth ~* não querer algo para nada
house-to-house [ˌhaʊstəˈhaʊs] *adj.* **1** de porta em porta; de casa em casa; **2** ao domicílio; domiciliário
housetrain [ˈhaʊstreɪn] *v.tr.* (animal de estimação) educar; ensinar
housetrained [ˈhaʊstreɪnd] *adj.* **1** (animal de estimação) ensinado; **2** domesticado; **3** [joc.] (marido) bem ensinado
housewares [ˈhaʊzweəz] *s.* artigos para a casa
housewarming [ˈhaʊswɔːmɪŋ] *s.* (festa em casa nova) festa de inauguração da casa; *~ party* festa de inauguração da casa; *~ present* presente de boas-vindas à nova casa
housewife[1] [ˈhaʊsweɪf] *s.* (*pl.* -ves) **1** dona de casa; **2** mãe de família
housewife[2] [ˈhʌzɪf] *s.* (*pl.* -fes ou -ves) [rar.] estojo de costura
housewifely [ˈhaʊswaɪflɪ] *adj.* **1** caseiro, doméstico; **2** de boa dona de casa ❖ *~ lore* ciência doméstica
housewifery [ˈhaʊswaɪfəɪɪ, ˈhʌzɪfrɪ] *s.* **1** trabalhos domésticos, economia doméstica; **2** governo da casa
housework [ˈhaʊswɜːk] *s.* trabalho doméstico; tarefas domésticas ❖ *to do the ~* tratar da casa, arrumar a casa
housing [ˈhaʊzɪŋ] *s.* **1** habitação; alojamento; *the ~ problem* o problema da habitação; **2** (gado, cereais, automóvel, etc.) recolha; **3** abrigo; **4** armazenamento; **5** ARQUITECTURA nicho; **6** (automóvel) invólucro do farol; **7** caixa de engrenagem, carcaça; **8** MECÂNICA encaixe; **9** (máquina) cárter, camisa; **10** NÁUTICA base onde encaixa o mastro, recolha (de vela); merlim; **11** *pl.* (cavalo) xairel, gualdrapa, caparazão ❖ [GB] *~ association* cooperativa de habitação; [EUA] *~ development* urbanização; [GB] *~ estate* urbanização; [GB] *council ~* habitação social; [EUA] *public ~* habitação social; *the ~ market* o mercado imobiliário
Houyhnhnm [ˈhuːɪnəm, ˈhwɪnəm] *s.* LITERATURA cavalo com características humanas (em *Gulliver* de Jonathan Swift)
hove [həʊv] *prt. e pp. pass. de* to heave
hovel [ˈhɒvl] *s.* **1** alpendre, telheiro, coberto; **2** cabana, choupana, casebre, casinhoto; **3** construção cónica com forno
hoveller [ˈhɒvlə] *s.* piloto ou barqueiro, sem carta de arrais, em busca de restos de naufrágios
hover [ˈhʌvə, ˈhɒvə] Ⓐ *v.tr.,intr.* **1** pairar; **2** ficar suspenso no ar; **3** voar lentamente; **4** girar [**about/round**, em volta de]; rondar [**about/round**, -]; **5** hesitar [**between**, entre]; vacilar [**between**, entre]; **6** transportar em hovercraft Ⓑ *s.* **1** sustentação no ar, acção de pairar; **2** suspensão ❖ *to ~ between life and death* estar entre a vida e a morte
hovercraft [ˈhʌvəkrɑːft, ˈhɒvəkrɑːft] *s.* hovercraft
hoverplane [ˈhʌvəpleɪn, ˈhɒvəpleɪn] *s.* [rar.] helicóptero
hoverport [ˈhʌvəpɔːt, ˈhɒvəpɔːt] *s.* porto para hovercrafts
hovertrain [ˈhʌvətreɪn, ˈhɒvətreɪn] *s.* comboio aerodeslizador, comboio que se desloca sobre almofada de ar
how [haʊ] Ⓐ *adv.* **1** como, de que maneira, de que modo; *~ ever/~ the devil/~ the dickens/~ on earth did you think of that?* como diabo é que te lembraste disso?; **2** quão; **3** quanto; **4** que; *~ do you like this beer?* que lhe parece esta cerveja?; *~ foolish!* que coisa tola! Ⓑ *s.* como; *the hows and the whys* os comos e os porquês ❖ [coloq.] (surpresa) *~ about that?* esta agora!; *~ are you?* como está?; *~ beautiful she is!* que bonita que ela é!; (apresentação de pessoas) *~ do you do?* como está?; *~ far is it?* a que distância fica?; [coloq.] *~ goes the enemy?* que horas são?; *how's that?* como é isso?; *~ many?* quantos?; *~ much?* quanto?; *~ now?* e agora?; que significa isso?; *~ old are you?* quantos anos tens?; *she does not know ~ to read or write* ela não sabe ler nem escrever; *she told us ~ she had seen them kill the man* ela disse-nos que os tinha visto matar o homem
howbeit [ˌhaʊˈbiːɪt] *adv.* **1** [arc.] seja como for; **2** não obstante
howdah [ˈhaʊdə] *s.* cadeirinha coberta, com dois ou mais lugares, nas costas de elefante
how-d'ye-do [ˌhaʊdjəˈduː] *s.* [coloq.] situação difícil, situação embaraçosa
howel [ˈhaʊəl] *s.* **1** enxó; **2** garlopa
however [haʊˈevə] *adv.,conj.* **1** de qualquer maneira, seja como for; **2** todavia, contudo ❖ *his house, ~ large, is not comfortable* apesar de grande, a casa dele não é confortável; *~ hard he works, he is not rich* por mais que trabalhe, não é rico; *~ little* por muito pouco; *~ much money he spends* por muito dinheiro que ele gaste
howitzer [ˈhaʊɪtsə] *s.* morteiro, obus
howl [haʊl] Ⓐ *s.* **1** gemido; **2** lamento, pranto; **3** uivo; *the howls of a dog* o uivar de um cão; **4** grito; **5** alarido, gritaria; **6** RÁDIO vibração na antena Ⓑ *v.tr.,intr.* **1** gemer, gritar; **2** uivar; [fig.] *the wind howled* o vento uivava; **3** rugir; **4** berrar ❖ *to ~ with laughter* rir a bandeiras despregadas; rir a bom rir
◆**howl down** *v.tr.* vaiar (alguém) para impedir que seja ouvido; *to howl a speaker down* vaiar um orador para o impedir de se fazer ouvir
howler [ˈhaʊlə] *s.* **1** [coloq.] gaffe, bacorada; **2** pessoa que berra, que grita; **3** ZOOLOGIA (macaco) bugio, aluata; **4** vibrador
howlet [ˈhaʊlət] *s.* [dial.] coruja
howling [ˈhaʊlɪŋ] Ⓐ *adj.* **1** uivante; gritante; vociferante; barulhento; **2** (muito grande) enorme; monstruoso; *to be a ~ success* fazer um sucesso estrondoso Ⓑ *s.* **1** barulho; alarido; clamor; **2** uivo; **3** RÁDIO vibração na antena ❖ *a ~ shame* uma vergonha escandalosa; *a ~ storm* uma tempestade terrível; *a ~ wilderness* um deserto medonho; um ermo pavoroso; *the ~ of the wind* o sibilar do vento
howsoever [ˌhaʊsəʊˈevə] *adv.,conj.* ⇒ **however**
hoy [hɔɪ] Ⓐ *s.* **1** pequeno barco costeiro para transporte de passageiros e mercadorias; **2** batelão Ⓑ *interj.* **1** eh!, olá!, ei!; **2** NÁUTICA ó do barco!
hoyden [ˈhɔɪdn] *s.* maria-rapaz; rapariga arrapazada
hoydenhood [ˈhɔɪdnhʊd] *s.* modos arrapazados (de rapariga)
hoydenish [ˈhɔɪdnɪʃ] *adj.* arrapazado
HP Ⓐ [abrev. de high pressure] Ⓑ [abrev. de hire purchase] Ⓒ [abrev. de horsepower] Ⓓ [abrev. de Houses of Parliament]
HPV MEDICINA [abrev. de human papilloma virus] vírus do papiloma humano
HQ [abrev. de Headquarters]
HR Ⓐ [GB] [abrev. de Home Rule] Ⓑ [EUA] [abrev. de House of Representatives] Ⓒ [abrev. de human resources]
HRE Ⓐ [abrev. de Holy Roman Emperor] Ⓑ [abrev. de Holy Roman Empire]
HRH [abrev. de His (ou Her) Royal Highness]
HRIP [abrev. de Hic Requiescit in Pace (Here rests in peace)]
hryvnia [ˈ(h)rɪvnɪə] *s.* (moeda da Ucrânia) hryvnia
Hs QUÍMICA [símbolo de hassium]
HSH [abrev. de His (ou Her) Serene Highness]
HT Ⓐ DESPORTO [abrev. de half-time] Ⓑ ELECTRICIDADE [abrev. de high tension] Ⓒ [abrev. de high tide]
HTML INFORMÁTICA (Internet) [abrev. de Hypertext Markup Language]
HTR [abrev. de high temperature reactor]
HTTP INFORMÁTICA [abrev. de Hypertext Transfer Protocol]
huarache [wəˈrɑːʃiː] *s.* VESTUÁRIO sandália mexicana
hub [hʌb] *s.* **1** fulcro, ponto central, foco; centro principal de actividade; *a ~ of commerce* um centro de comércio; **2** cubo de roda, eixo; **3** aeroporto central, aeroporto principal; **4** INFORMÁTICA concentrador; **5** (espada, punhal, etc.) punho; **6** [coloq.] (cidade) *the ~* (a cidade de) Boston (Massachusetts) ❖ *at the ~ of sth* no fulcro de algo; [coloq.] *up to the ~* completamente; até ao eixo
hubble-bubble [ˈhʌbləˌbʌblə] *s.* **1** (cachimbo) tipo de narguilé; **2** (som gorgolejante) gluglu; **3** conversa confusa
hubbub [ˈhʌbʌb] *s.* **1** tumulto, ruído, barulho, confusão, rebuliço; **2** berreiro, clamor, gritaria

hubby ['hʌbɪ] *s. (pl. -ies)* [coloq.] marido
hubcap ['hʌbkæp] *s.* (carro) tampão (do pneu) ❖ ~ *badge* emblema do tampão
Hubert ['hju:bət] *s.antr.* Humberto
hubris ['hju:brɪs] *s.* 1 arrogância, presunção; 2 atrevimento; 3 insolência; 4 LITERATURA (tragédia) hybris
hubristic [hju:'brɪstɪk] *adj.* 1 arrogante, presunçoso; 2 insolente; 3 LITERATURA (tragédia) de hybris
hubristically [hju:'brɪstɪklɪ] *adv.* 1 arrogantemente, com presunção; 2 com insolência
huckaback ['hʌkəbæk] *s.* pano de linho, áspero e forte, para toalhas, guardanapos, etc.
huckleberry ['hʌklbərɪ, 'hʌklberɪ] *s. (pl. -ies)* BOTÂNICA baga de murta, centáurea-azul
huckster ['hʌkstə] Ⓐ *s.* 1 vendedor ambulante; 2 bufarinheiro; 3 traficante Ⓑ *v.tr.,intr.* 1 vender coisas miúdas pelas ruas; 2 negociar; 3 regatear; 4 traficar
hucksterer ['hʌkstərə] *s.* 1 vendedor ambulante; 2 traficante; 3 regateiro
hucksteress ['hʌkstərɪs] *s.f. (pl. -es)* 1 vendedeira ambulante; 2 regateira
huckstering ['hʌkstərɪŋ] *s.* 1 negócio; 2 compra e venda; 3 venda ambulante; 4 regateio; 5 traficância
huckstery ['hʌkstərɪ] *s.* 1 venda ambulante; 2 regateira; 3 artigos de vendedor ambulante; 4 tráfico
huddle ['hʌdl] Ⓐ *s.* 1 barafunda, confusão, trapalhada, desordem; 2 amontoado; *all in a ~* num montão, amontoado à sorte Ⓑ *v.tr.,intr.* 1 amontoar em desordem, juntar, acumular desordenadamente; pôr em montão; 2 (pessoas) acotovelar-se; empurrar-se; comprimir-se; apinhar-se ❖ (troca de opiniões) *to go into a ~* reunir-se para conferenciar; juntar-se a um canto
hue [hju:] *s.* matiz, cor, tonalidade, colorido; ~ *of health* cor de saúde ❖ *to change the ~* mudar de cor
hue and cry [hju:ən'kraɪ] *s.* 1 grito por socorro; 2 protesto em alta voz; 3 clamor público; alarido; gritaria; 4 DIREITO (para captura de criminoso) proclamação ❖ *to raise a ~ after sb* perseguir alguém com grande gritaria; *to raise a ~ against...* levantar um grande protesto contra...
huff [hʌf] Ⓐ *s.* 1 jactância, fanfarronada; 2 acesso de arrogância ou cólera; 3 (jogo das damas) acto de comer uma pedra Ⓑ *v.tr.,intr.* 1 magoar, irritar, ferir; 2 ofender; 3 (jogo das damas) comer; 4 zangar-se, irritar-se, enfatuar-se; 5 [arc.] arquejar ❖ *in a ~* todo zangado; todo formalizado; *to feel huffed* zangar-se; sentir-se ofendido; *to get into a ~* irritar-se; encolerizar-se; *to ~ and puff* bufar de irritação; *to take the ~* ofender-se
huffily ['hʌfɪlɪ] *adv.* 1 irritadamente; 2 com má disposição; 3 arrogantemente
huffiness ['hʌfɪnɪs] *s.* 1 irritabilidade, má disposição; 2 arrogância; 3 susceptibilidade
huffing ['hʌfɪŋ] *s.* acto de comer uma pedra no jogo das damas
huffish ['hʌfɪʃ] *adj.* 1 irritável, irritado; 2 susceptível, que se ofende facilmente
huffy ['hʌfɪ] *adj. (comp. -ier, superl. -iest)* 1 zangado; 2 irritado; 3 ofendido; 4 susceptível; 5 irritável, insolente
hug [hʌg] Ⓐ *s.* 1 abraço; *to give sb a ~* abraçar alguém, dar um abraço a alguém; 2 abraço caloroso, abraço apertado Ⓑ *v.tr. (particípios: -gg-)* 1 abraçar; 2 apertar nos braços; cingir com os braços; 3 aceitar, adoptar; 4 prezar; acarinhar mentalmente; 5 NÁUTICA cingir-se com; *to ~ the wind* cingir-se ao vento ❖ *to ~ oneself over sth* felicitar-se por alguma coisa; orgulhar-se de si mesmo; *to ~ the shore* navegar ao longo da costa, perto da costa
huge [hju:dʒ] *adj.* 1 muito grande; 2 enorme, imenso, formidável
hugely ['hju:dʒlɪ] *adv.* 1 imensamente, enormemente; 2 formidavelmente, extremamente
hugeness ['hju:dʒnɪs] *s.* 1 enormidade; grandeza descomunal; 2 imensidão
hugeous ['hju:dʒəs] *adj.* [coloq., joc.] ⇒ **huge**
hugeously ['hju:dʒəslɪ] *adv.* [coloq., joc.] ⇒ **hugely**
hugeousness ['hju:dʒəsnɪs] *s.* [coloq., joc.] ⇒ **hugeness**
huggable ['hʌgəbəl] *adj.* que apetece abraçar

hugger-mugger ['hʌgə,mʌgə] Ⓐ *s.* 1 desordem, confusão, baralhada, barafunda; 2 segredo Ⓑ *adj.* 1 confuso, baralhado, desordenado; 2 secreto, clandestino Ⓒ *adv.* 1 à sorte, em desordem, confusamente; 2 clandestinamente Ⓓ *v.tr.,intr.* 1 esconder, ocultar, abafar; 2 agir secretamente; 3 atrapalhar-se, proceder sem método, viver à toa ❖ [arc.] *in ~* clandestinamente; em segredo
Hugh [hju:] *s.antr.* Hugo
hug-me-tight [,hʌgmi:'taɪt] *s.* VESTUÁRIO camisola de lã justa ao corpo
Hugo ['hju:gəʊ] *s.antr.* Hugo
Hugoesque [hju:gəʊ'esk] *adj.* huguesco
Huguenot ['hju:gənəʊ, 'hju:gənɒt] *s.* huguenote
hula ['hu:lə] *s.* dança feminina nas ilhas Hawai
hulk [hʌlk] Ⓐ *s.* 1 NÁUTICA (navio velho) carcaça; 2 (carro) lata velha, calhambeque; 3 [fig.] (pessoa) brutamontes; matulão; 4 casco de navio; 5 galé; 6 pontão Ⓑ *v.tr.* 1 (pessoa) mover-se desajeitadamente; 2 (marinheiros) aquartelar, instalar, alojar no pontão; 3 [ant.] estripar
hulking ['hʌlkɪŋ] *adj.* pesado, maljeitoso, pesadão
hull [hʌl] Ⓐ *s.* 1 NÁUTICA casco, carcaça; *the ship is ~ down* só se vêem os mastros e as chaminés do navio, não se vê o casco; 2 BOTÂNICA vagem, casca, invólucro Ⓑ *v.tr.* 1 descascar, tirar a casca de; 2 NÁUTICA (navio) furar o casco de
hullabaloo [,hʌləbə'lu:] *s.* barulho, banzé, algazarra
huller ['hʌlə] *s.* pessoa que descasca, descascador
hulling ['hʌlɪŋ] *s.* descasque, decorticação
hullo [hə'ləʊ] *interj.,s.* ⇒ **hello**
hulloa [hə'ləʊ] *interj.,s.* ⇒ **hello**
hum [hʌm] Ⓐ *s.* 1 (ruído surdo) zumbido, zunido, zunzum, sussurro; ronrom; 2 barulho; *the ~ of traffic* o barulho do tráfego; 3 [cal.] burla, logro, imposturice Ⓑ *v.tr.,intr. (particípios: -mm-)* 1 zumbir, sussurrar, fazer um zunzum semelhante ao das abelhas; 2 murmurar; 3 cantarolar por entre dentes; 4 [fig.] desenvolver grande actividade, pôr em grande actividade; 5 pronunciar de lábios semicerrados; 6 pronunciar um som em sinal de hesitação; 7 [coloq., arc.] enganar Ⓒ *interj.* (dúvida, hesitação) hum! ❖ MÚSICA *hummed accompaniment* acompanhamento à boca fechada; *to ~ and haw* hesitar; mostrar-se reticente; duvidar; *to make things ~* pôr tudo em actividade
human ['hju:mən] Ⓐ *adj.* humano, próprio do homem; *to err is ~* errar é próprio do homem Ⓑ *s.* ser humano; ~ *being* ser humano ❖ ~ *engineering* ergonomia; ~ *error* falha humana; ~ *nature* natureza humana; ~ *race* humanidade; ~ *resources* recursos humanos; ~ *rights* direitos humanos; MILITAR ~ *shield* escudo humano; ~ *touch* calor humano
humane [hju:'meɪn] *adj.* 1 humano, humanitário, compassivo; 2 relativo ao homem; 3 humanístico ❖ ~ *killer* aparelhagem para matar gado sem causar sofrimento; ~ *society* sociedade protectora dos animais; ~ *studies* estudos humanísticos; humanidades
humanely [hju:'meɪnlɪ] *adv.* com humanidade, humanitariamente, compassivamente
humaneness [hju:'meɪnɪs] *s.* compassividade, bondade, clemência, humanidade
humanism ['hju:mənɪzm] *s.* humanismo
humanist ['hju:mənɪst] *adj.,s.* humanista
humanistic [,hju:mə'nɪstɪk] *adj.* humanístico
humanitarian [hju:,mænɪ'teərɪən] Ⓐ *adj.* humanitário Ⓑ *s.* humanitário, filantropo ❖ ~ *aid* ajuda humanitária; ~ *organization* organização humanitária
humanitarianism [hju:,mænɪ'teərɪənɪzm] *s.* humanitarismo
humanity [hju:'mænɪtɪ] *s. (pl. -ies)* 1 humanidade, o género humano, a natureza humana; 2 bondade, benevolência; 3 *pl.* humanidades, estudos humanísticos
humanization [,hju:mənaɪ'zeɪʃn] *s.* humanização
humanize ['hju:mənaɪz] *v.tr.,intr.* humanizar, humanizar-se
humankind [,hju:mən'kaɪnd] *s.* género humano, humanidade
humanly ['hju:mənlɪ] *adv.* humanamente, como ser humano
humanness ['hju:mənnɪs] *s.* 1 características humanas; 2 humanidade
humanoid ['hju:mənɔɪd] *adj.,s.* humanóide

Humbert ['hʌmbət] s.antr. Humberto
humble ['hʌmbəl] Ⓐ adj. 1 humilde; 2 simples, modesto; despretensioso Ⓑ v.tr. 1 tornar humilde; 2 humilhar; rebaixar, vexar; *to ~ oneself* humilhar-se; rebaixar-se ❖ CULINÁRIA [arc.] *~ pie* tarte/pudim de coração, fígado, rins e miúdos de veado; BOTÂNICA *~ plant* sensitiva; [coloq.] *in my ~ opinion* na minha modesta opinião; *my ~ apologies* as minhas sinceras desculpas; *of ~ birth* de nascimento humilde; *of ~ origin* de origens humildes; *to eat ~ pie* reconhecer que se estava errado; pedir desculpa; retractar-se; *your ~ servant* um seu humilde criado
humblebee ['hʌmbəlbi:] s. zângão; abelhão
humbleness ['hʌmbəlnıs] s. humildade
humbling ['hʌmblıŋ] Ⓐ adj. humilhante Ⓑ s. humilhação
humbly ['hʌmbli] adv. humildemente, modestamente
humbug ['hʌmbʌg] Ⓐ s. 1 mistificação, mentira, fraude, embuste; 2 comportamento doloso; 3 linguagem pouco séria; 4 mistificador, mentiroso, intrujão, impostor; 5 [GB] caramelo de menta Ⓑ v.tr.,intr. (particípios: *-gg-*) 1 enganar, mistificar; *to ~ sb into doing sth* enganar alguém para conseguir que faça algo; 2 iludir; 3 mentir; contar imposturices; 4 comportar-se sem seriedade; *to ~ about* comportar-se como um tolo
humbugging ['hʌmbʌgıŋ] Ⓐ adj. doloso, mentiroso, falso Ⓑ s. dolo, engano, mistificação
humdinger ['hʌmdıŋə] s. [coloq.] (coisa, pessoa, acontecimento) espectáculo_{coloq.}; *he's a humdinger!* ele é um espectáculo; *a ~ of a book* um livro espectacular, um livro sensacional; *it's a humdinger!* fantástico!, espectacular!
humdrum ['hʌmdrʌm] Ⓐ adj. enfadonho, monótono, vulgar, banal Ⓑ s. 1 monotonia, ramerrão; 2 indivíduo que nunca sai dos mesmos hábitos, pessoa de horizontes muito limitados Ⓒ v.intr. (particípios: *-mm-*) 1 ir no seu ramerrão; 2 ser um tanto limitado
humdrumness ['hʌmdrʌmnıs] s. vulgaridade, banalidade, monotonia
humectant [hju:'mektənt] Ⓐ adj. que absorve a humidade Ⓑ s. substância que absorve a humidade
humectation [hjumık'teıʃn] s. humidificação, humectação
humeral ['hju:mərəl] adj. umeral, referente ao úmero
humerus ['hju:mərəs] s. (pl. *-i*) ANATOMIA úmero
humgruffin [hʌm'grʌfən] s. [depr.] pessoa horrível
humic ['hju:mık] adj. húmico
humid ['hju:mıd] adj. húmido
humidification [hjumıdıfı'keıʃn] s. humidificação
humidifier [hju'mıdıfaıə] s. (dispositivo) humidificador ❖ *~ pan* panela de humidificação
humidify [hju'mıdıfaı] v.tr. humidificar
humidity [hju'mıdıtı] s. humidade; *~ of the air* humidade do ar, estado higrométrico do ar
humidor ['hju:mıdɔ:] s. (tabaco) máquina humidificadora, aparelho para humidificar o ar; caixa com dispositivo de humidificação
humiliate [hju:'mılıeıt] v.tr. 1 humilhar; 2 rebaixar
humiliating [hju:'mılıeıtıŋ] adj. humilhante
humiliation [hju:ˌmılı'eıʃn] s. 1 humilhação; 2 vexame; 3 afronta
humiliatory [hju:'mılıətəri] adj. humilhante
humility [hju:'mılıtı] s. 1 humildade; 2 submissão; 3 modéstia
humite ['hju:maıt] s. MINERALOGIA silicato natural de magnésio
hummable ['hʌməbl] adj. [coloq.] melódico, que fica no ouvido
hummel ['hʌml] s. veado sem chifres
humming ['hʌmıŋ] Ⓐ s. 1 sussurro, murmúrio; 2 zumbido Ⓑ adj. sussurrante ❖ *~ ale* cerveja muito forte; *~ and hawing* dúvidas e hesitações
hummingbird ['hʌmıŋbɜ:d] s. ZOOLOGIA (ave) colibri, beija-flor
hummock ['hʌmək] s. 1 montículo de terra, outeirinho, pequeno cabeço; 2 crista, pequena elevação em campo de gelo
hummocky ['hʌməkı] adj. com montículos, com pequenas elevações
humongous [ˌhju'mʌŋɡəs] adj. [coloq.] enorme, gigantesco, monstruoso
humoral ['hju:mərəl] adj. humoral; relativo aos humores ou fluidos do corpo
humoralist ['hju:mərəlıst] s. humoralista
humorist ['hju:mərıst] s. humorista
humoristic [ˌhju:mə'rıstık] adj. humorístico

humorous ['hju:mərəs] adj. 1 com humor, com graça; 2 engraçado; 3 que provoca o riso
humorously ['hju:mərəslı] adv. 1 humoristicamente; 2 com graça; 3 com comicidade
humorousness ['hju:mərəsnıs] s. comicidade, jocosidade
humour ['hju:mə] Ⓐ s. 1 humor; disposição; estado de espírito; *in a bad ~* de mau humor; *in a drinking ~* com disposição para beber; *in a giving ~* com disposição para a generosidade; *in a good ~* com boa disposição; *to be in no ~ for* não estar com disposição para; 2 humor, comicidade, graça, piada; *sense of ~* sentido de humor; *the ~ of the situation* o lado cómico da questão; 3 [ant.] humor, substância circulante no organismo; *the humours of the human body* os humores do corpo humano Ⓑ v.tr. fazer a vontade a; submeter-se aos caprichos de; ceder a, não contrariar ❖ ANATOMIA (olho) *aqueous ~* humor aquoso; ANATOMIA (olho) *vitreous ~* humor vítreo; *to do a thing for the ~ of it* fazer uma coisa por brincadeira
humourless ['hju:məlıs] adj. 1 sem sentido de humor; 2 sem graça
humoursome ['hju:məsəm] adj. 1 caprichoso; 2 de temperamento incerto; 3 petulante; 4 engraçado, com humor
humous ['hju:məs] adj. humoso
hump [hʌmp] Ⓐ s. 1 corcunda; 2 (camelo) bossa; 3 (superfície) lomba Ⓑ v.tr. 1 arquear, corcovar, pôr em forma de corcunda; 2 [coloq.] carregar com; *I'm tired of humping all this luggage* estou farto de carregar com esta bagagem toda; 3 [cal.] ter relações sexuais com Ⓒ v.intr. [cal.] ter relações sexuais ❖ *to ~ up one's shoulders* encolher os ombros; meter a cabeça entre os ombros; *we're over the ~ now!* o pior já passou!
humpback ['hʌmpbæk] s. corcunda
humpbacked ['hʌmp͵bækd] adj. corcunda, com corcunda
humped ['hʌmpt] adj. 1 com corcunda, corcovado; 2 em lomba
humph [hʌmf] interj. (dúvida, desagrado) hum!
humpty-dumpty [ˌhʌmptı'dʌmptı] s. 1 pessoa gorda e pequena; 2 indivíduo baixo e gorducho
humpy ['hʌmpı] Ⓐ s. (pl. *-ies*) cabana australiana Ⓑ adj. (comp. *-ier*, superl. *-iest*) 1 corcovado, com corcova; 2 corcunda; 3 arqueado
humus ['hju:məs] s. húmus, terra vegetal
Hun [hʌn] s. 1 huno; 2 [fig.] indivíduo bárbaro, destruidor; 3 [depr.] alemão
hunch [hʌntʃ] Ⓐ s. (pl. *-es*) 1 corcova; 2 grande pedaço de pão, bolo, queijo, etc.; 3 suspeita, desconfiança, pressentimento, palpite; *it was just a ~* foi só um palpite; *to have a ~ that* ter o pressentimento de que; 4 cotovelada Ⓑ v.tr. 1 (costas) arquear; 2 (ombros) encolher; 3 acotovelar
hunchback ['hʌntʃbæk] s. ⇒ humpback
hunchbacked ['hʌntʃbækd] adj. corcunda
hundred ['hʌndrəd] num.card.,s. 1 cem; *a ~ boys* cem rapazes; 2 cento, centena; *hundreds of people* centenas de pessoas; *a few ~ people* algumas centenas de pessoas; *a ~ and one* cento e um; *by hundreds* aos cento; *by the ~* ao cento; *four ~ boys* quatrocentos rapazes; *great ~/long ~* cento e vinte; *in sixteen ~ and forty* em mil seiscentos e quarenta; *three ~ and ten* trezentos e dez; 3 geralm. no pl. (grande quantidade) montes [of, de]; *I've told you hundreds of times!* já te disse um montão de vezes! ❖ HISTÓRIA *the Hundred Years War* a Guerra dos Cem Anos; *to have a ~ and one things to do* ter mil e uma coisas a fazer
hundredfold ['hʌndrədfəʊld] num.mult. 1 cêntuplo; 2 cem vezes mais ❖ *to increase a ~* centuplicar
hundredth ['hʌndrədθ] num.ord.,adj.,s. centésimo
hundredweight ['hʌndrədweıt] s. 1 quintal; 2 [GB] peso de 112 libras (= 45,802 kg); 3 [EUA] peso de 100 libras (= 45,359 kg)
hung [hʌŋ] Ⓐ {prt. e part. pass. *de* **to hang**} Ⓑ adj. 1 ansioso [about, em relação a]; 2 preocupado [about, com]; 3 [cal.] (homem) dotado, com órgãos genitais volumosos ❖ POLÍTICA *~ parliament* parlamento sem maioria; *to be ~ up* atrasar-se; ficar retido; [coloq.] *to be ~ up (about)* ter complexos (em relação a); [coloq.] *to be ~ up (on)* estar obcecado (por); estar doido (por); [EUA] [coloq.] *to be ~ up (over)* estar preocupado (com)
Hungarian [hʌŋ'geərıən] adj.,s. húngaro
Hungary ['hʌŋɡərı] s.top. Hungria ❖ *~ water* água da rainha da Hungria

hunger [ˈhʌŋɡə] Ⓐ s. 1 fome; 2 [fig.] desejo ardente; sede [**for**, de] Ⓑ v.tr.,intr. 1 ter fome, estar esfomeado; 2 [rar.] esfomear, esfaimar, matar à fome; 3 desejar ardentemente [**after/for**, -]; ansiar [**after/for**, por] ❖ **~ march** marcha da fome; BOTÂNICA **~ weed** rainúnculo campestre; [cal.] *from* — deplorável; pobrezinho; muito mau; *to die of ~* morrer à fome; *(to go on a) ~ strike* (fazer) greve de fome; *to satisfy sb's ~* saciar a fome de alguém

hungered [ˈhʌŋɡəd] adj. esfomeado

hungerer [ˈhʌŋɡərə] s. aquele que tem fome [**after**, de]; aquele que anseia [**for**, por]

hungering [ˈhʌŋɡərɪŋ] s. fome, ânsia (de)

hunger-strike [ˈhʌŋɡəstraɪk] Ⓐ s. greve de fome Ⓑ v.tr. ⟨prt. e part. pass. **hunger-struck**⟩ fazer greve de fome

hungover [ˈhʌŋɡəʊvə] adj. com ressaca; ressacado

hungrily [ˈhʌŋɡrɪlɪ] adv. 1 dum modo faminto; 2 avidamente

hungry [ˈhʌŋɡrɪ] adj. ⟨comp. **-ier**, superl. **-iest**⟩ 1 faminto, esfomeado; *a ~ look* um olhar esfomeado; *to be ~* ter fome; *to make sb ~* dar fome a alguém; 2 desejoso [**for**, de]; ávido [**for**, por]; *to be ~ for* ter fome de, ansiar por; 3 (terreno) estéril, pouco produtivo, pobre ❖ HISTÓRIA *Hungry Forties* a década de 1840-1849 em Inglaterra; *a ~ belly has no ears* palavras bonitas não enchem barriga; não se prega o Evangelho a estômagos vazios; *to be as ~ as a hunter* ter uma fome canina; *to go ~* passar fome

hunk [hʌŋk] s. 1 naco, pedaço grande de pão, queijo, bolo, etc.; 2 [coloq.] (homem atraente) pedaço de homem, pão_fig., coloq._, borracho_fig., coloq._

hunker [ˈhʌŋkə] v.intr. aninhar-se, acocorar-se, agachar-se; *to ~ down* acocorar-se

hunkers [ˈhʌŋkəz] s.pl. nádegas, traseiro ❖ *on your ~* agachado; de cócoras

hunks [hʌŋks] s. 1 [coloq.] avarento; 2 unhas-de-fome

hunky [ˈhʌŋkɪ] adj. ⟨comp. **-ier**, superl. **-iest**⟩ 1 [coloq.] atraente; 2 [coloq.] bem constituído

hunky-dory [ˌhʌŋkɪˈdɔːrɪ] adj. [coloq.] óptimo

Hunnish [ˈhʌnɪʃ] adj. 1 huno; 2 referente aos Hunos, próprio dos Hunos; 3 selvagem, extremamente feroz

Hunnishness [ˈhʌnɪʃnɪs] s. 1 procedimento próprio de Hunos; 2 ferocidade

hunt [hʌnt] Ⓐ v.tr.,intr. 1 caçar; 2 procurar, andar em busca [**after/for**, de]; 3 perseguir; andar à caça de; *to ~ a thief* perseguir um ladrão; 4 correr atrás de caça grossa, perseguir a caça; montear; 5 percorrer uma região caçando, percorrer uma região em busca de algo; 6 pôr fora, expulsar [**out of**, de] Ⓑ s. 1 caça; caçada; *a good ~* uma boa caçada; 2 (criminosos) perseguição; caça [**for**, a]; *the ~ for the terrorists* a caça aos terroristas; 3 procura, busca [**for**, de]; 4 grupo de caçadores; 5 montaria; 6 matilha; 7 região de caça ❖ *treasure ~* caça ao tesouro; *the ~ is on* a caça começou; a busca começou; *to ~ high and low* procurar em todo o lado

◆**hunt down** v.tr. 1 perseguir; andar à caça de; 2 caçar; perseguir e capturar; apanhar; 3 descobrir; achar

◆**hunt out/up** v.tr. 1 andar à procura de; 2 desencantar; desenterrar; encontrar; descobrir

hunter [ˈhʌntə] s. 1 caçador*m*; *lion ~* caçador de leões; 2 cavalo de caça; 3 cão de caça; 4 relógio com tampa protectora do mostrador ❖ *hunter's horn* trombeta de caça

hunting [ˈhʌntɪŋ] Ⓐ s. 1 caça; caçada; 2 cinegética, arte da caça; 3 [fig.] (procura) caça; *job ~* caça ao emprego; 4 ELECTRICIDADE oscilação pendular, irregularidade de movimento mecânico Ⓑ adj. que caça, caçador; de caça; *~ dog* cão de caça; *~ horse* cavalo de caça ❖ *~ belt* cartucheira; cinto com cartuchos; *~ cap* boné de caça; *~ case* caixa protectora de relógio de bolso; *~ crop* pequeno chicote de caça; *~ ground* terreno onde se realiza a caçada; *~ horn* trompa de caça; *~ match/party* caçada; *~ pole* vara para bater o mato; *~ seat/lodge* casa senhorial habitada durante a época de caça; *a good/happy/great ~ ground for* um terreno propício para a caça; *to go ~* ir à caça

huntress [ˈhʌntrɪs] s.f. ⟨pl. **-es**⟩ caçadora

huntsman [ˈhʌntsmən] s. ⟨pl. **-men**⟩ 1 caçador que utiliza matilhas de cães; 2 batedor de caça

huntsmanship [ˈhʌntsmənʃɪp] s. cinegética, arte da caça

hurdle [ˈhɜːdl] Ⓐ s. 1 barreira; 2 [fig.] obstáculo; 3 tapume; 4 pl. DESPORTO corrida de barreiras Ⓑ v.tr. 1 vedar com sebes, com tapumes; 2 saltar barreiras; 3 saltar obstáculos; 4 [fig.] vencer uma dificuldade

hurdler [ˈhɜːdlə] s. 1 DESPORTO corredor de barreiras; 2 saltador de obstáculos; 3 fabricante de tapumes

hurdling [ˈhɜːdlɪŋ] s. 1 DESPORTO corrida de obstáculos; 2 acto de saltar obstáculos ou barreiras

hurds [hɜːdz] s.pl. 1 estopa; 2 refugos de fiação

hurdy-gurdy [ˈhɜːdɪˌɡɜːdɪ] s. ⟨pl. **-ies**⟩ MÚSICA realejo

hurl [hɜːl] Ⓐ v.tr. 1 atirar violentamente; lançar com violência; 2 [Irl.] jogar o *hurley* Ⓑ s. 1 arremesso violento; 2 golpe violento ❖ *to ~ abuse* vomitar injúrias; injuriar; insultar; *to ~ back* repelir; *to ~ down* precipitar; deitar abaixo; *to ~ oneself at* precipitar-se para; *to ~ stones* atirar pedras; *to ~ threats* ameaçar; proferir ameaças

hurler [ˈhɜːlə] s. 1 aquele que atira, lançador; 2 [Irl.] jogador de *hurley*

hurley [ˈhɜːlɪ] s. 1 *hurley*, variedade irlandesa do jogo do hóquei; 2 aléu usado no hóquei

hurling [ˈhɜːlɪŋ] s. 1 lançamento; 2 arremesso; 3 hóquei irlandês

hurly-burly [ˈhɜːlɪˌbɜːlɪ] s. barulho, balbúrdia, agitação, barafunda, lufa-lufa

hurrah [həˈrɑː] Ⓐ s. hurra; viva Ⓑ v.tr.,intr. 1 saudar com hurras; dar vivas; 2 aclamar, vitoriar Ⓒ interj. hurra!, viva!; *hip! hip! hurrah!* hurra!; *~ for the King!* viva o rei!

hurray [həˈreɪ] s.,v.tr.,intr.,interj. ⇒ **hurrah**

hurricane [ˈhʌrɪkən, ˈhʌrɪkeɪn] s. 1 furacão; ciclone; 2 NÁUTICA tempestade com vento ciclónico; 3 [fig.] furacão ❖ ZOOLOGIA (ave) *~ bird* fragata; NÁUTICA *~ deck* coberta superior; *~ lamp/lantern* lanterna à prova do vento; *~ wind* vento tempestuoso

hurried [ˈhʌrɪd] adj. apressado, com pressa

hurriedly [ˈhʌrɪdlɪ] adv. apressadamente, precipitadamente, a toda a pressa

hurriedness [ˈhʌrɪdnɪs] s. pressa, precipitação

hurry [ˈhʌrɪ] Ⓐ s. ⟨pl. **-ies**⟩ 1 pressa; *there's no ~* não há pressa; 2 precipitação; 3 confusão Ⓑ v.tr.,intr. apressar(-se); despachar(-se); andar depressa; *don't ~* não tenha pressa; *don't ~ him* deixa-o à vontade, não o apresses; *he hurried through his dinner* jantou a correr ❖ *to ~ away* ir-se rapidamente embora; *to ~ home* ir rapidamente para casa; *to ~ off* partir a toda a pressa; *to be in a ~* estar com pressa; estar cheio de impaciência; *to do sth in a ~* fazer uma coisa apressadamente

◆**hurry along** v.intr. apressar-se v.tr. fazer andar precipitadamente ❖ *hurry along, please!* mais depressa, por favor!

◆**hurry back** v.intr. apressar-se a voltar; regressar depressa

◆**hurry on** Ⓐ v.intr. apressar-se; ir depressa [**to**, para]; passar depressa [**to**, para] Ⓑ v.tr. apressar; acelerar; despachar ❖ *to ~ to ruin* correr para a sua perdição

◆**hurry up** Ⓐ v.intr. apressar-se; despachar-se; *we must ~* temos de nos despachar Ⓑ v.tr. fazer andar rapidamente; mandar apressar ❖ *hurry up!* mais depressa!; despacha-te!

hurry-scurry [ˌhʌrɪˈskʌrɪ] Ⓐ adv. 1 desordenadamente; 2 em desordem Ⓑ s. desordem, confusão

hurst [hɜːst] s. 1 pequena colina; 2 cabeço arborizado; 3 pequeno bosque; 4 (rio, mar) banco de areia

hurt [hɜːt] Ⓐ v.tr.,intr. ⟨prt. e part. pass. **hurt**⟩ 1 ferir, magoar; *to ~ oneself* magoar-se; 2 lesionar; 3 fazer mal a; 4 prejudicar, causar dano ou prejuízo a; 5 fazer sofrer; 6 ofender; 7 ferir os sentimentos de; 8 doer; *where does it hurt?* onde é que dói? Ⓑ s. 1 mal; 2 sofrimento; 3 prejuízo, dano; 4 injúria; 5 ferida, ferimento Ⓒ adj. ferido; magoado; *I'm ~* estou ferido ❖ NÁUTICA *~ certificate* atestado médico de ferimento recebido; *it won't ~ you to get up early* não te faz mal nenhum levantares-te cedo; *she wouldn't ~ a fly* ela não faz mal a uma mosca

hurter [ˈhɜːtə] s. 1 aquele que fere; 2 MECÂNICA batente, espera

hurtful [ˈhɜːtfʊl] adj. 1 nocivo, prejudicial; 2 pernicioso, danoso; 3 ofensivo; 4 que magoa

hurtfully [ˈhɜːtfʊlɪ] adv. 1 perniciosamente; 2 prejudicialmente; 3 de modo nocivo

hurtfulness [ˈhɜːtfʊlnɪs] s. 1 nocividade; 2 perniciosidade

hurtle ['hɜːtl] Ⓐ v.intr. 1 ir, passar a grande velocidade; 2 precipitar-se; *the aeroplane hurtled to the ground* o avião precipitou-se contra o solo; 3 deslocar-se com ruído Ⓑ v.tr. lançar violentamente; arremessar Ⓒ s. ruído, barulho proveniente de choque ❖ (automóvel) *to ~ along* deslocar-se a grande velocidade; *to ~ down the hill* esvalar pela encosta abaixo
hurtleberry ['hɜːtlbərɪ, 'hɜːtlberɪ] s. (pl. -ies) BOTÂNICA baga de murtinheira
hurtless ['hɜːtləs] adj. 1 sem ferida; sem ferimento; 2 que não sofreu dano; 3 são e salvo, ileso; 4 que não faz mal; inofensivo
hurtlessly ['hɜːtlɪslɪ] adv. de maneira inofensiva
hurtling ['hɜːtlɪŋ] adj. 1 ruidoso; 2 ressoante; 3 que cai ou se desloca com grande barulho
husband ['hʌzbənd] Ⓐ s. marido; esposo; homem Ⓑ v.tr. 1 gerir; administrar; 2 economizar; 3 [arc.] (terra, plantas) cultivar; 4 [joc.] (para uma mulher) arranjar um marido; 5 [rar.] casar, arranjar marido ❖ *husband's tea* chá frio e fraco; chá refervido; [arc.] *bad/good ~* mau/bom administrador; *ship's ~* dono de navio; capitão do próprio navio; (rapariga) *fit for a ~* núbil
husbanding ['hʌzbəndɪŋ] s. 1 administração (de bens, etc.); 2 cultivo
husbandman ['hʌzbəndmən] s. (pl. -men) lavrador, agricultor
husbandry ['hʌzbəndrɪ] s. 1 economia; 2 administração cuidadosa; gestão; 3 agricultura, agronomia ❖ *animal ~* criação de animais
hush [hʌʃ] Ⓐ v.tr.,intr. silenciar; calar(-se); fazer calar; aquietar; pôr em silêncio Ⓑ interj. chiu!; silêncio!; pouco barulho! Ⓒ s. silêncio; quietude; calma Ⓓ adj. [arc.] silencioso ❖ *~ money* suborno (para manter um segredo); *extortion of ~ money* chantagem; [GB] [coloq.] *let's have some/a bit of ~* vamos fazer pouco barulho; *to pay sb ~ money* comprar o silêncio de alguém
◆**hush up** v.tr. (escândalo, ilegalidade, etc.) abafar; encobrir; 2 calar; silenciar
hushaby ['hʌʃəbaɪ] interj. [empregado com crianças] nana! nana! dorme!
hush-hush [,hʌʃ'hʌʃ] Ⓐ adj. 1 escondido; 2 em segredo; 3 muito secreto, altamente confidencial Ⓑ v.tr. mandar calar, impor silêncio
husk [hʌsk] Ⓐ s. 1 casca (de frutos e sementes); 2 pele, película exterior; 3 [fig.] a parte de fora, que não presta, de qualquer coisa; 4 VETERINÁRIA tipo de bronquite do gado Ⓑ v.tr. debulhar, descascar, descorticar
husked [hʌskt] adj. 1 sem casca; 2 cheio de vagens
husker ['hʌskə] s. 1 máquina descorticadora; 2 descaroçadora
huskily ['hʌskɪlɪ] adv. 1 roucamente; 2 com a voz tomada
huskiness ['hʌskɪnɪs] s. 1 rouquidão de voz; 2 rouquidão dum som
husking ['hʌskɪŋ] s. 1 descasque; 2 desfolha (de milho); 3 desfolhada
husks [hʌsks] s.pl. 1 pragana do grão depois de joeirado; 2 moinha, rabeira
husky ['hʌskɪ] Ⓐ adj. (comp. -ier, superl. -iest) 1 com vagem, com casca; 2 rouco, enrouquecido; 3 rude Ⓑ s. (pl. -ies) 1 ZOOLOGIA (cão) husky; 2 esquimó, habitante das terras árcticas; 3 língua dos esquimós
hussar [hu'zɑː] s. hussardo
Hussite ['hʌsaɪt] s. hussita; partidário da doutrina de João Huss
hussy ['hʌsɪ, 'hʌzɪ] s. 1 [ant.] (ofensivo) rapariga viva, petulante; 2 [ant.] (ofensivo) mulher leviana, de maus costumes
hustings ['hʌstɪŋz] s.pl. 1 tribuna onde se nomeavam, antes de 1872, os candidatos a deputados; 2 processo eleitoral; 3 [rar.] antigo tribunal no Guildhall de Londres
hustle ['hʌsl] Ⓐ s. 1 pressa; 2 (actividade) agitação; *~ and bustle* grande movimento, grande actividade; 3 atropelo; encontrão Ⓑ v.tr.,intr. 1 acotovelar, empurrar; *to ~ sb up* empurrar alguém, dar um encontrão em alguém; 2 apressar, forçar; *to ~ sb into a decision* forçar alguém a decidir-se rapidamente; 3 apressar-se; andar depressa; fazer qualquer coisa com rapidez e energia; 4 [EUA] (crime) procurar aliciar
hustler ['hʌslə] s. 1 [coloq.] vigarista; 2 [EUA] [cal.] prostituto, prostituta; 3 pessoa activa, pessoa expedita, pessoa despachada e incansável a trabalhar; 4 aquele que empurra apressadamente; 5 gabarola

hustling ['hʌslɪŋ] s. 1 atropelo; 2 pressa; 3 grande actividade; 4 bazófia
hut [hʌt] Ⓐ s. 1 cabana, choupana; barraca; 2 abrigo; 3 coberto; 4 MILITAR acampamento militar, abarracamento militar Ⓑ v.tr. 1 alojar em barracas; 2 localizar barracas em Ⓒ v.intr. viver em barracas ❖ *~ camp* abarracamento; ARQUEOLOGIA *~ circle* restos de habitação circular; ruínas de habitação circular
hutch [hʌtʃ] Ⓐ s. (pl. -es) 1 coelheira; pequena jaula, pequena gaiola; 2 cabana, casa pequena; 3 [EUA] (armário) louceiro; 4 (cereais, alimentos, etc.) arca, caixa; 5 (transporte de mineral) vagoneta Ⓑ v.tr. fechar, encerrar ❖ *~ rabbit* coelho doméstico
hutments ['hʌtmənts] s.pl. abarracamentos, barracas
huzza [hu'zɑː] Ⓐ interj. hurra!, viva! Ⓑ s. (um) viva Ⓒ v.tr.,intr. 1 dar vivas; 2 aclamar, dar vivas
HV ELECTRICIDADE [abrev. de high voltage]
HWM [abrev. de high-water mark]
hyacinth ['haɪəsɪnθ] s. 1 BOTÂNICA jacinto; 2 MINERALOGIA jacinto, zircão ❖ BOTÂNICA *wild/wood ~* jacinto-dos-campos
hyacinthine [haɪə'sɪnθaɪn] adj. hiacintino, jacintino, que tem a cor do jacinto
hyaena [haɪ'iːnə] s. ZOOLOGIA hiena
hyaline ['haɪəlɪn] Ⓐ adj. hialino, transparente como o vidro Ⓑ s. 1 [poét.] mar tranquilo como um lago; 2 mar de cristal; 3 céu límpido
hyalite ['haɪəlaɪt] s. MINERALOGIA hialite
hyaloid ['haɪəlɔɪd] Ⓐ adj. hialóide Ⓑ s. membrana hialóide
hyalurgic [haɪə'lɜːdʒɪk] adj. hialúrgico
hyalurgy ['haɪəlɜːdʒɪ] s. hialurgia
hybrid ['haɪbrɪd] adj.,s. híbrido ❖ *~ bill* projecto de lei que pertence em parte ao Estado e em parte a interesses locais
hybridism ['haɪbrɪdɪzəm] s. hibridismo
hybridity [haɪ'brɪdɪtɪ] s. hibridismo
hybridization [,haɪbrɪdaɪ'zeɪʃn] s. hibridização
hybridize ['haɪbrɪdaɪz] v.tr.,intr. 1 hibridizar; 2 hibridizar-se
hydatic [haɪ'dætɪk] adj. hidático
hydatid ['haɪdətɪd] s. quisto hidático; hidátide
hydra ['haɪdrə] s. ZOOLOGIA hidra
hydracid [haɪ'dræsɪd] s. QUÍMICA hidrácido
hydragogue ['haɪdrəgɒg] adj.,s. MEDICINA hidragogo
hydra-headed ['haɪdrəhedɪd] adj. 1 com sete cabeças; com muitas cabeças; 2 multiforme
hydramatic [,haɪdrə'mætɪk] adj. hidroautomático
hydrangea [haɪ'dreɪndʒə] s. BOTÂNICA hidrângea
Hydrangeaceae [,haɪdreɪn'dʒeɪsiiː] s.pl. BOTÂNICA Hidrangeáceas
hydrant ['haɪdrənt] s. boca-de-incêndio
hydrargyric [,haɪdrɑː'dʒɪrɪk] adj. [arc.] hidrargírico, mercurial
hydrargyrum [haɪ'drɑːdʒɪrəm] s. [arc.] hidrargírio, mercúrio
hydrarthrosis [,haɪdrɑː'θrəʊsɪs] s. hidrartrose
hydrate ['haɪdreɪt] Ⓐ v.tr.,intr. hidratar(-se) Ⓑ s. QUÍMICA hidrato ❖ *~ of lime* cal hidratada; hidrato de cal; *~ of potash* potassa cáustica; *~ of sodium* hidrato de sódio
hydrated ['haɪdreɪtɪd] adj. hidratado ❖ *~ lime* cal apagada; *~ oxide* hidróxido
hydration [haɪ'dreɪʃn] s. hidratação ❖ *~ water* água de hidratação
hydraulic [haɪ'drɔːlɪk] adj. hidráulico ❖ *~ head* pressão hidráulica; *~ brake* travão hidráulico; freio hidráulico; *~ cement* cimento hidráulico; *~ clutch* embraiagem hidráulica; *~ engineer* engenheiro hidráulico; *~ engineering* engenharia hidráulica; *~ pump* bomba hidráulica; *~ test* prova hidráulica; ensaio hidráulico
hydraulically [haɪ'drɔːlɪklɪ] adv. hidraulicamente ❖ *~ operated valve* válvula de accionamento hidráulico
hydraulician [,haɪdrɔː'lɪʃn] s. engenheiro hidráulico
hydraulics [haɪ'drɔːlɪks] s. hidráulica
hydrazoic [,haɪdrə'zəʊɪk] adj. QUÍMICA azotídrico
hydric ['haɪdrɪk] adj. hídrico ❖ *~ chloride* ácido clorídrico
hydride ['haɪdraɪd] s. QUÍMICA hidreto
hydro ['haɪdrəʊ] s. 1 [coloq.] estabelecimento hidropático; 2 estância de águas termais
hydroacoustics [,haɪdrəʊə'kuːstɪks] s. hidroacústica
hydro-aeroplane [,haɪdrəʊ'eərəpleɪn] s. hidroavião, hidravião

hydroautomatic [haɪdrɔːtəˈmætɪk] *adj.* hidroautomático
hydroautomatical [haɪdrɔːtəˈmætɪkl] *adj.* hidroautomático
hydrobromate [ˌhaɪdrəˈbrəʊmeɪt] *s.* QUÍMICA bromidrato
hydrobromic [ˌhaɪdrəˈbrəʊmɪk] *adj.* bromídrico
hydrobromide [ˌhaɪdrəʊˈbrəʊmaɪd] *s.* QUÍMICA brometo, bromidrato
hydrocarbide [haɪdrəˈkɑːbaɪd] *s.* QUÍMICA carbonato de hidrogénio
hydrocarbon [ˌhaɪdrəʊˈkɑːbən] *s.* QUÍMICA hidrocarboneto
hydrocarbonate [ˌhaɪdrəʊˈkɑːbənɪt] *s.* QUÍMICA hidrocarbonato
hydrocarburet [ˌhaɪdrəʊˈkɑːbjuret] *s.* QUÍMICA hidrocarbureto
hydrocele [ˈhaɪdrəʊsiːl] *s.* hidrocele
hydrocephalic [ˌhaɪdrəʊsɪˈfælɪk] *adj.* hidrocéfalo
hydrocephalus [ˌhaɪdrəʊˈsefələs] *s.* hidrocefalia, cabeça de água
hydrocephaly [ˌhaɪdrəʊˈsefəlɪ] *s.* hidrocefalia, cabeça de água
hydrochloric [ˌhaɪdrəʊˈklɒrɪk] *adj.* QUÍMICA clorídrico; ~ *acid* ácido clorídrico
hydrochloride [ˌhaɪdrəʊˈklɔːraɪd] *s.* QUÍMICA cloridrato
hydrocyanic [ˌhaɪdrəʊsaɪˈænɪk] *adj.* QUÍMICA cianídrico; ~ *acid* ácido cianídrico
hydrodynamic [ˌhaɪdrəʊdaɪˈnæmɪk] *adj.* hidrodinâmico
hydrodynamical [ˌhaɪdrəʊdaɪˈnæmɪkl] *adj.* hidrodinâmico
hydrodynamically [ˌhaɪdrəʊdaɪˈnæmɪklɪ] *adv.* hidrodinamicamente
hydrodynamics [ˌhaɪdrəʊdaɪˈnæmɪks] *s.* hidrodinâmica
hydroelectric [ˌhaɪdrəʊɪˈlektrɪk] *adj.* hidroeléctrico ❖ ~ *generator* gerador hidroeléctrico; ~ *plant* instalação hidroeléctrica; ~ *station* central hidroeléctrica
hydro-extractor [ˌhaɪdrəʊɪkˈstræktə] *s.* hidroextractor
hydrofluoric [ˌhaɪdrəʊfluˈɒrɪk] *adj.* fluorídrico
hydrofoil [ˈhaɪdrəʊfɔɪl] *s.* superfície hidrodinâmica
hydrofone [ˈhaɪdrəʊfəʊn] *s.* hidrofone
hydroforming [ˈhaɪdrəʊfɔːmɪŋ] *s.* QUÍMICA hidroformação
hydrogel [ˈhaɪdrəʊdʒel] *s.* QUÍMICA hidrogel
hydrogen [ˈhaɪdrədʒən] *s.* QUÍMICA (elemento químico) hidrogénio ❖ ~ *blowpipe* maçarico a hidrogénio; ~ *bomb* bomba de hidrogénio; ~ *bottle* garrafa de hidrogénio; QUÍMICA ~ *chloride* ácido clorídrico; ~ *flame* chama de hidrogénio; ~ *peroxide* água-oxigenada; peróxido de hidrogénio; ~ *soldering* soldadura a hidrogénio; QUÍMICA ~ *sulphide* ácido sulfídrico
hydrogenate [ˈhaɪdrədʒəneɪt, haɪˈdrɒdʒəneɪt] *v.tr.* ⇒ **hydrogenize**
hydrogenated [ˈhaɪdrədʒəneɪtɪd, haɪˈdrɒdʒəneɪtɪd] *adj.* ⇒ **hydrogenized**
hydrogenize [haɪˈdrɒdʒənaɪz, haɪˈdrədʒənaɪz] *v.tr.* hidrogenar
hydrogenized [haɪˈdrɒdʒənaɪzd] *adj.* hidrogenado
hydrogenous [haɪˈdrɒdʒənəs] *adj.* hidrógeno
hydrogeological [ˌhaɪdrəʊdʒiːəˈlɒdʒɪkəl] *adj.* hidrogeológico
hydrogeologist [ˌhaɪdrəʊdʒiːˈɒlədʒɪst] *s.* hidrogeólogo
hydrogeology [ˌhaɪdrəʊdʒiːˈɒlədʒɪ] *s.* hidrogeologia
hydroglider [ˈhaɪdrəʊglaɪdə] *s.* hidroplanador
hydrographer [haɪˈdrɒɡrəfə] *s.* hidrógrafo
hydrographic [ˌhaɪdrəʊˈɡræfɪk] *adj.* hidrográfico
hydrographical [ˌhaɪdrəʊˈɡræfɪkl] *adj.* hidrográfico
hydrography [haɪˈdrɒɡrəfɪ] *s.* hidrografia
hydroid [ˈhaɪdrɔɪd] *adj.,s.* ZOOLOGIA hidróide, hidromedusa, hidrozoário
hydrokineter [ˌhaɪdrəʊkaɪˈniːtə] *s.* agitador
hydrokinetic [ˌhaɪdrəʊkɪˈnetɪk] *adj.* hidrocinético
hydrokinetics [ˌhaɪdrəʊkaɪˈnetɪks] *s.* hidrocinética, hidrocinemática
hydrol [ˈhaɪdrɒl] *s.* molécula simples de água
hydrolise [ˈhaɪdrəlaɪz] *v.tr.* QUÍMICA hidrolisar
hydrolisis [haɪˈdrɒlɪsɪs] *s.* QUÍMICA hidrólise
hydrolize [ˈhaɪdrəlaɪz] *v.tr.* [EUA] QUÍMICA ⇒ **hydrolise**
hydrological [ˌhaɪdrəˈlɒdʒɪkl] *adj.* hidrológico
hydrologist [haɪˈdrɒlədʒɪst] *s.* hidrólogo
hydrology [haɪˈdrɒlədʒɪ] *s.* hidrologia
hydrolysis [haɪˈdrɒlɪsɪs] *s.* hidrólise
hydrolytic [ˌhaɪdrəˈlɪtɪk] *adj.* hidrolítico; respeitante à hidrólise
hydromagnesite [ˌhaɪdrəʊˈmæɡnɪsaɪt] *s.* hidrocarbonato de magnésio

hydromancy [ˈhaɪdrəʊˌmænsɪ] *s.* hidromancia
hydromassage [ˌhaɪdrəʊməˈsɑːʒ] *s.* hidromassagem
hydromechanic [ˌhaɪdrəʊmɪˈkænɪk] *adj.* hidromecânico
hydromechanical [ˌhaɪdrəʊmɪˈkænɪkl] *adj.* hidromecânico
hydromechanically [ˌhaɪdrəʊmɪˈkænɪklɪ] *adv.* hidromecanicamente
hydromechanics [ˌhaɪdrəʊmɪˈkænɪks] *s.* hidromecânica
hydromel [ˈhaɪdrəʊmel] *s.* [arc.] hidromel, água-mel
hydrometallurgic [ˌhaɪdrəʊmetəˈlɜːdʒɪk] *adj.* hidrometalúrgico
hydrometallurgical [ˌhaɪdrəʊmetəˈlɜːdʒɪkl] *adj.* hidrometalúrgico
hydrometallurgy [ˌhaɪdrəʊmeˈtælədʒɪ] *s.* hidrometalurgia
hydrometer [ˌhaɪˈdrɒmɪtə] *s.* **1** hidrómetro; **2** densímetro; **3** salinómetro
hydrometric [haɪdrəˈmetrɪk] *adj.* hidrométrico
hydrometrical [haɪdrəˈmetrɪkl] *adj.* hidrométrico
hydrometrically [haɪdrəˈmetrɪklɪ] *adv.* hidrometricamente
hydrometrograph [haɪdrəʊˈmetrəɡrɑːf] *s.* hidrometrógrafo
hydrometry [haɪˈdrɒmətrɪ] *s.* hidrometria
hydromotor [ˈhaɪdrəʊməʊtə] *s.* hidromotor
hydropathic [haɪdrəˈpæθɪk] *adj.* hidropático, hidropata, hidroterápico
hydropathy [haɪˈdrɒpəθɪ] *s.* hidropatia
hydrophane [ˈhaɪdrəʊfeɪn] *s.* MINERALOGIA hidrófana
hydrophilic [ˌhaɪdrəʊˈfɪlɪk] *adj.* hidrófilo
hydrophilizing [haɪˈdrɒfɪlaɪzɪŋ] *s.* hidrofilização
hydrophilous [haɪˈdrɒfɪləs] *adj.* hidrófilo
hydrophobia [ˌhaɪdrəʊˈfəʊbɪə] *s.* hidrofobia
hydrophobic [ˌhaɪdrəʊˈfəʊbɪk] *adj.* hidrófobo
hydrophone [ˈhaɪdrəfəʊn] *s.* hidrofone
hydrophyte [ˈhaɪdrəʊfaɪt] *s.* BOTÂNICA planta higrófita, planta hidrófita
hydropic [haɪˈdrɒpɪk] *adj.* hidrópico
hydroplane [ˈhaɪdrəʊpleɪn] Ⓐ *s.* hidroplano, hidroavião Ⓑ *v.intr.* **1** (hidroavião) amarar; **2** (veículo) fazer aquaplanagem
hydropneumatic [ˌhaɪdrəʊnjuˈmætɪk] *adj.* hidropneumático
hydropneumatics [ˌhaɪdrəʊnjuˈmætɪks] *s.* hidropneumática
hydroponics [ˌhaɪdrəʊˈpɒnɪks] *s.* hidropónica
hydropower [ˈhaɪdrəʊpaʊə] *s.* energia hidroeléctrica
hydropsy [ˈhaɪdrɒpsɪ] *s.* MEDICINA [arc.] hidropisia
hydroquinone [ˌhaɪdrəkwɪˈnəʊn] *s.* hidroquinona
hydroscope [ˈhaɪdrəskəʊp] *s.* hidroscópio
hydrosol [ˈhaɪdrəsɒl] *s.* QUÍMICA hidrossol
hydrosphere [ˈhaɪdrəʊsfɪə] *s.* hidrosfera
hydrostat [ˈhaɪdrəʊstæt] *s.* hidróstato
hydrostatic [ˌhaɪdrəʊˈstætɪk] *adj.* hidrostático ❖ ~ *balance* balança hidrostática; ~ *joint* junta hidrostática; ~ *wheel* roda hidrostática
hydrostatics [ˌhaɪdrəʊˈstætɪks] *s.* hidrostática
hydrosulphide [ˌhaɪdrəʊˈsʌlfaɪd] *s.* hidrossulfato, bissulfato
hydrotechny [haɪˈdrəˈtekni] *s.* hidrotécnica
hydrotherapeutic [ˌhaɪdrəʊθerəˈpjuːtɪk] *adj.* hidroterápico
hydrotherapeutics [ˌhaɪdrəʊθerəˈpjuːtɪks] *s.* ⇒ **hydrotherapy**
hydrotherapy [ˌhaɪdrəʊˈθerəpɪ] *s.* MEDICINA hidroterapia
hydrothermal [ˌhaɪdrəʊˈθɜːml] *adj.* hidrotérmico, hidrotermal
hydrothorax [ˌhaɪdrəʊˈθɔːræks] *s.* hidrotoracia, hidrotórax
hydrotropism [haɪˈdrɒtrəpɪzəm] *s.* hidrotropismo
hydrous [ˈhaɪdrəs] *adj.* hidrato, hídrico ❖ ~ *sulphate of calcium* sulfato de cálcio hidratado
hydroxide [haɪˈdrɒksaɪd] *s.* QUÍMICA hidróxido
hydroxy-acid [haɪˈdrɒksɪæsɪd] *s.* QUÍMICA oxácido
hydroxyl [haɪˈdrɒksɪl] *s.* QUÍMICA hidróxilo
hydrozoon [ˌhaɪdrəʊˈzəʊɒn] *s.* (*pl.* **-oa**) ZOOLOGIA hidromedusa
hyena [haɪˈiːnə] *s.* ZOOLOGIA hiena
hygiene [ˈhaɪdʒiːn] *s.* higiene
hygienic [haɪˈdʒiːnɪk, ˌhaɪdʒɪˈenɪk] *adj.* higiénico
hygienically [haɪˈdʒiːnɪklɪ, ˌhaɪdʒɪˈenɪklɪ] *adv.* higienicamente
hygienics [haɪˈdʒiːnɪks] *s.* ciência da higiene
hygienist [ˈhaɪdʒiːnɪst] *s.* higienista
hygroma [haɪˈɡrəʊmə] *s.* higroma
hygrometer [haɪˈɡrɒmɪtə] *s.* higrómetro ❖ *hair* ~ higrómetro de cabelo

hygrometric

hygrometric [ˌhaɪgrəˈmetrɪk] *adj.* higrométrico
hygrometrical [ˌhaɪgrəˈmetrɪkl] *adj.* higrométrico
hygrometry [haɪˈgrɒmətrɪ] *s.* higrometria
hygroscope [ˈhaɪgrəskəʊp] *s.* higroscópio
hygroscopic [ˌhaɪgrəˈskɒpɪk] *adj.* FÍSICA higroscópico; relativo a higroscopia ❖ ~ *moisture* água higroscópica; ~ *surface* superfície higroscópica
hygroscopical [ˌhaɪgrəˈskɒpɪkl] *adj.* ⇒ **hygroscopic**
hygroscopy [haɪˈgrɒskəpɪ] *s.* higroscopia
Hyksos [ˈhɪksɒs] *s.pl.* Hicsos, povo que entre 2660 e 1580 a. C. invadiu e dominou o Egipto
hylozoic [haɪləʊˈzəʊɪk] *adj.* hilozóico
hylozoism [haɪləʊˈzəʊɪzəm] *s.* hilozoísmo
hymen [ˈhaɪmən] *s.* ANATOMIA hímen
Hymen [ˈhaɪmən] *s.* MITOLOGIA Himeneu
hymeneal [ˌhaɪmɪˈniːəl] *adj.* himenal, himenial
Hymenophyllaceae [ˌhaɪmenɒfɪˈleɪsiː] *s.pl.* BOTÂNICA Himenofiláceas
hymenoptera [ˌhaɪməˈnɒptərə] *s.pl.* ZOOLOGIA himenópteros
hymenopterous [ˌhaɪməˈnɒptərəs] *adj.* himenóptero
Hymettian [haɪˈmetɪən] *adj.* relativo ao monte Himeto
Hymettus [haɪˈmetəs] *s.top.* Himeto
hymn [hɪm] Ⓐ *s.* hino; cântico; *a ~ to...* um hino a... Ⓑ *v.tr.,intr.* louvar com hinos, cantar hinos em honra de Ⓒ *v.intr.* cantar hinos ❖ ~ *book* livro de cânticos
hymnal [ˈhɪmnəl] Ⓐ *adj.* hínico; respeitante a hino Ⓑ *s.* hinário
hymnary [ˈhɪmnərɪ] *s.* (*pl.* **-ies**) hinário
hymnodist [ˈhɪmnədɪst] *s.* hinista
hymnody [ˈhɪmnədɪ] *s.* 1 hinografia; 2 acto de cantar hinos
hymnographer [hɪmˈnɒgrəfə] *s.* hinógrafo
hymnology [hɪmˈnɒlədʒɪ] *s.* hinologia
hyoid [ˈhaɪɔɪd] *adj.,s.* 1 hióideo, hioideu; 2 hióide
hyoidean [haɪˈɔɪdɪən] *adj.* hióide, hióideo
hypaesthesia [ˌhɪpesˈθiːzɪə, ˌhɪpesˈθiːʒə] *s.* hipoestesia
hypaethral [haɪˈpiːθrəl] *s.* hipértiro, hipertírio
hypallage [haɪˈpælədʒɪ] *s.* hipálage
hype [haɪp] Ⓐ *s.* 1 [*depr.*] falatório, excitação, entusiasmo; 2 [*depr.*] propaganda, promoção excessiva; 3 [*depr.*] embuste; 4 [*cal.*] drogado; 5 [*cal.*] (droga) seringa, injecção Ⓑ *v.tr.* [*coloq., depr.*] publicitar, propagandear
◆ **hype up** *v.tr.* 1 [*coloq., depr.*] publicitar excessivamente; sobrevalorizar publicitariamente; 2 motivar; estimular; incentivar; encorajar
hyperactive [ˌhaɪpərˈæktɪv] *adj.* hiperactivo
hyperactivity [ˌhaɪpəræktˈɪvɪtɪ] *s.* hiperactividade
hyperaemia [ˌhaɪpərˈiːmɪə] *s.* hiperemia, congestão
hyperaesthesia [ˌhaɪpərɪsˈθiːzɪə, ˌhaɪpərɪsˈθiːʒə] *s.* hiperestesia
hyperalgesia [ˌhaɪpərælˈdʒiːsɪə] *s.* hiperalgesia, hiperalgia
hyperbar [ˈhaɪpəbɑː] *s.* curva isobárica de alta pressão
hyperbaton [haɪˈpɜːbətɒn] *s.* hipérbato
hyperbola [haɪˈpɜːbələ] *s.* GEOMETRIA hipérbole
hyperbole [haɪˈpɜːbəlɪ] *s.* (figura de retórica) hipérbole
hyperbolic [ˌhaɪpəˈbɒlɪk] *adj.* hiperbólico ❖ GEOMETRIA ~ *curve* hipérbole; ~ *function* função hiperbólica; MATEMÁTICA ~ *sine* seno hiperbólico; ~ *spiral* espiral hiperbólica
hyperbolically [ˌhaɪpəˈbɒlɪklɪ] *adv.* hiperbolicamente
hyperbolism [haɪˈpɜːbəlɪzəm] *s.* hiperbolismo
hyperbolist [haɪˈpɜːbəlɪst] *s.* hiperbolista
hyperboloid [haɪˈpɜːbəlɔɪd] *s.* GEOMETRIA hiperbolóide; ~ *of one sheet* hiperbolóide de uma folha
hyperborean [ˌhaɪpəˈbɔːrɪən] *adj.* hiperbóreo ❖ *the hyperboreans* os habitantes do norte
hypercapnia [ˌhaɪpəˈkæpnɪə] *s.* MEDICINA hipercapnia
hyperchannel [ˈhaɪpətʃænəl] *s.* INFORMÁTICA hipercanal
hypercritic [ˌhaɪpəˈkrɪtɪk] *s.* hipercrítico
hypercritical [ˌhaɪpəˈkrɪtɪkl] *adj.* hipercrítico
hypercritically [ˌhaɪpəˈkrɪtɪklɪ] *adv.* hipercriticamente
hypercriticism [ˌhaɪpəˈkrɪtɪsɪzəm] *s.* 1 hipercriticismo; 2 hipercrítica
hyperdulia [ˌhaɪpədjuːˈlaɪə] *s.* hiperdulia
hyperemia [ˌhaɪpəˈriːmɪə] *s.* MEDICINA ⇒ **hyperaemia**
hyperexcitation [ˌhaɪpəreksɪˈteɪʃn] *s.* sobreexcitação

hyperfiction [ˌhaɪpəˈfɪkʃən] *s.* INFORMÁTICA hiperficção
hyperfocal [ˌhaɪpəˈfəʊkl] *adj.* hiperfocal
Hyperion [haɪˈpɪərɪən] *s.* MITOLOGIA Hipérion, nome de um Titã, filho de Úrano e de Gaia
hyperlink [ˈhaɪpəlɪŋk] *s.* INFORMÁTICA hiperligação
hypermarket [ˈhaɪpəmɑːkɪt] *s.* hipermercado
hypermedia [ˌhaɪpəˈmiːdɪə] *s.* INFORMÁTICA hipermédia
hypermetropia [ˌhaɪpəmɪˈtrəʊpɪə] *s.* MEDICINA (olhos) hipermetropia
hypermetropic [ˌhaɪpəmɪˈtrɒpɪk] *adj.* hipermetrope
hypernym [ˈhaɪpənɪm] *s.* LINGUÍSTICA hiperónimo
hypernymy [ˈhaɪpənɪmɪ] *s.* LINGUÍSTICA hiperonímia
hyperopia [ˌhaɪpərˈəʊpɪə] *s.* MEDICINA (olhos) hiperopia, hipermetropia
hyperopic [ˌhaɪpərˈəʊpɪk] *adj.* hiperope, hipermetrope
hyperphysical [ˌhaɪpəˈfɪzɪkl] *adj.* 1 sobrenatural; 2 hiperfísico
hyperpiesis [ˌhaɪpəpaɪˈiːsɪs] *s.* hiperpiese, hipertensão
hyperrealism [ˌhaɪpəˈriːəlɪzəm] *s.* ARTES PLÁSTICAS hiper-realismo
hyperrealist [ˌhaɪpəˈriːəlɪst] *adj.* ARTES PLÁSTICAS hiper-realista
hyperrealistic [ˌhaɪpərɪəˈlɪstɪk] *adj.* ARTES PLÁSTICAS hiper-realista
hypersensitive [ˌhaɪpəˈsensɪtɪv] *adj.* hipersensível
hypersensitivity [ˌhaɪpəsensɪˈtɪvɪtɪ] *s.* hipersensibilidade
hypersensitizing [ˌhaɪpəˈsensɪtaɪzɪŋ] *s.* hipersensibilidade
hyperspace [ˈhaɪpəspeɪs] *s.* hiperespaço
hypersthene [ˈhaɪpəsθiːn] *s.* MINERALOGIA hiperstena
hypertension [ˌhaɪpəˈtenʃn] *s.* MEDICINA hipertensão
hypertensive [ˌhaɪpəˈtensɪv] *adj.,s.* MEDICINA hipertenso
hypertext [ˈhaɪpətekst] *s.* INFORMÁTICA hipertexto
hyperthyroidism [ˌhaɪpəˈθaɪrɔɪdɪzəm] *s.* hipertiroidismo
hypertrophied [haɪˈpɜːtrəfɪd] *adj.* hipertrofiado
hypertrophy [haɪˈpɜːtrəfɪ] Ⓐ *s.* hipertrofia Ⓑ *v.intr.* hipertrofiar-se
hyperventilate [ˌhaɪpəˈventɪleɪt] *v.intr.* sofrer de hiperventilação
hyperventilation [ˌhaɪpəventɪˈleɪʃən] *s.* MEDICINA hiperventilação
hypervitaminosis [ˌhaɪpəvɪtəmɪˈnəʊsɪs] *s.* MEDICINA hipervitaminose
hypethral [haɪˈpiːθrəl] *s.* hipértiro, hipertírio
hypha [ˈhaɪfə] *s.* (*pl.* **-ae**) BOTÂNICA hifa
hyphen [ˈhaɪfn] Ⓐ *s.* hifen, traço de união Ⓑ *v.tr.* hifenizar; escrever com hífen
hyphenate [ˈhaɪfəneɪt] *v.tr.* hifenizar; escrever com hífen
hyphenation [ˌhaɪfənˈeɪʃən] *s.* hifenização
hypnoid [ˈhɪpnɔɪd] *adj.* hipnóide
hypnoidal [hɪpˈnɔɪdl] *adj.* hipnóide
hypnosis [hɪpˈnəʊsɪs] *s.* hipnose
hypnotherapy [ˌhɪpnəʊˈθerəpɪ] *s.* PSICOLOGIA hipnoterapia
hypnotic [hɪpˈnɒtɪk] Ⓐ *adj.* 1 hipnótico; ~ *state* estado hipnótico; 2 [*fig.*] envolvente, fascinante, deslumbrante Ⓑ *s.* FARMÁCIA hipnótico
hypnotism [ˈhɪpnətɪzəm] *s.* hipnotismo
hypnotist [ˈhɪpnətɪst] *s.* hipnotizador
hypnotize [ˈhɪpnətaɪz] *v.tr.* hipnotizar
hypnotizer [ˈhɪpnətaɪzə] *s.* hipnotizador
hypnotizing [ˈhɪpnətaɪzɪŋ] *adj.* hipnotizante, hipnotizador
hypo [ˈhaɪpəʊ] *s.* [*coloq.*] hipossulfito de soda
hypoallergenic [ˌhaɪpəʊælɪˈdʒenɪk] *adj.* hipoalergénico
hypocaloric [ˌhaɪpəʊkəˈlɒrɪk] *adj.* hipocalórico; ~ *diet* dieta hipocalórica
hypocaust [ˈhaɪpəʊkɔːst] *s.* hipocausto
hypocentre [ˈhaɪpəʊsentə] *s.* (sismo, explosão) hipocentro
hypochloric [ˌhaɪpəʊˈklɔːrɪk] *adj.* QUÍMICA hipoclórico
hypochlorite [ˌhaɪpəʊˈklɔːraɪt] *s.* hipocloreto ❖ ~ *of potash* hipocloreto de potassa; ~ *solution* solução de hipocloreto
hypochondria [ˌhaɪpəʊˈkɒndrɪə] *s.* hipocondria
hypochondriac [ˌhaɪpəʊˈkɒndrɪæk] *adj.,s.* hipocondríaco
hypochondriacal [ˌhaɪpəʊkɒnˈdraɪəkl] *adj.* hipocondríaco
hypochondrium [ˌhaɪpəʊˈkɒndrɪəm] *s.* hipocôndrio
hypochromat [ˌhaɪpəʊˈkrəʊmæt] *s.* daltónico, pessoa que sofre de daltonismo
hypocoristic [ˌhaɪpəkɔːˈrɪstɪk] *adj.* hipocorístico
hypocotyl [ˌhaɪpəˈkɒtɪl] *s.* BOTÂNICA hipocótilo
hypocrisy [hɪˈpɒkrəsɪ] *s.* (*pl.* **-ies**) hipocrisia

hypocrite ['hɪpəkrɪt] s. hipócrita
hypocritical [ˌhɪpə'krɪtɪkl] adj. hipócrita
hypocritically [ˌhɪpə'krɪtɪklɪ] adv. hipocritamente
hypocycloid [ˌhaɪpə'saɪklɔɪd] s. GEOMETRIA hipociclóide
hypocycloidal [ˌhaɪpəsaɪ'klɔɪdl] adj. hipocicloidal; relativo à hipociclóide
hypoderm ['haɪpədɜːm] s. hipoderme
hypoderma [ˌhaɪpə'dɜːmə] s. hipoderme
hypodermal [ˌhaɪpə'dɜːməl] adj. hipodérmico
hypodermic [ˌhaɪpə'dɜːmɪk] adj. hipodérmico; subcutâneo ❖ ~ *injection* injecção hipodérmica; ~ *syringe* seringa para injecção hipodérmica
hypodermis [ˌhaɪpə'dɜːmɪs] s. BOTÂNICA, ZOOLOGIA hipoderme
hypogastric [ˌhaɪpə'gæstrɪk] adj. hipogástrico
hypogastrium [ˌhaɪpə'gæstrɪəm] s. hipogastro, hipogástrio
hypogeal [ˌhaɪpəʊ'dʒiːəl] adj. BOTÂNICA hipogeia
hypogean [ˌhaɪpəʊ'dʒiːən] adj. BOTÂNICA hipogeia
hypogeum [ˌhaɪpəʊ'dʒiːəm] s. (pl. **-a**) hipogeu
hypoglossal [ˌhaɪpəʊ'glɒsl] adj.,s. hipoglosso
hypoglycaemia [ˌhaɪpəʊglaɪ'siːmɪə] s. MEDICINA hipoglicemia
hypoglycaemic [ˌhaɪpəʊglaɪ'siːmɪk] adj. MEDICINA hipoglicémico
hypogynous [haɪ'pɒdʒɪnəs] adj. hipógino, hipogínico
hypomania [ˌhaɪpəʊ'meɪnɪə] s. PSICOLOGIA hipomania
hyponym ['haɪpənɪm] s. LINGUÍSTICA hipónimo
hyponymy [haɪ'pɒnɪmɪ] s. LINGUÍSTICA hiponímia
hypophosphate [ˌhaɪpəʊ'fɒsfeɪt] s. QUÍMICA hipofosfato
hypophosphite [ˌhaɪpəʊ'fɒsfaɪt] s. QUÍMICA hipofosfito
hypophosphoric [ˌhaɪpəʊfɒs'fɒrɪk] adj. QUÍMICA hipofosfórico
hypophosphorous [ˌhaɪpəʊ'fɒsfərəs] adj. QUÍMICA hipofosforoso; ~ *acid* ácido hipofosforoso
hypophysis [haɪ'pɒfɪsɪs] s. hipófise
hypostasis [haɪ'pɒstəsɪs] s. FILOSOFIA, MEDICINA hipóstase
hypostatic [ˌhaɪpə'stætɪk] adj. hipostático
hypostatize [haɪ'pɒstətaɪz] v.tr. hipostasiar; tratar com hipóstase
hypostyle ['haɪpəʊstaɪl] adj. ARQUITECTURA hipostilo
hyposulphite [ˌhaɪpəʊ'sʌlfaɪt] s. hipossulfito ❖ ~ *of soda* hipossulfito de soda
hypotactic [ˌhaɪpəʊ'tæktɪk] adj. LINGUÍSTICA hipotáctico
hypotaxis [ˌhaɪpəʊ'tæksɪs] s. LINGUÍSTICA (sintaxe) hipotaxe
hypotension [ˌhaɪpəʊ'tenʃn] s. MEDICINA hipotensão
hypotensive [ˌhaɪpəʊ'tensɪv] adj.,s. MEDICINA hipotenso
hypotenuse [haɪ'pɒtənjuːz] s. hipotenusa
hypothalamus [ˌhaɪpəʊ'θæləməs] s. (pl. **-mi**) ANATOMIA hipotálamo
hypothec [haɪ'pɒθɪk] s. DIREITO hipoteca
hypothecary [haɪ'pɒθəkərɪ] adj. hipotecário
hypothecate [haɪ'pɒθəkeɪt] v.tr. hipotecar
hypothecation [haɪˌpɒθə'keɪʃn] s. acto de hipotecar
hypothecator [haɪ'pɒθəkeɪtə] s. devedor hipotecário
hypothermia [ˌhaɪpəʊ'θɜːmɪə] s. hipotermia
hypothesis [haɪ'pɒθəsɪs] s. (pl. **-theses**) hipótese
hypothesize [haɪ'pɒθəsaɪz] v.tr.,intr. **1** supor que; **2** admitir a hipótese de; **3** fazer hipóteses
hypothetic [ˌhaɪpə'θetɪk] adj. hipotético
hypothetical [ˌhaɪpə'θetɪkl] adj. hipotético
hypothetically [ˌhaɪpə'θetɪklɪ] adv. hipoteticamente
hypothyroidism [ˌhaɪpəʊ'θaɪrɔɪdɪzəm] s. hipotiroidismo
hypotonia [ˌhaɪpəʊ'təʊnɪə] s. hipotonia
hypotrophy [haɪ'pɒtrəfɪ] s. hipotrofia
hypoxia [haɪ'pɒksɪə] s. MEDICINA hipoxia
hypoxic [haɪ'pɒksɪk] adj. MEDICINA que sofre de hipoxia
hyppogriff ['hɪpəʊgrɪf] s. MITOLOGIA hipogrifo, animal fabuloso metade grifo e metade cavalo
hypsography [hɪp'sɒgrəfɪ] s. hipsografia
hypsometer [hɪp'sɒmɪtə] s. hipsómetro
hypsometric [hɪpsəʊ'metrɪk] adj. hipsométrico
hypsometrical [hɪpsəʊ'metrɪkl] adj. hipsométrico
hypsometry [hɪp'sɒmɪtrɪ] s. hipsometria
hyrax ['haɪræks] s. (pl. **-es**) ZOOLOGIA hírax, género de pequenos mamíferos semelhantes ao coelho
Hyrcan ['hɜːkən] adj.,s. hircânio
Hyrcania [hɜː'keɪnɪə] s.top. Hircânia
Hyrcanian [hɜː'keɪnɪən] adj.,s. hircaniano
hyson ['haɪsn] s. (chá verde) hissom
hyssop ['hɪsəp] s. BOTÂNICA hissopo
hysteralgia [ˌhɪstə'rældʒə, ˌhɪstə'rældʒɪə] s. histeralgia
hysterectomy [ˌhɪstə'rektəmɪ] s. (pl. **-mies**) CIRURGIA histerectomia
hysteresis [ˌhɪstə'riːsɪs] s. FÍSICA histerese ❖ ~ *cycle* ciclo de histerese; ~ *lag* histerese viscosa
hysteretic [ˌhɪstə'retɪk] adj. FÍSICA histerético; respeitante a histerese ❖ ~ *loop* curva histerética
hysteria [hɪ'stɪərɪə] s. histeria ❖ *mass* ~ histeria colectiva
hysteric [hɪ'sterɪk] adj.,s. histérico
hysterical [hɪ'sterɪkl] adj. **1** MEDICINA histérico; **2** agitadíssimo; nervosíssimo; **3** (riso, lágrimas) incontrolável; ~ *crying* crise de choro; ataque de choro; ~ *laughter* riso incontrolável, ataque de riso; **4** [coloq.] hilariante
hysterically [hɪ'sterɪklɪ] adv. histericamente
hystericism [hɪ'sterɪsɪzəm] s. histerismo
hysterics [hɪ'sterɪks] s. **1** crise nervosa, ataque de nervos; *to go into* ~ ter um ataque de nervos; **2** ataque de riso; *to be in* ~ ter um ataque de riso
hysteritis [ˌhɪstə'raɪtɪs] s. MEDICINA metrite
hysterocele ['hɪstərəʊsiːl] s. histerocele, hérnia do útero
hysterogenic [ˌhɪstərəʊ'dʒenɪk] adj. histerogénico; relativo ao útero
hysteron proteron [ˌhɪstərɒn'prɒtərɒn] s. LINGUÍSTICA inversão da ordem natural das palavras
hysterotomy [ˌhɪstə'rɒtəmɪ] s. CIRURGIA histerotomia, operação cesariana
hythe [haɪð] s. porto ou desembarcadouro pequeno

I

i [aɪ] *s.* (*pl.* **-s** ou **-'s**) (letra) i, I ❖ *to dot one's i's* pôr os pontos nos is

I¹ [aɪ] *pron.pess.,s.* (*pl.* **we**) eu; *I am* eu sou, eu estou ❖ *I don't think!* não creio que isso seja verdade; isso não pode ser; (opinião) *I, for one, ...* pessoalmente,...; quanto a mim...; [*coloq.*] *I'll be bound* tenho a certeza; [irón.] *I should worry!* olha para a minha cara de preocupado!; *it is I* sou eu (substituída normalmente na conversação por *it's me*); *the I* o eu; *your brother and I* eu e o teu irmão

I² QUÍMICA [*símbolo de* iodine]

Ia. [*abrev. de* Iowa]

IA [*abrev. de* Indian Army]

Iacchus [ɪˈækəs, aɪˈækəs] *s.* MITOLOGIA título solene concedido a Baco nos mistérios eleusinos

IAEA [*abrev. de* International Atomic Energy Agency]

IALA [*abrev. de* International Auxiliary Language Association]

iamb [ˈaɪæm] *s.* ⇒ **iambus**

iambic [aɪˈæmbɪk] Ⓐ *adj.* LITERATURA (verso) iâmbico, jâmbico Ⓑ *s.* LITERATURA iambo, jambo

iambus [aɪˈæmbəs] *s.* (*pl.* **-i**) LITERATURA iambo, jambo

IASPEI [*abrev. de* International Association of Seismology and Physics of the Earth's Interior]

IATEFL [*abrev. de* International Association of Teachers of English as a Foreign Language]

iatraliptic [ɪætrəˈlɪptɪk] *adj.,s.* 1 MEDICINA iatralíptico; 2 iatralipta

iatro-chemical [aɪætrəʊˈkemɪkl] *adj.* iatroquímica, quimiatria

ib. [*abrev. de* ibidem (in the same place)]

IBA [GB] [*abrev. de* Independent Broadcasting Authority]

IBAN [*abrev. de* international bank account number] número internacional de conta bancária

Iberia [aɪˈbɪərɪə] *s.top.* 1 Ibéria; 2 Península Ibérica

Iberian [aɪˈbɪərɪən] Ⓐ *adj.* ibérico Ⓑ *s.* ibero ❖ GEOGRAFIA *~ Peninsula* Península Ibérica

Ibero-American [aɪˌbɪərəʊəˈmerɪkən] *adj.* ibero-americano

Ibero-Celtic [aɪˌbɪərəʊˈkeltɪk] *adj.* celtibero

ibex [ˈaɪbeks] *s.* (*pl.* **-es**) ZOOLOGIA íbex, cabra dos Alpes

ibidem [ˈɪbɪdem] *adv.* 1 na mesma obra; 2 no mesmo volume; 3 no mesmo livro; 4 no mesmo capítulo; 5 no passo já referido

ibis [ˈaɪbɪs] *s.* (*pl.* **-es**) ZOOLOGIA íbis

IBRD [*abrev. de* International Bank for Reconstruction and Development]

Ibsenism [ˈɪbsənɪzəm] *s.* LITERATURA ibsenismo

Ibsenite [ˈɪbsənaɪt] *s.* LITERATURA ibseniano

ibuprofen [ˌaɪbjuːˈprəʊfen] *s.* FARMÁCIA ibuprofeno

IC (gramática transformacional) [*abrev. de* immediate constituent]

icaco [ɪˈkɑːkəʊ] *s.* BOTÂNICA icaco

ICAO [*abrev. de* International Civil Aviation Organization]

Icarus [ˈɪkərəs] *s.* MITOLOGIA Ícaro

ICBM MILITAR [*abrev. de* intercontinental ballistic missile]

ICC [*abrev. de* International Chamber of Commerce]

ice [aɪs] Ⓐ *s.* 1 gelo; 2 gelado, sorvete Ⓑ *adj.* de gelo; gelado Ⓒ *v.tr.* 1 gelar, congelar; 2 arrefecer no gelo; 3 cobrir com gelo; 4 (bebida) pôr gelo em; 5 CULINÁRIA (bolo) pôr cobertura glacé em ❖ *~ age* período glaciar; *~ axe* picareta de alpinista; *~ bank* banco de gelo; NÁUTICA *~ beam* quebra-gelos; *~ cave* geleira; geladeira, caverna aberta no gelo; *~ chamber* câmara de congelação; *~ chest* geladeira; frigorífico; *~ closet* estufa fria; *~ cube* cubo de gelo; (especialmente nas regiões polares) *~ field* banco de gelo; campo de gelo; *~ floe* banco de gelo; gelos flutuantes; *~ flow* glaciar; (regiões polares) *~ foot* banco de gelo ao longo da costa; DESPORTO *~ hockey* hóquei sobre o gelo; *~ line* curva de gelo; *~ lining* revestimento de gelo; *~ pick* picador de gelo; picareta de alpinista; *~ point* ponto de congelação; *~ quake* barulho feito pelos gelos ao quebrarem-se; *~ rink* pista de gelo; *~ run* pista de gelo artificial para a prática do tobogã; *~ tray* cuvete; [EUA] *~ water* água gelada; *floating ~* gelo flutuante; (conversa) *to break the ~* quebrar o gelo; [*coloq.*] *to get on to thin ~* meter-se em terreno escorregadio; *to keep sth on ~* conservar algo em gelo; (projecto) *to keep on ~* deixar em banho-maria; *to skate on thin ~* estar numa situação delicada

◆**ice over/up** *v.intr.* gelar; cobrir-se de gelo

iceberg [ˈaɪsbɜːg] *s.* 1 icebergue; 2 [fig.] pessoa impassível, indivíduo frio

iceblink [ˈaɪsblɪŋk] *s.* reflexo no céu causado pelo gelo

iceboat [ˈaɪsbəʊt] *s.* (barco) quebra-gelo

icebound [ˈaɪsbaʊnd] *adj.* preso pelo gelo; bloqueado pelo gelo

icebox [ˈaɪsbɒks] *s.* 1 congelador; 2 (portátil) lancheira; 3 [EUA, Can.] frigorífico

icebreaker [ˈaɪsbreɪkə] *s.* 1 NÁUTICA (barco) quebra-gelo; 2 (instrumento) picador de gelo; 3 [*coloq.*] desbloqueador de conversa; *he started off by telling a few jokes as an ~* começou por contar algumas piadas para quebrar o gelo, para pôr toda a gente à vontade

icecap [ˈaɪskæp] *s.* calota glaciar

ice-cold [ˈaɪskəʊld] *adj.* glacial; gelado

ice-cream [ˈaɪskriːm] *s.* gelado, sorvete; *vanilla ~* gelado de baunilha ❖ *~ cone/cornet* cone de gelado; *~ parlour* gelataria

iced [aɪst] *adj.* 1 gelado; 2 congelado; 3 com gelo; 4 CULINÁRIA com cobertura glacé

ICEF (Nações Unidas) [*abrev. de* International Children's Emergency Fund]

icehouse [ˈaɪshaʊs] *s.* geleira; geladeira

Iceland [ˈaɪslənd] *s.top.* Islândia

Icelander [ˈaɪsləndə] *s.* (pessoa) islandês

Icelandic [aɪsˈlændɪk] Ⓐ *adj.* islandês Ⓑ *s.* (língua) islandês

ice-lolly [ˈaɪslɒlɪ] *s.* [GB] gelado de água

iceman [ˈaɪsmæn] *s.* (*pl.* **-men**) 1 homem habituado às grandes regiões geladas; 2 fabricante de gelo; 3 geladeira

ice-skate [ˈaɪskeɪt] *v.intr.* fazer patinagem sobre o gelo

ice-skater [ˈaɪskeɪtə] *s.* praticante de patinagem sobre o gelo

ice-skating [ˈaɪskeɪtɪŋ] *s.* DESPORTO patinagem sobre o gelo

ICFTU [*abrev. de* International Confederation of Free Trade Unions]

ichneumon [ɪkˈnjuːmən] *s.* 1 ZOOLOGIA icnêumon, mangusto, manguço, rato-de-faraó; 2 género de insectos himenópteros

ichnograph [ˈɪknəʊgrɑːf] *s.* icnógrafo

ichnographic [ˌɪknəʊˈgræfɪk] *adj.* icnográfico

ichnographical [ˌɪknəʊˈgræfɪkl] *adj.* icnográfico

ichnography [ɪkˈnɒgrəfɪ] *s.* icnografia

ichnolithology [ˌɪknəʊlɪˈθɒlədʒɪ] *s.* icnologia

ichor [ˈaɪkɔː] *s.* MEDICINA icor

ichorous [ˈaɪkərəs] *adj.* icoroso

ichthyoid [ˈɪkθɪɔɪd] *adj.* ictióide

ichthyol [ˈɪkθɪɒl] *s.* ictiol

ichthyologic [ˌɪkθɪəˈlɒdʒɪk] *adj.* ictiológico

ichthyological [ˌɪkθɪəˈlɒdʒɪkl] *adj.* ictiológico

ichthyologist [ˌɪkθɪˈɒlədʒɪst] *s.* ictiólogo

ichthyology [ˌɪkθɪˈɒlədʒɪ] *s.* ictiologia

ichthyophagi [ˌɪkθɪˈɒfədʒaɪ] *s.pl.* ictiófagos

ichthyophagist [ˌɪkθɪˈɒfədʒɪst] *s.* ictiófago

ichthyophagous [ˌɪkθɪˈɒfəgəs] *adj.* ictiófago

ichthyophagy [ˌɪkθɪˈɒfədʒɪ] *s.* ictiofagia

ichthyosaurus [ˌɪkθɪəˈsɔːrəs] *s.* ictiossáurio

ichthyosis [ˌɪkθɪˈəʊsɪs] *s.* MEDICINA ictiose

ICI [abrev. de Imperial Chemical Industries]
icicle ['aɪsɪkl] s. sincelo, pingente de gelo
icily ['aɪsɪlɪ] adv. duma maneira glacial, glacialmente
iciness ['aɪsɪnəs] s. frio muito intenso, frio de gelo, frio glacial
icing ['aɪsɪŋ] s. **1** congelação; **2** arrefecimento intenso; **3** gelo em asas de avião; **4** (orvalho gelado) escarcha; **5** CULINÁRIA (bolos) cobertura, cobertura glacé; *chocolate/coffee* ~ cobertura de chocolate/café ❖ ~ *sugar* açúcar glacé; *the* ~ *on the cake* a cereja sobre o bolo
icky ['ɪkɪ] adj. (comp. -ier, superl. -iest) **1** [coloq.] desagradável, mau; **2** [coloq.] pegajoso; **3** [coloq.] nojento; **4** [coloq., depr.] piegas, delico-doce, ridículo
ICL [abrev. de International Computers Limited]
ICOM [abrev. de International Council On Museums]
icon ['aɪkɒn] s. ícone
iconic [aɪ'kɒnɪk] adj. icónico, icástico
iconoclasm [aɪ'kɒnə,klæzəm] s. iconoclasmo, iconoclasia, iconoclastia
iconoclast [aɪ'kɒnəklæst] s. iconoclasta
iconoclastic [aɪˌkɒnə'klæstɪk] adj. iconoclasta
iconographer [aɪkɒ'nɒgrəfə] s. icónógrafo
iconographic [aɪˌkɒnə'græfɪk] adj. iconográfico
iconographical [aɪˌkɒnə'græfɪkl] adj. iconográfico
iconography [aɪkə'nɒgrəfɪ] s. iconografia
iconolater [aɪkə'nɒlətə] s. iconólatra
iconolatry [aɪkə'nɒlətrɪ] s. iconolatria
iconology [aɪkə'nɒlədʒɪ] s. iconologia
iconometer [aɪkə'nɒmɪtə] s. icónómetro
iconometry [aɪkə'nɒmətrɪ] s. iconometria
iconophile [aɪ'kɒnəʊfaɪl] s. iconófilo
iconostasis [aɪkə'nɒstəsɪs] s. iconóstase
icosahedral [aɪkəsə'hiːdrəl] adj. icosaédrico
icosahedron [aɪkəsə'hiːdrən] s. icosaedro
ICR INFORMÁTICA [abrev. de intelligent character recognition]
ICS HISTÓRIA [abrev. de Indian Civil Service]
ICSC [abrev. de Interim Communications Satellite Committee]
ICT [abrev. de Information and Communications Technology]
icteric [ɪk'terɪk] adj.,s. **1** ictérico, que padece de icterícia; **2** pessoa que sofre de icterícia
icterical [ɪk'terɪkl] adj. ictérico
icterus ['ɪktərəs] s. icterícia
ictus ['ɪktəs] s. (pl. -es) LINGUÍSTICA, MEDICINA icto
ICU MEDICINA [abrev. de Intensive Care Unit] UCI
ICW [abrev. de Interrupted Continuous Wave]
icy ['aɪsɪ] adj. (comp. -ier, superl. -iest) gélido, glacial, gelado
id. [abrev. de idem (the same)]
id [ɪd] s. **1** BIOLOGIA unidade do idioplasma; **2** PSICOLOGIA id
I'd [aɪd] ⓐ contr. de **I had** ⓑ contr. de **I would**
ID ⓐ [abrev. de Identification] BI ⓑ [abrev. de Intelligence Department] ❖ *ID card* Bilhete de Identidade
Ida. [abrev. de Idaho]
IDA [abrev. de International Development Association]
IDB ⓐ [Áfr. do S.] [abrev. de Illicit Diamond Buying] ⓑ [abrev. de Industrial Development Bank]
ide [iːd] s. ZOOLOGIA mugem, muge, bicudo, fataça, garrento
idea [aɪ'dɪə] s. **1** ideia; **2** intenção; *to have other ideas* ter outras intenções; **3** conceito; noção; **4** fantasia; **5** opinião ❖ *I had no* ~ *that...* não fazia a menor ideia que...; *the* ~ *of your doing it!* mas que ideia fazeres isso!; *the very idea!* que ideia!; *to be full of ideas* estar cheio de ideias; *to come up with an* ~ ter uma ideia; [coloq.] *to get ideas into one's head* ter ideias; ter presunções; *to get the general* ~ ficar com uma ideia geral; *to get the wrong* ~ perceber mal; [irón.] *what is the big idea?* que disparate é esse?; *what's your* ~ *of...?* o que é que entendes por...?
ideal [aɪ'dɪəl, aɪ'diːəl] ⓐ s. **1** (modelo) ideal; exemplo perfeito; **2** (princípios) ideal; *high ideals* ideais elevados ⓑ adj. (perfeito) ideal [for, para]; *the* ~ *person for sth* a pessoa ideal para alguma coisa ❖ *in an* ~ *world* num mundo perfeito
idealess [aɪ'dɪələs] adj. sem ideias, desprovido de ideias
idealism [aɪ'dɪəlɪzəm] s. idealismo
idealist [aɪ'dɪəlɪst] s. idealista

idealistic [aɪdɪə'lɪstɪk] adj. idealista
ideality [aɪdɪ'ælətɪ] s. idealidade
idealization [aɪˌdɪəlaɪ'zeɪʃn] s. idealização
idealize [aɪ'dɪəlaɪz] v.tr. idealizar
idealizing [aɪ'dɪəlaɪzɪŋ] s. idealização
ideally [aɪ'dɪəlɪ] adv. idealmente
ideate ['aɪdɪeɪt] v.tr. **1** idear; **2** conceber; **3** imaginar
ideation [aɪdɪ'eɪʃn] s. ideação
idem ['ɪdem, 'aɪdem] adv. idem
identic [aɪ'dentɪk] adj. **1** (diplomacia) idêntico; **2** [arc.] idêntico ❖ ~ *note* nota idêntica; nota diplomática concebida nos mesmos termos, enviada por várias potências a outra
identical [aɪ'dentɪkl] adj. idêntico, exactamente igual, exactamente o mesmo ❖ *identical twins* gémeos verdadeiros
identically [aɪ'dentɪklɪ] adv. identicamente
identifiable [aɪ'dentɪfaɪəbəl] adj. identificável
identification [aɪˌdentɪfɪ'keɪʃn] s. **1** identificação; **2** (sentimentos) identificação [with, com]; empatia [with, com]; compreensão profunda [with, de]; **3** (ligações) associação [with, a] ❖ [EUA] ~ *card* bilhete de identidade; ~ *mark* sinal de identificação; ~ *papers* documentos (de identificação); (automóvel) ~ *plate* chapa de matrícula; ~ *tag* etiqueta de identificação
identifier [aɪ'dentɪfaɪə] s. identificador
identify [aɪ'dentɪfaɪ] ⓐ v.tr. **1** identificar; **2** reconhecer; **3** distinguir; **4** (descobrir) determinar; *they haven't identified the causes of the accident yet* eles ainda não determinaram as causas do acidente; **5** associar [with, a]; relacionar [with, com] ⓑ v.intr. (empatia) identificar-se [with, com]; estar em sintonia [with, com]; *we do not always* ~ nem sempre estamos em sintonia
identifying [aɪ'dentɪfaɪɪŋ] ⓐ adj. identificador, de identificação ⓑ s. identificação ❖ ~ *mark* sinal particular
identity [aɪ'dentətɪ] s. (pl. -ies) identidade; *to prove one's* ~ provar a sua identidade ❖ ~ *card* bilhete de identidade; ~ *crisis* crise de identidade; *mistaken* ~ erro de identificação; troca de identidades
ideogram ['ɪdɪəgræm] s. ideograma
ideograph ['ɪdɪəgrɑːf] s. ⇒ **ideogram**
ideographic [ɪdɪə'græfɪk] adj. ideográfico
ideographical [ˌɪdɪə'græfɪkl] adj. ideográfico
ideographically [ɪdɪə'græfɪklɪ] adv. ideograficamente
ideography [ɪdɪ'ɒgrəfɪ] s. ideografia
ideologic [aɪdɪə'lɒdʒɪk] adj. ideológico
ideological [aɪdɪə'lɒdʒɪkl] adj. ideológico
ideologist [aɪdɪ'ɒlədʒɪst] s. ideólogo
ideologue ['aɪdɪəlɒg] s. ⇒ **ideologist**
ideology [aɪdɪ'ɒlədʒɪ] s. (pl. -ies) ideologia
ides [aɪdz] s.pl. idos, o dia 15 de Março, Maio, Julho, Outubro, e o dia 13 dos outros meses, no calendário romano
idiocy ['ɪdɪəsɪ] s. (pl. -ies) idiotia, idiotice, estupidez, imbecilidade
idiolect ['ɪdɪəlekt] s. idiolecto
idiolectal [ɪdɪə'lektəl] adj. idiolectal; ~ *variation* variação idiolectal
idiom ['ɪdɪəm] s. **1** expressão idiomática; *an English* ~ uma expressão idiomática inglesa; **2** língua, idioma, linguagem; **3** dialecto; **4** estilo
idiomatic [ɪdɪə'mætɪk] adj. idiomático; ~ *expression* expressão idiomática
idiomatical [ɪdɪə'mætɪkl] adj. idiomático
idiomatically [ɪdɪə'mætɪklɪ] adv. idiomaticamente
idiomorphic [ɪdɪəʊ'mɔːfɪk] adj. idiomorfo
idiopathic [ɪdɪəʊ'pæθɪk] adj. idiopático
idiopathical [ɪdɪəʊ'pæθɪkl] adj. idiopático
idiopathy [ɪdɪ'ɒpəθɪ] s. idiopatia
idioplasm ['ɪdɪəʊplæzəm] s. idioplasma
idiosyncrasy [ɪdɪə'sɪŋkrəsɪ] s. (pl. -ies) idiossincrasia
idiosyncratic [ɪdɪəsɪŋ'krætɪk] adj. idiossincrásico, idiossincrático
idiot ['ɪdɪət] s. idiota, imbecil, pateta
idiotic [ɪdɪ'ɒtɪk] adj. idiota, estúpido, imbecil
idiotically [ɪdɪ'ɒtɪklɪ] adv. duma maneira idiota; estupidamente, imbecilmente
idiotize ['ɪdɪətaɪz] v.tr.,intr. idiotizar; cair na idiotia; estupidificar

idle ['aɪdl] Ⓐ *adj.* 1 ocioso; 2 preguiçoso, indolente; 3 parado; em pausa; 4 sem ocupação, inactivo, sem ter que fazer; 5 desempregado; 6 inútil, vão; ~ *words* palavras vãs, inúteis; *it's* ~ *to expect such a thing* é inútil contar com uma coisa dessas Ⓑ *v.tr.,intr.* 1 não ter que fazer, andar a mandriar; 2 passar (tempo) sem fazer nada; 3 (máquinas) trabalhar em vazio; estar em ponto morto ❖ ~ *curiosity* pura curiosidade; ~ *fellow* ocioso; indivíduo que não faz nada; ~ *hours* horas de ócio; ~ *space* espaço morto; (carro) ~ *running* em ponto morto; *capital lying* ~ capital improdutivo, sem aplicação; *to* ~ *along a street* seguir ocioso ao longo duma rua; MECÂNICA *to run* ~ trabalhar em marcha lenta

◆**idle about/around** *v.intr.* 1 passar o tempo sem fazer nada; 2 demorar; empatar

◆**idle away** *v.tr.* (tempo) perder; desperdiçar ❖ *to* ~ *one's time* passar o tempo sem fazer nada

idleness ['aɪdlnəs] *s.* 1 ociosidade; 2 indolência, preguiça; 3 inactividade, inacção; 4 desemprego; 5 futilidade, frivolidade; 6 inutilidade ❖ ~ *is the root of all vice* a ociosidade é a mãe de todos os vícios; *to eat the bread of* ~ viver na ociosidade

idler ['aɪdlə] *s.* 1 (pessoa) ocioso; desocupado; 2 MECÂNICA roda intermediária; polia de tensão

idlesse ['aɪdləs] *s.* [arc.] ócio, lazer

idling ['aɪdlɪŋ] *s.* 1 perda de tempo; 2 inactividade; desocupação; 3 indolência; 4 inutilidade; futilidade; 5 MECÂNICA marcha lenta; ponto morto ❖ ~ *light* lâmpada sinalizadora de funcionamento sem carga

idly ['aɪdlɪ] *adv.* 1 ociosamente; 2 indolentemente; preguiçosamente; *to do sth* ~ fazer qualquer coisa indolentemente; 3 despreocupadamente; 4 sem fazer nada; 5 futilmente; inutilmente ❖ *to stand* ~ *by* ficar de braços cruzados; *to talk* ~ falar no ar; dizer disparates

Ido ['i:dəʊ] *s.* (língua artificial internacional derivada do esperanto) ido

idol ['aɪdl] *s.* ídolo ❖ ~ *worship* idolatria

idolater [aɪ'dɒlətə] *s.* idólatra

idolatress [aɪ'dɒlətrəs] *fem. de* **idolater**

idolatrize [aɪ'dɒlətraɪz] *v.tr.,intr.* 1 idolatrar; 2 adorar ídolos; 3 fazer um ídolo de

idolatrous [aɪ'dɒlətrəs] *adj.* idólatra, idolátrico

idolatrously [aɪ'dɒlətrəslɪ] *adv.* idolatramente

idolatry [aɪ'dɒlətrɪ] *s.* idolatria

idolism ['aɪdəlɪzəm] *s.* prática de idolatria

idolize ['aɪdəlaɪz] *v.tr.* idolatrar

idolizer ['aɪdəlaɪzə] *s.* 1 aquele que idolatra; 2 admirador apaixonado

idolizing ['aɪdəlaɪzɪŋ] *s.* 1 idolatria; 2 acto de idolatrar

idoloclast [aɪ'dɒləklæst] *s.* iconoclasta

idolum [aɪ'dəʊləm] *s.* (pl. **-a**) 1 ideia, imagem mental, representação intelectual; 2 ilusão, conceito falso

Idomeneus [aɪ'dɒmɪnjuːs] *s.* MITOLOGIA Idomeneu

IDP INFORMÁTICA [*abrev. de* integrated data processing]

Idris ['ɪdrɪs, 'aɪdrɪs] *s.* MITOLOGIA nome de personagem da tradição galesa, capaz de transmitir o dom da inspiração poética ou de provocar a loucura e a morte

Idumaea [aɪdjuː'miːə] *s.top.* Idumeia

idyll ['ɪdəl, 'aɪdəl] *s.* idílio

idyllic [ɪ'dɪlɪk, aɪ'dɪlɪk] *adj.* idílico

idyllically [ɪ'dɪlɪklɪ, aɪ'dɪlɪklɪ] *adv.* idilicamente

idyllist ['ɪdəlɪst, 'aɪdəlɪst] *s.* idilista

i.e. [*abrev. de* id est] isto é

if [ɪf] Ⓐ *conj.* 1 se; *if you come, I'll be happy* se vieres, ficarei feliz; *if you have no money, I can lend you some* se não tens dinheiro, posso emprestar-te algum; *I wonder if he's back* pergunto-me se ele terá regressado; *they would have been friends if they had met in different circumstances* teriam sido amigos se se tivessem conhecido em circunstâncias diversas; 2 supondo que, admitindo que; 3 embora, se bem que; *the weather is quite pleasant, if rather cold* o tempo está agradável, embora um pouco frio; 4 quando; *if I feel any doubt, I ask* quando tenho dúvidas, pergunto Ⓑ *s.* se; condição; incerteza; *without ifs and buts* sem ses nem mas, sem réplica, sem tugir nem mugir; *if ifs and ands were pots and pans, there'd be no trade for tinkers* com tanto "se" e tanto "mas" não se consegue fazer nada ❖ *if anything...* dir-se-ia até que...; talvez até...; *if only* se ao menos; *if so* se é esse o caso; *as if* como se; *if I were you...* se eu fosse a ti...; no teu lugar, eu...; *if you like* se quiseres; *it isn't as if...* não é pelo facto de...

IF [*abrev. de* intermediate frequency]

IFC [*abrev. de* International Finance Corporation]

iffy ['ɪfɪ] *adj.* (*comp.* **-ier**, *superl.* **-iest**) 1 [coloq.] desconfiado; 2 [coloq.] com dúvidas; hesitante; 3 [coloq.] duvidoso, incerto; 4 [coloq.] problemático; 5 [coloq.] de má qualidade ❖ *I'm a bit* ~ *about that* não sei bem o que fazer neste caso

IG [*abrev. de* Inner Guard]

igloo ['ɪgluː] *s.* iglu, iglô

Ignatian [ɪg'neɪʃɪən] *adj.,s.* 1 relativo a Santo Inácio de Loiola; 2 jesuíta

Ignatius [ɪg'neɪʃɪəs] *s.antr.* Inácio

igneous ['ɪgnɪəs] *adj.* ígneo

ignescent [ɪg'nesənt] Ⓐ *adj.* ignescente, ígneo Ⓑ *s.* corpo ignescente

ignicolist [ɪg'nɪkəlɪst] *s.* adorador do fogo

igniferous [ɪg'nɪfərəs] *adj.* ignífero

igniform ['ɪgnɪfɔːm] *adj.* com a forma do fogo

ignigenous [ɪg'nɪdʒɪnəs] *adj.* ignígeno

ignipuncture [ˌɪgnɪ'pʌŋktʃə] *s.* 1 ignipunctura; 2 pontas de fogo

ignis fatuus [ɪgnɪs'fætjuəs] *s.* fogo-fátuo

ignitability [ˌɪgnaɪtə'bɪlɪtɪ] *s.* inflamabilidade

ignitable [ɪg'naɪtəbəl] *adj.* inflamável

ignite [ɪg'naɪt] Ⓐ *v.tr.,intr.* 1 inflamar, acender, deitar fogo a; 2 [fig.] desencadear, provocar, dar origem a Ⓑ *v.intr.* inflamar-se, ignizar-se

igniter [ɪg'naɪtə] *s.* 1 vela de ignição; 2 dispositivo de ignição; 3 dispositivo de inflamação; 4 ELECTRICIDADE escova

ignitibility [ˌɪgnaɪtɪ'bɪlɪtɪ] *s.* ⇒ **ignitability**

ignitible [ɪg'naɪtɪbəl] *adj.* ⇒ **ignitable**

igniting [ɪg'naɪtɪŋ] *s.* ignição; alumagem ❖ ~ *point* ponto de ignição; ~ *spark* faísca de ignição

ignition [ɪg'nɪʃn] *s.* 1 ignição; 2 inflamação; 3 alumagem ❖ ~ *battery* bateria de ignição; (automóvel) ~ *distributor* distribuidor; ~ *key* chave da ignição; ~ *motor* motor de explosão; ~ *plug* vela de ignição; ~ *switch* chave de ignição

ignivomous [ɪg'nɪvəməs] *adj.* ignívomo

ignivorous [ɪg'nɪvərəs] *adj.* ignívoro

ignobility [ˌɪgnəʊ'bɪlɪtɪ] *s.* 1 baixeza, vileza; 2 ignobilidade

ignoble [ɪg'nəʊbəl] *adj.* 1 ignóbil, vil, baixo; 2 desprezível; 3 plebeu, que não é de nascimento nobre

ignobleness [ɪg'nəʊblnəs] *s.* ignobilidade, baixeza

ignobly [ɪg'nəʊblɪ] *adv.* ignobilmente; indignamente ❖ ~ *born* de baixo nascimento; que não é de nascimento nobre

ignominious [ˌɪgnə'mɪnɪəs] *adj.* vergonhoso, ignominioso, desonroso

ignominiously [ˌɪgnə'mɪnɪəslɪ] *adv.* 1 ignominiosamente; 2 vergonhosamente

ignominiousness [ˌɪgnə'mɪnɪəsnəs] *s.* 1 ignomínia; 2 ignominiosidade

ignominy ['ɪgnəmɪnɪ] *s.* (pl. **-ies**) ignomínia, desonra, infâmia, opróbrio

ignoramus [ˌɪgnə'reɪməs] *s.* (pl. **-es**) 1 ignorante; 2 estúpido

ignorance ['ɪgnərəns] *s.* 1 ignorância; 2 desconhecimento ❖ ~ *is bliss* bendita ignorância; *out of* ~ por ignorância; *to be in* ~ *of* ignorar; desconhecer; *to keep sb in* ~ *of sth* não contar algo a alguém; *where* ~ *is bliss, 'tis folly to be wise* onde a ignorância impera é loucura ser-se sábio

ignorant ['ɪgnərənt] *adj.* 1 ignorante; que mostra ignorância; 2 desconhecedor ❖ *to be* ~ *of* não conhecer; desconhecer

ignorantine [ˌɪgnə'ræntɪn] *s.* ignorantinho, ignorantinho, nome adoptado pela congregação dos frades de S. João de Deus

ignorantism ['ɪgnərəntɪzəm] *s.* obscurantismo, ignorantismo

ignoration [ˌɪgnə'reɪʃn] *s.* ignorância, ignoração

ignore [ɪg'nɔː] *v.tr.* 1 ignorar, não saber, desconhecer; 2 não fazer caso de; *to* ~ *an order* não fazer caso duma ordem; 3 não reconhecer; 4 fingir que não se vê; 5 não prestar atenção a; mostrar-se indiferente a; negligenciar

ignoring [ɪg'nɔːrɪŋ] *s.* desconhecimento

iguana [ɪ'gwɑːnə] *s.* ZOOLOGIA iguano, iguana

iguania [ɪ'gwɑːnɪə] *s.pl.* ZOOLOGIA iguanídeos

iguanodon [ɪˈgwɑːnədɒn] *s.* ZOOLOGIA iguanodonte
ihp [*abrev. de* indicated horsepower]
IHS Ⓐ [*abrev. de* Jesus] Ⓑ [*abrev. de* Jesus Hominum Salvator] Ⓒ [*abrev. de* In Hoc Signo (vinces)] Ⓓ [*abrev. de* In Hac (cruce) Salus]
ikon [ˈaɪkɒn] *s.* ⇒ **icon**
ilang-ilang [ˌɪlæŋˈɪlæŋ] *s.* BOTÂNICA ilangue-ilangue, cananga
Ilchester [ˈɪltʃɪstə] *s.top.* nome de pequena cidade inglesa em Somersetshire
ileitis [ɪlɪˈaɪtɪs] *s.* MEDICINA ileíte
ileo-caecal [ˌɪlɪəʊˈsiːkl] *adj.* ileocecal
ileum [ˈɪlɪəm] *s.* ANATOMIA íleo
ileus [ˈɪlɪəs] *s.* **1** MEDICINA volvo, vólvulo; **2** [*coloq.*] nó na tripa
ilex [ˈaɪleks] *s.* (*pl.* **-es**) **1** BOTÂNICA azevinho; **2** BOTÂNICA (árvore) azinheira
Ilfracombe [ˈɪlfrəkuːm] *s.top.* nome de cidade inglesa em Devon
ILGA [*abrev. de* International Lesbian and Gay Association] Associação Internacional de Homossexuais
ilia [ˈɪlɪə] *s.pl.* partes ilíacas
iliac [ˈɪlɪæk] *adj.* ilíaco ❖ MEDICINA **~ passion** volvo; vólvulo
Iliac [ˈɪlɪæk] *adj.* ilíaco; relativo a Ílion ou Tróia
iliacus [ɪˈlaɪəkəs] *s.* músculo ilíaco
Iliad [ˈɪlɪəd] *s.* LITERATURA Ilíada
Ilian [ˈɪlɪən] *adj.* ilíaco, iliense, troiano
ilio-lumbar [ˌɪlɪəʊˈlʌmbə] *adj.* iliolombar
ilium [ˈɪlɪəm] *s.* ANATOMIA ílio, íleon
Ilium [ˈaɪlɪəm] *s.top.* Tróia
ilk [ɪlk] *adj.* [Esc.] mesmo ❖ **Gutheric of that ~** Gutheric da localidade com o mesmo nome; **of that ~** do mesmo lugar; da mesma família; [*coloq.*] **that ~** aquela família; aquele género
Ilkestone [ˈɪlkɪstən] *s.top.* nome de cidade inglesa em Derbyshire
ill [ɪl] Ⓐ *adj.* (*comp.* **worse**, *superl.* **worst**) **1** doente; **to be ~** estar doente; **to be taken/fall ~** ficar doente; **2** mau; **~ deed** má acção Ⓑ *adv.* (*comp.* **worse**, *superl.* **worst**) **1** mal; **2** desfavoravelmente; **3** de modo imperfeito Ⓒ *s.* **1** mal; **social ills** males sociais; **2** [arc.] prejuízo; calamidade; injustiça; **3** [arc.] doença ❖ **~ blood** inimizade; ódio; **~ feeling** ressentimento; **~ fortune** má sorte; **~ management** má administração; **~ weeds grow apace** erva ruim depressa cresce; **it ~ becomes you to do that** fica-te mal fazeres isso; **it's an ~ wind that blows nobody good** não há mal que bem não traga; **to be ~ at ease** não estar à vontade; **to be ~ provided with** estar mal provido de; **to do a person an ~ turn** fazer mal a alguém; prejudicar alguém; **to look ~** ter aspecto de doente; estar com mau aspecto; **to return ~ for good** pagar o bem com o mal; **to speak ~ of** dizer mal de
Ill. [*abrev. de* Illinois]
I'll [aɪl] Ⓐ *contr. de* **I will** Ⓑ *contr. de* **I shall**
ill-advised [ˌɪləˈdvaɪzd] *adj.* **1** imprudente; irreflectido; insensato; **2** pouco acertado; **3** desaconselhável ❖ **you would be ~ to...** seria imprudente que tu...; não te aconselho a...
ill-advisedly [ˌɪləˈdvaɪzɪdlɪ] *adv.* **1** imprudentemente, mal-avisadamente; **2** insensatamente
ill-affected [ˌɪləˈfektɪd] *adj.* **1** maldisposto; **2** agressivo, desagradável, hostil; **3** com má vontade [**towards**, em relação a]
ill-assorted [ˌɪləˈsɔːtɪd] *adj.* **1** (associação) que não funciona; que não combina; mal conseguido; **2** inconciliável; incompatível
illation [ɪˈleɪʃn] *s.* **1** ilação; **2** inferência
illative [ɪˈleɪtɪv] *adj.* **1** ilativo; **2** conclusivo
illaudable [ɪˈlɔːdəbl] *adj.* não louvável
ill-balanced [ɪlˈbælənst] *adj.* desequilibrado, sem equilíbrio, com pouca base
ill-behaved [ˌɪlbɪˈheɪv] *adj.* mal-comportado, mal-educado
ill-boding [ɪlˈbəʊdɪŋ] *adj.* de mau agouro
ill-bred [ɪlˈbred] *adj.* malcriado, mal-educado
ill-breeding [ɪlˈbriːdɪŋ] *s.* má educação; falta de educação
ill-conditioned [ˌɪlkənˈdɪʃənd] *adj.* **1** com mau aspecto; **2** maldoso; mau; **3** sem educação, mal-educado; **4** em mau estado
ill-considered [ˌɪlkənˈsɪdəd] *adj.* **1** pouco reflectido; impensado; **2** apressado, precipitado
ill-deemer [ɪlˈdiːmə] *s.* pessoa que está sempre a pensar mal dos outros
ill-defined [ˌɪldɪˈfaɪn] *adj.* **1** indefinido; **2** mal definido
ill-disposed [ˌɪldɪˈspəʊzd] *adj.* **1** com má vontade; **2** mal-intencionado, desejoso de fazer mal; **3** hostil, agressivo
ill-doer [ɪlˈduːə] *s.* malfeitor
illegal [ɪˈliːgl] *adj.* ilegal
illegality [ˌɪlɪˈgælətɪ] *s.* (*pl.* **-ies**) ilegalidade
illegalize [ɪˈliːgəlaɪz] *v.tr.* tornar ilegal, ilegalizar
illegally [ɪˈliːgəlɪ] *adv.* ilegalmente
illegibility [ɪˌledʒəˈbɪlɪtɪ] *s.* ilegibilidade
illegible [ɪˈledʒəbl] *adj.* ilegível
illegibly [ɪˈledʒəblɪ] *adv.* ilegivelmente
illegitimacy [ˌɪlɪˈdʒɪtɪməsɪ] *s.* (*pl.* **-ies**) ilegitimidade
illegitimate [ˌɪlɪˈdʒɪtɪmət] *adj.* **1** ilegítimo; **2** não conforme ao direito; **3** bastardo
illegitimately [ˌɪlɪˈdʒɪtɪmətlɪ] *adv.* ilegitimamente
illeism [ˈɪlɪɪzm] *s.* emprego excessivo do pronome ele (*ille*)
ill-equipped [ˌɪlɪˈkwɪpd] *adj.* **1** mal equipado; **2** mal preparado, impreparado
ill-famed [ɪlˈfeɪmd] *adj.* com má fama
ill-fated [ɪlˈfeɪtɪd] *adj.* **1** com pouca sorte; **2** condenado à partida; **3** funesto; fatal; **4** desgraçado
ill-favoured [ɪlˈfeɪvəd] *adj.* sem graça, feio, com mau aspecto
ill-feeling [ɪlˈfiːlɪŋ] *s.* má-vontade
ill-found [ɪlˈfaʊnd] *adj.* (navio) mal equipado
ill-founded [ɪlˈfaʊndɪd] *adj.* **1** infundado, sem fundamento, sem razão; **2** vão
ill-gotten [ɪlˈgɒtn] *adj.* mal ganho; mal adquirido; adquirido por meios ilegais ❖ **ill-gotten, ill spent** dinheiros de sacristão cantando vêm, cantando vão
ill-humoured [ɪlˈhjuːməd] *adj.* mal-humorado
illiberal [ɪˈlɪbrəl] *adj.* **1** mesquinho, de espírito limitado; **2** intolerante; **3** restritivo; **4** iliberal
illiberality [ɪˌlɪbəˈrælɪtɪ] *s.* **1** mesquinhez; **2** estreiteza de espírito; **3** intolerância; **4** iliberalidade
illiberally [ɪˈlɪbərəlɪ] *adv.* **1** sem liberalidade; **2** mesquinhamente; **3** de forma intolerante
illicit [ɪˈlɪsɪt] *adj.* ilícito
illicitly [ɪˈlɪsɪtlɪ] *adv.* ilicitamente
illicitness [ɪˈlɪsɪtnəs] *s.* **1** carácter ilícito; **2** ilegitimidade
illimitable [ɪˈlɪmɪtəbl] *adj.* **1** ilimitado; **2** ilimitável
illimitableness [ɪˈlɪmɪtəblnəs] *s.* **1** ilimitabilidade; **2** imensidão
illimitably [ɪˈlɪmɪtəblɪ] *adv.* **1** de modo ilimitado; **2** sem limites
Illinois [ˌɪləˈnɔɪ] *s.top.* nome de um Estado norte-americano
Illinoisan [ˌɪləˈnɔɪən, ˌɪləˈnɔɪzən] *adj.,s.* **1** natural de Illinois; **2** habitante de Illinois
illiquid [ɪˈlɪkwɪd] *adj.* **1** ilíquido; **2** não líquido; **3** DIREITO não manifesto; **4** não legalmente constituído
illiteracy [ɪˈlɪtərəsɪ] *s.* (*pl.* **-ies**) **1** analfabetismo; **2** iliteracia; **3** falta de instrução
illiterate [ɪˈlɪtərət] *adj.,s.* **1** analfabeto; **2** iletrado
illiterately [ɪˈlɪtərətlɪ] *adv.* **1** com ignorância; **2** com falta de instrução
ill-judged [ɪlˈdʒʌdʒd] *adj.* insensato, pouco acertado, mal-avisado
ill-looking [ɪlˈlʊkɪŋ] *adj.* com mau aspecto, feio, sem graça
ill-mannered [ɪlˈmænɜːd] *adj.* **1** mal-educado; **2** (comportamento, atitude) grosseiro, rude
ill-matched [ɪlˈmætʃd] *adj.* que não condizem um com o outro, discordantes, desarmónicos
ill-meant [ɪlˈment] *adj.* maldoso, mal-intencionado
ill-natured [ɪlˈneɪtʃəd] *adj.* **1** maldoso, mau; **2** de mau carácter; **3** desagradável
ill-naturedly [ɪlˈneɪtʃədlɪ] *adv.* maldosamente, com maldade
illness [ˈɪlnəs] *s.* doença; moléstia; enfermidade ❖ **a long ~** doença prolongada; **a slight ~** uma pequena indisposição
illocal [ɪˈləʊkl] *adj.* sem localização no espaço
illocution [ˌɪləˈkjuːʃn] *s.* LINGUÍSTICA ilocução
illocutionary [ˌɪləˈkjuːʃənrɪ, ˌɪləˈkjuːʃənərɪ] *adj.* LINGUÍSTICA ilocutório; **~ act** acto ilocutório
illogic [ɪˈlɒdʒɪk] *s.* ilogicidade
illogical [ɪˈlɒdʒɪkl] *adj.* **1** ilógico; **2** sem lógica
illogicality [ɪˌlɒdʒɪˈkælətɪ] *s.* (*pl.* **-ies**) ilogismo
illogically [ɪˈlɒdʒɪklɪ] *adv.* **1** ilogicamente; **2** sem lógica

illogicalness [ɪˈlɒdʒɪklnəs] s. 1 falta de lógica; 2 ilogismo
ill-omened [ɪlˈəʊmənd] adj. 1 sob um mau signo; sob maus auspícios; 2 de mau agouro; 3 predestinado à desgraça
ill-qualified [ɪlˈkwɒlɪfaɪd] adj. incompetente
ill-requited [ɪlrɪˈkwaɪtɪd] adj. mal recompensado
ill-sorted [ɪlˈsɔːtɪd] adj. 1 discordante, desarmónico; 2 incompatível
ill-starred [ɪlˈstɑːd] adj. 1 sob um mau signo; 2 predestinado à desgraça; 3 sob maus auspícios; 4 desafortunado, desgraçado
ill-suited [ɪlˈsuːtɪd] adj. inadequado
ill-tempered [ɪlˈtempəd] adj. 1 de mau génio, irritável, irascível; 2 mal-humorado
ill-thriven [ɪlˈθrɪvən] adj. enfezado, definhado
ill-timed [ɪlˈtaɪmd] adj. 1 inoportuno; 2 deslocado; extemporâneo; despropositado; 3 intempestivo
ill-tongued [ɪlˈtʌŋd] adj. maldizente
ill-treat [ɪlˈtriːt] v.tr. 1 maltratar; 2 infligir maus-tratos a
ill-treatment [ɪlˈtriːtmənt] s. maus-tratos
illume [ɪˈljuːm] v.tr. [poét.] iluminar, esclarecer, derramar luz sobre
illuminable [ɪˈluːmɪnəbəl] adj. iluminável
illuminant [ɪˈluːmɪnənt] Ⓐ adj. 1 iluminante; 2 iluminador Ⓑ s. aparelho de iluminação
illuminate[1] [ɪˈluːmɪneɪt] v.tr. 1 iluminar, dar luz; 2 esclarecer; 3 colorir, iluminar, decorar com iluminuras
illuminate[2] [ɪˈluːmɪnɪt] s. HISTÓRIA, RELIGIÃO iluminado, seita herética que surgiu nos princípios do séc. XVI
illuminated [ɪˈluːmɪneɪtɪd] adj. 1 (luz) iluminado; ~ *body* corpo iluminado; 2 esclarecido; 3 (livros, documentos antigos) iluminado, com iluminuras ❖ ~ *dial* mostrador luminoso
illuminati [ɪˌluːmɪˈnɑːtiː] s.pl. 1 iluministas; 2 membros duma sociedade secreta fundada em 1776 por Weishaupt
illuminating [ɪˈluːmɪneɪtɪŋ] Ⓐ adj. 1 que ilumina, iluminante; 2 luminoso; 3 [fig.] revelador; 4 [fig.] instrutivo; esclarecedor Ⓑ s. iluminação ❖ ~ *device* dispositivo de iluminação; ~ *gas* gás de iluminação; ~ *oil* querosene; ~ *power* potência de iluminação; ~ *value* valor iluminante; potência iluminante
illumination [ɪˌluːmɪˈneɪʃn] s. 1 iluminação; 2 ARTES PLÁSTICAS iluminura; 3 brilho; 4 [fig.] esclarecimento; 5 pl. iluminação decorativa; *Christmas illuminations* iluminação de Natal ❖ ~ *brightness* intensidade da iluminação; ~ *photometre* fotómetro; *Christmas illuminations* iluminações de Natal; (automóvel) *dimmed* ~ luzes de médio; (automóvel) *full* ~ luzes de máximo
illuminative [ɪˈluːmɪnətɪv] adj. 1 que ilumina, iluminante; 2 luminoso; 3 [fig.] esclarecedor ❖ ARTES PLÁSTICAS ~ *art* arte das iluminuras
illuminator [ɪˈluːmɪneɪtə] s. 1 iluminador; 2 pessoa que ilumina; 3 pessoa que executa iluminuras; 4 NÁUTICA vidro de vigia (de camarote)
illumine [ɪˈluːmɪn] v.tr. iluminar, ornamentar com luzes
illuminee [ɪˈluːmɪniː] s. iluminado, indivíduo que afirma possuir excepcionais dons intelectuais ou religiosos
illuminer [ɪˈluːmɪnə] s. 1 iluminador; 2 pessoa que executa iluminuras
illuminism [ɪˈluːmɪnɪzəm] s. iluminismo
illusion [ɪˈluːʒn] s. 1 (falsa aparência) ilusão; engano dos sentidos; 2 (expectativas) ilusão; fantasia; 3 tule transparente ❖ *optical* ~ ilusão de óptica; *to be under the* ~ *that...* pensar que...; *to cherish an* ~ cultivar uma ilusão; *to give an* ~ *of...* dar a impressão de...; *to have no illusions about...* não ter ilusões em relação a...
illusioned [ɪˈluːʒnd] adj. 1 que se entrega a ilusões; 2 iludido
illusionism [ɪˈluːʒənɪzəm] s. 1 ilusionismo; 2 prestidigitação
illusionist [ɪˈluːʒənɪst] s. 1 ilusionista; prestidigitador; 2 visionário; devaneador
illusive [ɪˈluːsɪv] adj. 1 ilusivo, enganador; 2 ilusório
illusively [ɪˈluːsɪvli] adv. 1 ilusivamente; 2 ilusoriamente
illusiveness [ɪˈluːsɪvnəs] s. carácter ilusório
illusory [ɪˈluːsəri] adj. 1 ilusório; 2 enganador
illustrate [ˈɪləstreɪt] v.tr. 1 (imagem) ilustrar; trabalhar na ilustração de; 2 (facto) ilustrar; esclarecer, explicar; elucidar; 3 (exemplo) demonstrar; exemplificar; 4 [arc.] abrilhantar; adornar ❖ *illustrated postcards* postais ilustrados; *illustrated supplement* suplemento ilustrado

illustrating [ˈɪləstreɪtɪŋ] s. 1 ilustração; 2 esclarecimento, explicação
illustration [ˌɪləˈstreɪʃn] s. 1 (imagem, actividade) ilustração; 2 ilustração; esclarecimento; explicação; 3 (exemplo) exemplificação, demonstração [of, de]; *by way of* ~ como exemplo
illustrative [ˈɪləstrətɪv, ɪˈlʌstrətɪv] adj. 1 ilustrativo; 2 esclarecedor
illustrator [ˈɪləstreɪtə] s. ilustrador
illustrious [ɪˈlʌstrɪəs] adj. ilustre, insigne, distinto, célebre
illustriously [ɪˈlʌstrɪəsli] adv. duma maneira ilustre, duma maneira insigne
illustriousness [ɪˈlʌstrɪəsnəs] s. 1 carácter ilustre; 2 honra, glória; 3 nobreza
ill-willed [ɪlˈwɪlt] adj. rancoroso, malévolo
illy [ˈɪli] adv. 1 [EUA] mal; 2 desfavoravelmente
Illyria [ɪˈlɪrɪə] s.top. Ilíria
Illyrian [ɪˈlɪrɪən] adj.,s. 1 ilírico; 2 relativo à Ilíria; 3 natural da Ilíria
ilmenite [ˈɪlmənaɪt] s. MINERALOGIA ilmenite
Ilminster [ˈɪlmɪnstə] s.top. nome de pequena cidade inglesa em Somerset
ILO Ⓐ [abrev. de International Labour Organization] Ⓑ [abrev. de International Labour Office]
ILP [EUA] [abrev. de Intensive Language Program]
I'm [aɪm] contr. de **I am**
IM Ⓐ MEDICINA [abrev. de intramuscular] Ⓑ (xadrez) [abrev. de International Master]
image [ˈɪmɪdʒ] Ⓐ s. 1 imagem; 2 figura; 3 retrato; 4 estampa; 5 estátua; 6 (representação mental) ideia; *to have a clear* ~ *of* ter uma ideia clara de; 7 LITERATURA (figura de estilo) imagem; 8 ídolo Ⓑ v.tr. 1 imaginar; 2 representar por meio de imagens; 3 fazer o retrato de; 4 reflectir, espelhar; 5 corporizar ❖ ~ *breaker* iconoclasta; ~ *consultant* consultor de imagem; ~ *worship* idolatria; iconolatria; *real* ~ imagem real; *virtual* ~ imagem virtual; *to be the living* ~ *of/to be the very* ~ *of* ser a própria imagem de; parecer-se extraordinariamente com; encarnar
imagery [ˈɪmɪdʒəri] s. 1 imagens; 2 imagística; 3 figuras de retórica; 4 esculturas, figuras esculpidas; 5 imagens mentais
imaginable [ɪˈmædʒɪnəbəl] adj. imaginável
imaginably [ɪˈmædʒɪnəbli] adv. 1 possivelmente; 2 admissivelmente
imaginal [ɪˈmædʒɪnəl] adj. ZOOLOGIA imaginal; relativo ao imago
imaginarily [ɪˈmædʒɪnərəli, ɪˈmædʒɪnerəli] adv. imaginariamente
imaginary [ɪˈmædʒɪnəri, ɪˈmædʒɪneri] adj. 1 imaginário; irreal; 2 inventado; fictício; 3 hipotético ❖ GEOMETRIA ~ *axis* eixo imaginário; MATEMÁTICA ~ *equation* equação imaginária; MATEMÁTICA ~ *number* número imaginário; GEOMETRIA ~ *plane* plano imaginário; MATEMÁTICA ~ *quantity* quantidade imaginária
imagination [ɪˌmædʒɪˈneɪʃn] s. 1 imaginação; 2 criatividade; 3 fantasia; ilusão; 4 ideia; imagem mental ❖ *a stretch of* ~ um esforço de imaginação; *it's just your imagination!* estás a imaginar coisas!; *lack of* ~ falta de imaginação
imaginational [ɪˌmædʒɪˈneɪʃnəl] adj. 1 por intermédio da imaginação; 2 relativo à imaginação
imaginative [ɪˈmædʒɪnətɪv] adj. 1 imaginativo; 2 de imaginação; 3 original; criativo ❖ ~ *faculty* faculdade imaginativa
imaginatively [ɪˈmædʒɪnətɪvli] adv. imaginativamente
imaginativeness [ɪˈmædʒɪnətɪvnəs] s. 1 imaginativa; 2 faculdade de imaginação
imagine [ɪˈmædʒɪn] v.tr. 1 imaginar; 2 fazer ideia de; 3 julgar, pensar, supor ❖ *I can imagine!* imagino!; *I can't* ~ *why!* não sei porquê!; *you're imagining things!* estás a sonhar!; *you can't* ~ *how sorry he was* não imaginas como ele se arrependeu
imaginer [ɪˈmædʒɪnə] s. imaginador
imagines [ɪˈmædʒəniːz] s. {pl. de **imago**}
imaging [ˈɪmɪdʒɪŋ] s. 1 formação de imagens; 2 (medicina alternativa) visualização; 3 MEDICINA (ecografia, raios X, etc.) técnicas de visualização
imagining [ɪˈmædʒɪnɪŋ] s. 1 imaginação, fantasia
imagism [ˈɪmɪdʒɪzəm] s. LITERATURA imagismo
imagist [ˈɪmɪdʒɪst] s. LITERATURA imagista
imagistic [ˌɪmɪˈdʒɪstɪk] adj. LITERATURA imagista
imago [ɪˈmeɪɡəʊ] s. ⟨pl. **imagines** ou **imagos**⟩ 1 ZOOLOGIA (insecto) imago; 2 PSICOLOGIA imago

imam [ɪˈmɑːm] s. RELIGIÃO imã, chefe religioso e político no rito islâmico
imaum [ɪˈmɑːm] s. RELIGIÃO imã, chefe religioso e político no rito islâmico
imbalance [ˌɪmˈbæləns] s. desequilíbrio
imbecile [ˈɪmbəsiːl] adj.,s. imbecil, estúpido, idiota
imbecilic [ˌɪmbəˈsiːlɪk] adj. imbecil, de imbecil
imbecility [ˌɪmbəˈsɪlətɪ] s. (pl. -ies) 1 imbecilidade, estupidez; 2 debilidade mental
imbed [ɪmˈbed] v.tr. (particípios: -dd-) embutir, incrustar, encastoar
imbedment [ɪmˈbedmənt] s. 1 embutido, embutidura; 2 incrustação
imbibe [ɪmˈbaɪb] v.tr. 1 embeber-se de; 2 assimilar; 3 absorver; 4 impregnar-se de; 5 beber; 6 aspirar, inalar (ar)
imbiber [ɪmˈbaɪbə] s. 1 aquele que bebe, absorve; 2 aquilo que se impregna de
imbibing [ɪmˈbaɪbɪŋ] s. 1 absorção; 2 impregnação
imbibition [ˌɪmbɪˈbɪʃn] s. imbibição, acto de se embeber
imbreviate [ɪmˈbriːvɪeɪt] v.tr. registar, resumir
imbricate[1] [ˈɪmbrɪkeɪt] v.tr.,intr. imbricar, dispor em imbricação
imbricate[2] [ˈɪmbrɪkɪt] adj. 1 imbricado; 2 com disposição semelhante à das escamas de peixe ou telhas de telhado
imbrication [ˌɪmbrɪˈkeɪʃn] s. imbricação
imbricative [ˈɪmbrɪkətɪv] adj. imbricativo
imbroglio [ɪmˈbrəʊlɪəʊ] s. imbróglio, embrulhada, trapalhada, confusão
imbrue [ɪmˈbruː] v.tr. [arc., lit.] ensopar, embeber, encharcar ❖ *to ~ with/in blood* manchar de sangue
imbrute [ɪmˈbruːt] v.tr.,intr. 1 embrutecer; 2 embrutecer-se
imbue [ɪmˈbjuː] v.tr. 1 (líquido) ensopar, embeber; 2 (ideia, sentimento) imbuir [with, de]; 3 (aroma) impregnar [with, de]; 4 tingir [with, de/com] ❖ *imbued with prejudices* cheio de preconceitos
IMCO [abrev. de Intergovernmental Maritime Consultative Organization]
IMF (Nações Unidas) [abrev. de International Monetary Fund] FMI
IMHO (Internet, e-mail) [abrev. de in my humble opinion]
imide [ˈɪmaɪd] s. QUÍMICA imida
imine [ˈɪmiːn] s. QUÍMICA imina
imitable [ˈɪmɪtəbəl] adj. imitável
imitate [ˈɪmɪteɪt] v.tr. 1 imitar; 2 seguir o exemplo de; 3 copiar, arremedar, macaquear; 4 fingir
imitation [ˌɪmɪˈteɪʃn] Ⓐ s. 1 imitação; 2 cópia; reprodução; 3 falsificação; contrafacção Ⓑ adj. falso; artificial ❖ *~ jewellery* jóias falsas; *~ leather* couro artificial; imitação de couro; *~ parchment* papel pergaminho; *beware of cheap imitations!* cuidado com as imitações!
imitative [ˈɪmɪtətɪv] adj. imitativo, imitador, macaqueador
imitatively [ˈɪmɪtətɪvlɪ] adv. imitativamente
imitativeness [ˈɪmɪtətɪvnəs] s. espírito de imitação
imitator [ˈɪmɪteɪtə] s. 1 imitador; 2 falsificador; 3 macaqueador; 4 plagiário
immaculacy [ɪˈmækjʊləsɪ] s. pureza, imaculabilidade, imaculidade
immaculate [ɪˈmækjʊlət] adj. 1 imaculado, sem mácula; 2 [fig.] inocente; puro; 3 [fig.] impecável; sem falhas ❖ RELIGIÃO *Immaculate Conception* Imaculada Conceição
immaculately [ɪˈmækjʊlətlɪ] adv. 1 imaculadamente; 2 irrepreensivelmente
immaculateness [ɪˈmækjʊlətnəs] s. 1 imaculabilidade, imaculidade; 2 perfeição
immanence [ˈɪmənəns] s. imanência
immanent [ˈɪmənənt] adj. imanente
immanentism [ˈɪmənəntɪzəm] s. FILOSOFIA imanentismo
immanentist [ˈɪmənəntɪst] adj.,s. FILOSOFIA imanentista
Immanuel [ɪˈmænjʊəl] s.antr. Emanuel
immaterial [ˌɪməˈtɪərɪəl] adj. 1 imaterial, incorpóreo; 2 irrelevante, pouco importante, sem importância; *that is quite ~* isso é perfeitamente irrelevante ❖ *to be ~ to sth* não ter relação com determinada coisa
immaterialism [ˌɪməˈtɪərɪəlɪzəm] s. imaterialismo
immaterialist [ˌɪməˈtɪərɪəlɪst] s. imaterialista
immateriality [ˌɪməˌtɪərɪˈælətɪ] s. (pl. -ies) 1 imaterialidade; 2 irrelevância; 3 pouca importância

immaterialize [ɪməˈtɪərɪəlaɪz] v.tr. imaterializar
immature [ˌɪməˈtjʊə] adj. 1 imaturo, não maduro; 2 prematuro; 3 inoportuno
immaturely [ˌɪməˈtjʊəlɪ] adv. imaturamente
immatureness [ˌɪməˈtjʊənəs] s. imaturidade
immaturity [ˌɪməˈtjʊərətɪ] s. ⇒ **immatureness**
immeasurability [ɪˌmeʒərəˈbɪlɪtɪ] s. incomensurabilidade
immeasurable [ɪˈmeʒərəbəl] adj. 1 incomensurável; 2 infinito; 3 imenso
immeasurableness [ɪˈmeʒərəblnəs] s. 1 incomensurabilidade; 2 imensidão
immeasurably [ɪˈmeʒərəblɪ] adv. incomensuravelmente
immediacy [ɪˈmiːdɪəsɪ] s. 1 urgência; 2 iminência; 3 proximidade imediata; 4 relação imediata
immediate [ɪˈmiːdɪət] adj. 1 (tempo) imediato; sem demora, instantâneo; *an ~ reply* uma resposta imediata; 2 (causa) directo; 3 (perigo) iminente; 4 urgente; premente; *~ matters* assuntos urgentes ❖ *~ family* família mais próxima; *the ~ future* o futuro próximo
immediately [ɪˈmiːdɪətlɪ] Ⓐ adv. 1 imediatamente, sem demora; 2 sem intermediários, directamente Ⓑ conj. logo que
immediateness [ɪˈmiːdɪətnəs] s. 1 iminência; 2 urgência; 3 proximidade imediata
immediatism [ɪˈmiːdɪətɪzəm] s. 1 imediatismo, carácter imediato; 2 [EUA] HISTÓRIA imediatismo, imediata abolição da escravatura
immediatist [ɪˈmiːdɪətɪst] s. [EUA] HISTÓRIA partidário da imediata abolição da escravatura
immemorial [ˌɪməˈmɔːrɪəl] adj. 1 imemorial; 2 antiquíssimo ❖ *from time ~* desde tempos imemoriais; desde o princípio dos tempos
immemorially [ˌɪməˈmɔːrɪəlɪ] adv. 1 remotissimamente; 2 imemorialmente
immense [ɪˈmens] adj. imenso, vasto, enorme, infinito
immensely [ɪˈmenslɪ] adv. 1 imensamente; 2 infinitamente; 3 extremamente
immenseness [ɪˈmensnəs] s. imensidão
immensity [ɪˈmensətɪ] s. imensidão
immensurable [ɪˈmensərəbəl] adj. 1 imensurável; 2 imenso; 3 incomensurável
immerge [ɪˈmɜːdʒ] v.tr.,intr. 1 imergir; 2 mergulhar
immergence [ɪˈmɜːdʒəns] s. imersão
immerse [ɪˈmɜːs] v.tr. 1 mergulhar, imergir, submergir; 2 baptizar por imersão; 3 penetrar em, deixar-se absorver por
immersed [ɪˈmɜːst] adj. 1 mergulhado [in, em]; imerso [in, em]; submerso [in, em]; 2 absorto [in, em]; 3 cheio [in, de]
immersion [ɪˈmɜːʃn] s. 1 (líquido) imersão; 2 [fig.] (pensamentos) concentração; compenetração; 3 RELIGIÃO baptismo por imersão; 4 ASTRONOMIA eclipse ❖ *~ course (in...)* curso intensivo (de...); *~ heater* termóstato; *~ test* prova de imersão; *~ tube* tubo de imersão
immigrant [ˈɪmɪgrənt] adj.,s. imigrante
immigrate [ˈɪmɪgreɪt] v.tr.,intr. 1 imigrar; 2 introduzir (num país)
immigration [ˌɪmɪˈgreɪʃn] s. imigração ❖ *~ authorities* serviços de imigração; *~ control* controlo de fronteiras; *~ officer* funcionário dos serviços de imigração
immigratory [ˈɪmɪgrətərɪ] adj. imigratório
imminence [ˈɪmɪnəns] s. iminência, proximidade
imminency [ˈɪmɪnənsɪ] s. iminência, proximidade
imminent [ˈɪmɪnənt] adj. iminente, prestes a acontecer
imminently [ˈɪmɪnəntlɪ] adv. de modo iminente
immiscibility [ˌɪmɪsəˈbɪlɪtɪ] s. imiscibilidade
immiscible [ɪˈmɪsəbəl] adj. imiscível, que não pode misturar-se; não miscível
immitigable [ɪˈmɪtɪgəbəl] adj. não mitigável; que não pode mitigar-se; que não pode atenuar-se
immixture [ɪˈmɪkstʃə] s. 1 mistura; 2 imissão, intromissão
immobile [ɪˈməʊbaɪl, ɪˈməʊbl] adj. 1 imóvel, imóbil; 2 fixo
immobility [ˌɪməʊˈbɪlɪtɪ] s. imobilidade; 2 fixidez
immobilization [ɪˌməʊbəlaɪˈzeɪʃn] s. 1 imobilização; 2 paralisação
immobilize [ɪˈməʊbəlaɪz] v.tr. 1 imobilizar; 2 prender, tornar imóvel; 3 paralisar; 4 fazer estacionar

immoderate [ɪˈmɒdərət] *adj.* imoderado, excessivo, desordenado
immoderately [ɪˈmɒdərətlɪ] *adv.* 1 imoderadamente; 2 desordenadamente; 3 extravagantemente; 4 excessivamente
immoderateness [ɪˈmɒdərətnəs] *s.* 1 imoderação; 2 extravagância; 3 excesso
immoderation [ɪˌmɒdəˈreɪʃn] *s.* 1 imoderação; 2 extravagância; 3 excesso
immodest [ɪˈmɒdɪst] *adj.* 1 imodesto; 2 presumido, presunçoso; 3 impudico, atrevido
immodestly [ɪˈmɒdəstlɪ] *adv.* 1 imodestamente; 2 impudicamente; 3 presumidamente, com presunção
immodesty [ɪˈmɒdəstɪ] *s.* 1 imodéstia; 2 impudor; 3 presunção
immolate [ˈɪməʊleɪt] *v.tr.* imolar
immolation [ˌɪməʊˈleɪʃn] *s.* imolação
immolator [ˈɪməʊleɪtə] *s.* imolador
immoral [ɪˈmɒrəl] *adj.* 1 imoral; 2 devasso; dissoluto ❖ ~ *offence* atentado à moral
immorality [ˌɪməˈrælətɪ] *s.* 1 imoralidade; 2 devassidão
immorally [ɪˈmɒrəlɪ] *adv.* 1 imoralmente; 2 dissolutamente
immortal [ɪˈmɔːtəl] Ⓐ *adj.* 1 imortal; 2 eterno; ~ *fame* fama eterna Ⓑ *s.* 1 (herói) imortal; 2 deus; divindade
immortality [ˌɪmɔːˈtælətɪ] *s.* imortalidade
immortalization [ɪˌmɔːtəlaɪˈzeɪʃn] *s.* imortalização
immortalize [ɪˈmɔːtəlaɪz] *v.tr.* imortalizar, tornar imortal, perpetuar
immortalizer [ɪˈmɔːtəlaɪzə] *s.* imortalizador
immortally [ɪˈmɔːtəlɪ] *adv.* 1 imortalmente; 2 imorredoiramente
immortelle [ˌɪmɔːˈtel] *s.* BOTÂNICA perpétua
immotile [ɪˈməʊtaɪl] *adj.* incapaz de movimento
immovability [ɪˌmuːvəˈbɪlɪtɪ] *s.* 1 imobilidade; 2 imutabilidade; 3 firmeza, fixidez
immovable [ɪˈmuːvəbəl] *adj.* 1 que não pode mover-se, que não pode ser deslocado; 2 fixo, imóvel, imovível; 3 imutável, inalterável; 4 impassível
immovableness [ɪˈmuːvəblnəs] *s.* 1 imobilidade; 2 imutabilidade; 3 impassibilidade
immovables [ɪˈmuːvəblz] *s.pl.* bens imobiliários
immovably [ɪˈmuːvəblɪ] *adv.* 1 sem se mover, sem se deslocar; 2 imutavelmente, impassivelmente
immune [ɪˈmjuːn] *adj.* 1 imune [to, a]; ~ *to a disease* imune a uma doença; 2 imunizado [to, contra]; 3 isento [from, de]; ~ *from taxes* isento de impostos; 4 (acusações, etc.) com imunidade [from, em relação a]; 5 BIOLOGIA imunitário ❖ BIOLOGIA ~ *body* anticorpo; BIOLOGIA ~ *response* resposta imunitária; BIOLOGIA ~ *system* sistema imunitário; *to be* ~ *to criticism* não se deixar afectar por críticas
immunify [ɪˈmjuːnəfaɪ] *v.tr.* imunizar
immunity [ɪˈmjuːnətɪ] *s.* (*pl.* -ies) 1 (geral) imunidade [to/from, a/em relação a]; 2 (impostos) isenção [from, de] ❖ *diplomatic* ~ imunidade diplomática
immunization [ˌɪmjunaɪˈzeɪʃn] *s.* imunização
immunize [ˈɪmjunaɪz] *v.tr.* imunizar
immunizer [ˈɪmjunaɪzə] *s.* imunizador; imunizante
immunizing [ˈɪmjunaɪzɪŋ] *adj.* que imuniza; imunizante
immunodeficiency [ˌɪmjunəʊdɪˈfɪʃənsɪ] *s.* imunodeficiência, deficiência imunológica
immunologic [ˌɪmjunəˈlɒdʒɪk] *adj.* imunológico
immunological [ˌɪmjunəˈlɒdʒɪkl] *adj.* imunológico
immunology [ˌɪmjuˈnɒlədʒɪ] *s.* MEDICINA imunologia
immunopathological [ˌɪmjunəʊpæθəˈlɒdʒɪkəl] *adj.* imunopatológico
immunopathologist [ˌɪmjunəʊpəˈθɒlədʒɪst] *s.* imunopatologista
immunopathology [ˌɪmjunəʊpəˈθɒlədʒɪ] *s.* MEDICINA imunopatologia
immunosuppressant [ˌɪmjunəʊsʌˈpresnt] *adj.,s.* MEDICINA imunossupressor
immunosuppression [ˌɪmjunəʊsʌˈpreʃən] *s.* MEDICINA imunossupressão
immunotherapy [ˌɪmjunəʊˈθerəpɪ] *s.* MEDICINA imunoterapia
immure [ɪˈmjʊə] *v.tr.* 1 emparedar, encerrar entre paredes; 2 enclausurar, fechar

immurement [ɪˈmjʊəmənt] *s.* emparedamento
immuring [ɪˈmjʊərɪŋ] *s.* enclausuramento, emparedamento
immutability [ɪˌmjuːtəˈbɪlɪtɪ] *s.* imutabilidade
immutable [ɪˈmjuːtəbəl] *adj.* imutável
immutably [ɪˈmjuːtəblɪ] *adv.* imutavelmente
imp [ɪmp] Ⓐ *s.* 1 diabinho; 2 descendente do Demónio; 3 criança muito irrequieta; 4 [coloq.] mafarrico; 5 [arc.] criança Ⓑ *v.tr.* aumentar, reforçar
Imp. Ⓐ [*abrev. de* Imperator] Ⓑ [*abrev. de* Imperatrix] Ⓒ [*abrev. de* Imperial]
impact[1] [ˈɪmpækt] *s.* 1 impacto; *to have an* ~ *on* ter impacto sobre; 2 choque, colisão; 3 percussão; 4 encontro; 5 efeito; consequências ❖ AERONÁUTICA ~ *load* choque ao aterrar; ~ *strength* intensidade do impacto; ~ *test* teste de impacto; (surf) ~ *zone* zona de impacto; *to make an* ~ causar impacto; fazer diferença
impact[2] [ɪmˈpækt] *v.tr.,intr.* 1 esmagar [**against/with**, contra]; *to* ~ *sth against a wall* esmagar algo contra a parede; 2 fixar [**into**, em]; unir firmemente [**into**, a]; encaixar [**into**, em]; 3 influenciar; afectar; 4 ter impacto [**on**, em/sobre]; *these costs will* ~ *on our profitability* estes custos vão ter impacto no nosso lucro
impacted [ɪmˈpæktɪd] *adj.* 1 impacto; 2 metido à força
impaction [ɪmˈpækʃən] *s.* 1 impacção; 2 oclusão ❖ MEDICINA ~ *of the bowels* oclusão intestinal
impair [ɪmˈpeə] *v.tr.* 1 prejudicar; *to* ~ *sb's health* prejudicar a saúde de alguém; 2 enfraquecer; debilitar; 3 estragar; danificar; 4 comprometer
impaired [ɪmˈpeəd] Ⓐ *adj.* 1 enfraquecido, debilitado; 2 danificado, estragado; 3 reduzido, diminuído; 4 comprometido Ⓑ *s.* deficiente ❖ *the* ~ pessoas com deficiência; deficientes; *the visually* ~ os deficientes visuais; as pessoas com insuficiência visual
impairing [ɪmˈpeərɪŋ] *s.* 1 enfraquecimento; 2 acto de prejudicar
impairment [ɪmˈpeəmənt] *s.* 1 disfunção, insuficiência; 2 imperfeição, falha; 3 afecção; lesão; 4 enfraquecimento; 5 redução, diminuição; 6 prejuízo; dano ❖ *hearing* ~ insuficiência auditiva; *without* ~ *of quality* sem prejuízo da qualidade
impale [ɪmˈpeɪl] *v.tr.* 1 empalar, aplicar o suplício da empalação; 2 HERÁLDICA juntar dois brasões, com uma pala ao meio a separá-los; 3 cercar com paliçada
impaled [ɪmˈpeɪld] *adj.* 1 empalado; 2 HERÁLDICA reunido, separado por uma pala
impalement [ɪmˈpeɪlmənt] *s.* 1 empalação; 2 HERÁLDICA junção (de brasões) com uma pala a separá-los
impalpability [ˌɪmpælpəˈbɪlɪtɪ] *s.* impalpabilidade, intangibilidade
impalpable [ɪmˈpælpəbəl] *adj.* 1 impalpável; 2 inacessível; 3 intangível
impalpably [ɪmˈpælpəblɪ] *adv.* 1 de modo impalpável, de maneira intangível; 2 inacessivelmente; 3 quase imperceptivelmente
impaludism [ɪmˈpæljudɪzəm] *s.* MEDICINA impaludismo, paludismo, malária
impanation [ˌɪmpəˈneɪʃn] *s.* RELIGIÃO impanação (na Eucaristia)
impanator [ˌɪmpəˈneɪtə] *s.* RELIGIÃO impanador, defensor da doutrina da impanação
impanel [ɪmˈpænl] *v.tr.* ⇒ **empanel**
imparadise [ɪmˈpærədaɪs] *v.tr.* 1 arrebatar, encantar; levar a um estado de felicidade suprema; 2 transformar em paraíso
imparipinnate [ˌɪmpærɪˈpɪnət] *adj.* BOTÂNICA imparipenado, imparipinulado
imparisyllabic [ɪmˌpærɪsɪˈlæbɪk] *adj.* imparissilábico
impark [ɪmˈpɑːk] *v.tr.* 1 cercar (terra) com vedação; 2 meter (animais) dentro dum cercado
imparkation [ˌɪmpɑːˈkeɪʃn] *s.* 1 acto de colocar uma vedação; 2 acto de vedar
imparking [ɪmˈpɑːkɪŋ] *s.* 1 acto de colocar uma vedação; 2 acto de vedar
impart [ɪmˈpɑːt] *v.tr.* 1 [form.] comunicar; transmitir; *to* ~ *heat* transmitir calor; 2 [form.] (atribuir) conferir [**to**, a]; dotar de; *the jewel imparted distinction to the girl* a jóia conferiu à jovem um ar distinto ❖ *to* ~ *a fine edge* afiar; *to* ~ *a preservative skin* aplicar uma camada protectora

impartation [ˌɪmpɑːˈteɪʃn] s. participação, comunicação
imparter [ɪmˈpɑːtə] s. aquele ou aquilo que comunica ou transmite
impartial [ɪmˈpɑːʃl] adj. 1 imparcial; neutro; 2 recto; íntegro; 3 desapaixonado ❖ *to be ~ towards sb* ser imparcial para com/em relação a alguém
impartiality [ˌɪmpɑːʃɪˈælətɪ] s. imparcialidade
impartially [ɪmˈpɑːʃəlɪ] adv. imparcialmente
impartible [ɪmˈpɑːtɪbəl] adj. indivisível
impartment [ɪmˈpɑːtmənt] s. 1 comunicação, informação; 2 transmissão
impassability [ˌɪmpɑːsəˈbɪlɪtɪ] s. ⇒ **impassableness**
impassable [ɪmˈpɑːsəbəl] adj. 1 impraticável; 2 intransitável; 3 intransponível
impassableness [ɪmˈpɑːsəblnəs] s. intransponibilidade, estado intransitável
impasse [æmˈpɑːs, ˈæmpɑːs, ɪmˈpɑːs] s. impasse; beco sem saída_fig_
impassibility [ˌɪmpæsəˈbɪlɪtɪ] s. impassibilidade
impassible [ɪmˈpæsɪbəl] adj. impassível
impassibleness [ɪmˈpæsɪblnəs] s. ⇒ **impassibility**
impassibly [ɪmˈpɑːsəblɪ] adv. impassivelmente
impassion [ɪmˈpæʃn] v.tr. 1 apaixonar, exaltar; 2 comover intensamente
impassioned [ɪmˈpæʃnd] adj. 1 apaixonado; 2 exaltado
impassive [ɪmˈpæsɪv] adj. 1 impassível, frio, insensível; 2 que não mostra a menor emoção
impassively [ɪmˈpæsɪvlɪ] adv. impassivelmente, friamente
impassiveness [ɪmˈpæsɪvnəs] s. impassibilidade, ausência de emotividade
impassivity [ˌɪmpæˈsɪvətɪ] s. ⇒ **impassiveness**
impaste [ɪmˈpeɪst] v.tr. empastar, formar pasta
impasto [ɪmˈpæstəʊ] s. empaste, empastamento
impastoed [ɪmˈpæstəʊd] adj. empastado
impatience [ɪmˈpeɪʃns] s. 1 (irritação) impaciência; 2 ansiedade [**to**, de]; *in her ~ to see him* na ansiedade de o ver; 3 intolerância [**to**, perante]; aversão [**to**, a]; *~ of delays* aversão a atrasos ❖ *to show ~ to do sth* estar ansioso por fazer alguma coisa
impatiens [ɪmˈpeɪʃɪenz] s. BOTÂNICA impaciem
impatient [ɪmˈpeɪʃnt] adj. 1 impaciente, sem paciência; 2 ansioso [**for**, por]; *~ for his dinner* ansioso pelo jantar; 3 intolerante [**of**, em relação a]; 4 avesso [**of**, a]
impatiently [ɪmˈpeɪʃntlɪ] adv. impacientemente, sem paciência
impavid [ɪmˈpævɪd] adj. [rar.] impávido, intrépido, destemido
impawn [ɪmˈpɔːn] v.tr. 1 empenhar; 2 comprometer-se
impeach [ɪmˈpiːtʃ] v.tr. 1 acusar; arguir; *to ~ sb for doing sth* acusar uma pessoa de fazer alguma coisa; *to ~ a person with/of a crime* acusar alguém dum crime; 2 POLÍTICA acusar de alta traição/suborno; impugnar; 3 censurar, criticar; 4 delatar, denunciar; 5 pôr em dúvida, duvidar de ❖ DIREITO *to ~ a witness* recusar uma testemunha
impeachable [ɪmˈpiːtʃəbəl] adj. 1 que pode ser acusado; 2 arguível; 3 censurável; 4 impugnável
impeacher [ɪmˈpiːtʃə] s. 1 acusador; 2 aquele que censura ou põe em dúvida
impeachment [ɪmˈpiːtʃmənt] s. 1 acusação, delação; 2 censura, crítica; 3 (alto funcionário público) acusação por actos de corrupção; 4 impugnação
impearl [ɪmˈpɜːl] v.tr. 1 cobrir de pérolas, enfeitar com pérolas; 2 aljofrar
impeccability [ˌɪmpekəˈbɪlɪtɪ] s. impecabilidade
impeccable [ɪmˈpekəbəl] adj. 1 impecável, irrepreensível; 2 que não está sujeito a pecar, que não peca
impeccably [ɪmˈpekəblɪ] adv. impecavelmente
impeccancy [ɪmˈpekənsɪ] s. impecabilidade, estado de quem não peca ou não pecou
impeccant [ɪmˈpekənt] adj. 1 sem pecado, que não peca; 2 puro, inocente
impecuniosity [ˌɪmpɪkjuːnɪˈɒsətɪ] s. impecuniosidade; falta de dinheiro
impecunious [ˌɪmpɪˈkjuːnɪəs] adj. impecunioso, com falta de dinheiro
impedance [ɪmˈpiːdəns] s. ELECTRICIDADE impedância
impede [ɪmˈpiːd] v.tr. 1 impedir; 2 obstar a; 3 dificultar, embaraçar, retardar
impeder [ɪmˈpiːdə] s. pessoa que dificulta, que põe obstáculos
impediment [ɪmˈpedɪmənt] s. 1 deficiência, insuficiência; 2 falha, imperfeição; defeito; 3 impedimento, entrave, obstáculo; *to be an ~ to...* constituir um obstáculo a; 4 embaraço; dificuldade; 5 pl. [arc.] bagagens; tralhas ❖ *speech ~* defeito de fala
impedimenta [ɪmˌpedɪˈmentə] s.pl. 1 MILITAR bagagens; 2 DIREITO impedimentos
impeding [ɪmˈpiːdɪŋ] s. entrave, dificuldade
impel [ɪmˈpel] v.tr. (*particípios:* -ll-) impelir, empurrar, incitar, fazer andar para a frente
impellent [ɪmˈpelənt] Ⓐ adj. 1 que impele; 2 motor, impulsivo Ⓑ s. 1 força impulsiva, força motriz; 2 motor
impeller [ɪmˈpelə] s. 1 animador, instigador, impulsionador; 2 roda motora, impulsor; 3 rotor
impelling [ɪmˈpelɪŋ] adj. 1 impulsionador; 2 motor, motriz; 3 impulsivo
impend [ɪmˈpend] v.intr. 1 [form.] pender; estar suspenso [**over**, sobre]; 2 [form.] estar iminente; ameaçar [**over**, -]; pairar [**over**, sobre]; *war impended over the country* a ameaça de guerra pairava sobre o país
impendence [ɪmˈpendəns] s. 1 iminência; 2 proximidade, aproximação; 3 ameaça
impendency [ɪmˈpendənsɪ] s. 1 iminência; 2 proximidade, aproximação; 3 ameaça
impendent [ɪmˈpendənt] adj. 1 iminente; 2 próximo; 3 que ameaça de perto
impending [ɪmˈpendɪŋ] adj. 1 iminente; 2 muito próximo; 3 prestes a acontecer
impenetrability [ɪmˌpenɪtrəˈbɪlɪtɪ] s. impenetrabilidade
impenetrable [ɪmˈpenɪtrəbəl] adj. 1 impenetrável; 2 inacessível; 3 insondável; imperscrutável; *~ mystery* mistério insondável ❖ *~ to pity* insensível; sem piedade
impenetrableness [ɪmˈpenɪtrəblnəs] s. impenetrabilidade
impenetrably [ɪmˈpenɪtrəblɪ] adv. impenetravelmente
impenetrate [ɪmˈpenɪtreɪt] v.tr. penetrar profundamente em
impenitence [ɪmˈpenɪtəns] s. impenitência
impenitency [ɪmˈpenɪtənsɪ] s. impenitência
impenitent [ɪmˈpenɪtənt] adj.,s. impenitente ❖ (Bíblia) *the ~ thief* o mau ladrão; *to be ~ about....* não estar arrependido por...; não mostrar arrependimento em relação a...
impenitently [ɪmˈpenɪtəntlɪ] adv. impenitentemente
impennate [ɪmˈpenɪt] adj. ZOOLOGIA impene, sem penas rémiges
imperatival [ɪmˌperəˈtaɪvl] adj. LINGUÍSTICA imperativo; do imperativo
imperative [ɪmˈperətɪv] Ⓐ adj. 1 imperioso; peremptório; terminante; *~ orders* ordens peremptórias; *~ reason* razão imperiosa; 2 autoritário; *to speak in an ~ tone* falar num tom autoritário; 3 urgente; indispensável; de vital importância; *it is ~ that...* é indispensável que...; 4 LINGUÍSTICA imperativo Ⓑ s. LINGUÍSTICA (modo) imperativo ❖ LINGUÍSTICA *~ mood* modo imperativo; FILOSOFIA *categorical ~* imperativo categórico
imperatively [ɪmˈperətɪvlɪ] adv. 1 imperiosamente; 2 imperativamente
imperativeness [ɪmˈperətɪvnəs] s. 1 imperiosidade; tom imperioso; 2 urgência
imperatorial [ɪmˌperəˈtɔːrɪəl] adj. imperial, imperatório, de imperador
imperceptibility [ˌɪmpəseptəˈbɪlɪtɪ] s. imperceptibilidade
imperceptible [ˌɪmpəˈseptəbəl] adj. imperceptível
imperceptibleness [ˌɪmpəˈseptəblnəs] s. imperceptibilidade
imperceptibly [ˌɪmpəˈseptəblɪ] adv. imperceptivelmente
impercipient [ˌɪmpəˈsɪpɪənt] adj. desprovido de percepção
imperence [ˈɪmpərəns] s. 1 insolência; 2 atrevimento
imperent [ˈɪmpərənt] adj. 1 insolente; 2 atrevido
imperfect [ɪmˈpɜːfɪkt] Ⓐ adj. 1 imperfeito; 2 com defeito(s), defeituoso; 3 incompleto; 4 (verbo) no imperfeito, do imperfeito Ⓑ s. LINGUÍSTICA imperfeito; *in the ~* no imperfeito
imperfectible [ˌɪmpəˈfektɪbəl] adj. imperfectível
imperfectibleness [ˌɪmpəˈfektɪblnəs] s. imperfectibilidade
imperfectibly [ɪmˈpɜːfɪktblɪ] adv. imperfectivelmente
imperfection [ˌɪmpəˈfekʃn] s. 1 imperfeição; 2 defeito, falha; 3 incompletude, carácter incompleto

imperfective [ɪmpəˈfektɪv] *adj.,s.* LINGUÍSTICA (aspecto verbal) imperfectivo
imperfectly [ɪmˈpɜːfɪktlɪ] *adv.* 1 imperfeitamente; 2 defeituosamente; 3 incompletamente
imperfectness [ɪmˈpɜːfɪktnəs] *s.* imperfeição
imperforable [ɪmˈpɜːfərəbəl] *adj.* imperfurável
imperforate [ɪmˈpɜːfərət] *adj.* 1 imperfurado; que apresenta imperfuração; 2 não-perfurado; sem perfuração
imperforation [ɪmpɜːfəˈreɪʃn] *s.* MEDICINA imperfuração, oclusão de orifício ou canal que normalmente comunica com o exterior
imperial [ɪmˈpɪərɪəl] Ⓐ *adj.* 1 imperial; 2 soberano; régio; 3 imponente; majestoso; 4 [depr.] altivo; inflado; ovante Ⓑ *s.* 1 formato de papel (22 x 32 polegadas); 2 familiar do imperador; 3 corte de barba à Napoleão III; 4 HISTÓRIA (Rússia) moeda de ouro dos czares; 5 (tejadilho para bagagens) imperial; 6 *pl.* HISTÓRIA (tropas de imperadores alemães) imperiais ❖ ~ *federation* federação imperial; ~ *chamber* câmara imperial; ~ *city* cidade imperial; ~ *dignity* dignidade imperial; ~ *gallon* galão imperial (= 4,546 litros); *Imperial history* história do Império Britânico; HISTÓRIA ~ *trade* comércio do Império Britânico; HISTÓRIA *Her Imperial Majesty* sua Majestade Imperial
imperialism [ɪmˈpɪərɪəlɪzəm] *s.* imperialismo
imperialist [ɪmˈpɪərɪəlɪst] *s.* imperialista
imperialistic [ɪmˌpɪərɪəˈlɪstɪk] *adj.* imperialista
imperially [ɪmˈpɪərɪəlɪ] *adv.* 1 imperialmente; 2 majestosamente
imperil [ɪmˈperəl] *v.tr.* (particípios: -ll-) fazer perigar, pôr em perigo, pôr em risco, arriscar
imperious [ɪmˈpɪərɪəs] *adj.* 1 imperioso, arrogante, autoritário; 2 urgente, premente
imperiously [ɪmˈpɪərɪəslɪ] *adv.* 1 autoritariamente; 2 imperiosamente
imperiousness [ɪmˈpɪərɪəsnəs] *s.* 1 tom imperioso, imperiosidade, arrogância; 2 premência, urgência
imperishable [ɪmˈperɪʃəbəl] *adj.* imperecível, que não pode perecer
imperishableness [ɪnɪˈperɪʃəblnəs] *s.* imperecibilidade
imperishably [ɪmˈperɪʃəblɪ] *adv.* imperecivelmente
impermanence [ɪmˈpɜːmənəns] *s.* impermanência
impermanent [ɪmˈpɜːmənənt] *adj.* impermanente
impermeability [ɪmˌpɜːmɪəˈbɪlɪtɪ] *s.* impermeabilidade
impermeable [ɪmˈpɜːmɪəbəl] *adj.* 1 impermeável; 2 estanque
impermeableness [ɪmˈpɜːmɪəblnəs] *s.* impermeabilidade
impermeably [ɪmˈpɜːmɪəblɪ] *adv.* impermeavelmente
impermeator [ɪmˈpɜːmɪeɪtə] *s.* 1 lubrificante; 2 lubrificador de cilindro de máquina a vapor
impermissible [ˌɪmpəˈmɪsəbəl] *adj.* não permitido, proibido
imperscriptible [ˌɪmpəˈskrɪptəbəl] *adj.* 1 que não está registado; 2 não baseado em documento escrito
impersonal [ɪmˈpɜːsənəl] *adj.* 1 impessoal; 2 [fig.] frio ❖ ~ *account* conta fictícia; LINGUÍSTICA ~ *verb* verbo impessoal
impersonality [ɪmˌpɜːsəˈnælətɪ] *s.* 1 impessoalidade; 2 frieza
impersonally [ɪmˈpɜːsənlɪ] *adv.* impessoalmente, friamente
impersonate[1] [ɪmˈpɜːsəneɪt] *v.tr.* 1 imitar; 2 representar o papel de, fazer o papel de; 3 personificar; 4 fazer-se passar por
impersonate[2] [ɪmˈpɜːsənət] *adj.* personificado
impersonation [ɪmˌpɜːsəˈneɪʃn] *s.* 1 imitação; 2 interpretação dramática; 3 personificação; 4 representação
impersonator [ɪmˈpɜːsəneɪtə] *s.* 1 imitador; 2 intérprete dramático, actor; 3 personificador
impertinence [ɪmˈpɜːtɪnəns] *s.* 1 insolência, impertinência; 2 falta de pertinência, irrelevância; 3 absurdo
impertinent [ɪmˈpɜːtɪnənt] *adj.* 1 impertinente; insolente, atrevido; 2 pouco pertinente; irrelevante; 3 [arc.] absurdo; disparatado ❖ ~ *remark* falta de respeito; impertinência; *to be* ~ *to* dizer insolências a
impertinently [ɪmˈpɜːtɪnəntlɪ] *adv.* 1 insolentemente; 2 impertinentemente; 3 sem pertinência, irrelevantemente
imperturbability [ˌɪmpətɜːbəˈbɪlɪtɪ] *s.* imperturbabilidade, impassibilidade, sangue-frio
imperturbable [ˌɪmpəˈtɜːbəbəl] *adj.* imperturbável, impassível
imperturbably [ˌɪmpəˈtɜːbəblɪ] *adv.* imperturbavelmente

impervious [ɪmˈpɜːvɪəs] *adj.* 1 impérvio, impenetrável, inacessível; 2 impermeável [**to**, a]; ~ *to water* impermeável à água; 3 insensível [**to**, a]; indiferente [**to**, a]; 4 não influenciável, que não se deixa influenciar [**to**, por]; ~ *to other people's ideas* não influenciável pelas ideias dos outros ❖ ~ *to acids* resistente aos ácidos
impetiginous [ˌɪmpɪˈtɪdʒɪnəs] *adj.* impetiginoso
impetigo [ˌɪmpɪˈtaɪɡəʊ] *s.* impetigo, impetigem
impetrate [ˈɪmpɪtreɪt] *v.tr.* impetrar
impetration [ˌɪmpɪˈtreɪʃn] *s.* impetração
impetuosity [ɪmˌpetjuˈɒsətɪ, ɪmˌpetʃuˈɒsətɪ] *s.* impetuosidade, ímpeto, fogosidade
impetuous [ɪmˈpetʃuəs, ɪmˈpetjuəs] *adj.* 1 impetuoso, violento; 2 fogoso, arrebatador
impetuously [ɪmˈpetʃuəslɪ, ɪmˈpetjuəslɪ] *adv.* 1 impetuosamente; 2 fogosamente
impetuousness [ɪmˈpetʃuəsnəs, ɪmˈpetjuəsnəs] *s.* impetuosidade
impetus [ˈɪmpɪtəs] *s.* ⟨*pl.* -es⟩ 1 ímpeto, impulso; 2 movimento súbito; 3 velocidade
impi [ˈɪmpɪ] *s.* HISTÓRIA grupo de guerreiros cafres
impiety [ɪmˈpaɪətɪ] *s.* ⟨*pl.* -ies⟩ impiedade
impignorate [ɪmˈpɪɡnəreɪt] *v.tr.* [Esc.] empenhar
impignoration [ɪmˌpɪɡnəˈreɪʃn] *s.* [Esc.] acto de empenhar
impinge [ɪmˈpɪndʒ] *v.intr.* 1 chocar [**on/upon**, contra]; bater [**on/upon**, em]; colidir [**on/upon**, com]; 2 afectar [**on**, -]; 3 infringir, violar, invadir [**on**, -]; 4 ser limitativo [**on**, em relação a]; restringir [**on**, -]
impingement [ɪmˈpɪndʒmənt] *s.* choque, colisão, impacto
impious [ˈɪmpɪəs] *adj.* 1 ímpio; 2 sacrílego
impiously [ˈɪmpɪəslɪ] *adv.* 1 impiamente; 2 sacrilegamente
impiousness [ˈɪmpɪəsnəs] *s.* 1 impiedade; 2 carácter sacrílego
impish [ˈɪmpɪʃ] *adj.* 1 endiabrado, irrequieto; 2 como um mafarrico
impishly [ˈɪmpɪʃlɪ] *adv.* 1 endiabradamente; 2 como um mafarrico
impishness [ˈɪmpɪʃnəs] *s.* 1 diabrura, travessura; 2 malícia
impiteous [ɪmˈpɪtɪəs] *adj.* [poét.] impiedoso, sem piedade
implacability [ɪmˌplækəˈbɪlɪtɪ] *s.* implacabilidade
implacable [ɪmˈplækəbəl] *adj.* implacável
implacableness [ɪmˈplækəblnəs] *s.* carácter implacável
implacably [ɪmˈplækəblɪ] *adv.* implacavelmente
implacental [ˌɪmpləˈsentəl] *adj.* ZOOLOGIA aplacentário
implacentalia [ɪmˌplæsenˈteɪlɪə] *s.pl.* ZOOLOGIA aplacentários
implant[1] [ɪmˈplɑːnt] *v.tr.* 1 plantar; fazer o implante de; 2 incutir [**in**, em]; *to* ~ *an idea in sb's head* meter uma ideia na cabeça de alguém; 3 estabelecer; firmar; arreigar
implant[2] [ˈɪmplɑːnt] *s.* implante
implantation [ˌɪmplɑːnˈteɪʃn] *s.* implantação
implanter [ɪmˈplɑːntə] *s.* aquele que implanta, que firma profundamente
implausibility [ɪmˌplɔːzəˈbɪlɪtɪ] *s.* implausibilidade; improbabilidade; inverosimilhança
implausible [ɪmˈplɔːzəbəl] *adj.* improvável, pouco plausível
implausibly [ɪmˈplɔːzəblɪ] *adv.* sem plausibilidade; improvavelmente
impledge [ɪmˈpledʒ] *v.tr.* empenhar, dar como penhor
implement[1] [ˈɪmplɪmənt] *v.tr.* 1 implementar, executar, cumprir; 2 dar seguimento a; 3 pôr em prática
implement[2] [ˈɪmplɪmənt] *s.* 1 instrumento, ferramenta, utensílio; *agricultural implements* utensílios agrícolas; *household implements* utensílios domésticos; 2 apresto, apetrecho, implemento; 3 acessório; 4 [Esc.] DIREITO (contrato, acordo) concretização, efectuação, fecho ❖ *implements of war* material bélico; *kitchen implements* trem de cozinha
implementation [ˌɪmplɪmənˈteɪʃn] *s.* 1 implementação, cumprimento, realização; 2 entrada em vigor
implementing [ˈɪmplɪməntɪŋ] *s.* 1 cumprimento, realização (de acordo, contrato, etc.); 2 entrada em vigor
impletion [ɪmˈpliːʃn] *s.* 1 plenitude, abundância; 2 enchimento
implicate [ˈɪmplɪkeɪt] *v.tr.* 1 implicar, envolver; 2 fazer supor; 3 ter relação com; 4 entrelaçar, entremear
implication [ˌɪmplɪˈkeɪʃn] *s.* 1 implicação; 2 sugestão; 3 insinuação

implicative [ɪmˈplɪkətɪv, ˈɪmplɪkeɪtɪv] *adj.* 1 implícito; 2 que implica
implicatively [ɪmˈplɪkətɪvlɪ, ˈɪmplɪkeɪtɪvlɪ] *adv.* implicitamente
implicature [ɪmˈplɪkətʃə] *s.* LINGUÍSTICA implicatura
implicit [ɪmˈplɪsɪt] *adj.* 1 implícito; subentendido; tácito; 2 absoluto; incondicional; ~ *obedience* obediência absoluta ❖ *with ~ faith* cegamente
implicitly [ɪmˈplɪsɪtlɪ] *adv.* 1 implicitamente; 2 tacitamente; 3 cegamente
implicitness [ɪmˈplɪsɪtnəs] *s.* 1 carácter implícito; 2 conclusão implícita; 3 inferência tácita
implied [ɪmˈplaɪd] Ⓐ *prt. e part. pass. de* **to imply** Ⓑ *adj.* 1 implícito; 2 tácito
impliedly [ɪmˈplaɪdlɪ] *adv.* implicitamente; tacitamente
implode [ɪmˈpləʊd] *v.tr.,intr.* implodir
implore [ɪmˈplɔː] *v.tr.* implorar, pedir, suplicar, rogar
implorer [ɪmˈplɔːrə] *s.* implorador, aquele que suplica
imploring [ɪmˈplɔːrɪŋ] Ⓐ *adj.* suplicante, implorador Ⓑ *s.* súplica, imploração
imploringly [ɪmˈplɔːrɪŋlɪ] *adv.* implorativamente, suplicantemente
implosion [ɪmˈpləʊʒn] *s.* implosão
implosive [ɪmˈpləʊsɪv] *adj.* implosivo
impluvium [ɪmˈpluːvɪəm] *s.* implúvio
imply [ɪmˈplaɪ] *v.tr.* 1 implicar; 2 significar; 3 sugerir; insinuar; dar a entender; 4 dar sinais de ❖ *silence implies consent* quem cala consente
impocket [ɪmˈpɒkɪt] *v.tr.* meter no bolso
impolder [ɪmˈpəʊldə] *v.tr.* 1 conquistar terreno ao mar; 2 formar um pólder
impolicy [ɪmˈpɒlɪsɪ] *s.* 1 má política; 2 má orientação; 3 precipitação, pouca habilidade
impolite [ˌɪmpəˈlaɪt] *adj.* pouco polido, indelicado, incorrecto, grosseiro
impolitely [ˌɪmpəˈlaɪtlɪ] *adv.* incorrectamente, grosseiramente, com um modo pouco cortês
impoliteness [ˌɪmpəˈlaɪtnəs] *s.* incorrecção, grosseria, falta de educação, descortesia
impolitic [ɪmˈpɒlɪtɪk] *adj.* 1 impolítico; 2 pouco oportuno; 3 precipitado
impoliticly [ɪmˈpɒlɪtɪklɪ] *adv.* 1 impoliticamente; 2 duma maneira pouco oportuna; 3 precipitadamente
imponderability [ɪmˌpɒndərəˈbɪlɪtɪ] *s.* imponderabilidade
imponderable [ɪmˈpɒndərəbl] *adj.,s.* imponderável
imponderables [ɪmˈpɒndərəblz] *s.pl.* imponderáveis
imponderous [ɪmˈpɒndərəs] *adj.* 1 imponderável; 2 extremamente leve
imporosity [ˌɪmpɔːˈrɒsətɪ] *s.* imporosidade
imporous [ɪmˈpɔːrəs] *adj.* imporoso
import[1] [ɪmˈpɔːt] *v.tr.* 1 importar [from, de]; *these cars are imported from Japan* estes carros são importados do Japão; 2 [form.] significar; querer dizer; implicar; *what does it import?* que significa isso?; 3 dizer respeito (a); *questions that ~ them nearly* problemas que lhes dizem respeito
import[2] [ˈɪmpɔːt] *s.* 1 importação, produto importado; 2 significado, sentido; *what is the ~ of his words?* qual será o significado das suas palavras?; 3 (documento) teor, conteúdo; 4 alcance, valor, importância; *a matter of great ~* um assunto de grande importância ❖ *~ dock* doca para importações; *~ duties* direitos de importação; *~ trade* comércio de importação; *imports and exports* importações e exportações
importable [ɪmˈpɔːtəbl] *adj.* importável; que pode importar-se
importance [ɪmˈpɔːtns] *s.* 1 importância; 2 consequência; 3 significância ❖ *a matter of the utmost ~* um assunto muitíssimo importante; *a matter of no ~* um assunto sem qualquer significado; *to attach ~ to* atribuir importância a; *to be full of one's own ~* estar cheio de si; *with an air of ~* com um ar importante, de importância
important [ɪmˈpɔːtnt] *adj.* 1 importante; com importância; significativo; 2 vital; crucial; fundamental; 3 (pessoa) importante; influente ❖ *that's not ~* isso não interessa; *the ~ thing is…* o mais importante é…; [depr.] *to look ~* dar-se ares de importância; armar-se a importante

importantly [ɪmˈpɔːtntlɪ] *adv.* com um ar importante; cheio de importância
importation [ˌɪmpɔːˈteɪʃn] *s.* 1 importação; 2 coisa importada
importee [ˌɪmpɔːˈtiː] *s.* [coloq.] imigrante
importer [ɪmˈpɔːtə] *s.* importador
importing [ɪmˈpɔːtɪŋ] Ⓐ *adj.* 1 importador; 2 que importa Ⓑ *s.* importação
importunate [ɪmˈpɔːtʃʊnət] *adj.* 1 importuno, incómodo; 2 maçador
importunately [ɪmˈpɔːtʃʊnətlɪ] *adv.* importunamente
importune [ˌɪmpɔːˈtjuːn] Ⓐ *v.tr.* 1 importunar; incomodar; *to ~ sb for sth* importunar alguém com alguma coisa; 2 enfadar; aborrecer Ⓑ *adj.* importuno; inoportuno
importunity [ˌɪmpɔːˈtjuːnətɪ] *s. (pl. -ies)* 1 importunidade; inconveniência; 2 persistência
impose [ɪmˈpəʊz] Ⓐ *v.tr.* 1 impor; estabelecer; instituir; 2 obrigar a; 3 TIPOGRAFIA (dispor na rama páginas compostas) impor Ⓑ *v.intr.* abusar [on, de]; aproveitar-se [on, de]; *they imposed on his good nature* abusaram da bondade dele ❖ *I don't want to ~* não quero incomodar; *to ~ oneself on sth* ganhar ascendente sobre determinada coisa
imposer [ɪmˈpəʊzə] *s.* TIPOGRAFIA impositor
imposing [ɪmˈpəʊzɪŋ] Ⓐ *adj.* imponente, grandioso, majestoso Ⓑ *s.* imposição ❖ TIPOGRAFIA *~ stone* mesa de imposição
imposingly [ɪmˈpəʊzɪŋlɪ] *adv.* 1 imponentemente; 2 majestosamente, com grande majestade
imposingness [ɪmˈpəʊzɪŋnəs] *s.* 1 aspecto majestoso; 2 ar de imponência
imposition [ˌɪmpəˈzɪʃn] *s.* 1 imposição; 2 RELIGIÃO imposição (das mãos); 3 TIPOGRAFIA imposição; 4 imposto, contribuição, taxa; 5 fraude, dolo, impostura; 6 abuso; 7 (escola) castigo; punição ❖ *that would be an ~ on your kindness* isso seria abusar da sua amabilidade
impossibilism [ɪmˈpɒsəbɪlɪzəm] *s.* 1 conjunto de coisas meramente ideais; 2 ideologia
impossibilist [ɪmˈpɒsəbɪlɪst] Ⓐ *adj.* de visionário Ⓑ *s.* visionário
impossibility [ɪmˌpɒsəˈbɪlɪtɪ] *s. (pl. -ies)* impossibilidade ❖ *it's an ~* não é possível; *it's a physical ~* é materialmente impossível; *to do impossibilities* fazer milagres
impossible [ɪmˈpɒsəbl] Ⓐ *adj.* 1 impossível; 2 inviável, irrealizável; 3 inverosímil; incrível; 4 [depr.] insuportável Ⓑ *s.* impossível; *to ask for the ~* pedir o impossível ❖ *to make it ~ for sb to…* impedir alguém de
impossibly [ɪmˈpɒsəblɪ] *adv.* 1 de modo impossível; 2 incrivelmente; inverosimilmente; 3 insuportavelmente; *~ arrogant* de uma arrogância insuportável ❖ *if, impossibly, he were to….* se, por milagre, ele conseguisse…; *not ~* possivelmente
impost [ˈɪmpəʊst] *s.* 1 imposto, tributo, taxa; 2 ARQUITECTURA imposta, cornija que serve de base a um arco; 3 peso transportado por cavalo em corridas compensadas
imposter [ɪmˈpɒstə] *s.* 1 impostor, intrujão; 2 charlatão
imposthume [ɪmˈpɒstjʊm] *s.* MEDICINA [arc.] abcesso purulento
impostor [ɪmˈpɒstə] *s.* 1 impostor, intrujão; 2 charlatão
impostume [ɪmˈpɒstjʊm] *s.* [arc.] ⇒ **imposthume**
imposture [ɪmˈpɒstʃə] *s.* impostura, imposturice
impotence [ˈɪmpətəns] *s.* 1 impotência, debilidade, fraqueza, decrepitude; 2 impotência sexual
impotency [ˈɪmpətənsɪ] *s.* ⇒ **impotence**
impotent [ˈɪmpətənt] *adj.* 1 impotente; 2 débil, fraco, decrépito, sem força
impotently [ˈɪmpətəntlɪ] *adv.* 1 em vão; 2 sem força
impound [ɪmˈpaʊnd] *v.tr.* 1 encurralar, meter em curral; 2 fechar, encerrar; 3 represar (águas), fechar em represa; 4 confiscar
impounding [ɪmˈpaʊndɪŋ] *s.* 1 encurralamento; 2 encerramento; 3 (águas) represa, captação; 4 confiscação
impoverish [ɪmˈpɒvərɪʃ] *v.tr.* 1 empobrecer, tornar pobre; 2 debilitar, enfraquecer; 3 esgotar, cansar
impoverishing [ɪmˈpɒvərɪʃɪŋ] Ⓐ *adj.* 1 que empobrece; 2 debilitante Ⓑ *s.* empobrecimento
impoverishment [ɪmˈpɒvərɪʃmənt] *s.* empobrecimento, esgotamento
impracticability [ɪmˌpræktɪkəˈbɪlɪtɪ] *s.* impraticabilidade, inviabilidade

impracticable [ɪmˈpræktɪkəbəl] *adj.* 1 impraticável, irrealizável, inviável; 2 intratável
impracticableness [ɪmˈprætɪkəblnəs] *s.* impraticabilidade
impracticably [ɪmˈpræktɪkəblɪ] *adv.* 1 irrealizavelmente; 2 intratavelmente
impractical [ɪmˈpræktɪkl] *adj.* 1 impraticável; 2 que não é prático
impracticality [ɪmˌpræktɪˈkælɪtɪ] *s.* 1 falta de sentido prático; 2 inviabilidade
imprecate [ˈɪmprɪkeɪt] *v.tr.* 1 imprecar, dizer imprecações contra; 2 invocar os espíritos contra alguém
imprecation [ˌɪmprɪˈkeɪʃn] *s.* imprecação, praga, maldição
imprecatory [ˈɪmprɪkeɪtərɪ, ˈɪmprekətɔːrɪ] *adj.* imprecatório
imprecise [ˌɪmprɪˈsaɪs] *adj.* impreciso, vago, indeterminado
imprecision [ˌɪmprɪˈsɪʒən] *s.* imprecisão
impregnable [ɪmˈpregnəbl] *adj.* inconquistável, inexpugnável, invencível
impregnate[1] [ˈɪmpregneɪt, ɪmˈpregneɪt] *v.tr.* 1 impregnar, saturar, embeber; 2 absorver, encher; 3 fecundar, emprenhar
impregnate[2] [ˈɪmpregnət, ɪmˈpregneɪt] *adj.* 1 impregnado, saturado; 2 embebido; 3 fecundado
impregnated [ˈɪmpregneɪtɪd] *adj.* ⇒ **impregnate**[2] ❖ ~ *fabric* tecido impregnado
impregnation [ˌɪmpregˈneɪʃn] *s.* 1 impregnação, saturação, embebimento; 2 fecundação
impresario [ˌɪmprɪˈsɑːrɪəʊ] *s.* empresário
imprescriptible [ˌɪmpreˈskrɪptəbəl] *adj.* imprescritível
impress[1] [ɪmˈpres] Ⓐ *v.tr.* 1 impressionar; comover; 2 imprimir, gravar; estampar; 3 TIPOGRAFIA tirar uma prova de; 4 (fazer sentir) incutir [**on/upon**, em]; *to* ~ *sth on sb* meter algo na cabeça de alguém; 5 (soldados, marinheiros) recrutar à força; 6 (para serviço público) requisitar; 7 registar, fazer uma lista de Ⓑ *v.intr.* convencer; deixar boa impressão; ser impressionante; causar sensação ❖ *to* ~ *motion on* imprimir movimento a; *to* ~ *sb favourably* causar boa impressão a alguém; *he wasn't at all impressed* não ficou com muito boa impressão; *to be easily impressed* ser muito sugestionável
impress[2] [ˈɪmpres] *s.* 1 TIPOGRAFIA impressão; 2 marca característica; 3 selo; chancela; cunho ❖ *to bear the* ~ *of* levar a marca de
impressed [ɪmˈprest] *adj.* 1 impresso; gravado; 2 estampado
impressibility [ɪmˌpresəˈbɪlɪtɪ] *s.* impressibilidade
impressible [ɪmˈpresəbəl] *adj.* 1 que pode receber uma impressão; 2 impressionável
impression [ɪmˈpreʃn] *s.* 1 (imagem) impressão; *to make a good* ~ causar boa impressão; 2 (marca) impressão; incrustação; 3 opinião, ideia; 4 TIPOGRAFIA tiragem, edição; 5 (espectáculo) imitação; *to do an* ~ *of sb* imitar alguém ❖ *to be under the* ~ *that…* ter ficado com a impressão que…; *to get the wrong* ~ perceber mal; *to give the* ~ *that…* mais parecer que…; *to make an* ~ *on sb* impressionar favoravelmente alguém; *to make an* ~ *on sth* ter impacto sobre algo
impressionability [ɪmˌpreʃnəˈbɪlɪtɪ] *s.* impressionabilidade
impressionable [ɪmˈpreʃnəbəl] *adj.* 1 impressionável; sensível; sugestionável; 2 emotivo; 3 influenciável; moldável
impressionism [ɪmˈpreʃənɪzəm] *s.* ARTES PLÁSTICAS impressionismo
impressionist [ɪmˈpreʃənɪst] Ⓐ *adj.* ARTES PLÁSTICAS impressionista Ⓑ *s.* 1 ARTES PLÁSTICAS impressionista; 2 TEATRO, TELEVISÃO imitador ❖ ~ *painting* pintura impressionista
impressionistic [ɪmˌpreʃəˈnɪstɪk] *adj.* 1 ARTES PLÁSTICAS, MÚSICA impressionista; 2 [fig.] impreciso, vago, pouco rigoroso
impressionistically [ɪmˌpreʃəˈnɪstɪklɪ] *adv.* duma maneira impressionista
impressive [ɪmˈpresɪv] *adj.* impressionante, impressivo
impressively [ɪmˈpresɪvlɪ] *adv.* impressionantemente, duma maneira impressiva
impressiveness [ɪmˈpresɪvnəs] *s.* 1 carácter impressionante; 2 solenidade, carácter solene
impressment [ɪmˈpresmənt] *s.* 1 requisição (de víveres); 2 recrutamento forçado
imprest [ˈɪmprest] *s.* antecipação de verba (nos Serviços Públicos)
impreviousness [ɪmˈpriːvɪəsnəs] *s.* 1 impenetrabilidade; 2 inacessibilidade

imprimatur [ˌɪmprɪˈmɑːtə] *s.* 1 aprovação; 2 sanção; 3 (Igreja Católica) autorização para ser impresso
imprimis [ɪmˈpraɪmɪs] *adv.* 1 em primeiro lugar; 2 primeiramente
imprint[1] [ˈɪmprɪnt] *s.* 1 TIPOGRAFIA impressão; 2 cunho; marca; chancela; 3 rubrica; sinal ❖ (livro) *printer's* ~ nome do impressor; *publisher's* ~ nome do editor; *to leave an* ~ *on sb's mind* deixar uma marca profunda na mente de alguém
imprint[2] [ɪmˈprɪnt] *v.tr.* 1 imprimir; 2 marcar [**on**, em]; cunhar [**on**, em]; 3 inculcar [**on**, em]; gravar [**on**, em]; *to* ~ *on the memory* gravar na memória
imprinted [ɪmˈprɪntɪd] *adj.* (livro) com a indicação do editor ou impressor
imprinting [ɪmˈprɪntɪŋ] *s.* impressão
imprison [ɪmˈprɪzn] *v.tr.* aprisionar, encarcerar, fechar numa prisão
imprisoning [ɪmˈprɪznɪŋ] *s.* prisão, aprisionamento
imprisonment [ɪmˈprɪznmənt] *s.* 1 prisão; 2 detenção; 3 aprisionamento ❖ *life* ~ prisão perpétua; *false/illegal* ~ detenção ilegal; ~ *in the second division* prisão correccional
improbability [ɪmˌprɒbəˈbɪlɪtɪ] *s.* (*pl.* **-ies**) improbabilidade
improbable [ɪmˈprɒbəbəl] *adj.* improvável, inverosímil
improbably [ɪmˈprɒbəblɪ] *adv.* 1 improvavelmente; 2 curiosamente; surpreendentemente ❖ *not* ~ muito provavelmente
improbation [ˌɪmprəˈbeɪʃn] *s.* [ESC.] DIREITO rejeição por não ser verdade
improbity [ɪmˈprəʊbətɪ] *s.* 1 improbidade; 2 desonestidade
impromptu [ɪmˈprɒmptjuː] Ⓐ *adv.* de improviso Ⓑ *s.* improviso Ⓒ *adj.* improvisado
improper [ɪmˈprɒpə] *adj.* 1 impróprio; inadequado; desadequado; inconveniente; 2 indecoroso, pouco decente; 3 inexacto, incorrecto; 4 abusivo; 5 desonesto; irregular ❖ MATEMÁTICA ~ *fraction* fracção imprópria
Improperia [ˌɪmprəʊˈpɪərɪə] *s.pl.* RELIGIÃO impropérios, antífonas cantadas na manhã de Sexta-Feira Santa
improperly [ɪmˈprɒpəlɪ] *adv.* 1 impropriamente; 2 erradamente, inconvenientemente
impropriate[1] [ɪmˈprəʊprɪeɪt] *v.tr.* apropriar-se (de bens eclesiásticos); secularizar
impropriate[2] [ɪmˈprəʊprɪɪt] *adj.* secularizado
impropriated [ɪmˈprəʊprɪeɪtɪd] *adj.* secularizado
impropriation [ɪmˌprəʊprɪˈeɪʃn] *s.* 1 apropriação (de bens eclesiásticos); 2 secularização (de benefício eclesiástico)
impropriator [ɪmˈprəʊprɪeɪtə] *s.* pessoa que ficou com bens eclesiásticos secularizados
impropriety [ˌɪmprəˈpraɪətɪ] *s.* (*pl.* **-ies**) 1 impropriedade; 2 inconveniência, indecência; 3 incorrecção, inexactidão
improvable [ɪmˈpruːvəbəl] *adj.* 1 susceptível de ser melhorado; aperfeiçoável; 2 cultivável
improve [ɪmˈpruːv] *v.tr.,intr.* 1 melhorar, aperfeiçoar; fazer progressos; *to* ~ *in one's studies* fazer progressos nos estudos; 2 modernizar(-se); remodelar(-se); 3 (saúde) recuperar; melhorar; 4 tirar partido de; *to* ~ *the occasion* tirar partido da situação; 5 (preços) subir
◆ **improve on/upon** *v.tr.* 1 superar; ultrapassar; 2 ser um avanço em relação a ❖ *it can't be improved on* é impossível fazer melhor
improved [ɪmˈpruːvd] *adj.* 1 aperfeiçoado, melhorado; 2 com melhor aspecto
improvement [ɪmˈpruːvmənt] *s.* 1 melhora, melhoria; 2 aperfeiçoamento; 3 modernização; remodelação; renovação; 4 progresso; avanço ❖ DIREITO ~ *lease* arrendamento em que o arrendatário tem de melhorar a propriedade; *home improvements* obras em casa; *there's room for* ~ ainda se pode melhorar; *to be an* ~ *on…* ser superior a…; valer mais do que…
improver [ɪmˈpruːvə] *s.* 1 aquele que melhora, que moderniza ou aperfeiçoa; 2 renovador; 3 aluno, aprendiz, estagiário; 4 ajudante
improvidence [ɪmˈprɒvɪdəns] *s.* imprevidência
improvident [ɪmˈprɒvɪdənt] *adj.* imprevidente
improvidently [ɪmˈprɒvɪdəntlɪ] *adv.* imprevidentemente
improving [ɪmˈpruːvɪŋ] Ⓐ *adj.* 1 que melhora; 2 que beneficia; 3 que faz progredir; 4 instrutivo Ⓑ *s.* 1 aperfeiçoamento; 2 melhoria; 3 modernização

improvisation [ˌɪmprəvaɪˈzeɪʃn, ˌɪmprəvɪˈzeɪʃn] s. improvisação
improvisator [ɪmˈprɒvɪzeɪtə] s. 1 [rar.] improvisador; 2 repentista
improvisatore [ɪmˌprʊviːzɑːˈtɔːre] s. 1 improvisador; 2 repentista
improvise [ˈɪmprəvaɪz, ˌɪmprəˈvaɪz] v.tr.,intr. 1 improvisar; *to ~ on the piano* improvisar ao piano; 2 (soluções) desenrascar(-se); inventar
improviser [ˈɪmprəvaɪzə] s. 1 improvisador; 2 repentista
improvising [ˈɪmprəvaɪzɪŋ] s. improvisação
improvvisatore [ɪmˌprʊviːzɑːˈtɔːre] s. 1 improvisador; 2 repentista
imprudence [ɪmˈpruːdns] s. imprudência
imprudent [ɪmˈpruːdənt] adj. 1 imprudente; 2 precipitado
imprudently [ɪmˈpruːdntlɪ] adv. imprudentemente, com imprudência; com precipitação ❖ *to act ~* cometer imprudências
impuberal [ɪmˈpjuːbərəl] adj. impúbere
impuberty [ɪmˈpjuːbətɪ] s. impuberdade
impudence [ˈɪmpjʊdəns] s. insolência; descaramento; falta de respeito; impudência ❖ *none of your impudence!* não sejas insolente!
impudent [ˈɪmpjʊdənt] adj. impudente, insolente, descarado
impudently [ˈɪmpjʊdəntlɪ] adv. impudentemente, insolentemente, descaradamente
impudicity [ˌɪmpjʊˈdɪsətɪ] s. impudor, impudicícia
impugn [ɪmˈpjuːn] v.tr. 1 [form.] impugnar; 2 [form.] contestar; refutar; 3 insinuar; 4 lutar ❖ *to ~ a piece of evidence* recusar uma prova ou testemunho
impugnable [ɪmˈpjuːnəbl] adj. 1 impugnável; 2 contestável, refutável
impugner [ɪmˈpjuːnə] s. 1 aquele que impugna, impugnador; 2 contestante
impugning [ɪmˈpjuːnɪŋ] s. impugnação
impugnment [ɪmˈpjuːnmənt] s. 1 impugnação; 2 contestação, refutação; 3 ataque; 4 DIREITO recusa (de prova ou testemunha)
impuissance [ɪmˈpwiːsɒ̃s] s. impotência, fraqueza
impuissant [ɪmˈpwiːsɒnt] adj. 1 impotente; 2 débil
impulse [ˈɪmpʌls] s. 1 impulso; ímpeto; 2 impulsão; puxão; empurrão; 3 instinto, inclinação súbita; 4 FÍSICA impulso ❖ *~ purchase/buy* compra por impulso; MILITAR *~ tube* tubo lança-torpedos; *break ~* impulso inicial; *a man of ~* um homem impulsivo; *the vital ~* o impulso vital; *to act on ~* agir por impulso; *under the ~ of the moment* sob o impulso do momento
impulser [ˈɪmpʌlsə] s. dispositivo emissor de impulsos
impulsion [ɪmˈpʌlʃn] s. impulsão
impulsive [ɪmˈpʌlsɪv] adj. 1 impulsivo, espontâneo, irreflectido; 2 propulsor
impulsively [ɪmˈpʌlsɪvlɪ] adv. impulsivamente
impulsiveness [ɪmˈpʌlsɪvnəs] s. impulsividade
impulsivist [ɪmˈpʌlsɪvɪst] s. indivíduo impulsivo
impulsivity [ˌɪmpʌlˈsɪvətɪ] s. impulsividade
impunctual [ɪmˈpʌŋktjʊəl, ɪmˈpʌŋktjuəl] adj. não pontual
impunctuality [ɪmˌpʌŋktjʊˈælətɪ, ɪmˌpʌŋktjuˈælətɪ] s. falta de pontualidade
impunity [ɪmˈpjuːnətɪ] s. impunidade
impure [ɪmˈpjʊə] adj. 1 impuro; adulterado; contaminado; *~ water* água impura; 2 imoral; indecente; desonesto
impurely [ɪmˈpjʊəlɪ] adv. impuramente, com impureza
impurity [ɪmˈpjʊərətɪ] s. (pl. -ies) 1 impureza; 2 pl. impurezas, corpos estranhos
imputability [ɪmˌpjuːtəˈbɪlɪtɪ] s. imputabilidade
imputable [ɪmˈpjuːtəbl] adj. imputável
imputation [ˌɪmpjuːˈteɪʃn] s. imputação
imputative [ɪmˈpjuːtətɪv] adj. imputativo, imputável
imputatively [ɪmˈpjuːtətɪvlɪ] adv. por imputação
impute [ɪmˈpjuːt] v.tr. imputar [**to**, a]; atribuir [**to**, a]
imputing [ɪmˈpjuːtɪŋ] s. imputação
imputrescible [ˌɪmpjuːˈtresəbl] adj. imputrescível
in [ɪn] Ⓐ prep. 1 em; 2 dentro de; *in a week's time* dentro duma semana; 3 rodeado por; 4 durante, em (com grandes espaços de tempo); 5 com; *in a brown suit* com um fato castanho; 6 a; 7 para; 8 por Ⓑ adv. 1 em casa; *to be in* estar em casa; *lock him in* fecha-o em casa; 2 recolhido; 3 não ausente, não afastado Ⓒ adj. 1 interno; 2 que vive dentro; 3 de acordo com a moda Ⓓ s. [usado no pl.] *the ins and outs* os pormenores, as minudências, aqueles que estão no poder e os que não estão; *to know all the ins and outs* conhecer todos os pormenores, conhecer todos os escaninhos Ⓔ v.tr. (particípios: -nn-) (trigo, etc.) recolher ❖ *in a little while* dentro em pouco; *in a way* de certa maneira; dentro de certos limites; *in bed* de cama; na cama; *in cash* a dinheiro; *in crossing the river* ao atravessar o rio; *in full dress* com traje de cerimónia; *in Lisbon* em Lisboa; *in love* apaixonado; *in no way* de maneira nenhuma; *in order that* para que; *in order to* para; *in search of* à procura de; *in so far as* até ao ponto de; *in summer* no Verão; *in that* visto que; devido a; *in the afternoon* à tarde; *in the distance* à distância; *in the morning* de manhã; *in the rain* à chuva; *in the reign of* no reinado de; *in the sky* no céu; *in the sun* ao sol; *a coat with the woolly side in* um casaco com a face de lã virada para dentro; *all in* tudo incluído; DESPORTO *in and out running* vitórias e derrotas; *the harvest is in* a colheita já está guardada; NÁUTICA *the sails are in* as velas estão ferradas; *the Tories are in* os conservadores estão no poder; *to be in with* estar de boas relações com; dar-se com; *to pay a shilling in the pound* pagar um xelim por libra
In QUÍMICA [símbolo de indium]
inability [ˌɪnəˈbɪlɪtɪ] s. (pl. -ies) incapacidade
inaccessibility [ˌɪnəksesəˈbɪlɪtɪ] s. inacessibilidade
inaccessible [ˌɪnəkˈsesəbl] adj. inacessível
inaccessibleness [ˌɪnəkˈsesəblnəs] s. ⇒ **inaccessibility**
inaccuracy [ɪnˈækjərəsɪ] s. (pl. -ies) 1 falta de exactidão; 2 inexactidão, incorrecção; 3 pouco cuidado
inaccurate [ɪnˈækjərət] adj. inexacto, incorrecto, impreciso, pouco fiel
inaccurately [ɪnˈækjərətlɪ] adv. incorrectamente, com inexactidão, com pouca fidelidade
inacquaintance [ˌɪnəˈkweɪnˈtəns] s. 1 falta de conhecimento; 2 desconhecimento
inactinic [ˌɪnækˈtɪnɪk] adj. inactínico
inaction [ɪnˈækʃn] s. inacção, inactividade
inactivate [ɪnˈæktɪveɪt] v.tr. tornar inactivo
inactive [ɪnˈæktɪv] adj. 1 inactivo; 2 sem acção; 3 na inactividade, sem funcionar
inactively [ɪnˈæktɪvlɪ] adv. inactivamente
inactivity [ˌɪnækˈtɪvətɪ] s. 1 inactividade; 2 passividade
inadaptability [ˌɪnədæptəˈbɪlɪtɪ] s. inadaptabilidade
inadequacy [ɪnˈædɪkwəsɪ] s. 1 imperfeição; 2 desproporção, insuficiência
inadequate [ɪnˈædɪkwət] adj. 1 inadequado; 2 desproporcionado; 3 insuficiente; 4 incapaz; incompetente ❖ *on ~ grounds* com razões pouco sólidas; *to make sb feel ~* fazer alguém sentir-se um incapaz
inadequately [ɪnˈædɪkwətlɪ] adv. 1 inadequadamente; 2 desproporcionadamente; 3 insuficientemente
inadequateness [ɪnˈædɪkwətnəs] s. 1 insuficiência; 2 inadequação
inadherent [ˌɪnədˈhɪərənt] adj. inaderente
inadhesive [ˌɪnədˈhiːsɪv] adj. que não adere
inadmissibility [ˌɪnədmɪsəˈbɪlɪtɪ] s. 1 inadmissibilidade; 2 DIREITO improcedência
inadmissible [ˌɪnədˈmɪsəbl] adj. 1 inadmissível, inaceitável; 2 DIREITO improcedente
inadmissibly [ˌɪnədˈmɪsəblɪ] adv. inadmissivelmente
inadvertence [ˌɪnədˈvɜːtəns] s. inadvertência, negligência, imprevidência
inadvertency [ˌɪnədˈvɜːtənsɪ] s. inadvertência, negligência, imprevidência
inadvertent [ˌɪnədˈvɜːtənt] adj. 1 involuntário; 2 negligente, descuidado; 3 imprevidente
inadvertently [ˌɪnədˈvɜːtəntlɪ] adv. inadvertidamente, imprevidentemente
inadvisability [ˌɪnədvaɪzəˈbɪlɪtɪ] s. 1 imprudência; 2 descuido; 3 indiscrição

inadvisable [ˌɪnəd'vaɪzəbəl] *adj.* desaconselhável; imprudente; a evitar ❖ *it is ~ to do...* não é aconselhável....
inaesthetic [ˌɪnɪs'θetɪk] *adj.* inestético
inalienability [ɪnˌeɪlɪənə'bɪlɪtɪ] *adj.* inalienabilidade
inalienable [ɪn'eɪlɪənəbəl] *adj.* inalienável
inalienableness [ɪn'eɪlɪənəblnəs] *s.* ⇒ **inalienability**
inalienably [ɪn'eɪlɪənəblɪ] *adv.* inalienavelmente
inalterability [ɪnˌɔːltərə'bɪlɪtɪ] *s.* inalterabilidade, imutabilidade
inamorata [ɪnæmə'rɑːtə] *s.f.* LITERATURA apaixonada
inamorato [ɪnæmə'rɑːtəʊ] *s.m.* LITERATURA apaixonado
inane [ɪ'neɪn] Ⓐ *adj.* **1** inane; imbecil; tolo; *an ~ remark* uma observação tola; **2** vazio, oco; **3** nulo; inepto; sem valor Ⓑ *s.* [arc.] vácuo, vazio ❖ *to be absolutely ~* ser uma autêntica nulidade; *what an ~ thing to do!* que parvoíce!, que imbecilidade!
inanely [ɪ'neɪnlɪ] *adv.* parvamente, estupidamente, tolamente
inanimate [ɪn'ænɪmət] *adj.* inanimado
inanition [ɪnə'nɪʃn] *s.* inanição
inanity [ɪ'nænətɪ] *s.* inanidade
inappeasable [ˌɪnə'piːzəbəl] *adj.* inaplacável
inappellable [ˌɪnə'pELəbəl] *adj.* **1** que não tem apelação; **2** sem apelação
inappetence [ɪn'æpɪtəns] *adj.* **1** inapetência; **2** fastio
inapplicability [ˌɪnəplɪkə'bɪlətɪ, ɪnˌæplɪkə'bɪlətɪ] *s.* inaplicabilidade
inapplicable [ˌɪnə'plɪkəbəl, ɪn'æplɪkəbəl] *adj.* inaplicável
inapplication [ɪnæplɪ'keɪʃn] *s.* **1** falta de aplicação; **2** inaplicabilidade
inapposite [ɪn'æpəzɪt] *adj.* fora de propósito, intempestivo, inoportuno
inappositeness [ɪn'æpəzɪtnəs] *s.* **1** intempestividade; **2** inoportunidade
inappreciable [ˌɪnə'priːʃəbəl] *adj.* inapreciável; insignificante
inappreciably [ˌɪnə'priːʃəblɪ] *adv.* inapreciavelmente
inappreciation [ˌɪnəpriːʃɪ'eɪʃn] *s.* falta de apreciação
inappreciative [ˌɪnə'priːʃɪətɪv] *adj.* **1** que não aprecia; **2** insensível, indiferente
inapprehensible [ˌɪnæprɪ'hensɪbəl] *adj.* **1** inapreensível; **2** não compreensível
inapprehension [ɪnæprɪ'henʃn] *s.* **1** inapreensão; **2** falta de compreensão
inapprehensive [ɪnæprɪ'hensɪv] *adj.* **1** pouco inteligente; **2** de entendimento lento
inapproachable [ˌɪnə'prəʊtʃəbəl] *adj.* **1** inacessível; **2** incomparável, invulgar
inappropriate [ˌɪnə'prəʊprɪət] *adj.* **1** inapropriado, impróprio; **2** deslocado
inappropriately [ˌɪnə'prəʊprɪətlɪ] *adv.* inapropriadamente; de maneira imprópria; de forma pouco adequada
inapt [ɪn'æpt] *adj.* **1** incapaz, inapto; **2** impróprio, inapropriado, fora de propósito
inaptness [ɪn'æptnəs] *s.* **1** inaptidão; **2** incapacidade; **3** inabilidade
inaptitude [ɪn'æptɪtjuːd] *s.* **1** inaptidão; **2** incapacidade; **3** inabilidade
inaptly [ɪn'æptlɪ] *adv.* impropriamente, inadequadamente
inarch [ɪn'ɑːtʃ] *v.tr.* enxertar por aproximação
inarching [ɪn'ɑːtʃɪŋ] *s.* enxertia por aproximação
inarm [ɪn'ɑːm] *v.tr.* [poét.] abraçar, estreitar nos braços
inarticulacy [ˌɪnɑː'tɪkjʊləsɪ] *s.* dificuldade em articular as palavras
inarticulata [ˌɪnɑː'tɪkjʊ'leɪtə] *s.pl.* ZOOLOGIA inarticulados
inarticulate [ˌɪnɑː'tɪkjʊlət] *adj.* **1** sem articulações; **2** (discurso) inarticulado; mal pronunciado, indistinto, pouco claro; incoerente; **3** (pessoa) com dificuldades de expressão; **4** silencioso; mudo; **5** afásico; **6** (intensidade emocional) inexprimível; que deixa sem palavras; *~ rage* raiva que nos emudece
inarticulated [ˌɪnɑː'tɪkjʊ'leɪtɪd] *adj.* **1** desprovido de articulações; **2** mal articulado, mal pronunciado
inarticulately [ˌɪnɑː'tɪkjʊlətlɪ] *adv.* inarticuladamente
inarticulateness [ˌɪnɑː'tɪkjʊlətnəs] *s.* **1** deficiência de articulação; **2** incapacidade de pronúncia clara; **3** perda de voz, afonia; **4** incapacidade de expressão
inartificial [ˌɪnɑːtɪ'fɪʃl] *adj.* **1** não artificial; **2** sem artifício, natural; **3** rude, grosseiro; **4** simples

inartistic [ˌɪnɑː'tɪstɪk] *adj.* **1** inartístico; **2** sem arte, sem valor artístico
inartistically [ˌɪnɑː'tɪstɪklɪ] *adv.* inartisticamente
inasmuch [ˌɪnəz'mʌtʃ] *adv.* [form.] *~ as...* uma vez que, na medida em que, visto que, porquanto, considerando que, atendendo a
inassimilable [ˌɪnə'sɪmələbəl] *adj.* inassimilável
inattention [ˌɪnə'tenʃn] *s.* **1** desatenção; **2** falta de cuidado, negligência
inattentive [ˌɪnə'tentɪv] *adj.* **1** desatento, distraído; **2** pouco cuidadoso, negligente
inattentively [ˌɪnə'tentɪvlɪ] *adv.* desatentamente, distraidamente
inattentiveness [ˌɪnə'tentɪvnəs] *s.* falta de atenção, desatenção, distracção
inaudibility [ɪnˌɔːdə'bɪlɪtɪ] *s.* **1** inaudibilidade; **2** imperceptibilidade
inaudible [ɪn'ɔːdəbəl] *adj.* **1** inaudível, que não se ouve; *it was almost ~* quase não se ouvia; **2** imperceptível [to, a] ❖ RÁDIO *~ sign* sinal muito fraco/inaudível
inaudibly [ɪn'ɔːdəblɪ] *adv.* **1** inaudivelmente, sem se ouvir; **2** imperceptivelmente
inaugural [ɪ'nɔːgjʊrəl] Ⓐ *adj.* **1** inaugural; de abertura; *~ ceremony* cerimónia de abertura; **2** inicial Ⓑ *s.* [EUA] discurso inaugural
inaugurate [ɪ'nɔːgjʊreɪt] *v.tr.* **1** inaugurar, fazer a inauguração oficial de; **2** empossar com cerimónia em novo cargo; **3** pôr em vigor; **4** [rar.] consagrar
inauguration [ɪˌnɔːgjʊ'reɪʃn] *s.* **1** inauguração; **2** tomada de posse; investidura; **3** entrada em vigor ❖ [EUA] *Inauguration Day* dia da tomada de posse do novo Presidente
inaugurator [ɪ'nɔːgjʊreɪtə] *s.* inaugurador
inauguratory [ɪ'nɔːgjʊrətərɪ] *adj.* inaugural
inauspicious [ˌɪnɔː'spɪʃəs] *adj.* pouco auspicioso, de mau agouro, infeliz
inauspiciously [ˌɪnɔː'spɪʃəslɪ] *adv.* pouco auspiciosamente
inauspiciousness [ˌɪnɔː'spɪʃəsnəs] *s.* **1** carácter pouco auspicioso; **2** infelicidade
inauthoritative [ˌɪnɔː'θɒrɪtətɪv] *adj.* sem autoridade
inbent ['ɪnbent] *adj.* curvado para dentro
in-between [ˌɪnbɪ'twiːn] Ⓐ *adj.* intermédio; *an ~ size* um tamanho intermédio Ⓑ *adv.* intermediamente Ⓒ *s.* o que está no meio ❖ *~ weather* tempo de meia estação; tempo agradável; *a coat for ~ weather* um casaco de meia estação; *~ times* nos intervalos; *it's ~* é entre os dois; *the youngest, the oldest and the ~* o mais novo, o mais velho e o do meio
inboard ['ɪnbɔːd] Ⓐ *adj.* NÁUTICA interior; de dentro Ⓑ *adv.* a bordo; dentro Ⓒ *prep.* a bordo de ❖ NÁUTICA *~ cabin* beliche interior; NÁUTICA *~ cargo* carga em interior de navio
inborn ['ɪnbɔːn] *adj.* **1** inato; **2** congénito
inbound ['ɪnbaʊnd] *adj.* **1** para o interior; **2** NÁUTICA que se dirige ao porto
inbox ['ɪnbɒks] *s.* INFORMÁTICA (correio electrónico) caixa de entrada
inbreathe ['ɪnbriːθ] *v.tr.* inspirar, insuflar
inbred ['ɪnbred] *adj.* **1** consanguíneo; **2** inato, nascido com a pessoa, natural
inbreeding ['ɪnbriːdɪŋ] *s.* **1** cruzamento de animais consanguíneos; **2** casamentos consanguíneos
in-built [ˌɪn'bɪlt] *adj.* **1** inato; **2** intrínseco, inerente; **3** integrado
inburst ['ɪnbɜːst] *s.* irrupção
Inca ['ɪŋkə] *s.* inca
incalculability [ɪnˌkælkjʊlə'bɪlɪtɪ] *s.* incalculabilidade
incalculable [ɪn'kælkjʊləbəl] *adj.* **1** incalculável; inestimável; **2** incerto; instável; imprevisível
incalculably [ɪn'kælkjʊləblɪ] *adv.* incalculavelmente
incameration [ˌɪnkæmə'reɪʃn] *s.* RELIGIÃO incameração, incorporação de domínio nos haveres da Santa Sé
incandesce [ˌɪnkæn'des] *v.tr.,intr.* **1** tornar incandescente, pôr incandescente; **2** ficar incandescente, incandescer
incandescence [ˌɪnkæn'desəns] *s.* incandescência
incandescent [ˌɪnkæn'desənt] *adj.* **1** incandescente; **2** muito brilhante; **3** (emoções) arrebatado; *~ temper* temperamento arrebatado ❖ *~ bulb/lamp* lâmpada incandescente; *to be ~ with rage* estar vermelho de fúria

incantation [ˌɪnkæn'teɪʃn] s. encantamento, feitiço
incantatory [ˌɪnkæn'teɪtərɪ] adj. encantatório, mágico
incapability [ɪnˌkeɪpə'bɪlɪtɪ] s. 1 incapacidade; 2 inabilidade; 3 incapacidade jurídica
incapable [ɪn'keɪpəbəl] adj. 1 incapaz; inapto; incompetente; 2 insusceptível [**of**, de] ❖ ~ *of proof* impossível de provar; *drunk and* ~ ébrio inveterado; *to be* ~ *of doing sth* não ser capaz de fazer alguma coisa; *to be* ~ *of solution* não ter solução
incapably [ɪn'keɪpəblɪ] adv. 1 de modo incapaz; inaptamente; 2 incompetentemente ❖ *to act* ~ dar provas de incapacidade
incapacious [ˌɪnkə'peɪʃəs] adj. 1 pouco capaz; 2 de espírito limitado
incapacitate [ˌɪnkə'pæsɪteɪt] v.tr. 1 incapacitar; 2 inabilitar; 3 privar de capacidade jurídica
incapacitation [ˌɪnkəpæsɪ'teɪʃn] s. 1 incapacitação; 2 DIREITO privação de capacidade jurídica; 3 incapacidade; *permanent* ~ incapacidade permanente
incapacity [ˌɪnkə'pæsətɪ] s. (pl. **-ies**) 1 incapacidade; 2 inaptidão; 3 inabilidade; 4 incapacidade jurídica
incarcerate [ɪn'kɑːsəreɪt] v.tr. encarcerar, prender, meter na cadeia
incarcerated [ɪn'kɑːsəreɪtɪd] adj. encarcerado
incarceration [ɪnˌkɑːsə'reɪʃn] s. 1 encarceração, encarceramento; 2 reclusão
incardinate [ɪn'kɑːdɪneɪt] v.tr. RELIGIÃO elevar ao cardinalato, elevar à dignidade cardinalícia
incarn [ɪn'kɑːn] v.tr.,intr. 1 cobrir-se de carne; 2 cicatrizar; 3 [rar.] incarnar
incarnadine [ɪn'kɑːnədaɪn] Ⓐ adj. cor de carne, encarnado Ⓑ v.tr. 1 colorir de encarnado; 2 dar uma coloração cor de carne
incarnant [ɪn'kɑːnənt] adj. MEDICINA encarnativo
incarnate[1] [ɪn'kɑːneɪt] v.tr. 1 encarnar, tomar carne humana; 2 revestir de carne
incarnate[2] [ɪn'kɑːnɪt] adj. encarnado, que encarnou, que se humanou
incarnation [ˌɪnkɑː'neɪʃn] s. 1 encarnação; *in a previous* ~ noutra encarnação, numa encarnação anterior; 2 [fig.] personificação; *to be the* ~ *of* ser a personificação de
incase [ɪn'keɪs] v.tr. ⇒ **encase**
incasement [ɪn'keɪsmənt] s. ⇒ **encasement**
incautious [ɪn'kɔːʃəs] adj. incauto, pouco prudente, imprudente, irreflectido
incautiously [ɪn'kɔːʃəslɪ] adv. incautamente, imprudentemente, irreflectidamente
incautiousness [ɪn'kɔːʃəsnəs] s. imprevidência, imprudência, irreflexão
incendiarism [ɪn'sendɪərɪzəm] s. 1 actividade incendiária; 2 [fig.] propagação de ideias revolucionárias
incendiary [ɪn'sendɪərɪ] Ⓐ adj. 1 incendiário; 2 [fig.] revoltoso, sedicioso Ⓑ s. (pl. **-ies**) 1 [form.] (pessoa) incendiário; 2 [form.] (pessoa) agitador; 3 [fig.] facho da revolta ❖ ~ *bomb* bomba incendiária
incensation [ˌɪnsen'seɪʃn] s. incensamento
incense[1] ['ɪnsens] Ⓐ s. 1 incenso; 2 [fig.] lisonja; elogio Ⓑ v.tr. 1 incensar, perfumar com incenso, turificar; 2 perfumar ❖ ~ *bearer* turiferário; (recipiente) ~ *boat* naveta; ~ *tree* árvore do incenso
incense[2] [ɪn'sens] v.tr. 1 inflamar, excitar; 2 irritar, exasperar
incensed [ɪn'senst] adj. 1 irritado, excitado, encolerizado; 2 HERÁLDICA lampassado
incensory ['ɪnsensərɪ] s. (pl. **-ies**) turíbulo; incensório, incensário
incenter [ɪn'sentə] s. GEOMETRIA incentro
incentive [ɪn'sentɪv] Ⓐ adj. 1 estimulante, que anima; 2 excitante Ⓑ s. 1 incentivo; 2 estímulo
incept [ɪn'sept] v.tr.,intr. 1 (Cambridge) começar, iniciar as provas para um grau universitário; 2 BIOLOGIA absorver
inception [ɪn'sepʃn] s. 1 começo, início (de qualquer actividade, etc.); 2 BIOLOGIA absorção
inceptive [ɪn'septɪv] Ⓐ adj. 1 inicial; em formação; 2 incipiente Ⓑ adj.,s. LINGUÍSTICA incoativo ❖ LINGUÍSTICA ~ *verb* verbo incoativo

incertitude [ɪn'sɜːtɪtjuːd] s. incerteza
incessant [ɪn'sesnt] adj. incessante, ininterrupto, contínuo
incessantly [ɪn'sesntlɪ] adv. incessantemente, ininterruptamente; sem cessar
incessantness [ɪn'sesntnəs] s. 1 sequência contínua; 2 carácter incessante, ininterrupto
incest ['ɪnsest] s. incesto
incestuous [ɪn'sestjuəs] adj. incestuoso
incestuously [ɪn'sestjuəslɪ] adv. incestuosamente
incestuousness [ɪn'sestjuəsnəs] s. incestuosidade
inch [ɪntʃ] Ⓐ s. (pl. **-es**) 1 (medida) polegada (= 25,4 mm); 2 [ESC.] ilhota, ilhazita Ⓑ v.tr.,intr. 1 fazer mover, fazer avançar palmo a palmo; 2 mover-se devagarinho ❖ ~ *measure* medida em polegadas; *cubic* ~ polegada-cúbica; *square* ~ polegada-quadrada; ~ *by* ~ pouco a pouco; gradualmente; *at an* ~ exactamente; *by inches* por pouco; pouco a pouco; *every* ~ completamente; *give him an* ~ *and he'll take an ell* estende-lhe o dedo e ele toma-te logo a mão; *he knows every* ~ *of the neighbourhood* conhece o lugar como a palma da mão; *not an* ~ nada; *not to yield an* ~ não ceder um milímetro; *sb of your inches* alguém da sua estatura; *they couldn't see an* ~ *before them* não conseguiam ver um palmo à frente dos olhos; *to be within an* ~ *of* estar prestes a
◆**inch along** v.intr. avançar vagarosamente e com dificuldade
Inchkeith ['ɪntʃkiːθ] s.top. nome de ilha rochosa existente no Firth o'Forth
inchmeal ['ɪntʃmiːl] adv. aos bocadinhos, pouco a pouco, passo a passo, lentamente
inchoate[1] ['ɪnkəʊeɪt] v.tr.,intr. 1 começar, dar início a; 2 originar, causar
inchoate[2] [ɪn'kəʊət, 'ɪnkəʊɪt] adj. 1 imperfeito; 2 imaturo; 3 rudimentar; 4 ainda no início, incipiente
inchoation [ˌɪnkəʊ'eɪʃn] s. 1 incoação; 2 começo, início
inchoative [ɪn'kəʊətɪv, 'ɪnkəʊeɪtɪv] adj. 1 inicial, que começa; 2 LINGUÍSTICA incoativo
incidence ['ɪnsɪdəns] s. 1 incidência; frequência; *there's a high* ~ *of...* há uma grande incidência de...; 2 ocorrência ❖ *angle of* ~ ângulo de incidência
incident ['ɪnsɪdənt] Ⓐ adj. 1 incidente, que incide; ~ *rays* raios incidentes; 2 superveniente; 3 respeitante [**to**, a]; ligado [**to**, a]; relacionado [**to**, com]; *dangers* ~ *to aviation* os perigos ligados à aviação Ⓑ s. 1 incidente; *the scandal caused a diplomatic* ~ o escândalo causou um incidente diplomático; 2 episódio, caso, ocorrência; 3 DIREITO privilégio/encargo ligado a propriedade ❖ *incidents of violence* actos de violência; *without incidence* sem ocorrências de maior
incidental [ˌɪnsɪ'dentəl] Ⓐ adj. 1 incidental; superveniente; 2 de pouca importância, secundário [**to**, em relação a]; 3 inerente [**to**, a]; relacionado [**to**, com]; 4 acidental, fortuito, casual; 5 MÚSICA (banda sonora) incidental, de cena, de fundo Ⓑ s. 1 casualidade; eventualidade; 2 despesa suplementar ❖ ~ *expenses* despesas imprevistas; despesas extra; ~ *music* música incidental; música de cena
incidentally [ˌɪnsɪ'dentlɪ] adv. 1 a propósito; 2 incidentalmente, por acaso
incinerate [ɪn'sɪnəreɪt] v.tr. 1 incinerar, reduzir a cinzas; 2 proceder à cremação de
incineration [ɪnˌsɪnə'reɪʃn] s. 1 incineração; 2 cremação
incinerator [ɪn'sɪnəreɪtə] s. 1 incinerador, incineradora; 2 forno crematório
incipience [ɪn'sɪpɪəns] s. 1 incipiência; 2 início, começo, origem
incipiency [ɪn'sɪpɪənsɪ] s. 1 incipiência; 2 início, começo, origem
incipient [ɪn'sɪpɪənt] adj. [form.] incipiente; nascente; inicial; ~ *day light* claridade inicial da manhã
incise [ɪn'saɪz] v.tr. 1 incisar, fazer uma incisão em; 2 gravar; 3 CIRURGIA desbridar
incised [ɪn'saɪzd] adj. [form.] inciso; ~ *wound* ferida incisa
incising [ɪn'saɪzɪŋ] s. 1 incisão; 2 CIRURGIA desbridamento
incision [ɪn'sɪʒn] s. 1 incisão, corte; 2 CIRURGIA desbridamento
incisive [ɪn'saɪsɪv] adj. 1 incisivo; cortante; 2 (observação) penetrante; arguto; perspicaz ❖ ANATOMIA ~ *bone* osso intermaxilar; ANATOMIA ~ *teeth* incisivos; dentes incisivos

incisively [ɪnˈsaɪsɪvlɪ] adv. 1 incisivamente; 2 mordazmente, duma maneira cáustica
incisiveness [ɪnˈsaɪsɪvnəs] s. 1 mordacidade, causticidade; 2 maneira de ser incisiva
incisor [ɪnˈsaɪzə] s. dente incisivo
incitable [ɪnˈsaɪtəbəl] adj. incitável
incitation [ˌɪnsaɪˈteɪʃn, ˌɪnsɪˈteɪʃn] s. 1 incitação, impulso estimulante; 2 excitação
incite [ɪnˈsaɪt] v.tr. 1 incitar, instigar [**to/against**, a/contra]; *to ~ sb against...* incitar alguém contra...; *to ~ sb to* incitar alguém a; 2 suscitar; levantar; *to ~ controversy* suscitar controvérsia
incitement [ɪnˈsaɪtmənt] s. 1 incitamento, incitação; 2 estímulo; 3 incentivo
inciter [ɪnˈsaɪtə] s. 1 incitador, instigador; 2 móbil
inciting [ɪnˈsaɪtɪŋ] Ⓐ adj. 1 estimulante; 2 animador; 3 arrebatador Ⓑ s. 1 incitamento; 2 estímulo; 3 provocação
incivility [ˌɪnsəˈvɪlətɪ] s. (pl. **-ies**) descortesia, indelicadeza, incivilidade
incivism [ˈɪnsɪvɪzəm] s. 1 incivismo; 2 falta de civismo, falta de educação cívica
in-clearing [ɪnˈklɪərɪŋ] s. cheques a reembolsar
inclemency [ɪnˈklemənsɪ] s. inclemência
inclement [ɪnˈklemənt] adj. 1 inclemente; 2 rigoroso, severo; 3 áspero
inclemently [ɪnˈkleməńtlɪ] adv. inclementemente, com rigor, com severidade
inclinable [ɪnˈklaɪnəbəl] adj. 1 propenso [**to**, a]; disposto [**to**, a]; 2 favorável [**to**, a]; 3 inclinável
inclination [ˌɪnklɪˈneɪʃn] s. 1 inclinação; queda; aptidão; 2 tendência; propensão [**to**, para]; *~ to grow fat* propensão para engordar; *to have an ~ for* ter tendência para; 3 gosto; vontade [**to**, de]; *by ~* por gosto; 4 inclinação; declive; obliquidade; 5 QUÍMICA decantação ❖ *to have an ~ towards sb* ter/sentir uma inclinação por alguém
inclinatory [ɪnˈklaɪnətərɪ] adj. 1 inclinável; 2 oblíquo; inclinado
incline[1] [ɪnˈklaɪn] v.tr.,intr. 1 inclinar(-se); 2 predispor(-se) [**to**, a]; 3 (decisão) inclinar(-se) [**to**, para]; *to be inclined to...* estar tentado a...; 4 (aptidão) sentir inclinação [**to**, para]; ter tendência [**to**, para] ❖ *to ~ one's steps towards...* dirigir os seus passos para...; *what you say inclines me to believe that...* o que me diz leva-me a supor que...
incline[2] [ˈɪnklaɪn] s. 1 inclinação; declive; 2 plano inclinado
inclined [ɪnˈklaɪnd] adj. 1 (declive) inclinado; *~ plane* plano inclinado; 2 (vontade) disposto [**to**, a]; 3 (talento) com inclinação [**to**, para]; 4 com tendência [**to**, para] ❖ *if you feel so ~* se quiseres; *to be anything but ~ to...* não estar com vontade nenhuma de...; *to be ~ to...* estar com vontade de...
inclining [ɪnˈklaɪnɪŋ] Ⓐ adj. 1 inclinado; 2 propenso [**to**, a]; tendente [**to**, a] Ⓑ s. 1 inclinação; obliquidade; 2 declive ❖ (cor) *red ~ to orange* vermelho a fugir para o laranja
inclinometer [ˌɪnklɪˈnɒmɪtə] s. 1 clinómetro, inclinómetro; 2 eclímetro
inclose [ɪnˈkləʊz] v.tr. ⇒ **enclose**
inclosure [ɪnˈkləʊʒə] s. 1 cercado, cerrado; 2 sebe
include [ɪnˈkluːd] v.tr. 1 incluir; 2 abranger; 3 conter
included [ɪnˈkluːdɪd] adj. 1 incluído; 2 incluso; 3 contido; abrangido ❖ (correios) *postage ~* porte pago
including [ɪnˈkluːdɪŋ] prep. 1 incluído, incluindo; *~ breakfast* com pequeno-almoço incluído; 2 inclusivamente; 3 inclusive; *up to and ~ 26th February* até 26 de Fevereiro inclusive ❖ *~ me* contando comigo; eu incluído; *not including...* sem contar com...; excluindo...
inclusion [ɪnˈkluːʒn] s. inclusão
inclusive [ɪnˈkluːsɪv] adj. 1 inclusivo, abrangente; vasto, amplo; 2 incluso, incluído; 3 inclusive; *from page 5 to 10 ~* da página 5 à 10 inclusive; *from January 3rd to February 5th ~* de 3 de Janeiro a 5 de Fevereiro inclusive ❖ *to be ~ of* incluir, abranger
inclusively [ɪnˈkluːsɪvlɪ] adv. inclusivamente, inclusive
incoagulable [ˌɪnkəʊˈægjʊləbəl] adj. incoagulável
incoercibility [ˌɪnkəʊɜːsɪˈbɪlɪtɪ] s. incoercibilidade
incoercible [ˌɪnkəʊˈɜːsəbəl] adj. incoercível
incoexistence [ˌɪnkəʊɪɡˈzɪstens] s. incoexistência
incog. [abrev. de incognito]

incognita [ɪnˈkɒɡnɪtə] Ⓐ adj. incógnita Ⓑ s. desconhecida, incógnita
incognitive [ɪnˈkɒɡnɪtɪv] adj. desprovido de cognição
incognito [ˌɪnkɒɡˈniːtəʊ] Ⓐ adv. incógnito, sem se dar a conhecer; *to travel ~* viajar incógnito Ⓑ adj. incógnito Ⓒ s. (pl. **-ti**) 1 incógnito; 2 desconhecido
incognizable [ɪnˈkɒɡnɪzəbəl] adj. incognoscível
incognizance [ɪnˈkɒɡnɪzəns] s. ignorância, desconhecimento
incognizant [ɪnˈkɒɡnɪzənt] adj. [form.] desconhecedor [**of**, de]
incoherence [ˌɪnkəʊˈhɪərəns] s. incoerência
incoherency [ˌɪnkəʊˈhɪərənsɪ] s. incoerência
incoherent [ˌɪnkəʊˈhɪərənt] adj. 1 incoerente; incongruente; inconsistente; 2 (estilo) descosido; arrevesado ❖ *he drank so much that he became ~* ele bebeu tanto que já não se percebia o que estava a dizer
incoherently [ˌɪnkəʊˈhɪərəntlɪ] adv. incoerentemente, com incoerência, de modo inconsequente
incohesion [ˌɪnkəʊˈhiːʒn] s. incoesão
incohesive [ˌɪnkəʊˈhiːsɪv] adj. sem coesão
incombustibility [ˌɪnkəmbʌstəˈbɪlɪtɪ] s. incombustibilidade
incombustible [ˌɪnkəmˈbʌstəbəl] adj. (que não arde) incombustível; ápiro; *~ material* material incombustível
income [ˈɪnkʌm] s. 1 rendimento, receita, renda; 2 salário, ordenado; 3 afluência ❖ *~ tax* imposto sobre o rendimento; *earned ~* dinheiro ganho; rendimentos obtidos com o trabalho; *private ~/unearned ~* renda; rendimento; *~ tax return* declaração de rendimentos; *to live on one's ~* viver dos rendimentos; *to live up to one's ~* gastar tudo o que se ganha; *to live within one's ~* gastar menos que os rendimentos; não ultrapassar os rendimentos
incomer [ˈɪnkʌmə] s. 1 pessoa que chega, recém-chegado; 2 imigrante; 3 intruso
incoming [ˈɪnkʌmɪŋ] Ⓐ adj. 1 que entra; que chega; 2 vindouro; futuro, próximo; novo; *the ~ year* o próximo/novo ano Ⓑ s. 1 chegada, entrada; 2 pl. receita; rendimento; *incomings and outgoings* receitas e despesas ❖ *~ calls* chamadas do exterior; *~ game* caça que segue directamente para o caçador; ELECTRICIDADE *~ wire* fio de entrada; *the ~ and outgoing of the tide* o fluxo e o refluxo da maré
incommensurability [ˌɪnkəmenʃərəˈbɪlɪtɪ] s. incomensurabilidade
incommensurable [ˌɪnkəˈmenʃərəbəl] adj. incomensurável ❖ *~ with...* não comparável a...
incommensurably [ˌɪnkəˈmenʃərəblɪ] adv. incomensuravelmente
incommensurate [ˌɪnkəˈmenʃərət] adj. 1 incomensurável; 2 desproporcionado [**to**, em relação a]; desadequado [**to**, a]; 3 insuficiente [**to**, para]; *the means are ~ with the ends* os meios são insuficientes para os fins em vista; 4 não comparável [**with**, com]
incommiscible [ˌɪnkəˈmɪsəbəl] adj. não miscível
incommode [ˌɪnkəˈməʊd] v.tr. 1 [form.] incomodar, importunar; 2 [form.] perturbar, transtornar
incommodious [ˌɪnkəˈməʊdɪəs] adj. 1 incómodo, desconfortável; 2 maçador
incommodiously [ˌɪnkəˈməʊdɪəslɪ] adv. 1 incomodamente; 2 maçadoramente
incommodiousness [ˌɪnkəˈməʊdɪəsnəs] s. incomodidade
incommodity [ˌɪnkəˈmɒdətɪ] s. ⇒ **incommodiousness**
incommunicability [ˌɪnkəmjuːnɪkəˈbɪlɪtɪ] s. incomunicabilidade
incommunicable [ˌɪnkəˈmjuːnɪkəbəl] adj. 1 incomunicável; 2 [arc.] pouco comunicativo; taciturno; reservado
incommunicableness [ˌɪnkəˈmjuːnɪkəblnəs] s. 1 incomunicabilidade; 2 [arc.] taciturnidade
incommunicably [ˌɪnkəˈmjuːnɪkəblɪ] adv. 1 incomunicavelmente; 2 [arc.] pouco comunicativamente
incomunicado [ˌɪnkəmjuːnɪˈkɑːdəʊ] adj.,adv. incomunicável; inacessível ❖ *to be ~* não estar contactável; (polícia, etc.) *to be kept/held ~* ser mantido em isolamento
incommunicative [ˌɪnkəˈmjuːnɪkətɪv] adj. pouco comunicativo
incommutability [ˌɪnkəmjuːtəˈbɪlɪtɪ] s. incomutabilidade

incommutable [ˌɪnkəˈmjuːtəbəl] adj. 1 incomutável; 2 imutável
incomparable [ɪnˈkɒmprəbəl] adj. incomparável
incomparableness [ɪnˈkɒmprəblnəs] s. incomparabilidade
incomparably [ɪnˈkɒmprəbli] adv. incomparavelmente
incompatibility [ɪnkəmˌpætəˈbɪlɪti] s. incompatibilidade; ~ *of temper* incompatibilidade de temperamentos
incompatible [ˌɪnkəmˈpætəbəl] adj. 1 incompatível; 2 inconciliável
incompatibly [ˌɪnkəmˈpætəbli] adv. incompativelmente
incompetence [ɪnˈkɒmpɪtəns] s. 1 incompetência; 2 insuficiência ❖ MEDICINA *aortic* ~ insuficiência aórtica
incompetency [ɪnˈkɒmpɪtənsi] s. ⇒ **incompetence**
incompetent [ɪnˈkɒmpɪtənt] adj.,s. 1 incompetente; 2 incapaz ❖ *to be* ~ *to* não ter qualificações para
incompetently [ɪnˈkɒmpɪtəntli] adv. 1 incompetentemente; 2 inadequadamenter; insuficientemente
incomplete [ˌɪnkəmˈpliːt] adj. incompleto; imperfeito; por acabar ❖ ~ *cycle* ciclo incompleto; ~ *operation* funcionamento imperfeito
incompletely [ˌɪnkəmˈpliːtli] adv. 1 incompletamente; 2 duma maneira imperfeita
incompleteness [ˌɪnkəmˈpliːtnəs] s. 1 imperfeição, deficiência; 2 incompletude, não acabamento
incompletion [ˌɪnkəmˈpliːʃn] s. 1 incompletude; 2 imperfeição
incomplex [ɪnˈkɒmpleks] adj. incomplexo
incomposite [ɪnˈkɒmpəzɪt] adj. simples, não compósito
incomprehensibility [ɪnˌkɒmprɪhensəˈbɪlɪti] s. incompreensibilidade
incomprehensible [ɪnˌkɒmprɪˈhensəbəl] adj. 1 incompreensível; 2 ilimitado, infinito
incomprehensibleness [ɪnˌkɒmprɪˈhensəblnəs] s. ⇒ **incomprehensibility**
incomprehensibly [ɪnˌkɒmprɪˈhensəbli] adv. 1 incompreensivelmente; ininteligivelmente; 2 inexplicavelmente ❖ ~ *worded* enunciado de forma incompreensível
incomprehension [ɪnˌkɒmprɪˈhenʃn] s. 1 incompreensão; 2 falta de compreensão
incompressibility [ɪnˌkəmpresəˈbɪlɪti] s. incompressibilidade
incompressible [ˌɪnkəmˈpresəbəl] adj. incompressível
incomputable [ˌɪnkəmˈpjuːtəbəl] adj. incomputável, incalculável
inconceivability [ˌɪnkənsiːvəˈbɪlɪti] s. 1 inconcebibilidade; 2 incompreensibilidade
inconceivable [ˌɪnkənˈsiːvəbəl] adj. inconcebível
inconceivably [ˌɪnkənˈsiːvəbli] adv. inconcebivelmente
inconclusive [ˌɪnkənˈkluːsɪv] adj. 1 não convincente; 2 inconcludente; 3 inconsequente, ilógico
inconclusively [ˌɪnkənˈkluːsɪvli] adv. 1 inconcludentemente; 2 inconsequentemente; 3 de modo não convincente
inconclusiveness [ˌɪnkənˈkluːsɪvnəs] s. 1 inconclusividade; 2 situação inconsequente
incondensable [ˌɪnkənˈdensəbəl] adj. incondensável
incondite [ɪnˈkɒndɪt, ɪnˈkɒndaɪt] adj. 1 grosseiro, mal acabado, rude; 2 com pouco equilíbrio; 3 mal esboçado (composição literária)
inconformity [ˌɪnkənˈfɔːməti] s. inconformidade
incongruent [ɪnˈkɒŋgruənt] adj. incongruente, incompatível, não condizente
incongruity [ˌɪnkɒŋˈgruːɪti] s. (*pl.* **-ies**) 1 incongruência, incongruidade; 2 incompatibilidade; 3 inconveniência
incongruous [ɪnˈkɒŋgruəs] adj. 1 incongruente, incoerente, inconsistente [**with**, com]; 2 incompatível [**with**, com]; 3 pouco apropriado [**with**, a]; 4 deslocado; desfasado; 5 absurdo, grotesco; 6 inarmónico ❖ ~ *colours* cores que não condizem
incongruously [ɪnˈkɒŋgruəsli] adv. 1 incongruentemente; 2 deslocadamente; 3 inarmonicamente
incongruousness [ɪnˈkɒŋgruəsnəs] s. desarmonia, incongruidade
inconquerable [ɪnˈkɒŋkərəbəl] adj. insuperável, invencível
inconsequence [ɪnˈkɒnsɪkwəns] s. 1 inconsequência; 2 incongruência, falta de lógica
inconsequent [ɪnˈkɒnsɪkwənt] adj. 1 inconsequência; 2 incongruente; 3 ilógico
inconsequential [ɪnˌkɒnsɪˈkwenʃl] adj. 1 ilógico, inconsequente; 2 sem consequências, sem importância

inconsequentiality [ɪnˌkɒnsɪkwenʃɪˈælətɪ] s. 1 inconsequência; 2 incongruência
inconsequentially [ɪnˌkɒnsɪˈkwenʃəli] adv. com inconsequência, inconsequentemente
inconsequently [ɪnˈkɒnsɪkwəntli] adv. inconsequentemente
inconsiderable [ˌɪnkənˈsɪdərəbəl] adj. insignificante, sem valor, sem importância, que não merece ser considerado
inconsiderate [ˌɪnkənˈsɪdərət] adj. 1 pouco atencioso, inconsiderado; 2 imprudente, irreflectido, não ponderado
inconsiderately [ˌɪnkənˈsɪdərətli] adv. 1 sem consideração, inconsideradamente; 2 irreflectidamente, imponderadamente
inconsiderateness [ˌɪnkənˈsɪdərətnəs] s. 1 inconsideração; 2 imprudência, falta de ponderação, irreflexão
inconsideration [ɪnkənˌsɪdəˈreɪʃn] s. falta de consideração
inconsistence [ˌɪnkənˈsɪstəns] s. 1 inconsistência; 2 contradição; 3 discordância, incompatibilidade; 4 inconsequência
inconsistency [ˌɪnkənˈsɪstənsi] s. 1 inconsistência; 2 discordância; 3 incompatibilidade; 4 contradição; 5 inconsequência
inconsistent [ˌɪnkənˈsɪstənt] adj. 1 inconsistente; 2 inconsequente; 3 incompatível; 4 contraditório; 5 ilógico
inconsistently [ˌɪnkənˈsɪstəntli] adv. 1 inconsistentemente; 2 inconsequentemente; 3 de maneira contraditória
inconsolable [ˌɪnkənˈsəʊləbəl] adj. inconsolável
inconsolably [ˌɪnkənˈsəʊləbli] adv. inconsolavelmente
inconsonance [ɪnˈkɒnsənəns] s. 1 inconsonância; 2 dissonância
inconsonant [ɪnˈkɒnsənənt] adj. 1 inconsonante, dissonante; 2 em desacordo
inconspicuous [ˌɪnkənˈspɪkjuəs] adj. 1 discreto; que não dá nas vistas; 2 apagado; pouco notado ❖ *to make oneself* ~ tentar passar despercebido
inconspicuously [ˌɪnkənˈspɪkjuəsli] adv. 1 apagadamente; 2 modestamente
inconspicuousness [ˌɪnkənˈspɪkjuəsnəs] s. discrição; modéstia
inconstancy [ɪnˈkɒnstənsi] s. 1 inconstância, instabilidade; 2 carácter incerto
inconstant [ɪnˈkɒnstənt] adj. inconstante, incerto, variável, instável
inconstantly [ɪnˈkɒnstəntli] adv. inconstantemente, duma maneira instável
inconsumable [ˌɪnkənˈsjuːməbəl] adj. 1 inconsumível; 2 que não pode consumir-se
incontestable [ˌɪnkənˈtestəbəl] adj. incontestável, indiscutível, irrefutável
incontestably [ˌɪnkənˈtestəbli] adv. incontestavelmente
incontinence [ɪnˈkɒntɪnəns] s. 1 incontinência; 2 intemperança ❖ ~ *of urine* incontinência urinária
incontinent [ɪnˈkɒntɪnənt] adj. 1 incontinente; 2 imoderado ❖ ~ *of speech* linguareiro; tagarela
incontinently [ɪnˈkɒntɪnəntli] adv. 1 com incontinência; 2 imediatamente
incontrovertible [ˌɪnkɒntrəˈvɜːtəbəl] adj. incontroverso, incontestável, irrefutável
incontrovertibly [ˌɪnkɒntrəˈvɜːtəbli] adv. incontestavelmente, irrefutavelmente, de modo incontroverso
inconvenience [ˌɪnkənˈviːnɪəns] Ⓐ s. 1 maçada; incómodo; aborrecimento; 2 contratempo; contrariedade; 3 inconveniente; desvantagem Ⓑ v.tr. 1 maçar; causar incómodo a; incomodar; 2 prejudicar ❖ *to cause* ~ incomodar; dar maçada; *to obviate an* ~ evitar uma maçada, um inconveniente; *he put me to a lot of* ~ ele deu-me bastante maçada; *we apologize for any* ~ pedimos desculpa pelo incómodo
inconvenient [ˌɪnkənˈviːnɪənt] adj. 1 inconveniente; desadequado; 2 maçador; incómodo; 3 pouco prático; que não dá jeito; 4 importuno, inoportuno ❖ *at an* ~ *time* a uma hora pouco conveniente; *if not* ~ *to you* se não lhe causar maçada; se lhe convier
inconveniently [ˌɪnkənˈviːnɪəntli] adv. de maneira incómoda, inoportunamente, maçadoramente
inconversable [ˌɪnkənˈvɜːsəbəl] adj. 1 pouco comunicativo; 2 pouco sociável
inconversant [ɪnkənˈvəsənt] adj. não versado [**with**, em]

inconvertible [ˌɪnkən'vɜːtəbəl] adj. inconvertível, inconversível
inconvincible [ˌɪnkən'vɪnsəbəl] adj. que não pode convencer-se
incoordinated [ˌɪnkəʊ'ɔːdɪneɪtɪd] adj. descoordenado; sem coordenação
incoordination [ˌɪnkəʊɔːdɪ'neɪʃn] s. descoordenação; falta de coordenação
incoronate [ɪn'kɒrənɪt] adj. 1 coroado; 2 com coroa
incoronation [ˌɪnkɒrə'neɪʃn] s. coroação
incorporate[1] [ɪn'kɔːpəreɪt] v.tr.,intr. 1 incorporar(-se); 2 incluir(-se); integrar(-se); 3 CULINÁRIA adicionar, juntar [**with**, a]; 4 fundir(-se) [**with**, com]; *the bank incorporated with another* o banco fundiu-se com outro; 5 COMÉRCIO erigir em sociedade comercial; 6 DIREITO constituir(-se) em pessoa jurídica ❖ *to be incorporated in/into* incorporar-se em
incorporate[2] [ɪn'kɔːpərɪt] adj. 1 incorporado; 2 constituído formalmente; 3 integrado em corporação
incorporated [ɪn'kɔːpəreɪtɪd] adj. 1 incorporado; 2 unido; 3 associado ❖ [EUA] *~ company* sociedade comercial legalmente constituída; sociedade anónima
incorporation [ɪnˌkɔːpə'reɪʃn] s. 1 incorporação; 2 constituição em sociedade comercial
incorporeal [ˌɪnkɔː'pɔːrɪəl] adj. incorpóreo
incorporeality [ɪnˌkɔːpɔːrɪ'ælətɪ] s. incorporeidade, incorporalidade
incorporeity [ɪnˌkɔːpə'riːɪtɪ] s. incorporeidade
incorrect [ˌɪnkə'rekt] adj. 1 incorrecto; errado; 2 erróneo; inexacto; 3 imperfeito; 4 (comportamento) incorrecto; impróprio ❖ *~ act* incorrecção
incorrectitude [ˌɪnkə'rektɪtjuːd] s. incorrecção, indelicadeza, grosseria
incorrectly [ˌɪnkə'rektlɪ] adv. incorrectamente, inexactamente
incorrectness [ˌɪnkə'rektnəs] s. incorrecção, inexactidão
incorrigibility [ɪnˌkɒrɪdʒə'bɪlɪtɪ] s. incorrigibilidade
incorrigible [ɪn'kɒrɪdʒəbəl] adj. incorrigível
incorrigibly [ɪn'kɒrɪdʒəblɪ] adv. incorrigivelmente
incorrodible [ˌɪnkə'rəʊdəbəl] adj. não corrosível, resistente aos ácidos; *~ metal* metal não corrosível
incorrupt [ˌɪnkə'rʌpt] adj. 1 incorrupto; 2 puro; 3 incorruptível, íntegro; 4 correcto, exacto
incorruptibility [ɪnkəˌrʌptə'bɪlɪtɪ] s. incorruptibilidade
incorruptible [ˌɪnkə'rʌptəbəl] adj. incorruptível
incorruptibleness [ˌɪnkə'rʌptəblnəs] s. ⇒ **incorruptibility**
incorruptibly [ˌɪnkə'rʌptəblɪ] adv. incorruptivelmente
incorruption [ˌɪnkə'rʌpʃn] s. incorrupção
incrassate [ɪn'kræsət] adj. incrassado
incrassated [ɪn'kræseɪtɪd] adj. incrassado
incrassation [ˌɪnkræ'seɪʃn] s. 1 acto de incrassar, de tornar espesso ou grosso; 2 engrossamento, espessamento
increasable [ɪn'kriːsəbəl] adj. 1 aumentável; 2 que pode crescer
increase[1] [ɪn'kriːs] v.tr.,intr. 1 aumentar; acrescentar; 2 incrementar; intensificar(-se); 3 desenvolver(-se); crescer ❖ *to ~ in price* encarecer; aumentar de preço; *to ~ in value* valorizar-se; *to ~ one's efforts* redobrar os esforços; *to ~ one's pace* apressar o passo
increase[2] ['ɪnkriːs] s. 1 aumento; acréscimo; 2 incremento; progresso; avanço; 3 crescimento; multiplicação; 4 DIREITO (pena) agravamento ❖ *~ in population* aumento de população; *~ in power* aumento de potência; *~ in price* subida de preço; *~ in output* acréscimo de rendimento; *~ in temperature* subida de temperatura; *~ of field* aumento de intensidade no campo magnético; *~ of the moon* crescente da Lua; *an ~ of 20%* um aumento de 20%; *to be on the ~* estar a subir; ser cada vez mais frequente
increased [ɪn'kriːst] adj. 1 aumentado; 2 multiplicado ❖ *~ capacity* capacidade aumentada; *~ care* cuidado redobrado
increasing [ɪn'kriːsɪŋ] Ⓐ adj. crescente; cada vez mais, maior; em aumento Ⓑ s. 1 aumento; acréscimo; 2 incremento ❖ *~ compression* compressão crescente; *~ motion* movimento acelerado; *~ pressure* pressão crescente
increasingly [ɪn'kriːsɪŋlɪ] adv. de modo crescente, a aumentar, cada vez mais
increate [ˌɪnkrɪ'eɪt] adj. incriado
incredibility [ɪnˌkredə'bɪlɪtɪ] s. incredibilidade

incredible [ɪn'kredəbəl] adj. incrível, inconcebível
incredibly [ɪn'kredəblɪ] adv. incrivelmente, inconcebivelmente
incredulity [ˌɪnkrɪ'djuːlətɪ] s. incredulidade
incredulous [ɪn'kredjʊləs] adj. incrédulo, céptico
incredulously [ɪn'kredjʊləslɪ] adv. incredulamente, cepticamente
incredulousness [ɪn'kredjʊləsnəs] s. ⇒ **incredulity**
increment ['ɪŋkrɪmənt] Ⓐ s. 1 incremento; 2 desenvolvimento; crescimento; 3 (salário) ajuste; aumento; 4 MATEMÁTICA quantidade diferencial Ⓑ v.tr. 1 incrementar; 2 aumentar ❖ FINANÇAS *unearned ~* mais-valia
incremental [ˌɪnkrɪ'mentəl] adj. 1 incremental; 2 suplementar; 3 progressivo
increscent [ɪn'kresənt] adj. crescente
incriminate [ɪn'krɪmɪneɪt] v.tr. 1 incriminar; 2 culpar
incriminating [ɪn'krɪmɪneɪtɪŋ] Ⓐ adj. que incrimina, incriminatório, acusatório Ⓑ s. incriminação
incrimination [ɪnˌkrɪmɪ'neɪʃn] s. incriminação, acusação
incriminatory [ɪn'krɪmɪnətərɪ] adj. incriminatório
in-crowd ['ɪnkraʊd] s. [coloq.] grupo que está na moda
incrust [ɪn'krʌst] v.tr. incrustar
incrustation [ˌɪnkrʌ'steɪʃn] s. 1 incrustação; 2 ARQUITECTURA revestimento; 3 [fig.] (hábito) enraizamento; arraigamento ❖ *~ of porous cells* incrustação de vasos porosos
incubate ['ɪŋkjʊbeɪt] v.tr.,intr. 1 incubar; 2 [coloq.] estar no choco; 3 [fig.] estar a preparar-se
incubating ['ɪŋkjʊbeɪtɪŋ] adj. incubador; que serve para incubar
incubation [ˌɪŋkjʊ'beɪʃn] s. 1 incubação; 2 gestação ❖ *~ period* período de incubação
incubative [ɪŋ'kjʊbətɪv] adj. relativo a incubação
incubator ['ɪŋkjʊbeɪtə] s. 1 incubadora; 2 incubador; 3 chocadeira
incubatory ['ɪŋkjʊbətərɪ] adj. incubatório
incubi ['ɪŋkjʊbaɪ] s. {pl. de **incubus**}
incubous ['ɪŋkjʊbəs] adj. BOTÂNICA íncubo
incubus ['ɪŋkjʊbəs] s. (pl. **-es**) 1 íncubo; 2 demónio que provoca os pesadelos; 3 espírito mau que persegue as pessoas quando dormem; 4 [fig.] pesadelo; 5 [fig.] coisa que oprime como um pesadelo
inculcate ['ɪnkʌlkeɪt, ɪn'kʌlkeɪt] v.tr. 1 inculcar; 2 imprimir (facto, ideia, hábito) no espírito
inculcation [ˌɪnkʌl'keɪʃn] s. inculcação
inculcator [ɪn'kʌl'keɪtə] s. 1 inculcador; 2 aquele que inculca
inculpate ['ɪnkʌlpeɪt, ɪn'kʌlpeɪt] v.tr. incriminar, acusar, inculpar
inculpation [ˌɪnkʌl'peɪʃn] s. incriminação, inculpação
inculpatory [ɪn'kʌlpətərɪ, 'ɪnkʌlpeɪtərɪ, ɪn'kʌlpətəːrɪ] adj. 1 que inculpa, que incrimina; 2 acusatório
incumbency [ɪn'kʌmbənsɪ] s. 1 benefício eclesiástico; 2 posse de benefício; 3 campo de acção de benefício eclesiástico; 4 obrigação; 5 incumbência
incumbent [ɪn'kʌmbənt] Ⓐ adj. 1 (cargo) titular; actual; em exercício de funções; *the ~ President* o actual Presidente; 2 [form.] da competência [**on/upon**, de]; *it is ~ on you to warn them* é a ti que compete avisá-los; *to be ~ on sb* ser da competência de alguém; 3 BOTÂNICA incumbente; *~ cotyledons* cotilédones incumbentes; 4 [arc.] inclinado [**over**, sobre]; suspenso [**over**, sobre] Ⓑ s. 1 (clérigo) beneficiado, possuidor de benefício eclesiástico; 2 (cargo) titular
incumbrance [ɪn'kʌmbrəns] s. ⇒ **encumbrance**
incunable [ɪn'kjuːnəbəl] s. incunábulo
incunabular [ˌɪnkjʊ'næbjʊlə] adj. de incunábulo
incunabulist [ˌɪnkjʊ'næbjʊlɪst] s. pessoa que colecciona incunábulos
incunabulum [ˌɪnkjʊ'næbjʊləm] s. (pl. **-a**) incunábulo
incur [ɪn'kɜː] v.tr. (particípios **-rr-**) 1 incorrer em; *to ~ debts* incorrer em dívidas; *to ~ great expenses* incorrer em grandes despesas; 2 ficar sujeito a; chamar sobre si; 3 expor-se a; *to ~ ridicule* expor-se ao ridículo; 4 correr o risco de; 5 provocar ❖ *incurred expenses* despesas efectuadas
incurability [ɪnˌkjʊərə'bɪlɪtɪ] s. incurabilidade
incurable [ɪn'kjʊərəbəl] adj. incurável, que não tem cura, sem remédio

incurableness [ɪnˈkjʊərəblnəs] s. ⇒ **incurability**
incurables [ɪnˈkjʊərəblz] s.pl. incuráveis
incurably [ɪnˈkjʊərəblɪ] adv. 1 incuravelmente; 2 irremediavelmente
incuriosity [ɪnˌkjʊərɪˈɒsətɪ] s. 1 incuriosidade, falta de curiosidade; 2 negligência
incurious [ɪnˈkjʊərɪəs] adj. 1 incurioso, sem curiosidade, indiferente; 2 desleixado, negligente
incuriously [ɪnˈkjʊərɪəslɪ] adv. 1 sem interesse; 2 negligentemente
incuriousness [ɪnˈkjʊərɪəsnəs] s. ⇒ **incuriosity**
incursion [ɪnˈkɜːʃn] s. 1 (percurso) incursão [**into**, em]; *to make an ~ into* fazer uma incursão em; 2 (país, espaços privados) invasão, ataque [**into**, a]; 3 [fig.] ingerência; intromissão
incursionist [ɪnˈkɜːʃnɪst] s. [coloq.] invasor
incursive [ɪnˈkɜːsɪv] adj. 1 agressivo; 2 que pratica incursões
incurvate [ˈɪnkɜːveɪt] v.tr. encurvar
incurvated [ˈɪnkɜːveɪtɪd] adj. encurvado
incurvation [ɪnkɜːˈveɪʃn] s. 1 encurvamento, encurvadura; 2 curvatura
incurve [ɪnˈkɜːv] Ⓐ v.tr. encurvar Ⓑ v.intr. encurvar-se
incurved [ɪnˈkɜːvd] adj. encurvado, recurvado
incus [ˈɪŋkəs] s. (pl. **incudes**) ANATOMIA (osso) bigorna
incuse [ɪnˈkjuːz] Ⓐ adj. (moeda, medalha) incuso, cunhado de um só lado Ⓑ s. incusa
incused [ɪnˈkjuːzd] adj. (moeda, medalha) incuso, cunhado de um só lado
Ind² [ɪnd, aɪnd] s.top. Índia, Oriente, os países orientais
indamine [ˈɪndəmiːn] s. QUÍMICA indamina
indebted [ɪnˈdetɪd] adj. 1 endividado; devedor; 2 [fig.] (grato) em dívida de gratidão [**to**, para com]; *I'm ~ to all the people who helped me* estou em dívida para com todos aqueles que me ajudaram
indebtedness [ɪnˈdetɪdnəs] s. 1 endividamento; 2 dívida
indecency [ɪnˈdiːsnsɪ] s. (pl. **-ies**) 1 indecência; 2 obscenidade; 3 DIREITO (acto) atentado ao pudor; *a public act of ~* atentado ao pudor público
indecent [ɪnˈdiːsənt] adj. 1 indecente; obsceno; 2 inconveniente; impróprio; incorrecto; 3 vergonhoso; indecoroso; *with ~ haste* com uma pressa vergonhosa ❖ DIREITO *~ assault* atentado ao pudor; DIREITO (órgãos genitais) *~ exposure* exibicionismo
indecently [ɪnˈdiːsntlɪ] adv. 1 indecentemente; 2 obscenamente; 3 vergonhosamente
indeciduous [ɪndɪˈsɪdjuəs] adj. BOTÂNICA perene, persistente
indecipherable [ɪndɪˈsaɪfərəbəl] adj. indecifrável
indecision [ɪndɪˈsɪʒn] s. 1 indecisão; 2 indeterminação
indecisive [ɪndɪˈsaɪsɪv] adj. 1 indeciso, hesitante, irresoluto; 2 vago; 3 não decisivo; 4 pouco conclusivo
indecisively [ɪndɪˈsaɪsɪvlɪ] adv. 1 de modo indeciso, hesitantemente; 2 vagamente; 3 de forma pouco conclusiva
indecisiveness [ɪndɪˈsaɪsɪvnəs] s. indecisão, hesitação, irresolução
indeclinable [ɪndɪˈklaɪnəbəl] adj. LINGUÍSTICA (palavra) indeclinável
indecomposable [ɪndiːkəmˈpəʊzəbəl] adj. indecomponível
indecorous [ɪnˈdekərəs] adj. 1 inconveniente; 2 indecoroso
indecorously [ɪnˈdekərəslɪ] adv. indecorosamente
indecorousness [ɪnˈdekərəsnəs] s. 1 indecoro, falta de decoro; 2 indecência; 3 inconveniência
indecorum [ɪndɪˈkɔːrəm] s. 1 indecoro, falta de decoro; 2 inconveniência; 3 indecência
indeed [ɪnˈdiːd] Ⓐ adv. na verdade; deveras; de facto; na realidade; *he is ~ very clever* ele é, de facto, muito esperto; *it is a very good film ~* é realmente um filme muito bom Ⓑ interj. 1 (surpresa) ai sim!; essa agora!; 2 (ironia, incredulidade, menosprezo, etc.) pois sim!; «*I'll do it for you!*» «*-You, indeed!*» «Eu trato-lhe disso!» «-Você, faço ideia!» ❖ *a friend in need is a friend ~* os amigos são para as ocasiões
indefatigable [ɪndɪˈfætɪgəbəl] adj. infatigável, incansável
indefatigableness [ɪndɪˈfætɪgəblnəs] s. infatigabilidade
indefatigably [ɪndɪˈfætɪgəblɪ] adv. infatigavelmente, incansavelmente
indefeasibility [ɪndɪfiːzəˈbɪlɪtɪ] s. 1 irrevogabilidade, imprescritibilidade; 2 indestrutibilidade
indefeasible [ɪndɪˈfiːzəbəl] adj. irrevocável, imprescritível, indestrutível
indefeasibleness [ɪndɪˈfiːzəblnəs] s. ⇒ **indefeasibility**
indefeasibly [ɪndɪˈfiːzəblɪ] adv. 1 irrevogavelmente; 2 imprescritivelmente
indefectibility [ɪndɪfektɪˈbɪlɪtɪ] s. indefectibilidade, infalibilidade, impecabilidade
indefectible [ɪndɪˈfektɪbəl] adj. indefectível, que não falha, infalível
indefensible [ɪndɪˈfensəbəl] adj. 1 indefensável; 2 insustentável; 3 indesculpável
indefensibly [ɪndɪˈfensəblɪ] adv. 1 indefensavelmente, insustentavelmente; 2 indesculpavelmente
indefinable [ɪndɪˈfaɪnəbəl] adj. indefinível
indefinably [ɪndɪˈfaɪnəblɪ] adv. indefinivelmente
indefinite [ɪnˈdefɪnət] adj. 1 indefinido; indeterminado; 2 vago; impreciso; 3 ilimitado ❖ LINGUÍSTICA *~ article* artigo indefinido; MATEMÁTICA *~ integral* integral indefinido; *~ leave* licença ilimitada; LINGUÍSTICA *~ pronoun* pronome indefinido; *for an ~ period of time* por tempo indeterminado
indefinitely [ɪnˈdefɪnətlɪ] adv. indefinidamente, indeterminadamente
indefiniteness [ɪnˈdefɪnətnəs] s. carácter indefinido, indeterminado, vago
indehiscent [ɪndɪˈhɪsənt] adj. indeiscente
indelibility [ɪndeləˈbɪlɪtɪ] s. indelebilidade
indelible [ɪnˈdeləbəl] adj. indelével
indelibly [ɪnˈdeləblɪ] adv. indelevelmente
indelicacy [ɪnˈdelɪkəsɪ] s. (pl. **-ies**) indelicadeza, grosseria, inconveniência
indelicate [ɪnˈdelɪkət] adj. indelicado, grosseiro, inconveniente
indelicately [ɪnˈdelɪkətlɪ] adv. indelicadamente, grosseiramente, inconvenientemente
indemnification [ɪndemnɪfɪˈkeɪʃn] s. 1 indemnização, compensação; 2 reparação
indemnify [ɪnˈdemnɪfaɪ] v.tr. 1 proteger; 2 segurar, fazer seguro [**from/against**, contra]; 3 indemnizar, compensar [**from/against**, por] ❖ *to be indemnified against all risks* ter seguro contra todos os riscos; *to be indemnified from fire* ter seguro contra incêndios
indemnity [ɪnˈdemnətɪ] s. (pl. **-ies**) 1 (perdas, prejuízos) seguro; 2 indemnidade; isenção legal; 3 indemnização; ressarcimento ❖ *war ~* indemnização/reparação de guerra; *act of ~* amnistia; *to pay full ~ to a person* indemnizar totalmente uma pessoa
indemonstrable [ɪndɪˈmɒnstrəbəl, ɪnˈdemənstrəbəl] adj. indemonstrável
indent¹ [ɪnˈdent] v.tr.,intr. 1 talhar, entalhar, recortar; 2 talhar, recortar (borda) em forma de dentes; ziguezaguear; 3 gravar em relevo; 4 TIPOGRAFIA indentar; *to ~ the text* indentar o texto; 5 (documento, recibo) passar duplicado; separar duplicado; 6 [GB] (mercadorias) fazer encomenda [**for**, de; **on**, a]; *to ~ for a new supply* fazer uma nova encomenda
indent² [ˈɪndent] s. 1 entalhe, recorte dentado; 2 TIPOGRAFIA indentação; 3 (madeira) encaixe; 4 requisição oficial de víveres; 5 encomenda de mercadorias (do estrangeiro); 6 depressão, mossa, amolgadura
indentation [ɪndenˈteɪʃn] s. 1 TIPOGRAFIA indentação; 2 entalhe; 3 encaixe por meio de dentes; 4 cavado, mossa, amolgadela; 5 chanfradura; 6 recorte fundo na ilha do litoral
indented [ɪnˈdentɪd] adj. 1 dentado; denticulado; 2 recortado; com reentrâncias; 3 TIPOGRAFIA indentado ❖ *~ wheel* roda dentada
indenting [ɪnˈdentɪŋ] s. 1 recorte, marca; 2 indentação
indention [ɪnˈdenʃn] s. 1 TIPOGRAFIA indentação; 2 recorte, entalhe; 3 reentrância na linha de costa
indenture [ɪnˈdentʃə] Ⓐ s. 1 contrato bilateral; 2 (documento) destacável; 3 (estágio) contrato de trabalho temporário; 4 certificado Ⓑ v.tr. 1 ligar por contrato; 2 contratar como aprendiz ❖ (fim de estágio ou aprendizagem) *to take up one's indentures* reaver contrato que liga aprendiz ao mestre
independable [ɪndɪˈpendəbəl] adj. 1 que não merece confiança; 2 com que não se pode contar

independence [ˌɪndɪˈpendəns] s. 1 independência; 2 autonomia; 3 liberdade ❖ [EUA] (4 de Julho) *Independence Day* Dia da Independência

independency [ˌɪndɪˈpendənsɪ] s. ⇒ **independence**

independent [ˌɪndɪˈpendənt] Ⓐ adj. independente; autónomo; livre Ⓑ s. POLÍTICA independente ❖ ELECTRICIDADE ~ *circuit* circuito independente; MILITAR ~ *firing* tiro à vontade; ~ *schools* escolas privadas; (automóvel) ~ *wheel suspension* suspensão independente; ~ *witness* testemunha voluntária; *of* ~ *means* com meios de subsistência próprios

independently [ˌɪndɪˈpendəntlɪ] adv. independentemente, com independência

in-depth [ˌɪnˈdepθ] adj. 1 aprofundado; 2 pormenorizado, detalhado

indescribability [ˌɪndɪskraɪbəˈbɪlɪtɪ] s. indescritibilidade

indescribable [ˌɪndɪˈskraɪbəbəl] adj. 1 indescritível; 2 indefinido, vago

indescribably [ˌɪndɪˈskraɪbəblɪ] adv. indescritivelmente

indestructibility [ˌɪndɪstrʌktəˈbɪlɪtɪ] s. indestrutibilidade

indestructible [ˌɪndɪˈstrʌktəbəl] adj. indestrutível

indestructibleness [ˌɪndɪˈstrʌktəblnəs] s. ⇒ **indestructibility**

indestructibly [ˌɪndɪˈstrʌktəblɪ] adv. indestrutivelmente

indeterminable [ˌɪndɪˈtɜːmɪnəbəl] adj. 1 indeterminável; 2 (questão, discussão) insolucionável

indeterminate [ˌɪndɪˈtɜːmɪnət] adj. 1 indeterminado; 2 vago; impreciso ❖ MATEMÁTICA ~ *equation* equação indeterminada; MATEMÁTICA ~ *quantity* quantidade indeterminada

indeterminately [ˌɪndɪˈtɜːmɪnətlɪ] adv. 1 indeterminadamente; 2 de modo vago, indeciso

indetermination [ˌɪndɪtɜːmɪˈneɪʃn] s. 1 indeterminação; 2 falta de decisão, indecisão; 3 falta de solução; 4 dúvida

indetermined [ˌɪndɪˈtɜːmɪnd] adj. indeterminado, indeciso

indeterminism [ˌɪndɪˈtɜːmɪnɪzəm] adj. indeterminismo

indevotion [ˌɪndɪˈvəʊʃn] s. 1 indevoção; 2 irreligiosidade

indevout [ˌɪndɪˈvaʊt] adj. indevoto, sem devoção

index [ˈɪndeks] Ⓐ s. (*pl.* -es) 1 (livro) índice; registo de matérias; 2 relação alfabética; 3 RELIGIÃO index, catálogo de livros cuja leitura é proibida pela Igreja; ~ *expurgatorius* index expurgatório; *to put a book on the* ~ colocar um livro no índex; 4 indício [of, de]; sinal [of, de]; indicação [of, de]; 5 [*pl.* indices] MATEMÁTICA expoente; 6 ANATOMIA índex, indicador; ~ *finger* dedo indicador; 7 mostrador, ponteiro mostrador; 8 alidade Ⓑ v.tr. 1 (livro) colocar um índice em; 2 indexar; 3 colocar no índice; 4 pôr no índex; 5 classificar; catalogar; arquivar ❖ ~ *guide* guia do índice; ~ *hand* ponteiro; ~ *of a logarithm* característica dum logaritmo; ~ *of refraction* índice de refracção

indexer [ˈɪndeksə] s. organizador de índice

India [ˈɪndɪə] s.top. Índia ❖ [EUA] ~ *ink* tinta-da-china; ~ *paper* papel-bíblia; [ant.] ~ *rubber* borracha; GEOGRAFIA *Further India* Índia Transgangética

Indiaman [ˈɪndɪəmən] s. (*pl.* **-men**) HISTÓRIA barco empregado na carreira da Índia

Indian [ˈɪndɪən] adj.,s. 1 indiano; 2 índio; 3 GEOGRAFIA índico; *the* ~ *Ocean* Oceano Índico ❖ ~ *berry* coca-do-levante; ~ *bread* mandioca; ~ *corn* milho; ~ *fig tree* figueira-da-índia; cumbela; ~ *file* fila indiana; [EUA] [coloq.] ~ *giver* pessoa que dá qualquer coisa e mais tarde exige aquilo que deu; ~ *ink* tinta-da-china; ~ *red* almagre; ~ *saffron* açafrão-da-índia; BOTÂNICA ~ *shot* balizeiro; ~ *summer* Verão de S. Martinho; ~ *weed* tabaco; *red* ~ pele-vermelha

Indiana [ˌɪndɪˈænə] s.top. Indiana (E. U. A.)

Indianapolis [ˌɪndɪəˈnæpəlɪs] s.top. nome da capital de Indiana (E. U. A.)

Indianian [ˌɪndɪˈænɪən] adj.,s. 1 natural de Indiana; 2 habitante de Indiana

Indianist [ˈɪndɪənɪst] s. indianista

indianize [ˈɪndɪənaɪz] v.tr. indianizar

Indianologist [ˌɪndɪəˈnɒlədʒɪst] s. indianólogo

indican [ˈɪndɪkən] s. QUÍMICA indicana

indicate [ˈɪndɪkeɪt] v.tr. 1 indicar, mostrar; 2 sinalizar; 3 mencionar; 4 sugerir, apontar; 5 dar a conhecer sucintamente; 6 (automóvel) dar pisca

indicated [ˈɪndɪkeɪtɪd] adj. indicado

indication [ˌɪndɪˈkeɪʃn] s. 1 (orientação) indicação; 2 sinal; indício; 3 sintoma; *to give* ~ *of* ser sintoma de; 4 marca ❖ ~ *mark* marca de referência; ~ *strip* fita de referência; *there is every* ~ *of…* tudo leva a crer que…; *we had no* ~ *that…* nada fazia prever que…

indicative [ɪnˈdɪkətɪv] Ⓐ adj. 1 indicativo; 2 sintomático; 3 LINGUÍSTICA indicativo Ⓑ s. LINGUÍSTICA (modo) indicativo; *in the* ~ no indicativo ❖ *to be* ~ *of…* dar mostras de…; revelar…

indicator [ˈɪndɪkeɪtə] s. 1 indicador; 2 ponteiro, agulha indicadora; 3 FÍSICA manómetro; 4 (automóvel) pisca-pisca, (pisca); 5 quadro indicador do movimento dos comboios; 6 [fig.] sinal; indício ❖ ECONOMIA *economic indicators* indicadores económicos

indicatory [ɪnˈdɪkətərɪ, ˈɪndɪkeɪtərɪ] adj. indicativo, indicatório

indices [ˈɪndɪsiːz] s. {*pl. de* **index**}

indicia [ɪnˈdɪʃɪə] s.pl. indícios, prenúncios

indicolite [ɪnˈdɪkəlaɪt] s. MINERALOGIA indicolite, variedade de turmalina

indict [ɪnˈdaɪt] v.tr. DIREITO indiciar [**for/on**, por]; acusar [**for/on**, de/por]; *he was indicted on the charge of forgery* ele foi indiciado pelo crime de falsificação

indictable [ɪnˈdaɪtəbəl] adj. 1 acusável, inculpável; 2 susceptível de ser processado

indicter [ɪnˈdaɪtə] s. acusador ❖ DIREITO *to assume the role of* ~ constituir-se em parte civil

indiction [ɪnˈdɪkʃn] s. indicção

indictment [ɪnˈdaɪtmənt] s. 1 DIREITO acusação; 2 DIREITO requisitório, acusação escrita; 3 prova; comprovatório; *to be an* ~ *of …* comprovar… ❖ DIREITO *to be under the* ~ *of* ser acusado de; DIREITO *to bring in/to lay an* ~ *against sb* intentar uma acção criminal contra alguém

indie [ˈɪndɪ] adj. MÚSICA, CINEMA independente, alternativo

Indies [ˈɪndɪz] s.top. Índias ❖ *the Dutch East* ~ as Índias Neerlandesas; *the East* ~ as Índias Orientais; *the West* ~ as Índias Ocidentais

indifference [ɪnˈdɪfrəns] s. 1 indiferença, desinteresse, apatia; 2 neutralidade, imparcialidade

indifferent [ɪnˈdɪfrənt] adj. 1 indiferente; desinteressado; 2 insensível; 3 neutro, imparcial; 4 vulgar, banal; medíocre; ~ *player* jogador medíocre; 5 QUÍMICA neutro; ~ *salt* sal neutro; 6 QUÍMICA inerte; ~ *gas* gás inerte

indifferentism [ɪnˈdɪfrəntɪzəm] s. indiferentismo

indifferentist [ɪnˈdɪfrəntɪst] s. indiferentista, indiferente

indifferently [ɪnˈdɪfrəntlɪ] adv. 1 com indiferença; desinteressadamente; 2 mediocremente; de modo banal, de modo vulgar ❖ ~ *well* menos-mal; sofrivelmente

indigence [ˈɪndɪdʒəns] s. indigência, pobreza

indigency [ˈɪndɪdʒənsɪ] s. indigência, pobreza

indigene [ˈɪndɪdʒiːn] s. [form.] indígena, nativo

indigenous [ɪnˈdɪdʒənəs] adj. 1 indígena; 2 natural do país

indigent [ˈɪndɪdʒənt] adj.,s. indigente, pobre

indigested [ˌɪndɪˈdʒestɪd] adj. não digerido, por digerir, mal digerido

indigestibility [ˌɪndɪdʒestəˈbɪlɪtɪ] s. indigestibilidade

indigestible [ˌɪndɪˈdʒestəbəl] adj. indigesto

indigestion [ˌɪndɪˈdʒestʃn] s. má digestão; indigestão; dispepsia ❖ *an attack of* ~ uma indigestão

indign [ɪnˈdaɪn] adj. [arc.] indigno

indignant [ɪnˈdɪgnənt] adj. indignado; chocado; *to be* ~ *at sth* indignar-se com alguma coisa; *to feel* ~ *with sb* sentir-se indignado com alguém; *to make sb* ~ indignar uma pessoa

indignantly [ɪnˈdɪgnəntlɪ] adv. indignadamente, com indignação

indignation [ˌɪndɪgˈneɪʃn] s. indignação; *to arouse sb's* ~ provocar a indignação de alguém; ~ *at sth* indignação provocada por qualquer coisa; ~ *against sb* indignação contra alguém ❖ ~ *meeting* reunião de protesto

indignity [ɪnˈdɪgnətɪ] s. (*pl.* **-ies**) indignidade, vergonha, afronta, insulto

indigo [ˈɪndɪgəʊ] s. anil, índigo ❖ ~ *blue* azul-violeta; BOTÂNICA ~ *plant/tree* anileira; ~ *purple* púrpura anilada; BOTÂNICA ~ *tree* anileira; ~ *white* anil branco

indijaggers [ˌɪndɪˈdʒægəs] s. [cal.] (universidade) ⇒ **indigestion**

indirect [ˌɪndəˈrekt, ˌɪndaɪˈrekt] adj. 1 indirecto; 2 enviesado; oblíquo; 3 disfarçado, dissimulado; 4 secundário ❖ ~ *flight* voo com escala; ~ *heating* aquecimento indirecto; ~ *lighting* iluminação indirecta; LINGUÍSTICA ~ *object* complemento indirecto; LINGUÍSTICA ~ *speech* discurso indirecto; ECONOMIA ~ *tax* imposto indirecto

indirection [ˌɪndəˈrekʃn, ˌɪndaɪˈrekʃn] *s.* **1** carácter indirecto; **2** desorientação; falta de coordenação; **3** engano, dolo; **4** dissimulação; **5** rodeios; evasivas ❖ *by* ~ indirectamente

indirectly [ˌɪndəˈrektlɪ, ˌɪndaɪˈrektlɪ] *adv.* **1** indirectamente; **2** enviesadamente; obliquamente ❖ ~ *heated* aquecido indirectamente

indirectness [ˌɪndəˈrektnəs, ˌɪndaɪˈrektnəs] *s.* **1** falta de rectidão; **2** dolo

indiscernible [ˌɪndɪˈsɜːnəbəl] *adj.* indiscernível

indiscerptible [ˌɪndɪˈsɜːptəbəl] *adj.* indivisível, incapaz de ser dividido em partes

indisciplinable [ɪnˈdɪsɪplɪnəbəl] *adj.* indisciplinável

indiscipline [ɪnˈdɪsɪplɪn] *s.* indisciplina

indiscoverable [ˌɪndɪˈskʌvərəbəl] *adj.* que não pode descobrir-se

indiscreet [ˌɪndɪˈskriːt] *adj.* **1** indiscreto; **2** inconsiderado; **3** pouco prudente

indiscreetly [ˌɪndɪˈskriːtlɪ] *adv.* indiscretamente

indiscreetness [ˌɪndɪˈskriːtnəs] *s.* **1** indiscrição; **2** inconsideração

indiscretion [ˌɪndɪˈskreʃn] *s.* **1** indiscrição; **2** imprudência; **3** leviandade ❖ *indiscretions of youth* loucuras, imprudências da juventude

indiscriminable [ˌɪndɪˈskrɪmɪnəbəl] *adj.* indiscriminável, indiscernível

indiscriminate [ˌɪndɪˈskrɪmɪnət] *adj.* indiscriminado

indiscriminately [ˌɪndɪˈskrɪmɪnətlɪ] *adv.* indiscriminadamente

indiscriminating [ˌɪndɪˈskrɪmɪneɪtɪŋ] *adj.* **1** que não discrimina; **2** sem discernimento

indiscrimination [ˌɪnˌdɪskrɪmɪˈneɪʃn] *s.* **1** indiscriminação; **2** carência de discernimento

indispensability [ˌɪndɪspensəˈbɪlɪtɪ] *s.* indispensabilidade

indispensable [ˌɪndɪˈspensəbəl] *adj.* indispensável

indispensableness [ˌɪndɪˈspensəblnəs] *s.* ⇒ **indispensability**

indispensables [ˌɪndɪˈspensəblz] *s.pl.* [coloq.] calças

indispensably [ˌɪndɪˈspensəblɪ] *adv.* indispensavelmente

indispose [ˌɪndɪˈspəʊz] *v.tr.* **1** [arc.] (saúde) causar indisposição a; **2** [form.] incapacitar [**for/to**, de]; impossibilitar [**for/to**, de]; *to ~ sb for a task* incapacitar alguém de desempenhar uma tarefa; *to ~ sb to do sth* incapacitar alguém de fazer alguma coisa; **3** indispor [**against**, contra]; **4** inviabilizar

indisposed [ˌɪndɪˈspəʊzd] *adj.* **1** (saúde) indisposto, maldisposto; **2** relutante [**to**, em]; pouco inclinado [**to**, a]; sem disposição [**to**, para]; *to be ~ to do sth* não estar com disposição para fazer alguma coisa

indisposition [ˌɪndɪspəˈzɪʃn] *s.* **1** indisposição; **2** má disposição [**to**, para], pouca inclinação [**to**, para]

indisputability [ˌɪndɪspjuːtəˈbɪlɪtɪ] *s.* indisputabilidade, incontestabilidade

indisputable [ˌɪndɪˈspjuːtəbəl] *adj.* indisputável, incontestável, apodíctico

indisputableness [ˌɪndɪˈspjuːtəblnəs] *s.* ⇒ **indisputability**

indisputably [ˌɪndɪˈspjuːtəblɪ] *adv.* indisputavelmente, incontestavelmente

indissolubility [ˌɪndɪsɒljʊˈbɪlɪtɪ] *s.* indissolubilidade

indissoluble [ˌɪndɪˈsɒljʊbəl] *adj.* **1** indissolúvel; **2** insolúvel

indissolubly [ˌɪndɪˈsɒljʊblɪ] *adv.* indissoluvelmente

indistinct [ˌɪndɪˈstɪŋkt] *adj.* indistinto, confuso

indistinction [ˌɪndɪˈstɪŋkʃn] *s.* **1** indistinção; **2** confusão

indistinctly [ˌɪndɪˈstɪŋktlɪ] *adv.* indistintamente, confusamente

indistinctness [ˌɪndɪˈstɪŋktnəs] *s.* indistinção, carácter vago

indistinguishable [ˌɪndɪˈstɪŋgwɪʃəbəl] *adj.* indistinguível, imperceptível

indistributable [ˌɪndɪˈstrɪbjuːtəbəl] *adj.* que não pode distribuir-se

indite [ɪnˈdaɪt] *v.tr.* **1** [arc., lit.] redigir, compor (poema, discurso, etc.); **2** [joc.] escrever (carta, etc.)

inditer [ɪnˈdaɪtə] *s.* [arc., lit.] autor (de carta, etc.)

inditing [ɪnˈdaɪtɪŋ] *s.* [arc., lit.] redacção

indium [ˈɪndɪəm] *s.* QUÍMICA (elemento químico) índio

indivertible [ˌɪndɪˈvɜːtəbəl] *adj.* **1** que não é susceptível de se afastar ou de se desviar; **2** imutável

individual [ˌɪndɪˈvɪdʒʊəl] Ⓐ *adj.* **1** individual; **2** pessoal, particular; **3** (pessoas) único; raro Ⓑ *s.* indivíduo; pessoa; *the rights of the* ~ os direitos do indivíduo; *every* ~ todas as pessoas ❖ ~ *tuition* aulas particulares; explicações

individualism [ˌɪndɪˈvɪdʒʊəlɪzəm] *s.* individualismo

individualist [ˌɪndɪˈvɪdʒʊəlɪst] *s.* individualista

individualistic [ˌɪndɪvɪdʒʊəˈlɪstɪk] *adj.* individualista

individualistically [ˌɪndɪvɪdʒʊəˈlɪstɪklɪ] *adv.* individualisticamente; sob um aspecto individualista; de forma individualista

individuality [ˌɪndɪvɪdʒʊˈælətɪ] *s.* (*pl.* -**ies**) **1** individualidade; **2** personalidade

individualization [ˌɪndɪvɪdʒʊəlaɪˈzeɪʃn] *s.* individualização

individualize [ˌɪndɪˈvɪdʒʊəlaɪz] *v.tr.* individualizar

individually [ˌɪndɪˈvɪdʒʊəlɪ] *adv.* **1** individualmente; **2** pessoalmente

individuate [ˌɪndɪˈvɪdʒʊeɪt] *v.tr.* individuar

individuation [ˌɪndɪvɪdʒʊˈeɪʃn] *s.* individuação

indivisibility [ˌɪndɪvɪzɪˈbɪlɪtɪ] *s.* indivisibilidade

indivisible [ˌɪndɪˈvɪzəbəl] *adj.* indivisível ❖ MATEMÁTICA ~ *factor* factor indivisível

indivisibles [ˌɪndɪˈvɪzəblz] *s.pl.* **1** indivisíveis; **2** infinitamente pequenos; **3** átomos

indivisibly [ˌɪndɪˈvɪzəblɪ] *adv.* indivisivelmente

Indo-Aryan [ˌɪndəʊˈeərɪən] *adj.,s.* indo-ariano

Indo-China [ˌɪndəʊˈtʃaɪnə] *s.top.* Indochina

Indo-Chinese [ˌɪndəʊtʃaɪˈniːz] *adj.,s.* indochinês

indocile [ɪnˈdəʊsaɪl] *adj.* indócil

indocility [ˌɪndəʊˈsɪlətɪ] *s.* indocilidade

indoctrinate [ɪnˈdɒktrɪneɪt] *v.tr.* **1** doutrinar; **2** ensinar

indoctrination [ɪnˌdɒktrɪˈneɪʃn] *s.* doutrinação

indoctrinator [ɪnˈdɒktrɪneɪtə] *s.* doutrinador

Indo-European [ˌɪndəʊjʊərəˈpiːən] *adj.,s.* indo-europeu

Indo-Germanic [ˌɪndəʊdʒɜːˈmænɪk] *adj.,s.* indo-germânico

indol [ˈɪndɒl] *s.* QUÍMICA indol

indolence [ˈɪndələns] *s.* **1** indolência, falta de acção; **2** [arc.] insensibilidade

indolent [ˈɪndələnt] *adj.* **1** indolente, inactivo; **2** MEDICINA insensível, indolor

indolently [ˈɪndələntlɪ] *adv.* indolentemente

indomitable [ɪnˈdɒmɪtəbəl] *adj.* indómito, indomado

indomitably [ɪnˈdɒmɪtəblɪ] *adv.* indomitamente

Indonesia [ˌɪndəˈniːzɪə, ˌɪndəʊˈniːzɪə] *s.top.* Indonésia

Indonesian [ˌɪndəˈniːzɪən, ˌɪndəʊˈniːzɪən] *adj.,s.* indonésio

indoor [ɪnˈdɔː] *adj.* **1** interior; interno; dentro de casa; **2** coberto ❖ ~ *aerial* antena interior; DESPORTO ~ *football* futebol de salão; ~ *games* jogos de salão; jogos caseiros; ~ *lighting* iluminação interna; ~ *plants* plantas de interior; DESPORTO ~ *record* recorde de pista coberta; ~ *relief* assistência aos pobres hospitalizados; ~ *swimming pool* piscina coberta; ~ *work* trabalho doméstico

indoors [ˌɪnˈdɔːz] *adv.* dentro de casa; portas adentro; na casa; *to go* ~ ir para dentro de casa; *to keep* ~ ficar dentro de casa

indorsation [ˌɪndɔːˈseɪʃn] *s.* endosso

indorse [ɪnˈdɔːs] *v.tr.* **1** endossar; **2** apoiar

indorsee [ˌɪndɔːˈsiː] *s.* endossado

indorsement [ɪnˈdɔːsmənt] *s.* ⇒ **indorsation**

indorser [ɪnˈdɔːsə] *s.* endossante

Indra [ˈɪndrə] *s.* MITOLOGIA Indra, chefe de todos os deuses e senhor do céu

indraft [ɪnˈdrɑːft] *s.* **1** corrente que entra; **2** água do mar que sobe um rio; **3** afluência

indraught [ɪnˈdrɑːft] *s.* **1** corrente que entra; **2** água do mar que sobe um rio; **3** afluência

indrawn [ˈɪndrɔːn] *adj.* **1** (respiração) suspenso; *with* ~ *breath* de respiração suspensa, quase sem respirar; **2** (bochechas) chupado

indri [ˈɪndrɪ] *s.* ZOOLOGIA indris

indubitable [ɪnˈdjuːbɪtəbəl] *adj.* indubitável, incontestável

indubitableness [ɪnˈdjuːbɪtəblnəs] *s.* certeza

indubitably [ɪnˈdjuːbɪtəblɪ] *adv.* indubitavelmente

induce [ɪn'djuːs] v.tr. 1 induzir [**to**, a]; persuadir [**to**, a]; instigar [**to**, a]; levar [**to**, a]; *to ~ sb to do sth* persuadir alguém a fazer alguma coisa; 2 provocar, causar [**in**, em]; originar, motivar [**in**, em]; *to ~ drowsiness in the audience* provocar sonolência na plateia; 3 inferir; *from what you tell me I must ~ that...* daquilo que me dizes, devo inferir que...; 4 ELECTRICIDADE induzir; produzir por indução; 5 MEDICINA (parto) provocar; induzir; *to ~ labour* provocar o parto

induced [ɪn'djuːst] adj. 1 induzido; 2 inferido ❖ *~ current* corrente de indução; FÍSICA *~ radioactivity* radioactividade induzida

inducement [ɪn'djuːsmənt] s. 1 móbil, instigação, incitamento, estímulo, causa; 2 provocação; 3 atracção

inducer [ɪn'djuːsə] s. 1 instigador; 2 pessoa que leva outra a fazer alguma coisa; 3 tentador; 4 ELECTRICIDADE indutor

inducing [ɪn'djuːsɪŋ] Ⓐ adj. ELECTRICIDADE indutor Ⓑ s. ELECTRICIDADE indução

induct [ɪn'dʌkt] v.tr. 1 instalar um sacerdote na sua paróquia; 2 instalar eclesiástico na posse de benefício; 3 empossar um funcionário; 4 conduzir (a uma sala, lugar, etc.); 5 iniciar (uma pessoa numa coisa)

inductance [ɪn'dʌktəns] s. 1 indutância; 2 coeficiente de auto-indução

inductile [ɪn'dʌktaɪl] adj. indúctil

inductility [ˌɪndʌk'tɪlətɪ] s. inductilidade

inducting [ɪn'dʌktɪŋ] s. 1 empossamento; 2 iniciação, introdução

induction [ɪn'dʌkʃn] s. 1 indução; 2 (cargo, função) integração; inserção; investidura; empossamento; 3 MECÂNICA (gás ou vapor) admissão; 4 [arc.] prólogo, introdução; 5 motivo, causa ❖ *~ furnace* forno de indução; *~ heating* aquecimento por indução; *~ valve* válvula de admissão; *~ of labour* parto provocado

inductive [ɪn'dʌktɪv] adj. 1 indutivo; 2 indutor; 3 [ant.] que induz [**of**, a]; que leva [**of**, a] ❖ *~ capacity* capacidade indutiva; *~ load* carga indutiva; *~ method* método indutivo

inductively [ɪn'dʌktɪvlɪ] adv. indutivamente, por indução

inductivity [ˌɪndʌk'tɪvətɪ] s. indutividade

inductometer [ˌɪndʌk'tɒmɪtə] s. aparelho medidor de indutâncias

inductor [ɪn'dʌktə] s. 1 indutor; 2 (eclesiástico) empossador em benefício

indue [ɪn'djuː] v.tr. 1 revestir; 2 investir numa função; 3 dotar

indulge [ɪn'dʌldʒ] v.tr.,intr. 1 (desejos) satisfazer; *to ~ a whim* satisfazer um capricho; 2 fazer as vontades (a); estragar (com mimos); *the boy was ill and we had to ~ him* o rapaz estava doente e tínhamos de lhe fazer as vontades; 3 entregar-se a; ceder a; *to ~ a hope* entregar-se a uma esperança; 4 RELIGIÃO conceder indulgências (a); 5 COMÉRCIO (pagamento de letras) prorrogar prazo para; 6 [coloq.] (álcool) beber ❖ *to ~ in a holiday* gozar um feriado; [coloq.] *to ~ in a nap* fazer uma soneca; *to ~ oneself* satisfazer os próprios desejos; ser autocomplacente

indulgence [ɪn'dʌldʒəns] s. 1 indulgência, benevolência; complacência; 2 (desejos) prazer, satisfação; 3 COMÉRCIO prorrogação de prazo; 4 RELIGIÃO indulgência; *plenary ~* indulgência plenária; *to grant indulgences* conceder indulgências ❖ *~ in* abandono a; entrega a; *an ~ for* um fraco por; HISTÓRIA *Declaration of Indulgence* Declaração de Indulgência, proclamação das liberdades religiosas com Carlos II em 1672, e Jaime II, em 1687

indulgency [ɪn'dʌldʒənsɪ] s. ⇒ **indulgence**

indulgent [ɪn'dʌldʒənt] adj. indulgente; tolerante; complacente

indulgently [ɪn'dʌldʒəntlɪ] adv. indulgentemente, complacentemente

indulger [ɪn'dʌldʒə] s. 1 pessoa que se entrega a (vícios, paixões, etc.); 2 pessoa que faz todas as vontades

induline ['ɪndjulaɪn, 'ɪndjulɪn] s. QUÍMICA indulina

indult [ɪn'dʌlt] s. RELIGIÃO indulto

indurate[1] ['ɪndjureɪt] v.tr.,intr. 1 endurecer, tornar duro; 2 empedernir; 3 enrijar, enrijecer, robustecer; 4 ficar duro; 5 arraigar-se; 6 espessar-se

indurate[2] ['ɪndjurət] adj. 1 duro, endurecido, empedernido; 2 inveterado

indurated ['ɪndjureɪtɪd] adj. ⇒ **indurate**[2]

induration [ˌɪndju'reɪʃn] s. 1 endurecimento; 2 induração, endurecimento anormal dos tecidos orgânicos; 3 obstinação, insensibilidade

indurative ['ɪndjureɪtɪv] adj. 1 com tendência para endurecer; 2 que endurece; 3 que provoca induração

Indus ['ɪndəs] s.top. (rio da Índia setentrional) Indo

indusium [ɪn'djuːzɪəm] s. (pl. **-ia**) 1 BOTÂNICA indúsia, indúsio; 2 ZOOLOGIA indúsio

industrial [ɪn'dʌstrɪəl] adj. industrial ❖ *~ action* greve; *~ ceramics* cerâmica industrial; *~ design* design industrial; *~ disease* doença de foro profissional; *~ dispute* conflito laboral; *~ engineering* engenharia industrial; *~ espionage* espionagem industrial; *~ estate* zona industrial; *~ park* parque industrial; *~ plant* instalação industrial; *~ school* escola profissional; *~ waste* resíduos industriais; *~ waste water* águas residuais

industrialism [ɪn'dʌstrɪəlɪzm] s. industrialismo

industrialist [ɪn'dʌstrɪəlɪst] s. industrial

industrialization [ɪnˌdʌstrɪəlaɪ'zeɪʃn] s. industrialização

industrialize [ɪn'dʌstrɪəlaɪz] v.tr. industrializar

industrially [ɪn'dʌstrɪəlɪ] adv. industrialmente

industrials [ɪn'dʌstrɪəlz] s.pl. (Bolsa) valores industriais

industrious [ɪn'dʌstrɪəs] adj. 1 trabalhador, activo, diligente; 2 laborioso; 3 industrioso; 4 zeloso, aplicado

industriously [ɪn'dʌstrɪəslɪ] adv. 1 diligentemente; 2 com actividade, com diligência; 3 zelosamente, com zelo

industry ['ɪndəstrɪ] s. (pl. **-ies**) 1 indústria; 2 [form.] dinamismo; diligência; iniciativa; 3 assiduidade ❖ *~ machinery* maquinaria industrial; *~ standard* norma industrial; *the heavy industries* as indústrias pesadas

indwell [ɪn'dwel] v.tr.,intr. (prt. e part. pass. **indwelt**) habitar, viver, residir, morar

indweller [ˌɪn'dwelə] s. habitante

indwelling [ɪn'dwelɪŋ] adj. que vive dentro de, íntimo, interior, que reside no nosso íntimo

inearth [ɪn'ɜːθ] v.tr. [poét.] inumar, enterrar

inebriant [ɪ'niːbrɪənt] adj. inebriante, embriagador

inebriate[1] [ɪ'niːbrɪeɪt] v.tr. embriagar, inebriar

inebriate[2] [ɪ'niːbrɪət] adj.,s. [arc., lit.] embriagado, alcoolizado, ébrio

inebriated [ɪ'niːbrɪeɪtɪd] adj. 1 inebriado; 2 embriagado

inebriating [ɪ'niːbrɪeɪtɪŋ] adj. embriagador, inebriante

inebriation [ɪˌniːbrɪ'eɪʃn] s. 1 embriaguez; 2 arrebatamento

inebriety [ˌɪniː'braɪətɪ] s. alcoolismo, embriaguez

inedible [ɪn'edəbəl, ɪn'edɪbəl] adj. não comestível

inedited [ɪn'edɪtɪd] adj. 1 inédito; 2 publicado sem alterações, publicado na íntegra

ineducable [ɪn'edjukəbəl] adj. que não pode educar-se

ineffability [ɪnˌefə'bɪlɪtɪ] s. inefabilidade

ineffable [ɪn'efəbəl] adj. inefável

ineffableness [ɪn'efəbəlnəs] s. ⇒ **ineffability**

ineffably [ɪn'efəblɪ] adv. inefavelmente

ineffaceable [ˌɪnɪ'feɪsəbəl] adj. indelével

ineffaceably [ˌɪnɪ'feɪsəblɪ] adv. indelevelmente

ineffective [ˌɪnɪ'fektɪv] adj. 1 ineficaz, que não produz efeito, que não atinge o seu objectivo; 2 incolor, sem acção; 3 incapaz

ineffectively [ˌɪnɪ'fektɪvlɪ] adv. 1 ineficazmente; 2 sem produzir efeito, sem atingir o(s) objectivo(s)

ineffectiveness [ˌɪnɪ'fektɪvnəs] s. 1 ineficácia; 2 incapacidade

ineffectual [ˌɪnɪ'fektʃuəl] adj. 1 ineficaz; 2 inoperante; 3 incapaz; 4 sem resultado

ineffectually [ˌɪnɪ'fektʃuəlɪ] adv. 1 ineficazmente; 2 de maneira incapaz

ineffectualness [ˌɪnɪ'fektʃuəlnəs] s. ineficácia

inefficacious [ˌɪnefɪ'keɪʃəs] adj. ineficaz

inefficaciousness [ˌɪnefɪ'keɪʃəsnəs] s. ineficácia

inefficacity [ˌɪnefɪ'kæsətɪ] s. ⇒ **inefficaciousness**

inefficacy [ɪn'efɪkəsɪ] s. ⇒ **inefficaciousness**

inefficiency [ˌɪnɪ'fɪʃənsɪ] s. ineficiência, incapacidade

inefficient [ˌɪnɪ'fɪʃənt] adj. 1 incapaz; 2 ineficiente; 3 insuficiente

inefficiently [ˌɪnɪ'fɪʃəntlɪ] adv. 1 ineficientemente; 2 de maneira deficiente; 3 incapazmente

inelastic [ˌɪnɪ'læstɪk] adj. 1 não elástico; 2 sem flexibilidade, rígido; *~ body* corpo rígido; 3 inflexível; inadaptável

inelasticity [ˌɪnɪlæ'stɪsətɪ] s. 1 inflexibilidade, rigidez; 2 falta de elasticidade

inelegance [ɪn'elɪɡəns] s. deselegância

inelegancy [ɪnˈelɪɡənsɪ] s. deselegância
inelegant [ɪnˈelɪɡənt] adj. 1 deselegante; 2 desprovido de elegância
inelegantly [ɪnˈelɪɡəntlɪ] adv. deselegantemente
ineligibility [ɪnˌelɪdʒəˈbɪlɪtɪ] s. 1 inelegibilidade; 2 falta de atractividade
ineligible [ɪnˈelɪdʒəbəl] adj. 1 inelegível; 2 inaceitável; 3 que não pode ser escolhido
ineluctable [ˌɪnɪˈlʌktəbəl] adj. inevitável, inelutável
ineluctably [ˌɪnɪˈlʌktəblɪ] adv. inelutavelmente, inevitavelmente
inept [ɪˈnept] adj. 1 disparatado, absurdo, tolo; 2 que não vem a propósito; 3 incompetente; desajeitado; desastrado; 4 DIREITO nulo
ineptitude [ɪˈneptɪtjuːd] s. 1 tolice, disparate, imbecilidade; 2 inaptidão
ineptly [ɪˈneptlɪ] adv. disparatadamente, tolamente
ineptness [ɪˈneptnəs] s. 1 inaptidão; 2 falta de propósito
inequable [ɪnˈekwəbəl] adj. 1 irregular; 2 desigual; 3 que não é uniforme
inequal [ɪnˈiːkwəl] adj. 1 irregular, acidentado; 2 desigual
inequality [ˌɪnɪˈkwɒlətɪ] s. (pl. -ies) 1 irregularidade; 2 aspecto acidentado; 3 desigualdade
inequitable [ɪnˈekwɪtəbəl] adj. 1 injusto; 2 não equitativo
inequitably [ɪnˈekwɪtəblɪ] adv. de modo injusto, não equitativamente
inequity [ɪnˈekwətɪ] s. (pl. -ies) 1 iniquidade; 2 injustiça
ineradicable [ˌɪnɪˈrædɪkəbəl] adj. 1 não erradicável; 2 que não pode arrancar-se; 3 inextirpável
ineradicably [ˌɪnɪˈrædɪkəblɪ] adv. de maneira inextirpável
inerm [ɪnˈɜːm] adj. BOTÂNICA inerme, desprovido de espinhos ou acúleos
inermous [ɪnˈɜːməs] adj. ⇒ **inerm**
inerrability [ˌɪnerəˈbɪlɪtɪ] s. infalibilidade
inerrable [ɪˈnerəbəl] adj. 1 infalível; 2 que não pode errar
inert [ɪˈnɜːt] adj. 1 inerte; 2 (pessoa) mole; desmotivado; sem energia ✧ ~ *gas* gás inerte; ~ *matter* matéria inerte
inertia [ɪˈnɜːʃə] s. inércia ✧ FÍSICA ~ *effect* efeito de inércia; ~ *moment* momento de inércia; ~ *starter* arranque por inércia; FÍSICA *the law of* ~ a lei da inércia
inertly [ɪˈnɜːtlɪ] adv. 1 inertemente; 2 sem acção; 3 inactivamente
inertness [ɪˈnɜːtnəs] s. 1 inactividade; inércia; 2 ausência de reacção; ~ *to oil* ausência de reacção ao óleo
inescapable [ˌɪnɪˈskeɪpəbəl] adj. 1 inescapável, inevitável, inelutável; 2 inegável; 3 incontornável
inessential [ˌɪnɪˈsenʃl] adj. 1 não essencial; 2 de valor insignificante
inestimable [ɪnˈestɪməbəl] adj. incalculável, inestimável, de grande valor
inestimably [ɪnˈestɪməblɪ] adv. de maneira inestimável; incalculavelmente
inevitability [ɪnˌevɪtəˈbɪlɪtɪ] s. inevitabilidade
inevitable [ɪnˈevɪtəbəl] adj. 1 inevitável; 2 fatal; *the* ~ *hour* a hora fatal; 3 [COLOQ.] habitual; previsível
inevitableness [ɪnˈevɪtəblnəs] s. ⇒ **inevitability**
inevitably [ɪnˈevɪtəblɪ] adv. inevitavelmente
inexact [ˌɪnɪɡˈzækt] adj. inexacto
inexactitude [ˌɪnɪɡˈzæktɪtjuːd] s. inexactidão
inexactly [ˌɪnɪɡˈzæktlɪ] adv. inexactamente
inexactness [ˌɪnɪɡˈzæktnəs] s. inexactidão
inexcusable [ˌɪnɪkˈskjuːzəbəl] adj. imperdoável, indesculpável
inexcusableness [ˌɪnɪkˈskjuːzəblnəs] s. indesculpabilidade
inexcusably [ˌɪnɪkˈskjuːzəblɪ] adv. imperdoavelmente, indesculpavelmente
inexecutable [ɪnˈeksəkjuːtəbəl] adj. inexecutável, irrealizável
inexecution [ˌɪneksɪˈkjuːʃn] s. inexecução, não realização, não cumprimento
inexhausted [ˌɪnɪɡˈzɔːstɪd] adj. 1 que não está esgotado; 2 inexausto
inexhaustibility [ˌɪnɪɡzɔːstəˈbɪlɪtɪ] s. inesgotabilidade
inexhaustible [ˌɪnɪɡˈzɔːstəbəl] adj. inesgotável, inexaurível
inexhaustibleness [ˌɪnɪɡˈzɔːstəblnəs] s. ⇒ **inexhaustibility**
inexhaustibly [ˌɪnɪɡˈzɔːstəblɪ] adv. inesgotavelmente, inexaurivelmente
inexorability [ɪnˌeksərəˈbɪlɪtɪ] s. inexorabilidade, inflexibilidade

inexorable [ɪnˈeksərəbəl] adj. inexorável, inflexível
inexorableness [ɪnˈeksərəblnəs] s. ⇒ **inexorability**
inexorably [ɪnˈeksərəblɪ] adv. inexoravelmente, inflexivelmente
inexpectant [ˌɪnɪkˈspektənt] adj. 1 sem grandes esperanças; 2 que não espera grande coisa
inexpedience [ˌɪnɪkˈspiːdɪəns] s. inoportunidade, inconveniência
inexpediency [ˌɪnɪkˈspiːdɪənsɪ] s. inoportunidade, inconveniência
inexpedient [ˌɪnɪkˈspiːdɪənt] adj. inoportuno, inconveniente, fora de propósito
inexpensive [ˌɪnɪkˈspensɪv] adj. barato, económico, pouco dispendioso
inexpensively [ˌɪnɪkˈspensɪvlɪ] adv. economicamente, de modo pouco dispendioso
inexpensiveness [ˌɪnɪkˈspensɪvnəs] s. 1 barateza; 2 economia
inexperience [ˌɪnɪkˈspɪərɪəns] s. inexperiência
inexperienced [ˌɪnɪkˈspɪərɪənst] adj. inexperiente, principiante, pouco experimentado
inexpert [ɪnˈekspɜːt] adj. 1 pouco hábil, desajeitado; 2 com pouca experiência
inexpertly [ɪnˈekspɜːtlɪ] adv. desajeitadamente, inabilmente
inexpiable [ɪnˈekspɪəbəl] adj. 1 inexpiável; 2 implacável
inexplicability [ɪnˌeksplɪkəˈbɪlɪtɪ, ˌɪnɪksplɪkəˈbɪlɪtɪ] s. inexplicabilidade
inexplicable [ˌɪnɪkˈsplɪkəbəl, ɪnˈeksplɪkəbəl] adj. inexplicável
inexplicably [ˌɪnɪkˈsplɪkəblɪ, ɪnˈeksplɪkəblɪ] adv. inexplicavelmente
inexplicit [ˌɪnɪkˈsplɪsɪt] adj. inexplícito, pouco claro, obscuro
inexplorable [ˌɪnɪkˈsplɔːrəbəl] adj. inexplorável
inexplosive [ˌɪnɪkˈspləʊsɪv] adj. não explosivo
inexpressibility [ˌɪnɪkspresəˈbɪlɪtɪ] s. inexprimibilidade, inefabilidade
inexpressible [ˌɪnɪkˈspresəbəl] adj. inexprimível, indizível, inefável
inexpressibleness [ˌɪnɪkˈspresəblnəs] s. ⇒ **inexpressibility**
inexpressibles [ˌɪnɪkˈspresəblz] s.pl. [COLOQ.] calças
inexpressibly [ˌɪnɪkˈspresəblɪ] adv. inexprimivelmente, indizivelmente, inefavelmente
inexpressive [ˌɪnɪkˈspresɪv] adj. inexpressivo
inexpressiveness [ˌɪnɪkˈspresɪvnəs] s. inexpressividade
inexpugnable [ˌɪnɪkˈspʌɡnəbəl] adj. 1 inexpugnável; 2 inatacável
inextensibility [ˌɪnɪkstensəˈbɪlɪtɪ] s. inextensibilidade
inextensible [ˌɪnɪkˈstensəbəl] adj. inextensível
inextinguishable [ˌɪnɪkˈstɪŋɡwɪʃəbəl] adj. inextinguível
inextinguishably [ˌɪnɪkˈstɪŋɡwɪʃəblɪ] adv. inextinguivelmente
inextirpable [ˌɪnɪkˈstɜːpəbəl] adj. inextirpável
inextricability [ˌɪnɪkstrɪkəˈbɪlɪtɪ] s. ⇒ **inextricableness**
inextricable [ˌɪnɪkˈstrɪkəbəl] adj. inextricável
inextricableness [ˌɪnɪkˈstrɪkəblnəs] s. inextricabilidade
inextricably [ˌɪnɪkˈstrɪkəblɪ] adv. inextricavelmente
inf. Ⓐ MILITAR [abrev. de infantry] Ⓑ [abrev. de inferior] Ⓒ [abrev. de infinitive] Ⓓ [abrev. de informal] Ⓔ [abrev. de information] Ⓕ [abrev. de infra]
infallibilist [ɪnˈfæləbəlɪst] s. infalibilista
infallibility [ɪnˌfæləˈbɪlɪtɪ] s. infalibilidade
infallible [ɪnˈfæləbəl] adj. infalível
infallibleness [ɪnˈfæləblnəs] s. ⇒ **infallibility**
infallibly [ɪnˈfæləblɪ] adv. infalivelmente
infamize [ˈɪnfəmaɪz] v.tr. infamar, difamar
infamous [ˈɪnfəməs] adj. 1 infame, ignominioso, vergonhoso; 2 infamante; 3 abominável; 4 DIREITO privado de todos ou de parte dos seus direitos civis em consequência de crime infame
infamously [ˈɪnfəməslɪ] adv. infamemente, infamantemente, de modo infame
infamy [ˈɪnfəmɪ] s. (pl. -ies) infâmia, ignomínia
infancy [ˈɪnfənsɪ] s. (pl. -ies) 1 infância, primeira infância; 2 meninice; 3 DIREITO menoridade
infant [ˈɪnfənt] Ⓐ s. 1 bebé; 2 (escola) criança com menos de 7 anos; 3 DIREITO menor; 4 AERONÁUTICA criança com menos de dois anos Ⓑ adj. 1 infantil; 2 (indústria, etc.) nascente; a dar os

infanta

primeiros passos ❖ ~ *education* ensino pré-primário; ~ *mortality rate* taxa de mortalidade infantil; (crianças entre 4 e 7 anos) ~ *school* pré-primária
infanta [ɪnˈfæntə] s. HISTÓRIA (Portugal, Espanha) infanta
infante [ɪnˈfænti] s. HISTÓRIA (Portugal, Espanha) infante
infanticidal [ɪnˌfæntɪˈsaɪdl] adj. infanticida
infanticide [ɪnˈfæntɪsaɪd] s. 1 (pessoa) infanticida; 2 (acto) infanticídio
infantile [ˈɪnfəntaɪl] adj. 1 infantil; 2 [depr.] infantil; pueril ❖ MEDICINA ~ *paralysis* paralisia infantil
infantilism [ɪnˈfæntɪˌlɪzəm] s. MEDICINA infantilismo
infantine [ˈɪnfəntaɪn] adj. infantino, infantil
infantry [ˈɪnfəntrɪ] s. infantaria ❖ *mounted* ~ infantaria montada
infantryman [ˈɪnfəntrɪmən] s. ⟨pl. **-men**⟩ infante, soldado de infantaria
infarct [ɪnˈfɑːkt] s. MEDICINA enfarte
infarcted [ɪnˈfɑːktɪd] adj. MEDICINA enfartado, com enfarte
infarction [ɪnˈfɑːkʃn] s. MEDICINA enfarte
infatuate [ɪnˈfætjueɪt] v.tr. 1 enfatuar, tornar enfatuado; 2 fazer perder a cabeça a; 3 provocar uma paixão louca em
infatuated [ɪnˈfætʃueɪtɪd] adj. perdido de amores; enfeitiçado; apaixonado; *to be* ~ *with sb* estar apaixonado por alguém
infatuation [ɪnˌfætjuˈeɪʃn] s. 1 paixão; 2 amor excessivo; 3 entusiasmo absorvente
infeasible [ɪnˈfiːzəbl] adj. irrealizável, inviável, inexequível
infect [ɪnˈfekt] v.tr. 1 infectar, contagiar, contaminar; 2 infeccionar; 3 LINGUÍSTICA modificar (vogal); 4 afectar
infecting [ɪnˈfektɪŋ] Ⓐ adj. que infecta Ⓑ s. infecção
infection [ɪnˈfekʃn] s. 1 infecção; 2 contaminação, contágio; 3 LINGUÍSTICA modificação (de vogal); 4 DIREITO viciação (de contrato)
infectious [ɪnˈfekʃəs] adj. 1 infeccioso; 2 contagioso
infectiously [ɪnˈfekʃəslɪ] adv. de maneira infecciosa; contagiosamente
infectiousness [ɪnˈfekʃəsnəs] s. 1 infecciosidade; 2 contagiosidade
infective [ɪnˈfektɪv] adj. 1 infeccioso; 2 contagioso
infelicitous [ˌɪnfəˈlɪsɪtəs] adj. 1 infeliz, 2 lamentável; 3 inapropriado
infelicity [ˌɪnfəˈlɪsətɪ] s. ⟨pl. **-ies**⟩ 1 infelicidade, desventura, pouca sorte; 2 [coloq.] mau passo, tolice, escorregadela
infer [ɪnˈfɜː] v.tr. ⟨particípios **-rr-**⟩ 1 inferir, deduzir [**from**, de]; 2 demonstrar; 3 implicar; 4 sugerir; dar a entender; insinuar
inference [ˈɪnfərəns] s. 1 inferência; ilação; dedução; *by* ~ por inferência; 2 conclusão; *to draw an* ~ tirar uma conclusão; 3 insinuação; sugestão
inferential [ˌɪnfəˈrenʃl] adj. 1 relativo a inferência; 2 dedutivo
inferentially [ˌɪnfəˈrenʃlɪ] adv. por inferência
inferior [ɪnˈfɪərɪə] Ⓐ adj. 1 inferior; 2 BOTÂNICA ínfero; 3 TIPOGRAFIA pequena letra colocada como índice de outra Ⓑ s. inferior, subalterno, subordinado
inferiority [ɪnˌfɪərɪˈɒrətɪ] s. inferioridade ❖ PSICOLOGIA ~ *complex* complexo de inferioridade
inferiorly [ɪnˈfɪərɪəlɪ] adv. inferiormente
infernal [ɪnˈfɜːnəl] adj. 1 infernal; diabólico; medonho; 2 MITOLOGIA, RELIGIÃO infernal; dos infernos; *the* ~ *regions* as regiões infernais
infernally [ɪnˈfɜːnəlɪ] adv. infernalmente, medonhamente, terrivelmente
inferno [ɪnˈfɜːnəʊ] s. Inferno
inferobranch [ˈɪnfərəʊbræŋk] s. ZOOLOGIA inferobrânquio
inferobranchiata [ˌɪnfərəʊbræŋkɪˈeɪtə] s.pl. ZOOLOGIA inferobrânquios
inferrable [ɪnˈfɜːrəbl] adj. que pode inferir-se, que pode concluir-se
inferrible [ɪnˈfɜːrɪbl] adj. ⇒ **inferable**
inferring [ɪnˈfɜːrɪŋ] s. 1 inferência, acto de inferir, conclusão; 2 implicação
infertile [ɪnˈfɜːtaɪl] adj. 1 infértil, infecundo; 2 estéril
infertility [ˌɪnfəˈtɪlətɪ] s. 1 infertilidade; 2 esterilidade
infest [ɪnˈfest] v.tr. 1 infestar; 2 assolar
infestation [ˌɪnfeˈsteɪʃn] s. infestação
infested [ɪnˈfestɪd] adj. infestado [**with**, de]; *to be* ~ *with sharks* estar infestado de tubarões
infeudation [ɪnˈfjuːdeɪʃn] s. enfeudação

infibulate [ɪnˈfɪbjuleɪt] v.tr. infibular
infibulation [ɪnˌfɪbjuˈleɪʃn] s. infibulação
infidel [ˈɪnfɪdəl] adj.,s. 1 infiel, descrente; 2 céptico
infidelity [ˌɪnfɪˈdelətɪ] s. ⟨pl. **-ies**⟩ 1 infidelidade; 2 adultério; relação extraconjugal; 3 deslealdade ❖ *conjugal* ~ infidelidade conjugal
infield [ˈɪnfiːld] s. 1 terrenos situados perto ou junto da casa de lavoura; 2 terreno arável; 3 terrenos cultivados e adubados regularmente
infighting [ˈɪnˌfaɪtɪŋ] s. 1 (boxe) corpo-a-corpo; 2 conflitos internos
infill [ˈɪnfɪl] s. 1 enchimento; 2 recheio
infilling [ˈɪnfɪlɪŋ] s. ⇒ **infill**
infiltrate [ˈɪnfɪltreɪt] Ⓐ v.tr.,intr. 1 infiltrar(-se) [**into**, em]; 2 impregnar(-se) [**with**, de]; *a place infiltrated with toxic waste* um local impregnado de desperdícios tóxicos Ⓑ s. MEDICINA infiltração
infiltration [ˌɪnfɪlˈtreɪʃn] s. 1 (geral) infiltração; ~ *of water* infiltração de água; 2 pl. incrustações; infiltrações ❖ MEDICINA ~ *anaesthesia* anestesia local; *fatty* ~ degenerescência gordurosa
infiltrator [ˈɪnfɪltreɪtə] s. infiltrado; agente infiltrado
infinite [ˈɪnfɪnət] Ⓐ adj. 1 infinito; 2 ilimitado; 3 incomensurável Ⓑ s. *the* ~ o infinito, o espaço infinito ❖ ~ *number* número infinito; ~ *quantity* quantidade infinita; MATEMÁTICA ~ *series* série infinita
infinitely [ˈɪnfɪnətlɪ] adv. infinitamente ❖ ~ *great* infinitamente grande; ~ *small* infinitamente pequeno
infinitesimal [ˌɪnfɪnɪˈtesɪməl] Ⓐ adj. 1 ínfimo; 2 MATEMÁTICA infinitesimal Ⓑ s. infinitésimo ❖ ~ *calculus* cálculo infinitesimal; ~ *measurement* medição infinitesimal; ~ *quantity* quantidade infinitesimal
infinitesimally [ˌɪnfɪnɪˈtesɪmlɪ] adv. infinitesimalmente
infinitival [ɪnˌfɪnɪˈtaɪvl] adj. LINGUÍSTICA infinitivo; ~ *form* forma infinitiva
infinitive [ɪnˈfɪnətɪv] adj.,s. LINGUÍSTICA infinitivo ❖ LINGUÍSTICA ~ *mood* modo infinitivo; LINGUÍSTICA *split* ~ infinitivo com um advérbio intercalado entre a partícula *to* e o verbo
infinitude [ɪnˈfɪnɪtjuːd] s. infinidade
infinity [ɪnˈfɪnətɪ] s. ⟨pl. **-ies**⟩ 1 infinidade; 2 MATEMÁTICA infinito; 3 grande quantidade
infirm [ɪnˈfɜːm] Ⓐ adj. 1 adoentado; enfermo, enfermiço; 2 fraco; frágil; precário; 3 vacilante; pouco firme; ~ *of purpose* irresoluto, indeciso; ~ *steps* passos vacilantes Ⓑ s.pl. *the* ~ os enfermos, os doentes Ⓒ v.tr. 1 enfraquecer; 2 DIREITO infirmar, invalidar, anular
infirmary [ɪnˈfɜːmərɪ] s. ⟨pl. **-ies**⟩ 1 enfermaria; 2 hospital
infirmity [ɪnˈfɜːmətɪ] s. ⟨pl. **-ies**⟩ 1 enfermidade, doença; 2 debilidade, fraqueza; 3 irresolução, fraqueza de vontade; 4 infirmidade
infix[1] [ɪnˈfɪks] v.tr. 1 inserir, gravar, fixar em; 2 LINGUÍSTICA infixar
infix[2] [ˈɪnfɪks] s. ⟨pl. **-es**⟩ LINGUÍSTICA infixo
infixing [ˈɪnfɪksɪŋ] s. LINGUÍSTICA infixação
inflame [ɪnˈfleɪm] v.tr.,intr. 1 inflamar, incendiar; 2 pegar fogo a; 3 entusiasmar, excitar; 4 atiçar; 5 MEDICINA irritar, envenenar; 6 incendiar-se; 7 inflamar-se
inflamed [ɪnˈfleɪmd] adj. 1 inflamado; 2 irritado; 3 excitado, entusiasmado
inflamer [ɪnˈfleɪmə] s. aquele que excita, atiça ou inflama
inflaming [ɪnˈfleɪmɪŋ] s. inflamação, acto de inflamar
inflammability [ɪnˌflæməˈbɪlɪtɪ] s. inflamabilidade
inflammable [ɪnˈflæməbl] Ⓐ adj. 1 inflamável; 2 [fig.] (temperamento) impetuoso; impulsivo; 3 [fig.] (situação) explosivo
inflammableness [ɪnˈflæməblnəs] s. ⇒ **inflammability**
inflammables [ɪnˈflæməblz] s.pl. substâncias inflamáveis
inflammation [ˌɪnfləˈmeɪʃn] s. 1 inflamação; ~ *of the eyelids* inflamação da pálpebra; 2 excitação; 3 irritação; 4 [fig.] ardor ❖ MEDICINA ~ *of the lungs* pneumonia
inflammatory [ɪnˈflæmətərɪ, ɪnˈflæmətɔːrɪ] adj. 1 inflamatório; 2 incendiário, excitador, que atiça as paixões populares
inflatable [ɪnˈfleɪtəbl] Ⓐ adj. insuflável Ⓑ s. objecto insuflável
inflate [ɪnˈfleɪt] Ⓐ v.tr. 1 encher de ar; insuflar; 2 ECONOMIA (preços) inflacionar; 3 [fig.] sobrevalorizar; exagerar o valor de; 4 envaidecer Ⓑ v.intr. encher-se de ar; ficar insuflado ❖ *to* ~ *a tyre* encher um pneu

inflated [ɪnˈfleɪtɪd] *adj.* 1 cheio de ar; 2 ECONOMIA (preços) inflacionado; 3 inchado de orgulho; todo cheio de importância; 4 sobrevalorizado; exagerado; 5 (estilo) bombástico; empolado; ~ *language* linguagem empolada ❖ *to have an ~ opinion of oneself* ter-se em grande conta

inflater [ɪnˈfleɪtə] *s.* bomba, injector de bicicleta

inflating [ɪnˈfleɪtɪŋ] *s.* acção de encher de ar, enchimento de ar

inflation [ɪnˈfleɪʃn] *s.* 1 ECONOMIA inflação; 2 enchimento de ar, acto de encher; 3 (ar, gases) dilatação; 4 (estilo, discurso) ênfase; empolamento; 5 pompa; presunção ❖ ~ *pressure* pressão de ar

inflationary [ɪnˈfleɪʃnərɪ] *adj.* inflacionário; inflacionista; relativo à inflação

inflationism [ɪnˈfleɪʃənɪzəm] *s.* inflacionismo

inflationist [ɪnˈfleɪʃənɪst] *adj.,s.* inflacionista

inflator [ɪnˈfleɪtə] *s.* ⇒ **inflater**

inflect [ɪnˈflekt] *v.tr.,intr.* 1 LINGUÍSTICA flexionar, inflectir; 2 modificar a tonalidade da voz, falar com inflexões; 3 MÚSICA modular; 4 curvar, desviar, inclinar, flectir para dentro

inflected [ɪnˈflektɪd] *adj.* 1 flectido; inflectido; curvo; 2 LINGUÍSTICA flexionado ❖ LINGUÍSTICA ~ *language* língua flexiva

inflection [ɪnˈflekʃn] *s.* 1 LINGUÍSTICA flexão; 2 LINGUÍSTICA desinência; 3 (voz) inflexão, modulação, entoação; *a falling/rising inflexion* tom descendente/ascendente; 4 inflexão ❖ GEOMETRIA ~ *point* ponto de inflexão

inflectional [ɪnˈflekʃənəl] *adj.* flexivo, flexional

inflective [ɪnˈflektɪv] *adj.* (língua) flexiva

inflexed [ɪnˈflekst] *adj.* 1 inflexo, curvado; 2 BOTÂNICA inflexo

inflexibility [ɪnˌfleksəˈbɪlɪtɪ] *s.* inflexibilidade

inflexible [ɪnˈfleksəbəl] *adj.* 1 (elasticidade) inflexível; rígido; 2 (ideias, etc.) inflexível; rígido; inabalável; ~ *will* vontade inflexível; ~ *code of morals* moral rígida

inflexibly [ɪnˈfleksəblɪ] *adv.* inflexivelmente

inflexion [ɪnˈflekʃn] *s.* ⇒ **inflection**

inflexional [ɪnˈflekʃənəl] *adj.* ⇒ **inflectional**

inflict [ɪnˈflɪkt] *v.tr.* 1 infligir [**on/upon**, a]; 2 impor [**on/upon**, a]; aplicar [**on/upon**, a]; *to ~ a fine on sb* aplicar uma multa a alguém; 3 causar [**on**, a] ❖ *to ~ a wound on sb* ferir alguém

infliction [ɪnˈflɪkʃn] *s.* 1 inflicção; 2 aplicação de pena ou castigo; 3 sofrimento; 4 punição

inflictive [ɪnˈflɪktɪv] *adj.* 1 que inflige; 2 que comina pena; 3 inflictivo

in-flight [ˈɪnflaɪt] *adj.* de bordo; ~ *service* serviço de bordo

inflorescence [ˌɪnfləˈresəns] *s.* 1 inflorescência; 2 florescência, floração

inflow [ˈɪnfləʊ] *s.* 1 afluência; 2 afluxo; ~ *of water* afluxo de água

inflowing [ˈɪnfləʊɪŋ] Ⓐ *s.* afluxo Ⓑ *adj.* afluente; que aflui; que entra ❖ ~ *current* corrente afluente

influence [ˈɪnfluəns] Ⓐ *s.* 1 influência [**on/upon**, em/sobre]; 2 (prestígio) influência; poder; 3 ascendente [**over**, sobre]; 4 ELECTRICIDADE (ant.) indução Ⓑ *v.tr.* 1 influenciar; 2 influir em ❖ ~ *peddling* tráfico de influências; *outside ~* influência estrangeira; *undue ~* intimidação; *people of ~* pessoas influentes; *to be easily influenced* ser influenciável; (form.) *to be under the ~* estar sob o efeito de álcool; *to be under the ~ of sb* estar a ser influenciado por alguém; *to exercise ~ on sb's behalf* mover influências a favor de alguém

influent [ˈɪnfluənt] Ⓐ *s.* (rio) afluente Ⓑ *adj.* que aflui; que vem em afluxo

influential [ˌɪnfluˈenʃl] *adj.* influente, que exerce influência, que tem grande influência

influentially [ˌɪnfluˈenʃlɪ] *adv.* 1 influentemente; 2 ELECTRICIDADE por indução

influenza [ˌɪnfluˈenzə] *s.* MEDICINA gripe, influenza; *to have got ~* estar com gripe ❖ *Spanish ~* gripe espanhola

influenzal [ˌɪnfluˈenzəl] *adj.* gripal

influenzic [ˌɪnfluˈenzɪk] *adj.* ⇒ **influenzal**

influx [ˈɪnflʌks] *s.* (*pl.* **-es**) 1 afluxo, influxo; 2 afluência; 3 preia-mar; 4 foz, embocadura (de rio)

info [ˈɪnfəʊ] *forma abreviada de* **information**

in-foal [ˌɪnˈfəʊl] *adj.* (égua) prenhe

infolded [ɪnˈfəʊldɪd] *adj.* dobrado para dentro

infomercial [ˌɪnfəʊˈmɜːʃəl] *s.* (*contr. de* **information commercial**) (publicidade televisiva) informativo comercial

inform [ɪnˈfɔːm] Ⓐ *v.tr.,intr.* 1 informar; transmitir; comunicar; 2 (aviso) prevenir; avisar; 3 (sentimento, ideia) inspirar; infundir; animar Ⓑ *adj.* 1 [arc.] informe, sem forma; 2 [arc.] tosco, irregular

◆ **inform on/against** *v.tr.* 1 acusar; denunciar; delatar; 2 fazer queixa de

informal [ɪnˈfɔːml] *adj.* 1 informal, sem cerimónia, sem formalidades, à vontade; 2 descontraído; 3 (discurso) informal, coloquial, familiar; 4 oficioso; 5 DIREITO que não está de acordo com as regras, irregular, fora dos termos legais

informality [ˌɪnfɔːˈmælɪtɪ] *s.* 1 informalidade, à-vontade, ausência de formalidade; 2 DIREITO nulidade, deficiência legal

informally [ɪnˈfɔːməlɪ] *adv.* 1 informalmente, sem cerimónia; 2 extra-oficialmente, oficiosamente, à margem dos regulamentos

informant [ɪnˈfɔːmənt] *s.* 1 informador; 2 aquele que fornece factos e dados ao investigador

information [ˌɪnfəˈmeɪʃn] *s.* 1 informação, informações [**on/about**, sobre]; *a piece of ~* uma informação; 2 notícias [**on/about**, sobre]; 3 conhecimento ❖ ~ *age* era da informação; ~ *bureau* secção informativa; centro de informações; INFORMÁTICA ~ *retrieval* extracção de informação; INFORMÁTICA ~ *storage* armazenamento de informação; ~ *(super)highways* auto-estradas de informação; ~ *technology* informática; tecnologia de informação; ~ *theory* teoria da informação; ~ *against sb* acusação; delação; denúncia; *for your ~* para sua informação; para seu conhecimento; a título informativo; *to give some ~* dar algumas informações

informative [ɪnˈfɔːmətɪv] *adj.* 1 informativo; 2 instrutivo, educativo

informatory [ɪnˈfɔːmətərɪ] *adj.* ⇒ **informative**

informed [ɪnˈfɔːmd] *adj.* 1 bem informado; 2 com conhecimento de causa; 3 culto, esclarecido; 4 bem fundamentado

informer [ɪnˈfɔːmə] *s.* informador, denunciador, delator, indivíduo que dá informações à polícia

informing [ɪnˈfɔːmɪŋ] *adj.* 1 que informa ou instrui; 2 instrutivo; 3 animador, inspirador

infotainment [ˌɪnfəʊˈteɪnmənt] *s.* entretenimento educativo

infotech [ˈɪnfəʊtek] *s.* [coloq.] tecnologia de informação

infraclass [ˈɪnfrəklɑːs] *s.* BIOLOGIA infraclasse

infraction [ɪnˈfrækʃn] *s.* transgressão, infracção, violação da lei

infra dig [ˌɪnfrəˈdɪɡ] *adj.* pouco digno; desonroso; degradante

infrahuman [ˌɪnfrəˈhjuːmən] *adj.* infra-humano

infralapsarian [ˌɪnfrəlæpˈseərɪən] *adj.,s.* RELIGIÃO infralapsário

infrangibility [ɪnˌfrændʒəˈbɪlɪtɪ] *s.* infrangibilidade

infrangible [ɪnˈfrændʒəbəl] *adj.* 1 infrangível; 2 inquebrável

infrared [ˌɪnfrəˈred] *adj.* infravermelho ❖ ~ *camera* câmara infravermelha; ~ *heating* aquecimento por meio de raios infravermelhos; ~ *light* luz infravermelha; ~ *rays* raios infravermelhos; ~ *spectroscopy* espectroscopia infravermelha; FOTOGRAFIA ~ *photography* fotografia infravermelha

infrastructure [ˈɪnfrəstrʌktʃə] *s.* infra-estrutura

infra-violet [ˌɪnfrəˈvaɪələt] *adj.* infravioleta; ~ *rays* raios infravioleta

infrequency [ɪnˈfriːkwənsɪ] *s.* infrequência

infrequent [ɪnˈfriːkwənt] *adj.* pouco frequente; raro

infrequently [ɪnˈfriːkwəntlɪ] *adv.* raramente; pouco frequentemente ❖ *not ~* não raras vezes

infringe [ɪnˈfrɪndʒ] Ⓐ *v.tr.,intr.* 1 infringir; transgredir; violar; *to ~ a law* violar uma lei; 2 usurpar; atropelar; *to ~ sb's rights* usurpar os direitos de alguém Ⓑ *v.intr.* interferir [**on/upon**, em]; imiscuir-se [**on/upon**, em]; *to ~ on sb's private affairs* interferir nos assuntos pessoais de alguém

infringement [ɪnˈfrɪndʒmənt] *s.* 1 infracção; transgressão; violação; 2 usurpação; atropelo; 3 DIREITO contrafacção ❖ DIREITO ~ *suit* acção/processo por contrafacção

infringer [ɪnˈfrɪndʒə] *s.* 1 aquele que infringe; 2 contrafactor

infringing [ɪnˈfrɪndʒɪŋ] *s.* violação, transgressão, infracção

infructuous [ɪnˈfrʌktjʊəs] *adj.* infrutuoso

infundibular [ˌɪnfʌnˈdɪbjʊlə] *adj.* infundibular

infundibuliform [ˌɪnfʌnˈdɪbjʊlɪfɔːm] *adj.* infundibuliforme

infundibulum [ˌɪnfʌnˈdɪbjʊləm] *s.* ANATOMIA infundíbulo

infuriate [ɪnˈfjʊərɪeɪt] *v.tr.* enfurecer, tornar furioso

infuriated [ɪnˈfjʊərɪeɪtɪd] *adj.* furioso, enfurecido

infuriating [ɪnˈfjʊərɪeɪtɪŋ] *adj.* enfurecedor, exasperante, irritante
infuse [ɪnˈfjuːz] Ⓐ *v.tr.* **1** pôr de infusão; macerar; **2** [fig.] transmitir [*into*, a]; incutir [*into*, a]; provocar [*into*, a] Ⓑ *v.intr.* ficar em infusão
infuser [ɪnˈfjuːzə] *s.* aparelho para infusão
infusibility [ɪnˌfjuːzəˈbɪlɪti] *s.* infusibilidade
infusible [ɪnˈfjuːzəbəl] *adj.* infusível
infusing [ɪnˈfjuːzɪŋ] *s.* infusão
infusion [ɪnˈfjuːʒn] *s.* **1** infusão; **2** instilação; **3** FARMÁCIA infuso
infusoria [ˌɪnfjuːˈzɔːrɪə] *s.pl.* ZOOLOGIA infusórios
infusorial [ˌɪnfjuːˈzɔːrɪəl] *adj.* MINERALOGIA de infusórios; ~ *earth* terra de infusórios
infusorian [ˌɪnfjuːˈzɔːrɪən] Ⓐ *s.* ZOOLOGIA infusório Ⓑ *adj.* de infusórios
infusory [ɪnˈfjuːzəri] Ⓐ *adj.* de infusório Ⓑ *s.* ZOOLOGIA infusório
Ingatestone [ˈɪŋɡətstəʊn] *s.top.* nome de pequena cidade inglesa em Essex
ingathering [ˈɪŋɡæðərɪŋ] *s.* recolha das colheitas
ingeminate [ɪnˈdʒemɪneɪt] *v.tr.* reiterar, repetir
ingenious [ɪnˈdʒiːnɪəs] *adj.* **1** com engenho; **2** esperto; **3** habilidoso, hábil
ingeniously [ɪnˈdʒiːnɪəsli] *adv.* engenhosamente
ingeniousness [ɪnˈdʒiːnɪəsnəs] *s.* agudeza de espírito, engenho
ingénue [ˈænʒeɪnjuː, ˈændʒənuː] *s.f.* TEATRO ingénua
ingenuity [ˌɪndʒəˈnjuːəti] *s.* **1** engenho, talento, capacidade, habilidade; **2** capacidade de invenção; **3** [arc.] simplicidade, franqueza
ingenuous [ɪnˈdʒenjuəs] *adj.* **1** sincero, franco, aberto; **2** simples; **3** inocente; **4** honesto
ingenuously [ɪnˈdʒenjuəsli] *adv.* **1** com sinceridade, abertamente, com franqueza; **2** inocentemente, ingenuamente, candidamente
ingenuousness [ɪnˈdʒenjuəsnəs] *s.* candura, ingenuidade, franqueza
Ingersoll [ˈɪŋɡəsɒl] *s.top.* nome de cidade canadiana, em Ontário
ingest [ɪnˈdʒest] *v.tr.* ingerir
ingestion [ɪnˈdʒestʃən] *s.* ingestão
Ingin [ˈɪndʒɪn] *s.* [EUA] [coloq.] indiano, índio
ingle [ˈɪŋɡl] *s.* **1** [arc.] lareira; **2** [arc.] lume que arde na lareira
Ingleborough [ˈɪŋɡlbərə] *s.top.* nome de montanha inglesa em Yorkshire
inglenook [ˈɪŋɡlnʊk] *s.* recanto da lareira ❖ ~ *fireplace* lareira à antiga
inglorious [ɪnˈɡlɔːrɪəs] *adj.* **1** inglório; **2** obscuro; **3** ignominioso; **4** vergonhoso
ingloriously [ɪnˈɡlɔːrɪəsli] *adv.* **1** ingloriamente; **2** ignominiosamente; **3** vergonhosamente
ingloriousness [ɪnˈɡlɔːrɪəsnəs] *s.* vergonha, ignomínia
ingoing [ˈɪŋɡəʊɪŋ] *adj.* que entra ❖ ~ *tenant* novo inquilino
ingot [ˈɪŋɡət] *s.* lingote; barra ❖ ~ *iron* ferro em barra; ~ *steel* aço fundido em lingotes
ingraft [ɪnˈɡrɑːft] *v.tr.* **1** gravar; **2** imprimir; **3** incrustar; **4** enxertar
ingrain[1] [ɪnˈɡreɪn] *v.tr.* **1** arreigar, inveterar; **2** tingir com grã
ingrain[2] [ˈɪnɡreɪn] *adj.* **1** inveterado, arraigado; **2** tinto com grã
ingrained [ɪnˈɡreɪnd] *adj.* **1** inveterado, arraigado; ~ *habits* hábitos inveterados; **2** entranhado, impregnado; ~ *with dirt* com sujidade entranhada
ingrate [ˈɪnɡreɪt] *adj.,s.* [form.] ingrato, pessoa ingrata
ingratiate [ɪnˈɡreɪʃɪeɪt] *v.tr.* (fazer-se simpático) insinuar-se [*with*, junto a]; captar as boas graças [*with*, de]; *to* ~ *oneself with sb* insinuar-se junto a alguém
ingratiating [ɪnˈɡreɪʃɪeɪtɪŋ] *adj.* **1** insinuante; *an* ~ *manner* modos insinuantes; **2** atraente, cativante; **3** lisonjeador, adulador
ingratiatingly [ɪnˈɡreɪʃɪeɪtɪŋli] *adv.* **1** insinuantemente; **2** de modo a atrair simpatia
ingratiation [ɪnˌɡreɪʃɪˈeɪʃn] *s.* **1** operação de charme, captação de simpatias; **2** bajulação, lisonja
ingratiatory [ɪnˈɡreɪʃɪətəri] *adj.* insinuante
ingratitude [ɪnˈɡrætɪtjuːd] *s.* ingratidão
ingravescence [ˌɪnɡrəˈvesəns] *s.* MEDICINA estado em que a doença se agrava cada vez mais
ingravescent [ˌɪnɡrəˈvesənt] *adj.* que piora cada vez mais

ingredient [ɪnˈɡriːdɪənt] *s.* **1** CULINÁRIA ingrediente; **2** [fig.] componente, elemento
ingress [ˈɪnɡres] *s.* **1** ingresso, entrada, admissão; **2** direito de entrada
ingression [ɪnˈɡreʃn] *s.* ingressão
ingrowing [ˌɪnˈɡrəʊɪŋ] Ⓐ *adj.* (unha) encravado; ~ *toenail* unha de dedo de pé encravada Ⓑ *s.* (unha) encravamento
ingrown [ˌɪnˈɡrəʊn] *adj.* **1** (unha) encravada; **2** arraigado, inveterado
ingrowth [ɪnˈɡrəʊθ] *s.* **1** encravamento; **2** crescimento para dentro
inguinal [ˈɪŋɡwɪnəl] *adj.* inguinal
ingulf [ɪnˈɡʌlf] *v.tr.* engolfar
ingurgitate [ɪnˈɡɜːdʒɪteɪt] *v.tr.* ingurgitar, engolir sofregamente
ingurgitation [ˌɪnɡɜːdʒɪˈteɪʃn] *s.* ingurgitação, ingurgitamento
inhabit [ɪnˈhæbɪt] *v.tr.* habitar em, residir em, viver em, morar em
inhabitable [ɪnˈhæbɪtəbəl] *adj.* habitável
inhabitancy [ɪnˈhæbɪtənsi] *s.* [arc.] residência; ocupação de habitação (sobretudo durante determinado período para aquisição de certos direitos)
inhabitant [ɪnˈhæbɪtənt] *s.* habitante
inhabited [ɪnˈhæbɪtɪd] *adj.* habitado
inhabiting [ɪnˈhæbɪtɪŋ] *s.* **1** acto de habitar; **2** habitação
inhalant [ɪnˈheɪlənt] *s.* inalação
inhalation [ˌɪnhəˈleɪʃn] *s.* inalação
inhalator [ˈɪnhəleɪtə] *s.* **1** MEDICINA ventilador; **2** FARMÁCIA (dispositivo) inalador
inhale [ɪnˈheɪl] *v.tr.* **1** inalar; **2** cheirar, aspirar; **3** tragar (fumo de cigarro)
inhaler [ɪnˈheɪlə] *s.* **1** FARMÁCIA (dispositivo) inalador; **2** fumador que traga o fumo
inhaling [ɪnˈheɪlɪŋ] *s.* inalação
inharmonious [ˌɪnhɑːˈməʊnɪəs] *adj.* inarmónico, desarmonioso, com pouca harmonia
inharmoniously [ˌɪnhɑːˈməʊnɪəsli] *adv.* inarmonicamente, desarmoniosamente, pouco harmoniosamente
inharmoniousness [ˌɪnhɑːˈməʊnɪəsnəs] *s.* **1** desarmonia, dissonância; **2** inarmonia
inhaul [ˈɪnhɔːl] *s.* NÁUTICA retenida, carregadeira
inhauler [ˈɪnhɔːlə] *s.* ⇒ **inhaul**
inhere [ɪnˈhɪə] *v.intr.* existir inerentemente; ser inerente [*in*, a]
inherence [ɪnˈhɪərəns, ɪnˈherəns] *s.* inerência
inherency [ɪnˈhɪərənsi, ɪnˈherənsi] *s.* inerência
inherent [ɪnˈhɪərənt, ɪnˈherənt] *adj.* **1** inerente [*in*, a]; intrínseco [*in*, a]; *to be* ~ *in sth* ser inerente a alguma coisa; **2** próprio [*to*, de] ❖ ~ *stability* estabilidade inerente
inherently [ɪnˈhɪərəntli, ɪnˈherəntli] *adv.* inerentemente
inherit [ɪnˈherɪt] Ⓐ *v.tr.* **1** herdar; receber como herança; **2** (característica, doença) adquirir por hereditariedade Ⓑ *v.intr.* receber herança ❖ *to* ~ *jointly* co-herdar
inheritable [ɪnˈherɪtəbəl] *adj.* **1** herdável, transmissível por herança; **2** que pode herdar; **3** transmissível por hereditariedade
inheritableness [ɪnˈherɪtəblnəs] *s.* **1** capacidade para herdar; **2** transmissibilidade por herança ou hereditariedade
inheritage [ɪnˈherɪtɪdʒ] *s.* herança
inheritance [ɪnˈherɪtəns] *s.* **1** herança; *by* ~ por herança; *to come into an* ~ receber uma herança; **2** património; legado; *cultural* ~ património cultural; *genetic* ~ património genético; **3** sucessão; *linear* ~ sucessão em linha recta ❖ ~ *tax* imposto de sucessão; *law of* ~ direito sucessório
inherited [ɪnˈherɪtɪd] *adj.* **1** herdado; **2** hereditário
inheritor [ɪnˈherɪtə] *s.* herdeiro
inheritress [ɪnˈherɪtrəs] *s.f.* [arc.] herdeira
inheritrix [ɪnˈherɪtrɪks] *s.f.* (*pl.* **-es**) ⇒ **inheritress**
inhesion [ɪnˈhiːʒn] *s.* inerência
inhibit [ɪnˈhɪbɪt] *v.tr.* **1** inibir; **2** restringir; **3** impedir; **4** RELIGIÃO suspender (sacerdote), tirar as ordens de missa
inhibited [ɪnˈhɪbɪtɪd] *adj.* **1** inibido; com inibições; reprimido; ~ *person* pessoa com inibições; **2** pouco à vontade, constrangido; embaraçado; atrapalhado; *to be/feel* ~ não estar à vontade; **3** RELIGIÃO suspenso; ~ *priest* padre suspenso
inhibiting [ɪnˈhɪbɪtɪŋ] *adj.* inibidor; embaraçoso; confrangedor; desconfortável

inhibition [ˌɪnhɪˈbɪʃn] s. 1 inibição; 2 restrição, proibição; 3 suspensão (de sacerdote)
inhibitive [ɪnˈhɪbɪtɪv] adj. inibitivo
inhibitor [ɪnˈhɪbɪtə] s. 1 QUÍMICA, BIOQUÍMICA inibidor; 2 factor de inibição
inhibitory [ɪnˈhɪbɪtəri] adj. inibitório
inhospitable [ˌɪnhɒˈspɪtəbəl] adj. 1 inospitaleiro; 2 inóspito
inhospitableness [ˌɪnhɒˈspɪtəblnəs] s. inospitalidade
inhospitably [ˌɪnhɒˈspɪtəbli] adv. inospitaleiramente
inhospitality [ˌɪnˌhɒspɪˈtæləti] s. ⇒ **inhospitableness**
in-house [ˈɪnhaʊz] Ⓐ adj. (empresa) interno; ~ *training* estágio interno, estágio realizado internamente Ⓑ adv. (empresa) internamente
inhuman [ɪnˈhju:mən] adj. 1 desumano, bárbaro; 2 brutal, cruel; 3 não do género humano
inhumane [ˌɪnhjuˈmeɪn] adj. 1 desumano; 2 destituído de sentimentos humanos; 3 sem compaixão pelo sofrimento alheio
inhumanity [ˌɪnhjuˈmænəti] s. 1 desumanidade; 2 barbaridade, brutalidade
inhumanly [ɪnˈhju:mənli] adv. 1 desumanamente; 2 barbaramente
inhumation [ˌɪnhjuˈmeɪʃn] s. 1 inumação; 2 enterramento
inhume [ɪnˈhju:m] v.tr. 1 inumar, sepultar; 2 enterrar (um cadáver)
inimical [ɪˈnɪmɪkl] adj. 1 inimigo; 2 contrário; 3 hostil; 4 prejudicial
inimically [ɪˈnɪmɪkli] adv. com hostilidade, hostilmente
inimitability [ɪˌnɪmɪtəˈbɪlɪti] s. inimitabilidade
inimitable [ɪˈnɪmɪtəbəl] adj. inimitável
inimitableness [ɪˈnɪmɪtəblnəs] s. ⇒ **inimitability**
inimitably [ɪˈnɪmɪtəbli] adv. de maneira inimitável, inimitavelmente
inion [ˈɪnɪən] s. ANATOMIA ínio
iniquitous [ɪˈnɪkwɪtəs] adj. iníquo
iniquitously [ɪˈnɪkwɪtəsli] adv. iniquamente
iniquitousness [ɪˈnɪkwɪtəsnəs] s. ⇒ **iniquity**
iniquity [ɪˈnɪkwəti] s. (pl. -ies) 1 iniquidade; 2 crime, perversidade
initial [ɪˈnɪʃl] Ⓐ adj. 1 inicial; primeiro; 2 incipiente Ⓑ s. (letra) inicial Ⓒ v.tr. (particípios -ll-) rubricar, colocar a rubrica em; *to ~ a document* rubricar um documento ❖ *~ capital* capital inicial; *~ cost* custo inicial; custo da primeira instalação; *~ expenditure* despesas de instalação; *~ state* estado inicial; *~ stress* esforço inicial; *~ value* valor inicial
initialism [ɪˈnɪʃəlɪzm] s. LINGUÍSTICA sigla
initialization [ɪˌnɪʃəlaɪˈzeɪʃən] s. INFORMÁTICA iniciação
initialize [ɪˈnɪʃəlaɪz] v.tr. 1 indicar pelas iniciais; 2 INFORMÁTICA iniciar
initialling [ɪˈnɪʃəlɪŋ] s. acto de rubricar
initially [ɪˈnɪʃəli] adv. inicialmente, a princípio
initials [ɪˈnɪʃlz] s.pl. 1 iniciais, as primeiras letras do nome; 2 rubrica; 3 visto; 4 monograma
initiand [ɪˈnɪʃɪænd] s. iniciando, pessoa que aspira a ser iniciada em
initiate¹ [ɪˈnɪʃɪeɪt] v.tr. 1 dar início a; começar; 2 (projecto, rumor) lançar; 3 iniciar [**into**, em]; *to be initiated into a secret society* ser iniciado numa sociedade secreta
initiate² [ɪˈnɪʃɪət] adj.,s. iniciado
initiated [ɪˈnɪʃɪeɪtɪd] adj. iniciado
initiating [ɪˈnɪʃɪeɪtɪŋ] s. iniciação
initiation [ɪˌnɪʃɪˈeɪʃn] s. 1 início; começo; 2 lançamento; 3 inauguração; 4 iniciação ❖ *~ ceremony* cerimónia de iniciação; *~ rite* rito iniciático
initiative [ɪˈnɪʃətɪv] Ⓐ s. iniciativa Ⓑ adj. 1 que inicia, iniciador; 2 preliminar ❖ *to have ~* ser empreendedor; *to have the ~* manter/possuir a iniciativa; *to lack ~* ter falta de iniciativa; *to take the ~* tomar a iniciativa; *to do sth on one's own ~* fazer algo por iniciativa própria
initiator [ɪˈnɪʃɪeɪtə] s. iniciador, pessoa que inicia qualquer coisa
initiatory [ɪˈnɪʃɪətəri] adj. 1 inicial, preliminar, preparatório; 2 introdutório
inject [ɪnˈdʒekt] v.tr. 1 injectar; 2 aplicar uma injecção a; 3 encher [**with**, de]
injected [ɪnˈdʒektɪd] adj. injectado

injection [ɪnˈdʒekʃn] s. injecção ❖ *~ of funds* injecção de fundos; MEDICINA *hypodermic ~* injecção hipodérmica; MEDICINA *rectal ~* lavagem intestinal
injector [ɪnˈdʒektə] s. 1 MECÂNICA injector; 2 dispositivo de alimentação
in-joke [ˈɪndʒəʊk] s. piada privada, piada para iniciados
injudicious [ˌɪndʒuˈdɪʃəs] adj. 1 pouco judicioso, imprudente; 2 injudicioso, pouco sensato
injudiciously [ˌɪndʒuˈdɪʃəsli] adv. 1 imprudentemente; 2 com pouca sagacidade; 3 injudiciosamente
injudiciousness [ˌɪndʒuˈdɪʃəsnəs] s. 1 imprudência, falta de sagacidade, falta de ponderação; 2 atitude ou acto injudicioso
Injun [ˈɪndʒən] s. [EUA] [ant.] (ofensivo) índio ❖ [EUA] [coloq.] *honest Injun!* palavra de honra!
injunction [ɪnˈdʒʌŋkʃn] s. 1 injunção; 2 ordem formal; 3 embargo, sentença judicial impondo que se faça ou não se faça determinada coisa
injure [ˈɪndʒə] v.tr. 1 ferir; *he was injured by a fragment of a shell* ele foi ferido por um estilhaço de uma granada; 2 lesionar; 3 lesar; prejudicar; 4 (hipóteses) comprometer; 5 [fig.] (sentimentos) ferir; ofender; *to ~ people's feelings* ofender os sentimentos alheios ❖ *to ~ oneself* ferir-se; lesionar-se; *to ~ sb's feelings* magoar (os sentimentos de) alguém
injured [ˈɪndʒəd] Ⓐ adj. 1 ferido; 2 lesionado; magoado; 3 [fig.] ofendido; magoado; 4 lesado; prejudicado Ⓑ s.pl. *the ~* os feridos ❖ DIREITO *the ~ party* a parte lesada
injurer [ˈɪndʒərə] s. aquele que ofende, ofensor
injuria [ɪnˈdʒʊərɪə] s.pl. violação de direitos
injurious [ɪnˈdʒʊərɪəs] adj. 1 que fere; 2 prejudicial, nocivo; *~ to health* prejudicial para a saúde; 3 (linguagem, atitude) injurioso; ofensivo; 4 lesivo; danoso
injuriously [ɪnˈdʒʊərɪəsli] adv. 1 prejudicialmente, nocivamente; 2 injuriosamente, ofensivamente
injuriousness [ɪnˈdʒʊərɪəsnəs] s. nocividade
injury [ˈɪndʒəri] s. (pl. -ies) 1 ferimento; 2 lesão; *internal injuries* lesões internas; 3 ofensa; injúria; 4 prejuízo; dano; 5 MECÂNICA avaria, estrago ❖ (jogo de futebol) *~ time* tempo de descontos; *insurance against injuries* seguro contra acidentes de trabalho; *to the ~ of sb* em detrimento de alguém; *you'll do yourself an injury!* ainda te vais magoar!
injustice [ɪnˈdʒʌstɪs] s. injustiça ❖ *to do sb an ~* ser injusto para com alguém
ink [ɪŋk] Ⓐ s. 1 tinta; 2 [EUA] [cal., fig.] publicidade na imprensa Ⓑ v.tr. 1 marcar com tinta; 2 cobrir a tinta; 3 sujar com tinta; *the little boy inked his fingers* o rapazito sujou os dedos de tinta; 4 [EUA] [coloq.] (contrato) assinar; *to ~ a deal* assinar um contrato ❖ ZOOLOGIA *~ bag* glândula do choco; *~ block* pedra para moer tintas; (frasco) *~ bottle* tinteiro; *~ cartridge* tubo de tinta; *~ eraser* borracha de tinta; ZOOLOGIA *~ fish* sépia; calmar; *~ knife* espátula para tintas; *~ powder* tinta em pó; *~ ribbon* fita de máquina de escrever ou calcular; TIPOGRAFIA *~ roll* rolo de tinta; *~ slinger* jornalista de meia-tigela; jornalista de trazer por casa; jornalista de baixa qualidade; *~ stain* mancha de tinta; *Chinese ~/Indian ~* tinta-da-china; nanquim; (roupa branca) *marking ~* tinta de marcar; *printer's/printing ~* tinta de impressão; *to write in ~* escrever a tinta
✦**ink in** v.tr. passar a tinta; cobrir a nanquim; *to ~ a drawing* cobrir um desenho a tinta
✦**ink out** v.tr. cobrir com tinta para apagar
inkblot [ˈɪŋkblɒt] s. borrão de tinta ❖ PSICOLOGIA *~ test* teste Rorschach
inked [ˈɪŋkt] adj. passado a tinta ❖ *~ in drawing* desenho passado a nanquim
inker [ˈɪŋkə] s. 1 rolo de tinta; 2 receptor telegráfico com registo de tinta
Inkerman [ˈɪŋkəmən] s.top. nome de uma aldeia russa na Crimeia, onde em 1854 os Russos foram derrotados pelas tropas anglo-francesas
inkhorn [ˈɪŋkhɔ:n] Ⓐ s. [ant.] tinteiro de chifre Ⓑ adj. (estilo, linguagem) rebuscado; demasiado erudito
inkiness [ˈɪŋkɪnəs] s. aspecto escuro, de tinta
inking [ˈɪŋkɪŋ] s. 1 TIPOGRAFIA aplicação de tinta nos rolos; 2 acto de molhar em tinta ❖ *~ ribbon* fita de máquina de escrever; TIPOGRAFIA *~ roller* rolo de espalhar tinta

inkling ['ɪŋklɪŋ] s. 1 pressentimento; suspeita; 2 indício leve, sinal; 3 noção, ideia vaga ❖ *to get an ~ of* ficar com uma vaga ideia de; *to give a person an ~ of sth* deixar entrever alguma coisa a alguém; *to have no ~ of sth* não fazer a mais pequena ideia de alguma coisa

inkpot ['ɪŋkpɒt] s. tinteiro

inkstand ['ɪŋkstænd] s. tinteiro com um ou mais recipientes para tinta, e por vezes com descanso para as canetas, lápis, etc.

inkwell ['ɪŋkwel] s. tinteiro

inky ['ɪŋkɪ] adj. (comp. **-ier**, superl. **-iest**) 1 coberto a tinta; 2 (dedos) cheio de tinta; manchado com tinta; 3 muito escuro; muito carregado; *~ black* negro carregado; *~ darkness* escuridão cerrada

inlaid [ɪn'leɪd] Ⓐ prt. e part. pass. de Ⓑ adj. embutido; marchetado; *~ with ivory* embutido a marfim ❖ *~ work* obra de embutido

inland[1] ['ɪnlənd] Ⓐ adj. 1 (território) interior; situado no interior; 2 [GB] interno, nacional; *~ trade* comércio interno Ⓑ s. (território) interior ❖ *~ navigation* navegação fluvial ou lacustre; *~ revenue* fisco; *~ sea* lago

inland[2] [ɪn'lænd] adv. 1 no interior; 2 em direcção ao interior

inlander ['ɪnləndə] s. 1 habitante do interior dum país; 2 sertanejo

in-law ['ɪnlɔː] s. [coloq.] parente por afinidade

inlay[1] [ɪn'leɪ] v.tr. (prt. e part. pass. **inlaid**) 1 embutir; 2 tauxiar, marchetar; 3 incrustar; 4 pôr um soalho em parqué

inlay[2] ['ɪnleɪ] s. 1 embutido; obra de embutido; 2 incrustação

inlayer ['ɪnleɪə] s. 1 operário embutidor; 2 incrustador

inlaying [ɪn'leɪɪŋ] s. 1 embutidura; incrustação; tauxia; 2 colocação de tacos; disposição de soalho em parqué ❖ *~ saw* serra de rodear

inlet ['ɪnlet] Ⓐ s. 1 enseada, angra, pequeno braço de mar; 2 (gás, vapor, líquido) orifício de admissão; bocal; 3 incrustação Ⓑ adj. 1 (técnica) de entrada; de admissão; *~ pipe* tubo de admissão; *~ valve* válvula de entrada; válvula de admissão; 2 aberto; 3 incrustado; encaixado; embutido

inlier ['ɪnlaɪə] s. GEOLOGIA formação que se encontra envolta por outra

in-line [ɪn'laɪn] adj. em linha ❖ *~ engine* motor em linha; DESPORTO *~ skates* patins em linha

inly ['ɪnlɪ] adv. [poét.] intimamente; no fundo do coração

inlying ['ɪnlaɪɪŋ] adj. que se encontra no interior

inmate ['ɪnmeɪt] s. 1 pessoa que vive numa casa; 2 habitante duma casa; 3 pensionista (de asilo); 4 internado (de hospital)

inmost ['ɪnməʊst] adj. íntimo; o mais fundo, o mais profundo; o mais secreto; *sb's ~ feelings* os sentimentos mais íntimos de alguém ❖ *the ~ recesses of the heart* o mais recôndito do coração

inn [ɪn] s. 1 hospedaria; estalagem; pensão; pousada; 2 bar ❖ [GB] (edifícios londrinos primitivamente usados como residência dos estudantes de Direito) *Inns of Chancery* faculdade de direito; [GB] (concedem inscrição de advogados) *the Inns of Court* Colégios de Jurisconsultos (Inner Temple, Middle Temple, Lincoln's Inn, Gray's Inn); edifícios pertencentes a esses quatro colégios

innards ['ɪnədz] s.pl. [coloq.] vísceras, intestinos, entranhas

innate [ɪ'neɪt] adj. inato; congénito; próprio; natural; *~ talent* talento inato

innateness [ɪ'neɪtnəs] s. carácter inato

innavigable [ɪ'nævɪgəbəl] adj. não navegável

inner ['ɪnə] Ⓐ adj. 1 interior; interno; de dentro; *~ beauty* beleza interior; *the ~ side* o lado de dentro; 2 íntimo; profundo; 3 oculto; secreto; escondido; *~ meanings* significados ocultos, sentidos escondidos Ⓑ s. 1 (alvo) primeiro círculo; 2 (tiro, seta) descarga que atinge primeiro círculo de alvo ❖ *~ city* bairros degradados de cidade; *~ coating* armadura interior; ELECTRICIDADE *~ contact* contacto interior; *~ court* pátio interior; ANATOMIA *~ ear* ouvido interno; *~ edge* aresta de dentro; aresta interna; *~ room* quarto interior; (pneu) *~ tube* câmara-de-ar; *the ~ man/woman* o espírito; a alma (em oposição ao corpo); [joc.] *the ~ man/woman* o estômago; a barriga; [coloq.] *to satisfy the ~ man* satisfazer o apetite

innermost ['ɪnəməʊst] adj. ⇒ **inmost**

innerness ['ɪnənəs] s. ⇒ **inwardness**

innervate ['ɪnɜːveɪt] v.tr. inervar

innervation [ɪnɜː'veɪʃn] s. inervação

inning ['ɪnɪŋ] s. DESPORTO (basebol) turno, parte da competição em que cada equipa bate a bola até incorrer em três *outs*

innings ['ɪnɪŋz] s. 1 DESPORTO (críquete) turnos; parte da competição em que cada equipa bate a bola até incorrer em três *outs*; jogo do batedor; 2 boa oportunidade; período de sorte; 3 (partido político) poder, domínio, ocupação do poder; 4 terras deixadas pelo mar; terras aproveitadas depois do recuo das águas ❖ [GB] [coloq.] *he has had a long ~* ele teve uma longa actividade/carreira

innkeeper ['ɪnˌkiːpə] s. 1 estalajadeiro; 2 hoteleiro

innocence ['ɪnəsəns] s. 1 (ausência de culpa) inocência; 2 inocência; pureza; candura; ingenuidade; 3 simplicidade ❖ *the age of ~* a idade da inocência; DIREITO *to plead ~* declarar-se inocente; *to pretend ~* armar-se em inocente

innocency ['ɪnəsənsɪ] s. [arc.] acto inocente

innocent ['ɪnəsənt] Ⓐ adj. 1 inocente; 2 sem culpa; 3 puro; cândido; 4 simples; 5 inofensivo; que não faz mal; 6 autorizado, legítimo; 7 isento [**of**, de]; 8 [coloq.] simplório Ⓑ s. 1 (pessoa, criança) inocente; 2 simplório, pateta ❖ *innocent-looking* com ar inocente; aparentemente inocente; aparentemente inofensivo; *Holy Innocents' Day* o dia dos Santos Inocentes; *the Massacre of the Innocents* sacrifício de projectos, discussões, etc., no Parlamento, por falta de tempo no fim dos períodos de sessão legislativa; *the Slaughter of the Innocents* a Matança dos Inocentes; *the village ~* o idiota da aldeia; *to be ~ of a crime* estar inocente dum crime

innocently ['ɪnəsntlɪ] adv. inocentemente

innocuity [ˌɪnɒ'kjuːətɪ] s. inocuidade

innocuous [ɪ'nɒkjʊəs] adj. inócuo, inofensivo, que não faz mal

innocuously [ɪ'nɒkjʊəslɪ] adv. inocuamente

innocuousness [ɪ'nɒkjʊəsnəs] s. ⇒ **innocuity**

innominate [ɪ'nɒmɪnət] adj. [form.] inominado; sem nome ❖ ANATOMIA *~ artery* artéria braquiocefálica; ANATOMIA *~ bone* osso ilíaco

innovate ['ɪnəveɪt] v.intr. inovar, introduzir novidades, praticar inovações em

innovating [ˌɪnə'veɪtɪŋ] Ⓐ adj. inovador Ⓑ s. inovação

innovation [ˌɪnə'veɪʃn] s. 1 inovação, novidade; 2 renovação; 3 [Esc.] DIREITO novação

innovative ['ɪnəʊveɪtɪv, 'ɪnəveɪtɪv] adj. inovador, que inova, que introduz coisas novas

innovator ['ɪnəveɪtə] s. 1 inovador; 2 pessoa que inova

innoxious [ɪ'nɒkʃəs] adj. inóxio, que não faz mal

innoxiously [ɪ'nɒkʃəslɪ] adv. inocuamente; inofensivamente

innoxiousness [ɪ'nɒkʃəsnəs] s. 1 ausência de nocividade; 2 inocuidade

innuendo [ˌɪnjʊ'endəʊ] Ⓐ s. (pl. **-es**) alusão indirecta, insinuação Ⓑ v.intr. insinuar, fazer insinuações, aludir indirectamente

Innuit ['ɪnuːɪt] s. (povos, língua) Innuit

innumerable [ɪ'njuːmərəbəl] adj. inumerável

innumerably [ɪ'njuːmərəblɪ] adv. 1 inumeravelmente; 2 sem número

innumeracy [ɪ'njuːmərəsɪ] s. iliteracia em matemática

innumerate [ɪ'njuːmərɪt] adj. com iliteracia em matemática

innumerous [ɪ'njuːmərəs] adj. inúmero

innutrition [ˌɪnjʊ'trɪʃn] s. desnutrição

innutritious [ˌɪnjʊ'trɪʃəs] adj. 1 não nutritivo; 2 pouco nutritivo

inobservance [ˌɪnəb'zɜːvəns] s. 1 inobservância, falta de cumprimento; 2 inatenção, falta de atenção

inobtrusive [ˌɪnəb'truːsɪv] adj. 1 não intrometido; 2 modesto

inobtrusively [ˌɪnəb'truːsɪvlɪ] adv. recatadamente, modestamente

inoccupation [ˌɪnɒkjʊ'peɪʃn] s. falta de ocupação

inoculable [ɪ'nɒkjʊləbəl] adj. inoculável, que pode inocular-se, que pode ser inoculado

inoculate [ɪ'nɒkjʊleɪt] v.tr. 1 inocular, vacinar [**against**, contra; **with**, com]; *to ~ sb against a disease* vacinar alguém contra uma doença; 2 contaminar, infectar; 3 [arc.] (planta) enxertar de borbulha

inoculation [ɪˌnɒkjʊ'leɪʃn] s. 1 vacina; inoculação; 2 [arc.] (planta) enxerto de borbulha ❖ *protective ~* vacina preventiva

inoculator [ɪ'nɒkjʊleɪtə] s. inoculador

inodorous [ɪnˈəʊdərəs] *adj.* inodoro
inoffensive [ˌɪnəˈfensɪv] *adj.* 1 inofensivo; 2 que não ofende; 3 não desagradável
inoffensively [ˌɪnəˈfensɪvlɪ] *adv.* 1 sem ofender; 2 inofensivamente
inoffensiveness [ˌɪnəˈfensɪvnəs] *s.* carácter inofensivo
inofficious [ˌɪnəˈfɪʃəs] *adj.* 1 inoficioso, sem função ou cargo; 2 DIREITO em desacordo com o dever moral
inofficiously [ˌɪnəˈfɪʃəslɪ] *adv.* inoficiosamente
inoperable [ɪnˈɒpərəbəl] *adj.* MEDICINA inoperável, que não pode operar-se
inoperative [ɪnˈɒpərətɪv] *adj.* inoperante, ineficiente
inopportune [ɪnˈɒpətjuːn] *adj.* inoportuno, inconveniente, intempestivo
inopportunely [ɪnˈɒpətjuːnlɪ] *adv.* 1 inoportunamente; 2 intempestivamente
inopportuneness [ɪnˈɒpətjuːnəs] *s.* carácter inoportuno
inopportunity [ɪnˌɒpəˈtjuːnətɪ] *s.* inoportunidade
inordinate [ɪnˈɔːdɪnət] *adj.* 1 excessivo; desmesurado; 2 ilimitado; 3 imoderado; 4 turbulento ❖ ~ *demands* exigências excessivas; ~ *hours* horas tardias; altas horas
inordinately [ɪnˈɔːdɪnətlɪ] *adv.* 1 excessivamente, imoderadamente, desmesuradamente; 2 desordenadamente
inordinateness [ɪnˈɔːdɪnətnəs] *s.* 1 excesso, imoderação; 2 desordem
inorganic [ˌɪnɔːˈɡænɪk] *adj.* inorgânico ❖ QUÍMICA ~ *acid* ácido inorgânico; QUÍMICA ~ *chemistry* química inorgânica; ~ *compound* composto inorgânico; ~ *matter* matéria inorgânica; QUÍMICA ~ *polymer* polímero inorgânico
inorganization [ɪnˌɔːɡənaɪˈzeɪʃn] *s.* desorganização, falta de organização
inornate [ˌɪnɔːˈneɪt] *adj.* simples, sem ornatos
inoscin [ˈaɪnəʊsɪn] *s.* QUÍMICA inosina
inosculate [ɪˈnɒskjʊleɪt] *v.tr.,intr.* anastomosar(-se); unir(-se) por anastomose
inosculation [ɪnˌɒskjʊˈleɪʃn] *s.* anastomose; inosculação, abocamento de dois vasos
inosculosis [ɪnˌɒskjʊˈləʊsɪs] *s.* ⇒ **inosculation**
inosite [ˈaɪnəʊsaɪt] *s.* 1 QUÍMICA inositol; 2 inosite
inostensible [ˌɪnɒsˈtensəbəl] *adj.* não ostensivo
inostensibly [ˌɪnɒsˈtensəblɪ] *adv.* não ostensivamente
inoxidizable [ɪnˈɒksɪˈdaɪzəbəl] *adj.* inoxidável
inpatient [ˈɪnpeɪʃənt] *s.* paciente interno, doente internado no hospital
in-pensioner [ɪnˈpenʃənə] *s.* pensionista numa instituição de caridade pública
inpouring [ˈɪnpɔːrɪŋ] Ⓐ *adj.* que se precipita para dentro de Ⓑ *s.* 1 irrupção; 2 entrada ou chegada súbita e tumultuosa
input [ˈɪnpʊt] Ⓐ *s.* 1 (dados) entrada; introdução; inserção; 2 (projecto) investimento; financiamento; 3 acréscimo; 4 (maquinaria) consumo; 5 (vapor, energia) absorção Ⓑ *v.tr. (part.* **input** *ou* **inputted**) INFORMÁTICA inserir; introduzir ❖ ~ *capacity* capacidade de entrada; MECÂNICA ~ *device* dispositivo de alimentação
inquest [ˈɪŋkwest] *s.* 1 inquérito; investigação; 2 averiguação; 3 investigação de homicídio ou morte suspeita (por júri e médico legista); 4 [fig.] devassa; inquirição ❖ DIREITO *preliminary* ~ inquérito preliminar; HISTÓRIA *the grand* ~ *of the nation* a Câmara dos Comuns; *the Great/Last Inquest* o Juízo Final
inquietude [ɪnˈkwaɪətjuːd] *s.* 1 inquietude, agitação; 2 ansiedade, mal-estar, agitação (do espírito ou do corpo)
inquire [ɪnˈkwaɪə] Ⓐ *v.intr.* 1 [form.] inquirir; indagar; 2 fazer perguntas (**about**, sobre); 3 informar-se [**about**, sobre]; 4 (novidades) perguntar [**after sb**, por alguém] Ⓑ *v.tr.* perguntar ❖ *to* ~ *for sth at a shop* pedir alguma coisa num estabelecimento
✦**inquire into** *v.tr.* 1 DIREITO proceder a uma investigação legal ou judicial em torno de; 2 investigar; *to* ~ *a matter* investigar determinado assunto; 3 informar-se sobre
inquirer [ɪnˈkwaɪərə] *s.* pessoa que pergunta ou se informa, inquiridor, investigador
inquiring [ɪnˈkwaɪərɪŋ] *adj.* 1 interrogativo; 2 curioso; 3 perscrutante
inquiringly [ɪnˈkwaɪərɪŋlɪ] *adv.* interrogadoramente

inquiry [ɪnˈkwaɪərɪ, ˈɪnkwərɪ] *s. (pl.* **-ies**) 1 inquérito; 2 inquirição; interrogatório; 3 pesquisa; investigação ❖ (comboios, etc.) *Inquiries* Informações; ~ *office* (secção de) informações; gabinete de apoio ao cliente; RELIGIÃO *free* ~ livre exame; *an official* ~ *was held into the matter* abriram uma investigação oficial sobre o assunto; *on* ~ após investigação; após informação; *to make inquiries about a person* tirar informações acerca de alguém; *to make inquiries after a person* perguntar por alguém; *without* ~ sem exame; sem investigação
inquisition [ˌɪnkwɪˈzɪʃn] *s.* 1 investigação; 2 inquérito; inquirição; 3 interrogatório
Inquisition [ˌɪnkwɪˈzɪʃn] *s.* HISTÓRIA, RELIGIÃO Inquisição; Tribunal do Santo Ofício
inquisitional [ˌɪnkwɪˈzɪʃənəl] *adj.* inquisitorial
inquisitive [ɪnˈkwɪzətɪv] *adj.* 1 inquiridor, inquisitivo; 2 curioso, indiscreto, que tem o hábito de fazer perguntas acerca dos outros
inquisitively [ɪnˈkwɪzətɪvlɪ] *adv.* 1 inquiridoramente; 2 curiosamente, com curiosidade; 3 interrogadoramente
inquisitiveness [ɪnˈkwɪzətɪvnəs] *s.* curiosidade, tendência para fazer perguntas indiscretas
inquisitor [ɪnˈkwɪzɪtə] *s.* 1 inquiridor; interrogador; 2 HISTÓRIA inquisidor
inquisitorial [ɪnˌkwɪzəˈtɔːrɪəl] *adj.* inquisitorial, inquiritorial
INRI [*abrev. de* Jesus of Nazareth, King of the Jews (Jesus Nazarenus, Rex Judæorum)]
inroad [ˈɪnrəʊd] *s.* 1 invasão, incursão (em território inimigo); *to make inroads into…* fazer uma incursão em…; 2 assalto, irrupção; 3 [fig.] usurpação, abuso, desgaste
inrush [ˈɪnrʌʃ] *s. (pl.* **-es**) irrupção, afluência súbita, entrada súbita
insalivate [ɪnˈsælɪveɪt] *v.tr.* insalivar, impregnar de saliva
insalivation [ˌɪnsælɪˈveɪʃn] *s.* insalivação
insalubrious [ˌɪnsəˈluːbrɪəs] *adj.* 1 insalubre; 2 doentio
insalubrity [ˌɪnsəˈluːbrətɪ] *s.* insalubridade
insane [ɪnˈseɪn] *adj.* 1 louco; com perturbações mentais; 2 tolo; maluco; alienado; 3 insensato; insano ❖ [ant., depr.] ~ *asylum* manicómio; *that's insane!* isso é uma loucura completa!; *to go* ~ enlouquecer
insanely [ɪnˈseɪnlɪ] *adv.* tolamente, loucamente, insensatamente
insaneness [ɪnˈseɪnnəs] *s.* insensatez, loucura
insanitary [ɪnˈsænətərɪ, ɪnˈsænətərɪ] *adj.* anti-higiénico; insalubre; doentio; malsão; ~ *conditions* estado insalubre, condições anti-higiénicas
insanity [ɪnˈsænətɪ] *s.* 1 demência, loucura, insanidade, alienação mental; 2 insensatez
insatiability [ɪnˌseɪʃɪəˈbɪlɪtɪ] *s.* insaciabilidade
insatiable [ɪnˈseɪʃəbəl] *adj.* 1 insaciável; 2 ávido [**for**, de]
insatiableness [ɪnˈseɪʃəblnəs] *s.* ⇒ **insatiability**
insatiably [ɪnˈseɪʃəblɪ] *adv.* insaciavelmente
insatiate [ɪnˈseɪʃɪət] *adj.* insatisfeito, insaciado
insaturable [ɪnˈsætʃʊrəbəl] *adj.* insaturável
insaturated [ɪnˈsætʃʊreɪtɪd] *adj.* insaturado
inscribable [ɪnˈskraɪbəbəl] *adj.* 1 inscritível; 2 que pode inscrever-se
inscribe [ɪnˈskraɪb] *v.tr.* 1 inscrever, registar (numa lista); 2 insculpir, gravar; 3 GEOMETRIA inscrever, traçar (figura inscrita); 4 imprimir profundamente; 5 dedicar, consagrar
inscribed [ɪnˈskraɪbd] *adj.* 1 inscrito; gravado; com inscrição; *a ring with her name* ~ um anel com o nome dela gravado; 2 GEOMETRIA inscrito; ~ *angle/circle/polygon* ângulo/círculo/polígono inscrito; 3 dedicado [**to**, a] ❖ FINANÇAS ~ *stock* acções registadas
inscriber [ɪnˈskraɪbə] *s.* 1 pessoa que inscreve, regista, insculpe ou grava; 2 gravador; 3 autor de dedicatória literária
inscribing [ɪnˈskraɪbɪŋ] *s.* inscrição
inscription [ɪnˈskrɪpʃn] *s.* 1 inscrição; 2 dedicatória; 3 letreiro; 4 FINANÇAS inscrição, título de dívida pública
inscrutability [ɪnˌskruːtəˈbɪlɪtɪ] *s.* inescrutabilidade, impenetrabilidade
inscrutable [ɪnˈskruːtəbəl] *adj.* inescrutável; impenetrável; insondável ❖ *the* ~ *ways of Heaven* os inescrutáveis desígnios de Deus

inscrutableness [ɪnˈskruːtəblnəs] s. ⇒ **inscrutability**
inscrutably [ɪnˈskruːtəblɪ] adv. inescrutavelmente
insect [ˈɪnsekt] s. 1 insecto; 2 [fig., depr.] (pessoa insignificante) insecto_fig.
❖ ~ *bites* picadas de insectos; ~ *collector* entomólogo; entomologista; ~ *eater* insectívoro; ~ *powder* pó insecticida; insecticida em pó; ~ *repellent* repelente de insectos
insecta [ˈɪnsektə] s.pl. insectos
insectarium [ˌɪnsekˈtɛərɪəm] s. insectário
insecticidal [ɪnˌsektɪˈsaɪdl] adj. insecticida
insecticide [ɪnˈsektɪsaɪd] adj.,s. insecticida ❖ ~ *sprayer* pulverizador (de insecticida)
insectivora [ˌɪnsekˈtɪvərə] s.pl. ZOOLOGIA insectívoros
insectivore [ɪnˈsektɪvɔː] s. insectívoro
insectivorous [ˌɪnsekˈtɪvərəs] adj. insectívoro
insectology [ˌɪnsekˈtɒlədʒɪ] s. entomologia, insectologia
insecure [ˌɪnsɪˈkjʊə] adj. 1 inseguro; 2 ansioso; angustiado; 3 instável; pouco firme; pouco seguro; pouco sólido; 4 precário; *to be in an ~ position* estar numa posição precária
insecurely [ˌɪnsɪˈkjʊəlɪ] adv. sem segurança, sem firmeza
insecurity [ˌɪnsɪˈkjʊərətɪ] s. (pl. **-ies**) 1 insegurança; 2 situação perigosa
inseminate [ɪnˈsemɪneɪt] v.tr. inseminar
insemination [ɪnˌsemɪˈneɪʃn] s. inseminação
insensate [ɪnˈsenseɪt, ɪnˈsensət] adj. 1 [form.] insensato; ignaro; 2 [form.] insensível; sem sensibilidade; 3 [form.] inanimado ❖ ~ *rocks* rochas inanimadas
insensately [ɪnˈsenseɪtlɪ, ɪnˈsensətlɪ] adv. insensatamente, tolamente
insensateness [ɪnˈsenseɪtnəs, ɪnˈsensətnəs] s. insensatez
insensibility [ɪnˌsensəˈbɪlɪtɪ] s. 1 MEDICINA (desmaio) perda de consciência; inconsciência; *in a state of ~* em estado de inconsciência; 2 insensibilidade; falta de sensibilidade; ~ *to beauty* insensibilidade perante a beleza; 3 indiferença [**to**, a]
insensibilize [ɪnˈsensəbɪlaɪz] v.tr. insensibilizar
insensible [ɪnˈsensəbl] adj. 1 MEDICINA inconsciente, sem sentidos, desmaiado; *to become ~* desmaiar, perder os sentidos; *to fall down ~* cair desmaiado; 2 insensível [**to**, a]; ~ *to beauty* insensível à beleza; 3 indiferente [**to**, a]; 4 muito pequeno; imperceptível; que não se nota ❖ ~ *of danger* sem notar o perigo; *by ~ degrees* pouco a pouco; imperceptivelmente
insensibly [ɪnˈsensəblɪ] adv. 1 insensivelmente; 2 de modo a não se notar; 3 imperceptivelmente
insensitive [ɪnˈsensətɪv] adj. 1 (emoções, sentidos) insensível; 2 (situações) indiferente [**to**, a]; impassível [**to**, perante]; insensível [**to**, a]
insensitiveness [ɪnˈsensətɪvnəs] s. insensibilidade
insensitivity [ɪnˌsensəˈtɪvɪtɪ] s. insensibilidade
insentient [ɪnˈsenʃənt] adj. insensível, inanimado
inseparability [ɪnˌsepərəˈbɪlɪtɪ] s. inseparabilidade
inseparable [ɪnˈsepərəbl] adj. 1 inseparável; ~ *friends* amigos inseparáveis; 2 indissociável [**from**, de]
inseparableness [ɪnˈsepərəblnəs] s. ⇒ **inseparability**
inseparables [ɪnˈsepərəblz] s.pl. pessoas inseparáveis, pessoas que andam sempre juntas
inseparably [ɪnˈsepərəblɪ] adv. inseparavelmente
inseparate [ɪnˈsepərət] adj. inseparável
insert[1] [ɪnˈsɜːt] v.tr. 1 inserir; meter; introduzir; 2 cravar; entalhar; embutir; 3 intercalar; 4 implantar ❖ (jornal, documento) *to ~ an advertisement* inserir um anúncio
insert[2] [ˈɪnsɜːt] s. 1 inserção, coisa inserida; 2 (revista, jornal) suplemento (geralmente publicitário)
inserted [ɪnˈsɜːtɪd] adj. 1 inserido; introduzido; 2 cravado; entalhado; embutido; 3 intercalado; 4 implantado ❖ ~ *tooth* dente embebido
inserting [ɪnˈsɜːtɪŋ] s. inserção, acto de inserir
insertion [ɪnˈsɜːʃn] s. 1 inserção; 2 introdução; 3 (costura) entremeio; 4 enxerto; 5 modo de inserção de músculo ou órgão
in-service [ɪnˈsɜːvɪs] adj. 1 (formação) contínuo; ~ *training* formação contínua; 2 (curso) de aperfeiçoamento; de reciclagem; 3 (emprego) a tempo inteiro
insessorial [ˌɪnseˈsɔːrɪəl] adj. ZOOLOGIA (aves) adaptado ao poleiro
inset[1] [ˈɪnset] v.tr. (particípios **inset**) 1 inserir, intercalar, encaixar; 2 (folhas) intercalar; 3 (costura) entremear

inset[2] [ˈɪnset] s. 1 inserção; incrustação; coisa inserida; *golden ~* incrustação dourada; 2 (livro) folha intercalada; 3 gravura fora do texto; 4 (costura) entremeio; 5 maré ascendente, fluxo da maré
insetting [ɪnˈsetɪŋ] s. 1 inserção; 2 (costura) entremeio
inshore [ɪnˈʃɔː] adj.,adv. 1 costeiro; perto da costa; 2 em direcção a terra ou à costa ❖ ~ *current* corrente em direcção a terra; *to keep ~* permanecer próximo da costa
inside [ɪnˈsaɪd] Ⓐ prep. 1 dentro de; em; ~ *the house* dentro da casa; 2 em menos de; ~ *(of) five minutes* em menos de cinco minutos Ⓑ adv. 1 interiormente, no interior; 2 (prisão) dentro Ⓒ adj. interior; interno; de dentro; do lado de dentro; ~ *pages of a newspaper* páginas de dentro dum jornal Ⓓ s. 1 interior; lado de dentro; parte de dentro; *from the ~* do interior, do lado de dentro, por dentro; *on the ~* por dentro; *the ~ of the pavement* o lado de dentro do passeio; 2 lado interior; 3 [coloq.] estômago, barriga; *to have a pain in one's ~* ter dores de estômago, ter dores de barriga ❖ RÁDIO ~ *aerial* antena interior; ~ *diameter* diâmetro interno; ~ *information* informação de fonte segura; DESPORTO (futebol) ~ *left* interior esquerdo; ~ *length* comprimento interno; ~ *out* ao contrário; do avesso; DESPORTO (futebol) ~ *right* interior direito; ~ *shield* blindagem interior; [coloq.] *he is ~ on that matter* ele está por dentro desse assunto; *the ~ of a gun* a alma duma espingarda; *the ~ of a triangle* a área dum triângulo; (jornalismo) *the ~ story* os bastidores da história; DESPORTO *to have the ~ track* correr pelo lado de dentro da pista; levar vantagem; *to know sth ~ out* conhecer algo como a palma da mão; saber algo de trás para a frente; *to turn ~ out* virar ao contrário; virar de dentro para fora
in-side [ˈɪnsaɪd] s. (críquete) grupo que bate a bola
insider [ˌɪnˈsaɪdə] s. 1 (empresa, instituição) alguém de dentro; 2 iniciado; 3 informador
insidious [ɪnˈsɪdɪəs] adj. 1 insidioso; traiçoeiro; *an ~ enemy* um inimigo traiçoeiro; 2 astucioso; ardiloso
insidiously [ɪnˈsɪdɪəslɪ] adv. insidiosamente, traiçoeiramente
insidiousness [ɪnˈsɪdɪəsnəs] s. insídia, perfídia, carácter insidioso
insight [ˈɪnsaɪt] s. 1 perspicácia; discernimento; visão; 2 compreensão; conhecimento; ~ *into the human heart* conhecimento do coração humano; 3 (ideia súbita) revelação ❖ *to gain ~ into* adquirir profundo conhecimento de; *to get an ~ into* começar a perceber; ficar com uma ideia de
insightful [ˈɪnsaɪtfʊl] adj. 1 perspicaz; 2 inteligente; 3 penetrante; 4 profundo
insignia [ɪnˈsɪgnɪə] s.pl. insígnias
insignificance [ˌɪnsɪgˈnɪfɪkəns] s. insignificância
insignificancy [ˌɪnsɪgˈnɪfɪkənsɪ] s. insignificância
insignificant [ˌɪnsɪgˈnɪfɪkənt] adj. insignificante, sem importância, sem significado
insignificantly [ˌɪnsɪgˈnɪfɪkəntlɪ] adv. insignificantemente, de modo insignificante
insincere [ˌɪnsɪnˈsɪə] adj. insincero, falso, fingido, hipócrita
insincerely [ˌɪnsɪnˈsɪəlɪ] adv. de modo insincero, sem sinceridade, fingidamente
insincerity [ˌɪnsɪnˈserətɪ] s. (pl. **-ies**) insinceridade, falsidade
insinuate [ɪnˈsɪnjueɪt] Ⓐ v.tr. 1 insinuar; *what are you insinuating?* que estás a insinuar?; 2 sugerir, dar a entender, deixar entrever Ⓑ v.intr. [arc.] introduzir-se; penetrar lentamente; infiltrar-se; *water insinuates everywhere* a água penetra lentamente em toda a parte ❖ *to ~ oneself into a person's favour* insinuar-se nas boas graças de alguém
insinuating [ɪnˈsɪnjueɪtɪŋ] adj. insinuante; cativante; *an ~ manner* um modo de ser insinuante
insinuatingly [ɪnˈsɪnjueɪtɪŋlɪ] adv. insinuantemente, de forma insinuante
insinuation [ɪnˌsɪnjuˈeɪʃn] s. insinuação, sugestão, indicação indirecta
insinuative [ɪnˈsɪnjuətɪv] adj. 1 insinuante; 2 atraente; 3 persuasivo
insipid [ɪnˈsɪpɪd] adj. 1 insípido; 2 desenxabido; 3 sem-sabor; 4 enfadonho; 5 sem graça, desinteressante; 6 insulso, insosso
insipidity [ˌɪnsɪˈpɪdətɪ] s. 1 insipidez; 2 falta de graça, sensaboria, monotonia

insipidly [ɪn'sɪpɪdlɪ] *adv.* 1 insipidamente; 2 de modo insulso; 3 sem graça; 4 enfadonhamente
insipidness [ɪn'sɪpɪdnəs] *s.* ⇒ **insipidity**
insist [ɪn'sɪst] *v.tr.,intr.* 1 insistir [**on**, em]; 2 persistir, perseverar, teimar [**on**, em]
insistence [ɪn'sɪstəns] *s.* 1 insistência [**on**, em]; 2 persistência; teimosia ❖ *with* ~ com insistência; insistentemente
insistency [ɪn'sɪstənsɪ] *s.* ⇒ **insistence**
insistent [ɪn'sɪstənt] *adj.* 1 insistente; 2 teimoso; persistente; perseverante ❖ *to be very* ~ insistir muito
insistently [ɪn'sɪstəntlɪ] *adv.* 1 insistentemente; 2 instantemente
insobriety [ɪnsə'braɪətɪ] *s.* 1 insobriedade; 2 intemperança, imoderação (no beber)
insociability [ɪnˌsəʊʃə'bɪlɪtɪ] *s.* insociabilidade
insociable [ɪn'səʊʃəbəl] *adj.* insociável
insofar [ˌɪnsəʊ'fɑː] *adv.* em tal medida; assim ❖ ~ *as* na medida em que; desde que
insolate ['ɪnsəleɪt] *v.tr.* insolar
insolation [ˌɪnsə'leɪʃn] *s.* insolação
insole ['ɪnsəʊl] *s.* sola interior, sola de dentro (de botas, sapatos, etc.)
insolence ['ɪnsələns] *s.* insolência, atrevimento, falta de respeito
insolent ['ɪnsələnt] *adj.* 1 insolente; 2 atrevido; 3 insultuoso, malcriado
insolently ['ɪnsələntlɪ] *adv.* 1 insolentemente; 2 insultuosamente
insolubility [ɪnˌsɒlju'bɪlɪtɪ] *s.* insolubilidade, indissolubilidade
insoluble [ɪn'sɒljəbəl] *adj.* 1 (líquido) insolúvel, indissolúvel; ~ *in benzol* insolúvel em benzol; ~ *residue* resíduo insolúvel; 2 (problema) insolúvel, sem resolução
insolvency [ɪn'sɒlvənsɪ] *s.* insolvência, insolvabilidade ❖ *act of* ~ declaração de insolvência; *state of* ~ estado de insolvência
insolvent [ɪn'sɒlvənt] Ⓐ *adj.* 1 insolvente; 2 falido Ⓑ *s.* 1 devedor insolvente; 2 comerciante falido ❖ *to declare oneself* ~ declarar falência
insomnia [ɪn'sɒmnɪə] *s.* insónia
insomniac [ɪn'sɒmnɪæk] Ⓐ *adj.* com insónias Ⓑ *s.* pessoa que sofre de insónias
insomnious [ɪn'sɒmnɪəs] *adj.* ⇒ **insomniac**
insomuch [ˌɪnsəʊ'mʌtʃ] *adv.* de tal modo [**as**, que]; a tal ponto [**that**, que]
insouciance [ɪn'suːsɪəns] *s.* despreocupação, indiferença, desmazelo
insouciant [ɪn'suːsɪənt] *adj.* despreocupado, indiferente, sem preocupações
Insp. [*abrev. de* Inspector]
inspan ['ɪnspæn] *v.tr.* (*particípios:* -**nn**-) 1 [Áfr. do S.] atrelar (vagão, carro); 2 jungir, ligar por meio de jugo ou canga (bois)
inspect [ɪn'spekt] *v.tr.* 1 inspeccionar; 2 examinar; verificar; escrutinar; 3 fazer visita de inspecção a; 4 MILITAR passar em revista; *to* ~ *a regiment* passar em revista um regimento
inspecting [ɪn'spektɪŋ] Ⓐ *adj.* que inspecciona Ⓑ *s.* inspecção ❖ ~ *officer* inspector
inspection [ɪn'spekʃn] *s.* 1 inspecção; vistoria; 2 exame; 3 verificação; revisão; 4 MILITAR revista; *to hold an* ~ passar em revista ❖ ~ *department* secção de vistoria; *on closer* ~ após um exame mais minucioso; *on-site* ~ inspecção no próprio lugar; *sanitary* ~ inspecção sanitária; *on the first* ~ à primeira vista; *upon* ~ depois de exame; após inspecção; *to subject to an* ~ submeter a exame ou inspecção
inspector [ɪn'spektə] *s.* 1 (polícia) inspector; 2 fiscal; 3 verificador, examinador; 4 superintendente ❖ ~ *general* inspector-chefe; inspector-geral; *woman* ~ inspectora; ~ *of weights and measures* fiscal dos pesos e medidas
inspectoral [ɪn'spektərəl] *adj.* inspectoral, próprio de inspector
inspectorate [ɪn'spektərət] *s.* 1 inspectoria, inspectorado; 2 dignidade, cargo ou repartição do inspector
inspectorial [ˌɪnspek'tɔːrɪəl] *adj.* ⇒ **inspectoral**
inspectorship [ɪn'spektəʃɪp] *s.* inspectoria, inspectorado ❖ DIREITO *deed of* ~ acordo entre falido e credores para a nomeação de síndicos
inspectress [ɪn'spektrəs] *s.f.* (*pl.* -**es**) inspectora
Insp.Gen. [*abrev. de* Inspector General]

inspiration [ˌɪnspə'reɪʃn] *s.* 1 (respiração) inspiração; inalação; aspiração; *to take a deep* ~ inspirar profundamente; 2 (criação) inspiração; *he lacks* ~ está sem inspiração; *poetic* ~ inspiração poética; *to have a sudden* ~ ter uma inspiração súbita; 3 (modelo) inspiração; fonte de influência; *to be the* ~ *for...* servir de inspiração para..., estar na base da criação de... ❖ *by* ~ por inspiração; *to be an* ~ ser inspirador
inspirational [ˌɪnspə'reɪʃənəl] *adj.* 1 inspirador; 2 [fig.] edificante
inspirator ['ɪnspəreɪtə] *s.* injector aspirante
inspiratory [ɪn'spaɪərətərɪ] *adj.* inspiratório, aspiratório
inspire [ɪn'spaɪə] *v.tr.* 1 (respiração) inspirar; inalar; aspirar; 2 (criação) inspirar; 3 estimular [**to**, a]; dar vontade [**to**, de] ❖ *to* ~ *respect* infundir respeito; *to be inspired by...* inspirar-se em...; *to* ~ *sb with sth/to* ~ *sth into sb* incutir alguma coisa em alguém
inspired [ɪn'spaɪəd] *adj.* 1 inspirado, aspirado; 2 inspirado, com inspiração, cheio de inspiração
inspirer [ɪn'spaɪərə] *s.* 1 inspirador; 2 pessoa que forneceu a inspiração (para)
inspiring [ɪn'spaɪərɪŋ] *adj.* 1 inspirador, estimulante; 2 animador
inspirit [ɪn'spɪrɪt] *v.tr.* 1 [arc.] (espíritos) ficar possuído; 2 [lit.] inspirar; estimular; encorajar; *to* ~ *sb to do sth* encorajar alguém a fazer alguma coisa
inspiriting [ɪn'spɪrɪtɪŋ] *adj.* [arc., lit.] animador, encorajante, encorajador, estimulante
inspissate [ɪn'spɪseɪt] *v.tr.,intr.* 1 inspissar, tornar espesso, concentrar por meio de evaporação; 2 inspissar-se, espessar-se
inspissation [ˌɪnspɪ'seɪʃn] *s.* inspissação, inspissamento
inst. Ⓐ COMÉRCIO [*abrev. de* instant] Ⓑ [*abrev. de* instantaneous]
instability [ˌɪnstə'bɪlɪtɪ] *s.* (*pl.* -**ies**) 1 instabilidade; 2 desequilíbrio; 3 mutabilidade; inconstância; 4 [fig.] fraqueza; incoerência ❖ ~ *test* ensaio de instabilidade
install [ɪn'stɔːl] *v.tr.* 1 (cargo) empossar; dar posse a; 2 (equipamentos) instalar; montar; proceder à montagem de; *to* ~ *a heating system* instalar um sistema de aquecimento; 3 implantar ❖ (poltrona, etc.) *to* ~ *oneself in* recostar-se em
installation [ˌɪnstə'leɪʃn] *s.* 1 instalação; montagem; ~ *of a device* instalação de um dispositivo; 2 MILITAR [geralmente no plural] instalações; aquartelamentos; 3 ARTES PLÁSTICAS instalação; 4 (cargo, função) tomada de posse; 5 RELIGIÃO (bispo) sagração ❖ *lighting* ~ instalação de iluminação
installer [ɪn'stɔːlə] *s.* instalador
installment [ɪn'stɔːlmənt] *s.* [EUA] ⇒ **instalment**
instalment [ɪn'stɔːlmənt] *s.* 1 (pagamento) prestação; *weekly instalments* prestações semanais; 2 cota, quota; 3 (série) episódio; 4 (colecção) fascículo ❖ *payment by instalments* pagamento a prestações; *to buy on the* ~ *plan* comprar a prestações; *to pay by/in instalments* pagar a prestações
instance ['ɪnstəns] Ⓐ *s.* 1 exemplo; *for* ~ por exemplo; 2 circunstância; caso; *in many instances* em muitos casos; *let's take an actual* ~ tomemos um caso concreto; 3 DIREITO instância; jurisdição; foro; 4 solicitação; insistência Ⓑ *v.tr.* 1 exemplificar, citar como exemplo; 2 ilustrar ❖ DIREITO *court of first* ~ tribunal de primeira instância; [form.] *at sb's* ~ por solicitação de alguém; [form.] *at the* ~ *of* a instâncias de; *in the first* ~ em primeiro lugar; *in the present* ~ nas circunstâncias presentes; no presente
instancy ['ɪnstənsɪ] *s.* 1 urgência, iminência, proximidade iminente; 2 instância, insistência
instant ['ɪnstənt] Ⓐ *adj.* 1 imediato; instantâneo; *he felt* ~ *relief* ele sentiu alívio imediato; 2 (alimentação) instantâneo; de preparação rápida; ~ *coffee* café instantâneo; 3 iminente; 4 urgente; *to be in* ~ *need of* precisar urgentemente de; 5 COMÉRCIO do presente mês, do corrente; *in reply to your favour of the 3rd* ~ em resposta à sua estimada carta de 3 do corrente; *on the 10th* ~ a 10 do corrente Ⓑ *s.* momento, instante; *he went away that very* ~ ele foi embora naquele preciso momento ❖ *come here this instant!* vem cá imediatamente!; *on the* ~ imediatamente; *I'll be back in an* ~ volto já; *the* ~ *(that) he came* logo que ele veio; *the next* ~ logo a seguir
instantaneity [ˌɪnˌstæntə'niːətɪ] *s.* instantaneidade
instantaneous [ˌɪnstən'teɪnɪəs] *adj.* 1 instantâneo; 2 momentâneo ❖ FOTOGRAFIA ~ *exposure* instantâneo; ELECTRICIDADE ~ *load* carga instantânea

instantaneously [ˌɪnstənˈteɪnɪəslɪ] *adv.* 1 instantaneamente; 2 num momento

instanter [ɪnˈstæntə] *adv.* [coloq.] imediatamente, sem demora

instantly [ˈɪnstəntlɪ] Ⓐ *adv.* 1 imediatamente; 2 num instante; 3 insistentemente, instantemente Ⓑ *conj.* [arc.] logo que

instate [ɪnˈsteɪt] *v.tr.* (cargo, posse) integrar; conferir; instaurar ❖ DIREITO *to ~ sb into his rights* integrar uma pessoa nos seus direitos

instauration [ˌɪnstɔːˈreɪʃn] *s.* restauração, renovação

instaurator [ˈɪnstɔːreɪtə] *s.* renovador, restaurador

instead [ɪnˈsted] *adv.* 1 em vez disso; 2 como alternativa ❖ *~ of* em vez de; no lugar de; *I don't like wine, give me some beer ~* não gosto de vinho, dá-me antes cerveja

instep [ˈɪnstep] *s.* 1 ANATOMIA peito do pé; *a high ~* um peito do pé alto; 2 peito do pé de sapato ❖ *to be high in the ~* ser orgulhoso; ser arrogante

instigate [ˈɪnstɪgeɪt] *v.tr.* instigar; incitar; fomentar; *to ~ a rebellion* instigar uma rebelião

instigation [ˌɪnstɪˈgeɪʃn] *s.* instigação; incitamento; *at the ~ of/by ~ of* por instigação de

instigator [ˈɪnstɪgeɪtə] *s.* 1 instigador, incitador; 2 fautor, promotor

instil [ɪnˈstɪl] *v.tr.* (particípios -ll-) 1 comunicar [**into**, a]; transmitir [**into**, a]; 2 incutir [**into**, a]; infundir [**into**, em]; 3 (líquido) instilar; 4 fazer penetrar; inculcar lentamente ❖ *to ~ into sb that...* fazer alguém acreditar que...

instill [ɪnˈstɪl] *v.tr.* [EUA] ⇒ **instil**

instillation [ˌɪnstɪˈleɪʃn] *s.* 1 instilação; 2 introdução gota a gota; 3 insinuação, persuasão, insuflação

instiller [ɪnˈstɪlə] *s.* 1 instilador; 2 pessoa que faz penetrar noutras pessoas ideias, sentimentos, etc.; 3 pessoa que convence outra a adoptar determinados princípios

instilling [ɪnˈstɪlɪŋ] *s.* ⇒ **instillation**

instinct[1] [ˈɪnstɪŋkt] Ⓐ *s.* 1 instinto; 2 intuição; 3 impulso Ⓑ *adj.* [form.] animado [**with**, de]; dotado [**with**, de]; cheio, transbordante [**with**, de]; *a face ~ with benevolence* um rosto cheio de benevolência; *a poem ~ with beauty* um poema repassado de beleza ❖ *by ~* por instinto; *to act on ~* agir por instinto; *to follow one's instincts* seguir o instinto; *to have an ~ for doing sth* ter uma tendência natural para fazer determinada coisa; *to have the ~ of* ter o instinto de

instinctive [ɪnˈstɪŋktɪv] *adj.* instintivo

instinctively [ɪnˈstɪŋktɪvlɪ] *adv.* instintivamente

instinctual [ɪnˈstɪŋktʃuəl] *adj.* instintivo; relativo a instinto

institute [ˈɪnstɪtjuːt] Ⓐ *s.* 1 (escola, organização) instituto; 2 instituição Ⓑ *v.tr.* 1 instituir; constituir; 2 fundar; estabelecer; 3 instaurar; abrir; intentar; *to ~ an inquiry* ordenar uma investigação; DIREITO *to ~ legal proceedings against* intentar uma acção contra; 4 (cargo, estatuto) nomear; designar; empossar; *to ~ sb in/into an office* nomear alguém para um cargo; *to ~ sb as heir* designar, instituir alguém como herdeiro; 5 (benefício eclesiástico) investir ❖ DIREITO, HISTÓRIA *the Institutes of Justinian* as institutas de Justiniano

instituting [ˈɪnstɪtjuːtɪŋ] *s.* 1 acto de instituir; 2 instituição

institution [ˌɪnstɪˈtjuːʃn] *s.* 1 instituição; fundação; associação; *charitable ~* instituição de caridade; 2 (criação) estabelecimento; formação; 3 (inquérito, etc.) abertura; 4 (assistência social) lar; 5 tradição; hábito estabelecido; 6 (benefício eclesiástico) investidura ❖ *academic ~* estabelecimento de ensino superior; *mental ~* hospital psiquiátrico

institutional [ˌɪnstɪˈtjuːʃənəl] *adj.* 1 institucional; relativo a instituição; 2 elementar

institutionalism [ˌɪnstɪˈtjuːʃnəlɪzəm] *s.* conjunto ou sistema das instituições de caridade pública

institutionalization [ˌɪnstɪtjuːʃnəlaɪˈzeɪʃn] *s.* 1 internamento (em estabelecimento de assistência); 2 institucionalização

institutionalize [ˌɪnstɪˈtjuːʃnəlaɪz] *v.tr.* 1 internar (em estabelecimento de assistência); 2 institucionalizar

institutionalized [ˌɪnstɪˈtjuːʃnəlaɪzd] *adj.* 1 criado pela assistência; 2 internado em estabelecimento de assistência

institutor [ˈɪnstɪtjuːtə] *s.* 1 instituidor, organizador, fundador; 2 preceptor

instruct [ɪnˈstrʌkt] *v.tr.* 1 ensinar; dar formação [**in**, em]; *to ~ a person in English* dar aulas de inglês a alguém; 2 informar [**of**, de]; *to ~ sb of a fact* informar alguém de um facto; 3 transmitir instruções a; *to ~ a solicitor* dar instruções a um advogado; *they were instructed to...* receberam instruções para...; 4 ordenar; dar ordens a ❖ DIREITO *to ~ counsel* constituir advogado; nomear advogado

instruction [ɪnˈstrʌkʃn] *s.* 1 instrução; ensino; 2 saber; conhecimentos; 3 *pl.* instruções; *to give sb instructions to do sth* dar instruções a alguém para fazer alguma coisa; 4 *pl.* preceitos; normas ❖ *~ manual* manual de instruções; *book of standing instructions* regulamento; *driving ~* lições de condução; *instructions for use* modo de emprego; *official instructions* instruções oficiais; *under instructions from...* seguindo ordens de...

instructional [ɪnˈstrʌkʃənəl] *adj.* 1 relativo a instrução; 2 educativo

instructive [ɪnˈstrʌktɪv] *adj.* instrutivo

instructively [ɪnˈstrʌktɪvlɪ] *adv.* instrutivamente, de modo instrutivo

instructiveness [ɪnˈstrʌktɪvnəs] *s.* capacidade de instrução

instructor [ɪnˈstrʌktə] *s.* 1 instrutor; 2 professor; 3 preceptor; 4 [Esc.] (universidade) encarregado de curso

instructress [ɪnˈstrʌktrəs] *s.f.* (*pl.* **-es**) preceptora

instrument [ˈɪnstrəmənt] Ⓐ *s.* 1 instrumento; utensílio; aparelho; *surgical instruments* instrumentos cirúrgicos; 2 MÚSICA instrumento; *musical ~* instrumento musical; *stringed ~* instrumento de corda; *wind ~* instrumento de sopro; 3 [fig.] instrumento [**for**, de]; agente [**for**, de]; 4 [fig.] (pessoa) joguete; peão; 5 DIREITO acta, escritura; 6 documento Ⓑ *v.tr.* MÚSICA orquestrar; fazer o arranjo de ❖ ELECTRICIDADE *~ board* quadro; *~ flying* voo cego (efectuado só com o auxílio de instrumentos); AERONÁUTICA *~ landing* aterragem automática; (automóveis) *~ panel* tablier; *~ switch* chave de instrumento; AERONÁUTICA *measurement ~* instrumento de medição

instrumental [ˌɪnstrəˈmentəl] *adj.* 1 (papel) instrumental; determinante; *to be ~ in doing sth/to do sth* ter um papel determinante em..., funcionar como instrumento de; 2 MÚSICA instrumental; de música instrumental; *~ music* música instrumental ❖ MÚSICA *~ performer* instrumentista; LINGUÍSTICA *the ~ case* caso instrumental

instrumentalism [ˌɪnstrəˈmentəlɪzəm] *s.* FILOSOFIA instrumentalismo

instrumentalist [ˌɪnstrəˈmentəlɪst] *s.* MÚSICA instrumentalista

instrumentality [ˌɪnstrəmenˈtælətɪ] *s.* (*pl.* **-ies**) acção, intervenção, intermédio; *by/through the ~ of* por intermédio de, devido à intervenção de, graças à acção de

instrumentally [ˌɪnstrəˈmentlɪ] *adv.* 1 instrumentalmente; 2 LINGUÍSTICA no caso instrumental; 3 DIREITO por documento legal ❖ *~ and vocally* com coro e orquestra

instrumentary [ˌɪnstrəˈmentərɪ] *adj.* [Esc.] DIREITO instrumentário

instrumentation [ˌɪnstrəmenˈteɪʃn] *s.* 1 instrumentação; 2 emprego de instrumentos cirúrgicos ou outros; 3 acção, intervenção, intermédio

insubmersibility [ɪnˌsəbmɜːsəˈbɪlɪtɪ] *s.* insubmersibilidade

insubmersible [ˌɪnsəbˈmɜːsəbəl] *adj.* insubmersível

insubordinate [ˌɪnsəˈbɔːdɪnət] *adj.* 1 insubordinado, indisciplinado; 2 insurrecto

insubordination [ˌɪnsəbɔːdɪˈneɪʃn] *s.* insubordinação

insubstantial [ˌɪnsəbˈstænʃl] *adj.* 1 insubstancial; 2 imaterial; 3 irreal, quimérico; 4 sem base real

insubstantiality [ɪnˌsəbstænʃɪˈælətɪ] *s.* 1 insubstancialidade; 2 irrealidade

insuccess [ˌɪnsəkˈses] *s.* insucesso

insufferable [ɪnˈsʌfrəbəl] *adj.* intolerável, insuportável, insofrível

insufferably [ɪnˈsʌfrəblɪ] *adv.* intoleravelmente, insuportavelmente

insufficiency [ˌɪnsəˈfɪʃnsɪ] *s.* insuficiência

insufficient [ˌɪnsəˈfɪʃənt] *adj.* 1 insuficiente; *~ pressure* pressão insuficiente; 2 inadequado

insufficiently [ˌɪnsəˈfɪʃntlɪ] *adv.* insuficientemente

insufflate [ˈɪnsəfleɪt] *v.tr.* 1 insuflar, encher de ar, introduzir ar em; 2 espalhar pó à superfície de qualquer objecto para descobrir impressões digitais

insufflation [ˌɪnsəˈfleɪʃn] s. 1 insuflação; 2 acto de espalhar pó à superfície de qualquer objecto para descobrir impressões digitais

insufflator [ˈɪnsəfleɪtə] s. aparelho insuflador

insular [ˈɪnsjʊlər, ˈɪnsələr] Ⓐ adj. 1 insular; característico das ilhas; *an ~ climate* um clima insular; 2 [depr.] de vistas limitadas; de espírito estreito; tacanho; provinciano; *he is very ~ in his views* ele tem umas ideias muito tacanhas Ⓑ s. (habitante de ilha) insular, insulano

insularism [ˈɪnsjʊləˌrɪzəm, ˈɪnsələˌrɪzəm] s. estreiteza de espírito

insularity [ˌɪnsjʊˈlærətɪ, ˌɪnsəˈlærətɪ] s. 1 insularidade; 2 [fig.] estreiteza de espírito

insulatable [ˌɪnsjʊˈleɪtəbəl, ˌɪnsəˈleɪtəbəl] adj. isolável, que pode isolar-se

insulate [ˈɪnsjʊleɪt, ˈɪnsəleɪt] v.tr. 1 insular, transformar em ilha; 2 separar; 3 isolar, impedir a passagem do calor, electricidade ou som por meio de corpos maus condutores; 4 insonorizar

insulated [ˈɪnsjʊleɪtɪd, ˈɪnsəleɪtɪd] adj. 1 isolado; 2 separado ❖ ELECTRICIDADE *~ cable* cabo isolado; *~ pliers* alicate de electricista; alicate isolado

insulating [ˈɪnsjʊleɪtɪŋ, ˈɪnsəleɪtɪŋ] Ⓐ adj. isolador; de isolamento Ⓑ s. isolamento ❖ *~ coating* camada isoladora; revestimento isolador; *~ compound* preparado isolador; material isolador; *~ gap* abertura de isolamento; *~ paste* massa isoladora; *~ tape* fita isoladora

insulation [ˌɪnsjʊˈleɪʃn, ˌɪnsəˈleɪʃn] s. 1 (electricidade, som) isolamento; 2 material de isolamento; 3 [fig.] isolação; afastamento; *to live in isolation from...* viver isolado de...; 4 GEOLOGIA (transformação em ilha) insulação ❖ *~ box* caixa isoladora; ELECTRICIDADE *~ breakdown* falha de isolamento; deficiência de isolamento; *~ from sound* isolamento sonoro; insonorização

insulator [ˈɪnsjʊleɪtə, ˈɪnsəleɪtə] s. isolador; isolante ❖ *heat ~* isolador térmico; *oil-type ~* isolador a óleo

insulin [ˈɪnsjʊlɪn, ˈɪnsəlɪn] s. insulina

insulite [ˈɪnsjʊlaɪt] s. isolador eléctrico

insult[1] [ɪnˈsʌlt] v.tr. 1 insultar; 2 injuriar, ultrajar; 3 ofender

insult[2] [ˈɪnsʌlt] s. insulto; ofensa; injúria; afronta ❖ *to add ~ to injury, ...* para cúmulo, ...; ainda por cima, ...; *to be an ~ to sb's intelligence* ser um insulto à inteligência de alguém; *to pocket an ~* engolir um insulto

insulter [ɪnˈsʌltə] s. pessoa que insulta ou ultraja, insultador, autor da ofensa

insulting [ɪnˈsʌltɪŋ] adj. insultuoso; ofensivo; ultrajante; injurioso ❖ *~ language* linguagem insultuosa, ofensiva; *to become ~* tornar-se ofensivo; *to be ~ to sb* ofender alguém

insultingly [ɪnˈsʌltɪŋlɪ] adv. 1 de modo ofensivo, injurioso; 2 insultuosamente

insuperability [ɪnˌsuːpərəˈbɪlɪtɪ] s. insuperabilidade

insuperable [ɪnˈsuːpərəbəl] adj. insuperável; inultrapassável, intransponível, inalcançável; invencível; *~ difficulties* dificuldades insuperáveis

insuperably [ɪnˈsuːpərəblɪ] adv. insuperavelmente

insupportable [ˌɪnsəˈpɔːtəbəl] adj. insuportável, que não pode suportar-se

insupportableness [ˌɪnsəˈpɔːtəblnəs] s. carácter insuportável

insupportably [ˌɪnsəˈpɔːtəblɪ] adv. insuportavelmente

insuppressible [ˌɪnsəˈpresəbəl] adj. irreprimível

insurable [ɪnˈʃʊərəbəl] adj. que pode ser colocado no seguro

insurance [ɪnˈʃʊərəns] s. seguro ❖ *~ agent* agente de seguros; *~ broker* corretor de seguros; *~ company* companhia de seguros; *~ policy* apólice de seguro; *all-risk ~* seguro contra todos os riscos; *burglary ~* seguro contra roubo; *marine ~* seguro marítimo; *third-party ~* seguro contra terceiros; *employers' liability ~* seguros contra acidentes de trabalho; *~ against disablement/disablement ~* seguro contra invalidez; *~ against fire* seguro contra incêndio; *~ against illness* seguro contra a doença; *to take out ~ against* fazer um seguro contra

insurant [ɪnˈʃʊərənt] s. segurado

insure [ɪnˈʃʊə] v.tr.,intr. 1 pôr no seguro; *to ~ against accidents* fazer seguro contra acidentes; *to ~ against all risks* fazer um seguro contra todos os riscos; *to ~ one's life for £10,000* fazer um seguro de vida de 10 000 libras; 2 proteger-se [**against**, de]; precaver-se [**against**, contra]; 3 garantir [**that**, que]

insured [ɪnˈʃʊəd] Ⓐ adj. no seguro; coberto pelo seguro; *the house was ~* a casa estava no seguro Ⓑ s. *the ~* o segurado

insurer [ɪnˈʃʊərər] s. segurador, seguradora, pessoa ou companhia que toma o seguro

insurgency [ɪnˈsɜːdʒənsɪ] s. sublevação, revolta

insurgent [ɪnˈsɜːdʒənt] adj.,s. insurgente; revoltado, sublevado, rebelde; *~ group* grupo rebelde ❖ *the ~ sea* o mar que avança

insuring [ɪnˈʃʊərɪŋ] s. seguro, acto ou efeito de segurar

insurmountable [ˌɪnsəˈmaʊntəbəl] adj. 1 intransponível, insuperável; 2 que não pode dominar-se; 3 impossível de se conseguir

insurmountably [ˌɪnsəˈmaʊntəblɪ] adv. insuperavelmente; de maneira intransponível

insurrection [ˌɪnsəˈrekʃn] s. insurreição, sublevação, revolta

insurrectional [ˌɪnsəˈrekʃənəl] adj. insurreccional

insurrectionary [ˌɪnsəˈrekʃnərɪ] adj. ⇒ **insurrectional**

insurrectionist [ˌɪnsəˈrekʃənɪst] s. rebelde, revoltoso

insusceptibility [ˌɪnsəseptəˈbɪlɪtɪ] s. insusceptibilidade, insensibilidade

insusceptible [ˌɪnsəˈseptəbəl] adj. 1 insusceptível [**to**, de]; 2 insensível [**to**, a]; 3 incapaz [**of**, de]; *~ of love* incapaz de amar

insweep [ˈɪnswiːp] s. curvatura para dentro

inswept [ˈɪnswept] adj. 1 metido para dentro; 2 curvo para dentro

int. Ⓐ MILITAR [abrev. de intelligence] Ⓑ [abrev. de interest] Ⓒ [abrev. de interior] Ⓓ [abrev. de internal]

intact [ɪnˈtækt] adj. 1 intacto; 2 impoluto

intagliated [ɪnˈtælɪeɪtɪd] adj. entalhado; trabalhado em talha; gravado a buril

intaglio [ɪnˈtɑːlɪəʊ] s. 1 gravura em talha, gravura aberta a buril; 2 entalho, entalhe

intake [ˈɪnteɪk] s. 1 (ar, líquido, etc.) admissão; 2 (água de rio, lago, etc.) orifício de entrada; 3 (canalização) estrangulamento súbito; 4 (comida, etc.) consumo; absorção; 5 (grupo de pessoas) leva; 6 estreitamento; 7 quantidade recolhida; porção; 8 (trabalhadores) absorção; recrutamento ❖ *~ port* orifício de entrada; *~ valve* válvula de admissão; *food ~* ração alimentar; *to have an ~ of breath* encher os pulmões

intangibility [ɪnˌtændʒəˈbɪlɪtɪ] s. intangibilidade

intangible [ɪnˈtændʒəbəl] adj. 1 intangível; 2 impalpável; 3 imaterial

intangibleness [ɪnˈtændʒəblnəs] s. ⇒ **intangibility**

integer [ˈɪntɪdʒə] s. 1 MATEMÁTICA número inteiro; 2 coisa completa em si; 3 total, totalidade

integrable [ˈɪntɪgrəbəl] adj. integrável

integral [ˈɪntɪgrəl] Ⓐ adj. 1 integrante; intrínseco; incorporado; *to be an ~ part of sth* ser parte integrante de algo; 2 (completo) integral; total; 3 MATEMÁTICA integral; *~ calculus* cálculo integral; *~ number* número integral; *~ symbol* símbolo integral Ⓑ s. MATEMÁTICA função integral

integrality [ˌɪntɪˈgrælətɪ] s. integralidade

integrally [ˈɪntɪgrəlɪ, ɪnˈtɪgrəlɪ] adv. integralmente, de modo integral

integrand [ˈɪntɪgrænd] s. MATEMÁTICA expressão a integrar

integrant [ˈɪntɪgrænt] adj. integrante

integraph [ˈɪntɪgrɑːf] s. MATEMÁTICA intégrafo, aparelho que traça mecanicamente a curva integral de f(x), dada esta última

integrate[1] [ˈɪntɪgreɪt] Ⓐ v.tr. 1 integrar [**into/in**, em]; incluir [**into/in**, em]; incorporar [**into/in**, em]; 2 MATEMÁTICA integrar, determinar a integral de; 3 indicar valor ou soma total Ⓑ v.intr. (adaptar-se) integrar-se [**into/with**, em]; *to ~ with the community* integrar-se na comunidade

integrate[2] [ˈɪntɪgrɪt] adj. ⇒ **integrated**

integrated [ˈɪntɪgreɪtɪd] adj. 1 integrado; 2 equilibrado ❖ ELECTRICIDADE *~ circuit* circuito integrado; *~ course* curso de formação profissional; [GB] *~ studies* estudos gerais

integrating [ˈɪntɪgreɪtɪŋ] s. integração ❖ *~ apparatus* máquina de contagem óptica; *~ machine* máquina de somar

integration [ˌɪntɪˈgreɪʃn] s. integração

integrator [ˈɪntɪgreɪtə] s. integrador

integrity [ɪnˈtegrətɪ] s. 1 integridade; 2 rectidão, honradez; 3 pureza, inteireza

integument [ɪnˈtegjʊmənt] s. integumento, tegumento

integumentary [ɪn'tegjʊməntərɪ] adj. tegumentário, tegumentar
intellect ['ɪntəlekt] s. 1 intelecto; inteligência; entendimento; 2 (pessoa) intelectual; espírito esclarecido ❖ *the ~ of a country* a intelligentsia de um país
intellection [ˌɪntə'lekʃn] s. intelecção
intellective [ˌɪntə'lektɪv] adj. intelectivo
intellectual [ˌɪntɪ'lektʃʊəl] Ⓐ adj. 1 intelectual; 2 relativo ao entendimento ou às faculdades intelectuais; *the ~ faculties* as faculdades intelectuais Ⓑ s. (pessoa) intelectual ❖ *~ property* propriedade intelectual
intellectuality [ˌɪntɪlektʃʊ'ælətɪ] s. intelectualidade
intellectualization [ɪntəlektʃʊəlaɪ'zeɪʃən] s. intelectualização
intellectualize [ˌɪntə'lektʃʊəlaɪz] v.tr.,intr. intelectualizar
intellectually [ˌɪntɪ'lektʃʊəlɪ] adv. intelectualmente
intelligence [ɪn'telɪdʒəns] s. 1 inteligência; 2 compreensão; entendimento; 3 informação; informação secreta; *to give ~* informar; *to send out for ~* enviar em busca de informações ❖ *~ agent* agente secreto; MILITAR *Intelligence Department* Serviços Secretos; *~ office* escritório de informações; *~ quotient* quociente de inteligência; *~ test* exame psicológico; *latest ~* últimas notícias; notícias de última hora; *to do ~ work* trabalhar nos serviços secretos
intelligencer [ɪn'telɪdʒənsə] s. 1 espião, agente secreto; 2 informador
intelligent [ɪn'telɪdʒənt] adj. 1 inteligente; 2 esperto ❖ *~ life form* forma de vida inteligente; *to be ~ of* estar informado de; conhecer bem
intelligential [ɪntelɪ'dʒenʃl] adj. inteligente; relativo à inteligência
intelligentsia [ɪnˌtelɪ'dʒentsɪə] s. elite intelectual
intelligentzia [ɪnˌtelɪ'dʒentsɪə] s. elite intelectual
intelligibility [ɪnˌtelɪdʒə'bɪlɪtɪ] s. inteligibilidade
intelligible [ɪn'telɪdʒəbəl] adj. inteligível
intelligibleness [ɪn'telɪdʒəblnəs] s. ⇒ **intelligibility**
intelligibly [ɪn'telɪdʒəblɪ] adv. inteligivelmente
Intelsat [abrev. de International Telecommunication Satellite Organization]
intemperance [ɪn'tempərəns] s. 1 intemperança; 2 alcoolismo
intemperate [ɪn'tempərət] adj. 1 intemperado, sem temperança; 2 imoderado; 3 dado à bebida
intemperately [ɪn'tempərətlɪ] adv. 1 com intemperança; 2 imoderadamente; 3 com excesso de bebida
intemperateness [ɪn'tempərətnəs] s. intemperança
intend [ɪn'tend] v.tr. 1 planear; tencionar; ter a intenção de; ter em mente; *I ~ doing a lot of things today* tenciono fazer hoje uma porção de coisas; *he intended no harm* ele não queria fazer mal; 2 destinar [**for**, a]; *the novel was not intended to be filmed* o romance não se destinava a ser filmado; *the remark was intended for you* a observação era para si; 3 significar; *what do you ~ by your words?* que pretende dizer com as suas palavras? ❖ *it was intended as…* era para ser…
intendance [ɪn'tendəns] s. intendência
intendancy [ɪn'tendənsɪ] s. intendência
intendant [ɪn'tendənt] s. 1 intendente; 2 superintendente
intended [ɪn'tendɪd] Ⓐ adj. 1 planeado; projectado; 2 intencional; propositado; *was that intended?* isso foi de propósito?; 3 desejado; pretendido; *the ~ effect* o efeito desejado; 4 destinado [**for**, a]; dirigido [**for**, a]; *the ~* Ⓑ s. [ant.] (noivado) prometido(a)
intendedly [ɪn'tendɪdlɪ] adv. intencionalmente, com intenção
intending [ɪn'tendɪŋ] adj. possível, provável, que tem a intenção de
intendment [ɪn'tendmənt] s. 1 interpretação legal de texto, tida como verdadeira e única; 2 verdadeiro sentido
intense [ɪn'tens] adj. (comp. **-er**, superl. **-est**) 1 intenso; *~ cold* frio intenso; 2 forte, enérgico; 3 violento; extremo; 4 ardente; vivo; veemente; cheio de paixão ❖ *~ hatred* ódio profundo
intensely [ɪn'tenslɪ] adv. 1 intensamente; 2 extremamente
intenseness [ɪn'tensnəs] s. 1 intensidade, violência; 2 veemência
intensification [ɪnˌtensɪfɪ'keɪʃn] s. 1 intensificação; 2 reforço
intensifier [ɪn'tensɪfaɪə] s. 1 intensificador; 2 amplificador; *~ of sound* amplificador sonoro; 3 LINGUÍSTICA intensificador; 4 FOTOGRAFIA reforçador ❖ *~ electrode* eléctrodo do intensificador; *~ tube* válvula electrónica do intensificador
intensify [ɪn'tensɪfaɪ] v.tr.,intr. 1 intensificar, tornar intenso, tornar forte; 2 reforçar; 3 aumentar, intensificar-se, aumentar em grau
intensifying [ɪn'tensɪfaɪɪŋ] s. 1 intensificação; 2 FOTOGRAFIA reforço de negativo
intension [ɪn'tenʃn] s. 1 LÓGICA intensão; 2 intensidade; 3 intensificação
intensity [ɪn'tensɪtɪ] s. (pl. **-ies**) 1 intensidade; 2 força; potência; energia; *with renewed ~* com energia redobrada; 3 ardor; veemência ❖ RÁDIO *~ control* comando do volume de som; *~ distortion* distorção de amplitude; *~ measurement* medição da intensidade; *~ meter* amperímetro; *~ range* amplitude de intensidade; FOTOGRAFIA *~ of a negative* intensidade de negativo; *~ of field* intensidade magnética de campo; *~ of light* intensidade luminosa; *~ of rainfall* intensidade de chuva; *~ of stress* carga/intensidade de tensão; *~ resistance drop* queda de potencial
intensive [ɪn'tensɪv] Ⓐ adj. 1 intensivo; *to take an ~ course in German* fazer um curso intensivo de alemão; 2 LINGUÍSTICA intensificador Ⓑ s. LINGUÍSTICA intensificador ❖ MEDICINA (hospital) *~ care unit* unidade de cuidados intensivos
intensively [ɪn'tensɪvlɪ] adv. intensivamente
intent [ɪn'tent] s. 1 intenção; *with evil ~* com má intenção, com intenção criminosa; *with good ~* com boa intenção; *with ~* intencionalmente, com intenção; 2 premeditação; 3 desígnio; intento; objectivo Ⓑ adj. 1 decidido [**on**, a]; resolvido [**on**, a]; determinado [**on**, a]; *~ on doing one's best* resolvido a fazer o melhor possível; 2 absorto [**on**, em]; 3 atento; sério; concentrado; *~ gaze* olhar fixo, concentrado; *silent and ~* silencioso e atento; 4 dado [**on**, a]; dedicado [**on**, a]; *~ on learning* dado ao estudo, dedicado ao estudo; *~ on pleasure* dado aos prazeres ❖ *to all intents and purposes* para todos os efeitos; praticamente; virtualmente; *to the ~ that* a fim de que
intention [ɪn'tenʃn] s. 1 intenção, objectivo, desígnio, propósito; *I have no ~ to do that* não tenho qualquer intenção de fazer isso; *with the ~ of* com a intenção de; 2 fim a atingir; 3 LÓGICA concepção, ideia ❖ MEDICINA *healing by the first ~* cicatrização por primeira intensão (sem fenómenos inflamatórios); MEDICINA *healing by the second ~* cicatrização por segunda intensão (com fenómenos inflamatórios); *hell is paved with good intentions* de boas intenções está o Inferno cheio; *it is the ~ that counts* a intenção é que conta; *with the best of intentions* com a melhor das intenções
intentional [ɪn'tenʃənəl] adj. intencional; deliberado; de propósito; *it wasn't ~* não foi de propósito, foi sem querer
intentionally [ɪn'tenʃənlɪ] adv. intencionalmente
intentioned [ɪn'tenʃnd] adj. com intenção; intencional
intently [ɪn'tentlɪ] adv. 1 atentamente; 2 intensamente
intentness [ɪn'tentnəs] s. aplicação, concentração do espírito, atenção forte
inter [ɪn'tɜː] v.tr. (particípios: **-rr-**) enterrar, inumar
interact[1] [ˌɪntər'ækt] v.intr. interagir, actuar reciprocamente
interact[2] ['ɪntərækt] s. TEATRO entreacto
interacting [ˌɪntər'æktɪŋ] adj. de actuação recíproca ou conjugada
interaction [ˌɪntər'ækʃn] s. 1 interacção; *social ~* interacção social; 2 acção recíproca; 3 força recíproca
interactive [ˌɪntər'æktɪv] adj. 1 interactivo; 2 de interacção; *~ skills* técnicas de interacção; 3 com acção recíproca ❖ *~ television* televisão interactiva
interactivity [ˌɪntəræk'tɪvətɪ] s. interactividade
interallied [ˌɪntər'ælaɪd] adj. interaliado
interarticular [ˌɪntərɑː'tɪkjʊlə] adj. interarticular, entre as articulações de dois ossos contíguos
interatomic [ˌɪntərə'tɒmɪk] adj. interatómico
interbedded [ˌɪntə'bedɪd] adj. GEOLOGIA entremeado, com camadas de entremeio
interblend [ˌɪntə'blend] v.tr.,intr. misturar, misturar-se
interblending [ˌɪntə'blendɪŋ] s. 1 mistura; 2 acto ou efeito de misturar
interbranch [ˌɪntə'brɑːntʃ] adj. COMÉRCIO entre filiais da mesma firma ou empresa

interbred [ˌɪntəˈbred] *prt. e part. pass. de* **to interbreed**
interbreed [ˌɪntəˈbriːd] *v.tr.,intr.* (*prt. e part. pass.* **interbred**) 1 cruzar raças diferentes; 2 gerar híbridos; 3 cruzar-se com raça diferente
interbreeding [ˌɪntəˈbriːdɪŋ] *s.* cruzamento com espécie diferente
intercadence [ˌɪntəˈkeɪdəns] *s.* intercadência, perturbação na regularidade de movimentos
intercadent [ˌɪntəˈkeɪdənt] *adj.* intercadente
intercalary [ɪnˈtɜːkələrɪ, ɪnˈtɜːkəleɪrɪ] *adj.* intercalar, intercalado
intercalate [ɪnˈtɜːkəleɪt] *v.tr.* intercalar
intercalation [ɪnˌtɜːkəˈleɪʃn] *s.* intercalação
intercede [ˌɪntəˈsiːd] *v.intr.* 1 interceder; *to ~ for sb* interceder por alguém; *to ~ with a person on behalf of another* interceder junto de uma pessoa em favor de outra; 2 intervir
interceder [ˌɪntəˈsiːdə] *s.* intercessor
interceding [ˌɪntəˈsiːdɪŋ] *s.* acto ou efeito de interceder
intercellular [ˌɪntəˈseljʊlə] *adj.* intercelular
intercensal [ˌɪntəˈsensəl] *adj.* relativo ao intervalo de tempo decorrente entre dois censos
intercept[1] [ˌɪntəˈsept] *v.tr.* 1 interceptar; 2 deter, interromper o curso de; 3 impedir; 4 fazer parar; 5 MATEMÁTICA delimitar um espaço entre dois pontos
intercept[2] [ˈɪntəsept] *s.* segmento de linha entre dois pontos
intercepting [ˌɪntəˈseptɪŋ] *s.* intercepção, acto ou efeito de interceptar ❖ *~ trap* sifão de passagem; *~ valve* válvula interceptora
interception [ˌɪntəˈsepʃn] *s.* intercepção, interceptação
interceptor [ˌɪntəˈseptə] *s.* 1 sifão de cano de esgoto; 2 interceptor
intercession [ˌɪntəˈseʃn] *s.* 1 intercessão, intervenção a favor de; 2 mediação
intercessor [ˌɪntəˈsesə] *s.* intercessor
intercessory [ˌɪntəˈsesərɪ] *adj.* 1 intercessório; 2 de intercessão
interchange[1] [ˌɪntəˈtʃeɪndʒ] *v.tr.,intr.* 1 trocar, permutar, inverter a posição de duas coisas; 2 alternar, suceder-se alternadamente
interchange[2] [ˈɪntətʃeɪndʒ] *s.* 1 intercâmbio, permuta, troca; 2 alternância, alternação; 3 junção de estradas de longo curso
interchangeability [ˌɪntətʃeɪndʒəˈbɪlɪtɪ] *s.* possibilidade de troca, de permuta, permutabilidade
interchangeable [ˌɪntəˈtʃeɪndʒəbəl] *adj.* 1 intercambiável; permutável; 2 substituível; *~ part* peça substituível; 3 que pode alternar-se, que pode mudar-se; amovível; intermutável; *~ blade* lâmina amovível; *~ circuit* circuito intermutável; *~ shaft* eixo intermutável
interchangeably [ˌɪntəˈtʃeɪndʒəblɪ] *adv.* 1 como troca; 2 alternadamente
intercity [ˌɪntəˈsɪtɪ] *adj.* inter-cidades
intercollegiate [ˌɪntəkəˈliːdʒət] *adj.* interuniversitário
intercolonial [ˌɪntəkəˈləʊnɪəl] *adj.* intercolonial
intercolumnar [ˌɪntəkəˈlʌmnə] *adj.* 1 intercolunar; 2 referente a intercolúnio
intercolumniation [ˌɪntəkəlʌmnɪˈeɪʃn] *s.* intercolúnio
intercom [ˈɪntəkɒm] *s.* intercomunicador
intercommunicate [ˌɪntəkəˈmjuːnɪkeɪt] *v.intr.* 1 intercomunicar; 2 comunicar uns com os outros
intercommunication [ˌɪntəkəˌmjuːnɪˈkeɪʃn] *s.* intercomunicação ❖ *~ device* intercomunicador
intercommunion [ˌɪntəkəˈmjuːnɪən] *s.* intercomunhão
intercommunity [ˌɪntəkəˈmjuːnətɪ] *s.* comunidade (de posses ou bens)
interconnect [ˌɪntəkəˈnekt] Ⓐ *v.tr.* interligar, inter-relacionar Ⓑ *v.intr.* 1 interligar-se, inter-relacionar-se; 2 (quartos) ser comunicantes
interconnected [ˌɪntəkəˈnektɪd] *adj.* 1 interligado; em ligação estreita; 2 com comunicação recíproca; *~ rooms* quartos comunicantes; 3 conjugado; *~ controls* comandos conjugados
interconnection [ˌɪntəkəˈnekʃn] *s.* interligação, inter-relação
intercontinental [ˌɪntəkɒntɪˈnentəl] *adj.* intercontinental
interconversion [ˌɪntɜːkənˈvɜːʃn] *s.* interconversão
interconvertible [ˌɪntəkənˈvɜːtəbəl] *adj.* 1 intermutável; 2 reciprocamente convertível
intercostal [ˌɪntəˈkɒstəl] *adj.* intercostal

intercourse [ˈɪntəkɔːs] *s.* 1 comunicação; 2 relações; 3 comércio; 4 relações sexuais; *sexual ~* relações sexuais ❖ *adulterous ~* relações adúlteras; *anal ~* sodomia; *business ~* relações comerciais; *social ~* convívio social
intercross [ˌɪntəˈkrɒs] *v.tr.,intr.* 1 entrecruzar, entrelaçar, entrelaçar-se; 2 entrecruzar (animais ou plantas)
intercrossed [ˌɪntəˈkrɒst] *adj.* entrecruzado, entrelaçado
intercrossing [ˌɪntəˈkrɒsɪŋ] Ⓐ *adj.* entrelaçado Ⓑ *s.* 1 entrelaçamento; 2 cruzamento (de raças diferentes)
intercurrence [ˌɪntəˈkʌrəns] *s.* 1 intercorrência, recorrência, repetição; 2 irregularidade; 3 acto de se meter de permeio, de surgir de permeio
intercurrent [ˌɪntəˈkʌrənt] *adj.* 1 intercorrente; 2 recorrente; 3 que surge de permeio
interdenominational [ɪntədɪˌnɒmɪˈneɪʃnəl] *adj.* entre religiões diferentes
interdental [ˌɪntəˈdentəl] Ⓐ *adj.* 1 interdentário; 2 LINGUÍSTICA interdental Ⓑ *s.* LINGUÍSTICA som interdental
interdepartmental [ˌɪntədɪpɑːtˈmentəl] *adj.* interdepartamental, com ligação a vários serviços ou departamentos
interdepartmentally [ˌɪntədiːpɑːtˈmentlɪ] *adv.* 1 entre departamentos; 2 entre vários serviços
interdepend [ˌɪntədɪˈpend] *v.intr.* interdepender
interdependence [ˌɪntədɪˈpendəns] *s.* interdependência
interdependent [ˌɪntədɪˈpendənt] *adj.* interdependente
interdict [ˈɪntədɪkt] Ⓐ *s.* 1 interdito; 2 interdição; proibição Ⓑ *v.tr.* 1 interdizer; 2 opor-se à execução de; 3 proibir; 4 interditar, lançar interdito sobre ❖ *to lay under an ~* interditar
interdiction [ˌɪntəˈdɪkʃn] *s.* interdição, interdito
interdictory [ˌɪntəˈdɪktərɪ] *adj.* interditivo, proibitivo
interdigital [ˌɪntəˈdɪdʒɪtəl] *adj.* interdigital
interdisciplinarity [ˌɪntədɪsɪplɪˈnærɪtɪ] *s.* interdisciplinaridade
interdisciplinary [ˌɪntəˈdɪsɪplɪnərɪ] *adj.* interdisciplinar
interest [ˈɪntrəst] Ⓐ *s.* 1 interesse; *to arouse great ~* despertar grande interesse; *to take an ~ in* interessar-se por; 2 atractivo; 3 empenho; 4 inclinação, simpatia; 5 atenção; 6 lucro; 7 juro; *to bear ~ at 4%* render juro de 4%; *to lend on ~* emprestar a juros; *to pay ~* pagar juros; 8 proveito, vantagem Ⓑ *v.tr.* 1 interessar, despertar a atenção, interesse ou curiosidade de; *to ~ a person in sth* despertar o interesse de alguém por alguma coisa; 2 cativar a simpatia de ❖ *~ account* conta de juros; *back ~* juros atrasados; *compound ~* juros compostos; *simple ~* juros simples; *determinable ~ security* valores de renda variável; *fixed ~ securities* valores de renda fixa; *the landed ~* os proprietários de terras; *the shipping ~* o comércio marítimo; *to have an ~ in* participar de; ter interesses em; *to have an ~ in the profits* comparticipar nos lucros; *to look after one's own interests* olhar pelos seus próprios interesses; *to obtain a person's ~* conseguir as boas graças de alguém; *to put money out at ~* pôr dinheiro a render; *to return a blow with ~* replicar a uma agressão de modo a exceder a sua violência
interest-bearing [ˈɪntrəstbeərɪŋ] *adj.* FINANÇAS que implica o pagamento de juros
interest-earning [ˈɪntrəstɜːnɪŋ] *adj.* em que se recebe juros
interested [ˈɪntrəstɪd] *adj.* 1 interessado, com interesse; *~ spectators* espectadores interessados; 2 com interesses; 3 interesseiro; *to act from ~ motives* agir por motivos interesseiros ❖ *the ~ party* a parte interessada; *to be ~ in* interessar-se por; estar interessado em
interestedly [ˈɪntrəstɪdlɪ] *adv.* 1 interessadamente, com interesse; 2 interesseiramente
interest-free [ˈɪntrəstfriː] *adj.* sem juros
interesting [ˈɪntrəstɪŋ, ˌɪntəˈrestɪŋ] *adj.* interessante ❖ [coloq.] *in an ~ condition* em estado interessante; grávida; *the ~ thing is that…* curiosamente, …
interestingly [ˈɪntrəstɪŋlɪ, ˌɪntəˈrestɪŋlɪ] *adv.* interessantemente, de modo interessante ❖ *~ enough, …* curiosamente, …; por incrível que pareça, …
interface [ˈɪntəfeɪs] Ⓐ *s.* 1 INFORMÁTICA interface; 2 área comum; ponto de ligação; 3 [fig.] intermediário Ⓑ *v.tr.,intr.* 1 inter-relacionar(-se) [with, com]; 2 interagir [with, com]; *the way plants ~ with the environment* o modo como as plantas interagem com o ambiente; 3 INFORMÁTICA funcionar como interface (de)

interfacial [ˌɪntə'feɪʃl] *adj.* 1 entre duas faces; 2 (ângulo) diedro; 3 interfacial
interfacing ['ɪntəfeɪsɪn] *s.* 1 (tecido) entretela; 2 interface
interfenestral [ˌɪntəfə'nestrəl] *adj.* situado entre janelas
interfenestration [ɪn,təfəns'treɪʃn] *s.* espaço entre janelas
interfere [ˌɪntə'fɪə] *v.intr.* 1 interferir [**with**, com]; 2 intrometer-se; imiscuir-se; meter-se; 3 intervir [**with**, em]; 4 produzir interferência; 5 impedir [**with**, -]; dificultar [**with**, -]; opor-se [**with**, a]; 6 afectar [**with**, -]; prejudicar [**with**, -]; *working too much interferes with health* trabalhar demasiado prejudica a saúde; 7 interromper; *don't interfere!* não interrompas!; 8 (sexualmente) abusar [**with**, de]; *to be interfered with* sofrer abusos sexuais ❖ *working too much interferes with health* trabalhar demasiado prejudica a saúde
interference [ˌɪntə'fɪərəns] *s.* 1 interferência; 2 intervenção; 3 ingerência; intromissão ❖ ~ *band/fringe* banda de interferência; ~ *eliminator* eliminador de interferências; ~ *meter* interferómetro; ~ *suppressor* supressor de interferências
interferential [ɪn,təfɪə'renʃl] *adj.* interferencial
interfering [ˌɪntə'fɪərɪŋ] Ⓐ *adj.* 1 intrometido; metediço; 2 inconveniente; inoportuno; 3 FÍSICA interferente Ⓑ *s.* 1 interferência; 2 ingerência; intromissão
interferometer [ˌɪntəfə'rɒmɪtə] *s.* interferómetro
interferon [ˌɪntə'fɪərɒn] *s.* BIOQUÍMICA interferon, interferão
interflow [ˌɪntə'fləʊ] *v.intr.* misturar-se
interfoliaceous [ˌɪntəfəʊlɪ'eɪʃəs] *adj.* interfoliáceo
interfuse [ˌɪntə'fju:z] *v.tr.,intr.* 1 repassar [**with**, de]; impregnar [**with**, de]; 2 misturar; confundir; 3 misturar-se ❖ *interfused with* cheio de; repassado de
interfusion [ˌɪntə'fju:ʒn] *s.* fusão, mistura
interglacial [ˌɪntə'gleɪʃl, ˌɪntə'gleɪsɪəl] *adj.* GEOLOGIA interglacial
intergradation [ˌɪntəgrə'deɪʃn] *s.* BIOLOGIA aproximação gradual
intergrade ['ɪntəgreɪd] *v.intr.* BIOLOGIA aproximar-se gradualmente
intergrown ['ɪntəgrəʊn] *adj.* emaranhado
intergrowth ['ɪntəgrəʊθ] *s.* BOTÂNICA emaranhamento resultante do crescimento
interheater ['ɪntəhi:tə] *s.* aquecedor intermediário
interim ['ɪntərɪm] Ⓐ *s.* 1 (tempo) ínterim; 2 interinato Ⓑ *adj.* provisório; interino; temporário Ⓒ *adv.* entretanto; no entretanto ❖ ~ *dividend* dividendo provisório; *in the ~* entretanto; *the ~* o ínterim de Augsburgo
interior [ɪn'tɪərɪə] Ⓐ *adj.* 1 interior; interno; 2 mental; 3 nacional Ⓑ *s.* 1 interior; parte interior; ~ *of a building* interior dum edifício; ~ *of cylinder* interior de cilindro; 2 (imagens) cena de interior ❖ ~ *angle* ângulo interno; ~ *decorator* decorador; ~ *design* design de interiores; ~ *lighting* iluminação interna
interiorly [ɪn'tɪərɪəlɪ] *adv.* interiormente
interjacent [ˌɪntə'dʒeɪsənt] *adj.* interjacente, interposto, intermediário
interjaculatory [ˌɪntə'dʒækjʊlətərɪ] *adj.* interjectivo, exclamativo
interject [ˌɪntə'dʒekt] *v.tr.* 1 lançar, interpor de maneira abrupta, lançar de súbito (observação, exclamação); 2 observar parenteticamente
interjection [ˌɪntə'dʒekʃn] *s.* interjeição
interjectional [ˌɪntə'dʒekʃənəl] *adj.* interjeccional, interjectivo
interjectionalize [ˌɪntə'dʒekʃənəlaɪz] *v.tr.* transformar em interjeição
interknit [ˌɪntə'nɪt] Ⓐ *v.tr.,intr.* (particípios: -**tt**- ou -**t**-) entrelaçar, entrelaçar-se Ⓑ *adj.* (dedos) entrelaçados
interlace [ˌɪntə'leɪs] *v.tr.,intr.* 1 entrelaçar, entrelaçar-se; 2 entrecruzar; 3 misturar
interlacement [ˌɪntə'leɪsmənt] *s.* 1 entrelaçamento; 2 cruzamento
interlacing [ˌɪntə'leɪsɪŋ] *s.* entrelaçamento, entrançado
interlap [ˌɪntə'læp] *v.intr.* (particípios: -**pp**-) ultrapassar, sair para além da borda
interlapse ['ɪntəlæps] *s.* lapso de tempo entre dois acontecimentos
interlard [ˌɪntə'lɑ:d] *v.tr.* 1 entremear [**with**, com]; 2 intercalar [**with**, com]
interlarding [ˌɪntə'lɑ:dɪŋ] *s.* acto ou efeito de entremear
interleaf ['ɪntəli:f] *s.* (*pl.* -**ves**) 1 entrefolha; 2 folha branca metida no meio doutras impressas ou pautadas
interleave [ˌɪntə'li:v] *v.tr.* entrefolhar, colocar entrefolhas
interline [ˌɪntə'laɪn] *v.tr.* 1 entrelinhar; 2 pautar; 3 escrever nas entrelinhas
interlinear [ˌɪntə'lɪnɪə] *adj.* interlinear, escrito ou impresso entre as linhas
interlineation [ɪn,təlɪnɪ'eɪʃn] *s.* 1 inserção de palavras entre as linhas; 2 inserção de entrelinhas
interlining [ˌɪntə'laɪnɪŋ] *s.* 1 entrelinhamento; 2 entretela
interlink [ˌɪntə'lɪŋk] *v.tr.* 1 ligar, encadear; 2 entrelaçar
interlinking [ˌɪntə'lɪŋkɪŋ] *s.* 1 ligação, encadeamento; 2 entrelaçamento
interlobular [ˌɪntə'lɒbjʊlə] *adj.* ANATOMIA interlobular
interlock [ˌɪntə'lɒk] Ⓐ *v.tr.,intr.* 1 ligar, entreligar, engrenar; 2 engatar, engatar-se; 3 encaixar; 4 unir-se; 5 travar Ⓑ *s.* 1 engrenamento, engate; 2 travamento; 3 aparelho sincronizador
interlocking [ˌɪntə'lɒkɪŋ] Ⓐ *adj.* entrecruzado; entrelaçado; estreitamente ligado Ⓑ *s.* 1 entrelaçamento; 2 encadeamento, engate ❖ ~ *gear* mecanismo de engate
interlocution [ɪn,tələʊ'kju:ʃn] *s.* interlocução
interlocutor [ˌɪntə'lɒkjʊtə] *s.* 1 interlocutor; 2 [Esc.] DIREITO interlocutória, despacho ou sentença interlocutória
interlocutory [ˌɪntə'lɒkjʊtərɪ, ˌɪntə'lɒkjʊtərɪ] *adj.* DIREITO interlocutório ❖ DIREITO ~ *judgment* interlocutória
interlocutress [ˌɪntə'lɒkjʊtrəs] *s.f.* (*pl.* -**es**) interlocutora
interlocutrix [ˌɪntə'lɒkjʊtrɪks] *s.* ⇒ **interlocutress**
interlope ['ɪntələʊp] *v.intr.* intrometer-se
interloper [ˌɪntələʊpə] *s.* 1 intruso; 2 intrometido; 3 comerciante ilegal, clandestino; 4 navio entrelopo
interlude ['ɪntəlu:d] *s.* 1 interlúdio; 2 entremez
interlunary [ˌɪntə'lu:nərɪ] *adj.* interlunar
intermarriage [ˌɪntə'mærɪdʒ] *s.* 1 casamento entre pessoas de diferentes classes sociais, de diferentes raças, etc.; 2 endogamia; casamento entre membros da mesma família
intermarry [ˌɪntə'mærɪ] *v.intr.* 1 ligar-se pelo casamento (a outras classes sociais, a outras raças, etc.); 2 praticar a endogamia
intermaxillary [ˌɪntəmæk'sɪlərɪ] *adj.* intermaxilar
intermeddle [ˌɪntə'medl] *v.intr.* interferir, imiscuir-se, intervir, intrometer-se
intermeddler [ˌɪntə'medlə] *s.* 1 pessoa que se intromete; intrometido; 2 [coloq.] fiscal
intermeddling [ˌɪntə'medlɪŋ] *s.* intromissão
intermediary [ˌɪntə'mi:dɪərɪ] *adj.,s.* intermediário
intermediate[1] [ˌɪntə'mi:dɪeɪt] *v.intr.* servir de intermediário, servir de mediador
intermediate[2] [ˌɪntə'mi:dɪət] Ⓐ *adj.* 1 intermediário; 2 intermédio Ⓑ *s.* 1 nível intermédio; 2 intermediário ❖ (bússola) ~ *points* pontos colaterais; (avião, barco) ~ *stop* escala; ~ *range (ballistic) missile* míssil de médio alcance; *without ~ stage* sem estado intermédio
intermediately [ˌɪntə'mi:dɪətlɪ] *adv.* 1 em posição intermediária; 2 indirectamente
intermedium [ˌɪntə'mi:dɪəm] *s.* (*pl.* -**ia** ou -**iums**) 1 coisa que actua como intermediária; 2 meio
interment [ɪn'tɜ:mənt] *s.* inumação, enterro
intermesh ['ɪntəmeʃ] *v.intr.* 1 engrenar; 2 entrosar-se; 3 encaixar
intermezzo [ˌɪntə'metsəʊ] *s.* (*pl.* -**s** ou -**i**) MÚSICA, TEATRO intermezzo
intermigration [ˌɪntəmaɪ'greɪʃn] *s.* migração duns países para os outros, de modo a efectuar-se duma maneira recíproca
interminable [ɪn'tɜ:mɪnəbəl] *adj.* 1 interminável; 2 que não tem fim
interminably [ɪn'tɜ:mɪnəblɪ] *adv.* interminavelmente
intermingle [ˌɪntə'mɪŋgl] *v.tr.,intr.* misturar, misturar-se; 2 confundir, confundir-se
intermingling [ˌɪntə'mɪŋglɪŋ] *s.* mistura
intermission [ˌɪntə'mɪʃn] *s.* 1 interrupção, suspensão, paragem; *without ~* sem interrupção; 2 intermissão, intermitência; 3 [EUA] intervalo
intermit [ˌɪntə'mɪt] *v.tr.,intr.* (particípios: -**tt**-) 1 suspender, interromper; 2 descontinuar, intermitir, interromper-se
intermittence [ˌɪntə'mɪtəns] *s.* 1 intermitência; 2 interrupção momentânea

intermittent [ˌɪntəˈmɪtənt] *adj.* 1 intermitente; 2 não contínuo ❖ ~ *fever* febre intermitente; ~ *operation* funcionamento intermitente; ~ *pulse* pulso intermitente; ~ *voltage drop* queda intermitente de voltagem
intermittently [ˌɪntəˈmɪtəntlɪ] *adv.* intermitentemente
intermix [ˌɪntəˈmɪks] *v.tr.,intr.* misturar, misturar-se
intermixture [ˌɪntəˈmɪkstʃə] *s.* mistura
intermundane [ˌɪntəˈmʌndeɪn] *adj.* relativo ao intermúndio
intermuscular [ˌɪntəˈmʌskjʊlə] *adj.* intermuscular
intern[1] [ɪnˈtɜːn] Ⓐ *v.tr.* deter por razões de segurança Ⓑ *v.intr.* 1 [EUA] (hospital) fazer o internato; 2 estagiar
intern[2] [ˈɪntɜːn] *s.* 1 [EUA, Can., Austr.] (médico) interno; 2 [EUA] estagiário
internal [ɪnˈtɜːnəl] *adj.* 1 interno, interior; ~ *connection* ligação interna; 2 nacional; relativo aos assuntos internos de um país; 3 íntimo ❖ ~ *angle* ângulo interno; ~ *combustion engine* motor de combustão interna; ~ *evidence* prova derivada da própria coisa em si; ~ *gearing* engrenagem interna; MEDICINA ~ *injuries* lesões internas; ~ *revenue* fisco; receitas fiscais; ~ *safety valve* válvula atmosférica; ~ *trade* comércio interno; ~ *wars* guerras intestinas
internalization [ɪnˌtɜːnəlaɪˈzeɪʃən] *s.* 1 interiorização; 2 assimilação
internalize [ɪnˈtɜːnəlaɪz] *v.tr.* 1 interiorizar; 2 assimilar, incorporar
internally [ɪnˈtɜːnlɪ] *adv.* internamente, interiormente, no íntimo
internals [ɪnˈtɜːnlz] *s.pl.* qualidades intrínsecas
international [ˌɪntəˈnæʃnəl] Ⓐ *adj.* internacional Ⓑ *s.* 1 DESPORTO jogador internacional; 2 DESPORTO competição internacional ❖ ~ *code of signals* código internacional de sinais; ~ *law* direito internacional; ~ *metric system* sistema métrico internacional; *International Monetary Fund* Fundo Monetário Internacional; ~ *relations* relações internacionais
International [ˌɪntəˈnæʃnəl] *s.* POLÍTICA (organização) a Internacional; *the Socialist* ~ a Internacional Socialista
internationalism [ˌɪntəˈnæʃənəlɪzəm] *s.* internacionalismo
internationalist [ˌɪntəˈnæʃənəlɪst] *adj.,s.* internacionalista
internationality [ˌɪntənæʃəˈnælɪtɪ] *s.* internacionalidade
internationalization [ˌɪntənæʃnəlaɪˈzeɪʃn] *s.* internacionalização
internationalize [ˌɪntəˈnæʃnəlaɪz] *v.tr.* internacionalizar
internationally [ˌɪntəˈnæʃnəlɪ] *adv.* internacionalmente
Internaut [ˈɪntənɔːt] *s.* INFORMÁTICA cibernauta
internecine [ˌɪntəˈniːsaɪn] *adj.* 1 mortífero, destruidor; 2 de extermínio mútuo
internecion [ˌɪntəˈniːʃn] *s.* [rar.] destruição, carnificina, mortandade
internee [ˌɪntɜːˈniː] *s.* internado
Internet [ˈɪntənet] *s.* Internet
internment [ɪnˈtɜːnmənt] *s.* 1 detenção; 2 internamento ❖ ~ *camp* campo de concentração
internode [ˈɪntənəʊd] *s.* 1 ANATOMIA falange; 2 BOTÂNICA entrenó, internódio
internship [ˈɪntɜːnʃɪp] *s.* 1 [EUA] MEDICINA internato; 2 [EUA] estágio de formação
internuncio [ˌɪntəˈnʌnʃɪəʊ] *s.* internúncio
interoceanic [ˌɪntəˌrəʊʃɪˈænɪk] *adj.* interoceânico
interocular [ˌɪntəˈrɒkjʊlə] *adj.* interocular
interosculate [ˌɪntərˈɒskjuleɪt] *v.intr.* 1 misturar-se uns com os outros; 2 formar elo de ligação entre dois grupos
interosseous [ˌɪntərˈɒsɪəs] *adj.* interósseo
interpage [ˌɪntəˈpeɪdʒ] *v.tr.* 1 imprimir em folhas intermédias; 2 inserir folhas brancas, interfoliar
interparietal [ˌɪntˌpəˈraɪətəl] *adj.* interparietal, situado entre os parietais
interpellant [ɪntɜːˈpelənt] *adj.,s.* (Parlamento) interpelante
interpellate [ɪnˈtɜːpəleɪt] *v.tr.* (Parlamento) interpelar
interpellation [ɪnˌtɜːpəˈleɪʃn] *s.* (Parlamento) interpelação
interpellator [ɪnˌtɜːpəˈleɪtə] *s.* (Parlamento) interpelador
interpenetrant [ˌɪntəˈpenɪtrənt] *adj.* interpenetrante
interpenetrate [ˌɪntəˈpenɪtreɪt] Ⓐ *v.intr.* interpenetrar-se Ⓑ *v.tr.* interpenetrar, insinuar-se em, imiscuir-se em
interpenetration [ˌɪntəpenɪˈtreɪʃn] *s.* interpenetração

interpersonal [ˌɪntəˈpɜːsnəl] *adj.* interpessoal; ~ *relationships* relações interpessoais ❖ ~ *skills* competências de relacionamento interpessoal
interphase [ˈɪntəfeɪz] *s.* BIOLOGIA (citologia) interfase
interphone [ˈɪntəfəʊn] *s.* intercomunicador
interpilaster [ˌɪntəpɪˈlæstə] *s.* ARQUITECTURA espaço entre duas pilastras
interplait [ˌɪntəˈplæt, ˌɪntəˈpleɪt] *v.tr.* entrelaçar
interplanetary [ˌɪntəˈplænɪtərɪ, ˌɪntəˈplænɪterɪ] *adj.* interplanetário
interplay [ˈɪntəpleɪ] *s.* 1 interacção, acção recíproca, efeito recíproco; 2 acção combinada
interplead [ˌɪntəˈpliːd] *v.intr.* DIREITO litigar uns com os outros por causa de questão respeitante a uma terceira parte
interpleader [ˌɪntəˈpliːdə] *s.* DIREITO litigação para determinar a posse de um bem reclamado por vários litigantes
interpleural [ˌɪntəˈplʊərəl] *adj.* interpleural
Interpol [abrev. de International Criminal Police Organization]
interpolar [ˌɪntəˈpəʊlə] *adj.* ELECTRICIDADE interpolar
interpolate [ɪnˈtɜːpəleɪt] *v.tr.* 1 interpolar; 2 intercalar
interpolation [ɪnˌtɜːpəˈleɪʃn] *s.* interpolação
interpolator [ɪnˈtɜːpəleɪtə] *s.* interpolador
interpole [ˈɪntɜːpəʊl] *s.* ELECTRICIDADE pólo auxiliar ❖ ~ *magnet* íman compensador; ELECTRICIDADE ~ *winding* enrolamento compensador ou auxiliar
interposal [ˌɪntəˈpəʊzl] *s.* interposição
interpose [ˌɪntəˈpəʊz] Ⓐ *v.tr.* 1 interromper; 2 interpor; 3 meter de permeio; colocar entre Ⓑ *v.intr.* 1 interpor-se, meter-se; 2 servir de medianeiro; 3 intervir; *to* ~ *in a dispute* intervir numa questão
interposition [ˌɪntəpəˈzɪʃn] *s.* intervenção, interposição
interpret [ɪnˈtɜːprɪt] Ⓐ *v.tr.* 1 interpretar; entender; explicar; *to* ~ *sth as...* entender algo como sendo...; 2 (artes, espectáculo) interpretar; executar; desempenhar; *to* ~ *a song* interpretar uma canção Ⓑ *v.intr.* trabalhar como intérprete [for, para]; servir de intérprete [**for**, a]
interpretable [ɪnˈtɜːprɪtəbəl] *adj.* interpretável
interpretation [ɪnˌtɜːprɪˈteɪʃn] *s.* 1 interpretação, explicação; 2 desempenho
interpretative [ɪnˈtɜːprɪtətɪv] *adj.* interpretativo
interpreter [ɪnˈtɜːprɪtə] *s.* (tradutor, actor, músico) intérprete ❖ *to act as an* ~ servir de intérprete
interpretership [ɪnˈtɜːprɪtəʃɪp] *s.* qualidade de intérprete
interpreting [ɪnˈtɜːprɪtɪŋ] *s.* interpretação
interpretive [ɪnˈtɜːprɪtɪv] *adj.* interpretativo
interpretress [ɪnˈtɜːprɪtrəs] *s.f.* (*pl.* -es) [rar., arc.] intérprete
interprovincial [ɪnˌtəprəˈvɪnʃl] *adj.* interprovincial
interpunctuate [ˌɪntəˈpʌŋktʃueɪt, ˌɪntəˈpʌŋktjueɪt] *v.tr.* pontuar, colocar a pontuação
interpunctuation [ˌɪntəpʌŋktʃuˈeɪʃn, ˌɪntəpʌŋktjuˈeɪʃn] *s.* pontuação
interracial [ˌɪntəˈreɪʃl] *adj.* 1 inter-racial; 2 misto
interregnum [ˌɪntəˈreɡnəm] *s.* (*pl.* -a ou -s) interregno
interrelate [ˌɪntərɪˈleɪt] Ⓐ *v.tr.* inter-relacionar Ⓑ *v.intr.* inter-relacionar-se
interrelated [ˌɪntərɪˈleɪtɪd] *adj.* correlacionado, interligado, em estreita ligação
interrelation [ˌɪntərɪˈleɪʃn] *s.* 1 inter-relação, interligação; 2 relação mútua
interrelationship [ˌɪntərɪˈleɪʃənʃɪp] *s.* inter-relação; interligação; correlação; ligação estreita
inter-resist [ˌɪntərɪˈzɪst] *v.intr.* opor-se reciprocamente
interrogate [ɪnˈterəɡeɪt] *v.tr.* interrogar, perguntar
interrogation [ɪnˌterəˈɡeɪʃn] *s.* 1 interrogação, pergunta; 2 interrogatório; *police interrogations* interrogatórios policiais ❖ ~ *mark/point* ponto de interrogação (?)
interrogative [ˌɪntəˈrɒɡətɪv] Ⓐ *adj.* 1 interrogativo; ~ *pronoun* pronome interrogativo; ~ *sentence* oração interrogativa; 2 interrogador; de dúvida; de interrogação; ~ *look* olhar interrogador Ⓑ *s.* 1 LINGUÍSTICA pronome interrogativo; 2 LINGUÍSTICA (frases) forma interrogativa; *in the* ~ na interrogativa
interrogatively [ˌɪntəˈrɒɡətɪvlɪ] *adv.* 1 interrogativamente; 2 interrogadoramente

interrogator [ɪnˈterəgeɪtə] s. interrogador
interrogatory [ˌɪntəˈrɒgətərɪ] Ⓐ adj. interrogador; ~ *tone* tons interrogadores Ⓑ s. 1 DIREITO interrogatório; 2 DIREITO perguntas feitas ao acusado
interrupt [ˌɪntəˈrʌpt] v.tr. 1 interromper; *to ~ a conversation* interromper uma conversa; *to ~ a speaker* interromper um orador; 2 suspender; 3 interceptar; 4 perturbar; estorvar
interrupted [ˌɪntəˈrʌptɪd] adj. interrompido ❖ RÁDIO ~ *continuous waves* ondas contínuas interrompidas; ~ *direct current* corrente contínua intermitente; ~ *movement* movimento intermitente
interrupter [ˌɪntəˈrʌptə] s. 1 pessoa que interrompe; 2 ELECTRICIDADE interruptor, disjuntor
interruption [ˌɪntəˈrʌpʃn] s. 1 interrupção; 2 suspensão; 3 pausa; intervalo ❖ ELECTRICIDADE ~ *frequency oscillator* oscilador da frequência da interrupção; ~ *in continuity* solução de continuidade
interruptor [ˌɪntəˈrʌptə] s. 1 ELECTRICIDADE interruptor; 2 comutador
interruptory [ˌɪntəˈrʌptərɪ] adj. interruptor
interscapular [ˌɪntəˈskæpjʊlə] adj. interescapular, situado entre os ombros
inter-school [ˌɪntəˈskuːl] adj. interescolar
intersect [ˌɪntəˈsekt] v.tr.,intr. 1 interceptar, cortar, atravessar; 2 interceptar-se, cruzar-se, cortar-se
intersecting [ˌɪntəˈsektɪŋ] adj. 1 atravessado; 2 que atravessa; 3 que se interceptam ❖ ~ *plane* plano de intercepção; ~ *point* ponto de intercepção; ~ *shafts* eixos concorrentes
intersection [ˌɪntəˈsekʃn] s. 1 (estradas) cruzamento; 2 intersecção; 3 corte ❖ ~ *plane* plano de intersecção
intershot [ˌɪntəˈʃɒt] adj. com brilho de furta-cores
intersidereal [ˌɪntəsaɪˈdɪərɪəl] adj. interestelar
interspace [ˈɪntəspeɪs] Ⓐ s. 1 espaço intermédio, espaço intermediário; 2 intervalo Ⓑ v.tr. espaçar, intervalar
intersperse [ˌɪntəˈspɜːs] v.tr. 1 entremear, interpolar; 2 esparzir, espargir, disseminar por aqui e por ali; 3 espalhar
interspersion [ˌɪntəˈspɜːʃn] s. 1 acto ou efeito de entremear; 2 espargimento; 3 difusão
interstate [ˌɪntəˈsteɪt] Ⓐ adj. interestadual Ⓑ s. [EUA] auto-estrada interestadual
interstellar [ˌɪntəˈstelə] adj. interestelar
interstice [ɪnˈtɜːstɪs] s. 1 interstício; 2 pequenos intervalos entre as partes dum todo
interstitial [ˌɪntɜːˈstɪʃəl] adj. intersticial
intertangle [ˌɪntəˈtæŋgl] v.tr. enredar, emaranhar, embrulhar
intertanglement [ˌɪntəˈtæŋglmənt] s. enredamento, emaranhamento, confusão
intertextual [ˌɪntəˈtekstʃuəl] adj. intertextual
intertextuality [ˌɪntətekstʃuˈælɪtɪ] s. intertextualidade
intertextually [ˌɪntəˈtekstʃuəlɪ] adv. intertextualmente
intertexture [ˌɪntəˈtekstʃə] s. 1 entrelaçamento; 2 textura
intertrade [ˈɪntətreɪd] s. comércio em base de reciprocidade
intertribal [ˌɪntəˈtraɪbl] adj. 1 intertribal; 2 entre tribos
intertropical [ˌɪntəˈtrɒpɪkl] adj. intertropical
intertwine [ˌɪntəˈtwaɪn] v.tr.,intr. entrelaçar, entrelaçar-se, enlaçar-se
intertwinement [ˌɪntəˈtwaɪnmənt] s. enlaçamento, entrelaçamento
intertwining [ˌɪntəˈtwaɪnɪŋ] Ⓐ adj. 1 que se enlaça; 2 que se entrelaça Ⓑ s. enlaçamento, entrelaçamento
intertwist [ˌɪntəˈtwɪst] v.tr. enlaçar, entrelaçar
interunion [ˌɪntərˈjuːnjən] adj. intersindical
interurban [ˌɪntərˈɜːbən] adj. 1 suburbano; 2 interurbano
interval [ˈɪntəvl] s. 1 intervalo; *meal ~* intervalo para refeição; 2 espaço (entre duas coisas ou dois factos); distância; 3 intermitência; 4 MÚSICA intervalo; 5 pausa ❖ ~ *meter* medidor de intermitências; *at regular intervals* regularmente; *at short intervals* com pequenos intervalos; com frequência; *by intervals* de quando em quando
intervein [ˌɪntəˈveɪn] v.tr. listrar, raiar
intervene [ˌɪntəˈviːn] v.intr. 1 intervir [in, em]; 2 interferir; meter-se de permeio; intrometer-se; *they'll go next month if nothing intervenes* eles partem no próprio mês se não houver nada a interferir; 3 (tempo) passar; sobrevir; acontecer; suceder; *fifty years intervened* cinquenta anos se passaram
intervener [ˌɪntəˈviːnə] s. DIREITO fiador, interveniente
intervening [ˌɪntəˈviːnɪŋ] adj. 1 intermédio; 2 seguinte; *in the ~ years* nos anos seguintes; 3 que aconteceu; que sucedeu; *the ~ month* o mês que entretanto passou; 4 interveniente; intermediário
intervention [ˌɪntəˈvenʃn] s. 1 intervenção; 2 intromissão; 3 interposição ❖ *armed ~* intervenção armada
interventionism [ˌɪntəˈvenʃənɪzəm] s. POLÍTICA, ECONOMIA intervencionismo
interventionist [ˌɪntəˈvenʃənɪst] adj.,s. intervencionista
interventricular [ˌɪntəvenˈtrɪkjʊlə] adj. interventricular
interview [ˈɪntəvjuː] Ⓐ s. entrevista Ⓑ v.tr. entrevistar, ter uma entrevista com ❖ *to give an ~ to* dar uma entrevista a
interviewee [ˌɪntəvjuˈiː] s. 1 entrevistado; 2 (recrutamento de pessoal) candidato
interviewer [ˈɪntəvjuːə] s. entrevistador
intervolve [ˌɪntəˈvɒlv] v.tr. enrolar (coisas umas nas outras)
interweave [ˌɪntəˈwiːv] v.tr.,intr. (prt. **interwove**, part. pass. **interwoven**) 1 entrelaçar, entremear, entretecer; 2 tecer juntamente; 3 entrelaçar-se; 4 misturar intimamente
interweaving [ˌɪntəˈwiːvɪŋ] s. entrelaçamento
interwind [ˌɪntəˈwaɪnd] v.tr.,intr. (prt. e part. pass. **interwound**) 1 entrelaçar, fundir, entretecer intimamente; 2 entrelaçar-se
interwork [ˌɪntəˈwɜːk] v.tr.,intr. (prt. e part. pass. **interworked** ou **interwrought**) 1 entremear [with, de]; 2 reagir reciprocamente
interwound [ˌɪntəˈwaʊnd] prt. e part. pass. de **to interwind**
interwove [ˌɪntəˈwəʊv] prt. de **to interweave**
interwoven [ˌɪntəˈwəʊvn] part. pass. de **to interweave**
intestacy [ɪnˈtestəsɪ] s. 1 situação de intestado; 2 falta de testamento
intestate [ɪnˈtesteɪt] Ⓐ adj. intestado, que não deixou testamento Ⓑ s. pessoa que não deixou testamento ❖ *to die ~* morrer intestado; morrer sem testamento
intestinal [ɪnˈtestɪnəl] adj. intestinal ❖ ~ *tuberculosis* tuberculose intestinal; ~ *blockage* oclusão intestinal; |joc.| (coragem) ~ *fortitude* estômago_fig._
intestine [ɪnˈtestɪn] Ⓐ s. 1 ANATOMIA intestino; *large ~* intestino grosso; *small ~* intestino delgado; 2 tripa_coloq._ Ⓑ adj. intestino; interior; interno; ~ *motion* movimento interno
intimacy [ˈɪntɪməsɪ] s. (pl. **-ies**) 1 intimidade; 2 amizade íntima; 3 acto íntimo; 4 relações íntimas, relações sexuais
intimate[1] [ˈɪntɪmeɪt] v.tr. 1 dar a entender; 2 fazer saber; 3 mostrar, declarar, anunciar; 4 sugerir ❖ *he intimated to me that ...* ele fez-me saber que ... ; ele declarou-me que ...
intimate[2] [ˈɪntɪmət] Ⓐ adj. 1 íntimo; ~ *feelings* sentimentos íntimos; 2 que goza de intimidade; 3 muito dado e familiar; 4 (relação) muito particular, muito próximo, muito pessoal; *to be very ~ with* ser muito próximo de...; 5 [form.] profundo; *to have an ~ knowledge of the subject* ter um conhecimento profundo do assunto; 6 [form.] sexual; *to have ~ relations with sb* ter relações sexuais com alguém Ⓑ s. (relação próxima) íntimo
intimation [ˌɪntɪˈmeɪʃn] s. 1 comunicação, citação, aviso; 2 indicação indirecta, insinuação, sugestão
intimidate [ɪnˈtɪmɪdeɪt] v.tr. intimidar, assustar, inspirar receio ou temor
intimidating [ɪnˈtɪmɪdeɪtɪŋ] adj. 1 que intimida, intimidativo, intimidador; 2 que infunde temor
intimidation [ɪnˌtɪmɪˈdeɪʃn] s. 1 intimidação; 2 ameaça; 3 medo
intimidator [ɪnˈtɪmɪdeɪtə] s. intimidador, aquele que intimida
intimidatory [ɪnˌtɪmɪˈdeɪtərɪ, ɪnˈtɪmɪdətərɪ] adj. intimidador
intimity [ɪnˈtɪmətɪ] s. 1 intimidade; 2 vida íntima
into [ˈɪntuː, ˈɪntə] prep. 1 para dentro de; em direcção ao interior de; para; *he jumped ~ the water* ele saltou para a água; *he looked ~ the room* ele espreitou para dentro do quarto; *the blood passes from the ventricle ~ the aorta* o sangue passa do ventrículo para a aorta; 2 por; *to divide 50 ~ 8* dividir 50 por 8; 3 contra; *they crashed ~ a tree* eles bateram contra uma árvore ❖ *I changed ~ white flannels* vesti umas calças brancas de flanela; *the man dived ~ the sea* o homem mergulhou no mar; *the window opens ~ the garden* a janela dá para o jardim; *to be ~* ser um apreciador de; *to break ~ pieces*

quebrar em bocados; *to fall ~ the hands of* cair nas mãos de; *to grow ~ a man* ficar um homem; tornar-se homem; *to look ~ the future* prever o futuro; *to translate from Portuguese ~ English* traduzir do Português para o Inglês

intoed [ˈɪntəʊd] *adj.* com os dedos dos pés virados para dentro
intolerable [ɪnˈtɒlərəbəl] *adj.* intolerável, insuportável
intolerableness [ɪnˈtɒlərəblnəs] *s.* intolerabilidade
intolerably [ɪnˈtɒlərəblɪ] *adv.* intoleravelmente, insuportavelmente
intolerance [ɪnˈtɒlərəns] *s.* intolerância, intolerantismo
intolerant [ɪnˈtɒlərənt] *adj.* intolerante ❖ *to be ~ of* não tolerar; não admitir; não suportar
intolerantly [ɪnˈtɒlərəntlɪ] *adv.* intolerantemente
intoleration [ɪnˌtɒləˈreɪʃn] *s.* intolerância
intonate [ˈɪntəʊneɪt] *v.tr.* ⇒ **intone**
intonation [ˌɪntəˈneɪʃn] *s.* 1 entoação, entoamento; 2 salmodia
intone [ɪnˈtəʊn] *v.tr.* entoar, salmodiar
intorsion [ɪnˈtɔːʃn] *s.* BOTÂNICA intorção; direcção que as plantas tomam, diversa da que naturalmente deveriam seguir
intoxicant [ɪnˈtɒksɪkənt] Ⓐ *adj.* embriagante, embriagador Ⓑ *s.* bebida alcoólica
intoxicate [ɪnˈtɒksɪkeɪt] *v.tr.* 1 embriagar, embebedar, alcoolizar, etilizar; 2 inebriar
intoxicated [ɪnˈtɒksɪkeɪtɪd] *adj.* 1 ébrio, embriagado, alcoolizado, etilizado; 2 [fig.] inebriado, arrebatado ❖ *to be ~ with* estar embriagado com; *to become ~* embriagar-se; embebedar-se
intoxicating [ɪnˈtɒksɪkeɪtɪŋ] *adj.* 1 embriagador; 2 inebriante ❖ *~ liquors* bebidas alcoólicas
intoxication [ɪnˌtɒksɪˈkeɪʃn] *s.* 1 embriaguez, bebedeira; 2 êxtase, entusiasmo; 3 intoxicação, envenenamento
intracellular [ˌɪntrəˈseljʊlə] *adj.* intracelular
intracerebral [ˌɪntrəˈserəbrəl] *adj.* intracerebral
intracranial [ˌɪntrəˈkreɪnɪəl] *adj.* intracraniano
intractability [ɪnˌtræktəˈbɪlɪtɪ] *s.* 1 intratabilidade; 2 insociabilidade; 3 impossibilidade de cultivo; 4 irascibilidade
intractable [ɪnˈtræktəbəl] *adj.* 1 intratável, insociável, irascível; 2 rebelde, insubmisso, teimoso; 3 (problema) difícil, delicado
intractableness [ɪnˈtræktəblnəs] *s.* ⇒ **intractability**
intractably [ɪnˈtræktəblɪ] *adv.* intratavelmente; de forma intratável
intradermic [ˌɪntrəˈdɜːmɪk] *adj.* intradérmico
intrados [ˈɪntreɪdɒs] *s.* ⟨*pl.* -es⟩ ARQUITECTURA intradorso, parte interior e côncava de abóbada ou arco
intramedullary [ˌɪntrəmeˈdʌlərɪ, ˌɪntrəˈmedələrɪ] *adj.* intramedular
intramolecular [ˌɪntrəməˈlekjʊlə] *adj.* intramolecular
intramundane [ˌɪntrəˈmʌndeɪn] *adj.* existente dentro do mundo
intramural [ˌɪntrəˈmjʊərəl] *adj.* 1 de intramuros; 2 de dentro dos muros ou muralhas de povoação
intramurally [ˌɪntrəˈmjʊərəlɪ] *adv.* intramuros
intramuscular [ˌɪntrəˈmʌskjʊlə] *adj.* intramuscular
intranational [ˌɪntrəˈnæʃnəl] *adj.* nacional
intranet [ˈɪntrənet] *s.* INFORMÁTICA intranet, rede de comunicação interna
In trans. [abrev. de In transitu (On the passage)]
intranscalent [ˌɪntrænsˈkeɪlənt] *adj.* 1 imune ao calor; 2 que se não deixa atravessar pelo calor
intransigence [ɪnˈtrænsɪdʒəns] *s.* intransigência
intransigency [ɪnˈtrænsɪdʒənsɪ] *s.* intransigência
intransigent [ɪnˈtrænsɪdʒənt] Ⓐ *adj.* intransigente Ⓑ *s.* pessoa intransigente
intransigentist [ɪnˈtrænsɪdʒəntɪst] *s.* intransigente (em política)
intransitive [ɪnˈtrænsɪtɪv] Ⓐ *adj.* LINGUÍSTICA intransitivo Ⓑ *s.* LINGUÍSTICA verbo intransitivo
intransitively [ɪnˈtrænsətɪvlɪ] *adv.* intransitivamente
intransitiveness [ɪnˈtrænsɪtɪvnəs] *s.* LINGUÍSTICA intransitividade
intransmissible [ˌɪntrænsˈmɪsəbəl] *adj.* intransmissível
intransmutable [ˌɪntrænsˈmjuːtəbəl] *adj.* intransmutável
intransparency [ˌɪntrænsˈpærənsɪ] *s.* intransparência
intrant [ˈɪntrænt] *s.* principiante, pessoa que pela primeira vez toma parte em qualquer actividade

intraocular [ˌɪntrəˈɒkjʊlə] *adj.* intra-ocular
intrauterine [ˌɪntrəˈjuːtəraɪn] *adj.* intra-uterino ❖ (contracepção) *~ device* dispositivo intra-uterino
intravascular [ˌɪntrəˈvæskjʊlə] *adj.* intravascular
intravascularly [ˌɪntrəˈvæskjʊləlɪ] *adv.* 1 de modo intravascular; 2 no interior de vaso sanguíneo
intravenous [ˌɪntrəˈviːnəs] *adj.* intravenoso, endovenoso; *~ injection* injecção intravenosa; *~ saline solution* solução salina endovenosa
intraventricular [ˌɪntrəvenˈtrɪkjʊlə] *adj.* intraventricular
intrepid [ɪnˈtrepɪd] *adj.* intrépido, corajoso
intrepidity [ˌɪntrəˈpɪdətɪ] *s.* intrepidez, coragem
intrepidly [ɪnˈtrepɪdlɪ] *adv.* 1 intrepidamente; 2 corajosamente
intricacy [ˈɪntrɪkəsɪ] *s.* ⟨*pl.* **-ies**⟩ 1 complicação, confusão, embrulhada, complexidade; 2 *pl.* coisas complicadas; 3 *pl.* pormenores, detalhes
intricate [ˈɪntrɪkət] *adj.* 1 intrincado, confuso, complicado, complexo; 2 difícil de desenredar
intricately [ˈɪntrɪkətlɪ] *adv.* intrincadamente
intrigant [ˈɪntrɪɡənt] *s.* [arc.] intriguista
intrigante [ˈɪntrɪɡənt] *s.* {fem. de **intrigant**}
intriguant [ˈɪntrɪɡənt] *s.* [arc.] intriguista
intriguante [ˌɪntrɪˈɡɑːnt] *s.* {fem. de **intriguant**}
intrigue [ɪnˈtriːɡ] Ⓐ *v.intr.* intrigar; urdir intrigas; mexericar; *to ~ against* intrigar contra Ⓑ *v.tr.* (interessar) intrigar; espicaçar a curiosidade de; chamar a atenção de Ⓒ *s.* 1 intriga; 2 trama; conspiração; 3 maquinação; 4 mexerico; 5 enredo secreto, paixão secreta
intriguer [ɪnˈtriːɡə] *s.* intriguista
intriguing [ɪnˈtriːɡɪŋ] Ⓐ *adj.* 1 estranho, intrigante, que dá que pensar; 2 intriguista, mexeriqueiro Ⓑ *s.* 1 intriga; 2 mexericos; 3 enredo, complicação
intrinsic [ɪnˈtrɪnsɪk] *adj.* 1 intrínseco; 2 real
intrinsically [ɪnˈtrɪnsɪkəlɪ] *adv.* intrinsecamente
intro. Ⓐ [abrev. de introduction] Ⓑ [abrev. de introductory]
intro [ˈɪntrəʊ] *s.* ⟨*pl.* **intros**⟩ 1 [coloq.] abertura; 2 [coloq.] introdução; 3 [coloq.] apresentação
introduce [ˌɪntrəˈdjuːs] *v.tr.* 1 introduzir; inserir; colocar dentro de; 2 apresentar; *allow me to ~ my friend Mr. Smith* permita-me que lhe apresente o meu amigo, o sr. Smith; 3 iniciar; *to ~ sb into sth* iniciar uma pessoa em alguma coisa ❖ (Parlamento) *to ~ a bill* apresentar um projecto de lei
introducer [ˌɪntrəˈdjuːsə] *s.* 1 introdutor; 2 aquele que apresenta
introduction [ˌɪntrəˈdʌkʃn] *s.* 1 introdução; *~ to Portuguese Grammar* introdução à gramática portuguesa; 2 apresentação; *I'll make the introductions* eu faço as apresentações; 3 (primeira experiência) iniciação [**to**, a]; 4 (procedimento, lei, etc.) instituição; 5 prefácio, preâmbulo; 6 importação ❖ *letter of ~* carta de recomendação; carta de apresentação
introductive [ˌɪntrəˈdʌktɪv] *adj.* introdutivo
introductorily [ˌɪntrəˈdʌktrəlɪ] *adv.* introdutoriamente
introductory [ˌɪntrəˈdʌktərɪ] *adj.* introdutório; de introdução; inicial; *after a few ~ remarks* depois de algumas observações iniciais ❖ COMÉRCIO *~ offer* oferta de lançamento
introflexed [ˌɪntrəʊˈflekst] *adj.* côncavo
introflexion [ˌɪntrəʊˈflekʃn] *s.* reentrância
introgression [ˌɪntrəʊˈɡreʃn] *s.* 1 ingresso; 2 entrada
introit [ˈɪntrɔɪt, ˈɪntrəʊɪt] *s.* intróito
intromission [ˌɪntrəʊˈmɪʃn] *s.* 1 intromissão, ingerência; 2 admissão, introdução
intromit [ˌɪntrəʊˈmɪt] *v.tr.,intr.* (particípios: **-tt-**) 1 intrometer-se, imiscuir-se; 2 admitir, permitir a admissão de, introduzir, fazer entrar
intron [ˈɪntrɒn] *s.* BIOLOGIA (genética) íntron
introrse [ɪnˈtrɔːs] *adj.* 1 BOTÂNICA introrso; 2 BOTÂNICA (antera) cuja deiscência está voltada para o lado interno da flor
introspect [ˌɪntrəˈspekt] *v.intr.* fazer uma introspecção
introspection [ˌɪntrəˈspekʃn] *s.* introspecção
introspective [ˌɪntrəˈspektɪv] *adj.* introspectivo
introsuscept [ˌɪntrəʊsəˈsept] *v.intr.* invaginar-se
introsusception [ɪnˌtrəʊsəˈsepʃn] *s.* 1 invaginação; 2 intussuscepção

introversion [ˌɪntrəʊˈvɜːʃn, ˌɪntrəˈvɜːʒn] s. 1 introversão; 2 invaginação
introvert¹ [ˈɪntrəvɜːt, ˈɪntrəʊvɜːt] s. PSICOLOGIA introvertido
introvert² [ˌɪntrəˈvɜːt, ˌɪntrəʊˈvɜːt] v.tr. 1 introverter; 2 voltar do avesso
introverted [ˈɪntrəvɜːtɪd, ˈɪntrəʊvɜːtɪd] adj. 1 introvertido; 2 virado do avesso
intrude [ɪnˈtruːd] v.tr.,intr. 1 incomodar; *I hope I'm not intruding* espero não incomodar; 2 intrometer-se [on, em]; interferir [on, com]; 3 forçar ilegitimamente; 4 introduzir-se à força em; 5 apresentar-se sem ter sido convidado; 6 proceder como um intruso ❖ *to ~ one's opinion upon...* impor a sua opinião a...
intruded [ɪnˈtruːdɪd] adj. que se introduziu à força
intruder [ɪnˈtruːdə] s. 1 intruso; 2 usurpador, pessoa que ilegalmente se apossou de bens, etc.
intrusion [ɪnˈtruːʒn] s. 1 intrusão, intromissão; 2 GEOLOGIA irrupção de rocha, em estado de fusão, entre estratos diferentes; 3 DIREITO intrusão, apropriação ilegítima, posse ilegal de uma coisa; 4 [Esc.] empossamento de ministro da Igreja escocesa sem consentimento dos fiéis
intrusive [ɪnˈtruːsɪv] adj. importuno, incómodo, indiscreto, intruso
intrusively [ɪnˈtruːsɪvlɪ] adv. 1 indiscretamente; 2 duma maneira importuna; 3 ostensivamente; irritantemente
intrusiveness [ɪnˈtruːsɪvnəs] s. 1 carácter intrusivo; 2 inoportunidade; 3 indiscrição
intrust [ɪnˈtrʌst] v.tr. ⇒ **entrust**
intubate [ˈɪntjubeɪt] v.tr. MEDICINA (vias respiratórias) intubar
intubation [ˌɪntjuˈbeɪʃn] s. MEDICINA (vias respiratórias) intubação
intuit [ɪnˈtjuːɪt] v.tr. intuir, compreender por intuição
intuition [ˌɪntjuˈɪʃn] s. 1 intuição; *female ~* intuição feminina; *to have an ~ of* ter a intuição de; *to know by ~* intuir, saber por intuição; 2 pressentimento; 3 visão beatífica
intuitional [ˌɪntjuˈɪʃənəl] adj. intuitivo
intuitionalism [ˌɪntjuˈɪʃnəlɪzəm] s. intuicionismo
intuitionalist [ˌɪntjuˈɪʃnəlɪst] s. intuicionista
intuitive [ɪnˈtjuːɪtɪv] adj. 1 intuitivo; *~ method* método intuitivo; 2 percebido por intuição; 3 com intuição
intuitively [ɪnˈtjuːɪtɪvlɪ] adv. intuitivamente
intumesce [ˌɪntjuˈmes] v.intr. intumescer
intumescence [ˌɪntjuˈmesns] s. intumescência, tumescência
intumescent [ˌɪntjuˈmesnt] adj. intumescente, entumecente, tumescente
inturned [ˈɪntɜːnd] adj. virado para dentro
intussusception [ˌɪntəsəˈsepʃn] s. 1 intussuscepção; 2 invaginação
inula [ˈɪnjʊlə] s. BOTÂNICA ínula
inulin [ˈɪnjʊlɪn] s. QUÍMICA inulina
inunction [ɪnˈʌŋkʃn] s. acto de untar ou friccionar com óleo
inundate [ˈɪnʌndeɪt] v.tr. 1 (abundância) inundar [with, de]; submergir [with, com]; 2 [form.] (cheia) inundar
inundation [ˌɪnʌnˈdeɪʃn] s. inundação
inurbane [ˌɪnɜːˈbeɪn] adj. 1 com pouca urbanidade; 2 incorrecto
inurbanity [ˌɪnɜːˈbænɪtɪ] s. 1 descortesia, falta de urbanidade; 2 incorrecção
inure [ɪˈnjʊə] Ⓐ v.tr.,intr. 1 habituar [to, a]; acostumar [to, a]; 2 preparar [to, para] Ⓑ v.intr. DIREITO entrar em vigor ❖ *to be inured to* ser imune a
inurement [ɪˈnjʊəmənt] s. 1 hábito, habituação; 2 preparação
inuring [ɪˈnjʊərɪŋ] s. 1 DIREITO entrada em vigor; 2 acto ou efeito de habituar ou acostumar
inurn [ɪnˈɜːn] v.tr. (cinzas de defunto) encerrar em urna
inutility [ˌɪnjuˈtɪlətɪ] s. inutilidade
inv. Ⓐ [abrev. de He designed (invenit)] Ⓑ [abrev. de invariable] Ⓒ [abrev. de invented] Ⓓ [abrev. de invention] Ⓔ [abrev. de inventor] Ⓕ [abrev. de invoice]
invade [ɪnˈveɪd] v.tr. 1 invadir, entrar por meio da força em território alheio; 2 atacar; 3 acorrer em grande número a; 4 usurpar, infringir, violar
invader [ɪnˈveɪdə] s. 1 invasor; 2 usurpador (de direitos de outrem)
invading [ɪnˈveɪdɪŋ] Ⓐ adj. invasor, que invade; *~ force* força invasora Ⓑ s. 1 invasão; 2 (direitos) usurpação

invaginate [ɪnˈvædʒɪneɪt] v.tr.,intr. 1 invaginar; 2 dobrar-se para dentro
invaginated [ɪnˈvædʒɪneɪtɪd] adj. invaginado
invagination [ɪnˌvædʒɪˈneɪʃn] s. invaginação
invalid¹ [ˈɪnvəliːd] Ⓐ adj.,s. 1 inválido; 2 enfermo, doente; 3 incapaz de exercer qualquer actividade; 4 fisicamente incapaz Ⓑ v.tr.,intr. 1 tornar doente, fazer enfermo; 2 reformar, afastar do serviço activo por doença; 3 MILITAR (por doença) licenciar; 4 reformar-se ❖ *~ chair* cadeira de rodas
◆**invalid out** v.tr. MILITAR (por doença) licenciar; *to invalid sb out of the army* licenciar alguém
invalid² [ɪnˈvælɪd] adj. DIREITO não válido; nulo; sem valor; sem qualquer efeito; *~ argument* razão destituída de valor ❖ *to become ~* perder a validade; caducar
invalidate [ɪnˈvælɪdeɪt] v.tr. 1 invalidar, declarar nulo e sem valor; 2 impugnar a validade de
invalidation [ɪnˌvælɪˈdeɪʃn] s. invalidação
invalidism [ɪnˈvælɪdɪzəm] s. 1 invalidez; 2 valetudinarismo
invalidity [ˌɪnvəˈlɪdətɪ] s. 1 falta de validade; 2 valetudinarismo
invaluable [ɪnˈvæljʊəbəl] adj. de grande valor, inestimável, incalculável, que não pode pagar-se
invaluableness [ɪnˈvæljʊəblnəs] s. valor inestimável
invar [ɪnˈvɑː] s. (aço) invar
invariability [ɪnˌveərɪəˈbɪlɪtɪ] s. invariabilidade
invariable [ɪnˈveərɪəbəl] adj. invariável
invariableness [ɪnˈveərɪəblnəs] s. ⇒ **invariability**
invariably [ɪnˈveərɪəblɪ] adv. invariavelmente
invariance [ɪnˈveərɪəns] s. MATEMÁTICA invariância, propriedade das invariantes
invariant [ɪnˈveərɪənt] adj.,s. invariante
invasion [ɪnˈveɪʒn] s. 1 invasão; 2 incursão; 3 ataque; 4 usurpação ❖ *~ barge* barcaça de desembarque; barcaça de invasão; *~ of privacy* invasão de privacidade
invasive [ɪnˈveɪsɪv] adj. invasor, que invade
invective [ɪnˈvektɪv] s. invectiva, diatribe, expressão injuriosa
inveigh [ɪnˈveɪ] v.intr. [form.] invectivar; pronunciar invectivas [against, contra]
inveigher [ɪnˈveɪə] s. pessoa que invectiva; invectivador
inveigle [ɪnˈveɪgl, ɪnˈviːgl] v.tr. instigar [into, a]; persuadir [into, a]; induzir [into, a]; *to ~ sb into doing sth* levar alguém a fazer alguma coisa
inveiglement [ɪnˈveɪglmənt, ɪnˈviːglmənt] s. 1 atracção, sedução; 2 engodo; 3 chamariz
inveigler [ɪnˈveɪglə, ɪnˈviːglə] s. sedutor, aliciador
inveigling [ɪnˈveɪglɪŋ, ɪnˈviːglɪŋ] s. sedução, aliciação
invent [ɪnˈvent] v.tr. 1 inventar; 2 forjar (desculpa, razão, etc.)
invention [ɪnˈvenʃn] s. 1 invenção; 2 (objecto) invento; 3 engenho; criatividade; 4 fantasia; 5 mentira ❖ (comemorada a 3 de Maio) *the Invention of the Cross* a invenção da Santa Cruz; *necessity is the mother of ~* a necessidade aguça o engenho
inventive [ɪnˈventɪv] adj. 1 inventivo; 2 criador
inventiveness [ɪnˈventɪvnəs] s. 1 inventividade, faculdade de invenção; 2 imaginação criativa
inventor [ɪnˈventə] s. inventor
inventorize [ɪnˈventəraɪz] v.tr. 1 inventariar; 2 fazer inventário de; 3 enumerar cuidadosamente
inventory [ˈɪnvəntrɪ, ˈɪnvəntərɪ] Ⓐ s. (pl. -ies) 1 (bens, mobília, etc.) inventário; *to draw up an ~* fazer um inventário, inventariar; 2 (mercadorias) registo Ⓑ v.tr. inventariar, fazer inventário de
inventress [ɪnˈventrəs] s.f. (pl. -es) inventora
Inverlochy [ˌɪnvəˈlɒkɪ, ˌɪnvəˈlɒxɪ] s. nome dum castelo escocês hoje em ruínas, em Inverness-shire
inverness [ˌɪnvəˈnes] s. (pl. -es) VESTUÁRIO capa sem mangas para homem
Inverness [ˌɪnvəˈnes] s.top. nome de cidade escocesa ❖ VESTUÁRIO *~ cloak/coat* capa sem mangas para homem
inverse [ɪnˈvɜːs] Ⓐ adj. 1 inverso; em posição inversa; 2 ao contrário; invertido Ⓑ s. inverso; contrário ❖ MATEMÁTICA *~ function* função inversa; *in ~ order* em ordem inversa; *in ~ ratio/proportion to...* inversamente proporcional a...
inversely [ˌɪnˈvɜːslɪ] adv. inversamente ❖ *~ proportional* inversamente proporcional
inversion [ɪnˈvɜːʃn, ɪnˈvɜːʒn] s. 1 inversão; 2 LITERATURA hipérbato

invert¹ [ɪnˈvɜːt] v.tr. 1 inverter; 2 pôr em sentido contrário; 3 interverter; 4 MÚSICA inverter a posição relativa das notas dum acorde; 5 alterar

invert² [ˈɪnvɜːt] Ⓐ s. 1 revestimento de represa; 2 arco invertido de apoio Ⓑ adj. QUÍMICA invertido, com desdobramento hidrolítico dos diolosídeos; ~ *sugar* açúcar invertido

invertase [ɪnˈvɜːteɪs] s. QUÍMICA invertase, invertina

invertebrata [ˌɪnvɜːtɪˈbrɑːtə, ɪnˈvɜːtɪbreɪtə] s.pl. ZOOLOGIA invertebrados

invertebrate [ɪnˈvɜːtɪbrət] Ⓐ adj. invertebrado, sem esqueleto interno Ⓑ s. 1 invertebrado; 2 [fig.] pessoa de carácter mole, sem energia

inverted [ɪnˈvɜːtɪd] adj. invertido; inverso ❖ ~ *commas* aspas ("..."); *in* ~ *commas* entre aspas; ~ *flight* voo invertido; ELECTRICIDADE ~ *phase* fase invertida

inverter [ɪnˈvɜːtə] s. ELECTRICIDADE inversor ❖ ~ *converter* inversor-conversor

inverting [ɪnˈvɜːtɪŋ] s. inversão, interversão

invest [ɪnˈvest] v.tr.,intr. 1 investir [**in**, em]; aplicar dinheiro [**in**, em]; *to* ~ *money* investir dinheiro, empregar dinheiro; *to* ~ *in house property* aplicar o dinheiro em casas; 2 aplicar capitais [**in**, em]; 3 despender dinheiro em; gastar dinheiro com; 4 (cargo) investir [**with**, em]; empossar [**with**, em]; *to* ~ *with an office* empossar num cargo; 5 [arc.] atacar, assaltar, acometer ❖ *the old castle was invested with romance* o velho castelo encontrava-se repleto de lendas; (carácter) *to be invested with* assumir; revestir-se de; *to* ~ *in a new car* comprar um carro novo; *to* ~ *with authority* investir de autoridade

investigate [ɪnˈvestɪgeɪt] v.tr. investigar, examinar cuidadosamente, indagar

investigating [ɪnˈvestɪgeɪtɪŋ] adj. que investiga, investigador

investigation [ɪnˌvestɪˈgeɪʃn] s. 1 investigação; estudo; *scientific* ~ investigação científica; *the matter under* ~ a questão em estudo; 2 inquérito; *criminal* ~ inquérito criminal; *preliminary* ~ inquérito preliminar; 3 indagação; inquirição ❖ *on further* ~ depois de novas investigações; *under* ~ em investigação; que está a ser estudado

investigative [ɪnˈvestɪgətɪv, ɪnˈvestɪgeɪtɪv] adj. 1 de investigação; ~ *journalism* jornalismo de investigação; 2 investigador, pesquisador

investigator [ɪnˈvestɪgeɪtə] s. investigador; pessoa que investiga

investigatory [ɪnˈvestɪgətərɪ, ɪnˈvestɪgətɔːrɪ] adj. investigador

investing [ɪnˈvestɪŋ] s. 1 investimento (de capitais); 2 investida, assalto, ataque

investiture [ɪnˈvestɪtʃə] s. investidura (em cargo)

investment [ɪnˈvestmənt] s. 1 investimento, colocação (de capitais); 2 ataque, investida; 3 investidura (em cargo)

investor [ɪnˈvestə] s. 1 investidor; 2 accionista; 3 capitalista ❖ ~ *in real estate* pessoa que aplicou capitais em bens imobiliários

inveteracy [ɪnˈvetərəsɪ] s. arreigamento, inveteração

inveterate [ɪnˈvetərət] adj. 1 inveterado; ~ *drunkard* ébrio inveterado; 2 arreigado; entranhado; 3 incorrigível; 4 insaciável

inveterately [ɪnˈvetərətlɪ] adv. inveteradamente

inviable [ɪnˈvaɪəbəl] adj. inviável, irrealizável

invidious [ɪnˈvɪdɪəs] adj. 1 (tarefa, trabalho) odioso, detestável, desagradável; 2 (comparação, escolha) injusto

invidiously [ɪnˈvɪdɪəslɪ] adv. 1 de modo odioso; 2 injustamente

invidiousness [ɪnˈvɪdɪəsnəs] s. 1 odiosidade, carácter odioso; 2 injustiça

invigilate [ɪnˈvɪdʒɪleɪt] v.tr. vigiar (exames escolares); fiscalizar durante as provas

invigilation [ɪnˌvɪdʒɪˈleɪʃn] s. vigilância (durante a prestação de provas)

invigilator [ɪnˈvɪdʒɪleɪtə] s. vigilante (de exames)

invigorate [ɪnˈvɪgəreɪt] v.tr.,intr. 1 tonificar, fortificar, fortalecer; 2 readquirir o vigor; readquirir as forças

invigorating [ɪnˈvɪgəreɪtɪŋ] adj. 1 tonificante, fortificante, estimulante; 2 vivificante

invigoration [ɪnˌvɪgəˈreɪʃn] s. 1 robustecimento, fortalecimento; 2 tonificação

invigorative [ɪnˈvɪgərətɪv] adj. 1 vivificante; 2 tonificante

invigorator [ɪnˈvɪgəreɪtə] s. tónico, fortificante

invincibility [ɪnˌvɪnsəˈbɪlɪtɪ] s. invencibilidade

invincible [ɪnˈvɪnsəbəl] adj. invencível

invincibly [ɪnˈvɪnsəblɪ] adv. invencivelmente; insuperavelmente

inviolability [ɪnˌvaɪələˈbɪlɪtɪ] s. inviolabilidade

inviolable [ɪnˈvaɪələbəl] adj. inviolável

inviolably [ɪnˈvaɪələblɪ] adv. de modo inviolável, inviolavelmente

inviolacy [ɪnˈvaɪələsɪ] s. inviolabilidade

inviolate [ɪnˈvaɪələt] adj. 1 inviolado; 2 não devassado ❖ *to keep a promise* ~ cumprir uma promessa; não quebrar uma promessa

inviolateness [ɪnˈvaɪələtnəs] s. inviolabilidade

invisibility [ɪnˌvɪzəˈbɪlɪtɪ] s. invisibilidade

invisible [ɪnˈvɪzəbəl] adj. invisível ❖ ~ *dye* corante invisível; ~ *exports* exportações invisíveis; ~ *imports* importações invisíveis; ~ *ink* tinta simpática; tinta que só se nota quando aquecida; ~ *to the naked eye* invisível ao olho; *to feel* ~ sentir-se ignorado

invisibleness [ɪnˈvɪzəblnəs] s. ⇒ invisibility

invisibly [ɪnˈvɪzəblɪ] adv. invisivelmente

invitation [ˌɪnvɪˈteɪʃn] s. convite; *an* ~ *to dinner* um convite para jantar ❖ *an* ~ *card* um convite; *by* ~ (*only*) (só) por convite; *to have an open/standing* ~ *to...* ser sempre bem-vindo em...; *to send out invitations to...* mandar convites para...

invitatory [ɪnˈvaɪtətərɪ, ɪnˈvaɪtətɔːrɪ] Ⓐ adj. 1 invitatório; 2 próprio para convidar Ⓑ s. invitatório, antífona dita no princípio das matinas

invite [ɪnˈvaɪt] Ⓐ s. [coloq.] convite Ⓑ v.tr. 1 convidar; 2 solicitar, atrair, encorajar; 3 provocar

invitee [ˌɪnvaɪˈtiː] s. [coloq.] convidado

inviter [ɪnˈvaɪtə] s. 1 aquele que convida; 2 dono da casa, anfitrião

inviting [ɪnˈvaɪtɪŋ] adj. 1 que convida, convidativo; 2 tentador; 3 apetitoso; 4 acolhedor; 5 atraente

invitingly [ɪnˈvaɪtɪŋlɪ] adv. 1 convidativamente; 2 tentadoramente; 3 acolhedoramente

invitingness [ɪnˈvaɪtɪŋnəs] s. 1 carácter acolhedor; 2 carácter atraente

in vitro [ɪnˈvɪtrəʊ] adj.,adv. BIOLOGIA, MEDICINA in vitro; ~ *fertilization* fertilização in vitro

invocation [ˌɪnvəˈkeɪʃn] s. invocação

invocatory [ɪnˈvɒkətərɪ, ɪnˈvɒkətɔːrɪ] adj. invocatório

invoice [ˈɪnvɔɪs] Ⓐ s. factura comercial Ⓑ v.tr. 1 facturar; incluir em factura; registar em factura; 2 enviar factura a ❖ ~ *amount* importe da factura; ~ *book* livro de facturas; ~ *price* preço da factura; ~ *work* trabalho de facturação; *pro-forma* ~ factura provisória; *shipping* ~ factura de expedição; *as per* ~ conforme factura

invoicing [ˈɪnvɔɪsɪŋ] s. facturação

invoke [ɪnˈvəʊk] v.tr. 1 invocar; *to* ~ *evil spirits* invocar espíritos maus; 2 pedir; implorar; suplicar; *to* ~ *sb's help* pedir o auxílio de alguém; 3 (imagem, ideia, etc.) evocar

invoker [ɪnˈvəʊkə] s. invocador; aquele que invoca

invoking [ɪnˈvəʊkɪŋ] s. invocação

involucral [ˌɪnvəˈluːkrəl] adj. BOTÂNICA involucral, que nasce sobre o invólucro

involucrate [ˌɪnvəˈluːkrət] adj. involucrado, em invólucro

involucre [ˈɪnvəluːkə, ˌɪnvəˈluːkə] s. 1 BOTÂNICA invólucro, grupo de brácteas livres ou aderentes que rodeiam uma inflorescência; 2 envoltório; 3 ANATOMIA membrana que envolve um órgão

involucrum [ˌɪnvəˈluːkrəm] s. ⇒ involucre

involuntarily [ɪnˈvɒləntərəlɪ, ɪnˌvɒlənˈterəlɪ] adv. involuntariamente

involuntariness [ɪnˈvɒləntərɪnəs, ɪnˈvɒlənterɪnəs] s. involuntariedade, carácter involuntário

involuntary [ɪnˈvɒləntrɪ, ɪnˈvɒlənterɪ] adj. involuntário

involute [ˈɪnvəluːt] Ⓐ adj. 1 BOTÂNICA involuto; 2 complexo; intrincado Ⓑ s. GEOMETRIA curva evolvente ❖ ~ *teeth* engrenagens de evolventes

involuted [ˈɪnvəluːtɪd] adj. BOTÂNICA involuto

involution [ˌɪnvəˈluːʃn] s. 1 complicação, embrulhada, confusão; 2 envolvimento; 3 (órgão) involução; ~ *of the womb* involução uterina; 4 GEOMETRIA involução

involve [ɪnˈvɒlv] v.tr. 1 envolver; implicar; ter como consequência; *it would ~ going to America* isso implicaria ir para a América; 2 afectar; dizer respeito a; *this doesn't ~ you!* não tens nada com isso!; 3 (crime, confusão) implicar [**in**, em]; meter [**in**, em]; misturar [**in**, em]; 4 (interessar) envolver; absorver a atenção de; 5 [arc.] meter dentro de envoltório; 6 [arc.] enrolar em espiral; 7 MATEMÁTICA elevar um número a uma dada potência ❖ *to ~ a person in* meter uma pessoa em; envolver uma pessoa em

involved [ɪnˈvɒlvd] adj. 1 envolvido; 2 complicado; confuso; 3 (crime, confusão) implicado [**in**, em]; metido [**in**, em] ❖ *to be ~ in an accident* sofrer um acidente; *to be ~ with sb* ter uma ligação com alguém

involvement [ɪnˈvɒlvmənt] s. 1 envolvimento; 2 participação; papel; *active ~* participação activa; 3 implicação; 4 (relação amorosa) ligação; 5 enredo, situação pouco clara; 6 complicação, confusão; 7 dificuldades financeiras ❖ *military ~* intervenção militar

invulnerability [ɪnˌvʌlnərəˈbɪlɪtɪ] s. invulnerabilidade
invulnerable [ɪnˈvʌlnərəbəl] adj. invulnerável
invulnerably [ɪnˈvʌlnərəblɪ] adv. invulneravelmente
inward [ˈɪnwəd] Ⓐ adj. 1 interno; interior; 2 colocado dentro de; 3 (país) do interior; 4 escondido; 5 privado, particular, íntimo; *his ~ thoughts* os seus íntimos pensamentos Ⓑ adv. para dentro; em direcção ao interior ❖ *~ investment* investimento estrangeiro
inwardly [ˈɪnwədlɪ] adv. interiormente, intimamente, no íntimo
inwardness [ˈɪnwədnəs] s. 1 essência, natureza íntima; 2 sentido íntimo, significado profundo; 3 [fig.] espiritualidade
inwards [ˈɪnwədz] Ⓐ adv. 1 para dentro, em direcção ao interior; 2 no íntimo, no fundo, dentro da alma Ⓑ s.pl. 1 entranhas; 2 intestinos
inweave [ɪnˈwiːv] v.tr. (prt. **inwove**, part. pass. **inwoven**) entrelaçar; entretecer; inserir tecendo ❖ *to ~ with* tecer desenhos em relevo em (tecido)
inworker [ˈɪnwɜːkə] s. operário que trabalha em fábrica
inwove [ɪnˈwəʊv] prt. de **to inweave**
inwoven [ɪnˈwəʊvn] part. pass. de **to inweave**
inwrought [ˌɪnˈrɔːt] adj. lavrado, trabalhado, ornado de lavores
in-yer-face [ɪnjəˈfeɪs] adj. [cal.] cru, directo
I/O INFORMÁTICA [abrev. de Input/Output] I/O ❖ *~ bound* limitado pela entrada/saída; *~ channel* canal de entrada/saída; *~ port* porta de entrada/saída; *~ processor* processador de entrada/saída
IOC DESPORTO [abrev. de International Olympic Committee] COI
iodate [ˈaɪədeɪt] Ⓐ s. iodato Ⓑ v.tr. iodatar
iodic [aɪˈɒdɪk] adj. iódico ❖ *~ acid* ácido iódico
iodide [ˈaɪədaɪd] s. iodeto ❖ *~ of calcium* iodeto de cálcio; *~ of lead* iodeto de chumbo; *mercuric ~* iodeto de mercúrio
iodine [ˈaɪədiːn, ˈaɪədaɪn] s. QUÍMICA (elemento químico) iodo ❖ *~ compound* composto de iodo; *tincture of ~* tintura de iodo
iodism [ˈaɪədɪzəm] s. iodismo
iodize [ˈaɪədaɪz] v.tr. 1 iodar; 2 embeber em iodo
iodoform [aɪˈɒdəfɔːm] s. iodofórmio
iodoformized [aɪˈɒdəfɔːmaɪzd] adj. iodoformizado
iodous [ˈaɪˈɒdəs] adj. iodoso
IOGT [abrev. de International Organization of Good Templars]
iolite [ˈaɪəlaɪt] s. iolita
ion [ˈaɪən, ˈaɪɒn] s. QUÍMICA ião
Ionia [aɪˈəʊnɪə] s.top. Jónia
Ionian [aɪˈəʊnɪən] adj. 1 jónico; 2 jónio
ionic [aɪˈɒnɪk] adj. ELECTRICIDADE iónico; *~ current* corrente iónica
ionizable [aɪəˈnaɪzəbəl] adj. ionizável
ionization [ˌaɪənaɪˈzeɪʃn] s. ionização; *~ by collision* ionização por choque ❖ *~ potential* potencial de ionização
ionize [ˈaɪənaɪz] v.tr.,intr. ionizar, ionizar-se
ionized [ˈaɪənaɪzd] adj. ionizado ❖ *~ atom* átomo ionizado; *~ layer* camada ionizada; ionosfera
ionizer [ˈaɪənaɪzə] s. ionizador
ionizing [ˈaɪənaɪzɪŋ] s. ionização ❖ *~ effect* efeito ionizador; *~ radiation* radiação ionizadora
ionogen [aɪˈɒnədʒən] s. ELECTRICIDADE electrólito
ionosphere [aɪˈɒnəsfɪə] s. ionosfera
iontophoresis [aɪˌɒntəfəˈriːsɪs] s. BIOQUÍMICA iontoforese
iontophoretic [aɪˌɒntəfəˈrɛtɪk] adj. iontoforético

IOOF [abrev. de Independent Order of Oddfellows]
iota [aɪˈəʊtə] s. 1 (letra grega) iota; 2 [coloq.] nada; 3 parcela mínima, quantidade insignificante
iotacism [aɪˈəʊtəsɪzəm] s. iotacismo
IOU [abrev. de I owe you]
IOW Ⓐ (Internet, e-mail) [abrev. de in other words] Ⓑ [abrev. de Isle of Wight]
Iowan [ˈaɪəʊən, ˈaɪəwən] adj.,s. 1 natural de Iowa; 2 habitante de Iowa
IP [abrev. de Internet Protocol] ❖ *IP address* endereço IP
IPA Ⓐ [abrev. de International Phonetic Association] Ⓑ [abrev. de International Phonetic Alphabet]
IPC Ⓐ [abrev. de International Paralympic Committee] Comité Paraolímpico Internacional Ⓑ [abrev. de International Patent Classifications]
ipecac [ˈɪpɪkæk] s. [coloq.] ⇒ **ipecacuanha**
ipecacuanha [ˌɪpɪkækjuˈænə] s. BOTÂNICA ipecacuanha ❖ *~ wine* xarope de ipecacuanha
Iphigenia [aɪfɪdʒɪˈnaɪə] s. MITOLOGIA Ifigénia
IPO FINANÇAS [abrev. de Initial Public Offering] OPV
IPPF [abrev. de International Planned Parenthood Federation]
i.q. [abrev. de idem quod (the same as)]
IQ [abrev. de Intelligence Quotient] QI
Ir QUÍMICA [abrev. de iridium]
IR Ⓐ FINANÇAS [abrev. de Inland Revenue] Ⓑ INFORMÁTICA [abrev. de information retrieval] Ⓒ [abrev. de infrared]
IRA [abrev. de Irish Republican Army]
irade [ɪˈrɑːde] s. decreto publicado pelo sultão da Turquia
Iran [ɪˈrɑːn, ɪˈræn] s.top. Irão
Iranian [ɪˈreɪnɪən, aɪˈreɪnɪən] adj.,s. iraniano
Iraq [ɪˈrɑːk, ɪˈræk] s.top. Iraque
Iraqi [ɪˈrɑːkɪ, ɪˈrækɪ] adj.,s. iraquiano
Iraquian [ɪˈrɑːkɪən] adj.,s. iraquiano
irascibility [ɪˌræsəˈbɪlɪtɪ] s. irascibilidade, irritabilidade
irascible [ɪˈræsəbəl] adj. irascível, irritável
irate [aɪˈreɪt] adj. irado, irritado, encolerizado
irately [aɪˈreɪtlɪ] adv. iradamente, irritadamente, colericamente
IRC INFORMÁTICA [abrev. de Internet Relay Chat]
ire [ˈaɪə] s. 1 [poét.] ira; 2 cólera
ireful [ˈaɪəfʊl] adj. [poét.] irado
irefully [ˈaɪəfʊlɪ] adv. iradamente, colericamente
Ireland [ˈaɪələnd] s.top. Irlanda
Irenaeus [aɪəˈriːəs] s.antr. Ireneu
irenic [aɪˈriːnɪk] adj. 1 irénico; 2 pacífico, não polémico; 3 que busca a concórdia
irenical [aɪˈriːnɪkl] adj. 1 irénico; 2 pacífico, não polémico; 3 que busca a concórdia
iridaceous [ˌɪrɪˈdeɪʃəs] adj. BOTÂNICA iridáceo
iridectomy [ˌaɪrɪˈdɛktəmɪ] s. CIRURGIA iridectomia, iridotomia, incisão cirúrgica na íris
iridescence [ˌɪrɪˈdɛsəns] s. iridescência
iridescent [ˌɪrɪˈdɛsənt] adj. iridescente
iridian [aɪˈrɪdɪən] adj. iridiano; relativo à íris
iridioplatinum [aɪrɪdɪəʊˈplætɪnəm] s. irídio platinado
iridium [ɪˈrɪdɪəm] s. QUÍMICA (elemento químico) irídio ❖ *~ sponge* irídio esponjoso
iris [ˈaɪərɪs] s. (pl. **irises** ou **irides**) 1 ANATOMIA (olho) íris; 2 BOTÂNICA (planta, flor) íris; 3 [poét.] arco-íris; 4 jogo de cores ❖ FOTOGRAFIA *~ diaphragm* diafragma-íris
Iris [ˈaɪərɪs] s. MITOLOGIA Íris, filha de Taumas e Electra
irisated [ˈaɪrɪseɪtɪd] adj. irisado
irisation [ˌaɪrɪˈseɪʃn] s. irisação
irised [ˈaɪrɪst] adj. irisado
Irish [ˈaɪərɪʃ] Ⓐ adj. irlandês; da Irlanda Ⓑ s. (língua) irlandês, gaélico-irlandês Ⓒ s.pl. *the ~* os Irlandeses ❖ *~ apricot* batata; *~ assurance* descaramento; *~ bridge* caleira aberta de pedra que atravessa uma estrada; *~ green* mármore verde; *~ linen* linho fino; linho da Irlanda; [coloq.] *~ wedding* bebedeira geral; *~ Free State* Estado Livre da Irlanda; República da Irlanda
Irishism [ˈaɪərɪʃɪzəm] s. expressão idiomática irlandesa
Irishize [ˈaɪərɪʃaɪz] v.tr. tornar irlandês
Irishman [ˈaɪərɪʃmən] s.m. (pl. **-men**) (homem) irlandês
Irishwoman [ˈaɪərɪʃwʊmən] s. (pl. **-women**) (mulher) irlandesa

iritis [aɪˈraɪtɪs] s. MEDICINA irite, inflamação da íris
irk [ɜːk] v.tr. aborrecer; irritar; custar; *it irks him to* custa-lhe; *it irks me to see people do that* irrita-me ver as pessoas a fazer isso
irksome [ˈɜːksəm] adj. aborrecido, custoso, maçador, fastidioso, penoso
irksomely [ˈɜːksəmlɪ] adv. penosamente, de modo aborrecido
irksomeness [ˈɜːksəmnəs] s. 1 aborrecimento, tédio, maçada; 2 contrariedade
IRO Ⓐ [abrev. de Inland Revenue Office] Ⓑ [abrev. de International Refugee Organization]
iron [ˈaɪən] Ⓐ s. 1 QUÍMICA (elemento químico) ferro; 2 (material) ferro; 3 objecto ou ferramenta de ferro; 4 (roupas) ferro de passar, ferro de engomar; 5 (golfe) ferro; 6 firmeza, rigidez, energia; 7 pl. cadeias, grilhetas, grilhões; *to be in irons* estar a ferros; *to put sb in irons* pôr alguém a ferros Ⓑ adj. 1 de ferro, em ferro; ~ *plate* chapa de ferro; 2 metálico; ~ *structure* estrutura metálica; 3 ferruginoso; ~ *earth* terra ferruginosa; ~ *sand* areia ferruginosa; 4 [fig.] (forte, inflexível) férreo; de ferro Ⓒ v.tr.,intr. 1 passar a ferro, engomar; 2 guarnecer com ferro; colocar ferragens em; 3 manchar com ferrugem; 4 [arc.] algemar, prender com grilhetas ❖ ~ *alloy* liga de ferro; ~ *chest* caixa-forte; ~ *content* percentagem de ferro; ~ *curtain* cortina de ferro; barreira; HISTÓRIA *Iron Duke* Wellington; ~ *fittings* ferragens; ~ *forging* peça de ferro forjado; ~ *founder* fundidor de ferro; (cor) ~ *gray/grey* cinzento-escuro; cor de ferro; ~ *losses* perda no ferro; MEDICINA ~ *lung* pulmão de aço; [EUA] [irón.] ~ *man* moeda de um dólar; ~ *ore* minério de ferro; MILITAR ~ *rations* rações de emergência; (caminhos-de-ferro) ~ *sleeper* travessa de ferro; ~ *sulphate* sulfato de ferro; ~ *ore mine* mina de ferro; *a man of* ~ um homem com uma vontade de ferro; *to rule with an* ~ *hand/with a rod of* ~ governar com uma mão de ferro; *to strike while the* ~ *is hot* malhar enquanto o ferro está quente; *too many irons in the fire* muitas coisas a tratar ao mesmo tempo
◆ **iron out** v.tr. 1 passar a ferro; 2 (problemas) aplanar; resolver; solucionar; *all the difficulties were at last ironed out* aplanaram-se finalmente todas as dificuldades
ironbark [ˈaɪənbɑːk] s. BOTÂNICA eucalipto resinoso
iron-bearing [ˈaɪənˌbeərɪŋ] adj. ferrífero; que contém ferro
ironbound [ˈaɪənbaʊnd] adj. 1 com ornamentação em ferro; 2 [fig.] severo; rigoroso; inflexível ❖ ~ *coast* costa inacessível; costa cheia de recifes; costa alcantilada
ironclad [ˈaɪənklæd] Ⓐ adj. 1 blindado; couraçado; 2 [fig.] (regras) rigoroso; firme; inflexível; 3 [fig.] (irrefutável) à prova de bala; *an* ~ *alibi* um álibi irrefutável Ⓑ s. (navio de guerra) couraçado
ironer [ˈaɪənə] s. pessoa que passa a ferro
ironhanded [ˈaɪənˌhændɪd] adj. de mãos de ferro; duro; inexorável; inflexível
ironic [aɪˈrɒnɪk] adj. irónico
ironical [aɪˈrɒnɪkl] adj. irónico
ironically [aɪˈrɒnɪklɪ] adv. ironicamente
ironing [ˈaɪənɪŋ] s. acto de passar a ferro, acto de engomar; *to do the* ~ passar a ferro, engomar ❖ ~ *board* tábua de passar a ferro ou de engomar
ironist [ˈaɪrənɪst] s. ironista
ironmaster [ˈaɪənmɑːstə] s. 1 metalúrgico; 2 siderúrgico
ironmonger [ˈaɪənmʌŋɡə] s. ferrageiro
ironmongery [ˈaɪənmʌŋɡərɪ] s. 1 ferragens; 2 quinquilharias
iron-shod [ˈaɪənʃɒd] adj. ferrado; guarnecido de ferro
Ironside [ˈaɪənsaɪd] s. apelido dado ao rei Eduardo II de Inglaterra ❖ *Ironsides* epíteto dado aos cavaleiros de Oliver Cromwell
ironsmith [ˈaɪənsmɪθ] s. ferreiro
ironware [ˈaɪənweə] s. 1 peças em ferro; objectos de ferro; 2 ferragens; produtos siderúrgicos
iron-willed [ˈaɪənwɪld] adj. com uma vontade de ferro
ironwood [ˈaɪənwʊd] s. BOTÂNICA pau-ferro
ironwork [ˈaɪənwɜːk] s. peça ou objecto em ferro
ironworks [ˈaɪənwɜːkz] s. [GB] fundição (de ferro); oficina siderúrgica
ironwort [ˈaɪənwɜːt] s. BOTÂNICA siderite
irony[1] [ˈaɪərənɪ] s. (pl. -ies) ironia ❖ *Socratic* ~ ironia socrática; *by some* ~ *of fate, ...* por ironia do destino, ...; *the* ~ *of it is that....* ironicamente, ...
irony[2] [ˈaɪənɪ] adj. 1 de ferro; 2 como ferro

Iroquoian [ˌɪrəˈkwɔɪən] adj. iroquês; relativo aos índios iroqueses
Iroquois [ˈɪrəkwɔɪ] adj.,s. iroquês
irradiance [ɪˈreɪdɪəns] s. esplendor, irradiação
irradiant [ɪˈreɪdɪənt] adj. irradiante
irradiate [ɪˈreɪdɪeɪt] v.tr. 1 submeter a radiações; tratar com radiações; 2 irradiar; lançar, emitir (raios de luz); 3 iluminar; 4 esclarecer ❖ *his face irradiated happiness* tinha a felicidade estampada no rosto
irradiated [ɪˈreɪdɪeɪtɪd] adj. irradiante
irradiation [ɪˌreɪdɪˈeɪʃn] s. 1 irradiação; 2 brilho, esplendor; 3 iluminação, esclarecimento; 4 tratamento por irradiação
irradiative [ɪˈreɪdɪətɪv] adj. que irradia; irradiante
irrational [ɪˈræʃnəl] Ⓐ adj. 1 irracional, destituído de razão; 2 ilógico, absurdo, disparatado Ⓑ s. número irracional ❖ ~ *number* número irracional
irrationalism [ɪˈræʃnəlɪzəm] s. irracionalismo
irrationality [ɪˌræʃəˈnælətɪ] s. 1 irracionalidade; 2 carácter absurdo
irrationally [ɪˈræʃnəlɪ] adv. irracionalmente, de modo absurdo
irrebuttable [ɪrəˈbʌtəbəl] adj. 1 que não pode pôr-se em dúvida; 2 indiscutível
irreclaimable [ˌɪrɪˈkleɪməbəl] adj. inveterado, incorrigível, sem possibilidade de emenda ou correcção
irrecognizable [ˌɪrekəɡˈnaɪzəbəl] adj. irreconhecível
irreconcilability [ˌɪrekənsaɪləˈbɪlɪtɪ] s. inconciliabilidade
irreconcilable [ˌɪrekənˈsaɪləbəl, ɪˈrekənsaɪləbəl] adj. 1 irreconciliável; 2 incompatível; inconciliável; 3 insolúvel; 4 implacável ❖ ~ *differences* divergências insanáveis; *to reconcile the* ~ conciliar o inconciliável
irreconcilably [ˌɪrekənˈsaɪləblɪ] adv. irreconciliavelmente, de maneira inconciliável
irrecoverable [ˌɪrɪˈkʌvərəbəl] adj. irreparável, irremediável, irrecuperável
irrecoverably [ˌɪrɪˈkʌvərəblɪ] adv. irreparavelmente, irremediavelmente
irrecusable [ˌɪrəˈkjuːzəbəl] adj. irrecusável
irredeemable [ˌɪrɪˈdiːməbəl] adj. 1 irremediável, sem possibilidade de emenda, irresgatável, irremissível; 2 FINANÇAS não amortizável
irredeemably [ˌɪrɪˈdiːməblɪ] adv. 1 irremediavelmente; 2 sem remissão
irredentism [ˌɪrɪˈdentɪzəm] s. irredentismo
irredentist [ˌɪrɪˈdentɪst] adj.,s. irredentista
irreducibility [ˌɪrɪdjuːsəˈbɪlɪtɪ] s. irreductibilidade
irreducible [ˌɪrɪˈdjuːsəbəl] adj. irredutível
irreducibleness [ˌɪrɪˈdjuːsəblnəs] s. ⇒ **irreducibility**
irreformable [ˌɪrɪˈfɔːməbəl] adj. irreformável
irrefragable [ɪˈrefrəɡəbəl] adj. irrefragável, irrefutável
irrefragably [ɪˈrefrəɡəblɪ] adv. irrefragavelmente, irrefutavelmente
irrefrangible [ˌɪrɪˈfrændʒəbəl] adj. 1 irrefrangível; 2 DIREITO inviolável
irrefutability [ˌɪrɪfjuːtəˈbɪlɪtɪ, ˌɪrefjuːtəˈbɪlɪtɪ] s. irrefutabilidade
irrefutable [ˌɪrɪˈfjuːtəbəl, ɪˈrefjʊtəbəl] adj. irrefutável
irrefutably [ˌɪrɪˈfjuːtəblɪ, ɪˈrefjuːtəblɪ] adv. irrefutavelmente
irreg. [abrev. de irregular]
irregular [ɪˈreɡjʊlə] Ⓐ adj. 1 (contra as regras) irregular; 2 irregular; desigual; não uniforme; assimétrico; ~ *features* feições irregulares; 3 LINGUÍSTICA irregular; ~ *verb* verbo irregular Ⓑ s. MILITAR irregular, membro de organização militar irregular; *the irregulars* tropas irregulares ❖ ~ *pulse* pulso irregular; ~ *running* marcha irregular
irregularity [ɪˌreɡjʊˈlærətɪ] s. (pl. -ies) 1 irregularidade; ~ *of motion* irregularidade de movimento; 2 anormalidade; anomalia
irregularly [ɪˈreɡjʊləlɪ] adv. irregularmente, com irregularidade
irrelative [ɪˈrelətɪv] adj. sem relação, sem conexão
irrelevance [ɪˈreləvəns] s. 1 irrelevância; 2 falta de propósito, inaplicabilidade
irrelevancy [ɪˈreləvənsɪ] s. 1 irrelevância; 2 falta de propósito, inaplicabilidade
irrelevant [ɪˈreləvənt] adj. 1 irrelevante; pouco pertinente; sem importância, que não é importante; 2 sem relação [to, com]; 3 inaplicável; 4 despropositado ❖ *that's* ~ isso não tem nada a ver; isso não vem ao caso

irrelevantly [ɪ'reləvəntlɪ] adv. 1 irrelevantemente; 2 fora de propósito
irrelievable [ɪrɪ'li:vəbəl] adj. irremediável
irreligion [ɪrɪ'lɪdʒən] s. irreligião
irreligious [ɪrɪ'lɪdʒəs] adj. irreligioso
irreligiously [ɪrɪ'lɪdʒəslɪ] adv. irreligiosamente
irreligiousness [ɪrɪ'lɪdʒəsnəs] s. irreligiosidade
irremediable [ɪrɪ'mi:dɪəbəl] adj. irremediável
irremediably [ɪrɪ'mi:dɪəblɪ] adv. irremediavelmente
irremissible [ɪrɪ'mɪsəbəl] adj. irremissível, imperdoável
irremissibly [ɪrɪ'mɪsəblɪ] adv. irremissivelmente
irremovability [ɪrɪmu:və'bɪlɪtɪ] s. inamovibilidade
irremovable [ɪrɪ'mu:vəbəl] adj. inamovível, que não pode ser afastado
irremovably [ɪrɪ'mu:vəblɪ] adv. 1 inamovivelmente; 2 firmemente
irreparability [ɪrepərə'bɪlɪtɪ] s. irreparabilidade
irreparable [ɪ'repərəbəl] adj. irreparável, irremediável
irreparableness [ɪ'repərəblnəs] s. ⇒ **irreparability**
irreparably [ɪ'repərəblɪ] adv. irreparavelmente
irreplaceable [ɪrɪ'pleɪsəbəl] adj. insubstituível
irrepressibility [ɪrɪpresə'bɪlɪtɪ] s. irreprimibilidade
irrepressible [ɪrɪ'presəbəl] Ⓐ adj. irreprimível, irresistível Ⓑ s. [coloq.] pessoa que não é possível dominar, que nunca está quieta, que jamais sossega
irrepressibly [ɪrɪ'presəblɪ] adv. irreprimivelmente, duma maneira irreprimível
irreproachable [ɪrɪ'prəʊtʃəbəl] adj. irrepreensível, impecável
irreproachably [ɪrɪ'prəʊtʃəblɪ] adv. irrepreensivelmente, impecavelmente
irresistibility [ɪrɪzɪstə'bɪlɪtɪ] s. irresistibilidade
irresistible [ɪrɪ'zɪstəbəl] adj. irresistível
irresistibleness [ɪrɪ'zɪstəblnəs] s. ⇒ **irresistibility**
irresistibly [ɪrɪ'zɪstəblɪ] adv. irresistivelmente
irresolute [ɪ'rezəlu:t] adj. irresoluto, indeciso, hesitante
irresolutely [ɪ'rezəlu:tlɪ] adv. irresolutamente; duma maneira indecisa; com hesitação
irresoluteness [ɪ'rezəlu:tnəs] s. indecisão
irresolution [ɪrezə'lu:ʃn] s. irresolução, indecisão
irresolvable [ɪrɪ'zɒlvəbəl] adj. 1 irresolúvel; insolúvel; 2 irredutível; não decomponível ❖ ASTRONOMIA ~ *nebula* nebulosa irresolúvel
irrespective [ɪrɪ'spektɪv] Ⓐ adj. sem prestar atenção [of, a], independente [of, de] Ⓑ adv. independentemente [of, de]
irrespectively [ɪrɪ'spektɪvlɪ] adv. independentemente (de)
irrespirable [ɪrɪ'spaɪərəbəl, ɪ'respərəbəl] adj. irrespirável
irresponsibility [ɪrɪspɒnsə'bɪlɪtɪ] s. (pl. -ies) irresponsabilidade, irreflexão
irresponsible [ɪrɪ'spɒnsəbəl] adj. 1 irresponsável; 2 cabeça-no-ar, sem a noção da responsabilidade; 3 que não inspira confiança; 4 insolvente, sem capacidade para fazer face ao passivo
irresponsibly [ɪrɪ'spɒnsəblɪ] adv. irresponsavelmente, levianamente
irresponsive [ɪrɪ'spɒnsɪv] adj. calmo, impassível, insensível
irresponsiveness [ɪrɪ'spɒnsɪvnəs] s. 1 calma, impassibilidade; 2 frieza, reserva
irretentive [ɪrɪ'tentɪv] adj. (memória) que não fixa, que facilmente esquece, que não retém
irretentiveness [ɪrɪ'tentɪvnəs] s. 1 incapacidade de retentiva; 2 fraca memória; facilidade de esquecimento
irretrievability [ɪrɪtri:və'bɪlɪtɪ] s. 1 irreparabilidade; 2 irremediabilidade
irretrievable [ɪrɪ'tri:vəbəl] adj. irreparável, irrecuperável
irretrievably [ɪrɪ'tri:vəblɪ] adv. irremediavelmente, irrecuperavelmente
irreverence [ɪ'revərəns] s. 1 irreverência; 2 desrespeito
irreverent [ɪ'revərənt] adj. irreverente
irreverently [ɪ'revərəntlɪ] adv. 1 irreverentemente; 2 com pouco respeito
irreversible [ɪrɪ'vɜ:səbəl] adj. 1 irreversível; 2 irrevogável ❖ ~ *change of state* mudança de estado irreversível
irreversibly [ɪrɪ'vɜ:səblɪ] adv. de modo irreversível, irrevogavelmente
irrevocability [ɪrevəkə'bɪlɪtɪ] s. irrevocabilidade, irrevogabilidade
irrevocable [ɪ'revəkəbəl] adj. irrevocável
irrevocably [ɪ'revəkəblɪ] adv. irrevocavelmente
irrigable ['ɪrɪgəbəl] adj. irrigável, que pode irrigar-se
irrigatable [ɪrɪ'geɪtəbəl] adj. ⇒ **irrigable**
irrigate ['ɪrɪgeɪt] v.tr.,intr. 1 AGRICULTURA irrigar; regar; 2 MEDICINA irrigar; aplicar uma irrigação a; lavar uma ferida ou cavidade por meio de uma corrente contínua de líquido; 3 [EUA] [coloq.] beber; (bebida) *to ~ the canal* molhar a goela
irrigation [ɪrɪ'geɪʃn] s. 1 AGRICULTURA irrigação; rega; 2 MEDICINA irrigação ❖ ~ *ditch* canal de irrigação; ~ *farming* agricultura de regadio; ~ *pump* bomba de irrigação; ~ *system* sistema de rega
irrigator ['ɪrɪgeɪtə] s. 1 máquina de irrigação; 2 irrigador
irrisor [ɪ'raɪsə] s. ZOOLOGIA irrisor
irritability [ɪrɪtə'bɪlɪtɪ] s. (pl. -ies) irritabilidade
irritable ['ɪrɪtəbəl] adj. irritável, irascível
irritableness ['ɪrɪtəblnəs] s. ⇒ **irritability**
irritably ['ɪrɪtəblɪ] adv. irritadamente
irritant ['ɪrɪtənt] Ⓐ adj. irritante Ⓑ s. substância irritante
irritate ['ɪrɪteɪt] v.tr. 1 irritar, encolerizar, exasperar; 2 MEDICINA provocar uma irritação em, inflamar; 3 estimular, excitar; 4 [Esc.] DIREITO anular, invalidar, tornar nulo e de nenhum efeito
irritating ['ɪrɪteɪtɪŋ] adj. 1 irritante, enervante; 2 MEDICINA que provoca irritação
irritatingly ['ɪrɪteɪtɪŋlɪ] adv. irritantemente, duma maneira irritante
irritation [ɪrɪ'teɪʃn] s. 1 irritação, exasperação; 2 MEDICINA irritação, inflamação
irritative ['ɪrɪteɪtɪv] adj. irritativo
irruption [ɪ'rʌpʃn] s. irrupção
IRS [EUA] [abrev. de Internal Revenue Service] fisco
is [ɪz] 3.ª pes. sing. pres. ind. de **to be**
Is. Ⓐ [abrev. de Isaiah] Ⓑ [abrev. de Island] Ⓒ [abrev. de Isle]
IS INFORMÁTICA [abrev. de information services]
Isa. [abrev. de Isaiah]
ISA Ⓐ INFORMÁTICA [abrev. de Industry Standard Architecture] Ⓑ [abrev. de individual savings account]
Isaac ['aɪzək] s.antr. Isaac, Isac
Isabel ['ɪzəbel] Ⓐ s.antr. Isabel, Isabela Ⓑ s. 1 amarelo-esbranquiçado; 2 [cal.] guarda-chuva; 3 isabel, isabela Ⓒ adj. amarelo-esbranquiçado
Isabella [ɪzə'belə] s. ⇒ **Isabel**
isabelline [ɪzə'belɪn, ɪzə'beɪɪn] adj. isabel, amarelo-esbranquiçado
Isaeus [aɪ'zi:əs] s.antr. (orador grego) Iseu
isagogic [aɪsə'gɒdʒɪk] adj. isagógico
isagogics [aɪsə'gɒdʒɪks] s. isagoge
Isaiah [aɪ'zaɪə] s.antr. Isaías
isanomalous [aɪsə'nɒmələs] adj. (linha) isanómala; que, em carta geográfica, une pontos de igual anomalia de temperatura
isatin ['aɪsətɪn] s. QUÍMICA isatina, substância obtida por oxidação do anil
isba ['ɪsbə] s. isbá, pequena casa de madeira na Rússia e nalguns países do Norte da Europa
isbah ['ɪsbə] s. isbá, pequena casa de madeira na Rússia e nalguns países do Norte da Europa
ISBD (editoras) [abrev. de International Standard Bibliographic Description]
ISBN (editoras) [abrev. de International Standard Book Number] Número Internacional Normalizado do Livro
Iscariot [ɪ'skærɪət] s.antr. RELIGIÃO (Bíblia) Iscariotes
ischaemia [ɪ'ski:mɪə] s. MEDICINA isquemia, paragem da circulação arterial em extensão maior ou menor
ischiatic [ɪskɪ'ætɪk] adj. ANATOMIA isquiático
ischium ['ɪskɪəm] s. ANATOMIA ísquio, ísquion
ischuria [ɪs'kjʊərɪə] s. MEDICINA iscúria, retenção anormal da urina

ISDN [abrev. de Integrated Services Digital Network] RDIS ❖ ~ *line* linha RDIS
Iseult [iːˈzuːlt] s.antr. 1 Iseu; 2 Isolda
Ishmael [ˈɪʃmeɪl] Ⓐ s.antr. Ismael Ⓑ s. 1 indivíduo desprezado pela sociedade; 2 indivíduo em conflito com a sociedade
Ishmaelite [ˈɪʃmɪəlaɪt] s. ismaelita
Isidorian [ɪzəˈdɔːrɪən] adj. relativo a Santo Isidoro
Isidorus [ɪzəˈdɔːrəs] s.antr. Isidoro
isinglass [ˈaɪzɪŋɡlɑːs] s. ictiocola, cola de peixe
Isis [ˈaɪsɪs] s. MITOLOGIA Ísis, nome de antiga divindade egípcia
Islam [ˈɪzlɑːm, ɪsˈlɑːm] s. Islão
Islamic [ɪzˈlæmɪk, ɪsˈlaːmɪk] adj. islâmico
Islamism [ˈɪzləmɪzəm, ˈɪsləmɪzəm] s. islamismo
Islamist [ˈɪzləmɪst, ˈɪsləmɪst] s. islamista
Islamite [ˈɪzləmaɪt, ˈɪsləmaɪt] adj.,s. islamita
Islamitic [ɪzləˈmɪtɪk, ɪsləˈmɪtɪk] adj. islâmico, islamita
island [ˈaɪlənd] Ⓐ s. 1 ilha; 2 (avenida, ruas movimentadas) placa de refúgio para peões; *a street* ~ placa de refúgio; 3 torre lateral em convés de porta-aviões; 4 qualquer área completamente isolada Ⓑ adj. insular ❖ CULINÁRIA *floating* ~ ilha flutuante; *small* ~ ilhota; ilhéu; *the Island* a ilha de Wight; *the Islands* as ilhas do Pacífico; *an* ~ *of calm* um oásis de tranquilidade
islanded [ˈaɪləndɪd] adj. 1 isolado; 2 salpicado [**with**, de]
islander [ˈaɪləndə] s. ilhéu, habitante de ilha
isle [aɪl] s. ilha, pequena ilha ❖ *the British Isles* as Ilhas Britânicas
islet [ˈaɪlət] s. ilhota, pequena ilha
ism [ˈɪzəm] s. doutrina, sistema, teoria
ISO Ⓐ [abrev. de International Standards Organization] Ⓑ [abrev. de Imperial Service Order]
isobar [ˈaɪsəʊbɑː] s. FÍSICA isóbara, curva isobárica ❖ ~ *line* linha isobárica; ~ *chart* carta isobárica
isobaric [aɪsəʊˈbærɪk] Ⓐ adj. isobárico Ⓑ s. isóbara, linha isobárica
isobath [ˈaɪsəʊbɑːθ] s. GEOGRAFIA isóbata
isocheimal [aɪsəʊˈkaɪməl] adj. isoquiménico, isoquímeno
isochimenal [aɪsəʊˈkaɪmənəl] adj. ⇒ **isocheimal** Ⓑ
isochromatic [aɪsəʊkrəʊˈmætɪk] adj. isocromático
isochronal [aɪˈsɒkrənəl] adj. isócrono
isochrone [ˈaɪsəʊkrəʊn] adj. isócrono
isochronic [aɪsəʊˈkrɒnɪk] adj. isocrónico
isochronism [aɪˈsɒkrənɪzəm] s. isocronismo
isochronous [aɪˈsɒkrənəs] adj. ⇒ **isochronal**
isoclinal [aɪsəʊˈklaɪnəl] adj. isóclino, isoclínico, isoclinical
Isocrates [aɪˈsɒkrətiːz] s.antr. Isócrates
isodactylous [aɪsəʊˈdæktɪləs] adj. ZOOLOGIA isodáctilo
isodontous [aɪsəʊˈdɒntəs] adj. ZOOLOGIA isodonte
isodynamic [aɪsəʊdaɪˈnæmɪk] adj. isodinâmico
isoelectric [aɪsəʊɪˈlektrɪk] adj. QUÍMICA isoeléctrico
isogamy [aɪˈsɒɡəmɪ] s. isogamia
isogenic [aɪzəʊˈdʒenɪk] adj. BIOLOGIA (genética) isogénico
isogeotherm [aɪsəʊˈdʒiːəʊθɜːm] adj. isogeotérmico, isogeotermo
isogloss [ˈaɪsəʊɡlɒs] s. LINGUÍSTICA isoglossa
isogonal [aɪˈsɒɡənəl] adj. isogónico, isógono
isogonic [aɪsəˈɡɒnɪk] adj. (carta geográfica) isogónico ❖ ~ *line* linha isogónica; ~ *chart* carta isogónica
isolable [ˈaɪsələbəl] adj. isolável
isolate [ˈaɪsəleɪt] v.tr. 1 isolar; 2 separar
isolated [ˈaɪsəleɪtɪd] adj. 1 isolado; 2 posto à parte; 3 (ocorrência) único; raro; 4 só; solitário ❖ *an* ~ *case* um caso isolado; *to keep sb/sth* ~ *from...* impedir o contacto entre...
isolating [ˈaɪsəleɪtɪŋ] Ⓐ adj. que isola Ⓑ s. isolamento, acto de isolar
isolation [aɪsəˈleɪʃn] s. (geral) isolamento ❖ (hospital) ~ *ward* sala de isolamento; sala de quarentena; *in* ~ separadamente; fora do contexto; *to act in* ~ agir sozinho, sem cúmplices; (detido) *to be kept in* ~ ser mantido em isolamento; *to live in* ~ viver isolado; ter uma vida solitária
isolationism [aɪsəˈleɪʃənɪzəm] s. isolacionismo
isolationist [aɪsəˈleɪʃənɪst] adj.,s. isolacionista
isolator [ˈaɪsəleɪtə] s. isolador
Isolda [ɪˈzɒldə] s.antr. Isolda

Isolde [ɪˈzɒldə] s.antr. Isolda
isologous [aɪˈsɒləɡəs] adj. QUÍMICA isólogo
isomagnetic [aɪsəʊmæɡˈnetɪk] adj. isomagnético
isomer [ˈaɪsəmə] s. QUÍMICA isómero
isomere [ˈaɪsəʊmɪə] s. ANATOMIA porção homóloga de membro
isomeric [aɪsəˈmerɪk] adj. isomérico
isomerism [aɪˈsɒmərɪzəm] s. QUÍMICA isomerismo
isomerization [aɪsəʊməraɪˈzeɪʃn] s. QUÍMICA isomerização
isomerous [aɪˈsɒmərəs] adj. isómero, isomérico
isometric [aɪsəˈmetrɪk] adj. isométrico ❖ ~ *projection* projecção isométrica; ~ *protractor* transferidor isométrico
isometrical [aɪsəˈmetrɪkl] adj. ⇒ **isometric**
isometry [aɪˈsɒmətrɪ] s. isometria
isomorphic [aɪsəˈmɔːfɪk] adj. isomorfo
isomorphism [aɪsəˈmɔːfɪzəm] s. isomorfismo, isomorfia
isomorphous [aɪsəˈmɔːfəs] adj. ⇒ **isomorphic**
isonomy [aɪˈsɒnəmɪ] s. isonomia
isoperimetrical [aɪsəʊperɪˈmetrɪkl] adj. isoperímetro, isoperimétrico
isophotal [aɪsəʊˈfəʊtəl] adj. isofótico
isopod [ˈaɪsəʊpɒd] s. (*pl.* **isopods** ou **isopoda**) ZOOLOGIA isópode
isopodan [aɪˈsɒpədən] adj.,s. isópode
isopodous [aɪˈsɒpədəs] adj. ZOOLOGIA isópode
isoprene [ˈaɪzəʊpriːn] s. QUÍMICA isopreno
isosceles [aɪˈsɒsəliːz] adj. GEOMETRIA isósceles; ~ *triangle* triângulo isósceles
isosporous [aɪˈsɒspərəs] adj. BOTÂNICA isospórico
isostasy [aɪˈsɒstəsɪ] s. isóstase, isostasia
isostatic [aɪsəʊˈstætɪk] adj. isostático
isotheral [aɪˈsɒθərəl] adj. isótero, isotérico
isothermal [aɪsəˈθɜːməl] adj. FÍSICA isotérmico ❖ ~ *curve* curva isotérmica
isothermic [aɪsəˈθɜːmɪk] adj. ⇒ **isothermal**
isothermous [aɪsəˈθɜːməs] adj. isotermo, isotérmico
isotonic [aɪsəˈtɒnɪk] adj. isotónico
isotope [ˈaɪsətəʊp] s. FÍSICA isótopo
isotopic [aɪsəˈtɒpɪk] adj. isotópico
isotopy [aɪˈsɒtəpɪ] s. isotopia
isotropic [aɪsəʊˈtrɒpɪk] adj. isotrópico, isótropo
ISP INFORMÁTICA [abrev. de Internet service provider] ISP
Israel [ˈɪzreɪl] s.top. Israel
Israeli [ɪzˈreɪlɪ] adj.,s. israelita
Israelite [ˈɪzrɪəlaɪt] adj.,s. HISTÓRIA israelita
Israelitic [ɪzrɪəˈlɪtɪk] adj. israelita
Israelitish [ɪzrɪəlaɪtɪʃ] adj. israelita
ISS [abrev. de International Student Service]
ISSN [abrev. de International Standard Serial Number] Número Internacional Normalizado das Publicações em Série
issuable [ˈɪʃuːəbəl] adj. 1 que pode emitir-se; 2 DIREITO em litígio
issuance [ˈɪʃuːəns] s. [EUA] entrega, outorga (de carta de condução)
issue [ˈɪʃuː, ˈɪsjuː] Ⓐ s. 1 questão; problema; ponto controverso; *the* ~ *is whether...* a questão é...; *to debate an* ~ debater uma questão; 2 resultado; consequência; 3 conclusão; *to bring sth to an* ~ pôr termo a alguma coisa; *to join* ~ aceitar as conclusões; 4 solução; saída; *to find an* ~ *out of sth* encontrar uma saída para algo; 5 (jornal, revista) número, exemplar; *back* ~ número em atraso, número anterior; 6 publicação, edição, emissão; lançamento, saída; *a new* ~ *of banknotes* uma nova emissão de notas; 7 emanação; 8 distribuição, entrega; 9 DIREITO descendência, progenitura; *to die without* ~ morrer sem descendência; 10 acontecimento; 11 MEDICINA derrame; ~ *of blood* derrame de sangue Ⓑ v.tr.,intr. 1 publicar, lançar, editar; 2 dar a público; 3 emitir; pôr em circulação; *to* ~ *a warrant for the arrest of* emitir um mandado de captura contra; *to* ~ *commands* emitir ordens; (cheque) *issued to the bearer* emitido ao portador; 4 criar, fazer; 5 distribuir, entregar; NÁUTICA *to* ~ *the ship's company with rum* distribuir rum à tripulação; *to* ~ *with* fornecer; 6 sair, brotar, surgir, provir; *to* ~ *forth from* sair de; *to* ~ *from* brotar de; *to* ~ *out from/of* sair de, correr de; 7 descarregar; 8 expedir ❖ *case* ~ caso em litígio; *in the* ~ ao fim e ao cabo; no fim de contas; afinal de contas; *to be at* ~ estar em questão; estar em discussão; *to be at* ~ *with sb* estar em desacordo com alguém; *to join* ~

issueless

with... discutir com...; *to make an ~ (out) of...* dar demasiada importância a...; insistir muito em...; levantar problemas em relação a...; *to put a claim in ~* contestar uma reclamação; *to take ~ with...* envolver-se em controvérsia com...; discutir com...; discordar de...; *to take ~ with sb* discordar de alguém

issueless [ˈɪʃuːləs, ˈɪsjuːləs] *adj.* sem descendência, sem filhos

issuer [ˈɪʃuːə, ˈɪsjuːə] *s.* 1 banco emissor; 2 expedidor; 3 distribuidor

Istanbul [ˌɪstænˈbʊl] *s.top.* Istambul

isthmian [ˈɪsθmɪən] Ⓐ *adj.* ístmico Ⓑ *s.* habitante de istmo

isthmus [ˈɪsməs] *s. (pl.* **-es)** ANATOMIA, GEOGRAFIA istmo

Istria [ˈɪstrɪə] *s.top.* Ístria

Istrian [ˈɪstrɪən] *adj.,s.* istriano

it [ɪt] *pron.pess. (pl.* **they** ou **them**) [empregado com coisas inanimadas, animais ou crianças muito pequenas; também como sujeito de verbos impessoais] 1 {*3.ª pes. sing. neutro*} ele, a ele, o, a; 2 isso, isto; *he felt the better for it* sentiu-se melhor com isso ❖ *it's I/it's me* sou eu; *it's raining* está a chover; *it's 300 kms to Lisbon* são 300 kms até Lisboa; *it is the ninth of March* são nove de Março; *he hasn't got it in him to...* não é capaz de...; [*depr.*] *he really thinks he's it* ele pensa mesmo que é o maior; *how is it that...?* como é possível que...?; *that's it!* é isso!; *the worst of it is...* o pior de tudo é que...

It. ⇒ **Ital.**

IT [*abrev. de* information technology]

ITA Ⓐ [*abrev. de* Independent Television Authority] Ⓑ [*abrev. de* Initial Teaching Alphabet]

itacism [ˈiːtəsɪzəm] *s.* itacismo

ital. [*abrev. de* italic]

Ital. Ⓐ [*abrev. de* Italian] Ⓑ [*abrev. de* Italy]

Italian [ɪˈtælɪən] Ⓐ *adj.* italiano Ⓑ *s.* (língua, pessoa) italiano ❖ *~ food* comida italiana

Italianate [ɪˈtælɪənɪt] *adj.* (arquitectura, etc.) em estilo italiano

Italianism [ɪˈtælɪənɪzəm] *s.* italianismo

Italianization [ɪˌtælɪənaɪˈzeɪʃn] *s.* italianização

Italianize [ɪˈtælɪənaɪz] *v.tr.* italianizar

italic [ɪˈtælɪk] Ⓐ *adj.* 1 TIPOGRAFIA em itálico; 2 (relativo à Itália antiga) itálico, italiano Ⓑ *s.* TIPOGRAFIA itálico; *in italic(s)* em itálico; *to put sth in italic(s)* colocar algo em itálico

Italicism [ɪˈtælɪsɪzəm] *s.* italianismo

italicize [ɪˈtælɪsaɪz] *v.tr.* 1 TIPOGRAFIA imprimir em itálico; 2 sublinhar (em manuscrito)

Italiot [ɪˈtælɪət] *adj.,s.* italiota

Italo-Byzantine [ɪˌtæləʊbɪˈzæntaɪn] *adj.* italo-bizantino

Italy [ˈɪtəlɪ] *s.top.* Itália

ITC Ⓐ [*abrev. de* International Trade Centre] Centro de Comércio Internacional Ⓑ FINANÇAS [*abrev. de* Investment Tax Credit] Crédito de Imposto do Investimento Ⓒ TELEVISÃO [*abrev. de* Independent Television Commission] Comissão Independente de Televisão

itch [ɪtʃ] Ⓐ *s.* 1 comichão; prurido; irritação na pele; 2 (doença cutânea) sarna; tinha; 3 desejo; ânsia [**for/to**, de]; *to have an ~ for* ter a ânsia de, ter a febre de Ⓑ *v.intr.* 1 fazer comichão; *this wound is itching* esta ferida está a fazer comichão; 2 sentir comichão; 3 estar ansioso; *to be itching to/for* estar ansioso por, estar em pulgas para... ❖ *~ mite* sarcopta; ácaro da sarna

itchiness [ˈɪtʃɪnəs] *s.* prurido, comichão

itching [ˈɪtʃɪŋ] Ⓐ *adj.* 1 que faz comichão; 2 (ansioso) em pulgas,*fig*; *to be ~ to* estar em pulgas para Ⓑ *s.* 1 comichão, prurido, 2 [*coloq.*] grande desejo; grande ânsia ❖ *~ palm* desejo de receber gorjetas ou gratificações

itchy [ˈɪtʃɪ] *adj.* 1 tinhoso, sarnento; 2 com cócegas; 3 que faz comichão

item [ˈaɪtəm] Ⓐ *s.* 1 item; 2 artigo, rubrica, verba, coisa registada numa lista; *the third ~ of the contract* o artigo terceiro do contrato; 3 notícia, parágrafo em jornal; 4 (programa) número; 5 peça; *an ~ of clothing* uma peça de roupa Ⓑ *adv.* também; o mesmo; a mesma coisa; idem

itemize [ˈaɪtəmaɪz] *v.tr.* 1 listar; 2 (conta, etc.) pormenorizar; especificar; detalhar ❖ *itemized bill* factura detalhada

iterance [ˈɪtərəns] *s.* reiteração, repetição

iterate [ˈɪtəreɪt] *v.tr.* iterar, repetir

iteration [ɪtəˈreɪʃn] *s.* iteração, repetição

iterative [ˈɪtərətɪv] *adj.* iterativo

Ithaca [ˈɪθəkə] *s.top.* Ítaca

itineracy [aɪˈtɪnərəsɪ] *s.* itinerância

itinerancy [aɪˈtɪnərənsɪ] *s.* itinerância

itinerant [aɪˈtɪnərənt] *adj.* 1 itinerante; 2 ambulante; 3 nómada ❖ *~ life* vagabundagem

itinerary [aɪˈtɪnərərɪ] *adj.,s.* itinerário

itinerate [aɪˈtɪnəreɪt] *v.intr.* 1 deslocar-se dum lado para o outro; 2 viajar

itineration [aɪˌtɪnəˈreɪʃn] *s.* viagem, deslocação

ITN [GB] [*abrev. de* Independent Television News]

ITO [*abrev. de* International Trade Organization]

its [ɪts] *adj.poss.,pron.poss.* 1 seu, sua, dele, dela; 2 seus, suas (dele, dela)

it's [ɪts] Ⓐ *contr. de* **it is** Ⓑ *contr. de* **it has**

itself [ɪtˈself] *pron.refl.* 1 ele mesmo, ela mesma; 2 a si mesmo, a si mesma

ITU Ⓐ [*abrev. de* International Telecommunication Union] Ⓑ MEDICINA [*abrev. de* intensive therapy unit]

ITV [GB] [*abrev. de* Independent Television]

IUD (anticonceptivo) [*abrev. de* intrauterine device] DIU

I've [aɪv] *contr. de* **I have**

IVF [*abrev. de* in vitro fertilization]

ivied [ˈaɪvɪd] *adj.* com heras, coberto de heras

ivoried [ˈaɪvərɪd] *adj.* semelhante a marfim, cor de marfim

ivorine [ˈaɪvərɪn] *s.* marfim sintético, marfim artificial

ivory [ˈaɪvərɪ] Ⓐ *s. (pl.* **-ies**) 1 marfim; 2 *pl.* objectos em marfim; 3 *pl.* [*coloq.*] teclas de piano; 4 *pl.* [*cal.*] dentes; 5 *pl.* [*cal.*] dados; bolas de bilhar Ⓑ *adj.* 1 de marfim, em marfim; 2 ebúrneo, da cor do marfim, semelhante a marfim ❖ *~ black* negro de marfim; *~ tower* torre de marfim; HISTÓRIA *black ~* escravos negros

ivory-billed [ˈaɪvərɪbɪld] *adj.* de bico cor de marfim ❖ ZOOLOGIA *~ woodpecker* picanço-negro

Ivory Coast [ˌaɪvərɪˈkəʊst] *s.top.* Costa do Marfim

IVR [*abrev. de* international vehicle registration]

ivy [ˈaɪvɪ] *s. (pl.* **-ies**) BOTÂNICA hera ❖ *~ leaf* folha de hera

ivy-clad [ˈaɪvɪklæd] *adj.* coberto de heras

ivy-leaved [ˈaɪvɪliːvd] *adj.* 1 hederiforme; hederáceo; 2 com folhas de hera

IW [*abrev. de* Isle of Wight]

IWW [*abrev. de* Industrial Workers of the World]

ixia [ˈɪksɪə] *s.* BOTÂNICA íxia

izard [ˈɪzəd] *s.* ZOOLOGIA antílope dos Pirenéus, semelhante à camurça

izzard [ˈɪzəd] *s.* [*arc.*] a letra Z ❖ *from A to ~* do princípio ao fim

J

j [dʒeɪ] s. (pl. **js** ou **j´s**) (letra) j, J
J Ⓐ DIREITO [abrev. de Judge] Ⓑ DIREITO [abrev. de Justice] Ⓒ FÍSICA [abrev. de joule]
JA Ⓐ DIREITO [abrev. de Judge Advocate] Ⓑ [abrev. de Justice of Appeal]
jaal-goat ['dʒeɪlgəʊt] s. cabra-selvagem do Sinai, do Alto Egipto, etc.
jab [dʒæb] Ⓐ v.tr. (particípios: **-bb-**) **1** ferir com objecto penetrante; **2** picar, furar; **3** apunhalar, atravessar, ferir com uma estocada; **4** bater em; **5** (boxe) dar um determinado golpe Ⓑ s. **1** golpe seco, golpe dado com qualquer coisa pontiaguda; **2** estocada de baioneta; **3** (boxe) golpe seco; **4** picada de seringa de injecção
jabber ['dʒæbə] Ⓐ s. **1** tagarelice, palrice, loquacidade, falatório; **2** algaraviada Ⓑ v.tr.,intr. **1** tagarelar, palrar; **2** algaraviar, fazer uma algaraviada, falar atabalhoadamente
jabberer ['dʒæbərə] s. tagarela, falador, palrador, pessoa que fala muito e atabalhoadamente
jabbering ['dʒæbərɪŋ] s. **1** tagarelice; **2** algaraviada; **3** loquacidade
jabberwocky ['dʒæbəwɒkɪ] s. **1** linguagem ou conversa destituída de sentido; **2** conversa com sentido duplo
jabiru [dʒæbəˈruː] s. ZOOLOGIA (ave) jabiru
jaborandi [dʒæbəˈrændɪ] s. BOTÂNICA jaborandi
jabot ['ʒæbəʊ] s. **1** folho ornamental no peito de vestido; **2** folho no peito de camisa de homem
jacal [hæˈkɑːl] s. [EUA] cabana mexicana
jacaranda [dʒækəˈrændə] s. BOTÂNICA jacarandá
jacinth ['dʒæsɪnθ] s. MINERALOGIA (pedra preciosa) jacinto
jack [dʒæk] Ⓐ s. **1** (certos animais) macho; ~ *hare* lebrão, lebre-macho; **2** jaque; **3** (automóvel) macaco; alavanca para levantar pesos; **4** (jogos de cartas) valete; ~ *of spades* valete de espadas; **5** cavalete de serrador; **6** (jogo de bowls) pequena bola em direcção à qual são jogadas as outras; **7** odre; **8** [EUA] [cal.] (dinheiro) massa; **9** bandeira nacional inglesa hasteada à proa de navio; **10** trabalhador Ⓑ v.tr. **1** levantar por intermédio de macaco; **2** [EUA] [cal.] (roubo) gamar; **3** [cal.] (porta, etc.) escancarar ❖ ~ *plane* plaina para desbastar; garlopa; ~ *towel* toalha rolante
◆ **jack around** v.intr. vadiar
◆ **jack in** v.tr. [coloq.] (actividade, trabalho) deixar
◆ **jack up** Ⓐ v.tr. **1** (carro) levantar com o macaco; *you must ~ the car* tens de levantar o carro com o macaco; **2** (preços, salário) aumentar; subir; **3** [cal.] (drogas) injectar Ⓑ v.intr. [cal.] (drogas) injectar-se
Jack [dʒæk] Ⓐ s.antr. {forma popular de **John**} Ⓑ s. **1** pessoa; **2** [ant., coloq.] marinheiro, marujo; ~ *Tar* marinheiro, marujo ❖ ~ *Ketch* carrasco; ~ *sprat* homenzinho; anão; NÁUTICA ~ *in the basket* vigia; ~ *in the green* homem ou rapaz rodeado de plantas verdes no dia 1 de Maio; ~ *out of office* indivíduo despedido do seu emprego; *before one can say* ~ *Robinson* imediatamente; ~ *is as good as his master* tanto vale o trabalhador como o patrão
Jack-a-dandy [dʒækəˈdændɪ] s. [coloq.] elegante presumido
jackal ['dʒækɔːl, 'dʒækl] Ⓐ s. **1** ZOOLOGIA chacal; **2** [fig., depr.] lacaio; **3** burlão Ⓑ v.intr. (particípios: **-ll-**) servir de lacaio [**for**, a]
jackanapes ['dʒækəneɪps] s. **1** pessoa impertinente, incómoda; **2** indivíduo presumido; **3** pateta, parvo; **4** criança muito irrequieta
jackaroo [dʒækəˈruː] s. [Austr.] [coloq.] aprendiz numa quinta de criação de gado
jackass ['dʒækæs] s. (pl. **-es**) **1** ZOOLOGIA jumento, burro; **2** [coloq., fig.] (pessoa) burro, estúpido ❖ *laughing* ~ grande pica-peixe australiano

jackboot ['dʒækbuːt] Ⓐ s. **1** MILITAR bota militar; **2** bota de montar; **3** [fig.] (repressão) ditadura; *under the ~ of...* sob a ditadura de..., debaixo da pata de...fig. Ⓑ adj. autoritário; repressivo; ditatorial
jackdaw ['dʒækdɔː] s. ZOOLOGIA (ave) gralha
Jackeen [dʒæˈkiːn] s. indivíduo presumido e altivo, mas sem qualquer valor
jacket ['dʒækɪt] Ⓐ s. **1** VESTUÁRIO casaco; jaqueta; **2** invólucro; cobertura exterior; **3** (livro) sobrecapa; **4** [EUA] (disco) capa; **5** (fruto) casca; *the ~ of a potato* a casca de uma batata; **6** (caldeiras, canos) revestimento de protecção; **7** camisa de vapor Ⓑ v.tr. **1** vestir com um casaco; **2** (máquina) revestir de camisa; **3** [coloq.] chegar a roupa ao pêlo a ❖ ~ *cylinder* cilindro encamisado; CULINÁRIA ~ *potato* batata assada com casca, geralmente recheada; *water* ~ camisa de arrefecimento a água; [coloq.] *to dust sb's* ~ chegar a roupa ao pêlo a alguém
jacketed ['dʒækɪtɪd] adj. **1** com casaco; encasacado; **2** revestido de camisa ❖ ~ *cylinder* cilindro encamisado
jacketing ['dʒækɪtɪŋ] s. **1** encamisamento; **2** ELECTRICIDADE revestimento de cabo com borracha ou outra matéria isoladora
jackhammer ['dʒækhæmə] s. martelo pneumático
Jack-in-office ['dʒækɪnˈɒfɪs] s. burocrata, funcionário inferior que se julga importante
jack-knife ['dʒæknaɪf] Ⓐ s. (pl. **-ves**) navalha Ⓑ v.intr. **1** (natação) mergulhar com salto de carpa; **2** (camião articulado) travar bruscamente e ficar com a caixa ao lado ❖ (natação) ~ *dive* salto de carpa
jackman ['dʒækmən] s. (pl. **-men**) aio, criado, pessoa que ia no séquito dum nobre
jack-of-all-trades [dʒækəvˈɔːltreɪdz] s. habilidoso; faz-tudo
jack-o'-lantern [dʒækəˈlæntən] s. **1** (Halloween) abóbora iluminada; **2** fogo-fátuo
jackpot ['dʒækpɒt] s. **1** jackpot; **2** [fig.] sucesso, êxito; *his book hit the* ~ o livro dele fez um enorme sucesso, o livro dele revelou-se uma mina de ouro; **3** [fig.] sorte grandefig.; *you hit the* ~ saiu-te a sorte grande
jackscrew ['dʒækskruː] s. ⇒ **screwjack**
jackshaft ['dʒækʃɑːft] s. (automóvel) veio secundário
jacksnipe ['dʒæksnaɪp] s. (pl. **jacksnipe** ou **-s**) ZOOLOGIA narceja-macho
jackstay ['dʒæksteɪ] s. **1** NÁUTICA cabo das velas de estai; **2** verga, vergueiro
Jacky ['dʒækɪ] dim. de **Jack**
Jacob ['dʒeɪkəb] s.antr. Jacob ❖ BOTÂNICA *Jacob's ladder* escada de Jacob; escada de corda; polemónio; BOTÂNICA *Jacob's staff* círio-do-rei; vara com ponta de ferro; altímetro; balestilha
jacobaea [dʒækəˈbɪə] s. BOTÂNICA jacobeia
Jacobean [dʒækəˈbɪən] adj. relativo à época de Jaime I de Inglaterra
jacobin ['dʒækəbɪn] s. ZOOLOGIA pombo-gravatinha
Jacobin ['dʒækəbɪn] adj.,s. **1** HISTÓRIA, POLÍTICA jacobino; **2** frade dominicano
Jacobinic [dʒækəˈbɪnɪk] adj. jacobino
Jacobinical [dʒækəˈbɪnɪkl] adj. jacobino
Jacobinism ['dʒækəbɪnɪzəm] s. HISTÓRIA, POLÍTICA jacobinismo
jacobinize ['dʒækəbɪnaɪz] v.tr. **1** transformar em jacobino; **2** imbuir de ideias revolucionárias
Jacobite ['dʒækəbaɪt] adj.,s. HISTÓRIA jacobita, partidário de Jaime II após a sua abdicação
jaconet ['dʒækənət] s. tecido de algodão de espessura média
jacquard ['dʒækɑːd] s. (tear, tecido) jacquard

jactation [dʒæk'teɪʃn] s. 1 MEDICINA jactação, agitação extrema que não permite ao doente manter-se muito tempo na mesma posição; 2 jactância, ostentação, vaidade, bazófia

jactitation [dʒæktɪ'teɪʃn] s. 1 MEDICINA jactação; 2 [lit.] jactância; vaidade ostensiva; ostentação; 3 declaração falsa tendente a prejudicar terceiros; ~ *of marriage* afirmação falsa de haver contraído matrimónio com determinada pessoa

jaculatory ['dʒækjulətərɪ, 'dʒækjulətɔːrɪ] adj. jaculatório

jacuzzi [dʒə'kuːzɪ] s. jacúzi

jade [dʒeɪd] Ⓐ s. 1 cavalo de qualidade inferior ou já gasto, burro velho; pileca, rocim; 2 [coloq.] mulher de má nota, rameira, prostituta; 3 MINERALOGIA jade, jadeíte, nefrite, pedra nefrítica Ⓑ v.tr.,intr. 1 fatigar, esfalfar, fatigar em extremo; 2 esvair-se, enfraquecer, debilitar-se

jaded ['dʒeɪdɪd] adj. 1 fatigado; cansado; exausto; 2 com excesso de trabalho; 3 aborrecido; 4 saciado; farto; *a ~ appetite* um paladar fatigado, saciado

jadeite ['dʒeɪdaɪt] s. MINERALOGIA jadeíte

jadite ['dʒeɪdaɪt] s. MINERALOGIA jadeíte

Jael ['dʒeɪəl] s.antr. RELIGIÃO (Bíblia) Jahel

Jaffa ['dʒæfə] s.top. (cidade palestiniana) Jafa

jag [dʒæg] Ⓐ s. 1 dente; entalhe; recorte; 2 ponta saliente; 3 mossa; 4 abertura; golpe; 5 [EUA] pequena carga; fardo pequeno Ⓑ v.tr. (particípios: -**gg**-) dentear; entalhar; chanfrar; recortar ❖ ~ *bolt* chumbador farpado; *a crying ~* uma crise de lágrimas; *a drinking ~* uma farra de copos

JAG [abrev. de Judge Advocate General]

jagg [dʒæg] s. ⇒ **jag** Ⓐ

jagged ['dʒægɪd] adj. 1 entalhado, denteado; 2 chanfrado, com reentrâncias, com saliências; 3 denticulado

jaggedness ['dʒægɪdnəs] s. denteação

jagger ['dʒægə] s. 1 faca de cortar massa; 2 roda dentada para dar determinado recorte à massa de bolos, queques, etc.

jaggery ['dʒægərɪ] s. açúcar mascavado

jagginess ['dʒægɪnəs] s. 1 aspecto de recortado ou com reentrâncias; irregularidade; 2 embolamento, embotadura

jaggy ['dʒægɪ] adj. (comp. -**ier**, superl. -**iest**) 1 recortado; 2 com entalhes, com reentrâncias; 3 irregular; 4 embotado, sem fio, sem gume

jaguar ['dʒægwɑːr, 'dʒægjuə] s. ZOOLOGIA jaguar

Jah [dʒɑː, jɑː] s. ⇒ **Jahveh**

Jahveh ['dʒɑːveɪ, 'jɑːveɪ] s. Jeová

jail [dʒeɪl] s. prisão, cadeia

jailbreak ['dʒeɪlbreɪk] s. (cadeia) evasão

jailer ['dʒeɪlə] s. carcereiro

Jainism ['dʒaɪnɪzəm] s. RELIGIÃO (hinduísmo) jainismo, doutrina pregada na Índia no séc. VI a. C. por Vardamana

Jainist ['dʒaɪnɪst] adj. jainista

Jairus ['dʒaɪərəs, dʒeɪ'aɪərəs] s.antr. RELIGIÃO (Bíblia) Jairo

Jakarta [dʒə'kɑːtə] s.top. Jacarta

Jake [dʒeɪk] s.antr. [EUA] Jacob ❖ *a country ~* rústico; labrego

jalap ['dʒæləp] s. BOTÂNICA jalapa

jalopy [dʒə'lɒpɪ] s. [ant., coloq.] carriola

jalouse [dʒæ'luːz] v.tr. [Esc.] duvidar de

jalousie [ʒæ'luːziː] s. gelosia

jam [dʒæm] Ⓐ s. 1 engarrafamento de trânsito; *a traffic ~* um engarrafamento de trânsito; 2 [coloq.] (dificuldade, problema) alhada, embrulhada; *to get into a ~* meter-se numa alhada; 3 (multidão comprimida) aperto; 4 CULINÁRIA compota, geleia; 5 (emissão de rádio) interrupção Ⓑ v.tr. (particípios: -**mm**-) 1 comprimir; apertar; meter à força; 2 acumular; 3 obstruir; entupir; impedir a livre circulação em; 4 bloquear; encravar; fazer parar subitamente; 5 (emissão de rádio) interromper; 6 causar interferências radiofónicas em; 7 (dedo, etc.) trilhar, entalar; 8 transformar em compota Ⓒ v.intr. 1 MÚSICA (jazz) improvisar; 2 emperrar; encravar; deixar de funcionar; 3 (êmbolo) encravar-se, colar Ⓓ adj. apertado; *he stood ~ up against the door* ele estava de pé, apertado contra a porta Ⓔ adv. completamente; *the bus was ~ full* o autocarro estava cheio a não poder ser mais ❖ ~ *nut* contraporca; ~ *jar/~ pot* frasco de compota; NÁUTICA *to ~ the bitts* apontar as abitas

◆ **jam in** v.tr. 1 meter à força; 2 encurralar; 3 bloquear

◆ **jam on** v.tr. carregar em ❖ *to ~ the brakes* travar a fundo

◆ **jam through** v.tr. fazer passar ❖ [EUA] *to jam a bill through* fazer passar um projecto de lei no Congresso

Jam. Ⓐ [abrev. de Jamaica] Ⓑ [abrev. de James]

Jamaica [dʒə'meɪkə] s.top. Jamaica ❖ ~ *pepper* pimenta-da-jamaica; ~ *wood* pau-brasil

Jamaican [dʒə'meɪkən] adj.,s. 1 jamaicano, da Jamaica; 2 natural da Jamaica; 3 habitante da Jamaica

jamb [dʒæm] s. 1 jamba, ombreira da porta; 2 cada uma das partes laterais das portas e janelas; 3 guarnição de chaminé

jambe [dʒæm] s. 1 jamba, ombreira da porta; 2 cada uma das partes laterais das portas e janelas; 3 guarnição de chaminé

jamboree [dʒæmbə'riː] s. [coloq.] comemoração, diversão, reunião de escuteiros

jambosa [dʒæm'bəʊzə] s. BOTÂNICA jambeiro, jamboeiro

James [dʒeɪmz] s.antr. Jaime

jamesonite ['dʒeɪmsənaɪt] s. MINERALOGIA jamesonite

jamming ['dʒæmɪŋ] s. 1 aperto, apertadela; 2 compressão; 3 encravamento; 4 paragem súbita de máquina; 5 RÁDIO interferência; 6 acumulação; 7 NÁUTICA nó

jammy ['dʒæmɪ] adj. (comp. -**ier**, superl. -**iest**) 1 com geleia; 2 doce, como geleia; 3 pegajoso; 4 [coloq.] bom; excelente; *that's jammy!* isso é que é bom!; 5 [coloq.] sortudo; cheio de sorte

jam-pack ['dʒæmpæk] v.tr. [coloq.] atafulhar [**with**, de]; encher [**with**, de]

jam-packed ['dʒæmpækd] adj. 1 [coloq.] cheio, repleto, superlotado; 2 [coloq.] atafulhado, a deitar por fora

Jane [dʒeɪn] s.antr. Joana

Janeite ['dʒeɪnaɪt] s. admirador da obra de Jane Austen

Janet ['dʒænɪt] s.antr. Joaninha

jangle ['dʒæŋgl] Ⓐ v.tr.,intr. 1 (chaves, sinetas, etc.) chocalhar; tilintar; fazer barulho; 2 produzir um som desagradável e inarmónico; 3 altercar; discutir ruidosamente; falar em voz alta e discordante Ⓑ s. 1 ruído inarmónico e áspero; 2 som discordante; 3 altercação ruidosa

jangling ['dʒæŋglɪŋ] Ⓐ adj. 1 estridente; 2 a tilintar; a chocalhar; 3 inarmónico; 4 discordante Ⓑ s. 1 chincalhada; tilintar; 2 ruído inarmónico; 3 altercação ❖ ~ *piano* piano com som parecido com um chocalho

janissary ['dʒænɪsərɪ] s. janíçaro, janízaro

Janite ['dʒeɪnaɪt] s. admirador da obra de Jane Austen

janitor ['dʒænɪtə] s. (edifício) porteiro

janitress ['dʒænɪtrəs] s.f. (pl. -**es**) porteira

janizary ['dʒænɪzərɪ] s. ⇒ **janissary**

jannock ['dʒænək] adj. honesto, sério

Jansenism ['dʒænsənɪzəm] s. jansenismo

Jansenist ['dʒænsənɪst] s. jansenista

January ['dʒænjʊərɪ] s. Janeiro

Janus ['dʒeɪnəs] s. MITOLOGIA Jano

Jap [dʒæp] adj.,s. [coloq., depr.] japonês

japan [dʒə'pæn] Ⓐ s. charão; verniz do Japão Ⓑ v.tr. (particípios: -**nn**-) envernizar; acharoar; cobrir com laca ❖ ~ *paint* laca japonesa

Japan [dʒə'pæn] s.top. Japão

Japanese [dʒæpə'niːz] Ⓐ adj. japonês Ⓑ s. (pessoa, língua) japonês Ⓒ s.pl. *the ~* os japoneses

japanned [dʒə'pænd] adj. 1 acharoado; 2 envernizado a laca

japanner [dʒə'pænə] s. 1 acharoador; 2 envernizador a laca; 3 japonês; 4 navio japonês

jape [dʒeɪp] Ⓐ v.intr. brincar, gracejar, chalacear Ⓑ s. brincadeira, graça, chalaça

Japhet ['dʒeɪfet] s.antr. RELIGIÃO (Bíblia) Jafet

Japhetic [dʒeɪ'fetɪk] adj. jafético

Japonic [dʒə'pɒnɪk] adj. japonês; japónico ❖ ~ *acid* ácido japónico

japonica [dʒə'pɒnɪkə] s. 1 BOTÂNICA marmeleiro japonês; 2 BOTÂNICA japoneira, camélia, flor da japoneira

japonism ['dʒæpənɪzəm] s. japonismo

Jaqueline ['dʒækəlɪn] s.antr. Jaquelina

jar [dʒɑː] Ⓐ s. 1 som áspero e desagradável; 2 trepidação; vibração ruidosa; 3 sacudidela; 4 choque desagradável; sobressalto; *the news gave him a ~* ficou sobressaltado com as notícias; 5 arrepio; 6 questão, desacordo, discórdia; 7 pote; frasco de vidro de boca larga, usado para compotas; 8 garrafa; 9 botija Ⓑ v.tr.,intr. (particípios: -**rr**-) 1 abalar, chocar; 2 arrepiar;

3 produzir um choque; **4** produzir um som áspero e desagradável; **5** ranger; vibrar ruidosamente; **6** agitar, sacudir; **7** entrechocar-se; **8** discordar [**with**, com], estar em desacordo [**with**, com]; **9** entrar em conflito [**with**, com], chocar [**with**, com]; **10** destoar; **11** provocar questões ❖ ELECTRICIDADE *Leyden ~* garrafa de Leyden; *a ~ to the nerves* uma irritação; uma perturbação; *on ~/on the ~* entreaberto

◆**jar on/upon** v.tr. **1** irritar; **2** produzir efeito desagradável em ❖ *to jar on one's nerves* pôr os nervos em franja

jardinière [ˌʒɑːdɪnɪˈeə] s. vaso de flores, floreira

jargon [ˈdʒɑːgən] Ⓐ s. **1** gíria; *critics' ~* gíria própria dos críticos; **2** linguagem incompreensível; **3** (aves) chiada, pipio, chilreio; **4** MINERALOGIA (pedra preciosa) jacinto Ⓑ v.intr. **1** falar em gíria; **2** falar de maneira incompreensível; **3** tagarelar, falar de maneira confusa

jargonelle [ˌdʒɑːgəˈnel] s. variedade de pêra

jargonize [ˈdʒɑːgənaɪz] v.tr.,intr. **1** exprimir em calão, pôr em calão; **2** falar calão

jargoon [dʒɑːˈguːn] s. MINERALOGIA (pedra preciosa) jacinto

Jarl [jɑːl] s. antigo chefe nórdico ou dinamarquês

Jarrah [ˈdʒærə] s. árvore australiana, muito apreciada pela sua madeira

jarring [ˈdʒɑːrɪŋ] Ⓐ adj. **1** áspero; discordante; duro; que ofende os ouvidos; **2** chocante; extremamente desagradável; perturbador; **3** díspar; oposto; destoante; incompatível; *~ colours* cores destoantes Ⓑ s. **1** trepidação; vibração desagradável; **2** sacudidela; **3** ruído desagradável; **4** choque; **5** discórdia, querela

jarvey [ˈdʒɑːvɪ] s. **1** cocheiro; **2** condutor de carro irlandês

jasmin [ˈdʒæzmɪn] s. BOTÂNICA ⇒ **jasmine**

jasmine [ˈdʒæzmɪn] s. BOTÂNICA jasmim, jasmineiro ❖ *cape ~* jasmim-do-cabo; *scarlet ~* jasmim-da-virgínia; *yellow ~* jasmim amarelo

Jason [ˈdʒeɪsn] s. MITOLOGIA Jasão, filho de Eon e de Alcimene

jasper [ˈdʒæspə] s. MINERALOGIA jaspe ❖ *redtinged ~* jaspe-sanguíneo

Jasper [ˈdʒæspə] s.antr. Gaspar

jasperize [ˈdʒæspəraɪz] v.tr. jaspear, dar a aparência de jaspe

jasperizing [ˈdʒæspəraɪzɪŋ] s. jaspeadura, acção ou efeito de jaspear

jaspery [ˈdʒæspərɪ] adj. **1** jáspeo; da natureza do jaspe; **2** que contém jaspe

jaspideous [ˌdʒæsˈpɪdɪəs] adj. jáspeo, da natureza do jaspe

jaundice [ˈdʒɔːndɪs] Ⓐ s. **1** icterícia; **2** [fig.] cinismo, azedume; **3** [fig.] inveja, ciúme Ⓑ v.tr. **1** [geralm. usado na passiva] tornar cínico, tornar amargo; **2** pegar icterícia a

jaundiced [ˈdʒɔːndɪst] adj. **1** cínico, amargo; **2** atacado de icterícia; **3** bilioso, com um ataque de bílis; **4** [fig.] ciumento, invejoso ❖ *to look on sth with a ~ eye* ver algo com maus olhos

jaunt [dʒɔːnt] Ⓐ s. passeio; excursão; *on a ~* em excursão; *to take a ~* fazer uma excursão Ⓑ v.intr. (diversão) fazer uma excursão; fazer uma pequena viagem ❖ *jaunting car* carruagem de duas rodas usado na Irlanda

jauntily [ˈdʒɔːntɪlɪ] adv. **1** com desenvoltura, com à-vontade; **2** com descontracção; **3** com auto-satisfação

jauntiness [ˈdʒɔːntɪnəs] s. **1** despacho, desenvoltura, à-vontade; **2** descontracção; **3** autoconfiança; **4** vivacidade; **5** boa disposição

jaunty [ˈdʒɔːntɪ] adj. (comp. **-ier**, superl. **-iest**) **1** despachado, desenvolto; **2** descontraído; **3** confiante; **4** alegre, bem-disposto; *a ~ air* um ar de boa disposição ❖ *with one's hat worn at a ~ angle* com o chapéu inclinado para o lado

Java [ˈdʒɑːvə] s.top. Java

Javanese [ˌdʒɑːvəˈniːz] Ⓐ adj. javanês Ⓑ s. (língua, pessoa) javanês

javelin [ˈdʒævlɪn] s. **1** DESPORTO dardo; **2** azagaia ❖ DESPORTO *~ thrower* atleta de lançamento do dardo; DESPORTO *~ throwing* lançamento do dardo

jaw [dʒɔː] Ⓐ s. **1** ANATOMIA maxila, maxilar; **2** queixo; maxila inferior; *a strong ~* maxila inferior saliente, queixo voluntarioso; **3** [coloq.] conversa, cavaqueira; **4** [coloq.] (censura) sermão; **5** pl. maxilas, mandíbulas; **6** pl. boca, fauces, goelas, bocarra; **7** pl. MECÂNICA forquilha; **8** pl. GEOGRAFIA (gruta, desfiladeiro, etc.) entrada Ⓑ v.tr.,intr. **1** palrar, tagarelar; **2** censurar, admoestar, repreender ❖ (surpresa) *his ~ dropped* ficou de queixo caído; *into the jaws of death* nas garras da morte; *in the jaws of the lion* na boca do leão

jawbone [ˈdʒɔːbəʊn] Ⓐ s. ANATOMIA maxilar, maxila, mandíbula Ⓑ v.tr. [EUA] [coloq.] obrigar

jawbreaker [ˈdʒɔːbreɪkə] s. palavra muito difícil de pronunciar; trava-língua

jawbreaking [ˈdʒɔːbreɪkɪŋ] adj. difícil de pronunciar

jawing [ˈdʒɔːɪŋ] s. tagarelice, conversa contínua, repreensão

jaw-jaw [ˈdʒɔːdʒɔː] Ⓐ s. [coloq.] conversa de chacha; tagarelice Ⓑ v.intr. [coloq.] fazer conversa de chacha; tagarelar

jay [dʒeɪ] s. **1** ZOOLOGIA (ave) gaio; **2** [coloq.] tagarela, falador

jaywalk [ˈdʒeɪwɔːk] v.intr. (rua) atravessar fora da passadeira; atravessar a rua de forma imprudente

jaywalker [ˈdʒeɪwɔːkə] s. peão imprudente; peão que atravessa a rua fora da passadeira

jazz [dʒæz] Ⓐ s. **1** MÚSICA jazz, música jazz; *~ band* banda jazz; **2** [coloq.] animação, barulho, confusão; **3** [cal.] histórias; tretas; disparates; asneiras; *don't give me that jazz!* não me venhas com tretas!; **4** [cal.] coisas, pertences Ⓑ adj. **1** MÚSICA de jazz; jazzístico; **2** discordante; **3** garrido, de cores vivas; **4** descontrolado, ruidoso Ⓒ v.tr.,intr. **1** tocar música jazz; **2** dançar o jazz; **3** transformar em jazz; **4** animar, trazer animação a

◆**jazz up** v.tr. **1** animar; **2** tornar mais apelativo; **3** rejuvenescer; **4** actualizar

jazzer [ˈdʒæzə] s. pessoa que dança o jazz

jazzy [ˈdʒæzɪ] adj. **1** MÚSICA jazzístico; parecido com o jazz; **2** garrido, colorido, de cores vivas; **3** que chama a atenção

JB [GB] [abrev. de John Bull]

JC Ⓐ [abrev. de Jesus Christ] Ⓑ [abrev. de Julius Caesar] Ⓒ [abrev. de Justice Clerk]

JD Ⓐ [abrev. de Juvenile Delinquent] Ⓑ [abrev. de Juris Doctor]

jealous [ˈdʒeləs] adj. **1** ciumento; *to be ~ of* ter ciúmes de alguém; **2** com inveja; invejoso; **3** cioso; *to be ~ of one's own rights* ser cioso dos seus próprios direitos; **4** receoso; inquieto; suspeitoso; **5** RELIGIÃO [arc.] (Bíblia) que exige submissão absoluta

jealously [ˈdʒeləslɪ] adv. **1** despeitadamente; **2** ciosamente; **3** com ciúmes; **4** zelosamente, cuidadosamente

jealousy [ˈdʒeləsɪ] s. (pl. **-ies**) **1** ciúme; **2** ressentimento, inveja

jean [dʒiːn] s. **1** (tecido) ganga; **2** pl. VESTUÁRIO calças de ganga

Jean [dʒiːn] s.antr. Joana

jeannette [dʒɪˈnet] s. cotim grosseiro

Jebusites [ˈdʒebjuzaɪts] s.pl. Jebuseus, nome de tribo reduzida à escravatura por Salomão

jeep [dʒiːp] s. jipe

jeer [dʒɪə] Ⓐ s. **1** escárnio, mofa, zombaria; **2** chufa; **3** pl. NÁUTICA adriças da verga grande Ⓑ v.tr.,intr. **1** mofar, escarnecer, zombar; **2** dirigir chufas ou insultos; *to ~ an actor off the stage* obrigar, com assuadas, um actor a abandonar o palco; **3** rir-se [**at**, de]; fazer pouco [**at**, de]

jeerer [ˈdʒɪərə] s. trocista, zombador, escarnecedor

jeering [ˈdʒɪərɪŋ] Ⓐ adj. trocista, zombeteiro, escarnecedor Ⓑ s. troça, zombaria, escárnio, mofa

jeffersonite [ˈdʒefəsənaɪt] s. MINERALOGIA jefersonite

Jeffrey [ˈdʒefrɪ] s.antr. Godofredo

jehad [dʒɪˈhɑːd] s. ⇒ **jihad**

Jehoshaphat [dʒɪˈhɒʃəfæt] s.antr. RELIGIÃO (Bíblia) Josafat ❖ *the Valley of ~* o vale de Josafat

Jehovah [dʒɪˈhəʊvə] s. **1** RELIGIÃO (Bíblia) Jeová ❖ *Jehovah's Witnesses* Testemunhas de Jeová

Jehovist [dʒɪˈhəʊvɪst] s. RELIGIÃO (Antigo Testamento) jeovista

Jehovistic [dʒɪˈhəʊvɪstɪk] adj. jeovista

Jehu [ˈdʒiːhjuː] s.antr. **1** RELIGIÃO (Bíblia) Jeú; **2** [irón.] cocheiro furioso

jejunal [dʒɪˈdʒuːnəl] adj. ANATOMIA jejunal; relativo ao jejuno

jejune [dʒɪˈdʒuːn] adj. **1** árido, improdutivo; **2** estéril; **3** desinteressante; **4** (terreno) magro, pobre; **5** maçador, que não satisfaz o espírito

jejunely [dʒɪˈdʒuːnlɪ] adv. **1** dum modo árido, com aridez; **2** sem interesse

jejuneness [dʒɪˈdʒuːnnəs] s. **1** aridez; **2** esterilidade; **3** pobreza (de terreno); **4** carência de interesse

jejunostomy [ˌdʒɪdʒuːˈnɒstəmɪ] s. CIRURGIA jejunostomia

jejunum [dʒɪˈdʒuːnəm] s. ANATOMIA jejuno

jell [dʒel] v.intr. 1 gelificar, adquirir aspecto de geleia; 2 [fig.] tomar forma; 3 [fig.] entrosar, funcionar bem em conjunto; 4 [fig.] ser verosímil; 5 [fig.] ser bem sucedido
jellied ['dʒelɪd] adj. CULINÁRIA em gelatina
jellification [dʒelɪfɪ'keɪʃn] s. 1 congelação; 2 gelatinização
jellify ['dʒelɪfaɪ] v.tr.,intr. 1 gelatinizar(-se); 2 gelificar, ficar com o aspecto de geleia; 3 congelar(-se)
jello ['dʒeləʊ] s. [EUA] gelatina
jelly ['dʒelɪ] Ⓐ s. (pl. **-ies**) 1 gelatina; 2 CULINÁRIA geleia; compota; 3 sandália de plástico transparente e flexível Ⓑ v.tr.,intr. 1 transformar(-se) em geleia; ficar em geleia; 2 congelar ❖ [coloq.] ~ *belly* barrigudo; ~ *broth* caldo substancioso; *to beat to a* ~ dar uma sova mestra
jellyfish ['dʒelɪfɪʃ] s. (pl. **jellyfish** ou **-es**) 1 ZOOLOGIA medusa; alforreca; acalefa; 2 [fig., coloq.] (pessoa sem vontade própria) banana_fig_; lorpa
jellygraph ['dʒelɪgrɑːf] Ⓐ s. [coloq.] copiador de gelatina Ⓑ v.tr. copiar a gelatina
jemima [dʒɪ'maɪmə] s. 1 [coloq.] nó de gravata; 2 pl. botas de elástico
jemmy ['dʒemɪ] s. (pl. **-ies**) 1 pé-de-cabra, alavanca usada por gatunos para forçar portas, janelas, etc.; 2 cabeça de carneiro cozinhada e pronta a ser servida
jennet ['dʒenɪt] s. pequeno cavalo espanhol
jenneting ['dʒenɪtɪŋ] s. variedade de maçã temporã
jenny ['dʒenɪ] s. (pl. **-ies**) 1 mula; 2 (pássaros) fêmea; 3 tear mecânico; máquina de fiar hidráulica; tear a vapor ❖ ~ *spinner* aracnídeo pequeno de patas compridas
Jenny ['dʒenɪ] s.antr. Joaninha
jeofail ['dʒefeɪl] s. 1 erro; 2 DIREITO erro nas alegações
jeopard ['dʒepəd] v.tr. [arc.] ⇒ **jeopardize**
jeopardize ['dʒepədaɪz] v.tr. 1 pôr em perigo; expor ao perigo; 2 comprometer; 3 arriscar; *to* ~ *one's life* arriscar a vida
jeopardy ['dʒepədɪ] s. risco; perigo; *to be in* ~ estar em perigo ❖ *to put sth in* ~ comprometer algo; colocar algo em perigo
Jephthah ['dʒefθə] s.antr. RELIGIÃO (Bíblia) Jefté
jequirity [dʒɪ'kwɪrətɪ] s. BOTÂNICA jequiriti, olho-de-cabra
Jer. Ⓐ [abrev. de Jeremiah] Ⓑ [abrev. de Jersey] Ⓒ [abrev. de Jerusalem]
jerboa [dʒɜː'bəʊə] s. ZOOLOGIA gerbo
jeremiad [dʒerɪ'maɪəd] s. jeremíada, lamentação, queixa
Jeremiah [dʒerɪ'maɪə] s.antr. Jeremias
Jeremy ['dʒerəmɪ] s.antr. Jeremias
Jericho ['dʒerɪkəʊ] s.top. Jericó ❖ *go to Jericho!* vai tratar da tua vida!; [coloq.] *I sent him to* ~ mandei-o pentear macacos
jerk [dʒɜːk] Ⓐ s. 1 sacudidela; arranco; sacão; puxão; *by jerks* aos sacões, aos arrancos; 2 movimento reflexo; 3 choque; 4 [coloq.] parvo, estúpido, idiota Ⓑ v.tr.,intr. 1 dar uma sacudidela; dar um sacão; 2 puxar bruscamente; 3 deslocar-se aos arrancos; mover-se aos solavancos; 4 curar carne, cortando-a em compridas talhadas e secando-a ao sol ❖ [coloq., ant.] *physical jerks* exercícios físicos; *he jerked out a few words* ele proferiu secamente algumas palavras; *the window jerked open* a janela abriu-se bruscamente; *to have the jerks* ter a dança-de-são-vito; sofrer de coreia; *to* ~ *along* avançar às sacudidelas; fazer andar aos sacões; *to* ~ *out* arrancar de súbito, tirar com um sacão; *to* ~ *up* levantar sacudidamente a cabeça; *with a* ~ de repente
❖ **jerk off** v.tr.,intr. [cal.] (vulgarismo) masturbar-se; bater uma punheta_vulg._
jerked [dʒɜːkt] adj. (carne) seca e curada ao sol
jerkily ['dʒɜːkɪlɪ] adv. 1 sacudidamente; 2 aos sacões
jerkin ['dʒɜːkɪn] s. justilho, espécie de corpete de couro justo ao corpo (para homens)
jerky ['dʒɜːkɪ] adj. (comp. **-ier**, superl. **-iest**) 1 sacudido; 2 seco; 3 brusco; 4 irregular
jeroboam [dʒerə'bəʊəm] s. garrafa de vinho, cerca de oito a doze vezes maior que o normal
Jerome [dʒə'rəʊm] s.antr. Jerónimo
jerque [dʒɜːk] v.tr. (alfândega) examinar um navio, verificar o conteúdo dum navio
jerquer ['dʒɜːkə] s. 1 (alfândega) verificador; 2 examinador
jerquing ['dʒɜːkɪŋ] s. 1 (alfândega) acto de verificar ou examinar; 2 verificação, exame

jerry ['dʒerɪ] s. (pl. **-ies**) 1 [cal.] bacio, pote, bispote, vaso da noite; 2 taberna, local de segunda ordem onde se vende cerveja
Jerry ['dʒerɪ] s.antr. 1 Jeremias; 2 MILITAR [cal.] alemão, os Alemães
jerry-build ['dʒerɪbɪld] v.tr. (prt. e part. pass. **-built**) 1 construir com materiais de qualidade inferior; 2 construir casas de qualidade inferior
jerry-builder ['dʒerɪbɪldə] s. [coloq.] construtor de casas baratas e de má qualidade, gaioleiro
jersey ['dʒɜːzɪ] s. 1 (tecido) malha; 2 VESTUÁRIO camisola de malha; 3 DESPORTO camisola
Jersey ['dʒɜːzɪ] s.top. Jérsia
Jerseyman ['dʒɜːzɪmən] s. (pl. **-men**) 1 habitante da ilha de Jérsia; 2 [EUA] habitante de Nova Jérsia
Jerusalem [dʒə'ruːsələm] s.top. Jerusalém
jess [dʒes] Ⓐ s. (pl. **-es**) peia para falcão Ⓑ v.tr. pear (o falcão)
jessamine ['dʒesəmɪn] s. BOTÂNICA jasmim
Jesse ['dʒesɪ] s.antr. RELIGIÃO (Bíblia) Jessé ❖ *the tree of* ~ a árvore de Jessé
Jessie ['dʒesɪ] s.antr. Joaninha
jest [dʒest] Ⓐ s. 1 brincadeira; *in* ~ na brincadeira; 2 galhofa; 3 gracejo, piada, graça; *to make a* ~ gracejar; 4 alvo de troça; vítima de gracejos; objecto de ridículo; *to be the* ~ *of* ser o alvo das piadas de Ⓑ v.intr. 1 brincar; gracejar; galhofar; 2 troçar ❖ *many a true word is spoken in* ~ a brincar, a brincar se vão dizendo as verdades
jester ['dʒestə] s. 1 brincalhão; gracejador; 2 HISTÓRIA bobo; *court* ~ bobo da corte
jesting ['dʒestɪŋ] Ⓐ adj. zombeteiro, brincalhão, gracejador Ⓑ s. 1 zombaria; 2 gracejo, graça
jestingly ['dʒestɪŋlɪ] adv. 1 brincalhonamente, galhofeiramente; 2 por graça, por piada
Jesu ['dʒiːzjuː] s.antr. Jesus
Jesuit ['dʒezjuɪt, 'dʒezjuɪt] s. jesuíta
jesuitical [dʒezju'ɪtɪkl] adj. jesuíta, jesuítico
jesuitically [dʒezju'ɪtɪklɪ] adv. jesuiticamente
Jesuitism ['dʒezjuɪtɪzəm] s. jesuitismo; princípios e modo de proceder dos jesuítas
jesuitize ['dʒezjuɪtaɪz] v.tr.,intr. 1 propagar ou defender doutrinas jesuíticas; 2 jesuitizar
jesuitry ['dʒezjuɪtrɪ] s. 1 casuística subtil própria dos jesuítas; 2 jesuitismo
Jesus ['dʒiːzəs] s.antr. Jesus
jet [dʒet] Ⓐ s. 1 AERONÁUTICA jacto; 2 jacto, esguicho; 3 vaporizador; 4 (carburador) pulverizador; 5 cano de passagem de metal fundido para os moldes; 6 lanço de metal fundido; 7 MINERALOGIA azeviche, âmbar-negro Ⓑ v.tr. (particípios: **-tt-**) lançar em esguicho, fazer esguichar, fazer sair em jacto Ⓒ v.intr. (particípios: **-tt-**) 1 sair em jacto; 2 andar em avião a jacto ❖ ~ *black* negro como o azeviche; ~ *engine* motor a jacto; AERONÁUTICA ~ *fighter* jacto de combate; ~ *fuel* combustível para motores a jacto; ~ *helicopter* helicóptero a jacto; ~ *plane* avião a jacto; ~ *propulsion* propulsão a jacto; DESPORTO ~ *ski* jet ski; ~ *sprayer* pulverizador; ~ *of steam* jacto de vapor; ~ *propulsion airplane* avião a jacto
jet-foil ['dʒetfɔɪl] s. hidroflutuador
jet lag ['dʒetlæg] s. cansaço aéreo, cansaço devido a diferenças horárias
jet-lagged ['dʒetlægd] adj. com jet lag
jetliner ['dʒetlaɪnə] s. (transporte de passageiros) avião a jacto
jet-powered ['dʒet,paʊəd] adj. de propulsão a jacto; ~ *plane* avião a jacto
jet-propelled [dʒetprə'peld] adj. com propulsão a jacto; ~ *plane* avião a jacto
jetsam ['dʒetsəm] s. 1 mercadoria lançada ao mar para aliviar o navio; carga alijada ao mar e arrojada depois à praia; 2 (coisas rejeitadas) lixo; refugo ❖ (pessoas) *flotsam and* ~ náufragos; inadaptados
jet set ['dʒetset] s. (sociedade) jet-set
jet-setter ['dʒet,setə] s. (sociedade) membro do jet-set; colunável
jettison ['dʒetɪsən] Ⓐ s. alijamento, lançamento de mercadorias pela borda fora para aliviar o navio Ⓑ v.tr. (particípios: **-n-**) 1 alijar, lançar (mercadoria) ao mar (para aliviar o navio); 2 [fig.] libertar-se de; 3 [fig.] abandonar
jettisoning ['dʒetɪsənɪŋ] s. 1 lançamento da carga ao mar; 2 [fig.] abandono

jetty ['dʒetɪ] Ⓐ *s.* ⟨*pl.* **-ies**⟩ **1** pontão; molhe, paredão que avança pelo mar dentro à entrada dum porto; **2** quebra-mar, dique; **3** cais de desembarque; **4** ressalto, saliência, sacada Ⓑ *adj.* negro como azeviche, cor de azeviche ❖ *~ head* ponta de molhe; *landing ~* desembarcadouro

Jew [dʒu:] *s.* judeu ❖ ZOOLOGIA *~ lizard* variedade de lagarto australiano; MÚSICA *Jew's harp* berimbau; harpa de beiços; *the wandering ~* o judeu errante

Jewdom ['dʒu:dəm] *s.* a comunidade dos Judeus

jewel ['dʒu:əl] Ⓐ *s.* **1** jóia; **2** pedra preciosa; **3** preciosidade, pérola, tesouro, jóia*fig*; *what a ~ of a girl!* mas que jóia de rapariga! Ⓑ *v.tr.* ⟨*particípios:* -**ll**-⟩ enfeitar com jóias, ornamentar com jóias ❖ *~ box/case* guarda-jóias; *~ case* caixa de cristal (de CD); *the ~ in the crown of...* o coroar de...; a cereja no bolo de...; *the jewels of the Crown* as jóias da Coroa

jeweller ['dʒu:ələ] *s.* joalheiro, ourives ❖ ⟨estabelecimento⟩ *jeweller's (shop)* joalharia; ourivesaria

jewellery ['dʒu:əlrɪ] *s.* jóias; joalharia ❖ *a piece of ~* uma jóia

jewelry ['dʒu:əlrɪ] *s.* ⇒ **jewellery** ❖ [EUA] *~ store* ourivesaria

Jewess ['dʒu:es, ˌdʒu:'es] *s.f.* [ant.] ⟨ofensivo⟩ judia

jewing ['dʒu:ɪŋ] *s.* carúncula na base do bico de alguns pombos domésticos

Jewish ['dʒu:ɪʃ] *adj.* judeu, judaico

Jewishness ['dʒu:ɪʃnəs] *s.* judaísmo, sionismo

Jewry ['dʒʊrɪ, 'dʒu:rɪ] *s.* **1** os Judeus; **2** HISTÓRIA judiaria, bairro ocupado por judeus

Jezebel ['dʒezəbəl] *s.antr.* **1** Jezebel; **2** [fig.] mulher cuja conduta é considerada imoral

JGW [*abrev. de* Junior Grand Warden]

jhell [dʒi:l] *s.* [Índia] lago, charco

jib [dʒɪb] Ⓐ *s.* **1** NÁUTICA vela da bujarrona, vela pequena triangular presa ao gurupés ou ao pau da bujarrona; *main ~* grande bujarrona; **2** lança de guindaste; *~ crane* guindaste de lança Ⓑ *v.intr.* ⟨*particípios:* -**bb**-⟩ **1** ⟨animal⟩ parar de repente; recusar-se a andar; andar para trás e para os lados em vez de seguir para a frente; **2** recusar-se [**at**, a]; mostrar relutância [**at**, em]; **3** ⟨vela⟩ mudar-se dum lado para o outro Ⓒ *v.tr.* ⟨*particípios:* -**bb**-⟩ NÁUTICA cambiar uma vela, mudar uma vela de borda ❖ *~ boom* pau da bujarrona; *~ door* porta falsa; porta disfarçada na parede; [coloq.] *the cut of one's ~* a aparência; o modo de ser; a maneira de andar duma pessoa

jibber ['dʒɪbə] Ⓐ *s.* **1** cavalo teimoso, cavalo que dá galões, que se nega; **2** pessoa que insiste, que teima Ⓑ *v.intr.* falar de maneira rápida e pouco clara

jibe [dʒaɪb] *s., v.intr.* ⇒ **gibe**

Jibuti [dʒɪbu:'ti:] *s.top.* Jibuti

jiffy ['dʒɪfɪ] *s.* ⟨*pl.* **-ies**⟩ [coloq.] momento; instante; *in a ~* num instante; *wait a jiffy!* é só um minutinho! ❖ *~ bag* envelope almofadado

jig [dʒɪg] Ⓐ *s.* **1** ⟨dança, música⟩ jiga; **2** [coloq.] rapaziada, estroinice; **3** modelo, padrão; **4** calibre de contraste; **5** guia de instrumentos cortantes; **6** lavadeira de vaivém para minério; *~ washer* lavadeira de vaivém para minério Ⓑ *v.intr.* ⟨*prt. e p. p.* -**gg**-⟩ **1** dançar a jiga; **2** mover-se rapidamente, saltitar Ⓒ *v.tr.* ⟨*prt. e p. p.* -**gg**-⟩ **1** mover com rapidez; **2** ⟨minério⟩ separar agitando em crivo debaixo de água ❖ *assembly ~* aparelho de montagem; *the ~ is up* está tudo acabado; já não há esperança

jig-a-jog ['dʒɪgədʒɒg] Ⓐ *adv.* aos pulinhos; saltitando Ⓑ *v.intr.* caminhar aos tropeções

jigger ['dʒɪgə] Ⓐ *s.* **1** dançarino de jiga; **2** NÁUTICA mezena, vela do mastro da ré; **3** indivíduo que lava minério; **4** descanso para o taco do bilhar; **5** ELECTRICIDADE transformador de oscilações; **6** ZOOLOGIA ⟨insecto⟩ nígua, matacanha, tunga, bicho-de-pé; **7** casaco curto de mulher Ⓑ *v.tr.* calibrar ❖ *I'm jiggered if ...* diabos me levem se ...; *well, I'm jiggered!* não é possível isso!; será possível?; caramba!

jiggered ['dʒɪgəd] *adj.* **1** [coloq.] ⟨surpresa⟩ banzado; pasmado; **2** [coloq.] ⟨cansado⟩ exausto; de rastos ❖ *well, I'll be jiggered!* credo!

jiggerer ['dʒɪgərə] *s.* calibrador, graduador

jiggery-pokery [ˌdʒɪgərɪ'pəʊkərɪ] *s.* [coloq.] trapaças, manigâncias, manhas

jiggle ['dʒɪgl] *v.tr.* agitar levemente

jiggy ['dʒɪgɪ] *s.* [EUA] [cal.] dinheiro; fortuna ❖ [cal.] *to get ~ with it* ficar entusiasmado com alguma coisa

jigsaw ['dʒɪgsɔ:] Ⓐ *s.* **1** puzzle; *~ puzzle* puzzle; **2** [fig.] quebra-cabeças, enigma; **3** serra de vaivém Ⓑ *v.tr.* **1** cortar com serra de vaivém; **2** cortar em peças que encaixam umas nas outras Ⓒ *adj.* **1** com peças que encaixam umas nas outras; **2** [fig.] estruturalmente complexo

jihad [dʒɪ'hæd] *s.* **1** jihad, guerra santa dos maometanos contra os infiéis; **2** [fig.] cruzada ou campanha a favor ou contra uma doutrina

jilt [dʒɪlt] Ⓐ *v.tr.* ⟨relação amorosa⟩ deixar; acabar com Ⓑ *s.* **1** pessoa que, por capricho, põe de parte aquele a quem fingiu amar; **2** fim inesperado de uma relação amorosa

Jim [dʒɪm] *s.antr.* ⟨*dim. de* **James**⟩

jim-crow [ˌdʒɪm'krəʊ] *s.* alavanca pé-de-cabra

jim-dandy [ˌdʒɪm'dændɪ] Ⓐ *adj.* [EUA] [coloq.] excelente Ⓑ *s.* ⟨*pl.* **-ies**⟩ [EUA] [coloq.] coisa excelente

jimjams ['dʒɪmdʒæmz] *s.pl.* **1** [coloq.] delirium-tremens; **2** [coloq.] ⟨repulsa⟩ pele de galinha; arrepios; *that gives me the ~* isso faz-me ficar com pele de galinha; **3** ⟨medo, ansiedade⟩ nervos em franja; **4** VESTUÁRIO [coloq.] pijama

jimmy ['dʒɪmɪ] *s.* pé-de-cabra, alavanca usada por salteadores domésticos

Jimmy ['dʒɪmɪ] *s.antr.* ⟨*dim. de* **James**⟩ ❖ NÁUTICA [cal.] *~ the One* o primeiro-tenente

jimp [dʒɪmp] *adj.* **1** [Esc.] elegante, gracioso, esbelto; **2** justo ao corpo

jingbang [dʒɪŋ'bæŋ] *s.* [coloq.] malta; *the whole ~* toda a malta

jingle ['dʒɪŋgl] Ⓐ *s.* **1** tinido, som idêntico ao de pequenas campainhas; **2** tinir de copos, etc.; **3** repetição da mesma palavra ou de sons idênticos, rima; **4** [Austr., Irl.] pequeno carro coberto de duas rodas Ⓑ *v.tr.,intr.* **1** tinir, tocar ⟨campainhas⟩; **2** chocalhar ⟨chaves⟩, agitar ⟨moedas⟩; **3** ⟨texto⟩ estar cheio de rimas ou aliterações

jinglet ['dʒɪŋglət] *s.* bolinha colocada dentro dum guizo para o fazer tocar

jingling ['dʒɪŋglɪŋ] Ⓐ *adj.* que toca, que tine Ⓑ *s.* **1** tinido, bater de chaves; **2** agitar de moedas

jingo ['dʒɪŋgəʊ] *s.* ⟨*pl.* **-es**⟩ **1** patriota exaltado; **2** jingo ❖ *by jingo!/by the living jingo!* caramba!

jingoism ['dʒɪŋgəʊɪzəm] *s.* jingoísmo

jingoist ['dʒɪŋgəʊɪst] *s.* jingoísta

jingoistic [ˌdʒɪŋgəʊ'ɪstɪk] *adj.* jingoísta

jink [dʒɪŋk] Ⓐ *s.* ⟨futebol⟩ finta Ⓑ *v.tr.,intr.* **1** [Esc.] DESPORTO ⟨futebol⟩ fintar, fazer uma finta, evitar o adversário; **2** enganar ⟨alguém⟩; **3** AERONÁUTICA manobrar bruscamente o avião para evitar fogo antiaéreo

jinks [dʒɪŋks] *s.pl.* [coloq.] *high ~* grande animação, divertimento

jinnee [dʒɪ'ni:] *s.* ⟨*pl.* **jinn**⟩ espírito, génio na mitologia maometana, de categoria inferior aos anjos, com poder sobrenatural sobre os homens e capaz de assumir forma humana ou animal

jinneeyeh [dʒɪ'ni:I] *fem. de* **jinnee**

jinricksha [dʒɪn'rɪkʃə] *s.* carro leve de duas rodas, com capota, usado no Japão, e puxado por um homem ou dois

jinrickshaw [dʒɪn'rɪkʃɔ:] *s.* carro leve de duas rodas, com capota, usado no Japão, e puxado por um homem ou dois

jinx [dʒɪŋks] Ⓐ *s.* **1** enguiço, maldição; **2** ave de mau agouro Ⓑ *v.tr.* enguiçar, azarar, dar má sorte a

jinxed [dʒɪŋkst] *adj.* ⟨azar⟩ enguiçado; amaldiçoado

jipijapa [ˌhɪpɪ'hɑ:pə] *s.* BOTÂNICA jipijapá, bombonaça ❖ ⟨chapéu⟩ *~ hat* panamá

jitney ['dʒɪtnɪ] Ⓐ *adj.* barato e de qualidade inferior Ⓑ *s.* [EUA] moeda de cinco cêntimos

jitter ['dʒɪtə] Ⓐ *v.intr.* **1** estar nervoso; **2** agir nervosamente Ⓑ *s.* **1** agitação; **2** ELECTRICIDADE instabilidade de sinal; **3** *pl.* [coloq.] nervos; *to have the jitters* estar nervoso

jitterbug ['dʒɪtəbʌg] *s.* pessoa nervosa

jitters ['dʒɪtəz] *s.pl.* grande nervosismo

jittery ['dʒɪtərɪ] *adj.* agitado, nervoso, inquieto, ansioso

jiu-jitsu [dʒu:'dʒɪtsu:] *s.* DESPORTO jiu-jitsu

jive [dʒaɪv] Ⓐ *s.* **1** MÚSICA ⟨jazz⟩ swing; **2** [EUA] [cal.] calão usado pelos músicos de jazz; **3** [EUA] [cal.] histórias; tretas; atitudes, actos ou conversa vulgar, maçadora ou insincera; *don't give me all that jive!* não me venhas com histórias/tretas!; **4** lisonja; adulação; exagero; **5** artigos, mercadoria ou vestuário berrante e de mau gosto Ⓑ *v.intr.* **1** swingar; dançar o swing; **2** brincar; gozar

JMC [abrev. de Joint Military Commission]
jnr. [abrev. de junior]
Joan [dʒəʊn] s.antr. Joana ❖ ~ *of Arc* Joana d'Arc
Joanna [dʒəʊˈænə] s.antr. Joana
job [dʒɒb] Ⓐ s. **1** emprego, ocupação, trabalho, colocação; **2** tarefa, obrigação; **3** função, dever; **4** [coloq.] (tarefa difícil) bico-de-obra; carga de trabalhos; *I had a ~ finishing this text on time* foi um bico-de-obra acabar este texto a tempo; **5** [coloq.] obra, peça; *this new computer of yours is a beautiful ~* este teu novo computador é uma bela peça; **6** [coloq.] operação plástica; *she had a nose ~* ela fez uma plástica ao nariz; **7** [coloq.] assalto, roubo; *he did a bank ~* ele assaltou um banco Ⓑ v.tr.,intr. (particípios: -bb-) **1** (pequenos serviços) fazer uns biscates; *he jobs as an electrician from time to time* faz uns biscates como electricista de vez em quando; **2** especular em fundos públicos; **3** subcontratar; **4** valer-se da posição para conseguir situações vantajosas para os amigos ou para ganhar dinheiro desonestamente; *to ~ a person into a post* conseguir, por processos pouco sérios, a nomeação duma pessoa para um cargo; **5** realizar uma transacção por meios desonestos; **6** COMÉRCIO comprar mercadorias por junto para as vender a retalho ❖ *~ centre* centro de emprego; *~ creation* criação de emprego; *~ hunting* procura de emprego; *~ interview* entrevista de emprego; *~ lot* lote de vários artigos a preço de saldo; *~ satisfaction* realização profissional; *~ specification* descrição do cargo; *it's a good ~ that your uncle arrived yesterday* foi uma sorte o seu tio ter chegado ontem; *no jobs for the boys* não se dão cargos aos amigos; *to be just the ~* ser mesmo aquilo que é preciso; *to be on the ~* trabalhar bem; estar a tratar do assunto; *to be out of a ~* estar desempregado; *to be paid by the ~* ser pago à tarefa; *to do a bad ~* fazer mal qualquer coisa; *to make a good ~ of it* fazer uma coisa bem feita; *we're making the best of a bad ~* estamos a fazer o que podemos
Job [dʒəʊb] s.antr. RELIGIÃO (Bíblia) Job ❖ *Job's comforter* pessoa que, pretendendo consolar, ainda agrava mais a miséria de quem sofre; BOTÂNICA *Job's tears* lágrimas-de-job; lágrimas-de-nossa-senhora; *that would try the patience of ~* isso dava cabo da paciência a um santo
jobation [dʒəʊˈbeɪʃən] s. repreensão muito longa e aborrecida
jobber [ˈdʒɒbə] s. **1** jornaleiro; trabalhador; **2** revendedor, intermediário; **3** corretor (de bolsa); **4** especulador (de bolsa); **5** agiota; **6** negociante por junto; **7** indivíduo que aluga cavalos **8** pessoa que se vale da posição para desonestamente ganhar dinheiro ou conseguir vantagens para parentes ou amigos; **9** intriguista
jobbernowl [ˈdʒɒbənəʊl] s. **1** pessoa estúpida; **2** pessoa grosseira
jobbery [ˈdʒɒbəri] s. **1** intrigas, intriguice; **2** compadrio; **3** ciganice, velhacaria; **4** agiotagem
jobbing [ˈdʒɒbɪŋ] Ⓐ adj. **1** que recebe conforme o trabalho feito, que recebe à peça; **2** que faz biscates, que faz quaisquer pequenos trabalhos Ⓑ s. **1** trabalho por peça; **2** aluguer de cavalos; **3** venda por intermediários; **4** corretagem, em grande escala, de títulos na bolsa
jobcentre [ˈdʒɒbˌsentə] s. centro de emprego
job-hunt [ˈdʒɒbhʌnt] v.intr. andar à procura de emprego, procurar emprego
job-hunting [ˈdʒɒbhʌntɪŋ] s. procura de emprego
jobless [ˈdʒɒbləs] adj. desempregado, sem emprego, sem trabalho
job-related [ˈdʒɒbrɪleɪtɪd] adj. de foro profissional; *~ illness* doença de foro profissional
jock [dʒɒk] s. **1** [coloq.] disco-jóquei; **2** [EUA] [coloq.] aluno de Desporto; atleta, desportista
Jock [dʒɒk] s. **1** homem do povo; **2** MILITAR [cal.] soldado escocês
jockey [ˈdʒɒkɪ] Ⓐ s. **1** jóquei; **2** rapaz, lacaio Ⓑ v.tr.,intr. **1** convencer [**into**, a]; persuadir [**into**, a]; **2** enganar, intrujar, lograr, defraudar, burlar; *to ~ sb out of sth* conseguir algo de alguém à custa de vigarices; **3** manobrar; manipular; *to ~ for position* tentar conseguir uma situação favorável com manobras e manipulações; **4** montar um cavalo ❖ *~ cap* boné de jóquei; *Jockey Club* clube existente em Newmarket, que regula as corridas de cavalos em Inglaterra; *~ pulley* polia de tensão

jockeying [ˈdʒɒkɪŋ] s. **1** intrigas, intrujice, logro; **2** profissão de jóquei
jockeyship [ˈdʒɒkɪʃɪp] s. **1** profissão, ofício de jóquei; **2** a arte dos jóqueis
jocko [ˈdʒɒkəʊ] s. ZOOLOGIA chimpanzé
jockstrap [ˈdʒɒkstræp] s. MEDICINA (protecção) suspensório
jocose [dʒəˈkəʊs, dʒəʊˈkəʊs] adj. jocoso, engraçado, com espírito
jocosely [dʒəˈkəʊslɪ, dʒəʊˈkəʊslɪ] adv. jocosamente, com graça, com espírito
jocoseness [dʒəˈkəʊsnəs, dʒəʊˈkəʊsnəs] s. jocosidade, graça, chiste, gracejo
jocoserious [ˌdʒəkəʊˈsɪərɪəs, ˌdʒəʊkəʊˈsɪərɪəs] adj. joco-sério
jocosity [dʒəˈkɒsɪtɪ, dʒəʊˈkɒsɪtɪ] s. (pl. **-ies**) ⇒ **jocoseness**
jocular [ˈdʒɒkjʊlə] adj. chocarreiro, brincalhão, chistoso, jovial
jocularity [dʒɒkjʊˈlærɪtɪ] s. **1** jocosidade; **2** jovialidade, alegria
jocularly [ˈdʒɒkjʊlɜːlɪ] adv. **1** com um ar jovial; **2** chocarreiramente
jocund [ˈdʒɒkənd, ˈdʒəʊkənd] adj. jucundo, alegre, prazenteiro
jocundity [dʒəˈkʌndɪtɪ, dʒəʊˈkʌndɪtɪ] s. (pl. **-ies**) jucundidade, agrado, alegria
jocundly [ˈdʒɒkəndlɪ, ˈdʒəʊkəndlɪ] adv. jucundamente; alegremente
jodhpurs [ˈdʒɒdpəz] s.pl. calças de equitação, justas à perna desde o joelho ao tornozelo
Joe [dʒəʊ] s.antr. Zé; José ❖ *not for ~* de maneira nenhuma
Joel [ˈdʒəʊəl] s.antr. RELIGIÃO (Bíblia) Joel
Joe Miller [ˌdʒəʊˈmɪlə] s. [fig.] graça já velha
joey [ˈdʒəʊɪ] canguru jovem
jog [dʒɒg] Ⓐ s. **1** empurrão; sacudidela; abanão; **2** cotovelada; **3** ritmo lento, velocidade reduzida, andar lento; **4** trote lento; **5** DESPORTO corrida; *to go for a ~* ir correr Ⓑ v.intr. (particípios: -gg-) **1** DESPORTO praticar jogging, correr; **2** avançar lentamente; **3** ir aos sacões, dar solavancos Ⓒ v.tr. **1** dar um pequeno empurrão ou sacudidela a; **2** activar, estimular; **3** (passageiros de carruagem) sacudir ❖ VESTUÁRIO *~ bra* soutien desportivo; *~ trot* meio trote; *~ trot life* vida rotineira; ramerrão da vida; *~ my memory* refresca-me a memória; (incentivo) *to give a ~ to* dar um empurrão a; estimular
◆**jog along** v.intr. avançar lentamente
jogger [ˈdʒɒgə] s. **1** DESPORTO praticante de jogging; **2** (calçado) sapatilha
jogging [ˈdʒɒgɪŋ] Ⓐ s. **1** DESPORTO jogging, corrida; **2** cotovelada; **3** solavancos, sacudidelas; **4** meio trote Ⓑ adj. que dá solavancos
joggle [ˈdʒɒgəl] Ⓐ s. **1** espiga; **2** tarugo; **3** perno; **4** (carpintaria) entalhe e saliente, encaixe, ensamblamento; **5** pequeno empurrão, sacudidela Ⓑ v.tr. **1** encaixar, entalhar pedaços de madeira uns nos outros; **2** encaixar duas pedras uma na outra; **3** firmar, fixar; **4** ensamblar, samblar; **5** sacudir levemente ❖ *to ~ along* avançar aos tropeções, aos arranques
joggling [ˈdʒɒglɪŋ] s. ensamblamento
jogi [ˈjəʊgɪ] s. jogue, asceta indiano
Johanna [dʒəʊˈhænə] s.antr. Joana
Johannesburg [dʒəʊˈhænɪsˌbɜːg] s.top. Joanesburgo
Johannine [dʒəʊˈhænaɪn] adj. joanino; relativo a S. João
John [dʒɒn] s.antr. João ❖ *~ Bull* a Inglaterra; os Ingleses; John Bull; *~ Bullism* maneira de ser inglesa, característica de John Bull; *~ Chinaman* os Chineses; a China; *~ Lackland* João Sem Terra
John-a-dreams [dʒɒnəˈdriːmz] s. indivíduo que anda sempre na Lua, pessoa que anda a sonhar
Johnian [ˈdʒəʊnɪən] adj.,s. membro do Colégio de S. João (St. John's) em Cantabrígia
johnny [ˈdʒɒnɪ] s. (pl. **-ies**) **1** [cal.] (preservativo) camisinha coloq.; **2** [coloq.] indivíduo, tipo; **3** [EUA] (hospital) bata de doente
Johnny [ˈdʒɒnɪ] s.antr. {dim. de **John**} ❖ NÁUTICA *~ Armstrong* força de braço; MILITAR *~ Raw* noviço, recruta, soldado que está pela primeira vez ao serviço
johnnycake [ˈdʒɒnɪkeɪk] s. [EUA] bolo de farinha milha; bolo de farinha triga

Johnsonese [ˈdʒɒnsəniːz] *s.* maneira de escrever, estilo, linguagem semelhante à do Dr. Johnson

Johnsonian [dʒɒnˈsəʊnɪən] *adj.,s.* **1** Johnsoniano, próprio do Dr. Johnson; **2** admirador ou discípulo do Dr. Johnson

Johnsonianism [dʒɒnˈsəʊnɪənɪzəm] *s.* estilo ou frase própria do Dr. Johnson

join [dʒɔɪn] Ⓐ *s.* **1** ponto de junção; linha de junção; **2** junta; articulação; juntura Ⓑ *v.tr.,intr.* **1** ligar; combinar; juntar; *there was a time when England was joined to the Continent* houve uma época em que a Inglaterra esteve ligada ao Continente; **2** unir(-se); **3** samblar, ensamblar; **4** articular; **5** (associação, clube) tornar-se membro de; ingressar em; entrar para; *to ~ a club* entrar para um clube; **6** associar-se a; juntar-se a; *to ~ company with* acompanhar, juntar-se à companhia de; **7** estar contíguo a; **8** desaguar em; *the Cherwell joins the Thames below Oxford* o Cherwell desagua no Tamisa logo abaixo de Oxónia ❖ *to ~ battle* travar batalha; *to ~ end to end* juntar topo a topo; *to ~ forces with* juntar-se a; unir-se a; trabalhar em conjunto com; *to ~ hands* dar as mãos; trabalhar em conjunto; *to ~ in marriage* ligar(-se) pelos laços do matrimónio; *to ~ interest with* associar-se a; *would you like to ~ us?* queres vir connosco?

◆**join in** *v.tr.,intr.* **1** participar (em); tomar parte (em); juntar-se (a); **2** intervir (em)

◆**join on** Ⓐ *v.intr.* ligar-se [**to**, a] Ⓑ *v.tr.* encaixar; prender

◆**join together** *v.tr.,intr.* juntar; unir

◆**join up** Ⓐ *v.tr.* **1** associar; **2** ligar; juntar Ⓑ *v.intr.* MILITAR alistar-se no exército; assentar praça

joinder [ˈdʒɔɪndə] *s.* união, junção

joiner [ˈdʒɔɪnə] *s.* carpinteiro de obra branca ❖ *joiner's bench* banco de marceneiro; *joiner's glue* cola de carpinteiro; [coloq.] *he is a good ~* ele é uma pessoa sociável

joinering [ˈdʒɔɪnərɪŋ] *s.* **1** carpintaria; **2** arte ou ocupação de carpinteiro de obra branca; **3** obra feita por carpinteiro de obra branca

joinery [ˈdʒɔɪnərɪ] *s.* **1** carpintaria; arte ou ocupação de carpinteiro de obra branca; **2** obra feita por carpinteiro de obra branca

joining [ˈdʒɔɪnɪŋ] *s.* **1** junção; união; ligação; **2** ensamblamento, ensambladura ❖ *~ piece* peça de ligação; *~ shackle* manilha de amarra; *~ strip* tira de ligação; fita de junção; *~ up* acto de entrar para a tropa; acto de assentar praça

joint [dʒɔɪnt] Ⓐ *s.* **1** junção; ligação; **2** juntura, junta; **3** ensamblamento; **4** encaixe; **5** ANATOMIA articulação; **6** (dedo) falange; **7** pedaço de carne, quarto de carne; carne assada; *~ (of meat)* carne assada; **8** charneira, gonzo, bisagra, dobradiça; **9** BOTÂNICA nó, entrenó; **10** material de vedação; **11** [coloq.] ponto de encontro, lugar, sítio; **12** [EUA] [coloq.] espelunca; **13** [cal.] (marijuana) charro_cal._ Ⓑ *adj.* **1** conjunto; possuído em comum; **2** associado; unido Ⓒ *v.tr.* **1** juntar, encaixar, ligar, unir por meio de articulações ou encaixes; **2** (juntas de muro) encher com argamassa; **3** (boi, vitela, etc.) cortar em pedaços, desmanchar Ⓓ *v.intr.* BOTÂNICA (cereais) formar nós ❖ *~ account* conta conjunta; *~ author* co-autor; *~ custody* guarda conjunta; *~ estate* comunidade de bens; co-propriedade; *~ heir* co-herdeiro; *~ ownership* co-propriedade; *~ stock* capital social; *~ tenant* co-arrendatário; *out of ~* deslocado; em desordem; *to be jointed with* articular-se com; *to have a ~ account with* ter conta de comparticipação a meias com; *to put sb's nose out of ~* suplantar alguém; substituir alguém na simpatia de outra pessoa; (osso) *to set into ~ again* endireitar; pôr um osso deslocado no seu devido lugar

jointed [ˈdʒɔɪntɪd] *adj.* **1** articulado; **2** ligado; **3** desmontável ❖ *~ cross shaft axle* eixo oscilante; *~ rod* haste/biela articulada

jointer [ˈdʒɔɪntə] *s.* **1** ensamblador; **2** juntura, juntoura, juntoira

jointing [ˈdʒɔɪntɪŋ] *s.* **1** acto ou efeito de juntar, de unir; **2** junção, união, juntura; **3** ensamblamento; **4** acto de cortar um animal aos quartos; acto de desfazer um animal ❖ *~ machine/plane* garlopa; *~ material* material de vedação

jointless [ˈdʒɔɪntləs] *adj.* **1** rígido, hirto; **2** sem articulações

jointly [ˈdʒɔɪntlɪ] *adv.* conjuntamente; em comum ❖ DIREITO *~ and severally* conjuntamente e solidariamente; DIREITO *~ liable to third parties* solidariamente responsável para com terceiros

jointress [ˈdʒɔɪntrɪs] *s.f.* DIREITO viúva com bens, viúva que usufrui de dote vitalício

joint-stock [ˈdʒɔɪntstɒk] *adj.* FINANÇAS *~ company* sociedade anónima

jointure [ˈdʒɔɪntʃə] Ⓐ *s.* arras, bens dotais assegurados pelo marido à esposa no caso de esta lhe sobreviver Ⓑ *v.tr.* fazer uma doação de bens vitalícios à mulher

joint venture [dʒɔɪntˈventʃə] *s.* joint-venture

joist [dʒɔɪst] Ⓐ *s.* **1** trave, barrote, viga; **2** viga do sobrado Ⓑ *v.tr.* colocar o travejamento

joisting [ˈdʒɔɪstɪŋ] *s.* travejamento

jojoba [həʊˈhəʊbə] *s.* BOTÂNICA jojoba ❖ (cosmética) *~ oil* óleo de jojoba

joke [dʒəʊk] Ⓐ *s.* **1** piada; graça; gracejo; *that's a good joke!* boa piada!; *he's always making jokes on us* está sempre a dirigir-nos piadas; *to crack a ~* dizer uma piada; **2** brincadeira, *in ~* por brincadeira; **3** partida; *to play a practical ~ on sb* pregar uma partida a alguém Ⓑ *v.tr.,intr.* **1** brincar; *I was only joking!* estava a brincar!; *you're joking!/you must be joking!* estás a brincar!; **2** gracejar; **3** rir-se de alguém ❖ *the best of the ~* o ponto melhor; o ponto mais divertido; [coloq., depr.] *the ~ of the village* o bobo da corte; o alvo de todas as piadas; *this is no ~* isto é a sério; *to ~ about sth* tratar/encarar qualquer assunto de modo demasiado leve; *to make a ~ of sth* gozar com alguma coisa

joker [ˈdʒəʊkə] *s.* **1** brincalhão; chalaceador; gracejador; **2** [coloq.] indivíduo; tipo; **3** (cartas) jóquer; **4** [depr.] idiota ❖ *the ~ in the pack* a incógnita

jokey [ˈdʒəʊkɪ] *adj.* brincalhão, engraçado, divertido

joking [ˈdʒəʊkɪŋ] Ⓐ *adj.* galhofeiro; de brincadeira; chalaceador; gracejador Ⓑ *s.* gracejo; graça; chalaça; brincadeira ❖ *~ apart* fora de brincadeiras; agora a sério

jokingly [ˈdʒəʊkɪŋlɪ] *adv.* **1** por brincadeira, a brincar; **2** em tom de graça, gracejando; **3** para rir

jokul [ˈjəʊkʊl] *s.* montanha de neve na Islândia

joky [ˈdʒəʊkɪ] *adj.* (comp. **-ier**, superl. **-iest**) brincalhão, jovial, chistoso

jollier [ˈdʒɒlɪə, ˈdʒɑːlɪə] *s.* [EUA] [coloq.] trocista, gracejador

jollification [dʒɒlɪfɪˈkeɪʃən] *s.* festança, pândega, divertimento

jollify [ˈdʒɒlɪfaɪ] *v.tr.,intr.* **1** divertir-se, fazer uma pândega, fazer uma festança, comendo e bebendo; **2** alegrar, divertir

jollily [ˈdʒɒlɪlɪ] *adv.* **1** alegremente; **2** agradavelmente

jolliness [ˈdʒɒlɪnəs] *s.* ⇒ **jollity**

jollity [ˈdʒɒlɪtɪ] *s.* (pl. **-ies**) **1** alegria; **2** diversão; **3** festança

jolly [ˈdʒɒlɪ] Ⓐ *adj.* (comp. **-ier**, superl. **-iest**) **1** alegre, bem disposto; **2** divertido, contente; **3** folgazão; **4** [coloq.] alegrote, com um grão na asa; levemente embriagado; **5** agradável, bom, encantador; *~ fellow* bom companheiro; *~ weather* tempo agradável Ⓑ *adv.* muito; bem; *I know ~ well what you mean!* sei muito bem o que queres dizer!; *it was a ~ good trip* foi uma viagem bem boa Ⓒ *s.* **1** soldado da infantaria da marinha; **2** [coloq.] festança, pândega; **3** NÁUTICA [cal.] pequena lancha Ⓓ *v.tr.* **1** [EUA] escarnecer de; **2** lisonjear; **3** animar ❖ *the ~ god* Baco, o deus do vinho; *the ~ Roger* a bandeira negra dos piratas

jolly-boat [ˈdʒɒlɪˌbəʊt] *s.* pequena lancha a bordo de navio, escaler

jolt [dʒəʊlt] Ⓐ *v.tr.,intr.* **1** sacudir; abalar, agitar com movimentos bruscos; **2** seguir às sacudidelas, aos tropeções; **3** dar saltos; *the road was rough, and the car jolted terribly* o caminho era mau, e o carro saltava imenso Ⓑ *s.* **1** solavanco; **2** sacudidela; **3** baldão; **4** movimento brusco; **5** sobressalto; surpresa ❖ *to ~ along* avançar aos sacões; *to ~ to a stop* parar bruscamente

joltiness [ˈdʒəʊltɪnəs] *s.* **1** desigualdade de piso; **2** irregularidade de leito de estrada

jolting [ˈdʒəʊltɪŋ] Ⓐ *adj.* **1** que salta; **2** que dá solavancos Ⓑ *s.* **1** solavanco, sacudidela; **2** movimento brusco

jolty [ˈdʒəʊltɪ] *adj.* **1** irregular, com covas ou mau piso; **2** que dá solavancos

Jonah [ˈdʒəʊnə] *s.antr.* **1** Jonas; **2** [fig.] pessoa que traz má sorte, enguiço

Jonathan [ˈdʒɒnəθən] *s.antr.* RELIGIÃO (Bíblia) Jónatas ❖ *Brother ~* personificação do povo norte-americano; os Estados Unidos

jonquil ['dʒɒŋkwɪl] Ⓐ s. 1 BOTÂNICA junquilho; 2 (cor) amarelo de junquilho Ⓑ adj. da cor de junquilho
Jonsonian [.dʒɒn'səʊnɪən] adj. jonsoniano; de Ben Jonson
jordan ['dʒɔːdən] s. [cal.] pote, penico
Jordan ['dʒɔːdən] Ⓐ s.top. (país) Jordânia Ⓑ s.top. (rio) Jordão ❖ ~ almond amêndoa fina de Málaga
Jordanian [dʒɔː'deɪnɪən] Ⓐ s. jordano Ⓑ adj. 1 jordano, da Jordânia; 2 (rio) relativo ao Jordão
jorum ['dʒɔːrəm] s. taça grande para beber ponche
joseph ['dʒəʊzəf] s. VESTUÁRIO (séc. XVIII) vestido de amazona
Joseph ['dʒəʊzəf] s.antr. José
Josephine ['dʒəʊzəfiːn] s.antr. Josefina
Josephus [dʒəʊ'siːfəs] s.antr. Josefo
josh [dʒɒʃ, dʒɑːʃ] Ⓐ s. 1 [EUA] [coloq.] gracejo; 2 brincadeira; 3 pessoa estúpida e apática Ⓑ v.tr. 1 [EUA] gracejar, brincar; 2 rir-se de
Josh. [abrev. de Joshua]
josher ['dʒɒʃə, 'dʒɑːʃə] s. [EUA] brincalhão; gracejador
Joshua ['dʒɒʃwə] s.antr. Josué
Josiah [dʒəʊ'saɪə] s.antr. RELIGIÃO (Bíblia) Josias
joskin ['dʒɒskɪn] s. 1 labrego, rústico; 2 pateta
joss [dʒɒs] s. (pl. -es) ídolo chinês ❖ ~ house templo chinês; ~ stick pau de incenso
josser ['dʒɒsə] s. 1 [cal.] indivíduo, tipo; 2 [cal.] gajo
jostle ['dʒɒsəl] Ⓐ v.tr.,intr. 1 empurrar; dar encontrões; dar cotoveladas; to ~ against... dar um encontrão a....; to ~ through the crowd abrir caminho às cotoveladas; 2 [fig.] (concorrência, competição) atropelar-se; to ~ for sth lutar por, competir por, rivalizar por algo Ⓑ s. 1 empurrão, encontrão; 2 aglomeração de pessoas
jostling ['dʒɒslɪŋ] s. empurrão, encontrão
jot [dʒɒt] Ⓐ v.tr. (particípios: -tt-) apontar; anotar; registar rapidamente Ⓑ s. 1 bocadinho; coisa mínima; 2 ponto ❖ every ~ of it tudo; todo; not a ~ nem um pouco; there isn't a ~ of truth in... não há ponta de verdade em...
✦**jot down** v.tr. apontar; anotar; tomar nota de; to ~ sth tomar rapidamente nota de qualquer coisa; he jotted down her address ele tomou nota da direcção dela ❖ to ~ notes tirar apontamentos
jotter ['dʒɒtə] s. bloco de apontamentos
jotting ['dʒɒtɪŋ] s. apontamento, nota
joule [dʒuːl, dʒaʊl] s. FÍSICA (sistema internacional de unidades de medida) joule
jounce [dʒaʊns] Ⓐ s. sacudidela, trepidação causada pelo mau estado da estrada, balanço (de carro), sacão Ⓑ v.tr.,intr. 1 trepidar, dar balanços; dar sacões; 2 sacudir, abanar
journal ['dʒɜːnəl] s. 1 jornal; 2 revista; publicação; scientific journals publicações científicas; 3 (pessoal) diário; 4 registo diário; 5 COMÉRCIO diário; 6 diário de bordo; 7 MECÂNICA munhão, moente; ~ friction atrito do munhão ❖ ~ bearing mancal radial; ~ box caixa do mancal
journalese [.dʒɜːnə'liːz] s. [coloq.] estilo de jornalista, estilo jornalístico
journalism ['dʒɜːnəlɪzəm] s. jornalismo
journalist ['dʒɜːnəlɪst] s. jornalista
journalistic [.dʒɜːnə'lɪstɪk] adj. jornalístico
journalize ['dʒɜːnəlaɪz] v.tr.,intr. 1 [form.] fazer um diário, registar em diário; 2 [form.] fazer jornalismo
journalizer ['dʒɜːnəlaɪzə] s. [form.] diarista; aquele que regista em diário
journey ['dʒɜːnɪ] Ⓐ s. 1 viagem relativamente extensa; viagem por terra; jornada; a four days' ~ uma viagem de quatro dias; to go on a ~/to make a ~ fazer uma viagem; 2 percurso; trajecto; the ~ from home to office o trajecto entre casa e o emprego Ⓑ v.intr. (prt. e part. pass. journeyed) viajar ❖ ~ time duração do trajecto; ~ work trabalho à jorna; trabalho de qualidade inferior; trabalho servil; pleasant journey! boa viagem!; to go on one's last ~ fazer a grande viagem; morrer; to ~ on prosseguir viagem
journeyman ['dʒɜːnɪmən] s. (pl. -men) 1 trabalhador, artista não-aprendiz; 2 oficial; ~ carpenter oficial de carpinteiro; ~ plasterer oficial de estucador; 3 artista que trabalha por conta de outrem; 4 [arc.] jornaleiro ❖ ~ clock relógio secundário em observatório

journo ['dʒɜːnəʊ] s. (pl. journos) [coloq.] jornalista
joust [dʒaʊst] Ⓐ s. 1 HISTÓRIA justa entre dois cavaleiros; 2 torneio Ⓑ v.intr. 1 justar; 2 tomar parte em torneiro entre cavaleiros; 3 [fig.] bater-se, pelejar
Jove [dʒəʊv] s. MITOLOGIA Jove; Júpiter ❖ by Jove! caramba!, credo!
jovial ['dʒəʊvɪəl] adj. jovial, alegre
joviality [.dʒəʊvɪ'ælɪtɪ] s. jovialidade, alegria, carácter alegre
jovially ['dʒəʊvɪəlɪ] adv. jovialmente, alegremente
Jovian ['dʒəʊvɪən] adj. MITOLOGIA, ASTRONOMIA joviano; relativo a Jove ou Júpiter; ~ planet planeta joviano, Júpiter
Jovianus [.dʒəʊvɪ'eɪnəs] s.antr. Joviano
Jovinianist [dʒəʊ'vɪnɪənɪst] s. HISTÓRIA, RELIGIÃO joviniano, jovinianista, partidário das doutrinas de Joviniano (séc. IV)
jowel ['dʒaʊəl] adj. 1 cheio de jóias, com jóias; 2 montado em rubis
jowell ['dʒaʊəl] adj. 1 cheio de jóias, com jóias; 2 montado em rubis
jowl [dʒaʊl] s. 1 maxila; maxilar; 2 bochecha; face; 3 papada; 4 (aves) papo e parte exterior do pescoço; 5 (porco) queixada; 6 (peixes) cabeça ❖ cheek by ~ lado a lado; we were cheek by ~ for many years nós fomos unha com carne durante muitos anos
jowly ['dʒaʊlɪ] adj. com duplo queixo
joy [dʒɔɪ] Ⓐ s. 1 júbilo, alegria, grande satisfação; 2 regozijo, contentamento; 3 prazer; the joys of... os prazeres de...; it was a ~ to... foi um prazer... Ⓑ v.tr. 1 [arc., lit.] alegrar; 2 [arc., lit.] alegrar-se [in, com]; regozijar-se [in, com] ❖ ~ bells sinos que repicam em ocasiões festivas; any joy? conseguiste alguma coisa?; he jumped for ~ ele saltou de alegria; I wish you ~ os meus parabéns; to get no ~ não conseguir nada; to the ~ of com grande alegria de
joyful ['dʒɔɪfʊl] adj. alegre, contente, rejubilante
joyfully ['dʒɔɪfʊlɪ] adv. alegremente, jubilosamente, rejubilantemente
joyfulness ['dʒɔɪfʊlnəs] s. alegria, dita, júbilo
joyless ['dʒɔɪləs] adj. sem alegria, triste, abatido
joylessly ['dʒɔɪləslɪ] adv. 1 tristemente, com tristeza; 2 com ar abatido
joylessness ['dʒɔɪləsnəs] s. 1 tristeza, abatimento; 2 falta de alegria
joyous ['dʒɔɪəs] adj. jubiloso, alegre, feliz
joyously ['dʒɔɪəslɪ] adv. com alegria, jubilosamente
joyousness ['dʒɔɪəsnəs] s. alegria, contentamento
joypop ['dʒɔɪpɒp] v.intr. (particípios -pp-) [cal.] drogar-se ocasionalmente
joyride ['dʒɔɪraɪd] Ⓐ s. 1 passeio em carro roubado; to go for a ~ ir dar uma volta num carro roubado; 2 passeio de carro por prazer Ⓑ v.intr. passear em carro roubado
joyrider ['dʒɔɪraɪdə] s. ladrão de carros (em que dá passeios)
joyriding ['dʒɔɪraɪdɪŋ] s. passeio em carro roubado para o efeito
joystick ['dʒɔɪstɪk] s. 1 INFORMÁTICA joystick; 2 AERONÁUTICA alavanca de direcção
JP [abrev. de Justice of the Peace]
JPEG INFORMÁTICA (multimédia) [abrev. de Joint Photographic Experts Group] JPEG
JProb [abrev. de Judge of Probate]
Jr [abrev. de Junior]
jubilance [dʒuː'bɪləns] s. regozijo, alegria, júbilo
jubilant [dʒuː'bɪlənt] adj. alegre, com regozijo, jubiloso
jubilantly [dʒuː'bɪləntlɪ] adv. alegremente, jubilosamente
jubilate ['dʒuːbɪleɪt] v.intr. regozijar-se, exultar
Jubilate [.dʒuːbɪ'lɑːtɪ, jubɪ'lɑːtɪ] s. 1 o salmo «Jubilate Deo»; 2 cântico de triunfo
jubilation [.dʒuːbɪ'leɪʃən] s. alegria, júbilo, regozijo, exaltação
jubilee ['dʒuːbɪliː] s. 1 jubileu; quinquagésimo ou vigésimo quinto aniversário; 2 RELIGIÃO (ano de indulgência) jubileu; 3 [arc.] júbilo, alegria irradiante ❖ ~ year ano jubilar; HISTÓRIA diamond ~ sexagésimo ano do reinado da rainha Vitória; diamond ~ bodas de diamante; sexagésimo aniversário; golden ~ bodas de ouro; quinquagésimo aniversário; silver ~ bodas de prata; vigésimo quinto aniversário

JUD [abrev. de Doctor of Canon and Civil Law (Juris Utriusque Doctor)]

Judaea [dʒuːˈdɪə] s.top. Judeia

Judaean [dʒuːˈdɪən] adj.,s. **1** da Judeia; **2** natural da Judeia; **3** habitante da Judeia

Judaeo-Christian [dʒuːˌdeɪəʊˈkrɪstɪən] adj. [EUA] judaico-cristão

Judah [ˈdʒuːdə] s.top. RELIGIÃO (Bíblia) Judá

Judaic [dʒʊˈdeɪɪk] adj. judaico

Judaical [dʒʊˈdeɪɪkəl] adj. judaico

judaically [dʒʊˈdeɪɪkəlɪ] adv. duma maneira judaica

Judaism [ˈdʒuːdeɪɪzəm] s. judaísmo

judaize [ˈdʒuːdeɪaɪz] v.tr.,intr. judaizar

judas [ˈdʒuːdəs] s. (pl. -es) (porta) olho mágico; ralo

Judas [ˈdʒuːdəs] s.antr. **1** RELIGIÃO (Bíblia) Judas; **2** traidor, judas ❖ ~ *Iscariot* Judas Iscariotes; ~ *kiss* beijo de Judas; ~ *slit* abertura na porta da cela do preso, para os guardas espreitarem; BOTÂNICA ~ *tree* árvore da Judeia; olaia

Judas-coloured [ˈdʒuːdəsˌkʌlərd] adj. avermelhado; arruivado; ~ *hair* cabelo avermelhado

judcock [ˈdʒʌdkɒk] s. ZOOLOGIA espécie de narceja

judder [ˈdʒʌdə] Ⓐ s. **1** trepidação; **2** vibração; **3** MÚSICA rápidas mudanças de intensidade de tom Ⓑ v.intr. **1** trepidar; **2** vibrar

judge [dʒʌdʒ] Ⓐ s. **1** (magistrado) juiz; **2** elemento do júri; **3** (decisões) árbitro; **4** conhecedor; apreciador; perito Ⓑ v.tr.,intr. **1** (tribunal) julgar; sentenciar; decidir como juiz; **2** avaliar; apreciar; **3** pensar, crer, supor, calcular; **4** achar; considerar; *to ~ oneself ready* considerar-se pronto; **5** inferir, concluir [from, de]; **6** formar uma opinião ❖ ~ *advocate* promotor de justiça em tribunal militar; *presiding ~* juiz-presidente; RELIGIÃO (Bíblia) *the Book of Judges* o livro dos Juízes; *as far as I can judge…* na minha opinião…; *I'll be the ~ of that* isso cabe-me a mim decidir; *judging by appearances, …* ao que tudo indica, …; ao que parece, …; *to be a good ~ of…* ser bom a avaliar….

judgement [ˈdʒʌdʒmənt] s. **1** julgamento; ~ *by default* julgamento à revelia; *enforceable ~* julgamento executivo; **2** sentença; decisão judiciária; **3** discernimento; espírito crítico; bom senso; *to have ~* ter discernimento; **4** opinião; parecer; *in my ~* na minha opinião; **5** juízo; **6** [arc., joc.] castigo, infelicidade; *it is a ~ on him for being so lazy* é um castigo de Deus por ser tão preguiçoso ❖ ~ *hall* pretório; sala onde se administra a justiça; *the Last Judgement* o Juízo Final; *to pass ~ on sb* julgar uma pessoa

judgemental [dʒʌdʒˈmentəl] adj. crítico, opiniático, opinioso

judger [ˈdʒʌdʒə] s. **1** juiz; **2** perito, conhecedor

judgeship [ˈdʒʌdʒʃɪp] s. **1** cargo, funções de juiz; **2** magistratura

judging [ˈdʒʌdʒɪŋ] s. julgamento, decisão, exame, apreciação

judgmatic [dʒʌdʒˈmætɪk] adj. judicioso, sensato

judgmatical [dʒʌdʒˈmætɪkəl] adj. judicioso, sensato

judgment [ˈdʒʌdʒmənt] s. ⇒ **judgement**

judgmental [dʒʌdʒˈmentəl] adj. ⇒ **judgemental**

judicature [ˈdʒuːdɪkətʃə] s. **1** judicatura; **2** magistratura

judicial [dʒʊˈdɪʃəl] adj. **1** judicial; referente aos juízes ou aos tribunais; **2** judicioso; com discernimento ❖ ~ *system* sistema judicial; ~ *fairness* imparcialidade; ~ *murder* assassínio judiciário; pena de morte injusta decretada por um tribunal; (divórcio) ~ *separation* separação judicial; *the ~ bench* o banco dos juízes; DIREITO *to take ~ proceedings against* intentar uma acção contra

judicially [dʒʊˈdɪʃəlɪ] adv. **1** judicialmente; **2** judiciosamente, com sensatez

judiciary [dʒʊˈdɪʃərɪ, dʒʊˈdɪʃɪerɪ] Ⓐ adj. judiciário Ⓑ s. **1** judiciário, o poder judiciário; **2** magistratura

judicious [dʒʊˈdɪʃəs] adj. judicioso, sensato, sagaz

judiciously [dʒʊˈdɪʃəslɪ] adv. judiciosamente, sensatamente

judiciousness [dʒʊˈdɪʃəsnəs] s. **1** sensatez, discernimento; **2** prudência

Judith [ˈdʒuːdɪθ] s.antr. Judite

judo [ˈdʒuːdəʊ] s. DESPORTO judo

judoist [ˈdʒuːdəʊɪst] s. DESPORTO judoca

judoka [ˈdʒuːdəʊˌkɑː] s. DESPORTO judoca

Judy [ˈdʒuːdɪ] s.antr. **1** Judite; **2** [cal., ant.] rapariga

jug [dʒʌg] Ⓐ s. **1** jarro; caneca; *a ~ of water* uma caneca de água; **2** cântaro; bilha; **3** [coloq.] cadeia, prisão; *in ~* na prisão; **4** nota do canto do rouxinol; *the ~ ~ of the nightingale* o canto do rouxinol Ⓑ v.tr. (particípios: -gg-) **1** [coloq.] meter na cadeia, meter na prisão; **2** CULINÁRIA (lebre, coelho) guisar em pote ou cântaro Ⓒ v.intr. (particípios: -gg-) **1** (rouxinol) cantar; **2** (perdizes) juntarem-se em bando ❖ ~ *band* banda jazz; ~ *wine* vinho barato

jugal [ˈdʒuːgəl] adj. ANATOMIA jugal, referente ao osso malar

jugate [ˈdʒuːgɪt] adj. conjugado

jugful [ˈdʒʌgfʊl] s. **1** cântaro, jarro, caneca cheia; **2** bilha cheia

juggernaut [ˈdʒʌgənɒt] s. **1** peso pesado; **2** força motriz; **3** causa; ideal; **4** [GB] camião Tir

juggins [ˈdʒʌgɪnz] s. (pl. -es) [cal., ant.] simplório, pateta

juggle [ˈdʒʌgəl] Ⓐ v.tr.,intr. **1** fazer malabarismos [with, com]; **2** [fig.] jogar [with, com]; fazer habilidades [with, com]; **3** [fig.] conseguir conciliar; **4** [fig.] enganar, intrujar; *he tried to ~ me into thinking that …* ele tentou levar-me a pensar que … Ⓑ s. **1** malabarismo; **2** [fig.] intrujice; embuste; trapaçaria ❖ *to ~ a thing away* escamotear algo; fazer desaparecer uma coisa com truques

juggler [ˈdʒʌglə] s. **1** malabarista; **2** [fig.] impostor, intrujão

jugglery [ˈdʒʌglərɪ] s. (pl. -ies) **1** malabarismo; **2** [fig.] imposturice, intrujice

juggling [ˈdʒʌglɪŋ] s. **1** malabarismos; **2** [fig.] imposturice

Jugoslav [ˈjʊgəʊslɑːv] adj.,s. [ant.] jugoslavo

Jugoslavia [jʊgəʊˈslɑːvjə] s.top. [ant.] Jugoslávia

jugular [ˈdʒʌgjʊlə] adj. ANATOMIA jugular

jugulate [ˈdʒʌgjəleɪt] v.tr. **1** jugular, extinguir; **2** degolar, decapitar

jugulum [ˈdʒʌgjʊləm] s. júgulo, reentrância na base da parte anterior do pescoço

juice [dʒuːs] Ⓐ s. **1** sumo; *orange ~* sumo de laranja; **2** MEDICINA suco; *digestive juices* sucos digestivos; **3** essência; parte substancial; **4** [coloq.] combustível; gasolina; electricidade Ⓑ v.tr. **1** fazer sumo de ❖ ~ *extractor* máquina de sumos; centrifugadora; *to be juiced* receber um choque eléctrico

➔**juice up** v.tr. **1** [EUA] (automóveis) alterar o motor, para aumentar a potência; **2** (festa) animar, alegrar, dar vida a; **3** (imagem, marca) actualizar, modernizar, revigorar

juiceless [ˈdʒuːslɪs] adj. **1** seco, sem suco, sem sumo; **2** árido, sem substância

juicer [ˈdʒuːsə] s. espremedor (de frutos)

juiciness [ˈdʒuːsɪnəs] s. suculência

juicy [ˈdʒuːsɪ] adj. (comp. **-ier**, superl. **-iest**) **1** sumarento, com sumo; **2** suculento; **3** [fig., coloq.] apetitoso*fig*, saboroso*fig*; **4** [coloq.] com interesse; com substância; **5** lucrativo; **6** (tempo) húmido; **7** (quadro) com um colorido quente e húmido

ju-jitsu [ˌdʒuːˈdʒɪtsuː] s. DESPORTO jiu-jitsu

ju-ju [ˈdʒuːdʒuː] s. **1** feitiço, encantamento; **2** tabu, intocável

jujube [ˈdʒuːdʒuːb] s. **1** BOTÂNICA jujuba, fruto da jujubeira ou açofeifa-maior; **2** (guloseima) goma

ju-jutsu [dʒuːˈdʒʌtsuː] s. ⇒ **jiu-jitsu**

juke [dʒuːk] Ⓐ v.tr.,intr. [EUA] [cal.] fintar Ⓑ s. [EUA] [ant., coloq.] jukebox

jukebox [ˈdʒuːkbɒks] s. jukebox; máquina de discos

julep [ˈdʒuːləp, ˈdʒuːlɪp] s. (bebida) julepo

Julia [ˈdʒuːlɪə] s.antr. Júlia

Julian [ˈdʒuːlɪən] Ⓐ s.antr. Juliano Ⓑ adj. juliano; relativo a Júlio César ❖ ~ *calendar* calendário juliano

julienne [dʒuːlɪˈen, ʒuːlɪˈen] s. CULINÁRIA sopa juliana

Juliet [ˈdʒuːlɪət] s.antr. Julieta

Julius [ˈdʒuːljəs] s.antr. Júlio

July [dʒəˈlaɪ] s. Julho

jumbal [ˈdʒʌmbəl] s. CULINÁRIA bolachinha ou biscoitinho doce em forma de anel ou de S

jumble [ˈdʒʌmbəl] Ⓐ s. **1** mistura, salgalhada, confusão, trapalhada; *in a ~* tudo misturado; **2** (carro) sacão, solavanco; **3** CULINÁRIA bolachinha ou biscoitinho doce em forma de anel ou de S; **4** (venda de caridade) objectos em segunda mão; bricabraque Ⓑ v.tr. misturar; confundir; baralhar Ⓒ v.intr. embrulhar-se; ficar tudo em confusão ❖ (objectos em segunda mão) ~ *sale* venda, bazar de caridade

➔**jumble along** v.intr. avançar aos solavancos

➔**jumble up/together** v.tr. misturar; baralhar; juntar em desordem ❖ *everything was jumbled together* estava tudo para ali amontoado em desordem; *to jumble everything up* misturar tudo

jumbo ['dʒʌmbəʊ] Ⓐ *s.* 1 pessoa grosseira e pesada; 2 coisa ou animal volumoso; 3 pessoa muito bem sucedida Ⓑ *adj.* enorme, grande

jumboise ['dʒʌmbəʊˌaɪz] *v.tr.* aumentar o tamanho de (um navio)

jumby ['dʒʌmbɪ] *s.* fantasma, espectro ❖ **~ bird** ave de mau agouro

jump [dʒʌmp] Ⓐ *s.* 1 salto, pulo; 2 (choque, excitação) sobressalto; abalo; 3 (preços, valores, etc.) subida repentina; 4 transição súbita; solução de continuidade; 5 lacuna, vazio; 6 DESPORTO obstáculo; *racecourse with jumps* pista para corridas de obstáculos Ⓑ *v.tr.,intr.* 1 saltar, pular; dar saltos, dar pulos; 2 passar dum salto; 3 sobressaltar-se; estremecer de súbito; 4 (quantidade) subir repentinamente; disparar; 5 assaltar; 6 (comboio) saltar dos carris; *to ~ the rails* saltar dos carris; 7 [EUA] (comboio) andar sem bilhete ❖ VESTUÁRIO **~ suit** macacão; *to get the ~ on sb* antecipar-se a alguém; [EUA] *to ~ a claim* apoderar-se duma concessão de minas, aproveitando-se da ausência do proprietário; *to ~ over the broomstick* viver em adultério; DESPORTO [coloq.] *to ~ the gun* partir antes do sinal; começar qualquer coisa antes da hora combinada; *to ~ the queue* passar à frente na fila; *to ~ to conclusions* tirar conclusões precipitadas

◆**jump about/around** *v.intr.* saltitar

◆**jump down** *v.intr.* saltar para baixo; descer com um salto [**from**, de]

◆**jump in** *v.intr.* 1 saltar para dentro; 2 meter-se numa conversa, intrometer-se; 3 meter-se, envolver-se ❖ (carro) *jump in!* entra!

◆**jump on** *v.tr.* 1 saltar para; 2 [fig.] atacar; criticar severamente; cair em cima de

◆**jump out** *v.intr.* saltar [**of**, de]; sair com um salto [**of**, de] ❖ (carro) *jump out!* sai; *to ~ of one's skin* apanhar um susto de morte; *to ~ of one's skin for joy* não caber em si de contente

◆**jump out at** *v.tr.* saltar à vista de

◆**jump together** *v.intr.* coincidir

◆**jump up** *v.intr.* levantar-se com um salto; levantar-se rapidamente

jumper ['dʒʌmpə] *s.* 1 [GB] VESTUÁRIO camisola de lã, pulôver; 2 DESPORTO atleta de saltos; 3 insecto saltador; 4 ELECTRICIDADE conector, ligação em ponte, fio para fechar o circuito; 5 (minas) broca de mineração; **~ bit** ponteiro de broca; 6 NÁUTICA cabo de segurança para o mau tempo

jumpiness ['dʒʌmpɪnəs] *s.* 1 agitação, excitação; 2 insegurança

jumping ['dʒʌmpɪŋ] Ⓐ *s.* 1 salto(s); 2 (preços, valores) subida em flecha, subida repentina; 3 solavanco; 4 concurso hípico Ⓑ *adj.* saltador; que salta ❖ **~ cam** disco de ressaltos

jumping-off ['dʒʌmpɪŋɒf] *s.* partida, início ❖ **~ place/point** ponto de partida; rampa de lançamento; trampolim*fig.*

jump-jet ['dʒʌmpˌdʒet] *s.* avião a jacto que levanta voo na vertical

jump-start ['dʒʌmpstɑːt] *v.tr.* 1 (carro) empurrar (para fazer pegar); (carro) fazer pegar através da ligação a uma bateria de outro carro; 2 [fig.] dar um empurrão à

jumpsuit ['dʒʌmps] *s.* VESTUÁRIO macacão

jumpy ['dʒʌmpɪ] *adj.* (*comp.* **-ier**, *superl.* **-iest**) 1 agitado, excitado, nervoso; 2 saltitante; 3 aos sacões; 4 inseguro

junction ['dʒʌŋkʃən] Ⓐ *s.* 1 junção; união; confluência; 2 ponto de união; 3 (estradas) cruzamento; *turn left in the next ~* vire à esquerda no próximo cruzamento; 4 [GB] (auto-estradas) saída; 5 (comboios) entroncamento Ⓑ *v.intr.* (caminhos-de-ferro) entroncar ❖ ELECTRICIDADE **~ box** caixa de derivação; **~ point** ponto de junção; centro de derivação; **~ screw** parafuso de ligação; (caminhos-de-ferro) **~ signal** sinal de bifurcação

juncture ['dʒʌŋktʃə] *s.* 1 juntura, junção; 2 (momento) conjuntura; conjunto de circunstâncias; *at this ~* nesta conjuntura

June [dʒuːn] *s.* Junho

jungle ['dʒʌŋgəl] *s.* 1 selva; 2 matagal; 3 [fig.] amálgama; labirinto; 4 [fig.] desordem; caos; 5 [fig.] (local perigoso) selva*fig.* ❖ [EUA] (parque infantil) **~ gym** barras; MEDICINA **~ fever** febre dos matos; *the law of the ~* a lei da selva; a lei do mais forte

jungli ['dʒʌŋlɪ] Ⓐ *adj.* que vive na selva Ⓑ *s.* habitante da selva

jungly ['dʒʌŋlɪ] *adj.* coberto de mato

junior ['dʒuːnjə] *adj.,s.* 1 júnior; mais novo; *he is my ~ by two years/he is two years my ~* é mais novo do que eu dois anos; 2 o mais novo; o menos antigo; 3 de posição menos elevada, subalterno; **~ officer** oficial subalterno; 4 [EUA] [coloq.] filho ❖ [GB] (escola) **~ school** primeiro ciclo; [GB] (escola) **~ classes** turmas do primeiro ciclo; *the Junior Service* o exército

juniority [dʒuːnɪ'ɒrɪtɪ] *s.* 1 situação de mais novo; 2 subalternidade, posição inferior

juniper ['dʒuːnɪpə] *s.* BOTÂNICA junípero, zimbro ❖ **~ berry** baga de junípero; **~ oil** óleo de zimbro; **dwarf ~** junípero dos Alpes; **Virginian ~** cedro-de-virgínia

junk [dʒʌŋk] Ⓐ *s.* 1 tralha; 2 ferro-velho; artigos em segunda mão; velharias de pouco valor; **~ dealer** negociante de ferro-velho; 3 lixo; 4 [coloq.] tretas, disparates; *that's all ~* isso são disparates; 5 [cal.] (droga) cavalo*cal.*, heroína; 6 carne salgada; 7 pedaço de tecido do cérebro dos cachalotes com esperma-cete; 8 NÁUTICA junco, barco oriental Ⓑ *v.tr.* [coloq.] deitar fora; livrar-se de ❖ ECONOMIA **~ bond** obrigação de alto risco; **~ food** comida de plástico; porcarias; (correio) **~ mail** publicidade não solicitada; **~ market** feira da ladra; **~ shop** loja de ferro-velho; loja de artigos em 2.ª mão

junket ['dʒʌŋkɪt] Ⓐ *s.* 1 CULINÁRIA doce, guloseima de queijo; 2 festa, piquenique, festim; 3 viagem oficial Ⓑ *v.intr.* fazer uma festa, organizar um piquenique

junketing ['dʒʌŋkətɪŋ] *s.* comezaina, festança

junkie ['dʒʌŋkɪ] *s.* [cal.] drogado

junkman ['dʒʌŋkmən] *s.* (*pl.* **-men**) negociante em ferro-velho

junky ['dʒʌŋkɪ] *s.* [cal.] drogado

junkyard ['dʒʌŋkjɑːd] *s.* sucata, ferro-velho

Juno ['dʒuːnəʊ] *s.* 1 MITOLOGIA Juno; 2 ASTRONOMIA Juno, asteróide situado entre Marte e Júpiter; 3 [fig.] mulher de beleza majestosa

junta ['dʒʌntə] *s.* 1 POLÍTICA junta; 2 ditadura militarizada; 3 associação secreta

junto ['dʒʌntəʊ] *s.* ⇒ **junta**

Jupiter ['dʒuːpɪtə] *s.* ASTRONOMIA, MITOLOGIA Júpiter

Jura ['dʒʊərə] *s.* GEOLOGIA Jurássico ❖ *the ~ Mountains* o Jura

jural ['dʒʊərəl] *adj.* 1 jurídico; legal; 2 relativo aos direitos e obrigações morais

Jurassic [dʒʊ'ræsɪk] Ⓐ *s.* GEOLOGIA Jurássico Ⓑ *adj.* GEOLOGIA jurássico

jurat ['dʒʊəræt] *s.* 1 senador, vereador de município; 2 magistrado nas ilhas do Canal

juratory ['dʒʊərətərɪ] *adj.* juratório

juridic [dʒʊ'rɪdɪk] *adj.* 1 jurídico; 2 legal

juridical [dʒʊ'rɪdɪkəl] *adj.* 1 jurídico; 2 legal

juridically [dʒʊ'rɪdɪkəlɪ] *adv.* 1 juridicamente; 2 legalmente

jurisconsult [dʒʊərɪs'kɒnsʌlt] *s.* jurisconsulto

jurisdiction [dʒʊərɪs'dɪkʃən] *s.* jurisdição [**over**, sobre; **of**, de]; competência [**of**, de]; *to have ~ over* ter jurisdição sobre ❖ *want of ~* incompetência legal

jurisdictional [dʒʊərɪs'dɪkʃənəl] *adj.* jurisdicional

jurisprudence [dʒʊərɪs'pruːdəns] *s.* jurisprudência

jurisprudent [dʒʊərɪs'pruːdənt] Ⓐ *adj.* 1 relativo à jurisprudência; 2 especialista em jurisprudência Ⓑ *s.* jurista, jurisprudente, jurisconsulto

jurisprudential [dʒʊərɪspruː'denʃəl] *adj.* jurisprudencial

jurist ['dʒʊərɪst] *s.* 1 jurista, jurisconsulto; 2 licenciado em direito; 3 estudante de direito

juror ['dʒʊərə] *s.* 1 jurado, membro do júri; 2 pessoa que presta um juramento

jury ['dʒʊərɪ] Ⓐ *s.* (*pl.* **-ies**) 1 DIREITO júri, conjunto dos jurados; *gentlemen of the jury!* senhores jurados!; 2 (exame, decisão, etc.) júri; *to be on the ~* fazer parte do júri Ⓑ *adj.* NÁUTICA improvisado, de emergência; **~ mast** mastro improvisado ❖ **~ box** bancada dos jurados; **~ leg** perna de pau; *coroner's ~* júri que investiga a causa duma morte; *grand ~* júri de acusação; *the ~ is out on whether....* resta saber se...; *to be called for ~ service* receber convocação para ser jurado

juryman ['dʒʊərɪmən] *s.* (*pl.* **-men**)

jurywoman ['dʒʊərɪwʊmən] *s.f.* (*pl.* **-women**) jurada, senhora que faz parte dum júri

jussive ['dʒʌsɪv] *adj.,s.* LINGUÍSTICA jussivo, imperativo

just [dʒʌst] Ⓐ *adj.* **1** justo; *a ~ cause* uma causa justa; *as was only ~* como era justo; *to be ~ to sb* ser justo para alguém; **2** legítimo, merecido; **3** exacto; **4** imparcial, equitativo; **5** razoável Ⓑ *s.pl. the ~* os justos; *to sleep the sleep of the ~* dormir o sono dos justos Ⓒ *adv.* **1** justamente, precisamente, exactamente; *that is ~ what I wanted to tell you* é precisamente o que eu te queria dizer; **2** mesmo; *~ in time* mesmo a tempo; **3** quase, mal, dificilmente; **4** unicamente, só, somente, apenas; *~ a little bit* só um bocadinho; *~ a moment* só um momento; *~ coffee* só café; *~ look at him!* mas olha só para ele! ❖ *~ about enough* que já chega; *~ in case* por via das dúvidas; *~ now* agora mesmo; *~ once* só uma vez; *~ one of those things* daquelas coisas que acontecem; *~ so* exactamente; *~ tell me* diga-me, por favor; *~ then* nesse preciso instante; *he is ~ about here* ele deve andar por perto; *it is ~ as well* ainda bem; *I've ~ told him* acabei de lhe dizer; *not ~ yet* ainda não; *not ready ~ yet* que ainda não está pronto; *you remember it! don't I just!* lembra-se disso? se me lembro!

justice [ˈdʒʌstɪs] *s.* **1** justiça; **2** direito; a magistratura; **3** equidade; rectidão; **4** (tribunal) juiz; *Mr. Justice Brown* o sr. Juiz Brown; *the Lord Chief Justice* o presidente do Supremo Tribunal ❖ *Justice of the Peace* juiz de paz; *~ has been done!* fez-se justiça!; *a court of ~* um tribunal; *to do yourself ~* não ser inseguro; ter mais autoconfiança; *to administer ~* administrar justiça; *to bring to ~* levar à justiça; acusar perante os tribunais; *to do ~ to* fazer justiça a; [coloq.] *to do ~ to a meal* fazer justiça a uma refeição; comer com apetite

justicer [ˈdʒʌstɪsə] *s.* [arc.] juiz
justiceship [ˈdʒʌstɪsʃɪp] *s.* **1** magistratura; **2** funções de juiz
justiciable [dʒʌsˈtɪʃɪəbəl] *adj.* **1** judicial; **2** sob a alçada da justiça; **3** sujeito a jurisdição
justiciar [dʒʌsˈtɪʃɪɑː] *s.* principal funcionário político e judicial sob os reis normandos e os primeiros Plantagenetas
justiciary [dʒʌsˈtɪʃərɪ, dʒʌsˈtɪʃɪerɪ] Ⓐ *adj.* judicial Ⓑ *s.* administrador de justiça ❖ [Esc.] *High Court of Justiciary* supremo tribunal criminal
justifiability [ˌdʒʌstɪfaɪəˈbɪlɪtɪ] *s.* justificabilidade, carácter justificável
justifiable [ˈdʒʌstɪˈfaɪəbəl] *adj.* **1** justificável, justificado; **2** justo
justifiableness [ˌdʒʌstɪˈfaɪəbəlnəs] *s.* ⇒ **justifiability**
justifiably [ˈdʒʌstɪˈfaɪəblɪ] *adv.* justificadamente, de modo justificável
justification [ˌdʒʌstɪfɪˈkeɪʃən] *s.* **1** justificação, desculpa, razão; **2** TIPOGRAFIA estabelecimento de perfeita igualdade nas linhas duma página
justificative [ˈdʒʌstɪfɪkeɪtɪv] *adj.* justificativo
justificatory [ˈdʒʌstɪfɪkeɪtərɪ, dʒʌˈstɪfɪkətɔːrɪ] *adj.* justificatório

justified [ˈdʒʌstɪfaɪd] *adj.* **1** justificado; fundamentado; **2** certo; com razão ❖ *to be ~ in doing this or that* ter razões para fazer isto ou aquilo
justifier [ˈdʒʌstɪfaɪə] *s.* **1** justificador, pessoa que justifica; **2** TIPOGRAFIA justificador
justify [ˈdʒʌstɪfaɪ] *v.tr.* **1** justificar, explicar, esclarecer; **2** fundamentar; **3** desculpar; **4** TIPOGRAFIA justificar
justifying [ˈdʒʌstɪfaɪɪŋ] *adj.* justificativo, justificador, justificante
Justin [ˈdʒʌstɪn] *s.antr.* Justino
Justinian [dʒʌsˈtɪnjən] *s.antr.* Justiniano
Justinianian [ˌdʒʌstɪnɪˈeɪnjən] *adj.* justiniânico
justly [ˈdʒʌstlɪ] *adv.* **1** com justiça; **2** justamente
justness [ˈdʒʌstnəs] *s.* **1** justiça; **2** justeza, exactidão
Justus [ˈdʒʌstəs] *s.antr.* Justo
jut [dʒʌt] Ⓐ *s.* **1** saliência; projecção; ressalto; **2** sacada; *~ window* janela de sacada Ⓑ *v.intr.* (*particípios:* -**tt**-) **1** avançar, fazer saliência, fazer ressalto; **2** sobressair; destacar-se; projectar-se ❖ *~ of land* ponta de terra
jute [dʒuːt] *s.* (planta, fibra, tecido) juta ❖ *~ covering* revestimento de juta; *~ yarn* fio de juta
jutelike [ˈdʒuːtlaɪk] *adj.* semelhante à juta
Jutes [dʒuːts] *s.pl.* Jutos, tribo germânica que invadiu as Ilhas Britânicas entre o séc. V e VI
Jutish [ˈdʒuːtɪʃ] *adj.* relativo aos Jutos
Jutland [ˈdʒʌtlənd] *s.top.* Jutlândia
Jutlander [ˈdʒʌtlændə] *s.* jutlandês, habitante da Jutlândia
Jutlandish [ˈdʒʌtlændɪʃ] *adj.* jutlandês; relativo à Jutlândia
jutting [ˈdʒʌtɪŋ] Ⓐ *adj.* **1** saliente; **2** protuberante Ⓑ *s.* ressalto, saliência
jutty [ˈdʒʌtɪ] *s.* ⇒ **jutting** Ⓑ
juvenescence [ˌdʒuːvɪˈnesəns] *s.* período de transição da infância para a adolescência
juvenescent [ˌdʒuːvɪˈnesənt] *adj.* entre a infância e a adolescência
juvenile [ˈdʒuːvɪnaɪl] Ⓐ *adj.* **1** juvenil; jovem; **2** [depr.] (comportamento) infantil; pueril Ⓑ *s.* **1** jovem; adolescente; **2** DIREITO menor ❖ *~ delinquent* delinquente juvenil; *~ court* tribunal de menores; TEATRO *~ lead* papel de personagem jovem; LITERATURA *~ literature* literatura infanto-juvenil
juvenilia [ˌdʒuːvɪˈnɪljə] *s.pl.* juvenília, produções da juventude
juvenility [ˌdʒuːvɪˈnɪlɪtɪ] *s.* juvenilidade
juxtalinear [ˌdʒʌkstəˈlɪnjə] *adj.* justalinear
juxtapose [ˈdʒʌkstəpəʊz] *v.tr.* justapor
juxtaposed [ˈdʒʌkstəpəʊzt] *adj.* justaposto
juxtaposition [ˌdʒʌkstəpəˈzɪʃən] *s.* justaposição
juxtapositional [dzʌkstəpəˈzɪʃənəl] *adj.* **1** justaposto; **2** relativo a justaposição

k [keɪ] s. ⟨pl. **ks** ou **k's**⟩ (letra) k, K
K QUÍMICA [símbolo de potassium]
Kaaba [ˈkɑːbə] s. Caaba
kaama [ˈkɑːmə] s. ZOOLOGIA caama, veado-do-cabo
kabala [kəˈbɑːlə] s. ⇒ **cabbala**
kabbala [kəˈbɑːlə] s. ⇒ **cabbala**
Kabul [ˈkɔːbəl] s.top. (capital do Afeganistão) Cabul
kack-handed [ˌkækˈhændɪd] adj. 1 esquerdo, esquerdino; 2 canhoto
kaddish [ˈkædɪʃ] s. oração fúnebre dos judeus
Kadesh-barnea [ˈkeɪdeʃbɑːˌnɪə] s.top. RELIGIÃO (Bíblia) Cadés
kadi [ˈkɑːdɪ, ˈkeɪdɪ] s. ⇒ **cadi**
Kaffir [ˈkæfə] s. cafre
Kaffraria [kæˈfreərɪə] s.top. Cafraria
Kafkaesque [ˌkæfkəˈesk] adj. kafkiano
kail [keɪl] s. ⇒ **kale**
kailyard [ˈkeɪljɑːd] s. horta, quintal
kainite [ˈkaɪnaɪt] s. MINERALOGIA cainite
kaiser [ˈkaɪzə] s. Kaiser, título do antigo imperador da Alemanha
kaiserism [ˈkaɪzərɪzəm] s. HISTÓRIA cesarismo prussiano
kakapo [ˈkɑːkəpəʊ] s. papagaio nocturno parecido com a coruja
kakemono [ˌkækɪˈməʊnəʊ] s. pintura parietal japonesa
kakistocracy [ˌkækɪsˈtɒkrəsɪ] s. (pl. -cies) POLÍTICA governo pelos cidadãos menos qualificados ou sem princípios
kale [keɪl] s. 1 couve de folhas frisadas; 2 [EUA] [coloq.] (dinheiro) massa ❖ *Scotch* ~ couve escocesa de folhas avermelhadas
kaleidoscope [kəˈlaɪdəskəʊp] s. caleidoscópio
kaleidoscopic [kəˌlaɪdəˈskɒpɪk] adj. caleidoscópico
kaleidoscopical [kəˌlaɪdəˈskɒpɪkəl] adj. caleidoscópico
kaleidoscopically [kəˌlaɪdəˈskɒpɪkəlɪ] adv. caleidoscopicamente
Kalends [ˈkælendz] s.pl. ⇒ **calends**
kaleyard [ˈkeɪljɑːd] s. [Esc.] [arc.] horta, quintal ❖ LITERATURA *Kaleyard School* grupo de romancistas que descrevem, com forte uso de linguagem dialectal, a vida simples na Escócia
kali [ˈkeɪlɪ] s. BOTÂNICA barrilha, barrilha-espinhosa, barrilheira
kalmia [ˈkælmɪə] s. BOTÂNICA calmia
Kalmuck [ˈkælmʌk] Ⓐ adj. calmuco Ⓑ s. (pessoa, língua) calmuco
Kalmyk [ˈkælmɪk] Ⓐ adj. calmuco Ⓑ s. (pessoa, língua) calmuco
kalong [ˈkɑːlɒŋ] s. ZOOLOGIA morcego grande da Malásia
kalpa [ˈkælpə] s. data remotíssima do Universo, a contar de Brama (4 320 000 000 anos)
kamarband [ˈkæməbænd] s. ⇒ **cummerbund**
kamerad [ˈkæmərɑːd] interj. (rendição) MILITAR amigo!
kamikaze [ˌkæmɪˈkɑːzɪ] s.,adj. 1 kamikaze; ~ *pilot* piloto kamikaze; 2 [fig.] suicida
Kan. [abrev. de Kansas]
kanaka [ˈkænəkə] adj.,s. canaca, indígena da Oceânia
kangaroo [ˌkæŋɡəˈruː] s. ZOOLOGIA canguru
Kansian [ˈkænzɪən] adj.,s. 1 relativo ao Estado do Kansas; 2 natural do Kansas
Kantian [ˈkæntɪən] adj. kantiano; relativo ao filósofo alemão Immanuel Kant
Kantism [ˈkæntɪzəm] s. FILOSOFIA kantismo
kaolin [ˈkeɪəlɪn] s. caulim, caulino
kaolinization [ˌkeɪəlɪnaɪˈzeɪʃən] s. caulinização
kaolinize [ˈkeɪəlɪnaɪz] v.tr. caulinizar
kapok [ˈkeɪpɒk] s. BOTÂNICA capoca, sumaúma
kappa [ˈkæpə] s. letra K do alfabeto grego
karabiner [ˌkærəˈbiːnə] s. (montanhismo) mosquetão ❖ ~ *hole* ilhó para mosquetão
Karachi [kəˈrɑːtʃɪ] s.top. (capital do Paquistão) Carachi

karagan [ˈkɑːrəɡən] s. raposa da Tartária
Karaite [ˈkeərraɪt] s. caraíta, sectário do caraísmo
karaoke [ˌkɑːrəˈəʊkɪ] s. MÚSICA karaoke
karate [kəˈrɑːtɪ] s. DESPORTO karaté; *to practise* ~ praticar karaté ❖ ~ *chop* golpe de karaté
karateka [kəˈrɑːtɪˌkæ] s. DESPORTO karateca
karma [ˈkɑːmə] s. RELIGIÃO, FILOSOFIA carma
karoo [kəˈruː] s. karroo, planalto elevado na África do Sul, estéril e seco quando não há chuvas
karroo [kəˈruː] s. karroo, planalto elevado na África do Sul, estéril e seco quando não há chuvas
kartel [kɑːˈtel] s. leito de madeira em carro de bois sul-africano
karyokinesis [ˌkærɪəkaɪˈniːsɪs] s. cariocinese
karyokinetic [ˌkærɪəkaɪˈnetɪk] adj. cariocinético
karyolysis [ˌkærɪˈɒlɪsɪs] s. cariólise
karyoplasm [ˈkærɪəˌplæzm] s. BIOLOGIA (citologia) carioplasma
Kashmir [kæʃˈmɪə] s.top. Caxemira
Kashmiri [kæʃˈmɪərɪ] adj.,s. 1 de Caxemira; 2 natural de Caxemira
katabolism [kəˈtæbəlɪzəm] s. catabolismo
Kate [keɪt] s.antr. {dim. de **Catherine**}
Katharine [ˈkæθərɪn] s.antr. Catarina
Katherine [ˈkæθərɪn] s.antr. Catarina
Katie [ˈkeɪtɪ] s.antr. {dim. de **Catherine**}
katydid [ˈkeɪtɪdɪd] s. gafanhoto verde norte-americano
kauri [ˈkaʊrɪ] s. BOTÂNICA dâmara ❖ ~ *gum* cauri; resina da dâmara
kava [ˈkɑːvə] s. bebida embriagante extraída das raízes dum arbusto polinésico
kawa [ˈkɑːwə] s. bebida embriagante extraída das raízes dum arbusto polinésico
kayak [ˈkaɪæk] s. caiaque
Kazakh [kəˈzɑːk] Ⓐ adj. do Cazaquistão Ⓑ s. habitante ou natural do Cazaquistão
Kazakhstan [ˌkæzækˈstɑːn] s.top. Cazaquistão
KB Ⓐ [abrev. de kilobyte] Ⓑ [abrev. de King's Bench] Ⓒ [abrev. de Knight Bachelor]
KBE [abrev. de Knight of the British Empire]
Kbps INFORMÁTICA [abreviatura de Kilobits per second] quilobits por segundo
KC Ⓐ [abrev. de Knight of Colombus] Ⓑ [abrev. de King's Counsel] Ⓒ [abrev. de King's College]
KCB [abrev. de Knight Commander of the (Order of the) Bath]
KCMG [abrev. de Knight Commander of St. Michael and St. George]
KCVO [abrev. de Knight Commander of the Royal Victorian Order]
kea [ˈkeɪə] s. grande papagaio verde da Nova Zelândia
Keatsian [ˈkiːtzɪən] adj. relativo a Keats; de Keats
kebab [kəˈbæb] s. CULINÁRIA espetada (de carne)
keck [kek] Ⓐ s. esforço para vomitar Ⓑ v.intr. 1 sentir vontade de vomitar; 2 fazer esforços para vomitar
keckle [ˈkekəl] v.tr. NÁUTICA forrar as amarras para evitar que se desgastem rapidamente
keckling [ˈkeklɪŋ] s. 1 NÁUTICA acto de forrar as amarras; 2 forro de defesa
kedge [kedʒ] Ⓐ s. NÁUTICA âncora de reboque, ancoreta; ~ *anchor* âncora de reboque Ⓑ v.tr.,intr. NÁUTICA rebocar sobre uma ancoreta
kedgeree [ˈkedʒərɪː] s. 1 CULINÁRIA prato indiano com arroz, lentilhas, cebolas, ovos e manteiga; 2 CULINÁRIA prato europeu de peixe, arroz, ovos, etc.
kedging [ˈkedʒɪŋ] s. reboque

keek [ki:k] *s.,v.intr.* [Esc.] ⇒ **peep**

keel [ki:l] Ⓐ *s.* **1** NÁUTICA, AERONÁUTICA quilha; **2** BOTÂNICA, ZOOLOGIA querena, carena, naveta; **3** [poét.] barco; batel; **4** [Esc.] almagre para marcar carneiros; **5** barco carvoeiro de fundo chato usado no Tyne; **6** carregamento dum desses barcos carvoeiros Ⓑ *v.tr.,intr.* **1** querenar um barco; voltar o barco de querena; **2** girar sobre a quilha; **3** [Esc.] marcar um carneiro com almagre ❖ **~ effect** efeito de quilha; **on an even ~** sem balanço; calmo; calmamente; **to lay down a ~** assentar a quilha; iniciar a construção de navio ou barco; **to get back on an even ~** reencontrar o equilíbrio

◆**keel over** *v.intr.* **1** [coloq.] (cansaço, doença) ir-se abaixo; cair para o lado *fig*; desmaiar subitamente; **2** (embarcação) voltar-se; virar

keelage ['ki:lɪdʒ] *s.* direitos de ancoragem

keeled [ki:ld] *adj.* **1** com quilha; **2** BOTÂNICA, ZOOLOGIA com querena, carena ou naveta

keelhaul ['ki:lhɔ:l] *v.tr.* HISTÓRIA, NÁUTICA fazer passar por debaixo da quilha como castigo

keelhauling ['ki:lhɔ:lɪŋ] *s.* HISTÓRIA, NÁUTICA castigo que consiste em fazer passar um marinheiro por debaixo da quilha

keelson ['ki:lsən, 'kelsən] *s.* sobrequilha, carlinga

keen [ki:n] Ⓐ *adj.* **1** agudo, penetrante; **2** afiado; **~ edge** gume vivo, borda afiada; **3** cortante; **~ wind** vento cortante; **4** mordaz, vivo; **5** rápido, activo; **6** forte, intenso, profundo, veemente; **7** ávido [**on**, de]; **8** (interesse) entusiasta [**on**, por]; apaixonado [**on**, por]; **~ footballer** entusiasta por futebol; **to be ~ on** gostar muito de, ter muito interesse por, estar muito interessado em; **9** (competição) renhido, **10** (preço) competitivo; **11** [EUA] [ant., coloq.] bestial Ⓑ *v.tr.,intr.* carpir; pronunciar lamentações fúnebres Ⓒ *s.* lamentações fúnebres; canções fúnebres ❖ **~ appetite** apetite devorador; **to be ~ on** ter um fraquinho por alguém; [coloq.] **to have a ~ eye for sth** ter olho para qualquer coisa; **to have a ~ sense of hearing** ter um ouvido muito apurado

keen-edged ['ki:nedʒd] *adj.* **1** pontiagudo; muito afiado; **2** com arestas cortantes

keener ['ki:nə] *s.* carpideira; mulher que carpia ou pranteava um defunto

keenly ['ki:nlɪ] *adv.* **1** vivamente; **2** intensamente; profundamente; **to feel sth ~** sentir algo profundamente; **3** com entusiasmo; **4** mordazmente ❖ **to quote ~** reduzir os preços

keenness ['ki:nnəs] *s.* **1** agudeza, perspicácia; **2** vivacidade; **3** grande desejo; **4** entusiasmo; **5** rigor, carácter rigoroso (do tempo); **6** agudeza de espírito

keep [ki:p] Ⓐ *v.tr.,intr.* (*prt. e part. pass.* kept) **1** conservar; manter; **2** continuar; permanecer; ficar; **3** possuir; **4** cuidar de; sustentar; **to ~ one's family** sustentar a família; **5** (alimento) conservar-se, manter-se fresco, durar; **meat won't ~ in this weather** a carne estraga-se com este tempo; **6** vender, ter disponível; **7** defender, argumentar; **8** auxiliar, ajudar; **9** reter; não entregar; **10** realizar; **11** festejar; **to ~ Christmas** festejar o Natal Ⓑ *s.* **1** subsistência, sustento; **he isn't worth his ~** ele não vale o que come; **2** fortaleza; **3** torre de menagem; torre central de castelo; **4** custódia; protecção; guarda; **5** MECÂNICA capa ❖ **~ good men company and you shall be of the number** junta-te aos bons e serás um deles; NÁUTICA **~ her close!** não arribar!; NÁUTICA **~ her full!** a todo o vento; **~ smiling!** sorria!; nada de desanimar!; **~ your hair on!/~ your wool on!** não percas a cabeça!; não te desorientes!; [coloq.] **for keeps** permanentemente; para sempre; **God ~ you!** Deus o guarde!; **is it mine for keeps?** posso ficar com isso?; **to ~ a diary** ter um diário; escrever um diário; **to ~ a secret** guardar um segredo; **to ~ a shop** ter um estabelecimento comercial; COMÉRCIO **to ~ accounts** fazer a escrita de casa comercial; **to ~ bad hours** deitar-se muito tarde; deitar-se e levantar-se muito tarde; **to ~ beyond** manter ou manter-se a certa distância de; COMÉRCIO **to ~ books** fazer a escrita; **to ~ by** manter-se junto de; possuir; sustentar; **to ~ doing sth** continuar a fazer alguma coisa; **to ~ for** guardar para; actuar em nome de; DESPORTO (futebol) **to ~ goal** defender a baliza; (relógio) **to ~ good time** regular bem; funcionar bem; **to ~ hold of** segurar; agarrar; segurar-se a; agarrar-se a; **to ~ house** governar a casa; **to ~ in mind** lembrar; recordar; **to ~ in step** marchar a compasso; **to ~ land in sight** manter-se perto da costa; **to ~ moving** ser activo; manter-se em movimento; **to ~ near** manter-se perto; **to ~ one going** animar; dar saúde; divertir; **to ~ one's end up** manter-se firme; cumprir o dever; **to ~ one's face** manter-se impassível; esconder os sentimentos; conservar-se calmo; **to ~ one's feet** manter-se firme; não escorregar; **to ~ one's ground** aguentar-se; [coloq.] **to ~ one's shirt on** manter-se calmo; dominar-se; **to ~ oneself to oneself** ser reservado; evitar companhia; **to ~ open house** ter casa franca; **to ~ sb company** fazer companhia a alguém; **to ~ sb waiting** obrigar alguém a esperar; pôr alguém à espera; **to ~ the ball rolling** não deixar morrer uma coisa; não deixar morrer uma conversa; NÁUTICA **to ~ the land aboard** manter-se a pouca distância da terra; **to ~ the law** cumprir a lei; NÁUTICA **to ~ the log** escrever o diário de bordo; **to ~ the wolf from the door** ter o suficiente para o seu sustento; **to ~ time** manter o ritmo; ser pontual; **to ~ time and tune** conservar a harmonia; **to ~ with** acompanhar

◆**keep about** *v.intr.* **1** conservar-se, manter-se em determinado lugar; **2** cumprir as obrigações

◆**keep along** *v.intr.* continuar

◆**keep at** *v.tr.* **1** continuar com; **2** persistir em; **3** insistir com; teimar com; **to ~ sb until...** insistir com alguém até... ❖ **~ it!** continua!, não desistas!, não desanimes!

◆**keep away** Ⓐ *v.tr.* não deixar aproximar-se [**from**, de]; manter afastado [**from**, de]; **keep the baby away from the stairs** não deixes o bebé ir para as escadas Ⓑ *v.intr.* **1** não se aproximar [**from**, de]; manter-se afastado [**from**, de]; **~ from the edge of the pool** afasta-te da borda da piscina; **2** evitar o contacto [**from**, com]

◆**keep back** Ⓐ *v.tr.* **1** reservar; pôr de parte; **2** reter; conter; reprimir; **3** não revelar; esconder; **4** não deixar avançar; manter afastado [**from**, de]; **5** [EUA] (aluno) reter, chumbar Ⓑ *v.intr.* não se aproximar [**from**, de]; manter-se afastado [**from**, de]; **~ from the edge of the pool** afasta-te da borda da piscina

◆**keep behind** *v.tr.* **1** manter-se atrás de; **2** impedir o desenvolvimento de

◆**keep down** Ⓐ *v.tr.* **1** manter baixo; não deixar subir; **2** reprimir, submeter, oprimir; **the country was kept down by a dictator** o país foi oprimido por um ditador; **3** restringir; limitar; controlar; **4** (comida) aguentar (no estômago); **during her illness she couldn't keep food down** durante a doença não aguentava comida no estômago; **5** [GB] (aluno) reter, chumbar Ⓑ *v.intr.* **1** manter-se curvado; **2** (mar) manter-se calmo ❖ **keep the noise down!** faz menos barulho!; (aluno) **to be kept down** reprovar

◆**keep from** *v.tr.* **1** impedir de; **the traffic kept me from arriving on time** o trânsito impediu-me de chegar a tempo; **2** esconder; **they kept the truth from her** esconderam-lhe a verdade; **3** afastar-se de; **4** evitar; abster-se de

◆**keep in** *v.tr.* **1** reter; **2** fechar em casa; **3** conter; não deixar sair; **4** manter hospitalizado

◆**keep in with** *v.tr.* [GB] manter-se de boas relações com; concordar com

◆**keep off** Ⓐ *v.tr.* **1** afastar (de); manter afastado (de); não deixar aproximar-se de; **2** evitar; **I must ~ fatty food** tenho de evitar comida gordurosa; **3** não falar de; **they kept off politics during dinner** não falaram de política durante o jantar Ⓑ *v.intr.* manter-se afastado; **keep off!** não te aproximes! ❖ **keep your hands off!** não mexas!; **~ the grass** não pisar a relva

◆**keep on** Ⓐ *v.intr.* **1** continuar; **if you ~ missing classes you'll flunk** se continuas a faltar às aulas vais chumbar; **2** não parar de falar [**about**, sobre]; **he kept on about politics the whole evening** não parou de falar sobre política a noite toda; **3** insistir [**at**, com]; **to ~ at sb to...** insistir com alguém para que... Ⓑ *v.tr.* **1** (caminho, percurso) seguir; **2** manter

◆**keep out** Ⓐ *v.tr.* **1** manter afastado; **2** não deixar entrar; **3** deixar de fora; excluir Ⓑ *v.intr.* não entrar ❖ (cartaz, placa) **keep out!** acesso interdito

◆**keep out of** *v.tr.* **1** manter-se afastado de; afastar-se de; **2** evitar; **3** não se meter em; **try to ~ trouble** tenta não te meteres em sarilhos ❖ [coloq.] **~ this!** não te metas nisto!

◆**keep over** Ⓐ *v.tr.* guardar Ⓑ *v.intr.* conservar-se fresco; não se estragar

◆**keep to** *v.tr.* **1** obedecer a; seguir; cumprir; **he didn't ~ the plan** ele não cumpriu o plano; **2** limitar a; **I'm keeping the** keeper

number of guests to the minimum estou a limitar o número de convidados ao mínimo; **3** ficar em ❖ *in England cars ~ the left* em Inglaterra os carros circulam pela esquerda; *to ~ one's bed* ficar de cama; *to ~ oneself* isolar-se; guardar para si

◆**keep together** Ⓐ *v.intr.* manter(em)-se juntos; não se separar(em) Ⓑ *v.tr.* manter juntos

◆**keep under** *v.tr.* **1** subjugar; oprimir; *they were kept under by a dictator* foram oprimidos por um ditador; **2** dominar; controlar; *the fire was kept under by the firemen* o incêndio foi controlado pelos bombeiros; **3** manter sob o efeito de; *the doctor kept him under sedatives* o médico manteve-o sob o efeito de sedativos

◆**keep up** Ⓐ *v.tr.* **1** manter; aguentar; *he wasn't able to ~ two houses* não conseguiu sustentar duas casas; **2** manter acordado; *the storm kept me up the whole night* a tempestade não me deixou dormir toda a noite; **3** segurar; **4** manter elevado; manter em cima Ⓑ *v.intr.* **1** manter-se; **2** aguentar-se ❖ *to keep it up* aguentar; continuar assim; *to ~ a language* não deixar esquecer uma língua; *to ~ appearances* manter as aparências; NÁUTICA *to ~ steam* manter a pressão

◆**keep up with** *v.tr.* **1** (seguir) acompanhar; manter-se a par de; *he wasn't able to ~ the rest of the class* não conseguia acompanhar o resto da turma; **2** manter-se em contacto com; *I still ~ my schoolfriends* ainda mantenho contacto com os meus colegas da escola ❖ *to ~ the Jones's* tentar viver no mesmo nível social dos nossos superiores; *to ~ the times* acompanhar os tempos; actualizar-se; modernizar-se

keeper ['ki:pə] *s.* **1** guarda; vigia; *park ~* guarda do parque; **2** encarregado; **3** (museu) conservador; **4** (animais) tratador; **5** guardião; defensor; **6** DESPORTO [coloq.] guarda-redes; **7** ELECTRICIDADE armadura, retentor ❖ *time ~* cronometrista; *the ~ of the Seals* o Chanceler-Mor; o Guarda-Selos do Rei; [coloq.] *to be no one's ~* não ser o guarda de ninguém

keep-fit ['ki:pfɪt] Ⓐ *adj.* DESPORTO (ginástica, exercícios) de manutenção Ⓑ *s.* **1** ginástica de manutenção; malhação_Bras._; **2** [depr.] culto do corpo

keeping ['ki:pɪŋ] *s.* **1** guarda; custódia; cuidado; protecção; *to put sb/sth in sb's ~* confiar algo/uma pessoa aos cuidados de alguém; **2** acto de tratar, cuidar de; **3** (regras) cumprimento, observância; **4** celebração; **5** concordância; harmonia; *to be in ~ with...* estar em harmonia com...; estar conforme...; *to be out of ~ with* não corresponder a...; não estar de acordo com... ❖ *to be in good ~* estar em bom estado de conservação

keepsake ['ki:pseɪk] *s.* lembrança, recordação, prenda

keg [keg] *s.* **1** barril; **2** barrica (com menos de 10 galões)

kegger ['kegə] *s.* [cal.] farra com cerveja

kelly ['kelɪ] *s.* [EUA] [coloq.] chapéu de coco

kelp [kelp] *s.* **1** barrilha, barrilheira, soda; **2** cinzas obtidas da planta com um destes nomes

kelpie ['kelpɪ] *s.* [Esc.] (folclore) espírito aquático, geralmente com forma de cavalo, cujo prazer consiste em afogar os viajantes

kelpy ['kelpɪ] *s.* [Esc.] (folclore) ⇒ **kelpie**

kelson ['kelsən] *s.* ⇒ **keelson**

kelt [kelt] *s.* **1** instrumento pré-histórico, semelhante a um machado de pedra ou de bronze; **2** salmão depois da desova

Kelt [kelt] *s.* ⇒ **Celt**

Keltic ['keltɪk] *adj.* ⇒ **Celtic**

kelvin ['kelvɪn] *s.* (sistema internacional de unidades de medida) kelvin, quilovátio-hora, quilowatt-hora

kemp [kemp] *s.* pêlo grosso na lã

kempy ['kempɪ] *adj.* (lã) com pêlo grosseiro

ken [ken] Ⓐ *s.* **1** alcance da vista; **2** (conhecimentos) alcance; capacidade de compreensão; *beyond one's ~* para além dos nossos conhecimentos, do nosso alcance; *within one's ~* dentro da nossa competência, ao nosso alcance Ⓑ *v.tr.,intr.* (prt. **kenned** ou **kent**, part. pass. **kent**) [Esc.] conhecer; reconhecer

kennel ['kenəl] Ⓐ *s.* **1** (cães) casota; **2** canil; **3** (raposa) toca; **4** pocilga; **5** casinhoto; **6** sarjeta; valeta Ⓑ *v.tr.,intr.* (*particípios*: **-ll-**) **1** viver em casota; **2** viver em canil; **3** prender, conservar em canil ❖ (cães) *~ lameness* reumatismo; (caça) *the ~* a matilha

kennelman ['kenəlmən] *s.* (*pl.* **-men**) empregado de canil

kent [kent] *prt. e part. pass. de* **to ken**

Kentish ['kentɪʃ] *adj.,s.* **1** do condado de Kent (Câncio); relativo ao condado de Kent (Câncio); **2** dialecto falado em Kent (Câncio) ❖ *~ fire* trovoada de aplausos irónicos por parte dos adversários; *~ man* indivíduo nascido a ocidente do rio Medway; *~ rag* calcário duro de Kent

kentledge ['kentlɪdʒ] *s.* lastro de ferro fixo ao fundo de embarcação

Kentuckian [ken'tʌkɪən] *adj.,s.* **1** relativo ao Estado norte-americano de Kentucky; **2** habitante do Estado de Kentucky

Kenya ['kenjə] *s.top.* Quénia

Kenyan ['kenjən] *adj.,s.* queniano

kepi ['kepɪ] *s.* quépi

kept [kept] *prt. e part. pass. de* **to keep**

keratectomy [ˌkerə'tektəmɪ] *s.* CIRURGIA ceratectomia

keratin ['kerətɪn] *s.* BIOQUÍMICA ceratina

keratitis [ˌkerə'taɪtɪs] *s.* ceratite, inflamação da córnea

keratopathy [ˌkerə'tɒpəθɪ] *s.* MEDICINA ceratopatia

keratosis [ˌkerə'təʊsɪs] *s.* ceratose

keratotomy [ˌkerə'tɒtəmɪ] *s.* CIRURGIA ceratotomia

kerb [kɜ:b] Ⓐ *s.* **1** berma; borda do passeio; guarnição do passeio; **2** parapeito da boca dum poço Ⓑ *v.tr.* **1** colocar berma em; **2** resguardar com pedras; colocar guarnição de pedra em ❖ *~ crawler* condutor em busca de prostituta; *to learn one's ~ drill* aprender a atravessar a estrada

kerbside ['kɜ:bsaɪd] *s.* (estrada) berma

kerbstone ['kɜ:bstəʊn] *s.* guarnição de pedra de berma de passeio

kerchief ['kɜ:tʃɪf] *s.* **1** lenço da cabeça; **2** [poét.] lenço

kerchiefed ['kɜ:tʃɪft] *adj.* coberto com um lenço

kerf [kɜ:f] *s.* **1** corte de serra; *~ of a saw* corte de uma serra; **2** nó na madeira; **3** parte cortada em árvore deitada abaixo

kermes ['kɜ:mɪz] *s.* **1** ZOOLOGIA quermes; **2** quermes mineral

kermess [kɜ:'mes] *s.* **1** quermesse; **2** feira na Holanda com divertimentos ruidosos

kermis ['kɜ:mɪs] *s.* **1** quermesse; **2** feira na Holanda com divertimentos ruidosos

kern [kɜ:n] Ⓐ *s.* **1** TIPOGRAFIA parte saliente duma letra; **2** HISTÓRIA soldado de infantaria irlandês ou escocês; **3** [arc.] camponês, rústico; **4** moinho manual Ⓑ *v.tr.* **1** TIPOGRAFIA crenar; **2** condensar, reduzir o espaçamento de

kerne [kɜ:n] *s.* **1** soldado de infantaria irlandês; **2** camponês, rústico; **3** moinho manual

kernel ['kɜ:nəl] *s.* **1** miolo; amêndoa; **2** medula; **3** grão de cereal; **4** núcleo; centro; **5** cerne; **6** MEDICINA glândula congestionada; **7** [fig.] âmago; fundo; essência; *the ~ of the question* o âmago da questão ❖ LINGUÍSTICA *~ sentence* frase-núcleo; *there's a ~ of truth in...* há um fundo de verdade em...

kerning ['kɜ:nɪŋ] *s.* TIPOGRAFIA espaçamento

kerogen ['kerədʒən] *s.* QUÍMICA querogénio

kerosene ['kerəsi:n] *s.* **1** querosene; **2** [coloq.] petróleo ❖ *~ engine* motor a querosene; *~ lamp* lâmpada a querosene; *~ stove* fogão a querosene

kersey ['kɜ:zɪ] *s.* (tecido rústico e enrugado) kersey

kerseymere ['kɜ:zɪmɪə] *s.* casimira

kestrel ['kestrəl] *s.* ZOOLOGIA mioto, peneireiro, francelho

ketch [ketʃ] *s.* (*pl.* **-es**) galeota de dois mastros

ketchup ['ketʃəp] *s.* CULINÁRIA ketchup

ketone ['ki:təʊn] *s.* acetona

kettle ['ketəl] *s.* **1** chaleira; *to put the ~ boiling* pôr a chaleira ao lume; **2** caldeira ❖ *a fine ~ of fish/a pretty ~ of fish* uma bela complicação; uma boa salgalhada; *the pot calls the ~ black* diz a panela para a sertã: «chega-te para lá que me enfarruscas!»; *to be a ~ of fish from* ser completamente diferente de

kettledrum ['ketəldrʌm] *s.* MÚSICA timbale

kettledrummer ['ketəldrʌmə] *s.* MÚSICA timbaleiro, tocador de timbale

kevel ['kevəl] *s.* NÁUTICA cunhos de mareação

key [ki:] Ⓐ *s.* **1** chave; **2** (computador, instrumento) tecla; **3** manípulo; botão de accionamento; **4** MÚSICA clave; **5** MÚSICA tom; *to change the ~ of the tune* mudar o tom da melodia; **6** tom de voz; **7** cavilha; **8** chaveta; **9** [fig.] (problema, etc.) solução, resolução, explicação, resposta; **10** ponto essencial, posição-chave;

11 GEOGRAFIA pequena ilha ou recife à flor da água ⒷⒶ *adj.* crucial; fundamental; essencial; *a ~ industry* uma indústria essencial © *v.tr.* 1 INFORMÁTICA teclar; digitar; 2 fechar; 3 fixar com chaveta ou cavilha; 4 firmar; 5 (instrumento musical) afinar; 6 solucionar ❖ ~ *connection* ligação por meio de chave; (alojamento) ~ *money* entrada; ~ *points* pontos-chave; ~ *rack* chaveiro; ~ *ring* porta-chaves; RÁDIO ~ *station* estação central; ~ *word* palavra-chave; MÚSICA *major* ~ modo maior; MÚSICA *minor* ~ modo menor; ~ *pipe of a lock* canhão da fechadura; *a golden* ~ *opens every door* o dinheiro abre todas as portas; *all in the same* ~ monotonamente; *in a minor* ~ com tristeza; melancolicamente; *to speak in a high* ~ falar de alto

◆**key in** *v.tr.* (informação) digitar; teclar; inserir

◆**key to** *v.tr.* adaptar a

◆**key up** *v.tr.* 1 (instrumento) afinar; 2 entusiasmar; animar; excitar; 3 encher de ansiedade; enervar; fazer ficar tenso

keyboard ['kiːbɔːd] Ⓐ *s.* 1 MÚSICA, INFORMÁTICA teclado; 2 (hotel) chaveiro Ⓑ *v.tr.* digitar, teclar ❖ MÚSICA ~ *instrument* teclas; MÚSICA ~ *player* teclista

keyboarder ['kiːbɔːdə] *s.* operador de texto, digitador

keyboardist ['kiːbɔːdɪst] *s.* MÚSICA teclista

key-driven ['kiːdrɪvn] *adj.* accionado por tecla

keyed ['kiːd] *adj.* 1 com teclado; 2 com chave; 3 com chavetas ❖ ~ *up* nervoso; excitado

keyhole ['kiːhəʊl] *s.* buraco de fechadura; *to peek through the* ~ espreitar pelo buraco da fechadura ❖ ~ *file* lima lanceteira; MEDICINA ~ *surgery* cirurgia endoscópica

keying ['kiːɪŋ] *s.* 1 fixação por chavetas ou cavilhas; 2 afinação (de piano)

keyless ['kiːləs] *adj.* 1 sem chave; 2 sem chaveta; ~ *fit* encaixe sem chaveta ❖ (porta) ~ *entry* abertura accionada por comando

keyman ['kiːmən] *s.* (*pl.* -**men**) [EUA] telegrafista

keynote ['kiːnəʊt] *s.* MÚSICA tónica dominante

keypad ['kiːpæd] *s.* 1 (computador) teclado numérico; 2 (calculadora, telefone) teclado

keypal ['kiːpæl] *s.* [EUA] correspondente por e-mail

keyring ['kiːrɪŋ] *s.* porta-chaves

keystone ['kiːstəʊn] *s.* 1 ARQUITECTURA chave de abóbada; 2 [fig.] pedra angular; base; *the ~ of the revolution* a pedra angular da revolução; 3 TELEVISÃO imagem distorcida mais estreita no topo do que na base ou inversamente ❖ [EUA] *the Keystone State* o Estado da Pensilvânia

keystoning ['kiːstəʊnɪŋ] *s.* TELEVISÃO distorção da imagem

keystroke ['kiːstrəʊk] *s.* (teclado, etc.) toque na tecla

keyway ['kiːweɪ] *s.* MECÂNICA escatel, escatel de chaveta

keyword ['kiːwɜːd] *s.* palavra-chave

kg [*abrev. de* kilogram]

KG [*abrev. de* Knight of (the Order of the) Garter]

khaki ['kɑːkɪ] Ⓐ *adj.* (cor) caqui Ⓑ *s.* (*pl.* **khakis**) 1 (cor, tecido) caqui; 2 *pl.* VESTUÁRIO calças de caqui ❖ ~ *election* eleição realizada numa altura em que se pode explorar o entusiasmo causado por uma guerra

khalifa [kɑːˈliːfə] *s.* ⇒ **caliph**

khalifat ['kɑːlɪfæt] *s.* ⇒ **caliphate**

khamsin ['kæmsɪn] *s.* vento quente do sul ou de sudeste que, durante os meses de Março, Abril e Maio, se faz sentir no Egipto

khan [kɑːn] *s.* 1 cã; 2 HISTÓRIA cã, título do imperador da China durante a Idade Média; 3 (estalagem) caravançará, caravançarai

khanate ['kɑːnɪt] *s.* dignidade de certos chefes orientais

kharif [kæˈriːf] *s.* época das chuvas no Sudão

Khartum [kɑːˈtuːm] *s.top.* Cartum

khedivate ['kedɪvɪt] *s.* quedivado

khedive [kɪˈdiːv] *s.* quediva, quedive

khediviate [kɪˈdiːvɪɪt] *s.* quedivado

khi [kaɪ] *s.* a letra grega X

khidmutgar ['kɪdmətgɑː] *s.* [Índia] criado que serve à mesa

khilafat ['kɪləfæt] *s.* califado ❖ ~ *agitation* movimento de agitação desencadeado na Índia contra a soberania inglesa depois da primeira Guerra Mundial

khud [kʊd] *s.* [Índia] ravina, precipício

khuskhus ['kʊskʊs] *s.* BOTÂNICA vetiver

kibble ['kɪbəl] Ⓐ *s.* balde de ferro usado em minas Ⓑ *v.tr.* esmagar, moer grosseiramente

kibbutz [kɪˈbʊts] *s.* (*pl.* -**im**) kibutz, unidade agrícola de exploração cooperativa em Israel

kibbutznik [kɪˈbʊtsnɪk] *s.* habitante de um kibbutz

kibe [kaɪb] *s.* frieira ulcerada, sobretudo no calcanhar ❖ [coloq.] *to tread on a person's kibes* ferir as susceptibilidades de alguém; pisar os calos a alguém

kibosh ['kɪbɒʃ] Ⓐ *v.tr.* [coloq.] acabar com; pôr termo a Ⓑ *s.* [coloq.] disparate; tolices ❖ [coloq.] *to put the* ~ *on* pôr cobro a

kick [kɪk] Ⓐ *v.tr.,intr.* 1 dar um pontapé em; *to ~ a ball* dar um pontapé numa bola; *to ~ aside* desviar com um pontapé; [coloq.] *to ~ sb's bottom* dar um pontapé no rabo de alguém; 2 lançar com um pontapé; 3 bater com os pés, dar pontapés; 4 escoucinhar, dar coices; 5 (arma de fogo) dar coice, recuar ao disparar; 6 [coloq.] queixar-se, resmungar, opor-se, resistir; *to ~ about sth* queixar-se de alguma coisa Ⓑ *s.* 1 pontapé; 2 (animal) coice; 3 (arma de fogo) recuo; 4 [coloq.] queixa, crítica; 5 DESPORTO (futebol) jogador que pontapeia bem a bola; 6 [coloq.] emoção, entusiasmo; 7 [coloq.] força, energia; 8 fundo elevado de garrafa ❖ ~ *pad* almofada amortecedora; ~ *in the pants* censura, reprimenda severa; *more kicks than halfpence* mais injustiça que justiça; mais censura que louvor; *to get a big ~ out of sth* entusiasmar-se com alguma coisa; gostar muito de algo; [coloq.] (despedimento) *to get the* ~ ser posto no olho da rua; *to ~ against* resistir a; rebelar-se contra; *to ~ a man when he's down* bater no ceguinho; [coloq.] *to ~ the bucket/the bean* esticar o pernil; morrer; *to ~ one's heels* perder tempo; esperar em vão; *they have no ~ left* já não podem mais; *this drink has not much ~ in it* esta bebida não tem espírito

◆**kick about/around** Ⓐ *v.intr.* 1 (vaguear) dar umas voltas; andar por aí; 2 [coloq.] estar para ali esquecido Ⓑ *v.tr.* 1 (ideias) dar voltas à cabeça por causa de; 2 (ideias) discutir; 3 andar aos pontapés a; 4 (pessoa) tratar mal; tratar abaixo de cão

◆**kick away** *v.tr.* 1 derrubar com pontapés; 2 empurrar com o pé

◆**kick back** Ⓐ *v.tr.* 1 (bola) devolver com um pontapé; 2 (ilegalidade) dar uma percentagem a Ⓑ *v.intr.* 1 [coloq.] relaxar; descontrair; 2 (arma) dar coice; recuar ao disparar; 3 [coloq.] dar um salto; reagir bruscamente

◆**kick down** *v.tr.* derrubar ao pontapé

◆**kick in** Ⓐ *v.tr.* 1 deitar abaixo com pontapés; 2 [coloq.] contribuir com; largar_coloq._ Ⓑ *v.intr.* 1 começar a fazer efeito; 2 entrar em acção; 3 [coloq.] bater a bota_fig._

◆**kick off** Ⓐ *v.intr.* 1 DESPORTO (futebol) dar o pontapé de saída; reiniciar o jogo depois de bola-ao-centro; 2 arrancar; começar Ⓑ *v.tr.* 1 começar; 2 tirar (os sapatos); 3 deitar fora com um pontapé; 4 expulsar aos pontapés

◆**kick out** Ⓐ *v.tr.* 1 expulsar ao pontapé [*of*, de]; 2 pôr na rua Ⓑ *v.intr.* 1 (futebol) mandar a bola para fora; 2 revoltar-se [**against**, contra]

◆**kick over** Ⓐ *v.tr.* 1 derrubar com um pontapé; 2 tratar de Ⓑ *v.intr.* [coloq.] (motor) pegar; começar a funcionar

◆**kick up** Ⓐ *v.tr.* 1 (pó, poeira) levantar; 2 (provocar) armar; *to ~ a fuss* armar barafunda; *to ~ a dust/a row/a shindy* armar zaragata Ⓑ *v.intr.* 1 (função, funcionamento) desregular-se; 2 (comportamento) dar problemas ❖ *to ~ one's heels* divertir-se; libertar-se de restrições ou limitações

kickabout ['kɪkəbaʊt] *s.* (entre amigos) joguinho de futebol, pelada_Bras._

kickback ['kɪkbæk] *s.* 1 suborno; 2 devolução; 3 recuo, ricochete; 4 retorno; 5 repercussão

kickboxer ['kɪkbɒksə] *s.* DESPORTO kickboxer

kickboxing ['kɪkbɒksɪŋ] *s.* DESPORTO kickboxing

kicker ['kɪkə] *s.* 1 DESPORTO (futebol) jogador; 2 indivíduo que dá pontapés; 3 cavalo que escoucinha

kickoff ['kɪkɒf] *s.* 1 DESPORTO (futebol) pontapé de saída; 2 [fig.] arranque; início, princípio; *the show's kick-off is at 9* o espectáculo começa às 9 ❖ [coloq.] *for a* ~ para começar; em primeiro lugar

kickshaw ['kɪkʃɔː] *s.* 1 [arc.] insignificância, bagatela; 2 CULINÁRIA [arc.] prato de fantasia; iguaria exótica

kick-start ['kɪkstɑːt] Ⓐ *s.* 1 (mota) kick, pedal de arranque; 2 impulso, estímulo, empurrão_fig._ Ⓑ *v.tr.,intr.* 1 (mota) dar ao kick; 2 [fig.] impulsionar, estimular, dar um empurrão a_fig._

kick-starter ['kɪkstɑːtə] *s.* (mota) kick, pedal de arranque

kicky ['kɪkɪ] *adj.* [EUA] [coloq.] emocionante, excitante

kid [kɪd] Ⓐ *s.* 1 cabrito; 2 pelica, pele de cabrito; 3 [coloq.] criança, miúdo; 4 [coloq.] filho; *how are your kids?* como vão os seus filhos?; 5 brincadeira, mistificação, charlatanice; 6 NÁUTICA escudela de madeira Ⓑ *adj.* [coloq.] mais novo; *~ brother/sister* irmão/irmã mais novo(a) Ⓒ *v.tr.,intr. (particípios:* **-dd-**) 1 (cabra) parir; parir um cabrito; 2 gozar (com); brincar (com); gracejar; *just kidding!* estava a brincar!; 3 contar histórias; enganar; *to ~ sb that ...* pretender convencer uma pessoa de que ... ❖ *~ glove* luva de pelica; (facilidade) *it's kid's stuff* é canja*fig.*; *no kidding!* a sério?; *to ~ oneself that ...* imaginar que ...; convencer-se de que...; *who are you trying to kid?* a quem é que estás a tentar enganar?

◆ **kid on** *v.tr.* 1 (enganar) tentar levar em cantigas; *to kid sb on* tentar levar alguém; 2 fingir; simular; *to ~ that...* fingir que...

kidder ['kɪdə] *s.* 1 [coloq.] mistificador, charlatão; 2 intrujão

kiddie ['kɪdɪ] *s.* [coloq.] garoto, criança, pequeno

kiddle ['kɪdəl] *s.* 1 caneiro; 2 estacada num rio com redes na parte aberta para apanhar o peixe; 3 vedação para pesca costeira

kiddling ['kɪdlɪŋ] *s.* [coloq.] cabritinho

kiddo ['kɪdəʊ] *s. (pl.* **-s** ou **-es**) [cal.] miúdo

kiddy ['kɪdɪ] *s.* [coloq.] garoto, criança, pequeno

kidnap ['kɪdnæp] Ⓐ *v.tr. (particípios:* **-pp-**) raptar, sequestrar Ⓑ *s.* rapto, sequestro

kidnapper ['kɪdnæpə] *s.* raptor, autor de rapto, sequestrador

kidnapping ['kɪdnæpɪŋ] *s.* rapto, sequestro

kidney ['kɪdnɪ] *s.* 1 ANATOMIA rim; 2 batata alongada de polpa avermelhada; 3 [ant.] temperamento, maneira de ser; *to be of a different ~ from* ter um temperamento diferente de ❖ BOTÂNICA *~ bean* feijão-vermelho; MEDICINA *~ failure* insuficiência renal; MEDICINA *~ machine* rim artificial; MINERALOGIA *~ ore* hematite vermelha; *~ potato* batata oval em forma de feijão; MEDICINA *~ stone* pedra no rim; cálculo renal; MEDICINA *~ transplant* transplante renal; BOTÂNICA *~ wort* conchelo; umbigo-de-freira; *to be on a ~ machine* fazer hemodiálise

kidskin ['kɪdskɪn] *s.* pelica ❖ *~ gloves* luvas de pelica

kie-kie ['kiːkiː] *s.* planta trepadeira da Nova Zelândia, de cujas folhas se fazem cestos

kier [kɪə] Ⓐ *s.* autoclave para o branqueamento de tecidos Ⓑ *v.tr.* branquear em autoclave

kieselguhr ['kiːzəlgʊə] *s.* diatomite, trípoli, farinha fóssil, terra--de-infusórios

kike [kaɪk] *s.* [EUA] (ofensivo) judeu

Kikuyu [kɪ'kuːjuː] Ⓐ *adj.* kikuyu Ⓑ *s.* (pessoa, língua) kikuyu

kilderkin ['kɪldəkɪn] *s.* barril pequeno de 16 a 18 galões

kilerg ['kɪlɜːg] *s.* mil ergs

kill [kɪl] Ⓐ *v.tr.,intr.* 1 matar, provocar a morte a; 2 abater; 3 destruir; acabar com; eliminar; 4 neutralizar; 5 derrotar, deitar abaixo; 6 amortecer ❖ *I'll do it (even) if it kills me!* custe o que custar!, nem que morra a tentar!; *my feet are killing me!* tenho os pés a doer!; *thou shalt not kill!* não matarás!; *to be dressed to ~* vestido a matar; usar uma roupa irresistível; *to ~ a bill in Parliament* derrotar um projecto de lei no parlamento; *to ~ oneself* suicidar-se; *to ~ oneself laughing* morrer de rir; *to ~ time* passar tempo; fazer horas; *to ~ two birds with one stone* matar dois coelhos duma cajadada; *to ~ with kindness* ser duma amabilidade excessiva e prejudicial

◆ **kill off** *v.tr.* 1 matar; exterminar; liquidar; 2 acabar com; eliminar; suprimir

killer ['kɪlə] *s.* 1 assassino; 2 [coloq.] (coisa difícil) tormento; tortura; cruz*fig.*; 3 [coloq.] (coisa excepcional) arraso*coloq.*; *it's a killer!* é de morte!, é de arrasar!; 4 ZOOLOGIA orca, roaz-de-bandeira; *~ whale* orca; 5 choupa para abater reses; 6 instrumento que serve para matar ❖ *~ blow* golpe final; *~ disease* doença fatal; *to have the ~ instinct* ter garra; ter vontade de vencer

killick ['kɪlɪk] *s.* 1 NÁUTICA pedra que serve de âncora; 2 NÁUTICA pequena âncora

killing ['kɪlɪŋ] Ⓐ *adj.* 1 assassino; mortal; fatal; 2 (cansaço) esgotante; 3 [coloq.] hilariante; de morrer a rir; *it's too ~ for words!* é de morrer a rir!; 4 irresistível Ⓑ *s.* 1 matança; massacre; 2 assassínio; 3 [coloq.] (negócios) grande jogada; jogada fabulosa; *to make a ~* fazer uma jogada fabulosa, ganhar uma fortuna

killingly ['kɪlɪŋlɪ] *adv.* 1 irresistivelmente; 2 de se morrer a rir

killjoy ['kɪldʒɔɪ] *s.* desmancha-prazeres

kiln [kɪln] Ⓐ *s.* 1 (de cal ou de cerâmica) forno; *charcoal ~* forno de carvão de madeira; 2 estufa de secagem Ⓑ *v.tr.* 1 cozer em forno; 2 secar em estufa ❖ *~ brick* tijolo refractário

kiln-dry ['kɪlndraɪ] *v.tr.* secar em estufa (lúpulo)

kiln-drying ['kɪlndraɪɪŋ] *s.* secagem em estufa

kilocycle [ˌkɪləʊ'saɪkəl] *s.* [ant.] quilociclo

kiloerg [ˌkɪləʊ'ɜːg] *s.* mil ergs

kilogram ['kɪləgræm] *s.* (sistema internacional de unidades de medida) quilograma, quilo

kilogramme ['kɪləgræm] *s.* quilograma, quilo

kilogrammetre [ˌkɪləʊgræ'mɪtə] *s.* quilogrâmetro

kiloliter ['kɪləʊliːtə] *s.* ⇒ **kilolitre**

kilolitre ['kɪləʊliːtə] *s.* quilolitro

kilometer ['kɪlɪmɪtə] *s.* [EUA] ⇒ **kilometre**

kilometre ['kɪləmɪtə] *s.* quilómetro

kilometric [ˌkɪləʊ'metrɪk] *adj.* quilométrico

kilowatt ['kɪləʊwɒt] *s.* quilowatt, quilovátio

kilowatt-hour ['kɪləʊwɒtˌaʊə] *s.* quilowatt-hora

kilt [kɪlt] Ⓐ *s.* VESTUÁRIO (saiote escocês) kilt Ⓑ *v.tr.* preguear; franzir ❖ *kilted regiments* regimento escocês, de cujo uniforme faz parte o kilt; *to ~ up one's skirts* arregaçar a saia até ao joelho

kilter ['kɪltə] *s.* [EUA] bom funcionamento ❖ [EUA] *out of ~* a funcionar mal; *out of ~ with* desfasado em relação a

kiltie ['kɪltɪ] *s.* 1 [coloq.] pessoa de kilt; 2 soldado escocês com o característico kilt

kilting ['kɪltɪŋ] *s.* 1 franzimento; 2 acto de preguear; 3 acto de puxar a saia até ao joelho

kilty ['kɪltɪ] *s. (pl.* **-ies**) ⇒ **kiltie**

kimono [kɪ'məʊnəʊ] *s.* VESTUÁRIO quimono

kin [kɪn] Ⓐ *s.* família; parentes; parentela; *collateral ~* parentes em linha colateral; *lineal ~* parentes em linha recta; *the next of ~* os parentes mais próximos; *to be near of ~* ser parente próximo Ⓑ *adj.* parente [**to**, de]; aparentado [**to**, com]; da mesma família [**to**, de]

kina ['kiːnɑ] *s.* (moeda da Papua Nova Guiné) kina

kinaesthesia [ˌkɪnɪs'θɪzɪə, ˌkaɪnɪs'θiːʒə] *s.* quinestesia, sensação do esforço muscular que acompanha um movimento voluntário

kinaesthetic [ˌkɪnɪs'θetɪk, ˌkaɪnɪs'θetɪk] *adj.* quinestético

kinchin ['kɪntʃɪn] *s.* [cal.] criança ❖ *~ lay* roubo do dinheiro confiado a crianças mandadas a um recado

kincob ['kɪŋkəb] *s.* tecido indiano, bordado a ouro ou prata

kind [kaɪnd] Ⓐ *s.* 1 espécie; variedade; género; tipo; *an affair of this ~* uma coisa ou um assunto deste género; *every ~ of* todo o género de; *flowers of all kinds* flores de todas as espécies; *sth of the ~* qualquer coisa do género; 2 natureza, maneira de ser, carácter; 3 géneros, artigos; *payment in ~* pagamento em géneros Ⓑ *adj.* 1 amável, simpático, afável, atencioso; *it was very ~ of you to lend me the money* foi muito amável em me emprestar o dinheiro; 2 generoso, bondoso; 3 que não é prejudicial [**to**, a]; que não faz mal [**to**, a]; suave [**to**, para]; *a detergent that is ~ to your hands* um detergente suave para as mãos ❖ *~ of* mais ou menos; de certo modo; *~ hearts are more than coronets* um coração generoso vale mais que muitos títulos de nobreza; *tea of a ~* chá de má qualidade; uma coisa vagamente parecida com chá; *nothing of the ~* nada disso; *of a ~* da mesma espécie; de má qualidade; *to be one of a ~* ser único; *to grow out of ~* degenerar; *to pay in ~* pagar em espécie; (vingança) pagar na mesma moeda; *would you be so ~ as to...?* tenha a bondade de...; não se importava de...?

kindergarten [ˈkɪndəˌgɑːtən] *s.* infantário, jardim de infância

kind-hearted ['kaɪndˈhɑːtɪd] *adj.* bondoso; de bom coração

kind-heartedly [kaɪnd'hɑːtɪdlɪ] *adv.* bondosamente; com bondade; com boa vontade

kindle ['kɪndəl] *v.tr.,intr.* 1 acender; atear; *to ~ a bonfire* acender uma fogueira; 2 arder; *this wood won't ~* esta lenha não arde; 3 [fig.] estimular; excitar; despertar; 4 [fig.] brilhar [**with**, de]; inflamar-se [**with**, de]; ficar radiante [**with**, de]; *her eyes kindled with rage* os olhos brilharam-lhe de raiva; 5 [fig.] entusiasmar-se; animar-se

kindler ['kɪndlə] *s.* 1 incitador, animador; 2 pessoa que atiça as paixões dos outros

kindliness ['kaɪndlɪnəs] s. amabilidade, bondade, benevolência
kindling ['kɪndlɪŋ] s. 1 acendalha; 2 ignição; 3 inflamação; 4 despertar (de emoção)
kindly ['kaɪndlɪ] Ⓐ adv. 1 amavelmente; com simpatia; 2 com boa vontade; 3 atenciosamente; 4 bondosamente; de forma benevolente; 5 por favor; *would you ~ fill in this form?* fazia o favor de preencher este formulário?, não se importa de preencher este formulário? Ⓑ adj. (comp. **-ier**, superl. **-iest**) 1 amável, amigo; 2 compreensivo; 3 afável; carinhoso; *~ words* palavras carinhosas; 4 bondoso ❖ *~ be seated* tenham a bondade de se sentarem; *not to take ~ to* não gostar de; *to look ~ on* ver com bons olhos
kindness ['kaɪndnəs] s. 1 bondade; benevolência; 2 gentileza; amabilidade; *out of ~* por uma questão de amabilidade; 3 atenção ❖ *to do sb a ~* fazer um favor a alguém; *to show sb ~* ser amável para alguém; *will you have the ~ to ...?* quer fazer-me o obséquio de ...?; quer ter a bondade de ...?
kindred ['kɪndrɪd] Ⓐ s. 1 parentes; *my ~ live here* os meus parentes vivem aqui; 2 parentesco Ⓑ adj. 1 parente, aparentado; pertencente à mesma família; 2 que provém de um tronco comum; 3 da mesma natureza; 4 semelhante; próximo; análogo ❖ *~ languages* línguas da mesma família; *~ spirits* almas gémeas; *to have a ~ feeling for sb* sentir afinidades com alguém
kine [kaɪn] s.pl. [arc.] gado
kinematic [ˌkɪnɪ'mætɪk, ˌkaɪnɪ'mætɪk] adj. FÍSICA cinemático; relativo a cinemática
kinematical [ˌkɪnɪ'mætɪkəl, ˌkaɪnɪ'mætɪkəl] adj. ⇒ **kinematic**
kinematics [ˌkɪnɪ'mætɪks, ˌkaɪnɪ'mætɪks] s.pl. FÍSICA cinemática
kinematograph [ˌkɪnɪ'mætəʊgrɑːf, ˌkaɪnɪ'mætəʊgrɑːf] s. cinematógrafo
kinesiology [kɪˌniːsɪ'ɒlədʒɪ, kaɪˌniːsɪ'ɒlədʒɪ] s. cinesiologia
kinetic [kɪ'netɪk, kaɪ'netɪk] adj. cinético; *~ energy* energia cinética
kinetics [kɪ'netɪks, kaɪ'netɪks] s.pl. cinética
kinetoscope [kɪ'netəskəʊp, kaɪ'netəskəʊp] s. cinetoscópio
kinetoscopy [ˌkɪnə'tɒskəpɪ, ˌkaɪnə'tɒskəpɪ] s. cinetoscopia
king [kɪŋ] Ⓐ s. 1 rei, soberano, monarca; 2 (jogos de cartas, xadrez) rei; 3 (jogo das damas) dama Ⓑ v.tr. fazer rei; coroar Ⓒ v.intr. fazer de rei, reinar ❖ ZOOLOGIA *~ crab* caranguejo-real; caranguejo-das-molucas; límulo; *~ craft* a arte de reinar; *~ piece/post* espigão do telhado; *~ vulture* condor; *King's Bench* secção de um tribunal superior em Londres; *King's Counsel* título honorífico concedido a advogados em Inglaterra; *King's English* inglês correcto; *King's evidence* testemunho prestado contra cúmplice(s); [arc.] *king's evil* escrófulas; BOTÂNICA *king's spear* asfódelo-branco; RELIGIÃO (Bíblia) *the Book of Kings* o livro dos Reis; *the three Kings* os três Reis Magos
King-at-Arms [ˌkɪŋət'ɑːmz] s. HERÁLDICA rei de armas
kingbird ['kɪŋbɜːd] s. ZOOLOGIA manucódio, manucodiata
kingbolt ['kɪŋbəʊlt] s. parafuso central; cavilha mestra
kingdom ['kɪŋdəm] s. 1 reino; monarquia; 2 BIOLOGIA (natureza) reino; *animal ~* reino animal; *mineral ~* reino mineral; *vegetable ~* reino vegetal ❖ [coloq.] *~ come* a outra vida; o outro mundo; *till ~ come* até ao fim dos tempos; RELIGIÃO *the ~ of heaven* o reino dos céus
kingfisher ['kɪŋfɪʃə] s. ZOOLOGIA (ave) pica-peixe, guarda-rios, marisqueiro, marinheiro, martinho-pescador
kinghood ['kɪŋhʊd] s. realeza
kinglet ['kɪŋlət] s. [irón.] reizinho
kinglike ['kɪŋlaɪk] adj. real, próprio de rei
kingliness ['kɪŋlɪnəs] s. aspecto real, dignidade real
kingling ['kɪŋlɪŋ] s. ZOOLOGIA (ave) carriça, carriço, carricinha
kingly ['kɪŋlɪ] adj. (comp. **-ier**, superl. **-iest**) 1 real, digno de rei; 2 majestoso
King-of-Arms [ˌkɪŋəv'ɑːmz] s. HERÁLDICA rei de armas
kingpin ['kɪŋpɪn] s. 1 cavilha mestra; perno central; pivô; 2 [coloq., fig.] (pessoa) pilar; sustentáculo; 3 (raciocínio, etc.) charneira, ponto-chave, ponto principal
kingship ['kɪŋʃɪp] s. realeza, dignidade real
king-size ['kɪŋsaɪz] adj. 1 extragrande; 2 (cigarro) longo; 3 [coloq.] enorme; gigantesco; de tamanho gigante; *a ~ headache* uma dor de cabeça de todo o tamanho
king-sized ['kɪŋsaɪzd] adj. ⇒ **king-size**

kingsman ['kɪŋzmən, 'kɪŋzmæn] s. (pl. **-men**) 1 realista, partidário do rei; 2 (Cambridge) estudante do King's College
kink [kɪŋk] Ⓐ s. 1 nó; rugosidade; irregularidade; 2 NÁUTICA volta redonda em cabo; 3 prega; dobra; defeito de tecelagem; 4 mania; excentricidade; 5 (sexual) tara; perversão Ⓑ v.tr., intr. 1 formar um nó ou ruga; 2 retorcer(-se); 3 dar uma volta (em cabo) ❖ *to iron out the kinks* aplainar dificuldades
kinkajou ['kɪŋkədʒuː] s. ZOOLOGIA quincaju, mamífero nocturno da América Equatorial
kinkled ['kɪŋkəld] adj. (cabelo) crespo, eriçado
kinky ['kɪŋkɪ] adj. (comp. **-ier**, superl. **-iest**) 1 bizarro; 2 excêntrico, estranho; 3 [coloq.] (sexual) perverso; 4 [ant., coloq.] provocante, picante
kinless ['kɪnləs] adj. sem parentes, sem família
kino ['kiːnəʊ] s. quina, líber ou casca de várias árvores do género Chinchona
kinsfolk ['kɪnzfəʊk] s. pessoas de família, parentes, parentela
kinship ['kɪnʃɪp] s. 1 laços de sangue, parentesco; 2 [fig.] semelhança; proximidade; afinidade ❖ *the call of ~* a voz do sangue
kinsman ['kɪnzmən] s. (pl. **-men**) parente
kinsmanship ['kɪnzmənʃɪp] s. parentesco
kinswoman ['kɪnzwʊmən] s.f. (pl. **-women**) parente
kiosk ['kiːɒsk] s. 1 quiosque; 2 [ant.] cabina telefónica
kip [kɪp] Ⓐ s. 1 pele de animal novo usada para couro; *~ leather* couro de bezerro; 2 [coloq.] cama; 3 [coloq.] soneca; 4 (moeda do Laos) kip Ⓑ v.tr. [coloq.] (particípios: **-pp-**) deitar-se, dormir, pernoitar
kipper ['kɪpə] Ⓐ s. 1 CULINÁRIA arenque defumado; 2 salmão-macho durante a desova Ⓑ v.tr. CULINÁRIA curar, salgar e defumar (peixe)
kipperer ['kɪpərə] s. indivíduo que prepara arenques, defumando-os e salgando-os
Kirghiz ['kɜːgɪz] adj., s. 1 kirghízico; 2 kirghizo, povo de origem mongólica que vive nas costas do mar Cáspio; 3 língua falada por esse povo
kirk [kɜːk] s. [Esc.] igreja ❖ *~ assembly* consistório da Igreja escocesa; *~ session* tribunal eclesiástico inferior na Igreja Escocesa e outras igrejas presbiterianas; *the Kirk* a Igreja Presbiteriana Escocesa
kirkman ['kɜːkmən] s. (pl. **-men**) membro da Igreja Escocesa
kirkyard ['kɜːkjɑːd] s. [Esc.] cemitério
kirsch [kɪəʃ] s. (licor de cereja) kirsch
kirschwasser ['kɪəʃvaːsə] s. (licor de cereja) kirsch
kirtle ['kɜːtəl] s. 1 [arc.] espécie de bata de mulher; 2 [arc.] casaco ou túnica para homem
kirtled ['kɜːtəld] adj. 1 com bata; 2 com túnica
kismet ['kɪsmet] s. destino
kiss [kɪs] Ⓐ s. (pl. **-es**) 1 beijo; *a treacherous ~* um beijo de Judas; 2 [fig.] (toque leve) carícia Ⓑ v.tr., intr. 1 beijar(-se); dar um beijo a; *to give sb a ~* dar um beijo a alguém; 2 tocar de leve em; roçar em ❖ *to ~ and tell* contar segredos de alcova; *to ~ hands* ir ao beija-mão; (desistindo) *to ~ sth goodbye* dizer adeus a algo; (ao prestar um juramento) *to ~ the Book* beijar a Bíblia; *to ~ the Cross* submeter-se; *to ~ the dust* rojar-se no pó em sujeição abjecta; morder o pó; ser morto; *to ~ the ground* prostrar-se no solo em sinal de submissão ou homenagem; ser humilhado; *to ~ the hare's foot* chegar tarde de mais; *to ~ the rod* submeter-se; aceitar a dor e o sofrimento

◆ **kiss away** v.tr. (tristeza, lágrimas, etc.) fazer desaparecer com beijos
◆ **kiss back** v.tr. 1 responder ao beijo de; 2 devolver um beijo a
◆ **kiss off** v.tr. 1 rejeitar; 2 pôr de lado; 3 (abdicar de) dizer adeus a; 4 menorizar; desvalorizar ❖ *kiss off!* desaparece!; põe-te a andar!; *to be kissed off as...* ser posto de lado por ser considerado...

kissable ['kɪsəbəl] adj. que apetece beijar
kisser ['kɪsə] s. 1 aquele que beija; 2 [coloq.] boca
kissing ['kɪsɪŋ] s. beijo(s); acto de beijar ❖ *~ crust* lado da côdea onde um pão se une a outro ao cozer no forno; *~ of hands* beija-mão
kiss-in-the-ring [ˌkɪsɪnðə'rɪŋ] s. (jogo infantil) rouba-beijo
kiss-me-quick ['kɪsmiːkwɪk] s. 1 BOTÂNICA madressilva, amor-perfeito silvestre; 2 [coloq.] caça-rapazes, caracol usado sobre a testa; 3 pequeno chapéu usado para trás

kit [kɪt] s. 1 kit; estojo; conjunto de ferramentas; ~ *of tools* estojo de ferramentas; 2 kit; conjunto de peças para montar; 3 material; equipamento; *fishing* ~ material de pesca; *shooting* ~ equipamento de caça; 4 balde; selha; 5 recipiente para manteiga; 6 gatinho; 7 [rar.] pequeno violino usado por mestres de dança ❖ ~ *bag* saco de viagem; MILITAR ~ *inspection* revista de inspecção; *first-aid* ~ kit de primeiros socorros; [EUA] [coloq.] *the whole* ~ *and boiling* toda a cangalhada

◆**kit out/up** v.tr. fornecer equipamento a; equipar [with, com]; *to kit sb out with*... equipar alguém com...

kit-cat ['kɪtkæt] s. membro do Kit-cat Club ❖ *Kit-cat Club* clube político, do partido Whig, fundado no tempo de Jaime II; ~ *portrait* retrato de menos de meio-corpo, mas abrangendo as mãos

kitchen ['kɪtʃən] s. cozinha ❖ ~ *dresser* aparador de cozinha; ~ *garden* horta; ARQUEOLOGIA ~ *midden* restos de cozinha; ~ *physic* alimentação boa e abundante; ~ *range* fogão de cozinha; ~ *stuff* legumes; (apoio aos desfavorecidos) *soup* ~ sopa dos pobres

kitchener ['kɪtʃənə] s. 1 fogão de cozinha; 2 cozinheiro de mosteiro

kitchenette ['kɪtʃɪnet] s. kitchenette

kitchenware ['kɪtʃənweə] s. 1 louça (de cozinha); 2 equipamento de cozinha

kite [kaɪt] Ⓐ s. 1 (brinquedo) papagaio (de papel); *to fly a* ~ lançar um papagaio; 2 ZOOLOGIA milhafre; 3 NÁUTICA sobrejoanete; 4 [coloq.] cheque careca, papel fictício; 5 usurário; maroto, tratante Ⓑ v.tr.,intr. 1 voar ou subir como um papagaio (de papel); 2 fazer subir como um papagaio (de papel); 3 [coloq.] passar cheques carecas; negociar em papéis fictícios; *to* ~ *a cheque* passar um cheque sem fundo ❖ (observação) ~ *balloon* balão cativo; *to be as high as a* ~ (droga) estar completamente pedrado; (álcool) estar podre de bêbedo; *to fly a* ~ lançar uma ideia para sondar a opinião pública; negociar em papéis fictícios

kite-flying ['kaɪt,flaɪɪŋ] s. 1 lançamento de papagaios (de papel); 2 FINANÇAS levantamento de dinheiro com papéis de crédito em branco; 3 sondagem à opinião pública

kith [kɪθ] s. [ant.] amigos, conhecidos; ~ *and kin* amigos e parentes

kitool [kɪ'tu:l] s. 1 BOTÂNICA palmeira de Ceilão; 2 fibra desta palmeira

kitsch [kɪtʃ] adj.,s. kitsch

kitschy ['kɪtʃɪ] adj. kitsch

kitten ['kɪtən] Ⓐ s. gatinho Ⓑ v.tr.,intr. (gata) gerar, ter gatinhos ❖ *kittens in a basket* amigos íntimos; (fúria, preocupação) *to have kittens* ter um ataque

kittenish ['kɪtnɪʃ] adj. 1 felino; 2 vivo; 3 ágil

kittiwake ['kɪtɪweɪk] s. ZOOLOGIA variedade de gaivota

kittle ['kɪtəl] adj. 1 [ant.] com quem é difícil de lidar; um pouco intratável; 2 incerto; 3 delicado; espinhoso ❖ ~ *cattle* pessoas com as quais é difícil lidar devido ao seu temperamento incerto

kittul [kɪ'tu:l] s. ⇒ **kitool**

kitty ['kɪtɪ] s. (pl. **-ies**) 1 [coloq.] gatinho; 2 (dinheiro) fundo comum; 3 (jogos de cartas) lugar onde os jogadores colocam o dinheiro que têm de pagar

kiwi ['ki:wɪ] Ⓐ s. (pl. **kiwis**) 1 ZOOLOGIA (ave) quivi, kiwi, aptérix; 2 [coloq.] neozelandês; 3 BOTÂNICA (árvore, fruto) quivi, kiwi; ~ *fruit* quivi Ⓑ adj. [coloq.] neozelandês

klaxon ['klæksən] s. cláxon

klaxon-horn ['klæksən,hɔ:n] s. cláxon

klepht [kleft] s. 1 clefta, guerrilheiro grego que, após a conquista da Grécia pelos Turcos no séc. XV, manteve a sua independência nas montanhas; 2 salteador

kleptomania [,kleptəʊ'meɪnɪə] s. cleptomania

kleptomaniac [,kleptəʊ'meɪnɪæk] adj. cleptomaníaco

klondyke ['klɒndaɪk] v.tr. exportar arenques frescos

klondyker ['klɒndaɪkə] s. exportador de arenques frescos

kloof [klu:f] s. [Áfr. do S.] ravina, vale estreito e profundo

klutz [klʌts] s. 1 [EUA, Can.] [cal.] (ofensivo) desajeitado; desastrado; 2 [EUA, Can.] [cal.] (ofensivo) imbecil; burro

km [abrev. de kilometre]

KM [abrev. de Knight of Malta]

KMH [abrev. de Knight of Merit (Holstein)]

knack [næk] s. 1 jeito; truque; *I never really got the* ~ *of it!* nunca lhe apanhei o jeito!; *there's a* ~ *to it!* isto tem um truque!; 2 jeito [**with**, para]; habilidade [**with**, para]; talento [**with**, para]; *it's a matter of* ~ é uma questão de jeito; 3 dom; *to have the* ~ *of*... ter o dom de...; 4 arte [**of**, de] ❖ *to lose the* ~ *of*... perder a mão para...; perder a capacidade de...; desaprender...

knacker ['nækə] Ⓐ s. 1 pessoa que compra e abate cavalos incapazes; 2 pessoa que compra casas velhas para as demolir; 3 pessoa que compra navios velhos para os desmantelar e aproveitar alguns materiais; 4 pl. [cal.] (testículos) tomates_{cal.} Ⓑ v.tr. [cal.] esgotar, arrasar, estourar, estafar

knackered ['nækəd] adj. [cal.] exausto, estourado, arrasado

knackery ['nækərɪ] s. matadouro de cavalos cansados

knacky ['nækɪ] adj. (comp. **-ier**, superl. **-iest**) habilidoso, hábil, destro

knag [næg] s. nó da madeira

knaggy ['nægɪ] adj. (madeira) cheia de nós

knall-gas ['knælgæs] s. gás detonante, mistura de oxigénio e hidrogénio

knap [næp] Ⓐ s. 1 [dial.] elevação de terreno; 2 crista de monte Ⓑ v.tr. (particípios: **-pp-**) 1 britar pedra com martelo; 2 quebrar, partir

knapper ['næpə] s. 1 britador de pedra; 2 [coloq.] cabeça

knapping ['næpɪŋ] s. acto de britar ❖ ~ *hammer* martelo de britar pedra

knapsack ['næpsæk] s. 1 saco de alpinista; 2 saco de campismo transportado às costas; 3 mochila

knapweed ['næpwi:d] s. BOTÂNICA centáurea-maior

knar [nɑ:] s. nó em madeira, protuberância nodosa em tronco ou raiz de árvore

knave [neɪv] s. 1 (jogos de cartas) valete; 2 [arc.] patife, tratante, velhaco

knavery ['neɪvərɪ] s. (pl. **-ies**) [arc.] velhacaria, desonestidade, tratantada

knavish ['neɪvɪʃ] adj. [arc.] velhaco, desonesto, patife

knavishly ['neɪvɪʃlɪ] adv. 1 [arc.] desonestamente, velhacamente; 2 [arc.] maliciosamente

knavishness ['neɪvɪʃnəs] s. 1 atitudes de velhaco; 2 desonestidade

knead [ni:d] v.tr. 1 (farinha) amassar; *to* ~ *the dough* trabalhar a massa; 2 (músculos) massajar; 3 moldar ❖ *to* ~ *together* misturar

kneader ['ni:də] s. 1 pessoa que amassa (farinha); 2 máquina de amassar

kneading ['ni:dɪŋ] s. 1 acto de amassar a farinha; 2 mistura; 3 massagem ❖ ~ *trough* masseira

knee [ni:] Ⓐ s. 1 joelho; 2 qualquer coisa parecida com um joelho; 3 pl. [coloq.] (calças) joelheiras Ⓑ v.tr. 1 dar uma joelhada a; tocar com o joelho em; 2 (cavalo) obrigar a andar apertando os joelhos; 3 firmar com dispositivo em joelho; 4 fazer joelheiras em (calças) ❖ VESTUÁRIO ~ *breeches* calções até aos joelhos; BOTÂNICA ~ *holly* pica-folha; visqueira; visgueiro; azevinho; ~ *jerk/reflex* reflexo rotular; reflexo do joelho; [EUA] ~ *pants* bermudas; ~ *to* ~ lado a lado; *on one* ~ com um joelho em terra; *to bring sb to his knees* forçar alguém a ajoelhar; forçar alguém a admitir a derrota; *to go on one's knees* rezar; ajoelhar

kneecap ['ni:kæp] Ⓐ s. 1 ANATOMIA (joelho) rótula; 2 DESPORTO (protecção) joelheira Ⓑ v.tr. (prt. e p. p. **-pp-**) disparar aos joelhos de

kneed [ni:d] adj. 1 geniculado; 2 (calças) com joelheiras; marcado nos joelhos; ~ *trousers* calças com joelheiras

knee-deep ['ni:di:p] adj. 1 até aos joelhos; *the river was* ~ o rio dava pelos joelhos; 2 [fig.] muito envolvido [**in**, em]; *he is* ~ *in the affair* ela está muito envolvido no caso; 3 [fig.] enterrado [**in**, em]; *to be* ~ *in work* estar enterrado em trabalho

knee-high ['ni:haɪ] Ⓐ adj. 1 da altura do joelho; 2 que vai até ao joelho Ⓑ s. mini-meia; ❖ ~ *to a grasshopper* muito pequeno; minúsculo

kneejerk ['ni:dʒɜ:k] adj. 1 (reacção) automático; instintivo; reflexo; 2 [depr.] precipitado; impulsivo; 3 [depr.] primário; grosseiro

kneel [ni:l] v.intr. (prt. e part. pass. **knelt**) ajoelhar, ajoelhar-se

kneeler ['ni:lə] s. 1 genuflexório; 2 pessoa que ajoelha

kneeling ['ni:lɪŋ] Ⓐ adj. 1 ajoelhado, de joelhos; 2 genuflexo Ⓑ s. ajoelhamento ❖ ~ *cushion* almofada para ajoelhar; ~ *stool* genuflexório

kneepad ['ni:pæd] s. joelheira

kneepan ['ni:pæn] s. ANATOMIA (joelho) rótula

knees-up ['niːzʌp] *s.* [coloq.] bailarico, festa em que há bailarico
knee-trembler ['niːtremblə] *s.* [cal.] relações sexuais de pé
knell [nel] Ⓐ *s.* dobre a finados; *to toll the ~* dobrar a finados Ⓑ *v.tr.,intr.* 1 dobrar a finados; 2 tocar os sinos por
knelt [nelt] *prt. e part. pass. de* **to kneel**
knew [njuː] *prt. de* **to know**
Knickerbocker ['nɪkəˌbɒkə] *s.* 1 nova-iorquino de ascendência holandesa; 2 [coloq.] nova-iorquino
knickerbockers ['nɪkəˌbɒkəz] *s.pl.* VESTUÁRIO [ant.] calças à golfe
knickers ['nɪkəz] *s.pl.* VESTUÁRIO calcinhas de senhora
knick-knack ['nɪknæk] *s.* 1 coisa sem importância; 2 ninharia, bagatela; 3 bibelot
knick-knackery ['nɪkˌnækərɪ] *s.* 1 coisas miúdas, ninharias; 2 bugigangas
knife [naɪf] Ⓐ *s.* (*pl.* **-ves**) 1 faca; *dessert/kitchen/table ~* faca de sobremesa/cozinha/mesa; 2 (máquinas) lâmina cortante; 3 navalha Ⓑ *v.tr.* esfaquear, apunhalar com faca Ⓒ *v.intr.* mover-se veloz e suavemente [**through**, através de] ❖ *~ blade* lâmina da faca; *~ board* tábua de limpar facas; *~ grinder* rebolo para amolar facas; *~ handle* cabo de faca; *~ sharpener* afiador de facas; *before you could say ~* subitamente, de repente; *to get one's ~ into sb* deitar as garras a alguém; atacar alguém sem piedade; *to hold sb at ~ point* ameaçar alguém com arma branca; [coloq.] *to play a good ~ and fork* ser um bom garfo; ser um bom talher; *to twist the ~ in the wound* bater no ceguinho; *war to the ~* guerra sem mercê
knife-edge ['naɪfedʒ] Ⓐ *s.* 1 gume de faca; 2 objecto afiado; 3 (montanha) cume afiado; 4 (instrumento de precisão) eixo fixo Ⓑ *adj.* 1 pontiagudo; aguçado; afiado; 2 (dobra, vinco) bem marcado ❖ *to be on a ~* estar nervoso; *to be balanced on a ~* estar por um fio
knife-edged ['naɪfedʒd] *adj.* ⇒ **knife-edge** ❖ *~ file* lima-faca
knifer ['naɪfə] *s.* esfaqueador, faquista
knight [naɪt] Ⓐ *s.* 1 cavaleiro; 2 (xadrez) cavalo Ⓑ *v.tr.* 1 HISTÓRIA armar cavaleiro, elevar à categoria de cavaleiro; 2 atribuir o título de *Sir* a ❖ *~ errant* cavaleiro andante; *~ marshal* marechal da corte; *Knight Templar* templário; *~ of the blade* espadachim; fanfarrão; *Knight of the Garter* cavaleiro da Ordem da Jarreteira; *Knight of the Shire* deputado que um condado manda ao parlamento; *a ~ in shining armour* príncipe encantado; salvador; *the ~ of the rueful/woeful countenance* o cavaleiro da triste figura; *the Knights of the Round Table* os cavaleiros da Távola Redonda
knightage ['naɪtɪdʒ] *s.* corpo de cavaleiros, conjunto de cavaleiros
knighthood ['naɪthuːd] *s.* dignidade de cavaleiro, título de cavaleiro; *to get or receive a ~* receber o título de cavaleiro
knighting ['naɪtɪŋ] *s.* elevação ao grau de cavaleiro
knightliness ['naɪtlɪnəs] *s.* 1 obrigações dum cavaleiro; 2 porte próprio dum cavaleiro
knightly ['naɪtlɪ] Ⓐ *adj.* (*comp.* **-ier**, *superl.* **-iest**) 1 cavalheiresco; 2 próprio de cavalaria Ⓑ *adv.* 1 como um cavaleiro; 2 cavalheirescamente
knightood ['naɪthʊd] *s.* 1 grau de cavaleiro; *to be given a ~* ser distinguido com o grau de cavaleiro; 2 conjunto de cavaleiros, cavalaria
knit [nɪt] Ⓐ *v.tr.,intr.* (*prt. e part. pass.* **knitted** ou **knit**) 1 fazer malha; tricotar; *to ~ stockings out of wool* fazer meias de lã; 2 unir(-se); juntar(-se); ligar(-se); 3 prender(-se); 4 cerrar Ⓑ *s.* trabalho de malha ❖ *knitted fabric* artigo de malha; *to ~ one's brows* franzir o sobrolho
◆ **knit together** *v.tr.,intr.* 1 soldar(-se); 2 ligar, unir; *to knit bones together* fazer com que ossos partidos se unam
◆ **knit up** *v.tr.,intr.* 1 consertar, fazendo malha; 2 restabelecer, restaurar ❖ *to ~ a plot* tecer um enredo
knitter ['nɪtə] *s.* pessoa que faz trabalhos de malha
knitting ['nɪtɪŋ] *s.* 1 (processo, peça) malha, tricô; 2 junção; união ❖ *~ machine* máquina de tricotar; *~ needle* agulha de tricô
knittle ['nɪtəl] *s.* NÁUTICA arrebém, cabo, amarra
knitwear ['nɪtweə] *s.* malhas, roupa de malha
knives ['naɪvz] *s. pl. de* **knife**
knob [nɒb] Ⓐ *s.* 1 (porta, gaveta) puxador; maçaneta; 2 (em máquina) botão; *to press the ~* carregar no botão; 3 protuberância; saliência; 4 (culinária) ponta; bocadinho; CULINÁRIA *a ~ of butter* uma noz de manteiga; 5 botão da extremidade do punho de espada; 6 castão de bengala; 7 [cal.] (ofensivo) pila_cal._ Ⓑ *v.tr.,intr.* (*particípios:* **-bb-**) 1 arquear; 2 formar saliência; 3 [cal.] (ofensivo) foder_cal._ ❖ *~ lock* fechadura de maçaneta; [coloq.] *with knobs on* elevado ao máximo expoente
knobbed [nɒbd] *adj.* 1 arqueado; 2 (madeira) nodoso, com nós; 3 com protuberância
knobble ['nɒbəl] Ⓐ *s.* pequena saliência Ⓑ *v.tr.* forjar, bater (o ferro)
knobbly ['nɒblɪ] *adj.* 1 com protuberância; 2 (árvores) com nós
knobby ['nɒbɪ] *adj.* (*comp.* **-ier**, *superl.* **-iest**) 1 com nós, nodoso; 2 com protuberâncias
knobstick ['nɒbstɪk] *s.* bengala com castão
knock [nɒk] Ⓐ *s.* 1 pancada, batida; *a ~ at the door* uma pancada na porta; *a ~ on the head* uma pancada na cabeça; 2 choque; 3 (máquina) batimento; 4 [coloq.] revés, azar; 5 [coloq.] crítica destrutiva; boca Ⓑ *v.tr.,intr.* 1 bater em; bater com barulho; *to ~ at the door* bater à porta; 2 MECÂNICA fazer barulho, fazer ruído, bater; 3 chocar; ir de encontro a; dar um encontrão a; esbarrar-se contra; 4 derrubar; 5 [coloq.] (crítica) deitar abaixo; 6 [coloq.] surpreender, impressionar fortemente ❖ *to ~ against* bater contra; chocar contra; encontrar casualmente; *to ~ cold* deitar abaixo; estender ao comprido; deixar sem sentidos; *to ~ into shape* ordenar; arranjar; treinar; preparar; *to ~ into the middle of next week* dar uma tareia; *to ~ on the head* inutilizar; frustrar; agredir com um golpe na cabeça; matar; pôr termo a; liquidar; *to ~ some sense into sb* incutir algum bom senso em alguém; *to ~ to pieces* desfazer; [coloq.] *to take the ~* sofrer grandes perdas
◆ **knock about/around** Ⓐ *v.tr.* 1 andar por; vaguear por; 2 (amigos) passar tempo [**with**, com]; 3 bater em; agredir; maltratar; 4 [coloq.] (assunto) discutir; debater Ⓑ *v.intr.* 1 andar por aqui e por ali; vaguear; 2 estar para aí; *that book has been knocking around since your birthday* esse livro está para aí desde os teus anos ❖ *to knock a ball about/around* dar uns pontapés a uma bola
◆ **knock back** Ⓐ *v.tr.* 1 [coloq.] (bebida) deitar abaixo; beber de golada; 2 (dinheiro) custar; *it knocked me back 5 pounds* custou/paguei cinco libras; 3 [coloq.] (comida) devorar; 4 (choque) apanhar de surpresa; deitar abaixo; *the news knocked me back a little* fiquei um bocado em baixo por causa da notícia; 5 [coloq.] (pessoa) rejeitar; mandar passear Ⓑ *v.intr.* bater outra vez, em resposta
◆ **knock down** *v.tr.* 1 derrubar, deitar abaixo, deitar ao chão; 2 (veículo) atropelar; 3 (construção) demolir; desmantelar; desmontar; 4 abater; 5 (preço) baixar; fazer um abatimento em; 6 (leilão) arrematar; indicar, por meio duma pancada do martelo, que uma coisa está vendida; *to ~ an article to the last bidder* arrematar um artigo a quem ofereceu o maior lanço ❖ [coloq.] *to be knocked down in an exam* chumbar pela segunda vez num exame; [coloq.] *to ~ for a song* vender por um preço irrisório; vender por uma ridicularia
◆ **knock off** Ⓐ *v.tr.* 1 parar (de); deixar de; *to ~ work* parar o trabalho; 2 derrubar; deitar abaixo; 3 (matar) liquidar; 4 (fazer apressadamente) despachar; 5 sacudir; 6 [GB] [cal.] (roubo) gamar; 7 [EUA] [cal.] (cópia) piratear; 8 (preço, valor, etc.) abater; tirar; fazer um desconto de Ⓑ *v.intr.* [coloq.] largar, sair do trabalho ❖ [coloq.] *knock it off!* para com isto!; *to knock sb's block off* dar dois socos bem puxados em alguém; esmurrar o nariz a alguém; [coloq.] *to knock spots off...* ser muito superior a...
◆ **knock on** *v.tr.,intr.* DESPORTO (râguebi) atirar (a bola) para a frente com a mão ❖ (idade) *to be knocking on 50* andar pelos 50
◆ **knock out** *v.tr.* 1 deixar inconsciente; 2 DESPORTO (boxe) pôr fora de combate; 3 (cansaço) deixar de rastos; acabar com; 4 (surpresa) espantar; deixar pasmado; chocar; 5 (estragar) dar cabo de; acabar com; 6 eliminar [**of**, de]; suprimir [**of**, de]; 7 despachar, fazer apressadamente, fazer rapidamente; 8 fazer sair, batendo
◆ **knock over** *v.tr.* 1 (objecto) derrubar; deitar abaixo; 2 (pessoa) atropelar; 3 (surpresa) deixar de boca aberta
◆ **knock together** Ⓐ *v.intr.* bater um no outro; chocar Ⓑ *v.tr.* 1 [coloq.] (arranjar apressadamente) improvisar; 2 arranjar, pôr a funcionar; 3 (divisões de habitação) juntar

knockabout

◆**knock under** v.tr.,intr. ceder
◆**knock up** Ⓐ v.tr. 1 [coloq.] acordar, batendo à porta; 2 improvisar, preparar rapidamente, arranjar à pressa; 3 [EUA] [cal.] engravidar; 4 [cal.] (cansaço) deixar de rastos; 5 bater de baixo para cima Ⓑ v.intr. [GB] (ténis, etc.) bater umas bolas ❖ *to be knocked up* estar exausto; estar morto de cansaço

knockabout ['nɒkəbaʊt] Ⓐ adj. 1 violento; 2 ruidoso, barulhento; 3 errante, de terra em terra; *a ~ life* vida errante; 4 (roupa) de todos os dias; de guerra_fig._; *a ~ suit* fato de todos os dias; 5 (comédia) físico Ⓑ s. 1 comédia física; 2 DESPORTO jogo de futebol informal, peladinha_Bras._; 3 barulho, questão

knockdown ['nɒkdaʊn] Ⓐ adj. 1 inesperado; chocante; de deitar abaixo; de caixão à cova; 2 desmontável; 3 (preço) reduzido; muito baixo; *~ prices* preços loucos Ⓑ s. 1 golpe inesperado; 2 combate livre; 3 redução de preços

knocker ['nɒkə] s. 1 aquele que bate; 2 aldraba; batente de porta; 3 [coloq.] (crítica) detractor; 4 pl. [cal.] (seios) pára-choques ❖ *up to the ~* de ponto em branco; perfeitíssimo

knocking ['nɒkɪŋ] s. 1 acção de bater; 2 batida; 3 golpe; pancada; 4 MECÂNICA batimento de máquina; batimento de motor; batimento da bomba ❖ *~ copy* publicidade comparativa; [cal.] *~ shop* bordel; casa de prostituição

knock-kneed ['nɒkniːd] adj. de pernas tortas para dentro

knock-knees ['nɒkniːz] s. pessoa de pernas tortas para dentro, a ponto de os joelhos baterem um no outro

knockout ['nɒkaʊt] Ⓐ s. 1 golpe inesperado; 2 DESPORTO (boxe) knockout; golpe que lança o pugilista para a conta dos dez; golpe de fora de combate; 3 [fig.] golpe de misericórdia; 4 competição com eliminatórias; 5 [coloq.] (acontecimento, coisa, pessoa) maravilha; espanto; 6 (leilão) membro de grupo que procura comprar as coisas o mais barato possível Ⓑ adj. 1 DESPORTO (boxe) knockout; que deixa K.O.; 2 fatal, que liquida; 3 DESPORTO eliminatório; com eliminatórias; *~ competition* competição com eliminatórias; 4 [fig.] de misericórdia; *to deliver the ~ blow* dar o golpe de misericórdia; 5 [coloq.] fantástico; espectacular

knock-up ['nɒkʌp] s. (ténis) jogada para assentar a mão

knoll [nəʊl] Ⓐ s. 1 pequeno monte de terra; 2 cimo de monte Ⓑ v.tr.,intr. 1 [arc.] tocar (sino); 2 indicar as horas por meio de toque de sino

knop [nɒp] s. 1 [arc.] florão, ornato circular em tecto ou abóbada; 2 botão, gomo de flor

knot [nɒt] Ⓐ s. 1 nó; *to tie a ~/to make a ~* dar um nó; *to untie a ~* desfazer um nó; 2 [fig.] perplexidade; dificuldade; 3 [fig.] (problema difícil) sarilho; 4 [fig.] laço; elo; união; associação; 5 cacho; grupo; *the boys were standing about in knots* os rapazes estavam para ali aos grupos; 6 (madeira) nó; 7 protuberância; inchaço; 8 NÁUTICA nó, uma milha náutica por hora; *the ship was sailing at twenty knots* o barco navegava a vinte nós Ⓑ v.tr.,intr. (particípios: -tt-) 1 dar um nó em; 2 atar com nó; prender com nó; 3 fazer nós, formar nós; 4 fazer franjas do género macramé; 5 [fig.] (tensão, dificuldade) dar um nó ❖ [cal.] *get knotted!* vai à merda_cal._!; *the wedding ~* os laços do matrimónio; *to have a ~ in one's stomach* ter um nó no estômago; *to seek a ~ in a rush* procurar agulha em palheiro; (confusão) *to tie oneself in knots* meter os pés pelas mãos

knotgrass ['nɒtgrɑːs] s. BOTÂNICA corriola, verdezelha, erva-da-muda, corriola bastarda

knothole ['nɒthəʊl] s. (madeira) orifício deixado por nó

knotted ['nɒtɪd] adj. 1 enredado; 2 com nós

knottiness ['nɒtɪnəs] s. 1 dificuldade, complexidade; 2 emaranhamento; 3 nodosidade em tábua ou planta

knotting ['nɒtɪŋ] s. 1 acto de atar com nós; 2 macramé

knotty ['nɒtɪ] adj. (comp. **-ier**, superl. **-iest**) 1 nodoso, com nós; 2 difícil, complicado, intrincado; *~ point* ponto difícil, questão difícil, questão delicada

knotwork ['nɒtwɜːk] s. 1 trabalho ornamental de cordas entrançadas; 2 entrançado; 3 macramé, franja de linha enodada

knout [naʊt] Ⓐ s. cnute, látego composto de várias tiras de couro, empregado sobretudo na Rússia Ⓑ v.tr. chicotear com o cnute

know [nəʊ] Ⓐ v.tr.,intr. (prt. **knew**, part. pass. **known**) 1 conhecer; *do you ~ London?* conheces Londres?; 2 saber; *to ~ for certain* saber ao certo; *to ~ how to do a thing* saber fazer uma coisa; *to ~ more than one says* saber mais do que o que se diz; 3 entender [**about**, de]; 4 compreender claramente; 5 estar ao corrente [**of**, de]; estar a par [**of**, de]; ter conhecimento [**of**, de]; estar informado [**of**, de]; 6 reconhecer; 7 saber distinguir [**from**, de]; *I don't ~ him from Adam* não o conheço, não o distingo; 8 RELIGIÃO (Bíblia) coabitar com Ⓑ s. conhecimento; [coloq.] *to be in the ~* estar a par, estar informado ❖ *as far as I ~/for all I ~* tanto quanto sei; *I ~ it for certain that* tenho a certeza absoluta de que; *I should have known better!* já devia ter aprendido!; *let him ~* informa-o; manda-lhe dizer; *not that I ~ of* que eu saiba não; *she had never been known to smile* nunca a tinham visto sorrir; *to come to ~/to get to ~* vir a saber; ficar a conhecer; *to ~ a thing or two about...* saber umas coisas de...; *to ~ better* ter mais juízo; *to ~ what's what* estar bem informado; *to ~ one's own mind* saber o que se quer; não hesitar; *to ~ one's place* saber o lugar que se ocupa; não abusar; não pisar o risco; [coloq.] *to ~ one's stuff* perceber do assunto/da poda; *to ~ the ropes* saber como as coisas funcionam; (surpresa) *well, what do you know!* quem diria?; *who knows?* quem sabe?

knowable ['nəʊəbəl] adj. 1 reconhecível; 2 que pode conhecer-se

know-all ['nəʊɔːl] s. [coloq.] sabichão; sabe-tudo

know-how ['nəʊhaʊ] s. know-how, experiência, saber-fazer

knowing ['nəʊɪŋ] Ⓐ adj. 1 conhecedor; de entendido; *a ~ look* um ar de entendido; 2 cúmplice, de cumplicidade; 3 sagaz, astuto, inteligente; 4 intencional; 5 elegante, moderno, fino; *a ~ hat* um chapéu elegante Ⓑ s. conhecimento ❖ *there's no ~* não há maneira de saber; vá-se lá saber

knowingly ['nəʊɪŋlɪ] adv. 1 com ar de entendido; 2 com ar cúmplice; 3 conscientemente, intencionalmente

know-it-all ['nəʊɪtɔːl] s. [EUA] [coloq.] sabichão; presumido; arrogante; presunçoso

knowledge ['nɒlɪdʒ] s. 1 conhecimento, compreensão, entendimento; *without my ~* sem o meu conhecimento; *to take ~ of a thing* tomar conhecimento de algo; 2 erudição, saber, conhecimentos; 3 informação; percepção; 4 [arc.] relações sexuais ❖ *it is common ~ that...* é sabido que...; toda a gente sabe que...; *not to my ~* que eu saiba, não; *to have a working ~ of...* ter conhecimentos práticos de...; ter conhecimentos de (algo) na óptica do utilizador; *to have full ~ of sth* ter plena consciência de algo; *to my ~* que eu saiba, ...; tanto quanto sei...; *to speak to the best of one's ~* falar pelo que se tem como mais certo

knowledgeable ['nɒlɪdʒəbəl] adj. [coloq.] bem informado, culto, inteligente ❖ *to be ~ about* saber muito de

knowledge-driven ['nɒlɪdʒdrɪvn] adj. baseado no conhecimento; orientado para o conhecimento; que valoriza o conhecimento

known [nəʊn] Ⓐ {part. pass. de **to know**} Ⓑ adj. 1 conhecido; *to become ~* tornar-se conhecido; *to be ~ for sth/doing sth* ser conhecido por algo; 2 famoso; 3 notório ❖ MATEMÁTICA *~ quantity* quantidade conhecida; *to make oneself ~* apresentar-se; dar-se a conhecer; *to make sth ~* trazer algo a público; dar algo a conhecer

know-nothing ['nəʊˌnʌθɪŋ] adj.,s. 1 pateta, ignorante; 2 RELIGIÃO agnóstico

know-nothingism [nəʊ'nʌθɪŋɪzəm] s. agnosticismo

Knt (xadrez) [abrev. de **Knight**]

knuckle ['nʌkəl] Ⓐ s. 1 ANATOMIA articulação dos dedos; 2 nó dos dedos; 3 junta, junção, aresta viva; 4 mão ou pé de animal quadrúpede; 5 jarrete Ⓑ v.tr. 1 esfregar com os nós dos dedos; *to ~ one's eyes* esfregar os olhos com os punhos; *to ~ the eyes in disbelief* esfregar os olhos com incredulidade; 2 bater com os nós dos dedos em Ⓒ v.intr. colocar no chão os nós dos dedos ao jogar o carolo ❖ MECÂNICA *~ joint* junta articulada; *to be near the ~* raiar a indecência

◆**knuckle down** v.intr. [coloq.] aplicar-se a sério [**to**, a]; dedicar-se com afinco [**to**, a]; *to ~ to work* dedicar-se seriamente ao trabalho

◆**knuckle under** v.intr. submeter-se [**to**, a]; ceder [**to**, a]

knucklebone ['nʌkəlbəʊn] s. [coloq.] articulação dos dedos

knuckle-duster [ˈnʌkəlˌdʌstə] s. (luta) arma de metal usada sobre os nós dos dedos
knucks [ˈnʌks] s.pl. [EUA] [coloq.] carolo, berlinde
knur [nɜː] s. 1 nó (em madeira); 2 bola (em certos jogos)
knurl [nɜːl] Ⓐ s. 1 nó (em madeira); 2 serrilha, serrilhado em obra de metal; 3 protuberância Ⓑ v.tr. serrilhar
knurled [nɜːld] adj. serrilhado
knut [nʌt] s. [coloq.] jovem aperaltado, janota
knutty [ˈnʌtɪ] adj. [coloq.] janota, elegante
KO DESPORTO (boxe) [abrev. de knockout]
koa [ˈkəʊə] s. BOTÂNICA acácia das ilhas Sandwich
koala [kəʊˈɑːlə] s. ZOOLOGIA coala, urso-da-austrália, fascolarcto
kobold [ˈkɒbəʊld] s. MITOLOGIA (folclore germânico) duende das minas
kodak [ˈkəʊdæk] Ⓐ s. 1 máquina fotográfica marca Kodak; 2 [coloq.] máquina fotográfica pequena Ⓑ v.tr. 1 fotografar, tirar fotografias a; 2 [fig.] apanhar rapidamente os traços essenciais de qualquer coisa; 3 esboçar com vivacidade
koel [ˈkəʊəl] s. cuco australiano e indiano
Koh-i-noor [ˈkəʊɪnʊə, ˈkəʊɪnʊə] s. 1 nome dum célebre diamante indiano, propriedade da Coroa Britânica desde 1849; 2 qualquer coisa de valor excepcional
kohl [kəʊl] s. pó usado principalmente nos países orientais para escurecer as pálpebras junto às pestanas
kohlrabi [ˈkəʊlˌrɑːbɪ] s. BOTÂNICA couve-rábano
kola [ˈkəʊlə] s. BOTÂNICA cola ❖ ~ *nut* noz de cola
kolinsky [kəʊˈlɪnskɪ] s. ZOOLOGIA lontra da Sibéria
konak [ˈkɒnæk] s. hotel turco particular
koniology [ˌkəʊnɪˈɒlədʒɪ] s. estudo do pó existente no ar
konk [kɒŋk] v.intr. ⇒ conk
Konrad [ˈkɒnræd] s.antr. Conrado
koodoo [ˈkuːduː] s. ZOOLOGIA cudo
kook [kuːk] s. [coloq.] maluco, doido, lunático
kookie [ˈkuːkɪ] adj. [coloq.] ⇒ kooky
kooky [ˈkuːkɪ] adj. (comp. -ier, superl. -iest) [EUA] [coloq.] maluco, doido, excêntrico
koolah [ˈkuːlə] s. ⇒ koala
kopec [ˈkəʊpek] s. (moeda russa) copeque
kopeck [ˈkəʊpek] s. (moeda russa) copeque
kopeek [ˈkəʊpek] s. (moeda russa) copeque
kopek [ˈkəʊpek] s. (moeda russa) copeque
kopje [ˈkɒpɪ] s. pequena elevação
Koran [kɔːˈrɑːn] s. RELIGIÃO Corão, Alcorão
koranic [kɔːˈrænɪk] adj. relativo ao Alcorão
Korea [kəˈriːə] s.top. Coreia
Korean [kəˈriːən] adj.,s. coreano
korfball [ˈkɔːfbɔːl] s. DESPORTO corfebol
kosher [ˈkəʊʃə] Ⓐ adj. 1 (alimento) limpo (segundo a lei judaica); 2 [coloq., fig.] correcto, legítimo, adequado; 3 [coloq., fig.] autêntico, genuíno Ⓑ s. 1 alimento limpo (segundo a lei judaica); 2 estabelecimento onde se vende carne limpa
kotow [ˈkəʊtaʊ] s.,v.intr. ⇒ kowtow
koumiss [ˈkuːmɪs] s. leite de égua fermentado
kourbash [ˈkuːəbæʃ] s. chicote empregado como castigo na Turquia e Egipto
kowtow [ˌkaʊˈtaʊ] Ⓐ v.intr. 1 bajular [to, -]; lisonjear [to, -]; lamber as botas coloq. [to, a]; 2 prosternar-se [to, perante]; fazer uma reverência [to, a] Ⓑ s. 1 bajulação; adulação; lisonja; 2 prosternação; reverência
KOYLI [abrev. de King's Own Yorkshire Light Infantry]
KP Ⓐ [abrev. de Knight (of the Order) of St. Patrick] Ⓑ (xadrez) [abrev. de king's pawn]
kph [abrev. de kilometres per hour] km/h
Kr QUÍMICA [símbolo de kripton]
kraal [krɑːl] s. 1 pequena aldeia sul-africana rodeada por uma vedação; 2 cercado para animais
kraft [krɑːft] s. papel forte para embalagens
kraken [ˈkrɑːkən] s. MITOLOGIA monstro marinho das costas norueguesas
Krakow [ˈkrɑːkɒf] s.top. Cracóvia
Kremlin [ˈkremlɪn] s. Kremlin, cidadela dentro de cidade russa, particularmente a de Moscovo, que contém o antigo palácio imperial

kremlinology [ˌkremlɪˈnɒlədʒɪ] s. interpretação da política do Kremlin
kreutzer [ˈkrɔɪtsə] s. pequena moeda de prata e cobre, outrora vulgar na Alemanha e Áustria
kriegspiel [ˈkriːgʃpiːl] s. figuração de guerra sobre um mapa, com pequenos blocos a representarem as tropas em movimento
krill [krɪl] s. ZOOLOGIA krill
kris [krɪs] s. ⇒ creese
Krishna [ˈkrɪʃnə] s. nome de uma divindade hindu
kromesky [krʊˈmeskɪ] s. CULINÁRIA frango picado com presunto
kromskop [ˈkrɒmskɒp] s. cromoscópio
krone [ˈkrəʊnə] s. 1 coroa (moeda) dinamarquesa, norueguesa ou sueca; 2 antiga moeda de prata existente na Áustria antes da guerra; 3 antiga moeda de ouro alemã com o valor de 10 marcos
Kroo [kruː] adj.,s. 1 relativo a uma etnia negra existente na costa da Libéria; 2 membro dessa etnia
Krou [kruː] adj.,s. 1 relativo a uma etnia negra existente na costa da Libéria; 2 membro dessa etnia
Kru [kruː] adj.,s. 1 relativo a uma raça negra existente na costa da Libéria; 2 membro dessa raça
krypton [ˈkrɪptɒn] s. QUÍMICA (elemento químico) crípton
KS [abrev. de King's Scholar]
KSLI [abrev. de King's Shropshire Light Infantry]
Kt [abrev. de Knight]
KT Ⓐ [abrev. de Knight Templar] Ⓑ [abrev. de Knight (of the Order) of the Thistle]
kudos [ˈkjuːdɒs] s. 1 prestígio; renome; *to have ~* ter prestígio; 2 glória ❖ *to get the ~ for* receber os louros por
Ku-Klux-Klan [ˌkuːklʌksˈklæn] s. [EUA] Ku Klux Klan
kukri [ˈkuːkrɪ] s. faca curva, com a folha mais larga na ponta, usada pelos Gurcas na Índia
kulak [ˈkuːlæk] s. camponês russo
kultur [kuːlˈtʊə] s. civilização de concepção alemã, como oposta à civilização de outros povos
kulturkampf [kuːlˈtʊəkæmpf] s. HISTÓRIA luta travada na Alemanha entre o Papado e o governo imperial dirigido por Bismarque, a qual se prolongou por vários anos
kümmel [ˈkuːməl] s. licor obtido pela maceração alcoólica, seguida de destilação, de cominhos e outros aromas
kumquat [ˈkʌmkwɒt] s. BOTÂNICA kumquat
kuna [ˈkəʊnə] s. (moeda da Croácia) kuna
kung fu [ˈkʌŋfuː] s. DESPORTO kung fu
Kurd [kɜːd] Ⓐ adj. curdo Ⓑ s. (pessoa) curdo
Kurdish [ˈkɜːdɪʃ] Ⓐ adj. curdo Ⓑ s. (língua) curdo
Kurdistan [ˈkɜːdɪstɑːn] s.top. Curdistão
kursaal [ˈkuːzɑːl] s. edifício destinado a visitantes em estância balnear alemã
Kuwait [kʊˈweɪt] s.top. Koweit, Kuwait
Kuwaiti [kʊˈweɪtɪ] adj.,s. koweitiano
kvass [kvæs] s. cerveja russa de centeio
kwacha [ˈkwɑːʃə] s. (moeda do Malaui e da Zâmbia) kwacha
kwanza [ˈkwɒnzə] s. (moeda de Angola) kwanza, quanza
kwashiorkor [ˌkwɒʃɪˈɔːkɔː] s. MEDICINA kwashiorkor
Ky. [abrev. de Kentucky]
kyang [kjæŋ] s. ZOOLOGIA hemíono
kyanite [ˈkaɪəˌnaɪt] s. MINERALOGIA cianite
kyanization [ˌkaɪənaɪˈzeɪʃən] s. impregnação da madeira com uma solução de sublimado corrosivo para evitar a sua deterioração
kyanize [ˈkaɪəˌnaɪz] v.tr. impregnar a madeira com sublimado corrosivo
kyat [kiˈɑːt] s. (moeda do Myanmar) kyat
kye [kaɪ] s. [cal.] um xelim e meio
kyle [kaɪl] s. estreito, canal
kyloe [ˈkaɪləʊ] s. boi ou vaca escocesa de pequena corpulência e longos chifres
kymograph [ˈkaɪməʊˌgrɑːf] s. cimógrafo
Kymric [ˈkɪmrɪk] adj.,s. ⇒ Cymric
Kyrgyzstan [ˌkɜːgɪsˈtɑːn] s.top. Quirguistão
Kyrie eleison [ˈkɪriɪˌleɪsən] s. kirie eleison
kyte [kaɪt] s. [dial.] estômago, barriga

L

l [el] *s. ⟨pl.* **ls** ou **l's**⟩ (letra) l, L ❖ *L iron* ferro em L
L VESTUÁRIO (tamanho) [*abrev. de* large] L
L. Ⓐ [*abrev. de* Lake] Ⓑ DESPORTO [*abrev. de* League] Ⓒ POLÍTICA [*abrev. de* Liberal] Ⓓ [*abrev. de* Licentiate]
la [lɑː] Ⓐ *s.* MÚSICA a nota lá Ⓑ *interj.* [*arc.*] valha-me Deus!
La. [*abrev. de* Louisiana]
La QUÍMICA [*símbolo de* lanthanum]
laager ['lɑːgə] Ⓐ *s.* acampamento com carros de bois a toda a volta, como que formando uma sebe Ⓑ *v.tr.,intr.* **1** recolher em acampamento; **2** dispor carros em torno de acampamento; **3** acampar com carros em volta
lab [læb] *s.* [*coloq.*] ⇒ **laboratory** ❖ *~ coat* bata branca; *~ sampler* analista de laboratório
Laban ['leɪbən] *s.antr.* RELIGIÃO (Bíblia) Labão
labarum ['læbərəm] *s.* **1** lábaro, pendão imperial de Constantino Magno com símbolos cristãos e romanos; **2** pendão simbólico
labdacism ['læbdəsɪzəm] *s.* ⇒ **lambdacism**
labdanum ['læbdənəm] *s.* FARMÁCIA láudano
labefaction [ˌlæbɪ'fækʃən] *s.* enfraquecimento, decadência
label ['leɪbəl] Ⓐ *s.* **1** etiqueta; rótulo; *to put a ~ on* pôr um rótulo em, colocar uma etiqueta em; **2** companhia discográfica; **3** HERÁLDICA lambel; **4** ARQUITECTURA lacrimal; **5** [*arc.*] astrolábio, balestilha; **6** BOTÂNICA labelo Ⓑ *v.tr.* (*particípios:* **-ll-** ou **-l-** (E. U. A.)) **1** rotular; etiquetar; **2** (bagagem) registar; **3** classificar; designar com um nome; **4** [*fig.*] (qualificar) rotular [*as, de*] ❖ *~ holder* porta-etiquetas; *~ printer* impressor de etiquetas; *~ scanner* seleccionador de etiquetas; verificador de etiquetas
labella [lə'belə] *s.* ⟨*pl. de* **labellum**⟩
labeller ['leɪbələ] *s.* etiquetador, pessoa que coloca rótulos ou etiquetas
labelling ['leɪbəlɪŋ] *s.* **1** etiquetagem; colocação de rótulos ou etiquetas; **2** classificação; atribuição de nome ou designação ❖ *~ machine* etiquetadora
labellum [lə'beləm] *s.* ⟨*pl.* **-a**⟩ BOTÂNICA labelo
labenzyme ['læbenˌzaɪm] *s.* lab, lab-fermento, quimosina, caseinase
labia ['leɪbɪə] *pl. de* **labium**
labial ['leɪbɪəl] Ⓐ *adj.* LINGUÍSTICA labial Ⓑ *s.* LINGUÍSTICA labial, consoante labial
labialization [ˌleɪbɪəlaɪ'zeɪʃən] *s.* labialização
labialize ['leɪbɪəˌlaɪz] *v.tr.* labializar
labializing ['leɪbɪəˌlaɪzɪŋ] *s.* labialização
Labiatae [ˌleɪbɪ'eɪtiː] *s.pl.* BOTÂNICA Labiadas
labiate ['leɪbɪɪt] *adj.,s.* **1** labiada; **2** planta labiada
labile ['leɪbaɪl] *adj.* **1** lábil, inconstante, volúvel; **2** FÍSICA, QUÍMICA instável
lability [lə'bɪlɪtɪ] *s.* FÍSICA, QUÍMICA labilidade, instabilidade
labiodental [ˌleɪbɪəʊ'dentəl] *adj.,s.* LINGUÍSTICA labiodental
labionasal [ˌleɪbɪəʊ'neɪzəl] *adj.* LINGUÍSTICA labionasal
labium ['leɪbɪəm] *s.* ⟨*pl.* **-ia**⟩ **1** lábio; **2** *pl.* lábios (da vulva)
laboratory [lə'bɒrətrɪ, 'læbrətrɪː] *s.* ⟨*pl.* **-ies**⟩ laboratório ❖ *~ assistant* assistente laboratorial; *~ gage/gauge* calibre de precisão; *~ microscope* microscópio de laboratório; *~ test* prova laboratorial; *~ work* trabalho laboratorial
laborious [lə'bɒrɪəs] *adj.* **1** laborioso, trabalhador, diligente; **2** fatigante, penoso
laboriously [lə'bɒrɪəslɪ] *adv.* **1** com diligência; laboriosamente; **2** penosamente; com alguma dificuldade; a custo
laboriousness [le'bɒrɪəsnəs] *s.* **1** diligência, laboriosidade; **2** esforço

labour ['leɪbə] Ⓐ *s.* **1** trabalho; obra; **2** ocupação; **3** esforço; **4** dores de parto; trabalho de parto; *woman in ~* mulher com as dores de parto; *to be in ~* estar com as dores de parto; **5** mão-de-obra; classes trabalhadoras; trabalhadores (manuais) Ⓑ *v.intr.* **1** trabalhar no duro; **2** esforçar-se; afadigar-se; **3** deslocar-se com esforço; **4** NÁUTICA balouçar, arfar; **5** (motor) trabalhar com extrema dificuldade; **6** (parto) dar à luz Ⓒ *v.tr.* (assunto) tratar com grande minúcia; tratar de modo bastante completo ❖ *~ camp* campo de trabalhos forçados; *~ costs* custo; *Labour Exchanges* centros de emprego; *~ force* mão-de-obra; população activa; *~ market* mercado de trabalho; *~ pains* dores de parto; *~ union* sindicato; *hard ~* trabalhos forçados; *manual ~* trabalho manual; *skilled ~* trabalho especializado; *~ of love* trabalho gratuito; trabalho que se realiza pelo prazer que nos causa; *Minister of Labour* Ministro do Trabalho; *shortage of ~* crise de mão-de-obra; *the ~ question* a questão operária; MITOLOGIA *the labours of Hercules* os trabalhos de Hércules; *to have one's ~ for one's pains* trabalhar em vão; *to ~ at a thing* trabalhar numa coisa; esforçar-se por concluir uma coisa; *to ~ for* trabalhar para; *to ~ through* seguir penosamente através de; *to ~ with great projects* planear grandes coisas
✦ **labour under** *v.tr.* **1** persistir em; iludir-se com; **2** (dificuldade) trabalhar sob; debater-se com; lutar com ❖ *to ~ a delusion* laborar num erro; ser vítima de uma ilusão
Labour ['leɪbə] Ⓐ *s.* POLÍTICA partido trabalhista Ⓑ *adj.* POLÍTICA trabalhista ❖ *~ Party* Partido Trabalhista; *~ member* deputado trabalhista
laboured ['leɪbəd] *adj.* **1** trabalhado; rebuscado; pouco natural; **2** laborioso; **3** difícil; penoso; custoso; *~ breathing* respiração difícil
labourer ['leɪbərə] *s.* trabalhador; operário; assalariado; *agricultural ~* trabalhador rural
labouring ['leɪbərɪŋ] Ⓐ *adj.* **1** que trabalha; trabalhador; **2** palpitante; *~ heart* coração palpitante Ⓑ *s.* trabalho; esforço ❖ *~ soul* alma atormentada; *to pull the ~ oar* fazer a maior parte do trabalho; *the ~ class* a classe operária
Labourite ['leɪbəraɪt] *s.* trabalhista, membro do partido trabalhista
labour-saving ['leɪbəˌseɪvɪŋ] Ⓐ *adj.* que economiza trabalho Ⓑ *s.* economia de trabalho; eficiência ❖ *~ device* electrodoméstico
Labrador ['læbrədɔː] Ⓐ *s.top.* Labrador Ⓑ *s.* ZOOLOGIA (raça, cão) labrador ❖ MINERALOGIA *~ stone* labradorite
Labradorian [ˌlæbrə'dɔrɪən] *adj.,s.* **1** relativo ao Labrador; **2** natural do Labrador
labret ['leɪbrɪt] *s.* bocado de osso ou concha inserido no lábio como ornamento
labroid ['leɪbrɔɪd] *s.* ZOOLOGIA labróide
labrus ['leɪbrəs] *s.* ZOOLOGIA labro, maragota, bodião
laburnum [lə'bɜːnəm] *s.* **1** BOTÂNICA codesso; **2** laburno
labyrinth ['læbərɪnθ] *s.* **1** labirinto, dédalo; **2** [*fig.*] confusão; **3** ANATOMIA labirinto
labyrinthian [ˌlæbə'rɪnθɪən] *adj.* labiríntico
labyrinthine [ˌlæbə'rɪnθaɪn] *adj.* labiríntico
labyrinthodon [ˌlæbɪ'rɪnθədɒn] *s.* ⇒ **labyrinthodont**
labyrinthodont [ˌlæbɪ'rɪnθədɒnt] *s.* ZOOLOGIA labirintodonte, batráquio de grande porte que se considera como o ponto de união entre os répteis e os batráquios
lac[1] [læk] *s.* goma-laca, laca; *~ dye* laca colorante; *seed ~* laca em grão; *stick ~* laca em paus
lac[2] [lɑːk, læk] *s.* ⇒ **lakh**

LAC [abrev. de leading aircraftman]
Laccadive ['lækədɪv] adj. GEOGRAFIA laquedivo ❖ *the ~ Islands* as ilhas Laquedivas
lace [leɪs] Ⓐ s. 1 renda; 2 fita; 3 (sapato) atacador, cordão; 4 passamanaria Ⓑ v.tr. 1 atar com cordões; 2 prender com atacadores; 3 ornamentar, enfeitar com rendas; 4 entrelaçar; 5 agaloar, acairelar; 6 [coloq.] sovar, dar uma tareia a; 7 deitar bebida alcoólica noutra mais fraca Ⓒ v.intr. estar preso com cordões ❖ *~ glass* vidro em filigrana; *bone ~* renda de bilros; *gold ~* passamanes; fitas ou galões entretecidos de fios de ouro; *milk laced with rum* leite com rum
◆**lace into** v.tr. 1 (espartilho, etc.) apertar; 2 [coloq.] (pessoa) meter-se com; criticar; atacar
◆**lace up** v.tr. apertar os cordões de; *to ~ one's shoes* apertar os sapatos
Lacedaemon [ˌlæsɪˈdiːmən] s.top. Lacedemónia
Lacedaemonian [ˌlæsɪdɪˈməʊnɪən] adj.,s. lacedemónio
lacemaker ['leɪsˌmeɪkə] s. fabricante de rendas; rendilheira
lacerate ['læsəreɪt] v.tr. lacerar, dilacerar
laceration [ˌlæsəˈreɪʃən] s. 1 laceração; 2 dilaceração
lacertian [ləˈsɜːʃən] adj.,s. ZOOLOGIA lacertino; lacertídeo
lacertiform [ləˈsɜːtɪfɔːm] adj. lacertiforme, semelhante a lagarto
lacertine [ləˈsɜːtaɪn] adj. lacertino
lace-up ['leɪsʌp] s. VESTUÁRIO sapato com cordões
laches ['lætʃɪz] s. 1 DIREITO negligência no cumprimento de qualquer obrigação legal; 2 demora na reivindicação de direito ou privilégio; 3 negligência culposa
lachrymal ['lækrɪməl] adj. lacrimal
lachrymation [ˌlækrɪˈmeɪʃən] s. derramamento de lágrimas
lachrymator [ˌlækrɪˈmeɪtə] s. gás lacrimogéneo
lachrymatory [ˌlækrɪˈmeɪtrɪ, ˈlækrəmətərɪ] adj.,s. 1 lacrimal; 2 lacrimatório; 3 urna de vidro para recolhimento das lágrimas
lachrymose ['lækrɪməʊs] adj. lacrimoroso
lachrymosely [ˈlækrɪˈməʊslɪ] adv. lacrimosamente
lacing ['leɪsɪŋ] s. 1 pequena quantidade de álcool que se deita noutra bebida; 2 [coloq.] tareia, sova; 3 atadura, acção de prender com cordão ou atacador; 4 cosedura, trincafio; 5 galão, cairel ❖ *~ hole of an awning* ilhós do toldo; *~ of an awning* cosedura do toldo
laciniate [ləˈsɪnɪət] adj. BOTÂNICA laciniado, dividido em lacínias
laciniated [ləˈsɪnɪeɪtɪd] adj. BOTÂNICA laciniado, dividido em lacínias
lack [læk] Ⓐ v.tr.,intr. 1 carecer de; não ter; não possuir; ter falta de; *to ~ sth* não ter alguma coisa, carecer de uma coisa; *to be lacking in...* ter falta de...; 2 faltar; não haver; *money is lacking* não há dinheiro, falta dinheiro Ⓑ s. falta; carência, necessidade; *~ of balance* falta de equilíbrio, desequilíbrio; *~ of money* falta de dinheiro; *~ of uniformity in the material* heterogeneidade do material; *for ~ of...* por falta de... ❖ *to ~ for nothing* não (lhe) faltar nada
lackadaisical [ˌlækəˈdeɪzɪkəl] adj. 1 com aspecto indolente e indiferente; 2 afectadamente apático e lânguido; 3 com atitudes estudadas
lackadaisically [ˌlækəˈdeɪzɪkəlɪ] adv. 1 languidamente; 2 afectadamente
lackadaisicalness [ˌlækəˈdeɪzɪkəlnəs] s. languidez afectada
lackaday [ˈlækəˈdeɪ] interj. 1 [arc.] ai de mim!; 2 [arc.] que triste dia!
lacker [ˈlækə] s.,v.tr. ⇒ **lacquer**
lackey [ˈlækɪ] Ⓐ s. 1 lacaio, criado de libré; 2 pessoa que se comporta como um lacaio; 3 adulador Ⓑ v.tr. 1 comportar-se como lacaio perante alguém; 2 lisonjear
lacking ['lækɪŋ] Ⓐ adj. 1 que falta; 2 que tem falta [**in**, de]; que carece [**in**, de]; *to be ~ in...* ser desprovido de..., não ter...; 3 (pessoa) incapaz; pouco inteligente Ⓑ s. carência ❖ *~ but a little* com uma diferença muito pequena
lackland [ˈlæklænd] adj.,s. (pessoa) sem-terra ❖ *John Lackland* João Sem Terra
lacklustre [ˈlækˌlʌstə] adj. apagado₍fig.₎, baço₍fig.₎, frouxo
Laconia [ləˈkəʊnɪə] s.top. Lacónia
Laconian [ləˈkəʊnɪən] adj. laconiano
laconic [ləˈkɒnɪk] adj. lacónico
laconically [ləˈkɒnɪkəlɪ] adv. laconicamente
laconism [ˈlækənɪzəm] s. laconismo

lacquer [ˈlækə] Ⓐ s. 1 laca; 2 verniz da China preto ou vermelho; 3 trabalho de laca Ⓑ v.tr. lacar, envernizar com laca ❖ BOTÂNICA *~ tree* figueira-da-índia; árvore-do-pagode; *cellulose ~* laca celulósica
lacquered [ˈlækɜːd] adj. lacado, envernizado a laca
lacquering [ˈlækərɪŋ] s. lacagem; envernizamento a laca
lacquey [ˈlækɪ] s.,v.tr. ⇒ **lackey**
lacrimal [ˈlækrɪməl] adj. lacrimal
lacrosse [ləˈkrɒs] s. lacrosse, jogo canadiano, no qual a bola é jogada com uma raquete em forma de L
lacrymal [ˈlækrɪməl] adj. lacrimal
lactalbumen [læktˈælbjʊmen] s. QUÍMICA lactalbumina
lactary [ˈlæktərɪ] adj. lactário
lactase [ˈlækteɪs] s. QUÍMICA lactase
lactate [ˈlækteɪt] s. QUÍMICA lactato
lactation [lækˈteɪʃən] s. lactação
lacteal [ˈlæktɪəl] Ⓐ adj. 1 lácteo; 2 ANATOMIA quilífero; *~ vessels* vasos quilíferos Ⓑ s. ANATOMIA vaso quilífero ❖ *~ fever* febre do leite
lacteals [ˈlæktɪəlz] s.pl. vasos lácteos
lacteous [ˈlæktɪəs] adj. lácteo, lactário
lactescence [lækˈtesəns] s. lactescência
lactescent [lækˈtesənt] adj. lactescente
lactic [ˈlæktɪk] adj. QUÍMICA láctico ❖ *~ acid* ácido láctico
lactiferous [lækˈtɪfərəs] adj. lactífero
lactifuge [ˈlæktɪˌfjuːdʒ] s. lactífugo
lactodensimeter [ˌlæktəʊdenˈsɪmɪtə] s. lactodensímetro
lactometer [lækˈtɒmɪtə] s. lactómetro, galactómetro
lactone [ˈlæktəʊn] s. QUÍMICA lactona
lactoprotein [ˌlæktəʊˈprəʊtiːn] s. BIOQUÍMICA lactoproteína
lactoscope [ˈlæktəʊskəʊp] s. lactoscópio, galactoscópio
lactose [ˈlæktəʊs] s. QUÍMICA lactose
lactovegetarian [ˌlæktəʊˌvedʒəˈteərɪən] s. lactovegetariano
lactucarium [ˌlæktʊˈkeərɪəm] s. lactucário
lacuna [ləˈkjuːnə] s. (pl. -**ae** ou -**as**) 1 lacuna; 2 espaço vazio, falta; 3 cavidade intercelular
lacunae [ləˈkjuːniː] s. {pl. de **lacuna**}
lacunal [ləˈkjuːnəl] adj. com lacunas
lacunar [ləˈkjuːnə] Ⓐ s. 1 artesão; 2 lavor emoldurado em tectos e abóbadas Ⓑ adj. lacunar
lacunary [ləˈkjuːnərɪ] adj. lacunar
lacunose [ləˈkjuːnəʊs] adj. lacunoso
lacustrian [ləˈkʌstrɪən] Ⓐ adj. lacustre Ⓑ s. habitante de cidade lacustre
lacustrine [ləˈkʌstraɪn] adj. lacustre ❖ (habitações lacustres) *~ dwellings* palafitas
lacy [ˈleɪsɪ] adj. (comp. -**ier**, superl. -**iest**) rendado
lad [læd] s. 1 [coloq.] rapaz; 2 [coloq.] jovem; puto; *he's only a ~* não passa de um puto; 3 [coloq.] (filho) rapagão; 4 pl. *the lads* pessoal, malta, companheiros de borga ❖ *~ mag* revista masculina; *when I was a lad...* na minha juventude...
ladder [ˈlædə] Ⓐ s. 1 escadote; escada (de mão); *rope ~* escada de corda; 2 (meia, pulôver) malha caída; *to have a ~ in one's tights* ter uma malha caída nas meias; 3 progressão; 4 graduação; 5 [fig.] escala; *social ~* escala social; *to climb a rung of the social ~* subir na escala social Ⓑ v.tr.,intr. (meia, pulôver) deixar cair malhas ❖ *~ chain* corrente de ganchos; *~ step* degrau de escada de mão; *to kick down the ~* abandonar alguém que nos ajudou a subir; dar um pontapé em alguém que nos auxiliou
ladderless [ˈlædələs] adj. (meia) que não deixa cair malhas
ladderproof [ˈlædəpruːf] adj. (meia) indesmalhável; que não deixa cair malhas
laddie [ˈlædɪ] s. [coloq.] ⇒ **lad**
laddy [ˈlædɪ] s. [coloq.] ⇒ **lad**
lade [leɪd] Ⓐ v.tr.,intr. (prt. **laded**, part. pass. **laden**) (navio) carregar; pôr carga a bordo; embarcar mercadorias Ⓑ s. 1 [arc.] calha, canal de derivação; 2 desembocadura ❖ *to ~ water* deitar fora a água; esgotar a água
laden [ˈleɪdən] adj. carregado [**with**, de]; cheio [**with**, de] ❖ *deep ~ with* a abarrotar de/com; *fully ~ ship* navio com o carregamento completo

la-di-da [lɑːdɪˈdɑː] Ⓐ *adj.* [coloq.] pretensioso, afectado Ⓑ *s.* [coloq.] pessoa afectada, indivíduo pretensioso Ⓒ *v.intr.* 1 [coloq.] mostrar afectação; 2 [coloq.] armar a janota

ladified [ˈleɪdɪfaɪd] *adj.* com ares de grande senhora

ladify [ˈleɪdɪfaɪ] *v.tr.* ⇒ **ladyfy**

ladin [læˈdiːn] *s.* ladim, ladinho, ladino, rético, romanche

lading [ˈleɪdɪŋ] *adj.* 1 (navio) carregamento; 2 (mercadorias) embarque ❖ *bill of ~* conhecimento de embarque

Ladislaus [ˈlædɪslɔːs] *s.antr.* Ladislau

ladle [ˈleɪdəl] Ⓐ *s.* 1 (sopa) concha; *soup ~* concha de sopa; 2 colher de fundição, colher para derreter metais, colherão; 3 pá de roda de moinho Ⓑ *v.tr.* (sopa, etc.) servir com concha

◆**ladle out** *v.tr.* 1 servir com concha; *to ~ soup* servir a sopa com uma concha; 2 [fig.] distribuir em quantidade; distribuir generosamente

ladleful [ˈleɪdəlfʊl] *s.* colherada, colher cheia

Ladoga [ˈlædəʊɡə] *s.top.* Ládoga

lady [ˈleɪdɪ] *s.* (*pl.* **-ies**) 1 senhora; *she was too much of a ~ to do that* ela era demasiado senhora para fazer isso; 2 [coloq.] mulher, esposa; *your good ~* a sua esposa; 3 amada; 4 [cal.] (droga) cocaína ❖ *~ apple* maçã camoesa; *~ chair* cadeirinha (feita com as mãos entrelaçadas); *~ doctor* doutora; *~ dog* cadela; BOTÂNICA *~ fern* feto-fêmea; *~ of the house* dona da casa; *~ of the Queen's Wardrobe* açafata da rainha; BOTÂNICA **lady's bedstraw** erva-coalheira; BOTÂNICA **lady's bower** clematite branca; BOTÂNICA **lady's comb** erva-agulheira, agulha-de-pasta; BOTÂNICA **lady's cushion** umbigo-de-vénus; BOTÂNICA **lady's finger** vulnerária; BOTÂNICA **lady's foxglove** verbasco-branco; BOTÂNICA **lady's hair** avenca vulgar; **lady's looking-glass** campânula; **lady's mantle** pé-de-leão; alquemila; **ladies' room** instalações sanitárias para senhoras; **ladies' school** pensionato de raparigas; BOTÂNICA **lady's seal** norça-preta; BOTÂNICA **lady's slipper** manjerona; BOTÂNICA **lady's smock** cardamina; BOTÂNICA **lady's thistle** cardo-mariano; BOTÂNICA **lady's traces** satirião; **lady's watch** relógio de senhora; *ladies and gentlemen!* minhas senhoras e meus senhores!; *to be a ladies' man* procurar agradar às senhoras; procurar tornar-se simpático às senhoras; [coloq.] *to play the fine ~* armar em grande senhora; *young ~* menina

Lady [ˈleɪdɪ] *s.* 1 (título honorífico) *Lady*; 2 RELIGIÃO Senhora; *our ~* Nossa Senhora ❖ RELIGIÃO *~ Chapel* capela, em igreja, dedicada a Nossa Senhora; RELIGIÃO *~ Day* dia da Anunciação de Nossa Senhora (25 de Março); *~ Mayoress* a esposa do Lorde Maior

ladybird [ˈleɪdɪbɜːd] *s.* [GB] ZOOLOGIA joaninha

ladybug [ˈleɪdɪbʌɡ] *s.* [EUA] ZOOLOGIA joaninha

ladyfish [ˈleɪdɪfɪʃ] *s.* 1 ZOOLOGIA (peixe) ubarana (*Elops saurus*); 2 ZOOLOGIA (peixe) ubarana-rato, ubarana-rato (*Albula vulpes*)

ladyfy [ˈleɪdɪfaɪ] *v.tr.* 1 dar o tratamento de senhora a, tratar como senhora; 2 dar o título de *lady*

ladyhood [ˈleɪdɪhʊd] *s.* 1 feminilidade; 2 as senhoras

lady-in-waiting [ˌleɪdɪɪnˈweɪtɪŋ] *s.* (*pl.* **ladies-in-waiting**) dama de honor (a rainha), açafata

lady-killer [ˈleɪdɪˌkɪlə] *s.* ⟨*pl.* **-s**⟩ (sedução) conquistador; Don Juan; quebra-corações

ladylike [ˈleɪdɪlaɪk] *adj.* 1 senhoril, próprio de senhora; 2 distinto, refinado; 3 [depr.] efeminado

ladylove [ˈleɪdɪlʌv] *s.* [ant.] amada

ladyship [ˈleɪdɪʃɪp] *s.* (título honorífico) dignidade de *lady*; [usado em relação a uma pessoa com o título de *lady*] *your ~* Vossa Senhoria, V. Exa.

Laertius [leɪˈɜːʃɪəs] *s.antr.* Laércio

laetare Sunday [liːˈteərɪsʌndɪ] *s.* quarto domingo da Quaresma

laevogyrate [ˌliːvəʊˈdʒaɪrɪt] *adj.* QUÍMICA levogiro

laevogyrous [ˌliːvəʊˈdʒaɪrəs] *adj.* QUÍMICA levogiro

laevulose [ˈliːvjʊləʊs] *s.* QUÍMICA levulose

lag [læɡ] Ⓐ *s.* 1 atraso; retardamento; demora; *~ of the tide* atraso da maré; 2 desfasamento; 3 (movimento) afrouxamento; 4 cobertura; revestimento isolador; 5 [coloq.] condenado; *an old ~* cadastrado; recluso reincidente Ⓑ *v.tr.,intr.* (*particípios*: **-gg-**) 1 atrasar-se; ficar para trás; não acompanhar; 2 caminhar vagarosamente; 3 retardar; 4 (interesse, etc.) diminuir; baixar; 5 (caldeira) revestir de cobertura isoladora; *to ~ a pipe* revestir um tubo; 6 deportar, condenar a trabalhos forçados; 7 prender, capturar ❖ *~ device* dispositivo de retardamento; MECÂNICA *admission ~* atraso da admissão; *elastic ~* atraso por deformação elástica

◆**lag behind** *v.intr.* ficar para trás; não conseguir acompanhar

lagan [ˈlæɡən] *s.* DIREITO mercadorias ou restos de naufrágio depositados no fundo do mar

lager [ˈlɑːɡə] *s.* cerveja loura

lagerbeer [ˈlɑːɡəbɪə] *s.* ⇒ **lager**

laggard [ˈlæɡəd] *adj.* 1 lento, moroso, vagaroso, tardio; 2 que se atrasa

laggardly [ˈlæɡədlɪ] *adv.* lentamente, vagarosamente

laggardness [ˈlæɡədnəs] *s.* lentidão, morosidade

lagging [ˈlæɡɪŋ] Ⓐ *adj.* 1 moroso; lento; demorado; 2 que se arrasta Ⓑ *s.* 1 atraso; retardamento; 2 material calorífugo; 3 revestimento isolador; *~ of pipes* revestimento de tubos ❖ *~ circuit* circuito retardador; *~ machine* gerador de retardamento; *~ of phase* fase retardada

lagoon [ləˈɡuːn] *s.* laguna ❖ *~ reef* atol

lagune [ləˈɡuːn] *s.* ⇒ **lagoon**

lah [lɑː] *s.* MÚSICA lá

laic [ˈleɪɪk] *adj.* 1 laico; 2 secular, temporal

laical [ˈleɪɪkəl] *adj.* laico

laicization [ˌleɪɪsaɪˈzeɪʃən] *s.* laicização

laicize [ˈleɪɪsaɪz] *v.tr.* laicizar

laid [leɪd] {*prt. e part. pass. de* **to lay**} ❖ *~ up in lavender* empenhado; posto no prego; *money ~ up* dinheiro acumulado; *he has been ~ up for several weeks* há várias semanas que ele está de cama; [cal.] *to get ~* [cal.] dar uma queca

laid-back [ˈleɪdbæk] *adj.* descontraído, relaxado

lain [leɪn] *part. pass. de* **to lie**

lair [leə] Ⓐ *s.* 1 toca, covil, antro (de feras); 2 fojo (de lobo); 3 caverna (de salteadores); 4 cercado para animais a caminho do mercado; 5 [Esc.] sepultura, cova Ⓑ *v.tr.,intr.* 1 repousar, descansar em fojo, toca, covil ou antro; 2 alojar em cercado (animais)

lairage [ˈleərɪdʒ] *s.* 1 cercado para animais a caminho do mercado; 2 instalação de animais em cercado

laird [leəd] *s.* [Esc.] dono de propriedade imóvel, proprietário de terras

lairdship [ˈleədʃɪp] *s.* 1 [Esc.] dignidade de proprietário de terras; 2 senhorio de terras; 3 propriedade de raiz

lairy [ˈleərɪ] *adj.* manhoso e preguiçoso

laity [ˈleɪɪtɪ] *s.* ⟨*pl.* **-ies**⟩ 1 laicidade, laicismo; 2 as pessoas laicas; 3 o conjunto daqueles que não possuem ordens sacras; 4 laicado; 5 os leigos, pessoas que se mantêm fora de determinada profissão

lake [leɪk] *s.* 1 lago; 2 laca ❖ *~ basin* bacia lacustre; *~ dwelling* habitação lacustre; *the Great Lake* o oceano Atlântico; [EUA] *the Great Lakes* os Grandes Lagos (Superior, Hurão, Michigan e Ontário); *the Lake District* a Região dos Lagos, em Inglaterra (Westmorland, Cumberland, Lancashire); *the Lake Poets* os poetas lacustres (Southey, Coleridge, Wordsworth)

lakelet [ˈleɪklɪt] *s.* lago pequeno

lakeside [ˈleɪksaɪd] Ⓐ *s.* margem do lago; *at/by the ~* na margem do lago Ⓑ *adj.* da margem do lago ❖ *along the ~* ao longo do lago

lakh [lɑːk, læk] *s.* cem mil; *~ of rupees* cem mil rupias

lakist [ˈleɪkɪst] *s.* LITERATURA (Romantismo inglês) poeta lacustre

Lallans [ˈlælənz] [dial.] ⇒ **Lowlands**

lallation [læˈleɪʃən] *s.* lalação

L'Allegro [læˈleɪɡrəʊ] *s.* nome de um poema de Milton

lam [læm] *v.tr.,intr.* (*particípios*: **-mm-**) [cal.] zurzir, bater

lama [ˈlɑːmə] *s.* 1 lama, sacerdote budista ou tibetano; 2 ZOOLOGIA lama, alpaca

Lamaism [ˈlɑːmɪzəm] *s.* RELIGIÃO lamaísmo

Lamaist [ˈlɑːmɪst] *adj.,s.* RELIGIÃO lamaísta

lamasery [ˈlɑːməsərɪ] *s.* ⟨*pl.* **-ies**⟩ convento de lamas

lamb [læm] Ⓐ *s.* 1 cordeiro, carneirinho; *sucking ~* cordeirinho de mama; *yearling ~* carneiro de um ano; 2 [fig.] (pessoa simples ou crédula) inocente; 3 [coloq.] (criança) querido; lindo; pequenino Ⓑ *v.intr.* (ovelha) parir ❖ RELIGIÃO *Lamb of God* Cordeiro de Deus;

BOTÂNICA *lamb's lettuce* alface-de-cordeiro; valeriana; BOTÂNICA *lamb's longue* tanchagem; tanchagem-menor; corrijó; BOTÂNICA *lamb's quarter* erva-formigueira; quenopódio vermífugo; *lamb's wool* lã de ovelha; *like a ~ to the slaughter* como um boi para o matadouro; *a wolf in lamb's clothing* um lobo com pele de cordeiro; *my one ewe ~* o meu único tesouro

lambast [læmˈbæst] *v.tr.* 1 criticar fortemente, deitar abaixo*fig.*; 2 [arc., lit.] chicotear

lambaste [læmˈbeɪst] *v.tr.* ⇒ **lambast**

lambda [ˈlæmdə] *s.* a letra grega lambda

lambdacism [ˈlæmdəsɪzəm] *s.* lambdacismo, labdacismo

lambency [ˈlæmbənsɪ] *s.* 1 brilho pálido, suave; 2 cintilação

lambent [ˈlæmbənt] *adj.* 1 suave; 2 suavemente brilhante; 3 cintilante

lambing [ˈlæmɪŋ] *s.* 1 parto de ovelha; 2 época em que a ovelha costuma parir

lambkin [ˈlæmkɪn, ˈlæmpkɪn] *s.* cordeirinho

lambrequin [ˈlæmbəkɪn] *s.* lambrequim

lambskin [ˈlæmskɪn] *s.* 1 pele de cordeiro; 2 agnelina

lame [leɪm] Ⓐ *adj.* 1 coxo; [coloq.] *~ verse* versos coxos; 2 aleijado; 3 (razão, desculpa) pouco convincente; que não convence; que não satisfaz; *~ excuse* desculpas de mau pagador; desculpas esfarrapadas; *~ story* história duvidosa; 4 inútil; incapaz Ⓑ *v.tr.* 1 aleijar; 2 estropiar ❖ (pessoa, coisa) *a ~ duck* um peso morto

lamé [ˈlæmeɪ] Ⓐ *adj.* com fio de ouro ou prata entrelaçado Ⓑ *s.* 1 lhana, objecto com fio de ouro ou prata entrelaçado; 2 peça metálica brilhante

lamella [ləˈmelə] *s.* (*pl.* **-ae**) lamela

lamellae [ləˈmeliː] *s.* {*pl. de* **lamella**}

lamellar [ləˈmelə] *adj.* lameliforme, lamelar, laminar; *~ structure* estrutura lamelar

lamellate [ˈlæməlɪt] *adj.* lamelado

lamellated [ˌlæməˈleɪtɪd] *adj.* ⇒ **lamellate**

lamellibranch [ləˈmelɪbræŋk] *s.* lamelibrânquio

lamellibranchiate [ˌlæmlɪˈbræŋkɪɪt] *adj.* lamelibrânquio

lamellicorn [ləˈmelɪkɔːn] *adj.,s.* lamelicórneo

lamellose [ləˈmeləʊs] *adj.* lameloso, lamelado

lamely [ˈleɪmlɪ] *adv.* 1 coxeando; a mancar; 2 de modo pouco convincente; 3 imperfeitamente

lameness [ˈleɪmnəs] *s.* 1 coxeadura, acto de coxear; 2 claudicação; 3 deficiência, imperfeição; 4 (razões, desculpas, etc.) debilidade, fraqueza, carência de poder convincente

lament [ləˈment] Ⓐ *v.tr.* 1 lamentar; *to ~ the fact that...* lamentar que; 2 chorar; lastimar Ⓑ *v.intr.* 1 lamentar-se; lastimar-se; prantear; *to ~ for a person* lamentar-se por causa de uma pessoa; *to ~ over sb's death* lamentar-se por causa da morte de alguém; 2 queixar-se Ⓒ *s.* 1 lamento, lamentação; 2 queixa; 3 elegia

lamentable [ˈlæməntəbəl, ləˈməntəbəl] *adj.* 1 lamentável; lastimável; 2 deplorável

lamentably [ˈlæməntəblɪ, ləˈməntəblɪ] *adv.* 1 lamentavelmente; 2 deploravelmente

lamentation [ˌlæmenˈteɪʃən] *s.* lamentação, lamento

lamented [ləˈmentɪd] *adj.* 1 lamentado, chorado; 2 digno de pena

lamenting [ləˈmentɪŋ] Ⓐ *adj.* 1 lamentoso; 2 triste; 3 lúgubre Ⓑ *s.* lamento, lamentação

lamia [ˈleɪmɪə] *s.* MITOLOGIA lâmia, monstro fabuloso com cabeça de mulher e corpo de serpente

lamina [ˈlæmɪnə] *s.* (*pl.* **-ae**) 1 lâmina, lamela; 2 folha de metal

laminae [ˈlæmɪniː] *s.* {*pl. de* **lamina**}

laminar [ˈlæmɪnə] *adj.* laminar

laminaria [ˌlæmɪˈneərɪə] *s.* laminária, género de algas

laminarian [ˌlæmɪˈneərɪən] *adj.* laminário, diz-se de uma zona de profundidade marítima até 27 metros

laminate¹ [ˈlæmɪneɪt] *v.tr.,intr.* 1 (livro, documento, etc.) plastificar; 2 (metal) laminar, laminar-se

laminate² [ˈlæmɪnɪt] *adj.* 1 laminoso, em lamelas; 2 laminado

laminated [ˈlæmɪneɪtɪd] *adj.* 1 (documento, livro, etc.) plastificado; 2 com várias lâminas, laminado; *~ iron core* núcleo de ferro laminado; 3 (madeira) contraplacado ❖ ELECTRICIDADE *~ pole* pólo laminado; *~ spring* mola de lâminas

lamination [ˌlæmɪˈneɪʃən] *s.* 1 plastificação; 2 laminação, laminagem; 3 estratificação

laminiform [ləˈmɪnɪfɔːm] *adj.* laminiforme

laminitis [ˌlæmɪˈnaɪtɪs] *s.* VETERINÁRIA aguamento, dificuldade de movimentos em animal devido a resfriado ou excesso de trabalho

lammargeyer [ˈlæməgaɪə] *s.* ZOOLOGIA (ave) brita-ossos, águia-pesqueira, xofrango

Lammas [ˈlæməs] *s.* dia 1 de Agosto, primitivamente guardado como festa das colheitas ❖ *latter ~* data desconhecida; dia que nunca chega; dia de S. Nunca

lamming [ˈlæmɪŋ] *s.* tareia, sova

lamp [læmp] Ⓐ *s.* 1 lâmpada; *sixty-watt ~* lâmpada de 60 watts; 2 lanterna; *pocket ~* lanterna de bolso; 3 candeia; lamparina; *spirit ~* lamparina a álcool; 4 candeeiro; *oil ~* candeeiro a petróleo; *standard ~* candeeiro de pé; 5 (veículo) farol Ⓑ *v.tr.* 1 encher de lâmpadas; colocar lâmpadas em; 2 iluminar Ⓒ *v.intr.* reluzir; luzir; brilhar ❖ (porta-lâmpada) *~ bracket* aplique; *~ bulb* lâmpada eléctrica; *~ burner* bico de candeia; bocal de candeeiro; *~ chimney* chaminé de vidro de candeeiro; *~ cleaner* limpa-faróis; ELECTRICIDADE *~ cord* fio de ligação de lâmpada; *~ glass* chaminé (de vidro) de candeeiro; *~ globe* globo de lâmpada; *~ holder* porta-lâmpada; casquilho; *~ oil* azeite de candeia ou lamparina; petróleo para candeeiro; *~ screen* quebra-luz; *~ signal* sinal óptico; *~ socket* garra de lâmpada; *~ wick* torcida; *to smell of the ~* revelar muito trabalho nocturno; revelar um trabalho laborioso

lampas¹ [ˈlæmpəs] *s.* (seda oriental) lampa

lampas² [ˈlæmpəz] *s.* fava, doença dos cavalos caracterizada por inflamação do céu-da-boca

lampblack [ˈlæmpblæk] Ⓐ *s.* negro-de-fumo Ⓑ *v.tr.* passar por negro-de-fumo

lampern [ˈlæmpən] *s.* ZOOLOGIA lampreia-do-rio

lampion [ˈlæmpɪən] *s.* 1 lamparina de azeite, de vidro colorido, usada em iluminações; 2 tigelinha

lamplight [ˈlæmplaɪt] *s.* luz de lâmpada

lamplighter [ˈlæmplaɪtə] *s.* pessoa encarregada de acender as lâmpadas de iluminação pública

lampoon [læmˈpuːn] Ⓐ *s.* 1 pasquim, pasquinada; 2 sátira; 3 jambo, poema satírico Ⓑ *v.tr.* 1 escrever pasquins contra; 2 criticar acerbamente por escrito, satirizar; 3 ridicularizar

lampooner [læmˈpuːnə] *s.* autor de pasquim

lampoonery [læmˈpuːnərɪ] *s.* 1 espírito próprio de pasquins; 2 crítica mordaz e difamatória

lampoonist [læmˈpuːnɪst] *s.* ⇒ **lampooner**

lamppost [ˈlæmppəʊst] *s.* poste de iluminação pública ❖ [EUA] RÁDIO, TELEVISÃO [coloq.] *~ interview* entrevista com pessoa que mantém o anonimato

lamprey [ˈlæmprɪ] *s.* ZOOLOGIA lampreia; *river ~* lampreia-do-rio

lampshade [ˈlæmpʃeɪd] *s.* abat-jour; quebra-luz

LAN INFORMÁTICA *(abrev. de* Local Area Network) LAN

Lancaster [ˈlæŋkəstə] *s.antr.* Lencastre, Alencastro

Lancastrian [læŋˈkæstrɪən] *adj.,s.* 1 do Lancashire ou da cidade de Lancaster; 2 habitante do Lancashire ou da cidade de Lancaster; 3 ligado à família do duque de Lencastre ou ao partido da rosa vermelha na Guerra das Rosas

lance [lɑːns] Ⓐ *s.* 1 lança; 2 pique; 3 lanceiro; 4 MEDICINA lanceta Ⓑ *v.tr.* 1 atravessar com um golpe de lança; 2 MEDICINA lancetar; *to ~ a boil* lancetar um abcesso ❖ MILITAR (soldado com atribuições de cabo) *~ corporal/jack* arvorado; ZOOLOGIA *~ snake* serpente venenosa americana; *~ stroke* lançada

lanced [lɑːnst] *adj.* BOTÂNICA lanceolado

lancelet [ˈlɑːnslɪt] *s.* ZOOLOGIA anfioxo

Lancelot [ˈlɑːnslət] *s.antr.* (cavaleiro da Távola Redonda) Lancelote

lanceolate [ˈlɑːnsɪəleɪt] *adj.* BOTÂNICA lanceolado

lanceolated [ˈlɑːnsɪəleɪtɪd] *adj.* ⇒ **lanceolate**

lancer [ˈlɑːnsə] *s.* MILITAR (soldado) lanceiro ❖ (dança) *a set of lancers* uma quadrilha de lanceiros

lancet [ˈlɑːnsət] *s.* 1 MEDICINA lanceta; 2 ogiva pontiaguda ❖ *~ arch* arco ogival; ARQUITECTURA *~ window* janela com arco ogival

lanceted [ˈlɑːnsɪtɪd] *adj.* (janela) em ogiva, ogival

lancewood [ˈlɑːnswʊd] *s.* BOTÂNICA duguécia, biribá*Bras.*

lanciform [ˈlɑːnsɪfɔːm] *adj.* lanciforme

lancinate [ˈlænsɪneɪt] *v.tr.* 1 lancinar; 2 atormentar

lancinating [ˌlɑːnsɪˈneɪtɪŋ] *adj.* lancinante

lancing [ˈlɑːnsɪŋ] *s.* acto de lancetar (um abcesso)

Lancs [abrev. de Lancashire]

land [lænd] Ⓐ s. **1** terra; solo; *dry* ~ terra firme; *by* ~ *and sea* por terra e por mar; *to reach* ~ chegar a terra; **2** (lugar) terra; *my native* ~ a minha terra natal; **3** terreno; propriedade rural, bens de raiz; *level building* ~ terreno plano para construções Ⓑ v.tr.,intr. **1** desembarcar; **2** aterrar, pousar; *the plane landed at London* o avião aterrou em Londres; *to* ~ *with the engine off* aterrar com o motor parado; **3** (navio) descarregar; **4** chegar; **5** colocar; **6** cair; *to* ~ *awkwardly* cair mal; *to* ~ *on sth* cair por cima de alguma coisa; *to* ~ *on one's feet* cair de pé; **7** conseguir, obter; *she landed a good job* ela conseguiu um emprego atractivo; **8** [coloq.] (sarilhos, dificuldades) meter em; arranjar; *to* ~ *sb in trouble* arranjar problemas a alguém; **9** pescar ❖ ~ *act* lei agrária; ~ *agent* feitor; agente de compra e venda de propriedades rurais; ~ *animal* animal terrestre; ~ *bank* banco garantido por bens imóveis; BOTÂNICA ~ *beef* borragem; NÁUTICA ~ *blink* reflexo de terra; ~ *boiler* caldeira industrial; ~ *breeze* vento da terra; ~ *bridge* língua de terra que une uma península ao continente; ~ *carriage* transporte por terra; ~ *cruiser* tanque; carro de assalto; ~ *laws* leis agrárias; *Land League* liga agrária; ~ *measuring/surveying* agrimensura; ~ *reform* reforma agrária; ~ *registry* registo de propriedade; ~ *swell* vaga alta junto à praia; ~ *tax* imposto de propriedade; ~ *warfare* guerra terrestre; ~ *worker* trabalhador agrícola; *the* ~ *of the living* a vida terrena; o mundo dos vivos; *the* ~ *question* a questão agrária; *back to the land!* regressar à terra!; (corridas de cavalos) *to* ~ *first* chegar em primeiro lugar; *to* ~ *sb a blow* dar uma pancada em alguém; *to see how the* ~ *lies* sondar o terreno

♦**land on** v.tr. [EUA] [coloq.] censurar; ralhar; criticar

♦**land up** v.intr. **1** [coloq.] acabar em [**in**, em]; acabar [**in**, por]; **2** [coloq.] ir ter [**in**, a]

landau ['lændɔː] s. (carro de cavalos) landó

land-based ['lændbeɪsd] adj. **1** com base terrestre; **2** (estabelecimento) com sede ❖ AERONÁUTICA ~ *fighter* caça com base terrestre; ~ *bookstore* livraria não virtual

landed ['lændɪd] adj. **1** que desembarcou; que aterrou; **2** relativo a bens de raiz; ~ *property* bens de raiz; **3** com terras; ~ *proprietor* terra-tenente, proprietário de terras

lander ['lændə] s. [coloq.] (boxe) golpe em cheio no rosto

landfall ['lændfɔːl] s. **1** a primeira terra que se descobre de bordo; **2** aterragem após longa viagem aérea por sobre o mar; **3** herança de bens de raiz

landfill ['lændfɪl] s. aterro; *sanitary* ~ aterro sanitário

landgrabber ['lændˌɡræbə] s. [EUA] especulador de terras

landgrave ['lændɡreɪv] s. landegrávio, landegrave

landgravine ['lændɡrævɪːn] s.f. landegravina

landholder ['lændˌhəʊldə] s. possuidor de terras

landing ['lændɪŋ] Ⓐ s. **1** aterragem; *crash/emergency* ~ aterragem de emergência; **2** desembarque; *the* ~ *of the troops* o desembarque das tropas; **3** (escadas) patamar; **4** NÁUTICA cais; **5** descanso Ⓑ adj. de desembarque ❖ MILITAR ~ *barge* lancha de desembarque; ~ *crew* pessoal técnico de terra; (porta-aviões) ~ *deck* coberta de aterragem; ~ *field* pista de aterragem; ~ *gear* trem de aterragem; ~ *ground* aeródromo; ~ *mat* pista de aterragem de emergência; ~ *pier* molhe de desembarque; ~ *strip* pista de aterragem

landlady ['lændˌleɪdɪ] s.f. (pl. **-ies**) **1** proprietária de terras; **2** dona de pensão, hospedaria, etc.; **3** senhoria

landless ['lændləs] adj. sem terras

landlocked ['lændlɒkt] adj. **1** rodeado de terra; encaixado entre terras; **2** interior; sem ligação ao mar; ~ *lake* lago interior

landlord ['lændlɔːd, 'lændlɔːd] s. **1** senhorio; **2** dono de terras, proprietário de terras; **3** proprietário de bens imóveis, dono de pensão, hospedaria, etc.

landlordism ['lænˌlɔːdɪzəm, 'lændˌlɔːdɪzəm] s. **1** sistema pelo qual a terra é propriedade dos grandes senhores, a quem os rendeiros pagam rendas fixas (sobretudo na Irlanda); **2** preconização deste sistema

landlordship ['lænˌlɔːdʃɪp, 'lændˌlɔːdʃɪp] s. dignidade ou situação dos grandes proprietários que possuíam a terra

landlubber ['lændˌlʌbə] s. NÁUTICA marinheiro pouco experiente

landmark ['lændmɑːk] Ⓐ s. **1** baliza; **2** marco divisório; marco de fronteira; **3** marco miliário; **4** ponto de referência; **5** acontecimento importante que inicia uma nova época; **6** descoberta excepcional Ⓑ adj. **1** histórico; **2** marcante; **3** de referência

landmass ['lændmæs] s. GEOGRAFIA massa terrestre, massa continental

landmine ['lændmaɪn] s. MILITAR (explosivo) mina terrestre

landocracy [læn'dɒkrəsɪ] s. [coloq.] aristocracia rural

land-office ['lændˌɒfɪs] adj. [coloq.] (negócio) óptimo; excelente; *to do a* ~ *business* fazer um óptimo negócio

landowner ['lændˌəʊnə] s. proprietário rural

land-poor ['lændpʊə] adj. [EUA] (proprietário) com muitas terras mas sem capital de investimento

landrail ['lændreɪl] s. ZOOLOGIA codorniz, francolim

land-rover ['lændˌrəʊvə] s. todo-o-terreno, jipe

landscape ['lænskeɪp, 'lændskeɪp] Ⓐ s. **1** paisagem; *to paint landscapes* pintar paisagens; **2** vista; **3** [fig.] (contexto) panorama; cenário; plano de fundo Ⓑ v.tr. dar tratamento paisagístico a; ajardinar ❖ ~ *architect* arquitecto paisagista; ~ *architecture* arquitectura paisagista; ~ *gardener* jardineiro paisagista; ~ *gardening* paisagismo; ~ *painter* pintor paisagista

landscapist ['lænˌskeɪpɪst, 'lændˌskeɪpɪst] s. pintor paisagista

landshark ['lændʃɑːk] s. **1** especulador de terras; **2** [coloq., depr.] indivíduo que explora os marinheiros em terra

landslide ['lændslaɪd] Ⓐ s. **1** desabamento, desmoronamento; **2** derrocada; **3** POLÍTICA vitória esmagadora; *to win by a* ~ obter uma vitória esmagadora Ⓑ v.intr. [EUA] POLÍTICA obter uma vitória esmagadora ❖ ~ *majority* maioria triunfante

landslip ['lændslɪp] s. deslocamento de terrenos, desabamento, desmoronamento

landsman ['lændzmən] s. (pl. **-men**) **1** camponês; **2** homem que vive no campo; **3** homem que vive em terra (e não no mar)

landsurf ['lændsɜːf] v.intr. andar de skate

landswoman ['lændzˌwʊmən] s.f. (pl. **-women**) camponesa

landward ['lændwəd] Ⓐ adj. **1** do interior; **2** do lado da terra; **3** [Esc.] rústico, camponês Ⓑ adv. **1** em direcção à terra; **2** em direcção à praia

landwards ['lændwədz] adv. **1** em direcção à terra; **2** para o lado de terra

lane [leɪn] s. **1** ruela, viela, rua estreita; **2** DESPORTO (corridas) pista individual; **3** (estrada) faixa de rodagem; via de circulação; **4** AERONÁUTICA corredor; *air* ~ corredor aéreo; **5** NÁUTICA rota marítima; **6** ala; *a* ~ *of military* uma ala de soldados ❖ ~ *closure* encerramento de vias de circulação

langrage ['læŋrɪdʒ] s. NÁUTICA metralha, primitivamente destinada a destruir a mastreação, cordame, etc. de navio inimigo

langridge ['læŋrɪdʒ] s. NÁUTICA metralha, primitivamente destinada a destruir a mastreação, cordame, etc. de navio inimigo

lang syne ['læŋsaɪn] Ⓐ s. [Esc.] os velhos tempos; os tempos de outrora Ⓑ adv. [Esc.] nos velhos tempos, nos tempos de outrora

language ['læŋɡwɪdʒ] s. **1** (idioma) língua; *dead languages* línguas mortas; *living languages* línguas vivas; *modern languages* línguas modernas; *the Portuguese* ~ a língua portuguesa; **2** linguagem; *sign* ~ linguagem gestual; *bad* ~ linguagem grosseira; *strong* ~ linguagem ofensiva ❖ ~ *barrier* barreira da língua; ~ *laboratory* laboratório de línguas; ~ *school* escola de línguas; *they talk the same* ~ eles entendem-se bem; *we're not speaking the same* ~ *here!* não estamos a conseguir comunicar!

langue de chat [lɒŋdəʃɑː] s. CULINÁRIA (biscoito) língua-de-gato

Languedocian [ˌlæŋɡəˈdəʊʃɪən] adj.,s. **1** do Languedoc; **2** natural do Languedoc

languet ['læŋɡwɪt] s. palheta (de órgão)

languid ['læŋɡwɪd] adj. **1** lânguido, langoroso; **2** débil; frouxo; tépido; **3** apático; desinteressado; **4** lento ❖ *to be* ~ *about…* ter pouco entusiasmo por…

languidly ['læŋɡwɪdlɪ] adv. **1** languidamente; **2** langorosamente; **3** molemente; **4** apaticamente

languidness ['læŋɡwɪdnəs] s. **1** languidez, langor; **2** apatia; **3** moleza, indiferença

languish ['læŋɡwɪʃ] v.intr. **1** enlanguescer; tornar-se lânguido; **2** enfraquecer; debilitar-se; definhar; **3** estiolar ❖ *to* ~ *for…* ansiar por…; estar morto por…; *to* ~ *in misery* jazer na miséria

languishing ['læŋgwɪʃɪŋ] Ⓐ *adj.* 1 lânguido, langoroso; 2 com languidez Ⓑ *s.* definhamento, enfraquecimento, estiolamento
languishingly ['læŋgwɪʃɪŋlɪ] *adv.* languidamente, langorosamente
languishment ['læŋgwɪʃmənt] *s.* 1 languidez, langor; 2 abatimento, definhamento; 3 *pl.* atitudes langorosas
languor ['læŋgə] *s.* langor
languorous ['læŋgərəs] *adj.* langoroso
languorously ['læŋgərəslɪ] *adv.* langorosamente
langur [læŋˈgʊə] *s.* ZOOLOGIA (macaco) langur
laniard ['lænjɑːd] *s.* ⇒ **lanyard**
laniary ['lænjərɪ] Ⓐ *adj.* laniar, canino Ⓑ *s.* dente canino
laniferous [læˈnɪfərəs] *adj.* lanífero
lanigerous [læˈnɪdʒərəs] *adj.* lanígero
lank [læŋk] *adj.* 1 magro; seco de carnes; descarnado; esgalgado; 2 esguio; 3 (cabelo) liso; escorrido ❖ *to grow ~* emagrecer
lankily ['læŋkɪlɪ] *adv.* de maneira esgalgada
lankiness ['læŋkɪnəs] *s.* aspecto de pessoa alta e magra
lankness ['læŋknəs] *s.* 1 magreza; 2 aspecto liso do cabelo
lanky ['læŋkɪ] *adj.* (*comp.* **-ier**, *superl.* **-iest**) alto e magro; esgalgado ❖ *a ~ legs* indivíduo alto e esgalgado, de pernas magras
lanner ['lænə] *s.* 1 ZOOLOGIA borni; 2 açor-fêmea; 3 falcão-fêmea
lanneret ['lænərɪt] *s.* 1 ZOOLOGIA borni-macho; 2 açor-macho; 3 falcão-macho
lanolin ['lænəliːn] *s.* lanolina
lansquenet ['lænskənɪt] *s.* lansquenete, lansquené
lantana [lænˈteɪnə] *s.* BOTÂNICA lantana
lantern ['læntən] *s.* 1 lanterna; 2 câmara luminosa de farol; 3 clarabóia ❖ *~ battery* bateria de lanterna; *~ jaws* maxilas chupadas; *~ signal* sinal de faróis; *dark ~* lanterna de furta-fogo; *magic ~* lanterna mágica
lanternist ['læntənɪst] *s.* pessoa que trabalha com uma lanterna mágica
lantern-jawed ['læntəndʒɔːd] *adj.* 1 de queixo saliente; 2 com rosto cavado; de rosto chupado
lanthanide ['lænθənaɪd] *s.* QUÍMICA lantanídeo
lanthanum ['lænθənəm] *s.* QUÍMICA (elemento químico) lantânio
lanthorn ['lænθən] *s.* [arc.] lanterna
lanuginous [ləˈnjuːdʒɪnəs] *adj.* BOTÂNICA lanuginoso
lanyard ['lænjəd] *s.* 1 correia; 2 passadeira, cordão usado pelos marinheiros ao pescoço, com um apito ou uma faca na extremidade; 3 NÁUTICA colhedor, cabo delgado com que se firmam os mastaréus; 4 arrida ❖ NÁUTICA *~ of the buoy* cabo pequeno na testa da bóia; NÁUTICA *lanyards of the stoppers* michelos das boças
Laocoon [ˌleɪˈɒkəʊn] *s.* MITOLOGIA Laocoonte
Laodamia [ˌleɪəʊdəˈmaɪə] *s.* MITOLOGIA nome da esposa de Protesilau
Laomedon [leɪˈɒmɪdən] *s.* MITOLOGIA Laomedonte, rei lendário de Tróia
Laos [laʊz, laʊs] *s.top.* Laus, Laos
Laotian ['laʊʃɪən] *adj.,s.* lauciano
lap [læp] Ⓐ *s.* 1 regaço; colo; *to sit on sb's ~* estar (sentado) ao colo de alguém; 2 aba, fralda, dobra, bainha; 3 sobreposição; cobertura; 4 imbricação; 5 DESPORTO (pista de corridas) volta, circuito completo; *~ of honour* volta de honra; 6 (percurso) etapa; 7 volta de fio enrolado; 8 cavado entre montes; 9 som feito ao lamber qualquer líquido; 10 golada; 11 golpe; 12 alimento líquido para cães; 13 [cal.] (bebida) mixórdia; 14 batimento das ondas na praia; 15 polidor, roda polidora Ⓑ *v.tr.,intr.* (*particípios*: **-pp-**) 1 DESPORTO (pista de corridas) percorrer uma volta; 2 enrolar(-se); envolver(-se); sobrepor(-se); 3 imbricar, dispor em imbricação; 4 (cães, gatos) beber, lambendo; 5 engolir, sorver com voracidade e ruído; 6 (ondas pequenas) bater na praia com leve ruído; 7 polir ❖ *~ of the ear* lobo da orelha; *in the ~ of luxury* no seio da abundância; *it's in the ~ of gods* está nas mãos do destino; só Deus sabe; DESPORTO *to ~ one's opponents* levar uma volta de avanço aos adversários; *to ~ the gutter* ficar irremediavelmente embriagado
◆ **lap up** *v.tr.* 1 beber, lambendo; *to ~ milk* beber o leite às lambidelas; 2 [fig.] (interesse) absorver; beber; 3 [fig.] (credulidade) engolir; papar; 4 [fig.] (deleitar-se com) lamber os beiços com

laparocele ['læpərəʊsiːl] *s.* laparocele
laparoscopy [ˌlæpəˈrɒskəpɪ] *s.* MEDICINA laparoscopia
laparotomy [ˌlæpəˈrɒtəmɪ] *s.* CIRURGIA laparotomia
lapdog ['læpdɒg] *s.* 1 cãozinho de colo; cãozinho de salão; cãozinho fraldiqueiro; 2 [fig., depr.] (pessoa) lacaio; pau-mandado
lapel [ləˈpel] *s.* lapela (de casaco)
lapelled [ləˈpeld] *adj.* com lapela
lapful ['læpfʊl] *s.* abada, regaçada
lapicide ['læpɪsaɪd] *s.* lapicida, gravador de inscrições em pedra
lapidary ['læpɪdərɪ, 'læpɪdərɪ] Ⓐ *adj.* 1 lapidário, gravado em pedra; 2 relativo a inscrições gravadas em pedra; 3 relativo a lápide; 4 [fig.] (estilo) lapidar, conciso, elegante; 5 (insecto) que se abriga entre pedras Ⓑ *s.* (*pl.* **-ies**) 1 lapidário, gravador em pedra; 2 joalheiro, polidor de pedras preciosas
lapidate ['læpɪdeɪt] *v.tr.* 1 lapidar; 2 matar à pedrada
lapidation [ˌlæpɪˈdeɪʃən] *s.* lapidação
lapidicolus [ˌlæpɪˈdɪkələs] *adj.* lapidícola
lapidification [læpɪdɪfɪˈkeɪʃən] *s.* lapidificação
lapidify [læˈpɪdɪfaɪ] *v.tr.* lapidificar
lapis lazuli [ˌlæpɪsˈlæzjʊlɪ] *s.* lápis-lazúli; lazurite
lapithae [ˈlæpɪθiː] *s.pl.* Lapitos, povo lendário da Tessália
Lapland [ˈlæplænd] *s.top.* Lapónia
Laplander [ˈlæpˌlændə] *s.* lapão
Lapp [læp] *adj.,s.* lapão
lapped [læpt] *adj.* sobreposto, imbricado
lappet [ˈlæpɪt] *s.* 1 aba, dobra, fralda, parte de vestuário caída ou solta sobre outra; 2 lapela; 3 carúncula; 4 monco (de peru); 5 barbela; 6 lobo de orelha
Lappish [ˈlæpɪʃ] *adj.,s.* lapão
lapsana [ˈlæpsənə] *s.* BOTÂNICA lapsana, lampsana, labresto
lapse [læps] Ⓐ *s.* 1 (erro) lapso; deslize; falha; 2 (tempo) intervalo; decurso de tempo; *a ~ of time* um período de tempo; 3 RELIGIÃO apostasia; renegação de fé; adopção de heresia; *~ into heresy* adopção de heresia; 4 queda; 5 DIREITO prescrição de direito ou privilégio; 6 curso de água; correr suave da água Ⓑ *v.intr.* 1 (tempo) passar; 2 (comportamento) cair [**into**, em]; *to ~ into bad habits* cair em maus hábitos; 3 cometer um lapso; cometer um deslize; 4 decair; entrar em declínio; 5 caducar; prescrever; expirar; *his insurance policy has lapsed* a apólice de seguro dele já caducou; 6 (assinatura, etc.) chegar ao fim ❖ *to ~ into silence* calar-se; ficar em silêncio; (fama) *to ~ into obscurity* voltar à obscuridade; *to ~ into unconsciousness* perder os sentidos
lapsed [læpst] *adj.* 1 DIREITO que prescreveu; 2 caduco; 3 que apostatou; 4 (católico) não praticante
lapsing [ˈlæpsɪŋ] *s.* 1 DIREITO prescrição, caducidade; 2 apostasia
lapstone [ˈlæpstəʊn] *s.* pedra de sapateiro, brunidor de sapateiro
lapsus [ˈlæpsəs] *s.* lapso, deslize
laptop [ˈlæptɒp] Ⓐ *s.* INFORMÁTICA computador portátil Ⓑ *adj.* (computador) portátil
Laputan [ləˈpjuːtən] *adj.,s.* 1 de Laputa; 2 habitante de Laputa; 3 visionário, quimérico, absurdo
lapwing [ˈlæpwɪŋ] *s.* ZOOLOGIA (ave) galispo, pavoncinho, pavoncino
lar [lɑː] *s.* (*pl.* **lares**) MITOLOGIA (protector da casa e da família) Lar ❖ *Lares and Penates* a casa; o lar
larboard [ˈlɑːbəd, ˈlɑːbɔːd] *s.* [arc.] bombordo
larcener [ˈlɑːsənə] *s.* ladrão de coisas miúdas
larcenist [ˈlɑːsənɪst] *s.* ⇒ **larcener**
larcenous [ˈlɑːsənəs] *adj.* dado ao roubo, ladrão
larcenously [ˈlɑːsənəslɪ] *adv.* 1 como um ladrão; 2 à maneira dos ladrões
larceny [ˈlɑːsənɪ] *s.* (*pl.* **-ies**) 1 [ant.] roubo; furto; *grand ~* roubo qualificado; *petty ~* pequeno roubo; 2 apropriação de coisas alheias
larch [lɑːtʃ] *s.* (*pl.* **-es**) BOTÂNICA larício, lariço, lárice
lard [lɑːd] Ⓐ *s.* 1 banha de porco, pingue; 2 unto; 3 toucinho Ⓑ *v.tr.* 1 CULINÁRIA lardear, entremear, envolver em fatias de toucinho; 2 adornar, ataviar, entretecer (discurso com citações, termos técnicos, etc.)
lardaceous [lɑːˈdeɪʃəs] *adj.* com degenerescência gorda
larder [ˈlɑːdə] *s.* despensa
larding [ˈlɑːdɪŋ] *s.* acto de entremear ou lardear ❖ *~ needle/ ~ pin* lardeadeira; agulha de lardear

lardon ['lɑːdən] s. CULINÁRIA tira de toucinho para lardear
lardoon [lɑːˈduːn] s. ⇒ **lardon**
lardy ['lɑːdɪ] adj. 1 parecido com toucinho; 2 gordo; 3 gorduroso
lardy-dardy [ˌlɑːdɪˈdɑːdɪ] adj. [ant.] afectado; pretensioso; presumido
lare ['leə] s. torno
lares ['leərɪz] s. {pl. de **lar**}
large [lɑːdʒ] Ⓐ adj. 1 grande; ~ *output* grande produção; 2 de grande extensão; 3 (roupa) largo; 4 numeroso; 5 avultado, volumoso; 6 amplo, vasto; 7 generoso, liberal; 8 difuso; 9 [arc.] grosseiro, vulgar Ⓑ adv. com vento favorável ❖ ~ *calorie* grande caloria; ~ *employers* grandes empresas; ANATOMIA ~ *intestine* intestino grosso; NÁUTICA ~ *wind* vento à bolina; ~ *and small farmers* grandes e pequenos agricultores; ~ *as life* nitidamente visível; ~ *numbers of...* um grande número de...; *in* ~ *part* em grande parte; *on a* ~ *scale* em grande escala; *the people at* ~ o povo em geral; [coloq.] *that's a* ~ *order for him* isso é uma coisa difícil para ele; *to get/grow large(r)* aumentar; (fugitivo) *to be at* ~ andar à solta; andar em liberdade; *to talk at* ~ falar à toa
large-acred ['lɑːdʒˌeɪkəd] adj. 1 (proprietário) com muitas terras; 2 (terras) muito extenso; de grande extensão
large-crowned ['lɑːdʒˌkraʊnd] adj. (árvore) com grande copa
large-handed [lɑːdʒˈhændɪd] adj. 1 de grandes mãos; 2 magnânimo, generoso
large-hearted [lɑːdʒˈhɑːtɪd] adj. 1 de bom coração; 2 generoso, franco, magnânimo
large-heartedness [lɑːdʒˈhɑːtɪdnəs] s. 1 bom coração; 2 generosidade
largely ['lɑːdʒlɪ] adv. largamente, grandemente, amplamente
large-minded [lɑːdʒˈmaɪndɪd] adj. de espírito aberto, tolerante
large-mindedness [lɑːdʒˈmaɪndɪdnəs] s. larguezade espírito, tolerância
largeness ['lɑːdʒnəs] s. 1 grandeza; 2 grande extensão; 3 amplidão; 4 generosidade
large-scale [lɑːdʒˈskeɪl] adj. 1 em grande escala; 2 de grande extensão; 3 de grande alcance; 4 (projecto, empreendimento) ambicioso; 5 (catástrofe, desastre) de graves consequências
large-sized ['lɑːdʒsaɪzd] adj. 1 grande; 2 de grande formato; 3 de grandes dimensões
largess [lɑːˈdʒes] s. [arc.] generosidade, liberalidade, dádiva
largesse [lɑːˈdʒes] s. [arc.] generosidade, liberalidade, dádiva
larghetto [lɑːˈgetəʊ] adv.,s. 1 MÚSICA larghetto, largueto; 2 menos vagaroso que largo
largish ['lɑːdʒɪʃ] adj. bastante grande
largo ['lɑːgəʊ] adv.,s. MÚSICA largo
lari ['lɑːrɪ] s. (moeda da Geórgia) lari
lariat ['lærɪət] s. laço que se atira às pernas de cavalo ou touro para o apanhar em corrida
lark [lɑːk] Ⓐ s. 1 ZOOLOGIA cotovia, calhandra; 2 brincadeira, graça, partida; *what a lark!* boa partida!; *to be fond of having a* ~ gostar de brincadeiras; *to do sth for a* ~ fazer uma coisa por brincadeira Ⓑ v.intr. 1 divertir-se; 2 gracejar, brincar ❖ BOTÂNICA ~ *heel* mastruço-do-peru; ZOOLOGIA *tufted* ~ cotovia-de-poupa; *to rise with the* ~ levantar-se muito cedo
larker ['lɑːkə] s. 1 pessoa divertida; 2 criança brincalhona
larkiness ['lɑːkɪnɪs] s. brincadeira, travessura
larking ['lɑːkɪŋ] s. brincadeiras, graças
larkspur ['lɑːkspɜː] s. BOTÂNICA esporeira, esporas ❖ *field* ~ consolda-real
larky ['lɑːkɪ] adj. (comp. **-ier**, superl. **-iest**) 1 brincalhão; 2 que gosta de pregar partidas
larmier ['lɑːmɪə] s. 1 goteira; 2 beiral; 3 lacrimal
larn [lɑːn] v.tr.,intr. 1 [coloq.] aprender; 2 ensinar, batendo; *I'll* ~ *him not to throw stones at my dog* hei-de ensiná-lo a não atirar pedras ao meu cão
larrikin ['lærɪkɪn] s. rufia
larrup ['lærəp] v.tr. 1 espancar, sovar; 2 dar uma carga de pancada
larruping ['lærəpɪŋ] s. tareia, sova
larum ['lærəm] s. [arc.] ⇒ **alarum**
larva ['lɑːvə] s. (pl. **-ae**) larva

larvae ['lɑːviː] s. {pl. de **larva**}
larval ['lɑːvəl] adj. 1 larvar, larval; 2 MEDICINA larvado
larvated ['lɑːveɪtɪd] adj. MEDICINA larvado
larvicide ['lɑːvɪsaɪd] s. larvicida
larvicolous [lɑːˈvɪkələs] adj. larvícola
larviform ['lɑːvɪfɔːm] adj. larviforme
larviparous [lɑːˈvɪpərəs] adj. larvíparo
laryngeal [læˈrɪndʒɪəl] adj. laríngeo
laryngectomy [ˌlærɪnˈdʒektəmɪ] s. CIRURGIA laringectomia
larynges ['lærɪndʒɪz] s. {pl. de **larynx**}
laryngitis [ˌlærɪnˈdʒaɪtɪs] s. laringite
laryngocatarrh [ləˈrɪŋɡəʊkətɑː] s. catarro da laringe
laryngologist [ˌlærɪnˈɡɒlədʒɪst] s. laringologista
laryngology [ˌlærɪnˈɡɒlədʒɪ] s. MEDICINA laringologia
laryngoscope [ləˈrɪŋɡəskəʊp] s. laringoscópio
laryngoscopic [ˌlærɪŋɡəˈskɒpɪk] adj. laringoscópico
laryngoscopist [ˌlærɪnˈɡɒskəpɪst] s. laringoscopista
laryngoscopy [ˌlærɪnˈɡɒskəpɪ] s. laringoscopia
laryngotome [ləˈrɪŋɡətəʊm] s. laringótomo, instrumento empregado na laringotomia
laryngotomy [ˌlærɪnˈɡɒtəmɪ] s. CIRURGIA laringotomia
larynx ['lærɪŋks] s. (pl. **larynges**) laringe
LAS [abrev. de Lord Advocate of Scotland]
lasagna [ləˈzænjə] s. CULINÁRIA (comida italiana) lasanha
Lascar ['læskə] s. lascari, lascarim, marinheiro da costa oriental da Índia
lascivious [ləˈsɪvɪəs] adj. lascivo, libertino, licencioso
lasciviously [ləˈsɪvɪəslɪ] adv. lascivamente; com luxúria
lasciviousness [ləˈsɪvɪəsnəs] s. lascívia, luxúria
laser ['leɪzə] s. 1 laser; 2 resina obtida da planta umbelífera *thrapsia garganica* ❖ ~ *beams* raios laser; INFORMÁTICA ~ *printer* impressora a laser; ~ *show* espectáculo de raios laser; MEDICINA ~ *treatment* tratamento a laser; ~ *light hair removal* depilação a laser
lash [læʃ] Ⓐ s. (pl. **-es**) 1 chicotada; golpe dado com chicote ou látego; 2 punição por meio de açoites; 3 ponta de chicote com que se dá a chicotada; 4 tira de couro; 5 sarcasmo; insulto; observação contundente; 6 ANATOMIA pestana Ⓑ v.tr.,intr. 1 chicotear, bater com o chicote em; azorragar; flagelar, açoitar com um látego; 2 excitar, espicaçar; *they were lashed into a fury* excitaram-nos ao máximo; 3 censurar acerba e violentamente; fustigar com censuras; 4 amarrar com firmeza, atar firmemente; 5 agitar com força; abanar; *the cat lashed its tail* o gato abanou a cauda; 6 precipitar-se de súbito; atacar furiosamente ❖ *the* ~ *of criticism* o látego da crítica; *to be sentenced to the* ~ ser condenado ao castigo do chicote; *to* ~ *on* fazer andar à força de chicote; NÁUTICA *to* ~ *the guns* trincar as peças
◆**lash about** v.intr. debater-se violentamente
◆**lash down** Ⓐ v.intr. (chuva) cair com violência; *the rain lashed down against the windows* a chuva fustigava as janelas Ⓑ v.tr. 1 prender; fixar; amarrar; 2 (carga) arrumar; dispor
◆**lash out** v.intr. 1 (fisicamente, verbalmente) atacar violentamente [**at/against**, -]; 2 [coloq.] gastar montes de dinheiro [**on**, em] ❖ *to* ~ *at a horse* chicotear um cavalo
◆**lash up** v.tr. 1 (pessoa, cão) prender; 2 (barco) amarrar; atracar
lasher ['læʃə] s. 1 aquele que chicoteia; 2 indivíduo encarregado de aplicar a pena do chicote; 3 NÁUTICA amarra, cabo de amarração
lashing ['læʃɪŋ] Ⓐ s. 1 flagelação com o chicote; 2 chicotada; 3 (crítica dura) tareia_fig_, coça_fig_; 4 NÁUTICA amarra, cabo de amarração; *to cast off a* ~ lançar uma amarra; 5 amarração, ancoragem; 6 NÁUTICA cosedura Ⓑ adj. cortante, contundente, mordaz ❖ [coloq.] (grande quantidade) *lashings of...* montes de...; toneladas de...; NÁUTICA ~ *of a tail-block* volta de boça
lashkar ['læʃkə] s. grupo armado de tribos indianas
lashless ['læʃləs] adj. sem pestanas
lass [læs] s.f. (pl. **-es**) 1 rapariga; 2 namorada
lassie ['læsɪ] s. [Esc.] rapariguita, rapariga
lassitude ['læsɪtjuːd] s. lassitude
lasso [læˈsuː] Ⓐ s. laço, corda comprida com nó corredio, usada pelos vaqueiros para apanhar com laço Ⓑ v.tr. laçar, apanhar com laço

last [lɑːst] Ⓐ *adj.* **1** último; derradeiro; *a ~ hope* uma última esperança; **2** passado; *~ week* a semana passada; **3** mais recente; logo antes do presente; **4** menos provável; menos de admitir; menos possível; menos desejável Ⓑ *adv.* **1** da/pela última vez; *when I ~ saw him* da última vez que o vi; *when did you see him last?* quando é que o viste pela última vez?; **2** em último lugar; *to finish ~* ficar em último; **3** para terminar Ⓒ *s.* **1** último; **2** fim; *to the ~* até ao fim, até à última; **3** (calçado) molde, forma de madeira ou metal; **4** energia, força, duração; **5** medida comercial de peso, capacidade ou quantidade, variável de lugar para lugar e consoante a mercadoria; *~ of malt* 2909 litros de malte; *~ of wool* 1983 quilos de lã Ⓓ *v.tr.,intr.* **1** durar; subsistir; permanecer; aguentar-se; *this fashion won't ~ long* esta moda não vai durar muito; **2** ser suficiente; chegar; **3** meter na forma, meter as gáspeas na forma ❖ RELIGIÃO *~ rites* extrema-unção; *~ but not least* por último, mas não menos importante; *at ~* por fim; finalmente; *in the ~ analysis* em última análise; COMÉRCIO *in your ~* na sua última carta; *one ~ thing* só mais uma coisa; *that is a subject of the ~ importance* isso é um assunto da maior importância; *that is not ~ which comes at ~* mais vale tarde do que nunca; *the day before ~* anteontem; *the ~ but one* o penúltimo; *the ~ but two* antepenúltimo; RELIGIÃO *the Last Supper* a Última Ceia; *this day ~ year* faz hoje precisamente um ano; *this is the ~ of it* pronto!; acabou!; *to breathe one's ~* soltar o último suspiro; morrer; *to look one's ~ on sth* lançar um último olhar sobre uma coisa; ver algo pela última vez
♦ **last out** Ⓐ *v.intr.* **1** aguentar até ao fim; resistir; **2** (dinheiro) chegar; ser suficiente Ⓑ *v.tr.* chegar até ao fim e; durar tanto como; *to ~ the month* chegar até ao fim do mês
lasting ['lɑːstɪŋ] Ⓐ *adj.* **1** que dura, duradouro; **2** persistente; **3** resistente Ⓑ *s.* **1** duração; **2** persistência; **3** resistência
lastingly ['lɑːstɪŋlɪ] *adv.* de maneira permanente; de forma duradoura
lastingness ['lɑːstɪŋnəs] *s.* duração, durabilidade
lastly ['lɑːstlɪ] *adv.* **1** finalmente, por fim; **2** em último lugar
last-minute [lɑːst'mɪnɪt] *adj.* de última hora; à última da hora
Lat. [*abrev. de* Latin]
Latakia [ˌlætə'kiːə] *s.* tabaco turco (usado sobretudo em misturas)
latania [lə'teɪnɪə] *s.* BOTÂNICA latânia
latch [lætʃ] Ⓐ *s.* (*pl.* **-es**) **1** (porta) trinco, aldraba, tranqueta; **2** ferrolho; **3** lingueta; **4** bedelho, belho; **5** fecho; **6** engate Ⓑ *v.tr.,intr.* **1** fechar com trinco; **2** fechar com ferrolho ❖ *~ bolt* palhetão do trinco; *on the ~* só com o trinco
♦ **latch on** *v.intr.* [coloq.] (entender finalmente) alcançar; chegar lá; dar-se conta
♦ **latch onto** *v.tr.* **1** (pessoa) (acompanhar permanentemente) colar-se a; **2** interessar-se por
latchet ['lætʃɪt] *s.* RELIGIÃO (Bíblia) cordão de sandália ou sapato
latchkey ['lætʃkiː] *s.* (*pl.* **-s**) chave da casa; chave de entrada ❖ *~ child* criança que passa muito tempo sozinha em casa porque os pais trabalham
latchstring ['lætʃstrɪŋ] *s.* (porta) fio para abrir o trinco a partir do exterior ❖ [EUA] *the ~ is always out for you* a porta está sempre aberta para si
late [leɪt] Ⓐ *adj.* (*comp.* **later** *ou* **latter**, *superl.* **latest** *ou* **last**) **1** atrasado; *to be ~* estar atrasado; *to be ~ for...* chegar atrasado a...; *to be 15 minutes ~* ter um atraso de 15 minutos; **2** tardio; serôdio, que aparece depois do tempo próprio; *~ developer* indivíduo que se desenvolve tardiamente; **3** próximo do fim de período ou época; *in ~ summer* nos fins do Verão; *in the ~ afternoon* ao fim da tarde; *the ~ 19th century* os fins do século XIX; **4** último; recente; de há pouco; *the latest edition* a edição mais recente; **5** falecido, defunto; *my ~ brother* o meu falecido irmão Ⓑ *adv.* (*comp.* **later**, *superl.* **latest** *ou* **last**) **1** tarde; *to get ~* fazer-se tarde; *to sit up ~* deitar-se tarde, ficar a pé até tarde; *it is never too ~ to mend* nunca é tarde para nos corrigirmos; **2** depois da hora normal ❖ *~ into the night* pela noite dentro; a uma hora avançada da noite; *~ of Oxford* ultimamente domiciliado em Oxford; *better ~ than never* mais vale tarde que nunca; *of ~* recentemente; ultimamente; *of ~ years* nos últimos anos; *to keep ~ hours* deitar-se tarde
latecomer ['leɪtˌkʌmə] *s.* retardatário, atrasado

lateen [lə'tiːn] *adj.* NÁUTICA latino; *~ sail* vela latina
lately ['leɪtlɪ] *adv.* recentemente, ultimamente, há pouco, nos últimos tempos
laten ['leɪtən] *v.tr.,intr.* **1** pôr mais tarde; **2** pôr a hora tardia; **3** prolongar-se até tarde
latency ['leɪtənsɪ] *s.* (*pl.* **-ies**) estado latente
lateness ['leɪtnəs] *s.* **1** carácter tardio; **2** atraso, avançado (de hora); **3** data recente
late-night ['leɪtnaɪt] *adj.* **1** nocturno; tardio; **2** de madrugada ❖ *~ television* programas ao fim da noite
latening ['leɪtnɪŋ] Ⓐ *adj.* tardio, atrasado Ⓑ *s.* atraso
latent ['leɪtənt] *adj.* **1** latente; **2** oculto; **3** não manifesto; **4** implícito; subjacente; **5** dissimulado ❖ *~ heat* calor latente; *~ power* energia/potência latente
latently ['leɪtəntlɪ] *adv.* de modo latente
later ['leɪtə] (*comp. de* **late**) *~ on* mais tarde; *at a ~ date* em data posterior; *some days ~* alguns dias mais tarde; *sooner or ~* mais cedo ou mais tarde; *see you later!* até logo!
lateral ['lætərəl] *adj.* lateral ❖ *~ impact* choque lateral; LINGUÍSTICA *~ sound* som lateral; *~ thinking* recurso à imaginação
laterally ['lætərəlɪ] *adv.* lateralmente
Lateran ['lætərən] Ⓐ *s.top.* Latrão Ⓑ *adj.* RELIGIÃO lateranense; *the ~ Councils* os concílios lateranenses ❖ *the ~, St. John ~* a basílica de S. João de Latrão
laterifloral [ˌlætərɪ'flɔːrəl] *adj.* BOTÂNICA laterifloro
laterigrade ['lætərɪˌgreɪd] *adj.* ZOOLOGIA laterígrado
laterite ['lætəraɪt] *s.* GEOLOGIA laterite, depósito residual resultante da decomposição das rochas por acção meteórica e das águas de infiltração
latest ['leɪtɪst] (*superl. de* **late**) *at the ~* o mais tardar; *the ~ fashion* a última moda; *the ~ news* as últimas notícias; *the ~ prices* os últimos preços
latex ['leɪteks] *s.* BOTÂNICA látex
lath [lɑːθ] Ⓐ *s.* **1** ripa; sarrafo; fasquia; **2** tabuinha de persiana Ⓑ *v.tr.* cobrir com ripas; revestir de ripas ❖ *~ work* fasquiado; *as thin as a ~* magro como um pau de virar tripas
lathe [leɪð] Ⓐ *s.* **1** torno mecânico; **2** uma das antigas cinco divisões administrativas de Kent Ⓑ *v.tr.* trabalhar ao torno; tornear ❖ *~ bed* bancada do torno; *~ operator* torneiro; *~ work* trabalho ao torno; *polishing ~* torno pequeno de polir; *treadle ~* torno de pedal; *made on the ~* feito ao torno
lather ['lɑːðə] Ⓐ *s.* **1** (detergente, sabão) espuma; **2** (cavalo) espuma de transpiração; **3** agitação; inquietação; desassossego; *to get into a ~ about...* ficar nervoso com... Ⓑ *v.tr.* **1** ensaboar; cobrir com espuma; **2** [ant.] espancar; dar uma sova a Ⓒ *v.intr.* **1** fazer espuma; **2** (cavalo) cobrir-se de espuma
lathering ['lɑːðərɪŋ] *s.* **1** ensaboamento; **2** [coloq.] carga de pancada; sova
lathery ['lɑːðərɪ] *adj.* **1** com espuma de sabão; **2** cheio de espuma
lathe-turned ['leɪðtɜːnd] *adj.* trabalhado no torno; feito ao torno
lathi ['lɑːtɪ] *s.* moca de polícia indiano
lathy ['lɑːθɪ] *adj.* alto e magro
laticiferous [ˌlætɪ'sɪfərəs] *adj.* laticífero
laticlave ['lætɪˌkleɪv] *s.* laticlavo, barra larga cor de púrpura usada pelos senadores romanos sobre a toga
latifoliate [ˌlætɪ'fəʊlɪɪt] *adj.* latifoliado, latifólio
latifundia [ˌlætɪ'fʌndɪə] *s.pl.* latifúndios, propriedades rurais com grande extensão
latifundium [ˌlætɪ'fʌndɪəm] *s.* latifúndio
Latin ['lætɪn] Ⓐ *adj.* latino; *~ people* os povos latinos Ⓑ *s.* (pessoa, língua) latim; *late ~* latim da decadência; *low ~* baixo latim; *old ~* o latim pré-clássico ❖ *~ America* América Latina
Latinism ['lætɪnɪzəm] *s.* latinismo
Latinist ['lætɪnɪst] *s.* latinista
Latinity [lə'tɪnɪtɪ] *s.* latinidade
latinize ['lætɪnaɪz] *v.tr.,intr.* **1** latinizar, dar forma latina a; **2** usar expressões ou palavras latinas
latinless ['lætɪnləs] *adj.* **1** sem latim; **2** desconhecedor de latim
latish ['leɪtɪʃ] *adj.,adv.* **1** um pouco atrasado; **2** um pouco tardio; **3** um tanto tarde
latitude ['lætɪtjuːd] *s.* **1** GEOGRAFIA latitude; *north ~* latitude norte; *south ~* latitude sul; *in ~ 25° south* a 25° de latitude sul; *30 degrees of ~* 30 graus de latitude; **2** liberdade de

latitudinal

acção; *to give/allow sb a certain amount of ~* permitir a alguém alguma liberdade de acção; **3** extensão; alcance; amplitude; *taken in its proper ~* considerado na sua verdadeira extensão; **4** *pl.* regiões; *high latitudes* regiões muito afastadas do equador; *low latitudes* regiões próximas do equador; *warm latitudes* regiões quentes ❖ [joc.] *hat with great ~ of brim* chapéu com aba muito larga

latitudinal [ˈlætɪtjuːdɪnəl] *adj.* latitudinal; relativo à latitude

latitudinarian [ˌlætɪtjuːdɪˈneərɪən] *adj.,s.* latitudinário, latitudinarista

latitudinarianism [ˌlætɪtjuːdɪˈneərɪənɪzəm] *s.* latitudinarismo

Latium [ˈleɪʃɪəm] *s.top.* Lácio

Latona [ləˈtəʊnə] *s.* MITOLOGIA Latona, mãe de Apolo e de Artemisa

latria [ləˈtraɪə] *s.* latria, adoração devida a Deus

latrine [ləˈtriːn] *s.* latrina, retrete (especialmente em hospitais, quartéis, acampamentos)

latte [ˈlɑːteɪ] *s.* café expresso com cobertura espumosa de leite

latter [ˈlætə] Ⓐ *adj.* **1** segundo; *the ~ part of September* a segunda metade de Setembro; **2** último, mais recente; *in these ~ days* nestes últimos dias Ⓑ *s.* (de dois já mencionados) o segundo; o último; *the former is good, and the ~ is bad* o primeiro é bom, e o último é mau ❖ *the ~ fruits* os frutos serôdios

latter-day [ˈlætədeɪ] *adj.* dos dias de hoje; moderno; actual

latterly [ˈlætəlɪ] *adv.* **1** perto do fim da vida; **2** ao declinar uma época ou período; **3** recentemente, hoje em dia

lattermost [ˈlætəməʊst] *adj.* último, derradeiro

lattice [ˈlætɪs] Ⓐ *s.* **1** (janela) gelosia; rótula; grade; adufa; **2** HERÁLDICA rotulado Ⓑ *v.tr.* **1** colocar gelosias em; **2** pôr gradeado em ❖ *~ girder* viga de rótula simples

latticed [ˈlætɪst] *adj.* gradeado, entrançado

latticework [ˈlætɪswɜːk] *s.* entrançado; gradeado

latticing [ˈlætɪsɪŋ] *s.* gradeado, grade, rótula

Latvia [ˈlætvɪə] *s.top.* Letónia

Latvian [ˈlætvɪən] *adj.,s.* (língua, pessoa) letão

laud [lɔːd] Ⓐ *s.* **1** elogio, louvor; **2** *pl.* laudes, parte do ofício divino após as matinas Ⓑ *v.tr.* **1** louvar, entoar louvores a; **2** elogiar

laudability [ˌlɔːdəˈbɪlɪtɪ] *s.* laudabilidade

laudable [ˈlɔːdəbəl] *adj.* **1** louvável, digno de louvor; **2** MEDICINA saudável, são

laudably [ˈlɔːdəblɪ] *adv.* louvavelmente; de modo louvável

laudanum [ˈlɔːdənəm] *s.* FARMÁCIA láudano

laudation [lɔːˈdeɪʃən] *s.* **1** louvor; **2** panegírico; **3** elogio

laudative [ˈlɔːdətɪv] *adj.* laudativo

laudator [lɔːˈdeɪtə] *s.* pessoa que louva ou elogia

laudatory [ˈlɔːdətrɪ, ˈlɔːdətɔːrɪ] *adj.* laudatório

laugh [lɑːf] Ⓐ *v.tr.,intr.* **1** rir, rir-se; *to ~ in sb's face* rir-se na cara de alguém; *to ~ over a book* rir-se ao ler um livro; *to ~ till one's sides ache* rir-se até ficar com dores de barriga; *to ~ till the tears come* rir-se até às lágrimas; **2** exprimir por meio de riso; *he laughed his thanks* ele agradeceu, rindo-se; **3** ridicularizar, escarnecer; *to ~ to scorn* fazer pouco de, escarnecer, zombar Ⓑ *s.* **1** riso; *to force a ~* rir-se sem vontade; **2** risada, gargalhada; *to give a loud ~* soltar uma gargalhada ❖ [EUA] *~ line* ruga de expressão (do sorriso); *~ on Friday, cry on Sunday* riso hoje, choro amanhã; *have your ~ out!* ri-te à vontade!; *he laughs best who laughs last* quem ri por último ri melhor; [coloq.] *to do sth for laughs* fazer qualquer coisa por diversão; *to get the ~ of sb* levar a melhor sobre alguém; conseguir rir-se de alguém; *to have a good ~ over sth* rir-se de qualquer coisa com vontade; *to ~ away* continuar a rir; pôr de parte; afastar preocupações rindo; *to ~ from the teeth outward* rir-se sem vontade; *to ~ on the other/wrong side of one's mouth* passar da alegria à tristeza; perder a vontade de rir; *to ~ out right* rir-se às gargalhadas; (má disposição, contrariedade, etc.) *to ~ sth away* fazer desaparecer pelo riso; afastar por meio do riso; *to ~ up one's sleeve* rir-se à socapa; rir disfarçadamente

❖ **laugh at** *v.tr.* **1** rir-se de; **2** ridicularizar; troçar de ❖ *to get laughed at* ser alvo de troça

❖ **laugh down** *v.tr.* ridicularizar (algo ou alguém) através do riso

❖ **laugh off** *v.tr.* rir-se a propósito de (algo teoricamente importante); encarar como sendo uma brincadeira ou uma piada; menorizar através do riso; não dar importância a ❖ *to laugh one's head off* rir como um maluco; rebentar de riso

laughable [ˈlɑːfəbəl] *adj.* **1** ridículo, risível; **2** divertido, cómico

laughableness [ˈlɑːfəbəlnəs] *s.* comicidade

laughably [ˈlɑːfəblɪ] *adv.* ridiculamente; risivelmente; comicamente

laugher [ˈlɑːfə] *s.* pessoa que ri

laugh-in [ˈlɑːfɪn] *s.* programa cómico muitas vezes transmitido pela televisão

laughing [ˈlɑːfɪŋ] Ⓐ *adj.* **1** que ri; **2** alegre; **3** que provoca o riso Ⓑ *s.* riso, risada ❖ *~ gas* gás hilariante; *~ stock* motivo de riso; objecto de ridículo; *no ~ matter* assunto sério

laughingly [ˈlɑːfɪŋlɪ] *adv.* **1** rindo; **2** em tom jocoso; **3** [depr.] ridiculamente, caricaturamente

laughter [ˈlɑːftə] *s.* **1** riso; *a fit of ~* um ataque de riso; *to rock with ~* contorcer-se de tanto rir; **2** risada, gargalhada; *to roar with ~* rir às gargalhadas ❖ [GB] *~ line* ruga de expressão (do sorriso)

launce [lɑːns] *s.* ZOOLOGIA enguia-da-areia

launch [lɔːntʃ] Ⓐ *s.* (*pl.* -es) **1** (produto, foguetão, míssil) lançamento; **2** início; **3** NÁUTICA (barco, navio) lançamento à água; **4** NÁUTICA lancha; *police ~* lancha da polícia; **5** NÁUTICA baleeira, barco de bordo Ⓑ *v.tr.,intr.* **1** lançar, iniciar, empreender; *to ~ an attack* lançar um ataque; **2** emitir; *to ~ an issue* fazer uma emissão de capital; **3** atirar, arremessar; **4** NÁUTICA (embarcação acabada de construir) lançar à água ❖ (livros, discos, etc.) *~ party* sessão de lançamento; *to ~ into eternity* partir para a eternidade

❖ **launch forth** *v.intr.* lançar-se [into, em]; meter-se [into, em]

❖ **launch into** *v.tr.* lançar-se em/a; entregar-se a; envolver-se em

❖ **launch out** *v.intr.* **1** (empresa, negócios) diversificar-se; **2** gastar com liberalidade; **3** perder-se com longo palavreado ❖ *to ~ into...* meter-se em...; enveredar por...

launcher [ˈlɔːntʃə] *s.* lançador ❖ *grenade ~* lança-granadas

launching [ˈlɔːntʃɪŋ] *s.* **1** (embarcação acabada de construir) lançamento à água; **2** empreendimento; **3** lançamento ❖ *~ pad* rampa de lançamento; *~ platform* plataforma de lançamento

launchpad [ˈlɔːntʃpæd] *s.* rampa de lançamento

launder [ˈlɔːndə] Ⓐ *v.tr.* **1** lavar e passar a ferro; **2** [fig.] fazer lavagem de; branquear; *to ~ money* branquear dinheiro Ⓑ *v.intr.* ser lavável; suportar bem a lavagem Ⓒ *s.* **1** canal para alimentação de minério; **2** pia, lavadouro de metais

launderette [ˌlɔːndəˈret] *s.* lavandaria automática

laundering [ˈlɔːndərɪŋ] *s.* **1** lavagem; **2** (dinheiro) branqueamento; *money ~* branqueamento de dinheiro

laundress [ˈlɔːndrəs] Ⓐ *s.f.* (*pl.* -es) **1** lavadeira; **2** mulher que lava e passa roupa a ferro; **3** mulher encarregada da limpeza dos Inns of Court Ⓑ *v.tr.* [coloq.] lavar, branquear

laundromat [ˈlɔːndrəmæt] *s.* [EUA] lavandaria automática

laundry [ˈlɔːndrɪ] *s.* (*pl.* -ies) **1** roupa para lavar; *to do the ~* lavar a roupa; **2** lavandaria ❖ *~ basket* cesto da roupa suja; [fig.] *~ list* lista interminável; *~ tumbler* secador de lavandaria

laundryman [ˈlɔːndrɪmən] *s.* (*pl.* -men) homem encarregado da lavagem de roupa

Lauraceae [lɔːˈreɪsɪiː] *s.pl.* BOTÂNICA Lauráceas

laureate [ˈlɔːrɪɪt] Ⓐ *adj.* **1** (busto, figura) laureado, coroado de louros; **2** laureado; louvado; premiado Ⓑ *s.* pessoa laureada; pessoa galardoada; vencedor de prémio Ⓒ *v.tr.* [arc.] laurear; galardoar com grau honorífico ❖ *poet ~* poeta laureado

laureateship [ˈlɔːrɪɪtʃɪp] *s.* dignidade e cargo de poeta laureado

laurel [ˈlɒrəl] Ⓐ *s.* **1** BOTÂNICA loureiro; louro; **2** *pl.* [fig.] louros, glória, honras Ⓑ *v.tr.* (*particípios:* -ll-) coroar de louro ❖ *~ wreath* coroa de louros; *to look to one's laurels* estar à altura dos próprios sucessos; *to rest on one's laurels* contentar-se com os louros obtidos; deixar de se esforçar

laurelled [ˈlɒrəld] *adj.* coroado de louros

Laurence [ˈlɒrəns] *s.antr.* Lourenço

laurustine [ˈlɒrəstaɪn] *s.* BOTÂNICA folhado

Lausanne [ləʊˈzæn] *s.top.* Lausana

lava [ˈlɑːvə] *s.* lava ❖ *~ flow* corrente de lava; *cellular ~* escórias vulcânicas

lavabo [ləˈveɪbəʊ, ləˈvɑːbəʊ] *s.* **1** RELIGIÃO (ritual) lavabo; **2** lavatório

lavatera ['lævətɪərə] s. BOTÂNICA lavátera, malva-bastarda
lavation [lə'veɪʃən] s. ablução, lavagem
lavatory ['lævətrɪ, 'lævətɔːrɪ] s. (pl. -ies) 1 instalação sanitária, lavabo; 2 retrete; 3 [arc.] lavatório
lave [leɪv] v.tr. [poét.] lavar, banhar
lavement ['leɪvmənt] s. lavagem rectal; clister
lavender ['lævɪndə] Ⓐ s. 1 BOTÂNICA alfazema, lavanda; 2 (lilás) cor de alfazema Ⓑ adj. (cor) (lilás) alfazema Ⓒ v.tr. colocar alfazema entre a roupa branca ❖ BOTÂNICA ~ cotton santolina; ~ water água de alfazema; French ~ alfazema comum; it's not all ~ being a rich man nem tudo são rosas quando se é rico; to lay up in ~ guardar cuidadosamente para o futuro
laver ['leɪvə] s. 1 gomil, bacia, tina; 2 variedade de algas marítimas comestíveis
laverock ['lævərək] s. ZOOLOGIA cotovia, calhandra
Lavinia [lə'vɪːnɪə] s.antr. Lavínia
lavish ['lævɪʃ] Ⓐ adj. 1 liberal [with, com]; generoso [with, com]; ~ praise elogio generoso; 2 muito abundante; 3 gigantesco; excessivo; ~ expenditure despesas excessivas; 4 sumptuoso; luxuoso Ⓑ v.tr. gastar prodigamente; gastar à grande; esbanjar ❖ ~ with one's tongue indiscreto; to ~ sth on sb cobrir, encher alguém de alguma coisa; to live in ~ style viver à grande
lavisher ['lævɪʃə] s. pessoa pródiga
lavishing ['lævɪʃɪŋ] s. prodigalidade
lavishly ['lævɪʃlɪ] adv. 1 prodigamente; generosamente; 2 sumptuosamente ❖ to spend ~ gastar à grande
law [lɔː] Ⓐ s. 1 (geral) lei; Kepler's laws as leis de Kepler; the ~ of supply and demand a lei da oferta e da procura; 2 (legislação) lei; disposições legais; according to ~ de acordo com a lei; to keep the ~ observar a lei, obedecer à lei; 3 direito; air ~ direito aéreo; canon ~ direito canónico; civil ~ direito civil; commercial ~ direito comercial; common ~ direito consuetudinário; criminal ~ direito penal; marine ~ direito marítimo; 4 jurisprudência; foro; advocacia; 5 tribunais; action at ~ acção nos tribunais; to be at ~ trazer uma questão nos tribunais; 6 regra; estatuto; 7 regulamento; norma Ⓑ interj. [coloq.] meu Deus!; pode lá ser! ❖ [ESC.] ~ agent advogado; ~ court tribunal; ~ French termos jurídicos anglo-normandos; ~ hand caligrafia usada em documentos legais; Law Lord jurista membro da Câmara dos Lordes; ~ officer conselheiro jurídico da Coroa; ~ report revista dos tribunais; ~ enforcement officer polícia; agente de segurança; good in ~ legal; válido; in point of ~ do ponto de vista legal; to be a ~ unto oneself fazer sempre o que lhe apetece; to follow the ~ seguir a carreira jurídica; to give the ~ to impor a sua vontade a; to go to ~ with sb pôr uma demanda a alguém; to take the ~ into one's own hands fazer justiça por suas próprias mãos; to take the ~ on sb levar alguém aos tribunais
law-abiding [lɔː'əbaɪdɪŋ] adj. respeitador da lei, que obedece à lei
lawbreaker ['lɔːbreɪkə] s. transgressor da lei; infractor
lawful ['lɔːfʊl] adj. lícito; legítimo; válido; legal; ~ merchandises mercadorias legais ❖ ~ age maioridade legal; DIREITO ~ day dia útil; to go about one's ~ business tratar da sua vida
lawfully ['lɔːfʊlɪ, 'lɔːfəlɪ] adv. 1 legalmente; 2 legitimamente; de maneira válida
lawfulness ['lɔːfʊlnəs] s. 1 legalidade; 2 legitimidade
lawgiver ['lɔːgɪvə] s. legislador
lawks [lɔːks] interj. [coloq.] pode lá ser!
lawless ['lɔːləs] adj. 1 sem lei; 2 que não tem lei; 3 que não obedece à lei, que não respeita a lei; 4 desordenado, desregrado, bárbaro
lawlessly ['lɔːləslɪ] adv. 1 sem respeito pela lei; 2 desregradamente, desordenadamente
lawlessness ['lɔːləsnəs] s. 1 ausência de lei; 2 anarquia; 3 desordem; desregramento
lawmaker ['lɔːmeɪkə] s. legislador
lawmonger ['lɔːmʌŋgə] s. [depr.] (advogado) rábula
lawn [lɔːn] s. 1 relvado; 2 (floresta) clareira, passagem entre árvores; 3 tecido muito fino semelhante a cambraia (usado em blusas, saias e mangas de sobrepeliz episcopal); 4 dignidade episcopal ❖ BOTÂNICA ~ grass gramínea; ~ sprinkler dispositivo de rega; DESPORTO ~ tennis ténis

lawnmower ['lɔːnməʊə] s. cortador de relva
lawny ['lɔːnɪ] adj. 1 semelhante a cambraia; 2 relvado, com relva
Lawrence ['lɔrəns] s.antr. Lourenço
lawrencium [lɔ'rensɪəm] s. QUÍMICA (elemento químico) laurêncio
laws [lɔːz] interj. 1 pode lá ser!; 2 meu Deus!
lawsuit ['lɔːsuːt] s. 1 processo legal; 2 acção nos tribunais ❖ to bring a ~ against sb processar alguém
lawyer ['lɔːjə] s. 1 advogado; 2 jurista ❖ the lawyers os homens do foro
lax [læks] Ⓐ adj. 1 frouxo; lasso; pouco firme; 2 laxista; demasiado permissivo; 3 descuidado; negligente; to be ~ about... ser negligente em relação a...; 4 indistinto; vago; 5 (intestinos) com soltura Ⓑ s. ZOOLOGIA salmão sueco ou norueguês ❖ ~ morals moral fácil; moral frouxa
laxative ['læksətɪv] adj.,s. FARMÁCIA laxante
laxity ['læksɪtɪ] s. 1 frouxidão; falta de firmeza; 2 imprecisão; carácter vago; 3 relaxamento; desleixo; 4 MEDICINA diarreia
laxly ['lækslɪ] adv. 1 sem firmeza; 2 sem rigor; 3 descuidadamente, negligentemente; 4 vagamente
laxness ['læksnəs] s. ⇒ laxity
lay [leɪ] Ⓐ s. 1 contorno, disposição, direcção, configuração de terreno; the ~ of the land a situação da região, a topografia da região; 2 acidentes de terreno; 3 declive; 4 obliquidade; 5 camada, leito; 6 fila, fileira; 7 (tear) batente; 8 banco de ostras, viveiro de ostras; 9 (galinha) postura; 10 [coloq.] ocupação, ofício, negócio, actividade; that doesn't belong to my ~ isso não é da minha especialidade; 11 [cal.] (sexo) queca$_{cal}$; to be a good ~ ser bom na cama; to be an easy ~ ser fácil de levar para a cama; 12 NÁUTICA cocha de cabo; 13 (lucros de pesca) parte que toca a cada um; 14 (superfície de metal) marca deixada por ferramenta; 15 LITERATURA, MÚSICA canção, balada, lai, poema cantado ou recitado por menestrel; ~ of Roland a canção de Rolando Ⓑ adj. 1 laico, secular; não eclesiástico; 2 que não tem ordens sacras; 3 leigo; não especialista Ⓒ prt. de to lie Ⓓ v.tr.,intr. (prt. e part. pass. laid) 1 (sobretudo posição horizontal) colocar, pôr; 2 acalmar; 3 fazer baixar; 4 fazer desaparecer; 5 afastar; 6 levar a; reduzir a; 7 preparar; aprontar; 8 expor; to ~ a case before the court expor uma acção perante o tribunal; 9 (impostos, etc.) impor, lançar; to ~ taxes on lançar impostos sobre; 10 cobrir; 11 bater; 12 apostar, arriscar como aposta; to ~ two pounds that ... apostar duas libras em como ...; 13 assentar, colocar; 14 planear, projectar; 15 acusar de, inculpar; imputar [to, a]; 16 (ovos) pôr; to ~ eggs pôr ovos; these hens ~ well estas galinhas são boas poedeiras ❖ (congregação religiosa) ~ brother/sister irmão/irmã leigo(a); NÁUTICA ~ days dias de demora num porto; ~ elder mordomo de igreja; ~ lord membro não jurista da Câmara dos Lordes; a ~ of wind uma calmaria; small rain lays great dust pouca chuva acalma grande poeira; the best laid plans fail os melhores planos podem falhar; the scene is laid in Oporto a cena passa-se no Porto; NÁUTICA to ~ a cable fazer uma costura larga; to ~ a child to sleep deitar uma criança; to ~ a finger on levantar um dedo contra; pôr um dedo em; to ~ a fire dispor lenha, carvão, etc., para acender uma fogueira; to ~ a ghost esconjurar um espírito; esconjurar um fantasma; to ~ a trap pôr uma armadilha; preparar uma armadilha; to ~ a wager on fazer uma aposta sobre; to ~ a woman assistir a uma parturiente; to ~ along estender ao longo de; to ~ bare revelar; mostrar; expor; to ~ by the heels apanhar; meter na cadeia; liquidar; pôr fora de acção; to ~ claim to reclamar; reivindicar; to ~ eyes on avistar; pôr a vista em cima de; to ~ flat derrubar; to ~ for... estar à espera de (alguém) com o desejo de pregar alguma partida, atacar, etc.; to ~ for two pôr a mesa para dois; to ~ great store upon dar muito valor a; to ~ hands on apoderar-se de; deitar a mão a; atacar; to ~ hold on agarrar; agarrar-se a; [coloq.] (acusação) to ~ in one's dish atirar à cara; to ~ level arrasar; destruir; to ~ low deitar por terra; derrubar; fazer recolher ao leito; MILITAR to ~ mines colocar minas; estabelecer uma barragem de minas; to ~ one's cards on the table/to ~ one's hand of the table pôr as cartas na mesa; fazer jogo franco; to ~ one's fingers on indicar exactamente; pôr o dedo na ferida; to ~ one's hands on encontrar; deitar mão a; tocar em; arranjar; to ~ oneself open to... expor-se a...;

layabout

to ~ open expor; revelar; abrir; ferir; rebentar; *to ~ siege to* pôr cerco a; *to ~ sb's doubts* afastar, fazer desaparecer as dúvidas de alguém; *to ~ sth to a person's door* atirar com as culpas para as costas de alguém; responsabilizar alguém por uma coisa; *to ~ stress on* considerar importante; atribuir importância a; realçar; *to ~ the blame on sb* deitar as culpas a alguém por alguma coisa; *to ~ the corn* acamar o trigo; NÁUTICA *to ~ the keel* assentar a quilha; *to ~ the land* perder a terra de vista; *to ~ the table* pôr a mesa; *to ~ to heart* tomar a sério; *to ~ to rest* sepultar; inumar; enterrar; *to ~ wait for* armar cilada a; emboscar-se; *to ~ waste to* assolar; devastar; arruinar; *to ~ weight on* considerar importante

◆**lay about** Ⓐ *v.tr.* agredir violentamente [**with**, com]; *to ~ sb with a stick* agredir violentamente alguém com um pau Ⓑ *v.intr.* envolver-se em luta violenta

◆**lay aside/by** *v.tr.* 1 pousar; *he laid the book aside* ele pousou o livro; 2 pôr de lado; 3 poupar; pôr de reserva; 4 abandonar; desistir de; esquecer; deixar-se de; *to lay old fears aside* esquecer os medos do passado; 5 NÁUTICA pôr de reserva, economizar, pôr-se à capa

◆**lay away** *v.tr.,intr.* 1 pôr de lado, poupar, pôr de reserva; 2 (galinha) pôr longe do ninho

◆**lay before** *v.tr.* 1 (proposta, informação) expor; apresentar; 2 pôr diante de; mostrar

◆**lay down** *v.tr.* 1 pousar; *he laid down his glass* pousou o copo; 2 desistir de; rejeitar; renunciar a; 3 entregar; 4 (armas) depor; *to ~ one's arms* depor as armas, render-se, suspender a luta; 5 (plano) formular; 6 (regras, condições, etc.) estabelecer; determinar; fixar; impor; *to ~ that ...* determinar que ..., estabelecer que ...; *to ~ the broad lines of...* fixar as linhas gerais de; 7 deitar; 8 (vinho) armazenar; guardar em adega; 9 (jogo) apostar, arriscar; 10 começar a construir; *to ~ a ship* iniciar a construção dum navio ❖ *to ~ one's knife and fork* morrer; *to ~ one's life* sacrificar voluntariamente a vida; [coloq.] *to ~ the law* dar leis; mandar; *to lay oneself down* abandonar funções; demitir-se

◆**lay in** *v.tr.* 1 fornecer-se de; 2 guardar; armazenar; *to ~ goods* armazenar mercadorias

◆**lay into** *v.tr.* 1 [coloq.] (criticar) atacar; 2 [coloq.] dar um sermão a; 3 agredir violentamente

◆**lay off** *v.tr.,intr.* 1 despedir; *the factory is laying off workers* a fábrica está a despedir trabalhadores; 2 largar; deixar; abandonar; 3 [coloq.] (irritação) parar; *I told him to ~* mandei-o calar; *~ it!* pára com isso!; 4 (barco) afastar da margem ou de outro barco ❖ *~ him!* deixa-o em paz!; *to ~ a risk* efectuar um resseguro

◆**lay on** *v.tr.* 1 arranjar; preparar; *everything will be laid on* vai estar tudo pronto; 2 (mão de tinta, etc.) espalhar, aplicar; 3 (gás, electricidade, etc.) instalar; fornecer; 4 (impostos) lançar ❖ *to lay it on thick/to lay it on with a trowel* lisonjear grosseiramente; elogiar de modo excessivo; *to ~ blows* agredir com violência; *to ~ hands* impor as mãos

◆**lay out** *v.tr.* 1 arrumar; dispor; 2 (argumentos) expor; 3 ARQUITECTURA desenhar; conceber; 4 planear; organizar; 5 (dinheiro) gastar [**on**, em]; desembolsar [**on**, em]; *to ~ one's money on...* gastar dinheiro em...; 6 (luta) derrubar; deitar por terra; deixar K.O.; 7 amortalhar; *to ~ a corpse* amortalhar um cadáver ❖ *to lay oneself out to do sth* dar tudo por tudo para conseguir alguma coisa; *to ~ by the line* dispor em linha; alinhar

◆**lay over** *v.intr.* 1 [EUA, Can.] (viagem) passar a noite [**in**, em]; fazer uma paragem [**in**, em]; pernoitar [**in**, em]; 2 [EUA, Can.] (viagem) fazer escala [**in**, em]

◆**lay together** *v.tr.* conferir; comparar ❖ *he told them to lay their heads together before taking a decision* ele disse-lhes que se aconselhassem bem antes de tomarem uma decisão; *to lay heads together* discutir; conversar sobre qualquer plano

◆**lay up** *v.tr.* 1 guardar, armazenar, poupar; *to ~ for a rainy day* poupar para uma necessidade imprevista; 2 (navio, veículo, etc.) colocar fora de serviço ❖ *to be laid up* ter de ficar de cama

layabout ['leɪəbaʊt] *s.* [coloq.] vadio, preguiçoso

lay-by ['leɪbaɪ] *s.* ⟨*pl.* **-s**⟩ berma (de estrada), desvio para estacionamento

layer ['leɪə, leə] Ⓐ *s.* 1 camada; *~ of concrete/dust/rust* camada de cimento/pó/ferrugem; *~ of insulation* camada isoladora; *ozone ~* camada de ozono; 2 estrato; 3 cama, leito; 4 mergulhão, vara de videira que se mete na terra para criar raízes; 5 cercado para animais a caminho do mercado; 6 (alcatifa, etc.) instalador; 7 (peça de artilharia) apontador; 8 (corridas de cavalos) apostador, aquele que aposta contra; (corridas de cavalos) *layers and backers* pessoas que apostam contra e a favor; 9 (galinha) poedeira; *bad ~* má poedeira; 10 banco de ostras Ⓑ *v.tr.,intr.* 1 dispor em camadas; 2 (cabelo) escalar; 3 BOTÂNICA reproduzir por mergulhia ❖ CULINÁRIA *~ cake* bolo com camadas de creme entremeadas; *~ figure* manequim (de madeira); pessoa sem importância; personagem irreal em romance ou novela; *~ out* desenhador; pessoa que faz o esquema; pessoa que veste um morto antes de ser colocado no caixão

layered ['leɪəd, 'leəd] *adj.* 1 em camadas; 2 em estratos

layette [leɪ'et] *s.* enxoval de bebé

laying ['leɪɪŋ] Ⓐ *adj.* 1 que põe; 2 (galinha) poedeira; *~ hen* galinha poedeira Ⓑ *s.* 1 disposição; 2 colocação; 3 (peça) pontaria; 4 (galinha) postura ❖ *~ down* abandono; abdicação; desistência; estabelecimento; traçado; colocação; *~ in* aprovisionamento; armazenamento; *~ off* suspensão de trabalho; resseguro; *~ on* imposição; lançamento; colocação; aplicação; RELIGIÃO *~ on of hands* imposição de mãos; *~ out* disposição; arranjo; despesa; gastos; desenho; esboço; amortalhamento de cadáver; *~ up* acumulação; colocação de navio fora de serviço; desarmamento de navio

layman ['leɪmən] *s.* ⟨*pl.* **-men**⟩ 1 laico; pessoa secular; 2 leigo

laymanship ['leɪmənʃɪp] *s.* laicidade

layoff ['leɪɒf] *s.* 1 despedimento; 2 (emprego) período de baixa ou inactividade

layout ['leɪaʊt] *s.* 1 disposição; 2 plano; 3 traçado; 4 composição; 5 TIPOGRAFIA layout, disposição da página

layover ['leɪəʊvə] *s.* [EUA, Can.] AERONÁUTICA escala, paragem

laystall ['leɪstɔːl] *s.* lixeira

lay-up ['leɪʌp] *s.* DESPORTO (basquetebol) lance

laywoman ['leɪwʊmən] *s.f.* ⟨*pl.* **-women**⟩ 1 mulher leiga; 2 leiga

lazar ['læz] *s.* [arc.] lázaro, leproso ❖ *~ house* leprosaria

lazaretto [læzə'retəʊ] *s.* 1 lazareto, hospital de lázaros; 2 edifício onde ficam de quarentena pessoas provenientes de países assolados por epidemias; 3 NÁUTICA paiol de provisões

lazarist ['læzərɪst] *s.* (congregação religiosa) lazarista

Lazarus ['læzərəs] *s.antr.* Lázaro

laze [leɪz] Ⓐ *s.* [coloq.] ócio, descanso, mandriice Ⓑ *v.tr.,intr.* mandriar, preguiçar; passar (o tempo) sem fazer nada

lazily ['leɪzɪlɪ] *adv.* 1 indolentemente; 2 preguiçosamente

laziness ['leɪzɪnəs] *s.* preguiça, indolência, ócio, mandriice, mândria

lazulite ['læzjʊlaɪt] *s.* MINERALOGIA lazulita, lazulite

lazy ['leɪzɪ] Ⓐ *adj.* ⟨*comp.* **-ier**, *superl.* **-iest**⟩ 1 preguiçoso; indolente; mandrião; 2 ocioso; 3 lento; 4 repousante; relaxante Ⓑ *v.tr.,intr.* preguiçar; mandriar ❖ [Esc., Irl.] *~ bed* canteiro de batatas, com cerca de 1,90 m de largo; *~ eye* ambliopia; *~ tongs* tenazes; *to feel ~* estar sem vontade de fazer nada

lazybones ['leɪzɪbəʊnz] *s.* preguiçoso, mandrião

lb [*abrev. de* pound weight]

LBV [*abrev. de* Late Bottled Vintage] vinho de um só ano, envelhecido entre o quarto e o sexto ano após a data de colheita

lbw (críquete) [*abrev. de* leg before wicket]

lc Ⓐ [*abrev. de* lower case] Ⓑ [*abrev. de* loco citato (in the place before cited)] Ⓒ [*abrev. de* letter of credit]

LC Ⓐ [*abrev. de* landing craft] Ⓑ [EUA] [*abrev. de* Library of Congress] Ⓒ [*abrev. de* Lord Chancellor]

LCC [*abrev. de* London County Council]

LCD Ⓐ INFORMÁTICA (ecrã de monitor) [*abrev. de* liquid-crystal display] Ⓑ MATEMÁTICA [*abrev. de* lowest common denominator]

LCJ [GB] [*abrev. de* Lord Chief Justice]

LCM MATEMÁTICA [*abrev. de* lowest common multiple]

Ld [*abrev. de* Lord]

LD Ⓐ FARMÁCIA [*abrev. de* lethal dose] Ⓑ [*abrev. de* learning disability] Ⓒ [*abrev. de* learning-disabled]

L-driver ['eldraɪvə] *s.* estudante de condução

LDS [*abrev. de* Licentiate in Dental Surgery]

lea [liː] *s.* **1** medida de fio, variável conforme a região (300, 200, 120 e 80 jardas); **2** [poét.] campo, prado, pastagem

leach [liːtʃ] Ⓐ *v.tr.,intr.* **1** fazer passar um líquido por uma substância de modo a dissolvê-la no todo ou em parte, filtrar, coar; **2** submeter uma substância à acção de líquido filtrante; **3** lavar por meio de barrela Ⓑ *s. (pl. -es)* **1** barrela; **2** cinza com que se faz a barrela; **3** vasilha onde se efectua a barrela

leaching [ˈliːtʃɪŋ] *s.* **1** acto de filtrar; **2** lixiviação, barrela

leachy [ˈliːtʃɪ] *adj.* **1** permeável; **2** que se deixa atravessar

lead¹ [led] Ⓐ *s.* **1** QUÍMICA (elemento químico) chumbo; **2** (material) chumbo; *sheet ~* chumbo laminado; *tough ~* chumbo duro; *~ in pigs* chumbo em barras; **3** NÁUTICA sonda, prumo; *deep-sea ~* sonda de grandes profundidades; *to heave the ~* deitar a sonda, lançar o prumo; **4** (lapiseira) mina; (lápis) grafite; **5** TIPOGRAFIA regreta, delgada chapa metálica usada para espaçar as linhas; **6** *pl.* chumbo usado para fixar vitrais; **7** *pl.* coberturas de chumbo em telhados Ⓑ *adj.* de/em chumbo; *~ alloy* liga de chumbo; *~ bar* barra de chumbo; *~ covering* revestimento de chumbo; *~ foil* lâmina de chumbo; *~ ore* minério de chumbo Ⓒ *v.tr.,intr.* **1** cobrir de chumbo; guarnecer de chumbo; **2** formar vitrais com chumbo; **3** TIPOGRAFIA entrelinhar com regretas; **4** (arma de fogo) encravar-se devido à formação de camada de chumbo ❖ *~ box* caixa de lápis; *~ compass* compasso de lápis; *~ content* teor de chumbo; *~ eraser* borracha de lápis; MINERALOGIA *~ glance* galena; *~ glaze* brilho de chumbo; NÁUTICA *~ line* linha da sonda; MEDICINA *~ palsy* paralisia saturnina; MEDICINA *~ poisoning* saturnismo; intoxicação pelo chumbo; *~ shot* chumbo miúdo; *~ works* fundição de chumbo; fábrica de chumbo; *red ~* zarcão; alumínio; óxido vermelho de chumbo; *red ~ pencil* lápis para escrever a vermelho; [coloq., ant.] *to send an ounce of ~ into sb's head* atirar uma chumbada à cabeça de alguém; [coloq.] *to swing the ~* fugir ao trabalho

◆ **lead out** *v.tr.* TIPOGRAFIA espaçar; *to ~ the type* espaçar a composição

lead² [liːd] Ⓐ *s.* **1** chefia; governo; comando; liderança; **2** dianteira; primeira posição; primeiro lugar; *to have the ~* ir à frente, estar em primeiro lugar; *to take the ~* tomar a dianteira, passar para a frente; **3** precedência; avanço; (corridas) *to have a ~ of half a mile* levar um avanço de meia milha; **4** orientação; exemplo; *to follow the ~* seguir o exemplo; **5** sugestão; indicação; *to give sb a ~* dar uma indicação, dar uma sugestão a alguém; **6** TEATRO, CINEMA, TELEVISÃO papel principal; TEATRO *she takes the leads* ela desempenha os papéis principais; **7** TEATRO, CINEMA, TELEVISÃO actor ou actriz principal; **8** (artigo de jornal) lead, lide, entrada, abertura; **9** (jogos de cartas) mão; *whose ~ is it?* de quem é a vez de jogar?, de quem é a mão?; **10** (cães) trela; *to keep a dog on a ~* levar um cão preso à trela; **11** calha, cano para condução de água para moinho; **12** (campo de gelo) canal; **13** ELECTRICIDADE fio condutor, cabo condutor; **14** (técnico) avanço; *~ of slide valve* avanço do distribuidor; *~ screw* parafuso de avanço Ⓑ *v.tr.,intr. (prt. e part. pass. led)* **1** conduzir [to, a]; guiar [to, para]; **2** levar [to, a]; *to ~ to the altar* levar ao altar; *to ~ by force* levar à força; **3** indicar o caminho; *to ~ a blind man* indicar o caminho a um cego, ajudar um cego no seu caminho; *to ~ out of the way* afastar do caminho; **4** chefiar, governar, orientar, mandar; *to ~ a political party* chefiar um partido político; **5** preceder, ir à frente, caminhar à frente; **6** (existência) levar; ter; *to ~ a double life* levar uma vida dupla; **7** influenciar; persuadir [to, a]; levar [to, a]; *I am led to suppose that ...* sou levado a supor que ...; DIREITO *to ~ a witness* fazer perguntas tendenciosas a uma testemunha, procurar influenciar uma testemunha; **8** (caminho, direcção) ir dar [to, a]; *does this road ~ to the village?* é esta a estrada que vai dar à aldeia?; **9** (jogos de cartas) jogar em primeiro lugar ❖ *to ~ astray* desviar do bom caminho; dar mau exemplo; *to ~ about* fazer andar de cá para lá; passear (alguém); *to ~ sb by the nose* dominar completamente; *to ~ forth* fazer avançar; *to ~ in* introduzir; trazer para dentro; *to ~ nowhere* não dar qualquer resultado; *to ~ out* extrair; fazer sair; *to ~ sb a dog's life* fazer alguém levar uma vida de cão; *to ~ sb a pretty dance* dar que fazer a alguém antes de lhe permitir que consiga os seus fins; obrigar a grandes despesas; *to ~ the way* ir à frente; tomar a iniciativa; mostrar o caminho

◆ **lead away** *v.tr.* **1** afastar; **2** levar para longe; levar [to, para]
◆ **lead back** *v.tr.* fazer voltar [to, a]; reconduzir [to, a]
◆ **lead off** Ⓐ *v.intr.* (início) começar; arrancar Ⓑ *v.tr.* (caminho, corredor) partir de; sair de; *the rooms which ~ the corridor* as divisões a partir do corredor
◆ **lead on** Ⓐ *v.tr.* **1** enganar; levar; *to lead sb on* levar uma pessoa; **2** dar falsas esperanças a; enganar com promessas; **3** convencer [to, a]; persuadir [to, a]; *to lead sb on to...* convencer alguém a... Ⓑ *v.intr.* ir à frente; ir à dianteira; conduzir
◆ **lead up to** *v.tr.,intr.* **1** preparar; servir de introdução a; **2** anteceder; preceder; **3** levar a; conduzir a; ir dar a; **4** orientar na direcção de; **5** chegar a ❖ *what's all this leading up to?* aonde é que queres chegar?

lead-bearing [ˈledˌbeərɪŋ] *adj.* plumbífero

leaded [ˈledɪd] *adj.* **1** com chumbo; *~ bronze* bronze com liga de chumbo; [EUA] *~ gasoline* gasolina com chumbo; [GB] *~ petrol* gasolina com chumbo; **2** MEDICINA intoxicado com chumbo; **3** TIPOGRAFIA entrelinhado, espaçado com regretas

leaden [ˈledən] *adj.* **1** de chumbo; **2** plúmbeo; com o aspecto de chumbo; pesado como chumbo; **3** pesado; penoso; opressivo; carregado; **4** incómodo; **5** lento; **6** inerte; apático ❖ *~ limbs* membros pesados, moles, sem força; *~ sword* espada inútil

leader [ˈliːdə] *s.* **1** líder; **2** chefe; dirigente; *~ of a political party* chefe de um partido político; *~ of the House of Commons* chefe da maioria parlamentar na Câmara dos Comuns; **3** guia; **4** comandante; **5** condutor; **6** mentor; **7** orientador; **8** (orquestra, orfeão) regente; **9** primeiro-violino de orquestra; **10** advogado principal de uma das partes; **11** ramo mais forte e maior que parte de um tronco; **12** pessoa ou produto que sobressai; **13** chamariz; produto de alta qualidade vendido a preço baixo para chamar a freguesia; **14** (jornalismo) editorial; artigo de fundo; **15** sedielа na extremidade de linha de pesca; **16** ANATOMIA tendão; **17** MECÂNICA roda principal; **18** *pl.* uma série de pontos para chamar a atenção do leitor para determinado passo ❖ DESPORTO *team ~* capitão de equipa

leadered [ˈliːdɜːd] *adj.* tratado em editorial, tratado em artigo de fundo

leaderette [ˌliːdərˈet] *s.* **1** pequeno editorial; **2** pequeno artigo de fundo

leaderless [ˈliːdələs] *adj.* **1** sem chefe; **2** sem orientador; **3** sem guia

leadership [ˈliːdəʃɪp] *s.* **1** comando; **2** chefia; **3** qualidades de chefia, qualidades de comando; **4** funções de comandante, funções de chefe

lead-free [ˈledfriː] *adj.* sem chumbo; *~ petrol* gasolina sem chumbo

lead-in [ˈliːdɪn] *s.* **1** apresentação; introdução; **2** ELECTRICIDADE baixada de antena ❖ RÁDIO *~ tube* canal de entrada

leading¹ [ˈliːdɪŋ] Ⓐ *adj.* **1** mais importante; mais notável; **2** principal; **3** importante; **4** que procura forçar determinado resultado; **5** que segue à frente; **6** que conduz; condutor Ⓑ *s.* **1** condução; **2** direcção, comando, chefia, orientação; **3** exemplo, influência ❖ (jornal) *~ article* editorial; *~ card* a primeira carta jogada; DIREITO *~ case* caso que abre um precedente; *~ edge* dianteira; linha de frente; *~ figure* figura de destaque; *~ hand* capataz; *~ idea* princípio; CINEMA, TEATRO *~ man/lady* protagonista masculino/feminina; MÚSICA *~ note* nota sensível; DIREITO *~ question* pergunta capciosa; CINEMA, TEATRO *~ role* papel principal; *~ shareholder* accionista principal; (crianças) *~ strings* andadeiras; NÁUTICA *~ wind* vento em popa; *in ~ strings* levado, dominado como uma criança; *~ edge technology* tecnologia de ponta; *~ side of a belt* lado tenso da correia

leading² [ˈledɪŋ] *s.* TIPOGRAFIA entrelinhamento

leadless [ˈledləs] *adj.* sem chumbo

leadoff [ˈliːdɒf] *s.* primeiro numa série

leadsman [ˈledzmən] *s. (pl. -men)* **1** marinheiro que trabalha com a sonda; **2** sondador

lead-up [ˈliːdʌp] *s.* **1** preparação [to, para]; **2** crescendo [to, até]

leadwort [ˈledwɜːt] *s.* BOTÂNICA dentelária, dentilária, erva-das-feridas

leaf [liːf] Ⓐ *s. (pl. -ves)* **1** BOTÂNICA (planta) folha; *fall of the ~* queda das folhas; *in ~* com folhas, cheio de folhas; *to come into ~* deitar folhas; *to shed its leaves* perder as folhas; **2** (livro, revista) folha, página; *to turn over the leaves of a book* folhear

leafage

um livro, virar as páginas de um livro; **3** (metal) lâmina; folha; *gold* ~ folha de ouro; **4** (mesa) aba móvel; **5** parte móvel de biombo; **6** meia-porta, batente de porta; **7** caixilho; **8** (roda de relógio) pequeno dente; **9** MILITAR, NÁUTICA [coloq.] licença Ⓑ *adj.* em folhas; em lâminas; ~ *gold/silver* ouro/prata em folhas; ~ *tobacco* tabaco em folhas Ⓒ *v.intr.* deitar folhas; cobrir de folhas ❖ ~ *blade* limbo de folha; ~ *brass* latão em folhas; ouropel; ~ *fodder* folhas dadas como alimento; forragem verde; ~ *green* clorofila; ~ *lard* pingue; banha de porco derretida; ~ *litter* cama de folhas; leito de folhas; ~ *mould* terriço; húmus; ~ *rust* ferrugem (nas folhas); ~ *spring* mola de lâminas; MÚSICA ~ *turner* dispositivo para virar as folhas; ~ *valve* válvula de charneira; *to shake like a* ~ tremer como varas verdes; *to take a* ~ *out of sb's book* seguir o exemplo de alguém; *to turn over a new* ~ encetar vida nova

◆**leaf through** *v.tr.* folhear; *to* ~ *a book* folhear um livro
leafage ['liːfɪdʒ] *s.* folhagem
leafiness ['liːfɪnəs] *s.* frondosidade, ramagem densa, abundância de folhas
leafless ['liːfləs] *adj.* sem folhas
leaflet ['liːflət] *s.* **1** BOTÂNICA folha pequena, folha nova; **2** (publicidade) folheto, panfleto
leaf-like ['liːflaɪk] *adj.* semelhante a folha; foliforme
leafstalk ['liːfstɔːk] *s.* BOTÂNICA pecíolo
leafy ['liːfɪ] *adj.* (comp. **-ier**, superl. **-iest**) com folhas, folhudo, coberto de folhas
league [liːg] Ⓐ *s.* **1** liga; confederação; aliança; **2** légua (distância de cerca de cinco quilómetros); *marine* ~ légua marítima Ⓑ *v.tr.,intr.* **1** ligar-se, estar ligado a; **2** estar combinado com ❖ *League football* campeonato da Liga de futebol; *in* ~ *with* de combinação com; conivente com; *the League of Nations* a Sociedade das Nações
leaguer ['liːgə] *s.* **1** membro de uma liga; **2** [arc.] cerco, campo dos sitiantes
Leah [lɪə] *s.antr.* RELIGIÃO (Bíblia) Lia
leak [liːk] Ⓐ *s.* **1** fuga; perda; *the explosion was caused by a gas* ~ a explosão foi provocada por uma fuga de gás; **2** vazamento; **3** abertura, fenda; **4** rombo; **5** [fig.] (informação) fuga; **6** [cal.] mija*pop*; *I'm just going to take a* ~ vou só dar uma mija; **7** NÁUTICA água aberta; **8** escape Ⓑ *v.tr.,intr.* **1** meter água; *the ship is leaking* o navio mete água; **2** deixar passar; *the boiler is leaking* a caldeira deixa passar água, a caldeira verte; *the roof leaks* o telhado deixa entrar água; **3** abrir uma fenda; **4** ter uma fuga; **5** vazar, perder ❖ ELECTRICIDADE ~ *detector* detector de fugas de corrente; *to spring a* ~ abrir água; *to stop a* ~ tapar uma fuga; tapar uma fenda

◆**leak in** *v.intr.* infiltrar-se [**through**, por]
◆**leak out** *v.intr.* **1** (líquido) derramar-se; **2** (informação) vir a público; *it leaked out that…* veio a saber-se que…; *the news has leaked out* a notícia transpirou, a notícia veio a público
leakage ['liːkɪdʒ] *s.* **1** (água, gás, etc.) fuga; **2** perda, derrame; ~ *loss of a canal* perda de infiltração de canal; **3** escoamento; **4** escape; **5** desvio; **6** dispersão; ~ *factor* factor de dispersão; ~ *resistance* resistência à dispersão ❖ *leekage detector* detector de fugas; ELECTRICIDADE ~ *current* corrente que se perde devido a fuga ou desvio; ~ *indicator* indicador de fugas/de dispersão; ~ *of military secrets* fuga de segredos militares; ELECTRICIDADE ~ *to earth* perda para a terra
leakiness ['liːkɪnəs] *s.* situação de não estanque
leaking ['liːkɪŋ] Ⓐ *adj.* **1** que deixa passar; **2** que vaza Ⓑ *s.* vazamento, perda, fuga (de água, gás, etc.)
leakproof ['liːkpruːf] *adj.* **1** estanque; **2** [coloq.] (informação) à prova de fugas
leaky ['liːkɪ] *adj.* (comp. **-ier**, superl. **-iest**) **1** que vaza, que deixa passar; **2** não estanque; **3** [coloq.] incapaz de guardar segredo, falador, indiscreto
leal [liːl] *adj.* [Esc.] [rar.] honesto, leal
lealty ['liːəltɪ] *s.* [arc.] fidelidade, lealdade
lean [liːn] Ⓐ *adj.* **1** magro; esguio; **2** pobre; de má qualidade; **3** estéril; improdutivo Ⓑ *s.* **1** carne magra; carne sem gordura; **2** inclinação; *on the* ~ inclinado Ⓒ *v.tr.,intr.* (prt. e part. pass. **leaned** ou **leant**) **1** inclinar(-se) [**to**, para]; curvar o corpo; **2** encostar(-se) [**on**, a]; *to* ~ *back* encostar-se para trás, recostar-se; *to* ~ *forward* encostar-se para a frente; **3** apoiar(-se) [**on**, em]; **4** tender, ter tendência para [**to**, para] ❖ ~ *clay* argila magra; ~ *coal* hulha magra; ~ *diet* regime frugal; ~ *meat* carne magra; ~ *years* anos de carência; anos de vacas magras; [coloq.] *as* ~ *as shotten herring* magro como um pau de virar tripas

◆**lean out** *v.intr.* debruçar-se [**of**, de]; *to* ~ *of a window* debruçar-se de uma janela
Leander [lɪˈændə] *s.antr.* Leandro
leaning ['liːnɪŋ] Ⓐ *adj.* **1** inclinado; **2** com inclinação Ⓑ *s.* **1** inclinação, posição inclinada; **2** tendência, propensão; ~ *towards* com propensão para ❖ *the Leaning Tower of Pisa* a Torre Inclinada de Pisa
leanness ['liːnnəs] *s.* magreza
leant [lent] prt. e part. pass. de **to lean**
lean-to ['liːnˌtuː] Ⓐ *adj.* encostado ou apoiado em muro Ⓑ *s.* **1** alpendre; coberto; **2** hangar ❖ ~ *roof* alpendre; telhado de uma água
leap [liːp] Ⓐ *s.* **1** pulo, salto; **2** distância percorrida por um salto; **3** (preços) subida em flecha Ⓑ *v.tr.,intr.* (prt. e part. pass. **leapt** ou **leaped**) **1** pular; saltar; dar salto(s); *to* ~ *for joy* pular de alegria; **2** passar dum salto; **3** fazer saltar; *to* ~ *a horse over a hedge* fazer saltar um cavalo por cima duma barreira; **4** (preços) subir em flecha ❖ ~ *day* 29 de Fevereiro; ~ *year* ano bissexto; (procedimento arriscado) *a* ~ *in the dark* um salto no escuro; ~ *year proposal* declaração de amor feita por uma mulher a um homem; *by leaps and bounds* rapidamente; com grande velocidade; *to* ~ *to attention* saltar à vista; *to* ~ *to conclusions* tirar conclusões precipitadas; *to* ~ *to one's feet* levantar-se com um salto; *to take a* ~ *at* precipitar-se contra

◆**leap at** *v.tr.* agarrar; aproveitar; não deixar escapar; *to* ~ *the opportunity* agarrar imediatamente a oportunidade
leapable ['liːpəbəl] *adj.* que pode passar-se dum salto
leaper ['liːpə] *s.* saltador
leapfrog ['liːpfrɒg] Ⓐ *s.* **1** jogo do eixo; *to play* ~ jogar ao eixo; **2** MILITAR movimento de substituição de tropas exaustas em combate Ⓑ *v.tr.,intr.* (part. **-gg-**) **1** saltar o eixo; **2** saltar (qualquer coisa) como no jogo do eixo; **3** passar à frente de; **4** contornar, tornear
leaping ['liːpɪŋ] Ⓐ *adj.* que salta Ⓑ *s.* salto
leapt [lept] prt. e part. pass. de **to leap**
learn [lɜːn] *v.tr.,intr.* (prt. e part. pass. **learned** ou **learnt**) **1** aprender; *to* ~ *by heart/by rote* aprender de cor; **2** instruir-se; **3** informar-se; **4** ficar a saber, ficar a conhecer; *having learnt that…* tendo sabido que …; **5** ouvir, ouvir dizer; *to* ~ *that…* ser informado de que …, ouvir dizer que; **6** ensinar; [coloq.] *I'll* ~ *you to behave!* hei-de ensinar-te a ter modos! ❖ *it is never too late to* ~ nunca é tarde para aprender; *to* ~ *from one's mistakes* aprender com os próprios erros; *to* ~ *one's lesson* aprender a lição

◆**learn off** *v.tr.* aprender de cor
◆**learn up** *v.tr.* **1** estudar; **2** aprender
learnable ['lɜːnəbəl] *adj.* que pode aprender-se
learned ['lɜːnɪd] *adj.* **1** instruído; ilustrado; informado; **2** erudito ❖ ~ *profession* profissão liberal; DIREITO [form.] *my* ~ *friend* o eminente colega
learnedness ['lɜːnɪdnəs] *s.* ilustração, erudição, conhecimentos, saber
learner ['lɜːnə] *s.* **1** aluno, estudante, pessoa que aprende; **2** aprendiz; **3** principiante
learning ['lɜːnɪŋ] *s.* **1** aprendizagem; **2** saber; erudição; instrução; conhecimentos ❖ ~ *curve* curva de aprendizagem; ~ *disabilities* dificuldades/deficiências de aprendizagem; ~ *material* material pedagógico; INFORMÁTICA (Internet) ~ *portal* portal de educação; *distance* ~ ensino à distância; *polite* ~ belas-letras; *seat of* ~ centro intelectual; HISTÓRIA (sécs. XV e XVI) *the New Learning* a Renascença
learning-disabled [ˌlɜːnɪŋdɪsˈeɪbld] *adj.* [EUA] com dificuldades de aprendizagem
learnt [lɜːnt] prt. e part. pass. de **to learn**
leasable ['liːsəbəl] *adj.* que pode arrendar-se, arrendável
lease [liːs] Ⓐ *s.* **1** DIREITO arrendamento; *long* ~ arrendamento a longo prazo; **2** aforamento; **3** concessão; **4** entrecruzamento

dos fios nos pentes do tear Ⓑ *v.tr.* arrendar; tomar de arrendamento; dar de arrendamento ❖ **~ lend** sistema de empréstimo e aluguer; (depois de doença, perturbações, etc.) *a new ~ of life* um recomeço; uma nova oportunidade; *to let by ~/to let out to ~* dar de arrendamento; *to take a new ~ of* renovar o arrendamento de; *to take land on ~* arrendar terra; *to take the ~ of* tomar de arrendamento

♦ **lease out** *v.tr.* dar de arrendamento; arrendar

leasehold ['liːshəʊld] Ⓐ *s.* **1** propriedade arrendada; **2** arrendamento Ⓑ *adj.* de arrendamento, arrendado

leaseholder ['liːshəʊldə] *s.* arrendatário, rendeiro

leash [liːʃ] Ⓐ *s.* (pl. **-es**) trela Ⓑ *v.tr.* prender com trela; prender à trela ❖ *a ~ of hares* três lebres; *to hold in ~* prender; segurar; dominar; *to give sb a longer ~* dar mais liberdade de acção a alguém; *to hold/keep sb on a short/tight ~* não dar confiança a alguém; não dar trela a alguém; *to strain at the ~* esperar ansiosamente por qualquer coisa

leasing ['liːsɪŋ] *s.* **1** leasing; **2** COMÉRCIO arrendamento, posse por aluguer; **3** RELIGIÃO (Bíblia) mentira, logro

least [liːst] Ⓐ *adj.* **1** {superl. de **little**} menos, (o) mais pequeno, (o) menor; *the ~ interesting* o menos interessante; **2** (o) menos importante Ⓑ *s.* **1** a mais pequena quantidade; **2** o menor grau Ⓒ *adv.* (o) menos; *he works ~* ele é quem trabalha menos ❖ MATEMÁTICA *~ common multiple* menor múltiplo comum; *~ of all* muito menos; em último lugar; *~ said soonest mended* quanto mais se falar, pior; *at ~* pelo menos; *not in the ~* de modo nenhum; *the ~ said the better* quanto menos se falar, melhor; *to say the ~* para não dizer mais, para não dizer pior; no mínimo; para não exagerar

leastways ['liːstweɪz] *adv.* **1** [coloq.] pelo menos; **2** ou antes

leastwise ['liːstwaɪz] *adv.* [rar.] ⇒ **leastways**

leat [liːt] *s.* calha, canal de água para moinho

leather ['leðə] Ⓐ *s.* **1** couro; **2** [coloq.] pele, cabedal; **3** revestimento de couro de bomba ou válvula Ⓑ *adj.* em pele; de couro; *~ belt/strap* cinto/tira de couro; *~ upholstering* estofos em couro Ⓒ *v.tr.* cobrir de couro; proteger com couro ❖ *~ bottle* odre; *~ cloth* oleado; encerado; *~ dresser* curtidor; surrador; peleiro; *~ dressing* preparação de peles finas, ofício de surrador; *~ head* estúpido; *~ machinery* maquinaria para trabalhar em couro; *~ washer* arruela de couro; *Russia ~* couro da Rússia; *nothing like ~* a mercadoria própria é que serve para tudo; a nossa própria mercadoria é que é a melhor; *to lose ~* ficar com as nádegas em ferida por andar a cavalo

leather-bound ['leðəbaʊnd] *adj.* encadernado a carneira

leatherette ['leðəret] *s.* imitação de couro

leathering ['leðərɪŋ] *s.* [coloq.] tareia, tosa, carga de pancada

leatherjacket ['leðədʒækɪt] *s.* **1** ZOOLOGIA (peixe) balista; **2** ZOOLOGIA (insecto) larva de tipulídeo; **3** gibão de couro (usado antigamente pelos guerreiros)

leathern ['leðən] *adj.* **1** [arc.] de couro; **2** [arc.] coriáceo

leatheroid ['leðərɔɪd] *s.* papel tratado de maneira especial, de modo a ficar com aspecto de couro

leatherwood ['leðəwʊd] *s.* BOTÂNICA dirca (género da família das Timeleáceas)

leathery ['leðərɪ] *adj.* semelhante a couro

leave [liːv] Ⓐ *s.* **1** partida; saída; **2** [form.] autorização, permissão, consentimento; *to give ~* dar autorização, permitir; *to beg ~ to* pedir autorização para; **3** licença; *a two weeks' ~* uma licença de duas semanas; *to get ~* conseguir uma licença; *to go on ~* ir de licença Ⓑ *v.tr.,intr.* (prt. e part. pass. **left**) **1** sair, ir, partir [for, para]; *I'll ~ tomorrow* vou amanhã; **2** deixar; deixar ficar; *to ~ a message for sb* deixar um recado para alguém; **3** esquecer; pôr de parte; **4** sobejar; **5** (contas) restar; *five from nine leaves four* nove menos cinco são quatro; **6** abandonar; **7** legar, deixar em testamento; confiar em testamento; **8** confiar a, passar a, deixar a cargo de; *to ~ in charge of* deixar à guarda de, deixar a cargo de ❖ *~ of absence* licença sabática; *I'll ~ it to you* deixo o caso consigo; *~ him to himself* deixa-o sozinho; *let's ~ it at that* ponto final; não falemos mais nisso; *~ it to time* dê tempo ao tempo; *now I wish to be left alone* agora quero ficar sozinho; *take it or ~ it* é pegar ou largar; *to break ~* ausentar-se sem licença; *to ~ sb alone* deixar sozinho; deixar em paz; *to ~ sth alone* não tocar em algo; *to ~ in the dark* ocultar; conservar secreto; *to ~ in the lurch* desamparar; abandonar numa ocasião má; *to ~ no stone unturned* não se poupar a esforços; fazer todos os possíveis; *to ~ one's mark* influenciar; fazer sentir a sua influência; deixar a sua marca; (comboio) *to ~ the track* descarrilar; *to ~ to chance* deixar à sorte; entregar ao acaso; *to ~ word with sb* confiar um recado a alguém (para ser entregue a outra pessoa); *to take ~ of* despedir-se de; *to take ~ of one's senses* perder o juízo; *to take one's ~* partir; despedir-se

♦ **leave behind** *v.tr.* **1** abandonar; deixar ficar; deixar para trás; **2** passar à frente de; **3** (corrida) distanciar-se de; **4** (guarda-chuva, etc.) esquecer-se de

♦ **leave off** *v.tr.,intr.* **1** parar; interromper; **2** pôr de parte; **3** deixar de usar; **4** desistir de; deixar de; *to ~ studying medicine* deixar de estudar medicina ❖ (saturação) *leave off!* já chega!; *where did we leave off?* onde é que nós íamos?

♦ **leave out** *v.tr.* **1** excluir; omitir; *the last paragraph was left out* o último parágrafo foi omitido; **2** ignorar; pôr de parte; *they left him out* ignoraram-no; *to feel left out* sentir-se ignorado; **3** (leitura) saltar; **4** não voltar a pôr no lugar ❖ *to ~ in the cold* abandonar; pôr de parte; pôr à margem

♦ **leave over** *v.tr.* deixar para mais tarde; adiar ❖ (dinheiro, comida) *to be left over* sobrar

leaved [liːvd] *adj.* **1** com folhas; folhudo; *round-leaved* de folhas redondas; **2** (porta, mesa, etc.) que se abre em duas partes

leaven ['levən] Ⓐ *s.* **1** levedura, fermento; **2** [fig.] gérmen, causa latente Ⓑ *v.tr.* **1** levedar, fazer levedar; **2** fazer fermentar; **3** imbuir, impregnar; **4** modificar, transformar; **5** atenuar

leavening ['levənɪŋ] *adj.* que transforma, que modifica

leaver ['liːvə] *s.* **1** aquele que parte; **2** pessoa que está para partir; **3** aquele que deixa ficar ou abandona

leaves ['liːvz] *pl. de* **leaf**

leave-taking ['liːvteɪkɪŋ] *s.* (pl. **-s**) despedida

leaving ['liːvɪŋ] *s.* **1** partida; **2** saída ❖ *~ certificate* certidão de estudos secundários; *~ present* presente de despedida; *~ off* fim; interrupção; cessação; *~ out* omissão; exclusão

leavings ['liːvɪŋz] *s.pl.* restos; sobras; desperdícios; *give the ~ to the cat* dê os restos ao gato

Lebanese ['lebəniːz] *adj.,s.* **1** libanês; **2** natural do Líbano

Lebanon ['lebənən] *s.top.* Líbano

lech [lek] *s.* menir celta

leche ['liːtʃiː] *s.* ZOOLOGIA antílope africano

lecher ['letʃə] *s.* [depr.] devasso, libertino

lecherous ['letʃərəs] *adj.* **1** lascivo; lúbrico; **2** devasso; libertino

lecherously ['letʃərəslɪ] *adv.* **1** lascivamente; lubricamente; **2** devassamente; com devassidão

lecherousness ['letʃərəsnəs] *s.* **1** lascívia; luxúria; **2** devassidão; libertinagem

lechery ['letʃərɪ] *s.* ⇒ **lecherousness**

lecithin ['lesɪθɪn] *s.* BIOQUÍMICA lecitina

lectern ['lektən] *s.* estante de coro de igreja

lectionary ['lekʃnərɪ, 'lekʃnerɪ] *s.* (pl. **-ies**) RELIGIÃO leccionário, livro com textos sagrados destinados a serem lidos durante o ofício da Missa

lector ['lektɔː] *s.* [Esc.] leitor, encarregado de curso

lecture ['lektʃə] Ⓐ *s.* **1** conferência; *to attend a ~* assistir a uma conferência; *to deliver a ~* fazer, pronunciar uma conferência; **2** prelecção; **3** lição universitária; **4** curso; **5** repreensão, censura, sermão; *to give sb a ~* repreender alguém, pregar um sermão a alguém_{coloq.} Ⓑ *v.tr.,intr.* **1** fazer uma conferência [on, sobre]; falar [on, sobre]; **2** (universidade) dar aulas; **3** fazer um curso [on, sobre]; **4** repreender, censurar, pregar um sermão a; *to ~ sb for sth* censurar alguém por alguma coisa ❖ *~ hall* anfiteatro; sala de conferências

lecturer ['lektʃərə] *s.* **1** conferencista; **2** (ensino universitário) leitor

lectureship ['lektʃəʃɪp] *s.* **1** leitorado, função de leitor; **2** função de encarregado de curso

lecturing ['lektʃərɪŋ] *s.* prelecção, acto de preleccionar, de fazer conferências

lecyth ['lesɪθ] *s.* BOTÂNICA lecite

lecythis [le'sɪθɪs] *s.* ⇒ **lecyth**

led [led] *prt. e part. pass. de* **to lead**² ❖ *~ horse* cavalo de mão

LED [*abrev. de* light-emitting diode] LED

Leda ['li:də] *s.* MITOLOGIA Leda

ledge [ledʒ] Ⓐ *s.* **1** ressalto, rebordo, saliência; **2** (janela) peitoril; *a window ~* peitoril de janela; **3** elevação; **4** proeminência; **5** banco de recifes; **6** fieira de rochas à flor da água, não muito longe da praia; **7** testa de fechadura; **8** estrato de rocha com conteúdo de metal Ⓑ *v.tr.* colocar sobre; firmar sobre ❖ *ledged door* porta com travessas pregadas

ledger ['ledʒə] *s.* **1** COMÉRCIO livro-mestre; **2** registo; **3** lápide funerária; **4** barrote que serve de suporte aos travessanhos ❖ MÚSICA ~ *line* linha suplementar; COMÉRCIO ~ *work* escrituração do livro-mestre; *goods-bought* ~ livro-mestre de compras

lee [li:] *s.* **1** NÁUTICA sotavento; *under the* ~ a sotavento; **2** lugar abrigado do vento ❖ NÁUTICA ~ *gauge* socairo; ~ *sheet* escota a sotavento; ~ *shore* costa de sotavento; ~ *side* lado abrigado do vento; ~ *tide* maré de barlavento; *under the* ~ *of* protegido por; abrigado por; *to be in the* ~ estar debaixo do vento; *to bring by the* ~ perder o barlavento

leeboard ['li:bɔ:d] *s.* NÁUTICA orça

leech [li:tʃ] Ⓐ *s.* (*pl.* -es) **1** ZOOLOGIA sanguessuga; **2** (fig., depr.) (pessoa) sanguessuga*fig*, carraça*fig*, melga*fig*; *he's such a leech!* que melga!; *to stick like a* ~ agarrar-se como uma carraça*fig*, não largar mais uma pessoa; **3** NÁUTICA testa de vela, lado perpendicular ou inclinado de vela; **4** [arc., joc.] médico Ⓑ *v.tr.* **1** MEDICINA [ant.] aplicar sanguessugas a, sangrar com sanguessugas; **2** (fig., coloq.) (explorar) chupar o sangue a*fig.* ❖ NÁUTICA ~ *line* carregadeira; NÁUTICA ~ *rope* tralha de testa; *artificial* ~ ventosa

leechcraft ['li:tʃkrɑ:ft] *s.* [arc.] arte de curar

leek [li:k] *s.* BOTÂNICA alho francês ❖ *to eat the* ~ engolir uma afronta

leer [lɪə] Ⓐ *s.* **1** olhar de esguelha, olhar de través; **2** olhar irónico, mal-intencionado; **3** olhar lúbrico; **4** forno para cozer vidro Ⓑ *v.intr.* **1** lançar um olhar de esguelha; **2** lançar um olhar mal-intencionado; **3** olhar lubricamente

leering ['lɪərɪŋ] *adj.* **1** de esguelha, de soslaio; **2** mal-intencionado; **3** lúbrico

leeringly ['lɪərɪŋlɪ] *adv.* **1** com má intenção; **2** lubricamente

leery ['lɪərɪ] *adj.* **1** [coloq.] desconfiado; com suspeitas; **2** [coloq.] esfomeado ❖ *to be* ~ *of…* desconfiar de…; não se fiar em…

lees [li:z] *s.pl.* **1** borras, sedimentos, lia, fezes; **2** restos; **3** [depr.] ralé; *the* ~ *of society* a ralé ❖ *to drink/drain to the* ~ beber até às fezes; beber até ao fim

leet [li:t] *s.* **1** antigo tribunal, que certos lordes tinham competência para organizar, em determinados domínios; **2** alcance jurisdicional desses tribunais; **3** [Esc.] lista de pretendentes a um lugar

leeward ['li:wɜ:d, 'lu:əd] Ⓐ *adj.,adv.* na direcção do vento, para sotavento Ⓑ *s.* sotavento, lado protegido do vento; *to drive to ~/ to fall to the* ~ cair a sotavento ❖ *the ~ Islands* as Antilhas

leewardly ['li:wɜ:dlɪ] *adj.* que descai para sotavento

leeway ['li:weɪ] *s.* **1** NÁUTICA deriva, declinação; **2** desvio; **3** [fig.] liberdade de acção; margem de manobra; **4** [fig.] margem de segurança; **5** atraso, trabalho acumulado; *a lot of ~ to make up* muitas coisas para pôr em dia

left [left] Ⓐ *adj.* esquerdo; ~ *bank* margem esquerda Ⓑ *s.* **1** (lado, mão) esquerda; *on the* ~ à esquerda; *keep to the* ~ seguir pela esquerda; *turn* ~ virar à esquerda; **2** POLÍTICA esquerda Ⓒ *adv.* para a esquerda Ⓓ {*prt. e part. pass. de* **to leave**} ❖ ~ *luggage* depósito de bagagens; *I have no money* ~ já não tenho dinheiro; não me ficou nenhum dinheiro; *nothing was* ~ *to accident* não se deixou nada ao acaso; preveniram-se todas as eventualidades; *some things are better* ~ *unsaid* há coisas que é preferível não dizer; *to be* ~ *to oneself* ficar entregue a si mesmo

left-hand ['lefthænd] *adj.* esquerda; *on the* ~ *side* no lado esquerdo ❖ ~ *blow* golpe com a esquerda; ~ *drive car* carro de volante à esquerda; ~ *rotation* rotação à esquerda; ~ *screw* parafuso de rosca à esquerda; ~ *side tile* meia telha esquerda; MATEMÁTICA ~ *side of an equation* primeiro membro duma equação; ~ *point* agulha esquerda

left-handed ['left'hændɪd] *adj.* **1** com a (mão) esquerda; **2** esquerdino; canhoto; **3** canhestro; desastrado; desajeitado; **4** duvidoso; ambíguo; de sinceridade duvidosa ❖ ~ *compliment* cumprimento equívoco; insulto; DIREITO ~ *marriage* casamento morganático; ~ *oath* juramento que não se tem intenção de cumprir

left-hander [left'hændə] *s.* **1** (pessoa) canhoto; esquerdino; **2** golpe com a esquerda

leftie ['leftɪ] *s.* **1** POLÍTICA [depr.] esquerdista; **2** [EUA] canhoto

leftism ['leftɪzəm] *s.* POLÍTICA esquerdismo

leftist ['leftɪst] *adj.,s.* POLÍTICA esquerdista

leftover ['leftəʊvə] Ⓐ *s.* **1** vestígio; *a* ~ *from the past* um vestígio do passado; **2** *pl.* restos, sobras; *refrigerate any leftovers* guarde as sobras no frigorífico Ⓑ *adj.* restante

leftward ['leftwɜ:d] Ⓐ *adj.* esquerdo Ⓑ *adv.* ⇒ **leftwards**

leftwards ['leftwɜ:dz] *adv.* para a esquerda

left-wing ['leftwɪŋ] *adj.* POLÍTICA esquerdista, de esquerda

left-winger [left'wɪŋə] *s.* **1** POLÍTICA esquerdista, membro dum partido da esquerda; **2** DESPORTO ponta-esquerda, extremo esquerdo

lefty ['leftɪ] *s.* **1** POLÍTICA [depr.] esquerdista; **2** [EUA, Can.] canhoto

leg [leg] Ⓐ *s.* **1** perna; **2** (animal, cadeira, mesa, compasso, etc.) perna; CULINÁRIA ~ *of mutton* perna de carneiro; ~ *of compasses/~ of dividers* perna de compasso; **3** (viagem, corrida) etapa; troço; **4** escora; **5** lado de triângulo Ⓑ *v.tr.,intr.* (*particípios:* **-gg-**) **1** percorrer a pé; *to* ~ *it* ir a pé; **2** andar depressa; **3** correr rapidamente; **4** empurrar (barco) através de túnel, apoiando os pés nas paredes do canal ❖ ~ *bone* tíbia; ~ *guards* caneleiras; ~ *iron* tala de ferro; ~ *pads* caneleiras; ~ *rest* apoio para a perna; ~ *shields* protecção das pernas; ~ *vice* torno de pé; ~ *of T square* régua de esquadro em T; *on one's legs* a pé; de pé; *he hasn't a* ~ *to stand on* não tem nenhuma desculpa; nada o justifica; *he ran as fast as his legs would carry him* correu o mais que pôde; *my legs won't carry me any further!* já não posso com as pernas!; *to be all legs* ser muito alto e magro; só ter pernas*fig.*; *to be carried off one's legs* perder pé; ser levado pela corrente; *to be on one's last legs* estar a dar as últimas; não poder mais; estar próximo da ruína; (criança) *to feel one's legs/to find one's legs* começar a segurar-se e a andar; *to get on one's legs* levantar-se; firmar-se na vida; *to give* ~ *bail* [coloq.] fugir; pôr-se a andar; *to give sb a* ~ *up* ajudar alguém; auxiliar alguém numa dificuldade; *to have the legs of* ser mais rápido que; correr mais depressa que; *to keep one's legs* aguentar-se; manter-se de pé; [arc.] *to make a* ~ fazer uma vénia (recuando uma perna); *to pull sb's* ~ gracejar com alguém; entrar com alguém; *to run sb off his legs* dar muito que fazer a alguém; sobrecarregar alguém; *to set sb on his legs* pôr uma pessoa de boa saúde; lançar uma pessoa bem na vida; *to stand on one's own legs* ser independente; *to take to one's legs/de frosques*; fugir

legacy ['legəsɪ] *s.* (*pl.* -**ies**) **1** legado; **2** herança; **3** património; **4** (encargo) missão transmitida por antecessor ❖ ~ *duty* imposto sucessório; [coloq.] ~ *hunter* papa-heranças

legal ['li:gəl] *adj.* **1** legal; ~ *fare* preço legal, tarifa legal; *by* ~ *process* pelas vias legais; **2** de acordo com a lei; **3** jurídico; relativo à jurisprudência; ~ *status* personalidade jurídica; *the* ~ *mind* o espírito jurídico; **4** relativo à jurisprudência; **5** legítimo, lícito; **6** válido; *of* ~ *force* válido, com força legal ❖ ~ *adviser* advogado; DIREITO ~ *claim* recurso; ~ *document* documento autêntico; ~ *tender* moeda com curso legal; ~ *year* ano legal; *to be brought to a* ~ *trial* ser julgado de acordo com a lei; *to go into the* ~ *profession* seguir a carreira jurídica; *to take* ~ *action* empreender uma acção nos tribunais; *to take* ~ *advice* consultar um advogado

legalistic [ˌli:gə'lɪstɪk] *adj.* legalista

legality [lɪ'gælɪtɪ] *s.* (*pl.* -**ies**) legalidade

legalization [ˌli:gəlaɪ'zeɪʃən] *s.* legalização; despenalização

legalize ['li:gəlaɪz] *v.tr.* **1** legalizar, tornar legal; despenalizar; **2** autenticar

legally ['li:gəlɪ] *adv.* **1** de maneira legal; **2** legalmente; **3** em face da lei

legate[1] ['legeɪt] *v.tr.* legar

legate[2] ['legɪt] *s.* **1** legado; **2** núncio apostólico; **3** enviado do Papa como embaixador junto de outros governos; **4** [arc.] delegado, embaixador

legatee [ˌlegəˈtiː] s. legatário, pessoa a cujo favor foi instituído um legado
legateship [ˈlegətʃɪp] s. função, cargo, atribuições de legado papal
legation [lɪˈgeɪʃən] s. legação, missão diplomática (sem a categoria de embaixada)
legato [leˈgɑːtəʊ, lɪˈgɑːtəʊ] adv. MÚSICA legato, ligado, com as notas ligadas sem interrupção
legator [leˈgeɪtə] s. 1 aquele que lega; 2 testador
legend [ˈledʒənd] s. 1 lenda; 2 narração de acontecimentos mais ou menos remotos e um tanto ou quanto incertos; 3 fantasia; 4 conto, saga; 5 inscrição em moeda ou medalha; 6 legenda de gravura
legendary [ˈledʒəndəri, ˈledʒənderi] adj. 1 lendário; 2 próprio de lendas; 3 famoso, muito conhecido
legerdemain [ˌledʒədəˈmeɪn] s. 1 prestidigitação, malabarismo; 2 jogo de mãos, ligeireza de mãos; 3 [fig.] habilidade, astúcia
leggings [ˈlegɪŋz] s. 1 VESTUÁRIO calças de malha; 2 perneiras; 3 polainas
leggy [ˈlegɪ] adj. com pernas altas e magras
leghorn [ˈleghɔːn] s. chapéu de palha da Itália
Leghorn¹ [leˈgɔːn, lɪˈgɔːn] s. ZOOLOGIA raça de galinhas
Leghorn² [ˈleghɔːn] s.top. Livorno, Liorne
legibility [ˌledʒɪˈbɪlɪtɪ] s. legibilidade
legible [ˈledʒɪbəl] adj. legível, que pode ler-se facilmente
legibly [ˈledʒɪblɪ] adv. legivelmente, de maneira legível
legion [ˈliːdʒən] Ⓐ s. 1 MILITAR legião; 2 multidão [**of**, de] Ⓑ adj. abundante; numeroso ❖ *Legion of Honour* Legião de Honra; *the British Legion* a Legião Britânica; associação britânica de antigos combatentes na primeira Grande Guerra, fundada em 1921; (exército francês) *the Foreign Legion* a Legião Estrangeira
legionary [ˈliːdʒənrɪ, ˈliːdʒənerɪ] adj.,s. legionário
legioned [ˈliːdʒənd] adj. [poét.] em legiões
legionnaire [ˌliːdʒəˈneə] s. legionário ❖ MEDICINA *Legionnaires' disease* doença do legionário
legislate [ˈledʒɪsleɪt] v.tr.,intr. 1 legislar, elaborar leis; 2 impor a lei sobre
legislation [ˌledʒɪˈsleɪʃən] s. legislação
legislative [ˈledʒɪslətɪv, ˈledʒɪsleɪtɪv] adj. legislativo ❖ *~ assembly* assembleia legislativa; *~ body* corpo legislativo; *~ power* poder legislativo
legislator [ˈledʒɪsleɪtə] s. legislador
legislatorial [ˌledʒɪslətɔːrɪəl] adj. legislatório, legislativo
legislature [ˈledʒɪsleɪtʃə] s. legislatura
legist [ˈliːdʒɪst] s. legista
legit [lɪˈdʒɪt] adj. 1 {forma abreviada de **legitimate**¹} [coloq.] legal; 2 [coloq.] legítimo; 3 [coloq.] verdadeiro, autêntico, real
legitimacy [lɪˈdʒɪtɪməsɪ] s. 1 legitimidade; 2 legalidade; 3 filiação legítima
legitimate¹ [lɪˈdʒɪtɪmɪt] adj. 1 legítimo; 2 legal; 3 conforme aos regulamentos; 4 racional
legitimate² [lɪˈdʒɪtɪmeɪt] v.tr. 1 legitimar, reconhecer como legítimo; 2 legalizar; 3 justificar
legitimation [lɪˌdʒɪtɪˈmeɪʃən] s. 1 legitimação; 2 legalização; 3 justificação
legitimatize [lɪˈdʒɪtɪmətaɪz] v.tr. legitimar, reconhecer como legítimo
legitime [ˈledʒɪtɪm] s. DIREITO legítima, parte da herança que pertence, por força legal, aos herdeiros em linha recta
legitimism [lɪˈdʒɪtɪmɪzəm] s. POLÍTICA legitimismo
legitimist [lɪˈdʒɪtɪmɪst] adj.,s. HISTÓRIA legitimista
legitimize [lɪˈdʒɪtɪmaɪz] v.tr. ⇒ **legitimatize**
legless [ˈleglas] adj. que não tem pernas
leg-of-mutton [ˈlegəvˌmʌtn] adj. triangular; NÁUTICA *~ sail* vela triangular
legpull [ˈlegpʊl] s. (brincadeira) peta, patranha, história fig.
legume [ˈlegjuːm] s. 1 fruto de leguminosa; 2 vagem
legumen [leˈgjuːmen] s. 1 fruto de leguminosa; 2 vagem
leguminous [leˈgjuːmɪnəs] adj. leguminoso
legwarmer [ˈlegwɔːmə] s. perneira de lã; polaina
legwork [ˈlegwɜːk] s. trabalho duro; trabalho de campo; trabalho de sapa
Leibnitzian [laɪbˈnɪtsɪən] adj.,s. leibnitziano
Leics [abrev. de Leicestershire]
Leipzig [ˈlaɪpzɪg] s.top. Lípsia
leister [ˈliːstə] Ⓐ s. lança curta dentada, usada na pesca do salmão Ⓑ v.tr. pescar (salmão) com lança dentada
leisure [ˈleʒə, ˈliːʒə] s. 1 ócio; lazer; tempo livre; 2 descanso ❖ *~ time* horas livres; *~ centre* centro cultural; complexo desportivo; *~ occupations* passatempos; actividades de lazer; *at ~* à vontade; *to be at ~* ter tempo livre; não ter que fazer; *to do sth at one's ~* demorar o tempo que se quiser a fazer alguma coisa
leisured [ˈleʒəd, ˈliːʒəd] adj. sem ocupação, desocupado
leisureliness [ˈleʒəlɪnəs, ˈliːʒəlɪnəs] s. vagar, lentidão
leisurely [ˈleʒəlɪ, ˈliːʒəlɪ] Ⓐ adj. 1 sem pressa, calmo, não apressado, vagaroso; 2 desocupado Ⓑ adv. calmamente, sem se apressar
leisurewear [ˈleʒəweə, ˈliːʒəweə] s. VESTUÁRIO roupa desportiva
leitmotiv [ˈlaɪtməʊˌtiːf] s. leitmotiv
LEM [abrev. de lunar excursion module]
leman [ˈlemən] s. [arc.] amado, amada; amante
lemma [ˈlemə] s. {pl. **-ta**} 1 lema; 2 proposição que prepara a demonstração de outra; 3 assunto de composição literária colocado como título; 4 título de anotação, artigo, etc.; 5 lema, divisa, norma
lemmata [ˈlemətə] s. {pl. de **lemma**}
lemming [ˈlemɪŋ] s. ZOOLOGIA lemingue
lemna [ˈlemnə] s. BOTÂNICA lemna, lentilha-de-água, patinha-de-água
lemniscate [lemˈnɪskɪt] s. GEOMETRIA lemniscata
lemniscus [lemˈnɪskəs] s. lemnisco
lemon [ˈlemən] Ⓐ s. 1 BOTÂNICA (fruto) limão; 2 BOTÂNICA (árvore) limoeiro; *~ tree* limoeiro; 3 (cor) amarelo-limão; 4 ZOOLOGIA patruça, patrúcia, solha-das-pedras; 5 limonada; *~ squash* limonada; 6 [coloq., depr.] (pessoa) palerma, tanso Ⓑ adj. (cor) amarelo-limão ❖ BOTÂNICA *~ balm* erva-cidreira; CULINÁRIA *~ curd/cheese* compota/pasta de limão para barrar; ZOOLOGIA *~ dab/sole* solha-das-pedras; patrúcia; *~ drop* rebuçado de limão; *~ juice* sumo de limão; *~ squeezer* espremedor (de limões); *~ tea* chá de limão; BOTÂNICA *~ wood* pitósporo-da-china; [EUA] [coloq.] *the answer is a ~* bolas!
lemonade [ˈlemənˌeɪd] s. limonada
lemony [ˈlemənɪ] adj. (sabor, cheiro, cor) a limão; de limão
lempira [lemˈpiːrə] s. (moeda das Honduras) lempira
lemur [ˈliːmə] s. ZOOLOGIA lémure
lemurian [lɪˈmjʊərɪən] adj. ZOOLOGIA lemuriano; relativo ao lémure
lemuroid [ˈlemjərɔɪd] adj.,s. lemuróide, lemuriano
Lena [ˈliːnə] s.antr. Lena, Helena
lend [lend] v.tr. (prt. e part. pass. **lent**) 1 emprestar; ceder a título de empréstimo; *can you ~ me 10 euros?* podes emprestar-me dez euros?; *to ~ at interest* emprestar a juros; 2 conceder; dar; garantir; *to ~ credibility to...* dar credibilidade a... ❖ *to ~ a helping hand* dar uma ajuda; ajudar; *to ~ an ear to...* dar ouvidos a...; *to ~ itself/oneself to...* prestar-se a...; adaptar-se a...; aceitar...
◆**lend out** v.tr. emprestar
lender [ˈlendə] s. pessoa que empresta
lending [ˈlendɪŋ] Ⓐ adj. que empresta Ⓑ s. 1 empréstimo; *~ bank* empréstimo bancário; 2 prestação de capital ❖ *~ library* biblioteca pública
length [leŋθ] s. 1 comprimento; *three feet in ~* três pés de comprimento; 2 extensão; tamanho; 3 distância; *at arm's ~* à distância dum braço; 4 (tempo) duração; *for what ~ of time?* por quanto tempo?; 5 LINGUÍSTICA quantidade (vocálica ou silábica) ❖ LINGUÍSTICA *~ mark* sinal de sílaba longa; *~ of service* anos/ tempo de serviço; *~ of span* vão; *at ~* finalmente; a fundo; detalhadamente; *at full ~* minuciosamente; com muitos pormenores; *over the ~ and breadth of* em toda a extensão de; *I can't go that ~ with you* não posso concordar consigo; [coloq.] *to fall all one's ~* cair ao comprido; estender-se ao comprido; *to go all lengths* fazer o possível; *to go the ~ of London* ir até Londres; *to go to any length(s)* fazer seja o que for; ir a todos os extremos; *to go to the ~ of saying* ir até ao ponto de dizer; *to have the ~ of one's foot* conhecer o fraco de alguém; *to keep sb at arm's ~* conservar alguém à distância; *to speak at ~* falar durante muito tempo; *to win by a ~* ganhar por um comprimento

lengthen ['leŋθən] v.tr.,intr. 1 alongar, alongar-se; 2 aumentar; 3 prolongar
lengthened ['leŋθənd] adj. alongado, prolongado
lengthening ['leŋθənɪŋ] s. 1 prolongamento; 2 aumento ❖ ~ *piece* alongador
lengthily ['leŋθɪlɪ] adv. prolixamente, com muitas minudências
lengthiness ['leŋθɪnəs] s. 1 extensão; 2 prolixidade
lengthways ['leŋθweɪz] adv. 1 no sentido do comprimento; 2 longitudinalmente
lengthwise ['leŋθwaɪz] Ⓐ adj. longitudinal Ⓑ adv. ⇒ **lengthways**
lengthy ['leŋθɪ] adj. (comp. -ier, superl. -iest) 1 longo, comprido; 2 prolixo; 3 tedioso, enfadonho
leniency ['li:nɪənsɪ] s. lenidade, suavidade, brandura, clemência
lenient ['li:nɪənt] adj. brando, suave; clemente
leniently ['li:nɪəntlɪ] adv. com suavidade, com brandura; clementemente
Lenin ['lenɪn] s.antr. Lenine
Leningrad ['lenɪngræd] s.top. Leninegrado
Leninism ['lenɪnɪzəm] s. POLÍTICA leninismo
Leninist ['lenɪnɪst] adj.,s. POLÍTICA leninista
lenitive ['lenɪtɪv] adj.,s. lenitivo
lenity ['lenɪtɪ] s. clemência, indulgência
leno ['li:nəʊ] s. (pl. -s) gaze, tecido de algodão para cortinas, véus, etc.
Lenore [ləˈnɔ:] s.antr. Leonor
lens [lenz] s. (pl. -es) 1 lente; 2 ANATOMIA (olho) cristalino; *crystalline* ~ cristalino; 3 objectiva ❖ ~ *holder* suporte da objectiva; ~ *hood* protector contra o sol; ~ *mount* suporte da lente; ~ *shutter* obturador da objectiva; ~ *tissue* material especial (espécie de papel) para limpar lentes; *landscape* ~ objectiva simples
lent [lent] prt. e part. pass. de **to lend**
Lent [lent] s. RELIGIÃO Quaresma ❖ BOTÂNICA ~ *lily* narciso-dos-prados; ~ *sermon* sermão quaresmal; ~ *term* segundo período escolar
lenten ['lentən] adj. quaresmal; próprio da Quaresma; relativo à Quaresma ❖ ~ *face* ar sombrio; aspecto lúgubre; cara de enterro; ~ *fare* alimentação sem carne
lentic ['lentɪk] adj. (ecologia) lêntico
lenticel ['lentɪsel] s. BOTÂNICA lenticela
lenticular [lenˈtɪkjʊlə] adj. lenticular
lentiform ['lentɪfɔ:m] adj. lentiforme
lentigines [lenˈtɪdʒɪnɪz] s. pl. de **lentigo**
lentigo [lenˈtaɪgəʊ] s. (pl. **lentigines**) lentigo, lentigem
lentil ['lentɪl] s. BOTÂNICA lentilha
lentiscus [lenˈtɪskəs] s. BOTÂNICA lentisco, aroeira, almecegueira
lentisk ['lentɪsk] s. ⇒ **lentiscus**
lento ['lentəʊ] adv.,s. MÚSICA lento
lentoid ['lentɔɪd] adj. lentiforme
Leo ['li:əʊ] s. (pl. **Leos**) ASTRONOMIA (constelação, signo) Leão
Leonard ['lenəd] s.antr. Leonardo
Leonardo [lɪəˈnɑ:dəʊ] s.antr. Leonardo
leone [li:ˈəʊn] s. (moeda da Serra Leoa) leone
Leonian [li:ˈəʊnɪən] Ⓐ s. (astrologia) leonino, nativo do signo Leão Ⓑ adj. 1 leonino; 2 típico do signo Leão
Leonidas [lɪˈɒnɪdəs] s.antr. Leónidas
leonine ['lɪəʊnaɪn] adj. leonino
Leonine ['lɪəʊnaɪn] adj. 1 leonino; 2 relativo a qualquer pessoa chamada Leão ❖ ~ *verse* verso leonino; *the* ~ *City* a parte de Roma em torno do Vaticano fortificada pelo Papa Leão IV
leonurus [lɪəʊˈnjʊ:rəs] s. BOTÂNICA leonuro
leopard ['lepəd] s. ZOOLOGIA leopardo ❖ BOTÂNICA *leopard's bane* dorónico; ZOOLOGIA *American* ~ jaguar; ZOOLOGIA *snow* ~ onça; *can the* ~ *change his spots?* ninguém muda a sua maneira de ser
leopardess ['lepɜdɪs] s.f. (pl. **-es**) leopardo-fêmea
leopard-spotted ['lepɜdˌspɒtɪd] adj. 1 semelhante à pele de leopardo; 2 com pintinhas de leopardo
Leopold ['lɪəpəʊld] s.antr. Leopoldo
leotard ['li:ətɑ:d] s. VESTUÁRIO (bailarinos, ginastas, acrobatas) body, malha justa
lepadogaster [lɪˈpædəʊgəstəs] s. ZOOLOGIA lepadogástrio, género de peixes teleósteos
lepas ['li:pəs] s. ZOOLOGIA lepas, anatifo
leper ['lepə] s. leproso ❖ ~ *hospital* leprosaria

lepidodendron [ˌlepɪdəʊˌdendrən] s. BOTÂNICA lepidodendro, género de pteridófita fóssil
lepidolite ['lepɪdəʊlaɪt] s. lepidolite, espécie mineral do grupo das micas
lepidopter [ˌlepɪˈdɒptə] s. (pl. **-s** ou **-a**) ZOOLOGIA lepidóptero, borboleta
lepidoptera [ˌlepɪˈdɒptərə] s. {pl. de **lepidopter**}
lepidopteran [ˌlepɪˈdɒptərən] adj.,s. 1 lepidoptérico; 2 lepidóptero
lepidopterist [ˌlepɪˈdɒptərɪst] s. lepidopterologista
lepidopterous [ˌlepɪˈdɒptərəs] adj. de lepidóptero, lepidoptérico
Lepidus ['lepɪdəs] s.antr. Lépido
lepisma [leˈpɪsmə] s. ZOOLOGIA (insecto) lepisma, peixinho-de-prata
leporidae [leˈpɒrɪdi:] s.pl. lepóridas, leporídeos
leporide ['lepəraɪd] s. ZOOLOGIA leporídeo
leporine ['lepəraɪn] adj. leporino
leprechaun ['leprəkɔ:n] s. [Irl.] duende, trasgo
leprosarium [ˌleprəˈseərɪəm] s. leprosaria, gafaria
leprosy ['leprəsɪ] s. lepra
leprous ['leprəs] adj. leproso ❖ ~ *disease* lepra; ~ *house* lazareto; leprosário
leptocardian [ˌleptəʊˈkɑ:dɪən] s. ZOOLOGIA leptocardiano
leptocephalic [ˌleptəʊsɪˈfælɪk] adj. ZOOLOGIA leptocefálico, leptocéfalo
leptodactyl [ˌleptəʊˈdæktɪl] adj.,s. ZOOLOGIA leptodáctilo
leptodactylous [ˌleptəʊˈdæktɪləs] adj. ZOOLOGIA leptodáctilo
lepton ['leptɒn] s. FÍSICA leptão
leptorrhine ['leptəʊrɪn] adj. leptorrino
leptus ['leptəs] s. lepto, género de aracnídeos
lerot ['lerɒt] s. rato-da-serra, arganaz
Lesbia ['lezbɪə] s.antr. Lésbia
lesbian ['lezbɪən] Ⓐ adj. lésbico Ⓑ s. lésbica
Lesbian ['lezbɪən] Ⓐ adj. da ilha de Lesbos Ⓑ s. natural ou habitante da ilha de Lesbos
lesbianism ['lezbɪənɪzəm] s. lesbianismo
lese-majesty [ˌli:zˈmædʒɪstɪ] s. lesa-majestade
lesion ['li:ʒən] s. 1 lesão, doença em órgão; 2 DIREITO lesão, prejuízo, violação dum direito
Lesotho [ləˈsu:tu:] s.top. Lesoto
less [les] Ⓐ {comp. de **little**} menos, em menor quantidade, menor, mais pequeno; ~ *than 5 euros* menos de cinco euros; *in a* ~ *degree* em menor grau; *of* ~ *importance* de menor importância; *you must drink* ~ *wine* tens de beber menos vinho Ⓑ prep. 1 menos; *a month* ~ *two days* um mês menos dois dias; *eight* ~ *two equals six* oito menos dois são seis; 2 excepto; pondo de parte Ⓒ s. 1 menor, quantidade menor, número menor; *of two evils choose the* ~ entre dois males escolhe-se o menor; 2 tanto menos; *so much the* ~ tanto menor Ⓓ adv. menos, em menor grau, em menor escala; ~ *and* ~ cada vez menos; ~ *known* menos conhecido; *even* ~ ainda menos; *the* ~ *you talk to him the better* quanto menos falarmos com ele, melhor ❖ *in* ~ *than no time* rapidamente; imediatamente; enquanto o diabo esfrega um olho; *no* ~ *good* igualmente bom; *nothing* ~ *than* nada menos que; *to make* ~ diminuir
lessee [leˈsi:] s. 1 arrendatário, locatário, rendeiro; 2 concessionário
lessen ['lesən] v.tr.,intr. 1 diminuir, diminuir-se; 2 encurtar; 3 atenuar; 4 depreciar, menosprezar
lessening ['lesənɪŋ] s. 1 diminuição; 2 redução; 3 depreciação; 4 atenuação
lesser ['lesə] adj. mais pequeno; menor ❖ *choose the* ~ *evil* escolhe o mal menor; ASTRONOMIA *the Lesser Bear* a Ursa Menor; *to a* ~ *degree* em menor grau
lesson ['lesən] Ⓐ s. 1 aula; lição; *driving* ~ aula de condução; *a* ~ *in latin* uma lição de latim; 2 censura, reprimenda; *to read a person a* ~ dar uma reprimenda a alguém; 3 RELIGIÃO excerto bíblico lido para os fiéis durante o serviço religioso Ⓑ v.tr. 1 repreender, censurar, dar uma reprimenda a; 2 dar uma boa lição a ❖ *let that be a* ~ *to you!* que te sirva de lição!
lessor [leˈsɔ:, ˈlesɔ:] s. senhorio, aquele que dá de renda
lest [lest] conj. para que não; a fim de que não; para evitar que; *he went quickly* ~ *he should arrive too late* ele foi rapidamente, para não chegar demasiado tarde ❖ *(monumento, etc.)* ~ *we forget* in memoriam; *my father was afraid* ~ *I should fail* o meu pai estava com receio de que eu reprovasse

let [let] Ⓐ *v.tr.,intr.* (*prt. e part. pass.* **let**, [arc.] *prt. e part pass.* **letted**) **1** deixar; permitir; consentir; *he didn't ~ them go* não os deixou ir; *he ~ me do it* deixou-me fazer isso; *they ~ the man escape* deixaram o homem fugir; **2** alugar; arrendar; (casa) *house to ~* aluga-se; *how much does the house ~ for?* quanto é a renda?; *that house doesn't ~* ninguém quer alugar aquela casa; **3** obstruir; impedir Ⓑ *s.* **1** impedimento; dificuldade; **2** DESPORTO determinada obstrução da bola ou jogador em certos jogos; **3** aluguer; *she can't get a ~ for the rooms* ela não consegue alugar os quartos ❖ MATEMÁTICA *~ AB be equal to CD* suponhamos que AB é igual a CD; *~ everyone do his duty* que toda a gente cumpra o seu dever; *~ George do it!* outros que tratem disso; *~ me know* diz-me alguma coisa; *~ me see* deixa ver; *let's go to the pictures!* vamos ao cinema!; *so ~ it be!* seja!; *to ~ alone* para não falar de; *he can't afford a bicycle, ~ alone a car* ele não tem dinheiro para uma bicicleta, quanto mais para um automóvel; *to ~ be* não interferir; deixar em paz; *to ~ blood* tirar sangue; sangrar alguém; *to ~ by* deixar passar; *to ~ go (of)* largar; não segurar; deixar ir; soltar; (emoções, etc.) *to ~ oneself go* descontrair; relaxar; entregar-se; deixar-se ir
• **let away** *v.tr.* deixar ir embora; *to let sb away early* deixar alguém ir embora mais cedo ❖ *to let sb away with…* deixar alguém safar-se com...
• **let down** *v.tr.* **1** desiludir; *he let me down* ele desiludiu-me; **2** deixar ficar mal; *I won't let you down* podes contar comigo, não te deixo ficar mal; **3** abandonar num momento difícil; trair; **4** (pneu, balão) esvaziar; **5** (bainha) descer; **6** (cabelo) soltar; **7** (vidro) baixar ❖ *to let sb down gently/lightly* dar más notícias a alguém com cuidado e pouco a pouco; *to feel ~* sentir-se defraudado
• **let in** *v.tr.* **1** deixar entrar; mandar entrar; **2** [fig.] abrir a porta a; permitir que ❖ *to let oneself in* ir entrando; (sapatos, telhado) *to ~ water* deixar entrar água
• **let in for** *v.tr.* meter em; envolver em; *he didn't know what he was letting himself in for* ele não sabia no que se estava a meter; *to let oneself in for trouble* meter-se em sarilhos
• **let in on** *v.tr.* partilhar um segredo com; pôr ao corrente de; revelar; *they let me in on the plans* puseram-me ao corrente dos planos
• **let into** *v.tr.* **1** deixar entrar; **2** admitir em; **3** inserir em; introduzir em; **4** incrustar em
• **let off** Ⓐ *v.tr.* **1** libertar; deixar ir; deixar sair; **2** (arma) disparar; **3** (explosivo) detonar; **4** desculpar; perdoar; absolver; **5** dispensar de Ⓑ *v.intr.* [coloq.] (gases) largar-se ❖ *to ~ steam* descarregar; desopilar; descontrair; *to let sb off with a warning* fazer apenas uma advertência a alguém; *to let sb off lightly* deixar alguém safar-se
• **let on** *v.tr.,intr.* **1** [coloq.] (revelar um segredo) contar; *you won't let on, will you?* não vais dizer nada, pois não?; **2** dar a entender [**that**, que] ❖ (segredo) *don't let on!* bico calado!
• **let out** *v.tr.* **1** libertar; soltar; **2** deixar escapar; *to ~ a yell* deixar escapar um grito; **3** deixar sair; *let me out!* deixem-me sair!; **4** (líquido) deixar ir por fora; **5** (segredo) revelar; divulgar; tornar público; **6** (ar) esvaziar; **7** deixar de fora; excluir; eliminar; **8** alugar; *she lets out rooms* ela aluga quartos; **9** (roupa) alargar; *the trousers have been ~* as calças foram alargadas ❖ *to ~ at* atacar violentamente; [coloq.] *to let the cat out of the bag* revelar sem querer; [coloq.] *let her out!* deita-lhe gasolina!
• **let past** *v.tr.* deixar passar
• **let through** *v.tr.* deixar passar; *to let sb through* deixar alguém passar
• **let up** *v.intr.* **1** parar; descansar; *he never lets up when he begins anything* não descansa até acabar aquilo que começa; **2** (tempo) desanuviar; suavizar; **3** (chuva) abrandar ❖ *without letting up* sem descanso; sem parar
letdown ['letdaʊn] *s.* desilusão; decepção
lethal ['liːθəl] *adj.* **1** mortal; letal; *~ dose* dose letal; **2** fatal ❖ *a ~ combination of…* uma mistura explosiva de...
lethargic [ləˈθɑːdʒɪk] *adj.* **1** letárgico; **2** apático
lethargically [ləˈθɑːdʒɪkəlɪ] *adv.* **1** letargicamente; **2** apaticamente
lethargy ['leθədʒɪ] *s.* **1** letargia, letargo; **2** apatia

Lethe ['liːθɪ] *s.* MITOLOGIA Letes, rio do Inferno, também chamado rio do esquecimento
Lethean [lɪˈθiːən] *adj.* MITOLOGIA leteu; relativo ao Letes
letheon ['liːθɪən] *s.* éter sulfúrico
lethiferus [lɪˈθɪfərəs] *adj.* letífero, letal
let-out ['letaʊt] *s.* **1** escapatória; **2** pretexto, desculpa
Lett [let] *s.* (pessoa) letão
lettable ['letəbəl] *adj.* **1** alugável, arrendável; **2** que se pode alugar, que se pode arrendar
letter ['letə] Ⓐ *s.* **1** letra; *capital ~* letra maiúscula; *small ~* letra minúscula; **2** (sentido estrito) letra; *to keep to the ~/to hold to the ~* cingir-se à letra; *to the very ~* à letra; **3** carta, missiva; *~ of advice* carta de aviso; *~ of introduction* carta de apresentação; *business ~* carta comercial; *registered ~* carta registada; **4** alugador, pessoa que aluga ou arrenda; **5** *pl.* letras; literatura; *man of letters* homem de letras; *the commonwealth of letters* a república das letras Ⓑ *v.tr.* **1** marcar com letras; **2** gravar letras em; **3** ordenar alfabeticamente, classificar ❖ *~ balance* pesa-cartas; *~ bomb* carta armadilhada; *~ brush* escova de impressor; *~ card* carta-postal; *~ case* pasta para correspondência; caixotim; *~ citatory* carta citatória; *~ file* classificador de cartas; pasta ordenadora de correspondência; *~ founding* fundição de tipo; fundição de caracteres; *~ opener* abre-cartas; *~ pad* bloco de papel de carta; *~ paper* papel de carta; *~ patent* carta patente; *~ rack* prateleira para cartas; *~ scale* pesa-cartas; *~ worship* culto excessivo da letra; *~ of attorney* procuração; *~ of grace* moratória; (documento) *~ of intent* declaração de intenções; *~ of safe conduct* salvo-conduto; *by ~* por escrito
letter-bound ['letəbaʊnd] *adj.* preso à letra; que se cinge demasiado à letra
letterbox ['letəbɒks] *s.* caixa de correio; marco de correio
lettered ['letəd] *adj.* **1** com letras impressas, marcado com letras; **2** letrado, erudito
letterhead ['letəhed] *s.* **1** (papel de carta, etc.) cabeçalho impresso; **2** papel timbrado
lettering ['letərɪŋ] *s.* **1** colocação de letras; **2** rótulo; **3** título; **4** inscrição, rotulagem; *embossed ~* inscrição em relevo; *sunken ~* inscrição gravada ❖ *~ machine* máquina de rotular; *~ of a drawing* legenda de desenho
letterless ['letələs] *adj.* **1** iletrado, ignorante; **2** sem letras; **3** sem qualquer inscrição
letter-perfect ['letəˌpɜːfɪkt] *adj.* [EUA] com perfeito conhecimento do texto; *the actor was ~ in his role* o actor sabia o seu papel muito bem
letterpress ['letəpres] *s.* **1** impressão tipográfica; **2** texto impresso que acompanha as ilustrações dum livro ❖ *~ printing* tipografia
Lettic ['letɪk] *adj.,s.* **1** letão, lético; **2** o letão
letting ['letɪŋ] *s.* **1** aluguer, arrendamento; **2** permissão, autorização ❖ *~ down* abaixamento; *~ in* introdução; admissão; *~ out* alargamento; aluguer; libertação de prisioneiros; *~ of blood* sangria
Lettish ['letɪʃ] *s.* (língua) letão, lético
Lettonian [leˈtəʊnɪən] *adj.,s.* letão, habitante ou natural da Letónia
lettuce ['letɪs] *s.* alface ❖ *cabbage ~* alface repolhuda; *Cos ~* alface romana
let-up ['letʌp] *s.* **1** abrandamento, diminuição; **2** [coloq.] pausa; *he worked twelve hours without a ~* trabalhou doze horas sem interrupção
leu ['leɪuː] *s.* (moeda da Roménia e da Moldávia) leu
Leucadian [ljuːˈkeɪdɪən] *adj.* leucádio
leucania [ljʊˈkeɪnɪə] *s.* ZOOLOGIA leucânea
leuchaemia [luːˈkiːmɪə] *s.* leucemia, leucocitemia
leucin ['luːsɪn] *s.* BIOQUÍMICA leucina
leucine ['luːsɪn] *s.* BIOQUÍMICA leucina
Leucippus [luːˈsɪpəs] *s.antr.* (filósofo grego) Leucipo
leucite ['ljuːsaɪt] *s.* MINERALOGIA leucite
leucoblast ['luːkəʊblɑːst] *s.* leucoblasto
leucocyte ['luːkəʊsaɪt] *s.* BIOLOGIA (glóbulo branco) leucócito
leucocythaemia [ˌluːkəʊsaɪˈθiːmɪə] *s.* leucocitemia
leucocytosis [ˌluːkəʊsaɪˈtəʊsɪs] *s.* leucocitose

leucoderma [ˌluːkəʊˈdɜːmə] *s.* (dermatologia) leucodermia
leucoma [luːˈkəʊmə] *s.* leucoma
leucopathy [luːˈkɒpəθɪ] *s.* leucopatia
leucoplast [ˈluːkəʊplæst] *s.* BOTÂNICA leucoplastídio
leucoplastid [ˈluːkəʊplæstɪd] *s.* ⇒ **leucoplast**
leucorrhoea [ˌluːkəʊˈrɪə] *s.* leucorreia; flores-brancas
leucosapphire [ˌluːkəʊˈsæfaɪə] *s.* rubi branco
leucotomy [luːˈkɒtəmɪ] *s.* CIRURGIA leucotomia
leud [ljuːd] *s.* vassalo
leukaemia [luːˈkiːmɪə] *s.* MEDICINA leucemia
leukemia [luːˈkiːmɪə] *s.* [EUA] MEDICINA leucemia
lev [lev] *s.* (moeda da Bulgária) lev
Lev. [*abrev. de* Leviticus]
levant[1] [ˈlevənt] *adj.* HERÁLDICA levantado
levant[2] [lɪˈvænt] *v.intr.* 1 partir, ir-se embora sem pagar as dívidas de jogo ou dinheiro perdido em apostas; 2 [coloq.] pisgar-se sem pagar
Levant [lɪˈvænt] *s.top.* (parte oriental do Mediterrâneo) Levante
levanter [lɪˈvæntə] *s.* 1 habitante do Levante; 2 levantino; 3 forte vento levantino que sopra no Mediterrâneo; 4 apostador que foge sem pagar
Levantine [ˈlevəntaɪn, ˌləˈvæntiːn] Ⓐ *adj.* levantino, do Levante Ⓑ *s.* 1 habitante do Levante; 2 (tecido) levantina
levator [ləˈveɪtə] *s.* ANATOMIA músculo elevador
levee [ˈlevɪ] Ⓐ *s.* [EUA] dique; molhe Ⓑ *v.tr.* construir dique em
levee[1] [ˈlevɪ, ləˈviː] *s.* 1 dique; *the levees along a river* os diques ao longo de um rio; 2 molhe; 3 paredão de protecção e suporte
levee[2] [ˈlevɪ, ˈleveɪ] *s.* 1 recepção real ao levantar do leito; 2 assembleia presidida pelo soberano ou seu representante, na qual tomavam parte apenas homens; 3 reunião de visitantes
level [ˈlevəl] Ⓐ *s.* 1 nível; *at eye ~* ao nível do olhar, à altura dos olhos; *decision taken at the highest ~* decisão tomada ao mais alto nível; *on the same ~* ao mesmo nível; *sea ~* nível do mar; *water ~* nível de água; 2 (construção) nível de bolha de ar, livel; *plumb/plummet ~* nível de pedreiro; *a spirit ~* nível de bolha de ar; 3 plano horizontal, área plana; 4 posição, camada social Ⓑ *adj.* 1 plano, liso; *~ ground* terreno plano; *to make ~* aplanar; 2 raso; *a ~ spoonful of flour* uma colher rasa de farinha; 3 horizontal; 4 suave, uniforme, regular; 5 igual, equilibrado, sensato; 6 ao mesmo nível [**with**, de] Ⓒ *adv.* 1 de maneira igual, uniforme, suave; 2 horizontalmente; 2 sensatamente Ⓓ *v.tr.* (*particípios:* -ll-) 1 nivelar, pôr ao mesmo nível; 2 igualar; 3 aplanar, pôr plano; 4 colocar em posição horizontal; 5 arrasar, destruir; 6 apontar, fazer pontaria com; *to ~ one's gun at* apontar a espingarda a; 7 viçar; 8 [coloq.] (pancada) deitar ao chão Ⓔ *v.intr.* (*particípios:* -ll-) 1 ser honesto [**with**, com]; ser franco [**with**, com] ❖ (comboios) *~ crossing* passagem de nível; *~ race* corrida em que os competidores chegam ao mesmo tempo; *~ to one's wish* de acordo com o seu desejo; [coloq.] *on the ~* honestamente; em verdade; *out of ~* desnivelado; *to be on a ~ with* estar ao nível de; estar no mesmo nível de; [coloq.] *to be on the ~* ser sério; ser honesto; *to do one's ~ best* fazer todos os possíveis; DESPORTO *to draw ~ with* chegar ao mesmo tempo que; *to find one's own ~* estar com pessoas da sua condição; *to keep a ~ head* conservar-se calmo; manter o sangue-frio; *to ~ accusations against* levantar acusações contra; *to ~ with the ground* arrasar; *to throw out of ~* desnivelar
◆**level away** *v.tr.,intr.* pôr (tudo) no mesmo plano, igualar (tudo)
◆**level down** *v.tr.* 1 aplanar; 2 arrasar; 3 nivelar por baixo; 4 (pessoa) pôr no lugar
◆**level off/out** Ⓐ *v.intr.* estabilizar; fixar-se Ⓑ *v.tr.* nivelar; aplanar
◆**level up** *v.tr.* 1 elevar ao nível de; 2 nivelar por cima
level-headed [ˌlevəlˈhedɪd] *adj.* 1 sensato; 2 ponderado; 3 equilibrado; 4 sereno, calmo
leveller [ˈlevələ] *s.* 1 nivelador; 2 igualitarista, defensor do igualitarismo; 3 aplanador
levelling [ˈlevəlɪŋ] Ⓐ *adj.* 1 que nivela; 2 igualitário Ⓑ *s.* 1 nivelamento; *~ board* mira de nivelamento; *~ screw* rosca de nivelamento; 2 alisamento; 3 (arma de fogo) pontaria, acção de apontar ❖ *~ compass* eclinómetro; eclímetro; *~ instrument* nível; *~ meter* indicador de nível; *~ ruler* régua de nivelar; (minas) *~ shaft* galeria ao nível do solo; *~ staff* mira

levelness [ˈlevəlnəs] *s.* 1 superfície plana, nivelada; 2 equilíbrio, ponderação
lever [ˈliːvə] Ⓐ *s.* alavanca Ⓑ *v.tr.,intr.* trabalhar com alavanca; manobrar uma alavanca; levantar por meio de alavanca; *to ~ sth out/open* abrir algo com alavanca ❖ MECÂNICA *~ jack* macaco; *to use sth as a ~ to...* usar algo como meio/instrumento para...
◆**lever up** *v.tr.* 1 levantar com uma alavanca; 2 elevar
leverage [ˈliːvərɪdʒ, ˈlevərɪdʒ] Ⓐ *s.* 1 potência de alavanca; força de alavanca; 2 [fig.] pressão; *to exert some ~ on sb* pressionar alguém; 3 [fig.] influência; poder; liberdade de acção; *to give a person ~* dar margem de manobra a alguém; 4 FINANÇAS empréstimo para efectuar compra com lucros que se esperam superiores Ⓑ *v.tr.,intr.* FINANÇAS fazer empréstimo para efectuar compra com lucros que se esperam superiores
leveret [ˈlevərɪt] *s.* lebre muito nova, lebracho
leviable [ˈlevɪəbəl] *adj.* 1 tributável, passível de tributação; 2 taxável; 3 cobrável, que pode cobrar-se
leviathan [ləˈvaɪəθən] *s.* 1 monstro marinho; 2 [fig.] navio enorme, navio grande
levigate[1] [ˈlevɪɡeɪt] *v.tr.* 1 levigar, reduzir a pó; 2 pulverizar; 3 moer; 4 reduzir a pasta
levigate[2] [ˈlevɪɡɪt] *adj.* 1 pulverizado; 2 reduzido a pó; 3 feito em pasta macia
levigation [ˌlevɪˈɡeɪʃən] *s.* levigação
levirate [ˈliːvɪrɪt] *s.* (lei moisaica) levirato, obrigação de casar com a viúva dum irmão
levitate [ˈlevɪteɪt] *v.tr.,intr.* 1 levitar, levitar-se; 2 levantar por levitação
levitation [ˌlevɪˈteɪʃən] *s.* levitação
Levite [ˈliːvaɪt] *s.* levita, membro da tribo de Levi, sobretudo quando encarregado de serviços religiosos
Levitical [lɪˈvɪtɪkəl] *adj.* levítico; relativo aos levitas ❖ *the ~ degrees* graus de parentesco que impedem o casamento
Leviticus [lɪˈvɪtɪkəs] *s.* RELIGIÃO (Bíblia) Levítico, terceiro livro do Pentateuco
levity [ˈlevɪtɪ] *s.* (*pl.* **-ies**) 1 leveza; 2 frivolidade, leviandade; 3 volubilidade, inconstância; 4 falta de seriedade
levogyrate [ˌliːvəʊˈdʒaɪrɪt] *adj.* levogiro, que faz rodar à esquerda o plano de polarização da luz
levogyrous [ˌliːvəʊˈdʒaɪrəs] *adj.* ⇒ **levogyrate**
levulin [ˈlevjəlɪn] *s.* QUÍMICA levulina
levulose [ˈlevjələʊs] *s.* levulose
levy [ˈlevɪ] Ⓐ *s.* (*pl.* **-ies**) 1 levantamento; 2 cobrança, arrecadação de impostos; 3 leva de tropas; 4 recrutamento de soldados; 5 requisição de cavalos; 6 contribuição, imposto, tributo Ⓑ *v.tr.,intr.* 1 lançar imposto; 2 lançar contribuições; 3 arrecadar tributos; 4 levantar tropas, fazer levantamento de soldados; *to ~ an army* levantar um exército; 5 requisitar militarmente; 6 embargar ❖ *to ~ a fine on* lançar uma multa sobre; *to ~ blackmail* exercer chantagem; *to ~ war against/on/upon* fazer guerra contra
◆**levy on** *v.tr.* penhorar, executar uma penhora; *to ~ an estate* realizar uma penhora sobre uma propriedade, penhorar uma propriedade
levying [ˈlevɪɪŋ] *s.* 1 lançamento de impostos; 2 cobrança de impostos; 3 recrutamento de tropas
lewd [luːd] *adj.* 1 lúbrico, lascivo, libidinoso, sensual; 2 licencioso; 3 indecente; 4 ignóbil, indigno
lewdly [ˈljuːdlɪ] *adv.* 1 lubricamente, libidinosamente; 2 impudicamente; 3 indecentemente
lewdness [ˈljuːdnəs] *s.* 1 lubricidade, libidinosidade, sensualidade; 2 licenciosidade; 3 luxúria, indecência
lewis [ˈluːɪs] Ⓐ *s.* ferro de luva, ferro para ajudar a levantar grandes pedras Ⓑ *v.tr.* meter um ferro de luva em pedras
lewisite [ˈljuːɪsaɪt] *s.* gás tóxico, composto de acetileno e arsénico
lewisson [ˈluːɪsən] *s.* ferro de luva
lex. [*abrev. de* lexicon]
lexeme [ˈleksiːm] *s.* LINGUÍSTICA lexema
lexical [ˈleksɪkəl] *adj.* lexical ❖ *~ item* unidade lexical; *~ field* campo lexical
lexicographer [ˌleksɪˈkɒɡrəfə] *s.* lexicógrafo

lexicographical [ˌleksɪkəʊˈɡræfɪkəl] *adj.* lexicográfico
lexicography [ˌleksɪˈkɒɡrəfɪ] *s.* lexicografia
lexicological [ˌleksɪkəˈlɒdʒɪkəl] *adj.* lexicológico
lexicologist [ˌleksɪˈkɒlədʒɪst] *s.* lexicólogo
lexicology [ˌleksɪˈkɒlədʒɪ] *s.* lexicologia
lexicon [ˈleksɪkən, ˈleksɪkɒn] *s.* léxico
lexigraphy [lekˈsɪɡrəfɪ] *s.* lexigrafia
ley [leɪ] *s.* terreno temporariamente cultivado a erva
Leyden [ˈlaɪdən] *s.top.* (cidade holandesa) Leida ❖ ELECTRICIDADE *~ jar* garrafa de Leida
LF ELECTRICIDADE [*abrev. de* low frequency]
LFB [*abrev. de* London Fire Brigade]
LG [*abrev. de* Life Guards]
LGB [*abrev. de* Local Government Board]
Li QUÍMICA [*símbolo de* lithium]
LI Ⓐ [*abrev. de* Light Infantry] Ⓑ [*abrev. de* Long Island]
liability [ˌlaɪəˈbɪlɪtɪ] *s.* (*pl.* -**ies**) **1** responsabilidade; *employers' ~* responsabilidade patronal; *joint and several ~* responsabilidade solidária; *to meet one's liabilities* assumir as responsabilidades; **2** obrigação; **3** compromisso financeiro; **4** débito; **5** sujeição; *~ for military service* sujeição ao serviço militar; **6** *pl.* responsabilidades financeiras, passivo, dívidas; COMÉRCIO *assets and liabilities* activo e passivo ❖ *limited ~ company* sociedade anónima de responsabilidade limitada; *~ of being decomposed* destrutibilidade; *~ to catch a cold* tendência para se constipar; *~ to error* possibilidade de erro
liable [ˈlaɪəbəl] *adj.* **1** (tendência) capaz [**to**, de]; *he's ~ to shout when he gets angry* ele é capaz de gritar quando se enfurece; **2** sujeito [**to**, a]; *the script is ~ to alterations* o guião está sujeito a alterações; *that car is ~ to overturn* aquele carro está sujeito a virar-se; **3** susceptível [**to**, de]; **4** legalmente obrigado; **5** responsável [**for**, por]; *~ for the damages* responsável pelos estragos; *to be ~ for sb's debts* ser responsável pelas dívidas de alguém ❖ *~ to duty* sujeito a direitos alfandegários; *~ to income tax* sujeito a imposto sobre o rendimento; *~ to military service* sujeito ao serviço militar; *difficulties are ~ to occur* podem surgir dificuldades; [EUA] *he is ~ to go* é provável que ele vá; *it's ~ to happen* é provável que aconteça
liaison [liˈeɪzɒːn] *s.* **1** ligação; **2** conexão; **3** ligação amorosa ❖ MILITAR *~ officer* oficial de ligação
liana [lɪˈɑːnə] *s.* BOTÂNICA cipó
liane [lɪˈɑːn] *s.* ⇒ **liana**
liar [ˈlaɪə] *s.* **1** mentiroso; **2** intrujão ❖ *to be an arrant ~* mentir com quantos dentes tem
lias [ˈlaɪəs] *s.* GEOLOGIA lias
liassic [laɪˈæsɪk] *adj.* GEOLOGIA liásico
lib [lɪb] *s.* [coloq.] movimento de libertação
Lib. POLÍTICA [*abrev. de* Liberal]
Libanus [ˈlɪbənəs] *s.top.* Líbano
libate [laɪˈbeɪt] *v.tr.,intr.* **1** libar; **2** fazer uma libação
libation [laɪˈbeɪʃən] *s.* **1** libação, oferenda de bebidas aos deuses; **2** [joc.] bebida, acto de beber; *copious libations* libações copiosas, acto de beber grandes quantidades de vinho
libationer [laɪˈbeɪʃənə] *s.* **1** pessoa encarregada das libações; **2** sacerdote que praticava as libações
libber [ˈlɪbə] *s.* [coloq.] defensor; militante; *women's ~* feminista, militante dos direitos das mulheres
libel [ˈlaɪbəl] Ⓐ *s.* calúnia; difamação; libelo difamatório; *to bring an action for ~ against sb* intentar uma acção judicial por difamação Ⓑ *v.tr.* (*particípios:* -**ll**-) **1** caluniar, difamar; **2** insultar em pasquim; **3** DIREITO processar, organizar libelo de acusação contra ❖ DIREITO *~ suit* processo por difamação
libellant [ˈlaɪbələnt] *s.* DIREITO acusador; aquele que intenta um libelo contra
libellee [ˌlaɪbəˈliː] *s.* DIREITO acusado; aquele que se defende dum libelo de acusação
libelling [ˈlaɪbəlɪŋ] *s.* difamação, calúnia
libellous [ˈlaɪbləs] *adj.* calunioso, difamatório, injurioso
libellously [ˈlaɪbləslɪ] *adv.* difamatoriamente; de maneira caluniosa
libellula [lɪˈbeljələ] *s.* ZOOLOGIA libélula, donzelinha, libelinha, tira-olhos
liber [ˈlaɪbə] *s.* BOTÂNICA líber, entrecasca

liberal [ˈlɪbərəl] Ⓐ *adj.* **1** liberal; *~ education* educação liberal; **2** POLÍTICA liberal; **3** generoso; *to be ~ towards* ser generoso para com; **4** (abundante) generoso; *a ~ amount of* uma quantidade abundante de; **5** de espírito largo; desempoeirado; despido de preconceitos Ⓑ *s.* (pessoa) liberal ❖ *~ arts* artes liberais; *~ translation* tradução bastante livre; *a ~ five o'clock* por volta das cinco horas; *to be ~ with one's money* não ser avarento; gastar com certa largueza; *to make ~ use of* recorrer abundantemente a
liberalism [ˈlɪbərəlɪzəm] *s.* liberalismo
liberalist [ˈlɪbərəlɪst] *adj.,s.* liberal, liberalista
liberality [ˌlɪbəˈrælɪtɪ] *s.* (*pl.* -**ies**) **1** liberalidade; **2** generosidade, magnanimidade; **3** prodigalidade; **4** largueza de vistas; **5** ausência de preconceitos
liberalization [ˌlɪbərəlaɪˈzeɪʃən] *s.* **1** liberalização; **2** formação de um espírito liberal
liberalize [ˈlɪbərəlaɪz] *v.tr.,intr.* **1** liberalizar; **2** tornar liberal; **3** criar uma mentalidade liberal
liberally [ˈlɪbərəlɪ] *adv.* **1** liberalmente; **2** com liberalidade; **3** com generosidade
liberate [ˈlɪbəreɪt] *v.tr.* **1** libertar; pôr em liberdade; **2** soltar; **3** (escravo) dar carta de alforria; **4** mobilizar; disponibilizar; liberar; *to ~ capital* mobilizar capital ❖ *to ~ a person from sth* libertar uma pessoa de alguma coisa; *to become liberated* emancipar-se
liberating [ˌlɪbəˈreɪtɪŋ] *adj.* que liberta; libertador
liberation [ˌlɪbəˈreɪʃən] *s.* **1** libertação; *~ of atoms* libertação de átomos; **2** liberdade; **3** emancipação; *women's ~* emancipação da mulher; **4** alforria; carta de alforria; **5** disponibilização; mobilização; *~ of capital* mobilização de capital
liberationism [ˌlɪbəˈreɪʃənɪzəm] *s.* política de separação da Igreja e do Estado
liberationist [ˌlɪbəˈreɪʃənɪst] *adj.,s.* partidário da separação da Igreja e do Estado
liberator [ˈlɪbəreɪtə] *s.* libertador
Liberia [laɪˈbɪərɪə] *s.top.* Libéria
Liberian [laɪˈbɪərɪən] *adj.,s.* **1** liberiano; **2** relativo à Libéria; **3** natural da Libéria, habitante da Libéria
libertarian [ˌlɪbəˈteərɪən] *adj.,s.* **1** não-determinista; **2** partidário do livre arbítrio; **3** POLÍTICA libertário
liberticide [lɪˈbɜːtɪsaɪd] *adj.,s.* **1** (pessoa) liberticida; **2** (acto) liberticídio
libertinage [ˌlɪbəˈtɪnɪdʒ] *s.* libertinagem, devassidão
libertine [ˈlɪbɜːtɪn] *s.* libertino ❖ *chartered ~* pessoa autorizada a proceder como lhe aprouver
libertinism [ˈlɪbətɪnɪzəm] *s.* **1** libertinismo; **2** licenciosidade
liberty [ˈlɪbətɪ] *s.* (*pl.* -**ies**) **1** liberdade; *at ~* em liberdade, livre, desocupado; *to be at ~ to* ter liberdade para; **2** livre arbítrio; **3** excesso de confiança; demasiada familiaridade; *to take liberties* tomar liberdades demasiadas, abusar; **4** privilégio; imunidade, isenção ❖ *~ cap* barrete frígio; *~ man* marinheiro que vai a terra em gozo de licença; NÁUTICA *~ ticket* licença para ir a terra; *~ of trade* liberdade de comércio; *to set at ~* pôr em liberdade; libertar; *to take the ~ to do sth/to take the ~ of doing sth* tomar a liberdade de fazer alguma coisa
libidinal [lɪˈbiːdɪnəl] *adj.* libidinal; relativo ao líbido
libidinous [lɪˈbɪdɪnəs] *adj.* libidinoso, sensual
libidinously [lɪˈbɪdɪnəslɪ] *adv.* libidinosamente; sensualmente
libidinousness [lɪˈbɪdɪnəsnəs] *s.* libidinosidade, sensualidade
libido [lɪˈbiːdəʊ] *s.* PSICOLOGIA libido
LIBOR FINANÇAS [*abrev. de* London Inter-Bank Offered Rate]
Libra [ˈliːbrə] *s.* (*pl.* **Libras**) ASTRONOMIA (constelação, signo) Libra, Balança
Libran [ˈlɪbrən] Ⓐ *s.* (astrologia) nativo do signo Balança Ⓑ *adj.* típico do signo Balança
librarian [laɪˈbreərɪən] *s.* bibliotecário
librarianship [laɪˈbreərɪənʃɪp] *s.* cargo de bibliotecário, funções de bibliotecário
library [ˈlaɪbrərɪ] *s.* (*pl.* -**ies**) **1** biblioteca; *free/lending ~* biblioteca pública; *private ~* biblioteca particular; *reference ~* biblioteca de consulta; **2** colecção; série ❖ *~ edition* edição de luxo; TELEVISÃO *~ pictures* imagens de arquivo; *record ~* discoteca; *walking ~* pessoa de grande erudição

librate ['laɪbreɪt] v.intr. 1 librar, librar-se; 2 oscilar; 3 equilibrar-se, estar suspenso como pratos de balança

libration [laɪ'breɪʃən] s. 1 libração; 2 oscilação de corpo até atingir o equilíbrio; 3 ASTRONOMIA libração, oscilação aparente da Lua

libratory ['laɪbrətərɪ] adj. oscilatório

librettist [lɪ'bretɪst] s. libretista, autor de libretos

libretto [lɪ'bretəʊ] s. (pl. -s ou -i) libreto, texto de ópera

Libya ['lɪbɪə] s.top. Líbia

Libyan ['lɪbɪən] adj.,s. líbio, líbico

lice [laɪs] pl. de **louse**

licence ['laɪsəns] s. 1 licença, autorização, permissão; *under ~ from* com autorização de; 2 liberdade; 3 [depr.] licença, licenciosidade, vida dissoluta; 4 [depr.] indisciplina, desordem; 5 licenciatura ❖ *~ number* matrícula do automóvel; [EUA] *~ plate* matrícula do automóvel; *driving ~* carta de condução; *gun ~* licença de uso e porte de arma; *marriage ~* dispensa de banhos (para casamento); *occasional ~* autorização especial; *pilot's ~* brevê; *poetic ~* liberdade poética; *to marry by ~* casar com dispensa de banhos; *to take out a dog ~* tirar licença para cão

licencee ['laɪsənsiː] s. 1 titular de licença; 2 pessoa a quem foi concedida uma autorização

license ['laɪsəns] Ⓐ s. [EUA] ⇒ **licence** Ⓑ v.tr. autorizar; permitir; dar licença para

licensed ['laɪsənst] adj. 1 autorizado; *~ manufacturer* fabricante autorizado; 2 com licença para; *a ~ house* estabelecimento com autorização para vender bebidas alcoólicas; 3 reconhecido como tal; 4 tolerado ❖ *a ~ drunkard* um ébrio inveterado; *a ~ pilot* um piloto brevetado; *the ~ quarters* os bairros onde é tolerada a prostituição

licenser ['laɪsənsə] s. 1 entidade que concede uma autorização; 2 pessoa com autoridade para conceder licenças; 3 censor (de peças teatrais, obras literárias, etc.)

licensing ['laɪsənsɪŋ] s. 1 concessão de licença; 2 autorização

licentiate [laɪ'senʃɪɪt] s. 1 licenciado por universidade; 2 pastor da igreja presbiteriana ainda sem colocação definida

licentious [laɪ'senʃəs] adj. 1 licencioso, desregrado; 2 sem vergonha

licentiously [laɪ'senʃəslɪ] adv. 1 licenciosamente; 2 desregradamente

licentiousness [laɪ'senʃəsnəs] s. licenciosidade

lichen ['laɪkən, 'lɪtʃɪn] Ⓐ s. BOTÂNICA, MEDICINA líquen, líquene Ⓑ v.tr. cobrir de líquenes

lichened ['laɪkənd, 'lɪtʃənd] adj. coberto de líquenes

lichenology [ˌlaɪkə'nɒlədʒɪ, ˌlɪtʃə'nɒlədʒɪ] s. liquenologia

lichenous ['laɪkɪnəs, 'lɪtʃɪnəs] adj. BOTÂNICA, MEDICINA com líquenes

lich-gate ['lɪtʃgeɪt] s. portão de entrada em cemitério, sobrepujado por um alpendre

lich-house ['lɪtʃhaʊs] s. câmara-ardente

lich-owl ['lɪtʃaʊl] s. ZOOLOGIA bufo, coruja

Licinius [laɪ'sɪnɪəs] s.antr. Licínio

licit ['lɪsɪt] adj. lícito, legal, autorizado

licitly ['lɪsɪtlɪ] adv. licitamente, legalmente

lick [lɪk] Ⓐ s. 1 lambidela; 2 [coloq.] velocidade; *at a great ~/at full ~* a toda a velocidade; 3 quantidade mínima; *he won't do a ~ of work* ele não faz absolutamente nada; 4 [coloq.] pancada, golpe; 5 depósito salino, local onde se guarda sal para o gado Ⓑ v.tr. 1 lamber; 2 tocar ao de leve; tocar levemente; 3 [coloq.] bater; vencer; dominar; triunfar sobre; *to ~ into fits* derrotar totalmente ❖ *~ dish* papa-jantares; [coloq.] *as hard as he could ~* a toda a velocidade; [coloq.] *that licks me!* não percebo patavina dessa história!; [coloq.] *to give oneself a ~ and a promise* arranjar-se apressadamente; *to give sb a ~* adular alguém; lamber as botas a alguém; *to ~ sth/sb into shape* tornar algo/alguém apresentável; *to ~ one's chops* lamber os beiços; estar com água na boca; *to ~ one's lips* esfregar as mãos de contente; *to ~ one's wounds* lamber as feridas; [coloq.] (servilismo) *to ~ sb's boots* lamber as botas a alguém; *to ~ the dust* morder o pó; *to ~ the stubbornness out of sb* fazer desaparecer, com pancada, a teimosia a alguém

◆**lick off** v.tr. lamber; tirar às lambidelas

◆**lick up** v.tr. 1 lamber; 2 devorar; 3 consumir; 4 destruir

licker ['lɪkə] s. glutão ❖ *that's a licker!* isso é o cúmulo!

lickerish ['lɪkərɪʃ] adj. 1 [arc.] guloso, glutão; apreciador de bons petiscos; 2 [arc.] sôfrego, ávido; 3 [arc.] luxurioso, lúbrico

lickerishly ['lɪkərɪʃlɪ] adv. 1 [arc.] gulosamente; 2 [arc.] sofregamente, avidamente; 3 [arc.] de maneira lúbrica

lickerishness ['lɪkərɪʃnəs] s. 1 [arc.] gulodice, sofreguidão; 2 [arc.] lubricidade, sensualidade

lickety-split ['lɪkətɪˌsplɪt] adv. [EUA] [coloq.] a alta velocidade, a mil à hora

licking ['lɪkɪŋ] s. [coloq.] (pancada, derrota) tareia, coça; *a proper ~* uma boa sova

lickspittle ['lɪkˌspɪtəl] s. lambe-botas, bajulador

Lic. Med. [abrev. de Licentiate in Medicine]

licorice ['lɪkərɪs] s. BOTÂNICA ⇒ **liquorice**

lictor ['lɪktə, 'lɪktɔː] s. HISTÓRIA (Roma antiga) lictor

lid [lɪd] s. 1 tampa; 2 tampo; 3 portinhola; 4 cobertura; 5 pálpebra; 6 opérculo; 7 [coloq.] chapéu, boné militar (1914-1918)

lidded ['lɪdɪd] adj. 1 com tampa; 2 com opérculo; 3 com pálpebras

lidless ['lɪdləs] adj. 1 sem tampa, sem cobertura; 2 sem pálpebras; 3 de olhos abertos, vigilantes

lie[1] [laɪ] Ⓐ s. 1 mentira; falsidade; *to tell lies* mentir; *white ~* mentira inocente; *whopping ~* grande peta; *a pack of lies!* tudo mentira!; 2 fábula; 3 erro, ilusão; 4 desmentido Ⓑ v.tr.,intr. (prt. e part. pass. **-d**) 1 mentir; faltar à verdade; 2 enganar, iludir ❖ *~ detector* detector de mentiras; *to act a ~* simular; fingir; enganar sem palavras; *to give sb the ~* desmentir alguém; acusar alguém de faltar à verdade; *to give the ~ to a thing* mostrar que uma coisa é falsa; mostrar que é mentira; *to ~ like a lawyer* mentir descaradamente; *to ~ oneself into a difficulty* meter-se em dificuldades, mentindo; *to ~ oneself out of a scrape* safar-se duma dificuldade, mentindo; *to ~ through/in one's teeth* mentir com quantos dentes se tem

◆**lie away** v.tr. deteriorar com mentiras; *to ~ sb's reputation* fazer com que alguém perca a sua reputação, propalando mentiras a seu respeito

lie[2] [laɪ] Ⓐ v.intr. (prt. **lay**, part. pass. **lain**) 1 estar deitado; estar a descansar; 2 estar colocado em posição horizontal; 3 jazer; 4 conservar-se; permanecer; 5 estar; encontrar-se; 6 situar-se, estar situado, estar colocado; *to ~ to the south* ficar para o sul; 7 estender-se, alargar-se; 8 (responsabilidade) caber; *as far as in me lies* no que depender de mim, até ao limite das minhas possibilidades; *it lies on me* está a meu cargo; *to ~ in sb* estar no poder de alguém; depender de alguém; 9 DIREITO ser de admitir, ser de aceitar Ⓑ s. 1 disposição do terreno; situação; posição; *the ~ of the land* a configuração do terreno, o estado das coisas_fig_; NÁUTICA *to know the ~ of the coast* conhecer a disposição da costa; 2 covil; 3 toca de animal; 4 DESPORTO (golfe) posição da bola; 5 lixívia, barrela; *to wash with ~* meter em barrela ❖ *to find out how the land lies* ver como estão as coisas; ver em que param as modas; *to ~ asleep* estar a dormir; NÁUTICA *to ~ at anchor* estar ancorado; *to ~ at one's door* ser responsável; ser culpado; *to ~ at one's heart* ser fonte de preocupação; (terreno) *to ~ fallow/to ~ idle/to ~ waste* estar sem cultivar; *to ~ hard on* oprimir; pesar sobre; (culpa) *to ~ heavy on one's conscience* pesar bastante na consciência de alguém; *to ~ in jail* estar na cadeia; estar preso; *to ~ in the bed one has made* sofrer as consequências dos próprios actos; *to ~ in the way* constituir um obstáculo; *to ~ low* estar escondido; não fazer ondas; *to ~ near one's heart* tocar-nos muito de perto; *to ~ under a mistake* laborar num erro; *to ~ under an obligation* estar preso a uma obrigação

◆**lie about/around** v.tr.,intr. 1 [coloq.] (pessoa) andar para aí sem fazer nada; mandriar; 2 (desordem) estar espalhado por aqui e por ali

◆**lie back** v.intr. 1 recostar-se; reclinar-se; 2 descontrair; relaxar; descansar

◆**lie down** v.intr. deitar-se; *he was lying down* ele estava deitado ❖ (cão) *lie down!* deita!; *to ~ on the job* não cumprir as obrigações; baldar-se ao trabalho; *to take sth lying down* aceitar algo sem protestar

◆**lie down under** v.tr. submeter-se a; não resistir a

◆**lie in** v.intr. 1 [coloq.] deixar-se ficar na cama; levantar-se tarde; 2 estar de parto

◆ **lie off** v.tr.,intr. NÁUTICA (costa, outra embarcação) estar perto (de)

◆ **lie over** Ⓐ v.tr. deixar ficar para mais tarde; adiar Ⓑ v.intr. ficar para mais tarde; ser adiado ❖ COMÉRCIO *to let a bill ~* mandar uma letra para protesto

◆ **lie to** v.intr. NÁUTICA pôr-se à capa; quase parar por causa de vento contrário; *to ~ under a foresail* pôr-se à capa com o traquete

◆ **lie up** v.intr. 1 (doença) estar de cama; não sair do quarto; 2 (navio) ficar na doca; 3 [GB] esconder-se

◆ **lie with** v.tr. caber a; ser da responsabilidade de; competir a; *it lies with him to decide* é a ele que compete decidir

lie-abed ['laɪəˌbed] s. dorminhoco, preguiçoso

Liechtenstein ['lɪktənstaɪn] s.top. Liechtenstein

liee [laɪ'iː] s. pessoa a quem se conta uma mentira e que acredita nela

lief [liːf] adv. [arc.] de bom grado; de boa vontade; *I would as ~ do it as anything else* tanto se me dá fazer isso como outra coisa qualquer

liege [liːdʒ] Ⓐ s. 1 senhor; suserano; 2 vassalo; feudatário Ⓑ adj. 1 com direito a receber vassalagem; 2 [arc.] leal ❖ *~ lord* suserano; senhor

liegeman ['liːdʒmæn, 'liːdʒmən] s. (pl. -men) vassalo

lie-in ['laɪɪn] s. [coloq.] dia em que se acorda mais tarde ❖ *to have a ~* dormir até tarde

lien [lɪən] s. 1 DIREITO direito de retenção até pagamento de dívida; 2 garantia, penhor, hipoteca; 3 embargo

lienor ['lɪənə] s. [EUA] DIREITO pessoa que tem direito de embargo sobre mercadorias

lienteric [ˌlaɪən'terɪk] adj. lientérico

lientery ['laɪəntəri] s. MEDICINA lienteria

lier ['laɪə] s. pessoa que está deitada ou reclinada

lieu [ljuː] s. [form.] lugar ❖ *in ~ of* em vez de; no lugar de

Lieut [abrev. de Lieutenant]

lieutenancy [lef'tenənsɪ, luː'tenənsɪ] s. 1 posto de tenente; 2 cargo de tenente da armada

lieutenant [lef'tenənt, luː'tenənt] s. 1 tenente; 2 lugar--tenente; 3 tenente da armada ❖ *~ colonel* tenente-coronel; NÁUTICA *~ commander* capitão de mar-e-guerra; *~ general* tenente-general; general de divisão; *~ governor* governador adjunto; vice-governador; *first ~* primeiro-tenente; *second ~* segundo-tenente

lieutenantship [lef'tenənʃɪp, luː'tenəntʃɪp] s. 1 tenência; 2 funções, cargo de tenente; 3 lugar-tenência

life [laɪf] s. (pl. -ves) 1 vida; 2 seres vivos; 3 existência, o viver; 4 modo de vida, carreira; 5 energia, actividade; 6 biografia; 7 tamanho natural; *as large as ~* em tamanho natural; *less than ~* menor que o tamanho natural; 8 [coloq.] prisão perpétua; *~ imprisonment/~ sentence* prisão perpétua ❖ *~ annuity* renda vitalícia; *~ cycle* ciclo vital; *~ estate* propriedade em usufruto vitalício; *~ expectancy* esperança de vida; *~ insurance* seguro de vida; *~ jacket* colete salva-vidas; *~ net* rede usada pelos bombeiros para aparar as pessoas que são obrigadas a lançar-se das janelas de prédio incendiado; *~ office* escritório de companhia de seguros; [EUA] *~ preserver* colete de salvação; *~ raft* barco salva-vidas insuflável; *~ rent* renda vitalícia; *~ table* estatística de mortalidade; *~ after death* vida depois da morte; *~ and death struggle* luta de morte; [GB] *the Life Guards* a Guarda Real a cavalo; a Guarda pessoal do monarca; *bigger than ~* grandioso; maior do que a vida; *for dear ~/for one's ~* para salvar a própria vida; *for ~* para toda a vida; [ant.] *I cannot for the ~ of me!* por vida minha que não posso!; *in danger of ~* em perigo de vida; *it is a matter of ~ and death* é uma questão de vida ou de morte; [ant.] *not for the ~ of me* por nada deste mundo; *not on your ~* nunca na vida!; *such is ~* a vida é assim; *the other ~* a outra vida; *to bring to ~* reanimar; fazer voltar a si; [coloq.] *to have the time of one's ~* divertir-se ao máximo; *to take one's own ~* suicidar-se; *to take sb's ~* matar alguém; *to the ~* conforme o original; com grande fidelidade; *what a life!* mas que vida!

life-and-death [ˌlaɪfənˈdeθ] adj. 1 de vida ou de morte; *a ~ struggle* luta de vida ou de morte; 2 crucial; decisivo; determinante

lifebelt ['laɪfbelt] s. bóia de salvação

lifeblood ['laɪfblʌd] s. 1 (sangue) fluido vital; 2 (parte fundamental) alma*fig.*; essência; impulso vital; espinha dorsal*fig.*

lifeboat ['laɪfbəʊt] s. barco salva-vidas; barco de salvamento

lifebuoy ['laɪfbɔɪ] s. bóia de salvação

life-giving ['laɪfˌgɪvɪŋ] adj. vivificante, animador

lifeguard ['laɪfgɑːd] s. nadador salvador

lifejacket ['laɪfdʒækɪt] s. colete de salvação

lifeless ['laɪfləs] adj. 1 sem vida, sem energia; 2 inanimado; 3 frio; 4 morto; 5 incolor

lifelessly ['laɪfləslɪ] adv. 1 sem vida; 2 inanimadamente; 3 sem energia, sem alma

lifelessness ['laɪfləsnəs] s. 1 falta de vida; 2 falta de animação; 3 falta de energia

lifelike ['laɪflaɪk] adj. real, natural, vivo, semelhante à realidade

lifeline ['laɪflaɪn] s. 1 (mergulhador) corda salva-vidas; 2 (palma da mão) linha da vida; 3 [fig.] tábua de salvação

lifelong ['laɪflɒŋ] adj. 1 de toda a vida; 2 de sempre; 3 que dura a vida inteira; 4 perpétuo

lifer ['laɪfə] s. [coloq.] condenado à prisão perpétua

lifesaver ['laɪfseɪvə] s. 1 [Austr.] (profissão) nadador-salvador; 2 [coloq.] (pessoa) salvador; 3 [coloq.] (recurso) tábua de salvação

lifesaving ['laɪfseɪvɪŋ] Ⓐ s. primeiros socorros; socorrismo Ⓑ adj. de primeiros socorros; de reanimação ❖ *~ drill* exercícios de salvamento; *~ rocket* foguetão transportador de cabo de segurança

lifesize ['laɪfsaɪz] adj. em tamanho real

life-size ['laɪfsaɪz] adj. em tamanho real

lifesized ['laɪfsaɪzt] adj. em tamanho real

life-sized ['laɪfsaɪzt] adj. em tamanho real

lifespan ['laɪfspæn] s. 1 (ser vivo) esperança de vida; 2 [fig.] (objecto, ideia) período de validade, duração prevista

lifestyle ['laɪfstaɪl] s. estilo de vida

life-support ['laɪfsəˌpɔːt] adj. que mantém as funções vitais ❖ MEDICINA *~ machine* respirador artificial

life-threatening [ˌlaɪfˈθretənɪŋ] adj. 1 extremamente perigoso; 2 extremamente grave; 3 que pode ser fatal ❖ *to be in a ~ situation* correr perigo de vida

lifetime ['laɪftaɪm] s. 1 vida; 2 duração da vida; 3 [coloq., fig.] (muito tempo) eternidade; *it took a lifetime!* demorou uma eternidade! ❖ [coloq.] *it's all in a ~* é a vida; *once in a ~* uma vez na vida; *the chance of a ~* uma oportunidade única; *the holiday of a ~* as férias da sua vida

life-weary ['laɪfˌwɪərɪ] adj. cansado da vida

lifework ['laɪfwɜːk] s. [EUA] obra de uma vida; obra à qual se consagrou a vida inteira

lift [lɪft] Ⓐ s. 1 acto de levantar, de erguer; 2 elevação; *~ in the ground* elevação de terreno; 3 ascensor, elevador; 4 monta--cargas; *goods ~* monta-cargas; 5 AERONÁUTICA sustentação; 6 força ascensional; 7 [coloq.] boleia; *to give sb a ~* dar uma boleia a alguém; 8 encorajamento; *to give sb a ~* animar alguém, levantar o moral de alguém; 9 [EUA] [coloq.] operação plástica; 10 NÁUTICA amantilho; 11 [fig.] situação difícil; *to be at a dead ~* ver-se em grandes apuros; *to help sb in a dead ~* ajudar alguém numa dificuldade Ⓑ v.tr.,intr. 1 levantar(-se); erguer(-se); elevar(-se); 2 [fig.] (proibição, cerco, bloqueio) (cessar) levantar; 3 [coloq.] (roubar) surripiar, fanar; *to ~ sb's purse* roubar a bolsa a alguém; 4 plagiar; *some passages of the book have been lifted* alguns passos do livro foram plagiados; 5 (batatas) cavar, tirar; (plantas) desenterrar do solo; 6 (nevoeiro) dispersar-se; passar; *the fog began to ~* o nevoeiro começou a levantar; 7 AERONÁUTICA descolar, partir; 8 [fig.] animar, levantar o moral de; 9 [fig.] animar-se; 10 (operação plástica) fazer um lifting a; 11 [coloq.] prender; 12 DESPORTO marchar nas pontas dos pés ❖ *~ attendant/boy* encarregado do elevador; *~ bridge* ponte levadiça; *~ coefficient* coeficiente de sustentação; *he said he wouldn't ~ a finger to help me* ele afirmou que não mexeria um dedo para me ajudar; *to ~ a hand against/to ~ one's hand against* levantar a mão contra; [coloq.] *to ~ one's elbow* beber de mais; (peças de artilharia) *to ~ the fire* alongar o tiro; DESPORTO *to ~ weights* fazer musculação

◆ **lift off** Ⓐ v.intr. (foguetão) descolar Ⓑ v.tr. (tampa, etc.) levantar

◆ **lift out** v.tr. 1 levantar para tirar; tirar [**of**, de]; 2 evacuar de avião ou helicóptero

◆**lift up** *v.tr.* 1 levantar; erguer; *to ~ one's eyes* erguer os olhos; *to ~ one's head* levantar a cabeça; *to ~ one's voice* levantar a voz; 2 elevar; *to ~ the mind* elevar o espírito ❖ *to ~ with pride* envaidecer-se; encher-se de soberba

lifter ['lɪftə] *s.* 1 pessoa que levanta ou ergue; 2 elevador, ascensor; 3 [coloq.] gatuno, ladrão

lifting ['lɪftɪŋ] Ⓐ *adj.* que pode levantar-se Ⓑ *s.* 1 elevação; 2 levantamento; içamento; 3 (peças de artilharia) alongamento de tiro; 4 (legumes, fruta) colheita; 5 plágio, cópia, imitação; 6 roubo, furto ❖ *~ arm* braço de suspensão; *~ bar* haste de martelo; *~ bridge* ponte levadiça; *~ cable* cabo de suspensão; *~ gate* comporta levadiça; *~ gear* mecanismo de elevação; *~ jack* macaco de elevação; *~ speed* velocidade ascensional; NÁUTICA *~ tackle* talha

liftoff ['lɪftɒf] *s.* (nave espacial) descolagem

ligament ['lɪɡəmənt] *s.* ANATOMIA ligamento

ligamental [ˌlɪɡə'mentəl] *adj.* ligamentoso

ligamentary [ˌlɪɡə'mentərɪ] *adj.* ⇒ **ligamental**

ligamentous [ˌlɪɡə'mentəs] *adj.* ⇒ **ligamental**

ligate ['laɪɡeɪt] *v.tr.* ligar (artéria rebentada, etc.)

ligation [laɪ'ɡeɪʃən] *s.* CIRURGIA acção de ligar

ligature ['lɪɡətʃə] Ⓐ *s.* 1 MÚSICA, TIPOGRAFIA ligadura; 2 CIRURGIA laqueação Ⓑ *v.tr.* CIRURGIA (veia, artéria, etc.) ligar, laquear

light [laɪt] Ⓐ *s.* 1 luz; claridade; iluminação; *by the ~ of the moon* à luz da lua; 2 (eléctrica) luz; *to switch/turn/put the ~ on* acender a luz; *to switch/turn/put the ~ off* apagar, desligar a luz; 3 (veículo) farol; *to drive without lights* guiar com os faróis apagados; 4 (estrada) semáforo; *traffic lights* semáforos; 5 (edifício) clarabóia; janela; 6 [coloq.] lumes; *have you got a light?* tem lumes?; 7 (olhos) brilho; 8 [fig.] (pessoa) luminária; 9 [fig.] compreensão, esclarecimento; 10 [fig.] animação, vivacidade; 11 [fig.] aspecto, aparência; 12 [fig.] inspiração; 13 [arc.] olhos; visão; 14 parte mais clara dum quadro; 15 *pl.* capacidade mental; *according to one's lights* segundo a sua capacidade de inteligência Ⓑ *adj.* 1 leve; *~ as a feather* leve como uma pena; *~ touch* toque leve; 2 de pouca consistência; de textura ligeira; 3 (tonalidade) claro; *~ blue* azul-claro; *~ green* verde-claro; *~ hair* cabelo claro, cabelo loiro; *~ complexion* tez clara; 4 ligeiro; *~ cavalry/~ horse* cavalaria ligeira; *~ gun* canhão ligeiro; *~ infantry* infantaria ligeira; 5 suave; brando; *a ~ breeze* uma brisa suave; 6 gracioso, elegante, delicado; 7 vivo, activo; 8 alegre; *with a ~ heart* sem preocupações, com alegria; 9 [depr.] frívolo; trivial; 10 fácil; 11 fraco; *~ crop* colheita fraca; 12 incompleto; *~ load* carga incompleta; 13 (caminhos-de-ferro) de via estreita; *~ railway* via estreita; 14 (vinho) leve, pouco alcoólico; *~ wine* vinho leve, vinho pouco alcoólico; 15 LINGUÍSTICA átono Ⓒ *adv.* 1 levemente; de uma maneira leve; *to get off* ~ escapar sem grande castigo; *to sleep* ~ ter o sono leve; *to make* ~ *of...* fazer pouco caso de, não ligar a, menosprezar; 2 com pouca coisa; *to travel* ~ viajar com pouca bagagem Ⓓ *v.tr.,intr.* (prt. e part. pass. **lit** ou **lighted**) 1 acender; *to ~ a cigarette* acender um cigarro; 2 iluminar(-se); 3 dar luz; 4 incendiar, pegar fogo a; 5 [fig.] animar-se; 6 [ant.] (carruagem) sair [**from**, de]; descer [**from**, de]; 7 [ant.] desmontar [**from**, de]; 8 cair ❖ *~ bath* banho de luz; *~ beacon* baliza luminosa; *~ beam* raio de luz; *~ buoy* bóia luminosa; *~ deflector* desviador de luz; *~ effects* efeitos luminosos; *~ pen* caneta luminosa; (vinho) *~ pink* rosado; *~ screen* quebra-luz; *~ sin* pecado venial; *~ sleeper* pessoa que dorme pouco; pessoa com sono leve; *~ steel* aço leve; (vinho) *~ tawny* topázio; *~ truck* camioneta; *~ waves* ondas luminosas; *advertising lights* anúncios luminosos; *~ in the head* tonto; *~ of belief* crédulo; *~ of foot* rápido; lesto; *the ~ of one's eyes* a luz dos olhos de alguém; a pessoa amada; *he was beginning to see ~* ele começava a compreender; *to see the ~* nascer; *to see the red ~* dar conta do perigo; *to stand in one's ~* tirar a luz a; prejudicar; *to stand in one's own ~* estar de costas para a luz; prejudicar-se; ser demasiado modesto; *to strike a ~* acender um fósforo; *to view sth in a favourable ~* aprovar uma coisa; mostrar concordância com uma coisa

◆**light on/upon** *v.tr.* [form.] encontrar por acaso

◆**light out** *v.intr.* 1 partir a toda a velocidade [**for**, para]; 2 [coloq.] dar de frosques; pôr-se a andar

◆**light up** Ⓐ *v.tr.* 1 iluminar; 2 [coloq.] (cigarro, etc.) acender Ⓑ *v.intr.* 1 animar-se; iluminar-se; *her face lit up with a smile* a cara dela iluminou-se com um sorriso; 2 [coloq.] começar a fumar ❖ [coloq.] *to be lit up* estar animado; estar com uma pinga a mais; estar com um grão na asa

light-armed ['laɪtɑːmd] *adj.* MILITAR com armamento ligeiro

light-borne ['laɪtbɔːn] *adj.* (cavalo) brando de boca

lightbulb ['laɪtbʌlb] *s.* lâmpada

light-coloured ['laɪtkʌləd] *adj.* (cor, tonalidade) claro; pálido

lighted ['laɪtɪd] *adj.* 1 iluminado; 2 aceso

lighten ['laɪtən] Ⓐ *v.tr.* 1 (luz) iluminar; 2 (cor) aclarar; 3 (peso, carga) aliviar; tornar mais leve; 4 (impostos) aliviar, reduzir Ⓑ *v.intr.* 1 (céu) clarear; 2 [fig.] (rosto) iluminar-se; 3 (peso, carga) aliviar; tornar-se mais leve; 4 [fig.] alegrar-se; relaxar; *she lightened at the news* ela alegrou-se com as notícias

lightener ['laɪtənə] *s.* 1 coisa que serve para aliviar; 2 pessoa que mitiga (o sofrimento de outrem)

lightening ['laɪtənɪŋ] *s.* desanuviamento do tempo

lighter ['laɪtə] Ⓐ *s.* 1 isqueiro; 2 acendedor, acendalha; 3 NÁUTICA batelão, barcaça, fragata Ⓑ *v.tr.* transportar em barcaça, transportar em batelão Ⓒ *comp. de* **light**

lighterage ['laɪtərɪdʒ] *s.* 1 transporte em barcaças ou batelões; 2 serviço de barcaças ou batelões

lighterman ['laɪtəmən] *s.* (*pl.* **-men**) arrais de barcaça ou batelão

lightface ['laɪtfeɪs] *adj.* TIPOGRAFIA (fonte) de linhas finas e leves

light-fingered ['laɪtˌfɪŋɡəd] *adj.* 1 ágil de dedos, ágil de dedos; 2 com habilidade para o roubo ❖ *~ gentry* carteiristas

light-footed ['laɪtfuːtɪd] *adj.* rápido, ligeiro, ágil

light-headed [laɪt'hedɪd] *adj.* 1 atordoado, tonto, com vertigens; 2 leve, alegre, aéreo*fig*; 3 [depr.] de cabeça oca*fig*; 4 [depr.] fútil, frívolo, leviano

light-hearted [laɪt'hɑːtɪd] *adj.* 1 alegre, bem-disposto; 2 descontraído, despreocupado; 3 leve, agradável

light-heartedly [laɪt'hɑːtɪdlɪ] *adv.* 1 alegremente; 2 com descontracção, despreocupadamente; 3 de forma leve e agradável

light-heartedness [laɪt'hɑːtɪdnɪs] *s.* 1 alegria, boa disposição; 2 descontracção, despreocupação

lighthouse ['laɪthaʊs] *s.* (foco, edifício) farol ❖ *~ keeper* faroleiro; encarregado do farol

lighthouseman ['laɪthaʊsmən] *s.* (*pl.* **-men**) faroleiro

lighting ['laɪtɪŋ] *s.* 1 iluminação; 2 luz; *electric ~* luz eléctrica; 3 disposição de luz num quadro ❖ *~ chamber* câmara de explosão de motor; TEATRO *~ effects* desenho de luz; jogos de luz; *~ hours* horas de iluminação; *~ power* potência iluminante; *~ and power station* central de iluminação e distribuição de energia

lightless ['laɪtləs] *adj.* sem luz

lightly ['laɪtlɪ] *adv.* 1 levemente; 2 delicadamente; docemente; 3 ligeiramente; 4 facilmente; sem dificuldade; 5 de ânimo leve; sem reflectir; *to take a decision ~* tomar uma decisão de ânimo leve; 6 com ligeireza; levianamente; de modo frívolo ❖ *~ come ~ go* dinheiros de sacristão cantando vêm, cantando vão; *they won't take it ~* eles vão levar a coisa a sério; *to get off ~* safar-se, sair-se airosamente; *to think ~ of* atribuir pouca importância a; não ter em grande consideração; não valorizar

lightness ['laɪtnəs] *s.* 1 leveza; 2 ligeireza, agilidade; 3 frivolidade; 4 facilidade; 5 claridade; 6 suavidade

lightning ['laɪtnɪŋ] *s.* raio, relâmpago; *a flash of ~* um clarão de relâmpago ❖ *~ arrester* pára-raios; [GB] *~ conductor* pára-raios; *~ protection* protecção contra descargas eléctricas atmosféricas; [EUA] *~ rod (conductor)* pára-raios; *~ visit* visita relâmpago; *~ war* guerra relâmpago; *as quick as ~* rápido como o relâmpago

lightproof ['laɪtpruːf] *adj.* à prova de luz

lights [laɪts] *s.pl.* bofes (de animal)

light-sensitive ['laɪtsensɪtɪv] *adj.* fotossensível; sensível à luz; *~ material* material fotossensível

lightship ['laɪtʃɪp] *s.* barco-farol

lightsome ['laɪtsəm] *adj.* 1 luminoso, claro; 2 [poét.] ágil, vivo, alegre, gracioso

lightweight ['laɪtweɪt] Ⓐ *adj.* 1 leve; 2 (roupa) ligeiro; 3 [depr.] pouco convincente; de pouco peso; 4 [depr.] light; trivial; pouco profundo Ⓑ *s.* 1 DESPORTO (boxe) peso leve; 2 [depr.] nulidade, zé-ninguém

lightwood ['laɪtwʊd] s. 1 madeira leve; 2 madeira que arde facilmente com chama brilhante

light-year ['laɪtjɪə] s. (pl. -s) ano-luz; *500 light-years away* há 500 anos-luz ❖ *to be light-years away from...* estar a milhas de distância de...

lign-aloes [ˌlaɪnˈæləʊz] s. 1 BOTÂNICA aloés, aloé; 2 aloé-de-barbados; 3 azebres; 4 erva-babosa

ligneous ['lɪgnɪəs] adj. lenhoso, lígneo

lignification [ˌlɪgnɪfɪˈkeɪʃən] s. lignificação, lenhificação

igniform ['lɪgnɪfɔːm] adj. ligniforme

lignify ['lɪgnɪfaɪ] Ⓐ v.tr. lignificar; lenhificar Ⓑ v.intr. lignificar-se; lenhificar-se

lignite ['lɪgnaɪt] s. lignite, lignito, lenhite

lignum vitae [ˌlɪgnəmˈvaɪtiː] s. BOTÂNICA guaiaco, gaiaco, pau-santo ❖ *~ bearing* chumaceira de gaiaco

ligroin ['lɪgrəʊɪn] s. QUÍMICA ligroína

ligula ['lɪgjələ] s. lígula; lígulo

ligulate ['lɪgjəlɪt] adj. ligulado; liguloso

ligule ['lɪgjəl] s. BOTÂNICA lígula

liguliflorae ['lɪgjəlɪˌflɔːriː] s.pl. BOTÂNICA liguliflloras

Ligures [lɪˈgjuːrɪz] s.pl. Lígures

Liguria [lɪˈgjʊərɪə] s.top. Ligúria

Ligurian [lɪˈgjʊərɪən] adj. ligúrico

likable ['laɪkəbəl] adj. amável, simpático

likableness ['laɪkəbəlnəs] s. 1 simpatia (de pessoa); 2 encanto

like [laɪk] Ⓐ adj. (comp. **more like**, superl. **most like**) igual; semelhante; parecido; similar; ELECTRICIDADE *~ poles* pólos semelhantes; MATEMÁTICA *~ terms* termos semelhantes Ⓑ adv.,conj.,prep. 1 como, da mesma maneira que; *I can't do it ~ you do* não sou capaz de fazer isso como tu; *snow is falling ~ in December* neva como se fosse Dezembro; 2 como; *what is he like?* como é ele?, que género de pessoa é ele?; *there is nothing ~ a glass of port* não há nada como um cálice de vinho do Porto; 3 tal; *~ father ~ son* tal pai tal filho; 4 próprio; característico; típico; *it is just ~ you to talk ~ that* é mesmo típico dizeres uma coisa dessas; 5 disposto a; com tendência para; *to feel ~* sentir-se disposto a; 6 possivelmente; provavelmente; *~ enough/very ~* muito provavelmente Ⓒ v.tr.,intr. 1 gostar, gostar de; *I'd ~ you to tell me* gostava que me dissesses; 2 simpatizar com; 3 apreciar; *how do you ~ this book?* que tal lhe parece este livro?; 4 querer; desejar; *as you ~* como quiser; *do as you ~* faça como quiser; *do what you ~ with it* faz o que quiseres com isso; *if you ~* se quiseres; *whether you ~ it or not* quer queiras quer não; *would you ~ to have some port?* quer vinho do Porto?; 5 escolher; preferir; *to ~ sth better* preferir algo Ⓓ s. 1 pessoa, coisa semelhante, parecida; coisa igual; *or the ~* ou coisa igual, ou outras do mesmo género; *we'll never see his ~ again* nunca encontraremos pessoa igual; *and the ~* e afins; e assim; *the likes of me* as pessoas como eu; *did you ever hear the ~ of it?* já ouviste alguma coisa assim?; 2 preferência; predilecção; gosto; inclinação; *everyone has his likes and dislikes* toda a gente tem as suas preferências e antipatias ❖ *~ loves ~/ ~ to ~* cada qual com seu igual; *people ~ that* gente assim; *sth ~ this* uma coisa parecida; *sth ~ three hundred metres* cerca de trezentos metros; *that's more ~ it!* assim já gosto mais!; *they're as ~ as two peas in a pod* eles são exactamente iguais; *to be ~ sb* parecer-se com alguém; *to give ~ for ~* pagar na mesma moeda

likeable ['laɪkəbəl] adj. ⇒ likable

likeableness ['laɪkəbəlnəs] s. ⇒ likableness

likelihood ['laɪklɪhʊd] s. 1 possibilidade; probabilidade; 2 verosimilhança ❖ *in all likelihood, ...* é muito provável que...

likeliness ['laɪklɪnəs] s. ⇒ likelihood

likely ['laɪklɪ] Ⓐ adj. (comp. **-ier**, superl. **-iest**) 1 provável; possível; *it is ~ to rain* é provável que chova; *it is not ~ he will come* não é provável que ele venha; *this is ~ to happen* é muito natural que isso aconteça; 2 verosímil; plausível; *a ~ story* uma história verosímil; 3 capaz [**to**, de]; susceptível [**to**, de]; 4 prometedor; *a ~ young man* um jovem que promete Ⓑ adv. provavelmente; possivelmente; *very/most ~* muito provavelmente ❖ *as ~ as not* quase de certeza; *not likely!* claro que não!, nem pensar!; [irón.] *that's a ~ story!* essa é boa!

like-minded [laɪkˈmaɪndɪd] adj. que pensam da mesma maneira; que têm a mesma opinião; parecidos na forma de ser ou de pensar

liken ['laɪkən] v.tr. 1 comparar, notar pontos de semelhança; 2 [rar.] tornar semelhante, assemelhar

likened ['laɪkənd] adj. RELIGIÃO (Bíblia) semelhante

likeness ['laɪknəs] s. 1 semelhança; parecença; similitude; *to have a ~ to* ter semelhanças com; 2 semblante; aparência; 3 (imagem) retrato; efígie; *to take one's ~* tirar o retrato ❖ *an enemy in the ~ of a friend* um inimigo disfarçado de amigo

likening ['laɪknɪŋ] s. comparação

likewise ['laɪkwaɪz] adv. 1 também; igualmente; 2 do mesmo modo; da mesma maneira ❖ *to do ~* proceder da mesma maneira; fazer o mesmo

likin [liːˈkiːn] s. direitos de trânsito em certas províncias chinesas

liking ['laɪkɪŋ] s. 1 gosto; preferência; inclinação; 2 agrado; *to be to sb's ~* ser do agrado de alguém; 3 simpatia; afeição; afecto ❖ *to have a ~ for* gostar de; *to take a ~ to sb* simpatizar com alguém; *too cold for my ~* demasiado frio para meu gosto

lil [lɪl] adj. [EUA] [dial.] ⇒ **little**

lilac ['laɪlək] Ⓐ adj. (cor) lilás Ⓑ s. (planta, cor) lilás ❖ BOTÂNICA *Persian ~* lilás-da-pérsia

lilangeni [liːlænˈgeɪnɪ] s. (moeda da Suazilândia) lilangeni

Liliaceae [lɪlɪˈeɪsɪiː] s.pl. BOTÂNICA Liliáceas

liliaceous [ˌlɪlɪˈeɪʃəs] adj. liliáceo

Lilian ['lɪlɪən] s.antr. Liliana

lilied ['lɪlɪd] adj. 1 como o lírio, semelhante ao lírio, lilial; 2 HERÁLDICA florenciado

Lilliputian [ˌlɪlɪˈpjuːʃən] adj.,s. liliputiano

lilt [lɪlt] Ⓐ s. 1 canto melodioso e ritmado; 2 melodia cadenciada Ⓑ v.tr.,intr. 1 cantar melodiosamente e com ritmo; 2 cantar com alegria; 3 entoar cântico melodioso e ritmado

lilting ['lɪltɪŋ] adj. 1 (voz) melodioso; 2 cadenciado, ritmado

lily ['lɪlɪ] s. (pl. -ies) 1 BOTÂNICA lírio; 2 HERÁLDICA flor-de-lis ❖ *~ hand* mão branca como lírio; *~ iron* variedade de harpão de ponta separável; *~ pad* folha de nenúfar; folha de gólfão; *belladonna ~* beladona-bastarda; amarílis; *turk's-cap ~* lírio-mártago; *white ~* lírio-branco; açucena branca

lily-livered ['lɪlɪˌlɪvəd] adj. [fig.] poltrão; covarde

lily-white ['lɪlɪwaɪt] adj. 1 branco como o lírio; branco como a neve; de uma brancura impoluta; 2 puro

lima ['liːmə, 'laɪmə] s. ZOOLOGIA lima, género de moluscos

limaceous [laɪˈmeɪʃəs] adj. ZOOLOGIA limacídio

limacine ['laɪməsɪn] adj. ⇒ **limaceous**

limanda [lɪˈmændə] s. ZOOLOGIA azevia

limb [lɪm] Ⓐ s. 1 ANATOMIA (braço, perna, asa, barbatana) membro; *lower limbs* membros inferiores, pernas; *upper limbs* membros superiores, braços; 2 grande ramo; pernada de árvore; 3 criança turbulenta, criança traquina, difícil de aturar; 4 braço de cruz; 5 contraforte de montanhas; 6 parte de oração; 7 orla, borda, limbo Ⓑ v.tr. 1 desmembrar, desfazer, arrancar os membros a; 2 (árvore) arrancar os ramos a ❖ *~ of the law* polícia; advogado; *limbs of the limehouse* gentalha; populaço; *to be out on a ~* estar isolado; estar numa situação delicada; *to escape with life and ~* escapar sem grandes ferimentos; *to go out on a ~* expor-se publicamente; comprometer-se publicamente; correr riscos

limbate ['lɪmbeɪt] adj. limbífero, com limbo ou rebordo colorido

limber ['lɪmbə] Ⓐ adj. 1 flexível; 2 ágil; 3 dúctil, que pode vergar-se com facilidade Ⓑ v.tr. 1 (peça de artilharia) engatar; 2 flexibilizar, tornar flexível Ⓒ s. 1 jogo dianteiro separável de carreta de artilharia, armão; 2 NÁUTICA bueiro; *~ holes* bueiros

◆ **limber up** v.intr. 1 DESPORTO fazer exercícios de aquecimento; 2 [fig.] preparar-se

limbic ['lɪmbɪk] adj. límbico

limbo ['lɪmbəʊ] s. (pl. -s) 1 RELIGIÃO limbo; 2 [fig.] abandono; esquecimento; *to descend into ~* cair no esquecimento; 3 [fig.] impasse; 4 [arc.] prisão, encarceramento; *in ~* na cadeia ❖ *in ~* em suspenso; na expectativa; na incerteza

Limburger ['lɪmbɜːgə] s. queijo de Limburgo

limbus ['lɪmbəs] s. BOTÂNICA limbo

lime [laɪm] Ⓐ s. 1 cal; *hydraulic ~* cal hidráulica; *slack(ed) ~* cal apagada; 2 visco; 3 BOTÂNICA (árvore, fruto) lima, limeira; 4 BOTÂNICA tília; *~ tree* tília Ⓑ v.tr. 1 untar com visco, enviscar; 2 (peles a curtir) tratar com água de cal; 3 adubar com cal; 4 caiar

lime-green

❖ **~ burner** caieiro; caleiro; **~ cast** reboco de gesso e argamassa; **~ juice** sumo de lima; **~ juicer** marinheiro inglês; pessoa recentemente chegada de Inglaterra; **~ mortar** argamassa de cal; **~ paste** cal viva; **~ pit** caieira; tina de água de cal para lavar peles a curtir; **~ rod/twig** vara untada com visco
lime-green ['laɪmgriːn] adj. da cor da lima, verde-amarelado
limekiln ['laɪmkɪln] s. forno de cal
limelight ['laɪmlaɪt] s. 1 TEATRO ribalta; 2 luz de carbureto, luz oxídrica ❖ **to be in the ~** ser o centro das atenções; estar na berra; **to keep out of the ~** manter-se na sombra
limelighter ['laɪmlaɪtə] s. [EUA] pessoa que gosta das luzes da ribalta, sempre à procura de protagonismo
limen ['laɪmən] s. PSICOLOGIA limiar
limerence ['lɪmərəns] s. paixonite
limerent ['lɪmərənt] adj.,s. que ou o que sofre de paixonite aguda
limerick ['lɪmərɪk] s. LITERATURA quintilha humorística
limestone ['laɪmstəʊn] s. pedra calcária, pedra de cal
lime-wash ['laɪmwɔːʃ] Ⓐ s. leite de cal Ⓑ v.tr. caiar
limewater ['laɪm͵wɔːtə] s. água de cal
lime-wort ['laɪmwɜːt] s. BOTÂNICA becabunga
limey ['laɪmɪ] s. 1 [EUA] [cal.] marinheiro inglês; 2 [EUA] [cal.] barco inglês ou a sua tripulação
liminal ['lɪmɪnəl] adj. PSICOLOGIA relativo ao limiar
liming ['laɪmɪŋ] s. 1 acto de adubar com cal; 2 acção de mergulhar peles em água de cal para lhes tirar o pêlo
limit ['lɪmɪt] Ⓐ s. 1 limite; **age/speed ~** limite de idade/velocidade; **there's a ~ to everything** há limites para tudo; **to set a ~ to** pôr um limite a; 2 confins; **the city limits** os confins da cidade; 3 termo; 4 (máximo de tolerância) cúmulo; **that's the limit!** isso agora é o cúmulo Ⓑ v.tr. 1 limitar; restringir; 2 circunscrever ❖ **~ pressure** pressão limite; **~ value** valor limite; [EUA] **off limits** em zona de acesso interdito; **to know no limits** não ter limites; ser insaciável; **to ~ oneself to** limitar-se a; **within limits** dentro de certos limites; em certa medida; **without ~** sem limite; **you're the limit!** és fantástico!; és único!
limitary ['lɪmɪtərɪ] adj. 1 [arc.] raiano, limítrofe, que serve de limite; 2 [arc.] limitado
limitation [͵lɪmɪ'teɪʃən] s. 1 limitação; limite; **I know my limitations** conheço os meus limites; 2 defeito; inconveniente; 3 (demarcação) delimitação; 4 restrição [on, sobre]; 5 DIREITO prescrição
limitative ['lɪmɪtətɪv] adj. limitativo, restritivo
limited ['lɪmɪtɪd] Ⓐ adj. 1 limitado; 2 circunscrito, restrito; 3 com preconceitos; 4 pouco desenvolvido Ⓑ s. [EUA, Can.] comboio rápido; autocarro rápido; **~ train** comboio rápido, comboio especial ❖ **~ company/~ liability company** sociedade de responsabilidade limitada; **~ edition** edição de tiragem limitada; **~ number** número limitado; **~ understanding** compreensão limitada; **for a ~ period only** (com) duração limitada; **to a ~ extent** só até certo ponto
limiter ['lɪmɪtə] s. 1 dispositivo regulador; 2 limitador
limiting ['lɪmɪtɪŋ] adj. 1 que limita muito; restritivo; 2 incómodo; 3 LINGUÍSTICA [ant.] determinante; **~ adjective** determinante
limitless ['lɪmɪtləs] adj. ilimitado, sem limites
limitrophe ['lɪmɪtrəʊf] adj. limítrofe
limn [lɪm] v.tr. 1 [arc.] pintar um quadro, retratar, fazer o retrato de; 2 iluminar, ornamentar com iluminuras
limner ['lɪmnə] s. 1 [arc.] pintor; 2 iluminador
limning ['lɪmnɪŋ] s. 1 [arc.] pintura; 2 iluminura
limnology [lɪm'nɒlədʒɪ] s. limnologia, tratado sobre águas estagnadas e lagos
limo ['liːməʊ] forma abreviada de **limousine**
limonite ['laɪmənaɪt] s. limonite, mineral de cor acastanhada ou amarela constituído por hidróxido de ferro
limousine ['lɪməziːn] s. limusina
limp [lɪmp] Ⓐ s. coxeadura Ⓑ v.intr. 1 coxear, mancar; 2 ser defeituoso; 3 (navio, avião, etc.) seguir lentamente devido a avaria Ⓒ adj. 1 frouxo; mole; sem energia; **to feel ~** sentir-se mole, sem energia; 2 (hortaliça, flores) pouco fresco; murcho; 3 fraco; débil; 4 flácido; 5 flexível; não rígido; **~ binding** encadernação flexível Ⓓ adv. a mancar; a coxear ❖ **~ excuse** desculpa de mau pagador; **to let one's body go ~** relaxar o corpo; **to walk with a ~** mancar; coxear

limpet ['lɪmpɪt] s. 1 ZOOLOGIA lapa; 2 [fig.] funcionário público agarrado ao seu lugar
limpid ['lɪmpɪd] adj. 1 límpido, cristalino; 2 claro
limpidity [lɪm'pɪdɪtɪ] s. limpidez, claridade
limpidly ['lɪmpɪdlɪ] adv. limpidamente
limpidness ['lɪmpɪdnəs] s. ⇒ **limpidity**
limply ['lɪmplɪ] adv. sem energia, sem vivacidade, molemente
limpness ['lɪmpnəs] s. 1 falta de energia; 2 falta de rigidez, moleza
limp-wort ['lɪmpwɜːt] s. ⇒ **lime-wort**
limp-wristed [lɪmp'rɪstɪd] adj. 1 débil; 2 efeminado
limy ['laɪmɪ] Ⓐ adj. (comp. -ier, superl. -iest) 1 calcário, impregnado de cal; 2 viscoso, com visco, pegajoso Ⓑ s. ⇒ **limey**
linage ['laɪnɪdʒ] s. 1 número de linhas de texto impresso; 2 pagamento por linha
linaria [laɪ'neərɪə] s. 1 BOTÂNICA linária; 2 asarina-da-praia
linchcap ['lɪntʃkæp] s. capa de cavilha ou chaveta de roda
linchpin ['lɪntʃpɪn] s. cavilha de segurança, passada através do eixo, para evitar que a roda salte fora
Lincoln ['lɪŋkən] s.top. (cidade inglesa) Lincoln ❖ **~ green** tecido dum verde vivo fabricado em Lincoln
Lincs. [abrev. de Lincolnshire]
linctus ['lɪŋktʌs] s. (pl. -es) FARMÁCIA xarope para a tosse
linden ['lɪndən] s. BOTÂNICA tília
line [laɪn] Ⓐ s. 1 (traço) linha; **straight ~** linha recta; **to draw a ~** traçar uma linha; 2 fio de linha; 3 linha, corda, fio de arame; 4 DESPORTO (marcação do campo) linha; 5 canalização, cano, tubo; 6 fronteira; linha divisória; **to cross the ~ into a country** atravessar a fronteira para um país; 7 limite; [coloq.] **one must draw the ~ somewhere** para tudo há limites; 8 (mão, rosto) ruga, vinco; **the lines of the hand** as linhas da mão; **face covered with deep lines of care** rosto vincado pelo sofrimento; 9 COMÉRCIO artigo, género; (publicidade) **leading ~** artigo anunciado; **main ~** linha principal, artigo principal; 10 ramo, especialidade, actividade, ocupação, ramo de negócio; **~ of business** ramo, profissão; **in the ~ of bookselling** no comércio livreiro; **that's not quite in my ~** isso não é bem da minha especialidade; **what is his line?** qual é o ramo dele?, que é que ele faz?; 11 (comboios) linha, percurso; **the down ~** a linha descendente, linha que parte de Londres; 12 (transportes) carreira; **a bus ~** uma carreira de autocarros, uma linha de autocarros; **a steamship ~** uma carreira de navegação; 13 (figura, desenho) contorno; linha delimitadora; 14 [coloq.] (exibicionismo, intrujice) conversa; 15 geração; linhagem; família; ascendência; **to be the last of one's ~** ser o último descendente de uma geração; **to come of a good ~** vir de boa família; **to trace back one's family ~** traçar a sua genealogia; 16 série; **a ~ of hills** uma série de montes; 17 (pessoas, coisas) fila; 18 alinhamento; **building ~ of a street** alinhamento de casas numa rua; **out of ~** desalinhado, fora do alinhamento; 19 MILITAR linha; posição; série de trincheiras; **~ of trenches** linha de trincheiras; **the front lines** as linhas da frente; MILITAR **to go up the ~** seguir para a frente de combate; 20 LITERATURA verso; 21 (medida) linha (duodécima parte da polegada); 22 TIPOGRAFIA coluna, fila de palavras ou números; 23 GEOGRAFIA [ant.] equador; 24 (actuação) atitude; orientação; método de acção; procedimento; princípios; **~ of conduct** linha de conduta; **the ~ to be taken** o caminho a seguir; **to go on wrong lines** proceder erradamente; **to keep to one's ~** seguir a sua própria linha de conduta; **to take a strong ~** actuar com energia; **to take one's ~** seguir a sua própria opinião; 25 dica; informação; indicação; **to get a ~ on...** obter informações sobre...; **to give sb a ~ on...** dar indicações a alguém sobre...; 26 pl. TEATRO papel, texto a fixar por cada actor; **the actor didn't know his lines** o actor não sabia o papel; 27 pl. sorte, situação na vida; **hard lines!** pouca sorte!; [ant.] **it's hard lines on you!** pouca sorte para o senhor!; 28 pl. certidão de casamento; **marriage lines** certidão de casamento Ⓑ v.tr.,intr. 1 alinhar; 2 formar em linha; 3 estabelecer uma linha; 4 traçar linha(s); marcar com linha(s); cortar com linha(s); (esboço) **to ~ in** marcar bem as linhas de; **to ~ off** separar com linha; **to ~ through** traçar uma linha através de; 5 riscar; 6 forrar, revestir de forros; NÁUTICA **to ~ a sail** forrar uma vela; 7 (mina, trincheira, etc.) entivar; 8 (animais) cobrir, ter cópula com, raçar; 9 encher; **he has nothing to ~ his stomach** ele não tem nada para encher o estômago ❖ (caminhos-de-ferro) **~ clear** via livre; **~ drawing** desenho à pena;

(telefone) ~ *engaged* linha ocupada; MILITAR ~ *firing* fogo de linha; ~ *fisherman* pescador à linha; ~ *fishing* pesca à linha; ~ *gauge* régua de tipógrafo; MILITAR ~ *infantry* infantaria de linha; ~ *space* entrelinhamento; ~ *spectrum* espectro descontínuo; ~ *of fire* linha de mira; GEOGRAFIA ~ *of latitude* paralelo; GEOGRAFIA ~ *of longitude* meridiano; ~ *of sight* linha de mira; NÁUTICA *ship of the* ~ navio de linha; MILITAR *the* ~ as tropas regulares; as tropas de linha; *all along the* ~ em toda a linha; *dancing is not in my* ~ dançar não é o meu forte; *in* ~ *with* de acordo com; *sth in this or that* ~ qualquer coisa deste ou daquele género; *to be in* ~ *with* concordar com; ser semelhante a; *to bring sb into* ~ levar alguém a concordar; convencer alguém a ser da mesma opinião; *to come into* ~ *with* concordar com; cooperar com; *to draw the* ~ *at...* pôr termo a...; *to follow the* ~ *of least resistance* adoptar o processo mais cómodo; evitar maçadas; *to get into* ~ cooperar; colaborar; *to* ~ *one's purse* encher a carteira; *to read between the lines* ler nas entrelinhas

◆**line up** Ⓐ *v.intr.* 1 alinhar-se; 2 fazer fila Ⓑ *v.tr.* 1 alinhar; pôr em linha; 2 organizar em fila; pôr em fila; 3 preparar; organizar ❖ *to* ~ *against...* unir esforços contra...; *to* ~ *with/behind/alongside...* apoiar...; colocar-se do lado de...

lineage ['lɪnɪɪdʒ] *s.* 1 linhagem, genealogia, estirpe; 2 série de gerações duma família; 3 pagamento por linha impressa, número de linhas de texto impresso

lineal ['lɪnɪəl] *adj.* 1 (descendência, ascendência) em linha recta; 2 lineal, linear

lineally ['lɪnɪəlɪ] *adv.* 1 (ascendência, descendência) em linha recta; 2 directamente

lineament ['lɪnɪəmənt] *s.* feições, traços fisionómicos, lineamentos

linear ['lɪnɪə] *adj.* linear ❖ RÁDIO ~ *circuit* circuito linear; MATEMÁTICA ~ *equation* equação do primeiro grau; ~ *inch* polegada linear; ~ *measure* medida linear; medida de comprimento; ~ *measuring* medição linear; ~ *operation* funcionamento linear; ~ *perspective* perspectiva linear; ~ *scale* escala linear

linearity [lɪnɪ'ærɪtɪ] *s.* linearidade

linearize ['lɪnɪəraɪz] *v.tr.* linearizar, tornar linear, projectar linearmente

linearly ['lɪnɪəlɪ] *adv.* linearmente

lineate ['lɪnɪɪt] *adj.* BOTÂNICA lineolar

lineation [lɪnɪ'eɪʃən] *s.* 1 lineamento; 2 contorno; 3 linhas, traçado de linhas

lined [laɪnd] *adj.* 1 com linhas, pautado; ~ *paper* papel pautado; 2 com sulcos; 3 raiado; 4 forrado, com forro; 5 revestido; 6 [fig.] cheio [**with**, de]; orlado [**with**, de]; ~ *with shipping* cheio de navios; *streets* ~ *with trees* ruas orladas de árvores ❖ *he has his pockets well* ~ ele tem a bolsa bem cheia

lineman ['laɪnmən] *s. (pl.* -men) 1 soldado de linha; 2 (telégrafo, telefone) guarda-fios; 3 (caminhos-de-ferro) guarda-linhas

linen ['lɪnɪn] Ⓐ *s.* 1 (tecido) linho; 2 roupa branca; roupa interior; *to change one's* ~ mudar de roupa interior; 3 lençóis; *bed* ~ roupa de cama; 4 toalhas; guardanapos; *table* ~ toalhas, guardanapos Ⓑ *adj.* de linho, feito de linho ❖ ~ *bag* saco de linho; ~ *basket* cesto da roupa suja; ~ *cloth* pano de linho; ~ *draper* comerciante de linhos; ~ *weaver* tecelão de linhos; *dirty* ~ roupa suja; *Irish* ~ linho da Irlanda; [colloq.] *to wash one's dirty* ~ *in public* lavar em público a roupa suja

liner ['laɪnə] *s.* 1 transatlântico; paquete; 2 grande avião de carreira; 3 MECÂNICA casquilho; camisa (de cilindro); revestimento interno; 4 calço; 5 estofador, forrador; 6 pessoa que traça linhas, pautador; 7 (cosmética) *eyeliner*; lápis de contorno ❖ *bin* ~ saco do lixo

linesman ['laɪnzmən] *s. (pl.* -men) 1 DESPORTO juiz de linha, árbitro auxiliar; 2 soldado de linha; 3 (telégrafo, telefone) guarda-fios; 4 (caminhos-de-ferro) guarda-linhas

line-up ['laɪnʌp] *s.* 1 alinhamento; 2 DESPORTO lista de jogadores; 3 formação em linha

liney ['laɪnɪ] *adj.* ⇒ **liny**

ling [lɪŋ] *s.* 1 ZOOLOGIA donzela, peixe parecido com o bacalhau; 2 BOTÂNICA urze vulgar

linga ['lɪŋgə] *s.* linga, símbolo fálico na mitologia indiana

lingam ['lɪŋgæm] *s.* ⇒ **linga**

linger ['lɪŋgə] *v.intr.* 1 demorar; deter-se; deixar-se ficar; 2 caminhar muito devagar; arrastar-se; 3 ficar até tarde; 4 persistir; perdurar; 5 arrastar a vida com dificuldade; definhar; 6 matutar [**on/over**, sobre]; reflectir [**on/over**, sobre]; 7 definhar com uma doença; estar doente por muito tempo ❖ *to* ~ *away one's time* perder o tempo com divagações; *to* ~ *out one's life* arrastar penosamente a vida; *to* ~ *over a meal* demorar-se com uma refeição

◆**linger about** *v.intr.* demorar-se
◆**linger after** *v.tr.* suspirar por

lingerer ['lɪŋgərə] *s.* 1 aquele que demora; 2 pessoa que procede muito devagar; 3 retardatário

lingerie ['læ̃ʒəri:] *s.* VESTUÁRIO lingerie, roupa interior de senhora

lingering ['lɪŋgərɪŋ] Ⓐ *adj.* 1 demorado; prolongado; ~ *look* olhar prolongado; 2 lento; vagaroso; ~ *death* morte lenta; 3 persistente; duradouro Ⓑ *s.* 1 demora; 2 atraso; 3 lentidão ❖ ~ *illness* doença crónica

lingeringly ['lɪŋgərɪŋlɪ] *adv.* 1 vagarosamente, demoradamente, com lentidão, prolongadamente; 2 persistentemente

lingo ['lɪŋgəʊ] *s. (pl.* -**es**) 1 [depr.] língua estrangeira; 2 dialecto; 3 gíria

lingua franca [lɪŋgwə'fræŋkə] *s.* língua franca

lingual ['lɪŋgwəl] Ⓐ *adj.* lingual; relativo à língua Ⓑ *s.* LINGUÍSTICA consoante lingual

linguaphone ['lɪŋgwəfəʊn] *s.* linguafone

linguatula [lɪŋ'gwætjələ] *s.* ZOOLOGIA linguatula

linguiform ['lɪŋgwɪfɔ:m] *adj.* linguiforme

linguini [lɪŋ'gwi:nɪ] *s.* CULINÁRIA (massa) linguini

linguist ['lɪŋgwɪst] *s.* linguista

linguistic [lɪŋ'gwɪstɪk] *adj.* linguístico

linguistically [lɪŋ'gwɪstɪkəlɪ] *adv.* linguisticamente

linguistics [lɪŋ'gwɪstɪks] *s.* linguística

lingulate ['lɪŋgjəlɪt] *adj.* lingulado

linguodental [lɪŋgwəʊ'dentəl] Ⓐ *adj.* [rar.] linguodental Ⓑ *s.* [rar.] consoante linguodental

linhay ['lɪnɪ] *s.* [dial.] alpendre

liniment ['lɪnɪmənt] *s.* linimento

linin ['lɪnɪn] *s.* BIOLOGIA linina, substância acromática do núcleo celular

lining ['laɪnɪŋ] *s.* 1 forro; 2 revestimento; 3 entivação; 4 guarnição interior; 5 MECÂNICA camisa; ~ *of a cylinder* camisa de cilindro; 6 (travão) lona; 7 NÁUTICA forra de vela; ~ *of a sail* forra de vela; 8 (animal) cobrição ❖ *glazed* ~ percalina; *every cloud has a silver* ~ não há mal que bem não traga

link [lɪŋk] Ⓐ *s.* 1 elo; anel; argola; ~ *of a chain* elo de corrente; 2 [fig.] laço; elo de união; *links of friendship* laços de amizade; 3 [fig.] ligação; 4 cadeia, tirante; 5 sector; 6 biela; 7 medida de 7,92 polegadas; 8 ELECTRICIDADE fio de fusível; 9 tocha, archote, facho; 10 INFORMÁTICA link, hiperligação, conexão; 11 *pl.* botões de punho Ⓑ *v.tr.* 1 encadear, ligar, unir, prender; 2 prender-se a, unir-se a; 3 engatar, concatenar; 4 relacionar; 5 INFORMÁTICA linkar, fazer o link com, conectar ❖ ~ *lever* alavanca de mudança de velocidades; LINGUÍSTICA ~ *verb* verbo copulativo; *to* ~ *hands* dar as mãos; *to* ~ *one's arm through another person's arm* enfiar o braço no braço de outra pessoa; (argumentação) *weak* ~ ponto franco

◆**link up** Ⓐ *v.intr.* 1 associar-se [**with**, com]; estar relacionado [**with**, com]; 2 encontrar-se [**with**, com]; 3 acoplar-se Ⓑ *v.tr.* ligar, unir [**to**, a]; *things are linked up with one another* as coisas estão ligadas umas às outras

linkage ['lɪŋkɪdʒ] *s.* 1 sistema de ligação; 2 sistema articulado; 3 ligação em cadeia; 4 união com elos; 5 sistema de direcção

linking ['lɪŋkɪŋ] *adj.* 1 de ligação; 2 LINGUÍSTICA copulativo; ~ *verb* verbo copulativo ❖ (fonética) ~ *consonant* consoante de ligação

linkman ['lɪŋkmən] *s. (pl.* -**men**) gerente de cinema ou teatro

links [lɪŋks] *s.* 1 terreno arenoso, plano ou com certa ondulação, perto do mar, muitas vezes com relva; 2 campo de golfe

linkup ['lɪŋkʌp] *s.* 1 conexão; associação; ligação; 2 RÁDIO, TELEVISÃO transmissão simultânea; 3 acoplamento; junção

linn [lɪn] *s.* 1 [Esc.] queda de água; 2 lagoa resultante de queda de água; 3 precipício

Linn. Ⓐ [abrev. de Linnaean] Ⓑ [abrev. de Linnaeus]
linnaea [lɪ'niːə] s. BOTÂNICA lineia
Linnaean [lɪ'niːən] adj. BOTÂNICA de Lineu
Linnaeus [lɪ'niːəs] s.antr. Lineu
Linnean [lɪ'niːən] adj. BOTÂNICA de Lineu
linnet ['lɪnɪt] s. ZOOLOGIA pintarroxo ❖ ZOOLOGIA *green* ~ verdelhão
linney ['lɪnɪ] s. ⇒ **linhay**
lino ['laɪnəʊ] s. 1 [coloq.] linóleo; 2 TIPOGRAFIA linótipo ❖ ~ *cut* gravura em chapa ou chapas de linóleo
linoleic [ˌlɪnəʊ'liːɪk] adj. QUÍMICA linoleico
linoleum [lɪ'nəʊlɪəm] s. linóleo
linotype ['laɪnəʊˌtaɪp] s. linótipo
linotyper ['laɪnəʊˌtaɪpə] s. linotipista
linotypist ['laɪnəʊˌtaɪpɪst] s. ⇒ **linotyper**
linseed ['lɪnsiːd] s. linhaça ❖ ~ *oil* óleo de linhaça; ~ *poultice* cataplasma de linhaça; papas de linhaça
linsey-woolsey ['lɪnzɪˌwʊlzɪ] s. seriguilha, sirguilha
linstock ['lɪnstɒk] s. 1 bota-fogo; 2 morrão; 3 pau com um morrão na extremidade, com que se lançava fogo à peça
lint [lɪnt] s. 1 compressa; 2 panos de linho para feridas; 3 cotão
lintel ['lɪntəl] s. 1 lintel, dintel; 2 verga; 3 someiro; 4 padieira
lintelled ['lɪntəld] adj. com lintel ou dintel
linters ['lɪntəz] s.pl. tomentos de algodão
liny ['laɪnɪ] adj. (comp. -**ier**, superl. -**iest**) 1 sulcado de linhas; 2 com linhas; 3 (rosto) vincado, com rugas, enrugado
lion ['laɪən] s. 1 ZOOLOGIA leão; *lion's cub* cria de leão; 2 (pessoa) celebridade ❖ ~ *ant* formiga-leão; ~ *heart* indivíduo valente, corajoso; ~ *hunter* caçador de leões; ~ *tamer* domador de leões; BOTÂNICA *lion's foot* pé-de-leão; BOTÂNICA *lion's mouth* erva-bezerra; *lion's skin* coragem falsa; *a* ~ *in the way* um obstáculo (geralmente imaginário); *to be in the lion's den* estar na cova do lobo; *to be thrown/tossed to the lions* ser atirado às feras; *to get/take the lion's share* ficar com a parte maior; *to put one's head into the lion's mouth* meter a cabeça na goela do lobo; *to see the lions of a place* ver as coisas notáveis dum lugar; *to show the lions of a place* mostrar as raridades dum lugar; *to twist the lion's tail* pisar a cauda ao Leão Britânico
Lion ['laɪən] s. ASTRONOMIA (constelação, signo) Leão
lioncel ['laɪənsel] s. leãozinho
Lionel ['laɪənəl] s.antr. Leonel
lioness ['laɪənəs] s.f. (pl. -**es**) leoa
lionhearted ['laɪənˌhɑːtɪd] adj. corajoso; valente
lionize ['laɪənaɪz] v.tr.,intr. 1 tratar como celebridade; 2 visitar as raridades de (um lugar) ❖ *all the ladies lionized him* todas as senhoras andavam de volta dele
lip [lɪp] Ⓐ s. 1 lábio; *lower* ~ lábio inferior; *upper* ~ lábio superior; 2 (animal) beiço; 3 (recipiente) borda; 4 (instrumento de sopro) embocadura; 5 [coloq.] (palavras) descaramento, impertinência, insolência; 6 virola, gume de broca, gume de ferramenta Ⓑ v.tr. (particípios: -**pp-**) 1 levar aos lábios; 2 tocar com os lábios; 3 murmurar, pronunciar muito suavemente; 4 (água) tocar ao de leve ❖ [EUA] ~ *balm* bâton de cieiro; LINGUÍSTICA ~ *consonant* consoante labial; ~ *devotion* devoção só aparente; [GB] ~ *salve* bâton de cieiro; ~ *service* adulação; (segredo) *my lips are sealed* sou um túmulo; [ant.] *none of your lip!* não sejas malcriado!; *to bite one's lips* morder os lábios; morder a língua; controlar-se para não dar uma má resposta; *to give* ~ *to a person* responder malcriadamente a uma pessoa; *to hang one's* ~ fazer beicinho; *to pay* ~ *service* prestar homenagem insincera a; homenagear só com palavras; cumprir ou honrar só aparentemente
lipaemia [lɪ'piːmɪə] s. MEDICINA lipemia
liparite ['lɪpəraɪt] s. MINERALOGIA liparito, riólito
lipase ['lɪpeɪz] s. BIOQUÍMICA lípase
lip-deep [ˌlɪp'diːp] adj. superficial
lipid ['lɪpɪd] s. BIOQUÍMICA lípido
lipography [lɪ'pɒgrəfɪ] s. haplografia
lipohaemia [lɪpəʊ'hɪmɪə] s. MEDICINA ⇒ **lipaemia**
lipolysis [laɪ'pɒlɪsɪs] s. BIOQUÍMICA lipólise
lipolytic [ˌlaɪpə'lɪtɪk] adj. BIOQUÍMICA lipolítico
lipoma [lɪ'pəʊmə] s. MEDICINA lipoma
lipomatosis [lɪˌpəʊmə'təʊsɪs] s. MEDICINA lipomatose
lipophilic [ˌlaɪpəʊ'fɪlɪk] adj. BIOQUÍMICA lipofílico

lipoprotein [ˌlaɪpəʊ'prəʊtiːn] s. BIOQUÍMICA lipoproteína
liposuction ['laɪpəʊsʌkʃən] s. CIRURGIA lipoaspiração
lipothymy [lɪ'pɒθɪmɪ] s. MEDICINA lipotimia
lipped ['lɪpt] adj. 1 BOTÂNICA labiado; 2 com lábios; *red-lipped* com lábios vermelhos; *thin-lipped* de lábios finos; 3 provido de rebordos
lipper ['lɪpə] s. encrespação do mar, agitação das águas do mar
lippy ['lɪpɪ] adj. (comp. -**ier**, superl. -**iest**) [coloq.] atrevido, descarado
lip-read ['lɪpriːd] v.tr.,intr. (prt. e part. pass. **lip-read**) ler os lábios
lip-reading ['lɪpriːdɪŋ] s. leitura dos lábios
lipsalve ['lɪpsɑːv] s. 1 bâton de cieiro; 2 [fig.] lisonja; [coloq.] graxa
lipstick ['lɪpstɪk] s. (cosmética) bâton
lip-sync ['lɪpsɪŋk] v.tr.,intr. ⇒ **to lip-synch**
lip-synch ['lɪpsɪŋk] v.tr.,intr. fazer playback (de)
liquability [ˌlaɪkwə'bɪlɪtɪ] s. fusibilidade
liquable ['laɪkwəbəl] adj. 1 [arc.] que pode fundir-se; 2 [arc.] liquidificável
liquate ['laɪkweɪt] v.tr. (metalurgia) submeter (metal) à liquação
◆**liquate out** v.tr.,intr. (metalurgia) separar(-se) por liquação
liquation [laɪ'kweɪʃən] s. liquação
liquefaction [ˌlɪkwɪ'fækʃən] s. liquefacção; ~ *of gas* liquefacção de gás
liquefiable [ˌlɪkwɪ'faɪəbəl] adj. liquidificável
liquefied ['lɪkwɪfaɪd] adj. liquefeito ❖ ~ *gas* gás liquefeito
liquefier ['lɪkwɪfaɪə] s. liquidificador
liquefy ['lɪkwɪfaɪ] v.tr.,intr. 1 liquefazer, liquidificar; 2 fundir, fundir-se, derreter-se; 3 (consoante) tornar líquida, tornar-se líquida
liquescent [lɪ'kwesənt] adj. liquescente, que pode liquidificar-se, que está a liquidificar-se
liqueur [lɪ'kjʊə, lɪ'kjɔː] Ⓐ s. licor Ⓑ v.tr. temperar o champanhe ❖ ~ *brandy* conhaque; aguardente; (móvel) ~ *frame/stand* licoreiro; ~ *glass* cálice de licor
liquid ['lɪkwɪd] Ⓐ adj. 1 líquido; 2 aquoso; 3 transparente; claro; cristalino; ~ *eyes* olhos cristalinos; 4 límpido; *a* ~ *sky* um céu límpido; 5 fluido; fluente; 6 (som) líquido; 7 suave; deslizante; 8 instável; pouco firme; 9 maleável; 10 FINANÇAS líquido; 11 FINANÇAS (valores, activos) disponível Ⓑ s. 1 líquido; 2 consoante líquida (r, l) ❖ ~ *air* ar líquido; QUÍMICA ~ *ammonia* água amoniacal; FINANÇAS ~ *assets* disponibilidades; activo líquido; valores disponíveis; INFORMÁTICA ~ *crystal display* ecrã de cristal líquido; ~ *fire* petróleo inflamado; fogo de lança-chamas; ~ *friction* atrito de líquidos; ~ *measure* medida para líquidos; ~ *pump* bomba para líquidos
liquidambar [ˌlɪkwɪd'æmbə] s. BOTÂNICA liquidâmbar
liquidate ['lɪkwɪdeɪt] v.tr.,intr. 1 liquidar, desfazer-se de, matar; 2 entrar em liquidação
liquidation [ˌlɪkwɪ'deɪʃən] s. 1 liquidação; 2 apuramento de contas ❖ FINANÇAS *to go into* ~ entrar em liquidação; fechar
liquidator [ˌlɪkwɪ'deɪtə] s. liquidatário; pessoa encarregada da liquidação duma sociedade comercial
liquidity [lɪ'kwɪdɪtɪ] s. liquidez
liquidize ['lɪkwɪdaɪz] v.tr.,intr. liquidificar
liquidizer ['lɪkwɪdaɪzə] s. CULINÁRIA liquidificador
liquor ['lɪkə] Ⓐ s. 1 álcool, bebida alcoólica; 2 CULINÁRIA concentrado; molho; 3 FARMÁCIA solução; 4 secreção Ⓑ v.tr.,intr. 1 (malte) mergulhar em água; 2 [coloq.] beber bebida alcoólica; 3 (couro) untar; 4 (calçado) engraxar ❖ ~ *ammonia* alcali volátil; ~ *case* licoreiro; ~ *gauge* areómetro; alcoómetro; ~ *house/store* loja de bebidas; garrafeira; *fermented liquors* bebidas fermentadas; *the* ~ *trade* o comércio de bebidas alcoólicas; *to be in* ~/*to be the worse for* ~ estar bêbedo; [coloq.] *to sleep off one's* ~ curar a bebedeira; cozer a bebedeira
◆**liquor up** Ⓐ v.tr. [coloq.] embebedar; *to liquor sb up* embebedar alguém Ⓑ v.intr. [coloq.] embebedar-se
liquored ['lɪkəd] adj. embriagado, ébrio
liquorice ['lɪkərɪs] s. BOTÂNICA alcaçuz
liquorish ['lɪkərɪʃ] adj. 1 com inclinação para a bebida, amigo da bebida; 2 guloso, glutão, sôfrego
lira ['lɪərə] s. (pl. **liras** ou **lire**) (antiga moeda italiana) lira
lire ['lɪərɪ] s. (pl. de **lira**)
liriodendron [ˌlɪrɪəʊ'dendrən] s. BOTÂNICA liriodendro, tulipeiro, tulipeira, árvore-do-ponto
Lisbon ['lɪzbən] s.top. Lisboa

lisle thread [ˈlaɪlˌθred] *s.* fio da Escócia

lisp [lɪsp] Ⓐ *s.* 1 (pronúncia) ceceio; ceceadura; *to speak with a ~* cecear, falar com ceceio; 2 (águas, folhagem) murmúrio; cicio Ⓑ *v.tr.,intr.* (pronunciar mal o *S* e o *Z*) cecear, falar com ceceio

lisper [ˈlɪspə] *s.* pessoa que ceceia

lisping [ˈlɪspɪŋ] Ⓐ *adj.* que ceceia, ceceoso Ⓑ *s.* ceceio, ceceadura

lissom [ˈlɪsəm] *adj.* ágil, flexível

lissome [ˈlɪsəm] *adj.* ágil, flexível

lissomeness [ˈlɪsəmnɪs] *s.* flexibilidade, leveza, agilidade

lissomness [ˈlɪsəmnəs] *s.* flexibilidade, leveza, agilidade

list [lɪst] Ⓐ *s.* 1 lista; rol; *to draw up a ~* elaborar uma lista; 2 relação; inventário; *~ of parts* relação de peças; 3 catálogo; 4 orla; extremidade; 5 ourela, ourelo; 6 ARQUITECTURA filete, listel, listelo; 7 [arc.] prazer, desejo; 8 NÁUTICA inclinação de navio; flanco (de navio); *the ship has a bad ~* o navio inclina-se muito; *to take a ~* adernar, inclinar-se; 9 *pl.* HISTÓRIA, MILITAR liça; arena; *to enter the lists against* entrar na liça contra Ⓑ *v.tr.,intr.* 1 fazer uma lista (de); pôr em rol, fazer um rol (de); *to ~ one's books* fazer uma lista dos nossos livros; 2 catalogar; 3 registar; *to ~ sb's name* registar o nome de alguém; 4 MILITAR alistar, recrutar; 5 (porta, janela) calafetar; 6 NÁUTICA adernar, inclinar-se; *the ship listed to starboard* o navio inclinava-se para estibordo; 7 [arc., poét.] ouvir, escutar, prestar atenção; 8 [arc.] escolher, apetecer, desejar, aprouver; *let them do what they ~* que façam o que lhes apetecer; *she did as her ~* ela fez como lhe aprouve ❖ *~ slippers* chinelos de ourelo; *wine ~* carta dos vinhos; *listed building* edifício de interesse histórico ou arquitectónico; NÁUTICA *the Navy ~* anuário da marinha; MILITAR *the retired ~* lista dos oficiais do exército e da marinha aposentados; *to be on the danger ~* estar em estado grave

listel [ˈlɪstəl] *s.* listel, listelo, filete, quadrado

listen [ˈlɪsən] Ⓐ *v.tr.,intr.* 1 ouvir; escutar; estar à escuta; 2 estar atento [**for**, a]; 3 dar ouvidos [**to**, a]; prestar atenção [**to**, a]; *to ~ to sb* prestar atenção a alguém Ⓑ *s.* [coloq.] (CD, etc.) escuta; *to have a ~* experimentar ouvir ❖ *to ~ to reason* ser razoável; escutar a voz da razão; [EUA] [coloq.] *how does it ~ to you?* que tal lhe parece isso?; que tal lhe soa?; *to be listened to* ser ouvido; prestarem atenção

◆ **listen in** *v.intr.* 1 (conversas, etc.) interceptar; pôr-se à escuta; ouvir às escondidas; *to listen in/on sth* ouvir algo às escondidas; 2 (rádio) sintonizar [**to**, -]

◆ **listen out for** *v.intr.* 1 prestar ouvidos a; 2 estar atento a

◆ **listen up** *v.intr.* [coloq.] prestar atenção; escutar; ouvir com atenção

listener [ˈlɪsnə] *s.* 1 ouvinte; 2 RÁDIO ouvinte, radiouvinte *ant.;* 3 escuta ❖ *listeners never hear good of themselves* quem escuta às portas ouve aquilo de que não gosta; *to be a good ~* saber ouvir

listenership [ˈlɪsnəʃɪp] *s.* RÁDIO audiência; auditório

listening [ˈlɪsnɪŋ] *s.* escuta, audição ❖ MILITAR *~ device* aparelho de escuta; *~ station* posto de escuta; *I did all the ~* limitei-me a ouvir

listerize [ˈlɪstəraɪz] *v.tr.* tratar (feridas) com os processos anti-sépticos introduzidos por Lorde Lister (1827-1912)

listing [ˈlɪstɪŋ] *s.* 1 lista, listagem; 2 *pl.* cartaz de espectáculos ❖ *TV listings* programação televisiva

listless [ˈlɪstləs] *adj.* 1 indiferente, desinteressado; 2 apático; 3 sem energia

listlessly [ˈlɪstləslɪ] *adv.* 1 com indiferença; 2 desinteressadamente, apaticamente; 3 sem energia

listlessness [ˈlɪstləsnəs] *s.* 1 indiferença, desinteresse; 2 apatia

lit [lɪt] {prt. e part. pass. de **to light**} aceso ❖ [cal.] *~ up* bêbedo

lit. [abrev. de *literary*]

litany [ˈlɪtənɪ] *s.* (*pl.* -**ies**) litania

litas [ˈliːtəs] *s.* (moeda da Lituânia) lita

litchi [ˈlɪtʃi] *s.* BOTÂNICA litchi, lichia, planta originária da China e Filipinas cultivada em muitas regiões tropicais por causa do seu fruto comestível

literacy [ˈlɪtərəsɪ] *s.* 1 literacia; capacidade de ler e escrever; 2 instrução, grau de instrução

literal [ˈlɪtərəl] *adj.* 1 literal; à letra; *~ translation* tradução literal; 2 exacto; 3 prosaico; sem grande imaginação; *a ~ mind* um espírito sem grande imaginação ❖ *a ~ description* uma descrição exacta; uma descrição sem exageros; *a ~ error* um erro tipográfico; *in the ~ sense of the word* no sentido próprio da palavra; *that is the ~ truth* essa é a verdade sem tirar nem pôr; *to take sth in a ~ sense* tomar uma coisa à letra

literalism [ˈlɪtərəlɪzəm] *s.* 1 literalismo, interpretação literal; 2 carácter prático, espírito terra-a-terra

literalist [ˈlɪtərəlɪst] *s.* literalista

literality [ˌlɪtəˈrælɪtɪ] *s.* (*pl.* -**ies**) ⇒ **literalness**

literally [ˈlɪtərəlɪ] *adv.* 1 literalmente, palavra a palavra; 2 rigorosamente, propriamente

literalness [ˈlɪtərəlnəs] *s.* literalidade

literariness [ˈlɪtərərɪnəs, ˈlɪtərerɪnəs] *s.* literariedade

literary [ˈlɪtərərɪ, ˈlɪtərerɪ] *adj.* literário ❖ *~ criticism* crítica literária; *~ genre* género literário; *~ man* literato; *~ movement* corrente literária; *~ property* propriedade literária; *~ style* estilo literário

literate [ˈlɪtərɪt] Ⓐ *adj.* 1 alfabetizado, instruído; 2 letrado, culto, literato; 3 educado Ⓑ *s.* 1 pessoa que sabe ler e escrever; 2 padre anglicano sem grau universitário

literati [ˌlɪtəˈrɑːtiː] *s.pl.* literatos, homens de letras

literatim [ˌlɪtəˈrɑːtɪm, ˌlɪtəˈreɪtɪm] *adv.* literalmente, letra a letra, palavra por palavra, textualmente

literature [ˈlɪtrətʃə] *s.* 1 literatura; *English ~* literatura inglesa; 2 produções literárias; 3 bibliografia; *the ~ of a subject* a bibliografia de um assunto; 4 brochuras; prospectos informativos; *sales ~* brochuras publicitárias ❖ *travel ~* literatura de viagens; *light ~* literatura light

lith [lɪθ] *s.* 1 BOTÂNICA divisão; 2 célula

litharge [ˈlɪθɑːdʒ] *s.* QUÍMICA litargírio; *~ of gold/silver* litargírio de ouro/prata

lithe [laɪð] *adj.* ágil, flexível

litheness [ˈlaɪðnəs] *s.* agilidade, leveza, flexibilidade física

lithesome [ˈlaɪðsəm] *adj.* flexível, ágil

lithesomeness [ˈlaɪðsəmnəs] *s.* leveza, flexibilidade, agilidade

lithia [ˈlɪθɪə] *s.* QUÍMICA litina, lítia

lithiasis [lɪˈθaɪəsɪs] *s.* litíase, formação de cálculos ou areias no organismo

lithium [ˈlɪθɪəm] *s.* QUÍMICA (elemento químico) lítio ❖ QUÍMICA *~ carbonate* carbonato de lítio; QUÍMICA *~ fluoride* fluoreto de lítio

lithochromatic [ˌlɪθəʊkrəˈmætɪk] *adj.* litocrómico

lithochromatics [ˌlɪθəʊkrəˈmætɪks] *s.pl.* litocromia

lithoglyptics [ˌlɪθəʊˈɡlɪptɪks] *s.pl.* litoglifia, arte de gravar em pedras preciosas

lithograph [ˈlɪθəʊɡrɑːf] Ⓐ *s.* litografia, desenho, imagem ou escrito litografado Ⓑ *v.tr.* litografar

lithographer [lɪˈθɒɡrəfə] *s.* litógrafo

lithographic [ˌlɪθəʊˈɡræfɪk] *adj.* litográfico

lithographical [ˌlɪθəʊˈɡræfɪkəl] *adj.* litográfico

lithographically [ˌlɪθəʊˈɡræfɪkəlɪ] *adv.* litograficamente

lithography [lɪˈθɒɡrəfɪ] *s.* litografia, processo litográfico

lithology [lɪˈθɒlədʒɪ] *s.* litologia, petrografia

lithophyte [ˈlɪθəʊfaɪt] *s.* 1 litófito; 2 polipeiro

lithosphere [ˈlɪθəsfɪə] *s.* litosfera

lithotome [ˈlɪθəʊtəʊm] *s.* CIRURGIA litótomo, instrumento para a extracção de cálculos urinários

lithotomy [lɪˈθɒtəmɪ] *s.* CIRURGIA litotomia, operação da talha

lithotripsy [ˈlɪθəʊtrɪpsɪ] *s.* MEDICINA litotripsia

lithotriptor [ˌlɪθəʊˈtrɪptə] *s.* CIRURGIA litotritor, instrumento destinado a ser introduzido na bexiga para esmagar os cálculos

lithotritor [ˌlɪθəˈtraɪtə] *s.* CIRURGIA ⇒ **lithotriptor**

lithotrity [lɪˈθɒtrɪtɪ] *s.* CIRURGIA litotritia, operação que consiste no esmagamento dos cálculos da bexiga

lithotypy [lɪˈθɒtɪpɪ] *s.* litotipografia

Lithuania [ˌlɪθjuːˈeɪnɪə] *s.top.* Lituânia

Lithuanian [ˌlɪθjuːˈeɪnɪən] *adj.,s.* lituânio, lituano

litigant [ˈlɪtɪɡənt] *adj.,s.* DIREITO litigante

litigate [ˈlɪtɪɡeɪt] *v.tr.,intr.* 1 pleitear, litigar, andar metido em processos legais; 2 pôr uma questão nos tribunais; 3 contestar uma causa, um direito, etc.

litigation [ˌlɪtɪˈɡeɪʃən] *s.* litígio, pleito, contencioso, processo, questão

litigious [lɪ'tɪdʒəs] *adj.* **1** litigioso, contencioso; **2** litigiante; **3** que gosta de andar com questões no tribunal; **4** litigável, que pode impugnar-se juridicamente

litigiously [lɪ'tɪdʒəslɪ] *adv.* litigiosamente, contenciosamente

litigiousness [lɪ'tɪdʒəsnəs] *s.* **1** tendência para questões no tribunal; **2** espírito litigante

litmus ['lɪtməs] *s.* QUÍMICA tornassol ❖ QUÍMICA ~ *solution* tintura de tornassol

litotes ['laɪtəʊti:z] *s.* (estilística) litotes

litre ['li:tə] *s.* litro

LittD [*abrev. de* Litterarum Doctor (Doctor of Literature)]

litter ['lɪtə] Ⓐ *s.* **1** liteira; **2** maca, padiola; **3** lixo, detritos; restos espalhados; **4** desarrumação; confusão; desordem; **5** (gado) cama de palha, cama de feno; **6** palha para protecção de plantas semeadas; **7** estrume de curral ou solto; *a ~ of kittens* uma ninhada de gatinhos Ⓑ *v.tr.,intr.* **1** pôr em desordem; desarrumar; pôr tudo fora do lugar; **2** encher [**with**, de]; atulhar [**with**, de]; atravancar [**with**, com]; **3** (para gado) preparar cama de palha; **4** (animais) ter uma ninhada de filhos; parir em ninhada ❖ ~ *bin* caixote do lixo; ~ *lout* pessoa que deita lixo para o chão; *magazines littered the floor* o chão estava coberto de revistas

◆**litter down** *v.tr.* **1** (para animais) preparar cama de palha; **2** (estábulo, curral) revestir de palha

littermate ['lɪtəmeɪt] *s.* animal da mesma ninhada

little ['lɪtəl] Ⓐ *adj.* (*comp.* **less**, *superl.* **least**) **1** pequeno; **2** sem grande importância; insignificante; **3** humilde; **4** breve; **5** mesquinho; **6** limitado; tacanho; *to have a ~ mind* ter uma mentalidade tacanha; **7** pouco; *~ money* pouco dinheiro Ⓑ *s.* **1** (pequena quantidade) pouco [**of**, de]; *a ~ of sth* um pouco de; **2** ninharia; **3** pequena distância; **4** pequeno intervalo de tempo; *after a ~* pouco tempo depois Ⓒ *adv.* **1** pouco; ~ *known* pouco conhecido; *I'm a ~ tired* estou um pouco cansada; *it lasted ~* durou pouco; **2** levemente; *he was but ~ wounded* ele ficou apenas levemente ferido; **3** mal; *I ~ thought what was in store for me* eu mal imaginava o que me estava reservado; ~ *did he think that...* ele mal imaginava que... ❖ ASTRONOMIA *Little Bear* Ursa Menor; ~ *man* homenzinho; ~ *by* ~ pouco a pouco; ~ *or nothing* praticamente nada; *a ~ bit* um bocadinho; *a ~ while* um tempinho; *be it ever so ~* por muito pouco que seja; *for so ~ a matter* por tão pouca coisa; por uma coisa tão insignificante; *he did what ~ he could* ele fez o pouco que podia; *my ~ brother* o meu irmão mais novo; *not a ~* bastante; muito; *in ~* em pequena escala; *the ~ finger* o dedo mínimo; *the ~ ones* os filhos ainda pequenos; a miudagem; (fantasia) *the ~ people* as fadas; os duendes; *many a ~ makes a mickle* muitos poucos fazem muitos; *to come to ~* não dar em grande coisa; *to get but ~ out of sth* pouco aproveitar de alguma coisa; *to know a ~ of everything* saber um pouco de tudo; *to make ~ of sth* fazer pouco caso de qualquer coisa; *to think ~ of sb* não ter alguém em grande conta; *we see very ~ of him* quase nunca o vemos

little-ease ['lɪtəli:z] *s.* enxovia demasiado estreita e acanhada

little-Englander [,lɪtəl'ɪŋglændə] *s.* inglês desprovido de espírito imperial

little-go ['lɪtəlgəʊ] *s.* (*pl.* **-es**) [coloq.] (Cambridge) primeiro exame para o grau de B. A.

littleness ['lɪtəlnəs] *s.* **1** pequenez; **2** insignificância; **3** mesquinhice

littoral ['lɪtərəl] *adj.,s.* **1** do litoral; **2** litoral

liturgic [lɪ'tɜ:dʒɪk] *adj.* litúrgico

liturgical [lɪ'tɜ:dʒɪkəl] *adj.* litúrgico

liturgically [lɪ'tɜ:dʒɪkəlɪ] *adv.* liturgicamente

liturgist ['lɪtədʒɪst] *s.* liturgista

liturgy ['lɪtədʒɪ] *s.* (*pl.* **-ies**) liturgia

livable ['lɪvəbəl] *adj.* **1** suportável, razoável, tolerável; **2** habitável; **3** sociável

live[1] [lɪv] *v.tr.,intr.* **1** viver, existir, estar vivo; **2** permanecer, conservar-se, não desaparecer; **3** viver, habitar, morar, residir; *do you ~ at number 14, Nelson Street?* o senhor vive no número 14 da Nelson Street? ❖ ~ *and learn* aprender até ao fim; (tolerância) ~ *and let* ~ vive e deixa viver; *as long as I* ~ enquanto eu viver; *to ~ a lie* viver numa mentira constante; *to ~ at rest* levar uma vida descansada; *to ~ in one's boxes/trunks* andar constantemente a viajar; não ter residência fixa; *you'll ~ to be a hundred* ainda hás-de chegar aos 100 anos

◆**live by** *v.tr.* **1** (princípios) seguir; reger-se por; **2** (sustento) viver de; *to ~ gambling* viver do jogo; *to ~ one's work* viver do trabalho ❖ *man lives by hope* a esperança é tudo

◆**live down** *v.tr.* fazer esquecer; *to ~ sb's past* fazer esquecer o passado de alguém; *to live sth down* viver de maneira a (fazer) esquecer qualquer coisa

◆**live for** *v.tr.* **1** (dedicação) viver para; **2** (expectativa) aguardar ansiosamente; *to ~ the day* aguardar ansiosamente determinado dia

◆**live in** *v.intr.* (estudante, médico, empregado) ser interno; ser residente; estar alojado ❖ *that house is not fit to ~* aquela casa não tem condições de habitabilidade; não se pode morar naquela casa; *to be lived in* ser habitado

◆**live off** *v.tr.* **1** (alimentação) consumir apenas; alimentar-se de; *they lived off fruit* eles alimentavam-se de fruta; *to ~ the land* alimentar-se do que a terra dá; **2** (dinheiro) viver às custas de

◆**live on** Ⓐ *v.intr.* **1** sobreviver; **2** ficar na memória; persistir; perdurar Ⓑ *v.tr.* **1** viver de; aguentar-se com; *to ~ hope* viver da esperança; *to ~ one's income* viver com vidas de rendimentos; alimentar-se de; sobreviver com; *to ~ milk* alimentar-se de leite ❖ *to ~ one's reputation* viver à sombra da reputação adquirida; *to ~ one's wits* viver de expedientes

◆**live out** Ⓐ *v.tr.* **1** acabar; *to ~ one's remaining days in the sun* passar o resto da vida num lugar com bom clima; **2** (sonho, intenção) concretizar; realizar; **3** (princípios) viver de acordo com; colocar em prática Ⓑ *v.intr.* (estudante, empregado, etc.) não ser interno; ser externo; viver fora ❖ *to ~ of a suitcase* andar sempre de um lado para o outro; *to ~ of a trunk* ser um salta-pocinhas; (alimentação) *to ~ of dustbins* viver de restos encontrados no lixo

◆**live through** *v.tr.* **1** (dificuldades) atravessar; passar por; **2** suportar; sobreviver a; resistir a

◆**live together** *v.intr.* **1** (casal) coabitar; viver juntos; viver em união de facto; **2** partilhar um apartamento

◆**live up** *v.tr.* **1** viver à grande; **2** divertir-se com; *to live it up* divertir-se

◆**live up to** *v.tr.* **1** viver de acordo com; ser fiel a; respeitar; *to ~ one's principles* viver de acordo com os seus princípios; **2** (expectativas, etc.) corresponder a; estar à altura de ❖ *to ~ one's promise* manter, cumprir o prometido

◆**live with** *v.tr.* **1** suportar; aguentar; aturar; **2** aceitar que; viver com a ideia de que; **3** (casal) viver com; **4** partilhar o apartamento com

live[2] [laɪv] Ⓐ *adj.* **1** vivo; **2** (carvão) em brasa; ~ *coals* brasas; **3** carregado; ~ *cartridge* cartucho carregado; *a ~ shell* uma granada carregada, uma granada não rebentada; **4** não usado, não gasto; *a ~ match* um fósforo ainda não usado; **5** com electricidade, com carga; ~ *circuit* circuito carregado, circuito com corrente eléctrica; ~ *line* linha com corrente eléctrica; **6** útil; **7** activo, vivo, enérgico; **8** importante, de grande interesse, de grande actualidade; **9** TIPOGRAFIA pronto para a impressão; **10** transmitido em directo; **11** gravado ao vivo; *a ~ album* álbum ao vivo Ⓑ *adv.* **1** ao vivo; **2** em directo; *it's being broadcast ~ from* está a ser transmitido em directo de ❖ ~ *axle* eixo motor; ~ *bait* isca viva; ~ *bearers* peixes vivíparos; ~ *load* carga variável; BOTÂNICA ~ *oak* carvalho verde americano; ~ *rock* rocha viva; *a ~ person* uma pessoa viva, activa, enérgica; *a ~ question* uma questão importante, cheia de interesse; *a ~ wire* um fio carregado de electricidade; indivíduo enérgico, activo

liveable ['lɪvəbəl] *adj.* ⇒ **livable**

lived-in ['lɪvdɪn] *adj.* **1** (casa) com ar habitado e acolhedor; **2** (pessoa) experiente; vivido; batido

live-in ['lɪvɪn] *adj.* **1** (empregado) interno; **2** (união de facto) companheiro; ~ *partner* companheiro, parceiro

livelihood ['laɪvlɪhʊd] *s.* **1** meio de vida; meio de subsistência; *to deprive sb of his ~* privar alguém do seu meio de vida; **2** vida; sustento ❖ *to earn/gain one's ~* ganhar a vida; *to make a ~ by teaching* ganhar a vida dando aulas

liveliness ['laɪvlɪnəs] *s.* **1** vivacidade, actividade; **2** animação; **3** energia, vigor

livelong ['lɪvlɒŋ] Ⓐ s. BOTÂNICA erva-dos-calos, favária-maior Ⓑ adj. todo, a toda a extensão de; *the ~ day* todo o santo dia; *the ~ summer* durante todo o Verão

lively ['laɪvlɪ] Ⓐ adj. (comp. -ier, superl. -iest) 1 vivo; animado; cheio de vida; 2 espirituoso; alegre; 3 activo; rápido; 4 NÁUTICA leve, que se levanta bem Ⓑ adv. com animação, com vida ❖ *a ~ ball* uma bola que salta bem; *a ~ colour* uma cor viva; *a ~ combustion* uma combustão viva; *a ~ conversation* uma conversa animada; *a ~ description* uma descrição viva, cheia de movimento; *a ~ imagination* uma imaginação viva; *as ~ as a cricket/kitten* vivo como um rato; *to make things ~ for sb* complicar as coisas a alguém; tornar as coisas difíceis para alguém; *to take a ~ interest in* interessar-se vivamente por; *he is a ~ image of his father* é o retrato vivo do pai

liven ['laɪvən] v.tr.,intr. 1 animar; 2 dar vida a
◆**liven up** v.tr.,intr. animar(-se); dar vida (a)
livener ['laɪvənə] s. coisa que anima, que dá ânimo
liveness ['laɪvnəs] s. animação
liver ['lɪvə] s. 1 ANATOMIA fígado; 2 vivente, pessoa que vive ❖ *~ brown* cor de fígado; *~ disease* doença de fígado; *~ extract* extracto de fígado; *~ freckles* sardas; MINERALOGIA *~ stone* hepatite; *~ wing* asa direita de ave; *lily ~/white ~* covardia; *a good ~* virtuoso; *an evil ~* libertino; [COLOQ.] *to have a ~* sofrer do fígado; estar com má disposição
liveried ['lɪvərɪd] adj. com libré, de libré
liverish ['lɪvərɪʃ] adj. [COLOQ.] doente do fígado, achacado a problemas do fígado
liverishness ['lɪvərɪʃnɪs] s. 1 padecimento hepático; 2 crise hepática
Liverpudlian [lɪvə'pʌdlɪən] adj.,s. da cidade de Liverpul
liverwort ['lɪvəwɜːt] s. BOTÂNICA hepática
livery ['lɪvərɪ] Ⓐ s. (pl. -ies) 1 (uniforme de criado) libré; *in ~* de libré; *out of ~* sem libré, em traje vulgar; 2 (empresa, produto) (marca distintiva) cores; *in the ~ of...* com as cores de...; 3 criadagem; 4 estrebaria que trata e sustenta cavalos mediante pagamento; estrebaria que aluga cavalos e carruagens; 5 DIREITO entrada em posse; emissão de posse Ⓑ adj. 1 da consistência e cor do fígado; 2 MEDICINA com perturbações hepáticas; 3 maldisposto, irritável; 4 (solo) gordo, rico ❖ *~ company* livery company, corporação londrina com libré própria; *~ horse* cavalo de aluguer; *~ servant* criado de libré; *~ stable* cocheira de aluguer; *to keep horses at ~* sustentar cavalos alheios mediante pagamento
liveryman ['lɪvərɪmən] s. (pl. -men) 1 alugador de cavalos; 2 proprietário de cocheira de aluguer; 3 membro duma das corporações londrinas
lives [laɪvz] pl. de **life**
livestock ['laɪvstɒk] s. gado
Livia ['lɪvɪə] s.antr. Lívia
livid ['lɪvɪd] adj. 1 furioso; 2 pálido; lívido; 3 da cor do chumbo
lividity [lɪ'vɪdɪtɪ] s. 1 lividez; 2 fúria
lividness ['lɪvɪdnəs] s. ⇒ **lividity**
living ['lɪvɪŋ] Ⓐ adj. 1 vivo, que vive; 2 existente; 3 animador, estimulante; 4 exacto, perfeito, fiel; *she is the ~ image of her mother* ela é o retrato vivo da mãe Ⓑ s. 1 vida; modo de vida; *good ~* boa vida; *plain ~* vida simples; *standard of ~* nível de vida; 2 subsistência; 3 morada; 4 benefício eclesiástico Ⓒ s.pl. *the ~* os vivos; *the ~ and the dead* os vivos e os mortos; *in the land of the ~* no mundo dos vivos ❖ *~ conditions* condições de vida; *~ language* língua viva; *~ rock* rocha viva; *~ room* sala-de-estar; *~ wage* salário decente; salário razoável; *~ water* água corrente; *a ~ death* uma vida pior que a morte; *~ or dead* vivo ou morto; *~ out allowance* subsídio de alojamento; *not a ~ soul* nem vivalma; *the greatest ~ poet* o maior poeta vivo; *no man ~ could do better* ninguém poderia fazer melhor; *to be a ~ ghost* ser um cadáver ambulante; *to make a ~ out of* viver de; *to work for a ~* trabalhar para viver; (profissão) *what do you do for a living?* que é que fazes?; *within ~ memory* na lembrança das pessoas ainda vivas
Livonia [lɪ'vəʊnɪə] s.top. Livónia
Livonian [lɪ'vəʊnɪən] adj.,s. livoniano
Livy ['lɪvɪ] s.antr. Tito Lívio
lixiviate [lɪk'sɪvɪeɪt] v.tr. lixiviar, separar por lavagem as substâncias solúveis das insolúveis

lixiviation [ˌlɪksɪvɪ'eɪʃən] s. lixiviação, lixiviagem
lixivium [lɪk'sɪvɪəm] s. lixívia
lizard ['lɪzəd] s. 1 ZOOLOGIA lagarto; 2 NÁUTICA sapatilho, adriça ❖ ZOOLOGIA *~ fish* lagarto do mar; ZOOLOGIA *flying ~* dragão
Lizze ['lɪzɪ] s.antr. Isabelinha
Lizzy ['lɪzɪ] s.antr. Isabelinha
LJ [abrev. de Lord Justice]
LL [abrev. de Lord Lieutenant]
llama ['lɑːmə] s. ZOOLOGIA lama, alpaca
llano ['lɑːnəʊ] s. grande planície na América do Sul
LLB [abrev. de Legum Baccalaureus (Bachelor of Laws)]
LLD [abrev. de Legum Doctor (Doctor of Laws)]
LLM [abrev. de Legum Magister (Master of Laws)]
Lloyd's [lɔɪdz] s. Lloyd's, célebre corporação de seguros marítimos de Londres ❖ *~ agent* agente do Lloyd's; [GB] (jornal com informações marítimas) *~ list* Lloyd's list; NÁUTICA *~ register* relação alfabética publicada anualmente dos navios mercantes segundo a sua classe; *~ surveyor* inspector do Lloyd's
LM [abrev. de Lord Mayor]
LMT [EUA] [abrev. de local mean time]
LMus [abrev. de Licentiate in Music]
lo [ləʊ] interj. [arc.] olhai!, vede!
loach [ləʊtʃ] s. (pl. -es) ZOOLOGIA cadozete, cadoz, pardelha, ruivaca
load [ləʊd] Ⓐ s. 1 carga; carregamento; 2 peso; 3 aquilo que um navio, veículo ou pessoa pode transportar; 4 tonelagem; 5 carga eléctrica ou de arma de fogo; 6 resistência; 7 capacidade de trabalho; quantidade de trabalho exigido a uma máquina 8 veio de metal; 9 pl. [COLOQ.] (grande quantidade) montes [of, de]; *he has loads of money* ele tem montes de dinheiro Ⓑ v.tr.,intr. 1 carregar; *to ~ a ship with* carregar um navio com; 2 colocar um fardo sobre; 3 acumular; 4 tornar pesado; 5 encher [with, de]; cobrir [with, de]; *to ~ sb with gifts* encher alguém de presentes; 6 oprimir; sobrecarregar; 7 embaraçar; 8 pôr chumbo em; 9 (arma de fogo ou electricamente) carregar; *to ~ a firearm* carregar uma arma de fogo ❖ *~ capacity* capacidade de carregamento; *~ limiting* limitação da carga; *~ shedding* redução do fornecimento de energia eléctrica a determinada área; MECÂNICA *at constant ~* em regime constante; *get a ~ of this* ouve-me só esta; *to be loading for* receber carga para; *to ~ the dice* proceder de modo a obter vantagem, mesmo indevidamente; *to take a ~ off sb's mind* tirar um peso da consciência de alguém; MECÂNICA *to work at full ~* trabalhar em carga máxima
◆**load down** v.tr. sobrecarregar [with, com]
◆**load up** Ⓐ v.tr. carregar [with, com]; *to ~ a truck* carregar um camião Ⓑ v.intr. 1 (pessoa) comer e beber até abarrotar; 2 (carro) encher-se de gasolina
loadbearing ['ləʊdbeərɪŋ] adj. (estrutura, parede) de suporte; que suporta o peso
loaded ['ləʊdɪd] adj. 1 carregado; com carga; 2 com chumbo; *~ cane* bengala com chumbo; 3 armado; 4 (arma) carregado; 5 [fig.] (pergunta) armadilhado; capcioso; tendencioso; 6 [cal.] podre de rico; 7 [EUA] [cal.] a cair de bêbedo; 8 [EUA] [cal.] (droga) pedrado; 9 (roleta, dados) viciado ❖ *~ engine* motor sob carga; *~ concrete* betão armado; *~ spring* mola armada; mola sob pressão; *the dice are ~ against him* não tem a mínima hipótese; *to be ~ with people* estar cheio de gente
loader ['ləʊdə] s. 1 carregador; 2 aparelho de carregar
loading ['ləʊdɪŋ] s. carregamento; carga ❖ *~ capacity* capacidade de carregamento; *~ crane* guincho de carregamento; COMÉRCIO *~ in bulk* carregamento a granel
loadstar ['ləʊdstɑː] s. estrela polar
loadstone ['ləʊdstəʊn] s. 1 íman de ferradura, pedra-íman, íman natural; 2 variedade de magnetite
loaf [ləʊf] Ⓐ s. (pl. -ves ou -s) 1 pão; pão de forma; *two loaves of bread* dois pães de forma; 2 [COLOQ.] (pão redondo) sêmea; carcaça; 3 CULINÁRIA rolo; *meat ~* rolo de carne; 4 [COLOQ.] (inteligência) miolos, cabeça; 5 (couve, alface) olho; 6 espécie de pão de açúcar em forma de cone; *sugar ~* espécie de pão de açúcar Ⓑ s. (pl. -s) mandriice, vadiagem; *to be on the ~* andar sem fazer nada; *to have a ~* mandriar Ⓒ v.intr. 1 vadiar; 2 não fazer nada; passar o tempo sem qualquer ocupação; viver indolentemente; 3 (couve, alface, repolho, etc.) formar olho ou cabeça, formar repolho ❖ [EUA] *~ cake*

bolo de forma quadrada; *pan* ~ pão inglês; *round* ~ pão redondo; *a* ~ *of cabbage* um repolho; *half a* ~ *is better than no bread* mais vale pouco que nada; [coloq.] *to be in a bad* ~ estar muito atrapalhado; *to look after the loaves and fishes* tratar em primeiro lugar dos seus interesses pecuniários
* **loaf about/around** *v.tr.,intr.* [coloq.] andar sem fazer nada; vadiar por
* **loaf away** *v.tr.* não aproveitar; *to* ~ *one's time* não aproveitar o tempo, preguiçar, passar o tempo sem fazer nada

loafer ['ləυfə] *s.* 1 mandrião, indolente, preguiçoso; 2 (calçado) mocassim

loafing ['ləυfɪŋ] Ⓐ *adj.* 1 mandrião, indolente, preguiçoso; 2 que não faz nada Ⓑ *s.* mandriice, indolência

loam [ləυm] Ⓐ *s.* 1 barro; argila; 2 saibro; 3 GEOLOGIA greda, terra gredosa; terra argilosa; terra gorda; 4 GEOLOGIA marga; *clay* ~ marga argilosa; *sandy* ~ marga siliciosa Ⓑ *v.tr.* 1 saibrar; 2 cobrir de barro; cobrir com argamassa ❖ ~ *brick* tijolo cru; ~ *coating* revestimento de argila ou barro; ~ *moulding* moldagem em argila

loamy ['ləυmɪ] *adj.* (solo) argiloso, barrento, gordo

loan [ləυn] Ⓐ *s.* 1 empréstimo; ~ *against security* empréstimo com garantias; *government* ~ empréstimo do Estado; *short* ~ empréstimo a curto prazo; *to issue a* ~ emitir um empréstimo, lançar um empréstimo; *to raise a* ~ levantar um empréstimo; 2 LINGUÍSTICA estrangeirismo Ⓑ *v.tr.* emprestar, conceder o empréstimo de ❖ ~ *bank* casa de crédito; ~ *certificate* título de dívida; ~ *collection* quadros emprestados pelos donos para exposição; ~ *holder* portador de títulos de crédito; ~ *office* caixa de crédito; instituição de crédito; ~ *shark* usurário; pessoa que empresta dinheiro a juros excessivos; ~ *society* sociedade de crédito

loanable ['ləυnəbəl] *adj.* 1 que pode emprestar-se; 2 (capital) disponível para empréstimos

loanee [ləυ'niː] *s.* 1 pessoa que recebe um empréstimo; 2 mutuatário, mutuário

loaner ['ləυnə] *s.* pessoa que concede um empréstimo

loaning ['ləυnɪŋ] *s.* empréstimo

loanword ['ləυnwɜːd] *s.* LINGUÍSTICA estrangeirismo

loath [ləυθ] *adj.* 1 adverso [**to**, a]; avesso [**to**, a]; contrário [**to**, a]; 2 sem disposição [**to**, para]; relutante [**to**, em]; *to be* ~ *to do this or that* ter relutância em fazer isto ou aquilo ❖ *nothing* ~ de boa vontade; de bom grado

loathe [ləυð] *v.tr.* 1 detestar; abominar; *I* ~ *beer* detesto cerveja; 2 sentir aversão por; não poder ver; *I* ~ *that fellow* não posso ver aquele indivíduo

loathing ['ləυðɪŋ] *s.* aversão; repugnância; *to take a* ~ *for* tomar aversão a

loathliness ['ləυðlɪnəs] *s.* 1 carácter repugnante, asquerosidade; 2 carácter desprezível

loathly ['ləυðlɪ] *adj.* 1 repugnante; 2 que causa aversão; 3 nojento

loathness ['ləυθnəs] *s.* aversão, repugnância

loathsome ['ləυðsəm] *adj.* ⇒ **loathly**

loathsomely ['ləυðsəmlɪ] *adv.* 1 repugnantemente; 2 com aversão

loathsomeness ['ləυðsəmnəs] *s.* ⇒ **loathliness**

loave [ləυv] *v.intr.* ⇒ **loaf** Ⓒ

loaves [ləυvz] *pl. de* **loaf**

lob [lɒb] Ⓐ *s.* 1 (críquete) bola lenta jogada a pouca altura; 2 (ténis) bolada alta; 3 rústico; grosseiro Ⓑ *v.tr.,intr.* (particípios: -**bb**-) 1 atirar, lançar; 2 (críquete, ténis) jogar uma bola alta; 3 deslocar-se, correr, andar pesada e desajeitadamente ❖ MILITAR ~ *back* regresso de licença

lobar ['ləυbɑ] *adj.* lobar; relativo a lobo ou lóbulo

lobate ['ləυbeɪt] *adj.* lobar, lobado

lobby ['lɒbɪ] Ⓐ *s.* (*pl.* **-ies**) 1 entrada; hall de entrada; 2 (teatro) foyer; 3 vestíbulo; antecâmara; 4 POLÍTICA lóbi; grupo de pressão; 5 (Câmara dos Comuns) grande átrio aberto ao público, especialmente utilizado para entrevistas entre deputados e eleitores ou outras pessoas Ⓑ *v.tr.,intr.* POLÍTICA fazer lóbi; exercer pressão (sobre); *to* ~ *against* tentar prejudicar, fazer pressão contra; *to* ~ *for* defender os interesses de, fazer pressão em favor de ❖ (Câmara dos Comuns) *division* ~ um dos dois corredores por onde os deputados passam para votar

lobbying ['lɒbɪɪŋ] *s.* POLÍTICA pressão, tráfico de influências[dep.]

lobbyist ['lɒbɪɪst] *s.* POLÍTICA lobista, elemento de grupo de pressão

lobe [ləυb] *s.* 1 ANATOMIA lobo; *lobes of brain* lobos do cérebro; *lobes of liver* lobos do fígado; *lobes of lungs* lobos pulmonares; 2 ANATOMIA lóbulo; ~ *of ear* lóbulo da orelha; 3 ressalto; saliência

lobectomy [ləυ'bektəmɪ] *s.* CIRURGIA lobectomia, extirpação de um ou mais lobos pulmonares

lobed ['ləυbd] *adj.* lobado, lobulado

lobelet ['lɒblɪt] *s.* BOTÂNICA lóbulo

lobelia [ləυ'biːlɪə] *s.* BOTÂNICA lobélia

loblolly ['lɒb,lɒlɪ] *s.* 1 papa para doentes; 2 lamaçal ❖ NÁUTICA ~ *boy* ajudante de enfermeiro; NÁUTICA ~ *man* enfermeiro

lobotomize [ləυ'bɒtəmaɪz] *v.tr.* 1 fazer uma lobotomia a; 2 [fig.] estupidificar, embrutecer

lobotomy [ləυ'bɒtəmɪ] *s.* CIRURGIA lobotomia

lobscouse ['lɒbskaυs] *s.* CULINÁRIA ensopado de carne com hortaliça e bolacha de bordo

lobster ['lɒbstə] *s.* 1 lavagante; 2 lagosta; *spiny* ~ lagosta; *cock* ~ lagosta-macho; *hen* ~ lagosta-fêmea; 3 [depr.] soldado britânico ❖ ~ *ground* viveiro de lagostas; ~ *pot* armadilha para apanhar lagostas; *blue* ~/*raw* ~ marinheiro da infantaria ligeira naval

lobular ['lɒbjυlə] *adj.* lobular

lobulate ['lɒbjəlɪt] *adj.* lobulado

lobule ['lɒbjuːl] *s.* lóbulo

lobulous ['lɒbjələs] *adj.* lobuloso

lobworm ['lɒbwɜːm] *s.* (isca de pesca) verme, minhoca

local ['ləυkəl] Ⓐ *adj.* 1 local; 2 da localidade Ⓑ *s.* 1 conterrâneo; 2 pessoa do lugar; 3 localidade; lugar; 4 [GB] taberna ou estalagem local; 5 (notícia) local; 6 *pl.* exames universitários regionais; 7 *pl.* [EUA] delegação regional de sindicato ❖ LINGUÍSTICA ~ *adverb* advérbio de lugar; MEDICINA ~ *anaesthesia* anestesia local; MEDICINA ~ *anaesthetic* anestésico de acção local; ~ *authorities* autoridades locais; ~ *call* chamada (telefónica) local; ~ *colour* cor local; pitoresco; ~ *doctor* médico local; POLÍTICA ~ *elections* eleições autárquicas; POLÍTICA ~ *government* governo local; ~ *habitation* residência; ~ *horizon* horizonte aparente ou visual; ~ *injury* ferimento local; ~ *name* nome regional; ~ *option* lei municipal susceptível de controvérsia; ~ *pain* dor não generalizada; dor local; ~ *preacher* pregador local; ~ *press* imprensa regional; ~ *road* caminho vicinal; estrada regional; ~ *situation* localização; situação topográfica; ~ *time* hora local; ~ *train* comboio de pequeno curso; ~ *wine* vinho da região

locale [ləυ'kɑːl] *s.* localidade, local onde qualquer coisa se realizou

localism ['ləυkəlɪzəm] *s.* 1 (expressão, costume) regionalismo; 2 bairrismo; 3 POLÍTICA regionalização; descentralização

localist ['ləυkəlɪst] *s.* regionalista, defensor do regionalismo

locality [ləυ'kælɪtɪ] *s.* (*pl.* **-ies**) 1 área; vizinhança; região; 2 carácter local; 3 localização; 4 (sentido) capacidade de orientação ❖ [coloq.] *to have the bump of* ~ ter facilidade de orientação; ter boa memória para lugares

localizable [ləυkə'laɪzəbəl] *adj.* localizável

localization [ləυkəlaɪ'zeɪʃən] *s.* 1 localização; 2 circunscrição; 3 regionalização; descentralização

localize ['ləυkəlaɪz] *s.* 1 [form.] localizar; 2 circunscrever; restringir; 3 regionalizar; descentralizar ❖ *to* ~ *one's attention on* concentrar a atenção sobre

locally ['ləυkəlɪ] *adv.* 1 localmente; regionalmente; 2 na zona; 3 nos arredores; 4 em alguns lugares ❖ *both nationally and* ~ à escala nacional e regional

locate [ləυ'keɪt] *v.tr.* 1 instalar; estabelecer num lugar; 2 localizar; descobrir a posição de; determinar o lugar exacto de; *to* ~ *a quotation* localizar uma citação ❖ [EUA] *to be located in* situar-se em

locater [ləυ'keɪtə] *s.* ⇒ **locator**

location [ləυ'keɪʃən] *s.* 1 localização; 2 determinação da posição; 3 demarcação; 4 situação; 5 estabelecimento num lugar; 6 CINEMA exteriores, local fora dos estúdios onde se realiza uma filmagem; 7 [Austr.] criação de carneiros; 8 [Áfr. do S.] reserva indígena; 9 DIREITO locação

locative ['lɒkətɪv] *adj.,s.* LINGUÍSTICA locativo

locator [ləʊˈkeɪtə] s. localizador, aparelho ou pessoa que localiza
loch [lɒk, lɒx] s. 1 [Esc.] lago; 2 braço de mar
lochia [ˈlɒkɪə] s.pl. lóquios, evacuação sanguínea pela vulva depois do parto
lochial [ˈlɒkɪəl] adj. MEDICINA loquial; relativo aos lóquios
loci [ˈlɒkaɪ] s. {pl. de **locus**}
lock [lɒk] Ⓐ s. 1 anel de cabelo; madeixa de cabelo; 2 floco de lã ou algodão; 3 fechadura, fecho; *double* ~ fechadura com duas voltas; *safety* ~ fechadura de segurança; *Yale* ~ fechadura Yale; *to put a* ~ *on*... pôr uma fechadura em...; 4 fecharia; 5 mecanismo de disparo de espingarda; 6 comporta, dique, represa, eclusa; *flash* ~ eclusa simples; 7 (luta livre) prisão, chave; 8 trava de roda; 9 [coloq.] engarrafamento de trânsito; 10 hospital para doenças venéreas; ~ *hospital* hospital de doenças venéreas; 11 pl. cabelo Ⓑ v.tr.,intr. 1 fechar à chave; 2 aferrolhar; 3 encerrar, guardar cuidadosamente; *to* ~ *in one's arms* encerrar nos braços, abraçar; 4 fechar-se, poder ser fechado à chave; *the suitcase won't* ~ a mala não fecha; 5 firmar, cerrar; *to* ~ *one's teeth* cerrar os dentes; 6 (rodas) travar; 7 prover de comportas; 8 TIPOGRAFIA apertar na forma ❖ ~ *back* dispositivo de segurança; ~ *bolt* cavilha da fechadura; lingueta; palhetão; parafuso de retenção; ~ *chain* corrente para firmar rodas; ~ *chamber* interior de comporta; ~ *gate* porta de eclusa; *lock, stock and barrel* completamente; tudo; *under* ~ *and key* a sete chaves; *to be at a* ~ estar numa situação difícil
◆ **lock away** v.tr. 1 (objecto) fechar a sete chaves; 2 (pessoa) fechar; trancar; 3 (detido) pôr atrás das grades; 4 (doente mental) internar
◆ **lock in** v.tr. 1 fechar (em casa, divisão, etc.); 2 prender ❖ (acidentalmente) *to lock oneself in/to get locked in* ficar fechado
◆ **lock off** v.tr. separar por meio de comportas
◆ **lock out** v.tr. impedir de entrar, fechando a porta à chave; fechar lá fora; *to lock sb out of doors* fechar a porta à chave para não deixar alguém entrar
◆ **lock up** Ⓐ v.intr. fechar à chave; trancar Ⓑ v.tr. 1 fechar à chave; 2 meter na prisão; 3 (capitais) aplicar, empatar [in, em]; *to* ~ *capital* aplicar capitais
lockage [ˈlɒkɪdʒ] s. 1 comporta, eclusa; 2 sistema de comportas; 3 construção de comportas; 4 direitos de comportas
locked [ˈlɒkt] adj. 1 fechado à chave; 2 travado; 3 com cabelo aos caracóis ❖ ~ *engine* motor travado; ~ *wheel* roda imobilizada com corrente; ~ *in sleep* mergulhado no sono; *wheel* ~ *with another* roda solidária com outra
locked-in [ˈlɒktɪn] adj. (taxa de juro) fixo ❖ MEDICINA ~ *syndrome* paralisia total
locker [ˈlɒkə] s. 1 cacifo; 2 cofre; 3 pessoa que fecha à chave ❖ ~ *room* balneário; vestiário
locker-room [ˈlɒkəˌruːm] adj. de balneário, de vestiário; típico de balneário, típico de vestiário ❖ [coloq.] ~ *jokes* piadas porcas; humor de caserna
locket [ˈlɒkɪt] s. 1 fecho, grampo, bracelete; 2 medalhão usado geralmente ao pescoço
lockfast [ˈlɒkfɑːst] adj. fechado à chave
lockful [ˈlɒkfʊl] s. quantidade de água existente em comporta cheia
locking [ˈlɒkɪŋ] Ⓐ adj. que se fecha; que pode fechar-se à chave Ⓑ s. 1 fechamento; 2 travagem; 3 prisão ❖ ~ *device* dispositivo de fixação; dispositivo de travagem; ~ *nut* contra-porca; ~ *screw* parafuso de fixação
lockjaw [ˈlɒkdʒɔː] s. MEDICINA trismo; tétano
lockkeeper [ˈlɒkˌkiːpə] s. guarda de comporta
locknut [ˈlɒknʌt] s. contraporca
lockout [ˈlɒkaʊt] s. (encerramento de local de trabalho) lockout
locksman [ˈlɒksmən] s. (pl. **-men**) guarda de comporta
locksmith [ˈlɒksmɪθ] s. serralheiro
locksmithery [ˈlɒksmɪθərɪ] s. serralharia
lockstep [ˈlɒkstep] Ⓐ s. MILITAR (marcha) passo acertado com os restantes soldados da formatura; 2 [fig.] rotina rígida e imutável Ⓑ adj. (processo) fechado; que não admite variação ❖ *in* ~ *with*... em conformidade com...; em sintonia com...; *to march in* ~ seguir; caminhar com o mesmo passo
lockstitch [ˈlɒkstɪtʃ] s. (pl. **-es**) (costura) pesponto duplo
lockup [ˈlɒkʌp] s. 1 prisão; 2 cela; 3 garagem; 4 compartimento seguro; 5 ECONOMIA imobilização de capital

loco [ˈləʊkəʊ] s. 1 BOTÂNICA loco; 2 [coloq.] locomotiva
locoed [ˈləʊkəʊd] adj. 1 (cavalo) intoxicado com loco; 2 [coloq.] (pessoa) meio pateta
locomote [ˈləʊkəˌməʊt] v.tr.,intr. 1 deslocar-se; 2 ser provido de locomoção
locomotion [ˌləʊkəˈməʊʃən] s. locomoção
locomotive [ˌləʊkəˈməʊtɪv] Ⓐ adj. 1 locomotivo; 2 de locomoção; *locomotive organs* orgãos de locomoção; 3 que se desloca; 4 [joc.] que gosta de viajar Ⓑ s. (caminhos-de-ferro) locomotiva ❖ ~ *driver* maquinista; ~ *faculty* capacidade de locomoção
locomotivity [ˌləʊkəməʊˈtɪvɪtɪ] s. locomotividade
locomotor [ˌləʊkəˈməʊtə] adj. locomotor; de locomoção ❖ MEDICINA ~ *ataxia* ataxia locomotora
locomotory [ˌləʊkəˈməʊtərɪ] adj. locomotivo
locular [ˈlɒkjʊlə] adj. locular
loculate [ˈlɒkjəleɪt] adj. loculado, dividido em lóculos
loculated [ˈlɒkjəleɪtɪd] adj. ⇒ **loculate**
loculi [ˈlɒkjʊlɪ] s. {pl. de **loculus**}
loculicidal [ˌlɒkjəlɪˈsaɪdəl] adj. BOTÂNICA loculicida
loculus [ˈlɒkjələs] s. (pl. **-i**) lóculo
locum [ˈləʊkəm] s. [coloq.] ⇒ **locum-tenens**
locum-tenency [ˌləʊkəmˈtiːnənsɪ] s. substituição, cargo de substituição
locum-tenens [ˌləʊkəmˈtiːnenz] s. substituto, pessoa que faz as vezes de outra
locus [ˈləʊkəs, ˈlɒkəs] s. (pl. **loci**) 1 [form.] local, localização; 2 localidade; 3 MATEMÁTICA lugar geométrico; 4 BIOLOGIA (genética) lócus ❖ ~ *classicus* passo notoriamente conhecido como de autoridade sobre um assunto
locust [ˈləʊkəst] s. 1 ZOOLOGIA gafanhoto, locusta; 2 BOTÂNICA locusta, género de árvores da Guiana inglesa; 3 espiguilha, espigueta ❖ BOTÂNICA ~ *tree* alfarrobeira da Guiana
locution [ləʊˈkjuːʃən, ləˈkjuːʃən] s. locução
locutory [ˈlɒkjʊtərɪ] s. locutório, lugar de convento separado por grades do exterior, onde as religiosas vinham falar a quem as procurava
lode [ləʊd] s. filão, veio de minério, filão metalífero
loden [ˈləʊdən] Ⓐ s. 1 tecido impermeável; 2 (cor) verde-escuro Ⓑ adj. 1 impermeável; 2 (cor) verde-escuro ❖ VESTUÁRIO ~ *coat* impermeável
lodestar [ˈləʊdstɑː] s. ⇒ **loadstar**
lodestone [ˈləʊdstəʊn] s. ⇒ **loadstone**
lodge [lɒdʒ] Ⓐ s. 1 pavilhão; casa pequena de jardim; *shooting* ~ pavilhão de caça; 2 casa de porteiro; casa de guarda de grande propriedade; 3 toca de castores, toca de lontra; 4 cabana, tenda; 5 cave; *the port wine lodges in Vila Nova de Gaia* as caves de vinho do Porto em Vila Nova de Gaia, os armazéns de vinho do Porto em Vila Nova de Gaia; 6 loja maçónica; 7 (Cambridge) residência de director de colégio; *Master's* ~ residência do director Ⓑ v.tr.,intr. 1 alojar, dar alojamento; 2 instalar, hospedar; 3 hospedar-se, viver, estar instalado; *to* ~ *with sb* estar hospedado em casa de alguém; *where is your brother lodging now?* onde é que o teu irmão está instalado agora?; 4 introduzir, meter; *they lodged him in gaol* meteram-no na cadeia, meteram-no na gaiola[coloq.]; 5 guardar, depositar; *to* ~ *one's money in the bank* depositar dinheiro no banco; 6 apresentar queixa; *to* ~ *a complaint against* apresentar uma queixa contra alguém; *to* ~ *a complaint with* queixar-se a; fazer queixa a; 7 prestar declarações; 8 apresentar-se perante as autoridades competentes ❖ ~ *keeper* porteiro; *to* ~ *a blow on a person's jaw* mandar um soco aos queixos de alguém; *to* ~ *a bullet* acertar com uma bala; *to* ~ *a sword in a man's body* atravessar o corpo de um homem com a espada; *to* ~ *money with sb* entregar dinheiro a alguém; confiar dinheiro à guarda de alguém
lodgement [ˈlɒdʒmənt] s. 1 MILITAR aquartelamento em território inimigo; 2 base, ponto de apoio; 3 abrigo; 4 (dinheiro, valores) colocação, depósito; 5 posição ou vantagem obtida; 6 [ant.] alojamento; instalação ❖ *to effect/make a* ~ instalar-se em posição vantajosa
lodger [ˈlɒdʒə] s. 1 hóspede; 2 locatário; inquilino ❖ *to take lodgers* aceitar hóspedes; alugar quartos

lodging ['lɒdʒɪŋ] s. 1 alojamento, instalação; 2 hospedagem; 3 morada, residência temporária; 4 pousada; 5 apresentação (de queixa ou reclamação); 6 depósito, envio de dinheiro ou valores; 7 pl. [ant.] aposentos, quarto alugado em casa particular; *to take lodgings* instalar-se em aposentos alugados ❖ ~ *allowance* subsídio de alojamento; subsídio de residência; ajudas de custo; ~ *house* casa de hóspedes modesta, com quartos alugados geralmente à semana; NÁUTICA ~ *knees* curvas de abertona; *board and* ~ cama e mesa; quarto e pensão; *common* ~ *house* albergue; casa com dormitórios, com camas que se alugam por noite; *to let furnished lodgings* alugar quartos mobilados

lodgment ['lɒdʒmənt] s. ⇒ **lodgement**

loess ['ləʊɪs] s. GEOLOGIA loess

loft [lɒft] Ⓐ s. 1 sótão; águas-furtadas; 2 (estábulo) palheiro por baixo de telhado; *a hay* ~ um palheiro; 3 pombal; 4 (igreja, salão) galeria elevada; tribuna; 5 (golfe) (tacada para levantar bola) loft Ⓑ v.tr. 1 (golfe) dar uma tacada para que a bola transponha um obstáculo; 2 criar pombas em pombal ❖ *a* ~ *of pigeons* um bando de pombas

lofter ['lɒftə] s. ferro de golfe para elevar a bola

loftily ['lɒftɪlɪ] adv. 1 altivamente, majestosamente; 2 arrogantemente; 3 pomposamente; 4 com grande elevação; 5 situado a grande altura

loftiness ['lɒftɪnəs] s. 1 elevação, altura; 2 arrogância, ar superior, tom altivo; 3 pomposidade, carácter majestoso; 4 elevação de sentimento, elevação de estilo

lofting ['lɒftɪŋ] s. 1 (golfe) tacada na bola de modo a elevá-la; 2 instalação de pombos em pombal ❖ ~ *iron* ferro de golfe para elevar a bola

lofty ['lɒftɪ] adj. (comp. **-ier**, superl. **-iest**) 1 elevado; alto; ~ *mountain* montanha elevada; ~ *stature* estatura elevada; 2 nobre; elevado; ~ *moral authority* elevada autoridade moral; ~ *sentiments* sentimentos nobres; 3 majestoso; grandioso; 4 sublime; exaltante; 5 [depr.] com ar protector; paternalista; condescendente; 6 [depr.] altivo; soberbo; petulante; *in a* ~ *manner* altivamente, com ar superior; 7 [depr.] pomposo; empolado; ~ *style* estilo empolado

log [lɒg] Ⓐ s. 1 toro; barrote; cepo; 2 tronco cortado; lenho; 3 NÁUTICA diário de bordo; *mate's* ~ diário de bordo; *to write up the* ~ lançar no diário de bordo; 4 NÁUTICA [ant.] (avaliação de velocidade) barquilha; *to heave the* ~ lançar a barquilha; *to sail by the* ~ orientar-se pela barquilha; 5 RÁDIO relação de postos transmissores; 6 MATEMÁTICA [coloq.] logaritmo Ⓑ v.tr.,intr. (particípios: **-gg-**) 1 derrubar árvores e cortá-las em toros; 2 NÁUTICA lançar no diário de bordo; 3 [ant.] (barquilha) calcular a distância percorrida; 4 [ant.] registar no diário de bordo o nome do marinheiro culpado de qualquer falta; multar o prevaricador ❖ ~ *board* borrão de bordo; ~ *cabin* cabana feita de toros; ~ *glass* ampulheta; ~ *reel* tambor da barquinha; ~ *ship* batel; *like a* ~ imóvel; inconsciente; *roll my* ~ *and I'll roll yours* ajuda-me, que eu te ajudarei; trabalha para mim e eu trabalharei para ti; *to fall like a* ~ cair desastradamente; cair pesadamente

◆**log in/on** v.intr. INFORMÁTICA entrar (no sistema)

◆**log off/out** v.intr. INFORMÁTICA sair (do sistema); desligar

loganberry ['ləʊgənbrɪ, 'ləʊgənberɪ] s. (pl. **-ies**) framboesa silvestre; fruto híbrido obtido pelo cruzamento da framboesa e da amora silvestre

logaoedic [ˌlɒgə'iːdɪk] adj. logaédico

logarithm ['lɒgərɪðm, 'lɒgərɪθəm] s. logaritmo

logarithmic [ˌlɒgə'rɪðmɪk, ˌlɒgə'rɪθmɪk] adj. MATEMÁTICA logarítmico; ~ *computation* cálculo logarítmico ❖ ~ *table* tábua de logaritmos

logarithmically [ˌlɒgə'rɪðmɪkəlɪ, ˌlɒgə'rɪθmɪkəlɪ] adv. por meio de logaritmos

logbook ['lɒgbʊk] s. 1 NÁUTICA diário de bordo; livro de bordo; 2 registo ❖ NÁUTICA *ship's* ~ diário de navegação

logged [lɒgd] adj. 1 (solo) alagadiço, pantanoso; 2 (água) parada, estagnada; 3 de toros, feito de toros

logger ['lɒgə] s. [EUA] lenhador

loggerhead ['lɒgəhed] s. 1 ZOOLOGIA tartaruga marítima; 2 ZOOLOGIA alcaboz, alcabroz, caboz; 3 NÁUTICA poste para firmar volta de corda; 4 haste de ferro com esfera aquecida na extremidade para derreter alcatrão; 5 [arc.] pateta, palerma, cabeça oca ❖ ZOOLOGIA ~ *shrike* picanço norte-americano; ZOOLOGIA ~ *turtle* tartaruga marítima; *to be at loggerheads with* estar em desacordo com; estar em conflito com; *to fall to loggerheads with* entrar em conflito com; andar ao soco com; *to set people at loggerheads* lançar a discórdia entre pessoas

loggerheaded ['lɒgəˌhedɪd] adj. pateta, tolo, imbecil

loggia ['lɒdʒə, 'lɒdʒɪə] s. (pl. **loggias** ou **loggie**) ARQUITECTURA lógia; galeria

loggie ['lɒdʒiː] s. (pl. de **loggia**)

logging ['lɒgɪŋ] s. 1 derrube de árvores; 2 função de rachador; 3 corte de árvores em toros; 4 exploração de bosques e florestas; 5 registo em diário ❖ ~ *wheels* trinquebale; trinquevale; carreta para transporte de canhões

logic ['lɒdʒɪk] s. lógica

logical ['lɒdʒɪkəl] adj. 1 lógico; 2 com lógica

logicality [ˌlɒdʒɪ'kælɪtɪ] s. coerência, carácter lógico

logically ['lɒdʒɪkəlɪ] adv. logicamente

logician [lɒ'dʒɪʃən] s. lógico, pessoa versada em lógica

logie ['ləʊgɪ] s. ornamento ou enfeite de zinco usado no teatro, para dar a impressão de jóias

login ['lɒgɪn] s. 1 INFORMÁTICA entrada no sistema; 2 INFORMÁTICA senha de entrada

logistic [lɒ'dʒɪstɪk] adj. logístico

logistical [lɒ'dʒɪstɪkəl] adj. logístico

logistics [lɒ'dʒɪstɪks] s. logística

logjam ['lɒgdʒæm] s. impasse

logo ['ləʊgəʊ] s. logótipo

logogram ['lɒgəʊgræm] s. logograma, símbolo ou sinal representativo duma palavra na estenografia

logograph ['lɒgəʊgrɑːf] s. logograma

logographer [lə'gɒgrəfə] s. 1 logógrafo, prosador e historiador dos tempos gregos antes de Heródoto; 2 grego antigo que escrevia os discursos que outros queriam pronunciar

logogriph ['lɒgəʊgrɪf] s. logogrifo

logomachist [lə'gɒməkɪst] s. logomaquista

logomachy [lə'gɒməkɪ] s. (pl. **-ies**) logomaquia

logon ['lɒgɒn] s. 1 INFORMÁTICA entrada no sistema; 2 INFORMÁTICA senha de entrada

logos ['lɒgɒs, 'ləʊgɒs] s. 1 logos, razão; 2 RELIGIÃO [com maiúsculas] o Verbo, o Messias preexistente

logrolling ['lɒgrəʊlɪŋ] s. 1 [EUA] transporte de troncos pelo rio abaixo; 2 [EUA] POLÍTICA troca de favores políticos; 3 elogio mútuo em matéria literária

logs. [abrev. de logarithms]

logwood ['lɒgwʊd] s. BOTÂNICA pau-de-campeche, campeche

logy ['ləʊgɪ] adj. [EUA, Can.] apático, letárgico

loin [lɔɪn] s. 1 lombo; 2 rins; 3 pl. ventre ❖ CULINÁRIA ~ *chop* costela; *sprung from the loins of* saído de; descendente de; *to gird up one's loins* preparar-se; aprontar-se para uma jornada

loincloth ['lɔɪnklɒθ] s. tanga

loir ['lɔɪə] s. ZOOLOGIA leirão, ratazana

loiter ['lɔɪtə] v.tr.,intr. 1 demorar-se, tardar; 2 andar lentamente; 3 caminhar devagar e com pausas frequentes; 4 passar (o tempo) indolentemente; 5 rondar (de forma suspeita)

loiterer ['lɔɪtərə] s. 1 pessoa indolente, pessoa que passa o tempo sem fazer nada; 2 pessoa que se demora; 3 vadio, que anda sem destino

loitering ['lɔɪtərɪŋ] Ⓐ adj. indolente, ronceiro, vagaroso Ⓑ s. ociosidade, vagar, lentidão, demora

loiteringly ['lɔɪtərɪŋlɪ] adv. indolentemente, ronceiramente vagarosamente, com lentidão, com demora

LOL (Internet, e-mail) [abrev. de laughing out loud]

loll [lɒl] v.intr. 1 descansar à vontade; 2 recostar-se indolentemente; refestelar-se; 3 tombar; pender; inclinar-se

◆**loll about** v.intr. 1 vaguear; 2 refestelar-se

◆**loll out** Ⓐ v.intr. 1 (língua) pender; 2 (peso, cabeça) cair pesadamente Ⓑ v.tr. 1 deixar cair; deixar pender; 2 deitar de fora; *dogs loll their tongues out* os cães deitam a língua de fora

Lollard ['lɒləd] s. lolardo, lolardista, partidário das doutrinas de Wycliff (séc. XIV)

lollipop ['lɒlɪpɒp] s. chupa-chupa

lollop ['lɒləp] v.intr. 1 [coloq.] arrastar-se, caminhar indolentemente; 2 NÁUTICA saltar sobre as ondas

lolly ['lɒli] s. 1 ⇒ **lollipop**; 2 [coloq.] dinheiro
Lombard ['lɒmbəd, 'lɒmbɑːd] adj.,s. lombardo ❖ ~ *street* a alta finança; ~ *Street to a China Orange* virtualmente certo; com todas as probabilidades do seu lado
Lombardic [lɒm'bɑːdɪk] adj. lombardo; relativo à Lombardia
Lombardy ['lɒmbədɪ] s.top. Lombardia
loment ['ləʊmənt] s. BOTÂNICA lomento
lomentaceous [ˌlɒmən'teɪʃəs] adj. BOTÂNICA lomentáceo
lomentum [ləʊ'mentəm] s. BOTÂNICA lomento
Lomond ['ləʊmənd] s. nome do maior lago da Escócia
London ['lʌndən] s.top. Londres ❖ ~ *ivy* fumo ou nevoeiro londrino; [coloq.] ~ *ordinary* a praia de Brighton; [coloq.] ~ *particular* nevoeiro característico de Londres; BOTÂNICA ~ *pride* saxífraga *London pride*; (cor) ~ *smoke* cinzento baço
Londoner ['lʌndənə] s. londrino, habitante de Londres
Londonese [ˌlʌndən'iːz] s. [coloq.] dialecto londrino, maneira de falar de Londres
Londonism ['lʌndənɪzəm] s. pronúncia ou expressão própria e característica do falar londrino
Londony ['lʌndəni] adj. [coloq.] que parece de Londres
lone [ləʊn] adj. 1 só; sozinho; solitário; 2 isolado; ermo; desabitado; 3 sem companhia, solteiro; 4 abandonado; 5 (mulher) viúva ❖ ~ *parent* pai/mãe de família monoparental; (pessoa) ~ *wolf* solitário; [EUA] *the Lone Star* o Estado do Texas; *to be on one's lone/lones* ser só; viver entregue a si mesmo
loneliness ['ləʊnlɪnəs] s. 1 solidão; 2 isolamento; 3 abandono
lonely ['ləʊnli] adj. (comp. **-ier**, superl. **-iest**) 1 solitário, sozinho; 2 triste, lúgubre, ermo, isolado; 3 com um sentimento de abandono
loner ['ləʊnə] s. (pessoa) solitário
lonesome ['ləʊnsəm] adj. 1 só; sozinho; *to feel* ~ sentir-se sozinho; 2 isolado; 3 abandonado
lonesomeness ['ləʊnsəmnəs] s. 1 solidão, soledade; 2 isolamento
long [lɒŋ] Ⓐ adj. 1 longo; comprido; 2 ao comprido; de comprimento; *as broad as it is* ~ tão largo como comprido; *to be ten feet* ~ ter dez pés de comprimento; *how* ~ *is that*? que comprimento tem isso?; 3 extenso, com grande extensão; 4 com grande duração; 5 com grande demora; 6 prolixo Ⓑ adv. 1 muito (tempo); por muito tempo; durante muito tempo; ~ *after* muito depois; ~ *ago* há muito; ~ *before* muito antes; *before* ~ dentro de pouco tempo, antes de passar muito tempo; *a* ~ *time ago* há muito tempo; *I have* ~ *thought so* há muito que eu também pensava isso; *it's a* ~ *time since I spoke to her* já há muito que falei com ela; *to take* ~ levar muito tempo; 2 durante; *all day* ~ durante todo o dia; *all his life* ~ toda a sua vida Ⓒ s. 1 muito tempo; *for* ~ durante muito tempo; *I shan't be away for* ~ não estarei ausente por muito tempo; 2 sílaba longa; *longs and shorts* sílabas longas e breves; 3 (roupas) tamanho para pessoas altas; 4 *the* ~ *and short of it* a súmula, a essência, tudo quanto há a dizer sobre isso Ⓓ v.intr. 1 desejar ardentemente; *to* ~ *to do sth* desejar ardentemente fazer uma coisa; 2 ansiar [**for**, por]; suspirar [**for**, por]; *to* ~ *for home* ter saudades de casa ❖ ZOOLOGIA ~ *bill* narceja; ~ *clay* cachimbo comprido de barro; ~ *date* longo prazo; ~ *drink* bebida servida em copos altos; ~ *ears* estupidez asinina; ~ *family* família numerosa; ~ *finger* dedo médio; ~ *hundred* cento e vinte; DESPORTO ~ *jump* salto em comprimento; ~ *measure* medida linear; medida de comprimento; HISTÓRIA (1640-1660) *Long Parliament* o Longo Parlamento; ~ *price* preço elevado; ~ *pull* bebidas servidas além da medida legal para atrair a freguesia; ~ *purse* bolsa recheada; ~ *robe* toga de advogado; CINEMA ~ *shot* plano geral; plano de conjunto; afirmação que está longe da verdade; ~ *sight* hipermetropia; presbitia; perspicácia; [fig.] vistas largas; ~ *suit* o forte duma pessoa; naipe do qual um jogador possui muitas cartas; ~ *tom* peça de artilharia de longo alcance; ~ *vac* férias grandes; ~ *waist* cinta muito descida; *a* ~ *chance* caso com muitas probabilidades de erro; *a* ~ *dozen* uma dúzia de frade (13); *a* ~ *face* uma cara de desapontamento; ~ *memory* uma memória firme, persistente; *as* ~ *as* enquanto; desde que; com a condição de; se; *at the longest* quando muito; no máximo; o mais tardar; *gentlemen of the* ~ *robe* advogados; *in the* ~ *run* afinal; a longo prazo; em última análise; ~ *in the tooth* velho; ~ *nose plier* alicate de bico comprido; (casaco) ~ *side vents* aberturas laterais; *the* ~ *arm of the law* o poder da lei; (universidades, tribunais) *the Long Vacation* as férias grandes; *three* ~ *miles* mais de três milhas; *he can't wait any longer* ele não pode esperar mais; *he is no longer a teacher* ele já não é professor; *it was a* ~ *time before ...* levou muito tempo a ...; *she is a* ~ *time in coming* ela tarda a chegar; ela leva muito tempo a vir; [coloq.] *so long!* adeus!; até à vista!; *so* ~ *as* enquanto; desde que; se; *the chance was* ~ *in coming* a oportunidade tardava em vir; *to be* ~ demorar-se; COMÉRCIO *to be* ~ *in* ter grandes reservas de; *to be on the* ~ *side of the market/to go* ~ *of the market* açambarcar qualquer produto para provocar alta de preços; *to bid a person a* ~ *farewell* despedir-se por muito tempo duma pessoa
long. [abrev. de longitude]
longanimity [ˌlɒŋgæ'nɪmɪtɪ] s. [arc.] longanimidade; resignação
longbow ['lɒŋbəʊ] s. arco de arqueiro
long-dated [lɒŋ'deɪtɪd] adj. a longo prazo
long-distance [lɒŋ'dɪstəns] adj. 1 de grande distância; 2 (telefone) interurbano; ~ *call* chamada telefónica interurbana; de longo curso; AERONÁUTICA ~ *flight* voo de longo curso; 4 DESPORTO de fundo; ~ *runner* corredor de fundo ❖ ELECTRICIDADE ~ *line* linha eléctrica a grandes distâncias
long-drawn [lɒŋ'drɔːn] adj. 1 prolongado; 2 extenso
longed-for ['lɒŋtfɔː] adj. ansiado, desejado
longeron ['lɒŋʒərən] s. AERONÁUTICA longarina
longeval [lɒn'dʒiːvəl] adj. longevo
longevity [lɒn'dʒevɪtɪ] s. longevidade
longevous [lɒn'dʒiːvəs] adj. longevo
long-faced [lɒŋ'feɪst] adj. 1 de cara séria; 2 triste, deprimido; 3 desapontado, com um ar desiludido
longhaired [lɒŋ'heəd] adj. 1 (animal) de pêlo comprido; 2 [depr.] (pessoa) guedelhudo; 3 [depr.] (pessoa) intelectualóide ❖ [ant.] *long-haired chum* namorada
longhand ['lɒŋhænd] Ⓐ s. escrita por extenso; *in* ~ por extenso, à mão Ⓑ adj. (escrita) por extenso
long-headed [lɒŋ'hedɪd] adj. [arc.] que vê longe, sensato, perspicaz
long-headedness [lɒŋ'hedɪdnəs] s. [arc.] perspicácia, largueza de vistas
longicaudate [ˌlɒndʒɪ'kɔːdɪt] adj. de longa cauda
longicauline [ˌlɒndʒɪ'kɔːlaɪn] adj. BOTÂNICA longicaule
longicorn [ˌlɒndʒɪ'kɔːn] adj.,s. ZOOLOGIA longicórneo
longimanous [lɒn'dʒɪmənəs] adj. longímano
longing ['lɒŋɪŋ] Ⓐ adj. 1 ansioso, que anseia, que deseja ardentemente; 2 nostálgico Ⓑ s. 1 ânsia; desejo; aspiração; 2 nostalgia; saudade
longingly ['lɒŋɪŋlɪ] adv. 1 ansiosamente; 2 desejosamente; 3 nostalgicamente
longipedate [lɒn'dʒɪpɪdeɪt] adj. longípede
longipennate [ˌlɒndʒɪ'penɪt] adj. ZOOLOGIA longipene, com asas longas
longirostral [ˌlɒndʒɪ'rɒstrəl] adj. ZOOLOGIA longirrostro, de bico alongado
longish ['lɒŋɪʃ] adj. um tanto longo, bastante longo
longitude ['lɒŋɡɪtjuːd] s. 1 longitude; 2 [joc.] comprimento
longitudinal [ˌlɒndʒɪ'tjuːdɪnəl] adj. longitudinal ❖ ~ *deformation* deformação longitudinal; ~ *impact* choque longitudinal; ~ *mark* marca longitudinal; ~ *pitch* afastamento no sentido longitudinal; ~ *profile* perfil longitudinal; ~ *strain* esforço longitudinal; ~ *vibration* vibração longitudinal; ~ *view* alçado longitudinal; corte longitudinal
longitudinally [ˌlɒndʒɪ'tjuːdɪnəlɪ] adv. longitudinalmente
long-lived [lɒŋ'lɪvd] adj. 1 com longa vida; 2 com grande duração; 3 vivaz
long-nosed ['lɒŋnəʊzd] adj. de nariz comprido, de nariz bicudo ❖ ZOOLOGIA ~ *skate* raia bicuda
long-playing ['lɒŋpleɪɪŋ] adj. de longa duração; ~ *record* disco de longa duração
long-range [lɒŋ'reɪndʒ] adj. 1 de longo prazo; 2 para grandes distâncias; 3 (armas) de longo alcance; ~ *gun* peça de longo alcance; ~ *battery* bateria de longo alcance

longshanks ['lɒŋʃæŋks] s. ZOOLOGIA pernilongo, perna-longa, tremilongo, fusiloa, esparrela

longshoreman ['lɒŋʃɔ:mən] s. (pl. **-men**) **1** estivador; **2** trabalhador de porto

long-sighted [lɒŋ'saɪtɪd] adj. **1** previdente; **2** com vistas largas, perspicaz; **3** (oftalmologia) presbita

long-sightedness [lɒŋ'saɪtɪdnəs] s. **1** previdência; **2** largueza de visão, perspicácia; **3** [EUA] (oftalmologia) presbitia, presbiopia

long-sleeved ['lɒŋsli:vd] adj. (roupa) de manga comprida

longstanding [lɒŋ'stændɪŋ] adj. de longa data

long-suffering [lɒŋ'sʌfərɪŋ] adj. **1** sofredor; sofrido; **2** paciente

long-tailed ['lɒŋteɪld] adj. de cauda comprida ❖ **~ beggar** gato

long-term [lɒŋ'tɜ:m] adj. **1** de longa data; **2** duradouro; *a ~ relationship* uma relação duradoura; **3** (efeitos, objectivos, etc.) a longo prazo ❖ PSICOLOGIA **~ memory** memória de longo prazo

long-time [lɒŋ'taɪm] adj. de longa data, antigo

long-tongued ['lɒŋtʌŋd] adj. tagarela, falador

longways ['lɒŋweɪz] adj.,adv. longitudinalmente; no sentido do comprimento

long-winded [lɒŋ'wɪndɪd] adj. **1** verboso, palavroso, prolixo, interminável; **2** falador, que nunca mais pára de falar; **3** com grande fôlego

long-windedness [lɒŋ'wɪndɪdnəs] s. **1** verborreia, prolixidade; **2** grande fôlego

longwise ['lɒŋwaɪz] adj.,adv. longitudinalmente; no sentido do comprimento

loo [lu:] s. (pl. **-s**) [coloq.] **1** sanita; **2** variedade de jogo de cartas ❖ [coloq.] **~ paper** papel higiénico

looby ['lu:bɪ] s. (pl. **-ies**) [coloq.] pateta, indivíduo amalucado

loof [lʊf] Ⓐ s. NÁUTICA ló; barlavento; *to bring the ~ round/to spring the ~* ganhar o barlavento; *to keep the ~* guardar o barlavento Ⓑ v.intr. meter de ló; meter de barlavento ❖ NÁUTICA **~ tackle** talha; **~ timbers** bimbarras

loofah ['lu:fɑ:, 'lu:fə] s. BOTÂNICA esponja vegetal

look [lʊk] Ⓐ s. **1** olhar, olhadela; *to have a ~ at.../round...* dar uma vista de olhos a.../por...; **2** expressão; ar; *there was a kind ~ on her eye* havia uma expressão de bondade nos olhos dela; **3** aparência; visual; *a new ~* um novo visual; *to have a ~ of* parecer-se com..., dar ares de...; **4** aspecto; *by the ~ of it* pelos vistos, ao que parece; **5** pl. bom aspecto; boa aparência; boa apresentação; *good looks* boa aparência Ⓑ v.tr.,intr. **1** olhar, dirigir o olhar; *~ this way!* olhe para aqui!; **2** ver; **3** examinar, verificar; **4** considerar, ponderar; **5** parecer; *it looks bad* parece mal; *it looks like rain* parece que vai chover ❖ **~ alive!** depressa!, mexe-te!; **~ before you leap!** antes que cases olha o que fazes!; [coloq.] **~ sharp/snappy/slippery/slippy!** depressa!; **~ who is here!** olha quem está aqui!; *he looks young for his age* está bem conservado para a idade; *how does my new hat look?* que tal o meu chapéu novo?; *it looked as if he was going to kill the man* dava a impressão de que ele ia matar o homem; *to have/take a good ~ at* examinar atentamente; ver bem; *to ~ a gift horse in the mouth* achar defeitos em coisa recebida como presente; *to ~ down a list* passar os olhos por uma lista; *to ~ down a street* olhar até ao fim da rua; *to ~ in the face* olhar de frente; enfrentar o olhar; *to ~ like* parecer-se com; [coloq.] *to ~ nine ways for Sunday* ser estrábico; *to ~ on the bright side* ser optimista; ver o lado bom; *to ~ on the dark side of things* ver tudo negro; ver as coisas pelo seu lado pior; ser pessimista; *to ~ one's age* aparentar a idade que se tem; *to ~ one's last on* ver pela última vez; dizer adeus a...; *to ~ oneself again* estar outra vez bom; estar outra vez com bom aspecto; *to ~ small* ter um aspecto insignificante; *to ~ sb up and down* olhar alguém de alto a baixo; *to ~ the other way* desviar os olhos; olhar para o outro lado; *to ~ well* ter bom aspecto; ficar bem; *to make sb ~ small* reduzir alguém à sua insignificância; *which way does the house look?* para que lado está virada a casa?

❖ **look about/around** v.intr. olhar em volta ❖ *to look about for sb/sth* procurar algo/alguém com o olhar

❖ **look after** v.tr. **1** tratar de; cuidar de; **2** tomar conta de; olhar por; **3** ocupar-se de; encarregar-se de ❖ **~ yourself!** cuida de ti!; *I can ~ myself* consigo desenrascar-me sozinho; *to ~ one's interests* proteger os seus interesses; *we're being well looked after* estamos a ser bem tratados

❖ **look ahead** v.intr. **1** olhar em frente [**to**, para]; **2** olhar para o futuro; **3** ser previdente

❖ **look at** v.tr. **1** olhar para; observar; *to look hard at...* olhar com muita atenção para; **2** examinar; tratar de; *you should have that hand looked at* devias deixar um médico examinar essa mão; **3** verificar; **4** reflectir sobre; ponderar; estudar; **5** [coloq.] enfrentar; **6** (dinheiro) preparar-se para gastar ❖ *I will not ~ it* não quero saber disso para nada; *that's one way of looking at it* é um ponto de vista; *to be nothing to ~* não ser nada de especial

❖ **look away** v.intr. **1** desviar o olhar [**from**, de]; **2** [fig.] fechar os olhos; deixar passar; fingir que não se vê

❖ **look back** v.intr. **1** olhar para trás; **2** recordar o passado; olhar para o passado ❖ *to ~ on/at/over...* recordar...; repensar...; reavaliar...; *since that time she has never looked back* desde essa altura nunca deixou de fazer progressos

❖ **look down** v.intr. **1** baixar os olhos; **2** olhar para baixo ❖ [coloq.] *to ~ one's nose at* olhar com certo desprezo para; olhar com certo desagrado para

❖ **look down on** v.tr. **1** olhar com sobranceria para; olhar com superioridade para; **2** desprezar

❖ **look for** v.tr. **1** procurar; andar à procura de; **2** esperar ❖ *he's always looking for trouble* ele anda sempre à procura de sarilhos; *to ~ a needle in a haystack/to ~ a needle in a bundle of hay* procurar agulha em palheiro; *to look high and low for sth* procurar uma coisa por toda a parte

❖ **look forward to** v.tr. **1** esperar (ansiosamente); esperar com antecipado prazer; **2** estar com muita vontade de; **3** estar na expectativa de ❖ (carta) *looking forward to hearing from you* na expectativa das suas notícias

❖ **look in** v.intr. **1** espreitar para dentro; *to ~ at a window* espreitar para dentro por janela; **2** passar por casa de; fazer uma breve visita a; *to ~ on sb* fazer uma breve visita a alguém

❖ **look into** v.tr. examinar; investigar; estudar

❖ **look on** Ⓐ v.intr. (ver como espectador) assistir; observar Ⓑ v.tr. considerar; olhar para; *to ~ sb as a friend* considerar alguém um amigo; *she looks on him with distrust* ela olha para ele com desconfiança ❖ *to look kindly on...* ver com bons olhos...

❖ **look on to** v.tr. dar para; estar virado para

❖ **look out** Ⓐ v.intr. **1** olhar para fora; *to ~ at the window* olhar pela janela; **2** ter cuidado; ir com atenção; acautelar-se Ⓑ v.tr. [GB] procurar; descobrir; encontrar ❖ **look out!** cuidado!

❖ **look out for** v.tr. **1** estar atento a; prestar atenção a; **2** ter cuidado com; **3** olhar por; tomar conta de; cuidar de; *we ~ each other* olhamos um pelo outro; **4** andar à procura de; *he is looking out for work* ele anda à procura de trabalho

❖ **look out on/over** v.tr. estar virado para; *the door looks out on the garden* a porta dá para o jardim

❖ **look over** v.tr. **1** examinar; inspeccionar; **2** percorrer com os olhos; **3** dar uma vista de olhos a; **4** (pessoa) olhar de cima a baixo; **5** (edifício, etc.) visitar

❖ **look round** Ⓐ v.intr. **1** olhar em volta; **2** procurar; estar à procura [**for**, de]; **3** voltar-se; olhar para trás Ⓑ v.tr. fazer uma visita a ❖ *don't look round!* não olhes!; (lojas) *we're just looking round* só estamos a ver

❖ **look through** v.tr. **1** examinar cuidadosamente; **2** dar uma vista de olhos a; percorrer com os olhos; **3** (notas, lição) rever; reler; **4** (pessoa) olhar através de; olhar sem ver; ignorar; **5** (transparência) olhar através de

❖ **look to** v.tr. **1** olhar para; **2** recorrer a; **3** contar com; confiar em; **4** (futuro) antegozar; esperar; **5** prestar atenção a; cuidar de; atender a; vigiar; **6** querer; desejar; pretender; tentar conseguir; procurar obter; *if you're looking to...* se pretende...; *to be looking to make a profit* procurar fazer lucro ❖ *~ it that...* vê se consegues...; *~ your manners!* cuidado com esses modos!; *to ~ the future* pensar no futuro

❖ **look up** Ⓐ v.intr. **1** erguer os olhos; **2** olhar para cima; **3** (situação, negócio, etc.) melhorar; prosperar Ⓑ v.tr. **1** (pessoa) visitar; **2** (enciclopédia, etc.) consultar; **3** procurar; *to ~ a word in the dictionary* procurar uma palavra no dicionário

❖ **look up to** v.tr. admirar; respeitar

lookalike ['lʊkəlaɪk] Ⓐ s. 1 (pessoa) sósia; 2 (produto) cópia Ⓑ adj. 1 parecido; 2 decalcado*fig.*, copiado

looker ['lʊkə] s. 1 observador; 2 espectador; 3 [coloq.] (pessoa atraente) brasa; beleza ❖ **~ out** atalaia; batedor; guarda avançada

looker-on ['lʊkərɒn] s. 1 espectador; observador; 2 curioso; mirone

look-in ['lʊkɪn] s. 1 [coloq.] espreitadela; 2 [coloq.] visita rápida; visita sem cerimónia; 3 [coloq.] oportunidade; *to get a ~ at...* ter a oportunidade de experimentar... ❖ DESPORTO *to have a ~* ter hipóteses (de vencer)

looking ['lʊkɪŋ] s. acto de olhar ❖ **~ back** retrospecção; **~ down** menosprezo; desprezo; **~ for** busca; procura; **~ forward** expectativa agradável; acto de esperar com prazer por; [arc.] **~ glass** espelho; **~ over** exame; verificação; [arc.] **~ glassmaker** fabricante de espelhos

lookout ['lʊkaʊt] s. 1 observação; vigia; *to be on the ~* estar de vigia, estar de atalaia; *to keep a ~* estar de vigia; 2 (pessoa) sentinela; vigia; 3 bom posto de observação; 4 [coloq.] perspectivas; panorama, situação; *it's a poor ~ for...* as coisas estão más para...; 5 [coloq.] problema, preocupação; *that's your lookout!* isso é problema teu! ❖ *to be on the ~ for...* procurar...; andar em busca de...; *to keep a ~ for* estar atento a...; ficar à espreita de...

look-see ['lʊksi:] s. 1 [coloq.] olhadela, vista de olhos; 2 [rar.] periscópio; telescópio

look-up ['lʊkʌp] s. INFORMÁTICA consulta, pesquisa

loom [lu:m] Ⓐ s. 1 tear; 2 cabo de remo; 3 ZOOLOGIA arau, torda mergulhadeira; 4 aparição indistinta mas imponente; vulto vago na neblina Ⓑ v.intr. 1 começar a desenhar-se; começar indistintamente a aparecer; começar a aparecer; 2 ameaçar, ser uma ameaça; estar iminente; 3 agigantar-se ❖ **~ gale** vento fresco; **~ motor** motor de tear; *to ~ large* estar perigosamente próximo

◆**loom up** v.intr. surgir ameaçadoramente; aparecer como um espectro

looming ['lu:mɪŋ] Ⓐ adj. vago, indefinido Ⓑ s. 1 aparição vaga e indistinta; 2 miragem

loon [lu:n] s. 1 [coloq.] (ofensivo) patetóide, louco; 2 [EUA] ZOOLOGIA mergulhão; 3 [Esc.] [arc.] rapaz, vadio, mandrião, rústico

loony ['lu:nɪ] adj.,s. (comp. -ier, superl. -iest) 1 [coloq.] (ofensivo) tolo; maluco, louco; 2 [coloq., fig.] excêntrico ❖ [coloq., depr.] **~ bin** manicómio; *to be* **~** não regular bem da cabeça

loop [lu:p] Ⓐ s. 1 laço; 2 presilha, laçada, aselha; 3 gancho; 4 ilhó; 5 alça; 6 olhal; 7 volta; espiral; 8 (acrobacia aérea) looping; 9 (rio) meandro; 10 (linha férrea) desvio (para a linha principal); **~ line** desvio de linha férrea que volta a entroncar na principal Ⓑ v.tr.,intr. 1 fazer um laço, dar uma laçada; firmar com laço ou presilha; 2 enrolar; atar; 3 fazer caracóis; 4 curvar-se; encurvar-se ❖ **~ antenna** antena de quadro; **~ knot** nó de aselha; **~ stitch** ponto em costura; (caminho) **~ way** desvio; **~ of a rope** laço de um cabo; *to ~ the moon* voar à volta da Lua

◆**loop back** Ⓐ v.intr. 1 (rio) formar um meandro; 2 voltar ao princípio Ⓑ v.tr. 1 prender com um laço; 2 (cortinado) prender com uma fita

looped [lu:pt] adj. com buracos, furado

looper ['lu:pə] s. 1 lagarta de borboleta; 2 lançadeira de máquina de costura

loophole ['lu:phəʊl] s. 1 buraco, abertura; 2 lacuna, omissão; vazio; *the loopholes in the law* as lacunas da lei; 3 [fig.] escapatória; 4 ARQUITECTURA seteira; pequena abertura em parede; abertura em fortim

looping ['lu:pɪŋ] s. (acrobacia aérea) voo em espiral

looplet ['lu:plɪt] s. pequeno anel ou caracol, pequena argola

loopy ['lu:pɪ] adj. (comp. -ier, superl. -iest) 1 [depr.] débil de espírito; 2 [depr.] louco

loose [lu:s] Ⓐ adj. 1 solto; livre; sem estar preso; não atado; 2 folgado; não apertado; 3 frouxo; pouco firme; 4 vago; pouco exacto; sem grande exactidão; **~ ideas** ideias vagas; 5 indisciplinado; sem se prender a regras; sem obedecer a normas; **~ thinker** pensador indisciplinado; 6 à vontade; 7 moralmente condenável; desregrado; dissoluto; **~ conduct** comportamento moralmente condenável; *to lead a ~ life* levar uma vida dissoluta Ⓑ v.tr. 1 desprender, desatar, desamarrar; *to ~ a knot* desfazer um nó; 2 soltar; *the wind loosed her hair* o vento soltou-lhe o cabelo; 3 libertar; 4 disparar; 5 (flecha) atirar; *to ~ an arrow* atirar uma seta; 6 (vela) soltar Ⓒ s. 1 liberdade, livre expressão; 2 licença, desregramento ❖ **~ bowels** intestinos desarranjados; **~ change** dinheiro miúdo; dinheiro trocado; **~ end** ponta solta; detalhe por trabalhar; incoerência; **~ horse** cavalo selvagem; **~ morals** moral condenável; **~ tooth** dente a abanar; [ant.] **~ woman** mulher de maus costumes; **~ end of a rope** extremidade solta de uma corda; MILITAR *in ~ order* com grandes intervalos; *in the ~* à solta; na pândega; livre de restrições morais ou de disciplina; *the lion has broken ~* o leão conseguiu fugir da jaula; *to be at a ~ end* estar num beco sem saída; não saber o que fazer; *to come/get ~* soltar-se; *to give ~ to one's anger* dar largas à sua indignação; *to go on the ~* andar na pândega; *to have a ~ tongue* falar de mais; *to let a dog ~* soltar um cão; (peça de máquina) *to work ~* sair do lugar

◆**loose out** v.tr. soltar; *to ~ a sail* soltar uma vela

loose-fitting ['lu:sˌfɪtɪŋ] adj. (roupas) folgado; largo; **~ clothes** roupas folgadas

loose-jointed ['lu:sˌdʒɔɪntɪd] adj. 1 ágil; desembaraçado; 2 de articulações móveis; 3 [depr.] desarticulado; desconjuntado

loose-leaf ['lu:sli:f] adj. de folhas destacáveis; de folhas soltas; **~ binder** dossier com folhas soltas

loosely ['lu:slɪ] adv. 1 vagamente; 2 aproximadamente; sem grande exactidão; 3 livremente; 4 folgadamente, sem apertar; 5 dissolutamente, desregradamente

loosen ['lu:sən] v.tr.,intr. 1 desapertar(-se); soltar(-se); desamarrar(-se); desprender(-se); 2 separar(-se); soltar(-se); 3 afrouxar; abrandar; *he loosened his tie* ele afrouxou o nó da gravata; 4 aliviar; *to ~ one's cough* aliviar a tosse ❖ [coloq.] *to ~ one's pursestrings* alargar os cordões à bolsa; *to ~ sb's tongue* fazer alguém falar; soltar a língua de alguém; *to ~ the bowels* tomar um laxante

◆**loosen up** v.intr. 1 relaxar; descontrair; descomprimir; 2 DESPORTO fazer exercícios de aquecimento; 3 soltar-se ❖ DESPORTO *to ~ one's muscles* aquecer os músculos; *to ~ on sb* ser menos exigente com alguém

loosener ['lu:snə] s. o que desata ou solta

looseness ['lu:snəs] s. 1 pouca firmeza; 2 folga; 3 MECÂNICA relaxamento; 4 frouxidão; 5 soltura, diarreia; 6 desprendimento; 7 carácter vago, imprecisão; 8 dissolução de costumes

loosening ['lu:snɪŋ] s. 1 acção de soltar, de desprender; 2 afrouxamento, abrandamento, frouxidão; 3 surriba (da terra)

loosestrife ['lu:sstraɪf] s. BOTÂNICA lisimáquia; salgueirinha

loot [lu:t] Ⓐ s. 1 pilhagem; saque; 2 despojos de guerra Ⓑ v.tr.,intr. 1 (guerra) tomar como despojos; 2 pilhar; saquear; roubar; *to ~ a town* saquear uma cidade; 3 entregar-se ao saque

looter ['lu:tə] s. saqueador

looting ['lu:tɪŋ] s. pilhagem, saque

lop [lɒp] Ⓐ s. 1 ramo cortado; **~ and top/~ and crop** ramos cortados, lenha de poda, chapota; 2 ramos mais pequenos das árvores; 3 NÁUTICA marulho das ondas Ⓑ v.tr.,intr. (particípios: **-pp-**) 1 podar, desbastar uma árvore; chapodar, chapotar; esgalhar; 2 livrar-se de; eliminar; 3 tombar; pender sem firmeza; 4 NÁUTICA marulhar; rebentar em pequenas ondas; 5 (animal) correr aos saltos ❖ **~ ear** orelha pendente; coelho com grandes orelhas pendentes

◆**lop off** v.tr. 1 cortar; 2 reduzir; retirar; *to lop 10 seconds off sth* reduzir algo em 10 segundos

lope [ləʊp] Ⓐ s. 1 passo largo e rápido; 2 trote, galope (de qualquer animal), ressalto ao andar (de animal) Ⓑ v.tr.,intr. (animal) avançar aos ressaltos, galopar

lop-eared ['lɒpɪəd] adj. (coelhos, cães, etc.) com orelhas pendentes

Lopez ['ləʊpəz] s.antr. Lopes

lophobranch ['lɒʊfəʊˌbræŋk] Ⓐ adj. ZOOLOGIA lofobrânquio Ⓑ s. ZOOLOGIA lofobrânquio; cavalo-marinho; peixe-pau

lophobranchiate ['lɒʊfəʊˌbræŋkɪɪt] Ⓐ adj. ZOOLOGIA lofobrânquio Ⓑ s. ZOOLOGIA lofobrânquio; cavalo-marinho; peixe-pau

lophophore ['lɒfəfɔ:] s.antr. Lopes

lopper ['lɒpə] s. podadeira, tesoura de desbastar

lopping ['lɒpɪŋ] Ⓐ adj. 1 pendente; 2 frouxo, mole, flácido; 3 com ruído semelhante ao marulhar das ondas Ⓑ s. desbastamento dos ramos duma árvore, chapota

loppy ['lɒpɪ] *adj. (comp.* -**ier***, superl.* -**iest***)* flácido, mole, pendente
lopsided ['lɒpˌsaɪdɪd] *adj.* **1** cambado, virado ao lado, torto; **2** assimétrico; **3** desequilibrado
lopsidedness [ˌlɒpˈsaɪdɪdnəs] *s.* **1** assimetria, inclinação para um lado; **2** desequilíbrio
loquacious [ləʊˈkweɪʃəs] *adj.* **1** loquaz, falador; **2** tagarela
loquaciously [ləʊˈkweɪʃəslɪ] *adv.* com loquacidade
loquaciousness [ləʊˈkweɪʃəsnəs] *s.* loquacidade
loquacity [ləʊˈkwæsɪtɪ] *s.* ⇒ **loquaciousness**
loquat ['ləʊkwɒt] *s.* BOTÂNICA nêspera-do-japão, nêspera
lor' [lɔː] *interj.* ⇒ **Lord** Ⓑ
lord [lɔːd] Ⓐ *s.* **1** senhor; **2** soberano; **3** HISTÓRIA suserano, senhor feudal; **4** [GB] lorde; fidalgo; **5** par do reino; **6** (comércio, indústria) magnata; **7** ASTRONOMIA planeta dominante Ⓑ *v.tr.,intr.* **1** armar-se em lorde; viver à grande; *to ~ it* viver à grande; **2** ser arrogante [*over*, com]; *to ~ it over sb* ser arrogante com alguém; **3** dar ordens; oprimir ❖ HISTÓRIA *~ paramount* senhor supremo de que dependem os outros feudos; *~ of creation* o homem; *~ of the manor* castelão; [GB] *lords spiritual* os bispos membros da Câmara dos Lordes; [GB] *lords temporal* membros não religiosos da Câmara dos Lordes; *not to be lorded over* não tolerar ordens; não tolerar que mandem em si; [GB] *our sovereign ~ the King* el-rei nosso senhor; *the cotton lords* os reis do algodão; [coloq.] *to be drunk as a ~* estar bêbado que nem um cacho
Lord [lɔːd] Ⓐ *s.* **1** RELIGIÃO (Deus) Senhor; *our ~* Nosso Senhor; **2** (título) Lorde Ⓑ *interj.* meu Deus! ❖ [GB] *~ Chamberlain* camareiro-mor; DIREITO *~ Chief Justice* Presidente do Supremo Tribunal da Justiça; RELIGIÃO *~ God Almighty* Deus Todo-Poderoso; [GB] *~ High Chancellor* Presidente da Câmara dos Lordes; [GB] *~ High Steward* mordomo-mor; [Esc.] *~ Justice Clerk* Vice-Presidente do Supremo Tribunal; [Esc.] *~ Justice General* Presidente do Supremo Tribunal; [GB] *~ Lieutenant* governador de condado; vice-rei da Irlanda (até 1922); [GB] (cidades importantes) *~ Mayor* lorde-maior; *Lord's day* domingo; dia do Senhor; RELIGIÃO *Lord's supper* Eucaristia; RELIGIÃO *Lord's table* mesa da Sagrada Comunhão; (surpresa) *bless me/my soul!* essa agora!; valha-me Deus!; RELIGIÃO *~ have mercy on us* Senhor, tende compaixão de nós; *~ knows how* só Deus sabe como; [GB] *First ~ of the Admiralty* Primeiro Lorde do Almirantado; [GB] *House of Lords* Câmara dos Lordes; [ant.] *in the year of our ~* no ano do Senhor; RELIGIÃO *the Lord's prayer* o Pai-Nosso
lordliness ['lɔːdlɪnəs] *s.* **1** dignidade; **2** imponência; **3** sumptuosidade; **4** altivez; **5** orgulho
lordling ['lɔːdlɪŋ] *s.* **1** pequeno senhor; **2** fidalgote
lordly ['lɔːdlɪ] *adj. (comp.* -**ier***, superl.* -**iest***)* **1** majestoso; magnífico; **2** importante; orgulhoso; **3** arrogante; altivo ❖ *in a ~ manner* com ares de grande importância
lordosis [lɔːˈdəʊsɪs] *s.* lordose
lordotic [lɔːˈdɒtɪk] *adj.* lordótico
Lord's ['lɔːdz] *s.* campo de críquete em Londres em St. John's Wood
lords-and-ladies [ˌlɔːdzənˈleɪdɪz] *s.* BOTÂNICA jarro silvestre
lordship ['lɔːdʃɪp] *s.* **1** suserania, senhoria, domínio; **2** tratamento dado aos lordes e bispos
lordy ['lɔːdɪ] *interj.* meu Deus!
lore [lɔː] *s.* **1** saber; sabedoria popular; **2** ANATOMIA (aves, peixes) loro
lorgnette [lɔːnˈjet] *s.* binóculo de teatro; lornhão
lorgnon ['lɔːnjɒn] *s.* ⇒ **lorgnette**
lorica [ləˈraɪkə] *s. (pl.* -**ae***)* ZOOLOGIA lorica
loricae [ləˈraɪkiː] *s. {pl. de* **lorica***}*
loricarian [ˌlɒrɪˈkeərɪən] *adj.,s.* **1** ZOOLOGIA loricário; **2** loricária
loricate ['lɒrɪkeɪt] *adj.* ZOOLOGIA loricado
loricated ['lɒrɪkeɪtɪd] *adj.* ZOOLOGIA loricado
lorikeet ['lɒrɪkiːt] *s.* ZOOLOGIA loriculo, lorico
loris ['lɒrɪs] *s.* ZOOLOGIA (primata prossímio) lóris
lorn [lɔːn] *adj.* **1** [poét.] abandonado; **2** só; solitário; **3** desolado
Lorrainer [ləˈreɪnə] *s.* **1** natural da Lorena; **2** loreno
lorry ['lɒrɪ] *s. (pl.* -**ies***)* **1** camião; camioneta de carga; **2** zorra; **3** (caminho-de-ferro) vagoneta ❖ *~ driver* camionista
lory ['lɔːrɪ] *s. (pl.* -**ies***)* ZOOLOGIA arara
losable ['luːzəbəl] *adj.* que pode perder-se, susceptível de se perder

lose [luːz] *v.tr.,intr. (prt. e part. pass.* **lost***)* **1** perder; ficar sem; **2** perder; ser vencido; não ganhar; ser derrotado; **3** perder de vista; **4** (capacidade, qualidade) deixar de poder; *to ~ the ability to walk* deixar de poder andar; **5** extraviar(-se); **6** (meio de transporte) não conseguir apanhar; **7** desperdiçar; *to ~ the chances of winning* desperdiçar as hipóteses de vencer; **8** (relógio) atrasar(-se); *my watch loses three minutes in a week* o meu relógio atrasa-se três minutos por semana; **9** fazer perder; custar; *your words lost us the business* aquilo que disseste fez-nos perder o negócio ❖ *to ~ a baby* abortar; perder um bebé; ter um desmancho; DIREITO *to ~ a lawsuit* perder uma acção, MEDICINA *to ~ a patient* não conseguir salvar um doente; *to ~ by a transaction* perder numa transacção; *to ~ company at sea* perder-se; separar-se do comboio em que seguia; *to ~ interest* deixar de ter interesse; *to ~ face* sofrer desprestígio; sofrer uma humilhação; perder a face; *to ~ heavily* sofrer uma derrota estrondosa; *to ~ one's place* não saber em que linha se interrompeu uma leitura; perder o lugar; *to ~ one's tongue* ficar mudo de emoção; *to ~ one's way* perder-se; não saber que caminho tomar; *to ~ sight of* perder algo/alguém de vista; perder o rasto a; *to ~ track of* perder o rasto de; *to ~ weight* perder peso; emagrecer; *to have nothing to ~* não ter nada a perder; *to have to ~* ter algo a perder
lose out *v.intr.* **1** sair a perder [*on*, em]; **2** perder a favor [*to*, de]
losel ['ləʊzəl] *s.* **1** [arc.] indivíduo depravado, vadio, libertino; **2** indivíduo sem qualquer préstimo
loser ['luːzə] *s.* **1** perdedor; **2** vencido; derrotado; **3** [depr.] falhado; **4** azarado ❖ *to be a bad ~* não saber perder; ser mau perdedor; *to be a good ~* saber perder; *the losers are always in the wrong* quem perde é que paga as favas
losh [lɒʃ] *interj.* [Esc.] meu Deus!
losing ['luːzɪŋ] Ⓐ *adj.* que dá prejuízo; que origina perda Ⓑ *s.* perda ❖ *a ~ transaction* transacção que dá prejuízo; *to be on a ~ streak* estar em maré de azar; *to fight a ~ battle* travar um combate antecipadamente perdido
loss [lɒs] *s. (pl.* -**es***)* **1** perda; *to meet with a ~* sofrer uma perda; *to make up the losses* arranjar compensação para as perdas; *that's no great ~* isso não é grande perda; **2** dano; **3** prejuízo; *to sell at a ~* vender com prejuízo; **4** desperdício; **5** derrota ❖ *~ adjuster* perito; *~ adjuster's report* peritagem; *~ due to friction* perda por atrito; *~ of a right* perda de um direito; *~ of a vessel* perda de um navio; *~ of head* perda de carga; *~ of sight* perda de visão; *~ of weight* falta de peso; [coloq.] *to be a dead ~* ser um peso morto; ser um inútil; *to be at a ~* estar perplexo; estar sem saber o que fazer; *to be at a ~ for money* estar sem dinheiro; não saber como arranjar dinheiro; *to be at a ~ to* estar atrapalhado para; *to cut sb's losses* acabar com os prejuízos; pôr cobro a desvantagem; *to stand to the ~* ser responsável pela perda; *without any ~ of time* sem qualquer perda de tempo; *with ~ of honour* com desonra
lost [lɒst] Ⓐ *prt. e part. pass. de* **to lose** Ⓑ *adj.* **1** perdido; desaparecido; extraviado; **2** condenado; *~ soul* alma condenada; **3** abstraído, absorto; *~ in thought* absorto em pensamentos; **4** desorientado; sem saber o que fazer ❖ *~ area* área perdida; *~ cause* causa perdida; *~ effect* trabalho perdido; *~ power* energia perdida; *all is not lost!* nem tudo está perdido!; *to be ~* perder-se; extraviar-se; ser destruído; *to be ~ in conjectures* perder-se em conjecturas; *to be ~ for words* estar sem palavras; *to be ~ to* ser insensível a; ser indiferente a; *to be ~ upon* não ter qualquer influência/efeito sobre; *to get ~* perder-se; *to give sb/sth up for/as ~* considerar alguém/algo perdido; *the joke was ~ on him* não lhe percebeu a piada
lot [lɒt] Ⓐ *s.* **1** tudo; todos; **2** sorte; acaso; **3** sorteio; **4** sorte; destino; fado; **5** lote de terreno, porção de terreno; **6** lote, grupo de objectos vendidos juntos em leilão; **7** lote de mercadorias Ⓑ *v.tr. (particípios* -**tt**-*)* dividir em lotes; separar em lotes ❖ [EUA] *parking ~* parque de estacionamento; *a ~ more* muito mais; *a ~ of muito; a ~ of money* muito dinheiro; *lots of* muito; muitos; montes de; *lots of people* muita gente; montes de pessoas; *he knows a ~* ele sabe muito; *she is a bad ~* ela é má pessoa; ela é fraco traste; ela não presta; *that's the ~* é o que há; não há mais nada; *the whole ~* tudo; todos; *the whole ~ of them* todos eles; *to cast lots* lançar as sortes; *to draw lots* tirar à sorte; *to throw in sb's ~ with sb* juntar-se a um determinado grupo; aderir a determinado grupo

loth [ləʊθ] *adj.* ⇒ **loath**
Lothair [ləʊˈθeə] *s.antr.* Lotário
Lotharingia [ˌlɒθəˈrɪndʒə, ˌlɒθəˈrɪndʒɪə] *s.top.* Lotaríngia
Lothario [ləʊˈθɑːrɪəʊ, ləʊˈθeərɪəʊ] *s.* libertino, conquistador, devasso
loti [ˈləʊti] *s.* (moeda do Lesoto) loti
lotic [ˈləʊtɪk] *adj.* (ecologia) lótico
lotion [ˈləʊʃən] *s.* **1** loção; **2** [cal.] bebida alcoólica
lotophagi [ləʊˈtɒfədʒaɪ] *s.pl.* MITOLOGIA lotófagos
lottery [ˈlɒtərɪ] *s.* (pl. **-ies**) **1** lotaria; **2** [fig.] sorte, acaso ❖ ~ *ticket* bilhete de lotaria; ~ *wheel* roda usada nas lotarias; *charity* ~ tômbola
lotto [ˈlɒtəʊ] *s.* (jogo) loto; quino
lotus [ˈləʊtəs] *s.* (pl. **-es**) BOTÂNICA lótus, loto, lódão, açofeita-menor
lotus-eater [ˈləʊtəsiːtə] *s.* **1** MITOLOGIA lotófago, comedor de loto; **2** [fig.] indolente
louche [luːʃ] *adj.* **1** suspeito; **2** desonesto; **3** de mau gosto; **4** ordinário
loud [laʊd] Ⓐ *adj.* **1** em tom alto, alto; *in a* ~ *voice* em voz alta; ~ *cry* alto grito; **2** ruidoso, barulhento, estrondoso; **3** vistoso, que chama a atenção; berrante Ⓑ *adv.* **1** alto, em voz alta; *speak louder* fale mais alto; *to laugh* ~ rir-se alto; **2** ruidosamente ❖ ~ *and clear* nitidamente; claramente; às mil maravilhas; ~ *cheers* vivos aplausos; *to be* ~ *in one's praises* não regatear elogios; elogiar calorosamente
louden [ˈlaʊdən] *v.tr.,intr.* **1** (som) tornar mais forte, aumentar de intensidade; **2** tombar na vulgaridade
loudhailer [laʊdˈheɪlə] *s.* [GB] megafone
loudly [ˈlaʊdlɪ] *adv.* **1** em voz alta; **2** ruidosamente; **3** (protestos) vigorosamente; fortemente; **4** de modo extravagante; de modo a dar nas vistas ❖ *to dress* ~ usar roupa que chama a atenção; *to shout* ~ berrar
loudmouth [ˈlaʊdmaʊθ] *s.* (pl. **-s**) [coloq., depr.] espalha-brasas
loudmouthed [ˈlaʊdmaʊðd] *adj.* **1** [coloq., depr.] ruidoso, barulhento, com voz forte; **2** [coloq., depr.] espalhafatoso
loudness [ˈlaʊdnəs] *s.* **1** ruído, barulho, sonoridade; **2** espalhafato, vulgaridade, mau gosto
loudspeaker [laʊdˈspiːkə] *s.* **1** altifalante; **2** (aparelho de música) coluna de som ❖ ~ *connection* ligação do altifalante
lough [lɒx, lɒk] *s.* **1** [ESC.] lago; **2** braço de mar
Louis [ˈluːɪ] *s.antr.* Luís
Louisa [lʊˈiːzə] *s.antr.* Luísa
Louise [lʊˈiːz] *s.antr.* Luísa
Louisiana [luːɪzɪˈænə] *s.top.* Luisiana, Louisiana
Louisianian [luːɪzɪˈænɪən] *adj.,s.* **1** da Luisiana; **2** natural da Luisiana
lounge [laʊndʒ] Ⓐ *s.* **1** ociosidade; lazer; descanso; **2** (pequeno passeio) volta; **3** (hotel, clube, teatro) salão; sala de estar; **4** poltrona, divã, sofá; ~ *chair* poltrona, divã, espreguiçadeira Ⓑ *v.intr.* **1** vaguear, caminhar indolentemente; **2** recostar-se; reclinar-se indolentemente; sentar-se preguiçosamente; **3** descansar; **4** espreguiçar-se ❖ ~ *lizard* dançarino profissional em festas de hotel; ~ *suit* traje de passeio; *to* ~ *at street corners* andar encostado pelas esquinas das ruas
◆**lounge along** *v.intr.* caminhar indolentemente
◆**lounge away** *v.tr.,intr.* passar (o tempo) preguiçosamente; *to* ~ *the time* passar o tempo sem ter nada que fazer
lounger [ˈlaʊndʒə] *s.* indolente, ocioso, vadio
lounging [ˈlaʊndʒɪŋ] Ⓐ *adj.* **1** indolente; **2** sem ter que fazer Ⓑ *s.* **1** passeio indolente e sem destino definido; **2** vadiagem
lour [ˈlaʊə] Ⓐ *s.* **1** semblante ameaçador; rosto carrancudo; **2** aspecto carregado do céu Ⓑ *v.intr.* **1** franzir as sobrancelhas; mostrar má cara; mostrar semblante carregado; **2** olhar com ar ameaçador [**at/on/upon**, para]; *he loured at them as they passed by* olhou para eles com ar ameaçador enquanto passaram; **3** (céu) obscurecer; ficar com um aspecto carregado; ameaçar tempestade
louring [ˈlaʊrɪŋ] Ⓐ *adj.* **1** carregado, sombrio, carrancudo; **2** ameaçador; **3** de tempestade, tempestuoso Ⓑ *s.* **1** rosto carrancudo; **2** aspecto carregado do céu
louringly [ˈlaʊrɪŋlɪ] *adv.* ameaçadoramente
loury [ˈlaʊrɪ] *adj.* ameaçador, que anuncia tempestade
louse [laʊs] *s.* (pl. **lice**) piolho
lousewort [ˈlaʊswɜːt] *s.* BOTÂNICA erva-piolha, paparraz
lousiness [ˈlaʊzɪnɪs] *s.* piolhice
lousy [ˈlaʊzɪ] *adj.* (comp. **-ier**, superl. **-iest**) **1** [coloq.] miserável; péssimo; **2** [coloq.] detestável; **3** (cheio) infestado [**with**, de]; *the beach was* ~ *with trippers* a praia estava infestada de excursionistas; **4** [coloq.] porco, sujo; **5** cheio de piolhos, piolhoso, piolhento ❖ *to feel* ~ sentir-se horrível; [coloq.] *to have a few* ~ *coins in one's pockets* ter umas míseras moedas nos bolsos
lout [laʊt] Ⓐ *s.* **1** labrego, patego, saloio; **2** palhaço, bobo Ⓑ *v.intr.* **1** [arc.] inclinar-se; **2** prestar obediência
loutish [ˈlaʊtɪʃ] *adj.* rústico, boçal, grosseiro, desajeitado
loutishly [ˈlaʊtɪʃlɪ] *adv.* de modo rústico; boçalmente; desajeitadamente
loutishness [ˈlaʊtɪʃnəs] *s.* boçalidade, rusticidade, grosseria
louver [ˈluːvə] *s.* ⇒ **louvre**
louvered [ˈluːvɜːd] *adj.* com persianas, provido de venezianas
louvre [ˈluːvr] *s.* **1** adufa, persiana, veneziana; **2** (construções medievais) lanternim, lanternino ❖ ~ *board* persiana
lovable [ˈlʌvəbəl] *adj.* **1** adorável; amoroso; **2** encantador, que inspira simpatia, que cativa; **3** digno de ser amado
lovableness [ˈlʌvəbəlnəs] *s.* adorabilidade, encanto, simpatia
lovably [ˈlʌvəblɪ] *adv.* **1** amavelmente; **2** encantadoramente
lovage [ˈlʌvɪdʒ] *s.* BOTÂNICA ligústico, ligústica
love [lʌv] Ⓐ *s.* **1** amor; *for* ~ por amor; **2** afecto; ternura; afeição; **3** dedicação; **4** paixão; **5** (pessoa) amor, amada, amado; **6** DESPORTO (jogos) zero; (ténis, pingue-pongue) ~ *all* zero a zero; (ténis) *three* ~ três a zero Ⓑ *v.tr.* **1** amar; **2** estar apaixonado por; **3** gostar de; sentir afecto por, ter afeição por; **4** sentir prazer em ❖ ~ *affair* aventura; BOTÂNICA ~ *apple* tomate; ~ *child* filho natural; ~ *letter* carta de amor; ~ *match* casamento por amor; ~ *nest* ninho de amor; ~ *potion* filtro de amor; ~ *song* canção de amor; ~ *token* prenda de amor; ~ *in a cottage* o amor e uma choupana; *for the* ~ *of God* por amor de Deus; (carta, mensagem) *with* ~ *from all* com muitas recomendações de todos; *as you* ~ *your life* se tens amor à vida; *he wouldn't do it for* ~ *or money* ele não faria isso por nada deste mundo; ~ *me little* ~ *me long* paixões violentas duram pouco; ~ *me my dog* quem bem me quer, ama o que eu tiver; *mother sends her* ~ a mãe manda-lhe muitas saudades; *she learnt German for the* ~ *of it* ela aprendeu alemão só por gostar desta língua; *there is no* ~ *lost between them* não morrem de amores um pelo outro; *to be in* ~ *with* estar apaixonado por; *to fall in* ~ *with* apaixonar-se por; *to make* ~ *to* fazer amor com; [ant.] fazer a corte a; *to marry for* ~ casar por amor; *to work for* ~ trabalhar de graça; trabalhar para o bispo; *would you like to come? I should* ~ *to* quer vir? teria muito prazer
Love [lʌv] *s.* [poét.] Cupido, Amor
loveable [ˈlʌvəbəl] *adj.* **1** adorável, encantador; **2** cativante; **3** digno de ser amado
loveableness [ˈlʌvəbəlnəs] *s.* encanto, simpatia
lovebird [ˈlʌvbɜːd] *s.* **1** ZOOLOGIA periquito; **2** [coloq.] (apaixonado) pombinho*fig*; *a pair of lovebirds* dois pombinhos*fig*
lovebite [ˈlʌvbaɪt] *s.* [GB] chupão*coloq*
love-in-a-mist [ˌlʌvɪnəˈmɪst] *s.* BOTÂNICA nigela-bastarda, nigela-dos-trigos
love-in-idleness [ˌlʌvɪnˈaɪdəlnəs] *s.* BOTÂNICA amor-perfeito
loveless [ˈlʌvləs] *adj.* **1** sem amor, sem afecto; **2** que não inspira nem é sensível ao amor
lovelessness [ˈlʌvləsnəs] *s.* **1** ausência de amor; **2** insensibilidade ao amor
loveliness [ˈlʌvlɪnəs] *s.* **1** beleza, encanto; **2** graciosidade
lovelock [ˈlʌvlɒk] *s.* **1** anel de cabelo usado sobre a testa; **2** [coloq.] pilha-rapazes
lovelorn [ˈlʌvlɔːn] *adj.* doente de amor (não correspondido)
lovely [ˈlʌvlɪ] Ⓐ *adj.* (comp. **-ier**, superl. **-iest**) **1** encantador; adorável; amoroso; **2** belo; **3** sedutor Ⓑ *s.* querida; *my* ~ minha querida ❖ *it's been* ~ *to see you* gostei muito de estar contigo; *that's lovely!* isso é fantástico!; *we had a* ~ *time* foi muito agradável
lovemaking [ˈlʌvmeɪkɪŋ] *s.* **1** relações sexuais; **2** [ant.] corte, namoro

lover ['lʌvə] s. 1 amante; 2 namorado; 3 apaixonado; 4 [coloq.] mais-que-tudo; 5 apreciador; *a ~ of good wine* um apreciador de bom vinho ❖ *music ~* melómano; apreciador de música; *sports ~* amante do desporto

loverlike ['lʌvəlaɪk] Ⓐ adj. próprio de apaixonado, próprio de quem ama Ⓑ adv. 1 como um apaixonado; 2 apaixonadamente

loverly ['lʌvəlɪ] adj.,adv. ⇒ **loverlike**

loverwise ['lʌvəwaɪz] adv. amorosamente

lovesick ['lʌvsɪk] adj. apaixonado, perdido de amor, ferido de amor

lovesickness ['lʌvsɪknəs] s. amor, mal de amor, paixão

loveworthy ['lʌvˌwɜːðɪ] adj. que merece ser amado

lovey-dovey [ˌlʌvɪ'dʌvɪ] adj. [coloq.] lamechas, piegas

loving ['lʌvɪŋ] adj. 1 terno; afectuoso; amoroso; 2 dedicado; 3 que ama; 4 (família) unido ❖ *~ cup* taça da amizade; *~ kindness* compaixão, bondade, caridade; *in ~ memory of...* em memória de...; (encerramento de carta) *your ~ sister* a tua irmã dedicada

lovingly ['lʌvɪŋlɪ] adv. afectuosamente, amoravelmente, ternamente

low [ləʊ] Ⓐ adj. 1 baixo; 2 muito pouco elevado; 3 abaixo do nível normal; 4 abaixo da altura considerada como média; 5 (som, tom de voz) baixo, grave; *~ sound* som grave; 6 deprimido, desanimado; *to be in ~ spirits* sentir-se desanimado, andar abatido; *to feel ~* sentir-se deprimido; 7 humilde, de classe humilde; *man of ~ birth* homem de origem humilde; 8 inferior, de classe inferior; 9 fraco; débil; 10 vil; abjecto; 11 baixo; vulgar; grosseiro; *~ comedy* baixa comédia; *~ language* linguagem grosseira; *~ manners* maneiras grosseiras; 12 mau, pouco favorável; *~ state of health* mau estado de saúde; *to have a ~ opinion of* ter má opinião de; 13 decotado; *~ dress* vestido decotado; 14 GEOGRAFIA próximo do equador; *~ latitudes* latitudes próximas do equador Ⓑ adv. 1 baixo, abaixo; 2 em voz baixa; *to speak ~* falar em voz baixa; 3 barato; 4 com humildade, submissamente; 5 com vileza; 6 profundamente; 7 suavemente, debilmente; 8 recentemente; *as ~ as last year* ainda recentemente, o ano passado Ⓒ s. 1 (vaca, boi) mugido; 2 (animal) berro; 3 [Esc.] luz, chama, brilho; 4 (vida) época má, mau período Ⓓ v.intr. 1 (vaca, boi) mugir; 2 (animal) berrar ❖ *~ brow* testa baixa; *~ capacity* baixa capacidade; *~ ceiling* tecto baixo; RELIGIÃO *Low Church* Igreja Baixa (anglicana); *Low Churchman* partidário da Igreja Baixa; *~ diet* regime dietético insuficiente; alimentação deficiente; *~ fever* febre lenta; (automóvel) *~ gear* primeira velocidade; *Low German* baixo alemão; *Low Latin* baixo latim; *~ power* baixa potência; *~ pressure* baixa pressão; baixa tensão; *~ relief* baixo-relevo; *Low Sunday* domingo de Pascoela; *~ tide* baixa-mar; vazante; *~ vacuum* vácuo mau; *~ water* maré baixa; *~ blood pressure* hipotensão arterial; tensão baixa; ELECTRICIDADE *~ potential current* corrente de baixo potencial; *~ pressure current* corrente de baixa tensão; *~ speed engine* motor de baixa rotação; AERONÁUTICA *~ speed landing* aterragem a pequena velocidade; *~ tension plant* instalação de baixa tensão; *the ~ Countries* os Países Baixos; *at a ~ rate* barato; *to be brought ~* ser humilhado; *to be in ~ water* estar sem dinheiro; *to be laid ~* ser obrigado a ficar na cama; ser derrubado; ser morto; (boxe) *to hit ~* jogar um golpe baixo; *to run ~* esgotar-se; estar a acabar

lowborn ['ləʊbɔːn] adj. de origem humilde

lowboy ['ləʊbɔɪ] s. [EUA, Can.] cómoda baixa

lowbrow ['ləʊbraʊ] Ⓐ s. 1 pessoa sem ambições intelectuais; 2 pessoa pouco sofisticada; 3 pessoa terra-a-terra Ⓑ adj. 1 sem ambições intelectuais, sem ambições culturais; 2 pouco sofisticado; 3 fácil, sem grande nível cultural

low-browed ['ləʊbraʊd] adj. 1 de testa baixa; 2 (espaço) escuro; sombrio

low-budget [ˌləʊ'bʌdʒɪt] adj. de pequeno orçamento; CINEMA *~ movie* filme de pequeno orçamento ❖ *~ production* pequena produção

low-cal [ˌləʊ'kæl] adj. (dieta, alimento) de baixas calorias

low-calorie [ˌləʊ'kælərɪ] adj. (dieta, alimento) de baixas calorias

low-cost [ˌləʊ'kɒst] adj. barato, a bom preço, de baixo preço, acessível

low-crowned ['ləʊkraʊnd] adj. (chapéu) de copa baixa

low-cut [ˌləʊ'kʌt] adj. decotado; *~ dress* vestido decotado

low-down ['ləʊdaʊn] Ⓐ adj. 1 [coloq.] mau; 2 [coloq.] baixo, desprezível; 3 [coloq.] desonesto; 4 [coloq.] mesquinho Ⓑ s. 1 [coloq.] verdade nua e crua; 2 [coloq.] novidades; últimas informações; *to give sb the ~* pôr alguém ao corrente; *what's the ~ on ...?* quais são as últimas sobre ...?

low-end [ˌləʊ'end] adj. mais barato, mais acessível, de preço reduzido

lower[1] ['ləʊə] Ⓐ adj.,adv. 1 {comp. de **low**} baixo, mais baixo; 2 de baixo; *the ~ shelf* a prateleira de baixo; 3 inferior; *~ corner* canto inferior Ⓑ v.tr.,intr. 1 baixar; *to ~ the eyes* baixar os olhos; *to ~ the rents* baixar as rendas; 2 descer; 3 diminuir; decrescer; 4 (bandeira) arriar; 5 (voz, som) baixar em tom; *to ~ one's voice* baixar o tom de voz; 6 enfraquecer; 7 reduzir em altura; 8 humilhar; rebaixar; *to ~ oneself* rebaixar-se, humilhar-se ❖ TIPOGRAFIA *~ case* caixa baixa; tipo minúsculo; (sociedade) *~ classes* classes mais baixas; (escola) *~ school* os primeiros níveis; NÁUTICA *~ studding sails* varredeiras; *the ~ abdomen* o baixo-ventre; *the ~ animals* os animais inferiores; NÁUTICA *the ~ deck* a coberta inferior; *the ~ empire* o baixo império; [GB] *the Lower House* a Câmara dos Comuns; a Câmara Baixa; RELIGIÃO *the ~ regions* o Inferno; *to ~ a boat* deitar um escaler à água; *to ~ sb's morale* abater o moral de alguém; *to ~ the sails* amainar as velas

lower[2] ['ləʊə] s.,v.intr. ⇒ **lour**

lowerable ['ləʊərəbl] adj. que pode baixar-se

lowering[1] ['ləʊərɪŋ] Ⓐ adj. debilitante, que enfraquece Ⓑ s. 1 abaixamento; 2 rebaixamento, humilhação; 3 acto de amainar (as velas); 4 diminuição, abatimento

lowering[2] ['ləʊərɪŋ] s. ⇒ **louring**

loweringly ['ləʊərɪŋlɪ] adv. ⇒ **louringly**

lowermost ['ləʊəməʊst] adj. o mais baixo

lowest ['ləʊɪst] adj. 1 {superl. de **low**} o mais baixo; 2 o inferior; 3 o mais ínfimo; 4 o menor ❖ (leilão) *~ bidder* lanço menor; MATEMÁTICA *~ common multiple* menor múltiplo comum; *at the ~* no mínimo; (maré) *the ~ of the ebb* o fim da vazante

low-fat [ˌləʊ'fæt] adj. (alimento) magro; com baixo teor de gordura; dietético; *~ milk* leite magro; *~ yoghurt* iogurte magro

low-grade ['ləʊgreɪd] adj. 1 inferior; de qualidade inferior; 2 pobre; *~ ore* minério pobre; 3 médio; 4 (doença) pouco grave

lowing ['ləʊɪŋ] Ⓐ adj. que muge, mugidor Ⓑ s. mugido

low-key [ˌləʊ'kiː] adj. 1 discreto; 2 sóbrio; 3 despojado fig.; 4 (imagem) sombrio, escuro; CINEMA *~ picture* imagem sombria

lowland ['ləʊlənd] s. terra baixa, planície

lowlander ['ləʊlændə] s. habitante das terras baixas da Escócia

low-level [ˌləʊ'levəl] adj. 1 de baixo nível; INFORMÁTICA *~ language* linguagem de baixo nível; 2 (trabalho, tarefa) subalterno, menor; 3 baixo; 4 (voo) a baixa altura

lowlife ['ləʊlaɪf] adj.,s. [coloq., depr.] marginal, desclassificado

lowlily ['ləʊlɪlɪ] adv. humildemente

lowliness ['ləʊlɪnəs] s. humildade

low-lived [ˌləʊ'laɪvd] adj. com maus hábitos; de maus costumes

lowly ['ləʊlɪ] Ⓐ adj. (comp. **-ier**, superl. **-iest**) humilde, de condição humilde; modesto Ⓑ adv. com humildade, humildemente; modestamente

low-lying [ˌləʊ'laɪɪŋ] adj. baixo, de baixa altitude

lowmost [ˌləʊ'məʊst] adj. o mais baixo

low-necked [ˌləʊ'nekt] adj. decotado; *~ dress* vestido decotado

lowness ['ləʊnəs] s. 1 pequenez; 2 carência de altura, pouca altura, pouca altitude; 3 baixeza, vileza; 4 mesquinhice; 5 humildade, condição humilde; 6 modicidade de preços; 7 (som) tom grave; 8 depressão nervosa, abatimento

low-pitched [ˌləʊ'pɪtʃt] adj. 1 (som) grave, de tom baixo; 2 (telhado) com pouca inclinação

low-profile [ˌləʊ'prəʊfaɪl] adj. 1 discreto; 2 [depr.] apagado

low-ranking [ˌləʊ'ræŋkɪŋ] adj. 1 MILITAR de patente inferior; 2 de escalão inferior

low-spirited [ˌləʊ'spɪrɪtɪd] adj. deprimido; abatido; desanimado; desmoralizado

low-tension [ˌləʊ'tenʃən] adj. ELECTRICIDADE de baixa tensão; *~ circuit* circuito de baixa tensão

low-water [ˌləʊ'wɔːtə] adj. relativo à maré baixa; relativo à vazante; *~ mark* o ponto mais baixo na vazante ❖ *to reach ~ mark* atingir o ponto mais baixo; nunca ter estado tão mau

loxodromic [ˌlɒksəˈdrɒmɪk] Ⓐ *adj.* loxodrómico Ⓑ *s.* curva loxodrómica, loxodromia
loxodromics [ˌlɒksəˈdrɒmɪks] *s.* navegação loxodrómica
loxodromy [lɒkˈsɒdrəmɪ] *s.* loxodromia
loyal [ˈlɔɪəl] *adj.* 1 leal; fiel; 2 constante; 3 fiel ao rei; *the ~ subjects* os leais súbditos; *to drink the ~ toast* beber à saúde do rei
loyalism [ˈlɔɪəlɪzəm] *s.* lealismo
loyalist [ˈlɔɪəlɪst] *s.* lealista, partidário do governo estabelecido
loyally [ˈlɔɪəlɪ] *adv.* 1 lealmente; 2 com fidelidade; 3 com dedicação
loyals [ˈlɔɪəlz] *s.pl.* partidários leais do rei
loyalty [ˈlɔɪəltɪ] *s.* (*pl.* **-ies**) 1 lealdade [**to**, a]; fidelidade [**to**, a]; 2 dedicação [**to**, a]; 3 lealismo, fidelidade à Coroa ❖ *~ card* cartão de cliente; cartão de fidelidade
Loyolite [ˈlɔɪəlaɪt] *s.* loiolista, jesuíta
lozenge [ˈlɒzɪndʒ] *s.* 1 GEOMETRIA losango, rombo; 2 HERÁLDICA lisonja; 3 pastilha, rebuçado ❖ *cough ~* pastilha para a tosse; rebuçado para a tosse
lozenged [ˈlɒzɪndʒd] *adj.* em forma de losango, rômbico, rombiforme
lozengy [ˈlɒzɪndʒɪ] *adj.* HERÁLDICA com lisonjas
LP Ⓐ [ESC.] [*abrev. de* Lord Provost] Ⓑ FÍSICA [*abrev. de* low pressure] Ⓒ [*abrev. de* long-playing (record)]
L-plate [ˈelˌpleɪt] Ⓐ *s.* [GB] matrícula de carro de instrução Ⓑ *v.intr.* aprender a conduzir
LPS Ⓐ [*abrev. de* Lord Privy Seal] Ⓑ [*abrev. de* lipopolysaccharide]
Lr QUÍMICA [*símbolo de* lawrencium]
LRAM [*abrev. de* Licentiate of the Royal Academy of Music]
LRCP [*abrev. de* Licentiate of the Royal College of Physicians]
LRCS [*abrev. de* Licentiate of the Royal College of Surgeons]
ls [*abrev. de* place of the seal (locus sigilli)]
LSA [*abrev. de* Licentiate of the Society of Apothecaries]
LSD [*abrev. de* lysergic acid diethylamide] LSD
LSE [*abrev. de* London School of Economics]
LSI [*abrev. de* large-scale integration]
LST [EUA] [*abrev. de* Local Standard Time]
Lt MILITAR [*abrev. de* Lieutenant]
LT [*abrev. de* low tension]
LTA [*abrev. de* Lawn Tennis Association]
Ltd [*abrev. de* Limited]
LTE [*abrev. de* London Transport Executive]
Lt Gen MILITAR [*abrev. de* Lieutenant General]
Lt Gov [*abrev. de* Lieutenant Governor]
Lu QUÍMICA [*símbolo de* lutetium]
lubber [ˈlʌbə] *s.* 1 labrego, lapuz, rústico; 2 tosco; bronco; 3 NÁUTICA [depr.] marinheiro sem experiência; marinheiro de água doce ❖ NÁUTICA *lubber's line/mark/point* linha vertical indicando a direcção da proa do navio
lubberliness [ˈlʌbəlɪnəs] *s.* 1 rusticidade, carácter labrego; 2 falta de jeito, estupidez; 3 indolência; 4 andar pesado
lubberly [ˈlʌbəlɪ] Ⓐ *adj.* desajeitado, labrego, rústico, estúpido, pouco hábil Ⓑ *adv.* 1 desajeitadamente; 2 pesadamente
lubricant [ˈluːbrɪkənt] Ⓐ *adj.* lubrificante Ⓑ *s.* lubrificante ❖ *~ coat* camada de lubrificante; *~ inlet* admissão de lubrificante
lubricate [ˈluːbrɪkeɪt] *v.tr.,intr.* lubrificar; olear; *to ~ the gears* lubrificar as engrenagens
lubricating [ˈluːbrɪkeɪtɪŋ] Ⓐ *adj.* lubrificante Ⓑ *s.* lubrificação ❖ *~ device* dispositivo de lubrificação
lubrication [ˌluːbrɪˈkeɪʃən] *s.* lubrificação
lubricator [ˈluːbrɪkeɪtə] *s.* lubrificador, aparelho de lubrificação ❖ *drop ~* lubrificador conta-gotas
lubricious [luːˈbrɪʃəs] *adj.* ⇒ **lubricous**
lubricity [luːˈbrɪsɪtɪ] *s.* (*pl.* **-ies**) 1 [lit.] lubricidade; lascívia; 2 [lit.] untuosidade; oleosidade ❖ *~ of the oil* viscosidade do óleo
lubricous [ˈluːbrɪkəs] *adj.* 1 lúbrico, sensual; 2 instável, incerto; 3 escorregadio
lubrify [ˈluːbrɪfaɪ] *v.tr.* [arc.] lubrificar
Lucania [luːˈkeɪnɪə] *s.top.* Lucânia
Lucanian [luːˈkeɪnɪən] *adj.,s.* 1 lucano, da Lucânia; 2 habitante da Lucânia, natural da Lucânia
lucanus [ˈluːkeɪnəs] *s.* ZOOLOGIA lucano, cabra-loura, vaca-loura
luce [luːs] *s.* ZOOLOGIA (peixe de água doce) lúcio
lucency [ˈluːsənsɪ] *s.* luminosidade, brilho

lucent [ˈluːsənt] *adj.* 1 luminoso, brilhante, luzente; 2 claro
lucern [luːˈsɜːn, ˈluːsɜːn] *s.* BOTÂNICA luzerna
lucerne [luːˈsɜːn, ˈluːsɜːn] *s.* BOTÂNICA luzerna
Lucerne [luːˈsɜːn] *s.top.* Lucerna ❖ *the Lake of ~* o lago dos Quatro Cantões
Lucia [ˈluːsjə] *s.antr.* Lúcia
Lucian [ˈluːsɪən] *s.antr.* Luciano
Lucianic [ˌluːsɪˈænɪk] *adj.* à maneira de Luciano, espirituoso e satírico
lucid [ˈluːsɪd] *adj.* 1 lúcido; 2 luminoso, brilhante; 3 claro, transparente ❖ *~ intervals* momentos de lucidez
lucidity [luːˈsɪdɪtɪ] *s.* 1 lucidez, clareza de raciocínio; 2 transparência, claridade
lucidly [ˈluːsɪdlɪ] *adv.* lucidamente
lucidness [ˈluːsɪdnəs] *s.* ⇒ **lucidity**
lucifer [ˈluːsɪfə] *s.* [ant.] fósforo
Lucifer [ˈluːsɪfə] *s.* 1 (demónio) Lúcifer, Satanás; 2 (planeta Vénus) Lúcifer
lucifugous [luːˈsɪfjəgəs] *adj.* lucífugo, que foge da luz
lucilia [luːˈsiːlɪə] *s.* ZOOLOGIA lucília, mosca de tórax e abdómen verde brilhante com reflexos cúpreos, cuja larva vive em cadáveres
Lucilius [luːˈsiːlɪəs] *s.antr.* Lucílio
Lucina [luːˈsaɪnə, luːˈkiːnə] *s.* MITOLOGIA Lucina, divindade que preside aos partos
luciola [luːˈsiːələ] *s.* ZOOLOGIA lucíolo
luck [lʌk] *s.* 1 boa sorte; ventura; 2 sorte; fortuna; acaso ❖ *any luck?* tiveste sorte?; correu bem?; *as ~ would have it* por sorte; por pouca sorte; *bad luck!* foi azar!; *best of luck!* que tudo corra pelo melhor!; [coloq.] *better ~ next time* para a próxima, vai correr melhor; *for ~* para dar sorte; *good luck!* boa sorte!; *just my luck!* isto só a mim!; *no such luck!* quem dera!; [coloq.] *to be down on one's ~* andar em maré de azar; *to be out of ~* andar com pouca sorte; *to bring sb bad ~* dar azar a alguém; *to bring sb good ~* dar sorte a alguém; [coloq.] *to have the devil's own ~* ter uma sorte dos diabos; *to have the ~ to* ter a sorte de; *to push one's ~* confiar de mais na boa sorte; fiar-se na Virgem; *to try one's ~* tentar a sorte; *what a great piece of luck!* isso é que é sorte!; *worse ~* tanto pior; pior é impossível
♦ **luck into** *v.tr.* obter por sorte; calhar de
♦ **luck out** *v.intr.* ter sorte
luckily [ˈlʌkɪlɪ] *adv.* 1 felizmente, por felicidade, por sorte; 2 com felicidade
luckiness [ˈlʌkɪnəs] *s.* 1 felicidade, sorte; 2 boa estreia
luckless [ˈlʌkləs] *adj.* 1 com pouca sorte; desafortunado; 2 desditoso; infeliz
lucklessness [ˈlʌkləsnəs] *s.* pouca sorte, infortúnio, desgraça
lucky [ˈlʌkɪ] Ⓐ *adj.* (*comp.* **-ier**, *superl.* **-iest**) 1 feliz; felizardo; com sorte; 2 afortunado, bem sucedido; 3 que dá sorte; propício Ⓑ *s.* [ESC.] (mulher de certa idade) velhota, mãe ❖ *~ break* golpe de sorte; [GB] *~ dip* tômbola; *~ charm* amuleto; [coloq.] *~ dog* felizardo; *~ hour* hora feliz; *~ in love* feliz no amor; *at a ~ moment* num momento de sorte; [cal.] *to cut one's ~* pôr-se a andar; pisgar-se; [coloq.] (sexo) *to get ~* conseguir o que se queria; *to make a ~ guess* ter um palpite feliz; *to strike it ~* acertar na sorte; ganhar a sorte grande
lucrative [ˈluːkrətɪv] *adj.* lucrativo
lucratively [ˈluːkrətɪvlɪ] *adv.* com lucro; de forma lucrativa
lucrativeness [ˈluːkrətɪvnəs] *s.* 1 lucro, possibilidade de dar lucro; 2 rendimento
lucre [ˈluːkə] *s.* [depr.] lucro, ganho, ganância, interesse monetário
Lucretia [luːˈkriːʃɪə] *s.antr.* Lucrécia
Lucretian [luːˈkriːʃɪən] *adj.* relativo a Lucrécio
Lucretius [luːˈkriːʃəs] *s.antr.* Lucrécio
lucubrate [ˈluːkjuːbreɪt] *v.intr.* exprimir por escrito as suas lucubrações
lucubration [ˌluːkjʊˈbreɪʃən] *s.* 1 lucubração, meditação ou estudo nocturno; 2 trabalho literário um tanto pedante ou demasiado elaborado
lucubrator [ˈluːkjʊbreɪtə] *s.* aquele que escreve as suas lucubrações
Lucullus [luːˈkʌləs] *s.antr.* Lúculo

Lucy ['lu:sɪ] s.antr. Lúcia
lud [lʌd] s. [nos tribunais, ao dirigirem-se ao juiz presidente]
Luddite ['lʌdaɪt] Ⓐ s. 1 HISTÓRIA membro dum grupo de operários que, entre 1811-1816, armavam motins com o objectivo de serem destruídas as máquinas; 2 [fig.] opositor do desenvolvimento tecnológico Ⓑ adj. avesso ao desenvolvimento tecnológico
ludicrous ['lu:dɪkrəs] adj. 1 ridículo, absurdo, grotesco; 2 caricato
ludicrously ['lu:dɪkrəslɪ] adv. 1 duma maneira ridícula, absurda; 2 duma maneira caricata; 3 grotescamente
ludicrousness ['lu:dɪkrəsnəs] s. 1 carácter absurdo; 2 aspecto ridículo (de qualquer coisa); 3 comicidade
lues ['lju:ɪz] s. MEDICINA lues, sífilis ❖ ~ *Boswelliana* tendência de certos biógrafos para enaltecer o biografado
luff [lʌf] Ⓐ s. 1 NÁUTICA ló; 2 NÁUTICA amura da proa; 3 NÁUTICA bolina, orça Ⓑ v.tr.,intr. 1 NÁUTICA orçar, seguir à bolina, bolinar; 2 NÁUTICA fazer bolinar; 3 NÁUTICA passar a barlavento de ❖ NÁUTICA (vela) *to tear from ~ to leech* rasgar-se duma ponta a outra
luffer-board ['lʌfəbɔ:d] s. persiana
lug [lʌg] Ⓐ s. 1 asa, alça; 2 orelha; alheta; 3 presilha; 4 saliência; ressalto; 5 [GB] vara comprida; 6 NÁUTICA vela ao terço; 7 (pesca) verme, minhoca; 8 sacão, puxão, tracção violenta e súbita Ⓑ v.tr.,intr. (particípios **-gg-**) 1 puxar com força [**at**, por]; *to ~ at a thing* puxar por uma coisa; 2 forçar; meter à força; *to ~ a subject into the conversation* meter à força um assunto na conversa ❖ *fastening ~* ressalto de fixação
luge [lju:dʒ] Ⓐ s. DESPORTO pequeno trenó para uma só pessoa usado em desportos sobre a neve Ⓑ v.intr. DESPORTO deslizar em trenó individual em competições desportivas
luger ['lju:dʒə] s. aquele que anda num luge
luggage ['lʌgɪdʒ] s. bagagem; *personal ~* bagagem pessoal; bagagem que acompanha o passageiro; *~ in advance* bagagem não acompanhada pelo passageiro ❖ (automóvel) *~ carrier* porta-bagagem; mala; *~ grid* grade porta-bagagem; *~ label* rótulo posto em bagagens; *~ porter* bagageiro; *~ train* comboio de carga; *~ van* furgão de mercadorias
lugger ['lʌgə] s. NÁUTICA lugre
lugsail ['lʌgseɪl, 'lʌgsəl] s. NÁUTICA vela ao terço
lugubrious [lʊ'gju:brɪəs] adj. lúgubre
lugubriously [lʊ'gju:brɪəslɪ] adv. lugubremente
lugubriousness [lʊ'gju:brɪəsnəs] s. aspecto lúgubre, lugubridade
Luke [lu:k] s.antr. Lucas ❖ RELIGIÃO *the Gospel according to ~* o Evangelho segundo S. Lucas
lukewarm ['lu:kwɔ:m] adj. 1 tépido, morno; 2 pouco intenso; 3 indiferente, frouxo, débil; 4 sem grande entusiasmo
lukewarmly [,lu:k'wɔ:mlɪ] adv. 1 com certa indiferença, sem grande entusiasmo; 2 frouxamente
lukewarmness [,lu:k'wɔ:mnəs] s. 1 tepidez; 2 tibieza; falta de entusiasmo
lull [lʌl] Ⓐ s. 1 calma, acalmia, momento de quietude; 2 bonança, calmaria; 3 intervalo, pausa; descanso; *a ~ in conversation* uma pausa na conversa Ⓑ v.tr.,intr. 1 aquietar(-se); sossegar(-se); acalmar(-se); 2 (tempestade) amainar; serenar; 3 embalar para adormecer; *to ~ a baby to sleep* adormecer uma criança embalando-a ou cantando-lhe ❖ *a ~ in a storm* um momento de calma na tempestade; *to ~ sb into a false sense of security* conduzir alguém a uma falsa sensação de segurança; *to ~ sb's fears* acalmar os receios de alguém
lullaby ['lʌləbaɪ] Ⓐ s. (pl. **-ies**) MÚSICA canção de embalar Ⓑ v.tr. adormecer (criança) cantando
Lullianist ['lʌlɪənɪst] s. lulista, partidário do lulismo
lulling ['lʌlɪŋ] Ⓐ adj. que adormece, que acalma Ⓑ s. 1 acto de embalar uma criança; 2 acto de acalmar, de sossegar; 3 acalmia
Lullist ['lʌlɪst] s. ⇒ **Lullianist**
lum [lʌm] s. chaminé
lumachel [lɪʊmə'kel] s. ⇒ **lumachella**
lumachella [ljʊmə'kelə] s. MINERALOGIA (rocha calcária) lumaquela
lumbago [lʌm'beɪgəʊ] s. lumbago
lumbar ['lʌmbə] Ⓐ adj. lombar Ⓑ s. vértebra ou nervo lombar

lumber ['lʌmbə] Ⓐ s. 1 [EUA] madeiramento; madeiras; tábuas; 2 móveis velhos; trastes velhos; coisas amontoadas; tarecos; 3 gordura excessiva Ⓑ v.tr.,intr. 1 sobrecarregar [**with**, com]; 2 amontoar; 3 atravancar [**with**, com]; 4 cortar, serrar madeira; 5 arrastar-se pesadamente; deslocar-se pesadamente; *to ~ about* arrastar-se de um lado para o outro; *to ~ in* entrar pesadamente; *to ~ out* sair pesadamente ❖ *~ mill* serração; *~ room* quarto de arrumações; *~ timber* madeira de construção
lumbered ['lʌmbəd] adj. 1 atravancado; 2 cheio de coisas
lumberer ['lʌmbərə] s. 1 lenhador, madeireiro; 2 indivíduo pesado
lumbering ['lʌmbərɪŋ] Ⓐ adj. pesado Ⓑ s. 1 exploração florestal, corte de madeiras, corte de árvores; 2 atravancamento de qualquer aposento
lumberjack ['lʌmbədʒæk] s. lenhador, madeireiro
lumberman ['lʌmbəmən] s. (pl. **-men**) lenhador, madeireiro
lumbersome ['lʌmbəsəm] adj. pesado, pesadote
lumberyard ['lʌmbəjɑ:d] s. [EUA] depósito de madeiras para construção
lumbrical ['lʌmbrɪkəl] Ⓐ adj. lombrical, lumbrical Ⓑ s. músculo lumbrical
lumen ['lu:mən] s. (pl. **lumina**) 1 FÍSICA (sistema internacional de unidades de medida) lúmen; 2 ANATOMIA lúmen, lume, espaço entre as paredes dum vaso ou duma célula
lumina ['lu:mɪnə] s. {pl. de **lumen**}
luminary ['lu:mɪnərɪ, 'lu:mɪnerɪ] s. (pl. **-ies**) 1 luminar, corpo luminoso, astro, Sol, Lua; 2 luminar, pessoa de grande ciência, pessoa de excepcional competência em ciência
luminesce ['lu:mɪnes] v.intr. tornar-se luminescente
luminescence [,lu:mɪ'nesəns] s. luminescência
luminescent [,lu:mɪ'nesənt] adj. luminescente
luminiferous [,lu:mɪ'nɪfərəs] adj. luminoso, luminífero
luminist ['lu:mɪnɪst] s. PINTURA luminista
luminosity [,lu:mɪ'nɒsɪtɪ] s. (pl. **-ies**) luminosidade
luminous ['lu:mɪnəs] adj. 1 luminoso; 2 resplandecente; 3 vivo, brilhante ❖ *~ bodies* corpos luminosos; *~ buoy* bóia luminosa; *~ dial* mostrador luminoso; *~ dot* ponto luminoso; *~ paint* pintura fosforescente; *~ source* fonte luminosa; *to give a ~ explanation* dar uma explicação clara, compreensível
luminously ['lu:mɪnəslɪ] adv. luminosamente
luminousness ['lu:mɪnəsnəs] s. 1 luminosidade; 2 inteligibilidade, clareza
lumme ['lʌmɪ] interj. [cal.] (surpresa) caramba!
lump [lʌmp] Ⓐ s. 1 pedaço, grande bocado; 2 torrão [**of**, de]; *a ~ of sugar* um torrão de açúcar; 3 grumo; 4 MEDICINA caroço; 5 protuberância, inchaço; 6 [coloq.] galo; *he got a ~ on the head* fez um galo na cabeça; 7 [coloq.] (pessoa) (imbecil) cepo Ⓑ v.tr.,intr. 1 juntar(-se) numa massa, amontoar(-se), aglomerar(-se); 2 misturar; amalgamar; 3 arrastar-se com um andar pesado; 4 [coloq.] aturar, gramar; *even if you don't like it, you'll have to ~ it* ainda que não gostes, tens de o gramar ❖ *~ coal* carvão em pedaços; *~ lime* cal viva em pedaços; *a ~ sum* uma quantia paga duma só vez; *in the ~* no conjunto; não separadamente; *to be a ~ of selfishness* ser o egoísmo personificado; (angústia) *to have a ~ in the throat* ter um nó na garganta; *to ~ every thing under the same title* meter tudo no mesmo saco; [coloq.] *to ~ large in sb's eyes* ter muita importância aos olhos de alguém; *to sell in the ~* vender em conjunto; vender tudo junto
◆**lump down** v.intr. cair pesadamente
◆**lump together** v.tr. 1 juntar; considerar em bloco; 2 meter tudo no mesmo saco; não fazer distinção
lumpen ['lʌmpən] adj. 1 [depr.] grosseiro; 2 [depr.] labrego, abrutalhado; 3 [depr.] estúpido
lumper ['lʌmpə] s. NÁUTICA estivador, carregador
lumpiness ['lʌmpɪnəs] s. 1 tendência para se aglomerar em grumos; 2 formação em grânulos; 3 formação em torrões
lumping ['lʌmpɪŋ] Ⓐ adj. 1 grande, desajeitado; 2 enorme Ⓑ s. 1 aglomeração, junção de coisas diversas sob a mesma rubrica; 2 amontoamento
lumpish ['lʌmpɪʃ] adj. 1 pesado, pesadão, maljeitoso, desajeitado; 2 grosseiro; 3 estúpido; 4 parado, indiferente
lumpishly ['lʌmpɪʃlɪ] adv. 1 pesadamente; 2 desajeitadamente

lumpishness ['lʌmpɪʃnəs] *s.* **1** aspecto pesadão; **2** grosseria, estupidez

lumpkin ['lʌmpkɪn] *s.* grosseiro, estúpido, molengão

lumpy ['lʌmpɪ] *adj.* (*comp.* **-ier**, *superl.* **-iest**) **1** grumoso, cheio de grumos; **2** granuloso; **3** (água do mar) rugosa, devido à formação de pequenas ondas causadas pelo vento

lunacy ['lu:nəsɪ] *s.* (*pl.* **-ies**) **1** loucura; demência, alienação mental; insanidade; **2** loucura intermitente; **3** absurdo, disparate ❖ [arc.] *Commissioner in ~* inspector de hospitais para pessoas com perturbações mentais; [arc.] *commission of ~* comissão para examinar as faculdades mentais duma pessoa; [arc.] *Master in ~* magistrado encarregado de investigar casos de suposta alienação mental

lunar ['lu:nə] *adj.* **1** (relativo à Lua) lunar; **2** em forma de Lua; em forma de crescente ❖ QUÍMICA *~ caustic* cáustico lunar; nitrato de prata; ASTRONOMIA *~ cycle* ciclo lunar; ASTRONOMIA *~ eclipse* eclipse lunar; *~ landing* alunagem; *~ module* módulo lunar; ASTRONOMIA *~ month* mês lunar

lunaria [lʊ'neərɪə] *s.* BOTÂNICA lunária

lunarian [lʊ'neərɪən] ⓐ *s.* **1** lunar, lunícola, selenita, suposto habitante da Lua; **2** astrónomo especializado em questões lunares

lunate ['lu:nət] *adj.* semilunar, em forma de crescente

lunatic ['lu:nətɪk] *adj.,s.* **1** lunático, maluco, louco; **2** excêntrico ❖ *~ asylum* manicómio; [coloq.] *the ~ fringe* a ala fanática; a ala extremista

lunation [lʊ'neɪʃən] *s.* lunação

lunch [lʌntʃ] ⓐ *s.* (*pl.* **-es**) almoço; *to have/take ~* almoçar ⓑ *v.intr.* almoçar ⓒ *v.tr.* dar almoço; oferecer um almoço a ❖ *~ hour* hora de almoço

luncheon ['lʌntʃən] *s.* ⇒ **lunch** ⓐ

luncher ['lʌntʃə] *s.* pessoa que almoça

lunchtime ['lʌntʃtaɪm] *s.* hora de almoço

lune [lu:n] *s.* lúnula, figura geométrica com a forma de crescente formada sobre esfera ou num plano

lunette [lʊ'net] *s.* **1** luneta, fresta oval ou circular em parede para admissão de luz; **2** espaço semicircular ou em forma de crescente em cúpula ou tecto preenchido com pintura; **3** peça de guilhotina onde se introduz o pescoço do condenado; **4** luneta, obra de fortificação aberta

lung [lʌŋ] ⓐ *s.* **1** pulmão; **2** [fig.] (grande cidade) pulmão*fig*, espaço verde; *lungs of London* parques de Londres; **3** (animal) bofe ⓑ *adj.* pulmonar; do pulmão ❖ MEDICINA *~ cancer* cancro do pulmão; *~ power* força/potência de voz; MEDICINA *~ specialist* pneumologista; BOTÂNICA *lungs of oak* pulmonária; *good lungs* bons pulmões; voz forte; [coloq.] *to cry at the top of one's lungs* esganiçar-se; berrar o mais que se pode

lunge [lʌndʒ] ⓐ *s.* **1** (equitação) (correia comprida) guia; **2** picadeiro; **3** DESPORTO (esgrima) bote, estocada; **4** investida; **5** soco; **6** movimento súbito para a frente ⓑ *v.intr.* **1** adestrar cavalo com guia; **2** DESPORTO (esgrima) dar estocada em; **3** lançar um golpe na direcção de; **4** precipitar-se [at, contra]; investir [at, contra]; atacar [at, -]; *to ~ at sb* precipitar-se contra alguém ❖ DESPORTO (esgrima) *to make a full ~* atacar a fundo

◆**lunge forward** *v.intr.* precipitar-se para a frente; atirar-se para a frente

◆**lunge out** ⓐ *v.intr.* **1** (cavalo) escoucinhar; **2** desferir golpe [at, contra]; arremeter [at, contra] ⓑ *v.tr.* (soco, pontapé) dar; *to ~ a kick* dar um pontapé

lunged [lʌŋd] *adj.* com pulmões

lunger ['lʌŋə] *s.* [EUA] [coloq.] doente dos pulmões, doente do peito, tuberculoso

lungfish ['lʌŋfɪʃ] *s.* ZOOLOGIA (peixe) dipnóico, dipneu, dipneusta

lungi ['lu:ŋgɪ] *s.* tanga

lunging ['lʌndʒɪŋ] *s.* exercício de equitação no picadeiro, no qual o cavalo é segurado por uma comprida guia

lungwort ['lʌŋwɜːt] *s.* BOTÂNICA pulmonária

luniform ['lu:nɪfɔːm] *adj.* luniforme, em forma de meia-lua

lunisolar [,lu:nɪ'səʊlə] *adj.* lunissolar ❖ *~ period* período de 532 anos

lunistice ['lu:nɪstɪs] *s.* ponto em que a Lua se acha a maior distância da Terra

lunitidal [,lu:nɪ'taɪdəl] *adj.* respeitante às marés causadas pela Lua

lunkhead ['lʌŋkhed] *s.* [EUA] (ofensivo) palerma, estúpido

lunula ['lu:njələ] *s.* (*pl.* **-ae**) lúnula

lunulae ['lu:njʊliː] *s.* {*pl.* *de* **lunula**}

lunular ['lu:njələ] *adj.* lunular

lunulate ['lu:njəleɪt] *adj.* lunulado, luniforme

lunulated ['lu:njəleɪtɪd] *adj.* lunulado, luniforme

lunule ['lu:njəl] *s.* lúnula

lupa ['lu:pə] *s.* ZOOLOGIA lupa, género de crustáceos

Lupercal ['lu:pəkæl] *s.* ⇒ **Lupercalia**

Lupercalia [,lu:pɜː'keɪlɪə] *s.pl.* Lupercais, festas da antiga Roma, em honra do deus Pã (Luperce)

lupin ['lu:pɪn] *s.* BOTÂNICA lupino, tremoço

lupine[1] ['lu:pɪn] *s.* BOTÂNICA lupino, tremoço

lupine[2] ['lu:paɪn] *adj.* lupino; próprio de lobo; relativo ao lobo

lupulin ['lu:pjəlɪn] *s.* BOTÂNICA lupulina

lupus ['lu:pəs] *s.* MEDICINA lúpus

lurch [lɜːtʃ] ⓐ *s.* (*pl.* **-es**) **1** deserção; desamparo; abandono; **2** (jogos) capote; **3** (carro, barco) guinada, solavanco; *to give a ~* dar uma guinada; **4** POLÍTICA viragem; *a ~ to the left* uma viragem à esquerda; **5** [fig.] (emocionalmente) volta; baque; *my heart gave a ~* senti um baque no coração; *my stomach gave a ~* senti uma volta no estômago; **6** (embriaguez) cambaleio; desequilíbrio súbito; **7** fraude; burla ⓑ *v.intr.* **1** cambalear; vacilar; deslocar-se com passo hesitante; **2** guinar subitamente; **3** dar solavancos; **4** esguerar-se; **5** oscilar; hesitar; mudar; **6** (estômago, etc.) dar voltas ⓒ *v.tr.* ludibriar; aldrabar; burlar ❖ *to leave sb in the ~* abandonar alguém num momento difícil; deixar alguém em apuros; *to lie at ~* estar à espreita

lurcher ['lɜːtʃə] *s.* **1** larápio, gatuno, ladrão; **2** pessoa que está à espreita; **3** cão cruzado de galgo e cão da serra muito empregado por caçadores furtivos

lurching ['lɜːtʃɪŋ] ⓐ *adj.* **1** com balanço, com solavancos; **2** hesitante; **3** cambaleante, pouco firme no andar ⓑ *s.* **1** solavanco; **2** movimento de popa à proa; **3** marcha hesitante e pouco segura

lure [lʊə] ⓐ *s.* **1** engodo; chamariz; isca; **2** sedução; **3** tentação; atracção; fascínio; *the ~ of adventure* o fascínio da aventura; *the ~ of the sea* a atracção do mar ⓑ *v.tr.* **1** encantar; fascinar; seduzir; **2** tentar; engodar; **3** atrair [**into**, para] ❖ *to be lured into a trap* deixar-se cair numa armadilha

◆**lure away** *v.tr.* (persuasão, estratagemas) desviar; desencaminhar ❖ *to lure sb away from...* afastar alguém de...

◆**lure on** *v.tr.* ludibriar; enganar

lurid ['lʊərɪd] *adj.* **1** sórdido; escabroso; **2** sensacionalista; **3** (cor) demasiado garrido; com colorido assustador; **4** lúrido; cadavérico; **5** sinistro; medonho; *a ~ tale* um conto assustador; **6** acobreado; **7** BOTÂNICA amarelo-pardo ❖ *a ~ sky* um céu em fogo; *in ~ detail* com todos e pormenores e mais algum; *to throw a ~ light on* mostrar o lado sinistro de

luridly ['lʊərɪdlɪ] *adv.* **1** de modo sinistro; **2** lividamente; **3** lugubremente; **4** estranhamente

luridness ['lʊərɪdnəs] *s.* **1** aspecto lúgubre, aparência sinistra; **2** aspecto chocante; **3** tom acobreado

luring ['lʊərɪŋ] *adj.* **1** fascinante, sedutor, tentador; **2** que atrai

lurk [lɜːk] ⓐ *s.* esconderijo ⓑ *v.intr.* **1** esconder-se; ocultar-se; *sb was lurking in the shadows* alguém se ocultava na sombra; **2** estar à espreita; emboscar-se; **3** existir em estado latente; **4** (dúvida) persistir ❖ *to be on the ~* estar à espreita

lurker ['lɜːkə] *s.* **1** aquele que se esconde, pessoa escondida; **2** pessoa que está de atalaia, indivíduo que se põe à espreita

lurking ['lɜːkɪŋ] *adj.* **1** escondido, oculto, emboscado; **2** secreto, latente; *a ~ suspicion* uma vaga suspeita ❖ *~ place* esconderijo

lurkingly ['lɜːkɪŋlɪ] *adv.* secretamente, ocultamente

luscious ['lʌʃəs] *adj.* **1** saboroso; **2** delicioso; **3** suculento, agradável ao olfacto e ao paladar; **4** adocicado, demasiado doce; **5** (estilo) demasiado rico; **6** voluptuoso

lusciously ['lʌʃəslɪ] *adv.* **1** deliciosamente, suculentamente; **2** de maneira demasiado adocicada; **3** com volúpia

lusciousness ['lʌʃəsnəs] *s.* **1** delícia, suculência; **2** demasiada doçura; **3** voluptuosidade de sugestões

lush [lʌʃ] ⓐ *adj.* **1** luxuriante, pleno de seiva, viçoso, exuberante; **2** fresco e verde; **3** suculento; **4** luxuoso, sumptuoso, opulento; **5** [coloq.] sensual ⓑ *s.* **1** [depr.] bêbedo; **2** [cal.] bebida (alcoólica) ⓒ *v.tr.* [cal.] embriagar ⓓ *v.intr.* [cal.] embriagar-se

lushness

lushness [ˈlʌʃnəs] *s.* 1 carácter luxuriante (de vegetação); 2 suculência; 3 sumptuosidade, opulência
lushy [ˈlʌʃɪ] *adj.* [cal.] bêbedo; ébrio ❖ [cal.] ~ *cove* (indivíduo) bêbedo
Lusiads [ˈluːsɪædz] *s.* Lusíadas
Lusitania [ˌluːsɪˈteɪnɪə] *s.top.* Lusitânia
lusophone [ˈluːsəfəʊn] *adj.* lusófono
lusophony [luːˈsɒfənɪ] *s.* lusofonia
lust [lʌst] Ⓐ *s.* 1 desejo sexual; 2 concupiscência; luxúria; 3 ânsia; 4 cobiça Ⓑ *v.intr.* 1 desejar (sexualmente) [**for**, -]; 2 ansiar [**for/after**, por]; sentir um desejo intenso [**for/after**, de]; 3 cobiçar; ambicionar; *to ~ for power* cobiçar o poder; 4 entregar-se à luxúria ❖ *~ for power* ambição de poder; *the lusts of the flesh* os desejos carnais
lustful [ˈlʌstfʊl] *adj.* libidinoso, sensual, lúbrico
lustfully [ˈlʌstfʊlɪ] *adv.* 1 libidinosamente; 2 com sensualidade; 3 lubricamente
lustfulness [ˈlʌstfʊlnəs] *s.* sensualidade, lubricidade, luxúria
lustily [ˈlʌstɪlɪ] *adv.* 1 vigorosamente; energicamente; 2 cheio de vida ❖ *to work ~* trabalhar com vontade
lustiness [ˈlʌstɪnəs] *s.* vigor, energia, robustez, exuberância
lusting [ˈlʌstɪŋ] Ⓐ *adj.* sensual, lúbrico Ⓑ *s.* 1 desejo carnal, sensualidade; 2 cobiça
lustra [ˈlʌstrə] *s.* {*pl. de* **lustrum**}
lustral [ˈlʌstrəl] *adj.* lustral, purificador
lustrate [ˈlʌstreɪt] *v.tr.* lustrar, purificar com água lustral
lustration [lʌsˈtreɪʃən] *s.* lustração, purificação com água lustral
lustre [ˈlʌstə] Ⓐ *adj.* 1 brilho, refulgência, fulgor, esplendor; 2 lustro, polimento; 3 glória, distinção, renome; 4 (candelabro) lustre; 5 (tecido) lustrina; 6 (período de cinco anos) lustro Ⓑ *v.tr.* 1 lustrar, dar lustro a; 2 esmaltar ❖ *to add ~ to* abrilhantar; tornar ilustre; *to throw new ~ on* tornar ainda mais ilustre
lustreless [ˈlʌstəlɪs] *adj.* 1 mate; 2 sem brilho
lustreware [ˈlʌstəweə] *s.* cerâmica vidrada
lustrine [ˈlʌstrɪn] *s.* lustrina
lustring [ˈlʌstrɪŋ] *s.* 1 lustrina; 2 lustro de tecido
lustrous [ˈlʌstrəs] *adj.* 1 lustroso, acetinado; 2 brilhante
lustrously [ˈlʌstrəslɪ] *adv.* 1 lustrosamente; 2 com brilho
lustrousness [ˈlʌstrəsnəs] *s.* brilho, resplandecência
lustrum [ˈlʌstrəm] *s.* (*pl.* **-a** ou **-s**) lustro, período de cinco anos
lusty [ˈlʌstɪ] *adj.* (*comp.* **-ier**, *superl.* **-iest**) 1 vigoroso, enérgico, forte, robusto, sadio; 2 vivo
lutanist [ˈluːtənɪst] *s.* MÚSICA alaudista, tocador de alaúde
lute [luːt] Ⓐ *s.* 1 MÚSICA alaúde; 2 lúteo, luto, reboco Ⓑ *v.tr.* (massa) lutar, vedar com luto, tapar com luto ❖ MÚSICA *~ maker* fabricante de alaúdes; MÚSICA *~ player* tocador de alaúde
lutecium [luːˈtiːʃɪəm] *s.* QUÍMICA ⇒ **lutetium**
lutein [ˈluːtɪɪn] *s.* QUÍMICA luteína
luteous [ˈluːtɪəs] *adj.* lúteo, amarelo
lutestring [ˈluːtstrɪŋ] *s.* lustrina
Lutetia [luːˈtiːʃɪə] *s.top.* Lutécia
Lutetian [luːˈtiːʃɪən] *adj.,s.* 1 GEOLOGIA lutécico; 2 luteciano; relativo a Lutécia; habitante de Lutécia
lutetium [luːˈtiːʃəm] *s.* QUÍMICA (elemento químico) lutécio
Luther [ˈluːθə] *s.antr.* Lutero
Lutheran [ˈluːθərən] *adj.,s.* luterano
Lutheranism [ˈluːθərənɪzəm] *s.* luteranismo
Lutheranize [ˈluːθərənaɪz] *v.tr.,intr.* luteranizar, luteranizar-se
luvvie [ˈlʌvɪ] *s.* ⇒ **luvvy**
luvvy [ˈlʌvɪ] *s.* 1 [coloq.] querido; 2 [coloq., joc.] actor; 3 [coloq., fig., joc.] (pessoa teatral) comediante*fig.*
lux [lʌks] *s.* (*pl.* **luxes**) FÍSICA (sistema internacional de unidades de medida) lux
luxate [ˈlʌkseɪt] *v.tr.* luxar, deslocar (osso)
luxation [lʌkˈseɪʃən] *s.* luxação
Luxembourg [ˈlʌksəmbɜːg] *s.top.* (país, cidade, província belga) Luxemburgo
Luxembourger [ˈlʌksəmbɜːgə] *s.* luxemburguês
luxuriance [lʌgˈzjʊərɪəns] *s.* carácter luxuriante, exuberância
luxuriant [lʌgˈzjʊərɪənt] *adj.* 1 luxuriante; *a ~ vegetation* vegetação luxuriante; 2 exuberante; *a ~ imagination* uma imaginação exuberante
luxuriantly [lʌgˈzjʊərɪəntlɪ] *adv.* luxuriantemente, exuberantemente

528

luxuriate [lʌgˈzjʊərɪeɪt] *v.intr.* 1 desenvolver-se de forma luxuriante; 2 entregar-se [**in**, a]; ter grande prazer [**in**, em]; deleitar-se [**in**, com] ❖ *to ~ in an easy chair* refestelar-se numa poltrona; *to ~ in dreams* deixar-se embalar por sonhos
luxurious [lʌgˈzjʊərɪəs] *adj.* 1 luxuoso, magnificente, faustoso; 2 voluptuoso, sensual
luxuriously [lʌgˈzjʊərɪəslɪ] *adv.* 1 luxuosamente, com grande fausto; 2 voluptuosamente
luxuriousness [lʌgˈzjʊərɪəsnəs] *s.* luxo, magnificência, fausto
luxury [ˈlʌkʃərɪ] *s.* (*pl.* **-ies**) 1 luxo; fausto; 2 ostentação; 3 boa vida; 4 objecto de luxo ❖ *~ car* carro de luxo; *~ flat* andar de luxo; *~ tax* imposto lançado sobre artigos de luxo; *to live in ~* viver no luxo; *to live in the lap of ~* viver no seio da abundância; *we can't afford luxuries* não nos podemos dar a luxos
LWM [*abrev. de* low water mark]
LWR [*abrev. de* light water reactor]
lycanthrope [ˈlaɪkənθrəʊp] *s.* licantropo
lycanthropy [laɪˈkænθrəpɪ] *s.* licantropia
lycaon [laɪˈkeɪən] *s.* ZOOLOGIA licaon, lobo-pintado
Lycaon [laɪˈkeɪən] *s.* MITOLOGIA Licaon, rei da Arcádia, filho de Pelasgos
lycée [ˈliːseɪ] *s.* liceu
Lyceum [laɪˈsɪəm] *s.* 1 liceu, instituição literária; 2 liceu, nome dum dos principais ginásios da antiga Atenas, em que Aristóteles ensinou
lychee [ˈliːtʃiː] *s.* BOTÂNICA líchia
lych-gate [ˈlɪtʃgeɪt] *s.* ⇒ **lich-gate**
lychnis [ˈlɪknɪs] *s.* BOTÂNICA licne
Lycia [ˈlɪsɪə] *s.top.* Lícia
Lycian [ˈlɪsɪən] *adj.,s.* 1 da Lícia; relativo à Lícia; 2 natural da Lícia
Lycidas [ˈlɪsɪdæs] *s.* MITOLOGIA Lícidas
lycopod [ˈlaɪkəpɒd] *s.* BOTÂNICA licopódio
lycopodium [ˌlaɪkəˈpɒdɪəm] *s.* 1 licopódio; 2 pó-de-licopódio
lycopsis [laɪˈkɒpsɪs] *s.* BOTÂNICA licopse
lycopus [laɪˈkəʊpəs] *s.* BOTÂNICA licopo
lycra [ˈlaɪkrə] Ⓐ *s.* (tecido) licra Ⓑ *adj.* de/em licra
Lycurgus [laɪˈkɜːgəs] *s.antr.* Licurgo
lyddite [ˈlɪdaɪt] *s.* QUÍMICA lidite, substância explosiva
Lydia [ˈlɪdɪə] *s.antr.,top.* Lídia
Lydian [ˈlɪdɪən] Ⓐ *adj.* (pessoa, cultura, etc.) lídio Ⓑ *s.* 1 (pessoa) lídio; 2 (língua) lídio ❖ MÚSICA *~ mood* modo lídio
lye [laɪ] *s.* lixívia ❖ *caustic soda ~* lixívia de soda cáustica
lying [ˈlaɪɪŋ] Ⓐ *adj.* 1 mentiroso, enganador, falso; *a ~ tongue* uma língua mentirosa; 2 estendido; deitado; 3 situado, sito Ⓑ *s.* 1 mentiras; falsidade; 2 leito, cama; 3 repouso ❖ *to be in a ~ position* estar numa posição horizontal
lying-in [ˈlaɪɪŋɪn] *s.* (*pl.* **lyings-in**) [arc.] período imediatamente anterior e posterior ao parto, passado na cama ❖ *~ hospital* maternidade
lyingly [ˈlaɪɪŋlɪ] *adv.* mentirosamente
lyke-wake [ˈlaɪkweɪk] *s.* [arc.] velada fúnebre
lyme-grass [ˈlaɪmgrɑːs] *s.* BOTÂNICA unha-de-gato, rompe-gibão
lymph [lɪmf] *s.* 1 linfa, água pura; 2 FISIOLOGIA linfa; 3 vacina
lymphadenoma [ˌlɪmfædɪˈnəʊmə] *s.* linfadenoma
lymphangeitis [ˌlɪmfænˈdʒaɪtɪs] *s.* linfangite
lymphangitis [ˌlɪmfænˈdʒaɪtɪs] *s.* linfangite
lymphatic [lɪmˈfætɪk] *adj.* linfático
lymphatics [lɪmˈfætɪks] *s.pl.* vasos linfáticos
lymphatism [ˈlɪmfətɪzəm] *s.* linfatismo
lymphocyte [ˈlɪmfəsaɪt] *s.* linfócito
lymphoid [ˈlɪmfɔɪd] *adj.* linfóide
lymphoma [lɪmˈfəʊmə] *s.* MEDICINA linfoma, linfadenoma
lyncean [lɪnˈsiːən] *adj.* de lince, próprio de lince, com olhos de lince
lynch [lɪntʃ] *v.tr.* linchar, executar ou justiçar sumariamente ❖ *~ law* a lei de Lynch
lyncher [ˈlɪntʃə] *s.* linchador
lynching [ˈlɪntʃɪŋ] *s.* linchamento
lynx [lɪŋks] *s.* ZOOLOGIA lince; *she-lynx* lince-fêmea
lynx-eyed [ˈlɪŋksaɪd] *adj.* com olhos de lince
Lyon [ˈlaɪən] *s.* rei de armas da Escócia
Lyonese [ˌlaɪəˈniːz] *adj.,s.* leonês

lyophilization [laɪˌɒfɪlaɪˈzeɪʃən] s. liofilização
lyophilize [laɪˈɒfɪˌlaɪz] v.tr. liofilizar
Lyra [ˈlaɪərə] s. ASTRONOMIA (constelação) Lira
lyrate [ˈlaɪrɪt] adj. em forma de lira
lyre [ˈlaɪə] s. MÚSICA lira
lyrebird [ˈlaɪəbɜːd] s. ZOOLOGIA ave-lira
lyric [ˈlɪrɪk] Ⓐ adj. lírico Ⓑ s. 1 poema lírico; 2 lírica; 3 [poét.] ave canora; 4 pl. MÚSICA letra de canção ❖ ~ *drama* drama lírico; *the ~ stage* a ópera
lyrical [ˈlɪrɪkəl] adj. 1 lírico; 2 sentimental
lyricism [ˈlɪrɪsɪzəm] s. lirismo
lyricist [ˈlɪrɪsɪst] s. 1 LITERATURA poeta lírico; 2 MÚSICA escritor de canções
lyriform [ˈlɪrɪfɔːm] adj. liriforme
lyrism [ˈlɪrɪzəm] s. lirismo
lyrist[1] [ˈlɪrɪst] s. poeta lírico
lyrist[2] [ˈlaɪərɪst] s. MÚSICA tocador de lira

Lysander [laɪˈsændə] s.antr. Lisandro
lyse [laɪz] v.tr. provocar lise em célula
lysergic [laɪˈsɜːdʒɪk] adj. QUÍMICA lisérgico
Lysias [ˈlɪsɪæs] s.antr. Lísias
Lysimachus [laɪˈsɪməkəs] s.antr. Lisímaco
lysin [ˈlaɪsɪn] s. BIOQUÍMICA lisina
Lysippus [laɪˈsɪpəs] s.antr. Lisipo
lysis [ˈlaɪsɪs] s. lise
Lysistratus [laɪˈsɪstrətəs] s.antr. Lisístrato
lysogenize [laɪˈsɒdʒəˌnaɪz] v.tr. (bacteriologia) lisogenizar
lysol [ˈlaɪsɒl] s. lisol, solução concentrada de ácido fénico e sabão
lyssa [ˈlɪsə] s. raiva, hidrofobia
lytic [ˈlɪtɪk] adj. lítico; relativo a lisina
lytta [ˈlɪtə] s. (pl. -ae) cartilagem existente na língua de alguns carnívoros
lyttae [ˈlɪtiː] s. {pl. de **lytta**}

m [em] s. (pl. **ms** ou **m´s**) (letra) m, M ❖ MILITAR M *day* dia de mobilização

m. Ⓐ [abrev. de married] Ⓑ [abrev. de masculine] Ⓒ [abrev. de meter] Ⓓ [abrev. de mile]

M Ⓐ [abrev. de male] Ⓑ QUÍMICA [abrev. de mass] Ⓒ (educação) [abrev. de Master] Ⓓ VESTUÁRIO (tamanho) [abrev. de medium] M Ⓔ [abrev. de Member] Ⓕ LÓGICA [abrev. de middle term] Ⓖ [abrev. de million] Ⓗ QUÍMICA [abrev. de molar] Ⓘ [abrev. de motorway]

M. Ⓐ [EUA] [abrev. de Majesty] Ⓑ [abrev. de March] Ⓒ [abrev. de marquis] Ⓓ [EUA] [abrev. de Monday] Ⓔ [abrev. de Monsieur] Ⓕ [EUA] [abrev. de mountain]

ma [mɑː] s. [coloq.] mamã, mãezinha

MA Ⓐ (mestrado) (universidade) [abrev. de Magister Artium (Master of Arts)] Ⓑ [abrev. de Massachusetts] Ⓒ PSICOLOGIA [abrev. de mental age] Ⓓ [abrev. de Military Academy]

ma'am [mɑːm] s. ⇒ **madam**

Maas[2] [mɑːs] s.top. (rio) Mosa

Mab [mæb] s. MITOLOGIA nome da rainha das fadas, mulher de Oberon

mac [mæk] s. [coloq.] ⇒ **mackintosh**

Mac. [abrev. de Maccabees]

macabre [məˈkɑːbrə] adj. macabro, mórbido ❖ HISTÓRIA *danse* ~ dança macabra; dança da morte

macaco [məˈkeɪkəʊ] s. 1 [ant.] macaco; 2 variedade de lémure

macadam [məˈkædəm] Ⓐ s. macadame Ⓑ adj. em macadame; macadamizado; ~ *road* estrada macadamizada Ⓒ v.tr. macadamizar

macadamia [ˌmækəˈdeɪmɪə] s. BOTÂNICA (árvore, fruto) macadâmia ❖ ~ *nut* macadâmia; noz-macadâmia

macadamization [məˌkædəmaɪˈzeɪʃən] s. macadamização

macadamize [məˈkædəmaɪz] v.tr. macadamizar

macadamizing [məˈkædəmaɪzɪŋ] s. macadamização

Macao [məˈkaʊ] s.top. Macau

macaque [məˈkɑːk] s. variedade de macacos

Macarius [məˈkeərɪəs] s.antr. Macário

macaroni [ˌmækəˈrəʊnɪ] s. 1 CULINÁRIA (comida italiana) macarrão; 2 (séc. XVIII) peralta que imitava as modas continentais

macaronic [ˌmækəˈrɒnɪk] adj. LINGUÍSTICA, LITERATURA macarrónico

macaronics [ˌmækəˈrɒnɪks] s.pl. versos macarrónicos

macaronism [ˌmækəˈrəʊnɪzəm] s. janotismo, dandismo

macaroon [ˌmækəˈruːn] s. CULINÁRIA pequeno bolo ou bolacha feita de amêndoa pisada, clara de ovo e açúcar

macaw [məˈkɔː] s. 1 ZOOLOGIA arara; 2 BOTÂNICA macaíba, macaibeira

maccabaw [ˈmækəbɔː] s. variedade de rapé da Martinica

Maccabean [ˌmækəˈbɪən] adj. RELIGIÃO (Bíblia) macabeu; relativo aos Macabeus

Maccabeus [ˌmækəˈbɪəs] s.antr. RELIGIÃO (Bíblia) Macabeu

maccaboy [ˈmækəbɔɪ] s. ⇒ **maccabaw**

mace [meɪs] s. 1 BOTÂNICA macis, arilo da noz-moscada; 2 maça; clava; 3 (símbolo de autoridade) castão pesado; maça; 4 (solenidades) maceiro, funcionário que transporta a maça; 5 [ant.] (bilhar) taco ❖ ~ *oil* óleo de noz-moscada

macebearer [ˈmeɪsˌbeərə] s. (solenidades) maceiro, funcionário que transporta a maça

macédoine [ˌmæseˈdwɑːn] s. CULINÁRIA (fruta, legumes) macedónia

Macedonia [ˌmæsɪˈdəʊnɪə] s.top. Macedónia

Macedonian [ˌmæsɪˈdəʊnɪən] adj.,s. macedoniano

macer [ˈmeɪsə] s. maceiro, bedel que transporta a maça

macerate [ˈmæsəreɪt] v.tr.,intr. 1 macerar, submeter à maceração; 2 mortificar, mortificar-se

macerated [ˈmæsəreɪtɪd] adj. macerado ❖ ~ *paper* papel macerado

macerating [ˈmæsəreɪtɪŋ] s. maceração, maceramento

maceration [ˌmæsəˈreɪʃən] s. maceração

macerator [ˈmæsəreɪtə] s. tanque de maceração

machete [məˈʃetɪ, məˈtʃeɪtɪ] s. ⇒ **matchet**

Machiavelli [ˌmækjəˈvelɪ] s.antr. Maquiavel

machiavellian [ˌmækjəˈvelɪən] adj. maquiavélico

machiavellism [ˌmækjəˈvelɪzəm] s. maquiavelismo

machiavellist [ˌmækjəˈvelɪst] s. maquiavelista

machicolate [mætˈʃɪkəʊleɪt] v.tr. prover de balestreiros

machicolated [mætˈʃɪkəˌleɪtɪd] adj. com balestreiros

machicolation [ˌmætʃɪkəˈleɪʃən] s. balestreiro, abertura na muralha por onde se lançavam matérias inflamáveis, pedras, etc., sobre os assaltantes

machicoulis [ˌmætʃɪˈkuːlɪ] s. ⇒ **machicolation**

machinability [məˌʃiːnəˈbɪlɪtɪ] s. (metal) capacidade de ser trabalhado em máquinas

machinable [məˈʃiːnəbəl] adj. (metal) capaz de ser trabalhado em máquinas

machinate [ˈmækɪneɪt] v.intr. maquinar, tramar, urdir, entrar em maquinações

machination [ˌmækɪˈneɪʃən] s. 1 maquinação, intriga, trama; 2 conspiração

machinator [ˈmækɪneɪtə] s. intriguista, pessoa que anda com maquinações

machine [məˈʃiːn] Ⓐ s. 1 máquina; *by* ~ à máquina; 2 engenho; mecanismo; 3 (carro, mota, etc.) viatura; 4 POLÍTICA [fig.] aparelho; máquina eleitoral; *the political* ~ o aparelho do partido; 5 [fig., depr.] (pessoa) máquina; autómato; 6 [coloq.] (computador) máquina; 7 atendedor de chamadas; 8 LITERATURA *deus ex machina*; 9 [ant.] máquina de escrever; 10 [ant.] avião Ⓑ v.tr.,intr. 1 trabalhar com máquina; 2 fazer à máquina; 3 coser à máquina ❖ ~ *age* idade da máquina; império da máquina; ~ *error* falha técnica; INFORMÁTICA ~ *language* linguagem máquina; (arma) ~ *pistol* pistola-metralhadora; ~ *production* produção em série; ~ *shop* oficina mecânica; ~ *tools* ferramentas mecânicas; ~ *translation* tradução automática; ~ *welding* solda mecânica; ~ *work* trabalho mecânico

machine-cut [məˈʃiːnkʌt] adj. recortado à máquina; talhado à máquina

machined [məˈʃiːnd] adj. 1 trabalhado à máquina; 2 cosido à máquina

machine-gun [məˈʃiːngʌn] Ⓐ s. metralhadora Ⓑ adj. 1 abrupto; inopinado; 2 com sons destacados, separados Ⓒ v.tr. (prt. e p. p. **-nn-**) 1 metralhar; 2 [fig.] (falar rapidamente) metralhar com palavras

machine-gunner [məˈʃiːnˌgʌnə] s. metralhador; atirador de metralhadora; pessoa armada com metralhadora

machine-made [məˈʃiːnmeɪd] adj. 1 feito à máquina; 2 automático

machine-readable [məˈʃiːnˈriːdəbəl] adj. INFORMÁTICA electrónico, em formato digital

machinery [məˈʃiːnərɪ] s. 1 maquinismo; mecanismo; aparelho; 2 equipamentos; *industrial* ~ equipamentos industriais; 3 maquinaria; *the factory was equipped with new* ~ a fábrica foi equipada com maquinaria nova; *auxiliary* ~ maquinaria auxiliar; 4 LITERATURA *deus ex machina*; maravilhoso ❖ ~ *castings* fundição mecânica; *done by* ~ feito mecanicamente; *the* ~ *of government* o aparelho de estado

machining [məˈʃiːnɪŋ] s. 1 trabalho mecânico, trabalho com máquinas; 2 TIPOGRAFIA tiragem mecânica; 3 costura (em máquina de costura)

machinist [mə'ʃiːnɪst] s. mecânico; maquinista
machismo [mə'tʃiːzməʊ] s. machismo
macho ['mætʃəʊ] adj.,s. 1 macho; 2 machista ❖ [depr.] ~ *man* homem das cavernas
mack [mæk] s. [coloq.] ⇒ **mackintosh**
mackerel ['mækrəl] s. (pl. **-s** ou **mackerel**) 1 ZOOLOGIA cavala; 2 ZOOLOGIA sarda ❖ ~ *breeze* brisa forte; ~ *gale* vento fresco; ~ *sky* céu coberto de pequenas nuvens
mackinac ['mækɪnæk] s. [EUA] cobertor grosso, cobertor da serra
mackinaw ['mækɪnɔː] s. ⇒ **mackinac**
mackintosh ['mækɪntɒʃ] s. (pl. **-es**) 1 impermeável, capa de material impermeável; 2 tecido de borracha impermeável
mackintoshed ['mækɪntɒʃt] adj. com um impermeável
mackle ['mækəl] Ⓐ s. 1 TIPOGRAFIA impressão suja, sem nitidez; 2 maculatura Ⓑ v.tr.,intr. 1 TIPOGRAFIA sujar; 2 sujar-se; 3 ficar com manchas; 4 ficar mal impresso, sujo e sem nitidez
mackled ['mækəld] adj. maculado, sujo
macle ['mækəl] Ⓐ s. 1 MINERALOGIA macla; 2 TIPOGRAFIA ⇒ **mackle** Ⓑ v.tr.,intr. TIPOGRAFIA ⇒ **mackle**
macled ['mækəld] adj. MINERALOGIA maclado
macramé [mə'krɑːmeɪ] s. macramé, espécie de franja com cordão ou fio com nós
macro ['mækrəʊ] s. (pl. **macros**) INFORMÁTICA macro
macrobiotic [ˌmækrəʊbaɪ'ɒtɪk] adj. macrobiótico ❖ ~ *diet* dieta macrobiótica; alimentação macrobiótica
macrobiotics [ˌmækrəʊbaɪ'ɒtɪks] s. macrobiótica
macrocephalic [ˌmækrəʊsɪ'fælɪk] adj. macrocéfalo
macrocephalous [ˌmækrəʊ'sefələs] adj. ⇒ **macrocephalic**
macrocephaly [ˌmækrəʊ'sefəlɪ] s. macrocefalia
macrocosm ['mækrəʊkɒzəm] s. macrocosmo
macrodactyl ['mækrəʊˌdæktɪl] adj. macrodáctilo
macrodactylous ['mækrəʊˌdæktɪləs] adj. ⇒ **macrodactyl**
macroeconomics [ˌmækrəʊɪkə'nɒmɪks] s. macroeconomia
macroinstruction [ˌmækrəʊɪn'strʌkʃn] s. INFORMÁTICA macro
macromolecule [ˌmækrəʊ'mɒlɪkjuːl] s. QUÍMICA macromolécula
macron ['mækrɒn] s. mácron, sinal de vogal longa
macronutrient [ˌmækrəʊ'njuːtrɪənt] s. BIOLOGIA macronutriente
macropod ['mækrəpɒd] adj.,s. macrópode
macropodous [mæ'krɒpədəs] adj. macrópode
macroscopic [ˌmækrəʊ'skɒpɪk] adj. macroscópico
macrosporange ['mækrəʊspəʊˌrændʒ] s. BOTÂNICA macrosporângio
macrosporangium [ˌmækrəʊspəʊ'rændʒɪəm] s. ⇒ **macrosporange**
macrospore ['mækrəʊspɔː] s. BOTÂNICA macrósporo
macrostructural [ˌmækrəʊ'strʌktʃərəl] adj. macroestrutural
macrostructure ['mækrəʊˌstrʌktʃə] s. macroestrutura
macruran [mə'krʊərən] adj. ZOOLOGIA macruro
macrurous [mə'krʊərəs] adj. ⇒ **macruran**
macrurus [mə'krʊərəs] s. ZOOLOGIA macruro, crustáceo decápode, como a lagosta e o camarão
macula ['mækjələ] s. (pl. **-ae**) 1 mancha solar, mancha negra no Sol; 2 ponto escuro em mineral; 3 mancha na pele
maculae ['mækjʊliː] s. {pl. de **macula**}
macular ['mækjʊlə] adj. relativo à pigmentação da pele
maculate[1] ['mækjəleɪt] v.tr. macular, manchar, poluir, conspurcar
maculate[2] ['mækjəlɪt] adj. maculado, manchado, poluído, conspurcado
maculation [ˌmækjə'leɪʃn] s. 1 maculação, conspurcação; 2 disposição de manchas em animal, astro, etc.
maculature [mə'kjələtʃʊə] s. TIPOGRAFIA maculatura
macule ['mækjuːl] s. 1 mácula, mancha; 2 TIPOGRAFIA maculatura
mad [mæd] Ⓐ adj. 1 louco; doido; maluco; *raving* ~ louco furioso; *as* ~ *as a hatter* completamente louco; 2 muito zangado; *to be* ~ *at/with sb* estar muito zangado com alguém; 3 furioso; enfurecido; *to be* ~ *as a wet hen* estar furioso; 4 entusiasmadíssimo [**about**, com]; louco [**about**, por]; *to be* ~ *about sth* estar entusiasmadíssimo com alguma coisa; *to be* ~ *about sb* estar louco por alguém; 5 [coloq.] divertidíssimo; louco; *a* ~ *party* uma festa divertidíssima; 6 VETERINÁRIA hidrófobo, raivoso; ~ *dog* cão raivoso Ⓑ v.tr. (particípios **-dd-**) 1 [arc.] enlouquecer; 2 [arc.] zangar; enfurecer Ⓒ v.intr. [arc.] perder a cabeça Ⓓ s. (minérios, petróleo, etc.) detector ❖ BOTÂNICA ~ *apple* beringela; VETERINÁRIA ~ *cow disease* doença das vacas loucas; MILITAR [cal.] ~ *minute* fogo muito rápido; *as* ~ *as a March hare* desorientado; excitado; tolinho de todo; *like* ~ furiosamente; intensamente; *to be* ~ *with joy* estar louco de alegria; *to drive sb* ~ fazer alguém perder a cabeça; *to go* ~ enlouquecer; perder a cabeça
Madagascan [ˌmædə'gæskən] adj. malgaxe, referente a Madagáscar
Madagascar [ˌmædə'gæskə] s.top. Madagáscar
madam ['mædəm] s. (forma de tratamento) minha senhora ❖ *to be a bit of a* ~ ser um tanto autoritária
madame ['mædəm, mə'dɑːm] s. (pl. **mesdames**) (forma de tratamento) senhora ❖ (colecção de figuras de cera em Londres) *Madame Tussaud's* Museu da Madame Tussaud
madapollam [ˌmædə'pɒləm, mə'dæpəʊləm] s. (tecido branco de algodão) madapolão
madcap ['mædkæp] adj.,s. 1 cabeça-oca, estouvado, doidivanas, desmiolado; 2 impulsivo
madden ['mædn] Ⓐ v.tr. 1 fazer enlouquecer, tornar louco; 2 fazer perder a cabeça, exasperar, levar ao desespero Ⓑ v.intr. 1 enlouquecer, endoidecer; 2 perder a cabeça; 3 enfurecer-se
maddening ['mædnɪŋ] adj. 1 de enlouquecer, de fazer enlouquecer; 2 exasperante, desesperante
madder ['mædə] Ⓐ s. 1 BOTÂNICA (erva) garança, granza; 2 (corante) garança, tinta de granza; 3 (cor) garança, cor de granza; cardinal; vermelho apurpurado Ⓑ adj. (cor) cardinal ❖ BOTÂNICA ~ *root* alizari; raiz da ruiva-dos-tintureiros
madding ['mædɪŋ] adj. [poét., arc.] louco, delirante ❖ *the* ~ *crowd* a multidão enlouquecida
made [meɪd] Ⓐ pretérito e particípio passado de **to make** Ⓑ adj. 1 feito [**from**, de]; 2 constituído [**of**, por]; formado [**of**, de/por]; 3 produzido [**in**, em]; fabricado [**in**, em]; ~ *in Portugal* fabricado em Portugal; 4 [coloq.] garantido; assegurado; *he's a* ~ *man* ele tem o futuro assegurado; *if you get that job you'll be* ~ *for life* se conseguires esse emprego, tens o futuro garantido ❖ NÁUTICA ~ *mast* mastro composto; ~ *by hand* feito à mão; ~ *for each other* feitos um para o outro; ~ *to order* feito por medida; *a* ~ *man* um homem feito; um homem com personalidade; *powerfully* ~ com aspecto forte, robusto; [coloq.] *to have it* ~ ter êxito assegurado
made-believe ['meɪdbɪliːv] prt. e part. pass. de **to make-believe**
Madeira [mə'dɪərə] Ⓐ s.top. Madeira Ⓑ s. vinho da Madeira ❖ ~ *wine* vinho da Madeira; ~ *wood* caju; acaju; acajueiro
Madeiran [mə'dɪərən] adj.,s. madeirense
Madeleine ['mædlɪn] s.antr. Madalena
Madeline ['mædlɪn] s.antr. Madalena
made-to-measure [ˌmeɪdtə'meʒə] adj. VESTUÁRIO feito à medida; ~ *suit* fato feito à medida
made-up ['meɪdʌp] adj. 1 maquilhado; pintado; 2 inventado; 3 fictício; falso
Madge [mædʒ] Ⓐ dim. de **Margaret** Ⓑ dim. de **Margery**
madhouse ['mædhaʊs] s. 1 asilo de alienados; 2 casa de tolos
madia ['meɪdɪə] s. BOTÂNICA mádia, madi
madly ['mædlɪ] adv. 1 tolamente; 2 loucamente; 3 como um tolo; 4 furiosamente; 5 intensamente
madman ['mædmən] s. (pl. **-men**) louco, alienado, tolo, demente
madness ['mædnɪs] s. 1 loucura; demência; alienação; 2 fúria; 3 VETERINÁRIA hidrofobia, raiva ❖ *a fit of* ~ um acesso de loucura; *midsummer* ~ cúmulo da loucura
madonna [mə'dɒnə] s. madona, imagem de Nossa Senhora
Madras [mə'drɑːs] s.top. Madrasta ❖ ~ *handkerchief* lenço de madrasto
Madrasi [mə'drɑːsɪ] adj.,s. relativo a Madrasta
madreporaria [ˌmædrɪpə'reərɪə] s.pl. ZOOLOGIA madreporários
madrepore ['mædrɪpɔː] s. ZOOLOGIA madrépora
madreporic [ˌmædrɪ'pɒrɪk] adj. madrepórico
madreporiform [ˌmædrɪ'pɔːrɪfɔːm] adj. ⇒ **madreporic**
madreporite [ˌmædrɪ'pɒraɪt] s. placa-madrepórica, madreporita

madrigal ['mædrɪgəl] s. MÚSICA, LITERATURA madrigal
madrigalesque ['mædrɪgəlesk] adj. madrigalesco
madrigalian [,mædrɪ'geɪlɪən] adj. madrigálico
madrigalist ['mædrɪgəlɪst] s. MÚSICA, LITERATURA madrigalista
Madrilenian [,mædrɪ'liːnɪən] adj.,s. madrileno
madwort ['mædwɜːt] s. 1 BOTÂNICA buglossa, língua-de-vaca; 2 alisso; 3 gergelim-bastardo
Maecenas [maɪ'siːnæs] s.antr. Mecenas
maelstrom ['meɪlstrəʊm] s. 1 redemoinho de água; 2 turbilhão, voragem, sorvedouro
maenad ['miːnæd] s. ménade, bacante
maestoso [maɪ'stəʊsəʊ] adv. MÚSICA majestoso
maestri [maɪ'estrɪ] s. {pl. de **maestro**}
maestro ['maɪstrəʊ, mɑː'estrəʊ] s. (pl. **-i**) MÚSICA maestro
Mae West ['meɪˌwest] s. [coloq.] casaco insuflável salva-vidas
mafeesh ['mɑːfiːʃ] interj. pronto!, nada mais!
MAFF [abrev. de Ministry of Agriculture, Fisheries, and Food]
maffick ['mæfɪk] v.intr. 1 exultar ruidosamente; 2 entregar-se a ruidosas manifestações de alegria
mafficker ['mæfɪkə] s. 1 zaragateiro; 2 indivíduo que faz grande algazarra
mafficking ['mæfɪkɪŋ] s. manifestação ruidosa de alegria, algazarra pública de alegria
mag [mæg] forma abreviada de **magazine**
magazine [,mægə'ziːn, 'mægəziːn] s. 1 revista; publicação periódica; 2 (mercadorias, víveres) armazém, depósito; 3 depósito de munições; paiol de pólvora; *powder* ~ depósito de pólvora, paiol de pólvora; 4 cartucheira; 5 câmara de espingarda de repetição; 6 (máquina de filmar) carretel de filme ❖ ~ *gun* espingarda de repetição; ~ *pistol* pistola automática
magazinist [,mægə'ziːnɪst] s. pessoa que colabora em revistas
Magdalen ['mægdəlɪn] s.antr. Madalena
Magdalene ['mægdəliːnɪ] s.antr. Madalena
Magdalenian [,mægdə'liːnɪən] adj. GEOLOGIA magdaleano; relativo ao último andar da série quaternária
Magdeburg ['mægdəˌbɜːg] s.top. Magdeburgo
mage [meɪdʒ] s. [arc.] mágico, mago
Magellan [mə'dʒelən] s.antr. Magalhães
Magellanic [,mædʒɪ'lænɪk] adj. magalânico; relativo a Fernão de Magalhães
magenta [mə'dʒentə] adj.,s. 1 (cor) magenta; 2 QUÍMICA variedade de fuchsina
Maggie ['mægɪ] Ⓐ dim. de **Margaret** Ⓑ dim. de **Margery**
maggot ['mægət] s. 1 ZOOLOGIA larva de mosca varejeira; 2 [arc.] capricho, mania; 3 [arc.] obsessão, ideia fixa ❖ [arc.] *as the ~ bites her* conforme lhe dá na veneta; [arc.] *he has got a ~ in his head* ele tem uma panca
maggoty ['mægətɪ] adj. 1 bichento, cheio de bichos, cheio de vermes; 2 [cal.] podre de bêbedo; 3 [arc.] caprichoso, maníaco, cheio de excentricidades
Maghreb ['mɑːgreb] s.top. Magrebe
magi ['meɪdʒaɪ, 'meɪgaɪ] pl. de **magus**
magian ['meɪdʒɪən] Ⓐ adj. relativo aos magos Ⓑ s. mago
magianism ['meɪdʒɪənɪzəm] s. magismo
magic ['mædʒɪk] Ⓐ s. 1 magia; *black* ~ magia negra; *white* ~ magia branca; 2 encantamento; 3 prestidigitação Ⓑ adj. 1 mágico; 2 produzido por magia; 3 [coloq.] arrebatador, encantador ❖ ~ *carpet* tapete voador; ELECTRÓNICA ~ *eye* olho mágico; ~ *formula* fórmula mágica; ~ *lantern* lanterna de projecções; LITERATURA ~ *realism* realismo mágico; *as if by ~/like* ~ como que por magia
◆**magic away** v.tr. fazer desaparecer; esconjurar
◆**magic up** v.tr. fazer aparecer; conjurar
magical ['mædʒɪkəl] adj. mágico
magically ['mædʒɪkəlɪ] adv. 1 por magia; 2 magicamente; 3 como por encanto
magician [mə'dʒɪʃən] s. 1 mago; 2 feiticeiro, necromante; 3 mágico, ilusionista, prestidigitador
magicianly [mə'dʒɪʃənlɪ] adj. próprio de mágico
magism ['meɪdʒɪzəm] s. magismo
magisterial [,mædʒɪs'tɪərɪəl] adj. 1 magistral, de mestre; 2 peremptório; 3 próprio de magistrado
magisterially [,mædʒɪs'tɪərɪəlɪ] adv. 1 magistralmente; 2 como mestre; 3 como juiz, como magistrado

magistracy ['mædʒɪstrəsɪ] s. (pl. **-ies**) magistratura
magistral ['mædʒɪstrəl, mə'dʒɪstrəl] adj. 1 magistral, de mestre; 2 autoritário; 3 MEDICINA (remédio) magistral, preparado segundo indicação do médico ❖ *the* ~ *staff of a school* o corpo docente duma escola
magistrate ['mædʒɪstrɪt] s. 1 magistrado; 2 juiz da paz ❖ DIREITO *chief* ~ primeiro magistrado
magistrateship ['mædʒɪstrɪtʃɪp] s. magistratura
magistrature ['mædʒɪstrətʃʊə] s. ⇒ **magistrateship**
magma ['mægmə] s. (pl. **-ta** ou **-s**) 1 GEOLOGIA magma; 2 QUÍMICA massa pastosa proveniente da mistura de substâncias orgânicas e minerais
magmata ['mægmətə] s. {pl. de **magma**}
Magna Carta [,mægnə'kɑːtə] s. HISTÓRIA Magna Carta, documento de 1215 que é a base das liberdades políticas e individuais inglesas
Magna Graecia [,mægnə'griːʃjə] s.top. HISTÓRIA a Magna Grécia
magnalium [mæg'neɪlɪəm] s. magnálio, liga de alumínio e magnésio
magnanimity [,mægnə'nɪmɪtɪ] s. magnanimidade, nobreza, generosidade, grandeza de alma
magnanimous [mæg'nænɪməs] adj. magnânimo, generoso
magnanimously [mæg'nænɪməslɪ] adv. 1 magnanimamente; 2 generosamente; 3 com magnanimidade
magnate ['mægneɪt, 'mægnɪt] s. magnate, magnata; pessoa muito rica e influente
magnesia [mæg'niːʒɪə] s. QUÍMICA, FARMÁCIA magnésia; hidróxido de magnésia; óxido de magnésia ❖ ~ *bromide* brometo de magnésia; ~ *magma* leite de magnésia; *native* ~ hidrato de magnésia; *sulphate of* ~ sulfato de magnésia
magnesian [mæg'niːʒən] adj. magnesiano, magnésico ❖ GEOLOGIA ~ *limestone* dolomite
Magnesian [mæg'niːʒən] adj.,s. magnesiano; relativo à Magnésia
magnesic [mæg'niːzɪk] adj. magnésico
magnesiferous [,mægnɪ'zɪfərəs] adj. que contém magnésia
magnesite ['mægnɪsaɪt] s. MINERALOGIA magnesite
magnesium [mæg'niːzɪəm] s. QUÍMICA (elemento químico) magnésio ❖ ~ *bicarbonate* bicarbonato de magnésio; ~ *lamp* lâmpada de magnésio; ~ *light* luz de magnésio; ~ *metal* magnésio metálico; ~ *oxide* óxido de magnésio; magnésia calcinada
magnet ['mægnɪt] s. 1 íman; 2 electroíman; 3 [fig.] (fonte de atracção) chamariz ❖ ~ *armature* armadura de electroíman; ~ *core* núcleo do electroíman; ~ *crane* guindaste magnético; ~ *frame* suporte de íman; ~ *steel* aço para íman
magnetic [mæg'netɪk] adj. 1 magnético; magnetizado; 2 [fig.] (que atrai) magnético; atraente; sedutor; *to have* ~ *eyes* ter um olhar magnético ❖ ~ *amplitude* amplitude magnética; ~ *azimuth* azimute magnético; ~ *compass* bússola; ~ *course* rumo magnético; ~ *delay* retardamento magnético; ~ *dip* inclinação magnética; ~ *disturbances* perturbações magnéticas; ~ *equator* equador magnético; ~ *field* campo magnético; ~ *field strength* intensidade do campo magnético; ~ *figures* espectro magnético; ~ *lag* retardamento magnético; ~ *leakage* dispersão de linhas magnéticas; NÁUTICA ~ *needle* agulha de marear; bússola; ~ *north* norte magnético; ~ *pole* pólo magnético; ~ *pull* impulso magnético; ~ *reversal* inversão do magnetismo; ~ *seal* bloqueio magnético; ~ *sleep* sono hipnótico; (geofísica) ~ *storm* tempestade magnética; ~ *tape* fita magnética; ~ *variation* declinação magnética; ~ *wave* onda magnética; ~ *iron ore* íman natural; pedra-íman
magnetically [mæg'netɪkəlɪ] adv. magneticamente
magnetism ['mægnətɪzəm] s. magnetismo ❖ *animal* ~ magnetismo animal
magnetite ['mægnɪtaɪt] s. MINERALOGIA magnetite, pedra-íman ❖ ~ *lamp* lâmpada de magnetite
magnetizable [,mægnɪ'taɪzəbəl] adj. magnetizável
magnetization [,mægnɪtaɪ'zeɪʃən] s. magnetização
magnetize ['mægnɪtaɪz] v.tr. 1 magnetizar; 2 atrair; 3 fascinar, cativar; 4 hipnotizar
magnetizer ['mægnɪtaɪzə] s. magnetizador
magnetizing ['mægnɪtaɪzɪŋ] s. magnetização ❖ ~ *force* força magnetizante; ~ *power* potência indutora
magneto [mæg'niːtəʊ] s. ELECTRICIDADE magneto

magnetometer [ˌmægnɪˈtɒmɪtə] s. magnetómetro, aparelho para medir a potência de atracção dos magnetos
magneton [ˈmægniːtɒn] s. unidade de medida do momento magnético
magnetosphere [mægˈniːtəʊsfɪə] s. magnetosfera
magnetospheric [mægˈniːtəʊˈsferɪk] adj. magnetosférico
magnetron [ˈmægnətrɒn] s. ELECTRICIDADE magnetrão
magnific [mægˈnɪfɪk] adj. [arc.] magnífico; grandioso; magnificente
magnifical [mægˈnɪfɪkəl] adj. [arc.] magnífico; grandioso; magnificente
Magnificat [mægˈnɪfɪkæt] s. RELIGIÃO magnificat, hino da Virgem Maria
magnification [ˌmægnɪfɪˈkeɪʃən] s. 1 aumento, ampliação; 2 glorificação, exaltação
magnificence [mægˈnɪfɪsəns] s. 1 magnificência, pompa, esplendor, sumptuosidade; 2 liberalidade
magnificent [mægˈnɪfɪsənt] adj. 1 magnificente; 2 magnífico; 3 esplendoroso, sumptuoso; 4 magnânimo, generoso, liberal
magnificently [mægˈnɪfɪsəntlɪ] adv. 1 magnificentemente; 2 com esplendor, esplendorosamente; 3 com grande liberalidade
magnifico [mægˈnɪfɪkəʊ] s. (pl. -es) 1 magnífico (título dos grandes senhores da república de Veneza); 2 fidalgo de alta linhagem
magnified [ˈmægnɪfaɪd] adj. ampliado, aumentado, amplificado
magnifier [ˈmægnɪfaɪə] s. 1 ampliador, amplificador; 2 lupa, vidro de aumento; 3 pessoa que exagera, exagerador
magnify [ˈmægnɪfaɪ] v.tr. 1 aumentar, ampliar; 2 reforçar, intensificar, amplificar; 3 exagerar; 4 enaltecer
magnifying [ˈmægnɪfaɪɪŋ] Ⓐ adj. que aumenta, que amplia Ⓑ s. aumento; ampliação; amplificação ❖ ~ *glass* lupa; ~ *power* poder de amplificação; ~ *power of a lens* poder de aumento duma lente
magniloquence [mægˈnɪləkwəns] s. 1 grandiloquência; 2 estilo muito pomposo
magniloquent [mægˈnɪləkwənt] adj. grandíloquo, pomposo de estilo, altiloquente
magnitude [ˈmægnɪtjuːd] s. 1 grandeza; 2 importância; 3 ASTRONOMIA magnitude; *star of the first ~* estrela de primeira magnitude; 4 intensidade; *~ of a force* intensidade duma força ❖ *of the first ~* de primeira grandeza
magnolia [mægˈnəʊlɪə] s. 1 BOTÂNICA (flor, árvore) magnólia; 2 (cor) creme, rosa-pálido ❖ ~ *metal* liga de chumbo, antimónio e estanho
Magnoliaceae [mægnəʊlɪˈeɪsiː] s.pl. BOTÂNICA Magnoliáceas
magnum [ˈmægnəm] s. garrafa com capacidade de cerca de 2,70 litros (dois *quarts*)
magnum bonum [ˌmægnəmˈbəʊnəm] s. 1 BOTÂNICA ameixa grande e amarela; 2 variedade de batata
magnum opus [ˌmægnəmˈəʊpəs] s. obra-prima, obra capital, grande obra
magot [ˈmægət, ˈmægəʊ] s. 1 ZOOLOGIA macaco sem cauda; 2 figura grosseira de porcelana ou marfim
magpie [ˈmægpaɪ] s. 1 ZOOLOGIA pega; 2 variedade de pombo; 3 [fig.] pessoa tagarela; 4 tiro de espingarda que acerta no penúltimo círculo do alvo
MAgr [abrev. de Master of Agriculture]
magus [ˈmeɪɡəs] s. (pl. **magi**) mago ❖ RELIGIÃO *the Three Magi* os três Reis Magos
Magyar [ˈmægjɑː] adj.,s. magiar, húngaro
Magyarize [ˈmægjəraɪz] v.tr. tornar magiar
mahaleb [ˈmɑːhəleb] s. madeira-de-santa-lúcia
maharajah [ˌmɑːhəˈrɑːdʒə] s. marajá
maharanee [ˌmɑːhəˈrɑːniː] s. mulher do marajá
Mahdi [ˈmɑːdɪ] s. madi, designação dada na religião islâmica a uma espécie de Messias que há-de vir um dia como legítimo sucessor do Profeta
mah-jong [ˌmɑːˈdʒɒŋ] s. majongue, antigo jogo chinês com pedras de marfim
mahlstick [ˈmɔːlstɪk] s. ⇒ **maulstick**
mahogany [məˈhɒɡənɪ] Ⓐ s. 1 BOTÂNICA (árvore) mogno; 2 (madeira) mogno; 3 (cor) castanho-avermelhado; 4 mesa de sala de jantar Ⓑ adj. 1 de mogno; 2 (cor) castanho-avermelhado ❖ [gír.] ~ *flat* piolho; *to have one's knees under sb's ~* estar a jantar com alguém
Mahomet [məˈhɒmɪt] s.antr. Maomé
Mahometan [məˈhɒmɪtən] adj.,s. maometano
Mahometanism [məˈhɒmɪtənɪzəm] s. maometanismo
Mahound [məˈhuːnd] s. [arc., joc.] Maomet
mahoute [məˈhaʊt] s. cornaca, indivíduo encarregado de conduzir elefantes
Mahratta [məˈrætə] Ⓐ adj. marata Ⓑ s. (pessoa) marata
Mahratti [məˈrætiː] Ⓐ adj. marata Ⓑ s. (língua) marata
maid [meɪd] s. 1 empregada; 2 (hotel) arrumadora de quarto; 3 [arc., poét.] donzela, rapariga ❖ ~ *of all work* criada para o todo o serviço; (casamento) ~ *of honour* dama de honor; [depr.] *old* ~ solteirona; HISTÓRIA *the* ~ *of Orleans* Joana de Arc
maidan [maɪˈdɑːn] s. [Índia] esplanada
maiden [ˈmeɪdən] Ⓐ s. 1 donzela, rapariga; 2 virgem; 3 [Esc.] (sécs. XVI e XVII) guilhotina Ⓑ adj. 1 primeiro; de estreia; 2 não experimentado; não testado; 3 virgem; virginal; 4 solteira ❖ DIREITO ~ *assize* tribunal sem causas para julgar; ~ *aunt* tia solteira; tia que não casou; ~ *horse* cavalo que nunca ganhou qualquer prémio; ~ *name* nome de solteira; nome usado em solteira; (críquete) ~ *over* jogada sem marcação de pontos; *maiden's blush* cor-de-rosa delicado; [GB] POLÍTICA ~ *speech* primeiro discurso feito por deputado na Câmara dos Comuns; ~ *town* cidade nunca capturada por qualquer inimigo; cidade invicta; NÁUTICA ~ *voyage* viagem inaugural de navio
maidenhair [ˈmeɪdənheə] s. BOTÂNICA capilária; avenca
maidenhead [ˈmeɪdənhed] s. [poét.] virgindade; hímen
maidenhood [ˈmeɪdənhʊd] s. [poét.] virgindade
maidenlike [ˈmeɪdənlaɪk] Ⓐ adj. 1 próprio de rapariga; 2 modesta, recatada; 3 virginal Ⓑ adv. 1 recatadamente, com pudor; 2 com modéstia; 3 timidamente
maidenliness [ˈmeɪdənlɪnəs] s. 1 modéstia de rapariga; 2 recato, candura; 3 atitudes de rapariga
maidenly [ˈmeɪdənlɪ] adj.,adv. ⇒ **maidenlike**
maidless [ˈmeɪdləs] adj. sem empregada
maidservant [ˈmeɪdˌsɜːvənt] s. [ant.] empregada, criada
maieutic [meɪˈjuːtɪk, maɪˈjuːtɪk] adj. relativo à maiêutica; próprio da maiêutica
maieutics [meɪˈjuːtɪks, maɪˈjuːtɪks] s. maiêutica
mail [meɪl] Ⓐ s. 1 (serviço) correio(s); *to send sth by ~* enviar algo pelo correio; *by return of ~* na volta do correio; 2 (cartas, encomendas, etc.) correio, correspondência; 3 INFORMÁTICA [coloq.] mail, e-mail; 4 HISTÓRIA cota de malha, saio de malha; armadura; *clad in ~* vestido com saio de malha; 5 ZOOLOGIA (certos crustáceos) revestimento; 6 ZOOLOGIA (tartaruga) carapaça; 7 [ant.] mala-posta; 8 [Esc.] tributo, imposto Ⓑ v.tr. [EUA] mandar pelo correio; expedir por via postal; *to ~ a letter* deitar uma carta ao correio; *to ~ sb sth/to ~ sth to sb* enviar algo pelo correio a alguém; 2 [coloq.] enviar por correio electrónico; enviar uma mensagem a; *I'll ~ you* eu envio-te uma mensagem; 3 revestir de cota de malha; cobrir com armadura ❖ ~ *bomb* carta armadilhada; (comboios) ~ *car* carruagem do correio; [EUA] [ant.] ~ *carrier* carteiro; ~ *cart* carrinho para o correio; [ant.] ~ *coach* mala-posta; carruagem-correio; HISTÓRIA ~ *glove* manopla; ~ *order* encomenda postal; venda por correspondência; [EUA] ~ *service* serviço de correio; [EUA] ~ *slot* ranhura para as cartas; caixa do correio; ~ *train* comboio-correio; ~ *van* carrinha do correio
mailable [ˈmeɪləbəl] adj. [EUA] que pode enviar-se pelo correio
mailbag [ˈmeɪlbæɡ] s. saco do correio
mailbox [ˈmeɪlbɒks] s. [EUA] caixa de correio
maildrop [ˈmeɪldrɒp] s. 1 [EUA] (receptáculo) caixa do correio; 2 [EUA] local onde alguém deixa mensagens ou embalagens para serem levantadas por outra pessoa
mailed [meɪld] adj. 1 revestido de armadura; 2 com cota de malha; 3 (navio) couraçado, blindado ❖ *the ~ fist* a força bruta
mailer [ˈmeɪlə] s. 1 remetente; 2 embalagem para enviar objectos pelo correio; 3 funcionário dos correios
mailing [ˈmeɪlɪŋ] Ⓐ adj. de correio; de endereços Ⓑ s. (marketing, vendas) *mailing* ❖ [EUA] ~ *address* endereço postal; ~ *list* lista de endereços; ~ *shot* mailing
mailman [ˈmeɪlmæn] s. [EUA] carteiro

mailshot ['meɪlʃɒt] s. (marketing, vendas) mailing
maim [meɪm] v.tr. aleijar, estropiar, mutilar
maimed [meɪmd] adj. aleijado, estropiado, mutilado
main [meɪn] Ⓐ adj. 1 principal; mais importante; *the ~ points* os pontos principais; os pontos mais importantes; 2 fundamental; essencial; 3 central; INFORMÁTICA *~ memory* memória central; NÁUTICA *~ keel* quilha central; 4 (construção) mestre; *~ beam* trave mestra; ARQUITECTURA *~ girder* viga mestra; 5 maior; 6 [arc.] poderoso, vigoroso Ⓑ s. 1 (canalizações) conduta importante; 2 (instalações eléctricas) cabo principal; 3 pl. (electricidade, gás) rede; interruptor geral; *switch the electricity off at the mains* desliga o interruptor geral da electricidade; 4 NÁUTICA mastro principal, mastro grande; 5 energia; força; vigor; *with might and ~* com toda a energia; com toda a força; 6 combate de galos; 7 [arc., poét.] o mar alto, o oceano; 8 [arc., poét.] terra firme; continente; 9 [arc.] lanço de dados; 10 *the ~* o principal, o grosso, a maior parte; *in the ~* em geral, de um modo geral, na maior parte ❖ *~ chance* oportunidade mais favorável; LINGUÍSTICA *~ clause* oração principal; (refeição) *~ course* prato principal; NÁUTICA *~ deck* coberta principal; convés principal; CULINÁRIA *~ dish* prato principal; prato de resistência; CINEMA *~ feature* filme principal; (caminhos-de-ferro) *~ line* linha principal; *~ office* sede; direcção central; edifício principal; *~ road* estrada principal; *~ shaft* eixo de transmissão; veio principal; *~ street* rua principal; ELECTRICIDADE *~ line circuit* circuito da linha principal; ELECTRICIDADE *~ line switch* interruptor da linha principal; *by ~ force* à viva força; *the ~ thing is to....* o principal é que...; o que interessa é que....; importa que...; *the Spanish ~* a parte do continente sul-americano explorada pelos primeiros navegadores espanhóis; o mar das Antilhas; *to have an eye to the ~ chance* olhar pelos seus próprios interesses
mainframe ['meɪnfreɪm] s. 1 INFORMÁTICA mainframe, unidade central, processador central; 2 grande sistema informático
mainland ['meɪnlənd] Ⓐ s. 1 continente; 2 terra firme Ⓑ adj. continental; *~ Europe* Europa continental
mainline ['meɪnlaɪn] Ⓐ v.intr. [cal.] (drogas) injectar-se, picar-se_cal._ Ⓑ v.tr. injectar, chutar_cal._; *to ~ heroine* chutar heroína_cal._ Ⓒ adj. 1 (estação) central; 2 (produto, etc.) de grande público; comercial
mainliner ['meɪnlaɪnə] s. [cal.] drogado
mainly ['meɪnlɪ] adv. 1 principalmente; 2 sobretudo
mainmast ['meɪnmɑːst] s. NÁUTICA mastro grande
mainsail ['meɪnseɪl] s. NÁUTICA vela grande
mainspring ['meɪnsprɪŋ] s. 1 mola real; 2 [fig.] fundamento; motivo principal
mainstay ['meɪnsteɪ] s. 1 NÁUTICA estai do mastro grande; 2 [fig.] base, sustentáculo, pilar; 3 [fig.] princípio
mainstream ['meɪnstriːm] Ⓐ s. corrente dominante Ⓑ adj. 1 pertencente à corrente dominante; 2 convencional; 3 (produto, etc.) de grande público; comercial; 4 regular; *~ schooling* ensino regular Ⓒ v.tr. [EUA] (escola) integrar no ensino regular ❖ *~ culture* cultura dominante
maintain [meɪn'teɪn] v.tr. 1 manter; preservar; conservar; 2 (opinião, etc.) afirmar; sustentar; defender; *I ~ that...* afirmo que...; *to ~ an argument* defender um ponto de vista; 3 (apoio financeiro) sustentar; *to ~ sb* sustentar alguém; 4 (manutenção) conservar em bom estado; 5 aguentar ❖ *you ought to ~ an open mind on that question* deves encarar esse problema com um espírito aberto
maintainable [meɪn'teɪnəbəl] adj. 1 que pode sustentar-se; 2 que pode defender-se
maintainer [meɪn'teɪnə] s. protector; defensor
maintenance ['meɪntɪnəns] s. 1 manutenção; 2 subsistência; alimentação; 3 sustento; 4 (opinião) sustentação; fundamentação; 5 interferência oficiosa em processo judicial; 6 DIREITO pensão de alimentos ❖ DIREITO *~ order* obrigação de prestação de alimentos; DIREITO *separate ~* separação de bens
Maintz [maɪnts] s.top. Mogúncia
maisonette ['meɪzənet] s. pequena casa
maisonnette ['meɪzənet] s. pequena casa
maize [meɪz] s. 1 milho; 2 mais
maizena [meɪ'ziːnə] s. maisena
Maj. MILITAR [abrev. de Major]
majestic [mə'dʒestɪk] adj. 1 majestoso; 2 imponente; 3 grandioso

majestical [mə'dʒestɪkəl] adj. 1 majestoso; 2 imponente; 3 grandioso
majestically [mə'dʒestɪkəlɪ] adv. 1 majestosamente; 2 com imponência
majesty ['mædʒɪstɪ] s. (pl. -ies) majestade ❖ *Her Majesty* sua majestade, a rainha; *your Majesty* vossa majestade; *On Her/His Majesty's Service* ao serviço da Coroa britânica
Maj. Gen. [abrev. de Major General]
majolica [mə'jɒlɪkə] s. majólica, obra de faiança italiana da época da Renascença
major ['meɪdʒə] Ⓐ adj. 1 maior; *the ~ part* a maior parte; 2 principal; fundamental; muito importante; *to play a ~ part in...* desempenhar um papel fundamental em...; 3 total; completo; absoluto; *it was a ~ disaster* foi um desastre total; 4 de maioridade Ⓑ s. 1 MILITAR major; 2 MILITAR comandante; 3 MILITAR oficial entre o posto de capitão e tenente-coronel; 4 LÓGICA premissa maior, termo maior; 5 pessoa com maioridade; 6 [EUA, Can., Austr.] (curso universitário) especialidade, especialização; 7 mordomo; 8 [ant.] (irmãos na escola) o mais velho; *Brown ~* o Brown mais velho ❖ GEOMETRIA *~ axis* eixo transverso de elipse; eixo maior; *~ calorie* grande caloria; GEOMETRIA *~ diameter* diâmetro externo; MILITAR *~ general* major-general; general de brigada; *~ illness* doença grave; MÚSICA *~ key* modo maior; [EUA] DESPORTO *~ league* primeira divisão; LÓGICA *~ premiss* premissa maior; *~ repairs* reparações de importância; reparações de fundo; *~ road* estrada principal; *nothing ~* nada de importante
❖**major in** v.tr. [EUA] especializar-se em
Majorca [mə'dʒɔːkə] s.top. Maiorca
Majorcan [mə'dʒɔːkən] adj.,s. maiorquino
majority [mə'dʒɒrɪtɪ] Ⓐ s. (pl. -ies) 1 maioria; *decision taken by a ~* decisão tomada por maioria; *the ~ of people* a maioria das pessoas; *absolute ~* maioria absoluta; 2 MILITAR (dignidade de major) majoria; 3 maioridade; *to attain/reach one's ~* atingir a maioridade Ⓑ adj. maioritário ❖ *in the ~ of cases* em geral; *to join the ~* morrer
majorship ['meɪdʒəʃɪp] s. posto de major
majuscule ['mædʒəskjuːl] adj.,s. (manuscritos antigos) uncial; maiúsculo
make [meɪk] Ⓐ v.tr.,intr. 1 fazer; 2 realizar, executar; elaborar; criar; produzir; construir; 3 estabelecer; *to ~ it a rule* estabelecer como regra; 4 fabricar; 5 causar, arranjar; *don't ~ trouble* não causes problemas; 6 conseguir; arranjar; *to ~ room for* arranjar lugar/espaço para; *to ~ time* arranjar tempo; 7 fazer; obrigar, mandar, forçar, compelir; *his father makes him work every day* o pai obriga-o a trabalhar todos os dias; 8 (causa) fazer, tornar, deixar; transformar, converter [**into**, em]; *he makes her cross* ele deixa-a zangada; *it has made us more tolerant* tornou-nos mais tolerantes; 9 fazer, fazer (com) que, levar a que; *the film made her cry* o filme fê-la chorar; 10 (cargo, título, etc.) fazer; eleger; nomear; designar; *he was made a knight* recebeu o grau de cavaleiro; 11 preparar, arranjar; aprontar; *to ~ the bed* arranjar a cama, fazer a cama; 12 (local, meio de transporte, lugar de destaque, etc.) chegar a; alcançar, atingir; apanhar; *to ~ a train* apanhar um comboio; *they made the island in the morning* chegaram à ilha de manhã; *the album didn't ~ the charts* o álbum não chegou às tabelas de vendas; 13 (dinheiro, lucro, etc.) fazer, ganhar, adquirir, obter; *she makes 1,000 euros a month* ela ganha mil euros por mês; [coloq.] *to ~ a bundle* ganhar um dinheirão; 14 (ponto, golo, etc.) fazer, marcar; 15 (ser adequado) dar, ser; constituir; tornar-se, vir a ser; proporcionar; *to ~ good reading* proporcionar boa leitura; *you'll ~ a great doctor* vais dar um óptimo médico; 16 calcular, estimar; *I ~ the distance three or four miles* calculo a distância em três ou quatro milhas; 17 (soma) dar, ser, perfazer, totalizar; *two and three ~ five* dois e três são cinco; 18 parecer começar, fazer que; 19 (maré, água num navio, etc.) subir, acumular, aumentar; *the flood makes* a maré sobe; 20 garantir o sucesso de; 21 [ant., cal.] conseguir ter relações sexuais com; *to ~ it with sb* fazer sexo com alguém; 22 ELECTRICIDADE (circuito eléctrico) encerrar, fechar; *to ~ the circuit* fechar o circuito; 23 (cartas) baralhar; 24 (simular) fazer [**like/as if**, que]; comportar-se [**like/as if**, como se]; fingir [**like/as if**, que]; parecer [**like/as if**, que]; *he made as if to strike me* fingiu que me ia bater Ⓑ s. 1 marca, marca de fabricante; 2 fabrico; 3 estilo; 4 forma, feitio; aspecto, aparência;

constituição; **5** maneira de ser, carácter; **6** [cal.] (registos policiais) identificação [**on**, de]; **7** ELECTRICIDADE encerramento de circuito, encerramento de contacto, encerramento de ligação ❖ *~ yourself at home* esteja à vontade; faça de conta que está em sua casa; *I can't ~ head nor tail of* não percebo nada de; [coloq.] *that makes two of us* já vamos dois; [coloq.] *to be on the ~* [cal.] procurar apenas o lucro; mostrar-se ávido por ganhar dinheiro; ser interesseiro; tentar facturar; [coloq.] *to ~ a big thing (out) of sth* fazer um bicho-de-sete-cabeças de algo; *to ~ a decision* tomar uma decisão; *to ~ a good/bad start* começar bem/mal; *to ~ a living* ganhar a vida; *to ~ a mistake* cometer um erro; [coloq.] *to ~ a move* ir andando; agir; *to ~ a point of doing sth* fazer questão de fazer algo; ter o cuidado de fazer algo; *to ~ a start (on/with)* começar (com); *to ~ a suggestion* fazer uma sugestão; *to ~ a wish* pedir um desejo; *to ~ an/one's entrance* entrar; ter uma entrada (de determinada forma); *to ~ an exception* abrir uma excepção; *to ~ an impression (on sb)* causar boa impressão (em alguém); *to ~ an offer* fazer uma oferta; fazer uma proposta; *to ~ believe* fingir; simular; fazer crer; fazer supor; imaginar; *to ~ do (with)* arranjar-se (com); remediar (com); desenrascar-se (com); *to ~ excuses* dar desculpas; *to ~ fun of sb/sth* gozar com alguém/alguma coisa; fazer pouco de alguém/alguma coisa; *to ~ good* levar a bom termo; conseguir; cumprir; compensar; ter sucesso; vencer na vida; *to ~ good time* viajar a grande velocidade; fazer uma boa média; *to ~ history* entrar para a história; *to ~ it* conseguir; fazer algo a tempo; chegar (a um local/a um acontecimento) a tempo; poder ir; fazer sexo; safar-se; *to ~ it (to the top)* ir longe; ter sucesso; NÁUTICA *to ~ land* tomar terra; *to ~ love* fazer amor; *to ~ oneself scarce* desaparecer; ausentar-se pela calada; escapulir-se; esgueirar-se; eclipsar-se; *to ~ or break sth* fazer ou desfazer algo; levar ao sucesso ou à desgraça de algo; NÁUTICA *to ~ sail* fazer-se à vela; dar pano; *to ~ sb's day* fazer alguém ganhar o dia; deixar alguém feliz da vida; [coloq.] *to ~ short work of* acabar rapidamente com; fazer desaparecer rapidamente; *to ~ sure (that)* certificar-se (de que); ter a certeza (de que); verificar (se); ver (se); *to ~ the best of sth* tirar o melhor partido de algo (negativo); *to ~ the most of sth* aproveitar algo ao máximo; *to ~ to do sth* fazer gesto de; ir (fazer algo); estar quase a (quando se é interrompido); [coloq.] *to ~ waves* levantar ondas; fazer ondas; *to ~ way* abrir caminho; avançar; progredir; dar lugar

◆ **make after** *v.tr.* perseguir; seguir; tentar seguir
◆ **make at** *v.tr.* (ataque, agressão) atirar-se a
◆ **make away** *v.intr.* (ir-se embora depressa) pôr-se a andar; pôr-se a mexer; pisgar-se
◆ **make away with** *v.tr.* **1** [coloq.] fugir com; roubar; **2** desfazer-se de; fazer desaparecer; destruir; **3** [ant.] matar
◆ **make for** *v.tr.* **1** (local) dirigir-se a; ir em direcção a; encaminhar-se para; *where are you making for?* para onde vais?; **2** contribuir para; ter como resultado; conduzir a; promover; trazer; **3** ir com ar ameaçador
◆ **make of** *v.tr.* **1** pensar de; achar de; *I don't know what to ~ it* nem sei o que pensar; **2** entender, compreender; interpretar; *can you make anything of it?* percebes alguma coisa?; **3** fazer de; considerar ❖ *to make a go of sth* ter êxito em algo; *to make much of* ter em grande conta; ter em grande estima; atribuir grande importância a; *to make nothing of* não atribuir importância a; *to make the most of sth* aproveitar algo ao máximo; tirar o melhor partido de algo; *to make too much of sth* exagerar muito a importância de algo; atribuir demasiada importância a algo
◆ **make off** *v.intr.* (ir-se embora depressa) pisgar-se; pôr-se a andar; pôr-se a mexer
◆ **make off with** *v.tr.* fugir e levar; fugir com (o roubo); ir embora com (o roubo)
◆ **make out** Ⓐ *v.tr.* **1** distinguir; entrever; *he made out a figure in the distance* distinguiu uma figura ao longe; **2** perceber, compreender, entender; decifrar; **3** dar a entender, sugerir; *he made out that he had written the book himself* tentou convencer-nos de que tinha sido ele a escrever o livro; **4** fingir, simular; **5** (cheque, recibo, factura) passar; tirar; *cheques made out to* cheques à ordem de; *could you ~ a receipt?* podia passar-me um recibo? Ⓑ *v.intr.* **1** [EUA] [coloq.] sair-se; sair-se bem; desenrascar-se; *how did you make out?* como te saíste?, correu bem?; *to be making out all right* estar a sair-se bem; **2** [EUA] [cal.] (carícias sexuais) curtir, fazer marmelada, andar no roço; **3** [EUA] [cal.] dar uma queca ❖ *to ~ a case (for)* arranjar argumentos convincentes (a favor de); *to make sb/sth out to be…* fazer algo/alguém parecer…
◆ **make over** *v.tr.* **1** (dinheiro, propriedade) transferir; passar para nome de; **2** [EUA] arranjar; adaptar; remodelar
◆ **make towards** *v.tr.* dirigir-se a; seguir em direcção a
◆ **make up** Ⓐ *v.tr.* **1** (história, desculpa, etc.) inventar; **2** formar; constituir; compor; *the book is made up of several parts* o livro é constituído por diversas partes; **3** maquilhar; caracterizar; *I still have to make myself up* ainda tenho de me maquilhar; **4** (refeição, remédio, etc.) preparar, arranjar; **5** (cama) fazer, preparar; **6** completar; continuar; **7** (tempo, trabalho) compensar, recuperar; *to ~ for lost time* recuperar tempo perdido, compensar tempo perdido; **8** [EUA] (exame) voltar a fazer, repetir; **9** resolver, harmonizar; *to ~ a dispute* resolver um problema Ⓑ *v.intr.* **1** maquilhar-se; **2** fazer as pazes [**with**, com]; reconciliar-se [**with**, com] ❖ *to ~ one's mind (to)* decidir-se (a); resolver
◆ **make up for** *v.tr.* compensar; servir como compensação de ❖ *to ~ lost time* recuperar o tempo perdido
◆ **make up to** *v.tr.* **1** compensar; *I'll make it up to you one day* hei-de compensar-te pelo que fizeste; *you must make it up to him somehow* tem de o compensar de qualquer maneira; **2** lisonjear; adular; **3** cortejar; namoriscar
◆ **make with** *v.tr.* [EUA] [ant., coloq.] continuar com; dar; trazer; fazer

make-believe ['meɪkbɪliːv] Ⓐ *s.* **1** fantasia; invenção; **2** faz-de-conta; *the land of ~* o país do faz-de-conta; **3** simulação; fingimento; mentira; *that's all ~* isso é tudo mentira Ⓑ *adj.* **1** de fantasia; de faz-de-conta; *~ world* mundo de fantasia; **2** imaginário; a brincar; **3** [depr.] a fingir; simulado; **4** [depr.] fictício
make-do ['meɪkduː] *adj.* **1** substituto; **2** temporário, transitório; **3** de ocasião, de recurso; **4** emergência
makefast ['meɪkfɑːst] *s.* NÁUTICA amarra
make-or-break [ˌmeɪkɔːˈbreɪk] *adj.* **1** de tudo ou nada; **2** decisivo, determinante
makeover ['meɪkəʊvə] *s.* **1** transformação; **2** remodelação; **3** mudança de visual
maker ['meɪkə] *s.* **1** criador; **2** produtor; **3** fabricante; **4** construtor; **5** autor; **6** executante; **7** fazedor, aquele que faz; **8** causador; **9** [arc.] poeta; **10** DIREITO (promissória) devedor
Maker ['meɪkə] *s.* RELIGIÃO (Deus) Criador; *Our ~* o Criador, Deus ❖ [joc.] *to meet one's ~* morrer
makeready ['meɪkrɛdɪ] *s.* acabamento, finalização, ultimação
makeshift ['meɪkʃɪft] Ⓐ *s.* **1** solução de ocasião, expediente; **2** improviso; **3** recurso de emergência Ⓑ *adj.* **1** temporário, transitório; **2** improvisado, de improviso; **3** de emergência
make-up ['meɪkʌp] *s.* **1** maquilhagem; **2** CINEMA, TEATRO, TELEVISÃO caracterização; **3** constituição, composição [**of**, de]; **4** arranjo, disposição; **5** temperamento, maneira de ser; *to be of a nervous ~* ser de temperamento nervoso; **6** (página impressa) composição, disposição gráfica; **7** [EUA] (educação) teste de recuperação; exame da segunda fase ❖ *~ artist* maquilhador; *~ remover* desmaquilhante
makeweight ['meɪkweɪt] *s.* **1** pequena quantidade acrescentada para perfazer determinado peso; **2** contrapeso; **3** argumento insignificante para tentar reforçar a posição defendida; **4** tapa-buracos, pessoa sem importância, pessoa insignificante
making ['meɪkɪŋ] *s.* **1** realização, execução, elaboração, feitura; **2** criação; produção; **3** fabrico, fabricação; **4** construção; levantamento, edificação; **5** obtenção; **6** consecução; **7** estrutura, composição, mão-de-obra; **8** quantidade feita; quantidade fabricada; quantidade produzida; **9** *pl.* receitas, lucros; **10** *pl.* predicados, qualidades; *I don't think he has the makings of a statesman* não me parece que ele tenha os predicados necessários a um estadista; **11** *pl.* CULINÁRIA ingredientes necessários ❖ *in the ~* em evolução; em potência; em construção; *of one's own ~* da sua única e exclusiva responsabilidade; por sua culpa; (êxito) *to be the ~ of* ser a causa de

Malabar

Malabar ['mæləbɑ:] *s.top.* Malabar ❖ *the ~ Coast* a costa do Malabar
Malacca [mə'lækə] *s.top.* Malaca ❖ *~ cane* malaca; bengala de junco de Malaca
Malachi ['mæləkaɪ] *s.antr.* RELIGIÃO (Bíblia) Malaquias
malachite ['mæləkaɪt] *s.* MINERALOGIA malaquite
malacia [mə'leɪʃɪə] *s.* MEDICINA malacia
malacoderm ['mæləkədɜ:m] *adj.,s.* ZOOLOGIA malacodermo
malacodermatous [,mæləkəʊ'dɜ:mətəs] *adj.* ZOOLOGIA malacodermo
malacology [,mælə'kɒlədʒɪ] *s.* malacologia, tratado sobre os moluscos
malacopterygian [,mæləkɒptə'rɪdʒɪən] *adj.,s.* ZOOLOGIA malacopterígio
malacostracan [,mælə'kɒstrəkən] *adj.,s.* ZOOLOGIA malacostráceo
malacozoic [,mæləkə'zəʊɪk] *adj.* ZOOLOGIA malacozoário
maladaptation [,mælədæp'teɪʃən] *s.* 1 má adaptação, adaptação deficiente, carência de adaptação; 2 inadaptação
maladapted [,mælə'dæptɪd] *adj.* 1 inadaptado; 2 inadequado; 3 desajustado
maladaptive [,mælə'dæptɪv] *adj.* 1 inadaptado; 2 inadequado; 3 desajustado
maladjusted [,mælə'dʒʌstɪd] *adj.* 1 inadaptado; 2 desajustado
maladjustment [,mælə'dʒʌstmənt] *s.* 1 inadaptação; 2 desajustamento, mau ajustamento, ajustamento defeituoso
maladministration [,mælədmɪnɪs'treɪʃən] *s.* 1 má administração, desgoverno; 2 prevaricação
maladministrator [,mæləd'mɪnɪstreɪtə] *s.* prevaricador
maladroit [,mælə'drɔɪt] *adj.* 1 desajeitado, desastrado; 2 inábil
maladroitly [,mælə'drɔɪtlɪ] *adv.* 1 desajeitadamente; 2 desastradamente
maladroitness [,mælə'drɔɪtnɪs] *s.* falta de jeito, falta de habilidade, inépcia
malady ['mælədɪ] *s.* (*pl.* -**ies**) doença, padecimento, mal
Malaga ['mæləgə] *s.top.* Málaga
Malagasy [,mælə'gæsɪ] Ⓐ *adj.* malgaxe; relativo a Madagáscar Ⓑ *s.* (língua, pessoa) malgaxe
malaguetta [,mælə'getə] *s.* malagueta
malaise [mə'leɪz] *s.* 1 mal-estar, desconforto; 2 indisposição
malanders ['mæləndəz] *s.pl.* malandras, moléstia nos joelhos dos animais
malapert ['mæləpɜ:t] *adj.,s.* [arc.] insolente, atrevido, petulante
malapertness ['mæləpɜ:tnɪs] *s.* 1 [arc.] insolência, atrevimento; 2 petulância
malaprop ['mæləprɒp] *s.* 1 erro cómico ou ridículo de palavra; 2 palavra empregada fora do seu sentido próprio, devido à ignorância pretensiosa de quem a usa
malapropism ['mæləprɒpɪzəm] *s.* 1 emprego ridículo ou cómico de palavras fora do seu sentido próprio; 2 troca grotesca de palavras ou termos
malar ['meɪlə] *adj.,s.* ANATOMIA malar
malaria [mə'leərɪə] *s.* MEDICINA malária; paludismo
malarial [mə'leərɪəl] *adj.* MEDICINA malárico ❖ *~ germ* germe da malária
malarious [mə'leərɪəs] *adj.* afectado pelo paludismo, sujeito ao paludismo
malarkey [mə'lɑ:kɪ] *s.* [cal.] asneiras, tretas
malassimilation [,mæləsɪmɪ'leɪʃən] *s.* assimilação deficiente
Malawi [mə'lɑ:wɪ] *s.top.* Malawi, Malaui
Malawian [mə'lɑ:wɪən] Ⓐ *adj.* do Malaui Ⓑ *s.* habitante do Malaui
malaxate ['mæləkseɪt] *v.tr.* malaxar
malaxation ['mæləkseɪʃən] *s.* malaxação
malaxator ['mæləkseɪtə] *s.* malaxador
Malay [mə'leɪ] Ⓐ *adj.* malaio Ⓑ *s.* (língua, pessoa) malaio ❖ GEOGRAFIA *the ~ Archipelago* a Malásia
Malayan [mə'leɪən] *adj.* malaio
Malaysia [mə'leɪzɪə] *s.top.* Malásia
Malaysian [mə'leɪzɪən] *adj.* malaio
malconduct [mæl'kɒndʌkt] *s.* má administração
malconformation [,mælkɒnfɔ:'meɪʃən] *s.* má conformação
malcontent ['mælkəntent] *adj.,s.* 1 descontente; 2 com tendência para a revolta

Maldives ['mɑ:ldaɪvz] *s.top.* Maldivas
male [meɪl] Ⓐ *adj.* 1 masculino; *~ heir* herdeiro masculino; *~ issue* descendência masculina; *~ sex* sexo masculino; 2 [fig.] viril Ⓑ *s.* macho ❖ *~ chauvinism* machismo; *~ chauvinist* machista; *~ horse* garanhão; *~ model* modelo (masculino); *~ nurse* enfermeiro; *~ prostitute* prostituto; *~ screw* parafuso; (hospital) *~ ward* enfermaria de homens
malediction [,mælɪ'dɪkʃən] *s.* maldição
maledictory [,mælɪ'dɪktərɪ] *adj.* referente a maldição
malefaction [,mælɪ'fækʃən] *s.* 1 malefício, acção má; 2 crime
malefactor [,mælɪ'fæktə] *s.* malfeitor
malefic [mə'lefɪk] *adj.* maléfico, nefasto; malfazejo
malefice ['mælɪfɪs] *s.* 1 malefício; 2 sortilégio, feitiço, bruxedo
maleficence [mə'lefɪsəns] *s.* maleficência, maldade
maleficent [mə'lefɪsənt] *adj.* 1 maléfico; 2 malévolo; 3 criminoso, malfazejo
malevolence [mə'levələns] *s.* malevolência
malevolent [mə'levələnt] *adj.* malevolente
malevolently [mə'levələntlɪ] *adv.* malevolentemente
malfeasance [mæl'fi:zəns] *s.* 1 prevaricação, mau desempenho de cargo oficial; 2 atitude ou comportamento ilegal de funcionário público
malfeasant [mæl'fi:zənt] *adj.* que transgrediu a lei, infractor
malformation [,mælfɔ:'meɪʃən] *s.* 1 malformação; 2 deformidade; 3 má conformação
malformed [,mæl'fɔ:md] *adj.* 1 malformado; 2 disforme; 3 deformado
malfunction [,mæl'fʌŋkʃən] Ⓐ *s.* 1 mau funcionamento; 2 avaria Ⓑ *v.intr.* 1 funcionar mal; 2 avariar
Malian ['mɑ:lɪən] Ⓐ *adj.* do Mali Ⓑ *s.* habitante ou natural do Mali
malic ['mælɪk] *adj.* QUÍMICA málico; *~ acid* ácido málico
malice ['mælɪs] *s.* 1 má vontade, rancor; 2 intenção criminosa; 3 vontade de fazer mal; 4 malícia; maldade; *out of ~* por maldade ❖ *with ~ aforethought* com intenção criminosa; com intenção de fazer mal; com premeditação; *to bear ~ to sb* querer mal a alguém
malicious [mə'lɪʃəs] *adj.* 1 maldoso; malicioso; 2 com rancor; rancoroso ❖ *~ falsehood* difamação; *~ gossip* má-língua; *~ intent* intenção criminosa
maliciously [mə'lɪʃəslɪ] *adv.* 1 maldosamente; 2 maliciosamente; 3 com rancor; 4 intencionalmente, com intenção criminosa
maliciousness [mə'lɪʃəsnəs] *s.* 1 maldade, malefício; 2 malícia
malign [mə'laɪn] Ⓐ *v.tr.* difamar, caluniar; *to ~ sb* caluniar alguém, dizer mal de alguém Ⓑ *adj.* 1 maligno, maléfico; 2 daninho, pernicioso, nefasto
malignancy [mə'lɪgnənsɪ] *s.* 1 malignidade, carácter maligno; 2 malevolência, maldade, ruindade
malignant [mə'lɪgnənt] *adj.* 1 MEDICINA maligno; *~ fever* febre maligna; *~ tumor* tumor maligno; 2 nocivo; pernicioso; 3 mau; perverso
malignants [mə'lɪgnənts] *s.pl.* HISTÓRIA malignos ❖ HISTÓRIA (apoiantes de Carlos I de Inglaterra contra o Parlamento) *the ~* os malignos
maligner [mə'laɪnə] *s.* difamador, caluniador
malignity [mə'lɪgnɪtɪ] *s.* malignidade
malinger [mə'lɪŋgə] *v.intr.* 1 fingir estar doente; 2 simular doença para escapar ao serviço; 3 MILITAR simular prolongamento de doença
malingerer [mə'lɪŋgərə] *s.* aquele que simula estar doente
malingering [mə'lɪŋgərɪŋ] *s.* simulação de doença
malison ['mælɪsən] *s.* [arc.] maldição
mall [mɔ:l, mæl] *s.* 1 [EUA] centro comercial; 2 alameda, passeio, rua ladeada de árvores; 3 (jogo de bola) palamalhar, palamalho; 4 taco de madeira para o jogo de palamalho ❖ (frequentador assíduo) *~ rat* viciado em centros comerciais
mallard ['mælɑ:d] *s.* 1 pato-selvagem, pato-bravo; 2 pato-real, adem, lavanco
malleability [,mælɪə'bɪlɪtɪ] *s.* maleabilidade
malleable ['mælɪəbəl] *adj.* 1 maleável; 2 (pessoa) adaptável; moldável ❖ *~ iron/steel* ferro/aço maleável
malleableness ['mælɪəbəlnəs] *s.* ⇒ **malleability**
mallei ['mælɪɪ] *s.* {*pl. de* **malleus**}

mallein ['mæli:ɪn] Ⓐ s. VETERINÁRIA maleína, extracto de cultura de bacilos de morno Ⓑ v.tr. maleinar, maleinizar

mallenders ['mæləndəz] s.pl. ⇒ **malanders**

malleolar [mə'li:ələ] adj. maleolar; relativo aos maléolos

malleoli [,mæli'əʊlaɪ] s. {pl. de **malleolus**}

malleolus [mə'li:ələs] s. ⟨pl. **-i**⟩ ANATOMIA maléolo

mallet ['mælɪt] s. 1 macete, maço, malho, marreta; 2 taco de madeira usado no jogo do pólo e do cróquete

malleus ['mælɪəs] s. ⟨pl. **-ei**⟩ ANATOMIA martelo, ossículo do ouvido

mallow ['mæləʊ] s. BOTÂNICA malva ❖ *marsh ~* malva silvestre; *rose ~* malva-rosa; alteia; *roundhead ~* malva vulgar

malm [mɑ:m] s. 1 rocha branca e calcária, marga; 2 greda

malmsey ['mɑ:mzɪ] s. malvasia, vinho malvasia

malnourished [,mæl'nʌrɪʃt] adj. subalimentado, subnutrido, desnutrido

malnutrition [,mælnju:'trɪʃən] s. malnutrição, subalimentação, desnutrição

malobservation [,mælɒbzɜ:'veɪʃən] s. observação defeituosa, observação deficiente

malodorous [mæ'ləʊdərəs] adj. malcheiroso, fétido, fedorento

Malpighian [mæl'pɪgɪən] adj. FISIOLOGIA de Malpighi; *~ corpuscle* glomérulo de Malpighi

malposition [,mælpə'zɪʃən] s. 1 posição anormal; 2 colocação anormal

malpractice [,mæl'præktɪs] s. 1 malversação, culpa, delito; 2 procedimento condenável; 3 DIREITO negligência médica

malster ['mɔ:lstə] s. ⇒ **maltman**

malt [mɔ:lt] Ⓐ s. (cereal, bebida) malte Ⓑ v.tr. maltar; converter em malte Ⓒ v.intr. converter-se em malte ❖ *~ extract* extracto de malte; *~ liquor* cerveja; *~ sugar* maltose; *~ whisky* whisky de malte

Malta ['mɔ:ltə] s.top. Malta ❖ MEDICINA *~ fever* febre-de-malta; brucelose

maltase ['mɔ:lteɪs] s. QUÍMICA maltase

Maltese [,mɔ:l'ti:z] Ⓐ adj. 1 maltês; 2 da ordem de Malta Ⓑ s. (pessoa, língua) maltês Ⓒ s.pl. *the ~* os malteses, os habitantes de Malta ❖ *~ cross* cruz de Malta

maltha ['mælθə] s. malta, pez

Malthusian [mæl'θju:zɪən] adj.,s. ECONOMIA malthusiano, partidário das doutrinas de Malthus

Malthusianism [mæl'θju:zɪənɪzəm] s. malthusianismo

malting ['mɔ:ltɪŋ] s. preparação do malte, maltagem

maltman ['mɔ:ltmən] s. ⟨pl. **-men**⟩ indivíduo encarregado da preparação do malte

maltose ['mɔltəʊs] s. QUÍMICA maltose

maltreat [,mæl'tri:t] v.tr. 1 maltratar, tratar mal; 2 dar mau tratamento a; 3 tratar com crueldade; 4 espancar

maltreating [,mæl'tri:tɪŋ] s. acto de maltratar

maltreatment [,mæl'tri:tmənt] s. 1 mau tratamento; 2 maus-tratos

Malvaceae [mæl'veɪsɪ:] s.pl. BOTÂNICA Malváceas

malvaceous [mæl'veɪʃəs] adj. malváceo, da família das Malváceas

malversation [,mælvɜ:'seɪʃən] s. 1 malversação, má administração de dinheiros públicos; 2 delapidação de propriedade alheia

mama [mə'mɑ:] s. mamã, mãezinha

mambo ['mæmbəʊ] Ⓐ s. MÚSICA mambo Ⓑ v.intr. dançar o mambo

mamelon ['mæmələn] s. mamelão, montículo, cume arredondado

Mameluke ['mæmɪlu:k] s. 1 mameluco; 2 escravo

mamilla [mə'mɪlə] s. mamila, bico de seio; mamilo

mamillary ['mæmɪlərɪ] adj. mamilar, em forma de mamilo

mamillated ['mæmɪleɪtɪd] adj. mamiloso

mamilliform [mə'mɪlɪfɔ:m] adj. mamiforme

mamma[1] [mə'mɑ:] s. ⟨ant.⟩ mamã, mãezinha

mamma[2] ['mæmə] s. ⟨pl. **-ae**⟩ ANATOMIA mama, órgão glandular que segrega o leite

mammae ['mæmi:] s. {pl. de **mamma**[2]}

mammal ['mæməl] s. ZOOLOGIA mamífero

mammalia [mæ'meɪlɪə] s.pl. mamíferos

mammalian [mæ'meɪlɪən] adj. mamífero

mammalogy [mə'mælədʒɪ] s. ZOOLOGIA mastozoologia, mamalogia, mamologia, capítulo da zoologia que estuda os mamíferos

mammary ['mæmərɪ] adj. mamário; *the ~ glands* as glândulas mamárias

mammate ['mæmɪt] adj. mamífero, que tem mamas

mammee [mæ'mi:] s. 1 BOTÂNICA mamoeiro, papaieira, papaia; 2 sapoti, sapota, sapotizeiro; 3 abricozeiro

mammiferous [mæ'mɪfərəs] adj. mamífero

mammiform ['mæmɪfɔ:m] adj. mamiforme

mammitis [mæ'maɪtɪs] s. mastite

mammogram ['mæməgræm] s. MEDICINA mamografia

mammography [mə'mɒgrəfɪ] s. mamografia

Mammon ['mæmən] s. RELIGIÃO (Bíblia) (deus da falsa riqueza) Mamona; *the worshippers of ~* os adoradores de Mamona

mammonish ['mæmənɪʃ] adj. de Mamona, que presta culto a Mamona

mammonist ['mæmənɪst] s. adorador de Mamona

mammonite ['mæmənaɪt] s. ⇒ **mammonist**

mammoplasty ['mæməplæstɪ] s. CIRURGIA mamoplastia

mammoth ['mæməθ] Ⓐ s. ZOOLOGIA mamute Ⓑ adj. enorme; gigantesco; colossal ❖ BOTÂNICA *~ tree* sequóia

mammy ['mæmɪ] s. ⟨pl. **-ies**⟩ [coloq.] mãezinha, mamã

man [mæn] Ⓐ s. ⟨pl. **men**⟩ 1 homem; pessoa do sexo masculino; 2 [fig.] (humanidade) ser humano; Homem; 3 [coloq.] (marido, companheiro) homem_{coloq}; *to be ~ and wife* ser marido e mulher; estar casado; *to live as ~ and wife* viverem como marido e mulher; 4 [coloq.] (vocativo) pá, meu; 5 (xadrez) peão; 6 (damas) pedra; 7 [ant.] criado, empregado; 8 HISTÓRIA (Idade Média) vassalo; 9 pl. operários; 10 pl. soldados; 11 pl. marinheiros; 12 pl. DESPORTO jogadores Ⓑ v.tr. (particípios: **-nn-**) 1 NÁUTICA tripular, guarnecer com tripulação; equipar, prover de equipagem; 2 pôr gente a; fornecer de trabalhadores; *to ~ the capstan* pôr gente ao cabrestante; 3 armar; prover de guarnição militar; fortificar; *to ~ a fort* pôr uma guarnição militar num forte; 4 preparar; encher de coragem; 5 (falcão) domesticar, ensinar; 6 [Esc.] dever Ⓒ interj. puxá! ❖ [ant.] *~ alive!* caramba!; [arc.] *~ Friday* lacaio; factótum; *~ and boy* desde a meninice; *~ does not/cannot live by bread alone* nem só de pão vive o homem; RELIGIÃO *~ of God* homem de Deus; servo de Deus; padre; *~ of letters* homem de letras; *~ of straw* homem fraco; testa-de-ferro; *~ proposes, God disposes* o homem põe e Deus dispõe; *a ~ of action* um homem de acção; *a ~ of his word* um homem de palavra; *a ~ of the world* um homem vivido; um homem com experiência do mundo e da sociedade; *as one ~* unanimemente; como um só; em conjunto; em sintonia; em completo acordo; *be a man!* sê homem!; [coloq.] *it's every ~ for himself* é cada um por si; *no man's land* terra de ninguém; *so many men, so many minds* cada cabeça, sua sentença; *the ~ in the street* o homem da rua; o cidadão comum; *to a ~/to the last ~* todo sem excepção; sem qualquer excepção; por unanimidade; até ao último homem; *to be ~ enough to do sth* ter coragem para fazer algo; *to be one's own ~* ser independente; *to make a ~ (out) of sb* fazer de alguém um homem; DESPORTO (críquete) *twelfth ~* jogador de reserva; *young ~* jovem; rapaz; *I am your ~* sou a pessoa que lhe convém; sou a pessoa indicada

Man. [abrev. de Manitoba]

man-about-town [,mænə'baʊt'taʊn] s. ⟨ant.⟩ homem de sociedade

manacle ['mænəkəl] Ⓐ s. 1 algema, grilheta; 2 manilha Ⓑ v.tr. 1 algemar, colocar algemas em; 2 prender com grilhetas

manage ['mænɪdʒ] v.tr.,intr. 1 conseguir, arranjar, fazer; arranjar processo de, arranjar maneira de; *how did you ~ it?* como é que conseguiste?; *how do you ~ not to get angry with him?* como é que consegues não te zangares com ele?; 2 (problemas, dificuldades) aguentar-se, arranjar-se [**with/without**, com/sem]; ser bem sucedido; *~ as best you can* arranja-te como puderes; *they could just ~* eles lá iam vivendo, tinham só o indispensável para viver; 3 (negócios) gerir, dirigir, orientar, administrar, conduzir; 4 manobrar, manejar; *to ~ a sailing boat* guiar um barco à vela; 5 controlar, exercer influência sobre; 6 (animal) domar, treinar, ensinar; *to ~ a horse* domar um cavalo, ensinar um cavalo; 7 lidar com (alguém); *she is very difficult to ~* é muito difícil lidar com ela; *to know how to ~ sb* saber lidar com alguém,

manageability

saber levar uma pessoa; *to ~ a naughty child* lidar com uma criança travessa; **8** levar a cabo, fazer; *to know how to ~ things* saber fazer as coisas; **9** ter tempo, ter disponibilidade; **10** (comer, beber) aguentar, ser capaz de comer/beber; *I can ~ another glass of port* sou capaz de beber outro cálice de vinho do Porto

manageability [mænɪdʒə'bɪlɪti] *s.* **1** flexibilidade, maleabilidade; **2** carácter prático; **3** exequibilidade

manageable ['mænɪdʒəbəl] *adj.* **1** manejável; **2** manobrável; **3** tratável, sociável, dócil, fácil de se lidar; **4** possível, exequível, viável

manageableness ['mænɪdʒəbəlnəs] *s.* **1** manejabilidade; **2** acessibilidade de manobra, possibilidade de ser manobrado; **3** exequibilidade, viabilidade; **4** docilidade

management ['mænɪdʒmənt] *s.* **1** administração; direcção; **2** gerência; *under new ~* nova gerência; **3** gestão; governo; *due to bad ~* devido à má gestão; **4** domínio; controlo; **5** trato; **6** capacidade; habilidade; jeito; **7** consecução, realização ❖ *~ chart* organigrama; *~ consultant* consultor administrativo; *~ studies* curso de gestão

manager ['mænɪdʒə] *s.* **1** administrador; gerente; **2** director; *sales ~* director comercial; *works ~* director de fábrica; **3** gestor; *to be a good ~* ser um bom gestor; **4** TEATRO empresário; **5** DESPORTO *manager*, gestor de plantel; **6** DIREITO síndico, administrador de falência; **7** [GB] *manager*, um dos responsáveis por determinadas missões numa das Casas do Parlamento ❖ *manager's office* gabinete da direcção; *general ~* director-geral

manageress ['mænɪdʒəres] *s.f.* (*pl.* **-es**) directora, administradora

managerial [ˌmænə'dʒɪrɪəl] *adj.* directivo, administrativo

managership ['mænɪdʒəʃɪp] *s.* **1** gerência, direcção, administração; **2** funções de gerente, director ou administrador

managing ['mænɪdʒɪŋ] Ⓐ *s.* **1** direcção, administração, gerência; **2** manejamento, manuseamento Ⓑ *adj.* **1** que dirige, que gere; **2** autoritário ❖ *~ director* administrador-gerente; director-geral; *~ directors* conselho de administração; *~ owner* director-gerente

manakin ['mænəkɪn] *s.* ZOOLOGIA tangará, dançador

Manasseh [mə'næsi] *s.antr.* RELIGIÃO (Bíblia) Manassés

manat ['mænət] *s.* (moeda do Azerbeijão e do Turquemenistão) manat

manatee ['mænəti:] *s.* ZOOLOGIA manatim, manato, lumantim, peixe-boi

man-child ['mæntʃaɪld] *s.* (*pl.* **men-children**) [poét.] rapazinho

manchineel ['mæntʃɪni:l] *s.* BOTÂNICA mancenilha, mançanilha, mancenilheira, mançanilheira

Manchu [ˌmæn'tʃu:] *adj.,s.* manchu

Manchuria [mæn'tʃʊərɪə] *s.top.* Manchúria

Manchurian [mæn'tʃʊərɪən] *adj.,s.* manchu

mancipate ['mænsɪpeɪt] *v.tr.,intr.* **1** mancipar; **2** sujeitar, escravizar

mancipation ['mænsɪpeɪʃən] *s.* **1** mancipação; **2** sujeição, escravização

manciple ['mænsɪpəl] *s.* ecónomo, mordomo, despenseiro, administrador (de colégio), pessoa encarregada de comprar o que é necessário

Mancunian [mæn'kju:nɪən] *adj.,s.* **1** relativo a Manchester; **2** natural de Manchester

mandala ['mændələ] *s.* mandala

mandamus [mæn'deɪməs] *s.* (*pl.* **-es**) DIREITO ordem transmitida pela *King's Bench Division* a um tribunal de categoria inferior

mandarin ['mændərɪn] *s.* **1** BOTÂNICA (fruto) mandarina, tangerina; **2** BOTÂNICA (árvore) tangerineira; **3** (alto funcionário chinês) mandarim ❖ ZOOLOGIA (ave) *~ duck* pato-mandarim; *~ sleeve* manga solta e aberta até ao cotovelo

Mandarin ['mændərɪn] *s.* (língua) mandarim

mandarinate ['mændərnɪt] *s.* mandarinato, mandarinado

mandarine ['mændəri:n] *s.* **1** BOTÂNICA bergamota, vergamota, variedade de laranja; **2** mandarina, tangerina

mandarinic ['mændərɪnɪk] *adj.* mandarínico, mandarinesco

mandatary ['mændətərɪ] *s.* (*pl.* **-ies**) DIREITO mandatário

mandate ['mændeɪt] Ⓐ *s.* **1** mandato; *electoral ~* mandato de deputado; **2** DIREITO mandado; **3** rescrito papal; **4** [poét.] ordem; **5** encargo Ⓑ *v.tr.* **1** confiar sob mandato; **2** atribuir um mandato a ❖ *the mandated territories* os territórios sob mandato

mandatory ['mændətərɪ, 'mændətɔ:rɪ] Ⓐ *adj.* **1** obrigatório; **2** que possui um mandato Ⓑ *s.* mandatário

mandible ['mændɪbəl] *s.* **1** mandíbula; **2** maxilar inferior

mandibular [mæn'dɪbjʊlə] *adj.* mandibular

mandibulate [mæn'dɪbjəleɪt] *adj.* **1** mandibulado; **2** mandibular

mandola [mæn'dəʊlə] *s.* MÚSICA mandola, mandora, espécie de alaúde parecido com a mandolina

mandolin ['mændəlɪn] *s.* MÚSICA mandolim, mandolina

mandoline ['mændəlɪn] *s.* MÚSICA mandolim, mandolina

mandolinist ['mændəlɪnɪst] *s.* MÚSICA mandolinista

mandora [mæn'dɔ:rə] *s.* ⇒ **mandola**

mandragora [mæn'drægərə] *s.* BOTÂNICA mandrágora

mandrake ['mændreɪk] *s.* BOTÂNICA ⇒ **mandragora**

mandrel ['mændrəl] Ⓐ *s.* mandril Ⓑ *v.tr.* mandrilar ❖ *~ headstock* cabeçote; *~ of a lathe* veio do torno

mandril ['mændrɪl] *s.* ⇒ **mandrel**

mandrill ['mændrɪl] *s.* ZOOLOGIA mandril, macaco da costa ocidental de África

manducable ['mændjʊkəbəl] *adj.* **1** manducável; **2** comível

manducate ['mændjʊkeɪt] *v.tr.* **1** manducar; **2** mastigar; **3** comer

manducation ['mændjə'keɪʃən] *s.* **1** manducação; **2** mastigação

manducatory [ˌmændjə'keɪtərɪ] *adj.* manducativo; relativo a manducação

mane [meɪn] *s.* **1** (cavalo) crina; **2** (leão) juba; **3** [fig., coloq.] (pessoa) melena, juba

man-eater ['mæni:tə] *s.* ZOOLOGIA animal perigoso para o homem; **2** (ser humano) canibal; **3** [depr.] (mulher) devoradora de homens, destruidora de corações*fig.*

maned [meɪnd] *adj.* **1** com crina; **2** com juba

manege [mæ'neɪʒ, 'mæneɪʒ] *s.* **1** picadeiro; **2** escola de equitação; **3** maneira de andar de cavalo ensinado; **4** equitação

manège [mæ'neɪʒ, 'mæneɪʒ] *s.* **1** picadeiro; **2** escola de equitação; **3** maneira de andar de cavalo ensinado; **4** equitação

manes ['mɑ:neɪz, 'meɪni:z] *s.pl.* manes, almas divinizadas dos mortos, entre os Romanos

manful ['mænfʊl] *adj.* **1** corajoso, valoroso, intrépido; **2** viril; **3** forte

manfully ['mænfʊlɪ] *adv.* **1** corajosamente; com valentia; com intrepidez; **2** virilmente

manfulness ['mænfʊlnəs] *s.* coragem, valentia, intrepidez

manga ['mæŋgə] *s.* (animação, banda desenhada) manga

manganate ['mæŋgənɪt] *s.* QUÍMICA manganato

manganese ['mæŋgəni:z] *s.* **1** QUÍMICA (elemento químico) manganésio; **2** QUÍMICA peróxido de manganésio ❖ *~ bronze* bronze manganésio; *~ copper* cobre manganésio; *~ dioxide paint* tinta de bióxido de manganésio; *~ ore* minério de manganésio; *~ pyrophosphate* pirofosfato de manganésio; *~ spar* carbonato de manganésio; *~ steel* aço manganésio; *dioxide of ~* bióxido de manganésio

manganesian [ˌmæŋgə'ni:zɪən] *adj.* de manganésio; relativo ao manganésio

manganic [mæŋ'gænɪk] *adj.* QUÍMICA mangânico

manganite [mæŋgənaɪt] *s.* QUÍMICA manganito

mange [meɪndʒ] *s.* **1** VETERINÁRIA rabuge, rabugem, rabugeira, espécie de sarna que ataca os animais com o corpo coberto de pêlos ou lã; **2** [fig.] porcaria na pele; **3** pele porca

mangel-wurzel ['mæŋgəlwɜ:zəl] *s.* variedade de beterraba utilizada como forragem para o gado

manger ['meɪndʒə] *s.* **1** manjedoura; **2** NÁUTICA escovém ❖ *a dog in the ~* pessoa muito invejosa; cão raivoso

mangerful ['meɪndʒəfʊl] *s.* **1** gamelada; **2** manjedoura cheia

manginess ['meɪndʒɪnɪs] *s.* **1** aspecto sarnento, aspecto tinhoso dum animal; **2** mau aspecto

mangle ['mæŋgəl] Ⓐ *s.* **1** calandra, máquina de dois ou mais cilindros para passar roupa lavada; **2** BOTÂNICA mangle, mango, mangue Ⓑ *v.tr.* **1** calandrar, passar com a calandra; **2** lacerar, retalhar, mutilar com golpes; **3** adulterar, deformar (um texto ou citação); **4** deturpar, disfarçar palavras, pronunciando-as mal

mangler ['mæŋglə] *s.* **1** calandreiro, operário encarregado de calandra; **2** calandra, máquina de calandrar

mangling ['mæŋglɪŋ] *s.* **1** calandragem; **2** laceração, mutilação; **3** adulteração

mango ['mæŋgəʊ] s. (pl. **-es**) 1 BOTÂNICA (fruto) manga; 2 BOTÂNICA (árvore) mangueira

mangonel ['mæŋgənel] s. catapulta para lançamento de pedras, etc.; manganela

mangosteen ['mæŋgəʊstiːn] s. BOTÂNICA mangostão

mangrove ['mæŋgrəʊv] s. BOTÂNICA mangue

mangy ['meɪndʒɪ] adj. (comp. **-ier**, superl. **-iest**) 1 tinhoso, sarnento, sarnoso; 2 mesquinho, com aspecto miserável; 3 sujo

manhandle ['mænhændəl] v.tr. 1 tratar com rudeza, maltratar; 2 deslocar à força de braço

man-hater ['mænheɪtə] s. 1 misantropo; 2 inimigo dos homens

Manhattanese [,mænhætə'niːz] adj.,s. 1 de Manhattan; 2 natural de Manhattan

manhole ['mænhəʊl] s. 1 MECÂNICA (caldeira) porta de inspecção; 2 poço de limpeza; 3 buraco de entrada ❖ **~ cover** tampa da porta de inspecção; **~ door** porta do poço de limpeza; **~ in a boiler** buraco de entrada duma caldeira; **~ of a condenser** porta de inspecção do condensador; **~ of a cylinder** porta de visita do cilindro

manhood ['mænhʊd] s. 1 masculinidade; virilidade; 2 condição masculina; os homens; 3 [joc.] membro viril ❖ (homem) **to reach ~** chegar à idade adulta

man-hour ['mænaʊə] s. hora de trabalho

manhunt ['mænhʌnt] s. caça ao homem

manhunter ['mænhʌntə] s. caçador de cabeças

mania ['meɪnɪə] s. 1 mania; **to have a ~ for...** ter a mania de...; 2 loucura; 3 paixão; grande entusiasmo; obsessão ❖ **speed ~** mania das velocidades

maniac ['meɪnɪæk] adj.,s. 1 [depr.] alienado, louco, louco furioso; 2 fanático, entusiasta

maniacal [mə'naɪəkəl] adj. [depr.] louco, alienado, louco furioso

manic ['mænɪk] adj. 1 PSICOLOGIA maníaco; 2 [fig.] louco, frenético; **at a ~ speed** a uma velocidade louca ❖ PSICOLOGIA **~ depression** psicose maníaco-depressiva; PSICOLOGIA **~ depressive** maníaco-depressivo

manic-depressive [,mænɪkdɪ'presɪv] adj.,s. PSICOLOGIA maníaco-depressivo ❖ MEDICINA **~ disorder** psicose maníaco-depressiva; doença bipolar

Manichean [,mænɪ'kɪən] adj. maniqueu

Manichee ['mænɪkiː] s. 1 maniqueu, partidário do maniqueísmo; 2 adepto das doutrinas de Manés

Manicheism [,mænɪ'kiːɪzəm] s. Maniqueísmo

manicure ['mænɪkjʊə] Ⓐ s. 1 tratamento cuidadoso das mãos e das unhas; 2 manicura Ⓑ v.tr. cuidar das unhas, tratar das mãos

manicurist ['mænɪkjərɪst] s. (profissional) manicura

manifest ['mænɪfest] Ⓐ adj. 1 manifesto; 2 claro; 3 patente, visível; 4 evidente Ⓑ s. NÁUTICA manifesto de carga destinado à alfândega Ⓒ v.tr.,intr. 1 manifestar, demonstrar, mostrar; 2 patentear; 3 manifestar-se; 4 entrar numa manifestação; 5 (fantasma) aparecer; 6 NÁUTICA (carga) manifestar

manifestation [,mænɪfes'teɪʃən] s. manifestação

manifesto [,mænɪ'festəʊ] s. (pl. **-es** ou **-s**) POLÍTICA manifesto

manifold ['mænɪfəʊld] Ⓐ adj. 1 variado; diverso; numeroso; múltiplo; **~ vexations** múltiplas aflições; 2 de várias espécies; com vários aspectos; com várias funções Ⓑ s. 1 tubo de distribuição; 2 tubulação; 3 multiplicidade; diversidade; 4 (cópia) duplicado Ⓒ v.tr. 1 tirar cópias de; tirar duplicados de; 2 multiplicar ❖ **~ paper** papel de cópia; **~ writer** duplicador, copiador; **exhaust ~** tubo de escape; **inlet ~** tubo de admissão

manifolder ['mænɪ,fəʊldə] s. duplicador, copiador, aparelho para tirar cópias

manifoldness ['mænɪfəʊldnəs] s. 1 diversidade, multiplicidade; 2 variedade

manikin ['mænɪkɪn] s. 1 [depr.] homem pequeno, homenzinho, homúnculo; 2 manequim, modelo de figura humana; 3 ZOOLOGIA tangará, dançador

Manila [mə'nɪlə] s.top. Manila ❖ BOTÂNICA **~ hemp** cânhamo-de-manila; abacá

manilla [mə'nɪlə] s. manilha, argola de metal usada por certas tribos africanas

manille [mæ'nɪl] s. (jogos de cartas) manilha

manioc ['mænɪɒk] s. BOTÂNICA, CULINÁRIA mandioca

maniple ['mænɪpəl] s. 1 RELIGIÃO manípulo, pequena estola que os sacerdotes enfiam no braço; 2 HISTÓRIA, MILITAR (Roma antiga) manípulo, subdivisão de legião romana

manipular [mə'nɪpjʊlə] Ⓐ adj. HISTÓRIA manipular; relativo a manípulo Ⓑ s. HISTÓRIA manipular, soldado que fazia parte dum manípulo

manipulate [mə'nɪpjʊleɪt] v.tr. 1 (influenciar) manipular; **to ~ sb into doing sth** manipular alguém para que faça algo, levar alguém a fazer algo através de manipulação; 2 falsificar, forjar; **to ~ accounts** forjar contas, falsificar contas; 3 manejar; manobrar com habilidade; manusear; 4 MEDICINA tratar com massagens

manipulation [mə,nɪpjʊ'leɪʃən] s. 1 manobra; 2 manuseamento, manipulação; 3 exame, investigação de órgãos; 4 arranjo; 5 traficância, tramóia

manipulative [mə'nɪpjʊlətɪv] adj. 1 manipulador, calculista, intriguista; 2 de manipulação

manipulator [mə'nɪpjʊleɪtə] s. 1 manipulador; 2 especulador, agiota

mankind [mæn'kaɪnd] s. 1 humanidade; género humano; espécie humana; 2 os homens; **~ and womankind** os homens e as mulheres

manky ['mæŋkɪ] adj. (comp. **-ier**, superl. **-iest**) 1 [coloq.] sujo; 2 [coloq.] com mau aspecto; 3 [coloq.] de má qualidade

manlike ['mænlaɪk] adj. 1 humano; 2 masculino, viril; 3 [depr.] (mulher) com aspecto masculino ❖ **the ~ apes** os antropóides

manliness ['mænlɪnəs] s. 1 virilidade, masculinidade; 2 [fig.] força, firmeza

manly ['mænlɪ] adj. (comp. **-ier**, superl. **-iest**) 1 próprio de homem, masculino; 2 viril, másculo; 3 [fig.] forte, enérgico, decidido; 4 [fig.] franco

man-made ['mænmeɪd] adj. 1 artificial; 2 sintético

manna ['mænə] s. 1 maná, alimento caído do céu, que alimenta os Israelitas no deserto; 2 maná, suco obtido por incisões do *Fraxinus ornus* e do *Fraxinus excelsior* usado como laxativo

manned ['mænd] adj. (voo, nave, missão) tripulado; **~ spacecraft** nave tripulada

mannequin ['mænɪkɪn] s. modelo, manequim, pessoa empregada pelos costureiros para exibirem as suas criações

manner ['mænə] s. 1 maneira; **in this ~** deste modo; 2 espécie; tipo; **all ~ of...** todo o tipo de..., toda a espécie de...; 3 atitude; comportamento; maneira de ser; **to be sb's ~** ser a maneira de ser de alguém; 4 estilo; método; 5 processo; 6 pl. modos, maneiras; delicadeza; educação; **bad manners** falta de educação; **good manners** boas maneiras, educação, compostura; **where are your manners?** que modos são esses?; **to have no manners** não ter educação, não ter modos ❖ **after the ~ of** segundo o estilo de; à maneira de; LINGUÍSTICA **adverb of ~** advérbio de modo; **by no ~ of means** de modo nenhum; **grand manners** grande distinção; **in a ~** sob certo aspecto; de certo modo; **in a ~ of speaking** por assim dizer; **in like ~** igualmente; da mesma maneira; **in such a ~ that** de tal modo que; **in the same ~ as** do mesmo modo que; **it is a ~ of speaking** é um modo de falar; isto é um modo de dizer; **no ~ of right** nenhum direito; LITERATURA **novel of manners** novela de costumes; **romance of costumes**; LITERATURA **the ~ and the matter** a expressão e o conteúdo; **there is no ~ of doubt** não há que duvidar; **to have no ~ of right to** não ter o menor direito de; [coloq.] **to leave no manners in the dish** lamber tudo; comer tudo

mannered ['mænɜːd] adj. 1 rebuscado; **a ~ style** um estilo rebuscado; 2 afectado; amaneirado; 3 educado; **beautifully ~** muito bem educado

mannerism ['mænərɪzəm] s. 1 ARTES PLÁSTICAS, LITERATURA maneirismo; 2 mania, tique; 3 afectação

mannerist ['mænərɪst] s. ARTES PLÁSTICAS, LITERATURA maneirista

mannerized ['mænəraɪzd] adj. amaneirado, rebuscado

mannerless ['mænələs] adj. 1 sem modos, sem educação; 2 mal-educado; 3 descortês

mannerliness ['mænəlɪnəs] s. 1 delicadeza, educação; 2 bons modos, urbanidade

mannerly ['mænəlɪ] adj. delicado, educado, com bons modos, cortês

manning ['mænɪŋ] s. 1 acto de tripular um navio; 2 tripulação; 3 armamento

mannish ['mænɪʃ] *adj.* 1 masculino; 2 [depr.] masculinizado ❖ [depr.] (mulher) *to become* ~ masculinizar-se
mannishness ['mænɪʃnəs] *s.* aspecto masculino
mannite ['mænaɪt] *s.* QUÍMICA manita, manite, manitol
manoeuvrability [mə,nu:vrə'bɪlɪtɪ] *s.* manobrabilidade
manoeuvrable [mə'nu:vrəbəl] *adj.* 1 manobrável, manejável; 2 que pode manobrar-se
manoeuvre [mə'nu:və] Ⓐ *s.* 1 manobra; *bad* ~ manobra errada; 2 manejo; 3 intriga, maquinação, estratagema, ardil Ⓑ *v.tr.,intr.* 1 manobrar; 2 efectuar manobras; realizar manobras; 3 maquinar; tramar; engendrar; 4 levar [**into**, a]; induzir [**into**, a]; *to* ~ *sb into* levar alguém a; 5 dissuadir [**out of**, de]; *to* ~ *sb out of* dissuadir alguém de ❖ *to have room for* ~ ter margem de manobra; MILITAR *troops on manoeuvres* tropas em manobras
manoeuvrer [mə'nu:vrə] *s.* 1 manobrador; 2 intriguista
manoeuvring [mə'nu:vərɪŋ] *s.* 1 manobras; 2 maquinações, estratagemas, intrigas
man-of-war [,mænʌv'wɔ:] *s.* ⟨*pl.* **men-of-war**⟩ 1 NÁUTICA [arc.] navio de guerra; 2 ZOOLOGIA (medusa) caravela portuguesa
manometer [mə'nɒmɪtə] *s.* manómetro ❖ ~ *needle* ponteiro do manómetro; ~ *scale* escala do manómetro
manometric [,mænə'metrɪk] *adj.* manométrico; ~ *efficiency* eficiência manométrica
manometrical [,mænə'metrɪkəl] *adj.* ⇒ **manometric**
manometry [mə'nɒmɪtrɪ] *s.* manometria
manor ['mænə] *s.* 1 casa de campo; solar; herdade; 2 senhorio feudal; feudo; 3 [GB] [cal.] (polícia) território; raio de acção ❖ ~ *house* casa senhorial; solar; herdade; casa de campo; *the lord of the* ~ o suserano dum feudo
manorial [mə'nɔ:rɪəl] *adj.* senhorial; ~ *home* casa senhorial
manoscope ['mænəskəʊp] *s.* manoscópio
manpower ['mænpaʊə] *s.* 1 mão-de-obra; 2 MILITAR efectivos militares
manrope ['mænrəʊp] *s.* NÁUTICA guarda-mancebos; cabo do portaló
mansard ['mænsəd] *s.* mansarda; águas-furtadas ❖ ~ *roof* telhado de mansarda
manse [mæns] *s.* [Esc.] residência do presbítero, presbitério
mansion ['mænʃən] *s.* 1 mansão; 2 palácio; solar; 3 *pl.* grande edifício dividido em andares ou apartamentos ❖ ~ *house* mansão; solar; residência senhorial; *the Mansion House* residência oficial do Lorde Maior de Londres
man-size ['mænsaɪz] *adj.* ⇒ **man-sized**
man-sized ['mænsaɪzd] *adj.* 1 muito grande; enorme; 2 em que cabe um homem; *a* ~ *hole* um buraco pelo qual um homem poderia passar; 3 adequado a homem
manslaughter ['mænslɔ:tə] *s.* 1 DIREITO homicídio involuntário; 2 carnificina, mortandade
manslayer ['mænsleɪə] *s.* homicida, assassino
mansuetude ['mænswɪtju:d] *s.* [arc.] mansuetude, mansidão
mantel ['mæntəl] *s.* prateleira de fogão; armação de tijolo ou madeira em torno dum fogão
mantelboard ['mæntəlbɔ:d] *s.* [EUA] prateleira de fogão
mantelet ['mæntlɪt] *s.* 1 mantelete, espécie de capa curta e leve; 2 parapeito de defesa contra as balas
mantelpiece ['mæntəl,pi:s] *s.* 1 armação de tijolo, pedra, etc., em torno e por cima de fogão; 2 prateleira de fogão
mantelshelf ['mæntəl,ʃelf] *s.* ⟨*pl.* **-ves**⟩ prateleira de fogão
mantic ['mæntɪk] *adj.* mântico; divinatório; relativo a adivinhação
mantilla [mæn'tɪlə] *s.* mantilha
mantis ['mæntɪs] *s.* ⟨*pl.* **-es** ou **mantes**⟩ ZOOLOGIA louva-a-deus; *praying* ~ louva-a-deus ❖ ZOOLOGIA (crustáceo) ~ *crab/shrimp* tamaru; tambatuaca, tamarutaca
mantissa [mæn'tɪsə] *s.* MATEMÁTICA mantissa; *negative* ~ mantissa negativa
mantle ['mæntəl] Ⓐ *s.* 1 manto, capa; 2 cobertura; 3 (lâmpada, candeeiro) camisa incandescente; 4 verga de chaminé; 5 ZOOLOGIA (moluscos, tunicados) manto; 6 GEOLOGIA manto Ⓑ *v.tr.,intr.* 1 cobrir com um manto ou capa; 2 ocultar com um manto; 3 esconder, cobrindo; 4 envolver; 5 (rosto) ruborizar-se; 6 (líquido) cobrir-se de espuma
mantlet ['mæntlɪt] *s.* ⇒ **mantelet**
mantling ['mæntlɪŋ] *s.* HERÁLDICA manteler

man-to-man [mæntə'mæn] *adj.* 1 (conversa, etc.) de homem para homem; sincero; franco; *a* ~ *talk* uma conversa de homem para homem; 2 DESPORTO individual; ~ *marking* marcação individual
mantra ['mæntrə] *s.* RELIGIÃO mantra
mantua ['mæntjʊə] *s.* VESTUÁRIO [arc.] (sécs. XVII e XVIII) mantó ❖ ~ *maker* costureira; modista
Mantua ['mæntjʊə] *s.top.* Mântua
Mantuan ['mæntjʊən] *adj.,s.* mantuano ❖ LITERATURA *the* ~ *Swan* Virgílio
manual ['mænjʊəl] Ⓐ *adj.* 1 manual; 2 feito à mão; 3 de mão; movido à mão; accionado manualmente; ~ *pump* bomba accionada manualmente; ~ *lever* alavanca de mão Ⓑ *s.* 1 manual, compêndio; 2 livro de instruções; 3 MÚSICA teclado de órgão ❖ ~ *clutch* embraiagem manual; ~ *control* comando manual; MILITAR ~ *exercise* manejo de armas; ~ *feed* alimentação manual; ~ *labour* trabalho manual; ~ *operation* funcionamento manual; *the* ~ *alphabet* o alfabeto dos surdos-mudos
manually ['mænjʊəlɪ] *adv.* manualmente
manufactory [,mænjə'fæktərɪ] *s.* ⟨*pl.* **-ies**⟩ 1 fábrica; 2 oficina
manufacture [,mænjə'fæktʃə] Ⓐ *s.* 1 manufactura; 2 fabrico; produção; *steel* ~ produção de aço; *of Portuguese* ~ de fabrico português; 3 indústria; *the woollen* ~ a indústria de lanifícios Ⓑ *v.tr.* 1 fabricar; produzir; manufacturar; 2 [fig., depr.] produzir em série; *to* ~ *novels* produzir romances em série; 3 [fig., depr.] (inventar) arranjar; forjar; *to* ~ *an excuse* arranjar uma desculpa ❖ ~ *on the flow principle* produção contínua
manufactured [,mænjə'fæktʃəd] *adj.* manufacturado
manufacturer [,mænjə'fæktʃərə] *s.* 1 fabricante; 2 manufacturador; 3 industrial; 4 [depr.] inventor (de boatos, etc.)
manufacturing [,mænjə'fæktʃərɪŋ] Ⓐ *s.* fabrico; manufactura Ⓑ *adj.* 1 que fabrica; que produz; 2 fabricante; 3 fabril ❖ ~ *industry* indústria fabril; ~ *process* processo de fabrico; ~ *town* cidade industrial
manumission [,mænjə'mɪʃən] *s.* manumissão; alforria; libertação de escravos, emancipação de escravos
manumit [,mænjə'mɪt] *v.tr.* ⟨*particípio:* **-tt-**⟩ manumitir, dar alforria a, libertar, emancipar (escravos)
manumitter [,mænjə'mɪtə] *s.* manumissor, libertador (de servos ou escravos)
manure [mə'njʊə] Ⓐ *s.* 1 estrume; *farmyard* ~ estrume de estábulo, estrume de aido; 2 esterco; 3 adubo; *chemical* ~ adubo químico Ⓑ *v.tr.* 1 estrumar; deitar estrume em; 2 adubar ❖ ~ *heap* pilha de estrume; *liquid* ~ água choca
manurial [mə'njʊərɪəl] *adj.* relativo a estrume
manuring [mə'njʊərɪŋ] *s.* estrumação, estrumada, adubação das terras
manuscript ['mænjəskrɪpt] Ⓐ *adj.* manuscrito, escrito à mão Ⓑ *s.* 1 manuscrito, obra escrita à mão; 2 TIPOGRAFIA original
Manx [mæŋks] Ⓐ *adj.* manês; da ilha de Man Ⓑ *s.* 1 (língua) manês; 2 ZOOLOGIA (gato sem cauda) gato de Man Ⓒ *s.pl. the* ~ maneses, naturais ou habitantes da ilha de Man
Manxman ['mæŋksmən] *s.* ⟨*pl.* **-men**⟩ homem natural ou habitante da ilha de Man
Manxwoman ['mæŋks,wʊmən] *s.* ⟨*pl.* **-women**⟩ mulher natural ou habitante da ilha de Man
many ['menɪ] Ⓐ *adj.,pron.* ⟨*comp.* **more**, *superl.* **most**⟩ 1 muitos; *for many...* para muitos...; 2 muito(s); grande número de; numerosos; ~ *of us* muitos de nós; ~ *people* muitas pessoas, muita gente; ~ *books,* ~ *a book* muitos livros, muito livro Ⓑ *s.* 1 maioria; grande número; 2 *the* ~ multidão; população ❖ [ant.] ~ *a time* muita vez; muitas vezes; ~ *a true word is spoken in jest* a brincar, a brincar se dizem as verdades; ~ *drops make a shower* muitos poucos fazem muito; ~ *hands make light work* a união faz a força; muitos poucos fazem muito; ~ *happy returns* muitos parabéns; feliz aniversário; *many's the time I have seen that* já vi isso muitas vezes; *a good/great* ~ um grande número (de); *as* ~ *again/more* outros tantos; *as* ~ *as* tantos quantos; tantos como; muitos, perfazendo o total de; *as* ~ *as you like* quantos quiseres; *ever so* ~ *times* já não sei quantas vezes; *how many...?* quantos...?; *how* ~ *books have you got?* quantos livros tens?; *in as* ~ no mesmo número de; em outros tantos; *in* ~ *ways* de muitas maneiras; de muitas

formas; em muitos aspectos; *like so ~ others* como tantos outros; *one/two/... too ~* um/dois/... a mais; *so ~* tantos; *so ~ men, so ~ minds* cada cabeça, sua sentença; *that ~* assim tantos; *three/four/five/... times as ~* três/quatro/cinco... vezes mais; [coloq.] *to have had one too ~* estar embriagado; *too ~* demasiados; de mais; a mais; *twice as ~* outros tantos; duas vezes mais; *you made five mistakes in as ~ words* deste cinco erros em outras tantas palavras

manyplies ['menɪˌplaɪz] s.pl. [dial.] folho, folhoso, terceiro estômago dos ruminantes

many-sided [ˌmenɪˈsaɪdɪd] adj. **1** (objecto) de muitas faces; **2** multifacetado; complexo, complicado; com várias dimensões; **3** (pessoa) multifacetado, versátil, com muitas facetas; *a ~ man* um homem com muitas facetas

Maoism ['maʊˌɪzəm] s. POLÍTICA (doutrina de Mao Tse-Tung) maoísmo
Maoist ['maʊɪst] adj.,s. POLÍTICA maoísta
Maori ['maʊərɪ] Ⓐ adj. maori Ⓑ s. (pl. **Maori**) (língua, pessoa) maori
Maorilander ['maʊərɪˌlændə] s. neozelandês

map [mæp] Ⓐ s. **1** mapa; *a ~ of the world* um mapa do mundo, um mapa-múndi; *a road ~* um mapa das estradas; *relief ~* mapa em relevo; **2** planta, traçado; **3** diagrama; **4** MATEMÁTICA função; **5** ASTRONOMIA mapa astronómico Ⓑ v.tr. (particípios: -**pp**-) **1** traçar um mapa de; **2** mostrar no mapa; indicar no mapa; **3** representar; **4** fazer o levantamento de; **5** planear; **6** associar; **7** BIOLOGIA mapear, localizar (e registar) ❖ *off the ~* pouco importante; no fim do mundo; [coloq.] (actualidade) *to be off the ~* estar fora de moda; já não ser assunto em que se fale; [coloq.] (actualidade) *to be on the ~* estar na ordem do dia; *to bomb sth off the ~* destruir alguma coisa com bombas; *to put sb/sth on the ~* colocar alguém/algo no mapa; tornar alguém/algo famoso; *to wipe sth off the ~* varrer alguma coisa do mapa; destruir totalmente alguma coisa

◆**map out** v.tr. **1** projectar; **2** planear cuidadosamente; organizar ao pormenor; **3** arranjar; **4** traçar num mapa

maple ['meɪpəl] s. **1** BOTÂNICA ácer, bordo, zelha; **2** madeira de bordo ❖ *~ sugar* açúcar obtido da seiva de ácer; *~ syrup* xarope de ácer

mapmaker ['mæpˌmeɪkə] s. cartógrafo
mapmaking ['mæpˌmeɪkɪŋ] s. cartografia
mapping ['mæpɪŋ] s. **1** cartografia; **2** mapeamento ❖ *~ pen* pena de desenho
maquette [mæˈket] s. ARTES PLÁSTICAS, ARQUITECTURA maquete
maquillage [ˌmækɪˈɑːʒ] s. maquilhagem

mar [mɑː] v.tr. (particípios -**rr**-) **1** estragar; arruinar; **2** deteriorar; **3** desfigurar ❖ *nothing marred their happiness* nada lhes perturbava a felicidade; *to make or ~ sb* causar a felicidade ou a ruína de alguém

marabou [ˈmærəbuː] s. **1** ZOOLOGIA marabu, cegonha da África Ocidental; **2** penas de marabu, tiradas da cauda ou das asas, e usadas como enfeite para chapéus

marabout [ˈmærəbuː] s. **1** marabuto, marabu, eremita maometano; **2** santuário que indica o local de enterro dum marabuto

maraca [məˈrækə, məˈrɑːkə] s. (pl. **-s**) MÚSICA maraca
maram [ˈmærəm] s. **1** BOTÂNICA feno-das-areias; **2** espécie de gramínea
maraschino [ˌmærəˈskiːnəʊ] s. marasquino, licor feito com marascas
marasmius [məˈræzmɪəs] s. BOTÂNICA marásmio
marasmus [məˈræzməs] s. marasmo, magreza extrema, debilidade extrema, emagrecimento extremo do corpo
marathon [ˈmærəθən] s. **1** DESPORTO maratona; **2** [fig.] maratona_fig_; prova de resistência ❖ DESPORTO *~ runner* maratonista
Marathon [ˈmærəθən] s.top. Maratona
marathoner [ˈmærəθənə] s. DESPORTO maratonista
Marathonian [ˌmærəˈθəʊnɪən] adj.,s. **1** maratónio, relativo a Maratona; **2** habitante ou natural de Maratona
maraud [məˈrɔːd] Ⓐ v.tr. saquear; pilhar Ⓑ v.intr. dedicar-se à pilhagem [on, de]; dedicar-se ao saque [on, de]
marauder [məˈrɔːdə] s. saqueador, ladrão
marauding [məˈrɔːdɪŋ] Ⓐ adj. **1** que saqueia, que se dedica à pilhagem; **2** que assalta e rouba Ⓑ s. **1** saque, pilhagem; **2** roubo

maravedi [ˌmærəˈveɪdɪ] s. (numismática) maravedi, maravedil
marble [ˈmɑːbəl] Ⓐ s. **1** (material) mármore; **2** (escultura, estátua) mármore; *the Elgin Marbles* os mármores de Elgin; **3** (jogo) berlinde; *to play marbles* jogar ao berlinde Ⓑ v.tr. marmorear, marmorizar; dar um aspecto de mármore a Ⓒ adj. **1** de/em mármore; *~ pavement* pavimento de mármore; *~ slab* lousa de mármore; *~ statue* estátua de mármore; **2** como o mármore; **3** [fig.] frio; cruel; insensível; de pedra; *~ breast/heart* coração de pedra ❖ CULINÁRIA *~ cake* bolo mármore; *~ cutter* marmorista; *~ quarry* marmoreira; pedreira de mármore; *imitation ~* imitação de mármore; [coloq.] *to lose one's marbles* perder o juízo

marbled [ˈmɑːbəld] adj. **1** marmorizado; **2** com aspecto de mármore; variegado de modo a parecer mármore; **3** jaspeado; *~ paper* papel jaspeado
marbleize [ˈmɑːbəlaɪz] v.tr. [EUA] marmorear, marmorizar
marbler [ˈmɑːblə] s. **1** marmorizador; **2** aquele que dá a aparência de mármore a (qualquer coisa)
marbling [ˈmɑːblɪŋ] s. **1** imitação do mármore; **2** marmorização
marbly [ˈmɑːblɪ] adj. **1** marmóreo; **2** semelhante ao mármore; **3** marmorizado
Marburg [ˈmɑːbʊəg] s.top. Marburgo
marc [mɑːk] s. bagaço, resíduo de frutos depois de pisados e espremidos
marcasite [ˈmɑːkəsaɪt] s. MINERALOGIA marcassite
marcel [mɑːˈsel] Ⓐ s. (cabelo) ondulação artificial Ⓑ v.tr. (particípios -**ll**-) (cabelo) fazer uma ondulação ❖ *she had her hair marcelled* ela fez uma ondulação (ao cabelo)
Marcella [mɑːˈselə] s.antr. Marcela
Marcellinus [ˌmɑːsɪˈlaɪnəs] s.antr. Marcelino
Marcellus [mɑːˈseləs] s.antr. Marcelo
marcescence [mɑːˈsesns] s. BOTÂNICA marcescência
marcescent [mɑːˈsesnt] adj. BOTÂNICA marcescente
march [mɑːtʃ] Ⓐ v.tr.,intr. **1** marchar; caminhar em passo de marcha; caminhar com firmeza; **2** (protestar) fazer uma marcha; manifestar-se; participar numa manifestação; **3** levar, obrigar a andar, arrastar; obrigar a marchar, fazer marchar; **4** confinar [with, com]; fazer fronteira [with, com] Ⓑ s. (pl. **-es**) **1** caminhada; marcha; passo; *quick ~* passo acelerado, marcha rápida; **2** MILITAR marcha; *diagonal ~* marcha diagonal, marcha oblíqua; *forced ~* marcha forçada; *slow ~* marcha lenta; *~ in line* marcha em linha; **3** marcha; andamento; progresso; curso (que as coisas tomam); *the ~ of events* o curso dos acontecimentos; *the ~ of time* o correr do tempo; *on the ~* em marcha, em curso; **4** (protesto) manifestação; marcha; *protest ~* marcha de protesto; *to go on a ~* participar numa marcha de protesto; **5** MÚSICA marcha; *dead ~* marcha fúnebre; *wedding ~* marcha nupcial; **6** fronteira militar; **7** marca, limite; confins ❖ MILITAR *a ~ out* uma surtida; MILITAR *order of ~* ordem de marcha; MILITAR *quick march!* acelerado marche!; *to steal a ~ on sb* antecipar-se a alguém

March [mɑːtʃ] s. Março; *on the second of ~* no dia dois de Março ❖ *as mad as a ~ hare* desorientado; excitado; tolinho de todo

marcher [ˈmɑːtʃə] s. **1** manifestante; **2** participante em marcha
marching [ˈmɑːtʃɪŋ] adj. **1** em marcha; **2** que marcha ❖ MILITAR *~ orders* ordem de marcha; [coloq.] *to get one's ~ orders* ser despedido; [coloq.] *to give sb his/her ~ orders* despedir alguém
marchioness [ˈmɑːʃənes] s. (pl. **-es**) marquesa
marchland [ˈmɑːtʃlænd] s. zona fronteiriça; país limítrofe
marchpane [ˈmɑːtʃpeɪn] s. CULINÁRIA maçapão
marchpast [ˈmɑːtʃpɑːst] s. parada militar; revista militar; desfile de tropas
Marcianus [ˌmɑːsɪˈeɪnəs] s.antr. Marciano
Marcomanni [ˌmɑːkəˈmænɪ] s.pl. Marcomanos, povo germânico que viveu entre o Reno e o Danúbio
marconi [mɑːˈkəʊnɪ] Ⓐ s. mensagem transmitida pelo sistema Marconi (TSF) Ⓑ v.tr.,intr. **1** enviar (mensagem) pelo sistema Marconi (TSF); **2** transmitir por este sistema
marconigram [mɑːˈkəʊnɪgræm] s. marconigrama
Marcus [ˈmɑːkəs] s.antr. Marco
Mardi Gras [ˌmɑːdɪˈgrɑː] s. **1** Carnaval, Entrudo; **2** (dia) Terça-Feira de Carnaval

mare [meə] s. 1 ZOOLOGIA égua; ~ *colt* égua nova; 2 ZOOLOGIA fêmea de qualquer animal de raça cavalar ❖ *mare's nest* mistificação; logro; burla; boato sem fundamento; [arc.] *the grey ~ is the better horse* quem manda em casa é a mulher

mareca [məˈriːkə] s. ZOOLOGIA mareca, piadeira, assobiadeira

maremma [məˈremə] s. marema, terreno situado à beira-mar, inabitável no Verão por causa das suas emanações deletérias

mare's-tail [ˈmeəzˌteɪl] s. 1 METEOROLOGIA (nuvem) cirro; 2 BOTÂNICA cavalinha, rabo-de-cavalo

Margaret [ˈmɑːɡərɪt] s.antr. Margarida

margaric [mɑːˈɡærɪk] adj. 1 QUÍMICA margárico; 2 heptadecanóico, heptadecílico

margarine [ˌmɑːdʒəˈriːn, ˌmɑːɡəˈriːn] s. CULINÁRIA margarina

margay [ˈmɑːɡeɪ] s. ZOOLOGIA margai, gato-tigre

marge [mɑːdʒ] s. 1 [poét.] margem, beira; 2 CULINÁRIA [coloq.] ⇒ **margarine**

Margery [ˈmɑːdʒərɪ] s.antr. Margarida

margin [ˈmɑːdʒɪn] Ⓐ s. 1 margem; borda; beira; 2 cercadura; 3 TIPOGRAFIA (página) margem; *back ~/inner ~* margem interior; *bottom ~/tail ~* margem inferior; *top ~* margem superior; 4 COMÉRCIO margem de lucro; diferença entre os preços de compra e de venda; *to offer a fair ~* dar boa margem de lucro; 5 COMÉRCIO margem de segurança; *~ for safety/safety ~* margem de segurança; 6 ECONOMIA cobertura; provisão Ⓑ v.tr. 1 marginar; 2 anotar à margem; 3 COMÉRCIO depositar provisão ❖ *thickness ~* tolerância na espessura; *~ of power* tolerância de potência; *notes in the ~* notas marginais; *on the margin(s) of society* nas franjas da sociedade; *to escape by a narrow ~* escapar por pouco; escapar por um triz

marginal [ˈmɑːdʒɪnəl] adj. 1 (comentários, notas) marginal; de margem; *~ note* nota de margem; 2 (pessoa) marginal; fora do sistema; 3 pequeno; mínimo; *~ price* preço mínimo; 4 menor; pouco relevante; insignificante; 5 AGRICULTURA (terreno) pouco produtivo ❖ POLÍTICA *~ constituency* círculo eleitoral com escassa maioria de votos do partido vencedor; *~ rays* raios periféricos; *~ sea* mar confinante; *a ~ case* um caso-limite; *of ~ interest* de pouco interesse

marginalia [ˌmɑːdʒɪˈneɪlɪə] s.pl. notas à margem, notas marginais

marginalise [ˈmɑːdʒɪnəlaɪz] v.tr. ⇒ **marginalize**

marginalize [ˈmɑːdʒɪnəlaɪz] v.tr. 1 marginalizar; 2 discriminar; 3 pôr de parte

marginally [ˈmɑːdʒɪnəlɪ] adv. ligeiramente, levemente, pouco, quase nada

marginate [ˈmɑːdʒɪnɪt] adj. BOTÂNICA marginado

margrave [ˈmɑːɡreɪv] s. margrave

margraviate [mɑːˈɡreɪvɪɪt] s. 1 margraviado, margraviato, cargo ou dignidade de margrave; 2 principado de margrave

margravine [ˈmɑːɡrəviːn] s.f. margravina

marguerite [ˌmɑːɡərɪt] s. BOTÂNICA margarida, margarita

Maria [məˈriːə, məˈraɪə] s.antr. Maria ❖ [coloq.] *black ~* carro celular

Marian [ˈmeərɪən] Ⓐ s.antr. Mariana Ⓑ adj. 1 RELIGIÃO mariano, da Virgem Maria; 2 HISTÓRIA relativo a Maria Stuart ou a Maria, rainha de Inglaterra Ⓒ s. HISTÓRIA partidário de Maria Stuart

Marianas [ˌmærɪˈɑːnəs] adj. Marianas ❖ *the ~ Islands* as ilhas Marianas

marianism [ˈmeərɪəˌnɪzəm] s. marianismo

marianist [ˈmeərɪəˌnɪst] s. marianista

Marie [məˈriː, ˈmɑːrɪ] s.antr. Maria

marigold [ˈmærɪɡəʊld] s. BOTÂNICA maravilha, calêndula, cravo-de-defunto; malmequer ❖ BOTÂNICA *marsh ~* unha-de-cavalo; BOTÂNICA *yellow ~* margarida dourada

marigot [ˈmærɪɡɒt] s. braço de rio (na África Ocidental)

marigram [ˈmærɪɡræm] s. maregrama, mareograma

marigraph [ˈmærɪɡrɑːf] s. maréografo

marihuana [ˌmærɪˈwɑːnə] s. marijuana, haxixe

marijuana [ˌmærɪˈwɑːnə] s. marijuana, haxixe

marimba [məˈrɪmbə] s. MÚSICA marimba

marimbist [məˈrɪmbɪst] s. marimbeiro

marinade [ˌmærɪˈneɪd] Ⓐ s. CULINÁRIA marinada, vinha-d'alhos, escabeche Ⓑ v.tr. CULINÁRIA marinar, pôr em vinha-d'alhos, pôr de escabeche Ⓒ v.intr. CULINÁRIA marinar, estar em vinha-d'alhos, estar em escabeche

marinate [ˈmærɪneɪt] s.,v.tr.,intr. CULINÁRIA ⇒ **marinade**

marine [məˈriːn] Ⓐ adj. 1 marinho; *~ life* vida marinha; 2 marítimo; 3 náutico; naval Ⓑ s. 1 MILITAR fuzileiro naval; 2 marinha; forças navais; 3 PINTURA (paisagem) marinha ❖ *~ architect* arquitecto naval; *~ artillery* artilharia naval; *~ biologist* biólogo marinho; *~ biology* biologia marinha; *~ engineer* engenheiro naval; *~ engineering* engenharia naval; *~ glue* cola marinha; *~ infantry* infantaria da marinha; *~ insurance* seguro marítimo; *~ officer* oficial de marinha; PINTURA *~ painter* marinhista; pintor de marinhas; *~ policy* apólice de seguro marítimo; *merchant/ mercantile ~* marinha mercante; *tell that to the marines/horse marines* vai contar isso a outro!

mariner [ˈmærɪnə] s. [ant., lit.] marinheiro ❖ NÁUTICA *mariner's compass* agulha de marear; NÁUTICA *master ~* capitão de navio mercante

Marinism [məˈriːnɪzəm] s. LITERATURA marinismo

Marinist [məˈriːnɪst] s. LITERATURA marinista

Mariolater [ˌmeərɪˈɒlətə] s. mariólatra

Mariolatry [ˌmeərɪˈɒlətrɪ] s. mariolatria

marionette [ˌmærɪəˈnet] s. marioneta; fantoche

marisca [məˈrɪskə] s. MEDICINA marisca, hemorróida externa

marish [ˈmærɪʃ] Ⓐ s. [poét.] charco, pântano, paul Ⓑ adj. pantanoso

Marist [ˈmeərɪst] s. marista, membro da congregação dos maristas

marital [ˈmærɪtəl] adj. 1 marital; matrimonial; 2 conjugal; *~ relations* relações conjugais; 3 [form.] relativo a marido ❖ *~ status* estado civil

maritally [ˈmærɪtəlɪ] adv. maritalmente

maritime [ˈmærɪtaɪm] adj. 1 marítimo; relativo ao mar; 2 naval ❖ *~ affairs* negócios marítimos; *~ law* direito marítimo; *~ powers* potências marítimas; *~ town* cidade marítima; *~ trade* comércio marítimo

Marius [ˈmeərɪəs] s.antr. Mário

marjoram [ˈmɑːdʒərəm] s. BOTÂNICA manjerona

Marjory [ˈmɑːdʒərɪ] s.antr. Margarida

mark [mɑːk] Ⓐ s. 1 marca; 2 mancha; cicatriz; arranhadura; 3 sinal; indicador; *~ of intelligence* sinal de inteligência; *~ of respect* sinal de respeito; *marks of old age* sinais de velhice; 4 sintoma; indício; 5 característica; 6 sinal distintivo; 7 cunho; 8 importância; *a man of ~* um homem importante, um homem notável; *of little ~* de pouca importância; 9 (escola) nota, valor; classificação; pontuação; *bad ~* nota má, má classificação; *examination marks* notas de exame, classificações de exame; *pass ~* nota para passar; nota mínima; *she got full marks* ela teve a pontuação completa; 10 (pontuação) ponto, sinal; *exclamation ~* ponto de exclamação; *punctuation ~* sinal de pontuação; *question ~* ponto de interrogação; 11 marca, nível; *the five million ~* a marca dos cinco milhões; *the ten seconds ~* a marca dos dez segundos; 12 alvo; 13 objectivo; 14 (assinatura de analfabeto) cruz; 15 [ant.] (moeda alemã) marco; 16 DESPORTO (corrida) linha de partida; 17 (boxe) boca do estômago; *a blow on the ~* um golpe à boca do estômago; 18 [EUA] (crime) vítima, alvo; 19 [arc.] fronteira, limite Ⓑ v.tr. 1 (geral) marcar; *to ~ the rhythm* marcar o ritmo; 2 manchar; 3 (localizar) marcar, assinalar, balizar; 4 (comemorar) marcar, assinalar, registar; 5 marcar, ser marcante em; ser um marco em; *her childhood was marked by her parents' divorce* a infância dela tinha sido marcada pelo divórcio dos pais; 6 marcar, distinguir, caracterizar, acompanhar, ser próprio de; 7 (escola) corrigir, classificar; *to ~ an exercise* classificar um exercício; 8 [GB] DESPORTO (adversário) marcar, fazer a marcação a; 9 prestar atenção a; reparar em; *~ my words* ouve bem o que te digo; presta atenção; [ant., coloq.] *~ you* repara; 10 [arc.] observar; notar; 11 (Bolsa) cotar; *to ~ stock* cotar valores ❖ *beside the ~* fora de propósito; despropositado; irrelevante; errado; *(God) save/bless the mark!* passe a expressão!; Deus me perdoe!; DESPORTO *on your marks!* preparados!; preparar!; *reference ~* ponto de referência; marco de referência; sinal que remete para nota de rodapé; *that's hardly up to the ~* isso deixa muito a desejar; *to be close to/near the ~* andar perto da verdade; ser quase verdade; *to be off/wide of the ~* andar longe da verdade; acertar longe do alvo; *to be quick off the ~* ter uma reacção rápida; ser de compreensão rápida;

to be slow off the ~ ter uma reacção lenta; ser de compreensão lenta; *to be up to the* ~ estar à altura; estar de óptima saúde; [GB] *to get off the* ~ começar a marcar; marcar o primeiro golo/ponto do campeonato; *to hit the* ~ acertar no alvo; ter o efeito desejado; ser correcto; adequar-se; *to make a/one's* ~ *(on sth)* marcar (algo); criar nome (em algo); *to* ~ *time* marcar passo; esperar; atrasar; matar o tempo; *to miss the* ~ falhar o alvo; não conseguir os seus fins; *to overstep the* ~ ultrapassar os limites; ter um comportamento inaceitável

◆ **mark down** *v.tr.* 1 registar; anotar; pôr por escrito; 2 (preço) baixar; embaratecer; 3 (teste, exame) baixar a nota de; descontar pontos a; penalizar; 4 (primeira impressão) considerar [**as**, -]; *I marked him down as a troublemaker* achei logo que ele era conflituoso ❖ *to mark sb down as absent* marcar falta a alguém; *to mark sb down as present* registar a presença de alguém

◆ **mark off** *v.tr.* 1 marcar; limitar; separar; 2 destacar, distinguir [**from**, de]; *her beauty marked her off from other women* a beleza dela distinguia-a das restantes mulheres; 3 (lista) riscar (item de que já se tratou)

◆ **mark out** *v.tr.* 1 marcar, demarcar, traçar; *to* ~ *a tennis court* marcar um campo de ténis; 2 distinguir [**from**, de]; 3 predestinar [**for**, para]; *he was marked out for fame* ele estava predestinado para a fama

◆ **mark up** *v.tr.* 1 (preço) aumentar; encarecer; elevar; 2 registar; anotar

Mark [mɑːk] *s.antr.* Marcos ❖ [coloq.] *a* ~ *Tapley* um optimista; (Bíblia) *the Gospel of Saint* ~ o Evangelho de S. Marcos

markdown ['mɑːkdaʊn] *s.* (preços) redução

marked [mɑːkt] *adj.* 1 marcado; assinalado; 2 assinalável; *a man of* ~ *ability* homem de assinalável capacidade; 3 acentuado; pronunciado; *strongly* ~ *tendency* uma tendência fortemente acentuada; 4 nítido, manifesto, evidente; *a* ~ *difference* uma diferença nítida; 5 balizado; sinalizado; 6 LINGUÍSTICA marcado; ~ *form* forma marcada; *to be* ~ *for gender/number* ter marca de género/número ❖ *a* ~ *man* um homem com os dias contados; um homem marcado (pelos inimigos)

markedly ['mɑːkɪdlɪ] *adv.* 1 nitidamente, vincadamente; 2 de forma marcante

markedness ['mɑːkɪdnəs] *s.* 1 carácter vincado; 2 nitidez; 3 evidência

marker ['mɑːkə] *s.* 1 (caneta) marcador; 2 traçador; 3 indicador [**for**, de]; 4 poste de sinalização; 5 (escola) examinador, corrector de provas; 6 DESPORTO (jogador) marcador; *to lose/shake off one's* ~ desmarcar-se; 7 [EUA] placa comemorativa ❖ ~ *pen* marcador; caneta de feltro; ~ *out* operário marcador; CINEMA *synchrony* ~ dispositivo controlador da sincronização; *to lay down/put down a* ~ dar sinais de algo; revelar as suas intenções

market ['mɑːkɪt] Ⓐ *s.* 1 (oferta, procura) mercado; *black* ~ mercado negro; *job/labour* ~ mercado de trabalho; 2 mercado; procura; saída; *Britain is Portugal's best* ~ *for port* a Inglaterra é o melhor mercado de Portugal para vinho do Porto; *there is no* ~ *for these goods* estes artigos não têm saída, estes artigos não se vendem; 3 (feira) mercado; 4 comércio; 5 [EUA] loja Ⓑ *v.tr.,intr.* 1 negociar no mercado, comprar ou vender; 2 comercializar, pôr à venda, oferecer à venda ❖ ~ *day* dia de mercado; ~ *economy* economia de mercado; ECONOMIA ~ *forces* forças de mercado; ~ *garden* horta; ~ *gardener* hortelão; ECONOMIA (Bolsa) ~ *order* ordem de compra e venda; ECONOMIA ~ *place* mercado; ECONOMIA ~ *price* preço de mercado; ~ *research* estudos de mercado; pesquisa de mercado; ECONOMIA ~ *share* participação no mercado; ~ *town* cidade/vila onde se realiza um mercado ou feira; ~ *value* valor de mercado; *good ware makes quick* ~ artigo bom depressa se vende; o bom pano na arca se vende; *on the* ~ no mercado; à venda; *to be in the* ~ *for sth* estar interessado em comprar algo; *to bring one's eggs to a bad/to the wrong* ~ bater a má porta e nada conseguir; falhar nos seus planos; *to come onto the* ~ entrar no mercado; ser colocado à venda; *to make a good* ~ *of* tirar proveito de; *to meet with a ready* ~ ter boa saída; vender-se bem; ECONOMIA *to play the* ~ especular; *to put sth on the* ~ colocar algo no mercado; pôr algo à venda

marketable ['mɑːkɪtəbəl] *adj.* 1 comercializável, vendável; 2 procurado, pretendido, solicitado

marketeer [ˌmɑːkɪ'tɪə] *s.* 1 vendedor; comerciante em mercado; 2 partidário de determinado tipo de mercado ❖ POLÍTICA *committed/common* ~ partidário da adesão da Inglaterra ao Mercado Comum

marketing ['mɑːkətɪŋ] *s.* 1 (promoção) marketing; 2 comercialização ❖ ~ *campaign* campanha de marketing; ~ *manager* director de marketing; ~ *people* funcionários do departamento comercial; ~ *strategy* estratégia de marketing

market-oriented [ˌmɑːkɪt'ɔːrɪentɪd] *adj.* de mercado; ~ *economy* economia de mercado

marketplace ['mɑːkɪtpleɪs] *s.* 1 (espaço) mercado; feira; praça; 2 (negócios) mercado, actividade comercial

markhor ['mɑːkɔː] *s.* ZOOLOGIA cabra-selvagem da Índia

marking ['mɑːkɪŋ] *s.* 1 ZOOLOGIA manchas; 2 marcas, sinais; 3 (escola) notas; classificações; 4 (escola) trabalhos para corrigir; provas para avaliar; classificações a atribuir; 5 DESPORTO marcação (de jogador) ❖ ~ *ink* tinta indelével

Markmen ['mɑːkmen] *s.pl.* Marcomanos

marksman ['mɑːksmən] *s.* (*pl.* **-men**) 1 bom atirador, atirador com grande perícia; 2 analfabeto que assina com uma cruz (em vez do nome)

marksmanship ['mɑːksmənʃɪp] *s.* 1 boa pontaria; 2 destreza em atirar ao alvo, perícia em atingir o alvo

mark-up ['mɑːkʌp] Ⓐ *s.* 1 ECONOMIA margem de lucro; 2 subida, aumento Ⓑ *adj.* INFORMÁTICA de marcação; ~ *language* linguagem de marcação

marl [mɑːl] Ⓐ *s.* 1 (rocha, solo) marga; 2 [arc.] terra; 3 NÁUTICA merlim Ⓑ *v.tr.* 1 margar, corrigir um terreno com marga; 2 NÁUTICA prender com merlim, atar com merlim

Marlburian [mɑːl'bjʊərɪən] *s.* aluno actual ou antigo do Marlborough College

marld ['mɑːld] *adj.* variegado, matizado, listado

marlin ['mɑːlɪn] *s.* ZOOLOGIA espadim

marline ['mɑːlɪn] *s.* NÁUTICA merlim ❖ ~ *spike* passador para cabos

marling ['mɑːlɪŋ] *s.* 1 margagem, adubação com marga; 2 NÁUTICA acto de prender as relingas às velas ❖ NÁUTICA ~ *spike* passador de cabo; espicha

marlpit ['mɑːlpɪt] *s.* margueira

marly ['mɑːlɪ] *adj.* (*comp.* **-ier**, *superl.* **-iest**) margoso; que contém marga

marm ['mɑːm] *s.* 1 [EUA] mãe; 2 minha senhora

marmalade ['mɑːməleɪd] Ⓐ *s.* CULINÁRIA doce de laranja Ⓑ *adj.* (gato) ruivo, amarelo

Marmora ['mɑːmərə] *s.top.* Mármara ❖ *the Sea of* ~ o mar de Mármara

marmoreal [mɑː'mɔːrɪəl] *adj.* marmóreo

marmorean [mɑː'mɔːrɪən] *adj.* ⇒ **marmoreal**

marmoset ['mɑːməʊzet] *s.* ZOOLOGIA sagui, saguim

marmot ['mɑːmət] *s.* ZOOLOGIA marmota (mamífero da ordem dos roedores)

marocain [ˌmærəkeɪn] *s.* determinado tipo de tecido de seda

Maronite ['mærənaɪt] *s.* RELIGIÃO maronita, católico oriental com rito próprio

maroon [mə'ruːn] Ⓐ *adj.* castanho-avermelhado, bordeaux Ⓑ *s.* 1 cor castanho-avermelhada, bordeaux; 2 (pirotecnia) petardo; 3 descendente de escravos fugitivos da Guiana Holandesa e Índias Ocidentais; 4 pessoa abandonada em ilha ou costa deserta Ⓒ *v.tr.,intr.* 1 abandonar em ilha ou costa desértica; 2 vadiar, andar à aventura, vaguear

marooner [mə'ruːnə] *s.* 1 corsário, pirata; 2 flibusteiro que abandona pessoa em ilha ou costa desértica; 3 pessoa abandonada em ilha ou costa desértica

marplot ['mɑːplɒt] *s.* 1 desmancha-prazeres; 2 pessoa que atrapalha tudo; 3 pessoa que só faz disparates

Marq. Ⓐ [*abrev. de* Marquess] Ⓑ [*abrev. de* Marquis]

marque [mɑːk] *s.* NÁUTICA corso ❖ HISTÓRIA *letter of* ~ navio corsário com carta de corso; HISTÓRIA *letters of* ~ cartas de corso

marquee [mɑː'kiː] *s.* 1 marquesa, marquesinha; 2 toldo de barraca; tenda grande

Marquesas [mɑː'keɪsæs] *s.top.* Ilhas Marquesas

marquess ['mɑːkwɪs] *s.* (*pl.* **-es**) marquês

marquetry ['mɑːkətrɪ] *s.* (*pl.* **-ies**) marchetaria, tauxia, obra de embutidos

marquis ['mɑːkwɪs] s. ⇒ **marquess**
marquisate ['mɑːkwɪzɪt] s. marquesado, dignidade, domínio ou cargo de marquês
marquise [mɑːˈkiːz] s. 1 marquesa (não inglesa); 2 anel com um grupo de gemas em forma oval; 3 [arc.] alpendre, varanda envidraçada
Marrakesh [ˌmærəˈkeʃ, məˈrækeʃ] s.top. Marraquexe
marram ['mærəm] s. 1 BOTÂNICA feno-das-areias; 2 espécie de gramínea
marriage ['mærɪdʒ] s. 1 casamento; matrimónio; união conjugal; 2 estado matrimonial; 3 boda, núpcias; 4 [fig.] aliança, associação íntima; união profunda; casamento ❖ ~ *bed* leito conjugal; ~ *certificate/~ lines* certidão de casamento; ~ *partner* cônjuge; [ant.] ~ *portion* dote; DIREITO ~ *settlement* acordo nupcial; LITERATURA, MÚSICA ~ *song* epitalâmio; ~ *vow* voto matrimonial; ~ *rate* taxa de nupcialidade; *civil* ~ casamento civil; *the* ~ *service* a cerimónia do casamento; *the* ~ *ties* os laços conjugais; *to arrange a* ~ *between...* arranjar um casamento entre...; *to ask in* ~ pedir em casamento; *to give in* ~ dar em casamento; *to take sb in* ~ casar com alguém; *to be related by* ~ ter parentesco por afinidade
marriageable ['mærɪdʒəbəl] adj. 1 núbil; em idade núbil; em idade de contrair matrimónio; 2 casadoiro_coloq. ❖ *to be very* ~ ser um bom partido
married ['mærɪd] Ⓐ adj. 1 casado; ~ *man* homem casado; *to be* ~ *to...* ser casado com...; 2 conjugal; matrimonial; ~ *life* vida conjugal Ⓑ s.pl. casados ❖ *a* ~ *couple* um casal; *a newly* ~ *couple* recém-casados; *to be happily* ~ ter um casamento feliz; ser feliz no casamento; *to enter on* ~ *life* contrair matrimónio; *to get* ~ *with* casar com
marring ['mɑːrɪŋ] s. 1 desfiguramento, deterioração; 2 estrago; 3 perturbação
marrow ['mærəʊ] s. 1 ANATOMIA tutano; medula; 2 [fig.] (parte essencial) âmago; 3 BOTÂNICA abóbora-menina; 4 BOTÂNICA variedade de ervilha grande; 5 [dial.] cônjuge, consorte, companheiro ❖ ~ *spoon* colher especial para extrair o tutano dos ossos; ANATOMIA *spinal* ~ medula espinal; *the pith and* ~ *of a thing* a parte essencial de uma coisa; *to be chilled/frozen to the* ~ estar gelado até aos ossos
marrowbone ['mærəʊbəʊn] s. 1 osso com tutano que se pode comer; 2 *pl.* [joc.] joelhos
marrowfat ['mærəʊfæt] s. BOTÂNICA variedade de ervilha grande
marrowless ['mærəʊləs] adj. 1 sem medula; 2 [fig.] sem energia, tíbio, mole, frouxo
marrowy ['mærəʊiː] adj. 1 com medula; 2 semelhante à medula; 3 [fig.] com substância
marrubium [məˈruːbɪəm] s. BOTÂNICA marrúbio
marry ['mæri] Ⓐ v.tr.,intr. 1 casar; contrair matrimónio; desposar; *they've been married for three years* estão casados há três anos; *to* ~ *for the second time* casar em segundas núpcias, casar pela segunda vez; *will you* ~ *me?* queres casar comigo?; 2 unir em casamento; dar em casamento; Ⓑ interj. [arc.] (surpresa, indignação, desprezo) caramba!; apre!; ~ *come up!* apre!, não há direito!, pois sim! ❖ [ant.] *to* ~ *below oneself* casar com alguém de categoria inferior; [cal.] *to* ~ *mistress roper* alistar-se na marinha; *to* ~ *money* casar por dinheiro; [coloq.] *to* ~ *over the broomstick* amantizar-se; ~ *in haste and repent at leisure* quem casa a correr toda a vida tem para se arrepender; antes que cases, vê o que fazes; *they* ~ *in and in* casam uns com os outros; fazem casamentos consanguíneos
◆ **marry off** v.tr. casar; arranjar casamento; *are you trying to marry me off?* estás a tentar arranjar-me casamento?; *she has married off all her daughters* ela casou as filhas todas
◆ **marry up** v.tr. combinar; fazer condizer [with/to, com]; *to marry the furniture with the house* fazer condizer a mobília com a casa
marrying ['mæriːɪŋ] Ⓐ adj. relativo ao casamento Ⓑ s. casamento, união matrimonial ❖ *to be the* ~ *sort* ter inclinação para o casamento
Mars [mɑːz] s. ASTRONOMIA, MITOLOGIA Marte
Marseilles [mɑːˈseɪlz] s.top. Marselha

marsh [mɑːʃ] s. (pl. **-es**) charco, pântano, paul ❖ BOTÂNICA ~ *andromeda* andrómeda polifólia; BOTÂNICA ~ *cinquefoil* quinquefólio palustre; BOTÂNICA ~ *cress* agrião dos pântanos; BOTÂNICA ~ *elder* sabugueiro aquático; ~ *fever* febre-dos-pântanos; febre palustre; paludismo; ~ *gas* gás dos pântanos; metano; ~ *ground* terreno pantanoso; ZOOLOGIA ~ *harrier* busardo; tartaranhão-dos-pauis; ZOOLOGIA ~ *hawk* tartaranhão azulado; ZOOLOGIA ~ *hen* galinha-de-água; BOTÂNICA ~ *marigold* malmequer-dos-brejos; calta; BOTÂNICA ~ *mint* hortelã; ZOOLOGIA ~ *tit* chapim-palustre; ZOOLOGIA ~ *warbler* felosa-palustre
marshal ['mɑːʃəl] Ⓐ s. 1 MILITAR marechal; *air* ~ marechal do ar; *field* ~ marechal de campo; 2 chefe do protocolo; mestre de cerimónias; 3 [EUA] (polícia) oficial com funções de xerife; 4 [EUA] chefe de polícia, chefe de serviço de incêndios; 5 HISTÓRIA marechal da corte; *knight* ~ marechal da corte Ⓑ v.tr.,intr. (particípios: -ll-) 1 ordenar, dispor por ordem; 2 (ideias, etc.) organizar; *to* ~ *one's thoughts* pôr a cabeça em ordem; 3 reunir; mobilizar; *to* ~ *one's forces* reunir/mobilizar forças militares; 4 acompanhar [into, a/até]; conduzir [into, a/até]; guiar [into, a/até]; 5 colocar-se por ordem; 6 HERÁLDICA (brasões diferentes) combinar
marshalling ['mɑːʃəlɪŋ] s. ordenação, enfileiramento, disposição na devida ordem
Marshall Islands [ˌmɑːʃəlˈaɪləndz] s.top. Ilhas Marshall
Marshalsea ['mɑːʃəlsiː] s. prisão em Southwark dirigida pelo marechal da corte
marshalship ['mɑːʃəlʃɪp] s. 1 dignidade ou cargo de marechal; 2 marechalato
marshiness ['mɑːʃɪnəs] s. estado pantanoso, situação pantanosa
marshland ['mɑːʃlənd] s. terreno pantanoso
marshmallow [ˌmɑːʃˈmæləʊ] s. 1 BOTÂNICA malvaísco, alteia; 2 (guloseima) goma
marshy ['mɑːʃɪ] adj. (comp. **-ier**, superl. **-iest**) 1 alagadiço, pantanoso; 2 paludoso
marsupia [mɑːˈsuːpɪə] s. *pl. de* **marsupium**}
marsupial [mɑːˈsjuːpɪəl] adj.,s. ZOOLOGIA marsupial
marsupium [mɑːˈsjuːpɪəm] s. (pl. **-a**) marsúpio, bolsa marsupial
mart [mɑːt] s. 1 mercado; 2 centro de comércio; 3 empório comercial
martagon ['mɑːtəgən] s. BOTÂNICA martagão, lírio-mártago
Martello [mɑːˈteləʊ] s. GEOGRAFIA (cabo da Córsega) Martelo ❖ ~ *tower* pequeno forte circular para defender a costa de desembarques inimigos
marten ['mɑːtɪn] s. 1 ZOOLOGIA marta
Martha ['mɑːθə] s.antr. Marta
martial ['mɑːʃəl] adj. 1 marcial; bélico; de guerra; 2 guerreiro; de combate; ~ *spirit* espírito guerreiro; 3 MÚSICA militar; ~ *music* música militar; 4 FARMÁCIA (preparado farmacêutico) marcial, ferruginoso ❖ ~ *array* ordem de batalha; DESPORTO ~ *arts* artes marciais; POLÍTICA ~ *law* lei marcial; ~ *rule* domínio militar
Martial ['mɑːʃəl] adj. relativo a Marte
Martian ['mɑːʃɪən] Ⓐ adj. marciano; relativo ao planeta Marte Ⓑ s. marciano
martin ['mɑːtɪn] s. ZOOLOGIA andorinhão, gaivão, pedreiro
Martin ['mɑːtɪn] s.antr. Martim, Martinho ❖ *St. Martin's day* dia de S. Martinho; *St. Martin's summer* verão de S. Martinho; [cal.] *to be* ~ *drunk* estar muito embriagado; estar como um cacho
martinet [ˌmɑːtɪˈnet] s. 1 oficial que é demasiado exigente em questões de disciplina, oficial excessivamente autoritário; 2 pessoa autoritária; 3 indivíduo mandão
martinetism [ˌmɑːtɪˈnetɪzəm] s. autoritarismo
martingale ['mɑːtɪŋgeɪl] s. 1 (correia de cavalo) gamarra; 2 NÁUTICA cabresto do pau da bujarrona; 3 duplicação de parada no jogo ❖ NÁUTICA ~ *stay* estai do pica-peixe
martini [mɑːˈtiːnɪ] s. 1 espingarda do tipo Martini-Henry; 2 bebida composta de gim e vermute
Martinique [ˌmɑːtɪˈniːk] s. Martinica
Martinmas ['mɑːtɪnməs] s. dia de S. Martinho
martite ['mɑːtaɪt] s. MINERALOGIA martite
martlet ['mɑːtlɪt] s. ZOOLOGIA pedreiro, martinete

martyr ['mɑːtə] Ⓐ s. 1 mártir; 2 [coloq.] vítima [**to**, de] Ⓑ v.tr. 1 martirizar; 2 torturar, atormentar ❖ *to die a ~ in/to* sacrificar-se por; sofrer o martírio por; sofrer a morte por; *to make a ~ of oneself* fazer(-se) de mártir; *stop acting like a martyr!* não te armes em mártir!
martyrdom ['mɑːtədəm] s. martírio
martyrization [,mɑːtəraɪ'zeɪʃən] s. martírio
martyrize ['mɑːtəraɪz] v.tr. martirizar, fazer sofrer o martírio
martyrizing [,mɑːtə'raɪzɪŋ] s. 1 martírio, tortura; 2 perseguição
martyrological [,mɑːtɪrə'lɒdʒɪkəl] adj. martirológico
martyrologist [,mɑːtɪ'rɒlədʒɪst] s. martirologista
martyrology [,mɑːtɪ'rɒlədʒɪ] s. martirológio
martyry ['mɑːtɪrɪ] s. capela ou santuário levantado em honra dum mártir
marvel ['mɑːvəl] Ⓐ s. 1 maravilha; prodígio; *the marvels of science* as maravilhas da ciência; *they gazed at all those marvels* eles ficaram extasiados com todas aquelas maravilhas; 2 admiração, assombro, espanto; 3 portento Ⓑ v.intr. 1 maravilhar-se, admirar-se [**at**, perante/com]; ficar admirado, ficar assombrado [**at**, perante/com]; *to ~ at a thing* admirar-se com qualquer coisa, ficar admirado com uma coisa; 2 estranhar; *to ~ why this or that was done* estranhar o porquê disto ou daquilo ❖ BOTÂNICA *~ of Peru* jalapa; *no ~* não é admiração nenhuma; *to be a ~ of* ser um prodígio de; *to work marvels* fazer maravilhas; fazer milagres
marvelling ['mɑːvəlɪŋ] adj. surpreendido, espantado
marvellous ['mɑːvələs] adj. maravilhoso, extraordinário, assombroso, espantoso, portentoso, prodigioso
marvellously ['mɑːvələslɪ] adv. 1 maravilhosamente; 2 extraordinariamente; 3 prodigiosamente; 4 de maneira assombrosa; 5 às mil maravilhas
marvellousness ['mɑːvələsnəs] s. 1 aspecto maravilhoso; 2 carácter prodigioso; 3 maravilha
Marxian ['mɑːksɪən] adj.,s. marxista
Marxianism ['mɑːksɪənɪzəm] s. marxismo, doutrinas pregadas por Karl Marx
Marxism ['mɑːksɪzəm] s. POLÍTICA marxismo
Marxist ['mɑːksɪst] adj.,s. POLÍTICA marxista
Mary ['meərɪ] s.antr. Maria ❖ [coloq.] *little ~* o estômago
Marylander ['meərɪləndə] adj.,s. 1 relativo a Maryland; 2 natural de Maryland; 3 habitante de Maryland
marzipan ['mɑːzɪpæn] s. CULINÁRIA maçapão
mascara [mæs'kɑːrə] s. (cosmética) rímel
mascaron ['mæskərən] s. mascarão, ornato de pedra em forma de carranca
mascle ['mɑːskəl] s. HERÁLDICA lisonja, ornato rombóide ao canto do escudo
mascot ['mæskɒt, 'mæskət] s. mascote, pessoa ou coisa que dá sorte
masculine ['mæskjəlɪn] Ⓐ adj. 1 LINGUÍSTICA masculino; 2 masculino; do sexo masculino; 3 viril, másculo; 4 (mulher) masculinizado Ⓑ s. LINGUÍSTICA masculino; género masculino; *in the ~* no masculino ❖ LITERATURA *~ ending* verso que termina em sílaba acentuada; verso masculino; LITERATURA *~ rhyme* rima masculina
masculinely ['mɑːskjəlɪnlɪ] adv. de modo másculo, enérgico
masculineness ['mɑːskjəlɪnnəs] s. masculinidade
masculinity [,mæskjə'lɪnɪtɪ] s. masculinidade
masculinize ['mæskjəlɪnaɪz] v.tr. masculinizar
maser ['meɪzə] s. [abrev. de Microwave Amplification by Stimulated Emission of Radiation] maser
mash [mæʃ] Ⓐ s. 1 CULINÁRIA [coloq.] puré de batata; 2 papa; 3 [fig.] mixórdia; mistura confusa; 4 (fabrico de cerveja) farinha de malte e água quente; 5 (ração de animais) farelada com água Ⓑ v.tr. 1 misturar com água quente; 2 esmagar; triturar; *to ~ potatoes* esmagar batatas; 3 fazer puré de; reduzir a puré
mashed [mæʃt] adj. 1 em puré; 2 esmagado ❖ CULINÁRIA *~ potatoes* puré de batata
masher ['mæʃə] s. 1 passe-vite; 2 misturador; 3 esmagador; 4 [arc.] conquistador
mashie ['mæʃɪ] s. (golfe) determinado tipo de taco feito de ferro
mashing ['mæʃɪŋ] s. 1 fabricação de cerveja; 2 esmagamento; 3 redução de batatas a puré
mashy ['mæʃɪ] s. ⟨pl. -ies⟩ ⇒ **mashie**

mask [mɑːsk] Ⓐ s. 1 (protecção, disfarce) máscara; *carnival ~* máscara carnavalesca; *fencing/fencer's ~* máscara protectora; *gas ~* máscara antigás; *surgeon's ~* máscara de cirurgião; *to wear a ~* usar uma máscara; 2 mascarilha, caraça; 3 [fig.] máscara, disfarce, simulação, capa; 4 semelhança; 5 (escultura) máscara, carranca, 6 (cosmética) máscara de tratamento; 7 (cara de animal) máscara, área mais escura (como em raposas, etc.) Ⓑ v.tr.,intr. 1 mascarar; mascarar-se, pôr uma máscara; 2 esconder sob uma máscara, tapar com uma máscara; 3 mascarar, esconder, ocultar, disfarçar; *to ~ one's feelings* disfarçar o que se sente; 4 MILITAR camuflar; 5 (protecção) tapar, cobrir ❖ *death ~* máscara mortuária; máscara fúnebre; *behind the ~ of* sob a aparência de; *his ~ slipped* caiu-lhe a máscara; caiu-lhe o disfarce; *to drop the ~* deixar cair a máscara; *to throw off the ~* desmascarar-se; *under the ~ of* sob a máscara de
masked ['mɑːskt] adj. 1 mascarado; com máscara; 2 encapuçado; 3 dissimulado; 4 MILITAR camuflado; *~ battery* bateria camuflada ❖ *~ ball* baile de máscaras; *~ troops* tropas providas de máscaras contra gases
masker ['mɑːskə] s. (baile de máscaras) mascarado
masking ['mɑːskɪŋ] s. 1 emprego de máscara, acção de mascarar; 2 disfarce, dissimulação
maslin ['mæzlɪn] s. meado, mistura de milho e centeio
masochism ['mæzəʊkɪzəm] s. masoquismo
masochist ['mæzəʊkɪst] s. masoquista
masochistic [,mæzəʊ'kɪstɪk] adj. masoquista
mason ['meɪsən] Ⓐ s. 1 pedreiro; alvanel, alvaner, alvenéu; 2 pedreiro-livre, mação Ⓑ v.tr. construir em pedra; construir em alvenaria ❖ *~ bee* abelha que constrói em barro a sua habitação; *mason's level* nível de madeira
masonic [mə'sɒnɪk] adj. 1 maçónico; 2 de pedreiro-livre
masonry ['meɪsənrɪ] s. 1 alvenaria; 2 obra de pedreiro; 3 maçonaria ❖ *~ cement* cimento para obra de alvenaria; *~ drill* broca para furar pedras; *~ stack* chaminé de alvenaria; *~ work* obra de alvenaria
Masora [mə'sɔːrə] s. RELIGIÃO massorá, série de comentários críticos ao Velho Testamento, extraídos do Talmude
Masorah [mə'sɔːrə] s. RELIGIÃO massorá, série de comentários críticos ao Velho Testamento, extraídos do Talmude
Masorete ['mæsəʊriːt] s. RELIGIÃO massoreta, comentador crítico do texto do Velho Testamento entre os Hebreus
Masoretic [,mæsəʊ'retɪk] adj. massorético
masque [mɑːsk] s. 1 mascarada, pantomina teatral primitivamente com mímica e posteriormente com inclusão de diálogos; 2 composição literária para uma mascarada
masquerade [,mæskə'reɪd] Ⓐ s. 1 baile de máscaras; 2 disfarce; dissimulação; 3 farsa; embuste Ⓑ v.intr. 1 participar em baile de máscaras; 2 disfarçar-se [**as**, de]; mascarar-se [**as**, de]; 3 fazer-se passar [**as**, por]
masquerader [,mæskə'reɪdə] s. 1 (baile de máscaras) mascarado; 2 fingidor, dissimulador, hipócrita
masquerading [,mæskə'reɪdɪŋ] s. 1 disfarce; 2 acção de usar máscara
mass [mæs] Ⓐ s. ⟨pl. -es⟩ 1 volume; massa; 2 montão; aglomerado; *a ~ of* um montão de; 3 grande quantidade [**of**, de]; grande número [**of**, de]; 4 RELIGIÃO missa; *to attend ~/to hear ~* ouvir missa, assistir à missa; *to go to ~* ir à missa; *to say ~* dizer missa; *high ~* missa cantada; *low ~* missa rezada; *requiem ~* missa de requiem Ⓑ adj. 1 de massas; 2 em massa, *~ raid* ataque aéreo em massa; *~ execution* execução em massa; 3 geral; generalizado; 4 colectivo; *~ hysteria* histeria colectiva Ⓒ v.tr.,intr. 1 juntar; congregar; reunir; 2 agregar(-se); aglomerar(-se); acumular(-se) ❖ RELIGIÃO *~ book* missal; *~ communication* comunicação de massas; *~ grave* vala comum; *~ media* média; meios de comunicação social; *~ meeting* grande assembleia; grande comício; *~ observation* estudo e registo dos hábitos sociais das pessoas; *~ production* produção em série; *~ spectrometer* espectrómetro de massa; *~ of blood* massa de sangue; *~ of fibres* feixe de fibras; FÍSICA *~ of pendulum* massa do pêndulo; *in the ~* no todo; no conjunto; *he was a ~ of bruises* ele estava todo coberto de

Mass.

pisaduras; estava todo coberto de ferimentos; *the great ~ of people* a grande maioria das pessoas; *the masses* as massas; a multidão
❖ **mass together** *v.intr.* aglomerar-se; acumular-se
Mass. [*abrev. de* Massachusetts]
massacre ['mæsəkə] Ⓐ *s.* 1 carnificina; matança; massacre; *~ of the innocents* matança dos inocentes; 2 mortandade Ⓑ *v.tr.* 1 chacinar; fazer grande mortandade em; fazer grande carnificina em; 2 massacrar ❖ [GB] POLÍTICA [coloq.] *~ of the innocents* retirada dos projectos de lei não aprovados no fim de cada sessão parlamentar
massacrer ['mæsəkrə] *s.* aquele que chacina, que pratica um massacre
massacring ['mæsəkrɪŋ] *s.* 1 carnificina, chacina, matança, carnagem; 2 massacre
massage ['mæsɑːʒ] Ⓐ *s.* massagem Ⓑ *v.tr.* 1 massajar; fazer uma massagem a; 2 [fig.] (contas, etc.) manipular; 3 [fig.] fazer bem ao ego de ❖ *~ glove* luva de crina; *scalp ~* massagem ao couro cabeludo
Massalian [mæ'seɪlɪən] *adj.,s.* ⇒ **Messalian**
Massawa [mæ'sɑːwə] *s.top.* Massauá, Massuá
massé ['mæseɪ] *s.* (bilhar) pancada dada na bola com o taco em posição vertical
masseter [mæ'siːtə] Ⓐ *s.* ANATOMIA (músculo) masséter Ⓑ *adj.* massetérico, masseterino
masseur [mæ'sɜː] *s.* massagista
masseuse [mæ'sɜːz] *s.f.* massagista
massicot ['mæsɪkɒt] *s.* QUÍMICA massicote, monóxido amarelo de chumbo
massif ['mæsɪf] *s.* GEOLOGIA maciço
massification [ˌmæsɪfɪ'keɪʃən] *s.* massificação
massify ['mæsɪfaɪ] *v.tr.* (*prt. e part. pass.* **-ied**) massificar
massiness ['mæsɪnəs] *s.* aspecto maciço, aparência pesada
massing ['mæsɪŋ] *s.* amontoamento em massa, grande aglomeração, acumulação em grande quantidade
massive ['mæsɪv] *adj.* 1 maciço; compacto; sólido e pesado; 2 em massa; em grande escala; 3 com grande amplitude ou volume; 4 GEOLOGIA sem estrutura cristalina, amorfo
massively ['mæsɪvlɪ] *adv.* 1 maciçamente, de modo maciço; 2 em massa, em grande escala
massiveness ['mæsɪvnəs] *s.* aspecto maciço, contextura maciça
mass-market ['mæsmɑːkɪt] *adj.* de grande consumo, de massas
Massora [məˈsɔːrə] *s.* ⇒ **Masorah**
Massorah [məˈsɔːrə] *s.* ⇒ **Masorah**
Massorete ['mæsəriːt] *s.* ⇒ **Masorete**
Massoretic [ˌmæsəʊ'retɪk] *s.* ⇒ **Masoretic**
mass-produce [ˌmæsprə'djuːs] *v.tr.* fabricar em série; produzir em massa
mass-produced [ˌmæsprə'djuːst] *adj.* 1 fabricado em série, produzido em massa; 2 estandardizado; 3 [depr.] massificado, estereotipado
massy ['mæsɪ] *adj.* (*comp.* **-ier**, *superl.* **-iest**) maciço, sólido, pesado
mast [mɑːst] Ⓐ *s.* 1 NÁUTICA mastro; mastaréu; *lower masts* mastros grandes; *mizzen ~* mastro da mezena; *pole/single-tree ~* mastro inteiriço, de uma só peça; *to set up a ~* colocar um mastro; *to spend a ~* perder um mastro; 2 (bandeira) mastro, haste; 3 poste; 4 RÁDIO, TELEVISÃO antena emissora; 5 (comida para suínos) bolota, glande, landre; 6 *pl.* mastreação Ⓑ *v.tr.* 1 NÁUTICA mastrear, guarnecer de mastros; 2 NÁUTICA levantar uma verga ❖ AERONÁUTICA (aeróstatos) *mooring ~* mastro de amarração; torre de amarração; [GB] (planos, intenções, opiniões, etc.) *to nail one's colours to the ~* tornar explícito; *to sail/serve before the ~* ser simples marinheiro
mastaba ['mæstəbə] *s.* HISTÓRIA (Egipto) mastaba
mastectomy [mæ'stektəmɪ] *s.* (*pl.* **-ies**) CIRURGIA mastectomia
masted ['mæstɪd] *adj.* NÁUTICA mastreado, com mastros; *three-masted ship* navio com três mastros
master ['mɑːstə] Ⓐ *s.* 1 senhor; mestre; 2 [ant.] amo; 3 chefe, patrão; 4 dono; *~ of the house* dono da casa; *a dog and its ~* um cão e o seu dono; 5 (conhecedor) mestre; perito [of, em]; 6 (reprodução) original; 7 NÁUTICA capitão de navio mercante; 8 (grau académico) mestre; mestrado; 9 [ant.] (escola) professor; director; *mathematics ~* professor de matemática; *dancing ~* professor de dança, mestre de dança; 10 [poét.] vencedor; 11 [ant.] (antes de nome de rapaz) menino; *~ Tom* o menino Tom Ⓑ *adj.* 1 dominante; *a ~ passion* uma paixão dominante; 2 principal; *~ telephone* telefone principal; 3 (reprodução) original; *~ recording* gravação original; 4 controlador Ⓒ *v.tr.* 1 governar; 2 dominar; subjugar; 3 controlar; dominar; superar; *to ~ a difficulty* superar uma dificuldade; *to ~ one's temper* dominar-se; *he mastered his fear* ele controlou o medo; 4 (conhecimento) dominar, conhecer a fundo; *to ~ a language* dominar uma língua, conhecer bem uma língua ❖ *~ clock* relógio-mestre; *~ cook* cozinheiro-chefe; *~ copy* original; exemplar original; *~ frequency* frequência principal; *~ hand* mão de mestre; perito; especialista; *~ key* chave-mestra; *~ lock* fechadura da porta; fechadura principal; NÁUTICA *~ mariner* capitão de navio mercante; *~ plan* plano piloto; plano de base; plano que prevê todas as situações; CINEMA *~ print* original de filme; *~ of ceremonies* mestre de cerimónias; *~ of the horse* estribeiro-mor; *~ of the King's/Queen's music* mestre de capela do rei/da rainha; *~ of the rolls* guarda-mor do arquivo; (grau académico) *master's degree* mestrado; *a ~ of disguise* um mestre na arte do disfarce; PINTURA *the old masters* os velhos mestres da pintura (sobretudo do séc. XIII ao séc. XVII); *to be ~ in one's own house* mandar em sua casa; resolver as coisas sem interferência de ninguém; *to be ~ of* ser senhor de; *to be ~ of one's fate* ser dono do próprio destino; *to be one's own ~* ser senhor de si mesmo; ser independente
masterdom ['mɑːstədəm] *s.* 1 domínio, supremacia, superioridade, comando; 2 senhorio
masterful ['mɑːstəfʊl] *adj.* 1 dominador; autoritário; imperioso; 2 arbitrário; 3 poderoso, forte; 4 magistral; *a ~ speech* um discurso magistral ❖ *to be ~ at…* ser muito bom a…
masterly ['mɑːstəlɪ] *adj.* 1 magistral; de mestre; *~ work* obra magistral; 2 perfeito; consumado ❖ *in ~ fashion* com estilo; com savoir-faire
mastermind ['mɑːstəmaɪnd] Ⓐ *s.* (principal responsável) cabeça, crânio, cérebro Ⓑ *v.tr.* organizar, dirigir, coordenar
masterpiece ['mɑːstəpiːs] *s.* obra-prima
mastership ['mɑːstəʃɪp] *s.* 1 perícia, mestria, conhecimento perfeito; 2 domínio, autoridade (sobre); 3 dignidade ou cargo de mestre; 4 reitoria, direcção (em escolas secundárias ou alguns colégios universitários); 5 magistério, cargo de professor
masterstroke ['mɑːstəstrəʊk] *s.* (acção, ideia) golpe de mestre
masterwort ['mɑːstəwɜːt] *s.* BOTÂNICA imperatória
mastery ['mɑːstərɪ] *s.* (*pl.* **-ies**) 1 domínio; autoridade; comando; 2 superioridade; 3 mestria, conhecimento profundo ❖ *to gain the ~* levar a melhor; ganhar
masthead ['mɑːsthed] *s.* 1 NÁUTICA calcês; 2 (jornal, revista) título (impresso na primeira página ou capa); 3 (jornal, revista) ficha técnica
mastic ['mæstɪk] *s.* mástique, almécega
masticate ['mæstɪkeɪt] *v.tr.* 1 mastigar, triturar com os dentes; 2 mascar; 3 malaxar
mastication [ˌmæstɪ'keɪʃən] *s.* 1 mastigação, trituração; 2 malaxação
masticator ['mæstɪkeɪtə] *s.* 1 mastigador, triturador; 2 malaxador; 3 *pl.* maxilares
masticatory ['mæstɪkətrɪ, 'mæstɪkeɪtrɪ, 'mæstɪkətɔːrɪ] Ⓐ *adj.* mastigatório, mastigador Ⓑ *s.* masticatório, mastigatório, remédio que se mastiga a fim de activar a salivação
mastiff ['mæstɪf] *s.* ZOOLOGIA (cão) mastim
mastitis [mæs'taɪtɪs] *s.* MEDICINA mastite, processo inflamatório na mama
mastless ['mɑːstləs] *adj.* sem mastros
mastodon ['mæstədɒn] *s.* mastodonte
mastoid ['mæstɔɪd] Ⓐ *adj.* mastóide, mastoideia Ⓑ *s.* ANATOMIA apófise mastóide, apófise mastoideia ❖ MEDICINA *inflammation of the ~* mastoidite
mastoidean [mæs'tɔɪdɪən] *adj.* mastóide
masturbate ['mæstəbeɪt] *v.tr.,intr.* masturbar(-se)
masturbation [ˌmæstə'beɪʃən] *s.* masturbação
masturbatory ['mæstəbətrɪ] *adj.* masturbatório
mat [mæt] Ⓐ *s.* 1 capacho, tapete; 2 esteira (de junco, palha, etc.); 3 DESPORTO tapete; 4 (mesa) suporte (de pratos

quentes, etc.); **5** (ornamento) naperon; **6** NÁUTICA coxim, esteira do porão; **7** entrançado, emaranhado; **8** moldura de quadro; **9** acabamento mate; **10** TIPOGRAFIA matriz Ⓑ *adj.* **1** mate, baço, sem brilho; **2** com acabamento mate Ⓒ *v.tr.,intr.* (*particípios*: **-tt-**) **1** cobrir com esteiras; **2** despolir, embaciar, tirar o brilho; **3** (cabelo, etc.) emaranhar(-se); eriçar(-se) ❖ *~ paper* papel mate; INFORMÁTICA *mouse ~* tapete do rato; *to go to the ~* ir ao tapete; combater de forma determinada; aceitar um combate; *to have sb on the ~* apertar alguém com perguntas; atrapalhar alguém

matador ['mætədɔː] *s.* **1** matador, toureiro que mata o touro; **2** carta principal em alguns jogos

match [mætʃ] Ⓐ *s.* (*pl.* **-es**) **1** fósforo; *safety ~* fósforo de segurança; *to strike a ~* acender um fósforo; **2** DESPORTO jogo, desafio, partida, competição; *football ~* desafio de futebol; *tennis ~* partida de ténis; **3** DESPORTO combate; (boxe) *~ of ten rounds* combate em dez assaltos; **4** pessoa semelhante (a outra); coisa semelhante (a outra); *I have never seen his ~* nunca vi pessoa como ele; **5** correspondente; par; **6** adversário à altura; igual; *to be (more than) a ~ for* estar (mais do que) à altura de, poder (muito bem) competir com; *to be no ~ for* não estar à altura de, não conseguir fazer frente a; *to meet one's ~* encontrar adversário à altura, encontrar pessoa capaz de lhe fazer frente; **7** coisa que combina bem (com outra); **8** combinação, associação; **9** aliança, união; **10** [ant.] casamento; *to make a good ~* fazer um bom casamento; **11** potencial parceiro, partido_fig_; *she is the best ~ of the place* ela é o melhor partido da localidade; **12** torcida, morrão, mecha Ⓑ *v.tr.,intr.* **1** combinar, condizer, não destoar; *I'm going to buy a coat and trousers to ~* vou comprar um casaco e calças a condizer; **2** fazer corresponder, associar; **3** assemelhar-se (a); **4** igualar-se a, competir com, ser tão bom como; igualar; **5** unir (em casamento, relação, etc.); juntar; *to ~ sb with sb* juntar duas pessoas; **6** opor; fazer opor; *to ~ sb against* opor alguém a; **7** ir ao encontro a; **8** (dinheiro) regular, igualar; *to ~ one's expenses to one's means* regular as despesas de acordo com as receitas; **9** encaixar; juntar, unir; **10** lançar moeda ao ar ❖ (carpintaria) *~ plane* govete; DESPORTO (ténis) *~ point* ponto decisivo para o jogo; [coloq., depr.] *shouting/slanging ~* peixeirada; discussão acesa; *to be a good ~* combinar bem; não destoar; calhar bem; ser um bom partido (para casar); (jogo, competição) *to be matched with/against* confrontar; defrontar; *to put a ~ to sth* pegar fogo a alguma coisa

◆ **match up** Ⓐ *v.intr.* **1** (cores, etc.) condizer; combinar bem; **2** ser compatível Ⓑ *v.tr.* **1** combinar; **2** juntar; **3** encontrar (algo) que combine [**with**, com]

◆ **match up to** *v.tr.* estar à altura de

matchable ['mætʃəbəl] *adj.* **1** que pode emparelhar com outro; **2** que tem coisa com que condizer; **3** harmonizável

matchboard ['mætʃbɔːd] *s.* tábua de macho e fêmea

matchbox ['mætʃbɒks] *s.* (*pl.* **-es**) caixa de fósforos

matchet ['mætʃɪt] *s.* faca larga e pesada usada na América como arma e instrumento de corte

matching ['mætʃɪŋ] Ⓐ *s.* **1** junção; **2** combinação; **3** harmonização; **4** correspondência Ⓑ *adj.* a condizer; *a brown sweater and a ~ skirt* uma camisola castanha e uma saia a condizer ❖ (carpintaria) *~ plane* guilherme

matchless ['mætʃləs] *adj.* **1** sem igual; **2** incomparável, sem rival, sem par

matchlessly ['mætʃləsli] *adv.* **1** incomparavelmente; **2** inigualavelmente

matchlessness ['mætʃləsnəs] *s.* **1** incompatibilidade; **2** impossibilidade de comparação

matchlock ['mætʃlɒk] *s.* espingarda antiga de mecha

matchmaker ['mætʃˌmeɪkə] *s.* casamenteiro, alcoviteiro

matchmaking ['mætʃˌmeɪkɪŋ] Ⓐ *s.* **1** fabrico de fósforos; **2** actividade casamenteira; tentativa de arranjar casamento (para os outros) Ⓑ *adj.* **1** de fabrico de fósforos; **2** casamenteiro

matchwood ['mætʃwʊd] *s.* madeira especial para fósforos ❖ [coloq.] *smashed to ~* feito em migalhas

mate [meɪt] Ⓐ *s.* **1** [coloq.] amigo, colega, camarada, companheiro, parceiro, amigalhaço; **2** [Austr.] [coloq.] (vocativo) colega, pá, meu, amigo; **3** (casal) companheiro, companheira; cônjuge, marido, mulher; **4** (animais) parceiro de acasalamento, macho, fêmea; **5** (luva) par; **6** ajudante; *carpenter's ~* ajudante de carpinteiro; *cook's ~* ajudante de cozinha; *surgeon's ~* cirurgião-ajudante; **7** NÁUTICA oficial de navio mercante; imediato; *first ~* primeiro imediato; *second ~* segundo imediato; *the master and the mates* o capitão e os oficiais; **8** NÁUTICA contramestre; **9** (xadrez) xeque-mate; *fool's ~* xeque-mate em três lances Ⓑ *v.tr.,intr.* **1** (animais) acasalar; **2** unir [**with**, a]; **3** juntar-se [**with**, a]; **4** [joc.] casar; **5** engrenar; engatar; **6** (xadrez) derrotar por xeque-mate, dar xeque-mate

maté ['mæteɪ] *s.* chá-mate; chimarrão

mateless ['meɪtləs] *adj.* sem companhia, sem companheiros

matelot ['mætləʊ] *s.* NÁUTICA [cal.] ⇒ **matlo**

matelote [mæt'lɒt] *s.* (*pl.* **-s**) CULINÁRIA iguaria preparada com peixe, cebolas, vinho, etc.

mater ['meɪtə] *s.* [ant.] mãe

materfamilias [ˌmeɪtəfə'mɪliæs] *s.* mãe de família

material [mə'tɪəriəl] Ⓐ *adj.* **1** material; *the ~ world* o mundo material; **2** materialista; **3** físico, corporal, que diz respeito ao corpo; **4** importante; relevante; pertinente; *those facts are not ~ to the issue* estes factos não são relevantes para a questão; **5** concreto; substancial; *nothing ~* nada de concreto Ⓑ *s.* **1** material; **2** matéria; **3** substância; *dangerous materials* substâncias perigosas; **4** assunto; elementos; factos; **5** tecido; fazenda; *dress ~* tecido para vestidos; **6** *pl.* materiais; apetrechos; *building materials* materiais de construção; *writing materials* materiais de escrita ❖ *~ comforts* bem-estar material; ausência de necessidades materiais ou físicas; *~ costs* custo do material; *~ damage* danos materiais; DIREITO *~ evidence* provas relevantes; provas concludentes; LINGUÍSTICA *~ nouns* substantivos concretos; *~ specification* especificação do material; *raw materials* matérias-primas

materialism [mə'tɪəriəlɪzəm] *s.* materialismo

materialist [mə'tɪəriəlɪst] Ⓐ *adj.* **1** materialista; **2** material Ⓑ *s.* materialista

materialistic [məˌtɪəriə'lɪstɪk] *adj.* **1** material; **2** materialista

materialistically [məˌtɪəriə'lɪstɪkəli] *adv.* materialisticamente

materiality [məˌtɪəri'ælɪti] *s.* **1** materialidade; **2** relevância, importância

materialization [məˌtɪəriəlaɪ'zeɪʃən] *s.* **1** materialização; **2** realização

materialize [mə'tɪəriəlaɪz] *v.tr.,intr.* **1** materializar(-se); assumir forma material; **2** tomar forma; **3** realizar(-se); concretizar(-se); *his plans didn't ~* os seus planos não se concretizaram; **4** efectuar(-se)

materializing [mə'tɪəriəlaɪzɪŋ] *s.* **1** materialização; **2** concretização, realização

materially [mə'tɪəriəli] *adv.* **1** materialmente; **2** de modo relevante, duma maneira sensível; **3** essencialmente; **4** LÓGICA quanto à forma

maternal [mə'tɜːnəl] *adj.* maternal, materno

maternally [mə'tɜːnəli] *adv.* maternalmente

maternity [mə'tɜːnɪti] *s.* (*pl.* **-ies**) (situação, estado) maternidade ❖ (hospital) *~ home/~ hospital* maternidade; *~ leave* licença de parto; *~ ward* enfermaria para parturientes; *~ wear* roupa pré-mamã

matey ['meɪti] *adj.,s.* [coloq.] amigo, companheiro

mathematical [ˌmæθɪ'mætɪkəl] *adj.* **1** matemático; **2** rigoroso, exacto ❖ *~ axiom* axioma matemático; *~ constant* constante matemática; *~ relation* relação matemática; *~ sign* sinal matemático; *~ symbol* símbolo matemático; *~ table* tabuada; *to be ~/to have a ~ turn of mind* ter inclinação para a matemática

mathematically [ˌmæθɪ'mætɪkəli] *adv.* matematicamente

mathematician [ˌmæθəmə'tɪʃən] *s.* matemático

mathematicize [ˌmæθə'mætɪsaɪz] *v.tr.,intr.* **1** matematizar, considerar matematicamente; **2** raciocinar matematicamente

mathematics [ˌmæθə'mætɪks] *s.* matemática ❖ *applied ~* matemática aplicada; *pure ~* matemática pura

mathematize ['mæθəmətaɪz] *v.tr.,intr.* ⇒ **mathematicize**

Mathias [mə'θaɪəs] *s.antr.* Matias

Mathilda [mə'tɪldə] *s.antr.* Matilde

mathiola [mə'θaɪələ] *s.* BOTÂNICA matiola

maths [mæθs] *s.* [coloq.] matemática

Matilda [mə'tɪldə] *s.antr.* Matilde

matin

matin ['mætɪn] s. 1 canto matinal; 2 pl. matinas, primeira parte do ofício divino, orações da manhã; 3 pl. as três primeiras vigílias do ofício divino

matinée ['mætɪneɪ] s. CINEMA, TEATRO matinée, representação à tarde

matiness ['meɪtɪnəs] s. [coloq.] camaradagem

matlo ['mætləʊ] s. NÁUTICA [cal.] marinheiro

matrass ['mætrəs] s. QUÍMICA matrás, recipiente de vidro de fundo largo e chato e boca estreita

matriarch ['meɪtrɪɑːk] s. matriarca

matriarchal [ˌmeɪtrɪ'ɑːkəl] adj. matriarcal

matriarchy ['meɪtrɪɑːkɪ] s. matriarcado

matric [mə'trɪk] s. 1 [ant.] (escola) exame de aptidão à universidade; *to take one's* ~ fazer exame de aptidão; 2 [GB] [ant.] matrícula

matrices ['meɪtrɪsɪz] s. {pl. de **matrix**}

matricidal [ˌmeɪtrɪ'saɪdəl] adj. matricida

matricide ['meɪtrɪsaɪd] s. 1 (acto) matricídio; 2 (pessoa) matricida

matriculability [məˌtrɪkjələ'bɪlɪtɪ] s. matriculabilidade

matriculant [mə'trɪkjələnt] s. estudante que se matricula na universidade

matriculate [mə'trɪkjəleɪt] v.tr.,intr. 1 matricular na universidade; 2 admitir na universidade; 3 passar no exame de aptidão à universidade e matricular-se

matriculated [mə'trɪkjəleɪtɪd] adj. matriculado

matriculation [məˌtrɪkjə'leɪʃən] s. 1 matrícula na universidade; 2 exame de aptidão à universidade

matrilineal [ˌmætrɪ'lɪnɪəl] adj. pelo lado materno

matrilinear [ˌmætrɪ'lɪnɪə] adj. ⇒ **matrilineal**

matrimonial [ˌmætrɪ'məʊnɪəl] adj. matrimonial

matrimonially [ˌmætrɪ'məʊnɪəlɪ] adv. matrimonialmente

matrimony ['mætrɪmənɪ] s. (pl. -ies) matrimónio; casamento

matrix ['meɪtrɪks] s. (pl. **-xes** ou **-ces**) 1 ANATOMIA matriz, útero; 2 lugar onde qualquer coisa se forma e desenvolve; 3 TIPOGRAFIA matriz, molde para fundir caracteres tipográficos; 4 matriz, registo primário de discos, donde se reproduzem depois as cópias necessárias; 5 GEOLOGIA rocha-mãe; 6 mãe-de-água; 7 BIOLOGIA substância entre células

matrixes ['meɪtrɪksɪz] s. {matrix}

matron ['meɪtrən] s. 1 matrona, mãe de família; 2 enfermeira-chefe de hospital; 3 governanta ou directora de pensionato, internato ou qualquer instituição

matronage ['meɪtrənɪdʒ] s. 1 cargo, funções ou situação de matrona; 2 matronaria; 3 matronas (em conjunto)

matronal ['meɪtrənəl] adj. 1 matronal, próprio de matrona; 2 com aspecto de matrona

matronly ['meɪtrənlɪ] adj. 1 de matrona; de mãe de família; 2 (figura) volumosa; corpulenta; 3 (atitude, etc.) de respeito ❖ ~ *duties* obrigações domésticas; *a* ~ *woman* uma matrona; uma mulher com ar de mãe de família

matronship ['meɪtrənʃɪp] s. 1 funções, cargo de matrona; 2 matronaria

matt [mæt] Ⓐ adj. 1 mate, baço, sem brilho; 2 com acabamento mate Ⓑ s. 1 acabamento mate; 2 superfície baça; 3 moldura de quadro; 4 moldura baça

Matt. [abrev. de Matthew]

matte [mæt] s. mate ❖ ~ *finish* acabamento mate

matted ['mætɪd] adj. 1 emaranhado; eriçado; ~ *hair* cabelo emaranhado; 2 atapetado, com tapete; coberto de capachos ou esteiras; 3 mate; fosco; sem brilho

matter ['mætə] Ⓐ s. 1 assunto; *money matters* assuntos financeiros, assuntos de dinheiro; *a* ~ *of consequence/importance* um assunto importante; *the* ~ *at/in hand* o assunto em questão; *to let the* ~ *rest/drop* esquecer o assunto; 2 questão, matéria; *in* ~ *of law* em matéria de direito; *in this* ~ nesta matéria, a este respeito; 3 caso; facto; *a* ~ *of history* um facto histórico; 4 substância, matéria; *organic/vegetable* ~ matéria orgânica/vegetal; *colouring matters* substâncias corantes; 5 FILOSOFIA matéria; 6 problema; *is anything the matter?* passa-se alguma coisa?, há problemas?; *there is nothing the* ~ *with him* ele está bem; não tem nada; *what is the matter?* que aconteceu?, que se passa?; 7 importância; interesse; 8 certa quantidade; 9 pus, matéria; *to squeeze* ~ *out of* fazer sair pus de, espremer pus de; 10 TIPOGRAFIA exemplar; 11 pl. (situação) as coisas; *as matters stand now* no ponto em que as coisas agora se encontram Ⓑ v.intr. 1 importar; *all that matters to to me* tudo o que (me) importa; *nothing else matters* nada mais importa; *what does it matter?* que importa?; *what matters is...* o que importa é..., o que interessa é...; 2 ter importância; fazer diferença; *it doesn't* ~ não tem importância, não faz diferença; *it matters a good deal* tem muita importância; 3 supurar ❖ [joc.] (cérebro) *grey* ~ massa cinzenta; *postal* ~ coisas enviadas pelo correio; *printed* ~ coisas impressas; *reading* ~ coisas para ler; matéria de leitura; *subject* ~ assunto; *a* ~ *of concern (to/for)* um motivo de preocupação (para); *a* ~ *of conscience* uma questão de consciência; *a* ~ *of course* coisa natural; coisa que normalmente se pode esperar; *a* ~ *of dispute* um assunto de controvérsia; um motivo de disputa; *a* ~ *of doubt* coisa de que legitimamente se pode duvidar; *a* ~ *of life and death* uma questão de vida ou morte; *a* ~ *of luck* uma questão de sorte; *a* ~ *of opinion* uma questão de opinião; *a* ~ *of seconds/minutes* uma questão de segundos/minutos; poucos segundos/minutos; *a* ~ *of taste* uma questão de gosto; *a* ~ *of two or three months* coisa de dois ou três meses; cerca de dois ou três meses; *as a* ~ *of fact* na realidade; na verdade; por acaso; *as a* ~ *of principle* por uma questão de princípios; *as a* ~ *of urgency* com carácter de urgência; *for so small a* ~ por tão pouca coisa; *for that* ~ quanto a isso; *in all matters of* em tudo o que diz respeito a; *in the* ~ *of* quanto a; na questão de; *it's a* ~ *of (doing sth)* é uma questão de (fazer algo); basta (fazer algo); *it's only/just a* ~ *of time* é apenas uma questão de tempo; [coloq.] *just as a* ~ *of interest* só por curiosidade; [coloq.] *no matter!* não tem importância!; não faz mal!; *no* ~ *what (happens)* aconteça o que acontecer; independentemente do que acontecer; *no* ~ *who/how/where/...* independentemente de quem/como/onde/...; *no* ~ *what they say, don't trust them* digam o que disserem, não confies neles; *that is quite another* ~ isso é totalmente diferente; *that's/it's no laughing* ~ não é assunto para rir; não é brincadeira nenhuma; *that's the end of the* ~ não se fala mais nisso; acabou-se; *the fact/truth of the* ~ a verdade dos factos; *the heart/crux of the* ~ o centro da questão; o fundo da questão; *to be a* ~ *for* ser um assunto para; ser um caso para; *to make matters worse* para piorar as coisas; para complicar as coisas; para tornar as coisas ainda mais complicadas; *to raise the* ~ *with sb* levantar a questão a alguém; conversar com alguém sobre o assunto; *to take sth as a* ~ *of course* considerar alguma coisa como natural

matterful ['mætəfʊl] adj. com matéria, com substância, substancial

matter-of-fact [ˌmætərəv'fækt] adj. 1 (estilo) prosaico, terra-a-terra, objectivo; *a* ~ *man* pessoa terra-a-terra, pessoa objectiva; 2 (tom) neutro; 3 (relato) factual; *a* ~ *account* relato factual; 4 (atitude) prático

matter-of-factness [ˌmætərəv'fæktnəs] s. 1 espírito ou maneira de ser terra-a-terra; 2 espírito prático; 3 objectividade

Matthew ['mæθjuː] s.antr. Mateus ❖ (Bíblia) *the Gospel according to St.* ~ o Evangelho segundo S. Mateus

Matthias [mə'θaɪəs] s.antr. Matias

matthiola [mæ'θaɪələ] s. BOTÂNICA ⇒ **mathiola**

matting ['mætɪŋ] s. 1 entrançamento, entrelaçamento; 2 emaranhamento; 3 esteiras, cobertura com esteiras; 4 embaciamento, foscagem

mattins ['mætɪnz] s.pl. matinas

mattock ['mætək] Ⓐ s. 1 picareta, alvião; 2 enxadão Ⓑ v.tr. cavar (a terra) com um enxadão

mattoid ['mætɔɪd] s. matóide, amalucado

mattress ['mætrɪs] s. (pl. **-es**) colchão ❖ ~ *cover* resguardo do colchão; *spring* ~ colchão de molas; *straw* ~ enxergão; *wire* ~ colchão de arame

Matty ['mætɪ] Ⓐ dim. de **Mathilda** Ⓑ dim. de **Matilda**

maturant ['mætjərənt] s. MEDICINA maturativo, substância que apressa a supuração de abcessos e tumores

maturate ['mætjəreɪt] v.intr. 1 MEDICINA chegar a um estado de maturação, chegar ao ponto de supuração; 2 supurar

maturation [ˌmætjəˈreɪʃən] *s.* 1 maturação; 2 amadurecimento; 3 desenvolvimento de tumor, abcesso, até ao ponto de supuração

maturative [məˈtjuərətɪv] *adj.* maturativo, que promove ou auxilia a supuração

mature [məˈtʃʊə, məˈtjʊə] Ⓐ *adj.* 1 (pessoa) maduro; 2 adulto; em completo desenvolvimento; 3 amadurecido, sazonado; 4 cuidadoso, cauteloso; aturado; ponderado; ~ *deliberation* resolução ponderada; 5 COMÉRCIO vencido, que atingiu a data de pagamento Ⓑ *v.tr.,intr.* 1 amadurecer; tornar(-se) maduro; 2 COMÉRCIO (atingir a data de pagamento) vencer; *when does this bill mature?* quando é que se vence esta letra?; 3 aperfeiçoar; 4 reflectir; ponderar ❖ ~ *plans* planos cuidadosamente estabelecidos; ~ *student* estudante com mais de 25 anos; ~ *years* idade madura

matured [məˈtʃʊəd, məˈtjʊəd] *adj.* 1 maduro, amadurecido; 2 COMÉRCIO vencido, que atingiu a data de pagamento

maturely [məˈtʃʊərəlɪ, məˈtjʊərəlɪ] *adv.* 1 maduramente; 2 amadurecidamente; 3 ponderadamente, cuidadosamente; 4 com maturidade

matureness [məˈtʃʊənəs, məˈtjʊənəs] *s.* maturidade

maturing [məˈtʃʊərɪŋ, məˈtjʊərɪŋ] *s.* maturação, aperfeiçoamento

maturity [məˈtʃʊərɪtɪ, məˈtjʊərɪtɪ] *s.* 1 maturidade; 2 pleno desenvolvimento; 3 COMÉRCIO vencimento, termo de pagamento; *at* ~ no seu vencimento; *date of* ~ data do vencimento ❖ *the years of* ~ a idade madura; *to come to* ~ atingir a maturidade; amadurecer

matutinal [ˌmætjʊˈtaɪnəl] *adj.* matinal, matutino

matutinally [ˌmætjʊˈtaɪnəlɪ] *adv.* matinalmente, matutinamente

maty [ˈmeɪtɪ] *adj.,s.* ⇒ **matey**

maud [mɔːd] *s.* 1 manta cinzenta axadrezada usada por pastores escoceses; 2 manta de viagem axadrezada

Maud [mɔːd] *s.antr.* Matilde

maudlin [ˈmɔːdlɪn] Ⓐ *adj.* 1 embriagado e a levar tudo para o sentimento; *to become* ~ ficar piegas sob o efeito do álcool; 2 sentimental; choramingas; piegas; ~ *sentimentality* sentimentalidade piegas Ⓑ *s.* sentimentalismo insípido e choramingas

Maugrabin [ˈmɔːɡrəbɪn] *adj.,s.* mograbino

maugre [ˈmɔːɡə] *prep.* [arc.] apesar de, a despeito de, não obstante

maul [mɔːl] Ⓐ *s.* marreta, macete; malho, maço Ⓑ *v.tr.* 1 agredir; espancar; moer de pancada; 2 (animal) atacar ferozmente; mutilar; lacerar; 3 maltratar; 4 (crítica feroz) trucidar; arrasar; *the book he published was mauled by the critics* o livro dele foi trucidado pela crítica

mauler [ˈmɔːlə] *s.* [cal.] punho

mauley [ˈmɔːlɪ] *s.* ⇒ **mauler**

mauling [ˈmɔːlɪŋ] *s.* 1 maus tratos; 2 acto de maltratar

maulstick [ˈmɔːlstɪk] *s.* tento, varinha ou pauzinho em que o artista apoia a mão para poder pintar com maior firmeza

maunder [ˈmɔːndə] *v.intr.* 1 vaguear, andar dum lado para o outro sem objectivo; 2 proceder com indiferença; 3 divagar, falar no ar

maundering [ˈmɔːndərɪŋ] *s.* 1 acto de vaguear ou de proceder sem objectivo determinado; 2 *pl.* divagações

maundy [ˈmɔːndɪ] *s.* (igreja católica) lava-pés (na Quinta-Feira Santa) ❖ ~ *money* esmola dada na Quinta-Feira Santa; *Maundy Thursday* Quinta-Feira Santa

Mauresque [məʊˈresk] *adj.* 1 moirisco; 2 mouro

Mauritania [ˌmɒrɪˈteɪnɪə] *s.top.* Mauritânia

Mauritanian [ˌmɒrɪˈteɪnɪən] *adj.,s.* mauritano

Mauritian [məˈrɪʃən] Ⓐ *adj.* da Maurícia Ⓑ *s.* habitante ou natural da Maurícia

Mauritius [məˈrɪʃəs] *s.top.* ilha Maurícia

Mauser [ˈmaʊzə] *s.* espingarda Mauser

mausolea [ˌmɒsəˈleə] *s.* {*pl. de* **mausoleum**}

mausoleum [ˌmɒsəˈliːəm] *s.* (*pl.* **-a** ou **-s**) mausoléu

mauther [ˈmɔːðə] *s.* [dial.] rapariga

mauve [məʊv] *adj.,s.* cor de malva

maven [ˈmeɪvən] *s.* 1 ás, prodígio; 2 perito

maverick [ˈmævərɪk] Ⓐ *s.* 1 [EUA] novilho sem marca de proprietário; 2 não-conformista, contestatário; 3 independente; carta fora do baralho*fig.* 4 dissidente; 5 indisciplinado; 6 vagabundo, indivíduo errante Ⓑ *adj.* 1 não-conformista, contestatário; 2 independente; 3 dissidente; 4 indisciplinado

mavis [ˈmeɪvɪs] *s.* [poét.] malvis, tordo-bravo, tordo-malvis

mavourneen [məˈvʊəniːn] *s.* [Irl.] querida, minha querida

maw [mɔː] *s.* 1 goela; 2 [joc.] estômago; pança; bucho; 3 (aves) papo; 4 (ruminantes) coalheira ❖ [cal.] *to fill one's* ~ encher a barriga; encher a pança

mawkish [ˈmɔːkɪʃ] *adj.* 1 insípido; 2 piegas; lamechas

mawkishly [ˈmɔːkɪʃlɪ] *adv.* 1 com uma sentimentalidade lamechas; com uma sentimentalidade sensaborona; 2 insipidamente

mawkishness [ˈmɔːkɪʃnəs] *s.* 1 sentimentalidade falsa e toda chorosa; sentimentalidade lamechas; 2 sensaboria

mawseed [ˈmɔːsiːd] *s.* semente de dormideira

mawworm [ˈmɔːwɜːm] *s.* 1 verme intestinal; 2 [cal.] hipócrita

max [mæks] Ⓐ *s.* [coloq.] máximo Ⓑ *adj.* [coloq.] máximo Ⓒ *adv.* [coloq.] no máximo

max. [*abrev. de* maximum]

Maxentius [mækˈsenʃɪəs] *s.antr.* Maxêncio

maxilla [mækˈsɪlə] *s.* (*pl.* **-ae**) ANATOMIA maxilar; maxilar superior

maxillae [mækˈsiːliː] *s.* {*pl. de* **maxila**}

maxillary [mækˈsɪlərɪ, ˈmæksɪlerɪ] *adj.* maxilar

maxim [ˈmæksɪm] *s.* 1 máxima, aforismo, ditado, anexim; 2 DIREITO brocardo, axioma jurídico; 3 princípio, regra de conduta

maxima [ˈmæksɪmə] *s.* {*pl. de* **maximum**}

maximal [ˈmæksɪməl] *adj.* máximo

Maximalist [ˈmæksɪməlɪst] *s.* POLÍTICA maximalista

Maximian [mækˈsɪmɪən] *s.antr.* Maximiano

Maximilian [ˌmæksɪˈmɪlɪən] *s.antr.* Maximiliano

maximization [ˌmæksɪmaɪˈzeɪʃən] *s.* maximização

maximize [ˈmæksɪmaɪz] *v.tr.* 1 maximizar; 2 elevar ao máximo; 3 tirar o máximo proveito de, explorar ao máximo; 4 atribuir grande importância a; 5 RELIGIÃO interpretar com grande amplitude; 6 MATEMÁTICA maximizar

maximum [ˈmæksɪməm] Ⓐ *s.* (*pl.* **-a**) máximo; *to a* ~ ao máximo Ⓑ *adj.* máximo; ELECTRICIDADE ~ *current* corrente máxima; ~ *demand for power* consumo máximo de força; ELECTRICIDADE ~ *flux density* densidade máxima do fluxo; ~ *height* altura máxima; ~ *length* comprimento máximo; ~ *load* carga máxima; ~ *negative value* valor máximo negativo; ~ *output* rendimento máximo; ~ *pressure* pressão máxima; ELECTRICIDADE ~ *reactance* reactância máxima; RÁDIO ~ *shielding* máxima blindagem protectora; ~ *steel pressure* pressão máxima do aço; ~ *travel* curso máximo; ~ *voltage* voltagem máxima ❖ ~ *and minimum thermometer* termómetro de máxima e de mínima; ~ *demand for power* consumo máximo de força; ~ *diameter* diâmetro externo; ~ *indicator pointer* ponteiro indicador do máximo

Maximus [ˈmæksɪməs] *s.antr.* Máximo

maxi-skirt [ˈmæksɪˌskɜːt] *s.* saia comprida

may [meɪ] Ⓐ *v.aux.,mod.* (prt. **might**) 1 (hipótese) poder; ser possível; poder ser; *it* ~ *be true* pode ser verdade; *it* ~ *not be true* pode ser que não seja verdade; *it* ~ *rain tomorrow* pode chover amanhã; *they* ~ *be rich, but I don't believe it* pode ser que eles sejam ricos, mas não acredito; 2 (permissão) poder; ter/dar licença; ter/dar permissão para; ter/dar autorização de; ~ *I open the window?* posso abrir a janela?, dá-me licença que abra a janela?; *yes, you* ~ sim, pode; *you* ~ *for me* por mim, pode Ⓑ *s.* 1 [poét.] ⇒ **maiden**; 2 BOTÂNICA pilriteiro, espinheiro-alvar ❖ ~ *God grant him peace* oxalá Deus lhe conceda a paz; que Deus lhe dê paz; ~ *I rather die!* antes morrer!; ~ *she be happy!* oxalá que ela seja feliz!; *be that as it* ~ seja como for; *he* ~ *have lost the book at your brother's* se calhar perdeu o livro em casa do teu irmão; *he sends his children to England so that they* ~ *learn English* ele manda os filhos para Inglaterra para aprenderem inglês; *if I* ~ *say so* se assim me posso exprimir; por assim dizer; *I hope you* ~ *succeed* espero que sejas bem sucedido; *such measures as he* ~ *take* as providências que ele tomar; *whatever you* ~ *say* diga o que disser; *what* ~ *be his age?* que idade terá ele?; *you* ~ *well talk to him!* bem podes falar com ele!

May [meɪ] s. 1 (mês) Maio; 2 [fig.] plenitude, apogeu, primavera da vida; *in one's ~* na primavera da vida; 3 celebração do primeiro de Maio ❖ BOTÂNICA *~ apple* podofilo; mandrágora; ZOOLOGIA *~ beetle/bug* escaravelho; besouro; (celebração da Primavera, dia do trabalhador) *~ Day* primeiro de Maio; ZOOLOGIA *~ fly* efémera; *~ pole* mastro enfeitado, em volta do qual se dança no primeiro de Maio; (rapariga) *~ queen* rainha nas festas do primeiro de Maio; *a hot ~ makes a fat churchyard* Maio quente faz engordar o cemitério

maya ['maɪə] s. RELIGIÃO (hinduísmo) maia, ilusão, irrealidade
Mayan ['maɪən] adj. maia; relativo à cultura dos Maias
Mayas ['maɪəz] s.pl. Maias, antigo povo indígena da América Central
maybe ['meɪbi:] adv. talvez, possivelmente
mayday ['meɪdeɪ] s. (sinal de socorro) SOS
mayflower ['meɪflaʊə] s. 1 BOTÂNICA primavera, calta, malmequer-dos-brejos; 2 [EUA] hepática
mayhap ['meɪhæp] adv. [arc.] quiçá; talvez
mayhem ['meɪhem] Ⓐ s. 1 caos, desordem, barafunda; 2 DIREITO [arc.] lesão física, mutilação Ⓑ v.tr. DIREITO [arc.] provocar lesão física, mutilar
maying ['meɪɪŋ] s. 1 festas do primeiro de Maio; 2 acto de colher flores de pilriteiro ou espinheiro-alvar
mayo ['meɪəʊ] s. CULINÁRIA [coloq.] [abrev. de mayonnaise] maionese
mayonnaise ['meɪəˌneɪz] s. CULINÁRIA maionese
mayor [meə] s. POLÍTICA presidente de câmara municipal; (feminino) *lady ~* presidente da câmara municipal ❖ (tratamento) *lord ~* excelentíssimo senhor presidente da câmara municipal (de cidades inglesas grandes)
mayoralty ['meərəltɪ] s. 1 presidência de município, funções de presidente de município; 2 período durante o qual essas funções são exercidas
mayoress ['meərɪs] s.f. (pl. -es) esposa do presidente do município
mayweed ['meɪwi:d] s. BOTÂNICA macela-fétida, camomila-catinga
mazard ['mæzəd] s. 1 [arc.] cabeça, cara, rosto; 2 pequena cereja preta
mazarine ['mæzəri:n] adj.,s. (cor) azul carregado e cheio, azul-ferrete
Mazdaism ['mæzdeɪzəm] s. 1 masdeísmo, religião de Masda; 2 zoroastrismo
maze [meɪz] Ⓐ s. 1 labirinto; dédalo; 2 [fig.] confusão; desorientação Ⓑ v.tr. desorientar; confundir ❖ *to be in a ~* estar desorientado; sentir-se numa encruzilhada
mazed [meɪzd] adj. desorientado, confuso, perplexo
mazily ['meɪzɪlɪ] adv. 1 confusamente, cheio de confusão; 2 desorientadamente; 3 duma maneira confusa, labiríntica
maziness ['meɪzɪnəs] s. 1 confusão, perplexidade, complexidade; 2 situação labiríntica
mazoout [məˈzu:t] s. QUÍMICA mazute
mazout [məˈzu:t] s. QUÍMICA mazute
mazuma [məˈzu:mə] s. [EUA] [coloq.] (dinheiro) caroço, cheta, massa, papel, pasta
mazurka [məˈzɜ:kə] s. MÚSICA (dança) mazurca
mazy ['meɪzɪ] adj. (comp. -ier, superl. -iest) confuso, labiríntico, sinuoso, emaranhado, intricado, dedáleo
MB Ⓐ [abrev. de Medicinae Baccalaureus (Bachelor of Medicine)] Ⓑ INFORMÁTICA [abrev. de megabyte] Ⓒ [abrev. de Medal of Bravery]
MBA [abrev. de Master of Business Administration]
MBE [abrev. de Member of the Order of the British Empire]
MC Ⓐ [abrev. de master of ceremonies] Ⓑ [abrev. de Medical Corps] Ⓒ [EUA] [abrev. de Member of Congress] Ⓓ [GB] [abrev. de Military Cross]
MCC [abrev. de Marylebone Cricket Club]
MCh [abrev. de Master of Surgery]
MCh Orth [abrev. de Master of Orthopaedic Surgery]
MCom [abrev. de Master of Commerce]
MCSP [abrev. de Member of the Chartered Society of Physiotherapy]
Md. [abrev. de Maryland]
Md QUÍMICA [símbolo de mendelivium]
MD Ⓐ [abrev. de managing director] Ⓑ [abrev. de Medicinae Doctor (Doctor of Medicine)] Ⓒ [abrev. de muscular dystrophy] Ⓓ [abrev. de musical director]

Mdlle. [abrev. de Mademoiselle]
MDS [abrev. de Master of Dental Surgery]
me [mi:] Ⓐ pron.pess. 1 me, mim, a mim; *don't shout at me!* não me grites; *he sees me* ele vê-me; *they gave me a book* deram-me um livro; 2 eu; *it's me* sou eu; *it was me* era eu Ⓑ adj.poss. [dial.] meu ❖ *ah me!* ai de mim!; *dear me!* valha-me Deus!; *poor me!* pobre de mim!; *she talked to me* ela falou comigo
Me. [abrev. de Maine]
ME Ⓐ [abrev. de mechanical engineer] Ⓑ [abrev. de Methodist Episcopal] Ⓒ [abrev. de Middle English] Ⓓ [abrev. de mining engineer] Ⓔ [abrev. de Most Excellent] Ⓕ MEDICINA [abrev. de myalgic encephalomyelitis]
mead [mi:d] s. 1 hidromel; 2 [poét.] ⇒ meadow
meadow ['medəʊ] s. prado; campina; campo; veiga ❖ BOTÂNICA *~ crowfoot* ranúnculo; ZOOLOGIA *~ mouse* rato-do-campo; BOTÂNICA (cogumelo comestível) *~ mushroom* agárico campestre; MINERALOGIA *~ ore* limonite; ZOOLOGIA *~ pipit* petinha-dos-prados; BOTÂNICA *~ rue* ruibarbo-dos-pobres; talictro
meadowland ['medəʊlænd] s. pradaria, pastagens
meadowlark ['medəʊla:k] s. ZOOLOGIA cotovia-dos-prados
meadowsweet ['medəʊswi:t] s. BOTÂNICA ulmária, ulmeira, rainha-dos-prados
meadowy ['medəʊɪ] adj. 1 próprio de prados; 2 relativo a prado ou campina; 3 semelhante a prado; 4 cheio de erva
meager ['mi:gə] adj.,s. [EUA] ⇒ meagre
meagre ['mi:gə] Ⓐ adj. 1 magro, descarnado, seco de carnes; *a ~ face* um rosto magro; 2 escasso, parco, pouco abundante; insuficiente; *a ~ meal* uma refeição pouco abundante; 3 pobre, estéril Ⓑ s. ZOOLOGIA variedade de peixe europeu ❖ *~ lime* cal magra; *~ subject* assunto ingrato; *to have a ~ dinner* jantar frugalmente
meagrely ['mi:gəlɪ] adv. 1 escassamente; 2 deficientemente; 3 pobremente
meagreness ['mi:gənəs] s. 1 magreza; 2 deficiência; 3 pobreza
meal [mi:l] Ⓐ s. 1 refeição; *a heavy ~* uma refeição pesada, *a light ~* uma refeição leve, ligeira; 2 (cereal) farinha grosseira; *barley ~* farinha de cevada Ⓑ v.tr.,intr. (pólvora) pulverizar; esmagar; pisar ❖ ZOOLOGIA *~ beetle* tenebrião; ZOOLOGIA *~ moth* perilhão; *to ask sb out for a ~* convidar alguém para ir comer fora; *to go out for a ~* ir comer fora; *to have one's ~* comer; [coloq.] *to make a ~ (out) of sth* fazer de alguma coisa um bicho-de-sete-cabeças; demorar demasiado a fazer alguma coisa; *to take sb out for a ~* levar alguém a ir comer fora
mealie ['mi:lɪ] s. (pl. -s) [geralm. no pl.] milho
mealiness ['mi:lɪnəs] s. 1 aspecto farináceo de qualquer produto; 2 [coloq.] suavidade de palavras
mealing ['mi:lɪŋ] s. pulverização, esmagamento
mealtime ['mi:ltaɪm] s. hora das refeições; *at mealtimes* às refeições
mealworm ['mi:lwɜ:m] s. larva da farinha
mealy ['mi:lɪ] adj. (comp. -ier, superl. -iest) 1 farinhento; farináceo; 2 coberto de farinha; 3 pálido, com aspecto pálido; 4 (cavalo) com manchas, mosqueado; 5 de falinhas mansas ❖ ZOOLOGIA (insecto) *~ bug* cochinilha
mealy-mouthed ['mi:lɪˌmaʊðd] adj. de falinhas mansas
mean [mi:n] Ⓐ v.tr. (prt. e part. pass. **meant**) 1 significar, querer dizer; exprimir, denotar; *what does that sentence mean?* que significa essa frase?, o que quer dizer essa frase?; 2 (intenção) ter a intenção de, tencionar, planear, ter em mente; *I didn't ~ to...* não tinha a intenção de..., não queria...; *to ~ harm* ter más intenções; querer mal; querer prejudicar; *to ~ well* ter boas intenções; 3 querer; *I ~ you to go* quero que vás; 4 estar resolvido a; resolver, decidir; *he means to succeed* ele está resolvido a ser bem sucedido; *I don't ~ to put up with such a thing* estou resolvido a não tolerar uma coisa destas; 5 falar a sério; *you don't ~ it!* não estás a falar a sério!; *I ~ what I say* estou a falar a sério, não estou a brincar; 6 (valor) significar, ter significado, ter valor, ter importância, representar; *her promises don't ~ a thing* as promessas dela não valem nada; *that means a great deal to me* isso tem grande importância para mim, isso para mim significa muito; *money means little to him* o dinheiro pouca importância tem para ele; *to ~ the*

world/everything to sb significar tudo para alguém; ser tudo para alguém; *to ~ nothing to sb* não ser minimamente importante para alguém; **7** referir-se a, falar de, dizer respeito a; *do you ~ my brother or my sister?* refere-se ao meu irmão ou à minha irmã?; *that remark was meant for you* aquela observação dizia-lhe respeito; **8** (COMUNICAÇÃO) querer dizer; *(do you) know what I mean?* percebes?; entendes?; *how do you mean?* como assim?; o que queres dizer com isso?; *I know (exactly) what you ~* entendo (perfeitamente) o que queres dizer; percebo (perfeitamente); *if you know what I ~* se é que me entendes; *that's what I ~* é isso que eu estou a tentar dizer; é isso que eu estou a dizer; *what do you mean?* o que é que estás a dizer?; *what do you ~ by…?* que queres dizer com…?; o que é que tu pretendes com…?; **9** implicar, acarretar; **10** [geralmente na passiva] destinar; *he was meant for a soldier* destinaram-no para soldado; *you were meant for each other* foram feitos um para o outro; *I meant this picture for you* tinha destinado este quadro para si; *it was/wasn't meant to be* estava destinado que assim fosse/não fosse ⒝ *adj.* **1** mau, mauzinho, maldoso, indecente, malicioso [**to**, com/para]; *don't be so ~ to her* não sejas tão mau para ela; *that's a ~ trick* é uma partida maldosa, é uma manobra indecente; **2** de espírito tacanho; **3** [GB] avaro, avarento, sovina, mesquinho, forreta, somítico [**with**, com]; **4** cruel, agressivo; mal-humorado; **5** [COLOQ.] excelente, óptimo, espectacular; **6** médio; mediano; intermediário; *~ deviation* desvio médio; *~ diameter* diâmetro médio; *~ temperature* temperatura média; *~ velocity* velocidade média; **7** com mau aspecto, sujo, pobre, miserável; *~ street* rua com aspecto pobre, rua com aspecto sujo e humilde; *~ looking* com mau aspecto, com aspecto miserável; **8** inferior, de qualidade inferior, de má qualidade; **9** insignificante, de pouco valor, de desprezar; *he has no ~ opinion of himself* ele tem-se em grande conta; *it was no ~ feat/task* não foi tarefa fácil; foi um feito extraordinário; *he is no ~ composer* ele não é um compositor banal; **10** [ant.] humilde; *of ~ birth* de nascimento humilde ⒞ *s.* **1** meio; meio termo, equilíbrio; *the golden ~* o meio termo, a áurea mediania; **2** MATEMÁTICA média; *arithmetic(al) ~* média aritmética; *geometric ~* média geométrica ❖ MATEMÁTICA *~ proportional* meio proporcional; ASTRONOMIA *~ solar time* hora média solar; ASTRONOMIA *~ time* hora média; MATEMÁTICA *~ value* valor médio; *I didn't ~ it* foi sem querer; foi sem intenção; *I ~ it* quer dizer; (explicação) *I ~ to say* quer dizer; *I was meant to…* é minha obrigação…; *to ~ business* estar a falar a sério; não estar para brincadeiras; *without meaning it* sem intenção; sem querer

meander [mɪˈændə] ⒜ *s.* **1** GEOGRAFIA meandro; voltas; desvio; sinuosidade; *the meanders of a river* os meandros dum rio; **2** (enredo) meandro; contornos; *the meanders of the law* os meandros da lei; **3** rodeio; **4** ARQUITECTURA (ornato) meandro; **5** [fig.] labirinto; complicação; dédalo ⒞ *v.intr.* **1** descrever curvas sinuosas; serpentear; ziguezaguear; meandrar; **2** vaguear; andar sem destino; andar de cá para lá

Meander [mɪˈændə] *s.* MITOLOGIA Meandro, rio da Frígia considerado filho da Terra e do Oceano

meandering [mɪˈændərɪŋ] ⒜ *adj.* **1** meândrico, que forma meandros, sinuoso, labiríntico; **2** sem plano definido ⒝ *s.* voltas, meandros, sinuosidades

meandrine [mɪˈændrɪn] *adj.* meandrino ❖ ZOOLOGIA *~ coral* meandrina

meandrous [mɪˈændrəs] *adj.* meândrico, sinuoso, cheio de voltas

meanie [ˈmiːnɪ] *s.* [COLOQ.] pessoa de espírito tacanho, de espírito limitado

meaning [ˈmiːnɪŋ] ⒜ *s.* **1** significado; sentido; *a hidden ~* um sentido oculto; *literal ~* sentido literal; *what is the ~ of…?* que quer dizer…?; **2** (léxico) acepção; **3** importância, relevância, significado, valor; **4** ideia; **5** intenção; propósito; *with ~* com intenção ⒝ *adj.* **1** eloquente; expressivo; significativo; *a ~ look* um olhar expressivo; *a ~ silence* um silêncio eloquente; **2** com significado ❖ *full of ~* eloquente; significativo; *he doesn't know the ~ of the word!* ele não sabe o que isso seja!; ele não sabe o que significa isso!; [GB] *if you take my ~* se é que me entendes; se é que me estás a entender; *you mistook my ~* compreendeu-me mal

meaningful [ˈmiːnɪŋfʊl] *adj.* **1** significativo; **2** importante, sério; **3** profundo; **4** (expressivo) eloquente; *a ~ look* um olhar eloquente

meaningfully [ˈmiːnɪŋfʊlɪ] *adv.* **1** significativamente; **2** com sentido; **3** utilmente

meaningless [ˈmiːnɪŋləs] *adj.* **1** sem sentido, sem significado; **2** desprovido de significação

meaningly [ˈmiːnɪŋlɪ] *adv.* **1** significativamente; **2** expressivamente; **3** com significado

meanly [ˈmiːnlɪ] *adv.* **1** miseravelmente; pobremente; **2** mesquinhamente; torpemente ❖ *~ born* de nascimento humilde

meanness [ˈmiːnnəs] *s.* **1** tacanhez de espírito, inferioridade, mediocridade, baixeza; **2** mesquinhice, mesquinhez; **3** avareza, sovinice; **4** modéstia de nascimento; **5** humildade, pobreza

means [miːnz] ⒜ *s.* **1** meio; *~ of transport/communication/identification* meio de transporte/comunicação/identificação; *a ~ to an end* um meio para atingir um fim; *the end justifies the ~* os fins justificam os meios; **2** processo, forma, modo, método; *~ of support* forma de sustento; *I must find a ~ to do it* tenho de arranjar processo de fazer isso; *by this ~* desta maneira, por este processo; *it must be done by any ~* isso tem de se fazer de qualquer maneira ⒝ *s.pl.* **1** recursos económicos; rendimentos; *to live beyond one's ~* gastar mais do que se tem; *to live within one's ~* limitar-se aos seus rendimentos; **2** riqueza; fortuna; bens, posses; *man/woman of ~* homem/mulher de posses; homem/mulher com fortuna; *private ~* fortuna pessoal ❖ *by all manner of ~* por todos os meios; por toda a espécie de meios; *by all means!* com certeza!, certamente!, ora essa!; *by fair ~ or foul* a bem ou a mal; duma maneira ou doutra; de qualquer maneira; seja como for; *by ~ of* por meio de; *by no ~* de forma alguma; de modo nenhum

mean-spirited [miːnˈspɪrɪtɪd] *adj.* **1** malévolo; mal-intencionado; **2** mesquinho

meant [ment] *prt. e part. pass. de* **to mean**

meantime [ˈmiːntaɪm] ⒜ *s.* intervalo (de tempo) ⒝ *adv.* entretanto ❖ *in the ~* entretanto; no entretanto; *for the ~* de momento

meanwhile [ˈmiːnwaɪl] *adv.,s.* ⇒ **meantime**

meany [ˈmiːnɪ] *s.* ⇒ **meanie**

measled [ˈmiːzəld] *adj.* **1** com sarampo, atacado pelo sarampo; **2** (suíno) atacado pela morrinha, pela gafeira

measles [ˈmiːzəlz] *s.pl.* **1** MEDICINA sarampo; **2** VETERINÁRIA (suínos) gafeira, morrinha ❖ MEDICINA *German ~* rubéola

measly [ˈmiːzlɪ] *adj.* (comp. **-ier**, superl. **-iest**) **1** com sarampo, atacado pelo sarampo; **2** [COLOQ.] desprezível, miserável, sem valor

measurability [ˌmeʒərəˈbɪlɪtɪ] *s.* mensurabilidade

measurable [ˈmeʒərəbl] *adj.* **1** mensurável, que pode medir-se; **2** doseável

measurably [ˈmeʒərəblɪ] *adv.* **1** até certo ponto, dentro de certa medida; **2** de modo sensível

measure [ˈmeʒə] ⒜ *s.* **1** (avaliação) medida; *~ of capacity/length/surface/volume* medida de capacidade/comprimento/superfície/volume; *cubic ~* medida de volume; *dry ~* medida para secos; *linear ~* medida linear; *liquid ~* medida para líquidos; *long ~* medida de comprimento; *square ~* medida de superfície; **2** tamanho; extensão; **3** sistema de medidas; **4** escala, régua graduada; **5** (acção) medida; *agrarian measures* medidas agrárias; *preventive measures* medidas preventivas; *to adopt measures to* tomar medidas para; *to take extreme measures* tomar medidas extremas; *what measures do you propose?* que medidas propõe?; **6** quantidade; grau; *full ~* a quantidade devida; *short ~* menos que a quantidade devida; **7** norma, padrão; **8** limite; *to know no ~* não conhecer limites; *to set measures to* impor limites a; **9** MATEMÁTICA divisor; *common ~* divisor comum; *greatest common ~* máximo divisor comum; **10** providência, decisão, acção conveniente; **11** POLÍTICA projecto de lei; medida legislativa; **12** LITERATURA (poesia) metro, ritmo, medida de verso; **13** MÚSICA compasso; **14** [arc.] dança; **15** *pl.* GEOLOGIA estratos, camadas; *coal measures* camadas carboníferas ⒝ *v.tr.,intr.* **1** medir; **2** (para fazer roupa) tirar as medidas (a); **3** avaliar, examinar; determinar; comparar; **4** [poét.] separar depois de medir ❖ *graduated ~* proveta graduada; *~ for ~* pagamento na mesma moeda; *as a ~ of economy* como

measured

medida de poupança; *beyond* ~ desmedidamente; excessivamente; *in a large/great* ~ em larga medida; *in some* ~/*in a* ~ em certa medida; *for good* ~ para jogar pelo seguro; *out of all* ~ desmedidamente; *to have a suit made* ~ mandar fazer um fato por medida; [coloq.] *to* ~ *one's length* cair ao comprido; estatelar-se no chão; estender-se ao comprido; *to* ~ *one's spending by one's means* regular as despesas pelas receitas; *to* ~ *one's strength with sb* medir forças com alguém; *to* ~ *sb with one's eye* olhar alguém dos pés à cabeça; *to* ~ *swords with sb* terçar armas com alguém; *to retain a sense of* ~ manter certa ponderação; *to sell by* ~ vender por medida; *to take a person's* ~ tirar as medidas a uma pessoa (para roupa); avaliar as capacidades/qualidades duma pessoa; DIREITO *to take legal measures* recorrer às vias legais; recorrer à lei; *to tread a* ~ dançar; *within* ~ com certa moderação

◆**measure against** *v.tr.* 1 comparar com; 2 fazer o contraste entre

◆**measure off** *v.tr.* marcar medindo; marcar medidas em

◆**measure out** *v.tr.* medir; pôr a quantidade devida

◆**measure up** Ⓐ *v.tr.* 1 tirar as medidas de; 2 (madeira) medir; 3 avaliar Ⓑ *v.intr.* corresponder às expectativas

◆**measure up to** *v.tr.* 1 estar à altura de; mostrar-se à altura de; 2 igualar

measured ['meʒəd] *adj.* 1 medido; calculado; avaliado; 2 quilometrado; 3 (ritmo) marcado, cadenciado; 4 MÚSICA rítmico, compassado; 5 comedido, ponderado; ~ *language* linguagem comedida, linguagem ponderada; ~ *words* palavras ponderadas

measureless ['meʒələs] *adj.* 1 sem limites; 2 ilimitado, imenso, incomensurável; 3 enorme, sem fim

measurement ['meʒəmənt] *s.* 1 medida; tamanho; 2 medição; cálculo; avaliação; ~ *of capacity* medição da capacidade; ELECTRICIDADE ~ *of losses* medição de perdas; 3 *pl.* medidas; dimensões; *what are your measurements?* quais são as tuas medidas? ❖ *chest* ~ perímetro torácico

measurer ['meʒərə] *s.* 1 medidor, aquele que mede; 2 aparelho que serve para medir

measuring ['meʒərɪŋ] Ⓐ *s.* 1 medição, mensuração, medida; 2 NÁUTICA arqueação Ⓑ *adj.* que mede, que serve para medir, de medição; graduado; ~ *appliance/instrument* instrumento de medição ❖ QUÍMICA (material de laboratório) ~ *cylinder* proveta; ~ *error* erro de medição; ~ *glass* copo graduado; ~ *rod* régua graduada; (régua) ~ *rule* escala; ~ *tape* fita métrica; ZOOLOGIA ~ *worm* lagarta-mede-palmos; geómetra

meat [mi:t] *s.* 1 (alimento) carne; *cold* ~ carnes frias; *fresh* ~ carne fresca; *she doesn't eat* ~ ela não come carne; *minced* ~ carne picada, picado de carne; *red* ~ carne vermelha; *roast/stewed* ~ carne assada/guisada; *white* ~ carnes brancas; 2 [fig.] substância, sumo, conteúdo; *his speech was full of* ~ o discurso dele tinha conteúdo; *there is no* ~ *in his argument* não há substância no que ele diz; 3 [ant.] (noz, coco, etc.) miolo, parte comestível; ~ *of a nut* miolo duma noz; 4 [arc.] alimentação, alimentos; 5 [arc.] refeição; *to say grace before* ~ dar graças antes da refeição ❖ ~ *biscuit* biscoito de carne e farinha; ~ *diet* regime carnívoro; alimentação à base de carne; ZOOLOGIA ~ *fly* mosca da carne; mosca varejeira; [EUA] ~ *grinder* máquina de moer carne; ~ *grower* criador de animais para o açougue; CULINÁRIA ~ *pie* empada de carne; empanada de carne; CULINÁRIA ~ *pudding* pudim de carne; ~ *safe* guarda-comidas; CULINÁRIA ~ *sausage* linguiça; [coloq.] (engano) *easy* ~ presa fácil; [EUA] (ameaça)... *and you're dead* ~... e és um homem morto;... e faço-te em picadinho; [coloq.] *he doesn't have much* ~ *on him* ele parece um pau de virar tripas; *one man's* ~ *is another man's poison* ~ o que a um cura a outro mata; *this was* ~ *and drink to him* isto para ele era tudo; *to make* ~ *of* matar; arrasar

meatball ['mi:tbɔ:l] *s.* 1 CULINÁRIA almôndega; 2 [EUA, Can.] (insulto) imbecil

meat-eater ['mi:ti:tə] *s.* 1 carnívoro; animal carnívoro; 2 pessoa que come carne; não vegetariano

meatless ['mi:tləs] *adj.* sem carne

meatloaf ['mi:tləʊf] *s.* CULINÁRIA rolo de carne

meatus [mɪ'eɪtəs] *s.* (*pl.* -uses) ANATOMIA meato; *auditory* ~ meato auditivo

meaty ['mi:tɪ] *adj.* (*comp.* -ier, *superl.* -iest) 1 carnudo, cheio de carne; 2 substancioso, cheio de substância; 3 semelhante a carne, de carne

mebbe ['mebɪ] *adv.* [coloq.] talvez, possivelmente

Mecca ['mekə] *s.top.* Meca

Meccan ['mekən] Ⓐ *adj.* de Meca; relativo a Meca Ⓑ *s.* natural de Meca

Meccano [me'kɑ:nəʊ] *s.* (jogo) mecano

mechanic [mɪ'kænɪk] *s.* 1 mecânico; 2 artífice

mechanical [mɪ'kænɪkəl] *adj.* 1 mecânico; 2 técnico ❖ ~ *advantage* amplificação da força mecânica; ~ *balance* equilíbrio mecânico; balança mecânica; ~ *condition* situação mecânica; condição mecânica; ~ *crystallizing* cristalização mecânica; ~ *delay* retardador mecânico; atraso mecânico; ~ *draught* tiragem mecânica; ~ *drawing* desenho de máquinas; ~ *driving* accionamento mecânico; ~ *effect* efeito mecânico; trabalho útil realizado por máquina; ~ *energy* energia mecânica; ~ *engineer* engenheiro mecânico; ~ *engineering* engenharia mecânica; ~ *fault* deficiência mecânica; ~ *governor* regulador mecânico; ~ *laboratory* laboratório para investigações mecânicas; ~ *layout* diagrama mecânico; esquema mecânico; ~ *milking* ordenha por processos mecânicos; ~ *operation* funcionamento mecânico; ~ *output* rendimento mecânico; [EUA] ~ *pencil* lapiseira de minas; AERONÁUTICA ~ *pilot* piloto automático; ~ *power* potência mecânica; ~ *shock* trepidação mecânica; choque mecânico; ~ *stoking* carga mecânica; carregamento mecânico; ~ *test* prova mecânica; ~ *traction* tracção mecânica; MILITAR ~ *transport* transporte automóvel; ~ *wear* desgaste mecânico; ~ *work* trabalho mecânico; ~ *workshop* oficina de reparações mecânicas; *the* ~ *powers* as máquinas simples (alavanca, roldana, parafuso, plano inclinado, etc.)

mechanicalism [mɪ'kænɪkəlɪzəm] *s.* 1 mecanicismo; 2 mecanização

mechanicalization [mɪˌkænɪkəlaɪ'zeɪʃən] *s.* mecanização

mechanicalize [mɪ'kænɪkəlaɪz] *v.tr.* mecanizar

mechanically [mɪ'kænɪkəlɪ] *adv.* 1 mecanicamente; ~ *controlled/*~ *operated* comandado mecanicamente; ~ *driven* accionado mecanicamente, de accionamento mecânico; 2 maquinalmente, sem reflexão

mechanician [mekə'nɪʃən] *s.* mecânico, pessoa especializada na construção de maquinaria

mechanics [mɪ'kænɪks] *s.* 1 FÍSICA mecânica; 2 mecanismos ❖ FÍSICA ~ *of fluids* mecânica dos fluidos; FÍSICA *analytical* ~ mecânica analítica; FÍSICA *pure* ~ mecânica pura; mecânica racional

mechanism ['mekənɪzəm] *s.* 1 mecanismo; 2 maquinismo; 3 FILOSOFIA mecanicismo ❖ *defense* ~ mecanismo de defesa

mechanist ['mekənɪst] *s.* 1 FILOSOFIA mecanista, mecanicista; 2 (maquinaria) mecânico

mechanistic [ˌmekə'nɪstɪk] *adj.* [depr.] mecanicista

mechanization [ˌmekənaɪ'zeɪʃən] *s.* mecanização

mechanize ['mekənaɪz] *v.tr.* mecanizar

mechanized ['mekənaɪzd] *adj.* mecanizado ❖ MILITAR ~ *army* exército motorizado; MILITAR ~ *division* divisão mecanizada

mechanotherapy [ˌmekənəʊ'θerəpɪ] *s.* MEDICINA mecanoterapia

Mechlin ['meklɪn] *s.top.* (cidade belga da região de Antuérpia) Malinas ❖ ~ (*lace*) rendas de Malinas

Mecklenburg ['meklɪnbɜ:g] *s.top.* Meclemburgo

meconate ['mi:kənɪt] *s.* QUÍMICA meconato, sal de ácido mecónico

meconic [mɪ'kɒnɪk] *adj.* QUÍMICA mecónico; ~ *acid* ácido mecónico

meconium [mɪ'kəʊnɪəm] *s.* mecónio, matéria expulsa pelo feto logo após o nascimento

med [med] *s.* [coloq.] estudante de medicina

med. Ⓐ [abrev. de medical] Ⓑ [abrev. de medicine] Ⓒ [abrev. de medieval] Ⓓ [abrev. de medium]

medal ['medəl] Ⓐ *s.* (prémio, berloque) medalha; ~ *for merit* medalha de mérito; *bronze/silver/gold* ~ medalha de bronze/prata/ouro; *to be awarded a* ~ (*for*) receber uma medalha (por); *to win a* ~ ganhar uma medalha Ⓑ *v.tr.* (*particípios:* -ll-) medalhar, condecorar com medalha, agraciar com medalha Ⓒ *v.intr.* ganhar uma medalha; chegar às medalhas ❖ ~ *alloy* liga para o fabrico de medalhas; (golfe) ~ *play* partida na qual a contagem se faz pelo número de golpes dados; *the reverse of the* ~ o reverso da medalha; [joc.] *to deserve a* ~ merecer uma medalha

medalled ['medəld] *adj.* 1 condecorado com medalha; 2 agraciado com uma medalha

medallic [mɪ'dælɪk] *adj.* relativo a medalha

medallion [mɪ'dælɪən] *s.* 1 medalhão; 2 distintivo, emblema

medallist ['medəlɪst] *s.* 1 (coleccionador, estudioso) medalhista; 2 gravador de medalhas; 3 DESPORTO medalhista; atleta medalhado; *gold* ~ vencedor da medalha de ouro

meddle ['medəl] *v.intr.* 1 intrometer-se [**in/with**, em]; meter-se [**in/with**, em]; interferir [**in/with**, em]; *he has been meddling in my affairs* ele tem andado a meter-se na minha vida; *stop meddling!* não te metas onde não és chamado!; 2 mexer, mexericar [**in/with**, em]; *don't* ~ *with my books!* não mexas nos meus livros!; 3 [arc.] ocupar-se ❖ ~ *and smart for it* mete-te no que não deves e verás o que te acontece

meddler ['medlə] *s.* 1 intrometido, metediço, pessoa que mete o nariz em tudo; 2 intruso

meddlesome ['medəlsəm] *adj.* 1 intrometido, metediço; 2 curioso, indiscreto

meddlesomeness ['medəlsəmnəs] *s.* 1 hábito de se meter na vida dos outros; 2 tendência para se intrometer na vida alheia

meddling ['medlɪŋ] Ⓐ *s.* 1 intromissão, interferência em assuntos alheios; 2 ingerência Ⓑ *adj.* 1 metediço, que interfere em tudo; 2 intruso

Mede [mi:d] *s.* medo, natural ou habitante da Média

Medea [mɪ'dɪə] *s.* MITOLOGIA Medeia, feiticeira grega filha de Etes, rei da Cólquida

media ['mi:dɪə] Ⓐ *s.* {*pl. de* **medium**} (meios de comunicação) *mass media* Ⓑ *adj.* 1 dos meios de comunicação; 2 mediático; [depr.] ~ *circus* circo mediático; ~ *coverage* cobertura mediática; ~ *event* acontecimento mediático Ⓒ *s.* {*pl.* **-ae**} (artéria, vaso sanguíneo) membrana média ❖ ~ *library* mediateca; ~ *person* jornalista; publicitário

Media ['medɪə] *s.top.* Média

mediaeval [ˌmedɪ'i:vəl] *adj.* 1 medieval, medievo; 2 da Idade Média

mediaevalism [ˌmedɪ'i:vəlɪzəm] *s.* medievalismo; medievismo

mediaevalist [ˌmedɪ'i:vəlɪst] *s.* medievalista, medievista

medial ['mi:dɪəl] Ⓐ *adj.* 1 medial, central; 2 médio, mediano; 3 intermediário Ⓑ *s.* letra medial ❖ LINGUÍSTICA ~ *consonant* consoante medial

medialize ['mi:dɪəlaɪz] *v.tr.* sonorizar consoante oclusiva

medially ['mi:dɪəlɪ] *adv.* medialmente

median ['mi:dɪən] Ⓐ *adj.* mediano Ⓑ *s.* 1 ANATOMIA veia mediana, nervo mediano; 2 GEOMETRIA mediana

Median ['mi:dɪən] *adj.* médico; relativo à Média ou aos Medos

mediant ['mi:dɪənt] *s.* MÚSICA mediante

mediastina [ˌmi:dɪəs'taɪnə] *s.* {*pl. de* **mediastinum**}

mediastinum [ˌmi:dɪəs'taɪnəm] *s.* {*pl.* **-a**} ANATOMIA mediastino

mediate[1] ['mi:dɪeɪt] *v.tr.,intr.* 1 mediar, actuar como intermediário, servir de mediador [**between**, entre]; *to* ~ *a settlement* mediar um acordo; *to* ~ *the peace talks* mediar as conversações de paz; 2 conseguir por mediação, negociar servindo de mediador

mediate[2] ['mi:dɪt] *adj.* 1 mediato; indirecto; 2 interposto ❖ LÓGICA ~ *inference* inferência mediata

mediately ['mi:dɪtlɪ] *adv.* 1 de modo mediato; 2 indirectamente

mediating ['mi:dɪeɪtɪŋ] *adj.* medianeiro, mediador

mediation [ˌmi:dɪ'eɪʃən] *s.* 1 mediação; 2 intercessão; 3 intervenção; 4 intermédio *through the* ~ *of sb* por intermédio de alguém

mediative ['mi:dɪətɪv] *adj.* mediador, medianeiro

mediatization [ˌmi:dɪətaɪ'zeɪʃən] *s.* 1 (geral) mediatização; 2 HISTÓRIA mediatização, acto pelo qual, no antigo Império Germânico, um príncipe soberano, imediatamente dependente do império, baixava de vassalo e estado mediato

mediatize ['mi:dɪətaɪz] *v.tr.,intr.* 1 actuar como intermediário, servir de mediador, mediar; 2 (mass media) mediatizar; 3 HISTÓRIA mediatizar, submeter um príncipe ou Estado à mediatização

mediator ['mi:dɪeɪtə] *s.* mediador, medianeiro, intermediário

mediatory ['mi:dɪətərɪ] *adj.* medianeiro, mediador

mediatress ['mi:dɪətrɪs] *s.f.* {*pl.* **-es**} mediadora, medianeira

mediatrices ['mi:dɪətraɪsɪz] *s.* {*pl. de* **mediatrix**}

mediatrix ['mi:dɪətrɪks] *s.* {*pl.* **mediatrices**} ⇒ **mediatress**

Medic ['mi:dɪk] *adj.* médico, medo

medicable ['medɪkəbəl] *adj.* 1 medicável; 2 curável

medical ['medɪkəl] Ⓐ *adj.* 1 médico; relativo a medicina; 2 clínico; 3 que requer tratamento médico, não cirúrgico Ⓑ *s.* 1 exame médico; 2 [coloq.] estudante de medicina ❖ ~ *attendance* assistência médica; cuidados médicos; ~ *board* conselho de sanidade; ~ *care* tratamento médico; MILITAR ~ *corps* corpo médico; ~ *jurisprudence* medicina legal; ~ *officer* médico militar; chefe de serviços médicos em hospital; ~ *research* investigações médicas; ~ *school* faculdade de medicina; ~ *stores* material sanitário; ~ *student* estudante de medicina

medically ['medɪkəlɪ] *adv.* do ponto de vista médico; medicamente ❖ *to be* ~ *examined* ser submetido a um exame médico; *to be* ~ *safe* não constituir perigo para a saúde

medicament [məˈdɪkəmənt, ˈmedɪkəmənt] *s.* medicamento; remédio

medicamental [məˌdɪkəˈmentəl] *adj.* medicamentoso

medicaster ['medɪkæstə] *s.* medicastro, curandeiro, charlatão

medicate ['medɪkeɪt] *v.tr.* 1 medicar, medicamentar, tratar clinicamente; 2 impregnar de substância medicinal

medicated ['medɪkeɪtɪd] *adj.* 1 medicinal; de uso medicinal; 2 higienizado; 3 (algodão) hidrófilo ❖ ~ *shampoo* champô de tratamento

medication [ˌmedɪ'keɪʃən] *s.* 1 medicação, terapêutica; 2 aplicação de remédios; 3 tratamento médico

medicative ['medɪkətɪv] *adj.* medicativo, medicamentoso

Medicean [ˌmedɪˌtʃi:ən] *adj.* HISTÓRIA relativo aos Médicis; respeitante à família dos Médicis

Medici ['medɪtʃi:] *s.antr.* Médicis

medicinal [meˈdɪsɪnəl] *adj.* 1 medicinal; com propriedades curativas; 2 terapêutico ❖ ~ *drug* medicamento; ~ *bath treatment* balneoterapia

medicinally [meˈdɪsɪnəlɪ] *adv.* 1 medicinalmente; 2 como medicamento

medicine ['medsɪn] Ⓐ *s.* 1 medicamento, remédio; *this is a good sort of* ~ *for headaches* isto é um bom remédio para dores de cabeça; *to take one's* ~ tomar o remédio; 2 medicina; clínica; *alternative* ~ medicina alternativa; *to practise* ~ exercer medicina; *to study* ~ *and surgery* estudar medicina e cirurgia; 3 ANTROPOLOGIA (índios norte-americanos) encantamento, feitiçaria, magia Ⓑ *v.tr.* [rar.] medicar, medicamentar, tratar com medicamentos ❖ ~ *ball* bola medicinal; ~ *chest* armário de medicamentos; farmácia portátil; ~ *dropper* conta-gotas; (índios norte-americanos) ~ *man* feiticeiro; *laughter is the best* ~ rir é o melhor remédio; *to give sb a dose/taste of their own* ~ fazer alguém provar do seu próprio remédio amargo; [coloq.] *to take one's* ~ aceitar o castigo sem protestar

medick ['medɪk] *s.* BOTÂNICA luzerna; medicagem-dos-pastos

medico ['medɪkəʊ] *s.* [coloq.] médico, cirurgião

medico-legal ['medɪkəʊˌli:gəl] *adj.* médico-legal

medieval [ˌmedɪ'i:vəl] *adj.* ⇒ **mediaeval**

medievalism [ˌmedɪ'i:vəlɪzəm] *s.* ⇒ **mediaevalism**

mediocre [ˌmi:dɪ'əʊkə] *adj.* medíocre

mediocrity [ˌmi:dɪ'ɒkrɪtɪ] *s.* {*pl.* **-ies**} mediocridade

medio-dorsal [ˌmɪdɪəʊˌdɔ:səl] *adj.* médio-dorsal

meditador ['medɪteɪtə] *s.* 1 meditador; 2 pessoa que se entrega à meditação

meditate ['medɪteɪt] *v.tr.,intr.* 1 reflectir, pensar, meditar [**on/upon**, em]; 2 ponderar, cogitar; 3 planear, projectar; *to* ~ *revenge* planear vingança; 3 RELIGIÃO meditar

meditation [ˌmedɪ'teɪʃən] *s.* 1 meditação; 2 reflexão; 3 cogitação

meditative ['medɪtətɪv] *adj.* 1 meditativo, reflexivo; 2 entregue à meditação

meditatively ['medɪtətɪvlɪ] *adv.* meditativamente

meditativeness ['medɪtətɪvnəs] *s.* carácter meditativo, natureza meditativa

Mediterranean [ˌmedɪtəˈreɪnɪən] Ⓐ *adj.* mediterrâneo, mediterrânico Ⓑ *s.* 1 (pessoa) mediterrâneo; 2 mar Mediterrâneo ❖ *the Mediterraneans* os povos mediterrânicos; *the ~ Sea* o mar Mediterrâneo

medium [ˈmiːdɪəm] Ⓐ *adj.* 1 (tamanho) médio; mediano; *of ~ height* de altura média; de estatura média; *of ~ length* de comprimento médio; 2 intermédio; 3 moderado; *~ speed* velocidade moderada; 4 CULINÁRIA médio, nem bem nem mal passado Ⓑ *s.* (*pl.* media ou -s) 1 meio termo; *a happy ~* um meio-termo; um compromisso; 2 (comunicação, transmissão) meio; órgão; *air is a ~ for sound* o ar é um meio onde o som se propaga; *through the ~ of...* por meio de, por intermédio de; 3 modo de expressão; 4 (espiritismo) médium; 5 BIOLOGIA meio, meio de cultura, caldo de cultura; *culture ~* caldo de cultura; meio de cultura; 6 ambiente, atmosfera; *social ~* meio social, ambiente social; 7 meio; agente; instrumento; 8 PINTURA substância na qual se dissolvem as tintas; 9 LÓGICA premissa menor de silogismo ❖ MILITAR *~ bomber* bombardeiro médio; (vinho) *~ dry* meio seco; RÁDIO *~ frequency* frequência média; *~ of exchange* meio de troca; moeda de troca; CINEMA, TELEVISÃO *~ shot* plano médio; (vinho) *~ tawny* tinto aloirado; RÁDIO *~ wave* onda média; *in the ~ term* a médio prazo

mediumism [ˈmiːdɪəmɪzəm] *s.* medianismo, medianidade, mediuminidade

mediumistic [ˌmiːdɪəˈmɪstɪk] *adj.* mediúmico, medianímico

medium-length [ˈmiːdɪəmˌleŋθ] *s.* CINEMA média-metragem

mediumship [ˈmiːdɪəmʃɪp] *s.* 1 mediuminidade; 2 mediação, intermédio

medium-sized [ˈmiːdɪəmsaɪzd] *adj.* (tamanho) médio

medlar [ˈmedlə] *s.* 1 BOTÂNICA (fruto) nêspera-da-europa; 2 BOTÂNICA (árvore) nespereira-da-europa; *~ tree* nespereira-da-europa

medley [ˈmedlɪ] Ⓐ *s.* 1 mistura; 2 sortido; 3 salgalhada, trapalhada, confusão; 4 MÚSICA espécie de rapsódia, composição musical formada por extractos de outras composições; 5 DESPORTO (natação) estilos Ⓑ *adj.* 1 misturado, confuso, emaranhado; 2 diverso, heterogéneo Ⓒ *v.tr.* misturar, fazer uma misturada de

Médoc [ˈmedɒk] *s.* vinho tinto da região de Médoc, em França

medulla [meˈdʌlə, məˈdʌlə] *s.* (*pl.* -ae) ANATOMIA, BOTÂNICA medula ❖ ANATOMIA *~ oblongata* bolbo raquidiano

medullae [meˈdʌlɪ; məˈdʌliː] *s.* {*pl. de* **medulla**}

medullary [meˈdʌlərɪ, ˈmedələrɪ] *adj.* medular; da medula ❖ ANATOMIA *~ sheath* mielina

medullated [ˈmedʌleɪtɪd] *adj.* 1 medular; 2 meduloso

medullitis [ˌmedʌˈlaɪtɪs] *s.* medulite, mielite

medusa [mɪˈdjuːzə] *s.* ZOOLOGIA medusa, alforreca, água-viva, urtiga-do-mar, muciqui

Medusa [mɪˈdjuːzə] *s.* MITOLOGIA Medusa, uma das três irmãs Górgonas, com serpentes em vez de cabelo

medusan [mɪˈdjuːzən] *adj.* medusário

medusoid [mɪˈdjuːsɔɪd] Ⓐ *adj.* ⇒ **medusan** Ⓑ *s.* 1 acalefa; 2 medusóide

meed [miːd] *s.* 1 [poét.] recompensa, galardão; 2 parte merecida

meek [miːk] *adj.* 1 manso, dócil, brando, suave, pacífico; humilde; 2 paciente, resignado; 3 submisso, passivo; sofredor ❖ *~ and mild* dócil e brando; extremamente dócil; *as ~ as a lamb/as Moses/a mouse* manso como um cordeiro; (Bíblia) *blessed are the ~* bem-aventurados os mansos

meekly [ˈmiːklɪ] *adv.* 1 docilmente; 2 submissamente; 3 com humildade, com resignação

meekness [ˈmiːknəs] *s.* 1 mansidão, brandura; 2 docilidade, submissão; 3 humildade, resignação

meerschaum [ˈmɪəʃəm] *s.* 1 MINERALOGIA sepiolite, magnesite; 2 cachimbo com boquilha de sepiolite

meet [miːt] Ⓐ *v.tr.,intr.* (*prt. e part. pass.* met) 1 (combinação) encontrar, encontrar-se (com alguém), ir ter com; 2 encontrar-se por acaso, cruzar-se, passarem um pelo outro; 3 conhecer, conhecer-se; ser apresentado a; *he knows her by sight but has never met her* ele conhece-a de vista, mas nunca lhe foi apresentado; 4 (estação, aeroporto, etc.) esperar por, ir receber; 5 reunir-se, ter uma reunião com; *Parliament meets next week* o Parlamento reúne-se na próxima semana; 6 (estrada, rio, linha, etc.) cruzar-se, encontrar-se; *the two trains ~ at...* os dois comboios cruzam-se em...; 7 estabelecer contacto com, tocar; 8 concordar com; 9 satisfazer, ir ao encontro de, fazer uma proposta adequada, atingir satisfatoriamente, cumprir; *to ~ a wish* satisfazer um desejo; 10 enfrentar, defrontar, fazer frente a, responder a; *he met all the objections* ele respondeu a todas as objecções; DESPORTO *the two teams have already met* estas duas equipas já se defrontaram; 11 pagar, fazer face a; *to ~ a bill* pagar uma conta, pagar uma letra; *to ~ expenses* fazer face às despesas; 12 desaguar em; 13 (transportes) fazer ligação com; *these buses ~ all trains* estes autocarros fazem ligação com todos os comboios Ⓑ *s.* 1 reunião de caçadores para uma caçada; 2 DESPORTO (competição) encontro desportivo; *a swimming ~* encontro de natação; 3 [EUA] reunião (para determinado fim); 4 GEOMETRIA ponto de tangência, ponto de encontro de duas rectas Ⓒ *adj.* [arc.] adequado, próprio, conveniente; *as was ~* conforme se tornava conveniente; *subject ~ to be considered* assunto digno de consideração; *it is not ~ that you should know it* não convém que vós saibais isso ❖ *extremes ~* os extremos tocam-se; *more... than meets the eye* mais... do que parece à primeira vista; mais... do que aquilo que se vê; *never the twain shall ~* estes dois nunca se vão entender; *nice to ~ you/glad to ~ you/ pleased to ~ you* é um prazer; prazer em conhecê-lo; *to make (both) ends ~* equilibrar receitas e despesas; ter o suficiente para pagar as despesas; *to ~ one's death* encontrar a morte; [joc.] *to ~ one's maker* morrer; *to ~ one's Waterloo* ser derrotado; não poder mais; *to ~ sb halfway* ir ao encontro dos desejos de alguém; satisfazer em parte as pretensões de alguém; *to ~ sb's eye* encontrar o olhar de alguém; olhar alguém nos olhos; *to ~ the ear* ser ouvido; conseguir fazer-se ouvir; compreender; perceber; *to ~ the eye* captar o olhar (de alguém); ser visto; [poét.] *until we ~ again* até à vista

✦**m eet up** *v.intr.* 1 encontrar-se [**with**, com]; ir ter [**with**, com]; 2 (caminho, estrada) juntar-se [**with**, a]

✦**meet with** *v.tr.* 1 reunir-se com; 2 (reacção) encontrar, ser recebido com, causar, levar a; *to ~ an approval* ser aprovado; *to ~ a kind reception* ter bom acolhimento; 3 sofrer, passar por; *to ~ misfortunes* passar por dificuldades, sofrer reveses; *to ~ an accident* sofrer um acidente

meeting [ˈmiːtɪŋ] *s.* 1 encontro; 2 reunião; *~ of creditors* reunião de credores; *~ of shareholders* reunião de accionistas; *business ~* reunião de negócios; *the ~ will be held tomorrow* a reunião realizar-se-á amanhã; *to attend a ~* estar presente numa reunião; assistir a uma reunião; *to call a ~* convocar uma reunião; *to dissolve the ~* dissolver a reunião; levantar a sessão; *to hold a ~* realizar uma reunião; 3 assembleia; 4 comício; 5 sessão; 6 conferência; 7 DESPORTO *meeting*, encontro desportivo; 8 ponto de confluência, ponto de intercepção, ponto de contacto; 9 duelo ❖ RELIGIÃO *~ house* templo; *~ of minds* acordo; *~ place* local de reunião; local de encontro; *~ point* ponto de encontro; *notice of ~* circular convocatória para uma reunião; *to address the ~* tomar a palavra; *to open the ~* abrir a sessão

meetness [ˈmiːtnəs] *s.* 1 conveniência; 2 oportunidade

MEF [*abrev. de* Middle East Forces]

Meg [meg] *dim. de* Margaret

mega [ˈmegə] *adj.* 1 [coloq.] espectacular$_{coloq.}$, fantástico, fenomenal; 2 [coloq.] (sucesso) enorme, esmagador

megacephalic [ˌmegəsɪˈfælɪk] *adj.* megacefálico

megacephalous [ˌmegəˈsefələs] *adj.* megacéfalo

megacycle [ˌmegəˈsaɪkəl] *s.* megaciclo

megadose [ˈmegədəʊs] *s.* megadose

megadyne [ˈmegədaɪn] *s.* FÍSICA megadine, unidade de força correspondente a um milhão de dines

Megaera [meˈɡɪərə] *s.* MITOLOGIA Megera, uma das três Fúrias

megafarad [ˌmegəˈfærəd] *s.* megafárade, unidade de capacidade electrostática correspondente a um milhão de fárades

megahertz [ˈmegəhɜːtz] *s.* FÍSICA megahertz

megalith [ˈmegəlɪθ] *s.* (*pl.* -s) megálito

megalithic [ˌmegəˈlɪθɪk] *adj.* megalítico

megalocephalic [ˌmegələʊsɪˈfælɪk] *adj.* megalocéfalo

megalocephalous [ˌmegələʊˈsefələs] *adj.* ⇒ **megalocephalic**

megalomania [ˌmegələʊˈmeɪnɪə] *s.* megalomania

megalomaniac [ˌmegələʊˈmeɪnɪæk] Ⓐ *adj.* megalomaníaco Ⓑ *s.* megalómano

megalopolis [ˌmegəˈlɒpəlɪs] s. megalópole
Megalopolitan [ˌmegələʊˈpɒlɪtən] adj.,s. 1 megalopolitano, megalopolitano; 2 membro de antigo povo da Arcádia, na Grécia
megalosaurus [ˌmegələʊˈsɔːrəs] s. ZOOLOGIA megalossauro, réptil fóssil de grande porte
megaphone [ˈmegəfəʊn] s. 1 megafone; 2 altifalante
megaphoned [ˈmegəfəʊnd] adj. transmitido por intermédio dum megafone
megapod [ˈmegəpɒd] s. ZOOLOGIA megapódio, género de aves galiformes
Megara [ˈmegərə] s.top. (antiga cidade grega) Mégara
Megarian [məˈgeərɪən] Ⓐ adj. megárico, megarense; relativo a Mégara Ⓑ s. (pessoa) megarino, megário ❖ *the ~ philosophy* a filosofia megárica
Megaric [məˈgærɪk] adj. megárico
megaseism [ˈmegəsaɪzəm] s. [rar.] megassismo, sismo de violência extraordinária, com vibrações superiores a 250 metros
megass [məˈgæs] s. bagaço da cana-do-açúcar
megatheria [ˌmegəˈθɪərɪə] s. {pl. de **megatherium**}
megatherium [ˌmegəˈθɪərɪəm] s. (pl. **-a**) ZOOLOGIA megatério, género de mamíferos fósseis gigantes
megaton [ˈmegətʌn] s. um milhar de toneladas de trotil
megavolt [ˈmegəvəʊlt] s. megavolt, megavóltio, medida eléctrica correspondente a um milhão de volts
megger [ˈmegə] s. ELECTRICIDADE aparelho destinado a medir a resistência dos isolamentos
MEGHP [abrev. de Most Excellent Grand High Priest]
megilp [məˈgɪlp] Ⓐ s. veículo, substância geralmente composta de óleo de linhaça e terebentina para a dissolução de tintas a óleo Ⓑ v.tr. dar transparência e brilho a uma cor
megohm [ˈmegəʊm] s. megohm, unidade de resistência eléctrica correspondente a um milhão de ohms
megrim [ˈmiːgrɪm] s. 1 enxaqueca, forte dor de cabeça, geralmente de um lado só; 2 capricho, fantasia; 3 pl. depressão, hipocondria, neura; 4 pl. vertigens, tonturas (em cavalos e outros animais)
meiosis [maɪˈəʊsɪs] s. 1 BIOLOGIA (célula) meiose; 2 LITERATURA ⇒ **litotes**
meitnerium [maɪtˈnɪərɪəm] s. QUÍMICA (elemento químico) meitnério
Mekong [meɪˈkɒn] s.top. (rio mais importante da Indochina) Mecão
melaena [meˈliːnə] s. MEDICINA melena, hemorragia pelo ânus
melampyrum [ˈmeləmpaɪrəm] s. BOTÂNICA melâmpiro, trigo-negro
melancholia [ˌmelənˈkəʊlɪə] s. [arc.] melancolia, depressão psíquica, hipocondria
melancholic [ˌmelənˈkɒlɪk] adj.,s. [arc.] melancólico, que sofre de melancolia
melancholically [ˌmelənˈkɒlɪkəlɪ] adv. 1 melancolicamente; 2 com melancolia
melancholy [ˈmelənkəlɪ] Ⓐ s. (pl. **-ies**) 1 melancolia, tristeza; 2 tendência habitual para a tristeza Ⓑ adj. 1 (pessoa) triste, melancólico, abatido; 2 (coisas) lamentável, deprimente, que entristece
Melanesia [ˌmeləˈniːzɪə] s.top. Melanésia
Melanesian [ˌmeləˈniːzɪən] adj.,s. melanésio
Melania [məˈleɪnɪə] s.antr. Melânia
melanic [məˈlænɪk] adj. 1 melânico; relativo à melanina; 2 que contém melanina
melanin [ˈmelənɪn] s. BIOLOGIA melanina
melanism [ˈmelənɪzəm] s. MEDICINA melanismo; anomalia de coloração do tegumento externo
melanite [ˈmelənaɪt] s. MINERALOGIA melanite, variedade escura ou negra da granada-andradite
melanocyte [ˈmelənəʊsaɪt] s. BIOLOGIA melanócito
melanoma [ˌmeləˈnəʊmə] s. (pl. **melanomas ou melanomata**) MEDICINA melanoma
melanose [ˈmelənəʊs] adj. MEDICINA melânico
melanosis [ˌmeləˈnəʊsɪs] s. MEDICINA melanose
melanotic [ˌmeləˈnɒtɪk] adj. MEDICINA melânico
Melchisedec [melˈkɪzədek] s.antr. RELIGIÃO (Bíblia) Melquisedeque, Melchisedech

Melchite [ˈmelkaɪt] s. melquita, cristão oriental que se manteve fiel à religião oficial do imperador por ocasião da heresia eutiquiana no séc. V
Meleager [ˌmelɪˈeɪgə] s. MITOLOGIA Meléagro, filho de Esseu
Meliaceae [melɪˈeɪsiː] s.pl. BOTÂNICA Meliáceas
melianthus [melɪˈænθəs] s. BOTÂNICA melianto
melic [ˈmelɪk] adj. 1 mélico, suave, harmonioso; 2 musical, lírico; 3 destinado a ser cantado
melicocca [ˌmelɪˈkɒkə] s. BOTÂNICA melicoca
melilot [ˈmelɪlɒt] s. BOTÂNICA melilote, trevo-de-cheiro
melinite [ˈmelɪnaɪt] s. melinite, substância explosiva
meliorate [ˈmiːlɪəreɪt] v.tr.,intr. 1 melhorar; 2 aperfeiçoar
melioration [ˌmiːlɪəˈreɪʃən] s. 1 aperfeiçoamento, apuramento; 2 melhoramento; 3 beneficiamento
meliorism [ˈmiːlɪərɪzəm] s. FILOSOFIA meliorismo, doutrina intermediária entre o pessimismo e o optimismo
meliorist [ˈmiːlɪərɪst] s. FILOSOFIA meliorista
melissa [məˈlɪsə] s. BOTÂNICA melissa, erva-cidreira
melitaea [ˌmelɪˈtiːə] s. ZOOLOGIA melita
melittis [meˈlɪtɪs] s. BOTÂNICA melite
melituria [ˌmelɪˈtjʊərɪə] s. MEDICINA melitúria, glicosúria
melliferous [mɪˈlɪfərəs] adj. melífero
mellific [mɪˈlɪfɪk] adj. melífico
mellification [ˌmelɪfɪˈkeɪʃən] s. melificação
mellifluous [mɪˈlɪfluəs] adj. 1 melífluo; 2 [fig.] doce, suave
mellivorous [məˈlɪvərəs] adj. melívoro, que se alimenta de mel
mellow [ˈmeləʊ] Ⓐ adj. (comp. **-er**, superl. **-est**) 1 sumarento; 2 (vinho) maduro, amadurado, suficientemente envelhecido, doce; aveludado, macio; 3 de paladar rico e delicado; 4 (pessoa) ajuizado, sagaz; compreensivo; com maturidade de; 5 suave; brando, 6 (solo) rico, húmido, brando; 7 alegre, alegrote, levemente ébrio Ⓑ v.tr.,intr. 1 amadurecer; sazonar; 2 (fazer) sofrer a pátina do tempo; 3 dulcificar(-se) ❖ *to grow ~* amadurecer; tornar-se mais brando
mellowing [ˈmeləʊɪŋ] s. 1 maturação, amadurecimento; 2 sazonamento
mellowly [ˈmeləʊlɪ] adv. 1 suavemente, brandamente; 2 ponderadamente
mellowness [ˈmeləʊnɪs] s. 1 maturação, estado de maduro; 2 suavidade; 3 maturidade; 4 riqueza (do solo)
melocacti [ˌmeləʊˈkæktaɪ] s. {pl. de **melocactus**}
melocactus [ˌmeləʊˈkæktəs] s. (pl. **-i**) BOTÂNICA melocacto
melodeon [məˈləʊdɪən] s. 1 variedade primitiva de órgão americano; 2 espécie de acordeão
melodic [mɪˈlɒdɪk] adj. MÚSICA melódico
melodion [məˈləʊdɪən] s. ⇒ **melodeon**
melodious [mɪˈləʊdɪəs] adj. melodioso, harmonioso
melodiously [mɪˈləʊdɪəslɪ] adv. 1 melodiosamente; 2 harmoniosamente
melodiousness [mɪˈləʊdɪəsnəs] s. 1 carácter melodioso; 2 harmoniosidade
melodist [ˈmelədɪst] s. melodista
melodium [mɪˈləʊdɪəm] s. ⇒ **melodeon**
melodize [ˈmelədaɪz] v.tr.,intr. 1 compor melodias, melodiar; 2 tornar melodioso, melodiar
melodrama [ˈmelədrɑːmə] s. melodrama
melodramatic [ˌmelədrəˈmætɪk] adj. melodramático
melodramatically [ˌmelədrəˈmætɪkəlɪ] adv. 1 melodramaticamente; 2 com um ar melodramático; 3 em tom de melodrama
melodramatist [meləʊˈdræmətɪst] s. melodramaturgo, autor ou compositor de melodramas
melodramatize [ˌmeləʊˈdræmətaɪz] v.tr. melodramatizar, tornar melodramático
melody [ˈmelədɪ] s. (pl. **-ies**) 1 melodia, poema melódico; 2 canto, ária
melomania [ˌmeləʊˈmeɪnɪə] s. melomania
melomaniac [ˌmeləʊˈmeɪnɪæk] s. melómano, melomaníaco
melon [ˈmelən] s. 1 BOTÂNICA melão; 2 BOTÂNICA meloeiro
Melos [ˈmiːlɒs, ˈmelɒs] s.top. Milo ❖ *the Venus of ~* a Vénus de Milo
Melpomene [melˈpɒmɪnɪ] s. MITOLOGIA Melpómene, musa da tragédia

melt [melt] Ⓐ v.tr.,intr. (prt. **melted**, part. pass. **melted** ou **molten**) 1 derreter(-se); *sugar melts in the mouth* o açúcar derrete-se na boca; 2 fundir(-se); 3 dissolver(-se); 4 liquefazer(-se); 5 desvanecer(-se); dissipar(-se); 6 suavizar; enternecer(-se); compadecer(-se); *pity melted her heart* a compaixão enterneceu-lhe o coração Ⓑ s. 1 fusão; 2 metal fundido; 3 fornada fundida ❖ (pessoa) *to be melting* estar a morrer de calor

◆ **melt away** v.intr. 1 desaparecer; dissipar(-se); 2 derreter-se; *the snow soon melted away* a neve em breve se derreteu

◆ **melt down** v.tr. fundir; derreter ❖ *to ~ from the ore* fundir minérios

◆ **melt into** v.tr. 1 fundir-se com; misturar-se com; 2 transformar-se gradualmente em; 3 desfazer-se em; *the clouds ~ rain* as nuvens desfazem-se em chuva; *to ~ tears* desfazer-se em lágrimas

meltdown ['meltdaʊn] s. 1 (energia nuclear) fusão; 2 [coloq.] (geral) colapso; 3 [fig.] falência; 4 [fig.] desagregação, desintegração

melter ['meltə] s. 1 pessoa que trabalha como fundidor; 2 cadinho, crisol

melting ['meltɪŋ] Ⓐ adj. 1 fundente, em fusão; 2 que se derrete; 3 comovido; comovedor; *to be in the ~ mood* sentir-se comovido, sentir-se enternecido Ⓑ s. 1 fusão; 2 fundição; 3 derretimento; 4 enternecimento ❖ *~ furnace* forno de fundição; *~ heat* calor de fusão; *~ ice* gelo fundente; *~ point* ponto de fusão; *~ pot* crisol; cadinho; vaso para fundir metais; *~ sun* sol abrasador; *the American ~ pot* a mistura de raças e culturas existente nos Estados Unidos; *to go into the ~ pot* sofrer uma reforma total

meltingly ['meltɪŋli] adv. duma maneira comovedora

melton ['meltən] s. (tecido) mélton

Melusina [ˌmeljəˈsiːnə] s. MITOLOGIA Melusina

mem. Ⓐ [abrev. de memento (remember)] Ⓑ [abrev. de memorandum] Ⓒ [abrev. de memorial]

member ['membə] s. 1 (organização, clube, grupo, etc.) membro; sócio, associado; *~ of a family* membro duma família; *a ~ of the club* um membro do clube; *a party ~* um membro do partido; *a card-carrying/a fully paid-up ~* um membro activo, empenhado; *founder ~* sócio fundador; 2 [GB] deputado; *~ of Parliament* deputado; 3 [EUA] membro do Congresso, deputado; *~ of Congress* congressista; deputado do Congresso; 4 ANATOMIA (braços, pernas) membro; 5 [joc.] (pénis) membro; 6 (construção) viga; 7 (estruturas) parte constitutiva; 8 (frase, período) membro, parte; 9 MATEMÁTICA membro; *left-hand/right-hand ~ of the equation* primeiro/segundo membro da equação ❖ *~ countries* países membros; *~ states* estados-membros; (empresa) *a ~ of staff* um funcionário

membered ['membəd] adj. 1 que tem membros; 2 com membros

membership ['membəʃɪp] s. 1 estatuto de associado; qualidade de membro; 2 número de associados; conjunto dos membros; 3 filiação; ingresso ❖ *~ card* cartão de sócio; cartão de associado; *~ fee* quota

membranaceous [ˌmembrəˈneɪʃəs] adj. membranoso

membrane ['membreɪn] s. membrana ❖ *false ~* pseudomembrana; membrana acidental; ZOOLOGIA *nictitating ~* membrana nictitante

membraned ['membreɪnd] adj. com membrana

membraniform [memˈbreɪnɪfɔːm] adj. membraniforme

membranous ['membrənəs, memˈbreɪnəs] adj. membranoso

membrum virile [ˌmembrəmvɪˈraɪli] s. membro viril

memento [mɪˈmentəʊ] s. (pl. **-es**) 1 lembrança, memória, recordação; 2 aviso; 3 memento, oração rezada pelos defuntos

Memnon ['memnɒn] s. MITOLOGIA Mémnon, herói grego filho de Éos, morto por Aquiles

memo ['meməʊ, 'miːməʊ] s. [coloq.] memorando

memoir ['memwɑː] s. 1 memória; 2 dissertação literária ou científica; 3 biografia, autobiografia; 4 pl. livro de memórias

memorabilia [ˌmeməˈbɪlɪə] s.pl. 1 (objectos) recordações, souvenirs; 2 coisas memoráveis, acontecimentos memoráveis

memorable ['memərəbəl] adj. memorável, digno de memória

memorably ['memərəbli] adv. memoravelmente

memoranda [ˌmeməˈrændə] s. (pl. de **memorandum**)

memorandum [ˌmeməˈrændəm] s. (pl. **memoranda** ou **-s**) 1 COMÉRCIO memorando; nota, circular sem assinatura; 2 (para evitar esquecer) memorando, apontamento, lembrete; 3 DIREITO documento em que se registam os termos dum contrato ou escritura; 4 POLÍTICA memorando, nota diplomática ❖ *~ book* agenda; DIREITO *~ and articles of association* estatutos duma sociedade

memorial [mɪˈmɔːrɪəl] Ⓐ s. 1 monumento de homenagem; *war ~* monumento aos mortos da guerra; 2 memorial, exposição dos assuntos relativos a qualquer petição; 3 pl. crónica; relato Ⓑ adj. comemorativo ❖ [EUA] ***Memorial Day*** feriado dedicado aos soldados mortos em combate (última segunda-feira de Maio); *as a ~ of* em memória de; em homenagem a

memorialist [mɪˈmɔːrɪəlɪst] s. 1 memorialista, autor de memórias; 2 autor duma petição exposta em memorial

memorialize [mɪˈmɔːrɪəlaɪz] v.tr. 1 comemorar; 2 dirigir um memorial a (alguém)

memorise ['meməraɪz] v.tr. ⇒ **memorize**

memorist ['memərɪst] s. memorialista, memorista

memorization [ˌmeməraɪˈzeɪʃən] s. memorização

memorize ['meməraɪz] v.tr. 1 memorizar, fixar na memória; 2 decorar

memorizing ['meməraɪzɪŋ] s. memorização

memory ['meməri] s. (pl. **-ies**) 1 memória; *loss of ~* perda de memória; *to have a good/bad ~* ter uma boa/má memória; *to lose one's ~* perder a memória; 2 reminiscência, lembrança, recordação; *childhood memories* recordações de infância ❖ *beyond the ~ of man* desde tempos imemoriais; *from time beyond all ~* para além da memória dos homens; *in ~ of* em memória de; *it escaped my ~* escapou-se-me da memória; *it slippped my ~* varreu-se da memória; *King George of blessed ~* o rei Jorge, de saudosa memória; *that is out of my ~* não me lembro disso; DIREITO *time of legal ~* período que vai até ao começo do reinado de Ricardo I (1189); *to commit to ~* aprender de cor; memorizar; *to have a ~ for...* ter boa memória para...; *to have a ~ like a sieve* ter memória de grilo; *to speak from ~* falar sem auxílio de quaisquer notas ou apontamentos; falar de cabeça; *to the best of my ~* tanto quanto me lembro; *within living ~* dentro dos limites da memória dos homens

Memphian ['memfɪən] adj.,s. menfita

Memphis ['memfɪs] s.top. 1 (antiga capital do Egipto) Mênfis; 2 (cidade norte-americana) Memphis, Mêmfis

Memphite ['memfaɪt] s. menfita

Memphitic [memˈfɪtɪk] adj. menfítico

mem-sahib ['memsɑːhɪb, 'memsɑːb] s. [Índia] senhora, título dado a uma senhora europeia casada

men [men] s. (pl. de **man**)

menace ['menəs] Ⓐ s. 1 ameaça; *that is a ~ to...* isso é uma ameaça para...; 2 (pessoa, coisa) perigo; *a ~ to the public* um perigo público Ⓑ v.tr. ameaçar; *to ~ war* ameaçar com a guerra

menacer ['menəsə] s. ameaçador; indivíduo que ameaça

menacing ['menəsɪŋ] Ⓐ adj. ameaçador Ⓑ s. ameaças

menacingly ['menəsɪŋli] adv. ameaçadoramente

ménage [meˈnɑːʒ] s. 1 governo da casa; 2 arranjo da casa; 3 vida de casa

menagerie [mɪˈnædʒəri] s. colecção de animais ferozes em jaulas

Menander [mɪˈnændə] s.antr. Menandro

mend [mend] Ⓐ s. 1 conserto; 2 remendo Ⓑ v.tr.,intr. 1 consertar; reparar; remendar; *to ~ boots* consertar botas; 2 corrigir; melhorar; *to ~ matters* melhorar a situação; 3 restabelecer-se; convalescer; *to be mending* estar a convalescer; 4 corrigir-se; emendar-se ❖ *it's never late to ~* nunca é tarde para nos emendarmos; *on the ~* em vias de melhorar; a convalescer; *least said soonest mended* quanto menos se falar melhor; *to ~ a fire* deitar mais carvão no lume; activar o lume; *to ~ one's pace* andar mais depressa; apressar o passo; *to ~ one's ways* corrigir-se; emendar-se

mendable ['mendəbəl] adj. 1 que pode consertar-se, que pode remendar-se; 2 corrigível; 3 susceptível de ser melhorado

mendacious [menˈdeɪʃəs] adj. 1 mentiroso; 2 falso; 3 embusteiro, intrujão

mendaciously [menˈdeɪʃəsli] adv. 1 mentirosamente; 2 com falsidade, com intrujice

mendaciousness [men'deɪʃəsnəs] s. 1 mendacidade; 2 mentira; 3 falsidade; 4 imposturice
mendacity [men'dæsɪtɪ] s. (pl. -ies) mendácia; mentira
mendelevium [ˌmendə'liːvɪəm] s. QUÍMICA (elemento químico) mendelévio
Mendelian [men'diːlɪən] adj. mendeliano; relativo ao mendelismo ou a Mendel
Mendelism ['mendlɪzəm] s. mendelismo, doutrina de Mendel relativa à hereditariedade
mender ['mendə] s. 1 pessoa que conserta ou faz reparações; 2 cerzidor; 3 remendão
mendicancy ['mendɪkənsɪ] s. mendicidade; mendicância
mendicant ['mendɪkənt] Ⓐ adj. 1 mendicante; RELIGIÃO ~ *friar* frade mendicante; RELIGIÃO ~ *orders* ordens mendicantes; 2 pedinte Ⓑ s. 1 RELIGIÃO frade mendicante; 2 pedinte, pobre
mendicity [men'dɪsɪtɪ] s. mendicidade
mending ['mendɪŋ] s. 1 reparação; conserto; arranjo; 2 remendo ❖ ~ *cotton* algodão de passajar; *to be on the ~ hand* estar a melhorar
Menelaus [ˌmenɪ'leɪəs] s.antr. Menelau
mene, takel, upharsin ['miːnɪ, 'tiːkəl, juˈfɑːsɪn] RELIGIÃO (Bíblia) Mane, Thecel, Phares
menfolk ['menfəʊk] s.pl. homens
MEng [abrev. de Master of Enginnering]
menhaden [men'heɪdən] s. ZOOLOGIA variedade de sável
menhir ['menhɪə] s. ARQUEOLOGIA menir
menial ['miːnɪəl] Ⓐ adj. 1 servil, subalterno, inferior, baixo; 2 relativo a criado; 3 (tarefa) menor Ⓑ s. 1 lacaio, fâmulo; 2 criado, servo
menially ['miːnɪəlɪ] adv. 1 servilmente; 2 como lacaio; como criado
meningeal [məˈnɪndʒɪəl] adj. meníngeo; relativo às meninges
meninges [məˈnɪndʒɪz] s.pl. ANATOMIA meninges
meningic [məˈnɪndʒɪk] adj. ⇒ **meningeal**
meningitis [ˌmenɪn'dʒaɪtɪs] s. MEDICINA meningite; *cerebrospinal ~* meningite cerebrospinal
meningocele [məˈnɪŋɡəsiːl] s. MEDICINA meningocele
meningococcus [mɪˈnɪŋɡəʊˌkɒkəs] s. (pl. -ci) meningococo
meningomyelitis [məˈnɪŋɡəʊmaɪəˌlaɪtɪs] s. MEDICINA meningomielite
meningorrhagia [ˌmənɪŋɡəʊ'reɪdʒə, ˌmenɪŋɡəʊ'reɪdʒɪə] s. MEDICINA meningorragia
meninx ['miːnɪŋks] s. (pl. **meninges**) ANATOMIA meninge
meniscus [məˈnɪskəs] s. 1 menisco, lente côncava de um lado e convexa do outro; 2 GEOMETRIA figura em forma de crescente
menisperm ['menɪspɜːm] s. BOTÂNICA menispermo
Menispermaceae [ˌmenɪspɜːˈmeɪsiː] s.pl. BOTÂNICA Menispermáceas
menispermaceous [ˌmenɪspɜːˈmeɪʃəs] adj. menispermáceo
Mennonite ['menənaɪt] s. RELIGIÃO menonista
menology [me'nɒlədʒɪ] s. (pl. -ies) menológio, calendário com vidas de santos, sobretudo na igreja grega
menopausal [ˌmenəʊ'pɔːzəl] adj. menopáusico
menopause ['menəpɔːz] s. menopausa ❖ *male ~* andropausa
menorrhagia [ˌmenəʊ'reɪdʒə, ˌmenəʊ'reɪdʒɪə] s. MEDICINA menorragia, menstruação anormalmente abundante
menorrhagic [ˌmenəʊ'reɪdʒɪk] adj. menorrágico
menorrhoea [ˌmenəʊ'riːə] s. menorreia, menstruação
menostasis [me'nɒstəsɪs] s. menostasia, supressão ou retenção da menstruação
menses ['mensiːz] s.pl. regras menstruais, menstruação
Menshevik ['menʃəvɪk] adj.,s. POLÍTICA menchevique
Menshevism ['menʃəvɪzm] s. POLÍTICA mencheviquismo
Menshevist ['menʃəvɪst] adj.,s. ⇒ **Menshevik**
menstrua ['menstrʊə] s. {pl. de **menstruum**}
menstrual ['menstrʊəl] adj. menstrual ❖ ~ *cycle* ciclo menstrual; ~ *flow* fluxo menstrual; ~ *period* período; menstruação
menstruate ['menstrʊeɪt] v.intr. ter a menstruação
menstruation [ˌmenstrʊ'eɪʃən] s. menstruação
menstruum ['menstrʊəm] s. (pl. **-a**) 1 dissolvente, líquido com que se extraem de um sólido certos princípios nele contidos; 2 [arc.] mênstruo

mercerizing

mensurability [ˌmenʃʊrə'bɪlɪtɪ] s. mensurabilidade
mensurable ['menʃʊrəbəl] adj. 1 mensurável; 2 rítmico, ritmado
mensuration [ˌmensjʊ'reɪʃən] s. mensuração, medição
menswear ['menzweə] s. roupa de homem
mental ['mentəl] adj. 1 mental; 2 [coloq.] maluco, louco, doido; [coloq.] *to go ~* passar-se; perder a cabeça; 3 ANATOMIA (relativo ao mento) mental ❖ ~ *age* idade mental; ~ *arithmetic* cálculo mental; ~ *deficiency* deficiência mental; ~ *home/hospital* hospital psiquiátrico; ~ *patient* doente mental; ~ *powers* capacidades mentais; ~ *reservation* dúvida; reserva; ~ *specialist* médico psiquiatra; ~ *test* teste de inteligência
mentalism ['mentəlɪzəm] s. mentalismo, predomínio do mental (em oposição ao mecânico)
mentality [men'tælɪtɪ] s. mentalidade
mentally ['mentəlɪ] adv. mentalmente ❖ ~ *deficient* com deficiência mental
menthol ['menθɒl] s. mentol ❖ ~ *cigarettes* cigarros mentolados
mentholated [ˌmenθə'leɪtɪd] adj. mentolado
mention ['menʃən] Ⓐ v.tr. 1 mencionar; referir-se a; fazer menção de; *to make ~ of a fact* referir-se a um facto, fazer menção dum facto; 2 falar de/em; *she never mentions him* ela nunca fala nele; 3 citar; *to ~ no names* não citar nomes Ⓑ s. 1 menção; *honourable ~* menção honrosa; 2 referência; alusão; 3 citação ❖ (agradecimento) *don't ~ it!* não tem de quê!; não há de quê!; *it isn't worth mentioning* não tem importância; não vale a pena falar nisso; *not to mention/without mentioning* para não falar de/sem falar em; *to be honourably mentioned* receber uma menção honrosa; *to ~ sb in one's will* incluir alguém no testamento
mentor ['mentɔː] Ⓐ s. mentor, conselheiro, guia experiente Ⓑ v.tr. orientar, aconselhar
Mentor ['mentɔː] s. MITOLOGIA Mentor, filho de Alemias e amigo de Ulisses
menu ['menjuː] s. ementa
menura [me'njʊrə] s. (pl. **-ae**) ZOOLOGIA ave-lira
menyanthes [ˌmenɪ'ænθiːz] s. BOTÂNICA meniante, fava-de-água, trevo-de-água
meow [mɪ'aʊ] s.,v.intr. ⇒ miaow
MEP Ⓐ POLÍTICA [abrev. de Member of the European Parliament] Ⓑ [abrev. de Master of the Engineering Physics]
Mephisphelean [ˌmefɪstə'fiːlɪən] adj. mefistofélico
Mephistopheles [ˌmefɪs'tɒfɪliːz] s. Mefistófeles, Mefisto
Mephistophelian [ˌmefɪstə'fiːlɪən] adj. ⇒ **Mephistophelean**
mephitic [mɪ'fɪtɪk] adj. mefítico
mephitis [mɪ'faɪtɪs] s. mefitismo
mephitism ['mɪfaɪtɪzəm] s. ⇒ **mephitis**
mercantile ['mɜːkəntaɪl] adj. 1 mercantil, mercante; 2 comercial; de comércio; 3 mercenário, que gosta de negociar ❖ ~ *broker* corretor da bolsa; ~ *establishment* estabelecimento comercial; ~ *law* direito comercial; ~ *marine* marinha mercante; ~ *nation* nação com grande desenvolvimento mercantil; ~ *theory* teoria mercantil; mercantilismo
mercantilism ['mɜːkəntɪlɪzəm] s. mercantilismo
mercantilist ['mɜːkəntɪlɪst] s. mercantilista, partidário do mercantilismo
Mercatorial [ˌmɜːkə'tɔːrɪəl] adj. relativo à projecção de Mercator
mercenarily ['mɜːsɪnərɪlɪ, 'mɜːsɪnerɪlɪ] adv. mercenariamente
mercenariness ['mɜːsɪnərɪnəs, 'mɜːsɪnerɪnəs] s. espírito mercenário, mercenarismo
mercenary ['mɜːsɪnərɪ, 'mɜːsɪnerɪ] Ⓐ adj. 1 mercenário; 2 que só trabalha por interesse ou por dinheiro Ⓑ s. (pl. **-ies**) mercenário, soldado mercenário
mercer ['mɜːsə] s. negociante de sedas e outros tecidos caros
mercerization [ˌmɜːsəraɪ'zeɪʃən] s. mercerização, tratamento especial da fibra de algodão destinado a modificar algumas das suas propriedades
mercerize ['mɜːsəraɪz] v.tr. mercerizar, submeter o algodão à mercerização a fim de o tornar lustroso
mercerized ['mɜːsəraɪzd] adj. mercerizado
mercerizing ['mɜːsəraɪzɪŋ] s. mercerização

mercery ['mɜːsəri] s. (pl. -ies) comércio de sedas e outros tecidos caros

merchandise ['mɜːtʃəndaɪz] Ⓐ s. mercadorias, artigos para venda Ⓑ v.tr. 1 vender; 2 promover

merchandising ['mɜːtʃəndaɪzɪŋ] s. 1 promoção, marketing; 2 (produtos) merchandising

merchant ['mɜːtʃənt] Ⓐ s. 1 comerciante, negociante, mercador; *wine* ~ negociante de vinhos; 2 grossista; 3 [EUA] retalhista; 4 [coloq.] (apreciador) maluco; fanático; *speed* ~ maluco das velocidades Ⓑ adj. mercantil, mercante, relativo ao comércio Ⓒ v.tr. negociar, mercar ❖ ~ *flag* bandeira mercante; ~ *iron* ferro do comércio; [EUA] ~ *marine* marinha mercante; [GB] ~ *navy* marinha mercante; ~ *prince* comerciante muito rico; grande comerciante; ~ *seaman* marinheiro mercante; ~ *service* marinha mercante; ~ *ship* navio mercante; ~ *vessels* frota mercante; *law* ~ direito comercial

merchantable ['mɜːtʃəntəbəl] adj. negociável, vendável

merchantman ['mɜːtʃəntmən] s. (pl. -men) navio mercante

merchantry ['mɜːtʃəntri] s. comércio

Mercian ['mɜːʃən] adj.,s. merciano

merciful ['mɜːsɪfʊl] adj. 1 piedoso, misericordioso, compassivo, clemente; 2 benigno ❖ *blessed are the* ~ bem-aventurados os que usam de misericórdia

mercifully ['mɜːsɪfʊli] adv. misericordiosamente; com misericórdia

mercifulness ['mɜːsɪfʊlnəs] s. misericórdia, piedade, clemência

merciless ['mɜːsɪləs] adj. implacável, desumano, cruel, sem misericórdia, sem piedade

mercilessly ['mɜːsɪləsli] adv. 1 implacavelmente, impiedosamente, cruelmente, desumanamente; 2 sem misericórdia

mercilessness ['mɜːsɪləsnəs] s. crueldade, carácter implacável, ausência de misericórdia, ausência de piedade

mercurial [mɜːˈkjʊriəl] Ⓐ adj. 1 QUÍMICA mercurial; relativo a mercúrio; que contém mercúrio; 2 vivo, espirituoso, de resposta pronta; 3 inconstante, volátil, imprevisível; caprichoso Ⓑ s. preparação mercurial ❖ ~ *barometer* barómetro de mercúrio; ~ *poisoning* mercurialismo; intoxicação pelo mercúrio; ~ *thermometer* termómetro de mercúrio

Mercurial [mɜːˈkjʊriəl] adj. ASTRONOMIA, MITOLOGIA relativo a Mercúrio; mercuriano

mercurialism [mɜːˈkjʊriəlɪzəm] s. mercurialismo, intoxicação aguda ou crónica pelo mercúrio

mercuriality [ˌmɜːkjʊriˈælɪti] s. 1 vivacidade; carácter espirituoso; 2 jovialidade; 3 inconstância; carácter caprichoso

mercurialize [mɜːˈkjʊriəlaɪz] v.tr. 1 mercurializar; 2 introduzir mercúrio no organismo; 3 causar mercurialismo

mercuric [mɜːˈkjʊrɪk] adj. QUÍMICA mercúrico ❖ QUÍMICA ~ *nitrate* nitrato mercúrico; QUÍMICA ~ *oxide* óxido mercúrico; QUÍMICA ~ *sulphate* sulfato mercúrico

mercurochrome [mɜːˈkjʊrəʊˌkrəʊm] s. FARMÁCIA mercurocromo

mercurous ['mɜːkjʊrəs] adj. QUÍMICA mercuroso ❖ QUÍMICA ~ *chloride* mercúrio doce; QUÍMICA ~ *oxide* óxido mercuroso; QUÍMICA ~ *sulphate* sulfato mercuroso

mercury ['mɜːkjʊri, 'mɜːkjəri] s. (pl. -ies) 1 QUÍMICA (elemento químico) mercúrio; 2 (temperatura, pressão) mercúrio; [fig.] *the* ~ *is falling* o barómetro desce; [fig.] *the* ~ *is rising* o barómetro sobe; 3 BOTÂNICA azougue, mercurial ❖ ELECTRICIDADE ~ *arc* arco de mercúrio; ~ *barometer* barómetro de mercúrio; ELECTRICIDADE ~ *breaker* comutador de mercúrio; interruptor de mercúrio; ~ *bromide* brometo de mercúrio; ~ *column* coluna de mercúrio; ~ *ore* minério de mercúrio; ~ *thermometer* termómetro de mercúrio; BOTÂNICA *dog's* ~ mercurial vivaz

Mercury ['mɜːkjəri] s. ASTRONOMIA, MITOLOGIA Mercúrio

mercy ['mɜːsi] s. (pl. -ies) 1 misericórdia, compaixão, clemência, piedade, pena; *Lord have* ~ *on us!* Senhor, tende piedade de nós!; *to treat sb without* ~ tratar alguém sem compaixão; *to call for/cry* ~ implorar misericórdia; *to find* ~ *with sb* achar misericórdia em alguém; 2 graça, mercê, bênção, dádiva, benefício; *it was a* ~ foi uma sorte; foi uma bênção; 3 perdão; *no sin but should find* ~ não há pecado que não encontre perdão; 4 caridade; *works of* ~ obras de caridade; 5 (arbítrio) mercê; *at sb's* ~ à mercê de alguém; *at the* ~ *of...* à mercê de...; *to throw oneself on sb's* ~ colocar-se à mercê de alguém ❖ ~ *killing* eutanásia; RELIGIÃO (Bíblia) ~ *seat* propiciatório; [irón.] *to be left to the tender* ~ *of* ser entregue aos carinhos de (isto é, aos maus-tratos de); *to show (no)* ~ *(to sb)* ser implacável com

mere [mɪə] Ⓐ adj. 1 mero, simples; *a* ~ *coincidence* uma mera coincidência; 2 genuíno; puro; *out of* ~ *spite* por pura maldade Ⓑ s. 1 [arc.] limite, fronteira; 2 [lit.] lago, lagoa, pântano ❖ *by the merest chance I got to know that...* foi pelo mais puro acaso que fiquei a saber que...; *she is a* ~ *child* ela não passa duma criança; *that's a* ~ *trifle* isso é uma coisa sem importância

merely ['mɪəli] adv. 1 meramente, simplesmente, unicamente; 2 apenas; *I* ~ *said that...* eu apenas disse que... ❖ *all the world is a stage, and all the men and women* ~ *players* todo o mundo é um palco e os homens e mulheres não passam de actores; *not* ~ não somente

merengue [məˈreŋgeɪ] s. (música, dança) merengue

merestone ['mɪəstəʊn] s. marco, baliza

meretricious [ˌmerɪˈtrɪʃəs] adj. 1 de meretriz, próprio de meretriz, meretrício; 2 demasiado vistoso; 3 destinado a captar a atenção; 4 de superfície, enganador

meretriciously [ˌmerɪˈtrɪʃəsli] adv. 1 demasiado vistosamente, com exibicionismo; 2 meretriciamente; 3 impudicamente

meretrix ['merɪtrɪks] s. (pl. **meritrices**) 1 meretriz, prostituta; 2 ZOOLOGIA meretriz

merganser [mɜːˈgænsə] s. ZOOLOGIA merganso, mergulhão

merge [mɜːdʒ] v.tr.,intr. 1 fundir(-se); amalgamar(-se); *the two companies merged* as duas empresas fundiram-se; *those small states were merged in a larger one* aqueles pequenos estados fundiram-se num maior; 2 submergir; 3 combinar(-se) [**with**, com]; 4 mesclar(-se); 5 desaparecer; desvanecer-se [**into**, em]; fundir-se [**into**, em]; *to* ~ *into the distance* ir-se desvanecendo à medida que se afasta ❖ *to be merged in* transformar-se em

mergence ['mɜːdʒəns] s. fusão, amalgamento, ligação íntima

merger ['mɜːdʒə] s. 1 fusão; junção; 2 COMÉRCIO fusão; *a* ~ *of companies* uma fusão de companhias ❖ COMÉRCIO *industrial* ~ unificação industrial

mericarp ['merɪkɑːp] s. BOTÂNICA mericarpo

meridian [məˈrɪdiən] Ⓐ s. 1 ASTRONOMIA, GEOGRAFIA meridiano; 2 [fig.] auge; fastígio; ponto culminante; apogeu; 3 [arc.] meio-dia Ⓑ adj. 1 meridiano; 2 [fig.] no ponto mais alto; no ponto de maior brilho ❖ ~ *line* meridiana; ~ *of Greenwich* o meridiano de Greenwich; *zero* ~ meridiano zero; *calculated for the* ~ calculado para satisfazer os gostos ou hábitos da população local; *the* ~ *of life* a plenitude da vida

meridional [məˈrɪdiənəl] Ⓐ adj. meridional; austral; relativo ao Sul da Europa Ⓑ s. meridional, habitante do Sul (sobretudo da França) ❖ ~ *difference of latitude* diferença em latitude

meridionally [məˈrɪdiənli] adv. 1 meridionalmente; 2 para o sul

meringue [məˈræŋ] s. CULINÁRIA merengue

meringued [məˈræŋd] adj. semelhante a merengue

merino [məˈriːnəʊ] s. 1 (carneiro) merino; 2 (tecido de lã fina) merino ❖ ~ *sheep* carneiro de raça merina

merismatic [ˌmerɪzˈmætɪk] adj. merismático ❖ BOTÂNICA ~ *tissue* meristema

meristem ['merɪstem] s. BOTÂNICA meristema

merit ['merɪt] Ⓐ s. 1 mérito; 2 valor; 3 merecimento; 4 acto meritório Ⓑ v.tr. 1 merecer; ter direito a; *to* ~ *reward* merecer recompensa; 2 incorrer em ❖ (escola) ~ *list* quadro de honra; ~ *system* sistema de recrutamento e promoções por concurso; *man of* ~ homem de mérito; *to go into the merits of sth* discutir os méritos de alguma coisa; *to make a* ~ *of* fazer alarde de; fazer gala de; *to make a* ~ *of necessity* fazer da necessidade uma virtude

merithal ['merɪθæl] s. BOTÂNICA merital, meritalo, entrenó

merithalli [ˌmerɪˈθæliː] s. (pl. de **merithallus**)

merithallus [ˌmerɪˈθæləs] s. (pl. -i) BOTÂNICA ⇒ **merithal**

meritocracy [ˌmerɪˈtɒkrəsi] s. meritocracia

meritocrat [ˈmerɪtəkræt] s. meritocrata, elemento de um conjunto de pessoas com mérito

meritorious [ˌmerɪˈtɔːriəs] adj. 1 [form.] meritório, louvável, digno; 2 que bem merece; 3 bom, apreciável ❖ *for* ~ *conduct* por conduta exemplar

meritoriously [ˌmerɪˈtɔːriəsli] adv. meritoriamente

meritoriousness [ˌmerɪˈtɔːriəsnəs] s. 1 merecimento; 2 mérito; 3 valor

meritrices [ˌmərɪˈtraɪsɪz] s. {pl. de **meritrix**}
merle [mɜːl] s. [Esc.] [arc.] melro
merlin [ˈmɜːlɪn] s. ZOOLOGIA esmerilhão
Merlin [ˈmɜːlɪn] s.antr. LITERATURA Merlim, Merlino
merlon [ˈmɜːlən] s. [arc.] merlão, parte saliente dum parapeito que separa duas ameias
mermaid [ˈmɜːmeɪd] s. [poét.] sereia ❖ ZOOLOGIA ~ *fish* peixe-anjo
mermaiden [ˈmɜːmeɪdən] s. ⇒ **mermaid**
merman [ˈmɜːmæn] s. (pl. -**men**) MITOLOGIA tritão
meroblastic [ˌmerəʊˈblæstɪk] adj. BIOLOGIA meroblástico
merohedral [ˌmerəʊˈhiːdrəl] adj. meriédrico
meronym [ˈmerənɪm] s. LINGUÍSTICA merónimo
meronymy [məˈrɒnɪmɪ] s. LINGUÍSTICA meronímia
Merovaeus [ˌmerəʊˈviːəs] s.antr. Meroveu
Merovingian [ˌmerəʊˈvɪndʒɪən] adj.,s. merovíngio
merrily [ˈmerɪlɪ] adv. 1 alegremente; 2 com alegria
merriment [ˈmerɪmənt] s. 1 alegria; regozijo; 2 galhofa; hilaridade; 3 diversão, divertimento; festa
merry [ˈmerɪ] Ⓐ adj. (comp. -**ier**, superl. -**iest**) 1 alegre; ~ *as a cricket/as a lark/as the day is long* alegre que nem um pardal; alegre como uma cotovia; 2 divertido; jovial; 3 [coloq.] (bêbado) alegre, tocado; 4 enérgico, rápido; 5 [ant.] agradável Ⓑ s. BOTÂNICA cereja brava ❖ (estilo de vida idílico após a Idade Média) ~ *England* a alegre Inglaterra; [joc.] ~ *men* seguidores; ~ *Christmas and a happy New Year* feliz Natal e um bom ano novo; HISTÓRIA *the ~ monarch* Carlos II de Inglaterra; *the more the merrier* quantos mais melhor; *to make* ~ divertir-se; alegrar-se (cantando, rindo, comendo e bebendo); *to make* ~ *over/of* rir-se de; ridicularizar
merry-andrew [ˌmerɪˈændruː] s. (pl. -**s**) [arc.] bobo; truão; palhaço
merry-go-round [ˌmerɪgəʊˈraʊnd] s. 1 carrossel; *to have a ride on the* ~ dar uma volta no carrossel; 2 (grande actividade) azáfama, lufa-lufa
merrymaker [ˈmerɪmeɪkə] s. folião; brincalhão; borguista
merrymaking [ˈmerɪmeɪkɪŋ] s. diversão, divertimento; pândega, borga
merrythought [ˈmerɪθɔːt] s. [ant.] forquilha (das aves), fúrcula
mesail [ˈmeseɪl] s. viseira móvel
mésalliance [meˈzælɪəns] s. casamento com pessoa de posição social inferior
mescal [ˈmeskæl, meˈskæl] s. 1 BOTÂNICA mescal, cacto mexicano; 2 (bebida) mescal
mescaline [ˈmeskəlɪn] s. QUÍMICA (droga) mescalina
mesdames [meˈdɑːm] s. {pl. de **madame**}
meseems [mɪˈsiːmz] v.intr. [arc.] parece-me; julgo
mesembryanthemum [ˌmɪzembrɪˈænθɪməm] s. BOTÂNICA mesembriântemo
mesenchyma [mɪˈseŋkɪmə] s. BIOLOGIA mesênquima
mesenteric [ˌmesənˈterɪk] adj. ANATOMIA mesentérico
mesentery [ˈmesəntərɪ] s. (pl. -**ies**) ANATOMIA mesentério
mesh [meʃ] Ⓐ s. (pl. -**es**) 1 malha; rede; 2 armadilha; laço; 3 MECÂNICA engrenagem; 4 pl. fios de rede, fios de tela; 5 pl. malhas; *the meshes of the law* as malhas da lei Ⓑ v.tr.,intr. 1 apanhar com rede; 2 emaranhar, enredar; 3 prender-se em rede; 4 encaixar, conjugar-se; 5 MECÂNICA engrenar; engrenar-se, endentar-se; *those wheels* ~ *with one another* aquelas rodas engrenam umas nas outras ❖ ~ *of circumstances* série de circunstâncias; MECÂNICA *constant* ~ engate contínuo; MECÂNICA *in* ~ engrenado; engatado
meshed [meʃt] adj. 1 com malhas; 2 entrelaçado; 3 emaranhado; 4 MECÂNICA engrenado
meshing [ˈmeʃɪŋ] s. 1 malhas (de rede); 2 engrenamento; 3 entrelaçamento; 4 acto de engrenar
mesial [ˈmiːzɪəl] adj. mesial, relativo à linha mediana
mesially [ˈmiːzɪəlɪ] adv. 1 mesialmente; 2 ao meio
meslin [ˈmezlɪn] s. ⇒ **maslin**
mesmerian [mɪzˈmɪərɪən] adj. mesmeriano; relativo ao mesmerismo
mesmeric [mɪzˈmerɪk] adj. mesmérico
mesmerism [ˈmezmərɪzəm] s. mesmerismo
mesmerist [ˈmezmərɪst] s. 1 hipnotizador; 2 MEDICINA mesmerista
mesmerite [ˈmezməraɪt] s. mesmeriano, partidário do mesmerismo

mesmerize [ˈmezməraɪz] v.tr. 1 mesmerizar; 2 hipnotizar
mesmerizer [ˈmezməraɪzə] s. 1 mesmerizador; 2 hipnotizador
mesne [miːn] adj. DIREITO intermediário ❖ ~ *lord* senhor de feudo dependente
mesoblast [ˈmesəʊˌblɑːst] s. mesoblasto, mesoderme
mesocarp [ˈmesəʊˌkɑːp] s. BOTÂNICA mesocarpo
mesocolon [ˌmesəʊˈkəʊlən] s. ANATOMIA mesocólon, mesocolo
mesoderm [ˈmesəʊdɜːm] s. mesoderme, mesoblasto
mesodermal [ˌmesəʊˈdɜːməl] adj. ⇒ **mesodermic**
mesodermic [ˌmesəʊˈdɜːmɪk] adj. mesodérmico
mesogastric [ˌmesəʊˈgæstrɪk] adj. ANATOMIA mesogástrico
Mesolithic [ˌmesəʊˈlɪθɪk] Ⓐ s. Mesolítico Ⓑ adj. mesolítico
mesology [meˈsɒlədʒɪ] s. mesologia, parte da biologia que trata das relações entre os organismos e o meio em que vivem
mesomorph [ˈmesəʊmɔːf] s. mesomorfo
mesomorphic [ˌmesəʊˈmɔːfɪk] adj. mesomórfico
meson [ˈmiːzɒn, ˈmezɒn] s. (pl. -**s**) FÍSICA (física nuclear) méson
mesophyll [ˈmesəʊfɪl] s. BOTÂNICA mesofilo
mesophyllum [ˌmesəʊˈfɪləm] s. ⇒ **mesophyll**
mesophyte [ˈmesəʊfaɪt] s. BOTÂNICA mesófito
Mesopotamia [ˌmesəpəˈteɪmɪə] s.top. Mesopotâmia
Mesopotamian [ˌmesəpəˈteɪmɪən] adj.,s. 1 mesopotâmico, mesopotâmio; 2 pessoa natural ou residente na Mesopotâmia
mesopotamic [ˌmesəpəʊˈtæmɪk] adj. mesopotâmico, situado entre rios
mesosphere [ˈmesəʊsfɪə] s. mesosfera
mesospheric [ˌmesəʊˈsferɪk] adj. mesosférico
mesotheria [ˌmezəʊˈθɪərɪə] s. {pl. de **mesotherium**}
mesotherium [ˌmesəʊˈθɪərɪəm] s. (pl. -**a**) mesotério, mamífero fóssil da América do Sul
mesothorax [ˌmesəʊˈθɔːræks] s. mesotórax
mesozoa [ˌmesəʊˈzəʊə] s. {pl. de **mesozoon**}
Mesozoic [ˌmesəʊˈzəʊɪk] Ⓐ s. GEOLOGIA Mesozóico Ⓑ adj. GEOLOGIA mesozóico
mesozoon [ˌmesəʊˈzəʊən] s. (pl. -**zoa**) ZOOLOGIA mesozoário
Mespot [ˈmespɒt] s. ⇒ **Mesopotamia**
mesquit [ˈmeskiːt] s. BOTÂNICA algarobo, prosope, árvore-da-mesquita
mesquite [ˈmeskiːt] s. BOTÂNICA algarobo, prosope, árvore-da-mesquita
mess [mes] Ⓐ s. (pl. -**es**) 1 desarrumação, desordem, confusão, bagunça; 2 sujeira, porcaria; 3 (dificuldades) trapalhada, confusão, alhada; *to get into a* ~ meter alguém numa trapalhada; 4 MILITAR messe; 5 (grupo, refeição) rancho; 6 [GB] [coloq.] (bebé, animal) cocó, caca; 7 [arc.] prato de comida, prato de caldo; porção de alimento líquido ou semilíquido Ⓑ v.tr.,intr. 1 pôr em desordem, pôr em confusão, pôr tudo de pernas para o ar; 2 estragar; perturbar; 3 enxovalhar; 4 tomar refeições em conjunto; 5 fornecer de comida, fornecer rancho a; *they had to* ~ *the regiment* tinham de arranjar rancho para o regimento ❖ MILITAR ~ *hall* messe; (ocasiões formais) ~ *jacket* casaco especial usado pelos oficiais da armada e do exército quando na messe; RELIGIÃO (Bíblia) ~ *of pottage* prato de lentilhas; *no messing* sem dificuldade; a sério; fora de brincadeiras; *to be in a* ~ estar numa trapalhada; estar numa confusão; estar numa desordem; estar um frangalho; *to be in a pretty* ~ estar em maus lençóis; *to clear up the* ~ limpar a sujeira; arrumar e limpar; *to make a* ~ desarrumar; sujar; armar uma bagunça; *to make a* ~ *of* estragar; escangalhar; deixar em mau estado; fazer uma salgalhada de; *what a mess!* que porcaria!; que desordem!; que trapalhada!
◆**mess about/around** Ⓐ v.intr. 1 fazer as coisas indolentemente; 2 passar o tempo sem fazer nada de especial; pastar₍coloq₎; mandriar; 3 fazer disparates; fazer tolices Ⓑ v.tr. 1 tratar mal; 2 chatear; 3 criar problemas a; *stop messing me about!* pára de me arranjares problemas!
◆**mess about/around with** v.tr. 1 [coloq., depr.] mexer em; remexer em; brincar com; 2 [coloq.] (más companhias) andar metido com, andar com; 3 [coloq.] (amante) andar metido com; 4 (abuso sexual) apalpar
◆**mess up** Ⓐ v.tr. 1 desarrumar; sujar; 2 deitar a perder; estragar; *his coming so late messed up all my plans* o facto de ele vir tão tarde estragou todos os meus planos; 3 (emocionalmente) perturbar; deixar num frangalho Ⓑ v.intr. fazer asneira
◆**mess with** v.tr. 1 envolver-se com; meter-se com; irritar; *don't ~ her* não te metas com ela; 2 brincar com

message ['mesɪdʒ] Ⓐ s. 1 mensagem; *telephone* ~ mensagem telefónica; 2 recado; *to deliver a* ~ *to* dar um recado a; *to leave a* ~ *to* deixar um recado para; 3 comunicação; notícia; 4 [ant.] (tarefa) recado; *to run messages* fazer recados; *to send sb on a* ~ mandar alguém fazer um recado; 5 profecia, predição Ⓑ v.intr. mandar mensagem; transmitir comunicação Ⓒ v.tr. transmitir; informar ❖ INFORMÁTICA (Internet) ~ *board* fórum de discussão; [coloq.] *I got the* ~ já percebi o que queres dizer; *to send the wrong* ~ ser ambíguo; não se fazer entender
Messalian [meˈseɪlɪən] adj.,s. messaliano, herege do séc. IV de tendência ascética
messenger [ˈmesɪndʒər] s. 1 mensageiro; 2 correio diplomático; 3 NÁUTICA cabo de ala e larga; 4 papel enviado pela corda de um papagaio ❖ ~ *boy* moço de recados; paquete; ~ *wheel* roda de concha; *hotel* ~ paquete de hotel; *Kings* ~ correio real; *telegraph* ~ boletineiro
Messenia [meˈsiːnɪə] s.top. Messénia
Messenian [meˈsiːnɪən] adj.,s. messénio
Messiah [mɪˈsaɪə] s. RELIGIÃO Messias
messianic [ˌmesɪˈænɪk] adj. messiânico
messianism [məˈsɪənɪzm] s. messianismo
messily [ˈmesɪlɪ] adv. 1 confusamente, desordenadamente; 2 em desalinho; 3 porcamente
messing [ˈmesɪŋ] s. 1 acto de comer em comum; 2 MILITAR fornecimentos para o rancho ❖ ~ *allowance* ajudas de custo para alimentação
messmate [ˈmesmeɪt] s. 1 comensal; 2 NÁUTICA companheiro de mesa
Messrs [abrev. de (colocado antes do nome de firma comercial ou de lista de cavalheiros) Messieurs]
messuage [ˈmeswɪdʒ] s. DIREITO propriedade com habitação, anexos e terras ❖ *capital* ~ mansão senhorial
messy [ˈmesɪ] adj. (comp. -ier, superl. -iest) 1 sujo; 2 desarrumado, em desordem, em confusão; 3 desleixado, mal-arranjado; 4 confuso; 5 complicado
mestiza [meˈstiːzə] s.f. mestiça
mestizo [meˈstiːzəʊ] s. mestiço
met [met] Ⓐ prt. e part. pass. de *to meet* Ⓑ s. [coloq.] grupo de peritos de meteorologia que dão informações à RAF
metabisulphite [ˌmetəbaɪˈsʌlfaɪt] s. QUÍMICA metabissulfito
metabolic [ˌmetəˈbɒlɪk] adj. metabólico
metabolise [meˈtæbəlaɪz] v.tr. ⇒ **metabolize**
metabolism [meˈtæbəlɪzəm] s. BIOLOGIA metabolismo ❖ *constructive* ~ anabolismo; *destructive* ~ catabolismo
metabolize [meˈtæbəlaɪz] v.tr. transformar por metabolismo
metacarpal [ˌmetəˈkɑːpl] adj.,s. metacárpico, metacarpiano
metacarpus [ˌmetəˈkɑːpəs] s. ANATOMIA metacarpo
metacentre [ˈmetəˌsentər] s. metacentro
metacentric [ˌmetəˈsentrɪk] adj. metacêntrico
metafiction [ˌmetəˈfɪkʃən] s. LITERATURA metaficção
metafictional [ˌmetəˈfɪkʃənəl] adj. metaficcional
metage [ˈmiːtɪdʒ] s. 1 avaliação oficial de carregamento de carvão, etc.; 2 imposto pago pela pesagem
metagenesis [ˌmetəˈdʒenɪsɪs] s. BIOLOGIA metagénese
metagenetic [ˌmetədʒɪˈnetɪk] adj. metagenético
metal [ˈmetəl] Ⓐ s. 1 metal; *base* ~ metal vulgar; *noble* ~ metal nobre; *precious* ~ metal precioso; 2 MÚSICA [coloq.] *heavy metal, metal; heavy* ~ *heavy metal;* metal pesado; 3 (estradas, caminhos de ferro) cascalho, pedra britada; balastro; *road* ~ cascalho; pedra britada; balastro; 4 (fabrico de vidro) vidro em fusão; 5 [fig.] vigor, coragem, brio, energia; 6 *pl.* [GB] [ant.] carris; *the train jumped/ left the metals* o comboio descarrilou Ⓑ v.tr. (*particípios:* -ll-) 1 revestir de metal; guarnecer de metal; 2 (estrada) consertar com cascalho; macadamizar ❖ ~ *alloy* liga metálica; ~ *building* edifício com estrutura metálica; ~ *degreaser* desengordurante para metais; ~ *detector* detector de metais; ~ *fatigue* fadiga do metal; ~ *foil* folha metálica; ~ *framework* estrutura metálica; ~ *glove* luva de metal; guante; manopla; ~ *industry* indústria metalúrgica; ~ *polish* polidor para metais; limpa-metais; ~ *saw* serra de arco; *Britannia* ~ britânia
metalanguage [ˈmetəˌlæŋgwɪdʒ] s. metalinguagem
metaldehyde [meˈtældɪhaɪd] s. QUÍMICA metaldeído

metalepsis [ˌmetəˈlepsɪs] s. (figura de estilo) metalepse
metalinguistic [ˌmetəlɪŋˈgwɪstɪk] adj. metalinguístico
metalinguistics [ˌmetəlɪŋˈgwɪstɪks] s. metalinguística
metalled [ˈmetld] adj. empedrado, com cascalho, macadamizado
metallescent [ˌmetəˈlesənt] adj. metalescente
metallic [məˈtælɪk] adj. 1 metálico; 2 em metal; 3 metalífero; 4 (som, cor) metálico, metalizado; *a* ~ *sound* um som metálico; *a* ~ *voice* uma voz metálica; *a* ~ *colour* uma cor metálica; ~ *blue* azul metalizado ❖ ~ *alloy* liga metálica; QUÍMICA ~ *bond* ligação metálica; ELECTRICIDADE ~ *conductor* condutor metálico; ~ *finish* acabamento metálico; ~ *lustre* brilho metálico; FINANÇAS ~ *reserve* reservas metálicas
metalliferous [ˌmetəˈlɪfərəs] adj. metalífero
metalliform [meˈtælɪfɔːm] adj. [rar.] metaliforme
metalline [ˈmetəlaɪn] adj. metalino
metalling [ˈmetlɪŋ] s. 1 metalização; 2 macadamização
metallization [ˌmetəlaɪˈzeɪʃən] s. 1 metalização; 2 vulcanização (de borracha)
metallize [ˈmetəlaɪz] v.tr. 1 metalizar; 2 vulcanizar (borracha)
metallized [ˈmetəlaɪzd] adj. metalizado ❖ ~ *filament* filamento metalizado
metallizing [ˈmetəlaɪzɪŋ] s. metalização ❖ ~ *booth* pavilhão de metalização
metallographic [ˌmetələʊˈgræfɪk] adj. metalográfico
metallography [ˌmetəˈlɒgrəfɪ] s. metalografia
metalloid [ˈmetəlɔɪd] adj.,s. metalóide
metallurgic [ˌmetəˈlɜːdʒɪk] adj. ⇒ **metallurgical**
metallurgical [ˌmetəˈlɜːdʒɪkəl] adj. metalúrgico; ~ *furnace* forno metalúrgico; ~ *industry* indústria metalúrgica
metallurgist [mɪˈtælədʒɪst] s. metalurgista
metallurgy [mɪˈtælədʒɪ] s. metalurgia ❖ *the* ~ *of iron* a siderurgia
metalwork [ˈmetlwɜːk] s. 1 (actividade) fabrico de objectos em metal; metaloplastia; metalurgia; 2 objecto em metal; 3 estrutura metálica; 4 (veículos) carroçaria
metalworker [ˈmetlwɜːkər] s. metalúrgico
metalworking [ˈmetlwɜːkɪŋ] s. metalurgia; metaloplastia; trabalho em metal
metalworks [ˈmetlwɜːks] s.pl. [verbo no sing. ou pl.] oficina metalúrgica
metamathematics [ˌmetəmæθˈmætɪks] s. MATEMÁTICA metamatemática
metamer [ˈmetəmər] s. QUÍMICA composto metâmero
metamere [ˈmetəmɪər] s. BIOLOGIA metâmero
metameric [ˌmetəˈmerɪk] adj. QUÍMICA metâmero
metamerism [meˈtæmərɪzəm] s. BIOLOGIA, QUÍMICA metameria
metamorphic [ˌmetəˈmɔːfɪk] adj. metamórfico
metamorphism [ˌmetəˈmɔːfɪzəm] s. metamorfismo
metamorphosable [ˌmetəmɔːˈfəʊzəbəl] adj. metamorfoseável
metamorphose [ˌmetəˈmɔːfəʊz] v.tr.,intr. metamorfosear, metamorfosear-se
metamorphosis [ˌmetəˈmɔːfəsɪs] s. (pl. -oses) metamorfose
metamorphous [ˌmetəˈmɔːfəs] adj. ⇒ **metamorphic**
metaphony [meˈtæfənɪ] s. metafonia
metaphor [ˈmetəfər] s. metáfora; *to speak in metaphors* falar por metáforas
metaphoric [ˌmetəˈfɒrɪk] adj. metafórico
metaphorical [ˌmetəˈfɒrɪkəl] adj. metafórico
metaphorically [ˌmetəˈfɒrɪkəlɪ] adv. metaforicamente
metaphorist [ˈmetəfərɪst] s. metaforista
metaphosphate [ˌmetəˈfɒsfeɪt] s. QUÍMICA metafosfato
metaphosphoric [ˌmetəfɒsˈfɒrɪk] adj. QUÍMICA metafosfórico
metaphrase [ˈmetəfreɪz] s. metáfrase
metaphrast [ˈmetəfræst] s. metafrasta
metaphrastic [ˌmetəˈfræstɪk] adj. metafrástico
metaphysical [ˌmetəˈfɪzɪkəl] adj. metafísico
metaphysically [ˌmetəˈfɪzɪkəlɪ] adv. metafisicamente
metaphysician [ˌmetəfɪˈzɪʃən] s. metafísico, pessoa versada em metafísica
metaphysicize [ˌmetəˈfɪzɪsaɪz] v.tr. metafisicar, falar metafisicamente, falar de modo abstracto
metaphysics [ˌmetəˈfɪzɪks] s. metafísica
metaplasia [ˌmetəˈpleɪzɪə] s. MEDICINA metaplasia

metaphsychic [ˌmetəˈsaɪkɪk] *adj.* metapsíquico
metaphsychical [ˌmetəˈsaɪkɪkəl] *adj.* metapsíquico
metaplasm [ˈmetəplæzəm] *s.* 1 LINGUÍSTICA metaplasmo; 2 BIOLOGIA deutoplasma, parte do protoplasma que contém os elementos formativos
metapsychics [ˌmetəˈsaɪkɪks] *s.* metapsíquica
metastasis [məˈtæstəsɪs] *s.* MEDICINA, LINGUÍSTICA metástase
metastasize [mɪˈtæstəsaɪz] *v.intr.* MEDICINA (cancro) fazer a metástase, espalhar-se
metastatic [ˌmetəˈstætɪk] *adj.* metastático
metatarsal [ˌmetəˈtɑːsəl] *adj.* metatársico, metatarsiano
metatarsus [ˌmetəˈtɑːsəs] *s.* (pl. -i) metatarso
metathesis [məˈtæθɪsɪs] *s.* (pl. -eses) CIRURGIA, FILOSOFIA, LINGUÍSTICA metátese
metathorax [ˌmetəˈθɔːræks] *s.* ZOOLOGIA metatórax
Metazoa [ˌmetəˈzəʊə] *pl. de* metazoon
metazoan [ˌmetəˈzəʊən] Ⓐ *adj.* metazoário Ⓑ *s.* metazoário
metazoic [ˌmetəˈzəʊɪk] *adj.* metazoário
metazoon [ˌmetəˈzəʊɒn] *s.* (pl. -zoa) metazoário
mete [miːt] Ⓐ *v.tr.* 1 [lit.] medir; 2 (punição) administrar; mandar executar Ⓑ *s.* (delimitação) marco
◆ **mete out** *v.intr.* ordenar execução de punição [**to**, a]
Metellus [mɪˈteləs] *s.antr.* Metelo
metempsychosis [ˌmetəmsaɪˈkəʊsɪs] *s.* (pl. -oses) metempsicose
meteor [ˈmiːtɪɔː, ˈmiːtɪə] *s.* meteoro ❖ ~ *shower* chuva de estrelas
meteoric [ˌmiːtɪˈɒrɪk] *adj.* 1 meteórico; 2 [fig.] (rápido) fulgurante ❖ ASTRONOMIA ~ *stone* aerólito
meteorically [ˌmiːtɪˈɒrɪkəli] *adv.* 1 meteoricamente; 2 como um meteoro
meteorism [ˈmiːtɪərɪzəm] *s.* MEDICINA meteorismo
meteorite [ˈmiːtɪəraɪt] *s.* ASTRONOMIA meteorito
meteoritic [ˌmiːtɪəˈrɪtɪk] *adj.* meteorítico
meteorograph [ˈmiːtɪərəgræf] *s.* meteorógrafo
meteoroid [ˈmiːtɪərɔɪd] *s.* ASTRONOMIA meteoróide
meteorolite [ˈmiːtɪərəlaɪt] *s.* ⇒ **meteorite**
meteorological [ˌmiːtɪərəˈlɒdʒɪkəl] *adj.* meteorológico
meteorologist [ˌmiːtɪəˈrɒlədʒɪst] *s.* meteorologista
meteorology [ˌmiːtɪəˈrɒlədʒɪ] *s.* meteorologia
meter [ˈmiːtə] Ⓐ *s.* 1 (medição) contador; *electricity/gas/water* ~ contador de electricidade/gás/água; *to turn off the gas at the* ~ fechar o gás; 2 registo; 3 [EUA] ⇒ **metre** Ⓑ *v.tr.* medir com contador ❖ ELECTRICIDADE ~ *board* quadro de contadores; ~ *reading* leitura do contador; registo do contador; ~ *testing* verificação de contadores
meterage [ˈmiːtərɪdʒ] *s.* 1 medida, medição; 2 medição por intermédio do condutor
Meth. [abrev. de Methodist]
methadon [ˈmeθədɒn] *s.* ⇒ **methadone**
methadone [ˈmeθədəʊn] *s.* FARMÁCIA metadona
methane [ˈmiːθeɪn, ˈmeθeɪn] *s.* QUÍMICA metano, gás dos pântanos, gás das minas, grisu, formeno
methanol [ˈmeθənɒl] *s.* QUÍMICA metanol
metheglin [meˈθeglɪn] *s.* [dial.] hidromel
methinks [mɪˈθɪŋks] *v.intr.* (prt. **methought**) [arc.] parece-me, julgo
methionic [meθɪˈɒnɪk] *adj.* QUÍMICA metiónico, metilenodissulfónico
method [ˈmeθəd] *s.* 1 método; 2 processo; sistema; maneira; 3 ordem, ordenação; regularidade; 4 BIOLOGIA sistema de classificação ❖ *experimental* ~ método experimental; MILITAR *tactical methods* processos tácticos; MECÂNICA ~ *of gearing* modo de accionamento; ~ *of manufacture* processo de fabrico; ~ *of payment* modalidade de pagamento; ~ *of working* método de trabalho; *a man of* ~ um homem metódico; *there's* ~ *in his madness* não é tão tolo como parece; *to work without* ~ trabalhar sem método
methodical [mɪˈθɒdɪkəl] *adj.* 1 metódico; com método; *a* ~ *person* uma pessoa metódica; *to be* ~ ser metódico, trabalhar com método; 2 regular; constante
methodically [mɪˈθɒdɪkəli] *adv.* com método, metodicamente

Methodism [ˈmeθədɪzəm] *s.* metodismo, religião dos metodistas
Methodist [ˈmeθədɪst] *adj.,s.* RELIGIÃO metodista
methodistic [ˌmeθəˈdɪstɪk] *adj.* 1 que se prende demasiadamente a um método; 2 excessivamente rígido no seu método
methodistical [ˌmeθəˈdɪstɪkəl] *adj.* 1 que se prende demasiadamente a um método; 2 excessivamente rígido no seu método
methodize [ˈmeθədaɪz] *v.tr.* 1 metodizar, regular; 2 ordenar de acordo com determinado método
methodological [ˌmeθədəˈlɒdʒɪkl] *adj.* metodológico
methodology [ˌmeθəˈdɒlədʒɪ] *s.* metodologia
methol [ˈmeθɒl] *s.* QUÍMICA metol
methought [mɪˈθɔːt] *prt. de* **methinks**
Methuselah [meˈθjuːzɪlə] *s.antr.* RELIGIÃO (Bíblia) Matusalém
methyl [ˈmeːθɪl] *s.* QUÍMICA metilo ❖ QUÍMICA ~ *alcohol* álcool metílico
methylamine [ˈmeθɪləmɪn] *s.* QUÍMICA metilamina
methylate [ˈmeθɪleɪt] *v.tr.* QUÍMICA metilar, introduzir o radical metilo num composto
methylated [ˈmeθɪleɪtɪd] *adj.* QUÍMICA metilado ❖ QUÍMICA ~ *spirit* álcool desnaturado
methylene [ˈmeθɪliːn] *s.* QUÍMICA metileno
methylic [məˈθɪlɪk] *adj.* QUÍMICA metílico
metic [ˈmetɪk] *s.* HISTÓRIA meteco, estrangeiro em Atenas
metical [ˈmetɪkəl] *s.* (moeda de Moçambique) metical
meticulosity [mɪˌtɪkjʊˈlɒsɪtɪ] *s.* meticulosidade
meticulous [mɪˈtɪkjʊləs] *adj.* 1 meticuloso; *to be* ~ *about sth* ser meticuloso em relação a algo; 2 cuidadoso [**in**, com]
meticulously [mɪˈtɪkjʊləslɪ] *adv.* meticulosamente
meticulousness [mɪˈtɪkjʊləsnɪs] *s.* meticulosidade
métier [ˈmetɪeɪ] *s.* 1 vocação; 2 ponto forte; 3 domínio; 4 ofício, profissão
meting [ˈmiːtɪŋ] *s.* medição ❖ ~ *out* distribuição
metis [ˈmeɪtɪs] *s.* [Can.] mestiço
metman [ˈmetmən] *s.* [coloq.] oficial dos Serviços de Meteorologia
metol [ˈmetɒl] *s.* QUÍMICA metol, genol (usado como revelador em fotografias)
Metonic [meˈtɒnɪk] *adj.* ASTRONOMIA metónico, metoniano ❖ ~ *cycle* ciclo metónico
metonymic [ˌmetəˈnɪmɪk] *adj.* metonímico
metonymical [ˌmetəˈnɪmɪkəl] *adj.* ⇒ **metonymic**
metonymy [mɪˈtɒnɪmɪ] *s.* metonímia
metope [ˈmetəʊp] *s.* ARQUITECTURA metope, métopa
metralgia [mɪˈtrældʒə, mɪˈtrældʒɪə] *s.* MEDICINA metralgia, dor uterina
metre [ˈmiːtə] *s.* 1 (unidade de medida) metro (= 39,37 polegadas); 2 LITERATURA métrica, medida de verso; ritmo poético ❖ *cubic* ~ metro-cúbico; *linear* ~ metro-linear; *square* ~ metro-quadrado; *stacked cubic* ~ estere
metric [ˈmetrɪk] *adj.* métrico ❖ ~ *carat* quilate métrico; ~ *measure* medida métrica; ~ *system* sistema métrico; ~ *ton* tonelada métrica
metrical [ˈmetrɪkəl] *adj.* 1 métrico; relativo ao metro ou à métrica de versos; 2 que implica medição
metricate [ˈmetrɪkeɪt] *v.tr.* 1 converter no sistema métrico; 2 introduzir o sistema métrico
metrication [ˌmetrɪˈkeɪʃən] *s.* introdução do sistema métrico
metricator [ˌmetrɪˈkeɪtə] *s.* defensor da introdução do sistema métrico em Inglaterra
metrician [meˈtrɪʃən] *s.* 1 metrificador; 2 versejador
metrics [ˈmetrɪks] *s.* métrica
metrist [ˈmetrɪst] *s.* versificador, versejador
metritis [mɪˈtraɪtɪs] *s.* MEDICINA metrite, inflamação crónica ou aguda do útero
metrological [ˌmetrəˈlɒdʒɪkəl] *adj.* metrológico
metrology [meˈtrɒlədʒɪ] *s.* metrologia
metromania [ˌmetrəˈmeɪnɪə] *s.* metromania
metromaniac [ˌmetrəˈmeɪnɪæk] *s.* metrómano, pessoa com a mania de fazer versos
metronome [ˈmetrənəʊm] *s.* metrónomo, instrumento destinado a fixar o tempo musical
metronomic [ˌmetrəˈnɒmɪk] *adj.* metronómico

metropolis [mɪˈtrɒpəlɪs] s. 1 metrópole, capital; 2 sede arquidiocesana

metropolitan [ˌmetrəˈpɒlɪtən] Ⓐ adj. metropolitano; ~ *area* área metropolitana; ~ *police* polícia metropolitana Ⓑ s. 1 habitante de grande cidade; 2 RELIGIÃO arcebispo; metropolita ❖ ~ *church* igreja metropolitana

metropolite [meˈtrɒpəlaɪt] s. metropolita, arcebispo nas igrejas de rito russo ou grego

metrorrhagia [ˌmiːtrəˈreɪdʒə, ˌmiːtrəˈreɪdʒɪə] s. MEDICINA metrorragia, hemorragia uterina

metrosexual [ˌmetrəʊˈsekʃʊəl] adj.,s. metrossexual

mettle [ˈmetl] s. 1 energia, ardor, impetuosidade, fervor; 2 temperamento, maneira de ser; 3 (cavalo) fogosidade ❖ ~ *of youth* fogosidade da juventude; *a man of* ~ homem corajoso, enérgico; *to be full of* ~ estar cheio de coragem; estar cheio de energia; *to be on one's* ~ meter-se em brios; *to be put on one's* ~ ver a sua coragem posta à prova; *to show one's* ~ mostrar aquilo de que se é capaz

mettlesome [ˈmetlsəm] adj. vivo, enérgico, impetuoso, corajoso

mew [mjuː] Ⓐ s. 1 ZOOLOGIA gaivota vulgar; 2 (gatos) mio, miada; 3 gaiola para falcões Ⓑ v.tr.,intr. 1 (gato) miar; 2 (gaivota) piar; 3 (falcão) fechar em gaiola, encerrar numa gaiola; 4 [fig.] prender, enclausurar, encarcerar; 5 [arc.] mudar de penas, estar na muda ❖ *to* ~ *oneself up from the world* retirar-se do mundo; enclausurar-se

mewl [mjuːl] v.intr. 1 choramingar, soltar vagidos; 2 (criança) chorar; 3 (gato) miar

mewling [ˈmjuːlɪŋ] Ⓐ adj. que chora Ⓑ s. 1 choro; 2 vagidos; 3 miada, mio

mews [mjuːz] s. estábulos, cavalariças, estrebarias (geralmente à volta de pátio aberto)

Mexican [ˈmeksɪkən] adj.,s. mexicano

Mexico [ˈmeksɪkəʊ] s.top. México

mezereon [məˈzɪərɪən] s. BOTÂNICA mezereão

mezzanine [ˈmezəniːn] s. 1 mezanino, andar pouco elevado, geralmente entre o rés-do-chão e o primeiro andar; 2 sobreloja; 3 TEATRO soalho por baixo do palco

mezza voce [ˌmedzəˈvəʊtʃe] adv. MÚSICA a meia voz

mezzo-relievo [ˌmetsəʊriˈleɪvəʊ] s. meio relevo

mezzo-soprano [ˌmetsəʊsəˈprɑːnəʊ] s. meio-soprano, voz entre soprano e contralto

mezzotint [ˈmetsəʊtɪnt] Ⓐ s. mezzo-tinto, gravura em que a chapa é preparada de modo a oferecer um fundo negro Ⓑ v.tr. gravar a mezzo-tinto

mezzotinter [ˈmetsəʊtɪntə] s. gravador de mezzo-tinto

MF [abrev. de Master of Forestry]

MFA [ˌemefˈeɪ] [abrev. de Master of Fine Arts] licenciado em Belas Artes

mfd [abrev. de manufactured]

MFH [GB] [abrev. de Master of Foxhounds]

mg [abrev. de milligram]

Mg QUÍMICA [símbolo de magnesium]

Mgr Ⓐ [abrev. de Monsignor] Ⓑ [abrev. de Monseigneur]

MH [abrev. de Most Honourable]

MHA [abrev. de Member of the House of Assembly]

mi [miː] s. MÚSICA mi

MI Ⓐ [abrev. de Michigan] Ⓑ [abrev. de Military Intelligence] Ⓒ MEDICINA [abrev. de myocardial infarction]

MI5 [emaɪˈfaɪv] (antigo nome da *British Military Intelligence*) [ant.] [abrev. de Military Intelligence Section 5]

MIA MILITAR [abrev. de missing in action]

miaou [mɪˈaʊ] s.,v.intr. ⇒ **miaow**

miaow [mɪˈaʊ] Ⓐ s. mio, miadela, miado (de gato) Ⓑ v.intr. miar

miasma [mɪˈæzmə] s. (pl. -**ta** ou -**s**) miasma

miasmal [mɪˈæzməl] adj. ⇒ **miasmatic**

miasmatic [mɪəzˈmætɪk] adj. miasmático, que exala miasmas

miaul [mɪaʊl] v.tr.,intr. 1 miar como um gato; 2 cantar de modo que mais parece um gato a miar

miauling [ˈmɪaʊlɪŋ] s. miado, mio

mica [ˈmaɪkə] s. MINERALOGIA mica ❖ MINERALOGIA ~ *schist/slate* micaxisto; MINERALOGIA *rhombic* ~ flogopite; MINERALOGIA *white* ~ mica branca

micaceous [maɪˈkeɪʃəs] adj. micáceo, micácico

mice [maɪs] pl. de **mouse**[1]

MICE [abrev. de Member of the Institute of Civil Engineers]

Mich. Ⓐ [abrev. de Michaelmas] Ⓑ [abrev. de Michigan]

Michael [ˈmaɪkl] s.antr. Miguel

Michaelmas [ˈmɪklməs] s. (29 de Setembro) festa de S. Miguel, dia de S. Miguel ❖ BOTÂNICA ~ *daisy* margarida-do-outono

Michelangelesque [maɪkəlˌændʒəˈlesk] adj. miguelangelesco, relativo a Miguel Ângelo

Michelangelo [ˌmaɪkəlˈændʒɪləʊ] s.antr. Miguel Ângelo

Michigander [mɪʃɪˈɡændə] s. habitante do Michigan

Mick [mɪk] s. 1 {dim. de **Michael**}; 2 [coloq.] irlandês

mickle [ˈmɪkl] adj.,s. 1 [arc.] (escola) muito, grande; 2 grande quantidade de ❖ *many a little/pickle makes a* ~ muitos poucos fazem muito

microampere [ˌmaɪkrəʊˈæmpeə] s. ELECTRICIDADE microampere

microbalance [ˌmaɪkrəʊˈbæləns] s. FÍSICA microbalança

microbe [ˈmaɪkrəʊb] s. micróbio

microbial [maɪˈkrəʊbɪəl] adj. microbiano, microbial

microbic [maɪˈkrəʊbɪk] adj. micróbico

microbicide [maɪˈkrəʊbɪsaɪd] s. microbicida

microbiological [ˌmaɪkrəʊbaɪəˈlɒdʒɪkəl] adj. microbiológico

microbiologist [ˌmaɪkrəʊbaɪˈɒlədʒɪst] s. microbiólogo

microbiology [ˌmaɪkrəʊbaɪˈɒlədʒɪ] s. microbiologia

microcephalic [ˌmaɪkrəʊsɪˈfælɪk] adj.,s. 1 microcefálico; 2 microcéfalo

microcephalous [ˌmaɪkrəʊˈsefələs] adj. microcéfalo

microcephaly [ˌmaɪkrəʊˈsefəlɪ] s. microcefalia

microchemistry [ˌmaɪkrəʊˈkemɪstrɪ] s. microquímica

microchip [ˈmaɪkrəʊtʃɪp] s. ELECTRICIDADE microchip

microcircuit [ˈmaɪkrəʊsɜːkɪt] s. (electrónica) microcircuito

microclimate [ˈmaɪkrəʊklaɪmɪt] s. microclima

micrococcus [ˌmaɪkrəʊˈkɒkəs] s. ⟨pl. -**cocci**⟩ micrococo

microcomputer [ˌmaɪkrəʊkəmˈpjuːtə] s. INFORMÁTICA microcomputador

microcomputing [ˌmaɪkrəʊkəmˈpjuːtɪŋ] s. INFORMÁTICA microinformática

microcosm [ˈmaɪkrəʊkɒzəm] s. microcosmo

microcosmic [ˌmaɪkrəʊˈkɒzmɪk] adj. microcósmico

microeconomics [ˌmaɪkrəʊiːkəˈnɒmɪks] s. microeconomia

microelectronics [ˌmaɪkrəʊɪlekˈtrɒnɪks] s. microelectrónica

microfarad [ˌmaɪkrəʊˈfærəd] s. ELECTRICIDADE microfarad

microfilm [ˈmaɪkrəʊfɪlm] Ⓐ s. microfilme Ⓑ v.tr. microfilmar ❖ ~ *projector* projector para microfilmes

micrography [maɪˈkrɒɡrəfɪ] s. micrografia

microhm [ˈmaɪkrəʊm] s. ELECTRICIDADE microhm, medida de resistência eléctrica equivalente a um milésimo de ohm

microlith [ˈmaɪkrəʊlɪθ] s. MINERALOGIA micrólito

micrology [maɪˈkrɒlədʒɪ] s. micrologia

micrometer [maɪˈkrɒmɪtə] s. micrómetro ❖ ~ *caliper/calliper* micrómetro; ~ *scale* escala de micrómetro

micrometric [ˌmaɪkrəʊˈmetrɪk] adj. micrométrico

micrometrical [ˌmaɪkrəʊˈmetrɪkəl] adj. micrométrico

micrometry [maɪˈkrɒmətrɪ] s. micrometria

micromillimetre [ˌmaɪkrəʊˈmɪlɪmiːtə] s. milimícron

micron [ˈmaɪkrən, ˈmaɪkrɒn] s. mícron

Micronesian [maɪkrəˈniːzɪə, maɪkrəˈniːʒə] s.top. Micronésia

Micronesian [maɪkrəˈniːzɪən, maɪkrəˈniːʒən] adj.,s. micronésio

micronutrient [ˌmaɪkrəʊˈnjuːtrɪənt] s. BIOLOGIA micronutriente

microorganism [ˌmaɪkrəʊˈɔːɡənɪzəm] s. BIOLOGIA microorganismo

microphone [ˈmaɪkrəfəʊn] s. microfone ❖ ~ *amplifier* amplificador para microfone; *chest* ~ microfone de lapela; microfone de usar ao peito; CINEMA *following* ~ microfone electrodinâmico

microphonic [maɪkrəˈfɒnɪk] adj. microfónico

microphonous [maɪˈkrɒfənəs] adj. microfónico

microphotograph [ˌmaɪkrəʊˈfəʊtəɡrɑːf] s. 1 microfotografia; 2 fotografia de objecto microscópico em imagem aumentada

microphotography [ˌmaɪkrəʊfəˈtɒɡrəfɪ] s. (arte, actividade) microfotografia

microphyllous [maɪˈkrɒfɪləs] adj. BOTÂNICA microfilo, com folhas muito pequenas

microphyte [ˈmaɪkrəfaɪt] s. BOTÂNICA micrófito

microprobe ['maɪkrəʊprəʊb] s. microssonda
microprocessor [,maɪkrəʊ'prəʊsəsə] s. INFORMÁTICA microprocessador
micropyle ['maɪkrəʊpaɪl] s. BIOLOGIA micrópilo
microscope ['maɪkrəskəʊp] s. microscópio; *binocular ~* microscópio binocular; *to examine under the ~* examinar ao microscópio; *visible under the ~* visível ao microscópio
microscopic [,maɪkrə'skɒpɪk] adj. **1** microscópico; *~ examination* exame microscópico; **2** ao microscópio; **3** ínfimo; mínimo; minúsculo ❖ *with ~ care* com máximo cuidado; *with ~ precision* com precisão milimétrica
microscopical [,maɪkrə'skɒpɪkəl] adj. ⇒ **microscopic**
microscopically [,maɪkrə'skɒpɪkəlɪ] adv. microscopicamente
microscopist [maɪ'krɒskəpɪst] s. microscopista
microscopy [maɪ'krɒskəpɪ] s. microscopia
microseism [,maɪkrəʊ'saɪzm] s. GEOLOGIA microssismo
microseismograph [,maɪkrəʊ'saɪzməgrɑːf] s. microssismógrafo
microskirt ['maɪkrəʊskɜːt] s. VESTUÁRIO saia muito curta, micro-saia
microspore ['maɪkrəspɔː] s. BOTÂNICA micrósporo
microstome ['maɪkrəstəʊm] s. ZOOLOGIA micróstoma
microstructural [,maɪkrəʊ'strʌktʃərəl] adj. microestrutural
microstructure ['maɪkrəʊstrʌktʃə] s. microestrutura
microsurgery ['maɪkrəʊˌsɜːdʒərɪ] s. CIRURGIA microcirurgia
microtelephone [,maɪkrəʊ'telɪfəʊn] s. microtelefone
microtherm ['maɪkrəʊθɜːm] s. microtermia
microtome ['maɪkrəˌtəʊm] s. micrótomo, aparelho empregado em histologia para obter cortes extremamente finos destinados à observação microscópica
microvolt ['maɪkrəˌvəʊlt] s. ELECTRICIDADE microvolt
microwave ['maɪkrəweɪv] Ⓐ s. microonda Ⓑ v.tr. cozinhar no microondas ❖ *~ (oven)* (forno) microondas
microzoa [,maɪkrəʊ'zəʊə] s.pl. microzoários
microzoan [,maɪkrəʊ'zəʊən] adj. microzoário
microzyme ['maɪkrəʊzaɪm] s. microzima, granulação amilácea e amorfa do protoplasma
micturate ['mɪktjʊreɪt] v.intr. **1** urinar; **2** praticar a micturação
micturition [mɪktjʊ'rɪʃən] s. micção
mid [mɪd] Ⓐ adj. (superl. **midmost**) central; do meio; médio; *in the mid-nineties* em meados dos anos 90; *she's in her mid-twenties* ela tem vinte e tal anos, ela anda à volta dos 25 anos; *in mid-September* a meio do mês de Setembro; *from mid-April to mid-May* desde os meados de Abril até aos meados de Maio; *~ month* meio do mês; *in ~ ocean/sea* no alto mar, no meio do mar; *in mid-Channel* no meio do canal da Mancha; *~ position* posição média, posição central Ⓑ prep. [poét.] ⇒ **amid** Ⓒ s. [arc.] meio
midafternoon [mɪdɑːftə'nuːn] Ⓐ s. meio da tarde Ⓑ adj.,adv. a meio da tarde
midair [mɪd'eə] Ⓐ s. ar; céu; *in ~* no ar, no céu Ⓑ adj.,adv. no ar; em pleno céu ❖ *to leave sth in ~* deixar algo em suspenso
midbrain ['mɪdbreɪn] s. ANATOMIA mesencéfalo
midcareer [mɪdkə'rɪə] Ⓐ s. fase intermédia da carreira Ⓑ adj. da fase intermédia da carreira Ⓒ adv. durante a fase intermédia da carreira
midcontinent [mɪd'kɒntɪnənt] adj. que está no centro de um continente; *the ~ countries* as nações centrais do continente
midcourse ['mɪdkɔːs] Ⓐ s. **1** meio do caminho; meio do percurso; *in ~* a meio do caminho, a meio do percurso; **2** solução intermédia; meio-termo [**between**, entre]; compromisso [**between**, entre] Ⓑ adj. **1** intermédio; **2** a meio do percurso
midday [,mɪd'deɪ] s. meio-dia *at midday* ao meio-dia ❖ *~ meal* refeição do meio-dia
midden ['mɪdn] s. [dial.] pilha de estrume, estrumeira ❖ ARQUEOLOGIA (sobretudo ossos, etc.) *kitchen ~* restos de cozinha
midder ['mɪdə] s. [cal.] (escola) obstetrícia
middle ['mɪdl] Ⓐ s. **1** meio; *in the ~ of* no meio de; a meio de; *in the very ~ of/right in the ~ of* exactamente no meio de; mesmo no meio de; *to divide/split sth down the ~* dividir algo ao meio; **2** centro, parte central, ponto central; **3** [coloq.] cintura, cinta; *he is up to his ~ in water* está metido na água até à cintura; *round one's ~* na cinta, em volta da cintura;
4 [coloq.] barriga; *I've got a pain in my ~* dói-me a barriga; **5** LÓGICA meio termo Ⓑ adj. **1** médio, do meio; do meio; central; *~ height* altura média; *~ position* posição média, posição central; *~ size* tamanho médio; *the ~ house* a casa do meio; *my ~ brother* o meu irmão do meio; **2** intermédio, intermediário Ⓒ v.tr. **1** colocar no centro; **2** DESPORTO (futebol) centrar, lançar (a bola) duma ponta para o centro em frente da baliza; **3** NÁUTICA dobrar pelo meio ❖ *~ age* meia-idade; HISTÓRIA *Middle Ages* Idade Média; TELEVISÃO *~ break* intervalo para publicidade; MÚSICA *~ C* dó central; *~ class* classe média; NÁUTICA *~ deck* segunda coberta; (pintura, fotografia, desenho) *~ distance* plano médio; (atletismo) *~ distance* meio-fundo; média extensão; ANATOMIA *~ ear* ouvido médio; *Middle East* Médio Oriente; *~ finger* (dedo) médio; *~ ground* base de entendimento; *Middle Kingdom* Médio Império (no Egipto); Império do Meio (a China); *~ name* nome do meio; principal qualidade; *~ school* escola preparatória; LÓGICA *~ term* termo médio; LINGUÍSTICA (gramática) *~ voice* voz média; NÁUTICA *~ watch* quarto da modorra; *caught in the ~* apanhado no meio (das duas partes numa discussão); *in the ~ of nowhere* no fim do mundo; longe de tudo e de todos; nos confins; LÓGICA *principle of excluded ~* princípio do meio excluído; princípio do terceiro excluído; (interrupção) *she was in the ~ of writing* ela estava precisamente a escrever; *the ~ of life* a idade madura; *to be in the ~ of (doing sth)* estar a meio de (fazer algo); estar ocupado a (fazer algo); estar precisamente a (fazer algo); *to steer/take the ~ course* optar por uma posição intermédia, moderada
middle-aged [,mɪdl'eɪdʒd] adj. **1** de meia-idade; de certa idade; **2** [depr.] quadrado; convencional; retrógrado ❖ [coloq., joc.] (cintura) *~ spread* pneu
middlebrow ['mɪdlbraʊ] Ⓐ s. pessoa com interesses culturais medianos Ⓑ adj. **1** mediano; **2** convencional, regular; **3** medianamente culto
middle-class ['mɪdlklɑːs] adj. **1** de classe média; **2** [depr.] burguês; *~ prejudices* preconceitos burgueses; *~ society* sociedade burguesa
middle-distance [,mɪdl'dɪstəns] adj. **1** DESPORTO (atletismo) de meio-fundo, de média extensão; *~ race* corrida de meio-fundo; *~ runner* corredor de meio-fundo; **2** (paisagem) em segundo plano; em plano médio
middleman ['mɪdlmæn] s. (pl. **-men**) **1** COMÉRCIO intermediário; revendedor; **2** medianeiro
middlemost ['mɪdlməʊst] adj. **1** o mais central; **2** o mais ao meio
middle-of-the-road [,mɪdləvðə'rəʊd] Ⓐ adj. **1** moderado; **2** (música) comercial, dirigido ao grande público Ⓑ s. música comercial
middle-sized [,mɪdl'saɪzd] adj. de tamanho médio
middleweight ['mɪdlweɪt] Ⓐ s. DESPORTO peso médio Ⓑ adj. de peso médio
middlewoman ['mɪdlwʊmən] s. **1** intermediária; **2** revendedora
middling ['mɪdlɪŋ] Ⓐ adj. **1** sofrível; nem muito bom nem muito mau; **2** mediano; razoável; de qualidade média Ⓑ adv. **1** razoavelmente; toleravelmente; **2** sofrivelmente; assim-assim ❖ *how are you? I am only ~* como estás tu? vai-se andando; *of ~ capacity* de capacidade média; *to be of ~ height* ser de estatura média; *to be ~ good* ser razoável
middlings ['mɪdlɪŋz] s.pl. COMÉRCIO artigos de segunda qualidade
Middx [abrev. de Middlesex]
middy ['mɪdɪ] s. (pl. **-ies**) **1** NÁUTICA ⇒ **midshipman**; **2** VESTUÁRIO blusa à marinheiro
midfield ['mɪdfiːld] s. DESPORTO (futebol) médio
midfielder ['mɪdfiːldə] s. DESPORTO (futebol) médio
midge [mɪdʒ] s. **1** mosquito; **2** (ofensivo) anão, indivíduo de estatura insignificante
midget ['mɪdʒɪt] Ⓐ s. **1** anão; **2** miniatura Ⓑ adj. **1** em miniatura; **2** minúsculo; *a ~ TV set* um televisor minúsculo
midgut ['mɪdgʌt] s. BIOLOGIA mesentério, intestino médio
MIDI INFORMÁTICA [abrev. de musical instrument digital interface]
Midianite ['mɪdɪənaɪt] adj.,s. **1** madianita; **2** natural ou habitante de Madiã
midi-skirt ['mɪdɪskɜːt] s. VESTUÁRIO saia pelo joelho, saia de comprimento médio

midland ['mɪdlənd] ⓐ adj. 1 do centro; central; 2 [GB] dos condados centrais da Inglaterra ⓑ s. centro de país ❖ *the Midlands* os condados centrais da Inglaterra; *the Midland Sea* o Mediterrâneo

midleg ['mɪdleg, mɪd'leg] ⓐ s. meio da perna ⓑ adv. no meio da perna; até meio da perna; *midleg deep in water* com água até meio da perna

midlife ['mɪdlaɪf] s. meia-idade; *in ~* de meia-idade ❖ *~ crisis* crise da meia-idade

midmost ['mɪdməʊst] ⓐ superl. de mid ⓑ adv. 1 totalmente ao centro; 2 centralmente ⓒ s. 1 a parte mais central; 2 âmago; 3 centro

midnight ['mɪdnaɪt] s. meia-noite; *at ~* à meia-noite ❖ *~ snack* refeição nocturna; *~ sun* sol da meia-noite; *to burn the ~ oil* trabalhar até tarde; trabalhar até altas horas

midnoon [mɪd'nu:n] s. [ant.] ⇒ midday

midpoint ['mɪdpɔɪnt] s. 1 meio; *at ~* a meio; 2 ponto intermédio; 3 ponto central; GEOMETRIA *~ of curve* ponto central da curva

mid-position [,mɪdpə'zɪʃən] s. posição intermédia; posição central

midrib ['mɪdrɪb] s. BOTÂNICA nervura mediana (de folha)

midriff ['mɪdrɪf] s. 1 barriga; 2 ANATOMIA [ant.] diafragma; 3 VESTUÁRIO top curto ❖ [coloq.] *to shake/tickle the ~* rebentar de riso

mid-rise ['mɪdraɪz] ⓐ s. [EUA] edifício com cinco a dez andares ⓑ adj. [EUA] com cinco a dez andares

midsection ['mɪdsekʃən] s. 1 secção central; 2 região média

midship ['mɪdʃɪp] s. NÁUTICA meia-nau, meio do navio

midshipman ['mɪdʃɪpmæn] s. (pl. -men) aspirante de marinha

midshipmite ['mɪdʃɪpmaɪt] s. NÁUTICA [joc.] ⇒ midshipman

midships ['mɪdʃɪps] adv. a meia-nau

midsize ['mɪdsaɪz] adj. (tamanho) médio

midsized ['mɪdsaɪzd] adj. (tamanho) médio

midst [mɪdst] ⓐ s. meio; centro, parte central ⓑ adv. 1 no meio; 2 em segundo lugar ⓒ prep. [poét.] entre, no meio de; no seio de ❖ *first, ~ and last* em primeiro, segundo e último lugar; *from the ~ of* do meio de; de entre; *in our ~* entre nós; no nosso seio; *in their ~* entre eles; *in the ~ of* no meio de; entre; *in the ~ of reading* no meio da leitura; a ler; enquanto lia

midstream [,mɪd'stri:m] s. corrente dum rio ❖ *in ~* no meio da corrente; *to stop in ~* parar a meio

midsummer [,mɪd'sʌmə] s. 1 solstício do Verão; 2 pleno Verão ❖ *Midsummer Day* dia de S. João (24 de Junho); *~ madness* ponto mais intenso de loucura; *a Midsummer Night's Dream* Sonho de Uma Noite de Verão

midterm ['mɪdtɜ:m] s. 1 (escola) meio do semestre; meio do período; 2 [EUA, Can.] (escola) exame realizado a meio do ano escolar; 3 meio do mandato; 4 meio do período de gestação

midtown ['mɪdtaʊn] s. (cidade) centro

midway [,mɪd'weɪ, 'mɪdweɪ] ⓐ adv. 1 a meio caminho; 2 a meia distância; 3 num ponto intermediário ⓑ s. alameda principal de exposição ou feira

midweek ['mɪdwi:k] ⓐ s. meio da semana ⓑ adj.,adv. do/no meio da semana

midwife ['mɪdwaɪf] s. (pl. -wives) parteira

midwifery [,mɪd'wɪfərɪ, 'mɪdwaɪfərɪ] s. 1 obstetrícia; 2 profissão de parteira

midwinter [,mɪd'wɪntə] s. 1 solstício do Inverno; 2 pleno Inverno

MIEE [abrev. de Member of the Institution of Electrical Engineers]

mien [mi:n] s. [lit.] semblante; expressão; ar; aspecto; *of pleasing ~* de aspecto agradável; *with a sorrowful ~* de semblante pesaroso

miff [mɪf] ⓐ s. 1 [coloq.] mau humor; *to be in a ~* estar de mau humor; 2 [coloq.] zanga, questiúncula, desavença ⓑ v.tr.,intr. (particípios -ff-) 1 [coloq.] pôr maldisposto, aborrecer; 2 [coloq.] zangar(-se), irritar(-se) [*at*, por causa de]; 3 [coloq.] ofender

miffed [mɪfd] adj. 1 [coloq.] chateado; 2 [coloq.] ofendido

miffy ['mɪfɪ] adj. (superl. -iest, comp. -ier) [coloq., depr.] susceptível, irritável, melindroso

might [maɪt] ⓐ s. 1 poder; poderio; 2 força; potência; *~ against right* a força contra o direito; *to work with all one's ~* trabalhar com toda a força; 3 grande energia; *with ~ and main* com toda a energia ⓑ v.aux.,mod. 1 [form.] (permissão) poder; *~ I suggest sth?* poderei eu sugerir uma coisa?; 2 (hipótese) poder; ser possível; *it ~ even be true* pode até ser verdade!; *I wish I ~ do it!* quem me dera poder fazer isso!; ⓒ prt. de may ❖ *I ~ have known!* eu devia ter adivinhado!; *you ~ have told me!* podias ter-me dito!; *you ~ at least let him know* podias ao menos mandar-lhe dizer

might-have-been ['maɪthəv,bi:n] ⓐ s. 1 esperança não cumprida; coisa que poderia ter acontecido; possibilidade passada; 2 fracasso; 3 (pessoa) falhado ⓑ adj. que podia ter sido; não cumprido; falhado, fracassado

mightily ['maɪtɪlɪ] adv. 1 poderosamente; fortemente; 2 enormemente; 3 extremamente; *he was ~ indignant* ele estava extremamente indignado

mightiness ['maɪtɪnɪs] s. 1 força, potência, poderio; 2 grandeza

mighty ['maɪtɪ] ⓐ adj. (comp. -ier, superl. -iest) 1 poderoso, potente; 2 possante; forte; 3 enorme, muito grande; grandioso; *the ~ ocean* o enorme oceano ⓑ adv. [coloq.] extremamente, muito; *he is ~ rich* ele é extremamente rico ❖ RELIGIÃO (Bíblia) *~ works* prodígios; milagres; [coloq.] *high and ~* arrogante e presunçoso; *I am in a ~ hurry* estou cheiíssimo de pressa

mignonette [,mɪnjə'net] s. BOTÂNICA reseda, reseda-de-cheiro; minhonete

migraine ['maɪgreɪn] s. MEDICINA enxaqueca

migrant ['maɪgrənt] ⓐ adj. 1 emigrante; 2 nómada; itinerante; 3 (trabalho, trabalhador) sazonal; 4 ZOOLOGIA de arribação; *~ birds* aves de arribação ⓑ s. 1 (pessoa) emigrante; 2 ave de arribação; 3 trabalhador sazonal

migrate [maɪ'greɪt, 'maɪgreɪt] v.intr. 1 emigrar; 2 migrar

migrating [maɪ'greɪtɪŋ, 'maɪgreɪtɪŋ] adj. (ave) de arribação

migration [maɪ'greɪʃən] s. 1 migração; 2 deslocação periódica de certas aves dum país para o outro; 3 deslocação dum povo dumas regiões para outras; 4 QUÍMICA migração, transposição

migrator [maɪ'greɪtə] s. 1 pessoa ou ave que emigra; 2 emigrante

migratory [maɪ'greɪtərɪ, 'maɪgrətɔ:rɪ] adj. 1 migratório; migrador; 2 (ave) de arribação; 3 que se desloca dumas regiões para as outras; 4 errante

Mikado [mɪ'ka:dəʊ] s. micado, soberano do Japão

mike [maɪk] ⓐ s. 1 [coloq.] microfone; 2 [cal.] vadiice, vadiação ⓑ v.tr. 1 [coloq.] transmitir através de microfone; 2 [coloq.] adaptar microfone a ⓒ v.intr. 1 andar na vadiice, andar na vadiagem, fugir ao trabalho; 2 preguiçar

Mike [maɪk] {dim. de Michael} Mike ❖ (impaciência) *for the love of Mike!* por amor de Deus!

mil s. (unidade de medida para diâmetro de fios metálicos) mil, milésimo de polegada; *thirteen per ~* treze por mil

mil. [mɪl] [abrev. de military]

milage ['maɪlɪdʒ] s. 1 milhas percorridas; 2 despesas por milha

Milan [mɪ'læn, 'mɪlən] s.top. Milão

Milanese [mɪlə'ni:z] adj.,s. milanês ❖ *the ~* o território milanês; o antigo ducado milanês

milch ['mɪltʃ] adj. leiteiro, produtor de leite, que dá leite; *~ goat/cow* cabra/vaca leiteira ❖ *~ cow* mama[cal.]; pessoa a quem é fácil apanhar dinheiro

milcher ['mɪltʃə] s. 1 vaca leiteira; 2 animal produtor de leite

mild [maɪld] adj. 1 (clima) ameno, temperado, moderado, suave; *the weather is milder today* o tempo hoje está mais ameno; 2 brando, suave; macio; fraco; leve; *a ~ punishment* um castigo brando; *a ~ flavour* um paladar suave; *a ~ look* um aspecto suave; 3 (temperamento) calmo, plácido; brando, conciliador; *~ answer* resposta conciliatória; 4 não violento; 5 pouco grave, pouco sério; 6 [GB] [dial.] maleável; mole ❖ *~ ale* cerveja não amarga; *~ steel* aço macio; *as ~ as a dove* brando como uma pomba; *as ~ as milk* suave como o leite; [ant.] *draw it mild!* não exageres!

milden ['maɪldən] v.tr.,intr. suavizar(-se), abrandar(-se), moderar(-se)

mildew ['mɪldju:] ⓐ s. 1 BOTÂNICA (fungo, doença) míldio; 2 bolor ⓑ v.tr.,intr. 1 atacar com míldio; 2 (papel, couro, etc.) atacar com bolor causado pela humidade ⓒ v.intr. 1 ser atacado pelo míldio; 2 (humidade) ficar cheio de bolor ❖ (vinho) *~ specks* flor

mildewed ['mɪldju:d] adj. 1 atacado pelo míldio; 2 atacado pelo bolor, bolorento

mildewy ['mɪldju:ɪ] adj. 1 com míldio, cheio de míldio; 2 bolorento, cheio de mofo

mildly ['maɪldlɪ] adv. 1 suavemente, brandamente; 2 ligeiramente; 3 moderadamente; 4 calmamente ❖ *that is putting it ~* isso é um eufemismo; *to put it ~* para não exagerar; para não dizer pior

mild-mannered [,maɪld'mænəd] adj. 1 afável; doce; 2 sereno; brando; plácido

mildness ['maɪldnɪs] s. 1 suavidade, brandura; 2 moderação; 3 benignidade (de doença); 4 indulgência

mile [maɪl] s. milha (1770 jardas, 1609 metros) ❖ *English ~* milha terrestre (1609 metros); *geographical/nautical/sea* milha marítima (1855 metros); *square ~* milha-quadrada; *he is miles from doing such a thing* ele está muito longe de fazer tal coisa; *not a hundred miles away* relativamente perto; *that is miles better* isso é muitíssimo melhor; *that is miles easier* isso é muitíssimo mais fácil; *they live miles away* eles vivem lá para longe

mileage ['maɪlɪdʒ] s. 1 distância em milhas; 2 quilometragem; *car with small ~* carro com pouca quilometragem; 3 despesas por milha; 4 AERONÁUTICA raio de acção; 5 velocidade (expressa em milhas); 6 [EUA] ajudas de deslocação ❖ *~ rate* tarifa por milha; *daily ~* distância percorrida diariamente; *to get a lot of ~ out of* explorar ao máximo

mileometer [maɪ'lɒmɪtə] s. hodómetro, conta-quilómetros

miler ['maɪlə] s. 1 [coloq.] cavalo treinado para correr uma milha; 2 DESPORTO atleta especializado em corridas de uma milha; 3 (cavalo, atleta) participante numa corrida de uma milha; 4 distância de uma milha

Milesian [maɪ'li:ʒən, maɪ'li:zjən] adj.,s. 1 milesiano; 2 de Mileto; 3 irlandês, descendente de Milésio (rei da Hispânia cujos filhos teriam conquistado a Irlanda)

milestone ['maɪlstəʊn] Ⓐ s. 1 marco miliário; 2 marco quilométrico; 3 acontecimento importante na vida ou na história Ⓑ v.tr. 1 marcar; 2 assinalar como marco miliário

Miletus [maɪ'li:təs, mɪ'li:təs] s.top. Mileto

milfoil ['mɪlfɔɪl] s. BOTÂNICA milefólio, mil-em-rama, mil-folhas, milfolhada, aquileia

miliaria [mɪlɪ'eərɪə] s. MEDICINA miliária, erupção de vesículas miliares

miliary ['mɪlɪərɪ] adj. MEDICINA miliar ❖ MEDICINA *~ fever* febre miliar

milieu [mi:'ljɜ:] s. meio, meio social, ambiente social

militancy ['mɪlɪtənsɪ] s. espírito militante, actividade militante

militant ['mɪlɪtənt] adj.,s. militante ❖ *the Church ~* a Igreja militante

militarily [,mɪlɪtərɪlɪ, ,mɪlɪ'terɪlɪ] adv. militarmente

militarise ['mɪlɪtəraɪz] v.tr. ⇒ militarize

militarism ['mɪlɪtərɪzəm] s. militarismo

militarist ['mɪlɪtərɪst] s. militarista

militaristic [,mɪlɪtə'rɪstɪk] adj. militarista

militarization [,mɪlɪtəraɪ'zeɪʃən] s. militarização

militarize ['mɪlɪtəraɪz] v.tr. militarizar

military ['mɪlɪtərɪ, 'mɪlɪterɪ] Ⓐ adj. militar Ⓑ s. 1 força armada; exército; tropas; militares; *the ~ were called in* fizeram intervir a força armada; 2 soldados ❖ *~ aircraft* aviação militar; *~ architecture* arquitectura militar; *~ chest* fundos de guerra; verbas militares; *~ court* tribunal militar; *~ equipment* equipamento militar; *~ fabric* tecido para uniformes militares; *~ fever* tifo; febre tifóide; *~ law* código de justiça militar; *~ man* soldado; *~ police* polícia militar; *~ service* serviço militar; *~ testament* testamento feito oralmente por um soldado; *~ training* treino militar; *~ truck* camião militar; *of ~ age* em idade militar; *subject to ~ law* sujeito aos tribunais militares

militate ['mɪlɪteɪt] v.intr. militar [**against**, contra, **in favour of**, em defesa de]; lutar [**against**, contra, **in favour of**, por]

militia [mɪ'lɪʃə] s. 1 milícia; 2 guarda nacional britânica (levantada nos diversos condados, geralmente constituída por voluntários)

militiaman [mɪ'lɪʃəmæn] s. (pl. **-men**) 1 miliciano; 2 membro da guarda nacional

milk [mɪlk] Ⓐ s. 1 leite; *nonfat/skimmed ~* leite magro; *semiskimmed ~* leite meio-gordo; *soya ~* leite de soja; *whole ~* leite gordo; 2 BOTÂNICA (suco) leite, látex; 3 lactação (seio); *cow in ~* vaca lactante, vaca que dá leite Ⓑ v.tr.,intr. 1 ordenhar, mungir; *to ~ a cow* ordenhar uma vaca, mungir uma vaca; 2 produzir leite, dar leite; *these cows are milking well* estas vacas estão a dar bastante leite; 3 (árvore) extrair a seiva a, sangrar; *to ~ sap from a tree* sangrar uma árvore; 4 [coloq.] sugar, explorar, chupar, extorquir; 5 juntar leite a ❖ *~ can* lata de leite; *~ chocolate* chocolate de leite; *~ churn* canado de leite; *~ cow* vaca leiteira; pessoa a quem é fácil apanhar dinheiros; mama_cal_; MEDICINA (parturiente) *~ fever* febre do leite; [GB] [ant.] *~ float* veículo para a distribuição do leite; *~ gauge* galactómetro; lactodensímetro; *~ glass* vidro opaco; vidro leitoso; *~ leg* inchação das pernas após o parto; *~ loaf* pão de leite; QUÍMICA *~ of lime* leite de cal; *~ of magnesia* leite de magnésia; *~ punch* licor de leite; ponche de leite; MINERALOGIA *~ quartz* quartzo leitoso; [GB] *~ round* percurso do leiteiro; ida das empresas às faculdades para recrutarem licenciados; [coloq.] *~ run* viagem habitual; viagem rotineira; BOTÂNICA *~ thistle* cardo-mariano; cardo-de-santa-maria; cardo leiteiro; *~ tooth* dente de leite; *~ vessels* vasos lácteos; BOTÂNICA *~ vetch* astrágalo; alcaçuz-selvagem; *condensed ~* leite condensado; *it's no use crying over spilt ~* não vale a pena chorar sobre o leite derramado; o que não tem remédio remediado está; *land of ~ and honey* país de delícias

milk-and-water [,mɪlkən'wɔ:tə] adj. [depr.] insípido; desenxabido; sem graça; sem interesse

milker ['mɪlkə] s. ordenhador, mungidor ❖ *bad ~* vaca que dá pouco leite; *good ~* boa vaca leiteira; *mechanical ~* ordenhadeira mecânica

milkily ['mɪlkɪlɪ] adv. 1 com aspecto lácteo ou leitoso; 2 opacamente; 3 [ant.] tibiamente; brandamente

milkiness ['mɪlkɪnɪs] s. aspecto leitoso; cor leitosa

milking ['mɪlkɪŋ] s. ordenha, mungidura ❖ *~ machine* máquina de ordenhar; *~ parlour* sala de ordenha; *~ stool* banco de ordenha

milk-livered ['mɪlk,lɪvəd] adj. pusilânime, covarde

milkmaid ['mɪlkmeɪd] s. 1 mulher encarregada de ordenhar as vacas; 2 mulher que trabalha numa leitaria ou vacaria

milkman ['mɪlkmən] s. (pl. **-men**) leiteiro; indivíduo encarregado da venda do leite

milkshake ['mɪlkʃeɪk] s. CULINÁRIA (bebida) batido de leite

milksop ['mɪlksɒp] s. [ant., depr.] (indivíduo sem energia) copinho de leite_fig._

milkweed ['mɪlkwi:d] s. 1 BOTÂNICA asclepia, flor-de-cera; 2 leituruga, serralha, serralha-branca

milk-white ['mɪlkwaɪt] adj. (tom) leitoso; branco como leite

milkwort ['mɪlkwɜ:t] s. BOTÂNICA erva-leiteira, polígala ❖ BOTÂNICA *sea ~* papoila-das-praias; gláucia

milky ['mɪlkɪ] adj. (comp. **-ier**, superl. **-iest**) 1 lácteo; 2 leitoso; pálido; esbranquiçado; 3 (líquido) turvo, não límpido; 4 [ant.] tíbio; brando ❖ ASTRONOMIA *the Milky Way* a Via Láctea

mill [mɪl] Ⓐ s. 1 moinho; azenha; 2 fábrica, oficina, edifício de manufactura; *cloth/gunpowder/paper/steel ~* fábrica de tecidos/pólvora/papel/aço; 3 fiação; *cotton ~* fiação de algodão; 4 moinho, máquina de moer; *coffee ~* moinho de café; *pepper ~* máquina de moer pimenta; 5 (metal) laminador; fresadora; serrilhadora para moedas; 6 rebolo; *lapidary's ~* rebolo de lapidário; 7 [EUA] milésima parte de um dólar; 8 [cal., ant.] combate de boxe; luta Ⓑ v.tr.,intr. 1 moer; esfarelar, reduzir a farinha; *to ~ flour* produzir farinha em moinho; *to ~ grain* moer o grão; 2 triturar; pulverizar; *to ~ ore* triturar minério; 3 (tecidos) pisoar, apisoar; 4 (moedas) serrilhar, fazer serrilha em; *the coins are milled at the edge* as moedas têm a borda serrilhada; 5 fresar; *to ~ steel* fresar aço; 6 fazer espumar batendo; *to ~ chocolate* bater o chocolate até fazer espuma; 7 (gado, pessoas) andar em círculo; 8 [cal.] esmurrar, bater (em), agredir ❖ *~ bar* ferro em barra; *~ hand* operário fabril; operário de fábrica de fiação; ajudante de moleiro; *rolling ~* laminador; *(all) grist to the ~* lucro; um ganho importante; uma boa vantagem; *to bring grist to the ~* levar a água ao seu moinho; dar proveito; *to go/pass through the ~* passar por dificuldades; sofrer duras provas; aprender à sua custa; passar as passas do Algarve; *to put sb through the ~* fazer alguém passar as passas do Algarve

▸ **mill about/around** v.tr.,intr. (gado, pessoas) mover-se em círculos; agitar-se impacientemente

millboard ['mɪlbɔ:d] s. cartão de encadernações ❖ *~ joint* junta de cartão

milldam ['mɪldæm] s. açude
milled ['mɪld] adj. 1 moído, reduzido a farinha, triturado; 2 pisoado, apisoado; 3 com serrilha, serrilhado; *a coin with a ~ edge* uma moeda com borda serrilhada ❖ *~ chocolate* mousse de chocolate
millenarian [ˌmɪlɪ'neərɪən] Ⓐ adj. 1 milenário; 2 relativo ao milhar Ⓑ s. milenariano, milenário, milenarista, partidário do milenarismo
millenarianism [ˌmɪlɪ'neərɪənɪzəm] s. milenarismo
millenarianist [ˌmɪlɪ'neərɪənɪst] adj.,s. milenarista
millenary ['mɪlɪnərɪ] Ⓐ adj. 1 milenário, relativo a mil; 2 relativo a milénio Ⓑ s. milénio
millenia [mɪ'lenɪə] s. {pl. de millenium}
millenial [mɪ'lenɪəl] Ⓐ adj. milenar, milenário, que dura mil anos Ⓑ s. milésimo aniversário
millenium [mɪ'lenɪəm] s. milénio ❖ INFORMÁTICA *~ bug* bug do ano 2000
millepede ['mɪlɪpiːd] s. ZOOLOGIA centopeia, piolho-de-cobra
millepore ['mɪlɪpɔː] s. ZOOLOGIA milépora
miller ['mɪlə] s. 1 moleiro; 2 (máquina) fresadora; 3 ZOOLOGIA (borboleta) *Acronicta leporina*; 4 ZOOLOGIA besouro ❖ ZOOLOGIA (peixe) *miller's dog* cão-do-mar; [coloq.] *miller's eye* grumo, pedaço de farinha dura ou por cozer dentro de um pão; ZOOLOGIA (peixe) *miller's thumb* alcaboz; caboz; cabrão
millesimal [mɪ'lesɪməl] Ⓐ adj. milésimo Ⓑ s. milésimo
millet ['mɪlɪt] s. BOTÂNICA milho-miúdo, milhete; painço ❖ BOTÂNICA *African/Indian ~* sorgo
milliammeter [ˌmɪlɪ'æmɪtə] s. ELECTRICIDADE miliamperímetro ❖ *~ pointer* ponteiro do miliamperímetro; *~ scale* escala do miliamperímetro
milliamp ['mɪlɪæmp] s. [coloq.] ⇒ **milliampere**
milliampere [ˌmɪlɪ'æmpeə] s. ELECTRICIDADE miliampere
milliamperemeter [ˌmɪlɪ'æmpeəˌmiːtə] s. ⇒ **milliammeter**
milliard ['mɪlɪɑːd] s. mil milhões
milliary ['mɪlɪərɪ] adj. miliário; *~ column* marco miliário
millibar ['mɪlɪbɑː] s. METEOROLOGIA milibar, unidade de medida da pressão atmosférica
milligrade ['mɪlɪɡreɪd] s. (medida angular) miligrado
milligram ['mɪlɪɡræm] s. miligrama
milligramme ['mɪlɪɡræm] s. miligrama
millilitre ['mɪlɪliːtə] s. mililitro
millimetre ['mɪlɪmiːtə] s. milímetro ❖ *~ scale* escala milimétrica
millimicron [ˌmɪlɪ'maɪkrən, ˌmɪlɪ'maɪkrɒn] s. milimícron
milliner ['mɪlɪnə] s. modista de chapéus, chapeleiro ❖ *milliner's shop* casa de chapéus de senhora
millinery ['mɪlɪnərɪ] s. artigos de modas femininas (sobretudo relativas a chapéus)
milling ['mɪlɪŋ] s. 1 moagem; 2 (minério) trituração; 3 (tecido) apisoamento; 4 fresagem; 5 (moedas) serrilhação; 6 [coloq.] pancada, tareia ❖ *~ cutter* fresa; *~ head* cabeçote de fresar; *~ machine* máquina de fresar; *~ wheel* esmeril rectificador
million ['mɪljən] Ⓐ num.card.,s. milhão; *five millions* cinco milhões; *half a ~* meio milhão Ⓑ s. *the ~* as massas ❖ *a ~ times* um milhão de vezes; *not in a ~ years* no dia de S. Nunca; *one thousand ~ things* mil milhões de coisas; *to be one in a ~* ser excepcional; *to be worth millions* valer milhões; ser extremamente rico; ser mais que milionário; *to look like a ~ dollars* estar com óptimo aspecto
millionaire [ˌmɪljə'neə] adj.,s. 1 milionário; 2 pessoa extremamente rica
millionairedom [ˌmɪljə'neədəm] s. 1 o mundo dos grandes milionários; 2 as grandes fortunas
millionairess [ˌmɪljə'neərɪs] s.f. (pl. -es) milionária
millionth ['mɪljənθ] num.ord.,adj.,s. milionésimo
millivolt ['mɪlɪvəʊlt] s. ELECTRICIDADE milivolt, milivóltio
milliwatt ['mɪlɪwɒt] s. ⇒ **millivolt**
millpond ['mɪlpɒnd] s. 1 (moinho) represa; 2 água represada ❖ *to be like a ~/to be as smooth as a ~* parecer um lago, estar calmo como um lago
millrace ['mɪlreɪs] s. 1 represa de moinho; 2 calha de água de moinho
millstone ['mɪlstəʊn] s. 1 (moinho) mó, pedra de moer; *nether/upper ~* mó de baixo/de cima; 2 [fig.] peso; fardo; cruz; *to be a ~ around one's neck* ser um fardo para alguém, ser a cruz de alguém ❖ *~ maker* cortador de mós; fabricante de mós; *~ quarry* pedreira de onde se extrai a pedra própria para mós; [ant.] *between the upper and the nether ~* entre a espada e a parede; entre a bigorna e o martelo; *his heart is as hard as the nether ~* ele tem um coração de pedra; [ant.] *to see far into a ~* ser extraordinariamente perspicaz
millwheel ['mɪlwiːl] s. roda de moinho
millwright ['mɪlraɪt] s. construtor de moinhos
Milo ['maɪləʊ] s.top. Milo ❖ *the Venus of ~* a Vénus de Milo
milometer [maɪ'lɒmɪtə] s. hodómetro, conta-quilómetros
milord [mɪ'lɔː] s. 1 [ant.] lorde inglês; 2 [ant.] senhor
milreis ['mɪlreɪs] s. [ant.] (moeda portuguesa) mil-réis
milt [mɪlt] Ⓐ s. 1 baço (de mamíferos e outros vertebrados); 2 láctea, líquido seminal dos peixes Ⓑ v.tr. fecundar ovas de peixe-fêmea com láctea
milter ['mɪltə] s. ZOOLOGIA peixe-macho na época da fecundação
Miltiades [mɪl'taɪədiːz] s.antr. Milcíades
Miltonian [mɪl'təʊnɪən] adj. miltoniano
Miltonic [mɪl'tɒnɪk] adj. miltónico
miltwaste ['mɪltweɪst] s. BOTÂNICA douradinha
MI.Mar.E. [abrev. de Member of the Institute of Marine Engineers]
mime [maɪm] Ⓐ s. 1 (actor, representação) mimo; 2 mímica Ⓑ v.tr.,intr. 1 mimar, representar por mímica; 2 MÚSICA cantar em playback, fazer playback
MIME INFORMÁTICA [abrev. de Multipurpose Internet Mail Extensions]
mimeograph ['mɪmɪəɡrɑːf] s. mimeógrafo; aparelho para tirar cópias com papel Stencil
mimesis [mɪ'miːsɪs, maɪ'miːsɪs] s. 1 BIOLOGIA mimetismo; 2 (artes) mimésis, mimese
mimetic [mɪ'metɪk, maɪ'metɪk] adj. 1 mimético; relativo à mimesis; 2 BIOLOGIA mimético; relativo ao mimetismo; 3 imitativo
mimetically [mɪ'metɪkəlɪ, maɪ'metɪkəlɪ] adv. por mímica
mimetism ['mɪmɪtɪzəm] s. [rar.] ⇒ **mimicry**
mimic ['mɪmɪk] Ⓐ v.tr. (particípios **-ck-**) 1 imitar; mimar; 2 copiar; 3 parodiar; 4 simular; 5 BOTÂNICA, ZOOLOGIA mimetizar Ⓑ s. 1 imitador; 2 parodiador; 3 simulador Ⓒ adj. 1 mímico, imitativo; 2 não real; fictício; simulado ❖ *the ~ art* a mímica
mimicker ['mɪmɪkə] s. 1 imitador; 2 parodiador; 3 arremedador; 4 macaco de imitação
mimicry ['mɪmɪkrɪ] s. 1 imitação; 2 BOTÂNICA, ZOOLOGIA mimetismo
miminy-piminy [ˌmɪmɪnɪ'pɪmɪnɪ] adj. [coloq.] todo afectado, pretensioso, rebuscado
mimographer [maɪ'mɒɡrəfə] s. 1 mimógrafo; 2 autor de mimos
mimosa [mɪ'məʊzə] s. BOTÂNICA mimosa
Mimosaceae [mɪmə'saʊsiiː] s.pl. BOTÂNICA Mimosáceas
mimulus ['mɪmjʊləs] s. (pl. **-es**) BOTÂNICA mímulo
Min. Ⓐ [abrev. de Minister] Ⓑ [abrev. de Ministry]
mina ['maɪnə] s. (pl. **-ae** ou **-as**) 1 mina, peso antigo, grego e egípcio, correspondente a 324 gramas; 2 antiga moeda grega de prata
mina[2] ['maɪnə] s. ZOOLOGIA acridóptero
minaceous [mɪ'neɪʃəs] adj. 1 ameaçador; 2 minaz
minaciously [mɪ'neɪʃəslɪ] adv. ameaçadoramente
minar [mɪ'nɑː] s. 1 farol; 2 torreão (na Índia)
minaret [ˌmɪnə'ret] s. minarete
minatory ['mɪnətrɪ, 'maɪnətɔːrɪ] adj. cominatório, ameaçador
mince [mɪns] Ⓐ v.tr.,intr. 1 CULINÁRIA (carne) picar; 2 andar com afectação; requebrar-se; 3 falar com elegância pretensiosa; 4 ter cuidado com o que se diz Ⓑ s. CULINÁRIA picado de carne; carne picada ❖ CULINÁRIA *~ pie* pastel recheado de carne picada, uvas passas, maçãs, amêndoas, fruta cristalizada, etc.; [coloq.] *she didn't ~ (her) words/didn't ~ matters* ela não teve papas na língua; ela não esteve com rodeios; *to ~ one's words* escolher as palavras
minced [mɪnst] adj. picado ❖ CULINÁRIA *~ meat* carne picada
mincemeat ['mɪnsmiːt] s. 1 CULINÁRIA recheio de mistura de uvas passas, maçãs, amêndoas, frutas cristalizadas, 2 [EUA] CULINÁRIA carne picada ❖ *to make ~ of* reduzir a migalhas; esmagar; dar cabo de; deitar por terra; destruir; desfazer

mincer ['mɪnsə] *s.* picadora, máquina de picar carne
mincing ['mɪnsɪŋ] Ⓐ *adj.* afectado, rebuscado, pretensioso; *to take ~ steps* andar com passo miúdo e afectado Ⓑ *s.* **1** (carne) acção de picar; **2** afectação de maneiras ❖ *~ knife* faca para picar carne; *~ machine* picadora
mincingly ['mɪnsɪŋlɪ] *adv.* afectadamente; pretensiosamente; com requebros
mind [maɪnd] Ⓐ *s.* **1** mente; *~ and body* o corpo e a mente; **2** cérebro; **3** (capacidade) cabeça; *to have a good ~ for figures* ter boa cabeça para contas; **4** faculdade de raciocínio, razão, compreensão; pensamento; intelecto; **5** espírito; *~ and matter* o espírito e a matéria; *peace of ~* tranquilidade, paz de espírito; *presence of ~* presença de espírito; *state of ~* estado de espírito; **6** opinião; ideia; parecer; *change of ~* mudança de ideias, mudança de opinião; *to be of one/of like/of the same ~* ter a mesma opinião; concordar; *to change one's ~ about* mudar de opinião (em relação a); mudar de ideias (em relação a); *to speak one's ~* dar a opinião; *to my ~* na minha opinião; a meu ver; **7** disposição, inclinação; desejo, desígnio, vontade; **8** decisão; resolução; *to make up one's ~* tomar uma decisão; resolver-se; *to make up one's ~ (that/to do sth)* decidir (que/fazer algo); **9** (sanidade mental) juízo; *he isn't in his right ~* ele não está no seu juízo perfeito; *no one in his/their right ~* ninguém no seu juízo perfeito; *to be of sound ~* ter sanidade mental; ser mentalmente são; não sofrer de perturbações mentais; *to lose one's ~* perder o juízo; enlouquecer; *to be out of one's ~* ter perdido o juízo, estar doido; **10** (forma de pensar) mentalidade; **11** (pessoa inteligente) *fig.*, génio; *he is one of the great minds of his century* ele é uma das grandes cabeças do seu século Ⓑ *v.tr.,intr.* **1** [geralm. em frases interrogativas, negativas e condicionais] importar-se (com); não gostar (de); opor-se (a); *do you ~ my smoking here?* importa-se que eu fume aqui?; *would you ~ telling me the time?* importa-se de me dizer as horas?; *as long as nobody minds* desde que ninguém se importe; [coloq.] *I wouldn't ~ a glass of port* não me calhava mal um cálice de vinho do Porto; *I don't ~* não me importo; *if you don't ~* se não te importares; **2** cuidar de, tratar de, ocupar-se com, tomar atenção a; tomar conta de, vigiar; *to ~ a child* cuidar duma criança; *to ~ the house* cuidar da casa, governar a casa; **3** ter cuidado com, acautelar-se com, precaver-se contra, pôr-se em guarda contra; *~ the step* cuidado com o degrau; **4** prestar atenção a; ter em conta; *you ought to ~ your elders* deves ouvir o que te dizem os mais velhos; *~ you* mas repara; **6** ligar a, dar importância a, fazer caso de; *nobody minds him* ninguém lhe liga, ninguém faz caso dele; *I don't ~ what Mrs Grundy says* não me importo com o que dizem; **7** [EUA] obedecer; *the dog minds well* o cão é obediente; *~ what they say* faz o que eles dizem; **8** [Esc.] fazer lembrar, recordar ❖ *~ games* manobras psicológicas; *~ map* mapa mental; mapa conceptual; *~ picture* imagem mental; representação mental; *~ reading* adivinhação do pensamento; [GB] [coloq.] (despedida) *~ how you go* fica bem; *~ (out)!* atenção!; cuidado!; *mind's eye* mente; olhos do espírito; imaginação; memória; [ant.] *~ your eye!* vê lá o que fazes!; cuidado!; [ant.] *~ your language!* cuidado com a língua!; vê lá como falas!; *~ your own business* mete-te na tua vida; não te metas onde não és chamado; *at/in the back of one's ~* lá no fundo; (irritação, censura) *do you mind!?* importa-se!?; desculpe?!; *don't ~ me* não interrompas nada por minha causa; finge que eu não estou aqui; (oferta) *I don't ~ if I do* pode ser; vinha mesmo a calhar; *if you don't ~ me/my saying (so)* se não levares a mal; *it's all in the ~* está tudo na cabeça; é tudo imaginação (de alguém); *my ~ is made up* já me decidi; estou decidido; [coloq.] *my ~ went blank* deu-me uma branca; varreu-se-me tudo; *never ~* deixa lá; não tem importância; não penses mais nisso; *never ~ the...* quanto mais o...; muito menos o...; para não falar no...; para além do...; esquece o...; não importa o...; não te incomodes com o...; *nothing could have been further from my ~* longe de mim pensar isso; *so many men, so many minds* cada cabeça sua sentença; *time out of ~* tempos imemoriais; vezes sem conta; *to be in two minds (about)* hesitar (em relação a); estar indeciso (em relação a); [coloq.] *to give sb a bit/a piece of one's ~* dizer a alguém meia dúzia de verdades; dizer a alguém poucas e boas; *to have a good ~/half a ~ to* ser bem capaz de; estar quase decidido a; *to have a lot on one's ~* ter muito com que se preocupar; ter muitas preocupações; (objecto) *to have a ~ of its own* ter vida própria; pensar sozinho; (pessoa) *to have a ~ of one's own* pensar sozinho; pensar pela própria cabeça; *to have sth in ~* ter algo em mente; ter algo planeado; pensar em algo; *to have sth on one's ~* ter algo a preocupar; *to keep one's ~ on sth* concentrar-se em algo; *to keep sth in ~* lembrar-se de algo; não esquecer algo; *to know one's own ~* saber bem o que fazer; estar decidido; *to let one's ~ run on/upon sth* acariciar (qualquer ideia); sentir prazer em pensar em alguma coisa; *to ~ one's p's and q's* ter cuidado com o que se diz e faz; proceder e falar com muito cuidado; *to ~ one's step* ter cuidado com o que se faz; ver bem onde se põe os pés; *to put sth out of one's ~* pôr algo para trás das costas; tentar esquecer algo; *to take sb's ~ off sth* desviar a atenção de alguém de algo; fazer alguém deixar de pensar em algo; *to turn one's ~ to* dar atenção a (outro assunto); dedicar-se a

mind-bending ['maɪndˌbendɪŋ] *adj.* **1** [coloq.] esmagador, alucinante; **2** [coloq.] alucinogénio
mind-blowing ['maɪndˌbləʊɪŋ] *adj.* **1** [coloq.] espantoso, incrível, fantástico; **2** [coloq.] alucinante, alucinatório; **3** [coloq.] (droga) alucinogénio
mind-boggled ['maɪndˌbɒgəld] *adj.* confuso, perplexo, ultrapassado
mind-boggler ['maɪndˌbɒglə] *s.* problema, quebra-cabeças
mind-boggling ['maɪndˌbɒglɪŋ] *adj.* assombroso, espantoso, impressionante
mind-destroying [ˌmaɪnddɪˈstrɔɪŋ] *adj.* embrutecedor, estupidificante
minded ['maɪndɪd] *adj.* **1** [form.] disposto [to, a]; inclinado [to, a]; *to be ~ to do sth* estar disposto a fazer alguma coisa; **2** com disposição [to, para]; com inclinação [to, para]; *mathematically ~* com inclinação para a matemática; **3** propenso [to, a]; com propensão [to, para]; *comercially ~* com tendência para o comércio; *~ with* com mente, com espírito, com interesse; *architecturally-minded* com interesse pela arquitectura; *imperially-minded* imperialista, de espírito imperialista; *theatre-minded* que aprecia o teatro
minder ['maɪndə] *s.* **1** guardador; **2** vigilante; **3** (doentes, idosos) acompanhante; **4** (crianças) baby-sitter; **5** guarda-costas; **6** assistente
mindful ['maɪndfʊl] *adj.* **1** atento; cuidadoso; *to be ~ of* estar atento a, ter cuidado com; **2** consciencioso; **3** que presta atenção, que não esquece; **4** consciente; com abertura de espírito ❖ *~ of his good name* cioso da sua reputação; *~ of the law* obediente à lei; *to be ~ of one's duties* não se esquecer dos seus deveres; *to be ~ of the others* pensar nos outros
mindfully ['maɪndfʊlɪ] *adv.* **1** atentamente; **2** cuidadosamente, com todo o cuidado
mindfulness ['maɪndfʊlnɪs] *s.* **1** atenção; **2** cuidado; **3** consciência; abertura de espírito
mindless ['maɪndləs] *adj.* **1** irracional; **2** insensato; **3** irreflectido; **4** desatento; descuidado; **5** estúpido; acéfalo; **6** estupidificante ❖ *~ violence* violência gratuita; *to be ~ of danger* ser indiferente ao perigo; ser imprudente; *a ~ idiot* um idiota chapado
mindlessly ['maɪndləslɪ] *adv.* **1** sem atenção; **2** descuidadamente; **3** irreflectidamente, sem pensar
mind-numbing ['maɪndˌnʌmɪŋ] *adj.* embrutecedor, estupidificante
mindset ['maɪndset] *s.* mentalidade, forma de pensar
mine [maɪn] Ⓐ *s.* **1** (galeria subterrânea) mina; mina, jazida, jazigo de minério; *coal ~* mina de carvão; *salt ~* mina de sal; **3** (bomba) mina; *to lay a ~* lançar uma mina; *to touch off a ~* fazer uma mina explodir; **4** [fig.] (conhecimentos, etc.) mina, fonte, poço; *a ~ of information* uma mina de informações, um poço de informações; **5** MILITAR (passagem subterrânea) mina; **6** NÁUTICA mina, mina submarina Ⓑ *v.tr.,intr.* **1** minar, abrir minas, escavar uma mina; abrir galeria subterrânea; *to ~ the earth for coal* abrir minas para extracção de carvão; **2** extrair minério por intermédio de minas, minerar, explorar mina; *to ~ a bed of*

mineable

coal explorar um jazigo de carvão; **3** (bomba) minar, colocar minas (em), lançar minas (a); *to ~ a harbour* minar um porto; *the ship was mined* o navio chocou com uma mina; **4** recorrer a; fazer uso de; explorar; **5** (túnel) abrir, escavar; **6** MILITAR fazer trabalho de sapa; **7** destruir por meio de minas; **8** [arc.] minar, arruinar, destruir; *too much work has mined his constitution* deu cabo da saúde por trabalhar de mais Ⓒ *pron.poss.* (o) meu, (a) minha, (os) meus, (as) minhas; *your car is not as good as ~* o seu carro não é tão bom como o meu; *some friends of ~* alguns amigos meus; *that's no business of ~* não tenho nada com isso, isso não me diz respeito; *can you lend me your pencil? I don't know where ~ is* pode emprestar-me o seu lápis? não sei onde está o meu Ⓓ *adj.poss.* [arc., poét.] [usado antes de *h* ou vogal] *~ eyes* os meus olhos ❖ MILITAR *mine crater* cratera de mina; *mine detector* detector de minas; *~ surveyor* inspector de minas; NÁUTICA *floating ~* mina flutuante; NÁUTICA *magnetic ~* mina magnética

mineable ['maɪnəbəl] *adj.* que pode minar-se; susceptível de ser explorado por meio de minas

minefield ['maɪnˌfiːld] *s.* **1** campo minado; terreno minado; **2** [fig.] questão delicada; situação potencialmente explosiva

minelayer ['maɪnleɪə] *s.* NÁUTICA (barco) lança-minas

minelaying ['maɪnleɪɪŋ] *s.* lançamento de minas

miner ['maɪnə] *s.* **1** mineiro; **2** sapador-mineiro ❖ MEDICINA *miner's disease* anemia dos mineiros; *miner's lamp* lâmpada dos mineiros

mineral ['mɪnərəl] Ⓐ *adj.* mineral Ⓑ *s.* **1** mineral; **2** minério; **3** carvão, hulha; **4** *pl.* águas minerais; águas gaseificadas ❖ *~ acid* ácido mineral; *~ blue* azurite moída; *~ charcoal* carvão fóssil; *~ chemistry* química inorgânica; *~ claim* concessão mineira; *~ coal* carvão mineral; carvão de pedra; *~ dye* matéria mineral corante; *~ jelly* vaselina; *~ mining* exploração mineira; *~ oil* óleo mineral; *~ pitch* asfalto; *~ residue* resíduo mineral; *~ salt* sal-gema; *~ substances* substâncias minerais; *~ waters* águas minerais; águas gaseificadas; *~ wax* ozocerite; pez mineral; espécie de cera fóssil; *the ~ kingdom* o reino mineral

mineralizable [ˌmɪnərəˈlaɪzəbəl] *adj.* mineralizável

mineralization [ˌmɪnərəlaɪˈzeɪʃən] *s.* mineralização

mineralize ['mɪnərəlaɪz] *v.tr.* mineralizar

mineralized ['mɪnərəlaɪzd] *adj.* mineralizado ❖ *~ carbon* carvão de pedra; *~ methylated spirits* álcool desnaturado com nafta

mineralizer ['mɪnərəlaɪzə] *s.* mineralizador

mineralizing ['mɪnərəlaɪzɪŋ] *adj.* mineralizador

mineralogical [ˌmɪnərəˈlɒdʒɪkəl] *adj.* mineralógico

mineralogist [ˌmɪnəˈrælədʒɪst] *s.* mineralogista

mineralogy [ˌmɪnəˈrælədʒɪ] *s.* mineralogia

minerva [mɪˈnɜːvə] *s.* TIPOGRAFIA minerva, pequena máquina de impressão tipográfica

Minerva [mɪˈnɜːvə] *s.* MITOLOGIA Minerva

mineshaft ['maɪnʃæft] *s.* poço de mina

minesweeper ['maɪnˌswiːpə] *s.* NÁUTICA draga-minas

minesweeping ['maɪnˌswiːpɪŋ] *s.* NÁUTICA dragagem de minas

minever ['mɪnɪvə] *s.* **1** ZOOLOGIA esquilo da Rússia; **2** pele deste esquilo usada em trajes de cerimónia

mineworker ['maɪnˌwɜːkə] *s.* mineiro

minger ['mɪŋə] *s.* [cal., depr.] (pessoa muito feia) coirão

mingle ['mɪŋgəl] *v.tr.,intr.* **1** misturar(-se) [**with**, com]; **2** associar(-se), juntar-se, ligar(-se) [**with**, a]; **3** preparar; misturar; **4** unir(-se); misturar(-se); juntar(-se); *the two rivers ~ their waters* os dois rios misturam as águas; **5** conviver; dar-se; *to ~ with all sorts of people* dar-se com todo o tipo de pessoas ❖ *to ~ in/with the crowd* desaparecer na multidão; *with mingled feelings* com sentimentos contraditórios

mingle-mangle ['mɪŋgəlˌmæŋgəl] *s.* [coloq.] confusão, trapalhada, salgalhada

mingling ['mɪŋglɪŋ] *s.* **1** junção; **2** mistura

Mingrelian [mɪŋˈgriːlɪən] *adj.,s.* mingrélio

mingy ['mɪndʒɪ] *adj.* (comp. -**ier**, superl. -**iest**) [coloq.] mesquinho, forreta, sovina

mini ['mɪnɪ] *s.* (pl. -**s**) **1** (versão mais pequena) míni; **2** (roupa) mini-saia

miniature ['mɪnɪtʃə] Ⓐ *s.* **1** miniatura; **2** desenho em manuscrito com iluminuras; **3** (sobre marfim, pergaminho) retrato em miniatura; **4** miniatura como arte; **5** objecto ou reprodução em escala muito reduzida Ⓑ *adj.* **1** (em) miniatura; **2** em escala muito reduzida; em ponto muito pequeno Ⓒ *v.tr.* representar em miniatura ❖ MECÂNICA *~ allowance* tolerância mínima; *~ demand* exigência mínima; *~ golf* minigolfe; *~ lamp* lâmpada em miniatura; *~ model* maqueta; *~ painter* miniaturista; *~ painting* miniatura; (brinquedo) *~ railway* comboio miniatura; *portrait in ~* retrato em miniatura; *to paint in ~* pintar em miniatura

miniaturist [ˈmɪnɪtʃərɪst] *s.* miniaturista

miniaturize [ˈmɪnɪtʃəraɪz] *v.tr.* fazer em miniatura, miniaturar

minibar ['mɪnɪbɑː] *s.* (quarto de hotel) minibar

minibreak ['mɪnɪbreɪk] *s.* [coloq.] fim-de-semana prolongado, escapadinha

minibudget [ˈmɪnɪˌbʌdʒɪt] *s.* **1** pequeno orçamento intervalar de ajustamento; **2** orçamento suplementar

minibus ['mɪnɪbʌs] *s.* (pl. -**es**) miniautocarro

minicam ['mɪnɪkæm] *s.* máquina fotográfica muito pequena

minicar ['mɪnɪkɑː] *s.* minicarro

minification [ˌmɪnɪfɪˈkeɪʃən] *s.* **1** redução, diminuição; **2** modificação para menos

minify ['mɪnɪfaɪ] *v.tr.* **1** diminuir, reduzir; **2** modificar para menos

minikin ['mɪnɪkɪn] Ⓐ *s.* **1** pessoa muito pequena; **2** mulher pequena e abonecada; **3** TIPOGRAFIA corpo 3; **4** alfinetinho Ⓑ *adj.* **1** muito pequenino; **2** minúsculo; **3** dengoso, afectado

minim ['mɪnɪm] *s.* **1** MÚSICA mínima; **2** gota, sexagésima parte de um dracma; **3** pessoa absolutamente insignificante, pessoa muito pequena; **4** coisa insignificante; **5** haste de letra feita com a pena em traço descendente; **6** RELIGIÃO religioso da Ordem de S. Francisco de Paula

minimal ['mɪnɪməl] *adj.* **1** mínimo; pequeníssimo; de pouca monta; *damage was ~* os prejuízos foram de pouca monta; **2** minimalista; *~ art* arte minimalista ❖ LINGUÍSTICA *~ pair* par mínimo

minimalism ['mɪnɪməlɪzəm] *s.* ARTES PLÁSTICAS minimalismo

Minimalist ['mɪnɪməlɪst] *s.* POLÍTICA menchevique

minimise ['mɪnɪmaɪz] *v.tr.* ⇒ **minimize**

minimization [ˌmɪnɪmaɪˈzeɪʃən] *s.* minimização

minimize ['mɪnɪmaɪz] *v.tr.* **1** reduzir ao mínimo; **2** calcular pelo mínimo; **3** menorizar, minimizar, subestimar; *to ~ sth* minimizar a importância de qualquer coisa; **4** INFORMÁTICA minimizar

minimum ['mɪnɪməm] Ⓐ *s.* (pl. -**a**) **1** mínimo; *to reduce to a/the ~* reduzir ao mínimo; **2** MECÂNICA (valor mais baixo) mínima Ⓑ *adj.* mínimo ❖ *~ indicator* indicador do mínimo; *~ pressure* pressão mínima; *~ price* preço mínimo; *~ speed* velocidade mínima; MATEMÁTICA *~ value* valor mínimo; ELECTRICIDADE *~ voltage* voltagem mínima; *~ wage* salário mínimo; *~ width* largura mínima; *~ air pressure* pressão mínima do ar; *~ demand for energy* consumo mínimo de energia

minimus ['mɪnɪməs] Ⓐ *s.* (pl. -**i**) **1** homem muito pequeno; **2** dedo mínimo (do pé ou da mão) Ⓑ *adj.* (familiares na escola) o mais novo; *Jones ~* o mais novo dos Jones

mining ['maɪnɪŋ] *s.* **1** exploração mineira; **2** indústria mineira; **3** NÁUTICA lançamento de minas ❖ *~ centre* distrito mineiro; *~ engineer* engenheiro de minas; *~ engineering* engenharia de minas; *~ industry* indústria mineira; *~ timber* madeira para minas; *salt ~* exploração de sal-gema

minion ['mɪnjən] *s.* **1** [depr.] lacaio; servidor; **2** subordinado; **3** [arc.] escravo, servo; **4** agente, informador, indivíduo vendido; **5** [arc., lit.] favorito; **6** [arc., lit.] concubina, amante; **7** TIPOGRAFIA corpo 7 ❖ [irón., joc.] *the minions of the law* o braço da lei

miniseries [ˌmɪnɪˈsɪərɪz] *s.* (pl. **miniseries**) TELEVISÃO mini-série

minish ['mɪnɪʃ] *v.tr.,intr.* [arc.] diminuir; enfraquecer

miniskirt ['mɪnɪskɜːt] *s.* mini-saia

minister ['mɪnɪstə] Ⓐ *s.* **1** ministro; *~ without portfolio* ministro sem pasta; **2** RELIGIÃO pastor, ministro, padre; **3** RELIGIÃO superior de algumas ordens religiosas Ⓑ *v.tr.,intr.* **1** contribuir, cooperar, concorrer; **2** ministrar, prestar, conferir ❖ *Minister for/of War* ministro da guerra; (ordem religiosa) *~ general* superior-geral; *Minister of Agriculture and Fisheries* ministro da agricultura e pescas; *Minister of Defence* ministro da Defesa; *Minister of Education* ministro da Educação; *Minister of Health* ministro da Saúde; *Minister of Labour* ministro do Trabalho; *~ plenipotentiary* ministro plenipotenciário; *Prime*

Minister primeiro-ministro; *to ~ occasion* ministrar ocasião; dar azo; proporcionar ocasião

❖ **minister to** *v.tr.* 1 ajudar, auxiliar; prestar auxílio, prestar assistência; socorrer; *to ~ sb* auxiliar alguém, socorrer alguém; 2 contribuir para; proporcionar; *many things have ministered to that result* muitas coisas contribuíram para esse resultado; 3 prover a; *to ~ the wants of the poor* prover às necessidades dos pobres

ministerial [ˌmɪnɪˈstɪərɪəl] *adj.* 1 ministerial; 2 governamental; *~ crisis* crise governamental; (parlamento) *the ~ benches* as bancadas governamentais; 3 (lei) executivo; 4 subsidiário, auxiliar; 5 RELIGIÃO sacerdotal; pastoral ❖ *~ office* cargo de ministro; (parlamento) *~ reverse* xeque ao governo; *to be ~ to* contribuir para; ajudar

ministerialism [ˌmɪnɪˈstɪərɪəlɪzəm] *s.* 1 ministerialismo, sistema dos que apoiam, por princípio, um ministério; 2 carácter sacerdotal

ministerialist [ˌmɪnɪˈstɪərɪəlɪst] *adj.,s.* POLÍTICA ministerialista

ministerially [ˌmɪnɪˈstɪərɪəlɪ] *adv.* 1 ministerialmente; 2 como padre ou sacerdote

ministering [ˈmɪnɪstrɪŋ] Ⓐ *adj.* que socorre, que presta assistência Ⓑ *s.* auxílio, ajuda, assistência

ministrant [ˈmɪnɪstrənt] Ⓐ *adj.* 1 que auxilia, que ajuda; 2 que serve Ⓑ *s.* 1 ministro; 2 ministrante; 3 RELIGIÃO oficiante ❖ *~ to sb* ajudante de alguém

ministration [ˌmɪnɪˈstreɪʃən] *s.* 1 obrigações sacerdotais; sacerdócio; *to go about one's ministrations* desempenhar os seus deveres sacerdotais; 2 cuidados, assistência; 3 administração; 4 dádiva; distribuição

ministry [ˈmɪnɪstrɪ] *s.* 1 POLÍTICA ministério; *to form a ~* constituir ministério; 2 gabinete; departamento; atribuições; *that is your ~* esse é o teu departamento; 3 RELIGIÃO sacerdócio; *to be intended for the ~* estar destinado à carreira sacerdotal; 4 intervenção, auxílio, cooperação ❖ POLÍTICA *the Air Ministry* o Ministério do Ar; POLÍTICA *the Ministry of Finance* o Ministério das Finanças

minium [ˈmɪnɪəm] *s.* mínio, cinábrio, zarcão, vermelhão

minivan [ˈmɪnɪvæn] *s.* (veículo) monovolume

miniver [ˈmɪnɪvə] *s.* ⇒ **minever**

mink [mɪŋk] *s.* 1 ZOOLOGIA espécie de marta canadiana; 2 pele de marta

Minn. [*abrev. de* Minnesota]

minnow [ˈmɪnəʊ] *s.* ZOOLOGIA (peixe de água doce) vairão ❖ *Triton among the minnows* gigante no meio de pigmeus; alguém com olho em terra de cegos

Minoan [mɪˈnəʊən] *adj.* ARQUEOLOGIA minóico; relativo à cultura cretense da idade do Bronze

minor [ˈmaɪnə] Ⓐ *adj.* 1 menor, mais pequeno; inferior; pequeno; 2 menor, de importância secundária, de segunda ordem; *~ poet* poeta menor, poeta de segunda ordem; 3 MÚSICA menor, de menoridade; *in B ~* em si menor; 4 (familiares) o mais novo de; *Jones ~* o mais novo dos Jones Ⓑ *s.* 1 menor; 2 FILOSOFIA premissa menor, termo menor; 3 RELIGIÃO frade franciscano ❖ LÓGICA *~ diameter* diâmetro interno; RELIGIÃO *~ orders* ordens menores; LÓGICA *~ premise* premissa menor; *~ repairs* pequenas reparações; consertos de pouca importância; MEDICINA *~ surgery* pequena cirurgia; *~ term* termo menor; *~ vote* voto da minoria; *conversation in a ~ key* conversa em tom lúgubre; RELIGIÃO *the Minors* os Franciscanos; *to be of ~ importance* ser de importância secundária

Minorcan [mɪˈnɔːkən] *adj.,s.* minorquino

Minorite [ˈmaɪnəraɪt] *s.* RELIGIÃO franciscano, frade franciscano ❖ *the ~ order* a Ordem de S. Francisco de Assis

minority [maɪˈnɒrɪtɪ] *s.* (*pl.* **-ies**) 1 minoria; 2 POLÍTICA minoria parlamentar; 3 DIREITO (idade) menoridade ❖ *~ member* membro representante da minoria; *to be in a ~ of one* ser o único com determinada opinião; *to be in the ~* encontrar-se em minoria

Minotaur [ˈmaɪnətɔː] *s.* MITOLOGIA Minotauro

Min. Plen. [*abrev. de* Minister Plenipotentiary]

minster [ˈmɪnstə] *s.* catedral, basílica, igreja abacial

M.Inst.MM [*abrev. de* Member of Institute of Mining and Metallurgy]

minstrel [ˈmɪnstrəl] *s.* 1 menestrel; 2 trovador, poeta; 3 espécie de bobo; 4 *pl.* (espectáculo) grupo de comediantes, de rosto pintado de preto, que se exibe em canções e músicas nitidamente de origem negra

minstrelsy [ˈmɪnstrəlsɪ] *s.* 1 arte dos menestréis; 2 poesia dos menestréis; 3 classe dos menestréis

mint [mɪnt] Ⓐ *s.* 1 BOTÂNICA menta, hortelã; 2 rebuçado de menta; pastilha de hortelã-pimenta; 3 casa da moeda; *the ~* a Casa da Moeda; 4 [colog.] (dinheiro) balúrdio; *a ~ of money* um dinheirão; uma quantia fabulosa; 5 origem, fonte, manancial Ⓑ *v.tr.* 1 (moeda) cunhar; *to ~ money* cunhar moeda; 2 [fig.] cunhar, inventar, forjar, criar; *to ~ new words* forjar palavras novas Ⓒ *adj.* 1 como novo, em perfeitas condições; *in ~ condition/state* como novo; em perfeitas condições; 2 de menta ❖ *~ drops* pastilhas de hortelã-pimenta; [EUA] CULINÁRIA (acompanhamento de cordeiro assado) *~ jelly* geleia com sabor a hortelã; *~ master* director da casa da moeda; [GB] CULINÁRIA (acompanhamento de cordeiro assado) *~ sauce* molho de menta, açúcar e vinagre; *garden ~* hortelã-verde

mintage [ˈmɪntɪdʒ] *s.* 1 cunhagem (de moeda); 2 invenção, criação (de palavras ou frases); 3 imposto pago pela cunhagem de moeda; 4 espécies cunhadas; 5 cunho, marca

minter [ˈmɪntə] *s.* 1 cunhador de moeda; 2 criador, forjador (de coisa nova)

minuend [ˈmɪnjuend] *s.* MATEMÁTICA diminuendo, aditivo

minuet [ˌmɪnjuˈet] *s.* (música, dança) minueto

minus [ˈmaɪnəs] Ⓐ *adj.* 1 negativo; 2 de subtracção Ⓑ *prep.* 1 menos; *seven ~ three is equal to four/seven ~ three leaves four* sete menos três são quatro; 2 sem; *he came back home ~ his hat* ele regressou a casa sem chapéu Ⓒ *s.* 1 MATEMÁTICA o sinal menos (-); 2 quantidade negativa; 3 inconveniente; desvantagem; *the minuses and the plusses* os inconvenientes e as vantagens ❖ ELECTRICIDADE *~ charge* carga negativa; ELECTRICIDADE *~ potential* voltagem negativa; potencial negativo; MATEMÁTICA *~ quantity* quantidade negativa; MATEMÁTICA *~ sign* sinal menos; [coloq.] *it's a ~ quantity* isso é coisa que não existe

minuscule [ˈmɪnɪskjuːl] Ⓐ *adj.* minúsculo Ⓑ *s.* letra minúscula

minute¹ [ˈmɪnɪt] Ⓐ *s.* 1 (tempo) minuto; *ten minutes past four* quatro horas e dez minutos; *ten minutes to four* quatro menos dez, dez para as quatro; 2 GEOMETRIA (sexagésima parte de um grau) minuto; 3 [fig.] (pouco tempo) minuto; momento; instante; *any ~ now* a qualquer momento; 4 pequena nota, memorando; 5 minuta; rascunho; 6 *pl.* (registo de reunião) acta; *to take/do the minutes of* fazer a acta de Ⓑ *v.tr.* 1 minutar, fazer minuta de; 2 fazer acta de; registar em acta; *to ~ a meeting* fazer a acta duma reunião; 3 cronometrar ❖ *~ book* livro de actas; (sinal de perigo ou luto) *~ gun* peça que dispara de minuto em minuto; *~ hand* ponteiro dos minutos; *at seven o'clock to the ~* às sete em ponto; *at the last ~* à última hora; em cima da hora; *by the ~* a cada minuto, a cada momento; *every ~* a cada minuto; a cada momento; *have you got/do you have a minute?* tens um minuto?; *I don't have a ~ to call my own* não tenho tempo para mim; não tenho um momento só para mim; *I won't be a ~* vou e venho já; não demoro; *in a ~* já; daqui a pouco; num minuto; *just a ~* é só um minuto; espera lá; um momento; *one minute... (and the next)* num momento... e no outro...; *punctual to a ~* absolutamente pontual; *the ~ (that) sth/sb...* assim que algo/alguém...; logo que algo/alguém...; *the next ~* no minuto seguinte; logo depois; logo a seguir; *this ~* já imediatamente; agora mesmo; *to love/enjoy/hate every ~ of* adorar/gostar de/detestar cada momento de; *to make a ~ of* tomar nota de; *wait/hold on/hang on a ~* espera um pouco; espera um minuto; espera lá; espera aí

minute² [maɪˈnjuːt] *adj.* 1 minúsculo, diminuto, mínimo; 2 minucioso, pormenorizado, circunstanciado; *~ examination* exame muito pormenorizado ❖ *in ~ detail* em detalhe; ao pormenor; *the minutest particulars* todos os pormenores; os pormenores mais ínfimos

minutely¹ [ˈmɪnɪtlɪ] *adj.* 1 de minuto a minuto; 2 em cada minuto; 3 todos os minutos

minutely² [maɪˈnjuːtlɪ] *adv.* 1 minuciosamente; com todas as minúcias; 2 em detalhe; ao pormenor; 3 minimamente; vagamente; 4 diminutamente

minuteness [maɪˈnjuːtnəs] *s.* 1 minúcia, minuciosidade, pormenor; 2 pequenez; 3 insignificância

minutia [m(a)ɪˈnjuːʃɪə] *s.* (*pl.* **-ae**) [geralm. no pl.] minúcias, coisas miudinhas, coisas sem importância

minutiae [mɪˈnjuʃiː] s.pl. pequenos pormenores [**of**, de]; particularidades [**of**, de]; minudências [**of**, de]

minx [mɪŋks] s. (pl. **-es**) [depr.] rapariga espevitada, serigaita, lambisgóia

Miocene [ˈmaɪəsiːn] Ⓐ s. GEOLOGIA Mioceno, Miocénico Ⓑ adj. GEOLOGIA mioceno, miocénio

mirabelle [ˌmɪrəˈbel] s. BOTÂNICA ameixa pequena e amarela

miracle [ˈmɪrəkl] s. 1 milagre; 2 prodígio; maravilha; assombro; *a ~ of...* um prodígio de... ❖ *~ cure* cura milagrosa; *~ drug* remédio milagroso; *~ monger* milagreiro; charlatão; TEATRO (peça religiosa da Idade Média) *~ play* auto; mistério; *~ worker* milagreiro; taumaturgo; *by a ~* por milagre; *to accomplish/perform/work miracles* fazer milagres; fazer maravilhas; fazer prodígios

miraculous [mɪˈrækjʊləs] adj. 1 milagroso; 2 maravilhoso, extraordinário, prodigioso ❖ *to have a ~ escape* escapar milagrosamente

miraculously [mɪˈrækjʊləslɪ] adv. milagrosamente, miraculosamente

miraculousness [mɪˈrækjʊləsnɪs] s. aspecto milagroso, carácter miraculoso

mirador [ˌmɪrəˈdɔː] s. 1 miradouro, miradoiro; 2 belvedere

mirage [ˈmɪrɑːʒ, məˈrɑːʒ] s. miragem

Mirandize [məˈrændaɪz] v.tr. [EUA] [coloq.] informar (pessoa que está a ser presa) sobre os seus direitos

mirbane [ˈmɜːbeɪn] s. QUÍMICA mirbane ❖ *oil of ~* essência de mirbane; nitrobenzeno; nitrobenzina

mire [ˈmaɪə] Ⓐ s. 1 atoleiro; lamaçal; lodaçal; charco; 2 lama; porcaria; 3 [fig.] (situação difícil) trapalhada; complicação; *in the ~* em dificuldades; numa trapalhada Ⓑ v.tr.,intr. 1 atolar(-se); enterrar(-se) na lama; cair num atoleiro; 2 enlamear(-se); sujar(-se) com lama; encher de lama ❖ [GB] ZOOLOGIA [rar.] *~ drum* abetouro; botauro; *to drag sb's name in/through the ~* arrastar o nome de alguém pela lama; caluniar alguém

miriness [ˈmaɪərɪnɪs] s. estado lamacento

mirk [ˈmɜːk] adj. [arc., poét.] ⇒ **murk**

mirror [ˈmɪrə] Ⓐ s. 1 espelho; *burning ~* espelho ustório; *driving ~* espelho retrovisor; *hand ~* espelho de mão; 2 [fig.] imagem; modelo; exemplo Ⓑ v.tr. espelhar; reflectir; [fig.] *that book mirrors the time his author lived in* aquele livro espelha bem a época em que o autor viveu ❖ *~ factory* fábrica de espelhos; *~ finish* acabamento extremamente polido; acabamento que brilha como um espelho; *~ image* imagem invertida; *~ maker* fabricante de espelhos; *~ scale* escala de projecção; MINERALOGIA *~ stone* pedra especular; *~ surface* superfície do espelho; *~ wardrobe* guarda-vestidos com espelho; guarda-fatos com espelho

mirth [mɜːθ] s. 1 alegria, júbilo, regozijo, contentamento; 2 hilaridade, alegria ruidosa

mirthful [ˈmɜːθfʊl] adj. 1 alegre, jubiloso, contente, divertido; 2 jovial

mirthfully [ˈmɜːθfʊlɪ] adv. 1 alegremente; 2 jovialmente; 3 todo contente; 4 com grande júbilo

mirthfulness [ˈmɜːθfʊlnɪs] s. 1 alegria, jovialidade; 2 espírito divertido

mirthless [ˈmɜːθləs] adj. 1 sem alegria, sem contentamento; 2 triste, desconsolado; *a ~ laugh* um rir triste, um riso desconsolado

mirthlessly [ˈmɜːθləslɪ] adv. 1 tristemente, sem contentamento; 2 desconsoladamente

mirthlessness [ˈmɜːθləsnɪs] s. tristeza, falta de alegria, falta de contentamento

miry [ˈmaɪərɪ] adj. (comp. **-ier**, superl. **-iest**) 1 enlameado, cheio de lama, lamacento; 2 sujo

MIS INFORMÁTICA [abrev. de Management Information System]

misaddress [ˌmɪsəˈdres] v.tr. pôr a direcção errada (em carta, postal, etc.)

misadjustment [ˌmɪsəˈdʒʌstmənt] s. 1 ajustamento deficiente; 2 MECÂNICA falta de afinação

misadventure [ˌmɪsədˈventʃə] s. 1 contratempo, contrariedade; 2 pouca sorte ❖ *homicide by ~* homicídio acidental

misadvise [ˌmɪsədˈvaɪz] v.tr. 1 aconselhar mal; 2 dar maus conselhos

misaligned [ˌmɪsəˈlaɪnd] adj. 1 mal alinhado, desalinhado; 2 MECÂNICA mal regulado

misalignment [ˌmɪsəˈlaɪnmənt] s. 1 alinhamento deficiente, mau alinhamento; 2 MECÂNICA má regulação

misalliance [ˌmɪsəˈlaɪəns] s. 1 casamento desigual; 2 associação desigual

misandrist [mɪˈsændrɪst] s. misândrico

misandrous [mɪˈsændrəs] adj. misândrico

misandry [mɪˈsændrɪ] s. misandria

misanthrope [ˈmɪsənθrəʊp] s. misantropo

misanthropic [ˌmɪsənˈθrɒpɪk] adj. misantrópico

misanthropical [ˌmɪsənˈθrɒpɪkəl] adj. misantrópico

misanthropist [mɪˈsænθrəpɪst] s. misantropo

misanthropy [mɪˈsænθrəpɪ] s. 1 misantropia, misantropismo; 2 hipocondria

misapplication [ˌmɪsæplɪˈkeɪʃən] s. 1 mau uso, mau emprego, má aplicação; 2 emprego errado; 3 desvio (de fundos)

misapply [ˌmɪsəˈplaɪ] v.tr. 1 aplicar mal, empregar mal; 2 aplicar erradamente; 3 aplicar para fim indevido

misappreciate [ˌmɪsəˈpriːʃɪeɪt] v.tr. 1 não reconhecer, desconhecer; 2 ignorar

misappreciation [ˌmɪsəpriːʃɪˈeɪʃən] s. 1 desconhecimento; 2 ignorância

misapprehend [ˌmɪsæprɪˈhend] v.tr. 1 compreender mal; 2 não apanhar bem (palavra, sentido, etc.); 3 atribuir significado errado

misapprehension [ˌmɪsæprɪˈhenʃən] s. 1 má compreensão, má interpretação; 2 equívoco

misapprehensive [ˌmɪsæprɪˈhensɪv] adj. 1 que não compreende bem; 2 que não interpreta bem

misappropriate [ˌmɪsəˈprəʊprɪeɪt] v.tr. 1 apropriar-se indevidamente de; 2 empregar mal, empregar indevidamente; 3 malversar, delapidar, administrar mal; 4 desviar fundos do fim a que se destinam

misappropriation [ˌmɪsəprəʊprɪˈeɪʃən] s. 1 malversação; 2 má administração; 3 delapidação de fundos alheios, desvio de fundos; 4 DIREITO abuso de confiança

misbecome [ˌmɪsbɪˈkʌm] v.tr. (prt. **misbecame**, part. pass. **misbecome**) 1 ficar mal a, não ser próprio de; 2 não ficar bem a

misbecoming [ˌmɪsbɪˈkʌmɪŋ] adj. 1 impróprio, que fica mal; 2 inconveniente, incorrecto

misbecomingly [ˌmɪsbɪˈkʌmɪŋlɪ] adv. 1 de maneira imprópria, de modo inconveniente; 2 incorrectamente

misbegotten [ˌmɪsbɪˈɡɒtn] adj. 1 ilegítimo; 2 bastardo; 3 mal concebido, disparatado, miserável ❖ *a ~ plan* um plano sem pés nem cabeça; um plano disparatado

misbehave [ˌmɪsbɪˈheɪv] v.tr.,intr. portar-se mal, comportar-se mal

misbehaving [ˌmɪsbɪˈheɪvɪŋ] s. mau comportamento

misbehaviour [ˌmɪsbɪˈheɪvjə] s. mau comportamento, mau procedimento

misbelief [ˌmɪsbɪˈliːf] s. 1 falsa crença religiosa, crença errónea, heresia; 2 opinião errada

misbelieve [ˌmɪsbɪˈliːv] v.tr. 1 seguir crenças erróneas; 2 duvidar, descrer

misbeliever [ˌmɪsbɪˈliːvə] s. 1 pessoa que segue uma crença errónea; 2 herege

misbelieving [ˌmɪsbɪˈliːvɪŋ] adj. 1 que segue uma crença errónea; 2 herege

misbeseem [ˌmɪsbɪˈsiːm] v.tr. 1 parecer mal, ficar mal; 2 ser impróprio de

miscalculate [ˌmɪsˈkælkjʊleɪt] v.tr.,intr. 1 calcular mal; calcular erradamente; 2 enganar-se [**about**, acerca de]

miscalculation [ˌmɪskælkjʊˈleɪʃən] s. 1 cálculo errado, engano; 2 erro de cálculo

miscall [mɪsˈkɔːl] v.tr. 1 dar um nome errado a; 2 chamar por um nome errado; 3 [dial.] chamar nomes a, injuriar

miscarriage [mɪsˈkærɪdʒ] s. 1 insucesso, malogro, inêxito; 2 extravio; *~ of a letter* extravio de carta; *~ of goods* extravio de mercadorias; 3 MEDICINA (espontaneamente) aborto; *to have a ~* ter um aborto ❖ DIREITO *~ of justice* erro judicial

miscarry [mɪsˈkærɪ] v.intr. 1 MEDICINA abortar, ter um aborto, perder o bebé; 2 malograr-se, ser mal sucedido, falhar, não ter êxito; *all our plans miscarried* todos os nossos planos falharam; 3 perder-se; extraviar-se

miscast [mɪsˈkɑːst] v.tr. (prt. e part. pass. **miscast**) TEATRO, CINEMA, TELEVISÃO escolher mal para determinado papel; cometer erro de casting ❖ (actor) *to be* ~ ser mal escolhido para determinado papel; (peça, filme) *to be* ~ ter erros de casting

miscegenation [ˌmɪsɪdʒɪˈneɪʃən] s. 1 miscigenação; 2 mestiçagem; 3 cruzamento de raças

miscellanea [ˌmɪsəˈleɪnɪə] s.pl. LITERATURA miscelânea

miscellaneous [ˌmɪsəˈleɪnɪəs] adj. 1 misturado, misto; 2 heterogéneo; variado; 3 [com s. pl.] diversos; ~ *goods* artigos diversos; 4 (pessoa) com várias facetas ❖ ~ *collection* colecção variada; colecção de várias espécies; ~ *news* notícias várias; um misto de notícias; ~ *remarks* observações diversas

miscellaneously [ˌmɪsəˈleɪnɪəslɪ] adv. 1 heterogeneamente; 2 duma maneira variada, de vários modos; 3 (tratando) de assuntos vários

miscellaneousness [ˌmɪsəˈleɪnɪəsnɪs] s. variedade, heterogeneidade, diversidade

miscellanist [mɪˈselənɪst] s. LITERATURA autor de miscelâneas

miscellany [mɪˈselənɪ] s. (pl. **-ies**) 1 miscelânea; 2 mistura, colecção variada; 3 colecção de obras diversas num volume; 4 volume com assuntos diversos

mischance [mɪsˈtʃɑːns] Ⓐ s. 1 pouca sorte, infortúnio, desgraça, fatalidade; 2 revés Ⓑ v.intr. ser mal sucedido, ter pouca sorte

mischief [ˈmɪstʃɪf] s. 1 travessura, partida, brincadeira, maldade, malandrice; 2 divertimento irrequieto; 3 mal, prejuízo, estrago; 4 prejuízo moral; ofensa; velhacaria; 5 criança travessa, criança marota; *my son is a regular* ~ o meu filho é levado dos diabos, o meu filho está sempre a fazer travessuras ❖ *to be fond of* ~ gostar de travessuras; gostar de fazer das suas; *to be up to* ~ andar a planear alguma; andar a planear uma maldade; *to get into* ~ fazer tolices; fazer das suas; fazer travessuras; meter-se em dificuldades; *to make* ~ *(between)* lançar a discórdia (entre); *to play* ~ *with* pintar o diabo a quatro com; pôr em desordem; fazer mal a; *to work* ~ causar grande mal; [ant.] *where the* ~ *have you been?* onde diabo é que estiveste?

mischief-maker [ˈmɪstʃɪfˌmeɪkə] s. 1 intriguista; semeador de discórdia; 2 (pessoa) má-língua

mischief-making [ˈmɪstʃɪfˌmeɪkɪŋ] Ⓐ s. 1 intriguismo; acto de semear a discórdia; 2 maledicência; má-língua Ⓑ adj. 1 que semeia o mal; 2 maledicente

mischievous [ˈmɪstʃɪvəs] adj. 1 malicioso; jocoso; ~ *tricks* brincadeiras maliciosas; 2 maldoso; pérfido; 3 mau, prejudicial, pernicioso; 4 (criança) traquinas, travesso, irrequieto ❖ *as* ~ *as a monkey* mau como um macaco

mischievously [ˈmɪstʃɪvəslɪ] adv. 1 maliciosamente, maldosamente; 2 com desejo de fazer mal; 3 por traquinice, travessamente

mischievousness [ˈmɪstʃɪvəsnɪs] s. 1 maldade, espírito maldoso, carácter prejudicial; 2 traquinice, travessura

mischoice [mɪsˈtʃɔɪs] s. 1 escolha errada; 2 má escolha

mischoose [mɪsˈtʃuːz] v.tr. (prt. **mischose**, part. pass. **mischosen**) escolher erradamente, escolher mal

miscibility [ˌmɪsɪˈbɪlɪtɪ] s. miscibilidade

miscible [ˈmɪsɪbəl] adj. miscível

miscolour [mɪsˈkʌlə] v.tr. 1 dar uma cor falsa a; representar sob uma falsa cor; 2 apresentar sob um aspecto falso

miscommunication [ˌmɪskəˌmjuːnɪˈkeɪʃən] s. falha de comunicação

miscomputation [ˌmɪskɒmpjʊˈteɪʃən] s. erro de cálculo, cálculo errado

miscompute [ˌmɪskəmˈpjuːt] v.tr. enganar-se, errar, calcular mal

misconceive [ˌmɪskənˈsiːv] v.tr.,intr. 1 ter um conceito errado de; 2 não alcançar o verdadeiro significado de; 3 compreender mal ❖ *to* ~ *of sb* enganar-se a respeito de alguém

misconceived [ˌmɪskənˈsiːvd] adj. 1 mal pensado; mal delineado; 2 mal compreendido; 3 errado ❖ *a* ~ *idea of* o pressuposto errado de que

misconception [ˌmɪskənˈsepʃən] s. 1 ideia errada, conceito errado; 2 equívoco

misconduct¹ [ˌmɪskənˈdʌkt] v.tr. administrar mal; governar mal; *to* ~ *one's business affairs* administrar mal os negócios ❖ *to* ~ *oneself* comportar-se de modo impróprio; ter um comportamento condenável

misconduct² [mɪsˈkɒndʌkt] s. 1 mau governo, má administração; 2 mau comportamento; 3 DIREITO adultério

misconstruction [ˌmɪskənsˈtrʌkʃən] s. 1 interpretação errada; má interpretação; 2 deturpação; deformação ❖ *to be open to* ~ ser ambíguo, estar sujeito a ser mal interpretado

misconstrue [ˌmɪskənˈstruː] v.tr. 1 interpretar mal, interpretar erradamente; 2 atribuir um mau sentido a, adulterar o significado verdadeiro de

miscount [mɪsˈkaʊnt] Ⓐ s. 1 erro de contas, erro de cálculo; 2 soma errada (sobretudo de votos) Ⓑ v.tr. 1 contar mal, contar erradamente; 2 errar a soma (de votos)

miscreant [ˈmɪskrɪənt] Ⓐ adj. 1 [arc.] herético; 2 depravado, miserável Ⓑ s. 1 [arc.] herético; 2 celerado, miserável, patife

miscreated [ˌmɪskrɪˈeɪtɪd] adj. desconforme, disforme, monstruoso

miscue [ˈmɪskjuː] Ⓐ s. (bilhar) tacada em falso Ⓑ v.intr. (bilhar) dar uma tacada em falso, falhar a tacada

misdate [mɪsˈdeɪt] v.tr. 1 errar a data, datar mal, datar erradamente; 2 atribuir uma data errada a

misdating [ˌmɪsˈdeɪtɪŋ] s. erro de data

misdeal [mɪsˈdiːl] Ⓐ s. (jogos de cartas) erro na distribuição das cartas; carta mal dada, carta distribuída indevidamente Ⓑ v.tr.,intr. (jogos de cartas) dar mal as cartas

misdeed [mɪsˈdiːd] s. 1 acção má, acção condenável; 2 delito, crime

misdeem [mɪsˈdiːm] v.tr.,intr. (prt. e part. pass. **misdealt**) 1 [arc., poét.] ter uma opinião errada de; 2 julgar mal de; 3 confundir uma pessoa ou coisa com outra

misdelivery [ˌmɪsdɪˈlɪvərɪ] s. erro de entrega

misdemean [ˌmɪsdɪˈmiːn] v.intr.,refl. comportar-se mal

misdemeanant [ˌmɪsdɪˈmiːnənt] s. delinquente, pessoa culpada de delito relativamente leve

misdemeanor [ˌmɪsdɪˈmiːnə] s. ⇒ **misdemeanour**

misdemeanour [ˌmɪsdɪˈmiːnə] s. 1 DIREITO [ant.] pequeno delito; 2 contravenção; infracção; 3 má acção; mau comportamento; ofensa ❖ *high* ~ delito grave

misdescription [ˌmɪsdɪsˈkrɪpʃən] s. designação errada, designação falsa

misdiagnose [ˌmɪsˈdaɪəgnəʊz] v.tr. diagnosticar mal, errar no diagnóstico de

misdirect [ˌmɪsdɪˈrekt] v.tr. 1 endereçar erradamente, pôr direcção errada em; *to* ~ *a letter* endereçar uma carta erradamente, pôr uma direcção errada numa carta; 2 orientar mal, dirigir mal; 3 dar uma informação errada a; DIREITO (juiz) *to* ~ *the jury* informar mal o júri, esclarecer mal o júri; 4 (pistola, revólver, etc.) apontar mal; 5 (golpe, soco, etc.) calcular mal

misdirected [ˌmɪsdɪˈrektɪd] adj. 1 com direcção errada, endereçado erradamente; 2 mal orientado, mal dirigido; 3 mal informado; 4 (golpe, soco) mal calculado

misdirection² [ˌmɪsdɪˈrekʃən] s. 1 endereço errado, direcção errada; 2 informação errada; 3 má orientação, má direcção ❖ DIREITO ~ *of the jury* esclarecimento errado dado pelo juiz ao júri

misdoer [mɪsˈduːə] s. 1 aquele que procede mal; 2 malfeitor

misdoing [mɪsˈduːɪŋ] s. ⇒ **misdeed**

misdoubt [mɪsˈdaʊt] v.tr. [arc.] duvidar de; suspeitar de; desconfiar de

misdoubting [mɪsˈdaʊtɪŋ] s. [rar.] dúvidas; suspeitas ❖ *there is no* ~ *it* não há que duvidar disso

mise [miːz] s. pacto, convénio, acordo ❖ HISTÓRIA (estabelecido em 1264, entre Henrique III e os barões) *the Mise of Lewes* o pacto de Lewes

mise-en-scène [ˌmiːzɒnˈsen] s. encenação

misemploy [ˌmɪsɪmˈplɔɪ] v.tr. malbaratar, empregar mal, desperdiçar

misemployment [ˌmɪsɪmˈplɔɪmənt] s. mau emprego, má aplicação

misentry [mɪsˈentrɪ] s. registo errado, registo inexacto

miser [ˈmaɪzə] s. 1 avarento, avaro, sovina, pão-duro$_{Bras.}$; 2 instrumento de perfuração para abertura de poços

miserable [ˈmɪzərəbəl] adj. 1 desgraçado; deprimido; (extremamente) infeliz; *to feel* ~ sentir-se muito infeliz; 2 miserável, mau, péssimo; 3 (situação) deprimente; miserável; lastimoso;

4 muito pobre, desprezível; **5** (quantidade) desprezível; irrisório ❖ ~ *salary* ordenado irrisório; ordenado nitidamente insuficiente; [coloq.] ~ *weather* tempo miserável; um tempo de cão; *a* ~ *failure* um fracasso total; *a* ~ *hovel* um tugúrio miserável; *a* ~ *slum* um bairro miserável; *to have a* ~ *life* levar uma vida miserável

miserableness ['mɪzərəblnɪs] *s.* **1** miséria, aspecto miserável, estado miserável; **2** infortúnio; **3** mesquinhice, avareza

miserably ['mɪzərəblɪ] *adv.* **1** miseravelmente; **2** lastimosamente; **3** em extrema pobreza

miserere [mɪzə'rɪərɪ] *s.* **1** miserere, quinquagésimo salmo da liturgia, salmo de David que começa em latim pelas palavras Miserere mei, Deus; **2** imploração de misericórdia

misericord [mɪ'zerɪkɔːd] *s.* **1** misericórdia; **2** compartimento em mosteiro onde se permitiam algumas indulgências; **3** misericórdia, punhal que os cavaleiros traziam do lado oposto ao da espada, utilizado para matar o inimigo vencido, na hipótese de este não implorar misericórdia; **4** apoio lateral em cadeiral de igreja

miserliness ['maɪzəlɪnɪs] *s.* avareza, avarícia, espírito somítico

miserly ['maɪzəlɪ] *adj.* **1** avarento, avaro, mesquinho, somítico; **2** miserável

misery ['mɪzərɪ] *s.* (*pl.* -*ies*) **1** infelicidade; infortúnio; **2** miséria, indigência; *to live in* ~ *and want* viver na miséria e na necessidade; **3** angústia, tormento, aflição, suplício; **4** [depr.] pessimista, choramingas; lamuriento; pessoa que se anda sempre a lamentar ❖ *to put an animal out of its* ~ dar o golpe de misericórdia a um animal; *to suffer* ~ *from headache* sofrer terrivelmente com dores de cabeça

misesteem [ˌmɪsɪs'tiːm] Ⓐ *s.* **1** ausência de estima; **2** desafeição Ⓑ *v.tr.* **1** desestimar, ter em pequena conta; **2** desprezar

misestimate [mɪs'estɪmeɪt] *v.tr.* avaliar mal, julgar mal, apreciar mal

misexplain [ˌmɪsɪk'spleɪn] *v.tr.* **1** dar uma explicação errada de; **2** explicar erradamente

misfaith [mɪs'feɪθ] *s.* **1** descrença; **2** desconfiança

misfashioned [ˌmɪs'fæʃənd] *adj.* disforme, mal conformado

misfeasance [ˌmɪs'fiːzəns] *s.* DIREITO abuso de poder, abuso de autoridade, transgressão por uso indevido da autoridade legal

misfeature [ˌmɪs'fiːtʃə] Ⓐ *s.* desfiguração; aspecto desfigurado; deformação Ⓑ *v.tr.* desfigurar; deformar

misfield [mɪs'fiːld] *v.tr.* (críquete) não apanhar a bola

misfire [mɪs'faɪə] Ⓐ *s.* **1** ignição deficiente, falha na ignição; **2** tiro falhado; **3** má carburação Ⓑ *v.intr.* **1** (arma de fogo) falhar no disparo, não disparar; **2** (motor) falhar na ignição, não pegar; **3** carburar mal

misfit ['mɪsfɪt] Ⓐ *s.* **1** (pessoa) inadaptado; **2** roupa mal feita, vestuário que não assenta bem, vestuário que não serve à pessoa para quem foi feito Ⓑ *v.tr.* (*particípios:* -**tt**-) **1** assentar mal a, não assentar bem a; **2** ficar mal

misfortune [mɪs'fɔːtʃən] *s.* **1** desgraça; desdita; desventura; infelicidade; **2** pouca sorte; infortúnio; **3** desastre; contratempo ❖ *misfortunes never come singly* uma desgraça nunca vem só; *that's your misfortune!* o problema é teu!; *to bear one's misfortunes* aguentar a desdita; *to fall into* ~ cair em desgraça

misgive [mɪs'gɪv] *v.tr.* (*prt.* **misgave**, *part. pass.* **misgiven**) **1** causar apreensão a; **2** inspirar receio a; **3** provocar maus pressentimentos ❖ *my heart misgives me that...* tenho o pressentimento que...

misgiving [mɪs'gɪvɪŋ] Ⓐ *adj.* **1** receoso; desconfiado; **2** pouco seguro; **3** cheio de maus pressentimentos Ⓑ *s.* **1** mau pressentimento; **2** receio; inquietação; apreensão; **3** dúvida, incerteza; desconfiança; *to have misgivings about* ter dúvidas em relação a ❖ *not without misgivings* sem certeza absoluta; sem segurança total

misgotten [mɪs'gɒtn] *adj.* **1** indevidamente adquirido; **2** mal adquirido; **3** bastardo, ilegítimo

misgovern [mɪs'gʌvən] *v.tr.* **1** governar mal; **2** administrar mal

misgovernment [mɪs'gʌvənmənt] *s.* desgoverno, má administração; mau governo

misguidance [mɪs'gaɪdəns] *s.* **1** maus conselhos; **2** má orientação; **3** informações erradas

misguide [mɪs'gaɪd] *v.tr.* **1** guiar mal; **2** orientar mal; informar mal; **3** aconselhar mal; **4** desviar do bom caminho, desencaminhar

misguided [mɪs'gaɪdɪd] *adj.* **1** mal orientado, mal aconselhado, mal guiado; **2** fora de propósito, pouco sensato, disparatado

misguidedly [mɪs'gaɪdɪdlɪ] *adv.* **1** disparatadamente; **2** tolamente; **3** sem sensatez

misguidedness [mɪs'gaɪdɪdnɪs] *s.* **1** insensatez, falta de ponderação; **2** afastamento do bom caminho

mishandle [mɪs'hændl] *v.tr.* **1** maltratar, dar mau tratamento a; **2** tratar com rudeza

mishap ['mɪshæp] *s.* **1** contratempo, contrariedade, revés; **2** (sem gravidade) acidente; percalço; **3** (automóvel) avaria mecânica; **4** [arc.] pouca sorte; azar ❖ [coloq.] *she had a* ~ ela perdeu o bebé

mishear [ˌmɪs'hɪə] *v.tr.* (*prt. e part. pass.* **misheard**) ouvir mal, perceber mal

mishit [mɪs'hɪt] Ⓐ *s.* tiro ou golpe que falhou o alvo Ⓑ *v.tr.* falhar (tiro ou golpe)

mishmash ['mɪʃmæʃ] *s.* confusão, trapalhada, salgalhada

mishna ['mɪʃnə] *s.* colecção de preceitos que constituem a base do Talmude

mishnah ['mɪʃnə] *s.* colecção de preceitos que constituem a base do Talmude

misinform [ˌmɪsɪn'fɔːm] *v.tr.* informar mal, informar erradamente

misinformation [ˌmɪsɪnfə'meɪʃən] *s.* má informação, informação errada

misinformed [ˌmɪsɪn'fɔːmd] *adj.* mal informado

misinterpret [ˌmɪsɪn'tɜːprɪt] *v.tr.* **1** interpretar mal, dar uma interpretação errada a; **2** adulterar, desvirtuar

misinterpretation [ˌmɪsɪntɜːprɪ'teɪʃən] *s.* **1** interpretação errada; **2** atribuição de sentido errado

misinterpreter [ˌmɪsɪn'tɜːprɪtə] *s.* mau intérprete

misjoin [mɪs'dʒɔɪn] *v.tr.* **1** juntar indevidamente; **2** juntar mal

misjoinder [mɪs'dʒɔɪndə] *s.* DIREITO constituição indevida das partes

misjudge [mɪs'dʒʌdʒ] *v.tr.* **1** julgar mal; fazer mau juízo de; **2** equivocar-se em relação a; cometer um erro de julgamento em relação a; **3** subestimar; **4** avaliar mal; calcular mal; *to ~ the distance* calcular mal a distância

misjudged [mɪs'dʒʌdʒd] *adj.* pouco acertado, errado

misjudgement [mɪs'dʒʌdʒmənt] *s.* juízo errado, juízo erróneo, equívoco

misjudgment [mɪs'dʒʌdʒmənt] *s.* juízo errado, juízo erróneo, equívoco

mislay [mɪs'leɪ] *v.tr.* (*prt. e part. pass.* **mislaid**) **1** perder, pôr em lugar onde se não consegue encontrar depois; **2** não se lembrar do sítio onde se pôs; **3** extraviar

mislead [mɪs'liːd] *v.tr.* (*prt. e part. pass.* **misled**) **1** enganar, levar por caminho errado; **2** desviar do bom caminho; **3** desencaminhar; **4** induzir em erro; **5** corromper

misleader [mɪs'liːdə] *s.* **1** aquele que engana; **2** desencaminhador, pessoa que leva outra por caminho errado, que a desvia do bom caminho; **3** corruptor

misleading [mɪs'liːdɪŋ] *adj.* **1** enganador, que leva a conclusões erradas; **2** ilusório

misled [mɪs'led] Ⓐ {*prt. e part. pass. de* **to mislead**} Ⓑ *adj.* desencaminhado; desviado; *to be* ~ *by bad companions* ser desencaminhado por más companhias

mislike [mɪs'laɪk] *v.tr.* [arc.] ⇒ **to dislike**

mismanage [mɪs'mænɪdʒ] *v.tr.* dirigir mal, administrar mal, gerir mal

mismanagement [mɪs'mænɪdʒmənt] *s.* **1** má administração; **2** má gestão; **3** desgoverno

mismarriage [ˌmɪs'mærɪdʒ] *s.* mau casamento, casamento infeliz

mismarried [ˌmɪs'mærɪd] *adj.* mal casado

mismarry [ˌmɪs'mærɪ] *v.tr.* casar mal

mismatch[1] ['mɪsmatʃ] *s.* **1** disparidade, contraste, dissonância; **2** má combinação

mismatch[2] [ˌmɪs'mætʃ] *v.tr.* **1** combinar mal; **2** tentar juntar o que é incompatível; **3** unir, casar mal

mismatched [ˌmɪs'mætʃd] *adj.* **1** dissonante, contrastante; **2** mal combinado

misname [ˌmɪsˈneɪm] v.tr. 1 chamar por nome errado ou impróprio; 2 dar um nome errado
misnomer [ˌmɪsˈnəʊmə] s. 1 nome errado, nome impróprio; 2 erro de nome; 3 emprego errado dum nome ou designação
misogamist [mɪˈsɒɡəmɪst] s. misógamo
misogamy [mɪˈsɒɡəmɪ] s. misogamia
misogynist [mɪˈsɒdʒɪnɪst] s. misógino
misogynous [mɪˈsɒdʒɪnəs] adj. misógino
misogyny [mɪˈsɒdʒɪnɪ] s. misoginia
misoneism [ˌmɪsəʊˈniːɪzəm] s. misoneísmo, horror a inovações, aversão a tudo quanto é novo
misoneist [ˌmɪsəʊˈniːɪst] s. misoneísta
mispickel [ˈmɪspɪkəl] s. MINERALOGIA mispíquel, sulfarsenieto de ferro natural
misplace [ˌmɪsˈpleɪs] v.tr. 1 colocar mal, pôr em lugar errado; 2 empregar mal os seus afectos; 3 orientar mal; 4 deslocar; 5 perder, extraviar
misplaced [ˌmɪsˈpleɪst] adj. 1 deslocado; fora do lugar devido; 2 inoportuno; pouco apropriado; despropositado; 3 perdido; extraviado ❖ ~ *confidence* confiança imerecida
misplacement [ˌmɪsˈpleɪsmənt] s. 1 má colocação; 2 colocação errada; 3 deslocação; 4 má aplicação; 5 extravio
misplead [ˌmɪsˈpliːd] v.intr. DIREITO alegar erradamente
misprint [ˈmɪsprɪnt] Ⓐ s. TIPOGRAFIA erro tipográfico, erro de impressão, gralha Ⓑ v.tr. imprimir erradamente, imprimir com incorrecções
misprision [ˌmɪsˈprɪʒən] s. DIREITO crime por omissão, crime por negligência; 2 [arc.] desprezo; menosprezo ❖ DIREITO *misprision of felony* conivência em crime por não revelação; DIREITO *misprision of treason* conivência em crime de alta traição por não revelação
misprize [ˌmɪsˈpraɪz] v.tr. 1 desprezar; 2 menosprezar; 3 desdenhar, depreciar
mispronounce [ˌmɪsprəˈnaʊns] v.tr. 1 pronunciar mal; 2 adulterar a pronúncia de
mispronunciation [ˌmɪsprənʌnsɪˈeɪʃən] s. 1 pronúncia errada; 2 deficiência de pronúncia
misproportioned [ˌmɪsprəˈpɔːʃənd] adj. mal proporcionado
misquotation [ˌmɪskwəʊˈteɪʃən] s. citação errada
misquote [ˌmɪsˈkwəʊt] v.tr. citar erradamente, citar incorrectamente
misread [ˌmɪsˈriːd] v.tr. ⟨prt. e part. pass. misread⟩ 1 ler mal; enganar-se a ler; pronunciar mal; *to ~ a word* ler mal uma palavra; 2 [fig.] compreender mal; interpretar mal; não perceber; *to ~ sb's motives* interpretar mal as razões de alguém; *to ~ the whole situation* perceber tudo errado
misreading [ˌmɪsˈriːdɪŋ] s. leitura errada, interpretação errada
misreckon [ˌmɪsˈrekən] v.tr. calcular mal, calcular erradamente
misreckoning [ˌmɪsˈrekənɪŋ] s. 1 cálculo errado; 2 deficiência de compreensão, falta de perspicácia
misrecollect [ˌmɪsrekəˈlekt] v.tr. não se lembrar bem
misrelate [ˌmɪsrɪˈleɪt] v.tr. [rar.] relatar inexactamente, contar com inexactidões
misrelated [ˌmɪsrɪˈleɪtɪd] adj. 1 relatado com inexactidões; 2 mal relacionado
misrelation [ˌmɪsrɪˈleɪʃən] s. 1 relacionação errada; 2 narração errada
misreport [ˌmɪsrɪˈpɔːt] Ⓐ s. 1 narração errada; 2 relato errado Ⓑ v.tr. 1 relatar erradamente; 2 informar erradamente
misrepresent [ˌmɪsreprɪˈzent] v.tr. 1 desvirtuar, deturpar, desnaturar; 2 apresentar erradamente, falsear
misrepresentation [ˌmɪsreprɪzenˈteɪʃən] s. (factos) deturpação; deformação; distorção; infidelidade de representação; interpretação errónea ❖ DIREITO *wilful ~* dolo
misroute [ˌmɪsˈruːt] v.intr. 1 seguir por um caminho errado; 2 extraviar-se no trajecto
misrule [ˌmɪsˈruːl] Ⓐ s. 1 má administração; 2 desgoverno; 3 confusão, desordem Ⓑ v.tr. administrar mal, governar mal
miss [mɪs] Ⓐ s. 1 (solteira) menina; *~ Brown* a menina Brown; *the Miss(es) Browns* as meninas Brown; 2 [joc.] menina de colégio ou liceu; 3 (concursos de beleza) miss; 4 falhanço, falha; malogro; insucesso; *a ~ is as good as a mile* um malogro é sempre um malogro; 5 engano, perda; 6 [coloq.] falta; *to give sth a ~* faltar a algo; 7 [coloq.] carência; privação; *I'll give the wine a ~* não vou tocar no vinho Ⓑ v.tr.,intr. 1 ter saudades (de); sentir a falta (de); *I ~ you* tenho saudades tuas; *we missed you very much* sentimos muito a tua falta; 2 dar pela falta de; *when did you ~ your hat?* quando é que deu pela falta do seu chapéu?; 3 falhar, errar, não acertar em; *to ~ the target* falhar o alvo; 4 [fig.] ser mal sucedido; não atingir; *to ~ one's aims* não atingir os objectivos; 5 não conseguir agarrar; não conseguir tocar em; 6 (ver, ouvir, compreender) não conseguir ouvir; deixar escapar; passar ao lado de; não perceber; *to ~ the joke* não perceber a piada; *that is an opportunity not to be missed* é uma oportunidade que não deve deixar-se passar; é uma oportunidade que deve ser aproveitada; 7 escapar a; *to ~ an accident* escapar a um acidente; *he barely missed being run over* escapou por pouco a ser atropelado; 8 (meio de transporte) perder; *I've just missed the bus* acabei de perder o autocarro; 9 faltar (a); *to ~ a lesson* faltar a uma aula; 10 desencontrar(-se); não achar, não encontrar; *you can't ~ the house if you go straight on and turn to the left* não pode deixar de dar com a casa se for sempre a direito e depois virar à esquerda ❖ *to ~ fire* errar fogo; falhar na ignição; *to ~ one's way/line* enganar-se no caminho; NÁUTICA *to ~ stays* não virar; [coloq.] *to ~ the bus* perder uma oportunidade magnífica; *to ~ the market* deixar passar a ocasião favorável para uma boa venda; *he missed his footing* escorregou; falhou-lhe um pé; *the bullet missed him by a hair's breadth* a bala não lhe acertou por um triz; (bilhar) *to give a ~* evitar segunda bola para deixar a nossa em posição segura
◆ **miss out** Ⓐ v.tr. 1 deixar de fora; omitir; *to ~ a verse* omitir um verso; 2 esquecer-se de; 3 falhar; 4 (leitura) saltar; *to ~ a word* saltar uma palavra Ⓑ v.intr. sair a perder; não aproveitar; *he feels he's missing out* sente que está perder qualquer coisa
◆ **miss out on** v.tr. 1 deixar escapar; perder; falhar; 2 ficar de fora de
Miss. [abrev. de Mississippi]
missal [ˈmɪsəl] s. RELIGIÃO missal, livro de orações
missel [ˈmɪsəl] s. ZOOLOGIA tordo-visqueiro, tordoveia
missel-thrush [ˈmɪsəlθrʌʃ] s. ⟨pl. -es⟩ ZOOLOGIA (ave) tordo-visqueiro, tordoveia
misshapen [mɪsˈʃeɪpən] adj. 1 deformado, disforme; 2 extravagante
missile [ˈmɪsaɪl, ˈmɪsəl] Ⓐ s. 1 míssil; 2 projéctil Ⓑ adj. 1 míssil, próprio para ser lançado por máquina ou engenho; 2 missivo
missing [ˈmɪsɪŋ] Ⓐ adj. 1 em falta; ausente; 2 desaparecido; 3 perdido; 4 (bagagem) extraviado Ⓑ s. 1 ausência; 2 perda; 3 falha; 4 malogro Ⓒ s.pl. 1 *the ~* os desaparecidos; *a list of the ~* uma relação dos desaparecidos ❖ ZOOLOGIA ~ *link* elo necessário para completar uma série; tipo hipotético intermediário entre duas espécies; MILITAR ~ *in action* desaparecido em combate; *fill in the ~ words* preencha os espaços em branco; *sb is ~* falta alguém; *there is a page ~* falta uma página; *to be ~* faltar; estar desaparecido; *to go ~* desaparecer
mission [ˈmɪʃən] Ⓐ s. 1 missão; 2 incumbência; encargo; 3 atribuição; 4 delegação; 5 (missionários) missão religiosa; *Foreign Missions* missões religiosas estrangeiras; *Home Missions* missões religiosas que trabalham no próprio país de origem Ⓑ v.tr.,intr. 1 incumbir de; encarregar de; enviar com a missão de; 2 missionar, dirigir uma missão ❖ ~ *furniture* mobília pesada e simples; COMÉRCIO ~ *statement* caderno de encargos; *a trade ~* uma missão comercial; *sb's ~ in life* a missão duma pessoa na vida; *to complete one's ~* completar a nossa missão
missionary [ˈmɪʃənərɪ, ˈmɪʃənerɪ] Ⓐ s. ⟨pl. -ies⟩ 1 RELIGIÃO missionário; 2 [fig.] missionário; propagandista Ⓑ adj. 1 missionário; relativo a missões; 2 propagandista ❖ ~ *box* caixa de esmolas para as missões; (sexo) ~ *position* posição de missionário
missioner [ˈmɪʃənə] s. missionário, pessoa encarregada de missão numa paróquia
missis [ˈmɪsɪz] s. 1 [corrupção de *mistress*] minha senhora, senhora; 2 [coloq.] (esposa) patroa; *my ~/the ~* a minha mulher, a minha patroa_coloq._
missish [ˈmɪsɪʃ] adj. [coloq.] próprio de menina de colégio
Mississippi [ˌmɪsɪˈsɪpɪ] s.top. Mississípi

Mississippian [ˌmɪsɪˈsɪpɪən] Ⓐ s. GEOLOGIA Mississipiano Ⓑ adj. 1 relativo ao Mississípi; 2 GEOLOGIA mississipiano

missive [ˈmɪsɪv] Ⓐ s. (sobretudo oficial) missiva, carta Ⓑ adj. missivo, que se envia ❖ *letter* ~ carta missiva; carta do soberano dirigida ao deão e capítulo indicando o nome do bispo a eleger

Missourian [mɪˈsʊərɪən] adj.,s. missuriano

misspell [ˌmɪsˈspel] v.tr. (prt. e part. pass. **misspelt** ou **misspelled**) 1 escrever mal; 2 soletrar mal; 3 dar erros de ortografia

misspelling [ˌmɪsˈspelɪŋ] s. erro de ortografia, cacografia

misspend [ˌmɪsˈspend] v.tr. (prt. e part. pass. **misspent**) 1 gastar mal; 2 (tempo, dinheiro) esbanjar; malbaratar; perder; desperdiçar

misspent [ˌmɪsˈspent] prt. e part. pass. de **to misspend** ❖ *a ~ youth* uma juventude desperdiçada

misstate [ˌmɪsˈsteɪt] v.tr. 1 relatar erradamente, expor incorrectamente; 2 deturpar

misstatement [ˌmɪsˈsteɪtmənt] s. 1 exposição inexacta; 2 relato errado; 3 deturpação da verdade

missuit [ˌmɪsˈsjuːt] v.tr. 1 não convir; 2 ficar mal

missus [ˈmɪsɪs] s. [coloq.] ⇒ **missis**

missy [ˈmɪsɪ] s. (pl. **-ies**) 1 [termo de carinho ou jocoso] menina, mocinha; *now, missy, how do you like this dress?* então, menina, que tal lhe parece este vestido?; 2 [coloq.] mariquinhas; *don't be a missy!* não sejas mariquinhas!

mist [mɪst] Ⓐ s. 1 névoa; neblina; bruma; *everything was hidden in* ~ estava tudo encoberto pela neblina; 2 nevoeiro; 3 (vidro, etc.) vapor Ⓑ v.tr.,intr. 1 encher-se de névoa; cobrir-se de neblina; ficar enevoado; *it's misting* está a vir nevoeiro; 2 toldar--se; obscurecer-se; 3 embaciar; 4 (plantas) pulverizar ❖ *her eyes were misted with tears* estava com os olhos turvos de lágrimas; *in the mists of time* na noite dos tempos; [coloq.] *to cast a ~ before sb's eyes* lançar poeira aos olhos de alguém; iludir alguém

◆**mist over** v.intr. 1 cobrir-se de névoa; encher-se de nevoeiro; 2 (vidros, etc.) embaciar-se; 3 toldar-se; ficar turvo; *her eyes misted over* ficou com os olhos turvos de lágrimas

mistakable [mɪˈsteɪkəbəl] adj. 1 sujeito a engano; 2 que pode dar origem a engano; 3 susceptível de se confundir

mistake [mɪˈsteɪk] Ⓐ s. 1 erro; *you made the ~ of letting him know where you had been* cometeste o erro de lhe dizeres onde tinhas estado; *to make a ~* dar um erro; cometer um erro; errar; *to make a bad ~* dar um erro grave; cometer um grave erro; 2 engano; 3 falta; 4 desacerto, equívoco Ⓑ v.tr.,intr. (prt. **mistook**, part. pass. **mistaken**) 1 enganar-se (em); equivocar-se (em); *to ~ one's way* enganar-se no caminho; 2 interpretar erradamente; compreender mal; *you mistook his meaning* não compreendeste o que ele queria dizer; 3 confundir [**for**, com]; *I always ~ you for your sister* confundo-a sempre com a sua irmã ❖ *spelling mistakes* erros ortográficos; *grammatical mistakes* erros gramaticais; erros de gramática; [coloq.] *and no ~* sem a menor dúvida; *by ~* por engano; por descuido; *let there be no ~ about it!* que não haja a menor dúvida!; *make no ~ about it* não reste a mínima dúvida; não duvides; *no ~ about it* sem sombra de dúvida; *there must be some ~* há com certeza qualquer erro; *to labour under a ~* laborar em erro

mistaken [mɪˈsteɪkən] adj. 1 enganado, equivocado; *to be ~ (about)* estar enganado (em relação a); 2 mal compreendido; confundido; 3 em erro; 4 erróneo; 5 deslocado; fora de propósito ❖ *~ identity* erro de identificação; *if I am not ~* salvo erro; *I knew I wasn't mistaken!* bem me parecia!

mistakenly [mɪˈsteɪkənlɪ] adv. 1 por engano; 2 por lapso; 3 inconsideradamente

mistakenness [mɪˈsteɪkənɪs] s. 1 erro, engano; 2 confusão; 3 falsidade

mistaking [mɪˈsteɪkɪŋ] s. erro; equívoco, engano; confusão ❖ *there's no ~ the way* não há que enganar quanto ao caminho; *there's no ~ that…* é indubitável que…; *there's no ~ her* ela é inconfundível

mister [ˈmɪstə] Ⓐ s. 1 [título colocado antes de nome de homem ou do cargo que ele ocupa; abrev. *Mr*] senhor; *Mr Brown* o sr. Brown; *Mr Chairman* o sr. presidente; *Mr Secretary* o sr. secretário ; 2 pessoa vulgar, cidadão Ⓑ v.tr. tratar por senhor; *don't ~ me* não me trates por senhor ❖ [coloq., depr.] *Mr Sharp* espertinho; *be he prince or mere ~* seja ele príncipe ou cidadão vulgar; *don't call me ~* não me trates por senhor; [coloq.] *what do you want, mister?* o senhor que pretende?

misterm [mɪsˈtɜːm] v.tr. designar indevidamente como; dar uma designação imprópria a

mistily [ˈmɪstɪlɪ] adv. 1 enevoadamente; 2 nubladamente; 3 indistintamente, como que através de névoa

mistime [ˌmɪsˈtaɪm] v.tr. 1 calcular mal (no tempo); 2 não fazer na altura própria, fazer fora de propósito

mistimed [ˌmɪsˈtaɪmd] adj. 1 deslocado, fora de propósito, inoportuno; 2 mal calculado

mistiness [ˈmɪstɪnɪs] s. bruma, névoa, neblina; estado brumoso

mistitled [ˌmɪsˈtaɪtəld] adj. 1 erroneamente designado como; 2 indevidamente com o título de

mistletoe [ˈmɪsəltəʊ] s. BOTÂNICA visco-branco ❖ ZOOLOGIA ~ *thrush* tordo-visqueiro; tordoveia; BOTÂNICA *red-berried ~* azevinho

mistook [mɪˈstʊk] prt. de **to mistake**

mistral [ˈmɪstrəl] s. mistral, vento frio e seco do nordeste (Mediterrâneo)

mistranslate [ˌmɪstrænzˈleɪt] v.tr. traduzir erradamente

mistranslation [ˌmɪstrænzˈleɪʃən] s. 1 tradução errada; 2 tradução que não interpreta bem o original; 3 erro de tradução

mistreat [ˌmɪsˈtriːt] v.tr. maltratar

mistreatment [ˌmɪsˈtriːtmənt] s. maus-tratos

mistress [ˈmɪstrɪs] s. (pl. **-es**) 1 dona de casa; 2 patroa; senhora; *my ~ is not at home* a senhora não está em casa; 3 amante; concubina; 4 (de animal) dona; 5 conhecedora; 6 [GB] [ant.] mestra, professora; *music ~* professora de Música; 7 [poét.] amada; 8 [arc.] (título substituído por Mrs. ou Miss) dona ❖ *~ of the Robes* camareira-mor; *Lisbon is the ~ of the Atlantic* Lisboa é a rainha do Atlântico; *to be ~ of oneself* ser senhora de si mesma; *to be ~ of the situation* dominar a situação

mistress-ship [ˈmɪstrɪsʃɪp] s. 1 cargo de professora ou mestra; 2 função de dona de casa

mistrial [ˌmɪsˈtraɪəl] s. 1 DIREITO erro judiciário, erro judicial; 2 [EUA] nulidade de processo, julgamento nulo

mistrust [mɪsˈtrʌst] Ⓐ s. 1 desconfiança [**of/in**, em relação a]; suspeita [**of/in**, em relação a]; 2 falta de confiança; 3 receio Ⓑ v.tr. 1 desconfiar de; suspeitar de; 2 não ter confiança em; duvidar de; *to ~ sb* não ter confiança em alguém

mistruster [mɪsˈtrʌstə] s. pessoa que desconfia

mistrustful [mɪsˈtrʌstfʊl] adj. desconfiado, suspeitoso

mistrustfully [mɪsˈtrʌstfʊlɪ] adv. desconfiadamente, cheio de desconfiança

mistrustfulness [mɪsˈtrʌstfʊlnɪs] s. 1 desconfiança, suspeita; 2 falta de confiança

mistrustless [mɪsˈtrʌstləs] adj. confiante, sem desconfiança, sem suspeitas

mistune [ˌmɪsˈtjuːn] v.tr. 1 afinar mal, desafinar; 2 sintonizar mal

misty [ˈmɪstɪ] adj. (comp. **-ier**, superl. **-iest**) 1 enevoado; com nevoeiro; *it is ~* está nevoeiro, o tempo está enevoado; 2 brumoso; enublado, com neblina, cheio de névoa; *~ weather* tempo brumoso; 3 (vidro, espelho) embaciado; 4 turvo; *~ eyes* olhos turvos pelas lágrimas; 5 impreciso; indistinto; vago; *~ idea* ideia vaga; *~ outlines* contornos vagos, imprecisos; *~ recollection* vaga lembrança

misunderstand [ˌmɪsʌndəˈstænd] v.tr. (prt. e part. pass. **misunderstood**) 1 compreender mal, entender mal; *she has misunderstood my letter* ela não compreendeu bem a minha carta; *they misunderstood our intentions* eles não compreenderam as nossas intenções; *you ~ me* não me estás a compreender bem; 2 atribuir significado errado a; dar má interpretação a; 3 equivocar-se ❖ *to be misunderstood* não ser compreendido

misunderstanding [ˌmɪsʌndəˈstændɪŋ] s. 1 equívoco; mal--entendido; *to clear a ~* esclarecer um mal-entendido; 2 má compreensão; má interpretação; 3 desentendimento, desinteligência, desavença; *they had a slight ~* tiveram um pequeno desentendimento

misusage [ˌmɪsˈjuːzɪdʒ] s. 1 mau tratamento, maus-tratos; 2 mau emprego; 3 abuso

misuse[1] [mɪsˈjuːz] *v.tr.* **1** fazer mau uso de; utilizar mal; usar incorrectamente; **2** empregar erradamente; *to ~ a word* empregar uma palavra erradamente; **3** abusar de; **4** maltratar, tratar mal; **5** (fundos) desviar

misuse[2] [mɪsˈjuːs] *s.* **1** mau emprego, mau uso, má utilização; uso incorrecto; emprego errado; *~ of a word* uso incorrecto duma palavra; **2** abuso; *~ of authority* abuso de autoridade ❖ DIREITO *fraudulent ~ of funds* desvio de fundos

misused [mɪsˈjuːzd] *adj.* **1** maltratado; **2** mal empregado, empregado incorrectamente

misuser [mɪsˈjuːzə] *s.* **1** abuso; **2** excesso

miswrite [mɪsˈraɪt] *v.tr.* (*prt.* **miswrote**, *part. pass.* **miswritten**) escrever mal, escrever com erros, escrever incorrectamente

mite [maɪt] *s.* **1** ZOOLOGIA ácaro, acarídeo; **2** óbolo, contribuição modesta mas dada de boa vontade; **3** [coloq.] (criança pequena) miudinho; criaturinha; **4** (pequena quantidade) migalha, bocadinho; *a ~* um pouquinho; *not a ~* nem um pouco; nem uma migalha; **5** objecto pequeno; **6** [arc.] (moeda) cerca de meio *farthing* ❖ *the widow's ~* o óbolo da viúva

mitella [mɪˈtelə] *s.* **1** BOTÂNICA mitela; **2** mitela, faixa cirúrgica para sustentar o braço

miter [ˈmaɪtə] *s.,v.tr.* [EUA] ⇒ **mitre**

Mithra [ˈmɪθrə] *s.* Mitra, divindade persa identificada com o Sol

Mithradates [ˌmɪθrəˈdeɪtiːz] *s.antr.* Mitríades

Mithraic [mɪˈθreɪɪk] *adj.* mitríaco; relativo ao culto de Mitra

Mithraism [ˈmɪθreɪɪzəm] *s.* mitraísmo, religião do deus Mitra

Mithras [ˈmɪθræs] *s.* ⇒ **Mithra**

mithridate [ˈmɪθrɪdeɪt] *s.* mitridato (espécie de antídoto)

mithridatism [ˈmɪθrɪdeɪtɪzəm] *s.* mitridatismo, imunidade para certos venenos

mithridatize [ˈmɪθrɪdətaɪz] *v.tr.* [rar.] mitridatizar, tornar imune contra certos venenos

mitigable [ˈmɪtɪgəbəl] *adj.* mitigável, que pode abrandar-se, suavizar-se

mitigante [ˈmɪtɪgənt] *adj.* calmante, mitigativo, suavizante

mitigate [ˈmɪtɪgeɪt] *v.tr.* **1** mitigar, suavizar, abrandar; **2** atenuar, acalmar, aliviar; **3** temperar, dulcificar

mitigating [ˈmɪtɪgeɪtɪŋ] *adj.* atenuante; que mitiga, que abranda, que acalma ❖ DIREITO *~ circumstances* circunstâncias atenuantes

mitigation [ˌmɪtɪˈgeɪʃən] *s.* **1** abrandamento; suavização; mitigação; **2** alívio; **3** DIREITO redução (de pena); **4** DIREITO circunstância atenuante; lenitivo; *to plead sth in ~* alegar algo como atenuante

mitimus [ˈmɪtɪməs] *s.* **1** DIREITO mandado de prisão, ordem de prisão; **2** [coloq.] (emprego) despedimento; *to get one's ~* ser despedido, ser posto na rua

mitochondria [ˌmaɪtəʊˈkɒndrɪə] *s.* {*pl. de* **mitochondrion**}

mitochondrion [ˌmaɪtəʊˈkɒndrɪən] *s.* (*pl.* **-ia**) BIOLOGIA mitocôndria

mitomycin [ˌmaɪtəʊˈmaɪsɪn] *s.* FARMÁCIA (antibiótico) mitomicina

mitosis [maɪˈtəʊsɪs] *s.* (*pl.* **-oses**) BIOLOGIA (célula) mitose

mitrailleuse [ˌmɪtraɪˈɜːz] *s.* metralhadora

mitral [ˈmaɪtrəl] *adj.* ANATOMIA, MEDICINA mitral ❖ MEDICINA *~ stenosis* estenose mitral; ANATOMIA *~ valve* válvula mitral

mitre [ˈmaɪtə] Ⓐ *s.* **1** RELIGIÃO (insígnia) mitra; **2** RELIGIÃO (dignidade de bispo) mitra; **3** (carpintaria) esquadria, meia-esquadria, malhete, chanfro de 45° Ⓑ *v.tr.* **1** RELIGIÃO conceder mitra a; **2** (carpintaria) juntar em esquadria, juntar em meia-esquadria ❖ *~ block/box* caixa com dispositivo para orientar instrumento cortante; (carpintaria) *~ joint* junta de meia-esquadria; *~ square* meia-esquadria

mitred [ˈmaɪtəd] *adj.* **1** RELIGIÃO mitrado, com mitra; ❖ *~ abbot* abade mitrado; **2** (carpintaria) em esquadria, em meia-esquadria

mitrewort [ˈmaɪtəwɜːt] *s.* BOTÂNICA (erva) mitela, mitréola

mitriform [ˈmaɪtrɪfɔːm] *adj.* **1** mitriforme; **2** cónico

mitring [ˈmaɪtrɪŋ] *s.* junção em esquadria

mitt [mɪt] *s.* **1** luva (só com duas divisões); **2** luva de basebol; **3** mitene; luva sem dedos; **4** [coloq.] (mão) manápula, manzorra ❖ *oven ~* luva de cozinha; *to hand a person the frozen ~* virar as costas a alguém

mitten [ˈmɪtn] *s.* **1** luva de lã (só com duas divisões); **2** mitene ❖ [coloq.] *to get the ~* ser despedido; levar uma tampa; [coloq.] *to give the ~* mandar embora; pôr a andar; pôr a mexer

mittened [ˈmɪtnd] *adj.* com mitenes, com meias-luvas

mity [ˈmaɪtɪ] *adj.* (queijo) com bichos

Mitylene [ˌmɪtɪˈliːnɪ] *s.top.* Mitilene, Mitilena

MIWT [*abrev. de* Member of the Institute of Wireless Technology]

mix [mɪks] Ⓐ *v.tr.,intr.* **1** misturar(-se); juntar(-se); combinar(-se); associar(-se); *water and oil don't ~* água e óleo não se misturam; *never ~ business with pleasure* nunca mistures negócios com prazer; **2** misturar, preparar misturando; *to ~ a salad* fazer uma salada, mexer uma salada; *to ~ drugs* misturar drogas; **3** acasalar(-se); cruzar(-se); *to ~ two races* cruzar duas raças; **4** confundir; **5** (sociedade) misturar-se, conviver, dar-se; *he doesn't ~ well* ele não gosta muito de conviver, ele não é muito sociável Ⓑ *s.* (*pl.* **-es**) **1** mistura; mescla; junção, combinação, associação; **2** CULINÁRIA preparado, instantâneo; **3** MÚSICA mistura, remix; **4** [coloq.] trapalhada, confusão, embrulhada ❖ *they don't ~* eles não combinam, não se dão bem; [GB] *to ~ it (with)* armar confusão (com); envolver-se numa zaragata (com)

◆ **mix up** *v.tr.* **1** misturar; baralhar; desarrumar; **2** confundir; baralhar; **3** meter; envolver; *to mix sb up in sth* envolver alguém em algo; *don't get mixed up in it!* não te deixes envolver nessa situação!; **4** preparar; **5** (ingredientes) misturar bem; **6** (tomar por outra pessoa) confundir [**with**, com]; *our teacher always mixes me up with another boy* o nosso professor confunde-me sempre com outro rapaz ❖ [EUA] *to mix it up (with)* armar confusão (com); envolver-se numa zaragata (com)

mixed [mɪkst] *adj.* **1** misturado; baralhado; **2** misto; para pessoas dos dois sexos; *~ bathing* banhos mistos; *~ school* escola mista; **3** não seleccionado; **4** [coloq.] atrapalhado, confuso ❖ (tecido) *~ cloth* mescla; *~ feelings* sentimentos contraditórios, sentimentos opostos; *~ filling* defeito na tecelagem do pano (fio de coloração diferente da do fio original em faixas transversais); *~ fuels* combustíveis mistos; *~ gas* gás pobre; *~ income* rendimento com origens diversas; (raças diferentes) *~ marriage* casamento misto; MATEMÁTICA *~ number* número fraccionário; CULINÁRIA *~ salad* salada mista; (dois sexos) *~ school* escola mista; *~ society* sociedade heterogénea; *~ steam* vapor misturado; *~ sweets* doces sortidos; [coloq.] *he was getting all ~ up* começou a baralhar tudo; já não sabia onde estava; *to be ~ up in* estar implicado em; estar metido em; *to get ~* confundir-se; atrapalhar-se

mixedly [ˈmɪkstlɪ] *adv.* **1** de modo misto; **2** de maneira confusa

mixed-up [ˌmɪkstˈʌp] *adj.* **1** desorientado, desnorteado, confuso; **2** com problemas emocionais; *a ~ kid* um miúdo com problemas; **3** (situação) desorganizado

mixer [ˈmɪksə] *s.* **1** misturadora, máquina de misturar; **2** batedeira; *electric ~* batedeira eléctrica; *hand ~* batedeira (manual); **3** refresco; **4** (aparelho de som) misturador; **5** [coloq.] pessoa sociável; *to be a bad ~* não gostar de conviver com as outras pessoas, fugir de convivências; *to be a good ~* gostar da vida de sociedade, gostar de convivência ❖ *sound ~* engenheiro de som

mixing [ˈmɪksɪŋ] *s.* **1** mistura; **2** preparação através de mistura; **3** dosagem; *~ of the ingredients* dosagem dos ingredientes ❖ (cozinha) *~ bowl* tigela; *~ machine* misturador; misturadora; *~ panel* quadro misturador de sons

mixtilineal [ˌmɪkstɪˈlɪnɪəl] *adj.* mistilíneo

mixtilinear [ˌmɪkstɪˈlɪnɪə] *adj.* ⇒ **mixtilineal**

mixtion [ˈmɪkstʃən] *s.* mistão, preparado de sebo e azeite, com que os gravadores cobrem os lugares da chapa que desejam proteger da água-forte

mixture [ˈmɪkstʃə] *s.* **1** mistura; **2** (tecido) mescla; **3** FARMÁCIA preparado ❖ FARMÁCIA *cough ~* xarope da tosse; *explosive ~* mistura explosiva; *rich ~* carburação rica; *smoking ~* mistura de vários tipos de tabaco

mix-up [ˈmɪksʌp] *s.* **1** confusão; **2** baralhada; **3** engano, erro

Mizar [ˈmɪzɑː] *s.* ASTRONOMIA (estrela da constelação da Ursa Maior) Mizar

mizen [ˈmɪzn] *s.* ⇒ **mizzen**

mizzen [ˈmɪzən] *s.* **1** NÁUTICA (vela) mezena, artemão; **2** NÁUTICA (mastro) mezena, mastro da mezena

mizzenmast [ˈmɪzənˌmɑːst] *s.* NÁUTICA mezena, mastro da mezena

mizzle [ˈmɪzl] Ⓐ *s.* molinha, molinheira, molhe-molhe, chuva miudinha Ⓑ *v.intr.* **1** molinhar, cair molinha; **2** [cal.] pôr-se a andar, pôr-se a mexer, pisgar-se

mizzly ['mɪzlɪ] *adj.* com chuva miudinha, molinhoso, com molinha; ~ *afternoon* tarde com chuva miudinha
MJI [*abrev. de* Member of the Institute of Journalists]
MLA Ⓐ [*abrev. de* Member of the Legislative Assembly] Ⓑ [*abrev. de* Modern Language Association]
MLAA [*abrev. de* Modern Language Association of America]
MLAT [*abrev. de* Modern Language Aptitude Test]
MLC [*abrev. de* Member of the Legislative Council]
MLD FARMÁCIA [*abrev. de* minimum lethal dose]
MLitt [*abrev. de* Master of Literature]
mm [*abrev. de* millimetre]
MM Ⓐ [*abrev. de* Military Medal] Ⓑ [*abrev. de* Messieurs]
Mme [*abrev. de* Madame]
MMS [*abrev. de* Multimedia Messaging Service] serviço que permite enviar e receber mensagens de texto, melodias, imagens animadas e fotografias entre telemóveis que suportem esta tecnologia
Mn QUÍMICA [*símbolo de* manganese]
mnemonic [nɪ'mɒnɪk] *adj.* mnemónico
mnemonics [nɪ'mɒnɪks] *s.* mnemónica
mnemonist ['nɪmənɪst] *s.* partidário da mnemónica, cultor da mnemónica
mnemonize ['nɪmənaɪz] *v.tr.* mnemonizar
Mnemosyne [niː'mɒzɪniː] *s.* MITOLOGIA Mnemosina, filha do Céu e da Terra, deusa da memória
mnemotechnic [,nɪmə'teknɪk] *adj.* mnemotécnico
mnemotechny [,nɪmə'teknɪ] *s.* mnemotecnia
mo [məʊ] *s.* [COLOQ.] momento, instante; *I'll be back in a mo/in half a mo* volto já; é só um instantinho
Mo. [*abrev. de* Missouri]
Mo QUÍMICA [*símbolo de* molybdenum]
MO Ⓐ [*abrev. de* Medical Officer] Ⓑ [*abrev. de* modus operandi] Ⓒ [*abrev. de* money order]
moa ['məʊə] *s.* ZOOLOGIA moa, ave gigante da Nova Zelândia, hoje extinta
Moabite ['məʊəbaɪt] *adj.,s.* RELIGIÃO (Bíblia) moabita
moan [məʊn] Ⓐ *s.* 1 gemido; *the moans of the wounded soldiers* os gemidos dos soldados feridos; *the ~ of the wind* os gemidos do vento; 2 lamento, queixume; 3 lamentação; 4 choro Ⓑ *v.tr.,intr.* 1 gemer; 2 lamentar(-se); lastimar(-se); 3 pronunciar, gemendo; 4 [COLOQ.] queixar-se [**about**, de]; *to ~ about everything* queixar-se de tudo
moaning ['məʊnɪŋ] Ⓐ *adj.* 1 que geme; 2 que se lamenta Ⓑ *s.* 1 gemido; 2 lamento; lamentação; 3 choro
moat [məʊt] Ⓐ *s.* (castelo, fortificação) fosso Ⓑ *v.tr.* 1 defender com fosso, rodear com fosso; 2 abrir um fosso em torno de
moated ['məʊtɪd] *adj.* com um fosso em volta
mob [mɒb] Ⓐ *s.* 1 populaça; 2 multidão; tropel de gente; turba; 3 [DEPR.] gentalha, ralé, vulgo; 4 bando; quadrilha; gangue Ⓑ *v.tr.,intr.* (*particípios* -**bb**-) 1 atacar; 2 (admiração, etc.) rodear; aglomerar-se em volta de; 3 (multidão) invadir; tomar de assalto; 4 agrupar-se; reunir-se em grupo ❖ ~ *hysteria* histeria colectiva; ~ *law* a lei da rua; ~ *oratory* demagogia; ~ *psychology* psicologia das multidões; POLÍTICA ~ *rule* oclocracia
Mob [mɒb] *s.* [COLOQ.] (crime organizado) máfia
mobbed ['mɒbd] *adj.* [COLOQ.] cheio de gente, apinhado de gente
mobbish ['mɒbɪʃ] *adj.* 1 relativo à multidão; relativo à plebe; 2 tumultuoso; 3 turbulento, desordenado
mob-cap ['mɒbkæp] *s.* espécie de touca feminina usada dentro de casa no séc. XVIII e princípios do séc. XIX
mob-handed [mɒb'hændɪd] *adj.* [COLOQ.] em grande número
mobile ['məʊbaɪl] *adj.* 1 móvel; 2 portátil; 3 instável, pouco firme, inconstante, volúvel; 4 [fig.] versátil; *a ~ mind* um espírito versátil ❖ MILITAR ~ *artillery* artilharia móvel; ~ *equilibrium* equilíbrio indiferente; [GB] ~ *library* biblioteca itinerante; [GB] ~ *phone* telemóvel; telefone portátil; MILITAR ~ *troops* tropas móveis; ~ *transmitter* transmissor portátil; TELEVISÃO ~ *unit*/~ *production unit* carro de exteriores
mobiles ['məʊbaɪlz] *s.pl.* modalidade decorativa com formas abstractas em plástico, metal ou outros materiais suspensos
mobiliary [məʊ'bɪlɪərɪ] *adj.* 1 relativo a mobilização; 2 mobiliário
mobility [məʊ'bɪlɪtɪ] *s.* mobilidade
mobilizable [,məʊbɪ'laɪzəbəl] *adj.* mobilizável
mobilization [,məʊbɪlaɪ'zeɪʃən] *s.* mobilização
mobilize ['məʊbɪlaɪz] *v.tr.,intr.* mobilizar(-se) [**to**, para]; *to ~ the navy* mobilizar a marinha
mobocracy [mɒ'bɒkrəsɪ] *s.* oclocracia
mobster ['mɒbstə] *s.* gangster
moccasin ['mɒkəsɪn] *s.* (calçado) mocassim
mocha ['mɒkə] Ⓐ *s.* 1 (café, sabor) moca; 2 couro flexível feito de pele de cabra ou carneiro; 3 cor de café Ⓑ *adj.* cor-de-café
mock [mɒk] Ⓐ *v.tr.,intr.* 1 escarnecer (de); fazer troça (de); fazer pouco (de); meter a ridículo; 2 tornar inútil; frustrar; 3 ridicularizar, imitando; macaquear, arremedar; 4 desdenhar (de); tratar com desprezo; 5 enganar, iludir Ⓑ *adj.* 1 simulado; de preparação; ~ *battle* batalha simulada; ~ *fight* simulação de combate; ~ *interview* simulação de entrevista; ~ *test* teste de preparação; 2 de imitação; 3 falso; fingido; ~ *modesty* falsa modéstia; 4 burlesco; ~ *tragedy* tragédia burlesca Ⓒ *s.* 1 escárnio; zombaria; troça; irrisão; 2 [ant.] objecto de escárnio; 3 imitação, falsificação; 4 *pl.* [GB] (educação) testes modelo, exames modelo, exames de preparação ❖ ~ *king* rei fantoche; MINERALOGIA ~ *lead* blenda; ASTRONOMIA ~ *moon* parasselénio; ASTRONOMIA ~ *sun* parélio; [EUA] VESTUÁRIO ~ *turtle* gola alta; camisola de gola alta; ~ *turtle soup* falsa sopa de tartaruga, feita com cabeça de bezerro; *to make a ~ of* zombar de; mofar de
◆ **mock up** *v.tr.* fazer um modelo de (algo) em tamanho real; reproduzir em tamanho real
mocker ['mɒkə] *s.* 1 escarnecedor, mofador, zombador; 2 enganador
mockery ['mɒkərɪ] *s.* (*pl.* -**ies**) 1 zombaria; escárnio; troça; 2 objecto de escárnio; objecto de troça; 3 farsa; arremedo; imitação; 4 desplante ❖ *to hold sb/sth up to ~* expor alguém/algo ao ridículo; *to make a ~ of* ridicularizar
mock-heroic [,mɒkhɪ'rəʊɪk] *adj.* LITERATURA herói-cómico
mocking ['mɒkɪŋ] Ⓐ *adj.* 1 trocista, escarnecedor, zombeteiro; 2 macaqueador, imitador Ⓑ *s.* 1 zombaria; 2 escarnecimento; 3 caçoada, chacota
mockingbird ['mɒkɪŋbɜːd] *s.* ZOOLOGIA (ave canora americana) mimo
mockingly ['mɒkɪŋlɪ] *adv.* 1 zombeteiramente; 2 em tom de chacota; 3 escarnecedoramente
mockumentary [mɒkjʊ'mentərɪ] *s.* [COLOQ.] documentário falso
mock-up ['mɒkʌp] *s.* 1 (tamanho real) modelo; maqueta; *to provide a ~ of* fornecer um modelo de; 2 (pré-impressão) experiência
mod. Ⓐ [*abrev. de* moderate] Ⓑ MÚSICA [*abrev. de* moderato] Ⓒ [*abrev. de* modern]
Mod [mɒd, məʊd] *s.* [Esc.] jogos florais
MOD [*abrev. de* Ministry of Defence]
modal ['məʊdl] *adj.* modal ❖ DIREITO ~ *legacy* legado condicional; LÓGICA ~ *proposition* proposição modal; LINGUÍSTICA ~ *verbs* verbos modais
modality [məʊ'dælɪtɪ] *s.* modalidade
mode [məʊd] *s.* 1 modo; maneira; ~ *of life* modo de vida, maneira de viver; 2 moda; hábito de época; 3 tom; 4 forma, método, uso; 5 MÚSICA modo; *major* ~ modo maior; *minor* ~ modo menor ❖ LINGUÍSTICA *indicative* ~ modo indicativo
model ['mɒdl] Ⓐ *s.* 1 modelo; *a wax ~ for* um modelo de cera para; 2 maqueta; *to make a ~ of* fazer uma maqueta de; 3 exemplo; padrão; *to take sb/sth as a ~* seguir o exemplo de algo/alguém; 4 ARTES PLÁSTICAS modelo; *to paint without a ~* pintar sem modelo; 5 (moda) manequim, modelo; *male* ~ modelo (masculino); 6 (roupa, acessórios, etc.) criação, modelo; *the latest models* os últimos modelos Ⓑ *adj.* 1 exemplar; ~ *behaviour* comportamento exemplar; *she is a ~ student* ela é uma aluna exemplar; 2 modelo; ~ *house* casa modelo; ~ *school* escola modelo Ⓒ *v.tr.* (*particípios* -**ll**-) 1 modelar, dar forma a; 2 tirar o modelo de; 3 (documento, argumentação) esboçar, formular, redigir; 4 moldar [**after/on/upon**, segundo]; modelar [**after/on/upon**, de acordo com]; 5 tomar como modelo; imitar; seguir; 6 (moda) passar; *to ~ clothes* passar modelos Ⓓ *v.intr.* 1 (moda) trabalhar como modelo [**for**, para]; 2 ARTES PLÁSTICAS posar [**for**, para] ❖ ~ *aeroplane/aircraft* modelo de avião; ~ *engine* modelo de máquina; ~ *part* modelo de peça; CINEMA ~ *work* tomada de vistas com maquetas; *a sports ~* um carro desportivo; *on the ~ of* à imagem de; à semelhança de
modeller ['mɒdlə] *s.* 1 modelador; 2 maquetista
modelling ['mɒdlɪŋ] *s.* 1 modelação, modelagem; 2 modelismo; 3 (moda) actividade de manequim; carreira de modelo;

to do ~ trabalhar como modelo ❖ ~ *board* mesa de modelador; ~ *clay* barro de modelar; ~ *tool* ferramenta de modelação

modem ['məʊdem] *s.* {contr. de *modulator* e *demodulator*} INFORMÁTICA modem

modena ['mɒdɪnə] *s.* [rar.] (cor) púrpura carregada

Modena ['mɒdɪnə] *s.top.* Módena

Modenese [,mɒdɪ'niːz] *adj.,s.* **1** modenense; **2** natural ou habitante de Módena

moderantism ['mɒdərəntɪzəm] *s.* moderantismo

moderantist ['mɒdərəntɪst] *s.* moderantista

moderate¹ ['mɒdərət] Ⓐ *adj.* **1** moderado; comedido; razoável; que evita extremos; ~ *language* linguagem comedida; *a man of ~ opinions* um homem moderado; **2** médio; mediano; *of ~ size* de tamanho médio; ~ *capacities* inteligência mediana; **3** sóbrio; que evita excessos; ~ *drinker* pessoa que bebe moderadamente; ~ *meal* refeição sóbria; **4** (preços) módico; **5** suave; **6** regular; sofrível Ⓑ *s.* POLÍTICA (pessoa) moderado ❖ ~ *breeze* vento moderado; CULINÁRIA *in a* ~ *oven* em forno médio

moderate² ['mɒdəreɪt] *v.tr.,intr.* **1** (hábitos, comportamento) moderar(-se); **2** (debate) moderar; **3** temperar; abrandar; **4** acalmar; refrear-se; *the storm is moderating* a tempestade está a acalmar; **5** (educação) exercer a função de examinador externo; **6** [Esc.] presidir a uma reunião

moderately ['mɒdərətlɪ] *adv.* **1** moderadamente, com moderação; **2** sobriamente; **3** sofrivelmente, medianamente; **4** relativamente

moderateness ['mɒdərətnəs] *s.* **1** carácter moderado; **2** modicidade; **3** medianidade; **4** aspecto sofrível

moderating ['mɒdəreɪtɪŋ] *adj.* moderador; *to exercise a ~ influence on sb* exercer uma influência moderadora em alguém

moderation [,mɒdə'reɪʃən] *s.* **1** moderação; carácter moderado; **2** comedimento; **3** compostura, equilíbrio, circunspecção; **4** sobriedade, frugalidade ❖ *in* ~ moderadamente; com moderação

moderatism ['mɒdərətɪzəm] *s.* moderantismo

moderator ['mɒdəreɪtə] *s.* **1** (debate) moderador; **2** mediador, árbitro; **3** (reunião religiosa) presidente; **4** RELIGIÃO padre presbiteriano que preside a qualquer organismo eclesiástico; **5** (educação) examinador externo; **6** FÍSICA (reactor nuclear) moderador ❖ ~ *lamp* lâmpada com regulador de combustível; *Moderator of the General Assembly* presidente da assembleia geral da Igreja Escocesa

moderatorship [,mɒdə'reɪtəʃɪp] *s.* dignidade ou funções de presidente

modern ['mɒdn] Ⓐ *adj.* **1** moderno; **2** novo; recente; **3** actual; **4** (arte, história, literatura) contemporâneo; **5** (atitude, ideia) inovador Ⓑ *s.* **1** moderno; **2** (movimentos) modernista ❖ ~ *languages* línguas vivas; línguas modernas; ~ *times* modernidade

modern-day ['mɒdəŋ,deɪ] *adj.* **1** moderno; actual; **2** dos dias de hoje

modernise ['mɒdənaɪz] *v.tr.* ⇒ **modernize**

modernism ['mɒdənɪzəm] *s.* **1** ARTES PLÁSTICAS, LITERATURA modernismo; **2** modernidade; **3** gosto por aquilo que é moderno; **4** RELIGIÃO tendência de certos teólogos dos começos do séc. XX para interpretar a Escritura Sagrada segundo o movimento geral das ideias modernas; **5** expressão nova, neologismo

modernist ['mɒdənɪst] *adj.,s.* ARTES PLÁSTICAS, LITERATURA modernista

modernistic [,mɒdə'nɪstɪk] *adj.* modernista

modernity [mɒ'dɜːnɪtɪ] *s.* modernidade

modernization [,mɒdənaɪ'zeɪʃən] *s.* modernização

modernize ['mɒdənaɪz] *v.tr.* **1** modernizar; **2** actualizar; **3** renovar

modernizing ['mɒdənaɪzɪŋ] *s.* modernização

modernness ['mɒdənnɪs] *s.* modernidade

modest ['mɒdɪst] *adj.* **1** modesto; *a ~ little house* uma casinha modesta; *to be ~ about* ser modesto em relação a; **2** recatado, pudico; **3** despretensioso, simples; **4** moderado, razoável; *a ~ success* um sucesso razoável; *to be ~ in one's demands* ser moderado nas suas exigências ❖ *on a ~ scale* em pequena escala

modestly ['mɒdɪstlɪ] *adv.* **1** modestamente; **2** recatadamente; **3** despretensiosamente; duma maneira simples; **4** moderadamente; **5** dum modo razoável

modesty ['mɒdɪstɪ] *s.* **1** modéstia; **2** recato; **3** pudor; **4** simplicidade; **5** moderação

modicum ['mɒdɪkəm] *s.* (pequena quantidade) bocadinho; um nada; *a small ~ of effort* um nadinha de esforço; *a small ~ of food* um bocadinho de comida ❖ *to live on a very small ~* viver muito frugalmente

modifiable [,mɒdɪ'faɪəbəl] *adj.* modificável, que pode modificar-se

modification [,mɒdɪfɪ'keɪʃən] *s.* **1** modificação, alteração; **2** atenuação; **3** variedade

modificative ['mɒdɪfɪkeɪtɪv] *adj.* [rar.] modificativo

modificatory [,mɒdɪfɪ'keɪtərɪ] *adj.* modificador

modified ['mɒdɪfaɪd] *adj.* **1** modificado; **2** atenuado ❖ LINGUÍSTICA *a ~ vowel* uma vogal modificada (por metafonia)

modifier ['mɒdɪfaɪə] *s.* **1** transformador; renovador; **2** LINGUÍSTICA modificador

modify ['mɒdɪfaɪ] *v.tr.* **1** modificar, alterar; **2** atenuar, abrandar; **3** LINGUÍSTICA modificar, qualificar

modifying ['mɒdɪfaɪɪŋ] Ⓐ *adj.* **1** calmante; **2** que abranda; **3** que mitiga; **4** que modifica Ⓑ *s.* modificação

modillion [məʊ'dɪljən] *s.* ARQUITECTURA modilhão

modish ['məʊdɪʃ] *adj.* à moda, que segue a moda com todo o rigor

modishly ['məʊdɪʃlɪ] *adv.* muito à moda

modishness ['məʊdɪʃnɪs] *s.* afectada submissão à moda

modiste [məʊ'diːst] *s.* modista

Mods (Oxford) [*abrev. de* Moderations]

modular ['mɒdjʊlə, 'mɒdʒʊlə] *adj.* **1** ARQUITECTURA, MATEMÁTICA modular; relativo ao módulo; **2** (formação) por módulos; ~ *training* formação por módulos ❖ (curso, etc.) *to be* ~ organizar-se por módulos

modulate ['mɒdjʊleɪt, 'mɒdʒʊleɪt] *v.tr.,intr.* **1** modular, fazer passar a harmonia ou canto para um modo diferente; **2** mudar de um tom para outro

modulated ['mɒdjʊleɪtɪd, 'mɒdʒəleɪtɪd] *adj.* modulado ❖ ~ *wave* onda modulada; CINEMA ~ *parts of the soundtrack* partes moduladas da banda sonora

modulating ['mɒdjʊleɪtɪŋ, 'mɒdʒʊleɪtɪŋ] *s.* modulação

modulation [,mɒdjʊ'leɪʃən, ,mɒdʒʊ'leɪʃən] *s.* **1** modulação, variedade de inflexão; **2** MÚSICA, RÁDIO modulação ❖ ~ *characteristics* características de modulação

modulator ['mɒdjʊleɪtə, 'mɒdʒʊleɪtə] *s.* modulador ❖ ~ *grid* grade do modulador; ~ *plate* placa do modulador

module ['mɒdʒuːl, 'mɒdjuːl] *s.* ARQUITECTURA módulo, unidade de medida adoptada para regulação das proporções das diversas partes dos edifícios

modulus ['mɒdjʊləs, 'mɒdʒʊləs] *s.* (*pl.* -i) FÍSICA, MATEMÁTICA módulo ❖ ~ *of resistance* módulo de resistência; ~ *of rigidity* módulo de rigidez; ~ *of torsion* módulo de torção

modus operandi [,məʊdəsɒpə'rændɪ] *s.* **1** modo de realizar qualquer coisa; **2** técnica de realização

modus vivendi [,məʊdəsvɪ'vendɪ] *s.* **1** DIREITO convénio, acordo, convenção; **2** modo de viver, regra de conduta

Moeso-Goth [,miːsəʊ'gɒθ] *s.* mesogodo, godo da Mésia Inferior

Moeso-Gothic [,miːsəʊ'gɒθɪk] *adj.,s.* mesogótico

mofete [məʊ'fet] *s.* GEOLOGIA mofeta, emanação vulcânica

moffie ['mɒfɪ] *s.* [Áfr. do S.] [cal.] homossexual masculino

mofussil [məʊ'fʌsɪl] *s.* localidades rurais na Índia

mog [mɒg] *s.* [coloq.] gato

moggie ['mɒgɪ] *s.* ⇒ **mog**

Mograbin ['mɒːgrəbɪn] *adj.,s.* **1** mograbino; relativo ao Mogreb ou Magreb; **2** natural ou habitante do Mogreb ou Magreb

mogul ['məʊgəl] *s.* **1** magnata, manda-chuva; **2** DESPORTO monte de neve que forma obstáculo numa pista de esqui

Mogul ['məʊgəl] *s.* mogol, mongol ❖ *the Grand/Great ~* o Grão-Mogol

MOH [*abrev. de* Medical Officer of Health]

mohair ['məʊheə] *s.* (pêlo, tecido) mohair

Mohammed [məʊ'hæmed] *s.antr.* **1** Moamede; **2** Maomé

Mohammedan [məʊ'hæmɪdən] *adj.,s.* maometano

Mohammedanism [məʊ'hæmɪdənɪzəm] *s.* **1** maometismo; **2** maometanismo

Mohawk ['məʊhɔːk] *s.* **1** membro duma tribo de índios norte-americanos; **2** língua desses índios

Mohican ['məʊɪkən, məʊ'hɪkən] adj.,s. moicano; elemento de uma tribo de índios algonquinos da América do Norte, tribo hoje extinta

Mohock ['məʊhɒk] s. elemento dum grupo de aristocratas desordeiros que infestavam de noite as ruas de Londres no século XVIII

mohur ['məʊhə] s. moeda indiana equivalente a 15 rupias

MOI [abrev. de Ministry of Information]

moider ['mɔɪdə] v.tr. confundir, aborrecer, desorientar

moidore ['mɔɪdɔː] s. antiga moeda de ouro portuguesa

moiety ['mɔɪətɪ] s. (pl. -ies) metade; uma das duas partes em que um todo é dividido

moil [mɔɪl] v.intr. 1 mourejar; 2 sofrer ❖ *to toil and* ~ labutar; mourejar

moiler ['mɔɪlə] s. aquele que moureja

Moira ['mɔɪərə] s. MITOLOGIA Moira, Parca

moire [mwɔː] s. espécie de catassol, tecido de seda ondeada

moiré ['mwɑːreɪ] Ⓐ adj. 1 (seda) ondeada e lustrosa; 2 (metal) com aspecto de seda ondeada e lustrosa Ⓑ s. aspecto ondeado e lustroso Ⓒ v.tr. dar um aspecto ondeado e lustroso a

moist [mɔɪst] adj. 1 húmido; ~ *air* ar húmido; ~ *paste* pasta húmida; 2 orvalhado; 3 chuvoso; 4 purulento, com supuração ❖ ~ *colours* cores viscosas; *eyes* ~ *with tears* olhos turvos de lágrimas; *to grow* ~ humedecer; ficar húmido

moisten ['mɔɪsn] v.tr.,intr. humedecer; humidificar; ficar húmido; *to* ~ *a sponge with* humedecer uma esponja com; *to* ~ *the lips* humedecer os lábios (lambendo-os)

moistener ['mɔɪsnə] s. aparelho ou dispositivo para humedecer

moistening ['mɔɪsnɪŋ] s. humedecimento, humidificação

moistness ['mɔɪstnɪs] s. 1 humidade; 2 transpiração

moisture ['mɔɪstʃə] s. humidade ❖ ~ *absorption* absorção de humidade; ~ *content* percentagem de humidade; ~ *content of the air* humidade absoluta do ar

moisturise ['mɔɪstʃəraɪz] v.tr.,intr. ⇒ **moisturize**

moisturize ['mɔɪstʃəraɪz] v.tr.,intr. 1 humidificar, humedecer; 2 (pele) hidratar

moisturizer ['mɔɪstʃəraɪzə] s. (cosmética) creme hidratante; leite hidratante

mojo ['məʊdʒəʊ] s. (pl. -os) 1 feitiçaria; magia-negra; 2 encanto; amuleto

moke [məʊk] s. [cal.] burro

moko ['məʊkəʊ] s. sistema de tatuagem maori

mola ['məʊlə] s. mola, massa carnosa informe que se desenvolve no útero

MOLAB [abrev. de (Lunar) Mobile Laboratory]

molar ['məʊlə] Ⓐ adj. 1 (dente) molar; 2 QUÍMICA molar; respeitante a mole ou massa; relativo a molécula-grama Ⓑ s. ANATOMIA molar, dente molar, queixal ❖ ~ *physics* física molar

molasse [mə'læs] s. GEOLOGIA molasso

molasses [mə'læsɪz] s. 1 melaço; 2 melado

mold [məʊld] s.,v.tr.,intr. [EUA] ⇒ **mould**

Moldavia [mɒl'deɪvɪə] s.top. Moldávia

Moldavian [mɒl'deɪvɪən] adj.,s. moldávico, moldávio

molder ['məʊldə] v.intr. ⇒ **moulder**

molding ['məʊldɪŋ] s. ⇒ **moulding**

moldy ['məʊldɪ] adj. ⇒ **mouldy**

mole [məʊl] s. 1 ZOOLOGIA toupeira; 2 (pele) sinal; mancha; 3 [fig.] toupeira, espião, agente infiltrado; 4 (mar) molhe, paredão; 5 QUÍMICA (unidade de medida) mole; 6 (máquina) tuneladora; 7 MEDICINA (massa carnosa informe) mola ❖ ZOOLOGIA ~ *cricket* ralo; grilo toupeira; toupeirinho

molectronics [mɒlɪk'trɒnɪks] s. electrónica molecular

molecular [mə'lekjʊlə] adj. molecular ❖ ~ *attraction* atracção molecular; ~ *biology* biologia molecular; ~ *energy* energia molecular; ~ *force* força molecular; ~ *friction* atrito molecular; ~ *motion* movimento molecular; ~ *volume* volume molecular; ~ *weight* peso molecular

molecularity [mə,lekjʊ'lærɪtɪ] s. 1 molecularidade; 2 força molecular

molecule ['mɒlɪkjuːl] s. molécula

mole-eyed ['məʊlaɪd] adj. (visão imperfeita) míope; de olhos piscos

molehill ['məʊlhɪl] s. montículo de terra levantado por toupeira ❖ *to make a mountain out of a* ~ fazer uma tempestade num copo de água

moleskin ['məʊlskɪn] s. 1 pele de toupeira; 2 espécie de fustão de algodão; 3 pl. calças deste tecido

molest [mə'lest, məʊ'lest] v.tr. 1 molestar, incomodar, aborrecer; 2 atacar; 3 molestar sexualmente

molestation [,mɒle'steɪʃən, ,məʊle'steɪʃən] s. 1 molestação; 2 ataque; 3 abuso sexual

molester [mə'lestə] s. molestador ❖ *child* ~ pedófilo

moline [məʊ'laɪn] s. anilha

Molinism ['mɒlɪnɪzəm] s. 1 molinismo, doutrina de Luís de Molina; 2 quietismo, molinosismo, doutrina mística do teólogo espanhol Miguel de Molinos

moll [mɒl] s. [cal.] companheira de criminoso

Moll [mɒl] dim. de **Mary**

mollifiable [,mɒlɪ'faɪəbəl] adj. 1 molificável, susceptível de abrandamento; 2 que pode acalmar-se, que pode suavizar-se

mollification [,mɒlɪfɪ'keɪʃən] s. 1 molificação; 2 abrandamento; 3 acalmia; 4 suavização

mollifier ['mɒlɪfaɪə] s. 1 pacificador, apaziguador; 2 calmante; 3 emoliente

mollify ['mɒlɪfaɪ] v.tr. 1 molificar; 2 apaziguar, acalmar, aplacar; *to* ~ *sb's anger* aplacar a cólera de alguém

mollifying ['mɒlɪfaɪɪŋ] adj. 1 molificante; 2 apaziguador; aplacador; *a* ~ *remark* uma observação apaziguadora

mollusc ['mɒləsk] s. [GB] ZOOLOGIA molusco

mollusca [mɒ'lʌskə] s.pl. moluscos

mollusk ['mɑːləsk] s. [EUA] ⇒ **mollusc**

molly ['mɒlɪ] s. (pl. -ies) 1 homem ou rapaz efeminado; 2 cobarde, maricas

Molly ['mɒlɪ] dim. de **Mary**

mollycoddle ['mɒlɪkɒdl] Ⓐ s. [depr.] menino da mamã Ⓑ v.tr. 1 amimar, apaparicar; 2 ter demasiado cuidado com a saúde de

mollygrub ['mɒlɪgrʌb] s. depressão nervosa, desânimo

moloch ['məʊlɒk] s. ZOOLOGIA moloque, género de répteis sáurios

Moloch ['məʊlɒk] s. RELIGIÃO (Bíblia) Moloc, Moloch, divindade adorada pelos Amonitas e Moabitas, à qual eram sacrificadas crianças

Molossian [məʊ'lɒsɪən] Ⓐ adj.,s. molosso; relativo aos Molossos Ⓑ s. (pessoa) molosso; natural ou habitante da Molóssia ou Molóssis ❖ ZOOLOGIA (cão de fila) ~ *hound* molosso

molossus [məʊ'lɒsəs] s. (pl. -i) 1 LITERATURA (pé de verso latino) molosso; 2 ZOOLOGIA (cão de fila) molosso

Molotov ['mɒlətɒf] s.antr. ❖ (granada incendiária) ~ *cocktail* cocktail Molotov

molt [məʊlt] s.,v.tr.,intr. [EUA] ⇒ **moult**

molten ['məʊltən] Ⓐ part. pass. de **to melt** Ⓑ adj. 1 derretido; ~ *lead* chumbo derretido; 2 (metalurgia) em fusão, fundido; ~ *metal* metal fundido; ~ *aluminium* alumínio fundido ❖ *a* ~ *image* imagem feita de metal fundido; ~ *lava* lava líquida

Molucca [mə'lʌkə] s.top. *the* ~ *Islands/the Moluccas* as (ilhas) Molucas

moly ['məʊlɪ] s. (pl. -ies) 1 BOTÂNICA moli, espécie de alho; 2 MITOLOGIA (Homero) planta mágica fabulosa com flores brancas e raiz negra

molybdate [məʊ'lɪbdeɪt] s. QUÍMICA molibdato

molybdenite [məʊ'lɪbdənaɪt] s. MINERALOGIA molibdenite

molybdenum [mə'lɪbdənəm] s. QUÍMICA (elemento químico) molibdénio

molybdic [mə'lɪbdɪk] adj. MINERALOGIA, QUÍMICA molíbdico

mom [mɑːm, mɒm] s. [EUA] [coloq.] mamã

Mombasa [mɒm'bæsə] s.top. Mombaça

moment ['məʊmənt] s. 1 momento; instante; *a* ~ *ago* há um instante; *from the* ~ *when* desde o momento em que; *half a* ~ um instantinho; *in a* ~ num momento; *just a moment, please!* só um momento, por favor!; *the very* ~ *I saw him, I noticed that…* precisamente no instante em que o vi notei que…; 2 (ocasião) momento; hora; *at the last* ~ à última da hora; *he came in just at the right* ~ ele entrou à hora certa; *she arrived at an awkward* ~ ela chegou num momento pouco oportuno; *the* ~ *of truth* a hora da verdade; 3 tempo indeterminado; *at any* ~ dum momento para o outro; *I expect him every* ~ conto com ele a todo o momento; 4 tempo presente; carácter imediato; *at the/this* ~ neste momento; *come this* ~ vem já; *go this very* ~ vai imediatamente; *he is busy at the* ~ de momento, encontra-se ocupado; *she came the very* ~ *she received the message* ela veio logo que recebeu o recado;

the ~ *(that)* logo que; **5** alcance, importância, peso, significado; *to be of the* ~ ser da mais alta importância; *it is of no* ~ *whether...* pouco importa que ...; **6** MATEMÁTICA, FÍSICA momento; ~ *of inertia* momento de inércia ❖ *the man of the* ~ o homem do momento; *not for a moment!* nunca!; *to have its moments* ter/passar bons momentos; *to the* ~ com pontualidade absolutamente exacta

momentarily ['məʊməntərɪlɪ, ˌməʊmən'terɪlɪ] *adv.* **1** momentaneamente, por momentos; **2** [EUA, Can.] a todo o momento, dum momento para o outro; **3** gradualmente

momentary ['məʊməntərɪ, 'məʊməntərɪ] *adj.* **1** momentâneo; passageiro; breve; **2** de todos os momentos; constante

momently ['məʊməntlɪ] *adv.* **1** momentaneamente; **2** a todos os momentos

momentous [məʊ'mentəs] *adj.* (decisão, ocasião, etc.) de grande importância; decisivo; grave; *a* ~ *decision* uma decisão importante

momentously [məʊ'mentəslɪ] *adv.* **1** duma maneira momentosa; **2** de modo grave

momentousness [məʊ'mentəsnɪs] *s.* **1** importância; **2** gravidade

momentum [məʊ'mentəm] *s. (pl.* -ums ou -a) **1** energia, ímpeto, impulso, pujança; *the business is losing* ~ o negócio está a perder pujança; **2** força adquirida, velocidade adquirida, aceleração; *to gain* ~ aumentar a velocidade; **4** FÍSICA momento; ~ *of a force* momento duma força ❖ *to gather* ~ ganhar terreno; *to have* ~ ir de vento em popa

Momus ['məʊməs] *s.* MITOLOGIA Momo, filho do Sono e da Noite

Mon. [*abrev. de* Monday]

Monacan [mɒ'nɑːkən] Ⓐ *adj.* do Mónaco, monegasco Ⓑ *s.* habitante ou natural do Mónaco; monegasco

monachal ['mɒnəkəl] *adj.* monacal

monachism ['mɒnəkɪzəm] *s.* **1** monaquismo; **2** monacato

Monaco ['mɒnəkəʊ] *s.top.* Mónaco

monad ['mɒnæd] *s.* FILOSOFIA mónada

monadelph ['mɒnədelf] *s.* BOTÂNICA planta monadélfica

monadelphia [ˌmɒnə'delfɪə] *s.* BOTÂNICA monadelfia

monadelphous [ˌmɒnə'delfəs] *adj.* BOTÂNICA monadelfo

monadic [mɒ'nædɪk] *adj.* **1** FILOSOFIA monadico; **2** QUÍMICA monoatómico, formado de um só átomo; **3** monovalente

monadism ['mɒnədɪzəm] *s.* FILOSOFIA monadismo

monander [mɒ'nændə] *s.* BOTÂNICA planta monândrica

monandria [mɒ'nændrɪə] *s.* BOTÂNICA monandria

monandrous [mɒ'nændrəs] *adj.* BOTÂNICA monandro

monandry [mɒ'nændrɪ] *s.* sistema pelo qual a mulher tem um só marido

monanthous [mɒ'nænθəs] *adj.* BOTÂNICA monanto

monarch ['mɒnək] *s.* **1** monarca, soberano; **2** ZOOLOGIA borboleta-monarca

monarchic [mɒ'nɑːkɪk] *adj.* monárquico

monarchical [mɒ'nɑːkɪkəl] *adj.* monárquico

monarchically [mɒ'nɑːkɪkəlɪ] *adv.* monarquicamente, em monarquia

monarchism ['mɒnəkɪzəm] *s.* monarquismo

monarchist ['mɒnəkɪst] Ⓐ *s.* monárquico, monarquista Ⓑ *adj.* monárquico, que apoia a monarquia

monarchize ['mɒnəkaɪz] *v.tr.,intr.* **1** monarquizar; **2** agir como monarca

monarchy ['mɒnəkɪ] *s.* monarquia

monastery ['mɒnəstərɪ, 'mɒnəsterɪ] *s. (pl.* -ies) mosteiro, convento

monastic [mə'næstɪk] *adj.* **1** RELIGIÃO monacal, monástico, conventual; **2** (vida) despojado, frugal, simples ❖ ~ *binding* encadernação com dourados a frio

monastically [mə'næstɪkəlɪ] *adv.* monasticamente, conventualmente

monasticism [mə'næstɪsɪzəm] *s.* **1** monaquismo, monasticismo; **2** sistema da vida monástica

monatomic [ˌmɒnə'tɒmɪk] *adj.* QUÍMICA monoatómico

monaxial [mɒ'næksɪəl] *adj.* BIOLOGIA monoaxífero

monazite ['mɒnəzaɪt] *s.* MINERALOGIA monazite, monacite

Monday ['mʌndɪ] *s.* segunda-feira; *on* ~ na segunda-feira; *to take* ~ *off* não trabalhar à segunda-feira, tirar folga à segunda-feira ❖ ~ *feeling* cara de segunda-feira; [cal.] (escola) *Black* ~ primeiro dia de aulas depois de férias; *St.* ~ segunda-feira em que há pouco que fazer

mondayish ['mʌndɪɪʃ] *adj.* **1** fatigado à segunda-feira por causa do trabalho de domingo (padre); **2** cansado por causa do feriado de domingo

monde [mɒnd] *s.* **1** mundo elegante, a sociedade; **2** ambiente social em que uma pessoa vive

Monegasque [ˌmɒnɪ'gæsk] *adj.,s.* **1** monegasco; **2** de Mónaco; **3** natural ou habitante de Mónaco

moneron ['mɒnərɒn] *s. (pl.* -a) BIOLOGIA monera, monere

monetary ['mʌnɪtərɪ, 'mɒnɪterɪ] *adj.* **1** monetário; **2** pecuniário; **3** financeiro ❖ FINANÇAS ~ *aggregate* agregado monetário; FINANÇAS ~ *base* base monetária; FINANÇAS ~ *policy* política monetária; FINANÇAS ~ *reserve* reserva monetária; ~ *school* escola monetarista; ~ *system* sistema monetário; ~ *unit* unidade monetária

monetization [ˌmʌnɪtaɪ'zeɪʃən] *s.* **1** monetização, amoedação, transformação em moeda para circulação; **2** lançamento de moeda em circulação

monetize ['mʌnɪtaɪz] *v.tr.* monetizar, amoedar, transformar em moeda para circulação

money ['mʌnɪ] *s. (pl.* -s ou -ies) **1** dinheiro; *counterfeit* ~/*funny* ~ dinheiro falso; *current* ~ dinheiro corrente; *easy* ~ dinheiro fácil; *do you have* ~ *on you?* trazes dinheiro contigo?; **2** capital; **3** numerário; **4** fundos, papéis de crédito; **5** fortuna; **6** *pl.* DIREITO [arc.] riquezas, fundos, dinheiros ❖ (jornais, revistas) ~ *article* boletim financeiro; ~ *belt* cinto com porta-moedas; ~ *broker* corretor de câmbios; ~ *changer* cambista; máquina de trocos; ~ *market* mercado monetário; ~ *order* vale postal, ordem de pagamento; remessa de fundos; ~ *supply* meios de pagamento; *paper* ~ papel-moeda; *public moneys* dinheiros públicos; *ready* ~ dinheiro de contado; depósitos à vista; dinheiro disponível; notas; (bancos) *at call* depósitos à ordem; *money begets/makes* ~ o dinheiro atrai o dinheiro; [coloq.] ~ *doesn't grow on trees* o dinheiro não nasce/cresce das árvores; ~ *for old rope*/*for jam* uma forma fácil de ganhar dinheiro; ~ *is no object* o dinheiro não é problema; sem olhar às despesas; ~ *of account* moeda de conta; *good* ~ bom dinheiro; uma boa quantia; *hard* ~ moedas; dinheiro em moeda metálica; [coloq.] *I'd put* ~ *on it* aposto que sim; tenho a certeza; *it's* ~ *thrown away* é dinheiro deitado fora; *it's* ~ *well spent* é dinheiro bem gasto; [coloq.] *my money's on* aposto em; *(not) for love nor* ~ por nada deste mundo; *there is* ~ *(to be made) in it* isso dá dinheiro; isso é um bom negócio; *to be in the* ~ ter dinheiro; ser rico; *to be made of* ~ ter um dinheirão; *to get one's* ~ *worth* obter plena compensação pelo que se gastou; *to make* ~ ganhar dinheiro; fazer dinheiro; *to make* ~ *of* tirar lucro de; *to marry (into)* ~ casar com pessoa muito rica; *to my* ~ na minha opinião; *to throw good* ~ *after bad* gastar cada vez mais dinheiro com algo que nunca vai resultar

moneybags ['mʌnɪbægz] *s.* [coloq.] ricaço

moneybox ['mʌnɪbɒks] *s.* **1** mealheiro; **2** caixa de esmolas

moneyed ['mʌnɪd] *adj.* endinheirado, rico; *a* ~ *man* um homem endinheirado ❖ ~ *resources* recursos financeiros; *the* ~ *classes* as classes possuidoras

moneygrubber ['mʌnɪˌgrʌbə] *s.* **1** [depr.] interesseiro; obcecado por dinheiro; **2** [depr.] comerciante*fig.*; vendilhão*fig.*

moneygrubbing ['mʌnɪˌgrʌbɪŋ] Ⓐ *s.* **1** acumulação de dinheiro; açambarcamento de dinheiro; **2** cobiça; avidez Ⓑ *adj.* **1** [depr.] interesseiro; obcecado por dinheiro; **2** [depr.] vendilhão*fig.*

moneylender ['mʌnɪˌlendə] *s.* **1** agiota, prestamista; **2** pessoa que empresta dinheiro

moneyless ['mʌnɪləs] *adj.* sem dinheiro

moneymaker ['mʌnɪˌmeɪkə] *s.* **1** pessoa que faz muito dinheiro; **2** [coloq.] (negócio, produto, projecto) mina de ouro*fig.*

moneymaking ['mʌnɪˌmeɪkɪŋ] Ⓐ *adj.* rentável; lucrativo Ⓑ *s.* lucros; ganhos; dividendos

money-spinner ['mʌnɪˌspɪnə] *s.* [coloq.] (negócio, produto, projecto) mina de ouro

moneywort ['mʌnɪwɜːt] *s.* BOTÂNICA numulária, lisimáquia

monger ['mʌŋgə] *s.* **1** [usado como sufixo] vendedor; traficante, negociante sem escrúpulos; *fishmonger* peixeiro; *ironmonger* ferrageiro; **2** [usado como sufixo] pessoa que promove algo negativo; *slander-monger* caluniador, má-língua

Mongol ['mɒŋgɒl, 'mɒŋgəl] *adj.,s.* mongol

Mongolia [mɒŋ'gəʊlɪə] s.top. Mongólia
Mongolian [mɒŋ'gəʊlɪən] Ⓐ adj. mongol, mongólico Ⓑ s. (língua, pessoa) mongol
Mongolic [mɒŋ'gɒlɪk] Ⓐ adj. mongol, mongólico Ⓑ s. mongólico, língua mongol
mongolism ['mɒŋgəlɪzəm] s. MEDICINA [ant.] (ofensivo) mongolismo
mongoloid ['mɒŋgəlɔɪd] adj. MEDICINA [ant.] (ofensivo) mongolóide
Mongoloid ['mɒŋgəlɔɪd] adj.,s. mongolóide
mongoose ['mɒŋguːs] s. (pl. -es) ZOOLOGIA mangusto, icnêumone
mongrel ['mʌŋgrəl] Ⓐ s. 1 ZOOLOGIA (cão) rafeiro, vira-lata*Bras.*; 2 BOTÂNICA, ZOOLOGIA híbrido; 3 (ofensivo) mestiço; 4 amálgama; 5 [Austr.] (pessoa insuportável) peste Ⓑ adj. 1 mestiço; 2 híbrido; 3 raçado; 4 atravessado, cruzado
mongrelize ['mʌŋgrəlaɪz] v.tr. 1 mestiçar; 2 cruzar
monial ['məʊnɪəl] s. ARQUITECTURA mainel, pinázio
Monica ['mɒnɪkə] s.antr. Mónica
monicker ['mɒnɪkə] s. [cal.] ⇒ **moniker**
monies ['mʌnɪz] pl. de **money**
moniker ['mɒnɪkə] s. 1 [cal.] nome; 2 [cal.] alcunha
moniliform [mɒ'nɪlɪfɔːm] adj. moniliforme, monilífero
monism ['mɒnɪzəm] s. FILOSOFIA monismo
monist ['mɒnɪst] adj.,s. FILOSOFIA monista
monistic [mɒ'nɪstɪk] adj. FILOSOFIA monístico
monition [mɒ'nɪʃən] s. 1 aviso, prevenção; 2 admoestação, advertência (de bispo ou autoridade eclesiástica); 3 DIREITO citação, notificação, intimação
monitor ['mɒnɪtə] Ⓐ s. 1 (televisão, computador) monitor; 2 (escola) monitor; chefe de turma*ant.*; 3 INFORMÁTICA (programa) monitor; 4 ZOOLOGIA (género de répteis) monitor; 5 HISTÓRIA, NÁUTICA (navio de guerra) monitor; 6 RÁDIO monitor de escuta; 7 [arc.] admoestador, monitor, pessoa encarregada das admoestações Ⓑ v.tr. 1 monitorizar; 2 controlar; vigiar; 3 seguir de perto; 4 verificar; 5 pôr sob escuta ❖ ~ *man* engenheiro encarregado do som; ~ *room* posto de escuta, pavilhão de registo sonoro
monitorial [ˌmɒnɪ'tɔːrɪəl] adj. relativo a monitor ❖ (escola) ~ *system* sistema pedagógico de monitores
monitoring ['mɒnɪtərɪŋ] s. 1 vigilância; 2 controlo; 3 acompanhamento
monitory ['mɒnɪtərɪ] Ⓐ adj. 1 de advertência; 2 monitório, monitorial; ~ *letter* carta monitorial Ⓑ s. monitória; citação jurídica eclesiástica
monitress ['mɒnɪtrɪs] s.f. (pl. -es) monitora
monk [mʌŋk] s. 1 RELIGIÃO monge; frade; 2 TIPOGRAFIA manchas na impressão por distribuição irregular da tinta ❖ ZOOLOGIA (família das focas) ~ *seal* monge-do-mar; foca monge; lobo-marinho; *monk's cloth* estamenha
monkdom ['mʌŋkdəm] s. fradalhada, fradaria
monkery ['mʌŋkərɪ] s. (pl. -ies) 1 fradaria; 2 conjunto de frades ou monges; 3 vida monástica, vida monacal, vida conventual; 4 convento, mosteiro
monkey ['mʌŋkɪ] Ⓐ s. 1 ZOOLOGIA macaco; mono, bugio; símio; 2 [coloq.] (criança travessa) macaquinho, marotinho; 3 [coloq.] brincalhão, pessoa que gosta de partidas; 4 [cal.] 500 libras; 5 (máquina) macaco, bate-estacas; 6 (máquina) macaco de cremalheira Ⓑ v.tr.,intr. 1 fazer macaquices, fazer momices; 2 [EUA] macaquear, arremedar (alguém) ❖ [GB] (ginásio) ~ *bars* espaldares; NÁUTICA ~ *boat* chata; BOTÂNICA (árvore, fruto) ~ *bread* embondeiro; adansónia; baobá; pão-de-embondeiro; mpusu; pão-de--macaco; ~ *business* procedimento condenável; intriga; traição; crime; BOTÂNICA ~ *flower* mímulo; ~ *jacket* jaqueta curta de marinheiro; [GB] [coloq.] ~ *nut* amendoim; BOTÂNICA ~ *puzzle* araucária-do-chile; [ant.] ~ *suit* fato formal; [GB] [coloq.] ~ *tricks* macaquices; palhaçadas; [EUA] ~ *wrench* chave inglesa; [EUA] (jogo infantil) ~ *in the middle* meiinho; [EUA] [coloq.] *a ~ on one's back* um problema sério; um problema com a droga; [GB] [coloq.] *I don't give a monkey's!* estou-me nas tintas!; [EUA] [ant.] *I'll be a monkey's uncle!* macacos me mordam!; [coloq.] *it's brass monkeys* está um frio de rachar; [ant.] *to get one's ~ up* irritar-se; *to make a ~ out of sb* fazer de alguém estúpido; [ant.] *to put sb's ~ up* irritar alguém; [EUA] *to throw a ~ wrench in the works/into the machinery* encravar as coisas; sabotar as coisas
◆ **monkey about/around** v.intr. fazer traquinices; fazer macacadas; portar-se mal; *don't monkey about with those things* deixa lá isso quieto, deixa-te lá de palhaçadas com isso
monkeyish ['mʌŋkɪɪʃ] adj. 1 próprio de macaco; 2 amacacado
monkeyshines ['mʌŋkɪʃaɪnz] s.pl. [EUA] [coloq.] macaquices; palhaçadas
monkfish ['mʌŋkfɪʃ] s. (pl. **-fish** ou **-fishes**) 1 ZOOLOGIA (peixe) tamboril; 2 ZOOLOGIA (peixe) peixe-anjo
monkhood ['mʌŋkhʊd] s. 1 monaquismo, vida monástica; 2 fradaria
monkish ['mʌŋkɪʃ] adj. monástico, monacal, próprio de monge
monkshood ['mʌŋkshʊd] s. BOTÂNICA acónito
monobasic [ˌmɒnəʊ'beɪsɪk] adj. QUÍMICA monobásico; ~ *acid* ácido monobásico
monobloc ['mɒnəblɒk] adj.,s. (motor) monobloco
monocarp ['mɒnəkɑːp] s. planta monocárpica
monocarpellary [ˌmɒnə'kɑːpɪlərɪ] adj. BOTÂNICA monocarpelar
monocarpic [ˌmɒnə'kɑːpɪk] adj. BOTÂNICA monocárpico
monocarpous [ˌmɒnə'kɑːpəs] adj. BOTÂNICA monocárpico, monocarpelar
monocephalous [ˌmɒnə'sefələs] adj. BOTÂNICA monocéfalo; com inflorescência de um só capítulo
Monoceros [mə'nɒsərəs] s. ASTRONOMIA (constelação) Monócero
monochord ['mɒnəʊkɔːd] s. 1 MÚSICA monocórdio, monocordo; 2 zonómetro
monochromatic [ˌmɒnəʊkrəʊ'mætɪk] adj. monocromático; ~ *lamp* lâmpada monocromática; ~ *sensitivity* sensibilidade monocromática
monochrome ['mɒnəkrəʊm] Ⓐ adj. 1 monocromo, com uma só cor; 2 TELEVISÃO a preto e branco; 3 [fig.] insípido, desinteressante Ⓑ s. 1 monocromia; 2 TELEVISÃO preto-e-branco; 3 (quadro, objecto) monocromo
monochromic [ˌmɒnə'krəʊmɪk] adj. monocrómico
monochromous [ˌmɒnə'krəʊməs] adj. ⇒ **monochromic**
monocle ['mɒnəkəl] s. monóculo
monocled ['mɒnəkəld] adj. com monóculo
monoclinal [ˌmɒnəʊ'klaɪnəl] adj. GEOLOGIA monoclinal; diz-se quando numa dobra as camadas ou estratos se inclinam só num dos sentidos
monocline ['mɒnəklaɪn] s. GEOLOGIA monoclinal, flexura monoclinal
monocotyledonous [ˌmɒnəʊkɒtɪ'liːdənəs] adj. BOTÂNICA monocotiledóneo
monocular [mə'nɒkjʊlə] Ⓐ adj. monocular; ~ *microscope* microscópio monocular Ⓑ s. (pl. -s) monóculo
monocycle ['mɒnəsaɪkəl] s. monociclo, velocípede com uma roda só
monodactylous [ˌmɒnə'dæktɪləs] adj. ZOOLOGIA monodáctilo
monodelph ['mɒnədelf] s. ZOOLOGIA monodelfo
monodelphian [ˌmɒnə'delfɪən] adj. ZOOLOGIA monodelfo, que tem uma só matriz
monodelphic [ˌmɒnə'delfɪk] adj. ZOOLOGIA ⇒ **monodelphian**
monodic [mɒ'nɒdɪk] adj. MÚSICA monódico; relativo à monódia
monody ['mɒnədɪ] s. (pl. -ies) 1 monódia; monólogo lírico nas antigas tragédias gregas; 2 canção monódica
monoecia [mɒ'niːʃɪə] s.pl. BOTÂNICA monécias
monoecian [mɒ'niːʃɪən] s. BOTÂNICA monécia
monoecious [mɒ'niːʃɪəs] adj. BOTÂNICA monécico, monóico, hermafrodita
monogamic [ˌmɒnə'gæmɪk] adj. monogâmico, monógamo
monogamist [mə'nɒgəmɪst] s. monogamista, monógamo
monogamous [mə'nɒgəməs] adj. monógamo
monogamy [mə'nɒgəmɪ] s. monogamia
monogenesis [ˌmɒnə'dʒenɪsɪs] s. BIOLOGIA monogénese
monogenetic [ˌmɒnədʒɪ'netɪk] adj. BIOLOGIA monogénico, monogenético
monogenic [ˌmɒnə'dʒenɪk] adj. 1 BIOLOGIA monogenésico; 2 MATEMÁTICA (função) monógena
monogenism [mɒ'nɒdʒɪnɪzəm] s. BIOLOGIA monogenismo
monogram ['mɒnəgræm] s. monograma
monogrammatic [ˌmɒnəgrə'mætɪk] adj. monogramático
monograph ['mɒnəgrɑːf] s. monografia
monographer [mə'nɒgrəfə] s. monógrafo
monographic [ˌmɒnə'græfɪk] adj. monográfico
monographist [mə'nɒgrəfɪst] s. monografista

monogyn ['mɒnədʒɪn] s. (pl. **monogynia**) BOTÂNICA monoginia
monogynous [mɒ'nɒdʒɪnəs] adj. 1 BOTÂNICA monógino; 2 (homem) monógamo
monogyny [mɒ'nɒdʒɪnɪ] s. 1 monogamia; 2 BOTÂNICA monoginia
monohydrate [ˌmɒnə'haɪdreɪt] s. QUÍMICA monoidrato
monohydrated [ˌmɒnə'haɪdreɪtɪd] adj. QUÍMICA monoidratado
monohydric [ˌmɒnə'haɪdrɪk] adj. QUÍMICA monoídrico; ~ *phenol* fenol monoídrico
monokini [ˌmɒnəʊ'kɪnɪ] s. VESTUÁRIO monoquíni
monolingual [ˌmɒnəʊ'lɪŋɡjʊəl] adj. monolingue; ~ *dictionary* dicionário monolingue
monolith ['mɒnəlɪθ] s. monólito
monolithic [ˌmɒnə'lɪθɪk] adj. 1 monolítico; constituído por pedra(s) ou bloco(s) de grandes proporções; 2 [depr., fig.] monolítico; rígido; difícil de mudar ❖ ~ *lining* revestimento monolítico
monolithical [ˌmɒnə'lɪθɪkəl] adj. ⇒ **monolithic**
monologist [mɒ'nɒlədʒɪst] s. monologador
monologize [mɒ'nɒlədʒaɪz] v.intr. monologar
monologue ['mɒnəlɒɡ] Ⓐ s. monólogo Ⓑ v.intr. monologar
monologuist [mɒ'nɒləɡɪst] s. ⇒ **monologist**
monomania [ˌmɒnəʊ'meɪnɪə] s. monomania
monomaniac [ˌmɒnəʊ'meɪnɪæk] s. monomaníaco, monómano
monomaniacal [ˌmɒnəʊmə'naɪəkəl] adj. monomaníaco, monómano
monomer ['mɒnəmə] s. QUÍMICA monómero
monometallic [ˌmɒnəmɪ'tælɪk] adj. ECONOMIA monometálico; relativo ao monometalismo
monometallism [ˌmɒnəʊ'metəlɪzəm] s. (sistema económico) monometalismo
monometallist [ˌmɒnəʊ'metəlɪst] s. ECONOMIA monometalista
monometer [mɒ'nɒmɪtə] s. monómetro, poema em que há só uma espécie de versos
monometric [ˌmɒnəʊ'metrɪk] adj. monométrico, formado de versos de uma só medida
monometrical [ˌmɒnəʊ'metrɪkəl] adj. monométrico, formado de versos de uma só medida
monomial [mɒ'nəʊmɪəl] adj.,s. MATEMÁTICA monómio
monomorphic [ˌmɒnə'mɔːfɪk] adj. 1 monomórfico; 2 ZOOLOGIA que não sofre metamorfoses
monomorphous [ˌmɒnə'mɔːfəs] adj. ⇒ **monomorphic**
mononuclear [ˌmɒnəʊ'njuːklɪə] adj. BIOLOGIA mononuclear
mononucleosis [ˌmɒnəʊnjuːklɪ'əʊsɪs] s. MEDICINA mononucleose
monopetalous [ˌmɒnəʊ'petələs] adj. monopétalo
monophase ['mɒnəfeɪz] adj. ELECTRICIDADE monofásico; ~ *current* corrente monofásica
monophasic [ˌmɒnəʊ'feɪzɪk] adj. ⇒ **monophase**
monophobia [ˌmɒnəʊ'fəʊbɪə] s. monofobia
monophobic [ˌmɒnəʊ'fəʊbɪk] adj. monofóbico
monophonic [ˌmɒnəʊ'fɒnɪk] adj. monofónico
monophosphate [ˌmɒnə'fɒsfeɪt] s. QUÍMICA monofosfato
monophthong ['mɒnəfθɒŋ] s. monotongo, monoftongo
monophthongal [ˌmɒnəf'θɒŋɡəl] adj. monotongal; relativo a monotongo
monophyletic [ˌmɒnəʊfaɪ'lektɪk] adj. BIOLOGIA monofilético
monophyllous [mɒ'nɒfɪləs] adj. BOTÂNICA monofilo
monophysite [mɒ'nɒfɪzaɪt] Ⓐ adj. monofisita; relativo ao monofisismo Ⓑ s. monofisita; sectário do monofisismo; pessoa que só reconhecia em Cristo a natureza divina
monoplane ['mɒnəʊpleɪn] s. AERONÁUTICA monoplano
monoplast ['mɒnəʊplæst] s. BIOLOGIA monoplastídeo
monoplastid ['mɒnəʊˌplæstɪd] s. BIOLOGIA monoplastídeo
monoplegia [ˌmɒnəʊ'pliːdʒə, ˌmɒnəʊ'pliːdʒɪə] s. MEDICINA monoplegia
monopodial [ˌmɒnəʊ'pəʊdɪəl] adj. BOTÂNICA monopodial; relativo a monopódio
monopodium [ˌmɒnəʊ'pəʊdɪəm] s. (pl. **-ia**) monopódio
monopodus [mɒ'nɒpədəs] adj. monópode, monopódico
monopolise [mə'nɒpəlaɪz] v.tr. ⇒ **monopolize**
monopolist [mə'nɒpəlɪst] s. monopolizador, monopolista
monopolistic [məˌnɒpə'lɪstɪk] adj. 1 monopolístico; relativo a monopólio; 2 monopolizador
monopolization [məˌnɒpəlaɪ'zeɪʃən] s. monopolização

monopolize [mə'nɒpəlaɪz] v.tr. 1 monopolizar; 2 açambarcar; 3 chamar a si
monopolizer [mə'nɒpəlaɪzə] s. monopolizador, pessoa que chama a si as coisas, pessoa que concentra em si as coisas
monopolizing [mə'nɒpəlaɪzɪŋ] s. monopolização
monopoly [mə'nɒpəlɪ] s. (pl. **-ies**) 1 monopólio [**of**, de]; *a government ~* um monopólio do Governo; *to have the ~ of/on* ter o monopólio de; *this company holds the ~ on communications* esta empresa detém o monopólio das comunicações; 2 pessoa ou grupo que exerce o monopólio; 3 produto, coisa, serviço monopolizado
monopsony [mə'nɒpsənɪ] s. (pl. **-ies**) ECONOMIA monopsónio
monopteral [mɒ'nɒptərəl] adj. 1 ZOOLOGIA monóptero, que tem uma só barbatana ou asa; 2 ARQUITECTURA monóptero, que tem uma só fila de colunas
monopteros [mɒ'nɒptərəs] s. templo monóptero
monorail ['mɒnəʊreɪl] adj.,s. (sistema ferroviário) monocarril; ~ *conveyor* transportador monocarril
monorchid [mɒ'nɔːkɪd] Ⓐ adj. monórquido Ⓑ s. monorquídio, indivíduo com um só testículo
monorchis [mɒ'nɔːkɪs] s. (pl. **-ides**) monorquidia, defeito de conformação caracterizado pela existência de um só testículo no escroto
monorchism [mɒ'nɔːkɪzəm] s. ⇒ **monorchis**
monorefringent [ˌmɒnəʊrɪ'frɪndʒənt] adj. unirrefringente, monorrefringente
monorhyme ['mɒnəraɪm] adj.,s. ⇒ **monorime**
monorhymed ['mɒnəraɪmd] adj. ⇒ **monorimed**
monorime ['mɒnəraɪm] adj.,s. monorrimo
monorimed ['mɒnəraɪmd] adj. monorrimo
monosaccharide [ˌmɒnəʊ'sækəraɪd] s. BIOQUÍMICA monossacárido
monosepalous [ˌmɒnəʊ'sepələs] adj. BOTÂNICA monossépalo
monospace ['mɒnəʊspeɪs] s. (automóvel) monovolume
monospermous [ˌmɒnəʊ'spɜːməs] adj. BOTÂNICA monospermo, monospérmico
monostich ['mɒnəstɪk] Ⓐ adj. LITERATURA monóstico, que tem um só verso Ⓑ s. 1 LITERATURA monóstico; 2 inscrição, epigrama com um só verso
monostichous [mɒ'nɒstɪkəs] adj. (cristal prismático) monóstico, com a base com uma só ordem de facetas
monostomatous [ˌmɒnəʊ'stɒmətəs] adj. monóstomo, com uma só boca ou abertura
monostome ['mɒnəstəʊm] Ⓐ adj. ⇒ **monostomatous** Ⓑ s. monóstomo, género de vermes
monosyllabic [ˌmɒnəsɪ'læbɪk] adj. monossilábico
monosyllabism [ˌmɒnə'sɪlɪbɪzəm] s. monossilabismo
monosyllable ['mɒnəˌsɪləbəl] s. monossílabo
monotheism ['mɒnəʊθiːɪzəm] s. monoteísmo
monotheist ['mɒnəθiːɪst] adj.,s. monoteísta
monotheistic [ˌmɒnəθiː'ɪstɪk] adj. monoteístico
monotint ['mɒnətɪnt] s. monocromo
monotone ['mɒnətəʊn] Ⓐ adj. monótono Ⓑ s. tom monocórdico; monotonia; *to read in a ~* ler sempre no mesmo tom; *to speak in a ~* falar em tom monótono
monotonic [ˌmɒnə'tɒnɪk] adj. monótono
monotonous [mə'nɒtənəs] adj. 1 monótono; com um tom que não varia; ~ *voice* voz monótona; 2 maçador, monótono, enfadonho, fastidioso, sempre igual; ~ *work* trabalho monótono
monotonously [mə'nɒtənəslɪ] adv. 1 monotonamente, com monotonia; 2 fastidiosamente, com um tom maçador; 3 sem variar
monotony [mə'nɒtənɪ] s. monotonia
monotremata [ˌmɒnə'triːmətə] s.pl. ZOOLOGIA monotrématos
monotreme ['mɒnətriːm] Ⓐ adj. ZOOLOGIA monotremo Ⓑ s. monotrémato
monotropa [mɒ'nɒtrəpə] s. BOTÂNICA monótropa
monotype ['mɒnətaɪp] s. 1 TIPOGRAFIA monotipo, máquina de compor distinta do linótipo por fundir cada tipo isoladamente; 2 BIOLOGIA espécie única, monótipo
monotypic [ˌmɒnəʊ'tɪpɪk] adj. BIOLOGIA monotípico
monotypical [ˌmɒnəʊ'tɪpɪkəl] adj. BIOLOGIA ⇒ **monotypic**

monotypous [mɒˈnɒtɪpəs] *adj.* ⇒ **monotypic**
monovalence [ˌmɒnəˈveɪləns] *s.* QUÍMICA monovalência
monovalency [ˌmɒnəˈveɪlənsɪ] *s.* QUÍMICA monovalência
monovalent [ˌmɒnəˈveɪlənt] *adj.* QUÍMICA monovalente
monoxide [məˈnɒksaɪd] *s.* QUÍMICA monóxido ❖ *carbon ~* monóxido de carbono; *lead ~* monóxido de chumbo
monozygotic [ˌmɒnəʊzaɪˈgɒtɪk] *adj.* BIOLOGIA monozigótico
Monroeism [mənˈrəʊɪzəm, ˈmʌnrəʊɪzəm] *s.* POLÍTICA monroísmo, doutrina de Monroe
Monroeist [mənˈrəʊɪst, ˈmʌnrəʊɪst] *s.* POLÍTICA monroísta
mons [mɒnz] *s.* (*pl.* **montes**) ANATOMIA monte ❖ ANATOMIA *~ veneris/~ pubis* monte de Vénus; monte pubiano
Monseigneur [mɒnseˈnjɜː] *s.* (*pl.* **Messeigneurs**) RELIGIÃO monsenhor
monsignor [mɒnˈsiːnjə] *s.* (*pl.* **monsignori**) monsenhor
monsoon [mɒnˈsuːn] *s.* 1 METEOROLOGIA monção; *dry ~* monção de Inverno; *wet ~* monção de Verão; 2 (Sudoeste asiático) época das monções, estação das chuvas
monster [ˈmɒnstə] Ⓐ *s.* 1 monstro; *the monsters of the deep* os monstros marinhos; 2 [fig.] (pessoa) monstro; *a ~ of cruelty* um monstro de crueldade; 3 (coisa enorme) colosso; 4 monstruosidade, aberração, anormalidade Ⓑ *adj.* 1 monstruoso; 2 colossal, enorme, gigantesco; *a ~ ship* um navio enorme
monstrance [ˈmɒnstrəns] *s.* ostensório, custódia onde se expõe a sagrada hóstia
monstrosity [mɒnˈstrɒsɪtɪ] *s.* (*pl.* **-ies**) 1 monstruosidade; 2 monstro; 3 deformidade; 4 enormidade; 5 perversidade
monstrous [ˈmɒnstrəs] *adj.* 1 monstruoso, disforme; 2 colossal, gigantesco, enorme, descomunal; 3 atroz, desumano, horrendo, perverso; *a ~ crime* um crime horrendo; 4 incrível, inconcebível, absurdo
monstrously [ˈmɒnstrəslɪ] *adv.* 1 monstruosamente; 2 enormemente, descomunalmente; 3 incrivelmente
monstrousness [ˈmɒnstrəsnɪs] *s.* 1 monstruosidade; 2 gravidade extrema; 3 enormidade
montage [mɒnˈtɑːʒ, ˈmɒntɑːʒ] *s.* CINEMA montagem
Montanian [mɒnˈtenjən] *adj.,s.* 1 natural do estado norte-americano de Montana; 2 habitante desse estado
Montanism [ˈmɒntənɪzəm] *s.* HISTÓRIA, RELIGIÃO montanismo
Montanist [ˈmɒntənɪst] *adj.,s.* HISTÓRIA, RELIGIÃO montanista
Mont Blanc [mɒnˈblɑ̃ːŋ] *s.top.* (Alpes) Monte Branco
montbretia [mɒnˈbriːʃə] *s.* BOTÂNICA montbrécia
Montenegrin [ˌmɒntɪˈniːgrɪn] *adj.,s.* 1 montenegrino, relativo ao Montenegro; 2 habitante ou natural do Montenegro
Montevideo [ˌmɒntɪvɪˈdeɪəʊ] *s.top.* Montevideu
month [mʌnθ] *s.* mês; *current ~* mês corrente; *what day of the ~ is this?* que dia do mês é hoje? ❖ RELIGIÃO *month's mind* missa do trigésimo dia; [coloq.] *a ~ of Sundays* uma eternidade; *for months* há séculos; *four months pregnant* grávida de quatro meses; RELIGIÃO *the ~ of Mary* o mês de Maria; *this day a ~ ago* há precisamente um mês; *this day ~* de hoje a um mês
monthly [ˈmʌnθlɪ] Ⓐ *adj.* mensal; *~ instalment/payment* prestação/pagamento mensal; *~ return ticket* bilhete de ida e volta mensal Ⓑ *s.* (*pl.* **-ies**) 1 publicação mensal, revista mensal; 2 *pl.* [coloq.] regras, menstruação Ⓒ *adv.* mensalmente; todos os meses; uma vez por mês ❖ BOTÂNICA *~ rose* rosa-da-china
monticule [ˈmʌntɪkjʊl] *s.* 1 montículo, pequena elevação, outeiro; 2 pequena elevação causada por erupção vulcânica
monument [ˈmɒnjʊmənt] *s.* 1 monumento; *ancient monuments* monumentos antigos de interesse histórico ou artístico; 2 memorial [to, a]; 3 homenagem [to, a]; 4 pedra tumular ❖ *the Monument* coluna comemorativa do grande incêndio de Londres em 1666
monumental [ˌmɒnjʊˈmentəl] *adj.* 1 monumental; relativo a monumento; 2 grandioso, imponente; 3 enorme, estupendo, descomunal ❖ *~ mason* marmorista; *~ inscription* inscrição comemorativa; *~ ignorance* ignorância crassa; bacorada; *on a ~ scale* em escala grandiosa
monumentalize [ˌmɒnjʊˈmentəlaɪz] *v.tr.* comemorar, imortalizar por meio de monumento
monumentally [ˌmɒnjʊˈmentəlɪ] *adv.* 1 monumentalmente, duma maneira monumental; 2 grandiosamente; 3 muitíssimo; extremamente

moo [muː] Ⓐ *s.* mugido Ⓑ *v.intr.* mugir
mooch [muːtʃ] Ⓐ *v.tr.,intr.* 1 [coloq.] vagabundear; andar à toa; deambular; 2 pedinchar; cravar*coloq.*; *to ~ sth from sb* cravar alguma coisa a alguém Ⓑ *s.* [coloq.] vagabundagem; vadiagem; *to be on the ~* andar na vadiagem
◆ **mooch about/around** *v.intr.* 1 [GB] [coloq.] deambular; vaguear; *we mooched around the village* passeámos pela aldeia; 2 [Austr.] [coloq.] mandriar; preguiçar; *I spent my Summer holidays mooching about* passei as férias de Verão sem fazer nada, a mandriar
moocha [ˈmuːtʃə] *s.* tanga
moocher [ˈmuːtʃə] *s.* 1 vadio, vagabundo; 2 [EUA] mendigo; 3 ladrão, gatuno
mood [muːd] *s.* 1 LINGUÍSTICA modo verbal; *the moods of English verbs are: indicative, imperative and subjunctive* os modos dos verbos ingleses são o indicativo, o imperativo e o conjuntivo; 2 LÓGICA modo; 3 MÚSICA modo, tom; 4 disposição; vontade; *in no ~ for sth* sem disposição para fazer alguma coisa; *to be in a drinking ~* estar com vontade de beber, estar com disposição para beber; *to feel in no ~ for laughing* não estar com disposição para rir; 5 estado de espírito; humor; *to be in a bad ~* estar de mau humor, má disposição; *to be in a ~* estar com os azeites ❖ PSICOLOGIA *~ disorder* doença bipolar; *~ music* música ambiente; *~ swing* mudança brusca de humor; *to be a man of moods* ser uma pessoa instável; *in a cheerful ~* bem-disposto
moodily [ˈmuːdɪlɪ] *adv.* 1 sombriamente, taciturnamente; 2 enfadonhamente
moodiness [ˈmuːdɪnɪs] *s.* 1 taciturnidade; 2 melancolia; 3 mau-humor, rabugice
moody [ˈmuːdɪ] *adj.* (*comp.* **-ier**, *superl.* **-iest**) 1 maldisposto, mal-humorado, rabugento, carrancudo; 2 melancólico, sorumbático, taciturno, sombrio; 3 temperamental; instável; *to be ~* ser temperamental
moolah [ˈmuːlə] *s.* ⇒ **mullah**
moon [muːn] Ⓐ *s.* 1 ASTRONOMIA Lua; 2 ASTRONOMIA (satélite natural) lua; 3 (forma, luz, etc.) lua; 4 [poét.] lua, mês Ⓑ *v.tr.,intr.* 1 vaguear; 2 devanear; sonhar; *to ~ away one's time* passar o tempo a sonhar; 3 alunar, desembarcar na Lua; 4 [coloq.] (brincadeira, insulto) mostrar o rabo (a)*coloq.* ❖ VETERINÁRIA (cavalo) *~ blindness* oftalmia periódica; cegueira transitória nocturna; *~ lander* pessoa/veículo que desembarca na Lua; *~ rover* veículo lunar motorizado; *full ~* lua cheia; plenilúnio; *new ~* lua nova; [coloq.] *once in a blue ~* quando o rei faz anos; *to ask/cry for the ~* pedir o impossível; *to be over the ~* estar radiante; estar contentíssimo; estar nas (suas) sete quintas; *to promise sb the ~* prometer a alguém a lua; prometer a alguém o impossível; prometer maravilhas a alguém; (brincadeira, insulto) *to throw a ~* [coloq.] mostrar o rabo
◆ **moon about/around** *v.intr.* [coloq.] andar às voltas; andar de um lado para o outro
◆ **moon over** *v.tr.* (desejo) suspirar por; sonhar com; *to ~ sb* suspirar por alguém
moonbeam [ˈmuːnbiːm] *s.* raio lunar
moonblind [ˈmuːnblaɪnd] *adj.* VETERINÁRIA (cavalo) sujeito a oftalmia periódica
mooncalf [ˈmuːnkɑːf] *s.* (*pl.* **-calves**) 1 [arc.] (insulto) cretino, idiota, pateta; 2 [arc.] aberração
moon-eyed [ˈmuːnˌaɪd] *adj.* 1 VETERINÁRIA (cavalo) sujeito a oftalmia periódica; 2 de olhos grandes
moonfish [ˈmuːnfɪʃ] *s.* 1 ZOOLOGIA (peixe) corcovado; 2 ZOOLOGIA (peixe) peixe-roda
moonflower [ˈmuːnflaʊə] *s.* BOTÂNICA boas-noites, margarida dos campos
moonless [ˈmuːnləs] *adj.* sem lua, sem luar
moonlight [ˈmuːnlaɪt] Ⓐ *s.* luar; *by/in the ~* ao luar Ⓑ *v.intr.* (*prt. e part. pass.* **-lighted**) 1 [coloq.] fazer uns biscates; 2 [coloq.] ter uma actividade extra não oficial ❖ *a ~ night* uma noite de luar; [GB] [coloq.] *to do a ~ flit* fugir pela calada da noite
moonlighter [ˈmuːnlaɪtə] *s.* 1 [coloq.] biscateiro; 2 [Irl.] HISTÓRIA terrorista que de noite atacava os caseiros que incorriam na hostilidade da Liga Agrária

moonlighting ['muːnlaɪtɪŋ] *s.* 1 [coloq.] actividade extra não oficial; 2 [coloq.] biscate(s); 3 [Irl.] HISTÓRIA terrorismo fomentado pela Liga Agrária
moonlit ['muːnlɪt] *adj.* iluminado pela Lua; de luar; à luz da Lua; *a ~ scene* uma cena iluminada pelo luar
moonquake ['muːnkweɪk] *s.* sismo lunar
moonrise ['muːnraɪz] *s.* (o) nascer da Lua
moonscape ['muːnskeɪp] *s.* 1 imagem da superfície lunar; 2 paisagem lunar
moonseed ['muːnsiːd] *s.* BOTÂNICA menispermo
moonset ['muːnset] *s.* (o) desaparecer da Lua
moon-shaped ['muːnʃeɪpt] *adj.* 1 em forma de crescente; em forma de lua; 2 (rosto) redondo e cheio
moonshine ['muːnʃaɪn] *s.* 1 brilho da Lua, luar; 2 disparate, fantasia, tolice, futilidade, coisas sem sentido; 3 quimera, devaneio, ilusão; 4 [EUA] bebida alcoólica de contrabando
moonshiner ['muːnʃaɪnə] *s.* 1 [EUA] [cal.] contrabandista de bebidas alcoólicas; 2 fabricante clandestino de bebidas alcoólicas
moonshiny ['muːnʃaɪnɪ] *adj.* 1 iluminado pela Lua; 2 [coloq.] fútil, ilusório, quimérico
moonshot ['muːnʃɒt] *s.* voo lunar
moonstone ['muːnstəʊn] *s.* MINERALOGIA selenite, selenito ❖ *~ glass* variedade de vidro opalino
moonstruck ['muːnstrʌk] *adj.* 1 com alucinações, lunático, aluado; 2 de espírito embotado
moonwort ['muːnwɜːt] *s.* BOTÂNICA lunária
moony ['muːnɪ] *adj.* (*comp.* **-ier**, *superl.* **-iest**) 1 com forma de lua, em forma de crescente; 2 lunar; 3 (pessoa) sonhador, devaneador; 4 (pessoa) distraído, que anda na lua
moor [mʊə, mɔː] Ⓐ *s.* 1 charco; paul; terreno pantanoso; terreno alagadiço; 2 charneca; brejo; terreno coberto de urze; matagal; 3 NÁUTICA ancoragem; amarragem Ⓑ *v.tr.* NÁUTICA amarrar; atracar; ancorar; *to ~ a ship alongside the quay* amarrar um navio ao longo do cais; *to ~ by the head and by the stern* fundear com as âncoras de popa e proa Ⓒ *v.intr.* NÁUTICA estar ancorado; estar atracado
Moor [mʊə] *s.* mouro, sarraceno
moorage ['mʊərɪdʒ] *s.* 1 NÁUTICA ancoragem, amarração; 2 ancoradouro
moorcock ['mʊəkɒk, 'mɔːkɒk] *s.* ZOOLOGIA (ave) lagópode escocês macho
moored ['mʊəd] *adj.* ancorado ❖ *~ mine* mina fixa
moorfowl ['mʊəfaʊl, 'mɔːfaʊl] *s.* 1 ZOOLOGIA (ave) lagópode escocês; 2 ZOOLOGIA (ave) galo-lira
moorhen ['mʊəhen, 'mɔːhen] *s.* ZOOLOGIA galinhola, galinha-de-água, franga-de-água, rabiscoelha
mooring ['mʊərɪŋ] *s.* 1 NÁUTICA ancoragem, amarração; 2 ancoradouro; 3 (âncora, bóia, etc.) lançamento; 4 *pl.* amarras; 5 [fig.] laços; *emotional moorings* laços emocionais
moorish ['mʊərɪʃ] *adj.* 1 pantanoso; 2 próprio de charneca
Moorish ['mʊərɪʃ] *adj.* mouro, mourisco ❖ ARQUITECTURA *~ arch* arco mourisco; ZOOLOGIA (peixe) *~ idol* ídolo-mourisco
moorland ['mʊəlænd] *s.* charneca, extensão de terra coberta de urze
moorsman ['mʊəzmən] *s.* (*pl.* **-men**) habitante de charneca, habitante de gândara
moorstone ['mʊəstəʊn] *s.* variedade de granito
moose [muːs] *s.* ZOOLOGIA alce americano
moot [muːt] Ⓐ *adj.* 1 duvidoso; improvável; 2 controverso; discutível; *a ~ question* uma questão controversa Ⓑ *v.tr.* 1 trazer à baila, sugerir; 2 debater, discutir Ⓒ *s.* assembleia, reunião de homens livres ❖ DIREITO (treino de estudantes) *~ case* processo simulado; [EUA] DIREITO (treino de estudantes) *~ court* tribunal fictício
mop [mɒp] Ⓐ *s.* 1 esfregona; esfregão; 2 (cabeleira hirsuta) grenha; trunfa; 3 careta, esgar; *mops and mows* esgares, caretas; carantonhas; 4 NÁUTICA lambaz Ⓑ *v.tr.,intr.* (*particípios*: **-pp-**) 1 lavar com uma esfregona; lavar com um esfregão; 2 lavar com um pano; passar a pano; 3 (transpiração) limpar (com lenço); *to ~ one's brow* limpar a testa com um lenço; 4 fazer caretas, fazer esgares; *to ~ and mow* fazer esgares; fazer caretas; 5 lavar a vassoura, limpar com o lambaz ❖ *dish ~* esfregão da louça; *floor ~* esfregona; [ant., coloq.] *Mrs Mop* empregada de limpeza;

[EUA] (jogo, competição, debate, etc.) *to ~ the floor with sb* derrotar alguém por completo; arrasar alguém; vencer alguém nas calmas; dar uma cabazada a alguém
◆**mop up** *v.tr.,intr.* 1 limpar (líquido) com esfregona; 2 absorver; 3 beber com avidez; *to ~ the wine* beber o vinho sofregamente; 4 [coloq.] (tarefa) acabar (com); completar; terminar; 5 MILITAR completar a ocupação de uma região, capturando ou matando (as tropas que aí ficaram)
mopboard ['mɒpbɔːd] *s.* rodapé de parede
mope [məʊp] Ⓐ *v.intr.* 1 sentir-se abatido, triste; 2 entristecer; 3 aborrecer-se, entediar-se Ⓑ *s.* 1 pessoa que anda triste; pessoa que se sente abatida, cheia de tédio; 2 *pl.* desânimo, abatimento ❖ [coloq.] *to have the mopes* ver tudo negro, andar com a neura; *to ~ (oneself) to death* morrer de tédio
◆**mope around/about** *v.intr.* [GB] andar abatido, deprimido; *he spent the day moping around the room* passou o dia abatido no quarto
moped¹ ['məʊpt] *adj.* 1 abatido, entristecido; 2 cheio de tédio
moped² ['məʊped] *s.* motorizada, lambreta
moper ['məʊpə] *s.* pessoa dominada pelo tédio; pessoa que se sente abatida, desanimada
mopey ['məʊpɪ] *adj.* melancólico, triste, macambúzio
moping ['məʊpɪŋ] *adj.* 1 melancólico, triste; 2 deprimido, abatido
mopish ['məʊpɪʃ] *adj.* ⇒ **mopey**
mopishness ['məʊpɪʃnɪs] *s.* 1 melancolia, tristeza; 2 neurastenia
mopoke ['məʊpəʊk] *s.* 1 ZOOLOGIA mocho (na Nova Zelândia); 2 noitibó (na Tasmânia)
moppet ['mɒpɪt] *s.* 1 [coloq.] fedelho; 2 boneca de pano
mopping ['mɒpɪŋ] *s.* limpeza; limpeza com esfregona ❖ *~ up* limpeza; acabamento; destruição; *~ and mowing* esgares; caretas
mopping-up [,mɒpɪŋ'ʌp] Ⓐ *s.* 1 limpeza; 2 [fig.] resolução; 3 MILITAR [depr.] (massacre) limpeza*fig.* Ⓑ *adj.* 1 de acabamento; 2 MILITAR [depr.] (massacre) de limpeza*fig*; *~ operations* operações de limpeza
mopy ['məʊpɪ] *adj.* ⇒ **mopey**
moquete [mɒ'ket] *s.* moqueta, tecido de lã próprio para alcatifas
mora ['mɒrə] *s.* jogo italiano no qual um jogador tem de adivinhar o número de dedos que o outro levantou
morainal [mə'reɪnəl] *adj.* GEOLOGIA relativo a morena
moraine [mə'reɪn] *s.* GEOLOGIA morena, moraina
morainic [mə'reɪnɪk] *adj.* ⇒ **morainal**
moral ['mɒrəl] Ⓐ *adj.* 1 moral; 2 (pessoa) bom; virtuoso; honesto; honrado; capaz de distinguir entre o bem e o mal Ⓑ *s.* 1 (conto, história) moral; *to point the ~* tirar a moral da história; 2 moralidade; 3 *pl.* costumes, preceitos, princípios; *to have no morals* não ter princípios ❖ *~ fibre* firmeza de carácter; FILOSOFIA *~ philosophy* ética; *~ support* apoio moral; *~ victory* vitória moral; *man is a ~ being* o homem é um ser moral; *to draw the morals of* tirar a conclusão moral de; *to raise the ~ standard of* moralizar
morale [mə'rɑːl] *s.* moral; estado de espírito; ânimo; *high ~* moral elevado ❖ *loss of ~* desmoralização; *to raise/boost sb's ~* animar alguém; levantar o moral de alguém
moralise ['mɒrəlaɪz] *v.tr.,intr.* ⇒ **moralize**
moralism ['mɒrəlɪzm] *s.* moralismo
moralist ['mɒrəlɪst] *s.* moralista
moralistic [,mɒrə'lɪstɪk] *adj.* moralista
morality [mə'rælɪtɪ] *s.* (*pl.* **-ies**) 1 moral, senso moral, moralidade; 2 princípios morais; 3 bons costumes; 4 lição moral; 5 TEATRO moralidade, forma de representação dramática vulgar no séc. XVI e ainda antes, com um objectivo moralizador, e na qual as personagens eram personificações de virtudes e vícios
moralization [,mɒrəlaɪ'zeɪʃən] *s.* 1 moralização; 2 interpretação moral; 3 lição moral; 4 reflexão moral
moralize ['mɒrəlaɪz] *v.tr.,intr.* 1 moralizar; tornar moral; edificar; induzir ao bem e à virtude; 2 discorrer sobre problemas morais; emitir reflexões morais [**on/over**, sobre]; 3 interpretar moralmente; 4 indicar o significado moral de
moralizing ['mɒrəlaɪzɪŋ] Ⓐ *adj.* moralizador, moralizante Ⓑ *s.* 1 moralização; 2 lição moral
morally ['mɒrəlɪ] *adv.* moralmente; eticamente ❖ *~ speaking* do ponto de vista ético; *~ wrong* condenável; imoral

morass [məˈræs] s. (pl. -es) paul, pântano, charco, lameiro, atoleiro
morassic [məˈræsɪk] adj. pantanoso, paludoso, alagadiço
morassy [məˈræsɪ] adj. ⇒ **morassic**
morat [ˈmɒʊræt] s. bebida antiga feita de mel e amoras
moratorial [ˌmɒrəˈtɔːrɪəl] adj. 1 moratório; 2 dilatório
moratorium [ˌmɒrəˈtɔːrɪəm] s. (pl. -a ou -s) 1 FINANÇAS moratória, prazo extra concedido pelo credor ao devedor para pagamento da dívida; 2 período durante o qual a moratória é válida
moratory [ˈmɒrətərɪ] adj. moratório
Moravia [məˈreɪvjə] s.top. Morávia
Moravian [məˈreɪvjən] Ⓐ adj. 1 morávio, relativo à Morávia; 2 da cidade de Moray (Escócia); 3 RELIGIÃO pertencente à seita dos Morávios Ⓑ s. 1 (pessoa, dialecto) morávio; 2 RELIGIÃO irmão morávio; 3 natural ou habitante da cidade de Moray ❖ RELIGIÃO ~ *brethren* irmãos morávios; RELIGIÃO ~ *Church* Igreja Morávia
moray [ˈmɒreɪ, mɒˈreɪ] s. ZOOLOGIA (peixe) moreia
morbid [ˈmɔːbɪd] adj. 1 mórbido; doentio; *a ~ imagination* uma imaginação mórbida; 2 negro; *a ~ outlook on life* uma visão pessimista da vida, uma visão negra das coisas; pessimista; 3 MEDICINA patológico; relativo a doença ❖ ~ *anatomy* anatomia patológica; *a ~ growth* desenvolvimento ulceroso ou canceroso
morbideza [mɔːbɪˈdetsə] s. 1 (arte) morbideza, morbidez; 2 languidez
morbidity [mɔːˈbɪdɪtɪ] s. morbosidade, morbidade
morbidly [ˈmɔːbɪdlɪ] adv. 1 morbidamente; 2 doentiamente
morbidness [ˈmɔːbɪdnɪs] s. morbosidade
morbiferous [mɔːˈbɪfərəs] adj. ⇒ **morbific**
morbific [mɔːˈbɪfɪk] adj. morbífico
morcellation [ˌmɔːsəˈleɪʃən] s. CIRURGIA fragmentação dum leiomioma ou rabdomioma
mordacity [mɔːˈdæsɪtɪ] s. mordacidade, causticidade
mordancy [ˈmɔːdənsɪ] s. ⇒ **mordacity**
mordant [ˈmɔːdənt] Ⓐ adj. cáustico, incisivo, mordaz, sarcástico, corrosivo; ~ *criticism* crítica corrosiva Ⓑ s. QUÍMICA mordente Ⓒ v.tr. aplicar mordente a
mordanting [ˈmɔːdəntɪŋ] s. mordedura, mordençagem
mordent [ˈmɔːdənt] s. MÚSICA mordente, espécie de trilo muito curto que precede a nota que se deseja ornar
more [mɔː] Ⓐ adj.,adv. 1 {comp. de **much** e **many**} mais, em maior quantidade; *he has ~ books than you* ele tem mais livros que tu; *one or ~* um ou mais; *there are ~ books in that room* há mais livros naquele quarto; *twice ~* duas vezes mais; 2 {comp. de **much** e **many**} adicional, extra; *give me two ~ pencils* dê-me mais dois lápis; 3 {comp. de **much** e **many**} em maior grau, mais; ~ *beautiful than* mais bonito que; ~ *frightened than hurt* mais assustado que ferido; *I am all the ~ surprised* tanto mais surpreendido estou eu; *that is far ~ dangerous* isso é muito mais perigoso; 4 {comp. de **much** e **many**} maior Ⓑ s. maior quantidade, mais; *I want to see ~ of you* quero vê-lo mais vezes ❖ ~ *and* ~ cada vez mais; ~ *or less* mais ou menos; ~ *is meant than meets the ear* é preciso saber ouvir o que nos dizem; [coloq.] ~ *power to your elbow* coragem!; *do you want some more?* queres mais?; *he has ~ money than he knows what to do with* ele tem tanto dinheiro que nem sabe o que fazer com ele; *he is no ~ a lord than I am* ele não é mais lorde do que eu; *I needn't say ~* não preciso de dizer mais nada; *neither ~ nor less* nem mais nem menos; *neither ~ nor less than absurd* simplesmente absurdo; *once ~* mais uma vez; *that is ~ than enough* isso chega e sobra; *to be no ~* já não existir; ter morrido; *to be no ~ than...* não passar de...; *she's forty and ~* ela passa dos quarenta; *she wants it ~ than anything* não há nada que ela deseje mais; *the ~ he has the ~ he wants* quanto mais tem mais quer; *there is nothing ~ to be said* não há mais nada a dizer; *what ~ do you want?* que mais é que deseja?; *what is ~* o que é mais importante
moreen [mɔːˈriːn] s. tecido forte de lã, ou de lã e algodão, para cortinas
moreish [ˈmɔːrɪʃ] adj. [coloq.] (comida, bebida) delicioso; que dá vontade de comer, beber mais; viciante; *these cakes are rather ~* é difícil comer só um bolo destes
morel [mɔːˈrel] s. 1 BOTÂNICA erva-moira, erva-moura; 2 cogumelo comestível ❖ BOTÂNICA *great ~* beladona

morelle [mɔːˈrel] s. cogumelo comestível
morello [məˈreləʊ] s. variedade de ginja garrafal
moreover [mɔːˈrəʊvə] adv. além disso, demais a mais, aliás, além de que, além do mais
morepork [ˈmɔːpɔːk] s. ZOOLOGIA ⇒ **mopoke**
mores [ˈmɔːreɪz] s.pl. costumes; hábitos
Moresque [mɔːˈresk] Ⓐ adj. 1 mourisco, mouresco; 2 em estilo mourisco Ⓑ s. moura, mulher moura
morganatic [ˌmɔːgəˈnætɪk] adj. (matrimónio) morganático; ~ *marriage* casamento morganático
morganatically [ˌmɔːgəˈnætɪkəlɪ] adv. morganaticamente
Morgan le Fay [ˌmɔːgənləˈfeɪ] s. MITOLOGIA a fada Morgana, que, segundo a lenda, teria recolhido o rei Artur, quando derrotado, a quem curou milagrosamente das feridas recebidas
morgue [mɔːg] s. morgue, necrotério
moribund [ˈmɒrɪbʌnd] adj.,s. moribundo
morion [ˈmɒrɪən] s. morrião, capacete antigo sem viseira
Morisco [məˈrɪskəʊ] Ⓐ adj. mourisco, mouresco Ⓑ s. (pl. -es) 1 mouro, sobretudo mouro espanhol; 2 (dança) mourisca
Mormon [ˈmɔːmən] Ⓐ adj. mórmon, mormónico Ⓑ s. mórmon, mormão, seguidor do mormonismo; 2 [coloq.] polígamo
Mormonism [ˈmɔːmənɪzəm] s. mormonismo, seita religiosa dos mormões ou mórmones, fundada em 1830, no estado de Nova Iorque, por Joseph Smith
morn [mɔːn] s. [poét.] manhã, aurora, alvorada
morning [ˈmɔːnɪŋ] s. 1 manhã; *early in the ~* de manhã cedo; *every ~* todas as manhãs; *every Saturday ~* todos os sábados de manhã; *from ~ till night* de manhã até à noite; *this ~* hoje de manhã, esta manhã; *three o'clock in the ~* três horas da manhã; 2 [fig.] começo; início; dealbar; 3 [poét.] aurora, alvorada ❖ ~ *matutino*; matinal; *da manhã* Ⓒ *interj.* (saudação) *bom dia!* ❖ VESTUÁRIO ~ *coat* casaco de fraque; VESTUÁRIO ~ *dress* fraque; (bebida) ~ *draught/draft* mata-bicho; bebida alcoólica tomada antes do pequeno almoço; BOTÂNICA ~ *glory* corriola, campainha; VESTUÁRIO ~ *gown* roupão; ~ *gun* salva de canhão dada pela manhã; *morning, noon and night* de manhã, à tarde e à noite; todo o dia; ~ *off* manhã livre; RELIGIÃO (anglicanismo) ~ *prayer* matina; [Esc.] ~ *roll* pão; [ant.] ~ *room* sala de estar de manhã; TELEVISÃO, RÁDIO ~ *show* programa da manhã; (gravidez) ~ *sickness* enjoos matinais; (Vénus) ~ *star* estrela da manhã; estrela da alva; ~ *twilight* crepúsculo matutino; NÁUTICA ~ *watch* logo de alvorada; *first thing in the ~* logo pela manhã; *de manhãzinha*; *good morning!* bom dia!; *in the ~* de manhã; *amanhã de manhã*; *tomorrow ~* amanhã de manhã
morning-after [ˌmɔːnɪŋˈɑːftə] adj. 1 do dia seguinte; 2 [fig.] de ressaca ❖ FARMÁCIA ~ *pill* pílula do dia seguinte
mornings [ˈmɔːnɪŋz] adv. 1 durante a manhã; 2 todas as manhãs; ~ *I go swimming* todas as manhãs faço natação
Moroccan [məˈrɒkən] adj.,s. marroquino
morocco [məˈrɒkəʊ] s. (couro) marroquim; *in ~* em marroquim; *Levant ~* marroquim do Levante ❖ (livro) *morocco-bound* encadernado a marroquim; ~ *finish* acabamento semelhante ao marroquim
Morocco [məˈrɒkəʊ] s.top. Marrocos; *in ~* em Marrocos ❖ *the Empire of ~* o império marroquino
moron [ˈmɔːrɒn] s. 1 atrasado mental, débil mental; 2 [coloq.] imbecil, idiota
morose [məˈrəʊs] adj. 1 aborrecido, de má catadura, rabugento; 2 pouco sociável; 3 taciturno, sombrio ❖ ~ *climate* clima sombrio
morosely [məˈrəʊslɪ] adv. 1 taciturnamente, sombriamente; 2 aborrecidamente
moroseness [məˈrəʊsnɪs] s. 1 enfado, rabugice, mau-humor, impertinência; 2 melancolia
morph [mɔːf] Ⓐ s. LINGUÍSTICA morfe Ⓑ v.tr. metamorfosear, transformar Ⓒ v.intr. metamorfosear-se, transformar-se
morpheme [ˈmɔːfiːm] s. LINGUÍSTICA morfema
Morpheus [ˈmɔːfjuːs] s. MITOLOGIA Morfeu ❖ *in the arms of ~* nos braços de Morfeu; a dormir
morphia [ˈmɔːfɪə] s. morfina
morphine [ˈmɔːfiːn] s. FARMÁCIA morfina ❖ ~ *addict* morfinómano; ~ *addiction* morfinomania
morphinism [ˈmɔːfɪnɪzəm] s. morfinismo

morphinomania [mɔːfinəʊ'meɪnɪə] s. morfinomania
morphinomaniac [mɔːfinəʊ'meɪnɪæk] adj.,s. 1 morfinomaníaco; 2 morfinómano
morphogenesis [ˌmɔːfəʊ'dʒenɪsɪs] s. morfogenia
morphogenetic [ˌmɔːfəʊdʒə'netɪk] adj. morfogenético, morfogénico
morphogenic [ˌmɔːfəʊ'dʒenɪk] adj. morfogénico, morfogenético
morpholine ['mɔːfəʊlaɪn] s. QUÍMICA morfolina
morphologic [ˌmɔːfə'lɒdʒɪk] adj. ⇒ **morphological**
morphological [ˌmɔːfə'lɒdʒɪkəl] adj. LINGUÍSTICA morfológico
morphologically [ˌmɔːfə'lɒdʒɪkəlɪ] adv. LINGUÍSTICA morfologicamente
morphology [mɔː'fɒlədʒɪ] s. LINGUÍSTICA morfologia
morphosis [mɔː'fəʊsɪs] s. morfose
morphosyntactic [ˌmɔːfəʊsɪn'tæktɪk] adj. LINGUÍSTICA morfossintáctico
morphosyntax [ˌmɔːfəʊ'sɪntæks] s. LINGUÍSTICA morfossintaxe
morra ['mɒrə] s. ⇒ **mora**
morris-dance ['mɒrɪsdɑːns] s. mourisca, dança realizada em trajes de fantasia, geralmente representando as personagens de Robin Hood e seus companheiros
morris-dancer ['mɒrɪsdɑːnsə] s. pessoa que dança uma mourisca
Morrison ['mɒrɪsn] s.antr. ❖ ~ *shelter* abrigo de aço antiaéreo
morrispike ['mɒrɪspaɪk] s. chuço antigo imaginado como sendo de origem moura
morris tube ['mɒrɪstjuːb] s. tubo redutor de calibre de espingarda
morrow ['mɒrəʊ] s. 1 [arc.] dia seguinte; 2 [arc.] manhã ❖ [arc.] *good* ~ bom dia; *on the* ~ *of the war* no tempo que se seguiu à guerra
morse [mɔːs] s. 1 ZOOLOGIA [arc.] morsa, vaca-marinha; 2 VESTUÁRIO fecho de pluvial
Morse [mɔːs] Ⓐ s.antr. apelido do inventor americano Samuel Finley Breese M. (1791-1872) Ⓑ v.intr. telegrafar em Morse ❖ ~ *alphabet* alfabeto Morse; ~ *code* código Morse; ~ *key* manipulador telegráfico; ~ *telegraphy* telegrafia Morse
morsel ['mɔːsəl] Ⓐ s. 1 bocado, pedaço [**of**, de]; *a* ~ *of bread* um bocado de pão; 2 [fig.] (pequena quantidade) réstia [**of**, de]; ~ *of hope* réstia de esperança Ⓑ v.tr. (particípios: -ll-) 1 fragmentar; 2 partir aos bocados; 3 dividir em várias partes ❖ [coloq.] *choice* ~ um pitéu
mort [mɔːt] s. 1 (grito de caça) halali; 2 toque de trompa que anuncia que o animal está prestes a render-se; *to blow the* ~ fazer soar a trompa de caça para anunciar a próxima rendição do animal; 3 ZOOLOGIA salmão de três anos; 4 (grande quantidade) montes [**of**, de]; um ror [**of**, de]; *a* ~ *of money* montes de dinheiro; *a* ~ *of things* um ror de coisas
mortadella [ˌmɔːtə'delə] s. CULINÁRIA mortadela
mortal ['mɔːtəl] Ⓐ adj. 1 mortal; *man is* ~ o homem é mortal; sujeito à morte; 2 fatal, mortal, que causa a morte; *a* ~ *wound* um ferimento mortal; ~ *disease* doença mortal; ~ *poison* veneno mortal; 3 extremamente perigoso; 4 (inimigo) figadal, implacável; 5 [cal.] aborrecido, enfadonho, sem interesse Ⓑ s. 1 mortal, ser humano; *the mere mortals* os comuns mortais; 2 [joc.] pessoa Ⓒ adv. [coloq.] imensamente, terrivelmente; *she was* ~ *angry* ela estava imensamente irritada ❖ ~ *agony* agonia de morte; ~ *struggles* ânsias da morte; [coloq.] *in a* ~ *hurry* numa pressa dos diabos; RELIGIÃO ~ *sin* pecado mortal; *it's no* ~ *use* não serve de nada; *the* ~ *remains of* os restos mortais de; *to be in a* ~ *fear of* ter um pavor imenso de; *unknown to* ~ *man* desconhecido de todos
mortality [mɔː'tælɪtɪ] s. (pl. -ies) 1 mortalidade; 2 mortalidade, percentagem de mortos; *infant* ~ mortalidade infantil; 3 mortandade; 4 os seres humanos, os mortais ❖ ~ *rate* taxa de mortalidade; ~ *table* tabela de mortalidade
mortally ['mɔːtəlɪ] adv. 1 mortalmente, fatalmente; ~ *wounded* mortalmente ferido; 2 gravemente; extremamente; terrivelmente ❖ ~ *afraid of* com um medo doido de
mortar ['mɔːtə] Ⓐ s. 1 (construção) argamassa; 2 almofariz, gral; *pestle and* ~ pilão e almofariz; 3 MILITAR (canhão curto) morteiro; *trench* ~ morteiro de trincheira Ⓑ v.tr. 1 ligar com argamassa; firmar com argamassa; 2 atacar com morteiros ❖ ~ *bath* banho de argamassa; *cement* ~ argamassa de cimento; *clay and straw* ~ argamassa de saibro e palha ou feno; *hydraulic* ~ argamassa hidráulica; *lime* ~ argamassa de cal; *slow-setting* ~ argamassa de secagem lenta
mortarboard ['mɔːtəbɔːd] s. 1 cocho de pedreiro; 2 [coloq.] barrete de superfície superior quadrada usado por membros de colégio universitário
mortgage ['mɔːgɪdʒ] Ⓐ s. hipoteca; *to pay off a* ~ pagar uma hipoteca; *to raise a* ~ levantar uma hipoteca; *to take out a* ~ fazer uma hipoteca Ⓑ v.tr. 1 hipotecar; dar como hipoteca; onerar com hipoteca; *to* ~ *one's house* hipotecar a casa; 2 dar como garantia; 3 [fig.] hipotecar; comprometer; pôr em risco; *to* ~ *one's reputation* arriscar a reputação ❖ ~ *deed* contrato hipotecário; contrato de hipoteca; ~ *payment* pagamento da hipoteca; ~ *rate* taxa de hipoteca; *blanket* ~ hipoteca geral; *chattel* ~ hipoteca sobre bens móveis; *to be in* ~ estar hipotecado; *to be mortgaged to the hilt* estar completamente hipotecado; *to give in* ~ hipotecar
mortgageable ['mɔːgɪdʒbəl] adj. hipotecável, que pode hipotecar-se
mortgaged ['mɔːgɪdʒd] adj. hipotecado; ~ *estate* propriedade hipotecada
mortgagee [ˌmɔːgə'dʒiː] s. credor hipotecário
mortgager ['mɔːgɪdʒə] s. devedor hipotecário
mortgaging ['mɔːgɪdʒɪŋ] s. 1 acção de hipotecar; 2 acção de comprometer
mortgagor ['mɔːgɪdʒɔː] s. ⇒ **mortgager**
mortice ['mɔːtɪs] s.,v.tr. ⇒ **mortise**
mortician [mɔː'tɪʃən] s. [EUA] armador fúnebre; agente funerário
mortiferous [mɔː'tɪfərəs] adj. mortífero, mortal, fatal
mortification [ˌmɔːtɪfɪ'keɪʃən] s. 1 humilhação; grande vergonha; *the* ~ *of failing in the examination* a vergonha de reprovar no exame; 2 RELIGIÃO mortificação, maceração, autoflagelação; ~ *of the body* mortificação da carne; 3 MEDICINA [arc.] necrose, gangrena
mortified ['mɔːtɪfaɪd] adj. 1 mortificado, humilhado, envergonhado; 2 MEDICINA gangrenado
mortify ['mɔːtɪfaɪ] v.tr.,intr. 1 mortificar; 2 flagelar, macerar; 3 causar mortificação a, humilhar; 4 ferir os sentimentos de; 5 MEDICINA gangrenar, gangrenar-se; 6 necrosar, necrosar-se
mortifying ['mɔːtɪfaɪɪŋ] adj. 1 mortificante [**to**, para]; 2 humilhante; embaraçoso; 3 que ofende
mortise ['mɔːtɪs] Ⓐ s. 1 (carpintaria) mortagem, malhete; 2 encaixe, entalhe; 3 mecha Ⓑ v.tr. entalhar; encaixar; malhetar ❖ ~ *and tenon joint* respiga e mecha; (carpintaria) ~ *gauge* graminho; [GB] ~ *lock* fechadura embutida; NÁUTICA ~ *slot* escatel
mortised ['mɔːtɪst] adj. 1 entalhado, malhetado; 2 encaixado por respiga e mecha
mortising ['mɔːtɪsɪŋ] s. 1 (carpintaria) união de espiga; 2 (carpintaria) união por respiga e mecha; 3 (carpintaria) acção de malhetar; 4 (carpintaria) ensamblamento, ensambladura ❖ ~ *chisel* bedame; ~ *machine* máquina de ensamblar
mortmain ['mɔːtmeɪn] s. DIREITO mão-morta; *goods in* ~ bens de mão-morta
mortuary ['mɔːtʃʊərɪ, 'mɔːtʃʊerɪ] Ⓐ adj. 1 mortuário; 2 fúnebre, funerário Ⓑ s. (pl. -ies) 1 morgue, sala da morgue; 2 casa mortuária, necrotério; 3 [ant.] mortulhas, direito que, dos bens do morto, se pagava ao padre da paróquia
mosaic [məʊ'zeɪɪk] Ⓐ s. 1 ARQUITECTURA, ARTES PLÁSTICAS mosaico; trabalho em mosaico; 2 BOTÂNICA (patologia) mosaico Ⓑ adj. de mosaico; relativo a mosaico Ⓒ v.tr. (particípios: -ck-) 1 decorar com mosaico; 2 combinar em mosaico ❖ (construção) ~ *flooring* pavimentação em mosaico; (metal) ~ *gold* ouropel; ARQUITECTURA, ARTES PLÁSTICAS ~ *work* trabalho em mosaico; ARQUITECTURA, ARTES PLÁSTICAS ~ *worker* in ~ mosaicista
Mosaic [məʊ'zeɪɪk] adj. RELIGIÃO mosaico; relativo a Moisés; RELIGIÃO ~ *Law* as leis mosaicas
mosaicist [məʊ'zeɪɪsɪst] s. mosaicista, mosaísta
Mosaism ['məʊzeɪɪzəm] s. mosaísmo, religião de Moisés, lei de Moisés
mosasaurus [ˌmɒzə'sɔːrəs] s. mosassauro, réptil marinho, há muito extinto, primitivamente encontrado em Maastricht junto ao Mosa

moschatel [ˌmɒskə'tel] s. BOTÂNICA moscatelina, género da família das Adonáceas

Moscow ['mɒskəʊ, 'mɒskaʊ] s.top. Moscovo

moselle [məʊ'zel] s. mosela, tipo de vinho branco e seco produzido na região do Mosela

Moses ['məʊziz] s.antr. RELIGIÃO (Bíblia) Moisés ❖ *~ basket* alcofa; berço portátil para bebés; *~ rod* varinha de adivinho; (surpresa, ênfase) *Holy Moses!* credo!, cruzes!, caramba!

mosey ['məʊzi] Ⓐ v.intr. [coloq.] passear; vaguear; andar sem pressas Ⓑ s. [coloq.] passeio, volta; *to have a ~ round...* dar uma volta por...

mosh ['mɒʃ] v.tr. [coloq.] moshar, dançar freneticamente

Moslem ['mɒzlem] Ⓐ adj. maometano, muçulmano Ⓑ s. 1 maometano, muçulmano; 2 mosleme, moslém

Moslemism ['mɒzlemɪzəm] s. maometanismo

mosque [mɒsk] s. mesquita, templo maometano

mosquito [məˈskiːtəʊ] s. (pl. **-es** ou **-s**) ZOOLOGIA mosquito ❖ *~ bite* picadela de mosquito; NÁUTICA *~ boat/craft* vedeta torpedeira; *~ coil* repelente para mosquitos; *~ curtain/bar/net* mosquiteiro; ZOOLOGIA (peixe) *~ fish* gambúsia; *~ netting* tule para mosquiteiro

moss [mɒs] Ⓐ s. (pl. **-es**) 1 BOTÂNICA musgo; 2 paul, terreno pantanoso Ⓑ v.tr. cobrir de musgo ❖ MINERALOGIA *~ agate* ágata musgo; (cor) *~ green* verde-musgo; [Esc.] *~ hag* turfeira esgotada; *~ land* região turfosa; BOTÂNICA *~ rose* rosa-musgo

mossback ['mɒsbæk] s. 1 tartaruga velha, crustáceo velho; 2 peixe grande e velho; 3 [depr.] bota-de-elástico; reaccionário

mossbunker ['mɒsbʌŋkə] s. [EUA] ⇒ **menhaden**

moss-covered ['mɒskʌvəd] adj. coberto de musgo; musgoso; musguento

mossed [mɒst] adj. musgoso

mossgrown ['mɒsgrəʊn] adj. 1 musgoso; coberto de musgo; 2 [fig.] (antiquado) com teias de aranha; *~ ideas* ideias antiquadas

mosstrooper ['mɒstruːpə] s. HISTÓRIA (fronteira da Escócia, séc. XVII) salteador, saqueador

mossy ['mɒsi] adj. (comp. **-ier**, superl. **-iest**) musgoso, musguento

most [məʊst] Ⓐ adj.,adv. 1 {superl. de **much & many**} (grau, número, quantidade, etc.) o maior; 2 a maioria de, o maior número de, a maior parte de, a maior quantidade de; *~ boys and girls* a maior parte dos rapazes e raparigas; *~ men* a maior parte dos homens; *in ~ cases* na grande maioria dos casos, na maior parte dos casos; *~ people think so* a maior parte das pessoas pensa dessa maneira; 3 mais; *what ~ annoys me* o que mais me aborrece; *those who have (the) ~ money are not always the happiest* aqueles que têm mais dinheiro nem sempre são os mais felizes; 4 muito, muitíssimo, extremamente; *~ beautiful* muito bonito; *~ interesting* extremamente interessante; *he is a ~ dangerous man* é um homem extremamente perigoso; *that teacher is ~ strict with his boys* aquele professor é muito severo com os alunos; 5 mais, no mais alto grau; *the ~ interesting books are those which you bought* os livros mais interessantes são aqueles que tu compraste; 6 [EUA] [coloq.] quase; *~ everyone's there* quase toda a gente está lá Ⓑ s. 1 a maioria, a maior parte; *~ of the people* a maior parte das pessoas; *~ of the time* a maior parte do tempo; 2 maior número; 3 máximo; *this was the ~ I could do* isto foi o máximo que eu pude fazer; *to make the ~ of* aproveitar ao máximo ❖ *at (the) ~* quando muito, no máximo; *at the ~ there were only about five or six people there* só lá estavam quatro ou cinco pessoas, se tanto; *~ likely* muito provavelmente; *to make the ~ of one's wares* fazer valer a mercadoria

mostly ['məʊstli] adv. 1 sobretudo; principalmente; *she drank ~ tea* ela bebia sobretudo chá; 2 na sua maior parte; 3 em geral; geralmente; a maior parte das vezes; *they go ~ to England* eles vão para Inglaterra a maior parte das vezes

Mosul ['məʊsəl] s.top. (cidade iraquiana) Mossul

mot [məʊ] s. palavra espirituosa, dito espirituoso, frase de espírito

MOT [abrev. de Ministry of Transport]

mote [məʊt] Ⓐ s. 1 grão de poeira, partícula de pó; 2 argueiro, pequena partícula Ⓑ v.intr. [coloq.] ir de automóvel, andar de automóvel ❖ *to behold the ~ in one's brother's eye* ver o argueiro no olho do vizinho

motel [məʊ'tel] s. motel

motet [məʊ'tet] s. MÚSICA motete

moth [mɒθ] s. 1 ZOOLOGIA mariposa, borboleta nocturna; 2 ZOOLOGIA traça ❖ *~ hole* buraco feito pela traça; *clothes ~* traça; traça da roupa; *wood ~* bicho da madeira

mothball ['mɒθbɔːl] Ⓐ s. bola de naftalina Ⓑ v.tr. 1 deixar em suspenso; adiar *sine die*; colocar na prateleira_fig_; 2 colocar em reserva; 3 (fábrica) encerrar provisoriamente ❖ NÁUTICA *~ fleet* esquadra de reserva; *in mothballs* de reserva; (projecto) *to put sth in mothballs* colocar algo na prateleira

moth-eaten ['mɒθiːtən] adj. 1 roído pela traça; picado pela traça; 2 [fig.] em mau estado; 3 [fig., coloq.] velho; antiquado; ultrapassado

mother ['mʌðə] Ⓐ s. 1 mãe; 2 [fig.] fonte, origem; 3 RELIGIÃO (instituição religiosa) madre, abadessa, superiora; 4 [arc.] (tratamento para mulheres idosas de condição humilde) tia, tiazinha; 5 (vinagre, álcool) borra Ⓑ v.tr. 1 proteger como mãe; cuidar como mãe de; 2 mimar; estragar com mimos; 3 dar à luz; 4 [fig.] criar, dar origem a ❖ BIOLOGIA *~ cell* célula-mãe; RELIGIÃO *~ church* igreja matriz; *~ country* pátria; *~ figure* figura maternal; *~ hen* mãe galinha; *Mother Hubbard* vestido largo; *Mother Nature* Mãe Natureza; *~ love* amor maternal; *~ naked* nu em pêlo; GEOLOGIA *~ rock* rocha-mãe; NÁUTICA *~ ship* navio-mãe; RELIGIÃO *Mother Superior* madre superiora; LINGUÍSTICA *~ tongue* língua materna; *~ wit* bom senso; *artificial ~* chocadeira artificial; QUÍMICA *~ water* água-mãe; *mother's boy* menino da mamã; ZOOLOGIA (ave) *Mother Carey's chicken* alma-de-mestre; *Mother's day* Dia da Mãe; *every mother's son* todos, sem qualquer excepção; *~ of vinegar* mãe-do-vinagre

motherboard ['mʌðəbɔːd] s. INFORMÁTICA placa-mãe

mothercraft ['mʌðəkrɑːft] s. puericultura

motherfucker ['mʌθəfʌkə] s. [cal.] (ofensivo) filho da mãe_cal_, filho da puta_cal_

motherhood ['mʌðəhʊd] s. maternidade

mothering ['mʌðərɪŋ] s. cuidados maternais ❖ *Mothering Sunday* Dia da Mãe

mother-in-law ['mʌðərɪnlɔː] s. sogra

motherland ['mʌðəlænd] s. 1 país natal; 2 terra-mãe

motherless ['mʌðələs] adj. 1 órfão de mãe; 2 sem mãe

motherliness ['mʌðəlɪnɪs] adj. 1 afecto materno; 2 cuidados maternos

motherly ['mʌðəli] Ⓐ adj. próprio de mãe, maternal, materno Ⓑ adv. maternalmente

mother-of-pearl [ˌmʌðərəv'pɜːl] s. madrepérola ❖ *~ button* botão de madrepérola

mother-of-thousands [ˌmʌðərʌv'θaʊzəndz] s. BOTÂNICA cimbalária

mothership ['mʌðəʃɪp] s. 1 maternidade, cuidados maternais; 2 puericultura

mother-to-be [ˌmʌðətə'biː] s. futura mãe

motherwort ['mʌðəwɜːt] s. BOTÂNICA matricária, artemísia-dos-ervanários

mothery ['mʌðəri] adj. (vinho, vinagre) com madre

mothproof ['mɒθpruːf] Ⓐ adj. antitraça Ⓑ v.tr. pôr substância antitraça em

mothy ['mɒθi] adj. (comp. **-ier**, superl. **-iest**) com traça, roído pela traça, picado pela traça

motif [məʊ'tiːf] s. 1 ARTES PLÁSTICAS, LITERATURA, MÚSICA motivo, tema, assunto; 2 ideia principal ou tema; 3 (costura) aplicação de renda a vestido

motile ['məʊtaɪl] adj. BIOLOGIA dotado de mobilidade

motility [məʊ'tɪlɪti] s. BIOLOGIA mobilidade

motion ['məʊʃən] Ⓐ s. 1 (pessoas) movimento; gesto; sinal; *with a ~ of her hand* com um gesto; *to make a ~ towards the door* fazer menção de sair; *all her motions were graceful* todos os movimentos dela eram graciosos; 2 movimento; deslocação; *backward ~* movimento para trás; *forward ~* movimento para a frente; *in ~* em movimento; *~ of rotation* movimento de rotação; *~ of translation* movimento de translação; *impressed ~* movimento adquirido; 3 POLÍTICA (assembleia) moção, proposta; *~ of censure/of no confidence* moção de censura; *~ of confidence* moção de confiança; *the ~ was rejected by a small majority* a moção foi rejeitada por uma pequena maioria; *to bring forward/put forward/propose a ~*

apresentar uma moção; *to carry/pass a* ~ passar uma moção; aprovar uma moção; **4** [GB] MEDICINA evacuação; *to have a* ~ evacuar; *to have no* ~ ter prisão de ventre; **5** MECÂNICA movimento, moto; **6** inclinação, tendência, impulso interno; **7** DESPORTO (ginástica) tempo; *exercises in four motions* exercícios em quatro tempos; **8** mecanismo; *reverse* ~ mecanismo de inversão de marcha Ⓑ *v.tr.,intr.* fazer sinal (para); fazer um gesto (para); *he motioned the man out of the room* fez sinal ao homem para que saísse do aposento; *he motioned them away* fez-lhes sinal para se irem embora; *he motioned (for) them to sit down* fez-lhes sinal que se sentassem ❖ [EUA] ~ *picture* filme; (viagem) ~ *sickness* enjoo; [EUA] ~ *picture industry* indústria cinematográfica; (tribunal) ~ *denied!* indeferido!; *in slow* ~ em câmara lenta; *perpetual* ~ movimento perpétuo; moto contínuo; *to go through the motions* fazer um frete; *to put/set in* ~ pôr em marcha; pôr em movimento; pôr a andar

motional ['məʊʃənəl] *adj.* relativo a movimento
motionless ['məʊʃənləs] *adj.* imóvel, sem movimento, sem se mexer
motivate ['məʊtɪveɪt] *v.tr.* **1** motivar; **2** causar; **3** dar motivo a; **4** fundamentar
motivation [,məʊtɪ'veɪʃən] *s.* motivação
motive ['məʊtɪv] Ⓐ *adj.* **1** motor, motriz, que produz movimento; ~ *force/power* força motriz; energia motriz; **2** respeitante ao movimento Ⓑ *s.* **1** motivo; móbil *to act from this or that* ~ actuar por este ou aquele motivo; **2** razão; causa; *from a political* ~ por uma razão política; *from a religious* ~ por uma razão de ordem religiosa; **3** ⇒ **motif** Ⓒ *v.tr.* ⇒ **motivate** ❖ ~ *energy*
motiveless ['məʊtɪvləs] *adj.* sem motivo, gratuito, injustificado, arbitrário
motivity [məʊ'tɪvɪtɪ] *s.* **1** motricidade; **2** energia cinética
motley ['mɒtlɪ] Ⓐ *adj.* **1** de várias cores, matizado, multicolor; **2** heterogéneo; *a* ~ *crowd* uma multidão heterogénea; **3** diverso, misto, variado Ⓑ *s.* **1** traje (multicolor) de bobo; **2** mistura heterogénea; **3** [fig.] manta de retalhos ❖ *to wear the* ~ fazer de bobo
motocross ['məʊtəʊkrɒs] *s.* DESPORTO motocrosse
motocrosser ['məʊtəʊkrɒsə] *s.* DESPORTO praticante de motocross
motograph ['məʊtəɡræf] *s.* motógrafo (aparelho inventado por Edison)
motography [məʊ'tɒɡrəfɪ] *s.* motografia
motometer [məʊ'tɒmɪtə] *s.* **1** motómetro; **2** taxímetro
motor ['məʊtə] Ⓐ *s.* **1** motor; *auxiliary* ~ motor auxiliar; *electric* ~ motor eléctrico; *fitted with a* ~ equipado com motor; **2** máquina motora; **3** [GB] [coloq.] carro Ⓑ *adj.* **1** motor, motriz, que comunica movimento; ~ *muscles* músculos motores; ~ *nerves* nervos motores; **2** motorizado; com motor; ~ *vehicle* veículo motorizado; **3** automóvel; relativo a automóveis; relativo a veículos Ⓒ *v.tr.,intr.* **1** [ant.] andar de carro, viajar de automóvel; *to* ~ *from Lisbon to Oporto* viajar de automóvel de Lisboa até ao Porto; **2** [ant.] levar de carro; **3** [coloq.] desenvolver-se rapidamente, aumentar depressa ❖ ~ *caravan* roulotte; atrelado; reboque de automóvel; ~ *coach* camioneta de passageiros; ~ *industry* indústria automóvel; [EUA] ~ *inn/lodge* motel; ~ *insurance* seguro automóvel; ~ *lorry* camioneta de carga; ~ *mechanic* mecânico de automóveis; ~ *oil* óleo para motores; DESPORTO ~ *racing* automobilismo; ~ *ship* navio-motor; ~ *show* salão automóvel; [ant.] ~ *spirit* essência para automóveis; gasolina; ~ *yacht* iate a motor; ~ *torpedo boat* vedeta torpedeira
motorable ['məʊtərəbəl] *adj.* (estrada) transitável, que pode ser utilizada por automóveis
motorbike ['məʊtəbaɪk] *s.* [GB] [coloq.] mota; motocicleta
motorboat ['məʊtəbəʊt] *s.* NÁUTICA barco a motor
motorboating ['məʊtə,bəʊtɪŋ] *s.* **1** passeio em barco a motor; **2** DESPORTO corrida(s) em barco a motor; **3** ruído semelhante ao de um motor
motorbus ['məʊtəbʌs] *s.* [ant.] camioneta de passageiros
motorcade ['məʊtəkeɪd] *s.* cortejo de automóveis
motorcar ['məʊtəkɑː] *s.* [ant.] carro ❖ *old* ~ carripana
motorcycle ['məʊtəsaɪkəl] *s.* motocicleta; mota Ⓑ *v.intr.* andar de motocicleta ❖ ~ *club* clube de motociclismo; ~ *combination* sidecar; ~ *track* pista de motociclismo; ~ *truck* motocicleta adaptada para o transporte de mercadorias
motorcycling ['məʊtəsaɪklɪŋ] *s.* motociclismo
motorcyclist ['məʊtəsaɪklɪst] *s.* motociclista
motor-driven ['məʊtə,drɪvn] *adj.* que funciona a motor; accionado por motor
motordrome ['məʊtədrəʊm] *s.* autódromo
motorial [məʊ'tɔːrɪəl] *adj.* FISIOLOGIA motor, motriz
motoring ['məʊtərɪŋ] Ⓐ *s.* **1** DESPORTO automobilismo; *to go in for* ~ praticar automobilismo; **2** [ant.] condução Ⓑ *adj.* **1** motorizado; **2** automobilístico ❖ ~ *magazine* revista de carros; ~ *school* escola de condução; ~ *offence* infracção do código da estrada; ~ *public* automobilistas
motorist ['məʊtərɪst] *s.* automobilista
motorization [,məʊtəraɪ'zeɪʃən] *s.* motorização
motorize ['məʊtəraɪz] *v.tr.* motorizar
motorized ['məʊtəraɪzd] *adj.* motorizado; ~ *bicycle* bicicleta motorizada
motorless ['məʊtələs] *adj.* sem motor
motorway ['məʊtəweɪ] *s.* auto-estrada
motory ['məʊtərɪ] *adj.* ANATOMIA motor
mottle ['mɒtl] Ⓐ *s.* **1** mancha de várias cores; **2** mosqueado, mancha mosqueada; **3** fio de lã mosqueada Ⓑ *v.tr.* **1** pintalgar, mosquear, sarapintar, marcar com manchas ou listas de várias cores; **2** fazer brilhar em furta-cores
mottled ['mɒtəld] *adj.* **1** mosqueado, sarapintado, pintalgado; **2** em furta-cores
mottling ['mɒtlɪŋ] *s.* **1** acção de mosquear ou sarapintar; **2** matização (de tecidos)
motto ['mɒtəʊ] *s.* (pl. -es) **1** moto, divisa, lema; **2** legenda; **3** máxima adoptada como linha de conduta; **4** mote, ideia ou pensamento a glosar em verso; **5** citação anteposta a livro ou capítulo de livro; **6** MÚSICA motivo
mouch [muːtʃ] *s.,v.intr.* ⇒ **mooch**
moucher ['muːtʃə] *s.* ⇒ **moocher**
moufflon ['muːflɒn] *s.* ZOOLOGIA argali, espécie de carneiro selvagem do Sul da Europa
moujik ['muːʒɪk] *s.* mujique, camponês russo
mould [məʊld] Ⓐ *s.* **1** bolor; mofo; **2** molde; modelo; matriz; *casting* ~ molde de fundição; *to cast in the* ~ lançar no molde; *to withdraw from the* ~ retirar do molde; **3** CULINÁRIA (bolos, pudins, etc.) forma; *jelly* ~ forma de gelatina; **4** [fig.] aspecto; configuração; **5** índole, maneira de ser; **6** ARQUITECTURA moldura; **7** (corte das pedras) cércea; **8** húmus, solo rico e leve; *leaf/vegetable* ~ húmus vegetal; terra vegetal; **9** [GB] [dial.] terra Ⓑ *v.tr.,intr.* **1** moldar, formar, modelar; *to* ~ *in clay* modelar em barro; *to* ~ *in wax* moldar em cera; **2** dar certa forma a; **3** [fig.] moldar, modelar; *to* ~ *sb's character* modelar o carácter de alguém; **4** [fig.] influenciar, modificar, exercer influência em; **5** (madeira) galivar; **6** lançar em molde, lançar em forma; **7** [arc.] amassar a massa do pão, dar determinada configuração à massa do pão; **8** criar bolor, cobrir-se de bolor ❖ ~ *cast/casting* fundição em moldes; *iron* ~ mancha de ferrugem na roupa; CULINÁRIA *rice* ~ bolo de arroz; *to be cast in the same* ~ ser exactamente igual em espírito; ser feito no mesmo molde; *to break the* ~ romper com a tradição; inovar
mouldable ['məʊldəbəl] *adj.* moldável, modelável
mouldboard ['məʊldbɔːd] *s.* (arado) aiveca
moulded ['məʊldɪd] *adj.* **1** moldado, modelado; **2** formado; **3** com bolor ❖ ~ *glass* vidro moldado; ~ *rod* vareta moldada; *easily* ~ *character* carácter dócil, facilmente influenciável
moulder ['məʊldə] Ⓐ *v.intr.* **1** esboroar-se; desfazer-se em pó; tombar em ruínas; **2** apodrecer Ⓑ *s.* **1** moldador, pessoa que molda; **2** modelador; **3** fabricante de moldes para fundição ❖ *to* ~ *in one's grave* consumir-se no túmulo
mouldered ['məʊldəd] *adj.* desfeito em pó
mouldering ['məʊldərɪŋ] Ⓐ *adj.* a esboroar-se, a desfazer-se em pó Ⓑ *s.* esboroamento, desmoronamento ❖ *the* ~ *ruins of the old castle* as ruínas, já a desfazerem-se em pó, do velho castelo
mouldiness ['məʊldɪnɪs] *s.* **1** mofo, bolor; **2** estado bolorento
moulding ['məʊldɪŋ] *s.* **1** modelação; moldagem; **2** objecto moldado; **3** ARQUITECTURA moldura, ornato, ornamento da cornija; **4** [fig.] (carácter) modelação, formação; **5** [arc.] modelação da massa do pão; acção de amassar a farinha (para fazer pão) ❖ (pão, bolos, etc.) ~ *board* tábua de amassar; ~ *clay* argila para moldar;

mouldwarp

barro para moldar; ~ **machine** máquina de moldurar; (carpintaria) ~ **plane** rabote; rebote; ~ **sand** cifa; areia de fundição; ~ **shop** oficina de moldação; ~ **test** prova de moldagem

mouldwarp ['məʊldwɔːp] s. ZOOLOGIA toupeira

mouldy ['məʊldɪ] Ⓐ adj. (comp. **-ier**, superl. **-iest**) 1 bolorento; ~ **bread** pão bolorento; **to go** ~ encher-se de bolor; 2 cheio de mofo; a ~ **smell** um cheiro a mofo; 3 [coloq.] antiquado; 4 [coloq.] aborrecido, maçador; a ~ **party** uma festa maçadora; 5 (não satisfatório) mísero; a ~ **two pounds** duas míseras libras; 6 ébrio, embriagado Ⓑ s. NÁUTICA [cal.] torpedo ❖ **to feel** ~ estar com a neura

moulinet [ˌmuːlɪ'net] s. DESPORTO (esgrima) molinete, golpe em redor de si como para se defender dos ataques lançados por várias pessoas ao mesmo tempo

moult [məʊlt] Ⓐ s. [GB] (penas, pêlo) muda; **in the** ~ na muda Ⓑ v.intr. 1 andar na muda; 2 (aves) mudar de penas

moulter ['məʊltə] s. pássaro que anda na muda

moulting ['məʊltɪŋ] Ⓐ adj. (penas, pêlo, etc.) na muda, que anda na muda Ⓑ s. (penas, pêlo, etc.) muda ❖ (penas, pêlo, etc.) ~ **season** época da muda

mound [maʊnd] Ⓐ s. 1 (terra, pedras) montículo; 2 cômoro, pequeno outeiro; 3 (grande quantidade) monte, pilha [**of**, de]; 4 MILITAR (defesa) parapeito, pequena elevação de terra ou pedras; 5 talude, aterro; 6 ARQUEOLOGIA elevação tumular, túmulo; **burial/grave/sepulchral** ~ elevação tumular; túmulo; 7 HERÁLDICA globo de ouro encimado por cruz Ⓑ v.tr. 1 tapar com um monte de terra; 2 amontoar, acumular aos montes ❖ ZOOLOGIA (ave) ~ **bird** megapódio; **Mound Builder** povo ameríndio pré-histórico, do qual existem pequenas elevações tumulares

mounseer [ˌmaʊn'siːə] s. [coloq.] francês

mount [maʊnt] Ⓐ s. 1 monte; montanha; **the Mount Everest** o monte Evereste; **the Sermon of the Mount** o Sermão da Montanha; 2 ANATOMIA monte; 3 (de quadro, fotografia, etc.) moldura; 4 engaste; 5 suporte; **cut** ~ suporte para aguarelas; 6 ornamentação metálica de qualquer coisa; 7 ferragens; 8 (animal) montada; 9 (jóquei) acção de montar; 10 montagem, instalação; ~ **of a lens** montagem duma lente; **flange** ~ montagem normal de objectiva Ⓑ v.tr.,intr. 1 montar, pôr-se a cavalo; **horse hard to** ~ cavalo difícil de montar; 2 pôr uma pessoa a cavalo, pôr um cavalo à disposição duma pessoa; 3 (bicicleta) montar, pôr-se em cima de; 4 (monte) trepar, subir; 5 (escadas, escadote, etc.) subir; 6 (categoria, intensidade, poderio, etc.) elevar-se; 7 (peça de artilharia) montar, armar, pôr na devida posição; 8 instalar, colocar, ajustar, pôr em estado de funcionamento; 9 colocar (gravura) em moldura ou suporte; 10 (pedra preciosa) encastoar, engastar; **a diamond mounted in gold** um diamante encastoado em ouro; 11 fixar na platina de microscópio para poder examinar; **to** ~ **insects** preparar insectos para conservação ou exame; 12 (conta, soma, etc.) elevar-se [**to**, a]; crescer [**to**, até]; 13 (peça de vestuário) exibir; 14 MILITAR (ofensiva) lançar, tomar; 15 TEATRO (peça) levar à cena, montar; **the play was not well mounted** a peça não estava bem encenada; 16 (palco, plataforma) subir a; pôr-se em cima de; **to** ~ (**on**) **the scaffold** subir ao cadafalso; **to** ~ (**on**) **the table** pôr-se em cima da mesa; 17 (evento) organizar, preparar; 18 (preços, temperatura, etc.) aumentar; crescer; 19 ZOOLOGIA (macho) copular com ❖ **this custom mounts to the thirteenth century** esta tradição remonta ao século XIII; **to** ~ **guard over** montar guarda a; **to** ~ **the throne** subir ao trono; **that ship mounts forty guns** aquele navio está armado com quarenta canhões

◆**mount up** v.intr. 1 aumentar; crescer; **the profits mounted up 20%** os lucros aumentaram 20%; **the bill soon mounted up** a conta começou logo a subir; 2 acumular-se ❖ **it all mounts up** pequenas coisas juntas fazem uma grande

mountable ['maʊntəbəl] adj. que pode montar-se

mountain ['maʊntɪn] Ⓐ s. 1 montanha; 2 [fig.] montanha, pilha, coisa enorme, montão; a ~ **of difficulties** uma porção enorme de dificuldades; 3 [arc.] (vinho de Málaga) **mountain wine** Ⓑ adj. 1 da montanha; ~ **stream** rio de montanha; ~ **plants** plantas da montanha; 2 que tem montanhas, montanhoso, alpestre, alpino; ~ **scenery** paisagem montanhosa; 3 que vive na montanha, montanhês, montanhesco, montês, alpestre, alpino ❖ ~ **artillery** artilharia de montanha; BOTÂNICA ~ **ash** sorveira brava; ~ **bike** bicicleta de montanha; ~ **blue** azul-de-cobre; carbonato de cobre azul; [EUA] ZOOLOGIA ~ **cat** puma; onça-parda; ~ **chain** cordilheira; serra; cadeia de montanhas; cadeia montanhosa; DESPORTO ~ **climbing** montanhismo; alpinismo; ZOOLOGIA ~ **cock** galo silvestre; tetraz; MINERALOGIA ~ **crystal** cristal de rocha; variedade de quartzo hialino; [Austr.] ZOOLOGIA (réptil) ~ **devil** moloque; [coloq.] ~ **dew** uísque escocês de contrabando; ~ **flax** amianto; linho-purgante; ZOOLOGIA ~ **goat** cabra montesa da América; DESPORTO ~ **gorilla** gorila da montanha; ZOOLOGIA ~ **hare** lebre alpina; BOTÂNICA ~ **laurel** cálmia; BOTÂNICA ~ **licorice** trevo branco das montanhas; GEOLOGIA ~ **limestone** pedra de cal carbonífera; [EUA] ZOOLOGIA ~ **lion** puma; onça-parda; MINERALOGIA ~ **milk** carbonato de cal esponjoso; BOTÂNICA ~ **oak** eucalipto; ~ **pass** desfiladeiro; BOTÂNICA ~ **pine** pinheiro bravo; pinheiro da montanha; ~ **railway** caminho-de-ferro de montanha; ~ **range** cordilheira; serra; cadeia de montanhas; cadeia montanhosa; [EUA] ~ **sheep** carneiro das Montanhas Rochosas; carneiro selvagem; MEDICINA ~ **sickness** mal-das-montanhas; BOTÂNICA ~ **wormwood** artemísia-dos-alpes; **if the** ~ **will not come to Mahomet, Mahomet must go to the** ~ se a montanha não vem a Maomé, Maomé vai à montanha; **to make a** ~ **out of a molehill** fazer uma tempestade num copo de água

mountaineer [ˌmaʊntɪ'nɪə] Ⓐ s. 1 montanhês, habitante da montanha; 2 DESPORTO montanhista, alpinista Ⓑ v.intr. DESPORTO praticar montanhismo, praticar alpinismo

mountaineering [ˌmaʊntɪ'nɪərɪŋ] s. DESPORTO montanhismo, alpinismo; **to go** ~ praticar montanhismo

mountainous ['maʊntɪnəs] adj. 1 montanhoso; 2 grande como uma montanha; 3 enorme, gigantesco; ~ **seas** vagas enormes

mountainscape ['maʊntənskeɪp] s. paisagem montanhosa

mountainside ['maʊntɪnsaɪd] s. (montanha) encosta, vertente

mountainy ['maʊntɪnɪ] adj. montanhoso

mountant ['maʊntənt] s. cola para provas fotográficas

mountebank ['maʊntɪbæŋk] Ⓐ s. 1 saltimbanco, palhaço; 2 charlatão Ⓑ v.intr. proceder como charlatão

mountebankery ['maʊntɪˌbæŋkərɪ] s. 1 charlatanismo; 2 [coloq.] aldrabice

mounted ['maʊntɪd] adj. 1 montado; a cavalo; ~ **police** polícia montada; 2 armado; 3 guarnecido

mounter ['maʊntə] s. montador, indivíduo que procede à montagem de

mounting ['maʊntɪŋ] Ⓐ adj. crescente; ~ **inflation** inflação crescente Ⓑ s. 1 montagem, instalação; 2 acção de montar; 3 guarnição; 4 colocação; 5 suporte, moldura, armação; 6 elevação; subida; ascensão

mountings ['maʊntɪŋz] s.pl. acessórios, guarnições

mounty ['maʊntɪ] s. [coloq.] membro da Polícia Montada do Canadá

mourn [mɔːn] v.tr.,intr. 1 estar de luto de/por; fazer o luto de/por; **to** ~ **the loss of one's brother** estar luto por um irmão; 2 chorar; 3 lamentar; manifestar pesar; 4 afligir-se ❖ **blessed are they that** ~ bem-aventurados os que choram

◆**mourn for/over** v.tr. 1 chorar, chorar a morte de; **he mourned over his father's death** ele chorou a morte do pai; 2 lamentar; mostrar pesar por

mourner ['mɔːnə] s. 1 enlutado, pessoa que está de luto, pessoa que sofreu a perda de pessoa de família; 2 pessoa que assiste ao funeral de parente ou amigo; 3 pl. **the mourners** o cortejo fúnebre

mournful ['mɔːnfʊl] adj. 1 (ocasião, música) lúgubre, fúnebre; 2 (pessoa) choroso, pesaroso, aflito, desolado; 3 (aspecto, voz) melancólico, triste

mournfully ['mɔːnfʊlɪ] adv. 1 lugubremente, com ar fúnebre; 2 desoladamente, pesarosamente; 3 melancolicamente

mournfulness ['mɔːnfʊlnɪs] s. 1 melancolia, tristeza, pesar; 2 desolação; 3 aspecto lúgubre, ar lúgubre, luto

mourning ['mɔːnɪŋ] Ⓐ s. 1 luto [**for**, por]; 2 luto, traje preto (usado como sinal de luto); **deep** ~ luto pesado, luto carregado; **half** ~ luto aliviado; 3 pesar, mágoa, desolação, aflição; sofrimento; tristeza, melancolia Ⓑ adj. 1 enlutado, de luto;

2 pesaroso, desolado; triste, melancólico ❖ **~ band** faixa de luto; fumo; crepe; BOTÂNICA **~ bride** flor-de-viúva; ZOOLOGIA (borboleta) **~ cloak** antíope; **~ ring** anel usado em memória de pessoa falecida; **to be in ~** estar de luto; andar de luto; **to go into ~** deitar luto; **to go out of ~** deixar o luto; **to wear ~** andar de luto

mouse[1] [maʊs] *s. (pl.* **mice**) **1** ZOOLOGIA rato; **2** INFORMÁTICA rato; **3** [coloq., depr.] pessoa tímida e nervosa; **4** [coloq., depr.] rato, cobarde, cobardolas; **5** [cal., ant.] olho negro, olho pisado ❖ INFORMÁTICA **~ button** botão do rato; (cor) **~ colour** cinzento-rato; ZOOLOGIA **~ deer** trágulo; INFORMÁTICA **~ mat/pad** tapete do rato; **quiet as a ~** calado como um rato; **to play cat and ~** jogar ao gato e ao rato

mouse[2] [maʊz] *v.tr.,intr.* **1** caçar ratos; andar atrás de ratos; apanhar ratos; **2** [fig.] procurar diligentemente; **3** NÁUTICA passar barbela em, amarrar; **to ~ a hook** amarrar um gancho ❖ **this cat does not ~ well** este gato é mau caçador; **to ~ out** descobrir por astúcia ou manha

mousebird ['maʊsbɜːd] *s.* ZOOLOGIA (pássaro africano) cólio

mouse-click ['maʊsˌklɪk] *s.* INFORMÁTICA clique com o rato

mouse-coloured ['maʊskʌləd] *adj.* (cor) cinzento-rato

mouse-dun ['maʊsdʌn] *s.,adj.* (cor) cinzento-rato

mouse-ear ['maʊsɪə] *s.* BOTÂNICA miosótis, não-me-esqueças, orelha-de-rato

mousehole ['maʊshəʊl] Ⓐ *s.* **1** buraco de rato; **2** [fig., depr.] (habitação) buraco; **3** [fig., depr.] (passagem) frincha Ⓑ *v.intr.* (rato) esconder-se no buraco Ⓒ *v.tr.* fazer buraco(s) em; escavar

mouser ['maʊsə] *s.* caçador de ratos

mousetail ['maʊsteɪl] *s.* BOTÂNICA miosuro

mousetrap ['maʊstræp] *s.* ratoeira ❖ [depr.] **~ cheese** queijo de qualidade inferior

mousing ['maʊzɪŋ] Ⓐ *adj.* **1** caçador de ratos; **2** bisbilhoteiro, que gosta de meter o nariz em tudo Ⓑ *s.* **1** caça ao rato; **2** NÁUTICA barbela

mousse [mus] Ⓐ *s.* **1** CULINÁRIA mousse; *chocolate* **~** mousse de chocolate; **2** (cabelo) mousse Ⓑ *v.tr.* (cabelo) pôr mousse em

mousseline ['muːsliːn] *s.* **1** (tecido) musselina francesa; **2** CULINÁRIA molho mousseline ❖ (tecido) **~ de laine** musselina de lã e algodão; (tecido) **~ de soie** musselina de seda; CULINÁRIA **~ sauce** molho mousseline

moustache [məˈstɑːʃ] *s.* **1** (homem) bigode, bigodes; **to wear a ~** usar bigode; **2** (animal) bigodes ❖ [ant.] **~ cup** chávena com cobertura parcial para proteger o bigode

moustached [məˈstɑːʃt] *adj.* com bigode

Mousterian [muːˈstɪərɪən] *adj.* musteriano, musteriense, referente a determinado período da época paleolítica

mousy ['maʊsɪ] *adj.* (*comp.* **-ier**, *superl.* **-iest**) **1** relativo a rato; **2** infestado de ratos; **3** (cor) acastanhado; **4** [fig.] (pessoa) tímido; apagado

mouth[1] [maʊθ] *s. (pl.* **-ths**) **1** boca; **to have one's ~ full** ter a boca cheia; **2** (animal) boca; goela; **3** (caverna, túnel, tubo, frasco, etc.) boca, entrada, abertura; **the ~ of a bag** a abertura duma bolsa; **the ~ of the stomach** a boca do estômago; **4** (rio) foz, desembocadura; **5** [cal.] descaramento, petulância, insolência; **6** (instrumento de sopro) bocal; **7** [ant.] trejeito, careta; **to make a ~** fazer uma careta; **to make mouths at** fazer caretas a ❖ **~ blowpipe** maçarico; **~ friend** falso amigo; MÚSICA **~ organ** harmónica; **a ~ to feed** uma boca para alimentar; **by word of ~** de viva voz; oralmente; contado; **I didn't open my mouth!** eu não abri a boca!; eu não disse nada!; **in everybody's ~** na boca de toda a gente; de boca em boca; [coloq.] **to be all ~** ser só garganta; falar demasiado e nunca fazer nada; [coloq.] **to be down in the ~** sentir-se deprimido; andar triste; **to condemn oneself out of one's own ~** condenar-se a si mesmo pelas próprias palavras; **to give ~ to** expressar; dar expressão a; dar voz a; [coloq.] **to have a big ~** falar de mais; ser indiscreto; **to keep one's ~ shut** ficar calado; manter a boca fechada; **to make sb's ~ water** fazer crescer água na boca de alguém; fazer vir água à boca de alguém; **to put words in/into sb's ~** pôr palavras na boca de alguém; **to take the words out of sb's ~** tirar as palavras da boca a alguém

mouth[2] [maʊð] *v.tr.,intr.* **1** dizer com ênfase e/ou afectação; falar com solenidade (geralmente falsa); declamar[fig.]; **2** (articular em silêncio) dizer com os lábios; mover os lábios; **3** pôr na boca; apanhar com a boca; abocanhar; **4** treinar a boca (de cavalo); acostumar (cavalo) ao freio; **5** fazer caretas ❖ **to ~ it** tomar maneiras de orador; **to ~ threats** vociferar ameaças

◆**mouth off** *v.intr.* **1** [coloq.] fanfarronar [**about**, a propósito de]; gabar-se [**about**, de]; armar-se [**about**, em]; *he spent the night mouthing about his new car* ele passou a noite a gabar-se do carro novo; **2** (insolência) responder; **3** [coloq.] queixar-se [**about**, de/por]; protestar [**about**, por]; *she mouths off about everything* ela queixa-se de tudo

mouthful ['maʊθfʊl] *s.* **1** (comida) bocado, pedaço que pode ser metido na boca duma vez só; **to take just a ~ of** comer um bocadito de; **2** (bebida) gole; gota; **to take just a ~ of** tomar uma gota de; **3** [coloq.] (pronúncia difícil) palavrão[fig.]; **4** (quantidade) mão-cheia [**of**, de]; punhado [**of**, de]; *a ~ of reasons* uma mão-cheia de razões ❖ [EUA] [coloq.] **to say a ~** dizer algo importante em poucas palavras; **to swallow at one ~** engolir duma só vez

mouthing ['maʊðɪŋ] *s.* **1** ênfase, declamação afectada; **2** careta, esgar, trejeito ❖ **rhetorical mouthings** retórica inflamada, empolada

mouthpiece ['maʊθpiːs] *s.* **1** embocadura; **2** boca; **3** boquim; bocal de instrumento de sopro; **4** porta-voz, intérprete; **5** bocado de freio que se mete na boca do cavalo

mouth-to-mouth [ˌmaʊθtəˈmaʊθ] Ⓐ *adj.* boca-a-boca Ⓑ *s.* respiração boca-a-boca ❖ **~ resuscitation/respiration** respiração boca-a-boca

mouthwash ['maʊθwɒʃ] *s.* FARMÁCIA colutório, elixir bucal

mouth-watering ['maʊθˌwɔːtərɪŋ] *adj.* (comida) apetitoso, de fazer crescer água na boca

mouthy ['maʊðɪ] *adj.* (*comp.* **-ier**, *superl.* **-iest**) **1** empolado, bombástico, altiloquente; **2** injurioso, vociferador, barulhento

movability [ˌmuːvəˈbɪlɪtɪ] *s.* mobilidade

movable ['muːvəbəl] Ⓐ *adj.* **1** móvel, que pode deslocar-se; **2** amovível Ⓑ *s.* DIREITO bem móvel ❖ ELECTRICIDADE **~ armature** induzido móvel; **~ bridge** ponte móvel; RELIGIÃO **~ feast** festa móvel; ELECTRICIDADE **~ plugboard** quadro de ligações móvel

movableness ['muːvəbəlnɪs] *s.* ⇒ **movability**

movables ['muːvəbəlz] *s.pl.* bens móveis

movably ['muːvəblɪ] *adv.* duma maneira móvel

move [muːv] Ⓐ *s.* **1** (xadrez, damas, etc.) jogada; lance; vez de jogar; *knight's ~* jogada do cavalo; *to make a ~* fazer uma jogada; *he knows all the moves in chess* ele conhece todos os lances no xadrez; *whose ~ is it?* quem é a jogar agora?; **2** passo; atitude; acto; *to make the first ~* dar o primeiro passo, tomar a iniciativa; *to make a good ~* dar um bom passo; **3** movimento; avanço; *to make a ~ towards* fazer um movimento em direcção a, avançar em direcção a; **4** (casa, emprego) mudança Ⓑ *v.tr.,intr.* **1** mudar, mudar de posição, pôr em lugar diferente; *to ~ to another seat* mudar de lugar; **2** deslocar; MILITAR *to ~ troops* deslocar tropas; **3** deslocar-se; *to ~ edgeways* deslocar-se lateralmente; *to ~ with dignity* deslocar-se com dignidade; **4** mudar de casa, mudar-se; *to ~ into the country* mudar-se para o campo; **5** transferir; **6** pôr em movimento; pôr em funcionamento; **7** mexer-se; bulir; *not a leaf moved* nem uma folha bulia; **8** funcionar; *to be moved by electricity* funcionar a electricidade; **9** passar, andar; **10** frequentar; conviver; *to ~ in high society* frequentar a alta sociedade; **11** comover, emocionar, enternecer; *to ~ sb to tears* comover alguém até às lágrimas; *her story moved me very deeply* a história dela comoveu-me profundamente; *he is not to be moved* nada o comove; *to be easily moved* comover-se facilmente; **12** influir, influenciar; convencer [**to**, a]; dissuadir [**not to**, de]; *nothing will ~ him* nada o consegue demover; *to ~ sb to do sth* convencer uma pessoa a fazer alguma coisa; **13** levar [**to**, a]; impelir [**to**, a]; instigar [**to**, a]; incitar [**to**, a]; *to ~ sb to anger* irritar alguém, provocar a cólera de alguém; *to ~ sb to pity* despertar a piedade de alguém; *to ~ to laughter* incitar o riso, fazer rir; **14** estimular; **15** sugerir; propor, apresentar como proposta; *Mr. Chairman, I ~ (that) this meeting be adjourned* sr. presidente, proponho que esta reunião seja suspensa; **16** apresentar como moção; **17** avançar, caminhar, prosseguir; *the work moves slowly* o trabalho prossegue vagarosamente; **18** tomar providências, agir, actuar; *it is for him to ~ first* é a ele que compete agir em primeiro lugar; *we must ~ in this matter* temos de tomar medidas relativamente a este

moveability

assunto, temos de agir nesta questão; **19** requerer, apresentar requerimento para; *the defendant moved the court for...* o réu requereu ao tribunal que...; *they moved for an investigation into the matter* requereram uma investigação sobre o assunto; **20** COMÉRCIO vender(-se); *this article is not moving* este artigo não vende; **21** MEDICINA estimular, activar, fazer funcionar; *to ~ the bowels* fazer os intestinos funcionar; **22** (xadrez) fazer uma jogada, jogar, mudar uma peça; *it is for you to ~* é a tua vez de jogar ❖ *he is up to every ~* ele está preparado para tudo; *it is time to make a ~* são horas de ir; é o tempo de actuar; *it is time we were moving* são horas de irmos andando; *the faith that moves mountains* a fé que move montanhas; (esforço) *to ~ heaven and earth* mover céu e terra; [coloq.] *to know a ~ or two* perceber da coisa; *keep moving!* não parem!; *to be moved with anger* estar dominado pela cólera; *to ~ against* opor-se a; *to get a ~ on* despachar-se; apressar-se; *on the ~* a caminho; em viagem; em movimento; dum lado para o outro; *to keep sb on the ~* manter alguém em actividade; *we must be on the ~ now* temos de ir embora agora
- **move about/around** Ⓐ *v.tr.* (objecto) mudar de lugar (várias vezes); tirar do sítio; *I moved the table around* mudei a mesa de lugar várias vezes Ⓑ *v.intr.* andar de um lado para outro; *he's a lorry driver – he moves around all the time* ele é camionista – anda sempre de um lado para o outro
- **move along** Ⓐ *v.intr.* andar; avançar; circular; seguir; *the traffic policeman was asking drivers to ~* o polícia sinaleiro estava a mandar os condutores avançarem Ⓑ *v.tr.* fazer avançar
- **move away** Ⓐ *v.intr.* **1** afastar-se; **2** desviar-se; **3** ir-se embora; **4** mudar de casa; *my best friend moved away* o meu melhor amigo mudou de casa Ⓑ *v.tr.* afastar [**from**, de]
- **move back** Ⓐ *v.intr.* **1** recuar; retroceder; *the army decided to ~* o exército decidiu recuar; **2** voltar [**to**, para]; regressar [**to**, a]; *he has recently moved back to New York* ele voltou recentemente para Nova Iorque Ⓑ *v.tr.* **1** fazer recuar; mandar recuar; *the police moved them back to the pavement* a polícia fê-los recuar para o passeio; **2** (pessoa) transferir outra vez [**to**, para]; **3** (objecto) voltar a pôr [**to**, em]; devolver [**to**, a]; *move the book back to where it was before* volta a pôr o livro no lugar
- **move down** Ⓐ *v.intr.* **1** baixar, descer; *the shares moved down 10%* as acções baixaram 10%; **2** DESPORTO (campeonato, etc.) descer na tabela Ⓑ *v.tr.* **1** descer; *I saw him when I was moving down the street* vi-o quando estava a descer a rua; **2** (emprego) despromover
- **move for** *v.tr.* **1** (acção judicial) propor; *the prosecution lawyer is moving for suspension of the doctor* o advogado de acusação vai propor a suspensão do médico; **2** pedir, solicitar; *the Muslim leader moved for tolerance during the Ramadan* o líder muçulmano pediu tolerância durante o Ramadão
- **move forward** Ⓐ *v.intr.* avançar; *move forward, please!* avance, por favor! Ⓑ *v.tr.* fazer avançar; dar ordem de avançar a; *the general moved the troops forward* o general deu às tropas ordem de avançar
- **move in** Ⓐ *v.intr.* **1** (residência) instalar-se; mudar-se [**to**, para]; *we moved in last summer* nós mudamo-nos o verão passado; **2** intervir; entrar em acção; *the oil industry moved in and started raising the prices* a indústria petrolífera interveio e começou a subir os preços Ⓑ *v.tr.* **1** (objectos, etc.) guardar no interior; recolher; **2** instalar
- **move in on** *v.tr.* **1** (multidão) avançar [**on**, sobre]; *the police moved in on the demonstrators* a polícia avançou sobre os manifestantes; **2** (área, território) atacar; invadir; *the enemy troops moved in on the camp* as tropas inimigas atacaram o acampamento; **3** tentar controlar ❖ *to ~ sb for the night* pedir abrigo a alguém durante a noite
- **move off** Ⓐ *v.intr.* **1** (pessoa) pôr-se a caminho, pôr-se em marcha, partir; *he had to ~ before sunrise* ele tinha de se pôr a caminho antes do nascer do sol; **2** (veículo) arrancar, partir; *hurry up! the train is moving off!* despacha-te! o comboio está a partir! Ⓑ *v.tr.* (objecto) tirar
- **move on** Ⓐ *v.intr.* **1** (viagem) prosseguir; continuar; *it's getting late – it's time to ~* está a ficar tarde – é hora de prosseguir viagem; **2** circular; *the police asked us to ~* a polícia mandou-nos circular; **3** evoluir; avançar; *science is always moving on*

a ciência está sempre a evoluir; **4** passar; *let's ~ to the next point* vamos passar ao próximo assunto Ⓑ *v.tr.* **1** fazer circular; *to get the crowd to ~* fazer circular a multidão; **2** (relógio) adiantar; *we have to move the clock on* temos de adiantar o relógio
- **move out** *v.intr.* **1** (casa) mudar-se; *they want to ~ to a bigger house* eles querem mudar-se para uma casa maior; **2** (tropas) bater em retirada, retirar; *~ troops!* bater em retirada!; **3** [EUA] [coloq.] ir-se embora, partir, sair; *let's move out!* vamos embora!
- **move over** Ⓐ *v.intr.* chegar-se para o lado; afastar-se; *can you ~ a bit, please?* podes chegar-te um bocadinho para o lado? Ⓑ *v.tr.* **1** deslocar; **2** afastar [**from**, de]; *she was moved over from the job* ela foi afastada do cargo
- **move round** *v.tr.* **1** dar a volta a; rodear; **2** girar em torno de; andar em volta de; *the Earth moves round the sun* a Terra gira em volta do Sol
- **move up** Ⓐ *v.intr.* **1** ser promovido; **2** (escola) transitar para uma classe superior; *he was doing so well that he was moved up to the next grade* ele estava a ir tão bem que transitou para uma classe superior; **3** [GB, Austr.] afastar-se; chegar-se para o lado; *there's room for one more if you ~ a bit* há espaço para mais um se te chegares um bocadinho para o lado Ⓑ *v.tr.* promover; *he has been moved up to financial director* ele foi promovido a director financeiro

moveability [ˌmuːvəˈbɪlɪtɪ] *s.* ⇒ movability
moveable [ˈmuːvəbəl] *adj.* ⇒ movable
moveableness [ˈmuːvəbəlnɪs] *s.* ⇒ movableness
moveably [ˈmuːvəblɪ] *adv.* ⇒ movably
moveless [ˈmuːvlɪs] *adj.* imóvel, sem movimento
movement [ˈmuːvmənt] *s.* **1** movimento; **2** mudança de posição; deslocação; **3** impulso mental; *~ of anger* um impulso de cólera; **4** LITERATURA acção, desenvolvimento; *the play lacks ~* a peça não tem acção, a peça é muito parada; **5** (poesia) ritmo, cadência; **6** (aparelho, máquina) mecanismo, maquinismo; *clockwork ~* mecanismo de relojoaria; **7** POLÍTICA, LITERATURA movimento; corrente; *peace ~* movimento em defesa da paz; **8** MILITAR movimento, evolução, manobra; **9** MÚSICA andamento; *symphony in four movements* sinfonia em quatro andamentos; **10** progressão melódica; **11** FISIOLOGIA evacuação, dejecção; **12** ARTES PLÁSTICAS animação, efeito; vida; **13** *pl.* actividades; movimentos, idas e vindas; *to study sb's movements* estar atento a tudo o que alguém faz ❖ *~ of freight* transporte de mercadorias; *passive movements* ginástica passiva; *to lie without ~* jazer imóvel; FINANÇAS *upward ~ of stock* alta de acções
mover [ˈmuːvə] *s.* **1** o que põe em acção, preponente; **2** força motriz, motor, motivo, causa; **3** (moção) autor, proponente; **4** [EUA] transportadora; funcionário de empresa de mudanças ❖ *to be a lovely ~* ser gracioso; mover-se de forma muito elegante; *the movers and shakers* as pessoas influentes
movie [ˈmuːvɪ] *s.* **1** [EUA] filme; **2** *pl.* [EUA] [coloq.] cinema; *to go to the movies* ir ao cinema ❖ *~ actor/actress* actor/actriz de cinema; *~ critic* crítico de cinema; (edifício) *~ house/theatre* cinema; *~ star* estrela de cinema; *~ camera* câmara; *the ~ industry* indústria cinematográfica
moviegoer [ˈmuːvɪɡəʊə] *s.* CINEMA espectador de cinema, cinéfilo
moviemaker [ˈmuːvɪmeɪkə] *s.* [EUA] CINEMA realizador, cineasta
moviemaking [ˈmuːvɪˌmeɪkɪŋ] *s.* cinema, realização de filmes
movietone [ˈmuːvɪtəʊn] *s.* técnica para adaptar banda sonora a filme
moving [ˈmuːvɪŋ] Ⓐ *adj.* **1** comovente; *a ~ sight* um espectáculo comovente; *a ~ story* uma história comovente; **2** móvel; *a ~ object* um objecto móvel; *~ blade* pá móvel; *~ load* carga móvel, carga rolante; *~ parts* peças móveis; **3** em movimento; *~ body* corpo em movimento; *~ target* alvo em movimento; **4** motor, motriz; *~ force* força motriz; *~ power* potência motora; **5** [fig.] instigador, alma; *he is the ~ spirit in the enterprise* ele é a alma do empreendimento Ⓑ *s.* **1** movimento, movimentação; **2** deslocamento; **3** mudança de casa ❖ [ant.] *~ picture* filme; [ant.] *~ pictures* cinema; *~ staircase* escada rolante; [EUA] *~ van* camião de mudanças
movingly [ˈmuːvɪŋlɪ] *adv.* **1** comoventemente; **2** duma maneira comovedora
mow[1] [məʊ] Ⓐ *s.* careta, trejeito, esgar Ⓑ *v.intr.* fazer caretas, fazer trejeitos, fazer esgares

mow² [məʊ] Ⓐ v.tr.,intr. (prt. **-ed**, part. pass. **mown**) **1** segar, ceifar; *to ~ a field* ceifar um campo; **2** (relva) cortar, aparar; *to ~ the lawn* cortar a relva Ⓑ s. **1** meda de feno; meda de trigo; **2** palheiro, lugar onde se guarda o feno
◆**mow down** v.tr. **1** (morte) ceifar*fig*; dizimar em grande número; devastar; **2** deitar abaixo
mowable ['məʊəbəl] adj. que pode ceifar-se
mowburn ['məʊbɜːn] v.intr. (prt. e part. pass. **-burnt**) (meda) aquecer e fermentar ❖ **mowburnt hay** feno estragado por ter aquecido na meda
mower ['məʊə] s. **1** ceifador, ceifeiro; **2** segadeira, máquina de segar; **3** cortador (de relva)
mowing ['məʊɪŋ] s. acção de ceifar; acção de segar ❖ AGRICULTURA *~ machine* máquina de ceifar; segadeira mecânica
mown ['məʊn] part. pass. de **to mow**²
moxa ['mɒksə] s. moxa, mecha de uma espécie de penugem de folhas secas usada como cautério sobre a pele, para combater a gota
Mozabite ['mɒzəbaɪt] adj.,s. mozabita
Mozambican [məʊzəm'biːkən] adj.,s. moçambicano
Mozambique [məʊzəm'biːk] s.top. Moçambique
Mozarab [məʊ'zærəb] s. moçárabe
Mozarabic [məʊ'zærəbɪk] adj. moçárabe, moçárábico
mozetta [məʊ'zetə] s. mozeta, murça de prelado ou cónego
mozzarella [mɒtsə'relə] s. (queijo) mozarela
mp [abrev. de melting point]
MP Ⓐ POLÍTICA [abrev. de Member of Parliament] Ⓑ [abrev. de Military Police]
MP3 INFORMÁTICA [abrev. de MPEG audio layer 3] MP3
MPC INFORMÁTICA [abrev. de Multimedia Personal Computer]
MPEG INFORMÁTICA (multimédia) [abrev. de Moving Pictures Experts Group] MPEG
mpg [abrev. de miles per gallon]
mph [abrev. de miles per hour]
MPhil [abrev. de Master of Philosophy]
MPP Ⓐ INFORMÁTICA [abrev. de Massively Parallel Processing] PMP Ⓑ (Canadá) [abrev. de Member of Provincial Parliament]
MPS [abrev. de Member of the Pharmaceutical Society]
Mr [abrev. de Mister] Sr.
MR DIREITO (Inglaterra) [abrev. de Master of the Rolls]
MRAeS [abrev. de Member of the Royal Aeronautical Society]
MRAS Ⓐ [abrev. de Member of the Royal Academy of Science] Ⓑ [abrev. de Member of the Royal Asiatic Society]
MRC [abrev. de Medical Research Council]
MRCA [abrev. de multirole combat aircraft]
MRCP Ⓐ [abrev. de Member of the Royal College of Preceptors] Ⓑ [abrev. de Member of the Royal College of Physicians]
MRCS [abrev. de Member of the Royal College of Surgeons]
MRCVS [abrev. de Member of the Royal College of Veterinary Surgeons]
MRI Ⓐ MEDICINA [abrev. de magnetic resonance imaging] RM Ⓑ [abrev. de Member of the Royal Institution]
MRIA [abrev. de Member of the Royal Irish Academy]
Mrs (mulher casada) [abrev. de Mistress] Sra.
Ms [GB] (solteira ou casada) menina; senhora
MS. [abrev. de manuscript]
MS Ⓐ [abrev. de Memoriae Sacrum (Sacred to the Memory of)] Ⓑ [abrev. de Master of Surgery] Ⓒ [abrev. de multiple sclerosis]
MSA [abrev. de Master of the Science in Agriculture]
MSc [abrev. de Master of Science]
MSC [abrev. de Missionaries of the Sacred Heart]
MScTech [abrev. de Master of Science and Technology]
MS-DOS INFORMÁTICA [abrev. de Microsoft Disk Operating System] MS-DOS
MSH [abrev. de melanocyte-stimulating hormone]
m.s.l. [EUA] [abrev. de mean sea level]
Mt Ⓐ [abrev. de Mount] Ⓑ [abrev. de Mountain]
MTB [abrev. de motor torpedo boat]
mtg. [abrev. de mortgage]
mu [mjuː] s. **1** nome duma letra grega; **2** RÁDIO coeficiente de amplificação
much [mʌtʃ] Ⓐ adj. **1** muito, grande quantidade de; *~ money* muito dinheiro; *~ wine* muito vinho; *~ water* muita água; **2** grande Ⓑ s. **1** muito, muita coisa; *~ of what they say is true* muito do que dizem é verdade; *I have ~ to be thankful for* tenho muita coisa a agradecer; **2** muito, grande quantidade de; *he has done ~ for us* ele tem feito muito por nós; *the bill does not amount to ~* a conta não sobe a muito Ⓒ adv. **1** muito, bastante; *~ beloved* muito amado; *~ better* muito melhor; *~ less pleasant* muito menos agradável; *~ more beautiful* muito mais belo; *~ nicer* muito mais bonito; *~ pleased* muito satisfeito; *~ worse* muito pior; *she has ~ difficulty in learning languages* ela tem muita dificuldade em aprender línguas; *do you eat much?* tu comes muito?; *too ~ wine* demasiado vinho; *do you see ~ of one another?* vêem-se muitas vezes?; *~ too short* demasiado curto; *to be too ~ for sb* ser demasiado para alguém; **2** grandemente, o mais provável; *~ the most likely* grandemente, o mais provável; **3** bem; **4** muitas vezes; **5** mais ou menos, quase, sensivelmente; *~ about the same* sensivelmente a mesma coisa; *~ the same age* sensivelmente da mesma idade; *they are ~ of a size* são quase do mesmo tamanho ❖ *~ ado about nothing* muito barulho para nada; *~ as I should like to please you* por muito que eu quisesse agradar-lhe; *~ as I tried* por mais que eu tentasse; *~ to be admired* admirável; *~ to be pitied* digno de piedade; *~ to my regret* com muita pena minha; *~ good may it do you!* que lhe preste!; *as ~ again* o dobro; *outro tanto; as ~ as* tanto como; *give me that ~* dá-me exactamente isso; *he is not ~ of a sailor* ele não é grande marinheiro; *he is not ~ of a teacher* ele não é grande coisa como professor; *he didn't make ~ of the book you lent to him* ele não compreendeu grande coisa do livro que lhe emprestaste; *he has only done that ~ so far* por enquanto ele só fez isso; *how ~ is that?* quanto custa isso?; *I ~ regret what happened* lamento imenso o que aconteceu; *is it ~ of a walk?* será muito longe para ir a pé?; *it's as ~ as saying that...* é o mesmo que dizeres que...; *I thought as ~* era bem o que eu pensava; *it is not up to ~* não vale grande coisa; *not ~ to look at* de aspecto pouco atraente; *quite as ~* outro tanto; *so ~ the better* tanto melhor; *she did as ~ as she could* ela fez o que podia; *she hasn't so ~ as you think* ela não tem tanto como julgas; *so ~ the less* tanto menos; *so ~ the more* tanto mais; *so ~ the worse* tanto pior; *that ~/this ~* a quantidade indicada; *that ~ is certain* isso é certo, uma coisa é certa; *that's not worth ~* isso não vale grande coisa; *there is not ~ in him* ele não vale grande coisa; *they not so ~ as moved a finger* eles nem sequer mexeram um dedo; *three times as ~* três vezes mais; *to make ~ of one's time* empregar bem o tempo; *to think too ~ of oneself* ter-se em grande conta; *to make ~ of sb/sth* atribuir grande importância a alguém/alguma coisa; *without so ~ as saying goodbye* sem sequer dizer adeus
muchly ['mʌtʃlɪ] adv. [joc.] muito
muchness ['mʌtʃnɪs] s. magnitude; quantidade; grandeza ❖ [coloq.] *much of a ~* mais do mesmo; a mesma coisa
muciform ['mjuːsɪfɔːm] adj. muciforme
mucilage ['mjuːsɪlɪdʒ] s. **1** mucilagem, substância gomosa existente em muitos vegetais; **2** secreção viscosa de mucosas animais; **3** [EUA] goma-arábica
mucilaginous [mjuːsɪ'lædʒɪnəs] adj. **1** mucilaginoso; **2** viscoso
mucin ['mjuːsɪn] s. QUÍMICA mucina, substância existente na maioria das secreções mucosas do organismo
muck [mʌk] Ⓐ s. **1** esterco, estrume; **2** bosta, excremento (de animal); **3** (sujidade) porcaria, imundície; lixo, lixeira; **4** (filmes, livros, comida, etc.) porcarias; *to read ~* ler porcarias; **5** [coloq.] barafunda, salgalhada Ⓑ v.tr.,intr. **1** estrumar, estercar; **2** emporcalhar, sujar; *to ~ one's clothes* sujar a roupa; **3** estragar ❖ (metalurgia) *~ bar* barra de ferro em bruto; *~ sweat* suor abundante; *to be in a ~ (of a) sweat* suar as estopinhas; estar banhado em suor; *to make a ~ of* sujar; emporcalhar; estragar; fazer uma salgalhada com
◆**muck about/around** Ⓐ v.intr. **1** [coloq.] perder tempo; fazer palhaçadas; **2** [coloq.] andar dum lado para o outro; **3** (tentar alterar) mexer [**with**, em]; brincar [**with**, com] Ⓑ v.tr. [coloq.] chatear; maltratar
◆**muck in** v.intr. [coloq.] trabalhar em conjunto, unir esforços ❖ [coloq.] *to ~ with sb* partilhar o trabalho com alguém; viver com alguém no mesmo quarto

◆**muck out** *v.tr.* (estábulo, cavalariça) limpar
◆**muck up** Ⓐ *v.tr.* **1** [coloq.] estragar; deitar a perder; *to muck things up* estragar tudo; **2** [coloq.] baralhar; confundir; **3** [coloq.] sujar Ⓑ *v.intr.* **1** [coloq.] portar-se mal; **2** [coloq.] fazer asneira
mucker ['mʌkə] *s.* **1** [coloq., ant.] compincha; **2** [coloq.] (pessoa) grosseirão; rústico; **3** [coloq.] tombo; trambolhão; queda; *to come a ~* dar um trambolhão, sofrer um desastre ❖ *to go a ~ on sth/to go a ~ over the purchase of sth* meter-se em extravagâncias; gastar tolamente com coisas inúteis
muckheap ['mʌkhi:p] *s.* **1** monte de esterco; **2** pilha de estrume
muckiness ['mʌkɪnɪs] *s.* porcaria, sujidade
muckle ['mʌkl] *s.* ⇒ **mickle**
muckrake ['mʌkreɪk] Ⓐ *s.* **1** ancinho para estrume; **2** rodo para o lodo Ⓑ *v.intr.* denunciar escândalos; tornar conhecidos casos de corrupção
muckworm ['mʌkwɜ:m] *s.* **1** verme que vive no estrume, larva existente no esterco; **2** pessoa avarenta e sórdida
mucky ['mʌki] *adj.* (*comp.* -ier, *superl.* -iest) sórdido, sujo, imundo
mucopurulent [ˌmjuːkəʊˈpjʊərələnt] *adj.* MEDICINA mucopurulento
mucor ['mjuːkɔː] *s.* BOTÂNICA mucor
mucosa [mjuːˈkəʊsə] *s.* (*pl.* -ae) mucosa
mucosity [mjuːˈkɒsɪti] *s.* **1** mucosidade; **2** muco
mucous ['mjuːkəs] *adj.* mucoso ❖ ANATOMIA *~ membrane* mucosa
mucro ['mjuːkrəʊ] *s.* (*pl.* -s ou -nes) BOTÂNICA, ZOOLOGIA mucrão, múcron; mucro
mucronate ['mjuːkrəʊnɪt] *adj.* BOTÂNICA mucronado
mucronated ['mjuːkrəʊneɪtɪd] *adj.* ⇒ **mucronate**
mucus ['mjuːkəs] *s.* muco, mucosidade
mud [mʌd] Ⓐ *s.* **1** lama, terra lamacenta; **2** lodo; limo; vasa; *~ river* lodo, limo; **3** [fig.] calúnias; difamação; **4** (livros, filmes, etc.) porcarias; lixo Ⓑ *v.tr.* (*particípios:* -dd-) enlamear; sujar com lama; enlodar ❖ *~ boots* botas para a lama; botas de água; galochas; ZOOLOGIA *~ dauber/wasp* vespa que constrói em barro a habitação; (automóvel) *~ flap* guarda-lamas; ZOOLOGIA *~ hen* frango-de-água; galeirão; (cosmética) *~ mask* máscara de lama; ZOOLOGIA (peixe) *~ minnow* umbrina; *~ pie* bolo de lama (feito por crianças); ZOOLOGIA *~ puppy* salamandra (*necturus maculosus*); *~ stain* mancha de lama; GEOLOGIA *~ volcano* vulcão de lama; vulcão que projecta lama; [joc.] *as clear as ~* totalmente obscuro; [ant., coloq.] (brinde) *here's ~ in your eye* cá vai à tua saúde!; *if you throw ~ enough, some of it will stick* da calúnia alguma coisa fica; [coloq.] *since he wrote that letter, his name has been ~* o nome dele tem andado pela lama desde que escreveu aquela carta; *to drag sb's name in/through the ~* arrastar o nome de alguém pela lama; rebaixar alguém; caluniar alguém; *to throw/hurl/fling ~ (at sb)* atirar lama (a alguém); caluniar (alguém); insultar (alguém); [coloq.] *your name is ~* tens o nome manchado; estás queimado *fig.*
MUD INFORMÁTICA (Internet) [*abrev. de* Multiuser Domain/Dungeon/Dimension]
mudar [mʌˈdɑː] *s.* BOTÂNICA mudar, bombardeira
mudbath ['mʌdbɑːθ] *s.* **1** lamaçal; **2** (tratamento de beleza) banho de lama
mudded ['mʌdɪd] *adj.* enlameado, sujo com lama, coberto de lama
muddied ['mʌdɪd] *adj.* **1** enlameado, lamacento; **2** lodoso
muddiness ['mʌdɪnɪs] *s.* **1** sujidade com lama ou lodo; **2** turvação; perturbação; *~ of mind* perturbação do espírito
muddle ['mʌdl] Ⓐ *s.* confusão, desordem, embrulhada, trapalhada, baralhada Ⓑ *v.tr.,intr.* **1** confundir; deixar perplexo; **2** perturbar o espírito, lançar na confusão, desnortear; **3** pôr em desordem; baralhar; misturar atabalhoadamente; **4** estragar; *you've muddled everything* estragaste tudo, fizeste uma salgalhada completa; **5** embriagar, toldar; *four glasses of port soon ~ him* quatro cálices de vinho do Porto perturbam-no logo; **6** turvar; **7** (bebida) mexer; misturar com cuidado ❖ *to be in a ~* estar numa confusão; estar numa desordem; estar numa baralhada, estar confuso; *to get into a ~ (about)* atrapalhar-se (a propósito de); ficar sem saber o que fazer (quanto a); *to make a ~ of* estragar; pôr em desordem; confundir

◆**muddle about** *v.intr.* arrastar-se indolentemente; vaguear
◆**muddle along/on** *v.intr.* **1** avançar aos tropeções; ir andando; **2** desenrascar-se; ir-se safando
◆**muddle through** *v.intr.* desenrascar-se; safar-se
◆**muddle up** *v.tr.* **1** confundir; trocar; **2** (desordenar) baralhar
muddled ['mʌdld] *adj.* **1** em desordem, em confusão; **2** atrapalhado, confuso, perturbado, desnorteado; **3** ébrio, embriagado; *~ with port* um tanto ébrio com vinho do Porto ❖ *to get muddled (up)* ficar confuso; ficar baralhado; *to get sb/sth muddled (up)* baralhar alguém/alguma coisa; confundir alguém/alguma coisa
muddledom ['mʌdldəm] *s.* **1** barafunda, desordem, confusão; **2** o reino da barafunda
muddleheaded [ˌmʌdlˈhedɪd] *adj.* **1** confuso; **2** trapalhão
muddler ['mʌdlə] *s.* trapalhão, pessoa que confunde tudo
muddy ['mʌdɪ] Ⓐ *adj.* (*comp.* -ier, *superl.* -iest) **1** cheio de lama; coberto de lama; enlameado; *~ shoes* sapatos enlameados; **2** lamacento; lodoso; barrento; *~ bottom* fundo lodoso; *~ water* água lodosa, água lamacenta; **3** (líquido) turvo; *~ coffee* café turvo, mal coado; **4** (cor) escuro, baço; **5** (aspecto, pele) terroso; **6** (ideia, pensamento, etc.) confuso, pouco claro, obscuro; **7** (voz) pastosa, abafada; **8** (pessoa) desnorteado, desorientado Ⓑ *v.tr.* **1** sujar, enlamear, encher de lodo; **2** turvar; **3** desnortear, desorientar, confundir; **4** tornar pouco claro, obscurecer; **5** tornar baço; **6** entontecer ❖ *the Big Muddy* o Mississípi ou o Missuri; *to taste ~* ter um paladar a lodo
mudflat ['mʌdflæt] *s.* lodaçal; atoleiro
mudguard ['mʌdgɑːd] *s.* guarda-lamas
mudir [muːˈdɪə] *s.* **1** mudir, governador de mudirié ou província egípcia; **2** governador de aldeia turca
mudlark ['mʌdlɑːk] Ⓐ *s.* **1** garoto das ruas, garoto que gosta de brincar na lama; **2** garoto que vive na lama Ⓑ *v.intr.* [coloq.] brincar na lama (garoto das ruas)
mudpack ['mʌdpæk] *s.* (cosmética) máscara de argila
mudslide ['mʌdslaɪd] *s.* torrente de lama; desabamento de terras, de lama
mudslinger ['mʌdslɪŋə] *s.* caluniador; difamador
mudslinging ['mʌdslɪŋɪŋ] *s.* calúnias; maledicência
mudstone ['mʌdstəʊn] *s.* GEOLOGIA argilite
mudwrestle ['mʌdˌresl] *v.tr.,intr.* lutar na lama
mudwrestler ['mʌdˌreslə] *s.* praticante de luta na lama
mudwrestling ['mʌdˌreslɪŋ] *s.* luta na lama
muesli ['mjuːzlɪ] *s.* (pequeno-almoço) muesli
muezzin [muːˈezɪn] *s.* almuádem; muezim
muff [mʌf] Ⓐ *s.* **1** VESTUÁRIO regalo; **2** DESPORTO falhanço, pexotada; *to make a ~ of a catch* falhar uma bola; **3** (actuação desastrada) trapalhice; falta de jeito Ⓑ *v.tr.* **1** DESPORTO falhar, não apanhar (a bola), deixar escapar (a bola); *to ~ a ball* falhar uma bola; (críquete) *to ~ a catch* não apanhar uma bola; (golfe) *to ~ a stroke* falhar uma jogada; **2** perder, desperdiçar, deitar a perder por trapalhice; *he muffed a great chance* perdeu uma óptima oportunidade ❖ VESTUÁRIO *foot ~* abafo para os pés
muffetee [ˌmʌfɪˈtiː] *s.* espécie de punho de lã usado no pulso
muffin ['mʌfɪn] *s.* **1** [GB] CULINÁRIA pãozinho doce; **2** CULINÁRIA *muffin*, queque (de chocolate ou com frutos); **3** [cal.] idiota, palerma ❖ *~ face* rosto sem expressão; *~ man* homem dos *muffins*; vendedor ambulante de *muffins*; [EUA] CULINÁRIA *English ~* pãozinho doce
muffle ['mʌfl] Ⓐ *v.tr.* **1** (ruído, som, etc.) amortecer; abafar; *to ~ drums* abafar tambores; *to ~ the oars of a boat* abafar o ruído dos remos dum barco; *the snow muffled our steps* a neve amortecia o ruído dos nossos passos; **2** tapar; **3** [fig.] (informação) encobrir; ocultar; **4** agasalhar; cobrir; envolver em roupas; *to ~ one's throat* cobrir a garganta (com cachecol, etc.); **5** amordaçar, cobrir cabeça de pessoa para impedir que fale; **6** dizer por entre dentes Ⓑ *s.* **1** luva de couro para doidos que rasgam as roupas, luva sem dedos; **2** mufla; **3** secção em forno para o cozimento de louça de barro; **4** ZOOLOGIA (roedores, ruminantes) parte grossa do lábio superior; **5** focinho

◆**muffle up** *v.intr.* agasalhar-se; abafar-se; *muffle yourself up well – it's freezing* agasalha-te bem – está muito frio
muffled ['mʌfld] *adj.* **1** (som) surdo, abafado; *~ drums* tambores que tocam em surdina; *~ voices* vozes abafadas; **2** agasalhado, enroupado, cheio de roupas; *~ up* todo agasalhado

muffler ['mʌflə] s. 1 cachecol, abafo para o pescoço; 2 luva de boxe; 3 luva espessa; 4 abafador de piano; 5 silencioso de automóvel

mufflered ['mʌfləd] adj. com o pescoço agasalhado por um cachecol

muffling ['mʌflɪŋ] s. amortecimento, abafamento (de tambor, etc.)

mufti ['mʌftɪ] s. 1 MILITAR traje civil; 2 RELIGIÃO (islamismo) mufti, jurisconsulto supremo ❖ *in ~* à paisana

mug [mʌɡ] Ⓐ s. 1 caneca; 2 [coloq.] (rosto) tromba, fuças; ventas; *what an ugly mug!* que tromba!, que carantonha!; 3 [cal.] anjinho, pateta, simplório; *that's a mug's game* isso serve mas é para os patetas; 4 marrão, pessoa que estuda muito; 5 exame Ⓑ v.tr. (particípios **-gg-**) assaltar com violência; atacar para assaltar Ⓒ v.intr. (particípios **-gg-**) 1 fazer caretas; 2 [EUA] fotografar

◆ **mug up** v.tr.,intr. [GB] [coloq.] (exame) marrar [**for**, para]; picar [**for**, para]; *I have to ~ for the final exam* tenho de marrar para o exame final

mugful ['mʌɡfʊl] s. conteúdo duma caneca cheia

mugger ['mʌɡə] s. 1 assaltante, agressor; 2 ZOOLOGIA crocodilo palustre da Índia

mugginess ['mʌɡɪnɪs] s. 1 humidade quente, calor húmido e pesado; 2 tempo quente, húmido e pesado; 3 mormaço, mormaceira; 4 atmosfera abafada

mugging ['mʌɡɪŋ] s. assalto com agressão

muggins ['mʌɡɪnz] s. 1 [coloq.] anjinho, simplório; 2 determinado jogo de cartas infantil; 3 variedade do jogo do dominó

muggy ['mʌɡɪ] adj. (comp. **-ier**, superl. **-iest**) (tempo) pesado; quente e húmido; sufocante

mugshot ['mʌɡʃɒt] s. (polícia) identificação fotográfica

mugwort ['mʌɡwɜːt] s. BOTÂNICA artemísia

mugwump ['mʌɡwʌmp] s. 1 [EUA] pessoa importante, magnata, manda-chuva; 2 pessoa que se mantém independente dos partidos políticos

Muhammadan [muˈhæmədən] adj.,s. ⇒ **Mohammedan**

mujik ['muːʒɪk] s. ⇒ **moujik**

muklek [mʌk'lek] s. canoa de pele de foca usada pelos Esquimós

mukluk [mʌk'lʌk] s. ⇒ **muklek**

mulatto [mjuːˈlætəʊ] Ⓐ adj. 1 (ofensivo) mulato; 2 (ofensivo) amulatado Ⓑ s. (pl. **-es**) (ofensivo) mulato

mulberry ['mʌlbərɪ, 'mʌlberɪ] Ⓐ s. (pl. **-ies**) 1 BOTÂNICA (fruto) amora; 2 BOTÂNICA amoreira; 3 (cor) amora Ⓑ adj. cor de amora ❖ *~ bush* jogo infantil (com a canção «Here we go round the mulberry bush»)

mulch [mʌltʃ] Ⓐ s. mistura de palha húmida, folhas, etc., espalhada para protecção das raízes de árvores recém-plantadas Ⓑ v.tr. 1 cobrir com mistura de palha húmida, folhas, etc.; 2 cobrir com camada de matéria vegetal

mulching ['mʌltʃɪŋ] s. acção de cobrir com mistura de palha húmida, folhas, e outras matérias vegetais

mulct [mʌlkt] Ⓐ v.tr. [arc.] multar [**in/of**, em]; *they mulcted him in ten pounds* multaram-no em dez libras; 2 [arc.] extorquir; *to ~ sb of sth/to ~ sth from sb* extorquir algo a alguém Ⓑ s. [arc.] multa

mule [mjuːl] Ⓐ s. 1 ZOOLOGIA mulo, macho, mu; mula; *he-mule* macho, mu; *she-mule* mula; 2 (animal, planta) híbrido; 3 [fig.] (indivíduo teimoso) cabeça-dura; 4 (calçado) chinela, soca; 5 [cal.] correio de droga; 6 máquina de fiar; 7 tractor eléctrico Ⓑ v.intr. ⇒ **mewl** ❖ *~ breeding* criação de gado muar; ZOOLOGIA *~ canary* travesso (cruzamento de canário com pintassilgo); *~ driver* muleteiro; arrieiro de muares; *as stubborn as a ~* teimoso como um jumento; teimoso como uma mula

muleteer [ˌmjuːlɪˈtɪə] s. muleteiro, arrieiro de muares

muley ['mjuːlɪ] adj.,s. 1 [EUA] mocho, sem cornos; 2 animal mocho, animal sem cornos

muliebrity [ˌmjuːlɪˈebrɪtɪ] s. feminidade, feminilidade, condição feminina

mulish ['mjuːlɪʃ] adj. 1 teimoso, obstinado; 2 como jumento

mulishly ['mjuːlɪʃlɪ] adv. 1 teimosamente; 2 com uma teimosia de jumento

mulishness ['mjuːlɪʃnɪs] s. obstinação, teimosia, carácter teimoso

mull [mʌl] Ⓐ s. 1 período de reflexão; 2 (tecido) musselina; *silk ~* musselina de seda; 3 salgalhada, trapalhada, embrulhada, desordem; 4 [Esc.] GEOGRAFIA promontório, cabo; 5 húmus, terra vegetal Ⓑ v.tr. 1 DESPORTO (bola) falhar; 2 fazer mal (qualquer coisa), estragar, atrapalhar, pôr em desordem, confundir; 3 (vinho, cerveja, cidra) aquecer com açúcar, canela, etc. ❖ *mulled wine* vinho quente com açúcar, canela, etc.

◆ **mull over** v.tr. (problema, proposta, questão) reflectir sobre; ponderar; pensar sobre; *she mulled over the offer and decided to take it* ela pensou sobre a proposta e decidiu aceitá-la

mullah ['mʌlə] s. muçulmano versado em teologia e direito religioso

mullein ['mʌliːn] s. BOTÂNICA círio-do-rei, verbasco ❖ BOTÂNICA *~ pink* anémona-pulsatila

muller ['mʌlə] s. pedra usada para pisar e moer tintas sobre uma moleta

mullet ['mʌlɪt] s. 1 ZOOLOGIA mugem, salmonete, ruivo; 2 HERÁLDICA moleta, figura do escudo com forma estrelada e vazada no meio

mulligan ['mʌlɪɡən] s. [EUA] guisado de carne com legumes

mulligatawny [ˌmʌlɪɡəˈtɔːnɪ] s. (pl. **-ies**) CULINÁRIA sopa indiana fortemente condimentada com caril ❖ *~ paste* pasta de caril usada em sopa

mulligrubs ['mʌlɪɡrʌbz] s.pl. 1 depressão mental, neurastenia; 2 dor de estômago, dor de barriga, cólica

mullion ['mʌljən] s. pinázio, fasquia vertical de divisão dos caixilhos das janelas

mullioned ['mʌljənd] adj. com pinázios

mullock ['mʌlək] s. 1 rocha que não contém ouro; 2 detritos dos quais o ouro foi extraído; 3 [dial.] refugo, entulho

multangular [mʌlˈtæŋɡjʊlə] adj. multiangular

multeity [mʌlˈtiːɪtɪ] s. pluralidade

multi-articulate [ˌmʌltɪɑːˈtɪkjʊlɪt] adj. multiarticulado

multibay ['mʌltɪbeɪ] adj. INFORMÁTICA com muitos compartimentos

multicam ['mʌltɪkæm] s. uso de várias câmaras

multicapsular [ˌmʌltɪˈkæpsjʊlə] adj. BOTÂNICA multicapsular

multicapsulate [ˌmʌltɪˈkæpsjʊlɪt] adj. ⇒ **multicapsular**

multicauline [ˌmʌltɪˈkɔːlɪn] adj. BOTÂNICA multicaule

multicellular [ˌmʌltɪˈseljʊlə] adj. multicelular, pluricelular

multicolour [ˌmʌltɪˈkʌlə] adj. multicolor

multicoloured [ˌmʌltɪˈkʌləd] adj. multicolor

multicultural [ˌmʌltɪˈkʌltʃərəl] adj. multicultural

multiculturalism [ˌmʌltɪˈkʌltʃərəlɪzəm] s. multiculturalismo

multicuspid [ˌmʌltɪˈkʌspɪd] adj. BOTÂNICA multicúspide

multicuspidate [ˌmʌltɪˈkʌspɪdɪt] adj. ⇒ **multicuspid**

multicylinder [ˌmʌltɪˈsɪlɪndə] adj. policilíndrico, com vários cilindros

multidigitate [ˌmʌltɪˈdɪdʒɪtɪt] adj. ZOOLOGIA multidigitado

multidimensional [ˌmʌltɪdaɪˈmenʃənəl] adj. multidimensional

multidirectional [ˌmʌltɪdəˈrekʃənəl, ˌmʌltɪdaɪˈrekʃənəl] adj. multidireccional

multidisciplinarity [ˌmʌltɪdɪsɪplɪˈnærɪtɪ] s. pluridisciplinaridade, multidisciplinaridade

multidisciplinary [ˌmʌltɪdɪˈsɪplɪnərɪ] adj. multidisciplinar, pluridisciplinar

multi-engined [ˌmʌltɪˈendʒɪnd] adj. com vários motores

multiethnic [ˌmʌltɪˈeθnɪk] adj. multiétnico

multiethnicity [ˌmʌltɪeθˈnɪsɪtɪ] s. multietnicidade

multifaceted [ˌmʌltɪˈfæstɪd] adj. multifacetado

multifarious [ˌmʌltɪˈfeərɪəs] adj. [form.] múltiplo, numeroso e diverso; *~ duties* obrigações múltiplas e diversas

multifariousness [ˌmʌltɪˈfeərɪəsnɪs] s. multiplicidade, variedade, diversidade

multifid ['mʌltɪfɪd] adj. multífido, multilobado

multifidous [ˌmʌlˈtɪfɪdəs] adj. ⇒ **multifid**

multifloral [ˌmʌltɪˈflɔːrəl] adj. BOTÂNICA multifloro

multiflorous [ˌmʌltɪˈflɔːrəs] adj. ⇒ **multifloral**

multifoil ['mʌltɪfɔɪl] adj. ARQUITECTURA multilobado

multiform ['mʌltɪfɔːm] adj. multiforme

multilateral [ˌmʌltɪˈlætərəl] adj. 1 multilateral; 2 GEOMETRIA multilátero

multilayered [ˌmʌltɪˈleɪəd] adj. 1 de muitas camadas; 2 multifacetado

multilingual [ˌmʌltɪˈlɪŋɡwəl] adj. multilingue

multilingualism [ˌmʌltɪˈlɪŋɡwəlɪzəm] s. multilinguismo

multilobate [ˌmʌltɪˈləʊbeɪt] adj. multilobado

multilobated [ˌmʌltɪləʊˈbeɪtɪd] *adj.* ⇒ **multilobate**
multilobular [ˌmʌltɪˈlɒbjʊlə] *adj.* ⇒ **multilobate**
multilocular [ˌmʌltɪˈlɒkjʊlə] *adj.* BOTÂNICA multilocular, plurilocular
multiloculate [ˌmʌltɪˈlɒkjʊleɪt] *adj.* ⇒ **multilocular**
multiloculated [ˌmʌltɪˈlɒkjʊleɪtɪd] *adj.* ⇒ **multilocular**
multimedia [ˌmʌltɪˈmiːdɪə] *adj.,s.* multimédia
multimillion [ˌmʌltɪˈmɪljən] *adj.* multimilionário; que envolve muitos milhões; *a ~ dollar investment* um investimento de muito milhões de dólares
multimillionaire [ˌmʌltɪˌmɪljəˈneə] *adj.,s.* multimilionário
multimodal [ˌmʌltɪˈməʊdl] *adj.* multimodal
multimode [ˈmʌltɪməʊd] *adj.* multimodal
multinational [ˌmʌltɪˈnæʃənəl] *adj.,s.* multinacional
multinervate [ˌmʌltɪˈnɜːvɪt] *adj.* BOTÂNICA multinérveo
multinervose [ˌmʌltɪˈnɜːvəʊs] *adj.* ⇒ **multinervate**
multinomial [ˌmʌltɪˈnəʊmɪəl] *adj.,s.* MATEMÁTICA polinómio
multipack [ˈmʌltɪpæk] *s.* (pacote de vários produtos) *pack*
multiparity [ˌmʌltɪˈpærɪtɪ] *s.* BIOLOGIA multiparidade
multiparous [mʌlˈtɪpərəs] *adj.* multíparo
multipartite [ˌmʌltɪˈpɑːtaɪt] *adj.* 1 multipartido; 2 POLÍTICA multipartidário
multiped [ˈmʌltɪpɪd] *adj.* com vários pés; multípede
multiphase [ˈmʌltɪfeɪz] *adj.* ELECTRICIDADE polifásico; *~ current* corrente polifásica; *~ current plant* instalação polifásica; *~ motor* motor polifásico
multiplane [ˈmʌltɪpleɪn] Ⓐ *adj.* AERONÁUTICA multiplano, com várias superfícies sustentadoras Ⓑ *s.* avião multiplano
multiple [ˈmʌltɪpl] Ⓐ *adj.* 1 múltiplo; 2 diverso; *he has ~ interests* ele tem diversos interesses; 3 numeroso Ⓑ *s.* 1 MATEMÁTICA múltiplo; 2 ELECTRICIDADE ligação em paralelo; 3 sucursal de cadeia de lojas ❖ *~ choice* escolha múltipla; ELECTRICIDADE *~ connection* ligação em paralelo; BOTÂNICA *~ fruit* fruto múltiplo; fruto composto; *~ intelligences* inteligências múltiplas; PSICOLOGIA *~ personality* personalidade múltipla; MEDICINA *~ sclerosis* esclerose múltipla; ASTRONOMIA *~ star* estrela múltipla; *~ store* sucursal de cadeia de lojas; MATEMÁTICA *least common ~* mínimo múltiplo comum
multiple-choice [ˌmʌltɪpəlˈtʃɔɪs] *adj.* de escolha múltipla; *~ question* pergunta de escolha múltipla; *~ test/examination* teste/exame de escolha múltipla
multiplet [ˈmʌltɪplət] *s.* FÍSICA multipleto
multiplex [ˈmʌltɪpleks] Ⓐ *s.* 1 complexo de cinemas; 2 ELECTRICIDADE multiplex Ⓑ *adj.* múltiplo; múltiplice; complexo Ⓒ *v.tr.,intr.* ELECTRICIDADE comunicar em multiplex ❖ *~ telegraph system* sistema telegráfico múltiplo
multiplexer [ˈmʌltɪpleksə] *s.* INFORMÁTICA multiplexador
multipliable [ˌmʌltɪˈplaɪəbəl] *adj.* multiplicável
multiplicable [ˌmʌltɪˈplɪkəbəl] *adj.* ⇒ **multipliable**
multiplicand [ˌmʌltɪplɪˈkænd] *s.* MATEMÁTICA multiplicando
multiplication [ˌmʌltɪplɪˈkeɪʃən] *s.* multiplicação ❖ MATEMÁTICA *~ table* tabuada de multiplicar; MATEMÁTICA *~ sign* sinal de multiplicar; MATEMÁTICA *~ of a number by another* multiplicação dum número por outro; MATEMÁTICA *~ of vectors* multiplicação de vectores
multiplicative [ˌmʌltɪˈplɪkətɪv] *adj.* multiplicativo
multiplicity [ˌmʌltɪˈplɪsɪtɪ] *s.* 1 multiplicidade; diversidade; complexidade; variedade; *a ~ of duties* uma multiplicidade de obrigações; 2 FÍSICA multiplicidade, número de possibilidades de acoplamento vectorial entre os vectores; partículas de um multipleto
multiplied [ˈmʌltɪplaɪd] *adj.* multiplicado
multiplier [ˈmʌltɪplaɪə] *s.* 1 MATEMÁTICA multiplicador; 2 ELECTRICIDADE resistência adicional em série
multiply [ˈmʌltɪplaɪ] Ⓐ *v.tr.* 1 multiplicar, efectuar a operação da multiplicação; *to ~ 7 by 6* multiplicar 7 por 6; 2 multiplicar, produzir grande número de Ⓑ *v.intr.* multiplicar-se; reproduzir-se; crescer em número; *mice ~ rapidly* os ratos reproduzem-se muito rapidamente
multiplying [ˈmʌltɪplaɪɪŋ] Ⓐ *adj.* multiplicativo; multiplicador; que multiplica; de multiplicação; *~ device* dispositivo multiplicador; *~ operation* operação de multiplicação; *~ power* potência multiplicadora Ⓑ *s.* multiplicação ❖ *~ glass* vidro/lente de aumento

multipoint [ˈmʌltɪpɔɪnt] Ⓐ *adj.* com muitos pontos de acesso Ⓑ *s.* (telecomunicações) sistema com muitos pontos de acesso
multipolar [ˌmʌltɪˈpəʊlə] *adj.* ELECTRICIDADE multipolar; *~ armature* induzido multipolar; *~ generator* gerador multipolar; *~ motor* motor multipolar
multipole [ˈmʌltɪpəʊl] *adj.* ⇒ **multipolar**
multiprocessing [ˌmʌltɪˈprəʊsesɪŋ] *s.* multiprocessamento
multiprocessor [ˌmʌltɪˈprəʊsesə] *s.* multiprocessador
multipurpose [ˌmʌltɪˈpɜːpəs] *adj.* multiusos, polivalente
multiracial [ˌmʌltɪˈreɪʃəl] *adj.* multirracial
multirole [ˈmʌltɪˌrəʊl] *adj.* 1 com aplicações múltiplas; 2 polivalente
multistorey [ˌmʌltɪˈstɔrɪ] *adj.* de vários andares
multistoreyed [ˌmʌltɪˈstɔrɪd] *adj.* de vários andares
multistoried [ˌmʌltɪˈstɔːrɪd] *adj.* [EUA] de vários andares
multitasking [ˌmʌltɪˈtɑːskɪŋ] *adj.,s.* INFORMÁTICA multitarefa
multithreading [ˌmʌltɪˈθredɪŋ] *adj.,s.* INFORMÁTICA multitarefa
multitone [ˈmʌltɪtəʊn] *adj.* 1 de sons múltiplos; *~ horn* cláxon com mais de um som; 2 (cor) em vários tons
multitrack [ˈmʌltɪtræk] *adj.* (gravação) com mais de uma faixa, de faixas múltiplas
multitubular [ˌmʌltɪˈtjuːbjʊlə] *adj.* multitubular; *~ boiler* caldeira multitubular
multitude [ˈmʌltɪtjuːd] *s.* 1 (grande quantidade) sem-número; *a ~ of reasons* um sem-número de razões; 2 multidão; 3 povo; massas; *a book that appeals to the ~* um livro que procura agradar às massas
multitudinism [ˌmʌltɪˈtjuːdɪnɪzəm] *s.* princípio que considera os interesses da multidão mais importantes que os do indivíduo
multitudinist [ˌmʌltɪˈtjuːdɪnɪst] *s.* partidário da doutrina dos interesses da multidão
multitudinous [ˌmʌltɪˈtjuːdɪnəs] *adj.* 1 numeroso, inumerável; 2 em grande número; 3 imenso, muito extenso; 4 múltiplo, de todas as espécies
multitudinously [ˌmʌltɪˈtjuːdɪnəslɪ] *adv.* inumeravelmente, multiplamente
multiuser [ˌmʌltɪˈjuːzə] *adj.* INFORMÁTICA de múltiplos utilizadores, partilhável
multivalence [ˌmʌltɪˈveɪləns] *s.* QUÍMICA polivalência
multivalent [ˌmʌltɪˈveɪlənt] *adj.* QUÍMICA polivalente
multivalve [ˈmʌltɪvælv] *adj.,s.* ZOOLOGIA multivalve
multivalvular [ˌmʌltɪˈvælvjʊlə] *adj.* multivalvular
multivitamin [ˌmʌltɪˈvɪtəmɪn] Ⓐ *s.* complexo multivitamínico Ⓑ *adj.* multivitamínico
multivocal [ˌmʌltɪˈvəʊkəl] Ⓐ *adj.* 1 multívoco; 2 com vários sentidos; 3 com sentido equívoco Ⓑ *s.* expressão ou palavra multívoca
multum in parvo [ˌmʊltʊmɪnˈpɑːvəʊ] *s.* muito em pouco espaço
multure [ˈmʌltjə, ˈmʌltʃə] *s.* maquia paga ao moleiro em grão ou farinha
mum [mʌm] Ⓐ *s.* 1 [GB] [coloq.] mãe, mamã, mamãe_Bras._; 2 minha senhora; 3 [arc.] variedade de cerveja primitivamente fabricada em Brunsvique Ⓑ *interj.* caluda!, pouco barulho!; *mum's the word!* calado!, boca calada!; *keep ~ about it!* não digas nada sobre isso! Ⓒ *v.intr.* (particípios: -**mm**-) tomar parte em pantominas ou mascaradas; fazer imitações; arremedar
mumble [ˈmʌmbəl] Ⓐ *v.tr.,intr.* 1 balbuciar; falar por entre dentes (de maneira pouco clara); 2 resmungar, resmonear; 3 mastigar com as gengivas (por não ter dentes) Ⓑ *s.* 1 balbuciamento; 2 resmungo por entre dentes, resmoneio ❖ *to ~ one's words* mastigar as palavras; não pronunciar as palavras claramente
mumbler [ˈmʌmblə] *s.* 1 pessoa que resmunga, resmungão; 2 pessoa que fala por entre dentes, que fala de modo pouco claro
mumbling [ˈmʌmblɪŋ] Ⓐ *adj.* 1 resmungão; 2 que pronuncia as palavras por entre dentes Ⓑ *s.* 1 resmungos; resmunguice; 2 acto de falar por entre os dentes
mumbo-jumbo [ˌmʌmbəʊˈdʒʌmbəʊ] *s.* tolices, disparates
Mumbo-Jumbo [ˌmʌmbəʊˈdʒʌmbəʊ] *s.* 1 ídolo grotesco, que teria sido adorado por algumas tribos; 2 [fig.] objecto de veneração disparatada

mumchance ['mʌmtʃɑ:ns] adj. 1 [arc.] silencioso, sem pronunciar uma única palavra; 2 [arc.] quieto
mummer ['mʌmə] s. 1 actor de pantominas; 2 mimo; 3 [joc.] actor
mummery ['mʌməri] s. ⟨pl. -ies⟩ 1 mascarada, pantomima; 2 palhaçada, cerimónia ridícula
mummification [,mʌmɪfɪ'keɪʃən] s. mumificação
mummiform ['mʌmɪfɔ:m] adj. em forma de múmia
mummify ['mʌmɪfaɪ] v.tr.,intr. mumificar, mumificar-se
mumming ['mʌmɪŋ] s. 1 pantomima, mascarada; 2 momice
mummy ['mʌmɪ] Ⓐ s. ⟨pl. -ies⟩ 1 múmia; 2 [GB] [coloq.] mãe, mamã, mãezinha; 3 cor castanha, rica e cheia; 4 polpa, massa Ⓑ v.tr. mumificar ❖ [coloq.] ~ *bag* saco-cama (em forma de múmia); ~ *cloth* ligadura de múmia; ***mummy's boy*** menino da mamã; [coloq.] ***to beat sb to a*** ~ dar uma sova mestra em alguém; pôr alguém em papas de farinha; ***to beat sth to a*** ~ esmagar algo; triturar algo; reduzir algo a papas
mump [mʌmp] v.tr.,intr. 1 andar mal-humorado; 2 manter-se calado e com expressão carrancuda; 3 conservar uma expressão séria; 4 mendigar, andar a pedir esmola
mumper ['mʌmpə] s. mendigo, pedinte
mumping ['mʌmpɪŋ] adj. sério, de expressão carregada ❖ ~ *day* o dia de S. Tomás (21 de Dezembro)
mumpish ['mʌmpɪʃ] adj. mal-humorado, impertinente, maçador, aborrecido, taciturno
mumps ['mʌmps] s.pl. MEDICINA papeira, parotidite, trasorelho; ***to have the*** ~ estar com papeira
mumsy ['mʌmzɪ] adj. 1 [coloq., depr.] deselegante, desleixado; 2 [coloq.] maternal; protector
munch [mʌntʃ] v.tr. trincar; mastigar (ruidosamente); ***to*** ~ *some cheese* mastigar queijo
munchies ['mʌntʃɪz] s.pl. (refeição ligeira) lanche ❖ (fome) ***to have the*** ~ sentir um buraco no estômago
munchkin ['mʌntʃkɪn] s. [EUA] [coloq.] pequenitates
mundane [mʌn'deɪn] adj. 1 banal; corriqueiro; 2 prático; terra-a-terra; 3 terreno; mundano; ~ *pleasures* prazeres mundanos ❖ *on a more* ~ *level* na prática
mundaneness [mʌn'deɪnnɪs] s. mundanidade, mundanalidade
mundanity [mʌn'dænɪtɪ] s. ⇒ **mundaneness**
mungo ['mʌŋgəʊ] s. mengo, mungo, fibra de lã de boa qualidade
mungoose ['mʌŋgu:s] s. ⇒ **mongoose**
Munich ['mju:nɪk] s.top. Munique
municipal [mju:'nɪsɪpəl] adj. municipal; ~ *administration* administração municipal; ~ *law* lei municipal ❖ ~ *buildings* edifícios públicos dependentes da municipalidade; ~ *undertakings* serviços municipalizados
municipalism [mju:'nɪsɪpəlɪzəm] s. municipalismo
municipalist [mju:'nɪsɪpəlɪst] s. municipalista
municipality [mju:,nɪsɪ'pælɪtɪ] s. ⟨pl. -ies⟩ 1 município; 2 municipalidade
municipalize [mju:'nɪsɪpəlaɪz] v.tr. municipalizar
municipally [mju:'nɪsɪpəlɪ] adv. municipalmente
municipium [mju:nɪ'sɪpɪəm] s. município romano
munificence [mju:'nɪfɪsəns] s. munificência, generosidade, liberalidade
munificent [mju:'nɪfɪsənt] adj. munificente; muito liberal, magnânimo
munificently [mju:'nɪfɪsəntlɪ] adv. munificentemente; magnanimamente; com liberalidade, com generosidade
muniment ['mju:nɪmənt] s. 1 MILITAR [arc.] protecção; 2 pl. DIREITO documento, título comprovativo de direito ou privilégio ❖ ~ *rooms* arquivos
munition [mju:'nɪʃən] Ⓐ s. [geralm. no pl.] 1 munições; 2 material de guerra, equipamento militar, armamento militar; 3 provisões; 4 [arc.] fortaleza, fortificação Ⓑ v.tr. municiar, municionar, prover de munições, fornecer munições ❖ MILITAR ~ *dump* depósito de munições; ~ *factory* fábrica de munições; fábrica de armamento; ***munitions industry*** indústria do armamento
munitioning [mju:'nɪʃənɪŋ] s. municiamento, municionamento, abastecimento de munições

muntin ['mʌntɪn] s. pinázio, couceira intermédia de janela
muntjac ['mʌntdʒæk] s. ZOOLOGIA pequeno veado da Malásia
muntjak ['mʌntdʒæk] s. ZOOLOGIA pequeno veado da Malásia
Muntz [mʌnts] s.antr. ❖ ~ *metal* liga de metal usada para forrar o casco de navios de madeira
muraena [mjʊə'ri:nə] s. ZOOLOGIA ⇒ **moray**
murage ['mjʊərɪdʒ] s. imposto pago outrora pela construção ou reparação das muralhas duma cidade
mural ['mjʊərəl] Ⓐ adj. parietal, mural Ⓑ s. ARTES PLÁSTICAS mural, pintura mural ❖ ~ *crown* coroa oferecida ao soldado romano que escalasse em primeiro lugar as muralhas da cidade sitiada; PINTURA ~ *paintings* frescos
murc [mɜ:k] s. 1 bagaço; 2 borras, depósito (de vinho)
Murcia ['mɜ:sjə] s.top. Múrcia
murder ['mɜ:də] Ⓐ s. 1 DIREITO assassínio, homicídio, crime de morte; ~ *in the first degree* homicídio premeditado; ~ *in the second degree* homicídio involuntário; ***to commit a*** ~ cometer um crime de morte; 2 [fig.] (situação desagradável) pesadelo; inferno; horror Ⓑ v.tr. 1 DIREITO assassinar, matar; 2 deitar a perder; 3 DESPORTO derrotar por completo, arrasar com; 4 [coloq.] castigar; 5 [fig.] (estragar) assassinar, adulterar, estropiar; ***to*** ~ *a song* assassinar uma canção, cantar muito mal uma canção; ***to*** ~ *English* assassinar a língua inglesa ❖ DIREITO ~ *case* processo de homicídio; LITERATURA ~ *story* romance policial; ~ *weapon* arma do crime; ~ *will out* não há crime que não venha a ser descoberto; a verdade vem sempre ao de cima; DIREITO ***person murdered*** pessoa assassinada; RELIGIÃO ***thou shalt do no*** ~ não matarás; ***to do*** ~ assassinar; ***to scream/shout blue*** ~ gritar desesperadamente por socorro
murderer ['mɜ:dərə] s. assassino, homicida
murderess ['mɜ:dərɪs] s.f. ⟨pl. -es⟩ assassina, mulher que cometeu um assassínio
murdering ['mɜ:dərɪŋ] Ⓐ adj. de assassino, assassino, que assassina Ⓑ s. assassínio, homicídio
murderous ['mɜ:dərəs] adj. 1 assassino, homicida; ~ *war* guerra assassina; 2 criminoso; 3 mortal; mortífero; ~ *blow* golpe mortal; ~ *weapons* armas mortíferas; 4 atroz, cruel; 5 feroz; ~ *look* olhar feroz, 6 (situação desagradável) horrível; assustador; infernal
murderously ['mɜ:dərəslɪ] adv. 1 de maneira assassina; 2 mortiferamente; sanguinariamente ❖ ***to attack*** ~ atacar com intenção de matar
mure [mjʊə] v.tr. [arc., lit.] encerrar; encarcerar; fechar ❖ ***to*** ~ *in a town* construir muralhas em volta duma cidade; ***to*** ~ *up a window* tapar uma janela com uma parede
murex ['mjʊəreks] s. ⟨pl. **murexes** ou **murices**⟩ ZOOLOGIA múrice, múrex, molusco gastrópode produtor da púrpura
muriate ['mjʊərɪɪt] s. QUÍMICA muriato, cloridrato, cloreto; ~ *of ammonia* muriato de amónia; ~ *of copper* muriato de cobre; ~ *of lime* muriato de cal; ~ *of soda* muriato de soda
muriated ['mjʊərɪeɪtɪd] adj. muriatado, diz-se duma base combinada com o ácido muriático
muriatic [,mjʊərɪ'ætɪk] adj. QUÍMICA [ant.] muriático_ant_, cloridrico; ~ *acid* ácido muriático/cloridrico
muricate ['mjʊərɪkɪt] adj. BIOLOGIA muricado, recoberto de pontas curtas e resistentes
muridae ['mjʊərɪdi:] s.pl. ZOOLOGIA múridas, murídeos
murine ['mjʊəraɪn] adj. ZOOLOGIA murino, murídeo
murk [mɜ:k] Ⓐ adj. 1 [arc., poét.] escuro, sombrio; 2 enevoado Ⓑ s. 1 escuridão, negrume, trevas; 2 névoa
murkily ['mɜ:kɪlɪ] adv. 1 sombriamente; 2 como que envolto em trevas; 3 pouco claramente
murkiness ['mɜ:kɪnɪs] s. 1 trevas, escuridão, obscuridade; 2 opacidade; 3 falta de clareza
murky ['mɜ:kɪ] adj. ⟨comp. -**ier**, superl. -**iest**⟩ 1 (céu, dia, lugar, etc.) escuro, carregado, sombrio, lúgubre; 2 (escuridão, nevoeiro, noite) cerrado; ~ *darkness* escuridão cerrada; ~ *night* noite escura como breu; 3 (cor) opaco, denso, baço; 4 [fig.] dúbio, suspeito, pouco claro, que contém segredos desonrosos; ~ *past* passado suspeito, passado sombrio; 5 (água) turvo
murmur ['mɜ:mə] Ⓐ s. 1 murmúrio; sussurro; ~ *of pain* murmúrio de dor; *the* ~ *of a brook* o murmúrio das águas dum regato; 2 queixume; protesto; *he did it without a* ~ fez

murmurer

isso sem um queixume; **3** MEDICINA sopro; *a heart ~* um sopro no coração; *cardiac ~* sopro cardíaco; **4** (insecto) zumbido; **5** (pessoa, trânsito) ruído, burburinho ⓑ *v.tr.,intr.* **1** murmurar, sussurrar, murmurejar; *she murmured some words and went out* ela murmurou algumas palavras e saiu; **2** resmungar; **3** lamentar-se, queixar-se [**against/at**, de] ❖ *to speak in a ~* falar em voz baixa; falar em sussurros

murmurer ['mɜːmərə] *s.* murmurador

murmuring ['mɜːmərɪŋ] Ⓐ *adj.* **1** murmurante, murmurejante, sussurrante; *a ~ brook* um regato murmurejante; **2** murmurador; resmungão ⓑ *s.* **1** murmúrio; sussurro; **2** zumbido; **3** protestos surdos; murmuração

murmurous ['mɜːmərəs] *adj.* murmúrio, murmuroso, murmurejante, murmurante

murphy ['mɜːfɪ] *s.* ⟨*pl.* **-ies**⟩ [cal.] batata

murrain ['mʌrɪn] *s.* **1** [arc.] peste, praga; **2** VETERINÁRIA [arc.] doença infecciosa do gado, epizootia ❖ *a ~ on you!* uma praga que te leve!

murrained ['mʌrɪnd] *adj.* (gado) atingido por uma epizootia, por doença infecciosa

murrey ['mʌrɪ] *adj.,s.* [arc.] vermelho-carregado, vermelho-escuro

murrhine ['mʌraɪn] *adj.* murrino, fabricado com murra; *~ glass* copo murrino, copo feito de murra

Musaceae [mjuːˈzeɪsɪiː] *s.pl.* BOTÂNICA Musáceas

MusBac [*abrev. de* Bachelor of Music]

muscadine ['mʌskədaɪn] *s.* BOTÂNICA muscadínea, espécie de videira americana

muscardine [mʌsˈkɑːdɪn] *s.* muscardina, doença do bicho-da-seda também conhecida por doença-da-cal e doença-do-gesso

muscat ['mʌskət] Ⓐ *adj.* BOTÂNICA moscatel ⓑ *s.* vinho moscatel

Muscat ['mʌskət] *s.top.* (capital de Omã) Mascate

muscatel [ˌmʌskəˈtel] *s.* **1** vinho moscatel; **2** *pl.* uva seca de Málaga

muscidae ['mʌsɪdiː] *s.pl.* múscidas, muscídeos

muscle ['mʌsl] Ⓐ *s.* **1** músculo; musculatura; *to have ~* ter músculos, ter boa musculatura; **2** energia muscular; **3** força física; **4** [fig.] poder; autoridade; influência; **5** [fig.] garra; força; energia ⓑ *v.intr.* **1** obrigar, forçar; **2** muscular; **3** [EUA] abrir caminho à força ❖ *~ fiber* fibra muscular; *~ sense* cinestesia; sentido muscular; *a man of ~* um homem musculoso; (imobilidade) *not to move a ~* não mexer um músculo; [coloq.] *to flex one's muscles* mostrar os músculos; *to pull a ~* ter um cãibra; ter uma breca

◆ **muscle in** *v.intr.* **1** intrometer-se [**on**, em]; imiscuir-se [**on**, em]; **2** forçar a entrada ❖ *stop muscling in!* não te metas!

muscle-bound ['mʌslbaʊnd] *adj.* **1** [depr.] com músculos gigantescos; excessivamente musculoso; **2** com hipertrofia muscular; **3** [fig.] rígido; inflexível

muscled ['mʌsəld] *adj.* musculado; *strong-muscled* muito musculado

muscleless ['mʌsləs] *adj.* sem músculos, sem energia muscular

muscologist [mʌsˈkɒlədʒɪst] *s.* muscologista

muscology [mʌsˈkɒlədʒɪ] *s.* BOTÂNICA muscologia, biologia, tratado dos musgos

muscovado [ˌmʌskəˈvɑːdəʊ] *s.* açúcar mascavado

muscovite ['mʌskəvaɪt] *s.* MINERALOGIA moscovite, mica-branca, vidro-de-moscóvia

Muscovite ['mʌskəvaɪt] *adj.,s.* moscovita, russo

Muscovy ['mʌskəvɪ] *s.top.* Moscóvia ❖ *~ glass* vidro-de-moscóvia; moscovite; ZOOLOGIA *~ duck* pato-do-mato

muscular ['mʌskjʊlə] *adj.* **1** ANATOMIA muscular; relativo a(os) músculo(s); **2** forte, musculoso; *~ man* homem musculoso ❖ *~ Christianity* ideal religioso exposto nos livros de C. Kingsley; MEDICINA *~ dystrophy* distrofia muscular; MEDICINA *~ rheumatism* reumatismo muscular; ANATOMIA *~ tissue* tecido muscular

muscularity [ˌmʌskjʊˈlærɪtɪ] *s.* **1** musculosidade, musculatura; **2** carácter muscular

musculation [ˌmʌskjʊˈleɪʃən] *s.* musculatura

musculature ['mʌskjʊlətʃə, 'mʌskjʊlətjʊə] *s.* ⇒ **musculation**

musculocutaneous [ˌmʌskjʊləkjʊˈteɪnɪəs] Ⓐ *adj.* musculocutâneo ⓑ *s.* nervo musculocutâneo

MusD [*abrev. de* Doctor of Music]

muse [mjuːz] Ⓐ *s.* **1** meditação; devaneio; *to fall into a ~ over something* pôr-se a meditar sobre qualquer coisa; **2** (artes) musa; fonte de inspiração ⓑ *v.intr.* **1** meditar, reflectir [**on/over**, sobre]; *to ~ on the mystery of mortal life* meditar sobre o mistério da morte; **2** estar absorto; **3** devanear [**on/over**, sobre]; *to ~ over memories of the past* devanear sobre o passado Ⓒ *v.tr.* **1** dizer com ar sonhador; **2** pensar ❖ *to ~ on the scene* contemplar pensativamente a paisagem

Muse [mjuːz] *s.* MITOLOGIA Musa, cada uma das nove deusas filhas de Zeus, protectoras da poesia ❖ *the ~* a inspiração, a Musa; *the Muses* as Musas, as artes liberais

museology [ˌmjuːzɪˈɒlədʒɪ] *s.* museologia

muser ['mjuːzə] *s.* **1** devaneador, sonhador; **2** pessoa que medita

musette [mjuːˈzet] *s.* **1** MÚSICA variedade de gaita-de-foles; **2** música rústica suave imitando o som de gaita-de-foles; **3** dança com gaita-de-foles

museum [mjuːˈzɪəm] *s.* museu; *the natural history ~* o museu de História Natural ❖ ZOOLOGIA *~ beetle* antreno dos museus; [joc.] (objecto antigo, pessoa antiquada) *~ piece* peça de museu

mush [mʌʃ] Ⓐ *s.* ⟨*pl.* **-es**⟩ **1** [EUA] CULINÁRIA papa de farinha de milho; **2** polpa macia; **3** [Can., EUA] viagem em trenó puxado por cães; **4** [cal.] fulano, sujeito; *hey, mush!* ei, meu!; **5** RÁDIO interferência; **6** [coloq.] (filme, livro, etc.) sentimentalismo; pieguice; lamechice; **7** [coloq.] disparates, frioleiras, tolices; *that's all ~* são disparates; **8** [cal.] guarda-chuva; **9** proprietário de pequeno carro; **10** desordem ⓑ *v.tr.* [EUA] esmagar, reduzir a massa Ⓒ *v.tr.,intr.* [Can., EUA] conduzir um trenó puxado por cães, viajar de trenó puxado por cães Ⓓ *interj.* [Can., EUA] ordem para cães que puxam trenós

mushiness ['mʌʃɪnɪs] *s.* **1** falta de consistência, estado esponjoso; **2** estado lamacento; **3** pieguice

mushroom ['mʌʃruːm] Ⓐ *s.* **1** BOTÂNICA cogumelo; cogumelo comestível; **2** nuvem nuclear; **3** [coloq.] novo-rico ⓑ *v.intr.* **1** expandir-se; proliferar; propagar-se; crescer rapidamente; *the fire mushroomed out on to the upper floor* o incêndio estendeu-se rapidamente ao andar superior; **2** apanhar cogumelos; **3** adquirir a forma de cogumelo; inchar; **4** (bala) achatar-se Ⓒ *adj.* **1** de cogumelo; *~ sauce* molho de cogumelos; **2** semelhante a cogumelo; **3** súbito, repentino; *~ growth* desenvolvimento súbito; *~ town* cidade de crescimento súbito ❖ *~ cloud* nuvem em forma de cogumelo; nuvem atómica; *~ grower* cultivador de cogumelos; BOTÂNICA (cogumelo) *flap ~* boleto

mushrooming ['mʌʃruːmɪŋ] Ⓐ *s.* **1** colheita de cogumelos; *to go ~* ir apanhar cogumelos; **2** crescimento rápido; rápida expansão; desenvolvimento próspero; **3** (bala) achatamento ⓑ *adj.* **1** crescente; que cresce rapidamente; **2** muito rápido; **3** (problema) cada vez mais premente

mushy ['mʌʃɪ] *adj.* ⟨*comp.* **-ier**, *superl.* **-iest**⟩ **1** pastoso, mole, sem consistência; **2** lamacento; **3** (fruto) sorvado, demasiado maduro; **4** desenxabido; **5** (filme, livro, etc.) piegas, lamecha, delicodoce; *~ sentimentality* sentimentalidade piegas ❖ [GB] CULINÁRIA *~ peas* puré de ervilhas

music ['mjuːzɪk] Ⓐ *s.* **1** (arte) música; **2** (som) música, melodia; harmonia; **3** composição musical; **4** [arc.] grupo de músicos ⓑ *v.tr.,intr.* (*particípios:* **-ck-**) **1** [rar.] musicar; pôr em música; **2** [rar.] executar música; *she likes musicking* ela gosta de tocar ❖ [EUA] *~ box* caixa de música; *~ cabinet* móvel para guardar músicas; armário para músicas; (ópera) *~ drama* drama musical; *~ hall* espectáculo de variedades; auditório; *~ lover* melómano; *~ paper* papel de música; *~ stand* estante desmontável de música, usada durante concertos; *~ stool* banco de piano; mocho de piano; *~ video* videoclip; telediscto; *~ of the spheres* harmonia das esferas; harmonia sideral; *piece of ~* música; peça musical; *to be ~ to sb's ears* ser música para os ouvidos de alguém; *to face the ~* enfrentar a crítica; aguentar com as consequências; enfrentar com coragem uma situação difícil; *to set/put (a poem) to ~* musicar (um poema)

musical ['mjuːzɪkəl] Ⓐ *adj.* **1** musical; relativo a música; **2** melodioso, agradável, harmonioso; *~ voice* voz harmoniosa, voz agradável, voz musical; **3** que gosta de música, conhecedor de música, amador de música; **4** dotado, com talento para a

música ⓑ s. CINEMA, TEATRO musical ❖ ~ *box* caixa de música; (jogo para crianças) ~ *chairs* cadeiras musicais; ~ *comedy* comédia musical; ~ *director* director musical; ~ *evening* sarau musical; MÚSICA (instrumento) ~ *glasses* copofone; ~ *instrument* instrumento musical; ~ *ride* exercícios militares de equitação realizados com acompanhamento musical; *to be* ~ gostar de música; *to come from a* ~ *family* pertencer a uma família de músicos; *to have a* ~ *ear* ter ouvido (para a música)

musicale [ˌmjuːzɪˈkæl] s. [EUA] sarau musical, sessão musical
musicality [ˌmjuːzɪˈkælətɪ] s. musicalidade
musically [ˈmjuːzɪkəlɪ] adv. 1 musicalmente; 2 com harmonia; 3 melodiosamente
musicalness [ˈmjuːzɪkəlnɪs] s. musicalidade, harmonia, melodia
musician [mjuːˈzɪʃən] s. 1 músico; 2 executante de música; 3 conhecedor de música; 4 compositor
musicianly [mjuːˈzɪʃənlɪ] adj. MÚSICA com virtuosidade, próprio de virtuoso
musicographer [ˌmjuːzɪˈkɒɡrəfə] s. musicógrafo
musicological [ˌmjuːzɪkəˈlɒdʒɪkl] adj. MÚSICA musicológico
musicologist [ˌmjuːzɪˈkɒlədʒɪst] s. MÚSICA musicólogo
musicology [ˌmjuːzɪˈkɒlədʒɪ] s. MÚSICA musicologia
musicomania [ˌmjuːzɪkəˈmeɪnɪə] s. melomania, musicomania
musing [ˈmjuːzɪŋ] Ⓐ adj. 1 meditativo, pensativo; 2 ausente, absorto; 3 sonhador Ⓑ s. 1 meditação, devaneio; 2 abstracção
musingly [ˈmjuːzɪŋlɪ] adv. meditativamente, pensativamente, sonhadoramente
musk [mʌsk] s. 1 almíscar; 2 BOTÂNICA almiscareira, erva-almiscareira, agulha-de-pastor-moscada; 3 ZOOLOGIA almiscareiro ❖ (almiscareiro) ~ *bag/gland* bolsa de almíscar; ZOOLOGIA ~ *cat* gato-de-algália; BOTÂNICA ~ *crawfoot* erva-almiscareira; ZOOLOGIA ~ *deer* almiscareiro; ZOOLOGIA ~ *duck* pato-almiscarado; ZOOLOGIA ~ *ox* boi-almiscarado; BOTÂNICA ~ *pear* pêra moscatel; BOTÂNICA ~ *rose* rosa-de-damasco; rosa damascena; BOTÂNICA ~ *seed* ambreta; pó-de-chipre
muskeg [ˈmʌskeɡ] s. [Can.] lodaçal, pântano, paul
musket [ˈmʌskɪt] s. 1 (arma) mosquete; 2 ZOOLOGIA gavião macho ❖ ~ *shot* tiro de mosquete; alcance de tiro de mosquete
musketeer [ˌmʌskɪˈtɪə] s. mosqueteiro, soldado armado de mosquete
musketoon [ˌmʌskɪˈtuːn] s. mosquetão, mosquete curto
musketry [ˈmʌskɪtrɪ] s. (pl. -ies) 1 mosquetaria, descarga de grande número de mosquetes; 2 grande número de mosqueteiros, tropas armadas de mosquetes; 3 instrução de tiro; exercícios de tiro ❖ *instructor in* ~ instrutor de tiro
muskiness [ˈmʌskɪnɪs] s. 1 cheiro a almíscar, paladar a almíscar; 2 carácter almiscarado
muskmelon [ˈmʌskmelən] s. BOTÂNICA melão vulgar
muskrat [ˈmʌskræt] s. ZOOLOGIA rato almiscareiro
musky [ˈmʌskɪ] adj. (comp. -ier, superl. -iest) almiscarado, com cheiro a almíscar
Muslim [ˈmuslɪm] adj.,s. ⇒ moslem
muslin [ˈmʌzlɪn] s. (tecido) musselina ❖ ~ *glass* vidro extremamente fino parecido com musselina; (tecido) ~ *cambric* percal; *foundation* ~ musselina forte; [fig.] *a bit of* ~ rapariga, mulher
muslined [ˈmʌzlɪnd] adj. 1 com musselina; 2 vestido de musselina
musquash [ˈmʌskwɒʃ] s. ZOOLOGIA rato-almiscareiro
muss [mʌs] Ⓐ v.tr. [EUA] [coloq.] pôr em desordem; desarranjar Ⓑ s. [EUA] [coloq.] trapalhada; confusão; desordem
◆ **muss up** v.tr. (aparência, aspecto) desarranjar ❖ [coloq.] *he is all mussed up* ele já nem sabe o que há-de fazer; já não sabe de que terra é; *the wind will* ~ *your hair* o vento vai despentear-te; *to* ~ *one's hands* sujar as mãos
mussel [ˈmʌsl] s. ZOOLOGIA mexilhão ❖ ~ *bed* viveiro de mexilhões
mussuck [ˈmʌsək] s. [Índia] recipiente de couro para água
Mussulman [ˈmʌslmən] Ⓐ s. (pl. -s) [arc., lit.] muçulmano Ⓑ adj. [arc., lit.] muçulmano
mussy [ˈmʌsɪ] adj. (comp. -ier, superl. -iest) 1 [EUA] [coloq.] em confusão, desarranjado; 2 [EUA] [coloq.] sujo
must [mʌst] Ⓐ s. 1 (vinho) mosto, vinho doce, vinho antes de fermentado; 2 (frutos) sumo, suco; 3 bafio, mofo, bolor; 4 ZOOLOGIA (elefante, camelo) cio; fúria; frenesi; 5 obrigação; necessidade; dever; coisa essencial; *that book is a* ~ esse livro é obrigatório_coloq_; 6 coisa que tem de ser feita Ⓑ adj. 1 (elefante, camelo) frenético, furioso; ~ *elephant* elefante furioso; *to go* ~ ficar furioso; 2 [coloq.] indispensável; obrigatório; *a must-see film* um filme obrigatório Ⓒ v.mod. (obrigação, necessidade, probabilidade, ênfase) ter de; dever; *I* ~ *say that I don't like it* tenho de confessar que não gosto disso; *it* ~ *be found* tem de ser encontrado; *well, I* ~ *go now* bem, tenho de ir agora; *this* ~ *be what he means* deve ser isto o que ele quer dizer; *he spends a lot a money, he* ~ *be rich* ele gasta um dinheirão, deve ser rico; *cars* ~ *not be parked here* é proibido estacionar aqui o carro; *he* ~ *be aware of this* por certo que isto é do seu conhecimento; *he* ~ *have known very well what I meant* sem dúvida que ele sabia muito bem o que eu queria dizer; *just when I was busiest, he* ~ *come worrying me* precisamente quando eu estava mais ocupado é que ele havia de me vir aborrecer; *we* ~ *see what can be done* veremos o que se pode fazer; *you* ~ *be mad* estás louco com certeza; *you* ~ *not do that* não deves fazer isso; *why* ~ *you do that?* porque é que fazes isso?; *I* ~ *go and meet him* tenho de me encontrar com ele

mustache [məˈstɑːʃ] s. ⇒ moustache
mustachio [mʌsˈtɑːʃɪəʊ] s. [arc.] bigode
mustang [ˈmʌstæŋ] s. 1 ZOOLOGIA cavalo selvagem do México e da Califórnia; 2 pequena uva tinta mexicana
mustard [ˈmʌstəd] s. 1 CULINÁRIA mostarda; 2 BOTÂNICA mostarda, mostardeira; 3 [fig., coloq.] entusiasmo; 4 (cor) mostarda ❖ ~ *gas* gás mostarda; ~ *pot* mostardeiro; recipiente da mostarda; MEDICINA ~ *poultice* sinapismo; cataplasma; ~ *seed* mostarda em grão; MEDICINA ~ *leaf/plaster* sinapismo; *black* ~ mostarda ordinária; mostarda negra; CULINÁRIA *French* ~ mostarda com vinagre; *white* ~ mostarda branca; *wild* ~ mostarda-dos-campos; ~ *and cress* mostarda branca com agrião picante; *grain of* ~ grão de mostarda; [coloq.] *to cut the* ~ estar à altura; aguentar; lidar com a situação
mustelidae [mʌsˈtelɪdiː] s.pl. ZOOLOGIA mustélidas, mustelídeos
muster [ˈmʌstə] Ⓐ v.tr. 1 reunir, convocar, juntar; 2 verificar, fazer chamada a; 3 MILITAR passar em revista; 4 (coragem, força, energias) reunir; fazer apelo a; lançar mão de Ⓑ v.intr. reunir-se; juntar-se; concentrar-se; *we mustered twenty* éramos vinte, juntámo-nos vinte Ⓒ s. 1 MILITAR revista, inspecção, reunião para efeitos de ser passada revista; *to take* ~ *of* passar revista a; 2 reunião, junção; 3 rol, lista ❖ MILITAR ~ *book* registo geral de forças militares; MILITAR ~ *parade* inspecção; MILITAR ~ *roll* lista; alardo; *to pass* ~ ser aceitável; ser considerado satisfatório; estar à altura do fim em vista
◆ **muster in** v.intr. [EUA] MILITAR assentar praça
◆ **muster out** v.tr.,intr. [EUA] MILITAR dar baixa
◆ **muster up** v.tr. (coragem, força, energias) reunir, apelar a; *he mustered up all his courage* reuniu coragem
must-have [ˈmʌsthæv] Ⓐ adj. indispensável, essencial Ⓑ s. objecto indispensável, objecto essencial
mustily [ˈmʌstɪlɪ] adv. com mofo, bafientamente
mustiness [ˈmʌstɪnɪs] s. 1 mofo, bafio, bolor; 2 estado bafiento, estado bolorento
musty [ˈmʌstɪ] adj. (comp. -ier, superl. -iest) 1 bafiento; com mofo, com bolor; que cheira a mofo; ~ *room* quarto que cheira a mofo; ~ *smell* cheiro a mofo; 2 (sabor) rançoso, cediço; 3 (ideias, métodos) antiquado, desusado, ultrapassado; *he has* ~ *ideas* as ideias dele cheiram a mofo; ~ *old laws* leis velhas e antiquadas ❖ *to smell* ~ cheirar a mofo
mutability [ˌmjuːtəˈbɪlɪtɪ] s. 1 mutabilidade; 2 instância
mutable [ˈmjuːtəbəl] adj. 1 mutável, instável, variável; 2 inconstante, volúvel; 3 LINGUÍSTICA que pode sofrer mutação
mutage [ˈmjuːtɪdʒ] s. amuo na fermentação do vinho, suspensão da fermentação
mutagen [ˈmjuːtədʒən] s. agente mutagénico
mutagenesis [ˌmjuːtəˈdʒenəsɪs] s. (genética) mutagénese, mutagenia
mutagenic [ˌmjuːtəˈdʒenɪk] adj. BIOLOGIA (genética) mutagénico
mutagenicity [ˌmjuːtədʒeˈnɪsɪtɪ] s. BIOLOGIA (genética) mutagénese
mutant [ˈmjuːtənt] Ⓐ adj. 1 BIOLOGIA mutante, que pode sofrer mutação; 2 que apresenta caracteres nitidamente diferentes dos dos pais Ⓑ s. (indivíduo, espécie, etc.) mutante

mutarotation [ˌmjuːtərəʊˈteɪʃən] s. FÍSICA, QUÍMICA mutarrotação, multirrotação
mutate [ˈmjuːteɪt] v.tr.,intr. 1 sofrer uma mutação; 2 transformar-se [**into**, em]; 3 mudar [**into**, para]; alterar [**into**, para]
mutation [mjuːˈteɪʃən] s. 1 mutação; 2 mudança; 3 modificação; 4 BIOLOGIA mutação; 5 LINGUÍSTICA mutação ❖ BIOLOGIA ~ *of type* metatipia; LINGUÍSTICA (fonética) *vowel* ~ metafonia; MÚSICA ~ *stop* registo de órgão
mutatis mutandis [muːˌtɑːtɪsmuːˈtændɪs] adv. com as convenientes alterações de pormenor
mutch [mʌtʃ] s. (pl. -es) [Esc.] touca de linho de criança ou mulher
mutchkin [ˈmʌtʃkɪn] s. [Esc.] medida de cerca de 0,426 litros
mute [mjuːt] Ⓐ adj. 1 mudo; 2 silencioso; sem fala; ~ *adoration* adoração silenciosa; *to stand* ~ emudecer, ficar sem dizer nada; 3 (acordo, consentimento) tácito; 4 LINGUÍSTICA (som) surdo; *to become* ~ tornar-se surdo; 5 (letra) mudo, não pronunciado; *H* ~ H mudo; 6 DIREITO que se recusa a depor/responder Ⓑ s. 1 [ant.] mudo, pessoa muda; 2 MÚSICA surdina; *with the* ~ *on* em surdina; 3 LINGUÍSTICA consoante surda; 4 DIREITO pessoa que se recusa a responder em tribunal; 5 [arc.] (funeral) gato-pingado (contratado); 6 CINEMA filme mudo; 7 TEATRO actor cujo papel é só representar por mímica Ⓒ v.tr.,intr. 1 MÚSICA tocar em surdina, abafar; 2 (vinho) abafar, não fermentar; 3 (aves) defecar, expelir excrementos ❖ ZOOLOGIA ~ *swan* cisne-mudo
muted [ˈmjuːtɪd] adj. 1 (som) surdo, abafado; 2 contido, não explícito, velado; 3 (cor) suave, esbatido; 4 MÚSICA em surdina
mutely [ˈmjuːtlɪ] adv. 1 mudamente; 2 silenciosamente
muteness [ˈmjuːtnɪs] s. 1 mutismo, mudez; 2 silêncio
mutilate [ˈmjuːtɪleɪt] v.tr. 1 mutilar, aleijar, estropiar; 2 decepar; 3 truncar (passo de livro, etc.)
mutilating [ˈmjuːtɪleɪtɪŋ] s. mutilação
mutilation [ˌmjuːtɪˈleɪʃən] s. mutilação
mutilator [ˈmjuːtɪleɪtə] s. mutilador
mutineer [ˌmjuːtɪˈnɪə] s. amotinado, revoltoso, rebelde
muting [ˈmjuːtɪŋ] s. 1 (som) amortecimento, abafamento; 2 MÚSICA colocação de surdina; 3 abafamento, suspensão da fermentação do vinho
mutinous [ˈmjuːtɪnəs] adj. 1 amotinado, revoltoso, insurgente; ~ *sailors* marinheiros amotinados; 2 rebelde, desobediente; 3 (olhar, atitude) de desafio
mutinously [ˈmjuːtɪnəslɪ] adv. 1 amotinadamente; 2 em revolta; 3 sediciosamente
mutinousness [ˈmjuːtɪnəsnɪs] s. 1 rebeldia, tendência sediciosa; 2 amotinação
mutiny [ˈmjuːtɪnɪ] Ⓐ s. (pl. -ies) revolta, amotinação, insubordinação Ⓑ v.intr. revoltar-se, amotinar-se, insubordinar-se
mutism [ˈmjuːtɪzəm] s. mutismo
mutt [mʌt] s. [EUA] [coloq.] pateta, patetóide, simplório
mutter [ˈmʌtə] Ⓐ s. 1 resmungo; 2 murmúrio por entre dentes Ⓑ v.tr.,intr. 1 murmurar por entre dentes; 2 resmungar; resmonear; *to* ~ *to oneself* resmonear consigo mesmo; *to* ~ *against/at* resmungar contra; *to* ~ *threats at sb* resmungar ameaças contra alguém; 3 [fig.] dizer em segredo, segredar; 4 (trovão) ribombar
mutterer [ˈmʌtərə] s. resmungão, rabugento
muttering [ˈmʌtərɪŋ] Ⓐ adj. resmungão Ⓑ s. 1 murmuração; 2 resmunguice; 3 murmurinho, murmúrios; 4 (trovão) ruído ❖ *hostile mutterings* hostilidade surda
mutton [ˈmʌtn] s. 1 CULINÁRIA carneiro, carne de carneiro; *roast* ~ carneiro assado; 2 [arc.] (animal) carneiro, ovelha; 3 [arc.] prostituta ❖ CULINÁRIA ~ *chop* costeleta de carneiro; ~ *fist* mão grande e avermelhada; CULINÁRIA ~ *pie* empada de carneiro; ~ *sheep* carneiro destinado ao matadouro; ZOOLOGIA (peixe tropical) ~ *snapper* caranha; [GB] [depr.] ~ *dressed (up) as lamb* mulher mais velha que quer passar por rapariga nova; *dead as* ~ completamente morto; [coloq.] *let us return/come back to our muttons* voltemos à vaca-fria
muttonchops [ˈmʌtnˈtʃɒps] s.pl. suíças; patilhas
muttonhead [ˈmʌtnˌhed] s. 1 cabeça de carneiro; 2 [ant., fig.] pateta
muttonheaded [ˈmʌtnˌhedɪd] adj. pateta; estúpido
muttony [ˈmʌtnɪ] adj. de carneiro, semelhante a carne de carneiro
mutual [ˈmjuːtʃuəl] adj. 1 mútuo; recíproco; ~ *friendship* amizade mútua; ~ *enemies* inimigos recíprocos; *by* ~ *consent* por consentimento mútuo, por acordo mútuo; 2 comum; partilhado; ~ *interests* interesses em comum; ~ *friend* amigo comum; 3 combinado; ~ *efforts* esforços combinados ❖ ~ *rescission* rescisão por mútuo acordo; COMÉRCIO ~ *terms* sistema de pagamento em serviços em vez de dinheiro; ~ *testament* testamento feito em benefício do último sobrevivente; ~ *benefit society* sociedade de socorros mútuos; ELECTRICIDADE ~ *(coupling) inductance* indutância mútua; ~ *savings bank* cooperativa bancária
mutualism [ˈmjuːtʃuəlɪzəm] s. mutualismo
mutualist [ˈmjuːtʃuəlɪst] s. mutualista
mutuality [ˌmjuːtʃuˈælɪtɪ] s. (pl. -ies) mutualidade, reciprocidade
mutually [ˈmjuːtʃuəlɪ] adv. 1 mutuamente; 2 reciprocamente
mutule [ˈmjuːtjuːl] s. ARQUITECTURA mútulo, modilhão em cornija de ordem dórica
muvver [ˈmʌvə] s. [cal.] mãe
muzzily [ˈmʌzɪlɪ] adv. 1 enevoadamente, sombriamente; 2 obtusamente; 3 com o espírito embotado; 4 com a cabeça tonta
muzzle [ˈmʌzl] Ⓐ s. 1 ZOOLOGIA focinho, focinheira; 2 (para animal) açaime; 3 (arma de fogo) boca; 4 [fig.] (pessoa) açaime, mordaça Ⓑ v.tr. 1 açaimar, amordaçar; 2 [fig.] (obrigar ao silêncio) açaimar, amordaçar; 3 NÁUTICA (vela) arriar ❖ (de tiro) ~ *velocity* velocidade inicial
muzzleloader [ˌmʌzlˈləʊdə] s. [ant.] arma de fogo de carregar pela boca
muzzling [ˈmʌzlɪŋ] s. 1 açaimamento; 2 amordaçamento; 3 silenciamento
muzzy [ˈmʌzɪ] adj. (comp. -ier, superl. -iest) 1 [coloq.] tapado, obtuso de espírito; 2 sem graça, insípido; 3 aturdido (pela bebida), estupidificado, embotado; 4 brumoso, sombrio, enevoado
MVO [abrev. de Member of the Royal Victorian Order]
MVSc [abrev. de Master of Veterinary Science]
MWB [abrev. de Metropolitan Water Board]
MX Ⓐ [abrev. de Middlesex] Ⓑ [abrev. de motocross]
my [maɪ] Ⓐ adj.poss. meu, minha, meus, minhas; *my book* o meu livro; *my darling* minha querida; *my dear* meu caro; *my dear friend* meu caro amigo; *my goodness!* meu Deus!; *my love* meu amor; *my pens* as minhas canetas; *my own brother* o meu próprio irmão; *that book is my own* esse é o meu próprio livro Ⓑ interj. (surpresa) caramba!; credo!; essa agora!
myalgia [maɪˈældʒɪə, maɪˈældʒə] s. MEDICINA mialgia, dor muscular
myasthenia [ˌmaɪæsˈθiːnɪə] s. MEDICINA miastenia, sensação de fraqueza muscular após qualquer esforço mais ou menos intenso
mycelium [maɪˈsiːlɪəm] s. (pl. -a) BOTÂNICA micélio
Mycenae [maɪˈsiːniː] s.top. Micenas
Mycenian [maɪˈsiːnɪən] adj.,s. micénio
mycetology [ˌmaɪsɪˈtɒlədʒɪ] s. micetologia, micologia
mycetoma [ˌmaɪsɪˈtəʊmə] s. MEDICINA micetoma, doença tropical provocada por fungos
mycetozoa [ˌmaɪsɪtəʊˈzəʊə] s.pl. BOTÂNICA micetozoas
mycoderm [ˈmaɪkəʊdɜːm] s. BOTÂNICA micoderma
mycoderma [ˌmaɪkəʊˈdɜːmə] s. ⇒ **mycoderm**
mycodermatoid [ˌmaɪkəʊˈdɜːmətɔɪd] adj. ⇒ **mycodermic**
mycodermic [ˌmaɪkəʊˈdɜːmɪk] adj. micodérmico
mycologic [ˌmaɪkəˈlɒdʒɪk] adj. BOTÂNICA micológico
mycological [ˌmaɪkəˈlɒdʒɪkəl] adj. BOTÂNICA micológico
mycologist [maɪˈkɒlədʒɪst] s. BOTÂNICA micólogo, micologista
mycology [maɪˈkɒlədʒɪ] s. BOTÂNICA micologia, micetologia
mycorrhizae [ˌmaɪkəʊˈraɪziː] s.pl. BOTÂNICA micorrizas
mycosis [maɪˈkəʊsɪs] s. MEDICINA micose
myelencephalon [ˌmaɪələnˈsefəlɒn] s. ANATOMIA mielencéfalo
myelin [ˈmaɪəlɪn] s. mielina
myeline [ˈmaɪəlɪn] s. mielina
myelitis [ˌmaɪəˈlaɪtɪs] s. MEDICINA mielite, inflamação da medula
myelogram [ˈmaɪələʊgræm] s. MEDICINA mielograma
myelography [ˌmaɪəˈlɒgrəfɪ] s. MEDICINA mielografia
myeloma [ˌmaɪəˈləʊmə] s. MEDICINA mieloma
myelo-meningitis [ˌmaɪələʊˌmenɪnˈdʒaɪtɪs] s. MEDICINA mielo-meningite
mygale [ˈmɪgəlɪ] s. ZOOLOGIA mígala, aranha grande do Sul da Europa
myoblast [ˈmaɪəʊblɑːst] s. mioblasto
myocarditis [ˌmaɪəkɑːˈdaɪtɪs] s. MEDICINA miocardite, inflamação do miocárdio

myocardium [ˌmaɪəʊˈkɑːdɪəm] s. ANATOMIA miocárdio
myography [maɪˈɒɡrəfɪ] s. miografia
myologic [ˌmaɪəˈlɒdʒɪk] adj. ANATOMIA miológico; relativo à miologia
myological [ˌmaɪəˈlɒdʒɪkəl] adj. ⇒ **myologic**
myologist [maɪˈɒlədʒɪst] s. miólogo, miologista
myology [maɪˈɒlədʒɪ] s. ANATOMIA miologia, estudo dos músculos
myoma [maɪˈəʊmə] s. MEDICINA mioma
myopathy [maɪˈɒpəθɪ] s. MEDICINA miopatia
myope [ˈmaɪəʊp] s. míope
myopia [maɪˈəʊpɪə] s. MEDICINA (olhos) miopia
myopic [maɪˈɒpɪk] adj. MEDICINA míope, que sofre de miopia
myopotamus [maɪəʊˈpɒtəməs] s. ZOOLOGIA miopótamo, género de mamíferos roedores
myosis [maɪˈəʊsɪs] s. MEDICINA miose
myosote [maɪˈɒsəʊt] s. BOTÂNICA miosote, não-me-esqueças
myosotis [ˌmaɪəˈsəʊtɪs] s. BOTÂNICA miosótis
myotic [maɪˈɒtɪk] adj. MEDICINA miótico
myotomy [maɪˈɒtəmɪ] s. CIRURGIA miotomia
myriad [ˈmɪrɪəd] Ⓐ adj. [poét.] inumerável, em número infinito Ⓑ s. 1 miríade, quantidade inumerável; 2 dez mil
myriagramme [ˈmɪrɪəɡræm] s. miriagrama, dez mil gramas
myriameter [ˈmɪrɪəˌmiːtə] s. miriâmetro, medida itinerária de dez mil metros
myriapod [ˈmɪrɪəpɒd] adj.,s. ZOOLOGIA miriápode
myriapoda [mɪrɪˈæpəʊdə] s.pl. ZOOLOGIA miriópodes, miriápodes
myriapodous [mɪrɪˈæpəʊdəs] adj. ZOOLOGIA miriápode
myrica [ˈmɪrɪkə] s. BOTÂNICA mírica, tamargueira
myriophyllum [mɪrɪəʊˈfɪləm] s. BOTÂNICA miriofilo
myristic [mɪˈrɪstɪk] adj. QUÍMICA mirístico; ~ *acid* ácido mirístico
myrmecology [ˌmɜːmɪˈkɒlədʒɪ] s. mirmecologia
myrmecophagous [ˌmɜːmɪˈkɒfəɡəs] adj. ZOOLOGIA mirmecófago, que se alimenta de formigas
myrmidon [ˈmɜːmɪdən] s. lacaio servil; sabujo ❖ *the myrmidons of the law* os esbirros da lei
Myrmidon [ˈmɜːmɪdən] s. mirmidão, membro dum povo antigo da Tessália
myrobalan [maɪˈrɒbələn] s. BOTÂNICA mirobólano, mirobálano
myrrh [mɜː] s. 1 BOTÂNICA mirra, goma-resina aromática; 2 cerefólio aromático
Myrtaceae [mɜːˈteɪsiː] s.pl. BOTÂNICA Mirtáceas
myrtaceous [mɜːˈteɪʃəs] adj. mirtáceo
myrtiform [ˈmɜːtɪfɔːm] adj. mirtiforme
myrtle [ˈmɜːtl] s. 1 BOTÂNICA mirto, murta; 2 [EUA] BOTÂNICA congorsa, congossa, erva-da-inveja, pervinca trepadora, boas-noites ❖ BOTÂNICA ~ *berry* baga de murta; BOTÂNICA *crape/crepe* ~ árvore de Júpiter
myself [maɪˈself] pron.refl.,enf. 1 a mim mesmo, me, mim; *I cut* ~ cortei-me; *I bought it for* ~ comprei-o para mim; 2 eu mesmo, eu próprio; *I* ~ *did it* eu mesmo fiz isso ❖ *(all) by* ~ sem ajuda de ninguém; sozinho; *I'm not* ~ *today* não estou nos meus dias; *I said to* ~ disse com os meus botões
mystagogic [ˌmɪstəˈɡɒdʒɪk] adj. mistagógico; relativo a mistagogia
mystagogical [ˌmɪstəˈɡɒdʒɪkəl] adj. ⇒ **mystagogic**
mystagogue [ˈmɪstəɡɒɡ] s. mistagogo
mystagogy [ˈmɪstəɡɒdʒɪ] s. mistagogia
mysterious [mɪˈstɪərɪəs] adj. 1 misterioso; *a* ~ *crime* um crime misterioso; 2 enigmático; 3 estranho, obscuro, pouco claro; *a* ~ *business* um assunto pouco claro
mysteriously [mɪˈstɪərɪəslɪ] adv. misteriosamente
mysteriousness [mɪˈstɪərɪəsnɪs] s. mistério; carácter misterioso, aspecto misterioso

mystery [ˈmɪstərɪ] s. (pl. **-ies**) 1 mistério; enigma; *to be cloaked/shrouded/wrapped in* ~ estar envolto em mistério; 2 CINEMA, LITERATURA policial; obra de suspense; 3 RELIGIÃO mistério; 4 TEATRO (Idade Média) mistério; 5 pl. Eucaristia; 6 pl. (ritos religiosos secretos dos Gregos e Romanos) mistérios; 7 [arc.] mister, ofício; *arts and mysteries* artes e ofícios; 8 [arc.] hansa, associação de mercadores ❖ LITERATURA ~ *novel* romance policial; TEATRO (Idade Média) ~ *play* mistério; auto religioso; (livro, filme, peça de teatro) ~ *story* policial; *the Holy Mysteries* os sagrados mistérios; *the crime remained an unsolved* ~ o crime ficou por resolver; *to make a* ~ *of* fazer mistério de; não revelar
mystic [ˈmɪstɪk] Ⓐ adj. 1 místico; 2 oculto, esotérico; 3 mágico, sobrenatural; 4 com significado oculto; 5 misterioso; ~ *rites* ritos misteriosos; 6 alegórico, simbólico Ⓑ s. (pessoa) místico
mystical [ˈmɪstɪkəl] adj. místico ❖ RELIGIÃO ~ *theology* mística
mystically [ˈmɪstɪkəlɪ] adv. 1 misticamente, de modo místico; 2 com misticismo
mysticism [ˈmɪstɪsɪzəm] s. misticismo
mystification [ˌmɪstɪfɪˈkeɪʃən] s. 1 mistificação; 2 logro, dolo; 3 burla, embuste
mystifier [ˈmɪstɪfaɪə] s. mistificador; pessoa que mistifica, que complica ou embrulha tudo
mystify [ˈmɪstɪfaɪ] v.tr. 1 mistificar; 2 enganar; iludir; 3 abusar da credulidade de; 4 envolver em mistério; 5 complicar, confundir, baralhar
mystifying [ˈmɪstɪfaɪɪŋ] Ⓐ adj. mistificador, mistificante, que mistifica, desorientador Ⓑ s. mistificação
mystifyingly [ˈmɪstɪfaɪɪŋlɪ] adv. mistificadoramente
mystique [mɪsˈtiːk] s. 1 mística; 2 aura de mistério
myth. Ⓐ [abrev. de mythological] Ⓑ [abrev. de mythology]
myth [mɪθ] s. mito
mythic [ˈmɪθɪk] adj. 1 mítico; 2 fabuloso, lendário
mythical [ˈmɪθɪkəl] adj. 1 mítico; 2 fabuloso, lendário
mythically [ˈmɪθɪkəlɪ] adv. miticamente, de modo mítico
mythicize [ˈmɪθɪsaɪz] v.tr. mitificar, tornar mítico, converter em mito; dar um carácter mítico
mythographer [mɪˈθɒɡrəfə] s. mitógrafo
mythography [mɪˈθɒɡrəfɪ] s. mitografia, tratado dos mitos
mythologic [ˌmɪθəˈlɒdʒɪk] adj. 1 mitológico; relativo à mitologia; 2 lendário; fabuloso
mythological [ˌmɪθəˈlɒdʒɪkəl] adj. 1 mitológico; relativo à mitologia; 2 lendário; fabuloso
mythologically [ˌmɪθəˈlɒdʒɪkəlɪ] adv. mitologicamente
mythologist [mɪˈθɒlədʒɪst] s. mitólogo, mitologista
mythologize [mɪˈθɒlədʒaɪz] v.tr.,intr. 1 converter em mito; 2 dar uma interpretação mitológica a, interpretar mitologicamente
mythology [mɪˈθɒlədʒɪ] s. mitologia
mythomania [ˌmɪθəˈmeɪnɪə] s. mitomania
mythomaniac [ˌmɪθəˈmeɪnɪæk] Ⓐ adj. mitomaníaco Ⓑ s. mitómano
mythopeic [ˌmɪθəˈpiːɪk] adj. criador de mitos
mythopeism [ˌmɪθəˈpiːɪzəm] s. criação de mitos
mythopoeic [ˌmɪθəˈpiːɪk] adj. ⇒ **mythopeic**
mythopoeism [ˌmɪθəˈpiːɪzəm] s. ⇒ **mythopeism**
mythus [ˈmaɪθəs] s. mito
Mytilene [mɪtɪˈliːnɪ] s.top. Mitilena, Mitilene
myxoedema [ˌmɪksɪˈdiːmə] s. MEDICINA mixedema
myxoedematous [ˌmɪksɪˈdiːmətəs] adj. mixedematoso
myxoedemic [ˌmɪksɪˈdiːmɪk] adj. mixedémico
myxoma [mɪkˈsəʊmə] s. (pl. **-ata**) MEDICINA mixoma
myxomatosis [ˌmɪksəməˈtəʊsɪs] s. mixomatose
myxomycetes [ˌmɪksəmaɪˈsiːtiːz] s.pl. BIOLOGIA mixomicetes, micetozoários, fungos gelatinosos, protomixinas
myxomycetous [ˌmɪksəmaɪˈsiːtəs] adj. relativo aos mixomicetes

n [en] *s. (pl.* **ns** *ou* **n´s)* **1** (letra) n, N; **2** MATEMÁTICA n, número indeterminado; **3** [coloq., fig.] (quantidade indeterminada) n; montes; *there are n ways of doing it* há n formas de fazer isso
n. Ⓐ [*abrev. de* noon] Ⓑ [*abrev. de* noun]
N Ⓐ (carros) [*abrev. de* neutral] Ⓑ QUÍMICA [*abrev. de* nitrogen] Ⓒ [*abrev. de* North] Ⓓ LINGUÍSTICA [*abrev. de* noun] Ⓔ [*abrev. de* November]
Na QUÍMICA [*símbolo de* sodium]
NA [*abrev. de* North America]
NAAFI [*abrev. de* Navy, Army, and Air Force Institutes]
naan [næn] *s.* CULINÁRIA (cozinha indiana) pão nan
nab [næb] *v.tr.* (*particípios:* **-bb-**) **1** [coloq.] agarrar; apanhar em flagrante; *the police soon nabbed the thief* a polícia apanhou logo o ladrão; **2** (apoderar-se de) deitar a unha; **3** furtar, roubar; *the thief nabbed my watch* o ladrão roubou-me o relógio
Nabataean [næbə'tıən] *adj.,s.* **1** nabateu; **2** relativo a Nabateia ou terra de Nabate; **3** habitante ou natural de Nabateia
nabob ['neɪbɒb] *s.* **1** nababo, indivíduo muito rico que vive com grande luxo; **2** funcionário maometano ou governador sob o domínio mogol
nabs [næbz] *s.* [coloq.] ⇒ **nibs**
nacarat ['nækəræt] *s.* nácar, cor de carmim
nacelle [næ'sel] *s.* AERONÁUTICA barquinha (de balão ou dirigível); fuso-motor; carlinga
nacre ['neɪkə] *s.* nácar, madrepérola
nacreous ['neɪkrɪəs] *adj.* nacarado, nacarino
NACRO [*abrev. de* National Association for the Care and Resettlement of Offenders]
nacrous ['neɪkrəs] *adj.* ⇒ **nacreous**
NADGE [*abrev. de* Nato Air Defence Ground Environment]
nadir ['neɪdɪə] *s.* **1** ASTRONOMIA nadir, ponto da abóbada celeste diametralmente oposto ao zénite; **2** o ponto mais baixo
naevus ['niːvəs] *s.* (*pl.* **-i**) MEDICINA nevo, mancha pigmentada da pele, devida a má predisposição congénita
naff [næf] *s.* labrego, parolo, patego
naffy ['næfi] *s.* cantina a cargo do Instituto da Marinha, Exército e Aviação (NAAFI)
nag [næg] Ⓐ *v.tr.,intr.* (*particípios:* **-gg-**) **1** chatear[coloq.]; **2** pegar; *to be always nagging (at) a person* estar sempre a pegar com uma pessoa; **3** estar sempre a achar defeitos em; criticar permanentemente; censurar continuamente; importunar, aborrecer com críticas contínuas; **4** ralhar Ⓑ *s.* **1** chato[coloq.]; **2** [coloq.] cavalo; **3** pequeno cavalo de sela; pónei
Naga ['nɑːgə] *s.* Naga, serpente divinizada na mitologia hindu
nagana [næ'gɑːnə] *s.* VETERINÁRIA nagana, doença sul-africana que ataca o gado e animais domésticos e é provocada pela mosca tsé-tsé
Nagasaki [nægə'sɑːkɪ] *s.top.* Nagasáqui
nagger ['nægə] *s.* [coloq.] chato
nagging ['nægɪŋ] Ⓐ *adj.* **1** incómodo; **2** maçador, chato; **3** que anda sempre tudo mal; **4** que pega sempre a propósito de tudo e de nada; **5** que está sempre a ralhar; **6** enervante Ⓑ *s.* **1** acto de estar sempre a armar questiúnculas; **2** acção de censurar continuamente
nagyagite ['nædʒɪəgaɪt] *s.* MINERALOGIA nagiagite
naiad [naɪæd] *s.* (*pl.* **-s** ou **-es**) **1** MITOLOGIA náiade, ninfa das fontes; **2** ZOOLOGIA (ninfa aquática de insectos) náiade; **3** BOTÂNICA náiade
nail [neɪl] Ⓐ *s.* **1** unha; *to bite one's nails* roer as unhas; *to cut one's nails* cortar as unhas; **2** (animal) garra; **3** prego; cravo; tacha; *one ~ drives out another* um prego faz saltar o outro; *to draw a ~* arrancar um prego; *to drive in a ~* espetar um prego; *to take out a ~* arrancar um prego; **4** excrescência dura na parte superior do bico de certas aves; **5** medida de peso de oito arráteis; **6** medida de comprimento equivalente a duas polegadas e um quarto Ⓑ *v.tr.* **1** pregar; **2** cravar, firmar, fixar com pregos; **3** guarnecer com pregos; **4** agarrar; segurar; **5** (comprometer) prender; *to ~ a person to a contract* prender uma pessoa a um contrato; **6** (atenção) captar, prender; *to ~ sb's attention* prender a atenção de alguém ❖ *~ claw* arranca-tachas; arranca-pregos; *~ clippers* alicate das unhas; *~ cutter* corta-pregos; *~ drawer* arranca-pregos; *~ file* lima de unhas; *~ hole* ranhura na lâmina de canivete ou navalha para meter a unha; buraco feito por prego; *~ manufacturer* fabricante de pregos; *~ scissors* tesoura das unhas; *~ wire* arame para pregos; *French ~* ponta-de-paris; *wire ~* ponta-de-paris; *hard as nails* duro como tudo; sem piedade; em óptima condição física; *on the ~* imediatamente; *right as nails* absolutamente certo; com toda a razão; [coloq.] *to a ~/ to the ~* na perfeição; *to drive a ~ in one's coffin* cravar um prego no seu próprio caixão; *to hit the (right) ~ on the head* acertar em cheio; fazer precisamente o que é necessário; *to ~ a lie to the counter* desmascarar uma mentira; revelar uma mentira; [coloq.] *to ~ it* descobrir a marosca; dar por ela; *to ~ one's colours to the mast* teimar; ser firme; ser persistente; não dar o braço a torcer; *to ~ one's eyes on* pregar os olhos em; *to ~ to a barndoor* revelar; mostrar; pôr tudo às claras; *to pay on the ~* pagar imediatamente
◆**nail down** *v.tr.* **1** pregar; **2** prender; **3** [coloq.] (pessoa) apanhar[fig.]; fazer com que (alguém) se comprometa; *to nail a person down to a promise* não permitir que uma pessoa se liberte do prometido; **4** perceber; esclarecer; **5** (acordo) estabelecer
◆**nail up** *v.tr.* **1** pregar; *to ~ a window* pregar uma janela; **2** afixar; *to ~ a notice on a wall* afixar um aviso numa parede
nail-biter ['neɪlbaɪtə] *s.* **1** pessoa que rói as unhas; **2** LITERATURA narrativa de suspense; **3** CINEMA filme de suspense; **4** momento de suspense; **5** situação angustiante
nail-biting ['neɪlbaɪtɪŋ] Ⓐ *adj.* **1** de sofrer até à última, de roer as unhas; **2** de suspense; **3** angustiante Ⓑ *s.* **1** roer de unhas; **2** onicofagia, hábito de roer as unhas
nailed ['neɪld] *adj.* **1** pregado; [fig.] *they stood ~ to the ground* ficaram como que pregados ao solo; **2** com unhas; *long-nailed* com unhas compridas ❖ *~ shoes* sapatos ferrados; *to be ~ to one's work* estar amarrado ao trabalho
nailed-up ['neɪldʌp] *adj.* **1** pregado; **2** [coloq.] feito a martelo, mal feito; *~ drama* drama mal alinhavado, drama mal urdido
nailer ['neɪlə] *s.* **1** fabricante de pregos; **2** [coloq.] ás; perito; mestre; *to be a ~ at soccer* ser um ás em futebol
nailery ['neɪlərɪ] *s.* fabricação de pregos
nailhead ['neɪlhed] *s.* **1** cabeça de prego; **2** (mobília, couro) ornato em forma de prego
nailing ['neɪlɪŋ] Ⓐ *adj.* [coloq.] óptimo, esplêndido Ⓑ *s.* **1** pregagem, cravejamento; **2** pregos; **3** pregaria
nailless ['neɪləs] *adj.* **1** sem pregos; **2** sem unhas
nainsook ['neɪnsʊk] *s.* tecido fino de algodão, com origem indiana
naira ['naɪrə] *s.* (moeda da Nigéria) naira
Nairobi [naɪ'rəʊbɪ] *s.top.* Nairóbi
naive [naɪ'iːv] *adj.* ⇒ **naïve**
naïve [naɪ'iːv] *adj.* **1** ingénuo; crédulo; *a ~ remark* um comentário ingénuo; **2** simples; **3** sem afectação, cândido, natural; **4** ARTES PLÁSTICAS naïf
naively ['naɪiːvlɪ] *adv.* ⇒ **naïvely**
naïvely [naɪ'iːvlɪ] *adv.* ingenuamente, com simplicidade excessiva

naïveté [naɪˈiːvteɪ] s. ⇒ **naïvety**
naïvety [naɪˈiːvtɪ] s. 1 ingenuidade; inocência; simplicidade; 2 singeleza de espírito; 3 observação ingénua
naja [ˈneɪdʒə] s. ZOOLOGIA naja, cuspideira, áspide
naked [ˈneɪkɪd] adj. 1 nu, despido, sem roupa nenhuma; *mother ~/stark ~* nu em pêlo; *to strip oneself ~* despir-se; 2 desembainhado; *~ sword* espada desembainhada; 3 desamparado, sem defesa; 4 puro, sem disfarces; 5 descoberto, aberto; 6 desprovido [**of**, de]; desguarnecido [**of**, de]; 7 sem árvores, sem vegetação, sem folhas; 8 estéril; 9 sem mobília, sem nada; 10 exposto ao ar; 11 BOTÂNICA desprovido de pericarpo; 12 sem escamas; 13 sem concha; 14 implume; 15 simples, só, sem auxílio; *~ facts* simples factos, factos tal como aconteceram ❖ DIREITO *~ bond* contrato sem garantia; *~ heart* coração aberto; *~ light* luz sem qualquer protecção; BOTÂNICA *~ boys/~ lady* açafrão-dos-prados; *as ~ as my mother bore me* tal como vim ao mundo; *in its ~ absurdity* absurdo como isso é; *the ~ truth* a verdade nua e crua; RELIGIÃO (Bíblia) *to cover the ~* vestir os nus; *to fight with ~ fists* lutar sem luvas; *to ride on a ~ horse* montar em pêlo; montar sem sela; *with the ~ eye* a olho nu; à vista desarmada
nakedly [ˈneɪkɪdlɪ] adv. 1 sem disfarce; 2 nuamente, tal qual a realidade
nakedness [ˈneɪkɪdnɪs] s. 1 nudez, indigência, pobreza; 2 ausência de protecção
naker [ˈneɪkə] s. atabale, timbale
namable [ˈneɪməbəl] adj. ⇒ **nameable**
namby-pamby [ˌnæmbɪˈpæmbɪ] Ⓐ adj. 1 piegas, levemente sentimental; 2 delambido, dengoso Ⓑ s. 1 pieguice; 2 pieguices; 3 coisas delambidas, desenxabidas
namby-pambyism [ˌnæmbɪˈpæmbɪzəm] s. 1 sentimentalismo, pieguice, denguice; 2 afectação
name [neɪm] Ⓐ s. 1 nome; *by ~* de nome; *in the ~ of* em nome de; 2 apelido; 3 denominação; 4 epíteto, título; 5 reputação, fama, renome; *to have a ~ for honesty* ter fama de honesto; *to have a good ~* ter boa reputação; *to have an ill ~* ter má fama, ter má reputação; 6 crédito; 7 autoridade; 8 personagem célebre; 9 *pl.* (insultos) nomes, palavras ofensivas, palavras injuriosas; *to call sb names* chamar nomes a alguém Ⓑ *v.tr.* 1 dar nome a, pôr nome a; 2 denominar, apelidar; 3 chamar pelo nome; 4 indicar o nome; 5 mencionar, designar [**for**, para]; 6 determinar, marcar, fixar, indicar; *~ your price* indique o seu preço; *to ~ the day* indicar o dia (geralm. com referência ao dia do casamento); 7 (cargo) escolher, nomear [**to**, para]; *to ~ a person to an office* nomear uma pessoa para um cargo; *he was named mayor* foi nomeado presidente da câmara ❖ *~ day* dia onomástico; *~ part* parte que dá o título a peça ou filme; *~ plate* placa identificadora; [EUA] *Christian ~/first ~* nome de baptismo; *full ~* nome completo; LINGUÍSTICA *proper ~* nome próprio; *his ~ child* o filho com o seu nome; *in God's ~* em nome de Deus; *in one's own ~* em seu próprio nome; sem incumbência de ninguém; *one's good ~* o bom nome de alguém; *he has nothing to his ~* ele não tem nada de seu; *the Bible says that one should not take the ~ of the Lord in vain* a Bíblia diz que não se deve invocar o nome de Deus em vão; *to go by the ~ of/to go under the ~ of* dar pelo nome de; ser conhecido pelo nome de; *to keep one's ~ on the books* continuar como associado de clube, agremiação, etc.; *to know sb by ~* conhecer alguém de nome; *to make a ~ for oneself* criar um grande nome; tornar-se conhecido; *to put one's ~ down for* candidatar-se a; (concurso, prova, etc.) *to send in one's ~* entregar o seu cartão; inscrever-se; *to set one's ~ to a document* apor o seu nome num documento; *to take one's ~ off the books* deixar de pertencer a clube, agremiação, etc.; *what in the ~ of goodness are you reading?* que diabo estás tu a ler?
♦ **name after** *v.tr.* dar a (alguém) o nome de; *she was named after her mother* puseram-lhe o nome da mãe
nameable [ˈneɪməbəl] adj. 1 identificável por nome; 2 que pode chamar-se; 3 que pode mencionar-se; 4 nomeável
named [neɪmd] adj. 1 chamado; *sb ~ David* alguém chamado David; 2 mencionado, citado; *before ~* já citado
nameless [ˈneɪmləs] adj. 1 anónimo; *to remain ~* preservar o anonimato; 2 sem nome; *~ grave* sepultura sem qualquer nome gravado; 3 desconhecido, obscuro; 4 inexprimível, indefinível; 5 execrando, abominável; *~ vices* vícios abomináveis ❖ *somebody, who will be ~, told me everything* soube de fonte anónima
namely [ˈneɪmlɪ] adv. 1 nomeadamente; 2 a saber; 3 isto é
namesake [ˈneɪmseɪk] s. homónimo; *his ~* o seu homónimo
Namibia [nəˈmɪbɪə] s.top. Namíbia
Namibian [nəˈmɪbɪən] adj.,s. namibiano
naming [ˈneɪmɪŋ] s. nomeação, indicação, designação
nan [næn] s. CULINÁRIA (cozinha indiana) pão nan
Nan [næn] *dim. de* **Anne**
nancy [ˈnænsɪ] s. (*pl.* **-ies**) [cal.] (ofensivo) maricas_cal._
Nancy [ˈnænsɪ] *dim. de* **Anne**
nancy-story [ˈnænsɪˌstɔːrɪ] s. 1 [coloq.] lenda negra; 2 coisa absurda
nancy-tale [ˈnænsɪteɪl] s. [coloq.] ⇒ **nancy-story**
nandrolone [ˈnændrələʊn] s. BIOQUÍMICA nandrolona
nandu [ˈnændu] s. ZOOLOGIA nandu, nhandu
nanism [ˈnænɪzəm] s. nanismo
nankeen [næŋˈkiːn] s. 1 nanquim, tecido de algodão amarelado originariamente fabricado na China; 2 cor desse tecido; 3 porcelana de Nanquim; 4 *pl.* calças de nanquim
Nanking [næŋˈkɪŋ] s.top. Nanquim
nanny [ˈnænɪ] s. (*pl.* **-ies**) 1 ama de crianças; 2 [GB] [coloq.] avó ❖ [coloq.] *~ goat* cabra
nanometre [ˌnænəʊˈmiːtə] s. nanómetro
nanoplankton [ˌnænəʊˈplæŋktən] s. nanoplâncton
nanosecond [ˌnænəʊˈsekənd] s. nanossegundo
nanotechnology [ˌnænəʊtekˈnɒlədʒɪ] s. nanotecnologia
Nantz [nænts] s. [arc.] conhaque
nap [næp] Ⓐ s. 1 pequena soneca, sesta; *afternoon ~* sesta; *to take a ~* dormir a sesta; 2 superfície de tecido ao qual se levantou e se alisou depois o pêlo; 3 superfície macia ou com penugem; *against the ~* a contrapelo, contra o correr do pêlo; 4 determinado jogo de cartas; (jogos de cartas) *to go ~* arriscar a parada mais alta no jogo do *nap*; (jogos de cartas) *to hold a ~ hand* ter na mão todas as cartas necessárias para ganhar; 5 (apostas) acto de arriscar todo o dinheiro numa só probabilidade; *to go ~ on* arriscar tudo em; 6 [cal.] chapéu Ⓑ *v.tr.,intr.* (*particípios:* **-pp-**) 1 dormitar, passar pelo sono, dormir a sesta; 2 cardar, levantar o pêlo de tecido ❖ *~ hand* boa ocasião para arriscar; *to be caught napping* ser apanhado desprevenido; (tecido) *to show a ~* estar coçado; *to wear off the ~ of a garment* usar uma peça de vestuário até ficar coçada
napalm [ˈneɪpɑːm] Ⓐ s. napalm; Ⓑ *v.tr.* atacar com napalm
nape [neɪp] s. nuca; *the ~ of the neck* o cachaço
napery [ˈneɪpərɪ] s. (*pl.* **-ies**) [Esc.] [arc.] guardanapos, toalhas de mesa, etc.
naphtha [ˈnæfθə] s. nafta; *petroleum ~* nafta de petróleo
naphthalene [ˈnæfθəliːn] s. QUÍMICA naftaleno; naftalina
naphthaline [ˈnæfθəliːn] s. QUÍMICA naftaleno; naftalina
naphthol [ˈnæfθɒl] s. QUÍMICA naftol, naftole
naphthyl [ˈnæfθɪl] s. QUÍMICA naftilo
naphthylamine [næfˈθɪləmiːn] s. QUÍMICA naftilâmina, aminonafaleno
Napierian [nəˈpɪərɪən] adj. MATEMÁTICA neperiano; *~ logarithm* logaritmo neperiano
napiform [ˈneɪpɪfɔːm] adj. BOTÂNICA napiforme, napáceo
napkin [ˈnæpkɪn] s. 1 guardanapo; *cloth napkins* guardanapos de pano; *paper napkins* guardanapos de papel; 2 [form.] fralda de criança; 3 jogo individual (pano bordado que se coloca por baixo de cada prato, em vez de toalha); 4 baba ❖ *~ ring* argola de guardanapo
Naples [ˈneɪplz] s.top. Nápoles
napless [ˈnæpləs] adj. coçado, gasto pelo uso, já sem pêlo
napoleon [nəˈpəʊlɪən] s. 1 [ant.] napoleão, moeda francesa de vinte francos, com a efígie de Napoleão; 2 variedade de botas de montar; 3 jogo de cartas
Napoleon [nəˈpəʊlɪən] s.antr. Napoleão
Napoleonic [nəˌpəʊlɪˈɒnɪk] adj. napoleónico
Napoleonism [nəˈpəʊlɪənɪzəm] s. HISTÓRIA napoleonismo, bonapartismo
Napoleonist [nəˈpəʊlɪənɪst] s. HISTÓRIA napoleonista, bonapartista

napoo [nɑːˈpuː] Ⓐ interj. MILITAR [cal.] acabou!, pronto!, nada a fazer! Ⓑ v.tr. MILITAR [cal.] liquidar, matar, ajustar contas com

nappa [ˈnæpə] s. couro preparado

nappe [næp] s. toalha de água

napper [ˈnæpə] s. 1 cardadora, máquina de cardar, máquina de levantar o pêlo dos tecidos; 2 pessoa que dorme a sesta; 3 [ant., coloq.] cabeça

napping [ˈnæpɪŋ] s. 1 (tecido) cardadura, levantamento do pêlo; 2 acto de dormir a sesta ❖ (escova) ~ *comb* carda; ~ *machine* máquina de cardar

nappy [ˈnæpɪ] Ⓐ s. (pl. -ies) 1 [GB] fralda; *disposable nappies* fraldas descartáveis; 2 cerveja forte Ⓑ adj. 1 peludo, felpudo; 2 espumoso, com espuma; 3 (bebida) forte, capitoso ❖ (bebé) ~ *rash* assadura; intertrigem

narceine [ˈnɑːsiɪn] s. QUÍMICA narceína

narcissism [ˈnɑːsɪsɪzəm] s. narcisismo

narcissist [ˈnɑːsɪsɪst] s. narcisista

narcissistic [ˌnɑːsɪˈsɪstɪk] adj. narcisístico

narcissus [nɑːˈsɪsəs] s. (pl. -uses ou -i) BOTÂNICA narciso ❖ *poets'* ~ narciso-dos-poetas; *paper-white* ~ narciso-romano-dobrado

Narcissus [nɑːˈsɪsəs] s.antr. Narciso

narcolepsy [ˈnɑːkəlepsɪ] s. MEDICINA narcolepsia, necessidade patológica de dormir exageradamente

narcosis [nɑːˈkəʊsɪs] s. narcose

narcotic [nɑːˈkɒtɪk] adj.,s. 1 narcótico, soporífero, soporífico; 2 estupefaciente

narcotine [ˈnɑːkətɪn] s. QUÍMICA narcotina, opianina

narcotism [ˈnɑːkətɪzəm] s. narcotismo, narcose

narcotization [ˌnɑːkətaɪˈzeɪʃən] s. narcotização

narcotize [ˈnɑːkətaɪz] v.tr. narcotizar, ministrar narcótico

nard [nɑːd] s. 1 BOTÂNICA nardo; 2 espicanardo, nardo-índico

narghile [ˈnɑːɡəleɪ] s. 1 (cachimbo) narguilé; 2 [Índia] gurguri

nargileh [ˈnɑːɡɪlɪ] s. ⇒ **narghile**

nark [nɑːk] Ⓐ s. [cal.] informador da polícia; bufo; delator Ⓑ v.tr.,intr. 1 [coloq.] irritar, contrariar; 2 [coloq.] lamuriar-se; 3 [cal.] bufar; delatar; agir como espião ou informador; dar informações sobre; espiar ❖ [cal.] ~ *it!* caluda!; [cal.] *to be narked* ir a gancho; ser preso

narky [ˈnɑːkɪ] adj. (comp. -ier, superl. -iest) [coloq.] de mau humor, rabugento, maldisposto ❖ *to get* ~ zangar-se

narrate [nəˈreɪt] v.tr. narrar, relatar, contar

narratee [næɾəˈtiː] s. narratário

narrating [nəˈreɪtɪŋ] s. narração

narration [nəˈreɪʃən] s. narração, narrativa, relato, história

narrative [ˈnærətɪv] Ⓐ adj. narrativo; ~ *literature* literatura narrativa Ⓑ s. 1 narrativa; 2 narração, relato; 3 história; 4 relatório, relação

narratively [ˈnærətɪvlɪ] adv. narrativamente

narrativity [ˌnærəˈtɪvɪtɪ] s. narratividade

narrator [nəˈreɪtə] s. narrador

narratress [nəˈreɪtrɪs] s.f. (pl. -es) narradora

narrow [ˈnærəʊ] Ⓐ adj. (comp. -er, superl. -est) 1 estreito, apertado, acanhado; *within* ~ *bounds* dentro de estreitos limites; 2 pequeno, limitado, pouco vasto; 3 tacanho, curto de vistas; 4 pormenorizado, minucioso; ~ *inquiry* exame minucioso, investigação rigorosa; 5 pouco generoso, que não gosta de gastar; 6 restrito; *in the narrowest sense* no sentido restrito Ⓑ s. 1 NÁUTICA [geralm. pl.] estreito, passagem estreita entre terras; 2 canal de entrada num porto; 3 (rio) estreitamento, estrangulamento; estrangulamento de estuário; 4 parte mais estreita de rua ou passagem Ⓒ v.tr.,intr. 1 estreitar(-se); 2 diminuir, ficar mais pequeno; 3 encurtar; 4 contrair, encolher; 5 restringir; coarctar, 6 limitar; *to* ~ *the field* limitar o campo; 7 DESPORTO (equitação) travar o passo ❖ ~ *circumstances* pobreza; ~ *cloth* tecido com menos de 1,32 m de largura; (caminhos-de-ferro) ~ *gauge* via estreita; ~ *goods* galões, fitas, etc.; ~ *majority* escassa maioria; ~ *seas* canal da Mancha; mar da Irlanda; *to bring into a* ~ *compass* resumir; abreviar; *to grow* ~ estreitar-se; *to have a* ~ *escape/squeak* escapar por pouco; escapar por um triz

◆**narrow down** v.tr. 1 restringir; limitar; 2 reduzir; *to narrow the choice down* reduzir as opções

narrowcast [ˈnærəʊkɑːst] Ⓐ v.tr. 1 dirigir a público-alvo restrito; 2 emitir para pequena audiência, emitir para minoria Ⓑ adj. com público-alvo restrito, para uma minoria

narrow-chested [ˌnærəʊˈtʃestɪd] adj. estreito de peito

narrowing [ˈnærəʊɪŋ] Ⓐ adj. 1 que limita, que restringe; 2 limitativo, restritivo; 3 que se comprime, que estreita Ⓑ s. 1 limitação; 2 restrição; 3 aperto, contracção

narrowish [ˈnærəʊɪʃ] adj. um tanto estreito, um tanto apertado

narrowly [ˈnærəʊlɪ] adv. 1 por pouco; à tangente; *he* ~ *escaped being killed* escapou à morte por pouco; 2 (interpretação) rigorosamente, estreitamente, restritamente; 3 atentamente; de perto; 4 minuciosamente, meticulosamente

narrow-minded [ˌnærəʊˈmaɪndɪd] adj. tacanho de espírito, limitado

narrow-mindedly [ˌnærəʊˈmaɪndɪdlɪ] adv. tacanhamente

narrow-mindedness [ˌnærəʊˈmaɪndɪdnɪs] s. estreiteza de espírito, tacanhez

narrowness [ˈnærəʊnɪs] s. 1 estreiteza, aperto; 2 pequenez; 3 limitação; 4 insuficiência; 5 mesquinhez; 6 cuidado, meticulosidade ❖ ~ *of mind* estreiteza de espírito

narrow-shouldered [ˌnærəʊˈʃəʊldəd] adj. de ombros estreitos

narthex [ˈnɑːθeks] s. ARQUEOLOGIA nártex, átrio ou vestíbulo que precedia as basílicas cristãs

narwhal [ˈnɑːwəl] s. ZOOLOGIA narval, nome vulgar dum mamífero cetáceo, nome vulgar dum mamífero cetáceo, que vive nos mares boreais e que, nas suas migrações, chega a atingir o mar do Norte

NASA [EUA] [abrev. de National Aeronautics And Space Administration]

nasal [ˈneɪzəl] Ⓐ adj. nasal; ~ *catarrh* catarro nasal; *the* ~ *fossae* as fossas nasais; LINGUÍSTICA ~ *sound* som nasal Ⓑ s. 1 LINGUÍSTICA som nasal; 2 ANATOMIA osso do nariz, cana do nariz; 3 [ant.] nasal, parte do capacete de ferro que protegia o nariz ❖ [coloq.] ~ *organ* nariz

nasality [neɪˈzælɪtɪ] s. nasalidade, carácter nasal

nasalization [ˌneɪzəlaɪˈzeɪʃən] s. nasalação, nasalização, nasalamento

nasalize [ˈneɪzəlaɪz] v.tr.,intr. 1 nasalar, nasalizar; 2 falar pelo nariz

nasally [ˈneɪzəlɪ] adv. 1 nasalmente; 2 pelo nariz; *to speak* ~ falar pelo nariz

nascent [ˈnæsənt] adj. 1 (geral) nascente; emergente; em estado inicial; em desenvolvimento; 2 QUÍMICA nascente; ~ *hydrogen* hidrogénio nascente; ~ *oxygen* oxigénio nascente

nase [neɪz] s. cabo, promontório

naseberry [ˈneɪzbərɪ, ˈneɪzberɪ] s. (pl. -ies) BOTÂNICA (árvore, fruto) sapoti, sapotizeiro, sapotilha; ~ *tree* sapotizeiro

nasopharyngeal [ˌneɪzəʊfəˈrɪndʒɪəl] adj. ANATOMIA nasofaríngeo

nastily [ˈnɑːstɪlɪ] adv. 1 de maneira desagradável; *to behave* ~ comportar-se de modo desagradável; 2 de modo chocante; 3 obscenamente, indecentemente; 4 porcamente, sujamente, sordidamente ❖ *to end rather* ~ acabar mal

nastiness [ˈnɑːstɪnɪs] s. 1 coisa desagradável, coisa chocante; 2 torpeza, sordidez, maldade, perfídia; 3 obscenidade, indecência, porcaria, sujidade, asquerosidade

nasturtium [nəˈstɜːʃəm] s. 1 BOTÂNICA nastúrcio; 2 chagas, capuchinhas

nasty [ˈnɑːstɪ] adj. (comp. -ier, superl. -iest) 1 mau; maldoso; incorrecto; *to be* ~ *to sb* ser maldoso com alguém, proceder mal com alguém; 2 desagradável; 3 sórdido; 4 sujo, porco; 5 nauseabundo; 6 nojento; 7 obsceno, indecente; 8 (tempo) mau, terrível, tempestuoso; *a* ~ *weather* um tempo horrível; *a* ~ *sea* um mar tempestuoso; 9 difícil, sério, perigoso; *a* ~ *illness* uma doença séria, grave; *a* ~ *job* uma tarefa perigosa; *that's a* ~ *corner* isso é uma curva perigosa ❖ *a* ~ *trick* uma patifaria; *to have a* ~ *look in one's eye* ter um olhar ameaçador; *to have a* ~ *mind* ver sempre o mal em tudo; ter tendência para o mal; *to have a* ~ *smell* cheirar mal; *to have a* ~ *temper* ser intratável; *to receive a* ~ *blow* receber uma forte pancada

NAS/UWT [abrev. de National Association of Schoolmasters/Union of Women Teachers]

nat. Ⓐ [abrev. de national] Ⓑ [abrev. de natural] Ⓒ [abrev. de native]

natal [ˈneɪtəl] adj. 1 de nascimento; ~ *day* dia de nascimento; 2 natal; *my* ~ *town* a minha cidade natal; 3 nativo

natality [nəˈtælɪtɪ] s. natalidade

natant [ˈneɪtənt] adj. BOTÂNICA (folha, planta) nadante

natation [nə'teɪʃən] *s.* [rar.] natação
natatorial [ˌnætə'tɔːrɪəl] *adj.* ⇒ **natatory**
natatory [nə'teɪtərɪ] *adj.* natatório; (peixes) ~ *bladder* bexiga natatória
natch [nætʃ] *adv.* {forma abreviada de **naturally**} [coloq.] claro
NATE [GB] [*abrev. de* National Association for Teaching of English]
nates ['neɪtiːz] *s.pl.* 1 nádegas; 2 tubérculos quadrigémeos anteriores do cérebro
Nathaniel [nə'θænjəl] *s.antr.* RELIGIÃO (Bíblia) Natanael
natheless ['neɪθləs] *adv.* [arc.] ⇒ **nevertheless**
Nat. Hist. [*abrev. de* Natural History]
nathless ['neɪθləs] *adv.* [arc.] ⇒ **nevertheless**
nation ['neɪʃən] Ⓐ *s.* 1 nação, país; *the nations of Europe* as nações europeias; 2 (etnia) povo; 3 [EUA] [coloq.] (grande quantidade) porção; *a ~ of* uma porção de; 4 corpo de estudantes de determinado país nas universidades medievais; 5 *pl.* RELIGIÃO (Bíblia) pagãos, gentios Ⓑ *interj.* [coloq.] ⇒ **damnation** ❖ HISTÓRIA *the Battle of the Nations* a batalha de Lípsia ou batalha das Nações
national ['næʃənəl] Ⓐ *adj.* nacional, da nação, público Ⓑ *s.* (emigrante) cidadão; *Portuguese nationals in Great Britain* os cidadãos portugueses na Grã-Bretanha ❖ ~ *anthem* hino nacional; ~ *costume* traje típico; ~ *debt* dívida pública; ~ *dress* traje típico nacional; NÁUTICA ~ *flag* pavilhão nacional; ~ *forces* forças armadas da nação; ~ *holiday* feriado nacional; [GB] *National Insurance* Segurança Social; [GB] ~ *service* serviço militar obrigatório; ~ *socialism* nacional-socialismo; nazismo; ~ *socialist* nacional-socialista; nazi; ~ *status* nacionalidade; *the Grand National* corrida de cavalos no mês de Março, realizada em Aintree
nationalise ['næʃnəlaɪz] *v.tr.,intr.* ⇒ **nationalize**
nationalism ['næʃnəlɪzəm] *s.* nacionalismo
nationalist ['næʃnəlɪst] *adj.,s.* nacionalista
nationalistic [ˌnæʃnə'lɪstɪk] *adj.* nacionalista
nationality [ˌnæʃə'nælɪtɪ] *s.* (*pl.* **-ies**) 1 nacionalidade; naturalidade; *there were men of all nationalities* havia pessoas de todas as nacionalidades; *what is her nationality?* qual é a nacionalidade dela?; 2 patriotismo, forte sentimento de identidade nacional; 3 carácter nacional; 4 povo
nationalization [ˌnæʃnəlaɪ'zeɪʃən] *s.* 1 nacionalização; 2 socialização; 3 naturalização
nationalize ['næʃnəlaɪz] *v.tr.,intr.* 1 (empresas, etc.) nacionalizar; tornar público; 2 naturalizar; 3 tornar-se independente como nação ❖ *to become nationalized* naturalizar-se
nationhood ['neɪʃənhʊd] *s.* 1 condição de nação; 2 nacionalidade; identidade nacional
native ['neɪtɪv] Ⓐ *adj.* 1 nativo; indígena; aborígene; ~ *customs* costumes dos nativos; *to make use of ~ labour* utilizar o trabalho indígena; 2 natal, pátrio; ~ *country* país natal; ~ *land* terra natal; *one's ~ place* a nossa terra natal; 3 autóctone; 4 vernáculo; 5 natural, próprio, inato, simples; ~ *charm* encanto natural, graça natural; *to behave with ~ ease* comportar-se com naturalidade, comportar-se com à-vontade natural; 6 MINERALOGIA tal como sai da mina Ⓑ *s.* 1 nativo, natural; *to speak a language like a ~* falar uma língua como um natural do país; 2 indígena, aborígene; 3 BOTÂNICA, ZOOLOGIA planta ou animal próprio de determinado país; 4 ostra criada em viveiros ingleses ❖ *Native American* Ameríndio; ~ *asphalt* asfalto natural; ~ *copper/gold* cobre/ouro nativo; ~ *forest* floresta virgem; ~ *speaker* falante nativo; *Native State* Estado nativo; Estado indiano governado por um príncipe; ~ *tongue* língua materna; *a ~ of London* um londrino; *the tiger is a ~ of India* o tigre é natural da Índia
native-born ['neɪtɪvbɔːn] *adj.* de nascença; de nascimento; *a ~ Portuguese* português de nascimento
natively ['neɪtɪvlɪ] *adv.* 1 naturalmente; 2 por natureza
nativism ['neɪtɪvɪzəm] *s.* 1 FILOSOFIA nativismo, doutrina das ideias inatas; 2 [EUA] nativismo, sentimento de hostilidade contra tudo que é estrangeiro
nativist ['neɪtɪvɪst] *s.* 1 FILOSOFIA nativista, partidário da doutrina das ideias inatas; 2 [EUA] nativista, pessoa que detesta os estrangeiros
nativity [nə'tɪvɪtɪ] *s.* (*pl.* **-ies**) 1 nascimento; 2 horóscopo; *to cast sb's ~* fazer o horóscopo de alguém
Nativity [nə'tɪvɪtɪ] *s.* 1 RELIGIÃO Natividade; nascimento de Cristo; Natal; 2 RELIGIÃO natividade de Nossa Senhora (8 de Setembro); 3 RELIGIÃO natividade de S. João Baptista (24 de Junho); 4 ARTES PLÁSTICAS quadro representativo da natividade de Cristo ❖ (peça) ~ *play* auto de Natal
NATO [*abrev. de* North Atlantic Treaty Organization] OTAN
natrolite ['nætrəlaɪt] *s.* 1 MINERALOGIA natrolite, natrólita, natrólito; 2 mesótipo
natron ['neɪtrən] *s.* MINERALOGIA natrão, natro
NATSOPA [GB] [*abrev. de* National Society of Operative Printers, Graphical and Media Personnel]
natter ['nætə] *v.intr.* 1 tagarelar, falar muito; 2 resmungar, berrar, ralhar; 3 lamentar-se
natterjack ['nætədʒæk] *s.* ZOOLOGIA variedade de sapo
nattily ['nætɪlɪ] *adv.* 1 airosamente, garbosamente; 2 sedutoramente, de modo atraente; 3 destramente, com habilidade
nattiness ['nætɪnɪs] *s.* 1 elegância, garbo; 2 destreza, habilidade
natty ['nætɪ] *adj.* (*comp.* **-ier**, *superl.* **-iest**) 1 elegante, de bom gosto; *a ~ uniform* um uniforme elegante; 2 agradável; 3 despachado; 4 hábil; habilidoso; destro; *to be ~ with one's hands* ser habilidoso de mãos; 5 bem executado
natural ['nætʃərəl] Ⓐ *adj.* 1 natural; respeitante à natureza; relativo ao mundo físico; ~ *resources* recursos naturais; *the ~ world* o mundo físico; 2 produzido pela natureza; de acordo com a natureza; 3 autêntico, genuíno; 4 verdadeiro, sem artifício; *the ~ meaning of a sentence* o verdadeiro significado duma frase; 5 espontâneo, simples, sem afectação; *to be ~* ser natural, ser desafectado; 6 [ant.] bastardo, ilegítimo; ~ *child/son* filho natural$_{ant.}$, filho ilegítimo; 7 peculiar, próprio de cada um, característico de cada um; 8 inato, congénito; ~ *gift* dom natural; *he is a ~ orator* ele é um orador por natureza; *it comes ~ to him* é um dom inato nele, não tem dificuldade nisso; 9 MÚSICA natural, sem acidentes; ~ *note* nota natural; *C ~* dó natural Ⓑ *s.* 1 [arc.] simplório, idiota; 2 MÚSICA bequadro, nota natural; 3 pessoa que nasceu para determinada actividade; *he's a ~* nasceu para aquilo ❖ ~ *bed* leito de pedreira; ~ *childbirth* parto normal; ~ *death* morte natural; ~ *defences* defesas do organismo; ~ *disaster* catástrofe natural; ~ *fibre* fibra natural; ~ *fuel* combustível natural; ~ *gas* gás natural; ~ *historian* naturalista; ~ *history* história natural; ~ *justice* justiça natural; ~ *language* linguagem natural; ~ *law* lei natural; ~ *lighting* iluminação natural; MATEMÁTICA ~ *logarithm* logaritmo neperiano; ~ *magic* magia branca; MATEMÁTICA ~ *number* número inteiro; ~ *philosopher* físico; ~ *philosophy* física; ~ *radioactivity* radioactividade natural; ~ *science* ciências naturais; (Darwin) ~ *selection* selecção natural; MÚSICA ~ *sign* bequadro; ~ *size* tamanho natural; ~ *steel* aço bruto; ~ *ventilation* ventilação natural; *in the ~ state* em estado natural; *to have a ~ tendency to* ter uma tendência natural para; *to speak in a ~ voice* falar com naturalidade
natural-born [ˌnætʃərəl'bɔːn] *adj.* de nascença
naturalise ['nætʃrəlaɪz] *v.tr.,intr.* ⇒ **naturalize**
naturalism ['nætʃrəlɪzəm] *s.* ARTES PLÁSTICAS, LITERATURA, FILOSOFIA naturalismo
naturalist ['nætʃrəlɪst] Ⓐ *adj.* ARTES PLÁSTICAS, LITERATURA, FILOSOFIA naturalista Ⓑ *s.* 1 ARTES PLÁSTICAS, LITERATURA, FILOSOFIA, BIOLOGIA naturalista; 2 taxidermista
naturalistic [ˌnætʃrə'lɪstɪk] *adj.* naturalista; relativo ao naturalismo
naturalistically [ˌnætʃrə'lɪstɪkəlɪ] *adv.* 1 de uma maneira naturalista; 2 de acordo com a natureza
naturalization [ˌnætʃrəlaɪ'zeɪʃən] *s.* 1 naturalização; 2 adaptação, aclimatação; 3 introdução de palavras ou locuções estrangeiras ❖ ~ *papers* documentos de naturalização
naturalize ['nætʃrəlaɪz] *v.tr.,intr.* 1 naturalizar; 2 aclimatar, adaptar; 3 tornar conforme à natureza; 4 explicar segundo leis naturais, dar explicação natural de, reduzir a um plano natural; 5 fazer investigações de História Natural
naturalized ['nætʃrəlaɪzd] *adj.* naturalizado
naturalizing ['nætʃrəlaɪzɪŋ] *s.* 1 naturalização; 2 aclimatação, adaptação; 3 investigações de História Natural

naturally ['nætʃrəli] *adv.* 1 naturalmente; 2 claro, obviamente, evidentemente; **~ not!** claro que não!; 3 instintivamente; 4 por natureza, por temperamento; *a ~ pessimistic person* um pessimista nato; 5 com naturalidade; *he said it quite ~* ele disse aquilo com muita naturalidade; 6 espontaneamente ❖ **~ curly hair** cabelo com um ondulado natural; *it comes ~ to her* ela nasceu para aquilo

naturalness ['nætʃrəlnɪs] *s.* naturalidade; simplicidade; ausência de artificialismo ou afectação

nature ['neɪtʃə] *s.* 1 Natureza; *return to ~* regresso à Natureza; *the laws of ~* as leis da Natureza; 2 índole; temperamento; *she was very timid by ~* ela era, por natureza, muito tímida; *habit is a second ~* o hábito é uma segunda natureza; *human ~* natureza humana; 3 tipo; género; natureza; *things of this ~* coisas deste género, coisas assim; *this is in the ~ of a command* isto tem o aspecto de uma ordem; *from the ~ of the case* segundo a natureza do caso, segundo a natureza das coisas; 4 (madeira) resina; seiva; *full of ~* cheia de seiva, com resina; 5 ARTES PLÁSTICAS naturalidade ou fidelidade em arte; *to draw from ~* desenhar do natural; 6 género, qualidade, casta ❖ **~ lover** amante da Natureza; **~ printing** impressão natural directa; (escola) **~ study** História Natural; Ciências da Natureza; **~ reserve** reserva natural; (parque) **~ trail** percurso pedestre; *against ~* contra natura; imoral; *contrary to ~* contra natura; miraculoso; *good ~* bom coração; *in the course of ~* segundo o curso natural das coisas; *in ~* na natureza; existente na realidade; *it comes to her by ~* está-lhe na massa do sangue; *nothing in ~* absolutamente nada; *state of ~* estado natural; estado selvagem; nudez; *to ease ~* evacuar; urinar; *to go the way of ~* morrer

naturism ['neɪtʃərɪzəm] *s.* naturismo

naturist ['neɪtʃərɪst] *s.* naturista

naturistic [ˌneɪtʃə'rɪstɪk] *adj.* naturista

naturopath ['neɪtʃərəpæθ] *s.* naturopata

naturopathic [ˌneɪtʃərə'pæθɪk] *adj.* naturopático

naturopathy [ˌneɪtʃə'rɒpəθɪ] *s.* naturopatia

naught [nɔːt] Ⓐ *s.* 1 nada; 2 zero; (escola) *to get a ~* apanhar um zero Ⓑ *adj.* [arc.] inútil, sem valor ❖ *all for ~* inútil; vão; em vão; *to bring to ~* derrotar; arruinar; fazer falhar; *to care ~ for* considerar inútil ou sem valor; não manifestar interesse por; *to come to ~* cair por terra; dar em nada; *to set at ~* não fazer caso de; desafiar

naughtily ['nɔːtɪlɪ] *adv.* 1 maldosamente; com maldade; 2 mal; com mau comportamento

naughtiness ['nɔːtɪnɪs] *s.* 1 mau comportamento, maldade; 2 espírito travesso, desobediente; 3 inconveniência, indecência ❖ **~ pack** criança travessa, mal comportada, desobediente; pessoa de mau carácter

naughty ['nɔːtɪ] *adj.* (comp. *-ier*, superl. *-iest*) 1 mal comportado, irrequieto, travesso, desobediente; *a ~ boy* um rapaz travesso, um rapaz mal comportado; 2 maldoso; 3 malcriado; 4 maroto; 5 inconveniente, mau, censurável; 6 [fig.] (história, anedota) picante; malicioso; *a ~ joke* uma piada maliciosa; *a ~ story* uma história picante ❖ *the ~ nineties* a década de 1890-1900

naumachia [nɔː'meɪkɪə] *s.* (pl. *-iae* ou *-ias*) 1 naumaquia, representação de um combate naval entre os Romanos; 2 lugar dessa representação

naumachy ['nɔːmeɪkɪ] *s.* (pl. *-ies*) ⇒ **naumachia**

naunt [nɑːnt] *s.* [arc.] ⇒ **aunt**

nauplius ['nɔːplɪəs] *s.* (pl. *-ii*) ZOOLOGIA náuplio

nauropometer [ˌnɔːrə'pɒmɪtə] *s.* NÁUTICA nauropómetro, instrumento destinado a medir as amplitudes do baloiço e vaivém dos navios

Nauruan [naʊ'ruːən] Ⓐ *adj.* do Nauru Ⓑ *s.* habitante ou natural do Nauru

nausea ['nɔːsɪə] *s.* 1 náusea; enjoo; vontade de vomitar; *to be overcome with ~* ter vontade de vomitar; 2 nojo; repugnância; *it filled him with ~ to see such a cruelty* teve uma sensação de nojo ao ver uma crueldade daquelas; 3 desgosto, enfado

nauseate ['nɔːsɪeɪt] *v.tr.,intr.* 1 provocar náuseas, causar náuseas; 2 sentir náuseas devido a; 3 provocar enjoo; enjoar; 4 ficar enojado; sentir repugnância por

nauseating ['nɔːsɪeɪtɪŋ] *adj.* 1 que causa náuseas; 2 que provoca vómitos; 3 nauseabundo; 4 enjoativo; 5 que dá uma sensação de nojo, repugnante; *a ~ sight* um espectáculo repugnante

nauseatingly [ˌnɔːsɪ'eɪtɪŋlɪ] *adv.* 1 de forma repugnante, nojentamente; 2 de modo a causar náuseas; 3 chocantemente

nauseous ['nɔːsɪəs] *adj.* 1 nauseabundo, repugnante, nojento; 2 que provoca náuseas

nauseously ['nɔːsɪəslɪ] *adv.* ⇒ **nauseatingly**

nauseousness ['nɔːsɪəsnɪs] *s.* 1 carácter nauseabundo, aspecto repugnante; 2 sensação asquerosa; 3 náusea, nojo

Nausicaa [nɔː'sɪkɪə] *s.* MITOLOGIA Nausica

naut. [abrev. de nautical]

nautch [nɔːtʃ] *s.* (pl. *-es*) espectáculo indiano com bailarinas profissionais ❖ **~ girl** bailarina profissional que toma parte nesses espectáculos

nautic ['nɔːtɪk] *adj.* 1 náutico; relativo à náutica; respeitante à ciência náutica; 2 marítimo

nautical ['nɔːtɪkəl] *adj.* náutico; **~ almanach** almanaque náutico; **~ chart** mapa náutico, carta náutica; **~ instrument** instrumento náutico; **~ matters** assuntos náuticos; **~ surveyor** perito náutico; **~ terms** termos náuticos ❖ **~ day** dia astronómico; **~ mile** milha marítima (1855 metros); **~ yarn** história inverosímil

nautically ['nɔːtɪkəlɪ] *adv.* do ponto de vista náutico

nautics ['nɔːtɪks] *s.* náutica, ciência náutica

nautilus ['nɔːtɪləs] *s.* (pl. *-i* ou *-es*) 1 ZOOLOGIA náutilo; *pearl ~* náutilo; 2 ZOOLOGIA argonauta; *paper ~* argonauta

naval ['neɪvəl] *adj.* naval; **~ architect** engenheiro-construtor naval; **~ architecture** construção naval; **~ aviation** aviação naval; **~ base** base naval; **~ engagements** combates navais; **~ engineer** engenheiro-maquinista naval; **~ forces** forças navais; **~ tactics** táctica naval; **~ warfare** guerra naval ❖ **~ cadet** aspirante de marinha; **~ officer** oficial da Armada; **~ power** potência marítima; **~ station** base naval; **~ yard** arsenal da marinha

Navarre [nə'vɑː] *s.top.* Navarra

Navarrese [ˌnævæ'riːz] *adj.,s.* 1 navarrês, de Navarra; 2 navarro

nave [neɪv] *s.* 1 cubo (de roda); 2 nave (de igreja)

navel ['neɪvəl] *s.* 1 umbigo; 2 [fig.] centro, meio, ponto central ❖ [depr.] **~ gazing** umbiguismo; **~ hole** buraco de pedra de moinho; buraco de mó; **~ orange** laranja de umbigo; **~ string** cordão umbilical

navelwort ['neɪvəlwɜːt] *s.* BOTÂNICA umbigo-de-vénus, conchelo

navicert ['nævɪsɜːt] *s.* certificado passado pelas autoridades britânicas libertando certas mercadorias do risco de serem apreendidas pelas forças britânicas que efectuam o bloqueio do inimigo

navicular [næ'vɪkjʊlə] Ⓐ *adj.* navicular Ⓑ *s.* 1 ANATOMIA escafóide, navicular, osso do tarso entre o astrágalo e os cuneiformes; 2 osso pequeno que completa a articulação, nos membros dos solípedes, da segunda falange com a terceira ❖ ANATOMIA **~ fossa** fossa navicular

navicularthritis [nævɪkjʊlɑː'θraɪtɪs] *s.* doença navicular dos solípedes

navigability [ˌnævɪgə'bɪlɪtɪ] *s.* navegabilidade

navigable ['nævɪgəbəl] *adj.* 1 navegável; *that river is not ~* esse rio não é navegável; 2 NÁUTICA que pode manobrar-se na água; 3 AERONÁUTICA que pode manobrar-se no ar; 4 que pode ser percorrido por embarcação ❖ *in a ~ condition* em condições de navegar

navigableness ['nævɪgəblnɪs] *s.* ⇒ **navigability**

navigate ['nævɪgeɪt] *v.tr.,intr.* 1 navegar; viajar no mar, rio ou ar; 2 percorrer, navegando; 3 (navio, avião) pilotar; 4 (barco) governar, dirigir; 5 (carro) ser o navegador de ❖ [coloq.] *to ~ a bill through Parliament* conseguir que um projecto de lei seja aprovado no Parlamento

navigating ['nævɪgeɪtɪŋ] *s.* navegação

navigation [ˌnævɪ'geɪʃən] *s.* 1 (águas, mar) navegação; *aerial ~* navegação aérea; 2 arte e ciência de navegar; 3 comércio marítimo ou aéreo; 4 movimento de navios ❖ **~ act** acto de navegação; lei relativa à navegação; INFORMÁTICA **~ bar** barra de navegação; **~ law** código marítimo; **~ light** luz de navegação; **~ officer** oficial de navegação; **~ satellite** satélite de navegação; **~ school** escola de navegação; **~ flame light** bóia luminosa de orientação; **~ smoke float** bóia de fumo de orientação

navigational [ˌnævɪˈgeɪʃənəl] *adj.* de navegação; relativo à navegação

navigator [ˈnævɪgeɪtə] *s.* **1** navegador; *the Portuguese navigators* os navegadores portugueses; **2** mareante, navegante; **3** nauta, marinheiro; **4** (carro) co-piloto, navegador; **5** [rar.] ⇒ navvy ❖ *Henry the ~* o infante D. Henrique

navvy [ˈnævɪ] Ⓐ *s.* (*pl.* **-ies**) **1** operário encarregado de escavações (para canais, estradas, caminhos-de-ferro, etc.); **2** cabouqueiro; **3** escavadeira mecânica, máquina de escavar Ⓑ *v.intr.* trabalhar como cabouqueiro, trabalhar em escavações

navvying [ˈnævɪɪŋ] *s.* trabalhos de escavação, escavações, terraplenagens

navy [ˈneɪvɪ] *s.* (*pl.* **-ies**) marinha de guerra; armada; *to serve in the ~* estar alistado na marinha de guerra ❖ *~ agent* agente marítimo; *~ bean* feijão branco; *~ bill* cédula passada pelo Almirantado em vez de pagamentos a dinheiro; [EUA] *Navy Department* Ministério da Marinha; *~ league* liga naval; associação para promover o interesse pela marinha; *~ list* lista dos oficiais da armada; [EUA] *Navy Yard* Arsenal da Marinha; [EUA] *Secretary for the Navy* Ministro da Marinha; *the Royal Navy* a Marinha Real

navy-blue [ˈneɪvɪbluː] *adj.,s.* azul-marinho; *~ suit* fato azul-marinho

nawab [nəˈwɑːb] *s.* nababo, governador ou nobre indiano

nay [neɪ] Ⓐ *s.* **1** não; resposta negativa; recusa; *to say ~* responder com uma recusa, dizer que não; *he will not take ~* ele não admitirá uma recusa; *I cannot say him ~* não lhe posso dizer que não; **2** (votação) votos contra Ⓑ *adv.* **1** [arc.] não; **2** [arc.] ou antes; ou melhor; *I presume, nay, I am quite sure that ...* suponho que, ou antes, tenho absoluta certeza de que ...; **3** [arc.] mais que isso; *a friend, nay, a brother* um amigo, mais que isso, um irmão; **4** [arc.] não só ... mas também ❖ *yea and ~* hesitação; irresolução

naysay [ˈneɪseɪ] *v.tr.* **1** opor-se a; manifestar-se contra; **2** recusar

naysayer [ˈneɪseɪə] *s.* opositor, antagonista

Nazarene [ˌnæzəˈriːn] *adj.,s.* nazareno

Nazareth [ˈnæzərɪθ] *s.top.* Nazaré

Nazarite [ˈnæzəraɪt] Ⓐ *adj.* nazareno Ⓑ *s.* **1** nazareno; **2** nazarita

naze [neɪz] *s.* promontório, cabo

Nazi [ˈnɑːtsɪ] *adj.,s.* nazi

Nazism [ˈnɑːtsɪzəm] *s.* nazismo

nazy [ˈneɪzɪ] *adj.* ébrio

Nb QUÍMICA [*símbolo de* niobium]

NB Ⓐ [*abrev. de* New Brunswick] Ⓑ [*abrev. de* nota bene (note well)]

NBA Ⓐ (Estados Unidos da América) [*abrev. de* National Basketball Association] Associação Nacional de Basquetebol Ⓑ [*abrev. de* National Boxing Association] Associação Nacional de Boxe Ⓒ (Grã-Bretanha) [*abrev. de* Net Book Agreement] acordo para regulamentar o preço de venda dos livros

NBC Ⓐ [EUA] TELEVISÃO [*abrev. de* National Broadcasting Company] Ⓑ (indústria) [*abrev. de* nuclear, biological and chemical]

nbg [*abrev. de* no bloody good]

NBPI [*abrev. de* National Board for Prices and Incomes]

NC Ⓐ COMÉRCIO [*abrev. de* no charge] Ⓑ [*abrev. de* North Carolina]

NCAVAE [*abrev. de* National Committee on Audio-Visual Aids in Education]

NCB [GB] [*abrev. de* National Coal Board]

NCCL [*abrev. de* National Council for Civil Liberties]

NCET [*abrev. de* National Council for Educational Technology]

NCO [*abrev. de* noncommissioned officer]

NCT [*abrev. de* National Centre of Tribology]

NCTET [*abrev. de* National Coalition for Technology in Education and Training]

nd [*abrev. de* no date]

Nd QUÍMICA [*símbolo de* neodymium]

ND [*abrev. de* North Dakota]

NDEA [EUA] [*abrev. de* National Defense Education Act]

NDL [*abrev. de* Norddeutscher Lloyd (North German Lloyd S. S. Co.)]

NDPS [*abrev. de* National Data Processing Service]

Ne QUÍMICA [*símbolo de* neon]

NE Ⓐ [*abrev. de* Nebraska] Ⓑ [*abrev. de* New England] Ⓒ [*abrev. de* northeast]

NEA [*abrev. de* National Education Association]

Neagh [neɪ] *s.* nome de um lago irlandês em Ulster

Neanderthal [nɪˈændətɑːl] Ⓐ *s.top.* (região) Neandertal Ⓑ *s.* [depr.] (pessoa) bruto; homem das cavernas; troglodita Ⓒ *adj.* **1** HISTÓRIA de Neandertal; *the ~ man* o homem de Neandertal; **2** [depr.] primitivo; arcaico; **3** [depr.] próprio de homem das cavernas; troglodita

Neanderthaloid [nɪˌændəˈtɑːlɔɪd] *adj.* neandertalóide; relativo ou semelhante ao homem de Neandertal

neap [niːp] Ⓐ *adj.* baixo, no ponto mais baixo das chamadas águas mortas; *~ tide* águas mortas Ⓑ *s.* maré morta; águas mortas; maré logo após o primeiro e o terceiro quarto de Lua, quando as águas se encontram no ponto mais baixo; *at dead neaps* no ponto mais baixo das marés mortas Ⓒ *v.tr.,intr.* **1** aproximar-se da maré morta; **2** estar nas marés mortas ❖ (navio) *to be neaped* ser impedido de sair por causa das marés mortas

Neapolitan [nɪəˈpɒlɪtən] *adj.,s.* napolitano ❖ *~ ice cream* gelado com camadas diferentes, geralmente servido às fatias

near [nɪə] Ⓐ *adv.,prep.* (flexão de grau enquanto advérbio: *comp.* **-er**, *superl.* **-est**) **1** perto; próximo; não afastado; **2** quase; por pouco; *~ ripe* quase maduro; *he came ~ doing it* por pouco que o fazia; *she came ~ to crying* ela quase que se punha a chorar; **3** cerca de; quase; *it lasted ~ a century* durou cerca dum século; *the time is ~ upon three o'clock* são quase três horas; **4** NÁUTICA cingido ao vento; **5** perto de; próximo a; a pouca distância de; *~ me* perto de mim; *~ the village* próximo da aldeia; *~ to* perto de Ⓑ *adj.* (comp. **-er**, superl. **-est**) **1** perto; próximo; **2** aproximado; parecido; **3** íntimo; *~ friend* amigo íntimo; **4** (animais, partes de veículos) esquerdo; *the ~ foreleg* a perna anterior esquerda; *the ~ wheel* a roda esquerda; **5** mesmo à mão; **6** directo; *to go by the nearest road* ir pelo caminho mais directo; **7** mesquinho, avarento Ⓒ *v.tr.,intr.* aproximar-se de; *we were nearing London* aproximávamo-nos de Londres; *to be nearing one's end* aproximar-se do fim, estar prestes a morrer ❖ *~ beer* imitação de cerveja; *Near East* Próximo Oriente; *~ guess* conjectura quase certa; *to be a ~ miss* errar o alvo por pouco, falhar por pouco; *~ race* corrida bem disputada; *~ relation* parente próximo; *~ resemblance* grande semelhança; *~ silk* seda artificial; *~ translation* tradução fiel; *~ upon* cerca de; *in the ~ future* num futuro próximo; *nearer and nearer* cada vez mais perto; *not ~ so good* muito inferior; *on a ~ day* num dia próximo; *the man ~ you/the man nearest you* o homem logo a seguir a ti; *the ~ distance* a distância logo a seguir ao primeiro plano; *as ~ as I can remember* tanto quanto me lembro; *glasses that make objects look ~* óculos que aproximam os objectos; *it was a ~ go/it was a ~ thing* escapámos por pouco; foi por pouco; foi por um triz; *keep ~ to me* conserve-se ao pé de mim; *~ is my coat but nearer is my skin* primeiro são dentes e depois parentes; *they are ~ related* são parentes próximos; *those ~ and dear to her* os que lhe são queridos; *to be ~ akin to* ser parente próximo de; *to be ~ at hand* estar à mão de semear; *to be ~ of kin* ser parente próximo; *to take a nearer view of sth* examinar uma coisa mais de perto

nearby [nɪəˈbaɪ] Ⓐ *adv.* perto; próximo; *I bought a house ~* eu comprei uma casa perto Ⓑ *adj.* próximo; vizinho; adjacente; *in the ~ town* na cidade vizinha

nearctic [nɪˈɑːktɪk] *adj.* neárctico; relativo à parte setentrional do Novo Mundo

near-death [nɪəˈdeθ] *s.* morte iminente, quase-morte ❖ *~ experience* experiência de quase-morte

nearly [ˈnɪəlɪ] *adv.* **1** de perto, muito de perto; *to approach ~* aproximar-se de perto; *it concerns me ~* isso interessa-me bastante, isso toca-me de perto; **2** minuciosamente, atentamente; *to examine ~* examinar cuidadosamente; **3** próximo; *~ related* parentes próximos; **4** muito; *not ~ as useful* muito menos útil; *they ~ resemble each other* parecem-se muito um com o outro; **5** intimamente; **6** particularmente; **7** quase;

he ~ fell ele quase caiu; *it is ~ two o'clock* são quase duas horas; *~ everybody* quase toda a gente; *she is very ~ sixteen* ela tem quase dezasseis anos ❖ *not ~* de modo nenhum; *he is not ~ so old as you* ele está longe de ter a sua idade

nearness ['nɪənɪs] *s.* 1 proximidade; *~ of relationship* proximidade de parentesco; 2 intimidade, familiaridade; 3 exactidão, fidelidade; 4 economia, frugalidade, parcimónia

nearsighted ['nɪəsaɪtɪd] *adj.* [EUA] MEDICINA míope; *to be ~* ser míope, ver mal ao longe

neat [ni:t] Ⓐ *adj.* 1 limpo, asseado; 2 arrumado, em ordem; 3 bem arranjado; 4 feito com cuidado e habilidade; 5 (pessoa) metódico, organizado; 6 (bebida) sem mistura, sem água, puro; *to drink brandy ~* beber brandy simples; 7 de bom gosto, simples e elegante; *that's a ~ dress* é um vestido elegante; 8 (forma) bem feito, bem proporcionado; *~ leg* perna bem feita; *she has a very ~ figure* ela é uma rapariga bem feita; 9 [EUA] [coloq.] excelente, porreiro, espectacular; *a ~ guy* um gajo porreiro Ⓑ *s.* [arc.] gado vacum, gado bovino, gado ❖ *~ handwriting* caligrafia clara e limpa; *~ herd* vaqueiro; *~ house* curral das vacas; aido; *~ as a pin* num brinquinho; CULINÁRIA *neat's foot* mão de vaca; CULINÁRIA *neat's tongue* língua de vaca; *to make a ~ job* fazer um bom trabalho

neaten [ni:tn] *v.tr.* melhorar o aspecto de, arranjar

neath [ni:θ] *prep.* [poét.] ⇒ **beneath**

neat-handed [,ni:t'hændɪd] *adj.* hábil, dextro

neat-handedness [,ni:t'hændɪdnəs] *s.* habilidade, destreza

neatly ['ni:tlɪ] *adv.* 1 asseadamente, com limpeza; 2 ordenadamente; 3 de modo agradável; 4 com bom gosto; com elegância e simplicidade; *~ dressed* vestido com elegância; 5 habilmente; 6 com espírito; *~ said* bem dito

neatness ['ni:tnɪs] *s.* 1 asseio, limpeza; 2 bom gosto, simplicidade e elegância; 3 cuidado, habilidade, destreza; 4 espírito; 5 clareza, nitidez

neb ['neb] *s.* 1 [Esc.] bico de ave; 2 nariz; 3 focinho (de animal); 4 bico (de bule); 5 ponta, extremidade

Neb. [abrev. de Nebraska]

Nebraska [nə'bræskə] *s.top.* Nebrasca

Nebuchadnezzar [,ne,bjukəd'nezə] *s.antr.* Nabucodonosor

nebula ['nebjʊlə] *s. (pl.* **-ae**) 1 MEDICINA nefélio, leve opacidade da córnea; 2 ASTRONOMIA nebulosa

nebular ['nebjʊlə] *adj.* ASTRONOMIA nebular; relativo a nebulosa ❖ ASTRONOMIA *~ hypothesis* hipótese nebular

nebule ['nebjʊl] *s.* 1 ASTRONOMIA nebulosa; 2 névoa, bruma

nebulium [ne'bjʊlɪəm] *s.* nebúlio, elemento ionizado duma nebulosa

nebulization [,nebjʊlaɪ'zeɪʃən] *s.* nebulização

nebulize ['nebjʊlaɪz] *v.tr.* nebulizar

nebulizer ['nebjʊlaɪzə] *s.* nebulizador

nebulosity [,nebjʊ'lɒsɪtɪ] *s. (pl.* **-ies**) nebulosidade

nebulous ['nebjʊləs] *adj.* 1 nebuloso; 2 semelhante a nuvem; 3 pouco claro, indistinto, vago; 4 sem forma definida

nebulously ['nebjʊləslɪ] *adv.* 1 nebulosamente; 2 indistintamente

nebuly ['nebjʊlɪ] *adj.* HERÁLDICA nublado

necessarian [,nesɪ'seərɪən] *adj.,s.* 1 necessitário; 2 partidário do determinismo ou fatalismo

necessarily ['nesɪsərɪlɪ, 'nesɪserɪlɪ] *adv.* 1 necessariamente; *what they say is not ~ true* o que eles dizem não é necessariamente verdade; 2 forçosamente, fatalmente, inevitavelmente; 3 como resultado necessário

necessary ['nesɪsərɪ, 'nesɪserɪ] Ⓐ *adj.* 1 necessário, imprescindível, indispensável; FILOSOFIA *~ agent* agente necessário; *if ~* se for necessário; *to make all ~ arrangements* tomar todas as medidas necessárias, tomar as disposições necessárias; *don't do more than is absolutely ~* não faças mais que o absolutamente necessário; *is all that necessary?* será necessário tudo isso?; *it is ~ that they should obey you* é necessário que te obedeçam; *there are things which seem to be a ~ evil* há coisas que parecem ser um mal necessário; 2 que não pode dispensar-se; 3 inevitável, que não pode evitar-se; 4 essencial, importante; 5 obrigatório, compulsivo, imperioso, forçoso, preciso; *it is not ~ for you to do that* não precisas de fazer isso Ⓑ *s. (pl.* **-ies**) 1 coisa indispensável, coisa necessária; [cal.] *the ~* o necessário, dinheiro ou meios indispensáveis para qualquer fim; *the bare necessaries* o estritamente necessário; *travel necessaries* artigos de viagem indispensáveis; *to do the ~* fazer o necessário, pagar; *to provide the ~* fornecer os meios necessários, dar a necessária assistência financeira; 2 necessidade; *the necessaries of life* as necessidades essenciais da vida; *a motor car is a ~ today* hoje em dia, um carro é uma necessidade

necessitarian [,nɪsesɪ'teərɪən] *adj.,s.* ⇒ **necessarian**

necessitarianism [,nɪsesɪ'teərɪənɪzəm] *s.* fatalismo, determinismo

necessitate [nɪ'sesɪteɪt] *v.tr.* 1 tornar necessário, tornar preciso; 2 obrigar a; 3 necessitar, precisar

necessitating [nɪ'sesɪteɪtɪŋ] *adj.* que necessita, necessitante

necessitous [nɪ'sesɪtəs] *adj.* necessitado, indigente, pobre; que passa necessidades; *to be in ~ circumstances* ser necessitado, viver na pobreza

necessitously [nɪ'sesɪtəslɪ] *adv.* pobremente; na pobreza, na indigência

necessitousness [nɪ'sesɪtəsnɪs] *s.* 1 necessidade; 2 penúria, indigência, pobreza

necessity [nɪ'sesɪtɪ] *s. (pl.* **-ies**) 1 necessidade; *by ~/from ~/out of ~* por necessidade; *in case of ~* em caso de necessidade; *physical ~* necessidade física, necessidade de facto; 2 indispensabilidade; imprescindibilidade; 3 exigência; imperativo; condição ou requisito indispensável; *an economic ~* um imperativo económico; 4 coisa indispensável; bem essencial; 5 fatalidade; 6 constrangimento, coacção; 7 pobreza, penúria, indigência ❖ *~ is the mother of invention* a necessidade aguça o engenho; *a case of absolute ~* um caso de força maior; FILOSOFIA *doctrine of ~* determinismo; *to be born of ~* ser ditado pelas circunstâncias; *to be in ~* passar necessidades; *to be under the ~ of* ter necessidade de; *to bow to ~* curvar-se à necessidade; fazer o que se é obrigado a fazer

neck [nek] Ⓐ *s.* 1 pescoço; 2 colarinho, gola; 3 decote; *high ~* decote subido; *low ~* decote descido; *round ~* decote redondo; 4 (animal) cachaço; CULINÁRIA *beef ~* cachaço de vaca; 5 (útero, etc.) colo; *~ of the uterus* colo do útero; 6 (garrafa) gargalo; 7 GEOGRAFIA istmo; *~ of land* istmo; 8 (violino, viola, etc.) braço; 9 punho de baioneta; 10 parte delgada de remo; 11 último molho de trigo ceifado; 12 qualquer coisa com a forma de um pescoço Ⓑ *v.tr.* 1 [coloq.] (vinho, cerveja, etc.) engolir, emborcar; 2 [ant., coloq.] (namorar) acariciar, acarinhar; abraçar, beijar ❖ *~ and crop* completamente; decididamente; violentamente; (corridas de cavalos) *~ and ~* lado a lado, a par; *it is ~ or nothing* ou tudo ou nada; é um caso desesperado; *to be up to one's ~ in work* estar cheio de trabalho; *to break the ~ of* fazer a parte mais difícil de; (corridas de cavalos) *to finish ~ and ~* terminar a par; [cal.] *to get it in the ~* apanhar uma tosa mestra; receber severo castigo; sofrer; *to have a ~* ser descarado; ser atrevido; *to have a stiff ~* ter um torcicolo; ser teimoso; *to save one's ~* salvar a pele; *to take sb by the ~* agarrar alguém pelo colarinho; (corridas de cavalos) *to win by a ~* ganhar pela diferença dum pescoço

neckband ['nekbænd] *s.* 1 gola; colarinho; 2 (adorno) gargantilha

neckcloth ['nekklɒθ] *s.* [ant.] gravata, lenço do pescoço

necked [nekt] *adj.* 1 com pescoço; 2 com gola ou colarinho ❖ *high-necked* com pouco decote; *short-necked* de pescoço curto; *square-necked* de decote quadrado; *swan-necked* com pescoço de cisne

neckerchief ['nekətʃɪf] *s.* 1 lenço do pescoço; 2 cachecol

necking ['nekɪŋ] *s.* 1 garganta de coluna; 2 moldura entre o capitel e a coluna; 3 [EUA] [coloq., ant.] beijos ou carícias

necklace ['neklɪs] *s.* colar

necklet ['neklɪt] *s.* ornamento de peles para o pescoço

neckline ['neklaɪn] *s.* decote; *with a low ~* muito decotado

neckpiece ['nekpi:s] *s.* 1 (vestuário) gola; 2 (armadura) gorjal; 3 (adorno) gargantilha

necktie ['nektaɪ] *s.* [EUA] gravata ❖ [EUA] [coloq.] *~ party* linchamento

neckwear ['nekweə] *s.* colarinhos, gravatas, cachecóis

necrobiosis [,nekrəʊbaɪ'əʊsɪs] *s.* MEDICINA necrobiose

necrobiotic [,nekrəʊbaɪ'ɒtɪk] *adj.* necrobiótico

necrographer [nə'krɒgrəfə] *s.* necrógrafo, necrólogo

necrolatry [nəˈkrɒlətrɪ] s. necrolatria
necrological [nekrəˈlɒdʒɪkəl] adj. necrológico
necrologist [nəˈkrɒlədʒɪst] s. necrologista
necrology [nəˈkrɒlədʒɪ] s. (pl. -ies) necrologia
necromancer [ˈnekrəmænsə] s. necromante, nigromante
necromancy [ˈnekrəʊˌmænsɪ] s. necromancia
necromantic [ˈnekrəʊˌmæntɪk] adj. necromântico
necrophagous [nəˈkrɒfəgəs] adj. necrófago
necrophilia [ˌnekrəʊˈfɪlɪə] s. (psicopatologia) necrofilia
necrophily [nəˈkrɒfɪlɪ] s. necrofilia
necrophobia [ˌnekrəʊˈfəʊbɪə] s. necrofobia, medo doentio da morte ou dos cadáveres
necrophore [ˈnekrəfɔː] s. ZOOLOGIA necróforo
necropolis [nəˈkrɒpəlɪs] s. (arqueologia) necrópole
necropsy [nəˈkrɒpsɪ] s. necropsia, autópsia
necrose [nɪˈkrəʊs] v.intr. necrosar-se, entrar em necrose
necrosis [nɪˈkrəʊsɪs] s. (pl. -ses) 1 necrose, morte do tecido ósseo e dos tecidos em geral; 2 BOTÂNICA necrose
necrotic [nɪˈkrɒtɪk] adj. necrótico, necrósico
necrotize [ˈnekrəʊtaɪz] v.intr. ⇒ **necrose**
nectar [ˈnektə] s. néctar
nectared [ˈnektəd] adj. nectáreo, nectarino
nectareous [nekˈtɛərɪəs] adj. ⇒ **nectared**
nectariferous [nektəˈrɪfərəs] adj. nectarífero
nectarine [ˈnektərɪn] Ⓐ adj. nectarino Ⓑ s. 1 nectarina, variedade de pêssego com casca sem pêlo; 2 pêssego-careca
nectary [ˈnektərɪ] s. (pl. -ies) BOTÂNICA nectário
neddy [ˈnedɪ] s. burro, jumento
Neddy [ˈnedɪ] dim. de **Edward**
née [neɪ] adj. com nome de solteira; *Mrs Jones, ~ Smith* a senhora Jones, cujo nome de solteira era Smith
need [niːd] Ⓐ s. 1 necessidade, precisão, falta; *in case of ~* em caso de necessidade; *she had no ~ to speak* ela não tinha necessidade nenhuma de falar; *what ~ is there to do it?* que necessidade há de fazer isso?; 2 carência; 3 coisa necessária; *there is no ~ to do such a thing* não é preciso fazer uma coisa dessas; *you had ~ (to) remember* devias lembrar-te; 4 motivo; *there is no ~ for caution* não há motivo para cuidado; 5 emergência, dificuldade; *in times of ~* em momentos de dificuldade; 6 indigência, pobreza, miséria Ⓑ v.tr.,mod. 1 precisar, necessitar, carecer de, ter necessidade de; *do you ~ anything?* precisa de alguma coisa?; *he needs food* ele tem necessidade de alimento; *he ~ not wait* é inútil ele esperar; *he needs to be told everything* é preciso sempre dizer-lhe tudo; *it needed doing* isso precisava de ser feito; *it needs no comment* sem comentários; *she doesn't ~ to be told what happened* não é preciso dizer-lhe o que aconteceu (ela já sabe); *she needn't be told what happened* não convém dizer-lhe o que aconteceu (ela não precisa de saber); *she needn't do it, ~ she?* ela não precisa de fazer isso, não é verdade?; *they needn't be in such a hurry* não vale a pena estarem com tanta pressa; *your statement will ~ some explanation* vai ter de explicar a afirmação; 2 exigir, requerer; *it needs much care* isso requer muito cuidado; 3 passar necessidades ❖ *if need(s) be* se for necessário; se houver necessidade; *people in ~* os necessitados; *to be in ~* passar necessidades; *to be in ~ of* ter necessidade de; *to have ~ of sth* ter necessidade de alguma coisa; *to have ~ to do sth* ter necessidade de fazer alguma coisa; *to ~ sth/to ~ to do sth* precisar de alguma coisa/precisar de fazer alguma coisa
needed [ˈniːdɪd] adj. preciso, necessário
needful [ˈniːdfʊl] Ⓐ adj. necessário; preciso; indispensável; *do what is ~* faz o que é preciso; *it is ~ that they should go at once* é indispensável que eles partam imediatamente Ⓑ s. 1 o que é necessário; *to do the ~* fazer o que é necessário; 2 [cal.] dinheiro ❖ (rãguebi) *to do the ~* converter um ensaio
needfulness [ˈniːdfʊlnɪs] s. precisão, necessidade, carência
neediness [ˈniːdɪnɪs] s. necessidade, indigência, pobreza
needle [niːdl] Ⓐ s. 1 (costura, malha, croché, etc.) agulha; *crochet ~* agulha de croché; *darning ~* agulha de passajar; *knitting ~* agulha de fazer malha; *suture ~* agulha de cirurgião; *to thread a ~* enfiar uma agulha; 2 agulha de marear, agulha magnética; 3 seringa; 4 agulha fonográfica; 5 BOTÂNICA (pinheiro) agulha; 6 (balança) fiel; 7 pico; 8 rochedo aguçado; 9 obelisco; *Cleopatra's ~* o obelisco de Cleópatra, em Londres; 10 qualquer coisa em forma de agulha; 11 [coloq., fig.] irritação; *to get the ~* irritar-se, ofender-se; *to have the ~* estar irritado Ⓑ v.tr.,intr. 1 coser, trabalhar com agulhas; 2 cristalizar em forma de agulha; 3 [coloq.] meter-se com, irritar, espicaçar, arreliar; *they needled him about his new girlfriend* meteram-se com ele por causa da namorada que ele tinha arranjado; 4 passar habilmente através de obstáculos; *to ~ one's way through sth* conseguir passar através de algo; 5 [EUA] [coloq.] juntar álcool a bebida ❖ (estoja) *~ book/case* agulheiro; (farmácias) *~ exchange* troca de seringas; *~ factory* fábrica de agulhas; *~ file* lima de ponta fina; *~ gun* espingarda de agulha; *~ lace* renda feita com agulhas; DESPORTO *~ match* jogo ou desafio que desperta grande excitação e interesse; *~ paper* papel contra a ferrugem; *~ tin* pedra de estanho; *engraving ~* agulha de gravador; agulha de gravar; *firing ~* percutor; *needle's eye* fundo da agulha; buraco da agulha; passagem muitíssimo estreita; (sensação) *pins and needles* picadas; formigueiro; *sharp as a ~* muito perspicaz; *to look for a ~ in a bottle of hay/in a bundle of hay/in a haystack* procurar agulha em palheiro
needlecraft [ˈniːdlkrɑːft] s. costura; trabalhos de costura
needlefish [ˈniːdlfɪʃ] s. ZOOLOGIA peixe-agulha
needleful [ˈniːdlfʊl] s. 1 enfiadura; 2 agulhada
needlepoint [ˈniːdlpɔɪnt] s. 1 tapeçaria; 2 ponta de agulha; ponta muito aguçada; 3 ponta seca de compasso; porta-agulha do compasso ❖ *~ lace* renda irlandesa
needless [ˈniːdləs] adj. 1 escusado; *~ to say I was very pleased* escusado será dizer que fiquei muito contente; 2 desnecessário, inútil; *~ work* trabalho inútil; 3 dispensável, supérfluo
needlessly [ˈniːdləslɪ] adv. 1 desnecessariamente; 2 inutilmente; 3 sem ser preciso
needlessness [ˈniːdlɪsnɪs] s. 1 inutilidade, superfluidade; 2 carácter desnecessário
needlewoman [ˈniːdlwʊmən] s. (pl. **women**) costureira
needlework [ˈniːdlwɜːk] s. 1 trabalho (com agulhas); 2 costura; 3 bordado

needs [niːdz] adv. [usado antes ou depois de *must*] forçosamente, necessariamente; *he ~ must do it* ele tem necessariamente de o fazer; *he must ~ do it when I told him it was useless* ele havia de fazer isso mesmo depois de eu lhe dizer que não valia a pena; *if ~ must* se for preciso, se tiver de ser; *~ must when the devil drives* a necessidade não tem lei
needy [ˈniːdɪ] Ⓐ adj. (comp. **-ier**, superl. **-iest**) 1 necessitado; pobre; indigente; desfavorecido; com muitas carências; 2 (afectivamente) carente Ⓑ s.pl. *the ~* os desfavorecidos, os necessitados, os pobres
neem [niːm] s. BOTÂNICA amargoseira
ne'er [neə] adv. [poét.] ⇒ **never**
ne'er-do-well [ˈneəduːˌwel] s. inútil, pessoa que não faz nada na vida
neesberry [ˈniːzbərɪ, ˈniːzberɪ] s. (pl. **-ies**) BOTÂNICA (árvore, fruto) sapoti, sapotizeiro, sapotilha
nefarious [nɪˈfɛərɪəs] adj. 1 iníquo, perverso, celerado, nefando, vil; 2 malvado; 3 nefário; 4 ilegal
nefariously [nɪˈfɛərɪəslɪ] adv. 1 perversamente, iniquamente; 2 infamemente
nefariousness [nɪˈfɛərɪəsnɪs] s. 1 iniquidade, perversidade, torpeza, maldade; 2 infâmia
neg. [abrev. de negative]
negate [nɪˈgeɪt] v.tr. [form.] 1 negar; 2 invalidar, anular; 3 implicar a inexistência de
negation [nɪˈgeɪʃən] s. 1 negação; 2 afirmação ou doutrina negativa; 3 contradição, recusa; 4 ausência, carência, falta de qualquer coisa; 5 coisa negativa; 6 partícula negativa; 7 negativa
negationist [nɪˈgeɪʃənɪst] s. 1 [rar.] negativista; 2 [rar.] agnóstico
negative [ˈnegətɪv] Ⓐ adj. 1 (geral) negativo; *~ answer* resposta negativa; *~ criticism* crítica negativa; *~ value* valor negativo; *debt is ~ capital* o débito é um capital negativo; 2 (influência) nefasto; prejudicial; 3 (atitude) negativo; pessimista Ⓑ s. 1 negação; 2 LINGUÍSTICA (forma) negativa; *in the ~* na negativa; *two negatives make an affirmative* duas negativas fazem uma afirmativa; 3 resposta negativa; *to return a ~* responder

negativamente, dizer não; *the answer is in the* ~ a resposta é não; **4** FOTOGRAFIA negativo; **5** qualidade negativa; **6** direito de veto; **7** MATEMÁTICA quantidade negativa; **8** (de disco fonográfico) matriz; *master* ~ matriz de reserva; **9** placa negativa de bateria © *v.tr.* **1** contradizer, refutar, demonstrar a falsidade de; *later experiments negatived this theory* experiências ulteriores refutaram esta teoria; **2** opor-se a; **3** vetar; rejeitar; **4** neutralizar, tornar inútil ❖ POLÍTICA ~ *campaigning* campanha negativa; ELECTRICIDADE ~ *charge* carga negativa; ELECTRICIDADE ~ *contact* contacto negativo; ELECTRICIDADE ~ *current* corrente negativa; ELECTRICIDADE ~ *electrode* cátodo; catódio; eléctrodo negativo; ~ *electron* electrão negativo; ~ *evidence* prova negativa; MATEMÁTICA ~ *exponent* expoente negativo; ELECTRICIDADE ~ *filament* filamento negativo; ~ *motion* movimento negativo; MATEMÁTICA ~ *number* número negativo; ELECTRICIDADE ~ *phase* fase negativa; ~ *polarity* polaridade negativa; ELECTRICIDADE ~ *pole* pólo negativo; FOTOGRAFIA ~ *proof* prova negativa; negativo; LÓGICA ~ *proposition* proposição negativa; MATEMÁTICA [coloq.] ~ *quantity* quantidade negativa; nada; MATEMÁTICA ~ *sign* sinal negativo; sinal menos (-); ~ *slip* recuo negativo; ~ *voice* direito de veto; ~ *heat of formation* calor de decomposição; *in the* ~ negativamente
negatively ['nɛgətɪvlɪ] *adv.* negativamente
negativism ['nɛgətɪvɪzəm] *s.* negativismo
negativist ['nɛgətɪvɪst] *s.* negativista
negatory ['nɛgətərɪ] *adj.* negatório
neglect [nɪ'glɛkt] Ⓐ *s.* **1** esquecimento; **2** desatenção; **3** descuido, incúria, desleixo, falta de cuidado e de atenção; *out of* ~ por incúria, por desleixo, por negligência; **4** negligência; ~ *of duty* negligência, não-cumprimento das suas obrigações; **5** abandono; *to be in a state of* ~ estar votado ao abandono; **6** desdém, desprezo Ⓑ *v.tr.* **1** descuidar, desleixar, não prestar atenção a, descurar, negligenciar; *to* ~ *an opportunity*; **2** abandonar, desprezar; *to* ~ *one's family* descurar a família, não se preocupar com a família; **3** esquecer, esquecer-se de, deixar de fazer; *don't* ~ *writing the letter I told you about* não te esqueças de escrever a carta de que te falei ❖ *to die in total* ~ morrer totalmente desamparado; *to* ~ *an opportunity* deixar passar uma oportunidade; *to suffer from* ~ sofrer privações
neglectable [nɪ'glɛktəbəl] *adj.* [rar.] insignificante, desprezível
neglected [nɪ'glɛktɪd] *adj.* **1** negligenciado; **2** desleixado; descuidado; **3** deixado ao abandono; **4** (assunto, etc.) pouco conhecido; pouco explorado
neglectful [nɪ'glɛktfʊl] *adj.* desleixado, descuidado, negligente ❖ *to be* ~ *of* não cuidar de; não prestar atenção a; negligenciar
neglectfully [nɪ'glɛktfʊlɪ] *adv.* desleixadamente, descuidadamente, negligentemente
neglectfulness [nɪ'glɛktfʊlnɪs] *s.* desleixo, falta de cuidado, incúria, negligência
négligé ['nɛglɪʒeɪ] *s.* **1** camisa de noite de seda; **2** traje sem qualquer cerimónia; traje despretensioso; **3** roupão feminino, penteador
negligence ['nɛglɪdʒəns] *s.* **1** negligência, desleixo, incúria, falta de cuidado; **2** desatenção, indiferença; **3** aspecto desleixado, aspecto de abandono; **4** naturalidade liberta de convencionalismos
negligent ['nɛglɪdʒənt] *adj.* **1** negligente; **2** desleixado, descuidado, desmazelado; **3** indiferente; **4** displicente ❖ ~ *homicide* homicídio por negligência; *to be* ~ *of sth* negligenciar algo
negligently ['nɛglɪdʒəntlɪ] *adv.* **1** negligentemente; **2** desleixadamente, desmazeladamente
negligible ['nɛglɪdʒəbəl] *adj.* **1** insignificante; **2** desprezível
negotiability [nɪˌgəʊʃə'bɪlɪtɪ] *s.* negociabilidade, transaccionabilidade
negotiable [nɪ'gəʊʃəbəl] *adj.* **1** negociável, transaccionável, que pode negociar-se; ~ *instruments* instrumentos negociáveis, documentos negociáveis (cheques, títulos de crédito, letras de câmbio, etc.); *stocks* ~ *on the Stock Exchange* títulos negociáveis na Bolsa; **2** (via, caminho) praticável; transponível; transitável; navegável
negotiant [nɪ'gəʊʃənt] *s.* aquele que negoceia, negociador
negotiate [nɪ'gəʊʃɪeɪt] *v.tr.,intr.* **1** negociar; *to* ~ *a loan of money* negociar um empréstimo; *to* ~ *a treaty* negociar um tratado; *to* ~ *a bill* negociar uma letra; **2** efectuar negociações; *to* ~ *for peace* efectuar negociações de paz; **3** comerciar, transaccionar; **4** vender; **5** entrar em ajustes; combinar; **6** vencer; superar; transpor (dificuldades, obstáculos, etc.); **7** safar-se de ❖ *to* ~ *a curve* saber entrar numa curva; dar uma curva convenientemente
negotiating [nɪ'gəʊʃɪeɪtɪŋ] *adj.* **1** de negócios; **2** envolvido em negociações; envolvido em conversações ❖ ~ *table* mesa de negociações
negotiation [nɪˌgəʊʃɪ'eɪʃən] *s.* **1** negociações; conversações; *by* ~ por meio de negociações; *to enter into negotiations* entrar em negociações; *negotiations are proceeding* estão em curso negociações; **2** ajuste, combinação; **3** [coloq.] transposição de obstáculo; **4** viragem em curva
negotiator [nɪ'gəʊʃɪeɪtə] *s.* negociador
negotiatress [nɪ'gəʊʃɪeɪtrɪs] *s.f.* (*pl.* -**es**) negociadora
negotiatrix [nɪ'gəʊʃɪeɪtrɪks] *s.f.* ⇒ **negotiatress**
Negress ['niːgrɛs] *s.f.* (*pl.* -**es**) [depr.] (ofensivo) preta
negrillo [nɪ'grɪləʊ] *s.* negrilho, babinga, pigmeu, anão da África Equatorial e Meridional
Negritic [nɪ'grɪtɪk] *adj.* [depr.] (ofensivo) negróide
Negrito [nɪ'griːtəʊ] *s.* negrito, indígena da região malaio-polinésia
Negro ['niːgrəʊ] Ⓐ *s.* (*pl.* -**es**) [depr.] (ofensivo) preto Ⓑ *adj.* [depr.] (ofensivo) negro, da raça negra; relativo aos negros ❖ ~ *ant* formiga-negra; ZOOLOGIA ~ *fish* perca americana; ~ *head* tabaco forte e preto; borracha de qualidade inferior; ~ *minstrels* cantores ambulantes negros; grupo de negros (ou de brancos disfarçados de negros) que se exibem em canções e danças
Negroid ['niːgrɔɪd] *adj.* [depr.] (ofensivo) negróide
negrophile ['niːgrəfaɪl] *s.* [depr.] (ofensivo) negrófilo
negrophilist [niː'grɒfɪlɪst] *s.* [depr.] (ofensivo) ⇒ **negrophile**
Negropont ['niːgrəʊpɒnt] *s.top.* (ilha junto à costa oriental da Grécia) Negroponto
negus ['niːgəs] *s.* espécie de ponche quente de vinho
Negus ['niːgəs] *s.* negus, imperador da Etiópia
Neh [abrev. de Nehemiah]
Nehemiah [niːɪ'maɪə] *s.antr.* RELIGIÃO (Bíblia) Neemias
neigh [neɪ] Ⓐ *s.* relincho, rincho, nitrido de cavalo Ⓑ *v.intr.* relinchar, rinchar, nitrir
neighbor ['neɪbə] *s.* ⇒ **neighbour**
neighbour ['neɪbə] Ⓐ *s.* **1** [GB] vizinho; *our left-hand* ~ o nosso vizinho da esquerda; **2** próximo, semelhante; *our duty towards our* ~ o dever para com o nosso próximo; *love thy* ~ *as thyself* ama o teu próximo a ti mesmo Ⓑ *v.tr.,intr.* **1** confinar com; *to* ~ (*with*) *an estate* confinar com uma propriedade; **2** ser vizinho de; *to* ~ (*with*) *sb* ser vizinho de alguém ❖ ~ *country* país vizinho; *thou shalt not covet thy neighbour's goods* não cobiçarás as coisas alheias
neighboured ['neɪbəd] *adj.* avizinhado, com vizinhos; *ill-neighboured* com má vizinhança ❖ *a beautifully* ~ *town* uma cidade com uns arredores encantadores
neighbourhood ['neɪbəhʊd] *s.* **1** vizinhança; vizinhos; *to be in bad* ~ ter má vizinhança; *to be in good* ~ ter boa vizinhança; *the whole* ~ *came to see him* toda a vizinhança veio vê-lo; **2** proximidade; **3** cercanias; arredores; **4** zona; área; bairro; *there are no trees in this* ~ não há árvores nesta zona ❖ *in the* ~ *of* perto de; à volta de; *he lost something in the* ~ *of 500 euros* ele perdeu cerca de 500 euros
neighbouring ['neɪbərɪŋ] Ⓐ *adj.* **1** vizinho, na vizinhança; *a* ~ *village* uma aldeia vizinha; **2** próximo, limítrofe Ⓑ *s.* vizinhança
neighbourliness ['neɪbəlɪnɪs] *s.* boa vizinhança, urbanidade entre vizinhos, boas relações entre vizinhos
neighbourly ['neɪbəlɪ] *adj.* **1** próprio de bom vizinho; próprio de boa vizinhança; hospitaleiro; **2** atencioso, cortês; amável; sociável ❖ ~ *intercourse* relações entre vizinhos; *to be* ~ *with* ser vizinho de; conviver com
neighbourship ['neɪbəʃɪp] *s.* **1** proximidade, cercanias, redondezas; **2** vizinhança, relações entre vizinhos
neighing ['neɪɪŋ] Ⓐ *adj.* que rincha ou relincha Ⓑ *s.* rincho, relincho, nitrido

neither ['naɪðə] Ⓐ *adj.,pron.* nenhum (de dois); nem um nem outro; nem uma coisa nem outra; ~ *accusation is true/~ of the accusations is true* nenhuma das acusações é verdadeira; ~ *book was here/~ of the books was here* nenhum dos (dois) livros estava aqui; ~ *of them wants it* nenhum quer isso; *in ~ case can he agree* em nenhum dos casos ele pode concordar; *on ~ side* nem de um lado nem de outro Ⓑ *adv.,conj.* 1 tão-pouco, também não; *I shan't go to London, ~ will he* não irei a Londres, e ele também não; *if you don't do, ~ shall I* se não fizeres, também não farei; 2 *neither... nor* não... nem, nem... nem; *to have ~ honour nor honesty* não ter fé nem lei; *to have ~ home nor house* não ter eira nem beira; *he does not know, and ~ does he care* não sabe nem se importa; ~ *here nor there* nem aqui nem ali, sem qualquer importância, sem qualquer significado; ~ *you nor I know what they mean* nem tu nem eu sabemos quais são as intenções deles; *she hasn't seen him, ~ does she intend to* ela não o tem visto, nem tenciona vê-lo; *they will ~ work nor listen to what I say* não trabalham nem prestam atenção ao que eu digo; [coloq.] *this is ~ fish, flesh, fowl nor good red herring* isto nem é carne nem peixe; 3 [arc.] nem sequer; *I know not, ~ can I guess* não sei, nem sequer posso adivinhar
nek [nek] *s.* depressão em cordilheira
nekton ['nektɒn] *s.* BIOLOGIA nécton
nektonic [nek'tɒnɪk] *adj.* BIOLOGIA nectónico
Nell [nel] *dim. de* **Ellen**
Nelle ['nelɪ] *dim. de* **Ellen**
nelly ['nelɪ] *s.* ZOOLOGIA espécie de procelária gigante
Nelly ['nelɪ] ⇒ **Nell**
nelumbium [nəˈlʌmbɪəm] *s.* BOTÂNICA nelúmbio, nelumbo
nelumbo [nəˈlʌmbə] *s.* BOTÂNICA nelúmbio
nemathelminth [ˌneməˈθelmɪnθ] *s.* ZOOLOGIA nematelminta
nematoblast ['nemətəblɑːst] *s.* BIOLOGIA nematoblasto
nematocyst ['nemətəsɪst] *s.* BIOLOGIA nematocisto, nematociste, cnidoblasto
nematode ['nemətəʊd] *s.* ZOOLOGIA nematódio, nematode
nem. con. [*abrev. de* nemine contradicente] por unanimidade, unanimemente
nem. diss. [*abrev. de* nemine dissidente] por unanimidade, unanimemente
Nemea [nɪˈmiːə] *s.top.* (região da Élida) Nemeia
Nemean [nɪˈmiːən] *adj.* nemiano, de Nemeia ❖ MITOLOGIA *the ~ lion* o leão de Nemeia
nemertean [nɪˈmɜːtɪən] *s.* ZOOLOGIA nemérteo, nemerte
nemertine [nɪˈmɜːtaɪn] *s.* ⇒ **nemertean**
nemesia [nɪˈmiːsɪə] *s.* BOTÂNICA nemésia
Nemesis ['neməsɪs] *s.* MITOLOGIA Nemésis, deusa da vingança
nemoral ['nemərəl] *adj.* nemoral; relativo a bosque(s)
nenuphar ['nenjufɑː] *s.* BOTÂNICA nenúfar; gólfão
neo-Catholic [ˌniːəʊˈkæθəlɪk] *adj.* neocatólico
neo-Catholicism [ˌniːəʊkəˈθɒlɪsɪzəm] *s.* neocatolicismo
neo-Celtic [ˌniːəʊˈkeltɪk] *adj.* neocéltico
neo-Christian [ˌniːəʊˈkrɪstɪən] *adj.* neocristão
neo-Christianity [ˌniːəʊkrɪstɪˈænɪtɪ] *s.* neocristianismo
neoclassic [ˌniːəʊˈklæsɪk] *adj.* ARTES PLÁSTICAS, LITERATURA neoclássico
neoclassical [ˌniːəʊˈklæsɪkəl] *adj.* ARTES PLÁSTICAS, LITERATURA neoclássico
neoclassicism [ˌniːəʊˈklæsɪsɪzəm] *s.* ARTES PLÁSTICAS, LITERATURA neoclassicismo
neocolonial [ˌniːəʊkəˈləʊnɪəl] *adj.* neocolonialista
neocolonialism [ˌniːəʊkəˈləʊnɪəlɪzəm] *s.* neocolonialismo
neocomian [ˌniːəʊˈkəʊmɪən] Ⓐ *adj.* neocomiano Ⓑ *s.* neocomiano, o andar mais antigo da série geológica eocretácica
neodymium [ˌniːəʊˈdɪmɪəm] *s.* QUÍMICA (elemento químico) neodímio
neofascism [ˌniːəʊˈfæʃɪzəm] *s.* neofascismo
neofascist [ˌniːəʊˈfæʃɪst] *adj.,s.* neofascista
neogothic [ˌniːəʊˈɡɒθɪk] *adj.* ARTES PLÁSTICAS neogótico
neography [nɪˈɒɡrəfɪ] *s.* neografia
neo-Greek [ˌniːəʊˈɡriːk] *adj.* neogrego; relativo ao grego moderno
neo-Hellenism [ˌniːəʊˈhelɪnɪzəm] *s.* neo-helenismo
neo-Latin [ˌniːəʊˈlætɪn] *adj.* neolatino
neolith ['niːəʊlɪθ] *s.* instrumento, ferramenta ou arma neolítica
neolithic [ˌniːəʊˈlɪθɪk] *adj.* neolítico
neologian [niːˈɒlədʒɪən] Ⓐ *adj.* RELIGIÃO inclinado a novas doutrinas Ⓑ *s.* RELIGIÃO partidário de novas doutrinas, geralmente com forte tendência racionalista
neologism [niːˈɒlədʒɪzəm] *s.* 1 LINGUÍSTICA neologismo; 2 RELIGIÃO tendência para adopção de doutrinas religiosas novas ou fortemente racionalistas
neologist [niːˈɒlədʒɪst] *s.* 1 neologista; 2 RELIGIÃO partidário de novas doutrinas com forte base racionalista
neologize [niːˈɒlədʒaɪz] *v.intr.* empregar neologismos
neology [niːˈɒlədʒɪ] *s.* LINGUÍSTICA neologia, neologismo
neo-Malthusianism [ˌniːəʊmælˈθuːzɪənɪzəm] *s.* neomaltusianismo
neomenia [ˌniːəʊˈmiːnɪə] *s.* neoménia
neon ['niːɒn] *s.* QUÍMICA (elemento químico) néon ❖ ~ *tube* tubo de néon; ~ *advertising sign* anúncio luminoso; ~ *glow lamp* lâmpada de néon; ~ *tube lighting* iluminação a néon
neonatal [ˌniːəʊˈneɪtəl] *adj.* neonatal
neonate [ˌniːəʊˈneɪt] *s.* neonato
neonazi [niːəʊˈnætsɪ] *adj.,s.* neonazi
neonazism [niːəʊˈnætsɪzəm] *s.* neonazismo
neophobia [ˌniːəʊˈfəʊbɪə] *s.* neofobia, aversão a tudo quanto é novo
neophyte ['nɪəfaɪt] *s.* 1 neófito; 2 principiante
neoplasia [ˌniːəʊˈpleɪzɪə] *s.* ⇒ **neoplasm**
neoplasm [ˌniːəʊˈplæzəm] *s.* MEDICINA neoplasma
Neoplatonic [ˌniːəʊpləˈtɒnɪk] *adj.* FILOSOFIA neoplatónico
Neoplatonism [ˌniːəʊˈpleɪtənɪzəm] *s.* FILOSOFIA neoplatonismo
Neoplatonist [ˌniːəʊˈpleɪtənɪst] *s.* FILOSOFIA neoplatónico
neoprene ['niːəʊpriːn] *s.* neopreno
neorealism [ˌniːəʊˈrɪəlɪzəm] *s.* LITERATURA, CINEMA, FILOSOFIA neo-realismo
neorealist [ˌniːəʊˈrɪəlɪst] *adj.,s.* LITERATURA, CINEMA, FILOSOFIA neo-realista
neorealistic [ˌniːəʊrɪəˈlɪstɪk] *adj.* LITERATURA, CINEMA, FILOSOFIA neo-realista
neoteny [niːˈɒtənɪ] *s.* BIOLOGIA neotenia
neoteric [ˌniːəʊˈterɪk] *adj.* neotérico
neotype [ˌniːəʊˈtaɪp] *s.* BIOLOGIA neótipo
neozoic [ˌniːəʊˈzəʊɪk] *adj.* GEOLOGIA neozóico
nepa ['niːpə] *s.* ZOOLOGIA nepa
Nepalese [ˌnepəˈliːz] Ⓐ *adj.* nepalês Ⓑ *s.* 1 (língua) nepali; 2 (pessoa) nepalês
Nepali [nɪˈpɔːlɪ] Ⓐ *adj.* nepalês Ⓑ *s.* 1 (língua) nepali; 2 (pessoa) nepalês
Nepaulese [ˌnɪpɔːˈliːz] *adj.,s.* ⇒ **Nepalese**
nepenthe [nɪˈpenθɪ] *s.* (planta, bebida) nepentes
nepenthes [nəˈpenθɪz] *s.* ⇒ **nepenthe**
nephalism ['niːfəlɪzəm] *s.* nefalismo, abstinência de qualquer bebida alcoólica
nephalist ['niːfəlɪst] *s.* [rar.] nefalista
nepheline ['nefəlɪn] *s.* MINERALOGIA nefelina, nefelite
nephelite ['nefəlaɪt] *s.* ⇒ **nepheline**
nephelometry [nefəˈlɒmətrɪ] *s.* QUÍMICA, MEDICINA nefelometria
nephelosphere ['nefələsfɪə] *s.* nefelosfera, zona nublosa em torno dum planeta
nephew ['nefjuː] *s.* sobrinho
nephology [nəˈfɒlədʒɪ] *s.* estudo das nuvens
nephoscope ['nefəskəʊp] *s.* nefoscópio, instrumento para medir a velocidade e a direcção das nuvens
nephralgia [nəˈfrældʒə, nəˈfrældʒɪə] *s.* MEDICINA nefralgia, dor na região renal
nephralgic [nəˈfrældʒɪk] *adj.* nefrálgico
nephrite ['nefraɪt] *s.* MINERALOGIA nefrite, espécie mineral parecida com o jade
nephritic [nɪˈfrɪtɪk] *adj.* MEDICINA nefrítico
nephritis [nɪˈfraɪtɪs] *s.* MEDICINA nefrite, doença renal
nephron ['nefrɒn] *s.* ⟨*pl.* **-s**⟩ ANATOMIA (rim) nefrónio
nephroptosis [ˌnefrɒpˈtəʊsɪs] *s.* MEDICINA nefroptose, ptose e mobilidade anormal do rim
nepotism ['nepətɪzəm] *s.* nepotismo
nepotist ['nepətɪst] *s.* nepotista
Neptune ['neptjuːn] *s.* ASTRONOMIA, MITOLOGIA Neptuno

Neptunian [nep'tju:njən] adj. neptuniano
neptunium [nep'tju:nɪəm] s. QUÍMICA (elemento químico) neptúnio
NERC [abrev. de Natural Environment Research Council]
nerd [nɜːd] s. 1 [coloq., depr.] totó, palerminha, lorpa, banana_fig_; 2 [coloq., depr.] pobre coitado; 3 [coloq., depr.] parolo, pacóvio; 4 [coloq., depr.] parvo; 5 [coloq., depr.] (tecnologia) obcecado; *computer ~* fanático dos computadores
nerdish ['nɜːdɪʃ] adj. 1 [coloq., depr.] totó, palerminha, lorpa, pacóvio; 2 [coloq., depr.] de lorpa, de pacóvio; 3 [coloq., depr.] obcecado
nerdy ['nɜːdɪ] adj. 1 [coloq., depr.] totó, palerminha, lorpa, pacóvio; 2 [coloq., depr.] de lorpa, de pacóvio; 3 [coloq., depr.] obcecado
Nereid ['nɪərɪɪd] s. 1 MITOLOGIA Nereida, ninfa marinha; 2 ZOOLOGIA nereida, género de anelídeos
Nereus ['nɪərɪuːs] s. MITOLOGIA Nereu
neritic [nə'rɪtɪk] adj. GEOLOGIA nerítico
neroli ['nɪərəlɪ] s. neroli, óleo extraído da flor de laranjeira
Neronian [nɪ'rəʊnɪən] adj. neroniano; relativo a Nero
nerval ['nɜːvəl] adj. 1 nerval, nervino; 2 neural; relativo a nervo
nervate ['nɜːvɪt] adj. BOTÂNICA nervado
nervation [nɜːˈveɪʃən] s. BOTÂNICA, ZOOLOGIA nervação
nerve [nɜːv] Ⓐ s. 1 nervo; 2 fibra nervosa; 3 tendão; 4 BOTÂNICA nervura; 5 [fig.] vigor, energia, força; 6 [fig.] sangue-frio, presença de espírito, calma, firmeza, segurança; 7 [fig.] coragem, descaramento, audácia; *to be a man of ~* ter coragem, ter energia; *to have the ~* ter o descaramento de, ter coragem para; 8 pl. nervosismo, nervos; *a fit of nerves* um ataque de nervos; *to be in a state of nerves* estar todo enervado, estar dominado pelos nervos; *to suffer from nerves* sofrer dos nervos Ⓑ v.tr. 1 revigorar, fortalecer, dar ânimo a; 2 encorajar; 3 encher-se de coragem [**to**, para], armar-se de coragem [**to**, para], decidir-se [**to**, a]; *to ~ oneself to* encher-se de coragem para, decidir-se a ❖ *~ cell* neurónio; *~ centre* centro nervoso; *~ impulse* influxo nervoso; *~ knot* gânglio nervoso; *~ specialist* neurologista; *war of nerves* guerra de nervos; *good laws are the nerves of State* leis justas são a espinha dorsal do Estado; *to get on one's nerves* irritar; dar cabo dos nervos; *to have iron nerves/to have nerves of steel* ter nervos de aço; *to lose one's ~* perder a coragem; desorientar-se; *to strain every ~* esforçar-se ao máximo
nerved ['nɜːvd] adj. nervado
nerveless ['nɜːvlɪs] adj. 1 sem nervos; 2 BOTÂNICA sem nervuras; 3 (perigo) (sem medo) intrépido; 4 imperturbável; impassível; 5 [depr.] sem energia; sem força; fraco, inerte; débil; mole; *~ hand* mão sem vigor; 6 [depr.] medroso; cobarde; temeroso
nervelessly ['nɜːvlɪslɪ] adv. 1 sem energia, sem força; 2 duma maneira inerte; 3 debilmente
nervelessness ['nɜːvlɪsnɪs] s. 1 falta de energia; 2 debilidade; 3 moleza
nerve-racking ['nɜːvrækɪŋ] adj. que dá cabo dos nervos, desesperador, angustiante
Nervii ['nɜːvɪaɪ] s.pl. Nérvios
nervine ['nɜːviːn] Ⓐ adj. nervino, relativo aos nervos Ⓑ s. FARMÁCIA nervino
nerviness ['nɜːvɪnɪs] s. nervosismo, nervosidade
nervose ['nɜːvəʊs] adj. 1 [ant.] relativo aos nervos; 2 BOTÂNICA com nervuras
nervosity [nɜːˈvɒsɪtɪ] s. 1 nervosismo; 2 nervosidade
nervous ['nɜːvəs] adj. 1 nervoso, que diz respeito aos nervos; 2 nervoso, excitável, irritável, com nervos fracos, com nervos delicados; 3 inquieto, desassossegado; 4 tímido, acanhado; 5 forte, vigoroso ❖ *~ breakdown* esgotamento nervoso; *~ energy* vitalidade; energia; *~ system* sistema nervoso; *~ state of mind* agitação; nervosismo; *to be a ~ wreck* estar com os nervos em franja; *to be ~ on sb's account* estar com receio por causa de alguém; *to get ~* ficar nervoso; sentir-se intimidado; *to feel ~* sentir-se nervoso; assustar-se; ter medo
nervously ['nɜːvəslɪ] adv. 1 nervosamente, cheio de nervoso; 2 com receio, timidamente
nervousness ['nɜːvəsnɪs] s. 1 agitação nervosa, nervosismo; 2 receio, timidez
nervure ['nɜːvjʊə] s. nervura (de planta ou insecto)
nervy ['nɜːvɪ] adj. (comp. **-ier**, superl. **-iest**) 1 [coloq.] nervoso; *to be ~* ser muito nervoso; 2 [coloq.] irritável, enervado, inquieto; *to feel ~* estar enervado; 3 [EUA] [coloq.] descarado, atrevido, insolente; *to be ~* ter lata; 4 [poét.] vigoroso, forte

nescience ['nesɪəns] s. 1 ignorância; 2 ausência de conhecimento
nescient ['nesɪənt] adj.,s. 1 ignorante; 2 agnóstico
ness [nes] s. (pl. **-es**) 1 cabo; 2 promontório
nest [nest] Ⓐ s. 1 ninho; 2 ninhada; 3 enxame; 4 (lugar confortável) retiro, abrigo, habitação, leito, receptáculo; 5 (criminosos, etc.) antro; 6 jogo, sistema, série de coisas que encaixam umas nas outras; *~ of tables* sistema de mesas que encaixam umas nas outras; 7 NÁUTICA cesto da gávea; 8 (local de disparo) ninho; *~ of machineguns* ninho de metralhadoras Ⓑ v.tr.,intr. 1 fazer o ninho; 2 aninhar-se; 3 aconchegar-se; 4 encaixar (coisas) umas nas outras; *nested boxes* caixas encaixadas umas nas outras ❖ *~ box* poedouro; local para as galinhas porem; *~ egg* (ovo real ou artificial) endez; (dinheiro) pecúlio; pé-de-meia; *~ of drawers* cómoda pequena; cómoda de cómoda-toucador; [coloq.] *to feather one's ~* enriquecer (geralm. por processos ilícitos); arranjar-se; *to go nesting* ir aos ninhos; *to take a ~* roubar os ovos dum ninho
nestful ['nestfʊl] s. ninhada
nesting ['nestɪŋ] Ⓐ adj. (ave) que procura fazer ninho Ⓑ s. 1 nidificação; 2 LINGUÍSTICA encaixe ❖ *~ time* época dos ninhos
nestle ['nesl] v.tr.,intr. 1 aninhar-se; aconchegar-se; recostar-se; instalar-se confortavelmente; *to ~ down in an armchair* instalar-se confortavelmente numa poltrona; *to ~ down in bed* meter-se confortavelmente na cama; *the baby nestled closer to its mother* a criança aconchegou-se ainda mais à mãe; 2 encostar-se [**into**, a]; *to ~ into sb's shoulder* encostar-se ao ombro de alguém; 3 ocultar(-se), esconder(-se); *a few lovely villages nestled in the valley* ocultavam-se no vale algumas aldeias encantadoras
nestling ['neslɪŋ] s. passarinho; ave ainda implume; ave que ainda não sai do ninho ❖ *~ place* ninho; abrigo
Nestorian [nes'tɔːrɪən] adj.,s. RELIGIÃO nestoriano
Nestorianism [nes'tɔːrɪənɪzəm] s. RELIGIÃO nestorianismo, doutrina de Nestório, heresiarca nascido na Síria, bispo de Constantinopla, condenado no concílio de Éfeso
net [net] Ⓐ s. 1 rede; 2 tecido de malha, artefacto de malha; 3 tecido de malha metálica; 4 entrelaçamento; 5 armadilha, laço; *to fall into the ~* cair no laço; 6 teia de aranha; 7 sistema complexo de caminhos-de-ferro, estradas, canais, etc., que se ramificam; 8 ramificação; 9 tule; 10 (ténis) bola que bate na rede Ⓑ adj. (rendimento, peso) líquido; *~ amount* importe líquido; *~ income* rendimento líquido; *~ price* preço líquido; preço que não comporta qualquer desconto; *~ proceeds of* rendimento líquido de; *~ tonnage* tonelagem líquida; *~ weight* peso líquido; *strictly ~ cash* rigorosamente sem descontos Ⓒ v.tr. (particípios: **-tt-**) 1 cobrir com rede; pescar com rede; 2 apanhar na rede; caçar com rede; *to ~ birds* caçar pássaros com rede; 3 (rio) colocar redes em; *to ~ a river* lançar redes num rio; 4 DESPORTO (bola) atirar contra a rede; 5 fazer em forma de rede; 6 ganhar como lucro líquido; *they netted £500* tiveram um lucro líquido de 500 libras; 7 dar de rendimento líquido Ⓓ v.intr. 1 fazer malha; 2 fazer rede ❖ *~ bag* rede de ir às compras; NÁUTICA *~ cutter* dispositivo de submarino para cortar as redes que protegem os portos; *~ fishing* pesca com rede; (ténis) *~ play* jogo junto à rede; *~ ton* 907,2 quilogramas; *fishing ~* rede de pesca; *foundation ~* espécie de musselina forte; *hand ~* bosca; *poaching with nets* caça ilegal com rede; *to lay a ~/to spread a ~* armar uma rede
netball ['netbɔːl] s. jogo no qual tomam parte dois grupos, geralmente femininos com sete elementos cada
netful ['netfʊl] s. rede cheia
Neth. [abrev. de Netherlands]
nether ['neðə] adj. 1 inferior; *~ lip* lábio inferior; 2 de baixo ❖ *~ garments* roupa de baixo; roupa interior; [rar.] *~ man/~ person* pernas; [joc.] *~ regions* partes íntimas; *the ~ world* o Inferno; as regiões infernais; a Terra
Netherlander ['neðələndə] s. neerlandês
Netherlandish ['neðələndɪʃ] Ⓐ adj. neerlandês Ⓑ s. (língua) neerlandês
Netherlands ['neðələndz] s.top. Países Baixos, Holanda
nethermost ['neðəməʊst] adj. 1 o mais baixo; 2 o mais inferior; 3 o mais profundo

netiquette ['netɪket] s. (Internet) netiqueta, regras de utilização da rede

netlike ['netlaɪk] adj. em forma de rede

netsuke ['netsukɪ] s. ornamento trabalhado, semelhante a botão, usado pelos Japoneses

nett [net] adj. ⇒ net Ⓑ

netted ['netɪd] adj. 1 com rede, coberto de rede; 2 (tecido) em forma de rede; 3 apanhado à rede; 4 BIOLOGIA reticulado

netter ['netə] s. 1 fabricante de redes; 2 [coloq.] adepto da Internet

netting ['netɪŋ] s. 1 pesca à rede; 2 colocação de redes; envolvimento com rede; 3 rede; *wire* ~ rede de arame; 4 fabrico de redes; 5 (tecido) tule; 6 filé; 7 NÁUTICA rede para o cesto da gávea, etc. ❖ *mosquito* ~ mosquiteiro; rede contra os mosquitos

nettle ['netl] Ⓐ s. BOTÂNICA urtiga Ⓑ v.tr. 1 urticar, urtigar, picar com urtigas; 2 [coloq., fig.] irritar, exasperar, provocar, aborrecer ❖ MEDICINA ~ *rash* urticária; ~ *sting* picada de urtiga; BOTÂNICA *dead* ~ urtiga-morta; mercurial; BOTÂNICA *great* ~ urtigão; urtiga-maior; BOTÂNICA *small* ~ urtiga-menor; *to grasp the* ~ enfrentar corajosa e rapidamente uma dificuldade

nettled ['netəld] adj. [coloq.] irritado, picado; ofendido

network ['netwɜːk] Ⓐ s. 1 rede, trabalho em rede; *a* ~ *of canals* uma rede de canais; 2 circuito; 3 cruzamento; entrecruzamento; entrelaçamento Ⓑ v.tr. 1 INFORMÁTICA integrar em rede; 2 transmitir em rede Ⓒ v.intr. (relações sociais) estabelecer contactos ❖ *road* ~ rede de estradas; *television* ~ estação de televisão

neum [njuːm] s. MÚSICA grupo de notas emitidas dum fôlego no cantochão

neume [njuːm] s. MÚSICA grupo de notas emitidas dum fôlego no cantochão

neural ['njʊərəl] adj. neural; relativo aos nervos; relativo ao sistema nervoso central ❖ ANATOMIA ~ *arch* arco neural

neuralgia [njʊ'rældʒə, njʊ'rældʒɪə] s. nevralgia

neuralgic [njʊ'rældʒɪk] adj. nevrálgico

neurasthenia [ˌnjʊərəs'θiːnɪə] s. neurastenia

neurasthenic [ˌnjʊərəs'θenɪk] adj.,s. neurasténico

neuration [njʊ'reɪʃən] s. 1 nervação; 2 distribuição de nervuras

neurine ['njʊəraɪn] s. 1 QUÍMICA neurina; 2 ANATOMIA tecido nervoso

neuritic [njʊ'rɪtɪk] adj. nevrítico

neuritis [njʊ'raɪtɪs] s. MEDICINA nevrite

neurodegenerative [ˌnjʊərəʊdɪ'dʒenərətɪv] adj. MEDICINA neurodegenerativo

neuroglia [njʊə'rɒglɪə] s. ANATOMIA nevróglia, neuróglia

neuroglial [ˌnjʊə'rɒglɪːə] adj. nevroglial, neuroglial

neuroleptic [ˌnjʊərəʊ'leptɪk] adj. neuroléptico

neurolinguistic [ˌnjʊərəʊlɪŋ'gwɪstɪk] adj. neurolinguístico

neurolinguistics [ˌnjʊərəʊlɪŋ'gwɪstɪks] s. neurolinguística

neurologist [njʊ'rɒlədʒɪst] s. neurologista, neurólogo

neurology [njʊ'rɒlədʒɪ] s. neurologia

neuroma [njʊ'rəʊmə] s. (pl. -ta) MEDICINA neuroma, tumor que se forma em tecido nervoso

neuromuscular [ˌnjʊərəʊ'mʌskjʊlə] adj. neuromuscular

neuron ['njʊərɒn] s. neurónio

neuronal ['njʊərɒnəl] adj. neuronial

neuronic [njʊ'rɒnɪk] adj. neurónico

neuropath ['njʊərəpæθ] s. MEDICINA neuropata, pessoa que sofre de neuropatia

neuropathic [ˌnjʊərə'pæθɪk] adj. MEDICINA neuropático

neuropathology [ˌnjʊərəpə'θɒlədʒɪ] s. 1 MEDICINA neuropatologia; 2 neurologia

neuropathy [njʊ'rɒpəθɪ] s. MEDICINA neuropatia

neurophysiological [ˌnjʊərəʊfɪzɪə'lɒdʒɪkl] adj. neurofisiológico

neurophysiology [ˌnjʊərəʊfɪzɪ'ɒlədʒɪ] s. neurofisiologia

neuropsychiatric [ˌnjʊərəʊsaɪkɪ'ætrɪk] adj. neuropsiquiátrico

neuropsychiatrist [ˌnjʊərəʊsaɪ'kaɪətrɪst] s. neuropsiquiatra

neuropsychiatry [ˌnjʊərəʊsaɪ'kaɪətrɪ] s. neuropsiquiatria

neuropsychology [ˌnjʊərəʊsaɪ'kɒlədʒɪ] s. neuropsicologia

neuroptera [njʊ'rɒptərə] s.pl. ZOOLOGIA neurópteros

neuropteran [njʊ'rɒptərən] s. ZOOLOGIA neuróptero

neuropterous [njʊ'rɒptərəs] adj. ZOOLOGIA neuróptero

neuroscience [ˌnjʊərəʊ'saɪəns] s. neurociência

neuroscientific [ˌnjʊərəʊsaɪən'tɪfɪk] adj. neurocientífico

neuroscientist [ˌnjʊərəʊ'saɪəntɪst] s. neurocientista

neurosis [njʊ'rəʊsɪs] s. (pl. -es) 1 MEDICINA neurose; 2 nevrose; 3 neuropatia

neurosurgeon [ˌnjʊərəʊ'sɜːdʒən] s. MEDICINA neurocirurgião

neurosurgery [ˌnjʊərəʊ'sɜːdʒərɪ] s. MEDICINA neurocirurgia

neurosurgical [ˌnjʊərəʊ'sɜːdʒɪkl] adj. neurocirúrgico

neurotic [njʊ'rɒtɪk] adj.,s. neurótico

neuroticism [njʊ'rɒtɪsɪzəm] s. neuroticismo

neurotomy [njʊ'rɒtəmɪ] s. CIRURGIA neurotomia

neurotoxin [ˌnjʊərəʊ'tɒksɪn] s. neurotoxina

neurotransmitter [ˌnjʊərəʊtrænz'mɪtə] s. neurotransmissor

Neustrian ['njuːstrɪən] adj.,s. 1 neustriano, nêustrio; 2 relativo à Nêustria; 3 habitante ou natural da Nêustria

neut. [abrev. de neuter]

neuter ['njuːtə] Ⓐ adj. 1 neutro; *to stand* ~ manter-se neutro; conservar a neutralidade; 2 assexuado, de sexo indefinido; 3 LINGUÍSTICA neutro, do género neutro; ~ *noun* substantivo neutro Ⓑ s. 1 LINGUÍSTICA neutro, género neutro; *in the* ~ no género neutro; 2 animal castrado; 3 (abelha) obreira; 4 animal sem sexo Ⓒ v.tr. 1 (animal) castrar, capar; 2 neutralizar

neutral ['njuːtrəl] Ⓐ adj. 1 neutro; imparcial; independente; *to be* ~/*to remain* ~ conservar a neutralidade; 2 indiferente; 3 (cor) neutro; ~ *blue* azul neutro; ~ *colour* cor neutra; ~ *tint* tom neutro, tom pardacento, cor neutra; 4 vago, indeterminado, indefinido; 5 QUÍMICA neutro, que não é ácido nem alcalino; ~ *compound* composto neutro; ~ *salt* sal neutro; 6 ELECTRICIDADE neutro, que não é positivo nem negativo; ~ *conductor* condutor neutro; ~ *current* corrente neutra; ~ *leg* fase neutra; ~ *line* eixo neutro, linha neutra; ~ *wire* condutor neutro, fio neutro; 7 BIOLOGIA assexuado, sem sexo definido Ⓑ s. 1 Estado neutro; habitante de Estado neutro; 2 (automóvel) ponto morto; *to put the lever into* ~ pôr a alavanca em ponto morto ❖ ~ *equilibrium* equilíbrio indiferente; ~ *forces* tropas neutras; forças militares neutras; ~ *plane* plano neutro; ~ *territory* terreno neutro

neutralise ['njuːtrəlaɪz] v.tr. ⇒ neutralize

neutrality [njuː'trælɪtɪ] s. 1 POLÍTICA neutralidade; *armed* ~ neutralidade armada; 2 QUÍMICA neutralidade, qualidade de corpo químico neutro que não é alcalino nem ácido

neutralization [ˌnjuːtrəlaɪ'zeɪʃən] s. neutralização

neutralize ['njuːtrəlaɪz] v.tr. neutralizar, tornar neutro

neutralizing ['njuːtrəlaɪzɪŋ] adj. que neutraliza, neutralizante

neutrally ['njuːtrəlɪ] adv. duma maneira neutra, neutralmente

neutrino [njuː'triːnəʊ] s. FÍSICA neutrino

neutron ['njuːtrɒn] s. FÍSICA neutrão ❖ ~ *bomb* bomba de neutrões; ~ *bombardment* bombardeamento de neutrões; ~ *density* densidade neutrónica

névé ['neveɪ] s. nevado, espécie de pó branco, constituído por grânulos arredondados, em que a neve se transforma no cume das geleiras

never ['nevə] adv. 1 nunca; *I* ~ *go there* nunca vou lá; *I should* ~ *have believed such a thing* eu nunca devia ter acreditado numa coisa dessas; 2 jamais; 3 nem sequer; *she* ~ *made her will* ela nem sequer fez testamento; 4 nem; 5 de modo algum, de maneira alguma ❖ ~ *after* nunca depois; ~ *again* nunca mais; ~ *before* nunca antes; ~ *fear!* não tenha medo; ~ *in all my born days* nunca na minha vida; ~ *is a long day*/~ *is a long word* nunca se sabe!; sabe-se lá?; nunca digas nunca; ~ *mind!* não importa!; deixe lá isso!; ~ *since* nunca desde então; ~ *yet* ainda não; nunca até agora; ~ *a one* nenhum; nem um sequer; ~ *so little* por muito pouco que seja; ~ *so often* muitas e muitas vezes; continuadamente; ~ *to be forgotten* que jamais se pode esquecer; *now or* ~ agora ou nunca; *be they so many* por muito numerosos que sejam; *well,* ~!*, I* ~!*, I* ~ *did!* nunca ouvi uma coisa dessas! pode lá ser! parece impossível!; *it* ~ *rains but it pours* uma desgraça nunca vem só; *she answered* ~ *a word* ela não respondeu uma única palavra; *that will* ~ *do* isso não pode ser; isso é inútil; *though it be* ~ *so difficult* por mais difícil que seja; [coloq.] *to pay on the* ~ pagar a prestações; [coloq.] *tomorrow comes* ~ para a semana dos nove dias; *you are* ~ *the worse for knowing that* não perdes nada em saber isso

never-ceasing [nevəˈsiːsɪŋ] *adj.* incessante; contínuo
never-dying [nevəˈdaɪɪŋ] *adj.* inextinguível; imperecível
never-ending [nevəˈrendɪŋ] *adj.* interminável; sem fim
never-failing [nevəˈfeɪlɪŋ] *adj.* infalível
nevermore [ˈnevəˌmɔː] *adv.* nunca mais
never-never [nevəˈnevə] Ⓐ *adj.,adv.* 1 [EUA] [ant., coloq.] a crédito, a prestações; 2 imaginário, de fantasia; do nunca; (mundo imaginário) ~ *land* terra do nunca Ⓑ *s.* [EUA] [ant., coloq.] sistema de compras a crédito; *to buy sth on the* ~ comprar qualquer coisa a crédito, pagar qualquer coisa em prestações
nevertheless [nevəðəˈles] *adv.,conj.* 1 não obstante, todavia, contudo, mesmo assim; *I'll talk to him* ~ mesmo assim falarei com ele; 2 apesar disso
nevus [ˈniːvəs] *s.* ⟨*pl.* -i⟩ ⇒ **naevus**
new [njuː] Ⓐ *adj.* 1 novo; ~ *clothes* roupa nova; ~ *furniture* mobília nova; ~ *wine* vinho novo; 2 recente; 3 de há pouco; 4 moderno; ~ *Greek* grego moderno; *the* ~ *woman* a mulher moderna; 5 fresco; ~ *bread* pão fresco; ~ *cheese* queijo fresco; 6 visto ou ouvido pela primeira vez; 7 desconhecido, estranho; 8 inexperiente, principiante, novato; ~ *beginner* principiante; ~ *to the profession* novo na profissão, sem experiência na profissão; *to be* ~ *to* ser novo em, ser inexperiente em; *he's* ~ *to the work* está a fazer isto pela primeira vez Ⓑ *adv.* 1 recentemente; 2 [geralm. ligado por hífen à palavra que modifica] de há pouco ❖ *New England* Nova Inglaterra; *New Englander* habitante ou natural da Nova Inglaterra; *New ground* terra virgem; *New Guinea* Nova Guiné; *New Jersey* Nova Jérsia; RELIGIÃO ~ *man* o homem novo; homem convertido ao Cristianismo; *New Mexican* habitante ou natural do Novo México; *New Mexico* Novo México; ~ *moon* lua-nova; (Bíblia) *New Testament* Novo Testamento; *New Year* ano novo; *ever* ~ *topic* assunto sempre novo; ~ *from the university* acabado de sair da universidade; *New Year honours* condecorações e títulos conferidos pela rainha da Inglaterra pelo Ano Novo; *New Year's Day* dia de Ano Novo; *New Year's wishes* votos de ano novo feliz; *as good as* ~ como novo; *the* ~ *learning* a nova ciência; o humanismo inglês do séc. XVI; *the* ~ *rich* os novos-ricos; *the New World* o Novo Mundo; *he is* ~ *to this town* ele está há muito pouco tempo nesta cidade; *she is quite* ~ *from the country* ela acaba de chegar da província
newbie [ˈnjuːbɪ] *s.* INFORMÁTICA caloiro da Internet
new-blown [ˈnjuːbləʊn] *adj.* (flor) desabrochada há pouco
newborn [ˈnjuːbɔːn] Ⓐ *adj.* 1 recém-nascido; 2 novíssimo; 3 [fig.] regenerado, restaurado Ⓑ *s.* recém-nascido; *the* ~ os recém-nascidos
new-bottom [njuːˈbɒtəm] *v.tr.* deitar um fundo novo em
new-built [ˈnjuːbɪlt] *adj.* 1 acabado de construir; 2 reconstruído
new-coined [ˈnjuːkɔɪnd] *adj.* novo ❖ ~ *words* neologismos
newcomer [ˈnjuːkʌmə] *s.* recém-chegado
newel [ˈnjuːəl] *s.* pilar de escada de caracol
newfangle [ˈnjuːfæŋgl] Ⓐ *s.* 1 novidade; 2 moda nova Ⓑ *adj.* que gosta de novidades, de coisas novas Ⓒ *v.tr.* 1 actualizar; 2 dar um aspecto de novidade; 3 pôr de acordo com a última moda
newfangled [njuːˈfæŋgəld] *adj.* 1 que gosta de novidades, de coisas novas; 2 com aspecto de novidade; 3 [depr.] ultramoderno
newfangledness [njuːˈfæŋgldnɪs] *s.* 1 gosto ou tendência para coisas novas; 2 aspecto ou carácter de novidade
new-fashioned [njuːˈfæʃənd] *adj.* [coloq.] moderno, novo, actual
new-foot [ˌnjuːˈfʊt] *v.tr.* deitar calcanheiras ou pés novos (em meias ou peúgas)
newfound [ˈnjʊfaʊnd] *adj.* 1 novo, recente, de fresca data; 2 recentemente descoberto; 3 inventado há pouco
Newfoundland [njuːˈfaʊndlænd] *s.top.* Terra Nova ❖ ZOOLOGIA (cão) ~ *dog* terra-nova
Newfoundlander [ˌnjuːfaʊndˈlændə] *s.* natural ou habitante da Terra Nova
new-front [ˌnjuːˈfrʌnt] *v.tr.* 1 reparar a fachada (de edifício); 2 deitar gáspeas e meias solas (em calçado)
Newgate [ˈnjuːgeɪt] *s.* célebre prisão de Newgate em Londres ❖ [coloq.] ~ *bird* criminoso digno de forca; ~ *Calendar* publicação com os nomes dos presos de Newgate; ~ *fringe* barba crescida por baixo do queixo, enquanto o resto do rosto se conserva rapado; ~ *knocker* caracol sobre a testa usado por vendedores ambulantes
newing [ˈnjuːɪŋ] *s.* 1 muda (de penas); 2 mio, miada de gato
newish [ˈnjuːɪʃ] *adj.* bastante novo, um tanto novo
new-laid [ˈnjuːleɪd] *adj.* acabado de pôr; ~ *eggs* ovos frescos
new-line [njuːˈlaɪn] *v.tr.* 1 forrar de novo; 2 pôr forros novos
newly [ˈnjuːlɪ] *adv.* 1 recentemente; 2 há pouco; *to be* ~ *arrived* ter chegado há pouco; 3 de modo novo; 4 novamente
newly-weds [ˈnjuːlɪwedz] *s.pl.* recém-casados; jovem casal
new-made [ˈnjuːmeɪd] *adj.* novo, recente
Newmanism [ˈnjuːmənɪzəm] *s.* a doutrina do cardeal inglês John Henry Newman (1801-1890) antes da sua conversão ao Catolicismo
Newmanite [ˈnjuːmənaɪt] *s.* partidário das doutrinas de Newman
new-married [njuːˈmærɪd] *adj.* casado(s) de fresco, recém--casado(s)
new-mould [ˈnjuːməʊld] *v.tr.* refundir
newness [ˈnjuːnɪs] *s.* 1 novidade; 2 inovação; 3 (pão, queijo, etc.) frescura; 4 falta de experiência
New Orleans [njuːˈɔːlɪənz, ˌnjuːˈɔːliːnz] *s.top.* Nova Orleães
new-ridge [njuːˈrɪdʒ] *v.tr.* reparar a empena (dum telhado)
news [njuːz] *s.pl.* 1 [funciona como sing.] notícias; *a piece of* ~ uma notícia; *here's an interesting piece of* ~ aqui está uma notícia interessante; *this is good* ~ isto é uma boa notícia; 2 novidades; *have you heard the news?* já ouviste a novidade?; *is there any news?* há novidade?; *that is no* ~ isso não é novidade nenhuma; *to be* ~ *to sb* ser novidade para alguém; *to be no* ~ *to sb* não ser novidade para alguém; *what is your news?* novidades? ❖ ~ *agency* agência de informação; ~ *blackout* blackout informativo; ~ *conference* conferência de imprensa; ~ *coverage* cobertura noticiosa; ~ *picture* foto-reportagem, reportagem fotográfica; *financial* ~ boletim financeiro; *musical* ~ crónica musical; *official* ~ comunicado oficial; [coloq.] *he's bad* ~ ele só traz problemas; *ill* ~ *fly apace* más notícias correm depressa; *no* ~ *is good* ~ não haver notícias é sinal de que tudo corre bem
newsagent [ˈnjuːzˌeɪdʒənt] *s.* (quiosque, tabacaria) vendedor de jornais
newsboy [ˈnjuːzˌbɔɪ] *s.* ardina, rapaz que vende jornais nas ruas
newscast [ˈnjuːzˌkɑːst] *s.* TELEVISÃO, RÁDIO noticiário
newscaster [ˈnjuːzˌkɑːstə] *s.* TELEVISÃO, RÁDIO pivô do noticiário
newsdealer [ˈnjuːzˌdiːlə] *s.* [EUA] (quiosque, tabacaria) vendedor de jornais
newsflash [ˈnjuːzflæʃ] *s.* flash informativo; notícias de última hora
newsgroup [ˈnjuːzɡruːp] *s.* (Internet) fórum de discussão
newshawk [ˈnjuːzhɔːk] *s.* [EUA, Can.] (jornal) repórter
newshound [ˈnjuːzhaʊnd] *s.* [EUA, Can.] (jornal) repórter
newsiness [ˈnjuːzɪnɪs] *s.* conteúdo substancial em notícias
newsless [ˈnjuːzləs] *adj.* 1 sem notícias; 2 sem novidades
newsletter [ˈnjuːzletə] *s.* boletim informativo
newsman [ˈnjuːzmæn] *s.* jornalista
newsmonger [ˈnjuːzˌmʌŋɡə] *s.* 1 bisbilhoteiro, mexeriqueiro; 2 pessoa que traz e leva notícias, indivíduo que gosta de andar sempre a transmitir novidades; 3 porta-novas
New South Wales [ˈnjuːsaʊθˌweɪlz] *s.top.* Nova Gales do Sul
newspaper [ˈnjuːsˌpeɪpə] *s.* jornal, periódico, gazeta; *daily* ~ jornal diário; *weekly* ~ semanário, hebdomadário ❖ ~ *library* hemeroteca; ~ *man* jornalista; ~ *report* reportagem; *to be on a* ~ trabalhar na redacção de um jornal
newsprint [ˈnjuːzprɪnt] *s.* papel de jornal
newsreader [ˈnjuːzriːdə] *s.* TELEVISÃO, RÁDIO pivô do noticiário, apresentador das notícias
newsreel [ˈnjuːzriːl] *s.* documentário cinematográfico
newsroom [ˈnjuːzruːm] *s.* 1 (jornal) sala de redacção; 2 (televisão) estúdio
newssheet [ˈnjuːzʃiːt] *s.* boletim informativo
newsstand [ˈnjuːzˌstænd] *s.* quiosque (que vende jornais)
newsvendor [ˈnjuːzˌvendə] *s.* vendedor de jornais
newswoman [ˈnjuːzˌwʊmən] *s.f.* jornalista
newsworthiness [ˈnjuːzˌwɜːðɪnɪs] *s.* actualidade (de notícias)

newsworthy ['nju:zˌwɜ:ðɪ] adj. digno de ser noticiado, capaz de fazer notícia, mediático
newswriter ['nju:zraɪtə] s. jornalista
newsy ['nju:zɪ] adj. (comp. **-ier**, superl. **-iest**) [coloq.] cheio de notícias, cheio de novidades
newt [nju:t] s. ZOOLOGIA tritão
newton ['nju:tn] s. FÍSICA (sistema internacional de unidades de medida) newton
Newtonian [ˌnju:'təʊnjən] Ⓐ adj. newtoniano; relativo a Newton Ⓑ s. newtoniano ❖ **~ physics** física newtoniana
Newtonianism [nju:'təʊnjənɪzəm] s. newtonianismo, newtonismo
New York [ˌnju:'jɔ:k] s.top. Nova Iorque
New Yorker [nju:'jɔ:kə] s. noviorquino
New Zealand [ˌnju:'zi:lənd] s.top. Nova Zelândia
New Zealander [ˌnju:'zi:ləndə] s. neozelandês
next [nekst] Ⓐ adj. 1 seguinte; **~ morning** na manhã seguinte; 2 próximo; **~ Monday** na próxima segunda-feira; **~ year** para o próximo ano; **on Friday ~** na próxima sexta-feira; 3 mais próximo; 4 imediato; 5 contíguo; do lado; **our ~ neighbours** os nossos vizinhos do lado; **they live ~ door** vivem na porta a seguir, vivem na porta ao lado Ⓑ adv. 1 ao lado [**to**, de]; ao pé [**to**, de]; **she put her chair ~ to mine** ela pôs a cadeira dela ao pé da minha; 2 logo a seguir [**to**, a]; logo depois [**to**, de]; **the house ~ to ours** a casa logo a seguir à nossa; **the shop ~ to the corner** a loja logo depois da esquina; 3 seguidamente, em seguida, depois; **in the ~ place** a seguir, depois; **what happened next?** que aconteceu depois?; **who comes next?** quem é a seguir?; 4 imediatamente; **to be ~ after sb** estar imediatamente depois de alguém; **to be ~ before sb** estar imediatamente antes de alguém; 5 proximamente, na próxima ocasião Ⓒ prep. 1 depois de; a seguir a; 2 junto a; ao lado de Ⓓ s. (pessoa, coisa) seguinte; próximo; **her ~** o marido, o filho ou filha que teve a seguir; (jornais, revistas) **to be continued in our ~** continua no próximo número; **I'll tell you in my ~** dir-te-ei na minha próxima carta ❖ **by this time ~ year** daqui a um ano; **from one moment to the ~** dum momento para o outro; **he is as good as the ~ man** ele é tão bom como os outros; **~ door to blasphemous** quase blasfemo; **~ door to murder** quase um assassínio; **~ of kin** o parente mais chegado; parente próximo; **~ to impossible** quase impossível; **~ to nothing** quase nada; **the man ~ to him** o homem que logo se lhe segue em importância; **the ~ best** o segundo melhor; **the ~ best thing** o que há melhor depois disso; **the ~ house but two** a terceira casa a seguir; **the ~ time I saw her** quando a voltei a ver; **the Sunday ~ before Christmas** o último domingo antes do Natal; **the thing ~ my heart** aquilo que mais amo; **the year after ~** dentro de dois anos; **he is ~ to none** ele não fica atrás de ninguém; **I'll ask the ~ person I see** perguntarei à primeira pessoa que encontrar; **there is ~ to no evidence** quase não há provas; **there was ~ to nobody** quase não havia ninguém; [EUA] **to get ~ to sb** travar conhecimento com alguém; **to put sb ~ to** pôr alguém ao corrente de; **what is true one day may be false the ~** o que é verdade num dia pode ser falsidade no outro; **what next?** já se viu maior disparate?; que veremos nós ainda a seguir?; (estabelecimentos comerciais) **what next, please?** e que mais deseja?; tenha a bondade?; **when I ~ saw her** quando a voltei a ver; **when shall we meet next?** quando é que nos voltamos a encontrar?
nexus ['neksəs] s. (pl. **-es**) 1 nexo, relação, ligação; 2 vínculo, elo
N/F (conta bancária) [abrev. de no funds]
NFC [EUA] [abrev. de National Football Conference]
NFER [abrev. de National Foundation for Educational Research]
Nfld [abrev. de Newfoundland]
NFS Ⓐ INFORMÁTICA [abrev. de network file system] Ⓑ [abrev. de National Fire Service]
NFU [abrev. de National Farmers' Union]
ng [abrev. de no good]
NG [EUA] [abrev. de National Guard]
NGO [abrev. de nongovernmental organization] ONG
ngultrum [ˈŋguːltrəm] s. (moeda do Butão) ngultrum
NH Ⓐ [abrev. de New Hampshire] Ⓑ [abrev. de New Haven]
nhp [abrev. de nominal horsepower]

NHS [GB] [abrev. de National Health Service]
Ni QUÍMICA [símbolo de nickel]
Niagara [naɪ'ægərə] s.top. Niágara ❖ **~ Falls** Cataratas do Niágara; **to shoot ~** correr grandes riscos
nib [nɪb] Ⓐ s. 1 bico (de pena de pato); 2 bico, aparo, peça de metal colocada na extremidade de penas de escrever; 3 ponta metálica de caneta; 4 ponta, extremidade de ferramenta; 5 [coloq.] indivíduo elegante; 6 pl. cacau em flocos Ⓑ v.tr. 1 colocar um aparo (em pena de escrever); 2 consertar, arranjar (um aparo)
nibbed ['nɪbd] adj. 1 com bico; 2 com ponta ❖ **gold-nibbed** com aparo de ouro
nibble ['nɪbəl] Ⓐ s. 1 acção de mordiscar; pequena dentada; mordedela; trinca; **to have a ~ at** mordiscar, dar uma mordedela a; 2 bocadinho; pedacinho; 3 pl. aperitivos; petiscos Ⓑ v.tr.,intr. 1 mordiscar; morder; dar dentadinhas a; 2 debicar; petiscar; 3 comer aos poucos; 4 roer; 5 [fig.] sentir-se tentado; **to ~ at an offer** sentir-se tentado por uma oferta; 6 morder a isca; **the fish nibbles (at) the bait** o peixe morde a isca ❖ **to feel a ~ at the bait** sentir o peixe morder; **to ~ at sth** censurar, criticar alguma coisa; (peixe) **to ~ off** comer a isca sem ficar preso
◆**nibble away** v.tr.,intr. 1 mordiscar; morder; 2 debicar; petiscar; 3 roer; 4 picar a isca
nibbler ['nɪblə] s. 1 pessoa que tira pequenos bocados com os dentes; 2 animal que mordisca; 3 pessoa que censura ou critica
nibbling ['nɪblɪŋ] s. acção de mordiscar, de tirar pequenos bocados
Nibelungs ['ni:bəlʊŋs] s.pl. MITOLOGIA Nibelungos
niblick ['nɪblɪk] s. (golfe) taco com grande cabeça redonda e pesada
nibs ['nɪbz] s. [cal., irón.] senhoria; **his ~** sua senhoria
NIC [abrev. de National Incomes Commission]
Nicaea [naɪ'si:ə] s.top. Niceia
Nicaragua [nɪkə'rægjʊə] s.top. Nicarágua
Nicaraguan [nɪkə'rægjʊən] adj.,s. nicaraguano
niccolite ['nɪkəlaɪt] s. MINERALOGIA niquelite, nicolite
nice [naɪs] Ⓐ adj. 1 bonito, lindo, atraente; 2 agradável, satisfatório; **~ to the taste** agradável ao paladar; **to look ~** ter aspecto agradável; 3 saboroso; 4 bom; **a ~ ear** um bom ouvido; 5 amável, gentil; **how ~ of you to say that!** mas que gentileza a sua em dizer isso!; **that is very ~ of you** é muita amabilidade da sua parte; 6 amigo; 7 fino, distinto; 8 com um gosto refinado, exigente; 9 delicado; subtil; **a ~ distinction** uma distinção subtil; **a ~ shade of meaning** um delicado cambiante de significado; 10 difícil, minucioso, que exige muita atenção; **a ~ point** uma questão delicada, uma questão difícil; 11 correcto, leal, escrupuloso, rigoroso; **to be ~ about/in** ser escrupuloso com; **don't be too ~ about that** não sejas demasiado escrupuloso quanto a isso; 12 [irón.] (mau, complicado) bonito; **here is a ~ mess** temos aqui uma bonita trapalhada Ⓑ adv. bem; bastante; **a ~ big slice** uma fatia bem grande ❖ **~ and cool** agradavelmente fresco; **~ and easy** calmamente; muito fácil; **~ and fast** bastante depressa; **~ and warm** com um calor agradável; **~ one!** boa!; **~ to meet you** prazer em conhecer-te; **~ to see you** prazer em ver-te; **~ try!** boa tentativa!; **a ~ hand** habilidoso; destro; **it's ~ here** está-se bem aqui
nice-looking ['naɪsˌlʊkɪŋ] adj. com bom aspecto; bonito; atraente
nicely ['naɪslɪ] adv. 1 bem; **~ done** bem feito; **he is doing ~** ele passa bem; 2 lindamente; 3 agradavelmente; 4 satisfatoriamente; 5 com cuidado; 6 com minúcia; 7 meticulosamente, primorosamente ❖ **these shirts are very ~ got up** estas camisas estão muito bem lavadas e passadas a ferro; **to speak very ~ about a person** falar com bastante apreço de alguém; **to speak very ~ to a person** falar muito delicadamente com alguém
Nicene [naɪ'si:n] adj.,s. de Niceia; niceno ❖ HISTÓRIA **the first ~ council** o primeiro concílio de Niceia (em 325); HISTÓRIA **the second ~ council** o segundo concílio de Niceia (em 787)
nice-nelly ['naɪsnelɪ] adj. 1 [EUA] [depr.] puritano, moralista; 2 [EUA] [depr.] cheio de eufemismos
niceness ['naɪsnɪs] s. 1 requinte, gosto requintado; 2 minúcia; meticulosidade; 3 escrúpulo; 4 delicadeza; 5 dificuldade; 6 acuidade (auditiva ou visual); 7 amabilidade; 8 aspecto agradável; 9 bom gosto, bom paladar

nicety ['naɪsɪtɪ] s. ⟨pl. -ies⟩ 1 escrúpulo, esmero; 2 delicadeza; 3 dificuldade; 4 exactidão; *to a ~* com exactidão, exactamente, com perfeição; *to judge sth to a ~* calcular qualquer coisa com exactidão; 5 minúcia, pormenor, minudência; 6 diferença mínima; 7 subtileza; 8 gulodice; 9 *pl.* minúcias ❖ *~ of honour* ponto de honra; *a point of great ~* uma questão muito delicada; um problema muito subtil; *to stand upon niceties* ser miudinho

niche [niːʃ, nɪtʃ] Ⓐ s. 1 nicho; 2 [fig.] lugar, espaço; *a ~ in the temple of fame* um lugar no templo da fama; 3 [fig.] emprego, colocação; 4 COMÉRCIO (marketing) nicho, pequeno sector do mercado Ⓑ v.tr. colocar em nicho Ⓒ adj. COMÉRCIO (sector do mercado) de nicho, pequeno, especializado

nick [nɪk] Ⓐ s. 1 entalhe; 2 corte, chanfradura, chanfro; 3 incisão; 4 fenda, ranhura, brecha; 5 momento crítico; 6 [cal.] cadeia; *to be in the ~* estar atrás das grades; 7 (jogo de dados) lance favorável; 8 ocasião oportuna; momento favorável; 9 [coloq.] estado; condições; *in good ~* em bom estado Ⓑ v.tr.,intr. 1 abrir entalhe; 2 abrir chanfradura; 3 fazer chanfro, chanfrar; 4 fender, abrir fenda; 5 abrir ranhura; 6 marcar com cortes; 7 cortar os músculos abaixadores da cauda do cavalo para esta se conservar levantada; 8 [coloq.] adivinhar; descobrir a verdade; bater no ponto; *to ~ it* acertar; 9 (jogo dos dados) efectuar um lance favorável; 10 [coloq.] apanhar, agarrar; prender; 11 [cal.] (roubar) fanar; gamar; 12 (escola) faltar, fazer gazeta ❖ *~ bend test* prova de flexão pelo choque em peças entalhadas; [coloq.] *just in the ~ of time* precisamente no momento próprio; na hora H; (caça, corrida) *to ~ in* embaraçar um concorrente; (animais) *to ~ in* cruzar-se bem; *to ~ the train* apanhar o comboio no último momento; *to ~ the time* chegar na altura própria

◆**nick off** v.intr. [Austr.] partir, ir embora

Nick [nɪk] {dim. de Nicholas} [coloq.] *old ~* o Diabo

nicked ['nɪkt] adj. 1 com entalhe; 2 com chanfradura; 3 com ranhura; 4 (cavalo) com os músculos abaixadores da cauda cortados

nickel ['nɪkl] Ⓐ s. 1 QUÍMICA (elemento químico) níquel; 2 [EUA] moeda de cinco cêntimos; 3 moeda de níquel; 4 qualquer moeda pequena Ⓑ v.tr. (particípios: -ll-) niquelar ❖ *~ alloy* liga de níquel; *~ bath* niquelagem; QUÍMICA *~ compound* composto de níquel; *~ finish* niquelagem; *~ ore* minério de níquel; *~ silver* prata alemã; metal branco; alpaca; *~ steel* aço de níquel

nickel-bearing ['nɪkl,beərɪŋ] adj. niquelífero, que contém níquel

nickeliferous [,nɪkə'lɪfərəs] adj. niquelífero

nickelled ['nɪkəld] adj. niquelado

nickelling ['nɪklɪŋ] s. niquelagem

nickel-plate ['nɪkl,pleɪt] v.tr. niquelar

nickel-plated ['nɪkl,pleɪtɪd] adj. niquelado

nickel-plater ['nɪkl,pleɪtə] s. niquelador

nicker ['nɪkə] s. [cal.] uma libra

nicker-nut ['nɪkə,nʌt] s. BOTÂNICA olho-de-gato, planta herbácea de flores azuis

nicking ['nɪkɪŋ] s. 1 chanfradura, abertura de fenda ou entalhe; 2 acto de cortar os músculos abaixadores da cauda do cavalo para esta se conservar levantada

nick-nack ['nɪknæk] s. ⇒ **knick-knack**

nickname ['nɪkneɪm] Ⓐ s. alcunha, apelido, cognome; forma abreviada e familiar de nome de baptismo Ⓑ v.tr. 1 alcunhar, pôr a alcunha de, pôr alcunha a; 2 cognominar

Nicodemus [,nɪkə'diːməs] s.antr. RELIGIÃO (Bíblia) Nicodemo

nicol ['nɪkəl] s. FÍSICA nicol, prisma de espato-de-islândia, empregado para polarização da luz

Nicomachean [,naɪkɒmə'kiːən] adj. relativo a Nicómaco ❖ (obra de Aristóteles) *~ Ethics* Ética a Nicómaco

Nicomachus [naɪ'kɒməkəs] s.antr. Nicómaco

Nicosia [,nɪkə'siːə] s.top. Nicósia

nicotian [nɪ'kəʊʃən] Ⓐ adj. nicótico; relativo ao tabaco Ⓑ s. fumador

nicotine ['nɪkətiːn] s. nicotina

nicotinism ['nɪkəti:nɪzəm] s. nicotinismo; intoxicação crónica pela nicotina

nictate ['nɪkteɪt] v.intr. pestanejar

nictating ['nɪkteɪtɪŋ] adj. ⇒ **nictitating**

nictation [nɪk'teɪʃən] s. nictação, pestanejo

nictitate ['nɪktɪteɪt] v.intr. ⇒ **nictate**

nictitating ['nɪktɪteɪtɪŋ] adj. nictitante; *~ membrane* membrana nictitante, pálpebra nictitante

nictitation [,nɪktɪ'teɪʃən] s. nictitação, nictação

nicy ['naɪsɪ] s. [infant.] doce; caramelo

nidamental [,nɪdə'mentəl] adj. relativo ao nidamento; que serve como receptáculo dos ovos em moluscos e outros animais

niddering ['nɪdərɪŋ] adj.,s. covarde, vil; poltrão

niddle-noddle [,nɪdl'nɒdl] Ⓐ adj. (pessoa de idade) que treme, pouco firme, que deixa descair a cabeça de quando em quando Ⓑ v.intr. 1 vacilar, tremer; 2 (pessoa de idade) deixar descair a cabeça, cabecear

nide [naɪd] s. ninhada de faisões

nidering ['nɪdərɪŋ] adj.,s. covarde, vil; poltrão

nidificate ['nɪdɪfɪkeɪt] v.intr. [rar.] nidificar, fazer ninho

nidification [,nɪdɪfɪ'keɪʃən] s. nidificação

nidify ['nɪdɪfaɪ] v.intr. nidificar, fazer o ninho

nid-nod [,nɪd'nɒd] v.tr.,intr. 1 tremer com a cabeça; 2 deixar descair a cabeça; 3 cabecear

nidus ['naɪdəs] s. ⟨pl. -uses ou -i⟩ 1 ninho, lugar onde os ovos são postos; 2 lugar onde se desenvolvem sementes ou esporos; 3 foco de doença ou de infecção; 4 berço de qualquer ideia, doutrina, etc.; 5 receptáculo natural

niece [niːs] s. sobrinha

niellist [nɪ'elɪst] s. nigelador

niello [nɪ'eləʊ] s. ⟨pl. -li ou -los⟩ (liga, ornato) nigelo ❖ *~ work* nigela; nigelagem; *~ worker* nigelador; *inlaying with ~* nigelagem

nielloed [nɪ'eləʊd] adj. nigelado

Nietzschean ['niːtʃɪən] adj.,s. nietzschiano

Nietzschism ['niːtʃɪzəm] s. nietzschianismo; sistema ou conjunto das ideias de Nietzsche

niff [nɪf] Ⓐ s. [coloq.] mau cheiro; fedor Ⓑ v.intr. cheirar mal, feder; tresandar; *to ~ of* tresandar a

niffy ['nɪfɪ] adj. [coloq.] fedorento, que cheira mal

nifty ['nɪftɪ] adj. (comp. **-ier**, superl. **-iest**) 1 [coloq.] rápido, prático, eficiente; 2 [coloq.] com estilo, elegante, atraente; 3 [coloq.] fantástico, espectacular_coloq._

nigella [naɪ'dʒelə] s. BOTÂNICA nigela

Niger ['naɪdʒə] s.top. (país, rio) Níger

Nigeria [naɪ'dʒɪərɪə] s.top. Nigéria

Nigerian [naɪ'dʒɪərɪən] adj.,s. nigeriano

niggard ['nɪgəd] Ⓐ s. avarento, forreta, avaro, pão-duro_Bras._ Ⓑ adj. 1 [poét.] mesquinho, avarento; 2 parcimonioso

niggardliness ['nɪgədlɪnɪs] s. 1 avareza; 2 sovinice; 3 mesquinhez

niggardly ['nɪgədlɪ] Ⓐ adj. 1 avarento, avaro, sovina, somítico; agarrado ao dinheiro; 2 mesquinho; 3 miserável Ⓑ adv. 1 avaramente, com avareza, somiticamente; 2 mesquinhamente

nigger ['nɪgə] s. [depr.] (ofensivo) preto ❖ *~ brown* castanho muito escuro; *~ driver* vigia de forçados negros; [fig.] indivíduo que sistematicamente dá trabalho demasiado ao pessoal que está ao seu serviço; [EUA] [cal.] *there's a ~ in the fence/there's a ~ in the woodpile* aqui há gato; *to work like a ~* trabalhar como um negro

niggerling ['nɪgəlɪŋ] s. pretinho, moleque

niggle ['nɪgl] v.intr. perder-se com ninharias, perder tempo com minudências

niggler ['nɪglə] s. picuinhas; coca-bichinhos

niggling ['nɪglɪŋ] Ⓐ adj. 1 minucioso, miudinho, que se prende com minudências; 2 requintado, demasiado trabalhado; 3 insignificante, sem importância, sem grandeza Ⓑ s. niquice, insignificância; coisas sem importância, ninharias

niggly ['nɪglɪ] adj. [coloq.] insignificante, sem a menor importância

nigh [naɪ] adj.,adv.,prep. [arc., poét.] ⇒ **near**

night [naɪt] Ⓐ s. 1 noite; *all ~/all ~ long* toda a noite, durante toda a noite; *at ~* à noite; *by ~* de noite; *far into the ~* pela noite dentro; *last ~* a noite passada; *Monday ~* segunda-feira à noite; *~ after ~* noite após noite; *o' nights* de noite; 2 o anoitecer, o cair da noite; 3 [fig.] aflição; sofrimento; 4 [fig.] escuridão; trevas; noite; cegueira; ignorância; *the ~ of ignorance* as trevas da ignorância Ⓑ adj. nocturno; de noite; que assegura o serviço nocturno; *~ boat* barco que faz carreiras nocturnas; AERONÁUTICA *~ flight* voo nocturno, carreira nocturna; *~ rest* descanso nocturno; ~ *school* escola nocturna; ~ *shift* turno da noite, turno nocturno; ~ *watch* (actividade) vigilância nocturna; (profissional) guarda-nocturno ❖ ~ *black/dark as* negro como a noite; MEDICINA ~ *blindness* cegueira nocturna; nictalopia; ~ *film* película para fotografar de noite; ~ *fire* fogo-fátuo; ~ *flower* flor que abre à noite e fecha de manhã; ~ *hag* bruxa que cavalga de noite através do ar; pesadelo; ~ *latch* fecho de correr dum trinco; ~ *out* saída nocturna; [coloq.] (pessoa) ~ *owl* noctívago; ~ *piece* quadro que representa uma cena nocturna; ~ *watchman* guarda-nocturno; TEATRO *first* ~ estreia; primeira representação; ~ *and day* continuamente; de noite e de dia; *in the* ~ *watches* durante os períodos em que se não consegue dormir; *the* ~ *before last* há duas noites; anteontem à noite; *to have a good* ~ dormir bem; passar bem; *to make a* ~ *of it* divertir-se pela noite dentro; *to say good* ~ dar as boas-noites; *to wish good* ~ dar as boas-noites

nightbird ['naɪtbɜːd] s. 1 ave nocturna; 2 [fig.] (pessoa) noctívago
nightcap ['naɪtkæp] s. 1 barrete de dormir; 2 bebida antes de ir dormir
nightclub ['naɪtklʌb] s. discoteca
nightdew ['naɪtdjuː] s. sereno; relento da noite
nightdress ['naɪtdres] s. VESTUÁRIO (de mulher) camisa de noite
nightfall ['naɪtfɔːl] s. o anoitecer, o cair da noite, o escurecer; *at* ~ ao cair da noite, à noitinha
nightgown ['naɪtgaʊn] s. [EUA] VESTUÁRIO (de mulher) camisa de noite
nighthawk ['naɪthɔːk] s. 1 ZOOLOGIA (ave) noitibó, boas-noites, pita-cega; 2 [coloq.] (pessoa) noctívago
nightie ['naɪtɪ] s. VESTUÁRIO [coloq.] ⇒ **nighty**
nightingale ['naɪtɪŋgeɪl] s. ZOOLOGIA rouxinol
nightjar ['naɪtdʒɑː] s. ZOOLOGIA ⇒ **nighthawk**
nightlife ['naɪtlaɪf] s. vida nocturna
nightlight ['naɪtlaɪt] s. (crianças, doentes) lamparina nocturna; lâmpada nocturna
nightline ['naɪtlaɪn] s. 1 (telefone) linha nocturna; 2 linha com anzóis deitada de noite
nightlong ['naɪtlɒŋ] Ⓐ adj. que dura toda a noite Ⓑ adv. toda a noite
nightly ['naɪtlɪ] Ⓐ adj. 1 nocturno; 2 que aconteceu ou existe de noite; 3 que acontece todas as noites; 4 [poét.] próprio da noite Ⓑ adv. todas as noites
nightman ['naɪtmən] s. (pl. **-men**) limpa-fossas; indivíduo que, de noite, limpa retretes ou latrinas
nightmare ['naɪtmeə] s. 1 pesadelo; *to have a* ~ ter um pesadelo; 2 [fig.] tormento; inferno; horror; *that was a* ~ *to me* isso para mim era um tormento; *what a nightmare!* que horror! ❖ ~ *scenario* panorama catastrófico
nightmarish [naɪt'meərɪʃ] adj. 1 de pesadelo; 2 torturante; que atormenta
nightshade ['naɪtʃeɪd] s. BOTÂNICA erva-moira, erva-moura ❖ BOTÂNICA *deadly* ~ beladona; BOTÂNICA *Malabar* ~ espinafre-do-malabar; BOTÂNICA *woody* ~ doce-amarga; dulcamara; uva-de-cão
nightshirt ['naɪtʃɜːt] s. VESTUÁRIO (de homem) camisa de noite
nightstand ['naɪtstænd] s. [EUA] mesinha-de-cabeceira
nighty ['naɪtɪ] s. VESTUÁRIO [coloq.] camisa de noite (de mulher)
nigrescence [naɪ'gresəns] s. tom escuro (da pele), coloração escura
nigrescent [naɪ'gresənt] adj. sobre o escuro, a fugir para a cor negra
nigrite ['naɪgraɪt] s. QUÍMICA nigrite, composição isoladora de borracha e cera negra
nigritude ['nɪgrɪtjuːd] s. negridão, negritude
nigrosine ['nɪgrəʊsɪn] s. QUÍMICA nigrosina
nihil ad rem ['naɪlædrem] adj. irrelevante
nihilism ['naɪɪlɪzəm, 'nɪhɪlɪzəm] s. niilismo
nihilist ['naɪɪlɪst] s. niilista
nihilistic [naɪɪ'lɪstɪk] adj. niilista
nihility [naɪ'ɪlɪtɪ] s. (pl. **-ies**) 1 nada; 2 inexistência; 3 nulidade, insignificância, bagatela
nil [nɪl] s. 1 nada; 2 zero; DESPORTO *two goals to* ~ duas bolas a zero ❖ (hospital) ~ *by mouth* em jejum; *my motivation was* ~ a minha motivação era nula; a minha motivação era igual a zero
Nile [naɪl] s. (rio) Nilo ❖ ~ *cruise* cruzeiro no Nilo; ~ *lily* nelúmbio; nelumbo

nilgai ['niːlgaɪ] s. ZOOLOGIA nilgó, grande antílope indiano
nilometer [naɪ'lɒmɪtə] s. nilómetro, fluviómetro do Baixo Nilo
nilotic [naɪ'lɒtɪk] adj. nilótico; relativo ao Nilo
nimble ['nɪmbəl] adj. (comp. **-er**, superl. **-est**) 1 ágil; rápido; veloz; *to be* ~ *at doing sth/to be* ~ *in doing sth* ser ágil a fazer alguma coisa; 2 vivo; esperto; de compreensão rápida; *a* ~ *mind* um espírito vivo
nimble-footed ['nɪmbəl,fʊtɪd] adj. de andar rápido; de pés velozes
nimbleness ['nɪmblnɪs] s. 1 agilidade, rapidez, leveza, ligeireza; 2 vivacidade de espírito
nimble-witted ['nɪmbəl,wɪtɪd] adj. de compreensão rápida; vivo de espírito
nimbly ['nɪmblɪ] adv. 1 agilmente, rapidamente; 2 com ligeireza, com leveza, com vivacidade
nimbus ['nɪmbəs] s. (pl. **-uses** ou **-i**) 1 nimbo, halo, auréola; 2 resplendor; 3 METEOROLOGIA (nuvem) nimbo
nimbused ['nɪmbəst] adj. nimbado, cercado com nimbo ou auréola
nimiety [nɪ'maɪətɪ] s. [rar.] excesso, demasia
niminy-piminy [,nɪmɪnɪ'pɪmɪnɪ] adj. 1 afectado, dengoso, amaneirado; 2 efeminado
nincompoop ['nɪŋkəmpuːp] s. 1 simplório; 2 parvo, patetóide; 3 palerma, pessoa desprovida de senso comum; 4 toleirão
nine [naɪn] num.card., s. 1 nove; 2 carta com nove pintas ❖ ~ *holes* jogo antigo, que consistia num tabuleiro com arcos numerados, sob os quais deveriam passar pequenas bolas de marfim; ~ *tenths* a quase totalidade; ~ *days' wonder* novidade efémera, que desperta um entusiasmo passageiro; (golfe) ~ *hole course* percurso com nove buracos; ~ *of them* nove deles; ~ *times out of ten* geralmente; *a cat has* ~ *lives* sete foles tem um gato; *she will be* ~ *next week* ela faz nove anos na próxima semana; MITOLOGIA *the Nine* as nove Musas; *to the nines* na perfeição; *to be dressed up to the nines* vestir-se com requinte; vestir-se um tanto extravagantemente; MATEMÁTICA *to cast out the nines* tirar a prova dos nove
ninefold ['naɪnfəʊld] Ⓐ adj. nónuplo, nove vezes maior Ⓑ adv. nove vezes mais
ninepence ['naɪn,pəns] s. 1 moeda de nove dinheiros; 2 quantia de nove dinheiros
ninepins ['naɪn,pɪnz] s.pl. boliche, jogo em que uma bola é atirada contra nove paulitos de madeira em forma de garrafa ❖ NÁUTICA ~ *block* moitão; *to go down like* ~ cair como moscas
nineteen [,naɪn'tiːn] num.card., s. dezanove; *she is nearly* ~ ela tem quase dezanove anos ❖ [coloq.] *to talk* ~ *to the dozen* falar pelos cotovelos
nineteenth [,naɪn'tiːnθ] Ⓐ num.ord., adj., s. décimo nono Ⓑ s. décima nona parte
ninetieth ['naɪntɪɪθ] Ⓐ num.ord., adj., s. nonagésimo Ⓑ s. nonagésima parte, nonagésimo
ninety ['naɪntɪ] num.card., s. noventa ❖ *ninety-three* noventa e três; *ninety-third* nonagésimo terceiro; *the nineties* os anos noventa; (anos) *to be in the nineties* ter entrado nos noventa
ninety-nine [,naɪntɪ'naɪn] num.card. noventa e nove ❖ ~ *out of a hundred* quase tudo; *say ninety-nine!* diga trinta e três!
Nineveh ['nɪnɪvɪ] s.top. Nínive
Ninevite ['nɪnɪvaɪt] adj., s. 1 ninivita; 2 relativo a Nínive; 3 natural ou habitante de Nínive
ninja ['nɪndʒə] s. ninja
ninny ['nɪnɪ] s. (pl. **-ies**) simplório, tolo, pateta; papalvo
ninth [naɪnθ] Ⓐ num.ord., adj., s. nono Ⓑ s. 1 nona parte, nono; *four ninths* quatro nonos; 2 MÚSICA nona, intervalo de nove graus formado por uma oitava e mais uma segunda ❖ *on the* ~ no dia nove
ninthly ['naɪnθlɪ] adv. em nono lugar
Ninus ['naɪnəs] s. MITOLOGIA Nino, herói fabuloso da Lídia, descendente de Hércules
Niobe ['naɪəbɪ] s. MITOLOGIA Níobe, mulher de Anfiom, rei de Tebas, e filha de Tântalo, ou, segundo outros, de Pélope e Taigete, mais tarde convertida em pedra por Júpiter
niobium [naɪ'əʊbɪəm] s. QUÍMICA (elemento químico) nióbio
nip [nɪp] Ⓐ s. 1 beliscadura, beliscão; *to give sb a* ~ beliscar alguém, dar um beliscão a alguém; 2 bicada, dentada; 3 alfinetada, picada; 4 mordedura; 5 aperto; 6 frio intenso e

cortante, sensação desagradável produzida por vento glacial; *there was a cold ~ in the air* havia um ar cortante, o ar frio cortava; **7** queimadura de geada; **8** remoque, sarcasmo, dito mordaz; **9** NÁUTICA volta de cabo; **10** (bebida alcoólica) trago, golpe, cálice; *a ~ of brandy* um trago de conhaque ⓑ *v.tr.,intr. (particípios:* -pp-) **1** beliscar, dar beliscões; *he nipped her face* ele deu-lhe um beliscão na face; **2** morder, ferrar; **3** apertar, entalar; *to ~ one's fingers in the door* trilhar os dedos na porta; **4** (pinça, alicate) prender; **5** (geada) queimar, crestar, impedir o crescimento de; **6** (frio) cortar, causar uma sensação desagradável e arrepiante; *the wind nipped* o vento era cortante; **7** [coloq.] roubar, apanhar, agarrar; **8** beberricar, beber um pequeno gole de; **9** NÁUTICA amichelar, atar com michelos ❖ [coloq.] (competição) *~ and tuck* a par; renhidamente; *the ship was nipped in the ice* o navio ficou preso no gelo; [coloq.] *to freshen the ~* beber um gole; refrescar a goela; *to ~ in the bud* cortar pela raiz; destruir logo de início; destruir à nascença; *to ~ on ahead* correr para a frente
- **nip along** *v.intr.* [coloq.] ir depressa; apressar-se
- **nip in/into** *v.tr.,intr.* **1** entrar por um momento em; **2** entrar rapidamente em; saltar para; *to nip into a taxi* saltar para um táxi; **3** interromper a conversa de
- **nip off** ⓐ *v.tr.* **1** arrancar; **2** cortar ⓑ *v.intr.* [coloq.] raspar-se; dar de frosques; pôr-se ao fresco
- **nip out** ⓐ *v.intr.* sair rapidamente; *to ~ of* precipitar-se para fora de ⓑ *v.tr.* puxar rapidamente por

Nip [nɪp] *s.* [cal.] japonês
nipa ['nɪpə, 'naɪpə] *s.* BOTÂNICA nipa, palmeira da Índia Oriental
nipper ['nɪpə] *s.* **1** pessoa que belisca; **2** pessoa que morde; **3** garra, presa; **4** garra de crustáceo; **5** criancinha, miúdo; **6** dente incisivo de cavalo; **7** rapaz, ajudante de vendedor ambulante; **8** *pl.* turquês, tenazes; **9** *pl.* pinça, alicate; **10** *pl.* NÁUTICA nichelos
nipperkin ['nɪpəkɪn] *s.* [coloq.] miúdo, criança pequena
nippiness ['nɪpɪnɪs] *s.* agilidade, leveza, rapidez
nipping ['nɪpɪŋ] ⓐ *adj.* **1** cortante, mordente; **2** gelado, frio; **3** (geada) que queima; **4** causticante; **5** mordaz, contundente, satírico ⓑ *s.* **1** acção de beliscar, de morder ou arranhar; **2** prisão de navio entre blocos de gelo; **3** chapoda, chapota; **4** aperto ❖ *~ pliers* turquês
nippingly ['nɪpɪŋlɪ] *adv.* **1** de modo cortante; **2** de maneira a causar uma sensação de arrepio; **3** (frio ou vento gelado) intensamente; **4** mordazmente; contundentemente
nipple ['nɪpl] *s.* **1** mamilo, bico do peito; **2** teta; **3** (biberão) tetina; **4** qualquer protuberância em forma de mamilo; **5** GEOGRAFIA cume arredondado; montículo; **6** bocal, bocal roscado; **7** parte da culatra onde se introduz o cartucho ❖ BOTÂNICA *~ cactus* mamilária; (bicicleta, automóvel) *~ key* chave de raios
nipplewort ['nɪplwɜːt] *s.* BOTÂNICA lampsana, labresto
Nipponian [nɪ'pəʊnɪən] *adj.* nipónico, japonês
nippy ['nɪpɪ] *adj. (comp.* -ier, *superl.* -iest) **1** (vento) cortante, incisivo; **2** (tempo) fresco; frescote; **3** (sabor) picante; **4** [coloq.] activo, vivo, ágil, rápido; *to be ~ about sth* ser despachado com qualquer coisa
NIRC [*abrev. de* National Industrial Relations Court]
nirvana [nɪə'vɑːnə] *s.* nirvana
nirwana [nɪə'vɑːnə] *s.* ⇒ **nirvana**
nisi ['naɪsaɪ] *conj.* DIREITO a não ser que, salvo se, sob condição de ❖ *~ prius court* tribunal civil
nit [nɪt] *s.* **1** lêndea, ovo de piolho ou outro insecto parasita; **2** [coloq., depr.] tolo, palerma, imbecil; **3** [EUA] unidade, insignificância
nitpicker ['nɪtˌpɪkə] *s.* coca-bichinhos, esmiuçador
nitpicking ['nɪtˌpɪkɪŋ] *adj.* **1** miudinho, niquento; **2** implicante, embirrante ❖ *to get down to ~ detail* ser muito miudinho
nitrate[1] ['naɪtrɪt, 'naɪtreɪt] *s.* QUÍMICA nitrato ❖ *~ fertilizers* adubos azotados
nitrate[2] ['naɪtreɪt] *v.tr.* tratar com ácido azótico
nitrated ['naɪtreɪtɪd] *adj.* nitrado
nitration [naɪ'treɪʃən] *s.* QUÍMICA nitração
nitre ['naɪtə] *s.* **1** nitro, nitrato de potassa, azotato de potassa; **2** salitre ❖ *~ bed* nitreira
nitric ['naɪtrɪk] *adj.* QUÍMICA nítrico, azótico ❖ *~ acid* ácido azótico; ácido nítrico; água-forte; *~ dioxide* peróxido de azoto; *~ oxide* bióxido de azoto

nitride ['naɪtraɪd] ⓐ *s.* QUÍMICA nitreto, azoteto ⓑ *v.tr.* transformar em nitreto
nitriding ['naɪtraɪdɪŋ] *s.* transformação em nitreto
nitrification [ˌnaɪtrɪfɪ'keɪʃən] *s.* nitrificação
nitrify ['naɪtrɪfaɪ] *v.tr.,intr.* nitrificar, nitrificar-se
nitrite ['naɪtraɪt] *s.* QUÍMICA nitrito, azotito
nitrobacteria [ˌnaɪtrəʊbæk'tɪərɪə] *s.* nitrobactéria, género de bactérias que provocam o fenómeno da nitrificação
nitrobenzene [ˌnaɪtrəʊ'benziːn] *s.* QUÍMICA nitrobenzeno, essência de Mirbane
nitrocellulose [ˌnaɪtrəʊ'seljʊləʊs] *s.* QUÍMICA nitrocelulose ❖ *~ finish/varnish* verniz nitrocelulósico
nitro-compound [ˌnaɪtrəʊ'kɒmpaʊnd] *s.* QUÍMICA nitroderivado, derivado nitrado
nitro-explosive [ˌnaɪtrəʊɪks'pləʊsɪv] *s.* explosivo nitratado
nitro-gelatine [ˌnaɪtrəʊ'dʒelətiːn] *s.* nitrogelatina
nitrogen ['naɪtrədʒən] *s.* QUÍMICA (elemento químico) azoto, nitrogénio ❖ *~ bottle* garrafa de azoto; *~ compound* composto azotado; *~ gas* azoto; *~ generator* gerador de azoto; *~ monoxide* protóxido de azoto; *~ peroxide* peróxido de azoto
nitrogenous [naɪ'trɒdʒɪnəs] *adj.* azotado; *~ gas* gás azotado
nitroglycerine [ˌnaɪtrəʊ'glɪsəriːn] *s.* nitroglicerina
nitrosulphuric [ˌnaɪtrəʊsʌl'fjʊərɪk] *adj.* nitrossulfúrico
nitrous ['naɪtrəs] *adj.* **1** nitroso; **2** nitrado, salitroso ❖ *~ acid* ácido nitroso; *~ anhydrid/anhydride* anidrido nitroso; *~ oxide* óxido nitroso
nitroxyl [naɪ'trɒksɪl] *s.* QUÍMICA nitrilo
nitty ['nɪtɪ] *adj.* cheio de lêndeas
nitty-gritty [ˌnɪtɪ'grɪtɪ] ⓐ *s.* [coloq.] aquilo que interessa, o essencial; *to get down to the ~* passar ao que interessa ⓑ *adj.* **1** [coloq.] básico, essencial; **2** [coloq.] prático, real ❖ [joc.] *the ~ of life* as duras realidades da vida
nitwit ['nɪtwɪt] *s.* [EUA] imbecil, cretino, pateta, pamonha_Bras._
nitwitted ['nɪtwɪtɪd] *adj.* pateta, imbecil, cretino
nival ['naɪvəl] *adj.* **1** niveal, como a neve, branco como a neve; **2** relativo à neve ou ao Inverno
niveous ['nɪvɪəs] *adj.* cheio de neve, com neve
nix [nɪks] ⓐ *s.* [cal.] nada ⓑ *v.tr.* rejeitar; proibir; vetar ⓒ *interj.* [cal.] (aviso) cuidado!; atenção! ❖ [coloq.] *to work for ~* trabalhar para aquecer
Nizam [naɪ'zæm, nɪ'zɑːm] *s.* nizam, título do marajá de Haiderabad
NJ [*abrev. de* New Jersey]
NJC [*abrev. de* National Joint Council]
NJiC [*abrev. de* National Joint Industrial Council]
NL [*abrev. de* New Latin]
NLC [*abrev. de* National Liberal Club]
NLP ⓐ [*abrev. de* neurolinguistic programming] ⓑ [*abrev. de* Natural Language Processing] PLN
NM [*abrev. de* New Mexico]
NMHA [*abrev. de* National Mental Health Association]
NNE [*abrev. de* north-northeast]
NNW [*abrev. de* north-northwest]
no. [*abrev. de* number]
no [nəʊ] ⓐ *adv.* **1** não; **2** nada; *she is no better than last week* ela não está nada melhor do que na semana passada; **3** de modo nenhum ⓑ *adj.* nenhum ⓒ *s. (pl.* **noes** ou **nos**) **1** não; negativa; *two noes make a yes* duas negativas fazem uma afirmativa; **2** voto contra; *ayes and noes* votos a favor e votos contra ❖ *no admittance* entrada proibida; *no doubt* sem dúvida; *no man* ninguém; *no nothing* absolutamente nada; *no one* ninguém; *no smoking* proibido fumar; *no thoroughfare* trânsito proibido; *no way!* nem pensar!; *a no confidence vote* um voto de desconfiança; *by no means* de maneira alguma; de modo nenhum; *in no time* num instante; [coloq.] *no end of* grande quantidade de; muito; muitos; *no less than* nada menos que; *no popery riots* tumultos antipapistas; *he did it no less for my advice* ele fê-lo apesar do meu conselho; *he is no fool* ele não é nada tolo; *he is no richer than you* ele não é mais rico do que tu; *he tried it several times, but it was no go* ele tentou várias vezes, mas sem resultado; *he will not take no for an answer* não admite recusas; não admite que digam que não; *it is no more possible* já não é possível; *let us have no more of it* não

falemos mais nisso; deixemos isso; (funerais) *no cards, no flowers, please* pede-se desculpa de cumprimentos; *no song no supper* quem não trabuca não manduca; *no words can show...* não há palavras que possam mostrar...; *that is no less than a scandal* isso não é senão um escândalo; *the noes have it* a moção foi rejeitada; *there are no two ways about it* não há alternativa; *they are no longer here* eles já não se encontram aqui; *they did not come, no more did I* eles não vieram, e eu também não

No QUÍMICA [*símbolo de* nobelium]

NO [*abrev. de* New Orleans]

no-account [ˌnəʊəˈkaʊnt] Ⓐ *adj.* 1 [coloq.] insignificante, menor, sem importância; 2 [depr.] inútil, imprestável Ⓑ *s.* [coloq., depr.] (pessoa) zero à esquerda

Noachian [nəʊˈeɪkɪən] *adj.* 1 relativo a Noé; 2 do tempo de Noé; 3 muitíssimo velho; 4 antiquíssimo

Noah [ˈnəʊə] *s.antr.* RELIGIÃO (Bíblia) Noé ❖ *Noah's ark* a arca de Noé

nob [nɒb] Ⓐ *s.* 1 [cal.] cabeça, cachola, cachimónia; 2 [coloq.] tipo fino, aristocrata Ⓑ *v.tr.* [cal.] socar na cabeça, atingir a cabeça com um soco

nobble [ˈnɒbəl] *v.tr.* 1 [cal.] interferir para impedir de ganhar (cavalo de corrida); 2 incapacitar (cavalo de corrida); 3 subornar, corromper, peitar; 4 apoderar-se de qualquer coisa por meios desonestos, roubar; 5 [cal.] empalmar (dinheiro a alguém); 6 apanhar, prender (um criminoso)

nobby [ˈnɒbɪ] *adj.* (*comp.* **-ier**, *superl.* **-iest**) [coloq.] fino, elegante, com estilo

Nobel [nəʊˈbel] *s.antr.* ❖ *~ prize* prémio Nobel; *~ prizewinner/laureate* vencedor do prémio Nobel

nobelium [nəʊˈbiːlɪəm] *s.* QUÍMICA (elemento químico) nobélio

nobiliary [nəʊˈbɪlɪərɪ, nəʊˈbɪlɪerɪ] *adj.* nobiliário; relativo à nobreza ❖ *~ particle* partícula anteposta ao nome da pessoa, indicativa da sua condição de nobreza

nobility [nəʊˈbɪlɪtɪ] *s.* (*pl.* **-ies**) 1 nobreza, aristocracia, a classe dos nobres; *the ~ and the gentry* a alta e a pequena nobreza; 2 lorde, membro da Câmara dos Lordes ou pessoa da sua família; 3 nobreza de espírito, grandeza moral, dignidade ❖ *~ of features* nobreza de feições

noble [ˈnəʊbəl] Ⓐ *adj.* 1 nobre, de sangue nobre; *to be of ~ birth* ser de sangue nobre, ser nobre por nascimento; 2 aristocrático, aristocrata, fidalgo; 3 nobre, digno, de sentimentos elevados, de grande elevação moral; *~ actions* acções nobres; 4 ilustre; 5 sublime, magnânimo; 6 majestoso, magnificente, grandioso, imponente; *a ~ mountain* uma montanha imponente; 7 esplêndido, excelente, óptimo; 8 precioso Ⓑ *s.* 1 nobre; aristocrata; fidalgo; 2 par do reino; 3 antiga moeda de seis xelins e oito dinheiros ❖ *~ art* boxe; *~ gas* gás raro; *~ savage* bom selvagem; *~ science* boxe; esgrima; *a man of ~ rank* um homem de alta linhagem; *to bring one's ~ to ninepence* perder dinheiro numa venda; *to make ~* enobrecer; *to plan sth on a ~ scale* planear qualquer coisa duma maneira grandiosa

nobleman [ˈnəʊbəlmən] *s.m.* (*pl.* **-men**) nobre, par do reino, lorde

noble-minded [ˌnəʊbəlˈmaɪndɪd] *adj.* 1 nobre; de espírito elevado; 2 magnânimo; 3 generoso

nobleness [ˈnəʊblnɪs] *s.* 1 nobreza (de sangue), aristocracia (por nascimento); 2 nobreza moral, mérito, dignidade; 3 generosidade de espírito; 4 majestade, imponência, grandeza, magnificência, excelência

noblesse [nəʊˈbles] *s.* (a) classe dos nobres (sobretudo de país estrangeiro)

noblewoman [ˈnəʊbəlwʊmən] *s.f.* (*pl.* **noblewomen**) aristocrata, nobre

nobly [ˈnəʊblɪ] *adv.* 1 nobremente, com nobreza; 2 generosamente; 3 com magnanimidade; 4 magnificamente; com grandiosidade ❖ *~ born* nobre de nascimento

nobody [ˈnəʊbədɪ] Ⓐ *pron.* ninguém; *~ ever did his/their work better* nunca ninguém fez melhor trabalho; *~ is perfect* ninguém é perfeito; *~ knows* ninguém sabe; *there was ~ about* não havia ninguém por ali; *there was ~ at the door* não estava ninguém à porta Ⓑ *s.* (*pl.* **-ies**) (pessoa insignificante) zé-ninguém; desconhecido; nulidade; *to be a mere ~* ser um zé-ninguém ❖ *it's nobody's business* ninguém tem nada com isso; *to be nobody's fool* não ter nascido ontem

no-brainer [ˈnəʊbreɪnə] *s.* (*pl.* **no-brainers**) [EUA] [coloq.] tarefa fácil, canja *fig.*

nock [nɒk] Ⓐ *s.* 1 encaixe, entalhe em flecha para segurá-la ao arco; 2 entalhe no arco para prender a corda; 3 NÁUTICA punho do guritil Ⓑ *v.tr.* colocar flecha no arco

noctambulant [nɒkˈtæmbjʊlənt] *adj.* sonâmbulo

noctambulism [nɒkˈtæmbjʊlɪzəm] *s.* sonambulismo

noctambulist [nɒkˈtæmbjʊlɪst] *s.* sonâmbulo

noctambulous [nɒkˈtæmbjʊləs] *adj.* sonâmbulo

noctiflorous [ˌnɒktɪˈflɔːrəs] *adj.* BOTÂNICA noctifloro, com flores que só abrem de noite

noctiluca [ˌnɒktɪˈljuːkə] *s.* (*pl.* **-cae**) ZOOLOGIA noctiluca, animal marinho microscópico que contribui para o fenómeno da fosforescência do mar

noctilucent [ˌnɒktɪˈluːsənt] *adj.* noctilúcio

noctivagant [nɒkˈtɪvəgənt] *adj.,s.* [rar.] noctívago

noctivagous [nɒkˈtɪvəgəs] *adj.* [rar.] ⇒ **noctivagant**

noctua [ˈnɒktjʊə] *s.* ZOOLOGIA (mariposa) nóctua

noctuid [ˈnɒktjʊɪd] *s.* ZOOLOGIA (mariposa) noctuídeo

noctule [ˈnɒktjuːl] *s.* ZOOLOGIA nóctula, género de morcegos

nocturn [ˈnɒktɜːn, nɒkˈtɜːn] *s.* RELIGIÃO nocturno, cada uma das três partes das matinas do ofício divino, correspondentes às três primeiras vigílias da noite

nocturnal [nɒkˈtɜːnəl] *adj.* 1 nocturno; relativo à noite; feito de noite; 2 (animal) noctívago

nocturne [ˈnɒktɜːn] *s.* 1 MÚSICA nocturno; 2 PINTURA quadro que representa uma cena nocturna

nocuous [ˈnɒkjʊəs] *adj.* nocivo, prejudicial

nod [nɒd] Ⓐ *s.* 1 (cumprimento, concordância, ordem) aceno com a cabeça; *to give a ~* fazer um aceno com a cabeça; 2 (sono) cabeceamento; 3 [fig.] dependência, vontade, arbítrio; *everything was at his ~/everything was dependant on his ~* tudo dependia do seu arbítrio Ⓑ *v.tr.,intr.* (*particípios:* **-dd-**) 1 (cumprimento, concordância) acenar com a cabeça; *I nodded to him as I passed* acenei-lhe com a cabeça ao passar; *to ~ one's head* fazer sinal com a cabeça, inclinar a cabeça; *to ~ to sb* acenar com a cabeça a alguém; *to ~ 'yes'* acenar que sim, dizer que sim com a cabeça; 2 (sono) cabecear; dormitar; *the old man sat nodding by the fire* o ancião estava a dormitar junto ao lume; 3 [fig.] distrair-se momentaneamente; 4 (penas, flores, ramos, etc.) mover-se, inclinar-se de um lado para o outro, deslocar-se para cima e para baixo; 5 agitar-se; 6 inclinar-se, tombar; 7 ameaçar ruína; *to ~ to its fall* ameaçar ruína ❖ *Homer sometimes nods* até Homero por vezes dormita; *on the ~* de comum acordo; sem discutir; (sono) *the Land of Nod* o Vale dos Lençóis; *to have sb at one's ~* ter alguém às ordens

◆ **nod off** *v.tr.* cabecear; dormitar

nodal [ˈnəʊdl] *adj.* nodal ❖ ÓPTICA *~ point* ponto nodal

nodding [ˈnɒdɪŋ] Ⓐ *adj.* 1 oscilante, que se agita ao vento; 2 que cabeceia, que deixa inclinar a cabeça; 3 que ameaça ruína; 4 inclinado Ⓑ *s.* (sono) cabeceamento; 2 inclinação, movimento de um lado para o outro; 3 inclinação de cabeça; 4 aceno com a cabeça ❖ *to be on ~ terms with sb* conhecer alguém superficialmente; *to have a ~ acquaintance with* ter umas luzes de (algo); conhecer mal (alguém)

noddle [ˈnɒdl] Ⓐ *s.* [ant., coloq.] (cabeça) cachola, cachimónia; *he got it into his ~* meteu-se-lhe isso na cachimónia Ⓑ *v.tr.* acenar com a cabeça; agitar continuamente a cabeça

noddy [ˈnɒdɪ] *s.* (*pl.* **-ies**) 1 [ant.] (insulto) simplório, pateta, palerma; 2 ZOOLOGIA ave marinha tropical, espécie de andorinha-do-mar

node [nəʊd] *s.* 1 nó (em ramo ou raiz); 2 ponto de inserção das folhas; 3 nodo, tumor duro em volta das articulações atacadas por reumatismo ou pela gota; 4 ASTRONOMIA nodo, ponto em que a órbita corta a eclíptica; 5 nodo, ponto ou linha de interferência das ondas directas com as reflectidas em movimento vibratório; 6 ponto em que uma curva se corta a si mesma; 7 ponto central de sistema

nodose [ˈnəʊdəʊs] *adj.* nodoso, com nós

nodosity [nəˈdɒsɪtɪ] *s.* 1 nodosidade; 2 nó; 3 protuberância

nodular [ˈnɒdjʊlə] *adj.* nodular; *~ cast iron* ferro fundido nodular

nodule ['nɒdjuːl] *s.* 1 nódulo; 2 nodosidade; 3 concreções de natureza vária contidas em certos terrenos
noduled ['nɒdjuːld] *adj.* 1 com nós, cheio de nós, nodular; 2 nodoso
nodulose [,nɒdjuˈləʊs] *adj.* noduloso
nodulous ['nɒdjʊləs] *adj.* ⇒ **nodulose**
nodus ['nəʊdəs] *s. (pl.* -i) dificuldade, ponto difícil, ponto complicado no enredo de novela, etc.
noetic [nəʊˈetɪk] Ⓐ *adj.* 1 noético; 2 intelectual; relativo ao intelecto Ⓑ *s.* FILOSOFIA noética, doutrina do conhecimento propriamente intelectual
noetics [nəʊˈetɪks] *s.* ⇒ **noetic** Ⓑ
no-fault [nəʊˈfɔːlt] *adj.* 1 (divórcio) de mútuo acordo; por mútuo consentimento; 2 (seguro) com reembolso automático
no-fly ['nəʊflaɪ] *adj.* [EUA] (lista) dos que estão proibidos de andar de avião ✜ *~ zone* zona de exclusão aérea; tópico ou tema proibido
no-frills [nəʊˈfrɪlz] *adj.* 1 simples; directo; 2 sem luxos, sem mordomias
nog [nɒg] Ⓐ *s.* 1 taco ou cavilha de madeira; 2 nó ou excrescência em tronco de árvore; 3 variedade de cerveja forte fabricada em East Anglia; 4 *pl.* vigas, barrotes de sustentação Ⓑ *v.tr.* (*particípios:* -**gg**-) 1 meter cavilha de madeira em, prender com cavilha ou taco de madeira; 2 meter tacos de madeira nas paredes
noggin ['nɒgɪn] *s.* 1 caneca pequena; 2 medida equivalente a 14 centilitros
nogging ['nɒgɪŋ] *s.* 1 tabique; 2 parede de tabique coberta a tijolos; 3 escora; 4 bilha, jarro
no-go [nəʊˈgəʊ] Ⓐ *adj.* 1 cancelado; 2 interdito, proibido; *~ area* zona interdita Ⓑ *s.* 1 [coloq.] projecto cancelado, projecto abortado; 2 [coloq.] impasse ✜ (projecto) *it's a ~* não vai para a frente
no-good ['nəʊgʊd] *adj.,s.* (ofensivo) imprestável, inútil
no-hoper [nəʊˈhəʊpə] *s. (pl.* -**s**) 1 [depr.] caso perdido; 2 [depr.] inútil; 3 [depr.] falhado
nohow ['nəʊhaʊ] *adv.* 1 de modo nenhum; de maneira alguma; 2 maldisposto; com mau aspecto; desarranjado
noil [nɔɪl] *s.* resíduos de lã, tomentos
noils [nɔɪlz] *s.pl.* resíduos de lã, tomentos
noise [nɔɪz] Ⓐ *s.* 1 ruído; 2 barulho; *hammering ~* martelada, barulho feito ao martelar; *to make a ~* fazer barulho; *don't make so much ~* não faças tanto barulho; 3 barulheira; 4 gritaria; 5 briga; 6 interferência; 7 ruído de tráfego; *the ~ of the traffic* o barulho do trânsito Ⓑ *v.tr.,intr.* 1 [geralm. com *abroad* ou *about*] divulgar, tornar conhecido, espalhar, propalar; *it was noised abroad that he would arrive this week* constou que chegaria esta semana; 2 [rar.] fazer barulho ✜ *~ amplifier* amplificador de ruídos; *~ abatement* luta contra os ruídos; *~ ban* proibição de ruídos/de barulho; *~ eliminator* eliminador de ruídos; *~ filter* filtro de interferências; *~ pollution* poluição sonora; *~ source* fonte da interferência; [coloq.] *big ~* pessoa muito importante; *buzzing ~* zumbido; *hold your noise!* cala-te!, está calado!; *there is nothing to make a ~ about* não há motivo para lamentações; *to make a ~ about sth* fazer um escarcéu por causa de algo; estar sempre a queixar-se por causa de algo; *to have noises in the ears* sentir zumbidos nos ouvidos; *to make a ~ in the world* dar que falar; tornar-se muito conhecido
noiseless ['nɔɪzləs] *adj.* 1 silencioso, sem barulho, sem ruído; *~ operation* funcionamento silencioso; 2 calmo; 3 que evita os ruídos, insonorizado ✜ *~ running* marcha silenciosa
noiselessly ['nɔɪzlɪslɪ] *adv.* silenciosamente, sem ruído, sem fazer barulho
noiselessness ['nɔɪzlɪsnɪs] *s.* silêncio, ausência de ruídos
noisette [nwɑːˈzet] *s.* 1 variedade de rosa proveniente do cruzamento da rosa-da-china com a rosa-musgo; 2 *pl.* pequenos pedaços de carne cozinhados de determinada maneira
noisily ['nɔɪzɪlɪ] *adv.* ruidosamente, com barulho, com grande algazarra
noisiness ['nɔɪzɪnɪs] *s.* 1 barulho, tumulto, ruído; 2 gritaria; 3 carácter barulhento

noisome ['nɔɪsəm] *adj.* 1 prejudicial, nocivo, daninho; 2 com mau cheiro, malcheiroso, fétido; 3 desagradável, chocante; 4 ofensivo
noisomely ['nɔɪsəmlɪ] *adv.* 1 de modo prejudicial, nocivamente; 2 fetidamente, desagradavelmente, chocantemente
noisomeness ['nɔɪsəmnɪs] *s.* 1 nocividade, carácter prejudicial ou daninho; 2 mau cheiro, fetidez, fedor; 3 aspecto repugnante ou chocante; 4 carácter desagradável
noisy ['nɔɪzɪ] *adj.* (*comp.* -**ier**, *superl.* -**iest**) 1 barulhento, ruidoso; *~ boys* rapazes barulhentos; 2 turbulento; 3 berrante, vistoso, espalhafatoso, espaventoso ✜ *to be ~* fazer barulho
nolens volens [,nəʊlenzˈvəʊlenz] *adv.* 1 quer queira quer não; 2 a bem ou a mal
Noll [nɒl] *dim. de* **Olivier**
nolle prosequi [,nɒlɪˈprɒsɪkwaɪ] *s.* 1 DIREITO desistência de acção; 2 arquivo de processo por desistência do seu autor
nom. LINGUÍSTICA [*abrev. de* nominative]
nomad ['nəʊmæd] *adj.,s.* nómada
nomadic [nəʊˈmædɪk] *adj.* nómada
nomadically [nəʊˈmædɪkəlɪ] *adv.* 1 de maneira nómada; 2 como os nómadas
nomadism ['nəʊmədɪzəm] *s.* nomadismo
nomadize ['nəʊmədaɪz] *v.tr.,intr.* 1 tornar nómada; 2 levar uma vida de nómada
nomarch ['nɒmɑːk] *s.* nomarca, governador de um nomo no antigo Egipto
nomarchy ['nɒmɑːkɪ] *s.* 1 nomarquia, dignidade de nomarca; 2 nomarcado
nombril ['nɒmbrɪl] *s.* HERÁLDICA centro do escudo de armas
nom de plume [,nɔ̃mdəˈpluːm] *s.* pseudónimo (de escritor)
nome [nəʊm] *s.* nomo, divisão territorial do antigo Egipto
nomenclative ['nəʊmeŋkleɪtɪv] *adj.* relativo a nomenclatura
nomenclator ['nəʊmeŋkleɪtə] *s.* 1 nomenclador, escravo ou cliente romano encarregado de indicar os nomes das visitas ou das pessoas que se encontravam com o seu senhor; 2 funcionário encarregado de indicar os lugares dos participantes em banquete; 3 pessoa que se dedica à nomenclatura de uma ciência ou arte
nomenclature [nəʊˈmeŋklətʃə] *s.* 1 nomenclatura; 2 terminologia de determinada ciência; 3 [rar.] registo, catálogo
nomic ['nəʊmɪk] *adj.* MÚSICA nómico, designativo de um dos modos da antiga música grega
nominal ['nɒmɪnəl] Ⓐ *adj.* 1 nominal; *~ load* carga nominal; *~ output* rendimento nominal; *~ power* potência nominal; 2 LINGUÍSTICA nominal; 3 nominativo; 4 relativo a nome; 5 simbólico; que só existe de nome; 6 irreal Ⓑ *s.* LINGUÍSTICA nome; sintagma nominal ✜ *~ duties* obrigações puramente nominais; *~ horsepower* potência nominal em cavalos; *~ rent* renda muito baixa; renda meramente nominal; *~ roll* lista de nomes; *~ and real prices* preços reais e fictícios; *to be the ~ head* ser o chefe nominal
nominalise ['nɒmɪnəlaɪz] *v.tr.* LINGUÍSTICA ⇒ **nominalize**
nominalism ['nɒmɪnəlɪzəm] *s.* FILOSOFIA nominalismo
nominalist ['nɒmɪnəlɪst] *adj.,s.* FILOSOFIA nominalista
nominalization [,nɒmɪnəlaɪˈzeɪʃən] *s.* LINGUÍSTICA nominalização
nominalize ['nɒmɪnəlaɪz] *v.tr.* LINGUÍSTICA nominalizar
nominally ['nɒmɪnəlɪ] *adv.* 1 nominalmente, só de nome; 2 nominativamente
nominate ['nɒmɪneɪt] *v.tr.* 1 nomear; 2 chamar pelo nome; 3 indicar pelo nome; 4 propor como candidato; designar como candidato; *to ~ sb for* apresentar alguém como candidato a; *to ~ the candidates* designar os candidatos ✜ *the nominated and the elected members* os membros eleitos e os que tinham sido propostos
nomination [,nɒmɪˈneɪʃən] *s.* 1 nomeação; 2 direito de nomeação, de indicação ✜ *~ day* dia de nomeações; dia de indicação de candidatos
nominatival [,nɒmɪnəˈtaɪvəl] *adj.* nominal, nominativo
nominative ['nɒmɪnətɪv] Ⓐ *adj.* 1 nominativo; *~ share* acção nominativa; 2 designado, indicado; *the ~ and the elective members* os membros indicados e os eleitos; 3 provido por

nomeação; *a ~ office* um cargo por nomeação; **4** LINGUÍSTICA relativo ao nominativo; *~ form* forma de nominativo; *the ~ case* o nominativo ⓑ *s.* LINGUÍSTICA nominativo; *~ absolute* nominativo absoluto; *in the ~* no nominativo ❖ LINGUÍSTICA *~ of address* vocativo
nominator ['nɒmɪneɪtə] *s.* pessoa que indica ou apresenta (um candidato)
nominee [ˌnɒmɪ'ni:] *s.* **1** nomeado; **2** candidato
nomogram ['nɒməgræm] *s.* MATEMÁTICA nomograma
nomograph ['nɒməgræf] *s.* ⇒ **nomogram**
nomographer [nɒ'mɒgrəfə] *s.* nomógrafo
nomographical [ˌnɒmə'græfɪkəl] *adj.* MATEMÁTICA nomográfico; relativo à nomografia
nomography [nɒ'mɒgrəfɪ] *s.* **1** nomografia, tratado acerca das leis e sua interpretação; **2** MATEMÁTICA nomografia
nomos ['nɒmɒs] *s.* ⇒ **nome**
nomothetic [ˌnɒmə'θetɪk] *adj.* nomotético
nomothetical [ˌnɒmə'θetɪkəl] *adj.* nomotético
non-absorbent [ˌnɒnəb'sɔ:bənt] *adj.* **1** impermeável; **2** não-absorvente
non-abstainer [ˌnɒnəbs'teɪnə] *s.* pessoa que não é abstémia, que não se priva de bebidas alcoólicas
nonacceptance [ˌnɒnək'septəns] *s.* COMÉRCIO não-aceitação
non-access [ˌnɒnæk'ses] *s.* DIREITO impossibilidade de coabitação (em questões de paternidade)
non-accomplishment [ˌnɒnə'kɒmplɪʃmənt] *s.* falta de cumprimento
non-activity [ˌnɒnæk'tɪvɪtɪ] *s.* inactividade
non-adjustable [ˌnɒnə'dʒʌstəbəl] *adj.* **1** que não é regulável; **2** fixo, rígido; *~ condenser* condensador fixo
nonage ['nəʊnɪdʒ] *s.* **1** menoridade; **2** [fig.] imaturidade, infantilidade
nonagenarian [ˌnəʊnədʒɪ'neərɪən] *adj.,s.* **1** nonagenário, entre os noventa e os cem; **2** pessoa com noventa anos feitos
nonaggression [ˌnɒnə'greʃən] *s.* não-agressão; *non-aggression pact* pacto de não-agressão
nonalcoholic [ˌnɒnælkə'hɒlɪk] ⓐ *adj.* **1** (bebida) sem álcool; não-alcoólico; **2** (pessoa) que não bebe ⓑ *s.* pessoa que não bebe (álcool)
nonaligned [ˌnɒnə'laɪnd] *adj.* POLÍTICA independente
nonalignment [ˌnɒnə'laɪnmənt] *s.* POLÍTICA independência
nonappearance [ˌnɒnə'pɪərəns] *s.* DIREITO contumácia, recusa a comparecer em juízo
non-arcing [ˌnɒn'ɑ:kɪŋ] *adj.* ELECTRICIDADE que não forma arco; **2** que não forma centelhas
nonary ['nəʊnərɪ] ⓐ *adj.* MATEMÁTICA (sistema de numeração) que tem o 9 como base ⓑ *s.* grupo de nove
nonassessable [ˌnɒnə'sesəbl] *adj.* incalculável, inestimável
nonattendance [ˌnɒnə'tendəns] *s.* falta, ausência
non-automatic [ˌnɒnɔ:tə'mætɪk] *adj.* **1** manual; **2** não-automático
non-availability [ˌnɒnəveɪlə'bɪlɪtɪ] *s.* não-disponibilidade
non-available [ˌnɒnə'veɪləbəl] *adj.* não-disponível
nonbeing [ˌnɒn'bi:ɪŋ] *s.* não-existência
nonbeliever [ˌnɒnbɪ'li:və] *s.* **1** ateu; **2** descrente
nonbreaking [ˌnɒn'breɪkəbəl] *adj.* inquebrável
nonce [nɒns] *s.* **1** (ocasião, momento) presente, actualidade; **2** [cal.] (insulto) pedófilo ❖ *~ word* palavra inventada para determinada ocasião; *for the ~* por agora
nonchalance ['nɒnʃələns] *s.* **1** indiferença, desinteresse, desprendimento; **2** frieza
nonchalant ['nɒnʃələnt] *adj.* **1** indiferente, desinteressado, desprendido; **2** despreocupado, descontraído; **3** frio ❖ *a ~ attitude* uma atitude de indiferença
nonchalantly ['nɒnʃələntlɪ] *adv.* **1** desinteressadamente; **2** despreocupadamente, descontraidamente; **3** com um ar de indiferença
non-circular [ˌnɒn'sɜ:kjʊlə] *adj.* não-circular
non-claim [ˌnɒn'kleɪm] *s.* DIREITO ausência de reclamação, dentro do prazo legal, do direito que nos assiste
non-clashing [ˌnɒn'klæʃɪŋ] *adj.* com engrenagens silenciosas

noncollegiate [ˌnɒnkə'li:dʒɪɪt] ⓐ *adj.* **1** que não pertence a nenhum colégio universitário; **2** (universidade) que não está dividida em colégios ⓑ *s.* estudante universitário que não pertence a nenhum colégio
noncom *s.* [abrev. de noncommissioned officer]
noncombatant [ˌnɒn'kɒmbətənt] *adj.,s.* MILITAR não-combatente
noncombustible [ˌnɒnkəm'bʌstɪbəl] *adj.* incombustível; *non-combustible insulating* isolamento incombustível
noncommissioned [ˌnɒnkə'mɪʃənd] *adj.* MILITAR subalterno, suboficial; *~ officer* suboficial, cabo, furriel ou sargento
noncommittal [ˌnɒnkə'mɪtəl] *adj.* **1** reservado; prudente; cauteloso; **2** que não se compromete; que evita comprometer-se; **3** evasivo; não comprometedor; *a noncommital answer* resposta evasiva
noncompletion [ˌnɒnkəm'pli:ʃən] *s.* **1** não-execução; **2** não-realização
noncompliance [ˌnɒnkəm'plaɪəns] *s.* **1** recusa; **2** oposição a; **3** não-cumprimento
non compos mentis [ˌnɒnˌkɒmpəs'mentɪs] *adj.* louco, alienado
non-compressible [ˌnɒnkəm'presɪbəl] *adj.* incompressível
Non Con. (Câmara dos Lordes) [abrev. de Non-content]
non-concur [ˌnɒnkɒn'kɜ:] *v.tr.* (particípios: -rr-) [EUA] não concordar, rejeitar
noncondensing [ˌnɒnkən'densɪŋ] *adj.* sem condensação, (máquina) com escape livre
nonconductibility [ˌnɒnkəndʌktɪ'bɪlɪtɪ] *s.* má condutibilidade
nonconducting [ˌnɒnkən'dʌktɪŋ] *adj.* **1** mau condutor; **2** isolador
nonconductive [ˌnɒnkən'dʌktɪv] *adj.* ⇒ **non-conducting**
nonconductor [ˌnɒnkən'dʌktə] *s.* mau condutor, isolador
nonconformism [ˌnɒnkən'fɔ:mɪzm] *s.* **1** inconformismo; **2** RELIGIÃO (Protestantismo) dissidência; **3** heterodoxia
nonconformist [ˌnɒnkən'fɔ:mɪst] ⓐ *adj.* **1** inconformista; **2** RELIGIÃO (Protestantismo) não-conformista, dissidente ⓑ *s.* **1** inconformista; **2** RELIGIÃO pessoa que se separou da Igreja Anglicana
nonconformity [ˌnɒnkən'fɔ:mɪtɪ] *s.* **1** não-conformismo; **2** separação da Igreja Anglicana; **3** inconformismo, não-conformidade; **4** falta de correspondência
non-consent [ˌnɒnkən'sent] *s.* **1** não-consentimento; **2** recusa
non-content ['nɒnkɒn,tent] *s.* (Câmara dos Lordes) voto contra
noncontributory [ˌnɒnkən'trɪbjʊtərɪ] *adj.* que não obriga a pagamento
noncooperation [ˌnɒnkəʊɒpə'reɪʃən] *s.* não-colaboração
non-corrodible [ˌnɒnkə'rəʊdɪbəl] *adj.* **1** inoxidável; **2** traferro duma plaina
non-cutting [ˌnɒn'kʌtɪŋ] *adj.* **1** que não corta; **2** sem gume; **3** embotado
non-delivery [ˌnɒndɪ'lɪvərɪ] *s.* não-entrega
nondescript ['nɒndɪˌskrɪpt] ⓐ *adj.* **1** indeterminado, indefinido, inclassificável; **2** estranho; **3** insosso; insípido; **4** insignificante ⓑ *s.* **1** pessoa ou coisa indefinível; **2** (pessoa) nulidade
non-detachable [ˌnɒndɪ'tætʃəbəl] *adj.* **1** não-desmontável; **2** inseparável
nondrinker [ˌnɒn'drɪŋkə] *s.* abstémio
non-drying [ˌnɒn'draɪɪŋ] *adj.* que não seca
none [nʌn] ⓐ *pron.* **1** nenhum; *~ of them came* nenhum deles veio; *any occupation is better than ~ at all* qualquer ocupação é melhor do que nenhuma; *he has money and I have ~* ele tem dinheiro e eu não tenho nenhum; **2** ninguém; *~ can tell* ninguém o pode dizer, ninguém sabe; *she is aware, ~ better, that...* ela sabe melhor que ninguém que...; **3** nada; *~ of that* acaba lá com isso!, nada disso!; *~ of this concerns me* nada disto me diz respeito, nada disto me interessa; *~ of your impudence* nada de insolências; *half a loaf is better than ~* mais vale pouco que nada; *I'll have ~ of that* não quero saber disso para nada; *I want ~ of these things* não quero nada disto; *that is ~ of your business* não tens nada com isso ⓑ *adv.* **1** [com comp. *so* ou *too*] de modo nenhum, de maneira alguma; **2** não; *~ the less* não obstante; *I am ~ the better for it* não me encontro melhor apesar disso; *it is ~ so easy* não é assim tão fácil; *it was ~ too warm* não estava muito quente; *she is ~ the happier for her money* nem por ter muito dinheiro

ela é feliz; *she loves him ~ the better for that, she loves him ~ the worse for that* não o ama menos por isso; *the food is ~ so good* a comida não é lá grande coisa; *the pay is ~ too high* o salário não é lá muito alto ❖ *~ too soon* de modo nenhum cedo de mais; *for this reason, if for ~ other, I should like to emphasize that ...* por este motivo, e nem que não houvesse outro, eu gostaria de vincar bem que ...; *he is ~ of the richest* ele não é dos mais ricos; *~ but fools have ever believed it* só tolos é que têm acreditado nisso; *they chose ~ but the best* não escolheram senão os melhores

noneffective [ˌnɒnɪˈfektɪv] Ⓐ *adj.* 1 sem eficiência; 2 MILITAR fora da actividade, na reserva; 3 inapto para o serviço militar Ⓑ *s.* MILITAR, NÁUTICA oficial, soldado ou marinheiro que não se encontra ao serviço activo

non-ego [ˌnɒnˈiːgəʊ] *s.* FILOSOFIA não-eu

nonelective [ˌnɒnɪˈlektɪv] *adj.* não-electivo

nonentity [nɒˈnentɪtɪ] *s. (pl. -ies)* 1 não-existência; 2 coisa inexistente, coisa sem existência real; 3 pessoa ou coisa insignificante; 4 insignificância; 5 nulidade, zero

nones [nʌnz] *s.pl.* 1 o nono dia antes dos Idos no antigo calendário romano (7 de Março, Maio, Julho e Outubro; 5 dos outros meses); 2 RELIGIÃO noas

nonessential [ˌnɒnɪˈsenʃəl] *adj.* não-essencial

nonesuch [ˈnʌnsʌtʃ] *s.* 1 pessoa ou coisa sem rival, modelo de perfeição; 2 BOTÂNICA variedade de luzerna

nonet [nəʊˈnet] *s.* MÚSICA noneto, composição musical para nove instrumentos

nonetheless [ˌnʌnðəˈles] *adv.* ⇒ **nevertheless**

non-Euclidean [ˌnɒnjuːˈklɪdɪən] *adj.* GEOMETRIA não-euclidiano

nonexistence [ˌnɒnɪgˈzɪstəns] *s.* 1 não-existência, não-ser; 2 nada

nonexistent [ˌnɒnɪgˈzɪstənt] *adj.* inexistente

nonexplosive [ˌnɒnɪksˈpləʊsɪv] *adj.* não-explosivo

nonfading [nɒnˈfeɪdɪŋ] *adj.* firme, que não desbota

nonfattening [nɒnˈfætnɪŋ] *adj.* que não engorda

nonfeasance [nɒnˈfiːzəns] *s.* DIREITO delito por omissão

nonferrous [nɒnˈferəs] *adj.* não ferroso, que não contém ferro

nonfiction [nɒnˈfɪkʃən] *s.* literatura não ficcional, obras gerais

nonfictional [nɒnˈfɪkʃənl] *adj.* não ficcional

non-flam [nɒnˈflæm] *adj.* não-inflamável

nonflammable [nɒnˈflæməbəl] *adj.* não inflamável

non-fluid [nɒnˈfluːɪd] *adj.* consistente

non-fulfilment [nɒnfʊlˈfɪlmənt] *s.* 1 não-cumprimento, falta de cumprimento; 2 não execução

non-fusibility [nɒnfjuːzɪˈbɪlɪtɪ] *s.* infusibilidade

non-greasy [nɒnˈgriːzɪ] *adj.* não-gorduroso

non-gumming [nɒnˈgʌmɪŋ] *adj.* 1 fluido; 2 que não é gomoso

non-halation [nɒnhəˈleɪʃən] *adj.* FOTOGRAFIA que impede a formação de halo

nonic [ˈnɒnɪk] *adj.* MATEMÁTICA relativo a curvas do nono grau

nonillion [nəʊˈnɪljən] *num.card.,s.* nonilião

noninflammable [ˌnɒnɪnˈflæməbəl] *adj.* ininflamável, não-inflamável

noninterference [ˌnɒnɪntəˈfɪərəns] *s.* não-interferência, não-intromissão

nonintervention [ˌnɒnɪntəˈvenʃən] *s.* não-intervenção

noninvasive [ˌnɒnɪnˈveɪsɪv] *adj.* MEDICINA não invasivo

nonius [ˈnəʊnjʌs] *s.* nónio (inventado pelo matemático português Pedro Nunes)

nonjoinder [nɒnˈdʒɔɪndə] *s.* DIREITO omissão duma das partes em processo

non juring [nɒnˈdʒʊərɪŋ] *adj.* que não prestou juramento

nonjuror [nɒnˈdʒʊərə] *s.* 1 HISTÓRIA padre que recusou prestar juramento de fidelidade a Guilherme III (1689); 2 pessoa que se recusa a prestar juramento

nonjury [nɒnˈdʒʊərɪ] Ⓐ *adj.* DIREITO que não requer a presença dum júri Ⓑ *s.* caso ou processo que dispensa a presença dum júri

non-ladder [nɒnˈlædə] *adj.* (meia) que não deixa fugir as malhas

nonmagnetic [ˌnɒnmægˈnetɪk] *adj.* antimagnético; *~ material* material antimagnético; *~ steel* aço antimagnético

nonmember [nɒnˈmembə] *s.* 1 convidado; 2 pessoa que não é membro ou associado

nonmetal [nɒnˈmetəl] *s.* QUÍMICA metalóide

nonmetallic [ˌnɒnmɪˈtælɪk] *adj.* não-metálico

non-migrant [nɒnˈmaɪgrənt] *adj.* (ave) não-migradora

nonmigratory [nɒnˈmaɪgrətərɪ] *adj.* ⇒ **non-migrant**

non-mobile [nɒnˈməʊbaɪl] *adj.* que não se desloca do local onde se encontra

nonmoral [nɒnˈmɒrəl] *adj.* amoral

non-negotiable [ˌnɒnnɪˈgəʊʃəbəl] *adj.* inegociável, que não pode negociar-se

nonny-nonny [ˌnɒnɪˈnɒnɪ] variedade de refrão sem significado específico

no-no [ˈnəʊnəʊ] *s.* [coloq.] coisa proibida ou reprovável

nonobservance [ˌnɒnəbˈzɜːvəns] *s.* não-observância, inobservância

non obst. [*abrev. de* non obstante (notwithstanding)]

non-official [nɒnəˈfɪʃəl] *adj.* sem carácter oficial, oficioso

no-nonsense [nəʊˈnɒnsəns] *adj.* 1 eficiente, profissional; 2 directo; 3 simples, prático, pragmático, realista; 4 razoável, sensato, criterioso

non-oscillatory [ˌnɒnˈɒsɪlətərɪ] *adj.* 1 não-oscilatório; 2 fixo

non-oxidizing [nɒnˈɒksɪdaɪzɪŋ] *adj.* inoxidável

nonpareil [ˈnɒnpərəl] Ⓐ *adj.* 1 sem igual; 2 incomparável; 3 sem par, sem rival Ⓑ *s.* 1 pessoa ou coisa sem igual, sem par; 2 pessoa ou coisa incomparável; 3 modelo; 4 ZOOLOGIA espécie de pardinha, tralhão ou tarrascas; 5 variedade de maçã; 6 TIPOGRAFIA corpo 6.

nonparticipating [ˌnɒnpɑːˈtɪsɪpeɪtɪŋ] *adj.* 1 não-participante, que não participa; 2 FINANÇAS que não dá direito a participação em lucros ou saldos

nonpartisan [nɒnˈpɑːtɪzæn] *adj.,s.* POLÍTICA independente

nonpayment [nɒnˈpeɪmənt] *s.* não-pagamento

nonperformance [nɒnpəˈfɔːməns] *s.* não-cumprimento, não-execução

nonplus [nɒnˈplʌs] Ⓐ *s.* 1 atrapalhação; 2 embaraço; 3 perplexidade Ⓑ *v.tr. (particípios:* -ss-*)* 1 atrapalhar, confundir, desorientar; *nothing ever nonplussed him* nunca se deixava desorientar; 2 tornar perplexo ❖ *at a ~* perplexo; *to reduce sb to a ~* atrapalhar alguém; fazer embatocar alguém

nonplussed [nɒnˈplʌsd] *adj.* embaraçado; confuso; perplexo; *to be ~* estar desorientado, não saber que fazer ou pensar

nonprescription [ˌnɒnprɪˈskrɪpʃən] *adj.* FARMÁCIA (produtos farmacêuticos) não sujeitos a prescrição médica

nonproductive [nɒnprəˈdʌktɪv] *adj.* improdutivo

nonprofit [nɒnˈprɒfɪt] *adj.* sem fins lucrativos

nonproliferation [ˌnɒnprəlɪfəˈreɪʃən] *s.* não-proliferação; *(nuclear) non-proliferation treaty* tratado de não-proliferação (nuclear)

non-provided [nɒnprəˈvaɪdɪd] *adj.* (escola) não criada pelas autoridades locais

non-puncturable [nɒnˈpʌŋktʃərəbəl] *adj.* antifuro

nonradioactive [nɒnˌreɪdɪəʊˈæktɪv] *adj.* não-radioactivo

nonrecurring [ˌnɒnrɪˈkʌrɪŋ] *adj.* (despesa) extraordinária

nonreflective [ˌnɒnrɪˈflektɪv] *adj.* anti-reflexo

non-removable [ˌnɒnrɪˈmuːvəbəl] *adj.* inamovível

nonresident [nɒnˈrezɪdənt] Ⓐ *adj.* 1 não-residente, que não reside no local onde exerce funções; 2 externo; *~ medical officer* médico externo dos hospitais; 3 absentista; *~ landowner* proprietário absentista Ⓑ *s.* 1 pessoa que não vive no local onde exerce funções; 2 absentista; 3 pessoa que só transitoriamente reside num lugar

nonresistance [ˌnɒnrɪˈzɪstəns] *s.* 1 não-resistência; 2 resistência passiva

nonreturn [ˌnɒnrɪˈtɜːn] *adj.* MECÂNICA de um só sentido; de uma só direcção; *~ handle* manivela que gira num só sentido ❖ *~ valve* válvula de retenção

nonreturnable [ˌnɒnrɪˈtɜːnəbəl] *adj.* sem tara, de tara perdida

non-reversible [ˌnɒnrɪˈvɜːsɪbəl] *adj.* irreversível

nonrigid [nɒnˈrɪdʒɪd] *adj.* AERONÁUTICA não-rígido

non-ripping [nɒnˈrɪpɪŋ] *adj.* que não descose

non-rusting [nɒnˈrʌstɪŋ] *adj.* que não enferruja; inoxidável; *~ steel* aço inoxidável

nonsense [ˈnɒnsəns] *s.* 1 disparate; tolice; asneira; despropósito; *a piece of ~* uma coisa disparatada; *I'll stand no ~* não admito disparates; *please, no more of your ~* por favor, não

me venhas com mais disparates; *that's all* ~ tudo disparates; *to talk* ~ dizer disparates; **2** absurdo ❖ ~ *book* livro dos disparates; ~ *verses* versos sem sentido; versos anfigúricos; versos absurdos; *to make sense out of* ~ dar um sentido a coisas que o não têm
nonsensical [nɒnˈsensɪkəl] *adj.* disparatado, sem sentido, absurdo
nonsensically [nɒnˈsensɪkəlɪ] *adv.* **1** disparatadamente; **2** duma maneira absurda; **3** que ofende o bom senso
non seq. [*abrev. de* non sequitur (it does not follow)]
non-sequence [ˌnɒnˈsiːkwəns] *s.* lacuna
non-sinkable [ˌnɒnˈsɪŋkəbəl] *adj.* **1** insubmersível; **2** que não vai ao fundo
nonskid [ˌnɒnˈskɪd] *adj.* antiderrapante
nonskidding [ˌnɒnˈskɪdɪŋ] *adj.* antiderrapante
nonslipping [ˌnɒnˈslɪpɪŋ] *adj.* ⇒ **non-skidding**
nonsmoker [ˌnɒnˈsməʊkə] *s.* **1** não-fumador, pessoa que não fuma; **2** (comboio) carruagem reservada aos não-fumadores
nonsmoking [ˌnɒnˈsməʊkɪŋ] *adj.* reservado a não-fumadores
nonstop [ˌnɒnˈstɒp] Ⓐ *adj.* **1** (viagem) directo, sem paragens, sem interrupções, sem escala; *a* ~ *round trip* viagem de ida e volta sem escala; *a* ~ *train* um comboio directo; **2** contínuo; CINEMA *a* ~ *performance* sessão contínua Ⓑ *adv.* **1** directamente; sem paragens; *to fly* ~ *from Lisbon to New York* fazer um voo directo entre Lisboa e Nova Iorque; **2** sem interrupções ❖ [coloq.] *she was run over by a* ~ *car* foi atropelada por um carro que se pôs em fuga
non-stretching [ˌnɒnˈstretʃɪŋ] *adj.* inextensível
non-success [ˌnɒnsʌkˈses] *s.* insucesso
nonsuch [ˈnʌnsʌtʃ] *s.* ⇒ **nonesuch**
nonsuit [ˌnɒnˈsjuːt] Ⓐ *s.* **1** DIREITO desistência; **2** despacho de improcedência por não haver provas suficientes; **3** denegação, rejeição do processo intentado Ⓑ *v.tr.* **1** pronunciar despacho de improcedência; **2** declarar uma acção improcedente
non-supercharged [ˌnɒnˈsjuːpətʃɑːdʒd] *adj.* sem sobrecarga ❖ ~ *engine* motor sem compressor
non-symmetrical [ˌnɒnsɪˈmetrɪkəl] *adj.* assimétrico
nontoxic [ˌnɒnˈtɒksɪk] *adj.* não-tóxico; ~ *gas* gás não-tóxico
nontransferable [ˌnɒntrænsˈfɜːrəbəl] *adj.* pessoal; intransmissível; de utilização exclusivamente pessoal
nonuniform [ˌnɒnˈjuːnɪfɔːm] *adj.* não-uniforme; irregular; variável; ~ *motion* movimento irregular, movimento variável
nonunion [ˌnɒnˈjuːnjən] *adj.* **1** (trabalhador) não sindicalizado; **2** (empresa) que não aceita trabalhadores sindicalizados
nonunionist [ˌnɒnˈjuːnjənɪst] *s.* operário não filiado em sindicato
non-usage [ˌnɒnˈjuːzɪdʒ] *s.* desuso, não-utilização
non-valid [ˌnɒnˈvælɪd] *adj.* **1** que não é válido; **2** sem aplicação (ao caso de que se trata)
nonviability [ˌnɒnvaɪəˈbɪlɪtɪ] *s.* MEDICINA (para recém-nascido) impossibilidade de vida
nonviable [ˌnɒnˈvaɪəbəl] *adj.* MEDICINA (recém-nascido) que não tem possibilidades de vida
nonviolence [ˌnɒnˈvaɪələns] *s.* não violência, pacifismo
nonviolent [ˌnɒnˈvaɪələnt] *adj.* **1** não-violento, pacífico; **2** pacifista
nonvolatile [ˌnɒnˈvɒlətaɪl] *adj.* não-volátil; *nonvolatile matter* matéria não-volátil
nonvoter [ˌnɒnˈvəʊtə] *s.* abstencionista
nonvoting [ˌnɒnˈvəʊtɪŋ] *adj.* **1** abstencionista; **2** sem direito a voto; **3** FINANÇAS (acção) que não confere direito de voto
nonwoven [ˌnɒnˈwəʊvən] *adj.* não tecido, não urdido; ~ *fabric* tecido não urdido
nonwritten [ˌnɒnˈrɪtn] *adj.* oral; verbal; que não foi escrito
noodle [ˈnuːdl] *s.* [coloq.] pateta, simplório, néscio
noodledom [ˈnuːdldəm] *s.* conjunto dos patetas, conjunto dos néscios e simplórios
noodles [ˈnuːdlz] *s.pl.* CULINÁRIA (massa) macarronete, macarronete miúdo
nook [nʊk] *s.* **1** recanto, canto; **2** escaninho, lugar retirado e abrigado
nookie [ˈnʊkɪ] *s.* [cal., joc.] sexo
nooky [ˈnʊkɪ] *s.* [cal., joc.] ⇒ **nookie**

noon [nuːn] *s.* meio-dia; *at* ~ ao meio-dia ❖ *at the height of* ~ no pino do dia; *shadow at* ~ sombra meridiana; *the* ~ *of night* a meia-noite
noonday [ˈnuːndeɪ] Ⓐ *s.* meio-dia Ⓑ *adj.* do meio-dia; ~ *sun* sol do meio-dia ❖ *at the* ~ *of* no auge de; no apogeu de
noontide [ˈnuːntaɪd] *s.* ⇒ **noonday**
noose [nuːs] Ⓐ *s.* **1** nó corredio, laço corredio; *running* ~ laço corredio; **2** corda com que o carrasco enforca os condenados; *hangman's* ~ corda de forca; **3** laços matrimoniais; **4** prisão; **5** armadilha, cilada Ⓑ *v.tr.* **1** dar um nó corredio; armar um nó corredio; **2** apanhar com um laço; laçar; passar um laço a; **3** (ao pescoço de alguém) passar uma corda ❖ *to put one's head in the* ~ meter-se na boca do lobo; deixar-se apanhar
NOP [GB] [*abrev. de* National Opinion Poll]
nopal [ˈnəʊpəl] *s.* **1** BOTÂNICA nopal, nopálea; **2** figueira-da-índia
nopalry [ˈnəʊpəlrɪ] *s.* plantação de nopáleas para a criação da cochinilha tintureira
nope [nəʊp] *adv.* [EUA] [coloq.] ⇒ **no**
nor' [nɔː] *s.* ⇒ **north**
nor [nɔː] *conj.* **1** [depois de *neither, not* ou *no*] *he doesn't know,* ~ *does he care* ele não sabe nem se importa; *he has neither money* ~ *credit, he has no money* ~ *credit* ele não tem dinheiro nem crédito; *neither you* ~ *I* nem tu nem eu; *not a man* ~ *a child was to be seen* não se via nem um homem nem uma criança; *they will not go* ~ *you either* nem tu nem eles irão; **2** nem tão-pouco; [arc., poét.] *thou* ~ *I have done that* nem tu nem eu fizemos isso; **3** e não; *all that is true,* ~ *must we forget* tudo isso é verdade, e não devemos esquecê-lo; ~ *was this all* e isto não era tudo; ~ *will I say that ...* e não direi que ...; **4** [dial.] ⇒ **than**; *she did it better* ~ *you* ela fez isso melhor que tu
Nor. Ⓐ [*abrev. de* Norman] Ⓑ [*abrev. de* Norway]
Nora [ˈnɔːrə] *s.antr.* Leonor
Norah [ˈnɔːrə] *s.antr.* Leonor
Nordic [ˈnɔːdɪk] *adj.,s.* nórdico; escandinavo
nor' easter [nɔːˈiːstə] *s.* NÁUTICA ⇒ **north-easter**
nor' easterly [nɔːˈiːstəlɪ] *adj.,adv.* NÁUTICA ⇒ **north-easterly**
nor' eastern [nɔːˈiːstən] *adj.* NÁUTICA ⇒ **north-eastern**
Norfolk [ˈnɔːfək] *s.top.* (condado inglês) Norfolk, Norfolque ❖ ~ *capon* arenque vermelho; ~ *dumpling* habitante/natural de Norfolque; [cal.] ~ *Howard* percevejo; ~ *jacket* casaco solto de homem; casaco de caçador com cinto; ~ *turkey* habitante, natural de Norfolque
noria [ˈnɔːrɪə] *s.* nora, nória, engenho de tirar água
norland [ˈnɔːlənd] *s.* terras do norte, regiões do norte
norlander [ˈnɔːləndə] *s.* habitante das regiões do norte
norm [nɔːm] *s.* **1** norma; **2** preceito; **3** modelo, tipo
normal [ˈnɔːməl] Ⓐ *adj.* **1** normal; **2** habitual; **3** típico; **4** natural; regular; **5** médio; **6** GEOMETRIA normal, perpendicular Ⓑ *s.* **1** normalidade, situação normal; *things are not at their* ~ as coisas não estão a correr normalmente; *to return/get back to* ~ retomar a normalidade; **2** média; *temperature above/below* ~ temperatura acima/abaixo da média; **3** GEOMETRIA normal, perpendicular ❖ ~ *level* nível normal; ~ *operation* funcionamento normal; ~ *salt* sal neutro; ~ *school* escola normal; ~ *state* estado normal; ~ *water level* nível normal de água; *in* ~ *circumstances* normalmente
normalcy [ˈnɔːməlsɪ] *s.* normalidade; estado normal
normalise [ˈnɔːməlaɪz] *v.tr.* ⇒ **normalize**
normality [nɔːˈmælɪtɪ] *s.* normalidade
normalization [ˌnɔːməlaɪˈzeɪʃən] *s.* normalização
normalize [ˈnɔːməlaɪz] *v.tr.* **1** normalizar; **2** regularizar; **3** (metalurgia) recozer; *to* ~ *the steel* recozer o aço
normally [ˈnɔːməlɪ] *adv.* normalmente
Norman [ˈnɔːmən] Ⓐ *adj.* normando; relativo aos Normandos; ~ *English* o inglês falado ou influenciado pelos Normandos; ~ *French* o francês falado pelos Normandos ou empregado mais tarde nos tribunais ingleses Ⓑ *s.* (*pl.* -s) **1** (pessoa) normando; **2** (dialecto da Normandia) normando ❖ ARQUITECTURA ~ *style* estilo normando; HISTÓRIA *the* ~ *Conquest* a conquista normanda (1066)
Normandy [ˈnɔːməndɪ] *s.top.* Normandia

Normanesque [nɔːməˈnesk] *adj.* conforme o estilo normando
normative [ˈnɔːmətɪv] *adj.* normativo
Norn [nɔːn] *s.* MITOLOGIA deusa que preside ao destino, na mitologia escandinava
nor' nor' east [nɔːnɔːˈiːst] *adj.,adv.,s.* NÁUTICA ⇒ **north-northeast**
nor' nor' west [nɔːnɔːˈwest] *adj.,adv.,s.* NÁUTICA ⇒ **north-north-west**
Norroy [ˈnɒrɔɪ] *s.* HERÁLDICA terceiro rei de armas com jurisdição ao norte do rio Trent
Norse [nɔːs] Ⓐ *adj.* **1** nórdico; escandinavo; **2** norueguês Ⓑ *s.* (língua) nórdico; *the old ~* o nórdico primitivo Ⓒ *s.pl.* **1** HISTÓRIA *the ~* os Vikings; **2** *the ~* os nórdicos, os escandinavos
Norseman [ˈnɔːsmən] *s.* (*pl.* **-men**) **1** escandinavo, norueguês; **2** homem do norte
north [nɔːθ] Ⓐ *adj.* **1** norte; setentrional; *~ coast* costa setentrional; *~ wind* vento norte; **2** do lado norte; **3** virado ao norte; *~ aspect* exposição ao norte; *~ window* janela virada ao norte; **4** existente no Norte Ⓑ *s.* **1** norte; *due ~* para o norte, em direcção ao norte; *on the ~* ao norte; *to the ~* ao norte, para o norte; **2** setentrião; **3** vento norte Ⓒ *adv.* para o norte; em direcção ao norte; ao norte ❖ *North America* América do Norte; *North Britain* Escócia; *North Briton* escocês; *North Country* Inglaterra do Norte; *North Germany* a Alemanha setentrional; *~ latitude* latitude norte; *~ light* aurora boreal; *~ pole* pólo norte; ASTRONOMIA *~ star* estrela polar; *North Wales* o Norte do País de Gales; *magnetic ~* norte magnético; *true ~* norte geográfico; *~ by east* norte quarta a nordeste; *~ by west* norte quarta a noroeste; [EUA] *the North* os Estados do Norte; *the North Germans* os alemães do Norte; *the wind is in the ~* o vento está do norte
Northants [abrev. de Northamptonshire]
northeast [nɔːθˈiːst] Ⓐ *s.* nordeste Ⓑ *adj.,adv.* **1** de nordeste; **2** para nordeste, em direcção a nordeste ❖ *~ monsoon* monção do nordeste; *~ passage* passagem de nordeste; passagem marítima ao longo da costa norte da Europa, Ásia e América, primitivamente considerada como um dos caminhos para atingir o Oriente
northeaster [nɔːθˈiːstə] *s.* vento do nordeste
northeasterly [nɔːθˈiːstəlɪ] Ⓐ *adj.* do nordeste Ⓑ *adv.* em direcção a nordeste
northeastern [nɔːθˈiːstən] *adj.* do nordeste
northeastward [nɔːθˈiːstwəd] *adj.,adv.,s.* **1** nordeste; **2** do nordeste; **3** em direcção a nordeste
northeastwardly [nɔːθˈiːstwədlɪ] Ⓐ *adj.* de nordeste Ⓑ *adv.* em direcção a nordeste
northeastwards [nɔːθˈiːstwədz] *adv.* em direcção a nordeste
norther [ˈnɔːðə] *s.* [EUA] vento norte, frio e intenso, que no Outono e Inverno, sopra no Texas, Florida e golfo do México
northerly [ˈnɔːðəlɪ] *adj.* **1** norte; *~ latitude* latitude norte; **2** do norte; **3** virado ao norte; *a ~ direction* uma direcção para o norte
northern [ˈnɔːðən] Ⓐ *adj.* **1** setentrional, norte, do norte; *Northern Asia* o Norte da Ásia; *Northern Europe* a Europa setentrional; *~ hemisphere* hemisfério norte; **2** que se dirige para o norte; **3** que vem do norte Ⓑ *s.* ⇒ **northerner** ❖ *~ lights* aurora boreal
northerner [ˈnɔːðənə] *s.* **1** nortenho; **2** [EUA] habitante ou natural de um dos Estados do Norte
northernmost [ˈnɔːðən͵məʊst] *adj.* **1** muito para o norte; **2** situado o mais possível ao norte; **3** no extremo norte
northing [ˈnɔːθɪŋ] *s.* **1** deslocação para o norte; **2** afastamento para o norte (quer navegando, quer viajando por terra); *three miles ~* um desvio de três milhas para o norte
northland [ˈnɔːθlənd] *s.* **1** parte norte (de região, país, etc.); **2** *pl.* países do Norte
Northman [ˈnɔːθmən] *s.* (*pl.* **-men**) **1** homem do norte, nórdico, escandinavo; **2** pessoa que vive ou nasceu no norte de determinada região ou país
northmost [ˈnɔːθməʊst] *adj.* ⇒ **northernmost**
north-northeast [nɔːθnɔːθˈiːst] *adj.,adv.,s.* **1** nor-nordeste; **2** de nor-nordeste; **3** para nor-nordeste, em direcção a nor-nordeste
north-northwest [nɔːθnɔːθˈwest] *adj.,adv.,s.* **1** nor-noroeste; **2** de nor-noroeste; **3** para nor-noroeste, em direcção a nor-noroeste

Northumbrian [nɔːˈθʌmbrɪən] *adj.,s.* **1** da antiga Nortúmbria ou do actual Northumberland; **2** relativo a uma destas regiões; **3** habitante de qualquer delas; **4** dialecto falado nelas
northward [ˈnɔːθwəd] *adj.,adv.,s.* **1** norte, parte norte, direcção do norte; **2** do norte, relativo ao norte; **3** em direcção ao norte
northwardly [ˈnɔːθwədlɪ] *adj.,adv.* **1** (vento) do norte, norte; **2** em direcção ao norte
northwards [ˈnɔːθwədz] *adv.* em direcção ao norte
northwest [͵nɔːθˈwest] Ⓐ *s.* noroeste Ⓑ *adj.,adv.* **1** de noroeste; **2** para noroeste, em direcção a noroeste ❖ *~ passage* passagem do noroeste; passagem marítima ao longo da costa norte da América, primitivamente considerada como uma das vias marítimas entre o Atlântico e o Pacífico; *the Northwest* a parte noroeste do Canadá
northwester [nɔːθˈwestə] *s.* vento do noroeste, noroeste
northwesterly [nɔːθˈwestəlɪ] *adj.,adv.* **1** do noroeste; **2** no noroeste; **3** virado para o noroeste; **4** em direcção ao noroeste
northwestern [nɔːθˈwestən] *adj.* do noroeste
northwestward [nɔːθˈwestwəd] *adj.,adv.,s.* **1** do noroeste; **3** em direcção ao noroeste
northwestwardly [nɔːθˈwestwədlɪ] *adj.,adv.* **1** de noroeste; **2** em direcção a noroeste
northwestwards [nɔːθˈwestwədz] *adv.* em direcção a noroeste
norward [ˈnɔːwəd] *adj.,adv.,s.* ⇒ **northward**
norwards [ˈnɔːwədz] *adv.* ⇒ **northwards**
Norway [ˈnɔːweɪ] *s.top.* Noruega ❖ BOTÂNICA *~ pine* pinheiro-silvestre; pinheiro-de-riga; pinheiro-vermelho-do-báltico
Norwegian [nɔːˈwiːdʒən] Ⓐ *adj.* norueguês Ⓑ *s.* (língua, pessoa) norueguês
nor'west [nɔːˈwest] *adj.,adv.,s.* ⇒ **northwest**
nor'wester [nɔːˈwestə] *s.* **1** vento do noroeste, copo de aguardente ou outra bebida alcoólica; **2** chapéu de oleado dos marinheiros
nor'westerly [nɔːˈwestəlɪ] *adj.,adv.* ⇒ **north-westerly**
nor'western [nɔːˈwestən] *adj.* ⇒ **north-western**
nos. [abrev. de numbers]
nose [nəʊz] Ⓐ *s.* **1** nariz; *turned-up ~* nariz arrebitado; **2** focinho; **3** olfacto, sentido do olfacto; **4** (animal) faro; *your dog has a good ~* o seu cão tem bom faro; **5** [fig.] (talento instintivo) faro*fig.* olho*fig.*; *to have a (good) ~ for* ter faro para, ter olho para; **6** odor; cheiro; **7** (vinho) aroma; perfume; bouquet; **8** proa de navio; **9** bico; **10** ponta, ressalto; **11** ponta cónica de torpedo; **12** extremidade de cachimbo; **13** saliência em forma de nariz Ⓑ *v.tr.,intr.* **1** cheirar, farejar; *to ~ after sth* farejar qualquer coisa, buscar farejando; **2** descobrir pelo faro; **3** esfregar com o nariz ou focinho; **4** bater com o nariz ou focinho em; **5** procurar, buscar; **6** (navio) abrir caminho cuidadosamente; avançar com cuidado; *the ships nosed their way through the fog* os navios avançavam cuidadosamente através do nevoeiro; **7** [coloq.] intrometer-se, meter-se; *to ~ into other people's affairs* meter-se na vida das outras pessoas ❖ (foguetão) *~ cone* ogiva, AERONÁUTICA *~ dip* voo picado; MÚSICA (oriental) *~ flute* flauta tocada com o nariz; *~ fuse* espoleta; *~ ring* arganel; arganéu; anel usado no nariz; *~ of wax* pessoa facilmente influenciável; coisa facilmente moldável ou adaptável; *as plain as the ~ in your face* claro como água; *parson's ~* mitra; uropígio de ave depois de cozinhada; [coloq.] *under one's ~* nas barbas de alguém; [EUA] [coloq.] *John's estimate was right on the ~* o cálculo do John acertou em cheio; *to count/tell noses* contar as pessoas (sobretudo quando para resolver qualquer assunto por votação); *to cut off one's ~ to spite one's face* prejudicar os seus interesses num momento de mau humor; *to follow one's ~* seguir a direito; *to keep one's ~ to the grindstone* trabalhar arduamente; *to make a long ~ at* fazer uma gaifona a; fazer uma careta com o polegar na ponta do nariz; *to pay through the ~* pagar preços exorbitantes; *to play with one's ~* fazer pouco de alguém; *to poke one's ~ into everything* meter o nariz em tudo; intrometer-se em tudo; *to put one's ~ out of joint* suplantar alguém; estragar os planos de alguém; *to snap one's ~ off* responder rápida e asperamente a alguém; *to speak through one's ~* falar pelo nariz; [coloq.] *to turn up one's ~ at* torcer o nariz a; desdenhar de

◆ **nose about/around** *v.intr.* [coloq.] bisbilhotar; meter o nariz em tudo

◆**nose away** v.intr. abrir caminho cuidadosamente
◆**nose down** v.intr. fazer voo picado
◆**nose in** v.tr.,intr. 1 insinuar-se (em); 2 meter-se (em); 3 inclinar-se
◆**nose out** Ⓐ v.tr. 1 farejar; descobrir farejando; *the cat nosed out a mouse* o gato descobriu um rato; 2 (segredo, etc.) descobrir ardilosamente; fossar*fig.*; 3 vencer por um triz; 4 (corrida de cavalos) ultrapassar; derrotar pela diferença de um focinho Ⓑ v.intr. (veículo) sair cuidadosamente da fila; mudar de faixa cuidadosamente
◆**nose over** v.intr. AERONÁUTICA [coloq.] capotar, afocinhar
◆**nose up** v.intr. AERONÁUTICA subir
nosebag ['nəʊzbæg] s. cevadeira; embornal
noseband ['nəʊzbænd] s. focinheira, correia da cabeçada das cavalgaduras
nosebleed ['nəʊzbliːd] s. hemorragia nasal ❖ *to have a ~* deitar sangue pelo nariz
nosedive ['nəʊzdaɪv] Ⓐ s. AERONÁUTICA voo picado; 2 [fig.] (preços) descida a pique; *to take a ~* descer a pique Ⓑ v.intr. AERONÁUTICA descer em voo picado
nosegay ['nəʊzgeɪ] s. ramo de flores
nosepiece ['nəʊzpiːs] s. 1 (óculos) ponte; 2 (microscópio) porta-objectiva; 3 (elmo, capacete) parte protectora do nariz; 4 focinheira, correia da cabeçada das cavalgaduras
noser ['nəʊzə] s. NÁUTICA forte vento ponteiro
nosey ['nəʊzi] adj. ⇒ **nosy**
nosh [nɒʃ] Ⓐ s. 1 refeição; 2 comida Ⓑ v.tr. comer
no-show ['nəʊʃəʊ] s. 1 desistência; 2 não comparência, não comparecimento; 3 (pessoa) desistente
no-side ['nəʊsaɪd] s. DESPORTO (râguebi) fim do desafio
nosing ['nəʊzɪŋ] s. saliência de degrau de escada, astrágalo, moldura circundante da parte superior da coluna
no-smoking [ˌnəʊ'sməʊkɪŋ] adj. reservado a não-fumadores
nosography [nɒ'sɒɡrəfɪ] s. nosografia
nosological [ˌnɒsəʊ'lɒdʒɪkəl] adj. nosológico
nosologist [nɒ'sɒlədʒɪst] s. nosólogo, nosologista
nosology [nɒ'sɒlədʒɪ] s. MEDICINA nosologia
nostalgia [nɒ'stældʒə] s. nostalgia
nostalgic [nɒ'stældʒɪk] adj. nostálgico
nostoc ['nɒstɒk] s. BOTÂNICA nostoque, género de algas azuis da família das Nostocáceas
nostril ['nɒstrɪl] s. narina
nostrum ['nɒstrəm] s. 1 droga, remédio preparado pela própria pessoa que o vende; 2 panaceia; 3 droga de charlatão; 4 especialidade farmacêutica; 5 plano especial para solucionar problemas políticos ou sociais, considerado do ponto de vista daqueles que o atacam
nosy ['nəʊzɪ] adj. (comp. **-ier**, superl. **-iest**) 1 com nariz grande, narigudo; 2 com mau cheiro, malcheiroso; 3 (chá) aromático, fragrante; 4 sensível a maus cheiros; 5 [cal.] curioso, metediço, indiscreto, bisbilhoteiro ❖ *Nosy Parker* pessoa indiscreta, mexeriqueira
not [nɒt] adv. não; nem ❖ *~ guilty* inocente; não culpado; [cal.] *~ half* muitíssimo; *~ seldom* não raras vezes; *~ yet* ainda não; *~ a few* não poucos; *~ at all* de modo nenhum; *~ but what/~ but that* todavia; contudo; no entanto; *~ in the least* de modo nenhum; *~ once nor twice* muitas vezes; *~ only… but also…* não só… mas também…; *~ so good* inferior; *~ to be thought of* fora de questão; *~ to say …* para não dizer …; *~ to speak of* para não falar de; *right or ~* com razão ou sem ela; *am I ~ your friend?/ain't I your friend?* então não sou teu amigo?; *didn't you go there?/did you ~ go there?* não foste lá?; [arc.] *fear ~* não tenhas receio; *he ~ so much as said a single word* ele não pronunciou uma única palavra; [arc.] *I know ~* não sei; *I would as soon do it as ~* é-me indiferente fazê-lo; *I would ~ do it, ~ I* eu não faria isso, isso é que não; *~ everybody can afford that* nem toda a gente se pode dar a esse luxo; *~ on my life would I risk doing such a thing* por nada me arriscaria a fazer uma coisa dessas; *they told me ~ to stay here* disseram-me que não ficasse aqui; *why not?* por que não?
nota bene [ˌnəʊtə'biːnɪ] [express. lat.] notar bem
notability [ˌnəʊtə'bɪlɪtɪ] s. (pl. **-ies**) 1 carácter notável; 2 notabilidade, pessoa notável; 3 coisa notável

notable ['nəʊtəbəl] Ⓐ adj. 1 notável; *he is a ~ painter* ele é um pintor notável; 2 digno de nota; 3 insigne, eminente, ilustre; 4 QUÍMICA perceptível, sensível Ⓑ s. (pessoa) notável; personalidade
notableness ['nəʊtəblnɪs] s. ⇒ **notability**
notably ['nəʊtəblɪ] adv. 1 notavelmente, de maneira notável; 2 especialmente, particularmente
notarial [nəʊ'teərɪəl] adj. DIREITO notarial; relativo a notário; autenticado por notário, feito por notário
notary ['nəʊtərɪ] s. (pl. **-ies**) notário; tabelião; *~ public* notário; *apostolical ~* notário apostólico ❖ *before a ~* perante um notário
notation [nəʊ'teɪʃən] s. 1 notação; 2 numeração, sistema de numeração; 3 figuração por meio de símbolos; 4 [EUA] apontamento, nota
notch [nɒtʃ] Ⓐ s. (pl. **-es**) 1 entalhe, pequeno corte em forma de V na borda de qualquer coisa; 2 encaixe, malhete, chanfradura; 3 dente de serra ou roda; 4 ranhura; 5 boca, mossa; 6 traço de lima; 7 [EUA] desfiladeiro, garganta de montanha Ⓑ v.tr. 1 entalhar, fazer entalhes, abrir pequenos cortes em forma de V; 2 chanfrar; 3 abrir pequenas bocas em; 4 (lâmina) embotar; 5 marcar por meio de cortes; 6 firmar por meio de encaixes; *to ~ two planks together* ligar duas tábuas por meio de encaixes; 7 DESPORTO (críquete) marcar pontos ❖ *~ disc* disco de engate; *~ wheel* roda catarina; *sighting ~* alça de mira; [coloq.] *to be several notches above a person* estar alguns furos acima de alguém; (saltos) *to raise the bar one ~* subir a fasquia um furo
◆**notch up** v.tr. (pontos, vitória, sucesso) marcar; registar; alcançar
notched ['nɒtʃt] adj. 1 com entalhes, com recortes; 2 com pequenos cortes em forma de V; 3 denteado, dentado; *~ wheel* roda dentada
notching ['nɒtʃɪŋ] s. 1 encaixe, entalhe; 2 corte, ranhura; 3 desbaste (em escultura)
note [nəʊt] Ⓐ s. 1 nota, apontamento; *to compare notes* rever/comparar apontamentos ou notas; *to make a ~ of/to make notes of/to take a ~ of/to take notes of* tomar nota de, registar; *to speak from notes* falar com o auxílio de notas ou apontamentos; 2 observação; anotação; pequena nota explicativa; comentário; *critical notes on* comentário crítico sobre; 3 nota diplomática, documento diplomático; *diplomatic ~* nota diplomática; 4 memorando; 5 cartão, bilhete, recado, carta muito breve; 6 MÚSICA nota; anotação musical; tecla de piano ou órgão; 7 (dinheiro) nota de banco; *a £10 ~* uma nota de dez libras; 8 característica, marca, cunho; 9 (importância) (atenção) nota; *author of ~* autor digno de nota; *worthy of ~* digno de nota; 10 reparo; 11 (voz) tom; *there was a ~ of impatience in his voice* havia um tom de impaciência na voz dele; *to change one's ~* mudar de tom, mudar de atitude Ⓑ v.tr. 1 observar, prestar atenção a; *~ how to do it* veja como se faz; 2 notar, reparar em; *I ~ that you never prepare your lessons* noto que nunca preparas as tuas lições; 3 tomar nota de, registar por escrito; COMÉRCIO *we have noted your order for…* tomamos devida nota da sua encomenda de…; 4 (livro, etc.) anotar; 5 mencionar, referir ❖ *advice ~* nota de aviso; *circular ~* cheque de viagem; *~ of hand* promissória; (ave) *to give ~* cantar; *to ~ a misprint* descobrir um erro tipográfico; *to set a ~ of infamy on* infamar; marcar com o ferrete da desonra; *to speak without a ~* falar de improviso, sem recorrer a apontamentos; *to strike a false ~* dizer ou fazer qualquer coisa que não venha a propósito ou não convenha para a ocasião; (coro) *to strike the ~* dar o tom; indicar o tom; *to strike the right ~* falar de modo a captar a concordância e simpatia do auditório; *to take ~ of* prestar atenção a; atribuir importância a
◆**note down** v.tr. apontar; anotar, tomar nota de; registar por escrito
notebook ['nəʊtbʊk] s. 1 agenda; 2 caderno de apontamentos
noted ['nəʊtɪd] adj. 1 notável, bem conhecido, famoso, distinto, célebre; *a ~ musician* um músico notável; 2 famoso [**for**, por]; conhecido [**for**, por]; *a man ~ for austerity* um homem conhecido pela austeridade ❖ *a bill ~ for protest* uma letra protestada

notedly ['nəʊtɪdlɪ] *adv.* 1 de modo notável; duma maneira ilustre; 2 particularmente, especialmente

notepad ['nəʊtpæd] *s.* bloco de apontamentos; bloco de notas

notepaper ['nəʊtpeɪpə] *s.* papel de carta

noter ['nəʊtə] *s.* 1 observador; 2 anotador

noteworthiness ['nəʊtˌwɜːðɪnɪs] *s.* 1 notabilidade; 2 importância

noteworthy ['nəʊtˌwɜːðɪ] *adj.* 1 digno de nota; 2 notável; 3 digno de atenção

nothing ['nʌθɪŋ] Ⓐ *pron.*,*s.* 1 nada, coisa nenhuma; [coloq.] *~ doing* nada feito; *~ new* nada de novo; *fit for ~* que não serve para nada; *for ~* para nada, inutilmente, em vão, de graça, sem motivo, sem razão; *everything came to ~* tudo ficou em nada; *he has ~ in him* ele não vale nada, não tem personalidade; *he worked so hard for ~* fartou-se de trabalhar para nada; *here is ~ to be done* não há nada a fazer; *I can make ~ of it* não percebo nada disso; *I have ~ to do with this* não tenho nada a ver com isto; *I want ~* não quero nada; *~ good will ever come of that* daí nunca há-de vir nada de bom; *she ate ~ for three days* durante três dias não comeu coisa nenhuma; *three times ~ is equal to ~* três vezes nada é nada; *what is the matter with you? there is ~ the matter with me* que é que tens? não tenho nada; 2 MATEMÁTICA zero; 3 o nada; 4 bagatela; ninharia; insignificância; *a mere ~* uma insignificância; *airy nothings* bagatelas; *to busy oneself with nothings* ocupar-se com ninharias Ⓑ *adv.* 1 de modo nenhum, de maneira alguma; *he was ~ the worse for it* de modo nenhum se sentia pior por isso; 2 nada; *it avails ~* de nada serve; *it is ~ like what it used to* não é nada do que costumava ser ❖ *~ loath* sem hesitação; de bom grado; *~ much* pouca coisa; pouco; *~ near so extensive* longe de ser tão extenso; *~ venture ~ gained* quem não arrisca não petisca; quem não arriscou não perdeu nem ganhou; *all to ~* sem dúvida; decididamente; *he is ~ if not honest* ele é acima de tudo honesto; *he is six feet ~* ele tem exactamente seis pés de altura; *that has ~ to do with you* isso não é da tua conta; não te diz respeito; *that is ~ but …* isso não é senão …; *there is ~ for it but …* não há outro remédio senão …; *there is ~ in it* isso não tem importância; *there is ~ to it* é fácil; *this is ~ less than a foolish thing* isto é positivamente uma coisa tola; *this is ~ like as/so good as …* isto nem se compara a …; *to be good for ~* não prestar para nada; *to be ~* não ser nada; não ter importância; *to hear ~ of* não ter notícias de; *to live on next to ~* viver de quase nada; *to look like ~ on earth* ter um aspecto inverosímil; ter um aspecto fora do vulgar; *to make ~ of* não atribuir importância a; não ter a menor hesitação em; não se aproveitar de; deixar passar; *to say ~ of* para não falar de; *to think ~ of* encarar de ânimo leve; não atribuir grande importância a

nothingarian [nʌθɪŋˈgeərɪən] *s.* agnóstico

nothingness ['nʌθɪŋnɪs] *s.* 1 nada; *to create out of ~* criar do nada; 2 não-ser; 3 não-existência; 4 trivialidade, ninharia, insignificância, bagatela, coisa sem importância ❖ *to pass into ~* desaparecer; deixar de existir; entrar no nada

notice ['nəʊtɪs] Ⓐ *s.* 1 nota; aviso; notificação; participação; comunicação; *public ~* aviso público; *to give out a ~* anunciar qualquer coisa, ler uma comunicação; 2 instruções; indicações; normas de actuação; 3 (parede) letreiro; cartaz; 4 (jornal) anúncio; aviso; *to put a ~ in the papers* pôr um anúncio nos jornais, pôr um aviso ou comunicação nos jornais; 5 atenção; nota; *it is beneath ~* não merece a nossa atenção; *nobody took any ~ of him* ninguém lhe prestou atenção; *the fact came to his ~ that …* chamou-lhe a atenção o facto de…; *to attract ~* chamar a atenção; *to bring sth to sb's ~* chamar a atenção de alguém para algo; *worthy of ~* digno de nota; 6 conhecimento; *to take ~ of* tomar conhecimento de, fazer caso de; 7 aviso prévio; *~ to pay* aviso de despejo; *without ~* sem aviso prévio; 8 despedimento; aviso de despedimento; prazo para despedimento; *to give a month's ~* dar o prazo de um mês para o despedimento, despedir dentro de um mês; *to give ~ to one's employer* despedir-se do emprego; 9 (livro, filme, etc.) pequena recensão Ⓑ *v.tr.*,*intr.* 1 notar; reparar em; prestar atenção a; notar; *she didn't ~ me* ela não me viu; *to ~ sb* reparar em alguém; *without their noticing it* sem que o notassem; 2 observar, considerar; 3 reconhecer, tratar com cortesia, mostrar-se delicado para com; 4 comentar, falar sobre; 5 despedir; *he was noticed to quit* ele foi despedido; 6 intimar; 7 fazer uma observação a; 8 fazer recensão de; *to ~ a book* fazer uma recensão dum livro ❖ *~ board* quadro para afixar avisos, ordens, etc.; placa indicadora; *church notices* informações religiosas, muitas vezes afixadas à porta da igreja; *~ of a treaty* denúncia de um tratado; *~ of receipt* aviso de recepção de venda em leilão; *~ is hereby given that…* por este meio se torna público que…; *at the shortest ~* no mais breve prazo possível; *notices of new publications* boletim literário; boletim de novas publicações; *until further ~* até nova ordem; *without a moment's ~* sem um momento de espera; sem qualquer aviso; *everything was ready for use at a moment's ~* tudo estava pronto para ser usado ao primeiro sinal; *take no ~ of him* não faças caso dele; faz de conta que ele não existe; *take ~ that…* fique sabendo que; aviso-de que…; *the baby begins to take ~* a criança já começa a tomar consciência das coisas; *to come into ~* começar a ser notado; *to get oneself noticed* fazer-se notado; *to give sb ~ of* prevenir alguém de; (parlamento) *to give ~ of a question* anunciar um aviso prévio; DIREITO *to serve ~ upon* chamar ao tribunal; *to serve ~ upon a tenant* dar ordem de despejo a um inquilino

noticeable ['nəʊtɪsəbəl] *adj.* 1 visível; perceptível; que se nota, que se percebe; *that is not ~* isso não se nota; 2 notável; digno de nota ❖ *to be ~ by one's absence* primar pela ausência

noticeably ['nəʊtɪsəblɪ] *adv.* 1 de modo perceptível; 2 visivelmente

notifiable [nəʊtɪˈfaɪəbəl] *adj.* (doença) de participação obrigatória às autoridades competentes

notification [ˌnəʊtɪfɪˈkeɪʃən] *s.* 1 notificação; 2 convocatória; 3 participação; 4 comunicação; 5 aviso; 6 DIREITO citação

notify ['nəʊtɪfaɪ] *v.tr.* 1 notificar, informar, dar conhecimento de; 2 comunicar, participar; *to ~ a birth* fazer participação de um nascimento; *to ~ a person of sth* comunicar alguma coisa a alguém; *to ~ the police of sth* participar alguma coisa à polícia; 3 anunciar; tornar conhecido ❖ DIREITO *to ~ the parties* intimar as partes; *to be notified* receber uma notificação

notion ['nəʊʃən] *s.* 1 noção; 2 ideia; *to form a true ~ of* formar uma ideia correcta de; *to form a wrong ~ of* formar uma ideia errada de; *to have one's head full of silly notions* ter a cabeça cheia de ideias disparatadas; *I have not the haziest ~ of what he means* não faço a menor ideia do que ele quer dizer; *she hasn't the first ~ about it* ela não percebe nada disso; *the ~ of his doing it is quite absurd* a ideia de ele fazer isso não tem pés nem cabeça; 3 FILOSOFIA conceito, noção; 4 opinião; parecer; *according to his ~* na opinião dele; *such is the common ~* é esta a opinião geral; 5 desejo, intenção, inclinação; *he has no ~ of letting himself be made a fool of* ele não tem a menor intenção de permitir que façam pouco dele; *I have no ~ of staying any longer* não tenho qualquer intenção de ficar mais tempo; 6 capricho; *as the ~ takes her* conforme lhe dá na cabeça, consoante o seu capricho; 7 *pl.* [EUA] (linhas, agulhas, dedais, alfinetes, etc.), artigos de retrosaria

notional ['nəʊʃənəl] *adj.* 1 nocional; conceptual; 2 intelectual, ideal; 3 teórico; hipotético; 4 especulativo, que não se baseia na experimentação; *a ~ science* uma ciência especulativa; 5 imaginário, irreal; 6 caprichoso

notionalist ['nəʊʃənəlɪst] *s.* pessoa especulativa, pessoa que não estriba o seu conhecimento na experimentação mas sim na especulação

notionally ['nəʊʃənəlɪ] *adv.* 1 especulativamente; 2 imaginariamente

notochord ['nəʊtəkɔːd] *s.* ZOOLOGIA notocórdio, corda dorsal

notonecta [ˌnəʊtəˈnektə] *s.* ZOOLOGIA notonecta, família de insectos hemípteros

notoriety [ˌnəʊtəˈraɪətɪ] *s.* (*pl.* **-ies**) 1 notoriedade; má fama; má reputação; 2 pessoa famosa por maus motivos ❖ *to seek ~* procurar dar nas vistas; procurar tornar-se conhecido

notorious [nəʊˈtɔːrɪəs] *adj.* 1 com má fama; de má reputação; 2 notório, conhecido, público; *a ~ criminal* um criminoso muito conhecido

notoriously [nəʊˈtɔːrɪəslɪ] *adv.* notoriamente; reconhecidamente

notoriousness [nəʊˈtɔːrɪəsnɪs] s. notoriedade
Notts [nɒts] s. ⇒ **Nottinghamshire**
notwithstanding [ˌnɒtwɪθˈstændɪŋ] Ⓐ prep. apesar de; não obstante; ~ *his resistance* apesar da resistência dele; *this* ~ apesar disto; ~ *everything I told him* não obstante tudo quanto eu lhe disse Ⓑ adv. mesmo assim; não obstante; contudo; *he knows it is difficult, but insists on it* ~ ele sabe que é difícil, mas insiste mesmo assim Ⓒ conj. embora; se bem que; mesmo que; conquanto
notwork [ˈnɒtwɜːk] s. INFORMÁTICA [joc.] rede que não funciona
nougat [ˈnuːgɑː] s. CULINÁRIA nogado
nought [nɔːt] s. ⇒ **naught** Ⓐ
noumenal [ˈnuːmɪnəl] adj. numenal, numérico
noumenalism [ˈnuːmɪnəlɪzəm] s. FILOSOFIA numenalismo
noumenon [ˈnuːmənɒn] s. (pl. **-ena**) FILOSOFIA número
noun [naʊn] s. LINGUÍSTICA nome, substantivo; *substantive*; *common* ~ substantivo comum; *proper* ~ substantivo próprio ❖ ~ *adjective* adjectivo; ~ *clause* oração substantiva; oração integrante; ~ *phrase* sintagma nominal
nounal [ˈnaʊnəl] adj. [rar.] relativo a substantivo, substantivado, substantivo
nourish [ˈnʌrɪʃ] v.tr. **1** alimentar; nutrir; *to* ~ *a person with sth* alimentar uma pessoa com algo; **2** sustentar; manter; apoiar o desenvolvimento de; **3** (solo) adubar, estrumar; *to* ~ *the soil* adubar o solo; **4** ter no espírito; albergar; acalentar; *to* ~ *feelings of hatred* albergar sentimentos de ódio
nourishing [ˈnʌrɪʃɪŋ] adj. **1** nutritivo; **2** alimentício, que alimenta bem
nourishingly [ˈnʌrɪʃɪŋlɪ] adv. nutritivamente
nourishment [ˈnʌrɪʃmənt] s. **1** nutrição, alimentação; **2** alimento, sustento; *to take some* ~ tomar algum alimento
nous [naʊs] s. **1** FILOSOFIA intelecto, espírito, mente; **2** [colloq.] bom senso, senso comum, sentido prático
nouveau-riche [ˌnuːvəʊˈriːʃ] s. (pl. **nouveaux-riches**) novo-rico
nova [ˈnəʊvə] s. (pl. **-ae** ou **-s**) ASTRONOMIA nova, estrela nova
Nova Scotia [ˌnəʊvəˈskəʊʃə] s.top. Nova Escócia
novation [nəʊˈveɪʃən] s. DIREITO novação
novel [ˈnɒvəl] Ⓐ s. **1** romance; *detective* ~ romance policial; *the novels of Thackeray* os romances de Thackeray; **2** novela; **3** pl. DIREITO novelas, constituições do imperador Justiniano Ⓑ adj. novo; fora do vulgar; original; curioso; singular; estranho; *a* ~ *idea* uma ideia invulgar ❖ ~ *writer* romancista; novelista; (como género literário) *the* ~ o romance; a novela
novelette [ˌnɒvəˈlet] s. **1** novela; história de pequena extensão; **2** MÚSICA noveleta, composição breve para piano, com vários temas, e sem delineamentos especiais de forma
novelist [ˈnɒvəlɪst] s. romancista
novelistic [ˌnɒvəˈlɪstɪk] adj. relativo ao romance
novelization [ˌnɒvəlaɪˈzeɪʃən] s. **1** adaptação a romance; **2** romanceação
novelize [ˈnɒvəlaɪz] v.tr. **1** adaptar a romance; **2** romancear
novelty [ˈnɒvltɪ] s. (pl. **-ies**) **1** novidade; **2** inovação; coisa nova; **3** originalidade; invulgaridade; **4** pl. COMÉRCIO novidades, artigos novos; *the latest novelties* as últimas novidades ❖ *the* ~ *soon wears off* o que é novo depressa envelhece; depressa perdemos o interesse pelas coisas novas
November [nəʊˈvembə] s. Novembro; *on the 2nd of* ~ no dia 2 de Novembro
novena [nəʊˈviːnə] s. RELIGIÃO novena
novercal [nəʊˈvɜːkəl] adj. novercal; relativo a madrasta
novice [ˈnɒvɪs] s. **1** novato, principiante, aprendiz; *to be a* ~ *at/in* ser um principiante em; **2** RELIGIÃO noviço; **3** cavalo que nunca conseguiu ganhar um prémio
noviciate [nəʊˈvɪʃɪɪt] s. **1** RELIGIÃO noviciado; **2** aprendizagem, iniciação, tempo de aprendizagem; **3** noviço; **4** aposentos destinados aos noviços
novitiate [nəʊˈvɪʃɪɪt] s. ⇒ **noviciate**
novocaine [ˈnɒvəkeɪn] s. FARMÁCIA novocaína
now [naʊ] Ⓐ adv. **1** agora; neste momento; ~ *or never* agora ou nunca; *from* ~ *on/from* ~ *onwards* a partir de agora, de agora em diante; *how now?* que tal agora?, e então agora?; *just* ~ precisamente agora; *until* ~/*up to* ~ até agora; *they have only* ~ *arrived* chegaram agora mesmo; **2** presentemente, actualmente, hoje em dia, nas circunstâncias actuais; *the* ~ *reigning king* o monarca presentemente reinante; **3** então, nessa altura, nessa ocasião; **4** imediatamente; *right* ~ imediatamente Ⓑ conj. desde que; uma vez que; considerando que; agora que; ~ *that you know everything about it* agora que já sabes tudo acerca disso Ⓒ s. agora; o tempo presente; o momento actual; *from* ~ *on* a partir de agora, de agora em diante; *till* ~ até agora ❖ (consolação, leve censura) *now now!* pronto, pronto!, vá lá!; *before* ~ já anteriormente; antes; *by* ~ por estas horas; *come now!, stop that noise!* vamos lá a acabar com esse barulho!; *every* ~ *and then* de vez em quando; *it's a case of* ~ *or never* é um caso de extrema urgência; ~ *and again*/~ *and then* de quando em quando; de vez em quando; ~ *here,* ~ *there* ora aqui, ora acolá; ~ *then!* vejamos!; vamos lá a ver!; atenção!
nowaday [ˈnaʊədeɪ] adj. presente, de agora, de hoje, actual
nowadays [ˈnaʊədeɪz] adv. hoje em dia, actualmente, presentemente
noway [ˈnəʊweɪ] adv. ⇒ **noways**
noways [ˈnəʊweɪz] adv. de modo nenhum, de maneira nenhuma
Nowel [nəʊˈel] interj. (alegria) natal!
nowhere [ˈnəʊweə] Ⓐ adv. **1** em parte alguma; em nenhuma parte; **2** nenhures Ⓑ s. nada; nenhures; *she came out of* ~ ela apareceu subitamente, ela surgiu do nada; *in the middle of* ~ no meio de nenhures ❖ ~ *near* de modo nenhum; ~ *to be found* que não se consegue encontrar; *he is* ~ *near as rich as your brother* ele está muito longe de ser tão rico como o teu irmão; (corrida, exame, etc.) *to be* ~/*to come in* ~ ser batido redondamente; perder redondamente; falhar estrondosamente; *to get* ~ não chegar a lado nenhum; dar em nada
no-win [ˈnəʊwɪn] adj. (situação) em que não se pode ganhar; *this is a* ~ *situation* preso por ter cão e preso por não ter fig.
nowise [ˈnəʊwaɪz] adv. ⇒ **noways**
nowt [naʊt] pron. [dial.] ⇒ **nothing**
noxious [ˈnɒkʃəs] adj. **1** prejudicial, nocivo, pernicioso, daninho; *to have a* ~ *effect on* ser extremamente prejudicial a; **2** tóxico, venenoso, insalubre; **3** nauseabundo; **4** detestável; repugnante ❖ ~ *gases* gases tóxicos
noxiously [ˈnɒkʃəslɪ] adv. **1** prejudicialmente, nocivamente, perniciosamente; **2** de modo insalubre, de maneira doentia
noxiousness [ˈnɒkʃəsnɪs] s. **1** nocividade, perniciosidade; **2** toxidade; **3** insalubridade
noyade [nwaɪˈɑːd] s. HISTÓRIA pena capital executada por meio de afogamento, particularmente quando em conjunto, como em França em 1794
noyau [ˈnwaɪəʊ] s. licor de amêndoa
nozzle [ˈnɒzl] s. **1** bocal, embocadura; *spray* ~ bocal de rega por meio de chuva miudinha; **2** boca de tubuladura; **3** cânula de seringa; **4** bico; **5** (automóvel) pulverizador; **6** agulheta, tubo de descarga; ~ *of a hose* agulheta de mangueira; **7** [cal.] focinho, nariz, cara ❖ MILITAR ~ *man* soldado encarregado de segurar o tubo de lança-chamas
np TIPOGRAFIA [abrev. de new paragraph]
Np QUÍMICA [símbolo de neptunium]
NP Ⓐ DIREITO [abrev. de notary public] Ⓑ LINGUÍSTICA [abrev. de noun phrase]
NPC [abrev. de National Ports Council]
NPD Ⓐ ASTRONOMIA [abrev. de North Polar Distance] Ⓑ COMÉRCIO [abrev. de new product development]
n.p. or d. [abrev. de no place or date]
NPT [abrev. de Non-Proliferation Treaty]
NRA Ⓐ [EUA] [abrev. de National Recovery Administration] Ⓑ [EUA] [abrev. de National Rifle Administration] Ⓒ [GB] [abrev. de National Rivers Authority]
NRDC [GB] [abrev. de National Research Development Corporation]
NS Ⓐ [abrev. de New Style (depois de 1752)] Ⓑ [EUA] [abrev. de Nova Scotia] Ⓒ [abrev. de not sufficient]
NSJC [abrev. de Noster Salvator Jesus Christus (Our Saviour Jesus Christ)]
NSPCC [abrev. de National Society for the Prevention of Cruelty to Children]
NSW [Austr.] [abrev. de New South Wales]

NT Ⓐ [GB] [abrev. de National Trust] Ⓑ INFORMÁTICA [abrev. de New Technology] Ⓒ RELIGIÃO [abrev. de New Testament] Ⓓ (jogos de cartas) [abrev. de no trump]
NTP [abrev. de normal temperature and pressure]
nu [nju:] s. letra do alfabeto grego
NU [abrev. de name unknown]
nuance ['nju:ɑ:ns] s. nuance, matiz, gradação muito leve e delicada
nub [nʌb] s. 1 âmago, núcleo; 2 ponto essencial; cerne da questão; 3 protuberância; 4 bocado pequeno sobretudo de carvão
nubbin ['nʌbɪn] s. [EUA] espiga de milho mal conformada e pequena
nubble ['nʌbəl] s. bocado pequeno sobretudo de carvão
nubbly ['nʌblɪ] adj. 1 (carvão) aos bocados, em bocados; 2 com protuberâncias ou bossas
nubecula [nju'bekjʊlə] s. (pl. -ae) MEDICINA nubécula, nefélio
Nubia ['nju:bɪə] s.top. Núbia
Nubian ['nju:bɪən] adj.,s. núbio
nubile ['nju:baɪl] adj. 1 [ant.] [empregado sobretudo em relação a mulheres] núbil, casadoiro, em idade de casar; 2 [coloq.] desejável, atraente
nubility [nju'bɪlɪtɪ] s. [ant.] nubilidade
nucellus [nju'seləs] s. BOTÂNICA nucelo, parte interna do óvulo onde se forma o saco embrionário
nucha ['nju:kə] s. ANATOMIA nuca
nuchal ['nju:kəl] adj. nucal, relativo à nuca
nuciferous [nju'sɪfərəs] adj. nucífero, que produz nozes ou frutos semelhantes a nozes
nuciform ['nju:sɪfɔ:m] adj. nuciforme, em forma de noz
nucivorous [nju'sɪvərəs] adj. nucívoro, que se alimenta de nozes
nuclear ['nju:klɪə] adj. nuclear; ~ *blast* explosão nuclear; ~ *change* alteração nuclear; ~ *chemistry* química nuclear; ~ *disarmament* desarmamento nuclear; ~ *energy* energia nuclear; ~ *fission* cisão nuclear; ~ *physics* física nuclear; ~ *plant* central nuclear; ~ *power station* central nuclear; ~ *reaction* reacção nuclear; ~ *reactor* reactor nuclear; ~ *research* investigação nuclear; ~ *test(ing)* teste nuclear; ~ *weapon* arma nuclear ❖ ~ *powered submarine* submarino movido a energia nuclear; submarino atómico; *to go* ~ tornar-se uma potência nuclear
nuclear-free ['nju:klɪəfri:] adj. 1 não nuclearizado; 2 livre de energia nuclear; 3 desnuclearizado
nuclearize ['nju:klɪəraɪz] v.tr. fornecer armas nucleares a
nuclease ['nju:klɪeɪz] s. BIOQUÍMICA (enzima) nuclease
nucleate¹ ['nju:klɪɪt] adj. nucleado
nucleate² ['nju:klɪeɪt] v.intr. 1 formar-se em núcleo, agrupar-se em núcleo; 2 nuclear; 3 formar, agrupar em núcleo
nucleated ['nju:klɪeɪtɪd] adj. ⇒ **nucleate**¹
nucleic [nju'kli:ɪk, nju'kleɪk] adj. QUÍMICA nucleico; ~ *acid* ácido nucleico
nuclein ['nju:klɪɪn] s. QUÍMICA nucleína
nucleobranch ['nju:klɪəʊˌbræntʃ] s. ZOOLOGIA nucleobrânquio
nucleobranchiata ['nju:klɪəʊˌbrænkɪ'ɑ:tə] s.pl. ZOOLOGIA nucleobrânquios
nucleolar ['nju:klɪəʊlə] adj. nucleolar; relativo a nucléolo; com nucléolo
nucleolate ['nju:klɪəʊleɪt] adj. nucleolado, com um ou vários nucléolos
nucleolated ['njuklɪəʊleɪtɪd] adj. nucleolado, com um ou vários nucléolos
nucleole ['nju:klɪəʊl] s. BIOLOGIA (citologia) nucléolo
nucleolus [nju'klɪəʊləs] s. (pl. -i) ⇒ **nucleole**
nucleon ['nju:klɪɒn] s. FÍSICA nucleão, protão ou neutrão do núcleo atómico
nucleophile ['nju:klɪəʊfaɪl] s. QUÍMICA nucleófilo
nucleoplasm ['nju:klɪəʊplæzm] s. BIOLOGIA (citologia) nucleoplasma
nucleoprotein [ˌnju:klɪəʊ'prəʊti:n] s. BIOQUÍMICA nucleoproteína
nucleosome ['nju:klɪəʊsəʊm] s. QUÍMICA nucleossoma
nucleosynthesis [ˌnju:klɪəʊ'sɪnθɪsɪs] s. ASTRONOMIA nucleossíntese

nucleotide ['nju:klɪətaɪd] s. BIOQUÍMICA nucleótido
nucleus ['nju:klɪəs] s. (pl. **nuclei**) 1 (geral) núcleo; 2 MILITAR (de resistência, de bala, etc.) núcleo; 3 (parte central) âmago, cerne, essência; ponto principal; *the ~ of an affair* o ponto central de uma questão; 4 miolo
nuclide ['nju:klaɪd] s. FÍSICA nuclídeo
nude [nju:d] Ⓐ adj. 1 nu; despido; sem roupa; 2 [fig.] despojado, sóbrio, simples; 3 DIREITO (contrato) sem valor, válido só depois de legalizado Ⓑ s. ARTES PLÁSTICAS nu, figura nua; *a study from the ~* um nu; *to paint from the ~* pintar um nu ❖ *in the ~* nu; despido
nudge [nʌdʒ] Ⓐ v.tr. 1 acotovelar; fazer sinal com o cotovelo; dar um pequeno toque com o cotovelo para chamar a atenção; *he nudged me to look at the man* fez-me sinal com o cotovelo para olhar para o homem; 2 empurrar suavemente; 3 incentivar; encorajar; *to ~ sb into doing sth* incentivar alguém a fazer alguma coisa; 4 andar à volta de; estar a chegar a; *the temperature was nudging 40°* a temperatura estava a chegar aos 40 graus Ⓑ s. 1 (chamada de atenção) pequeno toque com o cotovelo; 2 incentivo; estímulo; encorajamento
nudibranch ['nju:dɪbræŋk] s. ZOOLOGIA nudibrânquio
nudie ['nju:dɪ] adj.,s. [coloq.] nu ❖ ~ *calendar* calendário com mulheres nuas
nudism ['nju:dɪzəm] s. nudismo
nudist ['nju:dɪst] adj.,s. nudista ❖ ~ *colony* colónia de nudistas
nudity ['nju:dɪtɪ] s. 1 nudez; 2 [fig.] despojamento, sobriedade, simplicidade
nudnik ['n(j)ʊdnɪk] s. [EUA] [cal.] (ofensivo) maçador; empecilho; cola
nuff [nʌf] adv. [coloq.] ⇒ **enough**
nugatory ['nju:gətərɪ] adj. nugatório, nugativo, frívolo, vão, fútil, sem valor, sem validade, nulo
nugget ['nʌgɪt] s. pepita; *gold nugget* pepita de ouro
nuisance ['nju:səns] s. 1 maçada; incómodo; aborrecimento; *it is a ~ to go there* é uma maçada ir lá; *what a nuisance!* mas que maçada!, mas que frete!; 2 [coloq.] (pessoa) praga; 3 DIREITO pessoa ou coisa que origina incómodo público ou que ofende a moralidade pública ❖ *commit no nuisance!* proibido sujar este lugar!; *sorry to be a ~* desculpe incomodar; *to make a ~ of oneself* causar problemas; incomodar
NUJ [abrev. de National Union of Journalists]
nuke [nju:k] Ⓐ s. 1 [coloq.] arma nuclear; 2 [EUA] [coloq.] central nuclear Ⓑ v.tr. 1 [coloq.] lançar uma bomba nuclear sobre; 2 [coloq.] lançar uma ofensiva nuclear contra; 3 [coloq.] cozinhar no microondas; aquecer no microondas
null [nʌl] Ⓐ adj. 1 nulo, sem qualquer efeito, írrito; 2 sem eficácia; 3 sem validade; 4 insignificante Ⓑ s. 1 zero; 2 nulidade ❖ ~ *and void* nulo; desprovido de qualquer validade; sem força legal
nullah ['nʌlə] s. [Índia] curso de água, ravina
nullification [ˌnʌlɪfɪ'keɪʃən] s. anulação
nullify ['nʌlɪfaɪ] v.tr. 1 anular, dirigir, infirmar; 2 invalidar; 3 tornar nulo
nullipara [nʌ'lɪpərə] s. mulher nulípara
nulliparous [nʌ'lɪpərəs] adj. (mulher) nulípara
nullity ['nʌlɪtɪ] s. (pl. -**ies**) 1 nulidade, ausência de qualquer valor, talento, mérito ou engenho; 2 falta de validade; 3 caducidade; 4 documento ou acção sem valor legal; 5 nada ❖ ~ *suit* processo de anulação de casamento; ~ *of marriage* anulação de casamento; *to declare sth a ~* declarar qualquer coisa como nula
Num. [abrev. de Numbers]
Numantia [nju'mæntɪə] s.top. Numância
Numa Pompilius [ˌnju:məpɒm'pɪlɪəs] s.antr. Numa Pompílio
numb [nʌm] Ⓐ adj. 1 entorpecido; tolhido; trôpego; dormente; ~ *with cold* tolhido pelo frio, entorpecido pelo frio; 2 paralisado [with, de]; ~ *with fear* paralisado de medo; 3 estupidificado Ⓑ v.tr. 1 entorpecer, tolher; 2 paralisar ❖ ~ *hand* pessoa desajeitada
numbed [nʌmd] adj. entorpecido; tolhido; paralisado; ~ *with grief* tolhido de sofrimento

number ['nʌmbə] Ⓐ s. 1 número; *even* ~ número par; *odd* ~ número ímpar; *he lives at ~ twenty, Oxford Street* ele vive em Oxford Street, n.º 20; 2 quantidade; *numbers of people* grande número de pessoas; *a large ~ of people* uma grande multidão; 3 unidade; 4 algarismo, algarismos; 5 (publicação, programa, etc.) número; *the first ~ on the programme* o primeiro número do programa; 6 (espectáculo, actuação) número; 7 LINGUÍSTICA número; 8 versos; 9 MÚSICA acordes; 10 *pl.* números, aritmética; *whole numbers* números inteiros; *they have a great skill in numbers* têm muito jeito para números, são peritos em aritmética; *small in ~* numericamente pequeno Ⓑ v.tr. 1 numerar, atribuir um número a; 2 contar, calcular; *the town numbers nine hundred thousand* a cidade conta novecentos mil habitantes; 3 enumerar; 4 incluir [**with**, em]; *I ~ him among my best friends* eu incluo-o entre os meus melhores amigos; 5 ser em número de; *they numbered forty in all* eram quarenta ao todo ❖ ~ *plate* chapa de identificação; (carro) placa de matrícula; *a back ~* pessoa que já fez época; pessoa acabada; QUÍMICA *iodine ~* índice de iodo; *he is not of our ~* ele não é dos nossos; [coloq.] *his ~ is up* já deu o que tinha a dar; está prestes a morrer; [EUA] [coloq.] *I've got his ~* descobri intenções dele; *the greater ~ think that...* a maior parte das pessoas julga que...; *times without ~* vezes sem conta; *to the ~ of* em número de; no montante de; [coloq.] *to get sb's ~* saber o valor de alguém; [coloq.] *to look after ~ one/to take care of ~ one* olhar pelos seus próprios interesses; cuidar de si próprio

✦**number among** v.tr. incluir entre; contar entre; *I number Twain among my favourite authors* coloco Twain entre os meus autores preferidos

✦**number off** v.intr. MILITAR numerar; dizer o número

numberer ['nʌmbərə] s. 1 pessoa que conta ou numera; 2 numerador

numbering ['nʌmbərɪŋ] s. 1 contagem; 2 numeração ❖ ~ *device* dispositivo numerador; ~ *machine* máquina de numerar

numberless ['nʌmbələs] adj. inumerável, inúmero

numbfish ['nʌmfɪʃ] s. ZOOLOGIA torpedo, tremelga, treme-mão, tremedeira

numbles ['nʌmblz] s.pl. [arc.] entranhas de veado

numbly ['nʌmlɪ] adv. 1 entorpecidamente; 2 como que paralisado ou insensível

numbness ['nʌmnɪs] s. entorpecimento, torpor

numbskull ['nʌmskʌl] s. (ofensivo) burro, imbecil, pacóvio

numerable ['njuːmərəbəl] adj. 1 numerável; 2 que pode numerar-se, que pode contar-se

numeracy ['njuːmərəsɪ] s. competência matemática

numeral ['njuːmərəl] Ⓐ adj. numérico; numeral; relativo a número Ⓑ s. 1 numeral; *cardinal ~* numeral cardinal; *ordinal ~* numeral ordinal; 2 número; *Roman numerals* numeração romana; 3 algarismo; *Arabic numerals* algarismos árabes

numerary ['njuːmərərɪ] adj. numerário

numeration [ˌnjuːməˈreɪʃən] s. numeração

numerator ['njuːməreɪtə] s. 1 pessoa que numera; 2 MATEMÁTICA numerador (de fracção)

numeric [njuːˈmerɪk] adj. ⇒ **numerical**

numerical [njuːˈmerɪkəl] adj. numérico; ~ *value* valor numérico ❖ ~ *computation* cálculo numérico; ~ *keyboard* teclado numérico

numerically [njuːˈmerɪkəlɪ] adv. numericamente

numerology [ˌnjuːməˈrɒlədʒɪ] s. numerologia

numerous ['njuːmərəs] adj. 1 numeroso, abundante, copioso; 2 muitos; 3 rítmico, cadenciado, harmonioso

numerously ['njuːmərəslɪ] adv. 1 em grande número, com grande abundância; 2 com ritmo, harmoniosamente, com cadência

numerousness ['njuːmərəsnɪs] s. 1 abundância, numerosidade, grande número; 2 ritmo, cadência, harmonia

Numidia [njuːˈmɪdɪə] s.top. Numídia

Numidian [njuːˈmɪdɪən] adj.,s. 1 numídico; 2 númida

numismatic [ˌnjuːmɪzˈmætɪk] adj. numismático

numismatically [ˌnjuːmɪzˈmætɪkəlɪ] adv. numismaticamente

numismatics [ˌnjuːmɪzˈmætɪks] s. numismática

numismatist [ˌnjuːˈmɪzmətɪst] s. numismata

nummary ['nʌmərɪ] adj. numário; numismático; relativo a moeda

nummies ['nʌmɪz] s. gulodices

nummulary ['nʌmjʊlərɪ] adj. ⇒ **nummary**

nummulite ['nʌmjʊlaɪt] s. numulite

nummulitic [ˌnʌmjʊˈlɪtɪk] adj. numulítico

numnah ['nʌmnə] s. [Índia] pano colocado por baixo da sela

numpty ['nʌmptɪ] s. [GB] cabeça-no-ar

numskull ['nʌmskʌl] s. pateta, idiota, estúpido

nun [nʌn] s. 1 RELIGIÃO freira, monja, religiosa; 2 ZOOLOGIA mejengra, chapim, fradinho; 3 pomba de poupa; 4 traça ou borboleta nocturna ❖ ~ *buoy* bóia de forma cónica; *nun's thread* algodão fino e branco; *nun's veiling* flanela muito fina

nunciature ['nʌnʃɪətʃə] s. 1 nunciatura; 2 cargo, função de núncio; 3 residência de núncio

nuncio ['nʌnʃɪəʊ] s. núncio, embaixador papal junto de Governo estrangeiro

nuncupate ['nʌnkjʊpeɪt] v.tr. DIREITO fazer oralmente, perante testemunhas, as suas disposições testamentárias

nuncupation [ˌnʌnkjʊˈpeɪʃən] s. DIREITO nuncupação, designação oral de herdeiros (não escrita)

nuncupative ['nʌnkjʊpeɪtɪv] adj. DIREITO nuncupativo, oral, designado oralmente, não por escrito; ~ *will* testamento nuncupativo

nunhood ['nʌnhʊd] s. situação de freira, estado de monja

nunnation [nʌˈneɪʃən] s. nunação, acrescento de um n final na declinação dos nomes (sobretudo árabes)

nunnery ['nʌnərɪ] s. (pl. **-ies**) convento de freiras

nuphar ['njuːfə] s. BOTÂNICA núfar, nenúfar, gólfão

nuptial ['nʌpʃəl] adj. nupcial; relativo a casamento ❖ ~ *ring* anel de casamento; ~ *song* epitalâmio

nuptials ['nʌpʃəlz] s.pl. núpcias; casamento

NUR [abrev. de National Union of Railwaymen]

Nuremberg ['njʊərəmbɜːɡ] s.top. Nuremberga

Nuremberger ['njʊərəmbɜːɡə] adj.,s. natural ou habitante de Nuremberga

nurse [nɜːs] Ⓐ s. 1 enfermeira, enfermeiro; *male ~* enfermeiro; *army ~* enfermeiro militar; *hospital ~* enfermeira de hospital; 2 [ant.] aia; 3 [ant.] ama; *to put to ~* entregar a uma ama; *dry ~* ama-seca; *wet ~* ama de leite; 4 educadora de infância; 5 [fig.] (pessoa, instituição, etc.) mentor, protector, fomentador; 6 ZOOLOGIA (abelha) obreira; 7 BOTÂNICA árvore que serve de abrigo a outra planta; 8 ZOOLOGIA animal em estado assexual de metagénese; 9 ZOOLOGIA nome de algumas variedades de tubarão Ⓑ v.tr. 1 amamentar; 2 alimentar com leite; 3 (crianças) criar; cuidar de; educar; *she was nursed in luxury* ela foi criada no luxo; 4 embalar nos braços, ter sobre os joelhos; 5 tratar de pessoas doentes; servir como enfermeira, actuar como enfermeiro ou enfermeira; 6 tratar com cuidado, cuidar de; *to ~ a cold* tratar uma constipação, procurar curar uma constipação; 7 (sentimento, ideia, esperança, etc.) acalentar, albergar; *to ~ feelings of revenge* albergar sentimentos de vingança; 8 promover, fomentar; *to ~ the arts* promover o desenvolvimento das artes; 9 administrar; 10 cultivar; *to ~ one's public* cultivar a popularidade; *such connections should be nursed* relações dessas devem ser cultivadas; 11 (planta) abrigar; 12 (bilhar) juntar as bolas, jogar com as bolas muito juntas ❖ ~ *child* criança em relação à ama que a amamenta; ~ *frog* variedade de rã cujo macho anda com os ovos até chocarem; ~ *pond* viveiro de peixes; ~ *ship* navio abastecedor de outros

nurseling ['nɜːslɪŋ] s. 1 criança de peito (sobretudo em relação à ama que a cria); 2 produto, criação, fruto; 3 coisa criada com muito cuidado

nursery ['nɜːsrɪ] s. (pl. **-ies**) 1 quarto de crianças; 2 creche, infantário; ~ *school* infantário; *day ~* creche, infantário; 3 BOTÂNICA alfobre, viveiro; ~ *garden* viveiro de plantas; 4 (peixes) viveiro; 5 lugar onde se promove o desenvolvimento ou criação de qualquer coisa; *a ~ for...* uma verdadeira escola de...; 6 (bilhar) série de carambolas em bolas muito juntas ❖ ~ *governess* aia; senhora encarregada de crianças; LITERATURA ~ *rhyme* poesia infantil; LITERATURA ~ *tale* conto infantil; *night ~* dormitório infantil

nurseryman ['nɜːsrɪmən] s. (pl. **-men**) chefe ou administrador de viveiro

nursing ['nɜːsɪŋ] Ⓐ adj. 1 que alimenta; 2 que trata de; 3 que serve de enfermeira ou enfermeiro; 4 (mãe) que amamenta Ⓑ s. 1 enfermagem; *to go in for ~* dedicar-se à enfermagem; 2 assistência a idosos ou acamados; 3 (crianças) aleitamento; 4 acto de

nursling

albergar qualquer sentimento; **5** administração; **6** cultivo; **7** promoção de desenvolvimento ❖ **~ bottle** biberão; **~ home** casa de saúde; clínica; casa de repouso; **~ father** pai adoptivo; **~ mother** mãe adoptiva; **~ staff** os enfermeiros; o pessoal de enfermagem

nursling ['nɜːslɪŋ] *s.* ⇒ **nurseling**

nurture ['nɜːtʃə] Ⓐ *s.* **1** educação; **2** treino, adestramento; **3** sustento, alimentação, alimento(s); **~ of the mind** alimento do espírito; **4** cuidado(s) Ⓑ *v.tr.* **1** (criança) educar; criar; **2** alimentar; **3** treinar; adestrar; **4** proteger; apoiar; estimular; **5** (sentimentos, etc.) albergar; acalentar; nutrir

nurturer ['nɜːtʃərə] *s.* **1** educador; **2** fomentador; **3** protector

nut [nʌt] Ⓐ *s.* **1** BOTÂNICA noz, avelã, amêndoa, castanha; **2** porca de parafuso; **3** (instrumento de corda) pestana; **4** (relógio) pequena roda dentada; **5** [coloq.] cabeça, cachola; **6** [cal., depr.] maluco, louco; **7** [coloq.] fanático, maluquinho; *a film* ~ um maluquinho por cinema; **8** *pl.* [cal.] tomates_cal._ Ⓑ *v.intr.* apanhar nozes; *to go nutting* ir apanhar nozes Ⓒ *v.tr.* [coloq.] dar uma cabeçada a ❖ **~ blank** porca sem rosca; **~ brown** castanho; cor de noz; **~ butter** manteiga de nozes; **~ coal** carvão miúdo como amêndoas; **~ driver** chave de porcas; **~ lathe** torno para porcas; **~ lock** contraporca; **~ oil** óleo de nozes; BOTÂNICA **~ palm** cica australiana; **~ setter** chave de porca; **~ tap** macho de porca; BOTÂNICA **~ tree** aveleira; avelaneira; **~ weevil** bicho das nozes; [coloq.] *a hard* ~ *to crack/a tough* ~ *to crack* um bico-de-obra; um osso duro de roer; *the nuts and bolts* o básico; o essencial; NÁUTICA *the nuts of the anchor* as orelhas da âncora; [coloq.] *to be off one's* ~ ter uma aduela a menos; ter perdido o juízo; estar bêbedo

NUT [*abrev. de* National Union of Teachers]

nutant ['njuːtənt] *adj.* BOTÂNICA nutante, inclinado pelo peso da extremidade superior

nutation [njuːˈteɪʃən] *s.* **1** ASTRONOMIA, BOTÂNICA nutação; **2** MEDICINA nutação, nuto, tontura da cabeça

nut-bearing ['nʌtˌbeərɪŋ] *adj.* que produz nozes

nutcase ['nʌtkeɪs] *s.* [depr.] maluco

nutcracker ['nʌtkrækə] *s.* **1** (instrumento) quebra-nozes; **2** ZOOLOGIA (ave) quebra-nozes

nutgall ['nʌtɡɔːl] *s.* noz-de-galha, bugalho

nuthatch ['nʌthætʃ] *s.* (*pl.* **-es**) ZOOLOGIA (ave) picanço-azul, trepadeira-azul, pica-pau-cinzento, alhorca, carrapito

nuthouse ['nʌthaʊs] *s.* [coloq.] manicómio

nutmeg ['nʌtmeɡ] *s.* CULINÁRIA noz-moscada ❖ MEDICINA **~ liver** cirrose do fígado com atrofia

nutpick ['nʌtpɪk] *s.* [EUA] instrumento para tirar o miolo da noz da casca

nutraceutical [njuːtrəˈsjuːtɪkəl] *s.* FARMÁCIA suplemento nutricional

nutria ['njuːtrɪə] *s.* ZOOLOGIA nútria, ariranha, espécie de lontra

nutrient ['njuːtrɪənt] Ⓐ *s.* nutriente Ⓑ *adj.* nutritivo, nutriente

nutriment ['njuːtrɪmənt] *s.* alimento, nutrimento

nutrition [njuːˈtrɪʃən] *s.* nutrição

nutritionist [njuːˈtrɪʃənɪst] *s.* nutricionista

nutritious [njuːˈtrɪʃəs] *adj.* (alimento) nutritivo

nutritiousness [njuːˈtrɪʃəsnəs] *s.* valor nutritivo, capacidade nutritiva

nutritive ['njuːtrɪtɪv] Ⓐ *adj.* nutritivo, alimentar Ⓑ *s.* substância nutritiva

nuts [nʌts] Ⓐ *adj.* [cal.] louco, doido; [fig.] *to be* ~ *about…* ser doido por…; [fig.] *to be dead* ~ *on…* estar louco por… Ⓑ *interj.* disparate!, tolice! ❖ [coloq.] *to go* ~ enlouquecer; ficar maluco

nutshell ['nʌtʃel] *s.* casca de noz ❖ *in a* ~ em poucas palavras; o mais resumidamente possível; no menor espaço possível; *to put it in a* ~ para ser breve; em resumo

nutso ['nʌtsəʊ] *adj.* [coloq.] doido, louco

nutsy ['nʌtsɪ] *adj.* [EUA] [cal.] doido, louco, maluco

nutter ['nʌtə] *s.* [coloq., depr.] louco

nuttiness ['nʌtɪnɪs] *s.* **1** gosto a avelã; **2** [coloq.] elegância, peraltice, casquilhice; **3** loucura

nutting ['nʌtɪŋ] *s.* colheita de avelãs ou nozes

nutty ['nʌtɪ] *adj.* (*comp.* **-ier**, *superl.* **-iest**) **1** abundante em nozes ou avelãs; **2** com sabor a nozes ou avelãs; **3** [EUA] [coloq.] chanfrado, amalucado

nux vomica [ˌnʌksˈvɒmɪkə] *s.* BOTÂNICA noz-vómica

nuzzle [nʌzl] *v.tr.,intr.* **1** fossar com a tromba; *to* ~ *into the mud* fossar na lama, focinhar na lama; **2** encostar o nariz a; *the horse nuzzled my shoulder* o cavalo encostou o focinho ao meu ombro ❖ *to* ~ *up to* aconchegar-se a

NW [*abrev. de* northwest]

N-word ['enwɜːd] *s.* eufemismo de "nigger"

NWT (Canadá) [*abrev. de* Northwest Territories]

NY [*abrev. de* New York]

Nyasaland [naɪˈæsəlænd] *s.top.* Niassalândia

Nyassa [ˈnjæsə, naɪˈæsə] *s.* (lago africano) Niassa

nyctalope ['nɪktələʊp] Ⓐ *adj.* nictalópico, que diz respeito à nictalopia ou ao nictalope Ⓑ *s.* nictalope, que sofre de nictalopia

nyctalopia [ˌnɪktəˈləʊpɪə] *s.* MEDICINA (oftalmologia) nictalopia

nylghai ['nɪlɡaɪ] *s.* ⇒ **nilgai**

nylghau ['nɪlɡaʊ] *s.* ⇒ **nilgai**

nylon ['naɪlɒn] *s.* **1** nylon; **2** *pl.* VESTUÁRIO meias de nylon ❖ **~ stockings** meias de nylon

nymph [nɪmf] *s.* **1** MITOLOGIA ninfa; **2** [poét.] mulher nova e bela; **3** ZOOLOGIA ninfa, crisálida

nymphae ['nɪmfiː] *s.pl.* ANATOMIA ninfas, pequenos lábios da vulva

nymphaea [nɪmˈfiːə] *s.* BOTÂNICA gólfão, nenúfar-branco

Nymphaeaceae [ˌnɪmfiːˈeɪsiː] *s.pl.* Ninfeáceas, família de plantas dicotiledóneas a que pertencem os gólfãos ou nenúfares

nymphalidae [nɪmˈfælɪdiː] *s.pl.* ZOOLOGIA ninfalídeos, família de insectos lepidópteros

nymphean [nɪmˈfiːən] *adj.* relativo a ninfa; respeitante a ninfa

nymphet ['nɪmfɪt, nɪmˈfet] *s.* ninfeta

nympho ['nɪmfəʊ] *adj.,s.* {*forma abreviada de* **nymphomaniac**} [coloq.] ninfomaníaca

nympholepsy ['nɪmfəʊlepsɪ] *s.* ninfolepsia, frenesi motivado pelo desejo do inatingível

nympholept ['nɪmfəʊlept] *s.* ninfolepto, pessoa dominada por violento entusiasmo

nympholeptic [ˌnɪmfəʊˈleptɪk] *adj.* ninfoléptico

nymphomania [ˌnɪmfəˈmeɪnɪə] *s.* ninfomania, furor uterino

nymphomaniac [ˌnɪmfəˈmeɪnɪæk] *s.* ninfomaníaca

nyssa ['nɪsə] *s.* BOTÂNICA nissa

nystagmic [nɪsˈtæɡmɪk] *adj.* nistâgmico

nystagmus [nɪsˈtæɡməs] *s.* MEDICINA (oftalmologia) nistagmo

NZ [*abrev. de* New Zealand]

o [əʊ] s. (pl. **-s** ou **-es**) **1** (letra) o, O; **2** zero
O[1] QUÍMICA [símbolo de oxygen]
O[2] interj. oh! quem dera!; *O for a breathing space!* oh quem dera um lugar onde se pudesse estar à vontade!; *O to be in England!* oh quem dera estar em Inglaterra! ❖ *O me!* pobre de mim!
oaf [əʊf] s. (pl. **oafs** ou **oaves**) **1** labrego; **2** imbecil, pateta, idiota, simplório; **3** [arc.] filho ou filha de fada, criança trocada pelas fadas
oafish [ˈəʊfɪʃ] adj. **1** labrego, aparolado, rústico; **2** imbecil, estúpido, apatetado
oafishly [ˈəʊfɪʃlɪ] adv. **1** de forma imbecil; **2** parvamente; **3** com aspecto de idiota; **4** desajeitadamente
oafishness [ˈəʊfɪʃnɪs] s. **1** imbecilidade, estupidez; **2** aspecto apatetado
oak [əʊk] s. **1** BOTÂNICA carvalho; roble; (árvore) *~ tree* carvalho; *British/common ~* roble; **2** madeira de carvalho ou roble; *~ timber* madeira de carvalho para construções; *~ wood* madeira de carvalho; **3** coroa de folhas de carvalho; **4** [coloq.] porta exterior de série de aposentos; *to sport one's ~* fechar a porta para não receber visitas, não receber ❖ *~ apple* bugalho, galha de carvalho; *~ bark* casca de carvalho; *~ button* galha de carvalho; *~ evergreen* azinheira; *~ fern* erva que costuma nascer nos carvalhos velhos; *~ furniture* mobília de carvalho; *~ gall* noz-de-galha; galha de carvalho; bugalho; *~ grove* carvalhal; mata de carvalhos; *~ leaf* folha de carvalho; *~ mast* bolota; [EUA] *~ pest* filoxera do carvalho; *~ plantation* mata de carvalhos; plantação de carvalhos; [EUA] *~ pruner* capricórnio do carvalho; *~ wart* galha de carvalho; *turkey ~* carvalho-da--borgonha; *white ~* carvalho-branco; HISTÓRIA *Oak Apple Day* aniversário da Restauração de Carlos II (29 de Maio)
oaken [ˈəʊkn] adj. de carvalho, de madeira de carvalho
oaklet [ˈəʊklɪt] s. carvalho novo
oakling [ˈəʊklɪŋ] s. ⇒ **oaklet**
oak-panelled [ˌəʊkˈpænəld] adj. (porta, parede, etc.) com almofadas de carvalho
oakum [ˈəʊkəm] s. estopa de calafate; *~ of flax* estopa de linho; *~ of hemp* estopa de cânhamo; *~ of jute* estopa de juta; *black ~* estopa breada; *white ~* estopa branca ❖ *to pick ~* preparar estopa desfiando e desfazendo cordas velhas
OAP [abrev. de old-age pensioner]
oar [ɔː] Ⓐ s. **1** remo; **2** remador; *bank of oars* banco dos remadores; **3** [fig.] barbatana ou braço usado ao nadar; **4** instrumento utilizado na brassagem da cerveja Ⓑ v.tr.,intr. remar; fazer andar por intermédio de remos; *to ~ one's way along* avançar remando ❖ *to be chained to the ~* ser obrigado a trabalhar duramente; *to bend to the oars* remar energicamente; *to have an ~ in every man's boat* ser intrometido; meter-se continuamente na vida dos outros; *to lie on the oars* parar de remar; descansar do trabalho; descansar por algum tempo; *to ~ one's arms* agitar os braços; servir-se dos braços como se fossem remos; *to pull a good ~* ser bom remador; [coloq.] *to put in one's ~* dar conselhos desnecessários; intrometer-se; ser intrometido; *to rest on one's oars* descansar por algum tempo; *to stick one's ~ in* intrometer-se em
oared [ɔːd] adj. com remos; *four-oared* com quatro remos
oarfish [ˈɔːfɪʃ] s. ZOOLOGIA regaleco
oar-footed [ˈɔːfʊtɪd] adj. palmípede
oarlocks [ˈɔːlɒks] s. **1** NÁUTICA toleteira; **2** tolete
oarsman [ˈɔːzmən] s.m. (pl. **-men**) remador
oarsmanship [ˈɔːzmənʃɪp] s. arte de remar
oarswoman [ˈɔːzˌwʊmən] s.f. (pl. **-women**) remadora
oasal [əʊˈeɪsəl] adj. [rar.] oásico, oasiano
oasis [əʊˈeɪsɪs] s. (pl. **oases**) oásis
oasitic [ˌəʊeɪˈsɪtɪk] adj. ⇒ **oasal**
oast [əʊst] s. forno destinado à secagem do lúpulo
oasthouse [ˈəʊsthaʊs] s. edifício com fornos de secagem de lúpulo
oat [əʊt] s. **1** BOTÂNICA [geralm. no pl.] aveia; *a field of oats* um campo de aveia; **2** flauta pastoril ❖ *~ bread* pão de aveia; *~ grass* aveia brava; *~ malt* aveia preparada para ser utilizada no fabrico de cerveja; *false ~* variedade de aveia; (cavalo) *allowance of oats* ração de aveia; (cavalo) *to be off its oats* recusar a comida; não comer; estar adoentado; *to be off one's oats* andar doente; sentir-se indisposto; [coloq.] *to feel one's oats* sentir-se importante; armar à importância; *to sow one's wild oats* levar uma vida de pândega enquanto novo
oatcake [ˈəʊtkeɪk] s. bolacha de aveia
oaten [ˈəʊtn] adj. de aveia
oath [əʊθ] s. (pl. **oaths**) **1** (situação solene) juramento; *by/on ~* por juramento; *under ~* sob juramento; **2** jura; **3** praga; imprecação; palavrão; *to let out an ~* deixar escapar uma praga ❖ *~ of fealty* juramento de fidelidade ao seu senhor (feudal); *taking of an ~* prestação de juramento; *I'll take my ~ on it* juro que é verdade; *to administer an ~ to sb* ajuramentar alguém; *to be under an ~* ter-se obrigado por juramento; *to break one's ~* quebrar o juramento; cometer perjúrio; *to declare on ~* declarar sob juramento; *to deny by ~* negar sob juramento; *to put one to his ~* ajuramentar alguém; *to take an ~* prestar juramento; *to take an ~ of* confirmar (alguma coisa) sob juramento
oath-bound [ˈəʊθbaʊnd] adj. comprometido por juramento
oatmeal [ˈəʊtmiːl] Ⓐ s. **1** farinha de aveia; **2** CULINÁRIA (pequeno--almoço) papas de aveia; *~ porridge* papas de aveia Ⓑ adj. (cor) bege
OAU [abrev. de Organization of African Unity]
ob. Ⓐ [abrev. de obiit (he or she died)] Ⓑ MÚSICA [abrev. de oboe]
Obadiah [ˌəʊbəˈdaɪə] s.antr. RELIGIÃO (Bíblia) Abdias, Obadias
obbligato [ˌɒblɪˈɡɑːtəʊ] Ⓐ adj. MÚSICA obbligato, obrigado, inseparável do resto da composição Ⓑ s. **1** MÚSICA parte inseparável do resto da composição, parte integral da composição; **2** acompanhamento obrigatório
obconic [ɒbˈkɒnɪk] adj. obcónico, com o feitio de cone invertido
obconical [ɒbˈkɒnɪkəl] adj. obcónico, com o feitio de cone invertido
obcordate [ɒbˈkɔːdɪt] adj. BOTÂNICA obcordado, obcordiforme, com a forma de um coração invertido
obdiplostemonous [ˌɒbdɪpləˈstiːmənəs] adj. BOTÂNICA obdiplostemo
obduracy [ˈɒbdʒʊrəsɪ] s. **1** teimosia, obstinação; **2** inflexibilidade; **3** renitência, obduração, inexorabilidade; **4** dureza de coração; **5** impenitência
obdurate [ˈɒbdʒʊrɪt] adj. **1** obstinado inflexível, renitente, obdurado, inexorável, duro de coração; **2** impenitente
obdurately [ˈɒbdʒʊrɪtlɪ] adv. **1** com obstinação; **2** inflexivelmente, renitentemente; **3** inexoravelmente
obdurateness [ˈɒbdʒʊrɪtnɪs] s. ⇒ **obduracy**
OBE [abrev. de Officer of the (Order of the) British Empire]
obeah [ˈəʊbɪə] s. **1** obeah, religião de origem africana praticada nas Antilhas; **2** amuleto, objecto mágico
obedience [əˈbiːdɪəns] s. **1** obediência; *passive ~* obediência passiva; **2** conformidade; concordância; COMÉRCIO *in ~ to your orders* em conformidade com as suas estimadas ordens; *to act in ~ to* actuar de acordo com, actuar em conformidade com;

3 submissão; sujeição; ~ *to sb's will* submissão à vontade de alguém; 4 RELIGIÃO esfera de acção de autoridade eclesiástica; jurisdição de autoridade eclesiástica; *the Roman* ~ a submissão a Roma, a jurisdição de Roma ❖ (escola de animais) ~ *training* aulas de obediência; *to compel* ~ *from sb* fazer-se obedecer por; *to enforce* ~ *to the law* fazer respeitar a lei; *to reduce sb to* ~ forçar alguém a obedecer

obedience-trained [ə'bi:dɪəns,treɪnd] *adj.* (cão) educado; treinado para obedecer

obedient [ə'bi:dɪənt] *adj.* 1 obediente; dócil; submisso; 2 (animal) bem ensinado ❖ [arc.] *your* ~ *servant* vosso humilde servidor, com a maior consideração e respeito

obediently [ə'bi:dɪəntlɪ] *adv.* obedientemente; submissamente; docilmente ❖ [ant.] (encerramento de carta comercial) *yours* ~ com a maior consideração e respeito; com os nossos melhores cumprimentos; sempre ao dispor de V. Senhorias

obeisance [əʊ'beɪsəns] *s.* 1 homenagem; preito; *to pay* ~ *to* prestar homenagem a; 2 reverência, vénia, mesura; *he came forward with many obeisances* ele adiantou-se com muitas reverências; 3 obediência; *to do* ~ *to* prestar obediência respeitosa a

obeliscal [ɒbɪ'lɪskəl] *adj.* obeliscal

obeliscoid [ɒbɪ'lɪskɔɪd] *adj.* ⇒ **obeliscal**

obelisk ['ɒbɪlɪsk] *s.* 1 obelisco; 2 TIPOGRAFIA pequena cruz como sinal de referência (†); 3 óbelo, marca empregada nos antigos manuscritos para indicar passos errados, repetições, etc. (-, ÷)

obelize ['ɒbɪlaɪz] *v.tr.* marcar com óbelo

obelus ['ɒbɪləs] *s.* (*pl.* -li) óbelo, marca empregada em antigos manuscritos para indicar passos errados, repetições, etc.

obese [əʊ'bi:s] *adj.* obeso, gordo

obeseness [əʊ'bi:snɪs] *s.* ⇒ **obesity**

obesity [əʊ'bi:sɪtɪ] *s.* obesidade, gordura

obey [ə'beɪ] *v.tr.,intr.* 1 obedecer, obedecer a; *to* ~ *the dictates of one's conscience* obedecer aos ditames da consciência; 2 cumprir; 3 observar; agir em conformidade com; acatar; 4 executar; 5 submeter-se a ❖ NÁUTICA *to* ~ *the helm* obedecer ao leme

obeyer [ə'beɪə] *s.* aquele que obedece, aquele que acata ou cumpre (ordens, etc.)

obfuscate ['ɒbfəskeɪt] *v.tr.* 1 ofuscar, toldar, obscurecer; 2 aturdir; confundir

obfuscated ['ɒbfəskeɪtɪd] *adj.* 1 confuso; 2 ébrio, embriagado

obfuscation [,ɒbfəs'keɪʃən] *s.* 1 obscurecimento, ofuscação; 2 aturdimento

obi[1] ['əʊbɪ] *s.* cinta de seda, enrolada várias vezes, que no Japão serve para prender a túnica

obi[2] ['əʊbɪ] *s.* ⇒ **obeah**

obiit ['ɒbɪɪt] *v.intr.* (3.ª pes. sing. do prt.) faleceu, morreu

obit ['ɒbɪt] *s.* [arc.] serviço fúnebre celebrado em memória ou no aniversário do fundador ou benfeitor de qualquer instituição

obiter ['əʊbɪtə] *adv.* a propósito

obiter dictum [,əʊbɪtə'dɪktəm] *s.* (*pl.* -ta) 1 opinião emitida por um juiz, mas sem influência sobre a decisão final; 2 observação acidental

obituarist [ə'bɪtʃʊərɪst] *s.* obituarista; encarregado do registo dos óbitos

obituary [ə'bɪtʃʊərɪ, ə'bɪtʃuerɪ] Ⓐ *adj.* obituário; relativo a óbito Ⓑ *s.* 1 obituário, registo de óbitos, relação de óbitos; 2 necrologia; (jornais) ~ *column* necrologia

object[1] ['ɒbdʒɪkt] *s.* 1 (geral) objecto; *to be an* ~ *of* ser objecto de; 2 coisa; 3 objectivo; *the* ~ *of this letter was ...* o objectivo desta carta era ...; *to have sth as an* ~/*to have sth for an* ~ ter qualquer coisa como objectivo; 4 fim, finalidade; *with this* ~ *in view* com este fim em vista; 5 matéria; tema; assunto; ~ *of study* tema de estudo; 6 [fig.] (aspecto ridículo) espantalho*fig*, figura caricata; *what an* ~ *you look in that hat!* pareces mesmo um espantalho com esse chapéu!; 7 LINGUÍSTICA objecto, complemento; *direct* ~ complemento directo; *indirect* ~ complemento indirecto; 8 FILOSOFIA objecto, não-eu; *formal* ~ objecto formal; *material* ~ objecto material ❖ (bilhar, snooker, etc.) ~ *ball* bola visada; ~ *chart* quadro para lições de coisas; ~ *finder* dispositivo para registar a posição do objecto visto ao microscópio, de modo a permitir a sua rápida localização; ÓPTICA ~ *glass/lens* objectiva; INFORMÁTICA (programação) ~ *language* linguagem por objectos; ~ *lesson* aula prática; demonstração perfeita; exemplo prático; (peça de microscópio) ~ *plate/slide* platina; (procura de emprego) *money no* ~ o ordenado não é importante; *there is no* ~ *in doing it* é inútil fazer isso; isso não serve de nada; *to be no* ~ não ser um problema de maior; *to have no* ~ *in life* não ter objectivos na vida; andar sem rumo

object[2] [əb'dʒekt] *v.tr.,intr.* 1 objectar; *it was objected to me that...* objectaram-me que...; 2 levantar objecções [*to*, a]; opor-se [*to*, a]; não concordar [*to*, com]; manifestar discordância [*to*, em relação a]; *he got angry and objected in strong language* ele irritou-se e manifestou a sua discordância com bastante rudeza; *I* ~ *to that* não concordo com isso; *she objected to being treated like that* ela não aceitou que a tratassem daquela maneira; *they objected to my doing it* opuseram-se a que eu o fizesse; *to* ~ *sth to a proposal* apresentar objecções a uma proposta; *to* ~ *to sth* opor-se a alguma coisa; 3 importar-se [*to*, que]; *if you don't* ~ se não vir inconveniente, se não se importar; *do you* ~ *to my smoking?* importa-se que fume?; 4 protestar [*to*, contra]; DIREITO *I object!* protesto!; 5 impugnar; 6 alegar; *to* ~ *sth against a person* alegar algo contra alguém; *have you got anything to* ~ *against him?* tens alguma coisa a alegar contra ele? ❖ DIREITO *to* ~ *to a witness* recusar uma testemunha

objectification [,ɒbdʒektɪfɪ'keɪʃən] *s.* FILOSOFIA objectivação

objectify [ɒb'dʒektɪfaɪ] *v.tr.* 1 FILOSOFIA objectivar; 2 [depr.] tratar como um objecto

objection [əb'dʒekʃən] *s.* 1 objecção; *to raise an* ~ levantar uma objecção; 2 protesto; 3 reparo; 4 dúvida; dificuldade; 5 oposição; desagrado; desaprovação; *I have no* ~ *to him* não tenho nada contra ele; *they have a strong* ~ *to getting up late* não gostam nada de se levantar tarde; 6 inconveniente; *I see no* ~ *to it* não vejo qualquer inconveniente; *to find an* ~ *to* encontrar um inconveniente em ❖ *objection!* protesto!; DIREITO ~ *to a witness* impugnação de uma testemunha; *to take* ~ *to* objectar a; opor-se a; discordar de

objectionable [əb'dʒekʃnəbəl] *adj.* 1 objectável; 2 desagradável; inconveniente; *an* ~ *smell* um cheiro desagradável; 3 censurável; repreensível; condenável; 4 ofensivo ❖ ~ *language* linguagem inconveniente, ofensiva; inconveniências; grosserias

objectionableness [əb'dʒekʃnəblnɪs] *s.* 1 inconveniência, carácter censurável; 2 procedimento ofensivo; 3 atitude censurável, procedimento repreensível; 4 grosseria

objectionably [əb'dʒekʃnəblɪ] *adv.* 1 repreensivelmente; 2 de uma maneira condenável, de modo censurável; 3 dum modo chocante

objectivate [ɒb'dʒektɪveɪt] *v.tr.* objectivar

objectivation [,ɒbdʒektɪ'veɪʃən] *s.* objectivação

objective [ɒb'dʒektɪv] Ⓐ *adj.* 1 objectivo; concreto; 2 (atitude, abordagem) imparcial; neutro; 3 LINGUÍSTICA acusativo; ~ *case* caso acusativo Ⓑ *s.* 1 objectivo; 2 alvo; 3 ÓPTICA objectiva; 4 LINGUÍSTICA (caso) acusativo ❖ MILITAR ~ *point* objectivo

objectively [ɒb'dʒektɪvlɪ] *adv.* objectivamente

objectiveness [ɒb'dʒektɪvnɪs] *s.* objectividade

objectivity [,ɒbdʒek'tɪvɪtɪ] *s.* ⇒ **objectiveness**

objectless ['ɒbdʒɪktləs] *adj.* sem objectivo, sem finalidade

objector [əb'dʒektə] *s.* 1 opositor; adversário; 2 crítico ❖ *conscientious* ~ objector de consciência

objurgate ['ɒbdʒɜ:geɪt] *v.tr.* invectivar, increpar, censurar, repreender, objurgar, exprobrar

objurgation [,ɒbdʒɜ:'geɪʃən] *s.* invectiva, censura, reprimenda, objurgação

objurgatory [ɒb'dʒɜ:gətərɪ] *adj.* objurgatório

oblate[1] ['ɒbleɪt, əʊ'bleɪt] *adj.* GEOMETRIA achatado nos pólos

oblate[2] ['ɒbleɪt] *s.* RELIGIÃO oblato, indivíduo destinado à vida conventual ou monástica

oblateness [ɒ'bleɪtnɪs] *s.* GEOMETRIA achatamento nos pólos

oblation [ə'bleɪʃən] *s.* RELIGIÃO oblação; oferta, oferenda feita a Deus ❖ *the great* ~ o sacramento da Eucaristia

obley ['ɒblɪ] *s.* RELIGIÃO obreia, pasta delgada de massa para fazer hóstias

obligant ['ɒblɪgənt] *s.* pessoa que se obriga ou é legalmente obrigada a fazer alguma coisa

obligate¹ ['ɒblɪgeɪt] v.tr. obrigar, obrigar legalmente [**to**, a]
obligate² ['ɒblɪgɪt] adj. 1 obrigado, forçado; 2 BIOLOGIA permanente
obligation [ˌɒblɪ'geɪʃən] s. 1 obrigação; *imperfect* ~ obrigação natural, obrigação moral; *moral obligations* obrigações morais; *perfect* ~ obrigação legal; *the obligations of conscience* as obrigações da consciência; *to be under an* ~ *to sb* estar em dívida/obrigação perante alguém; *to be under an* ~ *to do this or that* ter obrigação de fazer isto ou aquilo; 2 imposição; 3 encargo, dever, compromisso; COMÉRCIO *to meet one's obligations* fazer face aos seus encargos, satisfazer os seus compromissos; 4 obséquio, favor; 5 COMÉRCIO compromisso financeiro ❖ *joint and several* ~ solidariedade
obligator ['ɒblɪgeɪtə] s. devedor
obligatorily [ɒ'blɪgətərɪlɪ] adv. 1 obrigatoriamente; 2 com carácter de obrigatoriedade
obligatoriness [ɒ'blɪgətərɪnɪs] s. obrigatoriedade
obligatory [ɒ'blɪgətərɪ] adj. 1 obrigatório; 2 legalmente obrigatório
oblige [ə'blaɪdʒ] v.tr. 1 obrigar; compelir; forçar; constranger; *to* ~ *sb to do sth* obrigar alguém a fazer alguma coisa; *to be obliged to* ser obrigado a; 2 ser amável com; ser agradável a; ter a amabilidade de; fazer um favor a; prestar um serviço a; *to* ~ *a friend* ser amável para com um amigo, fazer um favor a um amigo; 3 obsequiar; fazer a vontade a; *an answer will* ~ roga-se o obséquio duma resposta; *can you* ~ *me with that book?* pode fazer o obséquio de me passar aquele livro? ❖ *much obliged!* muito obrigado!; *in order to* ~ *you* para lhe ser agradável
obligee [ˌɒblɪ'dʒiː] s. 1 credor; 2 pessoa a quem se fez um favor, pessoa que deve a outra qualquer obséquio, amabilidade, etc.
obliger [ə'blaɪdʒə] s. 1 pessoa a quem devemos qualquer amabilidade, favor, etc.; 2 pessoa que nos obsequeia
obliging [ə'blaɪdʒɪŋ] adj. amável, prestável, obsequiador, delicado, pronto a ajudar; *he is very* ~ ele é muito amável, ele é muito prestável; *that is very* ~ *of you* é muita amabilidade da sua parte
obligingly [ə'blaɪdʒɪŋlɪ] adv. 1 amavelmente; 2 obsequiosamente
obligingness [ə'blaɪdʒɪŋnɪs] s. amabilidade, delicadeza, urbanidade, cortesia, atenção
obligor [ɒblɪ'gɔː] s. DIREITO devedor, pessoa ligada a outra por título de dívida
oblique [ə'bliːk] Ⓐ adj. 1 oblíquo; diagonal; GEOMETRIA ~ *angle* ângulo oblíquo; ARQUITECTURA ~ *arch/*~ *vault* abóbada oblíqua; GEOMETRIA ~ *cone/cylinder* cone/cilindro oblíquo; ~ *muscle* músculo oblíquo; GEOMETRIA ~ *projection* projecção oblíqua; NÁUTICA ~ *sailing* rota oblíqua; 2 enviesado; de través; ~ *glance* olhar de través; 3 indirecto; com rodeios; dissimulado; ~ *ways* meios indirectos, processos pouco claros; 4 (descendência) colateral Ⓑ s. 1 TIPOGRAFIA barra oblíqua; 2 movimento oblíquo, movimento de través; *they made a right* ~ executaram um movimento de través para a direita; 3 GEOMETRIA figura oblíqua; 4 músculo oblíquo Ⓒ v.intr. obliquar, virar, executar um movimento oblíquo ❖ BOTÂNICA ~ *leaf* folha assimétrica; ~ *tenon and mortise* mecha e respiga oblíqua
obliquely [ə'bliːklɪ] adv. 1 obliquamente, de través, em diagonal; 2 indirectamente, por meios indirectos
obliqueness [ə'bliːknɪs] s. obliquidade, posição oblíqua
obliquity [ə'blɪkwɪtɪ] s. 1 obliquidade, posição oblíqua, direcção oblíqua; ~ *of the ecliptic* obliquidade da eclíptica; 2 [fig.] falta de rectidão moral; dissimulação; desonestidade; falta de probidade
obliterate [ə'blɪtəreɪt] v.tr. 1 obliterar, fazer desaparecer, extinguir por completo, destruir, suprimir, eliminar; 2 apagar, fazer esquecer; 3 anular, obliterar (um selo); 4 ANATOMIA obliterar, fechar, obstruir
obliterating [ə'blɪtəreɪtɪŋ] adj. obliterador
obliteration [əˌblɪtə'reɪʃən] s. 1 obliteração, acção ou efeito de obliterar; 2 anulação; 3 inutilização de selos postais por meio de carimbo
obliterator [ə'blɪtəreɪtə] s. obliterador

oblivion [ə'blɪvɪən] s. esquecimento, olvido, oblívio; *to fall/to sink into* ~ cair no esquecimento ❖ *Act of Oblivion/Bill of Oblivion* amnistia
oblivious [ə'blɪvɪəs] adj. 1 esquecido [**of/to**, de]; 2 alheado [**to/of**, de]; abstraído [**to/of**, de] ❖ *to be* ~ *to sth* não ter consciência de algo
obliviously [ə'blɪvɪəslɪ] adv. 1 de maneira absorta, com um ar esquecido; 2 distraidamente
obliviousness [ə'blɪvɪəsnɪs] s. esquecimento, olvido
oblong ['ɒblɒŋ] Ⓐ adj. 1 oblongo, alongado, sobre o comprido; ~ *hole* furo alongado; 2 rectangular; ~ *iron* ferro rectangular Ⓑ s. GEOMETRIA rectângulo
obloquy ['ɒblɒkwɪ] s. (pl. **-ies**) 1 [form.] calúnia, difamação, maledicência; *to cover sb with* ~*/to heap* ~ *upon sb* cobrir alguém de calúnias; 2 [form.] infâmia, desonra, descrédito, vergonha
obnoxious [əb'nɒkʃəs] adj. 1 obnóxio; 2 ofensivo, desagradável, chocante, odioso; ~ *conduct* comportamento muito censurável
obnoxiously [əb'nɒkʃəslɪ] adv. 1 obnoxiamente; 2 desagradavelmente, antipaticamente; 3 de maneira ofensiva, chocante
obnoxiousness [əb'nɒkʃəsnɪs] s. 1 carácter obnóxio; 2 aspecto desagradável; 3 aspecto censurável
obnubilation [əbˌnjubɪ'leɪʃən] s. (vista, faculdades mentais) obnubilação, turvação, obscurecimento
oboe ['əʊbəʊ] s. MÚSICA oboé ❖ MÚSICA ~ *player* oboísta
oboist ['əʊbəʊɪst] s. MÚSICA oboísta, tocador de oboé
obol ['ɒbɒl] s. óbolo, antiga moeda grega de prata, de valor igual à sexta parte de uma dracma
obolus ['ɒbələs] s. (pl. **-li**) ⇒ **obol**
obovate [ɒ'bəʊveɪt] adj. 1 oboval, obóveo, obovalado; 2 BOTÂNICA obovado, obovatifólio
obpyramidal [ɒbpɪ'ræmɪdəl] adj. obpiramidal, com forma de pirâmide invertida
obs. Ⓐ [abrev. de *obscure*] Ⓑ [abrev. de *observation*] Ⓒ ASTRONOMIA [abrev. de *observatory*] Ⓓ [abrev. de *obsolete*] Ⓔ MEDICINA [abrev. de *obstetrics*]
obscene [əb'siːn] adj. 1 obsceno, indecente; 2 escabroso; 3 escandaloso; 4 torpe
obscenely [əb'siːnlɪ] adv. obscenamente ❖ (preços) ~ *expensive* exorbitante; *to talk* ~ dizer obscenidades
obscenity [ɒb'siːnɪtɪ] s. (pl. **-ies**) obscenidade
obscurant [ɒb'skjʊərənt] s. obscurantista, indivíduo que se opõe à propagação da instrução e a reformas sociais, políticas, etc.
obscurantism [ˌɒbskjʊ'ræntɪzəm] s. obscurantismo
obscurantist [ˌɒbskjʊ'ræntɪst] adj.,s. obscurantista
obscuration [ˌɒbskjʊ'reɪʃən] s. 1 obscurecimento, ofuscação; 2 falta de clareza; 3 embotamento das faculdades intelectuais; 4 ocultação de astro, eclipse
obscure [əb'skjʊə] Ⓐ adj. 1 obscuro, escuro, sombrio; 2 difícil, pouco claro, confuso; ~ *style* estilo pouco claro, estilo confuso; 3 pouco conhecido, ignorado, humilde; ~ *birth* nascimento humilde; ~ *village* aldeia obscura, aldeia ignorada; 4 retraído, afastado da convivência dos outros; 5 desconhecido Ⓑ v.tr. 1 obscurecer, tornar obscuro; 2 turvar, toldar, tornar pouco claro, tornar incompreensível; 3 confundir, atrapalhar, baralhar; *to* ~ *the issue* baralhar as cartas(fig), causar confusão; 4 suplantar, ofuscar, ultrapassar, eclipsar; 5 esconder, ocultar; *the stars were obscured by clouds* as estrelas estavam ocultas pelas nuvens ❖ ~ *rays* raios invisíveis; NÁUTICA *to steam with all lights obscured* navegar com todas as luzes apagadas
obscurely [əb'skjʊəlɪ] adv. 1 obscuramente, duma maneira obscura; 2 de maneira apagada; 3 confusamente
obscureness [əb'skjʊənɪs] s. confusão, pouca clareza, obscuridade
obscuring [əb'skjʊərɪŋ] s. obscurecimento, ocultação de luz, diminuição gradual da luz
obscurity [əb'skjʊərɪtɪ] s. (pl. **-ies**) 1 obscuridade; escuridão; trevas; 2 [fig.] obscuridade, condição humilde; 3 falta de clareza, confusão; 4 coisa obscura, difícil, de difícil compreensão ❖ *to emerge from* ~ sair da obscuridade; *to lapse into* ~ cair na obscuridade
obsequies ['ɒbsɪkwɪz] s.pl. 1 funeral, exéquias; 2 [arc.] obséquias
obsequious [əb'siːkwɪəs] adj. 1 servil, adulador; 2 obsequioso, amável; 3 [arc.] cumpridor, obediente

obsequiously [əbˈsiːkwɪəslɪ] *adv.* 1 com servilismo, aduladoramente; 2 obsequiosamente

obsequiousness [əbˈsiːkwɪəsnɪs] *s.* 1 espírito adulador, servilismo; 2 obsequiosidade

observable [əbˈzɜːvəbəl] *adj.* 1 visível; observável; perceptível; 2 considerável; apreciável; digno de nota; digno de atenção; 3 que se é obrigado a cumprir; *an ~ ceremony* uma cerimónia que tem de se cumprir

observably [əbˈzɜːvəblɪ] *adv.* visivelmente; nitidamente

observance [əbˈzɜːvəns] *s.* 1 observância; execução; cumprimento; acatamento; 2 celebração; 3 rito ou cerimónia religiosa; *religious observances* ritos religiosos, práticas religiosas; 4 costume, hábito, formalidade; 5 [arc.] manifestação de deferência ou respeito ❖ (religião católica) *~ of the Sabbath* santificação do domingo

observant [əbˈzɜːvənt] Ⓐ *adj.* 1 observador; atento; perspicaz; *an ~ boy* um rapaz observador; *an ~ mind* um espírito atento; 2 cumpridor, obediente; *to be ~ of* ser cumpridor de Ⓑ *s.* frade franciscano observante

observantly [əbˈzɜːvəntlɪ] *adv.* 1 atentamente; 2 perspicazmente

observation [ˌɒbzəˈveɪʃən] *s.* 1 observação; *astronomical ~* observação astronómica; (hospital, polícia) *to keep under ~* ter sob observação, manter sob vigilância; 2 capacidade de observação, atenção; *he is a man of no ~* ele é um homem sem poder de observação; 3 advertência, reparo; 4 reflexão, nota, estudo, comentário; *she is going to publish her observations on that subject* ela vai publicar as suas considerações sobre esse assunto; 5 observância; cumprimento ❖ *~ balloon* balão de observação; (comboios) *~ car* carruagem com grandes janelas; *~ deck* terraço panorâmico; MILITAR *~ post* posto de observação; *~ station* observatório; *~ window* janela de observação; (hospital) *~ ward* sala de observações; *sailing by ~* navegação que se guia pela posição do Sol e das estrelas; *to escape ~* não ser notado; ASTRONOMIA *to take an ~* observar a posição do Sol ou das estrelas para determinar a latitude ou longitude

observatory [əbˈzɜːvətərɪ] *s.* (*pl.* -ies) 1 observatório; 2 mirante, terraço

observe [əbˈzɜːv] *v.tr.,intr.* 1 observar; *that man observes keenly but says nothing* aquele homem observa muito, mas fala pouco; 2 notar; 3 ver, reparar em; *I observed them going out* vi-os sair; 4 vigiar; 5 estudar, investigar; 6 cumprir, obedecer a, acatar; *to ~ good manners* ser educado, mostrar boas maneiras; 7 dizer, falar, replicar, objectar, fazer uma observação, formular um comentário; *to ~ on a subject* formular considerações sobre um assunto, fazer comentários sobre um assunto; *«you are making a mistake», she observed* você está enganado – disse ela; 8 comemorar, festejar, celebrar; *to ~ Christmas* festejar o Natal; *to ~ the Sabbath* guardar o domingo ❖ *the observed of all observers* pessoa que todos observam; pessoa na qual se concentra a atenção de todos os outros; *to ~ care in doing sth* ter cuidado ao fazer uma coisa; *to ~ a minute's silence* cumprir um minuto de silêncio

observer [əbˈzɜːvə] *s.* 1 observador; 2 espectador; 3 testemunha

observing [əbˈzɜːvɪŋ] Ⓐ *adj.* 1 observador, atento, vigilante; 2 cumpridor, obediente Ⓑ *s.* observação

observingly [əbˈzɜːvɪŋlɪ] *adv.* 1 atenciosamente; 2 atentamente, com atenção

obsess [əbˈses] Ⓐ *v.tr.* obcecar, preocupar continuamente, perseguir, atormentar Ⓑ *v.intr.* estar obcecado [**about**, com]; estar sempre a pensar [**about**, em] ❖ *to be obsessed with/by* estar obcecado com/por

obsessing [əbˈsesɪŋ] *adj.* obsessivo, obcecante

obsession [əbˈseʃən] *s.* obsessão, ideia fixa, preocupação constante

obsessional [əbˈseʃənəl] *adj.* obsessivo, em que há obsessão

obsessionist [əbˈseʃənɪst] *s.* obcecado; obsessivo

obsessive [əbˈsesɪv] *adj.,s.* obsessivo ❖ *~ compulsive disorder* perturbação obsessiva compulsiva; *to be ~ about* ter a obsessão de; ter a mania de

obsidian [əbˈsɪdɪən] *s.* MINERALOGIA obsidiana, rocha eruptiva geralmente negra

obsidional [əbˈsɪdɪənəl] *adj.* obsidional; HISTÓRIA *~ coin* moeda obsidional (cunhada em praça sitiada e só com curso legal enquanto durava o cerco); HISTÓRIA *~ crown* coroa obsidional (concedida em Roma ao chefe militar que libertava uma praça sitiada)

obsolescence [ˌɒbsəˈlesəns] *s.* 1 obsolescência, atrofia esclerósica dos tecidos; 2 obsolescência, tendência para se tornar obsoleto

obsolescent [ˌɒbsəˈlesənt] *adj.* 1 obsolescente; com tendência para se tornar obsoleto, para cair em desuso; 2 com tendência para desaparecer ❖ *~ words* palavras em desuso

obsolete [ˈɒbsəliːt] *adj.* 1 obsoleto, fora de uso, antiquado; *~ part* parte de máquina já fora de uso; *to grow ~* tornar-se antiquado, tornar-se obsoleto; 2 fora de moda; 3 BIOLOGIA obsoleto, quase imperceptível, rudimentar ❖ *~ inscription* inscrição que quase já não se lê; inscrição apagada pelo tempo

obsoleteness [ˈɒbsəliːtnɪs] *s.* 1 carácter obsoleto, obsoletismo; 2 desuso

obstacle [ˈɒbstəkl] *s.* 1 obstáculo; *to pass round an ~* passar um obstáculo, ladear um obstáculo; 2 obstrução, estorvo; impedimento; embaraço; 3 dificuldade; *to put obstacles in sb's way* criar dificuldades a alguém; 4 contrariedade ❖ DESPORTO *~ race* corrida de obstáculos

obstetric [ɒbˈstetrɪk] *adj.* obstétrico; relativo a obstetrícia

obstetrical [ɒbˈstetrɪkəl] *adj.* ⇒ **obstetric**

obstetrician [ˌɒbstəˈtrɪʃən] *s.* obstetra

obstetrics [əbˈstetrɪks] *s.* MEDICINA obstetrícia

obstinacy [ˈɒbstɪnəsɪ] *s.* 1 obstinação, teimosia; 2 persistência, tenacidade, pertinácia ❖ *to show ~* teimar

obstinate [ˈɒbstɪnɪt] *adj.* 1 obstinado, voluntarioso, teimoso; *~ as a mule* teimoso como um burro; 2 rebelde; 3 pertinaz, persistente; *an ~ disease* uma doença persistente

obstinately [ˈɒbstɪnɪtlɪ] *adv.* obstinadamente, teimosamente, pertinazmente

obstreperous [əbˈstrepərəs] *adj.* 1 ruidoso, barulhento; 2 turbulento, rebelde; *~ behaviour* comportamento turbulento; 3 desregrado

obstreperously [əbˈstrepərəslɪ] *adv.* 1 ruidosamente, com barulho, com alarido; 2 turbulentamente; 3 teimosamente

obstreperousness [əbˈstrepərəsnɪs] *s.* 1 barulho, gritaria, alarido; 2 ruído; 3 tumulto, comportamento desordenado, turbulência

obstruct [əbˈstrʌkt] *v.tr.,intr.* 1 obstruir; *to ~ a passage* obstruir uma passagem; 2 bloquear; 3 tapar, entupir; *to ~ the view* tapar a vista, estorvar a vista; 4 fazer obstrução; dificultar; 5 embaraçar; impedir; entravar; 6 atravancar; 7 DESPORTO fazer obstrução (a) ❖ POLÍTICA (parlamento) *to ~ a bill* adoptar uma táctica obstrucionista durante a discussão de um projecto de lei; DIREITO *to ~ process* impedir um oficial de diligências do exercício das suas funções

obstruction [əbˈstrʌkʃən] *s.* 1 obstrução; 2 bloqueio; 3 entupimento; 4 impedimento, estorvo, dificuldade; 5 obstáculo; 6 DESPORTO obstrução ❖ MEDICINA *~ of the bowels* oclusão intestinal; (por pedras, árvores, etc.) *obstructions on the road* estrada obstruída; (sinalização de estradas) *beware of obstructions!* atenção aos trabalhos; POLÍTICA *to practise ~* fazer obstrução; adoptar uma estratégia obstrucionista

obstructionism [əbˈstrʌkʃənɪzəm] *s.* POLÍTICA obstrucionismo

obstructionist [əbˈstrʌkʃənɪst] *adj.,s.* POLÍTICA obstrucionista

obstructive [əbˈstrʌktɪv] *adj.* 1 obstrutivo, que causa obstrução; 2 que arranja problemas; que cria dificuldades ❖ POLÍTICA *~ measures* medidas obstrucionistas

obstructively [əbˈstrʌktɪvlɪ] *adv.* obstrutivamente, com uma estratégia obstrucionista

obstructiveness [əbˈstrʌktɪvnɪs] *s.* 1 obstrução, impedimento; 2 métodos obstrucionistas; 3 obstáculos

obstructor [əbˈstrʌktə] *s.* aquele que obstrui ou impede

obstruent [ˈɒbstruənt] Ⓐ *adj.* obstruente, opilativo, opilante Ⓑ *s.* medicamento opilativo, medicamento obstruente

obtain [əbˈteɪn] Ⓐ *v.tr.* 1 obter; adquirir; *to ~ from a shop* comprar numa loja; 2 conseguir; arranjar; *to ~ a position* conseguir um emprego, arranjar um emprego; *to ~ under the counter* arranjar-se às escondidas; 3 alcançar; ficar em; (concurso) *to ~ first place* ficar em primeiro lugar; *to ~ the victory* alcançar a vitória; 4 extrair [**from**, de]; *to ~ sugar from beet* extrair açúcar da beterraba Ⓑ *v.intr.* subsistir; continuar; estar em uso, em voga, ou em vigor; prevalecer; *system now obtaining* o sistema presentemente em vigor; *that custom still obtains in some countries* esse costume ainda prevalece em alguns países

obtainable [əbˈteɪnəbəl] *adj.* disponível, adquirível, obtenível, que pode conseguir-se

obtainment [əbˈteɪnmənt] *s.* obtenção, aquisição, consecução

obtention [əbˈtenʃən] *s.* ⇒ **obtainment**

obtrude [əbˈtruːd] *v.tr.,intr.* 1 procurar impor; forçar; *to ~ oneself on sb* impor a sua presença a alguém; *to ~ one's opinions upon others* impor aos outros as nossas opiniões; 2 intrometer-se; meter-se onde não se é chamado; *to ~ oneself* intrometer-se, ser intrometido; *he always obtrudes everywhere* ele mete-se sempre em tudo ❖ *to ~ upon sb's patience* pôr à prova a paciência de alguém

obtruncate [əbˈtrʌŋkeɪt] *v.tr.* [rar.] decapitar

obtrusion [əbˈtruːʒən] *s.* 1 intrometimento, intrusão, intromissão; 2 introdução forçada

obtrusive [əbˈtruːsɪv] *adj.* 1 intrometido; 2 intruso; 3 importuno; 4 que dá nas vistas; pouco discreto; 5 (cor) berrante; 6 (cheiro) penetrante, activo, forte

obtrusively [əbˈtruːsɪvlɪ] *adv.* 1 intrometidamente; 2 indiscretamente; 3 inoportunamente; 4 ostensivamente

obtrusiveness [əbˈtruːsɪvnɪs] *s.* 1 intromissão; 2 indiscrição; 3 importunidade

obtund [əbˈtʌnd] *v.tr.* MEDICINA obtundir, embotar (faculdade mental ou sentido)

obturate [ˈɒbtjʊreɪt] *v.tr.* obturar, fechar por obturação, tapar (abertura, buraco, etc.)

obturating [ˈɒbtjʊreɪtɪŋ] *adj.* obturador, que obtura

obturation [ˌɒbtjʊˈreɪʃən] *s.* obturação

obturator [ˈɒbtjʊreɪtə] *s.* obturador ❖ ANATOMIA *~ membrane* membrana obturadora; ANATOMIA *~ muscles* músculos obturadores; ANATOMIA *~ nerve* nervo obturador

obtuse [əbˈtjuːs] *adj.* 1 (ângulo) obtuso; *~ angle* ângulo obtuso; 2 obtusângulo; *~ triangle* triângulo obtusângulo; 3 rombo, arredondado, sem bicos nem cantos nítidos e salientes; 4 [fig.] (pessoa) obtuso, de compreensão lenta; 5 (dor) surda, não aguda; *~ pain* uma dor surda

obtuseness [əbˈtjuːsnɪs] *s.* 1 obtusão, obtusidade; 2 [fig.] embotamento (do espírito), lentidão de compreensão

obtusifolious [ˌəbtjʊsɪˈfəʊlɪəs] *adj.* BOTÂNICA obtusifólio, obtusifoliado

obverse [ˈɒbvɜːs] Ⓐ *s.* 1 (moeda, medalha) anverso; obverso; cara (oposto a coroa); 2 contrapartida; 3 reverso; oposto, contrário; *the ~ of* o contrário de Ⓑ *adj.* 1 (moeda, medalha) da face; do lado da cara; 2 correspondente; que funciona como contrapartida; 3 BOTÂNICA obverso, mais largo em cima do que em baixo

obversion [ɒbˈvɜːʃən] *s.* LÓGICA conversão

obvert [ɒbˈvɜːt] *v.tr.* LÓGICA converter uma proposição

obviate [ˈɒbvɪeɪt] *v.tr.* 1 obviar a; prevenir; *to ~ a difficulty* obviar a uma dificuldade; 2 afastar; evitar; 3 ir ao encontro de; enfrentar

obvious [ˈɒbvɪəs] *adj.* óbvio; evidente; claro; manifesto; que salta aos olhos; *it is ~ that…* é evidente que ❖ *an ~ remark* uma banalidade; um truísmo; *he made it ~ that…* ele fez saber que…; ele foi claro a respeito de…; *it was the ~ thing to do* era a única coisa a fazer; *you mustn't be too ~ about that* não deves abrir totalmente o jogo

obviously [ˈɒbvɪəslɪ] *adv.* 1 obviamente, evidentemente; 2 claramente, nitidamente, manifestamente

obviousness [ˈɒbvɪəsnɪs] *s.* 1 evidência, carácter óbvio, carácter manifesto; 2 clareza

obvolute [ˈɒbvəljuːt] *adj.* BOTÂNICA obvolutado

OC MILITAR [abrev. de Officer Commanding]

ocarina [ˌɒkəˈriːnə] *s.* MÚSICA ocarina

O.Carm. [abrev. de Order of Carmelites]

occasion [əˈkeɪʒən] Ⓐ *s.* 1 ocasião; vez; *on the ~ of* por ocasião de; *I met her on several occasions* encontrei-a várias vezes; *on this festive ~* nesta ocasião festiva; 2 ocorrência; 3 acontecimento; cerimónia; celebração; 4 circunstâncias; conjuntura; *as ~ arises* conforme as circunstâncias; *to rise to the ~* mostrar-se à altura das circunstâncias; 5 oportunidade, ensejo; *on the first ~* na primeira oportunidade; *to take ~ to* aproveitar a oportunidade para; *should the ~ arise* se houver oportunidade; *when ~ offers* quando surgir a oportunidade; 6 razão, motivo, justificação; *to avoid all occasions of quarrel* evitar todos os motivos que levem a discussões; *to give ~ for scandal* dar motivo para escândalo; *you have no ~ for complaint* você não tem nenhum motivo de queixa; 7 *pl.* assuntos, negócios, ocupações; *to go about one's lawful occasions* tratar da sua vida, tratar dos seus negócios Ⓑ *v.tr.* ocasionar, causar, motivar, originar, provocar; *to ~ a riot* dar origem a um motim; *they occasioned him to do it* levaram-no a fazer isso, deram-lhe motivo para fazer isso ❖ *as the ~ requires* conforme o caso; *on ~* ocasionalmente; às vezes; de vez em quando; *on a previous/former ~* anteriormente; *on one ~* de uma vez; *let's make this an ~* um dia não são dias!; vamos festejar isto!

occasional [əˈkeɪʒənəl] *adj.* 1 ocasional, casual; 2 acidental; *that's quite occasional, it's not the rule* isso não é regra, é uma coisa meramente acidental; 3 esporádico; sem carácter de regularidade, irregular; 4 de circunstância; feito ou preparado para determinada ocasião; *~ poem* poema feito expressamente para determinada ocasião; 5 especial ❖ *~ cause* causa secundária; *~ table* mesa de fantasia; mesinha

occasionalism [əˈkeɪʒənəlɪzəm] *s.* FILOSOFIA ocasionalismo

occasionally [əˈkeɪʒənlɪ] *adv.* ocasionalmente, acidentalmente, às vezes

occident [ˈɒksɪdənt] *s.* [form.] ocidente, oeste, poente; *the Occident* o Ocidente, o hemisfério ocidental, a Europa, a Europa Ocidental, a Europa e a América, a civilização ocidental

occidental [ˌɒksɪˈdentəl] *adj.* [form.] ocidental; *~ civilization* a civilização ocidental

occidentalism [ˌɒksɪˈdentəlɪzəm] *s.* ocidentalismo, cultura ocidental, gosto pelas coisas do Ocidente

occidentalist [ˌɒksɪˈdentəlɪst] *s.* ocidentalista

occidentalize [ˌɒksɪˈdentəlaɪz] *v.tr.* ocidentalizar

occiduous [ɒkˈsɪdjʊəs] *adj.* occíduo, ocidental

occipital [ɒkˈsɪpɪtəl] Ⓐ *adj.* occipital Ⓑ *s.* occipício, occipúcio, ócciput

occiput [ˈɒksɪpʌt] *s.* ANATOMIA occiput

occlude [əˈkluːd] *v.tr.,intr.* 1 ocluir, fechar, tapar, obstruir; 2 QUÍMICA absorver e reter (gases); 3 fechar, unir (diz-se dos dentes quando, fechando-se a boca, encaixam bem uns nos outros)

occlusion [əˈkluːʒən] *s.* 1 oclusão, obstrução, acção de tapar ou fechar; 2 QUÍMICA oclusão, absorção de gases pelos metais; 3 encaixe dos dentes uns nos outros quando as duas maxilas se fecham

occlusive [əˈkluːsɪv] Ⓐ *adj.* LINGUÍSTICA oclusivo; *~ consonants* consoantes oclusivas Ⓑ *s.* LINGUÍSTICA oclusiva

occult [ɒˈkʌlt] Ⓐ *adj.* 1 oculto, secreto, esotérico; 2 misterioso, escondido; 3 mágico, místico, sobrenatural Ⓑ *s.* *the ~* o oculto, o sobrenatural Ⓒ *v.tr.* ocultar, esconder, encobrir Ⓓ *v.intr.* esconder-se; eclipsar-se; deixar de se ver ❖ *the ~ sciences* as ciências do oculto; o ocultismo

occultation [ˌɒkəlˈteɪʃən] *s.* 1 ocultação; 2 passagem de um astro por detrás de outro com maior diâmetro

occultism [ˈɒkəltɪzəm] *s.* ocultismo, ciências ocultas

occultist [ˈɒkəltɪst] *s.* ocultista

occultly [ɒˈkʌltlɪ] *adv.* ocultamente

occultness [ˈɒkəltnɪs] *s.* 1 carácter oculto; 2 segredo

occupancy [ˈɒkjʊpənsɪ] *s.* ocupação, habitação, posse (de imóvel)

occupant [ˈɒkjʊpənt] *s.* 1 ocupante, proprietário com posse directa dos seus bens; 2 dono; 3 inquilino, locatário; 4 pessoa que se apossa de qualquer coisa em relação a essa coisa

occupation [ˌɒkjʊˈpeɪʃən] *s.* 1 ocupação; 2 tomada de posse; 3 profissão, emprego, trabalho, ofício, função, cargo, actividade; *by ~* de ofício, de profissão; *people out of ~* pessoas sem trabalho, desempregados; *to look for an ~ suited to one's abilities* procurar uma ocupação adequada às suas capacidades; 4 passatempo; 5 (casa) habitação; habitabilidade; *ready for ~* pronta a habitar; *unfit for ~* sem condições de habitabilidade; 6 MILITAR ocupação; *under (military) ~* sob ocupação militar ❖ *~ disease* doença de foro profissional; *~ groupings* categorias socioprofissionais; *~ road* caminho de serventia, de passagem;

occupational

~ *troops/army of* ~ tropas de ocupação; exército de ocupação; *to be in* ~ *of* ocupar-se de; *to give sb* ~ dar a alguém coisas para fazer

occupational [ˌɒkjʊˈpeɪʃənəl] *adj.* ocupacional; profissional; de trabalho ❖ ~ *hazard* risco associado a determinada profissão; ossos do ofício; ~ *health* medicina do trabalho; ~ *psychology* psicologia do trabalho; ~ *disease* doença de foro profissional; ~ *name* nome profissional; (psiquiatria) ~ *therapy* terapia ocupacional; ergoterapia

occupied [ˈɒkjʊpaɪd] *adj.* 1 (lugar, WC, etc.) ocupado; 2 (casa) habitado; 3 (pessoa) ocupado; com coisas a fazer; *to be* ~ *in/with doing sth* ocupar-se com alguma coisa, estar ocupado a fazer alguma coisa; 4 (pessoa) entretido; *how do you keep occupied?* como te entretêns?; 5 (pensamentos) absorto

occupier [ˈɒkjʊpaɪə] *s.* ⇒ **occupant**

occupy [ˈɒkjʊpaɪ] *v.tr.* 1 ocupar; *those seats are occupied* aqueles lugares estão ocupados; 2 tomar posse de; apoderar-se de; estar na posse de; 3 (casa) habitar, residir em, morar em; *he occupies the first floor* ele vive no primeiro andar; 4 preencher; abranger; 5 (tempo) tomar, absorver; *the speeches occupied more than two hours* os discursos duraram mais de duas horas; 6 (cargo, etc.) desempenhar, exercer; *to* ~ *a position/a post* ocupar um cargo; 7 preocupar; 8 dar que fazer ocupação a ❖ *to* ~ *oneself in/with* ocupar-se de/com

occur [əˈkɜː] *v.intr.* (particípios: -rr-) 1 ocorrer, acontecer, suceder, sobrevir; *don't let this* ~ *again* que isto não se repita; *should the case* ~ se ocorrer tal caso, se se der tal caso; 2 apresentar-se, aparecer, produzir-se, dar-se; *if another opportunity occurs* no caso de aparecer outra oportunidade; 3 surgir, vir ao espírito, lembrar-se; *he says things as they* ~ *to him* ele diz as coisas à medida que lhe vêm ao espírito; *it occurs to me that ...* estou a lembrar-me que; *it didn't* ~ *to him to....* nem se sequer se lembrou de...

occurrence [əˈkʌrəns] *s.* 1 (acontecimento) ocorrência; realidade; *a daily* ~ uma realidade quotidiana; *an everyday* ~ algo que se verifica diariamente; 2 (aparecimento) ocorrência; incidência; presença; 3 frequência ❖ *to be of frequent* ~ ocorrer com frequência

occurrent [əˈkʌrənt] *adj.* ocorrente, que ocorre

ocean [ˈəʊʃən] *s.* 1 oceano; 2 mar; 3 [fig.] (grande quantidade) imensidão [of, de]; *she has oceans of money* ela nada em dinheiro, ela tem dinheiro que eu sei lá ❖ ~ *bottom* o fundo do mar; ~ *currents* correntes oceânicas; ~ *greyhound* navio rápido, sobretudo de passageiros; ~ *lane* rota de navegação; ~ *liner* transatlântico; ~ *river* grande rio navegável; ~ *tramp* navio de carga

oceanarium [ˌəʊʃəˈneərɪəm] *s.* oceanário

oceangoing [ˈəʊʃənˌɡəʊɪŋ] *adj.* de longo curso; ~ *steamer* vapor de longo curso

Oceania [ˌəʊʃɪˈeɪnɪə] *s.top.* Oceânia

Oceanian [ˌəʊʃɪˈeɪnɪən] *adj.,s.* 1 da Oceânia, relativo à Oceânia, oceânico; 2 natural ou habitante da Oceânia

oceanic [ˌəʊʃɪˈænɪk] *adj.* 1 oceânico, marítimo; 2 relativo à Oceânia; 3 imenso; enorme

Oceanid [əʊˈsiːənɪd] *s.f.* (*pl.* **Oceanids** ou **Oceanides**) Oceânidas, ninfas do mar

oceanids [əʊˈsiːənɪdz] *s.pl.* moluscos marítimos, conchas do mar

oceanographer [ˌəʊʃənˈɒɡrəfə] *s.* oceanógrafo

oceanographic [ˌəʊʃənəʊˈɡræfɪk] *adj.* oceanográfico

oceanographical [ˌəʊʃənəʊˈɡræfɪkəl] *adj.* oceanográfico

oceanography [ˌəʊʃənˈɒɡrəfɪ] *s.* oceanografia

Oceanus [əʊˈsɪənəs] *s.* MITOLOGIA Oceano, divindade fabulosa, casada com Tétis e pai das Oceânidas

oceanward [ˈəʊʃənˌwɜːd] *adv.* em direcção ao oceano

oceanwards [ˈəʊʃənˌwɜːdz] *adv.* em direcção ao oceano

ocellar [əʊˈselə] *adj.* ZOOLOGIA ocelar, ocelado

ocellate [ˈɒselɪt] *adj.* 1 ocelado, com ocelos; 2 mosqueado; 3 com pequenas manchas

ocellated [ˈɒselɪtɪd] *adj.* ⇒ **ocellate**

ocelliform [əʊˈselɪfɔːm] *adj.* oceliforme, com forma de ocelo

ocellus [əʊˈseləs] *s.* (*pl.* -i) 1 ocelo, pequeno ponto arredondado e de cores diferentes que matiza as penas de certas aves e as asas de alguns insectos; 2 ZOOLOGIA ocelo, olho simples, órgão rudimentar de visão existente em alguns animais

ocelot [ˈɒsɪlɒt] *s.* ZOOLOGIA (felídeo) ocelote

Ochill [ˈəʊkɪl] *s.* nome de uma cordilheira escocesa no Perthshire

ochlocracy [ɒkˈlɒkrəsɪ] *s.* oclocracia, sistema de governo no qual têm preponderância as chamadas classes inferiores

ochlocrat [ˈɒklɒkræt] *s.* oclocrata

ochlocratic [ˌɒklɒˈkrætɪk] *adj.* oclocrático

ochlocratical [ˌɒklɒˈkrætɪkəl] *adj.* oclocrático

ochre [ˈəʊkə] Ⓐ *s.* (substância, cor) ocre; *red* ~ ocre vermelho; *yellow* ~ ocre amarelo Ⓑ *v.tr.* pintar de ocre; tingir de ocre

ochreous [ˈəʊkrɪəs] *adj.* ocreoso

ochring [ˈəʊkrɪŋ] *s.* acto de tingir de ocre

ochrious [ˈəʊkrɪəs] *adj.* ⇒ **ochreous**

o'clock [əˈklɒk] (*contr. de* **of the clock**) *at four* ~ às quatro horas; *what* ~ *is it?* que horas são?

OCR Ⓐ INFORMÁTICA [*abrev. de* Optical Character Recognition] OCR Ⓑ [*abrev. de* Optical Character Reader]

ocrea [ˈɒkrɪə] *s.* (*pl.* **-ae**) BOTÂNICA ócrea

ocreate [ˈɒkrɪeɪt] *adj.* BOTÂNICA, ZOOLOGIA ocreato

octachord [ˈɒktəkɔːd] Ⓐ *adj.* MÚSICA octacordo Ⓑ *s.* 1 MÚSICA octacordo; 2 série ou escala de oito notas ou oito cordas, formada por dois tetracordos distintos; 3 escala diatónica

octad [ˈɒktæd] *s.* 1 grupo de oito; 2 QUÍMICA radical ou elemento com um poder de combinação de 8 unidades

octagon [ˈɒktəɡən] *s.* octógono

octagonal [ɒkˈtæɡənəl] *adj.* octogonal

octahedral [ˌɒktəˈhiːdrəl] *adj.* octaédrico

octahedron [ˌɒktəˈhiːdrən] *s.* (*pl.* **-s** ou **-a**) octaedro

octameter [ɒkˈtæmɪtə] *s.* LITERATURA verso com oito pés

octan [ˈɒktən] *adj.* octã, octana; ~ *fever* febre octana

octane [ˈɒkteɪn] *s.* QUÍMICA octana

octangular [ɒkˈtæŋɡjʊlə] *adj.* octangular, octogonal

octant [ˈɒktənt] *s.* ASTRONOMIA oitante, instrumento náutico para calcular alturas e distâncias, com a forma de um sector circular de 45°

octavalent [ˌɒktəˈveɪlənt] *adj.* QUÍMICA octovalente

octave [ˈɒktɪv, ˈɒkteɪv] *s.* 1 TIPOGRAFIA formato em oitavo; 2 LITERATURA, RELIGIÃO, MÚSICA oitava; 3 DESPORTO (esgrima) oitava, oitava parada ❖ MÚSICA ~ *flute* flautim

Octavia [ɒkˈteɪvɪə] *s.antr.* Octávia

Octavius [ɒkˈteɪvjəs] *s.antr.* Octávio

octavo [ɒkˈteɪvəʊ] *s.* TIPOGRAFIA livro ou página em oitavo

octennial [ɒkˈtenɪəl] *adj.* 1 que sucede de oito em oito anos; 2 que tem a duração de oito anos

octet [ɒkˈtet] *s.* 1 as duas primeiras quadras dum soneto, consideradas em relação ao número total de versos; 2 MÚSICA octeto, composição para oito cantores ou instrumentistas; 3 octeto, conjunto de oito cantores ou instrumentistas

octette [ɒkˈtet] *s.* 1 as duas primeiras quadras dum soneto, consideradas em relação ao número total de versos; 2 MÚSICA octeto, composição para oito cantores ou instrumentistas; 3 octeto, conjunto de oito cantores ou instrumentistas

octillion [ɒkˈtɪljən] *s.* octilião

October [ɒkˈtəʊbə] *s.* Outubro; *on the 2nd of* ~ a 2 de Outubro

octodecimo [ˌɒktəʊˈdesɪməʊ] *adj.,s.* 1 TIPOGRAFIA dobrado dezoito vezes; 2 livro nesse formato

octogenarian [ˌɒktəʊdʒɪˈneərɪən] *adj.,s.* octogenário

octogynous [ɒkˈtɒdʒɪnəs] *adj.* BOTÂNICA octógino, com oito pistilos ou carpelos

octopetalous [ˌɒktəˈpetələs] *adj.* BOTÂNICA octopétalo

octopod [ˈɒktəʊpɒd] *s.* (*pl.* **octopods** ou **octopoda**) ZOOLOGIA octópode, octópodo

octopolar [ˌɒktəˈpəʊlə] *adj.* ELECTRICIDADE com oito pólos

octopus [ˈɒktəpəs] *s.* (*pl.* **-es**) ZOOLOGIA polvo, octópode

octoroon [ˌɒktəˈruːn] *s.* oitavão, indivíduo com um oitavo de sangue negro

octosyllabic [ˌɒktəʊsɪˈlæbɪk] Ⓐ *adj.* octossilábico, octossílabo Ⓑ *s.* LITERATURA verso octossilábico

octosyllable [ˈɒktəʊˌsɪləbəl] *adj.,s.* 1 palavra octossilábica; 2 LITERATURA verso octossilábico

octovalent [ˌɒktəʊˈveɪlənt] *adj.* QUÍMICA octovalente

octuple [ˈɒktjuːpl] Ⓐ *adj.* óctuplo Ⓑ *v.tr.* octuplicar, multiplicar por oito

octyl ['ɒktɪl] s. QUÍMICA octilo, octílio, caprilo
ocular ['ɒkjʊlə] Ⓐ adj. ocular; ~ *witness* testemunha ocular Ⓑ s. (sistema óptico) ocular
ocularist ['ɒkjʊlərɪst] s. ocularista, fabricante de olhos artificiais
oculate ['ɒkjʊlɪt] adj. 1 oculado; 2 ocelado, mosqueado
oculiform ['ɒkjʊlɪfɔ:m] adj. oculiforme, em forma de olho
oculist ['ɒkjʊlɪst] s. 1 [ant.] oftalmologista; 2 [ant.] optometrista
od [ɒd] s. odilo, suposta força existente em todos os corpos, origem dos fenómenos de magnetização, cristalização, transformações químicas, etc.
OD [əʊ'di] Ⓐ s. [coloq.] overdose Ⓑ v.intr. (prt. e part. pass. **ODed**, part. pres. **ODing**) [coloq.] ter uma overdose
O/D Ⓐ (conta bancária) [abrev. de overdraft] Ⓑ (conta bancária) [abrev. de overdrawn]
ODA Ⓐ COMÉRCIO [abrev. de Official Development Assistance] Ⓑ [GB] [abrev. de Overseas Development Administration]
odalisque ['əʊdəlɪsk] s. odalisca
odd [ɒd] Ⓐ adj. 1 MATEMÁTICA (número) ímpar; ~ *numbers* números ímpares; 2 desirmanado, sem par, sem parelha; 3 separado da colecção a que pertence, avulso; *two ~ volumes* dois volumes desirmanados, dois volumes separados da colecção ou série a que pertencem; 4 de sobra, excedente; *an ~ card* uma carta de sobra; 5 ocasional, acidental, não regular, casual; ~ *jobs* trabalhos ocasionais, biscates; 6 estranho, extravagante, excêntrico; *an ~ person* uma pessoa estranha, esquisita, excêntrica; *how odd!* que estranho!; 7 singular, pouco vulgar; 8 (quantia indeterminada) extra, a mais; *four pounds and some ~ shillings* quatro libras e alguns xelins; *three hundred ~* trezentos e tal; *pay this bill and keep the ~ money* paga esta conta e guarda o troco; *to make up the ~ money* completar uma quantia Ⓑ s. (golfe) ponto ou pontos dados de vantagem a adversário mais fraco ✤ ~ *fish* excêntrico; ~ *harmonics* terceiras harmónicas; ~ *man/~ hand* faz-tudo; ~ *man out* excepção; aquele que fica sem par; ~ *moments* momentos de folga; momentos de descanso; COMÉRCIO ~ *size* tamanho fora do usual; *at ~ times* acidentalmente; às vezes; quando calha; *to play at even and ~* jogar ao par e pernão
oddball ['ɒdbɔ:l] adj.,s. [coloq.] (ofensivo) excêntrico
odd-come-short [,ɒdkʌm'ʃɔ:t] s. 1 remanescente; resto; sobra; 2 (tecido) retalho; 3 (tempo impreciso) dia qualquer; *one of these odd-come-shorts* num destes dias; 4 (pessoa) excêntrico; inadaptado
odd-come-shortly [,ɒdkʌm'ʃɔ:tlɪ] s. (pl. **-ies**) [rar.] (tempo impreciso) um dos próximos dias; *one of these odd-come-shortlies* num destes dias
oddfellow ['ɒd,felaʊ] s. membro de uma sociedade de auxílio mútuo, com ritos e cerimónias parecidas com as da maçonaria
oddish ['ɒdɪʃ] adj. um tanto excêntrico, um tanto invulgar ou extravagante
oddity ['ɒdɪtɪ] s. (pl. **-ies**) 1 excentricidade; extravagância; singularidade; ~ *of dress* excentricidade no vestir; 2 (coisa estranha) curiosidade; raridade; 3 (pessoa) excêntrico; bicho raro; 4 pl. caprichos; excentricidades
odd-looking ['ɒd,lʊkɪŋ] adj. 1 invulgar; 2 com um aspecto estranho
oddly ['ɒdlɪ] adv. 1 de um modo um tanto ou quanto excêntrico; 2 invulgarmente; 3 curiosamente; estranhamente; ~ *enough, nobody had seen him do that* estranhamente, ninguém o tinha visto fazer isso; 4 por acaso
oddments ['ɒdmənts] s.pl. 1 retalhos, artigos avulso, artigos de saldo; 2 miudezas, bugigangas
oddness ['ɒdnɪs] s. 1 singularidade; 2 excentricidade; 3 imparidade
odd-numbered ['ɒd,nʌmbərd] adj. ímpar; em número ímpar
odds ['ɒdz] s.pl. 1 probabilidades; possibilidades; hipóteses; *by all ~* segundo todas as probabilidades; *the ~ are against you* as probabilidades estão contra ti; *it is ~ that ...* é provável que ...; 2 diferença entre o dinheiro pago para uma aposta e o que se recebe na hipótese de se ganhar; *to give ~ of five to one* apostar cinco contra um; 3 desigualdade; disparidade; desproporção; 4 vantagem; *to take ~ of* tirar vantagem de; 5 (a favor ou contra) diferença; *by long ~* por grande diferença; *it's no ~/it makes no ~* não importa, não tem importância, não faz diferença; 6 (dado a competidor) partido; (jogo, adversário) *to give ~* dar partido, conceder vantagem; 7 questão, rixa, desavença; *to set at ~* lançar a desavença, semear a discórdia entre, levar uma pessoa a discutir com outra ✤ ~ *and ends* restos; retalhos; sobras; bugigangas; artigos avulso; coisas miúdas; [EUA] *he asks no ~ from anyone* ele não pede favores a ninguém; *to be at ~ with* estar em desacordo com; estar em conflito com; *to be within the ~* ser possível; *to fight against long ~* lutar contra grandes desvantagens; *to have the ~ of* ser superior a; *to make ~ even* igualar as condições; *what's the odds?* que importa?

ode [əʊd] s. ode
odeum [əʊ'di:əm] s. (pl. **-s** ou **odea**) odeão, edifício na antiga Grécia onde se exibiam poetas e músicos
odic ['ɒdɪk] adj. ódico; relativo a odilo
Odin ['əʊdɪn] s. MITOLOGIA (Escandinávia) Ódim
odious ['əʊdɪəs] adj. odioso, abominável, execrável, detestável, chocante; *he was ~ to her* ela não o podia tolerar, ela abominava-o
odiously ['əʊdɪəslɪ] adv. 1 odiosamente, duma maneira odiosa; 2 de modo execrável
odiousness ['əʊdɪəsnɪs] s. odiosidade, carácter odioso
odium ['əʊdɪəm] s. 1 condenação geral; anátema; 2 (situação) opróbrio; ignomínia; carácter desprezível; aspecto nojento
ODM [abrev. de Ministry of Overseas Development]
Odoacer [,ɒdəʊ'eɪsə] s.antr. Odoacro
odograph ['əʊdəgræf] s. odógrafo, instrumento para medir distâncias marítimas
odometer [əʊ'dɒmɪtə] s. [EUA] hodómetro, conta-quilómetros
odometric [,ɒdə'metrɪk] adj. hodométrico
odometrical [,ɒdə'metrɪkəl] adj. hodométrico
odometry [əʊ'dɒmətrɪ] s. hodometria
odontalgia [,ɒdɒn'tældʒə, ,ɒdɒn'tældʒɪə] s. ondontalgia, dor de dentes
odontalgic [,ɒdɒn'tældʒɪk] adj. odontálgico
odontogenesis [ɒ,dɒntəʊ'dʒenəsɪs] s. MEDICINA odontogenia, odontogénese
odontoglossum [,ɒdɒntə'glɒsəm] s. BOTÂNICA odontoglosso, género da família das orquídeas
odontoid [ɒ'dɒntɔɪd] adj. odontóide, odontoideu, odontoídeo
odontolite [ɒ'dɒntəlaɪt] s. MINERALOGIA odontólito
odontological [ɒ,dɒntə'lɒdʒɪkəl] adj. odontológico
odontologist [,ɒdɒn'tɒlədʒɪst] s. odontologista
odontology [,ɒdɒn'tɒlədʒɪ] s. odontologia
odor ['əʊdə] s. [EUA] ⇒ **odour**
odorant ['əʊdərənt] adj.,s. aromatizante
odoriferous [,əʊdə'rɪfərəs] adj. odorífero
odorous ['əʊdərəs] adj. perfumado, odorífero, odoroso, oloroso, fragrante; aromático
odour ['əʊdə] s. 1 cheiro; odor; ~ *of sanctity* cheiro de santidade; 2 perfume; fragrância; 3 [fig.] apreço, reputação, estima, cotação; *to be in bad ~ with* ser malvisto por, ser tido em mau conceito por; *to be in good ~ with* ser bem visto por, ser tido em alto apreço por ✤ ~ *absorver* absorvente de cheiros
odourless ['əʊdəlɪs] adj. inodoro, sem cheiro; ~ *gas* gás inodoro; ~ *fuel* combustível sem cheiro
Odyssean [ɒdɪ'sɪən] adj. próprio de Ulisses; relativo a Ulisses
Odysseus [ə'dɪsju:s] s. MITOLOGIA Ulisses
odyssey ['ɒdɪsɪ] s. LITERATURA odisseia, longa viagem com aventuras ou peripécias extraordinárias
Odyssey ['ɒdɪsɪ] s. LITERATURA Odisseia, poema grego atribuído a Homero
OECD [abrev. de Organization for Economic Cooperation and Development] OCDE
oecumenical [i:kju:'menɪkəl] adj. ⇒ **ecumenical**
oedema [ɪ'di:mə] s. edema
oedematous [ɪ'di:mətəs] adj. edematoso, edemático
Oedipus ['i:dɪpəs] s. MITOLOGIA Édipo ✤ PSICOLOGIA ~ *complex* complexo de Édipo
oenanthic [i:'nænθɪk] adj. QUÍMICA enântico
oenanthylate [i:'nænθɪleɪt] s. QUÍMICA enantilato, sal do ácido enantílico
oenanthylic [i:nænˈθɪlɪk] adj. QUÍMICA enantílico
oenological [i:nə'lɒdʒɪkəl] adj. enológico
oenologist [i:'nɒlədʒɪst] s. enologista, enólogo
oenology [i:'nɒlədʒɪ] s. enologia

oenometer [iːˈnɒmɪtə] s. enómetro, vinómetro, pesa-mosto, pesa-vinho

Oenone [iːˈnəʊniː] s. MITOLOGIA Enone, nome da mulher de Páris, mais tarde abandonada em favor de Helena

o'er [ˈəʊə] adv.,prep. ⇒ over

oersted [ˈɜːsted] s. FÍSICA oersted, unidade de intensidade do campo magnético

oesophageal [iːsɒˈfædʒəl] adj. esofágico, esofagiano

oesophagotomy [iːsɒfəˈgɒtəmɪ] s. CIRURGIA esofagotomia

oesophagus [iːˈsɒfəgəs] s. (pl. **-gi** ou **-guses**) esófago

oestrogen [ˈiːstrədʒən, ˈestrədʒən] s. MEDICINA estrogénio

oestrogenic [ˌiːstrəˈdʒenɪk, ˌestrəˈdʒenɪk] adj. estrogénico

oestrum [ˈiːstrəm] s. 1 moscardo, tavão, tabão, atavão; 2 estímulo, impulso impetuoso, frenesi; 3 cio

oestrus [ˈiːstrəs] s. (pl. **-es**) ⇒ oestrum

of [ɒv, əv] prep. 1 de; *a citizen of Lisbon* um habitante de Lisboa, um lisboeta; *a house of stone* uma casa de pedra; *a man of humble origin* um homem de origem humilde; *a piece of chalk* um bocado de giz, um pau de giz; *the Isle of Wight* a ilha de Wight; *to die of grief* morrer de dor; *what has become of him?* que é feito dele?; 2 por; *of necessity* por necessidade; *forsaken of God* abandonado por Deus, abandonado de Deus; *of his own choice* por/da sua própria escolha; 3 em, sobre, acerca de; *to think of* pensar em; *I never heard of it* nunca ouvi falar nisso; *to dream of* sonhar com; 4 por causa de, devido a; *sick of delays* farto de tanta demora; *to be glad of* estar contente com; *they had a bad time of it* passaram um mau bocado com isso, isso fê-los passar por uma situação difícil; 5 durante, em; *of a child he was sickly* já desde criança que era uma pessoa adoentada; 6 da parte de; *to ask a favour of sb* pedir um favor a alguém; *that's very kind of you* é muita amabilidade sua; 7 de entre, entre; *a man of a thousand* um homem entre mil; *a fool of fools* mais tolo que todos os tolos; *he is the worst liar of any man I know* é o indivíduo mais mentiroso que eu conheço ❖ *he looks in of an evening* uma vez por outra vem-nos visitar um pouco à noite; *of course* certamente; sem dúvida; *of oneself/of one's own accord* espontaneamente; de moto próprio; *ten minutes of four* quatro horas menos dez; *there's sth of good in every man* há sempre alguma coisa de bom em todos nós; *to be of age* ser de maioridade; *to buy a thing of sb* comprar uma coisa a alguém; *to smell of* cheirar a; *to taste of* saber a; *trees of my own planting* árvores que eu mesmo plantei; *well, what of it?* e então que é que isso tem?

OF [*abrev. de* Old French]

off [ɒf] Ⓐ prep. 1 de; *he fell ~ the ladder* ele caiu da escada; 2 longe de; *a village ~ the beaten track* uma aldeia afastada dos caminhos geralmente utilizados; *his house stands ~ the road* a casa encontra-se a certa distância da estrada; *three miles ~ the port* a três milhas de distância do porto; 3 separado de; fora de; 4 ao largo de; em frente de; *~ the Cape* ao largo do Cabo; *these islands are ~ the Portuguese coast* estas ilhas encontram-se ao largo da costa portuguesa; 5 menos que; *those goods are offered at 8% ~ the regular price* aquelas mercadorias são vendidas com um abatimento de 8% em relação ao preço usual; 6 livre de, sem; *~ one's feed* sem apetite nenhum; *he is ~ wine* ele agora não bebe vinho Ⓑ adj. 1 interrompido; desligado; 2 do lado mais distante; do lado mais afastado; 3 do lado direito; *the ~ eye of a horse* o olho direito de um cavalo; *the ~ front wheel* a roda dianteira do lado direito; *the ~ hind wheel* a roda traseira do lado direito; *the ~ horse* o cavalo do lado direito da parelha; *the ~ side of a road* o lado direito da estrada; 4 NÁUTICA do lado oposto à terra, do lado do mar; 5 improvável, pouco provável, pouco natural; 6 indisposto, adoentado; *to feel ~* sentir-se indisposto; 7 desocupado, livre, sem ter que fazer; *in one's ~ time* nos tempos livres, num momento de folga; *I'll do that on my next ~ day* hei-de fazer isso no primeiro dia em que esteja livre; 8 secundário; *that is an ~ issue* isso é uma questão secundária; 9 (alimento) que não é fresco, que já tem algum tempo; *that fish is a bit ~* esse peixe já não é fresco Ⓒ adv. 1 afastado, distante, à distância; ao largo, longe; *a great way ~* muito longe; *Easter is not ~* a Páscoa não vem longe; 2 completamente, inteiramente, até

final; 3 sem trabalhar; *to have time ~* ter tempo livre Ⓓ s. 1 princípio, começo; 2 DESPORTO (corrida) partida; 3 (críquete) o lado de fora do campo Ⓔ v.tr.,intr. 1 [coloq.] (contrato, empreendimento, negociações, etc.) desistir de, abandonar, pôr de parte; 2 anular, anunciar a intenção de anular; 3 NÁUTICA fazer-se ao largo ❖ *an ~ season* uma estação morta; *hands off!* tira lá as mãos!; tira as patas_{coloq}!; *I was nearly ~ myself* quase adormeci; *in a street ~ the Strand* numa rua que sai de Strand; *~ and on* de quando em quando; [coloq.] *~ the map* inexistente; *~ the mark* sem acertar no alvo; que se afasta do assunto em questão; *~ they go!* lá vão eles!; *~ with his head!* cortem-lhe a cabeça!; *~ with you!* põe-te a andar! rua!; *that's ~ the point* isso não vem a propósito; *the concert is ~* o concerto foi cancelado; *the gilt is ~* lá vêm as desilusões; *to allow 5% ~ for ready money* fazer um desconto de 5% por pronto pagamento; *to be ~ and on* ser inconstante; [coloq.] *to buy clothes ~ the peg* comprar roupas feitas; *to dine ~ roast chicken* jantar frango assado; *to keep sb ~ and on* entreter alguém com palavreado; demorar alguém com pretextos frívolos; *to ~ it* ir-se embora; *to sail ~ and on* bordejar; navegar ora aproximando-se da costa ora afastando-se para o largo; *to work at sth ~ and on* trabalhar em algo de forma descontínua, intermitentemente; *where are you ~ to?* aonde é que tu vais?; *with one's coat ~* em mangas de camisa

offal [ˈɒfəl] s. 1 (animais) miúdos; 2 peixe barato e de má qualidade; 3 restos; sobras; refugo; resíduos; 4 farelo, rolão ❖ *~ milk* leite de qualidade inferior; (alimento de pombos, galinhas, etc.) *~ wheat* trigo estragado; *~ wood* madeira de refugo

offbeat [ˈɒfbiːt] adj. 1 excêntrico, extravagante; 2 estranho, esquisito; 3 original, inesperado; 4 pouco convencional

off-centre [ˈɒfsentə] adj. 1 fora do centro; 2 descentrado; 3 torto; 4 inexacto; 5 pouco ortodoxo; 6 pouco convencional, excêntrico

off-chance [ˈɒftʃɑːns] s. possibilidade remota ❖ *on the ~* pelo sim pelo não; *on the ~ that...*; só para o caso de...; com a esperança de...

off-colour [ˈɒfkʌlə] adj. 1 com más cores, com mau aspecto; 2 em baixo, abatido, maldisposto, adoentado; *to be a bit ~* não estar nos seus dias; 3 [coloq., depr.] (história, piada) escabroso, obsceno, indecente

offcome [ˈɒfkʌm] s. [Esc.] saída, solução

offcut [ˈɒfkʌt] s. 1 restos, sobras; 2 (papel, madeira) apara; 3 (animal) dejecto

off-dry [ˈɒfdraɪ] adj. (vinho) meio-seco

off-duty [ˈɒfdjuːtɪ] adj. fora de serviço

offence [əˈfens] s. 1 ofensa; *no ~ meant* sem ofensa; *to cause/ to give ~ to sb* ofender alguém; *to take ~* ofender-se; 2 insulto; injúria; afronta; 3 crime; delito; infracção; transgressão; violação; *capital ~* crime capital; *indictable ~* delito sujeito a julgamento em tribunal; *petty ~* pequena infracção; *second ~* reincidência no crime; *serious ~* crime grave; *unnatural ~* crime contra natura; *to commit an ~ against the law* praticar um acto punível por lei; 4 falta; culpa; *trifling ~* falta leve; 5 RELIGIÃO pecado; 6 desgosto; 7 ataque; agressão; ofensiva; *the most effective defence is ~* a melhor defesa é o ataque, a ofensiva é a melhor defensiva; *war of ~* guerra ofensiva; 8 [arc.] escândalo ❖ *~ against good taste* atentado ao bom gosto; DESPORTO *the ~* o ataque; a equipa no ataque

offenceless [əˈfenslɪs] adj. 1 inofensivo; 2 que não cometeu qualquer falta

offend [əˈfend] v.tr.,intr. 1 ofender; *I have no wish to ~* não tenho qualquer intenção de ofender; *it offends one's sense of justice* isso ofende o nosso sentido de justiça; *to ~ morals* ser uma ofensa à moral; *to be easily offended* ser muito susceptível, ofender-se facilmente; *to be offended at* ficar ofendido com; 2 insultar; injuriar; 3 irritar; 4 desagradar a; 5 chocar; *scenes that may ~* cenas eventualmente chocantes; 6 prevaricar; transgredir; cometer uma falta; cometer um crime; 7 RELIGIÃO (Bíblia) escandalizar ❖ *to be offended with sb* estar zangado com alguém

◆**offend against** v.tr. 1 ofender; insultar; 2 (lei, regra) violar; transgredir; infringir; *to ~ the law* violar a lei, cometer um acto

punível pela lei ❖ *to ~ grammar* dar pontapés na gramática, dar erros de gramática
offended [əˈfendɪd] *adj.* ofendido; magoado; sentido ❖ DIREITO *the ~ party* a parte queixosa
offendedly [əˈfendɪdlɪ] *adv.* com um tom ofendido
offender [əˈfendə] *s.* 1 ofensor, aquele que ofende; 2 agressor; 3 transgressor; infractor; delinquente; autor de delito; *first ~* delinquente pela primeira vez; *old ~* delinquente habitual, recidivista; 4 (culpado) responsável; 5 RELIGIÃO pecador
offending [əˈfendɪŋ] *adj.* ofensivo, injurioso
offense [əˈfens] *s.* [EUA] ⇒ offence
offensive [əˈfensɪv] Ⓐ *adj.* 1 ofensivo; chocante; desagradável; *~ language* linguagem ofensiva, linguagem insultuosa; *~ sight* espectáculo revoltante, visão chocante; *~ smell* cheiro desagradável; *in an ~ tone* num tom ofensivo; 2 repugnante; nojento; 3 ultrajante; injurioso; insultuoso; *to be ~ to sb* ser injurioso para com uma pessoa, insultar alguém; 4 prejudicial; 5 agressivo; 6 MILITAR (de ataque) ofensivo, respeitante a ofensiva; *~ war* guerra ofensiva; *~ weapons* armas ofensivas Ⓑ *s.* 1 ofensiva; *the German ~* a ofensiva alemã; *to abandon the ~* abandonar a ofensiva, desistir da ofensiva; *to act on the ~/to take the ~* actuar na ofensiva, tomar a ofensiva; 2 ataque; 3 agressão ❖ *~ trades* ofícios insalubres
offensively [əˈfensɪvlɪ] *adv.* 1 de maneira ofensiva, de modo chocante; 2 injuriosamente, ofensivamente
offensiveness [əˈfensɪvnɪs] *s.* 1 agressividade, carácter ofensivo; 2 aspecto injurioso, aspecto chocante; 3 afronta, ofensa, agravo
offer [ˈɒfə] Ⓐ *s.* 1 oferta, oferecimento; *~ of help* oferta de auxílio; *verbal ~* oferta verbal; *to close with an ~* aceitar uma oferta; *to decline an ~* recusar uma oferta; COMÉRCIO *to make an ~ for sth* fazer uma oferta para algum artigo; *to make an ~ of sth to sb* fazer oferta de uma coisa a uma pessoa; *she had an ~ of 2000 euros for the car* ofereceram-lhe 2000 euros pelo carro; 2 proposta; *~ of marriage* proposta de casamento; 3 [ant.] proposta de casamento; *to decline an ~* rejeitar uma proposta de casamento; 4 (leilão) lanço; 5 tentativa Ⓑ *v.tr.,intr.* 1 oferecer, ofertar; *to ~ one's services* oferecer os seus serviços; 2 dar; *to ~ an opinion* dar uma opinião; *to ~ battle* dar luta; 3 apresentar; propor à aceitação; 4 expor à venda; *to ~ for sale* pôr à venda; 5 RELIGIÃO imolar; sacrificar; oferecer sacrifício(s) a; *to ~ to pagan gods* oferecer sacrifícios a deuses pagãos; 6 tentar, intentar, mostrar; 7 surgir; aparecer; proporcionar-se; *take the first opportunity that offers* aproveite a primeira oportunidade que tiver; 8 apresentar-se, oferecer-se, prontificar-se; *to ~ to do sth* oferecer-se para fazer alguma coisa; 9 fazer menção; *he offered to strike him* fez menção de lhe bater; 10 [ant.] propor casamento a; *to ~ one's hand* propor casamento; *to ~ to a lady* propor casamento a uma senhora ❖ (vendas) *special ~* promoção; *as occasion offers* quando surgir a ocasião; se houver oportunidade; *on ~* à venda; em promoção; (preço) *or nearest ~* a negociar; negociável; *to ~ one's flank to the enemy* oferecer o flanco ao inimigo; (cumprimento) *to ~ one's hand* estender a mão; *to ~ resistance* oferecer resistência; *to ~ violence* ser violento; recorrer à violência
◆**offer up** *v.tr.* oferecer; fazer oferta de; (a Deus) *to ~ a sacrifice* oferecer um sacrifício
offerer [ˈɒfərə] *s.* 1 aquele que oferece, oferente, ofertante; 2 licitante; 3 (leilão) arrematador
offering [ˈɒfərɪŋ] *s.* 1 oferecimento, oferta; 2 COMÉRCIO promoção; 3 RELIGIÃO oblata, oblação, oferecimento, oferenda; 4 presente; 5 dádiva, donativo ❖ *a peace ~* oferta de paz; *burnt ~* holocausto; *trespass ~* sacrifício expiatório
offeror [ˈɒfərə] *s.* ⇒ offerer
offertory [ˈɒfətərɪ] *s.* (*pl.* -**ies**) 1 RELIGIÃO ofertório, parte da missa em que o sacerdote oferece a hóstia e o cálice; 2 parte do serviço religioso durante o qual se recolhem e se fazem oferendas; 3 recolha de esmolas para o serviço religioso, montante dessas esmolas
off-glide [ˈɒfglaɪd] *s.* LINGUÍSTICA (fonética) semivogal produzida após a vogal
off-guard [ˈɒfɡɑːd] *adj.* desprevenido; *to catch sb ~* apanhar alguém desprevenido

offhand [ɒfˈhænd] Ⓐ *adj.* 1 improvisado; sem preparação; espontâneo; 2 repentino; 3 brusco; ríspido; *to treat a person in an ~ manner* tratar uma pessoa bruscamente; 4 sem cerimónia; descontraído; despretensioso Ⓑ *adv.* 1 de improviso; sem preparação; MÚSICA *to play ~* tocar de improviso, tocar à primeira vista; *to speak ~* falar de improviso; 2 imediatamente; de repente; sem mais nem menos; 3 sem constrangimento
off-handed [ɒfˈhændɪd] *adj.,adv.* ⇒ off-hand
off-handedly [ɒfˈhændɪdlɪ] *adv.* 1 de maneira desenvolta, sem constrangimento, sem cerimónia; 2 bruscamente
off-handedness [ɒfˈhændɪdnɪs] *s.* sem-cerimónia, à vontade, rudeza
office [ˈɒfɪs] *s.* 1 escritório; *a lawyer's ~* um escritório de advogado; 2 repartição oficial; 3 cargo público; função pública; *high ~* alto cargo; *public ~* função pública; *the ~ of Chancellor of the Exchequer* o cargo de chanceler do Tesouro, o cargo de ministro das Finanças; *to leave ~* deixar um cargo oficial; 4 posto, ocupação; *men in ~* pessoas que ocupam um cargo ou emprego; 5 POLÍTICA ministério; *the Foreign Office* o Ministério dos Negócios Estrangeiros; *the Home Office* o Ministério do Interior; *the War Office* o Ministério da Guerra; *to be called to ~* ser chamado ao ministério; ser chamado para ministro; *to take ~* aceitar um cargo como ministro; 6 serviço; *to do a good ~* prestar um bom serviço; 7 função; competências; *it was his ~ to do it* isso fazia parte das competências dele; 8 obrigação, dever; 9 RELIGIÃO ofício religioso; culto; rito; *Divine Office* Ofício Divino; RELIGIÃO *~ for the dead* ofício de defuntos; 10 bilheteira; (comboios) *booking ~* bilheteira (teatro, cinema, etc.) *box ~* bilheteira; 11 [cal.] senha, sinal; *to give ~* dar a senha; 12 *pl.* AERONÁUTICA [cal.] carlinga de avião; 13 *pl.* [ant.] parte de casa destinada ao pessoal e serviços domésticos ❖ *~ boy* moço de recados; paquete; *~ building* edifício para escritórios; [EUA] *~ holder* pessoa que ocupa um cargo; pessoa investida num cargo; funcionário público; *~ hours* horas de expediente; *~ work* trabalho de escritório; *cash ~* caixa; secção de recebimentos e pagamentos; *Fire ~* companhia de seguros contra incêndios; *head ~* sede; COMÉRCIO *registered offices* sede social; COMÉRCIO *our Lisbon ~* a nossa filial de Lisboa; *porter's ~* gabinete do porteiro; *complaints ~* secção de reclamações; HISTÓRIA *the Holy Office* o Santo Ofício; a Santa Inquisição; *through the good offices of* devido aos bons ofícios de; POLÍTICA *to be in ~* estar no poder; desempenhar um cargo oficial; *to come into ~* entrar em funções; *to manage an ~* exercer um cargo; dirigir serviços; *to perform the last offices* realizar o serviço fúnebre; *to put out of ~* despedir dum cargo; obrigar a abandonar um cargo; *to resign ~* renunciar a um cargo
office-bearer [ˈɒfɪsˌbeərə] *s.* 1 pessoa que ocupa um cargo; pessoa investida num cargo; 2 funcionário público
officer [ˈɒfɪsə] Ⓐ *s.* 1 MILITAR oficial; *commissioned officers* oficiais; *non-commissioned officers* sargentos e cabos; 2 agente da polícia, oficial de polícia; *police ~* agente de polícia; 3 funcionário; *municipal ~* funcionário municipal; 4 pessoa que ocupa um cargo público de relevo; 5 (sociedade, agremiação, etc.) administrador, alto funcionário, director Ⓑ *v.tr.* 1 MILITAR enquadrar, prover de oficiais; 2 comandar ❖ *court ~* oficial de diligências; *customs ~* oficial da alfândega; *flying ~* oficial da aviação; alferes aviador; *general ~* oficial general; *half-pay ~* oficial reformado; *pilot ~* furriel da aviação; *staff ~* oficial do estado maior; *High Officer of an Order* grande oficial duma Ordem; *~ of state* ministro; *on duty* oficial de dia; oficial de serviço
officering [ˈɒfɪsərɪŋ] *s.* 1 MILITAR acção de enquadrar, de prover de oficiais; 2 acto de comandar
office-seeking [ˈɒfɪsˌsiːkɪŋ] *adj.* (político) à procura de cargo; à procura de tacho_depr._
official [əˈfɪʃəl] Ⓐ *adj.* 1 oficial; 2 que diz respeito a função ou cargo oficial; *to act in one's ~ capacity* agir no exercício das suas funções; 3 oficial, dimanado das autoridades legais; *this news is not ~* esta notícia não é oficial; 4 administrativo; 5 oficinal, já pronto para ser vendido nas farmácias Ⓑ *s.* 1 funcionário, funcionário público; *railway ~* empregado dos caminhos-de-ferro, funcionário dos caminhos-de-ferro; 2 representante; 3 provisor, eclesiástico incumbido de jurisdição contenciosa, vigário-geral ❖ *~ language* língua oficial;

officialdom

~ log/logbook diário de navegação oficial; **~ principal** provisor-geral; FINANÇAS **~ quotation** câmbio oficial; **~ residence** residência oficial; **~ solemnity** solenidade oficial; **~ visit** visita oficial

officialdom [əˈfɪʃəldəm] s. ⇒ **officialism**

officialese [əfɪʃəˈliːz] s. [depr.] gíria administrativa

officialism [əˈfɪʃəlɪzəm] s. 1 burocracia; 2 oficialismo

officially [əˈfɪʃəli] adv. 1 oficialmente; a título oficial; 2 formalmente; 3 [fig.] (verdade) teoricamente; para os outros

officiant [əˈfɪʃɪənt] s. RELIGIÃO oficiante, celebrante

officiate [əˈfɪʃɪeɪt] v.intr. 1 exercer funções oficiais; desempenhar um cargo; actuar por força do seu cargo; **to ~ as a chairman** desempenhar as funções de presidente; 2 substituir [**for**, -]; **to ~ for sb** substituir alguém, desempenhar as funções de alguém; *he officiated for me while I was absent* ele substituiu-me no cargo enquanto eu estive ausente; 3 RELIGIÃO oficiar, celebrar serviço religioso; (sacerdote) **to ~ at a marriage** celebrar um casamento

officinal [əˈfɪsɪnəl] Ⓐ s. FARMÁCIA [arc.] medicamento oficinal Ⓑ adj. 1 [arc.] medicinal, com propriedades medicinais; 2 FARMÁCIA [arc.] (medicamento) oficinal

officious [əˈfɪʃəs] adj. 1 oficioso, sem carácter oficial; 2 [depr.] importuno, intrometido; 3 demasiado solícito, que faz mais que aquilo que se lhe pede

officiously [əˈfɪʃəsli] adv. 1 oficiosamente; 2 com demasiada solicitude; 3 importunamente

officiousness [əˈfɪʃəsnɪs] s. 1 carácter oficioso, oficiosidade; 2 solicitude excessiva

offie [ˈɒfɪ] s. [GB] [coloq.] revista de vinhos e bebidas espirituosas

offing [ˈɒfɪŋ] s. 1 mar largo; mar alto; **to get/to make an ~** fazer-se ao largo; 2 distância da praia; afastamento da praia; **to be in the ~** não estar muito distante da praia ❖ **to be in the ~** estar próximo; estar em perspectiva; estar para acontecer

offish [ˈɒfɪʃ] adj. 1 [coloq.] distante, pouco comunicativo; 2 reservado

offishness [ˈɒfɪʃnɪs] s. 1 reserva; 2 fraca capacidade de comunicação

off-key [ˈɒfkiː] Ⓐ adj. 1 desafinado; 2 discordante, irregular; 3 anómalo Ⓑ adv. desafinadamente

off-licence [ˈɒflaɪsəns] s. [GB] garrafeira, loja de bebidas alcoólicas

off-limits [ˈɒflɪmɪts] adj. de acesso interdito, proibido

offline [ˈɒflaɪn] adj. ⇒ **off-line**

off-line [ˈɒflaɪn] Ⓐ adj. INFORMÁTICA autónomo; não conectado, desligado da rede Ⓑ adv. autonomamente; **to go ~** passar a funcionar autonomamente

offload [ˈɒfləʊd] v.tr. 1 descarregar; 2 desembarcar; 3 (coisa indesejada) livrar-se de, descartar-se de, passar

off-peak [ˈɒfpiːk] adj.,adv. 1 fora das horas de ponta; em horas mortas; 2 ELECTRICIDADE em horário de baixo consumo; 3 (preço, tarifa) de época baixa ❖ (horário de baixo consumo) **~ charges** tarifas reduzidas

off-price [ˈɒfpraɪs] adj. [EUA] [coloq.] a preço reduzido, mais barato

offprint [ˈɒfprɪnt] s. separata

offputting [ˈɒfpʊtɪŋ] adj. 1 desmotivador, desencorajador; 2 incómodo, inibidor, desconfortável; 3 desagradável, antipático; 4 desconcertante

off-road [ˈɒfrəʊd] adj. todo-o-terreno

off-roader [ˈɒfrəʊdə] s. 1 [coloq.] veículo todo-o-terreno; 2 [coloq.] ciclista todo-o-terreno

off-roading [ˈɒfrəʊdɪŋ] s. DESPORTO (automobilismo) todo-o-terreno

offsaddle [ˌɔːfˈsædl] v.tr.,intr. 1 tirar a sela (a um cavalo); 2 desmontar, descer da sela

offscourings [ˌɔːfˈskaʊərɪŋz] s.pl. escória (social), ralé

off-screen [ˈɒfskriːn] Ⓐ adj. 1 (cinema, TV) fora do plano; fora de cena; 2 (vida) real Ⓑ adv. na vida real

off-season [ˈɒfsiːzən] Ⓐ adj. de época baixa Ⓑ adv. em época baixa

offset [ˈɒfset] Ⓐ s. 1 rebento, renovo; 2 grelo; 3 bolbo de planta; 4 enfeite, ornato; 5 rebordo, bordo; 6 ângulo, cotovelo de canalização; 7 desvio, desalinhamento; 8 equivalência, compensação, contrapeso; **as an ~ to** como compensação de; 9 contraforte de montanha; ramificação montanhosa; 10 NÁUTICA corrente em direcção ao mar alto; 11 ARQUITECTURA ressalto, recuo de muro ou parede; 12 TIPOGRAFIA offset; **~ printing** impressão em offset; 13 perpendicular, ordenada; 14 [ant., rar.] começo, início Ⓑ adj. deslocado, fora do alinhamento Ⓒ v.tr.,intr. (part.: **-set**) 1 equilibrar; compensar; 2 contrabalançar; 3 descentrar, deslocar; 4 dobrar em ângulo, dobrar em cotovelo; 5 ramificar-se; 6 BOTÂNICA lançar rebentos, rebentar ❖ **~ centre** centro deslocado; *angular* **~** inclinação

offshoot [ˈɒfʃuːt] s. 1 rebento, ramificação, ramo, vergôntea (de planta ou família); 2 braço, galho; 3 derivação

offshore [ˈɒfʃɔː] Ⓐ adj. 1 a pouca distância da praia; 2 que vai da praia para o mar; 3 FINANÇAS com sede no estrangeiro Ⓑ adv. 1 para o mar largo; 2 no mar alto; longe da costa; **to fish ~** pescar no mar alto; 3 [fig.] para o estrangeiro, no estrangeiro; para longe Ⓒ s. FINANÇAS offshore ❖ **~ fisheries** pesca de alto; **~ wind** vento de terra; *the wind blows ~* o vento sopra da terra

offside [ˌɒfˈsaɪd] Ⓐ s. 1 lado do condutor; 2 DESPORTO fora-de-jogo Ⓑ adj. 1 DESPORTO fora de jogo; 2 do lado do condutor Ⓒ adv. DESPORTO em fora de jogo

offspring [ˈɒfsprɪŋ] s. 1 progénie, prole, descendência, filhos e filhas; 2 consequência, resultado

off-street [ˈɒfstriːt] s. rua lateral

off-switch [ˈɒfswɪtʃ] s. interruptor para desligar

offtake [ˈɒfteɪk] s. 1 (minas) galeria de saída; 2 escoamento

off-the-books [ˌɒfðəˈbʊks] adj. 1 [EUA] não registado; 2 [EUA] (impostos) não declarado

off-the-cuff [ˌɒfðəˈkʌf] adj. 1 impensado, precipitado, imprudente; 2 de improviso, improvisado

off-the-peg [ˌɒfðəˈpeg] adj. (vestuário) de pronto-a-vestir

off-the-rack [ˌɒfðəˈræk] adj. [EUA] ⇒ **off-the-peg**

off-the-record [ˌɒfðəˈrekəd] Ⓐ adj. 1 oficioso; confidencial Ⓑ adv. 1 oficiosamente; 2 [coloq.] aqui entre nós

off-the-shelf [ˌɒfðəˈʃelf] Ⓐ adj. 1 ECONOMIA (bem, produto) imediatamente disponível; 2 (compra) directo Ⓑ adv. directamente ❖ **to buy sth ~** comprar aquilo que está disponível no momento

off-the-wall [ˌɒfðəˈwɔːl] adj. 1 [coloq.] extravagante, bizarro, excêntrico; 2 [depr.] disparatado, despropositado

off-trail [ˈɒftreɪl] adj. 1 que ocorre fora da pista; que se desvia da pista; 2 [fig.] pouco ortodoxo

offward [ˈɒfwəd] Ⓐ adv. em direcção ao mar alto; para longe da praia Ⓑ s. mar alto; mar largo; **to the ~** em direcção ao mar alto

off-white [ˌɒfˈwaɪt] Ⓐ adj.,s. branco pérola, branco sujo Ⓑ adj. 1 branco pérola, branco sujo; 2 quase branco

off-world [ˈɒfwɜːld] adj. (ficção científica) extraterrestre

off-worlder [ˈɒfwɜːldə] s. (ficção científica) extraterrestre

off-year [ˈɒfjɪə] s. [EUA] POLÍTICA ano sem eleições

OFM [abrev. de Order of Minor Friars]

oft [ɒft] adv. [arc., poét.] ⇒ **often** ❖ **many a time and ~** muitas e muitas vezes

often [ˈɒfn, ˈɒftən] Ⓐ adv. muitas vezes; com muita frequência; frequentemente; **~ and ~** muitas e muitas vezes; **so ~** tantas vezes; *she ~ goes there* ela vai lá frequentemente Ⓑ adj. [arc.] frequente ❖ **as ~ as** todas as vezes que; **as ~ as not** na maioria das vezes; **every so ~** de vez em quando; *how often?* quantas vezes?; **more ~ than not** com muita frequência; **too ~** demasiadas vezes

oftentimes [ˈɒfntaɪmz] adv. [arc.] muitas vezes, frequentemente

ofttimes [ˈɒftaɪmz] adv. [arc., poét.] muitas vezes; frequentemente

ogam [ˈɒgəm] s. 1 antigo alfabeto celta com 20 caracteres, um dos caracteres desse alfabeto; 2 inscrição feita utilizando esse alfabeto

ogdoad [ˈɒgdəʊæd] s. grupo de oito

ogee [ˈəʊdʒiː] s. ARQUITECTURA cimácio, ducina, gola directa, talão ❖ ARQUITECTURA **~ arch** arco em ogiva; ARQUITECTURA **~ window** janela ogival

ogham [ˈɒgəm] s. ⇒ **ogam**

ogival [əʊˈdʒaɪvəl] adj. ogival ❖ ARQUITECTURA **~ vault** abóbada em ogiva

ogive [ˈəʊdʒaɪv] s. ARQUITECTURA ogiva ❖ (carpintaria) **~ plane** guilherme

ogle [ˈəʊgl] Ⓐ s. olhar de desejo Ⓑ v.tr.,intr. 1 comer com os olhos; 2 fazer olhinhos meigos a

ogler ['əʊglə] *s.* pessoa que lança olhares ternos ou amorosos, pessoa que faz olhinhos meigos

ogling ['əʊglɪŋ] Ⓐ *adj.* que deita olhadelas amorosas, que deita olhares ternos Ⓑ *s.* 1 acto de lançar olhares ternos; 2 olhinhos meigos; 3 olhar cheio de ternura ou amor

ogre ['əʊgə] *s.* ogre, papão, ente irreal com que se mete medo às crianças

ogreish ['əʊgərɪʃ] *adj.* semelhante a um ogre, próprio de ogre

ogress ['əʊgrɪs] *s.f.* (*pl.* -**es**) ogra, suposta fêmea do ogre

ogrish ['əʊgrɪʃ] *adj.* ⇒ ogreish

Ogygian [əʊ'dʒɪdʒɪən] *adj.* ogígio; relativo a Ogiges ou à ilha Ogígia

oh [əʊ] *interj.* oh!

OHG [*abrev. de* Old High German]

ohm [əʊm] *s.* FÍSICA (sistema internacional de unidades de medida) ohm

ohmic ['əʊmɪk] *adj.* FÍSICA ôhmico; ~ *drop* queda óhmica; ~ *resistance* resistência óhmica

ohmigod [,əʊmaɪ'gɒd] *interj.* ai! meu Deus!

ohmmeter ['əʊmiːtə] *s.* FÍSICA ohmímetro

OHMS [*abrev. de* On Her (or His) Majesty's Service]

OHP [*abrev. de* overhead projector]

oidium [əʊ'ɪdɪəm] *s.* oídio

oil [ɔɪl] Ⓐ *s.* 1 (animal, vegetal ou mineral) óleo; *cod liver* ~ óleo de fígado de bacalhau; *olive* ~ azeite; 3 petróleo; 4 ARTES PLÁSTICAS óleo Ⓑ *adj.* 1 petrolífero; de petróleo; ~ *belt* faixa petrolífera; ~ *concession* concessão petrolífera; ~ *sheet* lençol petrolífero; ~ *spring* nascente de petróleo; ~ *well* poço petrolífero; 2 ARTES PLÁSTICAS a óleo; ~ *colours* tintas a óleo; (quadro, actividade) ~ *painting* pintura a óleo Ⓒ *v.tr.,intr.* 1 olear, lubrificar, untar; *to* ~ *a lock* lubrificar uma fechadura; 2 derreter, tornar oleoso; 3 encher de petróleo, deitar petróleo em; 4 derreter-se; tornar-se oleoso ❖ ZOOLOGIA (besouro) ~ *beetle* meloídeo; ~ *box* caixa de lubrificação; caixa de óleo; ~ *burner* navio movido a óleos; ~ *cake* bolo alimentar para o gado, constituído por sementes a que se extraiu quase todo o óleo; ~ *chamber* reservatório de óleo; ~ *cleaner* filtro de óleo; ~ *coat* camada fina de óleo; revestimento de óleo; ~ *cock* torneira de óleo; ~ *container* depósito de óleo; ~ *cruet* galheteiro; ~ *film* camada muito fina de óleo; ~ *filter* filtro de óleo; ~ *fuel* óleo combustível; ~ *gauge* indicador do nível de óleo; (aves) ~ *gland* glândula uropigial; ~ *heater* aquecedor a óleo; ~ *leak* escape de óleo; fuga de óleo; ~ *line* oleoduto; ~ *lubrication* lubrificação a óleo; ~ *meal* farinha de linhaça; ~ *paper* papel encerado; ~ *pipeline/piping* oleoduto; ~ *poppy* papoila-negra; ~ *refinery* refinaria de petróleo; ~ *rig* plataforma petrolífera; ~ *rights* direitos de exploração petrolífera; (navio) ~ *ship* petroleiro; ~ *silk* seda impermeabilizada; ~ *slick* maré negra; derrame de petróleo; ~ *spot* mancha de óleo; nódoa de gordura; ~ *stove* fogão a petróleo; ~ *sump* cárter; ~ *supply* conduto de óleo; fornecimento de óleo; ~ *tank* tanque de óleo; ~ *tanker* petroleiro; ~ *tight* estanque a petróleo; estanque ao óleo; BOTÂNICA ~ *tree* rícino; mamona; bafureira; *engine* ~ óleo para motores; *fuel* ~ óleo combustível; ~ *cracking plant* refinaria de petróleo; ~ *of bitter almonds* essência de amêndoas amargas; ~ *of lavender* óleo de alfazema; ~ *of vitriol* ácido sulfúrico; RELIGIÃO *the holy* ~ os santos óleos; *to add* ~ *to the flames* lançar uma acha para a fogueira; atiçar ainda mais as coisas; [cal.] *to* ~ *a person's palm* subornar alguém; untar as unhas a alguém; *to* ~ *one's tongue* usar de lisonjas; usar de falinhas mansas; [cal.] *to* ~ *sb* untar as unhas a alguém; [fig.] *to* ~ *the wheels* untar as rodas; procurar que tudo corra sem atritos e suavemente (empregando diplomacia, suborno, etc.); *to pour* ~ *on troubled waters* deitar água na fervura; acalmar as coisas; [fig.] *to strike* ~ descobrir petróleo; enriquecer de repente; fazer uma descoberta que provoca uma súbita afluência de riqueza; *to throw* ~ *into the fire* atiçar o fogo; excitar as coisas

oil-bearing ['ɔɪlbeərɪŋ] *adj.* 1 petrolífero; ~ *field* campo petrolífero; 2 oleaginoso

oilcan ['ɔɪlkæn] *s.* almotolia; oleadeira; *valve* ~ almotolia com válvula

oilcloth ['ɔɪlklɒθ] *s.* oleado

oiled [ɔɪld] *adj.* 1 oleado; 2 mergulhado em azeite; ~ *sardines* sardinhas de conserva em azeite ❖ ~ *paper* papel encerado; ~ *silk* seda impermeabilizada; [coloq.] *to be well* ~ estar com um grão na asa; estar alegrote; estar tocado da pinga

oiler ['ɔɪlə] *s.* 1 almotolia de mola, oleadeira de mola; 2 (pessoa ou instrumento) lubrificador; 3 indivíduo todo untuoso; 4 navio petroleiro

oilfield ['ɔɪlfiːld] *s.* jazida petrolífera

oiliness ['ɔɪlɪnɪs] *s.* 1 oleosidade; 2 [fig.] (atitude) untuosidade

oiling ['ɔɪlɪŋ] *s.* 1 lubrificação; 2 acto de untar ou cobrir com óleo ou petróleo

oilionaire [,ɔɪljə'neə] *s.* milionário da indústria petrolífera

oilman ['ɔɪlmən] *s.* (*pl.* -**men**) 1 negociante ligado ao petróleo; 2 vendedor de óleos e tintas; 3 indivíduo encarregado de serviços de lubrificação

oil-producing [,ɔɪlprə'djuːsɪŋ] *adj.* 1 produtor de petróleo; 2 BOTÂNICA oleaginoso

oilseed ['ɔɪlsiːd] *s.* BOTÂNICA semente oleaginosa

oilskin ['ɔɪlskɪn] *s.* 1 (tecido) oleado; 2 peça de vestuário feita deste tecido; 3 *pl.* roupas deste tecido

oilstone ['ɔɪlstəʊn] Ⓐ *s.* 1 pedra de afiar; 2 pedra de assentar fio Ⓑ *v.tr.* passar pela pedra de afiar

oily ['ɔɪli] *adj.* (*comp.* -**ier**, *superl.* -**iest**) 1 oleoso; ~ *skin* pele oleosa; 2 gorduroso; 3 oleaginoso; 4 [fig.] untuoso, de modos melífluos

oil-yielding ['ɔɪljiːldɪŋ] *adj.* 1 BOTÂNICA oleaginoso; 2 petrolífero

oink [ɔɪŋk] Ⓐ *s.* (porco) grunhido Ⓑ *v.intr.* (porco) grunhir

ointment ['ɔɪntmənt] *s.* pomada; unguento; *zinc* ~ pomada de óxido de zinco

OK [əʊ'keɪ] Ⓐ *interj.* muito bem!; (está) correcto! Ⓑ *adj.* 1 correcto, exacto; 2 certo, em ordem; 3 aceitável, razoável Ⓒ *adv.* bem, razoavelmente Ⓓ *v.tr.* aprovar, concordar com, sancionar Ⓔ *s.* acordo, concordância, assentimento

okapi [əʊ'kɑːpɪ] *s.* ZOOLOGIA ocapi

okay [əʊ'keɪ] *interj.,adj.,s.,v.tr.* ⇒ **O. K.**

okey-dokey [,əʊki'dəʊki] *interj.* OK!

Okla. [*abrev. de* Oklahoma]

okonite ['əʊkənaɪt] *s.* oconite, variedade de material isolador

okra ['ɒkrə, 'əʊkrə] *s.* BOTÂNICA, CULINÁRIA quiabo, quiabeiro, quiabo-de-cheiro

OLAP INFORMÁTICA [*abrev. de* Online Analytical Processing] OLAP

old [əʊld] Ⓐ *adj.* (*comp.* **older** ou **elder**, *superl.* **oldest** ou **eldest**) 1 velho; *as* ~ *as Adam* mais velho que a Sé de Braga; *good* ~ *days* bons velhos tempos; *to live to be* ~ chegar até velho; *to look* ~ ter um aspecto de velho; 2 idoso; com muita idade; *an* ~ *man* um homem de idade; 3 antigo; *an* ~ *family* uma família antiga; 4 já usado, gasto; 5 pertencente ao passado; 6 fora de moda, obsoleto, antiquado; 7 familiar, habitual; *an* ~ *offender* um delinquente habitual; 8 experimentado, com muita prática; *he is an* ~ *hand at that sort of work* ele é um indivíduo com muita experiência nesse género de trabalhos; 9 inveterado; ~ *soak* bêbedo inveterado; 10 [cal.] (intensificação) muito, bastante Ⓑ *s.pl. the* ~ os idosos, as pessoas de idade Ⓒ *s.* outrora; velhos tempos; *of* ~ de outrora, de antigamente, de há muito; *in days of* ~ noutros tempos, antigamente, dantes ❖ ~ *age* velhice; ~ *bachelor* velho solteirão; velho solteirão; [GB] ~ *boy* meu velho; ~ *bread* pão seco; ~ *English* o Velho Inglês; o Anglo-Saxão; [EUA] [cal.] *Old Glory* a bandeira americana; *Old Harry/Old Nick* o Diabo; ~ *maid* solteirona; ~ *masters* quadros célebres antigos; grandes artistas do passado; (Bíblia) *Old Testament* Velho Testamento; ~ *age insurance* seguro para a velhice; [GB] ~ *age pensioner* reformado; *any* ~ *thing* seja o que for; *in* ~ *times/in the* ~ *days* outrora; antigamente; dantes; *of* ~ *standing* consagrado; antigo; [EUA] *the Old Colony* Massachussetts; *the* ~ *country* a Europa; *the* ~ *gentleman* o Diabo; [coloq.] *the* ~ *man* o velhote; o pai; o marido; o patrão; o dono; o capitão do navio; [coloq.] *the* ~ *woman* a velhota; a mulher; a esposa; *the Old World* o Velho Mundo (em oposição ao Novo Mundo); *the* ~ *year* o ano velho; *how* ~ *is she? She is 19 years* ~ que idade tem ela? tem 19 anos; *how* ~ *would you take me to be?* que idade julga que eu tenho?; *I have heard it of* ~ há muito que ouvi falar nisso; *to call up* ~ *memories* recordar coisas antigas; *to grow* ~ envelhecer; *to have a good* ~ *time* divertir-se muito; *you are* ~ *enough to behave better* já tens idade para te comportares melhor

old-and-bitter [ˈəʊldənˌbɪtə] s. [coloq.] sogra
olden [ˈəʊldən] ⓐ adj. [arc.] antigo, velho, passado, remoto ⓑ v.tr.,intr. [arc.] envelhecer; enfraquecer com a idade ❖ *in ~ times* outrora; antigamente
Oldenburg [ˈəʊldənbɜːɡ] s.top. Oldemburgo
Oldenburger [ˈəʊldənbɜːɡə] adj.,s. natural ou habitante de Oldemburgo
old-fangled [əʊldˈfæŋɡld] adj. fora de moda; antiquado
old-fashioned [əʊldˈfæʃənd] adj. 1 fora de moda; antiquado; ultrapassado; 2 à moda antiga; *to do things the ~ way* fazer as coisas à moda antiga ❖ *~ look* olhar de reprovação
oldie [ˈəʊldɪ] s. 1 MÚSICA, CINEMA [coloq.] antigo sucesso; (canção) *golden ~* clássico; 2 [coloq.] velha piada; 3 [coloq.] idoso
oldish [ˈəʊldɪʃ] adj. velhote, um tanto velho, avelhentado
old-maidish [əʊldˈmeɪdɪʃ] adj. 1 típico de solteirona; 2 [depr.] miudinho; niquento; picuinhas
oldster [ˈəʊldstə] s. (ofensivo) velhote, velhadas
old-time [ˈəʊldtaɪm] adj. 1 antigo; 2 de antigamente; *~ songs* canções de antigamente; 3 de longa data; 4 antiquado
old-timer [ˈəʊldˌtaɪmə] s. 1 pessoa de idade; idoso; reformado; 2 (pessoa experiente) veterano
old-world [ˈəʊldwɜːld] adj. 1 antigo; de antigamente; de outros tempos; 2 (ambiente, etc.) que já não é frequente; pouco comum nos tempos que correm; desusado ❖ *~ village* aldeia histórica
Oleaceae [əʊlɪˈeɪsɪiː] s.pl. Oleáceas
oleaginous [ˌəʊlɪˈædʒɪnəs] adj. 1 oleaginoso, oleoso, gorduroso; 2 (indivíduo) untuoso
oleaginously [ˌəʊlɪˈædʒɪnəslɪ] adv. untuosamente
oleander [ˌəʊlɪˈændə] s. BOTÂNICA oleandro, loendro
oleaster [ˌəʊlɪˈæstə] s. BOTÂNICA oleastro, zambujeiro
oleate [ˈəʊlɪeɪt] s. QUÍMICA oleato
olecranon [əʊlɪˈkreɪnən] s. ANATOMIA olecrânio, olécrano, apófise saliente que forma a articulação do cotovelo
oleic [əʊˈliːɪk] adj. QUÍMICA oleico; *~ acid* ácido oleico
oleiferous [ˌəʊlɪˈɪfərəs] adj. oleífero, oleáceo
olein [ˈəʊlɪɪn] s. oleína, nome comercial do ácido oleico
oleograph [ˈəʊlɪəɡrɑːf] s. ARTES PLÁSTICAS (quadro) oleografia
oleographic [ˌəʊlɪəˈɡræfɪk] adj. oleográfico
oleography [ˌəʊlɪˈɒɡrəfɪ] s. ARTES PLÁSTICAS oleografia, processo de cromolitografia que imita a pintura a óleo
oleomargarine [ˌəʊlɪəʊmɑːdʒəˈriːn] s. oleomargarina
oleometer [ˌəʊlɪˈɒmɪtə] s. oleómetro, instrumento destinado a medir a intensidade dos óleos
oleoresin [ˌəʊlɪəˈrezɪn] s. BOTÂNICA, QUÍMICA oleorresina
oleoresinous [ˌəʊlɪəˈrezɪnəs] adj. oleorresinoso; *~ paint* pintura oleorresinosa; *~ varnish* verniz oleorresinoso
oleum [ˈəʊlɪəm] s. QUÍMICA óleum, nome comercial do ácido sulfúrico fumante
olfaction [ɒlˈfækʃən] s. olfacção
olfactive [ɒlˈfæktɪv] adj. olfactivo
olfactory [ɒlˈfæktərɪ] ⓐ adj. olfactivo; do olfacto; *~ nerve* nervo olfactivo ⓑ s. órgão do olfacto
olibanum [ɒˈlɪbənəm] s. olíbano; espécie de incenso
oligarch [ˈɒlɪɡɑːk] s. oligarca, membro de oligarquia
oligarchic [ˌɒlɪˈɡɑːkɪk] adj. oligárquico
oligarchical [ˌɒlɪˈɡɑːkɪkəl] adj. oligárquico
oligarchy [ˈɒlɪɡɑːkɪ] s. (pl. *-es*) oligarquia
oligist [ˈɒlɪdʒɪst] s. MINERALOGIA oligisto, hematite escamosa e brilhante
oligocarpous [ˌɒlɪɡəʊˈkɑːpəs] adj. BOTÂNICA oligocarpo, que produz poucas sementes
Oligocene [ˈɒlɪɡəʊsiːn] ⓐ s. GEOLOGIA Oligoceno ⓑ adj. GEOLOGIA oligoceno
oligopoly [ˌɒlɪˈɡɒpəlɪ] s. oligopólio
oligopsony [ˌɒlɪˈɡɒpsənɪ] s. ECONOMIA oligopsónio
olio [ˈəʊlɪəʊ] s. 1 CULINÁRIA olha-podrida, guisado de carne de vários tipos (perdiz, carneiro, carne de vaca, presunto, chouriço, etc.) e legumes; 2 [fig.] miscelânea, misturada, salgalhada, confusão
oliphant [ˈɒlɪfənt] s. olifante, trompa curva, geralmente feita dum dente de elefante, usada na Idade Média
olivaceous [ˌɒlɪˈveɪʃəs] adj. olivácea, verde-escuro, da cor da azeitona
olivary [ˈɒlɪvərɪ] adj. olivar, olivário, em forma de azeitona

olive [ˈɒlɪv] ⓐ s. 1 BOTÂNICA (fruto) azeitona; 2 BOTÂNICA (árvore) oliveira; 3 ramo de oliveira; folha de oliveira; *~ branch* ramo de oliveira; 4 coroa de oliveira; *~ wreath* coroa de folhas de oliveira; *a crown/wreath of wild ~* uma coroa de folhas de oliveira; 5 ZOOLOGIA (molusco gastrópode) oliva; *~ shell* oliva; 6 CULINÁRIA torta de carne com recheio; 7 pl. filhos, descendentes ⓑ adj.,s. (cor) azeitona; *~ green* cor de azeitona, verde-negro ❖ *~ crop* colheita de azeitona; produção de azeitona; *~ grove* olival; *~ husks* bagaço de azeitona; *~ oil* azeite; *~ season* época da apanha da azeitona; *~ wood* madeira de oliveira; olival; *~ yard* olivedo; olival; *the Mount of Olives* o Monte das Oliveiras; *to hold out the ~ branch to sb* procurar fazer as pazes com alguém
olive-coloured [ˈɒlɪvˌkʌləd] adj. cor-de-azeitona
olive-hued [ˈɒlɪvˌhjuːd] adj. com tonalidades cor-de-azeitona
oliver [ˈɒlɪvə] s. martinete para trabalhar metais, movido a pedal
Oliver [ˈɒlɪvə] s.antr. Oliveiros, Olivério
olivet [ˈɒlɪvet] s. imitação de pérola, pérola falsa
olivette [ˈɒlɪvet] s. ⇒ olivet
Olivia [əˈlɪvɪə] s.antr. Olívia
olivin [ˈɒlɪˈviːn] s. MINERALOGIA olivina
olivine [ˈɒlɪˈviːn] s. MINERALOGIA olivina
olla podrida [ˈɒləpɒˈdriːdə] s. ⇒ olio
ologies [ˈɒlədʒɪz] s.pl. 1 [joc.] qualquer ciência; 2 mera teoria
olympiad [əˈlɪmpɪæd] s. olimpíada
Olympian [əˈlɪmpɪən] ⓐ adj. 1 MITOLOGIA olímpico; relativo ao Olimpo; 2 superior; esplendente; majestoso ⓑ s. 1 MITOLOGIA deus do Olimpo; 2 DESPORTO atleta olímpico ❖ *the ~ gods* os deuses do Olimpo
Olympic [əˈlɪmpɪk] adj. 1 DESPORTO olímpico; 2 MITOLOGIA do Olimpo ❖ *~ village* aldeia olímpica; *the ~ Games* os Jogos Olímpicos
Olympics [əˈlɪmpɪks] s. DESPORTO Olimpíadas, Jogos Olímpicos; *the ~* as Olimpíadas
Olympus [əˈlɪmpəs] s. MITOLOGIA Olimpo
Olynthiac [əˈlɪnθɪæk] ⓐ adj. olíntico ⓑ s. olíntico, um dos três discursos proferidos por Demóstenes em defesa da cidade de Olinto; *the Olynthiacs* os olínticos de Demóstenes
Olynthian [əˈlɪnθɪən] adj.,s. 1 olíntico; 2 natural ou habitante de Olinto
Olynthus [əˈlɪnθəs] s.top. (cidade da antiga Grécia) Olinto
OM [abrev. de Order of Merit]
Oman [əʊˈmɑːn] s.top. Omã
Omani [əʊˈmɑːnɪ] ⓐ adj. de Omã ⓑ s. habitante ou natural de Omã
omasum [əʊˈmeɪsəm] s. ZOOLOGIA omaso, folhoso
ombre [ˈɒmbə] s. arrenegada, antigo jogo de cartas bastante conhecido nos sécs. XVII e XVIII
ombrogenous [ɒmˈbrɒdʒɪnəs] adj. (planta) ombrófilo
ombrology [ɒmˈbrɒlədʒɪ] s. ombrologia, tratado ou estudo da chuva
ombrometer [ɒmˈbrɒmɪtə] s. pluviómetro
ombudsman [ˈɒmbudzmən] s. delegado da procuradoria geral
omega [ˈəʊmɪɡə, ˈəʊmeɪɡə] s. 1 ómega, a última letra do alfabeto grego; 2 o último elemento duma série; 3 termo, remate
omelet [ˈɒmlɪt] s. CULINÁRIA omeleta; (com açúcar ou compota) *sweet ~* omeleta doce ❖ *you cannot make an ~ without breaking eggs* não se fazem omeletas sem ovos
omelette [ˈɒmlɪt] s. ⇒ omelet
omen [ˈəʊmən, ˈəʊmen] ⓐ s. 1 presságio; *to take something as a good ~* considerar qualquer coisa como um bom presságio; 2 pressentimento; 3 agoiro; *an event of bad ~* um acontecimento de mau agoiro ⓑ v.tr. pressagiar; augurar; anunciar ❖ *birds of ill ~* aves de mau agoiro
omental [əʊˈmentəl] adj. ANATOMIA omental; relativo ao omento ou epíploo
omentum [əʊˈmentəm] s. (pl. *-a*) ANATOMIA omento, opíploo
omicron [əʊˈmaɪkrən, əʊˈmaɪkrɒn] s. ómicro, ómicron
ominous [ˈɒmɪnəs] adj. ominoso; agoirento; de mau agoiro; ameaçador; sinistro; *~ for the future* de mau agoiro; *an ~ silence* um silêncio ameaçador
ominously [ˈɒmɪnəslɪ] adv. 1 ominosamente, agoirentamente, sinistramente; 2 ameaçadoramente

ominousness ['ɒmɪnəsnɪs] s. carácter ominoso ou sinistro
omissible [əʊ'mɪsɪbəl] adj. que pode omitir-se
omission [əʊ'mɪʃən] s. **1** omissão; supressão; exclusão; preterição; **2** negligência; esquecimento; **3** falta; lacuna; **4** TIPOGRAFIA salto de palavra ou frase ❖ RELIGIÃO *sins of* ~ pecados por omissão
omissive [əʊ'mɪsɪv] adj. omissivo; relativo a omissão
omit [əʊ'mɪt] v.tr. (particípios: **-tt-**) **1** omitir, não incluir; **2** pôr de parte; **3** (deliberadamente) negligenciar; *to* ~ *doing sth* negligenciar algo; **4** esquecer; **5** TIPOGRAFIA saltar
Ommiad [ɔ'maɪæd] Ⓐ adj. HISTÓRIA omíada; relativo aos Omíadas Ⓑ s. HISTÓRIA *the Ommiads* os Omíadas, a dinastia dos Omíadas
omnibus ['ɒmnɪbəs] Ⓐ s. (pl. **-es**) **1** (livro) compilação; **2** TELEVISÃO compacto; **3** [ant.] autocarro; ónibus_Bras._; **4** [ant.] diligência Ⓑ adj. multi-usos; polivalente; variado; abrangente ❖ ~ *bill* projecto de lei múltipla; TEATRO ~ *box* camarote grande alugado ao mesmo tempo a vários assinantes; ~ *route* carreira de autocarros; ~ *train* comboio ónibus
omnicompetence [ˌɒmnɪ'kɒmpɪtəns] s. **1** omnicompetência; **2** DIREITO competência para todos os assuntos
omnicompetent [ˌɒmnɪ'kɒmpɪtənt] adj. **1** omnicompetente; **2** DIREITO competente em todos os assuntos
omnifarious [ˌɒmnɪ'feərɪəs] adj. **1** de todos os géneros, de todas as espécies; **2** omniforme, omnímodo
omniform ['ɒmnɪfɔ:m] adj. omniforme
omnigenous [ˌɒmnɪ'dʒɪnəs] adj. omnígeno, omnigénero
omnipotence [ɒm'nɪpətəns] s. omnipotência
omnipotent [ɒm'nɪpətənt] adj. omnipotente; todo-poderoso
Omnipotent [ɒm'nɪpətənt] s. RELIGIÃO *the* ~ Deus Todo-Poderoso
omnipresence [ˌɒmnɪ'prezəns] s. omnipresença
omnipresent [ˌɒmnɪ'prezənt] adj. omnipresente
omniscience [ɒm'nɪsɪəns] s. omnisciência
omniscient [ɒm'nɪsɪənt] adj. omnisciente
omnium gatherum [ˌɒmnɪəm'gæðərəm] s. **1** reunião, mistura heterogénea de pessoas; **2** recepção ou festa para a qual se convidam pessoas das mais variadas classes
omnivorous [ɒm'nɪvərəs] adj. **1** omnívoro; **2** insaciável
omnivorously [ɒm'nɪvərəslɪ] adv. insaciavelmente, avidamente
omnivorousness [ɒm'nɪvərəsnɪs] s. **1** carácter omnívoro; **2** avidez
omophagia [ˌəʊmə'feɪdʒə, ˌəʊmə'feɪdʒɪə] s. omofagia, hábito de comer carne crua
omophagic [ˌəʊmə'fædʒɪk] adj. omofágico
omophagist [əʊ'mɒfədʒɪst] s. omófago
omophagous [əʊ'mɒfəgəs] adj. omófago
omophagy [əʊ'mɒfədʒɪ] s. ⇒ **omophagia**
omoplate ['əʊməpleɪt] s. [rar.] omoplata
Omphale ['ɒmfəli:] s. MITOLOGIA Ônfala, filha de Gárdano e rainha da Líbia
omphalocele ['ɒmfələsi:l] s. MEDICINA onfalocele, hérnia umbilical
omphalos ['ɒmfəlɒs] s. **1** MITOLOGIA (centro do mundo) ônfalo; **2** [fig.] centro; *the centre and* ~ *of a worldwide empire* o ponto central, a cabeça de um império estendido por todo o mundo; **3** HERÁLDICA bossa no centro do escudo
omphalotomy [ɒmfə'lɒtəmɪ] s. onfalotomia, corte do cordão umbilical
on [ɒn] Ⓐ prep. **1** em, sobre, em cima de, em contacto com a superfície de; **2** de; *on a bicycle* de bicicleta; *on all fours* de gatas; **3** sobre, acerca de; *the lecture was on Keats* a conferência foi sobre Keats; **4** para cima de, em direcção a; **5** em consequência de; **6** (dias da semana ou do mês) em, a; *on Monday* na segunda-feira, segunda-feira; *on Mondays* às segundas-feiras; *on that day* naquele dia; *on the seventh of April* a 7 de Abril, no dia 7 de Abril Ⓑ adv. **1** [de um modo geral, em ligação com verbos, dá a ideia de continuação, movimento para a frente, funcionamento, contacto, cobertura, ligação, etc.] mais para frente, mais para diante; *to drink on* continuar a beber; *to sing on* continuar a cantar; **2** em funcionamento, em marcha, em andamento; *the radio is on* o rádio está ligado; **3** TEATRO em representação; (actor) *to be on* estar em cena; TEATRO *Hamlet is on* estão a representar Hamlet; CINEMA, TEATRO *what is on this evening?* qual é o espectáculo desta noite?, que filme há esta noite? Ⓒ adj. **1** (críquete) à esquerda; (críquete) *an on drive* uma jogada para a esquerda (do *batsman*); **2** local; (bebidas alcoólicas) *on consumption* para consumo no próprio local; *on licence* licença para venda de bebidas destinadas a ser consumidas no próprio local de venda Ⓓ s. (críquete) o lado esquerdo do campo; *a drive to the on* uma jogada para a esquerda Ⓔ v.intr. [coloq.] vestir, pôr; *to on with one's coat* vestir o casaco ❖ *and so on* etc.; *cheque on London* cheque sobre Londres; *from that day on* desde aquele dia; a partir daquele dia; *just on £3* muito à volta de 3 libras; *on a train* num comboio; *on and after the first of July* a partir de 1 de Julho; *on and on* continuamente; sem parar; *on application* mediante pedido; desde que seja solicitado; *on approval* à condição; *on business* em negócios; *on holiday* de férias; *on my part* pela minha parte; *on my word* sob a minha palavra; *on nights* de noite; *on page five* na página 5; *on reaching home* ao chegar a casa; *on the ceiling* no tecto; suspenso do tecto; *on the Continent* no continente europeu; *on the frontier* junto da fronteira; perto da fronteira; *on the left of* à esquerda de; *on the morning of the 10th of January* na manhã de 10 de Janeiro; *on the right* à direita; *on the south* do lado sul; *on thinking the matter over* pensando no assunto; depois de meditar no assunto; *on this side* deste lado; *have you any money on you?* traz algum dinheiro consigo?; *have you anything on this evening?* tem alguma coisa para hoje à noite?; *he had his hat on* ele tinha o chapéu na cabeça; *he is neither on nor off* nem diz que sim nem que não; está irresoluto; *he is rather on* está um tanto tocado da pinga; DESPORTO (atleta) *it was one of his on days* foi um dos seus melhores dias; *on being questioned about it, he said that...* ao ser interrogado sobre isso, disse que...; *on with the show!* vamos lá com esse espectáculo!; *she turned her back on him* ela virou-lhe as costas; *the battle is now on* a batalha está a travar-se presentemente; *the beer is on me* quem paga a cerveja sou eu; *the Earth turns on its axis* a Terra gira em volta do seu eixo; *the police are on them* a polícia está-lhes na pista; *the rain is on again!* cá está a chuva outra vez em cima de nós!; *to act on the advice of* seguir o conselho de; NÁUTICA *to be broadside on to the shore* apresentar a terra pelo través; *to be on a committee* fazer parte duma comissão; *to be on a newspaper* fazer parte da redacção dum jornal; pertencer a um jornal; *to be on to* ter conhecimento de; estar a par das intenções de; *to be on to sb* não se deixar enganar por alguém; compreender os motivos de alguém; *to be on to sth* compreender alguma coisa; *to live on* viver de; *to have nothing on* estar nu
onager ['ɒnəgə] s. (pl. **-s** ou **-gri**) ZOOLOGIA ónagro, onagro
onanism ['ɒnənɪzəm] s. onanismo; masturbação
onanist ['ɒnənɪst] s. onanista
onanistic [ˌɒnə'nɪstɪk] adj. onanístico
once [wʌns] Ⓐ adv. **1** uma vez; ~ *more* mais uma vez; ~ *only* só uma vez; ~ *again* outra vez, novamente; ~ *and for all* de uma vez por todas; ~ *or twice* uma vez ou duas; (começo de um conto) ~ *upon a time* era uma vez; *more than* ~ mais que uma vez; *he never* ~ *thought of it* não pensou nisso uma única vez; *I haven't seen her* ~ não a vi nem sequer uma vez; **2** outrora; *she knew him* ~ ela conheceu-o outrora; **3** noutros tempos; *my* ~ *master* o meu antigo professor Ⓑ s. ocasião; uma vez; ~ *is enough for me* uma vez chega para mim; *this* ~ desta vez; *he is right for* ~ desta vez tem razão Ⓒ conj. desde que; uma vez que; se; ~ *he hesitates, we have him* se ele hesitar, temo-lo na mão; ~ *you stop trusting yourself, you will lose everything* se deixares de ter confiança em ti mesmo, perderás tudo ❖ ~ *a fortnight* de quinze em quinze dias; ~ *bitten twice shy* gato escaldado de água fria tem medo; ~ *in a way*/~ *in a while* de quando em quando; *all at* ~ subitamente; ao mesmo tempo; *at* ~ imediatamente; *don't all speak at* ~ não falem todos ao mesmo tempo; *if* ~ *you do it* se um dia o fizeres; *one can't do two things at* ~ uma pessoa não pode fazer duas coisas ao mesmo tempo
once-over ['wʌnsˌəʊvə] s. [EUA] [coloq.] vista de olhos, olhadela, exame rápido; *to give sth the* ~ dar uma vista de olhos a algo
oncer ['wʌnsə] s. [coloq.] pessoa que só vai à igreja aos domingos
oncogene ['ɒŋkədʒi:n] s. BIOLOGIA oncogene
oncogenesis [ˌɒŋkə'dʒenəsɪs] s. BIOLOGIA oncogénese
oncological [ˌɒŋkə'lɒdʒɪkəl] adj. MEDICINA oncológico

oncologist

oncologist [ɒŋˈkɒlədʒɪst] s. MEDICINA oncologista
oncology [ɒŋˈkɒlədʒɪ] s. MEDICINA oncologia
oncoming [ˈɒŋkʌmɪŋ] Ⓐ adj. 1 próximo, que se aproxima; 2 futuro; 3 iminente; 4 (trânsito) em direcção contrária Ⓑ s. aproximação
ondatra [ɒnˈdætrə] s. ZOOLOGIA ondatra
ondograph [ˈɒndəgræf] s. FÍSICA ondógrafo
ondometer [ɒnˈdɒmɪtə] s. FÍSICA ondómetro
on-drive [ˈɒnˌdraɪv] v.tr. (críquete) fazer uma jogada para a esquerda
one [wʌn] adj.,num.card.,pron.,s. 1 um, uma; (algarismos) *four ones* quatro uns; *write down a ~* escreve lá 1 (o algarismo 1); *~ after the other* um após outro; *~ at a time* um de cada vez; *~ by ~* um a um; *~ or two people* uma ou duas pessoas; 2 unidade, uma coisa só; 3 único; *his ~ and only son* o seu único filho; *that's the ~ way of doing it* isso é o único meio para o fazer; *the ~ real danger is...* o único perigo real é...; 4 só, um só; *they advanced like ~ man* avançaram como um só homem; 5 um certo, um tal; *~ Mr. Smith* um tal sr. Smith; 6 uma pessoa, alguém ❖ *~ dozen* uma dúzia; *~ hundred* cem; *at ~* de acordo; em harmonia; *book ~* primeiro livro; [fig.] *number ~* número um; o próprio; *he always thinks of number ~* ele pensa sempre em si; *~ and all* todos sem excepção; *~ and undivided* uno e indivisível; *~ and the same* o mesmo; idêntico; *~ and the same thought came into their minds* exactamente a mesma ideia lhes surgiu ao espírito; *all in ~* tudo junto; *by ones and twos* isoladamente e aos pares; *for ~ thing* entre outras razões; *I for ~ don't believe it* quanto a mim, não acredito nisso; *I'll see you again ~ of these days* procurá-lo-ei num dos próximos dias; *it's all ~* vem a dar no mesmo; é indiferente; *my own one!* meu único amor!; *our dear ones* os que nos são caros; *that one/those ones* aquele/aqueles; *this one/these ones* este/estes; *that's my brother, the ~ with the glasses* o meu irmão é aquele, o que está com óculos; *that's ~ comfort* isso já é uma consolação; *that's ~ way of doing it* isso é uma maneira de o fazer; *they gave him ~ in the eye* deram-lhe um soco nos olhos; *to be at ~ with sb* estar de acordo com alguém; ter a mesma opinião; *to cry out with ~ voice* gritar a uma só voz; *to get ~ over the eight* ficar levemente embriagado
one-armed [wʌnˈɑːmd] adj. que só tem um braço, maneta
one-cylinder [wʌnˈsɪlɪndə] adj. monocilíndrico, que só tem um cilindro; *~ engine* motor monocilíndrico
one-dimensional [wʌndaɪˈmenʃənəl] adj. 1 unidimensional; 2 simplista; 3 sem profundidade
one-eared [ˌwʌnˈɪəd] adj. 1 monauricular; 2 fanado duma orelha
one-eyed [wʌnˈaɪd] adj. 1 com um só olho; 2 cego dum olho
onefold [ˌwʌnˈfəʊld] adj. simples
one-footed [wʌnˈfʊtɪd] adj. monópode, com um pé
one-handed [wʌnˈhændɪd] Ⓐ adj. 1 maneta, que tem uma só mão; 2 feito com uma só mão; 3 para só uma mão Ⓑ adv. com uma mão apenas
one-horse [ˈwʌnhɔːs] adj. 1 só com um cavalo; puxado só por um cavalo; que só possui um cavalo; 2 [coloq.] de importância secundária; de pouca importância; 3 (lugar) provinciano; insignificante; pequeno; *~ town/place* lugar no fim do mundo, parvónia
oneirocritic [ənaɪərəˈkrɪtɪk] Ⓐ adj. onirocrítico Ⓑ s. onirocrita, pessoa que interpreta e explica os sonhos
oneirocriticism [ənaɪərəˈkrɪtɪsɪzəm] s. onirocrisia
oneirocritics [ənaɪərəˈkrɪtɪks] s.pl. onirocrítica
oneiromancer [ənaɪərəˈmænsə] s. oniromante, pessoa que pratica a oniromancia
oneiromancy [əˌnaɪərəˈmænsɪ] s. oniromancia, onirocrisia, onirocrítica
one-leaved [wʌnˈliːvd] adj. BOTÂNICA unifoliado, unifólio
one-legged [wʌnˈlegɪd] adj. que tem uma perna só
one-liner [wʌnˈlaɪnə] s. piada curta
one-man [wʌnˈmæn] adj. 1 individual; para uma única pessoa; *~ job* tarefa individual; 2 (mulher) de um homem só ❖ *~ band* homem-orquestra; *~ show* espectáculo com um só artista
oneness [ˈwʌnnəs] s. 1 unidade, unicidade; 2 singularidade, carácter único; 3 harmonia, concórdia, acordo; 4 identidade; 5 imutabilidade

642

one-night [ˈwʌnˌnaɪt] adj. 1 de uma só noite; 2 (espectáculo) único ❖ [coloq.] (sexo) *~ stand* ligação de uma noite
one-off [ˌwʌnˈɒf] Ⓐ adj. 1 especial; 2 único, excepcional; 3 fora de série Ⓑ s. 1 peça única; 2 exemplar único; 3 excepção, caso único ❖ (acontecimento) *it's a one-off!* um dia não são dias!
one-on-one [ˌwʌnɒnˈwʌn] adj.,adv. [EUA] ⇒ one-to-one
one-pair [ˌwʌnˈpeə] adj. [coloq.] no primeiro andar
one-parent [ˌwʌnˈpærənt] adj. monoparental; *~ family* família monoparental
one-phase [ˌwʌnˈfeɪz] adj. ELECTRICIDADE monofásico; *~ circuit* circuito monofásico; *~ current* corrente monofásica
one-piece [ˌwʌnˈpiːs] adj. duma peça só; *~ bathing suit* fato de banho duma peça só
one-price [ˈwʌnˌpraɪs] adj. de preço único; *~ store* armazém de preço único
oner [ˈwʌnə] s. 1 bicho raro[fig.]; pessoa única; indivíduo notável; 2 excepção, coisa única, coisa sem igual; 3 [coloq.] peta; *to tell sb a ~* contar uma peta a alguém; 4 [cal.] perito, conhecedor; *a ~ at* um perito em, conhecedor de; 5 pancada, golpe; *to give sb a ~* agredir alguém com uma pancada forte; 6 [coloq.] (críquete) jogada que marca um ponto
one-reeler [wʌnˈriːlə] s. CINEMA curta-metragem
onerous [ˈɒnərəs] adj. oneroso, pesado; com encargos; *~ property* propriedade onerosa ❖ DIREITO *~ contract* contrato oneroso; DIREITO *~ title* título oneroso
onerously [ˈɒnərəslɪ] adv. 1 a título oneroso; 2 onerosamente
onerousness [ˈɒnərəsnɪs] s. 1 onerosidade; 2 encargo
oneself [wʌnˈself] pron. 1 se, a si mesmo; *to cut ~* cortar-se; *to wash ~* lavar-se; 2 o mesmo, o próprio; *one should not live for ~ alone* uma pessoa não deve viver só para si mesma ❖ *all to ~* só para si; *by ~* sozinho
one-shot [ˈwʌnˌʃɒt] adj. 1 [coloq.] eficaz à primeira; 2 [coloq.] (oportunidade, acontecimento) único
one-sided [ˌwʌnˈsaɪdɪd] adj. 1 que só tem um lado; 2 assimétrico, com um lado maior que o outro; 3 parcial, injusto, unilateral; *a ~ account of an event* um relato parcial de um acontecimento; 4 desigual ❖ *a ~ street* uma rua com casas só dum lado
one-sidedly [ˌwʌnˈsaɪdɪdlɪ] adv. 1 com parcialidade; 2 injustamente; 3 unilateralmente
one-sidedness [ˌwʌnˈsaɪdɪdnəs] s. 1 assimetria, desigualdade; 2 parcialidade; 3 unilateralidade
one-size-fits-all [ˌwʌnsaɪzfɪtsˈɔːl] adj. 1 de tamanho único; 2 [EUA depr.] estandardizado, medíocre, mediocrizado
one-step [ˈwʌnstep] s. variedade de dança parecida com a marcha
one-storied [ˈwʌnstɔːrɪd] adj. só com rés-do-chão, sem andares
onetime [ˌwʌnˈtaɪm] adj. 1 antigo, anterior; *a ~ teacher* um ex-professor, um antigo professor; 2 (acontecimento, oportunidade) único
one-to-one [ˌwʌntəˈwʌn] Ⓐ adj. 1 frente a frente, cara a cara; 2 personalizado, individualizado; 3 particular, individual; *~ tuition* aulas particulares; 4 exclusivo; 5 biunívoco; 6 MATEMÁTICA de um para um; 7 um a um Ⓑ adv. 1 frente a frente; 2 individualmente; 3 exclusivamente; 4 de forma biunívoca; 5 de um para um; 6 um a um
one-track [wʌnˈtrak] adj. 1 de uma faixa; 2 de via única; 3 [fig.] obcecado, que só pensa numa coisa; *to have a ~ mind* só pensar numa coisa, ter uma ideia fixa
one-way [ˌwʌnˈweɪ] adj. 1 só com uma direcção; de sentido único; só num sentido; *~ street* rua com sentido único; 2 unilateral ❖ *~ ticket* bilhete simples; bilhete de ida; [irón.] (situação negativa) *it's a ~ ticket to....* é o melhor caminho para...
one-woman [ˌwʌnˈwʊmən] adj. 1 individual, para apenas uma mulher; 2 (homem) de uma mulher só
onfall [ˈɒnfɔːl] s. assalto, ataque
onflow [ˈɒnfləʊ] s. 1 curso; 2 afluência; 3 deslocação
ongoing [ˈɒnɡəʊɪŋ] adj. 1 em curso, em andamento; 2 contínuo, continuado; persistente
ongoings [ˈɒnˌɡəʊɪŋz] s.pl. 1 atitudes, conduta, comportamento, acontecimentos; 2 avanço
onhanger [ˈɒnhæŋə] s. 1 partidário; sequaz; 2 dependente; 3 parasita; 4 títere
onion [ˈʌnjən] Ⓐ s. 1 BOTÂNICA cebola; *string of onions* cabo de cebolas; 2 [cal. depr.] habitante das Bermudas Ⓑ v.tr. 1 plantar

cebolas em; **2** temperar com cebola ❖ (variedade de aveia) ~ *couch/grass* frumental; MINERALOGIA ~ *marble* cipolino; [coloq.] *off his* ~ pateta; apalermado; meio tonto

onioned ['ʌnjənd] *adj.* CULINÁRIA de cebolada

onionskin ['ʌnjənskɪn] *s.* **1** papel fino e transparente; **2** pele de cebola; **3** (vinho) casca de cebola

oniony ['ʌnjəni] *adj.* com gosto ou cheiro a cebola

onkus ['ɒnkʌs] *adj.* **1** [Austr.] [coloq.] desorganizado; **2** [Austr.] [coloq.] desagrável, enfadonho

on-licence ['ɒnˌlaɪsəns] *s.* autorização para consumo de bebidas alcoólicas no local de venda

online [ɒn'laɪn] *adj.* ⇒ **on-line**

on-line [ɒn'laɪn] *adj.* **1** INFORMÁTICA (Internet) em linha, ligado à rede; **2** operacional, pronto a usar

onlooker ['ɒnˌlʊkə] *s.* **1** espectador, assistente; **2** curioso; **3** mirone ❖ *the onlookers* os transeuntes; a assistência; *to be an ~ at* assistir a

only ['əʊnli] Ⓐ *adj.* **1** único; ~ *copy extant* exemplar único; ~ *son* filho único; *my one and* ~ *hope* a minha única esperança; *they are the* ~ *people who know all the story* eles são as únicas pessoas que conhecem a história toda; *you're not the* ~ *one* não és o único; **2** singular Ⓑ *adv.* só; somente; apenas; unicamente; ~ *three books* apenas três livros; *he can* ~ *refuse* ele não pode deixar de recusar; ele só pode recusar; *that's* ~ *a matter of taste* isso é apenas uma questão de gosto Ⓒ *conj.* **1** todavia, mas, contudo; *he is a good pupil,* ~ *that he is nervous when you ask him a question* ele é bom aluno, mas fica nervoso quando lhe fazem uma pergunta; **2** simplesmente; *he makes good resolutions,* ~ *he never keeps them* ele toma boas resoluções, simplesmente nunca as executa ❖ *~ just now* agora mesmo; ~ *too true* demasiado verdadeiro; *if* ~ *I knew it!* se eu soubesse!, se eu tivesse adivinhado!; *not only... but also...* não só... mas também...; *they can* ~ *do their best* não se lhes pode exigir mais que aquilo que podem fazer; *they were* ~ *just in time* chegaram precisamente à hora

only-begotten [ˌəʊnlɪbɪ'gɒtn] *adj.* unigénito

on-message [ɒn'mesɪdʒ] *adj.* POLÍTICA ortodoxo, em sintonia com a política oficial de um partido ou uma organização

o.n.o. [*abrev. de* or near(est) offer]

onomasiologic [ɒnəʊmeɪsɪə'lɒdʒɪk] *adj.* onomasiológico

onomasiological [ɒnəʊmeɪsɪə'lɒdʒɪkəl] *adj.* onomasiológico

onomasiology [ɒnəʊmeɪsɪ'ɒlədʒɪ] *s.* LINGUÍSTICA onomasiologia

onomastic [ˌɒnə'mæstɪk] *adj.* onomástico

onomastics [ˌɒnə'mæstɪks] *s.* onomástica

onomatologist [ˌɒnəmə'tɒlədʒɪst] *s.* onomatólogo

onomatology [ˌɒnəmə'tɒlədʒɪ] *s.* onomatologia

onomatop ['ɒnəmətɒp] *s.* palavra onomatopeica

onomatope ['ɒnəmətɒp] *s.* palavra onomatopeica

onomatopoeia [ˌɒnəmætə'piːə] *s.* onomatopeia

onomatopoeic [ˌɒnəmætə'piːɪk] *adj.* onomatopeico

onomatopoeically [ˌɒnəmætə'piːɪkəlɪ] *adv.* onomatopeicamente

onomatopoetic [ˌɒnəmætəpəʊ'etɪk] *adj.* ⇒ **onomatopoeic**

onomatopoetically [ˌɒnəmætəpəʊ'etɪkəlɪ] *adv.* ⇒ **onomatopoeically**

on-position [ˌɒnpə'zɪʃən] *s.* MECÂNICA posição de início de trabalho ou funcionamento

onrush ['ɒnrʌʃ] *s.* ⟨*pl.* **-es**⟩ **1** ataque, arremetida, investida; **2** avanço; **3** vaga*fig.*

onset ['ɒnset] *s.* **1** início; **2** (doença) começo, primeiros sintomas; *from the* ~ desde os primeiros sintomas; **3** QUÍMICA início duma reacção; **4** MILITAR ataque, assalto, investida; *at the first* ~ ao primeiro ataque

onshore [ɒn'ʃɔː] *adj.* **1** em direcção a terra; **2** vindo do mar alto; ~ *wind* vento do mar; **3** em terra

on-site [ɒn'saɪt] *adj., adv. in loco*, no próprio local

onslaught ['ɒnslɔːt] *s.* **1** arremetida, investida; **2** ataque violento, ataque decisivo; **3** massacre

on-sweep ['ɒnswiːp] *s.* rápido avanço, avanço irresistível

Ont. [*abrev. de* Ontario]

Ontario [ɒn'teərɪəʊ] *s.top.* (província do Canadá) Ontário

onto ['ɒntʊ, 'ɒntə] *prep.* para; para cima de; em direcção a; *to put wood* ~ *the fire* atirar lenha para cima do lume

ontogenesis [ˌɒntɒ'dʒenɪsɪs] *s.* ontogénese

ontogenetic [ˌɒntɒdʒɪ'netɪk] *adj.* ontogénico

ontogeny [ɒn'tɒdʒɪnɪ] *s.* ontogenia

ontologic [ˌɒntɒ'lɒdʒɪk] *adj.* ontológico

ontological [ˌɒntə'lɒdʒɪkəl] *adj.* ontológico

ontologically [ˌɒntə'lɒdʒɪkəlɪ] *adv.* ontologicamente

ontologist [ɒn'tɒlədʒɪst] *s.* ontologista

ontology [ɒn'tɒlədʒɪ] *s.* ontologia

onus ['əʊnəs] *s.* ⟨*pl.* **-es**⟩ ónus; encargo; responsabilidade; dever; obrigação; *to have the* ~ *of* ter o encargo de ❖ DIREITO ~ *probandi* obrigação de fazer prova; obrigação de demonstrar a justeza de direitos exigidos ou afirmação feita

onward ['ɒnwəd] Ⓐ *adj.* para a frente; dirigido para diante; ~ *movement* movimento progressivo, movimento para a frente Ⓑ *adv.* ⇒ **onwards** ❖ (viagem aérea) ~ *flight/connection* ligação; correspondência

onwards ['ɒnwədz] *adv.* para a frente; avante; para diante; *from this time* ~/*from now* ~ de agora em diante, doravante, daqui em diante; *to move* ~ deslocar-se para diante, avançar

onyx ['ɒnɪks] *s.* ⟨*pl.* **-es**⟩ MINERALOGIA ónix ❖ ~ *marble* ónix-calcário; ónix-da-argélia

oocyte ['əʊəʊsaɪt] *s.* BIOLOGIA oócito, ovócito

oodles ['uːdlz] *s.pl.* [coloq.] (grande quantidade) montes; ~ *of money* montes de dinheiro

oof [uːf] *s.* [cal.] dinheiro, bagalhoça, carcanhóis, massa ❖ [rar.] ~ *bird* pessoa rica

oofy ['uːfɪ] *adj.* [cal.] endinheirado, cheio de massa

oogenesis [əʊə'dʒenɪsɪs] *s.* oogénese, oogenia

oolite ['əʊəlaɪt] *s.* MINERALOGIA oolito

oolitic [əʊə'lɪtɪk] *adj.* MINERALOGIA oolítico

oology [əʊ'ɒlədʒɪ] *s.* oologia, ovologia

oom [uːm] *s.* [Áfr. do S.] tio ❖ ~ *Paul* o presidente Kruger

oomph [ʊmf] **1** garra*fig*; dinamismo; **2** [EUA] [cal.] ⇒ **sex appeal**

oomphy ['ʊmfɪ] *adj.* **1** [cal.] forte; vigoroso; **2** [EUA] [cal.] atraente; sexy

oomycetes [ˌəʊəmaɪ'siːtiːz] *s.pl.* BOTÂNICA oomicetes, variedades de fungos

oont [ʊnt] *s.* [Índia] camelo

oops [uːps, ʊps] *interj.* ups!

oosphere ['əʊəsfɪə] *s.* oosfera

oospheric [əʊə'sferɪk] *adj.* oosférico

oospore ['əʊəspɔː] *s.* BOTÂNICA oósporo

ooze [uːz] Ⓐ *s.* **1** lodo, lama, limo, vasa, fundo lodoso de estuário, rio ou mar; **2** infusão tânica empregada na indústria dos curtumes; **3** exsudação, escorrimento; **4** infiltração; **5** fio de líquido que corre; **6** pêlo, penugem de determinados tecidos Ⓑ *v.tr., intr.* **1** correr lentamente; **2** passar lentamente através de; **3** infiltrar-se; *to* ~ *through the ground* infiltrar-se na terra; **4** ressudar, ressumbrar, ressumar; *everything was oozing with water* tudo ressumava água; *to* ~ *hatred* ressumar ódio; **5** exsudar; transpirar muito; **6** verter, gotejar, transudar; escorrer; *blood was oozing through the wound* escorria sangue da ferida; **7** deixar passar

◆**ooze away** *v.intr.* esvair-se; esgotar-se; enfraquecer; *my courage is oozing away* a minha coragem está a desvanecer-se

◆**ooze out** *v.intr.* **1** [coloq.] pôr-se a andar; pôr-se a mexer; **2** [coloq.] tornar-se conhecido; transpirar; transparecer; *the secret oozed out* o segredo veio a público

oozing ['uːzɪŋ] Ⓐ *adj.* **1** gotejante; **2** que ressuma Ⓑ *s.* ressudação, ressumação

oozy ['uːzɪ] *adj.* **1** lodoso; lamacento; cheio de vasa ou limo; ~ *bottom* fundo cheio de lodo; **2** (humidade) que ressuma

op. Ⓐ MÚSICA [*abrev. de* opera] Ⓑ [*abrev. de* operation] Ⓒ [*abrev. de* operator] Ⓓ [*abrev. de* opposite] Ⓔ [*abrev. de* opus]

op[1] [ɒp] *s.* **1** MEDICINA [coloq.] operação; **2** [EUA] [coloq.] operador telegrafista

OP Ⓐ [*abrev. de* Order of Preachers (Ordinis Praedicatorum)] Ⓑ MILITAR [*abrev. de* observation post] Ⓒ [*abrev. de* out of print]

opacify [əʊ'pæsɪfaɪ] *v.tr., intr.* opacificar(-se); tornar(-se) opaco

opacity [əʊ'pæsɪtɪ] *s.* ⟨*pl.* **-ies**⟩ **1** opacidade; **2** lentidão (de inteligência); **3** obtusidade de espírito

opah ['əʊpə] *s.* ZOOLOGIA bezedor, peixe-lua

opal ['əʊpəl] s. MINERALOGIA opala ❖ ~ *glass* vidro opalino; *common* ~ opala-comum; *fire* ~ opala-de-fogo
opalescence [ˌəʊpəˈlesəns] s. opalescência
opalescent [ˌəʊpəˈlesənt] adj. opalescente
opalesque [ˌəʊpəˈlesk] adj. opalesco
opaline[1] ['əʊpəlaɪn] adj. opalino
opaline[2] ['əʊpəliːn] s. vidro opalino
opalized ['əʊpəlaɪzd] adj. opalizado
opaque [əʊˈpeɪk] Ⓐ adj. (comp. **-er**, superl. **-est**) 1 opaco; ~ *glass* vidro opaco; ~ *projection* projecção opaca; ~ *tights/stockings* meias opacas; *to become* ~ tornar-se opaco, opacificar-se; 2 mate; sem brilho; 3 sombrio; escuro; obscuro; 4 [depr.] de espírito obtuso; de compreensão lenta; pouco vivo; estúpido; ~ *mind* espírito obtuso, inteligência muito limitada Ⓑ s. escuridão
opaquely [əʊˈpeɪklɪ] adv. duma maneira opaca
opaqueness [əʊˈpeɪknɪs] s. ⇒ **opacity**
op art [ɒpˈɑːt] s. ARTES PLÁSTICAS op art
op artist [ɒpˈɑːtɪst] s. ARTES PLÁSTICAS artista que segue a op art
opcode ['ɒpkəʊd] s. INFORMÁTICA código de operação
ope [əʊp] v.tr.,intr. ⇒ **open**
OPEC [abrev. de Organization of Petroleum Exporting Countries] OPEP
open ['əʊpən] Ⓐ adj. 1 aberto; ~ *to the public* aberto ao público; *the exhibition is* ~ está aberta a exposição; *who has left the window open?* quem deixou a janela aberta?; 2 descerrado; 3 sem barreiras, sem vedação ou obstáculos; *an* ~ *river* um rio navegável, sem obstáculos; 4 vasto, amplo; 5 descoberto; 6 claro, evidente, conhecido de todos, notório; 7 patente, manifesto; 8 público, acessível a todos; ~ *competition* concurso público; ~ *court* tribunal com entrada livre para o público; ~ *scandal* escândalo público; ~ *spaces* jardins públicos, parques públicos; ~ *trial* julgamento público; *an* ~ *secret* um segredo conhecido de toda a gente; 9 em aberto, em suspenso, por resolver; *the affair is still* ~ o assunto está ainda por resolver; *to leave a matter* ~ deixar um assunto em suspenso; 10 franco, sincero, sem disfarce; ~ *temper* temperamento franco, franqueza; *to be* ~ *with a person* ser franco com alguém; 11 liberal; 12 (tempo) limpo; sereno; sem nuvens; ~ *weather* tempo limpo, sem neve nem chuva; 13 LINGUÍSTICA aberto; ~ *vowel* vogal aberta; 14 aberto [**to**, a], receptivo [**to**, a]; *to be* ~ *to an offer* estar receptivo a novas ofertas, aceitar ofertas; 15 (sujeito) exposto [**to**, a]; *to be* ~ *to temptation* estar sujeito a tentações; *to lay oneself* ~ *to* expor-se a; *to lie* ~ estar exposto Ⓑ v.tr.,intr. 1 abrir; *to* ~ *a door wide* abrir uma porta de par em par; *to* ~ *a mine/a well* abrir uma mina/um poço; *to* ~ *an account at a bank* abrir conta num banco; MILITAR *to* ~ *the ranks* abrir as fileiras; 2 abrir, dar início a, iniciar, começar, encetar; *to* ~ *negotiations* encetar negociações; *to* ~ *the debate* abrir o debate; DIREITO *to* ~ *the case* iniciar o julgamento dum caso; 3 descerrar; 4 desatar; 5 desembrulhar; desdobrar; 6 destapar, descobrir; 7 franquear, desobstruir; 8 romper, rachar, fender; 9 soltar; 10 inaugurar; 11 TEATRO, CINEMA, TELEVISÃO estrear; *the film opened yesterday* o filme estreou ontem; 12 patentear, divulgar, revelar; *to* ~ *one's designs* revelar os seus desígnios; *to* ~ *one's mind to* revelar as suas opiniões a alguém, revelar a alguém os nossos próprios pensamentos; 13 explicar, expor, esclarecer; 14 manifestar; 15 espalhar, ampliar; 16 abrigar-se, desabrochar; *the flowers are opening* as flores estão a abrir, estão a desabrochar; 17 soltar Ⓒ s. 1 DESPORTO open, competição aberta, torneio aberto; 2 ar livre, campo descoberto; *the* ~ o ar livre ❖ ~ *air* ar livre; MILITAR ~ *arrest* detenção sem escolta; ~ *corner* curva descoberta; curva com visibilidade; ~ *drain* esgoto a céu aberto; esgoto que corre livremente por uma vala; ~ *flame* chama descoberta; ~ *mind* espírito aberto; espírito imparcial e compreensivo; ~ *mine* mina a descoberto; mina a céu aberto; MILITAR ~ *order* formação aberta, estendendo-se pelo terreno; ELECTRICIDADE ~ *phase* fase interrompida; ~ *pores* poros dilatados; ~ *road* estrada livre; estrada aberta ao trânsito; ~ *sale* venda em hasta pública; leilão; ~ *sea* mar alto; mar largo; ~ *seam* costura aberta; ~ *warfare* guerra de movimento; ~ *water* curso de água navegável, sem gelos; ~ *pit mine* mina à flor da terra; mina a céu aberto; *an* ~ *car* um (carro) descapotável;

an ~ *letter* uma carta aberta; *an* ~ *port* um porto aberto a todos os navios; *his mind is an* ~ *book* aquilo que ele pensa é como um livro aberto; não há qualquer dificuldade em perceber os pensamentos dele; *in the* ~ *air* ao ar livre; *in the* ~ *country* no campo; em pleno campo; *in the* ~ *street* em plena rua; *the policy of the* ~ *door* a política das portas abertas; *that opened new prospects for us* isso trouxe-nos novas perspectivas; *the post is still* ~ o cargo ainda está vago; o cargo ainda está por preencher; *there are two or three courses* ~ *to us* temos dois ou três caminhos a seguir; *to come into the* ~ mostrar as suas intenções; ser franco; revelar-se; *to have an* ~ *field* ter o campo livre; *to have an* ~ *hand* ser generoso; dar com liberalidade; *to keep a day* ~ *for* reservar um dia para; *to keep a house* ~ ter mesa franca; *to keep an* ~ *mind on sth* encarar uma coisa sem ideias preconcebidas; *to keep one's eyes* ~ conservar os olhos abertos; manter-se atento; manter-se vigilante; *to* ~ *a meeting* abrir uma sessão; dar início a um comício; ser a primeira pessoa a falar numa reunião; *to* ~ *a road* abrir uma estrada; construir uma estrada; abrir uma estrada ao trânsito; *to* ~ *fire at/on* abrir fogo contra; *to* ~ *ground* desbravar o terreno; *to* ~ *one's heart to sb* abrir-se com alguém; ser franco com alguém; revelar os seus sentimentos; *to* ~ *oneself to sb* abrir-se com alguém; *to* ~ *Parliament* abrir o Parlamento; presidir à inauguração do período parlamentar; *to* ~ *sb's eyes to* abrir os olhos a alguém para; esclarecer alguma coisa a alguém; *to* ~ *the budget* apresentar o orçamento; ELECTRICIDADE *to* ~ *the circuit* interromper o circuito; cortar o circuito; *with* ~ *arms* de braços abertos; *with* ~ *hands* com generosidade

◆ **open into/onto** v.tr. dar para; abrir para; *the door opens into/onto the garden* a porta dá para o jardim, a porta abre para o jardim

◆ **open out** Ⓐ v.tr. 1 desdobrar, abrir; *to* ~ *a map* estender, desdobrando, um mapa, abrir uma carta geográfica; 2 alargar Ⓑ v.intr. 1 (flor) desabrochar; 2 (pessoa) abrir-se; desabrochar*fig*.; perder a timidez; 3 desdobrar-se; estender-se; 4 crescer; expandir-se; 5 (paisagem) revelar-se; abrir-se perante o olhar; 6 desembocar [**on to**, em]; 7 abrir todo o gás

◆ **open up** Ⓐ v.intr. 1 (negócio, loja) abrir; 2 MILITAR abrir fogo; 3 (flor) abrir, desabrochar; 4 [coloq.] (pessoa) abrir-se; 5 (porta) abrir; 6 (oportunidade) surgir; apresentar-se; 7 (jogo, desafio) animar Ⓑ v.tr. 1 abrir; 2 revelar; 3 cortar ❖ *to* ~ *again* reabrir; (corrida, etc.) *to* ~ *a lead of five minutes* conseguir um avanço de cinco minutos; *to* ~ *the way for* abrir caminho para

◆ **open upon** v.tr. dar para; ser sobranceiro a

openable ['əʊpənəbəl] adj. que pode abrir-se

open-air ['əʊpəneə] adj. 1 ~ *meeting* comício ao ar livre; ~ *school* escola ao ar livre; 2 a céu aberto; ~ *sewer* esgoto a céu aberto; 3 descoberto; ~ *swimming pool* piscina descoberta

open-and-shut [ˌəʊpənənˈʃʌt] adj. [EUA] claro, evidente, extremamente simples, fácil, sem complicações

open-armed [ˌəʊpənˈɑːmd] adj. de braços abertos

opencast ['əʊpənkɑːst] adj. (minas) a céu aberto

open-concept [ˌəʊpənˈkɒnsept] adj. (design de interiores) em *open space*

open-door ['əʊpəndɔː] adj. 1 não proteccionista; 2 (política de imigração) de portas abertas, de abertura de fronteiras

open-end [ˌəʊpənˈend] adj. [EUA] (contrato) por tempo indeterminado

open-ended [ˌəʊpənˈendɪd] adj. 1 flexível; livre; 2 (que está ou fica) em aberto; 3 [depr.] vago; 4 de desenvolvimento; ~ *question* pergunta de desenvolvimento; 5 [GB] (contrato) por tempo indeterminado; 6 sem limite de duração; 7 ilimitado

opener ['əʊpənə] s. 1 instrumento para abrir; pessoa que abre; abridor; 2 (acontecimento inicial) abertura; 3 TEATRO subir do pano; 4 (espectáculo) número de abertura ❖ *for openers* para começar; antes de mais

open-eyed [ˌəʊpənˈaɪd] adj. 1 com os olhos bem abertos, atento, vigilante; 2 (surpresa, espanto) de olhos esbugalhados, de olhos arregalados; 3 realista, objectivo; 4 desencantado, desapaixonado

open-faced [ˌəʊpənˈfeɪst] adj. 1 com ar honesto; de rosto franco; 2 sem reservas ❖ [EUA] ~ *sandwich* canapé

open-handed [ˌəʊpənˈhændɪd] *adj.* generoso
open-handedly [ˌəʊpənˈhændɪdlɪ] *adv.* generosamente, com liberalidade
open-handedness [ˌəʊpənˈhændɪdnɪs] *s.* generosidade, liberalidade
open-heart [ˌəʊpənˈhɑːt] *adj.* (cirurgia) de coração aberto; ~ *surgery* cirurgia de coração aberto
open-hearted [ˌəʊpənˈhɑːtɪd] *adj.* 1 franco, sincero; 2 aberto; 3 leal; 4 compassivo, de bom coração
open-heartedly [ˌəʊpənˈhɑːtɪdlɪ] *adv.* 1 com franqueza, com sinceridade; 2 abertamente, sem reservas; 3 cordialmente; 4 compassivamente
open-heartedness [ˌəʊpənˈhɑːtɪdnɪs] *s.* 1 sinceridade, franqueza; 2 abertura; 3 lealdade; 4 cordialidade; 5 bom coração
open-hearth [ˌəʊpənˈhɑːθ] *adj.* Siemens-Martin; ~ *furnace* forno Siemens-Martin; ~ *steel* aço Siemens-Martin
opening [ˈəʊpnɪŋ] Ⓐ *adj.* 1 que abre; de abertura; inicial; *his* ~ *remarks* as suas considerações iniciais; 2 inaugural; ~ *ceremony* cerimónia inaugural; 3 que começa; que se inicia; 4 que desabrocha Ⓑ *s.* 1 abertura; ~ *of credit* abertura de crédito; ~ *of Parliament* abertura do Parlamento; *the* ~ *of the courts* a abertura dos tribunais; 2 desobstrução, desimpedimento; 3 começo, início; *the* ~ *of a speech* a parte inicial de um discurso; 4 inauguração; *formal* ~ inauguração oficial; 5 TEATRO, CINEMA estreia; ~ *night* noite de estreia; 6 (trabalho) vaga; 7 introdução; 8 greta, fenda, orifício, entrada; 9 clarabóia, passagem, janela; 10 (bosque, floresta) clareira; 11 oportunidade; *to wait for an* ~ esperar por uma oportunidade ❖ ~ *hours* horário de atendimento; LITERATURA ~ *lines* abertura do poema; (peça) texto inicial; ~ *medicine* laxativo
openly [ˈəʊpnlɪ] *adv.* 1 abertamente, com franqueza; 2 publicamente; 3 notoriamente
open-minded [ˌəʊpənˈmaɪndɪd] *adj.* que tem abertura de espírito, tolerante, compreensivo
open-mindedly [ˌəʊpənˈmaɪndɪdlɪ] *adv.* com um espírito aberto, com tolerância, compreensivamente
open-mindedness [ˌəʊpənˈmaɪndɪdnɪs] *s.* abertura de espírito, tolerância, compreensão
open-mouthed [ˌəʊpənˈmaʊðd] *adj.* 1 de boca aberta, com a boca aberta; 2 boquiaberto, pasmado; 3 exigente
open-necked [ˌəʊpənˈnekt] *adj.* de colarinho aberto, com o primeiro botão desabotoado
openness [ˈəʊpnnɪs] *s.* 1 abertura; 2 franqueza, ausência de reserva; 3 compreensão, capacidade receptiva; 4 suavidade (do tempo)
open-plan [ˈəʊpənplæn] *adj.* 1 (local de trabalho) em espaço aberto; em *open space*; 2 sem divisões
open sesame [ˌəʊpnˈsesəmɪ] Ⓐ *interj.* abre-te, Sésamo! Ⓑ *s.* [fig.] salvo-conduto, coisa que abre todas as portas
open-top [ˈəʊpəntɒp] *adj.* 1 (automóvel) descapotável; 2 (autocarro de turismo) aberto
open-topped [ˈəʊpəntɒpt] *adj.* 1 (carro) descapotável; 2 (autocarro de turismo) aberto
openwork [ˈəʊpənwɜːk] *s.* 1 (costura, bordado) bainha aberta; 2 (minas, etc.) exploração a céu aberto; 3 ARQUITECTURA (ornamentação) aberturas para a luz
opera [ˈɒpərə] *s.* TEATRO ópera ❖ ~ *bouffe* ópera-bufa; ~ *glass(es)* binóculo de teatro; ~ *hat* claque; chapéu alto de molas; ~ *house* ópera; teatro de ópera; ~ *season* temporada de ópera; ~ *singer* cantor de ópera; *comic* ~ ópera cómica; *light* ~ opereta
operable [ˈɒpərəbəl] *adj.* MEDICINA operável, que pode operar-se
operate [ˈɒpəreɪt] *v.tr.,intr.* 1 actuar, agir; 2 MEDICINA operar [on, -]; submeter a uma operação [on, -]; *to* ~ *on a patient* operar um doente; *she's being operated on now* está agora a ser operada; 3 MILITAR evolucionar, efectuar movimentos estratégicos, operar; 4 FINANÇAS especular na Bolsa; 5 causar, motivar, originar, produzir efeitos; 6 manejar; manobrar; *to* ~ *a machine* manobrar uma máquina; 7 accionar, pôr em movimento, fazer funcionar, impulsionar; *to* ~ *a machine* pôr uma máquina a funcionar; *to* ~ *the brakes* aplicar os travões, fazer funcionar os travões; 8 funcionar; *to* ~ *on alternating current* funcionar com corrente alterna; *that machine does not* ~ *properly* aquela máquina não funciona convenientemente, não operacional; *the lift operates night and day* o elevador funciona dia e noite; 9 administrar, gerir, explorar, dirigir; *the firm operates about two or three mines* a firma administra duas ou três minas; *the railroad is operated by the government* a linha do caminho-de-ferro é explorada pelo Governo ❖ *the tax operates to our disadvantage* o imposto é-nos desvantajoso, prejudica-nos; *to* ~ *on the electorate* fazer pressão sobre o eleitorado
operatic [ˌɒpəˈrætɪk] *adj.* 1 operático; 2 de ópera; relativo a ópera; ~ *singer* cantor de ópera
operatics [ˌɒpəˈrætɪks] *s.pl.* 1 [coloq.] ópera de amadores; 2 [fig.] dramatismo; exagero; teatralidade
operating [ˈɒpəreɪtɪŋ] Ⓐ *adj.* 1 cirurgião, que opera; ~ *surgeon* médico cirurgião; 2 INFORMÁTICA operativo; ~ *system* sistema operativo; 3 accionador; de accionamento; ~ *button* botão accionador Ⓑ *s.* 1 accionamento; 2 funcionamento; ~ *temperature* temperatura de funcionamento; 3 acção, actuação; 4 exploração, administração; ~ *profits* lucros de exploração; 5 comando; manobra; ~ *of a car* manobra de um carro; ~ *lever* alavanca de comando; 6 MEDICINA operação ❖ ~ *board* quadro de comando; RELIGIÃO ~ *grace* graça operante; ~ *lever* alavanca de comando; ~ *manual* manual de utilização; CINEMA ~ *room* cabina de projecção; [EUA] ~ *room* sala de operações; MEDICINA ~ *table* mesa operatória; mesa de operações; [GB] ~ *theatre* sala de operações; ~ *valve* válvula de admissão
operation [ˌɒpəˈreɪʃən] *s.* 1 actuação; 2 acção; acto; *the* ~ *of thinking* o acto de pensar; 3 funcionamento; *in full* ~ a funcionar em pleno; 4 eficácia; validade; 5 actividade; trabalho; *in full* ~ em plena actividade; *to begin operations* começar a trabalhar; 6 comando de máquina; 7 MATEMÁTICA, MEDICINA operação; *a heart* ~ uma operação ao coração; *emergency* ~ operação de urgência; *to perform an* ~ *on sb for appendicitis* operar alguém ao apêndice; *to undergo an* ~ ser operado; 8 transacção financeira; 9 exploração, administração; 10 *pl.* MILITAR operações; *base of operations* base de operações ❖ ~ *potential* potencial de funcionamento; *to be in* ~ estar em vigor; funcionar; *to bring a law into* ~ aplicar uma lei; *to come into* ~ entrar em vigor
operational [ˌɒpəˈreɪʃənəl] *adj.* 1 operacional; ~ *research* investigação operacional; 2 em funcionamento, a funcionar; *to become* ~ entrar em funcionamento ❖ FINANÇAS ~ *strategy* estratégia de intervenção; (polícia) *on* ~ *duties* em serviço
operatist [ˈɒprətɪst] *s.* 1 MÚSICA compositor de óperas; 2 MÚSICA cantor de ópera
operative [ˈɒpərətɪv] Ⓐ *adj.* 1 DIREITO em vigor; *this law has been* ~ *since the tenth of March* desde 10 de Março que esta lei está em vigor; *to become* ~ entrar em vigor; 2 activo; 3 eficaz, operativo; 4 prático, não teórico; *the* ~ *part of a work* a parte prática de um trabalho; 5 MEDICINA operatório; relativo a operações; ~ *field* campo operatório; ~ *treatment* tratamento operatório; 6 trabalhador; *the* ~ *class* a classe trabalhadora, operária Ⓑ *s.* 1 trabalhador, operário; artista, artesão; 2 mecânico, maquinista; 3 detective privado; espião; agente secreto ❖ DIREITO ~ *part* cláusula essencial; *the* ~ *word* a palavra-chave
operatively [ˈɒpərətɪvlɪ] *adv.* 1 duma maneira prática, eficaz; 2 operatoriamente
operativeness [ˈɒpərətɪvnɪs] *s.* eficácia, eficiência prática, possibilidade de funcionamento ou de execução
operatize [ˈɒpərətaɪz] *v.tr.* dar forma de ópera a, transformar em ópera, adaptar a ópera
operator [ˈɒpəreɪtə] *s.* 1 MEDICINA cirurgião; 2 telefonista; *to call the* ~ ligar à telefonista; 3 telegrafista; 4 empresário; 5 (empresa) operadora; *cable (TV) operators* operadoras de TV Cabo; *tour* ~ operadora turística; 6 (de máquina) operário; 7 especulador na Bolsa; 8 CINEMA operador
opercular [əˈpɜːkjʊlə] *adj.* opercular
operculata [əˌpɜːkjʊˈleɪtə] *s.pl.* ZOOLOGIA (moluscos) operculados
operculate [əˈpɜːkjʊlɪt] *adj.* operculado
operculated [əˈpɜːkjʊleɪtɪd] *adj.* ⇒ **operculate**
operculiform [əˈpɜːkjʊlɪfɔːm] *adj.* operculiforme, em forma de opérculo
operculum [əˈpɜːkjʊləm] *s.* (*pl.* -a) opérculo
operetta [ˌɒpəˈretə] *s.* TEATRO opereta
operon [ˈɒpərɒn] *s.* (*pl.* -s) BIOLOGIA (genética) óperon

Ophelia [əˈfiːljə, ouˈfiːljə] s.antr. Ofélia
ophicalcite [ɒfiˈkælsaɪt] s. MINERALOGIA oficalcite, oficálcio
ophicleide [ˈɒfɪklaɪd] s. MÚSICA oficleíde, oficlide
ophicleidist [ˈɒfɪklaɪdɪst] s. MÚSICA oficleidista, tocador de oficleíde ou oficlide
ophidia [ɒˈfɪdɪə] s.pl. ZOOLOGIA ofídios
ophidian [ɒˈfɪdɪən] Ⓐ adj. ofídico, ofídio Ⓑ s. 1 ofídio; 2 cobra, serpente
ophidium [ɒˈfɪdɪəm] s. ofídio, género de peixes teleósteos anacantíneos da família dos brotulídeos
ophioglossum [ɒfɪəʊˈglɒsəm] s. BOTÂNICA ofioglosso, língua-de-cobra, língua-de-cobra-maior
ophiography [ɒfɪˈɒgrəfɪ] s. ofiografia, estudo e descrição das serpentes
ophiolatry [ɒfɪˈɒlətrɪ] s. ofiolatria, adoração ou culto das serpentes
ophiolite [ˈɒfɪəʊlaɪt] s. MINERALOGIA ofiolito
ophiologist [ɒfɪˈɒlədʒɪst] s. ofiologista
ophiology [ɒfɪˈɒlədʒɪ] s. ZOOLOGIA ofiologia
ophite [ˈɒfaɪt] s. MINERALOGIA ofito
Ophiuchus [ɒˈfjuːkəs] s. ASTRONOMIA Ofiúco, Serpentária, Sagitária
ophiuran [ɒˈfjʊərən] s. ofiúro, ordem de equinodermes da classe dos ofiurídios
ophrys [ˈɒfrɪs] s. BOTÂNICA ófris, ofre
ophthalmia [ɒfˈθælmɪə] s. MEDICINA oftalmia
ophthalmic [ɒfˈθælmɪk] Ⓐ adj. oftálmico; oftalmológico; ~ *hospital* hospital oftalmológico Ⓑ s. 1 medicamento contra a oftalmia; 2 pessoa atacada de oftalmia
ophthalmologic [ɒfθælməˈlɒdʒɪk] adj. oftalmológico
ophthalmological [ɒfθælməˈlɒdʒɪkəl] adj. oftalmológico
ophthalmologist [ɒfθælˈmɒlədʒɪst] s. oftalmologista
ophthalmology [ɒfθælˈmɒlədʒɪ] s. MEDICINA oftalmologia
ophthalmoscope [ɒfˈθælməskəʊp] s. oftalmoscópio
ophthalmoscopic [ɒfθælməˈskɒpɪk] adj. oftalmoscópico
ophthalmoscopy [ɒfθælˈmɒskəpɪ] s. oftalmoscopia
ophthalmotomy [ɒfθælˈmɒtəmɪ] s. CIRURGIA oftalmotomia
opiate[1] [ˈəʊpɪeɪt] v.tr. opiar, misturar com ópio, acrescentar ópio
opiate[2] [ˈəʊpɪɪt, ˈəʊpɪeɪt] Ⓐ s. FARMÁCIA opiáceo Ⓑ adj. 1 FARMÁCIA opiáceo, preparado com ópio; 2 narcótico, soporífico
opiated [ˈəʊpɪeɪtɪd] adj. com ópio, opiáceo
opine [əʊˈpaɪn] v.tr.,intr. 1 [form.] ser de opinião que, ser de parecer que; 2 [form.] opinar, alvitrar
opinion [əˈpɪnjən] s. 1 opinião; parecer; *a matter of* ~ uma questão de opinião, um ponto discutível; *by way of an* ~ à laia de opinião; *in my* ~ na minha opinião; *in the* ~ *of experts* na opinião dos peritos; *to give one's* ~ dar a opinião; *to share sb's* ~ partilhar da opinião de alguém, concordar com alguém; *different people have different opinions* cada qual tem a sua opinião; 2 juízo, conceito, ideia; *to form a low* ~ *of sb* ter um mau conceito de alguém; 3 convicção; *to have the courage of one's opinions* ter a coragem das suas convicções; 4 apreço, estima; bom conceito; *to fall in sb's* ~ baixar na estima de alguém, baixar no bom conceito de alguém; *I have no* ~ *of him* não o tenho em bom conceito ❖ ~ *poll* sondagem; *public* ~ opinião pública; *to take counsel's* ~ consultar um advogado
opinionated [əˈpɪnjəneɪtɪd] adj. dogmático; teimoso; obstinado
opinionative [əˈpɪnjəneɪtɪv] adj. ⇒ **opinionated**
opinionatively [əˈpɪnjəneɪtɪvlɪ] adv. teimosamente, obstinadamente
opinionativeness [əˈpɪnjəneɪtɪvnɪs] s. teimosia, obstinação
opiomaniac [ˌəʊpjəʊˈmeɪnɪæk] s. opiómano
opisometer [ɒpɪsˈɒmɪtə] s. curvímetro
opium [ˈəʊpɪəm] s. ópio ❖ ~ *addict* opiómano; ~ *den*/~ *joint* antro de fumadores de ópio; ~ *eater* opiófago; ~ *eating* opiófago; opiofagia; ~ *extract* extracto tebaico; ~ *poisoning* intoxicação pelo ópio; BOTÂNICA ~ *poppy* dormideira; papoila
opodeldoc [ɒpəʊˈdeldɒk] s. opodeldoque, linimento preparado com cânfora, amónia, sabão, essências de alfazema, alecrim e álcool
opoponax [əʊˈpɒpənæks] s. 1 BOTÂNICA opopánace, opopánaco, género de plantas da família das umbelíferas; 2 goma extraída de certas umbelíferas e da burserácea, outrora com aplicações terapêuticas

Oporto [əʊˈpɔːtəʊ] s.top. Porto
opossum [əˈpɒsəm] s. 1 ZOOLOGIA opossum; 2 ZOOLOGIA gambá, timbu, sarigueia
opotheraphy [ˌɒpəʊˈθerəpɪ] s. MEDICINA opoterapia
opp. [abrev. de opposite]
OPP film [əʊpiːpiːˈfɪlm] s. plástico para embalagem
oppidan [ˈɒpɪdən] Ⓐ adj. [arc.] relativo a ópido; que vive num ópido Ⓑ s. 1 [arc.] habitante dum ópido; 2 (escola) aluno externo do Colégio de Eton
oppilate [ˈɒpɪleɪt] v.tr. MEDICINA opilar, causar opilação a, obstruir
oppilation [ɒpɪˈleɪʃən] s. 1 MEDICINA opilação, obstrução, oclusão; 2 anciclostomíase_{Bras.}
opponency [əˈpəʊnənsɪ] s. [rar.] antagonismo, oposição
opponens [əˈpəʊnəns] Ⓐ adj. ANATOMIA oponente; ~ *muscle* músculo oponente Ⓑ s. ANATOMIA músculo oponente; ~ *pollicis digiti* músculo oponente do polegar
opponent [əˈpəʊnənt] Ⓐ s. oponente; adversário; rival Ⓑ adj. 1 oposto, contrário; 2 [rar.] oponente; ~ *muscle* músculo oponente
opportune [ˈɒpətjuːn] adj. oportuno; conveniente; apropriado; *an* ~ *remark* uma observação oportuna; *that's most* ~ isso vem mesmo a propósito, isso vem mesmo a calhar
opportunely [ˈɒpətjuːnlɪ] adv. 1 oportunamente; 2 apropriadamente; 3 a propósito
opportuneness [ˈɒpətjuːnnɪs] s. oportunidade
opportunism [ˌɒpəˈtjuːnɪzəm] s. oportunismo
opportunist [ˌɒpəˈtjuːnɪst] s. oportunista
opportunistic [ˌɒpətjuːˈnɪstɪk] adj. 1 oportunista; 2 MEDICINA (microrganismo, doença) oportunista
opportunity [ˌɒpəˈtjuːnɪtɪ] s. (pl. -ies) oportunidade; ocasião propícia; ensejo; conjuntura favorável; ~ *for sth* oportunidade para alguma coisa; ~ *of doing sth*/~ *to do sth* oportunidade para fazer alguma coisa; *a golden* ~ uma oportunidade a não desperdiçar; *at the earliest* ~ na primeira oportunidade, na primeira ocasião; *to get an* ~ ter uma oportunidade; *to let an* ~ *slip by* deixar fugir uma oportunidade; *when the* ~ *presents itself/arises* quando a oportunidade se oferecer ❖ (beneficência) ~ *shop* loja de objectos em segunda mão; ~ *makes the thief* a ocasião faz o ladrão
opposability [əpəʊzəˈbɪlɪtɪ] s. oponibilidade
opposable [əˈpəʊzəbəl] adj. 1 ANATOMIA oponível; ~ *thumb* polegar oponível; 2 que pode opor-se; 3 (argumento, etc.) contestável, refutável
oppose [əˈpəʊz] v.tr. 1 opor; contrapor; *to* ~ *patience to fury* à fúria contrapor a paciência; 2 contrastar; 3 opor-se a, estar contra; fazer frente a, resistir a; *to* ~ *a marriage* ser contra um casamento; *to* ~ *sth tooth and nail* opor-se a qualquer coisa com unhas e dentes; (debate, parlamento) *to* ~ *the motion* opor-se à moção; 4 combater, lutar contra; *to* ~ *democracy* combater a democracia; 5 contraditar, impugnar, contrariar; 6 estorvar, impedir; 7 obstar a; 8 objectar a; ser contrário a
opposed [əˈpəʊzd] adj. 1 oposto, contrário; *to be* ~ *to* opor-se a, ser contrário a; 2 adverso, hostil; antagónico; 3 em contraste; *as* ~ *to* em contraste com, por contraposição com; *town life as* ~ *to country life* a vida da cidade em contraste com a vida do campo
opposeless [əˈpəʊzləs] adj. [poét.] irresistível
opposer [əˈpəʊzə] s. 1 antagonista, adversário, rival; 2 [Esc.] contraditor
opposing [əˈpəʊzɪŋ] adj. 1 oposto, contrário; ~ *effect* efeito contrário; 2 antagónico; adverso; em oposição; que se opõe ❖ ~ *votes* votos contra; *the* ~ *team* a equipa adversária
opposite [ˈɒpəzɪt] Ⓐ adj. 1 oposto; contrário; *in the* ~ *direction* na direcção contrária; *they came from* ~ *directions* vieram de direcções opostas; 2 em frente; fronteiro; *the house* ~ *ours* a casa em frente à nossa; 3 (página) do outro lado; *see it on the* ~ *page* veja isso na página do outro lado; 4 antagónico Ⓑ s. 1 oposto; contrário; *opposites attract* os opostos atraem-se; *quite the opposite!* bem pelo contrário!; *she is the exact* ~ *of her sister* ela é exactamente o contrário da irmã; *that's just the* ~ *of what I mean* é precisamente o contrário do que eu quero dizer; 2 [rar.] antagonista Ⓒ adv. em frente, do outro lado, defronte; *there was a fire* ~ houve um incêndio do outro

lado da rua; *the house* ~ a casa em frente Ⓓ *prep.* em frente de; em face de; diante de; ~ *her brother's* em frente da casa do irmão dela; ~ *one another* em frente um do outro ❖ GEOMETRIA ~ *angles* ângulos opostos; ~ *crank* manivela equilibrada; BOTÂNICA ~ *leaves* folhas opostas; ~ *number* coisa ou pessoa que, noutro grupo, ocupa posição ou lugar equivalente; *the* ~ *sex* o sexo oposto; (actor e actriz) *to play* ~ desempenhar os papéis principais

oppositely [ˈɒpəzɪtlɪ] *adv.* 1 de maneira oposta; 2 contrariamente; 3 antagonicamente; 4 em sentido oposto

oppositeness [ˈɒpəzɪtnɪs] *s.* 1 oposição; 2 resistência; 3 divergência

opposition [ˌɒpəˈzɪʃən] *s.* 1 (geral) oposição; 2 antagonismo; resistência; hostilidade; *in spite of all* ~ apesar de toda a resistência manifestada; *to break down all* ~ vencer toda a resistência; 3 incompatibilidade; 4 POLÍTICA oposição; facção oposta; *extra-parliamentary* ~ oposição extraparlamentar; *Her Majesty's* ~ a oposição parlamentar ao Governo de Sua Majestade Britânica; POLÍTICA *the leader of the* ~ o chefe da oposição; (parlamento) *the* ~ *benches* as bancadas da oposição; *the Conservative Party was in* ~ o partido conservador estava na oposição; 5 contraste; *to set two things in* ~ pôr duas coisas em contraste; 6 oponibilidade ❖ ASTRONOMIA *a planet is in* ~ um planeta está em oposição; *to make* ~ *to* fazer oposição a; opor-se a

oppositional [ˌɒpəˈzɪʃənəl] *adj.* da oposição; relativo à oposição

oppositionist [ˌɒpəˈzɪʃənɪst] *adj.,s.* membro da oposição, oposicionista, opositor

oppositive [əˈpɒzɪtɪv] *adj.* 1 [rar.] opositivo; 2 oposto, contrário; 3 amigo da oposição, que gosta de se opor

oppress [əˈpres] *v.tr.* 1 oprimir, tiranizar; 2 afligir, atormentar, angustiar, deprimir; 3 pesar sobre; 4 perseguir

oppressed [əˈprest] Ⓐ *adj.* 1 oprimido; 2 ansioso; angustiado; atormentado; *to feel* ~ *by* sentir-se angustiado em relação a; 3 perseguido Ⓑ *s.pl. the* ~ os oprimidos

oppression [əˈpreʃən] *s.* 1 opressão; 2 tirania, crueldade, despotismo; 3 depressão; 4 abatimento, acabrunhamento; 5 fadiga, cansaço

oppressive [əˈpresɪv] *adj.* 1 opressivo, que oprime; ~ *heat* calor opressivo; 2 tirânico, despótico; 3 pesado, sufocante

oppressively [əˈpresɪvlɪ] *adv.* 1 opressivamente; 2 despoticamente; 3 pesadamente, de maneira sufocante; *it's* ~ *hot today* hoje está um calor sufocante

oppressiveness [əˈpresɪvnɪs] *s.* 1 carácter opressivo; 2 opressividade; 3 tirania; 4 opressão; 5 (tempo) atmosfera pesada, sufocante

oppressor [əˈpresə] *s.* 1 opressor; 2 tirano, déspota

opprobrious [əˈprəʊbrɪəs] *adj.* 1 infamante, vergonhoso, oprobrioso, que envolve opróbrio; ~ *behaviour* comportamento vergonhoso; 2 ultrajante, injurioso; ~ *words* palavras ultrajantes

opprobriously [əˈprəʊbrɪəslɪ] *adv.* 1 infamantemente, ultrajantemente, injuriosamente; 2 vergonhosamente, ignominiosamente

opprobriousness [əˈprəʊbrɪəsnɪs] *s.* 1 carácter ignominioso; 2 aspecto ultrajante

opprobrium [əˈprəʊbrɪəm] *s.* opróbrio, vexame, vergonha, ignomínia, desonra ultrajante

oppugn [ɒˈpjuːn] *v.tr.* 1 pugnar contra, assaltar, atacar, refutar; 2 opugnar

oppugner [ɒˈpjuːnə] *s.* 1 opugnador; 2 adversário, antagonista

opsiometer [ˌɒpsɪˈɒmɪtə] *s.* opsiómetro, instrumento para determinar os limites da visão nítida

opsonic [ɒpˈsɒnɪk] *adj.* BIOLOGIA opsónico

opsonin [ˈɒpsənɪn] *s.* BIOLOGIA, QUÍMICA opsonina, substância hipotética existente no sangue, que favorece a fagocitose

opt [ɒpt] *v.intr.* optar; *to* ~ *for sth* optar por alguma coisa; *to* ~ *to do sth* optar por fazer alguma coisa

◆**opt in** *v.tr.* optar por participar [**to**, em]

◆**opt out** *v.intr.* 1 abandonar [**of**, -]; deixar de participar [**of**, em]; 2 [GB] deixar a segurança social para um organismo privado ❖ *you can always* ~ podes sempre dizer que não

optative [ˈɒptətɪv, ɒpˈteɪtɪv] *adj.,s.* LINGUÍSTICA optativo; ~ *mood* modo optativo

optic [ˈɒptɪk] Ⓐ *adj.* ANATOMIA óptico; relativo ao olho; ~ *nerve* nervo óptico Ⓑ *s.* [arc., joc.] olho; *he was landed one on the* ~ apanhou um sopapo num olho ❖ ~ *angle* ângulo visual

optical [ˈɒptɪkəl] *adj.* óptico; relativo à óptica; ~ *apparatus* instrumento óptico; ~ *axis* eixo óptico; ~ *character reader* leitor óptico; ~ *flat* plano óptico; ~ *focus* foco óptico; ~ *illusion* ilusão óptica; ~ *prism* prisma óptico; ~ *sight* mira óptica; ~ *unit* unidade óptica

optically [ˈɒptɪkəlɪ] *adv.* opticamente

optician [ɒpˈtɪʃən] *s.* 1 optometrista; *dispensing* ~ optometrista; 2 oculista; 3 (estabelecimento) oculista, óptica

optics [ˈɒptɪks] *s.* (ciência) óptica

optimal [ˈɒptɪməl] *adj.* ideal, perfeito

optimism [ˈɒptɪmɪzəm] *s.* optimismo

optimist [ˈɒptɪmɪst] *s.* optimista

optimistic [ˌɒptɪˈmɪstɪk] *adj.* optimista; *an* ~ *view of* uma visão optimista de; *to feel* ~ *about* sentir-se optimista em relação a

optimistically [ˌɒptɪˈmɪstɪkəlɪ] *adv.* optimamente, duma maneira optimista, com optimismo

optimization [ˌɒptɪmaɪˈzeɪʃən] *s.* optimização

optimize [ˈɒptɪmaɪz] *v.tr.* 1 optimizar; 2 explorar ao máximo

optimizer [ˈɒptɪmaɪzə] *s.* INFORMÁTICA optimizador

optimum [ˈɒptɪməm] Ⓐ *adj.* óptimo Ⓑ *s.* ⟨*pl.* **optimums** ou **optima**⟩ óptimo, ideal, conjunto de condições óptimas ❖ ~ *conditions* condições óptimas; condições ideais

option [ˈɒpʃən] *s.* 1 opção; escolha; 2 alternativa; *they had no* ~ não tiveram alternativa; 3 possibilidade de escolher; *to have the* ~ *of doing a thing* poder decidir se se quer fazer uma coisa; *he hasn't much* ~ *in the matter* ele não tem grande voto na matéria; 4 preferência, objecto de preferência, coisa escolhida; 5 DIREITO opção; *local* ~ direito, em certas localidades, de se resolver por votos a adopção de determinadas medidas (como a venda de bebidas alcoólicas por ex.) ❖ *that is not an* ~ isso não pode acontecer; *to have no* ~ *but* ver-se obrigado a; *to leave to sb's* ~ deixar ao critério de alguém; *to keep one's options open* não se comprometer; não fechar portas; *to make one's* ~ optar; escolher

optional [ˈɒpʃənəl] *adj.* opcional, facultativo, não obrigatório; *that's* ~ isso não é obrigatório, isso é facultativo ❖ (escola, universidade) ~ *subjects* disciplinas de opção

optionally [ˈɒpʃənəlɪ] *adv.* facultativamente, com possibilidade de opção

optometer [ɒpˈtɒmɪtə] *s.* optómetro, aparelho medidor da acuidade visual

optometric [ˌɒptəˈmetrɪk] *adj.* optométrico

optometrist [ɒpˈtɒmətrɪst] *s.* optometrista

optometry [ɒpˈtɒmətrɪ] *s.* optometria

optophone [ˈɒptəfəʊn] *s.* optofone

opulence [ˈɒpjʊləns] *s.* 1 opulência; 2 riqueza; 3 abundância

opulent [ˈɒpjʊlənt] *adj.* 1 opulento; 2 rico; 3 abundante; 4 luxuriante; ~ *vegetation* vegetação luxuriante; 5 impressionante; ~ *hair* cabeleira impressionante

opulently [ˈɒpjʊləntlɪ] *adv.* opulentamente, com opulência

opus [ˈəʊpəs] *s.* 1 MÚSICA opus; 2 ARTES PLÁSTICAS obra

opuscule [ɒˈpʌskjuːl] *s.* opúsculo, breve composição literária ou musical

opusculum [ɒˈpʌskjuːləm] *s.* ⟨*pl.* **-a**⟩ ⇒ **opuscule**

or [ɔː, ɔːr] Ⓐ *conj.* 1 ou; *green or red* verde ou vermelho; 2 se não; 3 quando não Ⓑ *conj.,prep.* [arc.] antes de, antes que; *or ever/or e'er* mesmo que Ⓒ *s.* HERÁLDICA ouro ❖ *or else* se não; ou então; *or so* ou coisa assim; *or something* ou assim; *or somewhere* ou em qualquer parte; *do it or else!* obedece, se não vais ver!; *ten euros or so* dez euros ou coisa assim; cerca de dez euros; *you must do it, whether you like or not* tens de o fazer, quer gostes quer não; *you must either tell the truth or keep silent* ou dizes a verdade ou ficas calado

OR Ⓐ MEDICINA [*abrev. de* Operating Room] Ⓑ MILITAR [*abrev. de* other ranks]

orach [ˈɒrɪtʃ] *s.* ⟨*pl.* **-es**⟩ BOTÂNICA armola, armole

oracle [ˈɒrəkl] *s.* 1 oráculo; *the Delphic* ~ o oráculo de Delfos; *to consult the* ~ consultar o oráculo; 2 profecia, revelação; 3 [fig.] (perito, especialista) autoridade; *the* ~ *on...* a pessoa a consultar em caso de... ❖ [colóq.] *to talk like an* ~ falar como um oráculo; [colóq.] *to work the* ~ *well* saber mexer os cordelinhos; levar a água ao seu moinho; conseguir os seus fins

oracular [ɒˈrækjʊlə] *adj.* **1** oracular; **2** proferido em forma de oráculo; **3** difícil de se compreender, obscuro, de sentido ambíguo; **4** misterioso

oracularly [ɒˈrækjʊləlɪ] *adv.* oracularmente, em tom de oráculo

oral [ˈɔːrəl] Ⓐ *adj.* **1** oral; MEDICINA ~ *administration* administração oral; ~ *examination* exame oral; ~ *sex* sexo oral; ~ *test* prova oral; *the* ~ *method of teaching languages* o método oral do ensino das línguas; **2** transmitido oralmente, de viva voz; **3** bucal; relativo à boca; ~ *cavity* cavidade bucal Ⓑ *s.* [coloq.] (prova) oral ❖ (contraceptivo) ~ *contraceptive* pílula; ~ *evidence* prova testemunhal; ~ *history/~ tradition* tradição oral; ~ *hygiene* higiene dentária

orally [ˈɔːrəlɪ] *adv.* **1** oralmente; **2** MEDICINA pela boca

Oran [ɒˈrɑːn] *s.top.* Orão

orange [ˈɒrɪndʒ] Ⓐ *s.* **1** (fruto, cor) laranja; **2** (árvore) laranjeira; ~ *tree* laranjeira Ⓑ *adj.* laranja, cor de laranja ❖ ~ *blossom* flores de laranjeira; ~ *chips* pedacinhos de casca de laranja cristalizada; ~ *fin* variedade de truta; ~ *flower* flor de laranjeira; ~ *house* estufa para abrigar laranjeiras; ~ *juice* sumo de laranja; ~ *marmalade* compota de laranja; ~ *oil* óleo de laranja; ~ *peel* casca de laranja; ~ *snuff* tabaco em pó preparado com flor de laranjeira; ~ *water* essência de flor de laranjeira; *bitter* ~ laranja azeda; *Blenheim* ~ variedade de maçã; *China* ~ laranja doce; ~ *flower water* água de flor de laranjeira; [coloq.] *to be a squeezed* ~ não ter mais que dar; não ser possível tirar mais nada (de alguém ou alguma coisa); [coloq.] *to squeeze the* ~ espremer (alguém) bem espremido

orangeade [ˌɒrɪndʒˈeɪd] *s.* laranjada

orange-coloured [ˈɒrɪndʒˌkʌləd] *adj.* cor-de-laranja

Orangeman [ˈɒrɪndʒmən] *s.* (*pl.* -men) orangista, membro ou partidário duma sociedade política protestante formada em 1795 na Irlanda

orange-peel [ˈɒrɪndʒpiːl] *adj.* (pele, etc.) de casca de laranja, semelhante à casca de laranja ❖ (celulite) ~ *effect* aspecto casca de laranja

orangery [ˈɒrɪndʒrɪ] *s.* (*pl.* -ies) **1** laranjal; **2** espécie de estufa ou abrigo para laranjeiras em regiões de clima frio

orange-tip [ˈɒrɪndʒtɪp] *s.* ZOOLOGIA borboleta (*Anthocharis cardamines*)

orangey [ˈɒrɪndʒɪ] *adj.* **1** (cor) alaranjado; **2** com sabor a laranja

Orangism [ˈɒrəndʒɪzəm] *s.* orangismo, partido protestante irlandês

orang-outang [ɔːˌræŋuːˈtæŋ] *s.* ZOOLOGIA orangotango

orang-utan [ɔːˌræŋuːˈtæn] *s.* ⇒ **orang-outang**

orate [ɒˈreɪt] *v.intr.* [joc.] perorar, arengar, deitar discurso

oration [əˈreɪʃən, ɔːˈreɪʃən] *s.* discurso solene, oração, alocução, peça oratória; *funeral* ~ oração fúnebre, discurso fúnebre

orator [ˈɒrətə] *s.* orador; pessoa que faz discursos ❖ (Oxford, Cambridge) *Public Orator* orador oficial

oratorian [ˌɒrəˈtɔːrɪən] *adj.,s.* **1** oratoriano; **2** membro da congregação do Oratório

oratorical [ˌɒrəˈtɒrɪkəl] *adj.* **1** oratório, próprio de oratória; **2** retórico; **3** empolado, palavroso

oratorically [ˌɒrəˈtɒrɪkəlɪ] *adv.* **1** retoricamente, declamatório

oratorio [ˌɒrəˈtɔːrɪəʊ] *s.* MÚSICA oratória

oratory [ˈɒrətrɪ] *s.* (*pl.* -ies) **1** oratória; retórica; eloquência; *forensic* ~ oratória forense; *parliamentary* ~ oratória parlamentar; *flight of* ~ arroubo de oratória; **2** RELIGIÃO (divisão para oração) oratório; **3** congregação religiosa fundada no séc. XVI por S. Filipe Néri; **4** [ant.] genuflexório

oratress [ˈɒrətrɪs] *s.f.* (*pl.* -es) oradora

orature [ˈɒrətʃə] *s.* LINGUÍSTICA oratura

orb [ɔːb] Ⓐ *s.* **1** orbe; **2** mundo; **3** esfera; **4** globo; **5** corpo celeste; **6** [poét.] olho, globo ocular; **7** globo encimado por uma cruz e que faz parte das insígnias reais; **8** conjunto organizado; **9** [rar.] anel, círculo, disco circular Ⓑ *v.tr.,intr.* **1** englobar, rodear, circundar; **2** encerrar-se num orbe

orbed [ˈɔːbd] *adj.* redondo, esférico

orbicular [ɔːˈbɪkjʊlə] *adj.* orbicular; redondo, esférico; em forma de anel ❖ ANATOMIA ~ *muscle* esfíncter

orbicularity [ɔːˌbɪkjʊˈlærɪtɪ] *s.* orbicularidade

orbicularly [ɔːˈbɪkjʊləlɪ] *adv.* **1** orbicularmente; **2** esfericamente

orbiculate [ɔːˈbɪkjʊlɪt] *adj.* ⇒ **orbicular**

orbit [ˈɔːbɪt] Ⓐ *s.* **1** ANATOMIA órbita; *the Earth's* ~ a órbita da Terra; **2** ANATOMIA órbita; **3** [fig.] esfera de acção Ⓑ *v.tr.* **1** colocar em órbita; **2** gravitar em torno de; girar em torno de Ⓒ *v.intr.* orbitar [**around**, em torno de]

orbital [ˈɔːbɪtəl] *adj.* **1** ANATOMIA orbitário; relativo à órbita do olho; **2** ASTRONOMIA orbital; relativo à órbita dum astro

orc [ɔːk] *s.* ZOOLOGIA orca, roaz-de-bandeira

ORC [*abrev. de* Opinion Research Centre]

orca [ˈɔːkə] *s.* ZOOLOGIA orca

Orcadian [ɔːˈkeɪdʒən] *adj.,s.* **1** relativo às Órcadas; **2** natural ou habitante das Órcadas

orcein [ˈɔːsiɪn] *s.* QUÍMICA orceína

orch. Ⓐ [*abrev. de* orchestra] Ⓑ [*abrev. de* orchestrated by]

orchard [ˈɔːtʃəd] *s.* pomar

orcharding [ˈɔːtʃədɪŋ] *s.* cultura de árvores frutíferas, fruticultura

orchardist [ˈɔːtʃədɪst] *s.* fruticultor, pomicultor

orchardman [ˈɔːtʃədmən] *s.* (*pl.* -men) ⇒ **orchardist**

orchestra [ˈɔːkɪstrə] *s.* **1** MÚSICA orquestra; *string* ~ orquestra de cordas; *chamber* ~ orquestra de cordas; **2** (em sala de espectáculos) orquestra; **3** (teatro grego) orquestra ❖ ~ *conductor* regente de orquestra; ~ *pit* fosso de orquestra; ~ *stalls* primeira plateia

orchestral [ɔːˈkestrəl] *adj.* **1** orquestral; **2** sinfónico

orchestrally [ɔːˈkestrəlɪ] *adv.* orquestralmente

orchestrate [ˈɔːkɪstreɪt] *v.tr.* orquestrar, instrumentar

orchestration [ˌɔːkesˈtreɪʃən] *s.* orquestração, instrumentação

orchid [ˈɔːkɪd] *s.* BOTÂNICA orquídea

Orchidaceae [ˌɔːkɪˈdeɪsɪiː] *s.pl.* BOTÂNICA Orquidáceas

orchidist [ˈɔːkɪdɪst] *s.* criador de orquídeas

orchil [ˈɔːtʃɪl] *s.* BOTÂNICA urzela

orchis [ˈɔːkɪs] *s.* ⇒ **orchid**

orchitis [ɔːˈkaɪtɪs] *s.* MEDICINA orquite

orcin [ˈɔːsɪn] *s.* QUÍMICA orcina

orcinol [ˈɔːsɪnɒl] *s.* QUÍMICA orcinol

ordain [ɔːˈdeɪn] *v.tr.* **1** RELIGIÃO ordenar, conferir ordens eclesiásticas; *her son was ordained priest* o filho dela foi ordenado padre; **2** decidir, dispor, estabelecer; **3** decretar, ordenar, mandar, prescrever, preceituar; *what the law ordains* aquilo que a lei preceitua, o estatuído na lei; **4** destinar; predestinar; RELIGIÃO (Bíblia) *as many as were ordained to eternal life* aqueles que foram destinados à vida eterna

ordainer [ɔːˈdeɪnə] *s.* **1** RELIGIÃO ordinante, aquele que confere ordens eclesiásticas; **2** ordenador

ordaining [ɔːˈdeɪnɪŋ] *s.* RELIGIÃO ordenação de padre

ordeal [ɔːˈdiːl, ɔːˈdiːəl] *s.* **1** (má experiência) provação; tortura; suplício; *it's an* ~ *for him to have to make a speech* é uma tortura para ele quando tem de fazer um discurso; *to go through an* ~ viver uma experiência terrível; **2** HISTÓRIA (prova jurídica) ordálio; juízo de Deus; **3** prova difícil; ~ *by fire* prova pelo fogo

order [ˈɔːdə] Ⓐ *s.* **1** ordem; *by* ~ *of* por ordem de; *under the orders of* sob as ordens de; *till further orders* até nova ordem; *to be under orders to* ter ordens para; **2** ordem; ordenação, arranjo, disposição, sequência; *in alphabetical* ~ por ordem alfabética; *in chronological* ~ por ordem cronológica; *in* ~ *of importance* de acordo com a importância, ordenado segundo o grau de importância; *in* ~ *of merit* em ordem de mérito, graduado de acordo com o mérito; *to put in ~/to set in* ~ pôr em ordem, arranjar; *to restore* ~ restabelecer a ordem; **3** arrumação; **4** estado, condição; **5** ordem pública, governo legal; **6** norma, praxe, regulamento, regra parlamentar; **7** MILITAR uniforme, equipamento regulamentar; *in gala* ~ em grande uniforme; **8** mando, mandado, determinação; **9** ARQUITECTURA ordem arquitectónica; *the Doric* ~ a ordem dórica; **10** BOTÂNICA, ZOOLOGIA ordem; **11** COMÉRCIO encomenda; pedido; coisas encomendadas; *on* ~ encomendado mas ainda não entregue; *to cancel an* ~ anular uma encomenda; *to fill an* ~ satisfazer uma encomenda; *to give an* ~ *for goods* encomendar mercadorias; *to place an* ~ *with sb* encomendar alguma coisa a alguém; **12** ordem de pagamento; **13** espécie, género, qualidade, categoria; *considerations of quite another* ~ considerações de um género muito diferente; *that's of a high* ~ isso é de alta qualidade, isso é de alta categoria; **14** ordem (de anjos); **15** classe social; *the higher orders* as classes superiores da sociedade;

the lower orders as classes inferiores da sociedade; *the ~ of baronets* a classe dos baronetes; 16 RELIGIÃO (sacramento) ordem; *holy orders* ordens sacras; *to confer orders* conferir ordens sacras; *to take holy orders* tomar ordens sacras; 17 ordem militar ou religiosa, comunidade religiosa, confraria; RELIGIÃO *minor orders* ordens menores; *the monastic orders* as ordens monásticas; *the Order of the Templars* a Ordem dos Templários; 18 condecoração, instituição honorífica; *Order of Knighthood* Ordem de Cavalaria; *the Order of Merit* a Ordem do Mérito; *the Order of the Garter* a Ordem da Jarreteira; *to wear all one's orders* usar todas as condecorações; 19 intenção, propósito; 20 passe, livre-trânsito Ⓑ *v.tr.* 1 ordenar; dar ordem de; mandar; *the doctor ordered her to stay in bed* o médico mandou-a ficar na cama; *the pupil was ordered out of the classroom* o aluno foi mandado sair da sala de aula; *he was ordered abroad* recebeu ordem de partir para o estrangeiro; *to ~ a retreat* ordenar uma retirada; 2 pôr em ordem; 3 arranjar, orientar, dispor, regular; 4 determinar, mandar, encarregar de; 5 MEDICINA prescrever, receitar; 6 COMÉRCIO encomendar, mandar vir; abastecer-se de; *to ~ supplies* abastecer-se de provisões; 7 RELIGIÃO conferir ordens sacras a ❖ COMÉRCIO, POLÍTICA *~ book* livro de registo de encomendas; livro de registo das moções a serem propostas na Câmara dos Comuns; *~ check* cheque nominal; *Order in Council* decreto-lei; (escrita) *~ paper* ordem do dia; *~ sheet* nota de encomenda; *departmental ~* decisão ministerial; *international money ~* vale postal internacional; *postal ~* vale de correio; *sailing orders* ordens de navegação transmitidas ao capitão do navio; *sealed orders* ordens secretas; carta de prego; *standing orders* ordens permanentes; *written ~* ordem por escrito; *a money ~/a postal ~* um vale do correio; [coloq.] *a tall ~* uma coisa difícil de fazer; *in bad/good ~* mal/bem ordenado; MILITAR *in battle ~* em ordem de batalha; *in marching ~* em ordem de marcha; *in ~ that* para que; *in ~ to* para; com o fim de; *law and ~* ordem pública; *made to ~* feito por medida; *mention in orders* citação na ordem do dia; *~ of firing* sequência da ignição; ordem da ignição; *orders in brief* memorando; *out of ~* avariado; desarranjado; *the ~ of the day* a ordem do dia; *he was called to ~ by the Speaker* foi chamado à ordem pelo presidente da Câmara; *the grocer has called for orders* o merceeiro veio receber ordens; POLÍTICA *the motion is not in ~* a moção não está de acordo com o regimento da Câmara; *this machine is now in good working ~* esta máquina agora encontra-se em boas condições de funcionamento; *this receipt is not in ~* este recibo não está em ordem; DIREITO *to be ordered to pay costs* ser condenado nas custas; *to ~ arms* descansar armas; (parlamento) *to rise to a point of ~* levantar-se para uma questão regulamentar

◆**order about/around** *v.tr.* dar ordens a; mandar em; tiranizar; dispor de; *to order sb about* dispor de alguém a seu bel-prazer ❖ *to like ordering people about* gostar de ser mandão

◆**order away** *v.tr.* mandar embora
◆**order down** *v.tr.* mandar descer
◆**order in** *v.tr.,intr.* fazer uma encomenda; encomendar; *to ~ goods* encomendar mercadorias
◆**order off** *v.tr.* 1 expulsar; mandar sair; 2 DESPORTO expulsar do campo
◆**order out** Ⓐ *v.tr.* mandar sair; pôr na rua Ⓑ *v.intr.* [EUA] (refeição) fazer uma encomenda [**for**, de]

orderer [ˈɔːdərə] *s.* 1 mandatário; 2 chefe; 3 aquele que dá ordens

ordering [ˈɔːdərɪŋ] *s.* 1 ordenação, arranjo, disposição; 2 regulamento; 3 RELIGIÃO ordenação

orderless [ˈɔːdələs] *adj.* desordenação, sem ordem, em desordem

orderliness [ˈɔːdəlɪnɪs] *s.* 1 ordem, método, disposição metódica; 2 asseio; 3 disciplina, bom comportamento; 4 calma, sossego

orderly [ˈɔːdəlɪ] Ⓐ *adj.* 1 ordenado, bem arranjado, bem disposto, metódico; *in an ~ fashion* com método, com ordem, ordenadamente; *to be ~* ser ordenado, ser metódico; 2 limpo; 3 tranquilo, calmo, sossegado, ordeiro; 4 MILITAR de dia, de serviço; *~ officer* oficial de dia Ⓑ *s.* (*pl.* -**ies**) 1 MILITAR ordenança, plantão; 2 serviço; plantão; *to be on ~ duty* estar de serviço, estar de plantão; 3 assistente em hospital militar; *hospital ~* enfermeiro em hospital ❖ (ruas) *~ bin* receptáculo de lixo; MILITAR *mounted ~* estafeta a cavalo; *street ~* varredor das ruas

ordinal [ˈɔːdɪnəl] Ⓐ *adj.* ordinal; *~ number* numeral ordinal Ⓑ *s.* 1 numeral ordinal; 2 RELIGIÃO ritual; 3 RELIGIÃO livro empregado nas ordenações

ordinance [ˈɔːdɪnəns] *s.* 1 ordem; determinação legal; decreto; postura camarária; regulamento; *police ~* determinação policial; *the ordinances of the City Council* as determinações do conselho municipal; *traffic ~* disposição legal sobre o trânsito; 2 RELIGIÃO rito religioso; *the Ordinance* a Eucaristia

ordinand [ˌɔːdɪˈnænd] *s.* RELIGIÃO ordinando, que recebe ordens sacras

ordinant [ˈɔːdɪnənt] *s.* RELIGIÃO ordinante, aquele que confere ordens sacras

ordinarily [ˈɔːdnrɪlɪ, ˈɔːdənərɪlɪ] *adv.* geralmente, normalmente, habitualmente

ordinariness [ˈɔːdənrɪnəs, ˈɔːdənərɪnəs] *s.* 1 vulgaridade, inferioridade; 2 banalidade, mediocridade

ordinary [ˈɔːdnrɪ, ˈɔːdnərɪ] Ⓐ *adj.* 1 ordinário; 2 normal; usual; habitual; 3 médio; comum; *the ~ reader* o leitor médio; 4 [depr.] medíocre; banal; vulgar; baixo; inferior Ⓑ *s.* (*pl.* -**ies**) 1 vulgar, normal, habitual; média; *above the ~* acima da média; *out of the ~* fora do vulgar; 2 RELIGIÃO ordinário; *the ~ of the mass* o ordinário da missa; 3 RELIGIÃO superior eclesiástico; *the ~* bispo, arcebispo; 4 [ESC.] um dos cinco juízes principais; 5 [arc.] restaurante; ementa do dia; refeição a preço fixo ❖ *~ ambassador* embaixador ordinário; *~ mortar* argamassa vulgar; *~ seaman* grumete; *~ shares* acções ordinárias; *~ link chain* corrente de elos; *in the ~ way* normalmente; em condições normais; *ship in ~* navio de reserva; navio desaparelhado

ordinate [ˈɔːdɪnɪt] *s.* MATEMÁTICA ordenada

ordination [ˌɔːdɪˈneɪʃən] *s.* 1 RELIGIÃO ordenação, cerimónia religiosa para imposição de ordens sacras; 2 regulamentação, lei; 3 arranjo, ordenamento, classificação, disposição graduada

ordinee [ˌɔːdɪˈniː] *s.* diácono acabado de ordenar-se

ordnance [ˈɔːdnəns] *s.* 1 artilharia; *piece of ~* peça de artilharia; 2 material militar; 3 depósitos de material militar ❖ (levantamentos fotográficos) *~ datum* nível médio da superfície das águas do mar; *~ factory* fábrica de material de artilharia; *~ map* carta do estado-maior; *~ office* arsenal; *Ordnance Survey* serviço cartográfico e topográfico oficial; *naval ~ officer* engenheiro de artilharia naval

Ordovician [ˌɔːdəʊˈvɪʃjən] Ⓐ *s.* GEOLOGIA Ordovícico Ⓑ *adj.* GEOLOGIA ordovícico

ordure [ˈɔːdjʊə] *s.* 1 imundície, esterco, excremento; 2 [coloq.] obscenidade, linguagem obscena

ore [ɔː] *s.* 1 minério, metal em bruto; *iron ~* minério de ferro; *~ of chromium* minério de cromo; 2 [poét.] ouro, metal ❖ *~ dust* pó de minério

Ore. [abrev. de Oregon]

oread [ˈɔːrɪæd] *s.* MITOLOGIA oréade, ninfa dos montes

ore-bearing [ˈɔːbeərɪŋ] *adj.* metalífero

orectic [əˈrektɪk] *adj.* orético

oregano [ˌɒrɪˈɡɑːnəʊ] *s.* BOTÂNICA, CULINÁRIA orégão

Oregonian [ˌɒrɪˈɡəʊnjən] *adj.,s.* 1 relativo ao Estado de Oregão; 2 natural ou habitante do Estado de Oregão

Oresteia [ˌɒrɪsˈtaɪə] *s.* LITERATURA Oresteia, trilogia dramática de Ésquilo que inclui as tragédias *Agamémnon*, *Coéforas* e *Euménides*

Orestes [ɒˈrestiːz] *s.* MITOLOGIA Orestes

orfe [ɔːf] *s.* ZOOLOGIA variedade de peixe-dourado

orfray [ˈɔːfrɪ] *s.* ⇒ **orphrey**

organ [ˈɔːɡən] *s.* 1 MÚSICA órgão; *to play the ~* tocar órgão; 2 ANATOMIA órgão; *the organs of digestion* os órgãos da digestão; *the vocal organs/the organs of speech* os órgãos vocais; 3 instrumento; meio; agente; 4 (comunicação) órgão; *the organs of public opinion* os órgãos da opinião pública, a imprensa; *the official ~* o órgão oficial; 5 voz humana ❖ MEDICINA *~ bank* banco de órgãos; *~ builder* fabricante de órgãos; MEDICINA *~ donor* doador de órgãos; *~ grinder* tocador de realejo; *~ loft* local elevado em igreja onde se coloca o órgão; MÚSICA *~ player* organista; (igreja) *~ screen* divisória para órgão, entre o coro e a nave; *~ stop* registo de órgão; *American ~* harmónio; *mouth ~* harmónica de boca; *reed ~* harmónio

organdie [ˈɔːgəndɪ] s. [GB] organdi
organdy [ˈɔːrgəndɪ] s. [EUA] ⇒ organdie
organelle [ˌɔːgəˈnel] s. BIOLOGIA organelo
organic [ɔːˈgænɪk] adj. 1 (geral) orgânico; ~ *analysis* análise orgânica; ~ *compound* composto orgânico; ~ *matter* matéria orgânica; ~ *disease* doença orgânica; 2 organizado, que possui órgãos; 3 fundamental; estrutural; sistematizado; constitucional; 4 AGRICULTURA biológico; ~ *farming/product* agricultura/produto biológico ❖ ~ *beings* seres orgânicos; ~ *chemical* produto químico orgânico; ~ *chemistry* química orgânica; QUÍMICA ~ *radical* radical orgânico; *an* ~ *whole* um todo orgânico
organically [ɔːˈgænɪklɪ] adv. 1 organicamente; 2 [fig.] intrinsecamente
organicism [ɔːˈgænɪsɪzəm] s. organicismo
organisation [ˌɔːgənaɪˈzeɪʃn] s. ⇒ organization
organisational [ˌɔːgənaɪˈzeɪʃənəl] adj. ⇒ organizational
organise [ˈɔːgənaɪz] v.tr.,intr. ⇒ organize
organism [ˈɔːgənɪzəm] s. 1 BIOLOGIA organismo; ser organizado; ser vivo; 2 todo orgânico; conjunto organizado ❖ *the social* ~ o organismo social
organist [ˈɔːgənɪst] s. MÚSICA organista, tocador de órgão
organization [ˌɔːgənaɪˈzeɪʃn] s. 1 organização; *they are engaged in the* ~ *of a new club* estão a tratar de organizar um novo clube; 2 estruturação; 3 preparação; 4 regime; 5 organismo; associação; instituição; *charity* ~ instituição de caridade ❖ ~ *chart* organigrama; *International Labour Organization* Organização Internacional do Trabalho
organizational [ˌɔːgənaɪˈzeɪʃənəl] adj. 1 de organização; 2 estrutural
organize [ˈɔːgənaɪz] v.tr.,intr. 1 organizar; *to* ~ *a concert* organizar um concerto; 2 ordenar; 3 tratar de; encarregar-se de; preparar; 4 estruturar(-se); 5 estabelecer, fundar, constituir; 6 sindicalizar(-se); 7 dispor por ordem, arranjar organicamente ❖ *to* ~ *one's thoughts* pôr a cabeça/as ideias em ordem; organizar o pensamento; *to* ~ *sth alphabetically* colocar algo em ordem alfabética; ordenar alfabeticamente
organized [ˈɔːgənaɪzd] adj. 1 organizado; 2 metódico; 3 eficiente; 4 disposto, arranjado; 5 estruturado; 6 provido de órgãos ❖ ~ *crime* crime organizado; ~ *labour* organizações operárias; sindicatos
organizer [ˈɔːgənaɪzə] s. 1 organizador; 2 agenda
organizing [ˈɔːgənaɪzɪŋ] s. 1 organização; 2 disposição, arranjo, ordenação ❖ ~ *ability* capacidade de organização
organometallic [ˌɔːgənəʊmɪˈtælɪk] adj. QUÍMICA organometálico
organon [ˈɔːgənɒn] s. 1 [form.] sistema lógico; 2 [form.] tratado de lógica
organotherapy [ˌɔːgənəʊˈθerəpɪ] s. MEDICINA organoterapia
organum [ˈɔːgənəm] s. 1 ⇒ organon; 2 MÚSICA organum
organzine [ˈɔːgənziːn] Ⓐ s. organsino, organsim, o primeiro fio de seda que, para formar urdidura, se lança no tear Ⓑ v.tr. organsinar
orgasm [ˈɔːgæzəm] Ⓐ s. 1 orgasmo; 2 [fig.] excitação violenta, paroxismo, raiva Ⓑ v.intr. ter um orgasmo
orgasmic [ɔːˈgæzmɪk] adj. orgástico
orgeat [ˈɔːʒə] s. orchata, refrigerante preparado com amêndoas doces pisadas ou cevada e água de flor de laranjeira
orgiastic [ˌɔːdʒɪˈæstɪk] adj. orgiástico
orgone [ˈɔːgəʊn] s. PSICOLOGIA (energia vital) orgona, orgónio
orgy [ˈɔːdʒɪ] s. (pl. -ies) 1 orgia; 2 bacanal; 3 devassidão
oriel [ˈɔːrɪəl] s. janela saliente, formando uma espécie de varanda envidraçada
orielled [ˈɔːrɪəld] adj. com janelas cobertas e salientes
orient¹ [ˈɔːrɪənt] Ⓐ s. 1 [poét.] oriente, este, leste; *the Orient* o Oriente; 2 pérola oriental; 3 oriente, lustro natural das pérolas Ⓑ adj. 1 [poét.] oriental; 2 (pérola) precioso, que tem oriente; 3 (Sol) nascente, que começa a aparecer; 4 brilhante
orient² [ˈɔːrɪənt] v.tr. 1 orientar; 2 (público-alvo) dirigir [**towards**, a]; 3 construir (edifício) de modo a que as suas faces coincidam com os quatro pontos cardeais ❖ *to* ~ *oneself* orientar-se; perceber onde se está; habituar-se

oriental [ˌɔːrɪˈentəl] Ⓐ adj. oriental; do oriente, do leste, do levante; ~ *art* arte oriental; ~ *civilization* civilização oriental; ~ *languages* línguas orientais Ⓑ s. (pessoa) oriental ❖ ~ *bookseller* livreiro especializado em coisas orientais
orientalism [ˌɔːrɪˈentəlɪzəm] s. orientalismo
orientalist [ˌɔːrɪˈentəlɪst] s. orientalista
orientalize [ˌɔːrɪˈentəlaɪz] v.tr.,intr. orientalizar, orientalizar-se
orientate [ˈɔːrɪenteɪt] v.tr.,intr. ⇒ orient²; *to* ~ *oneself* orientar-se
orientation [ˌɔːrɪenˈteɪʃn] s. orientação
orienteer [ˌɔːrɪənˈtɪə] Ⓐ v.intr. participar em corrida de orientação Ⓑ s. participante em corrida de orientação
orienteering [ˌɔːrɪənˈtɪərɪŋ] s. DESPORTO corrida de orientação
orifice [ˈɒrɪfɪs] s. 1 orifício; 2 furo, buraco fino; 3 abertura de cavidade
oriflamme [ˈɒrɪflæm] s. 1 HISTÓRIA auriflama, estandarte de seda com reflexos vermelhos, flâmula de seda vermelha usada na ponta das lanças pelos antigos reis franceses ao partir para a guerra; 2 [fig.] tudo quanto constitua motivo de ânimo no meio da luta; 3 objecto brilhante; 4 mancha de cor
origami [ˌɒrɪˈgɑːmɪ] s. origami
origan [ˈɒrɪgən] s. BOTÂNICA orégão
origanum [ɒˈrɪgənəm] s. BOTÂNICA orégão
Origen [ˈɒrɪdʒen] s.antr. Orígenes
origin [ˈɒrɪdʒɪn] s. 1 origem; *the* ~ *of civilization* a origem da civilização; 2 ponto de partida; 3 princípio; 4 procedência; proveniência; 5 motivo; causa determinante; 6 família; nascimento; *to be of humble* ~ ser de uma família humilde ❖ *country of* ~ país de origem; país natal; *to have its origins in* ter origem em; ser originário de; vir de
original [əˈrɪdʒənəl] Ⓐ adj. 1 original, primitivo, originário; ~ *tracing* desenho original; *the* ~ *colour* a cor primitiva; 2 primeiro; ~ *cause* causa primeira; 3 original, inventivo, criativo; *to have an* ~ *mind* ser um espírito original Ⓑ s. 1 original, obra autêntica, obra primitiva; *he reads Chaucer in the* ~ ele lê Chaucer no original; *to copy from the* ~ copiar do original; 2 fonte; origem; 3 modelo, protótipo; 4 (pessoa original) ave rara ❖ ~ *cost* custo de aquisição; ~ *edition* edição príncipes; RELIGIÃO ~ *sin* pecado original; *it is an* ~ *drawing* é um desenho autêntico
originality [əˌrɪdʒɪˈnælɪtɪ] s. (pl. -ies) 1 originalidade; *he does not show much* ~ ele não mostra grande originalidade; 2 carácter original; 3 autenticidade; 4 excentricidade
originally [əˈrɪdʒɪnəlɪ] adv. 1 originariamente; na origem; 2 primitivamente; a princípio; no início; *the building was* ~ *very small* a princípio, o edifício era muito pequeno; 3 de um modo original; com originalidade
originate [əˈrɪdʒɪneɪt] Ⓐ v.tr. 1 originar; dar origem a; *to* ~ *a new thing* dar origem a uma coisa nova; 2 produzir; criar; 3 ser o autor de; inventar; 4 começar; iniciar Ⓑ v.intr. 1 originar-se; ter origem [**in**, em]; *all that originated in a misunderstanding* tudo isso teve origem num mal-entendido; 2 nascer; surgir; 3 provir [**from**, de]; *they* ~ *from a common ancestor* eles provêm de um antepassado comum; 4 emanar [**from**, de]
origination [əˌrɪdʒɪˈneɪʃn] s. 1 origem, fonte, procedência; 2 criação, invenção, produção
originative [əˈrɪdʒɪneɪtɪv] adj. criador, inventivo
originator [əˈrɪdʒɪneɪtə] s. 1 originador; 2 criador, autor; 3 iniciador, promotor; 4 causador
orinasal [ˌɔːrɪˈneɪzəl] Ⓐ adj. (vogal) orinasal, pronunciada pela boca e pelo nariz Ⓑ s. vogal orinasal
oriole [ˈɔːrɪəʊl] s. ZOOLOGIA oriolo, eivão, marantéu, marelante, papa-figos, papa-figos-real, clérigo
Orion [əˈraɪən] ASTRONOMIA, MITOLOGIA Órion ❖ ASTRONOMIA, MITOLOGIA *Orion's hound* Sírius
orison [ˈɒrɪzən] s. [arc.] oração, reza
Ork. [abrev. de Orkneys]
Orkneys [ˈɔːknɪz] s.top. Órcades
orle [ɔːl] s. HERÁLDICA orla, figura heráldica semelhante à bordadura mas de menores dimensões
Orleanist [ˈɔːlɪənɪst] adj.,s. HISTÓRIA orleanista
Orleans [ˈɔːlɪənz, ˌɔːlɪˈænz] Ⓐ s.top. Orleães Ⓑ s. 1 (tecido) orleã; 2 BOTÂNICA variedade de ameixa
orlop [ˈɔːlɒp] s. NÁUTICA bailéu; coberta inferior em navios de três mastros

ormer ['ɔːmə] s. ZOOLOGIA (molusco) orelha-marinha, orelha-de--são-pedro

ormolu ['ɔːməluː] Ⓐ s. 1 ouropel, bronze dourado empregado na ornamentação de mobiliário; 2 liga de cobre, zinco e estanho da cor do ouro, pechisbeque; 3 objectos feitos com essa liga Ⓑ adj. NÁUTICA [cal.] luxuriante, vistoso

Ormulum ['ɒmjʊləm] s. LITERATURA nome de uma obra em verso jâmbico dos princípios do séc. XIII, da autoria de Orm ou Ormin

ornament ['ɔːnəmənt] Ⓐ s. 1 ornamento, enfeite, ornato, adorno; 2 decoração, ornamentação; 3 (objecto) bibelô; 4 pl. paramentos e alfaias do culto; *the altar ornaments* os paramentos do altar Ⓑ v.tr. ornar, ornamentar, enfeitar, adornar, embelezar, decorar; *the dress was ornamented with lace* o vestido era adornado com renda ❖ *rich in ~* ricamente adornado; *by way of ~* para pôr mais bonito

ornamental [ˌɔːnəˈmentəl] adj. decorativo, ornamental, que serve para ornamentar

ornamentalist [ˌɔːnəˈmentəlɪst] s. ornamentista; decorador

ornamentally [ˌɔːnəˈmentəlɪ] adv. 1 decorativamente; 2 ornamentalmente

ornamentation [ˌɔːnəmenˈteɪʃən] s. 1 embelezamento, decoração, ornamentação; 2 ornamentações

ornamenter [ˈɔːnəmentə] s. 1 decorador; 2 ornamentador, pessoa que ornamenta

ornamentist [ˈɔːnəˈmentɪst] s. ⇒ ornamentalist

ornate [ɔːˈneɪt] adj. 1 ornado, enfeitado, ornamentado, cheio de enfeites; 2 LITERATURA cheio de enfeites retóricos, com uma linguagem floreada

ornately [ɔːˈneɪtlɪ] adv. 1 com muitos enfeites; 2 numa linguagem floreada, cheia de enfeites retóricos

ornateness [ɔːˈneɪtnɪs] s. 1 ornamentação excessiva; 2 ornato, enfeite; 3 floreado de estilo

ornithologic [ˌɔːnɪˈθɒlədʒɪk] adj. ornitológico

ornithological [ˌɔːnɪθəˈlɒdʒɪkəl] adj. ornitológico

ornithologically [ˌɔːnɪθəˈlɒdʒɪkəlɪ] adv. ornitologicamente

ornithologist [ˌɔːnɪˈθɒlədʒɪst] s. ornitólogo

ornithology [ˌɔːnɪˈθɒlədʒɪ] s. ornitologia

ornithopter [ˌɔːnɪˈθɒptə] s. AERONÁUTICA ornitóptero, aparelho de asas batentes, com o qual se pretende realizar mecanicamente o voo remado das aves

ornithorhynchus [ˌɔːnɪθəʊˈrɪŋkəs] s. ZOOLOGIA ornitorrinco, mamífero monotrémato de bico córneo da Austrália

orobus [ˈɒrəbəs] s. BOTÂNICA órobo, ervilha-de-pombo, gero, órobo-das-boticas

orogenesis [ˌɒrəʊˈdʒenɪsɪs] s. ⇒ orgeny

orogeny [əʊˈrɒdʒɪnɪ] s. GEOLOGIA orogenia, orogénese

orographic [ˌɒrəʊˈgræfɪk] adj. orográfico

orographical [ˌɒrəʊˈgræfɪkəl] adj. orográfico

orography [ɒˈrɒgrəfɪ] s. GEOGRAFIA orografia, orologia

orological [ɒrəˈlɒdʒɪkəl] adj. orológico

orologist [ɒˈrɒlədʒɪst] s. orógrafo

orology [ɒˈrɒlədʒɪ] s. ⇒ orography

orometer [ɒˈrɒmɪtə] s. orómetro, aparelho para determinar as altitudes

orometric [ɒrəʊˈmetrɪk] adj. orométrico

orometry [ɒˈrɒmətrɪ] s. orometria

Orosius [əˈrəʊsjəs] s.antr. Orósio

orotund [ˈɒrəʊtʌnd] adj. [form.] sonoro, empolado, pomposo, grandíloquo, pretensioso

orphan [ˈɔːfən] Ⓐ adj.,s. órfão; *an ~ boy* um rapaz órfão Ⓑ v.tr. deixar órfão; privar dos pais ❖ *~ asylum/~ home* orfanato

orphanage [ˈɔːfənɪdʒ] s. 1 orfandade; 2 orfanato; *placed in an ~* colocado num orfanato, posto numa casa para órfãos

orphaned [ˈɔːfənd] adj. órfão, tornado órfão; *~ at the age of four* órfão aos quatro anos; *~ both of father and mother* órfão de pai e mãe; *~ by the war* tornado órfão pela guerra; *to be ~* ficar órfão

orphanhood [ˈɔːfənhʊd] s. orfandade

orphanize [ˈɔːfənaɪz] v.tr. orfanar, tornar órfão

Orphean [ɔːˈfiːən] adj. órfico; relativo a Orfeu

Orpheus [ˈɔːfjuːs] s. MITOLOGIA Orfeu

Orphic [ˈɔːfɪk] adj. 1 órfico; 2 misterioso, oracular; 3 arrebatador, harmonioso, semelhante à música de Orfeu

orphrey [ˈɔːfreɪ, ˈɔːfrɪ] s. aurifrígio, guarnição de ouro, borda ricamente ornamentada de paramento eclesiástico

orpiment [ˈɔːpɪmənt] s. MINERALOGIA ouro-pigmento, ouro-pimento

orpin [ˈɔːpɪn] s. 1 BOTÂNICA erva-pinheira, erva-pinheira-enxuta; 2 erva-dos-calos

orpine [ˈɔːpɪn] s. 1 BOTÂNICA erva-pinheira, erva-pinheira-enxuta; 2 erva-dos-calos

Orpington [ˈɔːpɪŋtən] s. variedade de galinhas

orrery [ˈɒrərɪ] s. (pl. -ies) ASTRONOMIA planetário, maquinismo que nos mostra o movimento dos planetas

orris [ˈɒrɪs] s. 1 BOTÂNICA lírio, lírio florentino; 2 galão, passamanes bordados a ouro e prata ❖ *~ powder* íris; pó aromático obtido da raiz de algumas plantas iridáceas; *~ root* raiz odorífera de algumas plantas iridáceas empregadas em medicina e na perfumaria

orter [ˈɔːtə] [cal.] ⇒ ought to

orthocentre [ˌɔːθəʊˈsentə] s. GEOMETRIA ortocentro

orthocentric [ˌɔːθəˈsentrɪk] adj. GEOMETRIA ortocêntrico

orthochromatic [ˌɔːθəʊkrəʊˈmætɪk] adj. ortocromático

orthochromatism [ˌɔːθəʊˈkrəʊmətɪzəm] s. ortocromatismo

orthochromatize [ˌɔːθəʊˈkrəʊmətaɪz] v.tr. ortocromatizar, tornar ortocromática uma chapa fotográfica

orthoclase [ˈɔːθəʊkleɪs] s. MINERALOGIA ortóclase, ortose

orthodiagraphy [ˌɔːθəʊdaɪˈægrəfɪ] s. MEDICINA ortodiagrafia

orthodontic [ˌɔːθəˈdɒntɪk] adj. ortodôntico

orthodontics [ˌɔːθəˈdɒntɪks] s. MEDICINA ortodontia

orthodontist [ˌɔːθəˈdɒntɪst] s. ortodontista

orthodox [ˈɔːθədɒks] adj. 1 ortodoxo; relativo à ortodoxia; de acordo com a ortodoxia; 2 convencional, usual, tradicional; *~ opinions* opiniões tradicionais ❖ RELIGIÃO *the Orthodox Church* a Igreja Ortodoxa

orthodoxly [ˈɔːθədɒkslɪ] adv. ortodoxamente; de forma ortodoxa

orthodoxy [ˈɔːθədɒksɪ] s. ortodoxia

orthodromy [ɔːˈθɒdrəmɪ] s. NÁUTICA ortodromia

orthoepic [ˌɔːθəʊˈepɪk] adj. ortoépico

orthoepy [ˈɔːθəʊepɪ] s. ortoépia

orthogenesis [ˌɔːθəʊˈdʒenɪsɪs] s. BIOLOGIA ortogénese

orthogenetic [ˌɔːθəʊdʒɪˈnetɪk] adj. BIOLOGIA ortogenético

orthognathism [ɔːˈθɒgnəθɪzəm] s. ortognatismo

orthognathous [ɔːˈθɒgnəθəs] adj. ortognato

orthogonal [ɔːˈθɒgənəl] adj. GEOMETRIA ortogonal; *~ projection* projecção ortogonal

orthogonally [ɔːˈθɒgənlɪ] adv. ortogonalmente

orthograde [ˈɔːθəgreɪd] adj. ZOOLOGIA ortógrado, que mantém, ao marchar, o corpo numa posição recta

orthographic [ˌɔːθəˈgræfɪk] adj. 1 ortográfico; 2 ortogonal

orthographical [ˌɔːθəˈgræfɪkəl] adj. 1 ortográfico; 2 ortogonal

orthography [ɔːˈθɒgrəfɪ] s. 1 ortografia; 2 projecção ortogonal

orthopaedic [ˌɔːθəˈpiːdɪk] adj. ortopédico

orthopaedics [ˌɔːθəˈpiːdɪks] s. MEDICINA ortopedia

orthopaedist [ˌɔːθəˈpiːdɪst] s. MEDICINA ortopedista

orthopsychiatric [ˌɔːθəʊsaɪkɪˈætrɪk] adj. relativo à ortopsiquiatria

orthopsychiatrist [ˌɔːθəʊsaɪˈkaɪətrɪst] s. PSICOLOGIA especialista em ortopsiquiatria

orthopsychiatry [ˌɔːθəʊsaɪˈkaɪətrɪ] s. PSICOLOGIA ortopsiquiatria

orthopter [ɔːˈθɒptə] s. 1 ZOOLOGIA ortóptero, ordem de artrópodes; 2 AERONÁUTICA ortóptero

orthoptera [ɔːˈθɒptərə] s.pl. ortópteros

orthopterous [ɔːˈθɒptərəs] adj. ortóptero

orthoptic [ɔːˈθɒptɪk] adj. ortóptico

orthorhombic [ˌɔːθəˈrɒmbɪk] adj. CRISTALOGRAFIA ortorrômbico

orthoscopic [ˌɔːθəˈskɒpɪk] adj. 1 ortoscópico; 2 que não deforma as linhas da imagem

ortive [ˈɔːtɪv] adj. 1 ASTRONOMIA ortivo; 2 compreendido entre o horizonte e o ponto em que o astro nasce

ortol [ˈɔːtɒl] s. ortol, preparado empregado como revelador em fotografia

ortolan [ˈɔːtələn] s. ZOOLOGIA hortulana, hortelão, sombria-brava

orts [ɔːts] s.pl. [arc.] restos, bocados, sobejos

orval [ˈɔːvəl] s. BOTÂNICA salva, salva-das-boticas

oryx [ˈɒrɪks] s. (pl. -es) ZOOLOGIA órix, variedade de antílope sul-africano

Os QUÍMICA [símbolo de osmium]
OS Ⓐ [abrev. de Old Style (anterior a 1752)] Ⓑ INFORMÁTICA [abrev. de Operating System] SO Ⓒ NÁUTICA [abrev. de ordinary seaman] Ⓓ COMÉRCIO [abrev. de out of stock] Ⓔ VESTUÁRIO [abrev. de outsize]
OSA [abrev. de Order of St. Augustine]
Osaka [əʊˈsɑːkə, ˈɔːsəkə] s.top. Osaca
OSB [abrev. de Order of St. Benedict]
Oscar [ˈɒskə] Ⓐ s.antr. Óscar Ⓑ s. CINEMA (prémio) Óscar
OSCE POLÍTICA [abrev. de Organization for Security and Cooperation in Europe] OSCE
oscillate [ˈɒsɪleɪt] v.tr.,intr. 1 oscilar; 2 balouçar dum lado para o outro; 3 vibrar; 4 vacilar, hesitar; 5 fazer oscilar
oscillating [ˈɒsɪleɪtɪŋ] Ⓐ adj. oscilante Ⓑ s. oscilação ❖ ~ *axle* eixo oscilante; ELECTRICIDADE ~ *current* corrente oscilante; ~ *detector* detector de oscilação; ~ *motion/movement* movimento oscilatório
oscillation [ˌɒsɪˈleɪʃən] s. oscilação; *double* ~ oscilação dupla ❖ ~ *recorder* oscilógrafo; oscilómetro
oscillator [ˈɒsɪleɪtə] s. 1 ELECTRICIDADE, RÁDIO oscilador; 2 válvula ou lâmpada osciladora
oscillatory [ˈɒsɪlətrɪ, ˈɒsɪleɪtərɪ] adj. oscilatório, oscilante ❖ ELECTRICIDADE ~ *discharge* descarga oscilante
oscillogram [ɒˈsɪləɡræm] s. oscilograma, registo feito com o oscilógrafo
oscillograph [ɒˈsɪləɡrɑːf] s. ELECTRICIDADE oscilógrafo; *cathode ray* ~ oscilógrafo de raios catódicos ❖ ~ *amplifier* amplificador do oscilógrafo
oscitation [ˌɒsɪˈteɪʃən] s. [rar.] oscitação, oscitância, bocejo
osculant [ˈɒskjʊlənt] adj. 1 que se tocam; 2 com caracteres comuns, com pontos de contacto
oscular [ˈɒskjʊlə] adj. 1 osculatório; relativo a beijo; 2 relativo a boca; 3 MATEMÁTICA osculador, adjacente
osculate [ˈɒskjʊleɪt] v.tr.,intr. 1 [joc., form.] oscular, beijar(-se); 2 BIOLOGIA ter caracteres comuns; 3 MATEMÁTICA coincidir em três ou mais pontos ❖ *curves that* ~ curvas osculatrizes
osculation [ˌɒskjʊˈleɪʃən] s. 1 GEOMETRIA (curvas) osculação; 2 [rar.] ósculo
osculatory [ˈɒskjʊlətrɪ] Ⓐ adj. GEOMETRIA osculador, osculatriz Ⓑ s. osculatório, relicário ❖ ~ *point* ponto de contacto
osculum [ˈɒskjʊləm] s. (pl. -a) ZOOLOGIA ósculo, orifício das esponjas
OSF [abrev. de Order of St. Francis]
osier [ˈəʊzɪə, ˈəʊʒə] s. BOTÂNICA vimeiro ❖ ~ *bed* vimieiro; vimial; ~ *tie* vime; *common* ~ vimeiro-branco; *golden* ~ vimeiro-amarelo; *red* ~ vimeiro-vermelho; vimeiro-brózio
osiery [ˈəʊzɪərɪ, ˈəʊʒərɪ] s. vimeiro, vimial
Osiris [əʊˈsaɪrɪs] s. (mitologia egípcia) Osíris
Oslo [ˈɒzləʊ] s.top. Oslo
Osmanli [ɒzˈmænlɪ] adj.,s. osmanli; otomano
osmic [ˈɒsmɪk, ˈɒzmɪk] adj. QUÍMICA ósmico ❖ ~ *acid* ácido ósmico
osmiridium [ˌɒsmɪˈrɪdɪəm] s. MINERALOGIA osmirídio, iridosmina
osmium [ˈɒzmɪəm] s. QUÍMICA (elemento químico) ósmio ❖ ~ *filament lamp* lâmpada com filamento de ósmio
osmograph [ˈɒsməɡræf] s. ⇒ **osmometer**
osmometer [ɒsˈmɒmɪtə] s. FÍSICA osmómetro, aparelho destinado a medir a intensidade dos fenómenos da osmose
osmometric [ˌɒsməˈmetrɪk] adj. osmométrico
osmometrical [ˌɒsməˈmetrɪkəl] adj. osmométrico
osmometry [ɒsˈmɒmətrɪ] s. osmometria
osmose [ˈɒzməʊs] v.tr.,intr. (fazer) entrar em osmose
osmosis [ɒzˈməʊsɪs] s. osmose; *by osmosis* por osmose
osmotic [ɒzˈmɒtɪk] adj. osmótico ❖ ~ *pressure* pressão osmótica
osmund [ˈɒzmənd] s. BOTÂNICA osmunda, osmunda, género de fetos da família das osmundáceas
osprey [ˈɒsprɪ] s. 1 ZOOLOGIA águia-pesqueira, águia-marinha, abutre brita-ossos, xofrango; 2 (costura) pequeno enfeite de plumas usado em chapéu de senhora
ossature [ˈɒsətʃə] s. (edifício, construção, escultura) ossatura, esqueleto
ossein [ˈɒsɪɪn] s. BIOQUÍMICA osseína, osteína
osseine [ˈɒsɪɪn] s. ⇒ **ossein**
osseous [ˈɒsɪəs] adj. 1 ósseo; 2 teleósteo, ossificado; 3 GEOLOGIA cheio de ossos fósseis

Ossianesque [ˌɒsɪəˈnesk, ˌɑːʃəˈnesk] adj. LITERATURA ossiânico, ossianesco; relativo às poesias de Ossian
Ossianic [ɒsɪˈænɪk, ˌɑːʃənɪk] adj. ossiânico, ossianesco
Ossianism [ˈɒsɪənɪzəm, ˈɑːʃənɪzəm] s. LITERATURA ossianismo, imitação de Ossian, culto literário de Ossian
Ossianist [ˈɒsɪənɪst, ˈɑːʃənɪst] s. ossianista, admirador ou imitador de Ossian
ossicle [ˈɒsɪkl] s. ossículo
ossification [ˌɒsɪfɪˈkeɪʃən] s. ossificação
ossifrage [ˈɒsɪfrɪdʒ] s. ZOOLOGIA ⇒ **osprey**
ossify [ˈɒsɪfaɪ] v.tr.,intr. ossificar, ossificar-se
ossuary [ˈɒsjʊərɪ] s. (pl. -ies) 1 ossuário, ossário, local onde se guardam ossos; 2 ossaria
OST [ˈɒstiː] [abrev. de Office of Science and Technology] Gabinete da Ciência e Tecnologia
OSTA [abrev. de Optical Storage Technology Association]
ostein [ˈɒstiɪn] s. osteína
osteine [ˈɒstiɪn] s. osteína
osteitis [ˌɒstɪˈaɪtɪs] s. MEDICINA osteíte, inflamação do tecido ósseo
Ostend [ɒsˈtend] s.top. Ostende
ostensible [ɒˈstensɪbəl] adj. 1 exterior; de aparência; 2 falso; pretenso ❖ *he said he had to go out with the* ~ *object of* ele disse que tinha de sair sob pretexto de
ostensibly [ɒˈstensɪblɪ] adv. aparentemente; segundo parece; com o pretexto de
ostensive [ɒˈstensɪv] adj. ostensivo, manifesto, evidente
ostensively [ɒˈstensɪvlɪ] adv. ostensivamente, manifestamente
ostensory [ɒsˈtensərɪ] s. RELIGIÃO ostensório, sagrada custódia
ostentation [ˌɒstenˈteɪʃən] s. 1 ostentação, aparato, fausto, exibição; *the* ~ *of the newly-rich* a ostentação dos novos-ricos; 2 jactância, alarde
ostentatious [ˌɒstenˈteɪʃəs] adj. feito com ostentação, pomposo, faustoso, aparatoso; *in an* ~ *manner* com aparato, com ostentação, de maneira a dar nas vistas
ostentatiously [ˌɒstenˈteɪʃəslɪ] adv. 1 com ostentação, com aparato; 2 pomposamente
ostentatiousness [ˌɒstenˈteɪʃəsnɪs] s. fausto, gosto de ostentação, ostentação
osteoarthritis [ˌɒstɪəʊɑːˈθraɪtɪs] s. MEDICINA osteoartrite
osteoblast [ˈɒstɪəblæst] s. BIOLOGIA osteoblasto
osteoclasis [ˌɒstɪˈɒkləsɪs] s. osteoclasia, osteoclastia
osteoclast [ˈɒstɪəʊklɑːst] s. (célula, instrumento) osteoclasto
osteodentine [ˌɒstɪəˈdentiːn] s. osteodentina, dentina secundária, nódulo pulpar
osteoderm [ˈɒstɪəʊdɜːm] s. ZOOLOGIA (crocodilo, lagarto) osteodermo
osteogenesis [ˌɒstɪəˈdʒenɪsɪs] s. osteogénese, osteogenia
osteography [ˌɒstɪˈɒɡrəfɪ] s. osteografia
osteologic [ˌɒstɪəˈlɒdʒɪk] adj. osteológico
osteological [ˌɒstɪəˈlɒdʒɪkəl] adj. osteológico
osteologist [ˌɒstɪˈɒlədʒɪst] s. osteólogo, osteologista
osteology [ˌɒstɪˈɒlədʒɪ] s. osteologia
osteoma [ˌɒstɪˈəʊmə] s. MEDICINA osteoma, tumor dos ossos
osteomalacia [ˌɒstɪəmæˈleɪsɪə] s. MEDICINA osteomalacia
osteomyelitis [ˌɒstɪəmaɪəˈlaɪtɪs] s. MEDICINA osteomielite
osteopath [ˈɒstɪəpæθ] s. osteopata
osteopathy [ˌɒstɪˈɒpəθɪ] s. 1 osteopatia, nome genérico das doenças dos ossos; 2 sistema que considera muitas doenças como consequência de afecções ósseas
osteoplasty [ˌɒstɪəʊˈplæstɪ] s. osteoplastia, restauração das perdas ósseas à custa do próprio osso
osteoporosis [ˌɒstɪəʊpɔːˈrəʊsɪs] s. MEDICINA osteoporose
osteoporotic [ˌɒstɪəʊpəˈrɒtɪk] adj. relativo à osteoporose
osteosarcoma [ˌɒstɪəʊsɑːˈkəʊmə] s. osteossarcoma, tumor maligno que se desenvolve nos ossos
osteotomy [ˌɒstɪˈɒtəmɪ] s. CIRURGIA osteotomia
OSTI [abrev. de Office of Scientific and Technical Information]
Ostia [ˈɒstɪə] s.top. Óstia
ostler [ˈɒslə] s. moço de estrebaria, moço encarregado dos cavalos numa estalagem
ostracion [ɒsˈtreɪʃən] s. ZOOLOGIA (peixe) ostracião$_{Bras.}$, baiacu-caixão$_{Bras.}$
ostracism [ˈɒstrəsɪzəm] s. ostracismo
ostracize [ˈɒstrəsaɪz] v.tr. 1 condenar ao ostracismo; 2 banir; 3 proscrever, desterrar; 4 [fig.] pôr de parte, deixar de conviver com

ostreiculture [ˈɒstrɪˌkʌltʃə] s. ostreicultura, tratamento e criação de ostras

ostrich [ˈɒstrɪtʃ] s. (pl. **-es**) ZOOLOGIA avestruz ❖ **~ farming** criação de avestruzes; **~ feather/plume** pena de avestruz; **~ policy** ilusão; orientação baseada na ignorância da realidade; *to have the digestion of an ~* ter um estômago de ferro; ser capaz de comer seja o que for

ostrichlike [ˈɒstrɪtʃlaɪk] adj. semelhante à avestruz; como a avestruz ❖ *to bury one's head ~ in the sand* enterrar a cabeça na areia; não querer ver a realidade; enganar-se a si mesmo

Ostrogoth [ˈɒstrəgɒθ] adj.,s. ostrogodo

Oswald [ˈɒzwəld] s.antr. Osvaldo

OT Ⓐ [abrev. de Old Testament] Ⓑ MEDICINA [abrev. de occupational therapy] Ⓒ [abrev. de overtime]

otalgia [əʊˈtældʒə, əʊˈtældʒɪə] s. otalgia, dor nos ouvidos

otalgic [əʊˈtældʒɪk] adj. **1** otálgico; relativo à otalgia; **2** FARMÁCIA que combate a otalgia

OTC Ⓐ MILITAR [abrev. de Officers' Training Corps] Ⓑ [abrev. de over-the-counter]

Othello [əˈθeləʊ] Ⓐ s.antr. Otelo Ⓑ s. jogo, proveniente do Japão, jogado num tabuleiro verde semelhante ao das damas, com pedras pretas de um lado e brancas do outro

other [ˈʌðə] Ⓐ adj. **1** outro, outra, outros, outras; **~ people** outras pessoas; *the ~ one* o outro; *he has no ~ friends* ele não tem outros amigos; **2** diferente; *a constitution far ~ than ours* uma constituição muito diferente da nossa Ⓑ pron. **1** o outro, a outra; *all the others* todos os outros; *among others* entre outros; *one after the ~* um após outro; **2** outra coisa; **3** outra pessoa Ⓒ adv. **1** de outro modo; *he always sees things ~ than they are* ele vê as coisas sempre de maneira diferente daquilo que são; **2** senão ❖ *each ~* um ao outro; uns aos outros; *every ~ day* dia sim dia não; *every ~ week* semana sim, semana não; *no ~ than she* ela mesma; *on the ~ hand* por outro lado; vendo as coisas por outro lado; **~ days, ~ ways** outros tempos, outros costumes; **~ things being equal** em igualdade de condições; *some day or ~* qualquer dia; *some... others...* uns... outros...; *someone or ~* alguém; qualquer pessoa; *the ~ day* outro dia; há alguns dias; *this day of all others* e logo este dia; precisamente este dia; *for this reason, if for no other, he wishes to emphasize that...* por este motivo, e à falta de outro, ele deseja realçar que...; (seguido de than) *he couldn't do it ~ than he did* ele teve de fazer isso assim; *it was none ~ than your brother* não era outro senão o teu irmão; [coloq.] *to have ~ fish to fry* ter outras coisas a tratar; ter outras coisas a fazer

other-directed [ˌʌðədɪˈrektəd] adj. [EUA] (comportamento) conformista

otherness [ˈʌðənɪs] s. **1** alteridade; não-eu, aquilo que é exterior ao sujeito; **2** [rar.] diferença, diversidade

otherwise [ˈʌðəwaɪz] adv. **1** de outro modo, de outra maneira, de maneira diferente; *he could not have acted ~* ele não podia ter procedido de outra maneira; **2** senão, quando não, ou então, caso contrário; *seize this chance, ~ you will regret it* aproveita esta oportunidade, caso contrário lamentá-lo-ás; *should it be ~* caso contrário; **3** sob outros aspectos, fora disso; *the house needs repairing, but ~ it is quite good* a casa precisa de obras, mas fora disso é uma boa casa ❖ *all people rich or ~* toda a gente rica ou pobre; *except where ~ stated* salvo indicação em contrário; *Judas, ~ called Iscariot* Judas, chamado o Escariote; *how can it be ~ than fatal?* como pode isso deixar de ser fatal?; *I think ~* tenho outra opinião

otherwise-minded [ˌʌðəwaɪzˈmaɪndɪd] adj. em desacordo; com outra opinião; que pensa de forma diferente

otherwordliness [ˈʌðəˈwɜːdlɪnɪs] s. **1** desprendimento do mundo; **2** sobrenaturalidade; **3** o viver como que no além

otherworld [ˈʌðəwɜːld] Ⓐ s. além; outro mundo Ⓑ adj. **1** do outro mundo; do além; **~ voices** vozes do além; **2** sobrenatural

otherworldly [ˈʌðəˈwɜːldlɪ] adj. **1** vivendo como que no outro mundo; **2** alheio a este mundo; **3** transcendental

Otho [ˈəʊθəʊ] s.antr. Otão

otic [ˈəʊtɪk, ˈɒtɪk] adj. **1** ótico; relativo ao ouvido; **2** FARMÁCIA contra dores do ouvido

otiose [ˈəʊtɪəʊs] adj. **1** ocioso, desocupado, preguiçoso, indolente; **2** estéril; **3** desnecessário, supérfluo, sem objectivo prático

otiosely [ˈəʊtɪəʊslɪ] adv. **1** ociosamente; **2** desnecessariamente, duma maneira supérflua; **3** inutilmente

otioseness [ˈəʊtɪəʊsnɪs] s. inutilidade; superfluidade

otitis [əˈtaɪtɪs] s. MEDICINA otite; **~ media** otite média

otolaryngologist [ˌəʊtəʊlærɪŋˈgɒlədʒɪst] s. MEDICINA otorrinolaringologista

otolaryngology [ˌəʊtəʊlærɪŋˈgɒlədʒɪ] s. MEDICINA otorrinolaringologia

otology [əʊˈtɒlədʒɪ] s. MEDICINA otologia

otorhinolaryngology [ˈəʊtəʊˌraɪnəʊˌlærɪŋˈgɒlədʒɪ] s. MEDICINA otorrinolaringologia

otorrhoea [ˌətəˈriːə] s. MEDICINA otorreia

otoscope [ˈəʊtəskəʊp] s. MEDICINA otoscópio

otoscopy [əʊˈtɒskəpɪ] s. MEDICINA otoscopia

Otsego [ɒtˈsiːgəʊ] s. nome de um lago nos Estados Unidos

Ottawa [ˈɒtəwə] s.top. Otava

otter [ˈɒtə] s. **1** ZOOLOGIA lontra; **2** pele de lontra; **3** lontra-do-mar, dragão-marinho ❖ **~ hound** cão empregado na caça à lontra; **~ skin** pele de lontra

otto [ˈɒtəʊ] s. ⇒ **attar**

Otto [ˈɒtəʊ] s.antr. Otão

ottoman [ˈɒtəmən] s. **1** otomana, espécie de sofá sem costas nem braços; **2** divã

Ottoman [ˈɒtəmən] Ⓐ adj. otomano, turco Ⓑ s. (pl. **-s**) um turco, natural ou habitante da Turquia

OU Ⓐ [abrev. de Open University] Ⓑ [abrev. de Oxford University]

OUAC [abrev. de Oxford University Athletic Club]

OUBC [abrev. de Oxford University Boat Club]

oubliette [ˌuːblɪˈet] s. masmorra secreta para a qual se entra por um alçapão

ouch [aʊtʃ] interj. (dor súbita) ai!

OUDS [abrev. de Oxford University Dramatic Society]

ought [ɔːt] Ⓐ v.aux.,mod. **1** [a ideia de pretérito é, geralmente, expressa por *ought to have* seguido de part. pass.] dever, ter obrigação de; *he ~ to have been a lawyer* ele devia ter estudado para advogado; *he ~ to have told me last week* ele devia ter-me dito a semana passada; *if he spent so many years in England, he ~ to know the language well* se ele passou tantos anos em Inglaterra, deveria conhecer bem a língua; *such things ~ not to be allowed* não deviam ser permitidas coisas dessas; *the film was very good, you ~ to have seen it* o filme era muito bom, devias ter ido vê-lo; *there ~ to be a law against such things* devia haver uma lei contra essas coisas; **2** ser desejável, ser aconselhável, ser conveniente; *coffee ~ to be drunk hot* o café deve beber-se enquanto quente; **3** ser provável Ⓑ s. [coloq.] nada, zero Ⓒ s. ⇒ **aught**

ouguiya [uːˈgiːjə] s. (moeda da Mauritânia) ouguiya

Ouida [ˈwiːdə] s. pseudónimo da escritora inglesa Marie Louise de la Ramée (1839-1908)

ouija [ˈwiːdʒə] s. mesa para a recepção de mensagens espíritas

ounce [aʊns] s. **1** (medida de peso) onça (28,35 gramas); **2** ZOOLOGIA onça; **3** [poét.] lince ❖ *fluid ~* 28,4 cm³; *troy ~* 31,1 gramas; *an ~ of practice is worth a pound of theory* um pouco de prática vale mais que muita teoria

our [aʊə] adj.poss. nosso, nossa, nossos, nossas; **~ brother** o nosso irmão; **~ sisters** as nossas irmãs ❖ *Our Father* Deus; *Our Lady* Nossa Senhora; a Virgem Maria

ours [aʊəz] pron.poss. **1** nosso, nossa, nossos, nossas; *a friend of ~* um amigo nosso; **2** o nosso, a nossa, os nossos, as nossas; **~ is a large house** nós temos uma casa grande; *his house and ~* a casa dele e a nossa

ourself [aʊəˈself] pron.refl.,enf. [arc.] (plural majestático) nós mesmo, a nós mesmo; *we ~ will do our best to ...* nós mesmo faremos tudo quanto pudermos para ...

ourselves [aʊəˈselvz] pron.refl.,enf. nós mesmos, a nós mesmos, nós próprios, a nós próprios; *we must think of ~ too* devemos pensar também em nós mesmos ❖ *all by ~* sozinhos; *we ~ will do that/we will do that ~* nós vamos tratar disso pessoalmente; nós próprios vamos tratar disso

ousel [ˈuːzl] s. ⇒ **ouzel**

oust [aʊst] *v.tr.* **1** expulsar, pôr na rua; **2** despedir; **3** destituir; *to ~ sb from office* destituir alguém do seu cargo; **4** desapossar

ouster [ˈaʊstə] *s.* **1** DIREITO despejo legal; **2** aquele que destitui, expulsa ou priva da posse de

out [aʊt] Ⓐ *adj.,adv.* **1** fora, de fora, lá fora; *to be ~ on business* andar fora em negócios; **2** fora de casa, ausente; *my brother is ~* o meu irmão saiu, o meu irmão não está em casa; **3** apagado; extinto; *the fire is ~* o lume está apagado; **4** esgotado; acabado; *the book is ~ at present* o livro está esgotado presentemente; **5** roto, rasgado, coçado, gasto; *to be ~ at the elbows* andar com os cotovelos rotos; **6** posto de parte, que já não ocupa o cargo que ocupava; **7** destituído; **8** publicado; *the book is already ~* livro já está publicado; **9** divulgado; descoberto; conhecido; *the secret is ~* o segredo já é conhecido; **10** abertamente, francamente, sem rodeios; **11** completamente, nitidamente; *~ and away* de longe, nitidamente; **12** confuso, perplexo, fora do seu juízo; **13** equivocado; **14** exterior; **15** distante; **16** fora do vulgar Ⓑ *prep.* **1** fora [of, de]; *~ of action* fora de acção; *~ of danger* fora de perigo; *~ of doors* fora de casa; fora de portas; *~ of line* fora do alinhamento; fora do eixo; *~ of order* fora de questão; *~ of the woods* fora de perigo; **2** sem [of, -]; *~ of breath* sem fôlego; *~ of doubt* sem dúvida; *~ of hope* sem esperança; **3** por [of, -]; devido [of, a]; *~ of charity* por caridade; *~ of curiosity* por uma questão de curiosidade; *~ of love* por amor; *to act ~ of fear* agir por medo; *to drink ~ of a bottle* beber por uma garrafa Ⓒ *interj.* fora!, rua!; *~ with you!* rua!, fora!; *~ you go!* fora!; fora daqui! Ⓓ *s.* **1** TIPOGRAFIA salto de palavra ou frase; **2** parte exterior; **3** saída; **4** *pl.* (hospital) secção de consulta externa; **5** *pl.* CINEMA exteriores; **6** *pl.* POLÍTICA oposição; *the ins and outs* o Governo e a oposição; **7** *pl.* coisas sem valor Ⓔ *v.tr.,intr.* **1** pôr na rua; **2** pôr fora de jogo; **3** (boxe) pôr K.O.; (boxe) *although he was so strong, he was outed in the second round* embora ele fosse tão forte, ficou K.O. no segundo assalto; **4** tornar-se conhecido; *truth will ~* a verdade vem sempre ao de cima ❖ DESPORTO *~ match* jogo no campo do adversário; jogo fora de casa; *~ relief* assistência domiciliária; *~ voter* eleitor que não reside no círculo eleitoral onde vota; *~ worker* trabalhador que vai ao domicílio; *all ~* a toda a velocidade; (empregados domésticos) *day ~* dia de saída; dia livre; *~ and home voyage* longa viagem de ida e volta; (dinheiro) *~ at interest* posto a juros; *~ in the cold* ignorado; desconhecido; isolado; *~ in the sun* levemente embriagado; *~ of hand* imediatamente; *~ of harm's way* a salvo; *~ of heart* deprimido; *~ of keeping with* em desarmonia com; *~ of the top drawer* membro da aristocracia; *~ of work* fora do serviço; desempregado; *the voyage ~* a viagem de ida; *times ~ of number* vezes sem conta; inúmeras vezes; *before the month is ~* antes do fim do mês; *he was not far ~ e* ele não estava muito longe da verdade; ele não se enganou muito; *his patience is ~* ele já não tem mais paciência; *~ upon him!* que vergonha!; ele é uma vergonha!; *~ with it!* diga lá!; desembuche!; *the sun is ~* está sol; *the tide is ~* a maré baixou; *the workmen are ~* os trabalhadores estão em greve; *to be all ~ for* procurar vivamente; desejar activamente; *to be at outs with a person* estar de mal com uma pessoa; andar zangado com uma pessoa; *to be ~ after sth* andar fora à procura de alguma coisa; *to be ~ for* concentrar o seu interesse em; dirigir as suas energias para; estar decidido a; (boxe) *to be ~ for a few seconds* ir ao tapete durante alguns segundos; *to be ~ in one's calculations* enganar-se nos cálculos; *to be ~ of all one's troubles* estar liberto de todo o sofrimento; estar morto; *to be ~ with sb* estar de mal com alguém; andar zangado com alguém; *to have one's sleep ~* dormir até ficar satisfeito; NÁUTICA *to let all sails ~* ir com todas as velas içadas; *your watch is five minutes ~* o teu relógio faz uma diferença de cinco minutos (adiantado ou atrasado)

out-act [aʊtˈækt] *v.tr.* ultrapassar, exceder, superar

outage [ˈaʊtɪdʒ] *s.* período de interrupção na produção da energia eléctrica

out-argue [aʊtˈɑːgjuː] *v.tr.* **1** vencer (alguém) numa discussão; **2** levar a melhor na argumentação

outback [ˈaʊtbæk] Ⓐ *adj.* do interior Ⓑ *adv.* no interior Ⓒ *s.* (o) interior

outbalance [aʊtˈbæləns] *v.tr.* ultrapassar, prevalecer sobre, pesar mais que, ter mais importância que

outbent [aʊtˈbent] *adj.* curvo para fora

outbid [aʊtˈbɪd] *v.tr.* (*prt.* **outbade** ou **outbid**, *part. pass.* **outbid** ou **outbidden**) **1** (leilão) cobrir (um lanço), oferecer mais que, dar mais que; **2** ultrapassar, exceder

outbidder [aʊtˈbɪdə] *s.* (leilão) aquele que lança mais, aquele que oferece mais dinheiro por objecto leiloado ou mercadoria posta à venda

outbidding [aʊtˈbɪdɪŋ] *s.* (leilão) sobrelanço, lanço mais elevado

outbirth [ˈaʊtbɜːθ] *s.* **1** produto, fruto; **2** prole

outblaze [aʊtˈbleɪz] *v.tr.* exceder, ultrapassar em brilho ou esplendor

outboard [ˈaʊtbɔːd] Ⓐ *adj.* **1** NÁUTICA de fora da borda; *~ motor* motor de fora da borda; *~ motorboat* barco com motor de fora da borda; *~ propulsion* propulsão por meio de motor de fora da borda; **2** exterior, externo, do lado de fora Ⓑ *adv.* **1** do lado de fora do barco; **2** para o exterior

outbound [ˈaʊtbaʊnd] *adj.* **1** a partir; de saída **2** em direcção ao exterior

outbox [ˈaʊtbɒks] *s.* INFORMÁTICA (correio electrónico) caixa de saída

outbrave [aʊtˈbreɪv] *v.tr.* **1** ultrapassar em bravura, exceder em coragem; **2** enfrentar, arrostar

outbreak [ˈaʊtbreɪk] *s.* **1** surto; *~ of an epidemic* surto epidémico; **2** acesso; *~ of fever* acesso de febre; **3** erupção; explosão; eclosão; **4** (grande quantidade) vaga; onda; **5** revolta; insurreição; **6** GEOLOGIA afloramento ❖ *new ~* recrudescimento; novo ataque; *the ~ of hostilities* a abertura das hostilidades

outbuilding [ˈaʊtbɪldɪŋ] *s.* **1** anexo, dependência, construção separada do edifício principal; **2** coberto, alpendre, telheiro

outburst [ˈaʊtbɜːst] *s.* **1** explosão; erupção; **2** acesso; ataque; *~ of laughter* ataque de riso; *in an angry ~* num acesso de fúria; **3** GEOLOGIA afloramento

outcast [ˈaʊtkɑːst] Ⓐ *adj.* **1** banido, proscrito, expulso; **2** desamparado, abandonado; **3** marginalizado Ⓑ *s.* **1** pária; marginal; *social outcasts* os párias sociais, os marginais; **2** proscrito; exilado

outcaste [ˈaʊtkɑːst] Ⓐ *adj.* [Índia] sem casta, expulso da sua casta Ⓑ *s.* pária, indivíduo sem casta, privado de todos os direitos sociais e religiosos Ⓒ *v.tr.* privar de casta, expulsar da casta

outclass [aʊtˈklɑːs] *v.tr.* exceder, ultrapassar, ser muito superior a

outcome [ˈaʊtkʌm] *s.* resultado; efeito; consequência; *that is the logical ~ of his behaviour* é a consequência lógica do comportamento dele

outcrop [ˈaʊtkrɒp] Ⓐ *s.* GEOLOGIA afloramento Ⓑ *v.intr.* (*particípios:* -**pp-**) GEOLOGIA aflorar

outcropping [ˈaʊtkrɒpɪŋ] Ⓐ *adj.* que aflora à superfície Ⓑ *s.* GEOLOGIA afloramento

outcrossing [ˈaʊtkrɒsɪŋ] *s.* acasalamento de exemplares da mesma raça mas sem quaisquer laços de parentesco

outcry [ˈaʊtkraɪ] *s.* (*pl.* -**ies**) (protesto) algazarra; alarido; gritaria; clamor; tumulto ❖ *to raise a general ~* provocar a indignação geral; causar uma manifestação geral de protesto

outdare [aʊtˈdeə] *v.tr.* **1** ultrapassar em temeridade, em ousadia; **2** desafiar (o perigo)

outdated [aʊtˈdeɪtɪd] *adj.* **1** ultrapassado; **2** em desuso; **3** fora de moda; **4** (vocábulo) arcaico, obsoleto

outdid [aʊtˈdɪd] *prt. de* **to outdo**

outdistance [aʊtˈdɪstəns] *v.tr.* ultrapassar, passar à frente de, deixar para trás

outdo [aʊtˈduː] *v.tr.* (*prt.* **outdid**, *part. pass.* **outdone**) **1** exceder; ultrapassar; superar; *to ~ a person in generosity* ultrapassar alguém em generosidade; **2** vencer; **3** levar a melhor sobre ❖ *to ~ oneself* superar-se a si próprio

outdoer [aʊtˈduːə] *s.* aquele que leva a melhor

outdone [aʊtˈdʌn] {*part. pass. de* **outdo**) *not to be outdone, he decided to try again* para que ninguém fizesse melhor do que ele, resolveu tentar outra vez

outdoor [aʊtˈdɔː] *adj.* **1** exterior, externo; *~ aerial* antena exterior; **2** ao ar livre, fora de casa; *~ games* jogos ao ar livre; **3** extra-hospitalar; *~ relief* assistência hospitalar ao domicílio ❖ *~ clothing* roupa desportiva; CINEMA *~ scenes* exteriores; *~ lighting* iluminação externa; *to be the ~ type* gostar da vida ao ar livre

outdoors [aʊt'dɔːz] Ⓐ adv. fora de casa; ao ar livre Ⓑ s. *the great ~* o ar livre; a Natureza

outdrive [aʊt'draɪv] v.tr. ⟨prt. **outdrove**, part. pass. **outdriven**⟩ (golfe) ultrapassar o adversário logo ao primeiro golpe

outer ['aʊtə] Ⓐ adj. 1 externo; exterior; *~ contact* contacto exterior; *~ edge* borda externa; *~ mains* condutor exterior; *~ shield* blindagem exterior; *the ~ world* o mundo externo; 2 de fora; mais afastado (do centro); 3 FILOSOFIA objectivo Ⓑ s. 1 círculo exterior em alvo para exercícios de tiro; 2 DESPORTO (boxe) golpe, soco que lança o adversário ao tapete ❖ *~ garments* roupa exterior; roupa de cima; *~ office* recepção; *~ space* espaço intergaláctico; *the ~ man* o corpo; a aparência; o aspecto pessoal

outermost ['aʊtəməʊst] adj. 1 extremo; 2 o mais afastado do centro, mais próximo dos pontos extremos; 3 externo

outface [aʊt'feɪs] v.tr. 1 desconcertar (alguém), obrigar a desviar o olhar, confundir com o olhar; 2 enfrentar corajosamente, arrostar

outfall ['aʊtfɔːl] s. 1 desembocadura (de rio, etc.), saída; 2 foz; 3 descarga

outfield ['aʊtfiːld] s. 1 DESPORTO (críquete, basebol) a parte do campo mais distante do *batsman*; 2 os jogadores colocados nessa parte do campo

outfielder ['aʊtfiːldə] s. DESPORTO (críquete, basebol) jogador colocado na parte do campo mais distante do *batsman*

outfight [aʊt'faɪt] v.tr. ⟨prt. e part. pass. **outfought**⟩ levar a melhor na luta sobre (o adversário)

outfit ['aʊtfɪt] Ⓐ s. 1 equipamento; uniforme; *Scout's ~* uniforme de escuteiro; 2 (roupa) conjunto; 3 aprestos, apetrechos, aparelhagem; 4 conjunto de ferramentas necessárias; *carpenter's ~* ferramentas de carpinteiro; 5 armamento; 6 [fig.] grupo; equipa; organização Ⓑ v.tr. ⟨particípios: **-tt-**⟩ equipar; aparelhar

outfitter ['aʊtfɪtə] s. 1 fornecedor, abastecedor; 2 aprovisionador; 3 vendedor ❖ *gentlemen's ~* camisaria e confecções para homem

outfitting ['aʊtfɪtɪŋ] s. abastecimento, aprovisionamento

outflank [aʊt'flæŋk] v.tr. 1 MILITAR flanquear; 2 rodear; 3 [fig.] apanhar de surpresa

outflew [aʊt'fluː] prt. de **to outfly**

outflow ['aʊtfləʊ] s. 1 fluxo; jorro; 2 escoamento; descarga; vazão; *~ of water* vazão de água; 3 êxodo; saída; 4 efusão; desabafo

outflowing ['aʊtfləʊɪŋ] Ⓐ adj. que sai, que se escoa Ⓑ s. ⇒ **outflow** ❖ *~ hair* cabelo flutuante

outfly [aʊt'flaɪ] v.tr. ⟨part. pass. **outflown**⟩ voar mais rápido que, ultrapassar no voo

outfool [aʊt'fuːl] v.tr. 1 enganar, iludir, mostrar-se mais esperto que; 2 [coloq.] ultrapassar alguém em patetice

outfoot [aʊt'fʊt] v.tr. passar à frente de, correr mais depressa que

outfought [aʊt'fɔːt] prt. e part. pass. de **to outfight**

outfox [aʊt'fɒks] v.tr. 1 levar a melhor sobre; 2 ser mais esperto que, vencer pela astúcia

outgeneral [aʊt'dʒenərəl] v.tr. mostrar-se superior em táctica, dominar tacticamente

outgo [aʊt'gəʊ] Ⓐ v.tr. ⟨prt. **outwent**, part. pass. **outgone**⟩ 1 andar mais rapidamente que; 2 [fig.] ultrapassar Ⓑ s. ⟨pl. **-es**⟩ gasto(s), desembolso

outgoer [aʊt'gəʊə] s. aquele que sai

outgoing ['aʊtgəʊɪŋ] Ⓐ adj. 1 que sai; que está de saída; *~ tenant* inquilino que vai sair; 2 que se afasta; 3 (barco, navio) que parte; *~ ship* navio que está para partir; 4 externo, para o exterior; *~ flights* voos externos; 5 (fim de mandato) cessante; 6 (demissão) demissionário; 7 (maré) vazante; que está a descer; 8 (pessoa) sociável, alegre, comunicativo Ⓑ s. 1 saída, partida; 2 eflúvio

outgoings ['aʊtgəʊɪŋz] s.pl. despesas; gastos; *the ~ and the incomings* as despesas e as receitas

outgrow [aʊt'grəʊ] v.tr. ⟨prt. **outgrew**, part. pass. **outgrown**⟩ 1 crescer mais depressa que; ultrapassar em crescimento; *to ~ sb* ficar mais alto que alguém; 2 tornar-se demasiado grande para; *to ~ one's clothes* crescer de tal modo que a roupa se torna demasiado pequena; *to ~ one's strength* enfraquecer devido a crescimento demasiado rápido; 3 (com o tempo) libertar-se de; desinteressar-se de; pôr de parte; abandonar

outgrowth [aʊt'grəʊθ] s. 1 crescimento, desenvolvimento; 2 resultado normal, consequência natural, extensão; 3 excrescência, protuberância

outguess [aʊt'ges] v.tr. 1 (intenções) antecipar; 2 ser mais esperto que

outgun [aʊt'gʌn] v.tr. ⟨part. **-nn-**⟩ 1 ser superior em armamento em relação a; 2 (derrotar) esmagar_fig._, triturar_fig._

outhaul [aʊt'hɔːl] s. NÁUTICA adriça

out-herod [aʊt'herəd] v.tr. exceder em crueldade, ultrapassar em maldade

outhouse ['aʊthaʊs] s. 1 dependência, anexo; 2 alpendre, telheiro

outing ['aʊtɪŋ] s. 1 passeio, saída, excursão; *an ~ at the seaside* um passeio à beira-mar; 2 caminhada

outjest [aʊt'dʒest] v.tr. ultrapassar em graça, exceder em graça, exceder em gracejos

outjockey [aʊt'dʒɒkɪ] v.tr. [coloq.] enganar; intrujar

outland ['aʊtlænd] Ⓐ adj. 1 estrangeiro; 2 fronteiriço Ⓑ s. terras estrangeiras

outlandish [aʊt'lændɪʃ] adj. 1 [depr.] estranho; extravagante; bizarro; 2 [depr.] (ideia) descabelado; 3 [depr.] afastado; distante; remoto; 4 exótico; *~ dress* traje exótico; 5 [arc.] estrangeiro

outlandishness [aʊt'lændɪʃnɪs] s. carácter estranho, exotismo

outlast [aʊt'lɑːst] v.tr. 1 ultrapassar em duração, durar mais que; 2 sobreviver a

outlaw ['aʊtlɔː] Ⓐ s. 1 proscrito, indivíduo que vive à margem da lei; 2 foragido, exilado, banido; 3 criminoso; 4 salteador Ⓑ v.tr. 1 proscrever, banir; 2 declarar ilegal; penalizar; 3 proibir

outlawed ['aʊtlɔːd] adj. 1 proscrito, banido; 2 declarado fora da lei; proibido; penalizado

outlawry ['aʊtlɔːrɪ] s. ⟨pl. **-ies**⟩ proscrição, banimento

outlay¹ ['aʊtleɪ] s. 1 despesas, gastos; *~ for armaments* gastos com armamento; *with no considerable ~* com pouca despesa; 2 desembolso, dispêndio ❖ *to get back one's ~* recuperar o que se gastou

outlay² [aʊt'leɪ] v.tr. desembolsar; gastar

outlet ['aʊtlet] s. 1 saída; escoadouro; *~ for water* saída para água, escoadouro de águas; *~ of the hot gases* saída dos gases quentes; 2 escoamento; *the ~ of a lake* o ponto de escoamento de um lago; 3 orifício de descarga; 4 passagem; 5 [fig.] escape; vazão; *to provide an ~ for* encontrar um escape para, dar vazão a; 6 COMÉRCIO ponto de venda, mercado; 7 tomada eléctrica ❖ *~ velocity* velocidade de escoamento; *~ drain* tubo de descarga; *~ header* colector de escape; colector de descarga; *~ housing* caixa de descarga; *~ pipe* cano de descarga; *~ pressure* pressão de descarga; *~ valve* válvula de descarga

outlie¹ [aʊt'laɪ] v.tr. mentir mais que, exceder na mentira

outlie² [aʊt'laɪ] v.intr. ⟨part. pass. **outlain**, prt. **outlay**⟩ 1 ficar fora de casa; 2 ficar para além de determinado limite; 3 acampar em tendas

outlier ['aʊtlaɪə] s. 1 indivíduo que não reside na localidade onde exerce actividade; 2 animal que vive isolado; 3 anexo, edifício separado do principal; 4 GEOLOGIA maciço isolado

outline ['aʊtlaɪn] Ⓐ s. 1 contorno; 2 perfil, traçado; 3 linha limite; 4 esboço, desenho; *~ drawing* esboço; 5 plano geral; ideia geral; linhas gerais; *an ~ of a lecture* um plano geral para uma conferência; *in ~* nas suas linhas gerais; *the main outlines of a scheme* as linhas gerais de um plano Ⓑ v.tr. 1 contornar; delinear; 2 esboçar; bosquejar; 3 dar uma ideia geral de; descrever nas suas linhas gerais; 4 resumir ❖ *outlines of astronomy* elementos de astronomia; *to be outlined against the sky* perfilar-se contra o céu

outlining ['aʊtlaɪnɪŋ] s. 1 contorno, esboço, perfil; 2 traçado geral, plano geral; 3 ideia geral

outlive [aʊt'lɪv] v.tr. 1 sobreviver a; viver mais que; durar mais tempo que; *to ~ sb* viver mais que alguém; *she is very ill and won't ~ this month* ela está muito doente e não deve passar deste mês; 2 [fig.] resistir a ❖ *to ~ its usefulness* deixar de ser útil

outlook ['aʊtlʊk] s. 1 panorama; perspectiva; vista; *a pleasant ~ over the valley* um vista muito agradável sobre o vale; 2 aspecto; 3 concepção; ponto de vista; maneira de ver; visão; *~ upon life* concepção de vida; *breadth of ~* largueza de vistas; *to have a narrow ~ on sth* ter uma visão tacanha de algo;

outlying

4 expectativas; 5 [fig.] probabilidades; possibilidades; 6 observação; vigilância; cuidado ❖ *to be on the ~* estar à espreita; estar de atalaia

outlying [aʊt'laɪɪŋ] *adj.* 1 afastado; distante; longínquo; remoto; *~ villages* aldeias afastadas; 2 fora do centro; periférico; *~ quarter* bairro periférico; 3 isolado; separado; exterior; anexo; *~ building* anexo

outmanoeuvre [aʊtmə'nuːvə] *v.tr.* manobrar melhor que, vencer em estratégia, vencer em táctica

outmarch [aʊt'maːtʃ] *v.tr.* ultrapassar, marchar mais depressa que

outmatch [aʊt'mætʃ] *v.tr.* 1 exceder, ser superior a, dominar; 2 derrotar

outmode [aʊt'məʊd] *v.tr.* tornar antiquado, pôr fora de moda

outmoded [aʊt'məʊdɪd] *adj.* 1 fora de moda; 2 antiquado

outmost ['aʊtməʊst] Ⓐ *adj.* 1 extremo; 2 o mais afastado do centro; 3 externo Ⓑ *s.* máximo; *at the ~* no máximo, ao máximo

outness ['aʊtnɪs] *s.* exterioridade

outnumber [aʊt'nʌmbə] *v.tr.* ultrapassar em número, exceder em número, ser mais numeroso que

out-of-date [aʊtəv'deɪt] *adj.* 1 fora de moda; 2 antiquado; 3 desactualizado; obsoleto; ultrapassado; 4 (passaporte) caducado

out-of-pocket [aʊtəv'pɒkɪt] *adj.* 1 sem dinheiro; pouco endinheirado; 2 (despesas) a reembolsar; a pagar ❖ (alimentação, transporte, etc.) *~ expenses* despesas já feitas; despesas do dia-a-dia

out-of-the-way [aʊtəvðə'weɪ] *adj.* 1 (lugar, sítio) longínquo, afastado de tudo, isolado, remoto, perdido; *an ~ corner* um recanto inacessível; 2 (lugar, sítio) pouco frequentado; 3 pouco usual, invulgar; insólito, estranho; 4 rebuscado

outpace [aʊt'peɪs] *v.tr.* 1 ultrapassar, tomar a dianteira a, passar adiante de; 2 andar mais rapidamente que

outpatient ['aʊtpeɪʃənt] *s.* doente de consulta externa

outperform [aʊtpə'fɔːm] *v.tr.* superar, ultrapassar, dar melhores resultados do que

outplay [aʊt'pleɪ] *v.tr.* 1 derrotar ao jogo; 2 jogar melhor que

outpoint [aʊt'pɔɪnt] *v.tr.* 1 derrotar aos pontos, marcar mais pontos que; 2 NÁUTICA navegar mais junto ao vento que (outro veleiro)

outport ['aʊtpɔːt] *s.* porto exterior

outpost ['aʊtpəʊst] *s.* MILITAR posto avançado

outpour[1] [aʊt'pɔː] *v.tr., intr.* 1 derramar, derramar-se; 2 jorrar

outpour[2] ['aʊtpɔː] *s.* 1 jacto, jorro; 2 derramamento; 3 expansão

outpouring [aʊt'pɔːrɪŋ] *s.* 1 derramamento, jorro; 2 efusão, expansão de sentimentos

output ['aʊtpʊt] Ⓐ *s.* 1 rendimento; produção; *maximum ~/peak ~* rendimento máximo; *the literary ~ of the month* a produção literária do mês; *the ~ of a factory* a produção de uma fábrica; 2 potência, energia; *~ per hour* potência horária; *effective ~ of power* potência real; 3 (máquina, gerador) débito; 4 saída; vazão Ⓑ *v.tr.* (*prt. e part. pass.* **output** ou **outputted**) 1 produzir; 2 INFORMÁTICA disponibilizar, fornecer ❖ *~ amplifier* amplificador de saída; *~ capacity* capacidade de saída; *~ impedance* impedância de saída; *~ meter* medidor do rendimento; *sound ~* emissão de som; *~ volume level* nível de volume de saída

outrage ['aʊtreɪdʒ] Ⓐ *s.* 1 ultraje; atrocidade; escândalo; indignidade; 2 atentado; *~ against morals* atentado aos bons costumes, atentado ao pudor; *bomb ~* atentado bombista; 3 afronta; injúria; ofensa; *to commit an ~* praticar uma afronta; 4 crime; *~ against humanity* crime contra a humanidade Ⓑ *v.tr.* 1 ultrajar; ofender; chocar; indignar; *to ~ one's sense of justice* ofender o sentido de justiça de uma pessoa; *to ~ public opinion* chocar a opinião pública; *to ~ common sense* ofender o senso comum; 2 injuriar; insultar; 3 maltratar violentamente; 4 infringir, transgredir abertamente; *to ~ the law* transgredir ostensivamente a lei; 5 desafiar, tratar com desprezo; *to ~ all decency* desafiar toda a decência

outrageous [aʊt'reɪdʒəs] *adj.* 1 ultrajante; indigno; 2 injurioso; afrontoso; 3 revoltante; chocante; escandaloso; *~ behaviour* comportamento escandaloso; *~ injustice* injustiça flagrante; 4 furioso, violento, desumano; 5 (atitude, etc.) extravagante; provocatório; imoderado

outrageously [aʊt'reɪdʒəslɪ] *adv.* 1 duma maneira ultrajante; 2 dum modo indigno, escandalosamente; 3 imoderadamente; 4 exorbitantemente

outrageousness [aʊt'reɪdʒəsnɪs] *s.* 1 carácter ultrajante, chocante ou escandaloso; 2 indignidade; 3 imoderação, violência, desumanidade

outran [aʊt'ræn] *prt. de* **to outrun**

outrange [aʊt'reɪndʒ] *v.tr.* 1 ultrapassar em alcance, ter maior alcance que; 2 ser superior a

outré ['uːtreɪ] *adj.* 1 original, invulgar; 2 pouco convencional; 3 bizarro, estranho

outreach[1] [aʊt'riːtʃ] *v.tr.* 1 chegar a, alcançar; 2 ir para além de, ultrapassar, superar

outreach[2] ['aʊtriːtʃ] *s.* 1 programa de apoio aos desfavorecidos; 2 assistência social em terreno; 3 alcance, extensão ❖ *~ worker* assistente social em terreno; colaborador de programa de apoio aos desfavorecidos

outride [aʊt'raɪd] *v.tr.* (*prt.* **outrode**, *part. pass.* **outridden**) 1 cavalgar mais depressa que, ultrapassar a cavalo; 2 ir mais longe que; 3 NÁUTICA (navio) escapar a (tempestade)

outrider ['aʊtraɪdə] *s.* 1 elemento da escolta; 2 sota, boleeiro; 3 criado que, a cavalo, caminhava à frente ou ao lado duma carruagem

outrig ['aʊtrɪg] *s.* NÁUTICA ângulo entre a enxárcia e o mastro

outrigged ['aʊtrɪgd] *adj.* NÁUTICA com certa distância entre a base da enxárcia e o pé do mastro

outrigger ['aʊtrɪgə] *s.* 1 NÁUTICA guiga, barco com suportes exteriores para os remos; 2 forquilha de brandal; 3 base ou suporte de encaixe de navio

outright[1] [ˌaʊt'raɪt] *adv.* 1 inteiramente, completamente; 2 abertamente, sem qualquer reserva, sem rodeios; *to laugh ~* rir sem reservas; *she told him ~ what she thought of him* ela disse-lhe sem quaisquer rodeios o que pensava dele; 3 logo; imediatamente; no momento; *they were killed ~* eles foram logo mortos; 4 a pronto pagamento, sem ser a prestações; *to buy ~* comprar a pronto

outright[2] ['aʊtraɪt] *adj.* 1 absoluto, total, completo; 2 categórico; *an ~ denial* uma recusa categórica; 3 sincero, franco; *an ~ manner* uma maneira de ser franca; 4 incondicional

outrightness [aʊt'raɪtnəs] *s.* franqueza rude

outrival [aʊt'raɪvəl] *v.tr.* (*particípios:* -ll-) superar, levar a palma a, vencer, mostrar-se melhor que

outrode [aʊt'rəʊd] *prt. de* **to outride**

outrun [aʊt'rʌn] *v.tr.* (*prt.* **outran**, *part. pass.* **outrun**) 1 passar à frente de; ir mais depressa que; 2 caminhar mais rapidamente que; 3 deixar ficar para trás; 4 ultrapassar; exceder; superar ❖ [coloq.] *to ~ one's income/to ~ the constable* gastar mais do que se ganha

outrunner ['aʊtrʌnə] *s.* 1 sota, criado que, a cavalo, caminha ao lado ou à frente duma carruagem; 2 cão-guia duma matilha atrelado a um trenó

outrush ['aʊtrʌʃ] *s.* (*pl.* -es) 1 saída súbita, saída impetuosa, jorro; 2 fuga (de gás ou água)

outsail [aʊt'seɪl] *v.tr.* 1 velejar mais rapidamente que, ultrapassar à vela um barco; 2 distanciar-se de, deixar ficar para trás

outsat [aʊt'sæt] *prt. e part. pass. de* **to outsit**

outsell [aʊt'sel] *v.tr.* (*prt. e part. pass.* **outsold**) 1 ultrapassar nas vendas, vender mais, vender em maiores quantidades; 2 vender mais caro que

outset ['aʊtset] *s.* 1 começo; início; princípio; *at the ~* no começo, no princípio; *from the ~* desde o princípio, desde o início; 2 arranque

outshine [aʊt'ʃaɪn] *v.tr.* (*prt. e part. pass.* **outshone**) 1 ultrapassar em brilho, brilhar mais que; 2 ofuscar, suplantar, eclipsar

outshoot[1] [aʊt'ʃuːt] *v.tr.* (*prt. e part. pass.* **outshot**) 1 ultrapassar na pontaria, ser superior na pontaria; 2 atirar melhor que, atirar mais longe que

outshoot[2] ['aʊtʃuːt] *s.* 1 protuberância; saliência; projecção; 2 descarga

outside ['aʊtsaɪd, aʊt'saɪd] Ⓐ *s.* 1 exterior; *the ~ of a house* o exterior de uma casa; *the windows open to the ~* as janelas abrem para fora; 2 parte exterior; parte de fora; superfície externa; 3 aparências; aspecto exterior; *to judge by/from the ~* julgar pelas aparências; 4 mundo exterior; 5 limite máximo;

6 DESPORTO (futebol) extremo, ponta; ~ *left* extremo esquerdo, ponta esquerda; ~ *right* extremo direito, ponta direita; **7** *pl.* folhas externas de resina de papel Ⓑ *adj.* **1** exterior, externo, do lado de fora; ~ *diameter/radius* diâmetro/raio externo; ~ *measurements* dimensões exteriores; ~ *surface* superfície externa; **2** exorbitante, extremo; ~ *prices* preços máximos; **3** aparente Ⓒ *adv.* **1** fora, lá fora, da parte de fora, para fora; *let's go* ~ vamos até lá fora; *seen from* ~ visto de fora, visto do exterior; **2** no exterior; ~ *of* fora de, no exterior de; **3** ao ar livre Ⓓ *prep.* **1** sem; **2** fora de; à margem de; ~ *the Conference* à margem da Conferência; ~ *the harbour* fora do porto, ao largo do porto; *that's* ~ *the question* isso está fora da questão; **3** além de; para além de; *you cannot go* ~ *the evidence* não se pode julgar para além da prova ❖ ~ *broker* corretor não oficial; ~ *lap* avanço à admissão; ~ *micrometer* micrómetro de espessura; ~ *porter* carregador; ~ *seat* lugar no telhado de diligência ou autocarro; ~ *worker* trabalhador que vai a casa de quem o requisita; ~ *of his own family no one will speak to him* ninguém fala com ele, excepto pessoas de família; *at the* ~ no máximo; quando muito; [coloq.] *it's the* ~ *edge* isso é de mais; *the* ~ *world* o mundo exterior; *to turn* ~ *in* virar do avesso

outsider [aʊt'saɪdə] *s.* **1** intruso, estranho, pessoa alheia a determinado grupo ou sociedade; **2** leigo, profano, indivíduo não iniciado; **3** forasteiro, estranho, desconhecido; **4** concorrente com poucas probabilidades de ganhar; **5** cavalo considerado com poucas probabilidades de ganhar uma corrida

outsit [aʊt'sɪt] *v.tr.* (*prt. e part. pass.* **outsat**) ficar mais tempo que

outsize ['aʊtsaɪz] Ⓐ *adj.* **1** de tamanho extra-grande; **2** enorme, desmedido, desmesurado Ⓑ *s.* **1** tamanho extra-grande; **2** pessoa ou coisa maior que o normal

outskirts ['aʊtskɜːts] *s.pl.* **1** limites; **2** periferia; **3** imediações; arrabaldes; subúrbios

outsmart [aʊt'smɑːt] *v.tr.* [coloq.] levar a melhor sobre, ser mais esperto que

outsold [aʊt'səʊld] *prt. e part. pass. de* **to outsell**

outsole ['aʊtsəʊl] *s.* (calçado) sola exterior

outsource ['aʊtsɔːs] *v.tr.* subcontratar, contratar externamente

outsourcing ['aʊtsɔːsɪŋ] *s.* subcontratação, contratação externa de serviços

outspan [aʊt'spæn] Ⓐ *v.tr.,intr.* (*particípios:* **-nn-**) desatrelar, desprender do jugo, desjungir Ⓑ *s.* **1** acto de desprender do jugo ou de desatrelar animais de tiro; **2** local ou o tempo gasto em desprender do jugo; **3** acampamento

outspoken [aʊt'spəʊkən] *adj.* franco, sincero, sem reservas, sem rodeios; *to be* ~ ser franco, falar sem rebuço, falar com toda a franqueza

outspokenly [aʊt'spəʊkənlɪ] *adv.* com franqueza, com sinceridade, directamente, sem rodeios

outspokenness [aʊt'spəʊkənnɪs] *s.* franqueza, sinceridade

outspread [aʊt'spred] Ⓐ *adj.* estendido; desdobrado; aberto; *with* ~ *arms* de braços abertos; *with* ~ *sails* com as velas todas abertas ao vento Ⓑ *s.* **1** extensão, vastidão; **2** desdobramento

outstand [aʊt'stænd] *v.tr.,intr.* (*prt. e part. pass.* **outstood**) **1** resistir a, suportar, aguentar; **2** sobressair, sair do alinhamento; **3** demorar-se mais que

outstanding [aʊt'stændɪŋ] *adj.* **1** excepcional, excelente, notável; **2** marcante, ilustre, bem conhecido; ~ *person* pessoa ilustre, pessoa de relevo; ~ *events* acontecimentos marcantes, acontecimentos de relevo; **3** saliente, proeminente, facilmente notado; **4** por saldar, por pagar, por liquidar; ~ *debts* dívidas a cobrar; **5** em suspenso, pendente, por resolver; *there is a good deal of work* ~ há uma porção de trabalho por fazer ❖ *that is a matter of* ~ *importance* isso é um assunto de grande importância

outstandingly [aʊt'stændɪŋlɪ] *adv.* **1** de forma notável; excepcionalmente **2** eminentemente, invulgarmente

outstare [aʊt'steə] *v.tr.* fixar (uma pessoa) de modo a obrigá-la a baixar ou desviar o olhar

outstay [aʊt'steɪ] *v.tr.* permanecer mais tempo que; demorar mais tempo que ❖ *to* ~ *one's welcome* abusar da hospitalidade dos donos da casa, demorando demasiado; *to* ~ *the other guests* ficar mais tempo do que os outros; ser o último a sair

outstep [aʊt'step] *v.tr.* (*particípios:* **-pp-**) caminhar além de, ultrapassar os limites de

outstretch [aʊt'stretʃ] *v.tr.* **1** estender, esticar; **2** alargar; **3** abrir

outstretched [aʊt'stretʃt] *adj.* **1** estendido, esticado; **2** aberto; *with* ~ *arms* de braços abertos

outstrip [aʊt'strɪp] *v.tr.* (*particípios:* **-pp-**) **1** ultrapassar, passar à frente de; **2** deixar ficar para trás; **3** ser superior

outstroke ['aʊtstrəʊk] *s.* movimento de avanço do êmbolo

outtake ['aʊteɪk] *s.* CINEMA parte de filmagem não usada no filme; **2** MÚSICA faixa não usada no álbum; **3** durabilidade; **4** lucro

outvalue [aʊt'væljuː] *v.tr.* valer mais que, ultrapassar em valor

outvie [aʊt'vaɪ] *v.tr.* **1** levar a melhor sobre, levar a palma a; **2** exceder, ultrapassar; **3** rivalizar com

outvoice [aʊt'vɔɪs] *v.tr.* falar mais alto que, fazer mais barulho que

outvote [aʊt'vəʊt] *v.tr.* derrotar por meio de votos; ter mais votos que ❖ *they found themselves outvoted* foram colocados em minoria; a maioria foi-lhes desfavorável

outwalk [aʊt'wɔːk] *v.tr.* ultrapassar marchando, marchar melhor que

outward ['aʊtwəd] Ⓐ *adj.* **1** exterior, externo, dirigido para fora; ~ *things* o mundo exterior, as coisas que vemos à nossa volta; **2** de ida; ~ *freight* frete de ida; ~ *half of the ticket* o bilhete de ida; *the* ~ *journey* a viagem de ida; **3** aparente; **4** formal; **5** extrínseco; **6** corpóreo; **7** visível Ⓑ *adv.* para fora; para o exterior Ⓒ *s.* **1** exterior; **2** aparência exterior; **3** mundo exterior ❖ (medicamentos) *for* ~ *application* para uso externo; *the* ~ *man* o corpo; o vestuário; a aparência exterior (em contraste com a alma)

outward-bound [ˌaʊtwədˈbaʊnd] *adj.* NÁUTICA que se dirige ao estrangeiro; para o estrangeiro; para fora; de saída

outwardly ['aʊtwədlɪ] *adv.* **1** aparentemente; **2** exteriormente

outwardness ['aʊtwədnɪs] *s.* **1** exterioridade; **2** objectividade

outwards ['aʊtwədz] *adv.* ⇒ **outward** Ⓑ; *the door opened* ~ a porta abria para fora

outwash ['aʊtwɒʃ] *s.* águas derivadas da fusão de glaciar

outwatch ['aʊtwɒtʃ] *v.tr.* vigiar até passar o perigo

outwear [aʊt'weə] *v.tr.* (*prt.* **outwore**, *part. pass.* **outworn**) **1** durar mais que; **2** desgastar, gastar com o uso; **3** esgotar, cansar, exaurir

outweigh [aʊt'weɪ] *v.tr.* **1** ultrapassar em peso, pesar mais que; **2** prevalecer sobre, ter mais importância que

outwit [aʊt'wɪt] *v.tr.* (*particípios:* **-tt-**) **1** ser mais esperto que; vencer pela astúcia; **2** iludir; **3** despistar; *the thief outwitted the police* o gatuno conseguiu despistar a polícia

outwork[1] [aʊt'wɜːk] *v.tr.* **1** trabalhar mais que; **2** ultrapassar em trabalho

outwork[2] ['aʊtwɜːk] *s.* **1** obra exterior de fortificação; **2** fortificação exterior de praça, castelo, etc.; **3** trabalho feito ao domicílio

outworn [aʊt'wɔːn] Ⓐ {*part. pass. de* **to outwear**} Ⓑ *adj.* **1** antiquado; em desuso; **2** gasto; ~ *ideas* ideias gastas; **3** ultrapassado

ouzel ['uːzl] *s.* ZOOLOGIA (ave) melro; *water* ~ melriacho, melro-do-rio, melro-peixeiro

ova ['əʊvə] *pl. de* **ovum**

oval ['əʊvəl] Ⓐ *adj.* **1** oval; com forma oval; **2** elíptico Ⓑ *s.* (figura, objecto) oval ❖ (Estados Unidos) *the Oval Office* sala do Presidente na Casa Branca; a Presidência (norte-americana)

ovalization [ˌəʊvəlaɪˈzeɪʃən] *s.* ovalização (de êmbolo, etc.)

ovalize ['əʊvəlaɪz] *v.tr.,intr.* ovalizar, ovalizar-se

ovalized ['əʊvəlaɪzd] *adj.* ovalizado

ovally ['əʊvəlɪ] *adv.* **1** em oval; **2** ovalmente

oval-shaped ['əʊvəlʃeɪpt] *adj.* oval; ovalado

ovarian [əʊ'veərɪən] *adj.* ovário, ovariano

ovariectomy [əʊˌveərɪˈektəmɪ] *s.* CIRURGIA ovariectomia

ovariotomy [əʊˌveərɪˈɒtəmɪ] *s.* CIRURGIA ovariotomia, ovariectomia, ooforectomia

ovaritis [ˌəʊvəˈraɪtɪs] *s.* MEDICINA ovarite, inflamação aguda ou crónica do ovário

ovarium [əʊ'veərɪəm] *s.* (*pl.* **-a**) ⇒ **ovary**

ovary ['əʊvərɪ] *s.* (*pl.* **-ies**) ovário

ovate ['əʊveɪt] *adj.* **1** BOTÂNICA ovado, com contorno de um ovo de galinha; **2** oval

ovation [əʊ'veɪʃən] *s.* ovação, aclamação pública

oven ['ʌvn] *s.* forno; fornalha ❖ ~ *man* forneiro; ~ *thermometer* termómetro de fornalha; *drying* ~ estufa; *Dutch* ~ forno metálico com lado aberto para a fonte de calor; CULINÁRIA *in a quick* ~ a fogo vivo; CULINÁRIA *in a slow* ~ a fogo lento

ovenbird [ˈʌvnbɜːd] s. ZOOLOGIA forneiro, oleiro, joão-de-barro
over [ˈəʊvə] Ⓐ prep. 1 sobre; *the balcony projected ~ the street* a varanda projectava-se sobre a rua; 2 em cima de; por cima de; *the sky is ~ our heads* o céu está por cima das nossas cabeças; 3 acima de, em posição superior a; 4 para o outro lado de, para lá de; *~ the border* do lado de lá da fronteira; 5 através de; 6 por; 7 junto a; em torno de; *to sit ~ the fire* sentar-se ao lume; sentar-se junto ao lume; 8 a propósito de, acerca de; 9 durante; enquanto; *~ the winter* durante todo o Inverno; *to talk ~ a glass of port* conversar enquanto se bebe um cálice de Porto; 10 além de; *~ and above* além de, adicionalmente a; *he couldn't stay ~ Friday* ele não podia ficar além de sexta-feira, ele não podia ficar até sábado; 11 até ao fim de; 12 mais de; *~ twenty people* para cima de vinte pessoas; *she is ~ forty* ela tem mais de quarenta anos; *she spoke for ~ an hour* ela falou durante mais de uma hora Ⓑ adv. 1 por cima; 2 do outro lado, ao lado; 3 de cima para baixo, de baixo para cima; dum lado para o outro; de dentro para fora; 4 de lado a lado, de ponta a ponta; 5 por completo, completamente, cuidadosamente; 6 de novo, outra vez, mais uma vez, várias vezes; *~ and ~/~ and ~ again* repetidamente; repetidas vezes; 7 de sobejo, de reserva, como resto; 8 mais, além disso; 9 demasiado, excessivamente Ⓒ adj. terminado; acabado; *it's all ~* acabou tudo; *that is ~ and done with* felizmente isso acabou; *the rain is ~* acabou a chuva; passou a chuva Ⓓ s. 1 (críquete) série de bolas (4, 5 ou 6) jogadas; 2 excesso, saldo; 3 MILITAR tiro longo; 4 pl. TIPOGRAFIA mão de papel ❖ *~ there* ali; acolá; além; *~ head and ears* intensamente; completamente; *~ our heads* sem sermos consultados; para além da nossa compreensão; *~ the counter* às claras; abertamente; *all ~ the world/all the world ~* em todo o mundo; *five times ~* cinco vezes seguidas; *from ~ the seas* do além-mar; *his hat ~ one ear* com o chapéu inclinado sobre uma orelha; *not ~ well* não muito bem; um tanto mal; *the house ~ the way* a casa em frente; a casa do outro lado da rua; *a general is ~ a colonel* um general é superior a um coronel; *come ~ here!* venha aqui!; *four into nine goes twice and one ~* nove a dividir por quatro dá dois e sobra um; *he was all ~ himself* ele não cabia em si de contente; *he will not live ~ today* ele já não chega a amanhã; ele não passa de hoje (morre hoje); *she is English all ~* ela é autenticamente inglesa; *she is ~ from England* ela chegou da Inglaterra; *take this ~ the post office* leve isto ao correio; *the ball went ~ into the street* a bola saltou para a rua; *there was a bridge ~ the river* havia uma ponte a atravessar o rio; *to be all ~ dust* estar todo coberto de poeira; [coloq.] *to be all ~ sb* assediar alguém com atenções; *to jump ~* transpor saltando; *to laugh ~ sth* rir-se de alguma coisa; *to reign ~ a country* reinar num país; *we'll give you the preference ~ him* preferi-lo-emos a si e não ao outro
overabound [ˌəʊvərəˈbaʊnd] v.intr. superabundar
overachieve [ˌəʊvərəˈtʃiːv] v.intr. superar as expectativas, exceder as expectativas
overachiever [ˌəʊvərəˈtʃiːvə] s. pessoa que supera as expectativas
overact [ˌəʊvərˈækt] v.tr.,intr. 1 TEATRO, CINEMA representar com exagero; 2 actuar exageradamente; 3 exagerar
overactive [ˌəʊvərˈæktɪv] adj. hiperactivo
overactivity [ˌəʊvəræktˈɪvɪtɪ] s. actividade excessiva, superactividade
overage¹ [ˈəʊvəreɪdʒ] adj. 1 demasiado velho (para determinada actividade); 2 fora de prazo_fig._
overage² [ˈəʊvərɪdʒ] s. [EUA] COMÉRCIO (mercadorias) excedente
overall¹ [ˈəʊvərɔːl] s. 1 VESTUÁRIO bata, guarda-pó; 2 avental protector; 3 pl. fato-macaco
overall² [ˈəʊvərɔːl] Ⓐ adj. 1 global, total; *~ dimension* dimensão total; *~ length* comprimento total; 2 geral; 3 absoluto; *~ majority* maioria absoluta Ⓑ adv. 1 em geral; 2 globalmente; 3 totalmente, completamente
overalled [ˈəʊvərɔːld] adj. 1 que traz uma bata ou guarda-pó; 2 vestido com fato-macaco

overanxious [ˌəʊvərˈæŋkʃəs] adj. 1 (demasiado ansioso) com uma angústia desmedida; histérico_coloq._; 2 com preocupações excessivas ❖ [depr.] *~ parents* pais-galinha; *I'm not ~ to go* não estou com grande vontade de ir
overarch [ˌəʊvərˈɑːtʃ] v.tr.,intr. formar arco por cima de
overarm [ˈəʊvərɑːm] adj. executado com o braço lançado em cima do ombro
overassessment [ˌəʊvərəˈsesmənt] s. imposto excessivo
overawe [ˌəʊvərˈɔː] v.tr. 1 aterrar, intimidar; 2 inspirar temor a
overbalance [ˌəʊvəˈbæləns] Ⓐ s. 1 excedente; 2 saldo; 3 preponderância Ⓑ v.tr.,intr. 1 ter mais peso que, pesar mais que; 2 ser mais importante que, ter mais valor que; 3 desequilibrar, fazer perder o equilíbrio, voltar, virar; 4 voltar-se, desequilibrar-se
overbear [ˌəʊvəˈbeə] v.tr. (prt. e part. pass. **overbore** ou **overborne**) 1 forçar; 2 dominar, sujeitar, subjugar, oprimir, reprimir; 3 levar a melhor sobre; 4 mostrar-se mais importante que
overbearing [ˌəʊvəˈbeərɪŋ] adj. 1 autoritário, dominador, imperioso, arrogante, ditatorial; 2 esmagador
overbearingly [ˌəʊvəˈbeərɪŋlɪ] adv. autoritariamente, ditatorialmente
overbearingness [ˌəʊvəˈbeərɪŋnɪs] s. 1 espírito autoritário; 2 arrogância, 3 preponderância
overbid¹ [ˌəʊvəˈbɪd] v.tr. (prt. **overbid**, part. pass. **overbidden**) 1 cobrir um lance; 2 fazer uma oferta demasiado elevada; fazer um lance excessivo
overbid² [ˈəʊvəbɪd] s. lance mais elevado
overbidder [ˌəʊvəˈbɪdə] s. pessoa que faz um lance demasiado elevado
overbite [ˈəʊvəbaɪt] s. (odontologia) sobremordida
overblow [ˌəʊvəˈbləʊ] v.tr.,intr. (prt. **overblew**, part. pass. **overblown**) 1 soprar com demasiada força (em instrumento de sopro); 2 derrubar (com a força do vento); 3 soprar em rajada; 4 espalhar, dissipar
overblown [ˌəʊvəˈbləʊn] adj. 1 exagerado; 2 empolado, pomposo, pretensioso; 3 (flor) demasiado aberta; 4 (tempestade) que já passou, já dissipada
overboard [ˈəʊvəbɔːd] adv. NÁUTICA pela borda fora, ao mar; *to fall ~* cair ao mar; *to throw ~* atirar borda fora ❖ NÁUTICA *man overboard!* homem ao mar!; *to be washed ~* ser levado por uma onda; *to go ~ for* entusiasmar-se muito com; *to throw sth ~* pôr alguma coisa de parte; abandonar alguma coisa
overbold [ˌəʊvəˈbəʊld] adj. demasiado ousado, temerário
overbook [ˌəʊvəˈbʊk] v.tr.,intr. 1 aceitar demasiadas reservas (para); 2 vender mais bilhetes que os lugares disponíveis
overbooking [ˌəʊvəˈbʊkɪŋ] s. excesso de reservas, *overbooking*
overbridge [ˌəʊvəˈbrɪdʒ] s. 1 (caminhos-de-ferro) passagem superior, passagem por cima da linha; 2 passagem por cima de rua, estrada, etc.
overbrim [ˌəʊvəˈbrɪm] v.tr.,intr. (particípios: **-mm-**) deitar por fora, transbordar
overbuild [ˌəʊvəˈbɪld] v.tr. (prt. e part. pass. **overbuilt**) construir em demasia, sobrecarregar com construções
overburden¹ [ˌəʊvəˈbɜːdən] v.tr. 1 sobrecarregar, carregar demasiadamente [**with**, com/de]; 2 acabrunhar
overburden² [ˈəʊvəbɜːdən] s. sobrecarga, carga excessiva
overburdened [ˌəʊvəˈbɜːdənd] adj. sobrecarregado [**with/by**, com/de]; *to be ~ with work* estar sobrecarregado de trabalho
overbuy [ˌəʊvəˈbaɪ] v.tr. (prt. e part. pass. **overbought**) comprar em quantidade excessiva
over-by [ˈəʊvəbaɪ] adv. [Esc.] lá, acolá
overcalcine [ˌəʊvəˈkælsaɪn] v.tr. calcinar excessivamente
overcame [ˌəʊvəˈkeɪm] prt. de **to overcome**¹
overcapitalization [ˌəʊvəkæpɪtəlaɪˈzeɪʃən] s. supercapitalização
overcapitalize [ˌəʊvəˈkæpɪtəlaɪz] v.tr. supercapitalizar
overcast¹ [ˌəʊvəˈkɑːst] v.tr. (prt. e part. pass. **overcast**) 1 toldar, anuviar, nublar, carregar de nuvens; 2 (costura) chulear, debruar
overcast² [ˌəʊvəˈkɑːst] Ⓐ adj. 1 (tempo) escuro; carregado de nuvens; sombrio; *~ sky* céu carregado de nuvens; 2 [fig.] oprimido; entristecido; *~ with fear* cheio de receio, cheio de medo; 3 (costura) caseado; *~ stitch* ponto caseado Ⓑ s. (costura) ponto de luva

overcharge¹ [ˌəʊvətˈʃɑːdʒ] s. 1 carga excessiva, sobrecarga; 2 preço excessivo, venda por preço demasiadamente elevado ❖ ~ *valve* válvula de sobrecarga

overcharge² [ˌəʊvəˈtʃɑːdʒ] v.tr.,intr. 1 sobrecarregar; 2 colocar carga demasiada em, carregar demasiadamente; *to ~ a gun* carregar demasiado uma arma de fogo; *overcharged with electricity* com carga eléctrica excessivamente forte; 3 vender a um preço demasiado elevado; 4 exagerar

overclothe [ˌəʊvəˈkləʊð] v.tr. (prt. **overclothed**, part. pass. **overclothed** ou **overclad**) cobrir com roupa demasiada

overcloud [ˌəʊvəˈklaʊd] v.tr.,intr. 1 cobrir de nuvens, toldar-se, escurecer; 2 anuviar, toldar

overcoat [ˈəʊvəkəʊt] s. 1 VESTUÁRIO sobretudo; 2 casaco comprido de agasalho

overcolour [ˌəʊvəˈkʌlə] v.tr. [fig.] relatar com cores demasiado carregadas, exagerar

overcome¹ [ˌəʊvəˈkʌm] v.tr. (prt. **overcame**, part. pass. **overcome**) levar a melhor sobre, dominar, derrotar, vencer, subjugar, triunfar de; *to ~ an obstacle* vencer um obstáculo; *to ~ one's temptations* dominar as tentações

overcome² [ˌəʊvəˈkʌm] Ⓐ {part. pass. de **to overcome**} Ⓑ adj. 1 dominado [with, por]; 2 (frio, medo, etc.) paralisado [with, de]; transido [with, de] ❖ *to be ~ by one's emotions* sucumbir à comoção; *to be ~ by fumes* ficar asfixiado com gases; *to be ~ with fatigue* estar morto de fadiga

overcomer [ˌəʊvəˈkʌmə] s. 1 triunfador, vencedor; 2 dominador

overcommit [ˌəʊvəkəˈmɪt] Ⓐ v.intr. (despesas, trabalho) sobrecarregar-se; onerar-se Ⓑ v.tr. sobrecarregar; onerar ❖ (em dívidas, em trabalho) *to be overcommitted* estar enterrado*fig.*

over-complaisance [ˌəʊvəkəmˈpleɪsns] s. complacência excessiva, benevolência demasiada

overcompound [ˌəʊvəkəmˈpaʊnd] s. ELECTRICIDADE gerador composto, cuja voltagem aumenta com a queda da carga

overcompounded [ˌəʊvəkəmˈpaʊndɪd] adj. relativo a gerador composto cuja voltagem aumenta com a queda da carga

overcompress [ˌəʊvəkəmˈpres] v.tr. submeter a uma supercompressão

overconfidence [ˌəʊvəˈkɒnfɪdəns] s. presunção, confiança excessiva

overconfident [ˌəʊvəˈkɒnfɪdənt] adj. 1 presunçoso, atrevido; 2 excessivamente confiante

overcook [ˌəʊvəˈkʊk] v.tr. recozer; cozer demasiado

overcool [ˌəʊvəˈkuːl] v.tr. arrefecer excessivamente

overcritical [ˌəʊvəˈkrɪtɪkəl] adj. hipercrítico

overcrop [ˌəʊvəˈkrɒp] v.tr. (particípios: -**pp**-) esgotar (o solo) devido a uma cultura demasiado intensa

overcrossing [ˌəʊvəˈkrɒsɪŋ] s. ⇒ **overbridge**

overcrowd [ˌəʊvəˈkraʊd] v.tr. 1 (com pessoas) encher demasiado; *to ~ a bus* encher um autocarro com lotação excessiva; 2 sobrecarregar

overcrowded [ˌəʊvəˈkraʊdɪd] adj. 1 demasiado cheio, sobrecarregado; 2 atulhado, a abarrotar; 3 à cunha; sobrelotado; (escola) ~ *form* turma sobrelotada; ~ *theatre* teatro à cunha

overcrowding [ˌəʊvəˈkraʊdɪŋ] s. 1 sobrelotação; 2 sobrepovoamento, sobrepopulação; 3 acto de carregar demasiado

overcunning [ˌəʊvəˈkʌnɪŋ] adj. muitíssimo esperto, demasiado esperto

overcut [ˌəʊvəˈkʌt] v.tr. 1 cortar excessivamente; 2 desbastar excessivamente (floresta)

overdaring [ˌəʊvəˈdeərɪŋ] adj. 1 demasiado ousado; 2 temerário

overdecorate [ˌəʊvəˈdekəreɪt] v.tr. 1 enfeitar excessivamente; 2 ornamentar de modo excessivo

overdevelop [ˌəʊvədɪˈveləp] v.tr. 1 desenvolver em excesso; 2 FOTOGRAFIA revelar demasiadamente, expor à luz durante tempo demasiado

overdevelopment [ˌəʊvədɪˈveləpmənt] s. 1 desenvolvimento excessivo; 2 FOTOGRAFIA revelação demasiado forte

overdid [ˌəʊvəˈdɪd] prt. de **to overdo**

overdischarge [ˌəʊvədɪsˈtʃɑːdʒ] v.tr. ELECTRICIDADE descarregar até esgotar a energia

overdo [ˌəʊvəˈduː] v.tr. (prt. **overdid**, part. pass. **overdone**) 1 exagerar; levar demasiado longe; exceder-se em; *to ~ it* exagerar, forçar a nota; (teatro) *to ~ one's part* exagerar o papel; 2 carregar demasiado; 3 cansar, fatigar, extenuar; *to ~ oneself* fatigar-se demasiado; 4 CULINÁRIA cozer demasiado, assar demasiado, esturrar, requeimar, cozinhar durante demasiado tempo

overdone [ˌəʊvəˈdʌn] adj. 1 excessivo, exagerado; 2 CULINÁRIA excessivamente cozido, assado ou passado; ~ *beef* carne demasiado passada

overdose¹ [ˈəʊvədəʊs] s. overdose

overdose² [ˌəʊvəˈdəʊs] Ⓐ v.intr. ter uma overdose Ⓑ v.tr. 1 dar uma dose demasiado forte a, dar um medicamento em doses excessivas a; 2 provocar uma overdose a

overdraft [ˈəʊvədrɑːft] s. 1 levantamento bancário superior ao fundo disponível; 2 saque a descoberto

overdraw [ˌəʊvəˈdrɔː] v.tr.,intr. (prt. **overdrew**, part. pass. **overdrawn**) 1 sacar a descoberto; ultrapassar os fundos disponíveis; passar cheque sem cobertura; *to ~ one's account* exceder os fundos disponíveis, exceder o depósito bancário; 2 exagerar

overdrawn [ˌəʊvəˈdrɔːn] adj. 1 sem cobertura suficiente; 2 exagerado

overdress [ˌəʊvəˈdres] Ⓐ v.intr. [depr.] vestir-se demasiado bem, exagerar na roupa Ⓑ v.tr. [depr.] vestir demasiado bem

overdressed [ˌəʊvəˈdresd] adj. [depr.] demasiado bem vestido

overdrew [ˌəʊvəˈdruː] prt. de **to overdraw**

overdrink [ˌəʊvəˈdrɪŋk] v.intr. beber em excesso; exagerar na bebida

overdrinking [ˌəʊvəˈdrɪŋkɪŋ] s. bebida em excesso; excesso de álcool

overdrive¹ [ˌəʊvəˈdraɪv] v.tr. (prt. **overdrove**, part. pass. **overdriven**) fatigar, esgotar, extenuar

overdrive² [ˈəʊvədraɪv] s. quinta velocidade

overdue [ˌəʊvəˈdjuː] adj. 1 COMÉRCIO devido, vencido, em atraso relativamente à data de pagamento; *the bill is ~* a conta já devia ter sido paga; 2 atrasado, com atraso; *the train is ~* o comboio está atrasado; 3 (desculpa, explicação) tardio

overeat [ˌəʊvərˈiːt] v.tr.,intr. (prt. **overate**, part. pass. **overeaten**) comer demasiado, alimentar-se excessivamente

overeating [ˌəʊvərˈiːtɪŋ] s. excessos alimentares

overelaborate¹ [ˌəʊvərɪˈlæbərɪt] adj. 1 demasiado rebuscado, pouco natural, complicado; 2 com enfeites excessivos e rebuscados

overelaborate² [ˌəʊvərɪˈlæbəreɪt] v.tr. dar forma rebuscada a, apresentar com demasiado requinte

overestimate¹ [ˌəʊvərˈestɪmeɪt] v.tr. exagerar, calcular exageradamente, avaliar excessivamente, atribuir um valor exagerado; fazer uma estimativa por cima

overestimate² [ˌəʊvərˈestɪmɪt] s. avaliação excessiva, cálculo excessivo; estimativa exagerada

overexcite [ˌəʊvərɪkˈsaɪt] v.tr. sobreexcitar, excitar em demasia

overexcited [ˌəʊvərɪkˈsaɪtɪd] adj. sobreexcitado ❖ *don't get overexcited!* não te entusiasmes de mais!

overexcitement [ˌəʊvərɪkˈsaɪtmənt] s. 1 sobreexcitação; 2 exaltação excessiva

overexert [ˌəʊvərɪgˈzɜːt] v.tr. (esforço) forçar demasiado; exagerar em; abusar de ❖ *to ~ oneself* esforçar-se demasiado; exceder as suas forças

overexertion [ˌəʊvərɪgˈzɜːʃn] s. 1 fadiga resultante de um esforço demasiado, esgotamento; 2 excesso de trabalho

overexpose [ˌəʊvərɪksˈpəʊz] v.tr. 1 FOTOGRAFIA submeter a uma exposição demasiado longa; 2 dar demasiada cobertura mediática a; explorar mediaticamente até à exaustão

overexposure [ˌəʊvərɪksˈpəʊʒə] s. 1 FOTOGRAFIA exposição demasiado longa; 2 cobertura mediática excessiva

overextend [ˌəʊvərɪkˈstend] v.tr. 1 ultrapassar os limites de, abusar de; 2 esgotar, levar à exaustão; 3 pedir de mais a; 4 prolongar em excesso; 5 FINANÇAS aproximar-se da bancarrota, arriscar a ruína

overfall [ˈəʊvəfɔːl] s. 1 cachoeira, catarata, queda de água; 2 escoadouro; 3 redemoinho provocado pelo choque de duas ou mais correntes

overfamiliar [ˌəʊvəfəˈmɪljə] adj. 1 com excessiva familiaridade; *to be ~ with a person* tomar demasiadas familiaridades com uma pessoa; 2 [fig.] descuidado; negligente ❖ *I'm not ~ with that subject* não estou muito ao corrente desse assunto

overfatigue [ˌəʊvəfəˈtiːg] Ⓐ s. extenuação; fadiga excessiva Ⓑ v.tr. extenuar

overfault [ˈəʊvəfɔːlt] s. GEOLOGIA falha invertida

overfed [ˌəʊvəˈfed] *adj.* 1 superalimentado; 2 muito gordo; 3 barrigudo
overfeed [ˌəʊvəˈfiːd] Ⓐ *v.tr.* superalimentar, dar uma alimentação excessiva a Ⓑ *v.intr.* (*prt. e part. pass.* **overfed**) alimentar-se em demasia; comer excessivamente
overfeeding [ˌəʊvəˈfiːdɪŋ] *s.* superalimentação
overfill [ˌəʊvəˈfɪl] *v.tr.,intr.* encher demasiado
overfloat [ˌəʊvəˈfləʊt] *v.tr.* sobrenadar, flutuar à tona de
overflow[1] [ˌəʊvəˈfləʊ] Ⓐ *v.tr.* 1 inundar, alagar; *the river overflowed its banks* o rio inundou as margens; 2 espalhar, derramar Ⓑ *v.intr.* 1 transbordar; deitar por fora; 2 extravasar ❖ *to ~ with riches* nadar em riqueza; *to be overflowing in* abundar em; *to be overflowing with* transbordar de
overflow[2] [ˈəʊvəfləʊ] *s.* 1 transbordamento; extravasamento; derramamento; 2 inundação, cheia; 3 líquido que vai por fora; 4 excesso; 5 descarga acidental ❖ *~ meeting* reunião suplementar para aqueles que não puderam tomar parte na reunião principal (por a sala estar já toda ocupada); *~ sill* vedação de comporta, porta de compartimento estanque; *~ valve* válvula de descarga acidental; *~ of population* afluência excessiva de população; sobrepovoamento; *~ arm of river* ramificação de rio transitória, só na época das cheias
overflowing [ˌəʊvəˈfləʊɪŋ] Ⓐ *adj.* 1 cheio, demasiado cheio, a deitar por fora, a transbordar; 2 à cunha; sobrelotado; a abarrotar; TEATRO *~ house* casa à cunha; 3 exuberante; superabundante Ⓑ *s.* 1 cheia; inundação; 2 transbordamento; derramamento; 3 superabundância ❖ *to be full to ~* estar quase a transbordar
overfly [ˌəʊvəˈflaɪ] *v.tr.* (*prt.* **overflew**, *part. pass.* **overflown**) 1 voar sobre, sobrevoar; 2 ultrapassar no voo; 3 voar melhor ou mais rapidamente que
overfold [ˈəʊvəfəʊld] *s.* GEOLOGIA dobra invertida
overfraught [ˌəʊvəˈfrɔːt] *adj.* sobrecarregado
overfree [ˌəʊvəˈfriː] 1 demasiado livre; 2 com demasiada familiaridade
overfreight [ˌəʊvəˈfreɪt] *v.tr.* carregar demasiadamente, sobrecarregar
overfrozen [ˌəʊvəˈfrəʊzn] *adj.* gelado, coberto de gelo
overgarment [ˈəʊvəɡɑːmənt] *s.* roupa exterior, peça de vestuário usada por fora
overgeared [ˌəʊvəˈɡɪəd] *adj.* com multiplicação de velocidades demasiado forte
overgild [ˌəʊvəˈɡɪld] *v.tr.* (*prt.* **overgilded**, *part. pass.* **overgilded** ou **overgilt**) dourar
overgrew [ˌəʊvəˈɡruː] *prt. de* **to overgrow**
overgrow [ˌəʊvəˈɡrəʊ] *v.tr.* (*prt.* **overgrew**, *part. pass.* **overgrown**) 1 cobrir, crescer por cima de (vegetação); 2 crescer demasiado depressa, crescer demasiado
overgrown [ˌəʊvəˈɡrəʊn] *adj.* 1 coberto, cheio, repleto; *~ with weeds* cheio de ervas ruins; 2 que cresceu demasiado depressa; 3 [depr.] imaturo
overgrowth [ˌəʊvəˈɡrəʊθ] *s.* 1 excrescência; 2 crescimento excessivo; 3 exuberância; superabundância ❖ *an ~ of grass* um grande quantidade de erva
overhand [ˈəʊvəhænd] Ⓐ *adj.* 1 executado por cima (com o braço lançado acima do ombro); 2 com a palma da mão voltada para baixo ou para o corpo Ⓑ *adv.* DESPORTO (lançamento, serviço, etc.) por cima; (vólei) *to serve ~* bolar por cima ❖ *~ knot* nó simples
overhang[1] [ˌəʊvəˈhæŋ] *v.tr.,intr.* (*prt. e part. pass.* **overhung**) 1 pairar sobre; estar suspenso sobre; *a very heavy mist overhung the stream* um nevoeiro muito cerrado cobria o rio; 2 sobressair; projectar-se; 3 [fig.] estar iminente; ameaçar; pairar ameaçadoramente sobre
overhang[2] [ˈəʊvəhæŋ] *s.* 1 parte saliente, ressalto; 2 aba de telhado; 3 beiral, beirada
overhanging [ˌəʊvəˈhæŋɪŋ] Ⓐ *adj.* 1 pendente, suspenso sobre; 2 saliente; 3 [fig.] iminente, prestes a acontecer; *an ~ danger* um perigo iminente Ⓑ *s.* 1 pendor, inclinação; 2 suspensão
overhappy [ˌəʊvəˈhæpɪ] *adj.* extremamente feliz
overhardy [ˌəʊvəˈhɑːdɪ] *adj.* arrojado, temerário
overhasten [ˌəʊvəˈheɪsn] *v.intr.* apressar, precipitar, apressar demasiado
overhastily [ˌəʊvəˈheɪstɪlɪ] *adv.* precipitadamente, com pressa excessiva
overhastiness [ˌəʊvəˈheɪstɪnɪs] *s.* pressa excessiva, precipitação
overhasty [ˌəʊvəˈheɪstɪ] *adj.* 1 precipitado, demasiado apressado; 2 arrebatado, impulsivo
overhaul[1] [ˌəʊvəˈhɔːl] *v.tr.* 1 inspeccionar, examinar, verificar, vistoriar; *to ~ an engine* fazer uma vistoria a um motor; 2 rever, reformular, remodelar; 3 ultrapassar, passar à frente de; 4 (doente) examinar; *to be overhauled by a doctor* ser examinado por um médico
overhaul[2] [ˈəʊvəhɔːl] *s.* exame, vistoria, inspecção, revisão; *to give a car an ~* fazer uma vistoria a um automóvel, fazer a revisão a um automóvel
overhauling [ˌəʊvəˈhɔːlɪŋ] *s.* 1 exame, inspecção; 2 verificação; 3 revisão, reformulação
overhead [ˌəʊvəˈhed] Ⓐ *adj.* 1 aéreo; 2 suspenso; 3 elevado; 4 geral; *~ charges/costs/expenses* gastos gerais Ⓑ *adv.* 1 por cima; em cima; por cima da cabeça; 2 no céu; lá no alto; *the stars ~* as estrelas lá no alto; 3 de maneira a cobrir a cabeça; *they plunged him ~ in water* mergulharam-no de cabeça na água Ⓒ *s. pl.* COMÉRCIO despesas gerais ❖ ELECTRICIDADE *~ conductor* condutor aéreo; *~ lighting* iluminação vertical; *~ line* linha aérea; *~ projector* retroprojector; *~ railway* via férrea suspensa; *~ traveller* ponte giratória
overhear [ˌəʊvəˈhɪə] *v.tr.* (*prt. e part. pass.* **overheard**) 1 ouvir por acaso, escutar casualmente; 2 ouvir sem ser notado mas intencionalmente
overheard [ˌəʊvəˈhɜːd] *prt. e part. pass. de* **to overhear**
overheat [ˌəʊvəˈhiːt] *v.tr.,intr.* aquecer excessivamente, sobreaquecer
overheated [ˌəʊvəˈhiːtɪd] *adj.* 1 sobreaquecido; demasiado quente; *~ motor* motor sobreaquecido; 2 agitado; enervado; *don't get overheated!* não te enerves!
overheating [ˌəʊvəˈhiːtɪŋ] *s.* sobreaquecimento; aquecimento excessivo
overhour [ˌəʊvəˈaʊə] *s.* hora extraordinária (de trabalho)
overhung [ˌəʊvəˈhʌŋ] Ⓐ {*prt. e part. pass. de* **to overhang**} Ⓑ *adj.* 1 suspenso; 2 por cima; 3 escuro; sombrio; 4 [coloq.] com ressaca ❖ *~ crank* manivela de um só braço; *~ girder* trave saliente
overhype [ˌəʊvəˈhaɪp] *v.tr.* [coloq.] publicitar excessivamente
over-impression [ˌəʊvərɪmˈpreʃən] *s.* TIPOGRAFIA impressão demasiado forte
overindulge [ˌəʊvərɪnˈdʌldʒ] Ⓐ *v.intr.* (cometer excessos) abusar; *she overindulges in chocolates* ela abusa dos chocolates Ⓑ *v.tr.* 1 estragar com mimos; ser demasiado indulgente com; *to ~ one's children* estragar os filhos com mimos; 2 (apetites, etc.) não resistir a
overindulgence [ˌəʊvərɪnˈdʌldʒəns] *s.* 1 complacência excessiva; benevolência excessiva; 2 excesso
overindulgent [ˌəʊvərɪnˈdʌldʒənt] *adj.* 1 demasiado complacente; 2 que se entrega a excessos (de comida, bebida, etc.)
over-inflate [ˌəʊvərɪnˈfleɪt] *v.tr.* encher demasiado (bola, pneu, etc.)
over-inflation [ˌəʊvərɪnˈfleɪʃən] *s.* enchimento excessivo (de bola, pneu, etc.)
over-insurance [ˌəʊvərɪnˈʃʊərəns] *s.* seguro feito por um valor superior ao da coisa segurada
over-insure [ˌəʊvərɪnˈʃʊə] *v.tr.* pôr no seguro por um valor superior ao valor real
overissue [ˌəʊvərˈɪʃuː, ˌəʊvərˈɪsjuː] Ⓐ *s.* emissão excessiva (de títulos de crédito, notas, etc.) Ⓑ *v.tr.* emitir em excesso (títulos de crédito, notas, etc.)
overjoy[1] [ˌəʊvəˈdʒɔɪ] *v.tr.* 1 encher de alegria; 2 enlevar
overjoy[2] [ˈəʊvədʒɔɪ] *s.* 1 grande alegria; 2 arrebatamento, enlevo
overjoyed [ˌəʊvəˈdʒɔɪd] *adj.* exultante, cheio de alegria, radiante, enlevado; *to be ~ at sth* ficar contentíssimo com qualquer coisa; *I can't say I'm ~* não posso dizer que tenha ficado contente
overkill [ˈəʊvəkɪl] *s.* 1 excesso, exagero; 2 reserva de armas atómicas que ultrapassa o potencial necessário para destruição do inimigo
overking [ˈəʊvəkɪŋ] *s.* suserano

overlabour [ˌəʊvəˈleɪbə] *v.tr.* **1** sobrecarregar de trabalho; **2** elaborar de uma maneira excessiva

overlade [ˌəʊvəˈleɪd] *v.tr.* carregar excessivamente

overladen [ˌəʊvəˈleɪdn] *adj.* demasiadamente sobrecarregado

overlaid [ˌəʊvəˈleɪd] *prt. e part. pass. de* **to overlay**¹

overlain [ˌəʊvəˈleɪn] *part. pass. de* **to overlie**

overland¹ [ˈəʊvəlænd] Ⓐ *adj.* terrestre; que vai por terra; ~ *route* via terrestre

overland² [ˌəʊvəˈlænd] *adv.* por terra, por via terrestre; *to travel* ~ viajar por terra ❖ ~ *and overseas* por terra e por mar

overlap¹ [ˌəʊvəˈlæp] *v.tr.,intr.* (*particípios*: **-pp-**) **1** ficar sobreposto a; cobrir parcialmente; **2** imbricar; encaixar; *the tiles* ~ *each other* as telhas estão dispostas umas sobre as outras; **3** coincidir; acontecer ao mesmo tempo; *her visit and yours overlapped* a tua visita e a dela coincidiram; **4** ter elementos em comum

overlap² [ˈəʊvəlæp] *s.* **1** sobreposição; ~ *of latch* sobreposição de trinco; **2** imbricação; **3** parte sobreposta; **4** coincidência; **5** elementos em comum ❖ (*de madeira*) ~ *joint* junta de cobertura

overlapping [ˌəʊvəˈlæpɪŋ] Ⓐ *adj.* **1** que encaixa, que cobre parcialmente; **2** imbricante Ⓑ *s.* **1** sobreposição; **2** imbricação

overlay¹ [ˌəʊvəˈleɪ] Ⓐ *v.tr.* (*prt. e part. pass.* **overlaid**) **1** recobrir, revestir; **2** cobrir; **3** oprimir, sobrecarregar, sufocar; **4** velar, obscurecer; **5** TIPOGRAFIA alcear Ⓑ {*prt. de* **to overlie**}

overlay² [ˈəʊvəleɪ] *s.* **1** coberta, cobertura, revestimento; **2** colcha de cama; **3** pequena toalha de mesa; **4** casca; **5** TIPOGRAFIA tira fina de papel ou cartolina para o alceamento

overlaying [ˌəʊvəˈleɪɪŋ] *s.* **1** revestimento; **2** cobertura; **3** sufocação por corpo sobreposto

overleaf [ˌəʊvəˈliːf] *adv.* no verso; do outro lado da página; *see* ~ ver no verso

overleap [ˌəʊvəˈliːp] *v.tr.* (*prt.* **overleaped** ou **overleapt**) **1** saltar por cima de; transpor; **2** ultrapassar; exceder; **3** omitir; deixar passar ❖ *to* ~ *oneself* ir longe de mais

overlie [ˌəʊvəˈlaɪ] *v.tr.* (*prt.* **overlay**, *part. pass.* **overlain**) **1** cobrir, recobrir, revestir; **2** estar deitado por cima de; **3** sufocar com o peso, asfixiar, deitando-se em cima

overlighting [ˌəʊvəˈlaɪtɪŋ] *s.* FOTOGRAFIA iluminação demasiado forte; excesso de luz

overlive [ˌəʊvəˈlɪv] *v.tr.* sobreviver a, ter uma vida mais longa que

overload¹ [ˌəʊvəˈləʊd] *v.tr.* **1** sobrecarregar; **2** submeter a carga excessiva

overload² [ˈəʊvələʊd] *s.* sobrecarga ❖ ELECTRICIDADE ~ *switch* interruptor da sobrecarga; ~ *control valve* válvula de comando da sobrecarga

overloading [ˌəʊvəˈləʊdɪŋ] *s.* **1** carga excessiva; **2** sobrecarga

overlong [ˌəʊvəˈlɒŋ] Ⓐ *adj.* demasiado longo Ⓑ *adv.* **1** demasiado longamente; **2** durante demasiado tempo

overlook [ˌəʊvəˈlʊk] *v.tr.* **1** [coloq.] não dar por; não ver; não notar; *to* ~ *a printer's error* deixar passar um erro tipográfico, não dar por um erro tipográfico; **2** não prestar atenção a; **3** fechar os olhos a*ᶠⁱᵍ*; tolerar; deixar passar; *I can't* ~ *that fact* não posso desculpar este facto; *to* ~ *a fault* perdoar uma falta; **4** ter vista para; *the window overlooks the garden* a janela dá para o jardim; **5** (*posição superior*) olhar de cima; abranger com o olhar; **6** vigiar, superintender em; **7** deitar mau olhado a

overlooker [ˌəʊvəˈlʊkə] *s.* **1** vigia, superintendente; **2** contramestre

overlord [ˈəʊvəlɔːd] *s.* **1** suserano; **2** senhor de domínio feudal; **3** membro da Câmara dos Lordes designado para superintender ou coordenar dois ou mais ministérios

overlordship [ˌəʊvəˈlɔːdʃɪp] *s.* suserania

overly [ˈəʊvəlɪ] *adv.* excessivamente, demasiadamente

overlying [ˌəʊvəˈlaɪɪŋ] Ⓐ *adj.* sobrejacente Ⓑ *s.* **1** cobertura, revestimento; **2** sufocamento devido ao peso do corpo deitado em cima (por ex. criança abafada por dormir ao lado da mãe)

overman¹ [ˌəʊvəˈmæn] *v.tr.* (*particípios*: **-nn-**) **1** empregar um número excessivo de trabalhadores; **2** NÁUTICA tripular com um número excessivo de marinheiros

overman² [ˈəʊvəmæn] *s.* (*pl.* **-men**) **1** [ant.] capataz, contramestre; **2** superintendente, fiscal; **3** inspector (de minas); **4** FILOSOFIA (Nietzsche) super-homem

overmanning [ˌəʊvəˈmænɪŋ] *s.* excesso de pessoal

overmantel [ˈəʊvəmæntl] *s.* adorno ou prateleira sobre fogão de sala

overmantle [ˌəʊvəˈmæntl] *v.tr.* cobrir, cobrir com um manto

over-many [ˌəʊvəˈmenɪ] *adj.* **1** em número demasiado; **2** muitíssimos

overmaster [ˌəʊvəˈmɑːstə] *v.tr.* **1** dominar, subjugar; **2** submeter

overmastering [ˌəʊvəˈmɑːstərɪŋ] *adj.* **1** dominador; **2** absorvente; **3** irresistível; *an* ~ *passion* uma paixão irresistível

overmatch [ˌəʊvəˈmætʃ] *v.tr.* **1** levar a melhor sobre; **2** superar; **3** exceder em capacidade; **4** vencer

overmature [ˌəʊvəməˈtʃʊə] *adj.* demasiado maduro

overmeasure [ˈəʊvəmeʒə] *s.* **1** excedente, excesso; **2** medida demasiado grande; **3** cogulo

overmedicate [ˌəʊvəˈmedɪkeɪt] *v.tr.* medicar em excesso

overmedication [ˌəʊvəˌmedɪˈkeɪʃən] *s.* medicação em excesso

overmuch [ˌəʊvəˈmʌtʃ] Ⓐ *adj.* excessivo, demasiado Ⓑ *adv.* **1** demasiadamente; **2** excessivamente Ⓒ *s.* **1** excesso; **2** coisa excessiva

overmuchness [ˌəʊvəˈmʌtʃnɪs] *s.* **1** excesso; **2** superfluidade

overnice [ˌəʊvəˈnaɪs] *adj.* **1** demasiado delicado; **2** amaneirado, afectado; **3** muito exigente, miudinho, esquisito, excessivamente escrupuloso

overniceness [ˌəʊvəˈnaɪsnɪs] *s.* subtileza, afectação, espírito muito miudinho

overnicety [ˌəʊvəˈnaɪstɪ] *s.* **1** niquice, rabugice; **2** minudência excessiva, subtileza

overnight¹ [ˌəʊvəˈnaɪt] *adv.* **1** de noite; de um dia para o outro; *to stay* ~ ficar de um dia para o outro; **2** durante a noite; **3** na noite anterior ❖ *to change* ~ mudar da noite para o dia

overnight² [ˈəʊvənaɪt] Ⓐ *adj.* **1** nocturno; *an* ~ *journey* uma viagem nocturna; **2** da véspera; da noite anterior; **3** de uma noite; que fica de um dia para o outro; *an* ~ *guest* um hóspede que fica de um dia para o outro; **4** [coloq.] súbito; repentino; inesperado; da noite para o dia Ⓑ *s.* véspera

overpaid [ˌəʊvəˈpeɪd] Ⓐ {*prt. e part. pass. de* **to overpay**} Ⓑ *adj.* demasiado bem pago; *he is* ~ ele recebe mais do que merece ❖ *to be* ~ *by 20 pounds* receber 20 libras a mais

overpass¹ [ˌəʊvəˈpɑːs] *v.tr.* **1** passar através de, atravessar, transpor; **2** dominar, vencer; **3** ultrapassar, exceder; **4** ir além dos limites de, transgredir; **5** [arc.] passar em silêncio, fechar os olhos a, tolerar

overpass² [ˈəʊvəpɑːs] *s.* passagem superior por estrada, ponte que cruza por cima de uma via de comunicação

overpast [ˌəʊvəˈpɑːst] *adj.* passado, já passado, já ultrapassado

overpay¹ [ˌəʊvəˈpeɪ] *v.tr.* (*prt. e part. pass.* **overpaid**) pagar demasiado a, pagar excessivamente

overpay² [ˈəʊvəpeɪ] *s.* ⇒ **overpayment**

overpayment [ˌəʊvəˈpeɪmənt] *s.* **1** pagamento excessivo; **2** gratificação excessiva; **3** importância paga além daquilo que é devido; **4** suplemento pago

overpeople [ˌəʊvəˈpiːpəl] *v.tr.* sobrepovoar

overpitch [ˌəʊvəˈpɪtʃ] *v.tr.* **1** exagerar; **2** (críquete) atirar a bola demasiado longe

overplacement [ˌəʊvəˈpleɪsmənt] *s.* sobreposição

overplay [ˌəʊvəˈpleɪ] *v.tr.* **1** vencer ao jogo, jogar melhor que; **2** exagerar, representar exageradamente; **3** (golfe) atirar a bola excessivamente longe

overplus [ˈəʊvəplʌs] *s.* **1** excedente, sobejo, sobra, excesso; **2** saldo positivo

overpoise [ˌəʊvəˈpɔɪz] *v.tr.* **1** pesar mais que; **2** valer mais que

overpolite [ˌəʊvəpəˈlaɪt] *adj.* **1** excessivamente delicado; **2** todo mesuras

overpopulated [ˌəʊvəˈpɒpjʊleɪtɪd] *adj.* sobrepovoado, superpovoado

overpopulation [ˌəʊvəpɒpjʊˈleɪʃən] *s.* superpopulação

overpower [ˌəʊvəˈpaʊə] *v.tr.* **1** dominar; subjugar; **2** vencer; derrotar; **3** oprimir; **4** conquistar; **5** ser demasiado forte para; afectar fortemente ❖ *overpowered by the heat* a morrer de calor; *overpowered with grief* dominado pela dor; *his kindness overpowered me* a amabilidade dele confundiu-me

overpowering [ˌəʊvəˈpaʊərɪŋ] *adj.* 1 poderoso; irresistível; 2 avassalador; esmagador; ~ *grief* dor esmagadora; 3 excessivo; opressivo; ~ *heat* calor opressivo; ~ *smell* cheiro demasiado forte

overpoweringly [ˌəʊvəˈpaʊərɪŋli] *adv.* 1 duma maneira esmagadora; 2 com grande superioridade; 3 avassaladoramente, irresistivelmente

overpraise [ˌəʊvəˈpreɪz] *v.tr.* elogiar excessivamente

overpraised [ˌəʊvəˈpreɪzd] *adj.* excessivamente elogiado; gabado desmedidamente; sobrevalorizado

overpress[1] [ˌəʊvəˈpres] *v.tr.* 1 afligir, acabrunhar; 2 importunar, insistir muito com, instar

overpress[2] [ˈəʊvəpres] *s.* saliência no fabrico do vidro resultante dum deficiente fechamento da forma

overpressure [ˌəʊvəˈpreʃə] *s.* 1 pressão excessiva, pressão demasiado forte; 2 preocupação excessiva, trabalho excessivo

overprice [ˌəʊvəˈpraɪs] *v.tr.* cobrar um preço excessivo por

overpriced [ˌəʊvəˈpraɪsd] *adj.* excessivamente caro

overprint[1] [ˌəʊvəˈprɪnt] *v.tr.* 1 imprimir sobre coisa já impressa; 2 imprimir em número excessivo

overprint[2] [ˈəʊvəprɪnt] *s.* impressão sobreposta

overprize [ˌəʊvəˈpraɪz] *v.tr.* 1 atribuir excessivo valor a; 2 exagerar o valor de

overproduce [ˌəʊvəprəˈdjuːs] *v.tr.* produzir demasiado, produzir em quantidade excessiva

overproduction [ˌəʊvəprəˈdʌkʃən] *s.* superprodução

overproof [ˌəʊvəˈpruːf] *adj.* de elevado teor alcoólico, com maior graduação alcoólica que o utilizado para comparação

overproud [ˌəʊvəˈpraʊd] *adj.* 1 demasiado orgulhoso; 2 muito altivo; arrogante

overran [ˌəʊvəˈræn] *prt. de* to overrun[1]

overrate [ˌəʊvəˈreɪt] *v.tr.* 1 sobrestimar, sobrevalorizar; exagerar o valor de; *to ~ sb's abilities* exagerar a capacidade de alguém; 2 contar demasiado com; confiar demasiado em; 3 lançar imposto excessivo sobre

overreach [ˌəʊvəˈriːtʃ] *v.tr., intr.* 1 ultrapassar; exceder; passar além de; estender-se além de; 2 enganar; levar a melhor sobre; 3 (cavalo) ferir-se batendo com a pata traseira na da frente ❖ *to ~ oneself* abusar das próprias forças

overreacher [ˌəʊvəˈriːtʃə] *s.* 1 enganador, intrujão; 2 cavalo que se fere por bater na pata dianteira com a pata de trás

overreact [ˌəʊvərɪˈækt] *v.intr.* dramatizar; exagerar; reagir com exagero; *you ~ to everything* tu dramatizas tudo

overrefine [ˌəʊvərɪˈfaɪn] *v.tr.* 1 aperfeiçoar demasiado; 2 requintar; 3 refinar exageradamente

overrefinement [ˌəʊvərɪˈfaɪnmənt] *s.* 1 requinte; 2 preciosismo de linguagem; 3 afectação

overrefining [ˌəʊvərɪˈfaɪnɪŋ] *s.* 1 aperfeiçoamento excessivo; 2 refinação exagerada

override [ˌəʊvəˈraɪd] *v.tr., intr.* (prt. **overrode**, part. pass. **overriden**) 1 assolar a cavalo; 2 destruir; passar por cima de; pisar; 3 ultrapassar; ir além de; 4 sobrepor-se a; ser mais importante que; 5 pôr de parte sem qualquer consideração; pôr de lado; não fazer caso de; desprezar; *to ~ sb's claims* passar por cima das pretensões de alguém; 6 (cavalo) fatigar de tanto cavalgar; 7 (osso fracturado) acavalar-se ❖ *to ~ one's commission* exceder-se nas suas funções; cometer um abuso de autoridade

overrides [ˌəʊvəˈraɪdz] *s.* grampo do pára-choques

overriding [ˌəʊvəˈraɪdɪŋ] *adj.* 1 primordial, que tem preferência sobre tudo o mais; 2 preponderante, prioritário; 3 fundamental; 4 DIREITO derrogatório

overrigid [ˌəʊvəˈrɪdʒɪd] *adj.* 1 demasiado rígido; 2 excessivamente severo

overripe [ˌəʊvəˈraɪp] *adj.* demasiado maduro

overripeness [ˌəʊvəˈraɪpnɪs] *s.* 1 situação de demasiado maduro; 2 maturidade excessiva

overrule [ˌəʊvəˈruːl] *v.tr.* 1 pôr de lado, anular, rejeitar, denegar, indeferir, decidir contra; *to ~ a claim* rejeitar uma pretensão; *to ~ a decision* anular uma decisão; 2 dominar, governar, dirigir; 3 ser mais forte que, ter mais força que; *fate overruled her* o destino foi mais forte do que ela

overrun[1] [ˌəʊvəˈrʌn] *v.tr., intr.* (prt. **overran**, part. pass. **overrun**) 1 correr sobre, invadir; *to ~ a country* invadir um país; 2 assaltar, devastar; 3 trasbordar, inundar, alagar; 4 extravasar; 5 ir além de, ultrapassar; 6 (máquina) fatigar, forçando-a a trabalho superior ao normal; 7 TIPOGRAFIA recorrer; 8 ultrapassar o número normal de rotações do motor ❖ *the garden is ~ with weeds* o jardim está cheio de ervas daninhas; *to ~ oneself* entusiasmar-se; ir demasiado longe; [coloq.] *to ~ the constable* gastar mais que as suas posses

overrun[2] [ˈəʊvərʌn] *s.* 1 excedente, saldo; 2 trasbordamento; 3 TIPOGRAFIA acto de recorrer

overrunner [ˌəʊvəˈrʌnə] *s.* invasor

overrunning [ˌəʊvəˈrʌnɪŋ] *s.* 1 assalto, invasão, devastação; 2 alagamento, inundação; 3 TIPOGRAFIA acto de recorrer

oversailing [ˌəʊvəˈseɪlɪŋ] *adj.* 1 que forma saliência; 2 que forma ressalto

overscrupulous [ˌəʊvəˈskruːpjələs] *adj.* demasiado escrupuloso; escrupuloso em excesso ❖ *he got rich by means not ~* ele enriqueceu por meios não muito escrupulosos

oversea [ˌəʊvəˈsiː] Ⓐ *adj.* 1 ultramarino, do ultramar; 2 externo, estrangeiro; ~ *trade* comércio externo Ⓑ *adv.* 1 no ultramar, para além do mar; 2 em país estrangeiro; *to go ~* ir para o estrangeiro, ir para o ultramar

overseas [ˌəʊvəˈsiːz] *adv.* ⇒ **oversea**

oversee [ˌəʊvəˈsiː] *v.tr.* (prt. **oversaw**, part. pass. **overseen**) 1 vigiar, dirigir, orientar; 2 inspeccionar; 3 superintender em ❖ *to ~ a work* fiscalizar uma obra

overseer [ˈəʊvəsɪə] *s.* 1 supervisor; 2 capataz[ant]; 3 feitor, administrador; 4 inspector; 5 encarregado de obra, apontador

overseership [ˌəʊvəˈsɪəʃɪp] *s.* 1 supervisão; 2 cargo ou função de fiscal ou capataz; 3 inspectoria

oversell [ˌəʊvəˈsel] *v.tr.* (prt. e part. pass. **oversold**) 1 vender em quantidades superiores àquelas que se podem fornecer; 2 vender por preço excessivamente elevado

overset [ˌəʊvəˈset] *v.tr.* (prt. e part. pass. **overset**) 1 tombar, derrubar, voltar, virar; 2 desorganizar, estragar, alterar; 3 perturbar, incomodar; 4 chocar, indispor; 5 desarranjar; 6 TIPOGRAFIA compor com número excessivo de tipo

oversew [ˈəʊvəsəʊ] *v.tr.* (prt. **oversewed**, part. pass. **oversewn**) coser a ponto de luva

oversexed [ˌəʊvəˈsekst] *adj.* obcecado por sexo

overshade [ˌəʊvəˈʃeɪd] *v.tr.* 1 sombrear; 2 obscurecer

overshadow [ˌəʊvəˈʃædəʊ] *v.tr.* 1 ensombrar, lançar sombra sobre; 2 obscurecer; 3 ofuscar, eclipsar

overshirt [ˈəʊvəʃɜːt] *s.* VESTUÁRIO camisa larga (para usar por cima)

overshoe [ˈəʊvəʃuː] *s.* (calçado) galocha de protecção

overshoot [ˌəʊvəˈʃuːt] *v.tr.* (prt. e part. pass. **overshot**) 1 ultrapassar, ir além de; 2 atirar além de; 3 (alvo) errar o tiro; 4 ser melhor atirador que; 5 (caça) dizimar ❖ *to ~ oneself/to ~ the mark* forçar demasiado; esforçar-se demasiado; exagerar

overshot [ˈəʊvəʃɒt] *adj.* 1 accionado por cima; 2 com alcatruzes; 3 com maxila superior saliente

overside [ˌəʊvəˈsaɪd, ˈəʊvəˌsaɪd] *adv.* NÁUTICA para batelões; *to unload ~* descarregar por cima da borda; descarregar para batelões ou chalupas; fazer o transbordo de

oversight [ˈəʊvəsaɪt] *s.* 1 distracção, descuido, lapso, equívoco; *by/through an ~* por descuido; 2 fiscalização, vigilância; *to be under the ~ of* estar sob a fiscalização de; 3 cuidado ❖ *to have the ~ of* ter a seu cargo

oversimplification [ˌəʊvəˌsɪmplɪfɪˈkeɪʃən] *s.* 1 simplificação excessiva, abordagem reducionista; 2 maniqueísmo

oversimplify [ˌəʊvəˈsɪmplɪfaɪ] *v.tr.* simplificar em excesso, abordar de forma redutora

oversize [ˌəʊvəˈsaɪz] Ⓐ *s.* tamanho desproporcionado, tamanho fora do vulgar Ⓑ *v.intr.* 1 exceder o tamanho normal; 2 ser excessivamente grande; 3 polir demasiadamente

oversized [ˌəʊvəˈsaɪzd] *adj.* desproporcionado, com tamanho fora do normal

oversleep [ˌəʊvəˈsliːp] *v.tr., intr.* (prt. e part. pass. **overslept**) 1 dormir para além da hora devida, continuar a dormir depois da hora de levantar; 2 dormir demasiado, acordar tarde ❖ *to ~ oneself* adormecer; não acordar à hora conveniente

oversleeve [ˌəʊvəˈsliːv] *s.* manguito, manga postiça para protecção do casaco

oversow [ˌəʊvəˈsəʊ] v.tr. (prt. **oversowed**, part. pass. **oversowed** ou **oversown**) semear em quantidade excessiva

overspecialized [ˌəʊvəˈspeʃəlaɪzd] adj. demasiado especializado

overspeed [ˌəʊvəˈspiːd] s. excesso de velocidade

overspend [ˌəʊvəˈspend] Ⓐ s. esbanjamento; gasto excessivo Ⓑ v.tr.,intr. (prt. e part. pass. **-spent**) gastar de mais; *to ~ by 100 pounds* gastar mais 100 libras do que o previsto

overspill [ˌəʊvəˈspɪl] Ⓐ s. 1 excedente de população; 2 derramamento Ⓑ v.intr. derramar; entornar ❖ *~ town* cidade-satélite

overspread [ˌəʊvəˈspred] v.tr. (prt. e part. pass. **overspread**) 1 espalhar-se sobre; 2 cobrir, encher; 3 espalhar, inundar ❖ *~ with flowers* coberto, repleto de flores

overstaffed [ˈəʊvəstɑːfd] adj. com excesso de pessoal

overstate [ˌəʊvəˈsteɪt] v.tr. 1 exagerar; 2 relatar com exagero; 3 expor exageradamente

overstatement [ˌəʊvəˈsteɪtmənt] s. 1 exagero; afirmação exagerada; 2 relato exagerado

overstay [ˌəʊvəˈsteɪ] v.tr. 1 ficar mais tempo que o conveniente; 2 ultrapassar o tempo disponível ❖ *to ~ the market* perder a melhor oportunidade para um bom lucro, por demorar demasiado tempo a fechar determinado negócio

overstep [ˌəʊvəˈstep] v.tr. (particípios: **-pp-**) 1 ultrapassar os limites de; 2 exceder; 3 exagerar; 4 levar longe de mais ❖ *to ~ one's authority* cometer um abuso de autoridade; *to ~ the line/mark* pisar o risco; passar das marcas

overstimulation [ˌəʊvəˌstɪmjuˈleɪʃən] s. sobreexcitação

overstock[1] [ˌəʊvəˈstɒk] v.tr. 1 fazer um fornecimento excessivo de; 2 acumular demasiadamente; 3 encher excessivamente, mais que o conveniente; *he overstocked the farm with cattle* ele encheu a quinta com demasiado gado

overstock[2] [ˌəʊvəˈstɒk] s. 1 fornecimento excessivo (de mercadorias); 2 sortido excessivo

overstocked [ˌəʊvəˈstɒkt] adj. 1 demasiado cheio; 2 atravancado

overstocking [ˌəʊvəˈstɒkɪŋ] s. 1 fornecimento excessivo; 2 abarrotamento, atulhamento

overstrain[1] [ˌəʊvəˈstreɪn] v.tr. 1 forçar demasiado; *to ~ an argument* forçar demasiado um argumento; 2 obrigar a esforço excessivo; 3 submeter a tensão excessiva; 4 cansar, esfalfar, esgotar ❖ *to ~ oneself* trabalhar em excesso; esgotar-se com excesso de trabalho

overstrain[2] [ˈəʊvəstreɪn] s. 1 esforço excessivo; 2 excessiva tensão nervosa; 3 excesso de trabalho

overstress[1] [ˌəʊvəˈstres] v.tr. 1 insistir em demasia em relação a, vincar excessivamente; 2 sobrecarregar, forçar com excesso de trabalho

overstress[2] [ˈəʊvəstres] s. 1 insistência excessiva; 2 esforço demasiado

overstretch [ˌəʊvəˈstretʃ] v.tr. 1 esticar demasiado; 2 distender, lesionar; 3 sobrecarregar; 4 pedir de mais a; 5 ultrapassar os limites de resistência de; 6 sobrelotar; 7 fazer rebentar pelas costuras; 8 esgotar; extenuar

overstretched [ˌəʊvəˈstretʃt] adj. 1 a rebentar pelas costuras; 2 para além dos limites de resistência; 3 sobrecarregado; 4 sobrelotado; 5 esgotado; 6 extenuado

overstride [ˌəʊvəˈstraɪd] v.tr. (prt. **overstrode**, part. pass. **overstridden**) 1 ultrapassar, exceder; 2 caminhar a passos mais largos que

overstrung [ˌəʊvəˈstrʌŋ] adj. 1 tenso, nervoso; 2 demasiado sensível ❖ *~ piano* piano de cordas cruzadas

oversubscribe [ˌəʊvəsəbˈskraɪb] v.tr. ultrapassar, em pedidos, um empréstimo ou emissão de títulos

oversubscription [ˌəʊvəsəbˈskrɪpʃən] s. acolhimento, por parte do público, de emissão de títulos ou qualquer empréstimo, de modo a haver mais pedidos que os títulos disponíveis

overswarm [ˌəʊvəˈswɔːm] v.tr.,intr. 1 (abelhas) enxamear para além da capacidade da colmeia; 2 espalhar-se por

overswell [ˌəʊvəˈswel] v.intr. transbordar

overswollen [ˌəʊvəˈswəʊlən] adj. 1 inchado; 2 [fig.] vaidoso

overt [ˈəʊvɜːt] adj. manifesto, claro, notório, evidente, patente

overtake [ˌəʊvəˈteɪk] v.tr. (prt. **overtook**, part. pass. **overtaken**) 1 ultrapassar, passar à frente de; *in Portugal you ~ on the left, in England on the right* em Portugal, as ultrapassagens fazem-se pela esquerda; em Inglaterra, pela direita; 2 surpreender, atingir, alcançar; *the storm overtook us* fomos apanhados pela tempestade; 3 dominar, assaltar, avassalar ❖ *overtaken in drink* embriagado; *to ~ arrears of work* pôr-se em dia com qualquer trabalho

overtaken [ˌəʊvəˈteɪkən] part. pass. de **to overtake**

overtaking [ˌəʊvəˈteɪkɪŋ] s. ultrapassagem ❖ *no ~* proibido ultrapassar

overtask [ˌəʊvəˈtɑːsk] v.tr. 1 sobrecarregar de trabalho; 2 esfalfar com trabalho ❖ *he overtasks his strength* ele abusa das suas forças

overtax [ˌəʊvəˈtæks] v.tr. 1 sobrecarregar de impostos; 2 tributar excessivamente; 3 onerar; 4 oprimir; 5 exigir demasiado ❖ *to ~ one's patience* abusar da paciência de alguém

overtaxation [ˌəʊvətækˈseɪʃən] s. 1 imposto excessivo; 2 tributação excessiva

over-the-counter [ˌəʊvəðəˈkaʊntə] Ⓐ adj. 1 FARMÁCIA (produtos farmacêuticos) não sujeito a prescrição médica; 2 COMÉRCIO (vendas) a pronto; 3 FINANÇAS (mercado) paralelo (à Bolsa), exterior à Bolsa; *~ market* mercado paralelo Ⓑ adv. FINANÇAS (transacções) fora da Bolsa

overthrew [ˌəʊvəˈθruː] prt. de **to overthrow**[1]

overthrow[1] [ˌəʊvəˈθrəʊ] v.tr. (prt. **overthrew**, part. pass. **overthrown**) 1 virar, voltar, derrubar; 2 deitar abaixo, deitar por terra; 3 destituir, destruir, transtornar; 4 arruinar; 5 derrotar, vencer ❖ *to ~ the government* derrubar o governo

overthrow[2] [ˈəʊvəθrəʊ] s. 1 queda, derrube; 2 destruição, subversão; 3 ruína, derrota

overthrowal [ˌəʊvəˈθrəʊəl] s. 1 derrubamento, derrube; 2 destituição; 3 destruição; 4 derrota

overthrower [ˌəʊvəˈθrəʊə] s. 1 demolidor; 2 destruidor; 3 vencedor

overthrown [ˌəʊvəˈθrəʊn] part. pass. de **to overthrow**[1]

overthrust[1] [ˈəʊvəθrʌst] s. GEOLOGIA avanço de camada sobre outra, acavalamento

overthrust[2] [ˌəʊvəˈθrʌst] v.intr. (prt. e part. pass. **overthrust**) GEOLOGIA acavalar-se

overthrusting [ˌəʊvəˈθrʌstɪŋ] s. GEOLOGIA acavalamento

overtight [ˌəʊvəˈtaɪt] adj. excessivamente apertado

overtime[1] [ˈəʊvətaɪm] Ⓐ s. 1 (trabalho) horas extraordinárias; remuneração por horas extraordinárias; *~ pay* pagamento de horas extraordinárias; *to be on ~* fazer horas extraordinárias; 2 [EUA, Can.] DESPORTO prolongamento Ⓑ adv. 1 fora das horas normais de trabalho; 2 em regime de horas extraordinárias ❖ *to work ~* trabalhar horas extraordinárias; [fig.] suar as estopinhas

overtime[2] [ˌəʊvəˈtaɪm] v.tr. FOTOGRAFIA expor demasiadamente, submeter a exposição demasiado longa

overtire [ˌəʊvəˈtaɪə] v.tr. fatigar excessivamente

overtly [ˈəʊvɜːtlɪ] adv. 1 manifestamente; 2 notoriamente; 3 de modo patente; 4 de maneira evidente; 5 publicamente

overtness [ˈəʊvətnɪs] s. franqueza

overtone [ˈəʊvətəʊn] s. 1 conotação; 2 insinuação; 3 MÚSICA som harmónico

overtook [ˌəʊvəˈtʊk] prt. de **to overtake**

overtop [ˌəʊvəˈtɒp] v.tr. (particípios: **-pp-**) 1 sobrelevar em altura, elevar-se em relação a; 2 ultrapassar; 3 levar a melhor sobre

overtrade [ˌəʊvəˈtreɪd] v.intr. 1 comprometer-se com transacções arriscadas; 2 comprometer-se em operações que excedem o capital disponível

overtrain [ˌəʊvəˈtreɪn] v.tr.,intr. 1 treinar excessivamente; 2 esgotar-se devido a treino excessivo

overtrump [ˌəʊvəˈtrʌmp] v.tr. (jogos de cartas) cortar com trunfo mais alto

overtrumping [ˌəʊvəˈtrʌmpɪŋ] s. (jogos de cartas) acção de cortar com trunfo mais alto

overture [ˈəʊvətjʊə] Ⓐ s. 1 proposta, oferta; *to make peace overtures to* fazer propostas de paz a; 2 MÚSICA abertura Ⓑ v.tr. 1 propor, fazer oferta de; 2 MÚSICA compor uma abertura

overturn[1] [ˌəʊvəˈtɜːn] v.tr.,intr. 1 virar, derrubar, pôr de pernas para o ar; 2 perturbar, destruir, deitar por terra; 3 virar-se, voltar-se; 4 voltar de quilha para o ar; *he overturned the boat* ele voltou o barco; 5 forçar demasiado (parafuso, etc.)

overturn² [ˌəʊvəˈtɜːn] s. 1 reviravolta; 2 contrariedade, transtorno; 3 ruína

overturning [ˌəʊvəˈtɜːnɪŋ] s. 1 acto de virar ou de voltar; 2 derrubamento

overuse¹ [ˈəʊvəjuːs] s. uso excessivo; utilização excessiva; abuso

overuse² [ˌəʊvəˈjuːz] v.tr. 1 usar demasiadamente; 2 submeter a uso excessivo

overvaluation [ˌəʊvəˌvæljuˈeɪʃən] s. valorização excessiva, avaliação exagerada

overvalue [ˌəʊvəˈvælju:] s. valor superior ao valor real Ⓑ v.tr. sobrevalorizar; valorizar demasiado, atribuir demasiado valor a

overveil [ˌəʊvəˈveɪl] v.tr. 1 velar, cobrir com um véu; 2 ocultar

overview [ˈəʊvəvju:] s. 1 visão geral, visão de conjunto; panorama; 2 sinopse, resumo

overvoltage [ˌəʊvəˈvəʊltɪdʒ] s. 1 ELECTRICIDADE supervoltagem; 2 voltagem demasiadamente elevada

overwear [ˌəʊvəˈweə] v.tr. (prt. **overwore**, part. pass. **overworn**) (vestuário) usar demasiado até ficar gasto, gastar

overweary [ˌəʊvəˈwɪərɪ] Ⓐ adj. exausto, muito fatigado Ⓑ v.tr. extenuar, fatigar excessivamente

overweening [ˌəʊvəˈwiːnɪŋ] adj. enfatuado, presumido, presunçoso, vaidoso ❖ ~ *confidence* presunção

overweigh [ˌəʊvəˈweɪ] v.tr. 1 sobrecarregar, carregar demasiadamente; 2 exceder em peso

overweight [ˈəʊvəweɪt] Ⓐ s. 1 excesso de peso; 2 sobrecarga; peso além do regulamentar Ⓑ adj. com excesso de peso; para além do peso regulamentar; *his luggage was* ~ a bagagem tinha excesso de peso

overwhelm [ˌəʊvəˈwelm] v.tr. 1 submergir, soterrar, cobrir completamente; 2 destruir, esmagar; 3 dominar por completo; 4 confundir; *to ~ with questions* confundir com perguntas; *he was overwhelmed by your kindness* ele sentiu-se confundido com a tua amabilidade ❖ *overwhelmed by grief* dominado pela dor; *overwhelmed with joy* cheio de alegria

overwhelming [ˌəʊvəˈwelmɪŋ] Ⓐ adj. 1 esmagador, opressivo; ~ *sorrow* tristeza esmagadora; 2 irresistível; 3 avassalador; 4 irreprimível Ⓑ s. 1 esmagamento; 2 submersão; 3 soterramento

overwhelmingly [ˌəʊvəˈwelmɪŋlɪ] adv. 1 esmagadoramente; 2 irresistivelmente; 3 avassaladoramente

overwind [ˌəʊvəˈwaɪnd] v.tr. (pret. e part. pass. **overwound**) dar corda em excesso, dar demasiadamente corda a (relógio, etc.)

overwore [ˌəʊvəˈwɔː] prt. de **to overwear**

overwork¹ [ˈəʊvəwɜːk] s. 1 excesso de trabalho; 2 trabalho extra ❖ *to break down through* ~ arruinar a saúde devido a excesso de trabalho

overwork² [ˌəʊvəˈwɜːk] Ⓐ v.tr. 1 obrigar a trabalhar demasiadamente, sobrecarregar com trabalho; 2 usar até à exaustão, explorar até à exaustão; 3 ornamentar Ⓑ v.intr. 1 trabalhar de mais; 2 esgotar-se devido a excesso de trabalho ❖ *to ~ oneself* esgotar-se com trabalho

overworking [ˌəʊvəˈwɜːkɪŋ] s. excesso de trabalho

overworld [ˈəʊvəwɜːld] s. 1 mundo superior ao nosso; 2 mundo dos deuses e seres superiores

overworn [ˌəʊvəˈwɔːn] part. pass. de **to overwear**

overwound [ˌəʊvəˈwaʊnd] prt. e part. pass. de **to overwind**

overwrite [ˌəʊvəˈraɪt] Ⓐ v.tr.,intr. (prt. **overwrote**, part. pass. **overwritten**) 1 INFORMÁTICA gravar por cima, substituir ficheiro (de); 2 exagerar na escrita (de), escrever demasiado rebuscadamente Ⓑ v.tr. 1 gravar por cima de; 2 escrever por cima de

overwrought [ˌəʊvəˈrɔːt] adj. 1 exausto, extenuado, extremamente cansado devido a excesso de trabalho; 2 muito excitado, num estado de grande agitação; 3 demasiado trabalhado, feito com demasiado requinte

overzealous [ˌəʊvəˈzeləs] adj. demasiado zeloso, excessivamente cuidadoso

ovibos [ˈəʊvɪbɒs] s. ZOOLOGIA boi-almiscarado

Ovid [ˈɒvɪd] s.antr. Ovídio

oviduct [ˈəʊvɪdʌkt] s. ANATOMIA oviducto, trompa de Falópio, trompa uterina

oviferous [əʊˈvɪfərəs] adj. ovífero

oviform [ˈəʊvɪfɔːm] adj. oviforme, em forma de ovo

ovigerous [əʊˈvɪdʒərəs] adj. ovígero

ovine [ˈəʊvaɪn] adj. ovino, ovelhum

oviparity [ˌəʊvɪˈpærɪtɪ] s. BIOLOGIA oviparidade, oviparismo

oviparous [əʊˈvɪpərəs] adj. ovíparo, que põe ovos, que se reproduz por meio de ovos

oviposit [ˌəʊvɪˈpɒzɪt] v.tr. (aplica-se a insectos) pôr ovos

oviposition [ˌəʊˌvɪpəˈzɪʃən] s. ZOOLOGIA (insectos) oviposição, postura de ovos

ovipositor [ˌəʊvɪˈpɒzɪtə] s. ZOOLOGIA (insectos) ovipositor; oviscapto

ovisac [ˈəʊvɪsæk] s. 1 ANATOMIA ovissaco; 2 ZOOLOGIA saco ovígero

ovocentre [ˈəʊvəʊsentə] s. BIOLOGIA ovocentro, esfera de atracção do pronúcleo feminino no óvulo fecundado

ovoid [ˈəʊvɔɪd] Ⓐ adj. ovóide Ⓑ s. figura ovóide

ovoidal [əʊˈvɔɪdəl] adj. ovoidal, oval, ovóide

ovolo [ˈəʊvələʊ] s. (pl. **-li**) ARQUITECTURA óvalo, ornato oval nos capitéis das ordens compósita e jónica

ovoviviparous [ˌəʊvəʊvɪˈvɪpərəs] adj. ovovivíparo, ovovíparo

ovular [ˈɒvjʊlə] adj. ovular

ovulate [ˈɒvjʊleɪt] v.intr. ovular; ter ovulação

ovulation [ˌɒvjʊˈleɪʃən] s. BIOLOGIA ovulação

ovule [ˈɒvjuːl] s. BIOLOGIA ovule

ovum [ˈəʊvəm] s. (pl. **ova**) 1 óvulo; 2 ovo; 3 ARQUITECTURA óvalo

owe [əʊ] v.tr.,intr. 1 dever, estar em dívida, estar obrigado; *to ~ for sth* dever dinheiro por qualquer coisa comprada; *don't forget you ~ me back two pounds* não te esqueças de que me deves duas libras; *he owes even for the clothes he wears* ele até deve a própria roupa que traz no corpo; 2 ter obrigação de pagar; 3 sentir-se em dívida em relação a alguém; *he owes it to you that he has got that job* é a ti que ele deve o emprego que tem; *I ~ no thanks to him* não lhe devo qualquer favor; *I ~ you one* fico a dever-te um favor; *they ~ a great deal to their parents* eles devem muito aos pais ❖ *to ~ a grudge to sb* guardar rancor a alguém; *to ~ allegiance to sb* dever vassalagem a alguém; *to ~ respect to one's parents* dever respeito aos pais; *we ~ God a death* todos temos de morrer

owing [ˈəʊɪŋ] adj. 1 devido; ~ *to* devido a, em consequência de, por causa de; ~ *to his nerves* devido aos nervos; *all this is ~ to his carelessness* tudo isto se deve à sua falta de cuidado; 2 que é devido; *they paid all that was* ~ pagaram tudo quanto deviam

owl [aʊl] s. 1 ZOOLOGIA coruja; 2 [fig.] (pessoa) sábio ❖ ~ *light* crepúsculo; [EUA] [coloq.] ~ *train* comboio nocturno; *brown* ~ bufo; *church ~/screech ~/white* ~ coruja-das-torres; *snow* ~ coruja branca real; *tawny* ~ coruja; *mocho-real*; *the horn* ~ o bufo; *to make an ~ of sb* fazer troça de alguém

owlery [ˈaʊlərɪ] s. 1 ninho de coruja; 2 lugar onde vivem as corujas

owlet [ˈaʊlɪt] s. coruja pequena

owlish [ˈaʊlɪʃ] adj. próprio de coruja ou mocho

own [əʊn] Ⓐ v.tr.,intr. 1 ser o proprietário de; possuir; *who owns the estate?* de quem é a propriedade?; 2 reconhecer; admitir; *to ~ a child* reconhecer uma criança como filho; *he owned he was wrong* ele admitiu que não tinha razão; *he owned himself beaten* admitiu a derrota; 3 confessar [to, -]; *to ~ to having done this or that* confessar ter feito isto ou aquilo; 4 concordar Ⓑ adj. 1 próprio; *for reasons of his* ~ por razões particulares; *he saw it with his ~ eyes* ele viu com os próprios olhos; *my ~ money* o meu próprio dinheiro; *my time is my* ~ sou senhor de mim mesmo, posso dispor do meu tempo como me apetecer; 2 do próprio, feito pelo próprio ❖ ~ *brother* irmão germano; ~ *cousin* primo direito; DESPORTO ~ *goal* autogolo; ~ *sister* irmã germana; *I am all on my ~ today* hoje estou sozinho; *he owned himself beaten* estou por minha conta; *may I have it for my own?* posso ficar com isso para mim?; *my ~* os meus; a minha família; *on one's* ~ independente; sem auxílio; sozinho; *to come into one's* ~ tomar posse do que é seu; *to have nothing of one's* ~ não ter nada de seu; *to hold one's* ~ manter-se firme; aguentar-se; *to not be desorientar*; *to ~ receipt* confirmar a recepção de uma carta

◆ **own up** v.intr. [coloq.] confessar; admitir; declarar; *I ~ to it* confesso; *you had better ~ at once* era melhor confessares já

ownable [ˈəʊnəbəl] adj. possuível, que pode possuir-se

owner [ˈəʊnə] s. proprietário; dono; possuidor; *rightful* ~ legítimo proprietário; *sole* ~ único proprietário ❖ NÁUTICA [cal.] *the* ~ o capitão do navio; *the owners of a ship* os armadores de um navio

ownerless ['əʊnələs] *adj.* sem dono, sem proprietário
ownership ['əʊnəʃɪp] *s.* 1 propriedade; posse; direito de propriedade; *uncertain* ~ propriedade incerta; 2 domínio; 3 senhorio ❖ *under new* ~ com novo proprietário; *to be in private* ~ pertencer ao sector privado; *to be in public* ~ pertencer ao sector público; *to take* ~ *of* assumir a responsabilidade de; ser responsável por
ox [ɒks] *s.* ⟨*pl.* **oxen**⟩ 1 boi; 2 [fig., depr.] (pessoa desastrada) cepo*fig.*; grosseirão ❖ *ox bird* galinhola pequena; espécie de maçarico; *ox driver* boieiro; *ox fence* vedação forte para prender o gado, muitas vezes com um fosso a toda a volta; *ox goad* aguilhão; *ox waggon* carro grande para bois; *ox yoke* jugo; canga; *humped ox* gebo; zebu; *to have the black ox tread on one's foot* ter um lance de adversidade; ter qualquer desgraça; ter a velhice a pesar-lhe em cima dos ombros
oxalate ['ɒksəlɪt, 'ɒksəleɪt] *s.* QUÍMICA oxalato; ~ *of ammonia* oxalato de amónia; ~ *of iron* oxalato de ferro ❖ ~ *precipitate* precipitado de oxalato
oxalic [ɒk'sælɪk] *adj.* QUÍMICA oxálico; ~ *acid* ácido oxálico
oxalis ['ɒksəlɪs] *s.* BOTÂNICA azeda
oxcart ['ɒkskɑːt] *s.* carro de bois
oxcyacid [ˌɒksɪ'æsɪd] *s.* QUÍMICA oxácido
oxer ['ɒksə] *s.* ⇒ **ox-fence**
oxeye ['ɒksaɪ] *s.* BOTÂNICA olho grande, olho-de-boi, margarida-maior
ox-eyed ['ɒksaɪd] *adj.* com olhos de ruminante; com olhos bugalhudos; com olhos grandes e redondos
Oxford ['ɒksfəd] *s.top.* Oxford, Oxónia ❖ VESTUÁRIO ~ *bags* calças muito largas; ~ *blue* azul-escuro levemente purpurado; ~ *frame* caixilho com extremidades salientes que se cruzam; ~ *mixture* tecido azul-escuro; ~ *shirting* tecido para camisas ou vestidos; VESTUÁRIO ~ *shoes* sapatos baixos, que apertam com um laço no peito do pé; ~ *unit* unidade de penicilina
Oxfordian ['ɒksfədɪən] *adj.,s.* oxfordiano, oxoniano; relativo a Oxford, relativo a Oxónia
oxherd ['ɒkshɜːd] *s.* boieiro
oxhide ['ɒkshaɪd] *s.* couro de boi
oxhorn ['ɒkshɔːn] *s.* chifre de boi
oxidant ['ɒksɪdənt] *s.* QUÍMICA oxidante
oxidate ['ɒksɪdeɪt] *v.tr.,intr.* oxidar, oxidar-se
oxidation [ˌɒksɪ'deɪʃən] *s.* 1 QUÍMICA oxidação; 2 oxigenação ❖ ~ *losses* perdas por oxidação
oxide ['ɒksaɪd] *s.* QUÍMICA óxido
oxide-coated ['ɒksaɪdˌkəʊtɪd] *adj.* oxidado, ELECTRICIDADE ~ *filament* filamento oxidado, filamento revestido de óxido
oxidizable [ˌɒksɪ'daɪzəbəl] *adj.* oxidável
oxidization [ˌɒksɪdaɪ'zeɪʃənz] *s.* oxidação
oxidize ['ɒksɪdaɪz] Ⓐ *v.tr.* oxidar Ⓑ *v.intr.* oxidar-se
oxidized ['ɒksɪdaɪzd] *adj.* oxidado; ~ *copper* cobre oxidado
oxidizer ['ɒksɪdaɪzə] *s.* QUÍMICA oxidante, substância que produz oxidação
oxidizing ['ɒksɪdaɪzɪŋ] Ⓐ *adj.* oxidante; ~ *agent* oxidante; ~ *flame* chama forte, chama oxidante Ⓑ *s.* 1 oxidação; 2 calcinação
oxime ['ɒksiːm] *s.* QUÍMICA oxima
oxlip ['ɒkslɪp] *s.* BOTÂNICA primavera-dos-jardins
Oxon. Ⓐ [abrev. de Oxfordshire] Ⓑ [abrev. de Oxoniensis (of Oxford)]
Oxonian [ɒk'səʊnjən] Ⓐ *adj.* oxoniano; relativo a Oxónia ou Oxford Ⓑ *s.* 1 pessoa educada em Oxónia; 2 antigo aluno da Universidade de Oxónia; 3 membro da Universidade de Oxónia
oxtail ['ɒksteɪl] *s.* rabada, rabo de boi ❖ ~ *soup* sopa de rabo de boi
oxyacetylene [ˌɒksɪə'setɪliːn] *adj.* oxiacetilénico
oxy-calcium [ˌɒksɪ'kælsɪəm] *adj.* QUÍMICA oxídrico
oxycephaly [ˌɒksɪ'sefəlɪ] *s.* MEDICINA oxicefalia
oxygen ['ɒksɪdʒən] *s.* QUÍMICA (elemento químico) oxigénio ❖ ~ *bottle* garrafa de oxigénio; ~ *cutter* maçarico a oxigénio; ~ *cylinder* cilindro de oxigénio; ~ *generator* gerador de oxigénio; ~ *jet* jacto de oxigénio; ~ *mask* máscara de oxigénio; ~ *supply* fornecimento de oxigénio; ~ *tent* tenda de oxigénio
oxygenate ['ɒksɪdʒɪneɪt] *v.tr.* 1 oxigenar; 2 oxidar
oxygenated ['ɒksɪdʒɪneɪtɪd] *adj.* oxigenado
oxygenation [ˌɒksɪdʒɪ'neɪʃən] *s.* QUÍMICA oxigenação
oxygen-free ['ɒksɪdʒənfriː] *adj.* livre de oxigénio; ~ *gas* gás livre de oxigénio
oxygenizable [ˌɒksɪdʒə'naɪzəbəl] *adj.* oxigenável
oxygenize [ɒk'sɪdʒənaɪz] *v.tr.* QUÍMICA ⇒ **oxygenate**
oxygenless [ˌɒksɪdʒənləs] *adj.* sem oxigénio; DESPORTO ~ *climbing* escalada sem abastecimento de oxigénio
oxyhaemoglobin [ˌɒksɪhiːməʊ'gləʊbɪn] *s.* oxiemoglobina
oxyhydrogen [ˌɒksɪ'haɪdrɪdʒən] *adj.* oxídrico ❖ ~ *flame* chama a gás oxídrico; ~ *light* luz oxídrica; ~ *torch* maçarico oxídrico
oxylith ['ɒksɪlɪθ] *s.* oxilita, oxilito
oxymoron [ˌɒksɪ'mɔːrɒn] *s.* oximoro, junção ou combinação de palavras de sentido contraditório
oxyrhynchus [ˌɒksɪ'rɪŋkəs] *s.* ZOOLOGIA oxirrina (género de peixes)
oxysalt ['ɒksɪsɒlt] *s.* 1 QUÍMICA oxissal; 2 sal ânfido, sal derivado de ácidos oxácidos
oxysulphide [ˌɒksɪ'sʌlfaɪd] *s.* QUÍMICA oxissulfureto
oxytone ['ɒksɪtəʊn] *s.* LINGUÍSTICA oxítono
oyer ['ɔɪə] *s.* DIREITO audiência e julgamento de causa-crime
oyez!, oyes!, o eyes! [əʊ'jez] *interj.* ouçam!, atenção! (empregada, geralmente, três vezes seguidas, por pregoeiro público, antes de proceder à leitura de qualquer documento da corte)
oyster ['ɔɪstə] *s.* 1 ZOOLOGIA ostra; *pearl* ~ ostra perlífera; 2 pedaço de carne existente nas cavidades do osso pélvico das aves ❖ ~ *bar* balcão, em restaurante ou hotel, onde se servem ostras; ~ *bed* viveiro de ostras; ostreira; ~ *breeder* ostreicultor; ~ *breeding* ostreicultura; cultura de ostras; ~ *dredge* rede para apanhar ostras; ~ *farm* ostreira fechada com grades; viveiro de ostras; ~ *farming* ostreicultura; ~ *field* ostreira; ~ *fishery* pesca de ostras; ~ *knife* faca própria para abrir ostras; ~ *park* ostreira; CULINÁRIA ~ *patty* pastéis com ostras; BOTÂNICA ~ *plant* escorcioneira; barba-de-bode; salsifri; ~ *sauce* molho de ostras; ~ *shell* concha de ostras; ~ *sheller* instrumento para abrir ostras; (pessoa) *to be a regular* ~ ser taciturno; ser calado; (pessoa) *to be as close as an* ~ saber guardar segredo; (pessoa) *to be as dumb as an* ~ calar-se; guardar mutismo completo
oystercatcher ['ɔɪstəˌkætʃə] *s.* ZOOLOGIA ostraceiro, pego, pega-do-mar, passa-rios
oysterman ['ɔɪstəmən] *s.* 1 criador de ostras; 2 vendedor ou negociante de ostras; 3 NÁUTICA barco para a pesca de ostras
oz [abrev. de ounce]
ozaena [əʊ'ziːnə] *s.* MEDICINA ozena
ozocerite [əʊ'zɒsəraɪt] *s.* ozocerite, pez mineral
ozokerite [əʊ'zəʊkərɪt] *s.* ⇒ **ozocerite**
ozone ['əʊzəʊn] *s.* QUÍMICA ozono ❖ ~ *apparatus* ozonizador; aparelho destinado à produção de ozono; ~ *depletion* diminuição da camada de ozono; ~ *hole* buraco da camada de ozono; ~ *layer* camada de ozono
ozone-friendly ['əʊzəʊnˌfrendlɪ] *adj.* amigo do ozono
ozonic [əʊ'zɒnɪk] *adj.* ozónico
ozonid ['əʊzənɪd] *s.* QUÍMICA ozónio
ozonide ['əʊzənaɪd] *s.* ⇒ **ozonid**
ozoniferous [ˌəʊzə'nɪfərəs] *adj.* ozonífero
ozonization [ˌəʊzənaɪ'zeɪʃən] *s.* ozonização
ozonize ['əʊzənaɪz] *v.tr.* ozonizar, ozonificar
ozonizer ['əʊzənaɪzə] *s.* ozonizador
ozonolysis [ˌəʊzə'nɒlɪsɪs] *s.* QUÍMICA ozonólise
ozonometer [ˌəʊzə'nɒmɪtə] *s.* QUÍMICA ozonómetro
ozonometry [ˌəʊzə'nɒmətrɪ] *s.* ozonometria
ozotype ['əʊzətaɪp] *s.* FOTOGRAFIA ozotipia, determinado processo de impressão fotográfica hoje em desuso

p [pi:] s. ⟨pl. **-s**⟩ (letra) p, P ❖ *to mind one's p's and q's* ter cuidado com o que se diz ou com o que se faz
p Ⓐ [abrev. de page] Ⓑ [abrev. de part] Ⓒ [abrev. de participle] Ⓓ [abrev. de past] Ⓔ [abrev. de penny ou pence] Ⓕ [abrev. de per] Ⓖ [abrev. de population]
P QUÍMICA [símbolo de phosphorus]
P. Ⓐ [abrev. de President] Ⓑ [abrev. de Prince]
pa [pɑ:] s. [coloq.] papá
Pa. [abrev. de Pennsylvania]
Pa QUÍMICA [símbolo de protactinium]
PA Ⓐ [abrev. de particular average] Ⓑ [abrev. de Pennsylvania] Ⓒ [abrev. de personal account] Ⓓ [abrev. de personal assistant] Ⓔ MILITAR [abrev. de Post Adjutant] Ⓕ DIREITO [abrev. de power of attorney] Ⓖ [abrev. de Press Association] Ⓗ [abrev. de public-address system]
P/A DIREITO [abrev. de power of attorney]
pa'anga [pæ'æŋɡə] s. (moeda do Tonga) pa'anga
pabulum ['pæbjʊləm] s. 1 pábulo; alimento; sustento; 2 futilidades; ninharias ❖ *mental ~* alimento espiritual
paca ['pɑ:kə] s. ZOOLOGIA (mamífero roedor) paca
pace¹ [peɪs] Ⓐ s. 1 ritmo; andamento; velocidade; *at a slow ~* devagar; em ritmo lento; *at a smart ~* em bom andamento; *to gather ~* ganhar velocidade; *to go at a good ~* ir com bom andamento; 2 passo; *~ for ~* passo a passo; *he took some paces up to them* deu alguns passos em direcção a eles; *to take two paces forward* dar dois passos em frente; 3 passada; maneira de andar; marcha; 4 (medida itinerária) cerca de 60 polegadas; 5 (passo de cavalo) andadura Ⓑ v.tr.,intr. 1 andar dum lado para o outro; *to ~ the rooom* andar de um lado para outro na sala; 2 caminhar a passo; andar a passo; 3 medir a passo; medir o número de passos; 4 (marcha, corrida) marcar o ritmo; regular o andamento; 5 não desperdiçar energias; *learn to ~ yourself* tenta não fazer esforços inúteis ❖ *double ~* passo acelerado; *some paces off* a alguns passos; a curta distância; NÁUTICA *to go a main ~* navegar com as velas cheias; *to go the ~* caminhar com grande rapidez; [fig.] *to go the ~* gastar muito dinheiro; levar uma vida de dissipação; *to keep ~ with* conseguir acompanhar; seguir o mesmo ritmo de; *to put a horse through its ~* exibir um cavalo; *to put sb through his paces* pôr alguém à prova; *to set the ~* marcar o ritmo; indicar o andamento; regular a marcha
✦ **pace out/off** v.tr. medir com passos; *to pace off/out a distance* medir uma distância a passo
pace² [peɪsɪ] prep. (opinião contrária) salvo o devido respeito a; com a devida vénia a; *~ Barrye* salvaguardado o devido respeito a Barrie
pacemaker ['peɪsmeɪkə] s. 1 MEDICINA *pacemaker*; 2 DESPORTO [fig.] (corrida) lebre; 3 (actividade) líder
pacer ['peɪsə] s. 1 indivíduo que regula a marcha ou velocidade (em treinos para provas desportivas); 2 cavalo que anda a passo
pace-setter ['peɪsˌsetə] s. 1 DESPORTO (corrida) lebre_fig_, aquele que impõe o ritmo de uma corrida; 2 [fig.] líder, líder de mercado
pacey ['peɪsɪ] adj. [coloq.] veloz, rápido
pacha [pæ'ʃɑ:] s. ⇒ **pasha**
pachyderm [pækɪdɜ:m] s. 1 ZOOLOGIA paquiderme; 2 [fig.] pessoa insensível, de pele espessa
pachydermata [ˌpækɪ'dɜ:mətə] s.pl. ZOOLOGIA paquidermes
pachydermatous [ˌpækɪ'dɜ:mətəs] adj. paquiderme, semelhante a paquiderme
pachydermia [ˌpækɪ'dɜ:mɪə] s. MEDICINA elefantíase; paquidermia

pachymeningitis [ˌpækɪmenɪn'dʒaɪtɪs] s. paquimeningite; inflamação crónica da dura-máter
pachymeter [pæ'kɪmɪtə] s. FÍSICA paquímetro, compasso-de-espessura
pacific [pə'sɪfɪk] adj. pacífico, sossegado, tranquilo, pacato
Pacific [pə'sɪfɪk] Ⓐ adj. GEOGRAFIA pacífico, do Pacífico Ⓑ s. (Oceano) Pacífico ❖ *the ~ coast* a costa do Pacífico; *the ~ Ocean* o oceano Pacífico
pacifically [pə'sɪfɪklɪ] adv. pacificamente, pacatamente, sossegadamente
pacification [ˌpæsɪfɪ'keɪʃən] s. pacificação, apaziguamento
pacificatory [pə'sɪfɪkətərɪ] adj. pacificatório, pacificador, apaziguador
pacificism [pə'sɪfɪsɪzəm] s. ⇒ **pacifism**
pacificist [pə'sɪfɪsɪst] s. ⇒ **pacifist**
pacifier ['pæsɪfaɪə] s. 1 pacificador, apaziguador, pessoa que apazigua; 2 [EUA] chupeta
pacifism ['pæsɪfɪzəm] s. pacifismo
pacifist ['pæsɪfɪst] adj.,s. pacifista
pacify ['pæsɪfaɪ] v.tr. pacificar, apaziguar, serenar, acalmar, tranquilizar
pacifying ['pæsɪfaɪɪŋ] Ⓐ adj. pacificador Ⓑ s. pacificação, apaziguamento
pack [pæk] Ⓐ s. 1 pacote; fardo; 2 maço; *~ of cigarettes* maço de cigarros; 3 embrulho, trouxa; 4 feixe; 5 mochila; 6 grupo de animais, matilha, alcateia; 7 bando; quadrilha; *~ of thieves* quadrilha de ladrões; 8 cambada, cáfila; 9 (grande quantidade) série; amontoado; *~ of bosh/~ of nonsense* série de disparates, série de tolices; *~ of lies* amontoado de mentiras; 10 (cartas) baralho; 11 massa de gelo flutuante; 12 (peixe) safra; 13 (fruta) colheita; 14 MEDICINA compressa; *cold/wet ~* compressa fria/húmida; 15 DESPORTO (ciclismo) pelotão; 16 DESPORTO (râguebi) avançados; 17 grupo de submarinos Ⓑ v.tr.,intr. 1 empacotar, enfardar, ensacar; 2 juntar num feixe, fardo, etc.; 3 emalar, acondicionar em mala; fazer a(s) mala(s); *to ~ clothes in a trunk* acondicionar roupas numa mala; *to ~ one's things* fazer as malas; 4 amontoar, acumular, comprimir, apinhar, atulhar; 5 enlatar, guardar em latas; 6 tapar, vedar; *to ~ a joint* vedar uma junta; 7 reunir em grupos, matilhas, etc.; 8 carregar às costas; 9 MEDICINA envolver em compressas; 10 escolher os membros dum júri de modo a que a decisão seja a nosso favor; 11 amontoar-se, juntar-se, acumular-se; 12 [EUA] caminhar a pé com saco ou mochila às costas; 13 maquinar, conspirar, intentar ❖ *~ animal* besta de carga; *~ artillery* artilharia transportada no dorso de animais de carga; *~ cloth* serapilheira; tecido para envolver fardos; MILITAR *~ drill* punição que consiste em o castigado ter de andar dum lado para o outro com equipamento completo; *~ film* filme para carregar máquinas fotográficas; *~ horse* cavalo de carga; *~ needle* agulha de coser fardos; *~ train* comboio de animais de carga; *~ wool* lã em fardos; *those goods ~ easily* aquelas mercadorias acondicionam-se bem; NÁUTICA *to ~ on all sails* largar a todo o pano; *to ~ oneself* sumir-se; pôr-se a andar; retirar-se; *to ~ round sb* juntar-se em volta de alguém
✦ **pack away** v.tr. 1 guardar; arrumar; 2 [coloq.] (comida) enfardar; despachar; devorar
✦ **pack in** Ⓐ v.tr.,intr. 1 (espectáculo, exibição) atrair (muito público); 2 [coloq.] deixar; desistir de; 3 (relacionamento) acabar com; 4 (espaço limitado) meter, enfiar Ⓑ v.intr. avariar; deixar de funcionar ❖ [coloq.] *pack it in!* acabem lá com isso!; *let's pack it in for the day* por hoje basta

◆**pack off** v.tr. (pessoa) mandar [**to**, para]; despachar [**to**, para]
❖ *to pack a child off to bed* mandar uma criança para a cama
◆**pack up** Ⓐ v.intr. **1** fazer as malas; **2** [coloq.] desistir; **3** [coloq.] avariar Ⓑ v.tr. **1** empacotar; **2** pôr na mala; **3** (luta, etc.) abandonar; **4** (emprego, tabaco, etc.) deixar ❖ [coloq.] *pack it up!* acabem lá com isso!

package ['pækɪdʒ] Ⓐ s. **1** embalagem; embrulho; **2** pacote; **3** fardo; **4** empacotamento, enfardamento; **5** conjunto; *as a ~ em conjunto*, em bloco, como um todo; **6** INFORMÁTICA conjunto de programas Ⓑ v.tr. **1** empacotar; embalar; **2** apresentar; tratar da imagem de; tratar da promoção de; **3** produzir ❖ ECONOMIA *~ deal* conjunto de condições a aceitar em negócio; *~ holiday/~ tour* pacote de férias; *~ tourism* turismo organizado; [EUA] *a ~ of cigarettes* um maço de cigarros; *to be packaged* ser colocado em embalagens; ser empacotado

packaging ['pækɪdʒɪŋ] s. **1** embalagem; **2** acondicionamento (de produtos); **3** (publicidade) tratamento da imagem pública

packed [pækd] adj. **1** cheio [**with**, de]; repleto [**with**, de]; **2** sobrelotado; apinhado; a abarrotar; *the square was ~ with people* a praça estava apinhada de gente; **3** (solo, neve, etc.) compacto; **4** com as malas feitas; *I'm all ~ and ready to go* já tenho as malas todas feitas e estou pronto para partir; **5** empacotado ❖ *~ lunch* farnel; merenda; TEATRO *a ~ house* uma casa cheia; DIREITO *a ~ jury* um júri escolhido de modo a dar uma decisão favorável a uma das partes; *~ in like herrings/~ like sardines in a box* como sardinha em lata; *to be ~ out* estar a abarrotar de gente; estar a rebentar pelas costuras

packer ['pækə] s. **1** empacotador, enfardador, enlatador; **2** máquina de enlatar ou empacotar

packet ['pækɪt] Ⓐ s. **1** pacote; embalagem; **2** maço; *a ~ of cigarettes* um maço de cigarros; *a ~ of letters* um maço de cartas; **3** vapor de carreira, paquete; *~ boat* vapor; paquete; **4** [coloq.] dinheirão; *to cost a ~* custar os olhos da cara; *to make a ~* ganhar um dinheirão; **5** carga Ⓑ v.tr. empacotar ❖ CULINÁRIA *~ soup* sopa de pacote; INFORMÁTICA *~ switching* comutação de pacotes; *postal ~* encomenda postal; *to get a ~* estar em sérias dificuldades; ser gravemente ferido; [coloq.] *to stop a ~* ser atingido mortalmente por bala

pack-harden [pæk'hɑːdn] v.tr. temperar (metal) em feixes

packing ['pækɪŋ] s. **1** empacotamento, embalagem, enfardamento; **2** empancamento, empanque, enchimento; **3** guarnição; **4** guarnição de empanque, gacheta; **5** material de acondicionamento; **6** alimento, alimentação ❖ *~ canvas* aniagem; linhagem; pano grosseiro para fardos; *~ case* caixote; caixa de embalagem ou transporte; *~ cloth* serapilheira; *~ cord* cordão de empanque; *~ house* local onde se acondicionam conservas alimentícias; *~ list* nota de embalagem; *~ machine* máquina de empacotar; *~ material* material de vedação; *~ needle* agulha de enfardar; *~ paper* papel grosso de embrulho; MEDICINA *~ sheet* lona para fardos; lençol molhado usado na hidropatia; *to do one's ~* fazer as malas; *to send sb ~* despedir alguém sem cerimónia; mandar alguém embora

packman ['pækmən] s. ⟨pl. **-men**⟩ [ant.] vendedor ambulante; bufarinheiro

packsack ['pæksæk] s. **1** saco de viagem; **2** bornal

packsaddle ['pæk,sædl] s. albarda

packthread ['pækθred] s. barbante forte e grosso para enfardar

pact [pækt] s. **1** pacto; *to make a ~ with* fazer um pacto com; **2** tratado, convénio, convenção; **3** acordo; ajuste ❖ HISTÓRIA (1925) *the Locarno Pact* o Pacto de Locarno; *a non-aggression ~ between* um pacto de não-agressão entre

pad [pæd] Ⓐ s. **1** almofada; coxim; amortecedor; **2** (críquete, hóquei) caneleira; **3** bloco (de apontamentos); *writing ~* bloco de apontamentos; **4** (carimbo, funda) almofada; *inking ~* almofada de carimbo; **5** [EUA] penso higiénico; **6** pata de lebre ou raposa; **7** BOTÂNICA folha de nenúfar; **8** cavalo de passeio, cavalo que caminha a passo; *~ nag* cavalo de passeio que anda a passo; **9** ruído surdo de passos; **10** cesto aberto usado como medida; **11** [dial.] estrada; caminho Ⓑ v.tr,intr. ⟨particípios: **-dd-**⟩ **1** almofadar, acolchoar, encher, enchumaçar; *to ~ the shoulders of a coat* pôr chumaços nas ombreiras dum casaco; **2** pôr postiços; **3** forrar; **4** meter palha em,fig., encher de palavras ocas; **5** [coloq.] andar a pé; caminhar calmamente ❖ *~ saddle* albarda; *~ stone* pedra de apoio; imposta; *~ way* caminho público; DESPORTO *ankle ~* protector do tornozelo; INFORMÁTICA *mouse ~* tapete de rato; *polishing ~* escova de feltro de polir; *warming ~* almofada eléctrica; *gentleman of the ~* salteador de estrada; *to be on the ~* vagabundear; *to ~ about a room* andar dum lado para o outro, com passos abafados, num aposento; *to ~ along* caminhar com um ruído surdo; [coloq.] *to ~ it* seguir a pé; *to ~ the hoof* seguir à pata coloq.; *to ~ the road* seguir a pé; percorrer o seu caminho a pé; *to stand ~* mendigar à beira da estrada

◆**pad out** v.tr. **1** encher; acolchoar; enchumaçar; **2** (texto) encher; meter palha em

padded ['pædɪd] adj. acolchoado; almofadado ❖ *~ bag* pacote almofadado; (roupa) *~ shoulders* chumaços

padding ['pædɪŋ] s. **1** acolchoamento, estofamento; **2** chumaço; **3** palha,fig., palavreado oco e inútil

paddle ['pædl] Ⓐ s. **1** (canoas) pangaia, remo de pá larga; **2** (roda propulsora) pá; **3** (pato) pata; **4** (foca, baleia, tartaruga) barbatana; **5** acto de patinhar ou chapinhar na água; **6** deslocação lenta e suave em canoa; **7** (rodízio de moinho) pena; **8** DESPORTO (pingue-pongue) raquete; **9** (forno, etc.) pá Ⓑ v.tr,intr. **1** (barco) fazer andar com pangaia; **2** pangaiar; **3** remar brandamente; **4** patinhar, chapinar, chapinhar; **5** brincar com as mãos na água, bater com as mãos na água; **6** remexer com os dedos; **7** (criança) caminhar com hesitação, dar os primeiros passos; **8** [EUA] castigar, dar uma sapatada, dar palmadinhas ❖ *~ steamer* vapor com rodas propulsoras laterais; *~ wheel* roda de pás; *double ~* remo de duas pás; *to ~ one's own canoe* ser independente; governar-se sozinho

paddleboat ['pædlbəʊt] s. barco com rodas propulsoras laterais

paddler ['pædlə] s. indivíduo que rema com pangaia

paddling ['pædlɪŋ] s. **1** acção de chapinhar ou patinhar na água; **2** acção de remar com pangaia ❖ *~ pool* piscina insuflável

paddock ['pædək] s. **1** cercado para cavalos; **2** recinto relvado junto aos hipódromos, onde se reúnem os cavalos antes das provas; **3** [arc.] sapo, rã

paddy ['pædɪ] s. **1** arroz com casca; **2** [coloq.] cólera, raiva; *to put sb in a ~* enfurecer alguém ❖ *~ field* campo de arroz; arrozal; [coloq.] *paddy's lantern* a Lua

Paddy ['pædɪ] s. [coloq.] irlandês

paddywhack ['pædɪ,wæk] s. **1** [coloq.] raiva, acesso de cólera; **2** sova

Padishah ['pɑːdɪʃɑː] s. padixá

padlock ['pædlɒk] Ⓐ s. cadeado, aloquete Ⓑ v.tr. fechar com um aloquete

padre ['pɑːdrɪ] s. MILITAR, NÁUTICA [cal.] capelão

padrone [pəˈdrəʊnɪ] s. **1** patrão de navio do Mediterrâneo; **2** proprietário, patrão de estalagem italiana; **3** patrão de músicos ambulantes (na Itália)

padsaw ['pædsɔː] s. serrote de ponta

Padshah ['pɑːdʃɑː] s. ⇒ **Padishah**

Padua ['pædjʊə] s.top. Pádua

Paduan ['pædjʊən] adj.,s. **1** paduano, relativo a Pádua; **2** natural ou habitante de Pádua

paduasoy ['pædjʊəsɔɪ] s. tecido forte de seda muito usado no séc. XVIII

paean ['piːən] s. hino, cântico de louvor ou de triunfo na antiga Grécia

paederast ['pedəræst] s. pederasta

paederastic [,pedə'ræstɪk] adj. pederástico

paederasty ['pedəræstɪ] s. pederastia

paediatric [,piːdɪ'ætrɪk] adj. **1** pediátrico; de pediatria; **2** infantil ❖ *~ nurse* enfermeira de pediatria; *~ nursing* puericultura

paediatrician [,piːdɪə'trɪʃən] s. pediatra

paediatrics [,piːdɪ'ætrɪks] s. MEDICINA pediatria

paedophile ['piːdəfaɪl] s. pedófilo ❖ *~ paedophile ring* rede de pedofilia

paedophilia [,piːdə'fiːlɪə] s. pedofilia

paedophiliac [,piːdəʊ'fɪlɪæk] adj. pedófilo

paeon ['piːən] s. péon, pé métrico constituído por uma sílaba longa e três breves

paeonic [piː'ɒnɪk] adj. peónico; relativo ao péon

pagan ['peɪgən] adj.,s. pagão

pagandom ['peɪgəndəm] s. o mundo pagão

paganish ['peɪgənɪʃ] adj. **1** com inclinação para o paganismo; **2** pagão, idólatra

paganism ['peɪɡənɪzəm] s. paganismo
paganize ['peɪɡənaɪz] v.tr.,intr. **1** paganizar; **2** viver como um pagão
page [peɪdʒ] Ⓐ s. **1** página; *on the front ~* na primeira página; *the text is on ~ 22* o texto vem na página 22; **2** [fig.] (descoberta, acontecimento, etc.) página importante na História; **3** HISTÓRIA pajem, escudeiro; **4** paquete, moço de recados Ⓑ v.tr. **1** (pré-impressão) paginar; **2** folhear; **3** chamar através de *pager*; **4** chamar (alguém) em voz alta para transmitir recado; **5** servir (alguém) como pajem ❖ *~ break* intervalo de página; *~ proof* prova paginada; *to be on the same ~* estar de acordo; estar em sintonia
pageant ['pædʒənt] s. **1** espectáculo; festival; *air ~ festival* aéreo; **2** cortejo sumptuoso; **3** reconstituição histórica; quadro(s) alegórico(s); quadro(s) vivo(s)
pageantry ['pædʒəntrɪ] s. (pl. **-ies**) **1** pompa, aparato, ostentação, fausto, esplendor, grande cerimonial; **2** pura aparência, aparato enganador
pageboy ['peɪdʒbɔɪ] s. **1** (casamento, etc.) pagem; **2** (cabelo) corte à tigela; corte à pagem
pagehood ['peɪdʒhʊd] s. situação ou condição de pajem
pagejacking ['peɪdʒˌdʒækɪŋ] s. coloq. (Internet) roubo de conteúdos de um site, através da cópia de algumas das suas páginas ou registando palavras-chave idênticas em motores de pesquisa
pager ['peɪdʒə] s. pager, bip
pageship ['peɪdʒʃɪp] s. ocupação de pajem
page-turner ['peɪdʒˌtɜːnə] s. livro apaixonante; *this novel is a real ~* este é um daqueles romances que se lêem de um só fôlego
pageview ['peɪdʒvjuː] s. INFORMÁTICA visualização de página
paginal ['pædʒɪnəl] adj. **1** paginal; relativo a página; **2** impresso, composto ou copiado página por página
paginate ['pædʒɪneɪt] v.tr. paginar
pagination [ˌpædʒɪ'neɪʃən] s. **1** paginação; **2** número das páginas; **3** numeração das páginas
paginator ['pædʒɪneɪtə] s. paginador
paging ['peɪdʒɪŋ] s. paginação
pagoda [pə'ɡəʊdə] s. **1** (templo) pagode; **2** (antiga moeda) pagode ❖ BOTÂNICA *~ tree* sófora; figueira-dos-pagodes; árvore das patacas; *to shake the ~ tree* ganhar dinheiro sem grande esforço; arranjar dinheiro abanando a árvore das patacas
pagoscope ['pæɡəʊskəʊp] s. pagoscópio, pagóscopo, aparelho indicador das geadas
pagurian [pæ'ɡjʊərɪən] s. ZOOLOGIA paguro, bernardo-eremita, casa-alugada, busano
pah [pɑː] interj. (desprezo, aborrecimento, desagrado) bah!
Pahlavi ['pɑːləvɪ] adj.,s. pálavi
paid [peɪd] adj. pago; remunerado ❖ *to put ~ to* pôr termo a; *carriage to be ~ by sender* porte a cargo do remetente
pail [peɪl] s. **1** balde; **2** selha
pailful ['peɪlfʊl] s. balde cheio, conteúdo dum balde cheio
paillasse [pæl'jæs, 'pæljæs] s. colchão de palha
paillette [pæl'jet] s. lantejoula
pailletted [pæl'jetɪd] adj. com lantejoulas, adornado com lantejoulas
pailliasse ['pæljæs] s. ⇒ **paillasse**
pain [peɪn] Ⓐ s. **1** dor; *a ~ in the head* uma dor na cabeça; *shooting pains* dores lancinantes; **2** sofrimento; aflição; angústia; **3** pesar; **4** DIREITO [ant.] pena; punição; castigo; DIREITO *pains and penalties* penas de reclusão e penas pecuniárias; *on/under ~ of death* sob pena de morte; **5** pl. esforço(s); trabalho(s); *to be at pains to/to take pains to* envidar todos os esforços para que, esforçar-se seriamente por; *to have one's pains for nothing* perder tempo para nada; esforçar-se para nada; *to spare no pains* não se poupar a esforços; **6** pl. dores de parto; *labour pains* dores de parto Ⓑ v.tr.,intr. **1** doer; *my eyes ~ me* doem-me os olhos; **2** fazer doer; magoar; **3** fazer sofrer, atormentar, afligir, desgostar; *it pained him to see such a thing* custava-lhe ver tal coisa; aflige-o ver uma coisa assim ❖ [coloq.] *a ~ in the neck* um chato; *no ~ no gain* não há ganho sem esforço; *to be in ~* sofrer; estar em sofrimento; *to be in ~ all over* ter o corpo todo dorido; *to cause ~* fazer sofrer; *to cry out in ~* soltar gritos de dor; *to give ~* causar dor; magoar alguém; *to put to ~* atormentar

pained [peɪnd] adj. **1** aflito; angustiado; **2** com expressão de dor; *to look ~* estar com uma expressão de sofrimento; **3** triste, pesaroso
painful ['peɪnfʊl] adj. **1** doloroso; **2** triste; pesaroso; **3** aflitivo; angustiante; penoso; **4** custoso; árduo; trabalhoso ❖ *it was ~ to see it* custava ver aquilo; *to get ~* começar a doer
painfully ['peɪnfʊlɪ] adv. **1** dolorosamente; **2** com aflição, com sofrimento; **3** custosamente, penosamente, laboriosamente
painfulness ['peɪnfʊlnɪs] s. carácter doloroso; dor
painkiller ['peɪnkɪlə] s. FARMÁCIA analgésico
painless ['peɪnləs] adj. **1** sem dor, indolor; **2** [fig.] fácil, sem custo, sem esforço
painlessness ['peɪnlɪsnɪs] s. ausência de dor
painstaking ['peɪnzteɪkɪŋ] Ⓐ adj. **1** cuidadoso, trabalhador, diligente, aplicado; **2** meticuloso, esmerado Ⓑ s. esforço, cuidado, trabalho
painstakingly ['peɪnzteɪkɪŋlɪ] adv. **1** cuidadosamente; **2** diligentemente; **3** meticulosamente, com todo o esmero
paint [peɪnt] Ⓐ s. **1** tinta; **2** cor, pintura; *coat of ~* camada de pintura; **3** coloq. (cosmética) maquilhagem para o rosto; **4** pl. tintas ou aguarelas Ⓑ v.tr.,intr. **1** pintar; *to ~ a landscape* pintar uma paisagem; *to ~ in oils* pintar a óleo; *to ~ sth green, red or yellow* pintar uma coisa de verde, vermelho ou amarelo; **2** dedicar-se à pintura; **3** (quadro) executar; **4** maquilhar; **5** [fig.] descrever; retratar ❖ *~ box* caixa de tintas; caixa de aguarelas; *~ grinder* aparelho de moer tintas; *~ mark* marca a tinta; *~ mixer* misturador de tintas; *~ oil* óleo para tintas; *~ remover/~ stripper* decapante; NÁUTICA *~ room* paiol das tintas; *~ shop* oficina de pintura; *~ sprayer* pistola para pintar; *~ tube* tubo de tinta, *~ vapour* tinta pulverizada; *oil paints* tintas a óleo; *wet paint!* pintado de fresco; *as fresh as ~* fresco como alface; *things are not as black as you're painting them* as coisas não estão tão más como estás a dizer; [cal.] *to ~ the town red* pintar a manta; pintar o Diabo; pintar o sete; pôr tudo em rebuliço divertindo-se ruidosamente
♦ **paint in** v.tr. pintar em primeiro plano
♦ **paint out** v.tr. fazer desaparecer, cobrindo de tinta
♦ **paint over** v.tr. cobrir com tinta; pintar por cima de
paintball ['peɪntbɔːl] s. DESPORTO paintball
paintbrush ['peɪntbrʌʃ] s. **1** pincel; **2** (paredes) brocha
painter ['peɪntə] s. **1** pintor; **2** NÁUTICA cabo de amarração, boça, contraboça da lancha ❖ *china ~* pintor em porcelana; *ivory ~* pintor em marfim; *landscape ~* paisagista; NÁUTICA *lazy ~* falsa boça; *portrait ~* retratista; *~ in oils* pintor a óleo; *~ of animals* animalista; *~ on glass* pintor em vidro; *painter's colics* cólicas saturninas; *painter's gold* ouro moído; *the ~ of a picture* o autor dum quadro; *to cut the ~* separar; soltar; separar-se; *to slip the ~* safar-se; pôr-se a andar; morrer
painterly ['peɪntəlɪ] adj. **1** pictórico; **2** artístico; **3** com recurso à cor
painting ['peɪntɪŋ] s. **1** (actividade) pintura; *to study ~* estudar pintura; **2** (quadro) pintura; *oil ~* pintura a óleo; **3** [fig.] descrição; representação
paintress ['peɪntrɪs] s.f. (pl. **-es**) pintora
painty ['peɪntɪ] adj. que cheira a tinta ou pintura
pair [peə] Ⓐ s. **1** par; parelha; grupo de dois; *in pairs* aos pares; *where is the ~ to this sock?* onde está o par desta peúga?; **2** casal, marido e mulher; *the happy ~* o casalinho; **3** (parlamento) membro de um partido que combina com outro de partido diferente ausentarem-se ambos antes de determinada votação Ⓑ v.tr.,intr. **1** juntar ou juntar-se em par; emparelhar(-se); dispor aos pares; **2** acasalar; **3** casar, unir-se pelo casamento; **4** competir, rivalizar ❖ *~ and ~* dois a dois; [coloq.] *~ of compasses* pernas; [coloq.] *~ of kicks* sapatos ou botas; *~ of stairs* lanço de escada correspondente a um andar; *a ~ of bellows* um fole; *a ~ of oxen* uma junta de bois; *a ~ of scales* uma balança; *a ~ of scissors* uma tesoura; *a ~ of shoes* um par de sapatos; *a ~ royal* série de três cartas com a mesma designação ou valor de três dados que mostram o mesmo número de pontos; (jogos de cartas) *a ~ royal of aces* três ases; *carriage and ~* carruagem a dois cavalos; *the ~ of you* vocês dois
♦ **pair off** v.tr.,intr. **1** (relacionamento) formar par(es) [**with**, com]; emparceirar [**with**, com]; **2** ir embora aos pares

pair up v.tr.,intr. (trabalho, jogo, etc.) formar pares; emparceirar(-se); juntar(-se) aos pares
paired ['peəd] adj. 1 aos pares; 2 dois a dois
pairing ['peərɪŋ] s. 1 junção em pares; emparelhamento; 2 par; casal; 3 associação; 4 acasalamento ❖ ~ *season/time* época de acasalamento
pair-oar ['peərɔ:] s. NÁUTICA barco de dois remos (para dois remadores)
paisley ['peɪzlɪ] s. 1 (padrão de tecido) desenho de cornucópias; 2 peça com desenho de cornucópias
pajamas [pəˈdʒɑːməz] s.pl. [EUA] VESTUÁRIO ⇒ **pyjamas**
Paki [GB] [depr.] [abrev. de Pakistani]
Pakistan [ˌpɑːkɪsˈtɑːn] s.top. Paquistão
Pakistani [ˌpɑːkɪsˈtɑːnɪ] adj.,s. paquistanês
pal [pæl] Ⓐ s. [coloq.] companheiro, camarada, amigalhaço, compincha; *they're great pals* eles são grandes companheiros Ⓑ v.intr. (particípios -ll-) ficar amigo [with, de]; acamaradar-se [with, com]; ligar-se [with, a]
✦ **pal up** v.intr. acamaradar-se [with, com]; ligar-se [with, a]; tornar-se companheiro [with, de]; *to ~ with sb* tornar-se companheiro de alguém
palace ['pælɪs] s. 1 palácio; *Buckingham Palace* o palácio de Buckingham; 2 paço; *Bishop's ~ paço episcopal*; 3 casa apalaçada; 4 (grande edifício) teatro; cinema; [ant.] *picture ~* cinema monumental ❖ (caminhos-de-ferro) ~ *car* carruagem de luxo
paladin ['pælədɪn] s. paladino
palaeethnology [ˌpælɪeθˈnɒlədʒɪ] s. paleoetnologia, ciência das raças humanas pré-históricas
palaeobotany [ˌpælɪəˈbɒtənɪ] s. paleobotânica
Palaeocene ['pælɪəʊsiːn] Ⓐ s. GEOLOGIA Paleoceno Ⓑ adj. GEOLOGIA paleoceno
palaeoethnology [ˌpælɪəʊeθˈnɒlədʒɪ] s. paleoetnologia, ciência das raças humanas pré-históricas
palaeogeography [ˌpælɪəʊdʒɪˈɒgrəfɪ] s. paleogeografia
palaeographer [ˌpælɪˈɒgrəfə] s. paleógrafo
palaeography [ˌpælɪˈɒgrəfɪ] s. paleografia
Palaeolithic [ˌpælɪəˈlɪθɪk] Ⓐ adj. paleolítico Ⓑ s. HISTÓRIA Paleolítico ❖ HISTÓRIA *the ~ age* o período paleolítico
palaeologist [ˌpælɪˈɒlədʒɪst] s. paleólogo
palaeontological [ˌpælɪɒntəˈlɒdʒɪkəl] adj. paleontológico
palaeontologist [ˌpælɪɒnˈtɒlədʒɪst] s. paleontologista, paleontólogo
palaeontology [ˌpælɪɒnˈtɒlədʒɪ] s. paleontologia
palaeoslavonic [ˌpælɪəʊsləˈvɒnɪk] s. a antiga língua eslavónica
Palaeozoic [ˌpælɪəˈzəʊɪk] Ⓐ s. GEOLOGIA Paleozóico Ⓑ adj. GEOLOGIA paleozóico
palaestra [pæˈliːstrə] s. palestra, parte do antigo ginásio grego
palaestral [pæˈliːstrəl] adj. (exercícios físicos) paléstrico; relativo aos exercícios praticados na palestra
palaeozoology [ˌpælɪəʊzəˈɒlədʒɪ] s. paleozoologia
palafitte ['pæləfɪt] s. ARQUEOLOGIA palafita, povoação pré-histórica com casas assentes sobre estacaria
Palamedes [ˌpæləˈmiːdiːz] s. MITOLOGIA Palamedes, herói grego que lutou nos muros de Tróia
palankeen [ˌpælənˈkiːn] s. palanquim
palanquin [ˌpælənˈkiːn] s. ⇒ **palankeen**
palatable ['pælətəbəl] adj. 1 saboroso, com um gosto ou sabor agradável; 2 [fig.] agradável ao espírito
palatableness ['pælətəblnɪs] s. ⇒ **palatality**
palatably ['pælətəblɪ] adv. 1 duma maneira agradável; 2 saborosamente
palatal ['pælətəl] Ⓐ adj. ANATOMIA, LINGUÍSTICA palatal Ⓑ s. LINGUÍSTICA fonema palatal
palatality [ˌpæləˈtælɪtɪ] s. carácter palatal de qualquer fonema
palatalization [ˌpælətəlaɪˈzeɪʃən] s. palatalização
palatalize ['pælətəlaɪz] v.tr. palatalizar
palate ['pælɪt] s. 1 palato, céu da boca; 2 palato, paladar, sentido do gosto; 3 preferência, gosto; *too sweet for my ~* demasiado doce para meu gosto; 4 BOTÂNICA palato, parte da corola personada ❖ *bony/hard ~* palato-duro; *soft ~* véu palatino; palato-mole; *to have no ~ for* não gostar de
palatial [pəˈleɪʃəl] adj. 1 sumptuoso, grandioso, palaciano; 2 apalaçado, semelhante a palácio

palatibility [ˌpælətəˈbɪlɪtɪ] s. 1 agradabilidade; 2 paladar ou sabor agradável
palatic [pəˈlætɪk] ANATOMIA relativo ao palato
palatinate [pəˈlætɪnɪt] s. (território de conde) palatinado ❖ ~ *purple* púrpura (característica de Universidade de Durham); *the Palatinate* o Palatinado
palatine ['pælətaɪn] Ⓐ s. 1 (senhor feudal) palatino; 2 [ant.] (peliça) palatina; 3 pl. ossos palatinos Ⓑ adj. 1 (território, nobre) palatino; 2 respeitante ao Palatinado; 3 pertencente ao palato; relativo ao palato ou ao osso palatino ❖ ~ *bones* ossos palatinos; HISTÓRIA (corte de Luís XIV) ~ *tippet* palatina; espécie de peliça para mulher; (Roma) *the Palatine* o monte Palatino
palato-dental [ˌpælətəʊˈdentəl] adj. palatodental, que se pronuncia com o palato e com os dentes
palato-pharyngeal [ˌpælətəfəˈrɪndʒɪəl] adj. palato faríngeo
palaver [pəˈlɑːvə] Ⓐ s. 1 HISTÓRIA negociação com nativos ou indígenas; 2 conferência ou discussão com nativos ou indígenas; 3 palavreado, conversa inútil e oca; 4 lisonja, bajulação; 5 [cal.] negócio, assunto Ⓑ v.tr.,intr. 1 falar com grande palavreado, palavrear, falar muito; 2 lisonjear, adular
pale [peɪl] Ⓐ adj. 1 pálido; lívido; ~ *as ashes/~ as death* pálido como a morte, com uma palidez mortal; *to look ~* estar pálido; *to turn ~* empalidecer; 2 (tom, cor) claro; pálido; ~ *blue* azul-claro; ~ *green* verde-pálido; ~ *yellow* amarelo-pálido; 3 sem cor, descorado, desbotado; 4 (luz) fraco, ténue, suave; 5 sem brilho, mortiço, apagado Ⓑ s. 1 estaca; pau aguçado; 2 estacada; paliçada; liça; barreira; 3 vala, limite, confim; 4 âmbito; 5 recinto, espaço cerrado, 6 região limitada, território, distrito; 7 HERÁLDICA pala do escudo; 8 BOTÂNICA pálea; 9 [fig.] grémio, seio; *within the ~ of the Church* no seio da Igreja Ⓒ v.intr. 1 empalidecer; 2 perder a cor; 3 [fig.] ser ofuscado [beside, por] Ⓓ v.tr. 1 fazer empalidecer; 2 fazer perder a cor ❖ ~ *oil* óleo mineral refinado; ~ *red wine* vinho palhete; *the English Pale* a parte da Irlanda ligada à Inglaterra; *the English Pale in France* o território de Calais; *the ~ light of the moon* o luar suave; *beyond the ~/outside the ~* para além dos limites considerados razoáveis; para além do que é considerado conveniente; *within the ~* dentro do razoável
palea ['peɪlɪə] (pl. **-eae**) BOTÂNICA pálea
paleface ['peɪlfeɪs] s. cara-pálida
palely ['peɪllɪ] adv. palidamente
paleness ['peɪlnɪs] s. palidez
Paleocene ['pælɪəʊsiːn] Ⓐ s. GEOLOGIA Paleoceno Ⓑ adj. GEOLOGIA paleoceno
paleographer [ˌpælɪˈɒgrəfə] s. ⇒ **palaeographer**
paleographic [ˌpælɪəˈgræfɪk] adj. paleográfico
paleographical [ˌpælɪəˈgræfɪkəl] adj. paleográfico
paleographically [ˌpælɪəˈgræfɪkəlɪ] adv. paleograficamente
paleography [ˌpælɪˈɒgrəfɪ] s. ⇒ **palaeography**
paleontological [ˌpælɪɒntəˈlɒdʒɪkəl] adj. ⇒ **palaeontological**
paleontologist [ˌpælɪɒnˈtɒlədʒɪst] s. ⇒ **palaeontologist**
paleontology [ˌpælɪɒnˈtɒlədʒɪ] s. ⇒ **palaeontology**
Paleozoic [ˌpælɪəˈzəʊɪk] Ⓐ s. GEOLOGIA Paleozóico Ⓑ adj. GEOLOGIA paleozóico
Palermo [pəˈlɜːməʊ] s.top. Palermo
Palestine ['pælɪstaɪn] s.top. Palestina
Palestinian [ˌpælɪsˈtɪnɪən] adj.,s. palestino
palestra [pæˈlestrə] s. ⇒ **palaestra**
palestral [pæˈlestrəl] adj. ⇒ **palaestral**
palette ['pælɪt] s. ARTES PLÁSTICAS paleta ❖ ~ *knife* espátula (de pintor); CULINÁRIA espátula para bolos
palfrey ['pɔːlfrɪ] s. [arc.] palafrém
Pali ['pɑːlɪ] s. (língua) páli
palikar ['pælɪkɑː] s. palicário, miliciano grego na guerra da independência
palimpsest ['pælɪmpsest] Ⓐ s. palimpsesto Ⓑ adj. palimpséstico
palindrome ['pælɪndrəʊm] Ⓐ s. palíndromo; palavra, frase ou verso que se lê da mesma maneira, quer seja da esquerda para a direita quer da direita para a esquerda Ⓑ adj. palíndromo
palindromic [ˌpælɪnˈdrɒmɪk] adj. palíndromo, palindrómico
paling ['peɪlɪŋ] s. 1 paliçada; 2 vedação

palingenesia [ˌpælɪndʒɪˈniːsɪə] s. BIOLOGIA palingénese, palingenesia, palingenia
palingenesis [ˌpælɪnˈdʒenɪsɪs] s. 1 palingénese, reprodução exacta de caracteres ancestrais; 2 regeneração de tecidos perdidos
palingenesy [pælɪnˈdʒenɪsɪ] s. ⇒ **palingenesia**
palingenetic [ˌpælɪndʒɪˈnetɪk] adj. palingénico, palingenésico
palinode [ˈpælɪnəʊd] s. 1 palinódia, poema no qual o poeta se desdiz de coisas anteriormente afirmadas; 2 retractação
palisade [ˌpælɪˈseɪd] Ⓐ s. 1 paliçada, estacada, barreira de estacas para defesa; 2 [EUA] série de penhascos altos e escarpados Ⓑ v.tr. cercar com paliçada, defender com paliçada
palisading [ˌpælɪˈseɪdɪŋ] s. 1 levantamento de paliçada; 2 cerco com paliçada; 3 defesa com paliçada
palisander [ˌpælɪˈsændə] s. BOTÂNICA palissandro, jacarandá
palish [ˈpeɪlɪʃ] adj. 1 um tanto pálido; 2 sem cor
palium [ˈpælɪəm] s. (pl. -a) 1 RELIGIÃO pálio; 2 toalha de altar; 3 manto usado pelos antigos Gregos; 4 manto de molusco
pall [pɔːl] Ⓐ v.tr.,intr. 1 perder o interesse; tornar-se insípido; 2 cansar; saturar; enjoar; 3 cobrir com um manto ou pano mortuário Ⓑ s. 1 pano mortuário, geralmente de veludo negro, com que se cobre o caixão; 2 cobertura pesada e negra; 3 RELIGIÃO (cobertura do cálice) pala; 4 RELIGIÃO [arc.] (ornamento litúrgico) pálio; 5 [fig.] manto; cobertura; camada; *a ~ of smoke* uma cortina de fumo; 6 [fig.] ambiente pesado ❖ *to cast a ~ over...* ensombrar
❖ **pall on** v.tr. [form.] enfastiar; saturar
palla [ˈpælə] s. pala, espécie de tela com que o sacerdote cobre o cálice
Palladian [pəˈleɪdɪən] adj. ARQUITECTURA construído no estilo pseudoclássico do século XVI
palladium [pəˈleɪdɪəm] s. 1 QUÍMICA (elemento químico) paládio; 2 HISTÓRIA (objecto sagrado protector) paládio; 3 [lit.] protecção; salvaguarda; garantia ❖ QUÍMICA *~ chloride* cloreto de paládio
pallbearer [ˈpɔːlˌbeərə] s. (funeral) pessoa que pega às borlas do caixão
pallet [ˈpælɪt] s. 1 plataforma para carga) palete; 2 (pintor) paleta; 3 espátula de oleiro; 4 ferramenta para dourar capas de livros; 5 palheta, conjunto de peças de maquinismo de relógio em que tocam os dentes da roda catarina; 6 lingueta; 7 ressalto em mecanismo para inverter a marcha duma roda; 8 enxerga, enxergão; colchão de palha
palliasse [ˈpælɪæs] s. ⇒ **paillasse**
palliate [ˈpælɪeɪt] v.tr. 1 (doenças) paliar; suavizar; aliviar; 2 desculpabilizar; *to ~ a crime* desculpabilizar um crime; 3 atenuar; moderar; mitigar
palliating [ˈpælɪeɪtɪŋ] adj. 1 que suaviza ou mitiga; 2 que alivia; 3 atenuante
palliation [ˌpælɪˈeɪʃən] s. 1 paliação; 2 atenuação; 3 alívio; 4 desculpa; 5 dissimulação
palliative [ˈpælɪətɪv] adj.,s. 1 MEDICINA paliativo; 2 apaziguador; tranquilizador; *~ words* palavras tranquilizadoras ❖ MEDICINA *~ care* cuidados paliativos
pallid [ˈpælɪd] adj. 1 pálido, lívido; 2 sem cor, descorado
pallidly [ˈpælɪdlɪ] adv. palidamente
pallidness [ˈpælɪdnɪs] s. palidez
pall-mall [ˌpælˈmæl] s. palamalho, palamalhar, jogo em que uma bola de madeira era impelida por um taco igualmente de madeira
pallor [ˈpælə] s. palor, palidez
pally [ˈpælɪ] adj. [coloq.] camarada, amigo ❖ *he is ~ with your brother* o teu irmão e ele andam sempre juntos
palm [pɑːm] Ⓐ s. 1 palma, palma da mão; 2 BOTÂNICA palmeira, palma, ramo de palmeira, folha de palmeira; *~ branch* palma, ramo de palmeira; *~ leaf* palma, folha de palmeira; *~ tree* palmeira; 3 [fig.] palma, vitória, triunfo; *to bear the ~/to carry off the ~* levar a palma, alcançar a vitória; 4 (medida) palmo; 5 NÁUTICA pata de âncora; unha de âncora; 6 manopla de sapateiro; 7 repuxo, peça de couro com dedal com que os marinheiros protegem as mãos ao coser as velas dos navios Ⓑ v.tr. 1 escamotear, empalmar, esconder na mão; 2 tocar com a palma da mão; 3 [fig.] subornar, enganar, trapacear ❖ *~ butter* manteiga de palma; *~ cabbage* palmito; ZOOLOGIA *~ cat* ocelote;

~ grove palmar; *~ oil* óleo de palma; óleo de coco; RELIGIÃO *Palm Sunday* Domingo de Ramos; *~ wine* vinho de palma; *~ oil soap* sabão de óleo de coco; *to grease the ~* subornar; untar as unhas; *to have an itching ~* prestar-se ao suborno; *to have sb in the ~ of one's hand* ter alguém na palma da mão; *to yield the ~ to* ceder a palma a
❖ **palm off** v.tr. 1 impingir [on, a]; 2 livrar-se de; *to palm sb off* livrar-se de alguém
Palma Christi [ˌpælməˈkrɪstɪ] s. BOTÂNICA rícino
palmar [ˈpælmə] adj. palmar, que diz respeito à palma da mão
palmary [ˈpælmərɪ] adj. que leva a palma, esplêndido, excelente
palmate [ˈpælmɪt] adj. 1 BOTÂNICA palmado; 2 cujos dedos estão reunidos por uma membrana
palmer [ˈpɑːmə] s. 1 romeiro; peregrino que regressava da Terra Santa com um ramo ou folha de palmeira; 2 ZOOLOGIA lagarta peluda muito voraz; *~ worm* lagarta peluda muito voraz; 3 mosca artificial para isca; 4 prestidigitador
palmetto [pælˈmetəʊ] s. (pl. -s ou -es) BOTÂNICA (palmeira anã) palmeto, palmito ❖ [EUA] (alcunha) *the Palmetto State* a Carolina do Sul
palmic [ˈpælmɪk] adj. QUÍMICA pálmico; *~ acid* ácido pálmico
palmiform [ˈpælmɪfɔːm] adj. BOTÂNICA palmiforme
palming [ˈpɑːmɪŋ] s. acção de empalmar ou escamotear
palmiped [ˈpælmɪped] adj.,s. ZOOLOGIA palmípede
palmist [ˈpɑːmɪst] s. quiromante
palmistry [ˈpɑːmɪstrɪ] s. quiromancia
palmitic [pælˈmɪtɪk] adj. QUÍMICA palmítico; *~ acid* ácido palmítico
palmitin [ˈpælmɪtɪn] s. QUÍMICA palmitina, designação corrente do palmitido
palmtop [ˈpɑːmtɒp] s. INFORMÁTICA palmtop, computador de bolso
palmy [ˈpɑːmɪ] adj. (comp. -ier, superl. -iest) 1 relativo a palmeira; 2 coberto de palmeiras, cheio de palmeiras; 3 florescente, próspero, feliz
palmyra [pælˈmaɪrə] s. BOTÂNICA palmira, palmeira-de-palmira
Palmyra [pælˈmaɪrə] s.top. Palmira
palooka [pəˈluːkə] s. (pl. -s) 1 [EUA] [cal.] (ofensivo) grosseiro, imbecil, rústico, tosco; 2 [EUA] DESPORTO [cal.] atleta fácil de vencer
palp [pælp] s. ⇒ **palpus**
palpability [ˌpælpəˈbɪlɪtɪ] s. 1 palpabilidade; 2 evidência, notoriedade
palpable [ˈpælpəbəl] adj. 1 palpável, que pode tocar-se ou sentir-se; 2 notório, evidente, óbvio, manifesto
palpableness [ˈpælpəblnɪs] s. ⇒ **palpability**
palpably [ˈpælpəblɪ] adv. 1 palpavelmente; 2 evidentemente, claramente, manifestamente
palpate [ˈpælpeɪt] v.tr. MEDICINA palpar, examinar por meio da palpação
palpation [pælˈpeɪʃən] s. MEDICINA palpação
palpebra [ˈpælpɪbrə] s. (pl. -ae) pálpebra
palpebral [ˈpælpəbrl] adj. palpebral; relativo às pálpebras
palpitate [ˈpælpɪteɪt] v.tr. palpitar
palpitating [ˈpælpɪteɪtɪŋ] adj. palpitante
palpitation [ˌpælpɪˈteɪʃən] s. palpitação, agitação violenta e desregrada do coração
palpus [ˈpælpəs] s. (pl. -i) ZOOLOGIA palpo, apêndice articulado da armadura bucal dos insectos e outros artrópodes
palsgrave [ˈpɔːlzgreɪv] s. conde palatino
palsgravine [ˈpɔːlzgreɪvɪn] s.f. condessa palatina
palsied [ˈpɔːlzɪd] adj. paralítico, entrevado
palsy [ˈpɔːlzɪ] Ⓐ s. (pl. -ies) 1 paralisia; 2 inibição total, incapacidade; 3 marasmo Ⓑ v.tr. paralisar
palter [ˈpɔːltə] v.intr. 1 não ser sincero; ser dúbio; 2 fingir, simular; 3 (preços, contenda) regatear, marralhar, discutir [with, com]; *to ~ with sb about sth* discutir com alguém acerca de alguma coisa; 4 tratar de ânimo leve
palterer [ˈpɔːltərə] s. 1 pessoa insincera, simuladora; 2 indivíduo trapaceiro; 3 indivíduo que trata as coisas futilmente; 4 intrujão, vigarista; 5 pessoa de má-fé
paltering [ˈpɔːltərɪŋ] Ⓐ adj. 1 insincero, simulador; 2 de má-fé Ⓑ s. 1 dissimulação; 2 subterfúgio, evasiva; 3 hesitação
paltrily [ˈpɔːltrɪlɪ] adv. 1 miseravelmente, vilmente; 2 duma maneira desprezível
paltriness [ˈpɔːltrɪnɪs] s. 1 mesquinhez, mesquinhice, insignificância; 2 sordidez

paltry ['pɔːltrɪ] *adj.* (*comp.* **-ier**, *superl.* **-iest**) **1** mesquinho, vil; reles, desprezível; **2** sem valor; insignificante ❖ *a ~ fellow* um zé-ninguém; um franganote

paludal [pəˈljuːdəl] *adj.* **1** palúdico, palustre; **2** relativo ao paludismo ou sezonismo

paludism [ˈpæljʊdɪzəm] *s.* [arc.] paludismo, impaludismo, sezonismo

palustral [pəˈlʌstrəl] *adj.* palustral, palustre, próprio de pauis ou pântanos

paly ['peɪlɪ] *adj.* (*comp.* **-ier**, *superl.* **-iest**) **1** um tanto pálido, descorado, sem cor; **2** HERÁLDICA palado, coberto de palas alternadas de metal e cor

pam [pæm] *s.* valete de paus (em determinado jogo de cartas)

pampas ['pæmpəs] *s.pl.* GEOGRAFIA pampas ❖ *~ grass* erva própria das pampas

Pampean [ˈpæmpɪən] Ⓐ *adj.* pampiano, pampeiro; relativo às pampas Ⓑ *s.* índio das pampas

pamper ['pæmpə] *v.tr.* **1** amimar; acarinhar; **2** estragar com mimos; habituar mal; **3** regalar; deleitar; **4** [arc.] empanturrar, fartar ❖ *to ~ animals* engordar animais; *to ~ oneself* satisfazer os próprios desejos; ceder à tentação; *to ~ sb's vanity* afagar o ego de alguém

pampered ['pæmpəd] *adj.* **1** mimado, estragado com mimos; **2** mal habituado

pamperer ['pæmpərə] *s.* aquele que amimalha ou estraga com mimos

pampero [pæmˈpeərəʊ] *s.* pampeiro, vento frio e violento que sopra das pampas da Argentina

pamphlet ['pæmflɪt] *s.* **1** panfleto, folheto; **2** opúsculo

pamphleteer [ˌpæmflɪˈtɪə] Ⓐ *s.* **1** autor de opúsculos ou folhetos; **2** panfletário Ⓑ *v.intr.* **1** escrever opúsculos ou folhetos; **2** escrever panfletos

pampre ['pæmpə] *s.* ARQUITECTURA pâmpano, ornato imitativo de haste de vinha

pan [pæn] Ⓐ *s.* **1** CULINÁRIA caçarola; tacho; recipiente; forma; *meat ~* assadeira para carne; *oven ~* travessa de ir ao forno; *tart ~* forma para tortas e empadas; **2** tina; **3** marmita; **4** cadinho; **5** prato de balança; **6** colector de óleo; **7** tanque; **8** compartimento; **9** recipiente para evaporação de água salgada; **10** TIPOGRAFIA parte da imprensa que entra na platina; **11** caçoleta de escova; **12** autoclave; **13** (minas) bateia; **14** peneira de pesquisador de ouro; **15** camada de subsolo; **16** cavidade no solo Ⓑ *v.tr.,intr.* (*particípios*: **-nn-**) **1** fritar, frigir, cozinhar em caçarola; **2** (minas) lavar em bateia, batear; **3** produzir ouro; **4** ser bem sucedido, dar bom resultado; **5** [coloq.] desacreditar, rebaixar, criticar severamente; **6** CINEMA dar um aspecto panorâmico a; **7** extrair sal por evaporação ❖ (minas) *~ washing* lavagem na bateia; *settling ~* pia de decantação; *~ of the knee* rótula do joelho; *to go down the ~* ir por água abaixo

◆ **pan out** *v.intr.* **1** [coloq.] (funcionar) correr; *the scheme did not ~ well* o projecto não correu assim muito bem; **2** ser bem sucedido; dar bom resultado; resultar

Pan [pæn] *s.* MITOLOGIA Pã ❖ MÚSICA *~ pipe/~'s pipes* flauta de Pã

panacea [ˌpænəˈsɪə] *s.* panaceia

panache [pəˈnæʃ] *s.* **1** penacho, topete, cocar; **2** [fig.] fanfarronada, bravata

panada [pəˈnɑːdə] *s.* CULINÁRIA espécie de açorda

Pan-African [ˌpænˈæfrɪkən] *adj.* pan-africano

Panama [ˈpænəmɑː] *s.top.* Panamá

Panamanian [ˌpænəˈmeɪnjən] *adj.,s.* panamaense, panamanense

Pan-American [ˌpænəˈmerɪkən] *adj.* pan-americano

Pan-Americanism [ˌpænəˈmerɪkənɪzəm] *s.* pan-americanismo

panary [ˈpænərɪ] *adj.* panário; relativo a pão

panathenaea [ˌpænəθɪˈniːə] *s.pl.* Panateneias, antigas festas atenienses celebradas em honra de Atena

panathenaean [ˌpænəθɪˈniːən] *adj.* panateneio

panathenaic [ˌpænəθɪˈneɪɪk] *adj.* panataneico

pancake ['pænkeɪk] Ⓐ *s.* **1** CULINÁRIA panqueca; **2** AERONÁUTICA (aterragem de emergência) placagem Ⓑ *v.intr.* AERONÁUTICA [cal.] (emergência) aterrar verticalmente em posição nivelada ❖ *~ day* Terça-Feira de Entrudo; *~ ice* fragmentos de gelo; *flat as a ~* completamente liso

panchromatic [ˌpænkrəˈmætɪk] *adj.* FOTOGRAFIA pancromático; *~ film* filme pancromático; *~ plate* chapa pancromática

panchromatization [ˌpænkrəmətaɪˈzeɪʃən] *s.* pancromatização

Pancras [ˈpæŋkrəs] *s.antr.* Pancrácio

pancratic [pænˈkrætɪk] *adj.* relativo ao pancrácio, espécie de luta-livre praticada pelos Gregos e Romanos

pancratium [pænˈkreɪʃɪəm] *s.* pancrácio, espécie de luta-livre praticada pelos Gregos e Romanos

pancreas [ˈpæŋkrɪəs] *s.* ANATOMIA pâncreas

pancreatic [ˌpæŋkrɪˈætɪk] *adj.* ANATOMIA pancreático; relativo ao pâncreas ❖ *~ juice* suco pancreático

pancreatin [ˈpæŋkrɪətɪn] *s.* pancreatina

panda ['pændə] *s.* ZOOLOGIA panda ❖ [GB] (polícia) *~ car* carro de patrulha

Pandaean [pænˈdiːən] *adj.* ⇒ **Pandean**

Pandean [pænˈdiːən] *adj.* MITOLOGIA relativo a Pã ❖ MÚSICA *~ pipe* flauta de Pã

pandects ['pændekts] *s.pl.* pandectas, compilação de leis levada a efeito por determinação do imperador Justiniano

pandemia [pænˈdiːmɪə] *s.* pandemia

pandemic [pænˈdemɪk] Ⓐ *adj.* pandémico Ⓑ *s.* ⇒ **pandemia**

pandemonium [ˌpændɪˈməʊnɪəm] *s.* **1** pandemónio, morada de todos os demónios, lugar imaginário onde os demónios se reuniam; **2** inferno; **3** confusão, tumulto, desordem

pander ['pændə] Ⓐ *v.tr.,intr.* **1** ser conivente [*to*, com]; **2** [depr.] alcovitar, servir de alcoviteiro Ⓑ *s.* **1** [depr.] alcoviteiro, intermediário; **2** [arc.] proxeneta

panderer ['pændərə] *s.* **1** aquele que serve como proxeneta; **2** pessoa que favorece ou protege maus designios ou paixões

panderess ['pændərɪs] *s.f.* alcoviteira, proxeneta

pandit ['pændɪt] *s.* ⇒ **pundit**

pandoor [pænˈdʊə] *s.* ⇒ **pandour**

pandora [pænˈdɔːrə] *s.* ⇒ **pandore**

Pandora [pænˈdɔːrə] *s.* MITOLOGIA Pandora ❖ MITOLOGIA *Pandora's box* a boceta de Pandora

pandore [pænˈdɔː] *s.* MÚSICA pandora, pandura, instrumento de cordas metálicas do tipo da cítara

pandour [pænˈdʊə] *s.* HISTÓRIA soldado duma milícia violenta e desordenada criada em 1741 pelo barão Trenck, e mais tarde incorporada no exército austríaco

pane [peɪn] Ⓐ *s.* **1** (janela) vidro, vidraça; **2** quadrado; **3** (tecido) aplicação rectangular; **4** chapa, placa; **5** (muro) lanço; **6** almofada de porta; **7** (martelo) pena; *~ of a hammer* pena de um martelo Ⓑ *v.tr.* (tecido) dividir em quadrados ou tiras de cores diferentes ❖ *~ sledgehammer* malho; *~ of a roof* água de um telhado; plano inclinado de um telhado; *~ of baywork* frontal

paned [peɪnd] *adj.* **1** quadriculado, axadrezado, aos quadrados; **2** com vidros; envidraçado

panegyric [ˌpænɪˈdʒɪrɪk] *adj.,s.* panegírico

panegyrical [ˌpænɪˈdʒɪrɪkəl] *adj.* panegírico, laudatório

panegyrically [ˌpænɪˈdʒɪrɪkəlɪ] *adv.* laudatoriamente

panegyrist [ˌpænɪˈdʒɪrɪst] *s.* panegirista

panegyrize [ˌpænɪˈdʒɪraɪz] *v.tr.* **1** panegiricar, fazer o panegírico de; **2** encomiar, elogiar

panel ['pænl] Ⓐ *s.* **1** painel; **2** (porta, parede, etc.) almofada; **3** barra ou rectângulo diferente em tecido; **4** xairel; **5** tira de papel; **6** júri; *the ~* o júri; **7** rol, lista de pessoas que fazem parte de determinado serviço; **8** [ant.] lista de médicos inscritos nos serviços sociais; *~ doctor* médico do quadro dos serviços sociais; **9** estrutura entre pilares ou moirões; **10** fotografia ou quadro grande de forma rectangular; **11** mostrador, quadro de instrumentos, quadro de ligações; (automóvel) *instrument ~* tablier, quadro de instrumentos; **12** *pl.* (encadernação) distância entre as nervuras Ⓑ *v.tr.* (*particípios*: **-ll-**) **1** apainelar; almofadar; **2** cobrir com lambrins; **3** (cavalo) selar com xairel; **4** (vestido) guarnecer com pedaços de tecido de cor ou aspecto diferente ❖ *~ beater* chapeiro; *~ discussion* mesa redonda; debate; [ant.] *~ patient* doente inscrito nos serviços sociais; AERONÁUTICA *observation ~* quadro de observação; *the ~ of the BBC speakers* painel de discussão da BBC

paneless [ˈpeɪnləs] *adj.* sem vidraças

panelled [ˈpænəld] *adj.* **1** apainelado, almofadado; **2** revestido de lambrins ❖ *~ ceiling* tecto com caixotões

panelling ['pænlɪŋ] s. revestimento com lambrins, caixotões ou almofadas
panettone [pænəˈtəʊnɪ] s. CULINÁRIA (bolo italiano) panetone
Pan-European [ˌpænˌjʊərəˈpiːən] adj. pan-europeu
panful ['pænfʊl] s. panelada, panela ou caçarola cheia
pang [pæŋ] s. 1 aflição; agonia; tormento; 2 angústia súbita; choque; 3 dor aguda; 4 espasmo ❖ *a ~ of conscience* remorsos; *a ~ of jealousy* uma ponta de ciúme; *the pangs of hunger* as torturas da fome
pangene ['pændʒiːn] s. BIOLOGIA pangene, corpúsculo portador das propriedades hereditárias nos núcleos sexuais
pangenesis [pænˈdʒenɪsɪs] s. BIOLOGIA pangénese
Pan-German [ˌpænˈdʒɜːmən] adj. pangermanista
Pan-Germanism [ˌpænˈdʒɜːmənɪzəm] s. pangermanismo
Pan-Germanist [ˌpænˈdʒɜːmənɪst] s. pangermanista
pangolin ['pæŋɡəʊlɪn] s. ZOOLOGIA pangolim
panhandle ['pænhændl] Ⓐ s. 1 cabo de caçarola; 2 [EUA] enclave entre Estados Ⓑ v.intr. [EUA] andar a pedir, mendigar
panhandler ['pænhændlə] s. [EUA] pedinte, mendigo
Panhellenic [ˌpænheˈlenɪk] adj. pan-helénico
Panhellenism [ˌpænˈhelɪnɪzəm] s. pan-helenismo
panic ['pænɪk] Ⓐ s. 1 pânico; *in a ~* em pânico; 2 terror; 3 alarme; 4 BOTÂNICA (gramínea) pânico Ⓑ adj. 1 de pânico; 2 que inspira terror Ⓒ v.tr.,intr. (particípios: **-ck-**) 1 entrar em pânico; ficar apavorado, perder a cabeça; *whatever happens, don't ~* nada de perder a cabeça, aconteça o que acontecer; 2 encher de pânico ❖ *~ attack* ataque de pânico; *~ bolt* ferrolho para casos de emergência; *~ button* sinal de alarme; *~ price* preço tão baixo que dá origem a pânico; [coloq.] *it was ~ stations* era o pânico generalizado
panicky ['pænɪkɪ] adj. 1 apavorado, em pânico, tomado de pânico; 2 terrível, assustador ❖ *~ rumours* boatos alarmistas; *to get ~* alarmar-se; entrar em pânico
panicle ['pænɪkl] s. BOTÂNICA panícula
panicled ['pænɪkəld] adj. ⇒ **paniculate**
panicmonger ['pænɪkˌmʌŋɡə] s. alarmista; profeta da desgraça; pessoa que espalha o pânico
panic-stricken ['pænɪkˌstrɪkən] adj. apavorado; em pânico; aterrorizado
panic-struck ['pænɪkˌstrʌk] adj. ⇒ **panic-stricken**
paniculate [pəˈnɪkjʊlɪt] adj. BOTÂNICA paniculado
panification [ˌpænɪfɪˈkeɪʃən] s. panificação
Panislamic [ˌpænɪzˈlæmɪk] adj. pan-islâmico
Panislamism [ˌpænˈɪzləmɪzəm] s. pan-islamismo
panjandrum [pənˈdʒændrəm] s. 1 [irón.] pessoa muito importante, alta personagem, grande magnate; 2 [coloq.] manda-chuva
panmixia [pænˈmɪksɪə] s. BIOLOGIA panmixia
pannage ['pænɪdʒ] s. 1 direito de apascentar porcos; 2 pagamento por apascentar porcos; 3 alimento para porcos (bolotas, etc.)
panne [pæn] s. pelúcia de lã, seda ou algodão aveludado e felpudo dum lado
pannier ['pænɪə] s. 1 cesto, cabaz grande para ser transportado às costas; 2 cesto grande colocado no dorso de animais de carga (geralmente um de cada lado); 3 bolsas colocadas em cada lado de velocípede ou bicicleta motorizada; 4 caixa de medicamentos ou instrumentos cirúrgicos em ambulância; 5 anquinhas, ancas postiças; 6 [coloq.] funcionário de toga no Inner Temple; 7 ARQUITECTURA modilhão
pannikin ['pænɪkɪn] s. pequeno copo ou taça de metal
Pannonian [pæˈnəʊnɪən] adj.,s. panoniano
panoplied ['pænəplɪd] adj. armado de panóplia, com armadura completa
panoply ['pænəplɪ] s. (pl. **-ies**) panóplia
panopticon [pænˈɒptɪkən] s. prisão projectada de forma circular, com as celas em volta e ao centro as instalações dos guardas
panorama [ˌpænəˈrɑːmə] s. 1 panorama; 2 paisagem; 3 panorâmica; 4 painel circular ou cilíndrico colocado de maneira que o espectador, ao centro, vê em perspectiva uma cidade ou paisagem
panoramic [ˌpænəˈræmɪk] adj. panorâmico
panoramically [ˌpænəˈræmɪkəlɪ] adv. panoramicamente

panoramist [ˌpænəˈræmɪst] s. panoramista, pintor de paisagem ou panoramas
panpipes ['pænpaɪps] s. MÚSICA flauta de Pã
Pan-Serbian [pænˈsɜːbɪən] adj. pansérvio
pansexual [pænˈseksjʊəl] adj. pansexual
pansexuality [pænˌseksjʊˈælɪtɪ] s. pansexualidade
Pan-Slavic [pænˈslɑːvɪk] adj. pan-eslávico
Panslavism [pænˈslɑːvɪzəm] s. pan-eslavismo
Panslavist [pænˈslɑːvɪst] s. pan-eslavista
Panslavistic [ˌpænslɑːˈvɪstɪk] adj. pan-eslavista
pansy ['pænzɪ] s. (pl. **-ies**) 1 BOTÂNICA amor-perfeito; 2 [cal., depr.] homossexual, maricas
pant [pænt] Ⓐ v.intr. 1 arquejar; arfar; estar ofegante; respirar com esforço; 2 [fig.] ansiar; desejar ansiosamente; *to ~ to do sth* ansiar por fazer alguma coisa Ⓑ s. 1 respiração custosa, arquejo; 2 arfada; 3 palpitação ❖ *to ~ for breath* estar sem fôlego; estar ofegante
◆ **pant after/for** v.tr. ansiar por; suspirar por; desejar ardentemente; *I'm panting for a drink!* estou a morrer por uma bebida!
◆ **pant out** v.intr. falar ofegantemente; dizer arquejando
pantagraph ['pæntəɡrɑːf] s. ⇒ **pantograph**
pantagruelian [ˌpæntəɡruˈelɪən] adj. pantagruélico
pantagruelic [ˌpæntəɡruˈelɪk] adj. ⇒ **pantagruelian**
pantagruelism [ˌpæntəˈɡruəlɪzəm] s. pantagruelismo
pantagruelist [ˌpæntəˈɡruəlɪst] s. pantagruelista
pantalettes [ˌpæntəˈlets] s.pl. VESTUÁRIO [ant.] calças compridas usadas sob a saia e apertadas nos tornozelos
pantaloon [ˌpæntəˈluːn] s. 1 arlequim, bobo; 2 pantalão, pantalone, personagem da comédia italiana; 3 pl. VESTUÁRIO pantalonas, calças largas
pantalooned [ˌpæntəˈluːnd] adj. [arc.] vestido com pantalonas
pantaloonery [ˌpæntəˈluːnərɪ] s. pantalonada, farsa burlesca e grosseira
pantechnicon [pænˈteknɪkən] s. 1 depósito de móveis; 2 camioneta para mudanças ❖ *~ van* camião para mudança de mobílias
pantelegraph [pænˈtelɪɡrɑːf] s. FÍSICA pantelégrafo
panter ['pæntə] s. pessoa ofegante ❖ *a ~ after/for sth* uma pessoa que anseia, está ansiosa por alguma coisa
pantheism ['pænθiːɪzəm] s. panteísmo
pantheist ['pænθiːɪst] s. panteísta
pantheistic [ˌpænθiːˈɪstɪk] adj. panteísta
pantheistical [ˌpænθiːˈɪstɪkəl] adj. panteísta
pantheistically [ˌpænθiːˈɪstɪkəlɪ] adv. duma maneira panteísta
pantheon ['pænθɪən, pænˈθiːɒn] s. panteão
panther ['pænθə] s. 1 ZOOLOGIA pantera; 2 [EUA] ZOOLOGIA puma
pantheress ['pænθərɪs] s.f. (pl. **-es**) pantera-fêmea
pantherine ['pænθərɪn] adj. semelhante a pantera
panties ['pæntɪz] s.pl. [coloq.] calcinhas (de mulher ou de criança)
pantihose ['pæntɪhəʊz] s.pl. [EUA] VESTUÁRIO meia-calça, collants
pantile ['pæntaɪl] s. telha curva em forma de S colocada no beiral dum telhado
panting ['pæntɪŋ] Ⓐ s. 1 respiração curta e ofegante; 2 palpitação Ⓑ adj. 1 ofegante; arquejante; 2 palpitante, com palpitações; 3 desejoso [**after/for**, de]; ansioso [**after/for**, por]
pantingly ['pæntɪŋlɪ] adv. ofegantemente; arquejando
pantler ['pæntlə] s. [ant.] despenseiro
pantograph ['pæntəɡrɑːf] s. pantógrafo, instrumento para a reprodução mecânica de desenhos em qualquer escala
pantographic [ˌpæntəˈɡræfɪk] adj. pantográfico
pantographical [ˌpæntəˈɡræfɪkəl] adj. pantográfico
pantographically [ˌpæntəˈɡræfɪkəlɪ] adv. pantograficamente
pantometer [pænˈtɒmɪtə] s. pantómetro, instrumento destinado à medição de ângulos
pantomime ['pæntəmaɪm] Ⓐ s. 1 TEATRO pantomima; 2 TEATRO pantomimo, actor que representa pantomimas Ⓑ v.tr.,intr. 1 exprimir por meio de pantomima; 2 pantomimar, representar pantomimas
pantomimic [ˌpæntəˈmɪmɪk] adj. pantomímico
pantomimically [ˌpæntəˈmɪmɪkəlɪ] adv. à maneira de pantomima
pantomimist ['pæntəmaɪmɪst] s. pantomimo, actor de pantomimas

pantoscope ['pæntəskəʊp] s. FOTOGRAFIA pantoscópio
pantothenic [ˌpæntəˈθenɪk] adj. BIOQUÍMICA (ácido) pantoténico
pantry ['pæntrɪ] s. ⟨pl. -ies⟩ 1 despensa, copa; 2 despensa de navio
pantryman ['pæntrɪmən] s. ⟨pl. -men⟩ despenseiro
pants [pænts] s.pl. 1 [EUA, Can., Austr.] VESTUÁRIO calças; 2 [GB] VESTUÁRIO cuecas ❖ VESTUÁRIO *hot* ~ calções de senhora muito curtinhos; (derrota) *to beat the* ~ *off sb* dar uma tareia a alguém; [coloq.] (situação embaraçosa) *to be caught with the* ~ *down* ser apanhado desprevenido; [coloq.] *who wears the* ~ *at home?* quem é que manda em casa?
pantsuit ['pæntsjuːt] s. fato
panty ['pæntɪ] s. ⟨pl. -ies⟩ VESTUÁRIO ⇒ **panties**
pantyhose ['pæntɪˌhəʊz] s. VESTUÁRIO ⇒ **pantihose**
pap [pæp] Ⓐ s. 1 papa, papas, papinha, papinhas, mingau; *fed on* ~ alimentado a papas; 2 polpa; 3 (fig., depr.) futilidades; 4 [arc.] mamilo; 5 espinha, borbulha; 6 [EUA] [coloq.] papá; 7 pl. (montes cónicos) cumes lado a lado Ⓑ v.tr. alimentar com papas ❖ ~ *entertainment* entretenimento acéfalo
papa [pəˈpɑː] s. [ant.] papá, paizinho
papacy ['peɪpəsɪ] s. ⟨pl. -ies⟩ 1 papado; 2 governo papal; 3 pontificado
papain [pəˈpeɪɪn] s. BIOQUÍMICA papaína
papal ['peɪpəl] adj. 1 papal; relativo ao papa; 2 pontifical; relativo ao papado ou pontificado ❖ ~ *bull* bula papal; ~ *legate* legado apostólico; legado do papa; *the Papal States* os Estados Pontifícios
papalism ['peɪpəlɪzəm] s. papismo
papalist ['peɪpəlɪst] s. papista
papalize ['peɪpəlaɪz] v.tr.,intr. 1 converter ao catolicismo romano; 2 converter-se ao catolicismo romano
paparazzi [ˌpæpəˈrætsɪ] s. {pl. de **paparazzo**} paparazzi
paparazzo [ˌpæpəˈrætsəʊ] s. ⟨pl. -i⟩ paparazzo
Papaveraceae [ˌpəpeɪvəˈreɪsiː] s.pl. BOTÂNICA Papaveráceas
papaveraceous [ˌpəpeɪvəˈreɪʃəs] adj. BOTÂNICA papaveráceo
papaverine [pəˈpeɪvəriːn] s. FARMÁCIA papaverina
papaverous [pəˈpeɪvərəs] adj. ⇒ **papaveraceous**
papaw [pəˈpɔː] s. 1 BOTÂNICA papaia, fruto da papaieira; mamão_{Bras.}, fruto do mamoeiro; 2 papaieira, mamoeiro_{Bras.}
papaya [pəˈpaɪə] s. 1 BOTÂNICA (fruto) papaia; 2 BOTÂNICA (árvore) papaieira
paper ['peɪpə] Ⓐ s. 1 papel; 2 folha de papel; 3 papel de parede; 4 jornal; *a daily* ~ um jornal diário; *a weekly* ~ semanário, hebdomadário; *Sunday* ~ jornal dominical; 5 nota de banco, papel-moeda; ~ *currency* papel-moeda; ~ *money* papel-moeda; 6 FINANÇAS promissória, letra de câmbio, título, obrigação, acção; 7 prova de exame, questionário de prova de exame; *examination* ~ prova de exame, ponto de exame; 8 ensaio, dissertação, conferência, comunicação de carácter científico, literário, etc.; *to read a* ~ fazer uma conferência; 9 documento escrito ou impresso; 10 [cal.] baralho marcado; 11 TEATRO [coloq.] borla, entrada à borla; *the house seems to be full, but half of it is* ~ a casa parece estar cheia, mas metade dela são entradas à borla; 12 pl. documentos Ⓑ v.tr. 1 forrar a papel; cobrir com papel; 2 embrulhar em papel; 3 [cal.] (cinema, teatro, etc.) encher com entradas à borla ❖ ~ *bag* saco de papel; ~ *box* caixa de cartão; ~ *case* papeleira; ~ *chase* rally paper; pesquisa de documentos; ~ *clamp* mola para segurar papéis; ~ *credit* crédito cambial; ~ *cutter* guilhotina; cortadora de papel; ~ *factory* fábrica de papel; (impressora) ~ *feeder* alimentadora; TIPOGRAFIA ~ *guide* guia-papel; ~ *industry* indústria do papel; ~ *manufacturer* fabricante de papel; ~ *mill* fábrica de papel; ZOOLOGIA ~ *nautilus* argonauta; ~ *office* arquivo oficial; ~ *profits* lucros fictícios; (material de escritório) ~ *punch* furador; ~ *reed* papiro; ~ *roll* rolo de papel; ~ *sack* cartucho de papel; ~ *shears* tesoura para cortar papel; ~ *stainer* impressor de papéis pintados; ~ *stock* matéria-prima para o fabrico de papel; *on* ~ no papel; *em teoria; voting* ~ boletim de voto; ~ *of pins* carta de alfinetes; *let us have it on* ~ vamos pôr isto por escrito; *to explain on* ~ explicar por escrito; *to move for papers* requerer os autos; *to send in one's papers* apresentar a demissão
❖**paper over** v.tr. 1 forrar a papel; cobrir com papel; esconder com papel; 2 (problema, erro, desacordo, etc.) esconder, dissimular, ocultar, tapar

paperback ['peɪpəbæk] Ⓐ s. livro brochado, livro de bolso Ⓑ adj. brochado, de bolso Ⓒ v.tr. publicar em livro brochado
paperbound ['peɪpəbaʊnd] adj. (livro) brochado, de bolso
paperboy ['peɪpəbɔɪ] s. 1 distribuidor de jornais; 2 ardina, vendedor de jornais
paperdom ['peɪpədəm] s. 1 pobreza, indigência; 2 os pobres, os indigentes, os necessitados
paperer ['peɪpərə] s. operário que forra paredes com papel
paperhanger ['peɪpəˌhæŋə] s. 1 forrador, operário que forra as paredes com papel; 2 [coloq.] pessoa que passa cheques carecas; caloteiro
paperhanging ['peɪpəˌhæŋɪŋ] s. 1 colocação de papel de parede; 2 [coloq.] uso de cheques carecas
paperknife ['peɪpənaɪf] s. (faquinha) corta-papel
paper-thin ['peɪpəθɪn] adj. fino como uma folha de papel; finíssimo; *to cut sth into* ~ *slices* cortar algo em fatias finíssimas
paperweight ['peɪpəweɪt] s. pisa-papéis
paperwork ['peɪpəwɜːk] s. 1 trabalho administrativo; 2 [depr.] burocracias; papelada
paper-wrapped ['peɪpəræpd] adj. 1 em papel; 2 embalado em papel; embrulhado em papel; 3 (comida) em papel de alumínio
papery ['peɪpərɪ] adj. parecido com papel, semelhante a papel, fino como papel
Paphos ['peɪfɒs] s.top. (cidade da ilha de Chipre) Pafos
papier mâché [ˌpæpjeɪˈmɑːʃeɪ] s. papel machê, pasta de cartão ou papel forte misturada com cola e usada para caixas, bandejas, etc.
papilate ['pæpɪlɪt] adj. papilar
Papilionaceae [pəˌpɪlɪəˈneɪsiː] s.pl. BOTÂNICA Papilionáceas
papilionaceous [pəˌpɪlɪəˈneɪʃəs] adj. BOTÂNICA papilionáceo
papilla [pəˈpɪlə] s. ⟨pl. -ae⟩ ANATOMIA, BOTÂNICA papila
papillary [pəˈpɪlərɪ] adj. papilar; relativo a papilas; que possui papilas
papilliform [pəˈpɪlɪfɔːm] adj. papiliforme
papilloma [ˌpæpɪˈləʊmə] s. MEDICINA papiloma
papillose ['pæpɪləʊs] adj. papiloso
papism ['peɪpɪzəm] s. papismo
papist ['peɪpɪst] s. papista
papistic [pəˈpɪstɪk] adj. [depr.] papista
papistical [pəˈpɪstɪkəl] adj. [depr.] papista
papistry ['peɪpɪstrɪ] s. [depr.] papismo
papoose [pəˈpuːs] s. criança índia norte-americana
pappose ['pæpəʊs] adj. BOTÂNICA paposo, papiforme
pappus ['pæpəs] s. ⟨pl. -i⟩ BOTÂNICA papo, excrescência com aspecto de penacho existente em certas sementes, depois de passada a florescência
pappy ['pæpɪ] adj. ⟨comp. -ier, superl. -iest⟩ 1 com o aspecto de papa; 2 pastoso; 3 mole, flácido
paprica ['pæprɪkə] s. BOTÂNICA, CULINÁRIA ⇒ **paprika**
paprika ['pæprɪkə] s. 1 BOTÂNICA pimentão doce; 2 CULINÁRIA colorau; paprica
Papua ['pæpʊə] s.top. Papuásia, Nova Guiné
Papuan ['pæpʊən] adj.,s. 1 papuásico; 2 papua
papula ['pæpjʊlə] s. ⟨pl. -ae⟩ BOTÂNICA, MEDICINA pápula
papule ['pæpjʊl] s. MEDICINA ⇒ **papula**
papulose ['pæpjʊləʊs] adj. papuloso
papulous ['pæpjʊləs] adj. ⇒ **papulose**
papyraceous [ˌpæpɪˈreɪʃəs] adj. papiráceo
papyri [pəˈpaɪraɪ] s. {pl. de **papyrus**}
papyrus [pəˈpaɪrəs] s. ⟨pl. -i⟩ papiro
par [pɑː] s. 1 igualdade; equivalência; paridade; *to be on a* ~ *with* estar em pé de igualdade com; 2 FINANÇAS par; *at* ~ ao par; 3 média, valor normal, quantidade normal; *above* ~ acima da média; *on a* ~ em média; 4 [coloq.] parágrafo ❖ FINANÇAS ~ *value* valor facial; valor nominal; (acontecimentos) *to be on a* ~ *with* ser comparável a; *to be* ~ *for the course* ser habitual; ser típico; ser de esperar; [coloq.] *to be/feel below* ~ estar aquém das suas possibilidades; sentir-se em baixo; *to feel up to* ~ sentir-se bem
parabasis [pəˈræbəsɪs] s. ⟨pl. -bases⟩ TEATRO parábase, parte do coro na antiga comédia grega em que o autor se dirigia à assistência
parablast ['pærəblæst] s. (embriologia) parablasto

parablastic [ˌpærəˈblæstɪk] *adj.* parablasto
parable [ˈpærəbəl] *s.* 1 parábola; 2 alegoria; 3 [arc.] provérbio; dito enigmático ❖ *to speak in parables* falar por parábolas; [arc.] *to take up one's ~* começar a discorrer
parabola [pəˈræbələ] *s.* (*pl.* **-s**) GEOMETRIA parábola
parabolic [ˌpærəˈbɒlɪk] *adj.* 1 parabólico; relativo a parábola; 2 GEOMETRIA com forma de parábola ❖ GEOMETRIA *~ curve* curva parabólica; *~ teaching* ensino por meio de parábolas
parabolical [ˌpærəˈbɒlɪkəl] *adj.* ⇒ **parabolic**
parabolically [ˌpærəˈbɒlɪkəlɪ] *adv.* parabolicamente
paraboloid [pəˈræbəlɔɪd] *s.* GEOMETRIA parabolóide
Paracelsus [ˌpærəˈselsəs] *s.antr.* Paracelso
paracentesis [ˌpærəsenˈtiːsɪs] *s.* CIRURGIA paracentese
paracentral [ˌpærəˈsentrəl] *adj.* paracentral
paracentric [ˌpærəˈsentrɪk] *adj.* paracêntrico
paracentrical [ˌpærəˈsentrɪkəl] *adj.* paracêntrico
paracetamol [ˌpærəˈsiːtəmɒl] *s.* FARMÁCIA paracetamol
parachronism [pəˈrækrənɪzəm] *s.* paracronismo, metacronismo, colocação errada dum acontecimento em data posterior à verdadeira
parachute [ˈpærəʃuːt] Ⓐ *s.* DESPORTO pára-quedas; *descent by ~* descida em pára-quedas Ⓑ *v.intr.* descer em pára-quedas; saltar de pára-quedas Ⓒ *v.tr.* lançar de pára-quedas ❖ *~ flare* pára-quedas luminoso; *~ jump* salto em pára-quedas; MILITAR *~ troops* tropas pára-quedistas; DESPORTO *to go parachuting* praticar pára-quedismo
parachuting [ˈpærəʃuːtɪŋ] *s.* DESPORTO pára-quedismo
parachutist [ˈpærəʃuːtɪst] *s.* DESPORTO pára-quedista
Paraclete [ˈpærəkliːt] *s.* Paráclito, nome dado nas Escrituras ao Espírito Santo
parade [pəˈreɪd] Ⓐ *s.* 1 cortejo; desfile; 2 parada; desfile militar; *to be on ~* estar em parada; 3 MILITAR revista de tropas; 4 MILITAR local onde a parada se realiza; 5 exibição; ostentação; *to keep up a ~ of/to make a ~ of* fazer exibição de, fazer gala de; 6 sucessão; sequência; série; 7 praça, rua, passeio público, alameda, esplanada junto ao mar; 8 (programas, acontecimentos, etc.) apresentação; *programme ~* apresentação prévia de programas Ⓑ *v.tr.,intr.* 1 exibir, alardear, ostentar; *to ~ one's knowledge* exibir os seus conhecimentos; 2 pavonear-se, mostrar-se; 3 reunir, juntar-se em parada; 4 desfilar, caminhar em cortejo; *to ~ the streets/to ~ through the streets* desfilar pelas ruas ❖ MILITAR *~ ground* parada; terreno de exercícios; praça de armas; *beauty ~* concurso de beleza; *an endless ~ of....* um não acabar de...
❖ **parade about/around** *v.intr.* passear-se; andar de um lado para o outro; pavonear-se
parader [pəˈreɪdə] *s.* aquele que se exibe, que gosta de passear para se mostrar
paradigm [ˈpærədaɪm, ˈpærədɪm] *s.* paradigma
paradigmatic [ˌpærədɪɡˈmætɪk] *adj.* paradigmático
paradigmatical [ˌpærədɪɡˈmætɪkəl] *adj.* paradigmático
paradigmatically [ˌpærədɪɡˈmætɪkəlɪ] *adv.* paradigmaticamente
paradisaic [ˌpærədɪˈzeɪk] *adj.* paradisíaco
paradisaical [ˌpærədɪˈzeɪkəl] *adj.* paradisíaco
paradisaically [ˌpærədɪˈzeɪkəlɪ] *adv.* paradisiacamente
paradise [ˈpærədaɪs] *s.* 1 paraíso; éden; lugar de supremas delícias; *an earthly ~* um paraíso na Terra; 2 RELIGIÃO céu; 3 bem-aventurança, felicidade; 4 TEATRO galinheiro ❖ *~ apple* maçã-do-paraíso; LITERATURA (poema de Milton) *Paradise Lost* «O Paraíso Perdido»; *in ~* no sétimo céu
paradisiac [ˌpærəˈdɪsɪæk] *adj.* ⇒ **paradisiacal**
paradisiacal [ˌpærədɪˈsaɪəkəl] *adj.* paradisíaco
paradoctor [ˈpærədɒktə] *s.* médico que desce de pára-quedas para atender doentes em lugares remotos
parados [ˈpærədɒs] *s.* (*pl.* **-es**) anteparo na parte de trás de trincheira, para proteger contra ataque da retaguarda
paradox [ˈpærədɒks] *s.* (*pl.* **-es**) 1 paradoxo; 2 contra-senso
paradoxical [ˌpærəˈdɒksɪkəl] *adj.* paradoxal
paradoxically [ˌpærəˈdɒksɪkəlɪ] *adv.* paradoxalmente
paradoxure [ˌpærəˈdɒkʃuə] *s.* ZOOLOGIA paradoxuro, género de mamíferos carnívoros da família dos Viverrídeos
paradrop [ˈpærədrɒp] Ⓐ *s.* distribuição, entrega por pára-quedas Ⓑ *v.tr.* (*particípios* **-pp-**) entregar por pára-quedas

paraesthesia [ˌpærɪsˈθiːzɪə, ˌpærɪsˈθiːʒə] *s.* parestesia
paresthesis [ˌpærɪsˈθiːsɪs] *s.* ⇒ **paraesthesia**
paraffin [ˈpærəfɪn] Ⓐ *s.* 1 parafina; 2 [GB] petróleo Ⓑ *v.tr.* parafinar ❖ *~ candle* vela de parafina; *~ oil* petróleo; *~ paper* papel parafinado; *~ varnish* verniz de parafina; *~ wax* parafina sólida; *liquid ~* parafina líquida; *to coat with ~* parafinar
paraffine [ˈpærəfiːn] Ⓐ *s.* ⇒ **paraffin** Ⓑ *v.tr.* ⇒ **paraffin**
paraffinic [ˌpærəˈfɪnɪk] *adj.* QUÍMICA parafínico
paraffining [ˈpærəfɪnɪŋ] *s.* parafinagem, parafinização
paraffiny [ˈpærəfɪnɪ] *adj.* (cheiro) a petróleo
paragenesis [ˌpærəˈdʒenɪsɪs] *s.* paragénese
paraglider [ˈpærəˌɡlaɪdə] *s.* 1 DESPORTO (planador) parapente; 2 DESPORTO parapentista, praticante de parapente
paragliding [ˈpærəˌɡlaɪdɪŋ] *s.* DESPORTO (actividade) parapente
paragoge [ˌpærəˈɡəʊdʒɪ] *s.* LINGUÍSTICA paragoge
paragogic [ˌpærəˈɡɒdʒɪk] *adj.* LINGUÍSTICA paragógico, em que existe paragoge
paragon [ˈpærəɡən] Ⓐ *s.* 1 modelo ideal, tipo de perfeição, protótipo, padrão supremo a imitar; 2 diamante perfeito com mais de 100 carates; 3 TIPOGRAFIA parangona, tipo de corpo 18 e 21 pontos Ⓑ *v.tr.* [poét.] comparar, parangonar, assemelhar
paragraph [ˈpærəɡrɑːf] Ⓐ *s.* 1 parágrafo; 2 nova linha; 3 alínea; 4 TIPOGRAFIA o sinal §; 5 tópico; 6 notícia de jornal, parte isolada de notícia de jornal Ⓑ *v.tr.* 1 dispor em parágrafos, dividir em parágrafos; 2 escrever pequenas notícias acerca de ❖ *~ mark* sinal de parágrafo; (ditados) *full stop, new ~* ponto parágrafo
paragrapher [ˈpærəɡrɑːfə] *s.* redactor de pequenas notícias
paragraphing [ˈpærəɡrɑːfɪŋ] *s.* 1 disposição ou arranjo em parágrafos; 2 redacção de pequenas notícias
paragraphist [ˈpærəɡrɑːfɪst] *s.* jornalista que redige pequenas notícias
Paraguay [ˈpærəɡwaɪ] *s.top.* Paraguai ❖ *~ tea* chá-mate
Paraguayan [ˌpærəˈɡwaɪən] *adj.,s.* paraguaio
parakeet [ˈpærəkiːt] *s.* ZOOLOGIA periquito
paralanguage [ˈpærəˌlæŋɡwɪdʒ] *s.* LINGUÍSTICA paralinguagem
paraldehyde [pəˈrældɪhaɪd] *s.* QUÍMICA paraldeído
paralegal [ˈpærəliːɡəl] Ⓐ *s.* auxiliar jurídico Ⓑ *adj.* jurídico; de auxílio jurídico
Paralipomena [ˌpærəlaɪˈpɒmənə] *s.pl.* Paralipómenos, parte da Bíblia em suplemento ao Livro dos Reis
paralipsis [ˌpærəˈlɪpsɪs] *s.* paralipse, figura de retórica pela qual se finge não querer dizer o que, todavia, se vai dizendo
parallactic [ˌpærəˈlæktɪk] *adj.* paraláctico; relativo à paralaxe
parallax [ˈpærəlæks] *s.* (*pl.* **-es**) paralaxe ❖ *~ error* erro paraláctico
parallel [ˈpærəlel] Ⓐ *adj.* 1 paralelo; *~ lines* linhas paralelas; *to run ~ to...* ser paralelo a...; 2 correspondente; equivalente; análogo; semelhante; 3 simultâneo Ⓑ *adv.* paralelamente [**to**, **a**] Ⓒ *s.* 1 (confronto, comparação) paralelo; *to draw a ~ between* traçar um paralelo entre; 2 [fig.] (semelhança) paralelismo; 3 GEOGRAFIA paralelo; 4 MATEMÁTICA (linha) paralela; *to draw a ~* traçar uma paralela Ⓓ *v.tr.* 1 pôr em paralelo, colocar paralelamente; 2 confrontar; comparar; 3 ELECTRICIDADE sincronizar; 4 igualar; *nobody could ~ that performance* ninguém conseguiu igualar aquele resultado; 5 ser equivalente a; ser análogo a; assemelhar-se a ❖ DESPORTO *~ bars* barras paralelas; ELECTRICIDADE *~ circuit* circuito ligado em paralelo; *out of ~* desfasado; dessincronizado; *without ~* sem paralelo; único; nunca visto; *to put oneself on a ~ with* igualar-se a
parallelepiped [ˌpærəleləˈpaɪped] *s.* paralelepípedo
parallelism [ˈpærəlelɪzəm] *s.* paralelismo
parallelogram [ˌpærəˈleləɡræm] *s.* GEOMETRIA paralelogramo ❖ *~ of forces* paralelogramo de forças; *~ of velocities* paralelogramo de velocidades
parallelopiped [ˌpærəleˈlɒpɪped] *s.* [rar.] ⇒ **parallelepiped**
paralogism [pəˈrælədʒɪzəm] *s.* LÓGICA paralogismo, raciocínio falso praticado de boa fé
paralogize [pəˈrælədʒaɪz] *v.intr.* paralogizar, cometer um ou mais paralogismos
Paralympic [ˌpærəˈlɪmpɪk] *adj.* DESPORTO paralímpico ❖ *~ Games* Jogos Paralímpicos
paralysation [ˌpærəlaɪˈzeɪʃən] *s.* 1 paralisação; 2 imobilização, suspensão, interrupção

paralyse ['pærəlaɪz] v.tr. 1 paralisar; 2 imobilizar; 3 [fig.] suspender; interromper ❖ *paralysed in one arm* com um braço paralisado; *paralysed with fear* paralisado pelo terror
paralyser ['pærəlaɪzə] s. agente paralisador
paralysing ['pærəlaɪzɪŋ] adj. paralisante, paralisador
paralysis [pə'rælɪsɪs] s. (pl. **-lyses**) 1 paralisia; 2 [fig.] imobilismo; entorpecimento; marasmo ❖ *creeping ~* paralisia progressiva; *stricken with ~* atacado de paralisia
paralytic [,pærə'lɪtɪk] Ⓐ adj. 1 paralítico; com paralisia; 2 [fig., coloq.] podre de bêbedo Ⓑ s. pessoa com paralisia ❖ *~ stroke* ataque de paralisia
paralyze ['pærəlaɪz] v.tr. [EUA] ⇒ **paralyse**
paramagnetic [,pærəmæg'netɪk] adj. 1 FÍSICA paramagnético; 2 com as propriedades do ferro; 3 com a direcção dada pelo paramagnetismo
paramagnetism [,pærə'mægnətɪzəm] s. FÍSICA paramagnetismo
paramatta [,pærə'mætə] s. tecido leve de lã e seda ou algodão
paramecia [,pærə'miːsɪə] s.pl. ⇒ **paramecium**
paramecium [,pærə'miːsɪəm] s. (pl. **-cia**) ZOOLOGIA parâmécio
paramedic [,pærə'medɪk] s. paramédico
paramedical [,pærə'medɪkəl] adj. paramédico
parameter [pə'ræmɪtə] s. MATEMÁTICA parâmetro
parametral [pæ'ræmɪtral] adj. ⇒ **parametric**
parametric [,pærə'metrɪk] adj. paramétrico ❖ MATEMÁTICA *~ equation* equação paramétrica
paramilitary [,pærə'mɪlɪtərɪ] adj. paramilitar
paramorphism [,pærə'mɔːfɪzəm] s. (minas) paramorfismo
paramount ['pærəmaʊnt] adj. 1 supremo; proeminente; 2 primordial; fundamental; *of ~ importance* de importância primordial, da mais alta importância ❖ *~ to* superior a; *lord ~* senhor supremo; suserano
paramountcy ['pærəmaʊntsɪ] s. 1 importância; 2 proeminência; 3 superioridade; 4 suserania
paramour ['pærəmʊə] s. [poét.] amante
parang ['pɑːræŋ] s. parão, arma com a configuração semelhante a foice roçadoira usada pelos Malaios
paranoea [,pærə'niːə] s. ⇒ **paranoia**
paranoia [,pærə'nɔɪə] s. PSICOLOGIA paranóia, psicose delirante
paranoiac [,pærə'nɔɪæk] adj.,s. PSICOLOGIA paranóico
paranoid [,pærə'nɔɪd] adj.,s. PSICOLOGIA paranóico ❖ MEDICINA *a ~ schizophrenic* esquizofrénico paranóico; *I'm not going to get ~ about it* não vou perder a cabeça por causa disso
paranormal [,pærə'nɔːməl] adj.,s. paranormal ❖ *~ perception* percepção extra-sensorial; *~ phenomena* fenómenos paranormais; *the world of the ~* o universo paranormal
parapet ['pærəpɪt] s. 1 parapeito; 2 baluarte, talude longo duma trincheira; 3 muro baixo para resguardo em terraços, varandas, pontes, etc.
parapeted ['pærəpɪtɪd] adj. com parapeito, com resguardo
paraph ['pæræf] Ⓐ s. traço ou traços mais ou menos complicados e floreados após uma assinatura Ⓑ v.tr. fazer seguir (uma assinatura) de traços mais ou menos complicados e floreados
paraphernal [,pærə'fɜːnəl] adj. DIREITO parafernal
paraphernalia [,pærəfə'neɪlɪə] s.pl. 1 DIREITO parafernais, bens parafernais; 2 objectos de uso pessoal; 3 aprestos, acessórios mecânicos, petrechos, equipamento; 4 objectos de adorno
paraphilia [,pærə'fɪlɪə] s. parafilia
paraphrase ['pærəfreɪz] Ⓐ s. 1 paráfrase; 2 imitação em verso de passo da Escritura Sagrada Ⓑ v.tr. parafrasear
paraphrast ['pærəfræst] s. parafraste, parafrasta, autor de paráfrases
paraphrastic [,pærə'fræstɪk] adj. parafrástico
paraplegia [,pærə'pliːdʒə, ,pærə'pliːdʒɪə] s. paraplegia
paraplegic [,pærə'pliːdʒɪk] adj. paraplégico
parapodium [,pærə'pəʊdɪəm] s. (pl. **-a**) ZOOLOGIA parapódio, parápode
parapsychological [,pærəsaɪkə'lɒdʒɪkəl] adj. parapsicológico
parapsychologist [,pærəsaɪ'kɒlədʒɪst] s. parapsicólogo
parapsychology [,pærəsaɪ'kɒlədʒɪ] s. parapsicologia
paras ['pærəz] s.pl. 1 [coloq.] pára-quedistas; 2 [coloq.] tropas pára-quedistas
parasailing ['pærəseɪlɪŋ] s. DESPORTO parasailing

parasang ['pærəsæŋ] s. parassanga, medida itinerária igual a 5525 metros na antiga Pérsia
paraselene [,pærəsɪ'liːnɪ] s. (pl. **-ae**) ASTRONOMIA parasselénio, falsa lua
parasite ['pærəsaɪt] s. 1 parasita, parasito; 2 [fig.] pessoa que vive inteiramente à custa de outra, papa-jantares; 3 planta trepadeira
parasitic [,pærə'sɪtɪk] adj. 1 BIOLOGIA parasita; parasitário; 2 (pessoa) aproveitador; explorador ❖ *~ life* vida parasitária
parasitical [,pærə'sɪtɪkəl] adj. ⇒ **parasitic**
parasitically [,pærə'sɪtɪkəlɪ] adv. parasiticamente
parasiticide [,pærə'sɪtɪsaɪd] adj.,s. parasiticida
parasitism ['pærəsɪˌtɪzəm] s. parasitismo
parasitize ['pærəsaɪˌtaɪz] v.tr. 1 encher de parasitas; 2 parasitar
parasitological [,pærəsaɪtə'lɒdʒɪkəl] adj. parasitológico
parasitologist [,pærəsaɪ'tɒlədʒɪst] s. parasitologista
parasitology [,pærəsaɪ'tɒlədʒɪ] s. BIOLOGIA parasitologia
parasitosis [,pærəsaɪ'təʊsɪs] s. MEDICINA, VETERINÁRIA parasitose
parasol ['pærəsɒl] s. 1 (de mão) sombrinha; 2 guarda-sol ❖ BOTÂNICA *~ pine* pinheiro-manso; pinheiro-molar
parasympathetic [,pærəsɪmpə'θetɪk] adj. ANATOMIA parassimpático ❖ *~ nervous system* sistema nervoso parassimpático
parasynthesis [,pærə'sɪnθɪsɪs] s. LINGUÍSTICA parassintetismo
parasynthetic [,pærəsɪn'θetɪk] adj. parassintético
parasyphilitic [,pærəsɪfɪ'lɪtɪk] adj. parassifilítico
paratactic [,pærə'tæktɪk] adj. LINGUÍSTICA paratáctico; relativo à parataxe
paratactically [,pærə'tæktɪkəlɪ] adv. LINGUÍSTICA paratacticamente
parataxis [,pærə'tæksɪs] s. LINGUÍSTICA (sintaxe) parataxe
paratrooper [,pærə'truːpə] s. MILITAR pára-quedista militar
paratroops ['pærətruːps] s.pl. MILITAR tropas pára-quedistas
paratyphoid [,pærə'taɪfɔɪd] s. paratifo, febre paratifóide
paravane ['pærəveɪn] s. NÁUTICA paravane, aparelho destinado a proteger os navios da acção das minas
parboil ['pɑːbɔɪl] v.tr. CULINÁRIA dar uma fervura a, cozer ligeiramente, escaldar
parbuckle ['pɑːbʌkl] Ⓐ s. NÁUTICA tira-vira, virador, cabo duplo para embarcar pipas e tonéis Ⓑ v.tr. NÁUTICA embarcar por intermédio dum virador ou tira-vira
Parcae ['pɑːsiː] s. MITOLOGIA Parcas
parcel ['pɑːsl] Ⓐ s. 1 embrulho; pacote; volume; 2 encomenda; 3 parcela; porção; parte; 4 COMÉRCIO partida, lote; *~ of goods* lote de mercadorias; (propriedade) *~ of land* lote de terreno; 5 conjunto; amontoado; *~ of lies* amontoado de mentiras Ⓑ v.tr. (particípios **-ll-**) 1 (terreno) dividir em parcelas ou lotes; 2 distribuir; 3 NÁUTICA (costura) vedar, precintar; (cabo) enrolar tiras de lona ou brim alcatroado; *to ~ a seam* vedar uma costura Ⓒ adv. [arc.] parcialmente, em parte; *~ blind* parcialmente cego; *~ gilt* dourado só em parte ❖ *~ bomb* pacote armadilhado; *~ post* serviço de encomendas postais; (carro) *~ shelf* prateleira traseira; *parcels office* agência de transportes de encomendas; *post ~* encomenda postal; *bill of parcels* factura; *part and ~* parte essencial; *to send by ~ post* mandar como encomenda postal
✦ **parcel out** v.tr. distribuir; repartir
✦ **parcel up** v.tr. embrulhar; empacotar
parcellary [pɑː'selərɪ] adj. parcelar
parcelling ['pɑːslɪŋ] s. 1 divisão em parcelas ou lotes; 2 repartição, divisão, distribuição; 3 NÁUTICA precinta
parcenary ['pɑːsənərɪ] s. 1 herança em comum; 2 propriedade em comum, posse indivisa ❖ *to hold lands in ~* possuir terras em comum
parcener ['pɑːsənə] s. 1 co-herdeiro; 2 co-proprietário
parch [pɑːtʃ] v.tr.,intr. 1 tostar, crestar, queimar ao de leve; 2 assar levemente; 3 ressequir, secar, fazer secar; 4 (sol) queimar; 5 secar-se, ressequir-se; 6 ter sede
parched ['pɑːtʃt] adj. 1 seco; 2 desidratado; ressequido; *~ lips* lábios ressequidos; 3 [coloq.] cheio de sede; *I'm parched!* estou a morrer de sede!
parching ['pɑːtʃɪŋ] Ⓐ adj. 1 que seca, que faz secar; 2 abrasador Ⓑ s. 1 acção de secar ou tostar; 2 assadura leve; 3 secagem

parchingly ['pɑːtʃɪŋlɪ] adv. abrasadoramente
parchment ['pɑːtʃmənt] s. 1 pergaminho; 2 manuscrito em pergaminho; ~ *manuscript* manuscrito escrito sobre pergaminho; 3 papel-pergaminho; ~ *paper* papel-pergaminho ❖ ~ *maker* fabricante de pergaminho; ~ *parer* pessoa encarregada de raspar peles de pergaminho
parchment-like ['pɑːtʃmənt͵laɪk] adj. pergamináceo; semelhante a pergaminho ❖ ~ *paper* papel-pergaminho
pard [pɑːd] s. 1 [arc.] leopardo; 2 [EUA] [cal.] parceiro, companheiro; 3 sócio
pardon ['pɑːdn] Ⓐ s. 1 perdão; *to ask for* ~ pedir perdão; 2 indulto; amnistia; DIREITO *general* ~ amnistia geral; 3 RELIGIÃO (catolicismo) indulgência, festa das indulgências; 4 remissão de culpa; 5 desculpa, paciência Ⓑ v.tr. 1 perdoar; *they couldn't* ~ *him such a thing* eles não lhe podiam perdoar uma coisa dessas; *to* ~ *sb for sth* perdoar algo a alguém; 2 desculpar; ~ *me for troubling you* desculpe estar a incomodar; 3 DIREITO indultar, comutar pena a, remitir; amnistiar ❖ ~ *me* desculpe; ~ *my French* desculpe a linguagem; *I beg your pardon?* como disse?; *I beg your* ~ peço desculpa; *if you'll* ~ *the expression* passe a expressão
pardonable ['pɑːdnəbəl] adj. 1 perdoável, desculpável; 2 que pode ser indultado ou amnistiado
pardonableness ['pɑːdnəblnɪs] s. situação de perdoável ou desculpável
pardonably ['pɑːdnəblɪ] adv. 1 desculpavelmente; 2 duma maneira perdoável
pardoner ['pɑːdnə] s. 1 aquele que perdoa, perdoador; 2 sacerdote ou monge que era autorizado a vender perdões ou indulgências
pare [peə] v.tr. 1 aparar; desbastar; mondar; podar; 2 (cabelo, unhas) cortar; aparar; *she pared her nails to the quick* ela cortou as unhas até ao sabugo; 3 (fruta, etc.) descascar, raspar; 4 [fig.] restringir, reduzir
◆ **pare away/off** v.tr. descascar; tirar a casca a
◆ **pare down** v.tr. restringir; reduzir; cortar; *to* ~ *one's expenses to the maximum* reduzir as despesas ao máximo
paregoric [͵pærəˈgɒrɪk] Ⓐ adj. paregórico Ⓑ s. 1 elixir paregórico; 2 calmante
pareira [pəˈreərə] s. BOTÂNICA parreira-brava, raiz de parreira-brava empregada para certas perturbações do aparelho urinário
parencephalon [͵pærənˈsefəlɒn] s. ANATOMIA parencéfalo, cerebelo
parenchyma [pəˈreŋkɪmə] s. parênquima
parenchymal [pəˈreŋkɪməl] adj. relativo ao parênquima
parenchymatous [͵pæreŋˈkɪmətəs] adj. parenquimatoso
parent ['peərənt] s. 1 pai ou mãe; 2 antepassado; 3 animal ou planta de que outras provém; 4 [fig.] causa, origem, fonte; 5 pl. pais; *our first parents* os nossos primeiros pais ❖ ~ *body* organismo de tutela; ~ *state* mãe-pátria; ~ *tree* árvore-mãe; *parents and relations* ascendentes directos e colaterais
parentage ['peərəntɪdʒ] s. 1 ascendência, linhagem, estirpe; 2 origem
parental [pəˈrentl] adj. parental; relativo aos pais ❖ ~ *consent* autorização dos pais; ~ *control/authority* autoridade parental; ~ *leave* licença parental; ~ *rights* direitos dos pais; tutela do menor
parentally [pəˈrentlɪ] adv. paternalmente
parenteral [pəˈrentərəl] adj. MEDICINA parenteral, parentérico; relativo a parentério
parenthesis [pəˈrenθɪsɪs] s. (pl. -theses) 1 parênteses, parêntesis; 2 [fig.] intervalo ❖ *in parentheses* entre parênteses
parenthesize [pəˈrenθɪsaɪz] v.tr. 1 colocar entre parênteses; 2 dizer ou observar acidentalmente
parenthetic [͵pærənˈθetɪk] adj. ⇒ **parenthetical**
parenthetical [͵pærənˈθetɪkəl] adj. 1 parentético; 2 incidental
parenthetically [͵pærənˈθetɪkəlɪ] adv. parenteticamente
parenthood ['peərənthʊd] s. paternidade, maternidade ❖ *planned* ~ planeamento familiar; *to feel ready for* ~ querer ter filhos
parentless ['peərəntləs] adj. órfão, sem pais
parent-teacher ['peərənt͵tiːtʃə] adj. de pais e professores; ~ *association* associação de pais e professores

parer ['peərə] s. 1 aparelho ou máquina de aparar; 2 faca de adelgaçar peles; 3 puxavante, instrumento de ferrador para aparar o casco dos animais; 4 podador
parergon [pæˈrɜːgɒn] s. (pl. -a) parergo, acrescento, ornato
paresis ['pærɪsɪs] s. MEDICINA paresia, párese
parget ['pɑːdʒɪt] Ⓐ s. 1 reboco, argamassa, estuque, gesso; 2 emboço Ⓑ v.tr. 1 cobrir com argamassa; 2 rebocar, cobrir com reboco
pargeting ['pɑːdʒɪtɪŋ] s. acção de rebocar, de cobrir com reboco ou argamassa
pargetry ['pɑːdʒɪtrɪ] s. 1 camada de reboco ou argamassa; 2 gesso, estuque
parheliacal [͵pɑːhiːˈlaɪəkəl] adj. parélico; respeitante ao parélio
parhelic [pɑːˈhiːlɪk] adj. ⇒ **parheliacal**
parhelion [pɑːˈhiːlɪən] s. (pl. -ia) parélio, falso sol
pariah ['pærɪə, pəˈraɪə] s. (geral) pária ❖ [Índia] ~ *dog* cão vagabundo de cor amarelada
Parian ['peərɪən] Ⓐ adj. pário, da ilha de Paros Ⓑ s. (pessoa de Paros) pário ❖ ~ *marble* mármore pário; ~ *ware* porcelana fina
parietal [pəˈraɪɪtəl] adj. ANATOMIA, BOTÂNICA parietal ❖ ANATOMIA ~ *bones* parietais
paring ['peərɪŋ] s. 1 corte; aparamento; 2 BOTÂNICA desbaste, monda, poda; 3 acto de descascar ou raspar; 4 limitação, redução; 5 pl. aparas; raspas; cisalhas; *parings of metal* cisalhas ❖ ~ *chisel* formão grosso; formão curvo; ~ *knife* faca de aparar
pari passu [͵peəraɪˈpæsuː] adv. ao mesmo tempo, simultaneamente
paripinnate [͵pærɪˈpɪnɪt] adj. BOTÂNICA paripinulada
Paris ['pærɪs] Ⓐ s.top. Paris Ⓑ adj. parisiense; ~ *people* os parisienses Ⓒ s.antr. MITOLOGIA Páris ❖ ~ *doll* manequim
parish ['pærɪʃ] s. (pl. -es) 1 freguesia; 2 RELIGIÃO paróquia; 3 (pessoas) paroquianos ❖ ~ *church* igreja paroquial; ~ *clerk* sacristão; ~ *council* junta de freguesia; conselho paroquial; ~ *councillor* membro da junta de freguesia; membro do conselho paroquial; ~ *priest* pároco; ~ *register* registo paroquial; ~ *road* caminho vicinal; *to go on the* ~ ser indigente; ser assistido pela paróquia
parishioner [pəˈrɪʃənə] s. paroquiano
Parisian [pəˈrɪzɪən] adj.,s. parisiense
Parisianism [pəˈrɪzɪənɪzəm] s. parisianismo, parisienismo
Parisianize [pəˈrɪzɪənaɪz] v.tr. tornar parisiense
parison ['pærɪzən] s. forma na qual se lança o objecto de vidro a moldar
parisyllabic [͵pærɪsɪˈlæbɪk] adj. parissilábico, parissílabo
parity ['pærɪtɪ] s. 1 paridade, igualdade; 2 analogia, paralelismo; 3 equivalência, semelhança
park [pɑːk] Ⓐ s. 1 parque; jardim público; *public* ~ jardim público; *national* ~ parque público nacional; 2 tapada; coutada; 3 parque de estacionamento; *car* ~ parque de automóveis; 4 MILITAR (depósito, armazém) parque; *artillery* ~ parque de artilharia; 5 viveiro de ostras Ⓑ v.tr. 1 (automóvel) estacionar; deixar num parque de estacionamento; 2 (terreno) transformar em parque; 3 MILITAR (artilharia, munições, etc.) dispor, arrumar em parque; 4 [EUA] [coloq.] instalar; *to* ~ *oneself* abancar; instalar-se; 5 (objectos, etc.) deixar [**with**, com] ❖ ~ *bench* banco de jardim; ~ *keeper* guarda de jardim público; ~ *pailings/railings* dentes; ~ *ranger* guarda-florestal
parka ['pɑːkə] s. VESTUÁRIO parka
parked [pɑːkt] adj. 1 arrumado num parque; 2 estacionado
parkerize ['pɑːkəraɪz] v.tr. QUÍMICA parquerizar, tratar (metal ferroso) de modo a evitar a oxidação
parkerizing ['pɑːkəraɪzɪŋ] s. QUÍMICA parquerização
parkin ['pɑːkɪn] s. CULINÁRIA bolo de farinha de aveia e melaço
parking ['pɑːkɪŋ] s. estacionamento ❖ ~ *area* zona de estacionamento; ~ *brake* travão de mão; [EUA] ~ *lot* parque de estacionamento; ~ *meter* parquímetro; parcómetro; ~ *light* luz de estacionamento; ~ *place* local de estacionamento; ~ *prohibited* proibido estacionar; ~ *ticket* multa por estacionamento proibido; *double* ~ estacionamento em segunda fila; *no* ~ estacionamento proibido
Parkinson ['pɑːkɪnsn] s.antr. Parkinson ❖ MEDICINA *Parkinson's disease* doença de Parkinson; paralisia agitante
parkway ['pɑːkweɪ] s. [EUA] alameda, avenida ladeada de árvores e extensões relvadas

parky ['pɑːkɪ] *adj.* ⟨*comp.* **-ier**, *superl.* **-iest**⟩ [*coloq.*] (manhã, ar, etc.) um tanto fresco, vivo, frio, cortante
Parl. Ⓐ [*abrev. de* Parliament] Ⓑ [*abrev. de* parliamentary]
parlance ['pɑːləns] *s.* 1 linguagem; *in common ~* em linguagem vulgar; 2 gíria; terminologia; *in medical ~* na gíria médica
parley ['pɑːlɪ] Ⓐ *s.* 1 [*ant.*] conferência; 2 MILITAR (com inimigos) negociação Ⓑ *v.tr.,intr.* 1 [*ant.*] conferenciar, parlamentar, negociar; 2 (língua estrangeira) falar ❖ *to beat/sound a ~* convocar para conferência por meio de toque de tambor ou corneta; *to hold a ~ with* parlamentar com
parleyvoo [pɑːlɪˈvuː] Ⓐ *s.* 1 [*joc.*] língua francesa; 2 um francês Ⓑ *v.intr.* falar francês
parliament ['pɑːləmənt, 'pɑːlɪmənt] *s.* 1 parlamento; assembleia; 2 legislatura; *during this ~* durante esta legislatura ❖ *member of ~* deputado; NÁUTICA *to make a ~ heel* dar pendor ao navio; *to open ~* abrir a sessão parlamentar
parliamentarian [ˌpɑːləmənˈtɛərɪən, ˌpɑːlɪmənˈtɛərɪən] Ⓐ *adj.* ⇒ **parliamentary** Ⓑ *s.* 1 parlamentar, membro do parlamento; 2 deputado; 3 partidário do parlamento na guerra civil do séc. XVII
parliamentarily [ˌpɑːləˈmentərɪlɪ, ˌpɑːlɪˈmentərɪlɪ] *adv.* parlamentarmente
parliamentary [ˌpɑːləˈmentərɪ] *adj.* 1 parlamentar; 2 [*coloq.*] cortês ❖ *~ agent* agente parlamentar; *~ candidate* candidato a deputado; candidato ao parlamento; *Parliamentary Commissioner* mediador; *~ election* eleições legislativas; *~ eloquence* eloquência parlamentar; *~ privilege* imunidade parlamentar
parlor ['pɑːlə] *s.* [EUA] ⇒ **parlour**
parlour ['pɑːlə] *s.* 1 saleta; sala de estar; 2 gabinete ❖ *~ boarder* aluno que vive em casa da família do director da escola; [EUA] (comboio) *~ car* pullman; carruagem de luxo; *~ games* jogos de salão
parlourmaid ['pɑːləmeɪd] *s.* [*ant.*] criada de sala
parlous ['pɑːləs] Ⓐ 1 [*arc., joc.*] perigoso; 2 difícil de tratar, tremendo, terrível; 3 malicioso; 4 extremamente esperto Ⓑ *adv.* extremamente
parlously ['pɑːləslɪ] *adj.* 1 perigosamente, terrivelmente; 2 extremamente
Parmesan [ˌpɑːmɪˈzæn] *adj.,s.* parmesão; *~ cheese* queijo parmesão
Parnassian [pɑːˈnæsɪən] *adj.,s.* LITERATURA parnasiano
Parnellism ['pɑːnelɪzəm] *s.* sistema político de C. S. Parnell, chefe do movimento de autonomia irlandesa (1880-1891)
Parnellite ['pɑːnelaɪt] *s.* partidário das ideias de C. S. Parnell
parochial [pəˈrəʊkɪəl] *adj.* 1 paroquial; relativo a paróquia; 2 bairrista; regionalista; 3 [*fig.*] (mentalidade) limitado, estreito, tacanho, provinciano; *a ~ point of view* um ponto de vista limitado; *a ~ spirit* um espírito tacanho
parochialism [pəˈrəʊkɪəlɪzəm] *s.* 1 estreiteza de espírito, espírito provinciano; 2 patriotismo local
parochialize [pəˈrəʊkɪəlaɪz] *v.tr.* transformar em paróquia
parochially [pəˈrəʊkɪəlɪ] *adv.* 1 duma maneira provinciana; 2 com estreiteza de espírito; 3 tacanhamente; 4 por paróquias
parodist ['pærədɪst] *s.* parodista
parody ['pærədɪ] Ⓐ *s.* (*pl.* **-ies**) 1 paródia; 2 imitação burlesca ou ridícula Ⓑ *v.tr.* parodiar, arremedar, imitar burlescamente
parol ['pærəl] Ⓐ *s.* DIREITO palavra Ⓑ *adj.* DIREITO verbal; *~ contract* contrato verbal ❖ *by ~* verbalmente
parole [pəˈrəʊl] Ⓐ *s.* 1 MILITAR palavra de honra; 2 DIREITO liberdade condicional; *prisioner on ~* prisioneiro em liberdade condicional; 3 senha, sinal combinado para reconhecimento Ⓑ *v.tr.* deixar sair em liberdade condicional ❖ *on ~* sob palavra
paronomasia [ˌpærənəˈmeɪzɪə] *s.* LINGUÍSTICA paronomásia, trocadilho
paronym ['pærənɪm] *s.* LINGUÍSTICA parónimo
paronymous [pəˈrɒnɪməs] *adj.* LINGUÍSTICA paronímico
paronymy [pəˈrɒnɪmɪ] *s.* LINGUÍSTICA paronímia
parotic [pəˈrɒtɪk] *adj.* parótico, situado junto da orelha
parotid [pəˈrɒtɪd] Ⓐ *adj.* parotídeo, parotidiano Ⓑ *s.* parótida, parótide
parotidean [ˌpærətɪˈdɪən] *adj.* parotídeo
parotitis [ˌpærəˈtaɪtɪs] *s.* 1 parotidite; 2 trasorelho, papeira
Parousie [pəˈraʊzɪə] *s.* parúsia, segundo advento do Messias

paroxysm ['pærəksɪzəm] *s.* 1 paroxismo; 2 ataque, acesso; 3 cúmulo
paroxysmal [ˌpærəˈksɪzməl] *adj.* ⇒ **paroxysmic**
paroxysmic [ˌpærəˈksɪzmɪk] *adj.* paroxístico
paroxytone [pəˈrɒksɪtəʊn] Ⓐ *adj.* paroxítono, grave, com acento tónico na penúltima sílaba Ⓑ *s.* palavra paroxítona ou grave
parpen ['pɑːpən] *s.* perpianho, pedra de construção da largura da parede, aparelhada de ambos os lados
parquet ['pɑːkeɪ, 'pɑːkɪ] Ⓐ *s.* parqué, parquete, soalho formado por pequenas peças de madeira de forma geométrica Ⓑ *v.tr.* pavimentar (um aposento) em parqué
parqueted ['pɑːkɪtɪd] *adj.* em parqué, com soalho em parqué
parquetry ['pɑːkɪtrɪ] *s.* revestimento de parqué
parr [pɑː] *s.* ZOOLOGIA salmão novo
parrakeet [ˌpærəˈkiːt] *s.* ZOOLOGIA ⇒ **parakeet**
parral ['pærəl] *s.* ⇒ **parrel**
parrel ['pærəl] *s.* NÁUTICA troça, cabo que segura as antenas do mastro
parricidal [ˌpærɪˈsaɪdl] *adj.* parricida
parricide ['pærɪsaɪd] *s.* 1 (pessoa) parricida; 2 (acto) parricídio
parrot ['pærət] Ⓐ *s.* ZOOLOGIA papagaio Ⓑ *v.tr.* papaguear; repetir como um papagaio; repetir mecanicamente ❖ [*depr.*] *~ cry/~ phrase* slogan; *~ disease/fever* psitacose; *the girl is a mere ~* a rapariga fala como um papagaio
parrot-fashion ['pærətˌfæʃn] *adv.* [*coloq.*] mecanicamente; como um papagaio; *he read the speech ~* ele debitou o discurso mecanicamente
parrotfish ['pærətfɪʃ] *s.* ZOOLOGIA bodião, maragota, carpadourada; peixe-papagaio
parrotry ['pærətrɪ] *s.* psitacismo
parry ['pærɪ] Ⓐ *s.* parada, defesa Ⓑ *v.tr.* 1 parar, desviar, esquivar-se a um golpe; 2 evitar, fugir (a problema, pergunta incómoda, etc.) Ⓒ *v. intr.* responder [**with**, com]
parse [pɑːz] *v.tr.* INFORMÁTICA, LINGUÍSTICA analisar gramaticalmente ou logicamente
parsec [pɑːˈsek] *s.* ASTRONOMIA parseque, unidade de distância usada em astronomia
Parsee [pɑːˈsiː] Ⓐ *adj.* parse, pársi Ⓑ *s.* (língua, pessoa) parse, pársi
Parseeism [pɑːˈsiːɪzəm] *s.* (religião, costumes) parsismo
parser ['pɑːzə] *s.* INFORMÁTICA, LINGUÍSTICA analisador gramatical
Parsifal ['pɑːsɪfəl] *s.antr.* Parsifal, Percival, Perceval
parsimonious [ˌpɑːsɪˈməʊnɪəs] *adj.* 1 parcimonioso; 2 poupado, económico; 3 parco
parsimoniously [ˌpɑːsɪˈməʊnɪəslɪ] *adv.* parcimoniosamente
parsimony ['pɑːsɪmənɪ] *s.* 1 parcimónia; 2 poupança, economia; 3 avareza
parsing ['pɑːzɪŋ] *s.* LINGUÍSTICA análise
parsley ['pɑːslɪ] *s.* BOTÂNICA salsa ❖ BOTÂNICA *~ fern* feto-real; ZOOLOGIA *~ frog* pelodites; BOTÂNICA *~ piert* pimpinela-branca; pé-de-leão
parsnip ['pɑːsnɪp] *s.* BOTÂNICA pastinaga, cherivia, cherovia, cheruvia
parson ['pɑːsn] *s.* pastor; sacerdote; vigário; eclesiástico ❖ ZOOLOGIA (Nova Zelândia) *~ bird* ave de pescoço branco e plumagem negra; [*coloq.*] *parson's nose* rabadilha; *parson's week* treze dias de férias
parsonage ['pɑːsnɪdʒ] *s.* presbitério, habitação de pároco ou outro beneficiado
parsondom ['pɑːsəndəm] *s.* estado, situação, ou vida eclesiástica
part [pɑːt] Ⓐ *s.* 1 parte; 2 fracção; porção dum todo; 3 lote, quinhão; 4 DIREITO parte; *the dispute was settled to the satisfaction of both parts* a questão foi resolvida a contento de ambas as partes; 5 MÚSICA voz; *to sing in parts* cantar a várias vozes; 6 (obra, livro) divisão; 7 peça; *parts catalogue* catálogo de peças; *moving parts* peças móveis; *the spare parts of the machine are under that table* os acessórios ou as peças sobresselentes da máquina estão debaixo daquela mesa; 8 membro; órgão; 9 MATEMÁTICA parte alíquota; 10 papel; *he played a very important ~ in that affair* ele desempenhou um papel muito importante nesse assunto; *that actor doesn't know his ~* aquele actor não sabe o papel; 11 obrigação;

dever; *to do one's ~* cumprir o seu dever; **12** função; competência; *it is not my ~ to interfere* não é a mim que me compete interferir; **13** partido; *they always take their sister's ~* tomam sempre o partido da irmã; **14** risca de cabelo; **15** *pl.* terras, região, província; *in foreign parts* em terras estranhas, no estrangeiro; *in these parts* por estas bandas; *he is a stranger in those parts* ele não conhece essas terras; **16** *pl.* [arc.] capacidades, dotes, qualidades; *he is a man of parts* ele é um homem de talento Ⓑ *adv.* parcialmente; em parte; *~ true* parcialmente verdade Ⓒ *v.tr.,intr.* **1** separar; *the policeman parted the two boys* o polícia separou os dois rapazes; **2** separar-se; despedir-se [**from**, de]; *they parted friends* separaram-se como amigos; **3** ir-se embora, partir; **4** dividir em partes; dividir-se; **5** repartir; **6** desfazer-se [**with**, de]; separar-se [**with**, de]; ceder [**with**, -]; **7** (cabelo) fazer a risca em; *to ~ one's hair at the side* usar risca ao lado; **8** NÁUTICA (amarra, cabo, etc.) rebentar, quebrar, romper, romper-se, fender-se; **9** [cal.] pagar dinheiro; **10** [arc.] repartir ❖ *~ owner* co-proprietário; MÚSICA *~ song* canção polifónica; canção a várias vozes; LINGUÍSTICA *~ of speech* categoria gramatical; *~ one and ~ the other* metade um e metade outro; *for my ~* pela minha parte; *for the most ~* na maioria dos casos; *in large ~* em grande parte; *in ~ payment* por conta; *on the one ~..., on the other ~...* duma parte..., da outra parte...; *on the ~ of* da parte de; por parte de; *the crowd parted and let the two men go through* a multidão abriu alas e deixou os dois homens passar; *the funny ~ about it is that...* o curioso é que...; *to be ~ and parcel of* ser parte integrante de; *to examine sth ~ by ~* examinar algo minuciosamente; *to have neither ~ nor lot in* não ter qualquer interesse nem tomar qualquer parte em; *to ~ company* separar-se; caminhar em direcções diferentes; ter opiniões diversas; *to take ~ in* participar em; *to take sth in good ~* não se ofender com coisa alguma; *to take sth in ill ~* levar a mal; ofender-se com alguma coisa

part. Ⓐ [*abrev. de* participle] Ⓑ [*abrev. de* particle] Ⓒ [*abrev. de* particular]

partake [pɑːˈteɪk] *v.tr.,intr.* (*prt.* **partook**, *part. pass.* **partaken**) **1** [form.] comer [**of**, -]; beber [**of**, -]; servir-se [**of**, de]; **2** [form.] ter algo [**of**, de]; ter algumas características [**of**, de]; *his manner partakes of insolence* os modos dele têm algo de insolente; **3** [form.] partilhar [**of**, de]; compartilhar [**of**, de]; **4** participar [**in**, em]; tomar parte [**in**, em]; ter parte [**in**, em] ❖ RELIGIÃO *to ~ of the Sacraments* receber os sacramentos

partaken [pɑːˈteɪkn] *part. pass. de* **to partake**

partaker [pɑːˈteɪkə] *s.* **1** participante, aquele que participa em ou compartilha de algo; **2** cúmplice

partaking [pɑːˈteɪkɪŋ] *s.* **1** compartilhação; **2** acto de tomar parte ou compartilhar

parterre [pɑːˈteə] *s.* **1** canteiro de jardim, porção de jardim com relva e canteiros de flores; **2** TEATRO plateia

parthenogenesis [ˌpɑːθɪnəˈdʒenɪsɪs] *s.* BIOLOGIA partenogénese

Parthenon [ˈpɑːθənɒn, ˈpɑːθənən] *s.* Parténon, monumento principal da Acrópole de Atenas

Parthenopean [ˌpɑːθɪnəˈpɪən] *adj.,s.* **1** partenopeu, relativo a Nápoles; **2** habitante ou natural de Nápoles

Parthia [ˈpɑːθɪə] *s.top.* (região) Pártia

Parthian [ˈpɑːθɪən] Ⓐ *adj.* pártico, relativo aos Partos Ⓑ *s.* parto, natural ou habitante da Pártia ❖ *~ glance* olhar rápido de despedida lançado para trás; *~ shaft/shot* frase ou palavra rápida de despedida mas para ferir

partial [ˈpɑːʃəl] *adj.* **1** (incompleto) parcial; *it was only a ~ success* foi apenas um êxito parcial; *~ view* vista parcial; **2** parcial, injusto, faccioso; *you shouldn't be ~ in such matters* não devias ser parcial neste tipo de questões; **3** apreciador; *to be ~ to* ser um apreciador de, gostar muito de, ter um fraquinho por; *he's not too ~ to* ele não é um grande apreciador de, ele não gosta muito de ❖ COMÉRCIO *~ acceptance* aceite condicional; *~ board* meia-pensão; ASTRONOMIA *~ eclipse* eclipse parcial; MATEMÁTICA *~ product* produto parcial

partiality [ˌpɑːʃɪˈælɪtɪ] *s.* ⟨*pl.* **-ies**⟩ **1** parcialidade; não-isenção; **2** injustiça; **3** partidarismo; **4** favoritismo; **5** inclinação, afeição, predilecção, preferência; *a ~ for* uma predilecção por, um fraquinho por

partially [ˈpɑːʃəlɪ] *adv.* **1** parcialmente, com parcialidade; **2** parcialmente, em parte

partible [ˈpɑːtɪbəl] *adj.* **1** divisível; **2** que pode e deve ser dividido

participant [pɑːˈtɪsɪpənt] *adj.,s.* participante

participate [pɑːˈtɪsɪpeɪt] *v.tr.,intr.* **1** participar [**in**, em]; tomar parte [**in**, em]; **2** compartilhar; *to ~ a thing with sb* compartilhar uma coisa com uma pessoa; *his poems ~ of the nature of satire* os poemas dele compartilham da natureza da sátira

participation [pɑːˌtɪsɪˈpeɪʃən] *s.* participação [**in**, em]

participative [pɑːˈtɪsɪpeɪtɪv] *adj.* **1** participativo; **2** que participa

participator [pɑːˈtɪsɪpeɪtə] *s.* **1** participante; **2** pessoa que toma parte ou compartilha (de) ❖ *to be ~ in* tomar parte em; participar em

participatory [pɑːˌtɪsɪˈpeɪtərɪ] *adj.* participativo ❖ POLÍTICA *~ democracy* democracia participativa; *the most ~ activities* as actividades mais populares; as actividades com mais participação; as actividades com maior adesão

participial [pɑːtɪˈsɪpɪəl] *adj.* LINGUÍSTICA participial; relativo a particípio

participle [ˈpɑːtsɪpl] *s.* LINGUÍSTICA particípio ❖ *past ~* particípio passado; *present ~* particípio presente

particle [ˈpɑːtɪkl] *s.* **1** partícula; grão; pedaço mínimo; *a ~ of dust* um grão de poeira; **2** FÍSICA (porção mínima) partícula, átomo; **3** LINGUÍSTICA partícula, afixo, pequena palavra invariável ❖ *not a ~ of* nem sombra de; sem o menor vestígio de

particoloured [ˈpɑːtɪkʌləd] *adj.* **1** de várias cores, variegado; **2** parte de uma cor e parte de outra

particular [pəˈtɪkjʊlə] Ⓐ *adj.* **1** particular; não geral; **2** peculiar; específico; próprio; *a ~ way* uma maneira de ser muito peculiar; **3** circunstanciado; detalhado; *a full and ~ account* um relato completo e minucioso; **4** especial; notável; extraordinário; *a ~ case* um caso especial; *I have nothing ~ to do* não tenho nada de especial a fazer; *for no ~ reason* por nenhuma razão especial; **5** meticuloso; cuidadoso; minucioso; **6** exigente; miudinho; *don't be too ~* não sejas demasiado exigente; *to be ~ about/to be ~ as to* ser muito exigente em relação a Ⓑ *s.* **1** pormenor; particularidade; **2** LÓGICA proposição particular; **3** [coloq.] (Londres) nevoeiro característico; **4** *pl.* características ❖ RELIGIÃO *~ election* graça particular; *~ friend* amigo íntimo; *particulars of sale* pormenores relativos à venda; *a ~ custom* um costume local; *a ~ object* um determinado objecto; *for further particulars apply to* para informações mais completas dirigir-se a; *he is not ~ about that* ele não é esquisito em relação a isso; *her own ~ sentiments* os seus sentimentos muito particulares e pessoais; *in ~* em particular; particularmente; especialmente; *to ask for full particulars* pedir informações pormenorizadas; *to give particulars of* informar pormenorizadamente sobre; *to go into particulars* entrar em pormenores

particularism [pəˈtɪkjʊlərɪzəm] *s.* **1** particularismo; **2** RELIGIÃO doutrina da salvação dos eleitos; **3** sectarismo; **4** individualismo

particularist [pəˈtɪkjʊlərɪst] *adj.,s.* particularista

particularistic [pəˌtɪkjʊləˈrɪstɪk] *adj.* particularista

particularity [pəˌtɪkjʊˈlærɪtɪ] *s.* ⟨*pl.* **-ies**⟩ **1** particularidade; **2** minuciosidade, meticulosidade, exactidão; **3** exigência; **4** solicitude

particularization [pəˌtɪkjʊlərаɪˈzeɪʃən] *s.* particularização, especificação

particularize [pəˈtɪkjʊlərаɪz] *v.tr.* particularizar, especificar, pormenorizar

particularly [pəˈtɪkjʊləlɪ] *adv.* **1** particularmente; em particular; especialmente; *I'm not ~ interested* não estou particularmente interessado; **2** meticulosamente; minuciosamente; **3** pormenorizadamente ❖ *~ as...* tanto mais que...; *I ~ told you not to do that!* disse-te especificamente para não fazeres isso!; [coloq.] *not particularly!* nem por isso!

parting [ˈpɑːtɪŋ] Ⓐ *adj.* **1** que separa; **2** divisório; *~ line* linha divisória; **3** que parte, que vai, que se despede; **4** de despedida; *~ kiss* beijo de despedida; *~ visit* visita de despedida; *~ words* palavras de despedida; **5** moribundo Ⓑ *s.* **1** divisão, separação; **2** bifurcação; **3** partida; **4** despedida; *at ~* na despedida; **5** rompimento, ruptura; **6** abandono [**with**, de]; **7** divisória; **8** (cabelo) risca; *~ on the left* risca do lado esquerdo; **9** [fig.] morte ❖ *~ breath* último suspiro; *~ cup* última bebida;

bebida de despedida; **~ shot** último comentário; remoque à saída; (decisão importante) **at ~ of the ways** na encruzilhada; no momento de separação das águas; [poét.] **the ~ day** o dia que morre

partisan [,pɑːˈtɪzæn, ˈpɑːtɪzæn] Ⓐ s. 1 apoiante; partidário; militante; defensor 2 HISTÓRIA guerrilheiro, membro de tropas irregulares; 3 MILITAR partazana, alabarda Ⓑ adj. partidário; **~ spirit** espírito de partido; partidarismo

partisanship [,pɑːˈtɪzænʃɪp] s. 1 partidarismo, sectarismo, espírito partidário; 2 parcialidade

partite [ˈpɑːtaɪt] adj. partido; dividido; fendido ❖ BOTÂNICA **three-partite leaf** folha tripartida

partition [pɑːˈtɪʃən] Ⓐ s. 1 partição, divisão em partes; 2 partilha, distribuição, repartição; 3 divisória, tabique, parede divisória; **~ wall** parede interior, parede divisória; **brick ~** divisória de tijolo; **internal ~** parede de separação; 4 compartimento, secção, parte; 5 MÚSICA [arc.] partitura Ⓑ v.tr. 1 partilhar; 2 dividir em partes; dividir em secções; 3 (divisória) separar; compartimentar ❖ HISTÓRIA **the ~ of Poland** a partilha da Polónia

◆**partition off** v.tr. compartimentar por meio de divisória

partitioned [pɑːˈtɪʃənd] adj. dividido em compartimentos

partitioning [pɑːˈtɪʃənɪŋ] s. 1 acto de separar por meio de divisórias ou tabiques; 2 divisão em compartimentos

partitive [ˈpɑːtɪtɪv] adj.,s. LINGUÍSTICA partitivo

partitively [ˈpɑːtɪtɪvlɪ] adv. partitivamente, como um partitivo

partizan [,pɑːˈtɪzæn, ˈpɑːtɪzæn] s. ⇒ **partisan**

partly [ˈpɑːtlɪ] adv. 1 em parte, parcialmente; 2 até certo ponto, sob certo aspecto ❖ **wholly or ~** no todo ou em parte

partner [ˈpɑːtnə] Ⓐ s. 1 associado; sócio; **junior ~** sócio adjunto; **senior ~** sócio principal; **silent/sleeping ~** sócio comanditário; 2 companheiro; parceiro; 3 cônjuge; 4 (dança) par; 5 NÁUTICA enora, tamborete Ⓑ v.tr. 1 associar-se a; actuar como associado de; 2 emparceirar com; 3 (dança, etc.) ser o par de ❖ **partners in crime** cúmplices; **to be partners** jogar a parceiros; **to be ~ with sb in sth** emparceirar com alguém em alguma coisa

◆**partner off** v.intr. 1 formar parceria; unir-se a grupo; 2 emparelhar

partnership [ˈpɑːtnəʃɪp] s. 1 parceria; 2 COMÉRCIO associação; sociedade; firma comercial; 3 consórcio; sociedade em nome colectivo ❖ COMÉRCIO **articles/deed of ~** escritura de sociedade; MATEMÁTICA **rule of ~** regra de companhia; COMÉRCIO **sleeping ~** sociedade em comandita; **to charge sb with ~ in** acusar uma pessoa de cumplicidade em; **to enter/go into ~ with sb** entrar de sociedade com alguém; **to give a ~ in the business** dar interesse no negócio; **to take sb into ~** dar sociedade a alguém

partook [pɑːˈtʊk] prt. de **to partake**

partridge [ˈpɑːtrɪdʒ] s. ZOOLOGIA perdiz; **a brace of ~** um par de perdizes ❖ **~ net** rede para apanhar perdizes; **~ poult** perdigoto; perdiz ainda pequena; **~ wood** madeira dura e vermelha usada para mobiliário; **decoy ~** perdiz-macho empregada como chamariz; **French ~** perdiz-vermelha; **male ~** perdigão

partridgeberry [ˈpɑːtrɪdʒbərɪ, ˈpɑːtrɪdʒberɪ] s. (pl. **-ies**) BOTÂNICA gualteria, variedade de arbusto canadiano com frutos comestíveis

part-time [,pɑːˈtaɪm] Ⓐ adj. part-time; a tempo parcial; **a ~ job** um part-time; **a ~ worker** um trabalhador em part-time; **on a ~ basis** a tempo parcial Ⓑ adv. em part-time; a tempo parcial

part-timer [,pɑːˈtaɪmə] s. 1 trabalhador em part-time; 2 estudante a tempo parcial

parturient [pɑːˈtjʊərɪənt] adj. parturiente; que está de parto

parturition [,pɑːtjʊˈrɪʃən] s. parto; parturição

partwork [ˈpɑːtwɜːk] s. (publicação) série de fascículos

party [ˈpɑːtɪ] Ⓐ s. (pl. **-ies**) 1 festa; **a dancing ~** festa com baile; **to give a ~** dar uma festa; 2 (recreação) actividade; **pleasure ~** um passeio, uma excursão; **a shooting ~** uma partida de caça; 3 POLÍTICA partido; interesse partidário; facção; **a political ~** um partido político; **the Conservative ~** o partido conservador; **the Labour ~** o partido trabalhista; **to put public interest before ~** pôr o interesse público antes do interesse partidário; 4 partidarismo; 5 grupo; **they formed a ~ and went to England** reuniram-se uns poucos e foram a Inglaterra; **we are only a small ~ this evening** esta noite somos apenas um pequeno grupo; 6 MILITAR pelotão; grupo; equipa; pequeno destacamento; MILITAR **landing ~** grupo de desembarque; **a firing ~** um pelotão de execução; 7 participante; **a ~ to a conspiracy** um conspirador; 8 DIREITO parte em litígio; **the parties concerned** as partes interessadas; **the parties entitled** as partes autorizadas; **the parties to the case** as partes em questão; 9 [joc.] pessoa, indivíduo; **a ~ of the name of Harry** um tal Harry Ⓑ v.intr. [EUA] [coloq.] divertir-se Ⓒ adj. HERÁLDICA (escudo) partido, dividido em duas partes iguais ❖ [coloq.] **~ animal** folião; borguista; **~ dress** traje de cerimónia; **~ leader** líder partidário; chefe de grupo; **~ line** orientação de partido político; POLÍTICA **~ machine** aparelho partidário; **~ politics** política partidária; **~ pooper** desmancha-prazeres; **~ spirit** espírito partidário; espírito festivo; **~ wall** divisória; muro de separação; **~ warfare** guerras partidárias; **third ~ insurance** seguro contra terceiro; **for account of a third ~** por conta de terceiros; em conta de outrem; [form.] **to be a ~ to** estar envolvido em; ter intervenção em; estar interessado em; **to become ~ to an agreement** assinar um acordo; **to make one's ~ good** defender-se bem

partycoloured [ˈpɑːtɪkʌləd] adj. ⇒ **particoloured**

party-goer [ˈpɑːtɪgəʊə] s. frequentador de festas

parvenu [ˈpɑːvənjuː] s. novo-rico, pessoa de origem humilde que subitamente ganhou fortuna e posição social

parvifoliate [,pɑːvɪˈfəʊlɪɪt] adj. BOTÂNICA ⇒ **parvifolious**

parvifolious [,pɑːvɪˈfəʊlɪəs] adj. BOTÂNICA parvifólio

parvis [ˈpɑːvɪs] s. adro (de igreja ou catedral)

pas [pɑː] s. 1 (bailado) passo; 2 precedência; **to take the ~** tomar a precedência ❖ (ballet) **~ de deux** dança a dois

PAS [GB] [abrev. de Pregnancy Advisory Service]

pascal [ˈpæskəl] s. FÍSICA (sistema internacional de unidades de medida) pascal

Pasch [pɑːsk] s. [arc.] Páscoa ❖ **~ egg** ovo de Páscoa

paschal [ˈpɑːskəl] adj. pascal; relativo à Páscoa; **paschal visit** visita pascal

pash [pæʃ] s. [ant., coloq.] paixão; fraco; **to have a ~ for** sentir uma paixão por

pasha [ˈpɑːʃə] s. (título) paxá ❖ **~ of one tail** paxá de um rabo de cavalo; **~ of seven tails** o sultão

pashalic [ˈpɑːʃəlɪk] s. paxalique, província governada por um paxá

Pasiphae [pəˈsɪfiː] s. MITOLOGIA Pasifáe, Pasifeia, rainha lendária de Creta, casada com Minos, e geradora do Minotauro

paso doble [,pæsəʊˈdəʊbleɪ] s. MÚSICA paso-doble

pasqueflower [ˈpɑːskflaʊə] s. BOTÂNICA pulsatila, variedade de anémona com flores cor de púrpura

pasquinade [,pæskwɪˈneɪd] s. pasquinada, pasquim

pass. Ⓐ [abrev. de passage] Ⓑ [abrev. de passenger] Ⓒ [abrev. de passive]

pass [pɑːs] Ⓐ s. (pl. **-es**) 1 passe, livre-trânsito, autorização; **free ~** livre-trânsito; **police ~** livre-trânsito concedido pela polícia; **press ~** passe de imprensa; 2 DESPORTO (futebol) passe; 3 DESPORTO (esgrima) passe, estocada, bote; 4 (exame, etc.) passagem; aprovação simples sem distinção; (exame) **to get a ~** conseguir passar; 5 gesto; movimento; acto; passo; 6 (prestidigitação, etc.) passe, escamoteação, movimento de mãos; 7 GEOGRAFIA (montanhas) desfiladeiro, passagem estreita, garganta; 8 estado, situação, conjuntura; **how did we let things get to such a pass?** como é que deixámos as coisas chegar a este ponto?; 9 [coloq.] (pessoas) tentativa de engate; **to make a ~ at sb** tentar engatar alguém; 10 licença; **soldier on ~** soldado de licença; 11 lugar fortificado à entrada de passagem estreita; 12 canal navegável entre baixios; 13 passagem para peixe por cima de açude; 14 passaporte; 15 passamento, falecimento Ⓑ v.tr.,intr. 1 passar; **~ me the wine, please** passe-me o vinho, por favor; **to ~ one's hand over one's face** passar a mão pelo rosto; **to ~ unobserved** passar despercebido; 2 (negócio, propriedade) (transferir) passar; **to ~ a business** passar um negócio; **when she died, the estate passed to her heirs** quando ela morreu, os bens passaram para os herdeiros; 3 andar, caminhar, avançar; 4 passar por; **to ~ sb** passar por alguém; **both girls ~ each other every day** as duas raparigas passam todos os dias uma pela outra; 5 passar através de; transpor, atravessar; **to ~ a river** atravessar um rio, passar um rio;

passable

to ~ *across* atravessar; **6** fazer deslizar, fazer correr; **7** mudar; **8** (tempo) decorrer, passar; empregar, consumir, gastar; *how time passes!* como o tempo passa!; *to* ~ *the time* passar o tempo; **9** dar; **10** entregar; **11** (opinião, juízo, etc.) transmitir; pronunciar; proferir; formular; *to* ~ *an opinion on* emitir uma opinião sobre; *to* ~ *judgement on* emitir uma opinião sobre, julgar; *judgement passed for the plaintiff* sentença pronunciada a favor do queixoso; **12** circular, fazer circular, ter curso; **13** ser aprovado, ser aceite, receber aprovação; *the bill passed the House of Commons* o projecto de lei foi aprovado pela Câmara dos Comuns; (assembleia legislativa) *to* ~ *a law* decretar uma lei; publicar uma lei; aprovar uma lei; **14** acontecer, suceder, dizer, ser dito; **15** passar de; ultrapassar; exceder; *he's passed the fifty mark* ele já passou dos cinquenta; **16** omitir, não mencionar; **17** não jogar, deixar passar uma jogada; **18** prometer, comprometer-se; **19** trespassar; fazer passar; *they passed the sword through the man's body* trespassaram o corpo do homem com a espada; **20** sofrer, padecer; **21** desaparecer, chegar ao fim, acabar, cessar; **22** (prestidigitação, hipnotismo, etc.) fazer passes; **23** DESPORTO passar, entregar a bola, fazer um passe; *to* ~ *the ball* passar a bola; **24** expelir; urinar; evacuar; *to* ~ *blood* urinar sangue; *to* ~ *water* urinar ❖ *international travelling* ~ carta de condução internacional; *be it said in passing* diga-se de passagem; RELIGIÃO (Bíblia) *let this cup* ~ *from me* afastai de mim este cálix; *they say he passed counterfeit notes* dizem que ele passava notas falsas; *to bring to* ~ realizar; *to come to a pretty* ~ meter-se em boa; meter-se em dificuldades; *to come to* ~ suceder; acontecer; *to have a* ~ *degree* ter uma formatura; estar formado (sem distinção); *to hold the* ~ manter-se firme; aguentar uma posição; *to sell the* ~ trair uma causa; *to* ~ *a candidate* admitir um candidato a exame; *to* ~ *a criticism on* criticar; *to* ~ *a dividend* deixar de distribuir um dividendo; *to* ~ *a dividend of 7%* votar um dividendo de 7%; *to* ~ *a remark* fazer uma observação; dizer alguma coisa; (caminhos-de-ferro) *to* ~ *a station* não parar numa estação; *to* ~ *an examination* passar num exame; *to* ~ *by the name of* ser conhecido pelo nome de; *to* ~ *hence* morrer; falecer; *to* ~ *in review* passar em revista; *to* ~ *into nothingness* tombar no nada; ir dar ao nada; *to* ~ *muster* satisfazer; ser satisfatório; *to* ~ *one's word* empenhar a palavra; *to* ~ *the baby/to* ~ *the bucket* fugir a uma responsabilidade; *to* ~ *the censor* ser aprovado pela censura; *to* ~ *the time of day* trocar apenas duas palavras; cumprimentar; dar os bons-dias ou boas-tardes; *to* ~ *to sb's credit* lançar a crédito de alguém

◆**pass along** Ⓐ *v.tr.* passar; fazer passar de mão em mão Ⓑ *v.intr.* circular; continuar o caminho

◆**pass away** *v.intr.* (morrer) falecer; desaparecer

◆**pass back** *v.tr.* **1** devolver; **2** reenviar [to, para]

◆**pass by** *v.tr.,intr.* **1** passar; *I saw her* ~ vi-a passar; **2** passar por; **3** passar ao lado de; *this is passing him by!* isto está a passar-lhe ao lado!; **4** deixar indiferente; *it just passes her by* isto deixa-a indiferente, isto passa-lhe ao lado; **5** omitir; passar por cima de; não prestar atenção a; *to pass sth by* passar por alto uma coisa, não prestar atenção a uma coisa, omitir uma coisa ❖ *to* ~ *on the other side* virar a cara para o lado

◆**pass down** Ⓐ *v.tr.* transmitir; passar; entregar Ⓑ *v.intr.* ser herdado; ser transmitido; passar de geração em geração

◆**pass for** *v.tr.* **1** [depr.] passar por; ser tido por; **2** [depr.] fazer-se passar por

◆**pass in** Ⓐ *v.tr.* passar para dentro Ⓑ *v.intr.* entrar

◆**pass off** Ⓐ *v.intr.* **1** (acontecimentos) passar-se; suceder; acontecer; desenrolar-se; **2** (dor, efeito de medicamento, etc.) abrandar; diminuir; passar; **3** acabar Ⓑ *v.tr.* **1** fazer passar por; *he passes himself off as richer than he is* ele faz-se passar por mais rico do que é; *to pass sb off as...* fazer passar alguém como sendo...; **2** (situação) desvalorizar; menorizar; não atribuir importância a

◆**pass on** Ⓐ *v.intr.* **1** [GB] (tópico, questão, etc.) avançar [to, para]; **2** seguir o seu caminho; *he passed on* ele continuou o seu caminho; **3** [form.] falecer Ⓑ *v.tr.* **1** transmitir [to, a]; **2** (doença) pegar; **3** passar de mão em mão; fazer circular

◆**pass out** Ⓐ *v.intr.* **1** desmaiar; perder os sentidos; **2** (cansaço, bebedeira) adormecer; **3** terminar a formação Ⓑ *v.tr.* distribuir

◆**pass over** Ⓐ *v.tr.* **1** passar [to, a/para]; **2** passar por cima de; **3** atravessar; **4** não ter em consideração; não prestar muita atenção a; ignorar; **5** omitir; não mencionar; **6** (pessoa) pôr de lado, esquecer Ⓑ *v.intr.* falecer ❖ *to pass sth over in silence* não fazer comentários em relação a algo; *to* ~ *to the enemy* passar-se para o inimigo

◆**pass round** *v.tr.* **1** distribuir; entregar; **2** fazer circular; fazer passar de mão em mão; partilhar; *the bottle was passed round the table* passaram a garrafa à volta da mesa

◆**pass through** Ⓐ *v.tr.* **1** passar por; **2** sofrer; suportar Ⓑ *v.intr.* estar de passagem

◆**pass up** *v.tr.* **1** (oportunidade) desperdiçar; deixar passar; **2** (oferta) renunciar a; recusar; *to* ~ *ministerial office* recusar uma pasta de ministro; **3** não tomar em consideração

passable ['pɑːsəbəl] *adj.* **1** passável, que pode passar(-se); **2** (via) transitável; navegável; **3** aceitável, tolerável, admissível; **4** razoável; sofrível; *he has a* ~ *knowledge of English* ele tem conhecimentos razoáveis de Inglês; **5** (moeda) com curso legal

passableness ['pɑːsəblnɪs] *s.* **1** aceitabilidade; razoabilidade; **2** navegabilidade; transitabilidade

passably ['pɑːsəblɪ] *adv.* **1** razoavelmente; **2** de modo tolerável, bastante, *passably well* bastante bem

passacaglia [ˌpæsəˈkɑːljə] *s.* MÚSICA passacalhe, dança do séc. XVI, possivelmente de origem espanhola

passage ['pæsɪdʒ] Ⓐ *s.* **1** passagem; **2** direito de passagem; **3** viagem; travessia; trajecto; caminho; NÁUTICA *to have a bad* ~ ter uma má travessia; **4** abertura; **5** corredor de passagem; **6** (diploma legal) ratificação; promulgação; adopção; ~ *of a bill* adopção dum projecto de lei; **7** MÚSICA trecho ou frase musical; **8** (texto) passo, trecho; *selected passages* passos escolhidos; **9** DESPORTO (equitação) movimento lateral do cavalo; **10** ANATOMIA conduto, canal; **11** MEDICINA evacuação; **12** combate; briga; ~ *at arms/~ of arms* combate; luta; **13** *pl.* conversa, troca de palavras, aquilo que se passa entre duas pessoas; *to have angry passages with sb* trocar palavras irritadas com alguém Ⓑ *v.tr.,intr.* **1** (cavalo) ladear; **2** andar de lado; fazer o cavalo andar de lado ❖ ~ *opening* orifício de passagem; *steam* ~ tubo de vapor; ~ *of heat/light* passagem do calor/de luz; ANATOMIA ~ *of the urine* ureter; *birds of* ~ aves de arribação; *the* ~ *of time* a passagem do tempo; *to force a* ~ abrir passagem à força

passageway ['pæsɪdʒweɪ] *s.* corredor; lugar de passagem

passant ['pæsənt] *adj.* HERÁLDICA (animal) passante, que figura no escudo em atitude de andar

passbook ['pɑːsbʊk] *s.* caderneta bancária

passenger ['pæsɪndʒə] *s.* **1** passageiro, viajante; **2** caminhante; *foot* ~ caminhante ❖ [EUA] (comboios) ~ *car* carruagem de passageiros; (comboios) ~ *carriage* carruagem de passageiros; (comboios) ~ *coach* diligência; mala-posta; carruagem de passageiros; ZOOLOGIA ~ *hawk* falcão peregrino; ~ *list* lista de passageiros; ZOOLOGIA ~ *pigeon* pombo-bravo norte-americano extinto; ~ *plane* avião de passageiros; ~ *seat* lugar ao lado do condutor; ~ *train* comboio de passageiros; ~ *vessel* barco de passageiros; *passenger's room* sala reservada a passageiros; (comboios) *to forward by* ~ *train* enviar (qualquer encomenda) em grande velocidade

passe-partout [ˌpæspɑːˈtuː] *s.* **1** moldura, caixilho, armação para colocar uma fotografia; **2** porta-fotografias; **3** chave-mestra, gazua

passer-by [ˌpɑːsəˈbaɪ] *s.* 〈*pl.* **passers-by**〉 transeunte

passerine ['pæsəraɪn] Ⓐ *adj.* **1** ZOOLOGIA relativo a pardal; **2** respeitante a pássaro Ⓑ *s.* ZOOLOGIA animal da ordem dos passeriformes

passible ['pæsɪbəl] *adj.* RELIGIÃO passível, susceptível de sensações ou sofrimento

passiflora [ˌpæsɪˈflɔːrə] *s.* BOTÂNICA passiflora, género de plantas da família das Passifloráceas

passing ['pɑːsɪŋ] Ⓐ *adj.* **1** que passa; *the* ~ *years* os anos que passam; **2** de passagem; **3** transitório; passageiro; **4** caudal, acidental Ⓑ *s.* **1** passagem; **2** trânsito; **3** passadouro; **4** ultrapassagem; **5** partida; **6** falecimento, morte; ~ *away* falecimento; **7** admissão de candidato, passagem em exame; **8** (diploma legal) adopção, aceitação, promulgação; **9** decisão de tribunal; **10** DESPORTO (bola) passagem Ⓒ *adv.* [arc.] muito, extremamente, extraordinariamente; ~ *fair* extraordinariamente bela; ~ *rich* extremamente rico ❖ ~ *bell* dobre a finados; (instruções, ordens, etc.) ~ *on* comunicação; transmissão; ~ *place* lugar de passagem;

(localidade, região, etc.) ~ *through* travessia; acção de atravessar; *in* ~ de passagem; *the* ~ *of the old year* a passagem de ano

passion ['pæʃən] Ⓐ *s.* 1 paixão; 2 emoção intensa; 3 interesse; entusiasmo forte; *ruling* ~ interesse dominante; 4 angústia, sofrimento, martírio; 5 fúria, furor, cólera; *fit of* ~ ataque de cólera; *to fly into a* ~ irritar-se, encolerizar-se; *to put sb into a* ~ fazer alguém ficar furioso, fazer alguém ir aos arames coloq. Ⓑ *v.intr.* [poét., arc.] sentir-se dominado pela paixão ❖ BOTÂNICA ~ *flower* martírio; BOTÂNICA ~ *fruit* maracujá; *to have a* ~ *for* gostar muito de; ter a paixão de

Passion ['pæʃən] *s.* RELIGIÃO Paixão de Cristo; *the* ~ *of Christ* a Paixão de Cristo ❖ ~ *play* drama da Paixão; representação dramática da morte e sofrimento de Cristo; ~ *sermon* sermão sobre a Paixão; ~ *Sunday* domingo da Paixão; ~ *tide/~ Week* Semana Santa

passional ['pæʃənəl] Ⓐ *adj.* [lit.] passional Ⓑ *s.* passional, passionário, livro que narra os sofrimentos de santos e mártires

passionary ['pæʃənərɪ] *s.* passional, passionário, livro que narra os sofrimentos de santos e mártires

passionate ['pæʃənɪt] *adj.* 1 apaixonado; ardente; 2 arrebatado; impulsivo, veemente; impetuoso; *a* ~ *nature* um temperamento arrebatado; 3 irascível, colérico

passionately ['pæʃənɪtlɪ] *adv.* 1 apaixonadamente, ardentemente, arrebatadamente; *she is* ~ *in love with him* ela ama-o apaixonadamente; 2 cheio de cólera ❖ *to become* ~ *fond of* apaixonar-se por

passionateness ['pæʃənɪtnɪs] *s.* 1 paixão; 2 arrebatamento, entusiasmo; 3 ímpeto, veemência; 4 cólera

passion-fruit ['pæʃənfru:t] *s.* BOTÂNICA maracujá

Passionist ['pæʃənɪst] *s.* RELIGIÃO passionista, membro duma das congregações fundadas por S. Paulo da Cruz

passionless ['pæʃənləs] *adj.* 1 impassível, frio, desapaixonado, sem paixões; 2 calmo, tranquilo

passionlessly ['pæʃənləslɪ] *adv.* 1 impassivelmente, friamente, desapaixonadamente; 2 calmamente

passivate ['pæsɪveɪt] *v.tr.* isolar (metal) contra a corrosão

passive ['pæsɪv] Ⓐ *adj.* 1 passivo; inactivo, sem reacção ou resistência; 2 LINGUÍSTICA passivo, na passiva; *to be in the* ~ *voice* estar na (voz) passiva Ⓑ *s.* LINGUÍSTICA passiva, voz passiva, forma passiva; *that verb is in the* ~ esse verbo está na passiva ❖ ECONOMIA ~ *debt* dívida que não rende juros; ~ *obedience* obediência passiva; ~ *resistance* resistência passiva; ~ *resister* indivíduo que pratica a resistência passiva; ~ *smoker* fumador passivo; ~ *trade* comércio de importação; *to remain* ~ não reagir

passively ['pæsɪvlɪ] *adv.* passivamente

passiveness ['pæsɪvnɪs] *s.* carácter passivo

passivity [pæ'sɪvɪtɪ] *s.* passividade, inércia, resignação

passkey ['pɑ:s‚ki:] *s.* chave-mestra, gazua

passman ['pɑ:smæn] *s.* ⟨pl. **-men**⟩ [coloq.] pessoa que tira um grau universitário sem distinção

Passover ['pɑ:səʊvə] *s.* 1 Páscoa dos Judeus; 2 cordeiro pascal

passport ['pɑ:s‚pɔ:t] *s.* 1 passaporte; 2 [fig.] qualquer documento ou coisa que permita trânsito ou entrada; 3 salvo-conduto; 4 identificação

password ['pɑ:sw3:d] *s.* palavra de passe, senha, contra-senha

past [pɑ:st] Ⓐ *adj.* 1 passado; *the* ~ *week* a semana passada; 2 pertencente ao passado; 3 antigo; anterior; último; *for the* ~ *few days* nos últimos dias; *our* ~ *chairman* o nosso antigo presidente; 4 acabado; decorrido Ⓑ *s.* 1 passado; *in the* ~ no passado; *we cannot undo the* ~ não se pode modificar o passado; 2 LINGUÍSTICA passado, pretérito Ⓒ *prep.* 1 por; *they walked* ~ *the door* eles passaram pela porta; 2 para além de; fora de; 3 sem possibilidade de; 4 depois de; 5 mais de; 6 sem Ⓓ *adv.* em frente, junto, perto, próximo ❖ ~ *cure* sem remédio; ~ *dispute* indiscutível; ~ *endurance* insuportável; ~ *help* que já não tem remédio; ~ *hope* sem esperança; ~ *master* mestre consumado; grande conhecedor; ex-mestre de corporação, loja maçónica, etc.; ~ *mending* irremediável; sem conserto; LINGUÍSTICA ~ *participle* particípio passado; ~ *saving* perdido; sem salvação; ~ *all belief* inacreditável; ~ *all doubt* indubitável; ~ *all understanding* incompreensível; ~ *the corner* ao dobrar a esquina; *marching* ~ desfile; *for a long time* ~ desde há muito tempo; *for six months* ~ desde há seis meses; *he is* ~ *sixty* ele já fez sessenta anos; *in ages* ~ *and gone* em tempos que já lá vão; *in times* ~ outrora; *it is half* ~ *two* são duas e meia; *it is twenty* ~ *three* são três e vinte; *she is* ~ *childbearing* ela já não pode ter filhos; *she walked* ~ *without noticing you* ela passou sem te ver; LINGUÍSTICA *the* ~ *tense* o pretérito imperfeito; o pretérito perfeito simples; *town with a* ~ cidade histórica; [ant.] *woman with a* ~ mulher com um passado duvidoso

pasta ['pæstə, 'pɑ:stə] *s.* CULINÁRIA massa

paste [peɪst] Ⓐ *s.* 1 massa; pasta; 2 cola; grude; 3 CULINÁRIA pasta alimentícia; *anchovy* ~ pasta de anchovas; 4 (cerâmica) massa; 5 [cal.] soco, bofetada Ⓑ *v.tr.* 1 colar; 2 forrar; *to* ~ *with paper* forrar de papel; 3 revestir de massa; emassar; 4 espancar, bater em, dar uma bofetada ou um soco em; [coloq.] *the girl pasted him one* a rapariga pregou-lhe com uma bofetada; 5 INFORMÁTICA colar; inserir em ❖ CULINÁRIA ~ *cutter* carretilha; ~ *pot* frasco de grude; ~ *wood* pasta de madeira; *dental* ~ pasta dentífrica; *made of* ~ falso; sem valor

◆ **paste up** *v.tr.* 1 afixar; *to* ~ *a placard* afixar um cartaz; 2 colar; 3 (artigos de jornal ou revista) fazer a montagem de

pasteboard ['peɪstbɔ:d] Ⓐ *s.* 1 cartão, papelão; 2 [coloq.] bilhete de caminho-de-ferro; 3 [coloq.] cartão de visita Ⓑ *adj.* pouco seguro; frágil; pouco consistente ❖ ~ *binding* encadernação de cartão; ~ *nose* nariz de papelão

pastel [pæs'tel] Ⓐ *s.* 1 ARTES PLÁSTICAS (material) pastel; 2 ARTES PLÁSTICAS (actividade, obra) desenho a pastel, composição a pastel; 3 BOTÂNICA pastel-dos-tinteiros Ⓑ *adj.* 1 ARTES PLÁSTICAS a pastel; ~ *drawing* desenho a pastel; 2 (cor) pastel; ~ *shades* tons pastel ❖ *to draw in* ~ desenhar a pastel

pastelist ['pæstelɪst] *s.* ⇒ **pastellist**

pastellist ['pæstelɪst] *s.* ARTES PLÁSTICAS pastelista, pintor ou desenhador que trabalha a pastel

paster ['peɪstə] *s.* 1 indivíduo que cola, colador; 2 fita de papel gomado

pastern ['pæst3:n] *s.* quartela, região dos membros do animal que tem por base óssea a primeira falange

paste-up ['peɪstʌp] *s.* 1 (impressão) maqueta; 2 montagem; 3 ARTES PLÁSTICAS colagem

Pasteurian [pæs't3:rɪən] *adj.* pasteuriano; relativo a Pasteur

pasteurise ['pɑ:stʃəraɪz] *v.tr.* ⇒ **pasteurize**

Pasteurism ['pæst3:rɪzəm] *s.* sistema de Pasteur para a prevenção ou cura de certas doenças por meio de vacinação

pasteurization [‚pæstʃəraɪ'zeɪʃən] *s.* pasteurização

pasteurize ['pæstʃəraɪz] *v.tr.* pasteurizar; tratar por pasteurização

pasteurized ['pæstʃəraɪzd] *adj.* pasteurizado ❖ ~ *milk* leite pasteurizado

pasteurizer ['pæstʃəraɪzə] *s.* pasteurizador

pasticcio [pæs'tɪtʃəʊ] *s.* ⇒ **pastiche**

pastiche [pæs'ti:ʃ] *s.* pastiche, decalque de obra literária ou artística alheia

pastil ['pæstəl] *s.* ⇒ **pastille**

pastille ['pæstəl] *s.* pastilha (para queimar, chupar, etc.)

pastime ['pɑ:staɪm] *s.* 1 passatempo; hobby; *by way of* ~ por passatempo; 2 divertimento, diversão, entretenimento, entretenimento

pastiness ['peɪstɪnɪs] *s.* 1 consistência pastosa, pastosidade; 2 palidez

pasting ['peɪstɪŋ] *s.* 1 colagem, fixação com cola; 2 [coloq.] tareia, sova

pastor ['pɑ:stə] *s.* 1 pastor, cura de almas, ministro do culto protestante; 2 clérigo; 3 ZOOLOGIA variedade de estorninho

pastoral ['pɑ:stərəl] Ⓐ *adj.* pastoral; pastoril Ⓑ *s.* 1 RELIGIÃO pastoral, carta pastoral; 2 LITERATURA, MÚSICA composição pastoril; 3 ARTES PLÁSTICAS cena pastoril, cena campestre ❖ RELIGIÃO *Pastoral Epistles* epístolas pastorais (dirigidas por S. Paulo a Timóteo e a Tito); RELIGIÃO ~ *letter* pastoral; carta enviada por um prelado aos seus diocesanos; LITERATURA ~ *poem* poema pastoril; RELIGIÃO ~ *staff* báculo episcopal; RELIGIÃO *the* ~ *ring* o anel pastoral

pastorale [‚pæstə'rɑ:lɪ] *s.* ⟨pl. **-ali**⟩ MÚSICA pastoral

pastoralism ['pɑ:stərəlɪzəm] *s.* 1 pastoralismo; 2 carácter pastoril; 3 género pastoril

pastoralist [ˈpɑːstərəlɪst] s. LITERATURA, MÚSICA pastoralista
pastorally [ˈpɑːstərəlɪ] adv. como pastor; na qualidade de prelado
pastorate [ˈpɑːstərɪt] s. 1 pastorato, pastorado; 2 dignidade ou cargo de pastor evangélico; 3 o corpo de pastores evangélicos
pastorship [ˈpɑːstəʃɪp] s. ⇒ **pastorate**
pastrami [pəˈstrɑːmɪ] s. CULINÁRIA (de peito bovino) pastrami
pastry [ˈpeɪstrɪ] s. ⟨pl. **-ies**⟩ 1 pastelaria; bolos; pastéis; 2 bolo; pastel; 3 CULINÁRIA massa para bolos ❖ ~ *case* base de tarte; ~ *cook* pasteleiro; ~ *fork* garfinho de sobremesa; (actividade) ~ *making* pastelaria; ~ *slice* espátula para bolos
pasturable [ˈpɑːstʃərəbəl] adj. que serve para pastagens, próprio para pastagens
pasturage [ˈpɑːstʃərɪdʒ] s. 1 terreno para pastagens; 2 pasto, pastagem, erva para pasto; 3 direito de pastagem
pasture [ˈpɑːstʃə] ⓐ s. ⇒ **pasturage** ⓑ v.tr.,intr. 1 pastar; 2 levar a pastar, pastorear, apascentar ❖ ~ *ground* pastagens; terreno de pastos; *to take out to* ~ levar a pastar
pasturer [ˈpɑːstʃərə] s. pastor
pasturing [ˈpɑːstʃərɪŋ] s. pastagem, apascentamento
pasty [ˈpeɪstɪ] ⓐ s. ⟨pl. **-ies**⟩ CULINÁRIA folhado, pastel com recheio ⓑ adj. ⟨comp. **-ier**, superl. **-iest**⟩ 1 pastoso, com aparência pastosa; 2 pálido, sem cor; 3 macilento; ~ *skin* pele macilenta
pasty-faced [ˈpeɪstɪˌfeɪsd] adj. pálido; macilento
pat [pæt] s. 1 pancadinha; palmadinha; 2 afago; 3 pequena noz de manteiga; 4 ruído surdo de qualquer coisa lisa que bate ao de leve ⓑ v.tr.,intr. ⟨particípios: **-tt-**⟩ 1 bater ao de leve; dar palmadinhas em; 2 afagar ⓒ adj. pronto; oportuno; *a* ~ *answer* uma resposta oportuna ⓓ adv. 1 a propósito; em boa altura; *her answer came* ~ a resposta dela veio mesmo a propósito, respondeu à letra; *the story came* ~ *to his purpose* a história veio mesmo a propósito; 2 oportunamente, apropriadamente, convenientemente ❖ DESPORTO ~ *ball* ténis; *he always has an excuse* ~ tem sempre uma resposta preparada; *to give sb a* ~ *on the back/to* ~ *sb on the back* felicitar alguém; *to have sth down* ~ saber ou ter decorado qualquer coisa muito bem; *to know sth off* ~ saber qualquer coisa na ponta da língua; conhecer muito bem; *to stand* ~ manter-se firme; recusar-se a alterar os planos ou objectivos
Pat [Irl.] ⟦abrev. de Patrick⟧
patagium [pæˈtædʒəm] s. ⟨pl. **-ia**⟩ 1 patágio, franja larga com que em Roma as damas guarneciam os vestidos; 2 ZOOLOGIA patágio, membrana alar do morcego
Patagonia [ˌpætəˈɡəʊnɪə] s.top. Patagónia
Patagonian [ˌpætəˈɡəʊnɪən] adj.,s. patagão, patagónio
patch [pætʃ] ⓐ s. ⟨pl. **-es**⟩ 1 remendo; *to put a* ~ *on...* remendar, pôr um remendo em; 2 MEDICINA emplastro; adesivo; 3 parte, porção; 4 camada; *there was a* ~ *of snow on the mountain* havia uma camada de neve na montanha; 5 fragmento, excerto, trecho; 6 parcela de terreno; canteiro; ~ *of land* parcela de terreno; *cabbage* ~ pedaço de terreno cultivado a hortaliça; 7 (protecção de olho) pala; 8 embutimento, entalhe; 9 [ant.] (sécs. XVII e XVIII) mosca, sinal preto usado no rosto; 10 INFORMÁTICA (num programa) *patch*, correcção ⓑ v.tr. 1 remendar, consertar com remendos; 2 [coloq.] alinhavar à pressa, improvisar; 3 usar como remendo; 4 [fig.] harmonizar; 5 manchar; salpicar; 6 (rosto) marcar com sinalzinho escuro ❖ ~ *pocket* bolso sobrecosido; (momento difícil) *to go through a bad/rough/sticky* ~ passar um mau bocado; [coloq.] *not a* ~ *on* muito inferior a; sem chegar aos calcanhares de; *the book is good in patches* o livro tem partes boas; [coloq.] *to strike a bad* ~ ter pouca sorte; estar enguiçado
◆**patch together** v.tr. 1 juntar com recortes, colagens; 2 coser trapos, remendos; 3 improvisar; atamancar; fazer o que se pode com
◆**patch up** v.tr. 1 atamancar; remendar sem grande cuidado; 2 consertar à pressa; 3 remediar; *to patch things up* remediar uma situação; 4 [fig.] apaziguar; reconciliar; *to* ~ *a quarrel* reconciliar os intervenientes numa discussão; *they patched up their differences* fizeram as pazes; reconciliaram-se; 5 [coloq.] (médico) dar os primeiros cuidados a (ferido) ❖
patchable [ˈpætʃəbəl] adj. que pode remendar-se ou consertar-se
patcher [ˈpætʃə] s. 1 (arranjos) remendão, pessoa que deita remendos; 2 (trapalhão) remendão; sarrafeiro ❖ ~ *up* remendão; mau artífice

patchery [ˈpætʃərɪ] s. remendice, serviço mal feito
patchiness [ˈpætʃɪnɪs] s. 1 aspecto de coisa remendada atabalhoadamente; 2 desarmonia; 3 má disposição; 4 falta de unidade
patching [ˈpætʃɪŋ] s. acção de remendar; acto de deitar remendos ou de consertar ❖ ~ *up* conserto; remendo; obra tosca e mal feita
patchouli [ˈpætʃuliː] s. 1 pachuli, planta odorífera originária da China; 2 perfume extraído dessa planta
patchy [ˈpætʃɪ] adj. ⟨comp. **-ier**, superl. **-iest**⟩ 1 cheio de remendos, feito de remendos; 2 cheio de bocados diferentes; 3 sem unidade, desigual, irregular; 4 com altos e baixos_fig_; 5 incompleto, parcial
pate [peɪt] s. [arc., joc.] (cabeça) tola, cachola, bestunto ❖ *a bald* ~ uma careca
pâté [ˈpæteɪ, pɑːˈteɪ] s. CULINÁRIA pâté
patella [pəˈtelə] s. 1 ZOOLOGIA [ant.] patela; 2 rótula do joelho; 3 variedade de molusco gastrópode; 4 patela, prato de metal ou barro em que, na antiga Roma, se serviam todas as iguarias
patellar [pəˈtelə] adj. ANATOMIA patelar, rotuliano
patellate [ˈpætɪlɪt] adj. com patela
paten [ˈpætən] s. RELIGIÃO (comunhão) patena
patency [ˈpeɪtənsɪ] s. 1 qualidade do que é patente; 2 evidência, notoriedade; 3 obstrução, impedimento
patent [ˈpeɪtənt, ˈpætənt] ⓐ adj. 1 patente, manifesto, notório, claro, óbvio, evidente; ~ *and established crime* crime manifesto, crime evidente; 2 livre, desobstruído, aberto; 3 BOTÂNICA desabrochado, aberto; 4 patenteado, registado, protegido por patente de invenção; 5 [coloq.] original, engenhoso; ~ *device* dispositivo engenhoso ⓑ s. 1 patente, carta patente; *to grant a* ~ conceder uma patente; *to take out a* ~ *for* tirar patente de; 2 alvará; 3 licença; 4 invenção patenteada; invenção protegida por patente; 5 privilégio de invenção; 6 privilégio de venda ou fabrico ⓒ v.tr. patentear; proteger por meio de patente; tirar patente de; registar patente de ❖ ~ *fuel* briquetes; carvão aglomerado; ~ *holder* titular da patente; ~ *leather* couro de verniz (geralm. preto); ~ *log* barca patente; ~ *medicines* especialidades farmacêuticas; *Patent Office* repartição de registo de patentes; ~ *pending* patente pendente; ~ *rights* propriedade industrial; ~ *rolls* registo de patentes; ~ *shackle* manilha patente; ~ *yellow* amarelo mineral; *letters* ~ carta patente; patente; documento real que concede título nobiliárquico; ~ *applied for* patente requerida; ~ *leather shoes* sapatos de verniz; ~ *of nobility* carta de nobreza; *commissioner of patents* director dos serviços de registo de patentes
patentable [ˈpeɪtəntəbəl, ˈpætəntəbəl] adj. patenteável, que pode proteger-se por meio de patente
patented [ˈpeɪtəntɪd, ˈpætəntɪd] adj. patenteado, protegido por patente
patentee [ˌpeɪtənˈtiː, ˌpætənˈtiː] s. 1 pessoa a favor de quem foi passada uma patente; 2 titular de patente
patenting [ˈpeɪtəntɪŋ, ˈpætəntɪŋ] s. patenteação
patently [ˈpeɪtəntlɪ] adv. 1 evidentemente, obviamente; 2 de maneira manifesta, notória
pater [ˈpeɪtə] s. 1 [cal.] pai; 2 [cal.] velhote
patera [ˈpætərə] s. ARQUEOLOGIA pátera, prato ou taça sem pé, geralmente com um cabo e com uma cabeça de carneiro ou homem
paterfamilias [ˌpeɪtəfəˈmɪlɪæs] s. pater-famílias
paternal [pəˈtɜːnəl] adj. 1 paternal; 2 paterno ❖ ~ *authority* autoridade paterna; ~ *care* cuidados paternais; ~ *government* governo proteccionista; ~ *grandfather* avô paterno; ~ *house* casa paterna; ~ *legislation* legislação sobre paternidade
paternalism [pəˈtɜːnəlɪzəm] s. paternalismo
paternalist [pəˈtɜːnəlɪst] adj. paternalista
paternalistic [pəˌtɜːnəˈlɪstɪk] adj. ⇒ **paternalist**
paternally [pəˈtɜːnəlɪ] adv. 1 paternalmente; 2 por linha paterna
paternity [pəˈtɜːnɪtɪ] s. 1 paternidade; 2 ascendência paterna; 3 [fig.] autoria; origem ❖ ~ *leave* licença de paternidade; DIREITO ~ *suit* processo para comprovação de paternidade; ~ *test* teste de paternidade

paternoster [ˌpætə'nɒstə] s. 1 RELIGIÃO (oração) Pai-Nosso, Padre-Nosso; 2 RELIGIÃO conta no rosário ou terço indicando um Pai-Nosso; ~ *bead* conta de rosário ou terço indicadora de um Pai-Nosso; 3 elevador sem porta; 4 máquina hidráulica; 5 (pesca) espinhel, aparelho constituído por uma linha com vários anzóis ❖ (pesca) ~ *line* espinhel; ~ *pump* nora; engenho de tirar água; *devil's* ~ praga rogada por entre dentes

path [pɑ:θ] s. (pl. **paths**) 1 caminho; carreiro; vereda; *there's a ~ through the woods* há um caminho pela floresta; *to clear a ~ through the woods* abrir um caminho nos bosques; 2 pista para corridas (a pé ou de bicicleta); *cinder* ~ pista de cinza; 3 trajecto; trajectória; ~ *of magnetic flow* trajectória do fluxo magnético; 4 curso; ~ *of flow* curso da corrente; 5 ASTRONOMIA órbita ❖ AERONÁUTICA ~ *indicator* indicador de percurso; ~ *racer* bicicleta para corridas sobre pista; (ciclismo) ~ *racing* corridas sobre pista; ELECTRICIDADE *armature* ~ circuito do induzido; *the beaten* ~ o caminho batido; *the* ~ *of glory* o caminho da glória; *my brother leaves the* ~ *to them* o meu irmão evita contactos com eles; *to walk the* ~ *of duty* trilhar o caminho do dever

Pathan [pə'tɑ:n] s. patane, membro de tribos existentes entre o Afeganistão e a Índia

path-breaking ['pɑ:θˌbreɪkɪŋ] adj. revolucionário; inovador

pathetic [pə'θetɪk] adj. 1 patético, comovedor, comovente; 2 patético; ridículo; risível; 3 ANATOMIA patético ❖ ANATOMIA ~ *muscle* músculo patético; ANATOMIA ~ *nerve* nervo patético; nervo do quarto par; LITERATURA ~ *fallacy* antropomorfismo; personificação; *a* ~ *attempt* uma tentativa desesperada

pathetical [pə'θetɪkəl] adj. ⇒ **pathetic**

pathetically [pə'θetɪkəlɪ] adv. pateticamente

pathetics [pə'θetɪks] s. 1 patética; 2 estudo do patético; 3 exibição de sentimentos patéticos; 4 acto de se entregar a sentimentos patéticos

pathfinder ['pɑ:θˌfaɪndə] s. 1 batedor; 2 pioneiro; explorador de novos territórios; 3 [EUA] coloq.] esbirro da polícia

pathic ['pæθɪk] s. [rar.] sodomita passivo

pathless ['pɑ:θləs] adj. 1 intransitável; 2 ínvio; 3 não atravessado por qualquer caminho; 4 inexplorado

pathogen ['pæθədʒən] s. elemento ou micróbio patogénico

pathogenesis [ˌpæθə'dʒenɪsɪs] s. patogénese, patogenia

pathogenetic [ˌpæθəʊdʒɪ'netɪk] adj. patogenético

pathogenic [ˌpæθə'dʒenɪk] adj. patogénico

pathogeny [pæ'θɒdʒɪnɪ] s. patogenia, patogénese

pathognomonic [ˌpæθəʊgnə'mɒnɪk] adj. MEDICINA patognomónico

pathognomony [ˌpæθə'gnɒmənɪ] s. patognomonia

pathological [ˌpæθə'lɒdʒɪkəl] adj. patológico

pathologically [ˌpæθə'lɒdʒɪkəlɪ] adv. patologicamente

pathologist [pə'θɒlədʒɪst] s. patologista

pathology [pə'θɒlədʒɪ] s. patologia

pathos ['peɪθɒs] s. patos, páthos; patético

pathway ['pɑ:θweɪ] s. caminho, carreiro, vereda, atalho

patience ['peɪʃəns] s. 1 paciência; *out of* ~ sem paciência nenhuma; *to exercise* ~ encher-se de paciência; *to exhaust sb's* ~ fazer alguém perder a paciência, dar cabo da paciência de alguém; *to lose one's* ~ perder a paciência; *to have no* ~ *with* não ter paciência para; *to tax sb's* ~/*to try sb's* ~ pôr à prova a paciência de alguém; 2 resignação, conformação; 3 perseverança; 4 (jogo) paciência; *to play* ~ fazer paciências ❖ BOTÂNICA ~ *dock* labaça; *the* ~ *of Job* a paciência de Job

patient ['peɪʃənt] Ⓐ adj. 1 paciente, que tem paciência; *I've been* ~ *long enough!* cheguei ao fim da minha paciência; *to be* ~ *with* ter paciência com; 2 tolerante; 3 sofredor, resignado, conformado; 4 perseverante Ⓑ s. paciente, doente ❖ ~ *of* compatível com; susceptível de; que admite; ~ *of different interpretations* que admite várias interpretações

patiently ['peɪʃəntlɪ] adv. 1 pacientemente, com paciência; 2 com resignação

patina ['pætɪnə] s. 1 pátina, oxidação das tintas pela acção do tempo; 2 carbonato formado à superfície das medalhas e estátuas de bronze; 3 concreção terrosa em mármores antigos

patinated ['pætɪneɪtɪd] adj. patinado, coberto de pátina

patio ['pæːtɪəʊ] s. pátio aberto interior, nas casas espanholas

patly ['pætlɪ] adv. a propósito

patness ['pætnɪs] s. ocasião oportuna, oportunidade

Pat. Off. [abrev. de Patent Office]

patois ['pætwɑː] s. patoá, dialecto de determinada região, diferente da língua oficial

patriarch ['peɪtrɪɑːk] s. patriarca

patriarchal [ˌpeɪtrɪ'ɑːkəl] adj. patriarcal, venerável

patriarchalism [ˌpeɪtrɪ'ɑːkəlɪzəm] s. (sociologia) patriarcalismo, patriarquismo

patriarchally [ˌpeɪtrɪ'ɑːkəlɪ] adv. patriarcalmente

patriarchate ['peɪtrɪɑːkɪt] s. 1 patriarcado; 2 diocese administrada por prelado com o título de patriarca; 3 residência de patriarca; 4 dignidade de patriarca

patriarchism ['peɪtrɪɑːkɪzəm] s. patriarcalismo, patriarquismo

patriarchy ['peɪtrɪɑːkɪ] s. patriarquia, patriarcalismo, regime patriarcal

patrician [pə'trɪʃən] Ⓐ adj. 1 patrício, nobre (na antiga Roma); 2 não plebeu; 3 aristocrata Ⓑ s. 1 patrício, membro do patriciato ou patriciado na antiga Roma; 2 funcionário romano representante do imperador nas províncias da Itália e da África; 3 indivíduo da classe nobre nalgumas repúblicas italianas

patriciate [pə'trɪʃɪɪt] s. 1 patriciado, patriciato; 2 aristocracia

Patrick ['pætrɪk] s.antr. Patrício

patrilineal [ˌpætrɪ'lɪnɪəl] adj. 1 patrilinear; 2 por via paterna; 3 por via masculina

patrilinear [ˌpætrɪ'lɪnɪə] adj. 1 patrilinear; 2 por via paterna; 3 por via masculina

patrimonial [ˌpætrɪ'məʊnɪəl] adj. patrimonial

patrimonially [ˌpætrɪ'məʊnɪəlɪ] adv. patrimonialmente

patrimony ['pætrɪmənɪ] s. (pl. **-ies**) 1 património; 2 bens herdados dos pais ou antepassados; 3 herança; 4 dotação concedida à igreja ou dada para a ordenação de um eclesiástico; 5 propriedade

patriot ['pætrɪət, 'peɪtrɪət] s. patriota

patriotic [ˌpætrɪ'ɒtɪk, ˌpeɪtrɪ'ɒtɪk] adj. patriota

patriotically [ˌpætrɪ'ɒtɪklɪ, ˌpeɪtrɪ'ɒtɪklɪ] adv. patrioticamente

patriotism ['pætrɪətɪzəm, 'peɪtrɪətɪzəm] s. patriotismo

patristic [pə'trɪstɪk] adj. patrístico; relativo à patrística; relativo aos Santos Padres

patristics [pə'trɪstɪks] s. 1 patrística, ciência que se ocupa da doutrina dos Santos Padres; 2 exposição sistemática da doutrina dos Padres da Igreja

Patroclus [pə'trɒkləs] s. MITOLOGIA Pátroclo, filho de Menécio de Oponte e de Esténela ou de Polimela, que foi celebrado por Homero na *Ilíada*

patrol [pə'trəʊl] Ⓐ s. 1 patrulha; ronda; *to be on* ~ estar de ronda; *to go on* ~ fazer serviço de ronda ou patrulha; *antisubmarine* ~ patrulha anti-submarina; *mounted* ~ patrulha montada; [EUA] *police officer's* ~ ronda da polícia; *sea and air* ~ patrulha aérea e marítima; 2 MILITAR (grupo, destacamento) patrulha; 3 navios ou aviões que desempenham serviço de patrulha Ⓑ v.tr.,intr. (participios: **-tt-**) 1 fazer serviço de patrulha, andar de ronda; 2 patrulhar, vigiar com patrulhas, vigiar como patrulha ❖ ~ *boat* barco-patrulha; ~ *bomber* bombardeiro-patrulha; ~ *car* carro de polícia; ~ *leader* chefe de ronda; [EUA] ~ *wagon* carro celular; A. A. ~ ronda de clube automóvel ou organização congénere destinada a prestar aos automobilistas todo o auxílio necessário

patrolman [pə'trəʊlmæn] s. (pl. **-men**) 1 soldado ou polícia encarregado do serviço de patrulha ou ronda; 2 polícia

patrology [pə'trɒlədʒɪ] s. patrologia, ramo da ciência teológica que estuda os padres e outros escritores eclesiásticos

patrolwoman [pə'trəʊlwʊmən] s.f. mulher-polícia

patron ['peɪtrən] s. 1 protector; 2 benfeitor; 3 patrocinador; 4 mecenas; *a* ~ *of the arts* mecenas cultural; protector das artes; 5 COMÉRCIO cliente habitual; *our patrons* a nossa clientela; 6 RELIGIÃO patrono, padroeiro, santo tutelar; 7 RELIGIÃO colator, indivíduo com direito a apresentação a benefício eclesiástico; 8 HISTÓRIA (Roma antiga) patrono, cidadão, patrício ao qual se ligavam os clientes ❖ ~ *saint* santo padroeiro; santo patrono; santo tutelar

patronage ['pætrənɪdʒ] s. 1 amparo; protecção; auxílio; *to ensure sb's* ~ assegurar-se da protecção de alguém; 2 patrocínio; *under the* ~ *of* sob o patrocínio de; 3 mecenato;

patronal

~ *of the arts* mecenato cultural; **4** (casa comercial, hotel) clientela; **5** RELIGIÃO padroado, direito de padroado, direito de apresentação a benefício eclesiástico; **6** direito de nomeação de funcionários; *he has a great deal of ~ in his hands* é dele que dependem em grande parte as nomeações para os cargos; **7** POLÍTICA [depr.] nepotismo; *jobs for the boys*; **8** ar paternalista; ar condescendente; ar de superioridade

patronal ['pætrənəl] *adj.* relativo a santo padroeiro ❖ *the ~ festival* a festa do santo padroeiro; a romaria ao santo padroeiro

patronate ['pætrənɪt] *s.* HISTÓRIA (Roma antiga) patronato, direito, qualidade de patrono em relação ao cliente

patroness ['peɪtrənɪs] *s.f.* ⟨*pl.* **-es**⟩ ⟨*fem. de* **patron**⟩

patronise ['pætrənaɪz, ˌpeɪtrənaɪz] *v.tr.* ⇒ **patronize**

patronize ['pætrənaɪz, ˌpeɪtrənaɪz] *v.tr.* **1** proteger, patrocinar, auxiliar, amparar; **2** apoiar; **3** [coloq.] apadrinhar; **4** tratar de forma condescendente; **5** comprar com frequência no mesmo estabelecimento comercial; **6** (hotel, teatro, cinema, etc.) frequentar

patronizer ['pætrənaɪzə, ˌpeɪtrənaɪzə] *s.* **1** protector; **2** patrocinador

patronizing ['pætrənaɪzɪŋ, ˌpeɪtrənaɪzɪŋ] *adj.* **1** paternalista; condescendente; complacente; *a ~ air* um ar paternalista; *a ~ tone* um tom de superioridade, um tom de condescendência; **2** protector; **3** que auxilia ❖ *to become ~* assumir um ar protector

patronizingly [ˌpætrəˈnaɪzɪŋlɪ, ˌpeɪtrəˈnaɪzɪŋlɪ] *adv.* **1** com ares protectores; **2** com um ar de condescendência

patronymic [ˌpætrəˈnɪmɪk] *adj.,s.* patronímico

patsy ['pætsɪ] *s.* [coloq.] lorpa, anjinho *fig.*

patten ['pætn] *s.* **1** espécie de tamanco ou galocha com sola de madeira, para evitar que o calçado duma pessoa se manche de lama; **2** [ant.] soco, base, pedestal

patter ['pætə] Ⓐ *s.* **1** (chuva, passos, etc.) sucessão rápida de pequenos ruídos; matraquear; batida; tamborilar; *a ~ of feet* um ruído de passos precipitados; *the ~ of rain on the roof* o tamborilar da chuva no telhado; **2** (palavreado) arenga; aranzel; tagarelice; **3** calão; gíria; *thieves' ~* gíria de gatunos; **4** MÚSICA (canção) palavras pronunciadas muito rapidamente Ⓑ *v.tr.,intr.* **1** (sucessivos ruídos surdos) bater; matraquear; tamborilar; **2** tagarelar; *she pattered on* ela continuou com a tagarelice; **3** pronunciar apressadamente e sem clareza; **4** dizer mecanicamente ❖ *a ~ song* uma canção com letra falada muito rapidamente; *to ~ with the feet* sapatear; bater com os pés

♦**patter away** *v.intr.* afastar-se com pequenos passos

pattering ['pætərɪŋ] *s.* (chuva, passos, etc.) sucessão rápida de pequenos ruídos

pattern ['pætən] Ⓐ *s.* **1** (desenho) padrão; motivo; *a floral ~* um motivo floral; **2** configuração; forma; feitio; **3** modelo; *a machine of a new ~* uma máquina de novo modelo; *according to ~* conforme modelo; *to be a ~ of virtue* ser um modelo de virtudes; *to make to ~* fazer conforme modelo; *to take ~ by sb/to take sb as a ~* tomar alguém como modelo; **4** molde; matriz; *casting ~* molde de fundição; *paper patterns are sometimes used for dresses* por vezes usam-se moldes de papel para vestidos; *to cut a dress on a ~* cortar um vestido por um molde; **5** padrão; *behaviour patterns* padrões de comportamento; *it followed the usual ~* seguia o padrão habitual; **6** hábito; *eating patterns* hábitos alimentares; **7** amostra; exemplo; **8** exemplar; espécime; **9** bitola; **10** marca feita no alvo pelo projéctil lançado Ⓑ *v.tr.* **1** modelar, moldar; *to ~ sth after/to ~ sth upon* modelar uma coisa de acordo com, fazer uma coisa imitando (outra ou alguém); **2** fazer conforme modelo; imitar, copiar; **3** decorar, ornamentar com modelo ou motivos decorativos ❖ *~ bombing* bombardeamento de acordo com determinado esquema ou molde; *~ book* livro de amostras; *~ designer* desenhador de modelos; *~ plate* chapa de modelo; *~ room* parte da fundição onde se fazem moldes; *~ shop* oficina de carpinteiro de moldes; oficina de fabricação de moldes; *a ~ son* um filho exemplar; *by ~ post* como amostra sem valor

patternmaking ['pætənˌmeɪkɪŋ] *s.* (confecção de roupas) elaboração de moldes ou modelos

patty ['pætɪ] *s.* ⟨*pl.* **-ies**⟩ CULINÁRIA pequeno pastel de carne, ostra, etc.

Patty ['pætɪ] *dim. de* **Patricia**

pattypan ['pætɪpæn] *s.* forma pequena para pastéis

patulous ['pætjʊləs] *adj.* **1** aberto, estendido, distendido; **2** (ramos) que se espalham, que se abrem

patulously ['pætjʊləslɪ] *adv.* duma maneira aberta, espalhada

patulousness ['pætjʊləsnɪs] *s.* característica do que é aberto, do que se espalha ou se abre (ramos)

PAU [*abrev. de* Pan American Union]

pauciflorous [ˌpɔːsɪˈflɔːrəs] *adj.* BOTÂNICA paucifloro, que apresenta poucas flores

paucity ['pɔːsɪtɪ] *s.* **1** falta; escassez; *~ of money* falta de dinheiro; **2** penúria; pobreza; indigência; [fig.] *~ of ideas* pobreza de ideias

Paul [pɔːl] *s.antr.* Paulo

Paula ['pɔːlə] *s.antr.* Paula

Paulician [pɔːˈlɪsɪən] *s.* pauliciano, membro de determinada seita cristã que surgiu na Arménia no séc. VII

Pauline[1] ['pɔːlaɪn] Ⓐ *adj.* RELIGIÃO relativo a S. Paulo Ⓑ *s.* (Londres) membro da St. Paul's School ❖ RELIGIÃO (Bíblia) *the ~ Epistles* as epístolas de S. Paulo

Pauline[2] [pɔːˈliːn, ˈpɔːliːn] *s.antr.* Paulina

Paulinus [pɔːˈlaɪnəs] *s.antr.* (mártir cristão) Paulino

paulo-post-future [ˌpɔːləˌpəʊstˈfjuːtʃə] *s.* **1** (gramática grega) futuro anterior; **2** [joc.] futuro próximo, futuro imediato

paulownia [pɔːˈləʊnɪə] *s.* BOTÂNICA paulóvnia, género de plantas da família Escrofulariáceas

Paulus ['pɔːləs] *s.antr.* Paulo

paunch [pɔːntʃ] Ⓐ *s.* ⟨*pl.* **-es**⟩ **1** pança; barriga (sobretudo de homem gordo); **2** primeira cavidade do estômago dos ruminantes; **3** rúmen, ruminadouro; **4** NÁUTICA reforço de madeira dos mastros, vergas, etc.; **5** coxim de protecção Ⓑ *v.tr.* estripar, esventrar

paunched [pɔːntʃt] *adj.* ⇒ **paunchy**

paunchiness ['pɔːntʃɪnɪs] *s.* obesidade

paunchy ['pɔːntʃɪ] *adj.* ⟨*comp.* **-ier**, *superl.* **-iest**⟩ **1** [coloq.] barrigudo, pançudo; **2** obeso, gordo

pauper ['pɔːpə] *s.* **1** pobre, indigente; necessitado; **2** pedinte ❖ *~ asylum* asilo para pobres; casa dos pobres; *~ children* crianças auxiliadas pela assistência; *paupers' grave* vala comum

paupered ['pɔːpəd] *adj.* empobrecido, reduzido à miséria, reduzido à indigência

pauperism ['pɔːpərɪzəm] *s.* **1** pauperismo; **2** miséria de determinada camada da população

pauperization [ˌpɔːpəraɪˈzeɪʃən] *s.* **1** pauperização; **2** empobrecimento; **3** redução à miséria

pauperize ['pɔːpəraɪz] *v.tr.* **1** pauperizar; **2** empobrecer; **3** reduzir à miséria

Pausanias [pɔːˈseɪnɪæs] *s.antr.* (geógrafo grego do séc. II) Pausânias

pause [pɔːz] Ⓐ *s.* **1** pausa; intervalo; suspensão breve; interrupção transitória; *to make a ~* fazer uma pausa; **2** LITERATURA (quebra de verso) cesura; **3** MÚSICA pausa, suspensão; *to make a ~* fazer uma suspensão; **4** MÚSICA (sinal) suspensão; **5** incerteza; dúvida; hesitação; *to give ~ to* causar hesitação a Ⓑ *v.intr.* **1** parar, deter-se, fazer uma pausa, suspender-se por uns momentos, interromper-se; **2** hesitar, vacilar; *she paused upon his words* ela hesitou ao ouvir as palavras dele; *to make sb ~* fazer alguém hesitar; obrigar a reflectir; **3** MÚSICA (nota musical) demorar-se, sustentar ❖ *he paused to tell me that...* ele parou para me dizer que...; *to stand in ~* ficar irresoluto; hesitar; estar na incerteza

pavage ['peɪvɪdʒ] *s.* **1** calcetamento, pavimentação; **2** taxa de pavimentação

pavan ['pævən] *s.* MÚSICA pavana, antiga dança de salão, provavelmente de origem italiana, muito conhecida nos sécs. XVI, XVII e XVIII; música para essa dança

pave [peɪv] *v.tr.* **1** pavimentar, calcetar, revestir de calçada; **2** empedrar; **3** lajear; **4** cobrir de; *the street was paved with flowers* a rua estava juncada de flores; **5** [fig.] (facilitar) preparar; *to ~ the way for* preparar o caminho para ❖ *a career paved with good intentions* uma carreira repleta de boas intenções

pavement ['peɪvmənt] *s.* **1** [GB] (estrada, rua) passeio; **2** [EUA] pavimento; pavimentação; *~ of bricks* pavimento de tijolos; *cobblestone ~* pavimentação com seixos ou pedras arredondadas; *marble ~* pavimentação de mármore ❖ *~ artist* artista que desenha figuras nos passeios; [cal.] ~ *beater* vadio; indivíduo que anda sempre na rua; ~ *café* esplanada no passeio; *to be on the* ~ encontrar-se sem casa; estar a viver na rua; [cal.] *to hit the* ~ ser despedido; ser posto na rua

paven ['peɪvn] *adj.* [ant.] pavimentado

paver ['peɪvə] *s.* 1 calceteiro; 2 bloco de pedra para pavimentar, paralelepípedo

pavia ['peɪvɪə] *s.* BOTÂNICA pavia

pavilion [pə'vɪljən] Ⓐ *s.* 1 pavilhão; *sports* ~ pavilhão gimnodesportivo; *golf* ~ pavilhão de golfe; 2 tenda de exposições; tenda de recepções; 3 anexo; 4 casa de jardim; 5 (diamante) parte facetada inferior Ⓑ *v.tr.* 1 meter num pavilhão; 2 prover com pavilhões

paving ['peɪvɪŋ] *s.* 1 pavimentação, piso, pavimento, calcetamento; 2 pedra de calçada, pedra para calcetar ❖ ~ *beetle* maço de calceteiro; ~ *block* bloco para calcetar; ~ *brick* tijolo de pavimentação; ~ *material* material de pavimentação; ~ *stone* laje; ~ *tile* ladrilho

paviour ['peɪvjə] *s.* calceteiro

pavonazzo [ˌpɑːvəˈnætsəʊ] Ⓐ *adj.* (mármore antigo) matizado de vermelho e branco Ⓑ *s.* pavonazo, variedade de mármore antigo matizado de vermelho e branco

pavonine ['pævənaɪn] *adj.* 1 relativo a pavão; semelhante a pavão; 2 iridescente

paw [pɔː] Ⓐ *s.* 1 (animal com garras) pata; 2 garra; 3 [coloq.] (mão de pessoa) pata_cal._; 4 letra, caligrafia; 5 (cavalo) piafé Ⓑ *v.tr.,intr.* 1 dar patadas; 2 (cavalo) escavar o solo, fazer piafés; *to* ~ *the ground* fazer piafés, escavar o solo; 3 [cal.] apalpar

pawkily ['pɔːkɪlɪ] *adv.* [Esc.] astuciosamente; manhosamente

pawkiness ['pɔːkɪnɪs] *adj.* [Esc.] astúcia; esperteza; arteirice

pawky ['pɔːkɪ] *adj.* ⟨comp. -ier, superl. -iest⟩ 1 [Esc.] astucioso, manhoso, arteiro; 2 malicioso; 3 finório

pawl [pɔːl] Ⓐ *s.* 1 linguete; 2 garra, gatilho Ⓑ *v.tr.* 1 meter linguete em; 2 travar ou segurar com linguete ❖ *to let fall the* ~ desengatar/levantar o linguete

pawn [pɔːn] Ⓐ *s.* 1 penhor; 2 situação de empenhado; 3 (xadrez) peão; 4 [fig.] (pessoa) peão; joguete; título; *to be sb's* ~ ser um joguete nas mãos de alguém Ⓑ *v.tr.* 1 [coloq.] pôr no prego; empenhar; 2 [fig.] comprometer, dar como garantia; *to* ~ *one's honour* comprometer a honra; 3 arriscar ❖ ~ *office* casa de penhores; ~ *ticket* cautela de penhor; [coloq.] *to be in* ~ estar empenhado; estar no prego; *to lend on* ~ emprestar sobre penhores; *to* ~ *one's word* empenhar a palavra; comprometer-se; [coloq.] *to put in* ~ empenhar; pôr no prego; [coloq.] *to take out of* ~ desempenhar; tirar do prego

pawnable ['pɔːnəbəl] *adj.* empenhável

pawnbroker ['pɔːnˌbrəʊkə] *s.* penhorista; prestamista ❖ (estabelecimento) *pawnbroker's* prego; [coloq.] *that is at the pawnbroker's* isso está empenhado; isso está no prego

pawnbroking ['pɔːnˌbrəʊkɪŋ] *s.* empréstimo sobre penhores

pawnee [pɔːˈniː] *s.* 1 pessoa que emprestou sobre penhor; 2 credor pignoratício

pawner ['pɔːnə] *s.* aquele que empenha, aquele que pede emprestado sobre penhores

pawning ['pɔːnɪŋ] *s.* 1 acção de empenhar; 2 [coloq.] acto de pôr no prego; 3 empenho; 4 compromisso

pawnshop ['pɔːnʃɒp] *s.* casa de penhores; prego_pop._

pawpaw ['pɔːpɔː] *s.* BOTÂNICA (fruto, árvore) papaia

pax [pæks] *s.* ⟨pl. **-es**⟩ 1 RELIGIÃO (representação litúrgica) porta-paz; 2 RELIGIÃO (missas solenes) ósculo da paz ❖ HISTÓRIA *Pax Britannica* a paz britânica; HISTÓRIA *Pax Romana* a paz romana; RELIGIÃO ~ *vobis* a Paz seja convosco

paxwax ['pækswæks] *s.* ANATOMIA nervo do pescoço, tendão cervical

pay [peɪ] Ⓐ *s.* 1 ordenado; vencimento; salário; 2 pagamento; 3 soldo, pré; *a soldier's* ~ o soldo, o pré dum soldado; *in the* ~ *of* a soldo de; *to keep sb in one's* ~ ter alguém a seu soldo; 4 remuneração, retribuição; 5 paga; recompensa; 6 compensação; 7 pessoa que paga, pagador; *he is a good* ~ ele é bom pagador Ⓑ *v.tr.* ⟨pret. e part. pass. **paid**⟩ 1 pagar; *to* ~ *a bill* pagar uma conta; *to* ~ *beforehand/to* ~ *in advance* pagar antecipadamente; *to* ~ *cash down* pagar de contado; *to* ~ *for sth* pagar uma coisa; *to* ~ *in full* pagar completamente; (pagamento) *to* ~ *ready money* pagar a pronto; 2 remunerar; 3 recompensar; 4 (débitos, etc.) liquidar, saldar, satisfazer; 5 compensar; render; dar lucro; *to* ~ *well* compensar, dar bom rendimento, valer a pena; 6 dar, oferecer, fazer, apresentar; *to* ~ *a call on sb* fazer uma visita a alguém; *to* ~ *a lady a compliment* dirigir um galanteio a uma senhora; 7 [fig.] (consequências) ser castigado [**for**, por]; pagar [**for**, por]; *to* ~ *for one's folly* pagar pelas suas tolices, sofrer as consequências dos seus disparates; *I'll make you* ~ *for this!* hás-de pagar-mas! Ⓒ *v.tr.* ⟨pret. e part. pass. **payed**⟩ NÁUTICA embrear, brear, cobrir de breu, alcatroar ❖ ~ *day* dia de pagamentos; ~ *dirt* filão; *to strike* ~ *dirt* encontrar um filão; fazer um dinheirão; ~ *office* pagadoria; ~ *school* escola não gratuita; ~ *sheet* folha de pagamentos; ~ *spiral* espiral dos preços e salários; *in* ~ assalariado; *leave* ~ reforma; vencimento pago na aposentação; *holidays with* ~ férias pagas; [coloq.] *there will be the devil to* ~ vai ser o diabo; *to* ~ *attention* to prestar atenção a; *to* ~ *dearly for one's happiness* pagar caro a sua felicidade; COMÉRCIO *to* ~ *due honour to a bill* honrar uma letra de câmbio; *to* ~ *one's own way* não contrair dívidas; pagar a sua despesa; ganhar o suficiente para viver; não dar prejuízo; *to* ~ *the penalty* ser castigado; (bebidas, etc.) *to* ~ *the shot* pagar a sua parte; *to* ~ *through the nose* pagar um preço excessivo; pagar extremamente caro

◆ **pay back** *v.tr.* 1 restituir; reembolsar; 2 vingar-se de; pagar na mesma moeda; *to pay sb back in his own coin* pagar a alguém na mesma moeda

◆ **pay down** *v.tr.* 1 pagar de contado; 2 (dívida) reduzir, abater

◆ **pay in** *v.tr.,intr.* 1 contribuir [**to**, para]; *to* ~ *to a fund* contribuir para um fundo; 2 (conta bancária) depositar; *to* ~ *a cheque* depositar um cheque

◆ **pay off** Ⓐ *v.tr.* 1 liquidar; saldar; *to* ~ *one's creditors* liquidar com os credores; 2 subornar; *to pay sb off* subornar/comprar alguém; 3 (empregado, funcionário, etc.) despedir Ⓑ *v.intr.* 1 compensar; valer a pena; 2 desarmar um navio; 3 cair a sotavento ❖ *to* ~ *an old score* ajustar velhas contas

◆ **pay out** *v.tr.,intr.* 1 (quantia elevada) pagar; desembolsar; *to be always paying out* estar sempre a gastar dinheiro; 2 (corda) arriar; largar; deixar correr; 3 vingar-se de; *to pay sb out for* vingar-se de alguém por

◆ **pay up** *v.intr.* [coloq.] pagar; liquidar as suas dívidas; *I've paid up* paguei o que devia

payable ['peɪəbəl] *adj.* 1 pagável; 2 a pagar; 3 devido, em dívida; 4 vencido; 5 compensador; lucrativo; que vale a pena ❖ COMÉRCIO ~ *at address of payee* a cobrar ao domicílio; COMÉRCIO ~ *at sight* pagável à vista; ~ *in two or three months* a pagar em dois ou três meses; COMÉRCIO ~ *on delivery* pagamento contra entrega; pagamento no acto de entrega; COMÉRCIO (cheque) ~ *to bearer* à ordem do portador

payback ['peɪbæk] *s.* 1 FINANÇAS retorno, recuperação do investimento; 2 reembolso; 3 [coloq.] desforra, vingança

payday ['peɪdeɪ] *s.* dia de pagamento

PAYE (pagamento do imposto sobre rendimento) [abrev. de *pay as you earn*]

payee [peɪˈiː] *s.* 1 pessoa a quem se paga, pessoa que recebe o dinheiro; 2 FINANÇAS sacador; 3 COMÉRCIO portador de letra comercial

payer ['peɪə] *s.* 1 pagador; 2 FINANÇAS sacado

paying ['peɪɪŋ] Ⓐ *adj.* 1 que paga, pagante; 2 rentável; que dá lucro Ⓑ *s.* 1 pagamento; 2 [coloq.] liquidação, satisfação; 3 reembolso; 4 breadura; alcatroamento ❖ ~ *off* liquidação (de dívida); licenciamento (de tropas); despedimento (de empregado ou criado); desarmamento (de navio); (dinheiro) ~ *out* desembolso, acção de gastar; (acções) ~ *up* liberação

paying-in ['peɪɪŋɪn] *s.* pagamento ❖ ~ *slip* talão de depósito bancário

payload ['peɪləʊd] *s.* 1 carga; 2 carga explosiva; 3 carga de equipamento

paymaster ['peɪˌmɑːstə] *s.* 1 tesoureiro; pessoa que faz pagamentos; 2 NÁUTICA comissário de bordo ❖ NÁUTICA *assistant* ~ subcomissário de bordo

paymastership ['peɪˌmɑːstəʃɪp] *s.* funções de tesoureiro

payment ['peɪmənt] *s.* 1 pagamento; 2 remuneração; 3 [fig.] recompensa, castigo, paga ❖ ~ *by instalments* pagamento a prestações; ~ *in advance* pagamento adiantado; ~ *in full* pagamento por inteiro; ~ **of interest** pagamento de juros; ECONOMIA ~ **on account** pagamento por conta; (anotação em contas, recibos, notas de dívida) ~ *received* liquidado; dívida saldada; *against* ~ contra pagamento; *cash* ~ pagamento a dinheiro; *day of* ~ dia de pagamento; ECONOMIA *inward* ~ entrada de fundos; *on* ~ *of* mediante o pagamento de; ECONOMIA *outward* ~ saída de fundos; ECONOMIA *part* ~ pagamento por conta; *prompt* ~ a dinheiro de contado; *subject to* ~ a título oneroso; *to demand prompt* ~ exigir pronto pagamento; *to stop* ~ suspender os pagamentos; *to transgress* ~ não cumprir o prazo estabelecido para o pagamento; *weekly payments* pagamentos semanais; *without* ~ grátis; *work against* ~ trabalho pago

paynim ['peɪnɪm] *s.* [arc.] pagão (sobretudo muçulmano)

pay-off ['peɪɒf] *s.* 1 paga, recompensa, compensação; 2 suborno; 3 (despedimento) indemnização

payphone ['peɪfəʊn] *s.* cabina telefónica, telefone público

payroll ['peɪrəʊl] *s.* folha de pagamentos

payslip ['peɪslɪp] *s.* (ordenado) recibo

paystub ['peɪstʌb] *s.* [EUA] (ordenado) recibo

payt [*abrev. de* payment]

Pb QUÍMICA [*símbolo de* lead]

PBX (telecomunicações) [*abrev. de* private branch exchange]

pc Ⓐ [*abrev. de* by the hundred (per centum)] Ⓑ [*abrev. de* postcard] Ⓒ (receita médica) [*abrev. de* after meals]

PC Ⓐ POLÍTICA [*abrev. de* Parish Council] Ⓑ POLÍTICA [*abrev. de* Parish Concillor] Ⓒ MILITAR [*abrev. de* Past Commander] Ⓓ INFORMÁTICA [*abrev. de* personal computer] Ⓔ [*abrev. de* Police Constable] Ⓕ [*abrev. de* politically correct] Ⓖ POLÍTICA [*abrev. de* Privy Council] Ⓗ POLÍTICA [*abrev. de* Privy Concillor]

PCI INFORMÁTICA [*abrev. de* Peripheral Computer Interconnect]

pcm Ⓐ [*abrev. de* per calendar month] Ⓑ [*abrev. de* pulse code modulation]

pd Ⓐ [*abrev. de* paid] Ⓑ [*abrev. de* potential difference]

Pd QUÍMICA [*símbolo de* palladium]

PDA INFORMÁTICA [*abrev. de* Personal Digital Assistant]

PDC FINANÇAS [*abrev. de* Public Dividend Capital]

PDF INFORMÁTICA [*abrev. de* portable document format]

pdq [coloq.] [*abrev. de* pretty dam quick] rapidamente, sem demora

PE Ⓐ [*abrev. de* Peru] Ⓑ [*abrev. de* physical education] Ⓒ FÍSICA [*abrev. de* potential energy] Ⓓ (estatística) [*abrev. de* probable error] Ⓔ [*abrev. de* Protestant Episcopal]

P/E FINANÇAS [*abrev. de* price-earnings]

pea [piː] *s.* 1 BOTÂNICA (planta, semente) ervilha; 2 NÁUTICA bico de âncora ❖ ~ *bug/weevil* gorgulho das ervilhas; ~ *green* verde claro e vivo; ~ *pod* vagem; ~ *sheller* descascador de ervilhas; (brinquedo) ~ *shooter* zarabatana; tubo lança-ervilhas; CULINÁRIA ~ *soup* sopa de ervilhas; [coloq.] ~ *soup* nevoeiro espesso e amarelado; *canned peas* ervilhas enlatadas; *green peas* ervilhas verdes; *sweet peas* ervilhas-de-cheiro; *as like as two peas* exactamente iguais; como duas gotas de água; BOTÂNICA *the* ~ *flowers* as papilionáceas

peace [piːs] *s.* 1 paz; *at* ~ em paz; *in times of* ~ em tempo de paz; 2 ordem pública; *the King's* ~ a ordem pública garantida pela lei; *to break the* ~ perturbar a ordem pública; *to keep the* ~ não perturbar a ordem pública; 3 harmonia; 4 paz, sossego, tranquilidade, calma; *he gives them no* ~ não lhes dá um momento de sossego; *leave them in peace!* deixa-os em paz!; *to live in* ~ *and quiet* viver em paz e sossego; 5 silêncio; *hold your peace!* silêncio!; *to keep one's* ~ guardar silêncio; 6 tratado de paz; ~ *was signed between the two powers* foi assinada a paz entre as duas potências ❖ ~ *breaker* perturbador da ordem pública; ~ *conference* conferência de paz; ~ *offering* sacrifício propiciatório; dádiva de paz; ~ *officer* agente da polícia de segurança pública; *Peace Pact* tratado de renúncia à guerra assinado em Paris em 1928 por 15 nações; ~ *pipe* cachimbo da paz; ~ *talks* negociações de paz; ~ *be with you!* a paz seja convosco; ~ *to his ashes!* que descanse em paz!; ~ *of mind* paz de espírito; tranquilidade; ~ *with honour* paz honrosa; *methods of justice and* ~ métodos justos e pacíficos; *the* ~ *process* o processo de paz; *to be sworn of the* ~ ser nomeado magistrado; ser nomeado juiz de paz; *to make one's* ~ *with sb* fazer as pazes com alguém; reconciliar-se com alguém

peaceable ['piːsəbəl] *adj.* 1 pacífico, tranquilo, sossegado, calmo, sereno; 2 que ama a paz, que evita questões

peaceableness ['piːsəblnɪs] *s.* 1 pacatez; 2 tranquilidade, calma, quietação; 3 carácter pacífico

peaceably ['piːsəblɪ] *adv.* 1 pacificamente, tranquilamente, calmamente; 2 em paz

peaceful ['piːsfʊl] *adj.* 1 pacífico; não violento; ~ *demonstration* manifestação pacífica; 2 calmo; tranquilo; sereno; ~ *death* morte serena; ~ *evening* noite calma

peacefully ['piːsfʊlɪ] *adv.* 1 serenamente, calmamente; 2 pacificamente

peacefulness ['piːsfʊlnɪs] *s.* 1 calma, tranquilidade, serenidade; 2 paz

peacekeeper ['piːskiːpə] *s.* 1 MILITAR soldado da paz; 2 responsável pela manutenção da paz

peacekeeping ['piːskiːpɪŋ] Ⓐ *s.* manutenção da paz Ⓑ *adj.* de manutenção da paz ❖ ~ *forces* forças para a manutenção da paz

peaceless ['piːsləs] *adj.* desassossegado, inquieto, agitado

peacemaker ['piːsmeɪkə] *s.* 1 medianeiro, pacificador, apaziguador; 2 [joc.] revólver, navio de guerra

peacemaking ['piːsmeɪkɪŋ] *adj.* pacificador; de paz; para a paz ❖ ~ *process* processo de pacificação

peacetime ['piːstaɪm] *s.* tempos de paz; *in/during* ~ em tempos de paz

peach [piːtʃ] Ⓐ *s.* (*pl.* -es) 1 BOTÂNICA pêssego; 2 BOTÂNICA pessegueiro; ~ *tree* pessegueiro; 3 cor de pêssego; 4 [fig., ant.] (coisa, pessoa) beleza; *that's a* ~ *of a car!* é uma beleza de um carro! Ⓑ *adj.* cor de pêssego Ⓒ *v.intr.* [ant., coloq.] delatar, denunciar, espiar; *to* ~ *against sb/to* ~ *upon sb* denunciar, delatar (um cúmplice) ❖ ~ *blossom* flor de pêssego; ~ *glow* brilho delicado; ~ *brandy* aguardente de pêssego; ~ *down* pele aveludada do pêssego; ZOOLOGIA ~ *fly* pulgão do pessegueiro

peachery ['piːtʃərɪ] *s.* (*pl.* -ies) pessegal, pomar de pessegueiros

pea-chick ['piːtʃɪk] *s.* pavão novo

peachiness ['piːtʃɪnɪs] *s.* aspecto aveludado (como de um pêssego)

peachwort ['piːtʃwɜːt] *s.* BOTÂNICA erva-pessegueira, persicária

peachy ['piːtʃɪ] *adj.* (*comp.* -ier, *superl.* -iest) 1 aveludado, macio como um pêssego; 2 semelhante a pêssego; 3 cor de pêssego; 4 [coloq.] excelente, maravilhoso

peacock ['piːkɒk] Ⓐ *s.* ZOOLOGIA pavão Ⓑ *v.intr.* pavonear-se, exibir-se, procurar dar mas vistas ❖ ~ *blue* azul brilhante, semelhante ao das penas do pescoço de pavão; ~ *coal* carvão brilhante; furta-cores; ZOOLOGIA ~ *fish* bodião; labro; *proud as a* ~ vaidoso como um pavão

peacockery ['piːkɒkərɪ] *s.* exibicionismo, gosto de ostentação

peacocky ['piːkɒkɪ] *adj.* 1 vaidoso como um pavão; 2 exibicionista, que gosta de se pavonear

peafowl ['piːfaʊl] *s.* ZOOLOGIA pavão (macho ou fêmea)

peahen ['piːhen] *s.f.* ZOOLOGIA pavoa

pea-jacket ['piːdʒækɪt] *s.* VESTUÁRIO jaquetão de lã grossa usada por marinheiros

peak [piːk] Ⓐ *s.* 1 pico, cume, cimo; 2 ponta aguda; 3 cúspide; 4 planalto elevado; 5 crista de onda; 6 pala; *rear* ~ pala traseira protectora do pescoço; *the* ~ *of a cap* a pala de um boné; 7 bico; 8 [fig.] auge; ponto máximo; ponto culminante; *at the* ~ *of his fame* no auge da fama; 9 NÁUTICA pena (de vela latina); *gaffsail* ~ ponta de adriça; 10 NÁUTICA pique; (âncora) *to ride a* ~ estar a pique; 11 penol de caranguejo; 12 parte estreita de porão, sobretudo à proa Ⓑ *adj.* 1 máximo; ~ *achievement* realização máxima; ELECTRICIDADE ~ *current* corrente máxima; ~ *efficiency* eficiência máxima; ~ *power* potência máxima; ~ *value* valor máximo; ~ *voltage* voltagem máxima; ~ *year* ano de produção máxima; *to cope with the* ~ *consumption* fazer face ao consumo máximo; 2 de ponta, de época alta; ~ *hours* horas de ponta, horas de carga máxima ou de movimento máximo; ~ *season* época alta Ⓒ *v.tr.,intr.* 1 NÁUTICA (vergas) desamantilhar, repicar; *to* ~ *up the yards* amantilhar as vergas; 2 (remos) pôr ao alto; *to* ~ *oars* pôr os remos ao alto; 3 (baleia) levantar a cauda ao mergulhar verticalmente; 4 atingir o ponto máximo; 5 começar a enfraquecer, a definhar; *to* ~ *and pine* estiolar, enfraquecer, definhar ❖ ~ *arch* arco em ogiva; ZOOLOGIA *green* ~ picanço-verde; *to have peaks and troughs* ter altos e baixos

peaked ['pi:kt] *adj.* 1 (boné) com pala; *~ cap* boné com pala; 2 pontiagudo, terminado em ponta; *~ beard* barba terminada em ponta; 3 macilento, pálido, com aspecto enfermiço ❖ *two-peaked* com dois cumes, bicos, picos

peakiness ['pi:kɪnɪs] *s.* [dial.] aspecto doentio, aspecto macilento

peaking ['pi:kɪŋ] *s.* NÁUTICA acto de amantilhar as vergas

peaky ['pi:kɪ] *adj.* (*comp.* **-ier**, *superl.* **-iest**) 1 pontiagudo, cheio de picos, terminado em pico; 2 pálido, macilento, com ar enfermiço, doentio

peal [pi:l] Ⓐ *s.* 1 repique, toque forte de sinos; *~ of bells* repique de sinos; *a merry ~* repique festivo e alegre; 2 carrilhão; *to ring a ~* repicar um carrilhão; 3 (som forte) estrondo; estrépito Ⓑ *v.tr.,intr.* 1 (sinos) repicar; 2 estrepitar; 3 (som forte) ribombar, troar; 4 ressoar ❖ *peals of applause* salva estrepitosa de palmas; *peals of laughter* gargalhadas; *~ of thunder* trovoada; ribombar do trovão; *the bells are in full ~* os sinos estão todos a tocar

◆**peal out** *v.tr.* 1 repicar; 2 (vozes, etc.) soar com estrépito

pean [pi:n] *s.* HERÁLDICA pelúcia, pele preciosa empregada como forro de veiro

peanut ['pi:nʌt] *s.* BOTÂNICA (fruto, planta) amendoim ❖ *~ butter* manteiga de amendoim; *~ oil* óleo de amendoim; MINERALOGIA *~ ore* hepatita-parda; [coloq.] *that's peanuts!* isso são só trocos!; isso é uma ninharia!

pear [peə] *s.* 1 BOTÂNICA (fruto) pêra; 2 BOTÂNICA (árvore) pereira; *~ tree* pereira ❖ ELECTRICIDADE *~ switch* interruptor em forma de pêra

pearl [pɜ:l] Ⓐ *s.* 1 pérola; 2 (cor) pérola; 3 (forma) pérola (lágrima, gota de orvalho, etc.); grânulo; 4 [fig.] (pessoa, coisa) pérola*fig*; jóia*fig*; preciosidade; *she's a ~ of a girl* é uma jóia de rapariga; 5 laço ornamental empregado em fronhas, etc.; 6 TIPOGRAFIA tipo de corpo cinco Ⓑ *v.tr.* 1 perolizar, dar cor ou aspecto de pérola a; 2 perlar, espargir com gotas semelhantes a pérolas; 3 granular, reduzir a pequenos grãos; 4 juncar com pérolas Ⓒ *v.intr.* 1 pescar pérolas; 2 tomar forma de pequenas gotas ❖ *~ ash* carbonato de potássio comercial; *~ barley* cevadinha francesa; *~ button* botão de madrepérola; *~ diver/fisher* pescador de pérolas; *~ grey* cinzento-pérola; *~ necklace* colar de pérolas; *~ oyster* ostra perlífera; *~ seed* aljôfar; *~ shell* madrepérola; *~ spar* espato nacarado; MINERALOGIA *~ stone* perlite; nome de determinada rocha vulcânica; *~ white* cosmético para branquear a pele; CULINÁRIA *to bring sugar to the ~* levar o açúcar a ponto de pérola; *to cast one's pearls before swine* deitar pérolas a porcos

pearled ['pɜ:ld] *adj.* perlado, semelhante a pérola, parecido com pérola

pearler ['pɜ:lə] *s.* pescador de pérolas

pearlies ['pɜ:lɪz] *s.pl.* traje usado pelos vendedores ambulantes de fruta, peixe, etc. de Londres, cheio de botões de madrepérola

pearliness ['pɜ:lɪnɪs] *s.* 1 coloração ou aspecto de pérola; 2 tom de pérola

pearling ['pɜ:lɪŋ] *s.* pesca de pérolas; pescaria de pérolas

pearlite ['pɜ:laɪt] *s.* perlite, agregado de ferrite e cementite

pearlweed ['pɜ:lwi:d] *s.* BOTÂNICA sagina

pearlwort ['pɜ:lwɜ:t] *s.* ⇒ **pearlweed**

pearly ['pɜ:lɪ] *adj.* (*comp.* **-ier**, *superl.* **-iest**) 1 perlado; semelhante a pérola; com o aspecto de pérola; 2 feito de pérolas; 3 adornado com pérolas; 4 (cor de) pérola; nacarado; *~ teeth* dentes cor de pérola; 5 [poét.] perlífero ❖ ZOOLOGIA (moluscos) *~ nautilus* náutilo; *the Pearly Gates* as portas do Paraíso

pearmain ['peəmeɪn] *s.* BOTÂNICA variedade de maçã vermelha

pear-shaped ['peəʃeɪpt] *adj.* 1 em forma de pêra; piriforme; 2 (mulher) com ancas largas e ombros estreitos ❖ *to go ~* correr mal

peart [pɪət] *adj.* [EUA] [coloq.] alegre, bem disposto

peasant ['pezənt] Ⓐ *s.* 1 camponês, lavrador; 2 [fig., depr.] rústico, campónio, aldeão Ⓑ *adj.* rural; campestre ❖ *~ farming* pequena exploração agrícola; *~ proprietor* pequeno proprietário rural

peasantry ['pezəntrɪ] *s.* classe rural ❖ *the ~* os camponeses; a classe dos camponeses

pease [pi:z] *s.* [arc.] ervilhas ❖ *~ bread* pão feito de farinha de ervilhas; *~ pudding* puré de ervilhas

peasecod ['pi:zkɒd] *s.* [arc.] vagem

peasouper [pi:'su:pə] *s.* 1 [coloq.] nevoeiro cerrado; 2 [Can.] [cal.] (ofensivo) franco-canadiano

peastone ['pi:stəʊn] *s.* MINERALOGIA pisolite, pisólito

peat [pi:t] *s.* 1 turfa; *to cut/dig ~* extrair turfa; 2 [arc.] rapariga, mulher bela ❖ *~ bog* turfeira; *~ brick* tijolo de turfeira; *~ moss* turfeira; *~ reek* fumo de carvão de turfa; uísque destilado sobre carvão de turfa e que apanhou um pouco de gosto a fumo; *~ slab* placa de turfa; *~ soil* turfeira; terreno turfoso; *~ spade* pá estreita

peatery ['pi:tərɪ] *s.* turfeira

peatland ['pi:tlænd] *s.* terra turfosa

peaty ['pi:tɪ] *adj.* (*comp.* **-ier**, *superl.* **-iest**) turfoso; com gosto ou cheiro a fumo de turfa

pebble ['pebəl] Ⓐ *s.* 1 (praia) seixo; 2 (pedra) calhau; 3 MINERALOGIA cristal, cristal-de-rocha, lente feita de cristal-de-rocha; *~ crystal* cristal-de-rocha; 4 variedade de ágata; 5 couro granulado; *~ leather* couro granulado Ⓑ *v.tr.* 1 (couro) granular, transmitindo uma superfície áspera e irregular; 2 marroquinar ❖ *~ beach* praia cheia de seixos; *~ paving* calcetamento com seixos; *~ powder* pólvora grossa granulada; [coloq.] *she is not the only ~ on the beach* há mais Marias na terra; ela não é única no mundo

pebbledash ['pebəlˌdæʃ] Ⓐ *s.* 1 (construção) crespido granitado; 2 aplicação de crespido granitado Ⓑ *v.tr.* aplicar crespido granitado a

pebbling ['peblɪŋ] *s.* acto de marroquinar ou granular

pebbly ['peblɪ] *adj.* (*comp.* **-ier**, *superl.* **-iest**) com seixos, seixoso, pedregoso

pebrine [pe'bri:n] *s.* muscardina, doença epidémica dos bichos-da-seda

pec [pek] *s.* [cal.] dinheiro

pecan [pɪ'kæn, 'pi:kən] *s.* 1 BOTÂNICA variedade de nogueira existente no Sul dos Estados Unidos da América; 2 fruto dessa nogueira

peccability [ˌpekə'bɪlɪtɪ] *s.* pecabilidade

peccable ['pekəbəl] *adj.* pecável

peccadillo [ˌpekə'dɪləʊ] *s.* (*pl.* **-s** ou **-es**) pecadilho; pecado leve, pecado venial; falta insignificante; *that's a mere ~* isso é uma falta sem grande importância

peccancy ['pekənsɪ] *s.* 1 pecado, ofensa; 2 RELIGIÃO incidência em pecado

peccant ['pekənt] *adj.* 1 RELIGIÃO susceptível de pecar; em pecado, pecador; 2 MEDICINA pecante, mórbido

peccary ['pekərɪ] *s.* (*pl.* **-ies**) ZOOLOGIA pecari, espécie de porco selvagem da América; 2 javali americano

peccavi [pe'kɑ:vɪ] *s.* mea-culpa; *to cry ~* dizer mea-culpa, confessar-se culpado

peck [pek] Ⓐ *s.* 1 (medida de secos) 9,09 litros (cerca de dois galões); 2 recipiente para dois galões; 3 [coloq.] (grande quantidade) montão; *a ~ of dirt* um monte de porcaria; *a ~ of trouble* grandes dificuldades, situações muito difíceis; 4 (pássaros) bicada; marca ou ferida feita por bicada; 5 [coloq.] beijinho (rápido); *to give sb a ~* dar um beijinho a alguém; 6 [cal.] comida, alimento Ⓑ *v.tr.,intr.* 1 dar bicadas em; picar com o bico; abrir, furar com o bico; apanhar com o bico; *to ~ a hole* fazer um buraco com o bico; *to ~ corn* apanhar cereais com o bico; *to ~ to death* matar às bicadas; 2 (comer em pequenas quantidades) debicar [at, -]; mordiscar [at, -]; 3 [coloq.] (arreliar) pegar [at, com]; *she pecks at her brother all the day long* ela passa o dia inteiro a pegar com o irmão; 4 [coloq.] dar um beijinho rápido a ❖ [coloq.] *~ and perch* cama e mesa; [coloq.] *to eat a ~ of salt with sb* conhecer bem alguém

◆**peck down** *v.tr.* 1 [coloq.] deitar abaixo; 2 [coloq.] baixar; *to ~ one's head* baixar a cabeça

◆**peck out** *v.tr.* arrancar com o bico

◆**peck up** *v.tr.* 1 (pássaros) pegar com o bico; 2 (solo) picar com picareta

pecker ['pekə] *s.* 1 ZOOLOGIA picanço; 2 ZOOLOGIA pica-pau; 3 ZOOLOGIA picareta, alvião; 4 [coloq.] (nariz) penca, bicanca; 5 [coloq.] coragem, ânimo; 6 apetite; 7 [cal.] pila*vulg* ❖ [coloq.] *keep your ~ up!* coragem!; não desanimes!

pecking ['pekɪŋ] *s.* bicada ❖ (organização) *~ order* hierarquia; hierarquização de poderes

peckish ['pekɪʃ] *adj.* [GB] [coloq.] com fome, com apetite, com o estômago vazio; *to feel ~* estar com alguma fome

Pecksniff ['peksnɪf] s. 1 personagem hipócrita, toda melíflua, sempre a falar da sua bondade; 2 devoto fingido; 3 tartufo (do romance de Dickens *Martin Chuzzlewit*)
Pecksniffery [pek'snɪfərɪ] s. hipocrisia, espírito farisaico
Pecksniffian [pek'snɪfɪən] adj. hipócrita, fingido, dissimulado, farisaico
pecorino [pekə'rinəʊ] s. CULINÁRIA (queijo) pecorino
pectase ['pekteɪs] s. QUÍMICA pectase, enzima coaguladora das dispersões de pectinas
pectate ['pekteɪt] s. QUÍMICA pectato, denominação genérica dos sais formados pelo ácido péctico com as bases
pecten ['pektən] s. (pl. **pectines**) 1 ZOOLOGIA pécten, órgão em forma de pente; 2 género de moluscos da família dos Pectinídeos
pectic ['pektɪk] adj. QUÍMICA péctico; ~ *acid* ácido péctico
pectin ['pektɪn] s. QUÍMICA pectina
pectinate ['pektɪnɪt] adj. ZOOLOGIA pectinado
pectinated ['pektɪneɪtɪd] adj. ⇒ **pectinate**
pectinibranch ['pektɪnɪbræŋk] adj. ZOOLOGIA pectinibrânquio
pectinibranchia [,pektɪnɪ'bræŋkɪə] s.pl. ZOOLOGIA pectinibrânquios
pectinibranchian [,pektɪnɪ'bræŋkɪən] adj. ZOOLOGIA ⇒ **pectinibranch**
pectoral ['pektərəl] Ⓐ adj. 1 peitoral; relativo ao peito; 2 que faz bem ao peito, tónico, fortificante Ⓑ s. 1 (ornamento) peitoral; 2 ANATOMIA (músculo) peitoral; *the pectorals* os peitorais; 3 MEDICINA [ant.] medicamento para doenças de foro respiratório ❖ RELIGIÃO (bispos) ~ *cross* cruz peitoral; ZOOLOGIA ~ *fins* barbatanas peitorais; ANATOMIA ~ *girdle* cintura escapular; MEDICINA ~ *lozenges* rebuçados peitorais; ANATOMIA ~ *muscle* músculo peitoral
pectose ['pektəʊs] s. QUÍMICA pectose
peculate ['pekjʊleɪt] v.tr.,intr. cometer o crime de peculato; desviar dinheiros públicos; defraudar o Estado
peculation [,pekjʊ'leɪʃən] s. peculato, desvio de dinheiros públicos
peculator ['pekjʊleɪtə] s. peculador, indivíduo que comete o crime de peculato
peculiar [pɪ'kjuːlɪə] Ⓐ adj. 1 peculiar; estranho; singular; *a ~ flavour* um gosto peculiar; 2 característico [**to**, de]; típico [**to**, de]; *this usage is ~ to Portugal* este é um costume tipicamente português; 3 próprio; particular; *he has his own ~ reasons for doing it* ele lá tem as razões dele para fazer isso; 4 especial; *a ~ case* um caso especial; *what he says is of ~ interest* o que ele diz tem um interesse especial; 5 excêntrico; *he has always been a little ~* tem sido sempre um tanto excêntrico Ⓑ s. 1 propriedade particular; privilégio particular; 2 paróquia ou igreja independente da diocese ❖ *this problem is not ~ to...* este problema não se restringe a; *to be ~ in sth* ter uma forma única de ser em alguma coisa; (indisposição) *to feel ~* sentir-se esquisito
peculiarity [pɪ,kjuːlɪ'ærɪtɪ] s. (pl. **-ies**) 1 peculiaridade; 2 particularidade; 3 característica, traço característico; 4 singularidade, excentricidade, originalidade ❖ (documento de identificação) *special peculiarities* sinais particulares
peculiarize [pɪ'kjuːlɪəraɪz] v.tr. 1 singularizar, particularizar, individualizar; 2 tornar peculiar
peculiarly [pɪ'kjuːlɪəlɪ] adv. 1 de maneira peculiar; 2 caracteristicamente; 3 excentricamente; originalmente; de modo singular; *to dress ~* vestir-se duma maneira um tanto excêntrica; 4 especialmente ❖ *a ~ Portuguese trait* uma característica tipicamente portuguesa; *this does not affect him ~* ele não se sente especialmente atingido por isso
peculium [pɪ'kjuːlɪəm] s. pecúlio
pecuniarily [pɪ'kjuːnɪərɪlɪ] adv. pecuniariamente
pecuniary [pɪ'kjuːnɪərɪ, pɪ'kjuːnɪerɪ] adj. 1 (relativo a dinheiro) pecuniário, monetário, financeiro; ~ *aid* ajuda monetária; ~ *difficulties* dificuldades financeiras; 2 DIREITO que implica pena pecuniária; ~ *offence* falta ou delito sujeito a pena pecuniária ❖ *for ~ gain* com um fim lucrativo
pedagogic [,pedə'gɒdʒɪk] adj. pedagógico
pedagogical [,pedə'gɒdʒɪkəl] adj. pedagógico
pedagogically [,pedə'gɒdʒɪkəlɪ] adv. pedagogicamente
pedagogics [,pedə'gɒdʒɪks] s. pedagogia

pedagogism ['pedəgɒdʒɪzəm] s. pedagogismo, pedantismo pedagógico
pedagogist ['pedəgɒdʒɪst] s. pedagogo
pedagogue ['pedəgɒg] s. professor ou mestre pretensioso e com a mania da pedagogia
pedagogy ['pedəgɒdʒɪ] s. ⇒ **pedagogics**
pedal[1] ['pedl] Ⓐ s. pedal Ⓑ v.tr.,intr. (particípios: -ll-) 1 pedalar; 2 andar de bicicleta; 3 accionar a pedal; carregar no pedal ou pedais ❖ ~ *brake* travão de pé; ~ *lathe* torno a pedal; (calças curtas) ~ *pushers* corsários; (piano) *loud* ~ pedal forte; (piano) *soft* ~ abafador; *to put the ~ to the floor* carregar no acelerador
pedal[2] ['piːdl, 'pedl] adj. (relativo a pé) podal; ~ *extremities* extremidades podais
pedalboat ['pedlbəʊt] s. (barco a pedais) gaivota
pedal-driven ['pedldrɪvn] adj. accionado a pedais
pedalist ['pedəlɪst] s. [coloq.] ciclista, pessoa que gosta de pedalar
pedalo ['pedələʊ] s. (pl. **-s** ou **-es**) (barco a pedais) gaivota
pedant ['pedənt] s. 1 pedante; 2 pessoa que gosta de exibir os seus conhecimentos livrescos; 3 indivíduo formalista
pedantic [pɪ'dæntɪk] adj. 1 pedante; 2 pedantesco
pedantically [pɪ'dæntɪklɪ] adv. 1 com pedantismo; 2 pedantescamente
pedantism ['pɪdæntɪzəm] s. [rar.] pedantismo
pedantize ['pedəntaɪz] Ⓐ v.tr. [rar.] tornar pedante Ⓑ v.intr. [rar.] fazer de pedante, pedantear
pedantocracy [,pedən'tɒkrəsɪ] s. pedantocracia
pedantry ['pedəntrɪ] s. pedantice, pedantaria
pedate ['pedɪt] adj. 1 pediforme; 2 palmilobado; 3 pedatipartido; 4 pedioso; 5 com pés
peddle ['pedl] Ⓐ v.tr. 1 (mercadorias) vender de porta em porta; *to ~ goods* distribuir mercadorias em vários lugares; 2 [ant.] traficar; *to ~ drugs* ser traficante; 3 promover; fomentar; divulgar Ⓑ v.intr. ser vendedor ambulante ❖ *to ~ about* ocupar-se com ninharias; prender-se com futilidades; *to ~ away one's time* perder tempo; *to ~ scandals* andar a espalhar mexericos
peddler ['pedlə] s. 1 traficante de droga; 2 [EUA] ⇒ **pedlar**
peddling ['pedlɪŋ] Ⓐ adj. 1 que vende pelas ruas, próprio de vendedor ambulante; 2 que se preocupa com coisas insignificantes; 3 desprezível, mesquinho, fútil Ⓑ s. 1 ofício de vendedor ambulante; 2 futilidades, ninharias ❖ ~ *details* pormenores insignificantes
pederast ['pedɪræst] s. ⇒ **paederast**
pederastic [,pedɪ'ræstɪk] adj. ⇒ **paederastic**
pederasty ['pedɪræstɪ] s. ⇒ **paederasty**
pedestal ['pedɪstəl] Ⓐ s. 1 pedestal, suporte, peanha; 2 base, fundamento; 3 supedâneo; 4 fixe das chumaceiras; 5 mesinha-de-cabeceira, mesa-de-cabeceira; 6 [cal.] peniqueira Ⓑ v.tr. (particípios: -ll-) 1 exaltar, glorificar, enaltecer; 2 colocar num pedestal ❖ ~ *lamp* candeeiro de pé; ~ *table* mesinha de pé-de-galo; *to set sb on a ~* colocar alguém num pedestal; exaltar alguém; elogiar muito alguém
pedestalled ['pedɪstəld] adj. com pedestal ou peanha
pedestrian [pɪ'destrɪən] Ⓐ adj. 1 pedestre; 2 [fig.] prosaico, sem inspiração, banal, trivial Ⓑ s. 1 (pessoa) peão; 2 DESPORTO pedestrianista ❖ ~ *crossing* passadeira para peões; ~ *precinct* zona pedonal; (zona pedonal) ~ *traffic only* trânsito proibido
pedestrianise [pɪ'destrɪənaɪz] v.tr.,intr. ⇒ **pedestrianize**
pedestrianism [pɪ'destrɪənɪzəm] s. 1 DESPORTO pedestrianismo; 2 [fig.] vulgaridade, estilo prosaico
pedestrianization [pɪ,destrɪənaɪ'zeɪʃən] s. limitação do trânsito aos peões
pedestrianize [pɪ'destrɪənaɪz] Ⓐ v.intr. [ant.] praticar pedestrianismo Ⓑ v.tr. transformar em zona reservada para peões
pediatric [,piːdɪ'ætrɪk] adj. ⇒ **paediatric**
pediatrician [,piːdɪə'trɪʃən] s. ⇒ **paediatrician**
pediatrics [,piːdɪ'ætrɪks] s. MEDICINA ⇒ **paediatrics**
pedicel ['pedɪsel] s. 1 pedicelo, haste delgada e curta que sustenta um órgão; 2 pedículo
pedicellate ['pedɪsɪleɪt] adj. pedicelato, pediculado
pedicle ['pedɪkl] s. ⇒ **pedicel**
pedicular [pe'dɪkjʊlə] adj. 1 pedicular; relativo a piolhos; 2 cheio de piolhos; 3 (doença) que desenvolve grande número de piolhos

pediculate [pe'dɪkjʊlɪt] *adj.* pediculado
pediculated [pe'dɪkjʊleɪtɪd] *adj.* ⇒ **pediculate**
pediculosis [ˌpedɪkjʊ'ləʊsɪs] *s.* MEDICINA pediculose, doença caracterizada pela criação de piolhos
pediculous [pe'dɪkjʊləs] *adj.* ⇒ **pedicular**
pedicure ['pedɪkjʊə] *s.* 1 pedicuro, pedicura; 2 quiropodia
pedigree ['pedɪgriː] Ⓐ *s.* 1 genealogia, árvore genealógica; *a long ~* uma extensa árvore genealógica; 2 linhagem, ascendência; 3 passado, antecedentes; *with a criminal ~* com antecedentes criminais; 4 (animais) raça boa, raça pura; 5 (palavras) origem, derivação Ⓑ *adj.* (animais) de raça; *~ cat/dog* gato/cão de raça ❖ *~ cattle* gado de raça pura; gado com certificado de origem; [coloq.] *a man of ~* um homem de alta linhagem; homem de boas famílias
pedigreed ['pedɪgriːd] *adj.* 1 com árvore genealógica; 2 com ascendência conhecida; 3 de boas famílias; 4 (animais) com certificado de origem, de raça pura
pedimanous [pe'dɪmənəs] *adj.* ZOOLOGIA pedímano, que se serve dos membros posteriores como de mãos
pediment ['pedɪmənt] *s.* 1 GEOLOGIA pedimento; 2 ARQUITECTURA frontão triangular no cimo da fachada principal de edifício ou na parte superior de portas e janelas
pedimental [ˌpedɪ'mentəl] *adj.* 1 ARQUITECTURA relativo a frontão; 2 GEOLOGIA relativo a pedimento
pedimented ['pedɪmentɪd] *adj.* ARQUITECTURA com frontão
pedipalp ['pedɪpælp] *s.* ZOOLOGIA (aracnídeo) pedipalpo
pedipalpous [ˌpedɪ'pælpəs] *adj.* ZOOLOGIA pedipalpo
pedlar ['pedlə] *s.* 1 vendedor ambulante; 2 vendedor de rua; 3 [fig.] mexeriqueiro, bisbilhoteiro ❖ *pedlar's French* calão usado pelos gatunos
pedlary ['pedlərɪ] *s.* 1 ofício ou ocupação de vendedor ambulante; 2 bugigangas, mercadoria de pequeno valor
pedology [pe'dɒlədʒɪ] *s.* pedologia, estudo dos solos
pedometer [pɪ'dɒmɪtə] *s.* pedómetro, podómetro, hodómetro
pedophile ['piːdəfaɪl] *s.* ⇒ **paedophile**
pedophilia [ˌpiːdəʊ'fɪlɪə] *s.* ⇒ **paedophilia**
pedophiliac [ˌpiːdəʊ'fɪlɪæk] *adj.* ⇒ **paedophiliac**
peduncle [pɪ'dʌŋkl] *s.* 1 BOTÂNICA pedúnculo; 2 ZOOLOGIA pedicelo, pedículo
peduncular [pɪ'dʌŋkjʊlə] *adj.* peduncular
pedunculate [pɪ'dʌŋkjʊlɪt] *adj.* pedunculado
pee [piː] Ⓐ *s.* [coloq.] chichi; *to take a ~* ir fazer chichi Ⓑ *v.intr.* [coloq.] fazer chichi
peek [piːk] Ⓐ *s.* espreitadela, olhada; *to take a ~ at* dar uma espreitadela a, espreitar Ⓑ *v.intr.* 1 espreitar; olhar; 2 espiar
peekaboo [ˌpiːkə'buː] *s.* jogo das escondidas, esconde-esconde
peel [piːl] Ⓐ *s.* 1 (fruta) casca; 2 pá de forno; pá de remo; 3 (Escócia, Inglaterra) torre quadrada fronteiriça do séc. XVI; 4 [dial.] salmonete Ⓑ *v.tr.,intr.* 1 descascar; *those oranges ~ easily* aquelas laranjas são fáceis de descascar; 2 (pele) descamar, sofrer descamação; esfolar; *the skin on his nose was peeling* tinha o nariz a esfolar; 3 RELIGIÃO (Bíblia) saquear ❖ (laranja, limão) *candied ~* casca cristalizada; (atenção) *to keep one's eyes peeled* manter os olhos bem abertos

◆**peel away** Ⓐ *v.intr.* 1 descamar; esfolar; 2 descolar Ⓑ *v.tr.* 1 descascar; 2 (película, camada, etc.) descolar; destacar; arrancar cuidadosamente; 3 [coloq.] (produtos) comparar; escolher
◆**peel back** *v.intr.* descolar; despegar-se
◆**peel off** Ⓐ *v.intr.* 1 sair de formação; abandonar marcha; 2 (pintura, etc.) descamar; 3 despir-se; 4 (pele) esfolar; 5 (avião) virar sobre a asa para picar sobre o objectivo Ⓑ *v.tr.* 1 descascar; 2 (película, camada, etc.) descolar; destacar; arrancar cuidadosamente

peeler ['piːlə] *s.* 1 descascador; *orange ~* descascador de laranjas; 2 [coloq.] agente de polícia; 3 HISTÓRIA membro do corpo de polícia irlandesa organizado em 1828 por Sir Robert Peel
peeling ['piːlɪŋ] Ⓐ *s.* 1 descascamento; 2 descamação da epiderme; 3 *pl.* (batatas, etc.) cascas Ⓑ *adj.* 1 (pele) a esfolar; a descamar; 2 (papel de parede) a descolar; 3 (tinta) a descascar ❖ *~ machine* descascadora; máquina de descascar
Peelite ['piːlaɪt] *s.* partidário das doutrinas de Sir Robert Peel
peen [piːn] *s.* (martelo) pena ❖ *~ hammer* martelo com pena
peep [piːp] Ⓐ *s.* 1 pio, pipilo; chilro; 2 olhadela, espreitadela; *to take a ~ at* deitar uma olhadela a; 3 vista incompleta, vista parcial; *he could get a ~ of the scenery through the trees* através das árvores conseguiu divisar um bocado da paisagem; 4 primeira luz (do dia); *at ~ of day/at ~ of dawn* ao romper do dia, ao amanhecer, ao despontar da aurora; 5 chama débil Ⓑ *v.intr.* 1 piar, pipilar, pipiar; chilrear; 2 chiar; 3 espreitar (por um buraco ou abertura estreita); olhar com curiosidade; espiar; *to ~ at* olhar furtivamente para; *to ~ into a room* deitar uma olhadela para dentro dum quarto; *to ~ through the keyhole* espreitar pelo buraco da fechadura; 4 começar a aparecer, começar a nascer; mostrar-se; 5 brotar; despontar; *the day began to ~* o dia começou a despontar ❖ (espingardas) *~ sight* mira; alça de mira; *~ window* postigo, HISTÓRIA *~ of day boys* grupo protestante irlandês que, ao romper do dia, revistava as casas dos seus adversários (1784-1795); [cal.] *to ~ over the fence* morrer; bater a bota

◆**peep out** Ⓐ *v.intr.* 1 espreitar; 2 mostrar-se; revelar-se; surgir Ⓑ *v.tr.* mostrar

peeper ['piːpə] *s.* 1 pessoa que espreita; 2 indivíduo indiscreto; 3 [coloq., ant.] olho; 4 pintainho
peephole ['piːphəʊl] *s.* (porta) vigia; olho-mágico
peeping ['piːpɪŋ] Ⓐ *adj.* 1 que espreita; 2 curioso; bisbilhoteiro; 3 que desabrocha, que começa a nascer Ⓑ *s.* 1 espreitadela; 2 primeira luz do dia; 3 acto de começar a surgir ou a mostrar-se; 4 pio, pipilo, pipio, chilro ❖ *~ Tom* mirone; voyeur
peepshow ['piːpʃəʊ] *s.* 1 espectáculo erótico visto em cabinas individuais; 2 (instrumento) cosmorama
peeptoe ['piːptəʊ] *adj.* (calçado) que deixa ver a ponta do dedo grande do pé
peeptoed ['piːptəʊd] *adj.* ⇒ **peeptoe**
peepul-tree ['piːpəltriː] *s.* BOTÂNICA pipal, árvore-dos-baneanes
peer [pɪə, pɪr] Ⓐ *s.* 1 par; igual; semelhante; *to be the ~ of* igualar-se a; 2 lorde, nobre, par do reino; nobre com direito a assento na Câmara dos Pares; *the peers of the realm* os pares do reino Ⓑ *v.tr.,intr.* 1 elevar ao pariato; elevar à dignidade de par do reino; 2 espreitar; *to ~ into a dark room* espreitar para dentro dum quarto escuro; 3 olhar com atenção [at, para]; observar de perto [at, -]; examinar [at, -]; *she peered into the man's face* ela lançou um olhar perscrutador ao rosto do homem; 4 aparecer, surgir, despontar ❖ *~ life* membro vitalício da Câmara dos Lordes (não hereditário); *without ~* sem rival; *a faithful friend has no ~* não há nada como um amigo leal; *to be judged by one's peers* ser julgado pelos seus pares
peerage ['pɪərɪdʒ, 'pɪrɪdʒ] *s.* 1 (par do reino) pariato; *to raise sb to the ~* elevar alguém ao pariato; 2 aristocracia, nobreza; 3 nobiliário com a lista dos pares e sua genealogia ❖ *the ~* a aristocracia; o conjunto dos pares
peeress ['pɪərɪs, 'pɪrɪs] *s.* (*pl.* **-es**) {*fem. de* **peer**}
peering ['pɪərɪŋ, 'pɪrɪŋ] *adj.* perscrutador, indagador
peerless ['pɪələs, 'pɪrləs] *adj.* 1 sem par, sem igual; 2 sem rival; 3 incomparável, inigualável
peerlessly ['pɪələslɪ, 'pɪrləslɪ] *adv.* 1 inigualavelmente; 2 incomparavelmente
peerlessness ['pɪələsnəs, 'pɪrləsnəs] *s.* superioridade que não sofre contestação, superioridade incontestável
peeve [piːv] Ⓐ *v.tr.* [coloq.] irritar, chatear[coloq.] [about, com]; *to be peeved about sth* estar chateado com alguma coisa Ⓑ *s.* [coloq.] irritação; frustração ❖ *pet ~* ódio de estimação
peeved ['piːvd] *adj.* [cal.] irritado, zangado
peevish ['piːvɪʃ] *adj.* 1 impertinente, rabugento; 2 teimoso; 3 caprichoso; 4 choramingas
peevishly ['piːvɪʃlɪ] *adv.* 1 impertinentemente, rabugentamente; 2 com teimosia, duma maneira aborrecida
peevishness ['piːvɪʃnɪs] *s.* 1 impertinência, rabugice; 2 teimosia; 3 mau humor
peewit ['piːwɪt] *s.* ⇒ **pewit**
peg [peg] Ⓐ *s.* 1 taco, cavilha, prego de madeira; *shoe ~* pequena cavilha de madeira para segurar os tacões do calçado; *tent pegs* cavilhas para firmar as cordas duma tenda; 2 (chapéus, etc.) cabide de madeira; *hat pegs* cabides para chapéus; 3 mola (para prender a roupa); *clothes ~* mola da roupa; 4 (instrumentos de corda) cravelha; 5 chavelha, peça de madeira introduzida no cabeçalho do carro para o prender à canga; 6 espiche, espicho, taco aguçado para tapar buraco aberto numa pipa ou vasilha;

pegamoid

7 aresta; **8** pequena estaca; **9** [coloq.] grau ou posição social; **10** [fig.] pretexto ou desculpa para fazer qualquer coisa; *that's a ~ to hang an argument on* isso é um pretexto para discussão; **11** [cal.] perna de pau; *~ leg* perna de pau, pessoa que usa uma perna artificial; **12** aperitivo, uísque ou brande com soda Ⓑ *v.tr.,intr.* (*particípios*: **-pp-**) **1** cavilhar, segurar com cavilhas, firmar com cavilhas; **2** (preços, salários, etc.) fixar a determinada cotação ou nível; estabilizar; **3** agredir com estaca de madeira; *to ~ at* agredir com uma estaca, atirar um pau contra; **4** marcar, delimitar com estacas ❖ *~ house* taberna; *~ ladder* escada de mão simples; VESTUÁRIO *~ pants* calças à cavaleiro; *~ stake* estaca; *~ top* pião com bico de metal; VESTUÁRIO [ant.] *~ tops* calças afuniladas (estreitas na perna e largas nos quadris); *~ wood* cavilha de madeira; (roupa) *off the ~* de pronto a vestir; de confecção; *he got a ~ to hang things on* arranjou um bode expiatório; *to be a square ~ in a round hole* estar fora do seu elemento; estar deslocado; *to come down a ~* amansar; baixar de tom; baixar a bolinha; *to take sb down a ~ or two* humilhar alguém
- **peg away** *v.intr.* trabalhar com persistência [**at**, em]; *he must keep pegging away* ele tem de ser persistente
- **peg down** *v.tr.,intr.* **1** (pessoa) prender; coarctar; amarrar; *to be pegged down to one's work* estar amarrado ao trabalho; **2** fixar ao solo com estacas ou cavilhas de madeira
- **peg out** Ⓐ *v. intr.* [GB] [coloq.] morrer; ficar arruinado ou exausto; acabar, chegar ao fim Ⓑ *v.tr.* **1** delimitar com estacas; **2** [GB] (roupa) estender, pendurar

pegamoid ['pegəmɔɪd] *s.* pergamóide, imitação do couro
Pegasus ['pegəsəs] *s.* MITOLOGIA Pégaso
pegbox ['pegbɒks] *s.* MÚSICA (instrumento de corda) parte onde se encontram as cravelhas
Peggy ['pegɪ] *dim. de* **Margaret**
pegmatite ['pegmətaɪt] *s.* MINERALOGIA pegmatite
pegmatoid ['pegmətɔɪd] *adj.* MINERALOGIA pegmatóide, com carácter de pegmatite
PEI [*abrev. de* Prince Edward Island]
peignoir ['peɪnwɑː] *s.* penteador, roupão solto de senhora
pejorative [pɪ'dʒɒrətɪv] Ⓐ *adj.* pejorativo Ⓑ *s.* palavra ou termo pejorativo
pejoratively [pɪ'dʒɒrətɪvlɪ] *adv.* pejorativamente
pekan ['pekən] *s.* ZOOLOGIA marta-do-canadá
peke [piːk] *s.* ZOOLOGIA (cão) pequinês, cão-leão, cão-sol
pekin [piːˈkɪn] *s.* variedade de tecido de seda
Pekinese [ˌpiːkɪ'niːz] Ⓐ *adj.* de Pequim, pequinês Ⓑ *s.* **1** habitante de Pequim; **2** ZOOLOGIA (cão) pequinês
Peking [piːˈkɪŋ] *s.top.* Pequim
Pekingese [ˌpiːkɪŋˈiːz] Ⓐ *adj.* de Pequim, pequinês Ⓑ *s.* **1** habitante de Pequim; **2** ZOOLOGIA (cão) pequinês
pekoe ['piːkəʊ] *s.* peco, variedade de chá preto de qualidade superior
pelada [pɪ'lɑːdə] *s.* MEDICINA pelada
pelage ['pelɪdʒ] *s.* (animais) pelagem, pêlo
pelagian [pe'leɪdʒɪən] Ⓐ *adj.* **1** pelágico; relativo ao pélago; **2** oceânico; **3** que vive no mar alto Ⓑ *s.* organismo pelágico
Pelagian [pe'leɪdʒɪən] *adj.,s.* pelagiano
Pelagianism [pe'leɪdʒɪənɪzəm] *s.* pelagianismo, heresia de Pelágio
pelagic [pe'lædʒɪk] *adj.* pelágico
Pelagius [pɪ'leɪdʒɪəs] *s.antr.* Pelágio
pelargonium [ˌpelə'gəʊnɪəm] *s.* BOTÂNICA pelargónio
pelarine ['pelərɪn] *s.* pelerine
Pelasgi [pe'læzgaɪ] *s.pl.* Pelasgos, primitivos habitantes da Grécia e da Itália
Pelasgian [pe'læzgɪən] Ⓐ *adj.* pelasgiano, pelásgico; relativo aos Pelasgos Ⓑ *s.* pelasgo
Pelasgic [pe'læzgɪk] *adj.* pelásgico
Peleus ['piːljuːs, 'piːljəs] *s.* MITOLOGIA Peleu, herói da mitologia grega
pelf [pelf] *s.* [depr., ant.] riqueza, dinheiro
Pelias ['peliːæs, 'peliæs] *s.* MITOLOGIA Pélias
pelican ['pelɪkən] *s.* **1** ZOOLOGIA pelicano; **2** variedade de alambique fechado com dois canos
pelisse [pe'liːs] *s.* peliça ❖ MILITAR *hussar ~* peliça de militar
pellagra [pə'lægrə, pə'leɪgrə] *s.* MEDICINA pelagra
pellagrin [pə'lægrɪn, pə'leɪgrɪn] *s.* MEDICINA pelagroso, doente que sofre de pelagra
pellagrous [pə'lægrəs, pə'leɪgrəs] *adj.* MEDICINA pelagroso
pellet ['pelɪt] Ⓐ *s.* **1** (papel, pão, etc.) bolinha (feita com os dedos); **2** (grão) chumbinho; *airgun pellets* chumbo para espingardas de pressão; **3** pastilha; *aromatic ~* pastilha de fumigação Ⓑ *v.tr.* atirar bolinhas de papel
pellicle ['pelɪkl] *s.* película, pele ou membrana muito fina
pellicular [pe'lɪkjʊlə] *adj.* **1** pelicular; **2** membranoso
pellicule ['pelɪkjuːl] *s.* ⇒ **pellicle**
pellitory ['pelɪtərɪ] *s.* (*pl.* **-ies**) BOTÂNICA parietária, alfavaca-de-cobra ❖ BOTÂNICA *~ of Spain* parietária-da-espanha; píretro
pell-mell [ˌpel'mel] Ⓐ *adv.* **1** em desordem; **2** desordenadamente; **3** atabalhoadamente Ⓑ *adj.* confuso, desordenado Ⓒ *s.* confusão, desordem
pellucid [pɪ'luːsɪd] *adj.* **1** transparente, claro, diáfano, límpido, cristalino; **2** de estilo ou espírito claro, lúcido
pellucidity [ˌpɪluː'sɪdɪtɪ] *s.* **1** clareza, limpidez, transparência; **2** lucidez
pellucidly [pɪ'luːsɪdlɪ] *adv.* **1** de maneira clara, diáfana, cristalina; **2** com clareza
pellucidness [pɪ'luːsɪdnɪs] *s.* ⇒ **pellucidity**
Pelmanism ['pelmənɪzəm] *s.* determinado sistema para treino da memória
pelmet ['pelmɪt] *s.* lambrequim, sanefa
Peloponnese ['peləpəniːs] *s.top.* Peloponeso
Peloponnesian [ˌpeləpə'niːʃən] *adj.,s.* peloponense; relativo ao Peloponeso ❖ HISTÓRIA *the ~ War* a guerra do Peloponeso
Pelops ['piːlɒps] *s.* MITOLOGIA Pélope
pelota [pɪ'lɒtə] *s.* pelota basca
pelt [pelt] Ⓐ *v.tr.,intr.* **1** atirar coisas a; *to ~ sb with stones/to ~ stones at sb* apedrejar alguém, atirar pedras a alguém; *they pelted her with snowballs* bombardearam-na com bolas de neve; **2** cobrir, crivar, encher; **3** (chuva) cair, tombar, bater violentamente; **4** malhar, bater; **5** [coloq.] correr o mais que se pode Ⓑ *s.* **1** couro; pele de animal com pêlo; **2** [joc.] pele humana; **3** saraivada, chuvada; **4** arremesso de pedras; **5** pancada, golpe; **6** [dial.] ira, cólera; *in a ~* irado, cheio de cólera ❖ *~ monger* negociante de peles por curtir; *~ wool* lã de animal morto; *a shepherd's ~* samarra de pastor; *at full ~* a toda a velocidade; *to ~ and chafe* ficar furioso; encher-se de cólera; *to ~ sb with insults* correr alguém com insultos
- **pelt away** *v.intr.* desatar a fugir o mais que se pode
- **pelt down** *v.intr.* (chuva) cair torrencialmente; *the rain was pelting down* a chuva caía com violência

pelta ['peltə] *s.* (*pl.* **-ae**) **1** pelta, pequeno escudo usado pelos antigos Gregos, Romanos e outros povos; **2** BOTÂNICA pelta, espécie de cúpula transitória que se desenvolve em certos líquenes
peltate ['peltɪt] *adj.* BOTÂNICA peltado
pelter ['peltə] *s.* **1** aquele que lança ou atira (pedras, etc.); **2** aguaceiro; **3** [EUA] cavalo muito rápido
pelting ['peltɪŋ] Ⓐ *adj.* que bate; que tomba Ⓑ *s.* **1** acção de bater, de tombar; **2** saraivada, chuvada ❖ *~ rain* chuva pesada e persistente
peltry ['peltrɪ] *s.* (*pl.* **-ies**) **1** couro, pele de animal com pêlo; **2** pelame, pelaria
pelvic ['pelvɪk] *adj.* ANATOMIA pélvico; relativo ao pélvis ❖ *~ arch/ ~ girdle* cintura pélvica
pelvimeter [pel'vɪmɪtə] *s.* pelvímetro
pelvis ['pelvɪs] *s.* (*pl.* **pelves**) ANATOMIA pélvis; bacia
Pembroke ['pembrʊk] *s.top.* (cidade no País de Gales) Pembroke ❖ *~ table* mesa assente sobre quatro pernas fixas, com abas laterais que podem ser levantadas e firmadas noutras pernas
pemmican ['pemɪkən] *s.* **1** bolo de carne seca pilada; **2** mistura com gordura usada pelos índios norte-americanos; **3** espécie de almôndega de carne seca com uva-passa; **4** [fig.] matéria literária condensada
pemphigoid ['pemfɪgɔɪd] *adj.* MEDICINA penfigode, penfigóide
pemphigus ['pemfɪgəs] *s.* MEDICINA pênfigo
pen [pen] Ⓐ *s.* **1** caneta; **2** [ant.] pena (para escrita); **3** estilete; **4** pena nova de ave; **5** [fig.] estilo; escrita; carreira literária; escritor; *to make one's living by one's ~* viver da escrita; **6** pequeno recinto ou cercado para aves ou animais; galinheiro, capoeira; curral, corte, pocilga, aprisco, redil; *chicken ~* galinheiro; *pig ~* pocilga, aido dos porcos; *to let the cattle out of*

the ~ soltar o gado; **7** baía; **8** (parque) gradeado para crianças; **9** ZOOLOGIA concha interna da lula; **10** cisne-fêmea; **11** [EUA] [cal.] prisão; **12** *pl.* rémiges; ~ *feather* rémige (de ave) Ⓑ *v.tr. (particípios:* -nn-) **1** [form.] escrever; redigir; **2** encurralar, encerrar em curral ou cercado; **3** fechar, meter em recinto fechado ❖ ~ *maker* fabricante de canetas; ~ *name* pseudónimo de escritor; ~ *nib* bico; aparo de caneta; (cartas) ~ *pal* correspondente; ~ *pusher* plumitivo; ~ *rack* descanso para as canetas; ~ *and ink* escrito a tinta; desenhado à pena; ~ *and ink drawing* desenho feito à pena; ~ *of a hammer* pena de martelo; NÁUTICA *to go to the pens* ir aos pontões

◆ **pen in** *v.tr.* fechar; encerrar em curral ou cercado
◆ **pen up** *v.tr.* fechar; encerrar em curral ou cercado
PEN [*abrev. de* International Association of Poets, Playwrights, Editors, Essayists, and Novelists]
penal ['pi:nəl] Ⓐ *adj.* **1** penal; **2** sujeito a pena, punível; **3** (juros, impostos) muito pesado; exorbitante Ⓑ *s.* [coloq.] trabalhos forçados; *to get a* ~ ser condenado a trabalhos forçados ❖ DIREITO ~ *code/laws* código penal; ~ *colony* colónia penal; campo de detenção; ~ *offence* infracção penal; ~ *reform* reforma do sistema penal; ~ *servitude* trabalhos forçados; ~ *sum* multa; ~ *servitude for life* pena perpétua de trabalhos forçados
penalise ['pi:nəlaɪz] *v.tr.* ⇒ **penalize**
penalization [ˌpi:nəlaɪ'zeɪʃən] *s.* **1** penalização; aplicação, imposição duma pena; **2** DESPORTO penalização
penalize ['pi:nəlaɪz] *v.tr.* **1** penalizar; declarar punível por lei, sujeitar a penalidade, impor penalidade; **2** DESPORTO penalizar
penally ['pi:nəlɪ] *adv.* de modo penal
penalty ['penltɪ] *s. (pl.* -ies) **1** DIREITO pena; sanção penal; penalidade; *the death/extreme/ultimate* ~ a pena de morte; **2** DIREITO multa; **3** DESPORTO *penalty*, grande penalidade; (árbitro) *to give a* ~ marcar *penalty*; **4** castigo, punição; **5** represália ❖ DESPORTO ~ *area* grande área; área da grande penalidade; DESPORTO ~ *box* grande área; [EUA] ~ *envelope* sobrescrito próprio dos serviços do Estado; DESPORTO (futebol) ~ *kick* (pontapé de) grande penalidade; *on/under* ~ *of* sob pena de; *to be under* ~ *of death* ser condenado à morte; *to impose penalties* impor sanções; *to pay the* ~ *of* sofrer as consequências de
penance ['penəns] Ⓐ *s.* **1** RELIGIÃO penitência; *the sacrament of* ~ o sacramento da penitência; *to do* ~ *for* cumprir penitência por; **2** arrependimento; **3** [fig.] castigo; *to be a* ~ *to do sth* ser um castigo fazer determinada coisa Ⓑ *v.tr.* **1** penitenciar; **2** punir, castigar
Penates [pe'nɑːteɪs, pe'neɪtiːz] *s.pl.* MITOLOGIA penates
pence [pens] *pl. de* **penny**
penchant ['pɑ̃ːʃɑ̃ː] *s.* queda [**for**, para]; inclinação [**for**, por]; fraco [**for**, por]; *to have a* ~ *for* ter queda para
pencil ['pensl] Ⓐ *s.* **1** lápis; *coloured* ~ lápis de cor; *eyebrow* ~ lápis para as sobrancelhas; *written in* ~ escrito a lápis; *to mark in* ~ */to mark with a* ~ marcar a lápis; **2** [arc.] pincel de pintor; pincelada; *camel-hair* ~ pincel fino de crina de camelo; *hair* ~ pincel fino; *stroke of the* ~ pincelada; *to have a delicate* ~ ter uma pincelada delicada; **3** ÓPTICA feixe luminoso; ~ *of rays* feixe de raios; **4** GEOMETRIA feixe de linhas convergentes Ⓑ *v.tr. (particípios:* -ll-) **1** escrever a lápis; desenhar a lápis; esboçar a lápis; **2** (nome de cavalo) registar no livro de apostas ❖ ~ *box* estojo (de lápis); ~ *case* estojo; porta-lápis; lapiseira; BOTÂNICA ~ *cedar* cedro-das-barbadas; ~ *drawing* desenho a lápis; ~ *eraser* borracha de lápis; ~ *mark* traço a lápis; ~ *sharpener* afiadeira; apara-lápis; VESTUÁRIO ~ *skirt* saia travada; *propelling* ~ lapiseira de minas; CINEMA, TEATRO *tip of the light* ~ lugar sobre o qual incide o foco de luz
◆ **pencil down** *v.tr.* escrever a lápis; desenhar a lápis; esboçar a lápis; *to* ~ *a note* anotar a lápis
◆ **pencil in** *v.tr.* (agenda) marcar provisoriamente; reservar com a possibilidade de sofrer alterações ❖ *to* ~ *one's eyebrows* pintar/ desenhar as sobrancelhas a lápis
pencilled ['pensld] *adj.* **1** escrito ou esboçado a lápis; **2** marcado a lápis
pencilling ['penslɪŋ] *s.* **1** desenho a lápis; **2** traçado a lápis; **3** acção de escrever ou marcar a lápis
PEN Club [*abrev. de* Poets, Plawyrights, Essayists, Editors, and Novelists Club]

pencraft ['penkrɑːft] *s.* **1** aptidão literária; **2** escrita, arte de escrever; **3** caligrafia
pendant ['pendənt] Ⓐ *s.* **1** pingente; **2** berloque; **3** brinco; *ear* ~ brinco; **4** ornato pendente; **5** candeeiro suspenso; *electric* ~ candeeiro eléctrico (suspenso), lustre eléctrico; *gas* ~ candelabro a gás (suspenso); **6** galhardete, flâmula; **7** pendão; *action* ~ pendão de batalha; **8** peça que faz par com outra; *to make a* ~ *to* emparelhar com, fazer par com Ⓑ *adj.* ⇒ **pendent** Ⓑ ❖ NÁUTICA *brace pendants* braçalotes; NÁUTICA *main tackle* ~ coroa de talha grande
pendency ['pendənsɪ] *s.* **1** pendência, demora; **2** DIREITO processo pendente, litispendência
pendent ['pendənt] Ⓐ *s.* ⇒ **pendant** Ⓐ Ⓑ *adj.* **1** pendente, que aguarda solução; DIREITO *a* ~ *lawsuit* um processo pendente; **2** indeciso; **3** pendurado; suspenso; **4** LINGUÍSTICA elíptico; *a* ~ *sentence* uma frase elíptica; **5** anexo
pendentive [pen'dentɪv] *s.* ARQUITECTURA pendículo, pendurão
pending ['pendɪŋ] Ⓐ *adj.* **1** pendente; *a treaty was then* ~ havia então um tratado pendente; **2** que aguarda solução; **3** indeciso Ⓑ *prep.* **1** durante; ~ *these negotiations* durante estas negociações; **2** até; ~ *her return* até ao regresso dela
pendragon [pen'drægən] *s.* antigo príncipe galês ou bretão
pendular ['pendjʊlə] *adj.* pendular ❖ ~ (comboio) ~ *train* pendular
pendulate ['pendjʊleɪt] *v.intr.* **1** mover-se como um pêndulo; **2** pendular; **3** [fig.] hesitar, oscilar, vacilar
penduline ['pendjʊlaɪn] *adj.* **1** (ninho) suspenso, pendente; **2** (ave) que constrói ninhos suspensos
pendulous ['pendjʊləs] *adj.* **1** pendente; descaído; **2** pendular; ~ *motion* movimento pendular; **3** oscilante; **4** hesitante; indeciso
pendulously ['pendjʊləslɪ] *adv.* **1** duma maneira pendente, inclinada; **2** de modo oscilante
pendulum ['pendjʊləm] *s.* **1** pêndulo; **2** balancim ❖ ~ *bob* prumo do pêndulo; ~ *rod* haste do pêndulo; ~ *stick* haste de pêndulo; (bilhar) ~ *stroke* série de carambolas entre duas bolas encaixadas a um canto; *compensation* ~ pêndulo de compensação; *the swing of the* ~ o movimento pendular (de qualquer coisa)
Penelope [pɪ'neləpɪ] *s.antr.* Penélope
peneplain ['pi:nɪpleɪn] *s.* peneplanície
penetrability [ˌpenɪtrə'bɪlɪtɪ] *s.* penetrabilidade
penetrable ['penɪtrəbl] *adj.* penetrável
penetrably ['penɪtrəblɪ] *adv.* de modo penetrável
penetralia [ˌpenɪ'treɪlɪə] *s.pl.* **1** penetrais; **2** ádito; **3** a parte mais recôndita (de edifício, templo, etc.); **4** santuário
penetrate ['penɪtreɪt] *v.tr.,intr.* **1** penetrar; entrar em; *the mist penetrated everything* o nevoeiro penetrava em tudo; **2** introduzir-se em; infiltrar-se em; **3** COMÉRCIO entrar no mercado; **4** atravessar; passar através de; **5** repassar; **6** impregnar; imbuir; **7** afectar; **8** ver, perscrutar; **9** compreender; descobrir
penetrating ['penɪtreɪtɪŋ] *adj.* **1** penetrante, que penetra; **2** perfurante, agudo; ~ *cry* grito agudo; **3** pungente; **4** perspicaz; subtil ❖ ~ *agent* agente infiltrado; ~ *eye* olhar perspicaz; ~ *power* poder de penetração
penetratingly ['penɪtreɪtɪŋlɪ] *adv.* penetrantemente
penetration [ˌpenɪ'treɪʃən] *s.* **1** penetração; **2** perspicácia, agudeza de espírito, discernimento ❖ POLÍTICA *peaceful* ~ penetração pacífica
penetrative ['penɪtrətɪv] *adj.* **1** penetrante; **2** perspicaz, agudo, inteligente; **3** perfurante ❖ ~ *power* potência de penetração
penetratively ['penɪtrətɪvlɪ] *adv.* penetrativamente
penfriend ['penfrend] *s.* [GB] correspondente
penful ['penfʊl] *s.* uma pena cheia, um aparo cheio (de tinta)
penguin ['peŋgwɪn] *s.* **1** ZOOLOGIA pinguim; **2** AERONÁUTICA avião para aprendizagem ❖ ZOOLOGIA ~ *rockery* colónia de pinguins; ZOOLOGIA *king* ~ pinguim-real; [coloq.] *dressed in a* ~ *suit* de smoking
penholder ['penhəʊldə] *s.* porta-penas
penial ['pi:nɪəl] *adj.* ANATOMIA peniano; relativo ao pénis
penicillate ['penɪsɪlɪt] *adj.* penicilado, peniciliforme
penicilliform [ˌpenɪ'sɪlɪfɔːm] *adj.* peniciliforme
penicillin [ˌpenɪ'sɪlɪn] *s.* FARMÁCIA penicilina
peninsula [pɪ'nɪnsjʊlə] *s.* GEOGRAFIA península
peninsular [pɪ'nɪnsjʊlə] *adj.* peninsular ❖ HISTÓRIA *the Peninsular War* a Guerra Peninsular

penis ['pi:nɪs] s. ⟨pl. **penises** ou **penes**⟩ ANATOMIA pénis
penitence ['penɪtəns] s. 1 penitência; 2 arrependimento; 3 pena imposta ao penitente
penitent ['penɪtənt] Ⓐ adj. 1 penitente; que faz penitência; 2 arrependido; contrito; que se arrepende Ⓑ s. 1 penitente, pessoa que faz penitência; 2 pl. penitentes, membros de certas confrarias religiosas ❖ (Bíblia) *the ~ thief* o bom ladrão
penitential [ˌpenɪ'tenʃəl] Ⓐ adj. penitencial Ⓑ s. RELIGIÃO penitencial, ritual das penitências ❖ RELIGIÃO *~ psalms* salmos penitenciais
penitentiary [ˌpenɪ'tenʃərɪ] Ⓐ s. ⟨pl. **-ies**⟩ 1 penitenciária; cadeia; 2 [EUA] reformatório penal; 3 RELIGIÃO penitenciaria, sagrada penitenciaria; 4 RELIGIÃO penitencieiro, cardeal penitenciário Ⓑ adj. 1 penitencial; relativo a penitência; 2 penitenciário ❖ [EUA] *~ offence* crime ou delito punível com prisão em penitenciária; RELIGIÃO *~ priest* sacerdote penitenciário; RELIGIÃO *Chief/Grand/High Penitentiary* Cardeal Penitenciário-Mor
penitently ['penɪtəntlɪ] adv. 1 com um ar arrependido; 2 contritamente
penknife ['pennaɪf] s. canivete
penman ['penmən] s. ⟨pl. **-men**⟩ 1 pessoa que escreve; escritor; 2 escrevente; 3 copista; *a bad ~* um mau copista; 4 calígrafo; *a good/expert ~* um bom calígrafo; *a bad ~* mau calígrafo; 5 autor, escritor
penmanship ['penmənʃɪp] s. caligrafia
Penn. [abrev. de Pennsylvania]
pennant ['penənt] s. galhardete, flâmula
pennate ['penɪt] adj. 1 alado; 2 emplumado; 3 peniforme
penner ['penə] s. pessoa que escreve ou redige
penniform ['penɪfɔ:m] adj. peniforme, com forma de pena
penniless ['penɪləs] adj. 1 sem dinheiro; 2 sem quaisquer recursos
pennill ['penɪl] s. ⟨pl. **-illion**⟩ estrofe improvisada cantada à harpa nas festas de Eisteddfod
Pennine ['penaɪn] adj. GEOGRAFIA penino ❖ *the ~ Chain/Range* a cadeia Penina; os montes Peninos
pennon ['penən] s. 1 flâmula, bandeira comprida e estreita; 2 bandeirola, insígnia de certos regimentos de lanceiros; 3 bandeira comprida, terminada em ponta e usada nalguns navios; 4 pendão
pennoned ['penənd] adj. 1 com flâmula; 2 com galhardete
penn'orth ['peneθ] s. ⇒ **pennyworth**
Pennsylvania [ˌpensɪl'veɪnɪə] s.top. Pensilvânia
Pennsylvanian [ˌpensɪl'veɪnɪən] Ⓐ adj. 1 relativo à Pensilvânia; 2 GEOLOGIA pensilvaniano Ⓑ s. GEOLOGIA Pensilvaniano
penny ['penɪ] s. ⟨pl. **pennies** ou **pence**⟩ 1 moeda de um dinheiro, moeda de um péni (pl. *pennies*); *give me the change in pennies* dê-me o troco em moedas de um dinheiro; 2 (um) dinheiro, (um) péni, a centésima parte de uma Libra (pl. *pence*); *she paid five pence* ela pagou cinco dinheiros; 3 [coloq.] centavo, real; 4 quantia insignificante; 5 importância em dinheiro ❖ *~ bank* caixa económica que aceita depósitos no valor de um dinheiro; *~ dreadful* romance ou folhetim que busca a sensação; *~ father* avarento; *~ piece* moeda de um dinheiro; *~ post* correio com a franquia de um dinheiro; *~ wedding* festa de casamento paga pelos convidados; *pretty ~* bastante dinheiro; uma boa quantia; *Peter's pence* dinheiro de S. Pedro; *a ~ plain and two pence coloured* mais aparência que valor real; *a ~ for your thoughts!* em que estás a pensar?; *a ~ saved is a ~ earned* vintém poupado é vintém ganhado; *he hasn't a ~ to bless himself with/he hasn't a ~ to his name* ele não tem um centavo de seu; ele não tem dinheiro nenhum; [coloq.] *he is a bad ~* ele é fraco traste; *he made a pretty ~ out of that* tirou bom dinheiro disso; ganhou um dinheirão com isso; *in for a penny, in for a pound* coisa começada tem que se acabar custe o que custar; *I haven't got a ~ in my pocket* não tenho um tostão sequer comigo; [coloq.] *in ~ numbers* aos bocadinhos; pouco a pouco; *no ~ no paternoster* sem dinheiro nada se faz; *nobody was a ~ the better* ninguém aproveitou com isso; *nobody was a ~ the worse* ninguém ficou mal por isso; *to look twice at every ~* ser muito poupado; evitar gastar dinheiro; *to neglect the odd pence* não prestar atenção a moedas pequenas; *to turn an honest ~* ganhar a vida honestamente

penny-a-line [ˌpenɪə'laɪn] Ⓐ adj. (escritor, jornalista, obra) ordinário, vulgar, barato, de tostão a linha Ⓑ v.intr. 1 escrever a tostão a linha; 2 escrever duma maneira inferior
penny-a-liner [ˌpenɪə'laɪnə] s. 1 literato ou jornalista inferior; 2 escritor assalariado
pennycress ['penɪkres] s. BOTÂNICA tlaspiácea
penny-farthing ['penɪˌfɑ:ðɪŋ] s. [ant.] (séc. XIX) biciclo
penny-in-the-slot ['penɪɪnðəˌslɒt] adj. (vendas, serviços) automático; que funciona através de introdução de moeda; *~ machine* máquina automática
penny-pinching ['penɪpɪntʃɪŋ] adj. avarento; somítico
pennyroyal [ˌpenɪ'rɔɪəl] s. BOTÂNICA poejo
pennyweight ['penɪweɪt] s. medida de peso correspondente a uma vigésima parte da onça (cerca de grama e meio)
pennywise ['penɪwaɪz] adj. poupado nas pequenas quantias ❖ *~ and pound-foolish* que poupa no pouco e gasta no muito
pennywort ['penɪwɜ:t] s. BOTÂNICA conchelo, concelo, umbigo-de-vénus
pennyworth ['penɪwəθ] s. 1 (valor) um dinheiro, um péni; 2 quantidade pequena; quantidade insignificante ❖ *a ~ of sth* um péni de alguma coisa; *a bad ~* um mau negócio; *a good ~* um bom negócio; *not a ~* nem nada
penological [ˌpi:nə'lɒdʒɪkəl] adj. penológico
penologist [pi:'nɒlədʒɪst] s. penologista, penalista
penology [pi:'nɒlədʒɪ] s. penologia, estudo ou tratado das penalidades
pensile ['pensaɪl] adj. 1 pênsil; 2 suspenso; *~ gardens* jardins suspensos; 3 (ave) que constitui o ninho suspenso
pension[1] ['penʃən] Ⓐ s. 1 reforma, aposentação; 2 pensão; 3 (cientistas, artistas) bolsa; 4 tença[ant]; 5 corpo consultivo de Gray's Inn Ⓑ v.tr. 1 conceder pensão a; dar uma pensão a; pensionar; 2 subsidiar ❖ *~ fund* caixa de pensões; *old age ~* reforma; *retiring ~* vencimento de reforma; subsídio de reforma; *not for a ~* nem por nada; *to apply to be retired on ~* requerer a aposentação; *to be discharged with a ~* ser mandado para a reforma; *to live on a ~* viver duma pensão; *to retire on ~* reformar-se; aposentar-se
➤ **pension off** v.tr. aposentar, reformar, mandar para a aposentação ❖ *to be pensioned off* ser mandado para a reforma
pension[2] ['pɒ̃sjɔ̃] s. (continente europeu) pensão; casa de hóspedes ❖ *to live en ~* viver numa pensão ou hotel
pensionable ['penʃənəbəl] adj. 1 aposentável; com direito a aposentação ou reforma; 2 que obriga ao pagamento duma pensão ❖ *~ of ~ age* ter atingido a idade de aposentação; *a ~ job* um emprego que dá direito a reforma
pensionary ['penʃənərɪ] Ⓐ adj. 1 pensionário; relativo a pensão; 2 aposentado, reformado; 3 assalariado Ⓑ s. ⟨pl. **-ies**⟩ 1 assalariado; 2 pensionista ❖ HISTÓRIA *the Grand Pensionary* primeiro-ministro dos Países Baixos (1619-1694)
pensioner ['penʃənə] s. 1 reformado; *old-age ~* reformado; 2 pensionista, pessoa que recebe uma pensão; *State ~* pensionista do Estado; 3 (Cambridge) estudante que é obrigado a pagar na universidade por não possuir qualquer bolsa nem subsídio; 4 [arc.] assalariado, assoldadado; *to be sb's ~* estar a soldo de alguém
pensive ['pensɪv] adj. 1 pensativo, meditativo, absorto em pensamentos; 2 melancólico, triste
pensively ['pensɪvlɪ] adv. 1 pensativamente, com um ar pensativo; 2 melancolicamente
pensiveness ['pensɪvnɪs] s. 1 ar pensativo; 2 melancolia
penstemon [pen'sti:mən] s. BOTÂNICA variedade de plantas escrofulariáceas decorativas
penstock ['penstɒk] s. 1 comporta; 2 açude, represa, adufa; 3 [EUA] canalização para turbina hidráulica
pent [pent] adj. encerrado, fechado; encurralado; enclausurado ❖ *~ in* encurralado; reprimido; *to be ~ up in a small space* estar encurralado num espaço exíguo
pentachord ['pentəkɔ:d] s. MÚSICA pentacorde
pentacle ['pentəkl] s. pentagrama
pentad ['pentæd] s. 1 grupo de cinco; 2 lustro, período de cinco anos; 3 o número cinco; 4 QUÍMICA elemento pentavalente
pentadactyl [ˌpentə'dæktɪl] adj.,s. pentadáctilo
pentadactyle [ˌpentə'dæktɪl] adj.,s. pentadáctilo

pentagon ['pentəgən, 'pentəgɑːn] s. GEOMETRIA pentágono
pentagonal [pen'tægənəl] adj. pentagonal; ~ *prism/pyramid* prisma/pirâmide pentagonal
pentagram ['pentəgræm] s. pentagrama
pentagrid ['pentəgrɪd] adj. diz-se das válvulas electrónicas com cinco grades
pentagynous [pen'tædʒɪnəs] adj. BOTÂNICA pentagínico, pentagino
pentahedral [,pentə'hiːdrəl] adj. GEOMETRIA pentaédrico
pentahedron [,pentə'hiːdrən] s. GEOMETRIA pentaedro
pentalpha [pen'tælfə] s. pentalfa, pentagrama
pentamerous [pen'tæmərəs] adj. BOTÂNICA, ZOOLOGIA pentâmero
pentameter [pen'tæmɪtə] s. LITERATURA pentâmetro, verso de cinco pés
pentandria [pen'tændrɪə] s. BOTÂNICA pentândria, classe do sistema sexual de Lineu, caracterizado por flores com cinco estames
pentandrous [pen'tændrəs] adj. BOTÂNICA pentandro, pentândrico
pentane ['penteɪn] s. QUÍMICA pentano
pentapetalous [,pentə'petələs] adj. BOTÂNICA pentapétalo
pentarchy ['pentɑːkɪ] s. pentarquia, governo exercido por cinco chefes
pentasulphide [,pentə'sʌlfaɪd] s. QUÍMICA pentassulfureto
pentasyllabic [,pentəsɪ'læbɪk] adj. pentassílabo, pentassilábico
Pentateuch ['pentətjuːk] s. RELIGIÃO (Bíblia) Pentateuco, designação dada ao conjunto dos primeiros cinco livros da Bíblia
pentathlete [pen'tæθliːt] s. DESPORTO atleta do pentatlo
pentathlon [pen'tæθlɒn] s. DESPORTO pentatlo
pentatomic [,pentə'tɒmɪk] adj. QUÍMICA pentatómico, constituído por cinco átomos
pentavalence [pentə'veɪləns] s. QUÍMICA pentavalência
pentavalent [,pentə'veɪlənt] adj. QUÍMICA pentavalente
Pentecost ['pentɪkɒst] s. Pentecoste, Pentecostes
pentecostal [,pentɪ'kɒstəl] adj. pentecostal; relativo ao Pentecostes
Pentelican [pen'telɪkən] adj. pentélico, diz-se do mármore extraído no monte Pentélico, próximo de Atenas
Penthesilea [,penθesɪ'liːə, ,penθesɪ'leɪə] s. MITOLOGIA Pentesileia, filha de Marte e rainha das Amazonas
Pentheus [pen'θiuːs] s. MITOLOGIA Penteu, rei de Tebas, filho de Équion e de Agave
penthouse ['penthaʊs] s. 1 (apartamento no último andar) andar recuado, cobertura*Bras*; 2 alpendre, telheiro; 3 barracão; 4 toldo, marquesa, galeria envidraçada
pentice ['pentɪs] s. [arc.] ⇒ **penthouse**
pentlandite ['pentləndaɪt] s. MINERALOGIA pentlandite
pentode ['pentəʊd] s. ELECTRICIDADE pêntodo, válvula termiónica com cinco elementos
Pentonville ['pentənvɪl] s. nome de estabelecimento prisional londrino
pentoxide [pen'tɒksaɪd] s. QUÍMICA pentóxido ❖ QUÍMICA *nitrogen ~* anidrido azótico
pent-roof ['pentruːf] s. 1 telhado em alpendre; 2 telhado de duas águas
pentstemon [pent'stemən, 'pentstɪmən] s. BOTÂNICA ⇒ **penstemon**
pent-up ['pentʌp] adj. (emoções) reprimido, sufocado ❖ ~ *fury* fúria mal contida
penult [pɪ'nʌlt] Ⓐ adj. penúltimo Ⓑ s. penúltima sílaba
penultimate [pɪ'nʌltɪmɪt] adj.,s. ⇒ **penult**
penumbra [pɪ'nʌmbrə] s. penumbra
penurious [pɪ'njʊərɪəs] adj. 1 pobre; 2 escasso, deficiente; 3 penurioso; 4 estéril, improdutivo; 5 avarento, mesquinho
penuriously [pɪ'njʊərɪəslɪ] adv. 1 pobremente; 2 escassamente, deficientemente; 3 avaramente; 4 mesquinhamente
penuriousness [pɪ'njʊərɪəsnɪs] s. 1 avareza, sovinice; 2 mesquinhez
penury ['penjʊrɪ] s. 1 penúria; pobreza, miséria, indigência; *to live in* ~ viver na penúria; 2 escassez, falta, carência
peon ['piːən] s. 1 [Índia] mensageiro, ordenança, serviçal; 2 (na América espanhola) jornaleiro; 3 (no México) devedor preso ao credor até liquidar a dívida; 4 peão, soldado que combate a pé

peonage ['piːənɪdʒ] s. 1 situação, emprego ou condição de peão; 2 peonagem; 3 situação ou condição de serviçal, jornaleiro ou devedor preso ao credor até liquidação da dívida
peony ['pɪənɪ] s. (*pl.* **-ies**) BOTÂNICA peónia
people ['piːpl] Ⓐ s.pl. 1 pessoas, seres humanos; 2 gente; 3 povo; 4 empregados; subordinados; *an employer and his* ~ um patrão e os seus empregados; *an officer and his* ~ um oficial e os seus soldados; 5 [coloq.] parentes próximos, família; *his wife's* ~ os parentes da mulher; *how are all your people?* como vai a tua gente?, como passam os teus? Ⓑ s. (*pl.* **peoples**) povo, nação, raça, tribo; *English-speaking peoples* povos de língua inglesa; *the peoples of Europe* os povos europeus, as nações europeias; *the Portuguese* ~ os Portugueses, o povo português Ⓒ v.tr. 1 povoar; 2 encher de gente; 3 encher [**with**, de]; *to* ~ *a pasture land with cattle* encher de gado uma região de pastagens ❖ *many* ~ muita gente; *most* ~ a maior parte das pessoas; *young* ~ gente nova; *a great many* ~ muita gente; *a man of the* ~ um homem que veio do povo; POLÍTICA *people's front* a frente popular; *the common* ~ o povo; *the* ~ *at large* o grande público; *if you do so, what will* ~ *say?* se fizeres isso, que dirão as outras pessoas?; POLÍTICA *to appeal to the* ~ apelar para o eleitorado; *we of all* ~ precisamente nós; justamente nós
peopled ['piːpld] adj. povoado; habitado ❖ *densely ~/thickly* ~ densamente povoado; com grande densidade de população; *thinly* ~ pouco povoado; com fraca densidade de população
pep [pep] Ⓐ s. [EUA] [coloq.] energia, vigor, dinamismo; *to have* ~ ter energia, ter dinamismo Ⓑ v.tr. (*particípios:* **-pp-**) [EUA] [coloq.] transmitir energia, vigor, dinamismo a; animar; dar animação a ❖ ~ *talk* conversa destinada a animar e a encorajar; *the letter took all* ~ *out of him* a carta deixou-o totalmente desanimado, incapaz de fazer fosse o que fosse; *to put some* ~ *into sb* animar uma pessoa; transmitir energia a uma pessoa
◆ **pep up** Ⓐ v.tr. 1 [coloq.] (coisa) melhorar, dar vida a; 2 (pessoa) animar, encorajar Ⓑ v.intr. 1 (negócio, etc.) melhorar; recuperar; entrar na retoma; 2 (pessoa) ficar mais animado
PEP [GB] [abrev. de Personal Equity Plan]
peperino [,pepə'riːnəʊ] s. GEOLOGIA peperino, tufo terroso ou granuloso com cristais de pixorena, leucite, mica etc.
peplis ['peplɪs] s. BOTÂNICA péplida
peplum ['pepləm] s. (*pl.* **-s** ou **-a**) peplo, camisa dórica, espécie de túnica sem mangas, apertada sobre os ombros, usada pelas antigas mulheres gregas
pepper ['pepə] Ⓐ s. 1 (tempero) pimenta; *beaten* ~ pimenta pisada; *black* ~ pimenta preta; *ground* ~ pimenta moída; *white* ~ pimenta branca; *whole* ~ pimenta em grão; 2 (legume) pimento; *red/green* ~ pimento vermelho/verde; 3 (planta) pimenteiro; 4 [fig.] qualquer coisa picante, cáustica ou mordaz Ⓑ v.tr. 1 CULINÁRIA temperar com pimenta, deitar pimenta em; 2 [fig.] (tornar mais interessante) apimentar; 3 [fig.] salpicar [**with**, com]; 4 [fig.] crivar de balas, metralhar; *to* ~ *sb with shot* crivar alguém de balas; 5 [fig.] dar uma sova em, dar uma tareia em, castigar severamente ❖ (árvore) ~ *bush* pimenteira; (recipiente) ~ *caster* pimenteiro; ~ *grass* pilulária; ~ *mill* moinho para moer pimenta; (árvore) ~ *plant* pimenteira; ~ *pot* pimenteiro; recipiente para guardar pimenta; guisado de carne apimentado; ~ *tree* aroeira; pimenteiro-bastardo; almesigueira; *to take the* ~ *in the nose* irritar-se; encolerizar-se
◆ **pepper away** v.tr. correr à pancada; *he peppered him away* correu-o à pancada
pepper-and-salt ['pepərən,sɒlt] Ⓐ adj. 1 sarapintado; 2 (cabelo) grisalho Ⓑ s. (tecido) mescla a preto-e-branco
pepperbox ['pepəbɒks] s. 1 (recipiente) pimenteiro; 2 (séc. XVIII) pistola; 3 ARQUITECTURA cúpula
peppercorn ['pepəkɔːn] s. 1 pimenta preta em grão, grão de pimenta; 2 insignificância, bagatela
pepperiness ['pepərɪnɪs] s. 1 paladar ou gosto apimentado, sabor a pimenta; 2 [fig.] mordacidade; 3 [fig.] irritabilidade, irascibilidade
peppermint ['pepəmɪnt] s. 1 hortelã-pimenta; 2 pastilha de hortelã
pepperoni [,pepə'rəʊnɪ] s. CULINÁRIA salsichão

peppershaker ['pepəʃeɪkə] s. [EUA] pimenteiro
pepper-spray ['pepəspreɪ] s. gás pimenta
pepperwort ['pepəwɜːt] s. BOTÂNICA variedade de mastruço
peppery ['pepərɪ] adj. 1 apimentado, picante, semelhante a pimenta; 2 [fig.] mordaz, acutilante; 3 [fig.] irascível, irritável, exaltado
peppy ['pepɪ] adj. (comp. -ier, superl. -iest) [EUA] [coloq.] enérgico, dinâmico, animado
pepsin ['pepsɪn] s. BIOQUÍMICA pepsina
peptic ['peptɪk] Ⓐ adj. péptico; gástrico Ⓑ s. pl. [joc.] órgãos digestivos ❖ BIOLOGIA ~ *glands* glândulas gástricas ou estomacais; MEDICINA ~ *ulcer* úlcera gástrica
peptogenic [,peptə'dʒenɪk] adj. MEDICINA peptogénico, peptogénio, peptógeno
peptone ['peptəʊn] s. peptona, grupo de substâncias albuminóides resultantes da acção da pepsina sobre as proteínas
peptonization [,peptənaɪ'zeɪʃən] s. peptonização
peptonize ['peptənaɪz] v.tr. peptonizar
per [pɜː] prep. 1 por; 2 através de; por meio de; 3 devido à acção de; 4 COMÉRCIO conforme; consoante; de acordo com ❖ COMÉRCIO ~ *account rendered* de acordo com as contas prestadas; ~ *annum* ao ano; anualmente; ~ *bearer* pelo portador; ~ *capita* per capita; por pessoa; ~ *cent* por cento; ~ *Mr Jones* enviado pelo sr. Jones; ~ *person* por pessoa; ~ *post* pelo correio; DIREITO ~ *procurationem* por procuração; ~ *saltum* de repente; sem estados intermediários; ~ *se* em si mesmo; intrinsecamente; ~ *ship* por via marítima; ~ *week* por semana; *as* ~ *invoice* conforme factura; segundo factura; *as* ~ *sample* conforme amostra; [joc.] *as* ~ *usual* como de costume; como habitualmente; *sent* ~ *carrier* enviado por mensageiro; *seventy miles* ~ *hour* setenta milhas por hora
peradventure [,pərəd'ventʃə] Ⓐ s. 1 incerteza, dúvida; *beyond (all)* ~ sem qualquer dúvida, sem a menor sombra de dúvida; 2 possibilidade Ⓑ adv. 1 [arc.] talvez, acaso, quiçá; 2 [arc.] por acaso; porventura; *if peradventure...* se por acaso...
perambulate [pə'ræmbjʊleɪt] v.tr.,intr. 1 percorrer, atravessar, transitar por; 2 inspeccionar, percorrer em viagem de inspecção; 3 [arc.] determinar os limites de determinado território (paróquia, etc.), percorrendo-os solenemente; 4 andar dum lado para o outro, deambular, perambular; 5 passear
perambulating [pə'ræmbjʊleɪtɪŋ] adj. ambulante
perambulation [pə,ræmbjʊ'leɪʃən] s. 1 viagem de inspecção, visita de inspecção; 2 determinação dos limites de determinado território, percorrendo-os solenemente; 3 passeio; 4 deambulação, perambulação
perambulator [pə'ræmbjʊleɪtə] s. 1 [ant.] carrinho de criança, com três ou quatro rodas; 2 hodómetro
percale [pɜː'keɪl] s. (tecido fino de algodão) percal
percaline ['pɜːkəlɪn] s. (tecido forte de algodão) percalina (muito usado em encadernações)
perceivable [pə'siːvəbəl] adj. 1 perceptível; 2 sensível; 3 apreensível pelos sentidos, especialmente pela vista; 4 inteligível, compreensível
perceivably [pə'siːvəblɪ] adv. 1 perceptivelmente; 2 sensivelmente
perceive [pə'siːv] v.tr. 1 perceber, compreender, entender; 2 notar, observar, distinguir, captar; 3 apreender pelos sentidos, especialmente pela vista
perceiving [pə'siːvɪŋ] adj. 1 que percebe, que apreende; 2 perceptível
percent [pɜː'sent] Ⓐ adj. por cento Ⓑ s. percentagem ❖ *a hundred* ~ a 100%; completamente
percentage [pə'sentɪdʒ] s. 1 percentagem; 2 proporção; 3 teor ❖ ~ *by volume* percentagem em volume; ~ *by weight* percentagem em peso; ~ *of iron* teor de ferro; ~ *of moisture* percentagem de humidade; ~ *of profit* percentagem de lucros; ~ *of water* percentagem de água; *to allow a* ~ *on* dar uma percentagem sobre
percentile [pə'sentaɪl] s. (estatística) percentil
percept ['pɜːsept] s. 1 FILOSOFIA objecto da percepção, objecto percebido; 2 imagem mental da percepção
perceptibility [pə,septɪ'bɪlɪtɪ] s. perceptibilidade
perceptible [pə'septɪbəl] adj. 1 perceptível; ~ *to the ear* perceptível ao ouvido; 2 cognoscível

perceptibly [pə'septɪblɪ] adv. perceptivelmente
perception [pə'sepʃən] s. 1 percepção; sentido(s); *visual* ~ o sentido da visão; *organs of* ~ órgãos dos sentidos; 2 (opinião) percepção, perspectiva; entendimento, impressões; 3 perspicácia; discernimento; *a person of extraordinary* ~ uma pessoa de grande perspicácia; 4 DIREITO (rendas, impostos, etc.) recebimento; colecta ❖ *extrasensory* ~ percepção extra-sensorial
perceptive [pə'septɪv] adj. 1 perceptivo; 2 perspicaz; penetrante; arguto; com discernimento ❖ ~ *faculties* sentidos; faculdades de percepção
perceptiveness [pə'septɪvnɪs] s. ⇒ **perceptivity**
perceptivity [pə,sep'tɪvɪtɪ] s. 1 perceptividade, perceptibilidade; 2 perspicácia
perceptual [pə'septʃʊəl] adj. perceptual; de percepção ❖ ~ *distortion* perturbações de percepção
perch [pɜːtʃ] Ⓐ s. (pl. -es) 1 ZOOLOGIA (peixe) perca; 2 poleiro; 3 [coloq.] posição elevada, situação elevada; 4 (medida de 5 ½ jardas) cerca de 5 metros Ⓑ v.intr. 1 empoleirar-se; pousar em poleiro ou ramo; 2 encarrapitar-se; 3 elevar-se; içar-se Ⓒ v.tr. colocar em lugar elevado ❖ *come off your perch!* não te armes em importante!; [coloq.] (morte) *to hop the* ~ bater as botas; [coloq.] *to knock sb off his* ~ deitar alguém abaixo do poleiro, fazer alguém descer do pedestal; (ave) *to take its* ~ empoleirar-se; *to* ~ *on a stool* pôr-se em cima dum banco; *town perched on a hill* cidade levantada sobre um monte
perchance [pə'tʃɑːns] adv. 1 [arc.] por acaso; 2 talvez, possivelmente
percher ['pɜːtʃə] s. pássaro que se empoleira
perchlorate [pɜː'klɔːrɪt] s. QUÍMICA perclorato ❖ QUÍMICA ~ *of ammonium* perclorato de amónio
perchloric [pɜː'klɔːrɪk] adj. QUÍMICA perclórico; ~ *acid* ácido perclórico
perchloride [pɜː'klɔːraɪd] s. QUÍMICA percloreto ❖ QUÍMICA ~ *of tin* percloreto de estanho
percipience [pɜː'sɪpɪəns] s. percepção, conhecimento, consciência
percipient [pɜː'sɪpɪənt] Ⓐ adj. 1 perceptivo, que percebe; 2 consciente Ⓑ s. 1 pessoa que percebe; 2 indivíduo dotado de faculdades telepáticas
percolate ['pɜːkəleɪt] v.tr.,intr. 1 filtrar; coar; *to* ~ *the coffee* coar o café; 2 infiltrar-se [**through**, em]; penetrar [**through**, em]; *water percolates through sand* a água infiltra-se na areia; 3 (notícia, novidade) chegar, circular; 4 fazer café
percolating ['pɜːkəleɪtɪŋ] adj. que se infiltra ❖ ~ *water* água de infiltração
percolation [,pɜːkə'leɪʃən] s. 1 infiltração; 2 filtração; 3 percolação
percolator ['pɜːkəleɪtə] s. cafeteira; *electric* ~ cafeteira eléctrica ❖ ~ *bag* saco do coador; *a coffee* ~ máquina de fazer café
percuss [pə'kʌs] v.tr. MEDICINA examinar por meio de percussão, estabelecer um diagnóstico por meio dos caracteres do som produzido ao bater levemente no exterior
percussion [pə'kʌʃən] s. percussão ❖ ~ *bullet* bala explosiva; ~ *gun* arma de percussão; MÚSICA ~ *instrument* instrumento de percussão; MÚSICA ~ *player* percussionista; ~ *powder* pólvora de fulminante; ~ *power* potência de percussão
percussionist [pə'kʌʃənɪst] s. MÚSICA percussionista
percussive [pə'kʌsɪv] adj. 1 de percussão; 2 percuciente ❖ ~ *force* força de percussão
percutaneous [,pɜːkju:'teɪnɪəs] adj. subcutâneo, hipodérmico
percutient [pə'kju:ʃənt] adj. percuciente
perdition [pə'dɪʃən] s. 1 perdição, danação eterna, condenação eterna; penas eternas; 2 [fig.] ruína, perda ❖ *go to perdition!* vai para o diabo!
perdu ['pɜːdju:] adj. MILITAR emboscado; oculto; infiltrado; *to lie* ~ estar de emboscada; estar oculto em posto avançado
perdue ['pɜːdju:] adj. ⇒ **perdu**
perdurability [,pədjʊərə'bɪlɪtɪ] s. 1 [arc.] perdurabilidade; 2 [arc.] duração
perdurable [pə'djʊərəbəl] adj. 1 [arc.] perdurável; 2 [arc.] durável; 3 [arc.] permanente; 4 [arc.] eterno
perdurably [pə'djʊərəblɪ] adv. [arc.] perduravelmente

peregrin ['perɪgrɪn] *adj.,s.* ⇒ **peregrine**
peregrinate ['perɪgrɪneɪt] *v.intr.* [lit.] viajar, andar de terra em terra
peregrination [,perɪgrɪ'neɪʃən] *s.* [lit.] viagem; peregrinação
peregrinator ['perɪgrɪneɪtə] *s.* [lit.] viajante, peregrino
peregrine ['perɪgrɪn] *adj.,s.* 1 ZOOLOGIA falcão-real; ~ *falcon* falcão-real; 2 [arc.] estranho, de fora; estrangeiro; peregrino
peremptorily [pə'remptərɪlɪ] *adv.* peremptoriamente
peremptoriness [pə'remptərɪnɪs] *s.* 1 aspecto, tom ou carácter peremptório; 2 ar ou aspecto dogmático, intransigente
peremptory [pə'remptərɪ] *adj.* 1 peremptório; 2 terminante; decisivo; 3 autoritário, intransigente, imperioso, ditatorial ❖ DIREITO ~ *exception of jurymen* recusa dos jurados; DIREITO ~ *writ* mandado legal para comparência em pessoa
perennial [pə'renɪəl] Ⓐ *adj.* 1 perene, de longa duração; 2 perene, perpétuo; [poét.] ~ *spring* primavera eterna; 3 (problema) crónico; eterno; 4 BOTÂNICA perene; vivaz Ⓑ *s.* planta vivaz; planta perene
perenniality [pə,renɪ'ælɪtɪ] *s.* perenidade, perpetuidade
perennially [pə'renɪəlɪ] *adv.* 1 perenemente; 2 perpetuamente
perennibranch [pə'renɪbræŋk] *adj.,s.* ZOOLOGIA perenibrânquio
perennibranchiata [,pərenɪbræŋkɪ'ɑːtə] *s.pl.* ZOOLOGIA perenibrânquios
perennibranchiate [,perenɪ'bræŋkɪɪt] *adj.,s.* ⇒ **perennibranch**
perfect¹ ['pɜːfɪkt] Ⓐ *adj.* 1 perfeito; *a ~ circle* um círculo perfeito; ~ *balance* equilíbrio perfeito; 2 completo, autêntico; absoluto; acabado; consumado; *to be a ~ boor* ser um alarve completo; *to be a ~ fool* ser um completo idiota; *that is ~ nonsense* isso é um autêntico disparate; *they waited in ~ silence* esperaram em silêncio absoluto; 3 impecável; 4 LINGUÍSTICA perfeito; *future ~* futuro anterior; *past ~ tense* pretérito mais-que-perfeito indefinido; ~ *participle* particípio perfeito; *present ~ tense* pretérito perfeito indefinido Ⓑ *s.* LINGUÍSTICA perfeito, tempo perfeito; *the verb is in the ~* o verbo está no perfeito ❖ MÚSICA ~ *concord* acorde perfeito; BOTÂNICA ~ *flower* flor completa; MÚSICA ~ *fourth* quarta perfeita; ~ *neutralization* neutralização perfeita; ~ *stability* estabilidade perfeita; *practice makes ~* a perfeição nasce da prática; pratica e serás mestre; *to have sth ~* saber uma coisa muito bem
perfect² [pə'fekt] *v.tr.* 1 aperfeiçoar, tornar perfeito; 2 completar, rematar ❖ *to ~ oneself in* aperfeiçoar-se em
perfecter [pɜː'fektə] *s.* 1 aperfeiçoador, rematador; 2 aparelho destinado a rematar ou aperfeiçoar um trabalho
perfectibility [,pəfektɪ'bɪlɪtɪ] *s.* perfectibilidade
perfectible [pə'fektɪbəl] *adj.* perfectível, aperfeiçoável
perfecting [pə'fektɪŋ] *s.* 1 aperfeiçoamento; 2 acabamento; 3 TIPOGRAFIA prova de retiração
perfection [pə'fekʃən] *s.* 1 perfeição; 2 primor, excelência, requinte; 3 perícia, mestria; 4 pleno desenvolvimento, maturidade; 5 aperfeiçoamento ❖ ~ *of detail* acabamento perfeito; *the pink of ~* o cúmulo da perfeição; *to attain ~* atingir a perfeição; *to be ~ itself* ser uma encarnação da perfeição; *to bring to ~* rematar; concluir; tornar perfeito
perfectionism [pə'fekʃənɪzəm] *s.* perfeccionismo
perfectionist [pə'fekʃənɪst] *adj.,s.* perfeccionista
perfective [pə'fektɪv] Ⓐ *adj.* perfectivo, que aperfeiçoa Ⓑ *adj.,s.* LINGUÍSTICA (aspecto verbal) perfectivo
perfectly ['pɜːfɪktlɪ] *adv.* 1 perfeitamente; com perfeição; 2 perfeitamente; completamente; absolutamente ❖ *he knows ~ well that...* ele sabe muitíssimo bem que...; ~ *understood* entendidíssimo
perfervid [pɜː'fɜːvɪd] *adj.* 1 exaltado, fogoso, apaixonado; 2 ardente, fervoroso
perfervidly [pɜː'fɜːvɪdlɪ] *adv.* 1 exaltadamente; 2 apaixonadamente; 3 ardentemente
perfidious [pə'fɪdɪəs] *adj.* 1 [lit.] pérfido; 2 [lit.] traiçoeiro; desleal; insidioso ❖ LITERATURA ~ *Albion* a pérfida Albion
perfidiously [pə'fɪdɪəslɪ] *adv.* 1 perfidamente; 2 traiçoeiramente; 3 deslealmente
perfidiousness [pə'fɪdɪəsnɪs] *s.* ⇒ **perfidy**
perfidy ['pɜːfɪdɪ] *s.* (*pl.* **-ies**) 1 [lit.] perfídia; 2 [lit.] falsidade; deslealdade; traição ❖ *a piece of ~* um acto de perfídia
perfoliate [pə'fəʊlɪɪt] *adj.* BOTÂNICA perfolhado

perforate ['pɜːfəreɪt] *v.tr.,intr.* 1 perfurar, furar; 2 penetrar [**into/through**, em]; 3 (papel) picotar
perforated ['pɜːfəreɪtɪd] *adj.* 1 perfurado; furado; 2 picotado ❖ ~ *brick* tijolo furado; ~ *stamps* selos picotados; *tear along the ~ line* destacar pelo picotado
perforating ['pɜːfəreɪtɪŋ] Ⓐ *adj.* perfurante Ⓑ *s.* perfuração ❖ ~ *machine* máquina de perfurar; máquina de picotar
perforation [,pɜːfə'reɪʃən] *s.* 1 perfuração; 2 furo; orifício; 3 (selos, cheques, talões) picote, recorte dentado ❖ ~ *board* molde de perfuração
perforative ['pɜːfərətɪv] *adj.* 1 perfurativo; 2 perfurante
perforator ['pɜːfəreɪtə] *s.* 1 perfurador; 2 máquina de perfurar, máquina perfuradora; 3 MEDICINA trépano
perforce [pə'fɔːs] Ⓐ *adv.* [form.] necessariamente; de necessidade Ⓑ *s.* necessidade ❖ *by/of ~* forçosamente
perform [pə'fɔːm] *v.tr.,intr.* 1 realizar; levar a cabo; *to ~ a task* realizar uma tarefa; 2 fazer; efectuar; executar; desempenhar; *to ~ the duties of an office* desempenhar as funções dum cargo; 3 TEATRO interpretar; representar; actuar; 4 cumprir; *to ~ an obligation* cumprir uma obrigação; 5 recitar; 6 MÚSICA tocar, cantar; actuar; 7 (animais amestrados) fazer habilidades; 8 (máquinas) funcionar ❖ TEATRO *to ~ a play* levar uma peça à cena; TEATRO *to ~ in a play* actuar numa peça; TEATRO *to ~ the part of* desempenhar o papel de; TEATRO *the play performs well* a peça presta-se à representação
performable [pə'fɔːməbəl] *adj.* 1 realizável, que pode fazer-se, exequível; 2 TEATRO representável
performance [pə'fɔːməns] *s.* 1 desempenho; 2 realização; coisa realizada; 3 execução; exercício; cumprimento; *in the ~ of duty* no exercício das suas funções; *the ~ of one's duties* o cumprimento das nossas obrigações; 4 TEATRO representação; actuação; 5 MÚSICA concerto; 6 TEATRO, CINEMA sessão; *afternoon ~* sessão da tarde; *evening ~* sessão da noite, representação à noite; CINEMA *continuous ~* sessão contínua; 7 espectáculo; récita; gala; *charity ~* gala de caridade; *conjuring ~* espectáculo de prestidigitação; *farewell ~* récita de despedida; 8 proeza, façanha; ~ *of horsemanship* proeza de equitação; *military performances* façanhas militares; 9 LINGUÍSTICA performance; 10 (aluno) aproveitamento; desempenho; 11 (máquinas) rendimento, funcionamento; *best ~* rendimento máximo; 12 ECONOMIA resultados ❖ ~ *arts* artes performativas; ~ *curve* curva de rendimento; ~ *drugs* doping; ~ *pay* bónus de desempenho; TEATRO ~ *rights* direitos de representação; MÚSICA ~ *rights* direitos de execução; TEATRO *first ~* estreia; TEATRO *the ~ of a character* o desempenho dum papel
performative [pə'fɔːmətɪv] *adj.* LINGUÍSTICA (verbo) performativo
performer [pə'fɔːmə] *s.* 1 artista; 2 actor; 3 intérprete; executante
performing [pə'fɔːmɪŋ] Ⓐ *adj.* 1 TEATRO, CINEMA que representa; 2 (animal) amestrado, que faz habilidades; ~ *monkeys* macacos amestrados Ⓑ *s.* 1 realização; execução; 2 TEATRO representação ❖ ~ *arts* artes de palco; ~ *rights* direitos de representação
perfume¹ ['pɜːfjuːm, pə'fjuːm] *v.tr.* 1 perfumar, deitar perfume em; 2 aromatizar
perfume² [pə'fjuːm] *s.* 1 perfume; 2 aroma; odor; fragrância ❖ ~ *sprayer* pulverizador de perfume; *a bottle of ~* um frasco de perfume
perfumeless ['pɜːfjuːmləs] *adj.* sem perfume, desprovido de perfume
perfumer [pə'fjuːmə] *s.* 1 perfumista; 2 vendedor ou fabricante de perfumes
perfumery [pə'fjuːmərɪ] *s.* perfumaria
perfunctorily [pə'fʌŋktərɪlɪ] *adv.* superficialmente, negligentemente
perfunctoriness [pə'fʌŋktərɪnɪs] *s.* 1 descuido, falta de cuidado; 2 negligência
perfunctory [pə'fʌŋktərɪ] *adj.* 1 mecânico, automático; 2 rotineiro, de rotina; 3 superficial, perfunctório; *a ~ inspection* um exame superficial; 4 descuidado, negligente ❖ *in a ~ manner* por mera formalidade
perfuse [pə'fjuːz] *v.tr.* 1 borrifar [**with**, com/de]; aspergir [**with**, com/de]; *to ~ with water* borrifar com água; 2 inundar [**with**, com/de]; encher [**with**, com/de]; impregnar [**with**, com/de];

perfusion

3 filtrar [**through**, através de]; *to ~ sth through sth* filtrar algo através de alguma coisa ❖ [lit.] *cheeks perfused with red* faces todas coradas
perfusion [pəˈfjuːʒən] *s.* 1 aspersão, aspergimento; 2 perfusão
pergameneous [ˌpɜːɡəˈmiːniəs] *adj.* pergamináceo
Pergamum [ˈpɜːɡəməm] *s.top.* Pérgamo
pergola [ˈpɜːɡələ] *s.* 1 pérgula; 2 terraço coberto; 3 caramanchão em jardim que serve de suporte a plantas trepadeiras
perhaps [pəˈhæps, præps] *adv.* 1 talvez; 2 possivelmente; pode ser ❖ *~ not* talvez não; *~ so* talvez seja assim; *~ it's true* é possível que seja verdade; *~ you would like to talk to him* talvez queira falar com ele
peri [ˈpɪəri] *s.* 1 MITOLOGIA peri, génio fabuloso masculino ou feminino entre os Orientais; 2 fada; 3 génio bom ou mau; 4 ser gracioso ou belo
Periander [ˌperiˈændə] *s.antr.* Periandro
perianth [ˈperiænθ] *s.* BOTÂNICA perianto
periapt [ˈperiæpt] *s.* periapto, amuleto, talismã usado ao pescoço para preservar de certos males
periblast [ˈperiblæst] *s.* BIOLOGIA periblasto
peribolos [peˈribələs] *s.* ARQUITECTURA períbolo, espaço entre um edifício e o muro que o circunda
pericardial [ˌperiˈkɑːdiəl] *adj.* pericárdico
pericarditis [ˌperikɑːˈdaɪtɪs] *s.* MEDICINA pericardite
pericardium [ˌperiˈkɑːdiəm] *s.* pericárdio
pericarp [ˈperikɑːp] *s.* BOTÂNICA pericárpio, pericarpo
pericarpial [ˌperiˈkɑːpiəl] *adj.* BOTÂNICA pericarpial, pericárpico
perichondritis [ˌperikɒnˈdraɪtɪs] *s.* MEDICINA pericondrite
perichondrium [ˌperiˈkɒndriəm] *s.* ANATOMIA pericôndrio, pericondro, bainha conjuntiva que envolve as cartilagens
periclase [ˈperikleɪs] *s.* 1 MINERALOGIA períclase; 2 periclasite
periclasite [periˈkleɪsaɪt] *s.* MINERALOGIA periclasite, períclase
Pericles [ˈperikliːz] *s.antr.* Péricles
pericline [ˈperiklaɪn] *s.* MINERALOGIA periclina
pericranium [ˌperiˈkreɪniəm] *s.* ANATOMIA pericrânio
periderm [ˈperidɜːm] *s.* BOTÂNICA periderme
peridot [ˈperidɒt] *s.* MINERALOGIA peridoto
perigee [ˈperidʒiː] *s.* 1 ASTRONOMIA perigeu; *to be in ~* estar no perigeu; 2 [fig.] auge; apogeu
perigone [ˈperiɡəʊn] *s.* BOTÂNICA perigónio
perigynous [peˈrɪdʒɪnəs] *adj.* BOTÂNICA perígino, periginico
perihelion [ˌperiˈhiːliən] *s.* ASTRONOMIA periélio, ponto mais próximo do Sol na órbita dum planeta; *to be in ~* estar em periélio
peril [ˈperɪl] Ⓐ *s.* perigo; risco; *in ~ of one's life* em perigo de vida; *to be in great ~* estar numa situação muito perigosa Ⓑ *v.tr.* (particípios -ll-) 1 pôr em perigo; expor ao perigo; 2 pôr em risco ❖ *keep off at your ~* afasta-te, senão corres perigo; se não te afastares a responsabilidade é tua; *to do sth at one's (own) ~* fazer algo por sua própria conta e risco
perilous [ˈperɪləs] *adj.* 1 perigoso; 2 arriscado
perilously [ˈperɪləsli] *adv.* 1 perigosamente; 2 arriscadamente
perilousness [ˈperɪləsnɪs] *s.* 1 perigo; risco; 2 perigosidade, situação perigosa
perimeter [pəˈrɪmɪtə] *s.* 1 GEOMETRIA perímetro; 2 ÓPTICA perímetro, campímetro ❖ *~ fence* perímetro fechado; [EUA] *~ track* pista de cimento em torno de aeródromo
perimetric [ˌperiˈmetrɪk] *adj.* perimétrico
perimorph [ˈperɪmɔːf] *s.* cristal ou minério que, no seu interior, contém outro de natureza diferente
perimorphic [ˌperiˈmɔːfɪk] *adj.* perimórfico
perinatal [ˌperiˈneɪtəl] *adj.* perinatal; *~ period* período perinatal
perineal [ˌperiˈniːəl] *adj.* ANATOMIA perineal; relativo ao períneo ou perineu
perineum [ˌperiˈniːəm] *s.* ANATOMIA períneo, perineu
period [ˈpɪəriəd] *s.* 1 período; GEOLOGIA *glacial ~* período glaciário; *for a ~ of* por um período de; 2 época; *the ~ of the French revolution* a época da Revolução Francesa; *that is typical of the ~* isso é característico da época; 3 espaço de tempo; 4 tempo, era; 5 idade; 6 ciclo, fase, revolução, circuito, *~ of planet's revolution* ciclo de revolução do planeta; *periods of a disease* fases duma doença; 7 (escola) período lectivo; 8 LINGUÍSTICA ponto final; 9 conclusão, termo, fim; *to put a ~ to* pôr termo a, pôr ponto final em; 10 (menstruação) período; 11 *pl.* frases retóricas, linguagem retórica; *he spoke in periods* ele falou em frases sonoras ❖ *~ furniture* mobília de determinada época; mobília de estilo; LITERATURA *~ novel* romance de costumes; MECÂNICA *~ of admission* tempo de admissão; MECÂNICA *~ of compression* tempo de compressão; MECÂNICA *~ of expansion* tempo de expansão; MEDICINA *~ of incubation* período de incubação; *~ of rest* intervalo de repouso; *within the agreed ~* dentro do prazo combinado
periodate [pəˈraɪədeɪt] *s.* QUÍMICA periodato
periodic [ˌpɪəriˈɒdɪk] *adj.* 1 periódico; em intervalos regulares; 2 intermitente; 3 LINGUÍSTICA, MATEMÁTICA periódico; 4 retórico; empolado; *~ style* estilo empolado, estilo retórico ❖ QUÍMICA *~ acid* ácido periódico; ELECTRICIDADE *~ current* corrente intermitente; MATEMÁTICA *~ function* função periódica; *~ motion* movimento periódico; QUÍMICA *~ table* tabela periódica
periodical [ˌpɪəriˈɒdɪkəl] Ⓐ *adj.* 1 periódico; 2 intermitente Ⓑ *s.* (revista, jornal) publicação periódica ❖ *~ survey* vistoria periódica
periodicalism [ˌpɪəriˈɒdɪkəlɪzəm] *s.* periodismo
periodically [ˌpɪəriˈɒdɪkəli] *adv.* periodicamente
periodicity [ˌpɪəriəˈdɪsɪti] *s.* (*pl.* -ies) periodicidade
periosteal [ˌperiˈɒstiəl] *adj.* periostal, periosteal, perióstico
periosteum [ˌperiˈɒstiəm] *s.* ANATOMIA perióstio, membrana que reveste os ossos
periostitis [ˌperiɒsˈtaɪtɪs] *s.* MEDICINA periostite, periosteíte
periostosis [ˌperiɒsˈtəʊsɪs] *s.* MEDICINA periostose, periosteose
peripatetic [ˌperipəˈtetɪk] Ⓐ *adj.* 1 FILOSOFIA peripatético; relativo ao peripatetismo; aristotélico; 2 ambulante, viajante, que anda de lugar para lugar para exercer o seu negócio Ⓑ *s.* 1 FILOSOFIA peripatético; 2 [joc.] vendedor ambulante
peripatetically [ˌperipəˈtetɪkəli] *adv.* peripateticamente
peripateticism [ˌperipəˈtetɪsɪzəm] *s.* peripatetismo
peripeteia [ˌperipəˈtiːə, ˌperipəˈtaɪə] *s.* peripécia, mudança súbita de forma na vida ou em obra dramática
peripetia [ˌperipəˈtiːə] *s.* ⇒ peripeteia
peripheral [pəˈrɪfərəl] Ⓐ *adj.* 1 periférico; 2 secundário; insignificante; menor; *to be ~ to sth* ser secundário em relação a algo Ⓑ *s.* INFORMÁTICA periférico ❖ *~ adjustment* ajustamento periférico; MECÂNICA *~ force* força tangencial; *~ jet* jacto tangencial
peripheralize [pəˈrɪfərəlaɪz] *v.tr.* 1 marginalizar, pôr de parte; 2 discriminar
peripheric [ˌperiˈferɪk] *adj.* ⇒ peripheral
peripherical [ˌperiˈferɪkəl] *adj.* ⇒ peripheral
peripherically [ˌperiˈferɪkəli] *adv.* perifericamente
periphery [pəˈrɪfəri] *s.* (*pl.* -ies) 1 (cidade, etc.) periferia; 2 perímetro; 3 contorno exterior ❖ *to be on the ~ of...* situar-se na periferia de...; estar à margem de
periphrase [ˈperifreɪz] Ⓐ *s.* [rar.] ⇒ periphrasis Ⓑ *v.tr.,intr.* 1 [rar.] expressar, exprimir por meio de perífrases; 2 [rar.] empregar perífrases
periphrasis [pəˈrɪfrəsɪs] *s.* (*pl.* -ases) 1 perífrase; 2 circunlóquio
periphrastic [ˌperiˈfræstɪk] *adj.* perifrástico, expresso por meio de perífrase
periphrastically [ˌperiˈfræstɪkəli] *adv.* perifrasticamente, por meio de perífrase
periplus [ˈperiplʌs] *s.* périplo, viagem de circum-navegação
peripteral [peˈrɪptərəl] *adj.* ARQUITECTURA períptero, peripterio
peripteros [peˈrɪptərɒs] *s.* ARQUITECTURA peripterio, edifício rodeado por uma ordem de colunas isoladas
periptery [peˈrɪptəri] *s.* ⇒ peripteros
perique [pəˈriːk] *s.* tabaco americano escuro cultivado na Luisiana
periscope [ˈperiskəʊp] *s.* periscópio
periscopic [ˌperiˈskɒpɪk] *adj.* periscópico
periscopical [ˌperiˈskɒpɪkəl] *adj.* periscópico
perish [ˈperɪʃ] *v.tr.,intr.* 1 [lit.] perecer; morrer; *to ~ by drowning* morrer afogado; *to ~ from starvation/cold/thirst* morrer de fome/frio/sede; 2 deteriorar(-se), estragar(-se); 3 (geada, neve) queimar (a vegetação); 4 (alimentos) apodrecer; estragar-se; 5 sofrer desmesuradamente ❖ *~ the thought!* longe vá essa ideia!; *perished steel* aço desnaturado; *his feet were perished* ele tinha os pés gelados; *the rope was perished* a corda estava podre

perishable [ˈperɪʃəbəl] *adj.* 1 perecível; 2 que pode deteriorar-se; 3 efémero, transitório, de curta duração
perishableness [ˈperɪʃəblnɪs] *s.* carácter perecível; efemeridade; natureza transitória
perishables [ˈperɪʃəblz] *s.pl.* perecíveis; mercadorias sujeitas a deteriorarem-se
perishing [ˈperɪʃɪŋ] Ⓐ *adj.* 1 efémero, transitório, que perece; 2 que causa sofrimento, que faz sofrer; 3 destruidor; 4 (frio) glacial; 5 [*coloq.*] maldito Ⓑ *s.* 1 deterioração; 2 alteração devido a agentes internos ou externos
perisperm [ˈperɪspɜːm] *s.* BOTÂNICA perisperma
perispome [ˈperɪspəʊm] *s.* LINGUÍSTICA perispómeno, palavra com acento circunflexo na sílaba final
perispomenon [ˌperɪˈspəʊmɪnən] *s.* ⇒ **perispome**
peristalsis [ˌperɪˈstælsɪs] *s.* (*pl.* **-ses**) FISIOLOGIA peristalse, peristaltismo, movimentos peristálticos
peristaltic [ˌperɪˈstæltɪk] *adj.* peristáltico
peristaltically [ˌperɪˈstæltɪkəlɪ] *adv.* peristalticamente
peristeronic [ˌperɪstəˈrɒnɪk] *adj.* peristerónico, columbófilo
peristole [ˈperɪstəʊl] *s.* FISIOLOGIA perístole
peristome [ˈperɪstəʊm] *s.* BOTÂNICA, ZOOLOGIA perístoma
peristylar [ˌperɪˈstaɪlə] *adj.* ARQUITECTURA relativo ao peristilo; com peristilo
peristyle [ˈperɪstaɪl] *s.* ARQUITECTURA peristilo
peritonaeum [ˌperɪtəˈniːəm] *s.* (*pl.* **-nea**) ⇒ **peritoneum**
peritoneal [ˌperɪtəˈniːəl] *adj.* ANATOMIA peritoneal; relativo ao peritoneu
peritoneum [ˌperɪtəˈniːem] *s.* (*pl.* **-nea**) ANATOMIA peritoneu
peritonitis [ˌperɪtəˈnaɪtɪs] *s.* MEDICINA peritonite
peritrack [ˈperɪtræk] *s.* pista onde os aviões andam antes ou depois do voo
perityphlitis [ˌperɪtɪˈflaɪtɪs] *s.* MEDICINA peritiflite
periwig [ˈperɪwɪɡ] *s.* peruca, chinó; cabeleira postiça
periwigged [ˈperɪwɪɡd] *adj.* com peruca ou chinó
periwinkle [ˈperɪwɪŋkl] *s.* 1 ZOOLOGIA qualquer molusco gastrópode do género Litorina; 2 BOTÂNICA pervinca, congossa
perjure [ˈpɜːdʒə] *v.refl.* perjurar; *to ~ oneself* jurar falso, cometer perjúrio, mentir, prestar falsas declarações num tribunal, prestar falso testemunho
perjured [ˈpɜːdʒəd] *adj.* 1 que jurou falso, que cometeu perjúrio; 2 perjurado
perjurer [ˈpɜːdʒərə] *s.* perjuro, pessoa que cometeu perjúrio, pessoa que jurou falso
perjurious [pəˈdʒʊərɪəs] *adj.* 1 perjuro; 2 mentiroso; 3 que falta à fé jurada
perjury [ˈpɜːdʒərɪ] *s.* (*pl.* **-ies**) perjúrio; falso juramento; falso testemunho ❖ DIREITO *subornation of ~* suborno de testemunha
perk [pɜːk] Ⓐ *v.tr.,intr.* 1 levantar a cabeça com vivacidade, alegria; 2 empertigar-se; *to ~ oneself* empertigar-se; 3 (após doença) recuperar; ficar bom; arribar, arrebitar *coloq.*; 4 embelezar, melhorar o aspecto de Ⓑ *s.* 1 [*coloq.*] (emprego) regalia; 2 benefício Ⓒ *adj.* [*rar.*] ⇒ **perky**
◆ **perk up** Ⓐ *v.intr.* 1 animar-se; 2 (depois de doença) arrebitar Ⓑ *v.tr.* 1 animar; 2 arrebitar; *to ~ the ears* arrebitar as orelhas
perked [pɜːkt] *adj.* ébrio, embriagado
perkily [ˈpɜːkɪlɪ] *adv.* 1 empertigadamente; 2 atrevidamente, altivamente; 3 com vivacidade; 4 com alegria; 5 com desenvoltura
perkiness [ˈpɜːkɪnɪs] *s.* 1 vivacidade, alegria; 2 desenvoltura; 3 modos empertigados; 4 arrogância, presunção
perky [ˈpɜːkɪ] *adj.* (*comp.* **-ier**, *superl.* **-iest**) 1 desenvolto; 2 ousado; 3 vivo; 4 empertigado, altivo; 5 atrevido
perlite [ˈpɜːlaɪt] *s.* MINERALOGIA perlite
perlocution [ˌpɜːləˈkjuːʃən] *s.* LINGUÍSTICA perlocução
perlocutionary [ˌpɜːləˈkjuːʃənərɪ, ˌpɜːləˈkjuːʃənerɪ] *adj.* LINGUÍSTICA perlocutório; *~ act* acto perlocutório
perm [pɜːm] Ⓐ *s.* [*coloq.*] (cabelo) permanente, ondulação Ⓑ *v.tr.* [*coloq.*] (cabelo) fazer uma permanente a; *she had her hair permed* ela fez uma permanente
permaculture [ˈpɜːməˌkʌltʃə] *s.* AGRICULTURA permacultura
permanence [ˈpɜːmənəns] *s.* permanência, continuidade, estabilidade
permanency [ˈpɜːmənənsɪ] *s.* (*pl.* **-ies**) 1 permanência, estabilidade; 2 colocação ou emprego permanente

permanent [ˈpɜːmənənt] Ⓐ *adj.* 1 permanente; 2 contínuo; 3 estável; 4 duradouro; 5 fixo; 6 definitivo Ⓑ *s.* (cabeleireiro) permanente ❖ *~ abode/~ address* direcção permanente; residência fixa; FINANÇAS *~ assets* capitais imobilizados; *~ coat* pintura definitiva; *~ load* carga constante; *~ position* emprego vitalício; (cabelo) *~ wave* permanente, ondulação; (caminhos-de-ferro) *~ way* via férrea permanente; material fixo; *~ white* branco fixo; *~ wiring* ligação definitiva; *~ way man* cantoneiro; *a ~ fixture* uma constante
permanently [ˈpɜːmənəntlɪ] *adv.* 1 permanentemente; 2 duma maneira permanente; 3 definitivamente; 4 vitaliciamente
permanganate [pɜːˈmæŋɡənɪt] *s.* QUÍMICA permanganato ❖ QUÍMICA *potassium ~* permanganato de potássio
permanganic [ˌpɜːmæŋˈɡænɪk] *adj.* QUÍMICA permangânico; *~ acid* ácido permangânico
permeability [ˌpɜːmɪəˈbɪlɪtɪ] *s.* permeabilidade ❖ *~ curve* curva de permeabilidade; *~ of vacuum* permeabilidade do vácuo
permeable [ˈpɜːmɪəbəl] *adj.* permeável
permeameter [ˌpɜːmɪˈæmɪtə] *s.* permeâmetro, aparelho destinado a medir a permeabilidade do ferro, aço, etc.
permeance [ˈpɜːmɪəns] *s.* 1 permeância magnética; 2 permeação
permeate [ˈpɜːmɪeɪt] *v.tr.,intr.* 1 permear; 2 penetrar; atravessar; 3 espalhar(-se); 4 infiltrar(-se) [**through**, em]; passar [**through**, através de] ❖ *to be permeated with* estar impregnado de
permeation [ˌpɜːmɪˈeɪʃən] *s.* 1 permeação; 2 infiltração; 3 impregnação; 4 penetração
Permian [ˈpɜːmɪən] Ⓐ *s.* GEOLOGIA Pérmico Ⓑ *adj.* GEOLOGIA pérmico
permissible [pəˈmɪsɪbəl] *adj.* 1 permissível; lícito; 2 admissível; tolerável ❖ *~ load* carga admissível; *~ stress* limite de fadiga
permissibly [pəˈmɪsɪblɪ] *adv.* 1 permissivelmente; 2 dentro da tolerância; 3 dentro daquilo que pode ser permitido
permission [pəˈmɪʃən] *s.* 1 permissão; autorização; consentimento; 2 licença ❖ *to give ~ to* dar autorização para; autorizar; *written ~ to* autorização escrita para
permissive [pəˈmɪsɪv] *adj.* 1 permissivo; tolerante; 2 consentido; permitido; tolerado
permissively [pəˈmɪsɪvlɪ] *adv.* com autorização, com permissão
permissiveness [pəˈmɪsɪvnɪs] *s.* 1 carácter lícito; 2 legalidade, legitimidade
permit[1] [ˈpɜːmɪt] *s.* 1 autorização; permissão; 2 licença; 3 guia de trânsito; 4 passe ❖ *export ~* licença de exportação; *international driving ~* carta de condução internacional; *residence ~* carta de residência (para estrangeiros); *to take a ~* arranjar uma licença; tirar uma licença; conseguir uma autorização (por escrito)
permit[2] [pəˈmɪt] *v.tr.,intr.* (particípios **-tt-**) 1 permitir; consentir; autorizar; *to ~ sb to do sth* permitir a alguém que faça alguma coisa; 2 [*form.*] admitir [**of**, -]; *those things ~ of no delay* essas coisas não admitem qualquer demora; 3 dar ocasião a ❖ *to ~ oneself to do sth* permitir-se fazer algo; *permitted hours* horas de venda legal de bebidas alcoólicas; *he was permitted to sit for the examination* permitiram-lhe que fosse a exame; [*form.*] *it doesn't permit of doubt* não deixa espaço para dúvidas; *~ me to remark that…* permita-me observar que…; *weather permitting* se o tempo permitir; se estiver bom tempo
permittance [ˈpɜːmɪtəns] *s.* ELECTRICIDADE capacidade electrostática
permittivity [ˌpɜːmɪˈtɪvɪtɪ] *s.* 1 ELECTRICIDADE constante dieléctrica; 2 capacidade indutiva específica
permutability [ˌpɜːmjʊtəˈbɪlɪtɪ] *s.* permutabilidade
permutable [pɜːˈmjuːtəbəl] *adj.* permutável
permutation [ˌpɜːmjʊˈteɪʃən] *s.* 1 permutação; 2 permuta, troca; 3 [*rar.*] alteração ❖ *~ lock* fechadura de segredo permutável
permute [pɜːˈmjuːt] *v.tr.* 1 alterar a ordem de; 2 permutar
pern [pɜːn] *s.* ZOOLOGIA tartaranhão, bútio
Pernambuco [ˌpɜːnæmˈbuːkəʊ] *s.top.* Pernambuco ❖ BOTÂNICA *~ wood* pau-brasil
perne [pɜːn] *s.* bobina onde o fio é torcido
pernicious [pəˈnɪʃəs] *adj.* 1 pernicioso; 2 maligno, prejudicial; 3 ruinoso, que traz dano; 4 fatal, mortal ❖ MEDICINA *~ anaemia* anemia perniciosa

perniciously [pəˈnɪʃəslɪ] *adv.* perniciosamente
perniciousness [pəˈnɪʃəsnɪs] *s.* perniciosidade, carácter pernicioso, efeito pernicioso
pernickety [pəˈnɪkɪtɪ] *adj.* 1 [coloq.] aborrecido; impertinente; 2 melindroso; delicado; *a ~ matter* um assunto melindroso; 3 (minucioso) picuinhas; miudinho; *to be ~ about sth* ser muito miudinho em relação a alguma coisa
pernoctation [ˌpɜːnɒkˈteɪʃən] *s.* 1 vigília nocturna; 2 acto de passar a noite toda em oração
peroba [peˈraʊbə] *s.* BOTÂNICA peroba, guatambu
perorate [ˈperəreɪt] *v.intr.* 1 perorar; 2 fazer um apanhado geral dos pontos principais e concluir um discurso; 3 falar durante muito tempo, arengar
peroration [ˌperəˈreɪʃən] *s.* 1 peroração, parte final dum discurso; 2 [cal.] discurso
peroxide [pəˈrɒksaɪd] Ⓐ *s.* QUÍMICA peróxido Ⓑ *v.tr.* [coloq.] (cabelo) oxigenar ❖ *~ blonde* loura oxigenada; FARMÁCIA *~ of hydrogen* água oxigenada; QUÍMICA *~ of lead* peróxido de chumbo; FARMÁCIA *hydrogen ~* água oxigenada; QUÍMICA *manganese ~* peróxido de manganésio
peroxidize [peˈrɒksɪdaɪz] *v.tr.* QUÍMICA peroxidar
perpend [pɜːˈpend] Ⓐ *v.tr.* [arc.] ponderar, considerar, meditar em, pesar no espírito Ⓑ *s.* perpianho; pedra de construção aparelhada de ambas as faces da largura da parede em que entra
perpendicular [ˌpɜːpənˈdɪkjʊlə] Ⓐ *adj.* 1 perpendicular; *to be ~ to* ser perpendicular a; 2 vertical, direito; 3 a prumo; 4 a pico Ⓑ *s.* 1 GEOMETRIA perpendicular, linha perpendicular; *the ~* direcção ou linha perpendicular, perpendicular; 2 verticular, linha vertical; 3 fio de prumo; 4 plano vertical; 5 verticalidade, posição erecta; 6 [fig.] rectidão; 7 [cal.] recepção, copo-de-água, etc., em que os convidados estão de pé ❖ *~ bisector* bissector perpendicular; *~ line* perpendicular; *~ tangent* tangente perpendicular; *out of (the) ~* torto; inclinado; desaprumado; não perpendicular; *~ of right-angled triangle* cateto
perpendicularity [ˌpɜːpəndɪkjʊˈlærɪtɪ] *s.* perpendicularidade
perpendicularly [ˌpɜːpənˈdɪkjʊləlɪ] *adv.* 1 perpendicularmente; 2 verticalmente
perpetrate [ˈpɜːpɪtreɪt] *v.tr.* perpetrar; cometer; praticar; *to ~ a crime* perpetrar um crime
perpetration [ˌpɜːpɪˈtreɪʃən] *s.* 1 perpetração; 2 crime, acto condenável
perpetrator [ˈpɜːpɪtreɪtə] *s.* 1 perpetrador; 2 responsável por crime ou acto condenável; 3 criminoso
perpetual [pəˈpetʃʊəl] *adj.* 1 perpétuo; sem fim; eterno; 2 permanente, contínuo; *~ chatter* conversa permanente, tagarelice contínua; 3 vitalício; 4 [coloq.] repetido, frequente; 5 BOTÂNICA vivaz, perene ❖ *~ calender* calendário perpétuo; *~ motion* moto contínuo; *~ inventory* inventário perpétuo
perpetually [pəˈpetʃʊəlɪ] *adv.* 1 perpetuamente; 2 eternamente; 3 continuamente; 4 sem cessar
Perpetuance [pəˈpetʃʊəns] *s.* ⇒ **Perpetuation**
perpetuate [pəˈpetʃʊeɪt] *v.tr.* 1 perpetuar; 2 imortalizar, salvar do olvido; 3 eternizar
perpetuation [pəˌpetʃʊˈeɪʃən] *s.* 1 perpetuação; 2 imortalização
perpetuator [pəˈpetʃʊeɪtə] *s.* 1 perpetuador; 2 aquele que perpetua, que garante a perpetuidade
perpetuity [ˌpɜːpɪˈtʃuːɪtɪ] *s.* (*pl.* -ies) 1 perpetuidade; 2 posse perpétua; 3 renda perpétua ❖ *in/for/to ~* perpetuamente; para sempre
perplex [pəˈpleks] *v.tr.* 1 desorientar, confundir; *to ~ sb* confundir alguém, desorientar alguém; 2 complicar, tornar confuso, dificultar; atrapalhar; 3 [arc.] emaranhar; enredar; enlear
perplexed [pəˈplekst] *adj.* 1 perplexo; desorientado; confuso; atrapalhado; *to look ~* estar com um ar perplexo, atrapalhado; 2 complicado, difícil, intrincado; *a ~ matter* um problema complicado; 3 [arc.] emaranhado, enleado
perplexedly [pəˈpleksɪdlɪ] *adv.* 1 perplexamente; 2 irresolutamente; 3 com hesitação
perplexing [pəˈpleksɪŋ] *adj.* 1 que causa perplexidade; 2 desconcertante, desorientador; 3 intrincado, difícil
perplexingly [pəˈpleksɪŋlɪ] *adv.* de modo a causar confusão ou complicação

perplexity [pəˈpleksɪtɪ] *s.* (*pl.* -ies) 1 perplexidade; 2 embaraço; 3 confusão, complicação, hesitação; 4 dificuldade; 5 emaranhamento, complexidade; 6 coisa complicada, coisa que nos torna perplexos
per pro [*abrev. de* per procurationem (by proxy)]
perquisite [ˈpɜːkwɪzɪt] *s.* 1 (emprego) regalia; 2 emolumentos, gratificação; 3 lucro ou provento acidental
perquisition [ˌpɜːkwɪˈzɪʃən] *s.* perquirição, perquisição
perron [ˈperən] *s.* patamar, no cimo de escada, em frente de porta de igreja ou qualquer outro grande edifício
perry [ˈperɪ] *s.* (*pl.* -ies) bebida feita do sumo fermentado de pêras; perada, vinho de pêras
per se [pɜːˈseɪ] *adv.* [form.] de per si; por si mesmo; em si
persecute [ˈpɜːsɪkjuːt] *v.tr.* 1 perseguir; 2 oprimir; maltratar; atormentar, vexar; 3 importunar; não dar sossego a; *to ~ sb with questions* importunar alguém com perguntas
persecuting [ˈpɜːsɪkjuːtɪŋ] *adj.* 1 perseguidor; 2 atormentador; 3 apoquentador
persecution [ˌpɜːsɪˈkjuːʃən] *s.* 1 perseguição; *to suffer ~* ser perseguido; 2 opressão ❖ *~ complex* mania da perseguição
persecutor [ˈpɜːsɪkjuːtə] *s.* 1 perseguidor; 2 atormentador; 3 opressor
Persephone [pɜːˈsefənɪ] *s.* MITOLOGIA Perséfone, Prosérpina
Persepolis [pɜːˈsepəlɪs] *s.top.* Persépolis
Perseus [ˈpɜːsjuːs] *s.antr.* Perseu
perseverance [ˌpɜːsɪˈvɪərəns] *s.* 1 perseverança; 2 pertinácia; 3 constância; 4 esforço constante
perseverate [pɜːˈsevəreɪt] *v.intr.* PSICOLOGIA surgir ao espírito de quando em quando, com regularidade
perseveration [ˌpɜːsəvəˈreɪʃən] *s.* PSICOLOGIA persistência de imagem ou ideia, que nos surge de quando em quando ao espírito
persevere [ˌpɜːsɪˈvɪə] *v.intr.* 1 perseverar, persistir [**in/with**, em]; 2 não ceder; manter-se firme
persevering [ˌpɜːsɪˈvɪərɪŋ] *adj.* 1 perseverante; 2 persistente; 3 pertinaz, constante; 4 que não desiste
perseveringly [ˌpɜːsɪˈvɪərɪŋlɪ] *adv.* 1 perseverantemente, persistentemente; 2 com constância, com pertinácia
Persia [ˈpɜːʃə, ˈpɜːʒə] *s.top.* Pérsia
Persian [ˈpɜːʃən, ˈpɜːʒən] Ⓐ *adj.* persa, pérsico Ⓑ *s.* (língua, pessoa) persa ❖ *~ bed* divã; *~ blinds* persianas; *~ carpet/rug* tapete persa; ZOOLOGIA *~ cat* gato persa; ARQUITECTURA *~ order* ordem pérsica; *~ wheel* nora; roda com alcatruzes (para regas); GEOGRAFIA *the ~ Gulf* o golfo Pérsico
persicaria [ˌpɜːsɪˈkeərɪə] *s.* BOTÂNICA persicária, erva-pessegueira
persiennes [ˌpɜːzɪˈenz] *s.pl.* [GB] persianas
persiflage [ˌpɜːsɪˈflɑːʒ] *s.* zombaria, troça, chacota, caçoada, galhofa
persimmon [pəˈsɪmən] *s.* 1 BOTÂNICA dióspiro; 2 (árvore) diospireiro
persist [pəˈsɪst] *v.intr.* 1 persistir [**in**, em]; perseverar [**in**, em]; *to ~ in doing sth* persistir em fazer alguma coisa; 2 manter-se firme; *to ~ in one's opinion* não mudar de opinião; 3 teimar [**in**, em]; insistir [**in**, em]; *she persisted in going* ela teimou em ir; 4 permanecer; perdurar; subsistir; *the belief persists that...* subsiste a crença de que...
persistence [pəˈsɪstns] *s.* 1 persistência; 2 perseverança; 3 tenacidade; 4 insistência; 5 teimosia, constância; 6 firmeza; 7 permanência, subsistência
persistency [pəˈsɪstənsɪ] *s.* 1 persistência; 2 perseverança; 3 tenacidade; 4 insistência; 5 teimosia, constância; 6 firmeza; 7 permanência, subsistência
persistent [pəˈsɪstənt] *adj.* 1 persistente; perseverante; tenaz; firme; *~ rain* chuva persistente; *to be ~ in one's intentions* ser firme nas suas intenções; 2 constante; 3 contínuo, permanente; *~ attacks* ataques contínuos; 4 BOTÂNICA (oposto a caduco) persistente; *~ leaves* folhas persistentes ❖ *~ beat* oscilação persistente
persistently [pəˈsɪstəntlɪ] *adv.* 1 persistentemente; 2 com perseverança; 3 com firmeza
person [ˈpɜːsn] *s.* 1 pessoa; 2 indivíduo; tipo_coloq_; *who is the person?* quem é esse indivíduo?, quem é esse tipo?; 3 figura; aparência; aspecto; *to have a commanding ~* ter uma presença que se impõe; 4 LINGUÍSTICA pessoa; *the verb is in the second ~*

singular o verbo está na segunda pessoa do singular; **5** [arc.] (drama) personagem; **6** ZOOLOGIA membro de colónia animal ❖ *any ~* qualquer pessoa; DIREITO *artificial ~* pessoa moral; pessoa jurídica; *children and young persons* crianças e jovens; crianças e adolescentes; *for our persons* quanto a nós; pelo que nos diz respeito; *in ~* em pessoa; pessoalmente; DIREITO *natural ~* pessoa física; *no ~* ninguém; DIREITO *offences against the ~* ataques à integridade física; *private ~* simples particular; DIREITO *the said persons* as ditas pessoas; *the three persons of the Trinity* as três pessoas da Santíssima Trindade; *what is a ~ to do?* que é que se há-de fazer?

persona [pəˈsəʊnə] *s.* (*pl.* **-ae**) **1** pessoa; imagem; presença; **2** indivíduo; personagem ❖ *~ non grata* persona non grata

personable [ˈpɜːsnəbəl] *adj.* com bom aspecto, bem-apessoado, apresentável, bem-parecido

personage [ˈpɜːsnɪdʒ] *s.* personagem, pessoa de importância, figura em peça teatral, novela, etc.

personal [ˈpɜːsnəl] Ⓐ *adj.* **1** pessoal; **2** próprio, individual, particular; *our ~ needs* as nossas necessidades individuais; *a ~ opinion* uma opinião pessoal, particular; **3** íntimo; *~ friend* amigo íntimo; **4** físico, relativo ao corpo; **5** DIREITO pessoal, móvel, mobiliário; *~ estate* bens móveis, bens pessoais; **6** LINGUÍSTICA pessoal; *~ pronoun* pronome pessoal Ⓑ *s.* [EUA] (jornais, revistas) anúncio pessoal ❖ *~ appearance* apresentação; aparência física; DESPORTO *~ best* recorde pessoal; *~ business* assunto pessoal; *~ computer* computador pessoal; *~ liberty* liberdade do indivíduo; DIREITO *~ rights* direitos do cidadão; ECONOMIA *~ shares* acções averbadas; *~ effects* objectos de uso pessoal; *~ accident insurance* seguro contra acidentes pessoais; ECONOMIA *~ bank loan* empréstimo bancário a particulares; *don't be ~* não faças alusões ofensivas à minha pessoa!; *to make a ~ application* apresentar-se em pessoa

personalia [ˌpɜːsəˈneɪlɪə] *s.pl.* **1** dados pessoais; **2** coisas ou objectos pessoais

personalise [ˈpɜːsnəlaɪz] *v.tr.* ⇒ **personalize**

personality [ˌpɜːsəˈnælɪtɪ] *s.* (*pl.* **-ies**) **1** personalidade; *a strong ~* uma personalidade forte; *to lack in ~* carecer de personalidade, não ter personalidade; **2** individualidade; celebridade; **3** [ant.] alusão pessoal; comentário ofensivo de carácter pessoal; *to indulge in personalities* fazer alusões pessoais; **4** [rar.] ⇒ **personalty** ❖ PSICOLOGIA *multiple ~* desdobramento de personalidade

personalization [ˌpɜːsənəlaɪˈzeɪʃən] *s.* personalização, personificação

personalize [ˈpɜːsənəlaɪz] *v.tr.* **1** personalizar; **2** personificar

personally [ˈpɜːsnəlɪ] *adv.* **1** pessoalmente; *personally, I see no objection* quanto a mim, não vejo qualquer problema; **2** em pessoa ❖ *a ~ conducted tour* uma excursão sob a orientação pessoal dum guia; (crítica) *to mean sth ~* ter a intenção de atingir alguém; *to take sth ~* levar alguma coisa a peito; ofender-se

personals [ˈpɜːsnlz] *s.pl.* **1** crónica mundana; coluna social; **2** secção dos anúncios pessoais

personalty [ˈpɜːsnltɪ] *s.* (*pl.* **-ies**) bens móveis, bens mobiliários

personate[1] [ˈpɜːsəneɪt] *v.tr.* **1** representar, fazer o papel de; **2** fazer-se passar (por outra pessoa), usurpar a identidade de (outra pessoa)

personate[2] [ˈpɜːsənɪt] *adj.* BOTÂNICA personado

personation [ˌpɜːsəˈneɪʃən] *s.* **1** representação; **2** acto de se fazer passar por outra pessoa, usurpação da identidade de outrem

personator [ˈpɜːsəneɪtə] *s.* **1** actor que encarna o papel de determinada personagem; **2** indivíduo que se faz passar por outra pessoa, indivíduo que usurpa a identidade de outrem

personhood [ˈpɜːsnhʊd] *s.* **1** humanidade; **2** individualidade; personalidade

personification [pɜːˌsɒnɪfɪˈkeɪʃən] *s.* **1** personificação; **2** encarnação

personified [pɜːˈsɒnɪfaɪd] *adj.* **1** personificado; **2** encarnado

personify [pɜːˈsɒnɪfaɪ] *v.tr.* **1** personificar; **2** atribuir a uma coisa inanimada dotes, sentimentos, etc. de uma pessoa real; **3** ser a personificação ou modelo de; **4** simbolizar; **5** representar, encarnar

personnel [ˌpɜːsəˈnel] *s.* pessoal, grupo ou conjunto de pessoas ocupadas em determinado serviço ou função

perspective [pəˈspektɪv] Ⓐ *s.* **1** perspectiva; **2** visão; ponto de vista; **3** panorama, vista; aspecto geral Ⓑ *adj.* **1** em perspectiva; **2** perspectivo ❖ PINTURA *~ drawing* desenho em perspectiva; *aerial ~* perspectiva aérea; *in ~* em perspectiva; *linear ~* perspectiva linear; perspectiva cónica; *to be out of ~* não ter perspectiva; infringir as leis da perspectiva; *to see things in ~* relativizar as coisas; *to see things from a different ~* ver as coisas de um ângulo diferente

perspectively [pəˈspektɪvlɪ] *adv.* **1** em perspectiva; **2** conforme as regras da perspectiva

perspicacious [ˌpɜːspɪˈkeɪʃəs] *adj.* **1** perspicaz; **2** de espírito agudo, penetrante; **3** claro, lúcido (na expressão); **4** evidente, facilmente compreensível

perspicaciously [ˌpɜːspɪˈkeɪʃəslɪ] *adv.* **1** duma maneira perspicaz; **2** claramente, lucidamente

perspicaciousness [ˌpɜːspɪˈkeɪʃəsnɪs] *s.* perspicácia

perspicacity [ˌpɜːspɪˈkæsɪtɪ] *s.* perspicácia

perspicuity [ˌpɜːspɪˈkjuːɪtɪ] *s.* **1** perspicuidade; **2** clareza

perspicuous [pəˈspɪkjʊəs] *adj.* **1** perspícuo; **2** claro

perspirable [pəˈspaɪərəbəl] *adj.* **1** que permite a passagem da perspiração; **2** que pode ser eliminado pela perspiração

perspiration [ˌpɜːspəˈreɪʃən] *s.* transpiração, suor; perspiração, sudação; *bathed in ~/streaming with ~* banhado de suor; *to be in a ~* estar a transpirar, estar a escorrer suor; *that medicine brings on ~* aquele remédio faz transpirar

perspiratory [pəˈspaɪərətərɪ] *adj.* **1** sudorífico, sudorífero; **2** sudoríparo

perspire [pəˈspaɪə] *v.tr.,intr.* **1** transpirar, suar; **2** ressumar

perspiring [pəˈspaɪərɪŋ] *adj.* a transpirar, a suar

persuadable [pəˈsweɪdəbəl] *adj.* persuadível; que pode persuadir-se

persuade [pəˈsweɪd] *v.tr.* **1** persuadir, convencer (**into**/**of**, a/de]; *to ~ sb into doing sth* convencer alguém a fazer alguma coisa; *to ~ sb of sth* persuadir alguém de alguma coisa; *they tried to ~ him not to do it* tentaram dissuadi-lo; **2** induzir, aconselhar ❖ *to be persuaded that* estar convencido que; *to ~ sb out of* dissuadir alguém de; *to ~ oneself* convencer-se; persuadir-se

persuader [pəˈsweɪdə] *s.* **1** persuasor; pessoa que procura persuadir; **2** *pl.* esporas

persuasibility [pəˌsweɪsɪˈbɪlɪtɪ] *s.* susceptibilidade ou facilidade de ser persuadido

persuasible [pəˈsweɪsɪbəl] *adj.* persuadível

persuasion [pəˈsweɪʒən] *s.* **1** persuasão; *powers of ~* poder de persuasão; *the art of ~* a arte de persuadir; **2** convicção; *it is my private ~ that…* é minha convicção íntima que…; **3** RELIGIÃO credo, crença, confissão religiosa; *of the Roman Catholic ~* católico; **4** POLÍTICA credo; *political ~* credo político; **5** [joc., ant.] raça; nacionalidade; *a man of Portuguese ~* um homem de nacionalidade portuguesa; **6** [joc., ant.] género, sexo; *the male ~* o sexo masculino

persuasive [pəˈsweɪsɪv] *adj.* persuasivo, convincente

persuasively [pəˈsweɪsɪvlɪ] *adv.* persuasivamente; de modo persuasivo

persuasiveness [pəˈsweɪsɪvnɪs] *s.* persuasiva, poder de persuasão

persulphate [pəˈsʌlfɪt] *s.* QUÍMICA persulfato ❖ *ammonium ~* persulfato de amoníaco

pert [pɜːt] *adj.* **1** atrevido, insolente, petulante, descarado; *a ~ answer* uma resposta atrevida; **2** vivo, mexido ❖ *a ~ hussy* uma serigaita; uma rapariga espevitada

pertain [pəˈteɪn] *v.intr.* **1** pertencer [**to**, a]; ser propriedade [**to**, de]; **2** ser próprio [**to**, de]; *such enthusiasm pertains to that age* esse entusiasmo é próprio da idade; **3** dizer respeito [**to**, a]; referir-se [**to**, a]; **4** relacionar-se [**to**, com] ❖ *that does not ~ to his office* isso não é da competência dele

pertinacious [ˌpɜːtɪˈneɪʃəs] *adj.* **1** pertinaz, teimoso, persistente, obstinado; **2** perseverante

pertinaciously [ˌpɜːtɪˈneɪʃəslɪ] *adv.* **1** duma maneira pertinaz; **2** persistentemente; **3** teimosamente, obstinadamente

pertinaciousness [ˌpɜːtɪˈneɪʃəsnɪs] *s.* ⇒ **pertinacity**

pertinacity [pɜːtɪˈnæsɪtɪ] s. 1 pertinácia; 2 obstinação; 3 teimosia; 4 persistência, tenacidade
pertinence [ˈpɜːtɪnəns] s. 1 pertinência; 2 concernência; 3 justeza, a-propósito
pertinency [ˈpɜːtɪnənsɪ] s. 1 pertinência; 2 concernência; 3 justeza, a-propósito
pertinent [ˈpɜːtɪnənt] adj. 1 pertinente; *a ~ remark* uma observação pertinente; *that is not ~ to the matter in hand* isso não é pertinente para este assunto; 2 relevante [**to**, para]; 3 concernente [**to**, a]; que diz respeito [**to**, a]
pertinently [ˈpɜːtɪnəntlɪ] adv. 1 de um modo pertinente; 2 a propósito
pertinents [ˈpɜːtɪnənts] s.pl. 1 pertences; 2 anexos, dependências
pertly [ˈpɜːtlɪ] adv. 1 com insolência; 2 atrevidamente; 3 com um ar descarado
pertness [ˈpɜːtnɪs] s. 1 atrevimento, ousadia, insolência; 2 vivacidade
perturb [pəˈtɜːb] v.tr. 1 perturbar; 2 lançar a desordem em; 3 causar perturbação em; 4 desorientar, agitar; 5 transformar, confundir, lançar a confusão em; 6 desarranjar, alterar
perturbable [pəˈtɜːbəbəl] adj. perturbável
perturbation [pɜːtəˈbeɪʃən] s. 1 (estado de espírito) perturbação; agitação; inquietação; 2 desarranjo, irregularidade ❖ *to show no ~* mostrar-se calmo; mostrar-se imperturbável
perturbative [pəˈtɜːbətɪv] adj. perturbador
perturbed [pəˈtɜːbd] adj. 1 perturbado, agitado, inquieto; 2 em confusão, em desordem
Perugia [pəˈruːdʒə] s.top. Perúgia, Perúsia
Perugian [pəˈruːdʒɪən] adj.,s. 1 perugino; relativo a Perúgia ou Perúsia; 2 natural de Perúgia ou Perúsia; habitante de Perúgia ou Perúsia
peruke [pəˈruːk] s. [arc.] peruca
perusal [pəˈruːzəl] s. 1 leitura cuidadosa; *the ~ of a letter* a leitura cuidadosa duma carta; 2 análise minuciosa ❖ *for ~* para exame; para análise
peruse [pəˈruːz] v.tr. 1 ler cuidadosamente, ler atentamente; 2 [fig.] examinar cuidadosamente; observar minuciosamente ❖ *to ~ sb's countenance* observar atentamente o rosto de alguém; procurar ler o rosto de alguém
Peruvian [pəˈruːvjən] adj.,s. peruano, peruviano ❖ FARMÁCIA *~ bark* quina
pervade [pəˈveɪd] v.tr. 1 impregnar, penetrar em, infiltrar-se em; 2 repassar, imbuir; 3 passar através de, atravessar
pervading [pəˈveɪdɪŋ] adj. 1 dominante; predominante; 2 geral; 3 implícito; surdo; silencioso
pervasion [pəˈveɪʒən] s. penetração, infiltração, impregnação
pervasive [pəˈveɪsɪv] adj. 1 penetrante; 2 que se infiltra, que penetra; 3 difuso, subtil; 4 FILOSOFIA universal
pervasively [pəˈveɪsɪvlɪ] adv. penetrantemente, de forma penetrante
perverse [pəˈvɜːs] adj. 1 que persiste no erro; 2 perverso, corrupto; 3 vicioso; 4 ruim, mau, malvado; 5 diferente daquilo que é razoável; 6 oposto, contrário ao que se deseja; 7 injusto, desproposítado; 8 petulante, atrevido; 9 intratável, teimoso, desobediente; 10 DIREITO contrário à prova testemunhal ou às directivas traçadas pelo juiz
perversely [pəˈvɜːslɪ] adv. 1 perversamente; 2 duma maneira perversa, duma maneira má, malvadamente; 3 teimosamente, obstinadamente
perverseness [pəˈvɜːsnɪs] s. ⇒ **perversity**
perversion [pəˈvɜːʃən] s. 1 perversão; 2 depravação; 3 alteração do bem para o mal; 4 corrupção
perversity [pəˈvɜːsɪtɪ] s. (pl. -ies) 1 perversidade; 2 maldade, malvadez; 3 teimosia, obstinação, desejo de contrariar
perversive [pəˈvɜːsɪv] adj. perversor; que perverte; que corrompe ou causa perversão
pervert[1] [pəˈvɜːt] v.tr. 1 perverter, corromper, fazer mudar para mal; 2 desmoralizar, depravar; 3 deturpar, desvirtuar; 4 falsear, desnaturar (frase, palavras, intenções, etc.)
pervert[2] [ˈpɜːvɜːt] s. 1 pervertido; 2 apóstata, renegado ❖ *sexual ~* pervertido sexual
perverted [pəˈvɜːtɪd] adj. 1 pervertido; 2 deturpado, desvirtuado, falseado

perverter [pəˈvɜːtə] s. 1 perversor; 2 corruptor
pervertible [pəˈvɜːtɪbəl] adj. que pode perverter-se, susceptível de perversão
perverting [pəˈvɜːtɪŋ] s. 1 acto ou efeito de perverter; 2 perversão; 3 alteração, deturpação
pervious [ˈpɜːvjəs] adj. 1 permeável; 2 (sentimentos, ideias) sensível [**to**, a]; acessível [**to**, a]; aberto [**to**, a]; 3 pérvio, que dá passagem, que pode atravessar-se
perviousness [ˈpɜːvjəsnɪs] s. 1 permeabilidade; 2 sensibilidade, abertura
peseta [pəˈseɪtə] s. (antiga moeda espanhola) peseta
peshwa [ˈpeɪʃwə] s. antigo soberano hereditário dos estados maratas
pesky [ˈpeskɪ] adj. (comp. -ier, superl. -iest) 1 [EUA] [cal.] incómodo, muito desagradável, aborrecido; 2 maldito
peso [ˈpeɪsəʊ] s. (moeda da Argentina, etc.) peso
pessary [ˈpesərɪ] s. (pl. -ies) pessário, aparelho que se introduz na vagina para impedir a descida do útero
pessimism [ˈpesɪmɪzəm] s. pessimismo
pessimist [ˈpesɪmɪst] s. pessimista
pessimistic [ˌpesɪˈmɪstɪk] adj. pessimista; *to be ~ about sth* mostrar-se pessimista em relação a algo
pessimistical [ˌpesɪˈmɪstɪkəl] adj. ⇒ **pessimistic**
pessimistically [ˌpesɪˈmɪstɪkəlɪ] adv. duma maneira pessimista
pest [pest] s. 1 ZOOLOGIA praga, parasita; 2 [coloq.] (pessoa) pestinha ❖ *~ control* desinfestação
pester [ˈpestə] v.tr. 1 incomodar, importunar; atazanar; chatear; *to ~ sb with sth* importunar alguém com alguma coisa; *he is always pestering me for money* ele está sempre a massacrar-me com pedidos de dinheiro; *stop pestering me!* não me chateies mais!; 2 infestar; *the whole village was pestered with flies* a aldeia estava completamente infestada de moscas
pesterer [ˈpestərə] s. importuno, maçador
pestering [ˈpestərɪŋ] adj. 1 importuno; 2 que aborrece ou maça
pesthouse [ˈpesthaʊs] s. [arc.] hospital para doenças infecciosas
pesticide [ˈpestɪsaɪd] s. pesticida
pestiferous [pesˈtɪfərəs] adj. 1 pestífero; 2 pestilento; 3 prejudicial, nocivo, pernicioso
pestiferously [pesˈtɪfərəslɪ] adv. 1 pestiferamente; 2 perniciosamente; 3 nocivamente
pestilence [ˈpestɪləns] s. 1 peste; 2 pestilência; 3 epidemia (principalmente peste bubónica)
pestilent [ˈpestɪlənt] adj. 1 pestilento; 2 venenoso; fatal, mortal; 3 [ant., coloq.] (chato) insuportável; 4 [arc.] nocivo, pernicioso, deletério
pestilential [ˌpestɪˈlenʃəl] adj. 1 pestilencial; 2 pestífero; 3 contagioso; 4 pernicioso
pestilentially [ˌpestɪˈlenʃəlɪ] adv. 1 perniciosamente; 2 duma maneira pestilenta
pestilently [ˈpestɪˈlentlɪ] adv. 1 pestilentamente; 2 perniciosamente
pestle [ˈpesl, ˈpestl] Ⓐ s. 1 pilão, objecto para pilar; 2 mão de almofariz, mão de gral Ⓑ v.tr. pilar, pisar com o pilão
pesto [ˈpestəʊ] s. 1 CULINÁRIA molho de manjericão; *pesto*; 2 CULINÁRIA tempero para massa
pestology [pesˈtɒlədʒɪ] s. pestologia
pet [pet] Ⓐ s. 1 animal de estimação; 2 [GB] amor, querido; *you're a pet!* és um amor!; 3 predilecto; favorito; [depr.] *to be the teacher's ~* ser o aluno preferido do professor; 4 acesso de mau humor; *to get into a ~* zangar-se; *to take the ~* ficar maldisposto, ficar de mau humor Ⓑ adj. 1 de estimação; 2 preferido, favorito; *she is always talking about her ~ subject* ela está sempre a falar no seu tema favorito; 3 principal Ⓒ v.tr. (particípios: -tt-) 1 amimar, acarinhar; 2 afagar, fazer festas a; 3 estragar com mimos; 4 (sexual) acariciar ❖ *~ aversion/~ hate* ódio de estimação; *~ name* nome de carimbo; nome familiar; *~ valve* válvula de prova
petal [ˈpetəl] s. BOTÂNICA pétala
petaled [ˈpetəld] adj. ⇒ **petalled**
petaline [ˈpetəlaɪn] adj. BOTÂNICA petalino
petalism [ˈpetəlɪzəm] s. HISTÓRIA petalismo, ostracismo por cinco anos praticado na antiga Siracusa

petalled ['petəld] *adj.* petalado, que tem uma ou mais pétalas ❖ *red-petalled* de pétalas vermelhas
petaloid ['petəlɔɪd] *adj.* petalóide, semelhante a pétala
petard [pe'tɑːd] *s.* (pirotecnia, fogo de artifício) petardo ❖ *hoist with his own ~* apanhado na sua própria armadilha
petasus ['petəsəs] *s.* pétaso, chapéu de aba larga, de copa redonda e baixa, usado pelos antigos Gregos
petaurist [pe'tɔːrɪst] *s.* ZOOLOGIA variedade de marsupial
petcock ['petkɒk] *s.* (motor) válvula de descarga
petechiae [pɪ'tɪkɪiː] *s.pl.* MEDICINA petéquias, manchas vermelhas que surgem na pele no decurso de algumas doenças
peter ['piːtə] *v.intr.* (projecto) falhar; dar em nada
✦ **peter out** *v.intr.* **1** extinguir-se pouco a pouco, acabar-se; desvanecer-se, desaparecer; **2** (rio, filão, etc.) secar; esgotar-se; **3** (máquinas) parar por falta de combustível
Peter ['piːtə] *s.antr.* Pedro ❖ NÁUTICA *blue ~* sinal de partida; pavilhão de partida; ZOOLOGIA *Peter's fish* peixe-de-são-pedro; alfaqui; alfaquete; *Peter's pence/Peter's penny* dinheiro de S. Pedro; pagamento anual feito voluntariamente para a Santa Sé; *to rob ~ to pay Paul* tirar a um para dar a outro
Peterkin ['piːtəkɪn] *dim. de* Peter
petersham ['piːtəʃəm] *s.* **1** ratina; variedade de pano grosso e forte; **2** sobretudo pesado feito desse pano
petiolar ['petɪəʊlə] *adj.* BOTÂNICA peciolar
petiolate ['petɪəʊleɪt] *adj.* peciolado
petiolated ['petɪəʊleɪtɪd] *adj.* ⇒ **petiolate**
petiole ['petɪəʊl] *s.* BOTÂNICA pecíolo
petite [pə'tiːt] *adj.* (mulher) pequena, delicada
petition [pɪ'tɪʃən] Ⓐ *s.* **1** petição; *to grant a ~* satisfazer uma petição; *to put a ~ to* dirigir uma petição a; **2** requerimento; **3** pedido; *~ for clemency* pedido de clemência; *~ in bankruptcy* pedido de falência; **4** apelo, súplica, rogo; **5** DIREITO petitório; **6** prece, oração Ⓑ *v.tr.,intr.* **1** requerer uma petição (a); dirigir uma petição (a); **2** peticionar; **3** pedir; **4** solicitar; **5** rogar (a); implorar (a) ❖ DIREITO *~ of right* petição de acção contra a Coroa; HISTÓRIA *the Petition of Right* a Petição dos Direitos (1628); *to ~ the court for sth* requerer alguma coisa ao tribunal; *to ~ sb for sth* rogar alguma coisa a alguém; *to ~ sb to do sth* pedir a alguém que faça alguma coisa
petitionarily [pɪ'tɪʃnərɪlɪ, pɪ'tɪʃnerɪlɪ] *adv.* por meio de petição ou requerimento
petitionary [pɪ'tɪʃnərɪ, pɪ'tɪʃəneɪrɪ] *adj.* peticionário; relativo a petição; que entrega uma petição
petitioner [pɪ'tɪʃənə] *s.* **1** peticionário, aquele que faz uma petição; **2** suplicante, requerente
petitio principii [pə,tɪʃɪəprɪn'sɪpɪaɪ] *s.* LÓGICA petição de princípio
petitory ['petɪtərɪ] *adj.* DIREITO petitório ❖ DIREITO *~ suit* acção petitória de recompensa por reconhecimento de direito de propriedade
Petrarch ['petrɑːk] *s.antr.* Petrarca
petrel ['petrəl] *s.* **1** ZOOLOGIA petrel; **2** alma-de-mestre, pequena ave marítima com plumagem preta e branca e longas asas
petrifaction [,petrɪ'fækʃən] *s.* **1** petrificação; **2** substância ou massa petrificada
petrifactive [,petrɪ'fæktɪv] *adj.* **1** petrífico; **2** petrificante, petrificador
petrification [,petrɪfɪ'keɪʃən] *s.* petrificação
petrified ['petrɪfaɪd] *adj.* **1** petrificado; **2** [fig.] assombrado, paralisado (com terror, medo, espanto, etc.)
petrify ['petrɪfaɪ] *v.tr.,intr.* **1** petrificar; **2** petrificar-se; **3** converter ou converter-se em pedra; **4** paralisar, assombrar, ficar imóvel de espanto
petrifying ['petrɪfaɪɪŋ] *adj.* **1** petrificante; **2** aterrorizador
Petrine ['petraɪn] *adj.* relativo a S. Pedro
petrochemical [,petrəʊ'kemɪkəl] Ⓐ *adj.* petroquímico Ⓑ *s.* produto petroquímico
petrochemist [,petrəʊ'kemɪst] *s.* petroquímico
petrochemistry [,petrəʊ'kemɪstrɪ] *s.* petroquímica
petroglyph ['petrəglɪf] *s.* petróglifo
Petrograd ['petrəʊgræd] *s.top.* Petrogrado
petrographic [,petrəʊ'græfɪk] *adj.* petrográfico
petrographical [,petrəʊ'græfɪkəl] *adj.* petrográfico

petrography [pə'trɒgrəfɪ] *s.* petrografia
petrol ['petrəl] Ⓐ *s.* gasolina Ⓑ *v.tr.* abastecer de gasolina ❖ *~ bomb* cocktail molotov; *~ can* bidão de gasolina; *~ engine* motor a gasolina; (automóvel) *~ gauge* indicador do nível de gasolina; (máquina) *~ pump* bomba de gasolina; *~ station* posto de abastecimento; bomba de gasolina; *~ tank* depósito de gasolina; *~ tap* torneira de bomba de gasolina
petrolatum [,petrə'leɪtəm] *s.* petrolatum, designação aplicada a várias misturas de hidrocarbonetos pastosos e líquidos, obtidas pelo fraccionamento de petróleo de base parafínica
petroleum [pɪ'trəʊlɪəm] *s.* petróleo, petróleo bruto ❖ *~ derivative* derivado de petróleo; *~ engineering* engenharia de indústria petrolífera; *~ ether* benzina; *~ industry* indústria petrolífera; *~ jelly* vaselina; *~ lamp* candeeiro a querosene; *~ oil* óleo de petróleo; *~ solvent* dissolvente com base de petróleo; *~ stove* forno de petróleo
pétroleur [petrə'lɜː] *s.* (fem. **pétroleuse**) petroleiro, incendiário que emprega petróleo
petrolic [pə'trɒlɪk] *adj.* de petróleo; relativo a petróleo
petroliferous [,petrə'lɪfərəs] *adj.* petrolífero
petrolization [,petrəlaɪ'zeɪʃən] *s.* petrolização, tratamento da água dos pântanos por meio de petróleo
petrolize ['petrəlaɪz] *v.tr.* petrolear, petrolizar, tratar por meio de petróleo (água dos pântanos)
petrological [,petrə'lɒdʒɪkəl] *adj.* petrológico
petrologist [pə'trɒlədʒɪst] *s.* petrologista
petrology [pə'trɒlədʒɪ] *s.* (*pl.* **-ies**) petrologia
petronel ['petrənel] *s.* petrinal, arma de fogo portátil usada pela cavalaria do séc. XVI
Petronius [pɪ'trəʊnɪəs] *s.antr.* Petrónio
petrosal [pɪ'trəʊsəl] *adj.* petroso; relativo ou pertencente ao rochedo
petrosilex [,petrə'saɪleks] *s.* petrossílex, felsite
petrous ['petrəs] *adj.* **1** pétreo, petroso; **2** ANATOMIA petroso
petticoat ['petɪkəʊt] *s.* **1** VESTUÁRIO saiote; **2** VESTUÁRIO combinação; **3** VESTUÁRIO camisa de criança ou mulher; **4** [ant., depr.] sexo feminino; **5** *pl.* ELECTRICIDADE campânula de isolador ❖ [coloq.] (relação amorosa) *~ affair* caso/assunto de saias; *I have known him since he was in petticoats* conheço-o desde criança; *she is a Cromwell in petticoats* ela é um Cromwell de saias; [coloq.] *to be always after a ~* andar sempre atrás de saias
petticoated ['petɪkəʊtɪd] *adj.* com saia interior
pettifog ['petɪfɒg] *v.intr.* (*particípios:* **-gg-**) **1** advogar de maneira inferior e sem brilho; **2** chicanar
pettifogger ['petɪfɒgə] *s.* **1** rábula, trapaceiro, chicaneiro; **2** advogado inferior, leguleio, leguleio; **3** charlatão; **4** pessoa que levanta questões a propósito de ninharias
pettifoggery ['petɪfɒgrɪ] *s.* (*pl.* **-ies**) chicanice, chicana, rabulice
pettifogging ['petɪfɒgɪŋ] Ⓐ *adj.* chicaneiro, rábula, trapaceiro Ⓑ *s.* acto de chicana, rabulice
pettily ['petɪlɪ] *adv.* **1** mesquinhamente; **2** com estreiteza de espírito
pettiness ['petɪnɪs] *s.* **1** insignificância; **2** ninharia; **3** mesquinhice
petting ['petɪŋ] *s.* [ant., coloq.] troca de carícias em todo o corpo (sem relações sexuais)
pettish ['petɪʃ] *adj.* **1** impertinente, rabugento; **2** de mau humor; **3** irritado, irritadiço
pettishly ['petɪʃlɪ] *adv.* **1** impertinentemente; **2** de mau humor; **3** com má disposição
pettishness ['petɪʃnɪs] *s.* **1** impertinência, rabugice; **2** mau humor; **3** irritabilidade
pettitoes ['petɪtəʊz] *s.pl.* mãos ou pés de porco
petty ['petɪ] Ⓐ *adj.* (*comp.* **-ier**, *superl.* **-iest**) **1** insignificante; **2** sem importância; **3** trivial; **4** pequeno; *~ annoyances* pequenos aborrecimentos; *~ charges* pequenas despesas; *~ reforms* pequenas reformas; **5** mesquinho; **6** inferior, secundário, subalterno Ⓑ *s.* [coloq.] saia de baixo ❖ *~ cash* fundo para pequenas despesas; soma pequena; ZOOLOGIA *~ chap* papa-figos; marntéu; merlante; *~ jury* júri ordinário; *~ king* reizinho; *~ larceny* pequeno furto; furto de coisas de pequeno valor; NÁUTICA *~ officer* oficial subalterno; contramestre; *~ regulations* burocracias inúteis; regulamentos que demonstram estreiteza de espírito

petulance ['petʃʊləns] s. 1 impaciência; 2 irritabilidade; 3 impertinência, mau humor

petulant ['petʃʊlənt] adj. 1 sem paciência; 2 irritável; 3 impertinente; 4 sempre descontente a propósito de ninharias

petulantly ['petʃʊləntlɪ] adv. irritadamente, com irritação

petunia [pɪ'tjuːnɪə] s. BOTÂNICA petúnia

petuntse [pe'tʌntsɪ] s. MINERALOGIA petuntsé, variedade de feldspato branco usado na China para o fabrico de porcelana

pew [pjuː] Ⓐ s. banco fixo, com costas, em igreja Ⓑ v.tr. (igreja) prover de bancos ❖ (igreja) ~ *holder* pessoa com banco reservado; ~ *rent* importância paga para reserva de lugar sentado na igreja

pewage ['pjuːɪdʒ] s. 1 importância paga pelo aluguer de bancos em igreja; 2 bancos

pewee ['piːwiː] s. ZOOLOGIA variedade de pequeno pássaro norte-americano

pewit ['piːwɪt] s. ZOOLOGIA pavoncino, pavoncinho, galispo, abibe, galeno, abecoinha

pewless ['pjuːləs] adj. sem bancos

pewter ['pjuːtə] s. 1 peltre, liga de estanho, chumbo ou outro metal; 2 utensílios feitos com esta liga; 3 recipiente feito com esta liga (taças, pratos, travessas, etc.); 4 [ant.] prémio em dinheiro, dinheiro

pewterer ['pjuːtərə] s. picheleiro

peyote [peɪ'əʊtɪ] s. BOTÂNICA (cacto) peiote

pfennig ['fenɪɡ] s. [ant.] (moeda) pfennig, centésima parte de um marco

PG Ⓐ CINEMA [abrev. de parental guidence] Ⓑ [abrev. de paying guest] Ⓒ [abrev. de postgraduate]

PGA DESPORTO (golfe) [abrev. de Professional Golfers' Association] PGA

Phaedo ['fiːdəʊ] s.antr. (discípulo de Sócrates) Fedo

Phaedra ['fiːdrə] s. MITOLOGIA Fedra, mulher de Teseu

Phaedrus ['fiːdrəs] s.antr. (fabulista romano) Fedro

Phaethon ['feɪəθən] s. MITOLOGIA Faetonte

phaeton ['feɪtn] s. faetonte, carruagem leve, descoberta, de quatro rodas

phage [feɪdʒ] BIOLOGIA [abrev. de bacteriophage]

phagedaena [fædʒɪ'diːnə, fæɡɪ'diːnə] s. MEDICINA úlcera fagedénica, gangrena

phagedaenic [fædʒɪ'diːnɪk, fæɡɪ'diːnɪk] adj. BIOLOGIA fagedénico

phagedena [fædʒɪ'diːnə, fæɡɪ'diːnə] s. MEDICINA úlcera fagedénica, gangrena

phagedenic [fædʒɪ'diːnɪk, fæɡɪ'diːnɪk] adj. BIOLOGIA fagedénico

phagocyte ['fæɡəsaɪt] s. BIOLOGIA fagócito

phagocytic [fæɡə'sɪtɪk] adj. BIOLOGIA fagocítico

phagocytosis [fæɡəsaɪ'təʊsɪs] s. BIOLOGIA fagocitose

phalaena [fə'liːnə] s. ZOOLOGIA falena

phalange ['fælændʒ] s. ⇒ phalanx

phalangeal [fə'lændʒəl] adj. falangeal, falângico, falangeano

phalanger [fə'lændʒə] s. ZOOLOGIA filandra, variedade de mamíferos marsupiais

phalanges [fæ'lændʒiːz] pl. de phalanx

phalansterian [fælæn'stiːərɪən] adj.,s. falansteriano

phalanstery ['fælənstərɪ] s. (pl. -ies) falanstério, habitação de falanges (comunas societárias)

phalanx ['fælæŋks] s. (pl. **phalanxes** ou **phalanges**) 1 falange, linha de batalha, corpo de infantaria macedónia; 2 comuna socialista de cerca de 1800 pessoas no sistema de Fourier; 3 [pl. geralm. *phalanxes*] grupo de pessoas unidas para qualquer fim; 4 ANATOMIA [pl. geralm. *phalanges*] falange

phalarope ['fælərəʊp] s. ZOOLOGIA falaropo

phalera ['fælərə] s. ZOOLOGIA fálera

phallic ['fælɪk] adj. fálico

phallicism ['fælɪsɪzəm] s. falicismo, culto do falo

phallism ['fælɪzəm] s. falicismo, culto do falo

phallus ['fæləs] s. (pl. -i) falo

phanariot [fə'nærɪɒt] s. indivíduo residente no bairro Phanar de Constantinopla

phanerogam ['fænərəʊɡæm] s. BOTÂNICA fanerógama, fanerogâmica

Phanerogamia [fænərəʊ'ɡeɪmɪə] s.pl. BOTÂNICA Fanerógamas, Fanerogâmicas

phanerogamic [fænərəʊ'ɡæmɪk] adj. BOTÂNICA fanerogâmica

phanerogamous [fænə'rɒɡəməs] adj. BOTÂNICA fanerógama

phantasm ['fæntæzəm] s. 1 ilusão, quimera, fantasia; 2 espectro; 3 fantasma; 4 aparição

phantasmagoria [fæntæzməˈɡɒrɪə] s. fantasmagoria

phantasmagoric [fæntæzmə'ɡɒrɪk] adj. fantasmagórico

phantasmagory [fæn'tæzməɡərɪ] s. ⇒ phantasmagoria

phantasmal [fæn'tæzməl] adj. 1 fantasmal; 2 espectral; 3 irreal

phantasmally [fæn'tæzməlɪ] adv. duma maneira fantasmal

phantasmic [fæn'tæzmɪk] adj. irreal, próprio de fantasma, fantasmal

phantom ['fæntəm] Ⓐ s. 1 fantasma; espectro; aparição; 2 ilusão; aparência ilusória Ⓑ adj. 1 fantasma; ~ *ship* navio fantasma; 2 ilusório; *a* ~ *pain* uma dor ilusória; 3 [coloq.] misterioso ❖ MEDICINA ~ *limb* membro-fantasma

Phar. Ⓐ [abrev. de pharmaceutical] Ⓑ [abrev. de pharmacist] Ⓒ [abrev. de pharmacopoeia] Ⓓ [abrev. de pharmacy]

Pharaoh ['feərəʊ] s. (antigo Egipto) faraó ❖ ZOOLOGIA *Pharaoh's ant* formiga-argentina; ZOOLOGIA *Pharaoh's mouse* mangusto; manguço; icnêumon

Pharaonic [feəreɪ'ɒnɪk] adj. faraónico

Pharisaic [færɪ'seɪɪk] adj. farisaico

Pharisaical [færɪ'seɪɪkəl] adj. farisaico

Pharisaically [færɪ'seɪɪkəlɪ] adv. farisaicamente; à maneira de fariseu

Pharisaism ['færɪseɪɪzəm] s. 1 farisaísmo; 2 [fig.] hipocrisia, pedantismo

Pharisee ['færɪsiː] s. 1 fariseu; 2 [fig.] farisaico, hipócrita, pedante

Phariseeism ['færɪsiːɪzəm] s. 1 farisaísmo; 2 [fig.] hipocrisia, pedantismo

pharmaceutic [fɑːmə'sjuːtɪk] adj. farmacêutico

pharmaceutical [fɑːmə'sjuːtɪkəl] Ⓐ adj. farmacêutico Ⓑ s. pl. FARMÁCIA fármacos

pharmaceutics [fɑːmə'sjuːtɪks] s. 1 ciência farmacêutica, arte farmacêutica; 2 produtos farmacêuticos

pharmaceutist [fɑːmə'sjuːtɪst] s. [rar.] farmacêutico, boticário

pharmacist ['fɑːməsɪst] s. FARMÁCIA farmacêutico

pharmacodynamic [fɑːməkəʊdaɪ'næmɪk] adj. FARMÁCIA farmacodinâmico

pharmacodynamics [fɑːməkəʊdaɪ'næmɪks] s. FARMÁCIA, MEDICINA farmacodinâmica

pharmacognosy [fɑːmə'kɒɡnəsɪ] s. FARMÁCIA farmacognosia

pharmacological [fɑːməkə'lɒdʒɪkəl] adj. farmacológico

pharmacologist [fɑːmə'kɒlədʒɪst] s. farmacologista

pharmacology [fɑːmə'kɒlədʒɪ] s. FARMÁCIA, MEDICINA farmacologia

pharmacopoeia [fɑːməkə'piːə] s. FARMÁCIA farmacopeia

pharmacotherapy [fɑːməkəʊ'θerəpɪ] s. (pl. -ies) FARMÁCIA farmacoterapia

pharmacy ['fɑːməsɪ] s. (pl. -ies) (ciência, profissão, loja) farmácia

pharos ['feərɒs] s. farol

Pharsalia [fɑː'seɪljə] s. Farsália ❖ HISTÓRIA (Roma Antiga) *the Battle of* ~ a batalha de Farsália

pharyngeal [færɪn'dʒiːəl] adj. ANATOMIA faríngeo, farínjico

pharyngitis [færɪn'dʒaɪtɪs] s. MEDICINA faringite

pharyngobranchial [færɪŋɡəʊ'bræŋkɪəl] adj. faringobranquial

pharyngo-laryngitis [fæˌrɪŋɡəlærɪn'dʒaɪtɪs] s. MEDICINA faringolaringite

pharyngological [færɪŋɡə'lɒdʒɪkəl] adj. faringológico

pharyngologist [færɪŋ'ɡɒlədʒɪst] s. MEDICINA especialista em faringologia

pharyngology [færɪŋ'ɡɒlədʒɪ] s. MEDICINA faringologia

pharyngoscope [fæ'rɪŋɡəskəʊp] s. faringoscópio

pharyngotomy [færɪŋ'ɡɒtəmɪ] s. CIRURGIA faringotomia

pharynx ['færɪŋks] s. (pl. **pharynxes** ou **pharynges**) ANATOMIA faringe

phase [feɪz] Ⓐ s. 1 fase; estádio; período; 2 (lua, etc.) fase; 3 ELECTRICIDADE fase; 4 mudança; modificação; *to go through many phases* experimentar muitas mudanças Ⓑ v.tr. fasear; dividir em etapas ou fases ❖ ~ *advancer* compensador de fase; ~ *balance* compensação de fase; ~ *changer* conversor polifásico; ~ *corrector* compensador de fase; ~ *displacement*

desfasamento; **~ indicator** indicador da fase; **~ voltage** voltagem da fase; **out of ~** desfasado; **to enter upon its last ~** entrar na última fase; **to lag in ~** estar atrasado na fase; **to lead in ~** estar adiantado na fase
- **phase in** v.tr. introduzir gradualmente
- **phase out** v.tr. retirar gradualmente, abandonar gradualmente

phased [feɪzd] adj. 1 faseado, por fases; 2 progressivo, gradual; 3 ELECTRICIDADE em fase
phasemeter ['feɪzmiːtə] s. ELECTRICIDADE fasímetro
phase-out ['feɪzaʊt] s. supressão progressiva
phasic ['feɪzɪk] adj. ELECTRICIDADE de fase; relativo a fase
phasing ['feɪzɪŋ] s. ELECTRICIDADE acto ou efeito de pôr em fase
phasis ['feɪsɪs] s. (pl. **phases**) 1 ASTRONOMIA fase; 2 aspecto
phatic ['fætɪk] adj. LINGUÍSTICA fático
PhB [abrev. de Bachelor of Philosophy (Philosophiae Baccalaureus)]
PHC [abrev. de Pharmaceutical Chemist]
PhD (doutoramento) (universidade) [abrev. de Doctor of Philosophy]
pheasant ['feznt] s. ZOOLOGIA faisão ❖ ZOOLOGIA **golden ~** faisão dourado
pheasantry ['fezntrɪ] s. criação, viveiro de faisões
Phebe ['fiːbɪ] s. ⇒ **Phoebe**
phelloderm ['feləʊdɜːm] s. BOTÂNICA feloderme, feloderma
phellogen ['feləʊdʒən] s. BOTÂNICA felogene, felogénio
phellogenetic [ˌfeləʊdʒɪˈnetɪk] adj. BOTÂNICA felogenético
phellogenic [feləʊˈdʒenɪk] adj. BOTÂNICA felogénico
phenacetin [fɪˈnæsɪtɪn] s. QUÍMICA fenacetina
phenic [ˈfiːnɪk, ˈfenɪk] adj. QUÍMICA fénico
phenocopy [ˈfiːnəʊˌkɒpɪ] s. BIOLOGIA (genética) fenocópia
phenol [ˈfiːnɒl] s. QUÍMICA fenol, ácido fénico ❖ **~ solvent** dissolvente do fenol
phenolic [fɪˈnɒlɪk] adj. QUÍMICA fenólico
phenological [ˌfiːnəˈlɒdʒɪkəl] adj. fenológico
phenology [fɪˈnɒlədʒɪ] s. fenologia
phenolphthalein [ˌfiːnɒlˈfθeɪliːn] s. QUÍMICA fenolftaleína
phenomena [fɪˈnɒmɪnə] pl. de **phenomenon**
phenomenal [fɪˈnɒmɪnəl] adj. 1 fenomenal; extraordinário; prodigioso; espantoso; 2 FILOSOFIA fenomenal, apreendido pelos sentidos; 3 relativo a fenómeno; da natureza do fenómeno
phenomenalism [fɪˈnɒmɪnəlɪzəm] s. FILOSOFIA fenomenalismo
phenomenally [fɪˈnɒmɪnəlɪ] adv. 1 fenomenalmente; 2 prodigiosamente; 3 extraordinariamente
phenomenological [fəˌnɒmənəˈlɒdʒɪkəl] adj. FILOSOFIA fenomenológico
phenomenology [fəˌnɒmənəˈnɒlədʒɪ] s. FILOSOFIA fenomenologia
phenomenon [fɪˈnɒmɪnən] s. (pl. **-ena**) 1 (ciência) fenómeno; 2 (pessoa) fenómeno; prodígio; crânio ❖ **~ of polarization** fenómeno de polarização; **atmospheric ~** fenómeno atmosférico; **infant ~** criança prodígio
phenotype [ˈfiːnəʊtaɪp] s. fenótipo
phenotypic [ˌfiːnəʊˈtɪpɪk] adj. fenotípico
phenyl [ˈfiːnɪl] s. QUÍMICA fenilo
phenylamide [ˈfiːnaɪləˌmaɪd] s. QUÍMICA fenilamida
phenylamine [ˈfiːnaɪləˌmaɪn] s. QUÍMICA fenilamina
phenylene [ˈfiːnɪliːn] s. QUÍMICA fenileno
pherecratean [ˌferekrəˈtiːən] adj. LITERATURA (verso) ferecrácio, ferecrático
pherecratic [fereˈkrætɪk] adj. ⇒ **pherecratean**
pheromone [ˈferəˌməʊn] s. feromona
phew [fjuː] interj. (cansaço, surpresa, alívio) uf!
PhG [EUA] [abrev. de Graduate in Pharmacy]
phi [faɪ] s. fi, nome da vigésima primeira letra do alfabeto grego
phial [ˈfaɪəl] s. pequeno frasco de vidro, sobretudo para remédios
Phidias [ˈfɪdɪæs] s.antr. Fídias
Phil. Ⓐ [abrev. de Philippines] Ⓑ [abrev. de Philippians] Ⓒ MÚSICA [abrev. de Philharmonic]
Phil [fɪl] Ⓐ dim. de **Philip** Ⓑ dim. de **Phyllis**
Phila. [abrev. de Philadelphia]
Philadelphia [ˌfɪləˈdelfɪə] s.top. Filadélfia ❖ **~ lawyer** advogado esperto; advogado astuto
Philadelphian [ˌfɪləˈdelfɪən] adj.,s. 1 filadelfiense; relativo à cidade de Filadélfia; 2 natural ou habitante de Filadélfia

philander [fɪˈlændə] Ⓐ v.intr. 1 ter ligações extramatrimoniais; 2 namoricar, namoriscar Ⓑ s. 1 ligação extramatrimonial; 2 namorico
philanderer [fɪˈlændərə] s. 1 mulherengo; 2 namoriscador, galanteador
philandering [fɪˈlændərɪŋ] Ⓐ adj. mulherengo; fraldiqueiro Ⓑ s. ligações extramatrimoniais; traições; infidelidades ❖ **~ husband** marido pouco fiel
philanthropic [ˌfɪlənˈθrɒpɪk] adj. filantrópico, filantropo
philanthropical [ˌfɪlənˈθrɒpɪkəl] adj. filantrópico, filantropo
philanthropically [ˌfɪlənˈθrɒpɪkəlɪ] adv. filantropicamente
philanthropism [fɪˈlænθrəpɪzəm] s. filantropismo
philanthropist [fɪˈlænθrəpɪst] s. filantropo
philanthropize [fɪˈlænθrəpaɪz] v.tr.,intr. 1 ser filantropo, praticar actos de filantropia; 2 tratar com filantropia, proceder filantropicamente em relação a; 3 tornar filantropo
philanthropy [fɪˈlænθrəpɪ] s. (pl. **-ies**) filantropia
philatelic [ˌfɪləˈtelɪk] adj. filatélico
philatelist [fɪˈlætəlɪst] s. filatelista
philately [fɪˈlætəlɪ] s. filatelia
Philemon [fɪˈliːmɒn] s. MITOLOGIA Filémon
philharmonic [ˌfɪləˈmɒnɪk] adj. filarmónico
philhellene [ˈfɪlhelɪːn] adj.,s. fileleno
philhellenic [fɪlheˈliːnɪk] adj. fileleno
philhellenism [fɪlheˈlɪnɪzəm] s. HISTÓRIA filelenismo
philhellenist [fɪlheˈlɪnɪst] s. HISTÓRIA filelenista
Philip [ˈfɪlɪp] s.antr. Filipe
Philippa [ˈfɪlɪpə] s.antr. Filipa
Philippian [fɪˈlɪpɪən] adj.,s. 1 filipense; relativo à cidade de Filipos; 2 natural ou habitante dessa cidade
philippic [fɪˈlɪpɪk] s. 1 filípica, discurso pronunciado por Demóstenes contra Filipe, rei da Macedónia; 2 discurso ou escrito violento e satírico
philippina [ˌfɪlɪˈpiːnə] s. ⇒ **philopoena**
philippine [fɪlɪˈpiːn] s. ⇒ **philopoena**
Philippine [ˈfɪlɪpiːn] adj. filipino ❖ GEOGRAFIA **the ~ Islands** as Filipinas
Philistine [ˈfɪlɪstaɪn] adj.,s. 1 filisteu; 2 relativo ao povo filisteu; 3 [depr.] burguês, pessoa inculta, de espírito vulgar e estreito; 4 (universidade) não estudante, futrica_gír_
Philistinism [ˈfɪlɪstɪnɪzəm] s. espírito de filisteu, espírito tacanho para as coisas de arte e de cultura
Philoctetes [ˌfɪləkˈtiːtiːz, ˌfɪlɒkˈtiːtiːz] s. MITOLOGIA Filoctetes
philologer [fɪˈlɒlədʒə] s. [arc.] filólogo
philological [ˌfɪləˈlɒdʒɪkəl] adj. filológico
philologically [ˌfɪləˈlɒdʒɪkəlɪ] adv. filologicamente
philologist [fɪˈlɒlədʒɪst] s. filólogo, filologista
philology [fɪˈlɒlədʒɪ] s. filologia
Philomel [ˈfɪləmel] s. [poét.] filomela, rouxinol
Philomela [ˌfɪləʊˈmiːlə] s. 1 [poét.] Filomela, rouxinol; 2 MITOLOGIA Filomela, filha de Pandion, rei de Atenas, mais tarde transformada em rouxinol
philopoena [ˌfɪləˈpiːnə] s. filipina, jogo com uma amêndoa de dois caroços, que implica o recebimento ou o pagamento duma prenda
philosopher [fɪˈlɒsəfə] s. filósofo ❖ **philosophers' stone** pedra filosofal
philosophic [ˌfɪləˈsɒfɪk] adj. ⇒ **philosophical**
philosophical [ˌfɪləˈsɒfɪkəl] adj. 1 filosófico; 2 relativo à filosofia; 3 calmo; sereno
philosophically [ˌfɪləˈsɒfɪkəlɪ] adv. filosoficamente
philosophism [fɪˈlɒsəfɪzəm] s. filosofismo
philosophize [fɪˈlɒsəfaɪz] v.tr.,intr. 1 filosofar; fazer de filósofo; 2 moralizar; 3 converter em filosofia, tratar filosoficamente
philosophy [fɪˈlɒsəfɪ] s. filosofia ❖ **moral ~** ética; [arc.] **natural ~** a física; **sb's ~ of life** a filosofia de vida de alguém
Philostratus [fɪˈlɒstrətəs] s.antr. Filóstrato
philotechnic [ˌfɪləˈteknɪk] adj. filotécnico
philter [ˈfɪltə] s. [lit.] filtro amoroso
philtre [ˈfɪltə] s. [lit.] filtro amoroso
phimosis [faɪˈməʊsɪs] s. MEDICINA fimose
phiz [fɪz] s. [cal.] (cara, face) trombas_pop._, focinho_pop._
phlebitic [flɪˈbɪtɪk] adj. flebítico

phlebitis [flɪ'baɪtɪs] s. MEDICINA flebite
phlebosclerosis [ˌflɪbəʊskləˈrəʊsɪs] s. MEDICINA flebosclerose
phlebotomize [flɪ'bɒtəmaɪz] v.tr. 1 flebotomizar; 2 sangrar
phlebotomy [flɪ'bɒtəmɪ] s. CIRURGIA flebotomia
phlegm [flem] s. 1 flegma, fleuma, humor, mucosidade, substância viscosa segregada por membranas mucosas; 2 calma, serenidade; 3 apatia
phlegmasia [fleg'meɪzɪə] s. MEDICINA flegmásia
phlegmatic [fleg'mætɪk] adj. 1 flegmático, fleumático; 2 impassível; 3 calmo; 4 frio
phlegmatically [fleg'mætɪklɪ] adv. fleumaticamente
phlegmon ['flegmɒn] s. MEDICINA flegmão, fleimão
phlegmy ['flemɪ] adj. 1 fleumático; 2 catarroso, mucoso; 3 pituitoso, abundante em pituíta
phloem ['fləʊɪm] s. BOTÂNICA floema
phlogistic [flɒ'dʒɪstɪk] adj. flogístico
phlogiston [flɒ'dʒɪstən] s. flogisto, flogístico
phlyctaena [flɪk'tiːnə] s. MEDICINA flictena
phobia ['fəʊbɪə] s. fobia
Phocis ['fəʊsɪs] s.top. Fócida
Phoebe ['fiːbɪ] s. MITOLOGIA Febe
Phoebus ['fiːbəs] s. MITOLOGIA Febo
Phoenicia [fəˈnɪʃə] s.top. Fenícia
Phoenician [fɪ'nɪʃɪən] Ⓐ adj. fenício Ⓑ s. (língua, pessoa) fenício
phoenix ['fiːnɪks] s. (pl. -es) fénix
pholas ['fəʊlæs] s. (pl. -ades) ZOOLOGIA folas, género de moluscuos
phonation [fəʊ'neɪʃən] s. fonação
phonatory ['fəʊnətərɪ] adj. LINGUÍSTICA fonador
phonautograph [fəʊ'nɔːtəgrɑːf] s. FÍSICA fonautógrafo, aparelho acústico destinado a registar as vibrações sonoras
phone [fəʊn] Ⓐ s. 1 [colloq.] telefone; *to answer the ~* atender o telefone; *to be on the ~* estar ao telefone; *to pick up the ~* atender o telefone, pegar no auscultador; 2 auscultador; 3 LINGUÍSTICA (fonética) fone Ⓑ v.tr.,intr. [colloq.] telefonar (a); ligar (a); *to ~ sb* telefonar a alguém ❖ *~ bill* conta do telefone; *~ book* lista telefónica; [EUA] *~ booth* cabina telefónica; [GB] *phone/call box* cabina telefónica; *~ call* chamada (telefónica); *~ directory* lista telefónica; *~ number* número de telefone; *~ tapping* escutas telefónicas; *pay ~* telefone público
◆ **phone around/round** v.tr. fazer telefonemas (a várias pessoas ou entidades); contactar por telefone
◆ **phone back** v.tr. 1 (retribuição) responder a telefonema de; 2 (interrupção) voltar a ligar; *I'll phone you back* eu volto a ligar-te
◆ **phone in** Ⓐ v.intr. telefonar para emissão de rádio ou de televisão Ⓑ v.tr. transmitir por telefone ❖ (trabalho) *to ~ sick* telefonar para avisar que se está doente
◆ **phone up** v.tr.,intr. ligar, telefonar
phonecard ['fəʊnkɑːd] s. (cartão que permite fazer chamadas) credifone
phoneme ['fəʊniːm] s. LINGUÍSTICA fonema
phonemic [fəʊ'niːmɪk] adj. LINGUÍSTICA fonémico
phonemicist [fəʊ'niːmɪsɪst] s. LINGUÍSTICA fonemicista
phonemics [fəʊ'niːmɪks] s. LINGUÍSTICA fonémica
phonetic [fə'netɪk] adj. LINGUÍSTICA fonético ❖ *~ alphabet* alfabeto fonético; *~ transcription* transcrição fonética
phonetically [fə'netɪklɪ] adv. foneticamente
phonetician [ˌfəʊnɪ'tɪʃən] s. LINGUÍSTICA foneticista, fonetista
phoneticist [fəʊ'netɪsɪst] s. ⇒ **phonetician**
phonetics [fə'netɪks] s. LINGUÍSTICA fonética
phoney ['fəʊnɪ] adj. [EUA] [colloq.] ⇒ **phony**
phonic ['fəʊnɪk, 'fɒnɪk] adj. LINGUÍSTICA fónico
phonofilm ['fəʊnəʊfɪlm] s. fonofilme, filme sonoro
phonogram ['fəʊnəgræm] s. 1 símbolo taquigráfico, representativo do som falado, sobretudo no sistema de Pitman; 2 registo de som feito por aparelho de gravar
phonograph ['fəʊnəgrɑːf] Ⓐ s. [ant.] (inventado por Edison) fonógrafo Ⓑ v.tr. [ant.] registar, reproduzir por intermédio de fonógrafo ❖ [ant.] *~ needle* agulha de fonógrafo ou gramofone
phonographer [fəʊ'nɒgrəfə] s. taquígrafo, estenógrafo
phonographic [ˌfəʊnə'græfɪk] adj. 1 fonográfico; 2 taquigráfico
phonographical [ˌfəʊnə'græfɪkəl] adj. 1 fonográfico; 2 taquigráfico

phonographically [ˌfəʊnə'græfɪklɪ] adv. fonograficamente
phonography [fəʊ'nɒgrəfɪ] s. 1 fonografia, arte ou emprego do fonógrafo; 2 representação gráfica dos sons; 3 representação gráfica das vibrações dos corpos sonoros
phonolite ['fəʊnəʊlaɪt] s. MINERALOGIA fonólito
phonolitic [ˌfəʊnə'lɪtɪk] adj. fonolítico, diz-se de certas rochas que ressoam quando se lhes bate
phonologic [ˌfəʊnə'lɒdʒɪk] adj. LINGUÍSTICA fonológico
phonological [ˌfəʊnə'lɒdʒɪkəl] adj. LINGUÍSTICA fonológico
phonologically [ˌfəʊnə'lɒdʒɪklɪ] adv. fonologicamente
phonologist [fə'nɒlədʒɪst] s. LINGUÍSTICA fonólogo
phonology [fə'nɒlədʒɪ] s. LINGUÍSTICA fonologia
phonometer [fəʊ'nɒmɪtə] s. FÍSICA fonómetro
phonoscope ['fəʊnəskəʊp] s. FÍSICA fonidoscópio
phony ['fəʊnɪ] Ⓐ adj. (comp. -ier, superl. -iest) 1 falso; 2 fingido; 3 simulado; 4 dissimulado; 5 de imitação barata Ⓑ s. (pl. -ies) 1 imitação; 2 falsificação; 3 impostura; 4 mentira; 5 impostor
phosgene ['fɒzdʒiːn] s. QUÍMICA fosgénio
phosgenite ['fɒzdʒɪnaɪt] s. MINERALOGIA fosgenite, clorocarbonato natural de chumbo
phosphatase ['fɒsfəˌteɪs] s. BIOQUÍMICA fosfátase
phosphate ['fɒsfeɪt] s. QUÍMICA fosfato ❖ *~ of magnesia* fosfato de magnésio; AGRICULTURA *~ treatment* fosfatagem
phosphated ['fɒsfeɪtɪd] adj. fosfatado
phosphatic [fɒs'fætɪk] adj. 1 fosfático; 2 fosfatado
phosphatization [ˌfɒsfətaɪ'zeɪʃən] s. fosfatização
phosphatize ['fɒsfətaɪz] v.tr. 1 fosfatar, tratar com fosfato; 2 converter em fosfato
phosphaturia [ˌfɒsfə'tjʊərɪə] s. MEDICINA fosfatúria
phosphaturic [ˌfɒsfə'tjʊərɪk] adj. fosfatúrico
phosphene ['fɒsfiːn] s. fosfena, fosfeno, fotopsia
phosphide ['fɒsfaɪd] s. QUÍMICA fosfeto, fosfureto, fosfamina
phosphine ['fɒsfiːn] s. QUÍMICA fosfina
phosphite ['fɒsfaɪt] s. QUÍMICA fosfito, sal do ácido fosforoso
phosphor ['fɒsfə] s. QUÍMICA (substância) fósforo
phosphorate ['fɒsfəreɪt] v.tr. fosforar
phosphorated ['fɒsfəreɪtɪd] adj. fosforado
phosphoresce [ˌfɒsfə'res] v.intr. fosforescer, fosforejar, fosforear
phosphorescence [ˌfɒsfə'resəns] s. fosforescência
phosphorescent [ˌfɒsfə'resənt] adj. fosforescente ❖ *~ screen* tela fosforescente
phosphoric [fɒs'fɒrɪk] adj. QUÍMICA fosfórico ❖ *~ acid* ácido fosfórico; *~ light* luz fosfórica
phosphorism ['fɒsfərɪzəm] s. fosforismo, intoxicação pelo fósforo
phosphorite ['fɒsfəraɪt] s. MINERALOGIA fosforite
phosphorize ['fɒsfəraɪz] v.tr. fosforizar
phosphoroscope [ˌfɒsfə'rəʊskəʊp] s. FÍSICA fosforoscópio
phosphorous ['fɒsfərəs] adj. fosforoso ❖ *~ acid* ácido fosforoso; *~ compound* composto fosforoso
phosphorus ['fɒsfərəs] s. QUÍMICA (elemento químico) fósforo ❖ MEDICINA (fabrico de fósforos) *~ necrosis* gangrena do osso maxilar; *red ~* fósforo vermelho; *yellow ~* fósforo branco
phosphuretted ['fɒsfjʊretɪd] adj. QUÍMICA fosforado
phossy jaw ['fɒsɪ'dʒɔː] s. [colloq.] ⇒ **phosphorus necrosis**
photic ['fəʊtɪk] adj. fótico
Photion ['fəʊʃən] s. partidário das doutrinas de Fócio, patriarca de Constantinopla (820-891)
photism ['fəʊtɪzəm] s. fotismo, audição colorida
photo ['fəʊtəʊ] s.,v.tr. (pl. **photos**, prt. **photoed**, part. pres. **photoing**) ⇒ **photograph**
photobiography [ˌfəʊtəʊbaɪ'ɒgrəfɪ] s. fotobiografia
photocell ['fəʊtəʊsel] s. célula fotoeléctrica ❖ *~ controlled* comandado por célula fotoeléctrica; *~ photometer* fotómetro fotoeléctrico; *~ transformer* transformador de célula fotoeléctrica
photo-ceramic [ˌfəʊtəʊsɪ'ræmɪk] adj. fotocerâmico
photo-ceramics [ˌfəʊtəʊsɪ'ræmɪks] s. fotocerâmica
photochemical [ˌfəʊtəʊ'kemɪkəl] adj. fotoquímico ❖ *~ agent* agente fotoquímico; *~ reaction* reacção fotoquímica
photochemistry [ˌfəʊtəʊ'kemɪstrɪ] s. fotoquímica
photochrome ['fəʊtəkrəʊm] s. fotocromo
photochromy ['fəʊtəkrəʊmɪ] s. fotocromia

photocompose [ˌfəʊtəʊkəm'pəʊz] v.tr. [EUA] trabalhar na fotocomposição de
photocomposer [ˌfəʊtəʊkəm'pəʊzə] s. [EUA] fotocompositor
photocomposition [ˌfəʊtəʊkɒmpə'zɪʃən] s. [EUA] fotocomposição
photoconductive [ˌfəʊtəʊkən'dʌktɪv] adj. fotocondutivo, fotocondutor
photoconductivity [ˌfəʊtəʊkɒndʌ'tɪvɪtɪ] s. fotocondutividade
photoconductor [ˌfəʊtəʊkən'dʌktə] s. fotocondutor
photocopier [ˌfəʊtəʊ'kɒpɪə] s. fotocopiadora
photocopy ['fəʊtəʊkɒpɪ] Ⓐ s. (pl. -ies) fotocópia Ⓑ v.tr. fotocopiar
photodecompose [ˌfəʊtəʊdiːkəm'pəʊz] v.tr.,intr. decompor(-se) através da luz; sofrer fotodecomposição
photodecomposition [ˌfəʊtəʊdiːkɒmpə'zɪʃən] s. fotodecomposição
photo-drama ['fəʊtəʊdrɑːmə] s. ⇒ **photoplay**
photoelectric [ˌfəʊtəʊɪ'lektrɪk] adj. fotoeléctrico ❖ ~ *cell* célula fotoeléctrica
photoemission [ˌfəʊtəʊɪ'mɪʃən] s. fotoemissão
photoemissive [ˌfəʊtəʊɪ'mɪsɪv] adj. fotoemissivo
photo-engraver [ˌfəʊtəʊɪn'greɪvə] s. fotogravador
photo-engraving [ˌfəʊtəʊɪn'greɪvɪŋ] s. fotogravura
photo-enlargement [ˌfəʊtəʊɪn'lɑːdʒmənt] s. ampliação fotográfica
photo-finish [ˌfəʊtəʊ'fɪnɪʃ] s. (corrida) empate técnico (resolvido através de fotografia), fim de corrida em que os concorrentes chegam tão juntos que é necessário o exame da fotografia da chegada para decidir o vencedor ❖ *his horse won in a* ~ o cavalo dele ganhou por um triz
photogenetic [ˌfəʊtəʊdʒɪ'netɪk] adj. ⇒ **photogenic**
photogenic [ˌfəʊtəʊ'dʒenɪk] adj. fotogénico
photoglyphic [ˌfəʊtəʊ'glɪfɪk] adj. ⇒ **photoglyptic**
photoglyphy ['fəʊtəʊglɪfɪ] s. fotogliptia
photoglyptic [ˌfəʊtəʊ'glɪptɪk] adj. fotoglíptico; relativo à fotogliptia
photogram ['fəʊtəʊgræm] s. fotograma
photogrammetric [ˌfəʊtəʊgræ'metrɪk] adj. fotogramétrico
photogrammetrical [ˌfəʊtəʊgræ'metrɪkəl] adj. fotogramétrico
photogrammetry [ˌfəʊtə'græmɪtrɪ] s. fotogrametria
photograph ['fəʊtəgrɑːf] Ⓐ s. fotografia; foto_coloq._; *in/on the* ~ na fotografia; *to take a* ~ tirar uma fotografia Ⓑ v.tr. fotografar; tirar fotografias de ❖ ~ *album* álbum de fotografias; *I always* ~ *badly* fico sempre mal nas fotografias; *to* ~ *well* ser fotogénico
photographer [fə'tɒgrəfə] s. fotógrafo
photographic [ˌfəʊtə'græfɪk] adj. 1 fotográfico; 2 com uma exactidão fotográfica; ~ *description* descrição muito minuciosa, com exactidão fotográfica ❖ ~ *developer* revelador para fotografia; ~ *emulsion* emulsão para fotografia; FOTOGRAFIA ~ *exposure* exposição; ~ *floodlamp* projector para fotografia; ~ *lens* lente para fotografia; ~ *memory* memória fotográfica; ~ *paper* papel fotográfico; ~ *sharpness* nitidez fotográfica
photographical [ˌfəʊtə'græfɪkl] adj. ⇒ **photographic**
photographically [ˌfəʊtə'græfɪklɪ] adv. fotograficamente
photography [fə'tɒgrəfɪ] s. (arte) fotografia ❖ *air* ~ fotografia aérea; *colour* ~ fotografia a cores
photogravure [ˌfəʊtəʊgrə'vjʊə] s. fotogravura
photogravurist [ˌfəʊtəʊgrə'vjʊərɪst] s. fotogravador
photojournalism [ˌfəʊtəʊ'dʒɜːnəlɪzəm] s. fotojornalismo
photojournalist [ˌfəʊtəʊ'dʒɜːnəlɪst] s. fotojornalista
photolithograph [ˌfəʊtə'lɪθəgrɑːf] Ⓐ s. fotolitografia Ⓑ v.tr. fotolitografar
photolithographer [ˌfəʊtəlɪ'θɒgrəfə] s. litógrafo que emprega os processos da fotolitografia
photolithographic [ˌfəʊtəlɪθə'græfɪk] adj. fotolitográfico
photolithographical [ˌfəʊtəlɪθə'græfɪkəl] adj. fotolitográfico
photolithographically [ˌfəʊtəlɪθə'græfɪklɪ] adv. fotolitograficamente
photolithography [ˌfəʊtəlɪ'θɒgrəfɪ] s. [ant.] fotolitografia
photolysis [fəʊ'tɒlɪsɪs] s. fotólise, decomposição molecular por meio da luz

photolytic [ˌfəʊtə'lɪtɪk] adj. [ant.] fotolítico ❖ ~ *cell* pilha fotolítica
photomechanical [ˌfəʊtəʊmɪ'kænɪkəl] adj. fotomecânico
photometer [fəʊ'tɒmɪtə] s. fotómetro ❖ ~ *bench* banco fotométrico; *grase-spot* ~ fotómetro de Bunsen; *shadow* ~ fotómetro de Rumford
photometric [ˌfəʊtəʊ'metrɪk] adj. FÍSICA fotométrico ❖ ~ *measurement* avaliação fotométrica
photometrical [ˌfəʊtəʊ'metrɪkl] adj. ⇒ **photometric**
photometry [fəʊ'tɒmətrɪ] s. FÍSICA fotometria
photomicrograph [ˌfəʊtə'maɪkrəʊgrɑːf] s. microfotografia, fotomicrografia
photomicrographic [ˌfəʊtəmaɪkrəʊ'græfɪk] adj. fotomicrográfico
photomicrography [ˌfəʊtəmaɪ'krɒgrəfɪ] s. fotomicrografia, arte de fotomicrografar
photomontage [ˌfəʊtəʊmɒn'tɑːʒ] s. fotomontagem
photon ['fəʊtɒn] s. FÍSICA fotão
photoperiod [ˌfəʊtəʊ'pɪːrɪəd] s. BIOLOGIA fotoperíodo
photophit ['fəʊtəʊfɪt] s. 1 retrato-robô; 2 [fig.] (candidato a emprego) perfil
photophobia [ˌfəʊtəʊ'fəʊbɪə] s. MEDICINA fotofobia
photophobic [ˌfəʊtəʊ'fəʊbɪk] adj. fotofóbico
photophone ['fəʊtəʊfəʊn] s. fotofónio
photophore ['fəʊtəʊfɔː] s. QUÍMICA fotóforo
photopia [fəʊ'təʊpɪə] s. visão diurna
photoplay ['fəʊtəʊpleɪ] s. filme baseado em peça de teatro
photoprint ['fəʊtəʊprɪnt] s. 1 fotocópia; 2 fotogravura; 3 impressão por processo fotomecânico
photoradiogram [ˌfəʊtəʊ'reɪdɪəʊgræm] s. fotografia transmitida pelo sistema de telegrafia sem fios
photorealism [ˌfəʊtəʊ'rɪəlɪzəm] s. ARTES PLÁSTICAS fotorrealismo
photosensitive [ˌfəʊtəʊ'sensɪtɪv] adj. fotossensível ❖ ~ *film* filme fotossensível; ~ *plate* chapa fotossensível
photosphere ['fəʊtəʊsfɪə] s. ASTRONOMIA fotosfera
photostat ['fəʊtəstæt] s. fotocopiadora
photosynthesis [ˌfəʊtəʊ'sɪnθɪsɪs] s. fotossíntese
phototelegraph [ˌfəʊtəʊ'telɪgrɑːf] s. 1 fototelegrafia; 2 fototelégrafo
phototelegraphic [ˌfəʊtəʊtelɪ'græfɪk] adj. fototelegráfico
phototelegraphy [ˌfəʊtəʊtɪ'legrəfɪ] s. fototelegrafia
phototherapeutic [ˌfəʊtəʊθerə'pjuːtɪk] adj. MEDICINA fototerápico
phototherapy [ˌfəʊtəʊ'θerəpɪ] s. MEDICINA fototerapia
phototopography [ˌfəʊtəʊtə'pɒgrəfɪ] s. fototopografia
phototropic [ˌfəʊtəʊ'trɒpɪk] adj. BOTÂNICA fototrópico
phototropism [fəʊ'tɒtrəpɪzəm] s. BOTÂNICA fototropismo, heliotropismo
phototype ['fəʊtəʊtaɪp] s. fotótipo
phototypographic [ˌfəʊtəʊtaɪpə'græfɪk] adj. fototipográfico
phototypography [ˌfəʊtəʊtaɪ'pɒgrəfɪ] s. fototipografia
phototypogravure [ˌfəʊtəʊtaɪpəgrə'vjʊə] s. fototipogravura
phototypy ['fəʊtəʊtɪpɪ] s. fototipia
photozincography [ˌfəʊtəzɪŋ'kɒgrəfɪ] s. fotozincografia
phrasal ['freɪzəl] adj. LINGUÍSTICA sintagmático ❖ LINGUÍSTICA ~ *verb phrasal verb*, verbo composto
phrase [freɪz] Ⓐ s. 1 LINGUÍSTICA (sintaxe) sintagma; *noun/verb* ~ sintagma nominal/verbal; 2 LINGUÍSTICA expressão, locução, expressão idiomática; 3 (formulação) fraseado; *graceful* ~ maneira graciosa de dizer; 4 MÚSICA frase; 5 *pl.* palavreado; *we've had enough of phrases* basta de palavreado Ⓑ v.tr. 1 expressar; exprimir por palavras; *thus he phrased it* foi assim que ele se expressou; 2 redigir; 3 MÚSICA frasear ❖ ~ *book* guia/manual de conversação; *set* ~ frase feita; *as the* ~ *goes* como se costuma dizer; como diz o outro; *in a* ~ resumindo; *in the* ~ *of* segundo a expressão de; [coloq.] *to coin a* ~ como diz o outro; *to speak in simple* ~ falar em termos simples; *turn of* ~ formulação
phraseogram ['freɪzɪəgræm] s. símbolo taquigráfico representativo duma locução ou expressão
phraseograph ['freɪzɪəgræf] s. locução ou expressão que pode ser expressa por um *phraseogram*
phraseological [ˌfreɪzɪə'lɒdʒɪkəl] adj. fraseológico

phraseology [ˌfreɪzɪˈɒlədʒɪ] s. 1 fraseologia; 2 modalidade de expressão; 3 disposição ou escolha de palavras
phrasing [ˈfreɪzɪŋ] s. 1 expressão (escrita ou oral); formulação; enunciação; 2 linguagem; 3 MÚSICA fraseado
phratry [ˈfreɪtrɪ] s. (pl. -ies) HISTÓRIA fratria, cada um dos grupos em que se dividiam as tribos de Atenas e de outras cidades áticas
phrenetic [frɪˈnetɪk] adj. 1 frenético; 2 que tem frenesi; 3 exaltado
phrenetically [frɪˈnetɪkəlɪ] adv. freneticamente
phrenic [ˈfrenɪk] adj. ANATOMIA frénico
phrenological [ˌfrenəˈlɒdʒɪkəl] adj. frenológico
phrenologist [frəˈnɒlədʒɪst] s. frenólogo, frenologista
phrenology [frəˈnɒlədʒɪ] s. frenologia
phrontistery [ˈfrɒntɪstərɪ] s. [joc.] lugar para o indivíduo poder pensar
phryganea [frɪˈɡeɪnɪə] s. ZOOLOGIA frigânea
Phrygia [ˈfrɪdʒɪə] s.top. Frígia
Phrygian [ˈfrɪdʒɪən] Ⓐ adj. frígio Ⓑ s. (pessoa) frígio ❖ ~ *bonnet/cap* barrete frígio
phthalate [ˈθæleɪt] s. QUÍMICA ftalato, sal do ácido ftálico
phthalein [ˈθæliːn] s. QUÍMICA ftaleína
phthalic [ˈθælɪk] adj. QUÍMICA ftálico; ~ *acid* ácido ftálico
phthiriasis [θaɪərɪˈeɪsɪs] s. MEDICINA ftiríase, dermatose provocada pela presença de parasitas na superfície do corpo
phthisical [ˈθaɪsɪkəl] adj. 1 tísico; 2 tuberculoso
phthisiotherapy [θɪzɪəʊˈθerəpɪ] s. tisioterapia
phthisis [ˈθaɪsɪs] s. tísica, tuberculose pulmonar
phut [fʌt] s. [coloq.] som sibilante; som de esvaziamento de insuflável ❖ [coloq.] *to go* ~ dar em nada; avariar
phycology [faɪˈkɒlədʒɪ] s. BOTÂNICA ficologia, ciência que estuda as algas
phycomycete [ˌfaɪkəʊmaɪˈsiːtɪ] s. BOTÂNICA ficomicete
phylactery [fɪˈlæktərɪ] s. (pl. -ies) 1 RELIGIÃO filactério, filactera; 2 [arc.] amuleto, talismã; 3 farisaísmo; exibição de religiosidade; *to make broad one's* ~ fazer alarde da sua religiosidade, fazer alarde da sua justiça; 4 (lembrança) chamada de atenção
phylarch [ˈfaɪlɑːk] s. filarco, chefe de tribo em Atenas
phyllite [ˈfɪlaɪt] s. MINERALOGIA filite, variedade de rocha xistosa
phylloid [ˈfɪlɔɪd] adj. BOTÂNICA filóide
phyllophagan [fɪˈlɒfəɡən] s. filófago, insecto que se alimenta de folhas
phyllophagous [fɪˈlɒfəɡəs] adj. filófago, que se alimenta de folhas
phyllopod [ˈfɪləpɒd] s. ZOOLOGIA filópode, ordem de crustáceos
phyllopodous [fɪˈlɒpədəs] adj. filópode
phylloquinone [ˌfɪləʊˈkwɪnəʊn] s. BIOQUÍMICA filoquinona
phyllotaxis [ˌfɪləʊˈtæksɪs] s. BOTÂNICA filotaxia, disposição das folhas nos eixos caulinares
phylloxera [ˌfɪlɒkˈsɪərə] s. ZOOLOGIA filoxera
phylloxerized [fɪˈlɒksəraɪzd] adj. atacado pela filoxera
phylogenesis [ˌfaɪləʊˈdʒenɪsɪs] s. BIOLOGIA filogénese
phylogeny [faɪˈlɒdʒənɪ] s. BIOLOGIA filogenia
phylum [ˈfaɪləm] s. (pl. -a) BIOLOGIA filo, sub-reino, grupo compreendido entre reino e classe
phys. Ⓐ [abrev. de physical] Ⓑ [abrev. de physics] Ⓒ [abrev. de physicist] Ⓓ [abrev. de physiological] Ⓔ [abrev. de physiology]
physalia [faɪˈseɪlɪə] s. ZOOLOGIA fisália
physiatric [ˌfɪzɪˈætrɪk] adj. fisiátrico
physiatrics [ˌfɪzɪˈætrɪks] s. [EUA] MEDICINA fisiatria
physiatrist [ˈfɪzɪətrɪst] s. fisiatra
physiatry [ˈfɪzɪətrɪ] s. fisiatria
physic [ˈfɪzɪk] Ⓐ s. 1 medicina; ciência médica; arte de curar; 2 [coloq.] remédio, remédios; *a dose of* ~ um remédio, uma dose de remédio; 3 física, as ciências físicas Ⓑ v.tr. (particípios -ck-) 1 [arc.] administrar um remédio a; medicamentar; 2 [arc.] administrar um purgante a
physical [ˈfɪzɪkl] Ⓐ adj. 1 (corpo) físico; 2 MEDICINA somático; 3 FÍSICA físico; da física; ~ *laws* leis da física; ~ *mechanics* mecânica física; ~ *property* propriedade física; 4 concreto; tangível; ~ *evidence* provas concretas Ⓑ s. exame médico; *to go for a* ~ fazer um exame médico ❖ ~ *abuse* maus-tratos; ~ *attraction* atracção física; ~ *change* alteração física; ~ *condition* condição física; ~ *disability benefit* auxílio por invalidez; ~ *drill* exercícios físicos; ~ *education/training* educação/preparação física; ~ *examination/check-up* exame médico; ~ *exercise* exercício físico; ~ *exertion* esforço físico; ~ *geography* geografia física; ~ *reaction* reacção física; ~ *strength* energia física; poder físico; [EUA] ~ *therapist* fisioterapeuta; [EUA] ~ *therapy* fisioterapia
physically [ˈfɪzɪklɪ] adv. 1 fisicamente; 2 materialmente
physician [fɪˈzɪʃən] s. 1 médico; 2 clínico; 3 médico-cirurgião
physicist [ˈfɪzɪsɪst] s. 1 físico; 2 FILOSOFIA fisicista
physicochemical [ˌfɪzɪkəʊˈkemɪkəl] adj. físico-químico
physicomathematical [ˌfɪzɪkəʊmæθɪˈmætɪkəl] adj. físico-matemático
physicomechanical [ˌfɪzɪkəʊmɪˈkænɪkəl] adj. físico-mecânico
physicotherapeutic [ˌfɪzɪkəʊθerəˈpjuːtɪk] adj. fisicoterápico
physicotherapy [ˌfɪzɪkəʊˈθerəpɪ] s. MEDICINA fisicoterapia
physics [ˈfɪzɪks] s. física
physio [ˈfɪzɪəʊ] [abrev. de physiotherapy/physiotherapist]
physiocrat [ˈfɪzɪəʊkræt] s. fisiocrata
physiognomic [ˌfɪzɪəʊˈɡnɒmɪk] adj. fisionómico
physiognomical [ˌfɪzɪəˈɡnɒmɪkəl] adj. ⇒ **physiognomic**
physiognomist [ˌfɪzɪˈɒɡnəmɪst] s. fisionomista
physiognomy [ˌfɪzɪˈɒɡnəmɪ] s. (pl. -ies) fisionomia
physiographer [ˌfɪzɪˈɒɡrəfə] s. fisiógrafo
physiographical [ˌfɪzɪəˈɡræfɪkəl] adj. fisiográfico
physiography [ˌfɪzɪˈɒɡrəfɪ] s. fisiografia, geografia física
physiological [ˌfɪzɪəˈlɒdʒɪkəl] adj. fisiológico
physiologically [ˌfɪzɪəˈlɒdʒɪkəlɪ] adv. fisiologicamente
physiologist [ˌfɪzɪˈɒlədʒɪst] s. fisiólogo, fisiologista
physiology [ˌfɪzɪˈɒlədʒɪ] s. fisiologia
physiotherapeutic [ˌfɪzɪəʊθerəˈpjuːtɪk] adj. fisioterápico
physiotherapist [ˌfɪzɪəʊˈθerəpɪst] s. [GB] fisioterapeuta
physiotherapy [ˌfɪzɪəʊˈθerəpɪ] s. MEDICINA fisioterapia
physique [fɪˈziːk] s. 1 (corpo) físico; constituição; *a man of strong* ~ um homem de constituição forte; 2 (aspecto) estrutura; composição; *the* ~ *of mountains* a estrutura das montanhas
physostigma [ˌfaɪsəʊˈstɪɡmə] s. BOTÂNICA fisiostigma
physostigmine [ˌfaɪsəʊˈstɪɡmiːn] s. fisostigmina, alcalóide existente nas favas-do-calabar
phytobiology [ˌfaɪtəʊbaɪˈɒlədʒɪ] s. fitobiologia
phytochemistry [ˌfaɪtəʊˈkemɪstrɪ] s. fitoquímica, química vegetal
phytogenic [ˌfaɪtəʊˈdʒenɪk] adj. fitogénico; relativo à fitogenia
phytogeography [ˌfaɪtəʊdʒɪˈɒɡrəfɪ] s. fitogeografia
phytography [faɪˈtɒɡrəfɪ] s. BOTÂNICA fitografia
phytology [faɪˈtɒlədʒɪ] s. 1 fitologia; 2 botânica
phytophaga [faɪˈtɒfəɡə] s.pl. ZOOLOGIA fitófagos
phytophagous [faɪˈtɒfəɡəs] adj. ZOOLOGIA fitófago
phytosociology [ˌfaɪtəʊsəʊsɪˈɒlədʒɪ] s. fitossociologia
phytosterol [faɪˈtɒstərɒl] s. QUÍMICA fitosteril, fitosterina, colesteria vegetal
phytotoxic [ˌfaɪtəʊˈtɒksɪk] adj. BOTÂNICA fitotóxico
phytozoon [ˌfaɪtəʊˈzəʊɒn] s. (pl. -oa) ZOOLOGIA fitozoário
pi [paɪ] Ⓐ s. nome da letra grega p (pi) Ⓑ adj. [cal.] pio, piedoso, devoto
PI Ⓐ [abrev. de Philippine Islands] Ⓑ [EUA] [abrev. de private investigator]
piacular [paɪˈækjʊlə] adj. 1 expiatório; 2 [ant.] piacular
piaffe [pjæf] v.intr. (cavalo) piafar, bater no chão com as patas, mas sem andar
piaffer [ˈpjæfə] s. piafé, movimento feito pelo cavalo ao bater no chão com as patas, mas sem andar
pia mater [ˌpaɪəˈmeɪtə] s. ANATOMIA pia-máter
pianette [pɪæˈnet] s. MÚSICA pianino baixo
pianino [pɪæˈniːnəʊ] s. MÚSICA pianino, piano vertical de pequenas dimensões
pianissimo [pɪæˈnɪsɪməʊ] adv.,s. MÚSICA pianíssimo, muito suave
pianist [ˈpiːənɪst] s. MÚSICA pianista
pianiste [pɪæˈniːst] s.f. pianista, tocadora de piano
pianistic [pɪəˈnɪstɪk] adj. pianístico; relativo a piano
piano[1] [pɪˈænəʊ] s. MÚSICA (instrumento) piano; *to be at/on the* ~ estar ao piano; *to play the* ~ tocar piano ❖ ~ *action* mecanismo do piano; ~ *bar* piano bar; ~ *concerto* concerto para piano; ~ *organ* piano mecânico, de tambor rolante, tocado

pelas ruas; ~ *player* pianista; ~ *stool* banco de piano; mocho de piano; ~ *tuner* afinador de pianos

piano² [ˈpjɑːnəʊ] *adv.,s.* MÚSICA piano; com suavidade

pianoforte [piːˌænəʊˈfɔːtɪ] *s.* 1 MÚSICA piano-forte; 2 piano

pianola [piːəˈnəʊlə] *s.* MÚSICA pianola

piassaba [piːəˈsɑːbə] *s.* piaçava, piaçaba, piaçá ❖ ~ *broom* vassoura de piaçá

piaster [pɪˈæstə] *s.* ⇒ **piastre**

piastre [pɪˈæstə] *s.* (moeda) piastra

piazza [pɪˈædzə] *s.* 1 mercado ou praça pública em Itália; 2 [EUA] varanda

PIB [*abrev. de* Prices and Incomes Board]

pibroch [ˈpiːbrɒk] *s.* 1 pibroque, gaita-de-foles escocesa; 2 música, com carácter marcial, composta para gaita-de-foles

pica [ˈpaɪkə] *s.* TIPOGRAFIA tipo de corpo 12; *double* ~ tipo de corpo 22; *small* ~ tipo de corpo 11

picaninny [ˈpɪkənɪnɪ] *s.* ⇒ **piccaninny**

Picardy [ˈpɪkədɪ] *s.top.* Picardia

picaresque [ˌpɪkəˈresk] *adj.* picaresco

picaroon [ˌpɪkəˈruːn] Ⓐ *s.* 1 patife; 2 pirata; 3 navio pirata Ⓑ *v.intr.* 1 piratear; 2 roubar

picayune [ˌpɪkəˈjuːn] *s.* 1 [EUA] moeda de pequeno valor, moeda de cinco cêntimos; 2 ninharia, bagatela

piccalilli [ˌpɪkəˈlɪlɪ] *s.* picles de vegetais cortados em pequenos bocados

piccaninny [ˌpɪkəˈnɪnɪ] *s.* 1 [coloq.] (ofensivo) negrinho; 2 [Austr.] [coloq.] (ofensivo) indígenas sul-africanos ou australianos

piccolo [ˈpɪkələʊ] *s.* MÚSICA flautim

piccoloist [ˈpɪkələʊɪst] *s.* MÚSICA flautinista, tocador de flautim

pice [paɪs] *s.* [ant.] moeda de cobre nas Índias Orientais

pich-farthing [ˈpɪtʃˌfɑːðɪŋ] *s.* determinado jogo em que se atiram pequenas moedas de cobre para uma covinha

pick [pɪk] Ⓐ *v.tr.,intr.* 1 apanhar; 2 separar com os dedos; 3 (fruta, flores, etc.) colher; *to ~ flowers* colher flores; 4 escolher cuidadosamente; seleccionar; *to ~ one's words* seleccionar as palavras; 5 roubar; apropriar-se de; *to ~ a pocket* roubar uma carteira; [fig.] *to ~ sb's brains* apropriar-se das ideias de alguém; 6 abrir (com gazua); 7 palitar; *to ~ one's teeth* palitar os dentes; 8 (animais) roer; descarnar; *to ~ a bone* roer a carne a um osso; 9 apanhar com o bico; 10 [coloq.] debicar; comer em pequenas quantidades; 11 picar; furar com picareta; 12 [EUA] (instrumento de corda) puxar com os dedos; dedilhar Ⓑ *s.* 1 (ferramenta) alvião; picareta; picão; 2 golpe de picareta; 3 cinzel; 4 (instrumentos de corda) palheta; 5 [coloq.] palito; 6 escolha; selecção; *take your ~* escolha à vontade; *to have one's ~* chegar a vez de escolhermos; 7 colheita; 8 TIPOGRAFIA tipo manchado; 9 (tecelagem) movimento da lançadeira; 10 (tecelagem) fio da lançadeira; fio dum tecido ❖ *to ~ a fight with sb* provocar uma briga com alguém; *to ~ a hole in* fazer um buraco em; (roubo) *to ~ a lock* abrir uma fechadura com chave falsa; estroncar uma fechadura; *to ~ and choose* ter por onde escolher; *to ~ and steal* roubar; furtar; *to ~ a pimple* coçar uma borbulha com as unhas; [fig.] *to ~ holes in* criticar; demolir através da crítica; *to ~ one's steps/way* caminhar cautelosamente; ver onde se põe os pés; *to ~ the nose* meter o dedo no nariz; *to ~ to pieces* analisar minuciosamente; pôr em bocados; *to have a bone/crow to ~ with* ter umas contas a ajustar com

◆**pick at** *v.tr.* 1 (comida) depenicar; debicar; 2 catar

◆**pick off** *v.tr.* 1 (com disparo) abater (um a um); 2 colher; arrancar ❖ (após queda) *to pick oneself off the ground* levantar-se com dificuldade

◆**pick on** *v.tr.* 1 meter-se com; pegar com; implicar com; ~ *sb your own size!* mete-te com alguém do teu tamanho!; *they were always picking on her* eles estavam sempre a implicar com ela; 2 escolher; eleger

◆**pick out** *v.tr.* 1 escolher, eleger; 2 descortinar, perceber; *to ~ the meaning of a text* perceber o significado de um texto; 3 distinguir; *to ~ the good from the bad* separar o bom do mau; 4 MÚSICA tocar de ouvido; *to ~ a tune on the piano* tocar de ouvido uma música ao piano; 5 destacar; realçar

◆**pick over** *v.tr.* seleccionar ao piano; escolher o melhor

◆**pick through** *v.tr.* 1 (resistência, cerco) furar, penetrar; 2 (derrocada, confusão) vascular; procurar

◆**pick up** Ⓐ *v.intr.* 1 (saúde, tempo, negócios) melhorar; 2 (preços) subir; 3 continuar; prosseguir; 4 ECONOMIA estar em retoma Ⓑ *v.tr.* 1 levantar; pegar; 2 apanhar (do chão); 3 apanhar, ir buscar; *the bus stopped to ~ the passengers* o autocarro parou para apanhar os passageiros; *where do you want me to pick you up?* onde queres que te apanhe?; 4 (dinheiro) ganhar; receber; 5 (telefone) atender; 6 (língua) aprender facilmente; *to ~ a language* aprender facilmente uma língua; 7 (hábito, doença) apanhar; 8 prender; deter; *the police picked sb up* a polícia apanhou alguém; 9 (assunto, actividade) retomar; 10 (opiniões, ideias) retocar, corrigir [on, -]; *may I just pick you up on what you've said a little while ago?* posso corrigir o que disse há pouco?; 11 recobrar; *to ~ health* recobrar saúde; *to ~ strength* recobrar forças ❖ *to pick oneself up* levantar-se; *to ~ a child in one's arms* tomar uma criança nos braços; *to ~ again* restabelecer-se outra vez; *to ~ a livelihood/a living* ganhar a vida duramente; *to ~ new friends* travar conhecimento com novos amigos; *to ~ one's path* encontrar o seu caminho; *where did you pick that up?* onde arranjou isso?

pick-a-back [ˈpɪkəbæk] Ⓐ *adv.* aos ombros; às costas; às cavalitas; *to ride ~ on a person* pôr-se às cavalitas de alguém Ⓑ *s.* transporte às costas, às cavalitas; *to give sb a ~* levar alguém às costas, às cavalitas

pickaninny [ˈpɪkənɪnɪ] *s.* ⇒ **piccaninny**

pickax [ˈpɪkæks] Ⓐ *s.* picareta, picão, alvião Ⓑ *v.tr.,intr.* trabalhar com a picareta ou com o alvião

pickaxe [ˈpɪkæks] Ⓐ *s.* picareta, picão, alvião Ⓑ *v.tr.,intr.* trabalhar com a picareta ou com o alvião

picker [ˈpɪkə] *s.* 1 pessoa que apanha, colhe, separa com os dedos, escolhe, etc.; *grape ~* vindimador; 2 máquina desbastadora de fibras; pessoa que trabalha com essa máquina; 3 (peça de tear) taco; 4 descascadora, separadora; 5 dispositivo em máquina para pegar ou apanhar; 6 picareta, picão; 7 gatuno, carteirista; *pickers and stealers* gatunos, larápios ❖ *pickers of quarrels* pessoas conflituosas; agitadores, desordeiros

pickerel [ˈpɪkərəl] *s.* ZOOLOGIA (peixe) lúcio pequeno

picket [ˈpɪkɪt] Ⓐ *s.* 1 MILITAR piquete; *inlying ~* piquete de reserva, pronto a ser enviado para onde for necessário; MILITAR *outlying ~* piquete de serviço, posto avançado; 2 piquete de grevistas; 3 grevista que se encontra de piquete; 4 estaca pontiaguda, de demarcação; 5 baliza; bandeirola; 6 ponto de referência Ⓑ *v.tr.* (*particípios:* -t-) 1 colocar piquetes de grevistas, para impedir o trabalho; 2 MILITAR enviar em serviço de piquete; 3 rodear com estacas, cercar com uma estacada ou paliçada; 4 (animal) prender a uma estaca ❖ NÁUTICA *~ boat* vedeta de fiscalização; *~ fence* estacada; paliçada; vedação de estacas; *police ~* patrulha de polícia; *to be on ~* estar de piquete

picketing [ˈpɪkɪtɪŋ] *s.* 1 acto de prender (animal) a uma estaca; 2 estacada, paliçada; 3 levantamento de uma estacada ou paliçada; 4 estabelecimento de piquetes de grevistas para impedir o trabalho

picking [ˈpɪkɪŋ] *s.* 1 colheita, recolha; 2 selecção; 3 cavadela, acção de escavar ou picar com o alvião ou picareta; 4 descasca, limpeza, monda; 5 (aves) acto de picar ou debitar com o bico; 6 arrombamento ou abrimento por meio de gazua; 7 furto; 8 *pl.* sobras, restos; 9 *pl.* proventos, ganhos, lucros ❖ (minas) ~ *belt* correia de transporte ou selecção; *~ off* acção de levar, de tirar ou arrancar; *~ out* extracção; extirpação; escolha; selecção; realçamento (em pintura); *~ season* apanha; colheita; *~ up* acção de apanhar ou levantar; captação de corrente eléctrica, de ondas radiofónicas, etc.

pickle [ˈpɪkl] Ⓐ *s.* 1 vinagre, salmoura para conservar carne, vegetais, etc.; 2 CULINÁRIA pickle; *onion pickles* pickles de cebola; 3 situação embaraçosa, situação difícil; *to be in a fine/sad/sorry ~* estar numa situação embaraçosa, numa situação difícil; 4 solução ácida detergente, desoxidante ou decapante; 5 [fig.] criança irrequieta, travessa; 6 [dial.] (pequena quantidade) grão de poeira, trigo, milho, etc. Ⓑ *v.tr.* 1 pôr em salmoura, pôr em vinagre; conservar em vinagre; tratar com vinagre ou salmoura; 2 pôr de escabeche; 3 NÁUTICA esfregar com sal ou vinagre as costas de alguém condenado a sofrer a pena das vergastadas; 4 desoxidar, decapar ❖ *to have a rod in ~ for sb* ter contas a ajustar com alguém; ter alguma coisa desagradável preparada para alguém

pickled ['pɪkəld] adj. 1 em salmoura; em vinagre; ~ *cabbage* couve em conserva de vinagre; ~ *herring* arenque em salmoura; 2 [coloq.] embriagado ❖ *to be a ~ rogue* ser um velhaco chapado

pickling ['pɪklɪŋ] s. 1 conservação em vinagre; conservação em salmoura; 2 desoxidação, decapagem ❖ ~ *bath* banho de decapagem; ~ *of a metal* decapagem de um metal; ~ *onions* cebolinhas em conserva de vinagre

picklock ['pɪklɒk] s. 1 chave falsa, gazua; 2 gatuno que utiliza gazua ou chave falsa; 3 lã seleccionada

pickman ['pɪkmən] s. (pl. **-men**) trabalhador que se serve duma picareta ou dum alvião

pick-me-up ['pɪkmiʌp] s. (pl. **pick-me-ups**) [coloq.] tónico; estimulante

pickoff ['pɪkɒf] s. ELECTRÓNICA sensor de movimento

pickpocket ['pɪkpɒkɪt] s. carteirista

picksome ['pɪksəm] adj. 1 aborrecido, difícil de contentar; 2 quezilento, rabugento

pick-up ['pɪkʌp] Ⓐ s. 1 recolha, apanha; 2 (veículo) camioneta de caixa aberta; 3 recuperação, melhoria; 4 [coloq.] engate_cal_; 5 (pessoa a quem se dá boleia) passageiro inesperado; 6 negócio de ocasião, pechincha; 7 [coloq.] prisão; 8 (gira-discos) captador sonoro, captador de som; 9 (transmissor de televisão) captador de imagens; 10 DESPORTO escolha de campo; 11 (críquete) acto de apanhar a bola; 12 (motor) aceleração; *an engine with a good ~* um motor nervoso, um motor com uma boa aceleração Ⓑ adj. improvisado ❖ ~ *point* ponto de encontro; ponto de recolha

pickwick ['pɪkwɪk] s. charuto barato

Pickwickian [pɪk'wɪkɪən] adj. 1 generoso; ingénuo; 2 (palavras) em sentido idiossincrático; *words used in a ~ sense* palavras empregadas num sentido muito especial; 3 (personagem de Dickens) relativo a Mr. Pickwick

picky ['pɪkɪ] adj. (comp. **-ier**, superl. **-iest**) difícil de satisfazer, esquisito, exigente

picnic ['pɪknɪk] Ⓐ s. piquenique Ⓑ v.intr. (particípios: **-ck-**) fazer um piquenique; *to go picnicking* ir a um piquenique, fazer um piquenique ❖ ~ *area/site* zona de piqueniques; ~ *basket* cesto com comida e louça para piqueniques; *it's no picnic!* não é brincadeira nenhuma!

picnicker ['pɪknɪkə] s. pessoa que toma parte num piquenique

picot ['piːkəʊ] Ⓐ s. 1 ponto de rendaria, picote; 2 espiguilha Ⓑ v.tr. 1 espiguilhar, guarnecer com espiguilha; 2 rematar com picote ou ponto de rendaria

picotee [pɪkə'tiː] s. BOTÂNICA variedade de cravo mosqueado

picotite [pɪk'əʊtaɪt] s. MINERALOGIA picotite, variedade de espinela

picrate ['pɪkreɪt] s. QUÍMICA picrato; ~ *of potash* picrato de potassa

picric ['pɪkrɪk] adj. QUÍMICA pícrico; ~ *acid* ácido pícrico

picrite ['pɪkraɪt] s. MINERALOGIA picrite, picrito

picrotoxin [pɪkrəʊ'tɒksɪn] s. QUÍMICA picrotoxina

Pict [pɪkt] s. Picto, antigo habitante da Escócia

Pictish ['pɪktɪʃ] adj. píctico; relativo aos Pictos

pictograph ['pɪktəʊgrɑːf] s. 1 símbolo gráfico directamente representativo duma ideia; 2 ideograma

pictographic [pɪktəʊ'græfɪk] adj. pictográfico

pictography [pɪk'tɒgrəfɪ] s. pictografia

pictorial [pɪk'tɔːrɪəl] Ⓐ adj. 1 pictórico; pictural; 2 ilustrado; 3 em imagens, através de imagens; 4 pitoresco Ⓑ s. jornal ou revista ilustrada

pictorially [pɪk'tɔːrɪəlɪ] adv. 1 por meio de gravuras ou ilustrações; 2 com ilustrações

picture ['pɪktʃə] Ⓐ s. 1 figura; imagem; 2 quadro; pintura; retrato; *to paint a ~* pintar um quadro; 3 fotografia; gravura; estampa; ilustração; 4 desenho; esboço; 5 [fig.] exemplo; tipo perfeito; protótipo; encarnação; personificação; *he looks the very ~ of health* todo ele respira saúde; *she was the ~ of despair* ela era o desespero personificado; 6 semelhança; *she is the ~ of her mother* ela parece-se extraordinariamente com a mãe; 7 (coisa, pessoa) beleza; *a ~ of a child* uma beleza de criança; 8 descrição viva; narração animada; 9 impressão; recordação; ideia, imagem (mental); *to draw a mental ~ of* imaginar, esboçar mentalmente uma imagem de; *to form a ~ of sth* ficar com uma ideia de algo; 10 [fig.] conjuntura, caso, ocorrência; 11 CINEMA filme; 12 pl. cinema; *to go to the pictures* ir ao cinema Ⓑ v.tr. 1 imaginar; conceber; *just ~ to yourself his astonishment when...* faça ideia da admiração dele quando...; 2 retratar; representar; mostrar; 3 descrever (graficamente); 4 pintar; 5 desenhar; 6 fazer um quadro de; traçar um quadro de ❖ ~ *book* livro ilustrado; [EUA] (jogos de cartas) ~ *card* figura (rei, dama ou valete); ~ *diagram* ideograma; ~ *gallery* galeria de pintura; museu de pintura; (chapéu) ~ *hat* capelina; ~ *postcard* bilhete postal ilustrado; ~ *story* história em imagens; (televisão) ~ *tube* tubo catódico; ~ *writing* pictografia; ideografia; *living pictures* quadros vivos; TELEVISÃO ~ *size control* controlo da dimensão da imagem; *a ~ is worth a thousand words* uma imagem vale mais que mil palavras; [coloq.] *get the picture?* estás a ver a cena?; [coloq.] *I get the ~* já percebi tudo; *that does not come into the ~* isso não vem a propósito; *to be out of the ~* ser irrelevante; *to draw a ~ of* traçar um quadro de

picturedom ['pɪktʃədəm] s. o mundo do cinema

picturegoer ['pɪktʃəgəʊə] s. [ant.] cinéfilo, frequentador de cinema

picturesque [pɪktʃə'resk] adj.,s. pitoresco

picturesquely [pɪktʃə'resklɪ] adv. pitorescamente

picturesqueness [pɪktʃə'resknɪs] s. pitoresco, carácter pitoresco

picturization [pɪktʃəraɪ'zeɪʃən] s. adaptação ao cinema, filmagem

picturize ['pɪktʃəraɪz] v.tr. adaptar ao cinema

picul ['pɪkəl] s. picul, unidade de peso em certos países orientais equivalente a 62,5 kg

piddle [pɪdl] Ⓐ v.intr. 1 ocupar-se de ninharias, actuar de maneira fútil; 2 [coloq., infant.] urinar, fazer chichi Ⓑ v.tr. perder tempo com

piddling ['pɪdlɪŋ] adj. 1 [coloq.] insignificante; 2 [coloq.] de pouca monta; 3 [coloq.] trivial, fútil

piddock ['pɪdək] s. ZOOLOGIA variedade de molusco bivalve usado como isca

pidgin ['pɪdʒɪn] Ⓐ adj. 1 adulterado; estropiado; corrompido; 2 (língua) macarrónico Ⓑ s. [coloq.] encargo, tarefa; *that's not my* ~ isso não é comigo ❖ ~ *English* Inglês macarrónico; Inglês usado na comunicação entre europeus e chineses

pie [paɪ] Ⓐ s. 1 CULINÁRIA (doce) torta, tarte; *apple* ~ tarte de maçã; *plum* ~ torta de ameixa; 2 CULINÁRIA (salgado) tarte; CULINÁRIA (salgadinho) empada; *meat* ~ empada de carne; 3 ZOOLOGIA pega; 4 TIPOGRAFIA (de caracteres) empastelamento; *to make* ~ empastelar; 5 [fig.] confusão, caos; 6 (Índia) moeda de cobre (duodécima parte de um aná) Ⓑ v.tr.,intr. TIPOGRAFIA empastelar; misturar tipos ❖ (gráfico) ~ *chart* sectograma, diagrama de sectores; CULINÁRIA ~ *dish* forma para tortas ou empadas; CULINÁRIA *shepherd's* ~ barriga de freira; *to have a finger in the* ~ estar metido na questão; *that's* ~ é o que há de melhor; é fácil; *that's a ~ in the sky* isso é pura fantasia

piebald ['paɪbɔːld] Ⓐ adj. 1 (cavalo) malhado, pigarço; 2 de duas cores dispostas irregularmente; 3 sarapintado, variegado, heterogéneo Ⓑ s. 1 animal malhado; 2 cavalo malhado

piece [piːs] Ⓐ s. 1 bocado, pedaço; *a ~ of bread* um bocado de pão; *in pieces* aos bocados, desfeito, quebrado, em bocados; *to break to pieces* desfazer, pôr em bocados, quebrar; *to tear in pieces* desfazer em bocados; 2 parte, porção, fragmento; 3 remendo; 4 (terreno) parcela; lote; *a ~ of ground* uma parcela de terreno; 5 (papel para forrar paredes) peça, rolo; *a ~ of wallpaper* uma peça de papel para forrar paredes (cerca de 12 jardas); 6 (fazenda) peça; 7 casco, pipo, barril de vinho; 8 espécime, amostra, exemplo; 9 peça (de artilharia), fuzil, espingarda, pistola; *a fowling ~* espingarda para caçar pássaros; 10 (jogo das damas, xadrez, etc.) pedra; 11 moeda; *five-shilling ~* moeda de cinco xelins; 12 quadro, gravura; *allegorical ~* quadro alegórico; 13 composição literária ou musical, geralmente não muito extensa; *a fine ~ of poetry* um belo poema, uma bela poesia; 14 TEATRO peça, drama; *a dramatic ~* uma peça de teatro; 15 (máquina, etc.) peça, parte; 16 [cal.] (mulher) garina, gaja; *a pretty ~* uma gaja boa Ⓑ v.tr. 1 juntar, reunir; 2 unir num todo; 3 remendar, deitar remendos em; 4 consertar, unindo e juntando várias partes; 5 completar, prolongar ❖ ~ *goods* produtos têxteis fabricados em tamanhos fixos; ~ *wage* pagamento por peça; ~ *by* ~ uma coisa de cada vez; *a dinner service of 100 pieces* um serviço de jantar com 100 peças; *a ~ of advice*

um conselho; *a ~ of candle* um coto de vela; *a ~ of furniture* um móvel; uma peça de mobília; *a ~ of luck* um acaso feliz; *a ~ of news* uma notícia; uma novidade; *a ~ of nonsense* um disparate; *a ~ of one's mind* uma censura; uma repreenda; o que pensamos acerca de alguém; *a ~ of wit* um dito chistoso; um dito de espírito; [fig.] *of a ~ (with)* do mesmo tipo (de); a condizer (com); *he is a bossy ~* ele é todo autoritário; *the carpet is of a ~ with the furniture* o tapete condiz com a mobília; *the workmen are paid by the ~* os trabalhadores são pagos à peça; *things are going to pieces* está tudo a desorganizar-se; *to go all to pieces* desorientar-se; perder a cabeça; ter um colapso nervoso; ir-se abaixo; não aguentar mais; perder; *to go to pieces* desfazer-se; *to make a sad ~ of work of it* ser mal sucedido; *to ~ a quilt* fazer uma manta com retalhos; *to sell by the ~* vender à peça; vender em quantidades fixas; *to take sth to pieces* desmontar alguma coisa
- **piece down** *v.tr.* aumentar, acrescentar
- **piece on** *v.tr.,intr.* 1 juntar [**to**, a]; *to piece one thing on to another* juntar uma coisa a outra; 2 juntar-se, unir-se; 3 coadunar-se [**to**, com]; ser coerente [**to**, com]; *that story won't ~ to the facts* essa história não se coaduna com os factos
- **piece out** *v.tr.* 1 partilhar; 2 alargar; completar acrescentando partes
- **piece together** *v.tr.* 1 (factos, provas, etc.) juntar; reunir; 2 reconstituir; 3 conjugar; interligar; coordenar
- **piece up** *v.tr.* remendar

piecemeal ['piːsmiːl] Ⓐ *adv.* 1 aos bocados; um bocado de cada vez; pouco a pouco; *work done ~* trabalho feito aos bocados; 2 à sorte; ao deus-dará Ⓑ *adj.* 1 fragmentário; 2 a pouco e pouco; *in a ~ fashion* gradualmente; 3 por etapas; *in a ~ way* por etapas; 4 descosido; pouco estruturado Ⓒ *s.* pedaço, bocado, fragmento; *by ~* aos bocados ❖ *they are working on a ~ plan* eles estão a trabalhar sem nenhuma organização
piecener ['piːsnə] *s.* (fiações) operário encarregado de ligar os fios partidos
piecer ['piːsə] *s.* ⇒ **piecener**
piecework ['piːswɜːk] *s.* 1 trabalho à peça; trabalho à tarefa; *to be on ~* trabalhar à peça; 2 empreitada; 3 trabalho por empreitada
piecing ['piːsɪŋ] *s.* 1 acção de juntar, acção de reunir num todo; 2 remendo, conserto; 3 junção de peças; 4 (tecelagem) ligação de fios partidos ❖ *~ on* acrescentamento; junção; *~ together* união; junção; ligação; coordenação; *~ up* conserto; remendo; harmonização; reconciliação
piecrust ['paɪkrʌst] *s.* 1 crosta; côdea; casca; 2 (empada, torta, pastel) base ❖ *promises are like piecrust, made to be broken* promessas e cascas fizeram-se para se quebrar
pied [paɪd] *adj.* 1 malhado, variegado, pintalgado, sarapintado; 2 (cavalo) pigarço
Piedmont ['piːdmənt] *s.top.* Piemonte
Piedmontese [ˌpiːdmən'tiːz] *adj.,s.* piemontês
piedouche [pje'duːʃ] *s.* peanha
piedroit ['pjeɪdrwɑː] *s.* pé-direito, altura média entre o tecto e o soalho duma sala
pieman ['paɪmən] *s.* (*pl.* **-men**) vendedor de pequenas tortas, pastéis ou empadas
pier [pɪə] *s.* 1 quebra-mar; molhe; paredão; 2 cais; embarcadouro; *floating ~* embarcadouro flutuante; *landing ~* cais de embarque e desembarque; 3 pilar de ponte; 4 espigão; 5 pano de parede entre duas janelas ❖ *~ glass* tremó; espelho colocado no pano da parede entre duas janelas; *~ head* testa do molhe; (aparador) *~ table* tremó
pierage ['pɪərɪdʒ] *s.* direitos de atracação
pierce [pɪəs] Ⓐ *v.tr.* 1 penetrar; trespassar; 2 furar, perfurar; 3 romper, passar através de; *to ~ the walls of a city* passar através das muralhas de uma cidade; 4 atravessar, trespassar; *an arrow pierced his skull* uma seta atravessou-lhe o crânio; *to ~ the darkness* atravessar a escuridão; 5 (pipo) espichar; *to ~ a cask* espichar uma pipa; 6 compreender; perceber; perscrutar Ⓑ *v.intr.* penetrar [**through**, através de]; *the wind pierced through the walls* o vento penetrava através das janelas ❖ *pierced earrings* brincos para orelhas furadas; *to be pierced by pain* estar com dores lancinantes; *to have one's ears pierced* furar as orelhas (para poder usar brincos)
- **pierce out** *v.intr.* despontar; brotar (do solo); *flowers seemed to ~ of the soil* as flores pareciam brotar do solo

piercer ['pɪəsə] *s.* 1 furador, verruma, broca, sovela, trado; 2 operário encarregado de fazer furos
piercing ['pɪəsɪŋ] Ⓐ *adj.* 1 penetrante; *~ look* olhar penetrante; 2 perfurante; 3 agudo; lancinante; *~ cry* grito lancinante; 4 (vento, frio) cortante; penetrante; 5 (crítica, observação) incisivo; perspicaz Ⓑ *s.* 1 perfuração; 2 (pele) piercing; *to get a ~* fazer um piercing ❖ *~ saw* serrote de ponta
piercingly ['pɪəsɪŋli] *adv.* 1 penetrantemente; 2 agudamente
Pierian [paɪ'ɛrɪən] *adj.* 1 piério; 2 inspirador; relativo às musas ou à poesia
pieridae [paɪ'ɛrɪdiː] *s.pl.* ZOOLOGIA pierídeos
pierrette [pɪə'rɛt] *fem. de* **pierrot**
pierrot ['pɪərəʊ] *s.* 1 personagem de pantominas francesas, derivada da antiga comédia italiana; 2 palhaço ambulante de traje bastante solto e rosto pintado de branco
pietism ['paɪətɪzəm] *s.* 1 pietismo; 2 sentimento de piedade, sentimento de religiosidade; 3 beatice, exagero do sentimento religioso
pietist ['paɪətɪst] *s.* 1 RELIGIÃO pietista; 2 devoto, beato
pietistic [ˌpaɪə'tɪstɪk] *adj.* pietista
piety ['paɪətɪ] *s.* (*pl.* **-ies**) 1 piedade, religiosidade, devoção sincera; 2 acto de piedade
piezoelectric [piːˌzəʊɪ'lɛktrɪk] *adj.* piezoeléctrico
piezoelectricity [piːˌzəʊɪlɛk'trɪsɪtɪ] *s.* piezoelectricidade
piezometer [piː'zɒmɪtə] *s.* FÍSICA piezómetro
piffle ['pɪfl] Ⓐ *s.* [coloq.] disparate, tolice, baboseira; *to talk ~* dizer baboseiras Ⓑ *v.intr.* 1 [coloq.] dizer disparates, tolices, baboseiras; 2 perder tempo com ninharias ou futilidades
piffler ['pɪflə] *s.* [cal.] pessoa que só diz disparates ou baboseiras
piffling ['pɪflɪŋ] *adj.* 1 [cal.] fútil, oco, sem conteúdo; 2 disparatado
pig [pɪg] Ⓐ *s.* 1 ZOOLOGIA porco, suíno; 2 bácoro, leitão; *a sucking ~* um leitão; 3 CULINÁRIA carne de porco, carne de leitão; 4 [coloq., depr.] (pessoa) porcalhão, porco, sebento; 5 [coloq., depr.] glutão; 6 pele de porco curtida; 7 lingote de metal, gusa, massa comprida de metal não fundido; *~ copper* cobre em barra; *~ iron* ferro-gusa; *~ lead* barra de chumbo; *~ metal* metal-gusa; *a ~ of lead* uma barra de chumbo; 8 [EUA] [cal.] polícia Ⓑ *v.tr.,intr.* (*particípios:* **-gg-**) 1 (porca) dar à luz, parir; 2 [fig.] viver com porcos, viver num chiqueiro, viver em condições miseráveis; *to ~ it* viver numa pocilga ❖ *~ breeding* criação porcina; *~ farm* corte para porcos; criação de porcos; *~ pail* balde para restos de cozinha; *~ trough* pia para porcos; *wild ~* javali; porco-montês; *~ iron store* armazém de ferro; *pig's wash* lavagem para porcos; *pig's whisper* segredo ouvido por todos; grunhido; (incredulidade) *pigs might fly* se algum santo cair do altar; *in a pig's whisper* num abrir e fechar de olhos; (porca) *in ~* prenhe; *I gave him a ~ of his own sow* paguei-lhe na mesma moeda; *to be an obstinate ~* ser teimoso como um burro; *to bleed like a ~* sangrar muito; *to bring one's pigs to a fine market/to bring one's pigs to the wrong market* fazer um mau negócio; *to buy a ~ in a poke* comprar gato por lebre; *to eat like a ~* comer como um cevado; *to look at one another like stuck pigs* olhar um para o outro como bonecos de louça; *to make a ~ of oneself* comer como um alarve; *to sleep like a ~* dormir como uma pedra
- **pig out** *v.intr.* [coloq.] (comida) empanturrar-se [**on**, de]; alambazar-se [**on**, de]; enfardar [**on**, -]

pigboat ['pɪgbəʊt] *s.* [EUA] [coloq.] submarino
pigeogram ['pɪdʒɪgræm] *s.* mensagem levada por pombo-correio
pigeon ['pɪdʒɪn] Ⓐ *s.* 1 ZOOLOGIA pombo, pomba; *cock ~* pombo-macho; *domestic ~* pombo doméstico; *hen ~* pombo-fêmea, pomba; 2 [coloq., depr.] (crédulo) simplório, pateta, tolo; 3 ⇒ **pidgin**; 4 prato de barro, lançado ao ar, usado no tiro aos pratos Ⓑ *v.tr.* enganar; intrujar ❖ *~ breast* peito saliente; protuberância do esterno; *~ club* clube de columbofilia; *~ cote* pombal; *~ fancier* criador de pombos; *~ fancying* columbofilia; ZOOLOGIA *~ hawk* gavião; *~ house* pombal; *~ pair* par de gémeos de sexo diferente; dois filhos de sexo

pigeon-breasted

diferente; BOTÂNICA ~ *pea* ervilha-de-angola; ~ *post* transmissão de mensagens por meio de pombos-correios; *pigeon's milk* substância produzida no papo dos pombos, com a qual eles alimentam os filhos enquanto pequenos; [coloq.] *that's my* ~ isso é comigo

pigeon-breasted ['pɪdʒɪnˌbrestɪd] adj. com o peito saliente, devido a deformação causada pelo raquitismo

pigeon-hearted ['pɪdʒɪnˌhɑːtɪd] adj. 1 tímido; temeroso; medroso; 2 covarde

pigeonhole ['pɪdʒɪnhəʊl] Ⓐ s. 1 abertura em pombal; pequeno buraco para ninho de pombo; 2 (escrivaninha, armário, etc.) cacifo; 3 [fig.] categoria, etiqueta*fig.* Ⓑ v.tr. 1 arquivar; classificar; ordenar; 2 pôr em cacifo; 3 [fig.] arrumar em categoria; etiquetar como; catalogar como; 4 adiar; pôr temporariamente de lado ❖ *set of pigeonholes* ficheiro

pigeonry ['pɪdʒənrɪ] s. (pl. -ies) pombal

pigeon-toed ['pɪdʒɪntəʊd] adj. com as pontas dos pés metidas para dentro

piggery ['pɪgərɪ] s. (pl. -ies) 1 estabelecimento para criação de porcos; 2 chiqueiro, pocilga; 3 lugar imundo; 4 sordidez, avareza

piggin ['pɪgɪn] s. [dial.] balde pequeno

piggish ['pɪgɪʃ] adj. 1 comilão, glutão, voraz; 2 teimoso, cabeçudo; 3 porco, grosseiro, sórdido, sujo, imundo

piggishness ['pɪgɪʃnɪs] s. 1 grosseria, sordidez, imundície; 2 teimosia; obstinação; 3 gula, sofreguidão

piggy ['pɪgɪ] Ⓐ s. (pl. -ies) porquinho, leitão, bácoro, bacorinho Ⓑ adj. 1 comilão, glutão; 2 teimoso, cabeçudo ❖ ~ *bank* mealheiro; ~ *wiggy* porquinho; criança pouco limpa

piggyback ['pɪgɪbæk] Ⓐ s. 1 cavalitas; 2 (carro, camião, comboio) sistema de transporte de um veículo por outro Ⓑ adj.,adv. 1 às cavalitas, às costas; 2 (veículo) transportado (por outro veículo); 3 complementarmente, juntamente, a reboque Ⓒ v.tr.,intr. 1 transportar às cavalitas, transportar às costas; 2 (camião, comboio) transportar outro(s) veículo(s); 3 complementar, adicionar

pigheaded [ˌpɪg'hedɪd] adj. 1 teimoso, casmurro, cabeçudo; 2 estúpido

pigheadedness [ˌpɪg'hedɪdnɪs] s. 1 teimosia, casmurrice; 2 obstinação

piglet ['pɪglɪt] s. ⇒ **pigling**

pigling ['pɪglɪŋ] s. porquinho, bacorinho, leitão

pigman ['pɪgmən] s. (pl. -men) 1 porqueiro; 2 [Esc.] vendedor de objectos de barro

pigment ['pɪgmənt] Ⓐ s. 1 pigmento; 2 corante, substância corante Ⓑ v.tr. 1 pigmentar; 2 colorir ❖ ~ *cell* célula pigmentar; ~ *grinding* pulverização de pigmento; *ground* ~ tinta em pó

pigmentary ['pɪgməntrɪ] adj. 1 pigmentário, pigmentar; 2 que tem propriedades de coloração

pigmentation [ˌpɪgmən'teɪʃən] s. pigmentação

pigmented ['pɪgməntɪd] adj. pigmentado

pigmentous ['pɪgməntəs] adj. pigmentário

pigmy ['pɪgmɪ] s. ⇒ **pygmy**

pignoration [ˌpɪgnə'reɪʃən] s. DIREITO penhora

pignut ['pɪgnʌt] s. BOTÂNICA túbara, tubéra, trufa

pigpen ['pɪgpen] s. [EUA] pocilga; chiqueiro de porcos

pigskin ['pɪgskɪn] s. 1 pele de porco curtida; 2 [coloq.] qualquer objecto feito de pele de porco; 3 bola de futebol; 4 [cal.] sela

pigsticker ['pɪgstɪkə] s. 1 caçador de javali ou porco-montês que se serve de longos chuços; 2 matador de porcos; 3 faca de lâmina comprida; 4 chuço de caça

pigsticking ['pɪgstɪkɪŋ] s. 1 montaria ao javali com longos chuços; 2 matança de porcos

pigsty ['pɪgstaɪ] s. (pl. -ies) 1 chiqueiro, aido de porcos; 2 casa, aposento ou local miserável e porco

pigtail ['pɪgteɪl] s. 1 (cabelo) trança; *to have/wear one's hair in pigtails* usar tranças; 2 rabo de cavalo; puxo; rabicho; 3 tabaco torcido e enrolado ❖ ~ *hook* gancho com o feitio de rabo de porco

pigtailed ['pɪgteɪld] adj. 1 com cauda de porco; 2 com rabicho

pigwash ['pɪgwɒʃ] s. ⇒ **pig's wash**

pigweed ['pɪgwiːd] s. BOTÂNICA anserina, assarina, fedegosa, ambrósia-das-boticas, erva-formigueira, quenopódio

pi-jaw ['paɪdʒɔː] Ⓐ s. [cal.] (escola) sermão, lição de moral Ⓑ v.tr. 1 [cal.] (escola) pregar um sermão a; 2 dar uma lição de moral

pike [paɪk] Ⓐ s. 1 pique, chuço; 2 lança com ponta de aço; 3 ZOOLOGIA lúcio; 4 [dial.] cavilha, picareta; 5 (Norte de Inglaterra) pico de monte; 6 (local) portagem; 7 estrada com portagem Ⓑ v.tr. atravessar com um pique; matar com um pique

◆ **pike off** v.intr. partir, morrer

◆ **pike out** v.intr. [EUA] [coloq.] abandonar o barco*fig.*; desistir quando a derrota é certa

piked [paɪkt] adj. pontiagudo, com ponta

pikelet ['paɪklɪt] s. CULINÁRIA variedade de bolo servido com chá

pikeman ['paɪkmən] s. (pl. -men) 1 mineiro que usa picareta ou alvião; 2 indivíduo encarregado de cobrar portagem; 3 soldado armado de pique ou chuço

piker ['paɪkə] s. 1 [EUA] [coloq.] jogador demasiado cauteloso; 2 [EUA] [coloq.] forreta, avarento, sovina; 3 [Austr.] [cal.] troca-tintas, intrujão

pikestaff ['paɪkstɑːf] s. haste de pique ou chuço ❖ *plain as a* ~ claro como água; evidente; óbvio

pilaster [pɪ'læstə] s. ARQUITECTURA pilastra

pilastered [pɪ'læstəd] adj. com pilastras

Pilate ['paɪlət] s.antr. Pilatos

Pilatus [pɪ'lɑːtəs] s. nome de um cume dos Alpes na margem sul do lago de Lucerna

pilau [piː'laʊ] s. CULINÁRIA pilau, iguaria oriental composta de arroz com carne, especiarias, etc.

pilaw [piː'laʊ] s. CULINÁRIA pilau, iguaria oriental composta de arroz com carne, especiarias, etc.

pilch [pɪltʃ] s. (pl. -es) cueiro, fralda de bebé

pilchard ['pɪltʃəd] s. ZOOLOGIA sardinha

pilcorn ['pɪlkɔːn] s. variedade de aveia

pile [paɪl] Ⓐ s. 1 estaca de construção; *built on piles* construído sobre estacaria; *to drive in a* ~ cravar uma estaca, meter uma estaca na terra; 2 coluna de metal ou cimento para apoio de ponte, etc.; 3 viga grossa que penetra verticalmente no solo, usada como suporte; 4 monte de coisas, pilha, rima; *a* ~ *of books* um monte de livros; *a* ~ *of wood* uma pilha de lenha; 5 (espingardas) sarilho; 6 (cremação) pira; *funeral* ~ pira funerária; 7 [coloq.] (muito dinheiro) fortuna; *to make one's* ~ enriquecer, fazer fortuna; 8 grande edifício; conjunto de grandes edifícios; 9 ELECTRICIDADE pilha; *voltaic* ~ pilha voltaica; 10 [arc.] reverso de moeda; 11 penugem, pelo macio, lanugem; 12 (tecido) superfície suave e macia de veludo, lã, etc.; 13 *pl.* MEDICINA hemorróidas; *blind piles* hemorróidas secas; *bleeding of piles* fluxo hemorroidal Ⓑ v.tr.,intr. 1 prover de estacas; reforçar com estacas; 2 cravar estacas (em); 3 amontoar, pôr numa rima, pôr em pilha; *to* ~ *coal on fire* acumular carvão em cima do lume; *to* ~ *more coal on* acumular mais carvão sobre; 4 empilhar; fazer uma rima de; fazer uma pilha de; 5 carregar; *to* ~ *a table with books* carregar uma mesa com livros; 6 cobrir; 7 (armas) ensarilhar; *to* ~ *arms* ensarilhar armas; 8 apinhar-se, acumular-se ❖ ~ *clamp* pinça para hemorróidas; ~ *drawer* arranca-estacas; ~ *driver* bate-estacas; ~ *dwelling* habitação construída sobre estacaria; habitação lacustre; ~ *engine* dispositivo ou maquinismo para enterrar estacas; ~ *fabric* tecido com pêlo; ~ *foundation* alicerces sobre estacaria; ~ *hammer* macete; maço para bater estacas; ~ *plank* ensecadeira; ~ *work* obra de estacaria

◆ **pile in** v.intr. (pessoas) entrar a monte; apertar-se

◆ **pile off** v.intr. [coloq.] sair desordenamente

◆ **pile on** Ⓐ v.intr. 1 [coloq.] entrar a monte; 2 (peso) aumentar rapidamente Ⓑ v.tr. 1 aumentar; intensificar; 2 exagerar; [coloq.] *to pile it on* exagerar ❖ [coloq.] *to* ~ *weight* engordar

◆ **pile out** v.intr. sair em debandada; *two of them piled out from the car* dois deles precipitaram-se para fora do carro

◆ **pile up** Ⓐ v.intr. 1 amontoar-se; acumular-se; *the clouds were piling up* as nuvens estavam a acumular-se; 2 chocar em cadeia; *five cars piled up* deu-se um choque em cadeia de cinco carros Ⓑ v.tr. amontoar; acumular

pileate ['paɪlɪɪt] adj. 1 com forma de chapéu; 2 com crista

pileated ['paɪlɪeɪtɪd] adj. ⇒ **pileate**

piled ['paɪld] adj. 1 amontoado; em montão; 2 com pêlos; 3 macio como lã ou veludo

pileorhiza [ˌpaɪlɪəʊ'raɪzə] s. BOTÂNICA pileorriza, pilorriza

pile-up ['paɪlʌp] s. [coloq.] (carros) choque em cadeia; *a six-car* ~ choque em cadeia de seis carros

pileworm ['paɪlwɜ:m] *s.* ZOOLOGIA teredem, teredo
pilewort ['paɪlwɜ:t] *s.* 1 BOTÂNICA escrofulária, erva-das-escaldadelas; 2 ficária, celidónia-menor
pilfer ['pɪlfə] *v.tr.,intr.* 1 surripiar coisas de pequeno valor; 2 roubar em pequenas quantidades; 3 furtar pequenas coisas
pilferage ['pɪlfərɪdʒ] *s.* 1 furto ou furtos pequenos; 2 ratonice
pilferer ['pɪlfərə] *s.* gatuno, indivíduo que pratica pequenos roubos
pilgarlic [ˌpɪl'gɑ:lɪk] *s.* 1 [arc.] homem calvo; 2 cabeça calva; 3 careca; 4 pobre diabo
pilgrim ['pɪlgrɪm] Ⓐ *s.* 1 peregrino; romeiro; 2 viajante, viandante Ⓑ *v.intr.* 1 peregrinar; 2 viajar, andar em viagem ❖ *~ bottle* cantil de peregrino; HISTÓRIA (1620) *the Pilgrim Fathers* Puritanos ingleses fundadores da colónia de Plymouth, Massachusetts; *the Pilgrims of Great Britain, the Pilgrims of the U.S.A.* sociedades para promoção da amizade anglo-americana
pilgrimage ['pɪlgrɪmɪdʒ] Ⓐ *s.* 1 peregrinação; *to go on (a) ~* ir em peregrinação; 2 viagem longa; 3 [fig.] vida terrena Ⓑ *v.intr.* ir em peregrinação
piliferous [ˌpaɪ'lɪfərəs] *adj.* pilífero
piliform ['paɪlɪfɔ:m] *adj.* piliforme
piling ['paɪlɪŋ] *s.* 1 estacaria, estacada; *steel ~* estacaria de aço; 2 colocação de estacas; reforço de estacas; 3 empilhamento, amontoamento; 4 acumulação ❖ (espingarda) *~ pin* guarda-mato
pill [pɪl] Ⓐ *s.* 1 FARMÁCIA comprimido; 2 FARMÁCIA (contraceptivo) pílula; *to be on the ~* estar a tomar a pílula; *to come off the ~* deixar de tomar a pílula; 3 [coloq.] bola; 4 bala de canhão; 5 [cal., ant.] chato; 6 *pl.* [cal.] tomates$_{cal.}$ Ⓑ *v.intr.* (tecidos) ganhar borboto Ⓒ *v.tr.* 1 ant., cal.] recusar, rejeitar, votar contra, derrotar; 2 [arc.] saquear, pilhar ❖ ZOOLOGIA *~ bug* bicho-de-conta; *a bitter ~* [fig.] coisa difícil de engolir; *a ~ to cure an earthquake* meias medidas; remédio insuficiente; solução precária; *to gild the ~* dourar a pílula
pillage ['pɪlɪdʒ] Ⓐ *s.* pilhagem, saque Ⓑ *v.tr.,intr.* 1 saquear, pilhar; 2 pôr a saque; 3 entregar-se à pilhagem ou ao saque
pillager ['pɪlɪdʒə] *s.* saqueador, aquele que se entrega à pilhagem ou ao saque
pillaging ['pɪlɪdʒɪŋ] *adj.* que se entrega à pilhagem ou ao saque
pillar ['pɪlə] Ⓐ *s.* 1 pilar; 2 ARQUITECTURA coluna; *Corinthian ~* coluna coríntia; *Doric ~* coluna dórica; 3 pilastra; 4 esteio; 5 [fig.] sustentáculo; *a ~ of the Faith* um sustentáculo da Fé; 6 [fig.] apoio, arrimo forte; 7 sustento; 8 qualquer coisa com forma de pilar ou coluna; 9 coluna de carvão deixada para segurar o tecto de mina Ⓑ *v.tr.* 1 segurar, firmar com colunas; 2 sustentar com pilares ❖ (automóvel) *steering ~* coluna de direcção; (Bíblia) *a ~ of salt* uma estátua de sal; *a ~ of water* uma tromba de água; *the Pillars of Hercules* as Colunas de Hércules; *to be driven from ~ to post* andar de Herodes para Pilatos; andar dum lado para o outro, sem saber o que fazer
pillar-box ['pɪləbɒks] *s.* marco do correio ❖ (cor) *~ red* vermelho-vivo
pillared ['pɪləd] *adj.* 1 com pilares, com colunas; 2 semelhante a coluna ou pilar
pillbox ['pɪlbɒks] *s.* 1 caixinha para comprimidos; 2 MILITAR casamata; 3 [fig.] (espaço reduzido) lata de sardinhas$_{fig.}$
pilling ['pɪlɪŋ] *s.* acto de esmagar (o linho)
pillion ['pɪljən] *s.* 1 [ant.] (atrás do primeiro) segundo selim; 2 [ant.] (para segundo cavaleiro) almofada atrás do primeiro selim; 3 assento traseiro de motocicleta ❖ *to ride ~* cavalgar no assento de trás
pillioned ['pɪljənd] *adj.* montado no assento de trás
pilliwinks ['pɪlɪˌwɪŋks] *s.pl.* instrumento de tortura que apertava os dedos
pillorize ['pɪləraɪz] *v.tr.* ⇒ **pillory** Ⓑ
pillory ['pɪlərɪ] Ⓐ *s.* (*pl.* **-ies**) 1 pelourinho; 2 (instrumento de tortura) cepo Ⓑ *v.tr.* 1 levar ao pelourinho; 2 estar exposto no cepo; 3 [fig.] expor à irrisão pública ❖ *to put sb in the ~* colocar alguém no pelourinho; expor alguém à irrisão pública
pillow ['pɪləʊ] Ⓐ *s.* 1 almofada; 2 rolo usado em divãs; 3 travesseira; 4 chumaceira; 5 descanso, suporte Ⓑ *v.tr.,intr.* repousar [in, sobre]; servir de almofada a ❖ *~ block* chumaceira horizontal; (brincadeira) *~ fight* luta com travesseiros; *~ lace* renda de bilros; *~ mate* mulher, esposa; [coloq.] *to take counsel of one's ~* aconselhar-se com o travesseiro
◆**pillow up** *v.tr.* sustentar com almofadas ou travesseiros

pillowcase ['pɪləʊkeɪs] *s.* fronha da almofada
pillowslip ['pɪləʊslɪp] *s.* fronha de almofada
pillowy ['pɪləʊɪ] *adj.* 1 macio como uma almofada; 2 semelhante a almofada ou travesseira
pillwort ['pɪlwɜ:t] *s.* BOTÂNICA pilulária
pilocarpine [ˌpaɪləʊ'kɑ:piːn, ˌpaɪləʊ'kɑ:paɪn] *s.* QUÍMICA, FARMÁCIA pilocarpina
pilose ['paɪləʊs] *adj.* peludo; piloso
pilosity [paɪ'lɒsɪtɪ] *s.* pilosidade
pilot ['paɪlət] Ⓐ *s.* 1 (barco, avião, etc.) piloto; *coast ~* piloto costeiro; *dock ~* piloto de porto; *in-shore ~* piloto costeiro; *deep-sea ~* piloto do mar alto; 2 timoneiro; 3 prático; 4 [EUA] limpa-trilhos de locomotiva; 5 [fig.] guia, mentor Ⓑ *v.tr.* 1 pilotar, dirigir; 2 acompanhar, guiar, ajudar ❖ *~ balloon* balão-guia; balão-piloto; *~ biscuit* bolacha de bordo; *~ boat* barco do piloto; *~ bulb* lâmpada-guia; lâmpada-piloto; *~ burner* bico de gás que acende os outros; *~ cable* cabo-guia; cabo-piloto; *~ chart* carta de navegação; ELECTRICIDADE *~ circuit* circuito-guia; *~ cloth* tecido de lã azul, forte e espesso; ZOOLOGIA *~ fish* piloto; *~ jacket* sobretudo curto de marinheiro feito de tecido de lã bastante encorpado; *~ lamp* lâmpada guia; lâmpada de controlo; lâmpada-piloto; *~ locomotive* locomotiva-guia; locomotiva de reboque; *~ master* patrão dos pilotos; *~ office* estação de pilotos; *~ officer* segundo-tenente aviador; *~ plant* instalação fabril experimental; *~ signal* sinal de piloto; *~ study* estudo-piloto; *pilot's licence* carta de piloto; *to drop the ~* desembarcar o piloto; [fig.] abandonar alguém que nos aconselha
pilotage ['paɪlətɪdʒ] *s.* 1 pilotagem; 2 direitos de pilotagem
pilous ['paɪləs] *adj.* piloso, peludo
pilular ['pɪljʊlə] *adj.* pilular
pilule ['pɪlju:l] *s.* pílula pequena
pilum ['paɪləm] *s.* pilo, pílum, espécie de dardo antigo
pimaric [pɪ'mærɪk] *adj.* QUÍMICA pimárico
pimelic [pɪ'melɪk] *adj.* QUÍMICA pimélico
pimelite ['pɪməlaɪt] *s.* MINERALOGIA pimelite, mineral de cor verde-escura frequentemente associado com a guarnierite
pimento [pɪ'mentəʊ] *s.* 1 CULINÁRIA pimenta-de-jamaica, pimenta-de-coroa; 2 pimentão doce; *to season with ~* temperar com pimentão doce; 3 BOTÂNICA árvore que produz a pimenta-da-jamaica
pimp [pɪmp] Ⓐ *s.* chulo Ⓑ *v.intr.* ser chulo
pimpernel ['pɪmpənel] *s.* BOTÂNICA anagálide; morrião ❖ BOTÂNICA *scarlet ~* morrião escarlate
pimpinella [ˌpɪmpɪ'nelə] *s.* BOTÂNICA pimpinela
pimping ['pɪmpɪŋ] Ⓐ *adj.* mesquinho, insignificante, miserável, fraco Ⓑ *s.* ofício de alcoviteiro ou proxeneta
pimple ['pɪmpəl] *s.* espinha, borbulha
pimpled ['pɪmpəld] *adj.* 1 com borbulhas; 2 cheio de espinhas
pimply ['pɪmplɪ] *adj.* ⇒ **pimpled**
pin [pɪn] Ⓐ *s.* 1 alfinete; 2 cavilha; perno; pino, chaveta; *~ of centre crank* pino de manivela; *~ of roller chain* pino de corrente; 3 (roda ou roldana) prego, eixo; 4 munhão; 5 gonzo; 6 cravo; 7 MÚSICA (instrumento de corda) cravelha; 8 bilro; 9 NÁUTICA setrosso; 10 belida, mancha nos olhos; 11 (golfe) bandeirinha indicadora de buraco; 12 ninharia, bagatela; 13 pequeno pipo de quatro galões e meio; 14 *pl.* [coloq.] gâmbias, pernas Ⓑ *v.tr.* (*particípios*: **-nn-**) 1 pregar, prender com alfinete(s); *she pinned a shawl over her shoulders* ela prendeu um xaile aos ombros com um alfinete; 2 fixar, segurar, prender; 3 (pedra no xadrez) imobilizar; 4 sujeitar, encurralar, enjaular; 5 escorar, segurar com escoras ❖ *~ box* caixa de pinos; *~ case* estojo para alfinetes; ELECTRICIDADE *~ jack* pega; *~ money* dinheiro para alfinetes; dinheiro para despesas miúdas; ELECTRICIDADE *~ plug* ficha com pinos; *knitting ~* agulha de tricotar; *waving pins* alfinetes de ondular; *a clothes ~* alfinete; mola para a roupa; CULINÁRIA *a rolling ~* rolo da massa; (braço ou perna) *pins and needles* formigueiro; *quick to the pins* ágil; *for two pins they would box his ears* pouco faltou para lhe darem duas bofetadas; *he who will steal a ~ will steal a pound* quem rouba pouco também pode roubar muito; cesteiro que faz um cesto faz um cento; [coloq.] *I don't care a ~* não quero saber; *there isn't a ~ to choose between them* não há a menor diferença entre eles;

PIN

to be in a merry ~ estar muito bem disposto; *to be in a peevish ~* estar de mau humor; *to be on pins and needles* estar sobre brasas; estar a ferver; não sossegar; *to ~ one's faith to* acreditar sem reservas em; *to ~ one's opinion on another person's sleeve* fazer depender a sua opinião de outra pessoa; *to ~ sb against a wall* encostar alguém à parede; *you could have heard a ~ drop* poder-se-ia ouvir uma mosca
- **pin back** *v.tr.* prender com um alfinete ❖ [coloq.] *~ your ears!* ouve bem!, presta atenção!; [coloq.] *to pin sb's ears back* (reprimenda) dar um sermão a alguém; dar uma tarefa a alguém
- **pin down** *v.tr.* **1** prender; imobilizar; **2** identificar; determinar; definir com precisão; **3** obrigar a tomar uma posição; obrigar a fazer uma declaração clara e precisa ❖ *to pin sb down to a promise* obrigar alguém a cumprir uma promessa; *to pin sb down to his word* obrigar alguém a cumprir a palavra dada
- **pin on** *v.tr.* **1** (culpa) imputar a; **2** (esperança) depositar em; **3** prender com alfinetes
- **pin together** *v.tr.* juntar com alfinete(s)
- **pin up** *v.tr.* **1** afixar com alfinetes; *to ~ a notice* afixar um aviso, segurando-o com um alfinete; **2** (cabelo) prender com ganchos ❖ *to ~ one's skirt* pôr a saia mais curta, puxando-a um pouco para cima

PIN (multibanco) [abrev. de personal identification number] ❖ *~ code* código do multibanco

pinacoid ['pɪnəkɔɪd] Ⓐ *adj.* pinacóide, em forma de prancha Ⓑ *s.* pinacóide, forma cristalográfica limitada por dois paralelos
pinacoidal [ˌpɪnə'kɔɪdəl] *adj.* pinacóide
pinacol ['pɪnəkɒl] *s.* QUÍMICA pinacol; pinacona
pinacone ['pɪnəkəʊn] *s.* QUÍMICA pinacona, pinacol
pinacotheca [ˌpɪnəkəʊ'teɪkə] *s.* pinacoteca, colecção de quadros de pintura
pinafore ['pɪnəfɔː] *s.* bibe, babeiro
pinafored ['pɪnəfɔːd] *adj.* de bibe, de babeiro
pinaster [paɪ'næstə] *s.* BOTÂNICA pinheiro-bravo
pinball ['pɪnbɔːl] *s.* (jogo electrónico) *flippers*
pince-nez [ˌpæns'neɪ] *s.* lunetas
pincers ['pɪnsəz] *s.pl.* **1** tenazes; **2** turquês, torquês; **3** alicate; **4** pinça; **5** ZOOLOGIA pinças ❖ MILITAR *pincer movement* movimento convergente; movimento em tenaz
pinch [pɪntʃ] Ⓐ *s.* (pl. *-es*) **1** beliscão, beliscadura; *to give sb a ~* dar um beliscão a alguém; **2** pitada; *a ~ of salt* uma pitada de sal; **3** pressão, opressão, aflição; **4** (momento crítico) apuro, dificuldade; aperto, embaraço; *at a ~/in a ~* em caso de necessidade, em caso de emergência; *I could do it at a ~* eu podia fazer isso em caso de necessidade; *to be at a ~* estar em apuros Ⓑ *v.tr.* **1** beliscar, dar um beliscão em; **2** apertar; trilhar; *she pinched her finger in the door* ela trilhou o dedo na porta; **3** extorquir, arrancar; *to ~ sth from sb* extorquir alguma coisa a alguém; **4** [cal.] roubar, furtar; **5** apertar, prender com tenaz; **6** entalar, meter em talas; **7** comprimir; **8** oprimir; **9** atormentar, fazer passar privações, afligir; **10** (frio) penetrar; **11** NÁUTICA cingir ao vento; **12** espremer; **13** mover com alavanca; **14** ser muito económico; ser mesquinho, ser unhas-de-fome; **15** [cal.] deter, prender; (polícia) fazer busca a ❖ *~ bar* pé-de-cabra; [EUA] [coloq.] *~ hitter* substituto eventual; *the ~ of hunger* a tortura da fome; *everyone knows best where his own shoe pinches* cada qual é que sabe as suas próprias dificuldades; *I wouldn't give a ~ of snuff for it* não dava um tostão por isso; *if it comes to the ~* se for absolutamente necessário; *that's where the shoe pinches* é aí que está a dificuldade; *to feel the ~* comer o pão que o Diabo amassou; sentir-se em dificuldades; *to ~ and scrape* poupar, privando-se do necessário; viver muito economicamente; [EUA] [coloq.] *to ~ hit for sb* substituir alguém; actuar como substituto de alguém; *to ~ the belly* deixar de comer para poupar; apertar o cinto*fig.*
- **pinch back/off/out** *v.tr., intr.* (botões, rebentos) cortar (com os dedos)

pinchbeck ['pɪntʃbek] Ⓐ *adj.* falso, de imitação, barato Ⓑ *s.* **1** pechisbeque, liga de cobre e zinco com aspecto parecido com o do ouro; **2** ouro falso; **3** ouropel
pinched ['pɪntʃt] *adj.* **1** beliscado; **2** apertado, comprimido; **3** oprimido, atormentado, aflito; **4** cheio de dificuldades, sem dinheiro ❖ *~ features* feições macilentas; feições chupadas;

in ~ circumstances em circunstâncias difíceis; *to be ~ for money* estar sem dinheiro; estar na penúria; *to be ~ with cold* estar morto de frio
pinchers ['pɪntʃəz] *s.pl.* ⇒ **pincers**
pinching ['pɪntʃɪŋ] Ⓐ *adj.* **1** (frio) cortante, penetrante; **2** restrito, limitado, demasiado económico; **3** apertado, demasiado estreito; **4** doloroso Ⓑ *s.* **1** acção de beliscar; beliscadela; **2** trilhadela; **3** mesquinhice; avareza; parcimónia; **4** gatunice; **5** privação ❖ *~ off* acção de cortar com a unha (rebentos de plantas)
pincushion ['pɪnkʊʃɪn] *s.* almofada para alfinetes
Pindar ['pɪndə] *s.antr.* Píndaro
Pindari [pɪn'dɑːriː] *s.* salteador a cavalo (na Índia, sécs. XVI e XVII)
Pindaric [pɪn'dærɪk] Ⓐ *adj.* LITERATURA pindárico; de Píndaro; semelhante a Píndaro Ⓑ *s.* LITERATURA ode pindárica ❖ *~ ode* ode pindárica; *Pindarics* versos pindáricos; odes pindáricas
Pindus ['pɪndəs] *s.top.* Pindo
pine [paɪn] Ⓐ *s.* **1** BOTÂNICA pinheiro; **2** (madeira) pinho Ⓑ *v.intr.* **1** enfraquecer; definhar; ir perdendo as forças; **2** consumir-se; *to ~ with grief* consumir-se de tristeza; **3** ansiar, desejar muito; *to ~ after* ansiar por, morrer por; *to ~ for* ansiar por; *to ~ to do sth* ansiar por fazer alguma coisa; **4** [poét.] lamentar, deplorar, lastimar ❖ *~ barren* pinhal; *~ beauty* borboleta cuja larva busca a sua alimentação nos pinheiros; *~ blister* fuligem do pinheiro; míldio do pinheiro; *~ cone* pinha; *~ forest* pinhal; *~ grove* pinheiral; *~ kernel/nut* pinhão; *~ needle* agulha de pinheiro; *~ resin* resina de pinheiro; *~ tar* alcatrão de pinheiro; *to ~ oneself to death* morrer de dores
- **pine away** *v.intr.* consumir-se; definhar de desgosto

pineal ['pɪnɪəl] *adj.* pineal ❖ ANATOMIA *~ body/~ gland* epífise; glândula pineal
pineapple ['paɪnæpl] *s.* **1** BOTÂNICA (fruto) ananás; **2** BOTÂNICA (planta) ananás, ananaseiro; **3** MILITAR [cal.] granada de mão
pinene ['paɪniːn] *s.* QUÍMICA pineno
pinery ['paɪnərɪ] *s.* (pl. *-ies*) **1** plantação de ananases; **2** criação de ananases em estufa; **3** plantação de pinheiros, pinheiral
pinetum [paɪ'niːtəm] *s.* (pl. *-a*) plantação de pinheiros
pinewood ['paɪnwʊd] *s.* **1** pinhal; **2** (madeira) pinho
pinfeathered ['pɪnˌfeðəd] *adj.* **1** (ave) com penas que estão ainda a nascer; implume; **2** (pessoa) sem experiência
pinfold ['pɪnfəʊld] Ⓐ *s.* **1** cercado para gado extraviado ou roubado; **2** curral Ⓑ *v.tr.* **1** encurralar, prender em curral; **2** guardar em cercado (gado extraviado ou roubado)
ping [pɪŋ] Ⓐ *s.* **1** tinido, som metálico; **2** silvo, sibilo (de bala através do ar); **3** detonação Ⓑ *v.intr.* **1** fazer um som metálico, tinir; **2** (bala) silvar, sibilar
ping-pong ['pɪŋpɒŋ] *s.* DESPORTO pingue-pongue, ténis de mesa
pinguid ['pɪŋgwɪd] *adj.* oleoso, gorduroso
pinhead ['pɪnhed] *s.* **1** cabeça de alfinete; **2** insignificância; ninharia; **3** [coloq.] (pessoa) idiota; imbecil
pinhole ['pɪnhəʊl] *s.* **1** buraco de alfinete; furo de alfinete; **2** buraco de cavilha; **3** pequena abertura; buraco de agulha*fig*; **4** FOTOGRAFIA orifício estenopeico; buraco de agulha ❖ FOTOGRAFIA *~ camera* máquina de buraco de agulha; *~ source of light* fonte luminosa punctiforme
pinicolous [paɪ'nɪkələs] *adj.* pinícola, que vive nos pinheiros
piniform ['paɪnɪfɔːm] *adj.* piniforme, em forma de pinha
pining ['paɪnɪŋ] Ⓐ *adj.* **1** abatido, quebrantado; **2** lânguido; **3** definhando Ⓑ *s.* **1** estiolamento, enfraquecimento; **2** languidez, prostração; **3** definhamento
pinion ['pɪnjən] Ⓐ *s.* **1** (aves) rémige, remígio; pena de asa; ponta de asa; **2** coto de asa; **3** MECÂNICA pinhão; carreto; roda dentada Ⓑ *v.tr.* **1** (impedir o voo) cortar as asas a; aparar as asas a; **2** (braços ao longo do corpo) atar, prender; amarrar com cordas; manietar; *to be pinioned to a tree* ser amarrado a uma árvore ❖ [poét.] *an eagle's pinions* as asas duma águia
pinioned ['pɪnjənd] *adj.* alado, com asas
pinite ['paɪnaɪt] *s.* MINERALOGIA pinite, pinita
pink [pɪŋk] Ⓐ *s.* **1** (cor) rosa; **2** BOTÂNICA cravo, craveiro; *clove ~* cravo vermelho; *garden ~* cravo bordado; *sea ~* cravo da beira-mar; **3** BOTÂNICA cravina; **4** casaco vermelho de caçador de raposas; **5** caçador de raposas; **6** [fig.] perfeição, apogeu; modelo; *the ~ of elegance* a elegância personificada; *the ~ of*

perfection o ponto mais elevado da perfeição; *he is the ~ of courtesy* ele é extremamente delicado; **7** pigmento amarelado resultante da combinação de determinada substância vegetal com uma base branca; **8** NÁUTICA pinque, embarcação, usada no Mediterrâneo, entre 200 e 300 toneladas, geralmente com três mastros e velas latinas; **9** salmão novo; **10** [dial.] (peixe) leucisco; **11** [coloq.] simpatizante da esquerda moderada Ⓑ *adj.* **1** cor-de-rosa; *salmon ~* rosa-salmão; **2** rosado; **3** [coloq.] da esquerda moderada; *~ socialism* socialismo cor-de-rosa, socialismo moderado Ⓒ *v.tr.* **1** (espada, punhal, etc.) trespassar, atravessar; **2** enfeitar, ornamentar, ornar; **3** picotar, pontilhar; **4** picar a borda; **5** recortar; **6** (pano, couro, etc.) enfeitar, fazendo pequenos recortes ou buraquinhos; **7** (motor de explosão) bater; **8** [coloq.] (motor de explosão) grilar ❖ *~ tea* chá elegante; *in the ~ of condition* em óptimo estado, em perfeitas condições; *the ~ limit* o cúmulo; [coloq.] *to be in the ~* estar de óptima saúde; [coloq.] *to look in the ~* estar com um aspecto esplêndido

pink-collar [ˌpɪŋk'kɒlə] *adj.* (emprego) antigamente ocupado por mulheres
pinked ['pɪŋkt] *adj.* **1** recortado; **2** com furinhos a toda a volta; **3** pontilhado
pinker ['pɪŋkə] *s.* aquele que recorta, picota ou pontilha
pinkie ['pɪŋkɪ] Ⓐ *s.* **1** [coloq.] dedo mindinho; **2** NÁUTICA pinque Ⓑ *adj.* [Esc.] [coloq.] pequeno
pinking ['pɪŋkɪŋ] *s.* **1** acção de recortar ou pontilhar; **2** pequeno ruído seco; **3** o bater ou grilar de um motor ❖ *~ iron* instrumento de ferro para recortar; *~ shears* tesoura dentada
pinkish ['pɪŋkɪʃ] *adj.* róseo, rosado
pinkness ['pɪŋknɪs] *s.* cor-de-rosa
pinko ['pɪŋkəʊ] Ⓐ *adj.* POLÍTICA [cal.] de esquerda Ⓑ *s. (pl.* **-(e)s**) POLÍTICA [cal.] simpatizante de esquerda
pinkroot ['pɪŋkruːt] *s.* BOTÂNICA espigélia
Pinkster ['pɪŋkstə] *s.* [EUA] [coloq.] Pentecostes
pinkwood ['pɪŋkwʊd] *s.* BOTÂNICA pau-rosa
pinky ['pɪŋkɪ] *adj.* [coloq.] ⇒ **pinkish**
pinnace ['pɪnɪs] *s.* **1** escaler de navio de guerra, com oito remos; **2** lancha a motor; **3** [ant.] pinaça, pequena embarcação geralmente com dois mastros
pinnacle ['pɪnəkl] Ⓐ *s.* **1** ARQUITECTURA pináculo; coruchéu; zimbório; cúpula; **2** (monte, etc.) pico; **3** [fig.] auge, cume, ponto mais alto; *at the ~ of...* no auge de.... Ⓑ *v.tr.* **1** prover com pináculo ou coruchéu; **2** [fig.] elevar ao auge, elevar ao ponto mais alto
pinnacled ['pɪnəkəld] *adj.* **1** com pináculo, com coruchéu; **2** [coloq.] posto no cume, posto no auge
pinnate ['pɪneɪt] *adj.* **1** BOTÂNICA pinulado; **2** ZOOLOGIA em forma de pena, com tentáculos ou ramificações de cada lado dum eixo
pinnated ['pɪneɪtɪd] *adj.* ⇒ **pinnate**
pinnately ['pɪneɪtlɪ] *adv.* duma forma pinulada
pinnatifid [pɪ'nætɪfɪd] *adj.* BOTÂNICA pinatifido
pinnatiped [pɪ'nætɪped] *adj.,s.* palmípede
pinner ['pɪnə] *s.* **1** pregador de alfinetes; **2** touca antiga de abas compridas
pinning ['pɪnɪŋ] *s.* **1** acção de pregar com alfinetes; **2** fixação; **3** colocação de pernos, pinos, cavilhas ❖ *~ on* fixação por meio de alfinetes; *~ up* acção de elevar e fixar com alfinetes; afixação de avisos com pequenos pregos
pinniped ['pɪnɪped] *adj.,s.* pinípede
pinnipedian [pɪnɪ'piːdɪən] *adj.,s.* ⇒ **pinniped**
pinnula ['pɪnjʊlə] *s.* ⇒ **pinnule**
pinnulate ['pɪnjʊleɪt] *adj.* pinulado
pinnulated ['pɪnjʊleɪtɪd] *adj.* ⇒ **pinnulate**
pinnule ['pɪnjʊl] *s.* **1** pínula (de alidade); **2** BOTÂNICA, ZOOLOGIA pínula
pinny ['pɪnɪ] *s. (pl.* **-ies**) [infant.] babeiro, bibe
Pinocchio [pɪ'nəʊkɪəʊ] *s.antr.* Pinóquio
pinocle ['pɪnəʊkl] *s.* [EUA] nome dum jogo de cartas
pinole [pɪ'nəʊleɪ] *s.* [EUA] prato preparado com açúcar, farinha, etc.
pinpoint ['pɪnpɔɪnt] Ⓐ *v.tr.* **1** apontar; **2** precisar; determinar com exactidão; pôr o dedo em*fig*; **3** identificar; localizar Ⓑ *s.* **1** pontinho; **2** ponta de alfinete; **3** [fig.] ninharia, coisa insignificante Ⓒ *adj.* exacto; com extrema precisão; *with ~ accuracy/ precision* com precisão milimétrica

pinprick ['pɪnprɪk] Ⓐ *s.* **1** picada de alfinete, picadela; **2** contrariedade, pequeno inconveniente; **3** pinta Ⓑ *v.tr.* picar
pinscher ['pɪnʃer] *s.* ZOOLOGIA (cão) pinscher
pinstripe ['pɪnstraɪp] Ⓐ *s.* **1** risquinha; **2** tecido às risquinhas; **3** VESTUÁRIO fato às risquinhas Ⓑ *adj.* às risquinhas
pint [paɪnt] *s.* **1** (medida de capacidade) pinto (56,825 centilitros); **2** quartilho; *~ bottle* garrafa de cerca de um quartilho ❖ [GB] *to go for a ~* ir beber uma cerveja
pintado [pɪn'tɑːdəʊ] *s. (pl.* **-s** ou **-es**) ZOOLOGIA pintada, galinha-da-guiné, galinha-de-angola, galinha-da-áfrica, galinha-da-Índia ❖ ZOOLOGIA *~ bird/petrel* petrel-do-cabo
pintail ['pɪnteɪl] *s.* ZOOLOGIA arrabio, rabijunco
pintailed ['pɪnteɪld] *adj.* (penas posteriores) de cauda comprida ❖ ZOOLOGIA (pato) *~ duck* arrabio; ZOOLOGIA *~ ganga* cortiçol; cortiçó; ganga
pintle ['pɪntl] *s.* **1** gonzo; **2** cavilha, espigão; **3** NÁUTICA macho do leme, gancho do leme; **4** engate de canhão (para impedir o recuo da peça ao fazer fogo)
pint-sized ['paɪntsaɪzd] *adj.* [coloq.] pequenino
pin-up ['pɪnʌp] *s.* **1** foto; póster; **2** pessoa atraente
pinwheel ['pɪnwiːl] *s.* **1** (fogo preso) girândola; **2** carreto espigado; pinhão de espigas
pinworm ['pɪnwɜːm] *s.* oxiúro
piny ['paɪnɪ] *adj.* **1** de pinheiro; relativo ao pinheiro; **2** (aroma) de pinho; **3** coberto de pinheiros; cheio de pinheiros
piolet ['piːəʊleɪ] *s.* pau ferrado de montanhista ou alpinista
pioneer [ˌpaɪə'nɪə] Ⓐ *s.* **1** pioneiro, iniciador de qualquer empreendimento; **2** explorador, desbravador; **3** precursor; **4** MILITAR sapador, soldado que, juntamente com outros, está encarregado de preparar o caminho para o resto das tropas, abrindo estradas, destruindo obstáculos naturais, etc. Ⓑ *v.tr.,intr.* **1** seguir à frente, desbravar o caminho, actuar como pioneiro; **2** mostrar novos rumos, novos métodos; **3** explorar, descobrir; **4** ser o primeiro em qualquer empreendimento
pioneering [paɪə'nɪərɪŋ] *adj.* **1** pioneiro; **2** inovador; **3** precursor
pious ['paɪəs] *adj.* **1** piedoso, devoto, pio; **2** religioso; **3** [arc.] cumpridor ❖ *~ deeds* obras de caridade
piously ['paɪəslɪ] *adv.* piedosamente, piamente, devotamente
pip [pɪp] Ⓐ *s.* **1** (laranja, maçã, pêra, etc.) pevide; **2** VETERINÁRIA pevide, película na língua de galináceos, capaz de lhes causar a morte; **3** VETERINÁRIA gosma, muco espesso na garganta das galinhas e outras aves; **4** (carta de jogar, dominó, dado) ponto, pinta; **5** (inflorescência) botão central; **6** MILITAR [coloq.] (uniforme de oficial) estrela; **7** RÁDIO toque, sinal horário; *at the fourth ~ it will be eleven o'clock* ao quarto sinal serão onze horas; **8** [coloq., ant.] depressão nervosa; *that gives me the ~* isso deprime-me; *to have the ~* estar deprimido, ver tudo negro; **9** [coloq., ant.] má disposição; cólera, ira; **10** TIPOGRAFIA a letra P Ⓑ *v.tr.* (*particípios* **-pp-**) **1** piar, pipilar; **2** (aves) sair da casca, furar a casca; **3** (candidato) votar contra, rejeitar; **4** [coloq.] derrotar, vencer; **5** pôr termo a; **6** [coloq.] atingir com uma bala; **7** matar
✦ **pip out** *v.intr.* [coloq.] esticar o pernil
pipage ['paɪpɪdʒ] *s.* **1** canalização; **2** transporte por canalização; **3** colocação de canalização
pipe [paɪp] Ⓐ *s.* **1** cano, tubo, canudo; **2** cano; canalização; *gas ~* canalização de gás, cano de gás; *water ~* cano de água; *line of pipes* canalização; *to lay pipes* pôr canalizações; **3** gaita pastoril, flauta de cana; *Pan's pipes* flauta de Pan; **4** tubo de órgão; *organ ~* tubo de órgão; *~ organ* órgão grande com tubos; **5** apito de bordo, apito de contramestre; toque do apito de bordo; **6** pio, canto de ave; **7** ANATOMIA órgão ou vaso tubular; **8** veio cilíndrico de minério; *~ of ore* filão de minério; **9** armadilha tubular para apanhar aves; **10** cachimbo; cachimbada; [coloq.] *let's put on a pipe!* vamos lá fumar uma cachimbada!; *to be a ~ smoker* ser um fumador de cachimbo; *to smoke a ~* fumar cachimbo; **11** casco de vinho com capacidade de 105 galões; **12** chaminé de vulcão; **13** *pl.* traqueia, vias respiratórias; [coloq.] *there's something wrong with his pipes* ele tem qualquer coisa nos pulmões; **14** *pl.* gaita-de-foles; *the pipes* as gaitas-de-foles escocesas Ⓑ *v.tr.,intr.* **1** tocar gaita-de-foles, flauta ou instrumento de sopro; **2** tocar (qualquer coisa) em instrumento de sopro; **3** assobiar; **4** (vento) sibilar, silvar; **5** falar ou cantar em voz aflautada; **6** dizer com voz esganiçada;

pipeclay

7 NÁUTICA apitar, chamar por meio de apito; *to ~ all hands on deck* apitar para que toda a gente venha para a coberta; **8** colocar canos ou tubos; **9** canalizar; *to ~ the oil to the refinery* canalizar o petróleo para a refinaria; **10** VESTUÁRIO (roupa) guarnecer com vivos; **11** CULINÁRIA (doce) enfeitar com uma espécie de fios de açúcar; **12** meter em cascos; embarrilar; **13** BOTÂNICA reproduzir por meio de estaca; **14** [coloq.] chorar; *to ~ one's eyes* chorar; **15** estar ofegante, arquejar; **16** fumar cachimbo ❖ *~ burst* ruptura de canalização; *~ cleaner* limpador de cachimbos; limpador de canos; *~ coil* serpentina; *~ connection* ligação de tubos ou canos; *~ dream* sonho irreal e fantástico; esperança enganadora; ideia irrealizável; *~ fracture* ruptura de tubo ou cano; *~ laying* colocação de tubos ou canalizações; *~ maker* fabricante de cachimbos ou tubos; *~ staves* aduelas; *~ stop* bucha ou tampão de cano; *peace ~* cachimbo da paz; *reed ~* tubo com palheta de instrumento de sopro; NÁUTICA *voice ~* porta-voz; [coloq.] *put that in your ~ and smoke it!* pois fique sabendo que é assim!; que é assim mesmo!; pois engula lá a pílula; *to have a fine ~* ter uma boa garganta; cantar bem
◆ **pipe down** v.intr. [coloq.] calar-se; meter a viola no saco
◆ **pipe up** v.intr. **1** falar, dizer o que tem a dizer; fazer-se ouvir; **2** começar a tocar; começar a cantar
pipeclay ['paɪpkleɪ] Ⓐ s. argila branca Ⓑ v.tr. embranquecer (couro)
piped ['paɪpt] adj. **1** encanado, canalizado; **2** VESTUÁRIO (roupa) guarnecido com vivos
pipefitter ['paɪpˌfɪtə] s. canalizador
pipefitting ['paɪpˌfɪtɪŋ] s. colocação de canos; trabalho de canalização
pipeful ['paɪpfʊl] s. cachimbada, cachimbo cheio de tabaco
pipeline ['paɪplaɪn] Ⓐ s. **1** oleoduto; **2** gasoduto; **3** conduta Ⓑ v.tr. canalizar, transportar em canos, transportar em oleodutos ❖ *to be in the ~* estar previsto; estar na forja; estar em preparação
piper ['paɪpə] s. **1** (gaita-de-foles) gaiteiro; **2** (instrumento de sopro) tocador; **3** VETERINÁRIA cavalo asmático, cavalo atacado de pulmoeira ❖ *to pay the ~* pagar as favas; arcar com as responsabilidades; pagar as despesas
Piperaceae [ˌpɪpəˈreɪsiː] s.pl. BOTÂNICA Piperáceas
piperaceous [ˌpɪpəˈreɪʃəs] adj. **1** BOTÂNICA piperáceo; relativo às piperáceas; **2** relativo à pimenta
piperazine [pɪˈperəzɪn] s. QUÍMICA piperazina
piperine ['pɪpəraɪn] s. QUÍMICA piperina, alcalóide que se encontra em várias piperáceas
pipestem ['paɪpstem] Ⓐ s. tubo de cachimbo Ⓑ adj. [EUA] escanzelado; magricela
pipestone ['paɪpstəʊn] s. barro avermelhado (usado para fazer cachimbos, etc.)
pipette [pɪˈpet] Ⓐ s. pipeta; *graduated ~* pipeta graduada Ⓑ v.tr. pipetar
pipework ['paɪpwɜːk] s. canalizações; canos; condutas
piping ['paɪpɪŋ] Ⓐ adj. **1** relativo a gaita-de-foles ou a flauta; que toca gaita-de-foles ou flauta; **2** (SOM, VOZ) aflautado; **3** (SOM) agudo, sibilante, estridente Ⓑ s. **1** acção de tocar gaita-de-foles ou flauta; som produzido por gaita-de-foles ou flauta; **2** silvo, sibilo; **3** voz aflautada; **4** sistema de canalização; canalização, cano, tubo; **5** conjunto de canos, sistema ou tubos; **6** VESTUÁRIO vivos, enfeites ou ornamentação em debrum; **7** CULINÁRIA ornamentação de bolos ou doces com uma espécie de cordões feitos de açúcar; **8** BOTÂNICA estaca, reprodução por estaca ❖ (comida, bebida) *~ hot* muito quente
pipistrel [ˌpɪpɪˈstrel] s. ZOOLOGIA pipistrela, variedade de morcego
pipistrelle [ˌpɪpɪˈstrel] s. ZOOLOGIA pipistrela, variedade de morcego
pipit ['pɪpɪt] s. **1** ZOOLOGIA pequeno pássaro semelhante à laverca ou cotovia; **2** calandrina, carreirola
pipkin ['pɪpkɪn] s. pequeno panelo ou pote de barro
pipless ['pɪpləs] adj. sem pevides
pipped ['pɪpt] adj. **1** deprimido; **2** reprovado em exame
pippin ['pɪpɪn] s. **1** BOTÂNICA maçã-reineta; **2** [ant., coloq.] (coisa, pessoa) o máximo; *she is a ~* ela é o máximo
pip-pip ['pɪpˌpɪp] interj. [coloq.] adeus! até à vista!
pipsqueak ['pɪpskwiːk] s. **1** [depr.] (pessoa) nulidade; **2** (coisa) insignificância; ninharia; **3** MILITAR [cal.] granada que produz um som agudo e aflautado

pipy ['paɪpɪ] adj. **1** com canos, canalizações ou tubos; **2** em forma de cano ou tubo; **3** aflautado, estridente, esganiçado
piquancy ['piːkənsɪ] s. **1** sabor ou paladar picante, gosto picante; **2** parte picante (de qualquer acontecimento, história, etc.)
piquant ['piːkənt] adj. **1** (sabor) picante; apimentado; **2** [fig.] (história, pensamento, etc.) picante; estimulante; **3** [fig.] (crítica) mordaz; cáustico; *~ satire* sátira mordaz
piquantly ['piːkəntlɪ] adv. duma maneira picante
pique [piːk] Ⓐ s. **1** ressentimento; melindre; despeito; rancor; *to go away in fit of pique* ir-se embora todo melindrado; *to do sth out of pique* fazer alguma coisa por despeito; **2** irritação; desagrado; **3** má-vontade; inimizade; *to take a ~ against sb* ficar com má-vontade em relação a alguém; **4** (jogos de cartas) pique, vaza Ⓑ v.tr.,intr. **1** melindrar, ofender, ferir; *to ~ sb's pride* ofender o orgulho de alguém; **2** aborrecer, irritar; **3** (interesse, curiosidade, etc.) excitar, despertar, espicaçar, picar fig; **4** (jogos de cartas) fazer pique ou vaza ❖ *~ of honour* ponto de honra; *to ~ oneself on* vangloriar-se de; gabar-se de; *she piques herself on her money* ela gaba-se do dinheiro que tem
piqué ['piːkeɪ] s. (tecido de algodão) piqué
piquet[1] ['pɪkɪt] s. piquete ❖ MILITAR *~ boat* vedeta de fiscalização; *police ~* patrulha de polícia
piquet[2] [pɪˈket] s. (jogo de cartas) piquete
piracy ['paɪərəsɪ] s. (pl. -ies) **1** pirataria, acto de pirataria; **2** piratagem; **3** (livro) plágio, plagiato, roubo literário ou científico; **4** falsificação
Piraeus [paɪˈriːəs] s.top. Pireu
piragua [pɪˈrægwə] s. **1** piroga, canoa comprida e estreita feita de um único tronco de árvore; **2** barco à vela de dois mastros
piraña [pəˈrɑːnə] s. ZOOLOGIA piranha
piranha [pəˈrɑːnə] s. ZOOLOGIA piranha
pirate ['paɪərɪt] Ⓐ s. **1** pirata, corsário; **2** NÁUTICA navio pirata; **3** plagiário; **4** (contrafacção) falsificador Ⓑ v.tr.,intr. **1** piratear; **2** plagiar; **3** roubar; **4** (contrafacção) falsificar; *to ~ a trademark* falsificar uma marca ❖ *~ copy* cópia pirata; INFORMÁTICA *~ software* software pirata; RÁDIO *~ radio* rádio pirata; RÁDIO *~ station* emissora pirata
piratical [paɪˈrætɪkəl] adj. **1** pirático, pirata, próprio de pirata ou flibusteiro; **2** de plagiário, próprio de plagiário
piratically [paɪˈrætɪklɪ] adv. **1** através de pirataria; **2** à maneira de pirata; **3** à maneira de plagiário
piratinera [ˌpaɪrætɪˈniːərə] s. BOTÂNICA piratinero
pirating ['paɪərətɪŋ] s. **1** pirataria, piratagem; **2** plágio, plagiato
piridine ['paɪrɪdaɪn] s. QUÍMICA piridina
piripiri ['pɪrɪˌpɪrɪ] s. (molho) piripiri
pirn [pɜːn] s. carretel, bobina (de fio de coser)
pirogue [pɪˈrəʊg] s. ⇒ piragua
pirouette [ˌpɪruˈet] Ⓐ s. pirueta; *to perform a ~* fazer uma pirueta Ⓑ v.intr. **1** dar piruetas; **2** (dança) girar em torno da ponta do pé
pis aller [ˌpiːzˈæleɪ] s. solução ou atitude tomada por não haver outra melhor
Pisan ['piːzən] Ⓐ adj. relativo a Pisa Ⓑ s. habitante ou natural de Pisa
piscary ['pɪskərɪ] s. zona de pesca ❖ DIREITO *common of ~* direito de pescar em águas alheias mediante acordo prévio
piscatorial [ˌpɪskəˈtɔːrɪəl] adj. piscatório
piscatory ['pɪskətərɪ, 'pɪskətɔːrɪ] adj. ⇒ piscatorial
Piscean ['paɪsɪən] Ⓐ s. (astrologia) nativo do signo Peixes Ⓑ adj. típico do signo Peixes
Pisces ['paɪsiːz] s. (pl. Pisces) ASTRONOMIA (constelação, signo) Peixes
piscicultural [ˌpɪsɪˈkʌltʃərəl] adj. relativo à piscicultura
pisciculture ['pɪsɪˌkʌltʃə] s. piscicultura
pisciculturist [ˌpɪsɪˈkʌltʃərɪst] s. piscicultor
pisciform ['pɪsɪfɔːm] adj. pisciforme
piscina [pɪˈsiːnə] s. (pl. -ae ou -s) **1** viveiro de peixes; **2** reservatório de água para a criação de peixes; **3** RELIGIÃO piscina, recipiente onde, nas primeiras igrejas, o sacerdote lavava o cálice depois da comunhão
piscine[1] ['pɪsaɪn] adj. relativo a peixe
piscine[2] ['pɪsiːn] s. piscina (para banhos)
piscivorous [pɪˈsɪvərəs] adj. piscívoro
pisé ['piːzeɪ] s. barro ou terra batida usada como material de construção

pish [pɪʃ] Ⓐ *interj.* [ant.] (impaciência, desprezo ou nojo) chiça! Ⓑ *v.tr.,intr.* **1** ter uma exclamação de impaciência, desprezo ou nojo; **2** recusar, afastar com uma exclamação de impaciência, desprezo ou nojo Ⓒ *s.* [cal.] bebida alcoólica

pishogue [ˈpɪʃəʊɡ] *s.* [Irl.] feitiçaria, bruxaria

pisiform [ˈpaɪsɪfɔːm, ˈpɪzɪfɔːm] Ⓐ *adj.* pisiforme, semelhante a ervilha Ⓑ *s.* ANATOMIA pisiforme, osso pisiforme

Pisistratus [paɪˈsɪstrətəs] *s.antr.* Pisístrato

pismire [ˈpɪsmaɪə] *s.* formiga

pisolite [ˈpaɪsəʊlaɪt] *s.* MINERALOGIA pisólito, pisolite

piss [pɪs] Ⓐ *s.* [cal.] (urina) mijo$_{cal.}$; *to go for a ~* ir mijar; ir dar uma mijadela Ⓑ *v.tr.,intr.* [cal.] (urinar) mijar$_{cal.}$ ❖ [cal.] *~ artist* bêbedo; bebedolas; incompetente; [cal.] *to ~ oneself/to ~ one's pants* mijar-se a rir; [cal.] *to take the ~* fazer pouco; gozar

◆**piss about/around** *v.intr.* **1** [cal.] perder tempo; andar na brincadeira; **2** [cal.] baldar-se; andar na tanga

◆**piss away** *v.intr.* [cal.] desperdiçar; esbanjar; gastar à farta

◆**piss down** *v.intr.* [cal.] chover a potes

◆**piss off** Ⓐ *v.intr.* [cal.] desaparecer; ir à merda$_{cal.}$; [cal.] *piss off!* vai à merda$_{cal.}$ Ⓑ [cal.] irritar

pissasphalt [ˈpɪsæsfælt] *s.* MINERALOGIA pissasfalto, mistura de betume e pez com suco de cedro, utilizado outrora para embalsamar cadáveres

pissed [pɪst] *adj.* **1** [cal.] podre de bêbedo; **2** [EUA] [cal.] (muito zangado) fodido$_{cal.}$

pisser [ˈpɪsə] *s.* [cal.] (ofensivo) chatice, estopada, chumbada

pisshead [ˈpɪshed] *s.* [cal., depr.] bêbedo

pissing [ˈpɪsɪŋ] *s.* [cal.] mijadela

pistachio [pɪsˈtɑːʃɪəʊ] *s.* **1** BOTÂNICA (fruto) pistácio, ~ *nut* pistácio, fruto da pistácia; **2** BOTÂNICA (árvore) pistácia; **3** (cor) verde-pistácio

pistil [ˈpɪstɪl] *s.* BOTÂNICA pistilo, gineceu

pistillate [ˈpɪstɪlɪt] *adj.* BOTÂNICA pistilífero, com pistilo

pistol [ˈpɪstl] Ⓐ *s.* **1** (arma) pistola; *to hold a ~ to sb's head* encostar uma pistola à cabeça de alguém; **2** (intrumento) pistola Ⓑ *v.tr.* (particípios: -ll-) matar com um tiro de pistola ❖ *~ barrel* cano de pistola; *~ grip* cabo de pistola; *~ shot* tiro de pistola; alcance de tiro de pistola; *beyond ~ shot* para além do alcance de uma pistola; *within ~ shot* ao alcance de um tiro de pistola

pistole [pɪsˈtəʊl] *s.* pistola, antiga moeda de ouro existente nalguns países

pistolgraph [ˈpɪstlɡræf] *s.* máquina antiga para fotografia instantânea

piston [ˈpɪstən] *s.* MECÂNICA pistão; êmbolo ❖ MECÂNICA *~ displacement* cilindrada; *~ rod* haste do êmbolo; biela; *~ stroke* curso do êmbolo; *~ valve* distribuidor cilíndrico; válvula distribuidora cilíndrica

pit [pɪt] Ⓐ *s.* **1** cova, escavação; **2** fosso; *concrete ~* fosso cimentado; **3** mina; poço de mina; *chalk ~* mina para extracção de cal; *coal ~* mina de carvão de pedra; **4** poço de elevador; **5** fenda, abismo; **6** túmulo, sepultura; **7** TEATRO segunda plateia, plateia; *~ stall* cadeira de plateia, cadeira de orquestra; **8** [EUA] (Bolsa) recinto reservado a determinadas mercadorias; *the wheat ~* a Bolsa do trigo; **9** sinal, marca deixada pela varíola; **10** local de inspecção ou reparação de veículos motorizados; (oficinas de reparação, para exame ou conserto dos carros) *inspection ~* fosso, fossa; **11** [EUA] pevide; **12** [arc.] Inferno; *the ~* o Inferno Ⓑ *v.tr.* (particípios: -tt-) **1** colocar em tulha ou depósito; **2** guardar em silos; **3** obrigar (animal) a lutar com outro; *to ~ a cock against another* obrigar um galo a lutar com outro; **4** [fig.] fazer competir, opor, lançar alguém contra outra pessoa; *to ~ someone against a person* opor alguém a uma pessoa; *to be pitted against a person* ter alguém como adversário; **5** cavar, escavar; **6** fazer cicatrizes, provocar sinais reentrantes na pele, marcar com sinais (de varíola, etc.); **7** (ácido) picar, atacar, corroer (metal); **8** enferrujar, enferrujar-se ❖ *~ coal* carvão de pedra; *~ head* poço de mina; entrada de poço de mina; *~ saw* serra braçal; *~ water* água de fosso de mina; *gravel ~* saibreira; (sala de espectáculos) *orchestra ~* fosso de orquestra; *saw ~* local de serração de madeiras; *store ~* silo; *tan ~* cuba de curtimento de peles; *turf ~* turfeira; *the ~ of the stomach* a boca do estômago; *to be at the pit's brink* estar com os pés para a cova; estar à beira de ruína; [coloq.] *to dig a ~ for* passar uma rasteira a alguém; preparar uma armadilha a alguém; *to fly the ~* abandonar o campo de batalha

pita [ˈpiːtə] *s.* BOTÂNICA pita, fibra das folhas de piteira, piteira

pitapat [ˈpɪtəˌpæt] Ⓐ *adv.* **1** a palpitar, palpitante; *her heart went ~* o coração pôs-se-lhe a palpitar; **2** em passo miudinho e apressado; **3** dando a impressão de uma série de pequenas pancadas umas atrás das outras Ⓑ *s.* **1** som palpitante; **2** (passos, coração, chuva) batimento; *the ~ of horses' hoofs* o barulho seco e regular dos cascos dos cavalos; **3** tique-taque Ⓒ *v.intr.* andar em pequenos passos miudinhos e saltitantes

pit bull [ˈpɪtbʊl] *s.* ZOOLOGIA (cão) pit bull

pitch [pɪtʃ] Ⓐ *s.* (pl. **-es**) **1** breu; piche; pez; *~ barrel* barrica de breu; *~ kettle* caldeira de pez; *~ ladle* colher de breu; *~ oil* óleo de pez; *~ pot* caldeira de breu; *~ and tar* pez misturado com alcatrão; *as dark as ~* negro como breu; **2** resina de pinheiro; **3** medida da madeira; **4** (hélice, rosca, etc.) passo; *~ angle* ângulo de passo; *~ of propeller* passo de hélice; *~ of rivets* passo de rebitagem; ELECTRICIDADE *~ of winding* passo de enrolamento; **5** MECÂNICA (entre os dentes de roda dentada, etc.) afastamento, distância entre pontos ou linhas sucessivas; *~ of holes* distância de furos; **6** arremesso, lance, lançamento; **7** modo de bolar no críquete; **8** campo de críquete; **9** (navio, avião) arfagem; **10** nível, grau, intensidade; **11** MÚSICA altura de som, tom, diapasão; MÚSICA *~ note* nota tónica; *concert ~* diapasão normal; *to give the orchestra the ~* indicar o tom à orquestra; **12** altura a que a ave de rapina se eleva antes de se precipitar sobre a presa; **13** cume, pico; **14** culminância; *highest ~* o ponto mais alto; *~ of glory* cume de glória; *excitement was raised to the highest ~* a excitação foi levada ao ponto mais alto; *he was provoked to the highest ~ of resentment* provocaram-no até ao ponto extremo; **15** grau de inclinação; *~ of a roof* declive de telhado; **16** AERONÁUTICA inclinação longitudinal; **17** lote de mercadoria posta à venda; **18** local em que um artista ambulante ou um corretor exerce a sua profissão Ⓑ *v.tr.,intr.* **1** levantar; montar; armar; *to ~ a tent* armar uma tenda; **2** fixar; cravar; **3** colocar; *he pitched the ladder against the wall* encostou a escada à parede; **4** arranjar; **5** acampar; **6** atirar, arremessar, lançar; *to ~ a net* lançar uma rede; **7** DESPORTO bolar; **8** MÚSICA determinar o tom, indicar o tom; **9** MÚSICA determinar a clave, indicar a clave; **10** (instrumento musical) afinar; **11** tombar, cair pesadamente; *to ~ on one's head* cair de cabeça; **12** inclinar-se, seguir em declive; **13** NÁUTICA arfar, balouçar da popa à proa; NÁUTICA *to ~ astern* arfar à ré; *to ~ at anchor* arfar sobre as amarras; **14** colocar em nível determinado; **15** expor à venda; **16** calcular, estimar; **17** calcetar, empedrar, pavimentar; **18** [coloq.] contar, relatar; *to ~ a tale* contar uma história com expressão e dramatismo; *to ~ a yarn* contar uma história; **19** cobrir de pez, untar com pez; untar com breu, embrear, brear; **20** alcatroar ❖ *~ apple* cebola-brava; *~ cap* espécie de chapéu untado com breu e usado como instrumento de tortura; *~ chain* cadeia Galle; corrente calibrada; *~ circle* circunferência primitiva; *~ coal* azeviche; âmbar-negro; *~ cone* cone de base; *~ diameter* afastamento; diâmetro divisor; *~ line* círculo de engrenagem de roda dentada; *~ mop* estopeiro; *~ pine* pinheiro produtor de pez; *~ polishing* polimento com breu, *~ wheel* roda dentada que engata noutra; (críquete) *full ~* bola que atinge o *wicket* sem ressaltar no solo; *mineral ~* asfalto mineral; *navy ~* alcatrão de calafetar; *~ of an arch* altura de um arco; *he pitches his hopes too high* ele é demasiado ambicioso; *she pitched her voice higher* ela elevou o tom de voz; *she shouted at the ~ of her voice* ela gritou o mais alto que pôde; *the stone came full ~ at his head* a pedra veio mesmo direita à cabeça dele; *this song is pitched too low for me* esta canção está num tom demasiado baixo para a minha voz; *to fly a high ~* subir a grandes alturas; *to fly at a higher ~ than sb else* elevar-se mais alto do que outra pessoa; ultrapassar alguém; *to ~ and pay* pagar à vista; *to ~ it straight to sb* confessar a verdade a alguém; *to ~ it strong* exagerar; *to queer sb's ~* atravessar-se nos planos de alguém; *to water the ~* regar o terreno; [fig.] preparar o ambiente; preparar o terreno; (críquete) *wickets pitched at three o'clock* o jogo começou às três horas

◆**pitch in** *v.intr.* **1** [coloq.] deitar mãos à obra; começar a trabalhar com energia; **2** [coloq.] comer com vontade; **3** [coloq.] ajudar

pitch-and-toss

◆ **pitch into** *v.tr.* **1** [coloq.] (ataque verbal ou físico) cair em cima de; atacar fortemente; **2** [coloq.] lançar-se a; *to ~ the work* lançar-se ao trabalho
◆ **pitch on/upon** *v.tr.* escolher; optar por
◆ **pitch out** *v.tr.* **1** (coisa) deitar fora; livrar-se de; **2** (pessoa) correr com; **3** (expelir) cuspir; *the driver was pitched out* o condutor foi cuspido
pitch-and-toss [ˌpɪtʃənˈtɒs] *s.* (jogo com moedas) cara ou coroa
pitch-black [ˌpɪtʃˈblæk] *adj.* **1** muito escuro; **2** escuro como breu
pitchblende [ˈpɪtʃblend] *s.* MINERALOGIA pecheblenda
pitch-dark [ˌpɪtʃˈdɑːk] *adj.* ⇒ **pitch-black**
pitched [ˈpɪtʃt] *adj.* **1** empedrado, pavimentado; **2** alcatroado ❖ *~ battle* batalha campal; *~ roof* telhado íngreme
pitcher [ˈpɪtʃə] *s.* **1** (críquete, basebol) aquele que lança a bola; **2** jogador que lança a bola; **3** vendedor ambulante que põe a tenda em lugar fixo; **4** paralelepípedo, pedra para calcetamento; **5** cântaro, jarro; **6** ânfora; **7** canjirão; **8** BOTÂNICA folha modificada em forma de jarro ❖ BOTÂNICA *~ plant* planta insectívora; *little pitchers have long ears* as crianças percebem tudo; *the ~ goes so often to the well that at last it breaks/the ~ that goes too often to the well comes broken at last* tantas vezes vai o cântaro à fonte que no fim lá deixa a asa
pitcherful [ˈpɪtʃəfʊl] *s.* (o) conteúdo dum cântaro cheio
pitchfork [ˈpɪtʃfɔːk] Ⓐ *s.* **1** forquilha, forcado (para feno, etc.); **2** MÚSICA diapasão Ⓑ *v.tr.* **1** levantar ou deslocar com um forcado; **2** atirar com o forcado; **3** [fig.] instalar à força, colocar à força uma pessoa em determinado cargo
pitchforkful [ˈpɪtʃfɔːkfʊl] *s.* conteúdo dum forcado cheio
pitching [ˈpɪtʃɪŋ] Ⓐ *adj.* **1** inclinado; em declive; **2** íngreme Ⓑ *s.* **1** fixação; montagem; **2** (mercadorias) colocação à venda; **3** pavimentação, calcetamento; **4** alcatroamento, embreadura; **5** inclinação, descida; **6** calafetagem, calafetamento com pez; **7** NÁUTICA arfada, arfagem, arfadura, balanço da popa à proa ❖ NÁUTICA *~ about* balanço
pitchstone [ˈpɪtʃstəʊn] *s.* **1** MINERALOGIA retinite, retinito; **2** vitrófiro
pitchy [ˈpɪtʃɪ] *adj.* (*comp.* -**ier**, *superl.* -**iest**) **1** píceo; da natureza do pez, semelhante a pez; **2** feito com pez; **3** negro como pez
piteous [ˈpɪtɪəs] *adj.* lamentável, lastimável, triste, que inspira pena ou piedade
piteously [ˈpɪtɪəslɪ] *adv.* **1** lamentavelmente, lastimavelmente; **2** tristemente; **3** de maneira comovente, de modo a inspirar pena ou compaixão
piteousness [ˈpɪtɪəsnɪs] *s.* **1** carácter lastimável ou lamentável; **2** tristeza; **3** compaixão
pitfall [ˈpɪtfɔːl] *s.* **1** cova coberta, alçapão, armadilha; **2** cilada; **3** [fig.] rasteira, perigo latente, perigo imprevisto
pith [pɪθ] Ⓐ *s.* **1** BOTÂNICA (dentro do caule) medula; **2** BOTÂNICA parte branca (por baixo da casca de citrinos), mesocarpo; **3** medula espinal; **4** [fig.] âmago, parte essencial, ponto principal; *the ~ and marrow of* a essência, a parte essencial de, a parte mais importante; **5** energia, força, vigor; **6** alcance, importância, significado; *enterprises of great ~ and moment* empreendimentos de um alcance extraordinário Ⓑ *v.tr.* (animal) matar por meio de corte da medula espinal ❖ *~ helmet* capacete colonial
pithecanthrope [ˌpɪθɪˈkænθrəʊp] *s.* ⇒ **pithecanthropus**
pithecanthropus [ˌpɪθɪkænˈθrəʊpəs] *s.* (*pl.* -**i**) pitecantropo
pithecoid [ˈpɪθɪkɔɪd] *adj.* pitecóide; relativo ao macaco
pithily [ˈpɪθɪlɪ] *adv.* energicamente, com energia; vigorosamente, com vigor; *~ expressed* vigorosamente expresso; expresso com energia
pithiness [ˈpɪθɪnɪs] *s.* vigor, energia
pithing [ˈpɪθɪŋ] *s.* morte (de animal) por corte da medula espinal
pithless [ˈpɪθləs] *adj.* **1** sem medula, sem energia, sem vigor; **2** mole, flácido
pithy [ˈpɪθɪ] *adj.* (*comp.* -**ier**, *superl.* -**iest**) **1** com medula; **2** meduloso; **3** com energia; **4** vigoroso, forte, enérgico; **5** cheio de vida; **6** conciso, cheio de significado
pitiable [ˈpɪtɪəbl] *adj.* **1** lamentável; deplorável; miserável; **2** mesquinho; **3** insignificante; desprezível ❖ *to be in a ~ state* estar num estado lastimoso
pitiableness [ˈpɪtɪəblnɪs] *s.* situação ou estado lamentável ou lastimoso

pitiably [ˈpɪtɪəblɪ] *adv.* lamentavelmente, deploravelmente; lastimosamente
pitiful [ˈpɪtɪfʊl] *adj.* **1** deplorável; lamentável; *it was a ~ sight* era um espectáculo lamentável; **2** miserável, desprezível, que inspira desprezo; **3** que inspira piedade, de meter pena; *to be in a ~ condition* estar num estado de meter pena ❖ *you pitiful!* seu miserável!
pitifully [ˈpɪtɪfʊlɪ] *adv.* **1** cheio de compaixão, compassivamente; **2** duma maneira lastimável; **3** lamentavelmente
pitifulness [ˈpɪtɪfʊlnɪs] *s.* **1** piedade, compaixão, pena; **2** situação ou estado lamentável ou lastimoso
pitiless [ˈpɪtɪləs] *adj.* **1** sem piedade; **2** impiedoso; **3** implacável; **4** cruel
pitilessly [ˈpɪtɪləslɪ] *adv.* **1** impiedosamente, implacavelmente; **2** desumanamente
pitilessness [ˈpɪtɪləsnɪs] *s.* **1** desumanidade, crueldade; **2** implacabilidade
pitman [ˈpɪtmən] *s.* (*pl.* -**men**) **1** mineiro; **2** [EUA] MECÂNICA biela
pitpan [ˈpɪtpæn] *s.* canoa usada na América Central, feita de um tronco de árvore escavado
pit-pat [ˌpɪtˈpæt] Ⓐ *adv.* **1** a palpitar, palpitante; **2** em passo miudinho e apressado; **3** dando a impressão de uma série de pequenas pancadas umas atrás das outras Ⓑ *s.* **1** som palpitante; **2** batimento (de passos, do coração, da chuva); **3** tiquetaque Ⓒ *v.intr.* andar em pequenos passos miudinhos e saltitantes
pittance [ˈpɪtəns] *s.* **1** [depr.] salário de miséria; **2** [depr.] (dinheiro) insignificância; ninharia; ridicularia; *he works for a scanty ~* ele trabalha por uma ridicularia; **3** pitança
pitted [ˈpɪtɪd] *adj.* **1** (metal) picado, corroído, atacado (por ácido); **2** (pessoa) marcada pela varíola; **3** [coloq.] picado das bexigas
pitter-patter [ˈpɪtəpætə] Ⓐ *s.* sucessão rápida de pequenos ruídos, ruído surdo de passos Ⓑ *v.intr.* **1** tamborilar; **2** pronunciar apressadamente e sem clareza
pitticite [ˈpɪtɪsaɪt] *s.* MINERALOGIA ⇒ **pittizite**
pitting [ˈpɪtɪŋ] *s.* **1** corrosão, acção de um ácido sobre o metal; **2** sinais deixados pela varíola; **3** [coloq.] picadas das bexigas
pittite [ˈpɪtaɪt] *s.* [coloq.] espectador da plateia
pittizite [ˈpɪtɪzaɪt] *s.* MINERALOGIA pitizite
pituitary [pɪˈtjuːɪtərɪ] *adj.* **1** ANATOMIA pituitário; **2** mucoso, pituitoso ❖ ANATOMIA *~ gland* hipófise; glândula pituitária
pituitous [pɪˈtjuːɪtəs] *adj.* pituitoso
pituitrin [pɪˈtjuːɪtrɪn] *s.* pituitrina
pity [ˈpɪtɪ] Ⓐ *s.* (*pl.* -**ies**) **1** dó, pena, compaixão; *she felt no ~ for him* ela não teve nenhuma pena dele; *to move to ~* mover à piedade; *to take ~ on* ter pena de, ter compaixão por; *out of ~ for* por ter pena de; **2** (circunstância lamentável) pena; **3** [depr.] desprezo; *to feel ~ for* ter desprezo por Ⓑ *v.tr.* **1** apiedar-se de; condoer-se de; **2** lamentar; lastimar; [depr.] *I ~ you if you think that* lamento que possa pensar uma coisa dessas; **3** [depr.] (desprezo) ter pena de; ter desprezo por ❖ *for pity's sake* por piedade; por amor de Deus; *it's a ~* é pena; que pena; *it's a thousand pities indeed that...* é na realidade uma pena que...; *Lord have ~ on us* Deus tenha piedade de nós; [coloq.] *more's the ~* tanto pior; *what a ~ you can't do it!* que pena não poderes!; *you don't deserve to be pitied!* tu mereces aquilo que te aconteceu!
pitying [ˈpɪtɪɪŋ] *adj.* **1** compadecido, com pena, cheio de pena, de piedade; **2** compassivo
pityingly [ˈpɪtɪɪŋlɪ] *adv.* compassivamente; cheio de compaixão
pityriasis [ˌpɪtɪˈraɪəsɪs] *s.* MEDICINA (doença de pele) pitiríase
pivot [ˈpɪvət] Ⓐ *s.* **1** eixo fixo, perno ou ponto em torno do qual gira qualquer coisa; **2** [fig.] ponto central; *that's the ~ which the whole question turns* é este o ponto principal à volta do qual gira toda a questão; **3** MILITAR grupo de soldados ou posição que serve de eixo a qualquer manobra; **4** MECÂNICA espiga; **5** pião; *~ of a compass* pião duma agulha; **6** articulação; **7** perno; **8** gonzo, quício; **9** cavilha Ⓑ *v.intr.* **1** girar [**on/around**, em torno de]; rodar [**on/around**, em torno de]; **2** centrar-se [**on/around**, em] Ⓒ *v.tr.* **1** prover de eixo, espigão ou pião; **2** fazer girar ou manobrar em volta dum ponto central ❖ *~ bridge* ponte giratória; *~ gun* canhão montado sobre placa giratória; *~ point* ponto de articulação; *~ holder* suporte de articulação; *~ shaft* eixo central; eixo de articulação

pivotal ['pɪvətəl] *adj.* 1 giratório; de rotação; 2 relativo a espigão, eixo; 3 provido de articulação/eixo central; 4 principal; essencial; central; ~ *motive* motivo essencial; ~ *question* questão principal ❖ ~ *bridge* ponte giratória; ~ *connection* ligação articulada; ~ *point* centro de rotação

pivotally ['pɪvətlɪ] *adv.* 1 articuladamente; 2 de maneira giratória; 3 no fundo, fundamentalmente

pivoted ['pɪvətɪd] *adj.* 1 articulado; 2 provido de articulação, perno, eixo

pivoting ['pɪvətɪŋ] Ⓐ *adj.* que gira [**on/around**, em torno de] Ⓑ *s.* 1 articulação; 2 acção de girar em torno de um eixo ou ponto central

pix [pɪks] *s.pl.* {*forma abreviada de* **pictures**} 1 imagens, fotografias; 2 cinema

pixel ['pɪksəl] *s.* pixel

pixie ['pɪksɪ] *s.* ⇒ **pixy**

pixillated ['pɪksɪleɪtɪd] *adj.* [EUA] [coloq.] confuso, amalucado, doido

pixy ['pɪksɪ] *s.* ⟨*pl.* **-ies**⟩ 1 duende; 2 fada

pizza ['pi:tsə] *s.* CULINÁRIA piza

pizzazz [pə'zɑ:z] *s.* garra*fig.*, energia, entusiasmo, paixão

pizzeria [,pi:tsə'rɪə] *s.* pizaria

pizzicato [pɪtsɪ'kɑ:təʊ] *adj.,adv.,s.* MÚSICA pizicato

pizzle ['pɪzl] *s.* [cal.] vergalho de animal, especialmente touro, outrora usado como azorrague

pk Ⓐ [*abrev. de* pack] Ⓑ [*abrev. de* park] Ⓒ [*abrev. de* peak] Ⓓ [*abrev. de* peck]

pkg. [*abrev. de* package]

pl [*abrev. de* plural]

PL Ⓐ [*abrev. de* plural] Ⓑ DIREITO [*abrev. de* public law]

PLA [*abrev. de* Port of London Authority]

placability [,pleɪkə'bɪlɪtɪ, ,plækə'bɪlɪtɪ] *s.* 1 placabilidade; 2 serenidade; 3 brancura; 4 suavidade

placable ['pleɪkəbəl, 'plækəbəl] *adj.* aplacável, placável, suave, brando, calmo

placableness ['pleɪkəblnəs, 'plækəblnəs] *s.* ⇒ **placability**

placably ['pleɪkəblɪ, 'plækəblɪ] *adv.* 1 conciliadoramente; 2 brandamente; 3 calmamente

placard ['plækɑ:d] Ⓐ *s.* 1 placard; 2 anúncio; 3 letreiro; 4 plaquinha Ⓑ *v.tr.* 1 afixar placards em; 2 anunciar por meio de placards

placate [plə'keɪt] *v.tr.* 1 aplacar; 2 acalmar, conciliar, apaziguar; 3 [EUA] subornar; 4 comprar a concordância de inimigo ou adversário

placating [plə'keɪtɪŋ] *adj.* que aplaca, acalma, concilia ou apaziguar

placatingly [plə'keɪtɪŋlɪ] *adv.* 1 conciliadoramente; 2 apaziguadoramente

placation [plə'keɪʃən] *s.* 1 conciliação; 2 apaziguamento

placatory ['pleɪkətərɪ] *adj.* conciliador, apaziguador

place [pleɪs] Ⓐ *s.* 1 lugar, local, sítio; *at this* ~ neste lugar; *from* ~ *to* ~ de um lugar para o outro; *to come to a* ~ chegar a um lugar, chegar a um local; 2 ponto; *a sore* ~ *on the wrist* um ponto dorido no pulso; 3 (região, cidade, aldeia, etc.) localidade; 4 cargo, função, emprego; *to attain a high* ~ atingir um cargo elevado; *to fill sb's* ~ ocupar as funções de alguém, substituir alguém; 5 colocação; 6 posto, atribuições, obrigações, funções, dever; *it is not my* ~ *to inquire into that* não me compete a mim investigar isso; *your* ~ *is to see that...* a sua função é velar por que...; 7 motivo, ensejo, razão; *there is no* ~ *for doubt* não há motivo para dúvidas; 8 posição natural; 9 (leitura) passo, trecho, parte de livro; *I've lost my* ~ perdi-me (ao ler um livro); 10 posição, condição social, classe; 11 (série) ordem, posição; 12 assento, lugar sentado; 13 cadeira, poltrona; 14 espaço, herdade, mansão, solar, casa rural com os terrenos que lhe pertencem; *they have a little* ~ *in the country* eles têm uma pequena casa, uma pequena propriedade, na aldeia; 15 praça, largo, rotunda; 16 residência, morada, domicílio, casa; ~ *of residence* residência; *come round to my* ~ *with me* venha comigo até minha casa; 17 MATEMÁTICA casa decimal; *answer to five places of decimals* solução a cinco casas decimais; 18 [coloq.] local, restaurante Ⓑ *v.tr.* 1 pôr; 2 colocar; 3 depositar; colocar em estabelecimento de crédito; 4 colocar no mercado; distribuir, vender; *those goods are difficult to* ~ essas mercadorias são difíceis de colocar, são difíceis de vender; *to* ~ *shares* colocar acções no mercado; 5 (dinheiro) investigar, empregar, aplicar; 6 reconhecer, identificar, determinar, localizar; *I know her face but I cannot* ~ *her* conheço a cara dela, mas não sei de onde; 7 classificar, ordenar; *to* ~ *in the right order* pôr na devida ordem; 8 (confiança) depositar; *to* ~ *confidence in sb* depositar confiança em alguém; 9 nomear para um cargo; *I placed him in my office* coloquei-o no meu escritório, dei-lhe uma colocação no meu escritório; 10 (prova de hipismo) classificar-se entre os três primeiros ❖ ~ *brick* tijolo deficientemente cozido, (râguebi) ~ *kick* livre direito depois de um ensaio; ~ *name* topónimo; nome de localidade; *in all places* em toda a parte; (diz-se na Câmara dos Comuns) *in another* ~ noutro lugar; na Câmara dos Lordes; *in* ~ no lugar devido; apropriado; *in* ~ *of* em vez de; *in the first* ~ em primeiro lugar; *in the next* ~ a seguir; *in the second* ~ em segundo lugar; *out of* ~ deslocado; fora de propósito; pouco apropriado; NÁUTICA ~ *of call* porto de escala; *things all over the* ~ coisas por todos os cantos; *go back to your place!* vai para o teu lugar!; *he knows his* ~ ele sabe pôr-se no seu lugar; *he placed his seal on the document* ele apôs o seu selo branco no documento; *he was indeed awkwardly placed* ele estava de facto numa situação difícil; DESPORTO *he was placed second* ele ficou em segundo lugar; *if I were in your* ~ se eu estivesse no teu lugar; *she likes everything to be in* ~ ela gosta de tudo no lugar; *the book was placed with a publisher* o livro encontrou editor; *the question was placed on the agenda* a questão foi inscrita na ordem do dia; *this is the* ~ é aqui; *to give* ~ *to* ceder o lugar a; dar passagem a; ser substituído por; *to go places* andar por locais de diversão; *to lay a* ~ *at table* pôr um talher na mesa; *to* ~ *a cannon* assestar um canhão; COMÉRCIO *to* ~ *an order for sth with someone* encomendar alguma coisa a alguém; *to put sb in his* ~ pôr alguém no seu lugar; *to take* ~ realizar-se; acontecer; *to take the* ~ *of* substituir; ocupar o lugar de; *while that was taking* ~ enquanto isso se passava; enquanto isso acontecia

placebo [plə'si:bəʊ] *s.* FARMÁCIA placebo

placeman ['pleɪsmən] *s.* ⟨*pl.* **-men**⟩ 1 funcionário público; 2 [depr.] manga de alpaca; 3 funcionário que busca apenas o seu interesse

placement ['pleɪsmənt] *s.* 1 colocação; 2 cargo; 3 ECONOMIA investimento ❖ ~ *office* centro de orientação profissional; *a six-month work* ~ estágio de seis meses

placenta [plə'sentə] *s.* ⟨*pl.* **-ae** ou **-as**⟩ ANATOMIA, BOTÂNICA placenta

placental [plə'sentəl] *adj.* placentário

placentalia [plæsen'teɪlɪə] *s.pl.* ZOOLOGIA placentários

placentary [plə'sentərɪ] Ⓐ *adj.* ⇒ **placental** Ⓑ *s.* placentário

placentation [plæsen'teɪʃən] *s.* BIOLOGIA, BOTÂNICA placentação

placer ['pleɪsə] *s.* GEOLOGIA, MINERALOGIA plácer

placet ['pleɪset, 'pleɪsɪt] *s.* (universidade) voto de assentimento, voto de concordância

placid ['plæsɪd] *adj.* plácido, tranquilo, sereno, calmo, brando, sossegado

placidity [plæ'sɪdɪtɪ] *s.* 1 placidez; 2 calma; 3 serenidade, tranquilidade, sossego

placidly ['plæsɪdlɪ] *adv.* 1 placidamente; 2 calmamente; 3 serenamente; 4 tranquilamente

placidness ['plæsɪdnɪs] *s.* ⇒ **placidity**

placing ['pleɪsɪŋ] *s.* 1 colocação; 2 classificação

placket ['plækɪt] *s.* (saia, vestido) bolso ❖ ~ *hole* abertura em saia para dar acesso ao bolso

placoid ['plækɔɪd] Ⓐ *adj.* (escamas) placóide, em forma de placa Ⓑ *s.* ZOOLOGIA placóide, peixe com escamas embricadas

plagal ['pleɪgəl] *adj.* MÚSICA plagal; ~ *cadence* cadência plagal; ~ *mode* modo plagal

plagiarism ['pleɪdʒərɪzəm] *s.* plágio, plagiato

plagiarist ['pleɪdʒərɪst] *s.* plagiário, plagiador

plagiaristic [pleɪdʒə'rɪstɪk] *adj.* plagiário

plagiarize ['pleɪdʒəraɪz] *v.tr.* plagiar

plagiary ['pleɪdʒərɪ] *s.* ⟨*pl.* **-ies**⟩ 1 plagiário, plagiador; 2 plágio, plagiato

plagiocephalic [,pleɪdʒəʊsɪ'fælɪk] *adj.* plagiocefálico, plagiocéfalo

plagiocephalous [,pleɪdʒə'sefələs] *adj.* plagiocéfalo, plagiocefálico

plagiocephaly [ˌpleɪdʒəˈsefəlɪ] s. plagiocefalia, assimetria horizontal do crânio
plagioclase [ˌpleɪdʒəˈkleɪz] s. MINERALOGIA plagióclase
plagiostome [ˈpleɪdʒəstəʊm] s. ZOOLOGIA plagióstomo
plague [pleɪg] Ⓐ s. 1 peste; 2 epidemia; praga; 3 flagelo, calamidade, miséria, aflição; 4 (pessoa) peste; praga; tormento Ⓑ v.tr. 1 afligir; atormentar com praga ou peste; *to ~ sb's life* atormentar a vida de alguém; 2 empestar ❖ *cattle ~* peste bovina; *the ~* a peste bubónica; *the ~ on him!* diabos o levem!; que vá para o Diabo que o carregue!; *the ten plagues of Egypt* as dez pragas do Egipto; *to be plagued by...* ser atormentado por...; ser perseguido por...
plaguer [ˈpleɪɡə] s. pessoa que importuna ou incomoda
plaguesome [ˈpleɪɡsəm] adj. importuno, maçador, incómodo
plaguily [ˈpleɪɡɪlɪ] adv. 1 de modo maçador ou incómodo; 2 extremamente, muito
plaguy [ˈpleɪɡɪ] adj.,adv. 1 [arc.] (maçador) que é uma autêntica praga; 2 [arc.] extremamente, muito ❖ *a ~ nuisance* uma maçada dos diabos; *she was ~ glad to do it* ela ficou toda contente por fazer isso
plaice [pleɪs] s. ZOOLOGIA solha
plaid [plæd] s. 1 tecido escocês; 2 (traje típico escocês) faixa usada ao ombro ❖ VESTUÁRIO *~ skirt* saia escocesa
plaided [ˈplædɪd] adj. envolto em manta de lã escocesa em xadrez
plain [pleɪn] Ⓐ adj. 1 claro; manifesto; evidente; óbvio; *to be as ~ as a pikestaff/to be as ~ as the nose on your face/to be as ~ as can be/to be as ~ as daylight* ser claro como água; *it is ~ that ...* é evidente que ...; 2 sério; honesto; sincero; franco; *to be ~ with sb* ser franco com alguém; 3 simples; recatado; despretensioso; modesto; *~ dress* vestuário simples; *~ food* alimentação simples; *~ people* gente simples; *to live in a ~ way* viver modestamente, viver de maneira simples; 4 natural; 5 puro; *~ truth* pura verdade; *~ water* água pura; *that's a matter of ~ common sense* é uma questão de simples senso comum; 6 normal; vulgar; *the ~ man* o homem vulgar; 7 sem enfeites; 8 sem qualquer beleza especial; *to be ~* não ter grande beleza; 9 liso; *~ cotton* tecido de algodão liso; *~ fabric* tecido liso, fazenda lisa; 10 não colorido; *~ drawings* desenhos não coloridos; *there is a ~ card in every pack* há uma carta em branco em cada baralho; 11 plano, liso, raso; *~ area* área plana Ⓑ adv. 1 claramente, com clareza; *to speak ~* falar com clareza; *to write ~* escrever com clareza; *she said she couldn't speak any plainer* ela disse que não podia exprimir-se de maneira mais clara; 2 com franqueza Ⓒ s. 1 GEOGRAFIA planície; 2 planura; 3 campina Ⓓ v.intr. [arc., poét.] lamentar, lamentar-se; prantear-se, carpir-se ❖ GEOMETRIA *~ angle* ângulo diedro; (casaco) *~ back* costas direitas, sem abertura; CULINÁRIA *~ cake* bolo simples; bolo sem amêndoas, passas, etc.; *~ dealer* homem sincero; homem leal; *~ dealing* sinceridade; lealdade; honestidade; *~ sailing* ausência de obstáculos ou dificuldades, coisa fácil; (costura) *~ stitch* malha simples; *~ tube* tubo liso; *~ wire* arame sem protecção; fio sem revestimento; CULINÁRIA *~ boiled beef* carne de vaca cozida ao natural; *in ~ clothes* à paisana; com traje civil; *in ~ English* em bom inglês; em inglês correcto e claro; *in ~ words* com palavras claras; em palavras simples; com franqueza; *he was called ~ Jones* ele era conhecido como Jones, sem mais nada; *to make ~* explicar
plainchant [ˈpleɪntʃɑːnt] s. MÚSICA cantochão
plain-clothes [ˈpleɪnkləʊðz] adj. à paisana; *~ policeman* polícia à paisana
plainly [ˈpleɪnlɪ] adv. 1 manifestamente; obviamente; 2 nitidamente; claramente; 3 de maneira simples; despretensiosamente; 4 com (toda a) franqueza; com sinceridade; *to speak ~* falar com toda a franqueza ❖ *~ visible* bem visível
plainness [ˈpleɪnnɪs] s. 1 clareza, evidência, nitidez; 2 simplicidade; 3 naturalidade; 4 espírito despretensioso; 5 sinceridade, franqueza; 6 rudeza, ausência de beleza
plainsman [ˈpleɪnzmən] s. (pl. -men) habitante da planície, homem da planície
plainsong [ˈpleɪnsɒŋ] s. MÚSICA cantochão
plain-spoken [ˈpleɪnspəʊkən] adj. franco; sincero; directo
plaint [pleɪnt] s. 1 [poét.] lamentação, queixa; 2 DIREITO acusação, queixa

plaintiff [ˈpleɪntɪf] s. 1 DIREITO queixoso, autor de demanda judicial; 2 querelante; 3 parte queixosa
plaintive [ˈpleɪntɪv] adj. 1 que se queixa ou lamenta; 2 dorido; 3 queixoso, lamentoso
plaintively [ˈpleɪntɪvlɪ] adv. 1 lamentosamente; 2 queixosamente
plaintiveness [ˈpleɪntɪvnɪs] s. 1 tom lamentoso; 2 lamentação, queixa, queixume
plait [plæt] Ⓐ s. 1 dobra, prega, franzido; 2 (cabelo) trança; 3 (palha, fitas, etc.) entrançado Ⓑ v.tr. 1 entrançar, dispor em forma de trança; 2 entrelaçar; 3 preguear, franzir ❖ MEDICINA *Polish ~* plica-polaca
plaited [ˈpleɪtɪd] adj. 1 franzido, com pregas, com dobras; 2 entrançado, entrelaçado
plaiting [ˈpleɪtɪŋ] s. 1 pregueado; 2 pregas; 3 entrançado; 4 trança, tranças
plan [plæn] Ⓐ s. 1 plano; *~ of action* plano de acção; *general ~* plano de conjunto; *to change one's plans* mudar de planos, mudar de ideias; *to draw a ~* traçar um plano; *to make one's plans for* fazer planos para; *to upset sb's plans* estragar os planos de alguém; 2 planta; projecto; *~ of site* planta geral; 3 traçado, desenho; *~ of a machine* desenho duma máquina; 4 esboço, bosquejo; *sketch ~* esboço; 5 gráfico, diagrama; 6 esquema, sistema, método; 7 desígnio; 8 (terrenos) levantamento; 9 projecção; *halfbreadth ~* projecção horizontal; 10 disposição geral de uma obra Ⓑ v.tr. (particípios: **-nn-**) 1 planear; *she is planning sth* ela anda a planear alguma coisa, ela tem em mente alguma coisa; 2 planificar; 3 fazer o plano ou a planta de; *to ~ a house* planear uma casa, fazer os planos para uma casa, fazer a planta duma casa; 4 projectar, fazer o projecto de; *to ~ a scheme* fazer um projecto; 5 conceber; elaborar; 6 delinear, traçar, esboçar; 7 maquinar ❖ *preliminary ~* anteprojecto; *in ~* em projecto; em esboço; *to go according to ~* correr como previsto; *to ~ for the future* ser previdente; pensar no futuro
◆ **plan on** v.tr. 1 ter a intenção de; *to ~ doing sth* ter a intenção de fazer alguma coisa; 2 [coloq.] contar com; esperar, estar à espera de
◆ **plan out** v.tr. planificar minuciosamente; planear cuidadosamente; *to ~ a military campaign* fazer os planos para uma campanha militar; *to ~ one's time* planear o emprego do seu tempo
planar [ˈpleɪnə] adj. 1 planar; relativo a plano; 2 existente num plano
planaria [pləˈneərɪə] s.pl. ZOOLOGIA planárias
planarian [pləˈneərɪən] s. ZOOLOGIA planária, género de vermes turbelários
planchet [ˈplɑːnʃet] s. disco metálico do qual se faz a moeda
planchette [plɑːnˈʃet] adj. pequena prancheta usada em sessões espíritas, geralmente, em forma de coração, provida de um lápis, o qual, quando os dedos de uma pessoa pousam ao de leve na prancheta, consegue, segundo afirmam, escrever letras, números, etc.
plane [pleɪn] Ⓐ s. 1 plano; *horizontal/inclined ~* plano horizontal/inclinado; *upper/lower ~* plano superior/inferior; *~ of incidence/refraction* plano de incidência/refracção; 2 nível de desenvolvimento; *to be on the same ~ as...* estar ao mesmo nível de...; 3 AERONÁUTICA avião; 4 (ferramenta) plaina; desbastador; rebote; garlopa; *jack ~* plaina para desbastar; *jointer ~* garlopa; *to run the ~ over a plank* passar a plaina por uma tábua; 5 BOTÂNICA plátano; *~ tree* plátano Ⓑ adj. 1 plano; liso; raso; 2 que se encontra ou se contém num plano Ⓒ v.tr.,intr. 1 aplainar; alisar com a plaina; desbastar com a plaina; trabalhar com a plaina; 2 AERONÁUTICA planar, deslocar-se no ar sem utilização do motor; 3 [arc.] aplanar, afastar dificuldades, tornar mais fácil ❖ GEOMETRIA *~ angle* ângulo plano; NÁUTICA *~ chart* carta de marear; *~ curve* curva plana; *~ geometry* geometria plana; *~ mirror* espelho plano; NÁUTICA *~ sailing* processo de determinar a posição de um navio, partindo do princípio de que a terra é plana; *~ table* prancheta; GEOMETRIA *~ triangle* triângulo plano; *~ trigonometry* trigonometria plana; FÍSICA *~ wave* onda plana; *moulding ~* cepo; gola; gula; nacela; *rabbet ~* guilherme; *smoothing ~* cepilho; TIPOGRAFIA *to ~ a form* assentar uma forma; *to ~ the way* aplanar o caminho

◆ **plane away** v.tr. tirar com a plaina; *to ~ irregularities* tirar irregularidades da madeira com a plaina

◆ **plane down** Ⓐ v.intr. descer em voo planado Ⓑ v.tr. tirar com a plaina; *to ~ irregularities* tirar irregularidades da madeira com a plaina ❖ TIPOGRAFIA *to ~ a form* assentar uma forma

planer ['pleɪnə] s. 1 pessoa que trabalha com a plaina; 2 plaina mecânica, máquina de aplainar; 3 TIPOGRAFIA cunha (de assentar o tipo nas formas)

planet ['plænɪt] s. 1 ASTRONOMIA planeta; *major planets* planetas maiores; *minor planets* planetas menores, planetas terrestres; *primary planets* planetas primários; *secondary planets* planetas secundários, luas, satélites; 2 (vestimenta sacerdotal) casula ❖ *~ carrier* suporte planetário; *~ gear* engrenagem planetária; *~ wheel* roda planetária

planetarium [,plænɪ'teərɪəm] s. (*pl.* -**a**) planetário

planetary ['plænɪtərɪ, 'plænɪterɪ] adj. 1 planetário; 2 terrestre; relativo à Terra ❖ *~ influence* influência planetária; *~ motions* movimentos dos planetas; *~ system* sistema planetário

planetoid ['plænɪtɔɪd] s. ASTRONOMIA planetóide, asteróide

plangency ['plændʒənsɪ] s. 1 clangor, intensidade de som; 2 plangência

plangent ['plændʒənt] adj. 1 vibrante, clangoroso, sonoro; 2 plangente, lastimoso

plangently ['plændʒəntlɪ] adv. 1 vibrantemente, clangorosamente; 2 plangentemente

planiform ['plænɪfɔːm] adj. planiforme

planimeter [plæ'nɪmɪtə] s. planímetro

planimetric [,plænɪ'metrɪk] adj. planimétrico

planimetrical [,plænɪ'metrɪkəl] adj. planimétrico

planimetry [plə'nɪmɪtrɪ] s. planimetria

planing ['pleɪnɪŋ] s. aplainação, aplainamento ❖ *~ engine/ ~ machine* plaina mecânica; *~ mill* oficina de aplainação; *~ table* banco de carpinteiro

planish ['plænɪʃ] v.tr. 1 aplainar, alisar (chapa de metal, batendo-a com um martelo apropriado ou por qualquer outro processo); 2 laminar (metal destinado à cunhagem de moedas); 3 desempenar; 4 polir, lustrar (prova fotográfica, etc.)

planisher ['plænɪʃə] s. 1 pessoa encarregada do polimento, alisamento ou aplainamento de chapa metálica; 2 polidor; 3 brunidor (de metais); 4 martelo de alisar metal

planishing ['plænɪʃɪŋ] s. 1 (metal) alisamento; 2 (chapa metálica) laminação; 3 desempeno; 4 polimento; 5 FOTOGRAFIA acção de lustrar prova fotográfica

planisphere ['plænɪsfɪə] s. planisfério

planispheric [,plænɪs'ferɪk] adj. planisférico

planispherical [,plænɪs'ferɪkəl] adj. planisférico

plank [plæŋk] Ⓐ s. 1 prancha, pranchão; 2 tábua grossa; 3 (programa político) artigo ou ponto importante; *~ in the party platform* determinado artigo no programa de um partido político Ⓑ v.tr. 1 cobrir com pranchas ou tábuas grossas; 2 prover de tábuas; 3 assoalhar, soalhar, assobradar; 4 firmar com pranchas ❖ *~ bed* leito de tábuas, sem colchão (usado muitas vezes como castigo); NÁUTICA *inner ~* escoa; NÁUTICA *outside ~* bordagem; NÁUTICA *planks of the bottom* tabuados do fundo; *to walk the ~* caminhar, de olhos vendados, sobre prancha colocada de tal modo no navio que provoca depois a queda no mar (processo usado outrora pelos piratas)

◆ **plank down** v.tr,intr. 1 atirar bruscamente; 2 [EUA] [cal.] pagar imediatamente; 3 [EUA] [cal.] (dinheiro) pôr na mesa para pagamento imediato ❖ *to plank oneself down on a seat* atirar-se para um banco

planked [plæŋkt] adj. 1 com pranchas ou tábuas grossas; 2 sobradado, assoalhado; 3 NÁUTICA com bordagem, com escoas; 4 com escoras de madeira; 5 mandado para a cadeia

planking ['plæŋkɪŋ] s. 1 acção de sobradar ou assoalhar; 2 colocação de tábuas ou pranchas; 3 o conjunto de tábuas ou pranchas; 4 forro de madeira; 5 NÁUTICA bordagem, conjunto das escoas

plankton ['plæŋktən] s. plâncton

planktonic [plæŋk'tɒnɪk] adj. plactónico

planned ['plænd] adj. 1 planeado; 2 concebido; 3 previsto; 4 premeditado ❖ *~ economy* economia planificada; *~ parenthood* planeamento familiar; *~ pregnancy* gravidez programada

planner ['plænə] s. planeador ❖ *to be a ~* não deixar nada ao acaso; ser uma pessoa metódica; *urban ~* urbanista

planning ['plænɪŋ] s. 1 planeamento; *forward ~* planeamento a longo prazo; 2 projecto, plano; 3 concepção ❖ *~ permission* alvará de construção; (controlo da natalidade) *family ~* planeamento familiar; *town ~* urbanismo; planeamento urbano

plano-concave [,pleɪnəʊ'kɒnkeɪv] adj. plano-côncavo; *~ lens* lente plano-côncava

plano-conic [,pleɪnəʊ'kɒnɪk] adj. plano-cónico

plano-conical [,pleɪnəʊ'kɒnɪkəl] adj. plano-cónico

plano-convex [,pleɪnəʊ'kɒnveks] adj. plano-convexo; *~ lens* lente plano-convexa

plano-cylindrical [,pleɪnəʊsɪ'lɪndrɪkəl] adj. plano-cilíndrico

planometer [plə'nɒmɪtə] s. chapa lisa, geralmente de ferro fundido, empregada como bitola de superfícies planas

plant [plɑːnt, plænt] Ⓐ s. 1 planta; *garden plants* plantas de jardim; 2 rebento; 3 atitude; 4 posição; 5 fábrica, instalação fabril; 6 instalação de máquinas eléctricas; 7 aparelhagem, material, maquinaria; *heavy ~* maquinaria pesada; 8 [cal.] embuste, mistificação, vigarice, intrujice; 9 [cal.] detective, piquete de detectives Ⓑ v.tr. 1 plantar; tratar da plantação de; cultivar; *to ~ a garden* plantar um jardim, pôr plantas num jardim; 2 (peixe para criação, ostras, ovas) depositar, lançar; 3 colocar firmemente, firmar, fixar, assentar, cravar; 4 instalar, colocar; *to ~ a battery* instalar uma bateria; 5 colocar (alguém) como espião, pôr como espião; 6 (cidade, comunidade, colónia, igreja) estabelecer, fundar; 7 colonizar, povoar, colocar como colono; *to ~ a region with settlers* povoar uma região com colonos; 8 introduzir; 9 incutir, implantar, fazer com que uma ideia ganhe raízes (no espírito de alguém); *they planted that idea in his mind* incutiram-lhe aquela ideia; 10 (pessoa) enterrar; 11 assentar, acertar (com um golpe ou pancada); 12 [cal.] (mercadorias roubadas) esconder; 13 abandonar; *he found himself planted on a desert island* viu-se abandonado numa ilha deserta; 14 [cal.] maquinar, tramar ❖ *~ kingdom* reino vegetal; *~ louse* pulgão ou piolho de planta; *~ physiology* fisiologia das plantas; *~ wax* cera vegetal; *to lose ~* secar; murchar; *to miss ~* não germinar

◆ **plant out** v.tr. (plantas) transplantar

Plantagenet [plæn'tædʒɪnɪt] adj.,s. HISTÓRIA plantageneta

plantain ['plæntɪn] s. 1 BOTÂNICA tanchagem, chinchagem; 2 BOTÂNICA banana-de-são-tomé, banana-da-terra ❖ *greater ~* tanchagem-maior; *water ~* tanchagem-de-água

plantar ['plæntə] adj. ANATOMIA plantar; relativo à planta do pé

plantation [,plæn'teɪʃən] s. 1 plantação; *coffee/cotton ~* plantação de café/algodão; 2 fazenda; 3 (florestamento) bosque, arvoredo; 4 [ant.] colonização, colónia ❖ [ant.] *to send to the plantations* mandar para uma colónia penitenciária

plant-eating ['plɑːnt,iːtɪŋ] adj. herbívoro; fitófago; que se alimenta de plantas

planter ['plɑːntə] s. 1 dono duma plantação, fazendeiro; *coffee ~* dono duma plantação de café; *cotton ~* dono duma plantação de algodão; *tobacco ~* dono duma plantação de tabaco; 2 cultivador do solo, pessoa que planta; 3 máquina para plantar; *potato ~* máquina para a plantação de batatas; 4 [arc.] colono; 5 [Irl.] HISTÓRIA (séc. XVII) ocupante inglês de propriedade, depois de tirada ao seu proprietário

plantigrade ['plæntɪɡreɪd] adj.,s. ZOOLOGIA plantígrado

planting ['plɑːntɪŋ] s. 1 plantação, plantio; 2 instalação, colocação; 3 [ant.] (colónia, cidade, etc.) colonização, estabelecimento, povoamento ❖ *~ out* transplantação; *~ stick* estaca; pequeno pau para plantar

plantlet ['plɑːntlɪt] s. planta pequena

plantlike ['plɑːntlaɪk] adj. semelhante a uma planta, que parece com uma planta

planula ['plænjʊlə] s. (*pl.* -**ae**) ZOOLOGIA plânula, larva de celenterado

plaque [plɑːk, plæk] s. 1 placa decorativa (de metal, porcelana, etc.); 2 condecoração, venera, medalha, emblema honorífico; 3 MEDICINA placa, mancha rubra na pele; 4 (dentes) placa

plaquette [plæ'ket] *s.* (sangue) trombócito, plaqueta

plash [plæʃ] Ⓐ *s.* ⟨*pl.* **-es**⟩ **1** poça de água; charco; lodaçal; **2** salpico de água; salpico de lama; **3** mergulho; **4** (queda na água) chape Ⓑ *v.tr.,intr.* **1** bater ao de leve na superfície da água; **2** salpicar (de); **3** chapinar, chapinhar; *to* ~ *through the water* chapinar pelo meio da água; **4** esparrinhar, borrifar; **5** entrelaçar (ramos) para formar sebe; fazer ou consertar (sebe) entrelaçando ramos ❖ *the* ~ *of oars on water* o bater dos remos na água

plashing ['plæʃɪŋ] Ⓐ *adj.* (chuva) que faz ruído ao bater Ⓑ *s.* **1** salpico; **2** ruído de objecto ao bater na água; **3** (chuva) ruído; **4** entrelaçamento

plashy ['plæʃɪ] *adj.* ⟨*comp.* **-ier**, *superl.* **-iest**⟩ **1** alagadiço, pantanoso, cheio de poços de água; **2** cheio de lama

plasm ['plæzm] *s.* **1** BIOLOGIA plasma; **2** protoplasma

plasma ['plæzmə] *s.* **1** (sangue) plasma; **2** MINERALOGIA plasma, calcedónia verde-escura; **3** FÍSICA (gás ionizado) plasma ❖ ~ *display/* ~ *screen* ecrã de plasma

plasmatic [ˌplæz'mætɪk] *adj.* plasmático

plasmic ['plæzmɪk] *adj.* plásmico

plasmid ['plæzmɪd] *s.* BIOLOGIA (genética) plasmídeo

plasmodium [plæz'məʊdɪəm] *s.* ⟨*pl.* **-a**⟩ BIOLOGIA plasmódio

plasmology [plæz'mɒlədʒɪ] *s.* plasmologia

plasmolysis [plæz'mɒlɪsɪs] *s.* BIOLOGIA plasmólise

plaster ['plɑːstə] Ⓐ *s.* **1** reboco, estuque; **2** gesso; *he had his arm in* ~ tinha o braço engessado; **3** argamassa; emboço; **4** emplastro; *blister* ~ emplastro cáustico; *mustard* ~ emplastro de mostarda; sinapismo; *to lay a* ~ pôr um emplastro; **5** penso rápido; *sticking* ~ penso rápido Ⓑ *v.tr.* **1** cobrir com argamassa; argamassar; aplicar uma camada de emboço a; **2** estucar, rebocar; **3** engessar; **4** revestir; **5** afixar, colar; encher [**with**, de]; cobrir [**with**, de]; *a suitcase plastered with labels* uma mala de viagem cheia de rótulos; **6** [joc.] (pancada, golpe, ferida, etc.) dar uma compensação por; **7** (vinho) tratar com sulfato de cálcio para neutralizar a acidez; **8** MEDICINA aplicar emplastro a ❖ MEDICINA *cast* aparelho de gesso; ~ *ceiling* tecto de estuque; ~ *kiln* forno para preparação de gesso; ~ *lime* gesso cozido; ~ *stone* pedra de gesso; *adhesive* ~ adesivo; fita de adesivo; *dentist's* ~ gesso próprio para dentistas; ~ *of Paris* gesso-de-paris; gesso de presa; gipso

◆ **plaster down** *v.tr.* (cabelo) fixar (com gel, água, etc.); *to* ~ *one's hair* fixar o cabelo (com gel, água, etc.)

◆ **plaster on** *v.tr.* (creme, maquilhagem, etc.) aplicar uma camada espessa de

◆ **plaster over** *v.tr.* **1** (parede, racha, etc.) cobrir com argamassa; **2** empastelar, encher de; *he was plastered over with mud* ele estava cheio de lama

plasterboard ['plɑːstəbɔːd] *s.* placa de gesso para as paredes interiores

plastered ['plɑːstəd] *adj.* [coloq.] podre de bêbedo*coloq.*

plasterer ['plɑːstərə] *s.* **1** estucador; **2** rebocador, pessoa que coloca rebocos; **3** caiador

plastering ['plɑːstərɪŋ] *s.* **1** acto de colocar rebocos; **2** engessamento; **3** revestimento de estuque; **4** afixação; **5** MEDICINA colocação de emplastros; **6** tratamento (do vinho ou terrenos) com sulfato de cálcio

plasterwork ['plɑːstəwɜːk] *s.* obra de estuque; obra de gesso

plastic ['plæstɪk] Ⓐ *adj.* **1** plástico; de plástico; ~ *bottle* garrafa de plástico; ~ *enclosure* invólucro plástico; ~ *glue* cola plástica; **2** que pode moldar-se com os dedos; **3** relativo à plástica; **4** que forma ou serve para formar; **5** BIOLOGIA capaz de originar tecidos vivos; **6** que entra na constituição dos seres vivos; **7** moldável, maleável Ⓑ *s.* **1** plástico; **2** substância plástica; matéria plástica; **3** [coloq.] cartão de crédito ❖ ~ *arts* artes plásticas; ~ *bag* saco de plástico; ~ *clay* barro de oleiro; ~ *earth* argila; ~ *floor* pavimento de matéria plástica; ~ *money* cartões de crédito; ~ *surgeon* cirurgião plástico; ~ *surgery* cirurgia plástica; [EUA] ~ *wrap* película aderente (para alimentos)

plastically ['plæstɪklɪ] *adv.* plasticamente

plasticine ['plæstɪsiːn] *s.* plasticina

plasticise ['plæstɪsaɪz] *v.tr.* ⇒ **plasticize**

plasticity [plæs'tɪsɪtɪ] *s.* **1** plasticidade; **2** maleabilidade

plasticize ['plæstɪsaɪz] *v.tr.* **1** plasticizar; **2** plastificar

plastid ['plæstɪd] *s.* BOTÂNICA plastídio

plastron ['plæstrən] *s.* **1** DESPORTO (esgrima) plastrão, almofada de couro para proteger o peito contra os golpes de florete; **2** peito de aço de couraça; **3** peitilho; **4** peito engomado de camisa de homem; **5** ZOOLOGIA plastrão

plat [plæt] Ⓐ *s.* **1** pedaço, bocado de terra; **2** canteiro; **3** trança, entrançado; **4** [EUA] mapa, plano, planta Ⓑ *v.tr.* ⟨*particípios:* **-tt-**⟩ **1** entrançar, entrelaçar; **2** [EUA] fazer a planta de

platan ['plætən] *s.* BOTÂNICA plátano

plate [pleɪt] Ⓐ *s.* **1** prato; *dinner* ~ prato ladeiro; *soup* ~ prato sopeiro; ~ *of meat* prato de carne; **2** pratada; **3** (igreja) conteúdo dum prato das esmolas; **4** baixela de prata, ouro, etc.; *a piece of* ~ uma peça de baixela; **5** chapa; lâmina; folha metálica; *copper* ~ lâmina de cobre; ~ *iron* ferro laminado, ferro em chapa; *the steel plates of a ship* as chapas de aço dum navio; **6** armadura; couraça; revestimento de metal; ELECTRICIDADE *condenser* ~ armadura de condensador; **7** GEOLOGIA placa; *tectonic* ~ placa tectónica; **8** elemento de pilha eléctrica; **9** placa de válvula electrónica; **10** (peça) disco; *clutch* ~ disco de embraiagem; *finger* ~ disco do telefone; (fogão) *hot* ~ disco de aquecimento; **11** FOTOGRAFIA chapa; *sensitized* ~ chapa sensibilizada; **12** TIPOGRAFIA estampa; gravura; *full-page* ~ gravura de 12 cm x 16,5 cm; **13** ARQUITECTURA frechal; **14** DESPORTO (corridas de cavalos) taça, corrida em que se ganha uma taça; **15** HERÁLDICA besante de prata; **16** BIOLOGIA lamela, lâmina; **17** placa dentária; *dental* ~ placa dentária; **18** (basebol) lugar do batedor Ⓑ *v.tr.* **1** chapear, revestir com chapa metálica; **2** cobrir com uma fina folha de ouro, prata ou estanho; *to* ~ *with gold* dourar; *to* ~ *with nickel* niquelar; *to* ~ *with silver* pratear; **3** galvanizar; **4** TIPOGRAFIA estereotipar ❖ ~ *armour* blindagem; ~ *basket* tabuleiro-faqueiro; ~ *button* botão de prata ou de ouro; ELECTRICIDADE ~ *capacity* capacidade de placa; ~ *chain* cadeia articulada; FOTOGRAFIA ~ *frame* porta-chapas; ~ *girder* viga cheia; ~ *glass* vidro de superior qualidade usado em janelas, montras, etc.; vidro laminado; ~ *hoist* elevador de pratos (da cozinha para a sala de jantar); ~ *leather* camurça para limpar metais; ~ *rolling* laminação; ~ *warmer* aquecedor de pratos; ~ *worker* laminador de chapa; NÁUTICA *ceiling* ~ escoa; *identification* ~ placa de identificação; *lantern* ~ diapositivo de projecção; *number* ~ placa de matrícula; FOTOGRAFIA *whole* ~ formato de 16,5 x 21,5 cm; [coloq.] *on a* ~ de bandeja; pronto para se levar sem necessidade de pedir

plateau ['plætəʊ] *s.* ⟨*pl.* **-s** ou **-x**⟩ **1** GEOGRAFIA planalto; **2** planura; **3** placa decorativa; **4** bandeja; baixela de centro de mesa; **5** (para senhora) chapéu de copa lisa; **6** [fig.] estagnação; estabilização; *to reach a* ~ estagnar, estabilizar

plated ['pleɪtɪd] *adj.* **1** revestido de chapa, chapeado; **2** blindado; **3** revestido de fina camada de determinado metal

plateful ['pleɪtfʊl] *s.* pratada [**of**, de]; prato cheio [**of**, de]

plate-glass ['pleɪtɡlɑːs] *adj.* envidraçado, em vidro laminado; ~ *door* porta envidraçada

platelayer ['pleɪtˌleɪə] *s.* trabalhador de via-férrea; assentador de trilhos ou carris

platelaying ['pleɪtˌleɪɪŋ] *s.* colocação de carris; trabalho na via-férrea

platelet ['pleɪtlɪt] *s.* BIOLOGIA plaqueta; *blood* ~ plaqueta sanguínea ❖ BIOLOGIA ~ *activating factor* factor de activação das plaquetas

platemark ['pleɪtmɑːk] *s.* (ouro, prata, platina) contraste, marca de contraste

platen ['plætən] *s.* **1** (máquina de escrever) rolo; **2** mesa de prensa; **3** TIPOGRAFIA (impressão) platina, peça que comprime a forma sobre cuja almofada se coloca o papel a imprimir

plater ['pleɪtə] *s.* **1** dourador; niquelador, etc.; artífice que doura, prateia, estanha, etc.; *gold* ~ dourador; **2** artífice que reveste de casquinha objectos de metal ordinário; **3** chapeador, colocador de chapas metálicas para protecção ou reforço; **4** cavalo de corrida de segunda ordem

platform ['plætfɔːm] Ⓐ *s.* **1** plataforma; **2** tribuna, tablado, estrado; **3** terraço; **4** (comboios) cais; gare; linha; *arrival* ~ cais de chegada; *departure* ~ cais de embarque, cais de partida; *loading* ~ cais de carregamento; *from what* ~ *does the train start?* de que linha parte o comboio?; **5** INFORMÁTICA (sistema operativo) plataforma; **6** POLÍTICA programa eleitoral Ⓑ *v.tr.,intr.* **1** colocar sobre plataforma; **2** falar de tribuna/estrado ❖ **~ car** vagão raso; **~ scale** báscula; **~ ticket** bilhete de gare; NÁUTICA (porta-aviões) *flying* **~** plataforma de descolagem; *swinging* **~** ponte levadiça

plating ['pleɪtɪŋ] *s.* **1** acção de chapear; **2** revestimento com chapas de metal; **3** chapas de metal, blindagem; **4** galvanização; **5** TIPOGRAFIA entereotipia ❖ **~ bath** banho de galvanização; **~ tank** tanque de galvanização; *nickel* **~** niquelagem; *steel* **~** blindagem de aço

platinic [plə'tɪnɪk] *adj.* QUÍMICA platínico

platiniferous [ˌplætɪ'nɪfərəs] *adj.* platinífero

platiniridium [ˌplætɪnaɪ'rɪdɪəm] *s.* MINERALOGIA platinirídio, platinoirídio

platinization [ˌplætɪnaɪ'zeɪʃən] *s.* platinização

platinize ['plætɪnaɪz] *v.tr.* platinar

platinocyanide [ˌplætɪnəʊ'saɪənaɪd] *s.* QUÍMICA platinocianeto

platinode ['plætɪnəʊd] *s.* pólo negativo de pilha

platinoid ['plætɪnɔɪd] *s.* platinóide, liga metálica de níquel, zinco, cobre e uma pequena percentagem de tungsténio

platino-iridium [ˌplætɪnəʊaɪ'rɪdɪəm] *s.* ⇒ **platiniridium**

platinotype ['plætɪnətaɪp] *s.* FOTOGRAFIA platinotipia

platinous ['plætɪnəs] *adj.* QUÍMICA platinoso

platinum ['plætɪnəm] *s.* (metal, elemento químico, cor) platina ❖ **~ bath** banho de platina; QUÍMICA **~ black** negro de platina; **~ blonde** loira platinada; loiro platinado; pessoa com cabelo loiro platinado; MÚSICA **~ disc/record** disco de platina; **~ electrode** eléctrodo de platina; **~ metal** metal platinoide; **~ ring** anel de platina; MÚSICA (discos) *to go* **~** chegar à platina

platitude ['plætɪtjuːd] *s.* **1** banalidade, lugar-comum; **2** [coloq.] frase ou conceito acaciano; **3** trivialidade dita com um ar um tanto solene; **4** vulgaridade, sensaboria

platitudinarian [ˌplætɪtjuːdɪ'neərɪən] Ⓐ *s.* **1** pessoa que só diz banalidades; **2** [coloq.] conselheiro Acácio; **3** maçador, sensaborão Ⓑ *adj.* **1** banal; **2** [coloq.] acaciano; **3** trivial, vulgar

platitudinize [ˌplætɪ'tjuːdɪnaɪz] *v.intr.* **1** dizer banalidades; **2** pronunciar, com certa solenidade, autênticos lugares-comuns

platitudinous [ˌplætɪ'tjuːdɪnəs] *adj.* **1** desenxabido, sem graça, banal, vulgar; **2** que só diz banalidades

Plato ['pleɪtəʊ] *s.antr.* Platão

Platonic [plə'tɒnɪk] *adj.* FILOSOFIA platónico; relativo a Platão ❖ **~ love** amor platónico; ASTRONOMIA **~ year** período platónico

Platonically [plə'tɒnɪklɪ] *adv.* **1** platonicamente; **2** de maneira platónica

Platonics [plə'tɒnɪks] *s.pl.* [coloq.] amor platónico

Platonism ['pleɪtənɪzəm] *s.* platonismo, sistema filosófico de Platão

Platonist ['pleɪtənɪst] *s.* **1** platónico, filósofo da escola de Platão; **2** partidário das doutrinas de Platão

Platonize ['pleɪtənaɪz] *v.tr.,v.intr.* platonizar

platoon [plə'tuːn] *s.* MILITAR pelotão ❖ **by/in platoons** em pelotões

platten ['plætən] *s.* ⇒ **platen**

platter ['plætə] *s.* **1** [EUA] travessa; **2** [ant.] escudela; **3** [EUA] disco ❖ [EUA] *on a* **~** de bandeja; muito facilmente

platycephalic [ˌplætɪsə'fælɪk] *adj.* platicefálico

platycephalous [ˌplætɪ'sefələs] *adj.* platicéfalo

platycnemia [ˌplætɪk'niːmɪə] *s.* **1** platicnemia; **2** tíbia em forma de lâmina de sabre

platycnemic [ˌplætɪk'niːmɪk] *adj.* platicnémico; relativo à platicnemia; que mostra platicnemia

platypetalous [ˌplætɪ'petələs] *adj.* BOTÂNICA platipétalo, de pétalas largas

platypus ['plætɪpəs] *s.* (pl. **-es**) ZOOLOGIA plátipo, determinado género de insectos coleópteros

platyrhine ['plætɪraɪn] *adj.,s.* ZOOLOGIA platirríneo

platyrrhine ['plætɪraɪn] *adj.,s.* ZOOLOGIA platirríneo

plaudit ['plɔːdɪt] *s.* (geralm. no pl.) aplauso; aclamação; palmas

plausibility [ˌplɔːzɪ'bɪlɪtɪ] *s.* **1** plausibilidade; verosimilhança; **2** razoabilidade; **3** especiosidade, aspecto enganador

plausible ['plɔːzɪbəl] *adj.* **1** plausível; razoável; aceitável; *a* **~** *excuse* uma desculpa plausível; **2** possível; verosímil; **3** ilusório; **4** (pessoas) persuasivo; convincente

plausibly ['plɔːzɪblɪ] *adv.* **1** plausivelmente; **2** duma maneira plausível; **3** capciosamente

Plautus ['plɔːtəs] *s.antr.* Plauto

play [pleɪ] Ⓐ *v.tr.,intr.* **1** (diversão) brincar [**at**, a]; jogar [**at**, a]; *to* **~** *at soldiers* brincar aos soldados; **2** (jogo, desporto) jogar; *to* **~** *tennis* jogar ténis; *to* **~** *a match* jogar uma partida; *to* **~** *a card* jogar uma carta; *to* **~** *for money* jogar a dinheiro; **3** (jogo, desporto) jogar contra; defrontar; *will you* **~** *me at chess?* quer jogar contra mim uma partida de xadrez?; **4** DESPORTO pôr na posição de, utilizar; jogar na posição de; *who shall we* **~** *as goalkeeper?* quem havemos de pôr à guarda-redes?; **5** MÚSICA (instrumento, canção, etc.) tocar; executar; *to* **~** *the violin* tocar violino; *to* **~** *sth by Schubert* tocar alguma coisa de Schubert; **6** MÚSICA (CD, cassete, etc.) pôr a tocar, pôr, tocar; **7** TEATRO, CINEMA, TELEVISÃO (representação) desempenhar; fazer o papel de; *to* **~** *Macbeth* desempenhar Macbeth, fazer o papel de Macbeth; *to* **~** *the role/part of* desempenhar o papel de; **8** TEATRO estar em cena; **9** (espectáculo) actuar em; representar em; tocar em; **10** fazer-se de, fazer; fazer-se passar por; desempenhar (o papel de); agir como; *to* **~** *dead* fazer-se de morto; *to* **~** *the fool/buffoon* comportar-se como um tolo, fazer de bobo da corte, fazer de palhaço; **11** proceder; *to* **~** *fair* actuar com lealdade, ser leal; *to* **~** *safe* agir com cautela, jogar pelo seguro; *to* **~** *foul* actuar com deslealdade, ter um procedimento desleal; **12** brincar; agir impensadamente, proceder descuidadamente; **13** dirigir; apontar; fazer incidir; **14** ser recebido, ser acolhido, ser aceite; **15** (luz) brilhar; tremular; *the sunlight was playing on the water* a luz do Sol parecia brincar sobre a água; **16** (sorriso) surgir por breves momentos; *a smile played on her lips* brincava um sorriso nos lábios dela; **17** (pesca) deixar que (o peixe) se canse, puxando pela linha; **18** arriscar em; **19** apostar (em); *to* **~** *the horses* apostar nas corridas de cavalos; *to* **~** *the races* apostar nas corridas; **20** MECÂNICA ter folga Ⓑ *s.* **1** brincadeira; diversão; jogo; recreio; **2** (jogo, desporto) jogada; jogo; vez de jogar; *it is your* **~** é a sua vez de jogar; **3** DESPORTO forma de jogar, estilo; **4** TEATRO peça; representação; *the plays of Shakespeare* as peças de Shakespeare; *to put on a* **~** encenar uma peça de teatro; **5** folga; *give the rope more* **~** dá mais folga à corda; *those bolts should have more* **~** essas cavilhas deviam ter mais folga; **6** liberdade de movimentos; liberdade de actuação; **7** (calculismo) jogada; truque; manobra; **8** procedimento; desempenho; actuação; **9** actividade, acção; **10** jogo de palavras, trocadilho; **~ on words** jogo de palavras; **11** movimento leve e rápido; tremulação; **12** (luz, cor) jogo; efeito; **~ of light** jogo de luz; *the* **~** *of sunlight upon water* o efeito da luz do Sol ao bater na água; **13** jogo, jogo de azar; *he lost £250 in one evening's* **~** ele perdeu 250 libras só no jogo de uma noite; **14** MECÂNICA folga, movimento livre, funcionamento; **~ in the gear** folga na engrenagem ❖ TEATRO **~ actor/actress** actor dramático/actriz dramática; **~ debt** dívida de jogo; **~ of fancy** fantasia; arroubo de fantasia; TEATRO **~ of features** jogo fisionómico; **~ world** mundo criado pela imaginação infantil; *at* **~** em jogo; em causa; *child's* **~** coisa de crianças; brincadeira de crianças; algo muito simples; *in* **~** por brincadeira; a brincar; sem ser a sério; (bola) em jogo; DESPORTO (bola) *out of* **~** fora de jogo; [GB] *the state of* **~** a situação actual; *to allow/give full/free* **~** *to* dar livre curso a; dar largas a; *to bring/call sth into* **~** pôr algo em acção; pôr algo em jogo; *to come into* **~** entrar em jogo; entrar em acção; começar a actuar; *to make a* **~** *for sb* tentar seduzir alguém; *to make a* **~** *for sth* fazer uma tentativa para obter algo; *to* **~** *a trick (on sb)* pregar uma partida (a alguém); [coloq.] *to* **~** *ball* cooperar; *to* **~** *both ends against the middle* jogar com várias possibilidades; virar uma parte contra a outra (para obter vantagem); *to* **~** *for time* procurar ganhar tempo; *to* **~** *games* fazer joguinhos; *to* **~** *God* fazer o papel de Deus; substituir Deus; *to* **~** *into the hands of* dar a (outra pessoa) armas contra si mesmo; agir de forma a beneficiar (outra pessoa); *to* **~** *one's cards* jogar as suas cartas; jogar os seus trunfos; [EUA] *to* **~** *sb for a fool* fazer de alguém parvo; [EUA] [coloq.] *to* **~** *sb for a sucker* achar que alguém é otário; *to* **~** *the field* envolver-se (amorosamente) com muitas pessoas; *to* **~** *the game* jogar conforme as regras; seguir as regras do jogo; agir com lealdade; *to* **~** *with fire* brincar com o fogo; [coloq.] *two can* **~** *at that game* esse jogo pode ser jogado a dois; *to* **~** *a part* não ser sincero; estar a representar playable

◆ **play about/around** v.intr. 1 brincar [**with**, com]; 2 portar-se mal; 3 (infidelidade) ter ligações [**com**, with]; ter uma amante ❖ *stop playing around!* deixa-te de brincadeiras!
◆ **play along** v.intr. entrar no jogo [**with**, de]; alinhar; fingir que se coopera [**with**, com]
◆ **play back** v.tr. (CD, vídeo, etc.) voltar a pôr
◆ **play down** v.tr. 1 minimizar; desvalorizar; atribuir pouca importância a; menorizar; 2 desdramatizar
◆ **play off** Ⓐ v.tr. opor [**against**, a]; virar [**against**, contra]; *to play sb off against sb* virar alguém contra alguém Ⓑ v.intr. DESPORTO jogar para desempatar; jogar uma eliminatória
◆ **play on** Ⓐ v.tr. 1 aproveitar-se de; explorar; abusar de; *to play on sb's gullibility* abusar da credulidade de alguém; 2 brincar com; jogar com; *to play on words* jogar com as palavras; 3 (luz) incidir sobre Ⓑ v.intr. 1 DESPORTO continuar a jogar; 2 MÚSICA continuar a tocar; 3 TEATRO, CINEMA, TELEVISÃO continuar a representar
◆ **play out** v.tr.,intr. 1 (jogo, desporto) jogar até ao fim; 2 libertar aos poucos; ir dando folga a; 3 (imaginação, etc.) dar largas a; 4 simular; 5 TEATRO, CINEMA, TELEVISÃO representar até ao fim; 6 MÚSICA tocar até ao fim; 7 terminar ❖ *to play itself out* desenrolar-se; *to be played out* estar esgotado
◆ **play up** v.tr.,intr. 1 [GB] [coloq.] (coisa, dor, pessoa) dar problemas (a); 2 dar muita importância a; exagerar a importância de; sobrevalorizar; 3 (lisonja) dar graxa [**to**, a]; *to ~ to sb* dar graxa a alguém
◆ **play with** v.tr. 1 brincar com; mexer em; 2 brincar com; considerar; imaginar; *I was playing with the idea of* estava a considerar a ideia de; 3 brincar com, jogar com; fazer um trocadilho com; 4 brincar com; enganar; não encarar com seriedade; *he is not a man to be played with* ele não é homem com quem se possa brincar, ele não é homem para brincadeiras; 5 brincar com; ligar pouca importância a; não ter cuidado com; *to ~ one's health* brincar com a saúde, não ter cuidado com a saúde ❖ [cal.] *go ~ yourself!* vai brincar com a pilinha!; [coloq.] (dinheiro, tempo) *to have sth to ~* ter algo disponível; *to ~ oneself* tocar-se (para obter prazer)

playable ['pleɪəbl] adj. 1 que se pode jogar; 2 (música) executável, fácil de tocar; 3 (peça de teatro) representável
play-act ['pleɪækt] v.intr. 1 representar numa peça; fazer teatro; 2 [fig.] [depr.] (fingir) fazer teatro; exagerar
playback ['pleɪbæk] s. (gravação) repetição, reprodução
playbill ['pleɪbɪl] s. 1 TEATRO [ant.] cartaz; 2 [EUA] (peça, concerto, etc.) programa
playbook ['pleɪbʊk] s. 1 TEATRO antologia de peças; 2 TEATRO (época isabelina) argumento; 3 DESPORTO (futebol americano) livro com descrição e explicação das jogadas; conjunto de estratégias
playbox ['pleɪbɒks] s. caixa de brinquedos
playboy ['pleɪbɔɪ] s. playboy
played-out [,pleɪd'aʊt] adj. 1 (pessoa) gasto; desgastado; acabado; 2 demasiado batido; fora de moda; ultrapassado ❖ *to be played out* já ter dado tudo o que tinha para dar
player ['pleɪə] s. 1 jogador; 2 artista, actor; 3 MÚSICA músico, executante; 4 (CDs, DVDs, cassetes) leitor; *CD ~* leitor de CDs; 5 [fig.] interveniente
playfellow ['pleɪˌfeləʊ] s. ⇒ **playmate**
playfield ['pleɪfiːld] s. campo de jogos
playful ['pleɪfʊl] adj. 1 brincalhão; 2 que gosta de brincar; 3 divertido
playfully ['pleɪfʊlɪ] adv. 1 duma maneira brincalhona; 2 a brincar
playfulness ['pleɪfʊlnɪs] s. 1 espírito brincalhão; 2 jovialidade, jocosidade
playgoer ['pleɪˌɡəʊə] s. frequentador de espectáculos, frequentador de teatro
playground ['pleɪɡraʊnd] s. recreio; recinto para recreio; pátio de recreio
playgroup ['pleɪɡruːp] s. grupo de crianças (com supervisão adulta)
playhouse ['pleɪhaʊs] s. 1 casa de espectáculos; 2 teatro; 3 cinema
playing ['pleɪɪŋ] s. 1 TEATRO representação, actuação; 2 MÚSICA interpretação, execução; 3 brincadeira ❖ *~ cards* cartas de jogar; *~ field* campo de jogos

playlet ['pleɪlɪt] s. peça pequena, peça de curta duração
playmate ['pleɪmeɪt] s. companheiro de brincadeira; colega
play-off ['pleɪɒf] s. DESPORTO jogo de desempate
playpark ['pleɪpɑːk] s. parque de jogos
playpen ['pleɪpen] s. (estrutura portátil) parque para bebés
playroom ['pleɪruːm] s. quarto dos brinquedos; quarto de brincar
playschool ['pleɪskuːl] s. infantário
plaything ['pleɪθɪŋ] s. 1 brinquedo; 2 [fig.] (pessoa) joguete
playtime ['pleɪtaɪm] s. (escola) hora de recreio
playwright ['pleɪraɪt] s. LITERATURA dramaturgo, autor dramático
plaza ['plɑːzə] s. 1 praça; 2 [EUA] centro comercial
PLC [abrev. de Public Limited Company] S. A.
plea [pliː] s. 1 alegação; argumento; 2 apelo; rogo; súplica; 3 DIREITO pleito, demanda judicial; 4 DIREITO contestação, argumentação da defesa, conclusões da defesa ❖ *~ dilatory* excepção dilatória; *~ for mercy* apelo à clemência; DIREITO *~ in abatement* petição de anulação de sentença; *~ in bar* excepção peremptória; *~ of necessity* defesa por necessidade; defesa fundada no facto de não ser possível proceder-se de outro modo; *pleas of the crown* causas criminais; DIREITO *defendant's ~* primeira excepção; DIREITO *incidental ~* excepção; *on/under the ~ of* sob pretexto de; *special ~* excepção peremptória; argumentação alegatória de novo facto; *to put in a ~* opor excepção
pleach [pliːtʃ] v.tr. entrelaçar, entrançar
plead [pliːd] v.tr.,intr. (prt. e part. pass. **pleaded**, [EUA, Can.] prt. e part. pass. **pled**) 1 DIREITO pleitear; litigar; 2 DIREITO responder à acusação; 3 advogar; pugnar por; argumentar a favor de; *to ~ the cause of* pugnar pela causa de; 4 alegar razões; *to ~ fatigue* alegar cansaço; 5 invocar; pretextar; desculpar-se com; *to ~ ignorance* pretextar ignorância; *he can only ~ inexperience* a única desculpa que pode apresentar é falta de experiência; 6 rogar, suplicar, pedir; implorar; *to ~ for mercy* implorar misericórdia; *to ~ with sb to...* rogar a alguém que... ❖ DIREITO *to ~ guilty* confessar-se culpado; DIREITO *to ~ not guilty* declarar-se inocente
pleadable ['pliːdəbl] adj. 1 que pode defender-se, que pode justificar-se; 2 (argumento) que pode apresentar-se
pleader ['pliːdə] s. 1 advogado que defende, advogado de defesa; 2 pessoa que intercede a favor de alguém ou de qualquer ideia, causa, etc.
pleading ['pliːdɪŋ] Ⓐ adj. suplicante, imploravivo, que implora ou pede Ⓑ s. 1 DIREITO defesa, alegação da defesa; 2 discurso da defesa; 3 patrocínio de causa em juízo; 4 pl. debates, alegações, razões
pleadingly ['pliːdɪŋlɪ] adv. suplicantemente
pleasance ['plezəns] s. 1 [arc.] deleite, prazer, gozo; 2 jardim de recreio
pleasant ['plezənt] Ⓐ adj. 1 agradável; *a ~ afternoon* uma tarde agradável; *a ~ surprise* uma surpresa agradável; *a sight ~ to the eye* uma paisagem agradável de se ver; *that story makes ~ reading* essa história é agradável de se ler; 2 encantador; *to have a ~ manner* ser encantador; 3 ameno, suave; *a ~ breeze* uma brisa suave; 4 aprazível; 5 amável; *to make oneself ~ to sb* ser amável para com alguém; 6 [arc.] alegre, jocoso, prazenteiro Ⓑ s. coisa agradável ❖ *to combine the ~ with the useful* juntar o útil ao agradável
pleasantly ['plezntlɪ] adv. de maneira agradável; agradavelmente
pleasantness ['plezəntnɪs] s. 1 agradabilidade; 2 amenidade; 3 suavidade; 4 encanto; 5 amabilidade, gentileza, afabilidade; 6 jovialidade
pleasantry ['plezəntrɪ] s. (pl. **-ies**) 1 jovialidade, bom humor; 2 gracejo, graça, jocosidade; *a coarse ~* um gracejo de mau gosto
please [pliːz] Ⓐ interj. por favor Ⓑ v.tr.,intr. 1 agradar; ser agradável (a); 2 satisfazer; causar satisfação (a); contentar; aprazer; 3 apetecer; desejar ❖ *~ God* Deus queira; se Deus quiser; *~ not to answer me back* é favor não retorquir; *~ not to interrupt!* é favor não interromper; [fig.] *~ the pigs* se as circunstâncias o permitirem; *~ yourself* faça como quiser; *as you ~* como (você) quiser; *he did it to ~ himself* fez isso porque lhe apeteceu; *I'll*

do as I ~ farei como me apetecer; *if it so pleases you* se assim desejar; *if you ~* se fizer favor; *there is no pleasing them* é impossível contentá-los; não há maneira de os contentar; *you can't ~ everybody* não se pode agradar a toda a gente; *when you ~* quando quiser

pleased ['pli:zd] *adj.* contente, satisfeito ❖ *~ smile* sorriso de satisfação; *~ to make your acquaintance* prazer em conhecê-lo; *~ to meet you!* muito prazer!; *he is ~ with anything* ele contenta-se com qualquer coisa; *I am ~ to tell you that...* tenho o prazer de o informar que...; *not to be ~ about sth* estar desagradado com alguma coisa; *the Queen was ~ to...* a rainha dignou-se a...; *to be anything but ~* não estar nada satisfeito; [coloq.] (grande satisfação) *to be as ~ as Punch* estar nas suas sete quinas

pleasing ['pli:zɪŋ] Ⓐ *adj.* 1 agradável; que causa prazer; 2 simpático, que desperta simpatia; 3 gentil; amável; 4 atraente Ⓑ *s.* acção de agradar, de contentar ❖ *a ~ memory* uma recordação grata; *there's no ~ him* ele é impossível de contentar

pleasingly ['pli:zɪŋlɪ] *adv.* agradavelmente

pleasingness ['pli:zɪŋnɪs] *s.* 1 agradabilidade; carácter agradável; 2 encanto

pleasurable ['pleʒərəbəl] *adj.* 1 que causa prazer; 2 que deleita; 3 agradável; 4 deleitante, deleitável

pleasurableness ['pleʒərəblnɪs] *s.* agrado

pleasure ['pleʒə] Ⓐ *s.* 1 prazer; agrado, alegria; deleite, gozo; *do me the ~ of dining with me* dê-me o prazer de jantar comigo; *it gives me much ~ to hear of it* sinto muito prazer em ouvir isso; *the pleasures of friendship* os prazeres da amizade; *sensual ~* prazer sensual; 2 recreio, recreação, distracção, entretenimento; divertimento; *to travel for ~* fazer viagens de recreio; *to be fond of ~* gostar de se divertir; 3 [ant.] desejo, vontade; ordens; *without consulting his ~* sem o ouvir, sem consultar a sua vontade; COMÉRCIO *what's your pleasure, madam?* que deseja, minha senhora?, em que a posso servir, minha senhora?; *to be at sb's ~* estar às ordens de alguém; *during your ~* enquanto lhe aprouver Ⓑ *v.tr.* dar prazer a; satisfazer; gratificar Ⓒ *v.intr.* [arc.] sentir prazer em, ter o prazer de ❖ *~ boat* barco de recreio; [ant.] *~ ground* parque de recreio; PSICOLOGIA *~ principle* princípio do prazer; *~ seeker* indivíduo que procura diversão; hedonista; *~ trip* passeio; viagem de recreio; [GB] DIREITO (detenção) *at His/Her Majesty's ~* por tempo indeterminado; *at (one's) ~* à vontade; de acordo com a sua conveniência; (resposta a agradecimento) *(it's) a/my ~* foi um prazer; não me custou nada; *to take ~ in (sth/doing sth)* tirar prazer em (algo/fazer algo); ter prazer em (algo/fazer algo); gostar de (algo/fazer algo); *with (great/the greatest) ~* com (muito/o maior) prazer; com certeza

pleat [pli:t] Ⓐ *s.* 1 dobra, prega; 2 franzido; 3 plissado; *to take the pleats out* desfazer o plissado Ⓑ *v.tr.* plissar; preguear

pleated ['pli:tɪd] *adj.* pregueado, plissado ❖ VESTUÁRIO *~ skirt* saia plissada

pleater ['pli:tə] *s.* aquele que faz pregueados ou plissados

pleating ['pli:tɪŋ] *s.* 1 acção de preguear ou plissar; 2 franzido, pregueado, plissado

pleb [pleb] *s.* [coloq.] plebeu, homem de baixa condição social

plebe [pli:b] *s.* [EUA] caloiro de escola militar ou naval

plebeian [plɪ'bi:ən] Ⓐ *s.* 1 HISTÓRIA (Roma antiga) plebeu; 2 homem do povo; homem de plebe; 3 [depr.] bronco, ignorante Ⓑ *adj.* 1 plebeu; 2 da plebe, do povo; 3 de baixa condição social; 4 inferior, grosseiro, vulgar

plebeianism [plɪ'bi:ənɪzəm] *s.* plebeísmo

plebeianize [plɪ'bi:ənaɪz] *v.tr.* 1 plebeizar, tornar plebeu; 2 tornar vulgar

plebeianness [plɪ'bi:ənɪs] *s.* carácter plebeu; plebeidade

plebiscitary [ple'bɪsɪtərɪ] *adj.* plebiscitário

plebiscite ['plebɪsɪt] *s.* plebiscito

plectognath ['plektəgnæθ] *s.* ZOOLOGIA plectógnate, plectógnato

plectrum ['plektrəm] *s.* MÚSICA plectro, pequena vara de ouro, marfim ou madeira, que servia para fazer vibrar as cordas da lira

pledge [pledʒ] Ⓐ *s.* 1 penhor; garantia; sinal; 2 coisa empenhada; 3 caução; 4 testemunho; 5 promessa, compromisso, acordo; 6 brinde, saúde; 7 [fig.] filho (próprio); 8 POLÍTICA (perante eleitores) garantia pública, compromisso, promessa Ⓑ *v.tr.* 1 dar como garantia; 2 [coloq.] pôr no prego, empenhar; 3 comprometer; *he pledged himself that...* ele comprometeu-se a...; 4 brindar, beber à saúde de ❖ *~ holder* pessoa possuidora de um penhor; *~ of friendship* prova de amizade; penhor de amizade; *~ of good faith* penhor de boa-fé; testemunho de boa-fé; *to ~ one's allegiance to the king* jurar vassalagem ao rei; *to ~ one's honour* dar a palavra de honra; *to ~ one's property* hipotecar a propriedade; *to ~ one's word* dar a palavra de honra; [coloq.] *in ~* no prego; empenhado; *pledged chattels* bens dados como garantia; *to hold sth in ~* conservar alguma coisa como penhor; *to put sth in ~* empenhar alguma coisa; pôr alguma coisa no prego; *to take out of ~* desempenhar; tirar do prego; *under ~ of secrecy* sob compromisso de guardar segredo

pledgee [ple'dʒi:] *s.* 1 credor hipotecário; 2 depositário de penhor; 3 penhorista

pledger ['pledʒə] *s.* aquele que empenha, penhora ou hipoteca

pledget ['pledʒɪt] *s.* MEDICINA pequena compressa

pledging ['pledʒɪŋ] *s.* 1 acção de garantia, de responder por; 2 garantia; 3 penhor; 4 [coloq.] acto de pôr no prego, empenhamento, acto de empenhar

Pleiad ['plaɪəd] *s.* (*pl.* **-s** ou **-es**) 1 ASTRONOMIA plêiade, cada uma das estrelas da constelação das Plêiades; 2 [fig.] plêiade, reunião de pessoas ilustres (geralmente sete)

pleiotropic [ˌplaɪə'trɒpɪk] *adj.* pliotrópico

pleiotropism [ˌplaɪ'ɒtrəpɪzm] *s.* BIOLOGIA (genética) pliotropismo

pleiotropy [plaɪ'ɒtrəpɪ] *s.* BIOLOGIA (genética) pliotropia

Pleistocene ['plaɪstəsi:n] Ⓐ *s.* GEOLOGIA Pleistoceno, Peistocénico Ⓑ *adj.* GEOLOGIA pleistoceno, pleistocénico

plenarily ['pli:nərɪlɪ] *adv.* 1 plenariamente; 2 inteiramente; 3 plenamente; 4 duma maneira completa

plenary ['pli:nərɪ] *adj.* 1 pleno, completo; total; *~ powers* plenos poderes; 2 sem limites; 3 plenário; *~ assembly* assembleia plenária; *~ sitting* sessão plenária; RELIGIÃO (catolicismo) *~ indulgence* indulgência plenária Ⓑ *s.* plenário

plenipotentiary [ˌplenɪpə'tenʃərɪ] *adj.,s.* plenipotenciário ❖ *~ minister* ministro plenipotenciário

plenish ['plenɪʃ] *v.tr.* 1 encher; 2 mobilar, prover do necessário

plenishing ['plenɪʃɪŋ] *s.* 1 mobiliário (de casa); 2 aprestos (de herdade)

plenitude ['plenɪtju:d] *s.* plenitude

plenteous ['plentɪəs] *adj.* 1 [poét.] abundante, copioso; 2 produtivo, rico, fértil

plenteously ['plentɪəslɪ] *adv.* [poét.] abundantemente, copiosamente

plenteousness ['plentɪəsnɪs] *s.* 1 abundância, grande quantidade; 2 fertilidade

plentiful ['plentɪfʊl] *adj.* abundante; copioso; *a ~ dinner* um jantar abundante ❖ *as ~ as blackberries* tão abundante como as gotas de água que há no mar

plentifully ['plentɪfʊlɪ] *adv.* 1 abundantemente; 2 copiosamente; 3 em grandes quantidades

plentifulness ['plentɪfʊlnɪs] *s.* 1 abundância; 2 grande quantidade

plenty ['plentɪ] Ⓐ *s.* (grande quantidade) abundância; profusão Ⓑ *adv.* 1 [coloq.] bastante; muito; *~ large* bastante grande; 2 [coloq.] completamente Ⓒ *adj.* (*comp.* **-ier**, *superl.* **-iest**) abundante; em grande quantidade ❖ *~ more* mais; muito mais; *~ of money* muito dinheiro; *in ~* em grande quantidade; *she has ~ to live upon* ela tem muito de que viver; *take all, there are ~ more in that room* leve-os todos, há muitos mais naquele quarto; *there are ~ of books* há muitos livros; *there is meat in ~* não falta carne; há muita carne; *to live in peace and ~* viver na paz e na abundância; *year of ~* ano de abundância; *we are in ~ of time* temos muito tempo; chegámos muito a horas

plenum ['pli:nəm] *s.* (*pl.* **-s** ou **-a**) 1 FÍSICA espaço pleno cheio de matéria (por oposição a vácuo); 2 sessão plenária, sessão plena, reunião plenária

pleochroic [ˌpli:ə'krəʊɪk] *adj.* pleocróico

pleochroism [pli:'ɒkrəʊɪzəm] *s.* MINERALOGIA pleocroísmo

pleomorphic [ˌpli:əʊ'mɔ:fɪk] *adj.* pleomórfico

pleomorphism [ˌpli:əʊ'mɔ:fɪzəm] *s.* pleomorfismo

pleonasm ['pli:ənæzəm] *s.* LINGUÍSTICA pleonasmo

pleonastic [pliːəˈnæstɪk] *adj.* pleonástico
pleonastically [pliːəˈnæstɪkəlɪ] *adv.* pleonasticamente
pleopod [ˈpliːəpɒd] *s.* ZOOLOGIA pleópode
plerome [ˈplɪərəʊm] *s.* BOTÂNICA pleroma
plesiosaurus [pliːsɪəˈsɔːrəs] *s.* (*pl.* **-i**) plesiossáurio, plesiossauro
plethora [ˈpleθərə] *s.* **1** pletora, superabundância de corpúsculos vermelhos no sangue; **2** [fig.] superabundância prejudicial
plethoric [pleˈθɒrɪk] *adj.* pletórico; relativo a pletora
pleum [ˈpliːəm] *s.* **1** BOTÂNICA fleo; **2** rabo-de-gato
pleura [ˈplʊərə] *s.* (*pl.* **-ae**) ANATOMIA pleura
pleural [ˈplʊərəl] *adj.* pleural; relativo a pleura
pleurisy [ˈplʊərɪsɪ] *s.* MEDICINA pleurisia, pleurite ❖ *dry ~* pleurisia seca; *wet ~* pleurisia purulenta
pleuritic [plʊəˈrɪtɪk] *adj.* pleurítico
pleurodynia [ˌplʊərəˈdɪnɪə] *s.* MEDICINA pleurodinia
pleuronect [ˈplʊərənekt] *s.* ZOOLOGIA pleuronecto
pleuropericarditis [ˌplʊərəˌperɪkɑːˈdaɪtɪs] *s.* MEDICINA pleuropericardite
pleuropneumonia [ˌplʊərəʊnjuːˈməʊnɪə] *s.* MEDICINA pleuropneumonia
pleuropneumonic [ˌplʊərəʊnjuːˈmɒnɪk] *adj.* pleuropneumónico
plexiform [ˈpleksɪfɔːm] *adj.* plexiforme
pleximeter [plekˈsɪmɪtə] *s.* MEDICINA plessímetro, instrumento destinado à percussão mediata
plexor [ˈpleksɔː] *s.* MEDICINA percutor, pequeno martelo usado com o plessímetro
plexus [ˈpleksəs] *s.* (*pl.* **-es**) ANATOMIA plexo, rede constituída por filetes musculares, nervos, vasos sanguíneos entrelaçados e anastomosados
pliability [ˌplaɪəˈbɪlɪtɪ] *s.* **1** flexibilidade, elasticidade; **2** maleabilidade, docilidade, facilidade em se deixar influenciar
pliable [ˈplaɪəbəl] *adj.* **1** flexível; **2** maleável; **3** adaptável; **4** influenciável
pliableness [ˈplaɪəbəlnɪs] *s.* ⇒ **pliability**
pliancy [ˈplaɪənsɪ] *s.* ⇒ **pliability**
pliant [ˈplaɪənt] *adj.* **1** flexível, elástico, maleável; **2** que pode vergar-se facilmente; **3** mole, pouco enérgico, facilmente influenciável
pliantly [ˈplaɪəntlɪ] *adv.* **1** com flexibilidade, flexivelmente; **2** duma maneira elástica; **3** maleavelmente; **4** docilmente
plica [ˈplɪkə] *s.* (*pl.* **-ae**) **1** plica, dobra, ruga; **2** MEDICINA plica ❖ MEDICINA *~ (polonica)* plica-polaca; plica-polónica
plicate [ˈplɪkɪt] *adj.* **1** BOTÂNICA plicado, plicativo; **2** dobrado, pregueado
plicated [plɪˈkeɪtɪd] *adj.* ⇒ **plicate**
plicateness [ˈplɪkɪtnɪs] *s.* pregueado, plicado
plication [plɪˈkeɪʃən] *s.* plicação, plicado
plicature [ˈplɪkətʃə] *s.* plicatura, dobra, prega
pliers [ˈplaɪəz] *s.pl.* alicate; *a pair of ~* um alicate
plight [plaɪt] Ⓐ *s.* **1** apuro; situação difícil; condição precária; *to be in a sad/sorry ~* estar numa situação difícil, estar em maus lençóis; **2** compromisso, empenho, promessa solene Ⓑ *v.tr.* (*prt.* **plighted**, *part. pass.* **plighted** ou **plight**) comprometer; empenhar ❖ *~ of faith* promessa solene de casamento; *to ~ oneself to* jurar fidelidade a; comprometer-se com
plighted [ˈplaɪtɪd] *adj.* **1** comprometido; **2** com a palavra empenhada ❖ *~ faith* fé jurada; *~ lovers* noivos; *one's ~ word* a palavra dada
plimsoll [ˈplɪmsəl] *s.* [GB] sapatilha de ginástica ❖ NÁUTICA *~ line/mark* linha de flutuação
plimsolls [ˈplɪmsəlz] *s.pl.* sapatos de lona com sola de borracha
plinth [plɪnθ] *s.* **1** plinto, peça quadrangular de base de coluna ou pedestal; **2** soco de estátua
Pliny [ˈplɪnɪ] *s.antr.* Plínio
Pliocene [ˈplaɪəsiːn] Ⓐ *s.* GEOLOGIA Plioceno, Pliocénico Ⓑ *adj.* GEOLOGIA plioceno, pliocénico
plod [plɒd] Ⓐ *s.* **1** marcha lenta e difícil; **2** trabalho difícil, lida, canseira Ⓑ *v.tr.,intr.* (*particípios* **-dd-**) **1** caminhar pesadamente e com grande esforço; caminhar penosamente; **2** percorrer com grande esforço; **3** arrastar(-se); *to ~ the streets* arrastar-se pelas ruas; **4** labutar, mourejar, trabalhar como escravo; **5** (escola) estudar com esforço; **6** [coloq.] marrar ❖ *to ~ one's way* caminhar pesadamente; arrastar-se laboriosamente

◆ **plod along/on** *v.intr.* **1** deslocar-se com dificuldade, arrastar-se; **2** perseverar no caminho
◆ **plod away** *v.intr.* **1** esforçar-se muito; trabalhar muito; **2** dedicar-se ao estudo [**at**, de]; estudar com dificuldade [**at**, -]; *to ~ at one's lessons* estudar as lições com dificuldade
plodder [ˈplɒdə] *s.* pessoa persistente, lutador_fig._
plodding [ˈplɒdɪŋ] Ⓐ *adj.* **1** lento, pesado; que caminha ou se desloca pesada e laboriosamente; **2** laborioso, trabalhador, tenaz, que trabalha com perseverança e esforço Ⓑ *s.* **1** acção de caminhar penosamente; **2** marcha lenta, pesada e que exige muito esforço; **3** trabalho persistente, esforço contínuo
ploddingly [ˈplɒdɪŋlɪ] *adv.* laboriosamente, tenazmente, perseverantemente
ploidy [ˈplɔɪdɪ] *s.* BIOLOGIA (genética) ploidia
plonk [plɒŋk] Ⓐ *s.* **1** ruído surdo; **2** [coloq.] (vinho barato) zurrapa, mistela; **3** lama viscosa; **4** AERONÁUTICA (Real Força Aérea) recruta Ⓑ *v.tr.* **1** (pousar descuidadamente) deixar cair; atirar com; **2** afundar
◆ **plonk down** *v.tr.* afundar-se; deixar-se cair; *to plonk oneself down on the sofa* afundar-se no sofá, deixar-se cair no sofá
plonker [ˈplɒŋkə] *s.* [cal.] parvo, estúpido, tolo
plop [plɒp] Ⓐ *s.* **1** chape, som de algo ao cair na água; **2** ruído de rolha ao ser tirada duma garrafa Ⓑ *adv.* **1** com um chape; **2** com um ruído semelhante ao de uma rolha ao saltar duma garrafa Ⓒ *v.tr.* (*particípios* **-pp-**) deixar cair com um chape Ⓓ *v.intr.* cair com um chape
◆ **plop down** *v.tr.* afundar-se; deixar-se cair; *he plopped himself down in the armchair* ele deixou-se cair na poltrona
plosive [ˈpləʊsɪv] Ⓐ *adj.* LINGUÍSTICA plosivo, explosivo, oclusivo Ⓑ *s.* LINGUÍSTICA plosiva, oclusiva, consoante explosiva
plot [plɒt] Ⓐ *s.* **1** LITERATURA, CINEMA, TELEVISÃO (teatro, narrativa) enredo, intriga; **2** trama, plano secreto; conluio, conspiração; *to lay a ~* tramar uma conspiração; **3** (terra) pequena porção de terreno; *building ~* terreno para construção; *potato ~* leira com batatas Ⓑ *v.tr.,intr.* (*particípios* **-tt-**) **1** conspirar, tomar parte em conspiração, maquinar [**against**, contra]; **2** (mapa, projecto, diagrama) fazer levantamento; traçar; esboçar; **3** (diagrama, gráfico) localizar; **4** (gráfico) representar graficamente; traçar; *to ~ a graph* traçar um gráfico; **5** dividir em parcelas ou lotes ❖ *the ~ thickens* a intriga complica-se, o mistério adensa-se
◆ **plot out** *v.tr.* arquitectar; engendrar; conceber; traçar; *they plotted out their plan* traçaram o plano deles, definiram a estratégia
plotful [ˈplɒtfʊl] *adj.* **1** cheio de intrigas; **2** [rar.] intriguista
Plotinus [pləˈtaɪnəs] *s.antr.* (filósofo grego) Plotino
plotless [ˈplɒtləs] *adj.* simples, sem enredo
plottage [ˈplɒtɪdʒ] *s.* **1** superfície de pequena extensão de terreno; **2** divisão em pequenos lotes ou parcelas
plotter [ˈplɒtə] *s.* **1** pessoa que levanta gráficos, traçados, etc.; **2** conspirador, pessoa que entra em conluios ou maquinações; **3** INFORMÁTICA traçador, dispositivo de impressão linha a linha
plotting [ˈplɒtɪŋ] *s.* **1** delineação, traçado; **2** diagrama, planta; **3** traçado de diagrama, traçado de planta; **4** conspiração, conluio, maquinação ❖ *~ paper* papel milimétrico; papel próprio para gráficos
plough [plaʊ] Ⓐ *s.* **1** AGRICULTURA arado; charrua; *heavy/motor steam ~* charrua funda/motorizada/a vapor; **2** (máquina) limpa-neve; **3** TIPOGRAFIA guilhotina (para aparar as folhas dos livros); **4** (carpintaria) guilherme; **5** [arc.] terra, terreno lavrado Ⓑ *v.tr.,intr.* **1** AGRICULTURA lavrar, arar; trabalhar com o arado ou charrua; *to ~ the soil* lavrar o solo; *that land ploughs well* aquela terra lavra-se bem; **2** abrir caminho; atravessar, cortar, avançar através de; *he ploughed his way through the mud* ele abriu caminho através da lama; **3** sulcar, fender; *to ~ the watery way* sulcar os mares; **4** (caminho) limpar, desobstruir; **5** TIPOGRAFIA aparar; **6** [EUA] [cal.] (sexo) comer_cal_; **7** (carpintaria) trabalhar com o guilherme ❖ *~ horse* cavalo de trabalho; *~ knife* cutelo de encadernador; [EUA] *ice ~* tractor para cortar gelo; máquina cortadora de gelo; *to ~ a lonely furrow* trabalhar sozinho; [rar.] *to ~ the sands* fazer um trabalho inútil; *to put one's/the hand to the ~* pegar no arado; deitar mãos à obra; empreender alguma coisa; *under the ~* debaixo do arado; lavrado
◆ **plough back** *v.tr.* (lucros) reinvestir [**into**, em]
◆ **plough in** *v.tr.* **1** meter na terra; cobrir de terra a charrua ou arado; **2** investir em

◆ **plough into** v.tr. 1 esbarrar contra; 2 iniciar com entusiasmo
◆ **plough on** v.intr. (dificuldade, tédio, etc.) avançar, persistir, continuar, aguentar-se
◆ **plough through** v.tr. 1 (ler, comer, etc.) chegar ao fim de (algo), com muito custo; *to ~ a book* ler um livro até ao fim, lenta e laboriosamente; 2 avançar a custo através de; penetrar; atravessar
◆ **plough up** v.tr. 1 sulcar, atravessar com a charrua, revolver com a charrua; 2 arrancar, tirar com a charrua
Plough [plaʊ] s. ASTRONOMIA o Arado, estrelas principais da Ursa Maior
ploughable ['plaʊəbəl] adj. arável, cultivável
ploughboy ['plaʊbɔɪ] s. rapaz que guia os cavalos que puxam a charrua
plougher ['plaʊə] s. lavrador
ploughing ['plaʊɪŋ] s. 1 lavra, lavrada; 2 trabalho com o arado; 3 sulco aberto pelo arado; 4 [coloq.] (escola, reprovação em exame) chumbo; 5 (carpintaria) trabalho realizado com o guilherme
ploughland ['plaʊlænd] s. 1 terra arável; 2 terra cultivada; 3 (medida de área) terra que quatro juntas de bois fossem capazes de cultivar
ploughman ['plaʊmən] s. (pl. **-men**) lavrador, homem que trabalha com o arado
ploughshare ['plaʊʃeə] s. (para abrir sulcos na terra) relha, ferro de arado/charrua ❖ ANATOMIA *~ bone* vómer
ploughtail ['plaʊteɪl] s. rabiça do arado
plover ['plʌvə] s. ZOOLOGIA tarambola, pildra, marinho, tordeira-do-mar ❖ ZOOLOGIA *golden ~* pildra-dourada
plow [plaʊ] v.tr.,intr.,s. [EUA] ⇒ **plough**
ploy [plɔɪ] Ⓐ s. (pl. **-s**) 1 truque, ardil, estratagema; 2 ocupação, ofício; 3 passatempo; 4 [Esc.] expedição, empreendimento Ⓑ v.tr. MILITAR (linha de tropas) transformar em coluna
pluck [plʌk] Ⓐ s. 1 coragem; ânimo; garra_fig_; *to have plenty of ~* ter coragem, mostrar garra_fig_; *to lack ~* ter falta de coragem; 2 puxão, sacão, sacudidela; *to give a ~ at* dar um puxão a; 3 CULINÁRIA (coração, fígado, pulmões) miúdos, fressura; 4 [GB] [coloq., ant.] (escola) reprovação, chumbo Ⓑ v.tr. 1 arrancar; 2 colher; *to ~ fruit* colher fruta; 3 depenar; *to ~ a goose* depenar um ganso; 4 (sobrancelhas) arranjar; *to ~ the eyebrows* arranjar as sobrancelhas; 5 puxar por; dar um puxão a; dar um sacão a; *to ~ sb by the sleeve/to ~ sb's sleeve* puxar pela manga de alguém; 6 MÚSICA (instrumento de corda) tocar; dedilhar; *to ~ a guitar* tocar um violão; 7 despojar (alguém) do seu dinheiro, esfolar (alguém)_fig_; 8 [GB] [coloq.] (escola) reprovar, chumbar ❖ *to ~ an idea out of the air* responder ao calhas; *he has a crow to ~ with them* ele tem contas a ajustar com eles
◆ **pluck at** v.tr. agarrar-se a; puxar por
◆ **pluck down** v.tr. demolir; deitar abaixo
◆ **pluck off** v.tr. 1 (penas) arrancar; 2 retirar; 3 resgatar; salvar
◆ **pluck out** v.tr.,intr. 1 arrancar; 2 resgatar; tirar de perigo
◆ **pluck up** v.intr. arrancar pela raiz; *to ~ the weeds from a garden* arrancar as ervas ruins de um jardim ❖ *to ~ courage* ganhar coragem
plucked ['plʌkt] adj. 1 arrancado; 2 depenado, sem penas; 3 colhido; 4 [ant.] com coragem; resoluto, decidido; *a well ~ one* um indivíduo de coragem, uma pessoa resoluta
plucker ['plʌkə] s. pessoa que depena aves
pluckily ['plʌkɪlɪ] adv. 1 com coragem; 2 resolutamente; 3 ousadamente
pluckiness ['plʌkɪnɪs] s. coragem, energia, resolução, ousada
plucky ['plʌkɪ] adj. (comp. **-ier**, superl. **-iest**) corajoso, resoluto, destemido, ousado
plug [plʌg] Ⓐ s. 1 ELECTRICIDADE ficha; *to put the ~ in the socket* meter a ficha na tomada; *two-pin/three-pin ~* ficha com dois pernos/com três pernos; 2 ELECTRICIDADE [coloq.] tomada; 3 (banheira, lavatório) tampa do ralo; 4 (peça usada para tapar) tampão; tapulho, obturador; bucha; taco; batoque; bujão; 5 (fixação) tarugo, bucha, cavilha; 6 [coloq.] (durante emissão) menção publicitária, publicidade descarada; 7 boca de incêndio; 8 [coloq.] vela de ignição; 9 [cal.] artigo de qualidade inferior; 10 [cal.] cavalo velho ou inútil, matungo_Bras_; 11 [EUA] [cal.] murro, soco; *to give sb a ~* dar um murro em alguém; 12 [EUA] [cal.] tiro, balázio; 13 pedaço de tabaco de mascar; *a ~ of tobacco* um pedaço de tabaco para mascar; 14 cartola, chapéu alto; chapéu de coco Ⓑ v.tr.,intr. (particípios: **-gg-**) 1 tapar, tamponar, pôr um tapulho em; obturar; meter um bujão em; 2 [coloq.] fazer grande propaganda de, promover; 3 [EUA] [cal.] dar tiros (em), desfechar arma de fogo (sobre), atingir com um tiro, alvejar; 4 [EUA] [cal.] esmurrar com um soco, agredir com um soco; *he plugged him with his right* encheu-o de golpes com a direita ❖ *~ hat* cartola; chapéu alto; chapéu de coco; *~ telephone/phone* telefone de tomada; (minas) *~ and feather rock splitter* máquina de furar; *to ~ the gap* preencher a lacuna; *to pull the ~ (on sth)* pôr termo (a algo); tirar o apoio (a algo); interromper (algo)
◆ **plug along/away** v.intr. 1 labutar, mourejar, trabalhar no duro [**at**, em]; 2 caminhar penosamente
◆ **plug in** v.tr.,intr. 1 (aparelho) ligar (à tomada, à corrente); 2 incluir; acrescentar
◆ **plug into** v.tr. 1 (aparelho) ligar a; 2 [EUA] [coloq.] ligar-se a, envolver-se em
◆ **plug on** v.intr. [Austr.] trabalhar persistentemente [**with**, em]
◆ **plug up** v.tr. tapar; pôr uma tampa em
plugboard ['plʌgbɔːd] s. ELECTRICIDADE quadro de ligações
plugged ['plʌgd] adj. 1 tapado; obstruído; entupido; 2 (moeda) alterado; falsificado
plugging ['plʌgɪŋ] s. acção de tapar, de colocar um tampão
plughole ['plʌghəʊl] s. 1 (lavatório, banca, etc.) ralo; 2 NÁUTICA bueira ❖ (projecto, etc.) *to go down the ~* ir por água abaixo
plug-in ['plʌgɪn] Ⓐ adj. de encaixar; *~ coil* bobina de encaixe Ⓑ s. INFORMÁTICA *plug-in*
plug-ugly ['plʌgʌglɪ] Ⓐ adj. 1 feioso, feio como um bode; 2 [EUA] [cal.] desordeiro, arruaceiro Ⓑ s. (pl. **-ies**) [EUA] [cal.] desordeiro, rufia, arruaceiro
plum [plʌm] Ⓐ s. 1 BOTÂNICA (fruto) ameixa; 2 BOTÂNICA (árvore) ameixeira, ameixieira, ameixoeira; *~ tree* ameixoeira; 3 (cor) cor de ameixa, vermelho arroxeado; 4 [fig.] a parte melhor; 5 [arc.] uva-passa (empregada em certos bolos); 6 [arc.] cem mil libras Ⓑ adj. 1 cor de ameixa; 2 [coloq.] desejável e fácil, invejável; *a ~ job* um emprego invejável (bem pago e fácil) ❖ CULINÁRIA *~ cake* bolo com frutos secos, passas, etc.; CULINÁRIA *~ duff* pudim simples de farinha e passas; CULINÁRIA *~ pudding* pudim de Natal (com especiarias, ovos, frutos secos, etc.); (raça de cão) *~ pudding dog* dálmata; GEOLOGIA *~ pudding stone* pudim; conglomerado constituído por calhaus arredondados; [GB] *to have a ~ in one's mouth* ter um sotaque de classe alta
plumage ['pluːmɪdʒ] s. 1 plumagem; 2 [joc.] vestimentas ❖ *birds of ~* aves com bela plumagem
plumaged ['pluːmɪdʒd] adj. com penas, com plumagem
plumassier [ˌpluːməˈsɪə] s. plumaceiro, plumista
plumb [plʌm] Ⓐ s. 1 prumo; 2 NÁUTICA sonda; 3 nível; 4 verticalidade, direcção vertical Ⓑ adj. 1 vertical, a prumo; 2 [fig.] puro; autêntico; *~ nonsense* puro disparate; 3 rematado, completo; 4 direito, verdadeiro, leal, honesto; *a ~ man* um homem direito, um homem honesto Ⓒ adv. 1 verticalmente; 2 [fig.] exactamente; *~ in the same direction* exactamente na mesma direcção; 3 [EUA] [coloq.] completamente; *~ crazy* completamente louco Ⓓ v.tr. 1 (com sonda) sondar; 2 verificar verticalidade com fio de prumo, usar fio de prumo; 3 pôr na vertical; 4 [fig.] ver; compreender; descortinar; 5 ir ao fundo de; 6 chumbar; sigar; 7 trabalhar como canalizador ou picheleiro ❖ *~ bob* prumo; *~ line* fio de prumo; *~ rule* nível de prumo; *to ~ the depths of a mystery* penetrar no âmago dum mistério; *to be out of ~* não estar na vertical; estar desaprumado; *to take the ~ of* verificar a verticalidade de
◆ **plumb in** v.tr. (canalização, etc.) ligar; conectar
plumbaginous [ˌplʌmˈbædʒɪnəs] adj. plumbagíneo, plumbaginoso; relativo à plumbagina ou grafite
plumbago [ˌplʌmˈbeɪgəʊ] s. 1 MINERALOGIA plumbagina, grafite; 2 BOTÂNICA plumbago, plumbagem; dentilária; bela-emília ❖ MINERALOGIA *~ crucible* cadinho de grafite
plumbate ['plʌmbɪt] s. QUÍMICA plumbato
plumbeous ['plʌmbɪəs] adj. plúmbeo
plumber ['plʌmə] s. 1 canalizador, picheleiro; 2 funileiro
plumbery ['plʌmərɪ] s. (pl. **-ies**) trabalho ou oficina de canalizador ou funileiro
plumbic ['plʌmbɪk] adj. QUÍMICA plúmbico; *~ acid* ácido plúmbico ❖ *~ poisoning* envenenamento pelo chumbo

plumbiferous [plʌmˈbɪfərəs] *adj.* plumbífero
plumbing [ˈplʌmɪŋ] *s.* (actividade, sistema) canalização
plumbism [ˈplʌmbɪzəm] *s.* saturnismo, intoxicação pelo chumbo
plumbless [ˈplʌmləs] *adj.* insondável
plumbous [ˈplʌmbəs] *adj.* QUÍMICA plumboso
plume [pluːm] Ⓐ *s.* 1 pluma; 2 penacho (de penas); 3 plumagem; 4 (distinção) pluma, prémio, galardão, louros; 5 (fumo, poeira, etc.) coluna, pequena nuvem Ⓑ *v.tr.* 1 (ave) alisar as penas, arranjar as penas; 2 prover de plumas; ornamentar com plumas; 3 emplumar ❖ *to ~ oneself on sth* vangloriar-se de algo
plumelet [ˈpluːmlɪt] *s.* 1 BOTÂNICA plúmula, gémula; 2 plumilha
plummer-box [ˈplʌməbɒks] *s.* ⇒ **plummer-block**
plummet [ˈplʌmɪt] Ⓐ *v.intr.* 1 (temperatura, preços, etc.) descer, cair; 2 (pessoa) desanimar; 3 cair a pique; mergulhar Ⓑ *s.* 1 prumo; fio de prumo; 2 sonda; 3 nível; 4 peso, contrapeso; 5 [fig.] obstáculo, dificuldade ❖ *~ level* nível de madeira
plummy [ˈplʌmɪ] *adj.* (*comp.* -ier, *superl.* -iest) 1 relativo a ameixa; 2 com grande quantidade de ameixas; 3 cheio de ameixas; 4 [coloq.] muito bom, apetitoso, desejável, óptimo, rico
plumose [ˈpluːməʊs] *adj.* 1 plumoso, que tem plumas; 2 penífero
plump [plʌmp] Ⓐ *adj.* 1 (pessoa gorda) forte, fortezinho, roliço, rechonchudo, gorducho; 2 (formas) roliço, arredondado, rechonchudo, nédio, papudo; cheio; *~ cheeks* face rechonchuda; *~ little hands* mãos pequenas e rechonchudas, mãos papudas; 3 directo, categórico, sem rodeios; *~ denial* recusa terminante; *he answered with a ~ No* ele respondeu com um categórico não; 4 descarado, grosseiro; *~ lie* mentira grosseira Ⓑ *v.tr.,intr.* 1 arredondar; tornar rechonchudo, tornar roliço; fazer engordar; 2 tombar com um ruído surdo e pesado; cair; sentar-se súbita e pesadamente; *she plumped herself into the armchair* ela deixou-se cair na cadeira de braços Ⓒ *s.* 1 queda pesada; 2 (ruído surdo) baque; *to fall with a ~* cair com um baque; 3 queda surda na água; 4 [arc.] grupo, magote; *~ of spears* magote de cavaleiros armados de lanças Ⓓ *adv.* 1 surdamente, pesadamente; subitamente; *he fell ~ into the mud* ele caiu pesadamente na lama; 2 directamente; 3 categoricamente, terminantemente, redondamente; *to lie ~* mentir descaradamente, mentir redondamente
◆**plump down** Ⓐ *v.intr.* deixar-se cair, sentar-se súbita e pesadamente Ⓑ *v.tr.* deixar cair súbita e pesadamente
◆**plump for** *v.tr.* 1 [coloq.] escolher (de entre vários), ir para; *I decided to ~ the fish* decidi escolher o peixe, decidi ir para o peixe; 2 apoiar
◆**plump out** *v.tr.,intr.* 1 engordar; 2 dizer; soltar; *to ~ a remark* soltar uma observação
◆**plump up** *v.tr.,intr.* 1 engordar; 2 (almofada) encher, abanando
plumper [ˈplʌmpə] *s.* 1 voto dado a um só candidato; 2 pessoa que dá todos os seus votos a um candidato só; 3 mentira descarada; 4 tombo brusco e pesado; 5 espécie de chumaço trazido na boca para dar um aspecto mais arredondado ao rosto quando muito magro e chupado
plumping [ˈplʌmpɪŋ] Ⓐ *adj.* [coloq.] grande, enorme Ⓑ *s.* acção ou acto de encher, engordar, etc.
plumply [ˈplʌmplɪ] *adv.* 1 pesadamente, abruptamente; 2 directamente, redondamente, terminantemente
plumpness [ˈplʌmpnɪs] *s.* 1 gordura, obesidade, aspecto roliço; 2 franqueza; 3 rudeza
plumule [ˈpluːmjuːl] *s.* 1 BOTÂNICA plúmula, gémula; 2 peninha filiforme da penugem
plumy [ˈpluːmɪ] *adj.* 1 coberto de plumas; 2 plumoso; 3 empenachado
plunder [ˈplʌndə] Ⓐ *s.* 1 (acto, produto) pilhagem, saque; 2 [coloq.] ganho, lucro Ⓑ *v.tr.* 1 pilhar, saquear; 2 pôr a saque; 3 roubar; defraudar; 4 espoliar ❖ *to live by ~* viver de saques
plunderage [ˈplʌndərɪdʒ] *s.* 1 pilhagem, saque; 2 NÁUTICA desvio de mercadorias a bordo; 3 mercadorias roubadas
plunderer [ˈplʌndərə] *s.* saqueador; aquele que comete actos de pilhagem ou saque
plundering [ˈplʌndərɪŋ] *s.* 1 pilhagem, saque; 2 expoliação, roubo
plunge [plʌndʒ] Ⓐ *v.tr.,intr.* 1 mergulhar; 2 submergir; 3 despenhar-se; precipitar-se; *to ~ forward* precipitar-se para a frente; 4 atirar-se; lançar-se; 5 projectar, lançar; precipitar, despenhar; impelir; 6 (preço, taxa, valor, etc.) descer a pique, baixar drasticamente; 7 NÁUTICA arfar, mergulhar a proa; 8 [coloq.] jogar desenfreadamente, arriscando grandes quantias; lançar-se em especulações arriscadas; 9 (cavalo) arrancar violentamente Ⓑ *s.* 1 mergulho; salto para dentro de água; imersão; 2 salto; queda; 3 (preço, taxa, valor, etc.) queda acentuada; 4 piscina; 5 [coloq.] jogo desenfreado (com grandes quantias em risco); especulações arriscadas ❖ *~ bath* banheira grande; *to take the ~* decidir-se a correr o risco; aventurar-se; arriscar-se; dar o passo decisivo
◆**plunge in** *v.intr.* 1 mergulhar; 2 [fig.] (actividade, etc.) atirar-se de cabeça
◆**plunge into** *v.tr.* 1 mergulhar em; *to ~ the sea* mergulhar no mar; 2 precipitar(-se) para; *to ~ a room* precipitar-se para dentro dum aposento; *to plunge a country into war* precipitar um país na guerra; 3 cair em; atirar-se para o meio de; *to ~ the mud* cair no meio da lama; 4 meter em; enterrar em; *he plunged his hands into his pockets* enterrar as mãos nos bolsos; *he plunged the dagger into her bosom* enterrou-lhe o punhal no peito; 5 desaparecer em
plunger [ˈplʌndʒə] *s.* 1 mergulhador; 2 desentupidor; ventosa; 3 [coloq.] jogador; especulador que se atira a fundo; 4 MECÂNICA pistão; êmbolo de bomba; 5 detonador de arma de fogo; 6 [coloq.] soldado de cavalaria ❖ *~ churn* batedeira (para fazer manteiga)
plunging [ˈplʌndʒɪŋ] Ⓐ *adj.* 1 mergulhante, que mergulha; 2 profundo; 3 (preços) em queda livre Ⓑ *s.* 1 mergulho; imersão; 2 NÁUTICA arfagem, balanço de popa à proa; 3 FINANÇAS desenfreada especulação na bolsa; 4 [gír.] jogo desenfreado ❖ (artilharia) *~ fire* fogo mergulhante; *~ neckline* grande decote em V
plunk [plʌŋk] Ⓐ *s.* 1 [EUA] pancada, golpe seco, ruído seco; 2 (instrumento de corda) som estrídulo; 3 [cal.] dólar Ⓑ *v.tr.,intr.* 1 (instrumento de corda) produzir som seco; 2 cair pesadamente, cair redondo; 3 desferir um golpe súbito (sobre)
◆**plunk down** *v.intr.* sentar-se desajeitadamente; cair em cadeira, sofá
pluperfect [pluːˈpɜːfɪkt] *adj.,s.* LINGUÍSTICA mais-que-perfeito
plural [ˈplʊərəl] Ⓐ *s.* LINGUÍSTICA plural; *in the ~* no plural Ⓑ *adj.* 1 LINGUÍSTICA plural; 2 múltiplo; diverso ❖ *~ voting* votação em mais do que uma assembleia de voto
pluralise [ˈplʊərəlaɪz] *v.tr.,intr.* ⇒ **pluralize**
pluralism [ˈplʊərəlɪzəm] *s.* 1 pluralidade; 2 acumulação de benefícios eclesiásticos; 3 FILOSOFIA pluralismo
pluralist [ˈplʊərəlɪst] *s.* 1 pluralista; 2 detentor de vários benefícios eclesiásticos
pluralistic [plʊərəˈlɪstɪk] *adj.* pluralista
pluralistically [plʊərəˈlɪstɪkəlɪ] *adv.* cumulativamente
plurality [plʊˈrælɪtɪ] *s.* (*pl.* -ies) 1 pluralidade; multiplicidade; diversidade; 2 grande número; 3 [EUA, Can.] POLÍTICA maioria (relativa); 4 (benefícios, funções) acumulação; 5 RELIGIÃO acumulação de benefícios eclesiásticos ❖ *to hold a ~ of offices* acumular funções
pluralize [ˈplʊərəlaɪz] *v.tr.,intr.* 1 pôr no plural; 2 acumular benefícios eclesiásticos
plurally [ˈplʊərəlɪ] *adv.* 1 no plural; 2 cumulativamente
plurilocular [plʊərɪˈlɒkjʊlə] *adj.* BOTÂNICA plurilocular
plus [plʌs] Ⓐ *prep.* mais; a acrescentar a; adicionado a; *two four* dois mais quatro; dois e quatro; *two ~ two equals four* dois e dois são quatro Ⓑ *adj.* 1 ELECTRICIDADE, MATEMÁTICA positivo; ELECTRICIDADE *~ potential* potencial positivo; 2 mais; de adição; 3 extra; adicional Ⓒ *s.* 1 mais, o sinal +; *the ~ sign* o sinal +; 2 quantidade positiva; 3 vantagem; *the plusses and the minuses* as vantagens e os inconvenientes
plus-fours [ˌplʌsˈfɔːz] *s.pl.* calções de golfe, calças para golfe
plush [plʌʃ] Ⓐ *s.* (*pl.* -es) peluche Ⓑ *adj.* 1 de/em peluche; 2 luxuoso, faustoso, sumptuoso
plushy [ˈplʌʃɪ] *adj.* luxuoso, faustoso, sumptuoso
Plutarch [ˈpluːtɑːk] *s.antr.* Plutarco
plutarchy [ˈpluːtɑːkɪ] *s.* ⇒ **plutocracy**
Pluto [ˈpluːtəʊ] *s.* ASTRONOMIA, MITOLOGIA Plutão
plutocracy [pluːˈtɒkrəsɪ] *s.* plutocracia
plutocrat [ˈpluːtəkræt] *s.* plutocrata
plutocratic [pluːtəˈkrætɪk] *adj.* plutocrático

Plutonian [pluˈtəʊnɪən] *adj.* ⇒ **Plutonic**
plutonic [pluːˈtɒnɪk] Ⓐ *adj.* (rocha) plutónico; de origem ígnea Ⓑ *s.* MINERALOGIA rocha plutónica
Plutonic [pluːˈtɒnɪk] *adj.* plutónico; relativo a Plutão
Plutonism [ˈpluːtənɪzəm] *s.* GEOLOGIA plutonismo
Plutonist [ˈpluːtənɪst] *s.* GEOLOGIA plutonista
plutonium [pluːˈtəʊnɪəm] *s.* QUÍMICA (elemento químico) plutónio
plutonomist [pluːˈtɒnəmɪst] *s.* plutonomista
plutonomy [pluːˈtɒnəmɪ] *s.* economia política; plutonomia
pluvial [ˈpluːvɪəl] Ⓐ *adj.* **1** pluvial; **2** pluvioso; **3** motivado pelas chuvas Ⓑ *s.* pluvial, capa de asperges
pluviograph [ˈpluːvɪəgrɑːf] *s.* pluviógrafo
pluviometer [pluːvɪˈɒmɪtə] *s.* pluviómetro; udómetro
pluviometric [pluːvɪəˈmetrɪk] *adj.* pluviométrico; udométrico
pluviometrical [pluːvɪəˈmetrɪkəl] *adj.* **1** pluviométrico; **2** udométrico
pluviometry [pluːvɪˈɒmətrɪ] *s.* **1** pluviometria; **2** udometria
pluvious [ˈpluːvɪəs] *adj.* **1** pluvioso; **2** chuvoso
ply [plaɪ] Ⓐ *v.tr.,intr.* **1** trabalhar com afinco em; trabalhar com; exercer; *to ~ one's trade* exercer o ofício; **2** usar diligentemente; *to ~ one's needle* trabalhar afanosamente com a agulha; **3** manejar vigorosamente; *to ~ a sword* manejar uma espada; *to ~ the oars* manejar os remos vigorosamente; **4** [ant.] (meio de transporte) percorrer com regularidade; fazer regularmente determinado percurso; fazer carreira; **5** oferecer; **6** (táxis, carregadores, etc.) estacionar (à espera de clientes), parar, dar voltas, rondar; *car plying for hire* carro de praça; **7** NÁUTICA barlaventejar, bordejar, bolinar; *to ~ to the north* navegar para o norte Ⓑ *s.* **1** (corda, cabo, lã, etc.) fio, cordão, fibra; filamento; **2** camada, espessura; folha; **3** (pneu) tela; **4** [fig.] tendência, inclinação, propensão ❖ *to ~ the distaff* fiar a roca
✦ **ply with** *v.tr.* **1** encher de; empanturrar com; inundar de; *he plied them with food* encheu-os de comida; **2** assediar com; importunar com; *to ply sb with questions* assediar alguém com perguntas
plyers [ˈplaɪəz] *s.pl.* ⇒ **pliers**
Plymouthism [ˈplɪməθɪzəm] *s.* plimudismo, darbismo
Plymouthist [ˈplɪməθɪst] *s.* plimudista, darbista
plywood [ˈplaɪwʊd] *s.* (construção) contraplacado
pm Ⓐ [*abrev. de* after noon (post meridiem)] Ⓑ MEDICINA [*abrev. de* post mortem]
p.m. *adv.* da tarde; *the appointment is at 4 ~* a consulta é às quatro da tarde
Pm QUÍMICA [*símbolo de* promethium]
PM Ⓐ [*abrev. de* Past Master] Ⓑ [*abrev. de* Postmaster] Ⓒ [*abrev. de* Prime Minister] Ⓓ MILITAR [*abrev. de* Provost Marshal]
PMG Ⓐ [*abrev. de* Paymaster General] Ⓑ [*abrev. de* Postmaster General] Ⓒ [*abrev. de* Provost Marshal General]
PMS MEDICINA [*abrev. de* premenstrual syndrome] SPM
P/N [*abrev. de* promissory note]
pneometer [nɪˈɒmɪtə] *s.* pneómetro, aparelho destinado a medir a quantidade de ar que entra ou sai dos pulmões em cada respiração
pneuma [ˈnjuːmə] *s.* FILOSOFIA pneuma, designação dada pelos estóicos a determinado princípio de natureza espiritual
pneumatic [njuːˈmætɪk] Ⓐ *adj.* **1** pneumático; de ar comprimido; **2** com pneumáticos; **3** ZOOLOGIA pneumático; **4** RELIGIÃO espiritual, anímico; **5** com um peito grande Ⓑ *s.* **1** pneumático, pneu; **2** veículo com pneumáticos ❖ *~ brake* freio pneumático, travão de ar comprimido; *~ dispatch* transporte (de correio, pacotes, etc.) em tubos de ar comprimido; *~ drill* martelo pneumático; perfuradora pneumática; *~ hammer* martelo pneumático; *~ shock absorber* amortecedor pneumático, amortecedor de ar comprimido; (rodas de certos veículos) *~ tyre* pneumático; pneu
pneumatical [njuːˈmætɪkl] *adj.* ⇒ **pneumatic**
pneumatically [njuːˈmætɪkəlɪ] *adv.* **1** pneumaticamente; **2** por meio de ar comprimido
pneumaticity [njuːmæˈtɪsɪtɪ] *s.* pneumaticidade
pneumatics [njuːˈmætɪks] *s.* FÍSICA pneumática
pneumatocele [ˈnjuːmətəsiːl] *s.* MEDICINA pneumatocelo, pneumatocele

pneumatocyst [ˈnjuːmətəsɪst] *s.* ZOOLOGIA pneumatóforo, vesícula de ar dos sifonóforos
pneumatograph [ˈnjuːmətəgrɑːf] *s.* pneumatógrafo, aparelho destinado a registar os movimentos do tórax
pneumatology [njuːməˈtɒlədʒɪ] *s.* MEDICINA pneumatologia
pneumatolysis [njuːməˈtɒlɪsɪs] *s.* MINERALOGIA pneumatólise
pneumatometer [njuːməˈtɒmɪtə] *s.* pneumatómetro, aparelho destinado a medir a força de inspiração e expiração pulmonar
pneumatophore [ˈnjuːmətəfɔː] *s.* ⇒ **pneumatocyst**
pneumobacillus [njuːməʊbəˈsɪləs] *s.* (*pl.* -i) pneumobacilo
pneumococcus [njuːməˈkɒkəs] *s.* (*pl.* -i) pneumococo
pneumogastric [njuːməˈɡæstrɪk] *adj.* ANATOMIA pneumogástrico ❖ ANATOMIA *~ nerve* nervo pneumogástrico
pneumograph [ˈnjuːməgrɑːf] *s.* pneumógrafo, instrumento que nos dá o gráfico dos movimentos respiratórios do tórax
pneumonia [njuːˈməʊnɪə] *s.* MEDICINA pneumonia ❖ *double ~* pneumonia dupla; *interstitial ~* pneumonia caseosa; *lobar ~* pneumonia lobar; *lobular ~* pneumonia lobular; *septic ~* pneumococemia
pneumonic [njuːˈmɒnɪk] *adj.* pneumónico
pneumonitic [njuːməˈnɪtɪk] *adj.* pneumonítico, pneumónico
pneumonitis [njuːməˈnaɪtɪs] *s.* MEDICINA pneumonite, pneumonia
pneumorhagia [njuːməˈreɪdʒɪə, njuːməˈreɪdʒə] *s.* **1** MEDICINA pneumorragia; **2** hemoptise
pneumorrhagia [njuːməˈreɪdʒə, njuːməˈreɪdʒə] *s.* **1** MEDICINA pneumorragia; **2** hemoptise
pneumothorax [njuːməˈθɔːræks] *s.* MEDICINA pneumotórax
po [pəʊ] *s.* [coloq.] bacio, pote, vaso-de-noite
Po QUÍMICA [*símbolo de* polonium]
PO Ⓐ NÁUTICA [*abrev. de* Petty Officer] Ⓑ [*abrev. de* Pilot Officer] Ⓒ [*abrev. de* Post Office] Ⓓ [*abrev. de* postal order]
P&O [*abrev. de* Peninsular and Oriental (Steam Navigation Company)]
poa [ˈpəʊə] *s.* BOTÂNICA poa, relva
Poaceae [pəʊˈeɪsiiː] *s.pl.* BOTÂNICA Poáceas
poach [pəʊtʃ] *v.tr.,intr.* **1** caçar ilegalmente; caçar furtivamente; *to ~ hares* caçar lebres ilegalmente; *to go out poaching* ir caçar furtivamente; **2** (para caça, pesca) trespassar propriedade alheia; *to ~ on sb else's preserves* invadir indevidamente terreno/campo/actividade de alguém; **3** CULINÁRIA (ovos) escalfar; **4** DESPORTO conseguir por meios ilícitos; **5** (ténis) bater a bola no campo pertencente a outro jogador; **6** pisar, esmagar, espezinhar; **7** (bois, cavalos) calcar com os cascos; **8** (terreno) ficar lamacento; enlamear(-se)
poacher [ˈpəʊtʃə] *s.* **1** caçador furtivo; **2** larápio
poachiness [ˈpəʊtʃɪnɪs] *s.* estado lamacento e pisado do solo
poachy [ˈpəʊtʃɪ] *adj.* lamacento
POB [*abrev. de* Post Office Box]
pochard [ˈpəʊtʃəd] *s.* ZOOLOGIA larro, catulo, tarrantana
pock [pɒk] *s.* **1** (variecla, varíola, acne, etc.) marca; cicatriz; bexiga[coloq.]; **2** pequeno buraco, pequena mossa
pocket [ˈpɒkɪt] Ⓐ *s.* **1** VESTUÁRIO bolso; algibeira; *coat ~* bolso do casaco; *trousers ~* bolso das calças; **2** bolsa; saco; **3** receptáculo; **4** [fig.] (recursos financeiros) bolso; bolsa; dinheiro; *to pay for sth from/out of one's own ~* pagar algo do seu próprio bolso; *to suit/fit every ~* adequar-se a todas as bolsas, ser acessível a todas as bolsas; *spare your pocket!* poupa o teu dinheiro!; *you will suffer in your ~* vais gastar dinheiro, isso entra-te no bolso; **5** (área circunscrita) bolsa; **6** (bilhar) ventanilha, ventana; **7** cavidade, abertura; **8** ANATOMIA bolsa; **9** GEOLOGIA cavidade em rocha cheia de matéria estranha; cavidade no solo cheia de ouro ou outro minério; **10** AERONÁUTICA poço de ar Ⓑ *v.tr.* **1** meter ao bolso, meter no bolso, colocar no bolso; **2** [fig., depr.] meter ao bolso; embolsar; apropriar-se de; **3** (bilhar) fazer entrar (a bola) numa das ventanilhas; **4** (insulto, situação desagradável, etc.) engolir, aguentar, suportar; **5** (sentimentos) esconder, reprimir, pôr de parte; *to ~ one's pride* pôr de parte o orgulho, sujeitar-se a uma humilhação; **6** cercar, rodear; **7** [EUA] POLÍTICA reter (projecto de lei) até encerramento do Congresso; **8** DESPORTO prejudicar, impedir (adversário) numa corrida Ⓒ *adj.* **1** de bolso; que cabe num bolso; portátil; *~ calculator* calculadora de bolso; *~ camera* máquina (fotográfica) portátil, máquina (fotográfica) que se

pocketable

pode transportar no bolso; ~ *chronometer* cronómetro de bolso; ~ *diary* agenda de bolso; ~ *dictionary* dicionário de bolso; ~ *watch* relógio de bolso; **2** muito pequeno, em miniatura; ~ *fiddle* pequeno violino; ~ *park* mini-parque ❖ HISTÓRIA ~ *battleship* couraçado de algibeira/de bolso; HISTÓRIA ~ *borough* círculo eleitoral dominado por uma só pessoa ou por uma família; ~ *edition* edição de bolso; edição de pequeno formato; miniatura; VESTUÁRIO ~ *flap* pala de bolso; ~ *handkerchief* lenço de bolso; ~ *money* mesada; dinheiro para despesas miúdas; HISTÓRIA ~ *submarine* submarino de algibeira/de bolso; [EUA] POLÍTICA ~ *veto* retenção de projecto de lei (até encerramento do Congresso); [GB] *they live in each other's pockets* eles não se largam; eles andam sempre juntos; *to be (some pounds) in/out of* ~ ganhar/perder (algumas libras); *to have sb in one's* ~ ter alguém na palma da mão; meter alguém num bolso; [coloq.] *to have sth in one's* ~ ter algo no papo; *to line one's pockets* juntar dinheiro; amealhar; *to put one's hand in one's* ~ abrir os cordões à bolsa; gastar; ter certas despesas; *to put one's pride in one's* ~ pôr de parte o orgulho; fazer qualquer coisa humilhante; *to turn out one's pockets* virar os bolsos do avesso; esvaziar os bolsos

pocketable ['pɒkɪtəbəl] *adj.* que pode meter-se ao bolso, que pode transportar-se no bolso; de bolso

pocketbook ['pɒkɪtbʊk] *s.* **1** [EUA, Can.] carteira (de bolso); **2** [EUA, Can.] bolsa; **3** [EUA] livro de bolso

pocketful ['pɒkɪtfʊl] *s.* **1** bolso cheio; **2** conteúdo de um bolso cheio; **3** grande quantidade

pocket-handkerchief [,pɒkɪt'hæŋkətʃɪf] Ⓐ *s.* **1** lenço de bolso; **2** [coloq.] (jardim, terreno, etc.) quadradinho de terra Ⓑ *adj.* (pequeno) do tamanho de um lenço de bolso

pocketing ['pɒkɪtɪŋ] *s.* **1** acto de meter ao bolso, de se apropriar de; **2** repressão (de sentimentos); **3** acto de ter de sofrer qualquer insulto, humilhação, etc.; **4** (bilhar) colocação da bola na ventanilha

pocketknife ['pɒkɪtnaɪf] *s.* canivete ❖ *Swiss army* ~ canivete suíço

pocket-sized ['pɒkɪtsaɪzd] *adj.* **1** de bolso; **2** pequenino

pockety ['pɒkɪti] *adj.* **1** com cavidade; **2** AERONÁUTICA com poços de ar

pockmark ['pɒkmɑːk] Ⓐ *s.* (varicela, acne, etc.) marca; cicatriz; bexiga*coloq.* Ⓑ *v.tr.* encher de marcas; picar; esburacar

pockmarked ['pɒkmɑːkd] *adj.* **1** picado das bexigas; bexigoso; ~ *face* rosto picado das bexigas; **2** (superfície) esburacado

pockwood ['pɒkwʊd] *s.* **1** BOTÂNICA guáiaco, gaiaco; **2** pau-santo

pococurante [,pəʊkəkjʊə'rænteɪ] *adj.,s.* **1** indiferente; **2** pessoa indiferente

pococuranteism [,pəʊkəkjʊəræn'tiːɪzəm] *s.* indiferentismo

pococurantism [,pəʊkəkjʊəræn'tɪzəm] *s.* indiferentismo

poctinibranchiate [,pɒktɪnɪ'bræŋkɪɪt] *adj.* ZOOLOGIA ⇒ **pectinibranch**

pod [pɒd] Ⓐ *s.* **1** BOTÂNICA vagem (de leguminosa); **2** ZOOLOGIA casulo de bicho-da-seda; **3** casca de ovos de gafanhoto; **4** rede de malha estreita para enguias; **5** pequeno grupo de baleias ou focas; **6** embocadura (de arco de pua) Ⓑ *v.intr.* produzir vagens, criar vagens Ⓒ *v.tr.* **1** descascar (ervilhas, etc.); **2** juntar (focas) em grupo

POD [abrev. de pay on delivery]

podagra [pə'dægrə] *s.* **1** MEDICINA podagra; **2** gota, sobretudo nos pés

podagral [pə'dægrəl] *adj.* ⇒ **podagric**
podagric [pə'dægrɪk] *adj.* podágrico
podagrous [pə'dægrəs] *adj.* ⇒ **podagric**

podded ['pɒdɪd] *adj.* **1** que tem vagens; **2** que se desenvolve dentro de vagem; **3** [fig.] rico, bem instalado

podge ['pɒdʒ] *s.* **1** [coloq.] pessoa baixa e gorda; **2** indivíduo atarracado

podginess ['pɒdʒɪnɪs] *s.* **1** gordura; **2** aspecto rechonchudo
podgy ['pɒdʒi] *adj.* (*comp.* **-ier**, *superl.* **-iest**) **1** gordo e baixo, atarracado; **2** rechonchudo

podiatric [,pədaɪ'etrɪk] *adj.* [EUA] quiropódico
podiatrist [pə'daɪətrɪst] *s.* [EUA] quiropodista
podiatry [pə'daɪətri] *s.* [EUA] quiropodia
podium ['pəʊdɪəm] *s.* (*pl.* **-ia**) pódio
podobranch ['pɒdəbræŋk] *s.* ⇒ **podobranchia**

podobranchia ['pɒdə'bræŋkɪə] *s.* (*pl.* **-ae**) ZOOLOGIA podobrânquios

podobranchial [,pɒdə'bræŋkɪəl] *adj.* ⇒ **podobranchiate**
podobranchiate [,pɒdə'bræŋkɪɪt] *adj.* podobrânquio
podophyllin [,pɒdə'fɪlɪn] *s.* QUÍMICA podofilina, podofilino
podophyllum [,pɒdə'fɪləm] *s.* BOTÂNICA podofilo
poecilothermal [piːˌsɪlə'θɜːməl] *adj.* BIOLOGIA poiquilotérmico
poem ['pəʊɪm] *s.* poema; poesia ❖ LITERATURA *prose* ~ poema em prosa

poesy ['pəʊɪzi] *s.* [arc.] poesia, arte da poesia
poet ['pəʊɪt] *s.* poeta ❖ ~ *laureate* poeta laureado
poetaster [,pəʊɪ'tæstə] *s.* poetastro
poetess ['pəʊɪtɪs] *s.f.* (*pl.* **-es**) poetisa
poetic [pəʊ'etɪk] *adj.* poético; ~ *genius* génio poético ❖ ~ *justice* justiça bem feita; ~ *licence* liberdade poética

poetical [pəʊ'etɪkl] *adj.* poético; *the* ~ *works of* as obras poéticas de

poetically [pəʊ'etɪkli] *adv.* poeticamente
poeticise [pəʊ'etɪsaɪz] *v.tr.* ⇒ **poeticize**
poeticize [pəʊ'etɪsaɪz] *v.tr.* **1** poetizar; **2** tornar poético
poeticizing [pəʊ'etɪsaɪzɪŋ] *s.* poeticização
poetics [pəʊ'etɪks] *s.* **1** poética; **2** arte poética
poetise ['pəʊɪtaɪz] *v.tr.,intr.* ⇒ **poetize**
poetize ['pəʊɪtaɪz] *v.tr.,intr.* **1** poetar; **2** fazer versos; **3** tratar (assunto) de maneira poética; **4** pôr em verso, poetizar

poetry ['pəʊɪtri] *s.* poesia ❖ ~ *reading* sessão de poesia; *prose* ~ prosa poética; *piece of* ~ composição poética; poesia

pogonip ['pɒgənɪp] *s.* [EUA] nevoeiro espesso no Inverno com partículas de gelo à mistura, que muitas vezes se forma nos vales da serra Nevada

pogrom ['pɒgrəm] *s.* pogrom, perseguição organizada contra uma classe ou raça

poh [pəʊ] *interj.* (impaciência, desprezo) bolas!

poignancy ['pɔɪnjənsi] *s.* **1** agudeza; **2** acerbidade, aspereza; **3** acrimónia; **4** mordacidade; **5** sabor picante

poignant ['pɔɪnjənt] *adj.* **1** comovente; pungente; **2** acerbo; áspero; acre; **3** agudo; **4** vivo; forte; ~ *scent* perfume forte; **5** picante; ~ *sauce* molho picante

poignantly ['pɔɪnjəntli] *adv.* **1** agudamente; **2** acremente; **3** pungentemente; **4** vivamente; **5** incisivamente; **6** duma maneira picante

poikilothermal [,pɔɪkɪləʊ'θɜːməl] *adj.* ⇒ **poecilothermal**
poikilothermous [,pɔɪkɪləʊ'θɜːməs] *adj.* ⇒ **poecilothermal**
poinciana [,pɔɪnsɪ'ɑːnə] *s.* BOTÂNICA poinciana
poind [pɔɪnd] Ⓐ *s.* **1** DIREITO bens arrestados; **2** execução de arresto Ⓑ *v.tr.* [Esc.] DIREITO arrestar, penhorar

point [pɔɪnt] Ⓐ *s.* **1** ponto, questão, matéria, assunto, aspecto; *an important* ~ um ponto importante, um aspecto importante; *a* ~ *of conscience* uma questão de consciência; *on a* ~ *of law* sob o aspecto legal, legalmente falando; *the main* ~ o ponto principal, a questão essencial; **2** opinião; observação; **3** momento, altura, fase, ocasião, hora; ponto; *at one* ~ a dada altura; *at that* ~ nesse momento, nessa altura; *at this* ~ *in time* neste momento; *high* ~ ponto alto; **4** objectivo, propósito, interesse, fim, desígnio; *I don't see your* ~ não vejo bem o que pretende, não vejo aonde quer chegar; **5** ponto, aspecto, característica; *good points* pontos positivos, aspectos positivos; *strong/weak* ~ ponto forte/fraco; *that is a good* ~ *in his character* isso é uma qualidade que ele tem; **6** (localização, posição) ponto; sítio; **7** ponta; extremidade; extremidade aguçada; bico; *to end in a* ~ terminar numa ponta; *the* ~ *of the jaw* a ponta do queixo; *the* ~ *of a pin* a ponta de um alfinete; ~ *of compasses* ponta de compasso; **8** (jogo, competição, desporto) ponto; *to win/lose points* ganhar/perder pontos; **9** (separação das unidades e das décimas) ponto, vírgula; *two* ~ *six* dois ponto seis, dois vírgula seis; **10** (escala, percentagem, etc.) ponto; *boiling/freezing/melting* ~ ponto de ebulição/de congelamento/de fusão; *five percentage points* cinco pontos percentuais; *the price has fallen two points* o preço baixou dois pontos; **11** ponto, pontinho; ~ *light* ponto de luz, foco luminoso semelhante a um ponto; **12** GEOMETRIA ponto; ~ *of tangency* ponto de tangência; ~ *of intersection* ponto de intersecção; **13** (bússola) ponto (cardeal, colateral ou subcolateral); **14** GEOGRAFIA ponta (de terra que entra pelo mar); **15** [GB] ELECTRICIDADE tomada; **16** (sinal de pontuação) ponto;

[EUA] *exclamation* ~ ponto de exclamação; **17** TIPOGRAFIA (padrão de medida) ponto; **18** acto de apontar; *he said, with a ~ at his sister* disse ele, apontando para a irmã; **19** (cão de caça) acção de marrar; **20** MILITAR unidade avançada; **21** *pl.* [GB] (caminhos-de-ferro) agulhas; *to shift the points* mudar de agulhas; **22** *pl.* (ballet) pontas ⓑ *v.tr.,intr.* **1** apontar; *to ~ one's finger at* apontar com o dedo para; dirigir-se a; estar em direcção a; *to ~ a gun (at sb)* apontar uma arma (a alguém); *he pointed the revolver at my head* ele apontou-me o revólver à cabeça; **3** levar, conduzir, mostrar o caminho; **4** preencher juntas de tijolos com argamassa ou cimento, rebocar; *to ~ a wall* rebocar uma parede; **5** referir [to, -]; mencionar [to, -]; **6** apontar [to, para]; ser um indício [to, de]; **7** realçar, dar força a, salientar, evidenciar; *to ~ the moral* realçar a conclusão moral; **8** aguçar, afiar; *to ~ a pencil* aguçar um lápis, afiar um lápis; **9** (gramática) pontuar; **10** (cão de caça) marrar, ficar parado e atento; **11** MEDICINA supurar, rebentar; **12** MÚSICA (salmos) marcar com pontos para efeitos de canto; **13** (ballet) colocar (os pés) em pontas ❖ *~ by ~* ponto por ponto; LINGUÍSTICA *~ consonant* consoante dental; [EUA] *~ man* soldado avançado; homem da frente; *~ of departure* ponto de partida; *~ of honour* ponto de honra; *~ of no return* ponto de não retorno; (reunião oficial) *~ of order* questão de ordem; *~ of reference* ponto de referência; *~ of sale* ponto de venda; *~ of view* ponto de vista; *~ spread* diferença de pontuação; [coloq.] *~ taken* tinhas razão; aceito; *turning ~* momento decisivo; momento crítico; ponto de viragem; *a case in ~* um caso ilustrativo; um caso a propósito; *at the ~ of* prestes a; às portas de; [arc.] *in ~* a propósito; que tem ligação com o assunto; [arc.] *in ~ of* com respeito a; a respeito de; *in ~ of fact* na realidade; de facto; [coloq.] *my ~ exactly* é exactamente o que eu penso; precisamente o que eu acho; *not to put too fine a ~ on it* para ser franco; sem estar com rodeios; [arc.] *off the ~* fora de questão; sem relação com o assunto tratado; *that's a (good) ~* bem visto; tens razão; *that's not the ~* a questão não é essa; não é isso que está em causa; *that's not to the ~* isso não vem ao caso; *there's no ~ in doing that* não há qualquer razão para fazer isso; *to be beside the ~* ser irrelevante; ser despropositado; (polícia encarregado dos serviços de trânsito) *to be on ~ duty* estar de serviço; *to be on the ~ of (doing) sth* estar a ponto de (fazer) algo; estar prestes a (fazer) algo; *to come/get to the ~* ir ao que interessa; ir direito ao assunto; *to have a ~* ter razão; *to make a ~ (of doing sth)* fazer questão (em fazer algo); insistir (em fazer algo); ter o cuidado (de fazer algo); *to miss the ~* não compreender o principal; *to ~ the finger at* apontar o dedo a; acusar; *to ~ the way* indicar o caminho; mostrar o caminho; *to the ~* pertinente; relevante; de interesse; adequado; (boxe) *to win on points* ganhar aos pontos; *up to a ~* até certo ponto; em parte; *what's the ~ (of...)?* qual é o objectivo (de...)?; qual é o interesse (de...)?; de que serve (...)?; de que vale (...)?; *when it came to the ~* quando chegou o momento decisivo

◆ **point out** *v.tr.* **1** apontar para; indicar, mostrar; *he pointed out his car* ele apontou para o seu carro; *everything seems to point him out as guilty* tudo parece indicá-lo como culpado; **2** salientar, realçar, chamar a atenção para; mencionar; fazer notar; *to ~ a fact* realçar um facto, chamar a atenção para um facto; *to ~ that...* mostrar que, chamar a atenção para o facto de...; *may I perhaps ~ that...* posso só salientar que...

◆ **point up** *v.tr.* **1** tornar visível, tornar manifesto; **2** salientar, realçar, chamar a atenção para; **3** enumerar

point-blank [ˌpɔɪntˈblæŋk] Ⓐ *adj.* **1** (tiro) directo; horizontal; à queima-roupa; *a ~ distance* uma distância que permite o tiro directo; **2** categórico, terminante, sem rodeios; rude; *a ~ refusal* uma recusa categórica Ⓑ *adv.* **1** (tiro) directamente; em tiro horizontal; de perto, a pequena distância; à queima-roupa; *to fire ~ at sb* disparar a pequena distância contra alguém, disparar à queima-roupa contra alguém; **2** categoricamente, terminantemente, sem rodeios; de forma rude; *to refuse ~* recusar terminantemente, recusar redondamente; *I told him ~ it wouldn't do* disse-lhe sem rodeios que assim não podia ser

point-device [ˌpɔɪntdɪˈvaɪs] Ⓐ *adj.* [arc.] correcto, perfeito, muito exacto, impecável, preciso Ⓑ *adv.* **1** com grande correcção; **2** com grande precisão; **3** impecavelmente

pointed [ˈpɔɪntɪd] *adj.* **1** aguçado; com ponta; pontiagudo; **2** em ponta; em bico; **3** contundente; mordaz; *~ wit* ironia mordaz; **4** intencional; **5** agudo; penetrante; **6** ARQUITECTURA ogival; gótico; *~ arch* ogiva, arco ogival; *~ style* estilo gótico ❖ *~ reproof* repreensão severa

pointedly [ˈpɔɪntɪdlɪ] *adv.* **1** severamente, mordazmente; **2** claramente, nitidamente, sem rodeios; **3** duma maneira contundente, dum modo penetrante; **4** vincadamente, com intenção

pointedness [ˈpɔɪntɪdnɪs] *s.* **1** mordacidade, causticidade; **2** clareza, nitidez, aspecto inequívoco (de frase, afirmação, etc.)

pointer [ˈpɔɪntə] *s.* **1** ponteiro; **2** apontador; **3** (conselho) indicação, dica, orientação; *she gave me some pointers* ela deu-me umas dicas; **4** (sintoma, pista) sinal; *this is a sure ~* isto é um sinal inequívoco; **5** pessoa que indica, aponta; **6** ZOOLOGIA (cão) pointer, cão perdigueiro; **7** ponteiro de relógio; **8** (balança) fiel; *~ of the balance* fiel da balança; **9** INFORMÁTICA cursor, ponteiro do rato; **10** aguçador de alfinetes; **11** (gravador) agulha, goiva; **12** *pl.* guardas da Ursa Maior que indicam o norte ❖ *~ adjuster* regulador de ponteiro; *~ knob* botão indicador; *to be a ~ to...* anunciar...; ser um prenúncio de...

pointful [ˈpɔɪntfʊl] *adj.* (observação) muito oportuno, muito a propósito

pointillism [ˈpɔɪntɪlɪzəm] *s.* PINTURA pontilhismo

pointillist [ˈpɔɪntɪlɪst] *adj.,s.* PINTURA pontilhista

pointing [ˈpɔɪntɪŋ] *s.* **1** pontuação; **2** colocação de pontos; **3** pontaria, acção de apontar; **4** assestamento (de peça de artilharia); **5** indicação; **6** reboco, acto de rebocar; **7** (cão) acção de marrar; **8** afiamento; **9** MEDICINA supuração; **10** NÁUTICA rabo de raposa

pointless [ˈpɔɪntləs] *adj.* **1** sem significado; sem sentido; **2** inútil, que não adianta nada; **3** sem oportunidade, fora de propósito; **4** sem graça, insípido, desenxabido; **5** DESPORTO sem ter marcado um único ponto; **6** boto, sem ponta ❖ DESPORTO *a ~ draw* um empate a zero; *a ~ exercise* uma perda de tempo

pointlessly [ˈpɔɪntləslɪ] *adv.* **1** sem significado; **2** inutilmente, para nada; **3** despropositadamente; **4** duma maneira insípida, sem qualquer graça; **5** sem ponta

pointlessness [ˈpɔɪntləsnɪs] *s.* **1** inutilidade; **2** insipidez; **3** falta de oportunidade; **4** fora de propósito; **5** embotamento

pointsman [ˈpɔɪntsmən] *s.* (*pl.* -men) **1** (caminhos-de-ferro) agulheiro, empregado encarregado das agulhas; **2** polícia encarregado do trânsito, sinaleiro

point-to-point [ˌpɔɪnttəˈpɔɪnt] Ⓐ *s.* corrida de cavalos do género de corta-mato Ⓑ *adj.* de um lugar para o outro

poise [pɔɪz] Ⓐ *s.* **1** equilíbrio; compostura; autocontrolo; **2** firmeza, estabilidade; **3** aprumo; **4** (cabeça, corpo) porte, postura; **5** gravidade, peso; **6** [fig.] importância Ⓑ *v.tr.,intr.* **1** manter em equilíbrio; *to ~ oneself on one's toes* equilibrar-se nos dedos dos pés; **2** sopesar, tomar o peso a; **3** ter determinado porte; apresentar-se de determinada maneira; **4** sustentar, estabilizar; **5** pairar; manter(-se) no ar; *to ~ in the air* pairar ❖ *at ~* em equilíbrio; *a man of ~* um homem ponderado; um homem equilibrado; *to hang at ~* estar na incerteza; *to have ~* ter distinção; ter apresentação

poised [pɔɪzd] *adj.* **1** preparado, a postos; **2** equilibrado; **3** ponderado, sério; **4** suspenso

poiser [ˈpɔɪzə] *s.* ZOOLOGIA balanceiro

poison [ˈpɔɪzn] Ⓐ *s.* **1** veneno; *a deadly ~* um veneno mortal; **2** (cobra, escorpião) peçonha; **3** [fig.] veneno; peçonha; **4** tóxico; **5** QUÍMICA veneno de catalisador, inibidor; *catalist ~* veneno de catalisador; inibidor; **6** [coloq., joc.] bebida (alcoólica); *what's your poison?* que deseja beber? Ⓑ *v.tr.* **1** envenenar; matar por meio de veneno; pôr veneno em; **2** intoxicar; ter consequências nocivas para (o organismo); **3** (ambiente) poluir, contaminar; **4** [fig.] envenenar*fig*; *to ~ sb's mind against...* envenenar o espírito de alguém contra... Ⓒ *adj.* venenoso; *~ tree* árvore venenosa ❖ ZOOLOGIA *~ fang* dente que instila veneno; **9** *gas* gás tóxico; BOTÂNICA *~ hemlock* cicuta; BOTÂNICA *~ ivy* toxidendro; BOTÂNICA *~ nut* noz-vómica; BOTÂNICA *~ oak* sumagre; sumagreira; toxidendro; FINANÇAS *~ pill* pílula envenenada; estratégia para evitar uma aquisição indesejada; BOTÂNICA *~ sumac/dogwood/elder* sumagre venenoso; *one man's meat is another man's ~* o que a um mata a outro cura; *to hate each other like ~* odiar-se mortalmente

poisoner ['pɔɪznə] s. envenenador

poisoning ['pɔɪznɪŋ] s. 1 envenenamento; 2 intoxicação; 3 corrupção moral ❖ *blood ~* septicemia; *food ~* intoxicação alimentar; *lead ~* envenenamento pelo chumbo; *occupational poisonings* intoxicações de foro profissional

poisonous ['pɔɪznəs] adj. 1 venenoso; *~ plants* plantas venenosas; 2 envenenado; *~ water* água envenenada; 3 tóxico; 4 [fig.] deletério; pernicioso; maligno; *~ doctrine* doutrina perniciosa ❖ *to have a ~ tongue* ter uma língua envenenada; ter uma língua de víbora

poisonously ['pɔɪznəslɪ] adv. 1 venenosamente; 2 perniciosamente

poisonousness ['pɔɪznəsnɪs] s. 1 toxicidade; 2 venenosidade; 3 perniciosidade

poison-pen ['pɔɪzən‚pen] adj. anónimo; *~ letter* carta anónima e injuriosa

poke [pəʊk] Ⓐ v.tr.,intr. 1 carregar (com um dedo, um pau, etc.) em; enfiar (um dedo, um pau, etc.) em; tocar (com um dedo, um pau, etc.) em; 2 picar; furar; 3 acotovelar, dar uma cotovelada a; (chamada de atenção) *to ~ sb in the ribs* dar uma cotovelada a alguém, tocar com o dedo nas costas de alguém; 4 empurrar; 5 (lume) atiçar; *to ~ the fire* atiçar o lume; 6 começar a aparecer, despontar, mostrar-se, assomar; fazer aparecer, mostrar; *to ~ one's head out of the window* deitar a cabeça fora da janela; 7 interferir, intrometer-se; *to ~ into sb's private affairs* intrometer-se na vida privada de alguém; *to ~ and pry* intrometer-se; 8 ocupar-se de ninharias; 9 [coloq.] dar um soco em; 10 [cal.] (sexo) comer_cal. Ⓑ s. 1 (ponta do dedo, pau, bengala, etc.) toque; 2 empurrão; 3 cotovelada; 4 [coloq.] soco; 5 [EUA] [coloq.] (pessoa lenta) lesma, molengão; 6 BOTÂNICA tintureira, erva-da-américa; 7 (chapéu de senhora) pala; 8 [dial.] saco, algibeira; 9 [EUA] [ant., coloq.] carteira; 10 [cal.] (sexo) queca_cal. ❖ *~ bonnet* chapéu de senhora com pala (popular no século XIX); *to ~ a hole into sth* fazer um buraco em alguma coisa; furar alguma coisa; *to ~ fun at sb* gozar com alguém; fazer pouco de alguém; *to ~ one's nose into* meter o nariz em

❖ **poke about/around** v.intr. 1 [GB] [coloq.] tactear, buscar tacteando, procurar aqui e ali; remexer tudo, vasculhar; 2 (vida privada) intrometer-se; vasculhar [in, em]

poker ['pəʊkə] s. 1 atiçador; ferro do fogão; *a red-hot ~* um atiçador em brasa; 2 (jogo de cartas) póquer; 3 ponta metálica utilizada em pirogravura ❖ *~ face* rosto impassível; rosto impenetrável; pessoa de rosto impassível; [Austr.] *~ machine* máquina de jogo; BOTÂNICA *~ plant* tritoma; *as stiff as a ~* todo teso; todo hirto; [coloq.] *he looks as if he has swallowed a ~* parece que engoliu um cabo de vassoura

poker-faced ['pəʊkə‚feɪst] adj. 1 com rosto impassível; com rosto impenetrável; 2 imperturbável; inexpressivo

pokerwork ['pəʊkəwɜːk] s. pirogravura

pokey ['pəʊkɪ] adj. 1 [coloq.] (espaço) apertado; acanhado; 2 [EUA] [coloq.] lento, vagaroso; *she is so ~ that she will never get it done in time* ela é tão lenta que nunca terá isso pronto a horas; 3 [EUA] [coloq.] gasto, velho; antiquado

poking ['pəʊkɪŋ] s. 1 acotovelamento; 2 interferência, intromissão; 3 acto de atiçar (o lume)

poky ['pəʊkɪ] adj. (comp. *-ier*, superl. *-iest*) 1 [coloq.] acanhado, apertado; *he has a ~ dwelling* ele vive numa casa muito acanhada; 2 miserável, com mau aspecto; 3 mesquinho, insignificante; 4 [EUA] [coloq.] indolente, preguiçoso, pouco esperto ❖ *a ~ little room* um cubículo

polacca [pəʊ'lækə] s. polaca, navio mercante de três mastros

Polack ['pəʊlæk] s. cavaleiro polaco

polacre [pəʊ'leɪkə] s. ⇒ **polacca**

Poland ['pəʊlənd] s.top. Polónia

polar ['pəʊlə] Ⓐ adj. 1 polar; 2 magnético; 3 ELECTRICIDADE dotado de polaridade; que possui electricidade positiva e negativa; 4 (moléculas) com uma disposição simétrica em determinada direcção; 5 [fig.] antípoda, contrário, oposto, antagónico Ⓑ s. GEOMETRIA polar ❖ *~ axis* eixo polar; ZOOLOGIA *~ bear* urso polar; GEOGRAFIA *~ circles* círculos polares; GEOGRAFIA *~ coordinates* coordenadas polares; GEOGRAFIA *~ distance* afastamento do pólo, distância ao pólo mais próximo; GEOGRAFIA *~ lights* aurora boreal; *a ~ principle* um princípio orientador; GEOGRAFIA *the ~ regions* as regiões polares

polarimeter [‚pəʊlə'rɪmɪtə] s. FÍSICA polarímetro

polarimetric [‚pəʊlærɪ'metrɪk] adj. polarimétrico

Polaris [pəʊ'lærɪs] s. ASTRONOMIA Estrela Polar

polariscope [pəʊ'lærɪskəʊp] s. FÍSICA polariscópio

polarise ['pəʊləraɪz] v.tr. ⇒ **polarize**

polarity [pəʊ'lærɪtɪ] s. 1 FÍSICA polaridade; 2 carácter oposto; oposição; antonímia ❖ *~ reversal* inversão da polaridade; *~ test* ensaio de polaridade; *~ of magnet* polaridade de íman; *changing of ~* mudança de polaridade

polarizable ['pəʊləraɪzəbəl] adj. polarizável

polarization [‚pəʊləraɪ'zeɪʃən] s. polarização

polarize ['pəʊləraɪz] Ⓐ v.tr. polarizar Ⓑ v.intr. polarizar-se

polarized ['pəʊləraɪzd] adj. polarizado

polarizer ['pəʊləraɪzə] s. polarizador

polaroid ['pəʊlərɔɪd] adj.,s. polaróide

polatouche [pɒlə'tuːʃ] s. ZOOLOGIA polatuco, esquilo voador

polder ['pɒldə] s. pólder

pole [pəʊl] Ⓐ s. 1 GEOGRAFIA pólo; *North Pole* pólo norte; *South Pole* pólo sul; 2 ASTRONOMIA, MATEMÁTICA, FÍSICA pólo; *~ of a magnet* pólo dum íman; 3 ELECTRICIDADE pólo; *negative ~* cátodo, catódio, eléctrodo negativo; *positive ~* ânodo, anódio, eléctrodo positivo; 4 poste; *concrete ~* poste de cimento; 5 vara; estaca; bastão; *tent ~* estaca de tenda; 6 (bandeira) mastro; 7 NÁUTICA pequeno mastro; 8 DESPORTO vara; 9 [fig.] pólo; extremo; 10 [fig.] pólo; centro; núcleo; 11 HISTÓRIA (medida de comprimento) cerca de 5 m; cerca de 25,3 m²; 12 (cavalariças) baia; 13 (carruagem) lança, timão Ⓑ v.tr.,intr. 1 (embarcação) empurrar com vara, impelir por meio de vara; 2 escorar com varas, escorar com postes, especar; 3 (esqui) empurrar com bastão, impelir por meio de bastão ❖ *~ boat* barco manejado à vara; NÁUTICA *~ compass* agulhão; pequena bússola de bordo; DESPORTO *~ jump* salto à vara; ARQUITECTURA *~ plate* contrafrechal; DESPORTO *~ position* pole position; posição mais vantajosa; *Pole Star* Estrela Polar; DESPORTO *~ vault* salto à vara; *to be poles apart/as far apart as the poles* ser completamente o contrário; ser o oposto um do outro; ser diametralmente oposto; ser antípoda, [GB] [ant., coloq.] *up the ~* em dificuldades; amalucado

Pole [pəʊl] s. (pessoa) polaco

pole-ax ['pəʊlæks] s.,v.tr. ⇒ **poleaxe**

poleaxe ['pəʊlæks] Ⓐ s. 1 acha de armas, facha de armas; 2 alabarda; 3 NÁUTICA machado de abordagem; 4 machete, machado de magarefe ou carniceiro Ⓑ v.tr. 1 abater (animal) com machado de magarefe; 2 dar uma machadada; 3 abater; derrubar; atirar ao chão; 4 (espanto) deixar mudo de estupefacção; *to be poleaxed* ficar parvo, ficar pasmo

pole-axe ['pəʊlæks] s.,v.tr. ⇒ **poleaxe**

poleaxing ['pəʊlæksɪŋ] s. acção de matar (animal) com machado de magarefe

polecat ['pəʊlkæt] s. ZOOLOGIA doninha-fedorenta; papalva-fedorenta

poled ['pəʊld] adj. com mastros ou postes

polemarch ['pɒlɪmɑːk] s. HISTÓRIA polemarco; chefe dos exércitos entre os antigos gregos; funcionário superior encarregado da negócios militares da antiga Atenas

polemic [pə'lemɪk] Ⓐ adj. polémico, controverso Ⓑ s. 1 polémica, controvérsia; 2 polemista

polemical [pə'lemɪkəl] adj. polémico, controverso

polemically [pə'lemɪkəlɪ] adv. polemicamente; com polémica

polemicist [pə'lemɪsɪst] s. polemista

polemics [pə'lemɪks] s. polémica; arte de disputar

polemist ['pɒlɪmɪst] s. polemista

polemize ['pɒlɪmaɪz] v.intr. polemizar

polemonium [‚pɒlɪ'məʊnɪəm] s. BOTÂNICA polemónio, polemónia

polenta [pəʊ'lentə] s. CULINÁRIA polenta

polianthes [‚pɒlɪ'ænθɪːz] s. BOTÂNICA polianto

police [pə'liːs] Ⓐ s. 1 [verbo no sing. ou no pl.] (organização) polícia; *the ~ are after him* a polícia anda atrás dele; *I'm going to call the ~* vou chamar a polícia; 2 (agentes) polícia, polícias

Ⓑ v.tr. 1 policiar; 2 vigiar; 3 fiscalizar ❖ ~ *academy* academia de polícia; escola de polícia; ~ *action* acção policial; acção militar localizada; ~ *car* carro policial; carro da polícia; ~ *constable* polícia; agente da polícia; [EUA] ~ *court* tribunal da polícia; tribunal dos pequenos delitos; [EUA] ~ *department* departamento de polícia; esquadra; ~ *dog* cão-polícia; ~ *force* força policial; ~ *inspector* inspector da polícia; ~ *magistrate* juiz do tribunal da polícia; juiz do tribunal dos pequenos delitos; ~ *office* comissariado central da polícia; ~ *officer* polícia; agente da polícia; ~ *official* funcionário da polícia; POLÍTICA ~ *state* estado totalitário; estado policial; ~ *station* esquadra da polícia; posto policial; ~ *van/wagon* carro celular; carro da polícia

policeman [pəˈliːsmən] s. (pl. **-men**) polícia; agente da polícia; guarda ❖ *mounted* ~ polícia a cavalo; (estrada) *sleeping* ~ lomba; *traffic* ~ polícia de trânsito; sinaleiro

policewoman [pəˈliːswʊmən] s.f. (pl. **-women**) mulher-polícia

policing [pəˈliːsɪŋ] s. policiamento

policlinic [ˌpɒlɪˈklɪnɪk] s. [rar.] policlínica

policy [ˈpɒlɪsɪ] s. (pl. **-ies**) 1 política, orientação política; *economic/foreign* ~ política económica/externa; *to adopt a* ~ seguir uma política; 2 plano de acção; 3 linha de conduta; conjunto de princípios; 4 prudência, sagacidade, diplomacia, boa política; *we deemed it* ~ *to...* considerámos de boa política...; 5 apólice; *insurance* ~ apólice de seguro; *fire insurance* ~ apólice de seguro contra incêndio; 6 [Esc.] parque, terrenos em torno de uma casa senhorial ❖ ~ *holder* detentor de uma apólice de seguros; *Court of Policy* Conselho Legislativo na Guiana Inglesa; *for reasons of* ~ por motivos políticos; por motivos relacionados com a política da casa; *honesty is the best* ~ a honestidade é a melhor política

policymaker [ˈpɒlɪsɪmeɪkə] s. governante

policymaking [ˈpɒlɪsɪmeɪkɪŋ] Ⓐ s. governação Ⓑ adj. governante

polidactyl [ˌpɒlɪˈdæktɪl] adj.,s. polidáctilo

poliencephalitis [ˌpɒlɪensɛfəˈlaɪtɪs] s. MEDICINA poliencefalite

polimeric [ˌpɒlɪˈmerɪk] adj. polimérico; relativo à polimeria

poling [ˈpəʊlɪŋ] s. 1 (embarcação) condução por meio de vara; 2 acção de segurar por meio de estacas ou postes ❖ ~ *board* tábua (ou tábuas unidas) de suporte

polio [ˈpəʊlɪəʊ] s. MEDICINA [coloq.] poliomielite

poliomyelitis [ˌpəʊlɪəʊmaɪəˈlaɪtɪs] s. MEDICINA poliomielite

polish [ˈpɒlɪʃ] Ⓐ s. 1 (acção) polimento; 2 brilho; lustro; *to lose its* ~ perder o brilho; 3 verniz; 4 (pó, pasta, líquido) polimento, substância para polir; *high* ~ polimento brilhante; 5 elegância, requinte; boas maneiras; [coloq.] *she lacks* ~ ela tem falta de chá Ⓑ v.tr.,intr. 1 polir; 2 lustrar; dar brilho; *this table won't* ~ é difícil dar lustro a esta mesa; 3 encerar; 4 engraxar; 5 [fig.] cultivar, educar, civilizar; ensinar boas maneiras a; 6 adquirir boas maneiras ❖ *boot* ~ graxa para calçado; *nail* ~ verniz para as unhas; *floor* ~ cera para soalho; *metal* ~ limpa-metais; *shoe* ~ graxa para calçado; *stove* ~ substância para limpar fogões; [fig.] *to* ~ *apples* lisonjear servilmente; lamber as botas a; *he is a writer of great* ~ é um escritor com um estilo requintado

◆**polish away** v.tr. (nódoas, manchas) polir até desaparecer

◆**polish off** v.tr. 1 (trabalho) despachar; acabar; 2 (comida) (comer rapidamente) despachar; *to* ~ *a large plateful* despachar uma grande pratada

◆**polish up** v.tr. 1 polir, lustrar; dar brilho a; dar os últimos retoques a; 2 aperfeiçoar; *to* ~ *one's English* aperfeiçoar o Inglês

Polish [ˈpəʊlɪʃ] Ⓐ adj. polaco Ⓑ s. (língua, habitante) polaco Ⓒ s.pl. *the* ~ os polacos

polished [ˈpɒlɪʃt] adj. 1 polido; reluzente; 2 encerado; 3 polido; educado, civilizado; delicado; ~ *manners* maneiras delicadas, modos educados; 4 refinado, elegante; 5 impecável ❖ ~ *brass* latão polido; ~ *finish* acabamento polido; ~ *marble* mármore polido; (mecanismo) ~ *parts* componentes polidos; componentes brilhantes; ~ *stone* pedra polida; ~ *style* estilo requintado; estilo rebuscado

polisher [ˈpɒlɪʃə] s. 1 polidor; 2 substância que serve para polir ou dar lustro; 3 máquina de polir, encerar, etc.; 4 pessoa que dá lustro; 5 engraxador

polishing [ˈpɒlɪʃɪŋ] Ⓐ s. 1 polimento, acção de polir, acção de dar lustro; 2 enceramento; 3 aperfeiçoamento Ⓑ adj. polidor, de polimento; ~ *agent* substância de polimento; ~ *brush* escova de polir, escova para puxar o lustro

polite [pəˈlaɪt] adj. 1 educado; 2 amável; cortês; delicado; 3 elegante ❖ ~ *learning* belas-letras; ~ *society* a sociedade elegante; as pessoas cultas

politely [pəˈlaɪtlɪ] adv. 1 polidamente; 2 educadamente; 3 com educação

politeness [pəˈlaɪtnɪs] s. 1 delicadeza, educação, correcção; 2 boas maneiras

politic [ˈpɒlɪtɪk] adj. 1 político; diplomata; 2 prudente; *a ~ course* uma orientação prudente; 3 esperto, arguto, sagaz; 4 [rar.] que diz respeito ao Governo ❖ *the body* ~ o Estado; o organismo social

political [pəˈlɪtɪkəl] adj. 1 político; 2 estratégico; táctico ❖ ~ *asylum* asilo político; ~ *correctness* o politicamente correcto; ~ *economy* economia política; ~ *geography* geografia política; ~ *liberty* liberdade política; ~ *party* partido político; ~ *prisoner* preso político; ~ *scientist* politólogo; LITERATURA ~ *verse* verso grego moderno (baseado nos acentos, não na quantidade); *for* ~ *reasons* por razões políticas

politically [pəˈlɪtɪkəlɪ] adv. politicamente ❖ ~ *aware* com consciência política; politizado; ~ *correct* politicamente correcto; ~ *speaking* do ponto de vista política

politicaster [pəˈlɪtɪkæstə] s. politiqueiro, político inferior

politician [ˌpɒlɪˈtɪʃən] s. 1 político, pessoa que se dedica à política, pessoa versada em política; 2 estadista; 3 [EUA] indivíduo que faz da política um negócio

politicize [pəˈlɪtɪsaɪz] Ⓐ v.tr. politizar Ⓑ v.intr. fazer política; politicar

politick [ˈpɒlɪtɪk] v.intr. fazer política, discutir política

politicking [ˈpɒlɪtɪkɪŋ] Ⓐ s. politiquice Ⓑ adj. politiqueiro

politicly [ˈpɒlɪtɪklɪ] adv. 1 prudentemente; 2 sagazmente; 3 diplomaticamente; 4 astuciosamente

politico-economical [pəˌlɪtɪkəʊiːkəˈnɒmɪkəl] adj. político-económico

politico-geographical [pəˌlɪtɪkəʊdʒɪəˈgræfɪkəl] adj. político-geográfico

politicomania [pəˌlɪtɪkəʊˈmeɪnɪə] s. politicomania

politico-religious [pəˌlɪtɪkəʊrɪˈlɪdʒəs] adj. político-religioso

politico-social [pəˌlɪtɪkəʊˈsəʊʃəl] adj. político-social

politics [ˈpɒlɪtɪks] s. 1 política; 2 ciência política; 3 discussões políticas ❖ *foreign* ~ política externa; *internal* ~ política interna; *local* ~ política local; política municipal; política autárquica; *party* ~ política partidária; política de partido; *to go into* ~ lançar-se na política; dedicar-se à política; *to talk* ~ falar de política; *that is not practical* ~ isso não é viável; *what are your politics?* qual é a sua orientação política?;

polity [ˈpɒlɪtɪ] s. (pl. **-ies**) 1 governo, forma de governo; 2 constituição política; 3 regime; 4 estado como sociedade organizada

polk [pəʊlk] v.intr. dançar a polca

polka [ˈpɒlkə, ˈpəʊlkə] Ⓐ s. (dança, música) polca Ⓑ v.intr. dançar a polca ❖ (padrão) ~ *dot* pintas; pintinhas; bolinhas; VESTUÁRIO ~ *jacket* casaco justo de mulher, geralmente de malha

polka-dot [ˈpɒlkədɒt, ˈpəʊlkədɒt] adj. (padrão) às pintas, às bolinhas; ~ *tie* gravata às pintas

poll [pəʊl] Ⓐ s. 1 sondagem; *opinion* ~ sondagem, pesquisa de opinião; *to carry out/conduct a* ~ realizar uma sondagem; *exit* ~ sondagem à boca das urnas; 2 POLÍTICA eleição; 3 POLÍTICA votação; afluência às urnas; *a heavy/light* ~ uma grande/fraca afluência às urnas; *to be successful at the* ~ ganhar uma votação; 4 POLÍTICA escrutínio eleitoral, contagem de votos; resultado da votação; *to declare the* ~ anunciar o resultado da votação; *to be at the head of the* ~ obter a maioria de votos; 5 (eleições) local de votação, assembleia de voto, mesa eleitoral, urna; *the opening of the* ~ a abertura das urnas; *to go to the polls* ir às urnas; 6 [arc.] cabeça; *a grey* ~ uma cabeça grisalha; 7 [arc., fig.] indivíduo, pessoa; *per* ~ por pessoa, por cabeça; 8 [rar.] animal a que se cortaram os chifres Ⓑ v.tr.,intr. 1 efectuar uma sondagem a; entrevistar (numa sondagem); 2 obter (votos), receber (votos); *he polled 17,679 votes* ele teve 17 679 votos a favor; **3** votar, dar o seu voto; *to ~ a vote for* votar em, dar o seu voto a; *they ~ next Sunday* eles votam no próximo domingo; **4** receber o boletim de voto de; registar o voto de; **5** AGRICULTURA tosquiar; cortar o pêlo a; **6** AGRICULTURA (chifres de animal) cortar; **7** (copa de árvore, cabelo, etc.) cortar, aparar © *adj.* AGRICULTURA sem chifres; *~ beast* animal a que se cortaram os chifres; *~ ox* boi sem chifres ❖ *~ tax* imposto individual

Poll [pɒl] *s.* [coloq.] (nome de papagaio) loiro ❖ [coloq.] *~ parrot* papagaio; comentador do óbvio; [gír.] (Cambridge) *the ~* estudantes que se preparam para exame vulgar; [gír.] *to go out in the ~* passar em exame sem grande nota

pollack ['pɒlək] *s.* **1** ZOOLOGIA variedade de pescada parecida com o bacalhau; **2** peixe-cabra, bergelo

pollan ['pɒlən] *s.* ZOOLOGIA determinado peixe de água doce existente na Irlanda

pollard ['pɒləd] Ⓐ *s.* **1** animal sem chifres; **2** árvore à qual se cortaram os ramos; **3** rolão; **4** favelo fino que ainda contém alguma farinha Ⓑ *v.tr.* cortar (os ramos duma árvore)

pollarding ['pɒlədɪŋ] *s.* corte dos ramos duma árvore

polled [pəʊld] *adj.* (animal) sem chifres

pollen ['pɒlən] *s.* BOTÂNICA pólen ❖ *~ count* contagem polínica; registo polínico; BOTÂNICA *~ sac* saco polínico; BOTÂNICA *~ tube* tubo polínico

pollicitation [pɒlɪsɪ'teɪʃən] *s.* DIREITO policitação

pollinate ['pɒlɪneɪt] *v.tr.* polinizar

pollination [pɒlɪ'neɪʃən] *s.* polinização

polling ['pəʊlɪŋ] *s.* **1** eleições; **2** votação ❖ *~ booth* cabina de voto; *~ day* dia de eleições; *~ district/station* secção de voto

pollinic [pɒ'lɪnɪk] *adj.* polínico

polliniferous [pɒlɪ'nɪfərəs] *adj.* polinífero

pollinization [pɒlɪnaɪ'zeɪʃən] *s.* polinização

polloi [pɒ'lɔɪ] *s.pl.* ralé; plebe; multidão ❖ *hoi ~* multidão; plebe; ralé

pollutant [pə'luːtənt] *s.* poluente

pollute [pə'luːt] *v.tr.* **1** poluir; **2** [fig.] conspurcar; manchar; **3** [fig.] profanar; **4** RELIGIÃO profanar

polluter [pə'luːtə] *s.* **1** profanador; **2** aquele que polui ou mancha; **3** aquele que destrói a pureza ou a santidade de; **4** aquele que lança impurezas ou sujidades

pollution [pə'luːʃən] *s.* **1** poluição; **2** contaminação; **3** profanação; **4** conspurcação

Pollux ['pɒləks] *s.* MITOLOGIA Pólux

polo ['pəʊləʊ] *s.* DESPORTO pólo ❖ [GB] VESTUÁRIO *~ neck* gola alta; camisola de gola alta; VESTUÁRIO *~ shirt* pólo; DESPORTO *water ~* pólo aquático

polonaise [pɒlə'neɪz] *s.* **1** (dança, música) polaca; **2** (costura) polonesa

polonium [pə'ləʊnɪəm] *s.* QUÍMICA (elemento químico) polónio

polony [pə'ləʊnɪ] *s.* CULINÁRIA variedade de salsicha de carne de porco

poltergeist ['pɒltəgaɪst] *s.* (sobrenatural) espírito

polt-foot ['pəʊltfʊt] *adj.,s.* **1** [arc.] aleijado de pé, com os pés tortos; **2** pé torto, pé aleijado

poltroon [pɒl'truːn] *s.* [arc.] poltrão, cobarde

poltroonery [pɒl'truːnərɪ] *s.* [arc.] poltronaria, cobardia

polyandria [pɒlɪ'ændrɪə] *s.* BOTÂNICA poliandria

polyandrous [pɒlɪ'ændrəs] *adj.* **1** BOTÂNICA poliandro, com mais de doze estames livres entre si; **2** (mulher) poliandra

polyandry ['pɒlɪændrɪ] *s.* poliandria, sistema no qual a mulher possui mais que um marido

polyanthous [pɒlɪ'ænθəs] *adj.* BOTÂNICA poliante, polianto

polyanthus [pɒlɪ'ænθəs] *s.* **1** BOTÂNICA primavera-dos-jardins; **2** narciso-romano-dobrado

polyarchy ['pɒlɪɑːkɪ] *s.* poliarquia

polyatomic [pɒlɪə'tɒmɪk] *adj.* QUÍMICA poliatómico

polybasic [pɒlɪ'beɪsɪk] *adj.* QUÍMICA polibásico

polybasite [pɒlɪ'beɪsaɪt] *s.* MINERALOGIA polibasite

Polybius [pɒ'lɪbɪəs] *s.antr.* (historiador grego) Políbio

Polycarp ['pɒlɪkɑːp] *s.antr.* Policarpo

polycarpellary [pɒlɪ'kɑːpɪlərɪ] *adj.* BOTÂNICA policarpelado

polycellular [pɒlɪ'seljʊlə] *adj.* policelular, multicelular, pluricelular

polychroic [pɒlɪ'krɔɪk] *adj.* policróico, que nos mostra diversas cores conforme o local de onde se observa

polychroism [pɒlɪ'krɔɪzəm] *s.* policroísmo

polychromasia [pɒlɪkrə'meɪzɪə] *s.* policromasia

polychromatic [pɒlɪkrə'mætɪk] *adj.* policromático

polychromatophilia [pɒlɪkrəʊmætəʊ'fɪlɪə] *s.* policromatofilia

polychrome ['pɒlɪkrəʊm] *adj.* policromo

polychromic [pɒlɪ'krəʊmɪk] *adj.* policrómico

polychromy ['pɒlɪkrəʊmɪ] *s.* policromia

polyclinic [pɒlɪ'klɪnɪk] *s.* MEDICINA policlínica

polycondensation [pɒlɪkɒndenˈseɪʃən] *s.* policondensação

polycotyledonous [pɒlɪkɒtɪ'liːdənəs] *adj.* BOTÂNICA policotiledóneo

Polycrates [pɒ'lɪkrətiːz] *s.antr.* Polícrates

polycythaemia [pɒlɪsaɪ'tiːmɪə] *s.* MEDICINA policitemia

polycythemia [pɒlɪsaɪ'θiːmɪə] *s.* [EUA] MEDICINA ⇒ **polycythaemia**

polydipsia [pɒlɪ'dɪpsɪə] *s.* polidipsia

polyester [pɒlɪ'estə] Ⓐ *s.* poliéster Ⓑ *adj.* de poliéster, em poliéster

polygamia [pɒlɪ'geɪmɪə] *s.* BOTÂNICA poligamia

polygamian [pɒlɪ'geɪmɪən] *adj.* BOTÂNICA polígamo

polygamist [pə'lɪgəmɪst] *s.* poligamista

polygamous [pə'lɪgəməs] *adj.* polígamo

polygamy [pə'lɪgəmɪ] *s.* poligamia

polygenesis [pɒlɪ'dʒenɪsɪs] *s.* poligenia

polygenetic [pɒlɪdʒə'netɪk] *adj.* poligénico

polygenic [pɒlɪ'dʒenɪk] *adj.* poligénico

polygenist [pə'lɪdʒənɪst] *s.* poligenista

polygeny [pə'lɪdʒənɪ] *s.* poligenia

polyglot ['pɒlɪglɒt] Ⓐ *adj.* **1** poliglota; **2** relativo a muitas línguas Ⓑ *s.* **1** poliglota; **2** livro escrito em muitas línguas

polygon ['pɒlɪgən] *s.* GEOMETRIA polígono ❖ *~ of forces* polígono de forças; *~ of motion* polígono de movimento

polygonal [pɒ'lɪgənəl] *adj.* poligonal

polygonum [pɒ'lɪgənəm] *s.* BOTÂNICA sempre-noiva

polygraph ['pɒlɪgrɑːf] *s.* **1** (criminologia) polígrafo; **2** pessoa que escreve sobre assuntos variados; **3** copiador, aparelho que permite muitas cópias ao mesmo tempo

polyhalite [pɒlɪ'hælaɪt] *s.* MINERALOGIA polialite

polyhedral [pɒlɪ'hiːdrəl] *adj.* ⇒ **polyhedric** ❖ *~ angle* ângulo poliédrico

polyhedric [pɒlɪ'hedrɪk] *adj.* GEOMETRIA poliédrico

polyhedron [pɒlɪ'hiːdrən] *s.* GEOMETRIA poliedro

polyhistor [pɒlɪ'hɪstə] *s.* polímata; pessoa de grande saber

Polyhymnia [pɒlɪ'hɪmnɪə] *s.* MITOLOGIA Polímnia, uma das nove musas que presidiam à faculdade de aprender, à retórica, aos hinos e cantos em honra dos deuses

polymath ['pɒlɪmæθ] *s.* polímato

polymathy [pɒ'lɪməθɪ] *s.* polimatia

polymer ['pɒlɪmə] *s.* polímero

polymerism [pɒ'lɪmərɪzəm] *s.* QUÍMICA polimeria

polymerization [pɒlɪmərɪ'zeɪʃən] *s.* QUÍMICA polimerização

polymorph ['pɒlɪmɔːf] *s.* BIOLOGIA, QUÍMICA polimorfo

polymorphic [pɒlɪ'mɔːfɪk] *adj.* polimórfico

polymorphism [pɒlɪ'mɔːfɪzəm] *s.* polimorfismo, polimorfia

polymorphous [pɒlɪ'mɔːfəs] *adj.* polimorfo

Polynesia [pɒlɪ'niːzɪə] *s.top.* Polinésia

Polynesian [pɒlɪ'niːzɪən] *adj.,s.* polinésio

polyneuritis [pɒlɪnjʊə'raɪtɪs] *s.* polinevrite, polineurite

polynia [pəʊ'lɪnɪə] *s.* porção de água no meio do gelo, sobretudo nos mares polares

polynomial [pɒlɪ'nəʊmɪəl] Ⓐ *adj.* polinomial Ⓑ *s.* polinómio

polynuclear [pɒlɪ'njuːklɪə] *adj.* polinuclear

polynucleate [pɒlɪ'njuːklɪɪt] *adj.* polinucleado

polynucleotide [pɒlɪ'njuːklɪətaɪd] *s.* BIOQUÍMICA cadeia polinucleotídica

polyp ['pɒlɪp] *s.* **1** ZOOLOGIA pólipo; **2** MEDICINA pólipo

polypary ['pɒlɪpərɪ] *s.* (*pl.* -ies) ZOOLOGIA polipeiro

polype ['pɒlɪp] *s.* ZOOLOGIA pólipo, animal fitozoário como a hidromedusa, os antozoários e os ctenóforos

polypetalous [pɒlɪ'petələs] *adj.* BOTÂNICA polipétalo

polyphagous [pə'lɪfəgəs] *adj.* polífago

polyphase ['pɒlɪfeɪz] *adj.* ELECTRICIDADE polifásico

Polyphemus [ˌpɒlɪˈfiːməs] s. MITOLOGIA Polifemo
polyphonic [ˌpɒlɪˈfɒnɪk] adj. polifónico ❖ (telemóvel) ~ *ring* toque polifónico
polyphony [pəˈlɪfənɪ] s. polifonia
polypod [ˈpɒlɪpɒd] adj.,s. ZOOLOGIA polípode
polypodium [ˌpɒlɪˈpəʊdɪəm] s. BOTÂNICA polipódio
polypody [ˈpɒlɪpədɪ] s. BOTÂNICA (feto) polipódio
polypoid [ˈpɒlɪpɔɪd] adj. polipóide, poliforme
polyporus [ˌpɒlɪˈpɔːrəs] s. BOTÂNICA políporo
polypous [ˈpɒlɪpəs] adj. poliposo
polypus [ˈpɒlɪpəs] s. MEDICINA [arc.] pólipo
polysemous [ˌpɒlɪˈsiːməs, ˌpɒlɪˈsɛməs] adj. LINGUÍSTICA polissémico
polysemy [pəˈlɪsəmɪ, pɒˈlɪsəmɪ] s. LINGUÍSTICA polissemia
polysepalous [ˌpɒlɪˈsɛpələs] adj. BOTÂNICA polissépalo
polysomic [ˌpɒlɪˈsəʊmɪk] adj. BIOLOGIA (genética) polissómico
polystyle [ˈpɒlɪstaɪl] Ⓐ adj. 1 ARQUITECTURA polistilo; 2 com muitas colunas Ⓑ s. 1 polistilo; 2 templo polistilo; 3 colunata
polystyrene [ˌpɒlɪˈstaɪriːn] s. QUÍMICA polistireno, esferovite
polysyllabic [ˌpɒlɪsɪˈlæbɪk] adj. polissilábico
polysyllabically [ˌpɒlɪsɪˈlæbɪkəlɪ] adv. polissilabicamente
polysyllable [ˈpɒlɪsɪləbəl] s. polissílabo
polysyllogism [ˌpɒlɪˈsɪlədʒɪzəm] s. LÓGICA polissilogismo
polysyndeton [ˌpɒlɪˈsɪndɪtən] s. LINGUÍSTICA polissíndeto
polysynthetic [ˌpɒlɪsɪnˈθɛtɪk] adj. polissintético
polytechnic [ˌpɒlɪˈtɛknɪk] Ⓐ adj. politécnico Ⓑ s. politécnica, escola politécnica ❖ ~ *school* escola politécnica
polytheism [ˈpɒlɪθiːɪzəm] s. politeísmo
polytheist [ˈpɒlɪθiːɪst] adj.,s. politeísta
polytheistic [ˌpɒlɪθiːˈɪstɪk] adj. politeísta
polythene [ˈpɒlɪθiːn] s. QUÍMICA politeno ❖ ~ *fibre* fibra de politeno
polythropic [ˌpɒlɪθrɒpɪk] adj. politrópico; ~ *change* mudança politrópica
polyunsaturated [ˌpɒlɪʌnˈsætʃəreɪtɪd] adj. polinsaturado
polyuresis [ˌpɒlɪjʊˈriːsɪs] s. ⇒ polyuria
polyuria [ˌpɒlɪˈjʊərɪə] s. MEDICINA poliúria
polyvalency [ˌpɒlɪˈveɪlənsɪ] s. QUÍMICA polivalência
polyvalent [ˌpɒlɪˈveɪlənt, pɒˈlɪvələnt] adj. QUÍMICA polivalente
polyvinyl [ˌpɒlɪˈvaɪnɪl] adj. polivinílico
Polyxena [pɒˈlɪksɪnə] s. MITOLOGIA Polixena, filha de Príamo e de Hécuba
polyzoa [ˌpɒlɪˈzəʊə] s.pl. ZOOLOGIA polizoários, briozoários
pom [pɒm] s. [Austr.] [coloq., depr., joc.] inglês
pomace [ˈpʌmɪs] s. 1 pasta de maçã no fabrico da sidra, antes ou depois de o sumo ter sido extraído; 2 qualquer polpa; 3 resíduos ou farinha de peixe utilizada como adubo
pomaceous [pəˈmeɪʃəs] adj. BOTÂNICA pomáceo, semelhante a pomo
pomade [pəˈmɑːd] Ⓐ s. pomada, brilhantina para o cabelo Ⓑ v.tr. deitar brilhantina em
pomatum [pəˈmeɪtəm] s. ⇒ pomade
pome [pəʊm] s. 1 BOTÂNICA pomo; 2 maçã, pêra, marmelo; 3 [poét.] pomo, maçã; 4 esfera metálica, globo usado como insígnia real
pomegranate [ˈpɒmɪɡrænɪt, ˈpɑːmɡrænɪt] s. 1 BOTÂNICA (fruto) romã; 2 BOTÂNICA (árvore) romãzeira; ~ *tree* romãzeira
pomelo [ˈpɒmɪləʊ] s. 1 BOTÂNICA toranja; 2 BOTÂNICA (árvore) toranjeira
Pomerania [ˌpɒməˈreɪnɪə] s.top. Pomerânia
Pomeranian [ˌpɒməˈreɪnɪən] adj.,s. pomeraniano ❖ ZOOLOGIA ~ (*dog*) lulu-da-pomerânia
pomfret [ˈpɒmfrɪt] s. ZOOLOGIA freira, plumbeta, xaputa, pampo
pomfret-cake [ˈpɒmfrɪtkeɪk] s. CULINÁRIA bolos ou pastilhas de alcaçuz feitas em Pontefract (outrora Pomfret) em Yorkshire
pomiculture [ˈpɒmɪkʌltʃə] s. pomicultura
pomiferous [pɒˈmɪfərəs] adj. BOTÂNICA pomífero
pommel [ˈpʌml] Ⓐ s. 1 botão do punho da espada; 2 maçaneta, a parte mais alta da sela na dianteira; 3 arção Ⓑ v.tr. (*particípios*: -ll-) espancar, zurzir com o punho fechado
pommy [ˈpɒmɪ] adj.,s. [Austr.] [coloq., depr., joc.] inglês
pomological [ˌpɒməˈlɒdʒɪkəl] adj. pomológico
pomologist [pɒˈmɒlədʒɪst] s. pomólogo, pomologista
pomology [pɒˈmɒlədʒɪ] s. pomologia

pomp [pɒmp] s. 1 pompa; esplendor; fausto; aparato; 2 cerimonial ❖ ~ *and circumstance* pompa e circunstância
pompano [ˈpɒmpənəʊ] s. ZOOLOGIA palombeta, variedade de peixe existente na América do Norte, muito apreciado como alimento
Pompeian [pɒmˈpiːən] adj. pompeiano; relativo a Pompeia
Pompeii [pɒmˈpeɪɪ] s.top. Pompeia
pompelmoose [ˈpɒmplmuːs] s. BOTÂNICA pamplumossa
Pompey [ˈpɒmpɪ] s.antr. Pompeu
pompom [ˈpɒmpɒm] s. 1 pompom; 2 (roupa, calçado) pompom; borla; 3 BOTÂNICA dália-pompom; crisântemo de novelo
pom-pom [ˈpɒmpɒm] s. MILITAR canhão de pequeno calibre, de tiro automático, empregado pela primeira vez na guerra do Transval
pompon [ˈpɒmpɒn] s. 1 (costura) pompom, borla esférica de fios aparados; 2 BOTÂNICA dália-pompom; crisântemo de novelo
pomposity [pɒmˈpɒsɪtɪ] s. (pl. **-ies**) 1 imponência; 2 pomposidade; 3 afectação, ênfase
pompous [ˈpɒmpəs] adj. 1 imponente; com pompa; 2 pomposo; muito formal; 3 (linguagem) afectado; enfático; bombástico; empolado; ~ *style* estilo afectado
pompously [ˈpɒmpəslɪ] adv. 1 pomposamente; 2 duma maneira imponente; 3 afectadamente; 4 duma maneira bombástica
pompousness [ˈpɒmpəsnɪs] s. 1 pompa, fausto; 2 pomposidade, imponência
ponce [pɒns] Ⓐ s. 1 [cal.] (ofensivo) maricas; 2 [cal.] chulo Ⓑ v.intr. 1 [coloq.] saracotear-se; 2 [coloq.] perder tempo
ponceau [ˈpɒnsəʊ] s. cor de papoila, encarnado vivo
poncho [ˈpɒntʃəʊ] s. VESTUÁRIO poncho
pond [pɒnd] Ⓐ s. 1 lago (pequeno e geralmente artificial); 2 tanque; reservatório; 3 [joc.] mar; o Oceano Atlântico; *across the* ~ do outro lado do Oceano (Atlântico) Ⓑ v.tr.,intr. 1 formar um lago; 2 represar ❖ ZOOLOGIA ~ *hem* galeirão-americano; BOTÂNICA ~ *lily* nenúfar; gólfão; ~ *scum* massa de filamentos vegetais nas águas represadas
pondage [ˈpɒndɪdʒ] s. 1 capacidade de água numa represa, tanque, lago; 2 acumulação de água
ponder [ˈpɒndə] v.tr.,intr. 1 ponderar, reflectir, meditar [**on/upon/over**, sobre]; 2 considerar; 3 pesar; 4 estudar cuidadosamente, examinar com todo o cuidado
ponderability [ˌpɒndərəˈbɪlɪtɪ] s. ponderabilidade
ponderable [ˈpɒndərəbəl] Ⓐ adj. ponderável; que pode pesar-se; que pode avaliar-se Ⓑ s. factor de ponderação ❖ *the ponderables* aquilo que se deve ponderar; o que deve ser tomado em linha de conta
ponderableness [ˈpɒndərəblnɪs] s. ⇒ ponderability
ponderal [ˈpɒndərəl] adj. ponderal
ponderation [ˌpɒndəˈreɪʃən] s. ponderação
pondering [ˈpɒndərɪŋ] Ⓐ adj. pensativo, meditativo Ⓑ s. ponderação, meditação; consideração
ponderingly [ˈpɒndərɪŋlɪ] adv. 1 ponderadamente; 2 pensativamente, meditativamente
ponderosity [ˌpɒndəˈrɒsɪtɪ] s. 1 peso; 2 pesadume; 3 importância, gravidade
ponderous [ˈpɒndərəs] adj. 1 importante; grave; 2 ponderoso; pesado; 3 laborioso; 4 lento; entediante ❖ MINERALOGIA ~ *spar* espato pesado
ponderously [ˈpɒndərəslɪ] adv. pesadamente
ponderousness [ˈpɒndərəsnɪs] s. ⇒ ponderosity
pondweed [ˈpɒndwiːd] s. BOTÂNICA potamogeto
pone [pəʊn] s. 1 o primeiro a jogar em certos jogos de cartas; 2 jogador que corta; 3 parceiro daquele que corta; 4 pão de milho, sobretudo aquele preparado pelos índios norte-americanos; 5 pão fino e leve feito com leite, ovos, etc.
pong [pɒŋ] Ⓐ s. [coloq.] mau cheiro, fedor Ⓑ v.intr. [coloq.] cheirar mal
pongee [pɒnˈdʒiː] s. ponjé, variedade de seda chinesa não branqueada
pongo [ˈpɒŋɡəʊ] s. 1 ZOOLOGIA orangotango; 2 [cal.] soldado; 3 [cal.] inglês
poniard [ˈpɒnjəd] Ⓐ s. punhal Ⓑ v.tr. apunhalar
pons asinorum [ˌpɒnzæsɪˈnɔːrəm] s. 1 GEOMETRIA a quinta proposição do primeiro livro de Euclides; 2 qualquer coisa difícil para principiantes

pons Varolii [ˌpɒnzvæˈrəʊlɪaɪ] s. ANATOMIA ponte-de-varólio, mesocéfalo, protuberância anular

Pontefract [ˈpɒntɪfrækt] s.top. (cidade em Yorkshire) Pontefract ❖ CULINÁRIA ~ *cakes* bolos ou pastilhas de alcaçuz

Pontic [ˈpɒntɪk] adj. pôntico; relativo ao Ponto Euxino ❖ *the ~ Sea* o Ponto Euxino

ponticello [ˌpɒntɪˈtʃeləʊ] s. MÚSICA ponte de instrumento de arco

pontifex [ˈpɒntɪfeks] s. (*pl.* **pontifices**) HISTÓRIA (antiga Roma) pontífice ❖ ~ *maximus* grande pontífice

pontiff [ˈpɒntɪf] s. 1 pontífice; papa; 2 bispo ❖ *sovereign ~* pontífice soberano; papa; sumo pontífice

pontifical [pɒnˈtɪfɪkəl] Ⓐ adj. 1 pontifical; 2 respeitante ou pertencente aos pontífices Ⓑ s. 1 pontifical; 2 ritual do papa e dos bispos; 3 *pl.* capa e insígnias de bispo; 4 *pl.* traje de grande gala

pontifically [pɒnˈtɪfɪkəlɪ] adv. pontificalmente

pontificate[1] [pɒnˈtɪfɪkɪt] s. pontificado

pontificate[2] [pɒnˈtɪfɪkeɪt] v.intr. 1 RELIGIÃO pontificar, celebrar missa com pontifical; 2 [fig.] (falar com arrogância) ditar leis

pontify [ˈpɒntɪfaɪ] v.intr. 1 pontificar, assumir ares de infalibilidade, dar leis; 2 fazer-se importante

Pontine [ˈpɒntaɪn] adj. pontino; relativo a uma antiga região do Lácio cheia de pântanos

Pontius [ˈpɒntjəs] s.antr. Pôncio

pontoneer [ˌpɒntəˈnɪə] s. MILITAR pontoneiro

pontoon [pɒnˈtuːn] Ⓐ s. 1 pontão; 2 barcaça de fundo chato (para ponte de barcas); 3 cilindro oco de metal; 4 [GB] (jogo de cartas) vinte-e-um Ⓑ v.tr. atravessar rio em ponte de barcas ❖ ~ *bridge* ponte de barcas; ponte flutuante; MILITAR ~ *corps* corpo de pontoneiros

pony [ˈpəʊnɪ] s. (*pl.* -**ies**) 1 ZOOLOGIA pónei; *a Shetland ~* um pónei da raça Shetland; 2 [coloq.] 25 libras esterlinas; 3 (educação) apontamentos, resumo (de matéria, obra literária, etc.); cábula, copianço*coloq.*; 4 copo pequeno; 5 garrafa pequena

◆**pony up** v.tr. [EUA] [ant., coloq.] pagar, desembolsar, abrir mão de

ponytail [ˈpəʊnɪteɪl] s. (penteado) rabo de cavalo; *to wear one's hair in a ~* usar rabo de cavalo

pooch [puːtʃ] s. [coloq.] cachorro

pood [puːd] s. peso russo equivalente a cerca de 16,5 quilogramas

poodle [ˈpuːdl] Ⓐ s. ZOOLOGIA (cão) caniche, cão-de-água Ⓑ v.tr. cortar o pêlo a um cão de modo a dar-lhe o aspecto de um caniche

poof [pʊf] Ⓐ s. [cal.] (ofensivo) paneleiro*cal.* Ⓑ interj. 1 (coisa repentina) puf!; 2 (desprezo) bah!

poofter [ˈpʊftə] s. [cal.] (ofensivo) paneleiro*cal.*

poofy [ˈpʊfɪ] adj. [cal.] (ofensivo) apaneleirado*cal.*, amaricado

pooh [puː] interj. 1 (cheiro desagradável) bah!; 2 (impaciência, desprezo) ora bolas!

Pooh-Bah [ˈpuːbɑː] s. pessoa que tem muitos cargos ao mesmo tempo

pooh-pooh [ˌpuːˈpuː] v.tr. [coloq.] fazer pouco de; ridicularizar; desdenhar de; *to ~ an ideia* fazer pouco de uma ideia

pooka [ˈpuːkə] s. 1 [Irl.] duende; 2 diabrete

pookoo [ˈpuːkuː] s. ZOOLOGIA antílope vermelho da parte sul da África Central

pool [puːl] Ⓐ s. 1 poça; *a rock ~* uma poça de água no meio de rochedos; *a ~ of blood* uma poça de sangue; 2 piscina; tanque; *swimming ~* piscina; 3 lagoa, pequeno lago natural; 4 (rio) poço, fundão, pego; 5 (bilhar) *pool*; 6 [EUA] (jogos de azar) parada, bolo, bolada, pula, vaca; 7 grupo de apostadores; 8 ECONOMIA *pool*, acordo entre empresas concorrentes conducente à fixação de preços; 9 ECONOMIA fundo comum constituído pelos lucros de várias firmas; 10 (jornalistas) equipa; 11 recurso comum; serviço comum; 12 *pl.* [GB] *the pools* o totobola; *to do the (football) pools* fazer o totobola Ⓑ v.tr. 1 reunir num fundo comum; 2 repartir entre si, explorar em comum Ⓒ v.intr. formar uma poça ❖ ELECTRICIDADE ~ *cathode* cátodo de mercúrio

pooling [ˈpuːlɪŋ] s. 1 junção (de fundos, lucros, etc.); 2 associação, acordo para excluir concorrência prejudicial; 3 exploração em comum

poolroom [ˈpuːlruːm] s. [EUA] salão de bilhar

poon [puːn] s. BOTÂNICA puna

Poonah [ˈpuːnə] s.top. (cidade indiana) Poonah ❖ ~ *painting* desenho em papel muito fino que imita trabalho oriental; ~ *paper* papel usado para desenho oriental

poop [puːp] Ⓐ s. 1 NÁUTICA popa; 2 [coloq., depr.] pateta, paspalhão; 3 [coloq., infant.] cocó; 4 [EUA] [cal.] informação, factos Ⓑ v.tr. 1 NÁUTICA (vaga) quebrar sobre (a popa); varrer a popa; *to ~ a ship* varrer a popa dum navio; 2 [coloq.] cansar, esgotar Ⓒ v.intr. 1 NÁUTICA receber vaga pela popa; 2 (canhão) disparar, troar; 3 [coloq., infant.] fazer cocó ❖ NÁUTICA ~ *awning* toldo de tombadilho; NÁUTICA ~ *deck* tombadilho; NÁUTICA ~ *ladder* escada de tombadilho; NÁUTICA ~ *lantern* farol da popa

◆**poop out** v.intr. 1 esgotar-se; 2 deteriorar-se; estragar-se; 3 murchar

pooped [puːpt] adj. 1 [coloq.] exausto, esgotado; 2 NÁUTICA com popa; *low-pooped* com popa baixa

poor [pɔː, pʊə] adj. 1 (falta de dinheiro) pobre; necessitado, desfavorecido; *the poorer classes* as classes desfavorecidas; 2 (quantidade, qualidade) mau, fraco, medíocre; ~ *quality* qualidade inferior; ~ *harvest* colheita fraca, má colheita; ~ *health* saúde fraca; *that is a ~ consolation* fraco consolo; TEATRO *there was a ~ house* estava uma casa fraca, havia pouca assistência; *in ~ condition* em má condição física, em mau estado; *he has had a ~ night* ele passou uma má noite; 3 fraco [*at, a*]; *to be ~ at History* ser fraco a História, ter mau aproveitamento em História; 4 pobre, miserável, que inspira piedade, desgraçado, infeliz; *he is a ~ creature* ele é um pobre diabo; ~ *fellow!* pobre diabo!, coitado!; ~ *thing!* coitado!, coitadinho!; ~ *me!* ai de mim!, pobre de mim!; 5 baixo, mau, desfavorável, reduzido; *to have a ~ opinion of* ter má opinião de, ter uma opinião desfavorável de; 6 pobre, estéril, improdutivo; ~ *soil* solo pobre; 7 parco, escasso, insuficiente, deficiente [*in, em*]; ~ *in coal* pobre em carvão; 8 humilde, modesto; *in my ~ opinion* na minha humilde opinião; 9 [depr.] pusilânime; fraco de espírito; desprezível Ⓑ s.pl. *the ~* os pobres; *to help the ~* auxiliar os pobres; *the ~ in spirit* os pobres de espírito ❖ ~ *box* caixa de esmolas; [EUA] ~ *farm* casa dos pobres; ~ *gas* gás pobre; ~ *law* leis de assistência pública; ~ *lime* cal magra; cal pobre; ~ *loser* mau perdedor; ~ *mixture* mistura pobre; ~ *rate* imposto para a assistência pública; ~ *taste* mau gosto; BOTÂNICA ~ *man's weatherglass* morrião; *a ~ excuse for sth* um exemplo péssimo de algo; *it's a ~ heart that never rejoices* toca a divertir, que nem todos os dias são dias de festa

poorhouse [ˈpɔːhaʊs, ˈpʊəhaʊs] s. [ant.] lar de desfavorecidos; asilo

poorly [ˈpɔːlɪ, ˈpʊəlɪ] Ⓐ adj. adoentado, indisposto; *to feel ~* sentir-se adoentado; Ⓑ adv. 1 pobremente; 2 deficientemente; insuficientemente; 3 desprotegidamente ❖ ~ *clad* mal vestido; vestido pobremente; ~ *gifted* pouco talentoso; pouco dotado; *to be ~ off* viver mal; ter pouco dinheiro; *to look ~* estar com mau aspecto; *to think ~ of sb* não ter boa opinião de alguém

poorness [ˈpɔːnəs, ˈpʊənəs] s. 1 pobreza; 2 indigência; 3 carência; 4 má qualidade, inferioridade; 5 improdutividade, esterilidade

pop. Ⓐ [*abrev. de* popular] Ⓑ [*abrev. de* popularity] Ⓒ [*abrev. de* population]

pop [pɒp] Ⓐ s. 1 estouro, estalo, estampido; *the ~ of a cork* estalido de uma rolha ao saltar; 2 [coloq.] tiro; disparo; *he had a ~ at the bird* ele deu um tiro ao pássaro; 3 [coloq.] bebida gasosa; 4 [coloq.] prego, casa de penhores; *in ~* no prego, empenhado; 5 [EUA] papá, paizinho; 6 [coloq.] tentativa; 7 (cultura) pop Ⓑ adj. {*forma abreviada de* **popular**} pop, popular Ⓒ v.tr.,intr. (*particípios* -**pp**-) 1 estoirar; estalar; rebentar; 2 fazer som de rolha ao saltar; 3 aparecer; 4 (medicamento) engolir; 5 dar um tiro [**at**, a]; disparar [**at**, contra]; *to ~ a gun at a target* disparar tiro contra um alvo; 6 fazer qualquer coisa subitamente; 7 fazer uma pergunta súbita; 8 [coloq.] pôr no prego, empenhar; 9 (milho) assar até o grão rebentar; fazer pipocas Ⓓ adv.,interj. (estalo, ruído seco) pum! ❖ ARTES PLÁSTICAS ~ *art* arte pop; MÚSICA ~ *group* grupo de música pop; ~ *idol* estrela pop; ~ *music* música pop; ~ *quiz* teste surpresa; [coloq.] ~ *shop* casa de prego; casa de penhores; ~ *star* estrela pop; *to ~ into bed* meter-se na cama; saltar para a cama; [coloq.] *to ~ the question* pedir em casamento; *he popped the watch into his pocket* ele meteu o relógio ao bolso; ~ *goes the weasel* nome de antiga dança campestre; (rolha) *to go ~* rebentar; saltar

◆ **pop down** *v.tr.* pousar subitamente
◆ **pop in** *v.intr.* irromper; entrar subitamente ❖ *the children were always popping in and out* as crianças estavam sempre a entrar e a sair
◆ **pop off** *v.intr.* 1 [GB] [coloq.] bater a bota; esticar o pernil; 2 [coloq.] desaparecer; ir embora; *I must ~ now* tenho de me ir embora agora ❖ [coloq.] *to ~ the hooks* morrer; ir desta para melhor
◆ **pop on** *v.tr.* [coloq.] vestir; pôr; *to ~ one's coat* pôr o casaco, vestir o casaco
◆ **pop out** *v.intr.* 1 sair, sobressair, ressaltar; 2 emergir; 3 (rolha) saltar; 4 sair por pouco tempo
◆ **pop round** *v.intr.* 1 ir dar uma volta; 2 aparecer, vir; visitar
◆ **pop up** *v.intr.* surgir do nada; aparecer subitamente
Pop [pɒp] *s.* nome de um clube existente em Eton
POP Ⓐ [*abrev. de* Post Office Preferred] Ⓑ INFORMÁTICA [*abrev. de* point of presence]
popcorn ['pɒpkɔːn] *s.* 1 CULINÁRIA pipocas; 2 BOTÂNICA variedade de milho de grão pequeno
pope [pəʊp] *s.* 1 RELIGIÃO papa, santo padre, sumo pontífice; 2 RELIGIÃO (igreja ortodoxa) pope; 3 ZOOLOGIA perca fluvial ❖ (jogo de cartas) *~ Joana* papisa Joana; VETERINÁRIA (perna do carneiro) *pope's eye* glândula linfática rodeada de gordura
Popean [pəʊ'pɪən] *adj.* relativo ao poeta inglês Alexander P. (1688-1744) ❖ LITERATURA *the ~ school* a escola de Pope
popedom ['pəʊpdəm] *s.* papado
popemobile ['pəʊpməʊbiːl] *s.* (veículo) papamóvel
popery ['pəʊpərɪ] *s.* 1 [depr.] papismo; 2 catolicismo romano
popgun ['pɒpɡʌn] *s.* espingarda de ar comprimido
popinjay ['pɒpɪndʒeɪ] *s.* 1 [arc.] papagaio; 2 figura de papagaio colocada numa vara para servir de alvo; 3 [ant.] pessoa presumida, peralvilho; 4 ZOOLOGIA pica-pau-verde, peto-real, rinchão
popish ['pəʊpɪʃ] *adj.* [depr.] papista; católico romano
popishly ['pəʊpɪʃlɪ] *adv.* [depr.] como os papistas; de um modo papista
popishness ['pəʊpɪʃnɪs] *s.* [depr.] papismo
poplar ['pɒplə] *s.* BOTÂNICA choupo, álamo ❖ BOTÂNICA *black ~* choupo-negro; álamo-negro; BOTÂNICA *trembling ~* choupo-tremedor; BOTÂNICA *white ~* faia-branca; choupo-branco; álamo-branco
Poplarism ['pɒplərɪzəm] *s.* 1 [coloq.] má administração municipal; 2 falta de bom senso na administração municipal
poplin ['pɒplɪn] *s.* (tecido) popelina
popliteal [pɒ'plɪtɪəl] *adj.* ANATOMIA poplíteo; relativo à curva da perna ❖ ANATOMIA *~ artery* artéria poplítea
poppa ['pɒpə] *s.* [EUA] papá
popper ['pɒpə] *s.* 1 [GB] [coloq.] (roupa) colchete de pressão, mola; 2 [EUA] recipiente para fazer pipocas
poppet ['pɒpɪt] *s.* 1 [GB] [coloq.] (criança, animal, etc.) meu amor, boneca, queridinho, riqueza; 2 MECÂNICA cabeçote móvel, cabeçote de torno; 3 MECÂNICA válvula de engate, válvula de gatilho
poppied ['pɒpɪd] *adj.* 1 cheio de papoilas, repleto de papoilas; 2 sonolento; 3 sonífero, sonorífero
popping ['pɒpɪŋ] *s.* 1 ruído de rolhas que saltam; 2 detonação, tiro ❖ [coloq.] *~ of the question* proposta de casamento
popple ['pɒpl] Ⓐ *s.* agitação, ondulação (da superfície da água) Ⓑ *v.intr.* (água) ondular, agitar-se
popply ['pɒplɪ] *adj.* agitado, com ondas não muito altas
poppy ['pɒpɪ] *s.* (*pl.* **-ies**) 1 BOTÂNICA papoila; 2 cor de papoila ❖ [GB] *Poppy Day* dia do armistício (11 de Novembro); *~ seed* semente de papoila; *corn/field ~* papoila-dos-prados; *opium ~* dormideira
poppycock ['pɒpɪkɒk] *s.* [EUA] [coloq.] tolices, disparates, conversa fiada
popsicle ['pɒpsɪkəl] *s.* [EUA] gelado de água
popsy-wopsy ['pɒpsɪˌwɒpsɪ] *s.* (termo carinhoso) amorzinho, minha flor
populace ['pɒpjʊləs] *s.* 1 populaça, multidão; 2 gentalha
popular ['pɒpjʊlə] *adj.* 1 (apreciado) popular [**with**, entre]; 2 corrente; generalizado; *a ~ view* um ponto de vista corrente; 3 popular; relativo ao povo; *~ phrase* expressão popular; 4 popular; para o povo; de grande público; *the ~ press* a imprensa popular; *at ~ prices* a preços populares; 5 popular; realizado pelo povo; 6 DIREITO público ❖ HISTÓRIA *~ front* frente popular; MÚSICA *~ music* música *pop*; POLÍTICA *~ sovereignty* soberania popular; *contrary to ~ opinion* ao contrário do que muita gente pensa
popularise ['pɒpjʊləraɪz] *v.tr.* ⇒ **popularize**
popularity [ˌpɒpjʊ'lærɪtɪ] *s.* popularidade
popularization [ˌpɒpjʊləraɪ'zeɪʃən] *s.* popularização
popularize ['pɒpjʊləraɪz] *v.tr.* 1 popularizar; 2 tornar conhecido; 3 vulgarizar
popularizer ['pɒpjʊləraɪzə] *s.* 1 popularizador; 2 vulgarizador
popularly ['pɒpjʊləlɪ] *adv.* 1 popularmente; 2 geralmente; habitualmente
populate ['pɒpjʊleɪt] *v.tr.* povoar ❖ *a densely populated country* um país com uma grande densidade de população
population [ˌpɒpjʊ'leɪʃən] *s.* 1 população; *the working-class ~* a população trabalhadora, as classes trabalhadoras; 2 [rar.] povoamento ❖ *~ biology* biologia populacional; *~ centre* centro populacional; *~ control* controlo populacional; *~ density* densidade populacional; *~ explosion* explosão demográfica; *~ genetics* genética populacional; *~ pyramid* pirâmide populacional; pirâmide demográfica; *~ revolution* revolução demográfica
populism ['pɒpjʊlɪzəm] *s.* POLÍTICA populismo
populist ['pɒpjʊlɪst] *adj.,s.* POLÍTICA populista
populistic [ˌpɒpjʊ'lɪstɪk] *adj.* populista
populous ['pɒpjʊləs] *adj.* 1 populoso; 2 com muita população; 3 densamente povoado
populousness ['pɒpjʊləsnɪs] *s.* forte densidade de população
porbeagle ['pɔːbiːgl] *s.* 1 ZOOLOGIA marracho, anequim, arrequim, sardo; 2 peixe da família dos tubarões
porcelain ['pɔːslɪn] *s.* (material, louça) porcelana ❖ *~ clay* caulim; caulino; *~ crucible* cadinho de porcelana; *~ enamel* esmalte; ZOOLOGIA (molusco) *~ shell* caurim; *hard-paste ~* porcelana dura; *soft-paste ~* porcelana tenra
porcelainize ['pɔːslɪnaɪz] *v.tr.* transformar em porcelana
porcelanite ['pɔːslənaɪt] *s.* MINERALOGIA porcelanite
porcellaneous [ˌpɔːsə'leɪnɪəs] *adj.* ⇒ **porcellanic**
porcellanic [ˌpɔːsə'lænɪk] *adj.* porcelânico
porcellanite ['pɔːslənaɪt] *s.* MINERALOGIA porcelanite
porch [pɔːtʃ] *s.* (*pl.* **-es**) 1 átrio, pátio coberto de entrada para qualquer edifício; 2 alpendre; 3 pórtico; 4 [EUA] varanda, sacada
porched [pɔːtʃt] *adj.* 1 com átrio coberto; 2 com pórtico; 3 com varanda ou sacada
porchless ['pɔːtʃləs] *adj.* 1 sem átrio coberto de entrada; 2 sem pórtico; 3 sem varanda
porcine ['pɔːsaɪn] *adj.* porcino; relativo ao porco; suíno
porcupine ['pɔːkjʊpaɪn] *s.* ZOOLOGIA porco-espinho, porco-espim ❖ MEDICINA *~ disease* ictiose; ZOOLOGIA *~ fish* peixe porco-espinho; BOTÂNICA *~ grass* erva australiana com folhas aguçadas; *~ provisions* medidas para evitar a aquisição de uma empresa
pore [pɔː] Ⓐ *s.* ANATOMIA, BOTÂNICA poro Ⓑ *v.intr.* 1 olhar [**at/over**, para]; 2 meditar [**over**, sobre]; estar absorto [**over**, em]; 3 ler atentamente [**over**, -]; estudar cuidadosamente [**over**, -]; *he is always poring over his books* ele está sempre agarrado aos livros ❖ *to ~ one's eyes out* fatigar os olhos com tanto ler
porge [pɔːdʒ] *v.tr.* limpar, purificar animal sacrificado tirando-lhe as vísceras, tendões, etc. (no cerimonial judaico)
porgy ['pɔːdʒɪ] *s.* (*pl.* **-ies**) ZOOLOGIA pargo
porifer ['pɔːrɪfə] *s.* ZOOLOGIA espongiário
Porifera [pɔː'rɪfərə] *s.pl.* ZOOLOGIA espongiários
porism ['pɔːrɪzəm] *s.* MATEMÁTICA porisma
porismatic [ˌpɔːrɪz'mætɪk] *adj.* porismático
poristic [pɔː'rɪstɪk] *adj.* porístico
pork [pɔːk] Ⓐ *s.* 1 CULINÁRIA carne de porco, porco; *roast of ~* carne de porco assada; *do you like pork?* gostas de carne de porco?; 2 [EUA] POLÍTICA [cal.] tachos_{coloq.} Ⓑ *v.tr.* [cal.] (sexo) comer, dar uma queca com ❖ [EUA] [cal.] *~ barrel* dinheiros para melhoramentos a nível local para agradar aos eleitores; *~ butcher* comerciante de carne de porco; charcuteiro; salsicheiro; toucinheiro; *~ chop* costeleta de porco; *~ pie* empada de carne de porco picada com temperos; peta; MILITAR [ant., cal.] (Primeira Guerra Mundial) *the Pork and Beans* os portugueses
porker ['pɔːkə] *s.* 1 cevado; porco destinado à engorda; 2 leitão, bácoro gordo
porket ['pɔːkɪt] *s.* bácoro gordo

porkling ['pɔːklɪŋ] s. porco pequeno ou muito novo; bácoro
porkpie [,pɔːk'paɪ] s. chapéu de copa lisa e abas reviradas a toda a volta
porky ['pɔːkɪ] Ⓐ adj. (comp. **-ier**, superl. **-iest**) 1 porcino, de porco, semelhante a porco; 2 [coloq.] (insulto) gorducho Ⓑ s. (pl. **-ies**) [cal.] (grande mentira) peta
porn [pɔːn] forma abreviada de **pornography**
pornocracy [pɔːˈnɒkrəsɪ] s. pornocracia, governo no qual as favoritas da pessoa que governa exercem forte influência
pornographer [pɔːˈnɒɡrəfə] s. pornógrafo
pornographic [,pɔːnəˈɡræfɪk] adj. pornográfico
pornographically [,pɔːnəˈɡræfɪkəlɪ] adv. pornograficamente
pornography [pɔːˈnɒɡrəfɪ] s. pornografia
poroplastic [,pɔːrəʊˈplæstɪk] adj. poroplástico
poroscopy [pɔːˈrɒskəpɪ] s. poroscopia
porosity [pɔːˈrɒsɪtɪ] s. (pl. **-ies**) porosidade
porous ['pɔːrəs] adj. 1 poroso, com poros; ~ *bearing* mancal poroso; ~ *cell* vaso poroso; ~ *material* material poroso; ~ *wood* madeira porosa; 2 permeável
porousness ['pɔːrəsnɪs] s. porosidade
porphyrin ['pɔːfərɪn] s. QUÍMICA porfirina
porphyrite ['pɔːfɪraɪt] s. MINERALOGIA porfirite
porphyritic [,pɔːfɪˈrɪtɪk] adj. MINERALOGIA porfirítico
porphyrization [,pɔːfɪraɪˈzeɪʃən] s. porfirização
porphyrogenitus [,pɔːfɪrəʊˈdʒenɪtəs] adj. porfirogeneta (diz-se dos filhos dos imperadores gregos nascidos durante o reinado do pai)
porphyry ['pɔːfɪrɪ] s. (pl. **-ies**) pórfiro
porpoise ['pɔːpəs] Ⓐ s. 1 ZOOLOGIA porco-do-mar; 2 golfinho; 3 balanço de popa à proa (em avião) Ⓑ v.intr. (avião) balançar de popa à proa
porraceous [pɒˈreɪʃəs] adj. porráceo, com a cor esverdeada do porro
porridge ['pɒrɪdʒ] s. 1 CULINÁRIA (pequeno-almoço) papas de aveia; 2 [cal.] pena de prisão; *to do* ~ cumprir uma pena de prisão ❖ ~ *oats* flocos de aveia; *to keep one's breath to cool one's* ~ guardar as suas opiniões, conselhos, etc. para seu próprio uso
porriginous [pɒˈrɪdʒɪnəs] adj. MEDICINA porriginoso; que tem porrigem ou porrigo
porrigo [pɒˈraɪɡəʊ] s. MEDICINA porrigo, porrigem, variedade de alopecia
porringer ['pɒrɪndʒə] s. prato ou tigela para papas de aveia ou comida semelhante
port [pɔːt] Ⓐ s. 1 (paragem de navios) porto; *to come into/enter* ~ entrar no porto; *to leave* ~ sair do porto; *in* ~ no porto; *river* ~ porto fluvial; *trading* ~ porto comercial; *free* ~ porto franco; *naval* ~ porto militar; 2 porto; cidade portuária; 3 ancoradouro; 4 [fig.] refúgio; porto de abrigo; *after stormy seas* lugar de descanso depois duma vida difícil; *to get safe into* ~ chegar a bom porto; 5 (vinho) porto; ~ *wine* vinho do Porto; 6 NÁUTICA bombordo; *land to port!* terra a bombordo!; *to heel to* ~ dar a bombordo; *to* ~ a bombordo; *to alter course to* ~ virar a rota para bombordo; *to pass on the* ~ *side of* passar a bombordo de; ~ *anchor* âncora de bombordo; 7 NÁUTICA abertura no lado do navio para carga e descarga; 8 NÁUTICA vigia; 9 (água, calor) orifício; *valve* ~ orifício de válvula; 10 canhoneira, abertura por onde sai a boca do canhão; 11 NÁUTICA escotilha; 12 NÁUTICA portinhola; 13 INFORMÁTICA porta; 14 MILITAR apresentação da espingarda em frente do corpo; 15 [coloq.] aeroporto; 16 [Austr.] [coloq.] mala, saco de viagem; 17 [Esc.] porta, portão; *the gunroom ports* as portas da praça de armas; 18 [arc.] atitude, apresentação pessoal, donaire, graça, garbo Ⓑ v.tr.,intr. 1 virar para bombordo; dirigir para bombordo; 2 (arma) transportar em diagonal, para a esquerda, em frente do corpo; 3 INFORMÁTICA transportar, transferir ❖ ~ *admiral* almirante-chefe de porto militar; ~ *captain* capitão do porto; ~ *charges* direitos portuários; emolumentos de porto; NÁUTICA ~ *flap/lid* portinhola; ~ *town* cidade portuária; *coaling* ~ resbordo de carvão; MILITAR *sighting* ~ abertura de observação para o exterior
Port. Ⓐ [abrev. de Portugal] Ⓑ [abrev. de Portuguese]
portability [,pɔːtəˈbɪlɪtɪ] s. portabilidade
portable ['pɔːtəbəl] Ⓐ adj. 1 portátil; ~ *radio* rádio portátil; ~ *computer* computador portátil; 2 transportável; ~ *crane* guindaste transportável; ~ *winch* guincho transportável; 3 móvel; ~ *boiler* caldeira móvel; 4 desmontável; 5 transferível; 6 INFORMÁTICA que se adapta a vários sistemas; 7 [ant.] suportável Ⓑ s. (televisor, computador, rádio, etc.) portátil ❖ ~ *saw* serra manual
portage ['pɔːtɪdʒ] Ⓐ s. 1 transporte; porte; carreto; 2 frete; 3 custo do transporte; 4 (barcos, mercadorias) transporte, por terra, entre dois rios; 5 lugar onde esse transporte é feito Ⓑ v.tr. (barcos, mercadorias) transportar por terra dum rio para outro ❖ NÁUTICA *mariner's* ~ pacotilha de marinheiro
portal ['pɔːtəl] Ⓐ s. 1 portão; portada; 2 INFORMÁTICA (Internet) portal Ⓑ adj. ANATOMIA porta; ~ *vein* veia porta; ~ *system* sistema porta
portamento [,pɔːtəˈmentəʊ] s. (pl. **-ti**) MÚSICA portamento
portative ['pɔːtətɪv] adj. 1 que serve para transportar ou segurar; 2 de apoio, de suporte ❖ ~ *force* capacidade de levantamento; MÚSICA ~ *orgão* órgão portativo
portcullis [pɔːtˈkʌlɪs] s. (pl. **-es**) 1 ponte levadiça; 2 gradeado de ferro que pode levantar-se ou baixar-se em frente de portão de castelo, etc.
portcullised [pɔːtˈkʌlɪst] adj. 1 com um gradeado de ferro; 2 protegido por gradeado móvel de ferro
Porte [pɔːt] s. Porta, Porta Otomana, Sublime-Porta
ported ['pɔːtɪd] adj. com orifícios
portend [pɔːˈtend] v.tr. 1 prognosticar, predizer, pressagiar; 2 agourar
portent ['pɔːtent] s. 1 mau agouro, mau presságio; 2 coisa prodigiosa; 3 prodígio, maravilha, portento
portentous [pɔːˈtentəs] adj. 1 agoirento, de mau presságio; 2 pressago, ominoso; 3 maravilhoso, prodigioso, portentoso
portentously [pɔːˈtentəslɪ] adv. 1 agoirentamente; 2 sinistramente; 3 ominosamente; 4 portentosamente, maravilhosamente
porter ['pɔːtə] s. 1 carregador; moço de fretes; transportador; 2 [EUA] (comboios) empregado em carruagem; 3 [GB] (hotel, hospital, colégio, etc.) porteiro; 4 (cerveja preta) *porter*; 5 [GB] (hospital) auxiliar que transporta equipamento ou pessoas; maqueiro ❖ [GB] HISTÓRIA *porter's knot* chumaço usado pelos carrejões para transportar cargas
porterage ['pɔːtərɪdʒ] s. 1 porte, transporte (de mercadorias); 2 custo do transporte, frete; 3 ofício de porteiro, carregador ou moço de fretes
porterhouse ['pɔːtəhaʊs] s. 1 [arc.] taberna, cervejaria-restaurante; 2 lombo de vaca ❖ ~ *steak* bife de lombo (de vaca)
portering ['pɔːtərɪŋ] s. 1 acção de transportar; 2 ofício de carregador ou moço de fretes
portfire ['pɔːtfaɪə] s. bota-fogo, dispositivo para lançar fogo a uma peça, morrão
portfolio [pɔːtˈfəʊlɪəʊ] s. 1 (pasta para documentos) portfólio; 2 (dossier profissional) portfólio; 3 POLÍTICA [fig.] pasta ministerial; *the economics* ~ pasta da economia; *minister without* ~ ministro sem pasta; 4 ECONOMIA carteira; ~ *of shares* carteira de acções; 5 COMÉRCIO [form.] (produtos) gama, colecção, série
porthole ['pɔːthəʊl] s. 1 NÁUTICA, AERONÁUTICA vigia; 2 (carga, armas) escotilha; portinhola
portico ['pɔːtɪkəʊ] s. (pl. **-s** ou **-es**) ARQUITECTURA pórtico; tecto apoiado sobre colunas colocadas em intervalos regulares
portion ['pɔːʃən] Ⓐ s. 1 porção; parte; parcela; *a* ~ *of his money* uma parte do dinheiro dele; 2 (comida) dose, ração; 3 (bilhete) fracção; 4 (casamento) dote; 5 DIREITO legítima; quinhão; 6 LITERATURA destino, sorte; *hard life is our* ~ *here* o nosso destino aqui é uma vida dura Ⓑ v.tr. 1 dividir; distribuir; repartir [**among**/**between**, entre]; *the money was portioned out among the heirs* o dinheiro foi dividido entre os herdeiros; 2 [arc.] dar dote a
portioner ['pɔːʃənə] s. 1 porcionário; 2 beneficiado; 3 pessoa que recebe porção, dinheiro, rendas, etc.
portionless ['pɔːʃənləs] adj. 1 sem dote; 2 sem comparticipação numa propriedade
Portland ['pɔːtlənd] s.top. ❖ ~ *cement* cimento portland; ~ *stone* variedade de pedra calcária
Portlandian [pɔːtˈlændɪən] adj. GEOLOGIA portlandiano, portlândico
portliness ['pɔːtlɪnɪs] s. 1 corpulência; 2 porte majestoso; 3 imponência física
portly ['pɔːtlɪ] adj. (comp. **-ier**, superl. **-iest**) 1 corpulento; 2 com um porte majestoso; 3 com imponência física

portmanteau [pɔːtˈmæntəʊ] s. (pl. **-s** ou **-x**) mala grande de couro ❖ LINGUÍSTICA ~ **word** palavra fantasista formada por elementos de outras duas (por ex. *smog = smoke + fog; slithy= lithe + slimy*)

portoise [ˈpɔːtɔɪz] s. NÁUTICA alcatrate

portrait [ˈpɔːtrɪt] s. 1 ARTES PLÁSTICAS, FOTOGRAFIA retrato; *full-length/ half-length* ~ retrato de corpo inteiro/a meio corpo; *to have one's ~ taken/to sit for one's ~* tirar o retrato, mandar tirar o retrato; *to take sb's ~* tirar o retrato a alguém; **2** retrato, descrição, representação detalhada, pintura; **3** (formato de página) modo vertical, retrato ❖ PINTURA ~ *painter* retratista

portraitist [ˈpɔːtrɪtɪst] s. retratista

portraiture [ˈpɔːtrɪtʃə] s. **1** retrato; **2** acto de tirar o retrato; **3** colecção de retratos; **4** pintura, descrição animada

portray [pɔːˈtreɪ] v.tr. **1** pintar, retratar; **2** representar; **3** descrever; *he is a man difficult to* ~ é um homem difícil de descrever; **4** dar uma imagem de; **5** (personagem) representar, interpretar

portrayal [pɔːˈtreɪəl] s. **1** retrato; representação; evocação; ~ *of manners* pintura de costumes; **2** (actor) representação, interpretação

portrayer [pɔːˈtreɪə] s. pessoa que pinta, representa, descreve; pintor, retratista

portreeve [ˈpɔːtriːv] s. **1** burgomestre, antigo magistrado principal duma cidade ou burgo; **2** funcionário actualmente dependente do burgomestre ou magistrado principal de cidade ou burgo

portress [ˈpɔːtrɪs] s.f. (pl. **-es**) porteira

Port-Royalist [ˌpɔːtˈrɔɪəlɪst] s. jansenista; partidário da escola de Port-Royal

portside [ˈpɔːtsaɪd] adj.,adv. **1** na margem de um porto; **2** no lado de bombordo, para o lado de bombordo

Portuguese [ˌpɔːtʃʊˈɡiːz, ˌpɔːtjʊˈɡiːz] Ⓐ adj. português Ⓑ s. (língua, pessoa) português

portulaca [ˌpɔːtjʊˈleɪkə] s. BOTÂNICA portulaca

POS [abrev. de point of sale]

pose [pəʊz] Ⓐ s. **1** pose; postura; atitude; **2** [depr.] insinceridade, fingimento, afectação, pose; *without* ~ sem afectação; *what he does is mere* ~ aquilo que ele faz é mera pose Ⓑ v.tr.,intr. **1** (problema, questão) colocar, pôr; levantar; **2** fazer-se passar [**as**, por]; *to* ~ *as a scholar* fazer-se passar por letrado; **3** (ameaça, desafio) representar, constituir; **4** (opiniões) afirmar; emitir; **5** (pergunta) fazer; formular; **6** [ant.] confundir (alguém) com um problema, atrapalhar, embaraçar Ⓒ v.intr. **1** ARTES PLÁSTICAS, FOTOGRAFIA posar; **2** [depr.] dar-se ares; procurar dar nas vistas; armar-se

Poseidon [pəˈsaɪdən] s. MITOLOGIA Poseidon

poser [ˈpəʊzə] s. **1** problema ou questão complicada ou difícil; enigma; dilema; **2** [depr.] pessoa afectada, pretensioso

poseur [pəʊˈzɜː] s. **1** exibicionista, indivíduo que gosta de dar nas vistas; **2** pessoa afectada, pretensioso

posh [pɒʃ] Ⓐ adj. **1** [coloq.] elegante, fino, sofisticado, chique; **2** [coloq., depr.] (pessoa) *snob*, afectado, presunçoso Ⓑ adv. [coloq., depr.] como gente da alta; *to talk* ~ falar afectadamente, tentando parecer chique

◆ **posh up** v.tr. [coloq.] enfeitar; emperiquitar ❖ [coloq.] *to be all poshed up* estar todo emperiquitado

poshteen [pɒʃˈtiːn] s. casaco, capa de pele de carneiro

posit [ˈpɒzɪt] v.tr. **1** propor; **2** avançar como postulado; pressupor como um facto; **3** colocar, pôr, posicionar

position [pəˈzɪʃən] Ⓐ s. **1** (localização) posição, lugar, sítio; *in* ~ na posição devida; *out of* ~ fora da posição devida, fora do lugar; *to be out of* ~ não estar no sítio correcto; **2** (circunstâncias) situação, condições, posição; *cash* ~ situação da caixa; *financial* ~ situação financeira; *he was placed in an awkward* ~ ele ficou numa situação difícil; [irón.] *a nice* ~ *you are in!* estás numa boa alhada!; *that's not easy for a person in my* ~ isso não é fácil para uma pessoa na minha posição; *he is in a better* ~ *to judge* ele está em melhores condições para julgar; **3** posição social, situação social; *family of good* ~ família de boa posição social; *a high* ~ *in society* uma alta posição social; *a low* ~ *in society* uma baixa posição social; *people of* ~ pessoas de certa ou de alta posição social; **4** DESPORTO posição, lugar; **5** atitude; opinião, ponto de vista, posicionamento; *to take up a* ~ *on a question* tomar posição perante um problema; **6** MILITAR situação estratégica, posição; *to storm a* ~ atacar uma posição; *the two armies were manoeuvring for* ~ os dois exércitos estavam em manobras para alcançar a melhor posição; **7** cargo, posto, ocupação; *to get a* ~ conseguir uma ocupação oficial; *to hold a* ~ ocupar determinado cargo; **8** FILOSOFIA proposição, asserção, tese Ⓑ v.tr. **1** posicionar; colocar; **2** localizar; **3** determinar a posição de ❖ MILITAR ~ *artillery* artilharia pesada de campanha; ~ *paper* documento de orientação; RELIGIÃO *eastward* ~ posição do sacerdote em frente do altar quando voltado para oriente

positional [pəˈzɪʃənəl] adj. posicional; relativo a posição

positioned [pəˈzɪʃənd] adj. **1** situado; **2** colocado; **3** posto, posicionado

positioning [pəˈzɪʃənɪŋ] s. **1** posicionamento; **2** colocação em posição; **3** determinação de posição

positive [ˈpɒzɪtɪv] Ⓐ adj. **1** positivo, optimista; **2** evidente, inegável, indiscutível; ~ *proof* prova evidente; *a* ~ *miracle* um milagre indiscutível; **3** confiante, certo, seguro; *he was* ~ *he had seen your brother* ele tinha a certeza de ter visto o teu irmão; **4** categórico; terminante; afirmativo; *she was quite* ~ *on that point* ela era absolutamente categórica quanto a esse ponto; *don't be so positive!* não sejas tão categórico!; *to give sb* ~ *orders* dar ordens terminantes a alguém; ~ *tone of voice* tom de voz peremptório; *a* ~ *answer* uma resposta positiva, uma resposta afirmativa; **5** formal; ~ *statement* testemunho formal; **6** autêntico, real, concreto; *it's a* ~ *fact* é um facto autêntico; ~ *help* auxílio real; **7** absoluto; **8** com certas qualidades; **9** ELECTRICIDADE, FÍSICA, MATEMÁTICA, QUÍMICA positivo; (válvula electrónica) ~ *plate* placa positiva; ~ *charge* carga positiva; ~ *nucleus* núcleo positivo; ~ *pole* pólo positivo; ~ *number* número positivo Ⓑ s. **1** ELECTRICIDADE pólo positivo; **2** MATEMÁTICA número positivo; quantidade positiva; **3** LINGUÍSTICA (forma) afirmativa; *in the* ~ na afirmativa Ⓒ adv. positivamente; (análise, etc.) *to test* ~ dar resultado positivo; *to think* ~ ser positivo, ser optimista ❖ [GB] ~ *discrimination* discriminação positiva; ~ *drive* accionamento mecânico; conexão directa; ~ *electrode* ânodo; ~ *philosophy* filosofia positivista; ~ *theology* teologia dogmática; ~ *optical system* sistema óptico convergente; LINGUÍSTICA *the* ~ *degree* o grau positivo; *the* ~ *sign* o sinal +

positively [ˈpɒzɪtɪvlɪ] adv. **1** positivamente, afirmativamente; *to speak* ~ falar afirmativamente; **2** nitidamente, decididamente; **3** terminantemente, categoricamente; *she refused to see him* ela recusou-se categoricamente a vê-lo

positiveness [ˈpɒzɪtɪvnɪs] s. **1** certeza; **2** positividade; **3** convicção firme; **4** afirmação peremptória

positivism [ˈpɒzɪtɪvɪzəm] s. FILOSOFIA positivismo

positivist [ˈpɒzɪtɪvɪst] adj.,s. FILOSOFIA positivista

positivistic [ˌpɒzɪtɪˈvɪstɪk] adj. positivista

posnet [ˈpɒsnɪt] s. [arc.] pequeno vaso de três pernas

posological [ˌpɒsəˈlɒdʒɪkəl] adj. MEDICINA posológico

posology [pɒˈsɒlədʒɪ] s. MEDICINA posologia

posse [ˈpɒsɪ] s. **1** pelotão, força, corpo de polícia; **2** destacamento policial; **3** grupo armado; **4** grupo de pessoas ❖ [EUA] ~ *comitatus* grupo de homens acima dos 15 anos de idade que podem ser convocados para manter a ordem pública

possess [pəˈzes] v.tr. **1** possuir; ter; *all he possesses* tudo o que tem; **2** ter em sua posse; **3** (sexo) possuir; *to* ~ *a woman* possuir uma mulher; **4** gozar, fruir, desfrutar; **5** (medo, etc.) dominar; *to be possessed by...* ser dominado por...; **6** ocupar; **7** comandar ❖ *to* ~ *oneself* apoderar-se de; ~ *one's soul in patience* encher-se de paciência; *to be possessed by the demon* estar possuído; [coloq.] *what possessed you to do that?* que diabo te passou pela cabeça para fazeres isso?

possessed [pəˈzest] adj. **1** na posse [**of**, de]; proprietário [**of**, de]; **2** controlado; comedido; **3** possesso; possuído; endemoninhado; *like one* ~ como um possesso

possession [pəˈzeʃən] s. **1** posse; poder; *in full* ~ *of his faculties* em plena posse das suas faculdades; *right of* ~ direito de posse; *in* ~ *of* na posse de; *in the* ~ *of* em poder de; *to have sth in one's* ~ ter algo em seu poder; **2** propriedade; **3** (cargo) empossamento, tomada de posse; *to take* ~ *of* tomar posse de; **4** bem, coisa possuída; **5** fruição, gozo; **6** DESPORTO posse de bola; **7** pl. possessões, colónias; **8** pl. riqueza, haveres, posses; *to be a man of great possessions* ser um homem de muitas posses ❖ ~ *is nine points/tenths of the law* o principal é ocupar que a posse bem se demonstra; POLÍTICA *to be in* ~ *of the House* ter a palavra

possessive [pəˈzesɪv] Ⓐ adj. 1 (pessoa) possessivo [**about**, em relação a]; 2 LINGUÍSTICA possessivo; ~ *adjective* adjectivo possessivo; ~ *case* caso possessivo; ~ *pronoun* pronome possessivo Ⓑ s. 1 LINGUÍSTICA (pronome, determinante, etc.) possessivo; 2 LINGUÍSTICA caso possessivo; genitivo

possessor [pəˈzesə] s. possuidor

possessorship [pəˈzesəʃɪp] s. posse

possessory [pəˈzesərɪ] adj. DIREITO possessório; ~ *action* acção possessória

posset [ˈpɒsɪt] s. bebida feita de leite quente, com cerveja, vinho, etc.

possibilist [pɒˈsɪbɪlɪst] s. 1 POLÍTICA possibilista, partidário do possibilismo; 2 socialista

possibility [ˌpɒsɪˈbɪlɪtɪ] s. (pl. -ies) 1 possibilidade [**of**, de]; *it cannot happen by any* ~ não há qualquer possibilidade de acontecer; *there is no* ~ *of* não há possibilidade de; *to consider the* ~ *of* considerar a possibilidade de; 2 eventualidade; *to foresee all the possibilities* estar pronto para todas as eventualidades; 3 pl. posssibilidades, potencial, potencialidades; *there are many possibilities in that scheme* esse plano tem muitas potencialidades ❖ *if by any* ~ se por acaso; *it's a distinct* ~ é bem possível; *within the range of* ~ dentro do possível

possible [ˈpɒsɪbəl] Ⓐ adj. 1 possível; *a* ~ *answer* uma resposta possível; *to get all the assistance* ~ conseguir todo o auxílio possível; *to read as many books as* ~ ler o maior número de livros possível; 2 exequível; 3 tolerável, aceitável, suportável; 4 razoável; 5 eventual, provável; *to insure against* ~ *accidents* fazer seguro contra riscos eventuais Ⓑ s. 1 possível; o máximo possível; *to do one's* ~ fazer todo o possível; *to do the utmost* ~ *to* fazer todos os possíveis para; 2 DESPORTO pl. selecção B; *a game between possibles and probables* um jogo entre a selecção B e a selecção A; 3 pl. candidatos que eventualmente poderão ser escolhidos ❖ *as far as* ~ na medida do possível; *as soon as* ~ o mais depressa possível; *if* ~ se for possível; *it's just* ~ não é totalmente impossível; *it's scarcely* ~ *to say...* mal se poderá dizer...; *everything is* ~ *to him who has the will* querer é poder

possibly [ˈpɒsɪblɪ] adv. 1 possivelmente; 2 talvez; ~ *not* talvez não ❖ *he said he would come as soon as he* ~ *could* ele disse que viria logo que pudesse; *I did all I* ~ *could* fiz tudo o que podia; *it can't* ~ *be true!* não pode ser!

possum [ˈpɒsəm] s. [coloq.] ⇒ **opossum** ❖ *to play* ~ fingir que se está morto; fingir que não se vê

post [pəʊst] Ⓐ s. 1 [GB] (serviço, estação postal) correio, correios; *take these letters to the* ~ leva estas cartas ao correio; *by* ~ pelo correio; *to put sth in the* ~ pôr alguma coisa no correio; 2 [GB] (cartas, encomendas, etc.) correio, correspondência; *has the* ~ *come yet?* o correio já veio?; 3 [GB] (correio) hora da recolha; hora da distribuição; 4 (madeira, metal, pedra) poste; 5 pilar, suporte, coluna; 6 posto; local de serviço; 7 MILITAR posto; *to be on* ~ estar de sentinela; 8 colocação, função, posto, cargo, emprego, posição; *to take up one's* ~ entrar em funções; *to hold the* ~ manter-se em funções; 9 DESPORTO (corrida) poste de chegada, linha de chegada; poste de partida; *the starting and winning* ~ a linha de partida e a linha de chegada; *to win on the* ~ ganhar sobre a linha da chegada; 10 DESPORTO (baliza) poste; 11 INFORMÁTICA (Internet) mensagem (num fórum, *newsgroup*, etc.); actualização; 12 lugar fortificado guarnecido de soldados ou militares; guarnição militar; 13 entreposto comercial; 14 HISTÓRIA (mensageiros) estação de muda de cavalos; 15 HISTÓRIA estafeta, mensageiro; 16 MILITAR toque de recolher; *the first* ~ o primeiro toque de recolher; *the last* ~ o último toque de recolher, toque executado como homenagem fúnebre; 17 (formato de papel) papel de 20 x 16 polegadas Ⓑ v.tr.,intr. 1 enviar pelo correio; pôr no correio; 2 (posto, função, trabalho) colocar, enviar; 3 (anúncio, cartaz, etc.) afixar; 4 INFORMÁTICA (mensagem electrónica) colocar, enviar, publicar; 5 (fiança) pagar; 6 MILITAR (posição de comando) designar, nomear; 7 INFORMÁTICA (base de dados, fórum, blogue) actualizar; 8 COMÉRCIO passar lançamento do diário para o livro-mestre, pôr (diário) em dia; 9 HISTÓRIA viajar em mala-posta; 10 [arc.] viajar rapidamente, viajar apressadamente Ⓒ adv. 1 com toda a rapidez; 2 pelo correio; 3 [ant.] em mala-posta; *to travel* ~ viajar em mala-posta ❖ (diligência) ~ *chaise* mala-posta; ~ *office* correio; correios; estação dos correios; ~ *office box* apartado; caixa postal; (corridas de cavalos) ~ *time* fim do período de apostas e início da corrida; [GB] [arc.] ~ *town* cidade com estação central dos correios; *general* ~ *office* correio-geral; estação central dos correios; *as deaf as a* ~ surdo como uma porta; [GB] *to be first past the* ~ ser o primeiro a conseguir (algo); *to keep sb posted* manter alguém informado; mandar notícias a alguém; contar as novidades a alguém; (funeral militar) *(to sound) the last* ~ (fazer soar) a última homenagem

✦ **post up** v.tr. afixar

postage [ˈpəʊstɪdʒ] s. porte; franquia ❖ ~ *and packing* despesas de envio; ~ *due* porteado; multa por insuficiência de franquia; ~ *free* isento de franquia; [EUA] ~ *meter* máquina de franquiar; ~ *paid* porte pago; ~ *rates* tarifas postais; ~ *stamp* selo do correio; *additional* ~ sobretaxa postal

postal [ˈpəʊstəl] adj. postal ❖ ~ *charges* despesas de franquia; ~ *code* código postal; ~ *order* vale postal; ~ *trade* comércio feito por correspondência; *Postal Union* União Postal; ~ *vote* voto por correspondência; ~ *wrapper* cinta para impressos; [EUA] ~ *zone* zona postal; *the Postal and Telegraph Services* os Correios e Telégrafos; [coloq.] (stress, fúria) *to go* ~ passar-se

postbag [ˈpəʊstbæg] s. 1 [GB] saco do correio, saco postal; 2 [GB] [coloq.] volume de correspondência recebida

postbox [ˈpəʊstbɒks] s. [GB] caixa do correio; marco de correio

postboy [ˈpəʊstbɔɪ] s. 1 [GB] [ant.] rapaz do correio; carteiro; mensageiro; estafeta; 2 [GB] postilhão $_{ant.}$

postcard [ˈpəʊstkɑːd] s. postal, bilhete postal; *picture* ~ bilhete postal ilustrado

post-classical [ˌpəʊstˈklæsɪkəl] adj. pós-clássico

postcode [ˈpəʊstkəʊd] s. [GB] código postal

postcoital [pəʊstˈkɔɪtl] adj. pós-coito, pós-coital ❖ ~ *contraception* contracepção pós-coital

postdate[1] [ˌpəʊstˈdeɪt] v.tr. pós-datar

postdate[2] [ˈpəʊstdeɪt] s. pós-data

post-diluvial [ˌpəʊstdɪˈluːvɪəl] adj. ⇒ **post-diluvian**

post-diluvian [ˌpəʊstdɪˈluːvjən] adj. pós-diluviano

postdoctoral [ˌpəʊstˈdɒktərəl] adj. (trabalho académico) (realizado em período) pós-doutoramento

posted [ˈpəʊstɪd] adj. com colunas, com pilares

post-entry [ˈpəʊstentrɪ] s. (alfândega) declaração adicional

poster [ˈpəʊstə] s. 1 (cartaz) póster; 2 pessoa que afixa cartazes, anúncios, etc.; 3 (râguebi) tentativa de marcação de bola que passa sobre um poste

postered [ˈpəʊstəd] adj. coberto de cartazes

poste restante [ˌpəʊstˈrestɒnt] s. posta-restante

posterior [pɒˈstɪərɪə] Ⓐ adj. posterior Ⓑ s. 1 nádegas; 2 [coloq.] traseiro, rabo

posteriority [pɒˌstɪərɪˈɒrɪtɪ] s. posterioridade

posteriorly [pɒˈstɪərɪəlɪ] adv. posteriormente

posterity [pɒˈsterɪtɪ] s. (pl. -ies) 1 posteridade; 2 gerações futuras; 3 descendentes

postern [ˈpəʊstəːn] s. 1 poterna, galeria subterrânea ou porta falsa em praça de guerra; 2 porta traseira

postface [ˈpəʊstfeɪs] s. posfácio

postfix[1] [ˈpəʊstfɪks] v.tr. LINGUÍSTICA sufixar, acrescentar um sufixo a

postfix[2] [ˈpəʊstfɪks] s. (pl. -es) LINGUÍSTICA sufixo

post-free [ˌpəʊstˈfriː] adj.,adv. [GB] com porte grátis

post-glacial [ˌpəʊstˈgleɪʃəl, ˌpəʊstˈgleɪsɪəl] adj. GEOLOGIA pós-glacial, pós-glaciário

postgraduate [ˌpəʊstˈgrædʒuət] Ⓐ adj. [GB] (ensino superior) de pós-graduação, pós-graduado; ~ *studies* estudos pós-graduados Ⓑ s. [GB] estudante de pós-graduação

posthaste [ˌpəʊstˈheɪst] adv. o mais rápido possível; para ontem

posthumous [ˈpɒstjʊməs] adj. póstumo

posthumously [ˈpɒstjʊməslɪ] adv. postumamente

posticous [pɒsˈtiːkəs] adj. BOTÂNICA postico, posterior, que está atrás

postil [ˈpɒstɪl] s. [arc.] apostila, nota marginal, comentário a texto da Escritura

postilion [pɒsˈtɪljən] s. postilhão

postillion [pɒsˈtɪljən] s. postilhão

post-impressionism [ˌpəʊstɪmˈpreʃnɪzəm] s. ARTES PLÁSTICAS pós-impressionismo

post-impressionist [ˌpəʊstɪmˈpreʃnɪst] adj.,s. ARTES PLÁSTICAS pós-impressionista

posting [ˈpəʊstɪŋ] s. **1** envio por correio; **2** (emprego) nomeação, transferência; **3** (contabilidade) lançamento

postliminy [ˌpəʊstˈlɪmɪnɪ] s. DIREITO pós-limínio, restituição de direitos civis

postlude [ˈpəʊstljuːd] s. MÚSICA poslúdio

post-luminescence [ˌpəʊstljʊmɪˈnesəns] s. ELECTRICIDADE luminescência residual

postman [ˈpəʊstmən] s. (pl. **-men**) carteiro, correio, distribuidor do correio

postmark [ˈpəʊstmɑːk] Ⓐ s. carimbo postal, carimbo de correio; *to bear the Lisbon* **~** ter carimbo de Lisboa Ⓑ v.tr. carimbar; *to be postmarked Lisbon* trazer o carimbo de Lisboa

postmaster [ˈpəʊstˌmɑːstə] s. **1** chefe dos correios; **2** (Oxford) bolseiro do Merton College ❖ *the Postmaster General* Director Geral dos Correios

postmastership [ˈpəʊstˌmɑːstəʃɪp] s. **1** cargo de Director Geral dos Correios, cargo de correio-mor; **2** (Oxford) bolsa no Merton College

postmeridian [ˌpəʊstməˈrɪdɪən] adj. **1** pós-meridiano; **2** posterior ao meio-dia

post meridiem [ˌpəʊstməˈrɪdɪəm] adv. [geralm. abreviado para *p. m.*] da parte de tarde; depois do meio-dia; *at two o'clock* **~** às duas da tarde

postmistress [ˈpəʊstmɪstrɪs] s.f. (pl. **-es**) (senhora) chefe dos correios

postmodern [ˌpəʊstˈmɒdən] adj. pós-moderno

postmodernism [ˌpəʊstˈmɒdənɪzəm] s. ARTES PLÁSTICAS, LITERATURA, FILOSOFIA pós-modernismo

postmodernist [ˌpəʊstˈmɒdənɪst] adj.,s. ARTES PLÁSTICAS, LITERATURA, FILOSOFIA pós-modernista

postmodernity [ˌpəʊstmɒˈdɜːnətɪ] s. pós-modernidade

postmortem [ˌpəʊstˈmɔːtəm] Ⓐ s. **1** autópsia; **2** [fig.] (depois de acontecimento) dissecação; análise minuciosa; exame rigoroso Ⓑ adj.,adv. **1** post mortem; depois da morte; **2** relativo à autópsia ❖ **~** *examination* autópsia; (acontecimento pouco positivo) *to hold/carry out a* **~** *on* escalpelizar; dissecar; esmiuçar; anatomizar

postnatal [ˌpəʊstˈneɪtəl] adj. pós-natal; posterior ao nascimento; pós-parto ❖ MEDICINA **~** *depression* depressão pós-parto; **~** *ward* serviço de maternidade

postnuptial [ˌpəʊstˈnʌpʃəl] adj. **1** pós-nupcial; **2** posterior ao casamento

post-obit [ˌpəʊstˈɒbɪt, ˌpəʊstˈəʊbɪt] Ⓐ adj. [ant.] que produz efeito depois da morte Ⓑ s. [ant.] valor pagável após a morte de alguém, de quem o devedor espera receber herança ❖ [ant.] **~** *bond* valor pagável após a morte de alguém, de quem o devedor espera receber herança

postoperative [ˌpəʊstˈɒpərətɪv] adj. MEDICINA pós-operatório

postpaid [ˌpəʊstˈpeɪd] adj.,adv. [EUA] com porte pago

postpalatal [ˌpəʊstˈpælətəl] adj. pós-palatal

postpartum [ˌpəʊstˈpɑːtəm] adj.,adv. pós-parto; pós-puerperal; **~** *depression* depressão pós-parto; **~** *fever* febre puerperal; **~** *psychosis* psicose pós-puerperal, psicose pós-parto

postponable [ˌpəʊstˈpəʊnəbəl] adj. adiável

postpone [ˌpəʊstˈpəʊn] v.tr.,intr. **1** adiar; **2** postergar; **3** pospor; **4** deixar para mais tarde; **5** procrastinar; **6** protelar; **7** considerar de menor importância; **8** subordinar; **9** tardar, demorar

postponement [ˌpəʊstˈpəʊnmənt] s. **1** adiamento; **2** postergação; **3** protelação; **4** demora; **5** preterição; **6** subordinação

postponer [ˌpəʊstˈpəʊnə] s. pessoa que adia, posterga, protela, etc.

postposition [ˌpəʊstpəˈzɪʃən] s. LINGUÍSTICA posposição

postpositive [ˌpəʊstˈpɒzɪtɪv] adj.,s. LINGUÍSTICA pospositivo

postprandial [ˌpəʊstˈprændɪəl] adj. pós-prandial; que se segue a uma refeição; **~** *eloquence* a eloquência que se segue a uma boa refeição; **~** *nap* sesta depois do almoço

post-primary [ˌpəʊstˈpraɪmərɪ] adj. (escola) depois da escola primária

postproduction [ˌpəʊstprəˈdʌkʃən] s. pós-produção

post-scoring [ˌpəʊstˈskɔːrɪŋ] s. sonorização (de filme mudo)

postscript [ˈpəʊstˌskrɪpt] s. pós-escrito

post-traumatic [ˌpəʊstrɔːˈmætɪk] adj. pós-traumático ❖ **~** *stress disorder* stress pós-traumático

postulant [ˈpɒstjʊlənt] s. postulante

postulate¹ [ˈpɒstjʊleɪt] v.tr.,intr. **1** exigir, reclamar, postular; **2** tomar como postulado; considerar como postulado

postulate² [ˈpɒstjʊlət] s. **1** postulado; **2** axioma ❖ GEOMETRIA *Euclid's* **~** postulado de Euclides

postulation [ˌpɒstjʊˈleɪʃən] s. **1** requerimento, solicitação; **2** pressuposição, suposição; **3** postulado; **4** postulação

postulator [ˈpɒstjʊleɪtə] s. postulador; postulante

postural [ˈpɒstjʊrəl] adj. relativo a postura do corpo, atitude, aspecto físico, etc.

posture [ˈpɒstʃə] Ⓐ s. **1** postura; posição; porte; *a reclining* **~** uma posição reclinada; **2** atitude; posicionamento; modo de estar; comportamento; *to assume an easy* **~** tomar uma atitude cómoda; **3** estado, condição, situação Ⓑ v.intr. **1** assumir determinada atitude; **2** ser só pose; tomar uma atitude afectada Ⓒ v.tr. **1** colocar em determinada postura, colocar em determinada posição; **2** posicionar; **3** pôr em determinada atitude

posturer [ˈpɒstʃərə] s. pessoa que toma ou se coloca em determinada atitude

posturing [ˈpɒstʃərɪŋ] s. **1** posicionamento; **2** atitude

posturize [ˈpɒstʃəraɪz] v.intr. **1** tomar determinada atitude; **2** assumir determinada pose; **3** tomar uma atitude afectada

post-war [ˌpəʊstˈwɔː] adj. do após-guerra

postwoman [ˈpəʊstwʊmən] s.f. mulher-carteiro

posy [ˈpəʊzɪ] s. (pl. **-ies**) **1** ramo de flores; **2** [arc.] moto breve, frase ou verso inscrito dentro dum anel

pot [pɒt] Ⓐ s. **1** tacho, caçarola; **2** frasco; pote; *a* **~** *of honey* um pote de mel; *glue* **~** frasco de cola; *jam* **~** frasco de compota; **3** (plantas) vaso; **4** bule; cafeteira; **5** cântaro; púcaro; **6** caldeirão; **7** (prato, recipiente, etc.) objecto de barro, peça de olaria; **8** cadinho; **9** [coloq.] barriga grande, pança,pop; **10** [coloq.] bacio, pote, penico; **11** [EUA] [cal.] marijuana, erva,coloq; **12** (jogo) aposta; **13** [coloq.] vaquinha; **14** (pesca) rede lagosteira; nassa; covo para apanhar enguias; **15** [coloq.] (prémio) troféu; taça; **16** tubo de chaminé; **17** (bilhar) acto de acertar no buraco; **18** tiro (a ave ou a outro animal) muito perto, sem grande cuidado na pontaria, tiro dado sobre alvo muito próximo; **19** [Esc.] buraco fundo; **20** *pl.* [coloq.] (grande quantidade) montes, rios, uma pipa; *to have pots of money* ter montes de dinheiro; *to make pots of money* ganhar um dinheirão, ganhar rios de dinheiro Ⓑ v.tr. (particípios: **-tt-**) **1** (comida) meter num recipiente, meter num frasco (para guardar e conservar); **2** plantar em vaso; **3** matar caça para comer (sem intuitos desportivos); *to* **~** *rabbits* caçar coelhos para comer; **4** atirar de perto; **5** (olaria) dar forma a, moldar; **6** (bilhar) acertar no buraco; **7** obter, conseguir ❖ [ant.] **~** *companion* amigo de bebida; **~** *hat* casco; chapéu de coco; **~** *herb* hortaliça; **~** *lid* testo; (lenda) **~** *of gold* pote/caldeirão de ouro (no fim do arco-íris); [GB] **~** *plant* planta de interior; **~** *still* alambique para uísque (aquecido directamente pela chama); *pots and pans* trem de cozinha; *the* **~** *calling/calls the kettle black* rise-o roto do esfarrapado; diz o nu para o roto; diz o tacho à sertã: chega-te para lá, não me enfarrusques; [coloq.] *to go to* **~** arruinar-se; inutilizar-se; *to keep the* **~** *boiling* ganhar para viver; manter em actividade; *to put a quart into a pint* **~** tentar aquilo que não é possível; tentar meter o Rossio na Betesga; [coloq.] *to throw sth into the* **~** lançar algo para discussão

potability [ˌpəʊtəˈbɪlɪtɪ] s. potabilidade

potable [ˈpəʊtəbəl] adj. potável

potables [ˈpəʊtəblz] s.pl. bebidas

potamic [pəˈtæmɪk] adj. fluvial

potamology [ˌpəʊtəˈmɒlədʒɪ] s. potamologia

potash [ˈpɒtæʃ] s. **1** QUÍMICA potassa; **2** QUÍMICA carbonato de potássio; **3** QUÍMICA potassa cáustica, hidróxido de potássio ❖ MINERALOGIA **~** *feldspar* feldspato potássico; ortóclase; **~** *soap* sabão de potassa; *caustic* **~** potassa cáustica; hidróxido de potássio; *permanganate of* **~** permanganato de potassa

potassic [pəˈtæsɪk] adj. potássico; **~** *fertilizer* adubo potássico

potassium [pəˈtæsɪəm] Ⓐ s. QUÍMICA (elemento químico) potássio Ⓑ adj. de potássio; **~** *acetate* acetato de potássio; **~** *bicarbonate* bicarbonato de potássio; ~ *bromide* brometo de potássio; ~ *carbonate* carbonato de potássio; ~ *chlorate* clorato de potássio; ~ *cyanide* cianeto de potássio; ~ *diphosphate* bifosfato de potássio; ~ *feldspar* feldspato potássico; ~ *hydrate* hidrato de potássio; ~ *iodate* iodato de potássio; ~ *iodide* iodeto de potássio; ~ *perchlorate* perclorato de potássio; ~ *phosphate* fosfato de potássio; ~ *salt* sal de potássio

potation [pəʊˈteɪʃən] s. 1 bebida; 2 *pl.* libações; *liberal potations* largas libações

potato [pəˈteɪtəʊ] s. ⟨*pl.* -es⟩ 1 BOTÂNICA, CULINÁRIA batata; *boiled/baked/fried potatoes* batatas cozidas/assadas/fritas; 2 BOTÂNICA batateira ❖ CULINÁRIA ~ *ball* croquete de batata; ZOOLOGIA ~ *beetle/~ bug* escaravelho da batata; ~ *blight* míldio da batateira; [EUA] ~ *chip* batata frita (de pacote); ~ *flour* fécula de batata; ~ *harvester* máquina de apanhar batatas; ~ *masher* esmagador de batata; ~ *starch* fécula de batata; *hot* ~ assunto delicado; [EUA] *small potatoes* algo pouco importante; pessoa insignificante; quantia irrisória

potbellied [ˈpɒtbelɪd] adj. 1 [coloq.] pançudo, barrigudo; *to get* ~ ficar barrigudo; 2 com a barriga inchada

potbelly [ˈpɒtˌbelɪ] s. ⟨*pl.* -ies⟩ 1 [coloq.] (barriga grande) pança*pop*; 2 (desnutrição) barriga inchada; 3 (barrigudo) pançudo

potboiler [ˈpɒtbɔɪlə] s. 1 livro ou publicação lançada no mercado só com o objectivo de ganhar dinheiro; 2 quadro pintado só com o objectivo de ganhar dinheiro

pot-bound [ˈpɒtbaʊnd] adj. (planta) apertada no vaso

potboy [ˈpɒtbɔɪ] s. [arc.] rapaz ajudante de taberna ou bar

poteen [pəˈtiːn] s. uísque irlandês destilado clandestinamente

potence [ˈpəʊtəns] s. ⇒ **potency**

potency [ˈpəʊtənsɪ] s. 1 potência; 2 força; 3 energia; 4 poder; 5 autoridade; 6 capacidade convincente, força convincente

potent [ˈpəʊtənt] adj. 1 potente; 2 poderoso; 3 forte, enérgico; 4 convincente

potentate [ˈpəʊtənteɪt] s. potentado

potential [pəˈtenʃəl] Ⓐ adj. 1 potencial; ~ *energy* energia potencial; ~ *wealth* riqueza potencial; 2 em potência; ~ *criminals* criminosos em potência; 3 latente; virtual; *the* ~ *power of the people* o poder latente do povo; 4 possível; 5 LINGUÍSTICA potencial; *the* ~ *mood* o modo potencial Ⓑ s. 1 FÍSICA, LINGUÍSTICA potencial; 2 potência; 3 função potencial; 4 potencial; possibilidades; potencialidades; capacidades; *to have great* ~ ter muitas potencialidades; *to reach the highest* ~ realizar todas as potencialidades; *the* ~ *for* as possibilidades de ❖ ~ *change* mudança de potencial; (gráfico) ~ *curve* curva do potencial; ~ *difference* diferença de potencial; ~ *drop* queda de potencial; ELECTRICIDADE ~ *transformer* transformador de tensão; *to have no* ~ *for* não ter as competências necessárias para; não ser material de

potentiality [pəˌtenʃɪˈælɪtɪ] s. ⟨*pl.* -ies⟩ 1 potencialidade; 2 virtualidade; 3 força, potência; 4 *pl.* possibilidades

potentialize [pəˈtenʃəlaɪz] v.tr. 1 transformar (energia) numa potencialidade; 2 tornar potencial

potentiate [pəˈtenʃɪeɪt] v.tr. 1 dotar de energia, dotar de força; 2 tornar possível

potentiation [pəʊˌtenʃɪˈeɪʃn] s. potenciação

potentilla [ˌpəʊtənˈtɪlə] s. BOTÂNICA potentila, cinco-em-rama

potentiometer [pəʊˌtensɪˈɒmɪtə] s. ELECTRICIDADE potenciómetro ❖ ~ *rotor* rotor do potenciómetro; ~ *winding* enrolamento do potenciómetro

potentiometric [ˌpəʊtensɪəˈmetrɪk] adj. potenciométrico ❖ QUÍMICA ~ *titration* análise volumétrica potenciométrica

potently [ˈpəʊtəntlɪ] adv. 1 potentemente; 2 poderosamente; 3 fortemente; 4 convincentemente

potheen [pəʊˈθiːn] s. ⇒ **poteen**

pother [ˈpɒðə] Ⓐ s. 1 nuvem sufocante de fumo; 2 nuvem de pó; *to kick up a* ~ levantar uma nuvem de poeira; 3 barulho, ruído, confusão; algazarra, alvoroço; *all this* ~ *about nothing!* tanto barulho por nada!; 4 agitação; perturbação Ⓑ v.tr.intr. 1 perturbar, inquietar, atormentar; 2 incomodar-se, afligir-se; 3 fazer cenas

pothole [ˈpɒthəʊl] s. 1 buraco na estrada; 2 GEOLOGIA marmita-de-gigante, buraco profundo e cilíndrico aberto na rocha ou no leito rochoso dum rio

potholer [ˈpɒthəʊlə] s. DESPORTO espeleólogo

potholing [ˈpɒthəʊlɪŋ] s. DESPORTO espeleologia

pothook [ˈpɒthʊk] s. 1 (por cima do lume) cremalheira, gancho em forma de S (para segurar chaleiras, panelas, etc.); 2 (caligrafia) gancho; rabisco

pothouse [ˈpɒthaʊs] s. [ant.] taberna, tasca*cal*

pothunter [ˈpɒthʌntə] s. 1 [depr.] (caça) caçador profissional que procura o lucro e não o custo; 2 DESPORTO [coloq., depr.] caçador de troféus; 3 ARQUEOLOGIA arqueólogo amador

potichomania [ˌpɒtɪkəˈmeɪnɪə] s. imitação de porcelanas japonesas cobrindo a superfície interior de objectos de vidro com papel especial

potion [ˈpəʊʃən] s. 1 poção; filtro; *magic* ~ poção mágica; *amatory/love* ~ filtro amoroso; 2 [depr.] (medicamento) poção; remédio esquisito

potluck [pɒtˈlʌk] s. 1 (comida) o que houver para comer; *to take* ~ contentar-se com o que houver para comer; *come and take* ~ *with us* anda comer connosco, não fazemos cerimónia; 2 [EUA] jantar de multa*fig*; 3 [fig.] o que há; *to take* ~ ficar com o que vier à rede*fig*

potpourri [ˌpəʊˈpʊrɪ] s. MÚSICA pot-pourri

potsherd [ˈpɒtʃɜːd] s. 1 [arc.] caco; 2 bocado de louça partida

potshot [ˈpɒtʃɒt] s. 1 tiro a olho (sem fazer pontaria); *to take* ~ *at...* atirar a olho a...; 2 [fig.] crítica fácil; crítica gratuita; *to take* ~ *at...* atacar gratuitamente, não perder uma oportunidade de atacar

potstone [ˈpɒtstəʊn] s. MINERALOGIA variedade de esteatite

pottage [ˈpɒtɪdʒ] s. CULINÁRIA sopa, caldo de carne e legumes

potted [ˈpɒtɪd] adj. 1 CULINÁRIA em conserva; 2 (planta) em vaso; 3 dentro de cântaro, púcaro ou outro recipiente; 4 [fig.] (história, relato) condensado; resumido ❖ CULINÁRIA ~ *food* conservas; [fig.] *a* ~ *lesson in* uma aula rápida de

potter [ˈpɒtə] Ⓐ s. oleiro; ceramista Ⓑ v.tr.intr. 1 andar dum lado para o outro, fazendo pouco; 2 proceder lentamente; *to* ~ *up to a place* dirigir-se indolentemente para um lugar; 3 perder tempo; *to* ~ *away one's time* desperdiçar o tempo ❖ ZOOLOGIA ~ *wasp* vespa-oleira; *potter's clay/earth* barro de oleiro/argila; [EUA] *potter's field* cemitério destinado aos pobres; *potter's lead* alquifol; *potter's ware* olaria; *potter's wheel* torno de oleiro

◆ **potter about/around** v.intr. [GB, Austr.] andar dum lado para o outro, sem fazer grande coisa

potterer [ˈpɒtərə] s. indolente, molengão

pottering [ˈpɒtərɪŋ] Ⓐ adj. 1 que se ocupa com ninharias ou futilidades; 2 banal, fútil Ⓑ s. 1 passatempo com ninharias; 2 desperdício de tempo

pottery [ˈpɒtərɪ] s. ⟨*pl.* -ies⟩ 1 (louça, actividade, arte) olaria; cerâmica; 2 (oficina, fábrica) olaria

potting [ˈpɒtɪŋ] s. 1 colocação de plantas em vaso; 2 acto de meter carne, peixe, etc. em qualquer recipiente; 3 acção de beber

pottle [ˈpɒtl] s. 1 [arc.] medida para líquidos equivalente a meio galão; 2 qualquer vaso ou recipiente com a capacidade de meio galão; 3 pequeno cesto para morangos, etc.

potto [ˈpɒtəʊ] s. ZOOLOGIA poto, determinado quadrúpede, originário da Índia, da família dos lémures

potty [ˈpɒtɪ] Ⓐ s. ⟨*pl.* -ies⟩ [coloq.] bacio, penico, pote Ⓑ adj. ⟨*comp.* -ier, *superl.* -iest⟩ 1 [coloq.] insignificante, pequenino, banal, trivial; ~ *details* pormenores insignificantes; 2 (pergunta) fácil de responder; (exame, prova) ~ *questions* perguntas de algibeira; 3 [coloq.] maluco; doido; obcecado; *he is* ~ *on the girl* ele está obcecado pela rapariga; *to go* ~ ficar maluco

pot-valiant [ˌpɒtˈvælɪənt] adj. corajoso à custa de bebidas alcoólicas

potwaller [ˈpɒtwɒlə] s. cidadão eleitor que tinha o direito de voto na sua qualidade de dono de uma casa (anteriormente a 1832)

potwalloper [ˈpɒtwɒləpə] s. 1 HISTÓRIA cidadão eleitor que tinha o direito de voto na sua qualidade de dono de uma casa (anteriormente a 1832); 2 NÁUTICA ajudante de cozinheiro

pouch [paʊtʃ] Ⓐ s. ⟨*pl.* -es⟩ 1 bolsa; algibeira trazida por fora da roupa; pequeno saco, saqueta; pochete; 2 ZOOLOGIA (marsupiais) bolsa abdominal; 3 ZOOLOGIA (esquilos, hamsters, etc.) bochecha, papo, bolsa (para guardar comida); 4 (munições) cartucheira;

5 [EUA] papo de olheiras; **6** [Esc.] bolso; **7** [arc.] bolsa de dinheiro Ⓑ *v.tr.,intr.* **1** meter numa bolsa; meter no bolso; **2** entufar-se, ficar com o aspecto duma bolsa; **3** (pássaro, peixe) engolir

pouched ['paʊtʃt] *adj.* em forma de saco

poudrette [pu'dret] *s.* excremento misturado com carvão

pouf [pʊf, pu:f] *s.* **1** VESTUÁRIO (chumaço) pufe; **2** (mobília) pufe; **3** (penteado) puxo

pouffe [pu:f] *s.* **1** (assento) pufe; **2** (toucado, armação) pufe; **3** [cal.] (homossexual) maricas

poulp [pu:lp] *s.* ZOOLOGIA polvo ou outro cefalópode

poulpe [pu:lp] *s.* ZOOLOGIA polvo ou outro cefalópode

poult [pəʊlt] *s.* **1** ZOOLOGIA frango; **2** peru muito novo; **3** faisão muito novo

poult-de-soie [pu:də'swa:] *s.* variedade de tecido de seda

poulterer ['pəʊltərə] *s.* negociante de galinhas e outras aves domésticas

poultice ['pəʊltɪs] Ⓐ *s.* cataplasma Ⓑ *v.tr.* aplicar um cataplasma em

poultry ['pəʊltrɪ] *s.* (galinhas, patos, gansos, perus, etc.) aves domésticas ❖ ~ *farmer* avicultor; criador de aves domésticas; ~ *farming* avicultura; criação de aves domésticas; ~ *house* galinheiro; ~ *man* negociante de aves domésticas; ~ *show* concurso de avicultura

pounce [paʊns] Ⓐ *v.tr.,intr.* **1** atacar subitamente [**on**, -]; **2** precipitar-se [**on**, sobre]; dar um salto [**on**, sobre]; **3** (presa) agarrar [**on**, -]; capturar [**on**, -]; **4** estresir; decalcar; *to ~ a pattern on the material* passar um desenho para o tecido Ⓑ *s.* **1** ataque súbito; **2** salto (para atacar); salto dado por ave de rapina sobre a presa; *to make a ~ on* dar um salto sobre, precipitar-se sobre; **3** (ave de rapina) garra; **4** carvão em pó para estresir, boneca para estresir; **5** pó fino empregado para secar tinta ❖ ~ *bag* boneca para estresir; ~ *box* areeiro; recipiente com areia fina ou pó especial para secar tinta

pouncet-box ['paʊnsɪtbɒks] *s.* [arc.] pequena caixa com tampo, perfurada, para perfume

pouncing-bag ['paʊnsɪŋbæg] *s.* boneca para estresir

pound [paʊnd] Ⓐ *s.* **1** (moeda) libra (símbolo £); *that cost me six pounds* isso custou-me seis libras; *two pounds a head* duas libras por cabeça; **2** (unidade de peso) libra (453,6 gramas); arrátel; *by the ~* por libra, por arrátel; **3** canil; abrigo para animais extraviados; *a dog ~* um recinto para cães extraviados; **4** depósito de mercadorias confiscadas; parque de veículos rebocados; **5** pancada; golpe; soco; murro forte; **6** baque, ruído forte; **7** (caça) posição difícil; **8** [arc.] (lugar) reclusão, prisão Ⓑ *v.tr.,intr.* **1** bater com os punhos, fazendo muito barulho, bater pesadamente; *to ~ on the door* bater pesadamente à porta; **2** socar, esmurrar, dar socos em; **3** caminhar pesadamente; *they pounded along the road* eles caminharam pesadamente ao longo da estrada; **4** (coração) bater muito depressa, disparar, esmagar o peito*fig.*; **5** esmagar, triturar, pisar, desfazer em pedaços pequenos; *to ~ sth to pieces* reduzir alguma coisa a bocados; *the waves pounded the wrecked ship to pieces* as ondas bateram no navio naufragado e desfizeram-no; **6** (música) bater ruidosamente, martelar ruidosamente; *who is pounding on the piano?* quem é que está aí a martelar no piano?; **7** MILITAR atacar continuamente; **8** [fig.] (ensinar) meter à força, meter, repetindo; *to ~ sth into sb's head* meter à força alguma coisa na cabeça de alguém; **9** [arc.] confiscar; **10** recolher gado extraviado num cercado comum, encurralar; *to ~ the field* levantar uma barreira intransponível à caça, encurralar caça ❖ ~ *cake* bolo feito com uma libra de cada um dos principais ingredientes; (pesca) ~ *net* cesto de rede para pesca miúda; ~ *note* nota de cinco libras; ~ *Scots* antiga libra escocesa (com o valor de 1 xelim e 8 *pence*); ~ *sign* símbolo da libra (£); ~ *sterling* libra esterlina; *a question of pounds, shillings and pence* uma questão de dinheiro; *in for a penny, in for a ~* perdido por cem, perdido por mil; *to get one's ~ of flesh* exigir tudo a que legalmente se tem direito; [arc.] *to pay twenty shillings in the ~* pagar na totalidade; pagar integralmente

◆ **pound away** *v.tr.* (instrumento musical, teclas, etc.) martelar, tocar com força

◆ **pound down** *v.tr.* **1** deitar abaixo, arrombar; **2** (pedra, etc.) triturar, britar, moer

◆ **pound out** *v.tr.* **1** (instrumento musical, teclas, etc.) martelar, tocar com força; *he pounded out the letter on the typewriter* ele lá conseguiu martelar a carta na máquina de escrever; **2** realizar com muito esforço

◆ **pound up** *v.tr.* ⇒ **pound down**

poundage ['paʊndɪdʒ] *s.* **1** comissão ou taxa de tanto por libra (quer esterlina, quer libra-peso); **2** percentagem sobre os lucros totais de qualquer empreendimento comercial paga como salário ao pessoal; **3** encurralamento de gado; **4** colocação de gado extraviado no cercado comum; **5** taxa a pagar pela utilização do cercado para gado extraviado

poundal ['paʊndl] *s.* poundal, unidade inglesa de força equivalente à força necessária para imprimir à massa de uma libra-peso a aceleração de um pé por segundo

pounder ['paʊndə] *s.* **1** mão de gral, mão de almofariz; pilão; **2** [geralm. em compostos] animal com o peso de (umas tantas) libras; pessoa que pesa (umas tantas) libras; *three-pounder trout* uma truta com o peso de três libras; **3** [geralm. em compostos] coisa com o valor de (umas tantas) libras; nota bancária no valor de (umas tantas) libras; pessoa que possui (umas tantas) libras; *a thousand-pounder* nota de mil libras, pessoa com um rendimento de mil libras; **4** [geralm. em compostos] arma que lança um projéctil com o peso de (umas tantas) libras; *a six-pounder* uma arma que lança um projéctil de seis libras

pound-foolish [paʊnd'fu:lɪʃ] *adj.* **1** pouco preocupado com grandes quantias; **2** pouco preocupado com coisas importantes ❖ *to be penny-wise and ~* poupar no pouco e gastar no muito

pounding ['paʊndɪŋ] *s.* **1** acção de pisar, triturar ou esmagar; trituração; **2** acto de caminhar pesadamente; **3** (coração) batidas fortes, palpitações, saltos; **4** (ondas) embate; **5** MILITAR batimento (de determinada posição); **6** golpes pesados; **7** sova, tareia

pour [pɔ:] Ⓐ *v.tr.,intr.* **1** deitar; ~ *yourself another cup of tea* sirva-se de outra chávena de chá; **2** (bebida) servir; **3** (líquido) derramar, entornar; **4** vazar; **5** (água, sangue, etc.) fluir, jorrar, manar; **6** cair em torrentes; *the water was pouring from the roof* a água caía do telhado em torrentes; **7** chover torrencialmente; *it's pouring* está a chover torrencialmente; **8** precipitar-se; **9** (animais, carros, pessoas) afluir; convergir; **10** (fumo) sair Ⓑ *s.* **1** [coloq.] (chuva torrencial) carga de água, grande aguaceiro; **2** (fundições) quantidade de metal fundente deitado de cada vez; **3** [cal.] festa promocional ❖ *it never rains but it pours* uma desgraça nunca vem só; *to ~ cold water on sth* deitar para baixo; desanimar; ser como um balde de água fria; *to ~ oil on the flames* deitar lenha na fogueira; *to ~ oil on troubled waters* deitar água na fervura; *to ~ scorn on* escarnecer de

◆ **pour away** *v.tr.* despejar; ~ *the water* despeja a água

◆ **pour down** *v.intr.* chover a cântaros; *it is pouring down* está a chover a cântaros

◆ **pour forth** *v.intr.* **1** chover*fig.*; aparecer, surgir em abundância; *invitations poured forth from everywhere* choveram convites de todo o lado; **2** jorrar; sair aos borbotões

◆ **pour in** Ⓐ *v.intr.* **1** entrar em torrentes; **2** afluir em massa; chegar de todos os lados Ⓑ *v.tr.* (bebida) deitar; servir; **3** investir; *the shareholders poured a lot of money into the company* os accionistas investiram muito dinheiro na empresa

◆ **pour into** *v.tr.* invadir; *the fans poured into the hotel* os fãs invadiram o hotel ❖ *to pour water into a sieve* fazer um trabalho inútil, trabalhar em vão; *to pour one's sorrows into someone's heart* desabafar com alguém, abrir-se com alguém

◆ **pour off** *v.tr.* **1** separar de; isolar de; **2** (líquido) decantar; *you have to ~ the wine* tens de decantar o vinho

◆ **pour out** Ⓐ *v.intr.* **1** jorrar; sair aos borbotões; **2** (pessoas, etc.) sair em massa Ⓑ *v.tr.* **1** (bebida) deitar, servir, encher; *he poured out a glass of wine* ele encheu um copo de vinho; **2** (líquido) despejar, derramar, entornar; **3** (pensamentos, sentimentos, etc.) desabafar, exprimir com franqueza; *she poured out her tale of misfortunes* ela desabafou connosco toda a sua triste história; *to ~ one's heart* abrir o coração ❖ (Bíblia) *to ~ gold* derramar ouro às mãos-cheias

pourer ['pɔ:rə] *s.* **1** objecto ou utensílio para deitar líquidos; **2** funil

pouring ['pɔ:rɪŋ] Ⓐ *adj.* (chuva) torrencial; *it was a ~ wet day* estava a chover torrencialmente Ⓑ *s.* 1 derramamento; 2 decantação; 3 (metal) vazamento ❖ (metalurgia) *~ gate* jito

pourpoint ['pɔ:pɔɪnt] *s.* [ant.] gibão acolchoado

poussette [pu'set] Ⓐ *s.* 1 determinada dança rural, na qual os pares dançam em roda com as mãos dadas; 2 acto de dançar em roda com as mãos dadas Ⓑ *v.intr.* dançar em roda com as mãos dadas

pout [paʊt] Ⓐ *s.* 1 (desagrado) beicinho; careta; 2 mau humor; amuo; *to be in the pouts* estar maldisposto, mostrar-se amuado; 3 ZOOLOGIA peixe parecido com o bacalhau Ⓑ *v.tr.,intr.* 1 fazer beicinho; mostrar má cara; 2 amuar

pouter ['paʊtə] *s.* 1 ZOOLOGIA pomba-papo-de-vento; 2 determinada variedade de pescada

pouting ['paʊtɪŋ] Ⓐ *adj.* 1 mal-humorado, maldisposto; 2 (lábio) saliente, que sobressai Ⓑ *s.* 1 beicinho, trejeito com os lábios em sinal de descontentamento, aborrecimento ou desdém; 2 mau humor, aborrecimento

poutingly ['paʊtɪŋlɪ] *adv.* 1 com má disposição; 2 a fazer beicinho

pouty ['paʊtɪ] *adj.* maldisposto, aborrecido, mal-humorado

poverty ['pɒvətɪ] *s.* 1 pobreza; necessidade; miséria; penúria; *abject/dire/grinding ~* pobreza extrema; *to be reduced to ~* estar reduzido à miséria; *to live in ~* viver na miséria; 2 pobreza, falta, carência, deficiência, aridez, escassez [**of**, de] ❖ *~ line/ ~ level* limiar de pobreza

poverty-stricken ['pɒvətɪˌstrɪkn] *adj.* (pessoa, local) em situação de miséria extrema

POW MILITAR [*abrev. de* prisoner of war]

powder ['paʊdə] Ⓐ *s.* 1 pó; *milk ~* leite em pó; *talcum ~* pó de talco; *to grind sth into a ~* moer algo até ficar em pó; *to reduce sth to a ~* reduzir algo a pó; 2 pó-de-arroz; 3 polvilho; 4 pólvora; 5 neve seca Ⓑ *v.tr.,intr.* 1 polvilhar; empoar; salpicar de pó, cobrir de pó; 2 pulverizar; triturar; reduzir a pó; 3 (ornamentar) polvilhar [**with**, com]; salpicar [**with**, de]; mosquear [**with**, com]; 4 deitar pó-de-arroz (em), empoar; *to ~ one's face* deitar pó-de-arroz no rosto, empoar o rosto ❖ *~ blue* azul de esmalte; *~ compact* estojo para pó-de-arroz; *~ flask* polvorinho; *~ horn* chifre empregado como polvorinho; *~ ink* tinta em pó; *~ keg* barril de pólvora; situação potencialmente violenta; *~ magazine* paiol; *~ mill* fábrica de pólvora; *~ puff* pompom; borla para deitar pó-de-arroz; *~ room* casa de banho; lavabo; *that's not worth ~ and shot* não vale a pena tentar isso; *to keep one's ~ dry* conservar-se pronto para todas as eventualidades; *to ~ one's nose* colocar pó-de-arroz; retocar a maquilhagem (isto é, ir à casa de banho); *to smell ~ for the first time* receber o baptismo de fogo; [EUA] [coloq.] *to take a ~* desaparecer; ir-se embora de repente e sem cerimónia; raspar-se; *to waste ~ and shot* perder o seu tempo

powdered ['paʊdəd] *adj.* 1 empoado, coberto de pó; 2 em pó; *~ asphalt* asfalto em pó; *~ coal* carvão em pó, pó de carvão; *~ milk* leite em pó; *~ sulphur* enxofre em pó; 3 reduzido a pó; pulverizado; triturado; 4 mosqueado, sarapintado; 5 polvilhado [**with**, de]; *~ with stars* polvilhado de estrelas ❖ *~ iron* limalha de ferro; *~ lead* limalha de chumbo

powderiness ['paʊdərɪnɪs] *s.* pulverulência

powdering ['paʊdərɪŋ] *s.* 1 acto de cobrir ou salpicar de pó; 2 empoamento; 3 redução a pó, pulverização

powdery ['paʊdərɪ] *adj.* 1 pulverulento, coberto de pó, pulvoroso; 2 cheio de pó; empoado; *a ~ face* um rosto todo empoado; 3 quebradiço, friável; 4 semelhante ao pó

power ['paʊə] Ⓐ *s.* 1 poder; poderio; domínio; controlo [**over**, sobre]; 2 (governo) poder; autoridade; comando; *the party in ~* o partido no poder; *to come to/get into ~* ir para o poder; *to seize ~* apoderar-se do comando; *military ~* poder militar; 3 (nação poderosa) potência; *a world ~* uma potência mundial; *the Great Powers* as grandes potências mundiais; 4 competência; jurisdição; direito; *to be beyond/outside one's ~* estar para além da sua capacidade; estar fora da sua competência; 5 capacidade; possibilidade; faculdade; dom; *mental powers* faculdades mentais; *he is a man of varied powers* ele é um homem com múltiplas aptidões; *to the utmost of one's ~* até ao máximo das suas capacidades; 6 força; vigor; energia; 7 ascendência; influência [**over**, sobre]; 8 energia, energia eléctrica, luz; electricidade; *electric ~* energia eléctrica; *nuclear ~* energia nuclear; *~ consumption* consumo de energia; *~ source* fonte de energia eléctrica; *~ supply* fornecimento de energia; 9 poder de ampliação; 10 MATEMÁTICA potência; *to the fourth ~* à quarta potência; 11 MATEMÁTICA expoente; 12 MECÂNICA potencial, potência, capacidade de trabalho; *effective ~* potência efectiva; 13 força motriz; 14 potestade, divindade, deus; *the powers above* os deuses; 15 RELIGIÃO potestade, anjo da sexta hierarquia; 16 [dial.] grande quantidade, porção, ror; *a ~ of people* uma porção de gente Ⓑ *v.tr.* 1 fornecer energia a, alimentar; 2 dar poder a; fortalecer; 3 accionar; 4 propulsar, impelir Ⓒ *v.intr.* agir energicamente ❖ *~ broker* eminência parda; *~ cable* cabo de electricidade; *~ cut/failure/outage* corte de electricidade; AERONÁUTICA *~ dive* mergulho feito sem desligar o motor; ELECTRICIDADE *~ load* consumo industrial; *~ mains* linha de transmissão de energia eléctrica; DIREITO *~ of attorney* procuração; *~ plant* central eléctrica; [GB] ELECTRICIDADE *~ point* tomada; *~ politics* política de força; *~ press/saw/shovel* prensa/ serra/escavadora mecânica; *~ station* central eléctrica; central de força motriz; *~ steering* direcção assistida; *~ struggle* luta pelo poder; *by every means in my ~* por todos os meios ao meu dispor; *full powers* plenos poderes; *it is not in my ~ (to do sth)* não está nas minhas possibilidades (fazer algo); *merciful powers!* céus!; [GB] *more ~ to your elbow!* felicidades!; força!; coragem!; *the powers of good/evil* os espíritos do bem/mal; as forças do bem/mal; os poderes do bem/mal; *the powers that be* as autoridades constituintes; *to do everything in one's ~ (to do sth)* fazer tudo o que estiver ao seu alcance (para fazer algo); [GB] [coloq.] *to do sb a ~ of good* fazer muito bem a alguém; *to have sb in one's ~* ter alguém em seu poder; ter alguém nas mãos; dominar alguém

◆ **power down** *v.tr.,intr.* INFORMÁTICA desligar
◆ **power up** *v.tr.,intr.* INFORMÁTICA ligar

powerboat ['paʊəbəʊt] *s.* barco a motor potente

powered ['paʊəd] *adj.* 1 com energia; 2 com potência; 3 equipado com motor

powerful ['paʊəfʊl] *adj.* 1 poderoso; *to become more ~* tornar-se mais poderoso; 2 potente, forte; *a ~ blow* uma pancada forte; 3 vigoroso; 4 eficaz, eficiente; 5 intenso; 6 (argumento, razão, etc.) convincente ❖ [coloq.] *a ~ lot of* uma quantidade valente de

powerfully ['paʊəfʊlɪ] *adv.* 1 poderosamente; 2 energicamente; 3 vigorosamente; 4 intensamente

powerfulness ['paʊəfʊlnɪs] *s.* 1 potência, força; 2 energia; 3 vigor

powerhouse ['paʊəhaʊs] *s.* 1 central eléctrica; 2 [fig.] núcleo de actividade; 3 [fig.] poço de energia

powerless ['paʊəlɪs] *adj.* 1 sem energia, sem força, sem vigor; 2 incapaz [**to**, de]; 3 sem qualquer acção, ineficaz; 4 sem autoridade; impotente

powerlessly ['paʊəlɪslɪ] *adv.* 1 impotentemente; 2 incapazmente; 3 ineficazmente; 4 debilmente

powerlessness ['paʊəlɪsnɪs] *s.* 1 falta de energia, falta de força; 2 falta de vigor; 3 fraqueza, impotência; 4 ineficácia, incapacidade

powerline ['paʊəlaɪn] *s.* fio de alta tensão

powerplant ['paʊəplɑ:nt] *s.* central eléctrica

pow-wow ['paʊaʊ] Ⓐ *s.* 1 (índios norte-americanos) cerimonial mágico; assembleia, reunião, conselho, consílio; 2 (índios norte-americanos) adivinho, feiticeiro; 3 [joc.] reunião; debate, troca de opiniões; 4 [EUA] comício político Ⓑ *v.intr.* 1 tomar parte numa reunião; reunir-se; 2 [coloq.] trocar opiniões; *to ~ about a subject* discutir um assunto, falar sobre um assunto; 3 [ant.] praticar a feitiçaria

pox [pɒks] *s.* 1 [coloq.] sífilis; *to get the ~* apanhar a sífilis; 2 MEDICINA varicela; 3 MEDICINA varíola ❖ [arc.] (fúria) *a ~ on you!* maldito sejas!

poxed [pɒkst] *adj.* sifilítico

poxy ['pɒksɪ] *adj.* (comp. *-ier,* superl. *-iest*) [coloq.] desprezível, detestável

pozzolana [ˌpɒtsə'lɑ:nə] *s.* MINERALOGIA pozolana

pozzuolana [ˌpɒtsʊə'lɑ:nə] *s.* MINERALOGIA pozolana

pp. [*abrev. de* pages]

PP Ⓐ [*abrev. de* Parish Priest] Ⓑ [*abrev. de* parcel post] Ⓒ [*abrev. de* past president] Ⓓ [*abrev. de* Pater Patriae (Father of his Country)]

PPC [*abrev. de* Pour prendre congé (to take leave)]

PPP Ⓐ INFORMÁTICA (Internet) [*abrev. de* Point to Point Protocol] PPP Ⓑ [*abrev. de* purchasing power parity]

PPS [*abrev. de* post postscriptum]

PQ [*abrev. de* Province of Quebec]

Pr. Ⓐ [*abrev. de* Prince] Ⓑ [*abrev. de* priest] Ⓒ [*abrev. de* preferred stock]

Pr QUÍMICA [*símbolo de* praseodymium]

PR Ⓐ POLÍTICA [*abrev. de* proportional representation] Ⓑ [*abrev. de* public relations] Ⓒ [*abrev. de* Puerto Rico]

PRA [*abrev. de* President of the Royal Academy]

praam [prɑːm] *s.* NÁUTICA prama, embarcação antiga de fundo chato

practicability [ˌpræktɪkəˈbɪlɪtɪ] *s.* **1** praticabilidade; **2** exequibilidade; **3** viabilidade

practicable [ˈpræktɪkəbl] *adj.* **1** praticável, exequível; **2** viável, que pode ser posto em prática; *those methods are not* ~ esses métodos não podem ser postos em prática; **3** realizável; **4** (caminho, estrada) transitável; **5** TEATRO (elemento cenográfico) real, que pode utilizar-se

practicableness [ˈpræktɪkəblnɪs] *s.* ⇒ **practicability**

practicably [ˈpræktɪkəblɪ] *adv.* **1** de maneira viável; **2** de modo praticável

practical [ˈpræktɪkəl] Ⓐ *adj.* **1** prático; concreto; pragmático; ~ *proposal* proposta de ordem prática; **2** real; ~ *dimension* dimensão real; **3** com experiência, experimentado; **4** realizável, exequível, viável, praticável; **5** útil; **6** eficaz; **7** habilidoso; destro; *he's got* ~ *hands* ele tem umas mãos habilidosas Ⓑ *s.* [coloq.] exame prático, aula prática ❖ ~ *chemistry* química aplicada; ~ *joke* brincadeira, partida; ~ *joker* farsante, farsista; ~ *man* artífice; ~ *nurse* enfermeira auxiliar; *with* ~ *unanimity* praticamente por unanimidade

practicality [ˌpræktɪˈkælɪtɪ] *s.* **1** exequibilidade, praticabilidade, viabilidade; **2** carácter prático; natureza prática; **3** espírito prático; pragmatismo; **4** *pl.* pormenores concretos; *technical practicalities* aspectos técnicos

practically [ˈpræktɪkəlɪ] *adv.* **1** praticamente; **2** sob um aspecto prático; **3** virtualmente; **4** por assim dizer

practicalness [ˈpræktɪkəlnɪs] *s.* ⇒ **practicality**

practice [ˈpræktɪs] Ⓐ *s.* **1** prática; *it takes years of* ~ isso exige muitos anos de prática; *he does it for* ~ ele faz isso para não perder a prática; **2** treino; exercício; *football* ~ treino de futebol; *target* ~ exercícios de tiro; **3** (acção habitual) costume, uso; regra; prática; *common* ~ prática corrente; **4** (médico, advogado) exercício duma profissão; *Dr. Smith is no longer in* ~ o Dr. Smith já não exerce clínica; *to retire from* ~ deixar de exercer; **5** (médico) consultório; clínica; **6** (advogado) escritório, gabinete de atendimento; **7** (médico, advogado) clientela; *Dr. Smith has a large* ~ o Dr. Smith tem uma grande clientela; **8** [arc.] artifício, artimanha, maquinação Ⓑ *v.tr.,intr.* [EUA] ⇒ **practise** ❖ ~ *flight* voo de treino; [EUA] ~ *teacher* estagiário; [EUA] ~ *teaching* estágio pedagógico; MEDICINA *general* ~ clínica geral; [GB] *teaching* ~ estágio pedagógico; ~ *makes perfect* prática e serás mestre; DIREITO ~ *of the court* actuação processual; *in* ~ na prática; *out of* ~ destreinado; fora de forma; *to get out of* ~ perder o treino; ficar destreinado; [ant.] *to make a* ~ *of* habituar-se a; ter por hábito; *to put sth into* ~ pôr algo em prática; concretizar algo

practician [prækˈtɪʃən] *s.* **1** trabalhador; **2** médico, clínico

practise [ˈpræktɪs] *v.tr.,intr.* **1** [GB] praticar; **2** pôr em prática; aplicar; **3** empregar; **4** estudar, exercitar(-se); *to* ~ *the piano* estudar piano; **5** DESPORTO treinar(-se); **6** (profissão) exercer; *to* ~ *medicine* exercer medicina; **7** (pessoa) abusar [on, de]; tirar proveito [on, de]; *to* ~ *on sb's credulity* abusar da credulidade de alguém; **8** [arc.] planear algum ardil, maquinar, intrigar ❖ *to* ~ *a religion* ser praticante de uma religião; *to* ~ *what you preach* dar o corpo ao manifesto

practised [ˈpræktɪst] *adj.* **1** experiente; experimentado; com experiência; com prática; *to be* ~ *in sth* ter prática/experiência em qualquer coisa; **2** hábil; **3** aprendido pela prática; **4** (olho, ouvido) educado

practiser [ˈpræktɪsə] *s.* **1** praticante, aquele que pratica, que põe em prática; **2** prático; **3** profissional

practising [ˈpræktɪsɪŋ] Ⓐ *adj.* **1** que pratica; **2** (profissão) no activo, em exercício, que exerce; *a* ~ *lawyer* um advogado no activo; **3** praticante; RELIGIÃO ~ *Catholic* católico praticante Ⓑ *s.* **1** prática; **2** exercício; **3** treino

practitioner [prækˈtɪʃnə] *s.* **1** profissional; **2** MEDICINA médico; *general* ~ médico de clínica geral; *local* ~ médico de bairro

praecocial [priːˈkəʊʃəl] *adj.* precoce, diz-se das aves que podem logo alimentar-se a si mesmas depois de saírem do ovo

praectorial [priːˈkɔːrɪəl] *adj.* pretorial

praemunire [priːmjuˈnaɪrɪ] *s.* DIREITO praemunire; *Statutes of* ~ estatutos de praemunire (publicados em Inglaterra a partir do séc. XV, e tendentes a evitar a intromissão da jurisdição eclesiástica no poder civil)

praenomen [priːˈnəʊmən] *s.* (Roma antiga) prenome, nome que precede o da família

praepostor [priːˈpɒstə] *s.* (escola) chefe de turma, aluno que ajuda a manter a disciplina

praetexta [priːˈtekstə] *s.* (Roma antiga) pretexta, toga branca orlada de púrpura

praetor [ˈpriːtə, ˈpriːtɔː] *s.* pretor, magistrado da antiga Roma

praetorian [priːˈtɔːrɪən] *adj.,s.* pretoriano

praetorium [priːˈtɔːrɪəm] *s.* pretório

praetorship [ˈpriːtəʃɪp] *s.* pretura, dignidade ou cargo de pretor

pragmatic [prægˈmætɪk] *adj.* pragmático ❖ HISTÓRIA ~ *sanction* pragmática sanção

pragmatical [prægˈmætɪkl] *adj.* **1** intrometido; **2** dogmático; **3** enfatuado; **4** FILOSOFIA pragmático

pragmatically [prægˈmætɪkəlɪ] *adv.* **1** pragmaticamente; **2** dogmaticamente; **3** de modo intrometido

pragmatics [prægˈmætɪks] *s.* pragmática

pragmatism [ˈprægmətɪzəm] *s.* **1** FILOSOFIA pragmatismo; **2** pedantismo; **3** dogmatismo; **4** presunção; **5** altivez

pragmatist [ˈprægmətɪst] *s.* FILOSOFIA pragmatista

pragmatize [ˈprægmətaɪz] *v.tr.* **1** representar como real; **2** racionalizar (um mito)

Prague [prɑːg] *s.top.* Praga

prairie [ˈpreərɪ] *s.* (planícies na América do Norte) pradaria ❖ ZOOLOGIA ~ *chicken/hen* galinha-das-pradarias; ZOOLOGIA ~ *dog* cão-da-pradaria; ~ *oyster* ovo cru condimentado e engolido com uma bebida alcoólica; ~ *schooner* carro grande, coberto de lona, usado pelos primeiros colonos norte-americanos ao penetrarem no Oeste; ZOOLOGIA ~ *wolf* coiote

praisable [ˈpreɪzəbl] *adj.* **1** que pode elogiar-se; **2** louvável

praise [preɪz] Ⓐ *s.* **1** elogio, aplauso, encómio; *to be worthy of* ~ ser digno de elogio; *they won high* ~ eles foram altamente elogiados; *what he did is beyond all* ~ o que ele fez está para além de todos os elogios; *to sound one's own praises* elogiar-se a si mesmo; **2** RELIGIÃO louvor, veneração, culto; **3** enaltecimento, exaltação, lisonja; *he is not given to* ~ ele é pouco inclinado à lisonja, ele não é dado a elogios; **4** glorificação Ⓑ *v.tr.* **1** elogiar; enaltecer; exaltar; *to* ~ *sb to the sky* elogiar alguém ao máximo, pôr alguém nos píncaros da Lua; **2** RELIGIÃO louvar; *to* ~ *God* louvar a Deus, entoar louvores a Deus; **3** aplaudir; **4** glorificar ❖ ~ *be!/*~ *be to God!* graças a Deus!; *in* ~ *of* em louvor de

praiseful [ˈpreɪzfʊl] *adj.* **1** laudatório, laudatício; **2** que encerra louvor

praisefully [ˈpreɪzfʊlɪ] *adv.* laudatoriamente

praisefulness [ˈpreɪzfʊlnɪs] *s.* carácter ou aspecto laudatório

praiseless [ˈpreɪzləs] *adj.* **1** sem louvor, sem elogios; **2** que não merece louvor, que não merece elogios

praiser [ˈpreɪzə] *s.* **1** louvador; **2** panegirista; **3** louvaminheiro

praiseworthily [ˈpreɪzwɜːðɪlɪ] *adv.* **1** de maneira louvável; **2** meritoriamente

praiseworthiness [ˈpreɪzwɜːðɪnɪs] *s.* **1** aspecto louvável; **2** carácter meritório

praiseworthy [ˈpreɪzwɜːðɪ] *adj.* digno de louvor, louvável

Prakrit [ˈprɑːkrɪt] *s.* (língua) prácrito

praline [ˈprɑːliːn] *s.* CULINÁRIA pralina, amêndoa coberta de açúcar

pram [præm] *s.* **1** [GB] carrinho de bebé; **2** NÁUTICA prama, embarcação antiga de fundo chato

prance [prɑːns] Ⓐ v.tr.,intr. 1 (cavalo) empinar-se; 2 (cavalo) fazer cabriolas; caracolar; curvetear; 3 (criança, etc.) saltitar, todo contente; 4 [depr.] (pessoa) pavonear-se; andar todo empertigado; caminhar com ar de grande importância Ⓑ s. 1 cabriola; 2 maneira arrogante de caminhar ❖ **to ~ with rage** pular de raiva

prancer ['prɑːnsə] s. cavalo que se empina, que curveteia

prancing ['prɑːnsɪŋ] Ⓐ adj. 1 que faz cabriolas, que se empina; 2 que se pavoneia ao andar, que caminha com grande arrogância Ⓑ s. 1 acção de se empinar ou caracolear; 2 maneira arrogante de caminhar

prandial ['prændɪəl] adj. [joc.] prandial; relativo ao jantar; **~ invitation** convite para jantar

prang [præŋ] v.tr. AERONÁUTICA [cal.] bombardear com êxito, acertar em cheio

prank [præŋk] Ⓐ s. 1 partida; **to play a ~ on sb** pregar uma partida a alguém; 2 traquinice; diabrura; travessura; **to play all sorts of pranks** pintar o sete, pintar o Diabo; 3 [fig.] funcionamento irregular de qualquer peça de maquinismo Ⓑ v.tr.,intr. 1 ornamentar, enfeitar, adornar; 2 revestir; 3 ataviar; 4 pavonear-se, exibir-se

prankish ['præŋkɪʃ] adj. 1 brincalhão, travesso, traquina, que gosta de pregar partidas; 2 MECÂNICA de funcionamento irregular

prankishly ['præŋkɪʃlɪ] adv. 1 de maneira brincalhona; 2 com um modo travesso

prankishness ['præŋkɪʃnɪs] s. espírito brincalhão, espírito travesso

prankster ['præŋkstə] s. 1 brincalhão; 2 [depr.] engraçadinho

prase [preɪz] s. MINERALOGIA prásio, variedade de quartzo

praseodymium [preɪzɪə'dɪmɪəm] s. QUÍMICA (elemento químico) praseodímio

prat [præt] Ⓐ s. 1 [cal.] imbecil, palerma, parvo; 2 [cal.] cu$_{cal.}$ Ⓑ v.intr. (particípios: -tt-) [cal.] armar-se em parvo

prate [preɪt] Ⓐ v.intr. 1 palrar, tagarelar, falar de mais; 2 dizer disparates [**on/about**, sobre]; 3 falar com jactância Ⓑ s. tagarelice; conversa tola

prater ['preɪtə] s. tagarela, palrador; pessoa que fala de mais

pratfall ['prætfɔːl] s. 1 [EUA] bate-cu$_{coloq.}$; 2 [fig.] gaffe, bacorada, deslize; **to take a ~** cometer uma gaffe

praties ['preɪtɪz] s.pl. [Irl.] [coloq.] batatas

pratincole ['prætɪŋkəʊl] s. ZOOLOGIA andorinha-dos-brejos

prating ['preɪtɪŋ] Ⓐ adj. tagarela, falador, palrador Ⓑ s. 1 tagarelice; 2 disparates, futilidades, frioleiras

pratique ['prætiːk] s. NÁUTICA prática, licença a um navio para comunicar com terra depois de ter estado em quarentena

prattle ['prætl] Ⓐ s. 1 tagarelice infantil, garrulice; 2 conversa oca, desprovida de sentido; 3 cavaqueira Ⓑ v.tr.,intr. 1 tagarelar como uma criança; 2 palrar; 3 dizer com volubilidade; 4 dizer mexericos; 5 murmurar

prattler ['prætlə] s. palrador, pessoa tagarela

prattling ['prætlɪŋ] Ⓐ adj. 1 tagarela, palrador; 2 (curso de água) murmurante Ⓑ s. 1 tagarelice; 2 acção de palrar como as crianças; 3 grazinada, murmúrio

prawn [prɔːn] Ⓐ s. ZOOLOGIA camarão grande Ⓑ v.intr. andar à pesca de camarões ❖ **~ cocktail** salada de gambas; **~ crackers** hóstias de camarão

prawning ['prɔːnɪŋ] s. 1 pesca ao camarão; 2 pesca ao salmão, utilizando camarões grandes como isca

praxeological [præksɪə'lɒdʒɪkl] adj. praxeológico

praxeology [præksɪ'blədʒɪ] s. praxeologia

praxinoscope [præksɪnəskəʊp] s. praxinoscópio

praxis ['præksɪs] s. (pl. **praxes**) 1 prática; 2 costume, uso, praxe aceite; 3 LINGUÍSTICA série de exercícios para prática

Praxiteles [præk'sɪtɪliːz] s.antr. Praxíteles

pray [preɪ] v.tr.,intr. 1 rezar, orar [**for**, por]; **let us ~** oremos; **to ~ to God for** rezar a Deus por; 2 suplicar; implorar; pedir por favor; **I ~ you to think again of the matter** peço-lhe o favor de pensar outra vez no assunto; 3 esperar sinceramente [**that**, que] ❖ **he is past praying for** ele é um caso perdido; [ant.] **~ take a seat** faça o obséquio de se sentar; [ant.] **what do you want it for, pray?** para que deseja isso, faz favor?

prayer[1] ['preɪə] s. 1 oração, prece; reza; **~ for the dead** oração pelos defuntos; **the Lord's ~** oração do Pai-Nosso; **to be at one's prayers** estar a fazer as suas orações; 2 prece, rogo, súplica, petição; 3 desejo; esperança ❖ **~ beads** rosário; **~ book** livro de orações; (muçulmanos) **~ mat/rug** tapete para os joelhos quando se reza ajoelhado; **~ meeting/service** reunião para preces em comum; (judeus) **~ shawl** talete; **~ stool** genuflexório; (budistas tibetanos) **~ wheel** caixa cilíndrica giratória com orações gravadas; [coloq.] **I didn't have a ~** não tinha hipóteses nenhumas; HISTÓRIA **the Prayer Book** livro oficial de orações da Igreja Anglicana

prayer[2] ['preɪə] s. 1 aquele que reza; 2 aquele que suplica, suplicante

prayerful ['preəfʊl] adj. 1 piedoso, devoto; 2 religioso

prayerfully ['preəfʊlɪ] adv. piedosamente, devotamente

prayerfulness ['preəfʊlnɪs] s. 1 devoção, piedade; 2 religiosidade

pray-in ['preɪɪn] s. série de actos religiosos organizados por leigos em desafio da autoridade eclesiástica

praying ['preɪɪŋ] Ⓐ adj. que reza; que está a rezar Ⓑ s. oração, reza ❖ **~ desk** genuflexório; ZOOLOGIA **~ mantis** louva-a-deus

preach [priːtʃ] v.tr.,intr. 1 RELIGIÃO pregar; proclamar; anunciar em prédica ou sermão; **to ~ the gospel** pregar o evangelho; 2 (censura) fazer sermões; dar lições de moral; **stop preaching at me** pára de me pregar sermões; 3 exaltar, elogiar, recomendar, aconselhar, preconizar; orar Ⓑ s. [coloq.] sermão, reprimenda ❖ **it's no use preaching to a hungry man** não se prega o Evangelho a estômagos vazios

preachable ['priːtʃəbl] adj. que pode pregar-se, que pode preconizar-se

preacher ['priːtʃə] s. pregador, aquele que prega

preachify ['priːtʃɪfaɪ] v.intr. [coloq.] fazer sermões; armar-se em moralista

preachifying ['priːtʃɪfaɪɪŋ] s. acção de estar sempre a dar lições de moral

preaching ['priːtʃɪŋ] Ⓐ adj. que prega, pregador, predicante Ⓑ s. 1 pregação; 2 sermão, prédica; 3 [coloq., depr.] moralismos ❖ **~ friar** frade dominicano; **~ house** templo

preachment ['priːtʃmənt] s. 1 [depr.] mania de pregar sermões, mania das prédicas; 2 [depr.] recomendação ou conselhos maçadores

preachy ['priːtʃɪ] adj. (comp. **-ier**, superl. **-iest**) 1 [coloq.] moralista; cheio de razão$_{depr.}$; com tendência para o sermão; 2 [coloq.] maçador; enfadonho ❖ **a ~ preach** conversa moralista e aborrecida

pre-acquaint [priːə'kweɪnt] v.tr. informar antecipadamente

pre-acquaintance [priːə'kweɪntns] s. conhecimento antecipado

pre-acquainted [priːə'kweɪntɪd] adj. 1 já conhecedor; 2 com conhecimento antecipado

pre-adamic [priːə'dæmɪk] adj. ⇒ **pre-adamite**

pre-adamite [priː'ædəmaɪt] adj. pré-adamita

pre-adamitic [priːædə'mɪtɪk] adj. ⇒ **pre-adamite**

pre-admission [priːəd'mɪʃən] s. admissão antecipada (de valor, etc.)

preadmonish [priːəd'mɒnɪʃ] v.tr. prevenir, avisar com antecedência

preadmonition [priːædmə'nɪʃən] s. 1 aviso feito com antecedência; 2 prevenção feita com antecedência

preamble [priː'æmbəl] Ⓐ s. 1 preâmbulo; 2 prefácio; 3 introdução; 4 considerandos (de lei, decreto, etc.) Ⓑ v.tr.,intr. 1 prefaciar; 2 redigir o preâmbulo de; 3 expor os motivos de; 4 redigir considerandos; 5 articular observações prévias

preamplifier [priː'æmplɪfaɪə] s. RÁDIO, TELEVISÃO pré-amplificador

preamplifying [priː'æmplɪfaɪɪŋ] s. RÁDIO pré-amplificação

preannounce [priːə'naʊns] v.tr. anunciar com antecipação

preappoint [priːə'pɔɪnt] v.tr. designar antecipadamente

preapprehension [priːæprɪ'henʃən] s. pressentimento, ideia preconcebida

prearrange [priːə'reɪndʒ] v.tr. 1 preparar antecipadamente; 2 combinar previamente

preassurance [priːə'ʃʊərəns] s. garantia prévia

Preb. RELIGIÃO [abrev. de Prebendary]

prebend ['prebənd] s. 1 prebenda; 2 rendimento de canonicato; 3 benefício eclesiástico; 4 sinecura; 5 prebendário, prebendado

prebendal [prɪ'bendəl] *adj.* 1 relativo a prebenda; 2 prebendado
prebendary ['prebəndərɪ, 'prebəndərɪ] *s.* (*pl.* **-ies**) prebendário
precancerous [priː'kænsərəs] *adj.* pré-canceroso
precarious [prɪ'keərɪəs] *adj.* 1 precário; instável; 2 [form.] (conclusão, hipótese) incerto; pouco seguro; *a ~ conclusion* uma conclusão pouco segura; 3 em equilíbrio instável ❖ *to make a ~ living* mal ganhar para viver
precariously [prɪ'keərɪəslɪ] *adv.* de maneira precária; precariamente
precariousness [prɪ'keərɪəsnɪs] *s.* 1 precariedade; 2 incerteza; 3 insegurança
precast [ˌpriː'kɑːst] *adj.* pré-fundido
precative ['prekətɪv] *adj.* LINGUÍSTICA precativo
precatory ['prekətərɪ] *adj.* [form.] precatório, rogatório; *~ words* palavras das quais se pode concluir a vontade do testador
precaution [prɪ'kɔːʃən] *s.* 1 precaução; medida de precaução [**against**, contra]; *by way of ~* por uma questão de precaução; *to take precautions against* tomar precauções contra; 2 cautela; cuidado; *to take the ~ of* ter o cuidado de ❖ *take your umbrella as a ~* leva o guarda-chuva pelo sim, pelo não; *to take every ~* ser cuidadoso; salvaguardar-se ao máximo; (SEXO) *to take precautions* usar contraceptivos
precautionary [ˌprɪ'kɔːʃnərɪ, ˌprɪ'kɔːʃnerɪ] *adj.* 1 de precaução; 2 por precaução; 3 precautório
precautious [ˌprɪ'kɔːʃəs] *adj.* 1 cauteloso; 2 cheio de precauções; 3 precavido
precede [prɪ'siːd] *v.tr.,intr.* 1 preceder; anteceder; 2 ser mais importante do que; ter prioridade sobre; *such duties ~ all others* deveres desses têm prioridade sobre todos os outros; 3 fazer preceder ❖ *for a week preceding that day* durante a semana anterior àquele dia; *he preceded the lecture with words of welcome* ele pronunciou algumas palavras de boas-vindas antes da conferência
precedence ['presɪdəns] *s.* 1 precedência; *the order of ~* a ordem de precedência; *to have ~ over sb* ter precedência sobre alguém; *to yield ~ to* ceder a precedência a; 2 prioridade; primazia; superioridade; *such a thing takes ~ over everything else* uma coisa dessas tem prioridade sobre todas as outras; *to take ~ over* ter primazia sobre; 3 direito de precedência
precedency ['presɪdənsɪ] *s.* [rar.] ⇒ **precedence**
precedent[1] ['presɪdənt] *s.* 1 precedente; *to become a ~* constituir um precedente; *to create a ~* abrir um precedente; *it is without ~/there is no ~ for this* isto é algo sem precedentes; *to take sth as a ~* tomar qualquer coisa como um precedente; *to set a ~* estabelecer um precedente; 2 DIREITO decisão judiciária que abre precedente ❖ *to break with ~* quebrar a tradição; *without ~* sem precedentes; inédito; nunca visto
precedent[2] [prɪ'siːdənt, 'presɪdənt] *adj.* 1 precedente; 2 antecedente
precedented ['presɪdentɪd] *adj.* 1 com precedentes; 2 precedido por outros cargos iguais; 3 justificado por precedentes
precedential [ˌpresɪ'denʃəl] *adj.* que serve de precedente
precedently [prɪ'siːdəntlɪ] *adv.* 1 precedentemente; 2 anteriormente
preceding [prɪ'siːdɪŋ] *adj.* precedente, anterior
precent [prɪ'sent] *v.tr.,intr.* 1 dirigir o coro, oficiar como chantre; 2 entoar (salmo)
precentor [prɪ'sentə] *s.* 1 chantre, eclesiástico que dirige o coro numa colegiada; 2 [ant.] precentor
precentorial [ˌprɪsen'tɔːrɪəl] *adj.* relativo a chantre ou dirigente de coro
precentorship [prɪ'sentəʃɪp] *s.* chantria, chantrado
precept ['priːsept] *s.* 1 preceito; 2 norma; 3 máxima; ensinamento; 4 DIREITO ordem; mandado; 5 prescrição
preceptor [prɪ'septə] *s.* 1 preceptor; 2 professor, instrutor; 3 mentor
preceptorial [ˌprɪsep'tɔːrɪəl] Ⓐ *adj.* preceptorial; relativo a preceptor Ⓑ *s.* [EUA] (aula) seminário
preceptorship [prɪ'septəʃɪp] *s.* preceptorado
preceptory [prɪ'septərɪ] *s.* (*pl.* **-ies**) HISTÓRIA preceptoria, pequena comunidade de Templários
preceptress [prɪ'septrɪs] *s.f.* (*pl.* **-es**) preceptora
precession [prɪ'seʃən] *s.* ASTRONOMIA precessão (dos equinócios)

precessional [prɪ'seʃənəl] *adj.* ASTRONOMIA relativo a precessão
pre-Christian [ˌpriː'krɪstʃən] *adj.* pré-cristão
precinct ['priːsɪŋkt] *s.* 1 recinto; 2 precinto; 3 circuito; 4 [EUA] circunscrição eleitoral, distrito policial; 5 *pl.* arredores, limites
preciosity [ˌpreʃɪ'ɒsɪtɪ] *s.* (*pl.* **-ies**) 1 preciosismo (de linguagem); 2 afectação, maneirismo
precious ['preʃəs] Ⓐ *adj.* 1 precioso; valioso; *to be very ~ to* ser muito valioso para; 2 [irón.] querido; tão estimado; *your ~ car* o teu querido carrinho; 3 [depr.] afectado; amaneirado; presunçoso; 4 [coloq.] completo, perfeito, rematado; *to make a ~ mess of* fazer uma salgalhada completa de Ⓑ *s.* (termo carinhoso) amor, tesouro, vida Ⓒ *adv.* bastante; muito; extremamente; *to take ~ good care of* tomar muito cuidado com; *he has ~ little money* ele tem muito pouco dinheiro ❖ *~ metal* metal precioso; *~ stone* pedra preciosa
preciously ['preʃəslɪ] *adv.* 1 preciosamente; 2 com preciosismo; 3 afectadamente, amaneiradamente; 4 [coloq.] extremamente
preciousness ['preʃəsnɪs] *s.* 1 grande valia, grande valor; 2 preciosidade
precipice ['presɪpɪs] *s.* 1 precipício; abismo; *to fall over a ~* cair num precipício; 2 despenhadeiro, penhasco muito alto e escarpado
precipitability [prɪˌsɪpɪtə'bɪlɪtɪ] *s.* 1 FÍSICA, QUÍMICA grau de precipitação; 2 precipitabilidade
precipitable [prɪ'sɪpɪtəbəl] *adj.* FÍSICA, QUÍMICA precipitável
precipitance [prɪ'sɪpɪtəns] *s.* 1 precipitação; 2 acto impensado; 3 falta de reflexão; 4 pressa excessiva
precipitancy [prɪ'sɪpɪtənsɪ] *s.* 1 precipitação; 2 acto impensado; 3 falta de reflexão; 4 pressa excessiva
precipitant [prɪ'sɪpɪtənt] Ⓐ *adj.* precipitado, feito a correr Ⓑ *s.* QUÍMICA precipitante, reagente químico que provoca a precipitação
precipitate[1] [prɪ'sɪpɪtɪt] Ⓐ *s.* 1 QUÍMICA precipitado; *electrolytic ~* precipitado electrolítico; *to form a ~* formar um precipitado; 2 água de condensação Ⓑ *adj.* 1 precipitado, feito à pressa, feito a correr; *a ~ flight* uma fuga precipitada; *to be ~* ser precipitado; 2 impensado, irreflectido; 3 abrupto, súbito; 4 prematuro, imprudente
precipitate[2] [prɪ'sɪpɪteɪt] *v.tr.,intr.* 1 precipitar; *it precipitated his ruin* isso precipitou a ruína dele; 2 QUÍMICA precipitar-se, separar-se por precipitação; 3 METEOROLOGIA condensar, condensar-se; 4 lançar a um precipício; 5 [form.] (acontecimento, crise) desencadear; precipitar; acelerar; apressar
precipitated [prɪ'sɪpɪteɪtɪd] *adj.* QUÍMICA precipitado ❖ *~ sulphur* precipitado de enxofre
precipitately [prɪ'sɪpɪtɪtlɪ] *adv.* 1 precipitadamente; 2 apressadamente; 3 irreflectidamente
precipitating [prɪ'sɪpɪteɪtɪŋ] Ⓐ *adj.* QUÍMICA que provoca a precipitação; *~ agent* agente precipitador Ⓑ *s.* precipitação
precipitation [prɪˌsɪpɪ'teɪʃən] *s.* 1 precipitação, pressa excessiva; *to act with ~* agir precipitadamente; 2 acto irreflectido; 3 METEOROLOGIA, QUÍMICA precipitação ❖ *~ tank* recipiente de precipitação
precipitator [prɪ'sɪpɪteɪtə] *s.* 1 recipiente de precipitação; 2 precipitante, reagente químico que provoca a precipitação
precipitin [prɪ'sɪpɪtɪn] *s.* BIOLOGIA, QUÍMICA precipitina
precipitous [prɪ'sɪpɪtəs] *adj.* 1 alcantilado, íngreme, escarpado; 2 semelhante a precipício, precipitoso; 3 precipitado, irreflectido
precipitously [prɪ'sɪpɪtəslɪ] *adv.* 1 alcantiladamente, escarpadamente, duma maneira íngreme; 2 precipitadamente
precipitousness [prɪ'sɪpɪtəsnɪs] *s.* 1 aspecto íngreme e escarpado, ingremidade; 2 precipitação, pressa excessiva
précis ['preɪsiː] Ⓐ *s.* (*pl.* **précis**) 1 resumo, sumário; 2 epítome Ⓑ *v.tr.* resumir, fazer um resumo de
precise [prɪ'saɪs] *adj.* 1 preciso, exacto, certo; *~ measurements* medidas exactas; *~ movements* movimentos exactos, movimentos executados com precisão; 2 escrupuloso, exigente; 3 formalista; 4 minucioso, meticuloso; *he is a very ~ gentleman* ele é um senhor todo cheio de pontinhos, é todo minucioso ❖ MECÂNICA *~ adjustment* instrumento exacto; *~ instrument* instrumento de precisão

precisely [prɪ'saɪslɪ] adv. **1** precisamente, exactamente; ~ *so!* exactamente!, precisamente!; *this is ~ what I wouldn't like to have* isto é precisamente aquilo que eu não gostaria que acontecesse; **2** com precisão, com exactidão; **3** (tempo) em ponto; *at five o'clock ~* às cinco horas em ponto; **4** justamente; *that is ~ what I mean* é justamente isso o que estou a tentar dizer

preciseness [prɪ'saɪsnɪs] s. **1** precisão, exactidão; **2** meticulosidade

precisian [prɪ'sɪʒən] s. formalista, rigorista, puritano (sobretudo em coisas religiosas)

precisianism [prɪ'sɪʒənɪzəm] s. **1** formalismo; **2** rigorismo, puritanismo

precision [prɪ'sɪʒən] s. **1** precisão, exactidão; *lack of ~* falta de precisão, imprecisão; *with clinical ~* com precisão cirúrgica; **2** rigor; **3** justeza ❖ *~ balance* balança de precisão; (guerra) *~ bombing* bombardeamento cirúrgico; *~ instruments* instrumentos de precisão

precisionist [prɪ'sɪʒənɪst] s. purista, formalista

pre-cited [ˌpriː'saɪtɪd] adj. pré-citado

preclude [prɪ'kluːd] v.tr. **1** excluir; **2** evitar; *to ~ sth happening* evitar que algo suceda; **3** dissipar; pôr de parte; acabar com; *so as to ~ all doubt* para dissipar qualquer dúvida; **4** impedir [**from**, de]; impossibilitar [**from**, de]; *he was precluded from doing it* ele estava impossibilitado de fazer isso

preclusion [prɪ'kluːʒən] s. **1** impedimento; **2** impossibilidade; **3** exclusão

preclusive [prɪ'kluːsɪv] adj. **1** que impede; impeditivo; **2** que evita

precocious [prɪ'kəʊʃəs] adj. **1** precoce; *a ~ child* uma criança precoce; **2** com um desenvolvimento prematuro; **3** BOTÂNICA temporão, que floresce ou amadurece antes do tempo

precociously [prɪ'kəʊʃəslɪ] adv. precocemente

precociousness [prɪ'kəʊʃəsnɪs] s. precocidade

precocity [prɪ'kɒsɪtɪ] s. ⇒ **precociousness**

precognition [ˌpriːkɒɡ'nɪʃən] s. **1** conhecimento prévio; **2** precognição; **3** [Esc.] DIREITO interrogatório preliminar das testemunhas para verificar se há motivo para julgamento

precognosce [ˌpriːkɒɡ'nɒs] v.tr. [Esc.] DIREITO interrogar preliminarmente as testemunhas

pre-Columbian [ˌpriːkə'lʌmbɪən] adj. HISTÓRIA (civilizações, cultura) pré-colombiano

pre-combustion [ˌpriːkəm'bʌstʃən] s. pré-combustão

preconceive [ˌpriːkən'siːv] v.tr. preconceber ❖ *preconceived ideas* ideias preconcebidas; preconceitos

preconception [ˌpriːkən'sepʃən] s. preconceito, ideia preconcebida

preconcert [ˌpriːkən'sɜːt] v.tr. **1** combinar previamente; **2** ajustar antecipadamente

preconcerted [ˌpriːkən'sɜːtɪd] adj. combinado antecipadamente

precondemn [ˌpriːkən'dem] v.tr. **1** pré-condenar; **2** condenar antecipadamente

precondition [ˌpriːkən'dɪʃən] Ⓐ s. pré-requisito, condição prévia Ⓑ v.tr. sugestionar, condicionar, preparar mentalmente

preconization [ˌpriːkɒnaɪ'zeɪʃən] s. **1** RELIGIÃO preconização; **2** acto pelo qual o Papa anuncia a nomeação dos bispos; **3** anúncio público

preconize ['priːkənaɪz] v.tr. **1** fazer a preconização de (bispo); **2** preconizar; **3** recomendar publicamente, elogiar publicamente; **4** convocar pelo nome

preconizer ['priːkənaɪzə] s. preconizador, aquele que preconiza

preconizing ['priːkənaɪzɪŋ] s. preconização

precontract[1] [ˌpriː'kɒntrækt] s. contrato prévio

precontract[2] [ˌpriːkən'trækt] v.tr. contratar previamente

precooked [ˌpriː'kʊkt] adj. pré-cozinhado

precordial [ˌpriː'kɔːdɪəl] adj. ANATOMIA precordial ❖ MEDICINA *~ pain* precordialgia

precursive [ˌprɪ'kɜːsɪv] adj. ⇒ **precursory**

precursor [ˌprɪ'kɜːsə] s. **1** precursor; **2** predecessor; **3** antecessor; **4** pioneiro

precursory [ˌprɪ'kɜːsərɪ] adj. **1** precursor; **2** preliminar, prévio; **3** prenunciador ❖ *to be ~ of* anunciar, pressagiar, vaticinar

predacious [prə'deɪʃəs] adj. **1** próprio de ave de rapina, que vive da rapina; rapinante, rapace; **2** predatório

predacity [prɪ'dæsɪtɪ] s. rapinagem, instintos de ave de rapina

predate [ˌpriː'deɪt] v.tr. **1** antedatar; **2** preceder

predator ['predətə] s. predador

predatorily ['predətərɪlɪ] adv. **1** predatoriamente; **2** depredatoriamente, praticando a pilhagem

predatory ['predətərɪ] adj. **1** predatório, depredatório; **2** que pratica a pilhagem; **3** (animal) rapace, que ataca os outros

predecease [ˌpriːdɪ'siːs] v.tr. [form.] morrer antes de; anteceder na morte

predecessor ['priːdɪsesə, 'predɪsesər] s. **1** (cargo, função) predecessor, antecessor; **2** antepassado; **3** coisa que antecedeu outra; *that scheme will share the fate of its ~* esse plano há-de ter a mesma sorte daquele que o precedeu

predella [pre'delə] s. PINTURA predela, parte inferior de um quadro que representa uma série de temas ou um tema especial

predestinate[1] [prɪ'destɪneɪt] v.tr. predestinar

predestinate[2] [prɪ'destɪnɪt] adj. predestinado

predestination [prɪˌdestɪ'neɪʃən] s. predestinação

predestine [prɪ'destɪn] v.tr. **1** destinar antecipadamente, predeterminar; **2** RELIGIÃO ⇒ **predestinate**[1]

predeterminate [ˌpriːdɪ'tɜːmɪnɪt] adj. predeterminado

predetermination [ˌpriːdɪtɜːmɪ'neɪʃən] s. predeterminação

predetermine [ˌpriːdɪ'tɜːmɪn] v.tr. **1** determinar previamente, determinar antecipadamente, predeterminar; **2** inclinar a, predispor

predetermined [ˌpriːdɪ'tɜːmɪnd] adj. **1** determinado antecipadamente; **2** prefixo; **3** predeterminado

predetermining [ˌpriːdɪ'tɜːmɪnɪŋ] adj. predeterminante

predial ['priːdɪəl] Ⓐ adj. **1** rural, agrário; **2** (escravo) ligado à terra, preso à gleba Ⓑ s. servo da gleba

predicable ['predɪkəbəl] Ⓐ adj. **1** predicável; **2** afirmável Ⓑ s. **1** coisa afirmável, coisa predicável; **2** predicado

predicament [prɪ'dɪkəmənt] s. **1** situação difícil, aperto, apuro; *to be in an awkward ~* estar em apuros; **2** FILOSOFIA categoria, classe, predicamento; **3** pl. (Aristóteles) predicamentos

predicant ['predɪkənt] Ⓐ adj. predicante, pregador Ⓑ s. **1** frade pregador; **2** frade dominicano que se dedica à pregação

predicate[1] ['predɪkɪt] s. **1** LÓGICA predicado; **2** LINGUÍSTICA predicado (incluindo a cópula); **3** atributo; **4** qualidade

predicate[2] ['predɪkeɪt] v.tr. **1** afirmar; asseverar; *to ~ goodness or badness of sth/to ~ of sth that it is good or bad* afirmar que uma coisa é boa ou má; **2** LÓGICA afirmar acerca do sujeito; **3** pressupor; implicar

predication [ˌpredɪ'keɪʃən] s. **1** afirmação, asserção; **2** LINGUÍSTICA predicação; *verbs of incomplete ~* verbos de significação indefinida ou incompleta

predicative [prɪ'dɪkətɪv] adj. **1** afirmativo; **2** LINGUÍSTICA predicativo; *~ adjective* adjectivo predicativo

predicatively [prɪ'dɪkətɪvlɪ] adv. afirmativamente, predicativamente

predicatory [ˌpredɪ'keɪtərɪ] adj. predical; relativo a prédica

predict [prɪ'dɪkt] v.tr. **1** predizer; **2** profetizar; **3** vaticinar

predictability [prɪˌdɪktə'bɪlɪtɪ] s. previsibilidade

predictable [prɪ'dɪktəbəl] adj. previsível, profetizável, prognosticável

predictably [prɪ'dɪktəblɪ] adv. **1** previsivelmente; **2** como era de esperar; *predictably, she didn't say a word* como era de esperar, ela não contou nada

predicting [prɪ'dɪktɪŋ] s. **1** predição; **2** vaticínio

prediction [prɪ'dɪkʃən] s. **1** predição; **2** profecia

predictive [prɪ'dɪktɪv] adj. profético

predictively [prɪ'dɪktɪvlɪ] adv. profeticamente; de maneira profética

predictor [prɪ'dɪktə] s. aquele que prediz, aquele que vaticina, profeta

predikant [ˌpredɪ'kænt] s. [Áfr. do S.] predicante, padre protestante holandês

predilection [ˌpriːdɪ'lekʃən] s. predilecção, preferência [**for**, por]

prediscovery [ˌpriːdɪs'kʌvərɪ] s. descoberta prévia; pré-descoberta

predispose [ˌpriːdɪs'pəʊz] v.tr. **1** predispor [**to**, para]; **2** inclinar [**to**, para], preparar [**to**, para]

predisposed [ˌpriːdɪsˈpəʊzd] *adj.* predisposto [**to**, para]; com predisposição [**to**, para]; inclinado [**to**, a]; com tendência [**to**, para]; *to be ~ to vice* ter predisposição para o vício

predisposition [ˌpriːdɪspəˈzɪʃən] *s.* predisposição [**to/towards**, para]; inclinação [**to/towards**, para]; tendência [**to/towards**, para]; *~ to mercy* predisposição para a compaixão

predominance [prɪˈdɒmɪnəns] *s.* 1 predomínio; 2 preponderância

predominant [prɪˈdɒmɪnənt] *adj.* predominante; preponderante; *the ~ feature of sb's personality* o traço mais preponderante da personalidade de alguém

predominantly [prɪˈdɒmɪnəntlɪ] *adv.* 1 predominantemente; 2 preponderantemente

predominate [prɪˈdɒmɪneɪt] *v.tr.* 1 predominar; 2 prevalecer; 3 preponderar; 4 existir em maior quantidade ou intensidade

predominating [prɪˈdɒmɪneɪtɪŋ] *adj.* predominante

pre-election [ˌpriːɪˈlekʃən] *adj.* 1 antes da eleição, anterior à eleição; 2 pré-eleitoral

preemie [ˈpriːmɪ] *s.* [EUA] [coloq.] bebé prematuro

preeminence [prɪˈemɪnəns] *s.* 1 preeminência; 2 superioridade; 3 primado, primazia

preeminent [prɪˈemɪnənt] *adj.* 1 preeminente; 2 superior; 3 com primazia; 4 notável

preeminently [prɪˈemɪnəntlɪ] *adv.* 1 sobretudo; principalmente; acima de tudo; *he is ~ a statesman* ele é sobretudo um estadista; 2 preeminentemente; superiormente; notavelmente; extraordinariamente

preempt [prɪˈempt] *v.tr.* 1 antecipar-se a; impedir, prevenir; 2 DIREITO obter por preempção; 3 [EUA] ocupar (terrenos públicos) para ter o direito de preempção

preemption [prɪˈempʃən] *s.* DIREITO preempção, direito de preempção

preemptive [prɪˈemptɪv] *adj.* 1 de antecipação; de prevenção; *~ measures* medidas preventivas; 2 DIREITO relativo a preempção; *~ right* direito de preempção

preemptor [prɪˈemptə] *s.* aquele que compra, valendo-se do direito de preempção

preen [priːn] *v.tr.* 1 (ave) alisar, arranjar as penas com o bico; 2 (pessoa) ataviar-se, aperaltar-se; 3 [fig.] envaidecer-se

preengage [ˌpriːɪnˈgeɪdʒ] *v.tr.* 1 prender por compromisso anterior; *to be preengaged* estar já preso por qualquer compromisso tomado anteriormente; 2 ocupar previamente, captar previamente a atenção de; 3 (automóvel) engatar logo (velocidade)

pre-engineered [ˌpriːendʒɪˈnɪəd] *adj.* prefabricado

pre-establish [ˌpriːɪˈstæblɪʃ] *v.tr.* preestabelecer

pre-established [ˌpriːɪˈstæblɪʃt] *adj.* preestabelecido

pre-examination [ˌpriːɪgzæmɪˈneɪʃən] *s.* exame prévio

preexist [ˌpriːɪgˈzɪst] *v.intr.* preexistir

preexistence [ˌpriːɪgˈzɪstəns] *s.* preexistência

preexistent [ˌpriːɪgˈzɪstənt] *adj.* preexistente; *to be ~ to* ser preexistente a, existir antes de, preexistir a

pref. Ⓐ [*abrev. de* preface] Ⓑ [*abrev. de* prefatory] Ⓒ [*abrev. de* preference] Ⓓ [*abrev. de* preferred] Ⓔ [*abrev. de* prefix]

prefab [ˈpriːfæb] Ⓐ *s.* [EUA] [coloq.] casa prefabricada Ⓑ *v.tr.* [EUA] prefabricar

prefabricate [priːˈfæbrɪkeɪt] *v.tr.* prefabricar

prefabricated [priːˈfæbrɪkeɪtəd] *adj.* prefabricado; *~ house* casa prefabricada

prefabrication [ˌpriːfæbrɪˈkeɪʃən] *s.* prefabricação; fabrico prévio

preface [ˈprefɪs] Ⓐ *s.* 1 prefácio, introdução, preâmbulo [**to**, a]; 2 exórdio, prólogo [**to**, de]; 3 RELIGIÃO prefácio, parte da missa anterior ao cânone Ⓑ *v.tr.* 1 prefaciar; 2 fazer uma introdução a; 3 apresentar; 4 fazer preceder; *he prefaced his remarks with a sharp rap on the table* antes de começar a falar, deu uma pancada seca na mesa

prefatory [ˈprefətərɪ] *adj.* 1 relativo a prefácio ou a exórdio; 2 preliminar; prévio; preambular

prefect [ˈpriːfekt] *s.* 1 POLÍTICA prefeito; 2 [GB] (aluno) delegado; 3 HISTÓRIA chefe de uma prefeitura na Roma antiga; 4 (França) chefe de departamento; 5 (Paris) chefe da polícia; 6 RELIGIÃO superior de convento

prefectoral [prɪˈfektʃərəl] *adj.* ⇒ **prefectorial**

prefectorial [ˌpriːfekˈtɔːrɪəl] *adj.* prefeitoral

prefectship [ˈpriːfektʃɪp] *s.* prefeitura, cargo ou funções de prefeito

prefecture [ˈpriːfektjʊə] *s.* 1 prefeitura; 2 divisão administrativa governada por prefeito; 3 residência oficial do prefeito; 4 duração do cargo de prefeito

prefer [prɪˈfɜː] *v.tr.* ⟨*participios*: **-rr-**⟩ 1 preferir [**to**, a]; gostar mais de [**to**, do que de]; *I ~ this to that* eu prefiro isto àquilo; *I ~ walking to cycling* gosto mais de andar a pé do que de andar de bicicleta; 2 DIREITO (acção judicial) intentar; (queixa) apresentar [**against**, contra]; *to ~ a charge against sb* apresentar uma queixa contra alguém; 3 [arc.] (cargo) designar, elevar, promover, nomear ❖ *I would ~ not to* é melhor não

preferable [ˈprefərəbəl] *adj.* preferível

preferably [ˈprefərəblɪ] *adv.* de preferência, preferencialmente

preference [ˈprefərəns] *s.* 1 predilecção, preferência; *by ~* de preferência, por escolha; *in ~ to* de preferência a, preferentemente a; *to have a ~ for* gostar mais de; *what is your preference?* qual prefere?; 2 primazia, prioridade; *to give sth the ~ over sth else* dar a alguma coisa a primazia sobre outra; 3 DIREITO direito a receber certos pagamentos antes das outras pessoas; 4 *pl.* POLÍTICA sistema de votação por ordem de preferência ❖ FINANÇAS *~ shares/stock* acções privilegiadas

preferential [ˌprefəˈrenʃəl] *adj.* 1 preferencial; *~ duties* tarifas preferenciais; 2 privilegiado, especial; *~ creditor* credor privilegiado ❖ *~ right* privilégio; *~ treatment* tratamento especial

preferentially [ˌprefəˈrenʃəlɪ] *adv.* preferencialmente; de preferência

preferment [prɪˈfɜːmənt] *s.* nomeação, promoção a determinado cargo

preferred [prɪˈfɜːd] *adj.* 1 preferido; 2 com preferência ❖ (seguros) *~ risk* risco preferencial; FINANÇAS *~ stock* acções privilegiadas

prefiguration [ˌpriːfɪgjʊˈreɪʃən] *s.* prefiguração

prefigure [ˌpriːˈfɪgə] *v.tr.* 1 prefigurar, representar uma coisa futura; 2 imaginar antecipadamente, pressupor o que acontecerá

prefigurement [priːˈfɪgəmənt] *s.* prefiguração

prefix[1] [ˈpriːfɪks] *s.* ⟨*pl.* **-es**⟩ 1 LINGUÍSTICA prefixo; 2 (convenção) título; *a lot of people think they have a right to the ~ of "Dr"* muita gente julga ter direito ao título de doutor

prefix[2] [priːˈfɪks, ˈpriːfɪks] *v.tr.* 1 fazer preceder por, acrescentar (capítulo, parágrafo, etc.) como prefácio ou introdução; 2 acrescentar como prefixo, prefixar

prefixation [ˌpriːfɪkˈseɪʃən] *s.* LINGUÍSTICA prefixação

prefixed [ˈpriːfɪkst] *adj.* prefixo, prefixado

prefixion [priːˈfɪkʃən] *s.* LINGUÍSTICA prefixação, emprego de um prefixo

prefixture [priːˈfɪkstʃə] *s.* prefixação, emprego de prefixos

prefloration [ˌpriːflɔːˈreɪʃən] *s.* BOTÂNICA prefloração, preflorescência

prefoliation [ˌpriːfəʊlɪˈeɪʃən] *s.* BOTÂNICA prefoliação

preform [priːˈfɔːm] *v.tr.* preformar

preformation [ˌpriːfɔːˈmeɪʃən] *s.* BIOLOGIA pré-formação; *theory of ~* teoria da preformação

preformative [priːˈfɔːmətɪv] *adj.* 1 BIOLOGIA preformativo; 2 preformante, designativo de cada uma das letras ou sílabas que, nalgumas línguas semíticas, se antepõem ao radical dos verbos para indicar modificações de tempos, modos, vozes, etc.

preglacial [ˌpriːˈgleɪʃəl] *adj.* GEOLOGIA pré-glacial, pré-glaciário

pregnability [ˌpregnəˈbɪlɪtɪ] *s.* expugnabilidade

pregnable [ˈpregnəbəl] *adj.* 1 expugnável; 2 que pode conquistar-se à força de armas; 3 que pode expugnar-se

pregnancy [ˈpregnənsɪ] *s.* ⟨*pl.* **-ies**⟩ 1 (mulher) gravidez; *teenage ~* gravidez na adolescência; 2 (animal) prenhez; 3 gestação; 4 [fig.] importância, alcance, potencialidade ❖ *~ test* teste de gravidez

pregnant [ˈpregnənt] *adj.* 1 (mulher) grávida; *she is six months ~* ela está grávida de seis meses; *to get ~* engravidar; 2 (animal) prenhe; 3 [fig.] fértil; fecundo; 4 [fig.] cheio [**with**, de]; transbordante [**with**, de]; rico [**with**, em]; 5 sugestivo, significativo; 6 pleno de sentido; LINGUÍSTICA *~ construction* frase densa de significado, frase com mais sentido que aquele que as palavras parecem significar; 7 de grande alcance; *~ events* acontecimentos de grande alcance

pregnantly [ˈpregnəntlɪ] *adv.* 1 de uma forma cheia de significado; 2 sugestivamente; 3 cheio de sentido

preheat [ˌpriːˈhiːt] *v.tr.* pré-aquecer; aquecer previamente

preheater [ˌpriːˈhiːtə] s. aquecedor
preheating [ˌpriːˈhiːtɪŋ] s. pré-aquecimento; aquecimento prévio
prehensible [prɪˈhensəbəl] adj. preensível
prehensile [prɪˈhensaɪl] adj. ZOOLOGIA preênsil
prehensility [ˌprɪhenˈsɪlɪtɪ] s. preensilidade
prehension [prɪˈhenʃən] s. 1 preensão; 2 compreensão, apreensão
prehensive [prɪˈhensɪv] adj. preênsil
prehensorial [ˌprɪhenˈsɔːrɪəl] adj. ⇒ **prehensive**
prehensory [prɪˈhensərɪ] adj. ⇒ **prehensive**
prehistoric [ˌpriːhɪsˈtɒrɪk] adj. pré-histórico
prehistorical [ˌpriːhɪsˈtɒrɪkəl] adj. pré-histórico
prehistorically [ˌpriːhɪsˈtɒrɪklɪ] adv. pré-historicamente
prehistory [priːˈhɪstərɪ] s. pré-história
prehnite [ˈpreɪnaɪt] s. MINERALOGIA prenite
pre-ignition [ˌpriːɪgˈnɪʃən] s. pré-ignição
prejudge [ˌpriːˈdʒʌdʒ] v.tr. 1 pré-julgar; 2 julgar antecipadamente, sem aguardar a devida investigação ou legal julgamento; 3 formar um juízo prematuro de
prejudgment [priːˈdʒʌdʒmənt] s. 1 julgamento prematuro, julgamento antecipado; 2 preconceito, opinião preconcebida
prejudice [ˈpredʒudɪs] Ⓐ s. 1 preconceito, ideia preconcebida [**against**, contra]; *this is mere ~* isto é mero preconceito; 2 prevenção; 3 parcialidade; 4 DIREITO prejuízo, dano, perda; *to the ~ of* em prejuízo de, em detrimento de; *without ~ to* sem prejuízo de Ⓑ v.tr. 1 influenciar, predispor [**against/in favour of**, contra/a favor de]; *the whole story prejudiced him against you* toda essa história predispô-lo contra si; 2 DIREITO lesar, prejudicar, causar dano a; *to ~ sb's rights* prejudicar os direitos de alguém ❖ *racial ~* racismo
prejudiced [ˈpredʒudɪst] adj. 1 (pessoa) com preconceitos; preconceituoso 2 (ideia, opinião) preconcebido, parcial; *to be ~ against/in favour of* ter ideias preconcebidas contra/a favor de
prejudicial [ˌpredʒuˈdɪʃəl] adj. prejudicial, nocivo, pernicioso [**to**, para]
pre-judicial [ˌpriːdʒuːˈdɪʃəl] adj. DIREITO pré-judicial
prejudicially [ˌpredʒuˈdɪʃəlɪ] adv. 1 prejudicialmente; 2 perniciosamente
pre-knowledge [ˌpriːˈnɒlɪdʒ] s. FILOSOFIA pré-conhecimento, conhecimento anterior
prelacy [ˈpreləsɪ] Ⓐ s. (pl. **-ies**) 1 prelazia, prelatura; 2 cargo, dignidade ou jurisdição de prelado; 3 preladia Ⓑ s.colect. (pl. **-ies**) 1 os prelados; 2 o episcopado
prelate [ˈprelɪt] s. 1 prelado; 2 alto dignitário eclesiástico; 3 bispo; 4 patriarca; 5 HISTÓRIA abade ou prior
prelateship [ˈprelɪtʃɪp] s. prelazia, prelatura
prelatess [ˈprelɪtɪs] s.f. (pl. **-es**) prelada, abadessa, superiora de convento
prelatic [prɪˈlætɪk] adj. prelatício; relativo a prelado ou a prelazia
prelatical [prɪˈlætɪkəl] adj. ⇒ **prelatic**
prelatize [ˈprelətaɪz] v.tr. 1 colocar (a Igreja) sob o governo dos prelados; 2 hierarquizar (a Igreja)
prelature [ˈprelətʃə] s. prelatura
prelect [prɪˈlekt] v.intr. [form.] preleccionar, fazer prelecção [**upon**, sobre]
prelection [prɪˈlekʃən] s. 1 conferência; 2 aula universitária
prelector [prɪˈlektə] s. 1 prelector; 2 professor universitário
prelibation [ˌpriːlaɪˈbeɪʃən] s. prelibação, antegosto
prelim [ˈpriːlɪm] s. 1 [coloq.] exame de admissão, exame de aptidão, exame preliminar; *the medical ~* o exame de admissão à Faculdade de Medicina; 2 DESPORTO [coloq.] eliminatória; 3 pl. [coloq.] (livro) páginas iniciais
preliminarily [prɪˈlɪmɪnərɪlɪ] adv. preliminarmente
preliminary [prɪˈlɪmɪnərɪ] Ⓐ adj. 1 preliminar; preambular; 2 introdutório; 3 prévio; *without ~ advice* sem aviso prévio Ⓑ s. (pl. **-ies**) 1 preliminar; 2 preâmbulo; introdução; *by way of ~* como preâmbulo, a título de introdução; 3 prólogo; 4 pl. preliminares, prolegómenos ❖ *~ dressing* curativo de emergência; (escola) *~ examination* exame de admissão; DIREITO *~ hearing* audiência preliminar; DESPORTO *~ heat/round* eliminatória; DIREITO *~ investigation* investigação preparatória
preliterate [ˌpriːˈlɪtrɪt] adj. (sociedade) sem escrita

prelude [ˈpreljuːd] Ⓐ s. 1 prelúdio; 2 introdução; 3 prólogo; 4 proémio; 5 princípio; 6 MÚSICA prelúdio Ⓑ v.tr.,intr. 1 preludiar; servir como prelúdio a; 2 introduzir; 3 anteceder; 4 ceder; 5 deixar prever, pressagiar
preludial [prɪˈljuːdɪəl] adj. relativo a prelúdio
preludize [ˈpreljuːdaɪz] v.intr. MÚSICA tocar um prelúdio
prelusion [prɪˈljuːʒən] s. 1 prelúdio; 2 proémio; 3 introdução
prelusive [prɪˈljuːsɪv] adj. 1 preliminar; 2 introdutório
prelusively [prɪˈljuːsɪvlɪ] adv. 1 preliminarmente; 2 como prelúdio
prelusorily [prɪˈljuːsərɪlɪ] adv. ⇒ **prelusively**
prelusory [prɪˈljuːsərɪ] adj. ⇒ **prelusive**
premarital [priːˈmærɪtəl] adj. pré-marital; pré-matrimonial; pré-nupcial ❖ *~ sex* sexo antes do casamento; *~ contract* acordo pré-nupcial
premature [ˈpremətʃə, ˌpriːməˈtʃə] adj. 1 prematuro; *~ baby* bebé prematuro; 2 precoce; 3 antecipado; 4 extemporâneo, antes do tempo normal ❖ MEDICINA *~ ejaculation* ejaculação precoce
prematurely [ˈpremətʃəlɪ, ˌpriːməˈtʃəlɪ] adv. 1 prematuramente; 2 extemporaneamente
prematureness [ˈpremətʃənəs, ˌpriːməˈtʃənəs] s. prematuridade; carácter prematuro
prematurity [ˌpreməˈtʃʊərɪtɪ, ˌpriːməˈtʃʊərɪtɪ] s. prematuridade
premeditate [priːˈmedɪteɪt] v.tr. premeditar
premeditated [priːˈmedɪteɪtɪd] adj. premeditado; *a ~ murder* um assassínio premeditado
premeditation [ˌpriːmedɪˈteɪʃən] s. premeditação
premenstrual [priːˈmenstruəl] adj. pré-menstrual ❖ MEDICINA *~ syndrome* síndrome disfórica pré-menstrual; *~ tension* tensão pré-menstrual
premier [ˈpremɪə] Ⓐ adj. 1 principal, primeiro; *the ~ place* o lugar principal, o primeiro lugar; 2 melhor; mais importante Ⓑ s. 1 POLÍTICA primeiro-ministro; 2 POLÍTICA presidente do Conselho ❖ [Esc.] DESPORTO (futebol) *Premier Division* primeira divisão; [GB] DESPORTO (futebol) *Premier League* primeira divisão
première [ˈpremɪeə] Ⓐ s. TEATRO, CINEMA, TELEVISÃO estreia Ⓑ v.tr.,intr. estrear Ⓒ adj. 1 de primeira importância; 2 de primeira água
premiership [ˈpremɪəʃɪp] s. cargo ou funções de primeiro-ministro
premise [ˈpremɪs] Ⓐ s. 1 LÓGICA premissa; *major ~* premissa maior; *minor ~* premissa menor; 2 pl. instalações, local, edifício, prédio; *off the premises* fora do edifício; 3 pl. estabelecimento; *on the premises* no próprio estabelecimento, no estabelecimento; 4 pl. DIREITO o supradito, o supracitado, as coisas anteriormente referidas Ⓑ v.tr.,intr. 1 observar; 2 referir como introdução, escrever como prefácio ou apresentação; 3 pressupor; 4 estabelecer como premissa ❖ *on the ~ that...* partindo do princípio que...
premium [ˈpriːmɪəm] Ⓐ s. 1 (seguros) prémio; *return of ~* restituição de prémio de seguro; 2 suplemento; remuneração adicional; 3 COMÉRCIO brinde; 4 FINANÇAS ágio; *the ~ on gold* o ágio do ouro; 5 prémio, recompensa; *to put a ~ on* encorajar, dar um prémio por Ⓑ adj. 1 de grande qualidade; 2 (preço) muito alto ❖ [GB] FINANÇAS *~ bond* título de obrigação; [GB] (gasolina) *~ fuel* super; [EUA] (gasolina) *~ gasoline* super; *to be at a ~* ter uma grande procura; *to put a high ~ on* dar muita importância a
premolar [priːˈməʊlə] Ⓐ adj. pré-molar Ⓑ s. dente pré-molar
premonish [prɪˈmɒnɪʃ] v.tr. premunir, prevenir, avisar
premonition [ˌpreməˈnɪʃən] s. 1 premonição, pressentimento, presságio; 2 aviso; 3 indício
premonitory [prɪˈmɒnɪtərɪ] adj. 1 premonitório; 2 que se deve tomar como aviso
Premonstratensian [ˌpriːmɒnstrəˈtensɪən] adj.,s. 1 premonstratense; 2 membro da ordem dos premonstratenses ou norbertinos fundada em 1119 na localidade francesa de Prémontré
premorse [prɪˈmɔːs] adj. BOTÂNICA premorso
prenatal [ˌpriːˈneɪtəl] adj. [EUA] pré-natal
prenotion [priːˈnəʊʃən] s. 1 prenoção; 2 primeira noção; 3 preconceito
prentice [ˈprentɪs] s.,v.tr. [arc.] ⇒ **apprentice**; *~ hand* mão com pouco treino, mão de aprendiz

prenticeship ['prentɪʃɪp] s. [arc.] ⇒ **apprenticeship**
prenuptial [priːˈnʌpʃəl] adj. pré-nupcial ❖ ~ **agreement** acordo pré-nupcial
preoccupancy [priːˈɒkjʊpənsɪ] s. (pl. -ies) 1 ocupação prévia, ocupação anterior; 2 pré-ocupação; 3 direito de ocupação antes de outro
preoccupant [priːˈɒkjʊpənt] s. aquele que ocupa antes de outro
preoccupation [priːˌɒkjʊˈpeɪʃən] s. 1 preocupação, inquietação, desassossego; 2 preconceito; 3 pré-ocupação
preoccupied [priːˈɒkjʊpaɪd] adj. 1 preocupado [**with**, com]; 2 inquieto; apreensivo; 3 absorto; ensimesmado; 4 BIOLOGIA (nome científico) já utilizado
preoccupiedly [priːˈɒkjʊpaɪdlɪ] adv. 1 preocupadamente; 2 apreensivamente
preoccupy [priːˈɒkjʊpaɪ] v.tr. 1 preocupar; 2 inquietar; 3 causar preocupação a; 4 pré-ocupar, ocupar antes
preoperative [ˌpriːˈɒpərətɪv] adj. MEDICINA pré-operatório
preordain [priːɔːˈdeɪn] v.tr. 1 predeterminar, preordenar, ordenar antecipadamente; 2 determinar antecipadamente
preordained [priːɔːˈdeɪnd] adj. 1 predeterminado; 2 preordenado
prep ['prep] Ⓐ adj. [coloq.] preparatório Ⓑ s. 1 [coloq.] (escola) estudo; trabalhos de casa; 2 [EUA] MEDICINA preparação Ⓒ v.tr.,intr. (part. **-pp-**) 1 [coloq.] preparar(-se) [**for**, para]; 2 [EUA] MEDICINA fazer a preparação de; 3 [EUA] (escola) entrar numa classe preparatória ❖ ~ **room** sala de estudo; [GB] ~ **school** escola preparatória
prepaid [priːˈpeɪd] adj. 1 pré-pago; 2 com porte pago; *answer* ~ resposta com porte pago ❖ FINANÇAS ~ *interest* juros pré-pagos
preparation [ˌprepəˈreɪʃən] s. 1 preparação; *to be in* ~ estar em preparação; *he did it with no* ~ ele fez isso sem preparação; 2 CULINÁRIA preparado; 3 FARMÁCIA manipulado; *pharmaceutical* ~ manipulado farmacêutico; 4 (escola) trabalhos de casa, estudo; 5 pl. preparativos; *preparations for war* preparativos de guerra; *to make preparations for sth* tratar dos preparativos para algo ❖ *in* ~ *for sth* tendo em vista algo; como preparação para algo
preparative [prɪˈpærətɪv] Ⓐ adj. preparatório Ⓑ s. 1 [rar.] preparativo; 2 apresto; 3 sinal para preparar
preparatively [prɪˈpærətɪvlɪ] adv. como preparativo
preparator [prepəreɪtə] s. preparador
preparatorily [prɪˈpærətərɪlɪ] adv. preparatoriamente
preparatory [ˈprepəratərɪ, prɪˈpærətərɪ] Ⓐ adj. 1 preparatório; 2 preliminar; prévio; introdutório Ⓑ adv. 1 antes [**to**, de]; 2 pronto [**to**, a] ❖ [EUA] ~ *school* escola secundária privada; [GB] ~ *school* escola de ensino básico privada; MILITAR ~ *training* instrução pré-militar
prepare [prɪˈpeə] v.tr.,intr. 1 preparar [**for**, para]; *to* ~ *sb for* preparar alguém para; *they prepared a surprise for him* prepararam-lhe uma surpresa; 2 aprontar; 3 arranjar, aparelhar; 4 dispor; 5 elaborar; 6 manipular; 7 fabricar; 8 organizar; 9 fazer preparativos para; 10 preparar-se [**for**, para]; *to* ~ *for an examination* preparar-se para um exame; *to* ~ *one's lessons* preparar as aulas; *to* ~ *to depart* preparar-se para partir ❖ *great events are preparing* estão na forja grandes acontecimentos
prepared [prɪˈpeəd] adj. 1 preparado; *to be* ~ *for sth* estar preparado para alguma coisa; *to be* ~ *to do sth* estar preparado para fazer alguma coisa; 2 arranjado; 3 disposto [**to**, a]; 4 em condições [**to**, de]; 5 pronto [**to**, para] ❖ MÚSICA ~ *piano* piano preparado; *to be well* ~ *is half the battle* estar bem preparado é meio caminho andado
preparedly [prɪˈpeədlɪ] adv. 1 com preparação; 2 convenientemente preparado
preparedness [prɪˈpeədnɪs] s. 1 preparação; 2 prevenção; *to be in a state of* ~ estar de prevenção, estar preparado; 3 MILITAR prontidão
preparer [prɪˈpeərə] s. preparador; aquele que prepara
prepay [ˌpriːˈpeɪ] v.tr. 1 pagar adiantadamente; 2 franquiar, estampilhar
prepayable [ˌpriːˈpeɪəbəl] adj. 1 a pagar adiantadamente; 2 franquiável
prepayment [priːˈpeɪmənt] s. 1 pagamento prévio, pagamento adiantado; pré-pagamento; 2 acção de franquiar

prepense [prɪˈpens] adj. DIREITO intencional, com intenção; com premeditação, premeditadamente; deliberado
preponderance [prɪˈpɒndərəns] s. 1 preponderância [**over**, sobre]; 2 predomínio; 3 (superioridade numérica) maioria
preponderant [prɪˈpɒndərənt] adj. 1 preponderante; 2 predominante
preponderantly [prɪˈpɒndərəntlɪ] adv. 1 preponderantemente; 2 predominantemente
preponderate [prɪˈpɒndəreɪt] v.intr. 1 prevalecer, preponderar; 2 predominar; 3 pesar mais, ter mais importância ou significado; *the balance preponderated in his favour* a balança inclinou-se a seu favor; *those reasons* ~ *over all the others* essas razões pesam mais que todas as outras; 4 (superioridade numérica) estar em maioria
preponderating [prɪˈpɒndəreɪtɪŋ] adj. preponderante
preposition [ˌprepəˈzɪʃən] s. LINGUÍSTICA preposição
prepositional [ˌprepəˈzɪʃənəl] adj. prepositivo, preposicional ❖ LINGUÍSTICA ~ *phrase* locução prepositiva
prepositionally [ˌprepəˈzɪʃənəlɪ] adv. 1 prepositivamente; 2 preposicionalmente; 3 empregado como preposição
prepositive [prɪˈpɒzɪtɪv] adj. 1 prepositivo, que se põe antes; 2 que se prefixa
prepossess [ˌpriːpəˈzes] v.tr. 1 influenciar favoravelmente, convencer; *to* ~ *sb with an idea* convencer alguém de alguma coisa; 2 predispor, inclinar; *your letter prepossessed him in my favour* a sua carta dispô-lo a meu favor; 3 causar boa impressão em; 4 imbuir, inspirar; 5 tomar posse prévia de, ocupar antecipadamente
prepossessed [ˌpriːpəˈzest] adj. influenciado, predisposto; *to be* ~ *in sb's favour* estar predisposto para favorecer alguém, estar inclinado a favorecer alguém
prepossessing [ˌpriːpəˈzesɪŋ] adj. 1 (aspecto, pessoa) cativante, atraente, simpático, agradável; 2 que causa boa impressão
prepossessingly [ˌpriːpəˈzesɪŋlɪ] adv. 1 cativantemente, atraentemente, agradavelmente; 2 duma maneira simpática
prepossessingness [ˌpriːpəˈzesɪŋnɪs] s. 1 aspecto atraente; 2 encanto; maneira de ser cativante
prepossession [ˌpriːpəˈzeʃən] s. 1 prevenção, predisposição; 2 preconceito, ideia preconcebida
preposterous [prɪˈpɒstərəs] adj. 1 absurdo, ilógico, irracional; 2 disparatado, ridículo; 3 escandaloso, chocante ❖ *that's simply preposterous!* isso não tem pés nem cabeça!
preposterously [prɪˈpɒstərəslɪ] adv. 1 duma maneira absurda; 2 duma maneira ilógica; 3 disparatadamente
preposterousness [prɪˈpɒstərəsnɪs] s. 1 despropósito, disparate, absurdo; 2 coisa ou atitude irracional ou prepóstera
prepotence [prɪˈpəʊtəns] s. superioridade, poder mais forte, poder superior, prepotência
prepotency [prɪˈpəʊtənsɪ] s. superioridade, poder mais forte, poder superior, prepotência
prepotent [prɪˈpəʊtənt] adj. 1 predominante, dominante; 2 prepotente; 3 que tem predomínio; 4 BIOLOGIA com maior poder criador, com maior poder para transmitir qualidades hereditárias
preppy ['prepɪ] Ⓐ adj. [EUA] [coloq.] beto Ⓑ s. 1 [EUA] [coloq.] beto; 2 [coloq.] aluno ou ex-aluno de escola privada
prepress [ˌpriːˈpres] s. pré-impressão
preproduction [ˌpriːprəˈdʌkʃən] s. pré-produção ❖ ~ *model* protótipo; ~ *trial* teste de protótipo
prepuce ['priːpjuːs] s. ANATOMIA prepúcio
preputial [prɪˈpjuːʃəl] adj. ANATOMIA prepucial
Pre-Raphaelite [ˌpriːˈræfəlaɪt] adj.,s. ARTES PLÁSTICAS, LITERATURA pré-rafaelita ❖ HISTÓRIA ~ *Brotherhood* Irmãos Pré-Rafaelistas; Irmandade Pré-Rafaelita
Pre-Raphaelitism [ˌpriːˈræfəlaɪtɪzəm] s. PINTURA pré-rafaelismo, orientação ou escola dos pré-rafaelitas
prerecorded [ˌpriːrɪˈkɔːdɪd] adj. 1 pré-gravado; 2 em diferido; *a* ~ *broadcast* uma emissão em diferido
prerelease [ˌpriːrɪˈliːs] Ⓐ s. pré-lançamento Ⓑ adj. anterior ao lançamento oficial; *the* ~ *showing of a film* pré-estreia de um filme
prerequisite [priːˈrekwɪzɪt] Ⓐ s. pré-requisito, condição prévia Ⓑ adj. necessário como condição prévia
preretirement [ˌpriːrɪˈtaɪəmənt] s. pré-reforma

prerogative [prɪˈrɒgətɪv] Ⓐ *s.* 1 prerrogativa; privilégio; 2 regalia; 3 direito especial; *the ~ of pardon* o direito de graça Ⓑ *adj.* 1 privilegiado; 2 que beneficia de prerrogativas ❖ HISTÓRIA *the royal ~* a prerrogativa real

Pres. [*abrev. de* President]

presage [ˈpresɪdʒ] Ⓐ *s.* 1 presságio; 2 prenúncio; 3 agouro; 4 pressentimento Ⓑ *v.tr.* 1 pressagiar, agourar; 2 prever, vaticinar; 3 pressentir; 4 anunciar; *the heavy clouds presaged a storm* as nuvens pesadas anunciavam a tempestade

presageful [ˈpresɪdʒfʊl] *adj.* 1 pressagioso; 2 que encerra presságio

presaging [ˈpresɪdʒɪŋ, prɪˈseɪdʒɪŋ] *adj.* que pressagia; pressago

presbyopia [ˌprezbɪˈəʊpɪə] *s.* MEDICINA (olhos) presbitia, presbitismo, presbiopia

presbyopic [ˌprezbɪˈɒpɪk] *adj.* presbiópico; presbita

presbyter [ˈprezbɪtə] *s.* presbítero

presbyteral [prezˈbɪtərəl] *adj.* presbiteral; relativo a presbítero

presbyterial [ˌprezbɪˈtɪərɪəl] *adj.* 1 presbiteriano; 2 relativo aos antigos presbíteros; 3 relativo ao presbiterianismo; 4 presbiteral

Presbyterian [ˌprezbɪˈtɪərɪən] *adj.,s.* 1 presbiteriano; 2 relativo ao presbiterianismo; 3 membro de uma Igreja presbiteriana

Presbyterianism [ˌprezbɪˈtɪərɪənɪzəm] *s.* presbiterianismo, presbiterianismo

Presbyterianize [ˌprezbɪˈtɪərɪənaɪz] *v.tr.* converter ao presbiterianismo

presbytery [ˈprezbɪtərɪ] *s.* (*pl.* -**ies**) 1 santuário; 2 presbitério; 3 capela-mor; 4 parte do templo onde, nas basílicas latinas, se sentavam os presbíteros e o bispo que presidia aos actos litúrgicos; 5 assembleia de sacerdotes e diáconos existente, na Igreja primitiva, junto do bispo; 6 residência paroquial

preschool [ˈpriːskuːl] Ⓐ *adj.* 1 pré-escolar; 2 em idade pré-escolar; *~ children* crianças em idade pré-escolar Ⓑ *s.* 1 pré-primária; 2 infantário

preschooler [ˈpriːskuːlə] *s.* 1 criança na pré-primária; 2 criança em idade pré-escolar

prescience [ˈpresɪəns] *s.* presciência

prescient [ˈpresɪənt] *adj.* presciente

prescientific [ˌpriːsaɪənˈtɪfɪk] *adj.* pré-científico

presciently [ˈpresɪəntlɪ] *adv.* prescientemente

prescind [prɪˈsɪnd] *v.tr.,intr.* 1 separar, cortar (a parte do todo); 2 esquecer; abdicar [**from**, de]

prescribe [prɪˈskraɪb] *v.tr.,intr.* 1 prescrever, determinar, estabelecer; 2 ordenar; ditar; impor; *to ~ regulations* impor regulamentos, ordenar regulamentos; 3 MEDICINA receitar; 4 [fig.] recomendar; 5 DIREITO caducar, cair em desuso por ultrapassar o prazo legal

prescribed [prɪˈskraɪbd] *adj.* 1 prescrito; 2 determinado; 3 MEDICINA receitado ❖ MEDICINA *~ illness* doença profissional; (escola) *the subjects ~* as matérias do programa

prescript [ˈpriːskrɪpt] *s.* prescrição, ordem, norma, preceito

prescriptible [prɪˈskrɪptɪbəl] *adj.* [rar.] prescritível

prescription [prɪˈskrɪpʃən] *s.* 1 DIREITO prescrição; *negative ~* prescrição negativa ou extinta; *positive ~* prescrição positiva ou aquisitiva, usucapião; 2 MEDICINA, FARMÁCIA receita médica; *to write out a ~ for sb* passar uma receita a alguém; 3 medicamento; 4 directiva, ordem ❖ [GB] *~ charge* taxa moderadora; *~ drug* medicamento sujeito a receita médica; (correcção da visão) *~ glasses* óculos graduados

prescriptive [prɪˈskrɪptɪv] *adj.* 1 prescritivo; 2 que determina; 3 consagrado pelo uso

pre-selector [ˌpriːsɪˈlektə] *s.* ELECTRICIDADE pré-selector

presence [ˈprezəns] *s.* 1 presença; *your ~ is requested* solicitam a sua presença, convidam-no a assistir; *military ~* presença militar; *she felt his ~* sentiu a presença dele; 2 presença; apresentação; aspecto; imagem; *to have a good ~* ter boa presença; *to lack ~* não ter presença, passar despercebido; 3 [GB] [arc.] sala de audiências, local onde, em ocasiões solenes, se encontra o monarca; *to be admitted to the ~* ser recebido em audiência ❖ *~ chamber/room* sala de audiências; local onde, em ocasiões solenes, se encontra o monarca; *~ of mind* presença de espírito; *in the ~ of sb/in sb's ~* na presença de (alguém); perante (alguém); *to make one's ~ felt* fazer sentir a sua presença; fazer-se notar

present¹ [ˈprezənt] Ⓐ *adj.* 1 presente; *everybody was ~* toda a gente estava presente; *to be ~ at* estar presente em, assistir a; 2 [fig.] presente, patente; *~ to the mind* presente no espírito; 3 actual, presente; vigente; existente no momento actual; *~ fashion* moda actual; *our ~ queen* a nossa actual rainha; *the ~ government* o governo actual; *~ company* as pessoas que aqui se encontram neste momento; 4 presente, em questão, em discussão, em consideração; *there is no excuse in the ~ case* não há qualquer desculpa no caso presente; 5 LINGUÍSTICA presente; *~ tense* tempo presente; *~ participle* particípio presente; *~ perfect* pretérito perfeito indefinido; 6 [arc.] útil, prestável, pronto a auxiliar Ⓑ *s.* 1 presente; actualidade, tempo actual, época presente; 2 presente, prenda; oferta; *birthday/wedding ~* presente de aniversário/de casamento; *as a ~* como presente; 3 LINGUÍSTICA presente; 4 DIREITO *pl.* documento; *by these presents* por este documento ❖ *~ company excepted* excepto as pessoas que aqui se encontram; *at the ~ time* presentemente; neste momento; *for the ~* por agora; de momento; *(there's) no time like the ~* não é tarde nem é cedo; *until the ~/up to the ~/up to the ~ time* até agora; até aqui

present² [prɪˈzent] Ⓐ *v.tr.* 1 dar; oferecer; presentear; *to ~ sb with sth* dar alguma coisa a alguém; 2 (documento, relatório, etc.) apresentar; 3 (dificuldade, problema) constituir, representar; 4 (cumprimentos, pedido de desculpas) apresentar, expressar; *to ~ one's apologies* apresentar desculpas; 5 [form.] (pessoa) apresentar; *a number of people were presented* foram apresentadas várias pessoas; *to ~ a person to another* apresentar uma pessoa a outra; 6 DIREITO apresentar, interpor; *to ~ a case/a petition/a plea* apresentar um caso/uma petição/uma acção; *those cases ~ some difficulty* esses casos apresentam alguma dificuldade; 7 (filme, peça, programa, etc.) apresentar, exibir; *to ~ a play* apresentar uma peça; 8 exibir, mostrar; 9 (ideias, opiniões, etc.) expor; 10 (aspecto) apresentar; *to ~ a ragged appearance* apresentar um aspecto esfarrapado; 11 COMÉRCIO (título de crédito) exibir, apresentar; *to ~ a bill for acceptance* apresentar uma letra ao aceite; *to ~ a cheque* apresentar um cheque para pagamento; 12 DIREITO, entregar; 13 RELIGIÃO (cargo) nomear, recomendar; *the curate was presented to a living* o coadjutor foi nomeado para uma paróquia; 14 surgir, originar-se; *a good opportunity presents itself now for...* surge agora uma boa oportunidade para... Ⓑ *v.intr.* 1 MEDICINA (feto) aparecer à entrada do útero; 2 MEDICINA mostrar sintomas de ❖ MILITAR *~ arms!* apresentar armas!

presentability [prɪˌzentəˈbɪlɪtɪ] *s.* ⇒ **presentableness**

presentable [prɪˈzentəbəl] *adj.* 1 apresentável, que pode apresentar-se; 2 com bom aspecto, com boa aparência; 3 que pode oferecer-se

presentableness [prɪˈzentəbəlnəs] *s.* 1 apresentabilidade; 2 porte, apresentação

presentably [prɪˈzentəblɪ] *adv.* de maneira apresentável

presentation [ˌprezənˈteɪʃən] *s.* 1 (plano, proposta, relatório) apresentação; exposição; demonstração; 2 introdução; 3 representação teatral, espectáculo, exibição; 4 oferta, presente; *to make a ~ to sb* fazer uma oferta a alguém; 5 (prémios, presentes) entrega; 6 MEDICINA (feto) apresentação; 7 RELIGIÃO (benefício, cargo) indicação, nomeação; 8 FILOSOFIA objecto de conhecimento; 9 COMÉRCIO (título de crédito) apresentação ❖ COMÉRCIO *payable on ~* pagável à vista; (livro) *~ copy of a book* exemplar destinado a oferta; RELIGIÃO (festividade católica) *Presentation of the Virgin Mary* Apresentação da Virgem Maria; COMÉRCIO *upon ~ of the invoice* contra apresentação da factura

presentationism [ˌprezənˈteɪʃənɪzəm] *s.* FILOSOFIA doutrina que sustenta o imediato conhecimento do objecto

presentative [prɪˈzentətɪv] *adj.* 1 que pode ser apresentado, que tem o direito de apresentar (a benefício eclesiástico); 2 sugestivo; 3 intuitivo

present-day [ˌprezəntˈdeɪ] *adj.* 1 actual; 2 contemporâneo; 3 dos dias de hoje, hodierno

presentee [ˌprezənˈtiː] *s.* 1 beneficiado, colatário; 2 pessoa a quem se faz uma oferta; 3 pessoa apresentada na corte

presenter [prɪˈzentə] *s.* 1 apresentador; 2 apresentante; 3 pessoa que apresenta uma reclamação, exposição, etc.; 4 indivíduo que propõe para benefício eclesiástico; 5 pessoa que faz uma oferta

presentient [prɪˈsenʃɪənt] *adj.* 1 pressago; 2 que tem um pressentimento, com um pressentimento

presentiment [prɪˈzentɪmənt] *s.* pressentimento [**of**, de]; *a ~ of danger* um pressentimento de perigo

presentive [prɪˈzentɪv] *adj.* (palavra ou termo) representativo, não simbólico

presently [ˈprezəntlɪ] *adv.* 1 dentro em pouco, em breve, logo; *I'll see that ~* eu logo hei-de ver isso; 2 passado pouco tempo; 3 actualmente, presentemente, agora; 4 [arc.] imediatamente, já

presentment [prɪˈzentmənt] *s.* 1 apresentação, exposição; 2 representação, exibição em cena; 3 (quadro, retrato, etc.) apresentação; 4 quadro, esboço; 5 descrição, exposição; 6 DIREITO declaração, sob juramento, feita pelo júri, de facto do seu conhecimento; 7 RELIGIÃO representação ou queixa feita ao bispo pelas autoridades paroquiais; 8 FILOSOFIA modalidade de apresentação ao espírito; 9 COMÉRCIO apresentação; *~ of a bill* apresentação de uma letra

preservability [prɪzɜːvəˈbɪlɪtɪ] *s.* 1 preservabilidade; 2 possibilidade ou susceptibilidade de conservação

preservable [prɪˈzɜːvəbəl] *adj.* que pode conservar-se, susceptível de ser conservado

preservation [ˌprezəˈveɪʃən] *s.* 1 preservação; 2 conservação; *in an excellent state of ~* em bom estado (de conservação); 3 defesa; salvaguarda; manutenção; *~ of peace* manutenção da paz ❖ FINANÇAS *~ of capital* preservação de capital; [GB] *~ order* classificação como edifício de interesse histórico; ARQUITECTURA *~ society* associação para a salvaguarda e conservação de monumentos

preservationism [ˌprezəˈveɪʃənɪzəm] *s.* ambientalismo

preservationist [ˌprezəˈveɪʃənɪst] *s.* ambientalista

preservative [prɪˈzɜːvətɪv] Ⓐ *s.* (alimentos) conservante; *no added preservatives* sem conservantes Ⓑ *adj.* 1 preservativo, que preserva, que evita a putrefacção; 2 antipútrido ❖ *~ skin* camada protectora

preserve [prɪˈzɜːv] Ⓐ *v.tr.* 1 (comida) conservar; 2 pôr de conserva; *to ~ fruit* pôr fruta de conserva; 3 preservar, conservar, salvaguardar; *to ~ one's eyesight* conservar a vista; 4 (reputação, etc.) manter; *to ~ appearances* manter as aparências; 5 (memória) guardar; 6 (animais) criar em viveiro; 7 proteger, defender [**from**, de]; *to ~ from harm* defender do mal; *God ~ us!* Deus nos livre! Ⓑ *s.* 1 CULINÁRIA compota; 2 CULINÁRIA conserva; 3 reserva; *game ~* reserva de caça; *natural ~* reserva natural; 4 coutada; domínio ❖ *~ basin* vasilha para cozer doces e compotas; *salmon ~* viveiro de salmões

preserved [prɪˈzɜːvd] *adj.* 1 conservado [**in**, em]; 2 em conserva, de conserva; *~ food* alimento de conserva; *~ meat* carne enlatada

preserver [prɪˈzɜːvə] *s.* 1 defensor, pessoa que preserva ou defende; 2 conservador; 3 conserveiro, indivíduo que se dedica à indústria de conservas; 4 dono de reserva de caça ou viveiro de pesca

preset [ˈpriːset] *v.tr.* (particípios: **preset**) ELECTRICIDADE programar; *to ~ the central heating to come on in the morning* programar o aquecimento central para ligar automaticamente de manhã

preside [prɪˈzaɪd] *v.intr.* 1 presidir [**at/over**, a]; 2 dirigir; administrar; 3 MÚSICA actuar, tocar; *to ~ at the piano* tocar piano

presidency [ˈprezɪdənsɪ] *s.* (*pl.* **-ies**) 1 POLÍTICA presidência; funções de presidente; período de duração das funções de presidente; *to assume the ~* assumir a presidência, tomar a presidência; 2 (escola) direcção

president [ˈprezɪdənt] *s.* 1 POLÍTICA (chefe de estado) presidente; *the President of the Republic* o Presidente da República; 2 (organização, assembleia) presidente; 3 (empresa, banco, etc.) presidente, director; 4 [EUA] (alguns colégios) director, reitor; 5 (divisões administrativas, cargos políticos, etc.) presidente; governador; chefe ❖ HISTÓRIA *President of the Board of Education/Trade* Ministro da Educação/do Comércio; [GB] *Lord President of the Council* presidente do Conselho Privado da Coroa

president-elect [ˌprezɪdəntɪˈlekt] *s.* presidente eleito (antes de tomar posse)

presidentess [ˈprezɪdəntɪs] *s.f.* (*pl.* **-es**) 1 [ant.] presidente; 2 [ant.] esposa do presidente

presidential [ˌprezɪˈdenʃəl] *adj.* presidencial ❖ *~ elections* eleições presidenciais; [EUA] *~ year* ano em que há eleições presidenciais

presidentially [ˌprezɪˈdenʃəlɪ] *adv.* presidencialmente

presidentship [ˈprezɪdəntʃɪp] *s.* presidência

presider [prɪˈzaɪdə] *s.* 1 aquele que preside; 2 presidente [**at**, de]

presidial [prɪˈsɪdɪəl] *adj.* relativo a presídio, presidiário

presidiary [prɪˈsɪdɪərɪ] *adj.* relativo a força ou guarnição militar

presiding [prɪˈzaɪdɪŋ] *adj.* que preside ❖ *~ officer* presidente de escrutínio eleitoral

presidio [prɪˈsɪdɪəʊ] *s.* presídio, forte, praça de guerra (em Espanha e na América Espanhola)

presidium [prɪˈsɪdɪəm] *s.* presídio, junta governativa (na União Soviética)

press [pres] Ⓐ *v.tr.,intr.* 1 apertar; comprimir; *she pressed my hand in hers* ela apertou a minha mão na dela; 2 esmagar, espremer; apertar na prensa, prensar; *to ~ grapes* esmagar uvas, pisar uvas; 3 carregar em; premir; *to ~ a button* carregar num botão; *to ~ the trigger of a gun* premir o gatilho duma arma; 4 (roupa) passar a ferro, engomar; 5 (multidão) apertar, empurrar, comprimir-se; *the crowd pressed round to see what had happened* a multidão comprimia-se para ver o que tinha acontecido; 6 insistir com, instar com, pressionar; *she pressed him to publish her book* ela insistiu que ele lhe publicasse o livro; 7 abraçar, estreitar num abraço; *to ~ sb to one's heart* abraçar alguém; 8 insistir em, enfatizar, acentuar; *to ~ a point* insistir num ponto; *to ~ the question* insistir na questão; 9 reclamar, requerer com urgência; exigir acção imediata; 10 fazer um grande esforço; 11 (disco) fazer uma cópia; 12 urgir; *time presses* o tempo urge, não há tempo a perder; 13 (flor) alisar e deixar secar (para conservar); 14 pesar sobre; oprimir, afligir; 15 acometer, atacar, acossar; 16 forçar, compelir; 17 apressar-se; 18 prosseguir resolutamente; 19 DESPORTO (basquetebol) fazer uma defesa agressiva; 20 HISTÓRIA obrigar à força a ingressar no exército; tomar à força para serviço público Ⓑ *s.* (*pl.* **-es**) 1 pressão; compressão; 2 multidão; turba, apinhamento; *he forced his way through the ~* ele abriu caminho através da multidão; *they were lost in the ~* perderam-se no meio da multidão; 3 (máquina) prensa; tórculo; espremedor; *a wine ~* uma prensa de lagar do vinho; *hydraulic ~* prensa hidráulica; *a cider ~* um espremedor (de maçãs) para sidra; 4 armário (com prateleiras para roupa); *kitchen ~* armário de cozinha; 5 (jornais, revistas, etc.) imprensa; jornalismo; (os) jornalistas; *a certain section of the ~* determinado sector da imprensa; *to write for the ~* escrever para os jornais; *a ~ campaign* uma campanha da imprensa; 6 comentários por parte da imprensa, crítica através da imprensa; *to have a good ~* ser bem recebido pela crítica; 7 TIPOGRAFIA prelo; máquina de impressão; impressão; *to send to the ~* mandar para o prelo; *printing ~* máquina de impressão; *ready for ~* pronto a ser impresso; 8 editora, edições, imprensa; 9 premência; urgência; *there is a great ~ of business now* há actualmente uma grande pressão; *the ~ of modern life* a pressão da vida moderna; 10 gancho para segurar raquete; 11 DESPORTO (basquetebol) defesa agressiva; 12 HISTÓRIA recrutamento forçado (no exército) ❖ *~ agency* agência de informação; *~ agent* agente de publicidade; *~ bed* cama dobrável; *~ box* tribuna de imprensa; *~ clippings/cuttings* recortes de imprensa; *~ conference* conferência de imprensa; *~ corps* jornalistas; imprensa; *~ forward* avanço; *~ gallery* galeria da imprensa; *~ office* gabinete de imprensa; *~ photographer* fotojornalista; TIPOGRAFIA *~ proof* prova de máquina; *~ release* comunicado à imprensa; NÁUTICA *~ of sail* força de vela; *to go to ~* ir para a tipografia; *to ~ an attack* atacar vigorosamente; *to ~ charges (against sb)* apresentar queixa (contra alguém); *to ~ home one's advantage* fazer uso de uma vantagem para atingir os seus objectivos; *to ~ sth home* apertar algo para que fique no sítio; insistir em algo; *to ~ one's luck* abusar da sorte; *to ~ sb hard* pôr alguém entre a espada e a parede; atacar alguém energicamente; [joc.] (políticos, celebridades) *to ~ the flesh* distribuir apertos de mão

◆ **press ahead** *v.intr.* continuar, ir para a frente, prosseguir [**with**, com; **to**, para]

pressed

◆**press back** v.tr. 1 fazer recuar; 2 reprimir; 3 recalcar
◆**press down** Ⓐ v.tr. 1 carregar em; 2 alisar, calcando Ⓑ v.intr. recair [**on**, sobre]; pesar [**on**, sobre]; *taxes that ~ heavily on the people* impostos que pesam duramente sobre o povo
◆**press for** v.tr. pedir com urgência; insistir muito em; pressionar por causa de
◆**press forward** v.intr. prosseguir vigorosamente [**with**, com]
◆**press in** v.tr. enfiar; introduzir mediante certa pressão
◆**press into** v.tr. obrigar a; forçar a; pressionar para ❖ *to press sb/sth into service* aproveitar-se de alguém/algo
◆**press on** Ⓐ v.intr. continuar, ir para a frente, prosseguir [**with**, com; **to**, para] Ⓑ v.tr. forçar a aceitar, obrigar a aceitar, impingir a; *to press a gift on sb* forçar alguém a aceitar um presente ❖ *press on!* não desistas!
◆**press out** v.tr. 1 (sumo, etc.) espremer; 2 (vinco, ruga) fazer desaparecer, passando a ferro

pressed ['prest] adj. 1 (comida) enlatado; *~ beef* carne de vaca enlatada; 2 comprimido, apertado; *~ cotton* algodão comprimido em fardos; *~ glass* vidro comprimido; 3 aflito, atrapalhado, em dificuldades; *to be ~ for money* estar atrapalhado com falta de dinheiro; *to be hard ~* encontrar-se numa grande dificuldade; 4 estampado; *~ steel* aço estampado; 5 prensado; *~ metal* metal prensado; *~ pasteboard* papelão prensado; 6 impresso ❖ COMÉRCIO *to be very ~* estar atrapalhado com tantas encomendas; *to be ~ for time* estar com pressa

presser ['presə] s. 1 máquina de comprimir; 2 prensa; 3 engomadeira; 4 espremedeira ❖ (máquina de costura) *~ foot* calcador

pressful ['presfʊl] adj. comprimido, prensado

press-gang ['presgæŋ] Ⓐ v.tr.,intr. pressionar, obrigar, forçar Ⓑ s. [ant.] grupo de homens encarregados de alistar à força marinheiros ou soldados

pressie ['presɪ] s. {forma abreviada de **present**} [coloq.] prenda, presente

pressing ['presɪŋ] Ⓐ adj. 1 urgente, premente; *the case is really very* ~ o caso é de facto muito urgente; 2 crítico; 3 (pedido, pessoa) insistente; 4 inadiável Ⓑ s. 1 aperto, compressão, esmagamento; 2 insistência; 3 estampagem, prensagem; 4 impressão; 5 discos feitos a partir do mesmo molde ❖ *~ machine* prensa

pressingly ['presɪŋlɪ] adv. 1 insistentemente; 2 prementemente

pressingness ['presɪŋnɪs] s. urgência, premência

pressman ['presmæn] s. (pl. -men) 1 impressor; 2 indivíduo que trabalha com uma prensa; 3 jornalista, repórter

pressmark ['presmɑːk] s. [GB] (biblioteca) cota (de livro)

press-money ['presmʌnɪ] s. dinheiro adiantado ao marinheiro ou soldado recrutado à força

press-up ['presʌp] s. [GB] DESPORTO flexão

pressurage ['preʃərɪdʒ] s. 1 prensagem (no lagar); 2 mosto resultante do bagaço prensado

pressure ['preʃə] Ⓐ s. 1 (ansiedade, coacção) pressão; tensão; constrangimento; *under ~ (from)* sob pressão (por parte de); 2 FÍSICA pressão; *water ~* pressão hidráulica; *atmospheric/air ~* pressão atmosférica; *tyre ~* pressão dos pneus; 3 MEDICINA pressão, tensão; *high/low blood ~* pressão arterial alta/baixa, tensão arterial alta/baixa; 4 [arc.] impressão Ⓑ v.tr. pressionar [**into/to**, a/para]; *to ~ sb into doing sth* pressionar alguém para fazer alguma coisa ❖ *~ cooker* panela de pressão; *~ drop* queda de pressão; *~ gauge* manómetro; manómetro de pressão; instrumento para medir pressão; *~ group* grupo de pressão; (artéria) *~ point* ponto de pressão; *~ pump* bomba de pressão; *~ test* prova de pressão; *to put ~ on sb (to do sth)* pressionar alguém (para fazer algo)

pressurise ['preʃəraɪz] v.tr. ⇒ **pressurize**

pressurize ['preʃəraɪz] v.tr. 1 AERONÁUTICA pressurizar; 2 (constrangimento) pressionar; fazer pressão sobre ❖ *pressurized cabin* cabine pressurizada

press-warrant ['preswɒrənt] s. [ant.] autorização para proceder ao recrutamento forçado de marinheiros ou soldados

prestation [pres'teɪʃən] s. prestação (de dinheiro)

Prester John [ˌprestə'dʒɒn] s.antr. Preste João

prestidigitation [ˌprestɪdɪdʒɪ'teɪʃən] s. [form.] prestidigitação

prestidigitator [ˌprestɪ'dɪdʒɪteɪtə] s. [form.] prestidigitador

prestige [pres'tiːʒ] s. 1 prestígio; *loss of ~* perda de prestígio; 2 influência, importância; 3 reputação, fama

prestigious [pres'tɪdʒəs] adj. cheio de prestígio, prestigiado

prestissimo [pres'tɪsɪməʊ] adj.,adv.,s. 1 MÚSICA prestíssimo, muito presto; 2 trecho musical com este andamento

presto ['prestəʊ] Ⓐ adj.,adv.,s. MÚSICA presto Ⓑ adj.,adv. 1 rápido; 2 (magia) abracadabra; *hey presto!* abracadabra!

presumable [prɪ'zjuːməbəl] adj. 1 presumível; 2 provável

presumably [prɪ'zjuːməblɪ] adv. 1 presumivelmente; 2 provavelmente

presume [prɪ'zjuːm] v.tr.,intr. 1 presumir, supor; *I ~ not* suponho que não; *I ~ so* suponho que sim; *I ~ this decision to be final* suponho que esta decisão é irrevogável; 2 aventurar-se, ousar, atrever-se; *I ~ to suppose that...* atrevo-me a supor que...; *I won't ~ to disturb you!* não ousarei incomodá-lo; 3 ser presumido; *he presumes too much* é um presunçoso; 4 tomar a liberdade [**to**, de]; 5 abusar [**on/upon**, de]; *I don't want to ~ on your kindness* não quero abusar da sua simpatia; 6 fiar-se [**on/upon**, em]; confiar [**on/upon**, em]; *don't ~ on your wealth* não te fies no teu dinheiro

presumed [prɪ'zjuːmd] adj. 1 presumível; *~ innocent* presumível inocente; 2 suposto, conjecturado, pretenso; *~ dead* dado como morto, desaparecido

presumedly [prɪ'zjuːmdlɪ] adv. presumivelmente

presumer [prɪ'zjuːmə] s. pessoa presumida; indivíduo presunçoso

presuming [prɪ'zjuːmɪŋ] Ⓐ adj. 1 presunçoso, presumido; 2 que tem presunção Ⓑ s. presunção, vaidade

presumingly [prɪ'zjuːmɪŋlɪ] adv. presunçosamente; com presunção; presumidamente

presumption [prɪ'zʌmpʃən] s. 1 presunção; 2 vaidade, soberba; 3 atrevimento; 4 conjectura, suposição; *the ~ is that he won't come again* é de supor que ele não volte; *that is a mere ~* isso não passa de uma suposição; 5 suspeita; *there is a strong ~ against its truth* há todas as razões para crer que isso não seja verdade; 6 DIREITO presunção; *~ of fact* presunção de facto, presunção judicial; *~ of law* presunção legal

presumptive [prɪ'zʌmptɪv] adj. presuntivo, presumível

presumptively [prɪ'zʌmptɪvlɪ] adv. presuntivamente, presumivelmente

presumptuous [prɪ'zʌmptʃʊəs] adj. presunçoso, presumido, vaidoso

presumptuously [prɪ'zʌmptʃʊəslɪ] adv. presunçosamente, presumidamente

presumptuousness [prɪ'zʌmptʃʊəsnɪs] s. 1 presunção; 2 vaidade; 3 insolência

presuppose [ˌpriːsə'pəʊz] v.tr. 1 pressupor; *effects ~ causes* os efeitos pressupõem as causas; 2 conjecturar, presumir; 3 fazer supor, implicar

presupposition [ˌpriːsʌpə'zɪʃən] s. pressuposição

preteen [priː'tiːn] adj.,s. pré-adolescente (entre os 9 e os 12 anos)

pretence [prɪ'tens, 'priːtens] s. 1 pretensão [**to**, de]; intenção [**to**, de]; *devoid of all ~* sem quaisquer pretensões; *he makes no ~ to infallibility* ele não pretende ser infalível; 2 fingimento, simulação, falsa aparência; *that's all ~* tudo isto é fingimento; 3 pretexto, desculpa; *on the slightest ~* sob o mais leve pretexto; *on the ~ of being ill* com a desculpa de estar doente; 4 máscara*fig*, capa*fig*; *under the ~ of religion* sob a máscara da religião; 5 presunção, vaidade; *to be sb without ~* ser uma pessoa simples, não ter pretensões ❖ *devoid of ~* sem ostentação; DIREITO *false pretences* fraude

pretend [prɪ'tend] Ⓐ v.tr.,intr. 1 fingir, simular; *to ~ sickness* simular doença; *he pretends not to hear* ele faz ouvidos de mercador; *to ~ to do sth* fingir fazer alguma coisa; *don't ~ you don't understand* não finjas que não compreendes; 2 pretender, ter a pretensão de; *he can't ~ to teach you* ele não pode ter a pretensão de te ensinar; *he pretends to her hand* ele pretende casar com ela; 3 aparentar; 4 pretextar, alegar; 5 tentar Ⓑ adj. [coloq.] (imaginário) de/na brincadeira ❖ *I was only pretending!* estava a brincar!

pretended [prɪ'tendɪd] adj. 1 pretenso, suposto; 2 falso, fingido, simulado

pretendedly [prɪ'tendɪdlɪ] adv. 1 pretensamente, supostamente; 2 falsamente

pretender [prɪˈtendə] s. 1 fingidor, simulador; 2 pretendente; aspirante; ~ *to the throne* pretendente ao trono ❖ HISTÓRIA *the Old Pretender* o velho pretendente (James Francis Edward Stuart, 1688-1766, filho de Jaime II); HISTÓRIA *the Young Pretender* o novo pretendente (Charles Edward Louis Philip Casimir Stuart, 1720-1788, neto de Jaime II)
pretense [prɪˈtens] s. [EUA] ⇒ **pretence**
pretension [prɪˈtenʃən] s. 1 pretensão [**to**, a]; ~ *to the throne* pretensão ao trono; *to have social pretensions* ter certas pretensões sociais; *to be of no pretensions* não ter pretensões; 2 DIREITO reclamação dum direito; 3 reivindicação; 4 [depr.] afectação; presunção; vaidade; 5 ambição; aspiração; *to be of great pretensions* ter grandes pretensões, ser ambicioso
pretensionless [prɪˈtenʃənlɪs] adj. sem pretensões
pretentious [prɪˈtenʃəs] adj. 1 pretensioso, presumido, afectado; 2 vaidoso; 3 exibicionista
pretentiously [prɪˈtenʃəslɪ] adv. 1 pretensiosamente; 2 duma maneira pretensiosa
pretentiousness [prɪˈtenʃəsnɪs] s. pretensiosismo
preterhuman [ˌpriːtəˈhjuːmən] adj. sobre-humano
preterit [ˈpretərɪt] adj.,s. 1 LINGUÍSTICA pretérito; 2 [joc.] passado
preterite [ˈpretərɪt] adj.,s. 1 LINGUÍSTICA pretérito; 2 [joc.] passado
preteriteness [ˈpretərɪtnɪs] s. passado
preterition [ˌpretəˈrɪʃən] s. 1 preterição; 2 omissão
pretermission [ˌpriːtəˈmɪʃən] s. 1 pretermissão; 2 preterição; 3 interrupção
pretermit [ˌpriːtəˈmɪt] v.tr. (particípios: **-tt-**) 1 pertermitir; 2 omitir; 3 preterir; 4 pôr de parte; 5 descurar; 6 interromper, suspender durante algum tempo; 7 cessar de, deixar de
preternatural [ˌpriːtəˈnætʃərəl] adj. preternatural, sobrenatural
preternaturalism [ˌpriːtəˈnætʃərəlɪzəm] s. preternaturalismo, doutrina religiosa ou filosófica que explica muitos fenómenos como derivados dum princípio preternatural
preternaturally [ˌpriːtəˈnætʃərəlɪ] adv. 1 duma maneira preternatural; 2 sobrenaturalmente
pretext[1] [ˈpriːtekst] s. 1 pretexto; *on/under the* ~ *of* sob o pretexto de; *he gave as a* ~ *that ...* ele alegou como pretexto que ...; 2 desculpa, escusa, razão falsa
pretext[2] [prɪˈtekst] v.tr. pretextar, alegar como pretexto
pretone [ˌpriːˈtəʊn] s. sílaba ou vogal pretónica
pretonic [ˌpriːˈtɒnɪk] adj. pretónico
Pretoria [prɪˈtɔːrɪə] s.top. Pretória
prettification [ˌprɪtɪfɪˈkeɪʃən] s. 1 embelezamento; 2 adorno
prettify [ˈprɪtɪfaɪ] v.tr. 1 embelezar; 2 alindar; 3 enfeitar
prettifying [ˈprɪtɪfaɪɪŋ] s. embelezamento
prettily [ˈprɪtɪlɪ] adv. 1 lindamente; ~ *dressed* lindamente vestido; (criança) *to behave* ~ portar-se bem, portar-se lindamente; 2 agradavelmente; 3 gentilmente
prettiness [ˈprɪtɪnɪs] s. 1 lindeza, beleza; 2 encanto, graça; 3 estilo afectado, amaneirado
pretty [ˈprɪtɪ] ⓐ adj. (comp. **-ier**, superl. **-iest**) 1 (mulher, criança) bonito, lindo, atraente, giro_{coloq.}; *as* ~ *as a picture* linda como uma estampa, bonita como uma flor; 2 encantador; agradável; ~ *ways* modos agradáveis; ~ *music* música agradável; *she is sweetly* ~ ela é encantadora; 3 [irón.] lindo, bonito; *a* ~ *mess you have made!* fizeste-a bonita!, fizeste um bonito serviço; *this is a* ~ *how-d'ye-do!* temo-la bonita!; 4 [coloq.] bastante grande, considerável; *a* ~ *penny* muito dinheiro; *it costs a* ~ *sum* custa uma boa soma de dinheiro; 5 habilidoso; *that footballer is very* ~ *with his feet* aquele jogador de futebol é muito habilidoso com os pés ⓑ adv. 1 [coloq.] bastante, razoavelmente; ~ *good* bastante bom; ~ *well* bastante bem, razoavelmente; 2 quase; sensivelmente; ~ *much the same* sensivelmente igual, sensivelmente a mesma coisa; [EUA] ~ *near* quase, sensivelmente; *I'm* ~ *sure* tenho quase a certeza; 3 [coloq.] de uma forma agradável ⓒ s. (pl. **-ies**) 1 coisa bonita; pessoa bonita; *my* ~ minha linda; 2 enfeite, ornamento, bugiganga; *the* ~ a parte talhada de copo ou cálice; 3 pl. roupa interior feminina ⓓ v.tr. embelezar, pôr bonito, alindar ❖ *a* ~ *kettle of fish* uma complicação; uma embrulhada; uma situação embaraçosa; [joc.] *don't worry your* ~ *little head* não preocupes a tua cabecinha linda; *not to be a* ~ *sight* não ser coisa agradável de se ver; *to be sitting* ~ estar numa boa situação
◆ **pretty up** v.tr. embelezar, pôr bonito, alindar
prettyish [ˈprɪtɪɪʃ] adj. 1 embelezado; 2 bonitinho

pretty-pretties [ˈprɪtɪprɪtɪs] s.pl. 1 enfeites, bugigangas; 2 ninharias
pretzel [ˈpretsəl] s. CULINÁRIA (biscoito salgado) rosquilha
prevail [prɪˈveɪl] v.intr. 1 prevalecer; imperar; predominar, [**in/among**, em]; 2 triunfar [**over**, sobre]; levar a melhor [**over**, sobre]; *truth will* ~ a verdade há-de triunfar; 3 acontecer, existir, ocorrer, suceder; 4 [form.] convencer [**on/upon**, a]; persuadir [**on/upon**, a]; *to* ~ *on/upon sb to do sth* convencer alguém a fazer alguma coisa; *to be prevailed upon* ser convencido, deixar-se convencer ❖ *the conditions now prevailing in those countries* a situação actual daqueles países
prevailing [prɪˈveɪlɪŋ] adj. 1 predominante, prevalecente, dominante; ~ *winds* ventos predominantes; 2 vigente; reinante; 3 actual; corrente; existente
prevailingly [prɪˈveɪlɪŋlɪ] adv. predominantemente
prevalence [ˈprevələns] s. 1 predomínio; 2 prevalência; 3 preponderância
prevalent [ˈprevələnt] adj. 1 predominante, dominante; *the* ~ *fashion* a moda dominante; 2 imperante; 3 reinante; 4 prevalecente
prevalently [ˈprevələntlɪ] adv. 1 predominantemente; 2 preponderantemente; 3 geralmente
prevaricate [prɪˈværɪkeɪt] v.intr. 1 falar ou proceder com evasivas; 2 tergiversar; 3 usar de subterfúgios; 4 faltar à verdade
prevaricating [prɪˈværɪkeɪtɪŋ] ⓐ adj. 1 tergiversador, tergiversante; 2 que fala ou procede com evasivas; 3 que falta à verdade ⓑ s. acto de tergiversar ou proceder com evasivas
prevarication [prɪˌværɪˈkeɪʃən] s. 1 tergiversação, evasiva; 2 falsidade
prevaricator [prɪˈværɪkeɪtə] s. pessoa que tergiversa, fala ou procede com evasivas
prevenient [prɪˈviːnɪənt] adj. 1 precedente, prévio; 2 preventivo; 3 RELIGIÃO preveniente
prevent [prɪˈvent] v.tr. 1 impedir [**from**, de]; obstar [**from**, a que]; *we prevented him from reading that letter* impedimo-lo de ler aquela carta; 2 prevenir; evitar; *I wish to* ~ *all dispute* desejo evitar toda e qualquer questão; 3 RELIGIÃO guiar, mostrar o caminho; *God prevents us with His grace* Deus guia-nos com a Sua graça; 4 [arc.] tratar de, antecipar; *I endeavoured to* ~ *her wishes* esforcei-me por me antecipar aos desejos dela
preventable [prɪˈventəbəl] adj. 1 evitável; 2 que pode ser impedido
preventative [prɪˈventətɪv] adj.,s. ⇒ **preventive**
preventer [prɪˈventə] s. 1 pessoa que impede; 2 obstáculo, impedimento; 3 NÁUTICA boça
preventible [prɪˈventəbəl] adj. ⇒ **preventable**
prevention [prɪˈvenʃən] s. 1 prevenção; ~ *of accidents* prevenção de acidentes; *rust* ~ protecção contra a ferrugem; 2 impedimento, obstáculo, estorvo ❖ ~ *is better than cure* mais vale prevenir que remediar; *Society for the Prevention of Cruelty to Animals* Sociedade Protectora dos Animais; *to take measures for the* ~ *of* tomar providências contra
preventive [prɪˈventɪv] ⓐ adj. 1 preventivo; 2 impeditivo; 3 MEDICINA profiláctico ⓑ s. 1 impedimento; 2 medida preventiva; 3 medicamento tomado a título preventivo ❖ DIREITO ~ *detention* prisão preventiva; ~ *medicine* medicina preventiva; ~ *officer* funcionário da alfândega; *Preventive Service* serviço de guarda-costas aduaneiros
preventively [prɪˈventɪvlɪ] adv. 1 a título preventivo; 2 preventivamente
preventorium [ˌprɪvenˈtɔːrɪəm] s. preventório antituberculoso
preverbal [ˌpriːˈvɜːbəl] adj. pré-verbal
preview [ˈpriːvjuː] ⓐ s. 1 CINEMA antestreia; 2 CINEMA, TELEVISÃO trailer; 3 apresentação, antevisão; 4 amostra ⓑ v.tr. 1 apresentar em antestreia; 2 ver em antestreia
previous [ˈpriːvɪəs] ⓐ adj. 1 prévio; *without* ~ *notice* sem aviso prévio; (parlamento) *to move the* ~ *question* levantar uma questão prévia; 2 anterior; ~ *engagement* compromisso anterior; 3 antecedente, precedente; 4 [form.] precipitado, demasiado apressado ao fazer alguma coisa; *you have been a little too* ~ foste um tanto precipitado ⓑ adv. antes; anteriormente; ~ *to* antes de; *five months* ~ cinco meses antes ❖ (Cambridge) ~ *examination*

previously

exame de admissão; *in a ~ life* noutra encarnação; numa vida anterior; *on ~ occasions* de outras vezes; noutras ocasiões; *on the ~ day* na véspera

previously ['pri:vɪəslɪ] *adv.* 1 anteriormente; 2 previamente; 3 precedentemente; 4 antes

previousness ['pri:vɪəsnɪs] *s.* 1 carácter anterior ou prévio; 2 anterioridade; 3 prioridade; 4 precipitação

previse [prɪ'vaɪz] *v.tr.* 1 prever, antever; 2 prevenir

prevision [pri:'vɪʒən] *s.* [arc.] previsão; *to have a ~ of* prever

previsional [pri:'vɪʒənəl] *adj.* relativo a previsão

previsionally [ˌpri:'vɪʒənəlɪ] *adv.* duma maneira própria de previsão

prewar [ˌpri:'wɔ:] *adj.,adv.* antes da guerra; *~ Europe* a Europa antes da guerra

prewash ['pri:wɒʃ] *s.* pré-lavagem

prewashed [ˌpri:'wɒʃt] *adj.* (roupa) pré-lavado

prey [preɪ] Ⓐ *s.* 1 presa; *the lion devoured its ~* o leão devorou a presa; 2 vítima; *they fell ~ to* foram vítimas de; *to be a ~ to* ser vítima de; 3 pilhagem; saque; 4 rapina; *bird of ~* ave de rapina Ⓑ *v.tr.* 1 [arc.] atacar; 2 [arc.] viver de rapina; 3 [arc.] devorar; 4 [arc.] espoliar; pilhar ❖ *a beast of ~* um (animal) predador

◆**prey on/upon** *v.tr.* 1 (animal, ave) cair sobre; 2 (pessoa) aproveitar-se de; 3 apoderar-se de; *disease preyed upon them* a doença apoderou-se deles; 4 afligir, consumir, preocupar; *nobody knows what was preying on her heart* ninguém sabia o que lhe consumia o coração

preyer ['preɪə] *s.* 1 espoliador; 2 rapinante; 3 saqueador

preying ['preɪɪŋ] *adj.* 1 que pratica a rapina; 2 feroz, carniceiro; 3 que saqueia ou devasta

prezzie ['prezɪ] *s.* {forma abreviada de **present**} [coloq.] prenda, presente

Priam ['praɪəm] *s.antr.* Príamo

priapism ['praɪəpɪzəm] *s.* 1 licenciosidade, libertinagem; 2 MEDICINA priapismo

PRIBA [*abrev. de* President of the Royal Institute of British Architects]

price [praɪs] Ⓐ *s.* 1 (geral) preço; custo; *a high/low/reduced ~* um preço alto/baixo/reduzido; *what is the ~ of this?* qual é o preço disto?; *every man has his ~* todo homem tem o seu preço; *the ~ of fame* o preço da fama; 2 (captura de criminoso) prémio; recompensa; *to have a ~ on one's head* ter a cabeça a prémio; *to set a ~ on sb's head* pôr a cabeça de alguém a prémio; 3 [ant.] preço, valor, valia; *a pearl of great ~* uma pérola preciosa, algo muito valioso; 4 (jogo, aposta) probabilidade; *what ~ ...?* quais as probabilidades de...? Ⓑ *v.tr.* 1 marcar o preço de; fixar o preço de; *to be priced at...* vender-se ao preço de...; 2 apreçar, perguntar o preço de, indagar o preço de; 3 avaliar, atribuir um valor a; *to ~ sth very high* atribuir um alto preço a alguma coisa, ter alguma coisa em alto preço; *to ~ sth very low* considerar alguma coisa pouco importante ❖ COMÉRCIO *~ ceiling* preço máximo; tecto; *~ competition* descida de preços para vencer a concorrência; *~ control* controlo dos preços (pelo governo); regulação dos preços; *~ cut* redução dos preços; promoção; *~ fixing* fixação dos preços; COMÉRCIO *~ floor* preço mínimo; *~ increase/rise* subida de preço(s); *~ index* índice de preços; *~ list* lista de preços; *~ tag* etiqueta (com o preço); preço; *~ war* guerra de preços; *list ~* preço recomendado; *at any ~* por qualquer preço; a todo o custo; custe o que custar; *at/for a ~* um preço excessivo; por um balúrdio; *at trade ~* a preço de fábrica; [joc.] *cheap at half the ~* barato se custasse metade; *cheap at the ~* barato seja qual for o preço; sem preço; *not at any ~* de maneira nenhuma; por nada deste mundo; *to be above/beyond/without ~* não ter preço; ter um valor inestimável; *to pay the ~* pagar a factura; arcar com as consequências; *to pay the ultimate ~* pagar com a vida; *to ~ oneself/itself out of the market* excluir-se do mercado, devido aos preços elevados; deixar de vender devido aos preços elevados; [coloq.] *what ~ glory/fame/success...?* a que custo a glória/a fama/o sucesso...?; de que serve a glória/a fama/o sucesso...?

priced [praɪst] *adj.* com determinado preço; com o preço; com preços; *~ catalogue* catálogo de preços ❖ *low-priced* a preço baixo

priceless ['praɪsləs] *adj.* 1 inestimável; 2 de preço tão alto que nem pode calcular-se; 3 [coloq.] impagável, extremamente engraçado

pricelessness ['praɪslɪsnɪs] *s.* valor inestimável, valor incalculável

pricey ['praɪsɪ] *adj.* [coloq.] (preço) caro

pricing ['praɪsɪŋ] *s.* 1 avaliação; 2 atribuição de preço

prick [prɪk] Ⓐ *v.tr.,intr.* 1 picar; dar uma picada em; alfinetar; *to ~ one's fingers* dar uma picada nos dedos; 2 [fig.] afligir, atormentar com remorsos; *her conscience pricked her* os remorsos atormentavam-na; 3 picar; causar uma sensação de formigueiro; *it pricks my hand* sinto um formigueiro na mão; 4 causar uma dor aguda; 5 furar; *to ~ a blister* furar uma bolha; 6 (orelhas) levantar, fitar, arrebitar; 7 [arc.] (cavalo ou outro animal) esporear, espicaçar, incitar; 8 avançar a galope; 9 (desenho) granir; 10 (vinho, bebida) picar na garganta Ⓑ *s.* 1 picada, picadela; ferroada; alfinetada; *she has got a ~ in her finger* ela picou-se no dedo; *the ~ made by a needle* a picada duma agulha; 2 [cal.] (ofensivo) pila; 3 [cal.] (ofensivo) cretino; 4 [fig.] remorso; *the ~ of conscience* o aguilhão da consciência; 5 pegada de lebre; 6 [arc.] aguilhão para o gado; objecto de ponta muito aguçada; espinho; ferrão; pua; picão ❖ *to kick against the pricks* remar contra a maré; *to ~ the bubble (of sth)* mostrar a feia realidade (de algo)

◆**prick out** *v.tr.* (planta) transplantar; *to ~ seedlings* transplantar plantas muito novas

◆**prick up** *v.tr.* (orelhas) arrebitar; *to ~ the ears* arrebitar as orelhas ❖ [coloq.] (pessoa) *to ~ one's ears* ficar alerta

pricker ['prɪkə] *s.* 1 sovela; 2 furador; 3 picador; 4 punção; 5 qualquer instrumento que pique ou fure; 6 picador

pricket ['prɪkɪt] *s.* 1 ZOOLOGIA veado de um ano, com chifres sem ramificações; 2 braço de castiçal ❖ ZOOLOGIA *pricket's sister* corça de um ano

pricking ['prɪkɪŋ] Ⓐ *adj.* que pica, penetrante Ⓑ *s.* 1 picada; 2 marcação, em lista, por meio de picadas de alfinete ou agulha; 3 NÁUTICA determinação da rota por meio de picadas na carta; 4 encravadura; 5 formigueiro, sensação de formigueiro ❖ *prickings of conscience* remorsos; BOTÂNICA *~ out* transplantação

prickle ['prɪkəl] Ⓐ *s.* 1 pico, espinho; 2 pua, ponta; 3 ferrão; 4 BOTÂNICA acúleo; 5 sensação de formigueiro, prurido Ⓑ *v.tr.,intr.* 1 picar; 2 causar uma sensação de formigueiro, formigar; 3 furar; ferir (com instrumento pontiagudo)

prickleback ['prɪkəlbæk] *s.* ZOOLOGIA (peixe) espinhela, peixe-espinho, esgana-gata

prickled ['prɪkəld] *adj.* com espinhos

prickliness ['prɪklɪnɪs] *s.* existência de muitos espinhos

prickling ['prɪklɪŋ] Ⓐ *adj.* que dá uma sensação de formigueiro Ⓑ *s.* formigueiro, comichão

prickly ['prɪklɪ] *adj.* (*comp.* **-ier**, *superl.* **-iest**) 1 (planta) espinhoso, com espinhos; 2 que pica; que dá a sensação de formigueiro; 3 MEDICINA pruriginoso; 4 [coloq., fig.] (pessoa) susceptível, melindroso, irritadiço; 5 [coloq., fig.] (assunto) delicado ❖ MEDICINA *~ heat* brotoeja; sudâmina; BOTÂNICA *~ pear* figo-do-inferno

prick-teaser ['prɪktɪ:zə] *s.* [cal., depr.] (em relação aos homens) provocadora; (homem) oferecido, provocador

prickwood ['prɪkwʊd] *s.* BOTÂNICA fusano

pride [praɪd] Ⓐ *s.* 1 orgulho; *she is the ~ of her family* ela é o orgulho da família; *to do sth out of ~* fazer alguma coisa por orgulho; *to take ~ in* sentir orgulho em; *to wound sb's ~* ferir o orgulho de alguém; 2 presunção, soberba, vaidade; *the sin of ~* o pecado da soberba; 3 altivez, arrogância, insolência; 4 brio; dignidade; 5 satisfação, ufania; 6 fausto, ostentação, pompa; 7 (cavalo) fogosidade, ardor; 8 (leões) bando; 9 [fig.] auge, esplendor; *in the full ~ of youth* no esplendor da juventude Ⓑ *v.refl.* orgulhar-se [**on**, de]; ter orgulho [**on**, em] ❖ *proper ~* amor-próprio; *~ goes before a fall* quem mais alto sobe mais baixo vem cair; BOTÂNICA *~ of China/India* azedaraque, azedaraque, amargoseira; *~ of the morning* neblina matinal; *peacock in his ~* pavão todo armado

prideful ['praɪdfʊl] *adj.* orgulhoso, arrogante, altivo

pridefully ['praɪdfʊlɪ] *adv.* orgulhosamente, arrogantemente, altivamente

pridefulness ['praɪdfʊlnɪs] *s.* orgulho, arrogância, altivez

prie-dieu [priːˈdjuː] s. genuflexório
prier [ˈpraɪə] s. 1 pessoa curiosa, bisbilhoteira; 2 pessoa que está sempre a espreitar; 3 perscrutador
priest [priːst] Ⓐ s. RELIGIÃO padre; sacerdote; pastor; *a catholic ~* um padre católico, um sacerdote católico Ⓑ v.tr. [arc.] ordenar, fazer sacerdote ❖ *high ~* pontífice; sumo sacerdote
priestcraft [ˈpriːstkrɑːft] s. [depr.] clericalismo, intriga dos padres, astúcia dos padres
priestess [ˈpriːstɪs] s.f. (pl. **-es**) RELIGIÃO sacerdotisa
priesthood [ˈpriːsthʊd] s. 1 RELIGIÃO sacerdócio; 2 clero ❖ *to enter the ~* ordenar-se; fazer-se padre
priestliness [ˈpriːstlɪnɪs] s. modos, características, qualidade de sacerdote
priestly [ˈpriːstlɪ] adj. (comp. **-ier**, superl. **-iest**) 1 sacerdotal; 2 eclesiástico; 3 clerical
prig [prɪg] Ⓐ s. 1 pedante, presumido, pretensioso; 2 [coloq.] gatuno Ⓑ v.tr. (particípios: **-gg-**) furtar, roubar
priggery [ˈprɪgərɪ] s. pedantismo, pedantice
priggish [ˈprɪgɪʃ] adj. pedante, presumido, pretensioso
priggishly [ˈprɪgɪʃlɪ] adv. com presunção, com pedantismo, pretensiosamente
priggishness [ˈprɪgɪʃnɪs] s. pedantismo, pedantice, presunção
prim [prɪm] Ⓐ adj. 1 cerimonioso; formal; 2 afectado; presumido Ⓑ v.tr. (particípios: **-mm-**) 1 assumir uma expressão afectada; exibir modos afectados; 2 arranjar (alguém)
primacy [ˈpraɪməsɪ] s. (pl. **-ies**) 1 primazia; 2 prioridade; 3 supremacia; 4 preeminência; 5 dignidade de primaz
prima donna [priːməˈdɒnə] s. (pl. **prima donnas**) 1 MÚSICA prima-dona; diva; 2 [fig., depr.] pessoa armada em vedeta
primaeval [praɪˈmiːvəl] adj. ⇒ **primeval**
prima facie [praɪməˈfeɪʃɪ] Ⓐ adj. DIREITO baseado na primeira impressão; aparente Ⓑ adv. à primeira vista; na primeira impressão ❖ DIREITO *~ evidence* prova que parece razoável
primage [ˈpraɪmɪdʒ] s. NÁUTICA primagem, percentagem sobre o frete paga por vezes ao capitão do navio
primal [ˈpraɪməl] adj. 1 primitivo, primeiro, original; 2 principal, fundamental, essencial
primally [ˈpraɪməlɪ] adv. 1 primitivamente, primeiramente, originariamente; 2 principalmente, fundamentalmente, essencialmente
primarily [ˈpraɪmərəlɪ, ˌpraɪˈmerəlɪ] adv. 1 em primeiro lugar, primeiramente, primitivamente; 2 essencialmente, principalmente
primary [ˈpraɪmərɪ, ˈpraɪmerɪ] Ⓐ adj. 1 primário, primeiro, original; 2 primitivo; 3 simples, não composto; 4 elementar; 5 principal, primordial, essencial; *that is of ~ importance* isso é de importância primordial Ⓑ s. (pl. **-ies**) 1 ASTRONOMIA planeta primário; 2 [EUA] POLÍTICA reunião prévia para a escolha de candidatos a uma eleição; 3 cor primária; 4 ZOOLOGIA rémige primária; 5 ELECTRICIDADE circuito indutor ❖ FILOSOFIA *~ cause* causa primária; ELECTRICIDADE *~ current* corrente primária; *~ education* instrução primária; ELECTRICIDADE *~ impedance* impedância do primário; ECONOMIA *~ industries* sector primário; *~ matter* substância elementar; ECONOMIA *~ producer* produtor do sector primário; ECONOMIA *~ product* produto primário; GEOLOGIA *~ rocks* rochas primárias; *~ school* escola primária; (fonética) *~ stress* acento principal; *~ strength* resistência primitiva; LINGUÍSTICA *~ tenses* tempos primitivos; AERONÁUTICA *~ trainer* avião de treino; ELECTRICIDADE *~ voltage* voltagem indutora; ELECTRICIDADE *~ wire* fio indutor; *~ health care* cuidados de saúde primários; LINGUÍSTICA *~ meaning of a word* significado primitivo duma palavra; ECONOMIA *~ production country* país de produção primária; *~ school teacher* professor primário
primate [ˈpraɪmeɪt, ˈpraɪmɪt] s. 1 ZOOLOGIA primata; 2 RELIGIÃO primaz, arcebispo; *the ~ of England* o arcebispo de Iorque; *the ~ of all England* o arcebispo de Cantuária
primates [ˈpraɪmeɪts, praɪˈmeɪtiːz] s.pl. ZOOLOGIA primatas
primateship [ˈpraɪmeɪtʃɪp] s. primazia, dignidade de primaz
primatial [praɪˈmeɪʃəl] adj. primacial; relativo a primaz
primatical [praɪˈmætɪkəl] adj. ⇒ **primatial**
prime [praɪm] Ⓐ adj. 1 primeiro; primitivo; 2 primário; *~ necessity* necessidade primária; 3 primordial, principal, fundamental; *~ motive* móbil principal; *of ~ importance* de importância primordial; 4 de primeira qualidade; *~ cut* pedaço de carne de primeira qualidade; FINANÇAS *~ bond* obrigação de primeira qualidade; 5 MATEMÁTICA (número) primo Ⓑ s. 1 parte melhor; *he always wants the ~ of everything* ele quer sempre o melhor de tudo; 2 cume; apogeu; ponto mais alto; *the ~ of perfection* o cume da perfeição; *to be past one's ~* já ter visto melhores dias; 3 começo, princípio, início, primórdios; 4 primavera; *the ~ of life* a primavera da vida; *the ~ of the year* a Primavera; 5 RELIGIÃO hora de prima; *to sing the ~* cantar à hora de prima; 6 MATEMÁTICA número primo; 7 QUÍMICA átomo simples; 8 (posição de esgrima) prima; 9 MÚSICA tom fundamental; 10 TIPOGRAFIA plica Ⓒ v.tr.,intr. 1 (arma, bomba) escorvar, deitar pólvora na escorva; 2 aprontar, preparar para começar a trabalhar; 3 deitar água em bomba para ela começar a funcionar; 4 informar, instruir; 5 embriagar; *to ~ sb with wine* encher alguém de vinho; 6 (tinta) dar uma primeira mão de aparelho; 7 (caldeira) espumar; deixar entrar água no cilindro juntamente com o vapor ❖ *~ conductor* condutor positivo de máquina electrostática; COMÉRCIO, FINANÇAS *~ cost* custo de produção; GEOGRAFIA *~ meridian* meridiano zero; POLÍTICA *~ minister* primeiro-ministro; *~ mover* fonte de energia; força-motriz; causa primária; *the ~ of the moon* a lua nova
primeness [ˈpraɪmnɪs] s. excelência, primor, óptima qualidade
primer¹ [ˈpraɪmə, ˈprɪmə] s. 1 cartilha, livro de leitura para as crianças aprenderem a ler; 2 manual, compêndio; livro de introdução a qualquer assunto; *Latin ~* compêndio elementar de Latim; 3 (tinta) primeira demão; 4 BIOQUÍMICA substrato; 5 HISTÓRIA livro de orações para os leigos, sobretudo antes da Reforma
primer² [ˈpraɪmə] s. 1 cápsula de cartucho; 2 fulminante; 3 escorva, espoleta
primer³ [ˈprɪmə] s. designação de determinado tipo tipográfico; *great ~* corpo 18; *long ~* corpo 10
primetime [ˈpraɪmtaɪm] Ⓐ s. TELEVISÃO horário nobre Ⓑ adj. TELEVISÃO de grande audiência ❖ *~ tv* programa(s) de horário nobre; *~ slot* horário nobre
primeval [praɪˈmiːvəl] adj. primitivo; primevo; relativo às primeiras idades do Mundo ❖ *~ forest* floresta virgem
primevally [praɪˈmiːvəlɪ] adv. 1 primitivamente; 2 primevamente
primine [ˈpraɪmɪn] s. BOTÂNICA primina, membrana externa das duas que envolvem os óvulos das angiospérmicas
priming [ˈpraɪmɪŋ] s. 1 preparação; instrução; 2 (primeira camada de tinta) aparelho, imprimadura; 3 rastilho; 4 escorva; carga de pólvora em arma de fogo; acção de escorvar; 5 MECÂNICA entrada de água nos cilindros ❖ *~ coat* aparelho; imprimadura; *~ iron* espoleta; *~ of the tide* aceleração da maré; *~ wire* espoleta
primipara [praɪˈmɪpərə] s. (fêmea) primípara
primiparous [praɪˈmɪpərəs] adj. primípara
primitive [ˈprɪmɪtɪv] Ⓐ adj. 1 primitivo; *~ man* homem primitivo; *~ rocks* rochas primitivas; 2 original; 3 antigo, simples, rudimentar; 4 [depr.] grosseiro Ⓑ s. 1 ARTES PLÁSTICAS primitivo, pintor do período anterior à Renascença; 2 quadro de um desses pintores; 3 LINGUÍSTICA palavra primitiva ❖ RELIGIÃO *the Primitive Church* a Igreja primitiva; RELIGIÃO *Primitive Methodism* Metodismo primitivo; RELIGIÃO *Primitive Methodist Connexion* sociedade de Metodistas fundada em 1810 por Hugh Bourne
primitively [ˈprɪmɪtɪvlɪ] adv. primitivamente
primitiveness [ˈprɪmɪtɪvnɪs] s. primitividade, primitivismo
primitivism [ˈprɪmɪtɪvɪzəm] s. primitivismo
primly [ˈprɪmlɪ] adv. 1 com afectação; 2 com formalismo; 3 com pedantismo
primness [ˈprɪmnɪs] s. 1 afectação; 2 formalismo; 3 meticulosidade, arranjo meticuloso
primogenital [ˌpraɪməʊˈdʒenɪtəl] adj. primogénito
primogenitary [ˌpraɪməʊˈdʒenɪtərɪ] adj. primogénito
primogenitor [ˌpraɪməʊˈdʒenɪtə] s. 1 antepassado mais remoto; 2 antepassado; 3 primogenitor
primogeniture [ˌpraɪməʊˈdʒenɪtʃə] s. primogenitura; *right of ~* direito de primogenitura
primordial [praɪˈmɔːdɪəl] adj. 1 primordial; 2 primitivo; 3 primevo; 4 original; 5 fundamental, essencial
primordiality [praɪˌmɔːdɪˈælɪtɪ] s. primordialidade
primordially [praɪˈmɔːdɪəlɪ] adv. 1 originariamente; 2 primitivamente; 3 primordialmente; 4 fundamentalmente, essencialmente

primp [prɪmp] Ⓐ v.tr.,intr. 1 enfeitar-se, ataviar-se; 2 ataviar, enfeitar Ⓑ adj. [EUA] elegante, todo arranjado

primrose [ˈprɪmrəʊz] Ⓐ s. BOTÂNICA primavera, prímula Ⓑ adj. (cor) amarelo-pálido ❖ *Primrose Day* aniversário da morte de Lorde Beaconsfield (19 de Abril); *Primrose League* associação conservadora em memória de Lorde Beaconsfield; BOTÂNICA *~ peerless* narciso de duas flores; BOTÂNICA *evening ~* ónagra, onagra; *the ~ path* o caminho do prazer; o caminho mais fácil

primrosy [ˈprɪmrəʊzɪ] adj. cheio de primaveras, repleto de primaveras

primula [ˈprɪmjʊlə] s. BOTÂNICA prímula, primavera

Primulaceae [prɪmjʊˈleɪsiː] s.pl. BOTÂNICA Primuláceas

primum mobile [ˌpraɪmʌmˈməʊbɪlɪ] s. ASTRONOMIA primeiro móvel

primus [ˈpraɪməs] Ⓐ adj. 1 (escola) o (aluno) mais antigo ou mais velho entre os que têm o mesmo nome; 2 primeiro Ⓑ s. 1 bispo-presidente na Igreja Episcopal Escocesa; 2 fogão portátil a petróleo

prince [prɪns, ˈprɪnts] s. 1 príncipe; infante; 2 [fig.] (pessoa que se destaca) príncipe; rei; o maior; *the ~ of poets* o príncipe dos poetas; 3 [fig.] (homem gentil) príncipe; senhor ❖ VESTUÁRIO *Prince Albert (coat)* sobrecasaca; *~ charming* príncipe encantado; *~ consort* príncipe consorte; *Prince of Darkness/of this world* príncipe das trevas; Satanás; *Prince of Wales* príncipe de Gales; *Prince Regent* príncipe regente; *~ royal* príncipe real; (brinquedo) *Prince Rupert's drops* contas de vidro, em forma de pêra, que partem quando se quebram as extremidades; *prince's metal* liga de cobre e zinco; *crown ~* príncipe herdeiro; HISTÓRIA (filho de Eduardo III) *the Black Prince* o Príncipe Negro

princelet [ˈprɪnslɪt] s. principelho

princelike [ˈprɪnslaɪk] Ⓐ adj. 1 de príncipe; 2 principesco, próprio de príncipe Ⓑ adv. 1 principescamente; 2 como um príncipe

princeliness [ˈprɪnslɪnɪs] s. 1 magnificência própria de príncipe; 2 dignidade de príncipe

princeling [ˈprɪnslɪŋ] s. ⇒ princelet

princely [ˈprɪnslɪ] adj. (comp. -ier, superl. -iest) [o comparativo e superlativo podem também ser formados com *more* e *most*] 1 principesco; próprio de príncipe; relativo a príncipe; *a ~ gift* um presente principesco; 2 esplêndido, nobre, real; 3 (quantia, etc.) muito generoso, magnífico; *the pricely sum of* a magnífica soma de

prince's-feather [ˈprɪnsɪzfeðə] s. BOTÂNICA amaranto, veludo, cristas-de-galo

princess [prɪnˈses] s.f. (pl. -es) 1 princesa; 2 [fig., depr.] menina ou mulher mimada; 3 [arc.] rainha ❖ VESTUÁRIO *~ dress* vestido de corte tipo «princesa»; *~ of the blood* princesa de sangue; *Princess Regent* princesa-regente, mulher do príncipe-regente; *~ royal* princesa real; BOTÂNICA *~ tree* paulóvnia

principal [ˈprɪnsɪpəl] Ⓐ adj. 1 principal; *the ~ cause of* a causa principal de; *the ~ part in a play* o papel principal numa peça de teatro; 2 essencial; fundamental; capital; 3 de mais elevada hierarquia; 4 LINGUÍSTICA principal; *the ~ parts of a verb* os tempos principais dum verbo, os tempos primitivos dum verbo; 5 LINGUÍSTICA (oração) principal; *~ clause* oração principal Ⓑ s. 1 director; chefe, dirigente; 2 (escola) director, reitor; 3 superior hierárquico; 4 DIREITO, FINANÇAS mandante, outorgante; 5 funcionário do Estado; 6 (telhado) trave mestra; 7 DIREITO autor principal de crime; *~ in the second degree* cúmplice; 8 FINANÇAS capital principal, dinheiro investido ou emprestado; 9 MÚSICA um dos registos mais elevados do órgão; 10 TEATRO protagonista ❖ ÓPTICA *~ axis* eixo principal; TEATRO *~ boy* actriz que representa o papel de protagonista masculino; FINANÇAS *~ creditor* credor principal; CULINÁRIA *~ dish* prato de resistência; *~ matter* matéria-prima

principality [ˌprɪnsɪˈpælɪtɪ] s. (pl. -ies) 1 principado; *the ~ of Monaco* o principado do Mónaco; 2 pl. RELIGIÃO principados, anjos do sétimo coro ❖ *the Principality* o País de Gales

principally [ˈprɪnsɪplɪ] adv. 1 principalmente; 2 sobretudo

principalship [ˈprɪnsɪpəlʃɪp] s. 1 directoria (direcção) de algumas escolas ou colégios; 2 reitoria de liceu

principate [ˈprɪnsɪpɪt, ˈprɪnsɪpeɪt] s. principado

principle [ˈprɪnsɪpəl] s. 1 princípio; norma de conduta; *moral principles* princípios morais; *a man of no principles* um homem sem escrúpulos; *to refuse on ~* recusar por uma questão de princípio; *that is against my principles* isso é contra os meus princípios; *to live up to one's principles* viver de acordo com os princípios que se defende; 2 causa primeira; começo; fonte; origem; *the ~ of life* a causa primeira da vida; 3 princípio, postulado, preceito; *guiding ~* princípio orientador; *fundamental ~* princípio fundamental; *to lay down a ~* estabelecer um princípio; 4 FÍSICA lei geral; 5 QUÍMICA elemento activo, princípio activo ❖ MATEMÁTICA *commutative ~* propriedade comutativa; MATEMÁTICA *distributive ~* propriedade distributiva; FÍSICA *Pascal's ~* princípio de Pascal; FÍSICA *the Archimedean ~* princípio de Arquimedes; *in ~* em princípio

principled [ˈprɪnsɪpəld] adj. 1 com princípios, de princípios; com bons princípios; 2 baseado em princípios

prink [prɪŋk] Ⓐ v.tr. ataviar com esmero; arranjar com extremo cuidado Ⓑ v.tr.,intr. 1 ataviar-se, arranjar-se; 2 esmerar-se; 3 dar-se ares; 4 (ave) alisar as penas, arranjar as penas

print [prɪnt] Ⓐ v.tr.,intr. 1 (textos, imagens, etc.) imprimir; *to have a book printed* mandar imprimir um livro; 2 publicar; dar a estampa; *they didn't ~ your article* eles não publicaram o seu artigo; 3 gravar; 4 marcar; deixar marca em, deixar marcado; *to ~ one's footsteps on the ground* deixar marcas de pegadas no chão; 5 [fig.] gravar, marcar; *it was printed on my memory/mind* ficou-me gravado na memória; 6 escrever em tipo de imprensa, escrever em letra de imprensa; *please ~ your name under your signature* escreva, por favor, o seu nome em letras de imprensa por baixo da assinatura; 7 FOTOGRAFIA tirar provas; *this negative prints well* este negativo dá boas provas; 8 trabalhar como impressor; 9 (tecido de algodão) estampar Ⓑ s. 1 impressão; 2 (livros, revistas, jornais, etc.) material impresso; publicação (impressa); 3 marca; 4 TIPOGRAFIA tipo; *in large ~* em tipo grande; *clear ~* tipo claro, impressão clara; 5 estampa, gravura, imagem; 6 chita, tecido de algodão estampado; *a ~ dress* um vestido de chita, um vestido de algodão estampado; 7 FOTOGRAFIA prova; impressão; *to take a ~ from a negative* tirar uma prova dum negativo; *colour ~* impressão a cores; *black ~* prova a preto, impressão a preto; 8 cópia fotográfica; 9 marca ao imprimir, sinal ao imprimir; 10 cunho para imprimir, carimbo para imprimir; 11 [coloq.] impressão digital, dedada; 12 papel de jornal; 13 entalhe; *wooden ~* entalhe em madeira ❖ (biblioteca) *~ room* secção de estampas; (publicações) *~ run* tiragem; *~ seller* vendedor de estampas; vendedor de gravuras; *in bold ~* em negrito; *in ~* publicado; à venda; impresso; (documento, texto legal) *small/fine ~* letras pequenas; letras miudinhas; (livro) *to be in ~* estar impresso; estar à venda; (livro) *to be out of ~* estar esgotado; (livro) *to go out of ~* esgotar; *to see one's name in ~* ver o seu nome nos jornais

◆ **print off** v.tr. 1 imprimir; *to ~ a newspaper* imprimir um jornal; *the book is printed off* o livro acabou de se imprimir; 2 FOTOGRAFIA tirar provas, imprimir; *to ~ a negative* tirar provas de um negativo

◆ **print out** v.tr. INFORMÁTICA (documento no computador) imprimir, tirar uma impressão de

printable [ˈprɪntəbəl] adj. 1 próprio para imprimir; 2 que pode imprimir-se ou gravar-se

printed [ˈprɪntɪd] adj. 1 impresso; 2 gravado; 3 estampado; *~ calico* algodão estampado ❖ ELECTRICIDADE *~ circuit* circuito impresso; *~ goods* estampados; *~ matter* impressos; *~ paper rate* franquia para impressos

printer [ˈprɪntə] s. 1 impressor; tipógrafo; 2 (máquina) impressora; 3 dono de uma gráfica; 4 (tecidos de algodão) estampador; 5 pessoa que tira provas fotográficas ❖ *printer's* gráfica; *printer's devil* aprendiz de tipógrafo; *printer's error* erro de impressão; *printer's flower* vinheta; *printer's ink* tinta de impressão; *printer's mark* marca do tipógrafo; [fig.] *printer's pie* confusão, salgalhada; *printer's reader* revisor de provas tipográficas; *~ and publisher* impressor-editor; *letter press ~* impressor-tipógrafo

printery [ˈprɪntərɪ] s. (pl. -ies) 1 tipografia; 2 estamparia, fábrica de estampar tecidos

printing [ˈprɪntɪŋ] s. 1 impressão; 2 (livros) impressão; edição; tiragem; 3 imprensa, tipografia; trabalho tipográfico; 4 escrita em letra de imprensa; 5 (tecidos) estampagem; *~ of textiles* estampagem de têxteis; *calico* ~ estampagem de algodão; **6** gravação; **7** FOTOGRAFIA tiragem de cópias ❖ ~ *ink* tinta de impressão; ~ *machine* máquina impressora; prelo; TIPOGRAFIA ~ *number* número de tiragem; ~ *office* tipografia; oficina gráfica; ~ *paper* papel de imprensa; papel para impressora; ~ *press* máquina impressora; prelo

printless ['prɪntləs] *adj.* **1** sem qualquer marca ou vestígio; **2** que não deixa marca ou vestígio

printout ['prɪntaʊt] *s.* INFORMÁTICA impressão; *to do a* ~ *of* fazer uma impressão de

prior ['praɪə] Ⓐ *adj.* **1** precedente, antecedente, anterior; **2** prévio; *a* ~ *condition* uma condição prévia; **3** mais importante, prioritário Ⓑ *adv.* anteriormente [**to**, a]; antes [**to**, de] Ⓒ *s.* **1** RELIGIÃO prior; **2** HISTÓRIA (repúblicas italianas) magistrado principal ❖ *without* ~ *notice* sem pré-aviso; sem avisar

priorate ['praɪərɪt] *s.* priorado, dignidade de prior

prioress ['praɪɔrɪs] *s.f.* (*pl.* **-es**) prioresa

prioritize [praɪ'ɒrɪtaɪz] *v.tr.* **1** dar prioridade a; **2** tornar prioritário

priority [praɪ'ɒrɪtɪ] *s.* (*pl.* **-ies**) **1** prioridade; *to have* ~ *over/to take* ~ *over* ter prioridade sobre; **2** primazia; **3** ordem de preferência ❖ ~ *case* assunto prioritário; ~ *list* lista de artigos beneficiados por prioridade; ~ *message* mensagem urgente; ~ *right* (direito de) preferência; FINANÇAS ~ *share* acção privilegiada; ~ *of birth* primogenitura; ~ *of invention* prioridade de invenção

priorship ['praɪəʃɪp] *s.* **1** priorado; **2** dignidade de prior; **3** comunidade governada por um prior

priory ['praɪərɪ] *s.* (*pl.* **-ies**) priorado, priorato, comunidade governada por um prior

Priscian ['prɪʃɪən] *s.antr.* Prisciano ❖ *to break Priscian's head* cometer erros gramaticais

Priscillian [prɪ'sɪlɪən] *s.antr.* Prisciliano

prise [praɪz] *s., v.tr.* ⇒ **prize**

prism ['prɪzəm] *s.* prisma; *oblique/right* ~ prisma oblíquo/recto ❖ ~ *binoculars* binóculo prismático

prismatic [prɪz'mætɪk] *adj.* **1** prismático; **2** (fig.) com cores vivas, brilhante ❖ ~ *compass* bússola topográfica com prisma; ~ *condenser* condensador prismático de Fresnel; ~ *lens* lente prismática; ~ *spectrum* espectro prismático; ~ *sight* visor prismático; *the* ~ *colours* as cores prismáticas

prismatical [prɪz'mætɪkəl] *adj.* ⇒ **prismatic**

prismatically [prɪz'mætɪklɪ] *adv.* prismaticamente

prismy ['prɪzmɪ] *adj.* [rar.] com muitas cores

prison ['prɪzən] Ⓐ *s.* **1** prisão; penitenciária; cadeia; cárcere; **2** (fig.) prisão; clausura; sujeição Ⓑ *v.tr.* [arc., poét.] prender, encarcerar ❖ ~ *camp* campo prisional; (cadeia) ~ *cell* cela; ~ *house* cadeia; edifício da cadeia; ~ *term* pena; ~ *van* carro celular; [EUA] ~ *warden* director de prisão; ~ *yard* pátio da prisão; *in* ~ na prisão; preso; *state* ~ prisão estatal; penitenciária do Estado; *to be sent to* ~ ser preso; *to escape from* ~ fugir da cadeia; *to put sb in* ~ prender alguém; meter alguém na cadeia

prisoned ['prɪzənd] *adj.* preso, encarcerado, cativo

prisoner ['prɪzənə] *s.* **1** (cadeia) detido; preso; [fig.] *she is a* ~ *to her room* ela não pode sair do quarto; **2** prisioneiro; *they took six thousand men* ~ eles fizeram seis mil prisioneiros; *to take sb* ~ prender alguém; **3** DIREITO acusado, réu; *the* ~ *elected to plead guilty* o réu resolveu confessar-se culpado ❖ *prisoners' base/prisoners' bars* barra, jogo da barra; ~ *of State* preso político; ~ *of war* prisioneiro de guerra

prissy ['prɪsɪ] *adj.* **1** pudico; envergonhado; **2** cerimonioso, mesureiro; **3** afectado

pristine ['prɪstiːn] *adj.* **1** prístino; **2** antigo; **3** primitivo; **4** prisco

prithee ['prɪðiː] *interj.* [arc.] por favor, faz favor; *tell me,* ~ diga-me, por favor

prittle-prattle ['prɪtl,prætl] *s.* [arc.] tagarelice

privacy ['praɪvəsɪ, 'prɪvəsɪ] *s.* (*pl.* **-ies**) **1** privacidade; *lack of* ~ falta de privacidade; *to disturb sb's* ~ perturbar a privacidade de alguém; **2** intimidade; *they got married in strict* ~ casaram na maior intimidade; *the* ~ *of one's home* a intimidade do lar; **3** isolamento; retiro; *to live in absolute* ~ viver num isolamento completo, viver absolutamente retirado; **4** confidencialidade; segredo; *privacies of the bedchamber* segredos de alcova; *in such matters* ~ *is very important* em assuntos destes, o segredo é muito importante; **5** reserva ❖ *in* ~ em particular

private ['praɪvɪt] Ⓐ *adj.* **1** privado; *the funeral will be* ~ o funeral realizar-se-á em privado; **2** particular; pessoal; *for my* ~ *use* para meu uso pessoal; *I have* ~ *reasons to...* tenho razões particulares para...; *in my* ~ *opinion* na minha opinião pessoal; *strictly* ~ estritamente pessoal; *to do sth in one's* ~ *capacity* fazer alguma coisa a título meramente particular; **3** individual; **4** confidencial; secreto; ~ *and confidential* secreto e confidencial; *this is for your* ~ *ear* isto é confidencial; *to sit in* ~ reunir-se em sessão à porta fechada; *to keep sth* ~ fazer segredo de alguma coisa; **5** (pessoa) reservado, só, solitário; *to be* ~ *about sth* ser reservado acerca de alguma coisa; **6** (lugar) retirado, isolado; **7** reservado; ~ *bus* autocarro reservado Ⓑ *s.* **1** soldado raso; **2** *pl.* [cal.] partes sexuais, partes pudendas ❖ ~ *ball* baile particular; POLÍTICA ~ *bill* projecto de lei apresentado por deputado que não é membro do Ministério; ~ *business* negócio privado; ~ *chapel* capela particular; ~ *charity* doações de particulares; ~ *citizen* particular; ~ *detective* detective privado; ~ *enterprise* empresa privada; ~ *entrance* entrada particular; [EUA] ~ *eye* detective privado; ~ *hearing* audiência privada; ~ *hotel* pensão familiar; ~ *income* rendimento pessoal; ~ *letter* carta particular; ~ *life* vida privada; POLÍTICA ~ *member* deputado que não faz parte do governo; ~ *party* festa íntima; ~ *property* propriedade privada; ~ *road* caminho particular; ~ *school* escola particular; ~ *secretary* secretário particular; ~ *staircase* escada privada; ~ *study* estudos particulares; (arte) ~ *view* visita pré-inaugural; *in* ~ em privado

privateer [,praɪvə'tɪə] Ⓐ *s.* **1** corsário; **2** navio particular autorizado a fazer a guerra de corso; **3** capitão de navio corsário; **4** *pl.* tripulantes de navio corsário Ⓑ *v.intr.* NÁUTICA fazer a guerra de corso

privateering [,praɪvə'tɪərɪŋ] *s.* HISTÓRIA guerra de corso; *to fit out a ship for* ~ armar um navio para a guerra de corso

privateersman [,praɪvə'tɪəzmən] *s.* (*pl.* **-men**) corsário, capitão ou tripulante de navio corsário

privately ['praɪvɪtlɪ] *adv.* **1** particularmente; **2** a título particular; **3** como simples particular; **4** na intimidade; **5** à porta fechada; **6** secretamente; **7** confidencialmente

privateness ['praɪvɪtnɪs] *s.* **1** carácter particular; **2** intimidade; **3** carácter confidencial; **4** recolhimento; **5** segredo

privation [praɪ'veɪʃən] *s.* **1** privação; *to live in* ~ viver cheio de privações; *to suffer many privations* sofrer muitas privações; **2** perda; **3** falta, ausência; **4** carência das coisas indispensáveis na vida, miséria; *to die of* ~ morrer de miséria

privatise ['praɪvətaɪz] *v.tr.* ⇒ **privatize**

privative ['prɪvətɪv] *adj.* **1** negativo; **2** caracterizado pela ausência de; **3** que indica privação ou ausência de

privatization [,praɪvətaɪ'zeɪʃən] *s.* privatização

privatize ['praɪvətaɪz] *v.tr.* privatizar

privet ['prɪvɪt] *s.* **1** BOTÂNICA alfeneiro, alfenheiro; **2** alfena; **3** ligustro

privilege ['prɪvɪlɪdʒ] Ⓐ *s.* **1** privilégio; *breach of* ~ quebra ou violação de privilégio; *the privileges of birth* os privilégios de nascimento; *to enjoy the* ~ *of...* gozar do privilégio de...; *to grant a* ~ conceder um privilégio; **2** regalia, prerrogativa, direito especial; **3** imunidade; **4** monopólio; **5** patente; **6** satisfação, prazer; *to hear her was a* ~ era um prazer ouvi-la Ⓑ *v.tr.* **1** privilegiar; **2** conceder um privilégio a; **3** conceder um direito especial ❖ POLÍTICA *parliamentary* ~ imunidade parlamentar; RELIGIÃO ~ *of clergy* direito do clero de ser julgado em tribunais eclesiásticos, benefício eclesiástico; POLÍTICA *bill of* ~ petição de um par para ser julgado por outros pares; *writ of* ~ ordem de libertação de detido que goza de imunidade

privileged ['prɪvɪlɪdʒd] *adj.* privilegiado; *a few* ~ alguns privilegiados; *to be* ~ *to...* ter o privilégio de... ❖ ~ *information* informação confidencial; *to be* ~ *from* estar isento de; estar dispensado de

privily ['prɪvɪlɪ] *adv.* **1** secretamente; **2** em segredo; **3** privadamente

privity ['prɪvɪtɪ] *s.* (*pl.* **-ies**) **1** DIREITO laços de sangue; relações reconhecidas pela lei entre duas partes, obrigação; ~ *in deed* obrigação contratual; ~ *in law* obrigação legal; **2** conhecimento, informação um tanto ou quanto reservada; *with his* ~ *and consent* com o seu conhecimento e consentimento; **3** confidência

privy ['prɪvɪ] Ⓐ *adj.* 1 secreto, escondido; 2 oculto; 3 privado, pessoal, particular Ⓑ *s. (pl.* **-ies)** 1 DIREITO parte interessada; 2 cúmplice, co-responsável; *~ to a crime* cúmplice dum crime; 3 [coloq.] privada, retrete, latrina ❖ *~ to* com o conhecimento de; ao corrente de; [GB] *Privy Council* Conselho Privado do Rei; [GB] *Privy Councillor* Conselheiro Privado; [GB] *Privy Purse* tesouro pessoal; [GB] *Privy Seal* selo privado para documentos de menor importância; [GB] POLÍTICA *Lord Privy Seal* Lorde do Selo Privado

prize [praɪz] Ⓐ *s.* 1 prémio; galardão; *first ~* primeiro prémio; *the Nobel ~* o prémio Nobel; *to win a ~* ganhar um prémio; *to win first ~* ganhar o primeiro prémio; 2 recompensa; 3 NÁUTICA presa; navio apresado; mercadorias apresadas; *to make ~ of* apresar; 4 potência de alavancas; emprego de alavancas; ponto de apoio de alavanca Ⓑ *v.tr.,intr.* 1 apreciar, estimar, atribuir grande valor a, ter muita estima por, acarinhar; *to ~ highly* ter um elevado apreço por; 2 levantar, forçando; levantar com uma alavanca; abrir, forçando; forçar por meio de alavanca; *to ~ sth open* abrir algo à força Ⓒ *adj.* 1 premiado, galardoado; *~ cattle* gado premiado (em concurso); *~ novel* romance premiado; 2 [coloq.] completo, perfeito; *a ~ idiot* um idiota completo; 3 mais importante, mais estimado ❖ NÁUTICA *~ court* tribunal que decide sobre as presas marítimas; NÁUTICA *~ crew* tripulação posta a bordo de navio apresado; *~ draw* tômbola; *~ list* palmarés; lista dos premiados; *~ money* recompensa monetária; prémio monetário; DESPORTO *~ ring* recinto de boxe; [coloq.] *no prizes for guessing (sth)* isto é de caras

◆ **prize out** *v.tr.* (informação, dinheiro) arrancar [**of**, de]
prized [praɪzd] *adj.* apreciado, estimado
prizefight ['praɪzfaɪt] *s.* DESPORTO (boxe) combate profissional
prizefighter ['praɪzfaɪtə] *s.* DESPORTO pugilista profissional
prizefighting ['praɪzfaɪtɪŋ] *s.* DESPORTO boxe profissional
prize-giving ['praɪzgɪvɪŋ] *s.* cerimónia de entrega dos prémios
prizeman ['praɪzmən] *s. (pl.* **-men)** premiado; galardoado; indivíduo que ganha determinado prémio
prizewinner ['praɪzwɪnə] *s.* premiado, vencedor do prémio
prizewinning ['praɪzwɪnɪŋ] *adj.* premiado, galardoado, vencedor, ganhador
pro [prəʊ] Ⓐ *prep.* pró, a favor de Ⓑ *s. (pl.* **pros)** 1 pró; vantagem; *the pros and cons* os prós e os contras; 2 [coloq.] profissional; *he's a pro!* é um verdadeiro profissional!; 3 [cal.] prostituta Ⓒ *adj.* [coloq.] profissional ❖ COMÉRCIO *~ forma invoice* factura pro-forma; *~ tempore* temporariamente
proa ['prəʊə] *s.* NÁUTICA barco malaio, barco à vela malaio
proactive [prəʊ'æktɪv] *adj.* pró-activo, com iniciativa, dinâmico, enérgico; *you should be more ~* devias tomar mais vezes a iniciativa
probabilism ['prɒbəbɪlɪzəm] *s.* FILOSOFIA probabilismo
probabilist ['prɒbəbɪlɪst] *adj.,s.* FILOSOFIA probabilista
probability [ˌprɒbə'bɪlɪtɪ] *s. (pl.* **-ies)** 1 probabilidade; *in all ~* segundo todas as probabilidades; *there is no ~ of their coming* não é provável que eles venham; *the ~ is that he will do it* é provável que ele aceite; 2 possibilidade; *beyond the bounds of ~* para além do possível; 3 verosimilhança ❖ MATEMÁTICA *rule of probabilities* cálculo das probabilidades
probable ['prɒbəbəl] *adj.* 1 provável; *a ~ result* um resultado provável; *it is ~ that he wrote the letter* é provável que ele tenha escrito a carta; *that is possible but not ~* isso é possível, mas não provável; 2 verosímil; *a ~ excuse* uma desculpa verosímil
probably ['prɒbəblɪ] *adv.* provavelmente
probang ['prəʊbæŋ] *s.* MEDICINA sonda para o esófago
probate¹ ['prəʊbeɪt, 'prəʊbɪt] Ⓐ *s.* 1 DIREITO legitimação, aprovação oficial de testamento; verificação de que um testamento é legalmente válido; *to grant ~ of a will* homologar um testamento; 2 DIREITO cópia autêntica de testamento Ⓑ *v.tr.* [EUA] DIREITO (testamento) homologar, legitimar ❖ *~ court* tribunal das sucessões; *~ duty* imposto sucessório
probate² ['prəʊbeɪt] *v.tr.* [EUA] homologar (um testamento)
probation [prə'beɪʃən] *s.* 1 DIREITO liberdade condicional; *to be on ~* estar em liberdade condicional; 2 RELIGIÃO noviciado; 3 período de prova; 4 estágio, período de estágio; *two years' ~* dois anos de estágio ❖ DIREITO *~ officer* funcionário encarregado de prestar assistência aos que se encontram em liberdade condicional

probationary [prə'beɪʃənərɪ] *adj.* 1 à experiência; relativo a estágio, período experimental ou prova; 2 relativo a noviciado
probationer [prə'beɪʃənə] *s.* 1 DIREITO pessoa em liberdade condicional; 2 estagiário; 3 RELIGIÃO noviço ❖ (funcionário) *~ for higher grade* aspirante
probative ['prəʊbətɪv] *adj.* 1 probatório; 2 comprovativo; 3 que constitui prova
probe [prəʊb] Ⓐ *s.* 1 (instrumento, aparelho) sonda; *space ~* sonda espacial; 2 investigação, inquérito; 3 ZOOLOGIA antena Ⓑ *v.tr.,intr.* 1 examinar com sonda; sondar; 2 examinar; *to ~ a wound* examinar uma ferida; 3 esquadrinhar; investigar cuidadosa e minuciosamente [**into**, -]; 4 explorar; aprofundar
prober ['prəʊbə] *s.* 1 aquele que trabalha com uma sonda; 2 sondador; 3 indagador, esquadrinhador
probing ['prəʊbɪŋ] Ⓐ *adj.* 1 de sondagem; 2 agudo, penetrante, perspicaz; 3 interrogativo Ⓑ *s.* 1 sondagem; 2 investigações
probity ['prəʊbɪtɪ, 'prɒbɪtɪ] *s.* probidade, honradez, honrabilidade, integridade de carácter
problem ['prɒbləm] Ⓐ *s.* 1 problema; *the housing ~* o problema da habitação; *a mathematical ~* um problema matemático; 2 questão difícil; 3 situação difícil Ⓑ *adj.* 1 problemático; *~ child* criança problemática; 2 difícil; *a ~ picture* um quadro difícil de interpretar ❖ LITERATURA *~ novel* romance de tese; (imprensa) *~ page* consultório sentimental; TEATRO *~ play* drama no qual é tratado qualquer problema moral ou social
problematic [ˌprɒblə'mætɪk] *adj.* 1 problemático; 2 incerto; 3 discutível; 4 LÓGICA possível, mas não necessariamente verdadeiro
problematical [ˌprɒblə'mætɪkəl] *adj.* 1 problemático; 2 incerto; 3 discutível; 4 LÓGICA possível, mas não necessariamente verdadeiro
problematically [ˌprɒblə'mætɪklɪ] *adv.* 1 duma maneira problemática; 2 problematicamente
problemist ['prɒbləmɪst] *s.* problemista, jogador e estudioso de xadrez
proboscidea [ˌprɒbə'sɪdɪə] *s.pl.* ZOOLOGIA proboscídeos
proboscidean [ˌprɒbə'sɪdɪən] *adj.,s.* ZOOLOGIA proboscídeo
proboscidian [ˌprɒbə'sɪdɪən] *adj.,s.* ZOOLOGIA proboscídeo
proboscis [prə'bɒsɪs] *s. (pl.* **proboscides** ou **proboscises)** 1 proboscis, probóscide; tromba (de elefante); focinho alongado; órgão nasal dos insectos dípteros; órgão sugador de alguns vermes; 2 [joc.] (nariz grande) narigão, bicanca, penca ❖ ZOOLOGIA *~ monkey* macaco narigudo; násico
procacity [prəʊ'kæsɪtɪ] *s.* 1 procacidade; 2 impertinência; 3 petulância
procaine [prəʊ'keɪn] *s.* FARMÁCIA procaína
procedural [prə'siːdʒərəl] *adj.* procedimental; por procedimento ❖ INFORMÁTICA *~ language* linguagem procedimental; INFORMÁTICA *~ programming* programação por procedimento
procedure [prə'siːdʒə] *s.* 1 procedimento; norma; 2 actuação; maneira de agir; 3 comportamento; conduta; 4 medidas tomadas; 5 DIREITO processo ❖ *code of criminal ~* código do processo criminal; *rules of ~* normas; regulamento interno
proceed [prə'siːd] *v.intr.* 1 seguir, avançar, ir para diante; *lorries must ~ very slowly* os camiões devem avançar muito devagar; 2 prosseguir; continuar; *the story proceeds as follows* a história prossegue do seguinte modo; *to ~ on one's way* continuar o seu caminho; *we may ~ with our plan* podemos continuar com o nosso plano; 3 ocupar-se, tratar de; *to ~ to business* tratar do que importa; 4 passar [**to**, a]; *to ~ to blows* passar a vias de facto; 5 DIREITO proceder [**against**, contra]; *if they violate the Constitution, we will ~ against them* se eles violarem a Constituição, nós vamos proceder contra eles; 6 vir [**from**, de]; provir [**from**, de]; derivar [**from**, de]; *many diseases ~ from malnutrition* a subnutrição está na origem de muitas doenças; 7 [fig.] agir, proceder; *you shall ~ as directed* procederás de acordo com as instruções que receberes
proceeding [prə'siːdɪŋ] *s.* 1 actuação, conduta; *line of ~* linha de conduta; 2 procedimento; *suspicious proceedings* procedimento suspeito; 3 comportamento; 4 *pl.* DIREITO processo, acção; autos; *to institute (legal) proceedings against* intentar uma acção contra; 5 *pl.* acta; 6 *pl.* debate; *to conduct the proceedings* orientar os debates; 7 *pl.* processo; *disciplinary proceedings* processo disciplinar

proceeds [prəˈsiːdz] s.pl. 1 (dinheiro) receitas, resultado de venda; 2 lucro
proceleusmatic [ˌprɒsɪluːsˈmætɪk] adj.,s. 1 proceleusmático; 2 pé proceleusmático (composto por quatro sílabas breves)
procellarian [prɒsɪˈlɛərɪən] s. 1 ZOOLOGIA procelária; 2 alma-de-mestre
procephalic [ˌprəʊsɪˈfælɪk] adj. procefálico, situado na frente da cabeça
process[1] [ˈprəʊses, ˈprɒses] Ⓐ s. (pl. **-es**) 1 processo; operação; *the ~ of digestion* o processo de digestão; *the learning ~* o processo de aprendizagem; *it is a slow ~* é um processo moroso; *processes of the mind* operações de espírito; *~ of manufacture* processo de fabrico; 2 (tempo) curso, decurso, decorrer; marcha; progresso; continuação; *in the ~ of time* com o decorrer do tempo; 3 processo; método; sistema; técnica; *the Bessemer ~ of making steel* o processo Bessemer de fabrico de aço; 4 DIREITO processo, acção judicial; citação; mandato; 5 BIOLOGIA excrescência; apófise; 6 processos fotomecânicos Ⓑ v.tr. 1 (indústria) submeter a determinado processo, preparar, tratar, submeter a tratamento; 2 reproduzir por processo fotomecânico; 3 tratar de; fazer o processamento de; 4 processar; digerir; assimilar; aceitar; 5 DIREITO processar, instaurar processo contra; 6 INFORMÁTICA processar ❖ *~ industry* indústria transformadora; indústria de tratamento; *~ printing* impressão a três cores; *~ server* oficial de justiça; auxiliar de xerife; *by a ~ of elimination* por exclusão de partes; *in ~* em marcha; em andamento; *to be in the ~ of doing sth* estar no processo de fazer algo
process[2] [prəˈses] v.intr. [coloq.] caminhar em procissão, seguir em cortejo
processing [ˈprəʊsesɪŋ] s. 1 processamento; 2 tratamento ❖ INFORMÁTICA *central ~ unit* unidade central de processamento; INFORMÁTICA *data ~* processamento de dados; *food ~ industry* indústria alimentar; INFORMÁTICA *word ~* processamento de texto
procession [prəˈseʃən] Ⓐ s. 1 cortejo; *funeral ~* cortejo fúnebre; 2 procissão; *to go in ~* seguir em procissão; 3 desfile; 4 RELIGIÃO processão, emanação do Espírito Santo Ⓑ v.tr.,intr. 1 desfilar em cortejo; 2 ir em procissão; 3 percorrer em procissão ou cortejo
processional [prəˈseʃənəl] Ⓐ adj. processional; relativo a procissões Ⓑ s. 1 RELIGIÃO processionário, livro de orações e cânticos destinado às procissões; 2 hino cantado nas procissões
processionally [prəˈseʃənəlɪ] adv. 1 processionalmente; 2 em cortejo
processionary [prəˈseʃənərɪ, prəˈseʃənerɪ] adj. processionário
processionist [prəˈseʃənɪst] s. indivíduo que toma parte em cortejo ou procissão
processionize [prəˈseʃənaɪz] v.intr. caminhar em cortejo ou procissão
processor [ˈprəʊsesə] s. 1 processador; 2 INFORMÁTICA processador; *word ~* processador de texto; 3 (comida) robô de cozinha
prochronism [ˈprəʊkrənɪzəm] s. procronismo
proclaim [prəˈkleɪm] v.tr. 1 proclamar; *to ~ a republic* proclamar uma república; *he was proclaimed king* proclamaram-no rei; *to ~ the banns* proclamar os banhos; 2 anunciar publicamente; *to have sth proclaimed* mandar anunciar determinada coisa; 3 declarar oficialmente; *to ~ war* declarar guerra; 4 (edicto, decreto) promulgar; 5 revelar, mostrar; *her accent proclaimed that she was Portuguese* o sotaque mostrava que ela era portuguesa ❖ *the dress proclaims the man* o hábito faz o monge
proclaimer [prəˈkleɪmə] s. 1 aquele que proclama; 2 aquele que anuncia publicamente ou oficialmente; 3 pregoeiro
proclamation [ˌprɒkləˈmeɪʃən] s. 1 proclamação; *by public ~* por proclamação pública; *to issue a ~/to make a ~* fazer uma proclamação; 2 declaração pública; 3 publicação oficial e solene; 4 promulgação; 5 edicto, decreto
proclitic [prəʊˈklɪtɪk] Ⓐ adj. LINGUÍSTICA proclítico Ⓑ s. LINGUÍSTICA palavra proclítica; proclítica
proclivity [prəˈklɪvɪtɪ] s. (pl. **-ies**) tendência [**to/towards**, para]; propensão [**to/towards**, para]; inclinação [**to/towards**, para]
proclivous [prəʊˈklaɪvəs] adj. proclive, com inclinação para diante
proconsul [prəʊˈkɒnsəl] s. procônsul
proconsular [prəʊˈkɒnsjʊlə] adj. proconsular

proconsulate [prəʊˈkɒnsjʊlɪt] s. 1 proconsulado; 2 dignidade ou cargo de procônsul; 3 duração desse cargo; 4 HISTÓRIA província governada por um procônsul
proconsulship [prəʊˈkɒnsəlʃɪp] s. proconsulado
Procopius [prəˈkəʊpɪəs] s.antr. Procópio
procrastinate [prəˈkræstɪneɪt] v.intr. 1 procrastinar; 2 adiar; 3 demorar; 4 deixar para mais tarde
procrastination [prəˌkræstɪˈneɪʃən] s. procrastinação, adiamento, protelação ❖ *~ is the thief of time* não deixes para amanhã o que podes fazer hoje
procrastinative [prəˈkræstɪnətɪv] adj. 1 procrastinatório; 2 dilatório; 3 que faz adiar
procrastinator [prəˈkræstɪneɪtə] s. procrastinador, pessoa que deixa ficar para mais tarde
procreate [ˈprəʊkrɪeɪt] Ⓐ v.tr. 1 procriar, gerar; 2 produzir; 3 originar Ⓑ v.intr. procriar; multiplicar-se
procreation [ˌprəʊkrɪˈeɪʃən] s. 1 procriação; 2 geração, reprodução; 3 germinação; 4 produção
procreative [ˈprəʊkrɪeɪtɪv] adj. 1 procriador; 2 criador; 3 gerador
procreativeness [ˈprəʊkrɪeɪtɪvnɪs] s. capacidade procriadora
Procrustean [prəʊˈkrʌstɪən] adj. 1 procustiano; relativo a Procustes; 2 relativo ao leito de Procustes
Procrustes [prəʊˈkrʌstiːz] s. MITOLOGIA Procustes ❖ *the bed of ~* o leito de Procustes
procrypsis [prəʊˈkrɪpsɪs] s. homocromia, semelhança ou igualdade de cores
procryptic [prəʊˈkrɪptɪk] adj. mimético
proctological [ˌprɒktəˈlɒdʒɪkəl] adj. MEDICINA proctológico
proctologist [prɒkˈtɒlədʒɪst] s. MEDICINA proctologista
proctology [prɒkˈtɒlədʒɪ] s. MEDICINA proctologia
proctor [ˈprɒktə] s. 1 (universidade) funcionário, nomeado anualmente, incumbido de várias funções, sobretudo da de zelar pela disciplina entre os alunos da universidade; 2 DIREITO procurador, solicitador ❖ *King's ~, Queen's ~* procurador do rei ou da rainha, com direito de intervir em certos casos sucessórios ou de divórcio
proctorial [ˌprɒkˈtɔːrɪəl] adj. 1 (universidade) que diz respeito ao proctor; 2 relativo aos advogados em tribunais eclesiásticos ou ao procurador do rei ou da rainha
proctorization [ˌprɒktəraɪˈzeɪʃən] s. 1 (universidade) submissão à autoridade do proctor; 2 disciplinamento
proctorize [ˈprɒktəraɪz] v.tr. 1 (universidade) disciplinar, submeter à autoridade do proctor; 2 castigar, multar
procumbent [prəʊˈkʌmbənt] adj. 1 deitado de bruços; 2 BOTÂNICA prostrado, procumbente
procurable [prəˈkjʊərəbəl] adj. 1 que pode obter-se, alcançável; 2 captável
procuration [ˌprɒkjʊˈreɪʃən] s. 1 DIREITO procuração; *to act by ~* agir por procuração; *to give ~* passar procuração; 2 (crime) proxenetismo; 3 [form.] obtenção, aquisição, procura ❖ *~ signature* assinatura por procuração
procurator [ˈprɒkjʊreɪtə] s. 1 DIREITO agente, representante legal, procurador; 2 HISTÓRIA (cidades italianas) magistrado ❖ [Esc.] *~ fiscal* procurador geral da Coroa
procuratorship [ˈprɒkjʊreɪtəʃɪp] s. procuradoria
procuratory [ˈprɒkjʊrətərɪ] s. 1 DIREITO procuração; 2 plenos poderes
procuratrix [ˌprɒkjʊˈreɪtrɪks] s.f. ecónoma, irmã encarregada da administração de convento
procure [prəˈkjʊə] v.tr.,intr. 1 obter, conseguir; *he could not ~ employment* ele não conseguiu obter emprego; 2 proporcionar; garantir; 3 (crime) desenvolver actividades de proxenetismo
procurement [prəˈkjʊəmənt] s. 1 aquisição; 2 obtenção, consecução; 3 instigação; 4 intervenção
procurer [prəˈkjʊərə] s. 1 aquele que obtém, adquire ou consegue; 2 alcoviteiro, alcoviteira; 3 proxeneta
procuress [prəˈkjʊərɪs] s.f. (pl. **-es**) 1 alcoviteira; 2 proxeneta
procuring [prəˈkjʊərɪŋ] s. 1 captação; *~ of water from a subterranean source* captação de água subterrânea; 2 obtenção; 3 aquisição; 4 DIREITO proxenetismo; lenocínio
prod [prɒd] Ⓐ s. 1 pancada com qualquer objecto aguçado; 2 empurrão; 3 estocada, cotovelada; 4 instrumento aguçado, pontiagudo; 5 [fig.] estímulo, incitamento Ⓑ v.tr. (part. **-dd-**)

prodder

1 acotovelar; 2 espetar; picar com qualquer instrumento pontiagudo; *he prodded at the steak with his fork* ele espetou o bife com o garfo; 3 [fig.] espicaçar, incitar; 4 empurrar
prodder ['prɒdə] s. 1 aguilhão; 2 instrumento aguçado, instrumento pontiagudo
prodelision [prəʊdɪ'lɪʒən] s. elisão da vogal inicial ('m = I am)
prodigal ['prɒdɪgəl] Ⓐ adj. 1 pródigo; 2 gastador, esbanjador, perdulário; *to be ~ of* gastar à larga, desperdiçar; 3 copioso, exuberante Ⓑ s. 1 indivíduo esbanjador, perdulário; 2 [lit.] filho pródigo; *the return of the ~* o regresso do filho pródigo
prodigality [prɒdɪ'gælɪtɪ] s. (*pl.* -ies) 1 prodigalidade; 2 esbanjamento; 3 desperdício; 4 profusão, grande abundância, generosidade
prodigalize ['prɒdɪgəlaɪz] v.tr. 1 gastar esbanjadoramente; 2 desperdiçar; 3 esbanjar; 4 prodigalizar
prodigally ['prɒdɪgəlɪ] adv. 1 prodigamente; 2 esbanjadoramente; 3 em grande quantidade
prodigious [prə'dɪdʒəs] adj. 1 prodigioso, extraordinário; 2 maravilhoso, enorme, estupendo; 3 fora do vulgar
prodigiously [prə'dɪdʒəslɪ] adv. 1 prodigiosamente; 2 extraordinariamente; 3 enormemente; 4 maravilhosamente
prodigiousness [prə'dɪdʒəsnɪs] s. prodigiosidade; carácter prodigioso
prodigy ['prɒdɪdʒɪ] s. (*pl.* -ies) 1 (pessoa) prodígio; 2 prodígio; maravilha; portento; *a ~ of learning* um prodígio de ciência ❖ *child ~/infant ~* criança-prodígio
prodromal ['prɒdrəməl] adj. prodrómico
prodrome ['prɒdrəʊm] s. 1 pródromo; 2 preâmbulo, introdução; 3 MEDICINA (sintoma precursor) pródromo
prodromic [prəʊ'drɒmɪk] adj. prodrómico
produce[1] [prə'djuːs] v.tr.,intr. 1 produzir; *those fields ~ heavy crops* aqueles campos produzem óptimas colheitas; 2 fabricar; *to ~ goods by machinery* fabricar artigos em série; 3 FINANÇAS (juro, lucro) render; 4 apresentar; *to ~ a document* apresentar um documento; *to ~ a witness* apresentar uma testemunha; 5 TEATRO fazer representar, levar à cena; *to ~ a play* levar uma peça à cena; 6 CINEMA, RÁDIO, TELEVISÃO realizar, produzir; 7 escrever; *he is a writer who produces very little* é um escritor que escreve muito pouco; 8 preparar; 9 originar, causar, provocar; 10 GEOMETRIA (linha, plano) prolongar; *to ~ the sides of a triangle* prolongar os lados dum triângulo; 11 expor; mostrar; *tickets must be produced on demand* os bilhetes devem ser mostrados sempre que solicitados; 12 ELECTRICIDADE gerar; 13 (bebé) gerar, conceber
produce[2] ['prɒdjuːs] s. 1 produto; *natural ~* produtos naturais; 2 produção; *farm ~* produção agrícola; 3 produtos agrícolas naturais; 4 resultado, fruto; 5 MILITAR material já posto de parte, destinado a ser vendido como sucata; *to bring to ~* destinar à sucata, preparar para ser vendido como sucata ❖ *net ~* produto líquido; *raw ~* matérias-primas
producer [prə'djuːsə] s. 1 produtor; 2 fabricante; industrial; *car ~* fabricante de automóveis; 3 AGRICULTURA produtor; *wine ~* produtor de vinho; 4 CINEMA, TEATRO, TELEVISÃO produtor, director de produção; 5 gerador de gás ❖ *~ gas* gás pobre
producible [prə'djuːsɪbəl] adj. 1 que pode apresentar-se ou mostrar-se; 2 produzível; 3 GEOMETRIA prolongável
producing [prə'djuːsɪŋ] Ⓐ adj. 1 que produz; 2 produtor, produtivo Ⓑ s. apresentação (de documento, etc.)
producive [prə'djuːsɪv] adj. 1 produtivo; 2 que produz
product ['prɒdʌkt] s. 1 produto; *~ of combustion* produto de combustão; *products of a country* produtos de um país ou região; 2 consequência, efeito, fruto; *the ~ of his labour* o fruto do seu labor; 3 rendimento; 4 ganho, proveito; 5 MATEMÁTICA produto; 6 produção; *literary ~* produção literária ❖ *~ engineer* controlador de produção; COMÉRCIO *~ line* gama de produtos; *~ inspection* verificação da qualidade de um produto; *secondary ~* subproduto
production [prə'dʌkʃən] s. 1 produção; fabrico, manufactura, fabricação; 2 produto; 3 obra literária, musical, etc.; *literary productions* produções literárias; 4 (documentos, etc.) apresentação; *on ~ of* contra a apresentação de; 5 publicação; 6 TEATRO encenação, produção; 7 (vapor) geração; 8 GEOMETRIA (linha, plano) prolongamento ❖ CINEMA, TELEVISÃO *~ assistant* assistente de produção; *~ capacity* capacidade de produção; *~ car* carro de série; *~ control* controlo de produção; *~ costs* custo de produção; *~ director* director de produção; (indústria) *~ line* linha de montagem; *~ time* tempo de produção; *~ process* processo de produção; (indústria) *~ run* série; *~ scheduling* planeamento de produção; *mass ~* produção em série; *secondary ~* produção industrial; *to take sth out of ~* deixar de fabricar algo; *to teach voice ~* dar lições de canto
productive [prə'dʌktɪv] adj. 1 produtivo, que produz; *~ labour* trabalho produtivo; 2 gerador, criador; 3 causador, originador; 4 prolífico; 5 (imaginação, terra) fértil, fecundo; *~ fields* campos férteis; *~ writer* escritor fecundo; 6 lucrativo, rendoso
productively [prə'dʌktɪvlɪ] adv. produtivamente
productiveness [prə'dʌktɪvnɪs] s. ⇒ productivity
productivity [ˌprɒdʌk'tɪvɪtɪ] s. 1 produtividade; 2 fertilidade, fecundidade; 3 produção, rendimento
proem ['prəʊəm] s. 1 proémio; 2 exórdio, prefácio; 3 preâmbulo; 4 começo
proemial [prəʊ'iːmɪəl] adj. 1 proemial; 2 preambular
pro-English [prəʊ'ɪŋglɪʃ] adj. anglófilo
proenzyme [prəʊ'enzaɪm] s. BIOQUÍMICA proenzima, profermento
prof [prɒf] s. [coloq.] (universidade) professor
profanation [ˌprɒfə'neɪʃən] s. profanação
profane [prə'feɪn] Ⓐ adj. 1 profano; *~ history* história profana; 2 secular; leigo; 3 pagão; *~ practices* práticas pagãs; 4 blasfemo, irreverente, sacrílego, ímpio; *~ word* blasfémia Ⓑ v.tr. (coisas sagradas) profanar, desrespeitar; *to ~ the Sabbath day* não respeitar o descanso dominical; 2 violar, poluir, conspurcar; 3 macular
profanely [prə'feɪnlɪ] adv. 1 profanamente; 2 irreverentemente
profaneness [prə'feɪnnɪs] s. carácter profano
profaner [prə'feɪnə] s. 1 profanador; 2 poluidor; 3 aviltador (de coisas sagradas); 4 conspurcador
profanity [prə'fænɪtɪ] s. (*pl.* -ies) 1 carácter profano; 2 profanidade; 3 sacrilégio, impiedade; 4 profanação; 5 blasfémia; 6 irreverência
profert ['prəʊfət] s. DIREITO comunicação, apresentação (de documento)
profess [prə'fes] v.tr.,intr. 1 afirmar; declarar; alegar; pretender; *he doesn't ~ to be an expert* ele não pretende ser perito; 2 fingir; simular; *to ~ to be interested in* fingir ter interesse por; *he professes a great esteem for you* ele finge ter por ti uma grande estima; *to ~ remorse* simular remorsos; 3 confessar; reconhecer; *she professes a distaste for modern music* ela confessa antipatia pela música moderna; 4 RELIGIÃO praticar, professar, seguir; *to ~ Christianity* seguir o Cristianismo, professar a religião cristã; 5 (profissão) exercer; praticar; dedicar-se a; *to ~ law* dedicar-se à advocacia; *to ~ medicine* ser médico; 6 RELIGIÃO tomar o hábito de ordem religiosa; proferir votos solenes; 7 [ant.] ensinar, leccionar; *to ~ geography* leccionar geografia
professed [prə'fest] adj. 1 professo; *a ~ nun* uma freira que professou; 2 declarado; *a ~ enemy* um inimigo declarado; 3 pretenso; falso; *a ~ friend* um falso amigo
professedly [prə'fesɪdlɪ] adv. 1 declaradamente, abertamente, ostensivamente; 2 pretensamente
profession [prə'feʃən] s. 1 profissão, ocupação, emprego; carreira; *to be sth by ~* ter determinada profissão; *he is a doctor by ~* a profissão dele é médico; *he took up the ~ of arms* ele seguiu a carreira militar; 2 RELIGIÃO acto de professar, de tomar votos religiosos; *to make one's ~* professar, proferir votos religiosos; 3 afirmação; declaração; *spare me these professions* não me venhas com essas declarações solenes; *professions of friendship* declarações de amizade ❖ RELIGIÃO *~ of faith* profissão de fé; *learned professions* profissões liberais
professional [prə'feʃənəl] Ⓐ adj. 1 profissional; *~ agitator* agitador profissional; *~ spy* espião profissional; *~ practices* usos e costumes profissionais; 2 de profissão; de carreira; *~ diplomat* diplomata de carreira; 3 (conduta) profissional; eficiente; rigoroso; competente; *that is not ~* isso não é muito profissional Ⓑ s. 1 profissional; 2 DESPORTO jogador profissional; *to turn ~* passar a profissional ❖ DESPORTO *~ foul* falta; *~ life* carreira; vida profissional; *to take ~ advice on sth* ouvir a opinião de um profissional sobre determinado assunto

professionalism [prəˈfeʃənəlɪzəm] *s.* profissionalismo
professionality [prəfeʃəˈnælɪtɪ] *s.* aspecto profissional
professionalize [prəˈfeʃnəlaɪz] *v.tr.* profissionalizar
professionally [prəˈfeʃənəlɪ] *adv.* 1 profissionalmente; do ponto de vista profissional; 2 com profissionalismo; *to act ~* agir com profissionalismo ❖ *~ trained* com formação profissional
professor [prəˈfesə] *s.* 1 professor universitário; 2 indivíduo que professa determinada doutrina, religião, etc.; 3 partidário, adepto; 4 [coloq.] profissional
professorate [prəˈfesərɪt] *s.* 1 cadeira, disciplina universitária; 2 professorado, classe dos professores
professorial [ˌprɒfəˈsɔːrɪəl] *adj.* professoral; relativo a professor ou às suas funções
professorially [ˌprɒfəˈsɔːrɪəlɪ] *adv.* duma maneira professoral
professoriate [ˌprɒfəˈsɔːrɪɪt] *s.* 1 professorado; 2 cadeira, disciplina universitária
professorship [prəˈfesəʃɪp] *s.* 1 (universidade) cadeira, disciplina; 2 [GB] (universidade) cátedra; cargo de professor catedrático; *he was appointed to a ~* foi nomeado professor catedrático
proffer [ˈprɒfə] *v.tr.* (*particípios*: **-rr-**) 1 oferecer, ofertar; 2 apresentar; propor; 3 estender
profferer [ˈprɒfərə] *s.* aquele que oferece
proficiency [prəˈfɪʃənsɪ] *s.* (*pl.* **-ies**) proficiência; competência; capacidade; mestria; *he attained a high stage of ~* ele atingiu elevada proficiência ❖ *~ course* curso de aperfeiçoamento; *~ test* teste de competência
proficient [prəˈfɪʃənt] Ⓐ *adj.* proficiente [**at/in**, em]; versado [**at/in**, em]; com grande domínio [**at/in**, de] Ⓑ *s.* [arc.] perito; especialista
proficiently [prəˈfɪʃəntlɪ] *adv.* 1 proficientemente; 2 com proficiência
profile [ˈprəʊfaɪl] Ⓐ *s.* 1 perfil; *drawn in ~* desenhado de perfil; 2 silhueta; 3 contorno, recorte; 4 (retrato, competências) perfil; *psychological ~* perfil psicológico; (emprego) *the right ~ for the job* o perfil adequado à função; 5 (publicamente) imagem; *high ~* posição de destaque; proeminência; *low ~* discrição; reserva; *to keep a low ~* não dar nas vistas; não chamar a atenção; *to raise one's ~* melhorar a imagem Ⓑ *v.tr.* 1 desenhar de perfil; representar de perfil; 2 recortar; 3 emoldurar; 4 (pessoa, situação) traçar o perfil de; retratar; descrever ❖ AERONÁUTICA *~ drag* resistência de perfil; MECÂNICA *~ milling machine* fresadora de perfis
profiler [ˈprəʊfaɪlə] *s.* aparelho de perfilar
profiling [ˈprəʊfaɪlɪŋ] *s.* 1 acto de perfilar; 2 molduramento ❖ *~ machine for wood* torno para molduras
profilist [ˈprəʊfaɪlɪst] *s.* 1 desenhador de perfis; 2 autor de breves biografias
profit [ˈprɒfɪt] Ⓐ *s.* 1 ganho; lucro; *gross ~* lucro bruto; *net ~* lucro líquido; ECONOMIA *~ and loss* lucros e perdas; *to sell at a ~* vender com lucro; 2 saldo positivo; 3 proveito, benefício; vantagem; utilidade; *with ~* com proveito; 4 *pl.* rendimentos; *taxable profits* rendimentos colectáveis Ⓑ *v.intr.* 1 ser vantajoso; 2 tirar proveito [**by**, de]; *to ~ by sth* tirar proveito de alguma coisa; *I didn't ~ by your advice* não aproveitei nada com o teu conselho; 3 lucrar [**by/from**, com]; *he profited a lot by your advice* ele lucrou muito com o teu conselho; *he profited from my indecisions* ele lucrou com as minhas indecisões; *it profited her nothing* de nada lhe serviu; *what will it ~ me to do that?* de que me serve fazer isso? Ⓒ *v.tr.* 1 [ant.] ser vantajoso para; trazer proveito a; 2 [ant.] beneficiar ❖ *~ amount* montante de lucros; *~ balance* saldo de lucros; ECONOMIA *~ centre* centro de lucro; *~ margin* margem de lucro; *~ and loss account* conta de lucros e perdas
profitability [ˌprɒfɪtəˈbɪlətɪ] *s.* lucro; rentabilidade
profitable [ˈprɒfɪtəbəl] *adj.* 1 vantajoso, proveitoso; benéfico; 2 útil; *~ advice* conselho útil; 3 lucrativo; rentável; *~ speculation* especulação lucrativa
profitableness [ˈprɒfɪtəbəlnɪs] *s.* 1 vantagem, proveito; 2 utilidade, lucro
profitably [ˈprɒfɪtəblɪ] *adv.* 1 com vantagem; proveitosamente; com proveito; *he laid out his money ~* ele aplicou o seu dinheiro com proveito; 2 com lucro

profiteer [ˌprɒfɪˈtɪə] Ⓐ *s.* 1 especulador; 2 pessoa que tira lucros excessivos à custa do Estado; 3 pessoa que enriquece à custa das dificuldades alheias; 4 explorador Ⓑ *v.intr.* 1 especular; 2 tirar lucros excessivos; 3 explorar; 4 enriquecer ilicitamente (sobretudo em tempo de guerra)
profiteering [ˌprɒfɪˈtɪərɪŋ] *s.* 1 especulação; 2 exploração; 3 obtenção de lucros excessivos e ilícitos, sobretudo em tempo de guerra
profiterole [prəˈfɪtərəʊl] *s.* CULINÁRIA profiterole
profitless [ˈprɒfɪtləs] *adj.* 1 sem lucro; 2 sem proveito; 3 inútil; 4 infrutífero
profit-making [ˌprɒfɪtˈmeɪkɪŋ] *adj.* 1 rentável; 2 com fins lucrativos
profit-sharing [ˈprɒfɪtˌʃeərɪŋ] Ⓐ *s.* comparticipação nos lucros Ⓑ *adj.* 1 que participa nos lucros, que compartilha dos lucros, interessado; 2 de comparticipação nos lucros, relacionado com o sistema de comparticipação nos lucros; *~ plan* plano de comparticipação nos lucros
profligacy [ˈprɒflɪɡəsɪ] *s.* 1 licenciosidade; 2 libertinagem, devassidão, desregramento; 3 orgia; 4 depravação; 5 prodigalidade; 6 quantidade excessiva
profligate [ˈprɒflɪɡɪt] Ⓐ *adj.* 1 libertino, devasso, depravado; 2 sem-vergonha; 3 imoral; 4 muito extravagante Ⓑ *s.* 1 pessoa depravada, sem-vergonha; 2 indivíduo dissoluto
profligately [ˈprɒflɪɡɪtlɪ] *adv.* 1 duma maneira libertina, depravada; 2 sem qualquer moral; 3 desregradamente
profligateness [ˈprɒflɪɡɪtnɪs] *s.* ⇒ **profligacy**
profound [prəˈfaʊnd] Ⓐ *adj.* 1 profundo; *~ learning* conhecimento profundo; *~ sigh* suspiro profundo; *to fall into a ~ sleep* cair num sono profundo; 2 intenso, muito grande, profundo; *he takes a ~ interest in* ele interessa-se muito por; 3 perspicaz, sagaz; 4 marcante Ⓑ *s.* 1 [poét.] profundezas; 2 [poét.] o mar profundo
profoundity [prəˈfʌndɪtɪ] *s.* (*pl.* **-ies**) 1 profundidade; 2 profundeza
profoundly [prəˈfaʊndlɪ] *adv.* profundamente
profoundness [prəˈfaʊndnɪs] *s.* profundidade
profundity [prəˈfʌndɪtɪ] *s.* 1 profundidade; profundeza; 2 intensidade
profuse [prəˈfjuːs] *s.* 1 pródigo, copioso, profuso; *to be ~ in* ser pródigo em; 2 abundante; *~ bleeding* hemorragia abundante; 3 generoso; 4 gastador; esbanjador ❖ *to be ~ in one's thanks* desfazer-se em agradecimentos
profusely [prəˈfjuːslɪ] *adv.* 1 profusamente; 2 abundantemente; 3 em grande quantidade
profuseness [prəˈfjuːsnɪs] *s.* profusão
profusion [prəˈfjuːʒən] *s.* 1 profusão; 2 grande quantidade; 3 grande abundância; 4 exuberância; 5 prodigalidade
prog [prɒɡ] Ⓐ *s.* 1 [coloq.] farnel, comida, provisões (para viagem ou excursão); 2 (universidade) ⇒ **proctor** Ⓑ *v.tr.,intr.* (*particípios*: **-gg-**) 1 ⇒ **proctorize**; 2 [arc.] pedinchar, mendigar
progenitor [prəʊˈdʒenɪtə] *s.* 1 antepassado; 2 progenitor (de pessoa, animal ou planta); 3 [fig.] predecessor, antecessor, precursor (intelectual ou político); 4 original (de obra, cópia, etc.)
progenitress [prəʊˈdʒenɪtrɪs] *fem. de* **progenitor**
progenitrix [prəʊˈdʒenɪtrɪks] *fem. de* **progenitor**
progeniture [prəʊˈdʒenɪtʃə] *s.* 1 procriação, geração; 2 progenitura; 3 progénie; 4 descendência
progeny [ˈprɒdʒɪnɪ] *s.* 1 progenitura; 2 prógenie, descendência (de homem, animal ou planta); 3 [fig.] resultado, consequência, produto
progesterone [prəʊˈdʒestərəʊn] *s.* progesterona
progging [ˈprɒɡɪŋ] *s.* pedinchice
proggins [ˈprɒɡɪnz] Ⓐ *s.* (Oxford, Cambridge) ⇒ **proctor** Ⓑ *v.tr.* ⇒ **proctorize**
prognathic [prɒɡˈnæθɪk] *adj.* prognático
prognathism [ˈprɒɡnəθɪzəm, prɒɡˈnæθɪzəm] *s.* prognatismo
prognathous [prɒɡˈneɪθəs] *adj.* prógnato
Progne [ˈprɒɡnɪ] *s.* MITOLOGIA Progne
prognose [prɒɡˈnəʊz] *v.tr.* MEDICINA prognosticar
prognoses [prɒɡˈnəʊsiːz] *s.* {*pl. de* **prognosis**}
prognosis [prɒɡˈnəʊsɪs] (*pl.* **prognoses**) prognóstico

prognostic [prɒgˈnɒstɪk] Ⓐ adj. prognóstico, prenunciador Ⓑ s. 1 prenúncio, agouro, presságio; 2 prognóstico; 3 MEDICINA sintomas prognósticos

prognosticate [prɒgˈnɒstɪkeɪt] v.tr. 1 prognosticar, pressagiar, prenunciar, predizer; 2 agourar

prognostication [prɒgˌnɒstɪˈkeɪʃən] s. 1 predição, vaticínio, presságio; 2 prognóstico, prognosticação

prognosticative [prɒgˈnɒstɪkətɪv] adj. indicativo, que deixa prever, que prognostica

prognosticator [prɒgˈnɒstɪkeɪtə] s. prognosticador

prognosticatory [prɒgˈnɒstɪkətərɪ] adj. prognosticador

program [ˈprəʊgræm] Ⓐ s. [EUA] ⇒ **programme** Ⓑ v.tr. [EUA] ⇒ **programme**

programmatic [ˌprəʊgrəˈmætɪk] adj. programático

programme [ˈprəʊgræm] Ⓐ s. [GB] (geral) programa; plano; ~ *of government* programa de governo; *to draw up a* ~ estabelecer um programa; [coloq.] *what is your* ~ *for tonight?* qual é o seu programa para hoje à noite?, que tenciona fazer esta noite? Ⓑ v.tr. 1 INFORMÁTICA, TELEVISÃO, RÁDIO programar; 2 planear ❖ TELEVISÃO ~ *director* director de programação; RÁDIO, TELEVISÃO ~ *editor* editor do programa; ~ *music* música descritiva; ~ *picture* filme destinado a completar um programa; RÁDIO, TELEVISÃO ~ *planning* programação

programmed [ˈprəʊgræmd] adj. programado ❖ (escola) ~ *learning* ensino programado

programmer [ˈprəʊgræmə] s. 1 INFORMÁTICA programador; 2 TELEVISÃO responsável pela programação

programming [ˈprəʊgræmɪŋ] s. programação ❖ INFORMÁTICA ~ *language* linguagem de programação; [EUA] TELEVISÃO *head of* ~ director de programação

progress¹ [ˈprəʊgres, ˈprɒgres] s. ⟨pl. -es⟩ 1 progresso; *the* ~ *of science* o progresso da ciência; *he made no* ~ *in his studies* ele não fez quaisquer progressos nos estudos; *to make* ~ *in* fazer progressos em; 2 curso; *in* ~ em curso; *the negotiations in* ~ as negociações em curso; 3 avanço, progressão, desenvolvimento, melhoria; 4 [arc.] viagem oficial de alta personalidade; *royal* ~ viagem real, visita real ❖ FINANÇAS ~ *payment* prestação; ~ *report* apreciação crítica; *in the* ~ *of time* com o decorrer do tempo

progress² [prəʊˈgres, prəˈgres] v.intr. 1 progredir; *science progresses* a ciência progride; 2 avançar; decorrer; *as the year progressed* à medida que o ano decorria; 3 continuar; prosseguir; 4 melhorar; ter desenvolvimento favorável; *the patient was progressing satisfactorily* o doente mostrava melhorias

progression [prəˈgreʃən] s. 1 progressão; *arithmetical* ~ progressão aritmética, progressão por diferença; *geometrical* ~ progressão geométrica, progressão por quociente; 2 MÚSICA progressão, passagem duma nota ou acorde para outro; *harmonic* ~ marcha harmónica ❖ *it's a logical* ~ é uma sequência lógica; *modes of* ~ modos de locomoção

progressional [prəˈgreʃənəl] adj. relativo a progressão; progressivo

progressionism [prəˈgreʃənɪzəm] s. POLÍTICA progressismo

progressionist [prəˈgreʃənɪst] s. progressista, partidário do progresso

progressist [prəˈgresɪst] s. ⇒ **progressionist**

progressive [prəˈgresɪv] Ⓐ adj. 1 progressivo; 2 gradual; 3 contínuo, sucessivo; 4 para a frente; ~ *motion* movimento para a frente; 5 progressista; ~ *principles* princípios progressistas; ~ *taxation* imposto progressivo; *a* ~ *nation* uma nação progressista Ⓑ s. progressista; defensor duma política de progresso; pessoa que acredita no progresso ❖ ~ *age* época de progresso; MEDICINA ~ *disease* doença progressiva; ~ *education* educação nova; ~ *gauge* calibre de expansão; POLÍTICA ~ *party* partido progressista; *by* ~ *stages* progressivamente; aos poucos

progressively [prəˈgresɪvlɪ] adv. progressivamente

progressiveness [prəˈgresɪvnɪs] s. progressividade

progressivism [prəˈgresɪvɪzəm] s. progressismo

prohibit [prəˈhɪbɪt, prəʊˈhɪbɪt] v.tr. 1 proibir; *smoking is prohibited* é proibido fumar; *he prohibited them from writing such letters again* ele proibiu-os de voltarem a escrever semelhantes cartas; 2 não permitir; 3 impedir; 4 vedar ❖ *prohibited goods* mercadorias de contrabando

prohibiter [prəʊˈhɪbɪtə] s. pessoa que proíbe

prohibition [ˌprəʊhɪˈbɪʃən] s. 1 proibição; 2 interdição; 3 decreto que proíbe; 4 proibição legal da venda de bebidas alcoólicas; 5 [EUA] proibicionismo de instância dada pelo Supremo Tribunal de Justiça a outro inferior

prohibitionism [ˌprəʊhɪˈbɪʃənɪzəm] s. proibicionismo, lei seca

prohibitionist [ˌprəʊhɪˈbɪʃənɪst] s. proibicionista, partidário da lei seca

prohibitive [prəʊˈhɪbɪtɪv] adj. 1 proibitivo, que proíbe; 2 (preço) demasiado elevado, excessivo, proibitivo; ~ *prices* preços proibitivos

prohibitively [prəʊˈhɪbɪtɪvlɪ] adv. duma maneira proibitiva, proibitivamente

prohibitiveness [prəʊˈhɪbɪtɪvnɪs] s. carácter proibitivo

prohibitory [prəʊˈhɪbɪtərɪ] adj. que proíbe

pro-independence [ˌprəʊɪndɪˈpendəns] adj. independentista

project¹ [ˈprɒdʒekt, ˈprɒdʒɪkt] s. 1 projecto; 2 plano; *to carry out a* ~ levar a cabo um plano; 3 estudo; trabalho ❖ ~ *manager* coordenador de projectos

project² [prəˈdʒekt] v.tr.,intr. 1 projectar; *to* ~ *a beam of light* projectar um raio de luz; *to* ~ *a picture on* projectar um filme em; *the trees projected their shadow on the ground* as árvores projectavam no solo a sua sombra; 2 atirar, lançar; 3 fazer incidir; 4 planear, delinear; *to* ~ *a journey* planear uma viagem; 5 esboçar; 6 GEOMETRIA (plano) projectar, fazer a projecção de; 7 sobressair, ressaltar, ser saliente, fazer saliência; 8 voltar-se; retornar; *she projected herself into the past* ela retornou ao passado

projectile [prəˈdʒektaɪl] Ⓐ s. projéctil Ⓑ adj. 1 que projecta; 2 projéctil, que pode ser projectado

projecting [prəˈdʒektɪŋ] Ⓐ adj. 1 saliente; ~ *teeth* dentes salientes; 2 protuberante; 3 que sobressai Ⓑ s. 1 projecção; 2 lançamento; arremesso

projection [prəˈdʒekʃən] s. 1 projecção; 2 lançamento, arremesso; 3 GEOMETRIA projecção; 4 saliência; 5 HISTÓRIA transmutação de metais; 6 plano, projecto; 7 PSICOLOGIA projecção; 8 (eleições, sondagens, etc.) (previsão) projecções ❖ ~ *apparatus* aparelho de projecção; CINEMA ~ *booth/room* sala de projecções; ~ *drawing* desenho de projecções; ~ *machine* projector; ~ *receiver* receptor de televisão; *Mercator's* ~ projecção de Mercátor; *powder of* ~ pó dos alquimistas, extraído da pedra filosofal

projectionist [prəˈdʒekʃənɪst] s. CINEMA projeccionista

projective [prəˈdʒektɪv] adj. 1 projectivo; relativo a projecção; 2 (imaginação) que exterioriza as imagens mentais ❖ ~ *geometry* geometria projectiva; ~ *plane* plano de projecção; PSICOLOGIA ~ *test* teste projectivo

projector [prəˈdʒektə] s. 1 CINEMA projector; *movie* ~ projector de filmes; 2 (imagem, luz, etc.) projector, aparelho de projecção; *slide* ~ projector de diapositivos; *overhead* ~ retroprojector; *picture* ~ máquina de projecções; 3 holofote; 4 pessoa que faz projectos, pessoa que arquitecta planos; promotor ❖ ~ *lantern* projector; lanterna de projecção

projecture [prəˈdʒektʃə] s. 1 projectura; 2 saliência externa da parede de edifício, fora da linha de prumo; 3 ressalto

prokariote [prəʊˈkærɪəʊt] s. BIOLOGIA procariota

prolapse [prəʊˈlæps] Ⓐ s. 1 MEDICINA prolapso, queda, saída ou procidência duma víscera ou parte dela; 2 prolapso do útero ou do recto Ⓑ v.intr. (víscera) descer, deslocar-se para a frente

prolapsus [prəʊˈlæpsəs] s. ⇒ **prolapse**

prolate [ˈprəʊleɪt] adj. 1 GEOMETRIA alongado no sentido do diâmetro polar (esferóide); 2 estendendo-se no sentido da largura; 3 [fig.] largamente espalhado, amplamente difundido; 4 LINGUÍSTICA ⇒ **prolative**

prolately [ˈprəʊleɪtlɪ] adv. dum modo alongado no sentido do diâmetro polar ou no sentido da largura

prolative [prəʊˈleɪtɪv] adj. LINGUÍSTICA que serve para completar; ~ *infinitive* infinito que completa o sentido sem ser regido de preposição

pro-leg [ˈprəʊleg] s. ZOOLOGIA falsa pata (de lagarta)

prolegomena [ˌprəʊlɪˈgɒmɪnə] s.pl. 1 prolegómenos; 2 introdução ou exposição preliminar

prolegomenon [ˌprəʊlɪˈgɒmɪnən] s. (pl. **prolegomena**) introdução, preliminar, preâmbulo

prolepsis [prəʊˈliːpsɪs, prəʊˈlepsɪs] s. (pl. **prolepses**) 1 prolepse, antecipação; 2 LINGUÍSTICA emprego antecipado do adjectivo

proleptic [prəʊˈleptɪk, prəʊˈliːptɪk] adj. 1 proléptico; relativo à prolepse; 2 MEDICINA proléptico; ~ *fever* febre proléptica

proletarian [ˌprəʊlɪˈteərɪən] adj.,s. proletário ❖ ~ *dictatorship* ditadura do proletariado

proletarianism [ˌprəʊlɪˈteərɪənɪzəm] s. 1 condição ou situação do proletariado; 2 tendências ou ideias políticas do proletariado

proletarianization [ˌprəʊlɪteərɪənaɪˈzeɪʃən] s. proletarização

proletarianize [ˌprəʊlɪˈteərɪənaɪz] v.tr. proletarizar

proletariat [ˌprəʊlɪˈteərɪət] s. proletariado, a classe dos proletários

proletariate [ˌprəʊlɪˈteərɪɪt] s. proletariado, a classe dos proletários

pro-life [prəʊˈlaɪf] adj. pró-vida; antiaborto

pro-lifer [prəʊˈlaɪfə] s. militante pró-vida; militante antiaborto

proliferate [prəˈlɪfəreɪt] v.tr.,intr. 1 proliferar; 2 multiplicar-se

proliferation [prəˌlɪfəˈreɪʃən] s. proliferação

proliferous [prəˈlɪfərəs] adj. 1 prolífero; 2 MEDICINA que se espalha por proliferação; 3 BOTÂNICA, ZOOLOGIA que se multiplica por proliferação ❖ MEDICINA ~ *cyst* epitelioma quístico

prolific [prəˈlɪfɪk] adj. 1 prolífico; *a ~ writer* um escritor prolífico; 2 fértil, produtivo; 3 abundante

prolifically [prəˈlɪfɪklɪ] adv. 1 prolificamente; 2 abundantemente; 3 fertilmente

prolification [prəlɪfɪˈkeɪʃən] s. 1 procriação, geração; 2 fecundidade; 3 BOTÂNICA, ZOOLOGIA proliferação

prolificness [prəˈlɪfɪknɪs] s. 1 prolificidade; 2 fecundidade, fertilidade

proligerous [prəˈlɪdʒərəs] adj. 1 prolígero; 2 prolífico

prolix [ˈprəʊlɪks, prəʊˈlɪks] adj. 1 prolixo; 2 difuso; 3 superabundante; 4 tedioso, enfadonho; 5 verboso

prolixity [prəˈlɪksɪtɪ] s. prolixidade

prolixly [prəˈlɪkslɪ] adv. 1 prolixamente; 2 duma maneira enfadonha; 3 difusamente

prolocutor [prəʊˈlɒkjuːtə] s. 1 presidente, sobretudo de assembleia de eclesiásticos; 2 [arc.] porta-voz, intérprete

prolocutorship [prəʊˈlɒkjuːtəʃɪp] s. cargo de presidente de assembleia eclesiástica

prologue [ˈprəʊlɒg] Ⓐ s. 1 prólogo; *the ~ to* o prólogo de; 2 preâmbulo Ⓑ v.tr. prologar, prefaciar, fazer preceder dum prólogo

prolong [prəˈlɒŋ] v.tr. 1 prolongar; *to ~ a line* prolongar uma linha; *to ~ a visit* prolongar a duração duma visita; 2 estender; prorrogar; *to ~ a bill* prorrogar o prazo de pagamento duma letra; 3 demorar

prolongable [prəˈlɒŋəbəl] adj. prolongável

prolongation [ˌprəʊlɒŋˈgeɪʃən] s. 1 prolongação, prolongamento; *in ~ of* no prolongamento de; 2 prorrogação

prolonge [prəˈlɒndʒ] s. prolonga, espécie de cauda que, nas peças de artilharia, liga o reparo ao armão

prolonged [prəˈlɒŋd] adj. 1 prolongado; 2 demorado

prolonger [prəˈlɒŋə] s. pessoa ou objecto que prolonga

prolusion [prəˈljuːʒən] s. 1 prolusão; 2 preâmbulo; 3 prelúdio; 4 artigo ou ensaio preliminar; 5 tentativa preliminar

prolusory [prəˈljuːsərɪ] adj. relativo a prolusão

prom [prɒm] s. 1 [coloq.] esplanada; 2 local onde é costume passear-se; 3 passeio público; 4 [EUA] baile de estudantes; 5 concerto em que o público pode circular livremente

pro-marketeer [ˌprəʊmɑːkɪˈtɪə] s. partidário da entrada da Grã-Bretanha para o mercado comum

promenade [ˌprɒməˈnɑːd] Ⓐ s. 1 (beira-mar) passeio dos alegres; 2 passeio; 3 passeio público; 4 esplanada; 5 [EUA] baile de estudantes Ⓑ v.tr.,intr. passear(-se); levar a passear ❖ ~ *concert* concerto no qual a assistência pode circular livremente; NÁUTICA ~ *deck* coberta de recreio

promenader [ˌprɒməˈnɑːdə] s. aquele que passeia; passeante

promerops [ˈprɒmərɒps] s. ZOOLOGIA promerópode, upupa

Promethean [prəˈmiːθɪən] adj. prometaico, prometeico; relativo a Prometeu ❖ ~ *fire* o fogo de Prometeu

Prometheus [prəˈmiːθɪəs] s. MITOLOGIA Prometeu; ~ *unbound* Prometeu libertado

promethium [prəˈmiːθɪəm] s. QUÍMICA (elemento químico) promécio

prominence [ˈprɒmɪnəns] s. 1 proeminência; saliência; 2 (corpo) protuberância; 3 (terreno) elevação; *a ~ in the middle of a plain* uma elevação no meio duma planície; 4 importância; *to come into ~* adquirir importância; *a position of ~* um lugar importante; 5 notoriedade ❖ *to bring into ~* realçar; chamar a atenção para; pôr em destaque; *to give ~ to* dar realce a; destacar

prominency [ˈprɒmɪnənsɪ] s. preeminência, distinção, notoriedade, grau eminente

prominent [ˈprɒmɪnənt] adj. 1 saliente; ~ *cheekbones* malares salientes; 2 protuberante; 3 (importante) proeminente, eminente, notável, distinto, superior, de relevo; ~ *people* pessoas importantes; *to play a ~ part in* desempenhar um papel de relevo em; *he holds a very ~ position* ele ocupa um papel de relevo; 4 proeminente, conspícuo, que se vê bem, muito visível, de destaque; *a ~ position* uma posição de destaque

prominently [ˈprɒmɪnəntlɪ] adv. 1 proeminentemente; 2 eminentemente; 3 notavelmente; 4 vincadamente; 5 bem à vista

promiscuity [ˌprɒmɪsˈkjuːɪtɪ] s. 1 promiscuidade; 2 mistura confusa e desordenada

promiscuous [prəˈmɪskjuəs] adj. 1 [depr.] (sexo) promíscuo; 2 caótico, confuso; ~ *heap* montão confuso e desordenado; 3 indiscriminado, geral; 4 casual, ocasional

promiscuously [prəˈmɪskjuəslɪ] adv. 1 promiscuamente; 2 confusamente, desordenadamente; 3 tudo misturado; 4 ao acaso, à sorte

promise [ˈprɒmɪs] Ⓐ v.tr.,intr. 1 prometer; comprometer-se a; garantir, asseverar; fazer promessa(s); *he won't do it again, I ~* garanto que ele não volta a fazer isso; *I can't ~ anything* não prometo nada; *they were promised help* prometeram-lhes auxílio; *to ~ sb the moon/the earth* fazer promessas impossíveis a alguém; 2 prometer, prenunciar, anunciar, dar indicação de; *those dark clouds ~ rain* aquelas nuvens negras prometem chuva; 3 [coloq.] avisar; 4 [ant.] prometer, comprometer-se a dar (alguém) em casamento Ⓑ s. 1 promessa; prometimento; compromisso; palavra dada; coisa prometida, o prometido; ~ *of help* promessa de auxílio; *empty promises* promessas vãs; *they released him from his ~* libertaram-no da palavra dada; *to make a ~* fazer uma promessa; *to break a ~* faltar ao prometido, quebrar uma promessa; *to carry out/keep a ~* cumprir o prometido; 2 esperança; sinal, indicação; *to show ~ of* mostrar sinais de; *there is not much ~ of fine weather* não há grandes probabilidades de bom tempo ❖ *promises, promises!* palavras, leva-as o vento!; *sb of great ~* uma jovem esperança; (Bíblia) *the Land of Promise* a Terra Prometida; (projecto, etc.) *to ~ well* parecer promissor

promised [ˈprɒmɪst] adj. prometido ❖ RELIGIÃO (Bíblia) *the Promised Land* a Terra Prometida

promisee [ˌprɒmɪˈsiː] s. DIREITO pessoa a quem foi feita uma promessa

promising [ˈprɒmɪsɪŋ] adj. 1 prometedor; cheio de promessas; 2 com grandes potencialidades, promissor; *a ~ pupil* um aluno promissor; *to look ~* ter um aspecto promissor; 3 esperançoso; que dá esperança ❖ *a ~ beginning* um bom começo; (perspectivas) *it doesn't look very ~* o panorama não está animador

promisingly [ˈprɒmɪsɪŋlɪ] adv. prometedoramente

promisor [ˈprɒmɪsɔː] s. DIREITO pessoa que fez uma promessa; promissor, promitente

promissory [ˈprɒmɪsərɪ, ˈprɑːmɪsɔːrɪ] adj. promissor; prometedor; que promete ❖ FINANÇAS ~ *note* promissória; FINANÇAS ~ *note made out to bearer* promissória ao portador

promo [ˈprəʊməʊ] s. (pl. **promos**) {forma abreviada de **promotion**} material promocional, publicidade

promontoried [ˈprɒməntərɪd] adj. com promontório

promontory [ˈprɒməntərɪ] s. (pl. **-ies**) ANATOMIA, GEOGRAFIA promontório

promote [prəˈməʊt] v.tr. 1 (cargo, emprego, posto) promover; *he was promoted captain* foi promovido a capitão; *to be promoted archbishop* ser elevado à dignidade de arcebispo; 2 fomentar, impulsionar, estimular; *to ~ hatred* fomentar o ódio; 3 (empresa) desenvolver; fundar, estabelecer; 4 (marketing) promover; fazer publicidade a; 5 QUÍMICA provocar; *to ~ a reaction* provocar uma reacção; 6 (projecto de lei) apoiar, defender; *to ~ a*

promoter

scheme apoiar determinado plano; *to ~ a bill in Parliament* defender um projecto de lei no Parlamento ❖ DESPORTO *to be promoted* subir de divisão; subir de categoria

promoter [prə'məʊtə] *s.* 1 promotor; 2 fundador (de sociedades comerciais)

promoting [prə'məʊtɪŋ] *s.* 1 promoção; 2 estímulo; 3 desenvolvimento; fomento; *association for the ~ of* associação para o desenvolvimento de; 4 (sociedade) fundação

promotion [prə'məʊʃən] *s.* 1 progresso; desenvolvimento; fomento; 2 (cargo, emprego, posto) promoção; *~ goes by seniority* a promoção faz-se por antiguidade; 3 COMÉRCIO promoção; 4 DESPORTO subida de divisão, subida de categoria ❖ *~ board* comissão de promoção; *~ campaign* campanha publicitária; *~ prospects* perspectivas de promoção; *~ roster* escala de nomeações; (marketing) *promotions director/manager* director de promoção

promotional [prə'məʊʃənəl] *adj.* promocional, publicitário

promotive [prə'məʊtɪv] *adj.* que promove ou fomenta; *~ of* que promove ou favorece o progresso de

prompt ['prɒmpt] Ⓐ *adj.* 1 pronto [**to**, a]; *~ to obey* pronto a obedecer; *~ payment* pronto pagamento; *for ~ cash* a pronto pagamento; 2 diligente; expedito, rápido; *~ service* serviço rápido; 3 imediato, sem demora; *~ decision* decisão imediata; *to take ~ action* agir imediatamente; 4 (mercadorias) para entrega imediata; *~ iron* ferro para entrega imediata mediante pronto pagamento Ⓑ *adv.* exacto, em ponto; *at ten o'clock ~* às dez horas em ponto Ⓒ *s.* 1 (pagamento) prazo, limite; *what is the prompt?* qual é o prazo?; 2 TEATRO indicação dada pelo ponto Ⓓ *v.tr.* 1 incitar, induzir, impelir, levar a, instigar a; *I wonder what prompted him to that* pergunto a mim mesmo o que o levou a fazer isso; *he was prompted by a feeling of pity* ele foi levado por um sentimento de piedade; 2 inspirar; 3 TEATRO servir de ponto a ❖ TEATRO *~ book* livro do ponto; TEATRO *~ box* caixa do ponto; *~ note* nota de pagamento; TEATRO *~ side of stage* lado do palco onde está o ponto

prompter ['prɒmptə] *s.* 1 TEATRO ponto; 2 causador, instigador, incitador

prompting ['prɒmptɪŋ] *s.* 1 incitamento; instigação; 2 sugestão; indicação; 3 TEATRO função desempenhada pelo ponto ❖ *the promptings of conscience* o aguilhão da consciência

promptitude ['prɒmptɪtjuːd] *s.* 1 prontidão, desembaraço, solicitude, presteza; 2 rapidez

promptly ['prɒmptlɪ] *adv.* 1 prontamente; *all orders will be ~ executed* todas as encomendas serão prontamente satisfeitas; *to pay ~* pagar a pronto; 2 rapidamente; 3 imediatamente; 4 pontualmente

promptness ['prɒmptnɪs] *s.* ⇒ **promptitude**

promptuary ['prɒmptjʊərɪ] *s.* [rar.] prontuário

promulgate ['prɒmʌlgeɪt] *v.tr.* 1 promulgar; 2 proclamar, anunciar; 3 espalhar, propagar, disseminar, tornar conhecido

promulgation [ˌprɒməl'geɪʃən] *s.* 1 promulgação; 2 proclamação; 3 disseminação, propagação

promulgator ['prɒməlgeɪtə] *s.* 1 promulgador; 2 propagador, disseminador

promulge [prɒ'mʌldʒ] *v.tr.* [arc.] ⇒ **promulgate**

promycelium [ˌprəʊmaɪ'siːlɪəm] *s.* BOTÂNICA promicélio

pronaos [prə'neɪɒs] *s.* pronau, vestíbulo constituído pela colunata de fachada dos antigos templos gregos e pelo muro onde, ao fundo, se abre a porta da cela

pronate ['prəʊneɪt] *v.tr.* pôr a mão ou o antebraço em pronação

pronation [prəʊ'neɪʃən] *s.* pronação, movimento de rotação da mão ou do antebraço de maneira a que a palma fique voltada para baixo

pronator [prəʊ'neɪtə] *s.* ANATOMIA pronador, músculo pronador

prone ['prəʊn] *adj.* 1 propenso [**to**, a], sujeito [**to**, a]; 2 disposto [**to**, a], inclinado [**to**, a], com predisposição [**to**, para]; *~ to anger* com predisposição para se encolerizar; 3 deitado de borco; deitado de bruços; *~ on the ground* deitado de borco no solo; *to fall ~* cair de bruços; 4 [poét.] prono; 5 (terreno) em declive, inclinado, íngreme ❖ ANATOMIA *~ position* decúbito ventral

pronely ['prəʊnlɪ] *adv.* 1 em posição de declive; 2 dobrado para diante

proneness ['prəʊnnɪs] *s.* 1 predisposição [**to**, para]; propensão [**to**, para]; inclinação [**to**, para]; 2 inclinação para diante; 3 ANATOMIA pronação, decúbito ventral

prong ['prɒŋ] Ⓐ *s.* 1 (garfo, forcado, forquilha, etc.) dente; 2 bico, ponta; *antler ~* ponta da armação do veado; 3 (rio) ramificação; 4 forcado; forquilha; gadanho; 5 [EUA] [cal.] (pénis) pau*cal.* Ⓑ *v.tr.* perfurar com o forcado ou gadanho; atravessar com o forcado ou gadanho; revolver ou levantar com o gadanho ou forcado

pronged ['prɒŋd] *adj.* 1 (garfo, forcado, forquilha, gadanho, etc.) com dentes; *a three-pronged fork* um garfo com três dentes; 2 em bico; com a ponta aguçada; 3 (ataque, operação, problema, etc.) com partes, com abordagens possíveis; *a three-pronged strategy* uma estratégia com três abordagens possíveis

pronograde ['prɒnəgreɪd] *adj.* ZOOLOGIA pronógrado, que marcha em quatro patas

pronominal [prəʊ'nɒmɪnəl] *adj.* LINGUÍSTICA pronominal

pronominalise [prəʊ'nɒmɪnəlaɪz] *v.tr.* LINGUÍSTICA ⇒ **pronominalize**

pronominalization [prəʊˌnɒmɪnəlaɪ'zeɪʃən] *s.* LINGUÍSTICA pronominalização

pronominalize [prəʊ'nɒmɪnəlaɪz] *v.tr.* LINGUÍSTICA pronominalizar

pronominally [prəʊ'nɒmɪnəlɪ] *adv.* pronominalmente

pronotum [prəʊ'nəʊtəm] *s.* ZOOLOGIA pronoto

pronoun ['prəʊnaʊn] *s.* LINGUÍSTICA pronome

pronounce [prə'naʊns] *v.tr.,intr.* 1 (sons, palavras, etc.) pronunciar, articular; *you don't ~ those words well* não pronuncias bem essas palavras; 2 declarar; anunciar; *she pronounced the book very interesting indeed* ela declarou que o livro era de facto muito interessante; *the doctors pronounced the patient out of danger* os médicos declararam o doente fora de perigo; 3 afirmar; proclamar; 4 DIREITO (sentença, etc.) proferir, pronunciar; 5 (opinião) pronunciar-se; *to ~ for a proposal* pronunciar-se a favor duma proposta; *to ~ on a proposal* pronunciar-se sobre uma proposta

pronounceable [prə'naʊnsəbəl] *adj.* que se pronuncia

pronounced [prə'naʊnst] *adj.* 1 vincado; *a very ~ personality* uma personalidade muito vincada; 2 marcado; *a ~ flavour* um paladar muito marcado; 3 nítido; inequívoco; *a ~ tendency to* uma nítida tendência para; 4 pronunciado, proferido

pronouncedly [prə'naʊnstlɪ, prə'naʊnsɪdlɪ] *adv.* 1 pronunciadamente; 2 vincadamente

pronouncement [prə'naʊnsmənt] *s.* 1 declaração, afirmação; 2 proclamação

pronouncing [prə'naʊnsɪŋ] *s.* 1 afirmação, declaração; 2 (sentença) pronúncia; 3 pronúncia, pronunciação, articulação, prolação ❖ *~ dictionary* dicionário de pronúncia

pronto ['prɒntəʊ] *adv.* [EUA] [cal.] prontamente, rapidamente

pronucleus [prəʊ'njuːklɪəs] *s.* BIOLOGIA pronúcleo

pronunciamento [prəˌnʌnsɪə'mentəʊ] *s.* (grupo de revolucionários) proclamação, manifesto

pronunciation [prəˌnʌnsɪ'eɪʃən] *s.* pronúncia, prolação, pronunciação

proof [pruːf] Ⓐ *s.* 1 prova; testemunho; demonstração, comprovação; *as a ~ of* como testemunho de; *as a ~ of my esteem* em testemunho da minha estima; 2 prova; documento comprovativo, facto comprovativo; *to produce ~ to the contrary* apresentar prova em contrário; 3 prova; experiência, ensaio; teste, exame; *to stand the ~* resistir à prova; 4 FOTOGRAFIA, MATEMÁTICA, TIPOGRAFIA prova; 5 (bebida) teor alcoólico; *under ~* abaixo do teor alcoólico normal; 6 [Esc.] DIREITO julgamento perante juiz em vez de perante um júri; 7 [arc.] (armadura) impenetrabilidade, dureza Ⓑ *adj.* 1 à prova de; resistente a; imune a; *~ against flattery* imune à lisonja; *evaporation-proof* imune contra a evaporação; *to be ~ against* estar ao abrigo de, ser imune a; 2 invulnerável; *~ armour* armadura resistente, armadura invulnerável; 3 (bebida) de graduação alcoólica normal Ⓒ *v.tr.* 1 tornar resistente; 2 impermeabilizar; 3 pôr à prova (de); 4 TIPOGRAFIA tirar uma prova de; 5 TIPOGRAFIA fazer revisão das provas de ❖ FOTOGRAFIA *~ cutter* guilhotina; corta-provas; *~ positive* factos comprovados; TIPOGRAFIA *~ sheet* prova; *~ vinegar* vinagre de primeira qualidade; *~ against entreaty* inexorável; *~ of purchase* prova de compra; *at ~ stage* em fase de ensaios; *by way of ~* he *said that...* à laia de confirmação, ele disse que...; TIPOGRAFIA *foul ~* granel; primeira prova; *the ~ of the pudding is in the eating* pela obra é que se conhece o artista; *to put sb to the ~* pôr alguém à prova

proof-correct ['pruːfkə'rekt] *v.tr.* TIPOGRAFIA corrigir em prova

proof-correcting ['pruːfkə'rektɪŋ] *s.* TIPOGRAFIA correcção de provas

proofing ['pruːfɪŋ] *s.* 1 impermeabilização; acto de tornar resistente; 2 camada impermeabilizante

proofless ['pruːfləs] *adj.* sem provas, sem fundamento

proof-read ['pruːfˌriːd] *v.tr.* TIPOGRAFIA rever

proof-reader ['pruːfˌriːdə] *s.* TIPOGRAFIA revisor

proof-reading ['pruːfˌriːdɪŋ] *s.* TIPOGRAFIA revisão de provas

prop [prɒp] Ⓐ *s.* 1 suporte, apoio; 2 estaca; 3 pilar; 4 esteio, escora, sustentáculo, espeque, pontalete; *pit ~* escora de mina, pontalete de mina; 5 pau para segurar; [GB] *clothes ~* pau para segurar a corda da roupa; 6 calço; 7 [fig.] apoio, amparo, arrimo; 8 TEATRO, CINEMA, TELEVISÃO adereço; 9 [coloq.] hélice Ⓑ *v.tr.* (*particípios:* -pp-) 1 apoiar [**against/on**, em]; 2 não deixar cair, manter em pé; sustentar; escorar; servir de suporte a; 3 estacar; 4 colocar um calço debaixo de; 5 encostar [**against/on**, a]

◆ **prop up** *v.tr.* 1 apoiar [**against/on**, em]; não deixar cair, manter em pé; sustentar; escorar; servir de suporte a; estacar; colocar um calço debaixo de; *they propped up the wardrobe* meteram um calço debaixo dos pés do guarda-vestidos; 2 (governo) apoiar, sustentar, auxiliar

propaedeutic [prəʊpɪ'djuːtɪk] *adj.* propedêutico

propaedeutical [prəʊpɪ'djuːtɪkəl] *adj.* propedêutico

propaedeutics [prəʊpɪ'djuːtɪks] *s.* propedêutica

propagand [ˌprɒpə'gænd] *v.intr.* fazer propaganda

propaganda [ˌprɒpə'gændə] *s.* propaganda; *they carried on a vigorous ~ for* eles empreenderam uma intensa propaganda a favor de ❖ RELIGIÃO *the Propaganda* organização católica para a propagação da fé

propagandism [ˌprɒpə'gændɪzəm] *s.* propagandismo

propagandist [ˌprɒpə'gændɪst] *s.* 1 propagandista; 2 membro da Propaganda Fide, congregação romana para a expansão da fé

propagandistic [ˌprɒpəgæn'dɪstɪk] *adj.* propagandístico

propagandize [ˌprɒpə'gændaɪz] *v.tr.* propagandear, propagandar

propagate ['prɒpəgeɪt] Ⓐ *v.intr.* 1 propagar-se; *light is propagated in a straight line* a luz propaga-se em linha recta; 2 multiplicar-se; reproduzir-se Ⓑ *v.tr.* 1 propagar; 2 multiplicar por geração ou reprodução; 3 espalhar, difundir, divulgar, tornar conhecido; *to ~ religion* difundir a religião; 4 transmitir; *to ~ heat* transmitir calor

propagation [ˌprɒpə'geɪʃən] *s.* 1 propagação; *~ of disease* propagação de doença; 2 reprodução, multiplicação por geração; 3 difusão, divulgação, disseminação; 4 transmissão ❖ FÍSICA *~ speed* velocidade de propagação

propagative ['prɒpəgeɪtɪv] *adj.* 1 propagador; 2 que propaga; 3 transmissor; 4 disseminador

propagator ['prɒpəgeɪtə] *s.* propagador

propane ['prəʊpeɪn] *s.* QUÍMICA (gás) propano

proparoxytone [ˌprəʊpə'rɒksɪtəʊn] Ⓐ *adj.* LINGUÍSTICA proparoxítono Ⓑ *s.* LINGUÍSTICA palavra proparoxítona

propel [prə'pel] *v.tr.* (*particípios:* -ll-) 1 impelir; 2 impulsionar; animar; 3 propelir; 4 mover; *propelled by steam* movido a vapor; *propelled by passion* movido pela paixão

propellant [prə'pelənt] *adj.,s.* 1 impulsor, propulsor; *~ charge* carga propulsora; 2 que impele; 3 (aerossol) gás; 4 (bala, foguetão) substância explosiva

propellent [prə'pelənt] Ⓐ *adj.* propulsor, motor Ⓑ *s.* 1 agente propulsor; 2 explosivo que projecta a bala para fora da arma

propeller [prə'pelə] *s.* 1 (avião, navio, etc.) hélice; *three-bladed ~* hélice de três pás; 2 propulsor ❖ *~ blade* pá da hélice

propelling [prə'pelɪŋ] Ⓐ *adj.* impulsionador; propulsor; *~ force* força propulsora Ⓑ *s.* propulsão ❖ *~ pencil* lapiseira de minas

propene ['prəʊpiːn] *s.* QUÍMICA propeno

propense [prə'pens] *adj.* propenso, inclinado, disposto, com predisposição (para)

propensity [prə'pensɪtɪ] *s.* (*pl.* **-ies**) 1 propensão [**to/for**, para]; tendência [**to/for**, para]; inclinação [**to/for**, para]; predisposição [**to/for**, para]; *he has a ~ to exaggerate* ele tem uma certa tendência para o exagero; *a ~ for lying* propensão para mentir; 2 predilecção, gosto

proper ['prɒpə] Ⓐ *adj.* 1 próprio [**to**, de]; *in the ~ sense of the word* no sentido próprio da palavra; 2 característico [**to**, de]; peculiar [**to**, a]; típico [**to**, de]; 3 de sua exclusiva posse; 4 adequado, apropriado, conveniente; *~ use of* emprego racional de, emprego conveniente de; *to think ~* julgar conveniente; *do as you think ~* faça como julgar conveniente; *that is the ~ way to do it* esse é o processo adequado; 5 respeitável, digno, correcto; *would it be quite ~ to invite her?* seria correcto convidá-la?; 6 propriamente dito; *England ~* a Inglaterra propriamente dita; 7 [coloq.] completo, perfeito, rematado; *a ~ idiot* um perfeito idiota; 8 [arc.] belo, fino; *a ~ man* um homem bem parecido Ⓑ *adv.* verdadeiramente; a sério; devidamente; em termos; *he got beaten ~* ele apanhou uma bela sova Ⓒ *s.* RELIGIÃO ofício especial ❖ MATEMÁTICA *~ fraction* fracção própria; LINGUÍSTICA *~ noun* substantivo próprio; *~ psalms* salmos do dia; *at the ~ time* no momento oportuno; *I deemed it ~ to...* entendi por bem...; *you must apply to the ~ quarter* deves dirigir-te a quem de direito

properispomenon [ˌprəʊperɪ'spəʊmɪnən] *s.* (gramática grega) properispómeno

properly ['prɒpəlɪ] *adv.* 1 propriamente; *~ so called* propriamente dito; *~ speaking* propriamente falando; 2 convenientemente, correctamente; *the engine does not work ~* o motor não trabalha convenientemente; 3 devidamente; 4 com decência; com correcção; com sentido das conveniências; como deve ser; *to behave ~* comportar-se como deve ser, comportar-se devidamente; 5 DIREITO de boa fé; 6 [coloq.] completamente; verdadeiramente ❖ *he was ~ caught* apanharam-no bem; *word ~ used* palavra usada no seu sentido próprio; *very ~* com toda a razão

properness ['prɒpənɪs] *s.* 1 conveniência; 2 decoro

propertied ['prɒpətɪd] *adj.* 1 com posses; 2 com propriedades

Propertius [prə'pɜːʃɪəs] *s.antr.* Propércio

property ['prɒpətɪ] *s.* (*pl.* **-ies**) 1 propriedade; direito de propriedade; *inherent ~* propriedade inerente, atributo; *literary ~* propriedade literária; *public ~* propriedade pública; *to retain the ~ of* conservar a propriedade de; *there is no ~ in the seashore* as praias não podem constituir propriedade privada; 2 posses; bens; *personal ~* bens pessoais; *to be a man of ~* ser um homem de posses; 3 património; riqueza; *~ has its duties* a riqueza tem as suas obrigações; 4 (imóveis) propriedade; prédio rústico ou urbano; *real ~* propriedade imobiliária, propriedade rústica ou urbana; *private ~* propriedade privada; *she has a small ~ in Minho* ela tem uma pequena propriedade no Minho; 5 (característica) propriedade; *the chemical properties of* as propriedades químicas de; *the properties of matter* as propriedades dos corpos; 6 TEATRO adereços; acessórios ❖ TEATRO *~ man/woman* adereçista; *~ sale* venda de imóveis; *~ speculation* especulação imobiliária; *~ sword* espada usada em representações teatrais; *that is your ~* isso é teu; isso pertence-te

prophecy ['prɒfɪsɪ] *s.* (*pl.* **-ies**) 1 profecia; vaticínio; *the ~ was not fulfilled* não se cumpriu a profecia; 2 prognóstico; 3 dom da profecia; *she has the gift of ~* ela tem o dom da profecia

prophesier ['prɒfɪsaɪə] *s.* 1 aquele que profetiza, profetizador; 2 profeta

prophesy ['prɒfɪsaɪ] *v.tr.,intr.* 1 fazer profecias; falar como profeta; *to ~ of things to come* fazer profecias sobre o futuro; 2 profetizar; predizer; vaticinar; *to ~ war* profetizar guerra; 3 [arc.] comentar, interpretar as Escrituras ❖ *he prophesies that I will be successful* os seus vaticínios são de que serei bem sucedido; *you prophesied right* mostraste-te bom profeta

prophesying ['prɒfɪsaɪɪŋ] *s.* 1 profecia; 2 vaticínio

prophet ['prɒfɪt] *s.* 1 RELIGIÃO profeta; *the ~ Isaiah* o profeta Isaías; 2 vidente; adivinho; 3 [fig.] profeta, porta-voz, líder ❖ *~ of doom/evil/disaster* profeta da desgraça; *no man is a ~ in his own country* santos da casa não fazem milagres

prophetess ['prɒfɪtɪs] *s.f.* (*pl.* **-es**) profetisa

prophetic [prə'fetɪk] *adj.* profético ❖ *to be ~ of sth* prenunciar alguma coisa

prophetical [prə'fetɪkəl] *adj.* ⇒ **prophetic**

prophetically [prəˈfetɪklɪ] adv. profeticamente
prophylactic [ˌprɒfɪˈlæktɪk] Ⓐ adj. profiláctico; relativo à profilaxia; preventivo; ~ *treatment* tratamento profiláctico Ⓑ s. 1 tratamento ou medicamento profiláctico; 2 [EUA] preservativo
prophylaxis [ˌprɒfɪˈlæksɪs] s. (pl. **prophylaxes**) MEDICINA profilaxia
propinquity [prəˈpɪŋkwɪtɪ] s. 1 proximidade no tempo, lugar ou em parentesco; 2 propinquidade, vizinhança; 3 afinidade, similaridade
propionate [ˈprəʊpɪənɪt] s. QUÍMICA propionato
propionic [ˌprəʊpɪˈɒnɪk] adj. QUÍMICA propiónico
propitiable [prəˈpɪʃɪəbəl] adj. 1 que pode aplicar-se ou acalmar-se; 2 aplicável; 3 que pode tornar-se propício
propitiate [prəˈpɪʃɪeɪt] v.tr. 1 propiciar, tornar propício, tornar favorável; *to ~ the gods* tornar os deuses propícios; 2 conquistar as boas graças de; 3 aplacar, apaziguar, pacificar
propitiation [prəˌpɪʃɪˈeɪʃən] s. 1 propiciação; 2 apaziguamento; 3 reparação, expiação, sacrifício expiatório
propitiative [prəˈpɪʃɪeɪtɪv] adj. propiciativo
propitiator [prəˈpɪʃɪeɪtə] s. 1 propiciador; 2 pessoa que propicia
propitiatorily [prəˈpɪʃətərɪlɪ] adv. propiciatoriamente
propitiatory [prəˈpɪʃɪətrɪ] Ⓐ adj. 1 propiciatório; 2 que propicia; 3 conciliador; 4 que busca as boas graças de; 5 expiatório Ⓑ s. 1 propiciatório, lâmina de ouro puro que cobria a Arca Santa dos Judeus; 2 intercessão; 3 sacrifício que torna Deus propício
propitious [prəˈpɪʃəs] adj. 1 propício; favorável; ~ *omens* presságios favoráveis; ~ *to sb* favorável para alguém; ~ *to sth* favorável para alguma coisa; 2 benigno; 3 oportuno, conveniente; ~ *for sth* oportuno para alguma coisa
propitiously [prəˈpɪʃəslɪ] adv. 1 de modo propício; 2 propiciamente
propitiousness [prəˈpɪʃəsnɪs] s. 1 carácter propício; 2 natureza favorável
propman [ˈprɒpmən] s. TEATRO, CINEMA, TELEVISÃO aderecista
propolis [ˈprɒpəlɪs] s. 1 QUÍMICA própole, própolis; 2 substância resinosa segregada ou extraída pelas abelhas de certas árvores e com a qual tapam fendas dos cortiços
propone [prəˈpəʊn] v.tr. [ESC.] ⇒ **to propound**
proponent [prəˈpəʊnənt] Ⓐ adj. proponente, que propõe Ⓑ s. proponente; pessoa que propõe ou apresenta (ideia, moção, proposta, teoria, etc.)
proportion [prəˈpɔːʃən] Ⓐ s. 1 proporção; razão; relação; proporcionalidade; ~ *of births to the population* relação entre os nascimentos e a população; ~ *of the net load to the gross load* proporção existente entre o peso útil e o peso morto; *arithmetical/geometrical ~* proporção aritmética/geométrica; *in due ~* na devida proporção; *in ~ to* em proporção com, proporcionalmente a; *inverse ~* proporção inversa; *rule of ~* regra das proporções; *the ~ that x bears to y* a proporcionalidade existente entre x e y; *to be in direct/inverse ~ to* estar em proporção directa/inversa com; *to hold ~ to* estar em proporção com; 2 simetria; equilíbrio; *everything was in admirable ~* tudo se encontrava em simetria admirável; 3 proposição; 4 comparação; 5 parte, porção, cota; *in equal proportions* em partes iguais; 6 percentagem; *a large ~ of the profits* uma grande percentagem dos lucros; 7 pl. proporções, tamanho, dimensões; *a building of magnificent proportions* um edifício de magníficas proporções; *he seems to have no sense of ~* ele dá a impressão de não ter o menor sentido das proporções; 8 pl. MATEMÁTICA regra de três Ⓑ v.tr. 1 proporcionar, tornar proporcional, pôr em proporção; 2 ajustar, harmonizar, adaptar; *to ~ one's expenses to one's income* harmonizar as despesas com os rendimentos; *to ~ the means to the ends* adaptar os meios aos fins; *we must ~ the punishment to the crime* devemos ajustar o castigo ao crime ❖ *let's get things in proportion!* é preciso relativizar as coisas!; nada de dramatizar a situação!; *out of ~* desproporcionado; mal proporcionado; *to be out of (all) ~ to* não corresponder a; estar desproporcionado em relação a; *to get sth out of ~* exagerar
proportionable [prəˈpɔːʃənəbəl] adj. 1 proporcional, proporcionado; 2 em proporção
proportionably [prəˈpɔːʃənəblɪ] adv. 1 proporcionalmente; 2 em proporção

proportional [prəˈpɔːʃənəl] Ⓐ adj. 1 proporcional; *directly ~ to* directamente proporcional a; *inversely ~ to* inversamente proporcional a; *there was a ~ increase in the expense* houve um aumento proporcional nas despesas; 2 proporcionado Ⓑ s. MATEMÁTICA proporcional, termo de uma proporção; *mean ~* meio proporcional ❖ MECÂNICA ~ *elastic limit* limite elástico proporcional; POLÍTICA ~ *representation* representação proporcional
proportionalism [prəˈpɔːʃənəlɪzəm] s. POLÍTICA proporcionalismo, sistema proporcional, representação proporcional
proportionalist [prəˈpɔːʃənəlɪst] s. POLÍTICA proporcionalista, partidário da representação proporcional
proportionality [prəˌpɔːʃəˈnælɪtɪ] s. proporcionalidade
proportionally [prəˈpɔːʃənəlɪ] adv. proporcionalmente
proportionate [prəˈpɔːʃənɪt] adj. proporcionado; ~ *to* proporcionado a, em proporção com
proportionately [prəˈpɔːʃənɪtlɪ] adv. proporcionalmente ❖ ~ *speaking* ressalvadas todas as proporções
proportionateness [prəˈpɔːʃənɪtnɪs] s. proporcionalidade
proportioned [prəˈpɔːʃənd] adj. proporcionado, com proporções; *beautifully ~* com belas proporções; *generously ~* de proporções generosas
proportionment [prəˈpɔːʃənmənt] s. 1 distribuição proporcional; 2 disposição proporcionada; 3 proporcionamento
proposable [prəˈpəʊzəbəl] adj. que pode propor-se; susceptível de ser proposto
proposal [prəˈpəʊzəl] s. 1 proposta; *conciliatory ~* proposta conciliatória; *peace ~* proposta de paz; *proposals for* propostas relativas a; *to make a ~* fazer/apresentar uma proposta; 2 sugestão; 3 moção; 4 plano proposto; *the ~ was never carried out* o plano nunca foi realizado; 5 oferta; 6 proposta de casamento; pedido de casamento
propose [prəˈpəʊz] v.tr.,intr. 1 propor; *I ~ that a change should be made* proponho que se faça uma modificação; *to ~ a candidate/a course of action/a motion/a toast* propor um candidato/uma linha de acção/uma moção/um brinde; *they proposed Jones for chairman* eles propuseram Jones para presidente; *shall I ~ you for my club?* quer que o proponha para sócio do meu clube?; 2 sugerir, alvitrar, apresentar como proposta; *what do you ~ doing now?* que é que sugeres que se faça agora?; 3 tencionar, planear; *I ~ leaving in the afternoon* tenciono partir à tarde; 4 pedir em casamento; propor casamento (a); *to ~ to a girl* propor casamento a uma rapariga ❖ *man proposes, God disposes* o homem põe e Deus dispõe; *to ~ the health of* propor um brinde à saúde de
proposed [prəˈpəʊzd] adj. proposto
proposer [prəˈpəʊzə] s. 1 proponente; ~ *of a member* proponente, sócio-proponente; 2 autor de uma proposta ou plano
proposing [prəˈpəʊzɪŋ] s. 1 proposta; 2 oferta; 3 proposta de casamento
proposition [ˌprɒpəˈzɪʃən] s. 1 proposta; 2 oferta; 3 plano, projecto; 4 moção, afirmação, asserção; 5 LÓGICA proposição; 6 MATEMÁTICA proposição, problema, teorema; *a ~ in Euclid* uma proposição de Euclides; 7 [coloq.] assunto, questão, problema, situação; 8 ocupação, negócio, empreendimento; *mining ~* empresa mineira; *paying ~* empreendimento que dá dinheiro; 9 objectivo, perspectiva; 10 adversário, indivíduo, tipo; [coloq.] *he is a tough ~* ele é um tipo difícil de tratar; *this is a tough ~* isto é um assunto difícil
propositional [ˌprɒpəˈzɪʃənəl] adj. 1 proposicional; relativo a proposição; 2 (silogismo) relativo a premissa; *the two ~ terms* as duas premissas
propound [prəˈpaʊnd] v.tr. 1 propor; 2 apresentar; 3 expor; 4 pôr (um problema, questão, etc.); 5 DIREITO apresentar um testamento perante quem de direito, a fim de ser legalizado
propounder [prəˈpaʊndə] s. 1 pessoa que propõe ou apresenta (problema, teoria, etc.); 2 autor de proposta
propping [ˈprɒpɪŋ] s. 1 apoio, sustentação; 2 suporte; 3 escoramento; 4 reforço
propraetor [prəʊˈpriːtə] s. propretor, magistrado na antiga Roma com dignidade de pretor
propraetorship [prəʊˈpriːtəʃɪp] s. propretura, função ou dignidade de propretor

proprietary [prəˈpraɪətərɪ] Ⓐ *adj.* **1** proprietário; relativo a propriedade ou proprietário; *he looked at the fields with ~ solicitude* ele olhou para os campos com uma solicitude de proprietário; **2** com posses; *the ~ classes* as classes com posses; **3** (atitude, comportamento) possessivo, de posse; **4** patenteado, registado; *~ name* marca registada Ⓑ *s.* (*pl.* **-ies**) **1** propriedade; direito de propriedade; **2** proprietários; *the landed ~* os proprietários rurais ❖ *~ article* especialidade; *~ chapel* capela particular; *~ colony* colónia doada a um indivíduo ou grupo de indivíduos, com largas prerrogativas de governo; FARMÁCIA *~ medicines* especialidades farmacêuticas; *~ rights* direitos de propriedade

proprietor [prəˈpraɪətə] *s.* **1** proprietário; **2** dono

proprietorship [prəˈpraɪətəʃɪp] *s.* **1** propriedade, posse; **2** direito de propriedade

proprietress [prəˈpraɪətrɪs] *s.f.* (*pl.* **-es**) proprietária, dona

propriety [prəˈpraɪətɪ] *s.* (*pl.* **-ies**) **1** propriedade; **2** justeza; adequação; *I doubt the ~ of the term* duvido da adequação do termo; **3** exactidão; **4** correcção; **5** decoro, decência, boas maneiras; **6** *pl.* conveniências; *a breach of ~* falta de tacto, falta de sentido das conveniências sociais; *marriage of ~* casamento de conveniência; *motive of ~* razões de conveniência; *to throw ~ to the winds* rir-se das conveniências sociais; *we must observe the proprieties* temos de observar as conveniências

props [prɒps] *s.pl.* TEATRO [coloq.] adereços, acessórios

proptosis [prɒpˈtəʊsɪs] *s.* MEDICINA proptose, proptose ocular

propulsion [prəˈpʌlʃən] *s.* **1** propulsão, força propulsora; **2** impulsão; **3** impulso ❖ *~ engine* motor de propulsão; *~ turbine* turbina de propulsão

propulsive [prəˈpʌlsɪv] *adj.* propulsor; propulsivo; relativo a propulsão; *~ power* força propulsora

propyl [ˈprəʊpɪl] *s.* QUÍMICA propilo ❖ *~ alcohol* álcool propílico

propylaeum [prɒpɪˈliːəm] *s.* (*pl.* **-a**) ARQUITECTURA (entrada monumental) propileu ❖ *the Propylaea* os propileus da Acrópole em Atenas

propylene [ˈprəʊpɪliːn] *s.* QUÍMICA propileno ❖ *~ gas* gás propileno ❖ *~ oxide* óxido de propileno

propylic [prəʊˈpɪlɪk] *adj.* QUÍMICA propílico

propylite [ˈprɒpɪlaɪt] *s.* MINERALOGIA propilite

proquaestor [prəʊˈkwiːstə] *s.* proquestor, magistrado romano

prorogation [ˌprəʊrəˈgeɪʃən] *s.* suspensão dos trabalhos parlamentares (sem que isso implique dissolução do Parlamento)

prorogue [prəʊˈrəʊg] *v.tr.,intr.* interromper os trabalhos parlamentares (sem dissolução do parlamento), interromper sessão

proroguing [prəʊˈrəʊgɪŋ] *s.* interrupção dos trabalhos parlamentares

prosaic [prəʊˈzeɪɪk] *adj.* **1** prosaico; vulgar; banal; sem interesse; *a ~ view of things* uma visão prosaica das coisas; **2** em prosa, semelhante a prosa

prosaically [prəʊˈzeɪɪklɪ] *adv.* **1** prosaicamente; **2** de maneira prosaica

prosaicness [prəʊˈzeɪɪknɪs] *s.* **1** prosaísmo; **2** vulgaridade; **3** banalidade

prosaism [ˈprəʊzeɪɪzəm] *s.* prosaísmo, atitude prosaica

prosaist [ˈprəʊzeɪɪst] *s.* **1** prosador, escritor em prosa; **2** pessoa prosaica

proscenium [prəʊˈsiːnɪəm] *s.* (*pl.* **-a**) **1** TEATRO proscénio; **2** HISTÓRIA (Grécia e Roma antigas) palco

prosciutto [prəʊˈʃuːtəʊ] *s.* CULINÁRIA presunto (italiano)

proscribe [prəʊˈskraɪb] *v.tr.* **1** proscrever; **2** banir, exilar; **3** interdizer; **4** proibir; **5** expulsar; **6** pôr de parte; **7** rejeitar, reprovar, recusar, denunciar (como prejudicial, perigoso, etc.)

proscriber [prəʊˈskraɪbə] *s.* aquele que prescreve, proscritor

proscript [ˈprəʊskrɪpt] *s.* proscrito

proscription [prəʊˈskrɪpʃən] *s.* **1** proscrição; **2** banimento; **3** exílio; **4** interdição; **5** proibição

proscriptive [prəʊˈskrɪptɪv] *adj.* relativo a proscrição; que proscreve, que proíbe; proibitivo

prose [prəʊz] Ⓐ *s.* **1** prosa; *in ~* em prosa; **2** RELIGIÃO sequência; **3** prosaísmo; qualidade prosaica; *the ~ of existence* o carácter prosaico da vida; **4** discurso maçador, aborrecido; **5** conversa familiar Ⓑ *v.tr.,intr.* **1** escrever em prosa; pôr em prosa; **2** arengar; falar de uma maneira aborrecida, fastidiosa; **3** escrever prosaicamente ❖ *~ poem* poema em prosa; *~ writer* prosador

prosector [prəʊˈsektə] *s.* prossector, pessoa encarregada de preparar e dissecar as peças anatómicas para serem utilizadas depois nas aulas de anatomia

prosecutable [ˈprɒsɪkjuːtəbəl] *adj.* **1** DIREITO executável, que pode ser demandado; **2** que pode ser intentado

prosecute [ˈprɒsɪkjuːt] *v.tr.,intr.* **1** continuar, prosseguir; **2** levar a cabo; **3** exercer, praticar; *to ~ a trade* exercer uma profissão; **4** DIREITO processar, proceder contra, intentar processo contra, mover acção judicial contra; *they were prosecuted for...* eles foram postos em tribunal por...; *to ~ an action* intentar uma acção; *to ~ claim* defender perante os tribunais uma reclamação ou direito; **5** querelar

prosecution [ˌprɒsɪˈkjuːʃən] *s.* **1** prosseguimento, prossecução; **2** continuação; **3** realização; **4** exercício, desempenho (de profissão); **5** DIREITO acção judicial, processo, querela; *to call for a ~* instaurar uma acção; *to start a ~ against...* dar início a uma acção contra...; **6** acusação; **7** libelo acusatório; **8** autor de acção ou demanda judicial; **9** acusação do Ministério Público; [GB] *director of public ~* acusador público; (processo-crime) *the ~* a acusação; *the ~ denied this* a acusação negou isto; *witness for the ~* testemunha de acusação

prosecutor [ˈprɒsɪkjuːtə] *s.* **1** prosseguidor; **2** continuador; **3** DIREITO querelante, demandante, autor de acção; **4** promotor de justiça ❖ DIREITO *the Public Prosector* o procurador da Coroa; o procurador da República; o Ministério Público

prosecutrix [ˈprɒsɪkjuːtrɪks] *s.f.* (*pl.* **-es**) querelante, autora de acção judicial

proselyte [ˈprɒsɪlaɪt] Ⓐ *s.* **1** prosélito, adepto, partidário, sequaz; **2** convertido, neófito; **3** pagão convertido ao judaísmo Ⓑ *v.tr.* [rar.] fazer um prosélito de, converter

proselytism [ˈprɒsɪlɪtɪzəm] *s.* proselitismo

proselytize [ˈprɒsɪlətaɪz] *v.tr.,intr.* **1** fazer um prosélito de, converter; **2** fazer proselitismo

proselytizer [ˈprɒsɪlətaɪzə] *s.* pessoa que se dedica ao proselitismo, pessoa que procura fazer prosélitos

prosenchyma [prɒsˈeŋkəmə] *s.* BOTÂNICA prosênquima

proser [ˈprəʊzə] *s.* **1** prosador; **2** [fig.] pessoa fastidiosa ao falar ou ao escrever, maçador

Proserpina [prəˈsɜːpɪnə] *s.* MITOLOGIA Prosérpina

Proserpine [ˈprɒsəpaɪn] *s.* MITOLOGIA Prosérpina

prosify [ˈprəʊzɪfaɪ] *v.tr.,intr.* **1** banalizar, tornar prosaico; **2** escrever em prosa de modo fastidioso

prosily [ˈprəʊzɪlɪ] *adv.* **1** de maneira prosaica; **2** de maneira tediosa

prosiness [ˈprəʊzɪnɪs] *s.* **1** prosaísmo, carácter prosaico; **2** banalidade; **3** vulgaridade, insipidez

pro-slavery [ˌprəʊˈsleɪvərɪ] *s.* [EUA] partidário da escravatura

prosodiac [prəˈsəʊdɪæk] *adj.* ⇒ **prosodic**

prosodiacal [ˌprɒsəʊˈdaɪəkəl] *adj.* ⇒ **prosodic**

prosodic [prəˈsɒdɪk] *adj.* LINGUÍSTICA prosódico; *~ feature* traço prosódico

prosodical [prəˈsɒdɪkəl] *adj.* prosódico

prosodically [prəˈsɒdɪklɪ] *adv.* prosodicamente

prosodist [ˈprɒsədɪst] *s.* indivíduo conhecedor da prosódia

prosody [ˈprɒsədɪ] *s.* LINGUÍSTICA, LITERATURA prosódia

prosopite [ˈprɒsəʊpaɪt] *s.* MINERALOGIA prosopite

prosopographical [ˌprɒsəʊpəˈgræfɪkəl] *adj.* prosopográfico

prosopography [ˌprɒsəʊˈpɒgrəfɪ] *s.* prosopografia

prosopopaeia [ˌprɒsəʊpəˈpɪə] *s.* prosopopeia

prosopopoeia [ˌprɒsəʊpəˈpɪə] *s.* LINGUÍSTICA prosopopeia

prospect[1] [ˈprɒspekt] *s.* **1** perspectiva, esperança, possibilidade, probabilidade [of, de]; *prospects of success* possibilidades de êxito; *to have good prospects* ter boas perspectivas, ter boas possibilidades de êxito; *he has fine prospects before himself* ele tem um futuro brilhante à frente; *that is a sad ~ indeed* isso é, de facto, uma triste perspectiva; *what are your prospects now?* que esperanças tens tu agora?; **2** panorama, vista de paisagem; *there is a splendid ~ there* há lá uma vista esplêndida; **3** possível freguês, cliente potencial; **4** candidato potencial; **5** esperança, pessoa em que se depositam expectativas; **6** sinal indicativo da existência de veio de minério; **7** amostra de minério ❖ [ant.] *~ glass* óculo; binóculo; *(to have sth) in ~* (ter alguma coisa) em vista

prospect² [prəs'pekt] *v.tr.,intr.* 1 (minério) pesquisar; sondar; *to ~ for gold* andar à pesquisa de ouro; 2 explorar; 3 andar à procura [**for**, de]

prospecting [prə'spektɪŋ] *s.* 1 (minério) busca, pesquisa, sondagem; 2 prospecção ❖ *~ drill* aparelho de prospecção; *~ level* galeria de prospecção; *~ pit* poço de prospecção

prospective [prə'spektɪv] *adj.* 1 em perspectiva; *his ~ bride* a sua noiva em perspectiva; 2 futuro; *~ advantages* vantagens futuras; *~ obligation* obrigação futura; 3 potencial; em potência; *a ~ customer* um cliente em potência; 4 provável; possível; 5 esperado; 6 que diz respeito ao futuro; que só tem aplicação no futuro; *the law was held to be ~* a lei só teria aplicação no futuro

prospectively [prə'spektɪvlɪ] *adv.* 1 futuramente; 2 em perspectiva

prospector [prə'spektə] *s.* 1 prospector; 2 pesquisador de ouro; 3 aquele que faz sondagens para determinar a existência de filões ou jazigos minerais

prospectus [prə'spektəs] *s. (pl. **-es**)* 1 folheto, prospecto; 2 impresso de anúncio de escola, empresa comercial, etc.

prosper ['prɒspə] Ⓐ *v.intr.* 1 prosperar, tornar-se próspero; 2 progredir, florescer, medrar; *the business prospers* o negócio floresce; 3 ter êxito Ⓑ *v.tr.* 1 fazer prosperar; 2 proteger; favorecer; 3 ser propício a ❖ *each one gives as God has prospered him* cada um dá conforme os seus meios

prosperity [prɒ'sperɪtɪ] *s. (pl. **-ies**)* 1 prosperidade; 2 felicidade; 3 riqueza; 4 abundância

prosperous ['prɒspərəs] *adj.* 1 próspero, florescente, feliz; *~ look* ar próspero, ar de prosperidade; *~ year* ano próspero; 2 auspicioso, favorável, propício; *~ winds* ventos favoráveis; 3 prometedor

prosperously ['prɒspərəslɪ] *adv.* 1 prosperamente, duma maneira próspera; 2 florescentemente; 3 favoravelmente; 4 prometedoramente; 5 propiciamente

prosperousness ['prɒspərəsnɪs] *s.* 1 prosperidade; 2 êxito

prostate ['prɒsteɪt, 'prɒstɪt] *s.* ANATOMIA próstata

prostatic [prɒ'stætɪk] *adj.* ANATOMIA prostático

prostatitis [prɒstə'taɪtɪs] *s.* MEDICINA prostatite

prosthesis [prɒs'θiːsɪs] *s. (pl. **prostheses**)* LINGUÍSTICA, MEDICINA prótese; *dental ~* prótese dentária

prosthetic [prɒs'θetɪk] *adj.* protético

prosthetics [prɒs'θetɪks] *s.* cirurgia protética

prostitute ['prɒstɪtjuːt] Ⓐ *s.f.* prostituto, prostituta; *male ~* prostituto Ⓑ *v.tr.* 1 prostituir; *to ~ oneself* prostituir-se; 2 [fig.] vender; 3 [fig.] aviltar, degradar

prostitution [ˌprɒstɪ'tjuːʃən] *s.* prostituição

prostitutor ['prɒstɪtjuːtə] *s.* prostituidor

prostrate¹ ['prɒstreɪt, 'prɒstrɪt] *adj.* 1 prostrado; *~ with grief* prostrado pela dor; 2 prosternado; 3 humilhado; 4 abatido, derrubado; 5 extenuado; 6 vencido, aniquilado; 7 BOTÂNICA prostrado, procumbente

prostrate² [prɒ'streɪt] *v.tr.* 1 prostrar, deitar por terra; *they prostrated themselves before him* prostraram-se perante ele, lançaram-se aos pés dele; 2 abater, derrubar; 3 subjugar, humilhar, prosternar; 4 reduzir a um estado de extrema fraqueza; esgotar

prostration [prɒ'streɪʃən] *s.* 1 prostração; *to be in a state of absolute ~* estar num estado de prostração absoluta; 2 prosternação, prosternamento; 3 abatimento, debilidade extrema; 4 depressão, desânimo

prostyle ['prəʊstaɪl] *s.* ARQUITECTURA prostilo

prosy ['prəʊzɪ] *adj. (comp. **-ier**, superl. **-iest**)* 1 prosaico; 2 banal, trivial; 2 enfadonho, monótono, tedioso, insípido; 4 aborrecido

Prot. Ⓐ *[abrev. de Protestant]* Ⓑ HISTÓRIA *[abrev. de Protectorate]*

protactinium [ˌprəʊtæk'tɪnɪəm] *s.* QUÍMICA (elemento químico) protactínio

protagon ['prəʊtəgɒn] *s.* BIOLOGIA, QUÍMICA protágão

protagonism [prəʊ'tægənɪzəm] *s.* 1 protagonismo; 2 defesa (de ideia, teoria, doutrina, etc.)

protagonist [prəʊ'tægənɪst] *s.* 1 protagonista, personagem principal; 2 defensor

Protagoras [prəʊ'tægərəs] *s.antr.* Protágoras

protasis ['prɒtəsɪs] *s. (pl. **-ases**)* 1 LINGUÍSTICA prótase; primeira parte do período gramatical; 2 TEATRO prótase, exposição de assunto de poema dramático

protatic [prəʊ'tætɪk] *adj.* protático; relativo a prótase

protea ['prəʊtɪə] *s.* BOTÂNICA prótea

protean [prəʊ'tiːən] *adj.* 1 proteiforme; relativo a Proteu; 2 versátil; 3 variável

protease ['prəʊtɪeɪs] *s.* QUÍMICA protease, enzima proteolítica

protect [prə'tekt] *v.tr.* 1 proteger [**from/against**, de/contra]; defender [**from/against**, de/contra]; *to ~ from the weather* proteger contra as intempéries; 2 salvaguardar; guardar; 3 auxiliar, amparar; 4 patrocinar; 5 COMÉRCIO (letras, etc.) prover dos fundos necessários para fazer face a encargos financeiros; *to ~ a bill of exchange* garantir o pagamento de uma letra; 6 POLÍTICA seguir uma orientação proteccionista em relação à (indústria nacional) ❖ *to ~ public health* olhar pela saúde pública

protected [prə'tektɪd] *adj.* 1 protegido; 2 com protecção; 3 blindado ❖ NÁUTICA *~ cruiser* cruzador couraçado; *~ motor* motor com blindagem de protecção; (ecologia) *~ species* espécie protegida

protecting [prə'tektɪŋ] Ⓐ *adj.* protector; de protecção Ⓑ *s.* protecção ❖ *~ cover* tampa protectora; *~ nut* porca protectora; *~ plate* chapa de protecção; *~ sheet* folha protectora; *~ wall* parede de arrimo

protectingly [prə'tektɪŋlɪ] *adv.* 1 protectoramente; 2 como protecção

protection [prə'tekʃən] *s.* 1 protecção; *~ from rust* protecção contra a ferrugem; *~ of industrial property* protecção de propriedade industrial; *to claim the ~ of the law* requerer a protecção da lei; *to extend one's ~ to sb* dar a nossa protecção a alguém; *under sb's ~* sob protecção de alguém; 2 defesa; salvaguarda; 3 amparo, auxílio; 4 apoio; 5 abrigo; 6 patrocínio; 7 protector; 8 salvo-conduto; 9 [EUA] certificado de cidadania americana; 10 POLÍTICA proteccionismo; 11 (relações sexuais) preservativos ❖ (protector solar) *~ factor* factor de protecção; *~ glass* vidro de protecção; *~ sleeve* manga de protecção; *~ window* janela de protecção; COMÉRCIO *trade ~ society* agência de informações

protectionism [prə'tekʃənɪzəm] *s.* ECONOMIA proteccionismo

protectionist [prə'tekʃənɪst] *adj.,s.* ECONOMIA proteccionista

protective [prə'tektɪv] *adj.* 1 protector; que protege, de protecção; *~ coating* camada protectora; 2 preventivo; *~ custody* prisão preventiva; 3 ECONOMIA proteccionista; *~ duty/tariff* tarifa proteccionista ❖ (estradas) *~ barrier* barreira de protecção; ZOOLOGIA *~ colouring* mimetismo; homocromia; *~ device* dispositivo de protecção ou segurança; *~ mask* máscara de protecção; ECONOMIA *~ policy* proteccionismo; MILITAR *~ troops* tropas de cobertura

protectively [prə'tektɪvlɪ] *adv.* protectoramente

protectiveness [prə'tektɪvnɪs] *s.* capacidade de protecção

protector [prə'tektə] *s.* 1 (pessoa) protector; defensor; guardião; patrono; 2 protecção; revestimento protector; capacete protector; *chest ~* protector para o peito; 3 HISTÓRIA regente ❖ HISTÓRIA (título de Oliver e Richard Cromwell) *Lord Protector* Lorde Protector

protectorate [prə'tektərɪt] *s.* 1 (estado, território) protectorado; 2 governo de um protector; dignidade de protector

protectorship [prə'tektəʃɪp] *s.* 1 protecção, tutela; 2 protectorado, governo ou dignidade de protector

protectress [prə'tektrɪs] *s.f. (pl. **-es**)* protectora, defensora

protégé ['prɒtɪʒeɪ] *s.* 1 protegido, favorito; 2 discípulo

proteiform [prəʊtɪɪfɔːm] *adj.* proteiforme

protein ['prəʊtiːn] *s.* BIOQUÍMICA proteína

pro tem *[abrev. de pro tempore (for the time being)]*

proteolysis [ˌprəʊtɪ'ɒlɪsɪs] *s.* BIOQUÍMICA proteólise

proteolytic [ˌprəʊtɪə'lɪtɪk] *adj.* BIOQUÍMICA proteolítico

proteome ['prəʊtɪəʊm] *s.* BIOLOGIA (genética) proteoma

Proterozoic [ˌprəʊtərəʊ'zəʊɪk] Ⓐ *s.* GEOLOGIA Proterozóico Ⓑ *adj.* GEOLOGIA proterozóico

Protesilaus [prəʊtesɪ'leɪəs] *s.* MITOLOGIA Protesilau, nome de herói tessálio morto por Heitor ou por Eneias no cerco de Tróia

protest¹ ['prəʊtest] *s.* 1 protesto; *in ~* em sinal de protesto; *under ~* sob protesto; 2 reclamação; queixa; 3 COMÉRCIO protesto de letra; ~ *for non acceptance* protesto por falta de aceite; **4** manifestação; *to stage a* ~ organizar uma manifestação; **5** documento escrito de desacordo com a moção votada na Câmara dos Lordes assinada por qualquer membro da minoria ❖ ~ *march* marcha de protesto; *ship's* ~ protesto de mar

protest[2] [prəˈtest] *v.tr.,intr.* **1** protestar; reclamar; *to* ~ *against* protestar contra; **2** afirmar solenemente; *he protested his good faith* ele protestou boa-fé ❖ COMÉRCIO *to* ~ *a bill* protestar uma letra

Protestant [ˈprɒtɪstənt] *adj.,s.* RELIGIÃO protestante; ~ *ethic* ética protestante

Protestantism [ˈprɒtɪstəntɪzəm] *s.* RELIGIÃO protestantismo

Protestantize [ˈprɒtɪstəntaɪz] *v.tr.,intr.* **1** RELIGIÃO protestantizar; **2** converter ao protestantismo; **3** pregar o protestantismo

protestation [ˌprɒtɪˈsteɪʃən] *s.* **1** protesto; **2** afirmação solene, declaração solene ❖ *protestations of friendship* protestos de amizade

protester [prəˈtestə] *s.* **1** manifestante; **2** pessoa que protesta, pessoa que levanta um protesto; **3** portador de letra que a apresenta a protesto

protesting [prəˈtestɪŋ] Ⓐ *adj.* **1** que protesta; **2** de protesto Ⓑ *s.* protesto

protestingly [prəˈtestɪŋlɪ] *adv.* em protesto, como protesto, para protesto

protestor [prəˈtestə] *s.* ⇒ **protester**

proteus [ˈprəʊtjuːs] *s.* **1** género de bacteriáceas existente em putrefacções animais; **2** antigo nome dado à amiba; **3** determinado género de batráquios da família dos Proteídeos

Proteus [ˈprəʊtjuːs] *s.* MITOLOGIA Proteu

prothalamion [ˌprəʊθəˈleɪmɪən] *s.* protalâmio, cântico de louvor pré-nupcial

prothalamium [ˌprəʊθəˈleɪmɪəm] *s.* protalâmio, cântico de louvor pré-nupcial

prothallium [prəʊˈθælɪəm] *s. (pl.* -ia) BOTÂNICA protálio, protalo

prothesis [ˈprɒθɪsɪs] *s. (pl.* **protheses**) **1** RELIGIÃO credência; **2** RELIGIÃO colocação dos elementos eucarísticos em credência; **3** RELIGIÃO parte da igreja onde se encontra a credência com os elementos eucarísticos; **4** LINGUÍSTICA prótese

prothetic [prəˈθetɪk] *adj.* protético

prothonotary [prəʊˈθɒnəʊtəri, prəˈθɒnətəri] *s.* **1** protonotário; **2** arquinotário

prothorax [prəʊˈθɔːræks] *s.* ZOOLOGIA protórax

protist [ˈprəʊtɪst] *s. (pl.* **protista**) ZOOLOGIA protista

protoblast [ˈprəʊtəblɑːst, ˈprəʊtəblæst] *s.* BIOLOGIA protoblasto

protocarburet [ˌprəʊtəˈkɑːbjʊrɪt] *s.* QUÍMICA protocarboneto

protocele [ˌprəʊtəʊˈseliː] *s.* MEDICINA proctocele

protococcus [ˌprəʊtəˈkɒkəs] *s. (pl.* **-cocci**) BOTÂNICA protococo

protocol [ˈprəʊtəkɒl] Ⓐ *s.* **1** protocolo, original de documento diplomático; **2** minuta; **3** acta; **4** frases protocolares de abertura e conclusão de determinados documentos; **5** (em França) protocolo, etiqueta no Ministério dos Negócios Estrangeiros Ⓑ *v.tr.,intr. (particípios:* -ll-) **1** minutar, registar em actas; **2** protocolizar

protogine [ˈprəʊtədʒɪn] *s.* GEOLOGIA protógino, protógineo

protohippus [ˌprəʊtəˈhɪpəs] *s.* proto-hipo

protohistoric [ˌprəʊtəʊhɪsˈtɒrɪk] *adj.* proto-histórico

protomartyr [ˌprəʊtəʊˈmɑːtə] *s.* protomártir

proton [ˈprəʊtɒn] *s.* FÍSICA próton, protão

protonotary [ˌprəʊtəˈnəʊtəri, ˌprəʊˈtɒnətəri] *s. (pl.* **-ies**) protonotário

protophosphide [ˌprəʊtəʊˈfɒsfaɪd] *s.* QUÍMICA protofosfureto

protophyta [prəˈtɒfɪtə] *s.pl.* BOTÂNICA protófitos

protophyte [ˈprəʊtəfaɪt] *s.* BOTÂNICA protófito

protoplasm [ˈprəʊtəplæzəm] *s.* BIOLOGIA (citologia) protoplasma

protoplasmic [ˌprəʊtəˈplæzmɪk] *adj.* BIOLOGIA protoplásmico

protoplast [ˈprəʊtəplɑːst] *s.* **1** BIOLOGIA protoplasta; **2** BIOLOGIA protoplasto

protosulphide [ˌprəʊtəʊˈsʌlfaɪd] *s.* QUÍMICA proto-sulfureto

prototrophic [ˌprəʊtəˈtrɒfɪk] *adj.* BIOLOGIA (genética) prototrófico

prototrophy [prəʊˈtɒtrəfɪ] *s.* BIOLOGIA (genética) prototrofia

prototypal [ˈprəʊtətaɪpəl] *adj.* prototípico

prototype [ˈprəʊtətaɪp] *s.* **1** protótipo; **2** arquétipo

prototypic [ˌprəʊtəˈtɪpɪk] *adj.* prototípico

prototypical [ˌprəʊtəˈtɪpɪkəl] *adj.* prototípico

protoxide [prəʊˈtɒksaɪd] *s.* QUÍMICA protóxido; ~ *of iron* protóxido de ferro

Protozoa [ˌprəʊtəˈzəʊə] *s.pl.* ZOOLOGIA protozoários

protozoal [ˌprəʊtəˈzəʊəl] *adj.* protozoário

protozoan [ˌprəʊtəˈzəʊən] Ⓐ *adj.* protozoário Ⓑ *s.* protozoário

protract [prəˈtrækt] *v.tr.* **1** prolongar; dilatar; *to* ~ *one's stay for some time* prolongar a estadia por algum tempo; **2** protelar; demorar; **3** levantar a planta de um terreno

protractable [prəˈtræktəbəl] *adj.* prorrogável, dilatável

protracted [prəˈtræktɪd] *adj.* **1** prolongado; **2** demorado

protractedly [prəˈtræktɪdlɪ] *adv.* **1** demoradamente; **2** prolongadamente

protractile [prəˈtræktaɪl] *adj.* protráctil

protracting [prəˈtræktɪŋ] *s.* acção de protrair, de prolongar, de demorar

protraction [prəˈtrækʃən] *s.* **1** protraimento; **2** demora, delonga; **3** levantamento da planta de um terreno

protractor [prəˈtræktə] *s.* **1** GEOMETRIA transferidor; *plain* ~ transferidor plano; **2** ANATOMIA músculo extensor

protrude [prəˈtruːd] Ⓐ *v.tr.,intr.* **1** projectar-se para fora; formar protuberância; formar saliência; **2** sobressair; ressaltar Ⓑ *v.tr.* **1** fazer sair; tornar saliente; **2** impor; *to* ~ *one's opinion on sb* impor as suas opiniões a alguém

protruding [prəˈtruːdɪŋ] *adj.* saliente; protuberante; que forma saliência ou protuberância ❖ ~ *bowel* hérnia intestinal; ~ *lips* lábios carnudos

protrusion [prəˈtruːʒən] *s.* **1** saliência, protuberância; **2** acto de projectar ou de se projectar para fora; **3** MEDICINA protrusão

protrusive [prəˈtruːsɪv] *adj.* **1** protruso; **2** saliente, protuberante

protuberance [prəˈtjuːbərəns] *s.* **1** protuberância; **2** saliência

protuberant [prəˈtjuːbərənt] *adj.* **1** protuberante; **2** saliente

protuberantly [prəˈtjuːbərəntlɪ] *adv.* **1** protuberantemente; **2** formando protuberância ou saliência

proud [praʊd] *adj.* **1** (satisfeito) orgulhoso; honrado; *to be/feel* ~ *of sb/sth* estar orgulhoso de alguém/algo, ter orgulho em alguém/algo; *I am* ~ *to announce* tenho o prazer de anunciar; **2** [depr.] orgulhoso; *he was too* ~ *to complain* ele era demasiado orgulhoso para se queixar; **3** [depr.] presunçoso, presumido, vaidoso; altivo, arrogante, soberbo, altaneiro; **4** fogoso, impetuoso; *a* ~ *steed* um corcel fogoso; **5** brioso, digno, honrado; **6** esplêndido, magnífico, grande, belo, glorioso; *it was a* ~ *day for us* foi um grande dia para nós; *that was the proudest day of my life* foi o dia mais belo da minha vida; **7** imponente; admirável; **8** soberbo; ~ *waters* águas revoltas e grossas; **9** saliente, protuberante ❖ MEDICINA ~ *flesh* carne esponjosa; *as* ~ *as a peacock/as Lucifer* muito orgulhoso; vaidoso como um pavão; [coloq.] *to do sb* ~ tratar alguém magnificamente; ser generoso com alguém; encher alguém de orgulho

proudly [ˈpraʊdlɪ] *adv.* **1** orgulhosamente, vaidosamente; **2** altivamente, arrogantemente; **3** de modo altaneiro; **4** magnificamente

proustite [ˈpruːstaɪt] *s.* MINERALOGIA prustite, sulfureto natural de arsénico de prata

Prov. Ⓐ [abrev. de Provost] Ⓑ [abrev. de Province] Ⓒ (Bíblia) [abrev. de Proverbs] Ⓓ [abrev. de Provençal]

provable [ˈpruːvəbəl] *adj.* **1** que pode provar-se; **2** demonstrável

provableness [ˈpruːvəbəlnɪs] *s.* demonstrabilidade

provably [ˈpruːvəblɪ] *adv.* de um modo que pode demonstrar-se

prove [pruːv] *v.tr.,intr.* [arc.] *part. pass.* **proven**) **1** provar; *it remains to be proved* ainda está por provar; *he spoils his case who tries to* ~ *too much* quem tenta provar demasiado não chega a provar nada; **2** demonstrar; *his guilt was clearly proved* a culpa dele foi claramente demonstrada; DIREITO *all the evidence goes to* ~ *that* toda a prova testemunhal demonstra isso; **3** tirar a prova de; verificar a autenticidade de; *to* ~ *a will* comprovar a autenticidade de um testamento; **4** pôr à prova; *she was proved by adversity* ela foi posta à prova pela adversidade; *to* ~ *the patience of* pôr à prova a paciência de; **5** submeter a prova; experimentar; **6** aprender por meio de experiência;

provection

7 mostrar ser; revelar-se; *he proved himself to be a coward* ele mostrou ser um cobarde; *to ~ false* mostrar ser falso, verificar-se que é falso; *the letter proved to be a forgery* verificou-se que a carta era forjada; **8** acabar por ser; redundar em; *it proved to be a success* acabou por ser um sucesso; **9** TIPOGRAFIA tirar uma prova ❖ *I told him it would ~ so* disse-lhe que seria assim; [Esc.] *not proven* não provado; *the exception proves the rule* a excepção confirma a regra; *the manager proved unequal to his task* o gerente não se mostrou à altura das suas funções; *to ~ true* confirmar-se; [EUA] DIREITO *to ~ up on* fazer valer os seus direitos a

provection [prəˈvekʃən] *s.* **1** provecção, junção de consoante final de uma palavra ao começo de palavra seguinte; **2** transformação de consoantes sonoras em surdas

proven [ˈpruːvən] [arc.] *part. pass. de* **to prove**

provenance [ˈprɒvnəns] *s.* proveniência; procedência

Provençal [prɒvɒnˈsɑːl] Ⓐ *adj.* provençal Ⓑ *s.* (língua, pessoa) provençal ❖ LITERATURA *~ poetry* poesia provençal

Provence [prɒˈvɒns, ˈprɒvəns] *s.top.* Provença

provender [ˈprɒvɪndə] Ⓐ *s.* **1** [arc.] forragem; **2** [joc.] alimento, mantimento, comida, provisões Ⓑ *v.tr.* deitar forragem, abastecer com forragem

prover [ˈpruːvə] *s.* **1** pessoa que demonstra, prova ou experimenta; **2** impressor litógrafo

proverb [ˈprɒvɜːb] *s.* **1** provérbio; **2** adágio, rifão; **3** máxima; **4** coisa ou pessoa que se tornou proverbial; *he is a ~ for laziness* a preguiça dele é proverbial ❖ RELIGIÃO (Bíblia) *the Book of Proverbs* o Livro dos Provérbios

proverbial [prəˈvɜːbɪəl] *adv.* **1** proverbial; **2** notório, conhecido

proverbially [prəˈvɜːbɪəlɪ] *adv.* **1** proverbialmente; **2** notoriamente

provide [prəˈvaɪd] *v.tr.,intr.* **1** dar; oferecer; proporcionar; *he was provided with an opportunity to...* deram-lhe uma oportunidade de...; *to ~ sb with sth* fornecer algo a alguém; **2** fornecer; abastecer [**with**, de]; **3** providenciar; tratar de; prover; *the Lord will ~* Deus proverá; **4** estipular; estabelecer; *that clause provided that...* a cláusula estipulava que...; **5** (cargo) nomear; designar; *to ~ an incumbent to a benefice* designar um eclesiástico para um benefício ❖ *to ~ oneself with* munir-se de

◆ **provide against** *v.tr.* **1** prevenir-se contra; precaver-se contra; tomar precauções em relação a; **2** salvaguardar-se em relação a

◆ **provide for** *v.tr.* **1** cuidar de; tratar de; *to ~ sb* cuidar de alguém, prover às necessidades de alguém; *to provide food for one's family* cuidar do sustento da família; **2** estar preparado para; *they hadn't provided for...* não estavam preparados para; **3** prever ❖ *to be well provided for* estar previsto; (pessoa) estar ao abrigo de necessidades

provided [prəˈvaɪdɪd] Ⓐ *adj.* **1** provido, munido; **2** abastecido, fornecido Ⓑ *conj.* **1** desde [**that**, que]; contanto [**that**, que]; **2** sob condição [**that**, de] ❖ *~ school* escola pública elementar sustentada pelas autoridades locais; *unless otherwise ~* salvo indicações contrárias

providence [ˈprɒvɪdəns] *s.* **1** previdência; prudência; **2** economia; parcimónia; **3** providência divina ❖ *a special ~* uma providência especial; um exemplo da providência divina

Providence [ˈprɒvɪdəns] *s.* RELIGIÃO Deus, a Providência

provident [ˈprɒvɪdənt] *adj.* **1** previdente; **2** providente; **3** prudente; **4** poupado, económico, frugal, parcimonioso ❖ *~ bank* caixa económica; *~ fund* caixa de previdência; *~ society* sociedade de previdência

providential [prɒvɪˈdenʃəl] *adj.* **1** providencial; **2** oportuno; **3** feliz

providentially [prɒvɪˈdenʃəlɪ] *adv.* providencialmente

providently [ˈprɒvɪdəntlɪ] *adv.* **1** previdentemente, providentemente; **2** prudentemente; **3** frugalmente

provider [prəˈvaɪdə] *s.* **1** fornecedor; **2** abastecedor; **3** provedor ❖ *the family's sole ~* o sustento da família

providing [prəˈvaɪdɪŋ] *conj.* desde que, contanto que

province [ˈprɒvɪns] *s.* **1** província; **2** (região eclesiástica) arcebispado; **3** campo; esfera de acção; jurisdição*fig.*; *that is not within my ~* isso está fora da minha competência; **4** (ramo de saber) domínio; *the ~ of science* o domínio da ciência ❖ *in the provinces* na província; fora da capital

provincial [prəˈvɪnʃəl] Ⓐ *adj.* **1** provincial; [depr.] **2** rústico, provinciano Ⓑ *s.* **1** provinciano; **2** habitante da província ou duma província; **3** provincial, superior de província eclesiástica

provincialate [prəˈvɪnʃəlɪt] *s.* provincialado (ou provincialato) eclesiástico

provincialism [prəˈvɪnʃəlɪzəm] *s.* **1** provincialismo, provincianismo; **2** regionalismo; **3** linguagem própria de determinada região; **4** estreiteza de espírito

provincialist [prəˈvɪnʃəlɪst] *s.* provinciano

provinciality [prəvɪnʃɪˈælɪtɪ] *s.* carácter provinciano

provincialize [prəˈvɪnʃəlaɪz] *v.tr.,intr.* **1** provincianizar, tornar provinciano; **2** provincianizar-se

provincially [prəˈvɪnʃəlɪ] *adv.* provincialmente

proving [ˈpruːvɪŋ] *s.* **1** prova, ensaio; **2** verificação; **3** demonstração; **4** DIREITO comprovação da autenticidade de (testamento); **5** TIPOGRAFIA prova

provision [prəˈvɪʒən] Ⓐ *s.* **1** provisão, fornecimento, aprovisionamento; **2** suprimento; **3** preparação; **4** providência tomada [**against**, contra]; precaução [**against**, contra]; **5** cláusula, disposição, condição; *there is no ~ to the contrary* não há nenhuma disposição em contrário; *provisions of a convention* cláusulas de um acordo ou convenção; **6** COMÉRCIO reserva; **7** *pl.* provisões de boca, mantimentos Ⓑ *v.tr.* aprovisionar; abastecer; prover de mantimentos ❖ *~ merchant* merceeiro; *~ and issue of coins* cunhagem e emissão de moedas; COMÉRCIO *~ of capital* prestação de capital; HISTÓRIA *the Provisions of Oxford* a Provisão de Oxónia contra o abuso do poder real (1258); *the law makes no ~ for that* a lei não prevê esse caso; *to make provisions for the future* economizar, poupar para o futuro

provisional [prəˈvɪʒənəl] *adj.* **1** provisório; temporário; **2** interino; **3** provisional, relativo a provisão ❖ *~ driving licence* carta de condução provisória; *~ government* governo provisório

provisionally [prəˈvɪʒənəlɪ] *adv.* **1** provisoriamente; **2** temporariamente; **3** interinamente; **4** provisionalmente

provisionary [prəˈvɪʒənərɪ] *adj.* ⇒ **provisional**

provisioner [prəˈvɪʒənə] *s.* fornecedor de mantimentos

provisioning [prəˈvɪʒənɪŋ] *s.* (mantimentos) abastecimento, aprovisionamento, fornecimento

provisionment [prəˈvɪʒənmənt] *s.* **1** aprovisionamento, abastecimento; **2** fornecimento de provisões

proviso [prəˈvaɪzəʊ] *s. (pl.* **-es**) **1** condição, reserva, cláusula; *with the ~ that* sob condição de; **2** disposição

provisorily [prəˈvaɪzərɪlɪ] *adv.* **1** condicionalmente; **2** provisoriamente

provisory [prəˈvaɪzərɪ] *adj.* **1** condicional; **2** provisório

provocation [ˌprɒvəˈkeɪʃən] *s.* **1** provocação; **2** instigação, incitamento; **3** irritação; **4** motivo de provocação ou irritação ❖ *to do sth under ~* fazer qualquer coisa depois de provocado

provocative [prəˈvɒkətɪv] *adj.* **1** provocador; **2** enervante, irritante; **3** apelativo; que chama a atenção; **4** (sedução) provocante ❖ *~ of* causador de

provocatively [prəˈvɒkətɪvlɪ] *adv.* **1** provocativamente; **2** provocadoramente

provoke [prəˈvəʊk] *v.tr.* **1** provocar; *he was provoked beyond endurance* provocaram-no ao máximo; *to ~ laughter* provocar o riso; *to ~ sb to wrath* provocar a cólera de alguém; **2** motivar, causar, originar, dar origem a; **3** excitar, levantar; **4** irritar, exasperar, ofender; **5** estimular, levar a, incitar, impelir à acção

provoking [prəˈvəʊkɪŋ] *adj.* **1** provocante, provocador; **2** irritante, exasperador, enervante; **3** insuportável, aborrecido

provokingly [prəˈvəʊkɪŋlɪ] *adv.* **1** provocantemente; **2** irritantemente, exasperadoramente; **3** de maneira insuportável

provost [ˈprɒvəst, ˈprɑːvəst, ˈprəʊvəʊst] *s.* **1** [GB] (universidade, colégios privados) reitor (de certos colégios), director (de certos colégios); **2** [EUA] (universidade) administrador de categoria elevada; **3** [Esc.] presidente da câmara municipal; **4** RELIGIÃO preboste, deão de cabido, chefe de capítulo; **5** preboste, chefe da polícia militar, chefe de capítulo; **6** HISTÓRIA magistrado principal; **7** [arc.] guarda prisional ❖ *~ court* tribunal militar para o julgamento de delitos leves; *~ guard* destacamento de polícia militar; *~ marshal* chefe da polícia militar; *~ sergeant* sargento da polícia militar; (presidente do município) *the Lord Provost* o Lorde Maior (de algumas cidades escocesas)

provostal [prəʊˈvɒstəl] adj. prebostal; relativo a preboste
provostry [ˈprɒvəstrɪ] s. prebostado
provostship [ˈprɒvəstʃɪp] s. 1 direcção (de certos colégios universitários); 2 [Esc.] cargo ou funções de presidente de município; 3 prebostado
prow [praʊ] Ⓐ s. NÁUTICA proa Ⓑ adj. [arc.] corajoso, valoroso, esforçado
prowess [ˈpraʊɪs] s. 1 intrepidez, coragem, heroísmo, valor; 2 façanha, proeza; 3 mestria
prowl [praʊl] Ⓐ v.tr.,intr. 1 vaguear em busca de caça; vaguear em busca de presa; 2 deambular pelas ruas; 3 (caminhos, lugares, etc.) percorrer, em busca do que se puder encontrar Ⓑ s. acção de andar ou vaguear em busca de caça ou presa; *to go on the ~* partir em busca de caça
◆ **prowl about/around/round** v.tr. rondar; andar à volta de; rodear; cercar
prowler [ˈpraʊlə] s. 1 vagabundo; 2 gatuno
prox. [prɒks] adv. COMÉRCIO ⇒ proximo
proximal [ˈprɒksɪməl] adj. ANATOMIA proximal, situado em direcção ao centro do corpo ou próximo da origem dos membros
proximate [ˈprɒksɪmɪt] adj. 1 próximo; *the ~ cause* a causa próxima; 2 a seguir, logo a seguir; 3 imediato; 4 aproximado
proximately [ˈprɒksɪmɪtlɪ] adv. 1 imediatamente; 2 directamente; 3 aproximadamente
proximity [prɒkˈsɪmɪtɪ] s. (pl. -ies) 1 proximidade; *~ to a place* proximidade de um lugar; 2 vizinhança; 3 contiguidade ❖ *~ of blood* parentesco; (distância) *in close ~* a dois passos; *in the ~ of/in ~ to* nas cercanias de
proximo [ˈprɒksɪməʊ] adv. do próximo mês
proxy [ˈprɒksɪ] s. (pl. -ies) 1 DIREITO procuração; mandato; *to marry by ~* casar por procuração; *to vote by ~* votar por procuração; 2 procurador, representante, mandatário; *I'll try to find you a ~* vou ver se lhe arranjo um procurador; *I made him my ~* nomeei-o meu procurador ❖ *to send a ~* fazer-se representar
PRS [abrev. de President of the Royal Society]
prude [pruːd] s. [depr.] puritano, beato, moralista
prudence [ˈpruːdəns] s. 1 prudência; 2 ponderação; 3 sagacidade, sensatez
prudent [ˈpruːdənt] adj. 1 prudente, cauteloso; 2 ponderado, sensato; 3 sagaz
prudential [pruːˈdenʃəl] adj. prudente; que revela prudência ❖ *~ insurance* seguro industrial
prudentialism [pruːˈdenʃəlɪzəm] s. 1 atitude ou orientação baseada na prudência; 2 prudência excessiva
prudentials [pruːˈdenʃəlz] s.pl. considerações ditadas pela prudência
prudently [ˈpruːdəntlɪ] adv. 1 prudentemente; 2 com prudência; 3 ponderadamente; 4 cautelosamente
prudery [ˈpruːdərɪ] s. [depr.] puritanismo, beatice
prudish [ˈpruːdɪʃ] adj. [depr.] puritano, beato
prudishly [ˈpruːdɪʃlɪ] adv. [depr.] puritanamente, beatamente
prudishness [ˈpruːdɪʃnɪs] s. ⇒ prudery
pruinose [ˈpruːɪnəʊs] adj. BOTÂNICA pruinoso, em que há pruína
prune [pruːn] Ⓐ v.tr. 1 podar; 2 aparar; desbastar; 3 (texto, orçamento, etc.) cortar o que é supérfluo de, suprimir o que é supérfluo de; 4 [arc.] ⇒ preen Ⓑ s. 1 ameixa seca; 2 cor de ameixa; 3 [cal.] (insulto) cavalgadura ❖ *prunes and prims* afectação de linguagem; afectação de pronúncia
prunella [pruːˈnelə] s. 1 tecido forte de seda ou lã (outrora usado para becas de advogados); 2 MEDICINA afecção da garganta; 3 BOTÂNICA prunela, erva-férrea ❖ QUÍMICA *~ salt* nitrato de potássio impuro
prunello [pruːˈneləʊ] s. variedade fina de ameixa seca
pruner [ˈpruːnə] s. podador, indivíduo que poda árvores e outras plantas
pruning [ˈpruːnɪŋ] s. 1 poda; 2 corte (em árvore ou outra planta), desbaste; 3 chapota (de ramos inúteis ou mortos) ❖ *~ hook/~ knife* podão; podoa; podadeira; *~ scissors/~ shears* tesoura de podar; *dry ~* poda dos ramos secos
prurience [ˈprʊərɪəns] s. 1 lascívia, lubricidade, luxúria; 2 [rar.] desejo ou curiosidade mórbida
pruriency [ˈprʊərɪənsɪ] s. 1 lascívia, lubricidade, luxúria; 2 [rar.] desejo ou curiosidade mórbida

prurient [ˈprʊərɪənt] adj. 1 lascivo, lúbrico; 2 [rar.] com desejos ou curiosidade mórbida
pruriently [ˈprʊərɪəntlɪ] adv. 1 lascivamente; 2 lubricamente
pruriginous [prʊˈrɪdʒɪnəs] adj. MEDICINA pruriginoso; em que há prurigem
prurigo [prʊˈraɪgəʊ] s. MEDICINA prurigem, prurigo, prurido
pruritus [prʊˈraɪtəs] s. MEDICINA ⇒ prurigo
Prussia [ˈprʌʃə] s.top. Prússia
Prussian [ˈprʌʃən] adj.,s. prussiano ❖ (pigmento, cor) *~ blue* azul-da-prússia
Prussianism [ˈprʌʃənɪzəm] s. prussianismo
Prussianize [ˈprʌʃənaɪz] v.tr. 1 prussianizar, tornar prussiano; 2 [coloq.] militarizar
prussiate [ˈprʌʃɪɪt] s. QUÍMICA prussiato; *~ of potash* prussiato de potassa
prussic [ˈprʌsɪk] adj. QUÍMICA prússico; *~ acid* ácido prússico
Prussify [ˈprʌsɪfaɪ] v.tr. prussianizar
pry [praɪ] Ⓐ v.tr.,intr. 1 intrometer-se [**into**, em]; meter o nariz [**into**, em]; *to ~ into sb's affairs* meter-se nos assuntos de alguém; 2 espreitar, espiar; *to ~ about* andar a espiar, espionar; 3 bisbilhotar; 4 levantar por meio de uma alavanca, mover por intermédio de uma alavanca; forçar com alavanca; *they pried the door open* forçaram a porta com uma alavanca Ⓑ s. alavanca; pé-de-cabra ❖ *a Paul ~* pessoa muito curiosa; pessoa intrometida; *stop prying!* mete-te na tua vida!; *to ~ into a secret* tentar descobrir um segredo; *to ~ into the future* tentar prever o futuro
pryer [ˈpraɪə] s. 1 aquele que espreita; 2 pessoa intrometida, pessoa que anda sempre a meter-se na vida dos outros
prying [ˈpraɪɪŋ] adj. indiscreto; curioso; intrometido ❖ *a ~ glance* um olhar perscrutador; um olhar cheio de curiosidade
pryingly [ˈpraɪɪŋlɪ] adv. 1 indiscretamente, intrometidamente; 2 inquisitivamente
prytaneum [prɪtəˈniːəm] s. HISTÓRIA pritaneu, edifício onde os prítanes celebravam as suas reuniões
prytanis [ˈprɪtənɪs] s. HISTÓRIA prítane
Ps. [abrev. de Psalm]
PS Ⓐ POLÍTICA [abrev. de Permanent Secretary] Ⓑ [abrev. de private secretary] Ⓒ [abrev. de Police Sergeant] Ⓓ [abrev. de postscript]
psalm [sɑːm] s. salmo ❖ *~ book* livro dos salmos
psalmist [ˈsɑːmɪst] s. salmista ❖ (Bíblia) *the Psalmist* o rei David
psalmodic [sɑːˈmɒdɪk] adj. sálmico
psalmodize [ˈsɑːmədaɪz] v.intr. salmodiar
psalmody [ˈsɑːmədɪ, ˈsælmədɪ] s. salmodia
psalter [ˈsɔːltə] s. RELIGIÃO livro de salmos; colecção de salmos; colectânea de salmos para uso litúrgico
psalterium [sɔːlˈtɪərɪəm] s. ZOOLOGIA saltério, folhoso
psaltery [ˈsɔːltərɪ] s. MÚSICA [ant.] (instrumento) saltério
psammite [ˈsæmaɪt] s. MINERALOGIA psamite
pseud [sjuːd] adj.,s. 1 snob; 2 exibicionista; 3 pretensioso
pseudechis [sjuːˈdəkɪs] s. ZOOLOGIA pseudéquis
pseudepigrapha [ˌsjuːdɪˈpɪgrəfə] s.pl. pseudo-epígrafos
pseudo-archaic [ˌsjuːdəʊˈɑːkeɪɪk] adj. pseudo-arcaico
pseudobulbar [ˌsjuːdəʊˈbʌlbə] adj. MEDICINA pseudobulbar
pseudocarp [ˈsjuːdəʊkɑːp] s. BOTÂNICA pseudocarpo
pseudo-catholic [ˌsjuːdəʊˈkæθəlɪk] adj. pseudocatólico
pseudomembrane [ˌsjuːdəʊˈmembreɪn] s. MEDICINA falsa membrana
pseudomorph [ˈsjuːdəʊmɔːf] s. MINERALOGIA mineral pseudomorfo
pseudomorphic [ˌsjuːdəʊˈmɔːfɪk] adj. MINERALOGIA pseudomórfico
pseudomorphosis [ˌsjuːdəʊmɔːˈfəʊsɪs] s. MINERALOGIA pseudomorfose
pseudomorphous [ˌsjuːdəʊˈmɔːfəs] adj. MINERALOGIA pseudomorfo
pseudonym [ˈsjuːdənɪm] s. pseudónimo
pseudonymous [sjuːˈdɒnɪməs] adj. pseudónimo
pseudopod [ˈsjuːdəʊpɒd] s. ZOOLOGIA pseudópode
pseudotsuga [ˌsjuːdəʊˈtsuːgə] s. BOTÂNICA pseudotsuga
pshaw [ʃɒ, pʃɒː] Ⓐ interj. (desprezo) bah! Ⓑ s. a exclamação *pshaw* Ⓒ v.tr.,intr. 1 pronunciar a interjeição *pshaw*; 2 mostrar desprezo (por alguma coisa e alguém) pronunciando esta interjeição

psi [saɪ] s. a letra grega c
psilosis [saɪˈləʊsɪs] s. MEDICINA psilose, alopecia
psittacidae [sɪˈtæsɪdi:] s.pl. ZOOLOGIA psitacídeos, psitacídeas
psittacinae [sɪˈtæsɪni:] s.pl. ZOOLOGIA psitacíneas
psittacism [ˈsɪtəsɪzəm] s. psitacismo
psittacosis [ˌsɪtəˈkəʊsɪs] s. MEDICINA psitacose
psoas [ˈsəʊəs] s. (pl. **psoai** ou **psoae**) ANATOMIA (músculos abdominais) psoas; ~ *magnus* psoas ilíaco
psocus [ˈsɒkəs] s. ZOOLOGIA psoco
psora [ˈsɔːrə] s. MEDICINA psora
psoriasis [səˈraɪəsɪs] s. MEDICINA psoríase
psoric [ˈsɔːrɪk] adj. MEDICINA psórico
psyche [ˈsaɪkɪ] s. 1 psique, alma, espírito; 2 ZOOLOGIA variedade de borboleta diurna; 3 (mobília) psichê, espécie de toucador
Psyche [ˈsaɪkɪ] s. MITOLOGIA Psiqué
psychedelia [ˌsaɪkəˈdiːlɪə] s. objectos de inspiração psicadélica
psychedelic [ˌsaɪkəˈdelɪk] adj. 1 psicadélico; 2 alucinogénico; 3 [fig.] alucinante
psychiatric [ˌsaɪkɪˈætrɪk] adj. 1 psiquiátrico; 2 mental ✦ ~ *hospital* hospital psiquiátrico; ~ *treatment* tratamento psiquiátrico
psychiatrist [saɪˈkaɪətrɪst] s. psiquiatra
psychiatry [saɪˈkaɪətrɪ] s. MEDICINA psiquiatria
psychic [ˈsaɪkɪk] Ⓐ adj. 1 psíquico; 2 mediúnico, paranormal Ⓑ s. médium
psychical [ˈsaɪkɪkəl] adj. ⇒ **psychic** Ⓐ
psychics [ˈsaɪkɪks] s. [rar.] psicologia
psychism [ˈsaɪkɪzəm] s. psiquismo
psycho [ˈsaɪkəʊ] adj.,s. 1 {forma abreviada de **psychotic**} psicótico; 2 {forma abreviada de **psychopath(ic)**} psicopata; ~ *killer* assassino psicopata
psychoanalyse [ˌsaɪkəʊˈænəlaɪz] v.tr. psicanalisar; examinar por meio da psicanálise
psychoanalysis [ˌsaɪkəʊəˈnælɪsɪs] s. psicanálise
psychoanalyst [ˌsaɪkəʊˈænəlɪst] s. psicanalista
psychoanalytic [ˌsaɪkəʊænəˈlɪtɪk] adj. psicanalítico
psychoanalytical [ˌsaɪkəʊænəˈlɪtɪkəl] adj. psicanalítico
psychoanalytically [ˌsaɪkəʊænəˈlɪtɪklɪ] adv. psicanaliticamente
psychodrama [ˈsaɪkəʊdrɑːmə] s. PSICOLOGIA psicodrama
psychogenesis [ˌsaɪkəʊˈdʒenɪsɪz] s. psicogénese
psychogenetic [ˌsaɪkəʊdʒəˈnetɪk] adj. psicogenético
psychogenic [ˌsaɪkəʊˈdʒenɪk] adj. psicogénico
psychogram [ˈsaɪkəʊgræm] s. psicograma
psycholinguistic [ˌsaɪkəʊlɪŋˈgwɪstɪk] adj. psicolinguístico
psycholinguistics [ˌsaɪkəʊlɪŋˈgwɪstɪks] s. psicolinguística
psychological [ˌsaɪkəˈlɒdʒɪkəl] adj. psicológico ✦ ~ *dependence* dependência emocional; ~ *moment* momento psicológico; momento de maior receptividade; ~ *warfare* guerra psicológica; guerra de nervos; *it's only psychological!* isso é psicológico!; está tudo na tua cabeça!
psychologically [ˌsaɪkəˈlɒdʒɪklɪ] adv. psicologicamente ✦ ~ *speaking* do ponto de vista psicológico
psychologise [saɪˈkɒlədʒaɪz] v.tr. ⇒ **psychologize**
psychologist [saɪˈkɒlədʒɪst] s. psicólogo
psychologize [saɪˈkɒlədʒaɪz] Ⓐ v.tr. analisar psicologicamente Ⓑ v.intr. fazer análises psicológicas
psychology [saɪˈkɒlədʒɪ] s. psicologia
psychometric [ˌsaɪkəʊˈmetrɪk] adj. psicométrico
psychometrist [saɪˈkɒmɪtrɪst] s. psicometrista
psychometry [saɪˈkɒmətrɪ] s. psicometria
psychomotor [ˌsaɪkəʊˈməʊtə] adj. psicomotor
psychoneurosis [ˌsaɪkəʊnjʊəˈrəʊsɪs] s. psiconeurose, psiconevrose
psychoneurotic [ˌsaɪkəʊnjʊəˈrɒtɪk] adj. psiconeurótico
psychopath [ˈsaɪkəʊpæθ] s. psicopata
psychopathic [ˌsaɪkəʊˈpæθɪk] adj. psicopático
psychopathological [ˌsaɪkəʊpæθəˈlɒdʒɪkəl] adj. psicopatológico
psychopathology [ˌsaɪkəʊpəˈθɒlədʒɪ] s. MEDICINA psicopatologia
psychopathy [saɪˈkɒpəθɪ] s. psicopatia
psychophysical [ˌsaɪkəʊˈfɪzɪkəl] adj. psicofísico
psychophysics [ˌsaɪkəʊˈfɪzɪks] s. psicofísica
psychophysiology [ˌsaɪkəʊfɪzɪˈɒlədʒɪ] s. psicofisiologia
psychosexual [ˌsaɪkəʊˈsekʃʊəl] adj. psicossexual

psychosis [saɪˈkəʊsɪs] s. (pl. **-oses**) MEDICINA psicose
psychosocial [ˌsaɪkəʊˈsəʊʃəl] adj. psicossocial
psychosomatic [ˌsaɪkəʊsəˈmætɪk] adj. psicossomático
psychotherapeutic [ˌsaɪkəʊθerəˈpjuːtɪk] adj. psicoterápico, psicoterapêutico
psychotherapeutics [ˌsaɪkəʊθerəˈpjuːtɪks] s. psicoterapia, psicoterapêutica
psychotherapist [ˌsaɪkəʊˈθerəpɪst] s. psicoterapeuta
psychotherapy [ˌsaɪkəʊˈθerəpɪ] s. PSICOLOGIA psicoterapia
psychotic [saɪˈkɒtɪk] adj.,s. psicótico
psychotropic [ˌsaɪkəʊˈtrɒpɪk] adj.,s. FARMÁCIA psicotrópico
psychrometer [saɪˈkrɒmɪtə] s. psicrómetro
psychrometric [ˌsaɪkrəˈmetrɪk] adj. psicrométrico
psychrometry [saɪˈkrɒmətrɪ] s. psicrometria
psylla [ˈsɪlə] s. ZOOLOGIA psila
Pt Ⓐ QUÍMICA [símbolo de platinum]; Ⓑ [abrev. de Point]; Ⓒ [abrev. de Port]
PT Ⓐ [abrev. de physical training]; Ⓑ [EUA] [abrev. de physical therapy]; Ⓒ [abrev. de postal telegraph]; Ⓓ [abrev. de pupil teacher]
ptarmigan [ˈtɑːmɪgən, ˈtɑːməgən] s. ZOOLOGIA ptármiga, lagópode
Pte MILITAR [abrev. de Private]
pteridology [ˌterɪˈdɒlədʒɪ] s. BOTÂNICA pteridologia
pterodactyl [ˌterəˈdæktɪl] s. pterodáctilo
pterosaur [ˈterəsɔː] s. pterossáurio
pterygium [təˈrɪdʒɪəm] s. MEDICINA pterígio
pterygoid [ˈterɪgɔɪd] adj. ANATOMIA pterigóide
PTO [abrev. de please turn over]
Ptolemaic [ˌtɒlɪˈmeɪɪk] adj. ptolemaico ✦ ASTRONOMIA *the ~ system* o sistema de Ptolomeu
Ptolemy [ˈtɒləmɪ] s.antr. Ptolomeu
ptomaine [ˈtəʊmeɪn, təʊˈmeɪn] s. QUÍMICA ptomaína
ptosis [ˈtəʊsɪs] s. MEDICINA ptose
ptyalin [ˈtaɪəlɪn] s. BIOQUÍMICA ptialina
ptyalism [ˈtaɪəlɪzəm] s. ptialismo, salivação
Pu QUÍMICA [símbolo de plutonium]
pub. Ⓐ [abrev. de public]; Ⓑ [abrev. de publication]; Ⓒ [abrev. de published]; Ⓓ [abrev. de publisher]; Ⓔ [abrev. de publishing]
pub [pʌb] s. [coloq.] pub, espécie de bar, casa de vinhos, cervejaria, muitas vezes com possibilidades de refeições e estadia
puberty [ˈpjuːbətɪ] s. puberdade; *to attain ~* chegar à puberdade
puberulent [pjuˈbərjulənt] adj. BOTÂNICA puberulento
pubes [ˈpjuːbiːz] s. ANATOMIA púbis, região púbica
pubescence [pjuːˈbesəns] s. 1 pubescência, puberdade; 2 BOTÂNICA pubescência
pubescent [pjuːˈbesənt] adj. 1 púbere; 2 BOTÂNICA pubescente
pubic [ˈpjuːbɪk] adj. ANATOMIA púbico ✦ ~ *hair* pêlos púbicos
pubis [ˈpjuːbɪs] s. ANATOMIA púbis, parte anterior dos ossos ilíacos
public [ˈpʌblɪk] Ⓐ adj. 1 público; comum, geral, colectivo; relativo ao público; 2 público, notório, conhecido de todos, do conhecimento geral; 3 público; nacional; do Estado; 4 público, aberto, feito às claras; 5 com muita gente Ⓑ s. 1 (povo em geral) [verbo no sing. ou pl.] público; *open to the ~* aberto ao público; *the ~ at large* o grande público; 2 (classe, grupo) [verbo no sing. ou pl.] público; *the reading ~* o público leitor; *his ~* o seu público ✦ ~ *access (to)* acesso público (a); ~ *affairs* assuntos de interesse geral; ~ *appearance* aparição em público; ~ *assistance* assistência pública; ~ *auction* leilão público; hasta pública; ~ *bill* projecto de lei de interesse público; ~ *body* instituição pública; organismo público; ~ *building* edifício público; [GB] ~ *company* empresa cotada na bolsa; [GB] ~ *convenience* casa de banho pública; [EUA] ~ *corporation* empresa cotada na bolsa; ECONOMIA ~ *debt* dívida pública; [EUA] DIREITO ~ *defender* advogado oficioso; ~ *domain* domínio público; ~ *enemy (number one)* inimigo público (número um); ~ *expenditure* despesa pública; ~ *figure* figura pública; ~ *funds/funding* fundos públicos; ~ *health* saúde pública; ~ *holiday* feriado nacional; [GB] ~ *house* pub; bar; cervejaria; [EUA] ~ *housing* habitação social; ~ *indecency* atentado ao pudor; ~ *inquiry* inquérito público; ~ *interest* interesse público; ~ *lecture* conferência pública; (Reino Unido) ~ *lending right* direitos de autor por livros requisitados em bibliotecas públicas; ~ *library* biblioteca pública; ~ *life* vida pública; política; actividade política; ~ *limited company*

sociedade anónima; (coisa, pessoa) ~ *nuisance* perigo público; ~ *opinion* opinião pública; (universidade) ~ *orator* orador oficial; ~ *ownership* posse do Estado; ~ *place* local público; DIREITO ~ *prosecutor* promotor de justiça; delegado do Ministério Público; ~ *relations* relações públicas; ~ *sale* leilão; [GB] (Eton, Winchester, Harrow, etc.) ~ *school* colégio privado; [EUA] ~ *school* escola pública; escola do Estado; escola oficial; ~ *sector* sector público; ~ *servant* funcionário do governo; funcionário público; ~ *service* serviço público; função pública; ~ *speaking* acto/arte de falar em público; oratória; ~ *spending* despesa pública; ~ *television* televisão pública; televisão estatal; [GB] ~ *transport* transportes públicos; [EUA] ~ *transportation* transportes públicos; (água, gás, electricidade, etc.) ~ *utility* serviço essencial; serviço público; empresa de utilidade pública; ~ *works* obras públicas; *in* ~ em público; publicamente; *in the* ~ *eye* à vista de todos; *notary* ~ notário público; *the* ~ *purse* o erário público; *to go* ~ ir a público; tornar-se uma empresa pública

public-address system [pʌblɪˈkædrɛsˌsɪstəm] s. sistema de sonorização

publican [ˈpʌblɪkən] s. 1 publicano, cobrador de impostos na antiga Roma; 2 dono de uma *public house*

publication [pʌblɪˈkeɪʃən] s. 1 publicação; 2 obra publicada; 3 divulgação; 4 promulgação

publicise [ˈpʌblɪsaɪz] v.tr. ⇒ **publicize**

publicist [ˈpʌblɪsɪst] s. 1 agente publicitário; 2 especialista em direito internacional; 3 [ant.] jornalista

publicity [pʌˈblɪsɪtɪ] s. 1 publicidade; *to seek* ~ procurar a publicidade, procurar dar nas vistas; *to shun* ~ fugir à publicidade; 2 cobertura mediática; 3 notoriedade ❖ ~ *agent* agente publicitário; ~ *bureau* agência de publicidade; ~ *campaign* campanha publicitária; COMÉRCIO ~ *department* secção de publicidade; ~ *expenses* despesas com a publicidade; *hygiene* ~ propaganda sanitária; *no publicity!* absoluta discrição!

publicize [ˈpʌblɪsaɪz] v.tr. divulgar, publicitar

publicly [ˈpʌblɪklɪ] adv. publicamente, em público

publicness [ˈpʌblɪknɪs] s. publicidade, carácter público

public-spirited [pʌblɪkˈspɪrɪtɪd] adj. dedicado ao bem comum ❖ *to be* ~ dar provas de civismo

publish [ˈpʌblɪʃ] v.tr. 1 publicar; *that review is published monthly* essa revista publica-se todos os meses; *to* ~ *a book at one's own expense* publicar um livro à sua própria custa; 2 tornar conhecido, divulgar, espalhar; *to* ~ *the news* espalhar as notícias; 3 proclamar, anunciar solenemente ❖ *the book was published by...* a editora do livro é...; (para um casamento) *to* ~ *the banns* ler os banhos

publishable [ˈpʌblɪʃəbəl] adj. publicável

publisher [ˈpʌblɪʃə] s. editor(a)

publishing [ˈpʌblɪʃɪŋ] s. 1 (livro) publicação; 2 edição; mundo editorial; indústria editorial; 3 divulgação ❖ ~ *house* editora

Publius [ˈpʌblɪəs] s.antr. Públio

puccoon [pəˈkuːn] s. BOTÂNICA sanguinária-do-canadá

puce [pjuːs] adj.,s. (cor) castanho avermelhado

puck [pʌk] s. 1 gnomo, trasgo; 2 duende maldoso; 3 [fig.] criança endiabrada, diabrete; 4 determinada doença do gado; 5 DESPORTO (hóquei sobre o gelo) disco (de borracha); 6 ZOOLOGIA noitibó

pucka [ˈpʌkə] adj. ⇒ **pukka**

pucker [ˈpʌkə] Ⓐ s. 1 franzido, prega; 2 ruga; 3 [coloq.] perplexidade Ⓑ v.tr.,intr. 1 preguear, dispor em pregas; 2 franzir; *to* ~ *up one's brows* franzir as sobrancelhas, o sobrolho; 3 enrugar(-se); 4 contrair-se

puckered [ˈpʌkəd] adj. 1 franzido, pregueado; 2 enrugado, com rugas; 3 contraído

puckering [ˈpʌkərɪŋ] s. 1 pregueado, franzido; 2 enrugamento (do rosto), formação de rugas

puckish [ˈpʌkɪʃ] adj. 1 próprio de duende ou trasgo; 2 travesso como um duende; 3 endiabrado; 4 malicioso

puckishness [ˈpʌkɪʃnɪs] s. espírito travesso de duende

pucklike [ˈpʌklaɪk] adj. semelhante a duende ou trasgo; malicioso como um duende

pud [pʌd] s. 1 [infant.] mão de criança; 2 pata dianteira de alguns animais

puddening [ˈpʌdənɪŋ] s. NÁUTICA defensa, molhelha, guirnalda, guirlanda

pudding [ˈpʌdɪŋ] s. 1 CULINÁRIA pudim; *bread* ~ pudim de pão; *chocolate* ~ pudim de chocolate; *blackberry* ~ pudim de amoras; 2 [GB] CULINÁRIA sobremesa; 3 CULINÁRIA chouriço, farinheira; *black/blood* ~ chouriço de sangue, morcela; 4 CULINÁRIA pastel ou empada (de carne ou fruta); 5 NÁUTICA ⇒ **puddening** ❖ ~ *face* cara de lua-cheia; cara gorda e redonda; ~ *head* pateta; parvo; GEOLOGIA ~ *stone* pudim; conglomerado constituído por calhaus arredondados; *rice* ~ arroz-doce; *tapioca* ~ doce de tapioca; [ant.] *to be in the* ~ *club* estar grávida; estar de barriga; [GB] *to over-egg the* ~ exagerar; estragar tudo por exagero

puddle [ˈpʌdl] Ⓐ s. 1 poça de água suja; 2 charco; 3 [coloq.] confusão, trapalhada, embrulhada; *to be in a pretty* ~ estar em maus lençóis, estar bem arranjado, estar em dificuldades; 4 mistura de barro e areia com água; 5 argila Ⓑ v.tr.,intr. 1 chapinar no lodo ou em água pouco funda; 2 chafurdar; 3 turvar; 4 amassar barro ou argila, cobrir com barro amassado ou argila; 5 (ferro) pudlar; ~ *steel* aço pudlado ❖ ~ *bar* ferro bruto em barra

puddled [ˈpʌdəld] adj. 1 turvo, enlodado; 2 (barro) amassado; 3 (metal) pudlado; ~ *iron* ferro pudlado; ~ *steel* aço pudlado

puddler [ˈpʌdlə] s. 1 pudlador; 2 forno de pudlar

puddling [ˈpʌdlɪŋ] s. 1 (barro, argila, etc.) amassamento; 2 barro ou argila amassada; 3 pudlagem ❖ ~ *furnace* forno de pudlar

puddly [ˈpʌdlɪ] adj. [dial.] lodoso, com poças de água, lamacento

pudency [ˈpjuːdənsɪ] s. pudicícia, pudor, recato

pudenda [pjuːˈdɛndə] s.pl. partes pudendas, órgãos genitais

pudge [pʌdʒ] s. 1 [coloq.] pessoa atarracada, batoque; 2 animal ou coisa atarracada

pudgily [ˈpʌdʒɪlɪ] adv. com um aspecto atarracado

pudginess [ˈpʌdʒɪnɪs] s. aparência atarracada, rechonchuda

pudgy [ˈpʌdʒɪ] adj. (comp. **-ier**, superl. **-iest**) 1 atarracado; 2 rechonchudo

pudicity [pjuːˈdɪsɪtɪ] s. pudicícia

pudsy [ˈpʌdzɪ] adj. [coloq.] roliço, rechonchudo

puerile [ˈpjʊəraɪl] adj. 1 pueril, infantil; *a* ~ *question* uma pergunta pueril; 2 trivial, de pouca importância

puerilely [ˈpjʊəraɪlɪ] adv. puerilmente, duma maneira pueril

puerileness [ˈpjʊəraɪlnɪs] s. puerilidade

puerility [pjʊəˈrɪlɪtɪ] s. (pl. **-ies**) puerilidade

puerperal [pjuːˈɜːpərəl] adj. MEDICINA puerperal; ~ *fever* febre puerperal

Puerto Rico [ˌpwɜːtəʊˈriːkəʊ] s.top. Porto Rico

puff [pʌf] Ⓐ v.tr.,intr. 1 ofegar, arquejar; esbaforir-se; respirar com dificuldade; ficar sem fôlego; *to* ~ *and pant* estar esbaforido; bufar; *to* ~ *like a grampus* arquejar fortemente; 2 (cigarro, cachimbo, etc.) dar/tirar uma fumada; dar/tirar uma passa*coloq.*; tirar uma cachimbada; 3 (fumo, vapor, etc.) lançar baforadas, tirar baforadas [**at/on**, de]; *to* ~ *smoke into sb's face* lançar uma baforada de fumo ao rosto de alguém; 4 (fumo, vapor, etc.) sair em lufadas, sair às baforadas; *smoke puffs out of the volcano* o fumo sai às baforadas do vulcão; 5 inchar; intumescer; 6 [fig.] elogiar excessivamente; publicitar em excesso; 7 mover-se, lançando baforadas de fumo; *the train puffed out of the station* o comboio saiu da estação, lançando jactos de fumo; 8 soprar; apagar com um sopro; *she puffed at the embers* ela soprou sobre as cinzas; 9 (leilão) licitar para elevar o preço Ⓑ s. 1 (cigarro, cachimbo, etc.) fumada; passa*coloq.* cachimbada; *to have/take a* ~ dar/tirar uma fumada; *to take a* ~ *at one's pipe* fumar uma cachimbada; 2 (fumo, vapor, etc.) baforada; bafo; sopro; *the puffs of a railway engine* as baforadas de fumo duma locomotiva; 3 [coloq.] respiração; 4 lufada, breve rabanada de vento; 5 CULINÁRIA folhado; 6 pompom, borla; *powder* ~ borla para pó-de-arroz; 7 (vestido, cabelo) pufe, tufo; *to gather a skirt into puffs* tufar uma saia; 8 [fig.] elogio excessivo; publicidade em excesso; 9 inchaço; protuberância ❖ ZOOLOGIA ~ *adder* víbora africana que incha parte do corpo quando excitada; CULINÁRIA ~ *paste* massa folhada; CULINÁRIA (pastéis) ~ *pastry* massa folhada; VESTUÁRIO ~ *sleeve* manga tufada; CULINÁRIA *cream* ~ bola de creme; [coloq.] *out of* ~ ofegante; sem fôlego; [GB] [coloq.] *to get one's* ~ *back* recuperar o fôlego; *to huff and* ~ estar esbaforido; bufar de indignação; [coloq.] *to vanish/go up/disappear in a* ~ *of smoke* esfumar-se; desvanecer-se

◆ **puff along** v.intr. 1 avançar, lançando baforadas; 2 avançar, ofegando
◆ **puff away** Ⓐ v.intr. fumar (lançando baforadas); *he puffed away at his pipe* ele fumava o cachimbo lançando baforadas de fumo Ⓑ v.tr. afastar com um sopro
◆ **puff out** v.tr. 1 (bochechas, peito, saia, etc.) encher de ar; 2 apagar, soprando; *to ~ a candle* apagar uma vela, soprando; 3 dizer, ofegando; balbuciar; *she puffed out a few words* ela balbuciou, arquejante, algumas palavras ❖ *to ~ one's chest with pride* ficar inchado de orgulho
◆ **puff up** Ⓐ v.intr. 1 inchar; 2 encher-se de orgulho, ficar inchado de orgulho Ⓑ v.tr. 1 encher de ar; inchar; 2 encher de orgulho, inchar de orgulho
puffball ['pʌfbɔːl] s. BOTÂNICA (cogumelo) licoperdo, bexiga-de-lobo
puffed [pʌft] adj. 1 em balão; 2 com tufos ❖ *~ out* exausto; sem fôlego; *~ up* inchado; pomposo; empolado; enfático; *~ out sleeves* mangas entufadas; *~ up with pride* inchado de orgulho
puffer ['pʌfə] s. 1 pessoa que faz afirmações excessivas, espalhafatosas; 2 indivíduo que elogia demasiadamente; 3 charlatão; 4 (leilão) pessoa que licita para provocar a subida de preços; 5 indivíduo que sopra; 6 [infant.] locomotiva a vapor
puffery ['pʌfərɪ] s. 1 propaganda espalhafatosa, publicidade excessiva; 2 VESTUÁRIO folhos, falbalás, falvalás
puffin ['pʌfɪn] s. ZOOLOGIA arau-de-crista, papagaio-do-mar
puffiness ['pʌfɪnɪs] s. 1 inchação, turgescência; 2 enfatuamento
puffing ['pʌfɪŋ] Ⓐ adj. esbaforido; arquejante; sem fôlego Ⓑ s. 1 orgulho, jactância; 2 (vapor, fumo) baforada, lufada; 3 respiração ofegante, arquejo; 4 afirmações extravagantes, excessivas ❖ *~ advertisement* anúncio exagerado; [coloq.] *~ billy* a primeira locomotiva a vapor; ZOOLOGIA *~ pig* boto; marsuíno; porco-marinho
puff-puff ['pʌfpʌf] s. [infant.] comboio, comboinho
puffy ['pʌfɪ] adj. (comp. -ier, superl. -iest) 1 sem fôlego; esbaforido; ofegante; 2 (vento) às lufadas, às rajadas; 3 VESTUÁRIO entufado, com folhos; 4 inchado, intumescido; *eyes ~ with sleep* olhos inchados de sono; 5 (tom, estilo) empolado; enfático; pomposo; 6 gordo, obeso
pug [pʌg] Ⓐ 1 ZOOLOGIA (raça de cão) pug, carlino, mops; 2 argila, barro; 3 pegada (de animal); *they followed the pugs of the lion* seguiram as pegadas do leão; 4 [cal.] pugilista; 5 nariz achatado; 6 [ant.] (pessoal doméstico) empregado de categoria superior; 7 [arc.] sagui; macaco; 8 [arc.] cortesã; 9 [arc.] camarada, boa pessoa; 10 [arc.] barqueiro; 11 [dial.] raposa Ⓑ v.tr. 1 (argila, barro) amassar com água; 2 fazer barro; 3 tapar com argila, tapar com barro; 4 cobrir com argamassa, argamassar; 5 preparar argamassa; 6 seguir as pegadas de (um animal) ❖ *~ nose* nariz achatado
puggare ['pʌgəri] s. 1 turbante (de índio); 2 pano protector (de capacete colonial)
puggareed ['pʌgərid] adj. 1 com turbante; 2 com pano protector (em capacete colonial)
pugger ['pʌgə] s. pedreiro, alvanel
puggish ['pʌgɪʃ] adj. de nariz largo e achatado
puggy ['pʌgɪ] Ⓐ adj. ⇒ **puggish** Ⓑ s. (caça) batedor, monteiro Ⓒ adv. extremamente, irremediavelmente; *~ drunk* bêbedo como um cacho
pugilism ['pjuːdʒɪlɪzəm] s. DESPORTO pugilismo
pugilist ['pjuːdʒɪlɪst] s. DESPORTO pugilista
pugilistic [pjuːdʒɪ'lɪstɪk] adj. pugilístico
pugnacious [pʌg'neɪʃəs] adj. 1 pugnaz; 2 brigão; 3 amigo de lutar, sempre pronto a lutar
pugnaciously [pʌg'neɪʃəslɪ] adv. 1 belicosamente; 2 pugnazmente
pugnaciousness [pʌg'neɪʃəsnɪs] s. carácter pugnaz, belicoso
pugnacity [pʌg'næsɪtɪ] s. pugnacidade, belicosidade
pug-nosed ['pʌgnəʊzd] adj. de nariz achatado, com nariz achatado
puisne ['pjuːnɪ] Ⓐ adj. DIREITO subsequente, posterior, subalterno; *~ judge* juiz subalterno, juiz mais novo Ⓑ s. ⇒ **judge**
puissance ['pjuːɪsəns] s. [arc.] poder
puissant ['pjuːɪsənt] adj. [arc.] poderoso
puissantly ['pjuːɪsəntlɪ] adv. poderosamente

PUK [abrev. de Personal Unblocking Code] número de identificação pessoal utilizado para desbloquear um cartão que permite o acesso a um sistema telefónico
puke [pjuːk] Ⓐ s. [cal.] vómito Ⓑ v.tr.,intr. [cal.] vomitar
puking ['pjuːkɪŋ] s. [cal.] vómito
pukka ['pʌkə] adj. 1 genuíno, autêntico, verdadeiro; 2 permanente, solidamente construído; *~ building* edifício construído com carácter permanente e sólido
pukkah ['pʌkə] adj. ⇒ **pukka**
pula ['puːlə] s. (moeda do Botsuana) pula
pulchritude ['pʌlkrɪtjuːd] s. pulcritude
pule ['pjuːl] v.intr. 1 piar, pipilar; 2 chorar, choramingar
pulicaria [pjuːlɪ'kɛərɪə] s. BOTÂNICA pulicária
puling ['pjuːlɪŋ] Ⓐ adj. 1 (criança) que chora, que solta vagidos; 2 choramingas Ⓑ s. 1 vagido, choro, gemido; 2 pio
pull [pʊl] Ⓐ v.tr.,intr. 1 puxar; dar um puxão a; *he pulled his chair near the fire* puxou a cadeira para junto do lume; *to ~ the door open/shut* abrir/fechar a porta (puxando); 2 (objecto pesado) puxar; arrastar; mover; 3 mover-se, deslocar-se; arrastar-se; *to ~ slowly up the hill* subir vagarosamente o monte; 4 (músculo) distender; 5 [coloq.] (multidão, votos, clientes) atrair; chamar; 6 [GB] [coloq.] (seduzir) engatar; 7 [coloq.] (arma) puxar de, puxar por, sacar de; *to ~ a pistol* sacar duma pistola; 8 (gatilho, alavanca, interruptor) puxar; accionar (puxando para si); *to ~ the trigger* puxar o gatilho; 9 (cortina, persiana) correr; abrir; fechar; 10 rasgar, romper; despedaçar; separar; *to ~ sth to pieces* desfazer em pedaços, despedaçar à força; *to ~ assunder* separar (puxando), rasgar (puxando); 11 (material elástico) puxar; esticar; 12 (dente, ervas, penas, etc.) arrancar; extrair; 13 (flor) colher; apanhar; 14 [coloq.] conseguir, ser bem sucedido em; arranjar; concretizar; executar; realizar, fazer; 15 [coloq.] (crime, ilegalidade) arranjar; preparar; sair-se com; vir com; *he's pulling sth* ele anda a preparar alguma; *don't ~ that stuff on me!* não me venhas cá com essas coisas!; 16 (veículo com problema) desviar-se, virar; 17 (editora) retirar de circulação; 18 [GB] (cerveja) tirar (de um barril); *to ~ a pint* tirar uma cerveja (de cerca de meio litro); 19 TIPOGRAFIA tirar uma prova; 20 (cavalo) segurar (para impedir de ganhar corrida); 21 (cavalo) ser duro de boca; *a horse that pulls* um cavalo duro de boca; 22 (barco) fazer deslocar por meio de remos, fazer andar por meio de remos; 23 (barco) ser provido de (um determinado número de remos), ter (um determinado número de remos); *a boat pulling six oars* um barco a seis remos; 24 (remo) manejar; *to ~ a good oar* remar bem; 25 NÁUTICA remar; ciar; *to ~ ashore* remar para a praia; *~ to larboard!* ciar bombordo!; 26 (barco) prosseguir; rumar; *the boat pulled inshore* o barco rumou em direcção à praia; 27 (cara, expressão, ar) fazer, pôr; mostrar; assumir; *to ~ a face* fazer uma careta; *to ~ a long face* mostrar uma expressão de desapontamento; *to ~ a sanctimonious face* pôr uma cara de anjinho Ⓑ s. 1 puxão; arranco; sacudidela; repelão; *to give a rope a ~* dar um puxão numa corda; 2 força; 3 força atractiva; *~ of a magnet* força atractiva de um magneto; *gravitational ~* gravitação; 4 tracção; força de tracção; 5 esforço; 6 (sensação) algo que puxa; atractivo; chamariz; 7 [GB] [ant.] subida difícil, estirada; *it was a long ~ to the top of the mountain* era uma boa estirada até ao cimo da montanha; 8 vantagem; influência; 9 fumada, fumaça; cachimbada; *he took a ~ at his pipe* ele tirou uma fumaça no cachimbo; 10 gole, gola, golada, trago; *to take a ~ at the bottle* beber uma golada pela garrafa; 11 puxador; punho; cabo; 12 remada; *after his work, he always has a ~* depois de trabalhar vai sempre remar um pouco; *we went for a ~ on the lake* fomos remar um bocado no lago; 13 TIPOGRAFIA primeira prova; 14 retenção de cavalo pelo freio (para impedir que ganhe a corrida) ❖ [coloq.] *~ the other one (it's got bells on)* não brinques comigo; não inventes; *he didn't ~ any punches* ele não esteve com rodeios; [GB] [coloq.] *to be on the ~* andar no engate; [coloq.] *to ~ a fast one (on sb)* enganar (alguém); pregar uma peta (a alguém); [coloq.] *to ~ a stunt* fazer uma gracinha; fazer uma idiotice; [coloq.] *to ~ one's finger out* começar a esforçar-se a sério; *to ~ one's weight* esforçar-se como os outros; dar o

máximo; fazer o que se pode; *to ~ punches/a punch* bater com pouca força; não usar de todo o poder; *to ~ rank* puxar dos galões; aproveitar-se da posição que ocupa; [EUA] [coloq.] *to ~ sb's chain* chatear alguém, atazanar alguém; [coloq.] *to ~ sb's leg* gozar com alguém; entrar com alguém; *to ~ sb up short* deixar alguém especado; *to ~ sth/a rabbit out of one's hat* tirar algo/um coelho da cartola; (crítica) *to ~ sth to pieces* arrasar; *to ~ strings/wires* puxar os cordelinhos; meter uma cunha; *to ~ the plug (on sth)* pôr termo (a algo); tirar o apoio (a algo); interromper (algo); *to ~ the rug from under sb/sb's feet* puxar o tapete a alguém; *to ~ the strings* dar as ordens; *to ~ the wool over sb's eyes* atirar areia para os olhos de alguém

◆ **pull about** *v.tr.* ser bruto com; tratar com rudeza; maltratar
◆ **pull ahead** *v.intr.* DESPORTO passar a ocupar o primeiro lugar; passar para a frente [of, de]
◆ **pull along** *v.tr.* arrastar; empurrar a custo
◆ **pull apart** *v.tr.* 1 desmontar; 2 (luta) separar; 3 destroçar; 4 [fig.] criticar; deitar por terra
◆ **pull at** *v.tr.* 1 puxar (várias vezes), puxar por; *to ~ a rope* puxar por uma corda; 2 (cigarro, cachimbo) inalar o fumo de; *to ~ one's pipe* tirar uma cachimbada, fumar uma cachimbada; 3 [ant.] beber de um grande gole (de um copo ou garrafa); *to ~ a bottle* beber por uma garrafa
◆ **pull away** Ⓐ *v.intr.* 1 (carro, autocarro) arrancar; 2 (veículo, atleta) ir para a frente, destacar-se (deixando alguém para trás); 3 (comboio) partir; 4 afastar-se [from, de]; recuar; 5 separar-se Ⓑ *v.tr.* 1 tirar bruscamente; arrancar [from, a]; 2 afastar [from, de]
◆ **pull back** Ⓐ *v.tr.* 1 DESPORTO (ponto, golo) marcar; 2 fazer recuar, impedir de progredir Ⓑ *v.intr.* 1 MILITAR recuar; retroceder; bater em retirada; 2 recuar ❖ *to ~ the curtains* abrir as cortinas
◆ **pull down** *v.tr.* 1 baixar; *he pulled down his hat over his eyes* ele puxou o chapéu para os olhos; 2 demolir; deitar abaixo; 3 abater, deprimir; pôr em baixo; enfraquecer; 4 (árvore, poder, etc.) derrubar; *to ~ the government* derrubar o governo; 5 [EUA] [coloq.] (dinheiro) fazer, obter
◆ **pull for** *v.tr.* [EUA] [coloq.] torcer por, apoiar
◆ **pull in** Ⓐ *v.tr.* 1 puxar para dentro; 2 (polícia) deter; 3 [coloq.] (dinheiro) conseguir, obter; 4 (evento) atrair; 5 apertar; refrear Ⓑ *v.intr.* 1 (carro, autocarro) encostar, parar; estacionar; 2 (comboio) chegar ❖ *to ~ one's horns* encolher-se; moderar a actividade; poupar
◆ **pull off** Ⓐ *v.tr.* 1 (tampa, etc.) tirar; 2 (roupa) tirar rapidamente, despir à pressa; 3 [coloq.] conseguir, ser bem sucedido em; concretizar; *he pulled it off!* conseguiu o que queria!; 4 (veículo) sair de, abandonar (rua, estrada, etc.) Ⓑ *v.intr.* (veículo) arrancar
◆ **pull on** *v.tr.* 1 enfiar; 2 vestir rapidamente; calçar à pressa; 3 (cigarro, cachimbo) inalar o fumo de; *to ~ one's pipe* tirar uma cachimbada, fumar uma cachimbada
◆ **pull out** Ⓐ *v.intr.* 1 (comboio) sair da estação, partir; 2 (veículo) arrancar, entrar na estrada; 3 (veículo) mudar de faixa; *to ~ from behind a car* sair de trás de outro carro (para o ultrapassar); 4 MILITAR retirar-se; bater em retirada; 5 retirar-se, abandonar, desistir [of, de]; 6 sair; ser destacável; *these pages ~* estas páginas são destacáveis Ⓑ *v.tr.* 1 arrancar; 2 (arma) sacar; 3 retirar; fazer retirar; 4 (dente, unha) tirar; extrair; 5 (tomada) desligar ❖ (irritação, desespero, frustração) *to be pulling one's hair out* arrancar os cabelos; descabelar-se; *~ all the stops* fazer de tudo
◆ **pull over** Ⓐ *v.intr.* (veículo) parar, encostar Ⓑ *v.tr.* (veículo) mandar parar, mandar encostar
◆ **pull round** *v.tr.,intr.* [GB] ⇒ **pull through**
◆ **pull through** Ⓐ *v.intr.* 1 (doença) safar-se; recuperar; recobrar forças; 2 (problema, embaraço) ser bem sucedido; levar a melhor Ⓑ *v.tr.* 1 (doença) ajudar a safar-se; fazer recuperar a saúde; 2 (problema, embaraço) ajudar a ultrapassar, ajudar a resolver; 3 sair de, ultrapassar, resolver
◆ **pull to** *v.tr.* (porta, janela) fechar, puxando
◆ **pull together** Ⓐ *v.intr.* (objectivo comum) unir-se; trabalhar em harmonia; cooperar Ⓑ *v.tr.* 1 organizar; pôr a funcionar; 2 reunir, combinar ❖ *to pull oneself together* controlar-se; dominar-se; acalmar-se
◆ **pull up** Ⓐ *v.intr.* 1 (veículo) parar, encostar; 2 recuperar Ⓑ *v.tr.* 1 puxar para cima; subir; içar; 2 arrancar; 3 (cadeira, banco) puxar; 4 ralhar, repreender, chamar à razão; *he was pulled up by the chairman* ele foi chamado à ordem pelo presidente; 5 parar, deter, ter mão em; *she pulled herself up* conseguiu conter-se ❖ *to pull oneself up by one's bootstraps* subir a pulso; [coloq.] *to ~ one's socks* esforçar-se; *to ~ stakes* partir; ir embora

pullback ['pʊlbæk] Ⓐ *adj.* de retrocesso Ⓑ *s.* 1 dificuldade, entrave, impedimento; 2 empecilho; 3 retirada
puller ['pʊlə] *s.* 1 aquele que puxa; aquele que arrasta; aquele que arranca; aquele que tira; 2 puxador; 3 remador; 4 cavalo duro de boca; 5 aparelho de desmontar; 6 TEATRO peça que dá muita receita, peça que atrai muita gente
pullet ['pʊlɪt] *s.* franga, galinha nova
pulley ['pʊlɪ] *s.* 1 MECÂNICA roldana; polé; polia; 2 NÁUTICA moitão; polé; 3 NÁUTICA molinete; 4 tambor
pulleyed ['pʊlɪd] *adj.* com polia; provido de polia
pulling ['pʊlɪŋ] *s.* 1 acção de puxar, arrastar, arrancar, etc.; 2 TIPOGRAFIA tiragem de provas, impressão; 3 manejo de remo; *~ boat* barco a remos; *~ race* corrida em barco a remos; 4 [coloq.] prisão de malfeitor, rusga policial ❖ *~ about* acção de maltratar alguém; *~ asunder* acção de desfazer, de separar em partes; *~ back* tracção traseira; *~ down* demolição; (caminhos-de-ferro) *~ in* entrada na estação; *~ off* conquista de prémio; acto de levar a melhor; concretização; (caminhos-de-ferro) *~ out* acto de arrancar; partida; extracção; *~ through* acção de levar a melhor; superação de situação difícil
pulliwinks ['pʊlɪwɪnks] *s.* antigo instrumento de tortura, que apertava os dedos
Pullman ['pʊlmən] *s.antr.* ❖ *~ coach* autopullman; autocarro turístico
pullout ['pʊlaʊt] Ⓐ *s.* 1 destacável; coleccionável; *a magazine ~* destacável de uma revista; 2 MILITAR retirada Ⓑ *adj.* 1 destacável; 2 desdobrável; *~ bed* cama desdobrável, cama articulada
pullover ['pʊləʊvə] *s.* VESTUÁRIO pulôver
pullulate ['pʌljʊleɪt] *v.intr.* 1 brotar, desenvolver-se, germinar; 2 [fig.] desenvolver-se, espalhar-se, pulular, proliferar
pullulation [pʌljʊ'leɪʃən] *s.* 1 desenvolvimento; 2 germinação; 3 BOTÂNICA desenvolvimento dos rebentos, gemação; 4 proliferação, pululação
pullyhaul ['pʊlɪhɔːl] *v.tr.,intr.* [coloq.] puxar à força de braço
pully-hauly ['pʊlɪhɔːlɪ] Ⓐ *adj.* [coloq.] relativo à tiragem à força de braço Ⓑ *s.* acção de puxar à força de braço
pulmiceous [pjʊl'mɪʃəs] *adj.* com o aspecto de pedras-pomes
pulmometer [pʌl'mɒmɪtə] *s.* espirómetro
pulmonaria [pʌlməʊ'neərɪə] *s.* BOTÂNICA pulmonária
pulmonary ['pʌlmənərɪ, 'pʌlmənerɪ] *adj.* 1 pulmonar; relativo a pulmões; 2 pulmonado; que possui pulmões ou órgão semelhante a pulmões; 3 com afecção pulmonar; sujeito a afecção pulmonar ❖ *~ artery* artéria pulmonar; *~ disease* doença pulmonar
pulmonate ['pʌlmənɪt] Ⓐ *adj.* 1 pulmonado, provido de pulmões; 2 que faz parte da ordem dos pulmonados Ⓑ *s.* pulmonado, determinada ordem de moluscos
pulmonic [pʌl'mɒnɪk] Ⓐ *adj.* pulmonar Ⓑ *s.* indivíduo que sofre dos pulmões
pulp [pʌlp] Ⓐ *s.* 1 (fruto, vegetal) polpa; *apple ~* polpa de maçã; *beet ~* polpa de beterraba; 2 massa mole e húmida, massa pastosa, papa, pasta; 3 (fabrico de papel) pasta; 4 literatura de cordel; *~ novels* romances de cordel; 5 ANATOMIA polpa dentária Ⓑ *v.tr.,intr.* 1 reduzir a polpa; reduzir a pasta; 2 tirar a polpa a; 3 transformar-se em polpa ❖ *~ grinder* desfibrador de polpa; desfibrador de mó; *~ mill* prensa para pasta de papel; [coloq.] *to beat sb to a ~* desfazer alguém; dar a alguém uma tareia mestra; *wood ~* pasta de madeira para papel
pulped ['pʌlpt] *adj.* transformado em polpa
pulpiness ['pʌlpɪnɪs] *s.* aspecto ou natureza polposa
pulping ['pʌlpɪŋ] *s.* acto de reduzir a polpa ou massa
pulpit ['pʊlpɪt] *s.* 1 púlpito; 2 [fig.] os pregadores ❖ *public eloquence* eloquência sagrada; *~ orator* orador sagrado; *~ style* estilo próprio dos pregadores
pulpitarian [pʊlpɪ'teərɪən] *s.* 1 [depr.] indivíduo com a mania da pregação; 2 pregador profissional
pulpiteer [pʊlpɪ'tɪə] Ⓐ *s.* ⇒ **pulpitarian** Ⓑ *v.intr.* [depr.] pregar
pulpiteering [pʊlpɪ'tɪərɪŋ] *s.* [depr.] pregação

pulpous ['pʌlpəs] *adj.* polposo
pulpwood ['pʌlpwʊd] *s.* madeira para pasta de papel
pulpy ['pʌlpɪ] *adj.* (*comp.* **-ier**, *superl.* **-iest**) **1** polpudo, polposo; **2** com polpa; **3** carnudo; **4** suculento; **5** mole, flácido
pulque ['puːlke] *s.* pulque, bebida mexicana preparada por fermentação do suco da piteira ou agave
pulsar ['pʌlsaː] *s.* {*contr. de* **pulsating star**} ASTRONOMIA pulsar
pulsate [pʌl'seɪt, 'pʌlseɪt] *v.tr.,intr.* **1** pulsar, palpitar, bater; **2** latejar; **3** vibrar, estremecer; **4** agitar (diamantes)
pulsatile ['pʌlsətaɪl] *adj.* **1** pulsátil, que pulsa **2** latejante; **3** MÚSICA tocado por percussão
pulsatilla [pʌlsə'tɪlə] *s.* BOTÂNICA pulsatila, pulsatilha
pulsating [pʌl'seɪtɪŋ, 'pʌlseɪtɪŋ] *adj.* **1** pulsátil; **2** palpitante; vibrante; **3** intermitente; **~ light** luz intermitente ❖ ASTRONOMIA **~ star** estrela pulsante
pulsation [pʌl'seɪʃən] *s.* **1** pulsação; **2** trepidação, vibração
pulsator [pʌl'seɪtə] *s.* **1** pulsímetro, pulsómetro; **2** peneira com grade móvel para terrenos diamantíferos
pulsatory ['pʌlsətərɪ] *adj.* pulsatório, pulsativo
pulse [pʌls] Ⓐ *s.* **1** (batimento do coração) pulso; pulsação; *irregular* **~** pulso irregular; *low/weak* **~** pulso fraco; *quick* **~** pulso acelerado; *to feel sb's* **~** tomar o pulso de alguém; **2** batimento; **3** cadência; ritmo; **4** [fig.] emoção, palpitação, vida; **5** [fig.] energia, vitalidade; **6** [fig.] atitudes; opiniões; tendências; *to feel the* **~** *of this society* auscultar as tendências desta sociedade; **7** [fig.] situação; estado das coisas; *the* **~** *of the affairs* a situação dos negócios; **8** vibração; onda sonora ou luminosa; **9** legumes, grãos de leguminosa Ⓑ *v.tr.,intr.* **1** pulsar, palpitar, bater, ter pulsações; **2** vibrar; **3** agitar; fazer vibrar; *the life pulsing through a great city* a vida que agita uma grande cidade; **4** enviar em movimentos rítmicos; *to* **~** *in the blood* fazer entrar no sangue por movimentos rítmicos; *to* **~** *out the blood* fazer sair o sangue por meio de movimentos rítmicos ❖ **~ rate** número de pulsações; **~ recorder** pulsímetro; *to stir one's pulses* entusiasmar; suscitar o entusiasmo de alguém
pulsimeter [pʌl'sɪmɪtə] *s.* pulsímetro, esfigmógrafo
pulsion ['pʌlʃən] *s.* [rar.] propulsão, impulso
pulsometer [pʌl'sɒmɪtə] *s.* pulsómetro
pultaceous [pʌl'teɪʃəs] *adj.* pultáceo, com a consistência ou aparência de papas
pulverizable [pʌlvə'raɪzəbəl] *adj.* pulverizável, que pode pulverizar-se
pulverization [pʌlvəraɪ'zeɪʃən, pʌlvərə'zeɪʃən] *s.* **1** pulverização; **2** trituração
pulverize ['pʌlvəraɪz] Ⓐ *v.tr.,intr.* **1** pulverizar, reduzir a pó; **2** (líquido) vaporizar; **3** [fig.] demolir, esmagar, desfazer, aniquilar Ⓑ *v.intr.* desintegrar-se, tornar-se em pó
pulverized ['pʌlvəraɪzd] *adj.* pulverizado; reduzido a pó; **~ fuel** combustível pulverizado; **2** triturado ❖ **~ coal** pó de carvão
pulverizer ['pʌlvəraɪzə] *s.* **1** pulverizador; **2** vaporizador; **3** triturador, britador
pulverizing ['pʌlvəraɪzɪŋ] *s.* **1** pulverização; **2** vaporização; **3** trituração
pulverulence [pʌl'verjʊləns] *s.* pulverulência
pulverulent [pʌl'verjʊlənt] *adj.* pulverulento
pulvinar [pʌl'vaɪnə] *s.* **1** pulvinar, tribuna de honra, nos circos romanos; **2** ANATOMIA pulvinar, parte do tálamo óptico
pulvinate ['pʌlvɪnɪt] *adj.* BOTÂNICA pulvinado
pulvinus [pʌl'vaɪnəs] *s.* (*pl.* **-i**) BOTÂNICA pulvino
puma ['pjuːmə] *s.* **1** ZOOLOGIA puma; **2** onça-vermelha; **3** cuguardo
pumice ['pʌmɪs] Ⓐ *s.* pomes, pómice; **~ stone** pedra-pomes Ⓑ *v.tr.* esfregar com pedra-pomes; **2** polir com pedra-pomes
pummel ['pʌməl] Ⓐ *s.* **1** botão do punho da espada Ⓑ *v.tr.* (*particípios*: **-ll-**) agredir a soco, bater repetidamente com o punho fechado em
pummelling ['pʌməlɪŋ] *s.* **1** acto de bater repetidamente com o punho fechado; **2** tareia, sova; **3** saraivada de socos
pump [pʌmp] Ⓐ *s.* **1** (líquido, gás) bomba; **water ~** bomba de água; **foot/hand ~** bomba accionada pelo pé/manual; **2** acto de dar à bomba, bombada; *to give a* **~** dar uma bombada; **3** [GB] (calçado) sabrina; **4** [EUA] (calçado) sapato simples de senhora; **5** [GB] (calçado) sapatilha de lona; **6** [EUA] (calçado) sapato formal de homem; **7** sondagem, interrogatório habilidoso, perquirição Ⓑ *v.tr.,intr.* **1** bombear; fazer entrar/sair por meio de bomba; *to* **~** *water into sth* dar à bomba para deitar água dentro de algo; *to* **~** *air into a tyre* encher um pneu de ar por meio de bomba; **2** dar à bomba; **~ away!** dêem-me a essa bomba!; **3** pulsar; bater; latejar; *her head was pumping* a cabeça latejava-lhe; **4** [fig.] extrair, arrancar; *to* **~** *news out of sb* arrancar novidades a alguém; *she pumped the secret out of him* ela conseguiu arrancar-lhe o segredo; **5** procurar obter informações (por meio de perguntas repetidas) de, sondar (com habilidade) [**for**, acerca de]; **6** [coloq.] entusiasmar, encher de energia; excitar; **7** lançar, atirar, arrojar; **8** oscilar, acusar bruscas variações; **9** comprimir ❖ **~ house** edifício onde se encontram as bombas; **casa das bombas**; (termas) **~ room** sala onde se pode beber água mineral; **bicycle ~** bomba de bicicleta; **centrifugal ~** bomba centrífuga; **force ~** bomba premente; **petrol ~** bomba de gasolina; **posto abastecedor de gasolina**; [coloq.] *to* **~** *iron* levantar pesos; *to* **~** *sb's hand* apertar a mão de alguém
◆ **pump in/into** *v.tr.* **1** bombear; **2** (capital) fornecer, injectar, investir; **3** (princípios, conhecimentos) incutir ❖ [coloq.] *to pump bullets into sb/sth* encher alguém/algo de balas
◆ **pump out** *v.tr.* **1** bombear, secar (através de bomba); esgotar; *to* **~** *the holds* secar os porões por intermédio de bomba; *to* **~** *a well* esgotar um poço; **2** esvaziar, aspirando; *they had to* **~** *his stomach* teve de fazer uma aspiração ao estômago; **3** produzir em catadupa
◆ **pump up** *v.tr.* **1** (pneu, bola, etc.) encher (através de bomba); **2** fazer aumentar; fomentar; **3** [coloq.] (som) pôr mais alto; **4** [coloq.] entusiasmar; encher de energia; excitar
pumped [pʌmpt, pʌmt] *adj.* **1** [EUA] [coloq.] motivado, entusiasmado; **2** esgotado, sem fôlego; **~ out** sem fôlego, esbaforido
pumper ['pʌmpə] *s.* **1** pessoa que trabalha com bombas; **2** indivíduo muito habilidoso e persistente a interrogar
pumpernickel ['pʌmpənɪkəl] *s.* pão integral de centeio
pumping ['pʌmpɪŋ] *s.* **1** acto de dar à bomba; **2** extracção por meio de bomba ❖ **~ engine** bomba a motor; **~ put** secagem por meio de bomba; **~ station** casa das bombas; **~ up** enchimento de pneumático
pumpkin ['pʌmpkɪn] *s.* BOTÂNICA abóbora-menina
pumpship ['pʌmpʃɪp] *v.intr.* [cal.] mijar; urinar
pun [pʌn] Ⓐ *s.* trocadilho, jogo de palavras; *to make a* **~** *on sb* fazer um trocadilho a propósito de alguém Ⓑ *v.tr.,intr.* (*particípios*: **-nn-**) **1** fazer trocadilhos, jogar com palavras; **2** calcar, pisar, bater com maço ou pilão
puna ['puːnə] *s.* **1** MEDICINA puna, sensação de mal-estar causada pela rarefacção do ar na cordilheira dos Andes; **2** GEOGRAFIA puna, planalto na cordilheira dos Andes
punch [pʌntʃ] Ⓐ *v.tr.* **1** socar, esmurrar, dar um soco em, dar um murro em; *he was punched on/in the nose* deram-lhe um soco no nariz; *they punched his face* esmurraram-lhe a cara; **2** furar, perfurar; **3** punçar, punçoar, puncionar; **4** picar; espicaçar; **5** [EUA] conduzir (o gado) picando com aguilhão; **6** (botão, tecla) carregar em; martelar Ⓑ *s.* (*pl.* **-es**) **1** soco, murro; **2** [coloq.] energia, ímpeto, força; **3** (instrumento) furador; punção; punceta; sovela; alicate de furar; vazador; saca-bocados; **4** (bebida) ponche; **5** estampador; **6** [dial.] homem baixo e gordo; **7** cavalo de tiro de perna curta ❖ **~ ball** saco de boxe; **~ bowl** poncheira; (computador, telex) **~ card** cartão perfurado; **~ line** parte final de uma anedota; remate; *punch line*; *he didn't pull any punches* ele não esteve com rodeios; [coloq.] *to beat sb/sth to the* **~** antecipar-se a alguém/algo; (boxe) *to have a strong* **~** bater forte; [coloq.] *to pack a (hard)* **~** ter muita força; [coloq.] *to* **~** *sb's lights out* dar uma sova a alguém; [coloq.] *to roll with the punches* adaptar-se a uma situação difícil
◆ **punch in** Ⓐ *v.tr.* **1** meter por intermédio dum furador; **2** inserir (informação) no computador Ⓑ *v.intr.* [EUA] picar o ponto (à entrada)
◆ **punch out** Ⓐ *v.tr.* derrubar com um soco Ⓑ *v.intr.* [EUA] picar o ponto (à saída)
◆ **punch up** *v.tr.* [EUA] dar animação a, tornar mais interessante
Punch [pʌntʃ] *s.* **1** nome de um semanário londrino; **2** polichinelo ❖ **~ and Judy show** espectáculo de marionetas ou fantoches; [coloq.] *pleased as Punch* muito satisfeito

punchbag ['pʌntʃbæg] s. 1 DESPORTO (treino de pugilismo) saco de boxe; 2 [fig.] vítima
punch-drunk ['pʌntʃdrʌŋk] adj. 1 [coloq.] aturdido; confuso; desorientado; 2 (boxe) tonto pelos golpes recebidos
puncheon ['pʌntʃən] s. 1 escora, estaca para sustentar o tecto de mina de carvão; 2 espeque; 3 buril, punção; 4 medida antiga para líquidos, igual a 72 ou 120 galões
puncher ['pʌntʃə] s. 1 pessoa que fura, perfura ou punciona; 2 furador, sovela, vazador, punceta; 3 saca-bocados; 4 [EUA] condutor de gado
punchily ['pʌntʃɪlɪ] adv. 1 incisivamente, mordazmente; 2 energicamente, dinamicamente
Punchinello [pʌntʃɪ'neləʊ] s. 1 polichinelo, personagem principal no teatro italiano de fantoches; 2 [coloq.] pessoa baixa e gorda
punching ['pʌntʃɪŋ] s. 1 perfuração; puncionagem; 2 murros ❖ [EUA] ~ *bag* saco de areia; saco de boxe; saco de pancada; (pugilismo) ~ *ball* bola especial para treino; ~ *machine/press* máquina de cravar; saca-bocados
punch-line ['pʌntʃlaɪn] s. 1 (piada) remate; 2 (discurso) conclusão
punch-up ['pʌntʃʌp] s. [coloq.] luta, briga
punchy ['pʌntʃɪ] adj. 1 incisivo, mordaz; 2 (pessoa) dinâmico, enérgico
punctate ['pʌŋktɪt] adj. BOTÂNICA salpicado de pontos
punctiform ['pʌŋktɪfɔːm] adj. punctiforme
punctilio [pʌŋk'tɪlɪəʊ] s. 1 formalidade; 2 formalismo excessivo; 3 cerimónia miudinha; 4 etiqueta; 5 ponto de honra sem grande importância
punctilious [pʌŋk'tɪlɪəs] adj. 1 escrupuloso; meticuloso; miudinho; 2 formal; *she is very* ~ ela é muito formal, ela liga muito a questões de protocolo; 3 cheio de susceptibilidades
punctiliously [pʌŋk'tɪlɪəslɪ] adv. 1 com grande meticulosidade, meticulosamente; 2 com grande formalismo e cerimónia
punctiliousness [pʌŋk'tɪlɪəsnɪs] s. 1 meticulosidade, espírito miudinho que se preocupa com pormenores sem grande importância; 2 formalismo, cerimónia protocolar
punctual ['pʌŋktʃʊəl, 'pʌŋktjʊəl] adj. 1 (à hora certa) pontual; 2 GEOMETRIA pontual, relativo a ponto; ~ *coordinates* coordenadas dum ponto; 3 [arc.] ⇒ **punctilious**
punctuality [pʌŋktʃʊ'ælɪtɪ] s. 1 pontualidade; ~ *to a second* pontualidade rigorosa; 2 prontidão, exactidão; 3 cuidado
punctually ['pʌŋktʃʊəlɪ, 'pʌŋktjʊəlɪ] adv. pontualmente
punctuate ['pʌŋktʃʊeɪt, 'pʌŋktjʊeɪt] v.tr. 1 pontuar; 2 [fig.] (discurso) intercalar [**with/by**, com]; interromper [**with/by**, por]; 3 realçar, acentuar, vincar; *he flung the money on the ground to* ~ *his refusal* ele atirou o dinheiro ao chão para vincar a recusa
punctuation [pʌŋktʃʊ'eɪʃən, pʌŋktjʊ'eɪʃən] s. pontuação ❖ ~ *mark* sinal de pontuação
punctulated ['pʌŋktʃʊleɪtɪd] adj. cheio de pontos, salpicado de pontos
punctum ['pʌŋktəm] s. (*pl.* **-a**) ANATOMIA ponto, mancha, sinal, etc., no corpo
puncture ['pʌŋktʃə] Ⓐ s. 1 furo, pequeno orifício, perfuração; punctura; 2 [GB] (pneu) furo; *we've had a* ~ ficámos com um pneu furado; 3 CIRURGIA punção; *lumbar* ~ punção lombar Ⓑ v.tr.,intr. 1 furar; perfurar; 2 puncionar, punçar; 3 (pneu) furar, ter um furo, sofrer um furo; *to* ~ *a tyre* furar um pneu; 4 (furo) abrir, fazer; 5 [fig.] afectar; destruir
punctured ['pʌŋktʃəd] adj. 1 furado; 2 cheio de furos; 3 perfurante; ~ *wound* ferida perfurante
puncture-proof ['pʌŋktʃəpruːf] adj. antifuro
puncturing ['pʌŋktʃərɪŋ] s. acto de furar
pundit ['pʌndɪt] s. 1 especialista, perito; 2 analista; 3 [Índia] pândita, título concedido aos indianos versados no sânscrito, religião, filosofia, jurisprudência, etc.
pungency ['pʌndʒənsɪ] s. 1 pungência, carácter ou sabor picante; 2 acidez; 3 gosto picante; 4 cheiro forte e penetrante; 5 causticidade, mordacidade, acrimónia
pungent ['pʌndʒənt] adj. 1 pungente; 2 picante, com espinhos; 3 agudo; 4 acre, cáustico; 5 mordaz, sarcástico; ~ *words* palavras mordazes
pungently ['pʌndʒəntlɪ] adv. 1 duma maneira pungente; 2 mordazmente

Punic ['pjuːnɪk] adj.,s. 1 púnico; 2 cartaginês ❖ ~ *faith* perfídia; ~ *Wars* Guerras Púnicas
puniness ['pjuːnɪnɪs] s. insignificância, pequenez
punish ['pʌnɪʃ] v.tr. 1 punir, castigar, aplicar um castigo a; *to* ~ *sb for sth* castigar uma pessoa por alguma coisa; *he was punished for lying* foi castigado por mentir; 2 [fig.] (boxe) castigar; submeter (adversário) a um duro ataque; *he punished his opponent severely* ele castigou severamente o adversário; 3 [fig.] bater duro em; 4 [fig.] exigir muito de; extenuar; 5 devastar; 6 [coloq.] consumir em grande quantidade; *they punished the champagne* deram cabo do champanhe_coloq_ ❖ DIREITO *to* ~ *sb by a fine* impor uma multa a alguém
punishable ['pʌnɪʃəbəl] adj. punível, passível de punição
punisher ['pʌnɪʃə] s. 1 castigador; pessoa que pune ou castiga; 2 pugilista que bate forte
punishing ['pʌnɪʃɪŋ] Ⓐ adj. 1 punitivo, que pune ou castiga; 2 que bate forte; 3 extenuante, esgotante, que esgota ou fatiga extremamente; ~ *work* trabalho extenuante Ⓑ s. punição; castigo
punishment ['pʌnɪʃmənt] s. 1 punição, castigo; *as a* ~ como castigo; *corporal* ~ castigos corporais; *for* ~ como castigo; 2 maus-tratos; 3 penalidade, pena; *capital* ~ pena capital; 4 (derrota pesada) tareia_fig._; *to take a lot of* ~ levar uma derrota pesada ❖ *he was brought to* ~ *for his crimes* foi punido pelos seus crimes; *to inflict a* ~ *on sb* castigar alguém; infligir um castigo a alguém
punitive ['pjuːnɪtɪv] adj. 1 punitivo; 2 como represália; de retaliação; 3 pesado; oneroso ❖ MILITAR ~ *expedition* expedição punitiva
punitory ['pjuːnɪtərɪ] adj. ⇒ **punitive**
Punjabi [pʌn'dʒɑːbɪ] Ⓐ adj. natural do Punjab Ⓑ s. 1 pessoa nascida no Punjab; 2 habitante do Punjab; 3 panjabi, dialecto falado no Punjab
punk [pʌŋk] Ⓐ s. 1 (cultura, pessoa) punk; 2 [cal.] rufião; bandido; 3 [cal.] (pessoa) inútil; 4 [cal.] coisa sem valor; disparate; *that's all* ~ isso não presta para nada; 5 [EUA] madeira apodrecida e seca utilizada para pegar lume; 6 [arc.] prostituta; 7 [cal., ant.] (mendigo) pão; ~ *and gut* pão com salsicha; ~ *and plaster* pão com manteiga Ⓑ adj. 1 [coloq.] mau; 2 sem préstimo; 3 podre; 4 punk ❖ MÚSICA ~ *rock* punk rock; punk
punka ['pʌŋkə] s. pancá, ventarola grande usada entre os índios
punkah ['pʌŋkə] s. pancá, ventarola grande usada entre os índios
punkie ['pʌŋkɪ] s. ZOOLOGIA maruí, maruim
punky ['pʌŋkɪ] adj. [EUA] (madeira) apodrecida, atacada pelo apodrecimento
punner ['pʌnə] s. pilão, maço de calceteiro
punnet ['pʌnɪt] s. pequeno cesto redondo para fruta, flores, etc.
punning ['pʌnɪŋ] s. trocadilhos, jogos de palavras
punster ['pʌnstə] s. pessoa que gosta de trocadilhos ou jogos de palavras
punt [pʌnt] Ⓐ s. 1 barco de fundo chato, largo e de extremidades não afiladas, empurrado à vara; 2 DESPORTO (futebol) pontapé dado na bola antes de ela tocar o chão; 3 (jogos de azar) ponto, jogador que aponta ou joga contra a banca Ⓑ v.tr.,intr. 1 impelir um barco por meio de vara; 2 transportar alguém em barco impelido por vara; 3 DESPORTO (futebol) dar um pontapé na bola antes de ela pousar no solo; (futebol) *to* ~ *about* dar pontapés na bola antes do começo do jogo; 4 apontar ou jogar contra o banqueiro; *to* ~ *high* apontar forte contra o banqueiro; 5 (Bolsa) dedicar-se a pequenas transacções; 6 [coloq.] jogar, apostar
punter ['pʌntə] s. 1 apostador; 2 tipo, indivíduo; 3 cliente; 4 frequentador; 5 utilizador; 6 cliente de prostituta; 7 barqueiro
puntist ['pʌntɪst] s. barqueiro
punty ['pʌntɪ] s. pontel, haste de ferro para segurar o vidro na caldeação
puny ['pjuːnɪ] adj. (*comp.* **-ier**, *superl.* **-iest**) 1 fraco, débil, franzino; 2 pequeno, insignificante
pup [pʌp] Ⓐ s. 1 cachorro, cãozinho muito novo; 2 [coloq.] (jovem presumido) rapazola Ⓑ v.tr.,intr. (*particípios:* **-pp-**) (cadela) parir, dar à luz cachorrinhos ❖ (cadela) *in* ~ prenhe; *to sell sb a* ~ vigarizar alguém; intrujar alguém
pupa ['pjuːpə] s. (*pl.* **-ae**) ZOOLOGIA (insectos) ninfa, pupa, crisálida

pupal ['pju:pəl] *adj.* relativo a ninfa, pupa ou crisálida
pupate ['pju:peɪt] *v.intr.* (insectos) metamorfosear-se em ninfa ou crisálida
pupation [pju:'peɪʃən] *s.* estado de pupa ou crisálida
pupil ['pju:pəl] *s.* **1** aluno; **2** discípulo, pupilo; **3** DIREITO tutelado, pessoa que ainda não atingiu a puberdade e está ao cuidado de um tutor; **4** ANATOMIA pupila, menina-do-olho
pupilage ['pju:pɪlɪdʒ] *s.* ⇒ **pupillage**
pupilarity [pju:pɪ'lærɪtɪ] *s.* **1** DIREITO período anterior à puberdade; **2** menoridade
pupilary ['pju:pɪlərɪ] *adj.* ⇒ **pupilary**
pupillage ['pju:pɪlɪdʒ] *s.* **1** menoridade, tutela; **2** pupilagem; **3** situação de aluno; *in the period of his ~* quando ele era ainda aluno ❖ *child in ~* criança entregue aos cuidados de um tutor
pupillarity [pju:pɪ'lærɪtɪ] *s.* **1** DIREITO período anterior à puberdade; **2** menoridade
pupillary ['pju:pɪlərɪ] *adj.* **1** relativo a aluno, próprio de aluno; **2** DIREITO relativo à menoridade ou impuberdade; **3** ANATOMIA pupilar
pupilloscopy [pjupɪ'lɒskəpɪ] *s.* pupiloscopia
pupiparous [pju:'pɪpərəs] *adj.* ZOOLOGIA pupíparo
puppet ['pʌpɪt] *s.* **1** (boneco) fantoche; marioneta; **2** [fig.] (pessoa) fantoche, joguete; **3** boneco; boneca; **4** MECÂNICA cabeçote móvel, cabeçote de torno ❖ *~ show/theatre/play* espectáculo de fantoches; teatro de fantoches; teatro de marionetas; *glove ~* fantoche de mão; *a ~ government/regime/ruler* um governo/regime/governante fantoche; MEDICINA *happy ~ syndrome* síndroma de Angelman
puppeteer [ˌpʌpɪ'tɪə] *s.* bonecreiro, marionetista
puppetry ['pʌpɪtrɪ] *s.* **1** fantochada; **2** representação de fantoches
puppy ['pʌpɪ] *s.* (*pl.* **-ies**) **1** cachorro, cãozinho, cachorrinho; **2** [coloq., depr.] rapazola, franganote ❖ *~ dog* cãozinho; cachorrinho; [GB] [coloq.] *~ fat* gordura de criança; gordurinha; *~ love* namorico; paixoneta; primeiros amores
puppyhood ['pʌpɪhʊd] *s.* **1** adolescência, juventude; **2** infância
puppyish ['pʌpɪɪʃ] *adj.* presumido, pretensioso, fátuo
puppyism ['pʌpɪɪzəm] *s.* **1** fatuidade; **2** presunção
Purana [pu'rɑ:nə] *s.* purana, obra indiana de literatura religiosa e sânscrita
puranic [pu'rɑ:nɪk] *adj.* purânico; relativo às puranas
purblind ['pɜ:blaɪnd] *adj.* **1** de visão limitada, catacego; **2** de vista curta, míope; **3** [fig.] de entendimento lento, de compreensão lenta, obtuso ⓑ *v.tr.* **1** limitar a visão de; **2** tornar míope; **3** [fig.] embrutecer
purblindness ['pɜ:blaɪndnɪs] *s.* **1** visão limitada, miopia; **2** [fig.] compreensão lenta, raciocínio lento
purchasable ['pɜ:tʃɪsəbəl] *adj.* **1** comprável; **2** adquirível; **3** venal
purchase ['pɜ:tʃɪs] Ⓐ *s.* **1** compra; aquisição; *by ~* por compra; *~ and sale* compra e venda; *to make some purchases* fazer algumas compras; **2** ponto de apoio; *to take ~ on* apoiar-se sobre; *I can't get a ~ on this rock* não consigo encontrar um ponto de apoio nesta pedra; **3** [fig.] vantagem; influência; **4** valor, rendimento anual; *ten years' ~* dez vezes a renda anual; **5** cabrestante, alavanca, talha; **6** relação entre braços de alavanca; transmissão por alavancas; **7** NÁUTICA estralheira Ⓑ *v.tr.* **1** comprar; adquirir; **2** [fig.] (dificuldade) pagar caro*fig.*; alcançar com esforço; *the victory was dearly purchased* a vitória foi alcançada à custa de muito sangue; **3** içar, levantar por intermédio de roldana ou alavanca; *to ~ the anchor* levantar a âncora por meio do cabrestante ❖ COMÉRCIO *~ book* registo de compras; *~ deed* documento de compra; *~ money/price* preço da compra; *~ tackle* moitão; *her life is not worth a day's ~* a vida dela está prestes a findar; *to ~ up* comprar por grosso
purchaser ['pɜ:tʃɪsə] *s.* comprador ❖ COMÉRCIO *to meet with purchasers* ter saída
purchasing ['pɜ:tʃɪsɪŋ] Ⓐ *adj.* que adquire ou compra; aquisitivo Ⓑ *s.* **1** aquisição, compra; **2** NÁUTICA içamento (da âncora) ❖ *~ agent* agente de compras; *~ power* poder de compra
purdah ['pɜ:dɑ:] *s.* **1** [Índia] cortinado, cortina (sobretudo para ocultar mulheres da vista de estranhos); **2** [fig.] sistema indiano de forçar a uma vida retirada as mulheres de alta condição social; **3** tecido listado para cortinados

pure [pjʊə] Ⓐ *adj.* **1** puro; sem misturas; genuíno, autêntico; *~ alcohol* álcool puro; *~ gold* ouro puro; *~ carbon* carbono puro; **2** puro; limpo; claro, límpido; *~ air* ar puro; *~ water* água pura, água límpida; **3** puro; mero; simples; *~ prejudice* mero preconceito; *he did it out of ~ malice* ele fez isso por pura maldade; *~ coincidence* pura coincidência, mera coincidência; *~ vanity* vaidade pura; **4** puro; completo, total; *~ nonsense* disparate completo; *~ joy* alegria pura; **5** puro, teórico, abstracto; *~ science* ciência pura; *~ mathematics* matemáticas puras; **6** puro, imaculado, casto, virtuoso, inocente; *as ~ as the driven snow* puro como um anjo, puro como a neve; **7** MÚSICA mavioso; **8** castiço; vernáculo; genuíno, autêntico; *~ English* inglês castiço Ⓑ *s.pl.* *the ~* os puros ❖ *~ and simple* puro e simples; pura e simplesmente; POLÍTICA *~ democracy* democracia directa; MATEMÁTICA *~ imaginary number* número imaginário puro; FILOSOFIA *~ reason* razão pura; RELIGIÃO (Bíblia) *blessed are the ~ in heart* bem-aventurados os limpos de coração/os puros de coração/os de coração puro
pureblood [pjʊə'blʌd] Ⓐ *adj.* ⇒ **pureblooded** Ⓑ *s.* puro-sangue
pureblooded [pjʊə'blʌdɪd] *adj.* puro sangue, de sangue puro, de raça pura
purebred ['pjʊəbred] Ⓐ *adj.* de puro sangue; de raça pura Ⓑ *s.* (cavalo) puro-sangue
purée ['pjʊəreɪ] Ⓐ *s.* CULINÁRIA puré Ⓑ *v.tr.* CULINÁRIA fazer um puré com; fazer puré de; *~ the apples* faça um puré com as maçãs
purely ['pjʊəlɪ] *adv.* **1** puramente; **2** de um modo puro; **3** meramente, simplesmente; **4** impecavelmente, limpidamente, castiçamente; **5** totalmente; genuinamente; **6** inocentemente, sem maldade
pureness ['pjʊənɪs] *s.* **1** pureza; **2** isenção; **3** sinceridade; **4** inocência; **5** castidade
purfle ['pɜ:fəl] Ⓐ *s.* [arc.] debrum, orla bordada Ⓑ *v.tr.* **1** debruar, guarnecer com debrum; **2** adornar com uma orla; **3** embelezar, aformosear
purgation [pɜ:'geɪʃən] *s.* **1** purificação; **2** MEDICINA purgação; *vulgar ~* purgação vulgar ❖ *canonical ~* purgação canónica
purgative ['pɜ:gətɪv] Ⓐ *adj.* **1** purgativo, laxativo; **2** catártico; **3** purificador Ⓑ *s.* **1** purgante; **2** purga
purgatorial [ˌpɜ:gə'tɔ:rɪəl] *adj.* **1** relativo ao Purgatório; **2** purgatório; purificador; expiatório
purgatory ['pɜ:gətərɪ] Ⓐ *adj.* **1** purgatório, expiatório; **2** purificador Ⓑ *s.* **1** RELIGIÃO (catolicismo) Purgatório; *the souls in ~* as almas do Purgatório; **2** [fig.] suplício; tormento; martírio
purge [pɜ:dʒ] Ⓐ *v.tr.* **1** livrar-se de; **2** purgar, dar uma purga a; expurgar; **3** purificar; **4** remover (sujidade), limpar; **5** [form.] remir, resgatar, expiar; *to ~ away one's sins* expiar os seus pecados; **6** justificar, exculpar, ilibar (de culpa, suspeita, etc.), reabilitar; *to ~ oneself of a charge* ilibar-se de uma acusação; **7** POLÍTICA expurgar Ⓑ *s.* **1** purga, purgante, purgação; **2** eliminação; **3** expurgação, ex-purgo ❖ *to ~ oneself from/of sin* lavar-se dos seus pecados; *to ~ off* eliminar; remover; *to ~ the finances of a country* sanear as finanças de um país
purger ['pɜ:dʒə] *s.* **1** purificador; **2** limpador
purging ['pɜ:dʒɪŋ] Ⓐ *adj.* purgativo, laxativo Ⓑ *s.* **1** purgação, purga; **2** purificação; **3** saneamento (das finanças dum país, etc.)
purification [ˌpjʊərɪfɪ'keɪʃən] *s.* **1** purificação; depuração; **2** saneamento; **3** RELIGIÃO purificação; *the Purification of the Virgin Mary* a Purificação de Nossa Senhora ❖ *~ process* processo de purificação
purificator [ˌpjʊərɪfɪ'keɪtə] *s.* purificador, sanguinho, pano com que o sacerdote limpa o cálice, na missa, depois de comungar
purificatory [ˌpjʊərɪfɪ'keɪtərɪ] *adj.* purificatório, purificador
purified ['pjʊərɪfaɪd] *adj.* purificado; *~ water* água purificada, água forte ❖ *~ oil* óleo refinado; *~ sulphur* enxofre refinado
purifier ['pjʊərɪfaɪə] *s.* **1** purificador; **2** depurador
puriform ['pjʊərɪfɔ:m] *adj.* MEDICINA puriforme, com aparência de pus
purify ['pjʊərɪfaɪ] *v.tr.* **1** purificar; *to ~ the air of a room* purificar o ar de um quarto; **2** depurar; **3** limpar; **4** refinar; **5** clarificar; **6** filtrar; **7** purgar

purifying [ˈpjʊərɪfaɪɪŋ] ⒶⒶ *adj.* purificador; purificante; de purificação; *a ~ effect* um efeito purificador; *air/water ~ system* sistema purificador do ar/da água ⒷⒷ *s.* **1** purificação; **2** depuração; **3** limpeza; **4** clarificação; **5** refinação; **6** filtração

Purim [ˈpʊərɪm] *s.* Purim, festa judaica celebrada em recordação da libertação da raça judaica devido à intervenção de Ester

purism [ˈpjʊərɪzəm] *s.* purismo

purist [ˈpjʊərɪst] *s.* purista

puristic [pjʊəˈrɪstɪk] *adj.* purista

puristical [pjʊəˈrɪstɪkəl] *adj.* purista

Puritan [ˈpjʊərɪtən] *adj.,s.* puritano; *~ ethic* ética puritana

puritanic [pjʊərɪˈtænɪk] *adj.* puritano, próprio de puritano

puritanical [pjʊərɪˈtænɪkəl] *adj.* puritano, próprio de puritano

puritanically [pjʊərɪˈtænɪklɪ] *adv.* como puritano

puritanism [ˈpjʊərɪtənɪzəm] *s.* puritanismo

purity [ˈpjʊərɪtɪ] *s.* **1** pureza; **2** inocência; **3** (linguagem) vernaculidade; **4** limpidez ❖ *~ test* ensaio de pureza

purl [pɜːl] ⒶⒶ *s.* **1** canutilho; **2** picote; **3** ponto de rendaria; **4** espiguilha; **5** ponto reverso (de malha); **6** murmúrio, sussurro, rumorejo (de águas); **7** cerveja com absinto; **8** cerveja quente misturada com gin; **9** [coloq.] trambolhão, queda, tombo ⒷⒷ *v.tr.,intr.* **1** ornamentar com picote ou canutilho; **2** adornar com espiguilha; **3** fazer debruns; **4** inverter pontos (de malha); **5** deslizar suavemente, murmurar, sussurrar, rumorejar; **6** cair, tombar, virar-se

purler [ˈpɜːlə] *s.* [coloq.] queda, tombo de cabeça

purlieu [ˈpɜːljuː] *s.* **1** terreno em volta de floresta ou mata, sobretudo quando primitivamente nela incluído e ainda parcialmente sujeito às leis florestais; **2** confins, limites; **3** *pl.* arrabaldes, arredores, cercanias; **4** *pl.* bairros pobres ou vielas numa cidade

purlin [ˈpɜːlɪn] *s.* **1** madre, trave-mestra; **2** viga horizontal sobre a qual assentam os barrotes do telhado; **3** terça (de telhado)

purling [ˈpɜːlɪŋ] ⒶⒶ *adj.* murmurante, sussurrante, rumorejante ⒷⒷ *s.* murmúrio, sussurro, rumorejo

purloin [pɜːˈlɔɪn] *v.tr.* roubar, furtar

purloiner [pɜːˈlɔɪnə] *s.* pessoa que rouba ou furta, gatuno, ladrão

purloining [pɜːˈlɔɪnɪŋ] *s.* furto, roubo

purple [ˈpɜːpəl] ⒶⒶ *s.* **1** (cor) roxo; púrpura; **2** RELIGIÃO dignidade cardinalícia, cardinalato; *to be raised to the ~* ser elevado ao cardinalato, receber a púrpura cardinalícia; **3** dignidade real; **4** MEDICINA púrpura, erupção purpúrica; **5** VETERINÁRIA peste suína; **6** ZOOLOGIA púrpura, género de moluscos gastrópodes da família dos Purpurídeos ⒷⒷ *adj.* **1** roxo; púrpura; **2** [poét.] carmesim, vermelho; *a ~ sunset* um pôr de sol avermelhado; *to become ~ with rage* ficar vermelho de raiva; **3** (estilo) rebuscado, arrebicado, empolado, bombástico ⒸⒸ *v.tr.* tornar cor de púrpura; tornar cor de violeta ⒹⒹ *v.intr.* ficar roxo ❖ MEDICINA *~ fever* escarlatina; *madder ~* purpurina; *Tyrian ~* púrpura-de-tiro; *his face was ~ with cold* tinha o rosto roxo por causa do frio; *to be born in the ~* nascer no meio da riqueza

purplish [ˈpɜːplɪʃ] *adj.* violáceo, arroxeado, purpúreo

purply [ˈpɜːplɪ] *adj.* ⇒ **purplish**

purport¹ [pɜːˈpɔːt] *v.tr.* **1** significar; expressar; **2** implicar; dar a entender; *his words ~ that he knew nothing about the accident* conclui-se das suas palavras que ele nada sabia acerca do acidente; **3** simular; parecer; **4** fazer-se passar; *to ~ to be sb* fazer-se passar por alguém; **5** pretender ser

purport² [ˈpɜːpɔːt, ˈpɜːpət] *s.* **1** significado, sentido, teor; **2** conteúdo, substância; **3** objectivo, intenção; *the ~ of their conversation was...* o objectivo da conversa deles era...

purportedly [pɜːˈpɔːtɪdlɪ] *adv.* supostamente

purportless [ˈpɜːpɔːtləs] *adj.* sem significado, sem interesse

purpose [ˈpɜːpəs] ⒶⒶ *s.* **1** objectivo, fim, finalidade, intenção, propósito (**of**, de); *a fixed ~* um objectivo bem definido, um propósito firme; **2** resolução, decisão; vontade; *strength of ~* força de vontade, determinação; *he is rather weak of ~* ele tem uma vontade fraca; **3** necessidade ⒷⒷ *v.tr.* **1** tencionar, ter a intenção de, ter o propósito de, ter como objectivo; planear; **2** intentar, pretender; **3** propor-se, resolver ❖ LINGUÍSTICA *clause/ clause of ~* oração final; LITERATURA *~ novel* romance de intenção; *for all intents and purposes* para todos os efeitos; *for all practical purposes* para todos os efeitos; DIREITO *for the ~ of the convention* para aplicação desta convenção; *for the purposes of* para fins de; *for/with the express ~ of* com o fim expresso de; *on ~* de propósito; com intenção; deliberadamente; *to answer no ~* não servir para nada; *to answer the ~* vir a propósito; servir para o fim que se tem em vista; *to gain one's ~* atingir os objectivos; conseguir os seus fins; *to good ~* com muito proveito; com bons resultados; *to little ~* com pouco proveito; *to no ~* em vão; sem qualquer proveito; com poucos resultados; *to serve its ~* cumprir o seu fim; cumprir o seu objectivo; [ant.] *to the ~* útil; de serventia; relevante; a propósito

purpose-built [ˌpɜːpəsˈbɪlt] *adj.* construído especialmente; feito à medida

purposeful [ˈpɜːpəsfʊl] *adj.* **1** com intenção, premeditado, intencional; **2** significativo, importante

purposefully [ˈpɜːpəsfʊlɪ] *adv.* premeditadamente

purposefulness [ˈpɜːpəsfʊlnɪs] *s.* intencionalidade, propósito

purposeless [ˈpɜːpəsləs] *adj.* sem objectivo, sem finalidade, inútil

purposelessness [ˈpɜːpəsləsnɪs] *s.* falta de objectivo, inutilidade

purposely [ˈpɜːpəslɪ] *adv.* **1** intencionalmente, deliberadamente, propositadamente; **2** expressamente; *he came ~ to talk to her* ele veio expressamente para falar com ela

purposer [ˈpɜːpəsə] *s.* indivíduo que toma uma resolução

purposive [ˈpɜːpəsɪv] *adj.* **1** com determinado propósito ou fim; **2** intencional; **3** útil, vantajoso; **4** resoluto, decidido

purposively [ˈpɜːpəsɪvlɪ] *adv.* **1** intencionalmente; **2** com determinado fim

purposiveness [ˈpɜːpəsɪvnɪs] *s.* **1** intencionalidade, propósito; **2** poder de decisão

purpura [ˈpɜːpjʊərə] *s.* **1** MEDICINA púrpura, erupção purpúrica; **2** ZOOLOGIA púrpura, género de moluscos gastrópodes

purpure [ˈpɜːpjuː] *s.* HERÁLDICA púrpura (quinta e última cor heráldica)

purpuric [pɜːˈpjʊərɪk] *adj.* purpúrico ❖ QUÍMICA *~ acid* ácido purpúrico; MEDICINA *~ fever* febre purpúrica

purpurin [ˈpɜːpjʊrɪn] *s.* QUÍMICA purpurina

purr [pɜː] ⒶⒶ *s.* **1** ronrom (de gato); **2** ruído surdo produzido por motor ⒷⒷ *v.tr.* **1** (gato) ronronar; **2** (motor) produzir um ruído surdo

purree [ˈpɜːrɪ] *s.* cor amarela natural (da Índia e da China)

purring [ˈpɜːrɪŋ] ⒶⒶ *adj.* **1** (gato) a ronronar; que faz ronrom; **2** que produz um ruído surdo ⒷⒷ *s.* ronrom; acto de ronronar ou fazer ronrom

purse [pɜːs] ⒶⒶ *s.* **1** [GB] porta-moedas, carteira porta-moedas; **2** [EUA] bolsa, bolsa de mão, carteira, mala; **3** [fig.] (dinheiro) bolsa; fundos; *it's too expensive for my purse!* é caro de mais para a minha bolsa!; *heavy/long ~* bolsa bem recheada; riqueza; bens; *light/empty ~* bolsa vazia; pobreza; **4** erário; tesouro; finanças; *the public ~* o tesouro público, o erário público; **5** DESPORTO (especialmente boxe) prémio (em dinheiro); **6** colecta; *to make up a ~ for sb* fazer uma colecta a favor de alguém ⒷⒷ *v.intr.* **1** (testa, lábios) contrair, franzir, enrugar; (meditação, dúvida, censura) *to ~ one's lips* contrair os lábios, fazer biquinho; **2** [rar.] embolsar, meter na bolsa ❖ [rar.] *~ bearer* tesoureiro; *~ net* rede (para apanhar coelhos ou peixe) em forma de bolsa; *~ seine* rede para pesca; rede de cercar; galeão; *~ strings* cordões da bolsa; *to hold/control the ~ strings* dispor do dinheiro; controlar as despesas; [coloq.] *to loosen the ~ strings* gastar dinheiro; alargar os cordões à bolsa; [coloq.] *to tighten the ~ strings* poupar; apertar os cordões à bolsa

purser [ˈpɜːsə] *s.* comissário de bordo

pursership [ˈpɜːsəʃɪp] *s.* função ou cargo de comissário de bordo

pursiness [ˈpɜːsɪnɪs] *s.* **1** falta de fôlego, fôlego curto; **2** gordura, obesidade; **3** arrogância

purslane [ˈpɜːslɪn] *s.* BOTÂNICA beldroega

pursuable [pəˈsjuːəbəl] *adj.* que pode seguir-se ou perseguir-se

pursuance [pəˈsjuːəns] *s.* **1** [form.] seguimento; prosseguimento; execução; **2** seguida; **3** busca, procura; *the ~ of* a busca de, a procura de ❖ *in ~ of your instructions* de acordo com as suas instruções; em conformidade com as suas instruções

pursuant [pəˈsjuːənt] Ⓐ *adv.* [form.] de acordo [**to**, com]; em conformidade [**to**, com]; no seguimento [**to**, de]; *~ to his instructions* de acordo com as suas instruções Ⓑ *adj.* em perseguição
pursuantly [pəˈsjuːəntlɪ] *adv.* ⇒ **pursuant**
pursue [pəˈsjuː] *v.tr.* **1** perseguir; **2** caçar; procurar; **3** ir atrás de; procurar obter; andar em busca de; *to ~ after sth* andar atrás de qualquer coisa; *to ~ pleasure* andar em busca de prazer; **4** acompanhar de muito perto; não abandonar; não deixar; **5** dedicar-se a; seguir; *to ~ a profession* seguir uma profissão; *when he decided to ~ that line of conduct* quando ele resolveu seguir aquela linha de conduta; **6** discutir; falar sobre; *to ~ a subject* falar sobre um assunto; *the subject was pursued no further* deixaram de falar sobre o assunto; **7** continuar; prosseguir; realizar; **8** importunar; **9** DIREITO processar
pursuer [pəˈsjuːə] *s.* **1** perseguidor; **2** [ESC.] DIREITO querelante
pursuit [pəˈsjuːt] *s.* **1** perseguição; *to go in ~ of sb* ir atrás de alguém; **2** caça; **3** busca; procura; *in ~ of* em busca de; **4** profissão; carreira; ocupação; *commercial pursuits* carreira comercial; **5** actividade; *literary pursuits* actividades literárias; **6** estudo; investigação; trabalho; *medical pursuits* estudos de medicina; *scientific pursuits* investigações científicas; **7** passatempo ❖ (avião) *~ plane* caça
pursuivant [ˈpɜːsɪvənt, ˈpɜːswɪvənt] *s.* **1** HERÁLDICA passavante; mensageiro; **2** [arc.] servidor; **3** [arc.] sequaz, partidário
pursy [ˈpɜːsɪ] *adj.* (*comp.* -**ier**, *superl.* -**iest**) **1** de fôlego curto, ofegante, dispneico; **2** gordo, obeso; **3** presunçoso; **4** de bolsa bem recheada; **5** enrugado; **6** contraído
purtenance [ˈpɜːtɪnəns] *s.* [arc.] fressura de animais
purulence [ˈpjʊərələns] *s.* **1** purulência; **2** pus
purulency [ˈpjʊərələnsɪ] *s.* purulência
purulent [ˈpjʊərələnt] *adj.* **1** purulento; **2** supurante
purulently [ˈpjʊərələntlɪ] *adv.* com purulência
purvey [pɜːˈveɪ] *v.tr.,intr.* (alimentos, provisões) fornecer; aprovisionar; actuar como fornecedor de; *to ~ for the army* ser o fornecedor do exército
purveyance [pɜːˈveɪəns] *s.* (provisões) abastecimento; fornecimento; aprovisionamento ❖ *right of ~* prerrogativa real de requisitar provisões a preço fixo, bem como ainda o uso de cavalos, etc.
purveying [pɜːˈveɪɪŋ] *s.* fornecimento de provisões
purveyor [pɜːˈveɪə] *s.* fornecedor, abastecedor
purview [ˈpɜːvjuː] *s.* **1** (documento, etc.) alcance, extensão; **2** intenção; objectivo; **3** campo de acção, esfera de acção; **4** competência, alçada; *that comes within his ~* isso cai sob a alçada dele
pus [pʌs] *s.* pus
Puseyism [ˈpjuːzɪɪzəm] *s.* HISTÓRIA [depr.] puseísmo, nome, dado por volta de 1843, ao movimento anglo-católico dos Tratadistas sob a direcção de Edward Pusey
Puseyte [ˈpjuːzaɪt] *s.* HISTÓRIA [depr.] puseísta, partidário do puseísmo
push [pʊʃ] Ⓐ *v.tr.,intr.* **1** empurrar; *~ that thing nearer to me* empurra para cá isso; *to ~ the door open/shut* abrir/fechar a porta com um empurrão; *to ~ sb into a room* empurrar alguém para dentro duma sala; **2** dar empurrões; *they pushed him out of the way* afastaram-no com um empurrão; **3** fazer pressão [**against**, contra]; **4** fazer força; **5** (botão, interruptor) carregar em, premir; *to ~ a button* carregar num botão; **6** (tentar passar) empurrar; abrir caminho; avançar com dificuldade; *don't ~ me!* não empurre!; *they pushed their way through the crowd* abriram caminho à força através da multidão; **7** incitar; instigar; **8** (opinião) impingir, empurrar; **9** forçar, obrigar; fazer pressão sobre, pressionar; **10** obrigar a trabalhar; ser exigente com, exigir de; **11** impelir; impulsionar; **12** [coloq.] (droga) passar, traficar; **13** fazer grande publicidade a; **14** forçar a venda de; impingir; **15** (influência, conquista, etc.) dilatar, alargar, estender; **16** levar avante com toda a energia; activar; **17** MILITAR avançar; **18** avançar; projectar-se; *to ~ out into the sea* avançar pelo mar dentro; **19** [coloq.] (idade) aproximar-se de; *to be pushing 50* andar pelos 50 Ⓑ *s.* (*pl.* -**es**) **1** empurrão; encontrão; repelão; *to give sb/sth a ~* dar um empurrão a alguém/algo; **2** empurrão$_{fig}$; estímulo; ajuda; impulso; **3** ataque vigoroso; **4** (passagem) empurrão; encontrão; abertura de caminho; avanço penoso; **5** esforço grande; *to make a ~ to do sth* fazer um grande esforço para fazer algo; [GB] *at a ~* com muito esforço; **6** dinamismo; energia; força de vontade; espírito de iniciativa; *I don't think he has enough ~* não me parece que ele tenha garra suficiente; **7** pressão; **8** momento crítico, emergência; **9** MILITAR assalto, ataque enérgico, investida em massa; **10** botão eléctrico; *bell ~* botão da campainha; **11** [Austr.] [cal.] bando de vadios, grupo de rufias; **12** compressão ❖ [GB] [ant.] *~ bicycle* bicicleta vulgar; *~ button* botão eléctrico; *at the ~ of a button* através de um simples botão; à distância de um botão; muito facilmente; [GB] [coloq.] *to get the ~* (emprego) ser posto na rua, ser despedido; (relação) levar uma tampa; levar com os pés; [GB] [coloq.] (emprego, relação amorosa) *to give sb the ~* pôr alguém na rua; despedir alguém; dar com os pés em alguém; *to ~ it/to ~ one's luck* abusar (da sorte); [ant.] *to ~ the envelope* inovar; *when ~ comes to shove* quando a situação piorar; quando chegar o momento decisivo
◆ **push about/around** *v.tr.* **1** andar de um lado para o outro com; **2** intimidar; pressionar; ser mandão com
◆ **push ahead** *v.intr.* **1** fazer progressos; **2** prosseguir [**with**, com]; avançar [**with**, com]
◆ **push along** *v.intr.* **1** (carro) ir a boa velocidade; **2** continuar; apressar-se; **3** [coloq.] ir-se embora
◆ **push aside** *v.tr.* **1** empurrar para o lado; afastar para o lado com um empurrão; **2** (rejeição) esquecer; pôr de lado; pôr de parte; ignorar
◆ **push away** *v.tr.* empurrar; empurrar para longe; rechaçar
◆ **push back** *v.tr.* **1** puxar para trás; **2** fazer recuar; **3** repelir; **4** (impulso, vontade, etc.) reprimir
◆ **push down** Ⓐ *v.tr.* **1** empurrar para baixo; **2** carregar em; **3** derrubar; fazer cair; fazer tombar; **4** (preços, etc.) fazer descer, baixar Ⓑ *v.intr.* fazer pressão [**on**, sobre]
◆ **push for** *v.tr.* exercer pressão para obter; insistir em; *to push sb for payment* exercer pressão sobre alguém para que pague; *I am pushed for an answer* insistem que eu responda
◆ **push forward** *v.intr.* avançar [**with**, com]; prosseguir [**with**, com] ❖ *to push oneself forward* fazer-se notar; andar para a frente; lançar-se na vida
◆ **push in** Ⓐ *v.intr.* **1** (fila) passar à frente, entrar à força; **2** interromper bruscamente; meter-se na conversa; intrometer-se Ⓑ *v.tr.* **1** enfiar; **2** fazer pressão sobre; carregar em; **3** empurrar para dentro
◆ **push off** *v.intr.* **1** [ant.] partir, ir embora; **2** NÁUTICA fazer-se ao largo ❖ [coloq.] *push off!* põe-te a andar!; embora daqui!; desaparece!
◆ **push on** Ⓐ *v.intr.* **1** seguir viagem; pôr-se a caminho; avançar; **2** continuar [**with**, com]; prosseguir [**with**, com] Ⓑ *v.tr.* **1** (tampa, etc.) colocar; **2** encorajar; incitar
◆ **push out** Ⓐ *v.tr.* empurrar para fora; expulsar, fazer sair; pôr na rua Ⓑ *v.intr.* **1** BOTÂNICA deitar raízes; **2** (rebentos) rebentar ❖ *to push one's way out* abrir caminho através da multidão; [coloq.] *to push the boat out* gastar muito dinheiro (com uma comemoração)
◆ **push over** *v.tr.* empurrar; fazer cair ❖ *to push one's way over to sb* abrir caminho (aos empurrões) até alguém
◆ **push through** Ⓐ *v.tr.* **1** (lei) fazer aprovar; **2** acabar à pressa Ⓑ *v.intr.* abrir caminho
◆ **push to** *v.tr.* (porta, janela) fechar, empurrando
◆ **push up** *v.tr.* **1** empurrar para cima; levantar; **2** fazer subir, aumentar ❖ [joc.] *to be pushing up (the) daisies* estar morto e enterrado; fazer tijolo
pushbike [ˈpʊʃbaɪk] *s.* [GB] [ant.] bicicleta vulgar
push-button [ˈpʊʃbʌtən] *adj.* **1** accionado por um botão, com teclas; **2** equipado com as últimas tecnologias; com comandos automáticos; **3** instantâneo
pushcart [ˈpʊʃkɑːt] *s.* (vendedor ambulante, etc.) carrinho de mão
pushchair [ˈpʊʃtʃeə] *s.* carrinho de bebé
pushed [pʊʃt] *adj.* **1** com pouco, com falta [**for**, de]; *to be ~ for money* ter pouco dinheiro, estar com falta de dinheiro; *to be ~ for time* ter pouco tempo; **2** ocupado ❖ *to be (hard) ~ to do sth* ter muita dificuldade em fazer algo

pusher ['puʃə] s. 1 [coloq.] (ambicioso) arrivista; videirinho; fura-vidas; 2 [coloq.] (droga) passador; traficante; *drug ~* passador de droga; 3 pessoa que empurra; 4 MECÂNICA propulsor, impulsor; 5 AERONÁUTICA avião de hélice propulsora; 6 (caminhos-de-ferro) máquina auxiliar na cauda do comboio ❖ *~ propeller* hélice propulsora; *pen ~* empregado de escritório que desempenha um trabalho desinteressante; manga-de-alcapa

pushful ['puʃful] adj. 1 dinâmico, activo, empreendedor; 2 ambicioso; 3 videirinho

pushfulness ['puʃfulnɪs] s. espírito ambicioso, sempre pronto a aproveitar-se de todas as vantagens

pushing ['puʃɪŋ] Ⓐ s. 1 empurrões; 2 [fig.] persuasão; insistência; pressão 3 (bilhar) tacada; 4 actividade comercial Ⓑ adj. 1 enérgico, empreendedor; 2 videirinho; interesseiro; 3 intrometido, indiscreto; 4 atrevido ❖ *~ aside* acção de pôr de lado; *~ away* afastamento; *~ back* repressão; acto de fazer recuar; *~ forward* avanço; *~ on* aumento de ritmo; aceleração; avanço; *~ out* expulsão; despedimento

pushover ['puʃˌəʊvə] s. 1 [coloq.] (tarefa fácil) canja_coloq_; *it was a pushover!* foi canja!; 2 [coloq.] (presa fácil) trouxa; lorpa; otário ❖ *to be a ~ for sth* não resistir a algo; ser maluco por algo

push-pull ['puʃpul] s. ELECTRICIDADE amplificador simétrico

push-start ['puʃstɑːt] Ⓐ v.tr. (carro) empurrar para fazer pegar Ⓑ s. (carro) empurrão; *to give the car a ~* empurrar o carro para ver se pega

push-up ['puʃʌp] s. [EUA] DESPORTO flexão

pushy ['puʃɪ] adj. 1 agressivo; 2 intrometido, metediço; 3 arrivista; 4 arrogante

pusillanimity [ˌpjuːsɪləˈnɪmɪtɪ] s. 1 pusilanimidade; 2 timidez; 3 covardia

pusillanimous [ˌpjuːsɪˈlænɪməs] adj. 1 pusilânime; 2 tímido; 3 covarde

pusillanimously [ˌpjuːsɪˈlænɪməslɪ] adv. 1 pusilanimemente; 2 covardemente

puss [pus] s. ⟨pl. -es⟩ 1 [coloq.] gato, bichano; 2 [coloq.] cara; *a familiar ~* uma cara nova; 3 [coloq.] rapariga, cachopa ❖ *Puss in Boots* o Gato das Botas; *~ in the corner* o jogo dos quatro cantinhos

pusser ['pʌsə] s. [coloq.] ferida purulenta

pussy[1] ['pusɪ] s. ⟨pl. -ies⟩ 1 [infant.] gatinho, bichano; 2 [cal.] (ofensivo) rata_cal_; 3 [EUA] [coloq.] medricas, cobardolas ❖ [coloq.] *~ cat* gatinho; bichano; BOTÂNICA *~ willow* salgueiro; [EUA] *~ wants a corner* jogo dos quatro cantinhos; [cal.] (ofensivo) *to eat ~* fazer um minete_cal_

pussy[2] ['pʌsɪ] adj. (comp. -ier, superl. -iest) cheio de pus, purulento

pussyfoot ['pusɪfut] Ⓐ v.intr. 1 evitar comprometer-se, reservar a sua opinião; 2 caminhar suavemente, andar com pezinhos de lã Ⓑ s. 1 pessoa que evita comprometer-se; 2 pessoa sonsa; 3 partidário da proibição de bebidas alcoólicas; 4 proibição de bebidas alcoólicas

pussyfooted ['pusɪfutɪd] adj. 1 reservado; 2 sonso

pussyfootism ['pusɪfutɪzəm] s. propaganda para a proibição de bebidas alcoólicas

pustular ['pʌstjulə] adj. MEDICINA cheio de pústulas, pustulento, pustuloso

pustulate ['pʌstjuleɪt] Ⓐ v.intr. cobrir-se de pústulas Ⓑ v.tr. cobrir de pústulas

pustule ['pʌstjuːl] s. MEDICINA pústula

pustulous ['pʌstjuləs] adj. MEDICINA pustuloso

put[1] [put] Ⓐ v.tr.,intr. (prt. e part. pass. **put**) 1 pôr; colocar; meter; levar; *the boy ~ his hands in his pockets* o rapaz meteu as mãos nos bolsos; *she ~ her lips to the glass* ela levou o copo à boca; 2 (situação) pôr; colocar; deixar; *to ~ sb at ease* deixar alguém à vontade; *to ~ sb/sth at risk* colocar alguém/algo em risco; 3 (transmitir ideia) exprimir, expressar, expor, apresentar; dizer; *I don't know how to ~ it* não sei como dizer; *what a way you have of putting things!* que maneira tu tens de dizer as coisas!; *to ~ it otherwise* por outras palavras; melhor dizendo; *as Kipling puts it* como diz Kipling; *he ~ the matter clearly to them* ele expôs-lhes o assunto com clareza; *how shall I ~ this in English?* como é que hei-de dizer isto em inglês?; *to ~ a case before someone* apresentar um caso a alguém, expor um caso a alguém; *to ~ a proposal* apresentar uma proposta; *to ~ sth into words* exprimir algo por palavras; 4 dirigir; submeter; 5 adicionar; juntar; 6 (fazer ir) enviar; acompanhar até; levar a; 7 (importância) pôr; colocar; *to ~ honour before riches* colocar a honra acima das riquezas, preferir a honra às riquezas; *to ~ sth first* colocar algo em primeiro lugar, dar prioridade a algo; 8 escrever; 9 calcular, avaliar, estimar; atribuir; *to ~ no value on sth* não atribuir qualquer valor a alguma coisa; 10 instigar, incitar; obrigar; *to ~ a horse to a fence* obrigar um cavalo a saltar um obstáculo; 11 DESPORTO lançar, atirar; *to ~ the weight* lançar o peso; 12 traduzir [**into**, para]; 13 NÁUTICA navegar em direcção a; *to ~ into port* entrar no porto Ⓑ s. 1 DESPORTO lançamento (de peso); 2 (Bolsa) opção de venda ❖ (acordo) *~ it there!* aperta aí!; *to ~ a stop/an end to sth* acabar com algo; pôr termo a algo; *to ~ it bluntly* para falar com franqueza; *to ~ paid to sth* liquidar algo; pôr termo a algo; [coloq.] *to ~ sb's back up* irritar alguém; ofender alguém; *to ~ sb straight/right* corrigir alguém; esclarecer alguém acerca dos factos; desenganar alguém; *to ~ sth behind one* atirar/lançar algo para trás das costas; deixar de pensar em algo; *to ~ sth right* remediar algo; consertar algo; corrigir algo; *to ~ sth straight* arrumar algo; pôr algo em ordem

◆ **put about/around** v.tr.,intr. 1 espalhar; fazer constar; pôr a circular; 2 NÁUTICA mudar de direcção, virar de bordo; *they put the ship about* fizeram com que o barco mudasse de direcção; 3 aborrecer, incomodar, irritar; *he was very much put about by that* ele ficou muito irritado com isso; *don't put yourself about* não se incomode, não se zangue ❖ [GB] [coloq.] *to put oneself about/to put it about* dormir com muita gente

◆ **put across** v.tr. 1 transmitir, comunicar, apresentar, explicar, passar; 2 ser bem sucedido, levar a cabo, conseguir; 3 passar para o outro lado ❖ [coloq.] *to put one across sb* enganar alguém; intrujar alguém; censurar alguém

◆ **put aside** v.tr. 1 pôr de lado, pôr de parte, afastar, pôr para o lado; 2 ignorar; esquecer; 3 (dinheiro, tempo, etc.) poupar; pôr de lado; reservar

◆ **put at** v.tr. (cálculo aproximado) estimar em, calcular em, colocar em; *they put the damage at one million euros* calcularam o prejuízo em um milhão de euros

◆ **put away** v.tr. 1 arrumar, guardar; *put those toys away* arruma esses brinquedos; 2 [coloq.] prender; internar; 3 [coloq.] comer, enfardar; beber, emborcar; 4 (dinheiro) poupar; pôr de lado; 5 pôr de parte, afastar; 6 DESPORTO [coloq.] (golo) marcar; 7 [EUA] [coloq.] (animal) abater; 8 [EUA] [coloq.] matar, assassinar, livrar-se de; 9 [EUA] DESPORTO [cal.] derrotar de forma clara, esmagar, dar uma cabazada a_coloq_

◆ **put back** v.tr. 1 voltar a pôr no lugar, pôr no sítio, devolver; 2 adiar [**to**, para]; 3 (relógio, evolução, etc.) atrasar; *that put us back* isso atrasou-nos; 4 [coloq.] (bebida) deitar abaixo; 5 reconstituir; reconstruir; 6 pôr a funcionar

◆ **put by** v.tr. 1 (dinheiro) poupar; pôr de lado; *put some money by for a rainy day* poupa algum dinheiro para uma dificuldade; 2 [arc.] pôr de lado, pôr de parte, rejeitar; *he was ~ in favour of another* foi preterido em favor de outro

◆ **put down** v.tr. 1 pousar; *~ the glass* pousa o copo; 2 largar; 3 apontar; anotar; 4 (criticar) deitar abaixo, humilhar; 5 inscrever [**for**, em]; incluir, juntar à lista; *to ~ one's name/to put oneself down* inscrever-se; 6 [GB] deixar (alguém em algum sítio), parar para (alguém) sair (em algum sítio); 7 pagar parte de; 8 abater; *the dog had to be ~* o cão teve de ser abatido; 9 pôr fim a; reprimir; dominar; 10 (bebé) pôr na cama, deitar; 11 AERONÁUTICA aterrar; 12 escavar, perfurar; (minas) *to ~ bore holes* fazer sondagens ❖ [coloq.] (interesse) *I couldn't put it down!* já não conseguia pousá-lo; já não conseguia largá-lo; *to put one's foot down* protestar; mostrar firmeza; fazer finca-pé; acelerar; *to put the phone down on sb* desligar o telefone na cara de alguém

◆ **put down as** v.tr. 1 considerar; 2 rotular como; etiquetar de; ver como

◆ **put down to** v.tr. (erro, acidente, etc.) atribuir a

put²

◆ **put forth** v.tr. 1 (proposta, sugestão, candidato, etc.) avançar com; propor, sugerir, apresentar; 2 (árvore) produzir; brotar (folhas, botões); 3 tornar público; publicar, lançar no mercado; 4 iniciar (viagem); 5 empregar, exercer

◆ **put forward** v.tr. 1 (proposta, sugestão, candidato, etc.) avançar com; propor, sugerir, apresentar; 2 (motivo) invocar, expor; 3 antecipar; 4 (relógio) adiantar; 5 tornar público; publicar, lançar no mercado ❖ *to put oneself forward* apresentar-se; mostrar-se; pôr-se em evidência

◆ **put in** Ⓐ v.tr. 1 (pedido, oferta oficial) apresentar; formular; realizar, efectuar; 2 (equipamento) instalar, colocar; 3 acrescentar; afirmar subitamente; atalhar; 4 (esforço, tempo, trabalho, etc.) empregar; investir; dedicar; fazer; *to ~ an extra hour's work* fazer uma hora de trabalho extra; *to ~ one's term of military service* fazer o serviço militar; 5 (dinheiro) disponibilizar; fornecer; 6 POLÍTICA eleger; 7 plantar Ⓑ v.intr. NÁUTICA entrar (num porto) ❖ *she is always putting her word in* ele está sempre a meter a sua colherada; (favor) *to ~ a (good) word for sb* interceder por alguém; *to ~ an appearance* comparecer; aparecer

◆ **put in for** v.tr. 1 candidatar-se a; 2 solicitar; pedir; 3 requerer (oficialmente); interpor

◆ **put off** v.tr. 1 adiar [**until**, para/até]; *to ~ a payment* adiar um pagamento; *to ~ doing sth* adiar fazer alguma coisa; 2 desencorajar; convencer a mudar de ideias; fazer desistir (de); 3 desagradar; repelir; repugnar; 4 empatar; evitar estar com; evitar pagar a; 5 desconcentrar; incomodar; 6 (autocarro, carro) deixar; parar para deixar sair; 7 (barco) lançar ao mar; 8 [arc.] tirar, despir; *to ~ the mask* tirar a máscara ❖ *never ~ till tomorrow what you can do today* não deixes para amanhã o que podes fazer hoje

◆ **put on** v.tr. 1 (roupa) vestir; pôr; 2 (luz, electrodoméstico, etc.) ligar; 3 aplicar; pôr; *she's putting on her make-up* ela está a pôr a maquilhagem; *to ~ the brake* aplicar o travão; 4 (disco, cassete, etc.) pôr (a tocar); 5 (espectáculo) organizar, montar; 6 TEATRO levar a cena; 7 (fingimento) pôr; fingir, simular; assumir; adoptar; *he is putting it on* está a fingir; *he ~ a sad look* ele pôs um ar triste; *to ~ an innocent air* revestir-se dum ar inocente; 8 pôr ao lume; 9 aumentar em; adicionar; 10 (peso) aumentar de, engordar; *I've ~ weight* o meu peso subiu, engordei; *she's ~ five kilos* ela engordou cinco quilos; 11 (serviço) fornecer, disponibilizar, oferecer; 12 passar (o telefone) a; 13 apostar em; *to put money on a horse* apostar dinheiro num cavalo; 14 [coloq.] gozar com; tentar enganar; *you're putting me on* estás a gozar comigo; 15 [coloq., depr.] fazer-se de importante; armar-se coloq.; *doesn't he put it on!* isto é que ele se arma!; 16 receitar; pôr (alguém) a tomar ❖ [coloq.] *to ~ an act* representar; fazer fita; [depr.] *to ~ airs (and graces)* armar à importância; fazer-se importante; gostar de armar; [EUA] [depr.] *to ~ the dog* armar à importância; fazer-se importante; gostar de armar

◆ **put on to/onto** v.tr. 1 informar acerca de; pôr ao corrente de; 2 falar; *it was John that put us on to you* foi o John que nos falou de si; 3 indicar

◆ **put out** Ⓐ v.tr. 1 (luz, fogo, cigarro, etc.) apagar; *~ the lights* apaga as luzes, 2 disponibilizar [**for**, para]; 3 anunciar; publicar; emitir; 4 (casa) pôr lá fora; *put the rubbish out* vai pôr o lixo lá fora; 5 publicar; editar; 6 TELEVISÃO, RÁDIO dar, transmitir; 7 (joelho, ombro, etc.) deslocar; 8 dar trabalho a, incomodar; 9 deixar inconsciente; pôr a dormir; 10 pôr de fora; pôr para fora; *to put one's tongue out* pôr a língua de fora; 11 estender; *to ~ one's hand* estender a mão Ⓑ v.intr. 1 (barco, navio) lançar-se à água; 2 [EUA] [cal.] aceitar ter relações sexuais ❖ *to be/feel ~* estar aborrecido; estar zangado; *to put oneself out* disponibilizar-se para ajudar os outros

◆ **put over** v.tr. 1 transmitir, comunicar, apresentar, explicar, passar; 2 levar a cabo, conseguir Ⓑ v.intr. NÁUTICA mover-se; deslocar-se ❖ [coloq.] *to put one over on sb* enganar alguém; intrujar alguém

◆ **put through** v.tr. 1 (chamada telefónica) passar, ligar [**to**, a]; 2 concluir; 3 aprovar, fazer passar; 4 (má experiência) submeter a, fazer passar por; *to put sb through hell* fazer alguém passar um mau bocado; 5 pagar os estudos de; *his parents put him through college* os pais pagaram-lhe os estudos universitários; 6 (testes de qualidade, etc.) submeter a

◆ **put to** v.tr. 1 colocar a, pôr a, fazer a, pôr à consideração de; *to put a question to sb* fazer uma pergunta a alguém, colocar uma questão a alguém; 2 submeter a, apresentar a; *to put sth to vote* apresentar algo a votação; 3 fazer passar por, obrigar a, causar; *I don't want to put you to trouble* não te quero causar incómodo, não te quero incomodar; *it is surprising what he can do when he is ~ it* é surpreendente aquilo de que ele é capaz quando o obrigam; 4 [arc.] atrelar; *to put the horse to the cart* atrelar o cavalo ao carro; 5 pôr (a fazer algo)

◆ **put together** v.tr. 1 organizar; preparar; coordenar; 2 montar; juntar; reconstituir; 3 juntar; misturar ❖ *more than... ~* mais do que... todos juntos

◆ **put up** Ⓐ v.tr. 1 (edifício, estátua, etc.) construir, pôr em pé, erguer; 2 (aviso, cartaz, póster, notas, etc.) afixar; colar; pôr; *to ~ a notice* afixar um aviso; *to ~ the results* afixar os resultados; 3 montar, fixar, prender; 4 (preço, valor) aumentar, subir; 5 (ideia, proposta) apresentar; explicar; *to ~ a petition* apresentar uma petição; 6 (dinheiro) fornecer, disponibilizar; 7 (oposição) realizar, demonstrar, oferecer, envolver-se em; *to ~ a fight* realizar um combate, lutar; *to ~ resistance* oferecer resistência; *to ~ a stout resistance* defender-se corajosamente; 8 dar alojamento a, alojar, instalar; *I can't put you up* não tenho onde o instalar; 9 (candidato) apresentar, propor; nomear; 10 enlatar; pôr em conserva; 11 levantar; içar, hastear; *to ~ a flag* hastear uma bandeira; *to put one's hand up* levantar a mão; 12 (tenda) montar; 13 [arc.] embainhar; *to ~ a sword* meter uma espada na bainha Ⓑ v.intr. [ant.] ficar, hospedar-se, alojar-se (durante pouco tempo); *they ~ at the inn for the night* ficaram na estalagem durante a noite ❖ [coloq.] *~ or shut up* toma uma atitude ou cala-te; *to put sth up for sale* pôr algo à venda; *to put sth up for auction* levar algo a leilão

◆ **put upon** v.tr. ser injusto com; aproveitar-se de; tratar deslealmente

◆ **put up to** v.tr. convencer a; instigar a, levar a, incitar; desafiar a

◆ **put up with** v.tr. suportar; aturar; tolerar; aguentar com

put² [pʌt] Ⓐ s. [cal.] rústico, labrego Ⓑ v.tr.,intr.,s. ⇒ **putt**

putative ['pjuːtətɪv] adj. DIREITO putativo

putatively ['pjuːtətɪvlɪ] adv. putativamente

putdown ['pʊtdaʊn] s. (censura, repreensão) ensaboadela coloq., rabecada coloq.

puteal ['pjuːtɪəl] s. puteal, bocal de poço

putlog ['pʌtlɒg] s. travessanho ❖ *~ hole* agulheiro; buraco na parede para meter os caibros dos andaimes

put-on ['pʊtɒn] Ⓐ s. 1 [coloq.] farsa, embuste, encenação; 2 [coloq.] engano, mentira, mistificação; 3 [coloq.] falsificação; 4 [coloq.] partida Ⓑ adj. [coloq.] falso, fingido

putrefaction [pjuːtrɪ'fækʃən] s. putrefacção

putrefactive [pjuːtrɪ'fæktɪv] adj. 1 pútrido; 2 putrefacto

putrefiable [pjuːtrɪ'faɪəbəl] adj. putrescível

putrefy ['pjuːtrɪfaɪ] v.tr.,intr. 1 putrefazer; 2 apodrecer, entrar em putrefacção; 3 corromper-se, decompor-se

putrefying ['pjuːtrɪfaɪɪŋ] adj. putrescente, em putrefacção

putrescence [pjuː'tresəns] s. putrescência

putrescent [pjuː'tresənt] adj. putrescente

putrescible [pjuː'tresɪbəl] adj. putrescível

putrid ['pjuːtrɪd] adj. 1 pútrido; em putrefacção; podre; 2 infecto; 3 nauseabundo; 4 [fig.] péssimo; miserável; 5 *weather* tempo detestável ❖ *~ fever* tifo; *~ sore throat* faringite gangrenosa

putridity [pjuː'trɪdɪtɪ] s. podridão, putrescência

putridness [pjuː'trɪdnɪs] s. podridão, putrescência

putt [pʌt] Ⓐ s. DESPORTO (golfe) *putt*, pancada leve dada em bola de golfe para a introduzir no buraco Ⓑ v.tr.,intr. (particípios: -tt-) bater levemente em (bola de golfe); introduzir no buraco com um *putt*

puttee [pʌ'tiː] s. greva; *a pair of puttees* um par de grevas

putter¹ ['pʌtə] s. 1 aquele que coloca, aquele que põe; aquele que atira; 2 DESPORTO lançador de peso; 3 pessoa que propõe uma questão ou problema

putter² ['pʌtə] s. 1 DESPORTO (golfe) aquele que bate a bola suavemente para a introduzir no buraco; 2 (golfe) *putter*, certo tipo de taco

putter-on ['pʊtərɒn] s. [arc.] instigador

putting[1] ['pʊtɪŋ] s. 1 colocação; 2 colocação de assinatura; 3 apresentação, proposta; ~ *forward* expressão, proposta, apresentação; 4 cálculo, avaliação ❖ ~ *away* arrumação; afastamento; repúdio; ~ *forth* publicação; exibição; aparecimento (de folhas em planta); NÁUTICA ~ *in* entrada em porto; ~ *off* adiamento; TEATRO ~ *on* acto de levar à cena; representação; entrada em serviço; ~ *through* realização; acto de pôr em comunicação telefónica com; ~ *to* acção de atrelar; ~ *together* reunião de partes soltas; montagem; comparação de factos; ~ *up* levantamento de caça; apresentação em eleições; instalação; alojamento; construção; ~ *into gear* embraiagem; DESPORTO ~ *the weight* lançamento do peso; NÁUTICA (de barco novo) ~ *to sea* lançamento ao mar

putting[2] ['pʌtɪŋ] s. DESPORTO (golfe) batimento suave da bola para a introduzir no buraco ❖ ~ *green* green, relvado de golfe; ~ *hole* buraco em relvado de golfe; ~ *iron* ferro de golfe para pancadas suaves

putty ['pʌtɪ] Ⓐ s. (*pl.* -**ies**) 1 massa de vidraceiro, mástique; betume; 2 pasta de cimento, massa para emassar; 3 poteia Ⓑ v.tr. cobrir com massa; tapar com massa ❖ ~ *knife* espátula; espátula de vidraceiro; betumadeira; ~ *powder* poteia; *glazier's* ~ massa de vidraceiro; *to be (like)* ~ *in sb's hands* ser facilmente manipulado por alguém

puttying ['pʌtɪɪŋ] s. acção de cobrir ou tapar com massa

put-up ['pʊtʌp] adj. fraudulento, encenado ❖ [coloq.] ~ *job* encenação; embuste

put-upon ['pʊtəpɒn] adj. vítima de exploração, explorado, usado

puzzle ['pʌzəl] Ⓐ v.tr.,intr. 1 confundir, deixar perplexo, desorientar, desconcertar; atrapalhar; embaraçar; 2 atrapalhar-se, sentir-se desorientado, ficar desconcertado; 3 pensar muito, puxar pela cabeça [**over/about**, em/sobre]; *however much he puzzles over it* por muito que se lhe puxe pela cabeça; *to ~ one's brains/head about sth* dar voltas ao miolo por causa de algo Ⓑ s. 1 problema difícil; quebra-cabeças; enigma; adivinha; 2 confusão, perplexidade, embaraço, dúvida; 3 (pessoa) enigma, mistério; *he is a ~ to me* ele é um enigma para mim; 4 (jogo, passatempo) puzzle; quebra-cabeças; palavras-cruzadas ❖ ~ *lock* fechadura de segredo; *Chinese* ~ quebra-cabeças chinês; enigma muito complicado; (passatempo) *crossword* ~ palavras--cruzadas; *jigsaw* ~ puzzle; quebra-cabeças; enigma; (jogo) *picture* ~ puzzle; quebra-cabeças

◆ **puzzle out** v.tr. 1 (mistério, etc.) decifrar; desvendar; 2 (problema, etc.) solucionar; resolver depois de muito pensar

puzzled ['pʌzəld] adj. 1 perplexo, desconcertado; 2 (olhar, expressão) de perplexidade

puzzledom ['pʌzəldəm] s. perplexidade, confusão

puzzlement ['pʌzəlmənt] s. atrapalhação, perplexidade

puzzler ['pʌzlə] s. 1 (problema, jogo) enigma; charada; 2 (pessoa) charadista

puzzling ['pʌzlɪŋ] Ⓐ adj. 1 estranho, intrigante; 2 intrincado, difícil, complicado; 3 que confunde; que atrapalha Ⓑ s. atrapalhação; confusão; desorientação; perplexidade ❖ ~ *out* esclarecimento; ~ *task* quebra-cabeças

puzzolana [puːtsəˈlɑːnə] s. MINERALOGIA pozolana

PVC [abrev. de polyvinyl chloride] esferovite

PWD [abrev. de Public Works Department]

pyaemia [paɪˈiːmɪə] s. MEDICINA infecção purulenta

pycnite ['pɪknaɪt] s. MINERALOGIA picnita

pycnogonid [pɪkˈnɒɡənɪd] s. ZOOLOGIA picnogonídeo

pycnometer [pɪkˈnɒmɪtə] s. FÍSICA picnómetro

pycnostyle ['pɪknəstaɪl] s. ARQUITECTURA picnostilo

pyelitis [paɪəˈlaɪtɪs] s. MEDICINA pielite

pyelography [paɪəˈlɒɡrəfɪ] s. MEDICINA pielografia

pygmaean [pɪɡˈmiːən] adj. pigmeu

Pygmalion [pɪɡˈmeɪlɪən] s. MITOLOGIA Pigmalião

pygmean [pɪɡˈmiːən] adj. pigmeu

pygmy ['pɪɡmɪ] s. (*pl.* -**ies**) pigmeu

pyjamas [pəˈdʒɑːməz] s.pl. [GB] VESTUÁRIO pijama; *a pair of* ~ um pijama; *to sleep in* ~ dormir de pijama ❖ *pyjama trousers* calças do pijama

pylon ['paɪlən] s. pilone, pórtico de templo egípcio

pyloric [paɪˈlɒrɪk] adj. ANATOMIA pilórico
pylorus [paɪˈlɔːrəs] s. ANATOMIA piloro
pyorrhea [ˌpaɪəˈriːə] s. MEDICINA piorreia
pyorrhoea [ˌpaɪəˈriːə] s. MEDICINA piorreia
pyosis [paɪˈəʊsɪs] s. MEDICINA piose, supuração
pyothorax [ˌpaɪəʊˈθɔːræks] s. MEDICINA piotórax
pyracanth ['paɪrəkænθ] s. BOTÂNICA piracanto, sarça-ardente, espinheiro-ardente
pyralidae [pɪˈrælɪdiː] s.pl. ZOOLOGIA Pirálidas, Piralídeos
pyralis ['pɪrəlɪs] s. (*pl.* **pyralides**) ZOOLOGIA pirális
pyramid ['pɪrəmɪd] s. pirâmide
pyramidal [pɪˈræmɪdəl] adj. piramidal; ~ *projection* projecção piramidal
pyramidally [pɪˈræmɪdəlɪ] adv. em pirâmide
Pyramus ['pɪrəməs] s. MITOLOGIA Píramo
pyrargyrite [paɪˈrɑːdʒɪraɪt] s. MINERALOGIA pirargirite
pyre ['paɪə] s. pira funerária
pyrene ['paɪriːn] s. QUÍMICA pirene
Pyrenean [pɪrəˈniːən] adj. pirenaico; relativo aos Pirenéus ❖ ~ *dog* cão dos Pirenéus
Pyrenees [ˌpɪrəˈniːz] s.top. Pirenéus
pyrethrum [paɪˈriːθrəm] s. BOTÂNICA píretro
pyretic [paɪˈretɪk] adj. MEDICINA pirético
pyrex ['paɪəreks] Ⓐ s. pirex Ⓑ adj. de/em pirex
pyrexia [paɪˈreksɪə] s. MEDICINA pirexia, estado febril
pyrexial [paɪˈreksɪəl] adj. MEDICINA piréxico
pyridoxine [ˌpɪrɪˈdɒksɪn] s. BIOQUÍMICA piridoxina
pyriform ['paɪrɪfɔːm] adj. BOTÂNICA piriforme, com forma de pêra
pyrites [paɪˈraɪtiːz] s. MINERALOGIA pirite ❖ MINERALOGIA *copper* ~ calcopirite
pyritic [paɪˈrɪtɪk] adj. MINERALOGIA piritoso
pyritiferous [ˌpaɪrɪˈtɪfərəs] adj. MINERALOGIA piritífero
pyritous ['paɪrɪtəs] adj. MINERALOGIA piritoso
pyro ['paɪərəʊ] s. [coloq.] pirogalhol, ácido pirogálhico (usado como revelador em fotografia)
pyro-carbonate [ˌpaɪərəʊˈkɑːbənɪt] s. revelador fotográfico à base de ácido pirogálhico e carbonato de soda
pyrocatechin [ˌpaɪərəʊˈkætɪtʃɪn] s. QUÍMICA pirocatechina, pirocatequina
pyroelectric [ˌpaɪərəʊˈlektrɪk] adj. piroeléctrico
pyroelectricity [ˌpaɪərəʊlekˈtrɪsɪtɪ] s. piroelectricidade
pyrogallate [ˌpaɪərəʊˈɡælɪt] s. QUÍMICA pirogalhato, pirogalato
pyrogallic [ˌpaɪərəʊˈɡælɪk] adj. QUÍMICA pirogálico; ~ *acid* ácido pirogálico

pyrogallol [ˌpaɪərəʊˈɡælɒl] s. QUÍMICA pirogalhol
pyrogenetic [ˌpaɪərəʊdʒɪˈnetɪk] adj. pirogenético
pyrogenous [paɪˈrɒdʒɪnəs] adj. pirogéneo
pyrographer [paɪˈrɒɡrəfə] s. pirogravador, artista em pirogravura
pyrography [paɪˈrɒɡrəfɪ] s. ⇒ **pyrogravure**
pyrogravure [ˌpaɪərəʊɡrəˈvjʊə] s. pirogravura
pyrola ['paɪrələ] s. BOTÂNICA pírola
pyrolater [paɪˈrɒlətə] s. pirólatra
pyrolatry [paɪˈrɒlətrɪ] s. pirolatria
pyroligneous [ˌpaɪərəʊˈlɪɡnɪəs] adj. QUÍMICA pirolenhoso; ~ *acid* ácido pirolenhoso
pyrolignite [ˌpaɪərəʊˈlɪɡnaɪt] s. QUÍMICA pirolenhite
pyrolusite [ˌpaɪərəʊˈljuːsaɪt] s. MINERALOGIA pirolusite
pyrolysis [paɪˈrɒləsɪz] s. pirólise
pyromania [ˌpaɪərəʊˈmeɪnɪə] s. piromania, monomania incendiária
pyromaniac [ˌpaɪərəʊˈmeɪnɪæk] s. piromaníaco
pyrometer [paɪˈrɒmɪtə] s. FÍSICA pirómetro
pyrometric [ˌpaɪərəʊˈmetrɪk] adj. pirométrico
pyrometrical [ˌpaɪərəʊˈmetrɪkəl] adj. pirométrico
pyrometry [paɪˈrɒmɪtrɪ] s. FÍSICA pirometria
pyromorphite [ˌpaɪərəʊˈmɔːfaɪt] s. MINERALOGIA piromorfite
pyrope ['paɪərəʊp] s. MINERALOGIA piropo, variedade alumino--magnésica das granadas
pyrophorous [paɪˈrɒfərəs] s. QUÍMICA, ZOOLOGIA piróforo
pyrophosphate [ˌpaɪərəʊˈfɒsfeɪt] s. QUÍMICA pirofosfato

pyrophyllite [ˌpaɪərəʊˈfɪlaɪt] s. MINERALOGIA pirofilite
pyroscope [ˈpaɪərəʊskəʊp] s. piroscópio
pyrosis [paɪˈrəʊsɪs] s. MEDICINA pirose, sensação de ardor retrosternal
pyrosphere [ˈpaɪrəsfɪə] s. GEOLOGIA pirosfera
pyrotechnic [ˌpaɪərəʊˈteknɪk] adj. 1 pirotécnico; 2 [fig.] brilhante
❖ ~ *display* fogo-de-artifício
pyrotechnical [ˌpaɪərəʊˈteknɪkəl] adj. ⇒ **pyrotechnic**
pyrotechnics [ˌpaɪərəʊˈteknɪks] s. pirotecnia
pyrotechnist [ˌpaɪərəʊˈteknɪst] s. pirotécnico
pyrotechny [ˈpaɪərəʊteknɪ] s. ⇒ **pyrotechnics**
pyroxene [ˈpaɪrɒksiːn] s. MINERALOGIA piroxena
pyroxyle [paɪˈrɒksɪl] s. QUÍMICA piróxilo, piróxila
pyroxylin [paɪˈrɒksɪlɪn] s. QUÍMICA piroxilina
pyroxyline [paɪˈrɒksɪlɪn] s. QUÍMICA piroxilina
pyrrhic [ˈpɪrɪk] Ⓐ adj. pirríquio Ⓑ s. pirríquio, pé pirríquio
Pyrrhic [ˈpɪrɪk] Ⓐ adj. pírrico; relativo a Pirro Ⓑ s. pírrica, dança pírrica
Pyrrho [ˈpɪrəʊ] s.antr. Pirro
Pyrrhonian [pɪˈrəʊnɪən] adj.,s. ⇒ **pyrrhonic**
Pyrrhonic [pɪˈrɒnɪk] adj.,s. pirrónico
Pyrrhonism [ˈpɪrəʊnɪzəm] s. FILOSOFIA pirronismo
Pyrrhonist [ˈpɪrənɪst] adj.,s. FILOSOFIA pirronista

pyrrhotine [ˈpɪərəʊtaɪn] s. MINERALOGIA pirrotina
pyrrhotite [ˈpɪərəʊtaɪt] s. MINERALOGIA pirrotite
pyrus [ˈpaɪrəs] s. BOTÂNICA piro
pyruvic [paɪˈruːvɪk] adj. QUÍMICA pirúvico
Pythia [ˈpɪθɪə] s. MITOLOGIA Pítia
Pythiad [ˈpɪθɪæd] s. pitíada, espaço de quatro anos, na antiga Grécia, que decorria entre duas celebrações dos jogos píticos
python [ˈpaɪθən] s. ZOOLOGIA pitão, píton, nome dado aos répteis ofídios da família dos Boídeos
Python [ˈpaɪθən] s. MITOLOGIA Píton
pythoness [ˈpaɪθənes] s.f. ⟨pl. -es⟩ pitonisa
pythonic [paɪˈθɒnɪk] adj. pitónico; relativo a pitão
pyuria [ˈpaɪjʊərɪə] s. MEDICINA piúria, emissão de pus misturado na urina
pyx [pɪks] s. ⟨pl. -es⟩ 1 píxide, vaso onde se guardam as hóstias ou partículas consagradas; 2 caixa onde se conservam, na Casa da Moeda em Londres, as moedas de ouro e prata destinadas a verificação
pyxidium [pɪkˈsɪdɪəm] s. ⟨pl. -ia⟩ BOTÂNICA pixídio
pyxis [ˈpɪksɪs] s. ⟨pl. -ides⟩ 1 caixa pequena, estojo, escrínio; 2 ⇒ **pyxidium**
pzazz [pəˈzɑːz] s. ⇒ **pizzazz**

Q

q [kju:] s. (pl. **-s** ou **-'s**) (letra) q, Q ❖ *Q-ship/Q-boat* barco-mistério; barco disfarçado para a luta anti-submarina; *on the q* em segredo; às escondidas; confidencialmente

Q Ⓐ (xadrez) [abrev. de queen] Ⓑ [abrev. de question] Ⓒ FÍSICA [abrev. de heat]

Qatar [ˈkætɑː] s.top. Catar, Qatar

Qatari [ˈkætɑːrɪ] Ⓐ adj. do Qatar Ⓑ s. habitante ou natural do Qatar

QB Ⓐ DIREITO [abrev. de Queen's Bench] Ⓑ (xadrez) [abrev. de queen's bishop]

QC Ⓐ [abrev. de Queen's College] Ⓑ DIREITO [abrev. de Queen's Counsel]

Qd [abrev. de quasi dicat (as if he should say)]

q.e. [abrev. de quod est (which is)]

QED [abrev. de quod erat demonstrandum (which was to be shown)]

QEF [abrev. de quod erat faciendum (which was to be done)]

QEI [abrev. de quod erat inveniendum (which was to be found out)]

QHC [abrev. de Honorary Chaplain to the Queen]

QHDS [abrev. de Honorary Dental Surgeon to the Queen]

QHP [abrev. de Honorary Physician to the Queen]

QHS [abrev. de Honorary Surgeon to the Queen]

q.l. MEDICINA [abrev. de quantum libet (as much as you like)]

QM MILITAR [abrev. de quartermaster]

QMG MILITAR [abrev. de Quartermaster General]

q.pl. MEDICINA [abrev. de quantum placet (as much as you please)]

qr. Ⓐ [abrev. de quarter] Ⓑ [abrev. de quarterly] Ⓒ [abrev. de quire]

q.s. [abrev. de quantum sufficit (as much as suffices)]

QS DIREITO [abrev. de Quarter Sessions]

qt Ⓐ [abrev. de quart] Ⓑ [abrev. de quantity]

q.t. [abrev. de quiet]

Q-tip [ˈkjuːtɪp] s. cotonete

qto [abrev. de quarto (folded in four)]

qu. Ⓐ [abrev. de queen] Ⓑ [abrev. de query] Ⓒ [abrev. de question]

qua [kweɪ] conj. na qualidade de, como, enquanto; *I'm writing to you not ~ minister, but ~ friend* escrevo-lhe não na qualidade de ministro, mas como amigo

quack [kwæk] Ⓐ s. 1 quá-quá, grasnido de pato; 2 (pessoa) charlatão; impostor; 3 curandeiro Ⓑ v.tr.,intr. 1 (pato) grasnar; fazer quá-quá; 2 [fig.] (irritação, tolice, pretensão) grasnar_fig_; 3 actuar como charlatão ou curandeiro; impingir, apregoar como charlatão, gabar excessivamente ❖ *~ remedy* remédio dado por charlatão; remédio de curandeiro

quackery [ˈkwækərɪ] s. (pl. **-ies**) 1 charlatanismo, charlatanice; 2 imposturice

quackish [ˈkwækɪʃ] adj. de charlatão, próprio de charlatão

quad [kwɒd] s. 1 [coloq.] ⇒ **quadrangle**; 2 TIPOGRAFIA ⇒ **quadrat**; 3 ⇒ **quod** ❖ *~ bike* motoquatro

quadrable [ˈkwɒdrəbəl] adj. MATEMÁTICA susceptível de quadratura

quadragenarian [ˌkwɒdrədʒɪˈneərɪən] adj.,s. quadragenário

Quadragesima [ˌkwɒdrəˈdʒesɪmə] s. domingo de Quadragésima

quadragesimal [ˌkwɒdrəˈdʒesɪməl] adj. quadragesimal

quadrangle [ˈkwɒdræŋgəl] s. 1 quadrângulo, quadrilátero, figura quadrangular; 2 pátio, relvado rodeado por edifícios; 3 (Oxford) pátio relvado de forma quadrangular

quadrangular [kwɒˈdræŋgjʊlə] adj. quadrangular; *~ prism* prisma quadrangular

quadrant [ˈkwɒdrənt] s. 1 quadrante; 2 oitante

quadrat [ˈkwɒdrət] s. TIPOGRAFIA quadratim

quadrate[1] [ˈkwɒdreɪt, ˈkwɒdrɪt] adj.,s. 1 quadrado; espaço ou área em forma de quadrado; 2 rectângulo, espaço rectangular; 3 MATEMÁTICA número quadrado; 4 músculo ou osso quadrado

quadrate[2] [kwɒˈdreɪt] v.tr.,intr. 1 tomar quadrado; 2 reduzir ao quadrado; 3 quadrar [**with**, com]

quadratic [kwɒˈdrætɪk] Ⓐ adj. 1 quadrático; 2 quadrado; 3 MATEMÁTICA do segundo grau; *~ equation* equação do segundo grau Ⓑ s. 1 MATEMÁTICA equação do segundo grau; 2 pl. parte da álgebra que trata das equações do segundo grau

quadratrix [kwɒˈdreɪtrɪks] s. (pl. **-ices**) GEOMETRIA quadratriz

quadrature [ˈkwɒdrətʃə] s. MATEMÁTICA quadratura; *~ of the circle* quadratura do círculo

quadrennial [kwɒˈdrenɪəl] adj. quatrenial

quadrennially [kwɒˈdrenɪəlɪ] adv. quatrenialmente, de quatro em quatro anos

quadribasic [ˌkwɒdrɪˈbeɪsɪk] adj. QUÍMICA quadribásico

quadric [ˈkwɒdrɪk] adj. GEOMETRIA quádrico

quadricuspid [ˌkwɒdrɪˈkʌspɪd] adj. quadricúspide

quadricuspidate [ˌkwɒdrɪˈkʌspɪdɪt] adj. ⇒ **quadricuspid**

quadridentate [ˌkwɒdrɪˈdentɪt] adj. BOTÂNICA quadridentado

quadridigitate [ˌkwɒdrɪˈdɪdʒɪtɪt] adj. ZOOLOGIA quadridigitado

quadrifid [ˈkwɒdrɪfɪd] adj. BOTÂNICA quadrifídeo

quadrifoliate [ˌkwɒdrɪˈfəʊlɪɪt] adj. BOTÂNICA quadrifoliado

quadriform [ˈkwɒdrɪfɔːm] adj. 1 quadriforme; 2 produzido pela combinação de quatro formas cristalinas

quadriga [kwəˈdriːgə, kwəˈdraɪgə] s. quadriga, carro de duas rodas tirado a quatro cavalos

quadrigeminal [ˌkwɒdrɪˈdʒemɪnəl] adj. ANATOMIA quadrigémeo, quadrigémino

quadrilateral [ˌkwɒdrɪˈlætərəl] Ⓐ adj. quadrilateral, quadrilátero Ⓑ s. quadrilátero

quadrilingual [ˌkwɒdrɪˈlɪŋgwəl] adj. em quatro línguas

quadrille [kwəˈdrɪl] s. 1 quadrilha; 2 dança em que os dançarinos se encontram formados em grupos de quatro; 3 contradança de salão; 4 música para este tipo de dança; 5 antigo jogo de cartas, vulgar no séc. XVIII

quadrillion [kwɒˈdrɪljən] s. 1 quatrilião; 2 [EUA] mil biliões

quadrilobate [ˌkwɒdrɪˈləʊbɪt] adj. BOTÂNICA quadrilobado

quadrinomial [ˌkwɒdrɪˈnəʊmɪəl] adj. MATEMÁTICA relativo a quadrinómio

quadripartite [ˌkwɒdrɪˈpɑːtaɪt] adj. quadripartido, quadrífido

quadripartition [ˌkwɒdrɪpɑːˈtɪʃən] s. quadripartição

quadriplegia [ˌkwɒdrɪˈpliːdʒə, ˌkwɒdrɪˈpliːdʒɪə] s. tetraplegia

quadriplegic [ˌkwɒdrɪˈpliːdʒɪk] adj.,s. tetraplégico

quadrisyllabic [ˌkwɒdrɪsɪˈlæbɪk] adj. quadrissilábico

quadrisyllable [ˌkwɒdrɪˈsɪləbəl] s. quadrissílabo

quadrivalence [ˌkwɒdrɪˈveɪləns] s. quadrivalência, tetravalência

quadrivalent [ˌkwɒdrɪˈveɪlənt] adj. QUÍMICA quadrivalente, tetravalente

quadrivalve [ˈkwɒdrɪvælv] adj. quadrivalve

quadrivalvular [ˌkwɒdrɪˈvælvjʊlə] adj. quadrivalvular

quadrivium [kwɒˈdrɪvɪəm] s. quadrívio, quadrívium, nome dado na Idade Média ao conjunto constituído pela aritmética, geometria, música e astronomia

quadroon [kwɒˈdruːn] s. (ofensivo) descendente de branco e mulato; pessoa com um quarto de sangue negro; quarteirão

quadrumana [kwɒˈdruːmənə] s.pl. quadrúmanos, antiga divisão dos mamíferos

quadrumanous [kwɒˈdruːmənəs] adj. quadrúmano

quadruped [ˈkwɒdrʊped] adj.,s. quadrúpede
quadrupedal [kwɒˈdruːpɪdəl] adj. quadrúpede
quadruplane [ˈkwɒdrʊpleɪn] s. avião com quatro planos de asas
quadruple [ˈkwɒdrʊpəl] Ⓐ adj.,s. quádruplo; *twelve is the ~ of three* doze é o quádruplo de três Ⓑ v.tr.,intr. quadruplicar
quadruplet [ˈkwɒdrʊplɪt, ˈkwɒdrʊplet] s. 1 bicicleta para quatro pessoas; 2 pl. quadrigémeos, grupo de quatro gémeos
quadruplex [ˈkwɒdrʊpleks] Ⓐ adj. quádruplo Ⓑ s. quádruplex
quadruplicate[1] [kwɒˈdruːplɪkeɪt] v.tr. 1 multiplicar por quatro, quadruplicar; 2 tirar quatro exemplares de
quadruplicate[2] [kwɒˈdruːplɪkɪt] adj.,s. quadruplicado; *in ~* em quadruplicado
quadruplication [ˌkwɒdruːplɪˈkeɪʃən] s. quadruplicação
quadrupling [ˈkwɒdrʊplɪŋ] s. quadruplicação
quadruply [ˈkwɒdrʊplɪ] adv. de uma maneira quádrupla, quadruplamente
quads [ˈkwɒdz] s.pl. [coloq.] ⇒ **quadruplets**
quaestor [ˈkwiːstə] s. questor (magistrado na antiga Roma)
quaestorial [kwiːsˈtɔːrɪəl] adj. questoriano; relativo a questor
quaestorship [ˈkwiːstəʃɪp] s. questorado, função ou jurisdição de questor
quaff [ˈkwɒf, ˈkwɑːf] Ⓐ s. 1 trago, gole; 2 golada Ⓑ v.tr.,intr. 1 beber em largos goles, beber a grandes tragos; 2 esvaziar dum trago
quaffer [ˈkwɒfə] s. beberrão, grande bebedor, indivíduo que bebe a grandes tragos
quag [ˈkwæg, ˈkwɒg] s. atoleiro, lameiro, charco, pântano
quagga [ˈkwægə] s. ZOOLOGIA quaga, espécie de cavalo selvagem da África meridional
quaggy [ˈkwægɪ] adj. (comp. -ier, superl. -iest) lamacento, pantanoso, alagadiço, lodoso
quagmire [ˈkwægmaɪə, ˈkwɒgmaɪə] s. 1 charco, paul, lamaçal, atoleiro, pântano; 2 [fig.] (situação) atoleiro; pântano
quaich [ˈkweɪk] s. quaigue, vaso de madeira utilizado pelos Escoceses em vez de copos de vidro
quaigh [kweɪx] s. ⇒ **quaich**
quail [ˈkweɪl] Ⓐ s. ZOOLOGIA codorniz Ⓑ v.intr. 1 desanimar; *her heart quailed* faltou-lhe o ânimo, sentiu-se desanimar; 2 vacilar, titubear; 3 tremer; *to ~ at the thought of...* tremer perante a ideia de...; 4 retrair-se; intimidar-se; 5 perder o ânimo; 6 recuar ❖ *~ call/~ pipe* som ou chamamento imitador da codorniz empregado como armadilha para codornizes; *~ net* armadilha para codornizes
quaint [kweɪnt] adj. 1 pitoresco; típico; engraçado; *a ~ old village* uma aldeiazinha pitoresca; 2 singular, estranho, bizarro, exótico, excêntrico, curioso, peculiar, original; *a ~ person* uma pessoa singular, curiosa; *a ~ style* um estilo original
quaintly [ˈkweɪntlɪ] adv. 1 duma maneira singular ou estranha; 2 bizarramente; 3 exoticamente; 4 excentricamente; 5 pitorescamente
quaintness [ˈkweɪntnɪs] s. 1 aspecto estranho ou bizarro; 2 excentricidade; 3 singularidade
quake [kweɪk] Ⓐ s. 1 abalo; 2 estremecimento, tremor; 3 terramoto, tremor de terra Ⓑ v.intr. 1 tremer; *to ~ with cold* tremer de frio; *to ~ with fear* tremer de medo; *the earth quaked* a terra tremeu; 2 oscilar; 3 estremecer; 4 não estar firme
quaker [ˈkweɪkə] s. pessoa medrosa, pessoa que treme
Quaker [ˈkweɪkə] adj.,s. RELIGIÃO quaker, quacre ❖ *~ City* a cidade de Filadélfia; *~ gun* canhão falso, simulado; *~ meeting/Quaker's meeting* reunião ou assembleia de quacres; [fig.] qualquer reunião onde pouco se fala; *~ oats* designação comercial de tipo de aveia
Quakeress [ˈkweɪkərɪs] fem. de **Quaker**
quakerish [ˈkweɪkərɪʃ] adj. próprio dos quacres; relativo aos quacres
quakerism [ˈkweɪkərɪzəm] s. RELIGIÃO quacrismo, quaquerismo
quaking [ˈkweɪkɪŋ] Ⓐ adj. tremente; que treme Ⓑ s. 1 estremecimento; 2 tremor; 3 abalo ❖ BOTÂNICA *~ grass* bole-bole; bule-bule; brisa
quaky [ˈkweɪkɪ] adj. 1 que treme, tremente; 2 receoso
quale [ˈkweɪliː] s. (pl. **qualia**) característica, qualidade, propriedade

qualifiable [ˈkwɒlɪfaɪəbəl] adj. qualificável
qualification [ˌkwɒlɪfɪˈkeɪʃən] s. 1 capacidade; competência; aptidão; 2 requisito; *to have the necessary qualifications for...* reunir os requisitos necessários para...; 3 limitação, restrição, reserva; *such a statement cannot be accepted without ~* é o tipo de afirmação que não pode ser encarado sem alguma reserva; 4 modificação; 5 pl. habilitações; *academic qualifications* habilitações académicas
qualificative [ˈkwɒlɪfɪkətɪv] adj.,s. 1 qualificativo; 2 palavra ou frase qualificativa
qualificator [ˈkwɒlɪfɪkeɪtə] s. qualificador, qualificador do Santo Ofício
qualificatory [ˈkwɒlɪfɪkətərɪ, ˈkwɒlɪfɪkeɪtərɪ] adj. qualificativo
qualified [ˈkwɒlɪfaɪd] adj. 1 qualificado, com as qualidades necessárias; 2 com as habilitações necessárias; *to be ~ for sth/to be ~ to do sth* ter as habilitações necessárias para algo; 3 idóneo; 4 competente; *~ person* pessoa competente; 5 condicional, com reserva, com restrições; *~ acceptance* aceitação condicional, aceitação sob reserva ❖ DIREITO *~ to* capaz de; com as condições necessárias para; *in a ~ sense* em certo sentido
qualifier [ˈkwɒlɪfaɪə] s. 1 LINGUÍSTICA qualificativo; 2 reserva, limitação, restrição
qualify [ˈkwɒlɪfaɪ] v.tr.,intr. 1 habilitar, tornar apto; *to ~ a person for sth* habilitar uma pessoa para qualquer coisa; 2 habilitar-se, preparar-se, obter os necessários requisitos; *to ~ oneself for a job* preparar-se para determinada função, munir-se das habilitações necessárias para determinada função; 3 qualificar; *adjectives ~ nouns* os adjectivos qualificam os substantivos; 4 descrever; classificar; *he was qualified as an ambititious man* descreveram-no como sendo ambicioso; 5 limitar, restringir, moderar, modificar, atenuar, introduzir reservas em; 6 prestar as provas necessárias; 7 DESPORTO classificar-se; 8 [coloq.] (bebida) reforçar; *a cup of coffee qualified with brandy* um café com um cheirinho de aguardente
qualifying [ˈkwɒlɪfaɪɪŋ] adj. 1 qualificador, qualificativo; 2 modificador; 3 classificatório; 4 restritivo, que implica reserva ou restrição; 5 eliminatório; 6 (exame) de qualificação; *~ examination* exame de aptidão, exame de admissão ❖ DESPORTO *~ round* eliminatória
qualitative [ˈkwɒlɪtətɪv] adj. qualitativo ❖ QUÍMICA *~ analysis* análise qualitativa
qualitatively [ˈkwɒlɪtətɪvlɪ] adv. qualitativamente
quality [ˈkwɒlɪtɪ] s. (pl. -ies) 1 qualidade; *an excellent ~ of wine* um vinho de óptima qualidade; *first-quality wool* lã de primeira qualidade; *of the best ~* da melhor qualidade; *to have ~* ter qualidade, ser muito bom; 2 atributo; característica; predicado; 3 propriedade; 4 valor; mérito; 5 faculdade, capacidade, dote; 6 natureza; índole; 7 excelência; 8 distinção, elegância; 9 (voz, som) timbre; 10 [arc.] alta posição social; *a lady of ~* uma senhora da alta sociedade ❖ *~ control* controlo de qualidade; *~ meat* carne de primeira qualidade; *~ of life* qualidade de vida; *~ matters more than quantity* a qualidade importa mais que a quantidade; *give a taste of your quality!* mostre lá do que é capaz!; *to have bad qualities* ter defeitos
qualm [ˈkwɑːm, ˈkwɑːlm] s. 1 escrúpulo; dúvida; *qualms of conscience* escrúpulos, remorsos; *he had no qualms in telling them that...* ele não hesitou em dizer-lhes que...; 2 apreensão; ansiedade; *she feels no qualms about the future* ela não encara o futuro com apreensão; 3 enjoo; náusea; 4 tontura, vertigem
qualmish [ˈkwɑːmɪʃ] adj. 1 com sensação de enjoo; 2 com tonturas ou vertigens; 3 com apreensões; 4 inquieto
qualmishly [ˈkwɑːmɪʃlɪ] adv. 1 preocupadamente, apreensivamente; 2 com enjoo ou tonturas
qualmishness [ˈkwɑːmɪʃnɪs] s. 1 sensação de náusea ou enjoo; 2 escrúpulo, sensação de remorso
qualmless [ˈkwɑːmləs] adj. 1 sem sofrimento, mal-estar ou náuseas; 2 sem apreensões; 3 sem escrúpulos
qualmy [ˈkwɑːmɪ] adj. ⇒ **qualmish**
quamoclit [ˈkwæməklɪt] s. BOTÂNICA quamoclite
quandary [ˈkwɒndərɪ] s. (pl. -ies) 1 dilema; 2 incerteza; 3 perplexidade; 4 situação difícil; 5 embaraço ❖ *to be in a ~* estar hesitante; não saber o que fazer

quant ['kwɒnt, 'kwænt] Ⓐ s. vara comprida para impelir um barco Ⓑ v.tr.,intr. impelir (barco) com vara comprida
quanta ['kwɒntə] pl. de **quantum**
quantic ['kwɒntɪk] s. MATEMÁTICA quântica, forma
quantifiable [,kwɒntɪ'faɪəbəl] adj. quantificável
quantification [,kwɒntɪfɪ'keɪʃən] s. quantificação
quantifier ['kwɒntɪfaɪə] s. LINGUÍSTICA, MATEMÁTICA quantificador
quantify ['kwɒntɪfaɪ] v.tr. 1 LÓGICA quantificar; 2 determinar a quantidade de, exprimir como quantidade
quantitative ['kwɒntɪtətɪv] adj. 1 quantitativo; ~ *measurement* medição quantitativa; 2 (poesia) baseado na quantidade das vogais
quantitatively ['kwɒntɪtətɪvlɪ] adv. quantitativamente
quantity ['kwɒntɪtɪ] s. (pl. **-ies**) 1 quantidade; ~ *of electricity/heat* quantidade de electricidade/calor; *he prefers quality to* ~ à quantidade ele prefere a qualidade; *mathematics is the science of pure* ~ a matemática é a ciência da quantidade pura; 2 número; 3 soma; 4 grandeza; 5 LINGUÍSTICA quantidade; 6 pl. grandes quantidades; abundância; *a* ~ *of* um grande número de; *in* ~ em grandes quantidades; *they had quantities of rain last month* tiveram muita chuva no mês passado ❖ ~ *discharged* volume de descarga; LINGUÍSTICA (sobre sílabas) ~ *mark* sinal de quantidade; ~ *passing* vazão; ~ *production* produção em série; *an unknown* ~ incógnita; pessoa cujas acções constituem uma incógnita, ELECTRICIDADE *connected in* ~ ligação em paralelo; LÓGICA *extensive* ~ extensão; LÓGICA *intensive* ~ compreensão; [coloq.] *he is a negligible* ~ ele é um zero à esquerda
quantum ['kwɒntəm] Ⓐ s. (pl. **-a**) 1 quantidade; 2 porção, parte, fracção; 3 FÍSICA quantum Ⓑ adj. FÍSICA quântico ❖ (grande progresso) ~ *leap* salto em frente; ~ *physics* física quântica; ~ *theory* teoria dos quanta
quaquaversal [,kweɪkwə'vɜːsəl] adj. GEOLOGIA em todos os sentidos
quarantine ['kwɒrəntiːn] Ⓐ s. 1 quarentena; *to keep in* ~ pôr de quarentena; *to perform one's* ~/*to remain in* ~ ficar de quarentena; 2 espaço de quarenta dias Ⓑ v.tr.,intr. 1 pôr de quarentena; 2 ficar em quarentena ❖ NÁUTICA ~ *flag* bandeira de quarentena; ~ *inspection* revista de quarentena; ~ *station* local onde os navios ficam de quarentena
quark [kwɑːk] s. FÍSICA quark
quarrel ['kwɒrəl] Ⓐ s. 1 discussão; *to have a* ~ *about sth* ter uma discussão sobre/por causa de algo; *to pick up a* ~ *with* provocar uma discussão com; 2 altercação; desavença; rixa; 3 motivo de queixa; *he has no* ~ *against me* ele não tem motivo de queixa contra mim; 4 [ant.] (seta de ferro curta) quadrelo Ⓑ v.intr. (particípios: -ll-) 1 discutir; *to* ~ *with sb about sth* discutir com alguém por causa de alguma coisa; *he is bent on quarrelling* está sempre a procurar questões; *they are perpetually quarrelling* andam sempre a discutir; 2 brigar; 3 censurar, queixar-se de; *to* ~ *with sth* queixar-se de alguma coisa; *to* ~ *with one's bread and butter* queixar-se da sua própria profissão, agir contra os seus próprios interesses ❖ ~ *picker* indivíduo brigão, conflituoso; *to fight another person's* ~ *for him* auxiliar alguém para que lhe seja feita justiça; *to fight in a good* ~ lutar por uma causa justa; *to find quarrels in a straw* discutir por tudo e por nada; *to make up one's* ~ fazer as pazes; *to take up another's* ~ tomar o partido de alguém
quarreller ['kwɒrələ] s. brigão, pessoa conflituosa, sempre a tentar arranjar discussões
quarrelling ['kwɒrəlɪŋ] Ⓐ adj. brigão, conflituoso, dado a questões Ⓑ s. 1 discussão; 2 rixa, briga
quarrelsome ['kwɒrəlsəm] adj. 1 dado a questões, brigão, briqueiro, conflituoso; 2 irascível
quarrelsomely ['kwɒrəlsəmlɪ] adv. 1 duma maneira conflituosa; 2 com um modo irascível; 3 como que a provocar questões
quarrelsomeness ['kwɒrəlsəmnɪs] s. 1 maneira de ser conflituosa; 2 irascibilidade; 3 tendência para provocar questões
quarrier ['kwɒrɪə] s. cabouqueiro, indivíduo que trabalha em pedreiras
quarry ['kwɒrɪ] Ⓐ s. (pl. **-ies**) 1 pedreira; *a slate* ~ uma pedreira de lousa; *open* ~ pedreira a céu aberto; 2 [fig.] fonte de informação; *his letters are a* ~ *of information* as cartas dele são uma fonte de informação; 3 ladrilho; pedra de calçada; ~ *stone* pedra de cantaria; 4 chapa de vidro em forma de losango; 5 caça perseguida por caçadores, cães, etc.; 6 [fig.] perseguido; objecto de perseguição; presa; vítima; *to become the* ~ *of* ser perseguido por, tornar-se o objecto de perseguição de Ⓑ v.tr.,intr. 1 (pedra) extrair de uma pedreira; 2 abrir pedreira em; 3 investigar laboriosamente; buscar informação em livros, velhos documentos, etc.; *to* ~ *in old documents* esquadrinhar velhos documentos
◆**quarry out** v.tr. (pedra) extrair
quarrying ['kwɒrɪɪŋ] s. 1 exploração de pedreiras; 2 extracção de pedra (de pedreiras); 3 investigação (em velhos documentos, livros, etc.)
quarryman ['kwɒrɪmən] s. (pl. **-men**) cabouqueiro, trabalhador em pedreiras
quart[1] [kwɔːt] s. 1 medida de capacidade igual a um quarto de galão; 2 recipiente equivalente a um quarto de galão ❖ (vinho ou licor) ~ *bottle* garrafa de cerca de um sexto de galão; *to put a* ~ *into a pint pot* tentar o impossível; procurar que o mais pequeno contenha o maior
quart[2] [kɑːt] Ⓐ s. 1 DESPORTO (esgrima) quarta, nome de uma das oito paradas simples; 2 (jogos de cartas) série de quatro cartas do mesmo naipe em determinados jogos; ~ *major* ás, rei, rainha, valete Ⓑ v.tr.,intr. 1 DESPORTO (esgrima) empregar a posição de quarta; 2 recuar a cabeça nessa posição ❖ ~ *and tierce* prática de esgrima
quartan ['kwɔːtən] adj.,s. MEDICINA (febre) quartã; ~ *fever* quartã, febre quartã
quartation [kwɔː'teɪʃən] s. quartação, inquartação, liga metálica de três partes de prata com uma de ouro
quarte ['kɑːt] s. DESPORTO (esgrima) quarta, posição em esgrima
quarter ['kwɔːtə] Ⓐ s. 1 quarto, quarta parte; *a* ~ *of a mile* um quarto de milha; *he is not a* ~ *finished with his work* ele ainda não fez a quarta parte do trabalho; *the bottle was only* ~ *full* a garrafa só estava um quarto cheia; *to divide sth into quarters* dividir qualquer coisa em quartos; *you can get that for a* ~ *the price*/*you can get that a* ~ *of the price*/*you can get that for* ~ *the price* podes arranjar isso pela quarta parte do preço; 2 (tempo) quarto de hora; ~ *hourly* de quarto em quarto de hora; *it's a* ~ *past three* são três e um quarto, são três horas e quinze minutos; *it's a* ~ *to three* são três menos um quarto; *this clock strikes the quarters* este relógio bate os quartos de hora; 3 (ano) trimestre; *she pays her rent at the end of each* ~ ela paga a renda no fim de cada trimestre; *to pay by the* ~ pagar ao trimestre; 4 (carne) quarto; ~ *of mutton* quarto de carneiro; 5 [EUA] (quarto de dólar) vinte e cinco cêntimos; 6 (Lua) quarto; *moon at the first* ~ Lua no quarto crescente; 7 (medida) quarta parte de uma tonelada; 8 (medida) quarta parte de um quintal, 28 libras-peso; 9 (cidade) bairro; quarteirão; zona; *the residential* ~ *of a town* os bairros residenciais de uma cidade; 10 quadrante; lado; direcção; *from all quarters*/*from every* ~ de todas as direcções; *no help can be expected from that* ~ desse lado não há nada a esperar; *people arrived from all quarters* chegou gente de todos os lados; *we have travelled in every* ~ *of the globe* viajámos por todos os cantos do mundo; 11 origem, procedência; *I got the news from a good* ~ recebi as notícias de boa fonte; 12 [fig.] quartel, abrigo, descanso, tréguas; *to ask for* ~ pedir quartel, pedir misericórdia; *to give* ~ dar quartel, conceder tréguas; 13 pessoa ou lugar onde qualquer coisa pode ser obtida; 14 NÁUTICA quarto da ré; 15 pl. instalações; *in close quarters* num espaço acanhado, numa casa ou quarto muito acanhado; *to live in close quarters* viver em casa ou quarto muito acanhado; *to shift one's quarters* mudar de residência; *to take up one's quarters* instalar-se; 16 pl. alojamento, quartéis; *the army went into winter quarters* o exército recolheu aos quartéis de Inverno; 17 pl. NÁUTICA, MILITAR postos de combate; *in high quarters* nos postos elevados, nos postos dirigentes; *all hands to quarters!* aos seus postos! Ⓑ v.tr.,intr. 1 dividir em quartos; dividir em quatro partes iguais; *to* ~ *a pear* cortar uma pêra em quatro partes; 2 cortar aos quartos, esquartejar; 3 MILITAR aquartelar, acantonar, arranjar alojamentos para tropas; *the troops were quartered on the inhabitants* as tropas ficaram aboletadas

em casas particulares; **4** instalar; *he was quartered with a very nice family* ficou instalado em casa de uma família muito simpática; **5** NÁUTICA indicar os postos a ocupar; **6** (Lua) entrar em novo quarto; **7** HERÁLDICA esquartelar ❖ *~ bell* campainha que toca aos quartos de hora; *~ bend* curva de 90°; *~ binding* lombada de couro; encadernação com couro só na lombada; NÁUTICA *~ cloths* pavés; [arc.] *~ day* dia em que se pagam as rendas trimestrais (25 de Março, 24 de Junho, 29 de Setembro e 25 de Dezembro); *~ ladder* escada de popa/costado; NÁUTICA *~ netting* rede das trincheiras; MÚSICA *~ note* semínima; *~ sessions* tribunal de limitada jurisdição criminal e civil, que se reúne trimestralmente nos condados e burgos, sob a presidência de um juiz de paz ou outro magistrado inferior; [coloq.] *the ~* corrida de 400 jardas; *a bad ~ of an hour* um mau bocado; *at close quarters* perto; muito perto; *fair weather ~* lado exposto ao sol; *in responsible quarters* nos meios responsáveis; *it is not a ~ as good as it should be* está muito longe de ser o que deveria ser; *to come to close quarters* passar a vias de facto; *what ~ is the wind in?* de que lado sopra o vento?
quarterage ['kwɔːtərɪdʒ] *s.* **1** pagamento trimestral; **2** soldada ou salário pago por trimestre
quarterdeck ['kwɔːtədek] *s.* NÁUTICA tombadilho superior ❖ *~ ladder* escada do castelo da popa
quarterfinal ['kwɔːtəfaɪnəl] *s.* DESPORTO quarto de final
quartering ['kwɔːtərɪŋ] *s.* **1** divisão em quatro partes; **2** alojamento, aquartelamento; **3** instalação; **4** NÁUTICA designação dos postos a ocupar para combate; **5** (condenado, criminoso) esquartejamento; **6** HERÁLDICA esquarteladura ❖ *~ belt* correia semicruzada
quarterly ['kwɔːtəlɪ] Ⓐ *adj.* trimestral; *~ payments* pagamentos trimestrais Ⓑ *s.* publicação trimestral Ⓒ *adv.* **1** trimestralmente, todos os trimestres, por trimestre; **2** HERÁLDICA esquarteladamente
quartermaster ['kwɔːtəmɑːstə] *s.* **1** NÁUTICA contramestre; **2** MILITAR oficial encarregado da distribuição de víveres, vestuário e equipamento; *~ general* quartel-mestre, espécie de intendente-geral do exército
quartern ['kwɔːtən] *s.* **1** pão com cerca de dois quilos de peso; *~ loaf* pão com cerca de dois quilos de peso (ou quatro libras-peso); **2** [ant.] (medida) medida equivalente a um quarto de *pint, stone* ou onça
quarternate ['kwɔːtənɪt] *adj.* **1** quaternado; **2** disposto em grupos de quatro; **3** formado por quatro partes
quarterstaff ['kwɔːtəstɑːf] *s.* (*pl.* **-staves**) **1** bordão; **2** pau com cerca de 2 metros de comprimento, ferrado na ponta e primitivamente usado como arma de defesa ou ataque, ou ainda para exercícios desportivos ❖ *~ player* jogador de pau
quartet [kwɔːˈtet] *s.* MÚSICA quarteto
quartette [kwɔːˈtet] *s.* MÚSICA quarteto
quartic ['kwɔːtɪk] *s.* GEOMETRIA quártica
quartile ['kwɔːtaɪl] Ⓐ *adj.* ASTRONOMIA quartil Ⓑ *s.* aspecto quartil de dois astros
quarto ['kwɔːtəʊ] *s.* (livro) in-quarto
quartz ['kwɔːts] *s.* MINERALOGIA quartzo; *rose ~* quartzo róseo; *smoky ~* quartzo defumado ❖ *~ dust* quartzo em pó; *~ conglomerate* conglomerado de quartzo; RÁDIO *~ crystal filter* filtro de cristal de quartzo; *~ lamp* lâmpada de quartzo; *~ mining* exploração mineira de quartzo; *~ porphyry* pórfiro quartzoso; *~ rock* quartzite; quartzito; *~ sand* areia quartzífera; *~ slab* placa de quartzo
quartziferous [kwɔːtˈsɪfərəs] *adj.* quartzífero, quarcífero
quartzite ['kwɔːtsaɪt] *s.* quartzito, quartzita
quartzose ['kwɔːtsəʊs] *adj.* quartzoso
quasar ['kweɪzɑː] *s.* {contr. de **quasi-stellar object**} ASTRONOMIA quasar
quash ['kwɒʃ] *v.tr.* **1** DIREITO anular, revogar, invalidar, suprimir; **2** arquivar (processo); **3** extinguir, reprimir, subjugar, jugular, sufocar, pôr termo a
Quashee ['kwɒʃɪ] *s.* [arc.] negro, preto
quashing ['kwɒʃɪŋ] *s.* **1** DIREITO anulação, revogação; **2** acto de arquivar (processo); **3** repressão, jugulação, extinção
quasi ['kwɑːzɪ, 'kweɪsaɪ] *adj.,adv.* **1** quase, por pouca diferença, por assim dizer; *they were engaged in a ~ war* estavam envolvidos numa quase-guerra; **2** virtualmente, praticamente; *~ public* praticamente público
quassia ['kwɒʃə] *s.* BOTÂNICA quássia
quassin ['kwæsɪn] *s.* QUÍMICA quassina
quatercentenary [ˌkwætəsenˈtiːnərɪ] *s.* (*pl.* **-ies**) **1** quadricentenário, quadringentenário; **2** quarto centenário
quaterfoil ['kætəfɔɪl] *s.* ⇒ **quatrefoil**
quaternary [kwəˈtɜːnərɪ, 'kwɑːtɜːnerɪ] Ⓐ *adj.* quaternário; *~ steel* aço quaternário Ⓑ *s.* (*pl.* **-ies**) **1** série de quatro coisas; **2** o número quatro
Quaternary [kwəˈtɜːnərɪ, 'kwɑːtɜːnerɪ] Ⓐ *s.* GEOLOGIA Quaternário Ⓑ *adj.* GEOLOGIA quaternário
quaternate ['kwɒtɜːnɪt] *adj.* BOTÂNICA quaternado
quaternion [kwəˈtɜːnɪən] *s.* **1** MATEMÁTICA quaternião; **2** caderno de quatro folhas dobradas ou de 16 páginas; **3** quaternidade
quatorze [kəˈtɔːz] *s.* (jogos de cartas) catorze
quatrain ['kwɒtreɪn] *s.* quadra, estrofe de quatro versos
quatrefoil ['kætəfɔɪl, 'kætəfrɔɪl] *s.* ARQUITECTURA, HERÁLDICA quadrifólio
quattrocentist [ˌkwɑːtrəʊˈtʃentɪst] *adj.,s.* quatrocentista
quaver ['kweɪvə] Ⓐ *s.* **1** MÚSICA colcheia; **2** gargantear, gargan-teado, requebro, trémulo da voz; *she had a ~ in her voice* ela falava com voz trémula Ⓑ *v.tr.,intr.* **1** trilar, cantar fazendo trilos; **2** gargantear, fazer requebros com a voz; **3** (voz) tremer; **4** pronunciar com voz tremente; **5** cantar com voz trémula
quaverer ['kweɪvərə] *s.* pessoa que canta, fazendo trilos ou garganteios com a voz
quavering ['kweɪvərɪŋ] Ⓐ *adj.* tremente, trémulo, pouco seguro; *a ~ voice* uma voz insegura Ⓑ *s.* trémulo de voz
quaveringly ['kweɪvərɪŋlɪ] *adv.* com voz tremente, com voz insegura
quawk ['kwɔːk] *s.* **1** ZOOLOGIA espécie de garça; **2** [EUA] grasnido de pato
quay [kiː] *s.* cais, molhe, desembarcadouro; *alongside the ~* ao longo do cais
quayage ['kiːɪdʒ] *s.* **1** direitos de ancoragem ou atracação; **2** taxa portuária
quayside ['kiːsaɪd] *s.* cais ❖ *~ worker* estivador
Que. [abrev. de Québec]
quean ['kwiːn] *s.f.* [arc., depr.] rapariga atrevida, descarada
queasiness ['kwiːzɪnɪs] *s.* **1** náusea, enjoo, mal-estar; **2** remorsos, escrúpulos
queasy ['kwiːzɪ] *adj.* (*comp.* **-ier**, *superl.* **-iest**) **1** maldisposto, enjoado, com náuseas; *a ~ stomach* um estômago delicado; **2** nauseabundo, repugnante, nojento; **3** cheio de escrúpulos, demasiado escrupuloso; *a ~ conscience* uma consciência com escrúpulos excessivos
Quebec [kwɪˈbek] *s.top.* Quebeque
queen [kwiːn] Ⓐ *s.* **1** rainha; soberana; *~ consort* esposa do rei; *~ dowager* rainha-viúva; *~ Elisabeth* a rainha Isabel; *~ mother* rainha-mãe; *~ regent* rainha regente; *~ regnant* a rainha reinante; **2** (cartas) rainha; *~ of hearts* rainha de copas; **3** (xadrez) rainha; **4** (jogos de cartas) dama; **5** [fig.] (beleza, primazia, autoridade) rainha; *she was the ~ of his heart* ela era a rainha do coração dele; **6** [cal.] homossexual Ⓑ *v.tr.,intr.* **1** coroar como rainha, fazer rainha; **2** (xadrez) levar peão a dama; **3** [coloq., depr.] (atitude) armar-se em grande dama; *to ~ it* armar-se em grande dama; *to ~ it over sb* pensar que se manda em alguém ❖ BOTÂNICA *~ apple* maçã reineta; *~ bee* abelha-mestra; avião sem piloto empregado para exercícios de tiro anti-aéreo; *Queen Anne furniture* mobília de estilo Queen Anne; RELIGIÃO *~ of heaven* Rainha do Céu; Nossa Senhora; BOTÂNICA *~ of the meadows* rainha-dos-prados; *~ of the night* Lua; *Queen's weather* tempo esplêndido
queencake ['kwiːnkeɪk] *s.* CULINÁRIA pequeno bolo com uvas passas (geralm. em forma de coração)
queenhood ['kwiːnhʊd] *s.* ⇒ **queenship**
queening ['kwiːnɪŋ] *s.* variedade de maçã
queenlike ['kwiːnlaɪk] *adj.* **1** próprio de rainha, majestoso; **2** como convém a uma rainha
queenliness ['kwiːnlɪnɪs] *s.* **1** majestade de rainha; **2** porte de rainha

queenly ['kwi:nlɪ] *adj.* 1 de rainha; *a ~ gesture* um gesto de rainha; 2 majestoso

queenship ['kwi:nʃɪp] *s.* dignidade, funções de rainha

queen-size ['kwi:nsaɪz] *adj.* (cama, roupa de cama) grande (mas menor que *king-size*)

queen-sized ['kwi:nsaɪzd] *adj.* (cama, roupa de cama) grande (mas menor que *king-sized*)

queer ['kwɪə] Ⓐ *adj.* 1 estranho, esquisito, fora do vulgar; *he has a ~ way of talking* ele tem uma maneira curiosa de falar; 2 excêntrico, singular, original; *a ~ card/customer/fellow* um indivíduo excêntrico; 3 suspeito, de carácter duvidoso; 4 indisposto, adoentado, esquisito, tonto; *I feel rather ~ today* hoje sinto-me um tanto indisposto; 5 (ofensivo) homossexual; 6 [cal.] ébrio, bêbedo; 7 [cal.] mau, sem valor Ⓑ *s.* 1 (ofensivo) homossexual; 2 [EUA] [coloq.] dinheiro falso Ⓒ *v.tr.* 1 [coloq.] estragar, escangalhar; 2 desconcertar, transtornar, prejudicar; *to ~ sb's pitch/to ~ the pitch for sb* transtornar os planos de alguém, atravessar-se nos planos de alguém; 3 indispor ❖ [EUA] *~ money* dinheiro falso; *on the ~* por meios pouco honestos; *to be in Queer Street/to find oneself in Queer Street* estar numa situação difícil; encontrar-se em dificuldades financeiras; *to be ~ in the head* ser um pouco desequilibrado, amalucado

queerish ['kwɪərɪʃ] *adj.* 1 um tanto estranho, excêntrico ou original; 2 um tanto indisposto

queerly ['kwɪəlɪ] *adv.* 1 duma maneira estranha, pouco vulgar; 2 excentricamente; 3 de um modo singular

queerness ['kwɪənɪs] *s.* 1 singularidade, excentricidade; 2 mal-estar, indisposição; 3 (ofensivo) homossexualidade

quell [kwel] *v.tr.* 1 [poét.] suprimir, reprimir, subjugar, dominar, debelar; *to ~ a rebellion* reprimir uma revolta; 2 mitigar, acalmar, suavizar, abrandar

queller ['kwelə] *s.* aquele que reprime, subjuga, domina, acalma ou suaviza

quelling ['kwelɪŋ] *s.* 1 repressão; 2 suavização

quench [kwentʃ] *v.tr.* 1 [poét.] (lume, luz) extinguir, apagar; *to ~ a fire* apagar um fogo; 2 arrefecer, esfriar bruscamente; *quenched in oil* arrefecido em óleo; 3 (metal) temperar, mergulhar em água; *to ~ steel* temperar aço; 4 [fig.] destruir, pôr termo a, reprimir, abafar; *to ~ sb's hope* destruir as esperanças de alguém; *to ~ the smoking flax* destruir alguma coisa logo no seu início, ainda em botão; 5 amortecer; 6 (sede) satisfazer, saciar, mitigar, matar; *to ~ one's thirst* mitigar a sede, matar a sede; 7 [coloq.] tapar a boca a, obrigar a calar

quenchable ['kwentʃəbəl] *adj.* (sede) mitigável, saciável

quencher ['kwentʃə] *s.* 1 [coloq.] bebida; *a modest ~* uma pequena bebida; 2 aquilo ou aquele que mitiga, acalma, extingue, etc.

quenching ['kwentʃɪŋ] *s.* 1 apagamento; extinção; 2 (metal) têmpera; 3 esfriamento, arrefecimento brusco; 4 (sede) mitigação ❖ *~ bath* banho de têmpera; *~ oil* óleo para têmpera ou para arrefecimento; *~ speed* velocidade de têmpera ou de arrefecimento; *~ tank* tanque para têmpera ou arrefecimento

quenchless ['kwentʃləs] *adj.* inextinguível

quenelle [kə'nel, kɪ'nel] *s.* CULINÁRIA espécie de almôndega de peixe ou carne

querent ['kwɪərənt] *s.* 1 pessoa que pergunta ou interroga; 2 pessoa que consulta um astrólogo

querimonious [kwerɪ'məʊnɪəs] *adj.* 1 com tendência para se queixar; 2 que se queixa continuamente

querist ['kwɪərɪst] *s.* interrogador, aquele que faz perguntas

quern [kwɜːn] *s.* (cereais, pimenta, etc.) pequeno moinho manual ❖ *~ stone* mó

querulous ['kwerʊləs] *adj.* 1 que se está sempre a queixar; 2 lamuriento; 3 que nunca está contente; 4 rabugento, impertinente, rezinga, rezingão

querulously ['kwerʊləslɪ] *adv.* 1 lamuriosamente; 2 com um tom lamentoso

querulousness ['kwerʊləsnɪs] *s.* 1 tendência para se estar sempre a queixar; 2 lamentação, queixume contínuo

query ['kwɪərɪ] Ⓐ *s.* (*pl.* -**ies**) 1 pergunta, interrogação, dúvida; *to look a ~ at sb* lançar um olhar interrogador a alguém; *to raise a ~* levantar uma objecção ou dúvida; 2 INFORMÁTICA pesquisa; 3 ponto de interrogação (?) Ⓑ *v.tr.,intr.* 1 perguntar, inquirir; 2 pôr em dúvida, duvidar; *I ~ whether this can be true* duvido que isto possa ser verdade; *I ~ that!* duvido!; 3 investigar, indagar, informar-se; *to ~ sb's intentions* tentar descobrir as intenções de alguém; 4 colocar um ponto de interrogação

ques. [*abrev. de* question]

quest [kwest] Ⓐ *s.* 1 procura, busca; demanda; *in ~ of* em busca de; *the ~ for gold* a corrida ao ouro, a busca do ouro; 2 caça; 3 perseguição; 4 aquilo que se busca; 5 DIREITO investigação; 6 júri encarregado de determinada investigação Ⓑ *v.tr.,intr.* 1 ir em busca de, procurar; *to ~ after sth* ir em busca de alguma coisa; 2 buscar; *the dogs were questing for rabbits* os cães farejavam em busca de coelhos ❖ MITOLOGIA *the Quest of the Golden Fleece* a expedição dos Argonautas em busca do Tosão de Ouro

question ['kwestʃən] Ⓐ *s.* 1 pergunta, interrogação; *to ask sb a ~* fazer uma pergunta a alguém; 2 problema, questão; *the economic ~* a questão económica; *it is only a ~ of...* é só uma questão de...; *the ~ is whether...* a questão é saber se...; 3 ponto de discussão; 4 assunto; 5 debate; 6 objecção, dúvida; *I make no ~ but that he is honest* não ponho em dúvida que ele seja honesto; *that is beyond all ~* isso está fora de qualquer dúvida; *there is no ~ but that you will be successful* não há a menor dúvida de que hás-de ser bem sucedido; *to call in ~* levantar objecções a Ⓑ *v.tr.,intr.* 1 interrogar, fazer perguntas a; *they questioned him on literature* fizeram-lhe perguntas sobre literatura; *to be questioned* ser interrogado; 2 examinar; 3 informar-se, buscar informação; 4 interrogar-se; duvidar de; desconfiar de; *to ~ whether...* perguntar se..., duvidar de que...; 5 pôr em dúvida; colocar em questão; contestar; *it can't be questioned but that...* não há a menor dúvida de que...; *to ~ sth* contestar alguma coisa, pôr alguma coisa em dúvida ❖ *question!* exclamação usada em assembleias para evitar que o orador se afaste da questão a tratar; exclamação de dúvida em relação ao que afirma um orador; *~ mark* ponto de interrogação; *~ of life or death* questão de vida ou morte; *set of questions* questionário; *the person in ~* a pessoa em questão; a pessoa em referência; a pessoa em apreço; *without ~* sem qualquer dúvida; sem discussão; *a foolish ~ requires no answer* palavras loucas, orelhas moucas; *it is beside the ~/that is not the ~* não é disso que se trata; a questão não é essa; *to be out of the ~* estar fora de questão; *to call into ~* pôr em dúvida; *to come into ~* ter importância; surgir; passar a ser discutido; *to pop the ~* pedir em casamento; *to put sb to the ~* torturar alguém para obter determinada confissão; (reunião ou assembleia) *to put the ~* pedir que determinado assunto seja posto a votação; *what is the ~ in hand?* de que se trata agora?

questionable ['kwestʃənəbəl] *adj.* 1 contestável, duvidoso, incerto, discutível, problemático; *a ~ assertion* uma afirmação discutível; *in ~ taste* de gosto duvidoso; 2 suspeito; 3 equívoco

questionableness ['kwestʃənəbəlnɪs] *s.* 1 carácter equívoco ou duvidoso; 2 incerteza; 3 contestabilidade

questionably ['kwestʃənəblɪ] *adv.* 1 de uma maneira contestável ou duvidosa; 2 problematicamente; 3 de maneira equívoca, de modo a deixar certas suspeitas; 4 de forma discutível

questionary ['kwestʃənərɪ] *s.* (*pl.* -**ies**) [rar.] questionário

questioner ['kwestʃənə] *s.* interrogador

questioning ['kwestʃənɪŋ] Ⓐ *adj.* 1 interrogador, interrogativo, de interrogação; *a ~ look* um olhar interrogativo; 2 (espírito) curioso Ⓑ *s.* 1 interrogatório; 2 questionação, interrogação ❖ *to bring sb in for ~* deter alguém para averiguações

questioningly ['kwestʃənɪŋlɪ] *adv.* interrogativamente

questionless ['kwestʃənləs] *adj.* 1 sem dúvida, fora de dúvida; 2 que não sofre contestação; 3 que não tem dúvidas, confiante

questionlessly ['kwestʃənlɪslɪ] *adv.* incontestavelmente

questionnaire [kwestʃə'neə] *s.* questionário escrito

questor ['kwestə] *s.* questor

quetzal ['ketsəl] *s.* 1 ZOOLOGIA (ave) quetzal; 2 (moeda da Guatemala) quetzal

queue [kju:] Ⓐ *s.* 1 fila; bicha; *to form a ~/to stand in a ~* fazer bicha, formar fila; *go to the end of the queue!* vá para o fim da fila!; 2 (cabelo) rabicho, trança Ⓑ *v.tr.,intr.* 1 formar fila, bicha; pôr-se em fila; 2 (cabelo) entrançar, fazer um rabicho

queue-jump [ˈkjuːdʒʌmp] v.tr.,intr. 1 (fila) passar à frente de (outros) indevidamente; 2 [fig.] ser favorecido injustamente (em detrimento de outros)

quibble [ˈkwɪbəl] Ⓐ s. 1 objecção insignificante, picuinhice, ninharia; 2 sofisma, argumentação capciosa baseada na ambiguidade de termos; 3 trocadilho, jogo de palavras, equívoco; 4 subterfúgio, evasiva Ⓑ v.intr. 1 ser picuinhas; 2 usar de subterfúgios ou evasivas; 3 empregar trocadilhos; jogar com as palavras

quibbler [ˈkwɪblə] s. 1 picuinhas, niquento; 2 sofista, pessoa que usa de sofismas ou subterfúgios; 3 indivíduo que usa de trocadilhos, que joga com as palavras

quibbling [ˈkwɪblɪŋ] Ⓐ adj. 1 caviloso, capcioso, ardiloso, sofístico; 2 que emprega trocadilhos ou jogos de palavras; 3 que usa evasivas Ⓑ s. 1 sofismas; 2 emprego de trocadilhos ou jogos de palavras; 3 subterfúgios

quica [ˈkiːkə] s. ZOOLOGIA sariguê, sarigueia, gambá

quiche [kiːʃ] s. CULINÁRIA quiche

quick [kwɪk] Ⓐ adj. 1 rápido; acelerado; ~ *sale* venda rápida, venda fácil; ~ *train* comboio rápido; *a* ~ *pulse* um pulso rápido, acelerado; *at a* ~ *pace* a passo rápido; *to be* ~ *about/over sth* ser rápido em alguma coisa; *to be* ~ *at doing sth* ser rápido a fazer alguma coisa; 2 activo; dinâmico; despachado; cheio de energia; 3 vivo; sagaz; perspicaz; *a* ~ *child* uma criança inteligente; *a* ~ *mind* um espírito pronto, vivo; *the boy is not very* ~ o rapaz é de compreensão um tanto lenta; 4 impaciente; 5 (sentidos) apurado; *a* ~ *ear* um ouvido apurado; 6 (feto) com movimentos perceptíveis Ⓑ s. 1 âmago; *it cut me to the* ~ *to see such a thing* feriu-me até ao âmago ver uma coisa dessas; *the insult stung him to the* ~ o insulto feriu-o profundamente; 2 (unha) sabugo; *she bites her nails to the* ~ ela rói as unhas até ao sabugo; 3 medula; [fig.] *he is a Tory to the* ~ ele é um conservador até à medula; 4 carne viva; 5 BOTÂNICA espinheiro alvar Ⓒ s.pl. [arc.] vivos; *the* ~ *and the dead* os vivos e os mortos Ⓓ adv. rapidamente, depressa, velozmente; *as* ~ *as possible* o mais rapidamente possível; *he ran as* ~ *as he could* ele correu o mais depressa que pôde; *quick!* depressa!, rápido!; *be quick!* vamos depressa! ❖ ~ *sweep* curva íngreme; ~ *firing gun* canhão de tiro rápido; [arc.] ~ *with child* em adiantado estado de gravidez; *a* ~ *one* bebida tomada à pressa; (sexo) uma rapidinha; (rapidez) *as* ~ *as lightning* como um raio; *he is* ~ *to take offense* ele ofende-se facilmente; *to be* ~ *of understanding* ela é esperta; *to be* ~ *on the draw* ter reacções rápidas; *to be* ~ *on the uptake* ser perspicaz; *to have a* ~ *temper* irritar-se facilmente

quick-change [ˈkwɪktʃeɪndʒ] adj. de mudanças rápidas, com mudanças rápidas ❖ ~ *artist* artista que muda rapidamente de traje, caracterização, etc., para representar vários papéis; (automóvel) ~ *gear* mecanismo de mudanças rápidas

quicken [ˈkwɪkən] Ⓐ v.tr.,intr. 1 acelerar; apressar; *the pace quickened* apressaram o passo; 2 avivar; 3 reanimar; vivificar; 4 estimular; despertar; 5 (lume) acender; 6 (gravidez) sentir os primeiros movimentos do feto; 7 receber vida Ⓑ s. 1 BOTÂNICA sorveira, sorveira-brava; 2 BOTÂNICA juníparo

quickener [ˈkwɪkənə] s. estimulante; aquilo ou aquele que anima ou estimula

quickening [ˈkwɪkənɪŋ] Ⓐ adj. 1 vivo; 2 activo; 3 que faz acelerar ou que se acelera; 4 vivificante Ⓑ s. 1 aceleração; 2 estímulo; 3 MEDICINA primeiros movimentos do feto

quick-freeze [ˈkwɪkfriːz] v.tr. 1 congelar rapidamente; 2 submeter a uma congelação rápida

quickie [ˈkwɪkɪ] s. [coloq.] (sexo, bebida, etc.) rapidinha, coisa feita a correr

quicklime [ˈkwɪklaɪm] s. cal viva

quickly [ˈkwɪklɪ] adv. 1 rapidamente; depressa; *as* ~ *as possible* o mais depressa possível; 2 prontamente; 3 num instante ❖ *as* ~ *as I can* logo que possa

quickness [ˈkwɪknɪs] s. 1 rapidez, velocidade; 2 vivacidade; 3 perspicácia; 4 irritabilidade; ~ *of temper* irritabilidade

quicksand [ˈkwɪksænd] s. 1 areia movediça; 2 [fig.] assunto ou situação perigosa e traiçoeira ❖ *to get stuck in quicksand(s)* atolar-se, enterrar-se, afundar-se

quickset [ˈkwɪkset] Ⓐ adj. (sebe) formado por plantas vivas, sobretudo espinheiros; ~ *hedge* sebe viva Ⓑ s. sebe viva

quicksetting [ˈkwɪksetɪŋ] adj. (argamassa, gelatina, etc.) de solidificação rápida

quicksilver [ˈkwɪkˌsɪlvə] Ⓐ s. 1 [arc.] mercúrio; 2 [fig.] vivacidade, esperteza; 3 [fig.] agitação, inquietação Ⓑ adj. imprevisível Ⓒ v.tr. estanhar (espelho)

quicksilvering [ˈkwɪkˌsɪlvərɪŋ] s. (espelho) estanhagem

quickstep [ˈkwɪkstep] s. 1 MILITAR passo acelerado; 2 MÚSICA quickstep

quick-tempered [kwɪkˈtempəd] adj. irascível, irritável

quick-witted [kwɪkˈwɪtɪd] adj. rápido; perspicaz

quid [kwɪd] s. 1 bocado de tabaco para mascar; 2 [coloq.] libra esterlina; *at four* ~ *a week* a quatro libras por semana ❖ [coloq.] *to be quids in* ter dinheiro

quidam [ˈkwaɪdæm] s. [rar.] fulano

quiddity [ˈkwɪdɪtɪ] s. (pl. -**ies**) 1 quididade, a essência de uma coisa, aquilo que faz que uma coisa seja o que é; 2 subtileza capciosa, sofisma

quidnunc [ˈkwɪdnʌŋk] s. 1 mexeriqueiro, bisbilhoteiro; 2 indivíduo dado a bisbilhotices

quid pro quo [ˌkwɪdprəʊˈkwəʊ] s. 1 compensação, retribuição igual, equivalente; 2 [arc.] quiproquó

quiescence [kwɪˈesns] s. repouso, tranquilidade, sossego, imobilidade

quiescent [kwɪˈesnt] adj. 1 em repouso, em sossego, tranquilo, imóvel, silencioso, calmo; 2 quiescente

quiescently [kwɪˈesntlɪ] adv. tranquilamente, sossegadamente, quiescentemente, silenciosamente

quiet [ˈkwaɪət] Ⓐ s. 1 silêncio, sossego, calma, tranquilidade; *the* ~ *of the night* a tranquilidade da noite; *to live in peace and* ~ viver em paz e sossego; 2 descanso, inactividade; 3 paz de espírito; 4 acalmia, serenidade Ⓑ adj. 1 calmo, tranquilo; ~ *mind* espírito calmo, tranquilo; ~ *sea* mar calmo; ~ *waters* águas tranquilas; 2 sossegado; ~ *neighbours* vizinhos sossegados; *a* ~ *street* uma rua sossegada; *you may be* ~ *on that score* quanto a isso não podes estar sossegado; 3 sereno; 4 imóvel; 5 sem ruído; calado; silencioso; ~ *operation* funcionamento silencioso; MECÂNICA ~ *running* marcha silenciosa; *be quiet!* está calado!; 6 suave; 7 apagado, não vistoso, discreto, sóbrio; ~ *style* estilo sóbrio; *in his* ~ *way he is very proud of his sons* embora seja uma pessoa pouco expansiva, sente-se muito orgulhoso dos filhos; 8 privado, secreto, oculto; *to harbour* ~ *resentment* guardar um ressentimento oculto Ⓒ v.tr.,intr. 1 acalmar, aquietar, tranquilizar; 2 apaziguar; 3 abrandar, suavizar; 4 [rar.] acalmar-se, tranquilizar-se, serenar ❖ ~ *dinner* jantar íntimo; ~ *irony* ironia fina, velada; *keep quiet!* silêncio!; *on the* ~ em segredo; *to grow* ~ acalmar; *to keep a child* ~ manter uma criança sossegada; *to keep sth* ~ fazer segredo de alguma coisa

◆**quiet down** v.tr.,intr. acalmar; serenar

quieten [ˈkwaɪətn] v.tr.,intr. [coloq.] ⇒ **quiet** Ⓒ

quieting [ˈkwaɪətɪŋ] Ⓐ adj. 1 tranquilizante; 2 que acalma ou serena Ⓑ s. 1 tranquilização; 2 apaziguamento

quietism [ˈkwaɪətɪzəm] s. FILOSOFIA, RELIGIÃO quietismo

quietist [ˈkwaɪətɪst] s. FILOSOFIA, RELIGIÃO quietista

quietly [ˈkwaɪətlɪ] adv. 1 calmamente, tranquilamente, serenamente; 2 silenciosamente; 3 discretamente; *she slipped* ~ *away* ela afastou-se discretamente; 4 sobriamente; com roupa discreta

quietness [ˈkwaɪətnɪs] s. 1 calma, tranquilidade, serenidade; 2 quietude, quietação; 3 descanso; 4 discrição; sobriedade

quietude [ˈkwaɪətjuːd] s. quietude

quietus [kwaɪˈiːtəs] s. 1 morte, libertação da vida, fim, extinção; 2 [rar.] recibo, quitação ❖ *to make one's* ~ suicidar-se; libertar-se da vida

quiff [kwɪf] s. [coloq.] caracol de cabelo sobre a testa

quill [kwɪl] Ⓐ s. 1 pena grande de ave, cálamo de pena de ave; ~ *feather* pena de ave; (escrita) pena; ~ *pen* pena; 3 objecto feito do cálamo de pena de ave (palito, bóia para pesca, etc.); 4 espinho, cerda de porco-espinho; 5 bobina de lançadeira; *the* ~ *of a weaver* a lançadeira de um tecelão; 6 eixo oco Ⓑ v.tr.,intr. 1 guarnecer de folhos; encanudar; franzir; 2 enrolar em bobina ❖ [joc.] ~ *driver* jornalista; plumitivo

quillai [kɪˈlaɪ] s. BOTÂNICA quilaia

quilled [kwɪld] adj. 1 em forma de folhos; 2 franzido; 3 em forma de tubo

quillet ['kwɪlɪt] s. subtileza, argúcia, sofisma
quilling ['kwɪlɪŋ] s. 1 acto de guarnecer de folhos ou de franzir; 2 folhos, franzido
quilt [kwɪlt] Ⓐ s. 1 colcha; 2 cobertura acolchoada Ⓑ v.intr. 1 acolchoar, estofar; 2 cobrir (livro, etc.) com bocados tirados de outros; 3 [coloq.] espancar, dar uma tareia em
quilted ['kwɪltɪd] adj. acolchoado
quilting ['kwɪltɪŋ] s. 1 acolchoamento; 2 acolchoado
quinacrine ['kwɪnəkri:n] s. QUÍMICA quinacrina
quinary ['kwaɪnərɪ] adj. MATEMÁTICA quinário
quinate ['kwaɪnɪt] adj. BOTÂNICA quinado, designativo das folhas quando o pecíolo sustenta cinco folíolos
quince ['kwɪns] s. 1 BOTÂNICA (fruto) marmelo; 2 BOTÂNICA (árvore) marmeleiro; ~ *(tree)* marmeleiro ❖ CULINÁRIA ~ *jam* marmelada
quincentenary [‚kwɪnsen'ti:nərɪ] adj.,s. ⇒ **quingentenary**
quincuncial [kwɪn'kʌnʃəl] adj. BOTÂNICA quincuncial
quincunx ['kwɪnkʌnks] s. (pl. -es) quincôncio, quincunce, quincócio
quindecagon [kwɪn'dekəgən] s. GEOMETRIA quindecágono
quindecemvir [kwɪndɪ'semvə] s. quindecênviro, um dos quinze magistrados romanos encarregados da guarda dos livros sibilinos e do cumprimento de certas cerimónias
quindecennial [kwɪndɪ'senɪəl] adj. relativo ao décimo quinto aniversário; relativo a 15 anos
quingentenary [‚kwɪndʒen'ti:nərɪ] Ⓐ adj. 1 relativo a 500 anos; 2 de 500 em 500 anos Ⓑ s. (pl. -ies) quingentésimo aniversário
quinia ['kwɪnɪə] s. MEDICINA ⇒ **quinine**
quinic ['kwɪnɪk] adj. QUÍMICA quínico; ~ *acid* ácido quínico
quinidine ['kwɪnɪdaɪn] s. QUÍMICA quinidina, alcalóide da quina
quinine [kwɪ'ni:n] s. QUÍMICA quinina; quinino ❖ ~ *sulphate* sulfato de quinina
quininism [kwɪ'ni:nɪzəm] s. quininismo, intoxicação com sais de quinina
quinol ['kwɪnɒl] s. QUÍMICA quinol
quinoline ['kwɪnəʊlɪn] s. QUÍMICA quinolina, quinoleína
quinone ['kwɪnəʊn] s. QUÍMICA quinona
quinquagenarian [‚kwɪŋkwədʒɪ'neərɪən] adj.,s. quinquagenário
Quinquagesima [‚kwɪŋkwə'dʒesɪmə] s. RELIGIÃO domingo da Quinquagésima
quinquangular [kwɪŋ'kwæŋɡjʊlə] adj. GEOMETRIA quinquangular
quinquefid ['kwɪŋkwɪfɪd] adj. BOTÂNICA quinquéfido
quinquefoliate [‚kwɪŋkwɪ'fəʊlɪt] adj. BOTÂNICA quinquefoliado
quinquelateral [‚kwɪŋkwɪ'lætərəl] adj. com cinco lados
quinquennial [kwɪŋ'kwenɪəl] Ⓐ adj. quinquenal Ⓑ s. quinquénio
quinquennium [kwɪŋ'kwenɪəm] s. ⇒ **quinquennial** Ⓑ
quinquepartite [‚kwɪŋkwɪ'pɑ:taɪt] adj. BOTÂNICA quinquepartido
quinquevalent [‚kwɪŋkwɪ'veɪlənt] adj. QUÍMICA pentavalente
quinquifid ['kwɪŋkwɪfɪd] adj. ⇒ **quinquefid**
quinquina [kwɪŋ'kwaɪnə] s. BOTÂNICA quinquina
quinquivalence [kwɪŋ'kwɪvələns] s. QUÍMICA pentavalência
quins ['kwɪnz] s.pl. cinco gémeos
quinsy ['kwɪnzɪ] s. MEDICINA amigdalite; anginas; inflamação da garganta
quint[1] [kwɪnt] s. MÚSICA quinta, intervalo de quinta
quint[2] [kɪnt] s. (jogos de cartas) série de cinco cartas do mesmo naipe
quintain ['kwɪntɪn] s. HISTÓRIA (época medieval) quintana, manequim que outrora servia para adestramento dos que se exercitavam nas armas
quintal ['kwɪntəl] s. 1 quintal (45,35 kg; 50,802 kg); 2 quintal métrico (100 kg)
quintan ['kwɪntən] adj.,s. MEDICINA (febre) quintã; ~ *fever* febre quintã
quinte [kænt] s. DESPORTO (esgrima) quinta
quintessence [kwɪn'tesəns] Ⓐ s. quinta-essência Ⓑ v.tr. extrair a quinta-essência de
quintessential [‚kwɪntɪ'senʃəl] adj. 1 quintessencial; 2 levado à quinta-essência, levado ao máximo de apuramento ou primor
quintet [kwɪn'tet] s. MÚSICA quinteto
quintette [kwɪn'tet] s. MÚSICA quinteto
quintile ['kwɪntaɪl] adj. ASTRONOMIA quintil

Quintilian [kwɪn'tɪlɪən] s.antr. Quintiliano
quintillion [kwɪn'tɪlɪən] s. 1 quintilião; 2 [EUA] trilião
quintuple ['kwɪntjʊpəl] Ⓐ adj.,s. quíntuplo Ⓑ v.tr.,intr. quintuplicar, quintuplicar-se
quintuplet ['kwɪntjʊplɪt] s. 1 grupo de cinco; 2 pl. cinco gémeos
quip [kwɪp] Ⓐ s. 1 observação sarcástica, dito espirituoso, afirmação satírica; 2 sofisma Ⓑ v.tr.,intr. (part.: -pp-) 1 dirigir observações sarcásticas a; 2 ser sarcástico, fazer observações sarcásticas
quire ['kwaɪə] Ⓐ s. 1 mão de papel (24 folhas); ~ *of paper* mão de papel; 2 grupo de folhas metidas soltas umas nas outras; 3 ⇒ **choir** Ⓐ Ⓑ v.tr.,intr. ⇒ **choir** Ⓑ
Quirinal ['kwɪrɪnəl] s. 1 (o) Quirinal; 2 o Palácio do Quirinal; 3 (o) Governo italiano
quirk ['kwɜ:k] s. 1 bizarria, excentricidade; 2 capricho; 3 dito espirituoso, observação sarcástica; 4 sofisma, evasiva; 5 equívoco; 6 subtileza; 7 arabesco floreado na escrita; 8 ARQUITECTURA gorjal, chanfradura; 9 AERONÁUTICA recruta
quirky ['kwɜ:kɪ] adj. (comp. **-ier**, superl. **-iest**) 1 original, excêntrico, idiossincrático; 2 bizarro, estranho; 3 subtil, que gosta ou emprega ditos espirituosos ou observações sarcásticas; 4 (caminho) cheio de curvas
quirt [kwɜ:t] Ⓐ s. chicote de couro entrançado Ⓑ v.tr. chicotear com chicote de couro entrançado
quisling ['kwɪzlɪŋ] s. 1 colaboracionista, indivíduo que colabora com o inimigo; 2 traidor
quit [kwɪt] v.tr.,intr. (particípios: **-tt-** ou **quit** (rar.)) 1 deixar, abandonar; 2 afastar-se de, retirar-se de; 3 ir-se embora; 4 partir de; *we quitted London at four o'clock* partimos de Londres às quatro horas; 5 renunciar a, desistir; 6 demitir-se; *I quit!* demito-me!; 7 parar, deixar de; *to ~ work* deixar o emprego, deixar de trabalhar; 8 (conta, dívida) liquidar, saldar, satisfazer; *death quits all scores* a morte tudo salda Ⓑ adj. livre [**of**, de]; *to be ~ of...* libertar-se de...; *to be ~ of sb* estar livre de alguém ❖ *he was given notice to ~* comunicaram-lhe que estava despedido; *never ~ certainty for hope* nunca deixes o certo pelo duvidoso; *to give a tenant notice to ~* dar ordem de despejo a um inquilino; *to ~ a siege* levantar um cerco; *to ~ hold of* largar; soltar; desprender-se de; *to ~ office* demitir-se das suas funções; *to ~ oneself like...* comportar-se como...; *to ~ scores with sb* ajustar contas com alguém
quitch ['kwɪtʃ] s. BOTÂNICA grama; ~ *grass* grama
quitclaim ['kwɪtkleɪm] Ⓐ s. DIREITO renúncia a um direito Ⓑ v.tr. DIREITO renunciar a um direito
quite ['kwaɪt] adv. 1 completamente, inteiramente, totalmente, absolutamente; ~ *finished* completamente pronto, ~ *right* absolutamente certo, muito bem; *I ~ believe that...* creio absolutamente muito...; «*that is a very difficult problem*» «*~ so*» «isso é um problema muito difícil» «Absolutamente»; 2 muito; *I ~ understand* compreendo muito bem; *it's ~ all right* está muito bem; *we are ~ near now* estamos agora muito próximos; 3 bastante; consideravelmente; *we had ~ a busy day* tivemos um dia bastante ocupado; 4 razoavelmente; relativamente; mais ou menos; um pouco; *I ~ like maths* eu até gosto de matemática; 5 bem; exactamente; *it is ~ three months ago* há bem três meses; *she doesn't ~ know what she will do* ela não sabe bem o que há-de fazer; *the play wasn't ~ what we expected* a peça não foi bem como nós esperávamos ❖ *~ a few* bastantes; ~ *a hero* um verdadeiro herói; ~ *a number of people* uma porção de gente; ~ *frankly, I don't like him* para ser sincero, não gosto dele; *it is not ~ proper* é um tanto impróprio; *she is ~ a beauty* ela é uma autêntica beleza; *that's ~ all right* não faz mal; *that is ~ another thing* isso é uma coisa muito diferente; *that is ~ the thing* isso agora é a moda
quits [kwɪts] adj. 1 quite, quites; *to be ~* estar quites; *to cry ~* declarar-se quite, dar-se por satisfeito; *we are ~* estamos quites; 2 pago, pagos ❖ *I will be ~ with him* hei-de ajustar contas com ele; *to call it ~* dar-se por satisfeito
quittance ['kwɪtəns] s. 1 [arc., poét.] quitação, quitamento, desobriga de uma dívida; 2 quita; 3 recibo; 4 recompensa, retribuição, remuneração; 5 desforra
quitter ['kwɪtə] s. 1 [coloq., depr.] desistente; 2 vadio; 3 covarde; 4 VETERINÁRIA galápago, úlcera no casco das cavalgaduras

quiver ['kwɪvə] Ⓐ s. 1 (para setas) carcás, aljava; 2 estremecimento; *a ~ of fear* um estremecimento de medo; 3 tremura, tremor, frémito, palpitação; *there was a ~ in her voice* ela falava com voz trémula Ⓑ v.tr.,intr. 1 tremer, estremecer; *to ~ in the wind* tremer, estremecer ao vento; *to ~ with cold* tremer de frio; *to ~ with emotion* estremecer de emoção; *the earth quivered* a terra tremeu; 2 palpitar; 3 vacilar; 4 (asas) bater; *the bird quivered its wings* a ave bateu as asas ❖ *a ~ full of children* uma família numerosa; *to have an arrow left in one's ~* ter ainda alguns trunfos na manga, ter ainda alguns cartuchos para gastar

quivered ['kwɪvəd] adj. com aljava, munido de aljava

quiverful ['kwɪvəfʊl] s. aljava cheia, carcás repleto (de setas)

quivering ['kwɪvərɪŋ] Ⓐ adj. 1 tremente, trémulo; *the ~ leaves* as folhas que tremiam; 2 palpitante Ⓑ s. 1 tremor, tremura; 2 frémito; 3 palpitação

quiveringly ['kwɪvərɪŋlɪ] adv. 1 de uma maneira trémula; 2 com um frémito

qui vive [ki:'vi:v] s. [express. de origem francesa] *on the ~* alerta, vigilante

quixotic [kwɪk'sɒtɪk] adj. quixotesco

quixotically [kwɪk'sɒtɪklɪ] adv. quixotescamente

quixotics [kwɪk'sɒtɪks] s.pl. sentimentos quixotescos

quixotism ['kwɪksətɪzəm] s. quixotismo

quixotry ['kwɪksətrɪ] s. quixotice, quixotada

quiz [kwɪz] Ⓐ s. (pl. -zes) 1 [EUA] (teste oral ou escrito) questionário; 2 RÁDIO, TELEVISÃO (perguntas e respostas) concurso; *~ show* concurso de perguntas e respostas; 3 [rar.] mistificação, embuste; 4 [rar.] partida, coisa feita para expor ao ridículo as excentricidades de outrem; 5 [rar.] pessoa excêntrica, pessoa com aspecto ridículo; 6 [rar.] chalaceador, pessoa que gosta de caçoar com outras Ⓑ v.tr. (particípios: -zz-) 1 interrogar; 2 [arc.] ridicularizar, meter a ridículo, fazer pouco de; 3 [rar.] olhar ironicamente, contemplar com ar de troça, olhar através de um monóculo

quizmaster ['kwɪzmɑ:stə] s. TELEVISÃO, RÁDIO apresentador de concurso (de perguntas e respostas)

quizzable ['kwɪzəbəl] adj. risível, ridículo

quizzer ['kwɪzə] s. zombador, chalaceador

quizzical ['kwɪzɪkəl] adj. 1 irónico; 2 trocista; 3 perplexo, confuso; 4 excêntrico, ridículo, burlesco

quizzically ['kwɪzɪklɪ] adv. 1 ironicamente, zombeteiramente; 2 com perplexidade; 3 excentricamente

quizzing ['kwɪzɪŋ] Ⓐ adj. trocista; zombeteiro Ⓑ s. 1 troça; zombaria; 2 olhar irónico; olhar trocista ❖ [ant.] *~ glass* monóculo; lornhão

quizzingly ['kwɪzɪŋlɪ] adv. 1 zombeteiramente; 2 com ar trocista

quod [kwɒd] Ⓐ s. [cal.] prisão, cadeia; *in ~* na cadeia, engavetado$_{cal}$; *out of ~* em liberdade, fora da cadeia Ⓑ v.tr. (part.: -dd-) [cal.] meter na cadeia; engavetar

quodded ['kwɒdɪd] adj. preso na cadeia

quoin [kwɔɪn, kɔɪn] Ⓐ s. 1 pedra angular; 2 canto externo de edifício; 3 quina, esquina; 4 ângulo de parede; *obtuse ~* ângulo obtuso formado pelo encontro de duas paredes; *rectangular ~* ângulo recto de duas paredes; *squint ~* ângulo agudo de duas paredes; 5 canto interno de aposento; 6 palmeta, cunha que regula a culatra da peça para ajustar o tipo; 7 TIPOGRAFIA cunha; 8 ARQUITECTURA aduela de arco de abóbada, calço; 9 (automóvel) cunhos de estiva Ⓑ v.tr. levantar por meio de calços ou cunhas; meter cunhas em

quoining ['kwɔɪnɪŋ, 'kɔɪnɪŋ] s. 1 acção de meter cunhas ou calços; 2 escoramento

quoit [kɔɪt, kwɔɪt] v.tr. [rar.] lançar, arremessar como no jogo dos *quoits*

quoits [kɔɪts, kwɔɪts] s. jogo em que um anel de ferro é lançado sobre um pequeno poste cravado no chão; *to play (at) ~* jogar o jogo dos *quoits*

quondam ['kwɒndəm] adj. antigo; de outrora; de outros tempos; que foi mas já não é; *a ~ friend of mine* um amigo de outrora

quorum ['kwɔ:rəm] s. quórum, número de membros que devem estar presentes para que uma assembleia possa legalmente funcionar

quota ['kwəʊtə] s. 1 cota, quota; *fishing quotas* quotas de pesca; 2 quota-parte, cota-parte; *to contribute one's ~* contribuir com a sua quota-parte; 3 cotização; 4 quinhão; parte que toca a cada um; 5 contingente; *to apportion quotas for an import* fixar contingentes de importação

quotable ['kwəʊtəbəl] adj. que pode citar-se

quotation [kwəʊ'teɪʃən] s. 1 citação [**from**, de]; 2 (mercado, bolsa) cotação; *stock admitted to ~* valores admitidos à cotação oficial; 3 COMÉRCIO preço, orçamento, estimativa; 4 TIPOGRAFIA quadrado ❖ *~ marks* aspas; *to open/close ~ marks* abrir/fechar aspas; *to put a word in ~ marks* colocar uma palavra entre aspas

quote [kwəʊt] Ⓐ v.tr. 1 citar, fazer uma citação de; *to ~ from an author* fazer uma citação de um autor; 2 referir, indicar; *to ~ sb as an example* indicar alguém como exemplo; *to be quoted as* ser referido como; 3 COMÉRCIO fazer uma estimativa de, fazer o orçamento de, fixar um preço para; *to ~ a price for sth* indicar um preço para alguma coisa; 4 atribuir uma cotação a; *stock officially quoted* valores admitidos à cotação oficial; 5 TIPOGRAFIA pôr entre aspas Ⓑ s. 1 citação; 2 (mercado, bolsa) cotação; 3 COMÉRCIO orçamento, preço, estimativa; *to ask for a ~* pedir um orçamento; 4 pl. aspas; *in quotes* entre aspas

quoted ['kwəʊtɪd] adj. 1 citado; 2 COMÉRCIO com cotação na Bolsa; *~ company* empresa com cotação na Bolsa ❖ (Bolsa) *~ price* cotação

quoth [kwəʊθ] v.tr. [arc., lit.] disse; *~ I* disse eu; *~ he* disse ele

quotha ['kwəʊθə] interj. [arc.] (surpresa, sarcasmo) na verdade!, deveras!

quotidian [kwəʊ'tɪdɪən] Ⓐ adj. 1 quotidiano, de todos os dias; 2 trivial, vulgar Ⓑ s. MEDICINA febre quotidiana

quotient ['kwəʊʃənt] s. MATEMÁTICA quociente

quoting ['kwəʊtɪŋ] s. 1 citação, acção de citar; 2 cotação; 3 alegação

quotity ['kwɒtɪtɪ] s. 1 quinhão; 2 quotização; 3 quota-parte

qv Ⓐ [abrev. de quantum vis (as much as you will)] Ⓑ [abrev. de quod vide (which see)]

qy [abrev. de query]

r [ɑː] *s.* ⟨*pl.* **-s** ou **-´s**⟩ (letra) r, R; *uvular r* r velar ❖ *the r months* os meses com r (de Setembro a Abril); *the three Rs* o ler, escrever e contar (*reading, (w)riting, and (a)rithmetic*)

R Ⓐ [*abrev. de* rabbi] Ⓑ MATEMÁTICA [*abrev. de* radius] Ⓒ [*abrev. de* railway] Ⓓ [*abrev. de* Regina (Queen)] Ⓔ POLÍTICA [*abrev. de* republican] Ⓕ [*abrev. de* response] Ⓖ [*abrev. de* Rex (King)] Ⓗ [*abrev. de* right] Ⓘ [*abrev. de* river] Ⓙ [*abrev. de* road] Ⓚ [*abrev. de* rouble] Ⓛ [*abrev. de* royal]

Ra QUÍMICA [*símbolo de* radium]

RA Ⓐ [*abrev. de* Argentina] Ⓑ [*abrev. de* Rear Admiral] Ⓒ ASTRONOMIA [*abrev. de* right ascension] Ⓓ [*abrev. de* Royal Academy] Ⓔ [*abrev. de* Royal Artillery]

RAA [*abrev. de* Royal Academy of Arts]

RAAC [*abrev. de* Royal Australian Armoured Corps]

RAAF [*abrev. de* Royal Australian Air Force]

RAAMC [*abrev. de* Royal Australian Army Medical Corps]

RAAOC [*abrev. de* Royal Australian Army Ordnance Corps]

rabat [rəˈbæt] *v.tr.* GEOMETRIA rebater (um plano)

rabatte [rəˈbæt] *v.tr.* GEOMETRIA rebater (um plano)

rabbet [ˈræbɪt] Ⓐ *s.* **1** entalhe, encaixe, ranhura, sambladura, ensambladura; **2** malhete, junteira Ⓑ *v.tr.* **1** abrir, fazer uma ranhura ou entalhe; **2** chanfrar, abrir uma estria em; **3** emalhetar, ensamblar; **4** (tábuas) unir depois de aberto entalhe longitudinal, encaixar ❖ *~ iron* ferro de guilherme; *~ joint* junta de macho e fêmea; *~ plane* cantil; guilherme; goivete

rabbeted [ˈræbɪtɪd] *adj.* com entalhe, ensambladura ou malhete ❖ *~ joint* junta de macho e fêmea

rabbeting [ˈræbɪtɪŋ] *s.* **1** acção de entalhar, ensamblar; **2** malhete; **3** juntura de macho e fêmea

rabbi [ˈræbaɪ] *s.* ⟨*pl.* **-s**⟩ RELIGIÃO rabino, rabi, doutor da lei entre os Judeus

rabbinical [ræˈbɪnɪkəl] *adj.* rabínico

rabbinics [ræˈbɪnɪks] *s.pl.* estudos rabínicos, estudo do dialecto ou linguagem dos rabinos

rabbinism [ˈræbɪnɪzəm] *s.* rabinismo

rabbinist [ˈræbɪnɪst] *s.* rabinista

rabbit [ˈræbɪt] Ⓐ *s.* **1** ZOOLOGIA coelho; *buck ~* coelho macho; *doe ~* coelha, coelho fêmea; CULINÁRIA *stewed ~* coelho estufado com vinho branco; *tame ~* coelho manso; *wild ~* coelho bravo; **2** pele de coelho; **3** [*colóq., ant.*] aselha a jogar; trapalhão; **4** torradas de queijo; *Welsh ~* torradas de queijo derretido Ⓑ *v.intr.* ⟨*particípios:* **-tt-**⟩ **1** andar à caça do coelho; caçar coelhos; **2** [*colóq.*] conversar, tagarelar ❖ *~ burrow* lura de coelho; toca de coelho; *~ farm* criação de coelhos; *~ farmer* criador de coelhos; *~ fever* febre do coelho; *~ hole* lura de coelho; toca de coelho; *~ hutch* coelheira de madeira; (boxe) *~ punch* soco dado na nuca; *~ warren* coelheira*fig.*; região, rua ou casa cheia de gente; [*cal.*] *odd ~ him!* que vá para o Diabo!

✦**rabbit on** *v.intr.* [*GB*] [*colóq., depr.*] não parar de falar [**about**, de]

rabbiter [ˈræbɪtə] *s.* caçador de coelhos

rabbiting [ˈræbɪtɪŋ] *s.* caça do coelho; *to go ~* ir caçar coelhos

rabbitry [ˈræbɪtrɪ] *s.* ⟨*pl.* **-ies**⟩ **1** recinto destinado à criação de coelhos; **2** coelheira; **3** DESPORTO [*colóq.*] aselhice no jogo

rabbity [ˈræbɪtɪ] *adj.* **1** próprio de coelho, semelhante a coelho; **2** [*colóq.*] tímido, poltrão; **3** DESPORTO aselha, sem jeito para jogar

rabble [ˈræbəl] Ⓐ *s.* **1** multidão, populaça, gentalha; *the ~* a multidão, a canalha, a turba, a ralé; **2** esborralhador, vara de ferro curva na extremidade destinada a mexer o metal em fusão Ⓑ *v.tr.* remexer, com o esborralhador, o metal em fusão

rabbler [ˈræblə] *s.* esborralhador para remexer o metal em fusão

rabble-rouser [ˈræbəlˌraʊzə] *s.* [*depr.*] demagogo, agitador

rabble-rousing [ˈræbəlˌraʊzɪŋ] Ⓐ *adj.* demagógico Ⓑ *s.* demagogia, agitação política

rabbling [ˈræblɪŋ] *s.* acção de remexer, com o esborralhador, o metal em fusão

Rabelaisian [ˌræbəˈleɪzɪən] *adj.* rabelaisiano, rabelaico; relativo a Rabelais

Rabelaisianism [ˌræbəˈleɪzɪənɪzəm] *s.* rabelesianismo

rabic [ˈræbɪk] *adj.* rábico; relativo à raiva ou hidrofobia

rabid [ˈræbɪd] *adj.* **1** hidrófobo, atacado pela raiva, raivoso; *~ dog* cão raivoso, cão atacado pela raiva; **2** enfurecido, furioso; **3** violento; **4** fanático, cego, apaixonado; *~ democrat* democrata apaixonado, democrata ferrenho; *~ hate* ódio cego ❖ *~ hunger* fome terrível; *~ virus* vírus da raiva

rabidity [rəˈbɪdɪtɪ] *s.* raiva, violência, fúria, paixão, hidrofobia

rabidly [ˈræbɪdlɪ] *adv.* enfurecidamente, furiosamente, violentamente, cegamente

rabidness [ˈræbɪdnɪs] *s.* ⇒ **rabidity**

rabies [ˈreɪbiːz, ˈreɪbiːz] *s.* MEDICINA, VETERINÁRIA hidrofobia, raiva

RAC Ⓐ [*GB*] [*abrev. de* Royal Aero Club] Ⓑ [*GB*] [*abrev. de* Royal Agricultural College] Ⓒ [*abrev. de* Royal Armoured Corps] Ⓓ [*abrev. de* Royal Automobile Club]

raccoon [rəˈkuːn] *s.* ZOOLOGIA ⇒ **racoon**

race [reɪs] Ⓐ *s.* **1** (competição) corrida, carreira; *foot ~* corrida de atletismo; *road ~* corrida em estrada; *to run a ~* participar numa corrida; **2** ASTRONOMIA curso; **3** raça; **4** ascendência, sangue, linhagem, geração; *of noble ~* de sangue nobre; **5** descendência, posteridade; **6** povo, tribo, família; **7** classe, grupo, casta, espécie, género; **8** corrente de mar ou rio (provocada pela existência de canal ou calha para a água); **9** calha, canalete; canal estreito; **10** rego; **11** corrediça (de rolamento de esferas); **12** raiz (de gengibre) Ⓑ *s.pl.* *the races* corridas de cavalos; *to go to the races* ir às corridas de cavalos Ⓒ *v.tr.,intr.* **1** correr, deslocar-se a grande velocidade; **2** DESPORTO correr; competir em corrida [**with**, com]; *the turtle raced with Achilles* a tartaruga disputou uma corrida com Aquiles; *he races at all the meetings* ele participa em todas as corridas; **3** (pulso) bater rapidamente; acelerar; disparar; **4** apressar-se; **5** (tempo) passar a correr; **6** (motor) trabalhar a toda a potência; **7** possuir ou treinar cavalos de corrida; **8** praticar hipismo; **9** ser espectador habitual de corridas de cavalos ❖ *~ card* programa de corridas; *~ meeting* corridas de cavalos; *~ riot* conflito racial; *a ~ against time* uma corrida contra o tempo; *his ~ is nearly run* ele está a chegar ao fim; está próximo da morte; *I'll ~ you home* vamos ver quem chega primeiro a casa; *to ~ the engine* embalar o motor

✦**race about** *v.intr.* seguir a grande velocidade; andar a grande velocidade

✦**race along** *v.intr.* seguir a todo o galope

✦**race away** *v.tr.* (dinheiro) perder nas corridas

✦**race down** *v.tr.,intr.* descer a todo o galope; descer a toda a velocidade; *to ~ a street* descer uma rua a todo o galope, a toda a velocidade ❖ *the stream races down the valley* a corrente precipita-se pelo vale

race-about [ˈreɪsəˌbaʊt] *s.* [*EUA*] NÁUTICA iate de corrida

racecourse [ˈreɪskɔːs] *s.* **1** [*EUA*] pista de corridas; **2** [*EUA*] autódromo; **3** hipódromo

racegoer [ˈreɪsɡəʊə] *s.* frequentador de corridas; aficionado por corridas ❖ *racegoers* o público das corridas

racehorse [ˈreɪshɔːs] *s.* cavalo de corrida

raceme [ˈræsiːm] *s.* **1** BOTÂNICA racimo, racemo; **2** cacho

racemic [rəˈsiːmɪk, rəˈsemɪk] *adj.* QUÍMICA racémico; *~ acid* ácido racémico

racemose ['ræsɪməʊs] *adj.* BOTÂNICA racemoso
racer ['reɪsə] *s.* 1 corredor; 2 cavalo de corrida; 3 carro de corrida, avião de corrida, bicicleta de corrida, barco de corrida, etc.; 4 (peça de artilharia) plataforma giratória; 5 ZOOLOGIA variedade de serpente norte-americana, muito rápida de movimentos
racetrack ['reɪstræk] *s.* 1 pista de corridas; 2 autódromo; 3 [EUA] hipódromo
raceway ['reɪsweɪ] *s.* 1 [EUA] calha, canal para condução de água (para moinho); 2 rego; 3 pista de corridas
Rachel ['reɪtʃəl] *s.antr.* Raquel
rachidian [rə'kɪdɪən] *adj.* raquidiano
rachis ['reɪkɪs] *s.* (*pl.* **-dies**) 1 ráquis, raque; 2 eixo central da espiga de plantas gramíneas; 3 pecíolo de folhas compostas ou pinuladas; 4 eixo das penas de aves
rachitic [rə'kɪtɪk] *adj.* raquítico
rachitis [rə'kaɪtɪs] *s.* MEDICINA raquitismo
racial ['reɪʃəl] *adj.* racial; relativo a raça ❖ *~ discrimination* discriminação racial; *~ minorities* minorias raciais
racialism ['reɪʃəlɪzəm] *s.* racismo
racialist ['reɪʃəlɪst] *adj.,s.* racista
racially ['reɪʃəlɪ] *adv.* racialmente, do ponto de vista racial
racily ['reɪsɪlɪ] *adv.* 1 com raça, com alma; 2 (vinho) com agulha; 3 duma maneira viva
raciness ['reɪsɪnɪs] *s.* 1 (vinho) aroma; 2 (vinho) força, qualidade marcada; 3 vivacidade, vida, fantasia
racing ['reɪsɪŋ] Ⓐ *adj.* 1 rápido, que corre depressa; 2 acelerado; 3 próprio de corrida Ⓑ *s.* 1 corrida(s); *boat ~* corrida de barcos; *foot ~* corrida pedestre; *horse ~* corrida de cavalos; *road ~* corrida em estrada; 2 aceleração ❖ *~ bicycle* bicicleta de corrida; *~ car* carro de corrida; *~ certainty* certeza absoluta; *~ driver* piloto de corridas; *~ stable* cavalariça de cavalos de corrida; *~ track* pista de corridas; *~ yacht* iate de corrida
racism ['reɪsɪzəm] *s.* racismo
racist ['reɪsɪst] *adj.,s.* racista
rack [ræk] Ⓐ *s.* 1 prateleira; 2 estante; *music ~* estante para músicas; 3 cabide; *a hat ~* cabide para chapéus; 4 cavalete; 5 suporte; armação de suporte; *bicycle ~* armação para segurar bicicletas; *test-tube ~* suporte de tubos de ensaio; 6 armeiro, lanceiro; *arm ~* armeiro; 7 (comboios) porta-bagagem; *luggage ~* porta-bagagens (em carruagem); 8 ferramental; *tool ~* ferramental; 9 (tortura) ecúleo, potro, roda; 10 [fig.] suplício, tormento, tortura; *to be on the ~* sofrer torturas; *to put to the ~* fazer passar tormentos; 11 névoa, nuvem leve (ao vento leva); 12 manjedoura; 13 grade de manjedoura; 14 xelma, xalmas; 15 tempestade, tormenta; 16 cremalheira; *~ bar* cremalheira; 17 furta-passo do cavalo; trote duro e incómodo; 18 (bebida alcoólica) araca; *~ punch* araca Ⓑ *v.tr.,intr.* 1 torturar, submeter à tortura ou suplício do potro ou da roda; 2 fazer sofrer, atormentar; *to be racked by remorse* ser atormentado pelos remorsos; *to be racked with pain* ser torturado pela dor; 3 exigir (de inquilino) uma renda exorbitante; submeter à extorsão; 4 (solo) exaurir, esgotar; 5 dispor em grades ou redes; 6 deslocar lentamente por meio de cremalheira; 7 encher manjedoura de cavalo com o necessário para durante a noite; 8 prender cavalo à manjedoura; 9 (cavalo) caminhar a furta-passo ou com trote duro; 10 (vinho) trasfegar; 11 NÁUTICA cruzar ❖ *~ jack* macaco; *~ rail* cremalheira (de locomotiva); *~ railway* caminho-de-ferro de cremalheira; *~ stick* garrote, arrocho; *~ wheel* roda dentada; *bomb ~* lança-bombas; *letter ~* porta-cartas; *paper ~* papeleira; *a plate ~* armação para pratos ou chapas fotográficas; *hat and coat ~* bengaleiro; *~ and pinion* engrenagem de cremalheira; cremalheira e carreto; *~ rail of iron* cremalheira de ferro; *~ rail of steel* cremalheira de aço; *the cough seemed to ~ her whole body* parecia que a tosse lhe abalava o corpo todo; [EUA] *to come up to the ~* aguentar com as consequências; *to go to ~ and ruin* caminhar para a destruição; estar em ruínas; *to leave all at ~ and manger* deixar tudo ao abandono; desamparar tudo; *to live at ~ and manger* viver na abundância e na ociosidade; [coloq.] *to put one's brains on the ~/to ~ one's brains* dar tratos ao juízo; dar voltas à cabeça; dar voltas ao miolo
◆**rack off** *v.tr.* (vinho) trasfegar
◆**rack up** *v.intr.* 1 [coloq.] acumular; 2 [coloq.] conseguir

racker ['rækə] *s.* 1 cavalo que tem um trote duro, que anda a furta-passo; 2 [ant.] carrasco ❖ [coloq.] *a brain ~* um quebra-cabeças
racket ['rækɪt] Ⓐ *s.* 1 DESPORTO (ténis) raqueta; 2 balbúrdia, algazarra, barulho; *to kick up a ~* fazer uma barulheira; 3 agitação, vida movimentada; 4 [coloq.] borga; pagode; folia; *to go on the ~* ir para a borga, andar na borga; 5 fraude; extorsão; chantagem; 6 ocupação de indivíduos que se dedicam a actividades fraudulentas; 7 qualquer ocupação ou profissão; 8 *pl.* variedade do jogo da péla, jogado em recinto com as dimensões de 62 pés por 31 Ⓑ *v.intr.* 1 fazer barulho; fazer algazarra; 2 andar no pagode; andar na borga ❖ *~ press* armação para comprimir e manter as raquetas direitas; *the rum ~* organização para a venda fraudulenta de bebidas alcoólicas; *to stand the ~* aguentar com as responsabilidades; pagar as despesas
racketeer [,rækɪ'tɪə] Ⓐ *s.* 1 [EUA] gangster, escroque; 2 explorador do mercado negro Ⓑ *v.intr.* levar vida de gangster ou de *racketeer*
racketeering [,rækɪ'tɪərɪŋ] *s.* crime organizado, actividade de gangster ou de *racketeer*
racketing ['rækɪtɪŋ] Ⓐ *adj.* 1 barulhento, ruidoso, turbulento; 2 dissipador, dissoluto Ⓑ *s.* 1 barulho, algazarra; 2 pagode, folia, regabofe; 3 dissipação, vida dissoluta
racket-tail ['rækɪt,teɪl] *s.* ZOOLOGIA ave pequena com cauda em forma de raqueta
rackety ['rækɪtɪ] *adj.* 1 ruidoso, turbulento, barulhento; 2 folgazão, que gosta da pândega, do pagode; 3 que leva uma vida de prazer
racking ['rækɪŋ] Ⓐ *adj.* 1 (dor, etc.) violento, torturante, atroz; 2 excessivo, exorbitante; 3 (trote) duro Ⓑ *s.* 1 suplício do potro ou da roda; 2 tormento; tortura; 3 trasfega, trasfego, lotação; 4 NÁUTICA cruzamento (de dois cabos), baderna ❖ *~ stick* garrote, arrocho
rack-rent ['rækrent] Ⓐ *s.* 1 renda exorbitante, excessivamente elevada; 2 renda igual ou quase igual ao valor da terra Ⓑ *v.tr.* exigir uma renda exorbitante
rack-renter ['rækrentə] *s.* 1 inquilino que paga uma renda exorbitante; 2 proprietário que exige uma renda exorbitante
raconteur [,rækɒn'tɜː] *s.* indivíduo que sabe contar bem (anedotas, etc.); contador de histórias
raconteuse [,rækɒn'tɜːz] *fem. de* raconteur
racoon [rə'kuːn] *s.* ZOOLOGIA guaxinim, mão-pelada
racquet ['rækɪt] *s.* DESPORTO (ténis) raqueta
racy ['reɪsɪ] *adj.* (*comp.* **-ier**, *superl.* **-iest**) 1 picante; *~ joke* piada picante; 2 forte, rico; *~ flavour* paladar forte; *~ wine* vinho forte, vinho cheio de vida; 3 vivo, vigoroso, com alma, com espírito; *~ style* estilo vivo, cheio de movimento; 4 de raça
RADA [*abrev. de* Royal Academy of Dramatic Art]
radar ['reɪdɑː, 'reɪdə] *s.* radar ❖ *~ antenna* antena de radar; *~ beam* feixe de ondas do radar; *~ equipment* equipamento de radar; *~ operator* operador de radar; *~ range* alcance de radar; *~ receiver* receptor de radar; *~ screen* ecrã de radar; *~ waves* ondas do radar
radarman ['reɪdɑːmən] *s.* (*pl.* **-men**) ⇒ radar operator
raddle ['rædəl] Ⓐ *s.* ocre vermelho Ⓑ *v.tr.* 1 pintar a ocre vermelho; 2 pintar de vermelho
radial ['reɪdɪəl] Ⓐ *adj.* 1 radial; *~ acceleration* aceleração radial; *~ arm* braço radial; *~ saw* serra radial; 2 disposto em raios; com raios ou linhas dispostas como raios; 3 (metal) relativo ao rádio; 4 (osso) relativo ao rádio Ⓑ *s.* ANATOMIA nervo ou artéria radial ❖ *~ engine* motor em estrela; *~ float* pá fixa; *~ force* força centrífuga; *~ paddlewheel* roda de pás fixas; *~ projection* projecção central; *~ road* estrada de saída; rua principal de saída de uma cidade; (roda de bicicleta, etc.) *~ spoke* raio
radialized ['reɪdɪəlaɪzd] *adj.* 1 disposto radialmente; 2 disposto em estrela
radially ['reɪdɪəlɪ] *adv.* radialmente
radian ['reɪdɪən] *s.* GEOMETRIA (sistema internacional de unidades de medida) radiano
radiance ['reɪdɪəns] *s.* 1 brilho, esplendor, resplendor; 2 radiação, radiância, auréola
radiancy ['reɪdɪənsɪ] *s.* [rar.] ⇒ **radiance**

radiant ['reɪdɪənt] Ⓐ *adj.* 1 irradiante, que irradia; ~ *with youth* irradiando juventude; 2 radioso; ~ *eyes* olhos radiosos; *the ~ sun* o sol radioso; 3 radiante; cheio de alegria; exultante; ~ *smile* sorriso radiante; *she was ~ with joy* ela estava radiante de alegria; 4 resplandecente, brilhante; 5 FÍSICA transmitido por radiação, radiante, irradiante; ~ *body* corpo irradiante; ~ *energy* energia radiante; ~ *heat* calor radiante; ~ *oven* forno de irradiação; ~ *point* ponto de radiação, ponto radiante Ⓑ *s.* 1 ASTRONOMIA ponto radiante; 2 foco luminoso
radiantly ['reɪdɪəntlɪ] *adv.* radiantemente
radiary ['reɪdɪərɪ] *s.* ZOOLOGIA radiário, equinoderme
radiata [reɪdɪ'eɪtə] *s.pl.* ZOOLOGIA radiários, fitozoários
radiate[1] ['reɪdɪeɪt] *v.tr.,intr.* 1 irradiar; *heat radiating from the sun* o calor que irradia do Sol; *she radiated happiness* ela irradiava felicidade; 2 emitir raios de luz ou calor; 3 emitir a partir de um centro; 4 difundir(-se) em raios; 5 disseminar(-se); espalhar(-se); 6 brilhar, fulgir
radiate[2] ['reɪdɪɪt, 'reɪdɪeɪt] *adj.* 1 radiado; 2 disposto em raios; 3 radial
radiated ['reɪdɪeɪtɪd] *adj.* 1 radial; 2 disposto em raios; 3 irradiado; ~ *heat* calor irradiado
radiating ['reɪdɪeɪtɪŋ] Ⓐ *adj.* 1 radiante; 2 radiado; 3 irradiante; ~ *surface* superfície irradiante Ⓑ *s.* radiação ❖ ~ *capacity* poder de irradiação; ~ *circuit* circuito de irradiação; ~ *heat* calor por irradiação
radiation [reɪdɪ'eɪʃən] *s.* 1 radiação; *to emit radiations* emitir radiações; 2 irradiação; ~ *of electrical energy* irradiação de energia eléctrica; ~ *of heat* irradiação de calor; ~ *of light* irradiação de luz; 3 coisa irradiada; 4 disposição radial; 5 [fig.] influência moral ❖ ~ *coefficient* coeficiente de irradiação; ~ *constant* constante de irradiação; FÍSICA ~ *losses* perdas por irradiação; ~ *resistance* resistência à irradiação; ~ *sickness* doença provocada por radiações radioactivas; ~ *treatment* radioterapia
radiator ['reɪdɪeɪtə] *s.* 1 (carro) radiador; 2 radiador; aquecedor; *electric ~* aquecedor eléctrico; *hot-water ~* radiador (aquecedor) a água quente
radical ['rædɪkəl] Ⓐ *adj.* 1 radical; *to make ~ alterations* realizar alterações radicais; *there was a ~ change* houve uma mudança radical; 2 fundamental, essencial, basilar, primário; ~ *principle* princípio fundamental; ~ *truth* verdade fundamental; 3 decisivo, completo, total; 4 POLÍTICA partidário do radicalismo; *the Radical Party* o partido radical; 5 MATEMÁTICA relativo a radical; ~ *quantity* quantidade radical; ~ *sign* sinal de radical; 6 BOTÂNICA que brota directamente da raiz; 7 LINGUÍSTICA que diz respeito ao radical de uma palavra; ~ *word* palavra primitiva Ⓑ *s.* 1 (geral) radical; 2 princípio fundamental, base
radicalism ['rædɪkəlɪzəm] *s.* radicalismo
radicalistic ['rædɪkə'lɪstɪk] *adj.* radicalista
radically ['rædɪkəlɪ] *adv.* 1 radicalmente; 2 fundamentalmente
radicant ['rædɪkənt] *adj.* 1 BOTÂNICA radicante; 2 que produz raízes
radicating ['rædɪkeɪtɪŋ] *adj.* ⇒ **radicant**
radication [rædɪ'keɪʃən] *s.* 1 radicação; 2 enraizamento
radicchio [ræ'dɪkɪəʊ] *s.* BOTÂNICA, CULINÁRIA couve rouxa
radicle ['rædɪkl] *s.* 1 BOTÂNICA radícula (no embrião); 2 pequena raiz; 3 ANATOMIA subdivisão de nervo ou veia semelhante a raiz; 4 QUÍMICA radical
radicular [rə'dɪkjʊlə] *adj.* BOTÂNICA radicular
radiferous [rə'dɪfərəs] *adj.* radífero
radio ['reɪdɪəʊ] Ⓐ *s.* 1 (sistema, aparelho) rádio; *the message was sent by ~* enviaram a mensagem pela rádio; *to hear it on the ~* ouvir na rádio; 2 radiograma; 3 MEDICINA radiografia, radiologia Ⓑ *adj.* radiofónico ❖ ~ *amateur* rádio-amador; ~ *amplifier* radioamplificador; ~ *announcer* locutor; ~ *antenna* antena de rádio; ~ *astronomy* radioastronomia; ~ *beam* feixe de ondas electromagnéticas; ~ *channel* canal de rádio; ~ *communication* radiocomunicação; ~ *conductor* radiocondutor; ~ *control* comando pela rádio; ~ *detector* radiodetector; ~ *diagnosis* radiodiagnóstico; ~ *hookup* programa transmitido em cadeia; ~ *interference* interferência radiofónica; ~ *listener* radiouvinte; ~ *metallography* radiometalografia; MEDICINA ~ *necrosis* radionecrose; ~ *play* peça radiofónica; ~ *set* aparelho de rádio; receptor radiofónico; ~ *spectator* radiouvinte; ~ *station* emissora de rádio; ~ *wave* onda radiofónica; ~ *direction finder* radiogoniómetro
radioactive [ˌreɪdɪəʊ'æktɪv] *adj.* radioactivo; ~ *waste* resíduos radioactivos
radioactivity [ˌreɪdɪəʊæk'tɪvɪtɪ] *s.* radioactividade
radiochemistry [ˌreɪdɪəʊ'kemɪstrɪ] *s.* radioquímica
radio-controlled [ˌreɪdɪəʊkən'trəʊl] *adj.* controlado à distância
radioelectric [ˌreɪdɪəʊɪ'lektrɪk] *adj.* radioeléctrico ❖ ~ *current* corrente radioeléctrica
radioelectricity [ˌreɪdɪəʊɪlek'trɪsətɪ] *s.* radioelectricidade
radioelement [ˌreɪdɪəʊ'elɪmənt] *s.* FÍSICA radioelemento, radioisótopo
radiofrequency [ˌreɪdɪəʊ'fri:kwənsɪ] *s.* radiofrequência
radiogene [ˌreɪdɪəʊ'dʒi:n] *s.* aparelho radiógeno
radiogenic [ˌreɪdɪəʊ'dʒenɪk] *adj.* radiogénico
radiogoniometer [ˌreɪdɪəʊgəʊnɪ'ɒmɪtə] *s.* radiogoniómetro
radiogoniometric [ˌreɪdɪəʊgəʊnɪ'metrɪk] *adj.* radiogoniométrico
radiogoniometry [ˌreɪdɪəʊgəʊnɪ'ɒmətrɪ] *s.* radiogoniometria
radiogram ['reɪdɪəʊgræm] *s.* 1 radiograma; 2 radiola
radiograph ['reɪdɪəʊgrɑ:f] Ⓐ *s.* radiografia Ⓑ *v.tr.* radiografar
radiographer [reɪdɪ'ɒgrəfə] *s.* radiógrafo, radiologista
radiographic [ˌreɪdɪəʊ'græfɪk] *adj.* radiográfico
radiography [reɪdɪ'ɒgrəfɪ] *s.* (arte, ciência, processo) radiografia
radioiodine [ˌreɪdɪəʊ'aɪədi:n] *s.* iodo radioactivo
radiolaria [ˌreɪdɪəʊ'leərɪə] *s.pl.* ZOOLOGIA radiolários, fitozoários
radiolarian [ˌreɪdɪəʊ'leərɪən] *adj.,s.* ZOOLOGIA radiolário, fitozoário
radiolocation [ˌreɪdɪəʊləʊ'keɪʃn] *s.* localização por radar
radiological [ˌreɪdɪəʊ'lɒdʒɪkəl] *adj.* radiológico
radiologist [reɪdɪ'ɒlədʒɪst] *s.* radiologista
radiology [reɪdɪ'ɒlədʒɪ] *s.* MEDICINA radiologia
radiometer [reɪdɪ'ɒmɪtə] *s.* FÍSICA radiómetro
radiometry [reɪdɪ'ɒmətrɪ] *s.* FÍSICA radiometria
radionuclide [ˌreɪdɪəʊ'nju:klaɪd] *s.* radionuclídeo
radiophare ['reɪdɪəʊfeə] *s.* radiofarol
radiophone ['reɪdɪəʊfəʊn] *s.* radiofone
radiophony [reɪdɪ'ɒfənɪ] *s.* radiofonia
radioscopic [ˌreɪdɪəʊ'skɒpɪk] *adj.* radioscópico
radioscopy [reɪdɪ'ɒskəpɪ] *s.* radioscopia
radiosensitive [ˌreɪdɪəʊ'sensətɪv] *adj.* radiossensível
radiosensitivity [ˌreɪdɪəʊsensə'tɪvɪtɪ] *s.* radiossensibilidade
radiotelephone [ˌreɪdɪəʊ'telɪfəʊn] Ⓐ *s.* radiotelefone Ⓑ *v.tr.* radiotelefonar
radiotelephony [ˌreɪdɪəʊtə'lefənɪ] *s.* radiotelefonia
radiotherapeutic [ˌreɪdɪəʊθerə'pju:tɪk] *adj.* radioterapêutico
radiotherapeutics [ˌreɪdɪəʊθerə'pju:tɪks] *s.* radioterapia
radiotherapist [ˌreɪdɪəʊ'θerəpɪst] *s.* radioterapista
radiotherapy [ˌreɪdɪəʊ'θerəpɪ] *s.* MEDICINA radioterapia
radish ['rædɪʃ] *s.* BOTÂNICA rabanete
radium ['reɪdɪəm] *s.* QUÍMICA (elemento químico) rádio ❖ ~ *isotope* isótopo do rádio; ~ *paint* incrustação de rádio; ~ *treatment* radioterapia; ~ *sulphate* sulfato de rádio
radiumize ['reɪdɪəmaɪz] *v.tr.* MEDICINA tratar por meio de radioterapia
radius ['reɪdɪəs] *s.* (*pl.* **-ii**) 1 GEOMETRIA raio; ~ *of a circle* raio de círculo; 2 (roda) raio; 3 [fig.] raio; alcance; esfera; ~ *of action* raio de acção; *within a ~ of ten miles* num raio de dez milhas; 4 ANATOMIA rádio ❖ ~ *finder* esquadro de centros; ~ *rod* barra radial; ~ *vector* raio vector
radix ['reɪdɪks] *s.* (*pl.* **radices**) 1 MATEMÁTICA raiz, número ou símbolo usado como base de um sistema de numeração; 2 raiz, origem, fonte
radon ['reɪdɒn] *s.* QUÍMICA (elemento químico) rádon
RAE Ⓐ [GB] [*abrev. de* Royal Academy of Engineering] Ⓑ [*abrev. de* Royal Aircraft Establishment]
RAeC [*abrev. de* Royal Aero Club]
RAEC [*abrev. de* Royal Army Education Corps]
RAEME [*abrev. de* Royal Australian Electrical and Mechanical Engineers]
RAeS [*abrev. de* Royal Aeronautical Society]
RAF [GB] [*abrev. de* Royal Air Force]
raffia ['ræfɪə] *s.* BOTÂNICA ráfia
raffish ['ræfɪʃ] *adj.* 1 [coloq.] baixo, depravado, com má fama; 2 libertino

raffishly [ˈræfɪʃlɪ] *adv.* 1 duma maneira depravada; 2 libertinamente
raffishness [ˈræfɪʃnɪs] *s.* libertinagem
raffle [ˈræfəl] Ⓐ *s.* 1 tômbola, lotaria; 2 sorteio, rifa; 3 entulho, refugo; 4 escória Ⓑ *v.tr.,intr.* 1 tomar parte num sorteio ou tômbola; 2 sortear, rifar
raffling [ˈræflɪŋ] *s.* rifa, sorteio
RAFR [*abrev. de* Royal Australian Fleet Reserve]
raft [rɑːft] Ⓐ *s.* 1 jangada; balsa; 2 (barco) salva-vidas; 3 (troncos, madeira, gelo) massa transportada pela corrente; 4 [EUA] [coloq.] (grande quantidade) montão; *a whole ~ of* um montão de Ⓑ *v.tr.,intr.* 1 transportar em jangada; 2 (rio) atravessar em jangada; 3 andar de jangada; 4 fazer uma jangada de
rafter [ˈrɑːftə] Ⓐ *s.* 1 viga; trave; caibro; barrote; empena; *the rafters of a roof* as traves de um telhado; 2 balseiro; 3 indivíduo que conduz troncos de árvores por um rio abaixo Ⓑ *v.tr.* guarnecer de traves; colocar o travejamento em
raftered [ˈrɑːftəd] *adj.* com traves, com travejamento
raftering [ˈrɑːftərɪŋ] *s.* 1 colocação de traves ou vigas; 2 travejamento
rafting [ˈræftɪŋ] *s.* DESPORTO rafting
raftsman [ˈrɑːftsmən] *s.* (*pl.* **-men**) indivíduo encarregado de uma jangada ou de conduzir troncos de árvores por um rio abaixo
RAFVR [*abrev. de* Royal Air Force Volunteer Reserve]
rag [ræɡ] Ⓐ *s.* 1 trapo; farrapo; *he has not a ~ to cover him* não tem um farrapo com que se cubra; 2 [depr.] jornaleco; pasquim; *why do you read that rag?* para que é que lês esse pasquim?; 3 [coloq., fig.] pedaço, bocado; pequena quantidade, coisa pouca; *there is not a ~ of evidence* não há o menor indício de prova; 4 telha grande ou delgada, pedra granulosa; 5 algazarra; 6 ralho; repreensão; 7 brincadeiras de estudantes; 8 [rar.] saliência irregular; 9 *pl.* farrapos; andrajos; *in rags* em farrapos, esfarrapado, andrajoso, vestido de roupas muito velhas; 10 *pl.* desperdícios; refugo; 11 *pl.* (fabrico de papel) farrapos Ⓑ *v.tr.* (*particípios*: **-gg-**) 1 arreliar; brincar com; 2 [coloq.] fazer pouco de; troçar de; zombar de; fazer troça de; 3 censurar; repreender severamente; ralhar com ❖ *~ book* livro infantil feito de pano que não se pode rasgar; *~ doll* boneca de trapos; *~ fair* feira de roupa usada; (fabrico de papel) *~ grinder* aparelho para desfiar trapo; (fabrico de papel) *~ pulp* pasta de farrapo; *~ wheel* roda dentada; disco de trapo para polir; *glad rags* roupa de domingo; *like a red ~ to a bull* excitante; irritante; *to boil to rags* cozer excessivamente, até ficar tudo desfeito; *to go from rags to riches* enriquecer do dia para a noite; *to lose one's ~* perder a cabeça; irritar-se
ragamuffin [ˈræɡəˌmʌfɪn] *s.* 1 farroupilha, maltrapilho; 2 criança suja e esfarrapada; 3 garoto da rua, menino de rua
ragamuffinly [ˈræɡəˌmʌfɪnlɪ] *adj.* sujo e esfarrapado
rag-and-bone [ˌræɡənˈbəʊn] *adj.* que anda de porta em porta a pedir coisas que possam ser dispensadas
❖ *~ man* trapeiro
ragbag [ˈræɡbæɡ] Ⓐ *s.* 1 saca de farrapos; 2 [fig.] (miscelânea) amontoado, confusão, manta de retalhos*fig.* Ⓑ *adj.* heterogéneo, variado
RAGC [*abrev. de* Royal Ancient Golf Club, St. Andrews]
rage [reɪdʒ] Ⓐ *s.* 1 raiva; cólera furiosa; furor, fúria, violência; *to be mad with ~* estar cego de cólera, estar louco de cólera; *to fly into a ~, to get into a ~* ficar furioso, ter um ataque de cólera; 2 acesso de raiva; 3 (desejo intenso) mania; paixão; grande entusiasmo; *to have a ~ for...* ter a mania de...; 4 grande moda; grande voga; *it was all the ~ at that time* era a grande moda nessa época Ⓑ *v.intr.* 1 enfurecer-se [**against/at**, contra]; ficar furioso [**against/at**, por causa de]; encolerizar-se; enraivecer-se; 2 (mar) bramar, bramir; 3 (vento) soprar violentamente; 4 grassar; assolar; devastar; *smallpox raged throughout the country* a varíola grassava intensamente pelo país fora ❖ *the ~ for money* a avidez do dinheiro; *the storm raged itself out* a tempestade acalmou; *to ~ and fume* estar furioso
rageful [ˈreɪdʒfʊl] *adj.* 1 furioso; 2 cheio de cólera, cheio de raiva
ragefully [ˈreɪdʒfʊlɪ] *adv.* 1 furiosamente; 2 raivosamente
ragged [ˈræɡɪd] *adj.* 1 em farrapos, esfarrapado; *he wore a ~ coat* ele trazia um casaco esfarrapado; 2 andrajoso; 3 irregular, desigual; *~ rocks* rochas irregulares; 4 nodoso; 5 grosseiro, imperfeito; 6 defeituoso; 7 rude; dissonante; rouco; *~ voice* voz rude ❖ BOTÂNICA *~ robin* pão-de-leite, queijadilho; *~ sentence* frase mal construída; *~ stone* pedra não aparelhada; DESPORTO (remo) *~ time* falta de conjunto
raggedly [ˈræɡɪdlɪ] *adv.* 1 andrajosamente, em farrapos; 2 irregularmente; 3 sem harmonia
raggedness [ˈræɡɪdnɪs] *s.* 1 aspecto andrajoso, esfarrapado; 2 irregularidade; 3 aspereza; 4 imperfeição; 5 dissonância; 6 rudeza; 7 falta de conjunto
ragger [ˈræɡə] *s.* 1 [coloq.] indivíduo que faz algazarra, barulho; 2 pessoa que se diverte ruidosamente
ragging [ˈræɡɪŋ] *s.* troça, zombaria, mofa
raging [ˈreɪdʒɪŋ] Ⓐ *adj.* 1 furioso, irado, cheio de cólera, cheio de raiva; 2 (mar) bravo, embravecido; 3 terrível, atroz; 4 violento, muito intenso; *~ fever* febre muito intensa Ⓑ *s.* fúria; furor; raiva ❖ *~ toothache* dor de dentes atroz; *a ~ success* um sucesso estrondoso
ragingly [ˈreɪdʒɪŋlɪ] *adv.* 1 furiosamente, raivosamente; 2 ferozmente; 3 violentamente
raglan [ˈræɡlən] Ⓐ *adj.* 1 (manga) raglã; 2 (peça de roupa) com mangas raglã Ⓑ *s.* (*pl.* **-s**) VESTUÁRIO raglã, peça de roupa (sobretudo, camisola) com um corte especial, com a manga pregada da cava até à gola
ragman [ˈræɡmən] *s.* (*pl.* **-men**) trapeiro, negociante de trapos
ragout [ræˈɡuː] Ⓐ *s.* CULINÁRIA guisado Ⓑ *v.tr.* fazer um guisado de
ragpicker [ˈræɡˌpɪkə] *s.* trapeiro
ragstone [ˈræɡstəʊn] *s.* pedra de afiar, pedra de amolar
ragtag [ˈræɡtæɡ] *s.* ralé, gentalha ❖ *the ~ and bobtail* a populaça; a ralé; a escória social
ragtime [ˈræɡtaɪm] *s.* MÚSICA ragtime ❖ *~ army* exército de opereta; exército indisciplinado
ragwater [ˈræɡwɔːtə] *s.* [coloq.] uísque
ragweed [ˈræɡwiːd] *s.* 1 BOTÂNICA tasna, tasneira, tasninha; 2 ambrósia americana
ragwort [ˈræɡwɜːt] *s.* BOTÂNICA tasna, tasneira, tasninha
RAIC [*abrev. de* Royal Australian Infantry Corps]
raid [reɪd] Ⓐ *s.* 1 raid, assalto, incursão, ataque-surpresa; *there was a ~ on the bank* assaltaram o banco; *to make a ~* fazer um ataque súbito; 2 (polícia) rusga; batida; *police ~* batida policial Ⓑ *v.tr.,intr.* 1 realizar um ataque súbito; 2 (polícia) fazer uma batida; fazer uma rusga
raider [ˈreɪdə] *s.* 1 assaltante, salteador; 2 invasor; 3 aquele que realiza um ataque súbito; 4 aviador ou avião que realiza uma incursão aérea; 5 corsário
rail [reɪl] Ⓐ *s.* 1 (comboios, eléctricos) carril; calha de ferro; *~ for heavy railway* carril para via larga; *~ for light railway* carril para via estreita; 2 caminho-de-ferro; comboio; *by ~* de/por comboio; *to send by ~* enviar por caminho-de-ferro; *to travel by ~* viajar de comboio; 3 corrimão; 4 anteparo; parapeito; 5 NÁUTICA amurada; 6 vedação; cerca; *to build a ~ fence* construir uma vedação de estacas ou pequenas barras de madeira; 7 cabide; barra para pendurar roupa, toalhas, etc.; *towel ~* toalheiro; *hat ~* cabide para chapéus; 8 ZOOLOGIA galinha-de-água, franga-de-água, galinhola, francolim; 9 *pl.* acções ferroviárias Ⓑ *v.tr.,intr.* 1 fechar; encerrar numa vedação; rodear por uma vedação; 2 cercar com parapeito, corrimão ou grade; 3 transportar por caminho-de-ferro; enviar por caminho-de-ferro; viajar por caminho-de-ferro; 4 assentar via-férrea em; 5 queixar-se [**against/at**, de]; insurgir-se [**against/at**, contra]; protestar [**against/at**, contra]; 6 invectivar [**against/at**, -]; injuriar [**against/at**, -] ❖ *~ chair* chumaceira; coxim; *~ gauge* bitola de via; *~ motor* automotora; *~ strike* greve dos comboios; *~ transport* transporte ferroviário; [fig.] *to force the rails* tirar vantagem ilícita de adversário; *to run off the rails* enveredar por mau caminho; estar desorganizado; descarrilar; funcionar mal
➔**rail in** *v.tr.* rodear com grade ou vedação ❖ *railed-in* rodeado por grave ou vedação
➔**rail off** *v.tr.* separar por grade ou vedação ❖ *railed-off* separado com grave ou vedação
railcar [ˈreɪlkɑː] *s.* 1 (comboios) automotora; 2 vagão
railed [reɪld] *adj.* com grade ou vedação
railer [ˈreɪlə] *s.* 1 pessoa que se queixa; 2 pessoa que usa linguagem injuriosa

railhead ['reɪlhed] s. terminal de caminhos-de-ferro
railing ['reɪlɪŋ] Ⓐ adj. queixoso, lamuriento Ⓑ s. 1 queixa, lamúria; 2 injúria, invectiva; 3 paliçada, vedação, estacada; 4 grade; *iron railings* grades de ferro; 5 parapeito; 6 corrimão de escada; 7 balaustrada; 8 assentamento de carris; 9 material para carris
railingly ['reɪlɪŋlɪ] adv. injuriosamente
raillery ['reɪlərɪ] s. (pl. -ies) 1 troça, gracejo, zombaria, mofa; 2 brincadeira
railless ['reɪləs] adj. 1 sem caminho-de-ferro, sem vias férreas; 2 sem corrimão
railophone ['reɪləfəʊn] s. rádio instalado em comboio
railroad ['reɪlrəʊd] Ⓐ s. [EUA] via-férrea; caminho-de-ferro Ⓑ v.tr.,intr. 1 [EUA] enviar por caminho-de-ferro; 2 instalar via-férrea em; 3 viajar em caminho-de-ferro; 4 trabalhar nos caminhos-de-ferro; 5 procurar conseguir rapidamente sem a conveniente análise ❖ *to ~ a bill* fazer votar um projecto de lei a toda a pressa; *to ~ sb into doing sth* obrigar alguém a fazer alguma coisa sem lhe dar tempo para pensar; [coloq.] *to ~ to prison* despachar para a cadeia; meter na cadeia sob falso pretexto
railroader ['reɪlrəʊdə] s. [EUA] empregado nos caminhos-de-ferro, ferroviário
railroading ['reɪlrəʊdɪŋ] s. 1 construção dum caminho-de-ferro; 2 manutenção dum caminho-de-ferro, actuação nos caminhos-de-ferro
railtrack ['reɪltræk] s. via-férrea
railway ['reɪlweɪ] Ⓐ s. 1 via-férrea; 2 (sistema) caminhos-de-ferro; *to work on the ~* trabalhar nos caminhos-de-ferro; 3 [EUA] linha de eléctricos Ⓑ adj. ferroviário; *~ accident* acidente ferroviário; *~ bridge* ponte ferroviária; *~ network* rede ferroviária; *~ traffic* tráfego ferroviário; *~ tunnel* túnel ferroviário; *~ transport* transporte ferroviário ❖ (comboios) *~ carriage* carruagem; *~ crossing* cruzamento de via-férrea; *~ electrification* electrificação de via-férrea; *~ engine* locomotiva; *~ gauge* bitola; *~ line* linha-férrea; *~ novel* romance fácil e leve para leitura em viagem; (caminhos-de-ferro) *~ sleeper* chulipa; *~ station* estação de caminho-ferro; (caminhos-de-ferro) *~ switch* agulha; *~ track* via-férrea; *at ~ speed* muito depressa
railwayless ['reɪlweɪləs] adj. sem vias-férreas, sem caminhos-de-ferro
railwayman ['reɪlweɪmən] s. (pl. -men) ferroviário, empregado nos caminhos-de-ferro
raiment ['reɪmənt] s. [poét.] traje, vestuário, vestes; *food and ~* alimentação e vestuário
rain [reɪn] Ⓐ s. 1 chuva; *pelting ~* chuva que bate, que fustiga; *soaking ~* chuva penetrante; *in the ~* à chuva; *the winds and rains of March* os ventos e as chuvas de Março; *it is turning to ~* está a virar para chuva; *it looks like ~* parece que vai chover; 2 deformação da imagem do televisor, que dá a impressão de chuva; 3 pl. (zonas tropicais) *the rains* estação das chuvas Ⓑ v.tr.,intr. 1 chover; *it's going to ~* vai chover; *it's raining* está a chover; *to ~ cats and dogs/to ~ in buckets* chover a cântaros; *to ~ in sheets/to ~ in torrents* chover torrencialmente; *to ~ stair-rods* chover a prumo; *to ~ very hard* chover muito; 2 [fig.] cair em grande quantidade como chuva; 3 [fig.] derramar abundantemente; inundar com ❖ *~ cap* cobertura de chaminé; *~ chart* mapa pluviométrico; [EUA] *~ check* bilhete de utilização futura, no caso de o espectáculo vir a ser interrompido devido ao mau tempo; adiamento; *~ cloud* nimbo; nuvem negra que se resolve em chuva; *~ forest* floresta tropical; *~ gauge* pluviómetro; *~ shower* chuveiro; chuvada; *~ spell* período de chuva de pelo menos quinze dias; *a ~ of ashes/of fire* uma chuva de cinzas/de fogo; *~ or shine* faça chuva ou faça sol; [coloq.] *I'll take a ~ check* fica para outra vez; *it never rains but it pours* não há duas sem três; *uma desgraça nunca vem só*; *to be as right as ~* estar fresco que nem uma alface
◆**rain down** Ⓐ v.intr. cair, cair intensamente; *tears rained down her cheeks* corriam-lhe lágrimas pelo rosto Ⓑ v.tr. fazer cair; acertar
◆**rain off/out** v.tr. 1 cessar; *the storm rained itself out* a chuva acabou com a tempestade; 2 (concerto, evento desportivo, etc.) cancelar por causa da chuva
rainbird ['reɪnbɜːd] s. ZOOLOGIA picanço, pica-pau verde, peto-real

rainbow ['reɪnbəʊ] s. arco-íris
raincoat ['reɪnkəʊt] s. VESTUÁRIO impermeável, gabardina
raindrop ['reɪndrɒp] s. gota de chuva
rainfall ['reɪnfɔːl] s. 1 pluviosidade, precipitação atmosférica; *the annual ~ in Oporto* a quantidade anual de chuva no Porto; 2 aguaceiro, chuva
rainforest ['reɪnfɒrɪst] s. floresta tropical
rainily ['reɪnɪlɪ] adv. com chuva
raininess ['reɪnɪnɪs] s. 1 pluviosidade; 2 estado chuvoso; 3 tempo chuvoso, tendência para chuva
rainless ['reɪnləs] adj. 1 sem chuva; 2 seco
rainlessness ['reɪnləsnɪs] s. falta de chuva
rainproof ['reɪnpruːf] adj. 1 impermeável; 2 à prova de água
rainspout ['reɪnspaʊt] s. [EUA] goteira
rainstorm ['reɪnstɔːm] s. tempestade com chuva torrencial
raintight ['reɪntaɪt] adj. impermeável, que não se deixa penetrar pela chuva
rainwater ['reɪnˌwɔːtə] s. água da chuva ❖ *~ pipe* caleira
rainworm ['reɪnwɜːm] s. minhoca
rainy ['reɪnɪ] adj. (comp. -ier, superl. -iest) 1 chuvoso; pluvioso; *~ weather* tempo chuvoso; *it is ~* está de chuva; 2 (nuvem) que anuncia chuva, que traz chuva ❖ *~ season* estação das chuvas; *to provide against a ~ day/to put away for a ~ day/to put by for a ~ day* poupar para uma necessidade
raise [reɪz] Ⓐ s. 1 [EUA] [coloq.] (salário) aumento; *to get a ~* ser aumentado; 2 subida; 3 elevação Ⓑ v.tr. 1 elevar, levantar, erguer; *to ~ a cloud of dust* levantar uma nuvem de poeira; *to ~ a load* levantar uma carga; *to ~ one's eyes* levantar os olhos; *to ~ one's hat* tirar o chapéu, levantar o chapéu; *to ~ one's voice* levantar a voz; *to ~ the standard of revolt* erguer o estandarte da revolta; 2 edificar, construir, pôr de pé; *to ~ a monument* erguer/construir um monumento; 3 (caça) levantar; *to ~ game* levantar caça; *the dog raised a rabbit* o cão levantou um coelho; 4 provocar, dar origem a, motivar, originar; *to ~ a row* provocar uma questão; *to ~ astonishment* provocar o pasmo, provocar admiração; 5 aumentar; *to ~ a tariff* aumentar uma tarifa; *to ~ sb's salary* subir o salário de alguém; 6 fazer subir; *to ~ the temperature* fazer subir a temperatura; *to ~ prices* subir os preços; 7 sublevar; [fig.] *to ~ the country* revoltar o país, provocar um levantamento no país; 8 ampliar; 9 melhorar; 10 (honrarias) (promover) elevar [**to**, a]; *he was raised to the peerage* ele foi elevado ao pariato; *to ~ to noble rank* elevar à nobreza; 11 tornar mais forte; 12 (espíritos) invocar; *to ~ a spirit* invocar um espírito; 13 citar, apresentar, mencionar; *to ~ an objection* levantar uma objecção; 14 educar; *to ~ a family* educar uma família, criar uma família; *she was born and raised in Dublin* ela nasceu e foi educada em Dublin; 15 criar; *to ~ sheep* criar carneiros; 16 cultivar; *to ~ potatoes* cultivar batatas; 17 encontrar, arranjar; 18 angariar; 19 organizar; 20 (tenda) armar; 21 dar por findo; 22 exclamar, proclamar, dizer em voz alta; 23 NÁUTICA avistar; aproximar-se mais da terra; *to ~ land* descortinar terra ❖ *to ~ a blister* fazer uma bolha; *to ~ a dust* fazer espalhafato; esconder a verdade; fazer barulho; armar zaragata; *to ~ a loan* angariar um empréstimo; *to ~ a siege* levantar um cerco; *to ~ a stink* protestar vigorosamente; queixar-se ruidosamente; fazer escândalo; *to ~ an army* organizar um exército; *to ~ camp* levantar o acampamento; *to ~ coal* extrair carvão; *to ~ from the dead* ressuscitar; *to ~ hell* armar uma zaragata dos diabos; *to ~ money on an estate* levantar dinheiro sobre uma propriedade; *to ~ one's eyebrows* mostrar-se arrogante; mostrar-se com ares superiores; *to ~ one's glass to* fazer um brinde à saúde de; *to ~ sb's spirits* animar alguém; *to ~ the bread* fazer levedar o pão; *to ~ the devil* armar uma zaragata dos diabos; *to ~ the roof* deitar a casa abaixo com barulho; fazer muito barulho; [coloq.] *to ~ the wind* arranjar o dinheiro necessário
◆**raise up** v.tr. 1 modificar a disposição de; 2 elevar, levantar ❖ *to ~ enemies* arranjar inimigos; *the dead are raised up* ressuscitam-se os mortos
raised ['reɪzd] adj. 1 levantado; 2 sobrelevado; *~ arch* arco ogival sobrelevado; 3 em relevo; *~ letter* letra em relevo; *~ map* mapa em relevo; *~ print* impressão em relevo (para cegos); 4 lêvedo

raiser ['reɪzə] s. 1 criador, produtor; *a ~ of cattle* um criador de gado; 2 cultivador; 3 autor, causador; 4 aquele ou aquilo que levanta

raisin ['reɪzən] s. uva seca, uva passa

raising ['reɪzɪŋ] s. 1 levantamento; elevação; *~ of water* elevação de água; 2 causa, motivo; 3 (espíritos) invocação; 4 ressurreição; 5 (animais) criação; 6 (plantas) cultura; cultivo; 7 (exército) organização; 8 (tecido) levantamento do pêlo, cardagem; 9 (carvão) produção, extracção; 10 (impostos) lançamento ❖ *~ gear* mecanismo de elevação; *~ the speed* aumento da velocidade

rait [reɪt] v.tr.,intr. ⇒ ret

raj [rɑːdʒ] s. [Índia] soberania; *the British ~ in India* a soberania britânica na Índia

raja ['rɑːdʒə] s. rajá

rajah ['rɑːdʒə] s. rajá

rajahship ['rɑːdʒəʃɪp] s. 1 rajado; 2 soberania, território ou domínio de rajá

Rajpoot ['rɑːdʒpuːt] s. rajaputro, rajpute

Rajput ['rɑːdʒpuːt] s. rajaputro, rajpute

rake [reɪk] Ⓐ s. 1 ancinho; rodo; 2 ripanço; 3 esborralhador, ferro de remexer as brasas; *oven ~* esborralhador de limpar o forno; 4 inclinação; *the ~ of a ship's funnel* a inclinação da chaminé de um navio; 5 NÁUTICA caimento (de mastro); 6 (automóvel) inclinação da coluna de direcção; 7 (pessoa) libertino; devasso Ⓑ v.tr.,intr. 1 alisar com um ancinho; juntar com ancinho; *to ~ away* afastar com o ancinho; *to ~ the soil smooth* alisar o solo com o ancinho; 2 esquadrinhar; investigar; buscar; procurar; *he has raked all history* ele esquadrinhou a história toda; *to ~ among old records* esquadrinhar (investigar em) velhos documentos; 3 examinar cuidadosamente; varrer com o olhar; 4 varrer a bala de ponta a ponta; submeter a fogo de enfiada; *they raked the enemy with machine-gun fire* varreram o inimigo com fogo de metralhadora; *to ~ a ship fore and aft* varrer um navio a tiro de popa à proa; *to ~ a trench* submeter uma trincheira a fogo de enfiada; 5 inclinar-se; fazer inclinar; dar inclinação a; *to be raked* estar inclinado ❖ [coloq.] (magro) *as lean as a ~* como um pau de virar tripas; *~ of a ship* esteira de um navio; *~ of the stem* lançamento da roda de proa

◆**rake down** v.tr. [EUA] [cal.] (dinheiro) ganhar com o jogo das cartas

◆**rake in** v.tr. (dinheiro) ganhar; juntar; acumular

◆**rake off** v.tr. [Austr.] [coloq.] explorar, fazer pagar mais do que o justo

◆**rake out** v.tr. apagar; *to ~ a fire* apagar o lume, tirar as brasas e cinzas de uma fogueira

◆**rake over** v.tr. 1 passar com o ancinho; 2 [GB] [coloq., depr.] (acontecimentos passados) revolver; remexer

◆**rake up** v.tr. 1 apanhar (com um ancinho); *to ~ hay* juntar feno com o ancinho; 2 (passado) revolver; remexer; *to ~ old things* remexer em coisas antigas ❖ *to ~ some spare cash* tentar juntar uns trocos; *to ~ the ashes of the dead* não deixar os mortos em paz

rakeful ['reɪkfʊl] s. porção (de palha, feno, etc.) que o ancinho pode levar de cada vez

rakehell ['reɪkhel] s. [arc.] indivíduo imoral e dissoluto, libertino

rakehelly ['reɪkhelɪ] adj. [arc.] imoral, libertino

rake-off ['reɪkɒf] s. [coloq.] percentagem de lucros cedida em qualquer transacção, às vezes a título de suborno

raker ['reɪkə] s. 1 indivíduo que trabalha com ancinho ou rodo; 2 ancinho mecânico; 3 raspador, raspadeira mecânica; 4 investigador, esquadrinhador de velhas coisas

raking ['reɪkɪŋ] Ⓐ adj. 1 inclinado, com inclinação; 2 em declive; 3 MILITAR de enfiada; *~ fire* fogo de enfiada Ⓑ s. 1 acto de raspar ou passar com o ancinho; 2 esquadrinhamento, investigação, exame minucioso e cuidadoso; 3 [coloq.] reprimenda, censura; 4 pl. coisas apanhadas com o ancinho

rakish ['reɪkɪʃ] adj. 1 dissoluto, devasso, libertino; 2 folgazão, jovial; 3 desenvolto, desinibido; 4 NÁUTICA com ar rápido ❖ *a hat set at a ~ angle* um chapéu inclinado sobre a orelha

rakishly ['reɪkɪʃlɪ] adv. 1 duma maneira libertina, dissoluta; 2 com desenvoltura; 3 com descaramento, de maneira a dar nas vistas

rakishness ['reɪkɪʃnɪs] s. 1 libertinagem, devassidão; 2 desenvoltura; 3 NÁUTICA inclinação (de chaminés ou mastros)

rale [rɑːl] s. MEDICINA rala, determinado ruído respiratório alveolar característico de pulmão doente

rallicar ['rælɪkɑː] s. carro leve de duas rodas para quatro pessoas

rallicart ['rælɪkɑːt] s. ⇒ rallicar

rallidae ['rælɪdiː] s.pl. ZOOLOGIA␣ralídeos

rally ['rælɪ] Ⓐ s. 1 (após doença, desânimo, etc.) restabelecimento; melhora; recuperação; 2 reunião, convívio; *boy scouts' ~* reunião de escuteiros; 3 comício; 4 (partidários, tropas) reagrupamento; 5 (automobilismo) rally; 6 (ténis) longa série de jogadas rápidas sem que se marque qualquer ponto Ⓑ v.tr.,intr. 1 reagrupar, reunir; 2 voltar a atacar; voltar ao combate; 3 reagrupar-se; *his party rallied to him* o partido congregou-se em volta dele; 4 restabelecer-se; recuperar energias; melhorar de saúde; recobrar forças; *to ~ from an illness* restabelecer-se de uma doença; *to ~ one's strength* recobrar energias; 5 animar(-se); *the market rallied again* o mercado voltou a animar; 6 fazer troça de, rir-se de, zombar de, entrar com $_{coloq.}$

◆**rally round** Ⓐ v.tr. juntar-se para apoiar Ⓑ v.intr. vir em auxílio

rallying ['rælɪɪŋ] Ⓐ adj. gracejador, trocista, zombeteiro Ⓑ s. 1 restabelecimento, recuperação de forças; 2 troça, zombaria, mofa; 3 concentração, reunião

rallyingly ['rælɪɪŋlɪ] adv. ironicamente, gracejadoramente, com um modo trocista

Ralph [rælf] s.antr. Rudolfo, Raul

ram [ræm] Ⓐ s. 1 ZOOLOGIA carneiro não castrado; 2 aríete; *hydraulic ~* aríete hidráulico; 3 bate-estacas; macaco bate-estacas; *~ block* macaco bate-estacas; 4 maço de calceteiro; *~ steam* maço de pisar a vapor; 5 elevador de água; 6 êmbolo de bomba premente; 7 ferro de luva; 8 NÁUTICA esporão de metal de barco de guerra; barco de guerra armado de esporão de metal; 9 comprimento de navio de um extremo a outro Ⓑ v.tr. (particípios: -mm-) 1 bater, calcar, pisar; 2 apertar; comprimir; 3 meter à força [into, em]; *he rammed his suits into his suitcase* ele meteu os fatos à força na mala; 4 bater com força; *the boy rammed his head against the door* o rapaz bateu com a cabeça na porta; 5 (estaca, etc.) enterrar, batendo com um maço; 6 apertar a pólvora em arma de fogo batendo-lhe com a vareta; 7 (barco) bater com o esporão; abrir brecha noutro navio batendo com o esporão ❖ *ram's horn* chifre de carneiro; *rammed earth* terra calcada com um maço; [coloq.] *he had the irregular verbs rammed into him* ele meteu na cabeça a martelo os verbos irregulares; *to ~ sth home* deixar algo bem claro

◆**ram down** v.tr. 1 bater, calcar; 2 enterrar; *the man rammed his hat down on his head* o homem enterrou o chapéu na cabeça ❖ *to ram sth down sb's throat* repetir continuamente alguma coisa a alguém

◆**ram in** v.tr. 1 bater, calcar, pisar; *to ~ stones* calcar pedras com um maço; 2 enterrar; 3 enfiar

◆**ram up** v.tr. (buraco) tapar

Ram [ræm] s. ASTRONOMIA (constelação, signo) Carneiro, Áries

RAM Ⓐ INFORMÁTICA [abrev. de random-access memory] Ⓑ [abrev. de rocket-assisted motor] Ⓒ MÚSICA [abrev. de Royal Academy of Music]

Ramadan [ˌræmə'dɑːn] s. RELIGIÃO Ramadão, Ramadã

ramal ['reɪməl] adj. BOTÂNICA râmeo, que nasce nos ramos

ramble ['ræmbl] Ⓐ s. 1 passeio; pequeno passeio a pé ou excursão sem itinerário definido; 2 desvario, conversa ou discurso sem grande coerência Ⓑ v.intr. 1 caminhar sem itinerário definido; 2 vaguear, andar sem um objectivo certo; 3 deambular; 4 divagar; 5 falar ou escrever sem grande coerência; 6 BOTÂNICA crescer com irregularidade, crescer em longos rebentos que se espalham pelo chão

rambler ['ræmblə] s. 1 caminhante, aquele que caminha ou passeia sem objectivo definido; 2 pessoa que divaga ao falar ou escrever; 3 BOTÂNICA (roseira) trepadeira

rambling ['ræmblɪŋ] Ⓐ adj. 1 que vagueia, vagabundo, errante; 2 sem grande coerência, desligado, desconexo; *~ speech* discurso desconexo; 3 irregular, torto; *~ house* casa de construção irregular, com muitos corredores e recantos; *~ street* rua tortuosa; 4 BOTÂNICA que se espalha com rebentos irregulares Ⓑ s. 1 deambulação; 2 pl. digressões, divagações

ramblingly ['ræmblɪŋlɪ] adv. 1 de maneira errante; 2 de modo irregular, sem plano; 3 desconexamente, incoerentemente

rambunctious [ræm'bʌŋkʃəs] adj. [EUA] [coloq.] indisciplinado, turbulento, zaragateiro

rambutan [ræm'bu:tən] s. 1 BOTÂNICA (fruto) rambutã; 2 (árvore) rambuteira

RAMC [abrev. de Royal Army Medical Corps]

ramee ['ræmɪ] s. BOTÂNICA ⇒ **ramie**

ramekin ['ræmɪkɪn] s. 1 CULINÁRIA forma pequena; 2 CULINÁRIA pequena quantidade de queijo com pão migado, ovos, etc., cozida no forno em pequenas formas

ramequin ['ræmɪkɪn] s. CULINÁRIA pequena quantidade de queijo com pão migado, ovos, etc., cozida no forno em pequenas formas

ramie ['ræmɪ] s. BOTÂNICA rami, ramie

ramification [ˌræmɪfɪ'keɪʃən] s. 1 ramificação; *the ramifications of a river* as ramificações de um rio; 2 subdivisão

ramify ['ræmɪfaɪ] v.tr.,intr. 1 ramificar(-se); espalhar(-se) em várias ramificações; *railways are ramified over the country* as vias férreas espalham-se por todo o país; 2 propagar-se

ram-jam ['ræmdʒæm] adv. [coloq.] completamente; ~ *full* completamente cheio

ramjet ['ræmdʒet] s. motor de reacção; ~ *engine* motor de reacção

rammer ['ræmə] s. 1 maço de calceteiro; 2 bate-estacas; 3 aríete; 4 vareta de espingarda ❖ *pneumatic* ~ maço de ar comprimido

rammish ['ræmɪʃ] adj. 1 com cheiro desagradável, enjoativo; 2 com cheiro a bedum

ramose [rə'məʊs] adj. BOTÂNICA com ramos, ramificado

ramp [ræmp] Ⓐ s. 1 rampa; via de acesso; *approach* ~ rampa de acesso; *unloading* ~ rampa de desembarque; 2 inclinação; talude; ladeira; 3 curva ascendente em corrimão; 4 fraude, vigarice; 5 preço exorbitante; *the telephone* ~ os preços exorbitantes das tarifas telefónicas; 6 acesso de cólera Ⓑ v.tr.,intr. 1 tomar posição ameaçadora; 2 (leão, etc.) erguer as patas dianteiras; 3 [irón.] esbravejar; enfurecer-se; correr de um lado para o outro; 4 ARQUITECTURA (parede, muro) construir em rampa; 5 MILITAR construir ou prover de rampa ou talude; 6 BOTÂNICA crescer e espalhar-se de maneira compacta; 7 exigir dinheiro de corretor de apostas por dívida inexistente; 8 tentar arranjar dinheiro por processos fraudulentos; 9 exigir preços exorbitantes ❖ ~ *spring* mola em espiral

rampage [ræm'peɪdʒ, 'ræmpeɪdʒ] Ⓐ s. alvoroço, tumulto, violência Ⓑ v.intr. esbravejar, fazer barulho, estar furioso ❖ *to be on the* ~ estar furioso; irritar-se e fazer barulho

rampageous [ræm'peɪdʒəs] adj. 1 furioso, turbulento, violento; 2 irado e ruidoso

rampageously [ræm'peɪdʒəslɪ] adv. 1 furiosamente; 2 com turbulência; 3 irada e ruidosamente

rampageousness [ræm'peɪdʒəsnɪs] s. 1 fúria, turbulência; 2 ira ruidosa

rampancy ['ræmpənsɪ] s. 1 desregramento, excesso, violência; 2 superabundância

rampant ['ræmpənt] adj. 1 furioso; desvairado; 2 agressivo; violento; feroz; desaforado; 3 extravagante; 4 HERÁLDICA (leão) rampante; de patas dianteiras levantadas; 5 exuberante, extremamente viçoso; 6 predominante; 7 ARQUITECTURA inclinado, aviajado ❖ ARQUITECTURA ~ *vault* abóbada montante; *vice is* ~ campeia o vício

rampantly ['ræmpəntlɪ] adv. 1 furiosamente, ferozmente; 2 violentamente, desaforadamente; 3 exuberantemente

rampart ['ræmpɑ:t] Ⓐ s. 1 talude, parapeito, plataforma, terrapleno de protecção; 2 baluarte, muralha; 3 [fig.] protecção, defesa Ⓑ v.tr. rodear com parapeito ou talude de protecção e defesa

rampion ['ræmpɪən] s. BOTÂNICA raponço, rapôncio, rapúncio

ramrod ['ræmrɒd] s. vareta (de espingarda)

Ramses ['ræmsi:z] s.antr. Ramsés

ramshackle ['ræmʃækəl] adj. 1 decrépito, degradado, em mau estado; 2 a ameaçar ruína; *a* ~ *old house* uma casa velha prestes a desmoronar-se; 3 desmantelado

ramson ['ræmsən] s. BOTÂNICA variedade de alho

ran [ræn] prt. de **to run**

RAN [abrev. de Royal Australian Navy]

rance [ræns] s. variedade de mármore vermelho com manchas e listas azuis e brancas

ranch ['rɑ:ntʃ] Ⓐ s. (pl. **-es**) [EUA] rancho, fazenda para criação de gado Ⓑ v.tr.,intr. 1 [EUA] trabalhar num rancho; 2 viver num rancho; 3 dirigir um rancho

rancher ['rɑ:ntʃə] s. [EUA] rancheiro, proprietário de rancho

ranchman ['rɑ:ntʃmən] s.adj. (pl. **-men**) ⇒ **rancher**

rancid ['rænsɪd] adj. 1 rançoso; com rancidez; ~ *oil* óleo com ranço, óleo rançoso; 2 detestável ❖ *to smell* ~ cheirar a ranço

rancidity [ræn'sɪdɪtɪ] s. 1 rancidez; 2 ranço

rancidness ['rænsɪdnɪs] s. ⇒ **rancidity**

rancorous ['ræŋkərəs] adj. 1 rancoroso, cheio de rancor; 2 cheio de ódio, odiento

rancorously ['ræŋkərəslɪ] adv. rancorosamente

rancour ['ræŋkə] s. 1 rancor; 2 ódio; 3 aversão

rand [rænd] s. 1 (moeda da África do Sul) rand; 2 tira de couro entre o tacão e o resto da bota ou do sapato ❖ GEOGRAFIA *the Rand* o Rand, cordilheira situada ao sul do Transval

randan [ræn'dæn] Ⓐ s. 1 NÁUTICA barco conduzido por três remadores, manejando o do meio dois remos; 2 maneira de remar usada nestes barcos; 3 pândega, patuscada; *on the* ~ na pândega Ⓑ adv. com três remadores (o do meio com dois remos)

randem ['rændəm] Ⓐ adv. com três cavalos uns atrás dos outros Ⓑ s. 1 carro puxado por três cavalos atrelados uns atrás dos outros; 2 grupo de três cavalos atrelados uns atrás dos outros

Randolph ['rændɒlf] s.antr. Rodolfo

random ['rændəm] Ⓐ adj. 1 casual, fortuito, feito à sorte, feito sem pensar; *a* ~ *remark* uma observação casual; 2 aleatório; INFORMÁTICA ~ *access* acesso aleatório; (estatística) ~ *variable* variável aleatória; 3 construído com pedras de formato e tamanho irregular Ⓑ s. acaso; *at* ~ ao acaso, à toa, às cegas ❖ ~ *bullet* bala perdida; *by* ~ *sample* por amostragem; *to live at* ~ não ter rei nem roque

randomization [ˌrændəmaɪ'zeɪʃən] s. selecção aleatória

randomize ['rændəmaɪz] v.tr. seleccionar aleatoriamente

randomly ['rændəmlɪ] adv. 1 casualmente; 2 fortuitamente; 3 à toa; 4 irregularmente; 5 aleatoriamente

randomness ['rændəmnɪs] s. aleatoriedade

randy ['rændɪ] adj. 1 [Esc.] turbulento, barulhento, excitado; 2 robusto, vigoroso; 3 (gado) bravio; 4 inquieto; 5 lúbrico; excitado (sexualmente)

ranee [rɑ:'ni:] s.f. 1 rani, princesa ou rainha hindu; 2 mulher de um rajá

Ranelagh ['rænɪlə] s. nome de um clube existente em Barnes, na margem sul do Tamisa

rang [ræŋ] prt. de **to ring**

range [reɪndʒ] Ⓐ s. 1 gama; variedade; série; *a wide* ~ *of* uma vasta gama de; *a* ~ *of issues* vários assuntos; *the whole* ~ *of events* toda a série de acontecimentos; 2 (produtos) colecção, linha; 3 alinhamento; fila, fileira; *in* ~ *with* em alinhamento com; alinhado com; 4 classe, ordem; 5 (montes, montanhas) serrania, cordilheira; *a* ~ *of mountains* uma cadeia de montanhas, uma cordilheira; 6 espaço; extensão; *at a* ~ *of* a uma distância de; 7 (voz, visão, tiro, etc.) alcance; ~ *of a measuring instrument* alcance de instrumento de medida; *beyond one's* ~ para além do nosso alcance; *within sb's* ~ ao alcance de alguém; *to be out of* ~ estar fora do alcance; *to set the* ~ *of a torpedo* regular o alcance de um torpedo; *the* ~ *of her voice is astonishing* é extraordinário o alcance da voz dela; 8 campo; âmbito; amplitude; ~ *of thought* amplitude do pensamento; 9 (acção, conhecimentos, etc.) raio; ~ *of action* raio de acção; ~ *of vision* raio de visão; 10 limites; 11 variação; *the annual* ~ *of temperature* a variação anual de temperatura; ~ *of the barometer* variação do barómetro; 12 (carro, avião) autonomia; 13 (ecologia) habitat; 14 [EUA, Can.] AGRICULTURA pastagem natural; 15 campo de tiro; carreira de tiro; *shooting* ~ campo de tiro; 16 fogão de cozinha; *gas* ~ fogão a gás; 17 NÁUTICA cobro de amarra; 18 pl. NÁUTICA abitas Ⓑ v.tr.,intr. 1 ordenar; alinhar; dispor em fileiras; 2 pôr em ordem de batalha; 3 classificar [**among**, em]; distribuir (em determinada classe, ordem ou grupo) [**among**, por];

rangefinder

4 alinhar [**with/against**, por/contra]; alistar-se [**with**, em]; tomar o seu lugar [**with**, em]; *he ranged himself against us* ele pôs-se contra nós, ele alinhou contra nós; **5** percorrer [**over**, -]; atravessar [**over**, -]; andar [**over**, por]; vaguear [**over**, por]; *to ~ over the country* percorrer o país; *to ~ the seas* percorrer os mares; **6** bater o terreno; **7** NÁUTICA costear; *to ~ along the coast* navegar ao longo da costa; NÁUTICA *to ~ the land* seguir ao longo da terra; **8** estender-se, prolongar-se; *these islands ~ northwards* estas ilhas estendem-se para o norte; **9** alcançar, abranger; **10** nivelar-se [**with**, com]; *he ranges with the great writers* ele está ao nível dos grandes escritores; **11** estar no mesmo alinhamento [**with**, que]; **12** encontrar-se, viver; **13** variar [**from**, entre]; oscilar [**from**, entre]; *prices ~ from 2s. to £4* os preços variam entre 2 xelins e 4 libras; **14** ter determinado alcance; **15** regular o ângulo de tiro ❖ *~ pole* estaca; bandeirola; baliza de referência; *~ setting* regulação do alcance; *at close ~* à queima-roupa; *mean ~ of the tide* nível médio da maré; RÁDIO *~ of audible frequencies* banda de frequências audíveis; *she gave free ~ to her fancy* ela deu livre curso à fantasia; *the guns were ranged on the enemy ship* as peças foram assestadas para o navio inimigo; *this book ranges well with the others* este livro fica bem com os outros; *to correct the ~* rectificar o tiro; *to have free ~ of* ter livre acesso a; utilizar livremente; *to lengthen the ~* alongar o tiro; TIPOGRAFIA *to ~ the type* alinhar o tipo; *to take a wider ~* estender-se mais

rangefinder ['reɪndʒˌfaɪndə] *s.* telémetro
rangefinding ['reɪndʒˌfaɪndɪŋ] *s.* telemetria
ranger ['reɪndʒə] *s.* **1** vagabundo, vadio; **2** cão de caça, cão de busca; **3** guarda florestal; **4** guarda de parque real; **5** [EUA] comando; soldado da tropa de choque, soldado de corpo de tropas para ataques-relâmpago; **6** *pl.* nome dado a um corpo de tropas montadas, sobretudo o regimento *the Connaught Rangers*
rangership ['reɪndʒəʃɪp] *s.* **1** cargo de guarda florestal; **2** função do guarda-mor dos parques reais
ranging ['reɪndʒɪŋ] *s.* **1** acção de alinhar, de dispor em fileiras, séries, classes ou ordens; **2** TIPOGRAFIA alinhamento de tipo; **3** MILITAR regulamento do alcance do tiro ❖ *~ pole* bandeirola
Rangoon [ræŋ'guːn] *s.top.* (capital de Myanmar) Rangum
rangy ['reɪndʒɪ] *adj.* (*comp.* **-ier**, *superl.* **-iest**) **1** montanhoso, acidentado; **2** esguio, alto, de pernas altas; **3** activo, desejoso de viajar para longe
rani [rɑː'niː] *s.f.* ⇒ ranee
ranine ['reɪnaɪn] *adj.* ANATOMIA ranino; *~ veins* veias raninas
rank [ræŋk] Ⓐ *s.* **1** fila; *front ~* primeira fila; **2** MILITAR (linha de soldados) fileira; *to break ~* romper as fileiras, não manter as fileiras cerradas; *to close the ranks* cerrar fileiras; *to fall into ~* tomar o seu lugar na formação, entrar nas fileiras; *to keep ~* manter-se nas fileiras, manter-se enfileirado; *the ranks were broken* romperam-se as fileiras; *to take ~ with* enfileirar com; **3** MILITAR posto; *to attain the ~ of colonel* atingir o posto de coronel; *he rose to high ~* ele chegou a um posto elevado; **4** MILITAR exército, tropa; soldado raso; *~ and file* soldados rasos; *to reduce to the ranks* castigar reduzindo a soldado raso; *to serve in the ranks* ser simples soldado; *to quit the ranks* desertar; (soldado) *to rise from the ranks* chegar a oficial; **5** classe, posição social; *people of all ranks* pessoas de todas as condições sociais; *man of ~* homem de posição; **6** categoria, dignidade; **7** hierarquia; **8** graduação, lugar em escala; **9** praça de táxis Ⓑ *adj.* **1** luxuriante; viçoso; exuberante; *~ vegetation* vegetação luxuriante; *roses are growing ~* as roseiras estão a ficar com muitas folhas; **2** espesso; cerrado; **3** rico; fértil; extremamente produtivo; *~ soil* solo muito rico; **4** cheio de ervas daninhas; **5** rançoso; com mau paladar; **6** fétido; com mau cheiro; *to smell ~* ter mau cheiro; **7** chocante, repulsivo, repugnante, desagradável; **8** extremo, total, completo, consumado; *~ duffer* imbecil completo; *~ idolatry* pura idolatria; *~ ingratitude* extrema ingratidão; *~ nonsense* tolice rematada; *~ traitor* traidor consumado; **9** virulento; *~ poison* veneno violento Ⓒ *v.tr.,intr.* **1** dispor em filas ou fileiras; enfileirar; **2** tomar lugar [**among**, em], tomar posição [**among**, em]; **3** ser considerado, ter lugar [**among**, entre]; **4** ter precedência; ter categoria superior; *he ranks next to the King* logo a seguir ao rei é ele o mais categorizado; *to ~ sb* ter precedência sobre alguém; *to ~ above/before sb* ter categoria superior a alguém; **5** classificar; ordenar; **6** calcular; estimar; **7** desfilar; marchar; *to ~ off* sair marchando; *to ~ past* desfilar ❖ *~ and fashion* a alta sociedade; *he ranks T. S. Eliot among the great poets* ele coloca T. S. Eliot entre os grandes poetas; *to ~ after sb* vir a seguir a alguém; ser o mais importante logo a seguir a alguém; *to ~ below sb* ter categoria inferior a alguém; *to ~ with* enfileirar com; equiparar-se a

ranker ['ræŋkə] *s.* **1** MILITAR soldado raso; **2** MILITAR oficial que começou por ser um simples soldado
ranking ['ræŋkɪŋ] Ⓐ *s.* **1** DESPORTO ranking, classificação, lista oficial dos melhores; **2** DESPORTO lugar na classificação oficial; *the number four ~ in world golf* o quarto lugar na classificação oficial dos jogadores de golfe Ⓑ *adj.* **1** eminente, respeitado; **2** mais antigo; **3** MILITAR de patente mais elevada; *the ~ officer* o oficial responsável
rankle ['ræŋkəl] *v.intr.* **1** ulcerar, ulcerar-se; **2** (ferida) inflamar-se, irritar-se; **3** não cicatrizar; **4** [fig.] causar sofrimento, fazer sofrer, amargurar; **5** exasperar, motivar ressentimento
rankling ['ræŋklɪŋ] Ⓐ *adj.* **1** ulcerado; **2** (ferida) inflamado; **3** [fig.] que envenena o espírito, que faz sofrer, que deixa ressentimento Ⓑ *s.* **1** ulceração, inflamação (de ferida); **2** ressentimento
rankly ['ræŋklɪ] *adv.* **1** duma maneira luxuriante, viçosa; **2** vigorosamente, duma maneira compacta; **3** grosseiramente; **4** fetidamente
rankness ['ræŋknɪs] *s.* **1** (vegetação) exuberância, viço, vigor; **2** cheiro ou gosto desagradável; **3** carácter chocante; **4** virulência
RANR [*abrev. de* Royal Australian Naval Reserve]
ransack ['rænsæk] *v.tr.* **1** revistar, esquadrinhar, rebuscar, procurar minuciosamente; **2** saquear, pilhar, assaltar, roubar
ransacking ['rænsækɪŋ] *s.* **1** acto de esquadrinhar ou rebuscar; **2** pilhagem, saque
ransom ['rænsəm] Ⓐ *s.* **1** resgate, dinheiro pago pela libertação de alguém; *to exact a ~ from* exigir um resgate de; *to pay ~* pagar resgate; *to hold sb to ~* conservar alguém como refém; **3** compensação, importância paga a troco de certas imunidades ou privilégios Ⓑ *v.tr.* **1** resgatar, pagar resgate por, libertar mediante pagamento de resgate; **2** exigir resgate por, exigir resgate a; **3** expiar, redimir ❖ *~ bill/bond* compromisso de pagamento de resgate por parte de navio capturado; *a king's ~* um dinheirão; uma fortuna; *at ~ prices* a preços extremamente elevados; a presos inacessíveis
ransomable ['rænsəməbəl] *adj.* resgatável
ransomer ['rænsəmə] *s.* pessoa que resgata, que paga um resgate
ransoming ['rænsəmɪŋ] *s.* resgate
ransomless ['rænsəmləs] *adj.* sem resgate
rant [rænt] Ⓐ *s.* **1** discurso retórico, conversa oca e fútil; **2** tirada declamatória e disparatada; **3** palavreado bombástico e empolado Ⓑ *v.tr.,intr.* **1** falar em tom declamatório; **2** empregar linguagem bombástica e extravagante; **3** arengar em tom empolado e oco; **4** dizer duma maneira bombástica e teatral
rantan [ræn'tæn] *s.* [coloq.] estúrdia, pândega
ranter ['ræntə] *s.* pessoa que fala ou discursa duma maneira teatral e oca
ranting ['ræntɪŋ] Ⓐ *adj.* declamatório, empolado, bombástico, palavroso, oco Ⓑ *s.* **1** acto de falar em tom declamatório e extravagante; **2** palavreado oco
rantingly ['ræntɪŋlɪ] *adv.* **1** declamatoriamente; **2** duma maneira empolada e oca
ranula ['rænjʊlə] *s.* MEDICINA rânula
Ranunculaceae [rəˌnʌŋkjʊ'leɪsiː] *s.pl.* BOTÂNICA Ranunculáceas
ranunculus [rə'nʌŋkjʊləs] *s.* (*pl.* **-luses** ou **-li**) BOTÂNICA ranúnculo
RANVR [*abrev. de* Royal Australian Naval Volunteer Reserve]
RAOC [*abrev. de* Royal Army Ordnance Corps]
rap [ræp] Ⓐ *s.* **1** pancada seca e breve; (castigo para crianças) *a ~ on the knuckles* pancada aplicada nos dedos, censura; *there was a ~ at the door* bateram à porta; **2** MÚSICA rap; **3** [EUA] [coloq.] acusação; crítica; censura; **4** meada ou novelo com 120 jardas de fio; **5** coisa mínima, ninharia, insignificância, bagatela, coisa sem valor; **6** [ant.] moeda irlandesa de cerca de meio dinheiro Ⓑ *v.tr.,intr.* (*particípios:* **-pp-**) **1** (porta, etc.) dar uma pancada seca e breve [**at**, em]; bater levemente [**at**, a]; *she rapped at the door*

ela bateu à porta; **2** [EUA] [coloq.] falar; trocar pontos de vista; **3** praguejar; **4** MÚSICA tocar/cantar/fazer rap; **5** criticar [**for**, por causa de]; censurar [**for**, por causa de] ❖ *he doesn't care a ~* ele não liga nada; *that isn't worth a ~* isso não vale nada; *to take the ~* levar com as culpas

◆ **rap out** v.tr. dizer secamente; *he rapped out his words* ele disse aquilo secamente; *to ~ an oath* soltar uma praga ❖ (espiritismo) *to ~ a message* enviar uma mensagem por meio de pancadas na mesa

rapacious [rəˈpeɪʃəs] adj. **1** rapace, rapaz, rapinante; **2** ganancioso, predatório

rapaciously [rəˈpeɪʃəslɪ] adv. **1** rapacemente; **2** gananciosamente

rapaciousness [rəˈpeɪʃəsnɪs] s. ⇒ **rapacity**

rapacity [rəˈpæsɪtɪ] s. rapacidade

rape [reɪp] Ⓐ s. **1** violação; *to commit a ~* violar alguém; **2** [poét., arc.] rapto; **3** BOTÂNICA colza; **4** engaço, bagaço, restos de cachos empregados na obtenção de vinagre; **5** recipiente utilizado no fabrico de vinagre Ⓑ v.tr. **1** violar; **2** [poét., arc.] raptar ❖ CULINÁRIA *~ cake* torta de sementes de colza; *~ oil* óleo de colza; BOTÂNICA *wild ~* mostardeira-dos-campos; LITERATURA (poema de A. Pope) *The Rape of the Lock* O Roubo do Anel de Cabelo

Raphael [ˈræfeɪəl] s.antr. Rafael

Raphaelesque [ræfeɪəˈlesk] adj. **1** PINTURA rafaelesco; relativo a Rafael; **2** com o mesmo estilo de Rafael

Raphaelite [ˈræfeɪəlaɪt] s. rafaelista, rafaelita

raphe [ˈreɪfi] s. (*pl.* **raphae**) ANATOMIA, BOTÂNICA rafe

raphia [ˈræfɪə] s. BOTÂNICA ⇒ **raffia**

rapid [ˈræpɪd] Ⓐ adj. **1** rápido; **2** veloz; **3** íngreme Ⓑ s. GEOGRAFIA (rio) (em barco) *to shoot the rapids* transpor os rápidos ❖ *~ combustion* combustão viva; *~ fire* tiro rápido; tiro contínuo; *~ striking* inflamação rápida; *he is a ~ thinker* ele tem grande agilidade de pensamento

rapidity [rəˈpɪdɪtɪ] s. rapidez

rapidly [ˈræpɪdlɪ] adv. rapidamente ❖ *~ revolving shaft* eixo de altas rotações

rapier [ˈreɪpɪə] s. (esgrima) espadim, florete, espada fina e estreita ❖ ZOOLOGIA *~ fish* espadarte

rapine [ˈræpaɪn, ˈræpɪn] s. [arc., lit.] rapina, rapinagem

rapist [ˈreɪpɪst] s. violador

rapparee [ræpəˈriː] s. **1** soldado irregular irlandês do séc. XVII; **2** filibusteiro

rappee [ræˈpiː] s. [arc.] rapé grosseiro

rappel [ræˈpel] Ⓐ s. [EUA] DESPORTO rapel Ⓑ v.intr. (prt. e part. pass. -ll-) [EUA] DESPORTO praticar rapel

rapper [ˈræpə] s. **1** MÚSICA músico de rap; **2** pessoa que bate (à porta, etc.); **3** aldraba, peça metálica para bater às portas; **4** (espiritismo) médium, intermediário entre os vivos e as almas dos mortos; **5** comprador de antiguidades que anda de terra em terra

rapping [ˈræpɪŋ] s. batimento com pequenos golpes secos ❖ (espiritismo) *spirit ~* evocação de espíritos

rapport [ræˈpɔː] s. **1** comunicação, conexão; **2** conformidade, harmonia; *in ~ with* de harmonia com

rapporteur [ræpɔːˈtɜː] s. relator, indivíduo que redige um relatório

rapprochement [ræˈprɒʃmɒŋ] s. aproximação, restabelecimento de relações amigáveis (sobretudo entre nações)

rapscallion [ræpˈskæljən] s. [arc., joc.] malandro, patife, canalha

rapt [ræpt] adj. **1** extasiado; arrebatado; **2** encantado; enlevado; **3** absorto; concentrado ❖ *to listen with ~ attention* ouvir com profunda atenção

raptly [ˈræptlɪ] adv. **1** extasiadamente; **2** arrebatadamente

raptness [ˈræptnɪs] s. êxtase, arrebatamento

raptores [ræpˈtɔːriːz] s.pl. aves de rapina

raptorial [ræpˈtɔːrɪəl] Ⓐ adj. ZOOLOGIA de rapina Ⓑ s. ave de rapina

rapture [ˈræptʃə] s. êxtase, arrebatamento, transporte, enlevo, arroubo ❖ *to be in raptures* sentir-se enlevado; *to go into raptures* extasiar-se

raptured [ˈræptʃəd] adj. encantado, enlevado, arrebatado, extasiado

rapturous [ˈræptʃərəs] adj. **1** extático, extasiado, arrebatado; **2** arrebatador

rapturously [ˈræptʃərəslɪ] adv. **1** arrebatadamente; **2** entusiasticamente; **3** como que em êxtase

rara avis [ˌreərəˈeɪvɪs] s. ave-rara; raridade, pessoa ou coisa que raramente se encontra

rare [reə] Ⓐ adj. **1** raro; *a ~ occurrence* um acontecimento raro; *it is ~ for him to do it* é raro ele fazer isso; *~ mineral* minério raro; *~ stone* pedra rara, pedra preciosa; **2** excepcional, invulgar, fora do comum; **3** [coloq.] óptimo, excelente; *a ~ time* um tempo óptimo; **4** (ar, atmosfera) rarefeito; **5** CULINÁRIA mal passado, mal assado; *~ meat* carne mal passada Ⓑ adv. [coloq.] muito, extremamente; *that is a ~ good picture* é uma imagem excepcional ❖ *~ earth* terra rara; *he is a ~ one to...* ele é uma pessoa como há poucas para...; *to grow ~* rarificar-se

rarebit [ˈreəbɪt] s. ⇒ **Welsh rabbit**

rare-earth [ˈreəɜːθ] adj. QUÍMICA lantanídeo ❖ *~ elements* lantanídeos

raree-show [ˈreəriːʃəʊ] s. **1** [arc.] espectáculo de curiosidades dentro de uma caixa; **2** [arc.] espectáculo ambulante

rarefaction [ˌreərɪˈfækʃən] adj. rarefacção; *~ of a gas* rarefacção de um gás; *~ of air* rarefacção de ar

rarefactive [ˌreərɪˈfæktɪv] adj. rarefactivo, rarefaciente

rarefiable [ˌreərɪˈfaɪəbəl] adj. rarefactível

rarefied [ˈreərɪfaɪd] adj. **1** rarefeito; *~ air* ar rarefeito; *~ gas* gás rarefeito; **2** refinado; **3** (ambiente) fechado; elitista; **4** esotérico; metafísico ❖ *to become ~* rarefazer-se

rarefy [ˈreərɪfaɪ] v.tr.,intr. **1** rarefazer, rarefazer-se; **2** aperfeiçoar, refinar, purificar (maneira de ser, gosto, etc.); **3** subtilizar, espiritualizar

rarefying [ˈreərɪfaɪɪŋ] Ⓐ adj. rarefaciente Ⓑ s. acção de rarefazer, rarefacção

rarely [ˈreəlɪ] adv. **1** raramente, raras vezes; **2** excepcionalmente; **3** finamente, excelentemente

rareness [ˈreənɪs] s. **1** raridade, rareza; **2** excelência; **3** rarefacção

raring [ˈreərɪŋ] adj. ansioso, em pulgas*fig*, cheio de vontade; *~ to go* ansioso por ir

rarity [ˈreərɪtɪ] s. (*pl.* **-ies**) **1** raridade; *such a thing is a ~ here* uma coisa dessas é uma raridade aqui; **2** excelência; **3** invulgaridade; **4** rarefacção

RAS Ⓐ INFORMÁTICA [abrev. de Remote Access Service] Ⓑ [abrev. de Royal Agricultural Society] Ⓒ [abrev. de Royal Asiatic Society] Ⓓ [abrev. de Royal Astronomical Society]

rasant [ˈreɪzənt] adj. MILITAR rasante; *~ fortification* fortificação rasante

rascal [ˈrɑːskəl] Ⓐ s. **1** malandro, patife; **2** (criança) maroto, malandrete; *you little rascal!* meu malandrete! Ⓑ adj. [arc.] baixo, inferior, plebeu ❖ *the ~ rout* a plebe; a ralé

rascaldom [ˈrɑːskəldəm] s. **1** malandrice, patifaria, canalhice; **2** conjunto dos malandros, patifes, etc.

rascalism [ˈrɑːskəlɪzəm] s. malandrice, patifaria, maroteira

rascality [rɑːsˈkælɪtɪ] s. (*pl.* **-ies**) ⇒ **rascaldom**

rascally [ˈrɑːskəlɪ] adj. **1** maroto, malandro; **2** miserável, baixo, vil

rase [reɪz] v.tr. ⇒ **raze**

rash [ræʃ] Ⓐ s. (*pl.* **-es**) **1** (pele) erupção, irritação; *to break out in a ~* ficar com a pele irritada; **2** [fig.] (ocorrências) série, sucessão Ⓑ adj. **1** ousado, temerário, imprudente, impetuoso; **2** precipitado; irreflectido; inconsiderado; *~ act* acto impensado; *~ person* pessoa irreflectida ❖ MEDICINA *nettle rashes* urticária

rasher [ˈræʃə] s. CULINÁRIA fatia fina de toucinho ou presunto para cozinhar

rashly [ˈræʃlɪ] adv. **1** ousadamente, temerariamente; **2** imprudentemente, arrebatadamente; **3** precipitadamente, irreflectidamente

rashness [ˈræʃnɪs] s. **1** temeridade, imprudência, arrebatamento; **2** precipitação, irreflexão

RASIGS [abrev. de Royal Australian Corps of Signals]

rasp [rɑːsp] Ⓐ s. **1** lima grossa, grosa; **2** raspadeira, raspador; **3** instrumento de desbastar; **4** sensação desagradável; **5** ruído áspero e desagradável Ⓑ v.tr.,intr. **1** grosar, limar com grosa; trabalhar com lima grossa ou grosa; **2** (som) ser áspero, arranhar; *he rasped on the violin all the morning* ele passou a manhã inteira a arranhar no violino; **3** [fig.] irritar, mexer com os nervos; *that rasps my nerves* isso mexe-me com os nervos; **4** falar asperamente; *to ~ out an order* dar uma ordem com voz áspera

raspatory [ˈrɑːspətərɪ] s. CIRURGIA raspador, cureta
raspberry [ˈrɑːzbərɪ, ˈrɑːzberɪ] s. (pl. -ies) 1 BOTÂNICA (fruto) framboesa; 2 BOTÂNICA (arbusto) framboeseiro, framboeseira; ~ *bush*/~ *cane* framboeseira, framboeseiro; 3 (cor) framboesa; 4 [coloq.] (som de desprezo) pfft; *to blow a* ~ fazer pfft ❖ [coloq.] *to blow sb a* ~ mandar alguém à fava; *to give sb the* ~ ridicularizar alguém; fazer pouco de alguém
rasper [ˈrɑːspə] s. 1 raspador, instrumento para raspar; 2 ralador; 3 pessoa incómoda, desagradável
rasping [ˈrɑːspɪŋ] Ⓐ adj. 1 irritante, áspero; *a* ~ *voice* uma voz áspera; 2 que raspa, raspador Ⓑ s. 1 raspagem; 2 limalha; raladura; 3 ruído áspero
raspy [ˈrɑːspɪ] adj. (comp. **-ier**, superl. **-iest**) áspero
rasse [ˈræsɪ, ræs] s. ZOOLOGIA variedade de almiscareiro ou gato-de-algália
rat [ræt] Ⓐ s. 1 ZOOLOGIA ratazana; rato grande; *sewer* ~ ratazana dos esgotos; *she* ~ rata; *old English* ~ rato preto; 2 POLÍTICA vira-casacas; 3 (trabalho) fura-greves; operário que trabalha por salário inferior ao fixado pelo sindicato; 4 traidor, renegado Ⓑ v.tr.,intr. (particípios: **-tt-**) 1 caçar ratazanas; andar à caça das ratazanas; 2 POLÍTICA ser vira-casacas; 3 trair os companheiros; 4 (trabalho) furar uma greve; trabalhar por salário inferior ao estabelecido; 5 ⇒ drat Ⓒ interj. (irritação, contrariedade) raios!; bolas! ❖ ~ *poison* veneno para matar ratos; ~ *tail* cauda de cavalo desprovida de pêlos; cavalo com rabo pelado; *a rat's nest* um ninho de ratazanas; *like a drowned* ~ encharcado até aos ossos; *like a* ~ *in a hole* apanhado sem possibilidades de fuga; (ferramenta) *rat's tail* limatão redondo; *I smell a rat!* aqui há gato!; ~ *me if ...* diabos me levem se ...; *rats!* disparate!; tolice!; não acredites nisso!; [coloq.] *she has rats in the attic* ela tem macaquinhos no sótão; *to be caught like a* ~ *in a trap* ser apanhado como um rato na armadilha; *to die like a* ~ *in a hole* morrer como um rato; *to smell a* ~ desconfiar; suspeitar de alguma coisa
◆ **rat on** v.tr. 1 [coloq.] trair; denunciar; 2 [GB] [coloq.] (promessa, compromisso, etc.) falhar, não cumprir
◆ **rat through** v.tr. [Austr.] [coloq.] remexer em
rata [ˈreɪtə] s. BOTÂNICA metrossídero, árvore da Nova Zelândia produtora de madeira avermelhada
ratability [ˌreɪtəˈbɪlɪtɪ] s. 1 [arc.] proporcionalidade; 2 tributabilidade; 3 possibilidade de ser calculado
ratable [ˈreɪtəbəl] adj. 1 [arc.] proporcional; 2 calculável, avaliável; 3 tributável, sujeito a pagamento de taxas
ratably [ˈreɪtəblɪ] adv. 1 [arc.] proporcionalmente; 2 de forma tributável; 3 por avaliação
ratafia [ˌrætəˈfɪə] s. ratafia
ratal [ˈreɪtəl] s. importância atribuída como tributação individual
ratan [ˈrætæn, ræˈtæn] s. BOTÂNICA rota, rotim, espécie de junco-da-índia
rataplan [ˌrætəˈplæn] s. (som) rataplã, rataplão
ratatat [ˌrætəˈtæt] s. ⇒ **rat-tat**
ratcatcher [ˈrætˌkætʃə] s. caçador de ratos
ratch [rætʃ] s.,v.tr. ⇒ **ratchet**
ratchet [ˈrætʃɪt] Ⓐ s. 1 roquete; 2 engrenagem dentada; 3 volante de relógio; 4 roda de escape; 5 linguete Ⓑ v.tr. dotar de roquete ou engrenagem dentada ❖ ~ *click* lingueta
rate[1] [reɪt] Ⓐ s. 1 proporção, quantidade proporcional, número proporcional; 2 grau, variação; 3 razão, relação; 4 velocidade relativa; *at the* ~ *of sixty miles an hour* à velocidade de sessenta milhas por hora; ~ *of climb* velocidade ascensional; ~ *of combustion* velocidade de combustão; ~ *of flow* velocidade de circulação; *she talks away at a great* ~ ela fala com grande velocidade; 5 andamento; marcha; 6 ritmo; ~ *of heating* ritmo de aquecimento; ~ *of work* ritmo de trabalho; *juvenile delinquency was increasing at a frightful* ~ a delinquência juvenil estava a aumentar a um ritmo assustador; 7 avaliação, cálculo; 8 custo; tarifa; preço; encargo; valor; *railway rates* tarifas ferroviárias; *these shares were quoted at the* ~ *of...* estas acções foram cotadas ao preço de...; 9 taxa; *birth* ~ taxa de natalidade; *death* ~ taxa de mortalidade; *marriage* ~ taxa de nupcialidade; ~ *of discount* taxa de desconto; ~ *of interest* taxa de juros; ~ *of the income tax* taxa do imposto sobre o rendimento; ~ *of wages* taxa sobre salários; *the* ~ *of exchange* a taxa de câmbio; 10 imposto local, taxa municipal; *rates and taxes* impostos municipais e nacionais; *the rates* as taxas locais, os impostos municipais; 11 cotização; 12 padrão, categoria, classe, qualidade; 13 descompostura, repriment Ⓑ v.tr. 1 calcular, avaliar; *what do you* ~ *her fortune at?* em quanto avalias tu a fortuna dela?; 2 estimar o valor ou qualidade de; atribuir determinado valor a; valorizar; *to* ~ *sth high* valorizar algo, ter alguma coisa em grande conta; *to* ~ *sth low* atribuir pouco valor a algo; 3 considerar; colocar; *I* ~ *him among my friends* coloco-o entre os meus amigos; *I don't* ~ *his merits high* não considero que tenha grandes méritos; 4 classificar; 5 fixar preço a; 6 tributar; impor contribuição, direito ou taxa; 7 atribuir determinado posto ou categoria a; *he was rated as a surgeon on board that ship* ele tinha o posto de médico naquele navio; 8 (relógio, cronómetro, etc.) regular, ajustar; 9 ser considerado [as, -]; ser classificado [as, como]; 10 repreender, censurar com severidade, admoestar energicamente, descompor, ralhar; *they rated him soundly* deram-lhe uma boa reprimenda; 11 increpar ❖ ~ *collector* cobrador de impostos locais; ~ *cutting* redução de tarifas; *freight* ~ frete marítimo; *harbour rates* direitos de porto; *insurance* ~ prémio de seguro; *pulse* ~ frequência do pulso; ~ *of fire* cadência de tiro; ~ *of oxidation* grau de oxidação; ~ *of speed* velocidade; *at any* ~ de qualquer maneira; de qualquer modo; em todo o caso; *at that* ~ nesse caso; com essa velocidade; com esse ritmo; *at the* ~ *of five percent* ao juro de cinco por cento; *at this* ~ por este andar; *low* ~ *insurance* seguro a uma taxa reduzida; *not at any* ~ de modo nenhum; *to value at a low* ~ ter em pouca conta
rate[2] [reɪt] v.tr.,intr. ⇒ **ret**
rateable [ˈreɪtəbəl] adj. ⇒ **ratable**
rated [ˈreɪtɪd] adj. 1 calculado [at, em]; avaliado [at, em]; 2 nominal; ~ *capacity* capacidade nominal; ELECTRICIDADE ~ *frequency* frequência nominal; ~ *horsepower* potência nominal; ~ *speed* velocidade nominal; 3 tributado, taxado ❖ ~ *load* carga prevista; ~ *ship* navio de alto bordo
ratel [ˈreɪtəl] s. ZOOLOGIA ratel
ratepayer [ˈreɪtpeɪə] s. (impostos locais ou municipais) contribuinte
rath [rɑːθ] s. [Irl.] [ant.] recinto fortificado no cimo de colina
rathe [reɪð] adj. 1 [poét.] matinal, que surge cedo pela manhã; 2 [arc.] precoce, temporão
rather [ˈrɑːðə] adv. 1 antes, de preferência, preferentemente, preferivelmente; 2 um tanto, um pouco; ~ *better* um tanto melhor; *he was* ~ *inclined to ...* ele estava um tanto inclinado a...; *to be* ~ *out of sorts* estar um tanto indisposto; 3 bastante; *it is* ~ *cold* está bastante frio; 4 mais, mais exactamente, mais propriamente, mais verdadeiramente; 5 em maior extensão; 6 certamente, sem dúvida, sim; *«would you like to go with me?» «-rather!»* «quer ir comigo?» «-sem dúvida!»; 7 muito ❖ *or* ~ ou antes; ~ *too much* excessivo; demasiado; *the* ~ *that* tanto mais que; *he would* ~ *that you went today* ele preferia que tu fosses hoje; *I got home very late last night, or rather, early this morning* vim para casa muito tarde ontem à noite, ou melhor, muito cedo hoje de manhã; *I had* ~ *not* não desejaria; é melhor não; *I* ~ *think that...* creio bem que...; *I would* ~ *die* antes queria morrer; *she* ~ *likes it* isso não lhe desagrada; *which would you* ~ *have: port or sherry?* que prefere, vinho do Porto ou Xerez?
raticide [ˈrætɪsaɪd] s. raticida
ratification [ˌrætɪfɪˈkeɪʃən] s. 1 ratificação; 2 homologação; 3 confirmação
ratifier [ˈrætɪfaɪə] s. ratificador, aquele que ratifica
ratify [ˈrætɪfaɪ] v.tr. 1 ratificar; 2 homologar; 3 confirmar; 4 aprovar, sancionar
ratifying [ˈrætɪfaɪɪŋ] Ⓐ adj. que ratifica, ratificador Ⓑ s. ratificação, homologação
rating [ˈreɪtɪŋ] s. 1 avaliação; 2 classificação; 3 NÁUTICA marinheiro; 4 descompostura, repriment
ratings [ˈreɪtɪŋz] s.pl. TELEVISÃO, RÁDIO audiências
ratio [ˈreɪʃɪəʊ] s. 1 razão; relação; proporção; *arithmetical*/*geometrical* ~ razão aritmética/geométrica; *in direct* ~ *to* na razão directa de; *in inverse* ~ *to* na razão inversa de; *in the* ~ *of three to five* na proporção de três para cinco; *the* ~ *of old*

people in the population is not very high não é muito elevada a proporção de pessoas idosas na população; **2** taxa; *~ of compression* taxa de compressão; *~ of pressure* taxa de pressão ❖ *~ of dimensions* escala

ratiocinate [ˌrætɪˈɒsɪneɪt] *v.intr.* **1** raciocinar, seguir um processo lógico de raciocínio; **2** raciocinar silogisticamente

ratiocination [ˌrætɪɒsɪˈneɪʃən] *s.* raciocínio, raciocínio dedutivo

ratiocinative [ˌrætɪˈɒsɪneɪtɪv] *adj.* raciocinativo

ration [ˈræʃən, ˈreɪʃən] Ⓐ *s.* **1** ração; MILITAR *the iron ~* a ração de emergência/de reserva; *to be on short rations* estar a ração reduzida; *to be put on rations* ser posto a ração; **2** dose; porção; *we have had our ~ of problems for today* já tivemos a nossa dose de problemas por hoje; **3** *pl.* provisões Ⓑ *v.tr.* racionar; fixar ração a ❖ *~ book* caderneta de racionamento; MILITAR *~ bread* pão de munição; *~ card* senha de racionamento; *putting on rations* racionamento

◆**ration out** *v.tr.* racionar; *to ~ bread* racionar o pão

rational [ˈræʃənəl] Ⓐ *adj.* **1** (geral) racional; **2** relativo à razão; *~ belief* crença fundada na razão; **3** razoável, sensato; **4** racionalista; *he has ~ leanings in religion* ele tem certas dúvidas racionalistas em religião Ⓑ *s.* **1** MATEMÁTICA número racional; **2** ser racional; **3** *pl.* vestuário, traje prático ❖ *~ dress* traje prático; ASTRONOMIA *~ horizon* horizonte racional; MATEMÁTICA *~ number* número racional; MATEMÁTICA *~ quantity* quantidade racional

rationale [ˌræʃəˈnɑːl] *s.* **1** fundamentação lógica; **2** base racional; **3** [rar.] exposição, explicação fundamental, apresentação de razões

rationalism [ˈræʃnəlɪzəm] *s.* racionalismo

rationalist [ˈræʃnəlɪst] *adj.,s.* racionalista

rationalistic [ˌræʃnəˈlɪstɪk] *adj.* racionalista; relativo ao racionalismo

rationality [ˌræʃəˈnælɪtɪ] *s.* (*pl.* **-ies**) **1** racionalidade; **2** raciocínio; **3** faculdade de raciocínio

rationalization [ˌræʃnəlaɪˈzeɪʃən] *s.* racionalização

rationalize [ˈræʃnəlaɪz] *v.tr.,intr.* **1** racionalizar; **2** tornar racional; **3** dar uma base racionalista a; **4** proceder como racionalista, pensar como racionalista

rationally [ˈræʃnəlɪ] *adv.* racionalmente

rationing [ˈræʃnɪŋ] *s.* racionamento, acção de racionar

ratitae [ˈrætɪtiː] *s.pl.* ZOOLOGIA ratitas, ratites, aves corredoras

ratite [ˈrætaɪt] *adj.* ZOOLOGIA ratite, corredor; *~ bird* ave corredora

ratlin [ˈrætlɪn] *s.* NÁUTICA enfrechate, enfrechadura

ratline [ˈrætlɪn] *s.* NÁUTICA ⇒ **ratlin**

ratling [ˈrætlɪŋ] *s.* NÁUTICA ⇒ **ratlin**

ratoon [ræˈtuːn] Ⓐ *s.* rebento (de cana-do-açúcar, depois de cortada) Ⓑ *v.tr.,intr.* **1** rebentar, deitar rebentos depois de cortada (cana-do-açúcar); **2** cortar cana-do-açúcar

ratsbane [ˈrætsbeɪn] *s.* veneno para ratos, mata-ratos

rattan [rəˈtæn, ræˈtæn] *s.* BOTÂNICA rota, rotim, espécie de junco-da-índia

rat-tat [ˌrætˈtæt] *s.,interj.* truz-truz; *to give a ~ at the door* bater à porta

rat-tat-tat [ˌrættætˈtæt] *s.,interj.* ⇒ **rat-tat**

ratted [ˈrætɪd] *adj.* [coloq.] bêbedo, com os copos

ratteen [rəˈtiːn] *s.* [arc.] ratina, estofo de lã com o pêlo encrespado

ratten [ˈrætən] *v.tr.* **1** sabotar, praticar sabotagem em; **2** prejudicar operário ou patrão estragando ferramentas, avariando maquinaria, etc.

rattener [ˈrætənə] *s.* sabotador

rattening [ˈrætənɪŋ] *s.* sabotagem em maquinaria, ferramentas, etc.

ratter [ˈrætə] *s.* **1** (cão) rateiro; **2** caçador de ratos; **3** POLÍTICA vira-casacas; **4** pessoa que abandona o seu partido quando este se encontra em dificuldades; **5** operário que se recusa a tomar parte numa greve ou que trabalha a salário inferior ao fixado pelo sindicato

ratting [ˈrætɪŋ] *s.* **1** acção de caçar ratos, caça aos ratos; **2** deserção de partido político, abandono

rattle [ˈrætl] Ⓐ *s.* **1** matraca; **2** chocalho; **3** guizo; **4** cegarrega, rela; **5** chocalhada; **6** (tambor) rufo; *the ~ of a drum* o rufar de um tambor; **7** estertor; *the death ~* o estertor da morte; **8** barulheira, algazarra, balbúrdia; **9** tagarelice, palavreado; **10** (pessoa) tagarela; **11** ZOOLOGIA guizo de cobra cascavel; **12** BOTÂNICA variedade de plantas com sementes que chocalham nos seus invólucros quando maduras Ⓑ *v.tr.,intr.* **1** chocalhar; fazer retinir; **2** abanar; agitar; sacudir; *the wind made the windows ~* o vento abanava as janelas; *to ~ the dice* agitar os dados; **3** fazer ressoar como uma matraca; **4** fazer barulho; fazer algazarra; *the cab rattled down the street* o carro desceu a rua com grande ruído; **5** tagarelar; *she rattled along/away/on* ela continuava a tagarelar; **6** atrapalhar; confundir; **7** perturbar; abalar; assustar; *he was somewhat rattled by what he had heard* ele ficou um tanto abalado com o que ouviu; **8** [coloq.] irritar um tanto; **9** NÁUTICA enfrechar, pôr enfrechaduras em ❖ MEDICINA *the rattles* esquinência; doença inflamatória na laringe e na traqueia; angina; BOTÂNICA *yellow ~* rinanto; *to get rattled* atrapalhar-se; ficar confundido; perder o sangue-frio; *to ~ at the door* bater à porta com barulho; *to ~ the anchor* levantar a âncora apressadamente; *to ~ the sabre* brandir o sabre; ameaçar com guerra

◆**rattle away** *v.intr.* (carruagem) rolar com estrépito; partir com estrépito

◆**rattle down** Ⓐ *v.intr.* desabar ruidosamente Ⓑ *v.tr.* deitar abaixo com barulho

◆**rattle off** *v.tr.* dizer muito depressa; despachar; *he rattled off the speech that he'd learnt by heart* ele despachou o discurso que tinha aprendido de cor; *to ~ a piece of music* tocar uma música apressadamente

◆**rattle on** *v.intr.* falar sem parar

◆**rattle through** *v.tr.* [GB] [coloq.] fazer apressadamente ❖ *to rattle a bill through the House* fazer passar a toda a pressa um projecto de lei no Parlamento

rattlebox [ˈrætlbɒks] *s.* **1** guizo de criança; **2** BOTÂNICA feijão-de-guizos

rattlebrained [ˈrætlbreɪnd] *adj.* de cabeça oca, pateta, desmiolado

rattleheaded [ˈrætlˌhedɪd] *adj.* ⇒ **rattlebrained**

rattlepated [ˈrætlpeɪtɪd] *adj.* ⇒ **rattlebrained**

rattler [ˈrætlə] *s.* **1** coisa boa, coisa excelente; **2** pessoa ou coisa extraordinária; **3** indivíduo excessivamente tagarela, palrador; **4** qualquer coisa que faça barulho (cláxon, etc.); **5** cobra cascavel

rattlesnake [ˈrætlsneɪk] *s.* ZOOLOGIA cobra cascavel

rattletrap [ˈrætltræp] Ⓐ *adj.* **1** pouco firme, mal seguro; **2** a desfazer-se; **3** já velho Ⓑ *s.* **1** calhambeque, caranguejola, carripana; **2** traste, coisa velha; **3** *pl.* bugigangas, coisas sem valor

rattling [ˈrætlɪŋ] Ⓐ *adj.* **1** ruidoso; barulhento; **2** que chocalha; que matraca; que retine; **3** rápido, vivo; **4** [ant., coloq.] bom, óptimo, de primeira qualidade; *we had a ~ time* divertimo-nos imenso Ⓑ *adv.* [ant., coloq.] muito, extremamente, extraordinariamente; *a ~ good speech* um discurso estupendo Ⓒ *s.* **1** estrépito; **2** chocalhar; retinir

rat-trap [ˈrættræp] *s.* **1** ratoeira; **2** [EUA] [coloq., fig.] (casa) espelunca; ninho de ratos; **3** [coloq.] pedal de bicicleta com dentes; *~ pedal* pedal de bicicleta com dentes

ratty [ˈrætɪ] *adj.* (*comp.* **-ier**, *superl.* **-ier**) **1** semelhante a rato; próprio de rato; **2** cheio de ratos; **3** [coloq.] em mau estado, degradado; **4** [coloq.] com mau aspecto; **5** [coloq.] maltrapilho; **6** [coloq.] de mau humor, irritadiço; impertinente, resmungão

raucity [ˈrɔːsɪtɪ] *s.* rouquidão

raucous [ˈrɔːkəs] *adj.* **1** rouco, roufenho; **2** com voz rouca, áspera

raucously [ˈrɔːkəslɪ] *adv.* roucamente, roufenhamente

raucousness [ˈrɔːkəsnɪs] *s.* rouquidão, tom áspero ou roufenho de voz

raughty [ˈrɔːtɪ] *adj.* ⇒ **rorty**

raunch [rɔːntʃ] *s.* **1** lubricidade; **2** obscenidade

raunchy [ˈrɔːntʃɪ] *adj.* **1** libidinoso, lúbrico; **2** obsceno

ravage [ˈrævɪdʒ] Ⓐ *s.* **1** devastação, destruição; **2** desolação, ruína; **3** saque; pilhagem; **4** *pl.* estragos, acção destrutiva; *the ravages of time* a marca dos anos, os estragos do tempo Ⓑ *v.tr.,intr.* **1** assolar, devastar, destruir; *the whole country was ravaged by the war* todo o país estava assolado pela guerra; **2** arruinar, destroçar; **3** deteriorar, estragar; **4** pilhar; saquear

ravager [ˈrævɪdʒə] *s.* **1** saqueador, devastador; **2** assolador

ravaging ['rævɪdʒɪŋ] Ⓐ *adj.* 1 devastador; 2 destruidor Ⓑ *s.* 1 acção de devastar, de assolar, de destruir; 2 saque, pilhagem

RAVC [*abrev. de* Royal Army Veterinary Corps]

rave [reɪv] Ⓐ *s.* 1 desvario; 2 delírio; 3 excitação, frenesi; 4 divagação; 5 xelma de carro Ⓑ *v.tr.,intr.* 1 delirar, tresvariar, falar como um louco, falar como em delírio, falar incoerentemente; 2 enfurecer-se, encher-se de cólera; *to ~ and storm* estar furioso, deitar lume pelos olhos_{coloq.}; *to ~ against/at* encolerizar-se, ficar furioso com; 3 falar com grande admiração de, falar com grande entusiasmo de; *she raved about the scenery* ela estava verdadeiramente encantada com a paisagem; 4 empolgar-se [**over**, com]; entusiasmar-se [**over**, com]; *to ~ about* ficar encantado com, gostar loucamente de; 5 (mar, vento, tempestade, etc.) rugir, bramir, bramar ❖ *party rave,* festa de dança de grande duração e realizada em espaços amplos; *~ review* crítica entusiástica; *the storm raved itself out* a tempestade acalmou finalmente

◆**rave up** *v.tr.* andar na pândega; fazer uma pândega

ravehook ['reɪvhʊk] *s.* NÁUTICA maújo, instrumento usado no calafeto de embarcações para tirar a estopa velha das costuras

ravel ['rævəl] Ⓐ *v.tr.,intr.* (*particípios:* -ll-) 1 (questão, problema) confundir, complicar, embrulhar; 2 enredar(-se); emaranhar(-se); 3 esfiapar, puir; 4 desfazer, desfiar, separar o fio; 5 desenredar, desemaranhar; 6 deslindar, esclarecer Ⓑ *s.* 1 emaranhamento, emaranhado de fio; 2 complicação; confusão; 3 dificuldade; 4 fiapo

◆**ravel out** Ⓐ *v.intr.* desfiar-se Ⓑ *v.tr.* 1 esfiar; desfiar; 2 desemaranhar; 3 esclarecer; deslindar

ravelin ['rævlɪn] *s.* (fortificações) revelim

ravelled ['rævəld] *adj.* confuso, emaranhado; *the ~ skein of life* a emaranhada meada da vida

ravelling ['rævəlɪŋ] *s.* 1 desfiamento, acção de desfiar; 2 fiapo desprendido de tecido

raven¹ [reɪvn] Ⓐ *s.* ZOOLOGIA corvo Ⓑ *adj.* preto e brilhante como um corvo; *~ black* negro como um corvo; *~ locks* cabelo preto

raven² ['rævən] *v.tr.,intr.* 1 andar em busca [**after**, de]; 2 ir em busca de presa; 3 arrancar à força; 4 saquear, pilhar; 5 ter um apetite devorador; comer vorazmente; devorar com sofreguidão; 6 sentir um desejo irreprimível [**for**, de]

ravening ['rævənɪŋ] Ⓐ *adj.* 1 voraz, devorador; 2 rapace; 3 ansioso de presa Ⓑ *s.* voracidade, rapacidade

raveningly ['rævənɪŋlɪ] *adv.* 1 vorazmente, devoradoramente; 2 de uma maneira rapace

ravenous ['rævənəs] *adj.* 1 voraz, ávido, devorador; *~ hunger* fome devoradora; 2 faminto, esfomeado

ravenously ['rævənəslɪ] *adv.* 1 vorazmente, devoradoramente; 2 sofregamente

ravenousness ['rævənəsnɪs] *s.* 1 fome canina, fome devoradora; 2 voracidade

raver ['reɪvə] *s.* 1 [coloq.] frequentador de festas; 2 [coloq.] frequentador de *raves*

ravin ['rævɪn] *s.* 1 [arc., lit.] rapina, rapinagem; *beast of ~* animal de rapina; 2 [arc., lit.] presa

ravine [rə'viːn] Ⓐ *s.* 1 ravina; 2 barranco, garganta, desfiladeiro Ⓑ *v.tr.* formar ravina, escavar dando origem a uma ravina

ravined [rə'viːnd] *adj.* com ravina

raving ['reɪvɪŋ] Ⓐ *adj.* 1 furioso; louco; delirante; *~ lunatic* doido furioso; 2 [coloq.] entusiástico; 3 [coloq.] arrebatador Ⓑ *s.* 1 frenesi, excitação; 2 desvario, delírio, divagação própria de louco

ravioli [ˌrævɪˈəʊlɪ] *s.* CULINÁRIA (comida italiana) raviólis

ravish ['rævɪʃ] *v.tr.* 1 encantar, extasiar, enlevar; 2 [lit.] violar; 3 [arc.] levar à força, arrebatar, levar

ravisher ['rævɪʃə] *s.* 1 [lit.] violador; 2 [arc.] roubador

ravishing ['rævɪʃɪŋ] Ⓐ *adj.* 1 encantador, arrebatador; *it was a ~ sight* era um espectáculo arrebatador; 2 devorador Ⓑ *s.* 1 arrebatamento, encanto; 2 [lit.] violação

ravishingly ['rævɪʃɪŋlɪ] *adv.* encantadoramente, arrebatadoramente

ravishment ['rævɪʃmənt] *s.* 1 encanto, êxtase, arrebatamento, transporte; 2 [lit.] violação; 3 [arc.] rapto, roubo

raw [rɔː] Ⓐ *adj.* 1 (alimento) cru, não cozinhado; *~ apple* maçã crua; *~ fish* peixe cru; *~ meat* carne crua; 2 (material) em bruto; não refinado; em estado natural; em rama; cru; não preparado; *~ coal* carvão em bruto; *~ cotton* algodão em rama; *~ hemp* cânhamo cru; *~ linen* linho em rama; *~ metal* metal bruto; *~ oil* óleo bruto; *~ silk* seda crua, seda não preparada, tal como sai do casulo; *~ steel* aço bruto; *~ sugar* açúcar não refinado; *~ linseed oil* óleo de linhaça cru; 3 em carne viva, esfolado, em sangue; *~ flesh* carne viva; *~ wound* ferida sangrenta; 4 inexperiente; *a ~ hand* um noviço; *a ~ recruit* um recruta inexperiente; 5 rude, tosco, grosseiro; *~ statement of facts* exposição rude de factos; 6 áspero; com um frio penetrante; *~ wind* vento agreste Ⓑ *s.* 1 ponto sensível; *to touch sb on the ~* tocar no ponto fraco de alguém, ferir alguém no ponto sensível; 2 escoriação, ferida, carne viva Ⓒ *v.tr.* 1 pôr em carne viva, esfolar; 2 escoriar ❖ *~ brick* tijolo não levado ao fogo; *~ colouring* cores cruas; *~ deal* tratamento brusco e injusto; *~ materials* matérias-primas; *~ water* água natural; *her nerves were ~ on that day* naquele dia ela estava com os nervos à flor da pele; *it was a ~ deal to act like that* foi incorrecto proceder dessa maneira; *to get a ~ deal* ser tratado injustamente; *to touch a ~ nerve* tocar num ponto fraco de alguém

rawboned [rɔːˈbəʊnd] *adj.* ossudo; muito magro

rawhide ['rɔːhaɪd] *s.* 1 couro cru, pele não curtida; *~ boots* botas feitas de couro cru; 2 chicote feito de couro cru

rawish ['rɔːɪʃ] *adj.* 1 um tanto cru, um tanto verde; 2 um pouco inexperiente ou bisonho; 3 (tempo) um pouco agreste

rawness ['rɔːnɪs] *s.* 1 crueza; situação ou qualidade de cru; 2 inexperiência; 3 escoriação; 4 (tempo) carácter agreste

ray [reɪ] Ⓐ *s.* 1 (luz, calor, etc.) raio; *~ of light* raio de luz; *chemical rays* raios químicos; *cosmic rays* raios cósmicos; *heat rays* raios de calor; 2 [rar.] raio de circunferência; 3 radiação; 4 BOTÂNICA, ZOOLOGIA raio (em planta ou animal com forma estrelada); 5 [fig.] vislumbre, reflexo; *a ~ of hope* um vislumbre de esperança; 6 ZOOLOGIA raia; *spotted ~* raia-pintada, raia-pregada Ⓑ *v.tr.,intr.* 1 radiar, irradiar, emitir raios; 2 raiar; 3 refulgir; 4 dardejar ❖ FOTOGRAFIA *~ filter* filtro ortocromático; ZOOLOGIA (peixe) *electric ~* tremelga; torpedo; *Roentgen rays* raios X; ZOOLOGIA *ray's bream* xaputa; plumbeta

rayed [reɪd] *adj.* raiado, rajado

rayless ['reɪləs] *adj.* sem raios, desprovido de raios

raylet ['reɪlɪt] *s.* 1 pequeno raio; 2 [fig.] pequeno vislumbre

rayon ['reɪɒn, 'reɪɑːn] *s.* seda artificial, seda vegetal

rayonnant ['reɪɒnənt] *adj.* radiante, fulgurante

raze [reɪz] *v.tr.* 1 arrasar, demolir, destruir; *to ~ to the ground* arrasar completamente; *the town was razed by an earthquake* a cidade foi arrasada por um terramoto; 2 fazer desaparecer; 3 [rar.] esfolar, arranhar, provocar uma pequena escoriação

razee [rə'ziː] Ⓐ *s.* barco com altura muito reduzida, barco de bordo raso Ⓑ *v.tr.* transformar em barco de bordo raso

razing ['reɪzɪŋ] *s.* 1 acção de arrasar; 2 destruição, demolição

razor ['reɪzə] Ⓐ *s.* 1 gilete; 2 máquina de barbear; *electric ~* máquina de barbear; *safety ~* máquina de barbear; 3 [ant.] navalha de barba Ⓑ *v.tr.* 1 (barba, cabelo) rapar; 2 barbear rente; 3 [rar.] passar à navalha, rapar à navalha ❖ *~ blade* lâmina de barbear; *~ edge* fio da navalha; *on/at the razor's edge* na corda bamba

razorback ['reɪzəbæk] *s.* 1 ZOOLOGIA baleia rorqual; 2 dorso agudo ou ossudo

razorbacked ['reɪzəbækt] *adj.* com dorso muito agudo, em forma de lâmina

razorbill ['reɪzəbɪl] *s.* ZOOLOGIA torda-mergulheira, arau-de--bico-rombudo

razor-clam ['reɪzəklæm] *s.* [EUA] ZOOLOGIA navalheira

razor-sharp ['reɪzəʃɑːp] *adj.* 1 (lâmina) muito afiado; 2 (espírito, inteligência) perspicaz; acutilante; incisivo; penetrante

razor-shell ['reɪzəʃel] *s.* ZOOLOGIA navalheira

razz [ræz] *v.tr.* 1 [coloq.] arreliar, pegar com; 2 fazer pouco de

razzer ['ræzə] *s.* 1 arreliador; 2 pessoa que faz pouco de outra

razzia ['ræzɪə] *s.* 1 assalto; 2 assalto; 3 incursão com o objectivo de destruir ou de fazer escravos

razzle-dazzle [ˌræzəlˈdæzəl] *s.* 1 [coloq.] algazarra, pândega, pagode, patuscada; 2 variedade de carrocel

Rb QUÍMICA [símbolo de rubídium]
R & B MÚSICA [abrev. de rhythm and blues]
RBA [abrev. de Royal Society of British Artists]
R-boat [ˈɑːrbəʊt] s. caça-minas alemão
RC Ⓐ [abrev. de Red Cross] Ⓑ MILITAR [abrev. de Reserve Corps] Ⓒ RELIGIÃO [abrev. de Roman Catholic]
RCN [abrev. de Royal Canadian Navy]
RCNC [abrev. de Royal Corps of Naval Constructors]
RCP [abrev. de Royal College of Physicians]
RCR [abrev. de Royal Canadian Regiment]
RCS Ⓐ [abrev. de Royal College of Surgeons] Ⓑ [abrev. de Royal Corps of Signals]
RCVS [abrev. de Royal College of Veterinary Surgeons]
RD Ⓐ (cheque) [abrev. de refer to drawer] Ⓑ [abrev. de Royal Delivery] Ⓒ [abrev. de Rural Dean]
R & D [abrev. de research and development]
RDC [GB] [abrev. de Rural District Council]
RDF RÁDIO [abrev. de radio direction finder]
RDI [abrev. de Royal Designer for Industry]
RDS Ⓐ [abrev. de Royal Dublin Society] Ⓑ [abrev. de radio data system]
re [riː] Ⓐ s. MÚSICA ré Ⓑ prep. DIREITO a respeito de, versando sobre
Re QUÍMICA [símbolo de rhenium]
RE Ⓐ [abrev. de Reformed Episcopal] Ⓑ [abrev. de Religious Educaion] Ⓒ [abrev. de Right Excellent] Ⓓ [abrev. de Royal Engineers]
reabsorb [ˌriːəbˈsɔːb] v.tr. reabsorver
reabsorption [ˌriːəbˈsɔːpʃən] s. reabsorção
reaccuse [ˌriːəˈkjuːz] v.tr. voltar a acusar
reaccustom [ˌriːəˈkʌstəm] v.tr. reacostumar
reach [riːtʃ] Ⓐ v.tr.,intr. 1 atingir; alcançar; obter; *to ~ perfection* atingir a perfeição; *to ~ a high price* atingir um preço elevado; 2 chegar a; *to ~ an agreement* chegar a um acordo; *to ~ old age* chegar a uma idade avançada; *the book has reached its tenth edition* o livro já chegou à décima edição; *to ~ (up to) the skies* chegar até ao céu; 3 chegar às mãos de; *your letter reached me yesterday* a tua carta chegou-me ontem às mãos; 4 penetrar; 5 apanhar; agarrar; 6 estender-se; *his estate reaches as far as the river* a propriedade dele estende-se até ao rio; 7 passar; dar com a mão; *please ~ me that paper* passa-me aquele jornal, por favor; 8 (sensibilizar) tocar; *to ~ the heart* tocar o coração; *how is her conscience to be reached?* como será possível tocar-lhe na consciência?; *men are reached by flattery* os homens são sensíveis à lisonja; 9 fazer esforços para vomitar Ⓑ s. 1 alcance; âmbito; *beyond the ~ of human intellect* para além do entendimento humano; *it is not in my ~* está fora do meu alcance; *out of ~* fora do alcance, inacessível; *to be beyond the ~ of* estar fora do alcance de; *within ~ of gunshot* ao alcance de um tiro de espingarda; 2 abrangência; *~ of thought* abrangência de pensamento; 3 capacidade; poder; 4 extensão; 5 gesto para alcançar; *to make a ~ for* estender a mão para; 6 limite; 7 braço de rio entre duas voltas; 8 secção de canal; 9 extensão de terrenos; *~ of meadow* extensão de campos ❖ *as far as the eye could ~* em toda a extensão do horizonte; *beyond ~ of accident* ao abrigo de acidente; *beyond the ~ of all suspicion* ao abrigo de qualquer suspeita; *she reached over to the table* ela estendeu a mão para a mesa; *the law doesn't ~ those cases* a lei não abrange esses casos; *to ~ ahead* pôr-se à frente de um concorrente; *to ~ for sth* procurar chegar a alguma coisa; [EUA] [coloq.] *to ~ sb* subornar alguém
✦**reach back** v.intr. (tempo) remontar [to, a]; datar [to, de]
✦**reach down** v.tr.,intr. descer ❖ *to ~ to the bottom* chegar ao fundo
✦**reach out** v.tr. estender; *the tree reached out its branches* a árvore estendia os ramos; *the man reached out his hand for the money* o homem estendeu a mão para o dinheiro
✦**reach up** v.intr. 1 levantar o braço; esticar-se; 2 subir [to, até]; chegar [to, a]
reachable [ˈriːtʃəbəl] adj. 1 alcançável; 2 que pode atingir-se
reach-me-down [ˈriːtʃmɪˌdaʊn] Ⓐ adj. [coloq.] (fato) já feito, sem ser por medida Ⓑ s. fato comprado feito, não encomendado por medida

reacquire [ˌriːəˈkwaɪə] v.tr. readquirir; voltar a comprar; recuperar
react [rɪˈækt] v.intr. 1 reagir [to, a]; 2 responder [to, a]; 3 FÍSICA, QUÍMICA reagir [with, com]; fazer reacção [with, com]; 4 MILITAR contra-atacar; efectuar um contra-ataque
✦**react against** v.tr. manifestar oposição a; insurgir-se contra
re-act [riːˈækt] v.tr. TEATRO voltar a representar
reactance [rɪˈæktəns] s. ELECTRICIDADE reactância; *~ of coil* reactância de bobina ❖ *~ coil* bobina de reactância; *~ drop* queda da reactância; *~ reactor* bobina limitadora de reactância; *~ voltage* voltagem de reactância
reactant [rɪˈæktənt] s. QUÍMICA reagente
reaction [rɪˈækʃən] s. 1 (geral) reacção; *action and ~* acção e reacção; *chemical ~* reacção química; *skin ~* reacção cutânea; 2 pl. reflexos; *quick reactions* reflexos rápidos ❖ *~ force* força de reacção; *~ motor* motor de reacção; *~ time* tempo de reacção; POLÍTICA *the forces of ~* as forças da reacção
reactionary [rɪˈækʃnəri, rɪˈækʃneri] adj.,s. POLÍTICA reaccionário
reactionist [rɪˈækʃənɪst] adj.,s. ⇒ **reactionary**
reactivate [rɪˈæktɪveɪt] v.tr. reactivar
reactive [rɪˈæktɪv] adj. 1 reactivo; 2 POLÍTICA reaccionário ❖ *~ circuit* circuito de reacção; *~ factor* factor de potência reactiva
reactively [rɪˈæktɪvli] adv. 1 reactivamente; 2 reaccionariamente
reactivity [ˌriːækˈtɪvɪti] s. reactividade
reactor [rɪˈæktə] s. ELECTRICIDADE reactor; *nuclear ~* reactor nuclear
read[1] [riːd] Ⓐ s. leitura; período de leitura; tempo consagrado à leitura; *to have a long ~* passar muito tempo a ler; *to have a quiet ~* ler sossegadamente Ⓑ v.tr.,intr. (prt. e part. pass. read) 1 ler; *to ~ a book* ler um livro; *to ~ a child to sleep* ler para uma criança adormecer; *to ~ from a book* ler de um livro; *to ~ oneself to sleep* ler para adormecer; *to have ~* ter lido acerca de; *he likes being ~ to* gosta que lhe leiam em voz alta; *I have ~ somewhere that ...* li em qualquer parte que ...; *~ it to yourself* lê em voz baixa; *he does not ~ or write* ele não sabe ler nem escrever; 2 estudar; *to ~ law* estudar Direito; 3 interpretar; *to ~ a dream* interpretar um sonho; *that may be ~ several ways* isso pode ser interpretado de várias maneiras; *silence must not always be ~ as consent* o silêncio nem sempre significa consentimento; 4 decifrar, compreender, entender; *to ~ riddles* decifrar adivinhas; *if you want to drive a car, you must be able to ~ traffic signs* se queres guiar um carro, tens de conhecer os sinais de trânsito; 5 prever; *to ~ the future* prever o futuro; ASTRONOMIA *to ~ the sky* prever o estado do tempo, interpretar os astros, ler nos astros; 6 (instrumento) marcar, registar, indicar; *the thermometer reads 25°* o termómetro marca 25°; 7 causar determinada impressão; *that reads like a translation* isso dá a impressão de ser uma tradução; 8 ler-se; 9 dizer, apresentar; *the letter reads as follows* a carta diz o seguinte; 10 estar redigido (de determinada maneira) ❖ *the play reads better than it acts* a peça agrada mais lida que representada; *to ~ between the lines* ler nas entrelinhas; *to ~ proofs* rever provas tipográficas; fazer trabalho de revisão; *to ~ sb a lesson* repreender alguém; pregar um sermão a alguém; *to ~ sb's hand* ler a sina de alguém; *to ~ sb's thoughts* adivinhar os pensamentos de alguém; *to ~ sb like a book* entender muito bem alguém; (mau comportamento) *to ~ the riot act* fazer um último aviso; repreender severamente; ameaçar com castigo
✦**read back** v.tr. reler
✦**read for** v.tr. 1 estudar; *to ~ the Bar* estudar Direito; 2 (actor) preparar (determinado papel)
✦**read into** v.tr. interpretar; julgar descobrir em; *~ the facts what you will* faz a leitura que quiseres dos factos
✦**read off** v.tr. 1 ler um a um; 2 ler de uma só vez; 3 ler do princípio ao fim
✦**read on** v.intr. continuar a ler
✦**read out** v.tr. 1 ler em voz alta; *I'm going to ~ the letter* vou ler a carta em voz alta; *to ~ of a book* ler um livro; 2 INFORMÁTICA extrair da memória
✦**read over** v.tr. reler
✦**read through** v.tr. 1 (ler apressadamente) percorrer com os olhos; dar uma vista de olhos a; 2 ler do princípio ao fim

◆ **read up** Ⓐ *v.tr.* estudar; *you'd better ~ the rules* devias estudar os regulamentos Ⓑ *v.intr.* informar-se [**on**, sobre]; *I can't give my opinion before reading up on the matter* não posso dar a minha opinião antes de me informar sobre o assunto

read² [red] Ⓐ *prt. e part. pass. de* **to read**¹ Ⓑ *adj.* versado, lido, instruído; *he is deeply ~ in the classics* ele conhece profundamente os clássicos; *~ and approved* lido e aprovado

readability [ˌriːdəˈbɪlɪti] *s.* ⇒ **readableness**

readable [ˈriːdəbəl] *adj.* 1 legível, que pode ler-se; *a ~ handwriting* uma caligrafia legível; 2 de leitura agradável; *is that book readable?* esse livro será interessante?

readableness [ˈriːdəbəlnəs] *s.* 1 legibilidade; 2 agradabilidade de leitura

readdress [ˌriːəˈdres] *v.tr.* 1 pôr nova direcção em; 2 modificar o endereço de

reader [ˈriːdə] *s.* 1 leitor; 2 declamador; 3 TIPOGRAFIA revisor; 4 livro de leitura, selecta; 5 antologia; 6 (universidade) leitor, encarregado de curso; 7 indivíduo encarregado da leitura de parte do serviço religioso ❖ (editora) *publisher's ~* leitor de originais; *she is not much of a ~* ela não gosta muito de ler; *to be a great ~* ler muito; ser um leitor voraz

readership [ˈriːdəʃɪp] *s.* 1 (universidade) leitorado, função de leitor ou encarregado de curso; 2 (jornal, revista, etc.) número de leitores, universo de leitores; *this newspaper has a big ~* este jornal tem um grande número de leitores

readily [ˈredɪli] *adv.* 1 prontamente; 2 de boa vontade; 3 rapidamente, sem demora; 4 facilmente, sem grande esforço

readiness [ˈredɪnəs] *s.* 1 prontidão; *to be in ~ for* estar pronto para; 2 boa vontade, disponibilidade; 3 desembaraço, rapidez; 4 vivacidade; *~ of mind* presença de espírito, vivacidade intelectual; 5 facilidade; *~ of speech* facilidade de palavra ❖ *~ in paying* pontualidade de pagamento; *~ of wit* agudeza de espírito

reading [ˈriːdɪŋ] Ⓐ *adj.* 1 que lê; relativo à leitura; *~ matter* material de leitura; *a ~ man* um homem que lê muito; 2 que estuda, estudioso Ⓑ *s.* 1 leitura; *readings from Shakespeare* leituras de Shakespeare; *he is a man of wide ~* é um homem de muitas leituras; 2 prelecção, conferência; 3 interpretação; *his ~ of the facts* a interpretação que ele faz dos factos; 4 material de leitura; 5 (em texto) marcação, lição; *the ~ of this manuscript is the true one* a lição deste manuscrito é que é verdadeira; 6 erudição; cultura literária ❖ *~ desk* estante de coro; mesa para leitura; *~ glass* lupa de leitura; *~ lamp* candeeiro para leitura; *~ room* sala de leitura; gabinete de leitura; *the ~ public* o público leitor

readjourn [ˌriːəˈdʒɜːn] *v.tr.* voltar a adiar

readjournment [ˌriːəˈdʒɜːnmənt] *s.* novo adiamento

readjust [ˌriːəˈdʒʌst] *v.tr.* 1 reajustar; 2 voltar a regular

readjustment [ˌriːəˈdʒʌstmənt] *s.* 1 reajustamento; 2 nova afirmação; 3 rectificação

readmission [ˌriːədˈmɪʃən] *s.* 1 readmissão; 2 reintegração

readmit [ˌriːədˈmɪt] *v.tr.* 1 readmitir; 2 reintegrar

readmittance [ˌriːədˈmɪtəns] *s.* readmissão

readopt [ˌriːəˈdɒpt] *v.tr.* readoptar

readoption [ˌriːəˈdɒpʃən] *s.* readopção

ready [ˈredɪ] Ⓐ *adj.,adv. (comp.* **-ier**, *superl.* **-iest**) 1 pronto, preparado, apto, disposto; *are you ready?* estás pronto?; *he is too ~ to find fault* ele está sempre pronto a achar defeitos; *to be ~ for anything* estar pronto para tudo; 2 propenso, inclinado; 3 rápido, prestes, vivo, expedito; *to have a ~ wit* ter um espírito vivo; 4 disponível, à mão, ao alcance; 5 fácil; *that's a ~ way to do it* é um processo fácil de fazer isso; 6 prontamente; rapidamente; *I want to see the boy who answers readiest* quero ver qual é o aluno que responde mais depressa; 7 previamente Ⓑ *s.* 1 MILITAR posição de apontar a espingarda; *at the ~* pronto a fazer fogo; 2 [coloq.] dinheiro de contado; *the ~* dinheiro disponível; *to plank down the ~* pôr o dinheiro sobre a mesa Ⓒ *v.tr.* preparar; aprontar ❖ *~ capital* capital circulante; *~ money* dinheiro de contado; *~ reckoner* livro ou agenda com tabelas para cálculos rápidos; (livro) *just ~* acabado de sair; *~ to hand* à mão; pronto a ser utilizado; *~ to please* complacente; *he is a ~ speaker* ele fala com facilidade; DESPORTO *ready? go!* prontos? partida!; *to find ~ acceptance* ser bem aceite;

to get ~ aprontar-se; *to give a ~ consent* autorizar de bom grado; *to make ~* preparar; preparar-se; *to meet with a ~ sale* vender-se facilmente; ter muita saída; *to pay ~ money* pagar a dinheiro; *you must pack everything ~* tens de ter as malas prontas

ready-made [ˌredɪˈmeɪd] Ⓐ *adj.* 1 pronto-a-usar; 2 pronto-a-vestir; de confecção; 3 [fig.] conveniente, prático Ⓑ *s. (pl.* **ready-mades**) roupa de pronto-a-vestir ❖ *~ ideas* banalidades; lugares-comuns; *~ topic of conversation* tema de conversa que resulta sempre

ready-mix [ˌredɪˈmɪks] *adj.* 1 instantâneo; *~ pudding* pudim instantâneo; 2 (cimento) pronto a aplicar

ready-to-eat [ˌredɪtəˈiːt] *adj.* pronto a servir

ready-to-wear [ˌredɪtəˈweə] *adj.* VESTUÁRIO pronto-a-vestir

ready-witted [ˌredɪˈwɪtɪd] *adj.* vivo, sagaz

reaffirm [ˌriːəˈfɜːm] *v.tr.* 1 reafirmar; 2 reiterar

reaffirmation [ˌriːæfəˈmeɪʃən] *s.* reafirmação

reafforest [ˌriːəˈfɒrɪst] *v.tr.* rearborizar, repovoar com árvores

reafforestation [ˌriːəfɒrɪsˈteɪʃən] *s.* rearborização

reagent [rɪˈeɪdʒənt] *s.* QUÍMICA reagente

real¹ [rɪəl, riːəl] Ⓐ *adj.* 1 real; *~ focus* foco real; *~ size* tamanho real; INFORMÁTICA *~ time* tempo real; *the ~ world* o mundo real; 2 verdadeiro; *~ movement of a star* movimento verdadeiro de um astro; *~ slip* recuo verdadeiro; 3 existente de facto; 4 natural; não artificial; *~ flowers* flores naturais; *this is ~ silk* isto é seda natural; 5 autêntico, genuíno; *~ lace* renda autêntica; 6 completo; *to effect a ~ cure* realizar uma cura completa; 7 perfeito; *a ~ idiot* um perfeito idiota; 8 efectivo; 9 DIREITO imobiliário; *~ estate* bens de raiz, bens imobiliários; *~ property* bens de raiz, bens imobiliários; 10 FILOSOFIA real, com existência absoluta e necessária e não simplesmente contingente Ⓑ *s.* 1 real; *the ~ and the ideal* o real e o ideal; 2 *pl.* [rar.] realidades, coisas reais; *to deal only with reals* tratar só de realidades Ⓒ *adv.* 1 [coloq.] muito; *~ soon* muito em breve; 2 [coloq.] realmente, verdadeiramente; *a ~ good time* um tempo realmente divertido ❖ [EUA] [coloq.] *for ~* a sério; [EUA] *get real!* fala a sério! cai na realidade!; *he is a ~ old salt* ele é um velho lobo-do-mar; *there is no ~ doubt about it* não há realmente qualquer dúvida acerca disso; *the ~ thing* algo a sério; o original; [coloq.] *this is the ~ thing* isto é a sério

real² [reɪˈɑːl] *s.* (moeda) real

realgar [rɪˈælɡə] *s.* QUÍMICA rosalgar

realign [ˌriːəˈlaɪn] *v.tr.* 1 reajustar; 2 reorganizar; 3 remodelar; 4 reformular

realignment [ˌriːəˈlaɪnmənt] *s.* 1 ajuste; 2 reorganização; 3 remodelação; 4 reformulação

realism [ˈrɪəlɪzəm] *s.* ARTES PLÁSTICAS, LITERATURA realismo ❖ LITERATURA *magic(al) ~* realismo mágico; ARTES PLÁSTICAS, LITERATURA *socialist ~* realismo socialista

realist [ˈrɪəlɪst] *adj.,s.* ARTES PLÁSTICAS, LITERATURA, FILOSOFIA realista

realistic [rɪəˈlɪstɪk] *adj.* 1 realista; 2 prático

realistically [rɪəˈlɪstɪkli] *adv.* 1 duma maneira realista; 2 com realismo

reality [rɪˈælɪti] *s. (pl.* **-ies**) 1 realidade; 2 existência real; 3 veracidade; 4 objectividade ❖ *~ check* choque com a realidade; *we need a ~ check!* precisamos de ser realistas!; TELEVISÃO *~ soap* novela da vida real; *in ~* na realidade; realmente; de facto; *to stick to realities* cingir-se às realidades

realizable [ˈrɪəlaɪzəbəl] *adj.* 1 imaginável, concebível; 2 realizável, que pode converter-se em realidade; 3 FINANÇAS convertível em dinheiro

realization [ˌrɪəlaɪˈzeɪʃən] *s.* 1 tomada de consciência; percepção; compreensão; 2 realização; *the ~ of her hopes* a realização das suas esperanças; 3 conversão em realidade; 4 FINANÇAS conversão em dinheiro

realize [ˈrɪəlaɪz] *v.tr.* 1 compreender; perceber; alcançar o significado ou o sentido de; ter consciência de; *to ~ the drift* compreender o sentido, compreender onde se quer chegar; *at last he realized that we could not do such a thing* compreendeu finalmente que não podíamos fazer uma coisa dessas; *do you ~ your error yet?* compreendes agora o teu erro?; 2 realizar, concretizar, tornar real, transformar em realidade; *to ~ one's hopes* ver as suas esperanças realizadas; 3 FINANÇAS (capital) converter em dinheiro, realizar; *the goods realized a high price* as mercadorias atingiram um alto preço

realizer ['rɪəlaɪzə] s. FINANÇAS aquele que realiza capitais
realizing ['rɪəlaɪzɪŋ] s. **1** tomada de consciência; compreensão; **2** acção de realizar (capital); **3** realização
reallocate [ˌriːˈæləkeɪt] v.tr. **1** reatribuir; **2** relocalizar; **3** readjudicar, fazer nova adjudicação
reallocation [ˌriːæləˈkeɪʃən] s. **1** reatribuição; **2** relocalização; **3** readjudicação
re-allot [ˌriːəˈlɒt] v.tr. FINANÇAS fazer nova repartição, novo rateio (de acções)
really ['rɪəlɪ] adv. **1** realmente, na verdade; **2** verdadeiramente, de facto; **3** sem dúvida; **4** positivamente; **5** deveras ❖ (negação) *not ~* não, nem por isso; (incredulidade) *not really!* impossível!; *«I'm going to China next month» «-Really?»* «Vou à China no próximo mês» «-A sério?»; *she has ~ gone* ela foi-se mesmo embora
realm [relm] s. **1** reino; **2** domínio; esfera; área; campo; mundo; *the ~ of imagination* o mundo da imaginação ❖ *the Peers of the Realm* os Pares do Reino
real-time [ˌrɪəlˈtaɪm] adj. em tempo real; INFORMÁTICA *~ application* aplicação em tempo real
realtor ['rɪəltə] s. [EUA, Can.] agente imobiliário
realty ['rɪəltɪ] s. (pl. **-ies**) **1** DIREITO imóvel; **2** bens imobiliários
real-world [ˌrɪəlˈwɜːld] adj. **1** real, concreto, objectivo; **2** prático
ream [riːm] Ⓐ s. resma (480 ou 500 folhas de papel); *~ of paper* resma de papel; *printer's ~* resma de 516 folhas Ⓑ v.tr. **1** mandrilar, escarear, alargar com o escareador; *to ~ the rivet holes* escarear os furos para rebites; **2** revirar borda de cartucho; **3** NÁUTICA alargar costura antes de calafetar ❖ *he writes reams and reams of verse* ele escreve páginas e páginas de versos
reamed [riːmd] adj. escareado, alargado com o escareador; *~ diameter* diâmetro posto certo com o escareador
reamer ['riːmə] s. mandril, escareador ❖ *~ driving* accionamento do escareador ou mandril; *~ holder* porta-mandril; porta-escareador; *~ shaft* eixo escareador
reaming ['riːmɪŋ] s. **1** acção de escarear; **2** alargamento com mandril ou escareador ❖ *~ iron* ferro de gornes (de calafate)
reanimate [riːˈænɪmeɪt] v.tr. **1** reanimar; **2** insuflar nova energia ou coragem a
reanimation [ˌriːænɪˈmeɪʃən] s. reanimação
reanneal [ˌriːəˈniːl] v.tr. recozer novamente (metal)
reannex [ˌriːəˈneks] v.tr. reanexar
reannexation [ˌriːænekˈseɪʃən] s. reanexação
reap [riːp] v.tr.,intr. **1** segar, ceifar; *to ~ a field* ceifar um campo; **2** fazer a colheita de; **3** colher; *to ~ the fruits of* colher os frutos de; **4** [fig.] receber; recolher ❖ *he who sows the wind shall ~ the whirlwind* quem semeia ventos colhe tempestades; *to ~ benefit from* tirar proveito de; *to ~ where one has not sown* colher onde outros semearam; beneficiar com o trabalho dos outros; *we ~ as we sow* conforme se semeia assim se colhe
reaper ['riːpə] s. **1** ceifeiro; **2** segador; **3** máquina de ceifar, segadeira mecânica ❖ *the (Grim) Reaper* a Morte
reaping ['riːpɪŋ] s. ceifa; colheita ❖ *~ hook* foice; foicinha; *~ machine* segadeira mecânica
reappear [ˌriːəˈpɪə] v.intr. reaparecer
reappearance [ˌriːəˈpɪərəns] s. reaparecimento, reaparição
reapply [ˌriːəˈplaɪ] v.tr. voltar a aplicar
re-appoint [ˌriːəˈpɔɪnt] v.tr. **1** tornar a nomear (para determinado cargo); **2** reintegrar (em determinadas funções)
re-appointment [ˌriːəˈpɔɪntmənt] s. reintegração (em determinado cargo)
reappraisal [ˌriːəˈpreɪzəl] s. reavaliação, reapreciação
rear [rɪə] Ⓐ s. **1** parte de trás; parte traseira; *from the ~* por trás, visto por trás; **2** cauda; *at the ~ of the procession* na cauda da procissão; *to bring up the ~* fechar a cauda, vir na cauda; **3** MILITAR retaguarda; última fila; *to attack in the ~* atacar pela retaguarda; *to remove a casualty to the ~* transportar um ferido para a retaguarda; *to take the enemy in the ~* atacar o inimigo pela retaguarda; **4** fundos; **5** privada; retrete Ⓑ adj. traseiro; de trás; *~ axle* eixo traseiro, eixo da retaguarda; *~ bumper* pára-choques traseiro; (automóvel) *~ compartment* mala de trás; *~ finder* visor posterior; *~ light* farol traseiro; *~ wheel* roda traseira; *the ~ entrance was blocked* a entrada das traseiras estava bloqueada Ⓒ v.tr.,intr. **1** levantar, erguer; *to ~ one's head* levantar a cabeça; *to ~ one's voice* erguer a voz; **2** erigir, construir; *to ~ a cathedral* erigir uma catedral; *to ~ a monument* construir um monumento; **3** educar; **4** criar; *to ~ cattle* criar gado; **5** cultivar; **6** (cavalo) empinar-se, levantar-se nas traseiras ❖ *~ admiral* contra-almirante; *~ arch* arco interior de porta ou janela; *~ door* porta dos fundos; *~ sight* alça de mira; *~ rank man* cerra-fila

◆**rear up** v.intr. **1** (cavalo) empinar-se; **2** (edifício, falésia, etc.) erguer-se
Rear Adm. [abrev. de Rear Admiral]
rearer ['rɪərə] s. **1** criador (de animais); **2** cavalo que se empina
rearguard ['rɪəɡɑːd] s. MILITAR retaguarda ❖ *~ action* combate com as tropas da retaguarda; MILITAR *to fight a ~ action* cobrir a retirada
rearing ['rɪərɪŋ] s. **1** (família, animais) criação; **2** (planta) cultivo; **3** (edifício, monumento, etc.) construção; **4** (cavalo) empinamento ❖ *~ of children* puericultura
rearm [riːˈɑːm] v.tr. rearmar
rearmament [riːˈɑːməmənt] s. rearmamento
rearmost ['rɪəməʊst] adj. último, derradeiro, da cauda
rearrange [ˌriːəˈreɪndʒ] v.tr. voltar a arranjar, arranjar de novo
rearrangement [ˌriːəˈreɪndʒmənt] s. novo arranjo
rearview [ˌrɪəˈvjuː] adj. retrovisor ❖ *~ mirror* espelho retrovisor
rearward ['rɪəwəd] Ⓐ s. MILITAR retaguarda; *in the ~* atrás, à retaguarda; *to ~ of* à retaguarda de Ⓑ adj. situado à retaguarda Ⓒ adv. **1** em direcção à retaguarda; **2** pela retaguarda
rearwards ['rɪəwədz] adv. ⇒ **rearward** Ⓒ
reascend [ˌriːəˈsend] v.tr.,intr. **1** voltar a subir, tornar a subir; **2** reascender
reason ['riːzən] Ⓐ s. **1** razão; motivo; causa; justificação; *by ~ of* por motivo de; *for one ~ or another* por uma razão ou outra; *for reasons of State* por razões de Estado; *for the same ~* pelo mesmo motivo; *did you give any reason?* ela apresentou alguma razão?; *for reasons best known to himself* por motivos que ele muito bem conhece; *all the more ~ for doing it* tanto mais razão para o fazer; **2** (entendimento) razão; *only man has ~* só o homem é dotado de razão; *to bring sb to ~* chamar alguém à razão; **3** uma das premissas do silogismo, sobretudo a menor, quando depois da conclusão; **4** saúde mental, senso comum, sensatez; *in ~* sensato, razoável; *to listen to ~* ser razoável; *there is ~ in what he says* há bom senso no que ele diz Ⓑ v.tr.,intr. **1** raciocinar; pensar; *to ~ about* raciocinar sobre; *to ~ from premises* raciocinar a partir de premissas; **2** debater; discutir [**with**, com]; argumentar [**with**, com]; **3** concluir [**that**, que]; **4** (argumentação) convencer [**into**, a], persuadir [**into**, a]; dissuadir [**out of**, de] ❖ *I told him the ~ why* eu disse-lhe porquê; *it cost him a sum out of all ~* custou-lhe os olhos da cara; *it stands to ~ that...* é evidente que...; *to lose one's ~* perder o juízo; *to ~ sb down* vencer alguém pela argumentação; *without rhyme or ~* sem tom nem som

◆**reason out** v.tr. **1** solucionar pelo raciocínio; **2** concluir logicamente
reasonable ['riːzənəbəl] adj. **1** razoável; *a ~ price* um preço razoável; *to be ~* ser razoável; **2** sensato, justo; **3** moderado, módico, aceitável; *that is a ~ excuse* essa desculpa é aceitável; **4** tolerável; **5** [rar.] racional, dotado de razão
reasonableness ['riːzənəbəlnɪs] s. razoabilidade; aspecto ou carácter razoável, moderado, justo
reasonably ['riːzənəblɪ] adv. **1** razoavelmente; **2** sensatamente
reasoned ['riːzənd] adj. **1** fundamento em razões; **2** raciocinado, lógico; **3** razoável; **4** racional
reasoner ['riːzənə] s. **1** aquele que raciocina; **2** argumentador
reasoning ['riːzənɪŋ] Ⓐ adj. **1** que raciocina; **2** dotado de razão Ⓑ s. **1** raciocínio; **2** argumentação; **3** dialéctica
reasonless ['riːzənləs] adj. **1** sem razão; **2** insensato; sem senso comum
reassemble [ˌriːəˈsembəl] v.tr.,intr. **1** reunir, voltar a reunir, voltar a convocar; **2** MECÂNICA montar de novo, voltar a montar; **3** reabrir, voltar a funcionar
reassembling [ˌriːəˈsemblɪŋ] s. acto de voltar a montar, de montar de novo
reassembly [ˌriːəˈsemblɪ] s. **1** nova montagem; **2** reabertura (do Parlamento)

reassert [ˌriːəˈsɜːt] v.tr. reafirmar, voltar a afirmar
reassess [ˌriːəˈses] v.tr. 1 fazer nova avaliação de; 2 sujeitar a novas taxas
reassessment [ˌriːəˈsesmənt] s. 1 nova avaliação; 2 nova taxa, novo imposto
reassign [ˌriːəˈsaɪn] v.tr. 1 reencarregar; 2 reatribuir; 3 redistribuir; 4 adjudicar novamente, ceder novamente
reassignment [ˌriːəˈsaɪnmənt] s. 1 reatribuição; 2 redistribuição; 3 nova adjudicação, nova cessão
reassume [ˌriːəˈsjuːm] v.tr. 1 reassumir; 2 retomar; 3 voltar a exercer (cargo, etc.)
reassurance [ˌriːəˈʃʊərəns] s. 1 reafirmação, nova garantia; 2 nova coragem ou confiança; 3 resseguro
reassure [ˌriːəˈʃʊə] v.tr. 1 reassegurar, reafirmar; 2 dar novas garantias; 3 encorajar novamente, voltar a animar; 4 tranquilizar; 5 ressegurar
reassuring [ˌriːəˈʃʊərɪŋ] adj. animador, tranquilizador
reassuringly [ˌriːəˈʃʊərɪŋli] adv. tranquilizadoramente
reattach [ˌriːəˈtætʃ] v.tr. 1 voltar a unir ou juntar; 2 prender de novo
reave [riːv] v.tr.,intr. (prt. e part. pass. **reft**) 1 [arc., poét.] entregar-se a actos de rapina ou saque; 2 [arc.] assaltar, roubar, levar à força; 3 [arc.] arrebatar; *the lands reft from the Crown* as terras arrebatadas à Coroa
reaver [ˈriːvə] s. [arc., poét.] salteador, roubador, ladrão
reaving [ˈriːvɪŋ] s. saque, rapinagem, roubo
reawaken [ˌriːəˈweɪkən] v.tr.,intr. 1 redespertar, despertar novamente; 2 reanimar-se
rebake [riːˈbeɪk] v.tr. recozer
re-bale [ˈriːbeɪl] v.tr. enviar em fardos
reballast [riːˈbæləst] v.tr. balastrar novamente, voltar a cobrir de balastro
reballasting [riːˈbæləstɪŋ] s. rebalastragem
rebaptism [riːˈbæptɪzəm] s. rebaptismo
rebaptize [ˌriːbæpˈtaɪz] v.tr. rebaptizar
rebate[1] [ˈriːbeɪt] s. 1 abatimento, redução de preço; desconto; 2 bónus; 3 reembolso; devolução; *tax* ~ reembolso de imposto
rebate[2] [rɪˈbeɪt, ˈriːbeɪt] v.tr. 1 [arc.] diminuir, reduzir a força ou o efeito de; 2 amortecer; 3 embotar
rebate[3] [ˈriːbeɪt] s.,v.tr. ⇒ **rabbet** ❖ (carpintaria) ~ *plane* guilherme; *rebated joint floor* soalho de meio fio recortado
rebatement [rɪˈbeɪtmənt, ˈriːbeɪtmənt] s. estria, canelura
rebeck [ˈriːbek] s. MÚSICA arrabil; instrumento medieval, de três cordas, em forma de rabeca
rebel[1] [rɪˈbel] v.intr. (particípios: -ll-) 1 rebelar-se; revoltar-se; 2 amotinar-se; 3 insurgir-se [against, contra] ❖ *his stomach rebelled* deu-lhe a volta ao estômago
rebel[2] [ˈrebəl] Ⓐ s. 1 rebelde, revoltoso, amotinado, insurrecto; 2 dissidente Ⓑ adj. 1 rebelde; *the* ~ *army* as tropas dos rebeldes; 2 dissidente
rebellion [rɪˈbeljən] s. 1 revolta, rebelião; 2 sublevação, insurreição; 3 insubordinação ❖ HISTÓRIA *the Great* ~ o período de História inglesa de 1642-1660
rebellious [rɪˈbeljəs] adj. 1 rebelde; 2 insurrecto, amotinado, sublevado; 3 MEDICINA que resiste a qualquer tratamento ❖ ~ *act* acto de rebelião
rebelliously [rɪˈbeljəsli] adv. 1 com rebeldia; 2 em tom de revolta; 3 amotinadamente; 4 insurreccionalmente; 5 desobedientemente
rebelliousness [rɪˈbeljəsnɪs] s. 1 espírito de rebeldia; 2 rebeldia, rebelião, revolta
rebind [riːˈbaɪnd] v.tr. (prt. e part. pass. **rebound**) 1 reencadernar, voltar a encadernar; 2 consertar encadernação de (livro); 3 firmar de novo
rebinding [riːˈbaɪndɪŋ] s. 1 reencadernação; 2 acção de atar de novo
rebirth [riːˈbɜːθ] s. 1 renascimento; 2 retorno à vida
reblock [riːˈblɒk] v.tr. 1 enformar (chapéu); 2 meter de novo na forma
reboant [rɪˈbəʊənt] adj. [poét.] retumbante, reboante
reboil [riːˈbɔɪl] Ⓐ v.tr.,intr. 1 referver; 2 fazer referver; 3 recozer Ⓑ s. aparecimento de bolhas, no interior da massa fundida do vidro, quando já parecia liberto delas

reboot [riːˈbuːt] Ⓐ v.tr. INFORMÁTICA reiniciar (o sistema) Ⓑ s. INFORMÁTICA reiniciação do sistema
rebore [riːˈbɔː] v.tr. 1 voltar a mandrilar, voltar a furar; 2 escarear
reboring [riːˈbɔːrɪŋ] s. acção de voltar a furar ou mandrilar
reborn [riːˈbɔːn] adj. 1 rejuvenescido; 2 renovado; 3 como novo
rebottle [riːˈbɒtl] v.tr. reengarrafar, meter em novas garrafas
re-bottom [riːˈbɒtəm] v.tr. pôr, colocar fundo novo em
re-bottoming [riːˈbɒtəmɪŋ] s. colocação de um fundo novo em
rebound[1] [rɪˈbaʊnd] v.intr. 1 ressaltar, fazer ressalto; 2 ricochetear; 3 ressoar, repercutir; 4 (estratagema, etc.) virar-se [on/against, contra]; *his plans rebounded on him* saiu-lhe o tiro pela culatra
rebound[2] [rɪˈbaʊnd] s. 1 ressalto; *to hit on the* ~ atingir à altura do ressalto; 2 ricochete; 3 repercussão; 4 recuo; 5 (relação falhada) ressaca emocional; *on the* ~ depois de uma relação falhada, em ressaca emocional ❖ ~ *check* dispositivo inibidor de ressalto ou retrocesso; ~ *pawl* lingueta de ressalto
rebound[3] [rɪˈbaʊnd] prt. e part. pass. de **to rebind**
rebounding [rɪˈbaʊndɪŋ] Ⓐ adj. que ressalta, que ricocheteia Ⓑ s. acção de ressaltar ou ricochetear
re-box [riːˈbɒks] v.tr. voltar a meter em caixas
rebroadcast [riːˈbrɔːdkɑːst] v.tr. (rádio, televisão) retransmitir
rebuff [rɪˈbʌf] Ⓐ s. 1 rejeição amorosa; 2 mau acolhimento; 3 recusa; 4 desaire, malogro, vexame, insucesso, dissabor, decepção; *to meet with a* ~ sofrer uma decepção, sofrer um dissabor Ⓑ v.tr. 1 rejeitar, receber mal, dar mau acolhimento a; 2 recusar com desprezo; 3 repelir
rebuild [riːˈbɪld] v.tr. (prt. e part. pass. **rebuilt**) 1 reconstruir, reedificar; 2 refazer ❖ *rebuilt engine* máquina reconstruída
rebuilder [riːˈbɪldə] s. reconstrutor
rebuilding [riːˈbɪldɪŋ] s. reconstrução, reedificação
rebuilt [riːˈbɪlt] prt. e part. pass. de **to rebuild**
rebuke [rɪˈbjuːk] Ⓐ s. censura, reprimenda, repreensão; *to administer a* ~ dar uma reprimenda Ⓑ v.tr. censurar, repreender, exprobrar; *to* ~ *a person for sth* censurar uma pessoa por alguma coisa, censurar uma coisa a uma pessoa
rebuker [rɪˈbjuːkə] s. aquele que censura ou repreende
rebuking [rɪˈbjuːkɪŋ] Ⓐ adj. 1 de censura; 2 repreendedor, repreensivo Ⓑ s. acção de censurar ou repreender
rebukingly [rɪˈbjuːkɪŋli] adv. 1 repreensivamente; 2 em tom de censura
reburn [rɪˈbɜːn] v.tr. recozer
reburning [rɪˈbɜːnɪŋ] s. recozimento
reburnish [rɪˈbɜːnɪʃ] v.tr. repolir, lustrar novamente
reburnishing [rɪˈbɜːnɪʃɪŋ] s. repolimento
rebury [rɪˈberɪ] v.tr. voltar a enterrar
rebus [ˈriːbəs] s. (pl. **-es**) 1 rebus; 2 enigma figurado; 3 logogrifo
rebut [rɪˈbʌt] v.tr. (particípios: **-tt-**) 1 rejeitar, recusar; 2 refutar, mostrar a falsidade de; 3 DIREITO replicar, apresentar provas contrárias convincentes
rebutment [rɪˈbʌtmənt] s. ⇒ **rebuttal**
rebuttal [rɪˈbʌtəl] s. 1 refutação; 2 réplica; 3 rejeição
rebutter [rɪˈbʌtə] s. 1 refutação; 2 DIREITO tréplica
rec. Ⓐ COMÉRCIO [abrev. de receipt] Ⓑ COMÉRCIO [abrev. de received] Ⓒ CULINÁRIA [abrev. de recipe] Ⓓ [abrev. de recorded] Ⓔ [abrev. de recorder] Ⓕ [abrev. de recording] Ⓖ [abrev. de recreation]
recalcitrance [rɪˈkælsɪtrəns] s. 1 recalcitrância, obstinação, teimosia; 2 espírito rebelde
recalcitrant [rɪˈkælsɪtrənt] adj.,s. 1 recalcitrante; 2 obstinado; 3 teimoso, desobediente; 4 rebelde; 5 indisciplinado
recalcitrate [rɪˈkælsɪtreɪt] v.intr. 1 recalcitrar; 2 obstinar-se; 3 desobedecer; 4 mostrar-se refractário a regulamentos ou disciplina
recalculate [rɪˈkælkjʊleɪt] v.intr. voltar a calcular
recalculating [rɪˈkælkjʊleɪtɪŋ] s. acto de voltar a calcular
recalculation [ˌrɪkælkjʊˈleɪʃən] s. recalculação
recalesce [riːkəˈles] v.intr. (metal) mostrar recalescência
recalescence [riːkəˈlesəns] s. (metalurgia) recalescência ❖ ~ *point* ponto de recalescência
recalescent [riːkəˈlesənt] adj. recalescente
recalibrate [rɪˈkælɪbreɪt] v.tr. 1 reajustar; 2 recalibrar
recall [rɪˈkɔːl] Ⓐ s. 1 memória; *to have total* ~ ter uma memória infalível; lembrar-se de tudo; 2 revogação; anulação; cancelamento; 3 sinal feito a navio para regressar; 4 MILITAR toque de reunir, toque de regressar; *to sound the* ~ tocar a

reunir; **5** convocação extraordinária ❂ *v.tr.* **1** lembrar-se de; *she said she didn't ~ me* ela disse que não se recordava de mim; **2** relembrar, fazer recordar, evocar; *those legends ~ a distant past* estas lendas evocam um passado distante; **3** (embaixador, enviado, etc.) fazer regressar do seu posto; **4** anular, revogar, cancelar; **5** COMÉRCIO recolher (produtos); retirar do mercado; **6** desdizer-se em relação a, retractar-se em relação a; **7** fazer regressar à vida, ressuscitar; **8** chamar de novo; *they recalled his attention to what they had told him* chamaram-lhe a atenção para aquilo que lhe tinham dito ❖ *beyond ~/past ~* irrevogável; esquecido; *he had to give it up as beyond ~* ele teve de desistir disso; teve de renunciar a isso

recallable [rɪˈkɔːləbəl] *adj.* **1** revogável, anulável; **2** que pode evocar-se, evocável; **3** que pode ser chamado de novo

recaller [rɪˈkɔːlə] *s.* aquele que evoca ou recorda

recalling [rɪˈkɔːlɪŋ] *s.* **1** revogação, cancelamento, anulação; **2** chamamento, convocação

recant [rɪˈkænt] *v.tr.* **1** desdizer, abjurar, repudiar, renegar; **2** retractar-se; **3** retirar (uma afirmação)

recantation [ˌriːkænˈteɪʃən] *s.* **1** retractação; **2** abjuração

recanter [rɪˈkæntə] *s.* aquele que se retracta ou desdiz

recanting [rɪˈkæntɪŋ] ❂ *adj.* que se desdiz ou retracta ❂ *s.* acção de se desdizer ou retractar-se

recap [ˈriːkæp] ❂ *s.* **1** recapitulação; **2** pneu recauchutado ou rechapado ❂ *v.tr.* (particípios: **-pp-**) **1** recapitular; **2** (pneu) recauchutar ou rechapar

recapitulate [ˌriːkəˈpɪtʃʊleɪt] *v.tr.* **1** recapitular; **2** passar em revista, repetir sumariamente

recapitulation [ˌriːkəpɪtʃʊˈleɪʃən] *s.* recapitulação

recapitulative [ˌriːkəˈpɪtʃʊlətɪv] *adj.* recapitulativo

recapitulatory [ˌriːkəˈpɪtʃʊlətərɪ] *adj.* recapitulatório

recaption [rɪˈkæpʃən] *s.* DIREITO acção de retomar ou reaver os seus bens

recapture [rɪˈkæptʃə] ❂ *s.* **1** recuperação; **2** presa, coisa ou coisas retomadas ou reavidas ❂ *v.tr.* **1** recapturar, capturar de novo; **2** recuperar

recarbonize [riːˈkɑːbənaɪz] *v.tr.* recarbonizar, restituir carbono ao aço

recarburize [riːˈkɑːbjʊraɪz] *v.tr.* ⇒ **recarbonize**

recarry [ˌriːˈkærɪ] *v.tr.* tornar a levar

recast [riːˈkɑːst] ❂ *s.* **1** (metalurgia) refundição; **2** remodelação; reforma, reformulação; **3** novo cálculo; **4** TEATRO redistribuição de papéis ❂ *v.tr.* (prt. e part. pass. **recast**) **1** (metalurgia) refundir, voltar a fundir; **2** remodelar, refazer; reformular; **3** reformar; **4** calcular novamente; fazer novo cálculo de; **5** TEATRO fazer nova distribuição de papéis; *to ~ a play* fazer nova distribuição dos papéis duma peça

recaster [riːˈkɑːstə] *s.* **1** aquele que funde ou remodela; **2** retocador

recasting [riːˈkɑːstɪŋ] *s.* **1** acção de refundir, remodelar; **2** elaboração de novo cálculo; **3** TEATRO redistribuição de papéis

recce [ˈrekɪ] ❂ *s.* [coloq.] reconhecimento ❂ *v.tr.* (prt. e part. pass. **recced**, part. pres. **recceing**) [coloq.] fazer o reconhecimento de

recd [abrev. de received]

recede [rɪˈsiːd] *v.tr.,intr.* **1** retroceder; voltar para trás; *to ~ a few paces* retroceder alguns passos; **2** afastar-se da vista; ficar para trás; **3** esbater-se na memória; **4** diminuir em valor; baixar; **5** retirar-se, desistir, abandonar; **6** (cabelo) ficar com entradas; **7** ceder de novo ❖ *to ~ from an agreement* fugir ao combinado; *to ~ into the background* passar a segundo plano; perder a importância

receding [rɪˈsiːdɪŋ] ❂ *adj.* que se afasta ❂ *s.* **1** afastamento; **2** abandono; **3** retrocesso ❖ *~ chin* queixo recolhido; (cabelo) *~ hairline* entradas; *~ tide* maré vazante; *~ wing* asa recuada

receipt [rɪˈsiːt] ❂ *s.* **1** MEDICINA receita; **2** fórmula; **3** COMÉRCIO (quantia recebida) receita; entrada; *receipts and expenses* receitas e despesas; *receipts and outgoings* entradas e saídas; **4** recepção; recebimento; *to acknowledge ~ of* confirmar (acusar) a recepção de; *to pay on ~* pagar após a recepção; **5** recibo; quitação; *duplicate ~* recibo em duplicado; *~ for goods* recibo de mercadorias; *~ in full* recibo do total; *upon ~* mediante recibo; *to give a ~ for* passar um recibo de; *to sign a ~* assinar um recibo; *to write out a ~* passar um recibo; **6** [arc.] lugar onde oficialmente se fazia o recebimento de dinheiro; **7** CULINÁRIA [arc.] receita ❂ *v.tr.* **1** assinar recibo de; passar recibo de; **2** colocar o sinal de recibo em ❖ *~ book* registo de receitas; *~ stamp* selo de recibo; *I am in ~ of your letter* estou de posse da sua carta; [arc.] *to be sitting at the ~ of custom* estar a receber direitos de alfândega pelos outros; receber pagamentos a uma secretária, balcão, porta, etc.

receivable [rɪˈsiːvəbəl] ❂ *adj.* a receber; *bills ~* contas a receber ❂ *s.pl.* FINANÇAS *receivables* dinheiro a haver

receive [rɪˈsiːv] *v.tr.,intr.* **1** receber; aceitar; *to ~ a petition* aceitar uma petição; *to ~ gifts* receber presentes; *to ~ one's salary* receber o ordenado; *the news was received with horror* as notícias foram recebidas com horror; **2** saudar, hospedar, acolher, dar recepção a; *he received me with open arms* acolheu-me de braços abertos; *the town received a Portuguese garrison* a cidade recebeu uma guarnição portuguesa; **3** admitir, permitir entrar; **4** ter, possuir; **5** ser alvo de; **6** sofrer; enfrentar; *to ~ a disappointment* sofrer uma desilusão, ficar desiludido; **7** suportar; *there is a single arch receiving the weight of the roof* há um único arco a aguentar com todo o peso do telhado; **8** conter, servir como recipiente de; **9** receber visitas; *she receives on Thursday afternoons* ela recebe às quintas-feiras de tarde; **10** RELIGIÃO comungar; *to be present at mass without receiving* assistir à missa sem comungar ❖ (recibos, facturas, etc.) *received with thanks* recebemos e agradecemos; RÁDIO *to ~ a station* captar uma estação emissora; *to ~ stolen goods* servir de receptador de coisas roubadas

receiver [rɪˈsiːvə] *s.* **1** receptor; aquele que recebe; **2** (carta) destinatário; **3** consignatário; **4** depositário; **5** (roubo) receptador; **6** cobrador, caixa, tesoureiro; **7** receptáculo, recipiente, reservatório, tanque; **8** rádio, aparelho receptor; **9** (telefone) auscultador; *to lift the ~* levantar o auscultador; **10** curador, síndico de massa falida ❖ *~ gauge* manómetro do recipiente; *receiver's office* recebedoria

receivership [rɪˈsiːvəʃɪp] *s.* **1** recebedoria; **2** cargo ou funções de recebedor

receiving [rɪˈsiːvɪŋ] ❂ *adj.* que recebe; receptor; RÁDIO *~ set* aparelho receptor; RÁDIO *~ station* posto receptor ❂ *s.* **1** recepção; *~ by tape* recepção em fita electromagnética; **2** recebimento ❖ DIREITO *~ order* ordem judicial nomeando um síndico da massa falida; DIREITO *~ of stolen goods* receptação de coisas roubadas

recency [ˈriːsənsɪ] *s.* carácter recente

recense [rɪˈsens] *v.tr.* **1** fazer a recensão de; **2** examinar criticamente

recension [rɪˈsenʃən] *s.* **1** [rar.] recensão; **2** revisão de texto; **3** texto revisto

recent [ˈriːsənt] *adj.* **1** recente; *~ news* notícias recentes; **2** de há pouco; que aconteceu há pouco tempo; **3** moderno; actual ❖ *in ~ years* nos últimos anos

recently [ˈriːsəntlɪ] *adv.* **1** recentemente; **2** ultimamente ❖ *as ~ as yesterday* ontem; ainda ontem; ontem mesmo; *until quite ~* até há muito pouco tempo

recentness [ˈriːsəntnɪs] *s.* ⇒ **recency**

receptacle [rɪˈseptəkəl] *s.* **1** receptáculo; **2** recipiente; **3** vaso ou lugar onde se juntam ou guardam coisas; **4** ELECTRICIDADE porta-lâmpada; **5** BOTÂNICA receptáculo

reception [rɪˈsepʃən] *s.* **1** recepção; **2** recebimento; **3** admissão; **4** RÁDIO captação, recepção; *we tried to pick up London, but the ~ was very poor* tentámos apanhar Londres, mas ouvia-se muito mal; **5** (festa, reunião) recepção; *a ~ was held in his honour* deram uma recepção em sua honra; **6** acolhimento; *his book had a favourable ~* o livro teve um acolhimento favorável; *to give sb a kind ~* dar um bom acolhimento a alguém; *to give sb a warm ~* receber calorosamente alguém; **7** (ideias, etc.) aceitação; **8** capacidade receptiva; *faculty of ~* faculdade de assimilação, poder de receptividade ❖ [EUA] *~ clerk* recepcionista de hotel; *~ institute* centro de observação de doentes; *~ office* recepção, local em hotel onde são recebidos os hóspedes; *~ order* autorização para internar doente mental; *~ room* sala de recepções; (casa particular) salão

receptionist [rɪˈsepʃənɪst] *s.* recepcionista

receptive [rɪˈseptɪv] *adj.* **1** receptivo; *a ~ mind* um espírito receptivo; **2** aberto [**to**, a]; *~ to new ideas* aberto a ideias novas; **3** impressionável

receptively [rɪˈsɛptɪvlɪ] adv. receptivamente
receptiveness [rɪˈsɛptɪvnɪs] s. ⇒ **receptivity**
receptivity [ˌrɪsɛpˈtɪvɪtɪ] s. receptividade
receptor [rɪˈsɛptə] s. 1 receptor; 2 receptador; 3 BIOLOGIA receptor, célula ou grupo de células que recebem do meio ambiente o estímulo e o transmitem aos centros nervosos; 4 rádio-receptor
recess [rɪˈsɛs] Ⓐ s. 1 suspensão temporária de actividades; 2 férias parlamentares; férias jurídicas; 3 intervalo; 4 (entre aulas) recreio; 5 feriado; 6 HISTÓRIA sumário, acta dos assuntos versados na Dieta do Império; 7 (corrente) recuo, retrocesso, refluxo; 8 recesso, recanto, escaninho, lugar recôndito, lugar escondido; *in the inmost recesses of the heart* no mais recôndito do coração; *mountain recesses* recantos da montanha; 9 (estátua) reentrância, nicho; 10 vão, chanfradura, chanfro, recorte; 11 engaste, encaixe Ⓑ v.tr. 1 colocar em reentrância; pôr em nicho; 2 fazer entalhe ou chanfro em; 3 abrir nicho em parede Ⓒ v.intr. [EUA] (tribunais, etc.) suspender actividades; entrar em férias
recessed [rɪˈsɛst] adj. 1 com recesso, com reentrância; 2 (parede, porta, etc.) colocado em recesso, no vão
recessing [rɪˈsɛsɪŋ] s. 1 acção de abrir reentrância em; 2 engaste, encaixe
recession [rɪˈsɛʃən] s. 1 recuo; 2 retrocesso; 3 ECONOMIA recessão; 4 retirada; 5 reentrância
recessional [rɪˈsɛʃənəl] Ⓐ adj. 1 relativo a férias parlamentares; 2 relativo a retirada; 3 RELIGIÃO designativo do hino entoado pelo celebrante ao retirar para a sacristia Ⓑ s. RELIGIÃO hino entoado pelo celebrante ao regressar à sacristia
recessive [rɪˈsɛsɪv] Ⓐ adj. 1 regressivo; 2 que retrocede; 3 BIOLOGIA recessivo; *~ gene* gene recessivo Ⓑ s. BIOLOGIA gene recessivo
Rechabite [ˈrɛkəbaɪt] s. indivíduo que se abstém totalmente de bebidas alcoólicas
recharge [riːˈtʃɑːdʒ] v.tr. 1 carregar de novo; 2 tornar a carregar; 3 voltar a encher; 4 acusar novamente
rechargeable [ˌriːˈtʃɑːdʒəbəl] adj. recarregável; ELECTRICIDADE *~ battery* bateria recarregável
rechristen [riːˈkrɪsən] v.tr. rebaptizar
recidivism [rɪˈsɪdɪvɪzəm] s. recidivismo; reincidência no crime
recidivist [rɪˈsɪdɪvɪst] s. recidivista, criminoso reincidente
recipe [ˈrɛsɪpɪ] s. 1 CULINÁRIA receita; 2 [fig.] receita; segredo; método; meio; *~ for success* segredo do sucesso; *a ~ for making money* uma receita para ganhar dinheiro; 3 [arc.] prescrição médica; receita médica
recipiency [rɪˈsɪpɪənsɪ] s. 1 qualidade de recipiente; 2 receptividade
recipient [rɪˈsɪpɪənt] Ⓐ s. 1 destinatário, receptor; 2 beneficiário; 3 QUÍMICA recipiente Ⓑ adj. que recebe
reciprocal [rɪˈsɪprəkəl] Ⓐ adj. 1 recíproco; mútuo; 2 MATEMÁTICA inverso, recíproco; *~ ratio* razão inversa Ⓑ s. 1 recíproca, função ou relação recíproca; 2 LÓGICA recíproca ❖ LINGUÍSTICA *~ pronoun* pronome recíproco; *~ table* tabela de recíprocas
reciprocally [rɪˈsɪprəklɪ] adv. reciprocamente
reciprocate [rɪˈsɪprəkeɪt] v.tr.,intr. 1 retribuir; *I reciprocated by wishing him a pleasant journey* eu retribuí, desejando-lhe boa viagem; 2 corresponder (a); 3 tornar recíproco; 4 MECÂNICA ter um movimento de vaivém
reciprocating [rɪˈsɪprəkeɪtɪŋ] Ⓐ adj. 1 alternativo; *~ engine* motor de movimento alternativo; 2 de vaivém; *~ motion* movimento recíproco, movimento de vaivém; *~ saw* serra com movimento de vaivém Ⓑ s. acto de reciprocar
reciprocation [rɪˌsɪprəˈkeɪʃən] s. 1 retribuição; 2 troca; 3 movimento alternado, movimento de vaivém
reciprocator [rɪˈsɪprəkeɪtə] s. motor de duplo efeito
reciprocity [ˌrɛsɪˈprɒsɪtɪ] s. reciprocidade
recital [rɪˈsaɪtl] s. 1 recital; 2 recitação, recitativo; 3 narrativa; 4 relato pormenorizado; 5 parte de documento expondo factos
recitation [ˌrɛsɪˈteɪʃən] s. recitação
recitative [ˌrɛsɪtəˈtiːv] s. MÚSICA recitativo
recite [rɪˈsaɪt] v.tr. 1 recitar; 2 (poesia) declamar; 3 (lição) dizer; 4 DIREITO (circunstâncias, factos) enumerar, relatar, especificar, expor; *he recited his grievances* ele expôs todas as suas queixas; 5 contar
reciter [rɪˈsaɪtə] s. 1 declamador; 2 recitador; 3 narrador; 4 colectânea de recitativos

reck [rɛk] v.tr.,intr. 1 [arc.] importar-se; *it recks me not* não me importo, não ligo importância; *what recks him that I...?* que lhe importa que eu...?; 2 [arc.] atribuir importância [of, a], prestar atenção [of, a]; 3 [arc.] imaginar, supor (geralmente usado em frases interrogativas e negativas); *little recked she of the traps that beset her* mal ela imaginava as armadilhas que a rodeavam ❖ *she recked not his hatred* ela não fazia caso do ódio dele; *to ~ but little of* atribuir pouca importância a
reckless [ˈrɛkləs] adj. 1 temerário, ousado; 2 estouvado; 3 imprudente, irreflectido; *he is a ~ spender* ele gasta tolamente; 4 indiferente; que não olha às consequências; *~ of danger* indiferente ao perigo ❖ *~ driving* condução imprudente
recklessly [ˈrɛkləslɪ] adv. 1 temerariamente, ousadamente; 2 imprudentemente, irreflectidamente
recklessness [ˈrɛkləsnɪs] s. 1 temeridade; 2 imprudência; 3 atrevimento; 4 falta de cuidado
reckon [ˈrɛkən] v.tr.,intr. 1 calcular, contar; *to ~ the cost of* calcular o custo de; 2 avaliar, computar; 3 orçar; 4 considerar; *he is reckoned as one of the best writers* ele é considerado um dos melhores escritores; *I ~ him among my friends* considero-o meu amigo; 5 concluir, supor, pensar, crer, ser de opinião; *I ~ she is twenty-two or twenty-three* suponho que ela tem vinte e dois ou vinte e três anos
◆ **reckon in** v.tr. incluir; tomar em consideração; tomar em linha de conta
◆ **reckon on** v.tr. contar com
◆ **reckon up** v.tr. somar; calcular; *to ~ the bill* ver a quanto monta a conta
◆ **reckon with** v.tr. 1 tomar em consideração; 2 (problema) lidar com; resolver; 3 (previsão) estar à espera de; contar com; 4 ajustar contas com
◆ **reckon without** v.tr. 1 esquecer; não considerar; não ter em conta; 2 não contar com; não estar à espera de ❖ *to ~ one's host* não entrar em linha de conta com as dificuldades que possam surgir
reckoner [ˈrɛkənə] s. calculador, calculista; *to be an accurate ~* ser um bom calculador ❖ *ready ~* tabela com operações aritméticas frequentes
reckoning [ˈrɛkənɪŋ] s. 1 cálculo, acção de calcular; cômputo; *to be out in one's ~* enganar-se nos cálculos, calcular mal; 2 opinião; avaliação; *in your ~* na sua opinião; *to the best of my ~* tanto quanto sei; 3 (hotel, hospedaria) conta, importância a pagar; *to pay the ~* pagar a conta; 4 ajuste de contas; 5 consequência; resultado; 6 NÁUTICA estimativa; cálculo da posição do navio; posição calculada ❖ *short reckonings make long friends* boas contas fazem bons amigos; RELIGIÃO *the day of ~* o dia do Juízo Final
reclaim [rɪˈkleɪm] Ⓐ v.tr.,intr. 1 (terra) tornar cultivável; cultivar; 2 recuperar; retomar; 3 (bagagem) recolher; 4 exigir a restituição de; 5 reivindicar; *to ~ colonies* reivindicar colónias; 6 corrigir, reformar, regenerar; 7 (ave) domesticar Ⓑ s. emenda, correcção; *beyond ~/past ~* sem emenda, incorrigível, totalmente perdido ❖ *to ~ sb from vice* arrancar alguém ao vício; *to ~ sb to a sense of duty* levar alguém ao caminho do dever
reclaimable [rɪˈkleɪməbəl] adj. 1 corrigível; 2 que pode emendar-se; 3 que pode regenerar-se; 4 recuperável; 5 cultivável, lavrável, arroteável
reclaimer [rɪˈkleɪmə] s. 1 aquele que corrige, emenda ou regenera; 2 desbravador, arroteador; 3 reivindicador
reclaiming [rɪˈkleɪmɪŋ] s. 1 acção de corrigir, reformar, regenerar, civilizar; 2 arroteamento, aproveitamento (de terreno); 3 reivindicação
reclamation [ˌrɛkləˈmeɪʃən] s. 1 correcção; 2 regeneração; 3 aproveitamento (de terreno), cultivo; 4 recuperação (de produtos); 5 reivindicação
reclassed [riːˈklɑːst] adj. reclassificado
reclinate [ˈrɛklɪnɪt] adj. BOTÂNICA reclinado
recline [rɪˈklaɪn] v.tr.,intr. 1 reclinar(-se) [in, em]; recostar(-se) [in, em]; 2 estender-se; deitar-se; 3 (assento) ser reclinável
recliner [rɪˈklaɪnə] s. cadeira reclinável
reclining [rɪˈklaɪnɪŋ] adj. 1 reclinado; 2 reclinável; *~ seat* cadeira reclinável
reclose [riːˈkləʊz] v.tr.,intr. 1 encerrar; 2 encerrar-se; 3 fechar outra vez

reclothe [riːˈkləʊð] *v.tr.* **1** revestir; **2** dar novas roupas
recluse [rɪˈkluːs] Ⓐ *s.* **1** (vida de oração) eremita; anacoreta; **2** solitário Ⓑ *adj.* [arc.] retirado do mundo; isolado; solitário; enclausurado ❖ *to live the life of a ~* viver como um eremita; viver isolado
reclusion [rɪˈkluːʒən] *s.* **1** retiro, separação, isolamento; **2** clausura
recoal [riːˈkəʊl] *v.tr.,intr.* **1** reabastecer de carvão; **2** reabastecer-se de carvão (navio)
recognition [ˌrekəɡˈnɪʃən] *s.* **1** reconhecimento; *~ of a new state* reconhecimento de um novo estado; *~ of danger* reconhecimento de perigo; **2** aplauso; louvor; aprovação; aceitação; **3** (gratidão, consideração) reconhecimento; *in ~ of* como reconhecimento por; **4** identificação; **5** averiguação ❖ *she has altered past ~* ela está irreconhecível; *to alter beyond ~* ficar irreconhecível
recognizable [ˌrekəɡˈnaɪzəbəl] *adj.* reconhecível
recognizance [rɪˈkɒɡnɪzəns] *s.* **1** caução, fiança; **2** compromisso legal de cumprir certas obrigações ou comparecer perante as autoridades em determinadas datas, sob pena de pagamento da fiança depositada ❖ *to enter into recognizances* prestar fiança; comprometer-se a determinada obrigação, mediante o pagamento de fiança
recognizant [rɪˈkɒɡnɪzənt] *adj.* **1** reconhecido; **2** agradecido; **3** com consciência (de)
recognize [ˈrekəɡnaɪz] *v.tr.* **1** (identificar) reconhecer; *to ~ a friend* reconhecer um amigo; *I could ~ him by his walk* reconheci-o pela maneira de andar; **2** (declarar legal, válido ou autêntico) reconhecer; sancionar; *he refused to ~ his signature* recusou-se a reconhecer a sua assinatura; *to ~ a new government* reconhecer um novo Governo; **3** aceitar; admitir; **4** (agradecer, recompensar) reconhecer; mostrar reconhecimento por; *your services to the nation will be recognized some day* os serviços que prestou à nação hão-de ser um dia reconhecidos ❖ [EUA] (assembleia, reunião, etc.) *to ~ a member* dar a palavra a um membro
recoil [rɪˈkɔɪl] Ⓐ *s.* **1** recuo, movimento de recuo; **2** rechaço; **3** repercussão; **4** (arma de fogo) coice; *the ~ of a gun* o coice dado por uma arma de fogo; **5** (sensação) repugnância, aversão, nojo Ⓑ *v.intr.* **1** recuar; *to ~ from* recuar perante, recusar-se a; **2** ressaltar; **3** (mola) distender-se; **4** (arma de fogo) dar coice; **5** reverter; recair; *our bad deeds will ~ upon ourselves* as nossas más acções recairão sobre as nossas cabeças; **6** refluir; **7** horrorizar-se; sentir repugnância; sentir aversão [**from**, por]
recoiling [rɪˈkɔɪlɪŋ] *s.* **1** acção de recuar; **2** recuo; **3** distensão (de mola); **4** repugnância, horror
recoin [rɪˈkɔɪn] *v.tr.* voltar a cunhar (moeda)
recoinage [rɪˈkɔɪnɪdʒ] *s.* recunhagem (de moeda)
recollect[1] [ˌrekəˈlekt] *v.tr.* **1** lembrar-se de; recordar; *she didn't ~ my name* ela não se lembrava do meu nome; *as far as I can ~* tanto quanto me lembro; **2** chamar à memória; rememorar
recollect[2] [ˈrekəlekt] *s.* RELIGIÃO recolecto, frade da ordem reformada de S. Francisco
re-collect [ˌriːkəˈlekt] *v.tr.* **1** recuperar; **2** (ânimo, coragem, força) recobrar; **3** reunir de novo; voltar a juntar; recolher ❖ *to ~ oneself* recuperar a paz de espírito
recollected [ˌrekəˈlektɪd] *adj.* **1** calmo, tranquilo; **2** entregue aos seus pensamentos
recollection [ˌrekəˈlekʃən] *s.* **1** lembrança; memória; *to bring to one's ~* trazer à memória; *she said she had a dim ~ of it* ela disse que se lembrava vagamente; **2** recordação; reminiscência; **3** (espírito) recolhimento ❖ *it happened within my ~* recordo-me disso; *it is in my ~ that...* recordo-me de que...; *to the best of my recollections* tanto quanto me posso lembrar
recollective [ˌrekəˈlektɪv] *adj.* **1** de evocação; **2** rememorativo; **3** capaz de fixar; *~ memory* memória retentiva
recombinant [riːˈkɒmbɪnənt] *adj.* BIOQUÍMICA recombinante
recombination [ˌriːkɒmbɪˈneɪʃən] *s.* (genética) recombinação
recombine [ˌriːkəmˈbaɪn] Ⓐ *v.tr.* recombinar Ⓑ *v.intr.* recombinar-se
recommence [ˌriːkəˈmens, ˌrekəˈmens] *v.tr.,intr.* **1** recomeçar, começar de novo; **2** voltar a começar
recommencement [ˌriːkəˈmensmənt] *s.* recomeço
recommend [ˌrekəˈmend] *v.tr.* **1** recomendar; indicar; *to ~ sb for a post* recomendar alguém para um cargo; *can you ~ me a good hotel?* pode indicar-me um bom hotel?; *the jury recommended the murderer to mercy* o júri recomendou clemência para o assassino; **2** louvar; falar favoravelmente de; **3** aconselhar; *I was recommended to try these pills* aconselharam-me a experimentar estes comprimidos; **4** confiar [**to**, a]; entregar aos cuidados [**to**, de]; **5** tornar interessante; *it has little to ~ it* tem pouca coisa interessante; *he has a lot to ~ him* tem muitos pontos positivos; **6** encomendar; *to ~ one's soul to God* encomendar a alma a Deus ❖ *recommended reading* obras aconselhadas; *recommended retail price* preço aconselhado
recommendability [rɪˌkeməndəˈbɪlɪti] *s.* carácter recomendável
recommendable [ˌrekəˈmendəbəl] *adj.* recomendável, aconselhável
recommendableness [ˌrekəˈmendəbəlnɪs] *s.* ⇒ **recommendability**
recommendably [ˌrekəˈmendəblɪ] *adv.* de maneira recomendável
recommendation [ˌrekəmenˈdeɪʃən] *s.* **1** recomendação; *on the ~ of* sob recomendação de; *to speak in ~ of* falar em recomendação de; *letter of ~* carta de recomendação; **2** indicação; **3** conselho; **4** [coloq.] cunha
recommendatory [ˌrekəˈmendətərɪ] *adj.* de recomendação; *~ letter* carta de recomendação
recommender [ˌrekəˈmendə] *s.* aquele que recomenda
recommission [ˌriːkəˈmɪʃən] *v.tr.,intr.* **1** pôr novamente um navio em estado de armamento; **2** reintegrar (oficial) nas suas funções; **3** designar para novas funções; **4** NÁUTICA entrar de novo em estado de armamento
recommit [ˌriːkəˈmɪt] *v.tr.* (*particípios:* **-tt-**) **1** (projecto de lei) reenviar a comissão parlamentar; **2** entregar de novo; **3** (delito) cometer outra vez ❖ *to ~ to prison* voltar a mandar para a cadeia; prender outra vez
recommitment [ˌriːkəˈmɪtmənt] *s.* **1** reenvio (de projecto de lei) a uma comissão parlamentar; **2** nova prisão, novo encarceramento
recommittal [ˌriːkəˈmɪtəl] *s.* ⇒ **recommitment**
recompense [ˈrekəmpens] Ⓐ *s.* **1** recompensa; *as a ~ for...* como recompensa por...; *to receive a ~ for...* receber uma recompensa por...; **2** prémio; **3** galardão; **4** compensação, retribuição; *to work without ~* trabalhar sem compensação; **5** indemnização, reparação; **6** remuneração Ⓑ *v.tr.* **1** recompensar; *he was recompensed for his trouble* ele foi recompensado por todo o trabalho que teve; **2** premiar; galardoar; **3** premiar ou castigar; **4** compensar, indemnizar, reparar; *to ~ sb for a loss* indemnizar alguém por um prejuízo; **5** retribuir
recompenser [ˈrekəmpensə] *s.* pessoa que recompensa, indemniza ou retribui
recompensive [ˈrekəmpensɪv] *adj.* compensador
recompose [ˌriːkəmˈpəʊz] *v.tr.* **1** tranquilizar; acalmar novamente; **2** refazer; reorganizar; **3** QUÍMICA recombinar ❖ *to ~ oneself* recuperar a calma; *she recomposed herself to sleep* ela dispôs-se novamente a dormir
recomposition [ˌriːkɒmpəˈzɪʃən] *s.* QUÍMICA recomposição
recompound [ˌriːˈkɒmpaʊnd] *v.tr.* QUÍMICA recompor
reconcentrate [riːˈkɒnsəntreɪt] *v.tr.,intr.* reconcentrar, reconcentrar-se
reconcentration [ˌriːkɒnsənˈtreɪʃən] *s.* reconcentração
reconcilable [ˈrekənsaɪləbəl] *adj.* **1** reconciliável; **2** compatível; conciliável [**with**, com]
reconcilableness [ˈrekənsaɪləbəlnɪs] *s.* **1** reconciliabilidade; **2** compatibilidade
reconcilably [ˈrekənsaɪləblɪ] *adv.* **1** conciliatoriamente; **2** de uma maneira conciliável
reconcile [ˈrekənsaɪl] *v.tr.* **1** (pessoas) reconciliar; *to ~ two enemies* reconciliar dois inimigos; **2** harmonizar; conciliar; *to ~ contraries* conciliar os contrários; **3** (discordâncias) sanar; **4** (lugar sagrado depois de profanação) purificar; **5** resignar; conformar; *to ~ oneself to one's work* resignar-se ao seu trabalho
reconciled [ˈrekənsaɪld] *adj.* **1** reconciliado, congraçado; **2** conciliado, harmonizado
reconcilement [ˈrekənsaɪlmənt] *s.* **1** reconciliação, congraçamento, conciliação (de pessoas); **2** harmonização, ajuste, arranjo

reconciler ['rekənsaɪlə] s. aquele que reconcilia
reconciliation [ˌrekənsɪlɪ'eɪʃən] s. **1** reconciliação, congraçamento; **2** RELIGIÃO reconciliação, restituição ao culto (de igreja violada)
recondite ['rekəndaɪt, rɪ'kɒndaɪt] adj. **1** difícil de perceber; **2** misterioso, oculto, recôndito, abstruso, impenetrável; ~ *studies* estudos esotéricos; **3** pouco conhecido; **4** (escritor, estilo) obscuro, pouco claro; ~ *author* autor pouco claro, autor abstruso
reconditely ['rekəndaɪtlɪ, rɪ'kɒndaɪtlɪ] adv. **1** duma maneira misteriosa, impenetrável; **2** abstrusamente, sem clareza
reconditeness ['rekəndaɪtnəs, rɪ'kɒndaɪtnəs] s. **1** carácter oculto, abstruso ou misterioso; **2** profundidade; **3** impenetrabilidade; **4** falta de clareza
recondition [ˌriːkən'dɪʃən] v.tr. **1** renovar; **2** restaurar, reformar; **3** consertar, reparar
reconditioning [ˌriːkən'dɪʃənɪŋ] s. **1** restauro, reparação, conserto; **2** recuperação; **3** MECÂNICA revisão
reconduct [ˌriːkən'dʌkt] v.tr. reconduzir
reconnaissance [rɪ'kɒnɪsəns] s. **1** verificação, exame, exploração; *to make a ~ of the work to be done* examinar, verificar o trabalho que há para fazer; **2** MILITAR reconhecimento, patrulha de reconhecimento; ~ *in force* reconhecimento com forças suficientes para resistir ao inimigo; *to go on a ~* ir em reconhecimento ❖ MILITAR ~ *party* grupo de reconhecimento; MILITAR ~ *plane* avião de reconhecimento
reconnect [ˌriːkə'nekt] v.tr. **1** ELECTRICIDADE ligar novamente, voltar a ligar; **2** fazer nova ligação
reconnoitre [ˌrekə'nɔɪtə] Ⓐ v.tr., intr. **1** MILITAR reconhecer, fazer um reconhecimento de; **2** (terreno) explorar, verificar; **3** (terrenos) ir em exploração, ir em reconhecimento, fazer trabalhos de inspecção; *to ~ the ground* reconhecer o terreno Ⓑ s. [rar.] ⇒ **reconnaissance**
reconnoitrer [ˌrekə'nɔɪtrə] s. **1** MILITAR batedor, guarda avançada; **2** aquele que efectua um reconhecimento
reconnoitring [ˌrekə'nɔɪtərɪŋ] Ⓐ adj. que vai em reconhecimento; ~ *party* patrulha de reconhecimento Ⓑ s. **1** (acção) reconhecimento; **2** (terreno) verificação, exploração
reconquer [ˌriː'kɒŋkə] v.tr. reconquistar
reconquest [ˌriː'kɒŋkwest] s. reconquista
reconsider [ˌriːkən'sɪdə] v.tr. **1** reconsiderar; repensar; **2** examinar novamente; **3** submeter a novo estudo; **4** rever; **5** alterar, mudar de opinião
reconsideration [ˌriːkənsɪdə'reɪʃən] s. **1** reconsideração; **2** novo exame; **3** novo estudo; **4** revisão; **5** alteração, mudança de opinião
reconsolidate [ˌriːkən'sɒlɪdeɪt] v.tr. reconsolidar
reconstituent [ˌriːkən'stɪtjʊənt] adj.,s. MEDICINA reconstituinte
reconstitute [ˌriː'kɒnstɪtjuːt] v.tr. reconstituir
reconstitution [ˌriːkɒnstɪ'tjuːʃən] s. reconstituição
reconstruct [ˌriːkən'strʌkt] v.tr. **1** (edifício) reconstruir; reedificar; restaurar; **2** refazer; **3** reconstituir, fazer a reconstituição de; *to ~ a crime* fazer a reconstituição de um crime
reconstruction [ˌriːkən'strʌkʃən] s. **1** reconstrução; reedificação; restauro; **2** (crime, etc.) reconstituição
reconstructive [ˌriːkən'strʌktɪv] adj. reparador; reconstrutor ❖ MEDICINA ~ *surgery* cirurgia reconstrutora
reconstructor [ˌriːkən'strʌktə] s. **1** reconstrutor; **2** aquele que efectua uma reconstituição
reconvalescence [ˌriːkɒnvə'lesəns] s. reconvalescença
reconvalescent [ˌriːkɒnvə'lesənt] adj. reconvalescente
reconvene [ˌriːkən'viːn] v.tr., intr. **1** reunir; **2** reunir-se novamente
reconvention [ˌriːkən'venʃən] s. DIREITO reconvenção, acção inversa que o réu citado opõe contra o autor
reconvert [ˌriːkən'vɜːt] v.tr. reconverter
reconvey [ˌriːkən'veɪ] v.tr. **1** reconduzir, tornar a levar; **2** DIREITO transmitir ao antigo dono
reconveyance [ˌriːkən'veɪəns] s. **1** recondução; **2** restituição
recopy [ˌriː'kɒpɪ] v.tr. voltar a copiar, copiar outra vez
record[1] ['rekɔːd] s. **1** registo; ~ *of attendances* registo de presenças; *matter of ~* facto que se encontra devidamente registado; *on ~* registado; (facto) *to be on ~* ser autêntico, encontrar-se devidamente registado; *to find a ~ of* encontrar registo de; *to keep a ~ of* conservar um registo de; *to make a ~ of* fazer um registo de; *it is on ~ that...* está registado que...;
2 nota, apontamento; **3** (tribunal) auto; **4** acta; relatório; **5** minuta; (de facto) ~ *of evidence* minuta; **6** documento oficial; *official record(s) of a society* boletim oficial de uma sociedade; **7** ficha, folha de serviços; *to have a good ~* ter boa folha de serviços; **8** [fig.] reputação; *one's past ~* o nosso comportamento no passado; **9** registo criminal, cadastro; *criminal ~* registo criminal; *police ~* registo policial; *to show a clean ~* ter um registo criminal limpo; *his ~ is against him* o cadastro depõe contra ele; **10** testemunho, evidência; *to bear ~ of/to* testemunhar, atestar; **11** memorial; **12** MÚSICA disco; **13** (proeza) recorde; *speed ~* recorde de velocidade; *world ~* recorde mundial; *to break/to beat the ~* bater o recorde; *to hold a ~* deter um recorde; **14** pl. arquivos, anais, registos; *the Public Records* os Arquivos Nacionais ❖ ~ *holder* detentor de recorde; recordista; ~ *industry* indústria discográfica; ~ *output* produção recorde; ~ *player* gira-discos; ~ *token* cheque-disco; *for the ~* para que conste; *off the ~* oficioso; não oficial; *keeper of the records* arquivista; *the minister emphasized the fact that everything he said was off the ~* o ministro chamou a atenção para o facto de que tudo quanto ele tinha dito ser matéria confidencial; *to go on ~* declarar (oficialmente); *to keep to the ~* não se afastar do assunto; *to set the ~ straight* esclarecer as coisas
record[2] [rɪ'kɔːd] v.tr. **1** registar, fazer registo de; *he is recorded to have written that letter on the morning he died* a história regista que ele escreveu essa carta na manhã da sua morte; **2** referir, historiar; *this monument records a famous battle between...* este monumento fala-nos de uma célebre batalha entre...; **3** anotar; **4** arquivar; **5** mostrar, indicar; *the thermometer recorded a minimum of 4°* o termómetro registou uma temperatura mínima de 4°; **6** fixar, conservar de modo permanente; **7** (disco, fita magnética) gravar; *that piano does not ~ very well* esse piano não se presta muito bem para gravação; **8** (aves) cantar baixinho, estudar, praticar em surdina
recordable [rɪ'kɔːdəbəl] adj. **1** que pode registar-se, que pode gravar-se; **2** digno de menção; **3** digno de registo
record-breaking [ˌrekɔːd'breɪkɪŋ] adj. recorde; que bate todos os recordes
recorded [rɪ'kɔːdɪd] adj. **1** gravado; **2** (correios) registado; ~ *delivery* correio registado; ~ *delivery letter* carta registada
recorder [rɪ'kɔːdə] s. **1** (aparelho) gravador; *tape ~* gravador de cassetes; **2** aquele que regista, registador; *distance ~* registador de distâncias; CINEMA *sound ~* registador de som; **3** arquivista; **4** MÚSICA flauta de Bisel; **5** DIREITO magistrado em certas cidades ou municípios com jurisdição civil ou criminal
recordership [rɪ'kɔːdəʃɪp] s. cargo e funções de *recorder* ou arquivista
recording [rɪ'kɔːdɪŋ] Ⓐ s. **1** registo; **2** anotação; **3** gravação Ⓑ adj. registador; ~ *balance* balança registadora; ~ *drum* tambor registador; ~ *pen* estilete registador de certos aparelhos ❖ RELIGIÃO ~ *angel* anjo que toma nota de todas as nossas acções; ~ *industry* indústria discográfica; ~ *official* funcionário recenseador; ~ *studio* estúdio de gravação
recork [ˌriː'kɔːk] v.tr. voltar a arrolhar; voltar a colocar a rolha em
recorking [ˌriː'kɔːkɪŋ] s. nova colocação de rolha (em garrafa)
recount [rɪ'kaʊnt] v.tr. **1** relatar; **2** contar; **3** referir pormenorizadamente
re-count[1] [ˌriː'kaʊnt] v.tr. recontar, voltar a contar (número de votos, etc.)
re-count[2] ['riːkaʊnt] s. nova contagem, nova verificação (do número de votos)
recounting [rɪ'kaʊntɪŋ] s. relato pormenorizado
recoup [rɪ'kuːp] v.tr., intr. **1** recuperar; **2** DIREITO (parte de quantia devida) deduzir, conservar; **3** reter como compensação; **4** indemnizar; compensar; *to ~ sb for* indemnizar alguém por; *to ~ oneself for* indemnizar-se de
recoupment [rɪ'kuːpmənt] s. **1** DIREITO desconto, dedução, retenção de parte de quantia devida como indemnização; **2** indemnização, reparação
recourse [rɪ'kɔːs] s. **1** recurso; **2** solução, remédio, expediente ❖ *to have ~ to* recorrer a
recover [rɪ'kʌvə] Ⓐ v.tr., intr. **1** recuperar; reaver; readquirir; *to ~ one's balance* recuperar o equilíbrio; *to ~ one's breath*

recuperar o fôlego; *to ~ shipwrecked goods* recuperar mercadorias de navio naufragado; *to ~ sth from sb* reaver algo que se tinha cedido a alguém; **2** reencontrar; **3** reconquistar; *to ~ land from the sea* reconquistar terra ao mar; **4** restabelecer-se, entrar em convalescença; *he is quite recovered from his cold* ele já está completamente restabelecido da constipação que teve; *to ~ from an illness* restabelecer-se de uma doença; **5** (forças, saúde) restaurar; **6** fazer vir a si, fazer recobrar os sentidos; **7** refazer-se; *he never recovered his losses* ele nunca se refez das perdas sofridas; *he recovered from his astonishment* ele refez-se do espanto; **8** fazer regressar a um estado normal; **9** alcançar, chegar (a); *they recovered the shore with difficulty* eles conseguiram chegar à praia com dificuldade; **10** compensar; **11** salvar; **12** libertar [**from**, de]; arrancar [**from**, a]; *to ~ sb from vice* arrancar alguém ao vício; **13** DIREITO obter, conseguir obter reintegração de posse, recuperar (dinheiro); **14** DESPORTO (esgrima) voltar a pôr-se em guarda; *to ~ sword* voltar à posição de guarda Ⓑ *s.* DESPORTO (esgrima) regresso à posição de guarda ❖ *she went to ~ her umbrella* ela foi buscar o guarda-chuva; *the car swerved but recovered itself* o carro guinou para o lado, mas conseguiu endireitar-se; *to ~ by-products from* extrair subprodutos de; *to ~ consciousness* vir a si; recuperar os sentidos; *to ~ from sb* fazer-se indemnizar por alguém; *to ~ one's courage* voltar a encher-se de coragem; *to ~ one's legs* levantar-se depois de queda; pôr-se novamente em pé; *to ~ one's reason* recobrar a razão; *to ~ one's senses* readquirir o bom senso; *to ~ sb to life* fazer voltar alguém à vida
re-cover [ˌriːˈkʌvə] *v.tr.* **1** recobrir, voltar a cobrir; **2** encapar outra vez
recoverable [rɪˈkʌvərəbəl] *adj.* **1** recuperável; **2** que pode entrar em convalescença; **3** que pode regressar ao estado normal
recoverableness [rɪˈkʌvərəbəlnɪs] *s.* recuperabilidade
recoverer [rɪˈkʌvərə] *s.* aquele que recupera, readquire ou se restabelece
recovery [rɪˈkʌvərɪ] *s.* (*pl.* **-ies**) **1** recuperação; *industrial ~* recuperação industrial; *the ~ of a lost article* a recuperação de um artigo perdido; **2** requisição; **3** restabelecimento, convalescença, recuperação; *to be on the way to ~* estar a restabelecer-se, estar em convalescença; *to make a good ~* estar a recuperar bem; **4** cura; desintoxicação; reabilitação; (droga, álcool) *to be in ~* estar em reabilitação; estar a fazer tratamento de desintoxicação; **5** regresso ao estado normal; **6** ECONOMIA retoma; *economic ~* retoma económica; **7** indemnização, reparação; **8** DESPORTO (esgrima) regresso à posição de guarda ❖ *~ plant* instalação ou oficina para a recuperação de materiais usados; *~ of by-products* obtenção de subprodutos de...; DIREITO *action for ~ of* acção reivindicativa de; *best wishes for a speedy ~* as melhoras; *the loss is past ~* a perda é irremediável; MEDICINA *to be past ~* ser um caso perdido; ser um caso sem esperança
recreancy [ˈrekrɪənsɪ] *s.* **1** covardia; **2** deslealdade; **3** infidelidade; **4** traição; **5** apostasia
recreant [ˈrekrɪənt] *adj.,s.* **1** [arc.] covarde; *a ~ knight* um cavaleiro covarde, traidor; **2** [arc.] desleal; **3** [arc.] infiel; **4** [arc.] apóstata, renegado
recreantly [ˈrekrɪəntlɪ] *adv.* **1** covardemente; **2** deslealmente; **3** como apóstata ou renegado
recreate [ˌriːkrɪˈeɪt] *v.intr.* entreter-se; divertir-se; distrair-se; recrear-se; *to ~ oneself with* divertir-se com, entreter com; *it recreates him to write postcards to his friends* uma coisa que o diverte é escrever postais aos amigos
re-create [ˌriːkrɪˈeɪt] *v.tr.* recriar, voltar a criar
recreation[1] [ˌrekrɪˈeɪʃən] *s.* **1** recreação; **2** diversão; divertimento; **3** passatempo; distracção; *she looks upon gardening as a ~* ela considera a jardinagem uma distracção ❖ *~ ground* terreno de jogos; parque; recreio
recreation[2] [ˌriːkrɪˈeɪʃən] *s.* recriação
recreational [ˌrekrɪˈeɪʃənəl] *adj.* recreativo, de recreio; *~ activity* actividade de recreio; *~ area* área de recreio ❖ *~ therapy* ludoterapia; [EUA] (campismo) *~ vehicle* caravana; roulotte
recreative[1] [ˈrekrɪeɪtɪv] *adj.* recreativo
recreative[2] [ˌriːkrɪˈeɪtɪv] *adj.* recriativo
recreatively [ˈrekrɪeɪtɪvlɪ] *adv.* recreativamente
recrement [ˈrekrɪmənt] *s.* recremento, secreção recrementícia
recremental [ˌrekrɪˈmentəl] *adj.* FISIOLOGIA recrementício

recrementitious [ˌrekrɪmenˈtɪʃəs] *adj.* recrementício
recriminate [rɪˈkrɪmɪneɪt] *v.tr.,intr.* recriminar
recrimination [rɪˌkrɪmɪˈneɪʃən] *s.* recriminação; *to indulge in recriminations* entregar-se a recriminações
recriminative [rɪˈkrɪmɪnətɪv] *adj.* recriminativo
recriminatory [rɪˈkrɪmɪnətərɪ] *adj.* recriminatório
recross [ˌriːˈkrɒs] *v.tr.* **1** reatravessar, voltar a atravessar; **2** atravessar de novo; **3** cruzar, recruzar
recrudesce [ˌriːkruːˈdes] *v.intr.* **1** recrudescer; **2** agravar-se; **3** exacerbar-se; **4** inflamar-se de novo
recrudescence [ˌriːkruːˈdesəns] *s.* **1** recrudescência; **2** recrudescimento; **3** recrescimento; **4** agravamento; **5** exacerbação; **6** reaparecimento
recrudescent [ˌriːkruːˈdesənt] *adj.* recrudescente
recruit [rɪˈkruːt] Ⓐ *s.* **1** MILITAR recruta, soldado recruta; *raw ~* recruta bisonho, principiante; **2** aprendiz; **3** principiante; **4** novo membro Ⓑ *v.tr.,intr.* **1** recrutar; **2** (soldados, marinheiros, etc.) alistar; arregimentar; **3** [arc.] restabelecer-se, convalescer, restaurar as forças; *she went to the country to ~* ela foi para o campo para se restabelecer; *to ~ one's strength* restaurar as forças; **4** compensar, renovar; **5** suprir deficiências ❖ *to ~ supplies* meter provisões
recruiter [rɪˈkruːtə] *s.* recrutador
recruiting [rɪˈkruːtɪŋ] *s.* **1** recrutamento; **2** restabelecimento; **3** recuperação de forças; **4** reabastecimento ❖ *~ agent* agente de recrutamento; *~ sergeant* sargento de recrutamento; *~ station* posto de recrutamento
recruitment [rɪˈkruːtmənt] *s.* **1** recrutamento; **2** arregimentação; **3** [arc.] restabelecimento; convalescença; recuperação (de forças); *I am going to the country for ~* vou para o campo para me restabelecer
rec. sec. [abrev. de recording secretary]
Rect. Ⓐ [abrev. de Rector] Ⓑ [abrev. de Rectory]
rectal [ˈrektəl] *adj.* **1** ANATOMIA rectal; relativo ao recto; **2** pelo recto
rectally [ˈrektəlɪ] *adv.* pelo recto
rectangle [ˈrektæŋgəl] *s.* rectângulo ❖ *~ triangle* triângulo rectângulo
rectangular [rekˈtæŋgjʊlə] *adj.* rectangular ❖ *~ prism* prisma rectangular; *~ protactor* esquadro-transferidor
rectangularity [rekˌtæŋgjʊˈlærɪtɪ] *s.* rectangularidade
rectangularly [rekˈtæŋgjʊləlɪ] *adv.* rectangularmente
rectifiable [ˈrektɪfaɪəbəl] *adj.* rectificável
rectification [ˌrektɪfɪˈkeɪʃən] *s.* **1** rectificação; *~ of a mistake* rectificação de um erro; **2** correcção; **3** ajustamento; **4** emenda; **5** ELECTRICIDADE, GEOMETRIA, QUÍMICA rectificação; *~ of alcohol* rectificação do álcool, purificação do álcool mercê de determinado método de destilação
rectified [ˈrektɪfaɪd] *adj.* **1** rectificado; *~ spirit* álcool rectificado; RÁDIO *~ noise voltage* voltagem de ruídos rectificada; ELECTRICIDADE *~ voltage* voltagem rectificada; **2** corrigido
rectifier [ˈrektɪfaɪə] *s.* **1** (aparelho, pessoa) rectificador; **2** válvula electrónica rectificadora; **3** purificador; *oil ~* purificador de óleo ❖ ELECTRICIDADE *~ doubler* rectificador duplicador; *~ salt* sal rectificador
rectify [ˈrektɪfaɪ] *v.tr.* **1** rectificar; **2** corrigir; *to ~ a mistake* corrigir um erro; **3** ajustar; **4** emendar; **5** ELECTRICIDADE, GEOMETRIA, QUÍMICA rectificar; **6** purificar, refinar
rectifying [ˈrektɪfaɪɪŋ] Ⓐ *adj.* **1** rectificador; *~ commutator* comutador-rectificador; *~ plant* instalação rectificadora; **2** que rectifica ou corrige Ⓑ *s.* **1** rectificação; **2** correcção; **3** purificação, refinação ❖ *~ area* área de rectificação
rectilineal [ˌrektɪˈlɪnɪəl] *adj.* ⇒ **rectilinear**
rectilinear [ˌrektɪˈlɪnɪə] *adj.* rectilíneo; *~ angle* ângulo rectilíneo; *~ motion* movimento rectilíneo
rectilinearly [ˌrektɪˈlɪnɪəlɪ] *adv.* rectilineamente
rectitude [ˈrektɪtjuːd] *s.* **1** rectidão; **2** equidade; **3** integridade de carácter; **4** justiça; **5** imparcialidade; **6** probidade
recto [ˈrektəʊ] *s.* **1** TIPOGRAFIA (página) frente; *on ~ and verso* frente e verso; **2** (livro) página ímpar
rectocele [ˈrektəʊsiːl] *s.* MEDICINA retocele, hérnia do recto
rector [ˈrektə] *s.* **1** RELIGIÃO (anglicanismo) pastor; **2** RELIGIÃO (catolicismo) pároco; **3** director de escola; **4** (Oxford) reitor dos Colégios de Exeter e Lincoln ❖ *Lord ~* o reitor eleito de uma universidade escocesa

rectorate ['rektərɪt] s. 1 reitorado; 2 reitoria
rectorial [rek'tɔːrɪəl] adj. reitoral; relativo a reitor
rectory ['rektərɪ] s. (pl. -ies) 1 reitoria; 2 benefício de reitor; 3 habitação do reitor
rectress ['rektrɪs] fem. de **rector**
rectrix ['rektrɪks] s. (pl. -ices) rectriz, cada uma das penas da cauda das aves, que dirigem o voo
rectum ['rektəm] s. ANATOMIA recto
recultivate [riːˈkʌltɪveɪt] v.tr. voltar a cultivar
recumbency [rɪˈkʌmbənsɪ] s. posição deitada
recumbent [rɪˈkʌmbənt] adj. 1 recumbente; reclinado; deitado; 2 jacente; *a recumbent statue* uma estátua jacente
recumbently [rɪˈkʌmbəntlɪ] adv. reclinadamente
recuperate [rɪˈkjuːpəreɪt] Ⓐ v.intr. 1 retemperar forças; 2 restabelecer-se; convalescer; 3 (perda, etc.) refazer-se Ⓑ v.tr. 1 recuperar; *to ~ one's health* recuperar a saúde; (indústria) *to ~ waste heat* recuperar o calor perdido; 2 reaver
recuperation [rɪˌkjuːpəˈreɪʃən] s. 1 recuperação; 2 restabelecimento; 3 convalescença
recuperative [rɪˈkjuːpərətɪv] adj. 1 recuperativo; relativo a recuperação; 2 restaurador, tonificante; que retempera as forças
recuperator [rɪˈkjuːpəreɪtə] s. recuperador
recur [rɪˈkɜː] v.intr. (particípios: -rr-) 1 (repetir-se) recorrer; aparecer periodicamente; *those problems ~ periodically* esses problemas surgem periodicamente; 2 regressar; reaparecer; voltar a surgir; 3 ocorrer, surgir ao espírito; *to ~ to the memory* ser muitas vezes recordado; 4 referir; *he recurred to what had been said before* ele referiu-se ao que tinha sido dito antes; 5 voltar atrás, voltar a falar sobre
recurrence [rɪˈkʌrəns] s. 1 (repetição) recorrência; 2 (facto passado) regresso, retorno; 3 reaparecimento; 4 ocorrência periódica; 5 frequência ❖ FILOSOFIA *eternal ~* eterno retorno; *~ of an illness* recaída; *let there be no ~ of this* que isto não se repita; *to be of frequent ~* regressar periodicamente
recurrent [rɪˈkʌrənt] Ⓐ adj. 1 recorrente; MEDICINA *~ fever* febre recorrente; 2 que se repete; frequente; *a ~ nightmare* um pesadelo frequente; 3 periódico Ⓑ s. ANATOMIA artéria ou nervo recorrente ❖ ANATOMIA *~ artery* artéria recorrente; *~ expenditure* despesas correntes
recurrently [rɪˈkʌrəntlɪ] adv. 1 recorrentemente; 2 periodicamente
recurring [rɪˈkɜːrɪŋ] adj. 1 recorrente; que se repete; *ever ~* que se repete continuamente; 2 MATEMÁTICA periódico; *~ decimal* dízima periódica; 3 MEDICINA crónico; *~ disease* doença crónica
recursion [rɪˈkɜːʃən] s. recursividade
recursive [rɪˈkɜːsɪv] adj. recursivo
recursiveness [rɪˈkɜːsɪvnəs] s. recursividade
recurvate [rɪˈkɜːvɪt] adj. recurvado, dobrado para trás
recurvature [rɪˈkɜːvətʃə] s. recurvatura
recurve [riːˈkɜːv] v.tr.,intr. 1 recurvar, recurvar-se; 2 virar para trás, virar-se para trás
recusance ['rekjuːzəns] s. 1 recusa a obedecer a autoridade ou regulamento; 2 não-conformismo, recusa a assistir ao serviço religioso em igreja anglicana
recusancy ['rekjuːzənsɪ] s. 1 recusa a obedecer a autoridade ou regulamento; 2 não-conformismo, recusa a assistir ao serviço religioso em igreja anglicana
recusant ['rekjuːzənt] Ⓐ adj. 1 não-conformista, que recusa assistir ao serviço religioso em igreja anglicana; 2 que não obedece à autoridade ou ao regulamento; 3 dissidente Ⓑ s. 1 não-conformista; 2 pessoa que recusa ou recusou assistir ao serviço religioso em igreja anglicana; 3 pessoa que não acata a autoridade ou regulamentos
recut [rɪˈkʌt] v.tr. (prt. e part. pass. **recut**) 1 recortar; 2 replicar; *to ~ a file* replicar uma lima
recutting [rɪˈkʌtɪŋ] s. acto de recortar ou repicar
recyclable [riːˈsaɪkləbəl] adj. 1 reciclável; 2 reutilizável
recycle [riːˈsaɪkəl] v.tr. 1 reciclar; 2 aproveitar de novo
recycled [riːˈsaɪkəld] adj. reciclado; *~ paper* papel reciclado
recycling [riːˈsaɪklɪŋ] s. reciclagem ❖ *~ plant* centro de reciclagem
red [red] Ⓐ adj. (comp. **redder**, superl. **reddest**) 1 (cor) vermelho; encarnado; rubro; escarlate; *~ lips* lábios vermelhos; *~ pencil* lápis vermelho; *bright ~/light ~* vermelho-claro; *crimson ~* carmesim, vermelho-cravo; *dark ~* vermelho-escuro; *to become ~ with anger* ficar rubro de cólera; *~ as a boiled lobster/~ as a peony* vermelho como um tomate; 2 corado; *her cheeks burned redder and redder* ela corava cada vez mais; *she turned ~ and pale by turns* ela corava e empalidecia alternadamente; *to become ~ in the face* corar; *to go ~ in the face* corar; *to turn ~* corar; 3 (cabelo) ruivo; avermelhado; *~ hair* cabelo ruivo, cabelo avermelhado; 4 (vinho) tinto; 5 violento, barulhento, ruidoso; 6 revolucionário; 7 POLÍTICA [depr.] da extrema-esquerda, comunista, vermelho; *~ government* governo comunista Ⓑ s. 1 (cor) vermelho; *to be dressed in ~* estar vestido de vermelho; 2 vermelhidão; 3 [depr.] comunista; vermelho; *the Reds* os comunistas, os vermelhos; 4 revolucionário; 5 qualquer coisa vermelha ❖ ZOOLOGIA (borboleta) *~ admiral* vanessa; ZOOLOGIA *~ ant* formiga-argentina; BOTÂNICA *~ bine* lúpulo-vermelho; *~ blind* daltónico para o vermelho; incapaz de distinguir o vermelho; *~ blindness* daltonismo para o vermelho; incapacidade de distinguir o vermelho; *~ book* livro com lista de pessoas nobres; anuário da nobreza; ZOOLOGIA (peixe) *~ bream* pachel; goraz; [EUA] *~ cent* moeda muito pequena; ARTES PLÁSTICAS *~ chalk* almagre; rubrica; *Red Cross* Cruz Vermelha; cruz de S. Jorge; emblema nacional da Inglaterra; BOTÂNICA *~ currant* groselheira-vermelha; ZOOLOGIA *~ deer* cervo; BOTÂNICA *~ dogwood* sanguinho-legítimo; *~ ensign* pavilhão vermelho usado pela marinha mercante inglesa; *~ eyes* olhos vermelhos (de chorar, etc.); olhos injectados pela cólera; FOTOGRAFIA *~ filter* filtro para o vermelho; *~ flag* bandeira vermelha indicativa de sinal de perigo; bandeira que simboliza a revolução; ZOOLOGIA *~ gurnard* peixe-cabra; *~ hat* chapéu cardinalício; *~ heat* calor rubro; *~ herring* salmão salgado e defumado; [fig.] pista falsa; diversão; [ant.] *Red Indian* índio; pele-vermelha; *~ lead* mínio; zarcão; óxido vermelho de chumbo; *~ light* luz vermelha; RELIGIÃO *~ mass* missa com paramentos vermelhos; *~ meat* carne vermelha, ZOOLOGIA (peixe) *~ muller* salmonete; *~ ochre* almagro; almagre; ocre vermelho; BOTÂNICA *~ pepper* pimentão; BOTÂNICA *~ periwinkle* boas-noites; ZOOLOGIA (peixe) *~ porgy* pargo; *~ rag* qualquer coisa que excita, provoca ou exaspera; BOTÂNICA *~ streak* maçã rosada; *~ tape* formalismo administrativo; burocracia; rotina burocrática; *~ tapery/tapism* burocracia; espírito burocrata; VETERINÁRIA *~ water* doença do gado provocadora de urina vermelha; BOTÂNICA *~ weed* papoila dos campos; ZOOLOGIA *small ~ sea scorpion* rascasso; (hino comunista) *the Red Flag* a Internacional; GEOGRAFIA *the Red Sea* o mar Vermelho; [coloq.] *the red, white and blue* a marinha inglesa; *I don't care a ~ cent* estou-me nas tintas; [EUA] *to be in the ~* estar em situação deficitária; *to draw a ~ herring across the track* tratar de coisas que não vêm a propósito, a fim de desviar a atenção do assunto principal; *to have ~ hands* ter as mãos tintas de sangue; *to see ~* perder a cabeça; enfurecer-se; *to see the ~ light* prever o perigo
redact [rɪˈdækt] v.tr. 1 [form.] redigir; 2 [form.] editar; rever, preparar para publicação
redaction [rɪˈdækʃən] s. 1 [form.] redacção; 2 [form.] revisão, refundição, arranjo; 3 [form.] nova edição
redactor [rɪˈdæktə] s. 1 [form.] redactor; 2 [form.] editor
redan [rɪˈdæn] s. 1 redente; 2 obra de fortificação, aberta na gola, constituída por duas faces que se cortam em ângulo saliente
red-bearded ['red,bɪədɪd] adj. de barba ruiva
redbird ['redbɜːd] s. ZOOLOGIA (ave) tangará-vermelho
red-blooded ['red,blʌdɪd] adj. 1 forte; robusto; vigoroso; de sangue na guelra; 2 viril; másculo
redbreast ['redbrest] s. ZOOLOGIA pisco-de-peito-ruivo
redbrick ['red,brɪk] Ⓐ adj. (universidade) moderno, recente Ⓑ s. universidade fundada recentemente
redcap ['redkæp] s. 1 [coloq.] polícia militar; 2 [EUA] [coloq.] (aeroportos, etc.) transportador
redcoat ['redkəʊt] s. casaca-vermelha (alcunha dada antigamente ao soldado inglês)
redd [red] [Esc.] arranjar, pôr em ordem; arrumar
redden [redən] v.tr.,intr. 1 corar de vermelho, pintar de vermelho; 2 corar, ruborizar-se

reddening [ˈrɛdənɪŋ] adj. 1 que cora; 2 que fica vermelho ou avermelhado
redding [ˈrɛdɪŋ] s. ⇒ **raddle** Ⓐ
reddish [ˈrɛdɪʃ] adj. um tanto vermelho, avermelhado
reddle [ˈrɛdəl] Ⓐ s. ⇒ **raddle** Ⓐ Ⓑ v.tr. ⇒ **raddle** Ⓑ
reddleman [ˈrɛdəlmən] s. (pl. **-men**) aquele que vende ou negoceia em ocre vermelho
rede [riːd] Ⓐ s. 1 [arc.] conselho; 2 decisão, desígnio; 3 narrativa Ⓑ v.tr. 1 [arc.] aconselhar; 2 adivinhar, interpretar (sonhos, enigmas)
redecorate [riːˈdɛkəreɪt] v.tr. decorar novamente, decorar de novo (aposento, casa)
redeem [rɪˈdiːm] v.tr. 1 redimir; *they redeemed themselves through suffering* eles redimiram-se pelo sofrimento; 2 remir; *to ~ a fault* remir uma culpa; *to ~ a mortgage* remir uma hipoteca; 3 resgatar; *to ~ a prisoner* resgatar um prisioneiro; 4 libertar [from, de]; salvar mediante determinado pagamento; 5 amortizar, desempenhar; *to ~ a debt* amortizar uma dívida; 6 recuperar; 7 (dever, promessa) cumprir; *to ~ an obligation* cumprir uma obrigação; 8 compensar, reparar; *to ~ the time* aproveitar bem o tempo para compensar aquele que se perdeu; 9 RELIGIÃO redimir, salvar do pecado, libertar das consequências do pecado ❖ *to ~ an object from pawn* ir buscar um objecto que se tinha empenhado; ir buscar o que se pôs no prego
redeemable [rɪˈdiːməbəl] adj. 1 remível; 2 amortizável; 3 recuperável; 4 resgatável
redeemer [rɪˈdiːmə] s. redentor, salvador; *the Redeemer* o Redentor
redeeming [rɪˈdiːmɪŋ] Ⓐ adj. 1 redentor, que redime; 2 que liberta; 3 positivo; que serve como compensação; *one ~ feature is…* um aspecto positivo é… Ⓑ s. 1 redenção; 2 amortização; 3 resgate
redefine [ˌriːdɪˈfaɪn] v.tr. redefinir, reformular, transformar
redeliver [ˌriːdɪˈlɪvə] v.tr. 1 enviar de novo, remeter; 2 retransmitir; 3 repetir, voltar a dizer; 4 devolver, restituir
redelivery [ˌriːdɪˈlɪvərɪ] s. 1 retransmissão; 2 devolução; 3 restituição
redemand [ˌriːdɪˈmɑːnd] v.tr. intimar, voltar a exigir
redemise [ˌriːdɪˈmaɪz] Ⓐ s. DIREITO retrocessão Ⓑ v.tr. DIREITO retroceder, fazer retrocessão de
redemption [rɪˈdɛmpʃən] s. 1 redenção; salvação; *without ~* sem redenção; 2 aquilo que redime, aquilo que serve de redenção; 3 (escravo) resgate; 4 amortização, reembolso; *~ before due date* reembolso antecipado; 5 compensação, reparação; 6 compra; *to join a society by ~* comprar a entrada numa sociedade ❖ *~ fund* caixa de amortização; *~ table* plano de amortização; *~ value* valor de reembolso; *in the year of our redemption*, 1966 no ano da graça de 1966; *to be beyond ~/ to be past ~* estar irremediavelmente perdido; ser irrecuperável
redemptioner [rɪˈdɛmpʃənə] s. emigrante que outrora, quando seguia para os E. U. A., pagava o preço da passagem com o seu trabalho
redemptive [rɪˈdɛmptɪv] adj. redentor
redemptorist [rɪˈdɛmptərɪst] adj.,s. RELIGIÃO redentorista
redeploy [ˌriːdɪˈplɔɪ] v.tr. transferir
redeployment [ˌriːdɪˈplɔɪmənt] s. transferência
redesign [ˌriːdɪˈzaɪn] Ⓐ v.tr. reformular o design de, voltar a desenhar Ⓑ s. novo design, novo desenho
redevelop [ˌriːdɪˈvɛləp] v.tr. (recuperação de área degradada) renovar, reanimar, rejuvenescer
redevelopment [ˌriːdɪˈvɛləpmənt] s. (recuperação de área degradada) renovação, reanimação
redeye [ˈrɛdaɪ] s. 1 (peixe) ruivo; 2 FOTOGRAFIA [coloq.] olhos vermelhos; 3 [EUA] [coloq.] (transportes aéreos) voo nocturno; 4 [EUA] [cal.] uísque rasca, uísque de fraca qualidade
red-faced [ˈrɛdfeɪsd] adj. corado
redfish [ˈrɛdfɪʃ] s. 1 ZOOLOGIA peixe-vermelho; 2 ZOOLOGIA salmão depois da desova
red-handed [ˌrɛdˈhændɪd] adj. 1 em flagrante; *to be caught ~* ser apanhado em flagrante; 2 violento; sanguinário; 3 com as mãos tintas de sangue; 4 de mãos vermelhas
redhead [ˈrɛdhɛd] adj.,s. ruivo
redhibition [ˌrɛdhɪˈbɪʃən] s. DIREITO redibição

redhibitory [rɛdˈhɪbɪtərɪ] adj. DIREITO redibitório
red-hot [ˌrɛdˈhɒt] adj. 1 (metal) aquecido ao rubro; incandescente; 2 [coloq.] muito popular; 3 [coloq.] acabado de sair; 4 [fig.] ardente; violento; arrebatado; apaixonado; ao rubro ❖ *~ information* informação de última hora; BOTÂNICA *~ poker* planta com flores escarlates ou amarelas
redial¹ [riːˈdaɪəl] Ⓐ v.tr. (número de telefone) tornar a marcar Ⓑ v.intr. tornar a marcar o número de telefone
redial² [riːˈdaɪəl] s. (telefone) rechamada automática
redingote [ˈrɛdɪŋɡəʊt] s. 1 redingote, sobrecasaca; 2 casaco comprido de senhora, por vezes com abas abertas à frente
redintegrate [rɛˈdɪntɪɡreɪt] v.tr. 1 reintegrar, integrar novamente; *to ~ sb in* reintegrar alguém em; 2 restaurar, restabelecer
redintegration [rɛˌdɪntɪˈɡreɪʃən] s. reintegração
redirect [ˌriːdəˈrɛkt, ˌriːdɪˈrɛkt, ˌriːdaɪˈrɛkt] v.tr. colocar novo endereço em
redirection [ˌriːdəˈrɛkʃən, ˌriːdɪˈrɛkʃən, ˌriːdaɪˈrɛkʃən] s. 1 novo endereço; 2 reexpedição (de correspondência)
rediscount¹ [riːˈdɪskaʊnt] v.tr. redescontar, efectuar redesconto
rediscount² [riːˈdɪskaʊnt] s. FINANÇAS redesconto
rediscover [ˌriːdɪsˈkʌvə] v.tr. redescobrir
rediscovery [ˌriːdɪsˈkʌvərɪ] s. (pl. **-ies**) redescoberta
redissolve [ˌriːdɪˈzɒlv] v.tr. voltar a dissolver
redistil [riːdɪˈstɪl] v.tr. (particípios: -ll-) 1 redestilar; 2 voltar a destilar; 3 purificar por meio de redestilação
redistillation [ˌriːdɪstɪˈleɪʃən] s. 1 redestilação; 2 purificação por meio de redestilação
redistilling [ˌriːdɪˈstɪlɪŋ] s. redestilação
redistribute [ˌriːdɪˈstrɪbjuːt] v.tr. redistribuir, distribuir novamente
redistribution [ˌriːdɪstrɪˈbjuːʃən] s. redistribuição, nova distribuição
redleg [ˈrɛdlɛɡ] s. ZOOLOGIA chalreta, perna-vermelha, fuselo, fusela-nova
redlegs [ˈrɛdlɛɡz] s. ZOOLOGIA ⇒ **redleg**
red-letter [ˌrɛdˈlɛtə] adj. 1 assinalado no calendário; 2 [ant.] (dia) santo; feriado; de festa ❖ (ocasião especial) *~ day* grande dia
red-light [ˈrɛdlaɪt] adj. de prostituição; *~ district* bairro de prostituição
redly [ˈrɛdlɪ] adv. com uma tonalidade vermelha
redneck [ˈrɛdnɛk] s. 1 [EUA] [depr.] (agricultor branco) rústico, atrasado; 2 (ofensivo) provinciano
redness [ˈrɛdnɪs] s. 1 vermelhidão, cor vermelha; 2 aspecto avermelhado
redo [riːˈduː] v.tr. (prt. **redid**, part. pass. **redone**) refazer; voltar a fazer
redolence [ˈrɛdələns] s. 1 redolência; 2 aroma, perfume
redolent [ˈrɛdələnt] adj. 1 (cheiro) aromático; fragrante; 2 que cheira [of, a]; *~ of spring* que cheira a Primavera; 3 [fig.] sugestivo, evocativo ❖ *a ~ wine* um vinho odorífero
redolently [ˈrɛdələntlɪ] adv. redolentemente
redouble [riːˈdʌbəl] v.tr.,intr. 1 redobrar; *the clamour redoubled* redobrou o clamor; *to ~ one's efforts* redobrar os esforços; 2 intensificar; 3 aumentar
redoubled [riːˈdʌbəld] adj. 1 redobrado; 2 intensificado; 3 aumentado
redoubling [riːˈdʌblɪŋ] s. acção de redobrar, intensificar, aumentar
redoubt [rɪˈdaʊt] s. 1 reduto; 2 baluarte
redoubtable [rɪˈdaʊtəbəl] adj. 1 formidável, terrível; 2 temível; 3 que impõe respeito; 4 extremamente difícil
redoubtably [rɪˈdaʊtəblɪ] adv. duma maneira formidável, terrível
redoubted [rɪˈdaʊtɪd] adj. [arc.] formidável; terrível
redound [rɪˈdaʊnd] v.intr. 1 redundar [to, em]; *this will ~ to your advantage* isto acabará por funcionar a seu favor; 2 reverter [to, para]; 3 recair [to, sobre]; 4 contribuir [to, para]; 5 aumentar
redowa [ˈrɛdəvə] s. nome de uma dança popular checa
redpoll [ˈrɛdpəʊl] s. ZOOLOGIA pintarroxo
redraft [riːˈdrɑːft] Ⓐ v.tr. redigir de novo; reformular; apresentar nova redacção de Ⓑ s. 1 nova versão, nova redacção, novo projecto; *a ~ of a bill* nova redacção de um projecto de lei; 2 FINANÇAS ressaque
redraw [riːˈdrɔː] v.tr. (prt. **redrew**, part. pass. **redrawn**) 1 desenhar de novo, tratar de novo; 2 FINANÇAS sacar novamente

redress [rɪˈdres] Ⓐ s. 1 reparação; *legal ~* reparação legal; 2 compensação; 3 emenda; 4 remédio; *beyond ~/past ~* sem remédio, irreparável; 5 alívio; 6 reforma; 7 correcção Ⓑ v.tr. 1 reparar; 2 compensar; 3 emendar; 4 remediar, aliviar; 5 reformar, corrigir; 6 rectificar; 7 desafrontar, desagravar ❖ *a fault confessed is half redressed* pecado confessado é meio perdoado; *to ~ the balance* restabelecer o equilíbrio; *to seek ~ at the hands of sb* solicitar justiça a alguém

re-dress [riːˈdres] v.tr. 1 tornar a vestir, vestir de novo; 2 arranjar de novo; *to ~ the hair* arranjar de novo o cabelo ❖ TEATRO *to ~ a play* apresentar nova encenação para uma peça; arranjar novo guarda-roupa para uma peça; *to ~ a wound* fazer novo curativo a uma ferida

redressable [rɪˈdresəbəl] adj. 1 reparável; susceptível de reparação; 2 corrigível, emendável

redresser [rɪˈdresə] s. 1 pessoa que repara, emenda ou remenda; 2 pessoa que dá compensação ou oferece desagravo

redressing [rɪˈdresɪŋ] s. 1 acção de reparar, compensar, corrigir; 2 remédio; 3 emenda; 4 reforma; 5 desagravo

re-dressing [riːˈdresɪŋ] s. 1 acção de vestir de novo; 2 novo arranjo

redskin [ˈredˌskɪn] s. pele-vermelha

redstart [ˈredstɑːt] s. ZOOLOGIA rabo-ruivo, rabo-ruço, pisco-ferreiro

red-tapist [ˌredˈteɪpɪst] s. burocrata

reduce [rɪˈdjuːs] v.tr.,intr. 1 reduzir; *to ~ the output* reduzir a produção; ELECTRICIDADE *to ~ the voltage* reduzir/baixar a voltagem; *to ~ to dust* reduzir a pó; *to ~ to matchwood* reduzir a migalhas; 2 tornar mais pequeno; 3 diminuir; *to ~ expenses* cortar às despesas, diminuir às despesas; 4 contrair; 5 procurar emagrecer, fazer regime para emagrecer; emagrecer; *he wishes to ~* ele quer emagrecer; *she is almost reduced to nothing* ela quase só tem pele e osso; 6 simplificar; *to ~ a fraction to its lowest/simplest terms* simplificar uma fracção, reduzir uma fracção à sua expressão mais simples; *to ~ fractions to the same denominator* reduzir fracções ao mesmo denominador; 7 converter; *to ~ syllogisms* converter silogismos; 8 transformar; 9 subjugar, submeter, conquistar; 10 levar a, constranger, forçar, compelir; 11 enfraquecer, diluir, atenuar; 12 degradar, rebaixar, fazer descer de categoria; 13 (metais) desoxidar; 14 FOTOGRAFIA (negativos) enfraquecer; 15 MEDICINA (fracturas) reduzir; CIRURGIA *to ~ a fracture* reduzir uma fractura; *he had the shoulder reduced* puseram-lhe o ombro no lugar, fizeram-lhe a redução do ombro ❖ MEDICINA *to ~ a swelling* abrir um tumor; *to ~ sb to silence* reduzir alguém ao silêncio; *to ~ sth to writing* registar algo por escrito; *to ~ speed* abrandar; *to ~ to an absurdity* reduzir ao absurdo; *to ~ water by electrolysis* fazer a electrólise da água

reduced [rɪˈdjuːst] adj. 1 reduzido; *~ price* preço reduzido; *~ speed* velocidade reduzida; *on a ~ scale* em escala reduzida; 2 magro; abatido; enfraquecido; 3 na pobreza; *in ~ circumstances* na miséria

reducement [rɪˈdjuːsmənt] s. redução

reducer [rɪˈdjuːsə] s. redutor; substância ou dispositivo que reduz ou atenua ❖ MECÂNICA *~ gear* engrenagem do redutor; *fever ~* antipirético, febrífugo; MÚSICA *tone ~* surdina

reducibility [rɪˌdjuːsɪˈbɪlɪtɪ] s. redutibilidade

reducible [rɪˈdjuːsɪbəl] adj. redutível [**to**, a]; que pode ser reduzido [**to**, a]

reducing [rɪˈdjuːsɪŋ] Ⓐ adj. 1 que reduz, redutor; 2 para emagrecer; 3 FOTOGRAFIA (negativos) que esbate ou enfraquece Ⓑ s. 1 acção de reduzir, diminuir, abater ao peso; 2 FOTOGRAFIA (negativos) enfraquecer; 3 MEDICINA redução (de fracturas); 4 (preços, etc.) diminuição, baixa; 5 transformação; 6 MILITAR baixa de categoria ou posto, despromoção; 7 desoxidação ❖ QUÍMICA *~ agent* redutor; agente redutor; *~ compasses* compasso de redução; (cano) *~ elbow* curva redutora; *~ flame* chama desoxidante; MATEMÁTICA *~ scale* escala redutora

reductase [rɪˈdʌkteɪs] s. BIOLOGIA redutase

reduction [rɪˈdʌkʃən] s. 1 redução; *~ in output* redução no rendimento; *~ to absurdity* redução ao absurdo; *~ to powder* redução a pó; 2 diminuição; *~ of voltage* diminuição de voltagem; 3 contracção; 4 emagrecimento, redução de peso; 5 (preços) baixa, abatimento, rebaixa; *~ in prices* redução nos preços; *they make no ~ on those articles* não fazem abatimento nesses artigos; 6 FOTOGRAFIA (negativo) enfraquecimento, atenuação; 7 transformação, conversão; 8 MILITAR baixa de categoria ou posto, despromoção; 9 MEDICINA redução (de fractura); 10 conquista, tomada; 11 (gravura, fotografia, etc.) reprodução em escala reduzida; FOTOGRAFIA *~ printing* reprodução reduzida; 12 desoxidação ❖ *~ compasses* compasso de redução; *~ scale* escala redutora; *~ of a swelling* abertura de tumor; MECÂNICA *~ of gear ration* desmultiplicação; *~ to order* restabelecimento da ordem

reductionism [rɪˈdʌkʃənɪzəm] s. reducionismo, abordagem redutora

reductionist [rɪˈdʌkʃənɪst] Ⓐ adj. 1 reducionista; 2 [depr.] redutor Ⓑ s. 1 reducionista; 2 [depr.] pessoa com atitudes redutoras

reductive [rɪˈdʌktɪv] adj. [depr.] simplista; redutor

redundance [rɪˈdʌndəns] s. ⇒ **redundancy**

redundancy [rɪˈdʌndənsɪ] s. *(pl. -ies)* 1 redundância; 2 tautologia; pleonasmo; 3 prolixidade; 4 superabundância, superfluidade, excesso; 5 (trabalho) despedimento ❖ *~ agreement* rescisão por mútuo acordo; *~ payment* indemnização

redundant [rɪˈdʌndənt] adj. 1 redundante; 2 pleonástico, tautológico; 3 prolixo; 4 superabundante, supérfluo, excessivo; 5 despedido; *to be made ~* ser despedido

redundantly [rɪˈdʌndəntlɪ] adv. 1 redundantemente; 2 pleonasticamente; 3 prolixamente

reduplicate[1] [rɪˈdjuːplɪkeɪt] v.tr. 1 reduplicar, repetir; 2 LINGUÍSTICA repetir (sílaba, letra); 3 formar por reduplicação

reduplicate[2] [rɪˈdjuːplɪkɪt] adj. 1 LINGUÍSTICA reduplicado; 2 obtido por reduplicação; 3 reduplicativo

reduplicated [rɪˈdjuːplɪkeɪtɪd] adj. reduplicado, reduplicativo; LINGUÍSTICA *~ perfect* perfeito reduplicado

reduplicating [rɪˈdjuːplɪkeɪtɪŋ] adj. relativo a reduplicação; *~ particle* partícula reduplicativa

reduplication [rɪˌdjuːplɪˈkeɪʃən] s. 1 reduplicação; 2 repetição

reduplicative [rɪˈdjuːplɪkətɪv] adj. reduplicativo

redux [ˈriːdʌks] adj. 1 revisitado; 2 recuperado; 3 regressado

redwing [ˈredwɪŋ] s. ZOOLOGIA tordo-pisco

redwood [ˈredwʊd] s. ZOOLOGIA pau-brasil

re-dye [riːˈdaɪ] v.tr. voltar a tingir

ree [riː] s.f. ⇒ **reeve**

reebok [ˈriːbɒk] s. ZOOLOGIA cabra bezoar

re-echo [riːˈekəʊ] Ⓐ v.tr.,intr. 1 repercutir; 2 repetir; 3 ressoar; 4 reecoar Ⓑ s. *(pl. -es)* 1 eco de um eco; 2 eco repetido

reed [riːd] Ⓐ s. 1 cana; caniço; 2 junco; 3 planta parecida com a cana; 4 canavial; juncal; 5 colmo, palha usada na cobertura de telhados, etc.; 6 [poét.] flauta de cana, flauta pastoril; 7 [fig.] poesia pastoril; 8 MÚSICA instrumento de sopro com palheta; *the reeds* os instrumentos de sopro (com palheta) numa orquestra; 9 (clarinete, gaita-de-foles, oboé, etc.) palheta (de instrumento de sopro); 10 pente de tear, pente de tecelão; 11 (ruminante) coalheira; 12 pl. ARQUITECTURA série de molduras semicilíndricas Ⓑ v.tr. 1 cobrir de colmo; 2 (palha) transformar em colmo; 3 ajustar palhetas a (instrumento de sopro ou tubo de órgão); 4 ARQUITECTURA ornamentar com molduras semicilíndricas ❖ ZOOLOGIA *~ babbler* rouxinol-dos-pauis; rouxinol-dos-caniços; ZOOLOGIA *~ bunting* emberiza-dos-juncos; emberiza-dos-caniços; *~ hook* gancho passador; BOTÂNICA *~ mace* variedade de tabua; MÚSICA *~ organ* harmónio; ZOOLOGIA *~ pheasant* chapim-de-poupa; chapim-real; ZOOLOGIA *~ sparrow* emberiza-dos-juncos; emberiza-dos-caniços; *~ top* registo de órgão; ZOOLOGIA *~ warbler/~ wren* rouxinol-dos-pauis; rouxinol-dos-caniços; *a broken ~* pessoa ou coisa sem qualquer valor; *to lean on a broken ~* confiar, apoiar-se a pessoa ou coisa sem qualquer valor

reedbird [ˈriːdbɜːd] s. ZOOLOGIA papa-arroz, triste-pia

reeded [ˈriːdɪd] adj. 1 cheio de juncos ou canas; 2 coberto de colmo; 3 MÚSICA com palheta

re-edify [riːˈedɪfaɪ] v.tr. 1 reedificar; 2 reconstruir

re-edifying [riːˈedɪfaɪɪŋ] s. reedificação

reediness [ˈriːdɪnɪs] s. 1 tom de voz aflautado; 2 aspecto esguio como um junco

reeding [ˈriːdɪŋ] s. 1 acto de cobrir com colmo; 2 cobertura de colmo; 3 ARQUITECTURA ornamentação constituída por molduras semicilíndricas

re-edit [ˌriːˈedɪt] *v.tr.* reeditar; fazer nova edição de
re-editing [riːˈedɪtɪŋ] *s.* acção de reeditar; reedição
re-edition [riːˈdɪʃən] *s.* reedição
reedling [ˈriːdlɪŋ] *s.* 1 ZOOLOGIA triste-pia; 2 BOTÂNICA canavial
re-educate [riːˈedjʊkeɪt] *v.tr.* reeducar
re-education [ˌriːedjʊˈkeɪʃən] *s.* reeducação
reedy [ˈriːdɪ] *adj.* ⟨*comp.* **-ier**, *superl.* **-iest**⟩ 1 cheio de juncos ou canas; 2 coberto de canaviais; 3 feito de juncos ou canas; 4 débil, esguio como cana ou junco; 5 magro, delgado; 6 frágil; 7 (tom de voz) esganiçado, agudo, aflautado; **~ voice** voz aflautada
reef [riːf] Ⓐ *s.* 1 recife, baixio, rochedo ou linha de rochedos à flor da água; **coral ~** recife coralino; **submerged ~** recife submerso; 2 banco de areia; 3 filão, veio de quartzo aurífero; 4 NÁUTICA *pl.* rizes; **to let out the reefs** largar os rizes Ⓑ *v.tr.* 1 NÁUTICA rizar; enrizar; colher os rizes; **to ~ a sail** meter a vela nos rizes; 2 (pás das rodas) recolher ❖ NÁUTICA **~ bands** rizes das velas; forra de rizes; **~ claim** concessão aurífera; **~ knot** nó direito; NÁUTICA **~ lines** rizes dos cabos redondos; NÁUTICA **~ tackle** talhas dos rizes; [coloq.] **to let out a ~** alargar o cinto; alargar um furo no cinto (depois de comer muito); **to take in a ~** colher os rizes; [fig.] proceder cautelosamente
reefed [riːft] *adj.* NÁUTICA com rizes, provido de rizes ❖ **double-reefed** com dois rizes
reefer [ˈriːfə] *s.* 1 [EUA] [cal.] charro; 2 NÁUTICA marinheiro que riza as velas; 3 [cal.] guarda-marinha, aspirante de marinha; 4 nó direito; 5 VESTUÁRIO jaquetão forte e justo usado no mar
reefing [ˈriːfɪŋ] *s.* NÁUTICA rizadura, acção de tomar os rizes ❖ VESTUÁRIO **~ jacket** jaquetão forte e justo usado no mar
reek [riːk] Ⓐ *s.* 1 cheiro forte e desagradável; **the ~ of tobacco** cheiro forte a tabaco; 2 exalação; 3 fumo; vapor; 4 atmosfera fétida e nauseabunda Ⓑ *v.intr.* 1 (cheiro forte) tresandar [**of**, a]; **he reeks of whisky** ele tresanda a uísque; 2 exalar; sentir vapores; [fig.] **his hands are still reeking with blood** as mãos dele ainda exalam sangue derramado; 3 [Esc.] (coisa queimada) deitar fumo, fumegar
Reekie [ˈriːkɪ] *s.* [Esc.] **Auld ~** Edimburgo
reeky [ˈriːkɪ] *adj.* ⟨*comp.* **-ier**, *superl.* **-iest**⟩ 1 fumegante, fumarento; 2 que exala vapores e fumo; 3 enegrecido pelo fumo, defumado
reel [riːl] Ⓐ *s.* 1 carrinho (de linhas); 2 rolo; **paper in reels** papel em rolos; 3 bobina, carretel, carreto; 4 (peça de mecanismo) cilindro; tambor; 5 CINEMA bobina; **film ~** bobina cinematográfica; **lower ~/take-up ~** bobina inferior que puxa o filme; **top ~/upper ~** bobina superior de onde o filme é desenrolado; 6 torniquete; 7 molinete, sarilho; 8 dobadoira de cordoeiro; 9 dobadoira; 10 MÚSICA dança escocesa, muito viva; **a Scotch ~** determinada dança escocesa, ou a sua música; 11 [fig.] turbilhão, rodopio; **the ~ of vice** o turbilhão do vício; 12 tontura, movimento incerto e cambaleante; **without a ~ or stagger** sem titubear Ⓑ *v.tr.,intr.* 1 dobar; 2 enrolar em carrinho ou bobina; 3 bobinar; 4 filmar; 5 titubear, cambalear; **he reeled to and fro** ele cambaleava de um lado para o outro; 6 sentir-se tonto; sentir vertigens; **my mind reeled when I read the letter** senti uma vertigem quando li a carta; 7 dar a impressão de andar à roda, causar vertigens; **the street reeled before her eyes** a rua dava-lhe a impressão de andar à roda; **to make a person's senses ~** causar vertigens a alguém; 8 receber um grande choque; 9 dançar a dança escocesa *reel*; 10 (grilo) cantar, cricrilar ❖ **~ holder/stand** porta-bobinas; NÁUTICA **log ~** carretel; MÚSICA **Virginia ~** dança americana da Virgínia, ou a sua música; **off the ~** sem interrupção, rapidamente; **the whole State was reeling to its foundations** toda a máquina do Estado se desmoronava até aos alicerces; **they went reeling down the street** caminharam aos ziguezagues pela rua abaixo
◆ **reel in** (linha de pesca, etc.) recolher; NÁUTICA **to ~ the log-line** recolher a linha da barquilha
◆ **reel off** *v.tr.* 1 dizer muito depressa; despachar; debitar; **to ~ verses** recitar versos sem interrupção, sem parar; 2 soltar, desenrolar; **to ~ cocoon silk** desenrolar a seda dos casulos; 3 DESPORTO [coloq.] (jogos, pontos) ganhar consecutivamente
◆ **reel out** (linha de pesca, mangueira, etc.) soltar, desenrolar
◆ **reel up** *v.tr.* enrolar
re-elect [ˌriːɪˈlekt] *v.tr.* reeleger

re-election [ˌriːɪˈlekʃən] *s.* reeleição
reeler [ˈriːlə] *s.* 1 dobador, bobinador; 2 enrolador
re-eligibility [ˌriːelɪdʒɪˈbɪlɪtɪ] *s.* reelegibilidade
re-eligible [ˌriːˈelɪdʒɪbəl] *adj.* reelegível
reeling [ˈriːlɪŋ] Ⓐ *adj.* 1 hesitante, titubeante, cambaleante; **~ gait** andar titubeante; 2 tonto, com a cabeça à roda, com vertigens; 3 que causa vertigens Ⓑ *s.* 1 bobinagem; 2 dobagem; 3 enrolamento; 4 tontura, movimento incerto e cambaleante ❖ **~ room** salão de dobagem; sala de bobinagem
re-embark [ˌriːɪmˈbɑːk] *v.tr.,intr.* reembarcar
re-embarkation [ˌriːembɑːˈkeɪʃən] *s.* reembarque
re-embarking [ˌriːɪmˈbɑːkɪŋ] *s.* reembarque
re-embroider [ˌriːɪmˈbrɔɪdə] *v.tr.* voltar a bordar
reemerge [ˌriːɪˈmɜːdʒ] *v.intr.* 1 reemergir, voltar a emergir; 2 reaparecer
reemergence [ˌriːɪˈmɜːdʒəns] *s.* 1 reemergência; 2 reaparecimento
reeming iron [ˈriːmɪŋaɪən] *s.* ferro de cortar de calafate
re-enact [ˌriːɪˈnækt] *v.tr.* 1 restabelecer (lei), pôr novamente em vigor; 2 reconstituir
re-enactment [ˌriːɪˈnæktmənt] *s.* 1 estabelecimento (de lei); 2 reconstituição
re-enforce [ˌriːɪnˈfɔːs] *v.tr.* ⇒ **reinforce**
re-enforcement [ˌriːɪnˈfɔːsmənt] *s.* ⇒ **reinforcement**
re-engage [ˌriːɪnˈgeɪdʒ] *v.tr.,intr.* 1 readmitir, contactar novamente; 2 voltar a alistar (tropas); 3 alistar-se de novo; 4 MECÂNICA voltar a engrenar (roda dentada)
re-engagement [ˌriːɪnˈgeɪdʒmənt] *s.* 1 readmissão, novo contrato; 2 novo alistamento
re-engine [riːˈendʒɪn] *v.tr.* dotar de novas máquinas ou de novo motor
re-enlist [ˌriːɪnˈlɪst] *v.tr.,intr.* 1 alistar novamente; 2 alistar-se novamente
re-enlistment [ˌriːɪnˈlɪstmənt] *s.* realistamento, novo alistamento
re-enter [riːˈentə] *v.tr.,intr.* 1 reentrar (em), voltar a entrar; **to ~ a house** voltar a entrar numa casa; 2 apresentar-se de novo [**for**, a]; **to ~ for an examination** apresentar-se de novo a exame; 3 COMÉRCIO fazer novo lançamento; 4 fazer novo registo; voltar a registar, reinscrever; 5 reingressar; reintegrar ❖ **to ~ an employment** reocupar um emprego
re-entering [riːˈentərɪŋ] Ⓐ *adj.* 1 que reentra, que volta a entrar; 2 reentrante Ⓑ *s.* acção de reentrar
re-entrance [riːˈentrəns] *s.* 1 reentrada; 2 readmissão
re-entrant [riːˈentrənt] Ⓐ *adj.* reentrante Ⓑ *s.* reentrância
re-entry [riːˈentrɪ] *s.* ⟨*pl.* **-ies**⟩ 1 reentrada; 2 novo registo, reinscrição; 3 readmissão; 4 DIREITO recuperação de posse
re-erect [ˌriːɪˈrekt] *v.tr.* 1 reerigir; 2 reconstruir; 3 montar novamente
re-erection [ˌriːɪˈrekʃən] *s.* 1 acto de reerigir; 2 reconstrução; 3 nova montagem
re-establish [ˌriːɪˈstæblɪʃ] *v.tr.* 1 restabelecer; **to ~ one's health** restabelecer a saúde; 2 restaurar; 3 reinstalar; 4 recuperar ❖ **to ~ a king on the throne** voltar a colocar um rei no trono
re-establishing [ˌriːɪˈstæblɪʃɪŋ] *s.* 1 restabelecimento; 2 restauração
re-establishment [ˌriːɪˈstæblɪʃmənt] *s.* 1 restabelecimento; 2 reintegração; 3 recuperação; 4 reaquisição; 5 convalescença
reeve [riːv] Ⓐ *s.* 1 antigo magistrado principal de cidade ou distrito; 2 bailio; 3 corregedor; 4 [Can.] presidente de conselho paroquial ou municipal; 5 ⟨*fem. de* **ruff**⟩ Ⓑ *v.tr.* (*prt. e part. pass.* **rove** *ou* **reeved**) 1 NÁUTICA gornir, passar o cabo pelo gorne; **to ~ a rope** gornir um cabo; 2 (baixios, etc.) passar através de; **to ~ the shoals** abrir caminho através de baixios
reeving [ˈriːvɪŋ] *s.* acção de passar um cabo pelo gorne
re-examination [ˌriːɪgzæmɪˈneɪʃən] *s.* 1 novo exame; 2 DIREITO reinquirição (de testemunha)
re-examine [ˌriːɪgˈzæmɪn] *v.tr.* 1 reexaminar, examinar novamente; 2 rever; 3 DIREITO reinquirir (testemunha)
re-export[1] [ˌriːˈeksˈpɔːt] *v.tr.* reexportar
re-export[2] [riːˈekspɔːt] *s.* 1 reexportação; 2 artigo reexportado
re-exportation [ˌriːekspɔːˈteɪʃən] *s.* reexportação
ref. Ⓐ [*abrev. de* reference] Ⓑ [*abrev. de* refining] Ⓒ [*abrev. de* reformed] Ⓓ [*abrev. de* refunding]

reface [riːˈfeɪs] v.tr. 1 reparar, consertar; 2 renovar; 3 rectificar (válvulas)

refashion [riːˈfæʃən] v.tr. 1 remodelar, reestruturar, reorganizar; 2 reconstruir; 3 reformular

refashioning [riːˈfæʃənɪŋ] s. 1 remodelação; 2 reconstrução

refasten [riːˈfɑːsən] v.tr. prender de novo, firmar de novo

Ref. Ch. [abrev. de Reformed Church]

refection [rɪˈfekʃən] s. 1 restabelecimento de forças, comendo e bebendo; 2 refeição leve

refectory [rɪˈfektərɪ] s. (pl. -ies) (mosteiro, universidade, etc.) refeitório

refer [rɪˈfɜː] v.tr.,intr. (particípios: -rr-) 1 dirigir; enviar; remeter; *he was referred to the Inquiry Office* remeteram-no à Secção de Informações; *if he comes, please ~ him to me* se ele aparecer, mande-o vir ter comigo; 2 atribuir [**to**, a]; *to ~ one's failure to bad luck* atribuir o insucesso à pouca sorte; *the discovery of gunpowder is usually referred to China* a descoberta da pólvora é geralmente atribuída à China; *they referred their victories to Providence* atribuíram as suas vitórias à Providência; 3 localizar; 4 classificar; *to ~ spiders to the insects* incluir as aranhas na classe dos insectos; 5 entregar; *the matter was referred to a tribunal* o assunto foi entregue a um tribunal; 6 servir-se [**to**, de]; reportar-se [**to**, a]; recorrer [**to**, a]; *to ~ to a document* reportar-se a um documento; 7 aplicar-se [**to**, a]; 8 referir-se [**to**, a]; aludir [**to**, a]; falar [**to**, de]; *I ~ to you* refiro-me a ti; *please don't ~ to the matter again* por favor, não volte a referir-se ao assunto; 9 fazer referência [**to**, a]; *referring to your letter* com referência à sua carta; 10 consultar [**to**, -]; *to ~ to a dictionary* consultar um dicionário; *to ~ to one's watch for the exact time* consultar o relógio para saber a hora exacta ❖ *~ to drawer* observação ou nota com a qual se recusa o pagamento de um cheque por falta de cobertura; *I ~ myself to your decision* submeto-me à sua decisão; *to ~ a request to sb* submeter uma petição a alguém

◆**refer back** v.tr. 1 remeter [**to**, para]; 2 adiar [**to**, para] ❖ *to refer sth back to sb* consultar alguém a respeito de algo

referable [rɪˈfɜːrəbəl] adj. 1 atribuível, referível; 2 aplicável; 3 que diz respeito [**to**, a]; 4 que pode imputar-se [**to**, a]

referee [ˌrefəˈriː] Ⓐ s. 1 DESPORTO árbitro; 2 perito; 3 julgador, juiz; 4 pessoa indicada por duas partes em questão para dar uma solução final Ⓑ v.tr.,intr. arbitrar, actuar como árbitro

refereeing [ˌrefəˈriːɪŋ] s. DESPORTO arbitragem

reference [ˈrefərəns] s. 1 referência; *a banker's ~* referências bancárias; *business references* referências comerciais; *if any ~ is made to him* se lhe fizerem alguma referência, se se referirem a ele; 2 menção [**to**, a]; alusão [**to**, a]; 3 recomendação, testemunho, abonação, informação; *servant with good references* criado com boas informações; *to give ~ concerning* dar informações sobre; 4 (pessoa) autoridade; especialista; 5 (documento, livro, etc.) marca, nota, chamada, indicação; 6 relação, ligação; *to have ~ to* ter relação com; *success seems to have little ~ to merit* o êxito parece ter pouca relação com o mérito; 7 consulta; *~ work/work of ~* obra de consulta; *of easy ~* de consulta fácil; *to make ~ to a dictionary* consultar um dicionário; *they acted without ~ to me* actuaram sem me consultarem; 8 arbitragem; 9 (comissão, tribunal, etc.) competência, atribuições; *terms of ~* competência, atribuições, poderes; *the commission must confine itself to the ~* a comissão tem de se cingir às suas atribuições ❖ *~ axis* eixo de referência; *~ level* nível de referência; *~ gauge* calibre padrão; GEOMETRIA *~ plane* plano de referência; *~ point* ponto de referência; *in/with ~ to* relativamente a; com respeito a; *list of references* legendas; *without ~ to* independentemente de

referendary [ˌrefəˈrendərɪ] s. (pl. -ies) 1 [rar.] referendário; 2 relator ❖ *Great Referendary* referendário-mor do antigo senado francês

referendum [ˌrefəˈrendəm] s. referendo, plebiscito

referent [ˈrefərənt] Ⓐ s. LINGUÍSTICA, LÓGICA referente Ⓑ adj. referente, que se refere

referential [ˌrefəˈrenʃəl] adj. referencial, designativo

referral [rɪˈfɜːrəl] s. 1 envio; 2 recomendação; 3 referência, indicação

referring [rɪˈfɜːrɪŋ] s. 1 acção de referir; 2 referência, alusão; 3 classificação; 4 envio, acção de remeter (a); 5 aplicação; 6 ligação

re-figure [riːˈfɪɡə] v.tr. voltar a calcular, fazer novo cálculo de

refile [riːˈfaɪl] v.tr. limar, passar com a lima

refill[1] [riːˈfɪl] v.tr. 1 encher de novo; 2 reabastecer; 3 voltar a carregar; 4 encher o depósito

refill[2] [ˈriːfɪl] s. 1 novo enchimento; 2 nova remessa; 3 (bebida) nova dose; 4 (lápis de minas, lapiseira, caneta) carga; 5 bateria ou pilha de reserva

refillable [riːˈfɪləbəl] adj. 1 (garrafa) reutilizável; 2 (caneta, isqueiro) recarregável

refilling [riːˈfɪlɪŋ] s. 1 reabastecimento; 2 recarga; 3 novo enchimento ❖ *~ station* posto de abastecimento

refine [rɪˈfaɪn] v.tr.,intr. 1 refinar; *to ~ sugar* refinar açúcar; 2 purificar; *to ~ gold* purificar ouro; 3 libertar de impurezas; 4 aperfeiçoar; 5 polir; 6 corrigir; 7 educar, aprimorar; 8 requintar; 9 apurar(-se) ❖ *to ~ on/upon* aperfeiçoar; requintar; ser subtil; empregar subtilezas; *to ~ upon a subject* usar de subtilezas em relação a determinado assunto

refined [rɪˈfaɪnd] adj. 1 refinado; *~ oil* óleo refinado; *~ petroleum* petróleo refinado; *~ product* produto refinado; *~ steel* aço refinado; 2 purificado; *~ copper* cobre purificado; 3 aperfeiçoado; 4 corrigido; 5 extremamente educado; 6 culto; 7 distinto; 8 requintado; *~ manners* maneiras requintadas

refinedly [rɪˈfaɪndlɪ] adv. 1 requintadamente; 2 duma maneira fina e distinta; 3 aprimoradamente

refinedness [rɪˈfaɪndnɪs] s. 1 refinamento; 2 requinte; 3 primor; 4 pureza

refinement [rɪˈfaɪnmənt] s. 1 afinação; 2 refinação; 3 purificação; 4 clarificação; 5 requinte; refinamento; *refinements of cruelty* requintes de crueldade; 6 subtileza; delicadeza; *to go into refinements* entrar em subtilezas; 7 aperfeiçoamento; *the latest refinements* os aperfeiçoamentos mais recentes ❖ *lack of ~* vulgaridade

refiner [rɪˈfaɪnə] s. 1 refinador; 2 (pessoa, máquina) purificador

refinery [rɪˈfaɪnərɪ] s. (pl. -ies) refinaria; fábrica de refinação; *sugar ~* refinaria de açúcar

refining [rɪˈfaɪnɪŋ] s. 1 afinação, purificação; 2 refinação; 3 refinamento, requinte ❖ *~ furnace* forno de refinação; *~ process* processo de refinação

refit[1] [riːˈfɪt] v.tr.,intr. (particípios: -tt-) 1 reparar, consertar; 2 renovar, readaptar; 3 NÁUTICA embonar, reparar avarias ❖ *to ~ valves* rodar válvulas

refit[2] [ˈriːfɪt] s. 1 conserto, reparação; 2 nova instalação, novo equipamento; 3 transformação, reforma, arranjo; 4 readaptação

refitting [riːˈfɪtɪŋ] s. 1 reparação, conserto; 2 arranjo, readaptação; 3 NÁUTICA embonada

reflate [riːˈfleɪt] v.tr.,intr. causar nova inflação, novo aumento da circulação fiduciária

reflation [riːˈfleɪʃən] s. reflação

reflect [rɪˈflekt] v.tr.,intr. 1 reflectir; *a mirror reflects light* um espelho reflecte a luz; 2 espelhar; 3 recair; 4 lançar sobre; 5 trazer; 6 mostrar, exprimir, retratar; *their actions reflected their thoughts* as suas acções eram um reflexo dos seus pensamentos; 7 (pensamento) reflectir, meditar, considerar, ponderar; *~ please that you are in no condition to do it* lembre-se, por favor, de que não se encontra em condições de fazer isso; 8 [rar.] dobrar, flectir; *to ~ the corner of the paper* dobrar o canto do papel

◆**reflect on/upon** v.tr. (consequências) reflectir-se em; afectar; ter repercussões sobre; *what they did reflects credit on them* o que eles fizeram honra-os; *to reflect badly on* afectar negativamente; prejudicar

reflected [rɪˈflektɪd] adj. reflectido; *~ light* luz reflectida; *~ rays* raios reflectidos; RÁDIO *~ wave* onda reflectida

reflecting [rɪˈflektɪŋ] Ⓐ adj. 1 reflector; que reflecte; *~ surface* superfície reflectora; 2 ponderado, sensato, que não faz as coisas sem reflectir Ⓑ s. 1 reflexão, acção de reflectir; 2 meditação, ponderação; 3 censura, reprovação ❖ *~ finder* visor de espelho; *~ telescope* telescópio por reflexão

reflection [rɪˈflekʃən] s. 1 reflexão; *angle of ~* ângulo de reflexão; *~ of light* reflexão da luz; *~ of radiant energy* reflexão de energia radiante; *~ of sound* reflexão do som; 2 reflexo; *she saw her ~ in the mirror* ela viu a sua imagem reflectida no espelho; *the ~ of the mountains in the water* o reflexo das montanhas na água; **3** meditação, ponderação; *those things give cause for ~* essas coisas obrigam a reflectir; **4** observação; comentário; **5** crítica; censura; acusação; *there is no ~ on...* isto não é uma crítica a...; **6** mancha; *that is a ~ on his honour* isso é uma mancha na sua honra; **7** acto reflexo; **8** *pl.* reflexões, pensamentos, considerações ❖ *on ~* pensando melhor; depois de reflectir sobre o assunto

reflective [rɪˈflektɪv] *adj.* **1** reflexivo; pensativo; ponderado; *to be in a ~ mood* andar pensativo; **2** reflector; reflectivo; que reflecte; de reflexão; *~ power* poder de reflexão ❖ *to be ~ of* ser um reflexo de; resultar de

reflectively [rɪˈflektɪvlɪ] *adv.* **1** com reflexão; **2** reflectidamente; **3** ponderadamente

reflectiveness [rɪˈflektɪvnɪs] *s.* reflexão, carácter reflectido

reflector [rɪˈflektə] *s.* **1** reflector, aparelho reflector; *parabolic ~* reflector parabólico; **2** telescópio de espelho

reflex [ˈriːfleks] Ⓐ *adj.* **1** reflexo, reflectivo; **2** indirecto; **3** introspectivo; **4** FISIOLOGIA reflexo; **5** LINGUÍSTICA reflexo, reflexivo; **6** BOTÂNICA recurvado Ⓑ *s.* (*pl.* **-es**) **1** FISIOLOGIA reflexo; *the doctor tested the patient's reflexes* o médico examinou os reflexos do doente; **2** acto reflexo; *conditioned ~* reflexo condicionado; **3** FÍSICA reflexo; **4** imagem reflectida; **5** expressão; manifestação; *legislation should be a ~ of public opinion* as leis deviam reflectir a opinião pública; **6** reprodução; **7** resultado ❖ *~ action* acto reflexo

reflexed [ˈriːflekst] *adj.* **1** reflectido; **2** recurvado

reflexibility [ˌriːfleksɪˈbɪlɪtɪ] *s.* reflexibilidade

reflexible [riːˈfleksɪbəl] *adj.* reflexível

reflexion [rɪˈflekʃən] *s.* ⇒ **reflection**

reflexive [rɪˈfleksɪv] Ⓐ *adj.* LINGUÍSTICA reflexo, reflexivo; *~ pronoun* pronome reflexo; *~ verb* verbo reflexo Ⓑ *s.* pronome ou verbo reflexo ❖ (reacção automática) *a ~ movement* reflexo

reflexively [riːˈfleksɪvlɪ] *adv.* reflexivamente

reflexology [ˌriːflekˈsɒlədʒɪ] *s.* reflexologia

refloat [riːˈfləʊt] *v.tr.* pôr a flutuar novamente, desencalhar

refloating [riːˈfləʊtɪŋ] *s.* acção de pôr a flutuar novamente, desencalhe

reflorescence [ˌriːflɒˈresəns] *s.* reflorescimento, reflorescência

refluence [ˈrefluəns] *s.* refluência, refluxo

refluent [ˈrefluənt] *adj.* refluente, que reflui

reflux [ˈriːflʌks] *s.* (*pl.* **-es**) **1** refluxo, refluência; **2** jusante; **3** maré vazante, baixa-mar ❖ *~ valve* válvula de retenção

refoot [riːˈfʊt] *v.tr.* consertar o pé de uma meia, pôr um pé novo em meia

reforest [riːˈfɒrɪst] *v.tr.* reflorestar, rearborizar

reforestation [riːˌfɒrɪsˈteɪʃən] *s.* reflorestamento, rearborização

reforge [riːˈfɔːdʒ] *v.tr.* reforjar

reform [rɪˈfɔːm] Ⓐ *s.* **1** reforma; **2** melhoria, melhoramento; **3** correcção; **4** mudança para melhor; **5** modificação; **6** combate a abusos e deficiências Ⓑ *v.tr.,intr.* **1** reformar; **2** melhorar, corrigir; **3** modificar; **4** combater abusos e deficiências; **5** corrigir-se, melhorar-se ❖ *~ school* reformatório para menores

re-form [riːˈfɔːm] *v.tr.,intr.* **1** voltar a formar; **2** MILITAR formar de novo, entrar de novo na forma

reformable [rɪˈfɔːməbəl] *adj.* reformável, que pode reformar-se, corrigível

reformation [ˌrefəˈmeɪʃən] *s.* **1** reforma; **2** modificação; **3** correcção; **4** emenda

re-formation [ˌriːfɔːˈmeɪʃən] *s.* MILITAR nova formação

Reformation [ˌrefəˈmeɪʃən] *s.* HISTÓRIA, RELIGIÃO Reforma; movimento protestante

reformational [ˌrefəˈmeɪʃənəl] *adj.* **1** relativo à Reforma; **2** reformista; **3** protestante

reformative [rɪˈfɔːmətɪv] *adj.* reformativo

reformatory [rɪˈfɔːmətərɪ] Ⓐ *s.* (*pl.* **-ies**) reformatório; casa de correcção para menores; *to send to a ~* mandar para reformatório Ⓑ *adj.* **1** reformatório; **2** que procura reformar, corrigir, melhorar; **3** relativo a reformatórios

reformed [rɪˈfɔːmd] *adj.* **1** reformado, protestante; **2** corrigido, emendado

reformer [rɪˈfɔːmə] *s.* **1** reformista; **2** reformador; **3** HISTÓRIA partidário da Reforma; dirigente do movimento da Reforma

reforming [rɪˈfɔːmɪŋ] Ⓐ *adj.* **1** reformador; **2** que reforma, que corrige Ⓑ *s.* **1** reforma, correcção; **2** aperfeiçoamento, melhoria

reformism [rɪˈfɔːmɪzm] *s.* reformismo

reformist [rɪˈfɔːmɪst] *adj.,s.* reformista

reforwarding [riːˈfɔːwədɪŋ] *s.* novo envio, reexpedição

refract [rɪˈfrækt] *v.tr.* refractar, refranger ❖ *to be refracted* refractar-se

refracted [rɪˈfræktɪd] *adj.* refractado; *~ light* luz refractada; *~ rays* raios refractados

refracting [rɪˈfræktɪŋ] *adj.* refrangente; refractivo; refractor; *~ medium* meio refractor ❖ *~ optical system* dispositivo óptico de refracção

refraction [rɪˈfrækʃən] *s.* refracção; *~ of light* refracção da luz; *~ of sound* refracção do som ❖ *to suffer ~* refractar-se

refractive [rɪˈfræktɪv] *adj.* refractivo; refrangente ❖ *~ index* coeficiente de refracção; *~ power* poder de refracção

refractivity [ˌriːfrækˈtɪvɪtɪ] *s.* refractividade; refringência; **2** refrangência; **3** refrangibilidade

refractometer [ˌriːfrækˈtɒmɪtə] *s.* refractómetro

refractor [rɪˈfræktə] *s.* **1** refractor; **2** aquilo que refracta; **3** lente, dispositivo refringente; **4** telescópio refractor

refractoriness [rɪˈfræktərɪnɪs] *s.* **1** obstinação, teimosia, contumácia; **2** indocilidade, insubmissão; **3** rebeldia; **4** FÍSICA refractividade

refractory [rɪˈfræktərɪ] *adj.* **1** teimoso, obstinado, contumaz; **2** insubmisso, indócil, rebelde; **3** FÍSICA refractário, à prova de fogo; *~ arch* abóbada refractária; *~ brick* tijolo refractário; *~ coating* revestimento refractário

refrain [rɪˈfreɪn] Ⓐ *s.* refrão, estribilho Ⓑ *v.tr.,intr.* **1** abster-se [**from**, de]; privar-se [**from**, de]; *to ~ from doing sth* abster-se de fazer uma coisa; **2** reprimir, refrear ❖ *to ~ from comment* não fazer comentários

reframe [riːˈfreɪm] *v.tr.* **1** arranjar de novo, recompor; **2** retocar, refundir; **3** pôr novo caixilho em

refrangibility [rɪˌfrændʒɪˈbɪlɪtɪ] *s.* refrangibilidade

refrangible [rɪˈfrændʒɪbəl] *adj.* refrangível

refresh [rɪˈfreʃ] *v.tr.,intr.* **1** retemperar; **2** reanimar; revigorar; **3** reparar as forças; restaurar as forças; *to ~ oneself with a cup of tea* restaurar as forças com uma chávena de chá; **4** refrescar, tornar mais fresco, arrefecer; **5** renovar; **6** relembrar; **7** fornecer de novo, reabastecer; **8** INFORMÁTICA (botão da barra das ferramentas) actualizar ❖ *to awake refreshed* acordar bem-disposto; *to feel refreshed* sentir-se revigorado; *to ~ the mind* repousar o espírito

refresher [rɪˈfreʃə] *s.* **1** aquilo que refresca, retempera ou reanima; **2** refeição leve; **3** [coloq.] bebida; *let's have a refresher!* vamos beber qualquer coisa!; **4** DIREITO (prolongamento do processo) honorários suplementares (pagos ao advogado) ❖ *~ course* curso de reciclagem

refreshing [rɪˈfreʃɪŋ] *adj.* **1** repousante, reparador, restaurador; *~ sleep* sono reparador; **2** reconfortante; **3** refrescante; **4** interessante, agradável; *it was very ~ indeed to listen to him* era muito agradável ouvi-lo; **5** tonificante

refreshingly [rɪˈfreʃɪŋlɪ] *adv.* **1** reparadoramente; **2** agradavelmente

refreshment [rɪˈfreʃmənt] *s.* **1** repouso, descanso; **2** recuperação de forças; **3** refeição leve; bebida, refresco; *to have some ~* comer ou beber alguma coisa; **4** *pl.* bebidas e comida variada ❖ (comboios) *~ room* bufete; sala de jantar; RELIGIÃO *~ Sunday* quarto domingo da Quaresma; *~ table* bufete; [coloq.] *~ for the inner man* refeição; comida; *to feel ~ of mind and body* sentir-se recuperado do ponto de vista físico e mental

refrigerant [rɪˈfrɪdʒərənt] Ⓐ *adj.* **1** refrescante; **2** que serve para refrigerar; **3** MEDICINA que baixa a temperatura Ⓑ *s.* **1** refrigerante, refrigerador; **2** aparelho ou mistura que serve para produzir uma temperatura extremamente baixa

refrigerate [rɪˈfrɪdʒəreɪt] *v.tr.,intr.* **1** refrigerar; **2** gelar; **3** congelar; *refrigerated meat* carne congelada

refrigerating [rɪˈfrɪdʒəreɪtɪŋ] Ⓐ *adj.* **1** que faz congelar; **2** frigorífico, que provoca a refrigeração; *~ chamber* câmara frigorífica; *~ plant* instalação frigorífica Ⓑ *s.* **1** refrigeração; **2** congelação

refrigeration [rɪˌfrɪdʒəˈreɪʃən] *s.* **1** refrigeração; **2** frigorificação

refrigerative [rɪˈfrɪdʒərətɪv] *adj.* 1 refrigerativo; 2 que faz baixar a temperatura

refrigerator [rɪˈfrɪdʒəreɪtə] *s.* 1 frigorífico, geladeira*Bras.*; 2 câmara frigorífica ❖ (caminhos-de-ferro) ~ *car/van* vagão frigorífico; ~ *truck* camião frigorífico

refrigeratory [rɪˈfrɪdʒərətərɪ] Ⓐ *adj.* que refrigera, que arrefece; refrigeratório Ⓑ *s.* refrigerante, vaso onde está contida a serpentina de um alambique

refringency [rɪˈfrɪndʒənsɪ] *s.* refringência

refringent [rɪˈfrɪndʒənt] *adj.* refringente

reft [reft] *prt. e part. pass. de* **to reeve**

refuel [riˈfjʊəl] Ⓐ *v.intr.* (*particípios:* -ll-) (combustível) reabastecer-se Ⓑ *v.tr.* (combustível) reabastecer

refuelling [ˌriːˈfjʊəlɪŋ] *s.* reabastecimento (de combustível)

refuge [ˈrefjuːdʒ] Ⓐ *s.* 1 refúgio; *he took ~ in a dugout* ele refugiou-se num abrigo-caverna; *she took ~ in silence* ela refugiou-se no silêncio; *to seek ~* procurar refúgio; *to take ~* refugiar-se, abrigar-se; 2 abrigo; lugar de abrigo; local de protecção; *night ~* abrigo nocturno; *place of ~* lugar de refúgio; 3 amparo; protecção; 4 guarida; 5 asilo; albergue; 6 (vítimas de violência) casa de acolhimento; 7 (avenida, ruas movimentadas) placa/refúgio para peões; 8 recurso, solução Ⓑ *v.tr.,intr.* 1 abrigar(-se); 2 refugiar(-se)

refugee [ˌrefjʊˈdʒiː] *s.* refugiado ❖ ~ *camp* campo de refugiados; ~ *status* estatuto de refugiado

refulgence [rɪˈfʌldʒəns] *s.* 1 refulgência; 2 resplendor

refulgent [rɪˈfʌldʒənt] *adj.* 1 refulgente; 2 resplandecente; 3 refúlgido

refulgently [rɪˈfʌldʒəntlɪ] *adv.* 1 refulgentemente; 2 resplandecentemente

refund[1] [rɪˈfʌnd] *v.tr.,intr.* 1 reembolsar; *to ~ sb* reembolsar alguém; 2 restituir; 3 (dinheiro emprestado) devolver; 4 amortizar

refund[2] [ˈriːfʌnd] *s.* 1 reembolso; 2 restituição; 3 devolução

refundable [rɪˈfʌndəbəl] *adj.* reembolsável

refunding [rɪˈfʌndɪŋ] *s.* reembolso

refundment [rɪˈfʌndmənt] *s.* reembolso

refurbish [riːˈfɜːbɪʃ] *v.tr.* 1 renovar; 2 restaurar; 3 repolir, lustrar de novo

refurbishment [riːˈfɜːbɪʃmənt] *s.* 1 renovação, modernização; 2 restauração; 3 [*fig.*] aperfeiçoamento

refurnish [riːˈfɜːnɪʃ] *v.tr.* 1 mobilar de novo, fazer nova instalação; 2 reabastecer

refusable [rɪˈfjuːzəbəl] *adj.* recusável

refusal [rɪˈfjuːzəl] *s.* 1 recusa, resposta negativa; ~ *of sth* recusa de alguma coisa; ~ *to do sth* recusa de fazer alguma coisa; *to meet with a ~* receber uma resposta negativa; *to take no ~* insistir, não admitir recusa; 2 rejeição; 3 opção, escolha, direito de preempção; *to have the ~ of* ter direito de opção sobre, ter o direito de aceitar ou recusar

refuse[1] [rɪˈfjuːz] *v.tr.,intr.* 1 recusar; *to ~ an offer* recusar uma oferta; *to ~ obedience* recusar obediência; *I have never been refused* nunca me recusaram coisa alguma; *that is not to be refused* isso não pode recusar-se; 2 dar resposta negativa; não aceitar; rejeitar; 3 negar; não conceder; *he was refused the reward* negaram-lhe a recompensa; 4 negar-se, fazer uma nega; (cavalo) *to ~ a fence* negar-se a saltar um obstáculo; *to ~ to do sth* negar-se a fazer alguma coisa; 5 (jogos de cartas) não embarcar, não seguir o naipe jogado

refuse[2] [ˈrefjuːs] Ⓐ *s.* 1 resíduos; detritos; *household ~* resíduos domésticos; *town ~* resíduos urbanos; 2 lixo, entulho; 3 restos, escória; refugo Ⓑ *adj.* próprio de refugo, sem qualquer valor ❖ ~ *bin* caixote do lixo; ~ *collectors* homens do lixo; ~ *destructor* incineradora de lixos; ~ *dump* lixeira; terrenos para onde se deitam os lixos; ~ *material* detritos de materiais

re-fuse [riːˈfjuːz] *v.tr.* refundir-se, voltar a fundir

refuser [rɪˈfjuːzə] *s.* 1 aquele que recusa ou nega; 2 cavalo que se nega

re-fusion [riːˈfjuːʒən] *s.* nova fundição

refutability [rɪˌfjuːtəˈbɪlɪtɪ] *s.* refutabilidade

refutable [rɪˈfjuːtəbəl] *adj.* refutável

refutal [rɪˈfjuːtəl] *s.* ⇒ **refutation**

refutation [ˌrefjʊˈteɪʃən] *s.* refutação

refute [rɪˈfjuːt] *v.tr.* 1 refutar; *to ~ sb* refutar alguém; 2 negar

refuter [rɪˈfjuːtə] *s.* refutador, aquele que refuta

Reg [redʒ] ⇒ **Reginald**

regain [rɪˈɡeɪn] *v.tr.* 1 recuperar; readquirir; *to ~ possession of* recuperar a posse de; 2 recobrar; 3 voltar a alcançar; *to ~ the shore* alcançar novamente a praia; 4 voltar a ganhar ❖ *to ~ consciousness* voltar a si; recobrar os sentidos; *to ~ one's balance* recuperar o equilíbrio; (após uma queda) *to ~ one's footing* levantar-se novamente; pôr-se outra vez em pé

regainable [rɪˈɡeɪnəbəl] *adj.* 1 recuperável; 2 readquirível

regainment [rɪˈɡeɪnmənt] *s.* 1 recuperação; 2 reaquisição; 3 reobtenção

regal [ˈriːɡəl] *adj.* 1 real; ~ *dignity* dignidade real; ~ *magnificence* fausto real; ~ *power* autoridade real; 2 régio; próprio de reis, próprio da realeza; 3 sumptuoso; magnificente; majestoso

regale [rɪˈɡeɪl] Ⓐ *v.tr.,intr.* 1 deliciar(-se); regalar(-se); *to ~ sb with* deliciar alguém com; *to ~ on choice food* deliciar-se com uma alimentação requintada; *to ~ oneself with* regalar-se com; 2 banquetear-se Ⓑ *s.* 1 [*arc.*] banquete; festim; 2 [*rar.*] iguaria delicada; 3 [*rar.*] paladar delicado

regalia [rɪˈɡeɪlɪə] *s.pl.* 1 insígnias reais usadas nas festas de coroação; 2 insígnias de certas ordens; 3 [*rar.*] privilégios reais; 4 charuto grande de boa qualidade ❖ *in full ~* em todo o seu esplendor

regaling [rɪˈɡeɪlɪŋ] *s.* 1 acto de regalar ou regalar-se; 2 banquete; 3 regalório

regality [rɪˈɡælɪtɪ] *s.* (*pl.* -**ies**) 1 realeza; 2 qualidade de ser rei; 3 privilégio real; 4 [*rar.*] reino, monarquia

regally [ˈriːɡəlɪ] *adv.* 1 duma maneira real; 2 regiamente

regard [rɪˈɡɑːd] Ⓐ *s.* 1 consideração; *to have great ~ for sb* ter grande consideração por alguém; *they have no ~ for one's feelings* eles não têm a menor consideração pelos sentimentos de uma pessoa; 2 atenção; *out of ~ for sb* por atenção para com alguém; ~ *must be paid to...* deve prestar-se atenção a...; *that sentence was translated without ~ to the context* essa frase foi traduzida sem qualquer atenção ao contexto; 3 afecto, estima, veneração, respeito; *to hold sb in high ~* ter alguém em alta estima; *to hold sb in low ~* ter alguém em pouca estima; 4 conceito; 5 assunto tratado, assunto em questão; 6 olhar firme; 7 *pl.* (fim de carta) cumprimentos, lembranças, saudades; (encerramento de carta) *give my kind regards to your cousin!* dá lembranças minhas ao teu primo; 8 (assunto) respeito; *in my ~* quanto a mim, pelo que me diz respeito; *in this ~* quanto a isto; *in ~ to* no que respeita a; *with ~ to* com respeito a Ⓑ *v.tr.* 1 considerar; *I don't ~ him as honest* não o considero honesto; 2 respeitar; prezar; 3 dizer respeito a; *this does not ~ me at all* isso não me diz respeito de maneira alguma; 4 fazer caso; *he didn't ~ my advice* ele não fez caso do meu conselho; 5 julgar, reputar; 6 reparar, fitar, olhar fixamente, observar com atenção; 7 prestar atenção; 8 tomar em consideração ❖ *(in so far) as regards...* quanto a...; com respeito a...; *he regards neither God nor man* ele nem teme a Deus nem receia os homens; *to pay no ~ to* não fazer caso de

regardant [rɪˈɡɑːdənt] *adj.* HERÁLDICA regardante

regardful [rɪˈɡɑːdfʊl] *adj.* 1 atento, atencioso; 2 cheio de atenções; 3 respeitoso; 4 cuidadoso

regardfully [rɪˈɡɑːdfʊlɪ] *adv.* 1 atenciosamente; 2 respeitosamente; 3 cuidadosamente

regarding [rɪˈɡɑːdɪŋ] *prep.* com respeito a, em relação a, relativamente a, no tocante a

regardless [rɪˈɡɑːdləs] Ⓐ *adj.* 1 desatento; sem prestar atenção [*of*, a]; 2 indiferente [*of*, a]; 3 negligente Ⓑ *adv.* de qualquer forma; de qualquer maneira ❖ ~ *of consequences* sem olhar às consequências; ~ *of expense* sem olhar a despesas; ~ *of the future* sem se importar com o futuro; de forma imprevidente

regardlessly [rɪˈɡɑːdləslɪ] *adv.* 1 com indiferença, indiferentemente; 2 negligentemente; 3 descuidadamente; 4 desrespeitosamente

regardlessness [rɪˈɡɑːdləsnɪs] *s.* 1 indiferença; 2 negligência; 3 falta de cuidado; 4 falta de atenção

regarnish [riːˈɡɑːnɪʃ] *v.tr.* guarnecer, enfeitar de novo

regatta [rɪˈɡætə] *s.* DESPORTO regata; *sailing ~* regata à vela

regd [*abrev. de* registered]

regelate [ˈriːdʒəleɪt] *v.intr.* congelar, regelar, tornar-se gelo (neve, bocados de gelo que se soldam uns aos outros)

regency ['ri:dʒənsɪ] s. (pl. **-ies**) 1 (função, cargo, período) regência; 2 [rar.] domínio, governo ❖ HISTÓRIA *the Regency* a Regência (período na história de Inglaterra de 1810-1820)

regenerate[1] [rɪ'dʒenəreɪt] v.tr.,intr. 1 regenerar, regenerar-se; 2 reformar moralmente; 3 insuflar nova vida, melhorar as condições morais de; 4 reorganizar; 5 voltar a formar-se, reproduzir-se, crescer de novo

regenerate[2] [rɪ'dʒenərɪt] adj. regenerado

regenerated [rɪ'dʒenəreɪtɪd] adj. regenerado; QUÍMICA ~ *cellulose* celulose regenerada

regenerating [rɪ'dʒenəreɪtɪŋ] adj. que regenera, regenerador ❖ ~ *chamber* câmara de regeneração

regeneration [rɪˌdʒenə'reɪʃən] s. 1 regeneração; 2 renovação; 3 reforma; 4 renascimento; 5 recuperação ❖ ~ *coil* bobina de regeneração; ~ *condenser* condensador de regeneração

regenerative [rɪ'dʒenərətɪv] adj. 1 regenerativo; que regenera; 2 recuperativo ❖ ~ *braking* travagem por recuperação; ~ *furnace* forno de recuperação

regenerator [rɪ'dʒenəreɪtə] s. 1 regenerador; 2 dispositivo ou aparelho de regeneração, recuperador

regent ['ri:dʒənt] adj.,s. 1 regente; 2 [rar.] governante, príncipe orientador ❖ *Prince Regent* príncipe regente

regerminate [ri:'dʒɜ:mɪneɪt] v.intr. voltar a germinar, germinar de novo

reggae ['regeɪ] s. MÚSICA reggae

regicidal [redʒɪ'saɪdəl] adj. regicida

regicide ['redʒɪsaɪd] s. 1 (pessoa) regicida; 2 (acto) regicídio

regild [ri:'gɪld] v.tr. voltar a dourar, redourar

regime [reɪ'ʒi:m] s. POLÍTICA regime, forma de governo

régime [re'ʒi:m] s. POLÍTICA regime, forma de governo

regimen ['redʒɪmɪn] s. 1 [rar.] sistema ou forma de governo, regime; 2 MEDICINA regime, dieta; 3 LINGUÍSTICA regência

regiment ['redʒɪmənt] Ⓐ s. 1 MILITAR regimento; 2 (grande quantidade) batalhão [**of**, de]; 3 [rar.] regimento, governo Ⓑ v.tr. 1 arregimentar; 2 (operários, trabalhadores) organizar em grupos; 3 disciplinar

regimental [redʒɪ'mentəl] adj. regimental, regimentar; relativo a regimento

regimentally [redʒɪ'mentəlɪ] adv. 1 em forma de regimento; 2 por regimentos

regimentals [redʒɪ'mentəlz] s.pl. farda, uniforme militar ❖ *in full* ~ em grande uniforme

regimentation [ˌredʒɪmen'teɪʃən] s. 1 arregimentação; 2 distribuição ou formação em regimentos ou grupos; 3 ordenação em grupos; 4 classificação

Regina [rɪ'dʒaɪnə] Ⓐ s.antr. Ⓑ (em documentos oficiais ou jurídicos) designação de rainha; *Victoria Regina* a rainha Vitória ❖ DIREITO *Regina vs. Jones* a Coroa contra Jones

Reginald ['redʒɪnəld] s.antr. Reginaldo

region ['ri:dʒən] s. 1 região; *the Arctic Regions* as regiões árcticas; *the earth is divided into several regions* a Terra está dividida em várias regiões; 2 país, território, província; 3 zona; 4 reino, esfera; *the ~ of metaphysics* a esfera da metafísica; 5 ANATOMIA região; *the abdominal ~* a região abdominal; *the lumbar ~* a região lombar ❖ *the lower regions/the nether regions* o Inferno; *the ~ beyond the grave* o além-túmulo; *the upper regions* o Céu

regional ['ri:dʒənəl] adj. regional, local

regionalism ['ri:dʒənəlɪzəm] s. regionalismo

regionalization [ˌri:dʒənəlaɪ'zeɪʃən] s. regionalização

regionalize ['ri:dʒənəlaɪz] v.tr. regionalizar

regionally ['ri:dʒənəlɪ] adv. regionalmente

regionary ['ri:dʒənərɪ] adj. regional; relativo a região

register ['redʒɪstə] Ⓐ s. 1 (acto) registo; 2 relação; 3 registo; livro de registos; *parish ~* registo paroquial; *police registers* registos policiais; *public registers* registos públicos; *Trade Register* registos comerciais; 4 MECÂNICA registo, contador de rotações; 5 dispositivo regulador; 6 MÚSICA (extensão de voz ou som) registo; 7 registo de órgão; 8 TIPOGRAFIA registo, correspondência exacta da parte impressa dos dois lados de uma folha ou página Ⓑ v.tr.,intr. 1 registar; *to ~ a letter* registar uma carta; *to ~ a trademark* registar uma marca (comercial); *to ~ luggage* registar bagagem; 2 inscrever o nome num registo; *to ~ with the police* registar-se na polícia; 3 inscrever; 4 assentar, anotar; 5 [fig.] fixar mentalmente; 6 mostrar, revelar; *his face registered surprise when he saw me* ele ficou com a surpresa estampada na cara quando me viu; 7 (instrumento) indicar, marcar, registar; *the thermometer registered 32 °C* o termómetro indicava 32 graus centígrados; 8 TIPOGRAFIA fazer coincidir exactamente os dois lados impressos de uma folha ou página; 9 (peças soltas) coincidir exactamente; 10 recensear-se, inscrever-se em lista eleitoral ❖ ~ *book* livro de registo; [ESC.] *Register House* os Arquivos Públicos em Edimburgo; ~ *office* registo civil; cartório; ~ *tonnage* tonelagem de registo; [EUA] *Navy Register* anuário naval; NÁUTICA ~ *of seamen* registo geral; ~ *of voters* lista eleitoral; *to marry at a ~ office* casar pelo civil; *to ~ a birth* declarar um nascimento

registered ['redʒɪstəd] adj. 1 registado; ~ *letter* carta registada; ~ *name* nome comercial registado; ~ *parcel* encomenda postal registada; ~ *trademark* marca registada; 2 inscrito; matriculado; 3 (acção, título) nominativo

registering ['redʒɪstərɪŋ] Ⓐ adj. registador; que regista; de registo; ~ *instrument* instrumento de registo; ~ *scale* balança registadora Ⓑ s. 1 registo; 2 TIPOGRAFIA registo

registrable ['redʒɪstrəbəl] adj. registável

registrant ['redʒɪstrənt] s. 1 aquele que regista ou inscreve; 2 pessoa que regista uma marca comercial; 3 pessoa que regista ou inscreve o seu nome

registrar [ˌredʒɪs'trɑ:] s. 1 oficial ou funcionário que regista; 2 DIREITO escrivão; 3 conservador de registo civil; 4 arquivista ❖ ~ *of mortgages* conservador de hipotecas; *the registrar's office* a repartição do registo civil; *to get married by the ~* casar pelo civil

registrarship [ˌredʒɪs'trɑ:ʃɪp] s. cargo ou funções de escrivão, conservador do registo civil ou arquivista

registrary ['redʒɪstrərɪ] s. (pl. **-ies**) secretário e arquivista da Universidade de Cambridge

registration [ˌredʒɪs'treɪʃən] s. 1 registo; ~ *of a letter* registo de uma carta; ~ *of mortgages* registo hipotecário; 2 inscrição; matrícula; 3 MÚSICA registação; 4 número de pessoas inscritas ou registadas para efeitos eleitorais ❖ ~ *fee* taxa de registo; ~ *form* impresso de inscrição; ~ *number* número de registo; (carro) número de matrícula; ~ *of copyright* depósito legal

registry ['redʒɪstrɪ] s. (pl. **-ies**) 1 registo; 2 matrícula; 3 inscrição; 4 conservatória do registo civil; *probate ~* conservatória para registo de testamentos; 5 cartório; ~ *office* repartição do registo civil, cartório; 6 lugar ou repartição onde se guardam registos e arquivos ❖ ~ *books* livros de estatística; ~ *fee* taxa de registo; ~ *marriage* casamento civil; NÁUTICA *certificate of ~* certificado de matrícula; NÁUTICA *port of ~* porto de armamento; *to be married at a ~* casar pelo civil

regius professor [ˌri:dʒəsprə'fesə] s. (universidade) titular de cadeira universitária em Oxford ou Cambridge, instituída por Henrique VIII, ou criada posteriormente com as mesmas prerrogativas

regive [ri:'gɪv] v.tr. (prt. **regave**, part. pass. **regiven**) voltar a dar

reglet ['reglɪt] s. 1 TIPOGRAFIA regreta; 2 ARQUITECTURA listel, filete

regnal ['regnəl] adj. relativo ao reinado; ~ *year* ano de reinado (contado desde a subida ao trono) ❖ ~ *day* aniversário da subida ao trono

regnant ['regnənt] adj. 1 reinante; *the Prince Regnant* o príncipe reinante; *the Queen Regnant* a soberana reinante; *the ~ fashion* a moda reinante; 2 imperante; 3 prevalecente, predominante, espalhado; *such ideas were ~ in those days* estas ideias imperavam naqueles dias

regorge [ri:'gɔ:dʒ] v.tr.,intr. 1 vomitar; 2 regurgitar; 3 refluir; 4 voltar a engolir

Reg. Prof. [abrev. de Regius Professor]

regrade [ri:'greɪd] v.tr. 1 voltar a classificar; 2 reordenar

regrate [rɪ'greɪt] v.tr. 1 comprar (mercadorias, alimentos) com o objectivo de revenda a altos preços; 2 açambarcar para vender depois a altos preços

regrater [rɪ'greɪtə] s. açambarcador que vende depois a mercadoria açambarcada a altos preços

regress[1] [rɪ'gres] v.intr. 1 regredir; 2 retroceder; 3 regressar; 4 retrogradar

regress² [ri:gres] s. 1 retrocesso; 2 regresso; 3 retorno; 4 retrogressão, retrogradação; 5 DIREITO reintegração
regression [rɪ'greʃən] s. 1 regressão; 2 retrocesso, regresso, retrogressão; 3 recaída; 4 reversão
regressive [rɪ'gresɪv] adj. regressivo
regressively [rɪ'gresɪvlɪ] adv. regressivamente
regressiveness [rɪ'gresɪvnəs] s. regressividade; carácter regressivo
regret [rɪ'gret] Ⓐ s. 1 tristeza, mágoa, pesar, pena; ~ *at being refused sth* pesar por nos terem recusado alguma coisa; ~ *for sth* pesar por alguma coisa; *to express ~ for* exprimir o seu pesar por, pedir desculpa de; *(much) to his regret, he said that...* com grande pesar seu, disse que...; *to refuse with much ~* recusar com grande tristeza; 2 desapontamento, desgosto; *to hear with ~ of* ter o desgosto de ser informado de; 3 arrependimento; remorso; *to have no regrets* não sentir qualquer arrependimento; 4 *pl.* desculpas; *to send one's regrets* enviar as suas desculpas; *please accept my regrets* aceite, por favor, as nossas desculpas Ⓑ *v.tr. (particípios:* **-tt-**) 1 lamentar, lastimar, deplorar; *he regrets being unable to go with you* ele lamenta não poder ir consigo; *I ~ to inform you that...* lamento informá-lo que...; 2 sentir pesar por; 3 arrepender-se de ❖ *it is to be regretted that...* é lamentável que...; é uma pena que...; *to feel ~* lamentar
regretful [rɪ'gretfʊl] adj. 1 lamentável, deplorável; 2 que causa pena; 3 pesaroso, cheio de pena, cheio de pesar; *she shed ~ tears* ela chorou, cheia de pesar; 4 arrependido
regretfully [rɪ'gretfʊlɪ] adv. 1 pesarosamente, com pesar; 2 lamentavelmente
regrettable [rɪ'gretəbəl] adj. 1 lamentável, deplorável; 2 lastimável
regrettably [rɪ'gretəblɪ] adv. 1 lamentavelmente, deploravelmente; 2 lastimavelmente
regretting [rɪ'gretɪŋ] s. 1 pesar; 2 mágoa, pena; 3 desgosto; 4 arrependimento
regrind [ri:'graɪnd] *v.tr. (prt. e part. pass.* **reground**) 1 voltar a moer, moer de novo; 2 triturar de novo; 3 (válvula) rodar novamente
regrinding [ri:'graɪndɪŋ] s. 1 acto de voltar a moer ou triturar; 2 (válvula) acção de rodar de novo
regroup [ri:'gru:p] *v.tr.,intr.* 1 reagrupar(-se); 2 reorganizar(-se)
regrowth [ri:'grəʊθ] s. 1 novo crescimento; 2 repovoamento (de região florestal); 3 BIOLOGIA regeneração (de tecidos)
Regt Ⓐ [abrev. de Regent] Ⓑ [abrev. de Regiment]
regulable [ˈreɡjʊləbəl] adj. 1 regulável; 2 regularizável; 3 ajustável
regular [ˈreɡjʊlə] Ⓐ adj. 1 regular; ~ *features* feições regulares; ~ *polygon* polígono regular; ~ *prism* prisma regular; ~ *pulse* pulso regular; *he is a man of ~ habits* ele é um homem de hábitos regulares; 2 harmonioso, simétrico; 3 habitual, usual, normal; 4 uniforme, metódico; 5 pontual; assíduo; ~ *visitor* visitante assíduo; 6 exacto; 7 fixo; permanente; ~ *staff* empregados permanentes; *he has no ~ work* ele não tem uma ocupação fixa; 8 com as necessárias habilitações; experiente, profissional; *a ~ cook* um cozinheiro experiente; *a ~ doctor* um médico profissional idóneo, um médico competente; 9 LINGUÍSTICA regular, de acordo com as regras ou paradigmas; 10 RELIGIÃO regular, relativo a ordem religiosa, oposto a secular; *the ~ clergy* o clero regular; 11 [coloq.] completo, acabado, rematado, perfeito Ⓑ s. 1 soldado das tropas regulares; 2 membro do clero regular; 3 frade; 4 [coloq.] empregado permanente; 5 [coloq.] bom cliente; habitual Ⓒ adv. 1 regularmente; 2 verdadeiramente; completamente; *he is ~ angry* ele está verdadeiramente irritado ❖ ~ *customer* bom freguês; ~ *lay* cocha diagonal; ~ *model* tipo corrente; ~ *officer* oficial de carreira; *set-to* batalha em regra; MILITAR ~ *troops* tropas regulares; *a ~ overhauling* um exame (uma vistoria) em regra; MILITAR *a ~ soldier* um soldado das tropas regulares; *as ~ as a clockwork* como um relógio; *in the ~ manner* regularmente; (comboios) *the ~ travellers* os portadores de passe; [coloq.] *he is a ~ brick* ele é um rapaz às direitas; [EUA] *he is a ~ guy* ele é bom tipo; *they did it as a ~ thing* eles faziam isso regularmente; *to keep ~ hours* ser muito regular nas suas horas; *to make ~* regularizar

regularity [ˌreɡjʊ'lærɪtɪ] s. 1 regularidade; ~ *of motion* regularidade de movimento; 2 ordenação
regularization [ˌreɡjʊləraɪ'zeɪʃən] s. regularização
regularize [ˈreɡjʊləraɪz] v.tr. regularizar
regularly [ˈreɡjʊləlɪ] adv. 1 regularmente, com regularidade; 2 de acordo com as regras; 3 completamente, francamente, nitidamente
regulate [ˈreɡjʊleɪt] v.tr. 1 regular; regularizar; *to ~ the traffic* regular o tráfego; 2 (regras) regulamentar; 3 orientar; 4 controlar; *to ~ one's expenditure* controlar as despesas; 5 (relógio) acertar; *to ~ a watch* acertar um relógio; 6 (máquinas, etc.) ajustar
regulated [ˈreɡjʊleɪtɪd] adj. regulado; ~ *movement* movimento regulado
regulating [ˈreɡjʊleɪtɪŋ] Ⓐ adj. regulador; de regulação; ~ *device* dispositivo de regulação; ~ *valve* válvula reguladora, válvula de passagem intermédia Ⓑ s. 1 regulação; 2 regularização; 3 ajustamento ❖ ELECTRICIDADE ~ *switch* interruptor de regulação; ~ *wheel* volante moderador
regulation [ˌreɡjʊ'leɪʃən] s. 1 regulação; ~ *of output* regulação do rendimento; 2 ajuste; 3 regulamentação; *bringing under ~* regulamentação; 4 regulamento, regra, norma; *contrary to the regulations* contrário aos regulamentos; *hospital regulations* regulamento hospitalar; *the customs regulations* os regulamentos alfandegários ❖ ~ *control* comando da regulação; ~ *uniform* uniforme regulamentar; *to bring under ~* regulamentar
regulationist [ˌreɡjʊ'leɪʃənɪst] adj. regulamentarista ❖ ~ *country* país que admite a prostituição regulamentada
regulative [ˈreɡjʊlətɪv, ˈreɡjʊleɪtɪv] adj. regulador
regulator [ˈreɡjʊleɪtə] s. 1 (pessoa, instrumento) regulador; *voltage ~* regulador da tensão, regulador da voltagem; 2 peça reguladora; 3 registo (de relógio) ❖ ~ *valve* válvula reguladora; *self-acting ~* auto-regulador
regulus [ˈreɡjʊləs] s. *(pl.* **-i**) 1 QUÍMICA (substância metálica) régulo; ~ *of antimony* régulo de antimónio; 2 [depr.] (rei) régulo; 3 ZOOLOGIA régulo, felosa-de-poupa, estrelinha
Regulus [ˈreɡjʊləs] Ⓐ s.antr. Régulo Ⓑ s. ASTRONOMIA (estrela da constelação de Leão) Régulo
regurgitate [rɪ'ɡɜ:dʒɪteɪt] v.tr.,intr. 1 regurgitar, vir novamente à boca; 2 vomitar; 3 extravasar
regurgitation [rɪˌɡɜ:dʒɪ'teɪʃən] s. regurgitação
rehab [ˈri:hæb] Ⓐ s. 1 (toxicodependente, alcoólico) recuperação; desintoxicação; reintegração; 2 edifício recuperado, edifício restaurado Ⓑ v.tr. (*particípios:* **-bb-**) (edifício) restaurar, recuperar
rehabilitate [ri:ə'bɪlɪteɪt] v.tr. 1 reabilitar; 2 reintegrar; 3 (edifício) restaurar, recuperar
rehabilitating [ri:ə'bɪlɪteɪtɪŋ] adj. reabilitador, reabilitante
rehabilitation [ri:əbɪlɪ'teɪʃən] s. 1 reabilitação; 2 reintegração; 3 (edifício) restauração, recuperação
rehandle [ri:'hændl] v.tr. 1 pôr novo cabo em; 2 versar de novo, tratar novamente
reharden [ri:'hɑ:dn] v.tr. retemperar (metal)
rehardening [ri:'hɑ:dnɪŋ] s. retemperação
reharness [ri:'hɑ:nɪs] v.tr. tornar a arrear (animal de tiro), tornar a atrelar
rehash [ri:'hæʃ] Ⓐ s. 1 novo arranjo, nova versão (de obra literária); 2 coisa refeita Ⓑ v.tr. 1 dar novo arranjo, nova versão a (obra literária); 2 apresentar sob nova forma
rehear [ri:'hɪə] v.tr. (*prt. e part. pass.* **reheard**) 1 ouvir de novo; 2 DIREITO voltar a julgar
rehearing [ri:'hɪərɪŋ] s. nova audição
rehearsal [rɪ'hɜ:səl] s. 1 ensaio; *play in/under ~* peça que anda em ensaios; *the dress ~* o ensaio geral; 2 [fig.] preparação [for, para]; 3 [form.] enumeração; relato; narrativa; 4 repetição
rehearse [rɪ'hɜ:s] v.tr.,intr. 1 relatar, enumerar, narrar; 2 recitar; 3 TEATRO ensaiar
rehearser [rɪ'hɜ:sə] s. actor que ensaia
rehearsing [rɪ'hɜ:sɪŋ] s. TEATRO ensaio
reheat [ri:'hi:t] v.tr. reaquecer; 2 requentar
reheater [ri:'hi:tə] s. dispositivo para reaquecimento
reheating [ri:'hi:tɪŋ] s. reaquecimento ❖ ~ *furnace* forno de reaquecimento
re-heel [ri:'hi:l] v.tr. pôr novos tacões (em calçado)

re-hoop [ˌriːˈhuːp] *v.tr.* arcar de novo, pôr novos arcos em (pipa, barril)

re-hooping [ˌriːˈhuːpɪŋ] *s.* acto de arcar de novo, de pôr novos arcos em (pipa, barril)

rehouse [ˌriːˈhaʊz] *v.tr.* realojar, alojar em novas habitações

Reich [raɪk] *s.* HISTÓRIA (Alemanha) Reich

reification [ˌrɪɪfɪˈkeɪʃən, ˌriːɪfɪˈkeɪʃən] *s.* reificação

reify [ˈreɪfaɪ, ˈriːɪfaɪ] *v.tr.* reificar

reign [reɪn] Ⓐ *s.* 1 reino; *the mineral ~* o reino mineral; *the vegetable ~* o reino vegetal; 2 reinado; *during three successive reigns* durante três reinados sucessivos; (Revolução Francesa) *the Reign of Terror* o reinado do terror; *under the ~ of Edward I* no reinado de Eduardo I; 3 domínio; predomínio Ⓑ *v.intr.* 1 reinar; *he desired to rule as well as ~* ele queria não só reinar mas também governar; *he reigned over the country for many years* ele reinou no país durante muitos anos; 2 imperar; predominar ❖ *better to ~ in hell than serve in heaven* nem o Diabo quis servir; *silence reigned supreme* o silêncio era total; *to ~ supreme* ser soberano; não ter igual

reigning [ˈreɪnɪŋ] *adj.* 1 reinante; 2 (detentor do título) titular; actual; 3 dominante; predominante

reignite [ˌriːɪɡˈnaɪt] *v.tr.* reacender

reignition [ˌriːɪɡˈnɪʃən] *s.* reignição

reiki [ˈraɪkɪ] *s.* (medicina alternativa) reiki

reillume [ˌriːˈljuːm] *v.tr.* reiluminar

reimbursable [ˌriːɪmˈbɜːsəbəl] *adj.* reembolsável

reimburse [ˌriːɪmˈbɜːs] *v.tr.* 1 reembolsar; *to ~ sb (for) his expenses* reembolsar alguém pelas suas despesas; 2 restituir; 3 indemnizar, compensar

reimbursement [ˌriːɪmˈbɜːsmənt] *s.* reembolso

reimport[1] [ˌriːɪmˈpɔːt] *v.tr.* reimportar

reimport[2] [ˌriːˈɪmpɔːt] *s.* reimportação

reimportation [ˌriːɪmpɔːˈteɪʃən] *s.* reimportação

reimpose [ˌriːɪmˈpəʊz] *v.tr.* TIPOGRAFIA fazer nova imposição

reimposing [ˌriːɪmˈpəʊzɪŋ] *s.* TIPOGRAFIA acção de reimpor

reimposition [ˌriːɪmpəˈzɪʃən] *s.* 1 TIPOGRAFIA reimposição; 2 lançamento de nova taxa

reimpression [ˌriːɪmˈpreʃən] *s.* reimpressão

re-imprison [ˌriːɪmˈprɪzən] *v.tr.* voltar a prender, prender de novo

rein [reɪn] Ⓐ *s.* 1 rédea; *to draw ~* puxar pela rédea, parar, abrandar o andamento; *to put the reins on a horse* pôr as rédeas num cavalo; 2 [fig.] domínio, governo, direcção; *to assume the reins of government* assumir a direcção do governo; *to drop the reins of government* deixar a direcção do governo; *to hold the reins* governar, mandar; *to keep a tight ~ on* controlar firmemente; *to take the reins* tomar as rédeas, assumir a direcção Ⓑ *v.tr.* 1 guiar com rédeas; 2 [fig.] governar, dominar, controlar ❖ *to give sb free ~* dar carta-branca a alguém; *to give ~ to one's imagination/to give the reins to one's imagination* dar livre curso à imaginação; *with a loose/slack ~* com rédea branda; sem grande severidade

◆ **rein back** Ⓐ *v.tr.* (cavalo) fazer recuar; *to rein a horse back* sofrear um cavalo, parar um cavalo com as rédeas Ⓑ *v.intr.* recuar

◆ **rein in** Ⓐ *v.tr.* 1 dominar; reprimir; manter firme; 2 (cavalo) obrigar a seguir a passo Ⓑ *v.intr.* abrandar

◆ **rein up** *v.tr.* fazer parar, puxando as rédeas

reincarnate[1] [ˌriːɪnˈkɑːneɪt] *v.tr.,intr.* 1 reencarnar; 2 reencarnar-se

reincarnate[2] [ˌriːɪnˈkɑːnɪt] *adj.* reencarnado

reincarnation [ˌriːɪnkɑːˈneɪʃən] *s.* reencarnação

reincorporate [ˌriːɪnˈkɔːpəreɪt] *v.tr.* reincorporar

reindeer [ˈreɪndɪə] *s.* ZOOLOGIA rena, rangífer; *buck ~* rena-macho; *doe ~* rena-fêmea ❖ *~ moss* musgo das renas

reinflate [ˌriːɪnˈfleɪt] *v.tr.* voltar a encher (bola, balão, etc.)

reinflation [ˌriːɪnˈfleɪʃən] *s.* reenchimento (bola, balão, etc.)

reinforce [ˌriːɪnˈfɔːs] Ⓐ *s.* reforço (de qualquer peça ou instrumento) Ⓑ *v.tr.* 1 reforçar; 2 dar mais força a; 3 fortalecer; 4 consolidar; 5 prover de armação de reforço

reinforced [ˌriːɪnˈfɔːst] *adj.* 1 reforçado; *~ joint* junta reforçada; 2 armado, com armação de reforço; *~ cement* cimento armado; *~ concrete* betão armado, formigão armado, siderocimento; 3 consolidado

reinforcement [ˌriːɪnˈfɔːsmənt] *s.* 1 PSICOLOGIA reforço; 2 (cimento, betão) armadura; 3 MILITAR reforço; *a ~ of 5,000 men* um reforço de 5000 homens

reinforcing [ˌriːɪnˈfɔːsɪŋ] Ⓐ *adj.* 1 que reforça ou consolida; 2 de reforço; *~ plate* contraplaca, chapa de reforço; *~ rib* nervura de reforço Ⓑ *s.* reforço

reingratiate [ˌriːɪnˈɡreɪʃɪeɪt] *v.tr.* congraçar de novo

reinhabit [ˌriːɪnˈhæbɪt] *v.tr.* voltar a habitar, reabitar

reinless [ˈreɪnləs] *adj.* 1 sem rédeas, sem freio; 2 [fig.] sem controlo, desenfreado

reins [reɪnz] *s.pl.* 1 [arc.] rins; 2 [arc.] região renal

reinsert [ˌriːɪnˈsɜːt] *v.tr.* 1 reinserir; 2 colocar no lugar devido

reinsertion [ˌriːɪnˈsɜːʃən] *s.* 1 reinserção; 2 colocação no lugar devido

reinstall [ˌriːɪnˈstɔːl] *v.tr.* reinstalar

reinstate [ˌriːɪnˈsteɪt] *v.tr.* 1 reintegrar (em funções, cargo, privilégios, etc.); 2 restabelecer; 3 restaurar a ordem devida; 4 restituir a saúde

reinstatement [ˌriːɪnˈsteɪtmənt] *s.* 1 reintegração (em funções, cargo, privilégios, etc.); 2 restabelecimento

reinsurance [ˌriːɪnˈʃʊərəns] *s.* resseguro

reinsure [ˌriːɪnˈʃʊə] *v.tr.* ressegurar

reinsurer [ˌriːɪnˈʃʊərə] *s.* ressegurador

reintegrate [ˌriːˈɪntɪɡreɪt] *v.tr.* reintegrar, integrar de novo

reintegration [ˌriːɪntɪˈɡreɪʃən] *s.* reintegração

reinter [ˌriːɪnˈtɜː] *v.tr.* (particípios: -rr-) enterrar de novo

reinterment [ˌriːɪnˈtɜːmənt] *s.* novo enterro

reinterpret [ˌriːɪnˈtɜːprɪt] *v.tr.* reinterpretar

reinterpretation [ˌriːɪnˌtɜːprɪˈteɪʃən] *s.* reinterpretação

reinterrogate [ˌriːɪnˈterəɡeɪt] *v.tr.* voltar a interrogar, interrogar novamente

reintroduce [ˌriːɪntrəˈdjuːs] *v.tr.* 1 reintroduzir, introduzir novamente; 2 apresentar novamente

reintroducing [ˌriːɪntrəˈdjuːsɪŋ] *s.* acção de reintroduzir ou de apresentar novamente

reintroduction [ˌriːɪntrəˈdʌkʃən] *s.* 1 reintrodução; 2 nova apresentação (de uma pessoa a outra)

reinvasion [ˌriːɪnˈveɪʒən] *s.* nova invasão

reinvent [ˌriːɪnˈvent] *v.tr.* reinventar

reinvest [ˌriːɪnˈvest] *v.tr.* 1 reinvestir, aplicar novamente (capitais, fundos); 2 atacar de novo; 3 revestir, reintegrar (em funções, cargo)

reinvestigate [ˌriːɪnˈvestɪɡeɪt] *v.tr.* 1 investigar novamente; 2 reexaminar

reinvestment [ˌriːɪnˈvestmənt] *s.* 1 FINANÇAS reinvestimento; 2 MILITAR novo ataque

reinvigorate [ˌriːɪnˈvɪɡəreɪt] *v.tr.* 1 revigorar; 2 reanimar; 3 robustecer; 4 dar nova energia

reinvite [ˌriːɪnˈvaɪt] *v.tr.* convidar novamente

reissue [ˌriːˈɪʃuː] Ⓐ *s.* 1 reedição, nova tiragem; 2 FINANÇAS nova emissão (de notas, selos, etc.) Ⓑ *v.tr.* 1 reeditar; 2 fazer nova tiragem de, publicar de novo; 3 FINANÇAS fazer nova emissão

reiterate [riːˈɪtəreɪt] *v.tr.* reiterar, repetir

reiterated [riːˈɪtəreɪtɪd] *adj.* reiterado

reiteration [riːˌɪtəˈreɪʃən] *s.* 1 reiteração; 2 confirmação; 3 TIPOGRAFIA retiração

reiterative [riːˈɪtərətɪv] *adj.* reiterativo

reive [riːv] *v.tr.,intr.* ⇒ **to reave**

reiver [ˈriːvə] *s.* ⇒ **reaver**

reject[1] [rɪˈdʒekt] *v.tr.* 1 rejeitar; recusar; não aceitar; *to ~ an offer* rejeitar uma oferta; 2 repelir; 3 repudiar; 4 vomitar; 5 deitar fora

reject[2] [ˈriːdʒekt] *s.* 1 refugo; 2 artigo de qualidade inferior; 3 coisa ou pessoa rejeitada; 4 recruta declarado incapaz para o serviço militar

rejectable [rɪˈdʒektəbəl] *adj.* 1 rejeitável; 2 de recusar, de não aceitar

rejectamenta [ˌrɪdʒektəˈmentə] *s.pl.* 1 restos, lixo; 2 coisas lançadas pelo mar; 3 excrementos

rejected [rɪˈdʒektɪd] *adj.* 1 rejeitado; 2 recusado; 3 repelido; 4 repudiado; 5 lançado fora

rejecter [rɪˈdʒektə] *s.* 1 pessoa que rejeita; 2 RÁDIO filtro

rejection [rɪˈdʒekʃən] s. 1 rejeição; 2 recusa; resposta negativa; não aceitação; 3 repulsa; 4 pl. refugo, restos; 5 pl. excrementos ❖ ELECTRICIDADE ~ *circuit* circuito de reactância

rejector [rɪˈdʒektə] s. ⇒ **rejecter**

rejoice [rɪˈdʒɔɪs] v.tr.,intr. 1 alegrar, causar alegria a; encher de contentamento; *his success rejoiced his mother's heart* o êxito dele alegrou o coração da mãe; *she was rejoiced to hear it* ela ficou muito contente quando soube; 2 rejubilar; regozijar-se; exultar; *I ~ to welcome you* tenho muito prazer em dar-lhe as boas-vindas; 3 deliciar-se [in, com]; deleitar-se [in, com]; 4 festejar

rejoicement [rɪˈdʒɔɪsmənt] s. regozijo, alegria

rejoicer [rɪˈdʒɔɪsə] s. pessoa que se alegra ou rejubila

rejoicing [rɪˈdʒɔɪsɪŋ] Ⓐ adj. 1 alegre, jubiloso; 2 que causa alegria Ⓑ s. 1 alegria, júbilo; 2 regozijo; 3 satisfação; 4 pl. festa, comemoração, diversão

rejoicingly [rɪˈdʒɔɪsɪŋlɪ] adv. 1 alegremente; 2 jubilosamente

rejoin[1] [ˌriːˈdʒɔɪn] v.tr.,intr. 1 voltar a juntar; 2 reunir

rejoin[2] [rɪˈdʒɔɪn] v.tr.,intr. 1 responder, replicar; 2 DIREITO treplicar, dar tréplica; 3 reunir-se a, reingressar (no mesmo regimento, etc.)

rejoinder [rɪˈdʒɔɪndə] s. 1 resposta, réplica; 2 DIREITO tréplica

rejoining [rɪˈdʒɔɪnɪŋ] s. 1 reunião; 2 reingresso

rejoint [ˌriːˈdʒɔɪnt] v.tr. tapar juntas, voltar a argamassar

rejointing [ˌriːˈdʒɔɪntɪŋ] s. acção de argamassar de novo

rejuvenate [rɪˈdʒuːvəneɪt] v.tr.,intr. 1 rejuvenescer, remoçar; 2 tornar mais novo; 3 ficar mais novo

rejuvenating [rɪˈdʒuːvəneɪtɪŋ] adj. rejuvenescedor

rejuvenation [rɪˌdʒuːvəˈneɪʃən] s. rejuvenescimento, rejuvenescência

rejuvenesce [ˌriːdʒuːvəˈnes] v.tr.,intr. 1 rejuvenescer; 2 BIOLOGIA adquirir novo vigor, encher de nova vitalidade

rejuvenescence [ˌriːdʒuːvəˈnesəns] s. 1 rejuvenescência; 2 aquisição de nova vitalidade

rejuvenescent [ˌriːdʒuːvəˈnesənt] adj. rejuvenescente

rekiln [ˌriːˈkɪln] v.tr. recozer, voltar a cozer

rekindle [riːˈkɪndl] Ⓐ v.tr. 1 reacender; reavivar; *to ~ the fire* voltar a acender o lume; 2 inflamar; 3 [fig.] renovar Ⓑ v.intr. 1 reacender-se; 2 inflamar-se; 3 [fig.] renovar-se

relabel [ˌriːˈleɪbəl] v.tr. (participios: -ll-) 1 voltar a rotular; 2 colocar novo rótulo ou etiqueta em

relapse [rɪˈlæps] Ⓐ s. 1 relapsia; 2 reincidência; *~ into crime* reincidência no crime; 3 MEDICINA recaída, recidiva; *to have a ~* ter uma recaída Ⓑ v.intr. 1 reincidir; *to ~ into crime* reincidir no crime; 2 recair; 3 MEDICINA ter uma recaída, recidivar

relapser [rɪˈlæpsə] s. relapso

relapsing [rɪˈlæpsɪŋ] Ⓐ adj. que se repete Ⓑ s. recaída ❖ *~ fever* febre recorrente

relatch [riːˈlætʃ] Ⓐ s. reengate Ⓑ v.tr. reengatar, voltar a engatar ❖ *~ bar* barra de reengate; *~ shaft* eixo de reengate

relate [rɪˈleɪt] v.tr.,intr. 1 relatar, referir, contar, narrar; *to ~ a fact* narrar um facto; 2 estabelecer relação entre; relacionar [to, com]; *it was difficult to ~ it to any known cause* era difícil relacionar isso com qualquer causa conhecida; 3 referir-se [to, a]; dizer respeito [to, a]; 4 integrar-se; estabelecer (bom) relacionamento [to, com]; *did he ~ well to his school friends?* ele integrou-se bem com os colegas da escola?; *how does he ~ to his parents?* como é o relacionamento dele com os pais? ❖ *I can ~ to that!* compreendo perfeitamente!; *strange to relate!* caso estranho!

related [rɪˈleɪtɪd] adj. 1 relacionado; 2 conexo; ligado; *~ ideas* ideias conexas; 3 afim; 4 aparentado; com relações de parentesco; da mesma família; *closely ~ species* espécies (animais ou vegetais) muito próximas umas das outras; *to be closely ~* ser parente próximo; *to be distantly ~* ser parente afastado; *to be nearly ~* ser parente próximo; *to be ~ to* ser da mesma família que; 5 contado, narrado

relatedness [rɪˈleɪtɪdnɪs] s. 1 ligação, relação; 2 parentesco

relater [rɪˈleɪtə] s. narrador; aquele que relata ou conta

relating [rɪˈleɪtɪŋ] adj. relativo [to, a]; referente [to, a]

relation [rɪˈleɪʃən] s. 1 narrativa, narração, relato; 2 conexão, relação, ligação; *~ between cause and effect* relação entre causa e efeito; *in ~ to* em relação a, com respeito a; *with ~ to* em relação a; *to be out of all ~ to* não ter qualquer relação com; *to bear a ~ to* estar relacionado com; *to bear no ~ to* não ter relação com; *to break off all relations with* cortar todas as relações com; 3 correspondência; 4 proporção; 5 referência; 6 parente; *distant ~* parente afastado; *near ~* parente próximo; *is she any ~ to you?* ela tem algum parentesco consigo?; *what ~ is she to you?* que parentesco tem ela consigo?; 7 pl. assuntos, negócios; *to have business relations with* ter relações comerciais com; 8 pl. convívio, trato

relational [rɪˈleɪʃənəl] adj. 1 relacional; 2 relacionado, ligado; 3 conexo; 4 relativo; 5 aparentado ❖ INFORMÁTICA *~ database* base de dados relacional

relationless [rɪˈleɪʃənləs] adj. 1 sem relações; 2 sem parentes

relationship [rɪˈleɪʃənʃɪp] s. 1 relação; 2 afinidade; 3 conexão; 4 parentesco; *blood ~* parentesco de sangue; *near ~* parentesco próximo ❖ *to be in a ~* ter alguém na sua vida; *to have a good ~ with sb* dar-se bem com alguém

relative [ˈrelətɪv] Ⓐ adj. 1 relativo; *with ~ ease* com relativa facilidade; 2 respectivo; 3 (assunto) relativo [to, a]; respeitante [to, a]; referente [to, a]; concernente [to, a]; 4 proporcional, correspondente; 5 dependente; *supply is ~ to demand* o fornecimento depende da procura; *the force is ~ to the length of the lever* a força depende do comprimento da alavanca; 6 LINGUÍSTICA relativo; *~ clause* oração relativa; *~ pronoun* pronome relativo Ⓑ s. 1 parente; familiar; *all my relatives* toda a minha família; 2 LINGUÍSTICA pronome relativo, palavra com valor relativo; 3 FILOSOFIA coisa ou termo relativo Ⓒ adv. em relação [to, a]; a propósito [to, de]; *he wrote to me ~ to the rent he has to pay* ele escreveu-me a propósito da renda que tem de pagar ❖ *~ compression* compressão relativa; *~ error* erro relativo; *~ velocity* velocidade relativa; *~ humidity of the air* humidade relativa do ar; ANATOMIA *~ position of two parts* posição relativa de dois órgãos

relatively [ˈrelətɪvlɪ] adv. 1 relativamente; *he is ~ rich* ele é relativamente rico; *the engine is powerful ~ to its weight* o motor é potente relativamente ao seu peso; 2 comparativamente; *~ speaking* comparativamente

relativeness [ˈrelətɪvnɪs] s. carácter relativo; relatividade

relativism [ˈrelətɪvɪzəm] s. FILOSOFIA relativismo

relativist [ˈrelətɪvɪst] s. FILOSOFIA relativista

relativity [ˌreləˈtɪvɪtɪ] s. FILOSOFIA, FÍSICA relatividade; FÍSICA *the theory of ~* a teoria da relatividade de Einstein

relator [rɪˈleɪtə] s. [rar.] ⇒ **relater**

relax [rɪˈlæks] v.tr.,intr. 1 descontrair; relaxar; 2 abrandar, atenuar; *if the cold relaxes* se o frio abrandar; *to ~ discipline* abrandar a disciplina; 3 diminuir; 4 afrouxar; 5 tornar menos rígido e severo; *his severity relaxed a little* a severidade dele abrandou um pouco; 6 abrandar a tensão, repousar; 7 sossegar; 8 pôr-se à vontade; 9 (cabelo) desfrisar ❖ MEDICINA *to ~ the bowels* limpar o intestino

relaxant [rɪˈlæksənt] adj.,s. FARMÁCIA relaxante, calmante

relaxation [ˌriːlækˈseɪʃən] s. 1 relaxamento; *~ of the muscles* relaxamento dos músculos; 2 descontracção; 3 descanso, tranquilidade, repouso, sossego; 4 afrouxamento; 5 abrandamento; *~ of discipline* abrandamento da disciplina; 6 (pena, castigo, etc.) redução, atenuação, diminuição ❖ *fishing is my only ~* a pesca é a minha única distracção; *to take some ~* distrair-se um pouco; descansar um pouco

relaxed [rɪˈlækst] adj. 1 descontraído; *to feel ~* estar descontraído; 2 (ambiente) informal; 3 afrouxado; frouxo

relaxing [rɪˈlæksɪŋ] Ⓐ adj. 1 repousante, relaxante, que descontrai; 2 atenuante Ⓑ s. 1 abrandamento, descontracção; 2 atenuação, diminuição

relay [ˈriːleɪ] Ⓐ s. 1 ELECTRICIDADE relé; interruptor electromagnético; 2 MECÂNICA motor auxiliar; *~ apparatus* motor auxiliar; 3 DESPORTO [coloq.] (atletismo, natação) estafetas; *~ race* corrida de estafetas; 4 turno de trabalhadores; 5 reserva de material para substituição de outro; 6 [ant.] (cavalos de posta) muda; *~ horse* cavalo de muda Ⓑ v.tr.,intr. (prt. e part. pass. **relayed**) 1 transmitir, retransmitir; 2 (turno) substituir; 3 dispor em turnos; 4 revezar; 5 prover de motor auxiliar; 6 [ant.] (cavalos de posta) mudar ❖ *~ station* estação retransmissora; posto amplificador

re-lay [ˌriːˈleɪ] v.tr. (prt. e part. pass. **re-laid**) 1 voltar a colocar; 2 repor

relayed ['riːleɪd] *prt. e part. pass. de* **to relay**
relaying [riːˈleɪɪŋ] *s.* retransmissão (telegráfica ou radiofónica)
re-laying [riːˈleɪɪŋ] *s.* 1 nova colocação; 2 acção de voltar a colocar
RELC [*abrev. de* Regional English Language Centre]
relearn [riːˈlɜːn] *v.tr.* (*prt. e part. pass.* **relearnt** *ou* **relearned**) reaprender
releasable [rɪˈliːsəbl] *adj.* 1 separável; 2 que pode soltar-se; 3 publicável
release [rɪˈliːs] Ⓐ *s.* 1 libertação; *to order sb's ~* ordenar a libertação de alguém; 2 desprendimento; 3 (produto, bomba, pára-quedista) lançamento; 4 escape; 5 mola de engate e desengate; desengate; *~ by the main current* desengate primário; *~ of a catch* desengate; *trigger ~* desengate por gatilho; 6 disparo; 7 FOTOGRAFIA obturador; 8 ELECTRICIDADE interruptor; 9 (promessa, obrigação) dispensa; libertação; *to obtain a ~ from an obligation* conseguir libertar-se de uma obrigação; 10 (dívida) remissão; quitação; isenção; *he was granted a ~ from the fine* perdoaram-lhe a multa; 11 recibo; 12 (preso) colocação em liberdade; *~ on bail* liberdade sob fiança; 13 entrega; 14 DIREITO renúncia ou cessão de qualquer direito; 15 transferência de propriedade; 16 documento legal de cessão de propriedade ou qualquer direito; 17 (ausência) licença, autorização Ⓑ *v.tr.* 1 soltar, desprender, largar; *to ~ one's hold* deixar de segurar, largar; *to ~ the brake* largar/soltar o travão; 2 libertar, desobrigar; *he was released from his promise* libertaram-no da promessa; 3 pôr em liberdade; *to ~ a prisoner* soltar um prisioneiro; *to be released on bail* ser posto em liberdade sob fiança; 4 (dívida) perdoar, remitir; 5 renunciar; *to ~ one's right* renunciar a determinado direito; 6 ceder direito ou propriedade, transferir direito ou propriedade; 7 (produto comercial) lançar no mercado ❖ *~ key* tecla de ejecção; tecla de desengate; *~ motion* desembraiagem; *~ valve* válvula de segurança; (produto) *new ~* novidade; saída; *brakes in ~ position* travões em repouso; (avião) *to ~ a bomb* lançar uma bomba; *to ~ the catch* desengatar; FOTOGRAFIA *to ~ the shutter* disparar o obturador
re-lease [ˌriːˈliːs] *v.tr.* arrendar de novo, renovar o arrendamento de
releasee [rɪliːˈsiː] *s.* 1 cessionário; 2 renunciatório; 3 pessoa a favor de quem se fez determinada cessão; 4 pessoa que entrou na posse daquilo a que outrem renunciou
releaser [rɪˈliːsə] *s.* 1 distribuidor de filmes; 2 dispositivo de desengate
releasing [rɪˈliːsɪŋ] *s.* acção de desengatar, soltar ou libertar ❖ *~ lever* alavanca de desengate
releasor [rɪˈliːsə] *s.* aquele que cede uma propriedade ou renuncia a um direito
releather [ˌriːˈleðə] *v.tr.* forrar novamente de couro, substituir o couro de
relegable [ˈrelɪɡəbl] *adj.* relegável
relegate [ˈrelɪɡeɪt] *v.tr.* 1 relegar [**to**, para]; afastar [**to**, para]; *he was relegated to the end of the table* ele foi relegado para o fundo da mesa; 2 pôr de lado; 3 desterrar, exilar, banir, deportar; 4 (decisão, informação) enviar, remeter; *he relegated the letter to the wastepaper basket* ele atirou a carta para o cesto dos papéis; *the matter was relegated to the manager* o assunto foi remetido para o gerente ❖ DESPORTO *to be relegated* descer de divisão; descer de categoria
relegation [ˌrelɪˈɡeɪʃən] *s.* 1 relegação, desterro, banimento; 2 ostracismo; 3 acção de pôr de lado, marginalização; 4 afastamento para posição ou situação inferior; 5 envio (de assunto) a outra pessoa (para decisão ou informação); 6 DESPORTO descida de divisão, descida de categoria
relent [rɪˈlent] *v.intr.* 1 abrandar; 2 tornar-se menos severo ou rígido; 3 ceder à compaixão; ter pena; compadecer-se; 4 enternecer-se
relenting [rɪˈlentɪŋ] *s.* 1 compaixão; 2 abrandamento de intensidade; 3 afrouxamento; 4 perdão
relentless [rɪˈlentləs] *adj.* 1 inflexível; 2 rígido; 3 severo; 4 implacável, inexorável; 5 sem piedade
relentlessly [rɪˈlentləsli] *adv.* 1 inflexivelmente; 2 duma maneira rígida; 3 cheio de severidade; 4 implacavelmente, inexoravelmente

relentlessness [rɪˈlentləsnɪs] *s.* 1 inflexibilidade; 2 severidade; 3 implacabilidade; 4 inexorabilidade
re-let [ˈriːlet] *v.tr.* (*prt. e part. pass.* **re-let**) 1 realugar; 2 sublocar, subarrendar
re-letting [ˈriːletɪŋ] *s.* sublocação, subarrendamento
relevance [ˈrelɪvəns] *s.* 1 pertinência, aplicabilidade; 2 relação
relevancy [ˈrelɪvənsi] *s.* 1 pertinência, aplicabilidade; 2 relação
relevant [ˈrelɪvənt] *adj.* 1 pertinente; relevante; *to stick to the ~ facts* cingir-se aos factos pertinentes; 2 importante [**to**, para]; 3 aplicável [**to**, a]; 4 concernente [**to**, a]; atinente [**to**, a] ❖ *~ documents* documentos necessários; DIREITO, FINANÇAS *the ~ year* ano de referência
relevantly [ˈrelɪvəntli] *adv.* pertinentemente
re-level [ˌriːˈlevl] *v.tr.* renivelar
re-levelling [ˌriːˈlevəlɪŋ] *s.* renivelamento
reliability [rɪˌlaɪəˈbɪlɪti] *s.* 1 fiabilidade; *~ of the witness* fiabilidade da testemunha; 2 grau de confiança merecido; 3 segurança; *~ of service* segurança de serviço; 4 precisão ❖ (automóveis) *~ trials* testes de resistência
reliable [rɪˈlaɪəbl] *adj.* 1 de confiança; em que se pode confiar; 2 fidedigno; seguro; 3 certo; 4 sólido; *~ guarantee* garantia sólida; 5 durável
reliableness [rɪˈlaɪəblnɪs] *s.* ⇒ **reliability**
reliably [rɪˈlaɪəbli] *adv.* 1 de modo a inspirar confiança; 2 com segurança
reliance [rɪˈlaɪəns] *s.* 1 confiança; *I place no ~ on his word* a palavra dele não me merece qualquer confiança; 2 coisa em que se confia; *my ~ is upon God* a minha esperança está em Deus; 3 dependência [**on**, de]; *~ on drugs* dependência de drogas; 4 necessidade [**on**, de]
reliant [rɪˈlaɪənt] *adj.* confiante ❖ *to be ~ on sb* ter confiança em alguém; confiar em alguém
relic [ˈrelɪk] *s.* 1 relíquia; *a holy ~* uma relíquia sagrada; *a ~ of early civilizations* uma relíquia das civilizações primitivas; 2 lembrança; 3 *pl.* relíquias; *the relics of the past* as relíquias do passado; 4 *pl.* restos mortais; 5 *pl.* ruínas, despojos, vestígios, restos
relict [ˈrelɪkt] *s.* 1 BIOLOGIA, GEOLOGIA relicto; 2 viúva; *~ of his ~* a sua viúva; 3 [*rar.*] relíquia
relief [rɪˈliːf] *s.* 1 (sofrimento, dor, etc.) alívio; libertação; *the medicine didn't bring much ~* o remédio não trouxe grande alívio; *to feel ~* sentir alívio; *to heave a sigh of ~* soltar um suspiro de alívio; 2 consolo, refrigério, lenitivo; 3 auxílio, ajuda, amparo, socorro, assistência (aos necessitados); *indoor ~* auxílio prestado em asilo ou outra casa de assistência; *outdoor ~* auxílio ao domicílio; *child in receipt of ~* criança ajudada pela assistência; *~ of old people* assistência aos idosos; *to provide ~ for* fornecer auxílio para; 4 redução; *~ of pressure* redução de pressão; 5 libertação (de cidade sitiada); 6 rendição (de sentinelas); 7 substituição (de pessoal); 8 substituto; 9 (camioneta) desdobramento; 10 relevo; trabalho em relevo; *high ~* alto-relevo; *in ~* em relevo; *low ~* baixo-relevo; *to carve into ~* esculpir em relevo; 11 saliência; 12 GEOGRAFIA relevo do solo; 13 nitidez, realce, contraste; 14 modificação; 15 DIREITO reparação, compensação; 16 MECÂNICA descarga acidental ❖ *~ cock* torneira de escape; descompressor; *~ frame* quadro compensador; *~ fund* fundo de auxílio; *~ map* mapa em relevo; *~ pipe* cano de descarga; *~ plane* plano em relevo; *~ road* estrada de derivação (para aliviar o trânsito); *~ train* comboio de socorro; *~ troops* tropas de socorro; *~ work* trabalho em relevo; *~ works* trabalhos públicos de auxílio aos desempregados; *~ from taxation* isenção de imposto; *a blank wall without ~* uma parede despida, sem qualquer adorno; *I don't think he brings out the facts in full ~* não me parece que ele faça realçar os factos devidamente; *to bring sth into ~* realçar alguma coisa; *to stand out as ~* ressaltar; sobressair
relier [rɪˈlaɪə] *s.* [*rar.*] aquele que confia, aquele que tem confiança
relievable [rɪˈliːvəbl] *adj.* 1 mitigável; 2 que pode atenuar-se; 3 que pode acalmar-se; 4 que pode socorrer-se ou auxiliar-se
relieve [rɪˈliːv] *v.tr.* 1 aliviar; *to ~ the pressure* aliviar a pressão; *to feel relieved of a great weight* sentir-se aliviado de um grande peso; 2 acalmar, atenuar, abrandar, mitigar; 3 libertar; desobrigar; *it relieved him of all responsibility* isso libertava-o

de qualquer a responsabilidade; 4 socorrer; salvar; 5 auxiliar, ajudar, assistir; 6 consolar; 7 substituir, revezar-se com; 8 (sentinela, etc.) render; *to ~ a sentry* render uma sentinela; NÁUTICA *to ~ the watch* render o quarto; 9 despedir, exonerar; 10 tornar menos monótono, quebrar a monotonia de; *they did everything they could to ~ the tedium of the journey* fizeram tudo quanto podiam para atenuar o tédio da viagem; 11 realçar, fazer sobressair, pôr em relevo; *her black bodice was relieved with white lace* o corpete preto sobressaía com uma renda branca; 12 MILITAR libertar; *the town was relieved by foreign troops* a cidade foi libertada por tropas estrangeiras ❖ [joc.] *the thief relieved him of his watch* o ladrão "aliviou-o" do relógio; *to ~ congestion* descongestionar; *to ~ nature/to ~ oneself* evacuar; urinar; fazer as suas necessidades; *to ~ one's feelings* desabafar; *to ~ sb's mind* tranquilizar alguém

reliever [rɪˈliːvə] *s.* 1 pessoa que consola, acalma ou mitiga; 2 pessoa que ajuda, auxilia ou socorre; 3 lenitivo

relieving [rɪˈliːvɪŋ] Ⓐ *adj.* 1 que alivia; 2 que mitiga ou consola; 3 que auxilia ou socorre Ⓑ *s.* 1 alívio; 2 (dor, sofrimento, etc.) atenuação, mitigação; 3 (sentinela) rendição; 4 (cidade sitiada) libertação; 5 socorro; 6 auxílio ❖ ARQUITECTURA *~ arch* arco de descarga; *~ officer* membro de comissão de beneficência; NÁUTICA *~ ropes* varloas; *~ troops* tropas de socorro; MEDICINA *~ of the bowels* evacuação

relievo [rɪˈliːvəʊ] *s.* relevo; *alto ~* alto-relevo; *basso ~* baixo-relevo

relight [ˌriːˈlaɪt] *v.tr.,intr.* 1 voltar a acender; 2 voltar a acender-se
relighting [ˌriːˈlaɪtɪŋ] *s.* reacendimento

religion [rɪˈlɪdʒən] *s.* 1 religião; *established ~* religião oficial; *natural ~* religião natural; *revealed ~* religião revelada; *the Christian ~* a religião cristã; 2 fé; crença; 3 culto; 4 [rar.] ordem religiosa; 5 [rar.] prática de ritos sagrados ❖ *to enter into ~* ingressar na vida religiosa; professar; [coloq.] *to get ~* tornar-se beato; converter-se; *to make a ~ of sth* fazer de algo uma religião; considerar algo uma missão; *wars of ~* guerras religiosas

religioner [rɪˈlɪdʒənə] *s.* 1 religioso; 2 membro de ordem religiosa; 3 pessoa conhecida pela sua religiosidade

religionism [rɪˈlɪdʒənɪzəm] *s.* 1 zelo religioso excessivo; 2 devoção excessiva

religionist [rɪˈlɪdʒənɪst] *s.* beato, fanático

religionize [rɪˈlɪdʒənaɪz] *v.tr.,intr.* 1 converter à religião; 2 imbuir de religião; 3 mostrar zelo religioso

religiose [rɪˈlɪdʒɪəʊs] *adj.* [depr.] doentiamente religioso, fanático

religiosity [rɪˌlɪdʒɪˈɒsɪtɪ] *s.* 1 religiosidade; 2 fanatismo

religious [rɪˈlɪdʒəs] Ⓐ *adj.* 1 religioso; 2 crente; piedoso; temente a Deus; 3 relativo à religião; 4 pertencente à ordem religiosa; 5 escrupuloso, consciencioso; *~ exactitude* exactidão escrupulosa Ⓑ *s.* (invariável quanto ao número) religioso, membro de ordem religiosa; frade; freira; *the ~* os religiosos, os frades ❖ *~ book* livro de devoção; *~ exercises* exercícios espirituais; *~ habit* hábito monástico; *~ house* convento

religiously [rɪˈlɪdʒəslɪ] *adv.* 1 religiosamente; 2 piedosamente; 3 religiosamente considerado; 4 conscienciosamente, escrupulosamente

religiousness [rɪˈlɪdʒəsnɪs] *s.* 1 religiosidade, carácter religioso, piedade; 2 devoção

re-line [ˌriːˈlaɪn] *v.tr.* 1 voltar a forrar, colocar novo forro; 2 revestir de novo; 3 reencamisar (cilindro)

relining [ˌriːˈlaɪnɪŋ] *s.* acção de voltar a forrar ou a revestir

relinquish [rɪˈlɪŋkwɪʃ] *v.tr.* 1 desistir de; 2 abandonar; *to ~ hope* abandonar a esperança; 3 pôr de parte; renunciar a; 4 soltar; largar; *to ~ one's hold on sth* largar algo; 5 resignar; *to ~ one's appointment* resignar as suas funções

relinquisher [rɪˈlɪŋkwɪʃə] *s.* aquele que abandona, resigna ou renuncia

relinquishing [rɪˈlɪŋkwɪʃɪŋ] *s.* acção de desistir de, de renunciar a, de abandonar

relinquishment [rɪˈlɪŋkwɪʃmənt] *s.* 1 abandono; 2 cedência; 3 renúncia; *~ of a right* renúncia a um direito; 4 desistência; 5 capitulação

reliquary [ˈrelɪkwərɪ] *s.* (*pl.* **-ies**) relicário

reliques [ˈriːlɪks] *s.pl.* relíquias

reliquiae [rɪˈlɪkwiː] *s.pl.* 1 restos; 2 GEOLOGIA fósseis

relish [ˈrelɪʃ] Ⓐ *s.* 1 sabor, paladar agradável; 2 prazer, gosto, satisfação, deleite; *the ~ of novelty* o prazer da novidade; *he has no ~ for that* ele não sente prazer nisso; *she has no ~ to write* ela não tem gosto nenhum em escrever; *he reads with great ~* ele gosta muito de ler; 3 encanto; atractivo; 4 condimento, molho, tempero; *hunger is the best ~ for food* a fome é o melhor tempero para os alimentos; 5 aperitivo; 6 petisco, iguaria Ⓑ *v.tr.,intr.* 1 apreciar; sentir prazer em; *he did not ~ the prospect* não lhe agradava muito a perspectiva; 2 comer com satisfação, saborear; 3 temperar, condimentar; 4 saber [of, a]; ter gosto [of, de] ❖ *to eat with great ~* comer com grande apetite; *to ~ well with* agradar ao espírito de

relishable [ˈrelɪʃəbəl] *adj.* saboroso, agradável

relive [ˌriːˈlɪv] *v.tr.* reviver, tornar a viver

reload [ˌriːˈləʊd] *v.tr.* voltar a carregar, recarregar

reloading [ˌriːˈləʊdɪŋ] *s.* 1 recarregamento; 2 novo carregamento, nova carga

relocate [ˌriːləʊˈkeɪt] *v.tr.,intr.* 1 mudar(-se); 2 (trabalhador) transferir(-se); 3 (empresa) deslocalizar(-se) ❖ *to ~ to...* instalar-se em...

relocation [ˌriːləʊˈkeɪʃən] *s.* 1 mudança; 2 (empresa) deslocalização; 3 (trabalhador) transferência; 4 [EUA] internamento ❖ [EUA] *~ centre* campo de internamento

reluct [rɪˈlʌkt] *v.intr.* 1 [arc.] sentir relutância [at/against, em]; 2 [arc.] sentir ou mostrar aversão [at/against, por]; 3 [arc.] manifestar oposição [at/against, a]; opor-se [at/against, a]

reluctance [rɪˈlʌktəns] *s.* 1 relutância; *to do sth with ~* fazer uma coisa com relutância; *to show ~ to do sth* mostrar relutância em fazer alguma coisa; 2 aversão; 3 repugnância; 4 ELECTRICIDADE relutância, oposição à passagem do fluxo magnético; *~ of magnetic circuit* relutância de circuito magnético

reluctant [rɪˈlʌktənt] *adj.* 1 relutante; 2 que mostra resistência; 3 hesitante [to, em]; 4 não inclinado [to, a]; 5 recalcitrante, avesso [to, a] ❖ *however ~ she was to talk to him* por mais relutância que ela tivesse em falar com ele; *he gave me ~ assistance* foi com relutância que ele me auxiliou; *to be ~ to* mostrar relutância em; *to feel ~ to* sentir relutância em

reluctantly [rɪˈlʌktəntlɪ] *adv.* 1 com relutância; *to do sth ~* fazer qualquer coisa com relutância; 2 contra vontade

reluctate [rɪˈlʌkteɪt] *v.intr.* ⇒ **reluct**

reluctation [rɪlʌkˈteɪʃən] *s.* ⇒ **reluctance**

reluctivity [rɪlʌkˈtɪvɪtɪ] *s.* ELECTRICIDADE relutância específica

relume [riːˈljuːm] *v.tr.* 1 reacender, voltar a acender; 2 iluminar, encher novamente de luz

rely [rɪˈlaɪ] *v.intr.* 1 confiar [on/upon, em]; ter confiança [on/upon, em]; *you may ~ upon it that he will be here* podes confiar em que ele estará aqui; 2 fiar-se [on/upon, em]; 3 contar [on/upon, com]; *he relies on you to help him* ele está a contar com a tua ajuda; *~ on yourself only* não contes com ninguém senão contigo ❖ *he's not to be relied upon* ele não é de confiança; não contes com ele para nada; *we ~ on receiving* esperamos receber

REM (sono) [abrev. *de* rapid eye movement]

remagnetize [ˌriːˈmæɡnɪtaɪz] *v.tr.* remagnetizar

remagnetizing [ˌriːˈmæɡnɪtaɪzɪŋ] *s.* remagnetização ❖ *~ effect* efeito de remagnetização

remain [rɪˈmeɪn] *v.intr.* 1 ficar; permanecer; *he remained two months in Oporto* ele ficou dois meses no Porto; *let it ~ as it is* deixa ficar como está; *to ~ at home* ficar em casa; *to ~ in one's memory* permanecer na memória, conservar-se na memória; 2 persistir; subsistir; *the fact remains that...* subsiste ainda o facto de que...; 3 sobejar; sobrar; restar; *if you take 5 from 9, 4 remains* 9 menos 5 são 4; *nothing remains to be said* não há mais nada a dizer; *worse things ~ to be told* há coisas ainda piores a dizer; 4 continuar, continuar a ser ❖ *it remains unsolved* está ainda por esclarecer; (fim de carta) *I remain, yours truly* com a maior consideração; *one thing remains certain* uma coisa é certa; *~ seated* não saiam dos lugares; *that remains to be seen* isso é o que vamos ver; *to ~ away* estar ausente; *to ~ silent* continuar calado; não dizer nada; continuar em silêncio

◆**remain behind** *v.intr.* não seguir, não partir, ficar para trás

remainder [rɪˈmeɪndə] Ⓐ *s.* 1 resto; *for the ~ of the week* durante o resto da semana; 2 MATEMÁTICA (divisão) resto; *division* *with no* ~ divisão exacta, divisão sem resto; **3** (pessoas) (os) outros; *the* ~ os outros, as pessoas restantes; **4** (livros) fim de edição; (livros) ~ *sale* saldo de edição; **5** (roupas, etc.) fim de colecção; **6** DIREITO reversão Ⓑ *v.tr.* (fim de edição) saldar ❖ ~ *of an account* saldo de uma conta

remaining [rɪˈmeɪnɪŋ] *adj.* **1** restante; **2** remanescente; **3** residual ❖ *their only* ~ *hope* a única esperança que lhes resta

remains [rɪˈmeɪnz] *s.pl.* **1** restos; sobra; *the* ~ *of a meal* os restos de uma refeição; **2** resíduos; **3** vestígios; **4** (pessoa) restos mortais; *mortal* ~ restos mortais; **5** (autor falecido) espólio; obras inéditas deixadas por autor falecido; *literary* ~ obras póstumas; **6** ruínas; *the* ~ *of ancient Rome* as ruínas da antiga Roma; *here there are the* ~ *of an old temple* aqui se encontram as ruínas de um velho templo

remake¹ [ˌriːˈmeɪk] *v.tr.* (*prt. e part. pass.* **remade**) **1** refazer, voltar a fazer; **2** reconstruir; **3** transformar, converter; **4** arranjar; **5** CINEMA fazer uma nova versão de

remake² [ˈriːmeɪk] *s. remake*, nova versão

remaking [ˌriːˈmeɪkɪŋ] *s.* **1** acção de refazer, reformar, transformar; **2** novo arranjo

reman [ˌriːˈmæn] *v.tr.* (*particípios:* **-nn-**) **1** reequipar, rearmar (navio); **2** instilar nova coragem em

remand [rɪˈmɑːnd] Ⓐ *s.* reencarceramento; nova detenção preventiva para aguardar novas provas; *detention under* ~ detenção preventiva Ⓑ *v.tr.* **1** (preso) voltar a ordenar a detenção até novo exame do caso; **2** reencarcerar; **3** [rar.] reenviar, devolver ❖ ~ *home* casa de correcção; *to* ~ *sb in custody* declarar a prisão preventiva de; *to* ~ *sb on bail* libertar alguém sob fiança

remanence [ˈremənəns] *s.* **1** remanência; **2** magnetismo residual

remanent [ˈremənənt] *adj.* **1** remanente, remanescente; **2** restante; **3** residual; ~ *flux* magnetismo residual, fluxo residual

remark [rɪˈmɑːk] Ⓐ *s.* **1** observação, comentário, reparo; *to let fall a* ~ fazer uma observação; *to pass a rude* ~ fazer um comentário rude; *to venture a* ~ ousar um comentário, ousar dizer duas palavras; *he let it pass without* ~ ele deixou passar isso sem comentário; *his remarks are often very interesting* as suas observações são por vezes muito interessantes; *your* ~ *went home* o teu comentário acertou em cheio; **2** atenção, nota; *he saw nothing worthy of* ~ não viu nada digno de nota Ⓑ *v.tr.,intr.* **1** observar, notar, reparar; **2** mencionar; **3** comentar [**on/upon**, -], fazer comentários [**on/upon**, sobre]; *that point has often been remarked upon* já se têm feito, muitas vezes, referências a esse ponto ❖ *to make a few remarks* pronunciar algumas palavras

re-mark [ˌriːˈmɑːk] *v.tr.* voltar a marcar

remarkable [rɪˈmɑːkəbəl] *adj.* **1** notável, digno de nota; **2** fora do vulgar, excepcional, extraordinário; **3** singular

remarkableness [rɪˈmɑːkəbəlnɪs] *s.* **1** notabilidade; **2** invulgaridade; **3** carácter extraordinário; **4** singularidade

remarkably [rɪˈmɑːkəblɪ] *adv.* **1** notavelmente; **2** invulgarmente; **3** extraordinariamente

remarry [ˌriːˈmærɪ] *v.tr.,intr.* **1** voltar a casar com; **2** casar novamente com

remast [riːˈmɑːst] *v.tr.* NÁUTICA colocar nova mastreação em

remaster [ˌriːˈmɑːstə] *v.tr.* **1** fazer uma nova gravação de; **2** remisturar

rematch [ˈriːmætʃ] Ⓐ *s.* (segundo jogo) desforra Ⓑ *v.tr.* **1** recombinar; **2** organizar um jogo de desforra para

Rembrandtesque [ˌrembrænˈtesk] *adj.* rembrandtesco

REME [*abrev. de* Royal Electrical and Mechanical Engineers]

remediable [rɪˈmiːdɪəbəl] *adj.* **1** remediável; **2** corrigível

remedial [rɪˈmiːdɪəl] *adj.* **1** terapêutico; medicinal; **2** reparador; de recuperação; **3** correctivo; *to take* ~ *measures* tomar medidas para corrigir determinado problema ❖ (escola) ~ *classes* aulas de apoio; ~ *works* obras de protecção

remediless [ˈremɪdɪləs] *adj.* irremediável, sem remédio

remedy [ˈremɪdɪ] Ⓐ *s.* (*pl.* **-ies**) remédio; *beyond* ~ sem remédio, irremediável; **2** tratamento; medicamento; cura de doença; **3** solução; alternativa; *there is no* ~ *but...* não há alternativa senão...; **4** reparação; **5** DIREITO recurso; *to have no* ~ *at law* não ter possibilidade de recurso Ⓑ *v.tr.* **1** remediar; **2** solucionar; **3** reparar; **4** [rar.] curar clinicamente ❖ *it cannot be remedied* não tem remédio

remedying [ˈremɪdɪɪŋ] *s.* acção de remediar, de solucionar

remelt [ˌriːˈmelt] *v.tr.* voltar a fundir, refundir ❖ ~ *zinc* zinco refundido

remelting [ˌriːˈmeltɪŋ] *s.* refundição

remember [rɪˈmembə] *v.tr.,intr.* **1** lembrar, lembrar-se de; *as far as I can* ~ tanto quanto me lembro; *don't you* ~ *me?* então não se lembra de mim?; *I can't* ~ *that* não consigo lembrar-me disso; **2** recordar, evocar; *that is not worth remembering* não vale a pena recordar isso; **3** ter presente, saber de cor; *to* ~ *by heart* saber de cor; **4** não esquecer, não se esquecer de; ~ *the waiter* não se esqueça do criado, não se esqueça de gratificar o criado; *she remembered him in her will* ela não se esqueceu dele no seu testamento; **5** recompensar, gratificar; **6** dar recomendações a, dar lembranças a; ~ *me to him!* dê-lhe recomendações minhas!, dê-lhe lembranças minhas! ❖ *it will be sth to* ~ *her by* será uma lembrança dela; *to* ~ *oneself* cair em si

rememberable [rɪˈmembərəbəl] *adj.* **1** a lembrar; memorável; para não esquecer; **2** que pode lembrar-se

remembrance [rɪˈmembrəns] *s.* **1** lembrança; recordação; *she sent us a small* ~ *when she arrived home* ela mandou-nos uma pequena lembrança quando chegou a casa; **2** memória; *in* ~ *of* em memória de; *never within man's* ~ jamais na memória dos homens; *it escaped my* ~ escapou-se-me da memória; **3** presente, brinde; **4** *pl.* lembranças, recomendações, cumprimentos enviados por terceira pessoa; *give my kind remembrances to him* dê-lhe recomendações minhas ❖ *Remembrance Day* dia do Armistício; *I have no* ~ *of it* não tenho nenhuma ideia disso; *she puts me in* ~ *of her sister* ela faz-me lembrar a irmã; *to call to* ~ recordar; *to the best of my* ~ tanto quanto me lembro

remembrancer [rɪˈmembrənsə] *s.* lembrete, agenda de lembranças ❖ *City Remembrancer* representante da Corporação da Cidade de Londres em comissões parlamentares; *Queen's Remembrancer* funcionário encarregado da cobrança das dívidas à rainha

remesh [riːˈmeʃ] *v.tr.* reengrenar

remex [ˈriːmeks] *s.* (*pl.* **remiges**) rémige, remígie, remígio

remigial [rɪˈmɪdʒɪəl] *adj.* relativo às rémiges

remill [ˌriːˈmɪl] *v.tr.* **1** voltar a moer; **2** pisoar (tecidos)

remilling [ˌriːˈmɪlɪŋ] *s.* **1** acção de voltar a moer; **2** pisoamento (de tecidos)

remind [rɪˈmaɪnd] *v.tr.* **1** lembrar; *to* ~ *sb to do sth* lembrar a alguém que tem de fazer determinada coisa; ~ *me to write that letter* lembra-me que tenho de escrever aquela carta; *this is to* ~ *you that...* isto é para lhe lembrar que...; **2** recordar; fazer lembrar; fazer pensar; *she reminds me of her sister* ela faz-me lembrar a irmã; *to* ~ *sb of sth* fazer lembrar uma coisa a alguém; *he was reminded of his promise* lembraram-lhe a promessa que ele tinha feito ❖ *that reminds me!* por falar nisso!; a propósito!; *you are reminded that...* lembramos que...

reminder [rɪˈmaɪndə] *s.* **1** lembrança, recordação; **2** chamada de atenção; **3** aviso, advertência; **4** carta de advertência ❖ *to send a* ~ *to sb* lembrar alguma coisa a alguém; escrever a alguém para lembrar alguma coisa

remindful [rɪˈmaɪndfʊl] *adj.* **1** não esquecido [**of**, de], lembrado [**of**, de]; **2** que lembra, que recorda; **3** evocador, rememorador

reminisce [ˌremɪˈnɪs] *v.intr.* entregar-se a reminiscências

reminiscence [ˌremɪˈnɪsəns] *s.* **1** reminiscência; *Platonic doctrine of* ~ a doutrina platónica da reminiscência; **2** *pl.* memórias, reminiscências, narrativa de recordações pessoais; *he said he would write his reminiscences* ele disse que havia de escrever as memórias; *the scene awakened reminiscences of her youth* a cena despertou-lhe reminiscências da juventude

reminiscent [ˌremɪˈnɪsənt] *adj.* **1** que lembra coisas passadas; **2** que fala do passado; **3** retrospectivo; **4** rememorativo; **5** que faz lembrar [**of**, -]; que recorda [**of**, -]

reminiscently [ˌremɪˈnɪsəntlɪ] *adv.* **1** recordando o passado; **2** retrospectivamente

remint [ˌriːˈmɪnt] *v.tr.* voltar a cunhar (a moeda)

remise¹ [rɪˈmaɪz] *v.tr.* DIREITO ceder, renunciar

remise² [rəˈmiːz] Ⓐ *s.* **1** [arc.] cocheira, barracão para guardar carros; **2** carruagem alugada; **3** (esgrima) repetição de golpe Ⓑ *v.intr.* (esgrima) repetir golpe

remiss [rɪ'mɪs] adj. 1 [form.] negligente, remisso; *to be ~ in* ser negligente em relação a; 2 descuidado, desmazelado; 3 preguiçoso, desleixado

remissible [rɪ'mɪsɪbəl] adj. 1 remissível, que pode remir-se; 2 perdoável

remission [rɪ'mɪʃən] s. 1 remissão; *~ of sins* remissão de pecados; 2 perdão; 3 redução, diminuição; *~ of taxation* diminuição de imposto; 4 (força, efeito, violência, etc.) afrouxamento, enfraquecimento, atenuação, decréscimo; *~ of a fever* decréscimo de febre; *~ of a storm* acalmia de uma tempestade; 5 [rar.] envio, remessa ❖ *to grant sb ~ of his sins* absolver os pecados a alguém

remissly [rɪ'mɪslɪ] adv. descuidadamente, desmazeladamente

remissness [rɪ'mɪsnɪs] s. desleixo, desmazelo, descuido

remit[1] [rɪ'mɪt] Ⓐ v.tr. (particípios: **-tt-**) 1 remitir; 2 remir; 3 (pecados, dívida) perdoar; *to ~ a debt* perdoar uma dívida; RELIGIÃO *God will ~ sins* Deus perdoará os pecados; 4 (pena) comutar, cancelar, suspender; 5 abrandar, acalmar, afrouxar; *to ~ one's efforts* abrandar os seus esforços; *enthusiasm began to ~* o entusiasmo começou a declinar; 6 renunciar a; 7 remeter, enviar, mandar; *to ~ by return of post* remeter na volta do correio; *the matter was remitted to the committee* o assunto foi remetido à comissão; *to ~ some money to* remeter dinheiro a; *to ~ to* submeter à apreciação de, enviar para exame, remeter a qualquer autoridade; 8 DIREITO fazer voltar a instância inferior; 9 adiar, protelar, prorrogar; 10 fazer voltar; *to ~ sth into a former state* fazer regressar uma coisa a um estado anterior; 11 [rar.] remeter outra vez à prisão Ⓑ v.intr. 1 diminuir de intensidade; 2 desmazelar-se

remit[2] [rɪ'mɪt] s. 1 atribuições, competências, área de responsabilidade; 2 reenvio, remissão

remittal [rɪ'mɪtəl] s. 1 remissão, perdão (de pecado); 2 suspensão, comutação, cancelamento (de pena, dívida); 3 DIREITO envio a outro tribunal

remittance [rɪ'mɪtəns] s. 1 (dinheiro) remessa, envio; *to send a ~* enviar uma remessa de dinheiro; 2 pagamento; 3 [rar.] remessa de mercadorias

remittee [rɪmɪ'tiː] s. 1 pessoa a quem se envia dinheiro ou mercadorias; 2 destinatário

remittent [rɪ'mɪtənt] adj. MEDICINA (febre) remitente

remitter [rɪ'mɪtə] s. 1 aquele que remete ou envia; 2 remetente; 3 DIREITO reenvio a outro tribunal; 4 substituição de título de propriedade por outro mais idóneo; 5 restituição de direitos; 6 [rar.] reabilitação

remitting [rɪ'mɪtɪŋ] adj. 1 remetente, que remete; 2 MEDICINA remitente

remix[1] [riː'mɪks] v.tr. MÚSICA remisturar, fazer um *remix* de

remix[2] ['riːmɪks] s. MÚSICA nova mistura, *remix*

remnant ['remnənt] s. 1 resto(s); *the remnants of a meal* os restos de uma refeição; 2 sobra, sobejo; 3 fragmento, pedaço; 4 (tecido) saldo; 5 indício, vestígio; *remnants of former glory* restos, vestígios de antiga glória ❖ *~ sale* saldo de restos; *only a ~ survived* só poucos sobreviveram

remodel [riː'mɒdl] v.tr. (particípios: **-ll-**) 1 remodelar; 2 refundir, refazer; 3 transformar; 4 reorganizar

remodeller [ˌriː'mɒdlə] s. 1 remodelador; 2 refundidor; 3 reorganizador; 4 aquele que transforma

remodelling [ˌriː'mɒdlɪŋ] s. 1 remodelação, refundição; 2 reorganização; 3 transformação

remonstrance [rɪ'mɒnstrəns] s. 1 reclamação, protesto, queixa; 2 advertência, admoestação; 3 representação, reclamação pública, exposição pública de razões ou queixas

remonstrant [rɪ'mɒnstrənt] Ⓐ adj. que reclama, protesta ou se queixa Ⓑ s. aquele que reclama ou protesta

remonstrate ['remənstreɪt] v.tr.,intr. 1 protestar, reclamar, argumentar; *to ~ against* protestar contra; *to ~ that...* argumentar que...; protestar que...; *to ~ upon sth* discutir sobre alguma coisa, protestar a propósito de alguma coisa; *to ~ with sb* argumentar com alguém, protestar junto de alguém; 2 queixar-se; 3 objectar; 4 admoestar, advertir

remonstrating ['remənstreɪtɪŋ] adj. que protesta, reclama ou se queixa

remonstratingly ['remənstreɪtɪŋlɪ] adv. 1 com um tom de protesto; 2 exprobradoramente

remonstrative [rɪ'mɒnstrətɪv] adj. 1 de protesto; 2 de reclamação

remonstrator [rɪ'mɒnstreɪtə] s. 1 aquele que protesta, se queixa ou reclama; 2 o que toma parte num protesto público

remontant [rɪ'mɒntənt] Ⓐ adj. que floresce mais de uma vez por ano Ⓑ s. roseira que floresce mais de uma vez por ano

remora ['remərə] s. 1 ZOOLOGIA rémora, rémora-maior, peixe-pregador, agarrador, pegador, peixe-piolho; *common ~* peixe-sapato; 2 [rar.] remora, embaraço, obstáculo, impedimento, obstrução

remorse [rɪ'mɔːs] s. remorso; *feeling of ~* sentimento de remorso; *in a fit of ~* num acesso de remorsos; *without ~* sem piedade, sem qualquer remorso

remorseful [rɪ'mɔːsfʊl] adj. cheio de remorsos

remorsefully [rɪ'mɔːsfʊlɪ] adv. cheio de remorsos

remorseless [rɪ'mɔːsləs] adj. 1 sem quaisquer remorsos; 2 sem piedade; 3 ausência de escrúpulos

remorselessly [rɪ'mɔːsləslɪ] adv. desapiedadamente, desumanamente

remorselessness [rɪ'mɔːsləsnɪs] s. 1 desumanidade; 2 ausência de piedade; 3 ausência de escrúpulos

remote [rɪ'məʊt] Ⓐ adj. (comp. **-er**, superl. **-est**) 1 remoto, distante; *~ causes* causas remotas; *a ~ possibility* uma possibilidade remota; *at a ~ period* num período remoto; *in a ~ future* num futuro distante, num futuro remoto; *in the ~ past* no passado remoto; 2 afastado, longínquo, isolado; *a ~ village* uma aldeia afastada; *her estate lies ~ from the road* a propriedade dela fica afastada da estrada; 3 vago, débil, leve; *a ~ idea of* uma vaga ideia de; *we have only a ~ conception of what he means* temos apenas uma ideia muito vaga daquilo que ele quer dizer Ⓑ s. 1 ELECTRICIDADE [coloq.] (televisão, aparelhagem, ar condicionado) comando; 2 [EUA] TELEVISÃO (programa) exterior ❖ *~ control* controlo à distância; telecomando; AERONÁUTICA *~ flight control* comando de voo à distância; *to be ~ from the subject* não ser pertinente para o assunto em questão

remotely [rɪ'məʊtlɪ] adv. 1 muito longe; 2 longinquamente; 3 remotamente; 4 vagamente; 5 levemente

remoteness [rɪ'məʊtnɪs] s. 1 afastamento; 2 carácter remoto, distante; 3 distância; 4 lonjura; 5 aspecto vago, incerto

remould [ˌriː'məʊld] v.tr. 1 moldar de novo, tornar a moldar; 2 remodelar

remoulding [ˌriː'məʊldɪŋ] s. acção de tornar a moldar, de remodelar

remount[1] ['riːmaʊnt] s. 1 remonta; 2 cavalo de remonta ❖ *depot* depósito de remonta

remount[2] [riː'maʊnt] v.tr.,intr. 1 voltar a montar, voltar a subir para; *to ~ a bicycle* voltar a montar numa bicicleta; *to ~ a horse* voltar a montar num cavalo; 2 subir novamente, empreender nova ascensão a; 3 (fotografia, quadro, etc.) fazer nova montagem em; 4 remontar [**to**, a]; ter origem [**to**, em]; *this custom remounts to the eighteenth century* este costume remonta ao século XVIII; 5 MILITAR (regimento, etc.) remontar, fazer remonta em, substituir os cavalos de; *to ~ a regiment* fornecer novos cavalos a um regimento

remounting [ˌriː'maʊntɪŋ] s. 1 nova montagem; 2 MILITAR remonta

removability [rɪˌmuːvə'bɪlɪtɪ] s. amovibilidade

removable [rɪ'muːvəbəl] Ⓐ adj. 1 amovível; destacável; *~ crank* manivela amovível; *~ cover* tampa amovível; 2 desmontável; *~ bar* barra desmontável; *~ shaft* eixo desmontável; 3 removível; 4 transportável; 5 que pode destruir-se; 6 (funcionário) eventual, que pode ser despedido em qualquer altura Ⓑ s. magistrado amovível na Irlanda ❖ *~ pilot* guia deslocável

removal [rɪ'muːvəl] s. 1 remoção; *~ of ashes* remoção de cinzas; *~ of waste waters* remoção de águas residuais; 2 (casa) mudança(s); transporte; deslocação; *~ of furniture* mudança de mobília; 3 retirada; 4 afastamento, distanciamento; 5 eliminação; supressão; 6 CIRURGIA ablação; 7 levantamento; *~ interdict* levantamento de interdição; 8 demissão, exoneração; *~ of an official* demissão/exoneração de um funcionário ❖ *~ expenses* despesas de deslocação; *~ van* camioneta de mudanças

remove [rɪˈmuːv] Ⓐ s. 1 distância, afastamento; *at a certain ~ its shape seems to change* a uma certa distância a forma parece mudar; 2 grau de parentesco; *he is our cousin in the second ~* ele é nosso primo em segundo grau; 3 [form.] mudança de residência, retirada; 4 CULINÁRIA [ant.] prato que se segue a outro; 5 [ant.] (escola) passagem de classe, passagem à classe superior; espécie de classe intermediária; *she has got her ~* ela passou de classe Ⓑ v.tr.,intr. 1 mover, remover, tirar do lugar; *to ~ the cloth* tirar a toalha; 2 retirar; 3 separar [**from**, de]; *to ~ the water from a mixture* separar a água duma mistura; 4 tirar, despir; *to ~ one's coat* tirar o casaco; 5 despedir, demitir, exonerar; *to ~ a civil servant* demitir um funcionário; 6 eliminar, tirar; *to ~ grease stains* tirar nódoas de gordura; 7 afastar, fazer desaparecer; *that will ~ the last doubts* isso afastará as últimas dúvidas; 8 liquidar, matar; *to ~ by poison* envenenar, matar com veneno; 9 [form.] partir, mudar de residência; mudar de instalações; *he removed from Oporto to Coimbra* ele mudou do Porto para Coimbra; *to ~ into the country* ir viver para o campo; 10 [na passiva] ser seguido por (outro prato); *the fish was removed by the mutton* ao prato de peixe seguiu-se o de carneiro ❖ *to ~ mountains* remover montanhas; operar milagres; *to ~ one's gaze* desviar o olhar; *to ~ oneself* ir-se embora; *to ~ the burr* rebarbar

removed [rɪˈmuːvd] adj. 1 afastado, distante; *not far ~ from* não muito distante de; 2 separado; 3 (parentesco) com diferença de uma ou mais gerações; *a first cousin once ~* primo em segundo grau

removedness [rɪˈmuːvɪdnɪs] s. afastamento

remover [rɪˈmuːvə] s. 1 (mudanças) transportador, funcionário de transportadora; 2 (tinta, pintura) decapante, dissolvente ❖ *hair ~* depilatório; *make-up ~* desmaquilhante; *stain ~* tira-nódoas

removing [rɪˈmuːvɪŋ] s. 1 acção de remover; 2 remoção; 3 afastamento; 4 deslocação

remunerate [rɪˈmjuːnəreɪt] v.tr. 1 remunerar; *to ~ sb for sth* remunerar uma pessoa por alguma coisa; 2 recompensar; 3 retribuir; 4 pagar

remuneration [rɪˌmjuːnəˈreɪʃən] s. 1 remuneração; retribuição; 2 paga

remunerative [rɪˈmjuːnərətɪv] adj. remunerativo, remunerador

remuneratively [rɪˈmjuːnərətɪvlɪ] adv. 1 remunerativamente; 2 remuneradamente

remunerativeness [rɪˈmjuːnərətɪvnɪs] s. aspecto remunerador, carácter lucrativo

remuneratory [rɪˈmjuːnərətərɪ] adj. remuneratório

Remus [ˈriːməs] s. MITOLOGIA Remo

Renaissance [rɪˈneɪsəns] s. renascença, renascimento ❖ *~ architecture* arquitectura da Renascença; *~ art* arte da Renascença; *~ painters* pintores da Renascença

renal [ˈriːnəl] adj. ANATOMIA renal; relativo a rins ❖ MEDICINA *~ failure* insuficiência renal

rename [riːˈneɪm] v.tr. 1 dar novo nome a; 2 rebaptizar

renascence [rɪˈnæsəns] adj. 1 renascimento, renovação; 2 renascença

renascent [rɪˈnæsənt] adj. renascente, que renasce

rencontre [renˈkɒntə] Ⓐ s. 1 [rar.] recontro; 2 combate; 3 peleja; 4 duelo; 5 encontro casual Ⓑ v.tr.,intr. 1 encontrar, defrontar; 2 defrontar-se com

rencounter [renˈkɒntə] Ⓐ s. 1 [rar.] recontro; 2 combate; 3 peleja; 4 duelo; 5 encontro casual Ⓑ v.tr.,intr. 1 encontrar, defrontar; 2 defrontar-se com

rend [rend] v.tr.,intr. (pret. e part. pass. **rent**) 1 fender, rasgar, lacerar, despedaçar; *to ~ apart* fender/rachar em dois; *to ~ asunder* rachar, lacerar; *to ~ in twain* fender em dois; *the cries rent the air* os gritos fendiam o ar; 2 arrancar; *to ~ one's hair* arrancar o cabelo; *a province rent from the empire* uma província arrancada ao império, separada do império; *the small boy was rent from his mother's arms* o rapazito foi arrancado aos braços da mãe

render [ˈrendə] Ⓐ v.tr. 1 dar, dar em troca; 2 retribuir; 3 devolver; 4 transmitir; 5 entregar, render, capitular; *to ~ oneself* render-se; *the fortress was rendered on terms* a fortaleza rendeu-se sob condições; 6 prestar, realizar; *to ~ help* prestar auxílio; *to ~ homage to* prestar homenagem a; 7 (razões, agradecimentos) apresentar; *to ~ thanks to* apresentar agradecimentos a; 8 dispersar; 9 tornar, fazer; *to ~ impossible* tornar impossível; *to ~ useless* tornar inútil; 10 traduzir [**into**, para]; verter [**into**, para]; *to ~ into Portuguese* traduzir para português; 11 representar, interpretar; *she rendered Ophelia very well* ela interpretou muito bem o papel de Ofélia; 12 executar; 13 exprimir, dizer; 14 (gordura) derreter; *to ~ fat* derreter gordura; 15 (parede) rebocar Ⓑ s. 1 retribuição, paga; 2 (dinheiro, géneros, serviços) prestação; 3 mão de reboco ❖ RELIGIÃO (Bíblia) *~ unto Caesar the things that are Caesar's* dai a César o que é de César; *to ~ an account of* relatar; apresentar um relatório de; prestar contas de

◆ **render down** v.tr. CULINÁRIA (gordura, etc.) derreter

◆ **render up** v.tr. entregar; *to ~ a town to the enemy* entregar uma cidade ao inimigo

renderable [ˈrendərəbəl] adj. 1 que pode prestar-se; 2 retribuível; 3 traduzível

rendered [ˈrendəd] adj. 1 prestado; *for services ~* por serviços prestados; 2 retribuído; 3 traduzido ❖ CULINÁRIA *~ fat* gordura derretida; *~ face of wall* paramento de parede; COMÉRCIO *as per account* conforme factura já enviada

renderer [ˈrendərə] s. 1 aquele que presta (auxílio); 2 aquele que apresenta, traduz, retribui, etc.

rendering [ˈrendərɪŋ] s. 1 retribuição; 2 capitulação, rendição, entrega; 3 apresentação; 4 tradução; 5 interpretação, representação; *her ~ of Ophelia was very good* a sua interpretação de Ofélia foi muito boa; 6 colocação de reboco em paredes; *cement ~* reboco de cimento; 7 derretimento de gorduras ❖ *~ of accounts* prestação de contas; *~ of thanks* agradecimento

render-set [ˈrendəset] Ⓐ s. reboco Ⓑ adj. rebocado, com reboco Ⓒ v.tr. (pret. e part. pass. **render-set**) rebocar

rendezvous [ˈrɒndɪvuː, ˈrɑːndeɪvuː] Ⓐ s. (pl. **rendezvous**) 1 encontro combinado; 2 ponto de encontro; *place of ~* local de encontro; 3 reunião de tropas ou navios; 4 local de reunião de tropas ou navios Ⓑ v.intr. (pret. e part. pass. **-ed**) (combinação prévia) encontrar-se [**with**, com]

rending [ˈrendɪŋ] s. acção de fender, de lacerar

rendition [renˈdɪʃən] s. 1 [rar.] capitulação, rendição (de fortaleza ou pessoa); 2 interpretação de peça de teatro, trecho musical, etc.

renegade [ˈrenɪgeɪd] Ⓐ s. 1 renegado, apóstata; 2 traidor, desertor; 3 vira-casaca Ⓑ v.intr. apostatar; abjurar

renegado [renɪˈgeɪdəʊ] s. [arc.] ⇒ **renegade**

re-neutralization [ˌriːnjuːtrəlaɪˈzeɪʃən] s. reneutralização

re-neutralize [riːˈnjuːtrəlaɪz] v.tr. reneutralizar

re-neutralized [riːˈnjuːtrəlaɪzd] adj. reneutralizado

renew [rɪˈnjuː] v.tr.,intr. 1 renovar(-se); COMÉRCIO *to ~ a bill, a contract, a lease, a subscription* renovar uma letra, um contrato, um arrendamento, uma assinatura; 2 reavivar; dar novas energias a; 3 rejuvenescer; 4 substituir, reparar, refazer; *to ~ one's staff* substituir o pessoal; 5 retomar; reatar; recomeçar; *to ~ one's acquaintance with sb* retomar o contacto com alguém; 6 continuar, repetir; 7 prolongar, prorrogar ❖ *a snake renews its skin* uma cobra muda de pele; *to ~ one's attention* redobrar a atenção; *you must ~ your supplies of coal* tem de fazer novo fornecimento de carvão

renewable [rɪˈnjuːəbəl] adj. 1 renovável; *~ energy* energia renovável; *~ contract* contrato renovável; 2 (prazo) prorrogável

renewal [rɪˈnjuːəl] s. 1 renovação; *~ of subscription* renovação de assinatura; 2 rejuvenescimento; 3 (zona) recuperação; reabilitação; 4 substituição, reparação; 5 (data) prorrogação, prolongamento; 6 reatamento; retoma; 7 (letra comercial) reforma

renewed [rɪˈnjuːd] adj. 1 renovado; *~ hopes* esperanças renovadas; 2 com novas energias; 3 reatado; retomado; 4 repetido ❖ *to make ~ efforts to do sth* redobrar os esforços para fazer algo; *with ~ vigour* com um acréscimo de energia; com energia redobrada

renewedly [rɪˈnjuːdlɪ] adv. novamente, de novo

renewing [rɪˈnjuːɪŋ] s. renovação

reniform [ˈrenɪfɔːm] adj. reniforme, em forma de rim

renitency [rɪˈnaɪtənsɪ, ˈrenɪtənsɪ] s. MEDICINA renitência

renitent [rɪˈnaɪtənt, ˈrenɪtənt] adj. MEDICINA renitente

rennet ['rɛnɪt] *s.* **1** coalho, coalheira; **2** BOTÂNICA (maçã) reineta, raineta

renounce [rɪ'naʊns] Ⓐ *s.* (jogos de cartas) renúncia Ⓑ *v.tr.* **1** renunciar a; *to ~ one's property* renunciar àquilo que é seu; *to ~ the world* renunciar ao mundo; **2** rejeitar, repudiar; *to ~ one's faith* repudiar a sua fé, apostatar; **3** abandonar; **4** deixar de, desistir de, abster-se de; **5** abrir mão de; **6** (jogos de cartas) renunciar

renouncement [rɪ'naʊnsmənt] *s.* **1** renúncia; *~ of* renúncia a; **2** rejeição, repúdio; **3** abandono

renouncer [rɪ'naʊnsə] *s.* **1** renunciador, aquele que renuncia a determinados bens, direitos, etc.; **2** (jogos de cartas) jogador que renuncia

renouncing [rɪ'naʊnsɪŋ] *s.* **1** renúncia; **2** rejeição; **3** repúdio

renovate ['rɛnəveɪt] *v.tr.* **1** renovar, reformar, reparar, consertar; **2** pôr de novo em boas condições; **3** regenerar

renovating ['rɛnəveɪtɪŋ] *adj.* **1** renovador; **2** reformador; **3** regenerador

renovation [ˌrɛnə'veɪʃən] *s.* **1** renovação; **2** reforma; **3** regeneração; **4** restauração; **5** purificação

renovator ['rɛnəveɪtə] *s.* renovador

renown [rɪ'naʊn] *s.* (prestígio) renome; fama; nomeada; reputação; *sb of high/great ~* uma pessoa com muita reputação

renowned [rɪ'naʊnd] *adj.* **1** célebre, famoso; *to be ~ for* ser famoso por; **2** de grande renome; **3** muito ilustre

rent [rɛnt] Ⓐ *s.* **1** rasgão; **2** fenda; **3** abertura; **4** racha; **5** buraco; **6** [fig.] ruptura, separação, dissidência; **7** aluguer, renda, arrendamento; *to collect the rents* cobrar as rendas; *to owe two months' ~* dever dois meses de renda Ⓑ *v.tr.,intr.* **1** alugar, arrendar, dar de aluguer; *to ~ a field* arrendar um campo; **2** tomar de aluguer ou arrendamento; **3** cobrar renda; *to ~ a tenant high* levar uma renda elevada a um inquilino; *to ~ a tenant low* levar uma renda baixa a um inquilino; **4** estar alugado ou arrendado; *the house rents at £1,000 a year* a casa está arrendada por 1000 libras por ano Ⓒ *prt. e part. pass. de* **to rend** ❖ *~ day* dia de renda; dia de pagamento de renda; *~ roll* lista de inquilinos e das rendas que pagam; rendimento total das rendas; *~ service* obrigação de prestar serviços pessoais em vez de renda, ou adicionalmente à renda paga

rentable ['rɛntəbəl] *adj.* **1** arrendável, alugável; **2** que se pode dar ou tomar de renda

rental ['rɛntəl] *s.* **1** aluguer; **2** serviço de aluguer

renter ['rɛntə] *s.* **1** rendeiro; **2** locatário; **3** inquilino; **4** CINEMA distribuidora de filmes

rent-free [ˌrɛnt'fri:] Ⓐ *adj.* isento de renda; isento de aluguer Ⓑ *adv.* sem pagar renda, sem pagar aluguer

renting ['rɛntɪŋ] *s.* arrendamento

renumber [ri:'nʌmbə] *v.tr.* renumerar, numerar de novo

renunciation [rɪˌnʌnsɪ'eɪʃən] *s.* **1** renúncia; *~ of* renúncia a; **2** rejeição, repúdio; **3** abandono, desistência; **4** desprendimento, espírito de sacrifício

renunciatory [rɪ'nʌnʃɪətərɪ] *adj.* **1** renunciatório; **2** que implica renúncia

reoccupation [ˌri:ɒkjʊ'peɪʃən] *s.* reocupação

reoccupy [ˌri:'ɒkjʊpaɪ] *v.tr.* reocupar

reoccupying [ˌri:'ɒkjʊpaɪɪŋ] *s.* reocupação

reoccur [ˌri:ə'kɜ:] *v.intr.* (particípios: **-rr-**) repetir-se, acontecer de novo

reoccurrence [ˌri:ə'kʌrəns] *s.* repetição

reoffender [ˌri:ə'fɛndə] *s.* reincidente

reoil ['ri:ɔɪl] *v.tr.* lubrificar novamente

reopen [ˌri:'əʊpən] *v.tr.,intr.* **1** reabrir, voltar a abrir; *schools will ~ next Monday* as escolas reabrem na próxima segunda-feira; **2** reatar, recomeçar ❖ [coloq.] *to ~ an old sore* reabrir uma chaga antiga

reopening [ˌri:'əʊpənɪŋ] *s.* **1** reabertura; **2** recomeço

reorchestrate [ˌri:'ɔ:kɪstreɪt] *v.tr.* MÚSICA reorquestrar, dar nova orquestração a

reorchestration [ri:ˌɔ:kɪs'treɪʃən] *s.* MÚSICA reorquestração, nova orquestração

reordain [ˌri:ɔ:'deɪn] *v.tr.* **1** reordenar, ordenar de novo; **2** RELIGIÃO conferir novamente o sacramento da ordem

reorder [ˌri:'ɔ:də] Ⓐ *s.* COMÉRCIO nova encomenda Ⓑ *v.tr.* COMÉRCIO encomendar novamente, fazer nova encomenda

reordination [ˌri:ɔ:dɪ'neɪʃən] *s.* **1** RELIGIÃO nova ordenação, nova concessão do sacramento da ordem; **2** reordenação

reorganization [ri:ˌɔ:gənaɪ'zeɪʃən] *s.* **1** reorganização; **2** reforma

reorganize [ri:'ɔ:gənaɪz] *v.tr.,intr.* **1** reorganizar, reorganizar-se; **2** reformar

reorganizer [ri:'ɔ:gənaɪzə] *s.* **1** reorganizador; **2** reformador

reorganizing [ri:'ɔ:gənaɪzɪŋ] Ⓐ *adj.* **1** reorganizador; **2** que reorganiza Ⓑ *s.* reorganização

rep [rɛp] *s.* **1** (tecido) repes; **2** [coloq.] recitativo, recitação; **3** [coloq.] caixeiro-viajante

Rep. Ⓐ [EUA] POLÍTICA [*abrev. de* Representative] Ⓑ POLÍTICA [*abrev. de* Republic] Ⓒ [EUA] POLÍTICA [*abrev. de* Republican]

repack [ˌri:'pæk] *v.tr.* reencaixotar, reacondicionar, dispor em nova embalagem

repackage [ˌri:'pækɪdʒ] *v.tr.* **1** (produto) acondicionar em nova embalagem; **2** [fig.] (político, pessoa famosa) renovar a imagem de

repacking [ˌri:'pækɪŋ] *s.* **1** reencaixotamento; **2** reacondicionamento

repaid [rɪ'peɪd] *prt. e part. pass. de* **to repay**

repaint [ˌri:'peɪnt] *v.tr.* pintar de novo, voltar a pintar

repainting [ˌri:'peɪntɪŋ] *s.* acto de pintar de novo

repair [rɪ'peə] Ⓐ *s.* **1** reparação, conserto; **2** restauro; **3** estado de conservação; *to be in good ~* estar em bom estado de conservação; *to be out of ~* estar em mau estado de conservação; **4** [arc.] local frequentado, frequência (de local); *place of great ~* local muito frequentado; *place of little ~* local pouco frequentado; *to have ~ to a place* frequentar um lugar; **5** *pl.* reparações; *slight repairs* reparações ligeiras; *to carry out repairs* fazer reparações, fazer consertos; NÁUTICA *to put into port for repairs* arribar para reparações; **6** *pl.* obras; *to undergo repairs* estar em obras; *repairs must be done to the house before you sell it* tem de fazer obras na casa antes de a vender; *the shop is closed during repairs* o estabelecimento está encerrado para obras Ⓑ *v.tr.* **1** consertar, reparar, restaurar, renovar, pôr de novo em bom estado; *to ~ a mistake* reparar um erro; *to ~ a puncture* consertar um furo; *to ~ a road* consertar uma estrada, reparar uma estrada; **2** ressarcir, indemnizar; **3** restabelecer-se, restabelecer a saúde Ⓒ *v.intr.* **1** dirigir-se [**to**, a]; recorrer [**to**, a]; *to ~ to sb* recorrer a alguém; **2** ir [**to**, para]; voltar [**to**, para]; *she repaired to the country* ela foi para o campo ❖ *~ material* material para reparações; *~ mechanic* mecânico de reparações; *~ outfit* ferramenta necessária para reparações; *~ part* peça sobresselente; *~ shop* oficina de reparações; oficina de consertos; *under ~* a ser reparado; *to be beyond ~* não ter remédio

repairer [rɪ'peərə] *s.* **1** aquele que conserta, repara ou restaura; **2** empreiteiro de obras e reparações

repairing [rɪ'peərɪŋ] *s.* **1** reparação, conserto; **2** restauro ❖ *~ shop* oficina de reparações

repairman [rɪ'peəmən] *s.* (*pl.* **-men**) homem dos consertos

repaper [ˌri:'peɪpə] *v.tr.* forrar de novo a papel, renovar o papel (das paredes)

reparable ['rɛpərəbəl] *adj.* **1** reparável; **2** que pode consertar-se

reparation [ˌrɛpə'reɪʃən] *s.* **1** reparação, conserto; **2** restauro; **3** ressarcimento, indemnização, compensação, satisfação; *to make reparations* dar satisfações; **4** *pl.* (guerra) reparações; indemnizações *war reparations* reparações de guerra

reparative [rɪ'pærətɪv] *adj.* reparador

repartee [ˌrɛpɑ:'ti:] *s.* **1** réplica; **2** resposta pronta; *to be good/quick at ~* ter sempre a resposta pronta Ⓑ *v.intr.* [rar.] dar resposta pronta

repartition [ˌrɛpɑ:'tɪʃən] Ⓐ *s.* repartição, partilha, divisão, distribuição Ⓑ *v.tr.* redistribuir

repass [ˌri:'pɑ:s] *v.tr.,intr.* **1** voltar a passar por, passar novamente por; **2** repassar, passar de novo

repast [rɪ'pɑ:st] *s.* repasto

repaste [ˌri:'peɪst] *v.tr.* tornar a colar

repasting [ˌri:'peɪstɪŋ] *s.* **1** acto de voltar a colar; **2** nova colagem

repatriate [ˌri:'pætrɪeɪt] Ⓐ *v.tr.* repatriar Ⓑ *s.* repatriado, pessoa repatriada

repatriation [ˌri:pætrɪ'eɪʃən] *s.* repatriamento

repave [ˌri:'peɪv] *v.tr.* **1** tornar a calcetar; **2** empedrar novamente

repaving [ˌri:'peɪvɪŋ] *s.* recalcetamento

repay [rɪˈpeɪ] v.tr.,intr. (prt. e part. pass. **repaid**) 1 reembolsar; restituir; devolver; *to ~ sb in full* reembolsar alguém de tudo o que lhe é devido; 2 corresponder; retribuir; *to ~ sb for his kindness* retribuir a amabilidade de alguém; 3 indemnizar; compensar; 4 recompensar; fazer valer a pena; *the results will ~ your efforts* os resultados recompensarão os seus esforços; 5 voltar a pagar, pagar pela segunda vez ❖ [irón.] *and this is how they ~ me!* e é assim que eles me agradecem!; *they repaid him with ingratitude* pagaram-lhe com ingratidão

repayable [rɪˈpeɪəbəl] adj. 1 reembolsável; 2 pagável; a pagar; 3 que pode ser retribuído

repayment [rɪˈpeɪmənt] s. 1 pagamento, reembolso; 2 retribuição, recompensa

repeal [rɪˈpiːl] Ⓐ s. 1 revogação, anulação, cassação; 2 ab-rogação; 3 rescisão Ⓑ v.tr. 1 revogar, anular; 2 cassar; 3 ab-rogar; 4 rescindir

repealable [rɪˈpiːləbəl] adj. 1 revogável, anulável; 2 rescindível

repealer [rɪˈpiːlə] s. 1 aquele que defende a revogação ou anulação (de lei, etc.); 2 partidário da revogação da união entre a Inglaterra e a Irlanda

repeat [rɪˈpiːt] Ⓐ s. 1 repetição; 2 indicação para repetir; 3 MÚSICA parte destinada a ser repetida; 4 repetição de motivo decorativo; 5 COMÉRCIO encomenda igual à anterior, repetição de encomenda; 6 RÁDIO, TELEVISÃO (programa) reposição Ⓑ v.tr.,intr. 1 repetir(-se); *history repeats itself* a história repete-se; *the last two figures ~* os dois últimos algarismos repetem-se; *to ~ oneself* repetir-se; 2 dizer novamente, repetir; reiterar; *will you ~ that, please?* não se importa de repetir?; 3 ensaiar; recitar de cor; *to ~ a poem* recitar um poema de cor; 4 imitar, reproduzir; 5 reaparecer; aparecer repetidas vezes; 6 revelar; relatar; 7 [depr.] delatar; denunciar; 8 [coloq.] (sabor) vir à boca [**on**, -]; *onion always repeats on me* vem-me sempre à boca o paladar da cebola ❖ *~ key* tecla de repetição; *~ lever* alavanca de repetição; MÚSICA *~ mark* barra de repetição; DIREITO *~ offender* reincidente; [GB] COMÉRCIO *~ order* encomenda repetida

repeatable [rɪˈpiːtəbəl] adj. que pode repetir-se

repeated [rɪˈpiːtɪd] adj. repetido, reiterado

repeatedly [rɪˈpiːtɪdlɪ] adv. repetidamente, repetidas vezes

repeater [rɪˈpiːtə] s. 1 reincidente; 2 relógio de repetição; 3 espingarda, arma de repetição; 4 MECÂNICA repetidor; 5 (aluno) repetente; 6 MATEMÁTICA fracção periódica; 7 declamador ❖ ECONOMIA *~ loan* intermediário de crédito; TELEVISÃO *~ station* estação automática de retransmissão

repeating [rɪˈpiːtɪŋ] Ⓐ adj. 1 que repete; repetidor; 2 de repetição Ⓑ s. 1 repetição; 2 recitação; declamação ❖ MATEMÁTICA *~ decimal* dízima periódica

repel [rɪˈpel] v.tr. (particípios **-ll-**) 1 causar um sentimento de repulsa a; repugnar a; desagradar a; *those ideas ~ me* essas ideias repugnam-me; 2 repelir; rechaçar; *to ~ an enemy* rechaçar, repelir um inimigo; 3 expulsar; 4 afastar; pôr de parte; 5 rejeitar; *to ~ a suggestion* rejeitar uma sugestão; 6 FÍSICA repelir ❖ *oil and water ~ each other* a água e o óleo não se misturam; *to be repelled by sth* sentir repugnância em relação a algo

repellent [rɪˈpelənt] Ⓐ adj. 1 repelente; repugnante; repulsivo; 2 desagradável; antipático; *to have a ~ manner* ter modos antipáticos; 3 impermeável Ⓑ s. repelente; *insect ~* repelente de insectos

repellently [rɪˈpeləntlɪ] adv. 1 repelentemente; 2 com repugnância; 3 repulsivamente

repent[1] [rɪˈpent] v.tr.,intr. arrepender-se [**of/for**, de]; estar arrependido [**of/for**, por]; sentir arrependimento [**of/for**, por]; *he repented for his sins* ele arrependeu-se dos seus pecados; *I have nothing to ~ of* não tenho nada de que me arrepender; *to ~ having done sth* arrepender-se de ter feito alguma coisa

repent[2] [ˈriːpənt] adj. BOTÂNICA rastejante

repentance [rɪˈpentəns] s. 1 arrependimento; 2 compunção; 3 pesar; 4 contrição

repentant [rɪˈpentənt] adj. 1 arrependido; 2 contrito; 3 penitente; 4 de arrependimento

repenter [rɪˈpentə] s. 1 aquele que se arrepende; 2 aquele que se penitencia, penitente

repenting [rɪˈpentɪŋ] Ⓐ adj. arrependido, com arrependimento Ⓑ s. arrependimento

repentingly [rɪˈpentɪŋlɪ] adv. com arrependimento

repeople [ˌriːˈpiːpəl] v.tr. repovoar

repeopling [ˌriːˈpiːpəlɪŋ] s. repovoamento

repercussion [ˌriːpəˈkʌʃən] s. 1 (som) repercussão; eco; reverberação; 2 [fig.] repercussão; consequência; impacto; influência; *there were repercussions throughout the country* houve repercussões por todo o país; *to have repercussions on...* ter repercussões sobre...

repercussive [ˌriːpəˈkʌsɪv] adj. repercussivo

repertoire [ˈrepətwɑː] s. TEATRO reportório

repertory [ˈrepətərɪ] s. (pl. **-ies**) 1 repertório; 2 repositório; reserva; *a ~ of information* um repositório de informações ❖ TEATRO *~ company* companhia de teatro alternativo; TEATRO *~ theatre* teatro com um repertório de peças; TEATRO *to be performing in ~* ser representado em alternância

reperusal [ˌriːpəˈruːzəl] s. nova leitura

reperuse [ˌriːpəˈruːz] v.tr. reler, ler novamente

repetend [ˈrepɪtend] s. 1 MATEMÁTICA período de decimais; 2 refrão, estribilho

repetition [ˌrepɪˈtɪʃən] s. 1 repetição; 2 recapitulação; 3 recomeço; 4 reaparecimento; 5 imitação, cópia; 6 recitação; declamação ❖ *~ clock* relógio de repetição; *~ work* fabrico em série; *I don't want a ~ of this!* que isto não se repita!

repetitious [ˌrepɪˈtɪʃəs] adj. enfadonho, monótono, repetitivo

repetitiously [ˌrepɪˈtɪʃəslɪ] adv. monotonamente, sempre a repetir a mesma coisa

repetitive [rɪˈpetɪtɪv] adj. 1 repetitivo; 2 repetido

rephrase [ˌriːˈfreɪz] v.tr. 1 reformular; 2 parafrasear

repiece [ˌriːˈpiːs] v.tr. reconstruir, reconstituir

repine [rɪˈpaɪn] v.intr. 1 queixar-se, lamentar-se [**at/against**, de]; estar descontente [**at/against**, com]; *to ~ at one's unhappy lot* lamentar-se da pouca sorte; 2 resmungar, murmurar [**at/against**, contra]; *to ~ against Providence* murmurar contra a Providência

repiner [rɪˈpaɪnə] s. 1 indivíduo descontente; 2 pessoa que se queixa ou lamenta

repining [rɪˈpaɪnɪŋ] Ⓐ adj. 1 descontente; 2 que se lamenta; 3 magoado; 4 que se queixa Ⓑ s. 1 descontentamento; 2 queixa, queixume; 3 lamentação

repiningly [rɪˈpaɪnɪŋlɪ] adv. com queixumes, com lamúrias, com lamentações

repique [ˌriːˈpiːk] Ⓐ s. (jogos de cartas) ganho de trinta pontos, antes de começar a jogar o *piquet* Ⓑ v.tr.,intr. 1 marcar trinta pontos contra o adversário; 2 fazer trinta pontos (no *piquet*)

replace [rɪˈpleɪs] v.tr. 1 substituir [**by/with**, por]; *buses are replacing trams everywhere* os autocarros estão a substituir os eléctricos em toda a parte; *to ~ a machine by a new one* substituir uma máquina por outra nova; 2 suceder a; tomar o lugar de; ocupar o lugar de; 3 repor, voltar a pôr no mesmo lugar, recolocar; 4 restituir, reembolsar, devolver; 5 suplantar

replaceable [rɪˈpleɪsəbəl] adj. 1 substituível; 2 renovável

replacement [rɪˈpleɪsmənt] s. 1 (geral) substituição; *~ of a machine part* substituição duma peça; 2 (pessoa) substituto; 3 colocação no mesmo lugar; reposição; 4 restituição; 5 pl. peças sobresselentes ❖ FINANÇAS *~ cost* custo de substituição; (automóvel) *~ engine* motor de reserva

replacing [rɪˈpleɪsɪŋ] s. 1 reposicionamento; 2 reposição; 3 substituição ❖ *~ part* peça sobresselente

replant [ˌriːˈplɑːnt] v.tr. voltar a plantar, plantar de novo

replantation [ˌriːplɑːnˈteɪʃən] s. replantio, replantação

replanting [ˌriːˈplɑːntɪŋ] s. acto de replantar

replaster [ˌriːˈplɑːstə] v.tr. rebocar (parede)

replastering [ˌriːˈplɑːstərɪŋ] s. rebocamento, rebocadura

replate [ˌriːˈpleɪt] v.tr. (metal) voltar a cobrir com capa muito fina ❖ *to ~ with gold* redourar; *to ~ with nickel* niquelar novamente

replating [ˌriːˈpleɪtɪŋ] s. acto de voltar a cobrir com capa muito fina (de metal)

replay[1] [ˌriːˈpleɪ] v.tr. 1 DESPORTO (jogo) voltar a realizar; 2 TELEVISÃO (gravação) repetir

replay[2] [ˈriːpleɪ] s. 1 DESPORTO novo jogo, partida jogada segunda vez; 2 TELEVISÃO repetição, reposição

replenish

replenish [rɪˈplenɪʃ] v.tr. 1 encher novamente; voltar a encher; 2 atestar; *to ~ the car with petrol* atestar o carro de gasolina; 3 reabastecer; voltar a fornecer

replenished [rɪˈplenɪʃt] adj. cheio, completo, repleto [**with**, de]; *to be ~ with sth* estar repleto de alguma coisa

replenisher [rɪˈplenɪʃə] s. ELECTRICIDADE recarregador

replenishing [rɪˈplenɪʃɪŋ] s. acto de encher totalmente, de reabastecer ou prover com abundância

replenishment [rɪˈplenɪʃmənt] s. 1 reabastecimento; 2 enchimento

replete [rɪˈpliːt] adj. 1 repleto, (completamente) cheio [**with**, de]; 2 [form.] (pessoa) empanturrado, saciado

repletion [rɪˈpliːʃən] s. 1 repleção; 2 [form.] saciedade; empanturramento; *to eat to ~* comer até ficar saciado ❖ *full to ~* quase a transbordar

replevin [rɪˈplevɪn] s. 1 DIREITO restituição de bens, recuperação de bens sob caução prestada em juízo; 2 documento que garante essa recuperação de bens; 3 acção judicial decorrente dessa recuperação de bens

replevy [rɪˈplevɪ] v.tr. recuperar bens mediante caução prestada em juízo

replica [ˈreplɪkə] s. 1 (feito pelo próprio artista) cópia; reprodução; duplicado de obra; 2 cópia; *he made an exact ~ of the picture* ele fez uma cópia perfeita do quadro; 3 fac-símile

replicate[1] [ˈreplɪkeɪt] v.tr. 1 [rar.] repetir; 2 fazer cópia fiel, fazer uma reprodução exacta; 3 dobrar para trás

replicate[2] [ˈreplɪkɪt] Ⓐ adj. BOTÂNICA dobrado sobre si mesmo, replicativo Ⓑ s. MÚSICA tom uma ou mais oitavas acima ou abaixo de um tom dado

replication [ˌreplɪˈkeɪʃən] s. 1 réplica; 2 resposta; 3 eco, repercussão; 4 cópia, reprodução; 5 (genética) replicação; 6 [rar.] dobra, dobra feita para trás

replicon [ˈreplɪkɒn] s. (citologia, genética) *replicon*

replier [rɪˈplaɪə] s. aquele que replica ou responde

replunge [ˌriːˈplʌndʒ] v.tr.,intr. 1 remergulhar; 2 fazer remergulhar; 3 [fig.] recair em

reply [rɪˈplaɪ] Ⓐ s. 1 resposta; *early ~* resposta pronta; *have you anything to say in reply?* tem alguma coisa a responder?; *he made no ~* ele não deu resposta; *in ~ to your letter* em resposta à sua carta; *she had no ~ to her letter* ela não recebeu resposta à carta; 2 DIREITO réplica Ⓑ v.tr.,intr. 1 responder; retorquir; *to ~ for sb* responder em vez de alguém; *to ~ to a question* responder a uma pergunta; 2 replicar [**to**, a]; 3 (ataque) ripostar [**to**, a]; *to ~ to the enemy's fire* ripostar ao fogo do inimigo ❖ *~ card* bilhete postal com resposta paga; *~ coupon* cupão de resposta

repoint [ˌriːˈpɔɪnt] v.tr. voltar a argamassar

repointing [ˌriːˈpɔɪntɪŋ] s. acto de argamassar de novo

repolish [ˌriːˈpɒlɪʃ] v.tr. polir de novo, repolir

repolishing [ˌriːˈpɒlɪʃɪŋ] s. novo polimento

repone [rɪˈpəʊn] v.tr. 1 voltar a colocar em, reintegrar em (cargo ou função); 2 reabilitar

repopulate [ˌriːˈpɒpjʊleɪt] v.tr. repovoar

repopulation [ˌriːpɒpjʊˈleɪʃən] s. repovoamento

report [rɪˈpɔːt] Ⓐ s. 1 relatório; *~ of expert* relatório de perito; *annual ~* relatório anual; *to make a ~ on a subject* elaborar um relatório sobre um assunto; 2 relato; narração; 3 (jornalismo) reportagem; 4 informações; notícias; *favourable ~* boas informações; 5 boato; rumor; *idle reports* boatos sem fundamento; *the ~ goes that...* corre o boato de que...; 6 [ant.] reputação, fama, nome; *to be of evil/ill ~* ter má reputação; *to be of good ~* ter boa reputação; 7 (explosão) detonação, deflagração, estampido; estrondo; *the ~ of a gun* a detonação de uma arma de fogo; *with a loud ~* com grande estrondo; 8 [GB] (escola) ficha informativa de aluno Ⓑ v.tr. 1 relatar; narrar; descrever; contar; 2 referir, dizer, expor; 3 transmitir; anunciar; *a new discovery has been reported* anunciaram uma nova descoberta; 4 denunciar, fazer queixa; *I shall ~ you!* hei-de fazer queixa de si!; *to ~ sb to the police* denunciar alguém à polícia Ⓒ v.intr. 1 fazer relatório [**on/upon**, sobre]; apresentar relatório [**on/upon**, sobre]; *to ~ on sth* apresentar um relatório sobre alguma coisa; 2 apresentar conclusões [**on/upon**, sobre]; 3 comunicar [**to**, a]; informar [**to**, -]; *to ~ to the boss* informar o patrão; 4 manter a par [**on/upon**, de]; *to ~ progress to sb* conservar alguém a par do que se tem feito; 5 apresentar-se [**to**, a]; comparecer [**to**, perante]; *to ~ to work* apresentar-se ao trabalho; 6 noticiar, fazer reportagem [**on/upon**, sobre]; *to ~ for a newspaper* fazer reportagem para um jornal ❖ DIREITO *law reports* crónica dos tribunais; colecção de acórdãos e outras decisões judiciárias; *weather ~* boletim meteorológico; *he is reported to be in England* dizem que ele está em Inglaterra; *I know of it by mere ~* sei disso só por ouvir dizer; *it is a matter of current ~* é voz corrente; *it is reported from Lisbon that...* dizem de Lisboa que...; *nothing to ~* nada a declarar; *~ has it that...* diz-se que...; [GB] (Câmara dos Comuns) *to move to ~ progress* apresentar uma moção para que sejam encerrados os debates; *to ~ badly of* fazer más referências a; dar mau parecer sobre; *to ~ well of* dar parecer favorável a

◆**report back** v.intr. 1 informar; comunicar; *~ to me as soon as you can* comunique-me mal o consiga fazer; 2 apresentar relatório [**to**, a]; 3 MILITAR regressar ao quartel

reportage [rɪˈpɔːtɪdʒ, ˌrepɔːˈtɑːʒ] s. reportagem

reported [rɪˈpɔːtɪd] adj. LINGUÍSTICA indirecto; *~ speech* discurso indirecto

reportedly [rɪˈpɔːtɪdlɪ] adv. alegadamente; supostamente; aparentemente; *she had ~ seen him...* ela tê-lo-ia visto...

reporter [rɪˈpɔːtə] s. 1 repórter, jornalista; 2 relator; 3 (debates parlamentares) estenógrafo ❖ *reporters' gallery* tribuna de imprensa; (jornalismo) *special ~* enviado especial

reporting [rɪˈpɔːtɪŋ] s. 1 relato; 2 informação; 3 reportagem

reposal [rɪˈpəʊzəl] s. 1 tranquilidade; 2 confiança; *~ of trust in sb* confiança em alguém

repose [rɪˈpəʊz] Ⓐ v.tr.,intr. 1 repousar [**on**, em]; descansar [**on**, em]; *to ~ on a couch* repousar/descansar num divã; 2 colocar; depositar; pôr; *to ~ one's trust in sb* depositar confiança em alguém; 3 assentar, alicerçar-se, basear-se [**on**, em]; *that theory reposes on a false premise* aquela teoria baseia-se numa falsa premissa; 4 reclinar(-se); recostar(-se); *she reposed her head on the pillow* ela reclinou a cabeça na almofada Ⓑ s. 1 repouso, descanso; *to seek ~* procurar descanso; *to take ~* repousar, descansar; *without ~* sem descanso; 2 sono; 3 paz, tranquilidade, serenidade, sossego; *to lack ~* não ter sossego ❖ RELIGIÃO *Repose of the Virgin* a morte da Virgem

reposeful [rɪˈpəʊzfʊl] adj. 1 repousado, descansado; 2 calmo, sereno, tranquilo

reposit [rɪˈpɒzɪt] v.tr. depositar, pôr, colocar, guardar

reposition [ˌriːpəˈzɪʃən] Ⓐ v.tr. 1 reposicionar, mudar o lugar de; 2 (marketing) relançar Ⓑ s. 1 reposicionamento; 2 (marketing) relançamento

repository [rɪˈpɒzɪtərɪ] s. (pl. **-ies**) 1 repositório; *he was a ~ of information* ele era um repositório de informações; 2 recipiente; receptáculo; 3 depósito; armazém; *furniture ~* depósito de mobílias; 4 (alguém de confiança) confidente; *she was the ~ of his sorrows* era a ela que ele confiava as mágoas; 5 museu, loja; 6 sepulcro, cripta tumular

repossess [ˌriːpəˈzes] v.tr. 1 reapossar-se de; reentrar na posse de; 2 reintegrar na posse de; *to ~ sb of sth* reintegrar alguém na posse de alguma coisa, devolver algo a alguém

repossession [ˌriːpəˈzeʃən] s. 1 recuperação; 2 reintegração na posse

repot [ˌriːˈpɒt] v.tr. (particípios: **-tt-**) (planta) transplantar para novo vaso

repotting [ˌriːˈpɒtɪŋ] s. (planta) transplantação para novo vaso

repoussé [rəˈpuːseɪ] Ⓐ adj. (metal) trabalhado a martelo em relevo Ⓑ s. trabalho em relevo batido a martelo

repp [rep] s. (tecido) ⇒ **rep**

repr. Ⓐ [abrev. de *representative*] Ⓑ [abrev. de *represented*] Ⓒ [abrev. de *representing*] Ⓓ [abrev. de *reprint*]

reprehend [ˌreprɪˈhend] v.tr. 1 repreender, censurar; 2 admoestar

reprehensible [ˌreprɪˈhensɪbəl] adj. repreensível, censurável, condenável

reprehensibleness [ˌreprɪˈhensɪbəlnɪs] s. 1 carácter repreensível; 2 aspecto censurável

reprehensibly [ˌreprɪˈhensɪblɪ] adv. repreensivelmente, censuravelmente

reprehension [ˌreprɪˈhenʃən] s. repreensão, censura

represent [ˌrepriˈzent] *v.tr.* **1** representar; ser representante de; **2** simbolizar; significar; corporizar; *the flag represents the nation* a bandeira simboliza a nação; **3** tipificar; **4** apresentar, explicar, mostrar claramente; expor; *he couldn't ~ that theory to the audience* ele não foi capaz de explicar aquela teoria ao público; **5** descrever, pintar, retratar; *the painting represents a hunting scene* o quadro retrata uma cena de caça; **6** observar, fazer ver, alegar; **7** representar; constituir; *he was invited to be represented* convidaram-no a fazer-se representar; **8** TEATRO (papel) representar; interpretar ❖ *to ~ oneself as* apresentar-se como; (delegação) *to be well/strongly represented* estar bem representado

representable [ˌrepriˈzentəbəl] *adj.* representável

representation [ˌreprizenˈteɪʃən] *s.* **1** representação; **2** figuração mental; interpretação; **3** representação; comitiva; **4** reprodução; imagem, retrato; **5** *pl.* protesto oficial; reclamação fundamental; *he made representations to the government* apresentou ao governo um protesto oficial ❖ POLÍTICA *proportional ~* representação proporcional; *the different representations of a doctrine* as várias apresentações duma doutrina; *to make false representations to sb* apresentar uma adulteração dos factos a alguém

representative [ˌrepriˈzentətɪv] Ⓐ *adj.* **1** representativo; *a ~ selection* uma selecção representativa; POLÍTICA *~ government* governo representativo; **2** típico [**of**, de]; Ⓑ *s.* **1** representante; *district ~* representante regional; *foreign ~* representante no estrangeiro; **2** delegado; **3** porta-voz; **4** substituto, sucessor; herdeiro; **5** POLÍTICA deputado numa assembleia representativa; [GB] *their ~ in the House of Commons* o deputado que os representa na Câmara dos Comuns ❖ *~ agent* representante; *representatives of the press* jornalistas; repórteres; [EUA] *House of Representatives* Câmara dos Representantes

representatively [ˌrepriˈzentətɪvlɪ] *adv.* representativamente

representativeness [ˌrepriˈzentətɪvnɪs] *s.* representatividade

repress [rɪˈpres] *v.tr.* **1** reprimir; *to ~ a rising* reprimir uma revolta; **2** PSICOLOGIA recalcar; **3** dominar, sofrear; **4** oprimir; subjugar; **5** sufocar, abafar; *to ~ a sneeze* abafar um espirro

repressed [rɪˈprest] *adj.* **1** reprimido; **2** PSICOLOGIA recalcado; **3** oprimido, subjugado

repressible [rɪˈpresəbəl, rɪˈpresɪbəl] *adj.* reprimível

repression [rɪˈpreʃən] *s.* **1** repressão; **2** PSICOLOGIA recalcamento; **3** opressão

repressive [rɪˈpresɪv] *adj.* **1** repressivo, de repressão; *~ measures* medidas de repressão; **2** restritivo, de restrição

reprice [ˌriːˈpraɪs] *v.tr.* mudar o preço de

reprieve [rɪˈpriːv] Ⓐ *s.* **1** suspensão temporária de pena; **2** comutação de pena; **3** adiamento, prorrogação Ⓑ *v.tr.* **1** suspender a execução de uma pena; **2** comutar uma pena; **3** conceder um adiamento; **4** conceder uma moratória

reprimand [ˈreprɪmɑːnd] Ⓐ *s.* **1** reprimenda, repreensão; admoestação severa; **2** censura; crítica Ⓑ *v.tr.* **1** repreender, passar uma reprimenda a; admoestar severamente; *to be reprimanded for sth* ser repreendido por alguma coisa; **2** censurar; criticar

reprimander [ˈreprɪmɑːndə] *s.* aquele que repreende ou censura

reprint[1] [ˌriːˈprɪnt] *v.tr.* **1** reimprimir; fazer nova tiragem de; **2** reeditar; *the book is in the course of reprinting* o livro está prestes a ser reeditado; **3** (artigo, história, etc.) reproduzir; divulgar

reprint[2] [ˈriːprɪnt] *s.* **1** reimpressão, nova tiragem, nova impressão; **2** reedição ❖ TIPOGRAFIA *separate ~* separata

reprisal [rɪˈpraɪzəl] *s.* **1** represália; **2** retaliação ❖ *in ~ for* como represália por; *to take reprisals* exercer represálias

reprise [rɪˈpriːz] Ⓐ *s.* repetição Ⓑ *v.tr.* repetir

reprises [rɪˈpriːzɪz] *s.pl.* **1** encargos anuais de propriedade; **2** descontos ❖ (rendimento) *above/besides/beyond ~* livre de encargos; líquido

repro [ˈreprəʊ] *s.* [coloq.] reprodução

reproach [rɪˈprəʊtʃ] Ⓐ *s.* (*pl.* **-es**) **1** censura; crítica; *look of ~* olhar de censura; *to incur reproaches* incorrer em censuras; **2** reprimenda; **3** acusação, exprobração; *to abstain from ~* abster-se de acusações; **4** vergonha; descrédito; vexame; opróbrio; *the state of the roads is a ~ to the country* o estado das estradas é uma vergonha para o país; *to be a ~ to* ser uma vergonha para; *to bring ~ upon sb* ser um motivo de vergonha para alguém; **5** mancha, mácula; *a life without ~* uma vida sem mácula Ⓑ *v.tr.* **1** censurar [**for/with**, por]; criticar [**for/with**, por]; *to ~ sb for doing sth* censurar alguém por fazer alguma coisa; **2** repreender; dar uma reprimenda a; **3** exprobrar; **4** acusar [**for/with**, de]; increpar [**for/with**, por]; *he was reproached for ingratitude* acusaram-no de ingratidão; **5** desacreditar, ser a vergonha de ❖ *above/beyond ~* irrepreensível; impecável; *to heap reproaches upon sb* recriminar alguém

reproachable [rɪˈprəʊtʃəbəl] *adj.* censurável, condenável, repreensível

reproachful [rɪˈprəʊtʃfʊl] *adj.* **1** reprovador, acusador, recriminador; *a ~ glance* um olhar de reprovação; **2** censurável; repreensível; vergonhoso; *a ~ career* uma carreira vergonhosa

reproachfully [rɪˈprəʊtʃfʊlɪ] *adv.* reprovadoramente, acusadoramente; em tom de acusação

reproachfulness [rɪˈprəʊtʃfʊlnɪs] *s.* característica do que é repreensivo, condenável ou injurioso

reprobate[1] [ˈreprəbeɪt] *v.tr.* **1** reprovar, desaprovar, condenar; **2** RELIGIÃO votar às penas eternas, votar à perdição eterna

reprobate[2] [ˈreprəbɪt] *adj.,s.* **1** réprobo, precito; **2** malvado, patife; **3** depravado, imoral, de maus costumes; **4** perverso

reprobating [ˈreprəbeɪtɪŋ] *adj.* reprovador

reprobation [ˌreprəˈbeɪʃən] *s.* **1** reprovação, desaprovação; **2** repulsão

reprobatory [ˈreprəbeɪtərɪ] *adj.* reprobatório

reproduce [ˌriːprəˈdjuːs] *v.tr.,intr.* **1** reproduzir(-se); multiplicar(-se); procriar; **2** reproduzir; imitar; duplicar; copiar; *this print reproduces well* esta gravura permite que se tirem boas cópias; **3** produzir de novo; **4** restaurar(-se), renovar(-se); **5** BIOLOGIA regenerar(-se); *some creatures can ~ a lost limb* alguns animais conseguem regenerar um membro perdido; **6** recordar

reproducer [ˌriːprəˈdjuːsə] *s.* pessoa ou dispositivo que reproduz, tira reproduções, etc.

reproducibility [ˌriːprədjuːsɪˈbɪlɪtɪ] *s.* reprodutibilidade

reproducible [ˌriːprəˈdjuːsɪbəl] *adj.* reproduzível, reprodutível

reproducing [ˌriːprəˈdjuːsɪŋ] Ⓐ *adj.* que reproduz Ⓑ *s.* reprodução

reproduction [ˌriːprəˈdʌkʃən] *s.* **1** reprodução; *sound ~* reprodução do som; **2** repetição; **3** cópia, imitação; *this picture is a ~* este quadro é uma cópia; **4** renovação; **5** reconstituição ❖ *~ process* processo de reprodução

reproductive [ˌriːprəˈdʌktɪv] *adj.* **1** reprodutivo; **2** reprodutor ❖ ANATOMIA *~ system* sistema reprodutor; BIOLOGIA *the ~ organs* os órgãos reprodutores

reproductively [ˌriːprəˈdʌktɪvlɪ] *adv.* reprodutivamente

reproductiveness [ˌriːprəˈdʌktɪvnɪs] *s.* reprodutividade

reproof [rɪˈpruːf] *s.* **1** censura; reprovação; repreensão; *a glance of ~* um olhar de censura; **2** exprobração ❖ *in ~* em sinal de repúdio; *to speak in ~ of* falar contra; insurgir-se contra

re-proof [ˌriːˈpruːf] *v.tr.* reimpermeabilizar

reproval [rɪˈpruːvəl] *s.* reprovação, desaprovação

reprove [rɪˈpruːv] *v.tr.* censurar [**for**, por]; repreender, ralhar a [**for**, por]; *to ~ sb for sth* repreender alguém por alguma coisa

reprover [rɪˈpruːvə] *s.* aquele que censura ou repreende

reproving [rɪˈpruːvɪŋ] *adj.* **1** reprovador; **2** de censura ou repreensão

reprovingly [rɪˈpruːvɪŋlɪ] *adv.* **1** com ar ou tom de censura; *to look at sb ~* olhar para alguém em sinal de reprovação; **2** repreensivelmente

reprovision [ˌriːprəˈvɪʒən] *v.tr.,intr.* **1** reaprovisionar, reaprovisionar-se; **2** reabastecer, reabastecer-se

reps [reps] *s.* (tecido) ⇒ **rep**

reptant [ˈreptənt] *adj.* BOTÂNICA, ZOOLOGIA reptante, rastejante

reptile [ˈreptaɪl] Ⓐ *s.* **1** ZOOLOGIA réptil; **2** [fig., depr.] pessoa subserviente; pessoa abjecta Ⓑ *adj.* **1** ZOOLOGIA réptil, relativo aos répteis; **2** ZOOLOGIA rastejante; **3** [fig.] (pessoa) abjecto, vil, baixo, desprezível; subserviente ❖ *~ house* viveiro; *the ~ press* a imprensa subserviente; a imprensa vendida aos poderes constituídos

reptilia [repˈtɪlɪə] *s.pl.* ZOOLOGIA répteis

reptilian [repˈtɪlɪən] Ⓐ *adj.* relativo aos répteis Ⓑ *s.* réptil

reptiliform [rep'tɪlɪfɔːm] *adj.* reptiliforme
republic [rɪ'pʌblɪk] *s.* POLÍTICA república; *the President of the Portuguese Republic* o presidente da República Portuguesa ❖ *the ~ of letters* a república das letras
republican [rɪ'pʌblɪkən] *adj.,s.* republicano ❖ [EUA] POLÍTICA *Republican Party* Partido Republicano; [EUA] POLÍTICA *he is a Republican* ele é membro do Partido Republicano
republicanism [rɪ'pʌblɪkənɪzəm] *s.* republicanismo
republicanize [rɪ'pʌblɪkənaɪz] *v.tr.* republicanizar
republication [ˌriːpʌblɪ'keɪʃən] *s.* 1 nova publicação; 2 nova edição, reedição
republish [riː'pʌblɪʃ] *v.tr.* 1 publicar novamente, voltar a publicar; 2 reeditar
repudiable [rɪ'pjuːdɪəbəl] *adj.* [rar.] repudiável
repudiate [rɪ'pjuːdɪeɪt] *v.tr.* 1 repudiar; condenar; 2 rejeitar; 3 (obrigação, autoridade, etc.) negar, não aceitar, não reconhecer; 4 (tratado, dívida) não honrar; *to ~ a debt* não honrar uma dívida
repudiation [rɪˌpjuːdɪ'eɪʃən] *s.* 1 repúdio; 2 repudiação; 3 rejeição; 4 divórcio; 5 negação, não aceitação, não reconhecimento
repudiator [rɪ'pjuːdɪeɪtə] *s.* 1 aquele que repudia ou rejeita; 2 aquele que nega ou não aceita
repugnance [rɪ'pʌgnəns] *s.* 1 repugnância [**against/to**, a]; 2 aversão; antipatia; 3 relutância; *to feel ~ to* sentir relutância em; 4 (ideias, temperamentos, etc.) incompatibilidade; *~ of one thing with/to another* incompatibilidade de uma coisa com outra
repugnant [rɪ'pʌgnənt] *adj.* 1 que repugna, repugnante; aversivo; *to be ~ to sb* repugnar alguém, causar repugnância a alguém; 2 relutante; 3 incompatível ❖ *a mind ~ to knowledge* um espírito refractário ao conhecimento
repugnantly [rɪ'pʌgnəntlɪ] *adv.* 1 de modo incompatível; 2 contrariamente; 3 inconsistentemente; 4 relutantemente; 5 repugnantemente
repullulate [rɪ'pʌljʊleɪt] *v.intr.* 1 ressurgir, voltar a aparecer em grande quantidade; 2 pulular de novo; 3 tornar a brotar
repullulation [rɪˌpʌljʊ'leɪʃən] *s.* repululamento, repululação
repulse [rɪ'pʌls] Ⓐ *s.* 1 repulsa; aversão; 2 rejeição; rechaço; 3 revés, desaire; vexame; *to meet with/suffer a ~* sofrer um revés; 4 mau acolhimento Ⓑ *v.tr.* 1 repelir; rechaçar; 2 desbaratar; 3 dar mau acolhimento a; 4 rejeitar, recusar
repulsion [rɪ'pʌlʃən] *s.* 1 repulsa, aversão, repugnância; *to feel ~ for* sentir repulsa por; 2 FÍSICA repulsão; *mutual ~ of electrified bodies* repulsão mútua de corpos electrizados; *~ of magnetic pole* repulsão de pólo magnético ❖ *~ motor* motor de repulsão
repulsive [rɪ'pʌlsɪv] *adj.* 1 FÍSICA repulsivo; *~ action* acção repulsiva; *~ forces* forças repulsivas; *~ power* potência repulsiva; 2 repelente, repugnante, que inspira aversão; que causa uma sensação de repulsa; *it was a ~ sight* era um espectáculo repugnante; 3 [poét.] que oferece resistência
repulsively [rɪ'pʌlsɪvlɪ] *adv.* 1 repulsivamente; 2 repelentemente, repugnantemente
repulsiveness [rɪ'pʌlsɪvnɪs] *s.* 1 carácter repulsivo ou repelente; 2 força repulsiva
repurchase [riː'pɜːtʃɪs] Ⓐ *s.* 1 reaquisição, nova compra; 2 retrovendição, retrovenda Ⓑ *v.tr.* 1 readquirir; 2 comprar de novo
reputability [ˌrepjʊtə'bɪlɪtɪ] *s.* respeitabilidade, honorabilidade
reputable ['repjʊtəbəl] *adj.* 1 respeitável, de grande respeitabilidade; 2 bem conceituado; 3 considerado; 4 honrado; 5 honroso
reputably ['repjʊtəblɪ] *adv.* 1 respeitavelmente; 2 honradamente
reputation [ˌrepjʊ'teɪʃən] *s.* 1 reputação; *a man of good ~* um homem de boa reputação; *to acquire/make a ~* criar reputação; *to have a bad ~* ter má reputação; *to have a good/high ~* ter grande reputação; *to have the ~ of...* ter a reputação de...; *to ruin sb's ~* destruir a reputação de alguém; 2 renome; fama; nomeada; *he has a ~ for idleness* ele tem fama de preguiçoso; *to justify one's ~* fazer jus à fama que se tem; *to live up to one's ~* viver à altura da fama que se tem; 3 celebridade; 4 respeitabilidade ❖ *to hold sb in ~* ter alguém em grande estima

repute [rɪ'pjuːt] Ⓐ *s.* reputação, renome, fama, nomeada; *a town of bad ~* uma cidade de má reputação; *he is a doctor of ~* ele é um médico de grande nomeada; *of no ~* sem reputação; *port is held in high ~* o vinho do Porto tem grande renome; *that is a place of ill ~* esse lugar tem má fama Ⓑ *v.tr.* reputar; considerar; julgar; ter na conta de ❖ *he is a good man by ~* consta que ele é boa pessoa; *she was reputed to be wealthy* diziam que ela era rica; *to know sb by ~* conhecer alguém por aquilo que dizem
reputed [rɪ'pjuːtɪd] *adj.* 1 reputado; 2 suposto, pretenso; 3 DIREITO putativo; *~ father* pai putativo ❖ (sem garantia) *a ~ pint of beer* uma garrafa supostamente de meio litro de cerveja; *to be ill ~* ter má reputação; *to be well ~* ter boa reputação
reputedly [rɪ'pjuːtɪdlɪ] *adv.* 1 supostamente, reputadamente, conforme é voz corrente; 2 DIREITO putativamente
request [rɪ'kwest] Ⓐ *s.* 1 pedido; *a ~ for help* um pedido de auxílio; *at the ~ of* a pedido de; *by ~* a pedido; *by general ~* a pedido de diversas famílias; *to grant sb's ~* satisfazer o pedido de alguém; *to make a ~ for sth* pedir alguma coisa; 2 solicitação; 3 instância; 4 petição, requerimento; 5 requisição; 6 procura; *those materials are in great ~ now* esses artigos têm agora grande procura; 7 RÁDIO disco pedido; 8 NÁUTICA reclamação Ⓑ *v.tr.* solicitar, rogar, pedir; *to ~ sth from sb* solicitar alguma coisa de alguém ❖ *~ book* livro de reclamações; RÁDIO *~ programme* discos pedidos; *as requested* conforme foi solicitado; conforme pedido; *an answer is requested* solicita-se uma resposta; *he requests to be excused from...* pede que o dispensem de...; *visitors are requested to keep off the grass* pede-se aos visitantes que não pisem a relva
requicken [riː'kwɪkən] *v.tr.,intr.* 1 reanimar(-se); 2 restabelecer-se
requiem ['rekwɪəm] *s.* 1 réquiem; 2 missa de réquiem; 3 canto fúnebre, ofício de defuntos
require [rɪ'kwaɪə] *v.tr.* 1 requerer; exigir; pedir; *he was required to keep silent* pediram-lhe que estivesse calado; *it is required of me that I do it* exigem que eu faça isso; *to ~ sth of sb* requerer/pedir alguma coisa a alguém; 2 mandar, ordenar a; 3 precisar, necessitar; *have you got all you require?* tens tudo aquilo de que precisas?; *she did not ~ twice telling* não foi preciso dizerem-lho duas vezes; *words that ~ saying* coisas que precisam de ser ditas; 4 [rar.] ser preciso ❖ *as circumstances may ~* conforme o caso; conforme as circunstâncias; *don't work harder than required!* não trabalhes mais que o necessário!; *if required* no caso de ser necessário
required [rɪ'kwaɪəd] *adj.* 1 requerido, reclamado, exigido; *~ pressure* pressão requerida; 2 necessário, preciso; *to have the money* ter o dinheiro preciso ❖ MATEMÁTICA *~ quantity* incógnita; *in the ~ time* no tempo prescrito; MATEMÁTICA *~ to multiply x by y* seja x a multiplicar por y
requirement [rɪ'kwaɪəmənt] *s.* 1 requisito; condição; *to fit the requirements* preencher os requisitos; 2 exigência; *to fulfil the requirements of the law* satisfazer as exigências da lei; *to meet sb's requirements* satisfazer as exigências de alguém; 3 necessidade; 4 (escola) disciplina obrigatória; 5 requerimento
requisite ['rekwɪzɪt] Ⓐ *s.* requisito; condição indispensável; coisa necessária; *all the requisites* tudo o que é necessário Ⓑ *adj.* requerido; necessário; indispensável; *to take the ~ measures* tomar as providências necessárias ❖ *travelling requisites* artigos de viagem
requisiteness ['rekwɪzɪtnɪs] *s.* necessidade, precisão
requisition [ˌrekwɪ'zɪʃən] Ⓐ *s.* 1 requisição; *to put in ~ for...* requisitar...; 2 requerimento; 3 solicitação; 4 confiscação; 5 condição necessária, requisito; *the requisitions for a university degree* os requisitos para um curso universitário Ⓑ *v.tr.* 1 requisitar; 2 MILITAR fazer requisição de; impor fornecimentos de; *to ~ a town for...* impor a uma cidade o fornecimento de...; *to ~ food for the troops* requisitar víveres para as tropas; *to make a ~ on a town for supplies* impor a uma cidade o fornecimento de víveres; 3 exigir; 4 utilizar; recorrer a; *to ~ sb's services* recorrer aos serviços de alguém ❖ *~ number* número de referência; *to be in constant ~* trabalhar sem cessar; MILITAR *to call into ~* requisitar
requisitioning [ˌrekwɪ'zɪʃənɪŋ] *s.* 1 requisição; 2 exigência

requital [rɪˈkwaɪtl] s. 1 [form.] recompensa; gratificação; *to get sth in ~ for one's services* receber uma gratificação pelos serviços prestados; 2 [form.] remuneração; pagamento; 3 [form.] paga; retribuição; *in ~ for/of* em retribuição de; 4 [form.] vingança; represália

requite [rɪˈkwaɪt] v.tr. 1 pagar, retribuir; *to ~ sb in his own way* pagar a alguém na mesma moeda; 2 remunerar; premiar; recompensar; *to ~ sb for sth* recompensar alguém por alguma coisa; 3 vingar-se de, desforrar-se de

requited [rɪˈkwaɪtɪd] adj. 1 recompensado; *ill ~* mal recompensado; *well ~* bem recompensado; 2 retribuído ❖ *~ love* amor correspondido

requiter [rɪˈkwaɪtə] s. aquele que paga, retribui ou recompensa

rerail [riːˈreɪl] v.tr. colocar novamente nos carris (locomotiva)

rerailing [riːˈreɪlɪŋ] s. 1 carrilamento; 2 colocação nos carris

reread [riːˈriːd] v.tr. (prt. e part. pass. **re-read**) reler, voltar a ler

rerecord [ˌriːrɪˈkɔːd] v.tr. 1 CINEMA fazer novo registo de som; 2 passar o som dum registo para outro

rerecording [ˌriːrɪˈkɔːdɪŋ] s. CINEMA transferência de som

reredos [ˈrɪədɒs] s. (pl. **-es**) retábulo (de altar)

reroute [riːˈruːt] v.tr. 1 (trânsito, pessoas) desviar para percurso alternativo; 2 redireccionar

re-rubber [ˌriːˈrʌbə] v.tr. recauchutar

re-rubbering [ˌriːˈrʌbərɪŋ] s. recauchutagem, recauchutamento

rerun[1] [riːˈrʌn] v.tr. (prt. **reran**, part. pass. **rerun**) TELEVISÃO, CINEMA (gravação, série, filme) repor, repetir, tornar a passar

rerun[2] [ˈriːrʌn] s. TELEVISÃO, CINEMA (gravação, filme, série) reposição, repetição

res [riːz] s. 1 DIREITO coisa; 2 propriedade

res. Ⓐ [abrev. de research] Ⓑ [abrev. de reserved] Ⓒ [abrev. de residence] Ⓓ [abrev. de resigned] Ⓔ [abrev. de resolution]

resaddle [ˌriːˈsædl] v.tr. selar de novo (um cavalo)

resail [riːˈseɪl] v.intr. voltar a velejar

resalable [ˌriːˈseɪləbəl] adj. que pode revender-se

resale [ˈriːseɪl] s. 1 revenda; 2 venda em segunda mão

reschedule [ˌriːˈʃedjuːl, ˌriːˈskedjuːl] v.tr. 1 reagendar, tornar a marcar; 2 adiar; 3 (dívida) prorrogar o vencimento de

rescheduling [ˌriːˈʃedjuːlɪŋ, ˌriːˈskedjuːlɪŋ] s. 1 reagendamento; 2 adiamento; 3 (dívida) prorrogação de vencimento

rescind [rɪˈsɪnd] v.tr. 1 rescindir; 2 anular; 3 revogar; 4 cancelar; 5 abolir

rescinding [rɪˈsɪndɪŋ] Ⓐ adj. 1 ab-rogatório; 2 anulatório Ⓑ s. rescisão, anulação, revogação

rescission [rɪˈsɪʒən] s. 1 rescisão; 2 anulação; 3 revogação; 4 cancelamento; 5 abolição; 6 ab-rogação

rescissory [rɪˈsɪsərɪ] adj. DIREITO rescisório; que implica rescisão

rescore [riːˈskɔː] v.tr. MÚSICA reorquestrar

rescript [ˈriːskrɪpt] s. 1 rescrito; 2 decisão dada por escrito pelos imperadores romanos em resposta a dúvidas levantadas sobre qualquer assunto jurídico; 3 decisão papal sobre quaisquer questões levantadas; 4 breve; 5 edicto; 6 transcrição, coisa transcrita ou reescrita; 7 palimpsesto

rescue [ˈreskjuː] Ⓐ s. 1 socorro; salvação; salvamento; 2 (acção) resgate; 3 ajuda, auxílio; 4 libertação ilegal; 5 (à força) reaquisição, reapoderamento Ⓑ v.tr. 1 socorrer; salvar; *to ~ sb from drowning* salvar alguém de morrer afogado, impedir o afogamento de alguém; 2 ir em auxílio de; ir em socorro de; 3 livrar; *to ~ from prison* livrar da prisão; 4 libertar ilegalmente; 5 reapoderar-se de ❖ *~ appliances* material de salvamento; *~ corps* grupo de salvamento; *~ operation* operação de salvamento; *~ party* equipa de salvamento; *~ home for unfortunates* casa de recolhimento de desfavorecidos; *to come/go to the ~* vir/ir em socorro

rescued [ˈreskjuːd] Ⓐ adj. 1 salvo; 2 liberto; 3 resgatado Ⓑ s.pl. *the ~* as vítimas, as pessoas salvas, as pessoas libertas

rescuer [ˈreskjuːə] s. 1 elemento de equipa de socorro; 2 salvador; 3 libertador

rescuing [ˈreskjuːɪŋ] s. salvamento, libertação, socorro

research [rɪˈsɜːtʃ] Ⓐ s. (pl. **-es**) 1 investigação, pesquisa, estudo; *scientific ~* investigação científica; *technical ~* investigação técnica; *our researches haven't been very successful* as nossas investigações não foram muito bem sucedidas; *to carry out a ~ into...* realizar uma investigação sobre...; 2 indagação, exame crítico Ⓑ v.intr. 1 realizar investigações, pesquisas científicas; 2 investigar; *to ~ into* fazer investigações sobre ❖ *~ laboratory* laboratório de investigação; *~ unit* centro de investigação; *~ work* investigação; *~ worker* investigador; *~ with the microscope* investigação microscópica; *piece of ~* trabalho de investigação; *to be engaged in ~ work* trabalhar em investigação

re-search [ˌriːˈsɜːtʃ] v.tr. 1 voltar a procurar, procurar de novo; 2 realizar uma nova busca

researcher [rɪˈsɜːtʃə] s. investigador

reseat [ˌriːˈsiːt] v.tr. 1 fazer sentar novamente; 2 colocar de novo no lugar; 3 colocar novo fundo, novo assento em (cadeiras); 4 colocar fundilhos novos (em calças); 5 rodar (válvulas)

resect [rɪˈsekt] v.tr. CIRURGIA fazer uma ressecção de

resection [rɪˈsekʃən] s. CIRURGIA ressecção

reseda [ˈresɪdə, ˈrezɪdə, rɪˈsiːdə] s. BOTÂNICA reseda, minhonete

resell [ˌriːˈsel] v.tr. (prt. e part. pass. **resold**) revender

reseller [ˌriːˈselə] s. revendedor

resemblance [rɪˈzembləns] s. 1 semelhança, parecença, similaridade [**between/to**, entre/com]; *a faint ~* uma vaga semelhança; *a strong ~* uma forte semelhança; *there is a marked ~ between them* há uma semelhança muito evidente entre eles; 2 analogia [**between**, entre]; 3 retrato, imagem ❖ *to bear a ~ to* ser parecido com; ter algumas semelhanças com

resemblant [rɪˈzemblənt] adj. semelhante [**to**, a]; parecido [**to**, com]

resemble [rɪˈzembəl] v.tr. 1 assemelhar-se a; parecer-se com; *they ~ each other* eles são parecidos; 2 [arc.] comparar a

resembling [rɪˈzemblɪŋ] adj. semelhante

resent [rɪˈzent] v.tr. 1 ficar ressentido com; ficar magoado com; 2 melindrar-se com; ofender-se com; levar a mal; *to ~ a piece of fun* ofender-se com uma brincadeira; *I ~ that* estás a ofender-me

resentful [rɪˈzentfʊl] adj. 1 ressentido, cheio de ressentimento; 2 melindrado; ofendido; 3 irritado; 4 vingativo, rancoroso

resentfully [rɪˈzentfʊlɪ] adv. 1 ressentidamente; 2 com ressentimento; 3 irritadamente; 4 rancorosamente, vingativamente

resentfulness [rɪˈzentfʊlnɪs] s. 1 melindre; susceptibilidade; 2 rancor; espírito vingativo

resentment [rɪˈzentmənt] s. 1 ressentimento; despeito; *to harbour ~ against sb* ter ressentimento contra alguém; 2 má-vontade; 3 irritação; indignação ❖ *her heart rose up in ~* ela sentiu-se invadir pela revolta

reservation [ˌrezəˈveɪʃən] s. 1 (marcação) reserva; *to make reservations* fazer reservas; 2 reserva; ressalva; *without ~* sem reservas, sem pensamentos reservados; *with this ~* com esta reserva; 3 restrição; limitação; 4 [Can., EUA] (terreno) reserva; *an Indian ~* uma reserva para índios; 5 RELIGIÃO reserva eucarística; *the ~ of the Sacrament* a reserva eucarística; 6 RELIGIÃO direito reservado ao Papa de nomeação para benefícios vagos ❖ [GB] (auto-estrada) *central ~* separador central; DIREITO *power of ~ of Dominion legislation* direito de veto sobre legislação dos Domínios; DIREITO *to enter a ~ in respect of...* pôr uma cláusula com reserva a respeito de...

reserve [rɪˈzɜːv] Ⓐ s. 1 reserva; provisão; *~ of food* reserva de alimentos; *to have great reserves of energy* ter uma grande reserva de energia; *to have in ~* ter de/em reserva; *to keep in ~* conservar em reserva; 2 (terreno, protecção) reserva; *~ for Indians* reserva para índios; *game ~* reserva de caça; *nature ~* reserva natural; 3 reserva; ressalva; restrição; limitação; *without ~* sem qualquer reserva, completamente; 4 (atitude) reserva; discrição; comedimento; *they published it all* ~ eles publicaram isso com todas as reservas; *to break through one's ~* sair da sua reserva; *with all proper reserves* com todas as reservas; 5 (ausência de entusiasmo) frieza; reticências Ⓑ adj. de reserva; *~ fund* fundo de reserva; *~ power* reserva de potência; *~ strength* energia de reserva Ⓒ v.tr. 1 reservar; *it was reserved to me to...* estava-me reservado...; *to ~ a seat for sb* reservar um lugar para alguém; *to ~ rooms at a hotel* reservar quartos num hotel; *to ~ oneself for...* reservar-se para...; *to ~ the right to do sth* reservar o direito de fazer alguma coisa; 2 conservar, guardar; reter; pôr de lado; 3 adiar; demorar; *the judge reserved* *his decision* o juiz adiou a sua decisão; **4** exceptuar; restringir; **5** destinar; *a brilliant future was reserved for him* estava-lhe destinado um futuro brilhante ❖ MILITAR *~ list* quadro de reserva; MILITAR *~ man* reservista; MILITAR *~ officer* oficial de reserva; (leilão) *~ price* preço mínimo; preço base; MILITAR (activo do exército) *the ~* a reserva; MILITAR *the reserves* as reservas; MILITAR *to be on the ~ list* estar na reserva; *to put a ~ price on sth* pôr um preço mínimo em alguma coisa

re-serve [ˌriːˈsɜːv] *v.tr.* voltar a servir, servir novamente (determinada iguaria)

reserved [rɪˈzɜːvd] *adj.* **1** reservado; guardado; **2** marcado; *~ seats* lugares marcados; **3** (pessoa) circunspecto, retraído, pouco comunicativo, reservado; *to be ~ with sb* ser reservado com alguém; **4** reticente; com reservas; *to be ~ about sth* mostrar reservas em relação a algo ❖ MILITAR *~ list* quadro de reserva; DIREITO *all rights ~* reservados todos os direitos; MILITAR *to be on the ~ list* estar na reserva

reservedly [rɪˈzɜːvdlɪ] *adv.* **1** com reserva; **2** retraidamente

reservedness [rɪˈzɜːvdnɪs] *s.* **1** reserva; **2** espírito, maneira de ser reservada; **3** frieza, atitude reservada

reserving [rɪˈzɜːvɪŋ] *s.* reserva

reservist [rɪˈzɜːvɪst] *s.* MILITAR reservista

reservoir [ˈrezəvwɑː] *s.* **1** reservatório; **2** tanque; **3** represa; **4** depósito; **5** provisão, reserva

reset[1] [ˌriːˈset] *v.tr.* (*prt. e part. pass.* **reset**) **1** repor; recolocar; devolver ao devido lugar; **2** voltar a pôr; *to ~ the table* voltar a pôr a mesa; **3** (pedras preciosas) engastar outra vez; **4** TIPOGRAFIA voltar a compor, fazer nova composição de ❖ *to ~ a saw* afiar uma serra; *to ~ one's watch* voltar a acertar o relógio

reset[2] [rɪˈset] Ⓐ *v.tr.,intr.* (*particípios:* **-tt-**) [arc.] receber coisas roubadas, receptar; actuar como receptador Ⓑ *s.* [arc.] receptação

resetter [rɪˈsetə] *s.* receptador

resetting[1] [ˌriːˈsetɪŋ] *s.* **1** reposição; **2** colocação no seu devido lugar; **3** novo engastamento; **4** TIPOGRAFIA nova composição

resetting[2] [rɪˈsetɪŋ] *s.* receptação

resettle [ˌriːˈsetl] *v.tr.,intr.* **1** restabelecer, pôr outra vez em ordem, pôr de novo no lugar; **2** acalmar, tranquilizar; **3** voltar a colonizar; **4** instalar-se de novo; **5** (vinho) assentar

resettlement [ˌriːˈsetlmənt] *s.* **1** nova colonização; **2** restabelecimento; **3** (líquido) novo depósito

reshape [ˌriːˈʃeɪp] *v.tr.* remodelar, dar nova forma a, dar novo arranjo a

reshaping [ˌriːˈʃeɪpɪŋ] *s.* remodelação, novo arranjo

resharpen [ˌriːˈʃɑːpən] *v.tr.* **1** voltar a afiar, dar novo gume a; **2** aguçar de novo

resharpening [ˌriːˈʃɑːpənɪŋ] *s.* acto de voltar a afiar ou aguçar de novo

reship [ˌriːˈʃɪp] *v.tr.* (*particípios:* **-pp-**) **1** reembarcar; **2** reexpedir por via marítima; **3** baldear (mercadorias) de um navio para outro

reshipment [ˌriːˈʃɪpmənt] *s.* **1** reembarque; **2** reexpedição por via marítima

reshoe [ˌriːˈʃuː] *v.tr.* ferrar de novo (um cavalo)

reshuffle [ˌriːˈʃʌfəl] Ⓐ *s.* **1** (cartas) novo baralhamento; **2** POLÍTICA [coloq.] remodelação; *Cabinet ~* remodelação ministerial Ⓑ *v.tr.* **1** (cartas) baralhar de novo; **2** POLÍTICA (governo) remodelar

reshuffling [ˌriːˈʃʌfəlɪŋ] *s.* **1** (cartas) acto de baralhar de novo; **2** POLÍTICA remodelação

reside [rɪˈzaɪd] *v.intr.* **1** [form.] residir, habitar, morar, viver; *he resides abroad* ele vive no estrangeiro; **2** residir [in, em]; situar-se [in, em]; encontrar-se [in, em]; estar presente [in, em]; **3** ser inerente [in, a] ❖ *permission to ~* autorização de permanência; *the real power resides in the people* o verdadeiro poder pertence ao povo

residence [ˈrezɪdəns] *s.* **1** [form.] residência, morada, domicílio, habitação; *to change one's ~* mudar de residência; *to have one's ~ at/in* residir em; *to take up one's ~ in the country* passar a residir no campo; **2** moradia; casa grande; **3** estada, permanência; *during her ~ abroad* durante a sua permanência no estrangeiro **4** [GB] *~ permit* autorização de residência; (emprego) *~ is required* residência obrigatória (no local do cargo); (universidade) *~ of undergraduates* internato de estudantes; (colégio universitário) *in ~* na residência oficial; (universidade) *the canon in ~* o cónego residente

residency [ˈrezɪdənsɪ] *s.* (*pl.* **-ies**) **1** residência oficial do representante do governador-geral em certas regiões asiáticas; **2** [EUA] (médico) internato

resident [ˈrezɪdənt] Ⓐ *adj.* **1** residente; habitante; *to be ~ in* residir em; **2** presente; **3** ZOOLOGIA (ave) sedentário; não migrador, não de arribação *~ birds* aves sedentárias; **4** INFORMÁTICA residente, em memória; **5** respeitante [in, a]; inerente [in, a]; *those difficulties are ~ in the situation* essas dificuldades são inerentes à situação Ⓑ *s.* **1** habitante; residente; **2** POLÍTICA diplomata; **3** [EUA] (médico) interno; **4** HISTÓRIA representante do Governo britânico junto de estados semi-independentes ❖ [EUA] *~ head* director de uma residência universitária; MEDICINA *~ physician* médico interno; *residents' association* associação de moradores

residenter [ˌrezɪˈdentə] *s.* [dial.] residente, habitante (do lugar)

residential [ˌrezɪˈdenʃəl] *adj.* residencial ❖ (doentes, etc.) *~ care* sistema de cuidados ao domicílio; *~ district* zona habitacional; bairro constituído por casas de habitação; *~ street* rua em que predominam as casas de habitação; [EUA] *~ treatment facility* tratamento em hospital psiquiátrico; *the ~ qualification for voters* direito de voto decorrente da qualidade de proprietário local

residentiary [ˌrezɪˈdenʃərɪ] Ⓐ *adj.* residente, obrigado a residir no local de actividade, com residência oficial Ⓑ *s.* (*pl.* **-ies**) eclesiástico residente

residentship [ˈrezɪdəntʃɪp] *s.* funções ou posto de residente

residual [rɪˈzɪdjuəl] Ⓐ *adj.* **1** residual; **2** restante; remanescente; **3** MATEMÁTICA que fica depois da subtracção Ⓑ *s.* **1** QUÍMICA resíduo; *~ of ashes* resíduo de cinzas; *~ of combustion* resíduo de combustão; **2** MATEMÁTICA (subtracção) resto

residuary [rɪˈzɪdjuərɪ] *adj.* **1** residuário; residual; relativo a resíduo; *~ substances* substâncias residuais; **2** DIREITO com direito a herdar ❖ DIREITO *~ legatee* legatário universal; *the Residuary Church* a Igreja escocesa depois da cisão de 1843

residue [ˈrezɪdjuː] *s.* **1** resto(s); **2** DIREITO (herança) resíduo; **3** QUÍMICA resíduo; *~ of ashes* resíduo de cinzas; *~ of combustion* resíduo de combustão

residuum [rɪˈzɪdjuəm] *s.* (*pl.* **-a**) **1** resto, restos; **2** resíduo

resign [rɪˈzaɪn] *v.tr.,intr.* **1** renunciar a; desistir de; *to ~ a claim* desistir de uma reclamação; **2** resignar; demitir(-se); *to ~ from the cabinet* demitir-se de ministro; *to ~ office* demitir-se de funções; *the Cabinet is resigning* o governo está demissionário; **3** ceder; entregar; *he resigned himself to meditation* ele entregou-se à meditação; *she resigned her children to our care* ela entregou os filhos ao nosso cuidado; *to ~ sth to...* ceder alguma coisa a..., entregar alguma coisa a...; **4** conformar(-se) [to, com]; *we must ~ ourselves to our fate* devemos conformar-nos com a nossa sorte ❖ (parlamento) *resign!* demissão! demissão!; *to ~ one's soul to God* encomendar a alma a Deus

re-sign [ˌriːˈsaɪn] *v.tr.* assinar de novo, voltar a assinar

resignation [ˌrezɪɡˈneɪʃən] *s.* **1** demissão; exoneração; *to hand in/tender one's ~* apresentar a demissão; **2** renúncia; **3** abandono; **4** resignação; submissão; *she accepted her fate with ~* ela aceitou a sua sorte com resignação

resigned [rɪˈzaɪnd] *adj.* **1** demissionário; **2** resignado, conformado

resignedly [rɪˈzaɪnɪdlɪ] *adv.* **1** resignadamente; **2** conformadamente

resignedness [rɪˈzaɪnɪdnɪs] *adv.* **1** espírito de resignação; **2** resignação

resigner [rɪˈzaɪnə] *s.* resignatário

resile [rɪˈzaɪl] *v.intr.* **1** (corpo elástico) retomar forma e tamanho primitivos; **2** possuir elasticidade; **3** mostrar capacidade de recuperação; **4** saltar; ressaltar ❖ *to ~ from a statement* retractar-se; desdizer-se

resilience [rɪˈzɪlɪəns] *s.* **1** elasticidade, resiliência; *~ of spring* elasticidade de mola; **2** ressalto, ricochete; **3** [fig.] (pessoas) resistência; capacidade de recuperação

resiliency [rɪˈzɪlɪənsɪ] *s.* ⇒ **resilience**

resilient [rɪˈzɪlɪənt] *adj.* **1** elástico, resiliente; **2** resistente; **3** com capacidade de rápida recuperação; **4** vivo, alegre, jovial

re-silver [ˌriːˈsɪlvə] *v.tr.* voltar a estanhar (espelho)

re-silvering [ˌriːˈsɪlvərɪŋ] s. acto de voltar a estanhar (espelho)
resin [ˈrezɪn] Ⓐ s. 1 resina; 2 substâncias semelhantes à resina obtidas por processos químicos; 3 breu, colofónia Ⓑ v.tr. resinar; deitar resina em; passar resina por ❖ ~ *content* teor de resina; ~ *duct* canal resinífero; ~ *elastic* goma elástica; ~ *oil* óleo de resina; ~ *soap* sabão de resina; ~ *tapper* resineiro; indivíduo que sangra os pinheiros para lhes aproveitar a resina; ~ *tapping* resinagem; *to tap fir trees for* ~ sangrar abetos para obter resina
resinaceous [ˈrezɪneɪʃəs] adj. resinoso
resinate [ˈrezɪnɪt] s. QUÍMICA resinato
resiniferous [ˌrezɪˈnɪfərəs] adj. resinífero
resinification [ˌrezɪnɪfɪˈkeɪʃən] s. resinificação
resinify [ˈrezɪnɪfaɪ] v.tr.,intr. resinificar, resinificar-se
resinite [ˈrezɪnaɪt] s. MINERALOGIA resinite, variedade de opala com brilho resinoso
resinoid [ˈrezɪnɔɪd] adj. resinóide
resinosis [ˌrezɪˈnəʊsɪs] s. resinose
resinous [ˈrezɪnəs] adj. resinoso; ~ *wood* madeira resinosa
resipiscence [ˌrezɪˈpɪsəns] s. 1 DIREITO resipiscência, reconhecimento do erro; 2 RELIGIÃO resipiscência, arrependimento do pecado com firme propósito de emenda
resist [rɪˈzɪst] Ⓐ v.tr.,intr. 1 resistir (a); *he can't* ~ *a cigarette now and then* ele não consegue resistir a um cigarro de vez em quando; *to* ~ *temptation* resistir à tentação; *to* ~ *the cold* resistir ao frio; 2 resistir a, oferecer resistência a; suster, repelir; *to* ~ *an attack* suster um ataque; *to* ~ *the enemy* resistir ao inimigo; 3 impedir, frustrar; 4 opor-se a; reagir contra; rebelar-se contra; *to* ~ *the authority of the Court* rebelar-se contra o poder judicial; 5 não ceder a; abster-se de Ⓑ s. protecção para superfícies a fim de evitar que sejam pintadas ❖ ~ *the evidence* recusar aceitar as provas; não querer ver o que está provado
resistance [rɪˈzɪstəns] s. 1 resistência; *impact* ~ resistência ao choque; *magnetic* ~ resistência magnética; ~ *to breakage* resistência à ruptura; ~ *to pressure* resistência à pressão, renitência de tumor; ~ *to wear* resistência ao desgaste; *to overcome the* ~ *of the air* vencer a resistência do ar; (comportamento) resistência; *passive* ~ resistência passiva; *they made no* ~ não ofereceram resistência; *to break down the* ~ *of...* vencer a resistência de...; *to offer no* ~ não oferecer resistência; *to offer* ~ oferecer resistência, resistir ❖ ~ *amplifier* amplificador de resistência; ~ *board* painel de resistência; ELECTRICIDADE ~ *curve* curva gráfica da resistência; ELECTRICIDADE ~ *drop* queda da resistência; (território ocupado) ~ *fighter* combatente da resistência; (território ocupado) ~ *movement* movimento de resistência; ~ *test* prova de resistência; *to take the line of least* ~ seguir pelo caminho mais fácil
resistant [rɪˈzɪstənt] adj. resistente
resistent [rɪˈzɪstənt] adj. ⇒ **resistant**
resister [rɪˈzɪstə] s. 1 refractário; resistente; 2 corpo resistente, corpo não condutor ❖ *passive* ~ pessoa que oferece resistência passiva
resistibility [rɪˌzɪstɪˈbɪlɪtɪ] s. resistibilidade
resistible [rɪˈzɪstɪbəl] adj. resistível, a que se pode resistir
resisting [rɪˈzɪstɪŋ] Ⓐ adj. resistente, que resiste a; *acid* ~ resistente aos ácidos Ⓑ s. 1 resistência; 2 oposição; 3 rebeldia
resistive [rɪˈzɪstɪv] adj. que resiste
resistivity [ˌrɪzɪsˈtɪvɪtɪ] s. ELECTRICIDADE resistividade; ~ *of material* resistividade do material
resistless [rɪˈzɪstləs] adj. 1 sem resistência, indefeso; 2 irresistível
resistlessly [rɪˈzɪstləslɪ] adv. irresistivelmente
resistor [rɪˈzɪstə] s. ELECTRICIDADE resistência
resit [riːˈsɪt] Ⓐ v.tr.,intr. (exame) repetir Ⓑ s. (depois de reprovação) repetição de exame
resize [riːˈsaɪz] v.tr. 1 redimensionar; 2 alterar o tamanho de
reskill [riːˈskɪl] v.tr. (formação profissional) reciclar
resold [riːˈsəʊld] prt. e part. pass. de **to resell**
resolder [rɪˈsɒldə] v.tr. soldar novamente, voltar a soldar
resole [ˌriːˈsəʊl] v.tr. solar, solar novamente; 2 pôr solas novas em
resoling [ˌriːˈsəʊlɪŋ] s. acto de pôr solas novas
resolubility [rɪˌzɒljʊˈbɪlɪtɪ] s. resolubilidade
resoluble [rɪˈzɒljʊbəl] adj. 1 resolúvel, que pode resolver-se; 2 decomponível, separável

resolubleness [rɪˈzɒljʊbəlnɪs] s. característica do que é resolúvel ou decomponível
resolute [ˈrezəluːt] adj. 1 resoluto, resolvido, decidido; ~ *tone* tom resoluto; *to be* ~ *against sth* estar resolvido a não fazer uma coisa; *to be* ~ *for/to do sth* estar resolvido a fazer uma coisa; 2 corajoso, firme
resolutely [ˈrezəluːtlɪ] adv. 1 resolutamente; decididamente; com determinação; *he came forward* ~ ele avançou resolutamente; 2 firmemente; 3 corajosamente
resoluteness [ˈrezəluːtnɪs] s. resolução, decisão, coragem, firmeza
resolution [ˌrezəˈluːʃən] s. 1 POLÍTICA medida; resolução; deliberação; (assembleia) *to reject a* ~ rejeitar uma resolução; (assembleia) *to pass a* ~ aprovar uma medida; 2 (problema, etc.) solução; 3 (atitude) decisão, determinação, firmeza; *lack of* ~ falta de decisão; *to come to a* ~ tomar uma decisão; *to make a* ~ decidir; *to show great* ~ mostrar grande determinação; *with a look of* ~ com um olhar decidido; 4 intrepidez; coragem; 5 intenção, desígnio, propósito; 6 (imagem, ecrã) resolução; *high* ~ alta resolução; 7 transformação, modificação, conversão; 8 decomposição; dissolução; FÍSICA ~ *of forces* decomposição de forças; 9 MÚSICA (passagem de acorde para outro) resolução; 10 LITERATURA (poesia) substituição de uma sílaba longa por duas breves; 11 MEDICINA desaparecimento de inflamação sem supuração
resolutive [ˈrezəluːtɪv] Ⓐ adj. 1 DIREITO resolutório; 2 MEDICINA resolutivo Ⓑ s. MEDICINA resolutivo, medicamento que faz cessar uma inflamação
resolutory [ˈrezəluːtərɪ] adj. DIREITO resolutório
resolvability [rɪˌzɒlvəˈbɪlɪtɪ] adj. resolúvel, solúvel, decomponível
resolve [rɪˈzɒlv] Ⓐ s. 1 resolução; *to keep one's* ~ manter a resolução tomada; 2 determinação; decisão; 3 propósito Ⓑ v.tr.,intr. 1 [form.] resolver; *to* ~ *a difficulty* resolver uma dificuldade; 2 decidir(-se) [*to*, a]; resolver-se [*to*, a]; 3 determinar [**on/upon**, que]; deliberar [**on/upon**, que]; *the House began by resolving that...* o parlamento começou por deliberar que...; 4 esclarecer; explicar; 5 (análise) decompor; *a telescope resolved the nebula into stars* um telescópio decompôs a nebulosa em estrelas; *to* ~ *sth into its elements* decompor algo nos seus elementos; 6 dividir-se [**into**, em]; 7 dissolver(-se), desintegrar(-se) [**into**, em]; 8 desvanecer(-se) [**into**, em]; desfazer(-se) [**into**, em]; *the fog resolved itself into rain* o nevoeiro desfez-se em chuva; *the ghost resolved into thin air* o fantasma desvaneceu-se no ar; 9 MÚSICA converter num acorde; 10 MEDICINA desaparecer sem supuração; *the tumour resolved* o tumor desapareceu sem supuração ❖ [arc.] ~ *me this* responda a isto
resolved [rɪˈzɒlvd] adj. resolvido [**to**, a]; decidido [**to**, a]; *to be* ~ *to* estar resolvido a
resolvedly [rɪˈzɒlvdlɪ] adv. decididamente, resolutamente
resolvent [rɪˈzɒlvənt] Ⓐ adj. resolvente, resolutivo Ⓑ s. resolvente, medicamento resolutivo
resolver [rɪˈzɒlvə] s. 1 pessoa que resolve ou decide; 2 dissolvente
resonance [ˈrezənəns] s. 1 ressonância; 2 (voz, etc.) sonoridade ❖ ~ *box* caixa de ressonância; ~ *chamber* câmara de ressonância; (gráfico) ~ *curve* curva de ressonância; MEDICINA *magnetic* ~ *imaging* ressonância magnética
resonant [ˈrezənənt] adj. 1 ressonante; sonoro; *he had a deep,* ~ *voice* ele tinha uma voz funda e ressonante; 2 que produz eco; que amplifica volume de som ❖ *to be* ~ *of sth* fazer lembrar algo; (memórias) *to be* ~ *with* ser rico em
resonate [ˈrezəneɪt] v.tr.,intr. 1 ressoar; 2 ecoar; 3 ter consequências importantes; 4 lembrar
resonating [ˈrezəneɪtɪŋ] adj. que ressoa, ressoante
resonator [ˈrezəneɪtə] s. FÍSICA ressoador
resorb [rɪˈsɔːb] v.tr. reabsorver
resorcin [rɪˈzɔːsɪn] s. QUÍMICA ressorcina, resorcina
resorcinol [rɪˈzɔːsɪnɒl] s. QUÍMICA resorcinol
resorption [rɪˈsɔːpʃən] s. reabsorção
resort [rɪˈzɔːt] Ⓐ s. 1 recurso; expediente; *as a last* ~ como último recurso; *his mother was the only* ~ a mãe dele era o único recurso; *in the last* ~ em último recurso; *to have* ~ *to* recorrer a; *without* ~ *to* sem recurso a; 2 auxílio, socorro; 3 frequência, afluência; *a place of great* ~ um lugar muito

frequentado; **4** lugar frequentado; ponto de reunião; **5** (férias) estância; *holiday* ~ estância de férias; *summer* ~ estância de veraneio; *water* ~/*seaside* ~ estância balnear; *winter* ~ estância de Inverno Ⓑ *v.intr.* **1** recorrer [**to**, a]; lançar mão [**to**, de]; servir-se [**to**, de]; *to* ~ *to force* recorrer à força; **2** frequentar [**to**, -]; afluir [**to**, a]; *he resorts to the hotel by the river* ele frequenta o hotel junto ao rio; *to* ~ *to a place* frequentar um lugar ❖ *to* ~ *to the seaside* ir para a praia; *a place of* ~ um ponto de reunião

re-sort [ˌriːˈsɔːt] *v.tr.* fazer nova classificação, nova escolha de

resorter [rɪˈzɔːtə] *s.* frequentador [**to**, de]; ~ *to a place* frequentador de um lugar

resound [rɪˈzaʊnd] *v.tr.,intr.* **1** retumbar, ressoar; **2** repercutir, reboar; **3** entoar em alta voz, celebrar, proclamar, apregoar; **4** fazer retumbar, fazer reboar; **5** espalhar a fama de

re-sound [ˌriːˈsaʊnd] *v.tr.,intr.* soar de novo

resounding [rɪˈzaʊndɪŋ] *adj.* **1** retumbante; *a* ~ *success* um êxito retumbante; **2** sonoro; **3** inequívoco; categórico; inquestionável; *a* ~ *no* uma recusa categórica; **4** (fracasso) clamoroso; rotundo; esmagador

resoundingly [rɪˈzaʊndɪŋlɪ] *adv.* **1** retumbantemente; **2** inquestionavelmente

resource [rɪˈzɔːs] *s.* **1** recurso; expediente; *to be at the end of one's resources* não ter mais recursos, não saber que mais fazer; **2** meio; **3** passatempo, distracção; *music was her only* ~ a música era a única distracção que tinha; **4** capacidade; habilidade; despacho; expediente; *a man of* ~ um homem de expediente; **5** *pl.* recursos; *the resources of a country* os recursos de um país ❖ (escola, universidade) ~ *centre* centro de documentação; *human resources* recursos humanos; *natural resources* recursos naturais; *he was ruined without* ~ ele estava irremediavelmente arruinado

resourceful [rɪˈzɔːsfʊl] *adj.* (pessoas) cheio de expedientes, engenhoso, desembaraçado, expedito; *to be* ~ *in doing sth* ser expedito a fazer alguma coisa; **2** cheio de recursos, com muitos meios, rico; *a* ~ *country* um país cheio de recursos

resourcefully [rɪˈzɔːsfʊlɪ] *adv.* despachadamente

resourcefulness [rɪˈzɔːsfʊlnɪs] *s.* engenho, desembaraço, despacho, desenvoltura, expediente

resourceless [rɪˈzɔːslɪs] *adj.* **1** sem recursos; **2** sem expediente, sem desembaraço

resourcelessness [rɪˈzɔːslɪsnɪs] *s.* **1** ausência de recursos, falta de recursos; **2** falta de expediente, falta de desembaraço

resow [ˌriːˈsəʊ] *v.tr.* (*prt.* -**ed**, *part. pass.* **resown**) voltar a semear, semear de novo

respect [rɪˈspekt] Ⓐ *s.* **1** respeito; consideração; estima; *out of* ~ *for* por uma questão de respeito por; *to be held in* ~ ser respeitado, ser considerado; *to hold sb in great* ~ ter alguém em grande estima, ter grande consideração por alguém; *to show* ~ *for* mostrar respeito por; *worthy of* ~ digno de respeito; **2** atenção, deferência, delicadeza; **3** (lei, regra, etc.) observância, cumprimento, acatamento; *he has no* ~ *for what he promises* ele nunca cumpre o que promete; **4** aspecto; ponto; pormenor; particular; *in many respects* em muitos aspectos; *in some respects* sob alguns aspectos; *in this* ~ neste aspecto; **5** relação, referência; *that is true with* ~ *to the Germans* isso é verdade em relação aos Alemães; **6** *pl.* cumprimentos; respeitos; *please give my respects to your wife!* os meus respeitos à sua esposa!; *to pay one's respects to* visitar; apresentar os seus cumprimentos a Ⓑ *v.tr.* **1** respeitar; *he respects nothing* ele não respeita coisa nenhuma; *to make oneself respected* fazer-se respeitar; *to* ~ *oneself* respeitar-se a si mesmo; *to* ~ *sb's silence* respeitar o silêncio de alguém; **2** considerar; **3** honrar, venerar, reverenciar; **4** não perturbar, não interferir em, não violar; **5** (lei, regras, etc.) obedecer a, cumprir, acatar; **6** dizer respeito a ❖ (sobretudo perante poderosos) ~ *of persons* parcialidade; favoritismo; *as respects...* pelo que diz respeito a...; relativamente a...; *in* ~ *of...* quanto a...; *in every* ~ a todos os níveis; *in no* ~ a nenhum respeito; *in* ~ *of*/*to* a respeito de; *with all due* ~ *to* salvo o devido respeito por; *with* ~ *to* com respeito a

respectability [rɪˌspektəˈbɪlɪtɪ] *s.* (*pl.* -**ies**) **1** respeitabilidade, honrabilidade; **2** correcção, decência, decoro ❖ *the respectabilities of a town* as pessoas importantes de uma cidade

respectable [rɪˈspektəbəl] *adj.* **1** respeitável; ~ *family* família respeitável; **2** digno de consideração; digno de respeito; **3** sério, honesto; digno, honrado; *to look* ~ ter um aspecto sério, honesto; **4** conveniente, decoroso, decente; correcto; *hardly* ~ pouco correcto, pouco conveniente; **5** considerável, apreciável; de certa importância, não negligenciável; razoável; bastante bom; *a* ~ *amount* uma quantia não negligenciável; *that was a* ~ *but not an extraordinary result* isso foi um resultado razoável, mas não extraordinário; **6** [irón.] formal, que se prende demasiado a convenções sociais

respectably [rɪˈspektəblɪ] *adv.* **1** respeitavelmente; **2** honestamente; **3** seriamente; **4** dignamente; **5** convenientemente, com decoro, de maneira correcta; **6** razoavelmente, de maneira aceitável

respecter [rɪˈspektə] *s.* respeitador ❖ ~ *of persons* indivíduo parcial; alguém que beneficia sobretudo os grandes e poderosos; *to be no* ~ *of persons* ser imparcial

respectful [rɪˈspektfʊl] *adj.* **1** respeitoso; *he stood at a* ~ *distance* ele conservou uma distância respeitosa; ~ *behaviour* comportamento respeitoso; *to be* ~ *of* ter respeito por; **2** atencioso; cortês; **3** reverente

respectfully [rɪˈspektfʊlɪ] *adv.* respeitosamente ❖ (fim de cartas) *yours* ~ respeitosamente; atenciosamente; com a maior consideração

respectfulness [rɪˈspektfʊlnɪs] *s.* respeitabilidade, respeito, carácter respeitoso

respecting [rɪˈspektɪŋ] *prep.* **1** com respeito a, em relação a, relativamente a, respeitante a; *legislation* ~ *property* a legislação respeitante à propriedade; **2** considerando que

respective [rɪˈspektɪv] *adj.* respectivo; *to be chosen according to one's* ~ *merits* ser escolhido conforme os respectivos méritos

respectively [rɪˈspektɪvlɪ] *adv.* respectivamente

respell [ˌriːˈspel] *v.tr.* (*prt. e part. pass.* **respelled** ou **respelt**) soletrar novamente, voltar a soletrar

respirable [rɪˈspaɪərəbəl, ˈrespɪrəbəl] *adj.* respirável, que pode ser respirado

respiration [ˌrespɪˈreɪʃən] *s.* respiração

respirator [ˈrespɪreɪtə] *s.* **1** respirador; filtro respiratório; máscara respiratória; **2** MILITAR máscara antigás; **3** MEDICINA ventilador

respiratory [rɪˈspaɪərətərɪ, ˈrespɪrətərɪ] *adj.* respiratório ❖ MEDICINA ~ *arrest* paragem respiratória; MEDICINA ~ *failure* insuficiência respiratória; BIOLOGIA ~ *quotient* quociente respiratório; ANATOMIA ~ *system* sistema respiratório; ANATOMIA ~ *tract* vias respiratórias

respire [rɪˈspaɪə] *v.tr.,intr.* **1** respirar; **2** tomar fôlego, tomar ar; **3** descansar; **4** recobrar ânimo, criar nova esperança; **5** [rar.] exalar, irradiar

respite [ˈrespaɪt] Ⓐ *s.* **1** pausa, intervalo, folga, descanso; *a* ~ *from toil* uma pausa no trabalho; *to work without* ~ trabalhar sem descanso; **2** (de pena, pagamento, etc.) suspensão temporária; prorrogação, adiamento Ⓑ *v.tr.* **1** conceder uma pausa a; fazer um intervalo; **2** (de pena, pagamento, etc.) prorrogar, adiar, suspender temporariamente; **3** dar tréguas a; aliviar temporariamente

resplendence [rɪˈsplendəns] *s.* **1** esplendor, resplendor, resplendência, resplandecência; **2** brilho

resplendency [rɪˈsplendənsɪ] *s.* **1** esplendor, resplendor, resplendência, resplandecência; **2** brilho

resplendent [rɪˈsplendənt] *adj.* **1** resplendente, resplandecente; **2** magnificente

resplendently [rɪˈsplendəntlɪ] *adv.* **1** resplendentemente, resplandecentemente; **2** com grande esplendor

respond [rɪˈspɒnd] Ⓐ *v.intr.* **1** replicar, dar resposta [**to**, a]; **2** reagir [**to**, a]; responder [**to**, a]; *to* ~ *to a stimulus* responder a um estímulo; *to* ~ *to a toast* responder a um brinde; *to* ~ *to treatment* reagir ao tratamento; **3** RELIGIÃO (fiéis) responder (durante o serviço religioso); **4** [rar.] corresponder, ser análogo [**to**, a]; **5** [EUA] DIREITO ser responsável, responder por Ⓑ *s.* **1** ARQUITECTURA (sustento de arco) meia coluna encostada à parede; pilar; **2** RELIGIÃO responso, responsório

respondent [rɪˈspɒndənt] Ⓐ *s.* **1** (inquérito, sondagem) inquirido; **2** aquele que responde; **3** pessoa que defende uma tese; **4** DIREITO (sobretudo acções de divórcio) réu Ⓑ *adj.* **1** respondente, que responde; **2** que reage; **3** inquirido; **4** DIREITO na posição de réu

respondentia [ˌrespɒnˈdenʃɪə] *s.* NÁUTICA empréstimo feito, dando a carga como garantia

response [rɪˈspɒns] *s.* **1** resposta; réplica; *in ~ to* em resposta a; *to make no ~* não dar resposta; **2** reacção; *~ to treatment* reacção ao tratamento; **3** (interesse) adesão; *we were hoping for a bigger ~* estávamos à espera de maior adesão; **4** RELIGIÃO responso ❖ INFORMÁTICA *~ time* tempo de resposta; *her love met with no ~* o amor dela não era correspondido

responsibility [rɪˌspɒnsɪˈbɪlɪtɪ] *s.* (*pl.* -ies) **1** (encargo, obrigação) responsabilidade; *heavy responsibilities* pesadas responsabilidades; *to take over a ~* assumir uma responsabilidade; *to take the ~ of* tomar a responsabilidade de; *you do it on your own ~* o senhor faz isso à sua responsabilidade; **2** (culpa) responsabilidade; *to decline all ~ for* declinar qualquer responsabilidade em; *to accept/take ~ for* assumir a responsabilidade de ❖ *to claim ~ for* reivindicar

responsible [rɪˈspɒnsɪbəl] *adj.* **1** responsável; *the ministers are ~ to Parliament* os ministros são responsáveis perante o parlamento; *to be ~ before public opinion* ser responsável perante a opinião pública; *to be ~ for* ser responsável por; *to be ~ to sb* ser responsável perante alguém; **2** encarregado [**for**, de]; com responsabilidade [**for**, de]; **3** respeitável; que inspira confiança, que assume as suas responsabilidades; **4** (cargo) de responsabilidade; *a ~ position* um cargo de responsabilidade ❖ (culpa) *to hold sb ~ for* responsabilizar alguém por

responsibly [rɪˈspɒnsɪblɪ] *adv.* responsavelmente, com responsabilidade

responsions [rɪˈspɒnʃənz] *s.pl.* (Oxford) o primeiro dos três exames para o grau de B. A.

responsive [rɪˈspɒnsɪv] *adj.* **1** receptivo; que reage bem; *she wasn't very ~* não se mostrou muito receptiva; *to be ~ to treatment* estar a reagir bem ao tratamento; **2** sensível; compreensivo; *a ~ nature* uma natureza sensível; *to be ~ to* ser sensível a, mostrar-se aberto a; **3** que responde, de resposta; **4** RELIGIÃO que emprega responsos

responsively [rɪˈspɒnsɪvlɪ] *adv.* **1** de forma receptiva; **2** de uma maneira sensível; **3** compreensivamente

responsiveness [rɪˈspɒnsɪvnɪs] *s.* **1** receptividade, boa reacção; **2** sensibilidade, impressionabilidade; **3** compreensividade

responsory [rɪˈspɒnsərɪ] *s.* (*pl.* -ies) RELIGIÃO responso, responsório

ressaldar [resəlˈdɑː] *s.* capitão indígena de regimento indiano de cavalaria

ressaut [rɪˈsɔːt] *s.* ARQUITECTURA ressalto

rest [rest] Ⓐ *s.* **1** descanso, repouso; *a day of ~* um dia de descanso; *to get no ~* não ter descanso; **2** pausa; intervalo; período de descanso ou repouso; *a ~ from work* uma pausa no trabalho; *they had several rests on their way up the mountain* eles descansaram várias vezes ao subir a montanha; *to take a short ~* fazer uma curta pausa; **3** sossego, quietude; **4** sono; **5** inacção, imobilidade; **6** albergue; **7** (condutores de táxis, etc.) abrigo; **8** apoio, base, suporte, descanso; *arm ~* descanso para o braço; *elbow ~* descanso para o cotovelo; *a ~ for a billiard cue* rabeca, apoio do taco no jogo de bilhar; *ashtray with cigarette ~* cinzeiro com descanso para os cigarros; **9** sustentáculo; **10** pedestal; **11** (bilhar) reste; **12** espera; **13** riste, pesa de ferro em que o cavaleiro firma o conto da lança ao investir; *with lance in ~* com a lança em riste; **14** MÚSICA pausa; **15** LITERATURA hemistíquio, cesura; **16** [poét.] túmulo, morte, sono eterno; *the poor woman is now at ~* a pobre mulher descansa agora o sono eterno; **17** resto; restante; resíduo; sobra; *for the ~* quanto ao resto; **18** (os) restantes, (os) outros; *among the ~* entre os restantes, entre os outros; **19** FINANÇAS fundo de reserva; **20** COMÉRCIO balanço; **21** (ténis) trocas de bola sucessivas Ⓑ *v.tr.,intr.* **1** descansar; repousar; *dark glasses ~ the eyes* óculos escuros descansam os olhos; *she rested (for) some minutes* ela descansou durante alguns minutos; **2** ficar tranquilo; estar tranquilo; estar sossegado; **3** dormir; dormitar; **4** parar, ficar imóvel; **5** deixar em repouso; dar descanso a; **6** jazer; *they ~ in the churchyard* eles jazem no cemitério; **7** conformar-se; **8** apoiar-se; **9** firmar-se, encostar-se; **10** confiar [**in**, em]; contar [**in**, com]; **11** estar; ficar; permanecer; continuar; *the difficulty rested in that* o problema era esse; *the affair rests a mystery* o caso continua a ser um mistério; **12** (terreno) ficar de pousio; *the land was allowed to ~ for two years* deixaram a terra descansar durante dois anos; **13** [arc.] restar; **14** DIREITO dar por finda a sua argumentação ❖ *~ balk* camalhão; leiva entre dois regos; *~ camp* acampamento de repouso; *~ capital* capital de reserva; *~ cure* cura de repouso; *~ day* dia de descanso; domingo; (idosos, doentes) *~ home* lar; *~ position* posição de descanso; *and (all) the ~ of it* e tudo o mais; *at ~* em descanso; em paz; morto; *seamen's ~* lar do marinheiro; RELIGIÃO *the day of ~* o dia do Senhor; *the ~ of us* os outros; *God ~ his soul!* paz à sua alma!; *her mind was at ~ about all those things* ela estava tranquila em relação a tudo isso; *I cannot let the matter ~ here* eu não posso deixar ficar assim a questão; *she had a good night's ~* ela dormiu toda a noite; *to come to ~* imobilizar-se; parar; *to go to ~* ir descansar; deitar-se; *to lay to ~* sepultar; *to ~ on one's laurels* descansar à sombra dos louros colhidos; *to rest on one's oars* parar de remar; [fig.] descansar após intenso trabalho; *to set doubts at ~* dissipar dúvidas; *to set sb's mind at ~* tranquilizar alguém; *you may ~ assured that I'll do my best* pode estar certo de que farei tudo o que puder

✦**rest on/upon** *v.tr.* **1** depender de; **2** assentar em; **3** basear-se em; *your theory rests on scanty evidence* a tua teoria baseia-se em provas muito diminutas; **4** (olhar) dirigir-se para; pousar sobre; *her eyes rested on them* o olhar dela pousou sobre eles; **5** espalhar-se sobre ❖ *he rests his hopes on you* ele põe as suas esperanças em ti

✦**rest up** *v.intr.* [coloq.] (doença, etc.) descansar; repousar; recobrar forças

✦**rest with** *v.tr.* **1** [form.] ser da responsabilidade de; ser da competência de; depender de; pertencer a; *it rests with her to decide* ela é que decide; **2** entregar-se a

re-stage [ˌriːˈsteɪdʒ] *v.tr.* TEATRO tornar a montar (uma peça)

restamp [ˌriːˈstæmp] *v.tr.* **1** selar de novo, colocar novo selo em; **2** franquiar de novo, pôr nova franquia em

restart [ˌriːˈstɑːt] Ⓐ *v.tr.,intr.* **1** recomeçar, começar de novo; **2** reiniciar; **3** voltar a pôr em andamento; **4** pôr-se de novo em andamento Ⓑ *s.* recomeço, reinício

restarting [ˌriːˈstɑːtɪŋ] *s.* recomeço, reinício

restate [ˌriːˈsteɪt] *v.tr.* voltar a expor, apresentar de novo, especificar de novo, exprimir novamente ou sob forma diversa, reafirmar

restaurant [ˈrestərɒnt, ˈrestərɑːnt] *s.* restaurante ❖ (comboios) *~ car* carruagem-restaurante

rested [ˈrestɪd] *adj.* repousado, tranquilo

restful [ˈrestfʊl] *adj.* sossegado, agradável, sereno, calmo, tranquilo; repousante; *a ~ life* uma vida tranquila; *a ~ spot* um lugar sossegado

restfully [ˈrestfʊlɪ] *adv.* sossegadamente, serenamente, calmamente, tranquilamente

restfulness [ˈrestfʊlnɪs] *s.* sossego, calma, tranquilidade, serenidade

restharrow [ˈrestˌhærəʊ] *s.* BOTÂNICA ajuga

restiff [ˈrestɪf] *adj.* [arc.] ⇒ **restive**

restiform [ˈrestɪfɔːm] *adj.* ANATOMIA restiforme

resting [ˈrestɪŋ] Ⓐ *adj.* **1** em descanso, em repouso; **2** quiescente Ⓑ *s.* **1** descanso, repouso; **2** tranquilidade ❖ *~ place* lugar de descanso; lugar de repouso; patamar; (túmulo) *the last ~ place* última morada

restitute [ˈrestɪtjuːt] *v.tr.,intr.* [rar.] restituir, fazer restituição de

restitution [ˌrestɪˈtjuːʃən] *s.* **1** restituição; *to make ~ of sth* restituir algo; **2** reparação, indemnização; **3** reintegração de qualquer coisa no seu estado primitivo; **4** regresso a um estado anterior

restive [ˈrestɪv] *adj.* **1** irrequieto, nervoso; **2** intratável, impaciente, que repele qualquer disciplina; **3** (cavalo) rebelde, rebeldio

restively [ˈrestɪvlɪ] *adv.* **1** de uma maneira rebelde; **2** intratavelmente; **3** impacientemente; **4** irrequietamente, nervosamente

restiveness [ˈrestɪvnɪs] *s.* **1** irrequietude, nervosismo; **2** impaciência, carácter intratável, teimosia; **3** (cavalo) rebeldia

restless [ˈrestləs] *adj.* **1** agitado; inquieto; desassossegado; *to be ~ in one's sleep* ter um sono agitado; *to get ~* ficar impaciente e agitado; *to have a ~ night* ter uma noite agitada; **2** irrequieto, turbulento, indisciplinado; **3** insatisfeito, descontente; **4** insaciável; *a ~ mind* um espírito insaciável

restlessly ['restlɪslɪ] adv. 1 inquietamente, com inquietação; 2 agitadamente, desassossegadamente; *to turn over ~ in bed* dar voltas na cama com a agitação; 3 impacientemente

restlessness ['restlɪsnɪs] s. 1 desassossego, agitação; 2 insónia; 3 inquietação, irrequietude; 4 nervosismo; 5 insatisfação, descontentamento

restock [riːˈstɒk] v.tr. 1 reabastecer, reaprovisionar; 2 rearborizar; 3 repovoar (rio, etc.)

restocking [ˌriːˈstɒkɪŋ] s. 1 reabastecimento, reaprovisionamento; 2 rearborização; 3 repovoamento (de rio, etc.)

restorable [rɪˈstɔːrəbəl] adj. 1 restaurável, que pode restaurar-se; 2 que pode restituir-se, restituível

restoration [ˌrestəˈreɪʃən] s. 1 (sistema, poder) restauração; 2 (edifício, monumento, etc.) restauro; *the ~ of a castle* o restauro de um castelo; 3 (doença) cura, restabelecimento; 4 (bens) restituição, devolução; 5 (cargo, função) reintegração ❖ TEATRO *Restoration comedy* teatro da Restauração inglesa; LITERATURA *Restoration poetry* poesia do período da Restauração; HISTÓRIA (Grã-Bretanha, 1660) *the Restoration* a restauração da monarquia

restorative [rɪˈstɔːrətɪv] adj.,s. reconstituinte, tónico, fortificante

restoratively [rɪˈstɔːrətɪvlɪ] adv. duma maneira tonificante

restore [rɪˈstɔː] v.tr. 1 restaurar; *to ~ a picture* restaurar um quadro; *to ~ a text* restaurar um texto; 2 reparar, consertar; renovar; 3 reconstituir; 4 (saúde, etc.) restabelecer, revigorar, recuperar; *to feel restored* sentir-se revigorado; *to ~ the circulation* restabelecer a circulação; *to ~ sb to health* restabelecer a saúde de alguém; 5 reintegrar; *to ~ sb to a post* reintegrar alguém num cargo; 6 repor, voltar a colocar; *the book was restored to the bookcase* o livro voltou a ser colocado na estante; *to ~ a king to the throne* repor um rei no trono; 7 devolver, restituir; *to ~ the things that have been borrowed* restituir as coisas que se pediram emprestadas ❖ *to feel oneself restored to life* sentir-se reviver; sentir-se rejuvenescer

re-store [ˌriːˈstɔː] v.tr. reabastecer [**with**, de/com]; voltar a abastecer de [**with**, de/com]

restorer [rɪˈstɔːrə] s. 1 restaurador; 2 renovador; 3 MEDICINA tónico, fortificante ❖ *hair ~* tónico capilar; *health ~* tónico para a saúde

restoring [rɪˈstɔːrɪŋ] Ⓐ adj. restaurador, reparador Ⓑ s. 1 restauração, restauro; 2 conserto; 3 restituição

restrain [rɪˈstreɪn] v.tr. 1 impedir [**from**, de]; evitar [**from**, que]; *to ~ sb from doing sth* impedir que alguém faça alguma coisa; 2 refrear; restringir; reprimir; 3 controlar, dominar; *to ~ oneself* controlar-se, dominar-se; 4 deter; prender, encarcerar

restrainable [rɪˈstreɪnəbəl] adj. 1 reprimível, refreável; 2 restringível; 3 controlável, dominável

restrained [rɪˈstreɪnd] adj. 1 reprimido, refreado; 2 dominado; 3 comedido, moderado; 4 contido, sóbrio

restrainedly [rɪˈstreɪnɪdlɪ] adv. 1 sobriamente, comedidamente; 2 moderadamente

restrainer [rɪˈstreɪnə] s. 1 pessoa ou coisa que reprime, impede, restringe ou detém; 2 retardador

restraining [rɪˈstreɪnɪŋ] adj. 1 moderador; 2 restritivo ❖ DIREITO *~ order* injunção

restraint [rɪˈstreɪnt] s. 1 limitação, restrição, constrangimento; *to break loose from all ~* libertar-se de todas as limitações; *without ~* sem constrangimentos, sem limitações; 2 barreira, freio; 3 repressão; 4 comedimento; sobriedade; autodomínio; *lack of ~* falta de comedimento; 5 (hospital psiquiátrico) internamento; *to be put under ~* ser internado; 6 detenção; encarceramento ❖ *price ~* controlo de preços; COMÉRCIO *~ of/upon trade* restrição da livre concorrência; *to cry without ~* chorar livremente; *to put sb under illegal ~* sequestrar alguém

restrict [rɪˈstrɪkt] v.tr. 1 restringir; colocar restrições a; limitar; *to ~ a road* limitar a velocidade numa estrada; 2 reduzir

restricted [rɪˈstrɪktɪd] adj. 1 restrito; *that has a very ~ application* isso tem uma aplicação muito restrita; 2 restringido, limitado, coarctado; 3 confidencial; *~ documents* documentos confidenciais; 4 interdito; 5 reduzido ❖ *~ area* zona interdita; (trânsito) zona com limite de velocidade; LINGUÍSTICA *~ code* código restrito; *~ diet* dieta severa; (pessoa) *to feel ~* sentir-se preso

restrictee [ˌrɪstrɪkˈtiː] s. indivíduo sob vigilância policial, sem liberdade de movimentos

restriction [rɪˈstrɪkʃən] s. 1 restrição; limitação; *to place restrictions on* impor restrições a; 2 redução; *~ of expenditure* redução de despesas; 3 reserva ❖ *~ camp* campo de detenção

restrictive [rɪˈstrɪktɪv] adj. 1 restritivo; 2 limitativo

restrictively [rɪˈstrɪktɪvlɪ] adv. restritivamente

restring [riːˈstrɪŋ] v.tr. (prt. e part. pass. **restrung**) 1 encordoar de novo, pôr cordas novas em (raqueta, instrumento de corda); 2 enfiar novamente (contas)

restringing [riːˈstrɪŋɪŋ] s. 1 acto de encordoar de novo; 2 acto de enfiar novamente (contas)

restroom [ˈrestruːm] s. [EUA] [coloq.] quarto de banho, lavabos, sanitários

restructure [riːˈstrʌktʃə] v.tr. 1 restruturar; 2 reorganizar; 3 reformular; 4 FINANÇAS (empréstimo) renegociar

restructuring [riːˈstrʌktʃərɪŋ] s. 1 restruturação; 2 reorganização, remodelação; 3 FINANÇAS (empréstimo) renegociação

restuff [riːˈstʌf] v.tr. acolchoar de novo, encher de novo

result [rɪˈzʌlt] Ⓐ s. 1 resultado; *no results will ever come without working very hard* sem um trabalho intenso nunca se verão resultados; *without much ~* sem grande resultado; *to obtain bad/good results* obter maus/bons resultados; *to yield results* produzir resultados; 2 consequência, efeito; *as a ~ of* em consequência de Ⓑ v.intr. 1 resultar (em), ter como resultado, ter como consequência, redundar (em); *it resulted badly* redundou em fracasso; 2 resultar, ser a consequência, ser o resultado, provir [**from**, de] ❖ LINGUÍSTICA *~ clause* proposição consecutiva; *as a ~* por consequência; *in the ~* por fim

➤ **result in** v.tr. 1 causar; dar origem a; levar a; produzir; 2 redundar em

resultant [rɪˈzʌltənt] Ⓐ adj. 1 resultante; *~ acceleration* aceleração resultante; 2 subsequente; posterior; consequente Ⓑ s. FÍSICA, MATEMÁTICA resultante; *to find the ~ of three forces* achar a resultante de três forças

resultful [rɪˈzʌltfʊl] adj. com bons resultados, cheio de bons resultados

resulting [rɪˈzʌltɪŋ] adj. resultante

resultless [rɪˈzʌltləs] adj. sem resultado

resumable [rɪˈzjuːməbəl] adj. recuperável

resume [rɪˈzjuːm] v.tr.,intr. 1 reatar, reencetar, recomeçar; 2 retomar, reassumir, reocupar, voltar; *to ~ one's seat* voltar ao lugar, voltar a sentar-se; *to ~ the thread of sb's discourse* retomar o fio do discurso; *to ~ work* retomar o trabalho; 3 recuperar, reconquistar; 4 recapitular, sumariar ❖ *to ~ one's courage* encher-se de coragem; *«it was a very difficult problem»*, *he resumed* «era um problema muito difícil» - continuou ele; [GB] POLÍTICA *the House resumed last week* o parlamento voltou a funcionar a semana passada

resumé [ˈrezjʊmeɪ] s. 1 resumo; 2 [EUA] currículo

résumé [ˈrezjʊmeɪ] s. ⇒ **resumé**

resummon [riːˈsʌmən] v.tr. 1 voltar a convocar, convocar novamente; 2 DIREITO notificar de novo, citar novamente

resummons [riːˈsʌmənz] s. 1 nova convocação; 2 nova citação, nova notificação

resumption [rɪˈzʌmpʃən] s. 1 reatamento; retoma; *~ of contact* reatamento de contacto; 2 recomeço; 3 continuação, prossecução

resupinate [rɪˈsjuːpɪnɪt] adj. BOTÂNICA ressupinado, ressupino

resupply [ˌriːsəˈplaɪ] v.tr. reabastecer [**with**, de]

resurface [riːˈsɜːfɪs] Ⓐ v.intr. 1 reemergir; 2 reaparecer Ⓑ v.tr. arranjar de novo o piso de (estrada), pavimentar de novo

resurge [rɪˈsɜːdʒ] v.intr. 1 [lit.] ressurgir, surgir de novo; 2 reviver, levantar-se novamente

resurgence [rɪˈsɜːdʒəns] s. 1 ressurreição; 2 ressurgimento; 3 recrudescência; 4 ECONOMIA retoma

resurgent [rɪˈsɜːdʒənt] adj. 1 que ressurge; 2 que ressuscita; 3 ECONOMIA em retoma

resurrect [ˌrezəˈrekt] v.tr. 1 ressuscitar; 2 fazer ressurgir; recuperar; revitalizar; *to ~ an old custom* fazer ressurgir um costume antigo

resurrection [ˌrezəˈrekʃən] s. 1 ressurreição; 2 recuperação; ressurgimento; retoma; *~ of hope* ressurgimento da esperança ❖ BOTÂNICA *~ fern* rosa-de-jericó; [GB] *~ man* ressurreicionista; CULINÁRIA *~ pie* pastel ou empada feita com alimentos que sobraram de outra refeição

Resurrection [ˌrezəˈrekʃən] *s.* **1** RELIGIÃO Ressurreição de Cristo; **2** RELIGIÃO ressurreição dos mortos depois do Apocalipse

resurrectionist [ˌrezəˈrekʃənɪst] *s.* **1** [GB] ressurreicionista, indivíduo que furtivamente desenterrava cadáveres que depois ia vender a cirurgiões ou estudantes de medicina; **2** pessoa que faz reviver coisas antigas ou fora de moda

resurvey[1] [ˌriːˈsɜːveɪ] *s.* **1** novo exame; **2** nova avaliação, nova medição (de terra); **3** novo levantamento (de terrenos)

resurvey[2] [ˌriːsəˈveɪ] *v.tr.* **1** examinar novamente, rever; **2** fazer nova medição, efectuar novo levantamento (de terrenos)

resuscitate [rɪˈsʌsɪteɪt] *v.tr.,intr.* **1** ressuscitar; **2** reanimar; **3** recuperar

resuscitation [rɪˌsʌsɪˈteɪʃən] *s.* **1** ressurreição; **2** ressurgimento; **3** renovação; **4** MEDICINA reanimação; respiração; *mouth-to-mouth ~* respiração boca-a-boca

ret [ret] *v.tr.,intr. (particípios: -tt-)* **1** macerar, amolecer (linho, cânhamo); **2** apodrecer (feno, etc.) devido à excessiva humidade

retable [rɪˈteɪbəl] *s.* retábulo

retail[1] [rɪˈteɪl] *v.tr.,intr.* **1** vender a retalho; ser vendido a retalho; **2** (boato, calúnia, etc.) espalhar, divulgar; **3** [ant.] pormenorizar, relatar minuciosamente

retail[2] [ˈriːteɪl] Ⓐ *s.* venda a retalho, venda em pequenas quantidades; *to sell ~* vender a retalho Ⓑ *adv.* a retalho, por retalho; *to buy ~* comprar a retalho ❖ *~ dealer* retalhista; *~ outlet* loja de venda a retalho; *~ price* preço de retalho; preço de retalhista; *~ trading* comércio retalhista; [GB] *~ price index* índice de preços no consumidor; *wholesale and ~* por junto e a retalho

retailer [rɪˈteɪlə] *s.* **1** retalhista, comerciante a retalho; **2** pessoa que espalha (calúnias, novidades, etc.); **3** revendedor

retain [rɪˈteɪn] *v.tr.* **1** reter; **2** manter; conservar; *to ~ the use of one's faculties* manter as faculdades intactas; **3** conseguir aguentar; suster; *the dyke wouldn't ~ the waters* o dique não conseguia segurar as águas; **4** guardar; preservar; **5** não esquecer, reter na memória; **6** fixar, manter firme, firmar; **7** assalariar; pôr ao seu serviço; **8** DESPORTO (título) revalidar ❖ DIREITO *to ~ a barrister* assegurar-se dos serviços de um advogado; *to ~ hold of* segurar; manter firme; não deixar; não largar; *to ~ the power to...* reservar-se o direito de...

retainer [rɪˈteɪnə] *s.* **1** retentor, dispositivo de retenção; **2** fixador; **3** (ortodontia) aparelho; **4** DIREITO retenção legal de posse; autorização legal para reter qualquer coisa como sua; pagamento feito a advogados para assegurar os seus serviços na hipótese de serem necessários; **5** (contrato) arras; penhor; **6** [ant.] (alta sociedade) dependente, criado, servidor; *an old family ~* um velho servidor da família ❖ *limestone soils are no good retainers of water* os solos calcários não retêm bem a água

retaining [rɪˈteɪnɪŋ] *adj.* **1** que retém; **2** que firma ❖ *~ dam* barragem; represa; *~ fee* pagamento a advogado para assegurar os seus serviços quando necessário; *~ wall* muro de sustentação

retake[1] [ˌriːˈteɪk] *v.tr. (prt.* **retook**, *part. pass.* **retaken**) **1** voltar a tomar, reconquistar; *to ~ a fort from the enemy* reconquistar um forte ao inimigo; **2** recapturar; **3** CINEMA (cena, etc.) voltar a filmar, filmar de novo

retake[2] [ˈriːteɪk] *s.* nova filmagem de cena cinematográfica

retaking [ˌriːˈteɪkɪŋ] *s.* **1** acto de retomar, de reconquistar; **2** CINEMA nova filmagem (de cena, etc.)

retaliate [rɪˈtælɪeɪt] *v.tr.,intr.* **1** retaliar; **2** exercer represálias sobre; *to ~ on sb* exercer represálias contra uma pessoa; **3** pagar na mesma moeda, desforrar-se, revidar; *the small boy retaliated by kicking the other on the shins* o rapazito desforrou-se dando um pontapé nas canelas do outro

retaliation [rɪˌtælɪˈeɪʃən] *s.* **1** retaliação; **2** represália; *by way of ~* como represália; *to exercise/inflict ~* exercer represálias; **3** desforra, vingança, desagravo ❖ DIREITO *the law of ~* a pena de talião

retaliatory [rɪˈtælɪətərɪ] *adj.* de retaliação, retaliativo, retaliador ❖ *~ measures* medidas de represália

retard[1] [rɪˈtɑːd] Ⓐ *v.tr.* **1** retardar; **2** atrasar Ⓑ *s.* **1** atraso; *~ of tide/high water* atraso da maré; **2** demora; **3** retardamento

retard[2] [ˈriːtɑːd] *s.* [EUA] (ofensivo) atrasado mental

retardation [ˌriːtɑːˈdeɪʃən] *s.* **1** atraso; **2** demora; **3** retardação; **4** MÚSICA retardo; **5** frenação

retardative [rɪˈtɑːdətɪv] *adj.* retardativo

retardatory [rɪˈtɑːdətərɪ] *adj.* retardador

retarded [rɪˈtɑːdɪd] Ⓐ *adj.* **1** retardado; **2** MEDICINA atrasado; *a mentally ~ person* um atrasado mental Ⓑ *s.pl. the ~* as pessoas com atraso mental ❖ *~ acceleration* aceleração negativa; (automóvel) *~ ignition* ignição atrasada

retarder [rɪˈtɑːdə] *s.* **1** retardador; **2** dispositivo de retardação; **3** substância retardadora

retardment [rɪˈtɑːdmənt] *s.* retardamento, retardação

retch [retʃ] Ⓐ *s.* ânsia de vómito, esforço feito para vomitar Ⓑ *v.intr.* fazer esforço para vomitar

retching [ˈretʃɪŋ] *s.* esforço para vomitar

retell [ˌriːˈtel] *v.tr. (prt. e part. pass.* **retold**) recontar, contar de novo, redizer, voltar a narrar, repetir

retemper [ˌriːˈtempə] *v.tr.* retemperar, dar segunda têmpera (a metal)

retempering [ˌriːˈtempərɪŋ] *s.* (metais) retêmpera

retention [rɪˈtenʃən] *s.* **1** conservação; **2** retenção; **3** fixação; **4** MEDICINA retenção (de urinas); **5** retentiva, memória; **6** faculdade de retenção

retentive [rɪˈtentɪv] *adj.* **1** fiel, tenaz; **2** que tem boa memória; *to be very ~* ter boa memória; **3** (memória) retentivo; *~ memory* memória retentiva; **4** retentor, que retém; *~ soil* solo que retém a água ❖ *to be ~ of* conservar; guardar

retentively [rɪˈtentɪvlɪ] *adv.* retentivamente

retentiveness [rɪˈtentɪvnɪs] *s.* **1** capacidade de retenção; **2** ELECTRICIDADE, PSICOLOGIA retentividade

retentivity [ˌriːtenˈtɪvɪtɪ] *s.* **1** capacidade de retenção; **2** retentividade (de magnete)

retest [ˌriːˈtest] *s.* contraprova

rethink [ˌriːˈθɪŋk] Ⓐ *v.tr. (prt. e part. pass.* **rethought**) **1** repensar; **2** reconsiderar Ⓑ *s.* reconsideração; *to have a ~ about sth* reconsiderar alguma coisa

rethread [ˌriːˈθred] *v.tr.* **1** voltar a enfiar; **2** renovar o fio de; **3** MECÂNICA abrir nova rosca em

retiarius [ˌriːtɪˈeərɪəs, ˌriːʃɪˈeərɪəs] *s.* retiário, reciário, antigo gladiador romano que, com uma rede, procurava prender o adversário

retiary [ˈriːʃɪərɪ] *s. (pl.* **-ies**) aranha tecedeira

reticence [ˈretɪsəns] *s.* **1** reserva; comedimento; discrição; tendência para o silêncio; *to tell sth without ~* contar algo sem reserva; **2** (factos) omissão

reticent [ˈretɪsənt] *adj.* **1** reticente; **2** reservado; **3** calado; **4** discreto; **5** taciturno

reticently [ˈretɪsəntlɪ] *adv.* **1** com reserva; **2** discretamente; **3** taciturnamente

reticle [ˈretɪkəl] *s.* ÓPTICA retículo

reticular [rɪˈtɪkjʊlə] *adj.* **1** reticular, reticulado; **2** com feitio de rede; emaranhado

reticulate[1] [rɪˈtɪkjʊleɪt, reˈtɪkjʊleɪt] *v.tr.,intr.* **1** dividir ou estar dividido em rede; **2** dispor ou dispor-se em forma de rede

reticulate[2] [rɪˈtɪkjʊlɪt, reˈtɪkjʊlɪt] *adj.* reticulado

reticulated [rɪˈtɪkjʊleɪtɪd] *adj.* retiforme, reticulado

reticulation [rɪˌtɪkjʊˈleɪʃən] *s.* **1** reticulação; **2** disposição em forma de rede

reticule [ˈretɪkjuːl] *s.* **1** ANATOMIA ⇒ **reticle**; **2** [arc.] (séc. XVIII e XIX) saco em forma de rede usado pelas senhoras; **3** ASTRONOMIA nome de uma constelação austral

reticulum [rɪˈtɪkjʊləm] *s. (pl.* **-a**) **1** segundo estômago dos ruminantes; **2** estrutura em forma de rede; **3** membrana reticulada

retie [ˌriːˈtaɪ] *v.tr.* **1** voltar a atar; **2** prender novamente; **3** amarrar de novo

retiform [ˈriːtɪfɔːm] *adj.* retiforme

retighten [ˌriːˈtaɪtən] *v.tr.* **1** voltar a esticar

retile [ˌriːˈtaɪl] *v.tr.* **1** consertar, pôr telhas novas em (telhado); **2** pôr azulejos novos em; **3** ladrilhar de novo

retimber [ˌriːˈtɪmbə] *v.tr.* **1** rearborizar; **2** colocar madeiramentos ou estacaria nova em

retime [ˌriːˈtaɪm] *v.tr.* **1** regular de novo; **2** afinar novamente

retiming [ˌriːˈtaɪmɪŋ] *s.* acto de regular de novo

re-tin [ˌriːˈtɪn] *v.tr. (particípios: -nn-)* estanhar novamente

retina [ˈretɪnə] *s. (pl.* **-as** ou **-ae**) ANATOMIA retina; MEDICINA *detachment of the ~* descolamento da retina

retinaculum [retɪˈnækjʊləm] s. (pl. -a) BOTÂNICA, ZOOLOGIA retináculo
retinal [ˈretɪnəl] adj. retiniano, retínico
retinite [ˈretɪnaɪt] s. MINERALOGIA retinito, retinite
retinitis [retɪˈnaɪtɪs] s. MEDICINA retinite
retinol [ˈretɪnɒl] s. BIOQUÍMICA retinol
retinue [ˈretɪnju:] s. séquito, comitiva, acompanhamento
retiral [rɪˈtaɪərəl] s. 1 aposentação; 2 demissão
retire [rɪˈtaɪə] Ⓐ v.tr.,intr. 1 retirar; obrigar a retirar; 2 afastar(-se); retirar(-se); *to ~ from business* retirar-se dos negócios; 3 recuar; 4 MILITAR retirar; bater em retirada; *the army retired in good order* o exército retirou-se em boa ordem; 5 ir-se embora; 6 aposentar(-se); reformar(-se); *to be compulsorily retired* ter reforma compulsiva; *to ~ on a pension* aposentar-se; 7 recolher; *to ~ into oneself* recolher-se em si mesmo, viver para os seus pensamentos; 8 deitar-se, ir dormir; *he always retires before midnight* ele deita-se sempre antes da meia-noite; *to ~ for the night* ir deitar-se; 9 retirar da circulação; *to ~ a bill* retirar uma nota de circulação Ⓑ s. MILITAR retirada, toque de retirada; *to sound the ~* tocar a retirada, dar o toque da retirada ❖ DESPORTO *to ~ from the race* abandonar a corrida
retired [rɪˈtaɪəd] adj. 1 aposentado, reformado; *a ~ civil servant* um funcionário público aposentado; *a ~ general* um general reformado; 2 afastado, retirado; *a ~ village* uma aldeia retirada; *in a ~ valley* num vale retirado; 3 ermo, isolado; 4 retraído, reservado ❖ *~ pay* pensão de reforma; *on the ~ list* aposentado; reformado; *to lead a ~ life* levar uma vida de isolamento; *to place/put sb on the ~ list* aposentar alguém
retiredness [rɪˈtaɪədnɪs] s. 1 isolamento, solidão; 2 vida de isolamento, vida retirada
retirement [rɪˈtaɪəmənt] s. 1 reforma; aposentação; *~ on account of age* aposentação por limite de idade; *compulsory ~* aposentação obrigatória; *optional ~* aposentação a pedido; 2 isolamento, afastamento; *~ from the world* isolamento do mundo; 3 (notas, etc.) recuo, retirada de circulação; 4 DESPORTO abandono de prova ❖ *~ age* idade da reforma; *~ home* lar de idosos; *~ pension* pensão de reforma
retiring [rɪˈtaɪərɪŋ] Ⓐ adj. 1 reservado, retraído, pouco expansivo, pouco comunicativo, acanhado; *to be of a ~ disposition* ser retraído, ser pouco expansivo; 2 que retira, em retirada; *in ~ order* em ordem de retirada; 3 cessante; de saída; 4 que se aposenta Ⓑ s. 1 retirada, afastamento; 2 aposentação, reforma ❖ *~ age* idade da reforma; *~ fund* caixa de aposentações; *~ pension* pensão de reforma; *~ room* gabinete particular
retiringly [rɪˈtaɪərɪŋlɪ] adv. 1 apagadamente, retraidamente; 2 modestamente
retiringness [rɪˈtaɪərɪŋnɪs] s. 1 carácter reservado, retraído; 2 reserva; 3 modéstia
retold [ˌriːˈtəʊld] prt. e part. pass. de **to retell**
retort [rɪˈtɔːt] Ⓐ s. 1 réplica, resposta incisiva; *to make an insolent ~* replicar insolentemente; *to say in ~* replicar; 2 represália, retaliação; 3 QUÍMICA retorta; *gas ~* retorta de gás Ⓑ v.tr. 1 (ataque, insulto, ofensa) pagar, retribuir na mesma moeda; retaliar; 2 (acusação, sarcasmo, etc.) devolver, ripostar, replicar, retrucar, retorquir incisivamente [on, a]; *to ~ a charge on/upon the accuser* devolver uma acusação ao acusador; *to ~ an insult* devolver um insulto; *to ~ on sb* ripostar a alguém; 3 QUÍMICA destilar em retorta; purificar em retorta
retorted [rɪˈtɔːtɪd] adj. 1 recurvado, retorcido; 2 virado para trás
retortion [rɪˈtɔːʃən] s. 1 retorção; 2 DIREITO retorção, represália, medida legislativa de um Estado como resposta a medidas de outro
retouch [ˌriːˈtʌtʃ] Ⓐ v.tr. retocar; corrigir; aperfeiçoar Ⓑ s. (pl. -es) (quadro, etc.) retoque
retoucher [ˌriːˈtʌtʃə] s. retocador, pessoa que retoca ou corrige
retouching [ˌriːˈtʌtʃɪŋ] s. retoque, acto de retocar
retrace [rɪˈtreɪs] v.tr. 1 reconstituir a história de; 2 remontar à origem de; 3 recordar; evocar; rever; *to ~ in one's memory* trazer à memória ❖ *to ~ one's steps* voltar atrás; arrepiar caminho
re-trace [ˌriːˈtreɪs] v.tr. voltar a traçar
retract [rɪˈtrækt] v.tr.,intr. 1 retrair, recolher; AERONÁUTICA *to ~ the undercarriage* recolher o trem de aterragem; 2 encolher; meter para dentro; *the cat retracted its claws* o gato encolheu as garras; 3 desdizer-se de; retractar-se de; *to ~ a statement* retractar-se duma afirmação; 4 (crença) abjurar; 5 faltar à palavra
retractability [rɪˌtræktəˈbɪlɪtɪ] s. retractabilidade
retractable [rɪˈtræktəbəl] adj. 1 retráctil; 2 AERONÁUTICA (trem de aterragem) que pode recolher-se; 3 revogável; 4 de que nos podemos retractar
retractation [ˌrɪtrækˈteɪʃən] s. 1 retractação; 2 desmentido, negação do já afirmado
retractile [rɪˈtræktaɪl] adj. retráctil, que pode retrair-se
retractility [ˌrɪtrækˈtɪlɪtɪ] s. retractilidade
retracting [rɪˈtræktɪŋ] adj. 1 retráctil; 2 AERONÁUTICA (trem de aterragem) que pode recolher-se
retraction [rɪˈtrækʃən] s. 1 retracção; 2 retraimento; 3 contracção ou encolhimento; 4 retractação
retractor [rɪˈtræktə] s. ANATOMIA músculo retractor
retrain [ˌriːˈtreɪn] Ⓐ v.tr. (formação) reciclar Ⓑ v.intr. (formação) reciclar-se
retraining [ˌriːˈtreɪnɪŋ] s. (formação) reciclagem
retral [ˈriːtrəl] adj. posterior, da parte de trás, traseiro
retransfer [ˌriːˈtrænsfɜː] Ⓐ s. 1 retransferência; 2 nova transferência Ⓑ v.tr. transferir de novo
retransform [ˌriːtrænsˈfɔːm] v.tr. retransformar
retransformation [ˌriːtrænsfəˈmeɪʃən] s. retransformação
retranslate [ˌriːtrænzˈleɪt] v.tr. retraduzir
retranslation [ˌriːtrænzˈleɪʃən] s. retradução
retransmission [ˌriːtrænzˈmɪʃən] s. 1 retransmissão; 2 reexpedição
retransmit [ˌriːtrænzˈmɪt] v.tr. (particípios: -tt-) 1 retransmitir; 2 reexpedir
retraverse [ˌriːˈtrævəs] v.tr. atravessar de novo
retread[1] [ˌriːˈtred] v.tr. (prt. **retrod**, part. pass. **retrodden**) tornar a percorrer, percorrer de novo, passar de novo em
retread[2] [ˈriːtred] Ⓐ v.tr. rechapar, recauchutar (pneumático) Ⓑ s. pneumático recauchutado ou rechapado
retreading [ˌriːˈtredɪŋ] s. recauchutagem, rechapagem (de pneumático)
retreat [rɪˈtriːt] Ⓐ s. 1 MILITAR retirada; *to beat the ~* bater em retirada; *to cut off a ~* impedir uma retirada; *to sound the ~* tocar a retirar; 2 MILITAR toque de retirada; 3 retraimento; 4 recuo; 5 afastamento; 6 retiro, refúgio, abrigo; 7 (doentes mentais, alcoólicos, etc.) asilo; lar; casa de acolhimento; 8 antro, esconderijo Ⓑ v.tr.,intr. 1 MILITAR retirar(-se); bater em retirada; 2 afastar-se; retirar-se; 3 retroceder; recuar; 4 (promessa) renunciar [from, a]; abdicar [from, de]; 5 (xadrez) recuar, retirar (peça) de situação perigosa ❖ RELIGIÃO *to go into ~ for some days* fazer um retiro de uns dias; *to make good one's ~* retirar-se a salvo
retreating [rɪˈtriːtɪŋ] Ⓐ adj. 1 que retira; 2 em retirada; 3 que se afasta Ⓑ s. retirada; recuo ❖ *a ~ chin* um queixo recolhido
retrench [rɪˈtrentʃ] Ⓐ v.tr. 1 restringir; limitar; 2 deduzir, abater, descontar; 3 cercear; *to ~ privileges* cercear privilégios; 4 suprimir; 5 (excerto) omitir, cortar, truncar; 6 MILITAR dotar com linha interior de defesa; dotar com trincheira interior Ⓑ v.intr. reduzir as despesas; fazer economias
re-trench [ˌriːˈtrentʃ] v.tr. escavar de novo, submeter a nova cava
retrenched [rɪˈtrentʃt] adj. dotado de trincheira de defesa
retrenchment [rɪˈtrentʃmənt] s. 1 redução, compressão, limitação (de despesas); 2 diminuição, cerceamento, restrição; 3 supressão, omissão, corte, truncamento; 4 linha de defesa com trincheira interior
retrial [ˈriːtraɪəl] s. 1 DIREITO revisão de processo, novo julgamento; 2 nova experiência, novo ensaio, novo teste
retribution [ˌretrɪˈbjuːʃən] s. 1 vingança; desforra; retaliação; 2 castigo [**for/of**, por]; paga [**for/of**, por]; *~ for/of a crime* castigo por um crime; 3 [rar.] retribuição do bem praticado ❖ *the day of ~* o dia do ajuste de contas
retributive [rɪˈtrɪbjʊtɪv] adj. 1 vingador; 2 punitivo; 3 justiceiro
retributively [rɪˈtrɪbjʊtɪvlɪ] adv. 1 vingadoramente; 2 punitivamente
retributor [rɪˈtrɪbjʊtə] s. 1 vingador; 2 aquele que castiga, que dá o pago do mal praticado
retributory [rɪˈtrɪbjʊtərɪ] adj. ⇒ **retributive**
retrievable [rɪˈtriːvəbəl] adj. 1 recuperável; 2 remediável; 3 reparável; 4 restaurável

retrieval [rɪˈtriːvəl] *s.* **1** recuperação; **2** reaquisição; **3** restabelecimento; **4** salvação; **5** INFORMÁTICA extracção; *information ~* extracção de informação ❖ *lost beyond ~* irremediavelmente perdido

retrieve [rɪˈtriːv] Ⓐ *v.tr.,intr.* **1** reaver, recuperar; **2** readquirir; **3** recobrar; **4** restabelecer; restaurar, reconstituir; *to ~ one's fortunes* restabelecer a fortuna; **5** (erro, falta cometida) reparar, remediar; *to ~ a mistake* reparar um erro; **6** salvar, livrar; *he was retrieved from certain death* foi salvo, livraram-no duma morte certa; **7** INFORMÁTICA extrair; *to ~ information* extrair informação; **8** (cão de caça) ir buscar, trazer peça de caça abatida Ⓑ *s.* possibilidade de recuperação; *beyond/past ~* sem possibilidades de recuperação ❖ *to ~ one's losses* refazer-se das perdas sofridas

retriever [rɪˈtriːvə] *s.* ZOOLOGIA (cão) retriever ❖ *flat-coated ~* cão de busca, de pêlo liso

retrieving [rɪˈtriːvɪŋ] *adj.* (cão) que busca, que traz a caça ao caçador

retrim [ˌriːˈtrɪm] *v.tr.* (particípios: **-mm-**) guarnecer, arranjar de novo

retro [ˈretrəʊ] Ⓐ *adj.* **1** (estilo, tendência) rétro, revivalista; *~ clothing* roupa rétro; **2** antiquado Ⓑ *s.* moda revivalista

retroact [ˌretrəʊˈækt] *v.intr.* **1** retroagir; **2** DIREITO ter efeito(s) retroactivo(s); **3** reagir [**against**, contra]

retroaction [ˌretrəʊˈækʃən] *s.* **1** reacção; **2** DIREITO retroactividade

retroactive [ˌretrəʊˈæktɪv] *adj.* retroactivo

retroactively [ˌretrəʊˈæktɪvlɪ] *adv.* retroactivamente

retroactivity [ˌretrəʊækˈtɪvɪtɪ] *s.* retroactividade

retrocede [ˌretrəˈsiːd] *v.tr.,intr.* **1** retroceder, retrogradar, recuar; **2** DIREITO ceder a outrem

retrocession [ˌretrəˈseʃən] *s.* **1** recuo; **2** retrocesso; **3** DIREITO, MEDICINA retrocessão

retrochoir [ˈriːtrəʊˌkwaɪə] *s.* parte de catedral ou grande igreja atrás do altar-mor

retrofit [ˈretrəʊfɪt] Ⓐ *s.* **1** adaptação; **2** ajuste Ⓑ *v.tr.* (*part.* **-tt-**) **1** readaptar; **2** reajustar

retroflected [ˌretrəʊˈflektɪd] *adj.* retroflectido

retroflex [ˈretrəfleks] *adj.* retroflexo

retroflexed [ˈretrəflekst] *adj.* retroflexo

retroflexion [ˌretrəˈflekʃən] *s.* MEDICINA retroflexão, flexão de um órgão sobre o seu plano posterior

retrogradation [ˌretrəʊgrəˈdeɪʃən] *s.* **1** ASTRONOMIA retrogradação; **2** BIOLOGIA regressão; **3** retrocesso, degenerescência; **4** movimento retrógrado

retrograde [ˈretrəgreɪd] Ⓐ *adj.* **1** retrógrado; *~ motion* movimento retrógrado; **2** em declínio; **3** inverso; *in ~ order* em ordem inversa; **4** dirigido para trás Ⓑ *s.* **1** pessoa retrógrada; **2** tendência retrógrada; **3** [rar.] degenerado Ⓒ *v.intr.* **1** retrogradar, retroceder, mover-se para trás; **2** declinar; degenerar; **3** sofrer reversão

retrogress [ˌretrəʊˈgres] *v.intr.* **1** retrogradar, retroceder; **2** degenerar, decair

retrogression [ˌretrəʊˈgreʃən] *s.* retrogressão

retrogressive [ˌretrəʊˈgresɪv] *adj.* **1** regressivo, em degenerescência; **2** retrógrado

retrogressively [ˌretrəʊˈgresɪvlɪ] *adv.* regressivamente

retroject [ˌretrəʊˈdʒekt] *v.tr.* lançar para trás

retropulsion [ˌriːtrəʊˈpʌlʃən] *s.* MEDICINA retropulsão

retrorse [rɪˈtrɔːs] *adj.* BOTÂNICA retrorso, voltado para trás ou para a base

retrorsely [rɪˈtrɔːslɪ] *adv.* de modo retrorso

retrospect [ˈretrəspekt] Ⓐ *s.* **1** exame retrospectivo; rememoração de coisas passadas; **2** atenção a precedente Ⓑ *v.intr.* **1** considerar retrospectivamente [**on**, -]; lançar um olhar retrospectivo [**on**, sobre]; **2** reportar-se [**to**, a]; **3** rememorar; recordar o passado ❖ *in ~* em retrospectiva; retrospectivamente; olhando para trás; *to consider sth in ~* olhar em retrospectiva para

retrospection [ˌretrəˈspekʃən] *s.* **1** retrospecção; **2** exame retrospectivo

retrospective [ˌretrəˈspektɪv] Ⓐ *adj.* **1** retrospectivo; **2** voltado para o passado; **3** DIREITO retroactivo Ⓑ *s.* (artes) retrospectiva

retrospectively [ˌretrəˈspektɪvlɪ] *adv.* **1** retrospectivamente; **2** DIREITO retroactivamente

retrovaccination [ˌretrəʊvæksɪˈneɪʃən] *s.* retrovacinação

retrovaccine [ˌretrəʊˈvæksɪn] *s.* retrovacina

retroversion [ˌretrəʊˈvɜːʃən] *s.* MEDICINA retroversão

retroverted [ˌretrəʊˈvɜːtɪd] *adj.* MEDICINA (útero) retrovertido

retrovirus [ˌretrəʊˈvaɪərəs] *s.* BIOLOGIA retrovírus

retry [ˌriːˈtraɪ] *v.tr.* **1** ensaiar de novo, fazer nova experiência de; **2** fazer novo teste de; **3** DIREITO submeter a novo julgamento

retter [ˈretə] *s.* curtidor (de linho ou cânhamo)

rettery [ˈretərɪ] *s.* curtidoiro (de linho ou cânhamo)

retting [ˈretɪŋ] *s.* **1** maceração (de linho ou cânhamo); **2** apodrecimento (de feno) devido a excessiva humidade

re-tube [ˌriːˈtjuːb] *v.tr.* recolocar tubagem em

retune [riːˈtjuːn] *v.tr.* RÁDIO sintonizar de novo

return [rɪˈtɜːn] Ⓐ *s.* **1** regresso, volta, retorno; *on his ~* quando ele regressar; *on her ~ home she saw that...* ao regressar a casa ela viu que...; **2** recuo; **3** reversão; **4** repetição, recorrência; **5** (doença) reaparição, recaída; **6** lucro, rendimento, ganho, proveito; *gross ~* rendimento bruto; *a good ~ on an investment* um bom rendimento dum investimento; *to make good returns* ser lucrativo; **7** retribuição, paga, compensação; *in ~ for* em paga de, como recompensa por; *he said he would like to make some ~ for my services* ele disse que gostaria de me recompensar pelos meus serviços; *that was a poor ~ for his kindness* isso foi uma fraca recompensa pela sua amabilidade; *to bring in a fair ~* dar um lucro bastante bom; **8** agradecimento; **9** serviço recíproco; **10** devolução, reenvio, restituição; **11** passagem de volta; **12** DESPORTO réplica, reacção; (ténis) devolução de bola; **13** (candidato a deputado) eleição; *he secured his ~ for Colchester* ele assegurou a sua eleição por Colchester; **14** relatório oficial com estatísticas, etc.; informação; *quarterly ~* relatório trimestral; **15** quadro, tabela; **16** ARQUITECTURA esquina, parede lateral, parte lateral do edifício; **17** *pl.* (eleições) resultados; contagem dos votos; *election returns* resultados eleitorais; **18** *pl.* variedade de tabaco brando para cachimbo Ⓑ *adj.* **1** de regresso; *~ journey* viagem de regresso; **2** de retorno; de chamada; *~ line* linha de retorno; *~ motion* movimento de retorno; *~ spring* mola de chamada; **3** de ida e volta; [GB] *~ ticket* bilhete de ida e volta; **4** de desforra; DESPORTO *~ match* desafio de desforra Ⓒ *v.tr.,intr.* **1** regressar; voltar; tornar; *he returned to his old habits* ele regressou aos velhos hábitos; *he returned the way he came* ele regressou por onde tinha vindo; *let us ~ to the subject!* voltemos ao assunto!; *she has gone never to ~* ela foi para nunca mais voltar; *she is about to ~* ela está prestes a regressar; *to ~ home* regressar a casa; **2** retomar [**to**, -]; *to ~ to a task* retomar uma tarefa; **3** reverter; **4** repetir-se; **5** tornar a pôr; *he returned his handkerchief into his pocket* ele voltou a meter o lenço no bolso; **6** replicar, responder, redarguir, retorquir; *«Don't do that», he returned* não faça isso - retorquiu ele; **7** (som, luz) reflectir; **8** corresponder a; *to ~ sb's greeting* corresponder aos cumprimentos de alguém; **9** retribuir, pagar, dar em troca; *to ~ like for like* pagar na mesma moeda; **10** recompensar; **11** dar de lucro, render; *how much money did your investment return?* que lucro lhe deu o seu investimento?; **12** devolver, restituir; *to ~ a borrowed book* restituir um livro emprestado; *when will you ~ the money I lent you?* quando me devolves o dinheiro que te emprestei?; **13** reenviar, reexpedir, devolver; *in case of non-delivery, please ~ to the sender* em caso de não entrega, é favor devolver ao remetente; **14** declarar oficialmente, apresentar relatório oficial; *to ~ one's income at £8,000* declarar rendimentos de 8000 libras (para efeitos de pagamento de imposto); **15** relatar; **16** eleger para o parlamento; *to ~ a member to Parliament* eleger um deputado; **17** ARQUITECTURA formar ângulo; **18** DESPORTO rebater, revolver (bola), reagir ❖ *~ address* direcção de remetente; ELECTRICIDADE *~ circuit* circuito de retorno; ELECTRICIDADE *~ current* contracorrente; DIREITO *~ day* dia de audiência; *~ valve* válvula de escape; *quick returns* venda rápida; *~ of income* declaração de rendimentos; *a ~ home* uma viagem de regresso a casa; *~ of killed and wounded* lista de mortos e feridos; *~ of payment* reembolso; *~ on capital* remuneração de capital; *Board of Trade returns* estatísticas comerciais; *by ~/by ~ of mail/by ~ of post* na volta do correio; COMÉRCIO *on sale or ~* à consignação; *the official returns* dados oficiais; resultados, mapas, estatísticas oficiais; *he did nothing in ~*

re-turn

ele nada fez em troca; *he returned unfit for work* ele foi dado como incapaz para o trabalho; *I must ask for the ~ of that loan* tenho de pedir que me reembolsem daquele empréstimo; (aniversário natalício) *many happy returns (of the day)!* muitos parabéns!; *she took a first-class ~ to Lisbon* ela tirou um bilhete de primeira classe, de ida e volta, para Lisboa; *the liabilities are returned at £7,000* o passivo é calculado em 7000 libras; *there was a ~ to public order* a ordem foi restabelecida; *they were all returned guilty* foram todos declarados culpados; *to give a thing in ~ for another* dar uma coisa em troca de outra; *to make one's income-tax ~* fazer uma declaração de rendimentos para efeitos de imposto; *to ~ a denial* negar; responder negativamente; *to ~ a sword to the scabbard* embainhar uma espada; meter uma espada na bainha; *to ~ from the dead* ressurgir dos mortos; *to ~ thanks* dar graças (às refeições); agradecer em resposta a um brinde; *to ~ the result of a poll* comunicar oficialmente os resultados de uma eleição; NÁUTICA *to ~ to port* reentrar no porto; RELIGIÃO (Bíblia) *unto dust shalt thou ~* em pó te hás-de tornar

re-turn [ri:'tɜ:n] *v.tr.* 1 rodar, girar; 2 passar ao torno

returnable [rɪ'tɜ:nəbəl] *adj.* 1 restituível; 2 (candidato a deputado) elegível; 3 COMÉRCIO à comissão; 4 devolutivo; 5 que deve ser reenviado à procedência

returned [rɪ'tɜ:nd] *adj.* 1 regressado, de volta; 2 restituído; 3 devolvido, enviado ao remetente; 4 verificado, controlado

returner [rɪ'tɜ:nə] *s.* 1 restituidor; 2 pessoa que regressa

returning [rɪ'tɜ:nɪŋ] Ⓐ *adj.* que regressa, volta; *~ health* saúde que volta Ⓑ *s.* 1 regresso; 2 restituição, devolução; 3 POLÍTICA (deputado) eleição ❖ *~ borough* localidade com direito de enviar um representante ao parlamento; *~ officer* funcionário encarregado dos serviços de escrutínio; *~ operations* operações de escrutínio

retuse [rɪ'tju:s] *adj.* BOTÂNICA retuso

retype [,ri:'taɪp] *v.tr.* dactilografar de novo

reunification [,ri:ju:nɪfɪ'keɪʃən] *s.* reunificação

reunify [ri:'ju:nɪfaɪ] *v.tr.* reunificar

reunion [ri:'ju:njən] *s.* 1 reunião; *a college ~* reunião de antigos colegas de curso; 2 junção; 3 agrupamento de pessoas

reunionism [ri:'ju:njənɪzəm] *s.* união da Igreja anglicana e da Igreja católica

reunionist [ri:'ju:njənɪst] *s.* partidário da fusão da Igreja anglicana com a Igreja católica

reunite [,ri:ju:'naɪt] *v.tr.,intr.* 1 reunir(-se); reencontrar-se; 2 juntar(-se); 3 reconciliar(-se) ❖ *to become reunited* reconciliar-se

re-urge [,ri:'ɜ:dʒ] *v.tr.* (argumento) insistir, apresentar de novo

reusable [ri:'ju:zəbəl] *adj.* reutilizável

reuse [,ri:'ju:z] *v.tr.* usar novamente; reutilizar

re-utter [,ri:'ʌtə] *v.tr.* pronunciar novamente; repetir

rev [rev] Ⓐ *s.* (motor de automóvel) rotação; *three thousand revs a minute* três mil rotações por minuto Ⓑ *v.tr.,intr.* embalar o motor ❖ [coloq.] *~ counter* conta-rotações

◆ **rev up** *v.tr.,intr.* (veículos, máquinas, etc.) fazer acelerações; aumentar as rotações

Rev. [abrev. de Reverend]

revaccinate [,ri:'væksɪneɪt] *v.tr.* revacinar

revaccination [,ri:væksɪ'neɪʃən] *s.* revacinação

revalenta [rɪvə'lentə] *s.* revalenta

revalorization [,ri:vælərəɪ'zeɪʃən] *s.* revalorização

revalorize [ri:'vælərəɪz] *v.tr.* revalorizar

revaluate [ri:'væljueɪt] *v.tr.* 1 reavaliar, fazer nova avaliação de, rever a avaliação de; 2 revalorizar

revaluation [ri:,vælju'eɪʃən] *s.* 1 nova avaliação, reavaliação; 2 revalorização

revalue [ri:'vælju:] *v.tr.* 1 reavaliar; 2 revalorizar

revamp [ri:'væmp] Ⓐ *v.tr.* 1 renovar, rejuvenescer; 2 reformular; 3 melhorar, aperfeiçoar; 4 gaspear, pôr gáspeas novas em Ⓑ *s.* 1 renovação, rejuvenescimento; 2 reformulação; 3 melhoramento, aperfeiçoamento

revanchism [rɪ'væntʃɪzm] *s.* POLÍTICA revanchismo

revanchist [rɪ'væntʃɪst] *adj.,s.* revanchista

revarnish [ri:'vɑ:nɪʃ] *v.tr.* envernizar de novo

reveal [rɪ'vi:l] Ⓐ *v.tr.* 1 revelar; desvendar; *to ~ a secret* revelar um segredo; *to ~ one's identity* revelar a identidade; 2 mostrar;

3 patentear, divulgar Ⓑ *s.* ARQUITECTURA superfície de face interna de abertura ou recesso, espessura de parede em janela ou porta ❖ *to ~ one's soul to* abrir o coração a; RELIGIÃO *revealed religion* religião revelada

revealer [rɪ'vi:lə] *s.* revelador

revealing [rɪ'vi:lɪŋ] Ⓐ *adj.* 1 revelador; 2 esclarecedor; 3 (roupa) descapotável*fig.*; transparente; muito decotado Ⓑ *s.* revelação

reveille [rɪ'vælɪ] *s.* MILITAR alvorada, toque de alvorada

revel ['revəl] Ⓐ *s.* 1 divertimento, diversão; 2 patuscada; festa, folia, pândega; *midnight revels* pândegas nocturnas ruidosas; 3 bacanal; 4 regabofe Ⓑ *v.tr.,intr.* (particípios -ll-) 1 fazer uma patuscada; 2 divertir-se ruidosamente; andar na pândega; *they revelled all night long* andaram toda a noite na pândega; 3 fazer um regabofe ❖ *~ rout* foliões; pândegos

◆ **revel away** *v.tr.* desperdiçar na pândega; desperdiçar em coisas fúteis; *to ~ one's money* desperdiçar o dinheiro em diversões; *to ~ the time* passar o tempo na pândega

◆ **revel in** *v.tr.* deliciar-se com; deleitar-se com; delirar com; *she revels in books* ela adora livros

revelable ['revələbəl] *adj.* 1 revelável; 2 que pode dar-se a conhecer

revelation [,revə'leɪʃən] *s.* 1 (acto, coisa) revelação; 2 surpresa; *it was a complete ~* foi uma enorme surpresa; 3 divulgação

Revelation [,revə'leɪʃən] *s.* RELIGIÃO (Bíblia) Apocalipse ❖ RELIGIÃO (Bíblia) *the Book of ~* o Livro do Apocalipse

revelational [,revə'leɪʃənəl] *adj.* com carácter de revelação; relativo a revelação

revelationist [,revə'leɪʃənɪst] *s.* RELIGIÃO pessoa que aceita a revelação divina ❖ (Bíblia) *the ~* o autor do Livro do Apocalipse

revelatory ['revələtərɪ] *adj.* revelador, que revela

reveller ['revələ] *s.* 1 farrista, borguista; 2 libertino, estroina

revelling ['revlɪŋ] *s.* 1 festança, pândega, borga; 2 patuscada

revelry ['revəlrɪ] *s.* (pl. **-ies**) festança, regabofe, patuscada, pândega

revendication [rɪ,vendɪ'keɪʃən] *s.* reivindicação

revenge [rɪ'vendʒ] Ⓐ *s.* 1 vingança; *out of ~* por vingança; *to take ~ for sth* vingar-se de alguma coisa; 2 represália; retaliação; 3 desforra; *to give sb his ~* dar a alguém ocasião de se desforrar; 4 espírito de vingança Ⓑ *v.tr.* 1 vingar(-se) [on/for, em/de]; *to ~ an injustice* vingar uma injustiça; *to ~ oneself for sth* vingar-se de alguma coisa; *to ~ oneself on sb* vingar-se em alguém; 2 desforrar-se [on, em]; 3 desafrontar ❖ *in ~ for* para se vingar de; *I took my ~ on him* vinguei-me dele; *my ~ will keep* não perde pela demora; *to be revenged* vingar-se

revengeful [rɪ'vendʒfʊl] *adj.* 1 vingativo; 2 com desejo de vingança

revengefully [rɪ'vendʒfʊlɪ] *adv.* vingativamente, como vingança

revengefulness [rɪ'vendʒfʊlnɪs] *s.* espírito vingativo, espírito de vingança

revenger [rɪ'vendʒə] *s.* vingador

revenue ['revɪnju:] *s.* 1 receita, rendimento; *inland ~* receitas fiscais; 2 rendimentos públicos, receita pública; 3 fisco; 4 renda ❖ *~ officer* funcionário da alfândega; *~ stamp* selo fiscal; *~ tax* imposto destinado a aumentar as receitas do Estado; *the Public Revenue* o tesouro público; *the ~ authorities* os agentes do fisco

reverberant [rɪ'vɜ:bərənt] *adj.* reverberante, resplandecente, sonoro, que ecoa ou ressoa

reverberate [rɪ'vɜ:bəreɪt] *v.tr.,intr.* 1 (luz, som, calor, etc.) reverberar, ecoar, ressoar, repercutir, reboar, reflectir; 2 QUÍMICA submeter à acção de fogo de revérbero

reverberating [rɪ'vɜ:bəreɪtɪŋ] *adj.* 1 ressonante, sonoro, que ecoa; 2 resplandecente; 3 reverberante, reverberatório

reverberation [rɪ,vɜ:bə'reɪʃən] *s.* 1 repercussão, eco; 2 reverberação; 3 calcinação

reverberative [rɪ'vɜ:bəreɪtɪv] *adj.* reverberante

reverberator [rɪ'vɜ:bəreɪtə] *s.* reflector, lâmpada reflectora

reverberatory [rɪ'vɜ:bərətərɪ] Ⓐ *adj.* reverberatório Ⓑ *s.* forno de revérbero ❖ *~ flame/furnace* fogo de revérbero

revere [rɪ'vɪə] Ⓐ *v.tr.* 1 venerar, reverenciar; 2 considerar como sagrado, respeitar profundamente Ⓑ *s.* ⇒ **revers**

reverence ['revərəns] Ⓐ s. 1 reverência; veneração; grande respeito; *to feel ~ for* sentir grande respeito por; *to hold in ~* ter em grande consideração; 2 (forma de tratamento) reverência; *your Reverence* Vossa Reverência; 3 [arc.] reverência, mesura, vénia; *to make a ~ to* fazer uma reverência a Ⓑ v.tr. reverenciar, venerar ❖ *filial ~* piedade filial; [arc.] (antes de palavra menos polida) *saving your ~* com licença de vossa senhoria; *to pay ~ to* prestar homenagem a

reverend ['revərənd] Ⓐ adj. 1 venerável, respeitável; 2 (sacerdotes) reverendo Ⓑ s. reverendo, sacerdote; *the Reverend Smith* o reverendo padre Smith ❖ *reverends and right reverends* padres e bispos; *most Reverend* reverendíssimo (título dado a arcebispo); os reverendos (em questão); *the Right Reverend the Bishop of...* sua Excelência Reverendíssima o bispo de...; (título de deão) *very Reverend* o muito reverendo

reverent ['revərənt] adj. reverente, respeitoso

reverential [‚revə'renʃəl] adj. reverencial

reverentially [‚revə'renʃəlɪ] adv. 1 com reverência; 2 reverencialmente

reverently ['revərəntlɪ] adv. 1 reverentemente; 2 respeitosamente

reverer [rɪ'vɪərə] s. venerador [of, de]

reverie ['revərɪ] s. 1 devaneio; sonho; fantasia; *to be lost in (a) ~* sonhar acordado; devanear; 2 [arc.] teoria, noção fantástica

revers [rɪ'vɪə, rɪ'vɪəz] s.pl. 1 (costura) beira de casaco, corpete, etc., voltada para fora e mostrando o forro; 2 lapela; 3 canhão (de manga)

reversal [rɪ'vɜːsəl] s. 1 inversão; reversão; 2 reviravolta; *~ of opinion* reviravolta de opinião; 3 (problema) revés; 4 DIREITO revogação, anulação de sentença; 5 COMÉRCIO estorno ❖ *~ of motion* inversão de marcha

reverse [rɪ'vɜːs] Ⓐ adj. 1 inverso, invertido; *in ~ order* em ordem inversa; *the ~ side of* o reverso de, as costas de, o avesso de; 2 de inversão; *~ knob* botão de inversão; *~ motion* movimento de inversão; 3 contrário, oposto; 4 virado para o lado oposto Ⓑ v.tr.,intr. 1 inverter; ELECTRICIDADE *to ~ the wires* inverter os fios; 2 pôr ao contrário; *to ~ arms* pôr as armas ao contrário, com o cano voltado para o chão; 3 fazer marcha-atrás com; inverter o sentido de marcha de; *to ~ one's car* fazer marcha-atrás com o automóvel; *to ~ the engine* inverter o sentido da marcha de um motor; 4 fazer contravapor; *to ~ steam* fazer contravapor; 5 alterar por completo; *to ~ one's opinions* mudar totalmente de opinião; 6 reverter a um estado anterior; 7 DIREITO revogar, anular; *to ~ the decision of a lower court* anular a sentença dada por um tribunal de menor categoria; 8 valsar, rodando em sentido contrário Ⓒ s. 1 oposto, contrário; *he is the very ~ of his brother* ele é exactamente o contrário do irmão; 2 reverso, inverso; *on the ~* no reverso; *the ~ of a coin* o reverso de uma moeda; 3 avesso; 4 (moeda) coroa; 5 (automóvel) marcha-atrás; *to go into ~* fazer marcha-atrás; 6 reviravolta; 7 contratempo, revés; *the reverses of fortune* os reveses da fortuna; *to suffer a ~* sofrer um revés; 8 derrota ❖ *~ action* marcha-atrás; *~ current* contracorrente; redemoinho; MILITAR *~ fire* fogo de revés; *~ gear* marcha-atrás; *~ light* farol de marcha-atrás; *~ lever* alavanca de inversão de marcha; *~ steam* contravapor; *~ slope of a hill* contra-encosta de um monte

reversed [rɪ'vɜːst] adj. 1 inverso; contrário; oposto; 2 invertido; virado no sentido contrário; *~ image* imagem invertida; 3 DIREITO revogado, anulado ❖ ELECTRICIDADE *~ polarity* polaridade inversa; MILITAR *with ~ arms* com as armas viradas ao contrário

reversely [rɪ'vɜːslɪ] adv. inversamente

reverser [rɪ'vɜːsə] s. 1 ELECTRICIDADE inversor de corrente; 2 reversor

reversi [rɪ'vɜːsɪ] s. variedade de jogo efectuado sobre um tabuleiro de damas

reversibility [rɪ‚vɜːsə'bɪlɪtɪ] s. reversibilidade

reversible [rɪ'vɜːsɪbəl] adj. 1 (que pode ser modificado) reversível; 2 DIREITO revogável, anulável; 3 (roupa) reversível; sem avesso; 4 reversível; reversivo; *~ control/motor/propeller* comando/motor/hélice reversível ❖ ELECTRICIDADE *~ cell* pilha reversível; *~ motion* movimento recíproco

reversibly [rɪ'vɜːsɪblɪ] adv. reversivelmente

reversing [rɪ'vɜːsɪŋ] Ⓐ adj. 1 reversível; *~ propeller* hélice reversível; 2 de inversão; *~ valve* válvula de reversão; 3 que pode inverter-se; 4 inversor; de inversão; *~ device* dispositivo inversor; *~ engine* máquina de inversão de marcha Ⓑ s. 1 reversão; 2 inversão; *~ of motion* inversão de movimento; 3 inversão de marcha ❖ *~ link* corrediça de Stephenson

reversion [rɪ'vɜːʃən] s. 1 reversão; regresso a um estado anterior; 2 DIREITO reversão, reaquisição de coisa doada; *right of ~* direito de reversão; 3 propriedade reversível; 4 importância paga por morte de pessoa, seguro de vida

reversional [rɪ'vɜːʃənəl] adj. ⇒ **reversionary**

reversionally [rɪ'vɜːʃənəlɪ] adv. reversivamente

reversionary [rɪ'vɜːʃənərɪ] adj. relativo a reversão; reversível ❖ *~ degeneration* degenerescência atávica

reversioner [rɪ'vɜːʃənə] s. DIREITO parte detentora dum direito de reversão

reversis [rɪ'vɜːsɪ] s. ⇒ **reversi**

revert [rɪ'vɜːt] Ⓐ v.tr.,intr. 1 regressar [to, a]; voltar [to, a]; *the estate reverted to the Crown* a propriedade regressou à posse da Coroa; *to ~ to a former state* regressar a um estado primitivo; BIOLOGIA *to ~ to type* regressar a um tipo atávico; 2 [rar.] retroceder; 3 reverter [to, para]; 4 referir novamente; chamar novamente a atenção para; *let us ~ to our subject* vamos tratar outra vez do nosso assunto; 5 (olhos) volver para trás; *to ~ one's eyes* olhar para trás Ⓑ s. pessoa que volta a adoptar a sua primitiva religião

revertibility [rɪ‚vɜːtɪ'bɪlɪtɪ] s. DIREITO reversibilidade

revertible [rɪ'vɜːtɪbəl] adj. DIREITO reversível

revest [riː'vest] v.tr.,intr. 1 reinvestir; reintegrar; *the king was revested in his throne* o rei foi reinvestido no trono; 2 restituir

revet [rɪ'vet] v.tr. (particípios: -tt-) revestir, guarnecer (talude de fortificação)

revetment [rɪ'vetmənt] s. 1 (construção) revestimento; 2 MILITAR barricada ❖ *~ wall* muro de revestimento

revictual [‚riː'vɪtl] v.tr.,intr. (particípios: -ll-) 1 fornecer de novo, reaprovisionar, abastecer novamente; 2 abastecer-se de novo, fornecer-se de novo

revictualling [‚riː'vɪtlɪŋ] s. reabastecimento, reaprovisionamento

revictualment [‚riː'vɪtlmənt] s. reabastecimento, reaprovisionamento

review [rɪ'vjuː] Ⓐ s. 1 MILITAR, TEATRO revista; *naval ~* revista naval; 2 recapitulação; rememoração; revisão; 3 exame, estudo, análise; 4 (artigos) crítica; *he writes reviews for a weekly magazine* ele faz recensões críticas para uma revista semanal; 5 retrospectiva; *a ~ of the week* retrospectiva dos acontecimentos da semana; 6 DIREITO revisão de processo Ⓑ v.tr.,intr. 1 reavaliar; reexaminar; 2 rever; recapitular; rememorar; 3 MILITAR (tropas, esquadra, etc.) passar em revista, inspeccionar; *to ~ the fleet* passar revista à esquadra; *to ~ the troops* passar revista às tropas; 4 (jornais, revistas) escrever recensões críticas; fazer (apreciações) críticas; *he reviews in his spare time* ele escreve recensões críticas nas horas vagas; *to ~ a book* fazer uma recensão crítica a um livro; 5 DIREITO (processo) rever ❖ *~ board* comissão de avaliação; *~ copy* exemplar entregue para crítica; DIREITO *court of ~* Supremo Tribunal de Justiça; *to come under ~* ser examinado; *to pass sth in ~* rever algo; recapitular algo

reviewable [rɪ'vjuːəbəl] adj. 1 merecedor de crítica, digno de recensão crítica; 2 DIREITO passível de revisão

reviewal [rɪ'vjuːəl] s. 1 resenha crítica, recensão crítica; 2 DIREITO revisão

reviewer [rɪ'vjuːə] s. autor de recensão crítica, crítico

reviewing [rɪ'vjuːɪŋ] s. 1 revisão; 2 crítica, exame, recensão crítica; 3 MILITAR revista

revile [rɪ'vaɪl] v.tr.,intr. 1 insultar, injuriar, ultrajar; *to ~ sb* insultar alguém, injuriar alguém; 2 pronunciar impropérios, proferir injúrias [against, contra]; *to ~ against sb* proferir injúrias contra alguém; 3 descompor

revilement [rɪ'vaɪlmənt] s. 1 injúria, insulto, doesto, impropério; 2 ultraje

reviler [rɪ'vaɪlə] s. 1 injuriador; 2 pessoa que insulta ou ultraja

reviling [rɪ'vaɪlɪŋ] Ⓐ adj. 1 injurioso, insultuoso; 2 ultrajante Ⓑ s. injúrias, insultos, impropérios

revilingly [rɪ'vaɪlɪŋlɪ] adv. injuriosamente, insultuosamente

revisable [rɪ'vaɪzəbəl] adj. susceptível de revisão

revisal [rɪ'vaɪzəl] s. revisão

revise [rɪ'vaɪz] Ⓐ v.tr. **1** reconsiderar; rever; *to ~ a decision* rever uma decisão; **2** reexaminar; reavaliar; **3** reformular; refazer; corrigir; *he revised his estimates* ele corrigiu os cálculos; **4** (edição) fazer a revisão de, rever; **5** refundir Ⓑ s. **1** TIPOGRAFIA segundas provas; **2** [rar.] revisão; **3** [rar.] versão revista, versão corrigida ❖ TIPOGRAFIA *second ~* terceiras provas

revised [rɪ'vaɪzd] adj. **1** revisto; **2** corrigido ❖ RELIGIÃO *the Revised Version* a versão revista da Bíblia de 1870-1884

reviser [rɪ'vaɪzə] s. **1** revisor; **2** aquele que revê

revising [rɪ'vaɪzɪŋ] s. revisão

revision [rɪ'vɪʒən] s. **1** revisão; **2** correcção; **3** versão corrigida, versão revista

revisionary [rɪ'vɪʒənərɪ] adj. revisionista; relativo a revisão

revisionism [rɪ'vɪʒənɪzm] s. revisionismo

revisionist [rɪ'vɪʒənɪst] adj.,s. revisionista

revisit [ˌriː'vɪzɪt] v.tr. revisitar, voltar a visitar, visitar de novo

revisitation [ˌriːvɪzɪ'teɪʃən] s. nova visita

revisor [rɪ'vaɪzə] s. ⇒ **reviser**

revisory [rɪ'vaɪzərɪ] adj. revisório

revisualize [ˌriː'vɪʒuəlaɪz, ˌriː'vɪzjuəlaɪz] v.tr. visualizar de novo, rever no espírito

revitalization [riːˌvaɪtəlaɪ'zeɪʃən] s. **1** revitalização; **2** renovação; **3** (edifício, zona) requalificação

revitalize [riː'vaɪtəlaɪz] v.tr. **1** revitalizar; dar nova vida a; **2** renovar; **3** (edifício, zona) requalificar

revivable [rɪ'vaɪvəbəl] adj. **1** revivificável; **2** reavivável; **3** revivescível

revival [rɪ'vaɪvəl] s. **1** renascimento; reflorescimento; **2** ressurgimento; reaparecimento; **3** recuperação; *the ~ of an old custom* a recuperação de um velho costume; **4** restauração; restabelecimento; **5** renovação; **6** TEATRO reposição em cena; **7** DIREITO reentrada em vigor; **8** reanimação; revitalização; **9** recuperação de forças; **10** redespertar do sentimento religioso ❖ RELIGIÃO *~ meetings* reuniões com o objectivo de promover um ressurgimento do sentimento religioso; *the Revival of Learning* a Renascença

revivalism [rɪ'vaɪvəlɪzm] s. revivalismo

revivalist [rɪ'vaɪvəlɪst] s. **1** revivalista; **2** RELIGIÃO pregador, evangelizador, indivíduo que tenta promover o redespertar do sentimento religioso

revive [rɪ'vaɪv] v.tr.,intr. **1** reanimar; fazer recuperar os sentidos; *he fainted, but they soon revived him* ele desmaiou, mas logo o fizeram voltar a si; **2** recuperar os sentidos; voltar a si; **3** reviver; voltar à vida; ressuscitar; **4** entrar de novo em voga; **5** recuperar; relembrar; desenterrar; *to ~ an old charge* recuperar uma velha acusação; **6** chamar à memória; fazer lembrar; **7** renascer; renovar-se; *all those old customs revived* renasceram todos aqueles velhos costumes; **8** restaurar; restabelecer; **9** reanimar; revitalizar; *her spirits revived* ela sentiu-se reanimar; **10** QUÍMICA revivificar ❖ TEATRO *to ~ a play* repor uma peça (depois de longo intervalo); *to ~ sb's memory* refrescar a memória de alguém; *she felt her hopes reviving* ela sentiu a esperança a renascer

reviver [rɪ'vaɪvə] s. **1** pessoa que reanima, põe novamente em voga, restaura, etc.; **2** preparado para restaurar a cor de tecidos; **3** [coloq.] encáustica, pequeno copo de conhaque ou outra bebida alcoólica

revivification [riːˌvɪvɪfɪ'keɪʃən] s. **1** revivificação, acto ou efeito de revivificar; **2** QUÍMICA revivificação

revivify [riː'vɪvɪfaɪ] v.tr. **1** revivificar; **2** restaurar a energia, o vigor, a vida de; **3** QUÍMICA ⇒ **revive**

reviving [rɪ'vaɪvɪŋ] Ⓐ adj. **1** que revive, que renasce; **2** que ressurge Ⓑ s. **1** restabelecimento; **2** renovação; **3** reposição (de peça teatral); **4** renascimento

reviviscence [ˌriːvaɪ'vɪsəns, ˌrevɪ'vɪsəns] s. **1** revivescência; **2** revivificação; **3** revivescimento

reviviscent [ˌriːvaɪ'vɪsənt, ˌrevɪ'vɪsənt] adj. revivescente

revocability [ˌrevəʊkə'bɪlɪtɪ] s. revogabilidade

revocable ['revəkəbəl] adj. **1** revogável; **2** revocável; **3** anulável

revocably ['revəkəblɪ] adv. duma maneira revogável ou revocável

revocation [ˌrevə'keɪʃən] s. **1** revogação, revocação; **2** anulação, cancelamento [of, de]

revocatory ['revəkətərɪ] adj. revogatório, revocatório

revoke [rɪ'vəʊk] Ⓐ v.tr.,intr. **1** revogar, revocar; **2** anular, cancelar; *to ~ a driving licence* anular uma carta de condução; *to ~ a promise* anular uma promessa; **3** (jogos de cartas) fazer uma falsa renúncia Ⓑ s. **1** (jogos de cartas) falsa renúncia, nega ao jogo; **2** [rar.] revogação

revolt [rɪ'vəʊlt] Ⓐ s. **1** revolta; insurreição; sublevação; *a period of ~* um período de revolta; *to break out in ~/to rise in ~* revoltar-se; **2** rebelião; **3** [arc.] repugnância, aversão Ⓑ v.tr.,intr. **1** revoltar(-se) [**against/at/from**, contra/perante]; sublevar(-se) [**against/at/from**, contra/perante]; amotinar(-se) [**against/at/from**, contra/perante]; insurgir(-se) [**against/at/from**, contra/perante]; **2** enojar; encher de repugnância; *what he saw revolted him* o que ele viu encheu-o de repugnância

revolted [rɪ'vəʊltɪd] adj. revoltado, revoltoso

revolter [rɪ'vəʊltə] s. **1** revoltoso; **2** insurrecto

revolting [rɪ'vəʊltɪŋ] adj. **1** revoltante; **2** chocante; **3** nojento, repugnante; **4** revoltado, sublevado

revoltingly [rɪ'vəʊltɪŋlɪ] adv. **1** duma maneira revoltante; **2** duma maneira repugnante

revolute ['revəljuːt] adj. BOTÂNICA revoluto, revolutoso

revolution [ˌrevə'luːʃən] s. **1** (geral) revolução; **2** MECÂNICA rotação; *revolutions per second* rotações por segundo; *the engine ran at three thousand revolutions a minute* o motor trabalhava com três mil rotações por minuto; **3** ASTRONOMIA translação; *the ~ of the earth round the sun* a translação da Terra em torno do Sol ❖ MECÂNICA *counter* contador de rotações; HISTÓRIA *the American Revolution* a revolução americana; HISTÓRIA (de 1789) *the French Revolution* a Revolução Francesa; HISTÓRIA (expulsão dos Stuarts) *the Revolution* a revolução inglesa de 1688

revolutionary [ˌrevə'luːʃnərɪ] Ⓐ adj. **1** revolucionário; *~ ideas* ideias revolucionárias; **2** [rar.] giratório; relativo a rotação Ⓑ s. (pl. -ies) (pessoa) revolucionário ❖ HISTÓRIA *the Revolutionary War* a guerra da independência dos Estados Unidos

revolutionism [ˌrevə'luːʃənɪzəm] s. revolucionarismo

revolutionist [ˌrevə'luːʃənɪst] s. revolucionário

revolutionize [ˌrevə'luːʃənaɪz] v.tr. **1** revolucionar; **2** alterar completamente; **3** modificar radicalmente

revolve [rɪ'vɒlv] v.tr.,intr. **1** rodar [**around**, em torno de]; girar [**around**, em torno de]; *the earth revolves both round the sun and on its axis* a Terra gira não só em volta do Sol, mas também em torno do seu próprio eixo; *to ~ on a spindle* girar em torno de um eixo; **2** (assunto) centrar-se [**around**, em]; **3** ASTRONOMIA seguir uma órbita circular; **4** reflectir, ponderar, revolver no espírito; *he revolved the problem in his mind* ele deu voltas à cabeça por causa daquele problema; **5** repetir-se ciclicamente; *the seasons ~* as estações seguem-se umas às outras, as estações repetem-se ciclicamente

revolver [rɪ'vɒlvə] s. revólver

revolving [rɪ'vɒlvɪŋ] adj. **1** giratório; *~ bookstand* estante giratória; *~ chair* cadeira giratória; *~ crane* grua giratória, guindaste giratório; *~ door* porta giratória; *~ plate* placa giratória; **2** rotativo; *~ drum* tambor rotativo; *~ furnace* forno rotativo; *~ light* luz rotativa; *~ switch* comutador rotativo; **3** cíclico; recorrente; que se repete ciclicamente

revue [rɪ'vjuː] s. TEATRO revista

revuist [rɪ'vjuːɪst] s. TEATRO autor de revista

revulsion [rɪ'vʌlʃən] s. **1** repulsa; nojo; repugnância; *in ~* enojado; **2** MEDICINA revulsão; **3** reviravolta, transformação súbita; *~ of public feeling* reviravolta da opinião pública; **4** reacção negativa [**against**, contra]; **5** [rar.] afastamento; *the ~ of capital from a trade* o afastamento do capital dum ramo de negócio

revulsive [rɪ'vʌlsɪv] adj.,s. MEDICINA revulsivo

reward [rɪ'wɔːd] Ⓐ s. **1** recompensa; *as a ~ for* como recompensa de; *he did it without hope of ~* ele fê-lo sem esperança de recompensa; **2** gratificação; **3** galardão, prémio; *to offer a ~ for sb* pôr a prémio a cabeça de alguém; **4** paga; remuneração; *no ~ without toil* não há paga sem trabalho; **5** retribuição Ⓑ v.tr. **1** recompensar [**for/with**, por/com]; *to ~ sb for sth* recompensar alguém por alguma coisa; *to ~ sb with sth* recompensar alguém com alguma coisa; **2** premiar; galardoar; **3** pagar; remunerar; **4** retribuir; **5** (atenção) merecer; *this rewards investigation* isto merece ser investigado

rewardable [rɪ'wɔːdəbəl] adj. **1** digno de recompensa; **2** merecedor de prémio ou galardão

rewardably [rɪˈwɔːdəblɪ] *adv.* de maneira recompensável
rewarder [rɪˈwɔːdə] *s.* aquele que recompensa, premeia ou remunera
rewarding [rɪˈwɔːdɪŋ] Ⓐ *adj.* **1** gratificante; **2** enriquecedor, que vale a pena; **3** recompensador; **4** remunerador Ⓑ *s.* **1** recompensa, prémio, galardão; **2** remuneração
re-weigh [ˌriːˈweɪ] *v.tr.* voltar a pesar, pesar novamente
reweld [ˌriːˈweld] *v.tr.* soldar novamente, voltar a soldar
rewin [ˌriːˈwɪn] *v.tr.* (*prt. e part. pass.* **rewon**) **1** ganhar outra vez; **2** voltar a ganhar
rewind [ˌriːˈwaɪnd] *v.tr.* (*prt. e part. pass.* **rewound**) **1** rebobinar, voltar a enrolar; **2** dar outra vez corda a (relógio)
rewinder [ˌriːˈwaɪndə] *s.* CINEMA máquina ou dispositivo para enrolar de novo os filmes nas bobinas
rewinding [ˌriːˈwaɪndɪŋ] *s.* **1** acto de enrolar de novo; **2** acto de dar corda a (relógio)
rewire [ˌriːˈwaɪə] *v.tr.* **1** renovar a instalação eléctrica de; **2** substituir os fios de instalação eléctrica de; **3** retransmitir (telegrama)
reword [ˌriːˈwɜːd] *v.tr.* **1** redigir de novo, dar nova redacção a; **2** reformular, exprimir por diferentes palavras
rewrite [ˌriːˈraɪt] *v.tr.* (*prt.* **rewrote**, *part. pass.* **rewritten**) escrever de novo, reescrever
Rex [reks] *s.* [form.] (documentos, moedas) o rei ❖ DIREITO ~ *v. Jones* a Coroa contra Jones
rexist [ˈreksɪst] *s.* rexista, partidário das ideias de Léon Degrelle
Reynard [ˈrenəd, ˈrenɑːd, ˈreɪnɑːd] *s.* [nome próprio usado nas alegorias medievais] raposa
Reynold [ˈrenəld] *s.antr.* Reinaldo
Rf QUÍMICA [*símbolo de* rutherfordium]
RF Ⓐ [*abrev. de* radio frequency] Ⓑ MILITAR [*abrev. de* reconnaissance fighter] Ⓒ MILITAR [*abrev. de* regular forces] Ⓓ [*abrev. de* République Française (French Republic)] Ⓔ MILITAR [*abrev. de* Reserve Force] Ⓕ MILITAR [*abrev. de* Royal Fusiliers]
RFC Ⓐ MILITAR [*abrev. de* Royal Flying Corps] Ⓑ DESPORTO [*abrev. de* Rugby Football Club]
RFU [*abrev. de* Rugby Football Union]
Rh QUÍMICA [*símbolo de* rhodium]
RH [*abrev. de* Royal Highness]
RHA Ⓐ [*abrev. de* Regional Health Authority] Ⓑ [*abrev. de* Royal Hibernian Academy] Ⓒ [*abrev. de* Royal Horse Artillery]
rhabdomancy [ˈræbdəmænsɪ] *s.* rabdomancia
Rhadamanthine [ˌrædəˈmænθaɪn] *adj.* radamantino; relativo a Radamanto
Rhadamanthus [ˌrædəˈmænθəs] *s.* MITOLOGIA Radamanto
Rhaetian [ˈriːʃjən] Ⓐ *adj.* rético Ⓑ *s.* (língua, pessoa) rético ❖ GEOGRAFIA *the ~ Alps* os Alpes réticos
Rhaetic [ˈriːtɪk] *adj.,s.* GEOLOGIA retiano
Rhaeto-Romanic [ˌriːtəʊrəˈmænɪk] *adj.,s.* reto-romano, rético
rhapsode [ˈræpsəʊd] *s.* rapsodo
rhapsodical [ræpˈsɒdɪkəl] *adj.* rapsódico
rhapsodist [ˈræpsədɪst] *s.* **1** rapsodista; **2** rapsodo
rhapsodize [ˈræpsədaɪz] *v.tr.,intr.* **1** falar, recitar à maneira dos rapsodos; **2** compor rapsódias
rhapsody [ˈræpsədɪ] *s.* (*pl.* **-ies**) **1** LITERATURA rapsódia; poema épico na antiga Grécia, ou parte dele, próprio para recitação; **2** composição literária concebida numa linguagem empolada e exagerada; **3** MÚSICA rapsódia
rhatany [ˈrætənɪ] *s.* BOTÂNICA, MEDICINA ratânia, ratânhia, ratainha
rhea [rɪə, ˈriːə] *s.* ZOOLOGIA nandu, nhandu, nhandi, ema
Rhea [ˈriːə] *s.* MITOLOGIA Reia, uma das Titânides, esposa de Saturno
rheme [riːm] *s.* LINGUÍSTICA rema
Rhemish [ˈriːmɪʃ] *adj.* (da cidade francesa de Remos ou Reims) remense ❖ HISTÓRIA, RELIGIÃO *the ~ Bible* a versão inglesa do Novo Testamento publicada em Reims em 1582
Rhenish [ˈriːnɪʃ, ˈrenɪʃ] *adj.,s.* [arc.] renano; relativo ao Reno ❖ ~ *wine* vinho do Reno
rhenium [ˈriːnɪəm] *s.* QUÍMICA (elemento químico) rénio
rheograph [ˈriːəʊgræf] *s.* ELECTRICIDADE reógrafo
rheophore [ˈriːəʊfɔː] *s.* ELECTRICIDADE reóforo
rheoscope [ˈriːəskəʊp] *s.* ELECTRICIDADE reoscópio
rheostat [ˈriːəʊstæt] *s.* ELECTRICIDADE reóstato
rheostatic [ˌriːəʊˈstætɪk] *adj.* ELECTRICIDADE reostático; ~ *control* comando reostático

Rhetic [ˈriːtɪk] *adj.,s.* ⇒ **Rhaetic**
rhetor [ˈriːtɔː] *s.* **1** retor, antigo mestre de retórica grego ou romano; **2** [rar.] orador
rhetoric [ˈretərɪk] *s.* **1** retórica; **2** linguagem retórica
rhetorical [rɪˈtɒrɪkəl] *adj.* **1** retórico; **2** [depr.] empolado, declamatório, pomposo ❖ ~ *figure* figura de retórica; ~ *question* pergunta de retórica
rhetorically [rɪˈtɒrɪklɪ] *adv.* **1** retoricamente, com retórica; **2** pomposamente, empoladamente
rhetorician [ˌretəˈrɪʃən] *s.* **1** orador ou escritor retórico; **2** retor, antigo mestre de retórica entre os Gregos e Romanos
rheum [ruːm] *s.* **1** [arc.] secreção aquosa de certas membranas ou mucosas; **2** reuma; **3** catarro; **4** defluxo; **5** saliva; **6** lágrimas; **7** *pl.* dores reumáticas
rheumatic [ruːˈmætɪk] Ⓐ *adj.* reumático; reumatismal Ⓑ *s.* reumático, pessoa que sofre de reumatismo ❖ MEDICINA ~ *fever* febre reumática; MEDICINA ~ *joint* articulação atacada pelo reumatismo; MEDICINA ~ *patient* pessoa que sofre de reumatismo
rheumatically [ruːˈmætɪklɪ] *adv.* de maneira reumática; ~ *affected* com problemas de reumatismo
rheumaticky [ruːˈmætɪkɪ] *adj.* [coloq.] reumático; afectado pelo reumatismo; *I'm feeling ~* estou a sentir cá o reumático
rheumatics [ruːˈmætɪks] *s.pl.* reumatismo
rheumatism [ˈruːmətɪzəm] *s.* MEDICINA reumatismo; ~ *in the joints* reumatismo articular; *to suffer from ~* sofrer de reumatismo
rheumatoid [ˈruːmətɔɪd] *adj.* MEDICINA reumatóide ❖ MEDICINA ~ *arthritis* reumatismo articular crónico; artrite reumatóide
rheumy [ˈruːmɪ] *adj.* (*comp.* **-ier**, *superl.* **-iest**) **1** [arc.] reumoso; **2** encatarrado; **3** remeloso; **4** (ar) húmido, frio
rhexis [ˈreksɪs] *s.* MEDICINA ruptura de vaso sanguíneo
RHG [*abrev. de* Royal Horse Guards]
rhinal [ˈraɪnəl] *adj.* rinal; relativo ao nariz
rhinanthus [raɪˈnænθəs] *s.* BOTÂNICA rinanto
Rhine [raɪn] *s.top.* Reno; ~ *wine* vinho do Reno
Rhineland [ˈraɪnlænd] *s.top.* (região alemã) Renânia
Rhinelander [ˈraɪnlændə] *s.* renano, indivíduo natural da Renânia
rhinestone [ˈraɪnstəʊn] *s.* **1** variedade de cristal de rocha; **2** imitação de diamante
rhinitis [raɪˈnaɪtɪs] *s.* MEDICINA rinite, inflamação da mucosa do nariz
rhino [ˈraɪnəʊ] *s.* **1** [cal.] dinheiro, massa, bagalhoça; **2** [coloq.] rinoceronte
rhinoceros [raɪˈnɒsərəs] *s.* ZOOLOGIA rinoceronte
rhinology [raɪˈnɒlədʒɪ] *s.* MEDICINA rinologia
rhinopharyngeal [ˌraɪnəfæˈrɪndʒɪəl] *adj.* MEDICINA rinofaringítico
rhinopharingitis [ˌraɪnəfærɪnˈdʒaɪtɪs] *s.* MEDICINA rinofaringite
rhinoplastic [ˌraɪnəʊˈplæstɪk] *adj.* rinoplástico; relativo à rinoplastia
rhinoplasty [ˈraɪnəʊˌplæstɪ] *s.* rinoplastia
rhinoscope [ˈraɪnəskəʊp] *s.* MEDICINA rinoscópio, aparelho para a exploração das fossas nasais
rhinoscopy [raɪˈnɒskəpɪ] *s.* rinoscopia
rhizocarp [ˈraɪzəʊkɑːp] *s.* BOTÂNICA rizocarpo
rhizocarpous [ˌraɪzəʊˈkɑːpəs] *adj.* BOTÂNICA rizocárpico
rhizoid [ˈraɪzɔɪd] *s.* BOTÂNICA rizóide
rhizoidal [raɪˈzɔɪdəl] *adj.* BOTÂNICA rizoidal
rhizome [ˈraɪzəʊm] *s.* BOTÂNICA rizoma
rhizophagous [raɪˈzɒfəgəs] *adj.* rizófago
rhizopod [ˈraɪzəʊpɒd] *s.* (*pl.* **rhizopoda**) ZOOLOGIA rizópode
rhizopodous [raɪˈzɒpədəs] *adj.* ZOOLOGIA rizópode
rho [rəʊ] *s.* ró, nome da décima sétima letra do alfabeto grego
rhodamin [ˈrəʊdəmɪn] *s.* QUÍMICA rodamina
Rhodes [rəʊdz] *s.top.* Rodes
Rhodesia [rəʊˈdiːʃə, rəʊˈdiːʒə] *s.top.* Rodésia
Rhodesian [rəʊˈdiːʃən, rəʊˈdiːʒən] *adj.,s.* rodesiano
Rhodian [ˈrəʊdjən] *adj.,s.* ródio, rodista
rhodium [ˈrəʊdɪəm] *s.* **1** QUÍMICA (elemento químico) ródio; **2** BOTÂNICA pau-rosa ❖ ~ *solution* solução de ródio
rhodochrosite [ˌrəʊdəˈkrəʊsaɪt] *s.* MINERALOGIA rodocrosite
rhododendron [ˌrəʊdəˈdendrən] *s.* (*pl.* **-s** ou **-a**) BOTÂNICA rododendro
rhodolite [ˈrəʊdəlaɪt] *s.* MINERALOGIA rodolita

rhodonite ['rəʊdənaɪt] *s.* MINERALOGIA rodonite
rhodospermous [,reʊdə'spɜːməs] *adj.* BOTÂNICA rodospermo
rhomb [rɒm] *s.* 1 GEOMETRIA rombo, losango; 2 romboedro
rhombic ['rɒmbɪk] *adj.* rômbico
rhomboid ['rɒmbɔɪd] *adj.,s.* rombóide ❖ ANATOMIA ~ *muscle* músculo rombóide
rhomboidal [,rɒm'bɔɪdəl] *adj.* romboidal
rhombus ['rɒmbəs] *s. (pl.* -es *ou* -i) GEOMETRIA rombo, losango
rhonchal ['rɒŋkəl] *adj.* (respiração) arquejante, com estertor
rhonchial ['rɒŋkɪəl] *adj.* ⇒ **rhonchal**
rhonchus ['rɒŋkəs] *s. (pl.* -i) MEDICINA sopro bronquial, ruído bronquial
Rhone [rəʊn] *s.top.* (rio) Ródano
rhotacism ['rəʊtəsɪzəm] *s.* 1 rotacismo, pronúncia viciosa do R; 2 substituição do S pelo R
RHS Ⓐ [*abrev. de* Royal Horticultural Society] Ⓑ [*abrev. de* Royal Humane Society]
rhubarb ['ruːbɑːb] *s.* BOTÂNICA ruibarbo
rhumb [rʌm] *s.* NÁUTICA rumo ❖ GEOGRAFIA, NÁUTICA ~ *line* linha loxodrómica
rhyme [raɪm] Ⓐ *s.* 1 rima; *alternate/feminine/masculine rhymes* rima cruzada/feminina/masculina; *perfect/rich* ~ rima rica; *to look for a* ~ *to a word* procurar uma rima para uma palavra; 2 versos rimados; poema rimado; *he sent me some rhymes* ele mandou-me uns versos; *I prefer blank verse to* ~ prefiro o verso solto ao rimado; 3 *pl.* poesia Ⓑ *v.tr.,intr.* 1 rimar; formar rima; fazer rimar; *to* ~ *with/to* rimar com; 2 versejar; fazer versos; *to* ~ *time away* passar o tempo a fazer versos ❖ ~ *royal* estâncias de sete versos decassílabos rimados (ababbcc); ~ *scheme* esquema rimático; *nursery rhymes* canções infantis; poesias para criança; *there's neither* ~ *nor reason about it* isso não tem pés nem cabeça; *without* ~ *or reason* sem tom nem som
rhymed [raɪmd] *adj.* rimado, com rima; ~ *verse* verso rimado
rhymeless ['raɪmləs] *adj.* sem rima; solto
rhymelessness ['raɪmlɪsnɪs] *s.* ausência de rima
rhymer ['raɪmə] *s.* rimador, versificador, versejador
rhymester ['raɪmstə] *s.* [*depr.*] poetastro, mau versejador
rhyming ['raɪmɪŋ] Ⓐ *adj.* 1 que rima, rimado; 2 que faz rimas, versos Ⓑ *s.* 1 acto de rimar; 2 acto de fazer versos ❖ (poesia) ~ *couplet* dístico rimado; ~ *dictionary* dicionário de rimas; [GB] (Londres) ~ *slang* dialecto falado em Cockney
rhymist ['raɪmɪst] *s.* rimador, versejador
rhynchites [rɪŋ'kaɪtɪz] *s.* ZOOLOGIA rinquites
rhyolite ['raɪəlaɪt] *s.* MINERALOGIA riolite
rhythm ['rɪðəm] *s.* 1 ritmo; 2 cadência; 3 harmonia, compasso; 4 periodicidade
rhythmic ['rɪðmɪk] *adj.* rítmico; ritmado; cadenciado ❖ DESPORTO ~ *gymnastics* ginástica rítmica
rhythmical ['rɪðmɪkəl] *adj.* 1 rítmico; 2 cadenciado
rhythmically ['rɪðmɪkəlɪ] *adv.* 1 ritmicamente; 2 cadenciadamente
rhythmics ['rɪðmɪks] *s.* rítmica
rhythmist ['rɪðmɪst] *s.* ritmista
rhythmless ['rɪðmləs] *adj.* sem ritmo, desprovido de ritmo
RI Ⓐ [*abrev. de* Regina et Imperatrix (Queen and Empress)] Ⓑ [*abrev. de* religious instruction] Ⓒ [*abrev. de* Rex et Imperator (King and Emperor)] Ⓓ [*abrev. de* Rhode Island] Ⓔ [*abrev. de* Royal Institution]
ria [rɪə] *s.* GEOGRAFIA ria
RIA Ⓐ [*abrev. de* Royal Irish Academy] Ⓑ MEDICINA [*abrev. de* radioimmunoassay]
rial [rɪ'ɑːl] *s.* (moeda da Arábia Saudita, etc.) rial
rib [rɪb] Ⓐ *s.* 1 ANATOMIA costela; *false ribs* costelas falsas; *floating ribs* costelas flutuantes; 2 nervura, estria, aresta; ~ *of a pipe* nervura de reforço de um tubo; *ribs of a piston* nervuras de um pistão; 3 armação com o aspecto de nervura ou costelas; 4 camalhão; 5 faixa; 6 friso; 7 veio saliente; 8 viga, barra de suporte; 9 (guarda-chuva) vareta; 10 [joc.] cara-metade, mulher, esposa Ⓑ *v.tr.* (*particípios*: -bb-) 1 dotar com armação ou suporte em forma de nervuras; 2 reforçar com nervuras; 3 marcar com arestas, estrias ou riscas; 4 lavrar um campo, sulcando-o de saliências entre os regos; 5 arreliar; fazer pouco de ❖ ANATOMIA ~ *cage* caixa torácica; ~ *stitching* pontos de lardeadura; ~ *of beef* costeleta de vaca; *to dig sb in the ribs/to poke sb in the ribs* chamar a atenção de alguém com uma pequena pancada nas costelas; dar uma pequena pancada nas costelas de alguém, por brincadeira; RELIGIÃO (Bíblia) *to smite sb under the fifth* ~ apunhalar alguém
RIBA [*abrev. de* Royal Institute of British Architects]
ribald ['rɪbəld] Ⓐ *adj.* 1 irreverente, obsceno, indecente, torpe; 2 pornográfico; 3 grosseiro; 4 libertino Ⓑ *s.* 1 indivíduo irreverente, gracejador irreverente; 2 indivíduo que usa uma linguagem inconveniente, indecente ou pornográfica; 3 blasfemo; 4 grosseirão
ribaldry ['rɪbəldrɪ] *s.* 1 linguagem irreverente; 2 linguagem indecente, pornográfica; 3 obscenidade; 4 grosseria; 5 arreiriada; 6 desbragamento
riband ['rɪbənd] *s.* ⇒ **ribbon** Ⓐ
ribanded ['rɪbəndɪd] *adj.* ⇒ **ribboned**
ribband ['rɪbənd] *s.* 1 vigas, cintas de madeira usadas sobretudo para conservar firme a armação do navio durante a sua construção; 2 *pl.* NÁUTICA cintas
ribbed [rɪbd] *adj.* 1 estriado; 2 canelado; 3 guarnecido de nervuras; reforçado com nervuras; ~ *tube* tubo com nervuras
ribbing ['rɪbɪŋ] *s.* 1 armação, suporte, reforço em forma de nervuras ou costelas; 2 vigamento; 3 BOTÂNICA nervuras, conjunto de nervuras
ribbon ['rɪbən] Ⓐ *s.* 1 fita; *she tied up her hair with a* ~ ela prendeu o cabelo com uma fita; 2 (condecoração, etc.) banda; cordão; 3 tira; faixa; lista; 4 *pl.* rédeas; *to hold the ribbons* segurar as rédeas; 5 *pl.* NÁUTICA armaduras; 6 *pl.* farrapos, tiras; *to be in ribbons* estar às tiras; *to hang in ribbons* estar em farrapos, estar às tiras; *to tear to ribbons* pôr em tiras, pôr em farrapos Ⓑ *v.tr.,intr.* 1 (estrada) serpentear; 2 guarnecer de fitas ❖ ZOOLOGIA ~ *fish* regaleco; cépola; BOTÂNICA ~ *grass* alpista; ~ *saw* serra de fita; ~ *weaver* fabricante de fitas; ~ *weaving* fabrico de fitas; ZOOLOGIA ~ *worm* nemérteo
ribboned ['rɪbənd] *adj.* 1 com fitas, guarnecido de fitas; 2 em forma de fita
Ribbonism ['rɪbənɪzəm] *s.* ribonismo, doutrina defendida pela associação secreta irlandesa *Ribbon Society*
ribes ['raɪbiːz] *s.* BOTÂNICA ribes, groselheira
riboflavin [,raɪbəʊ'fleɪvɪn] *s.* BIOQUÍMICA riboflavina
riboflavine [,raɪbəʊ'fleɪvɪn] *s.* BIOQUÍMICA riboflavina
ribonucleic [,raɪbəʊnjuː'kliːɪk] *adj.* BIOQUÍMICA (citologia, genética) ribonucleico; ~ *acid* ácido ribonucleico
ribosomal [,raɪbəʊ'səʊməl] *adj.* ribossómico
ribosome ['raɪbəʊsəʊm] *s.* (citologia, genética) ribossoma
Ribston pippin ['rɪbstən,pɪpɪn] *s.* BOTÂNICA variedade de maçã raineta de Ribston
ribwort ['rɪbwɜːt] *s.* BOTÂNICA tanchagem
rice [raɪs] *s.* BOTÂNICA, CULINÁRIA arroz; *husked* ~ arroz sem casca; *rough* ~ arroz integral; *whitened* ~ arroz branco ❖ ZOOLOGIA ~ *bird* sombria; ~ *curry* arroz de caril; ~ *growing* rizicultura; cultura do arroz; ~ *milk* leite engrossado com arroz; ~ *paper* papel-arroz; ~ *plantation* arrozal; CULINÁRIA ~ *pudding* arroz-doce; ~ *straw* palha de arroz; ~ *swamp* arrozal; *ground* ~ farinha de arroz
rich [rɪtʃ] Ⓐ *adj.* 1 rico, com dinheiro, endinheirado; *to grow* ~ enriquecer; 2 (região, terreno, etc.) rico, cheio de riqueza, cheio de recursos naturais; fértil; ~ *land* terreno rico; ~ *pasture* pastagens ricas; ~ *soil* solo rico; *the country is* ~ *in minerals* o país é rico em minerais; 3 valioso, precioso; ~ *gifts* presentes valiosos; 4 caro, custoso, dispendioso; ~ *with lace* cheio de rendas caras; 5 generoso; ~ *reward* recompensa generosa; 6 opulento, sumptuoso; 7 esplêndido, magnífico; 8 (comida) bem condimentado; substancial, pesado; ~ *food* alimentação pesada; 9 (som, etc.) profundo; cheio; 10 (cores) vivo; forte; ~ *colouring* coloração rica; ~ *colours* cores vivas; ~ *hues* matizes vivos; 11 abundante; amplo; *to be* ~ *in* ter grande abundância de; 12 divertido, impagável, cheio de humor; *a* ~ *joke* uma piada muito engraçada; 13 extraordinário, invulgar; 14 ridículo Ⓑ *s.pl.* ricos; *the new/newly/vulgar* ~ os novos-ricos ❖ ~ *cake* bolo com muita manteiga e ovos; ~ *clay* argila gorda; ~ *lime* cal gorda; ~ *smell* cheiro forte; ~ *tomato sauce* concentrado de sumo de tomate; [irón.] *that's rich!* essa é boa!

Richard ['rɪtʃəd] s.antr. Ricardo
riches ['rɪtʃɪz] s.pl. 1 riqueza, riquezas, bens; *to amass great ~* juntar grandes riquezas; 2 opulência
richly ['rɪtʃlɪ] adv. 1 ricamente; 2 opulentamente, sumptuosamente; 3 amplamente; com grande abundância; 4 extremamente ❖ *he ~ deserves a thrashing* ele bem merece uma sova
richness ['rɪtʃnɪs] s. 1 riqueza; 2 opulência, sumptuosidade, magnificência; 3 fertilidade; 4 (comida) suculência, riqueza em substâncias alimentícias; 5 (cor, etc.) colorido, viveza, profundidade; 6 boa qualidade; excelência
ricin ['raɪsɪn, 'rɪsɪn] s. QUÍMICA ricina
ricinate ['rɪsɪnɪt] s. QUÍMICA ricinato, ricinoleato, ricinolato
ricinic ['rɪsɪnɪk] adj. QUÍMICA ricínico, ricinoleico, ricinólico; *~ acid* ácido ricínico
ricinoleic ['rɪsɪnəʊliːk] adj. QUÍMICA ricinoleico
ricinolein ['rɪsɪnəʊliːɪn] s. QUÍMICA ricinoleína
ricinus ['rɪsɪnəs] s. BOTÂNICA rícino, carrapateiro, mamona
rick [rɪk] Ⓐ s. 1 (cereal) meda, pilha, moreia; *a ~ of hay* uma meda de feno; 2 ⇒ **wrick** Ⓑ v.tr. 1 amontoar, dispor em medas; 2 ⇒ **wrick**
ricketiness ['rɪkɪtɪnɪs] s. 1 falta de firmeza, falta de segurança; 2 falta de solidez, estado oscilante (de móvel); 3 frouxidão das pernas, fraqueza, raquitismo
rickets ['rɪkɪts] s. raquitismo
rickety ['rɪkɪtɪ] adj. 1 raquítico; 2 sem segurança, sem solidez; 3 sem firmeza nas pernas; 4 frágil, pouco seguro, vacilante; 5 instável
rickshaw ['rɪkʃɔː] s. riquexó, carro leve de duas rodas para transporte de pessoas, puxado por um ou mais homens, e usado pela primeira vez no Japão por volta de 1870
ricochet ['rɪkəʃeɪ] Ⓐ s. ricochete Ⓑ v.tr.,intr. (particípios -t- ou -tt-) 1 ricochetear, fazer ricochete; *the bullet ricocheted* a bala fez ricochete; 2 procurar atingir por meio de ricochete
rictus ['rɪktəs] s. 1 (pessoa) ricto; 2 ZOOLOGIA ricto, região posterior dos bordos cortantes das duas lâminas córneas do bico das aves
rid [rɪd] Ⓐ v.tr. (prt. **ridded** ou **rid**, part. pass. **rid**) libertar [**of**, de]; livrar [**of**, de]; desembaraçar [**of**, de]; *to ~ the seas of pirates* livrar os mares de piratas Ⓑ prt. e part. pass. de **to rid** Ⓒ [arc.] prt. e part. pass. de **to ride** ❖ *to ~ from moss* raspar o musgo das árvores; *to ~ oneself of* libertar-se de; *to be ~ of* estar liberto de; estar livre de; *to get ~ of* libertar-se de; livrar-se de; desembaraçar-se de; MATEMÁTICA *to get ~ of x* eliminar x; *when he meets us, there's no getting ~ of him* quando ele nos encontra não há meio de nos largar
ridable ['raɪdəbəl] adj. ⇒ **rideable**
RIDBs [abrev. de Regional Industrial Development Boards]
riddance ['rɪdəns] s. 1 libertação [**from**, de]; 2 destruição; 3 desaparecimento ❖ *good riddance!* que alívio!; até que enfim (que se vai embora)!; [irón.] *good ~ to bad rubbish!* boa viagem!; vai e não voltes!
riddel ['rɪdəl] s. cortina de altar
ridden ['rɪdn] {part. pass. de **to ride**} ❖ *~ by* dominado por; atormentado por
riddle ['rɪdl] Ⓐ s. 1 adivinha; *to ask sb a ~* propor uma adivinha a alguém; 2 enigma; *to speak in riddles* falar por enigmas; 3 mistério; 4 crivo, peneira grossa, ciranda, joeira Ⓑ v.tr.,intr. 1 adivinhar; *~ me this!* adivinha-me isto!; 2 falar por enigmas; 3 (enigma, sonho) solucionar; decifrar; interpretar; *to ~ a dream* interpretar um sonho; 4 peneirar, passar ao crivo, passar em peneira grossa; 5 joeirar; *to ~ the soil* joeirar o solo; 6 crivar, encher de pequenos buracos; *he riddled the car with bullets* ele crivou o carro de balas; 7 [fig.] contra-argumentar; contraditar; refutar com factos ❖ *to make a ~ of sb* crivar alguém de balas
riddler ['rɪdlə] s. 1 pessoa que fala por enigmas; 2 peneirador, joeirador
riddling ['rɪdlɪŋ] Ⓐ adj. 1 enigmático; 2 que fala por enigmas Ⓑ s. acto de peneirar, de passar pelo crivo ou por peneira grossa
riddlingly ['rɪdlɪŋlɪ] adv. enigmaticamente
ride [raɪd] Ⓐ s. 1 (cavalo, bicicleta, carro) passeio; volta; *~ on a roundabout* volta de carrocel; *~ on horseback* volta a cavalo; *to go for a ~/to take a ~* ir dar uma volta, ir dar um passeio a cavalo; 2 percurso; 3 caminho aberto através dum bosque para nele se passar a cavalo; 4 MILITAR grupo de recrutas montados

Ⓑ v.tr.,intr. (prt. **rode**, part. pass. **ridden**) 1 cavalgar, montar, andar a cavalo; *did you walk or ride?* foi a pé ou a cavalo?; *to ~ back* regressar a cavalo; *to ~ full speed* cavalgar a toda a brida; *to ~ in* entrar a cavalo; *to ~ like mad* cavalgar como um louco; *to ~ off* afastar-se a cavalo; 2 passar a cavalo através de; percorrer a cavalo; *to ~ the prairies* cavalgar através das pradarias; 3 (conhecimento, prática) (saber) montar; praticar equitação; *can she ride?* ela sabe andar a cavalo?; *she rode in her youth* quando era nova andava a cavalo; 4 (veículo, animal, objecto, etc.) andar de; montar; *the witches ~ broomsticks* as bruxas andam a cavalo em cabos de vassoura; *to ~ a donkey* andar de burro; *to ~ on a bicycle* andar de bicicleta; *to ~ on a stick* andar a cavalo num pau; 5 andar às cavalitas de; *the child rode on his brother's back* a criança ia às cavalitas do irmão; 6 (jóquei) pesar, ter o peso de; (jóquei equipado) *he rode ten stone* ele pesava 63,5 quilos; 7 (osso fracturado) acavalar-se; 8 (corridas) participar em; *to ~ a race* participar numa corrida (de cavalos); 9 levar às costas; 10 estar em determinadas condições para se andar a cavalo; 11 flutuar, deslocar-se sobre; 12 [fig.] submeter, dominar, oprimir ❖ *he jumped on his horse and rode away* ele saltou para o cavalo e afastou-se; [coloq.] *he let it ~* ele deixou correr o marfim; *he rides easy* ele não cansa o cavalo; *our men rode at the enemy* os nossos homens cavalgaram de encontro ao inimigo; *the moon was riding high in the heavens* a Lua ia alta nos céus; *the rain made the ground ~ soft* a chuva tornou o solo macio para se andar a cavalo; NÁUTICA *the rope rides* o cabo está embrulhado; NÁUTICA *the ship rides easy* o navio guina sobre a amarra; *the ship rode into port* o navio entrou no porto; *to give a child a ~ on one's back* levar uma criança às costas; *to ~ a ford* passar a vau (a cavalo); *to ~ a horse off his mettle* esfalfar um cavalo; *to ~ a horse to death* puxar por um cavalo até ele cair morto; *to ~ a joke to death* repetir uma graça tantas vezes que lhe faz perder todo o interesse; *to ~ and tie* cavalgar à vez (quando só há um cavalo para duas pessoas que têm de fazer uma viagem); NÁUTICA *to ~ apeak* estar com as vergas amantilhadas; NÁUTICA *to ~ at anchor* estar ancorado; *to ~ for a fall* cavalgar sem nenhum cuidado; [fig.] cavar a própria sepultura; (solo) *to ~ hard* ter um piso duro para se cavalgar; NÁUTICA *to ~ head to the wind* aproar ao vento; *to ~ hell for leather* correr a todo o galope; galopar a toda a brida; [fig.] *to ~ over* passar por cima de alguém; triunfar sobre alguém; [coloq.] *to ~ roughshod over* tratar mal, calcar aos pés; [coloq.] *to ~ sb* censurar (criticar) continuamente; *to ~ the high horse* dar-se ares; armar à importância; *to ~ the shank's mare* ir a pé; *to ~ the whirlwind* aguentar perfeitamente a tempestade; *to ~ to hounds* ir à caça da raposa; *to steal a ~ on a train* viajar de comboio sem bilhete

◆ **ride about** v.intr. (cavalo, bicicleta, carro) andar de um lado para o outro
◆ **ride behind** v.intr. 1 ir/montar na garupa; 2 (cavalo) seguir atrás; 3 (carro, mota) ir atrás
◆ **ride down** v.tr. 1 derrubar com o cavalo; pisar com o cavalo; 2 apanhar a cavalo, alcançar a cavalo; apanhar, alcançar
◆ **ride on** v.tr. estar dependente de
◆ **ride out** v.tr. 1 ultrapassar; aguentar até ao fim; passar a salvo; *to ~ a storm* aguentar uma tempestade até ao fim; 2 superar; sobreviver a; *to ~ a difficult time* superar uma crise
◆ **ride up** v.intr. 1 (peça de vestuário) subir; 2 (bicicleta, cavalo) chegar

rideable ['raɪdəbəl] adj. 1 (cavalo) que pode cavalgar-se, que pode montar-se; 2 (estrada, caminho, região, etc.) que serve para se andar a cavalo
ridel ['rɪdəl] s. cortina de altar
rider ['raɪdə] s. 1 cavaleiro; 2 amazona; 3 ginete; 4 ciclista; 5 pessoa que anda de carruagem; 6 viajante; 7 passageiro; 8 COMÉRCIO caixeiro-viajante; 9 picador (de cavalos); 10 jóquei; 11 cláusula adicional em documento; 12 apostila; 13 codicilo; 14 corolário; 15 recomendação ou opinião acrescentada ao veredicto; 16 MATEMÁTICA problema para verificar se o aluno conhece bem os princípios dos quais depende a solução do problema; 17 exercício de aplicação; 18 peça de mecanismo que trabalha sobre outras; 19 NÁUTICA volta de cabo; 20 pl. NÁUTICA prógidos ❖ *~ beam* viga de suspensão; *~ plate* chapa horizontal; NÁUTICA *floor riders* cavernas dos prógidos do porão; *a motorcycle ~* um motociclista; *she is no ~* ela não sabe andar a cavalo

riderless ['raɪdələs] *adj.* 1 sem cavaleiro; 2 (cavalo) selvagem

ridge [rɪdʒ] Ⓐ *s.* 1 linha de junção de duas superfícies inclinadas; 2 espinhaço, crista, cumeeira, cume, cumeada; 3 serrania; 4 aresta; *anticlinal ~* aresta anticlinal; 5 estria; 6 saliência comprida e estreita; 7 leiva (de terra); 8 canteiro elevado para a cultura de melões, etc.; 9 pilha de estrume; 10 prisma triangular Ⓑ *v.tr.,intr.* 1 abrir sulcos no solo, deixar o solo com longas saliências devido à terra virada pelo arado; 2 dispor em longas e estreitas saliências, arestas ou estrias; 3 plantar em canteiros cuja superfície é mais elevada que o resto do terreno; 4 (lago, mar) enrugar-se, encrespar-se; cobrir-se de delgadas e longas ondulações; 5 estriar, canelar ❖ *~ board* fileira; pau de fileira; *~ piece* viga mestra de telhado; viga a toda a extensão da parte superior de tenda; *~ roof* telhado de duas águas; *~ tile* telhão; telha de espigão; *~ of the back* espinha dorsal; *~ of the nose* cana do nariz

ridged ['rɪdʒd] *adj.* 1 com arestas, em forma de aresta; 2 em forma de espinha ou espinhaço

ridgel ['rɪdʒəl] *s.* animal (touro, cavalo, etc.) meio castrado

ridgeless ['rɪdʒləs] *adj.* liso, sem arestas, sem estrias; *~ seam* costura lisa

ridgepole ['rɪdʒpəʊl] *s.* 1 viga mestra de telhado; 2 (campismo) viga a toda a extensão da parte superior de tenda

ridging ['rɪdʒɪŋ] *s.* espigão ❖ *~ tile* telha de espigão

ridgy ['rɪdʒɪ] *adj.* 1 com arestas; 2 em espinhaço; 3 fragoso, acidentado; 4 rugoso; 5 estriado

ridicule ['rɪdɪkju:l] Ⓐ *s.* 1 ridículo; *to be open to ~* prestar-se ao ridículo; *to hold up to ~* ridicularizar; *to pour ~ on sb* encher uma pessoa de ridículo; *to turn into ~* ridicularizar; 2 mofa, escárnio, zombaria, troça; 3 [arc.] coisa ridícula Ⓑ *v.tr.* 1 ridicularizar, meter a ridículo; 2 zombar de, escarnecer de, fazer troça de

ridiculer ['rɪdɪkju:lə] *s.* zombador, aquele que ridiculariza, aquele que mete a ridículo

ridiculosity [rɪˌdɪkjʊ'lɒsɪtɪ] *s.* 1 ridículo; 2 ridicularia

ridiculous [rɪ'dɪkjʊləs] Ⓐ *adj.* 1 ridículo; *that is ridiculous!* isso é ridículo!; *to make oneself ~* cair no ridículo; 2 caricato; risível; 3 grotesco; 4 absurdo; 5 que causa indignação Ⓑ *s.* ridículo; *from the sublime to the ~* do sublime ao ridículo

ridiculously [rɪ'dɪkjʊləslɪ] *adv.* ridiculamente, duma maneira ridícula

ridiculousness [rɪ'dɪkjʊləsnɪs] *s.* ⇒ **ridiculosity**

riding ['raɪdɪŋ] Ⓐ *s.* 1 DESPORTO equitação; *she gave up ~* ela pôs de parte a equitação; 2 passeio ou deslocação em carruagem; 3 caminho estreito ao longo de bosque ou através de bosque, destinado a cavaleiros; 4 NÁUTICA ancoragem; 5 acavalamento de dois ossos fracturados; 6 uma das três divisões administrativas do Yorkshire (East R., West R., North R.) Ⓑ *a.* 1 a cavalo; 2 em carruagem; 3 NÁUTICA fundeado, ancorado ❖ *~ boots* botas de montar; VESTUÁRIO *~ breeches* calças de montar; *~ costume* traje próprio para equitação; *~ horse* cavalo de sela; NÁUTICA *~ lamp* luz de âncora; *~ light* luz do porto; *~ master* professor de equitação; *~ school* escola de equitação; *obstacle ~* equitação com obstáculos

riel ['ri:əl] *s.* (moeda do Camboja) riel

Rievaulx ['ri:vəʊ] *s.* nome de uma abadia existente em Yorkshire, presentemente em ruínas

rifacimento [ˌrɪfætʃɪ'mentəʊ] *s.* (*pl.* -**ti**) refundição (de obra literária)

rife [raɪf] *adj.* 1 frequente, corrente; numeroso; 2 muito espalhado; disseminado; *superstition is still ~ in many villages* a superstição está ainda espalhada em muitas aldeias; 3 repleto [**with**, de]; cheio de [**with**, de]; abundante [**with**, em] ❖ *distress is ~* campeia a miséria; *smallpox grows ~* grassa a varíola; *to grow/wax ~* grassar

rifeness ['raɪfnɪs] *s.* 1 predomínio; 2 grande quantidade; 3 grande abundância

Riffian ['rɪfɪən] *adj.* rifenho

riffle ['rɪfəl] *s.* 1 lavadouro (de areias auríferas); 2 dispositivo de retenção de areias auríferas em local de rápido desnível; 3 rápido, cascata

riffler ['rɪflə] *s.* 1 pequena lima de lapidador; 2 lanceteira; 3 limatão (para desbastar)

riff-raff ['rɪfˌræf] *s.* canalha, ralé, populacho

rifle ['raɪfəl] Ⓐ *s.* 1 (arma) espingarda; carabina; rifle; fuzil com o cano estriado ou raiado; 2 (cano de espingarda) estria espiralada; 3 *pl.* atiradores; fuzileiros; soldados armados de espingarda; *~ corps* corpo de fuzileiros; *the King's Royal Rifles* os fuzileiros reais Ⓑ *v.tr.,intr.* 1 pilhar; saquear; roubar; 2 (túmulos) violar; *to ~ a tomb* violar um túmulo; 3 subtrair; 4 esvaziar; *the thieves rifled every drawer* os ladrões esvaziaram todas as gavetas; 5 despojar; 6 estriar, abrir estrias espiraladas em; 7 fuzilar; atirar com espingarda ou fuzil; espingardear; *to ~ sb* fuzilar alguém ❖ *~ barrel* cano estriado de fuzil; *~ bolt* ferrolho de espingarda; *~ bullet* bala de espingarda; *~ butt* coronha de espingarda; *~ club* sociedade de tiro; (cor) *~ green* verde-escuro; *~ nut* porca estriada; porca raiada; *~ oil* óleo para espingardas; *~ pit* abrigo individual para atiradores; *~ range* carreira de tiro; alcance de tiro de espingarda; atirador; *~ striker* percutor de espingarda; *magazine ~* espingarda de repetição; *~ cocking piece* cão de espingarda; *within ~ shot* ao alcance do tiro; *to be a good ~ shot* ser bom atirador

◆ **rifle through** *v.tr.* [coloq.] (armário, gaveta, papéis, etc.) revolver, remexer em

rifle-bore ['raɪfəlbɔ:] Ⓐ *s.* cano estriado, arma raiada Ⓑ *v.tr.* estriar, raiar (cano de espingarda)

rifled ['raɪfəld] *adj.* estriado, com estrias, raiado

rifleman ['raɪfəlmən] *s.* (*pl.* -**men**) MILITAR caçador, atirador, fuzileiro

rifling ['raɪflɪŋ] *s.* 1 estrias, estriamento; 2 (cano de arma de fogo) disposição das estrias; 3 acto de abrir estrias em canos de espingardas ❖ *~ machine* máquina de abrir estrias

rift [rɪft] Ⓐ *s.* 1 fenda, racha, brecha; greta; falha; fractura; 2 abertura; *a ~ in the clouds* uma abertura nas nuvens; 3 GEOLOGIA rifte; 4 (amizade) brecha; desavença; desacordo Ⓑ *v.tr.* 1 abrir; 2 rachar; fender ❖ *~ saw* serra para cortar toros ao comprido; GEOLOGIA *~ valley graben*; fossa tectónica; *a ~ in the lute* início da pouca sorte

rifted ['rɪftɪd] *adj.* fendido, com brecha, rachado

rig [rɪg] Ⓐ *s.* 1 plataforma (petrolífera); 2 NÁUTICA cordame, cordoame, cordoalha, massame; 3 NÁUTICA modo como os mastros, valas, etc. se encontram arranjados e dispostos; 4 NÁUTICA enxárcia; 5 NÁUTICA (navio) acessórios, aparelho; 6 [EUA] carruagem, equipagem; 7 [coloq.] aspecto; apresentação; maneira de vestir; roupa; traje; *in full evening ~* em traje de cerimónia, de vestido de noite; *in working ~* em traje de trabalho; *to be in full ~* estar em traje de gala, estar de grande uniforme; 8 burla, intrujice, trapaça, fraude, vigarice; *to run a ~ upon sb* enganar alguém; 9 (cavalo, touro, etc.) animal meio castrado Ⓑ *v.tr.,intr.* (particípios: -**gg**-) 1 (navio) prover de enxárcias, enxarciar, equipar; preparar para sair para o mar; 2 prover do necessário; 3 fornecer de roupas, vestir; 4 ataviar-se, enfarpelar-se; 5 manobrar fraudulentamente, administrar fraudulentamente; *to ~ the market* manobrar fraudulentamente o mercado, provocar altas ou baixas de preços para benefício próprio ❖ *to ~ a ship with* armar um navio com; *to ~ a yard* aparelhar uma verga; *to ~ the capstan* armar o cabrestante

◆ **rig out** *v.tr.* 1 (disfarce, etc.) vestir; arranjar; *to rig oneself out as* vestir-se de; 2 apetrechar, equipar; 3 NÁUTICA (gurupés, etc.) armar

◆ **rig up** *v.tr.* 1 instalar, montar; 2 improvisar; *to ~ a shelter* improvisar um abrigo; 3 guarnecer [**with**, com]; *to ~ a dress with* guarnecer um vestido com; 4 (preços, etc.) fazer subir; *to ~ prices* fazer subir os preços

rigadoon [ˌrɪgə'du:n] *s.* MÚSICA (música e dança) rigodão

rigged [rɪgt] *adj.* NÁUTICA aparelhado ❖ *well-rigged* bem-aparelhado

rigger ['rɪgə] *s.* 1 aparelhador (de navios), armador; 2 barco de corridas com suportes exteriores para os remos; 3 navio com determinada armação ou características; *square ~* navio de velas redondas; 4 correia de transmissão; 5 indivíduo que especula no mercado, que provoca alta ou baixa de preços para benefício próprio

rigging ['rɪgɪŋ] *s.* 1 (navio) cordame, massame; 2 NÁUTICA enxárcia; 3 NÁUTICA apetrechos, aprestos; 4 mecanismo de manobra; 5 (máquina) instalação; 6 agiotagem; especulação ❖ NÁUTICA *~ screw* macaco de tesar

right [raɪt] Ⓐ *adj.* **1** direito, do lado direito; *~ hand* mão direita, lado direito; *the ~ bank of a river* a margem direita de um rio; *in Portugal traffic keeps to the ~ side of the road* em Portugal o trânsito faz-se pela direita; **2** GEOMETRIA recto; perpendicular; *~ angle* ângulo recto; *~ cone/cilinder/parallelepiped/prism* cone/cilindro/paralelepípedo/prisma recto; *a ~ line* uma linha recta; *a ~ turn* rotação de 90° para a direita; *at ~ angles to...* perpendicular a...; *to meet at ~ angles* cruzar-se perpendicularmente; **3** justo, recto, honesto, sério, cumpridor; **4** conforme à lei, legal; **5** verdadeiro, correcto, certo, exacto; *the ~ use of words* o emprego correcto das palavras; *what is the ~ time?* qual é a hora exacta?; *your figures are ~* os seus números estão certos; *your watch is ~* o seu relógio está certo; **6** que tem razão; que está certo; *she is quite ~* ela tem toda a razão; *to be ~* ter razão; *to declare a person to be ~* afirmar que uma pessoa tem razão; **7** real, legítimo, autêntico; *~ heir* herdeiro legítimo; **8** (lado do tecido) oposto do avesso; *the ~ side* o direito, o lado oposto ao avesso; **9** conveniente, adequado, devido, apropriado; *in the ~ place* no lugar devido, no lugar conveniente; *he has the knack of saying the ~ thing* ele tem o dom de dizer sempre a coisa apropriada; *he is the ~ man for the position* ele é a pessoa ideal para o cargo; **10** normal, equilibrado, atilado, de perfeito juízo; *he is not ~ in the head* ele não tem o juízo todo; *they are not quite ~* eles não têm o juízo todo; **11** bem, saudável, são, de saúde; *a few days' rest and you'll be all ~* uns dias de descanso e já se sentirá completamente bem; *do you feel all right?* sente-se bem?; *I don't feel quite ~* não me sinto muito bem; *this medicine will soon put him ~* este remédio pô-lo-á bem dentro em pouco; **12** POLÍTICA de direita; conservador Ⓑ *s.* **1** (lei) direito; *divine ~* direito divino; *~ of succession* direito de sucessão, direito de herança; *the principles of ~* os princípios em que se baseia o direito; **2** direito; autoridade legítima; faculdade legal ou moral de exigir qualquer coisa; *by ~ of conquest* por direito de conquista; *in one's own ~* por direito próprio; *~ to appeal* direito de resposta; *~ to vote* direito de voto; *women's rights* os direitos das mulheres; *she has no ~ to complain* ela não tem direito de se queixar; *to act by ~* agir de pleno direito; *to assert one's rights/to stand on one's rights* fazer valer os seus direitos, defender os seus direitos; *to be within one's rights* estar no seu direito; *to have a ~ to* ter direito a; *to have the ~ of* ter o direito de; *what ~ have you to...?* que direito tens tu de ...?; **3** prerrogativa; regalia; **4** justiça; equidade; *to do sb ~* fazer justiça a alguém; **5** bem; aquilo que é justo; aquilo que é recto; aquilo que está certo; *~ and wrong* o bem e o mal; *to know the difference between ~ and wrong* distinguir entre o bem e o mal; **6** razão; *he does not know the rights of the case* ele não sabe quem tem razão e quem não tem razão; *to be in the ~* estar na razão; *to hold sb to be in the ~* dar razão a alguém; **7** (lado) direita; lado direito; *on her ~* à direita dela; *on the ~* à direita; *third turning to the ~* a terceira rua à direita; *to keep to the ~* seguir pela direita; *turn to the ~* vire à direita; **8** (tecido) direito; **9** POLÍTICA direita; *member of the ~* deputado de direita, conservador Ⓒ *adv.* **1** justamente, com razão; **2** bem; honradamente; rectamente; *to do ~* proceder bem, fazer bem; **3** bem, correctamente; exactamente, com exactidão; *if I remember ~* se bem me lembro; **4** satisfatoriamente; **5** precisamente; **6** totalmente, completamente; **7** (direcção) em linha recta, a direito; *go ~ on until you come to a square* siga a direito até chegar a uma praça; *to go ~ at sb* ir a direito a alguém; *to go ~ on* seguir a direito; **8** para a direita; MILITAR *eyes right!* olhar à direita!; **9** imediatamente, já; **10** mesmo; *~ at the top* mesmo no cimo; *~ in the middle* mesmo no meio; *there was a wall ~ round the house* havia um muro mesmo à volta da casa; *they went ~ to the end of the street* eles foram mesmo até ao fim da rua; *this is a cold winter ~ enough* este Inverno é mesmo frio; **11** muito; extremamente; *he knows ~ well that...* ele sabe muito bem que... Ⓓ *v.tr.* **1** corrigir, rectificar, emendar; **2** (falta, erro, etc.) reparar; *to ~ an injustice* reparar uma injustiça; **3** fazer justiça a; *his wrongs will be righted* hão-de fazer-lhe justiça; **4** reabilitar; **5** desagravar; **6** endireitar, pôr direito; *the ship righted itself* o navio endireitou-se; *to ~ the helm* pôr o leme direito; **7** NÁUTICA adriçar; pôr a meio leme ❖ *~ ahead* sempre a direito; [fig.] *~ arm* braço direito; pessoa cujo auxílio nos é verdadeiramente indispensável; *~ ascension* ascensão recta, *~ away* imediatamente; DIREITO *~ holder* detentor de um direito; *~ now* agora mesmo; imediatamente; [EUA] *~ off* imediatamente; NÁUTICA *~ sailing* navegação com rumo a um dos pontos cardeais; *~ skip* derrapagem para a direita; *by right(s)* legalmente; de direito; pelo direito; se fosse feita justiça; *~ and left shot* tiro com espingarda de dois canos; [coloq.] *~ as a trivet/ ~ as mails/~ as ninepence/~ as rain* certo; em óptimo estado; em estado satisfatório; *~ of way* [EUA] direito de passagem; servidão de passagem; caminho de serventia pública em propriedade particular; precedência; prioridade de passagem; via férrea; *the ~ man in the ~ place* o homem necessário; o homem conveniente no lugar que lhe compete; (tratamento dado a um bispo) *the Right Reverend* Sua Excelência Reverendíssima; *the ~ time* a ocasião apropriada; o momento certo; a hora exacta; *all right!* muito bem!; está bem!; *always do what is ~* faz só aquilo que se deve fazer; *am I ~ for Lisbon?* esta é a estrada para Lisboa?; [EUA] *come ~ in* entre sem cerimónia; *he couldn't guess ~* ele não conseguiu adivinhar; *he is one of the ~ sort* ele é um homem às direitas; *I shall probably be ~ in saying that...* talvez me seja permitido dizer que...; *it is only ~ that he should do it* é mais que justo que ele o faça; *it serves him ~* bem feito!; é bem feito para ele!; [EUA] *let me tell you ~ here* deixe-me que lhe diga aqui mesmo; *nothing goes ~ with him* nada lhe corre bem; (caminhos-de-ferro) *~ away!* partida!; *~ oh!/~ ho!/~ you are!* tem toda a razão; perfeitamente; justamente; *she has found Mr. Right* ela encontrou o homem da vida dela; *she is coming ~ enough* ela vem sem a menor sombra de dúvida; *she was ~ glad to see him* ela ficou toda contente por vê-lo; *she went ~ home* ela foi directa para casa; *should I be ~ to* estará bem se eu...?; *that's ~* é isso; está certo; *that's the ~ thing to do* é o que há a fazer; o que há a fazer é isso; *the pear was rotten ~ through* a pêra estava toda podre; *the rights and wrongs of a case* os factos verdadeiros; a verdade de um caso; *things will turn out ~* as coisas hão-de arranjar-se; *to be in one's ~ mind* estar em seu juízo perfeito; *to be on the ~ road* estar no caminho certo; *to be on the ~ side of thirty* não ter ainda trinta anos; *to deviate from the ~ path* afastar-se do caminho correcto; *to do the ~ thing by someone* tratar alguém com honestidade; *to get on the ~ side of someone* insinuar-se nas boas graças de alguém; *to know what is ~ and wrong* distinguir o certo e o errado; *to put to rights/to set to rights* pôr em ordem; arranjar convenientemente; *to spend money ~ and left* gastar dinheiro a torto e a direito; *to take a ~ view of things* encarar as coisas convenientemente; *to turn ~ round* dar uma volta completa para a direita; *which is the ~ way to....?* qual é o caminho para...?; *would it be ~ for me to...?* estaria bem se eu...?

right-about [ˈraɪtəbaʊt] Ⓐ *s.* MILITAR meia volta para a direita Ⓑ *adj.* oposto, diametralmente oposto; *a ~ turn* meia volta, uma volta para o lado oposto Ⓒ *adv.* para a direita, para o lado oposto ❖ MILITAR *right-about, turn!* meia volta, volver!; *to send sb to the ~* [coloq.] pôr alguém a mexer; mandar alguém passear; *to turn to the ~* virar-se para o lado oposto

right-angled [ˈraɪtæŋgld] *adj.* rectângulo, rectangular; formando ângulo recto; *a ~ triangle* um triângulo rectângulo

right-down [ˈraɪtdaʊn] Ⓐ *adj.* [arc.] completo, perfeito, acabado; *he is a ~ thief* ele é um perfeito ladrão Ⓑ *adv.* **1** [arc.] muitíssimo; *he is ~ clever* ele é muitíssimo esperto; **2** [arc.] completamente

righteous [ˈraɪtʃəs] Ⓐ *adj.* **1** justo, recto, honrado, probo, honesto; **2** justificado; *~ anger* cólera justificada; **3** moralista Ⓑ *s.pl. the ~* os justos

righteously [ˈraɪtʃəslɪ] *adv.* **1** justamente, rectamente, honradamente, honestamente; **2** duma maneira íntegra

righteousness [ˈraɪtʃəsnəs] *s.* **1** rectidão, probidade, honradez; **2** espírito de justiça; **3** integridade; **4** justiça

rightful [ˈraɪtfʊl] *adj.* **1** legítimo; verdadeiro; *the ~ owner* o legítimo proprietário; **2** recto; honrado; **3** justo; correcto

rightfully [ˈraɪtfʊlɪ] *adv.* **1** legitimamente; **2** rectamente; **3** justamente

rightfulness ['raɪtfʊlnəs] s. 1 legitimidade, legalidade; 2 rectidão; 3 justiça

right-hand ['raɪthænd] adj. 1 direito; *the ~ side* lado direito, direita; 2 (fig.) (colaboração) mais importante; mais próximo; de confiança ❖ *~ drive* com o volante do lado direito; *~ man* braço-direito; *~ rotation* rotação à direita

right-handed [ˌraɪt'hændɪd] Ⓐ adj. 1 destro; 2 direito Ⓑ adv. com a mão direita; para a mão direita; que gira da esquerda para a direita; *~ rotation* rotação à direita ❖ *~ propeller* hélice de passo direito

right-hander [ˌraɪt'hændə] s. 1 não canhoto; 2 pancada ou golpe com a mão direita

righting ['raɪtɪŋ] s. 1 reparação (de erro, injustiça, etc.); 2 emenda, rectificação; 3 reabilitação, desagravo; 4 acto de endireitar, de colocar direito

rightism ['raɪtɪzm] s. POLÍTICA política de direita

rightist ['raɪtɪst] Ⓐ s. 1 POLÍTICA pessoa de direita; 2 POLÍTICA conservador Ⓑ adj. 1 POLÍTICA de direita; 2 POLÍTICA conservador

rightly ['raɪtlɪ] adv. 1 correctamente, acertadamente; 2 convenientemente, devidamente, adequadamente; *to be ~ informed* estar convenientemente informado; 3 com exactidão; *~ speaking* para falar com exactidão; 4 justamente; com equidade; *to judge ~* julgar com equidade ❖ *~ or wrongly* com razão ou sem ela; *and ~ so* e com razão; *I don't ~ know* não sei ao certo

right-minded [ˌraɪt'maɪndɪd] adj. 1 sensato; razoável; 2 justo; de espírito recto

rightness ['raɪtnɪs] s. 1 rectidão, integridade, honestidade, probidade; 2 carácter justo; 3 exactidão

rightward ['raɪtwəd] adv. ⇒ **rightwards**

rightwards ['raɪtwədz] adv. sobre a direita; para a direita

right-wing ['raɪtwɪŋ] adj. POLÍTICA conservador, de direita

right-winger [raɪt'wɪŋə] s. 1 POLÍTICA conservador; 2 DESPORTO ponta-direita, extremo direito

rightwise ['raɪtˌwaɪz] adv. para a direita

rigid ['rɪdʒɪd] adj. 1 rígido; não flexível; *~ bar* barra rígida; *~ body* corpo rígido; 2 teso; 3 que não pode dobrar-se, vergar-se; 4 severo, rigoroso, austero, inflexível, intransigente; *~ catholic* católico intransigente; *~ principles* princípios severos; 5 minucioso ❖ *~ contact* contacto fixo; *~ economy* economia rígida; *~ fixing* encastramento; *~ support* suporte fixo; *~ with fear* paralisado de medo; *to be bored ~* aborrecer-se de morte

rigidity [rɪ'dʒɪdɪtɪ] s. 1 rigidez, falta de flexibilidade; 2 severidade, inflexibilidade, austeridade; 3 rigor

rigidly ['rɪdʒɪdlɪ] adv. 1 rigidamente; 2 inflexivelmente; 3 severamente; 4 rigorosamente

rigmarole ['rɪgməˌrəʊl] Ⓐ s. 1 conversa ou história sem nexo; 2 palavreado sem sentido; 3 algaraviada Ⓑ adj. incoerente

rigor ['raɪgɔː, 'rɪgə] s. MEDICINA (antes de ataque febril, etc.) arrepio, calafrio, tremura, tremor convulsivo ❖ *~ mortis* rigidez cadavérica; *cataleptic ~* rigidez cataléptica

rigorism ['rɪgərɪzm] s. rigorismo, severidade

rigorist ['rɪgərˌɪst] s. rigorista

rigorous ['rɪgərəs] adj. 1 rigoroso, exigente; escrupuloso; minucioso; *to be ~ about* ser muito exigente em relação a; 2 severo; rigoroso; inflexível; *~ discipline* disciplina rigorosa, disciplina severa; *~ measure* medidas rigorosas; 3 rigoroso; áspero; *~ climate* clima rigoroso; 4 frio

rigorously ['rɪgərəslɪ] adv. 1 rigorosamente; severamente; 2 inflexivelmente; 3 asperamente; 4 minuciosamente; 5 com todo o rigor; *they treated him ~* trataram-no com todo o rigor

rigour ['rɪgə] s. 1 rigor, severidade, austeridade; 2 rigidez; inflexibilidade; 3 (tempo) inclemência; 4 exactidão, precisão; 5 pl. medidas rigorosas, rigores; *with the utmost ~ of the law* com todos os rigores da lei

rigsdag ['rɪgsˌdæg] s. parlamento dinamarquês

Rig-Veda [rɪg'veɪdə] s. Rig Veda, o primeiro e o mais importante dos Vedas (livros sagrados da primitiva religião indo-ariana)

RIIA [abrev. de Royal Institute of International Affairs]

rile [raɪl] v.tr. (coloq.) irritar; exasperar; enervar; *it riled them that...* irritava-os o facto de...

rill [rɪl] Ⓐ s. regato, ribeiro, riacho, regatozinho Ⓑ v.intr. 1 deslizar, correr mansamente como um regato; 2 manar suavemente

rille [rɪl] s. vale estreito na superfície da Lua

rillet ['rɪlɪt] s. ribeirinho

rim [rɪm] Ⓐ s. 1 aro, jante, arco, coroa; *detachable ~* aro amovível; *~ of flywheel* arco de volante; *~ of gearwheel* coroa dentada; *~ of the wheel* aro de roda; 2 aba, rebordo, orla, margem; *~ of the ear* rebordo da orelha; *~ of the sun* orla do Sol; 3 armação; *spectacle rims* armação para óculos; 4 (poét.) objecto circular; 5 NÁUTICA superfície da água; 6 (arc.) peritoneu, peritónio; *~ of the belly* peritoneu, peritónio Ⓑ v.tr. (particípios: -mm-) 1 rodear; orlar; marginar; 2 pôr jante em; 3 colocar aro em; guarnecer com arco ❖ *~ lock* fechadura de pregar à face; MECÂNICA *~ pulley* volante; (poét.) *the sea's ~* o horizonte

rime [raɪm] Ⓐ s. 1 geada, geada branca; 2 escarcha, orvalho congelado; 3 ⇒ **rhyme** Ⓐ Ⓑ v.tr. 1 cobrir de geada; 2 ⇒ **rhyme** Ⓑ

rimed ['raɪmt] adj. coberto de geada

rimer ['raɪmə] s. 1 mandril, alargador; 2 ⇒ **rhymer**

rimester ['raɪmstə] s. ⇒ **rhymester**

rimless ['rɪmləs] adj. 1 sem borda; 2 sem aro; 3 sem armação

rimmed ['rɪmt] adj. com borda, com orla

rimose [raɪ'məʊs] adj. ⇒ **rimous**

rimous ['raɪməs] adj. 1 rimoso; 2 com fendas; 3 gretado

rimy ['raɪmɪ] adj. coberto de geada, cheio de geada

rind [raɪnd] Ⓐ s. 1 (queijo, fruto) casca; *cheese ~* casca de queijo; *melon ~* casca de melão; 2 pele; 3 revestimento exterior; cobertura exterior; 4 (toucinho) couro; 5 crosta; 6 côdea; 7 cortiça, 8 (fig.) superfície; aspecto; aparência exterior; *to look below the ~* ver para além das aparências Ⓑ v.tr. descascar, tirar a casca a

rinded ['raɪndɪd] adj. com casca

rinderpest ['rɪndəpest] s. VETERINÁRIA peste bovina

ring¹ [rɪŋ] Ⓐ s. 1 (campainha, etc.) toque; 2 tinido; 3 carrilhão; 4 som; ressonância; *the ~ of happy voices* o som de vozes alegres; 5 tom; *there was a ~ of sincerity in her words* havia um tom de sinceridade nas suas palavras; 6 (coloq.) telefonadela; *I'll just give him a ~* vou dar-lhe uma telefonadela Ⓑ v.tr.,intr. (part. pass. **rung**) 1 (campainha, sineta, sino) tocar; *to ~ at the door* tocar à porta; 2 (sino) repicar; 3 retinir; produzir um som vivo, vibrante, metálico; 4 (ouvidos) zumbir; 5 ressoar, estar cheio do eco; *they made the air ~ with their cries* fizeram o ar ressoar com os seus gritos; 6 (telefonema) telefonar a; ligar a; dar um toque a; 7 chamar; tocar, convocar por meio de toque de campainha, sineta ou sino; *did you ring, madam?* a senhora tocou?; *the bell rang for dinner* a campainha tocou para o jantar; *the bells were ringing for church* os sinos tocavam para o serviço religioso; *to ~ for sb* tocar a campainha ou sineta para chamar alguém; 8 soar; *her answer didn't ~ true* a resposta dela soava a falso; (moeda, afirmação, etc.) *to ~ false* soar a falso; 9 anunciar; *to ~ the knell of* anunciar o fim de ❖ *her last words are ringing in my ears* tenho ainda nos ouvidos as suas últimas palavras; *the world shall ~ of him* a sua fama há-de repercutir-se em todo o mundo; *to ~ a coin* bater uma moeda (para verificar o seu timbre); *to ~ again* soar novamente; ressoar; ecoar; *to ~ sth in someone's ears* massacrar alguém repetindo-lhe sempre a mesma coisa; *to ~ the changes on* utilizar continuamente a mesma coisa mas de maneira diferente; (moeda, afirmação, etc.) *to ~ true* ter bom toque; ter aspecto de verdadeiro

✦**ring back** v.tr.,intr. [GB] voltar a telefonar

✦**ring down** v.tr. TEATRO (cortina de palco) tocar para baixar; *to ~ the curtain* tocar para baixar o pano ❖ (coloq., fig.) *to ~ the curtain on sth* pôr fim a algo

✦**ring in** Ⓐ v.intr. 1 telefonar para o seu local de trabalho; 2 RÁDIO, TELEVISÃO (reportagem) transmitir por telefone Ⓑ v.tr. festejar com toque de sinos; *to ~ the New Year* festejar a chegada do Ano Novo com toque de sinos

✦**ring off** v.tr. [GB] (telefone) desligar ❖ *the telephone rang off* cortaram a ligação (telefónica)

✦**ring out** v.intr. soar; ouvir-se; ressoar; *a shot rang out* soou um tiro ❖ *to ~ the Old Year* festejar a saída do Ano Velho com toque de sinos

✦**ring round** v.tr.,intr. [GB] telefonar para vários locais

✦**ring up** Ⓐ v.tr. telefonar Ⓑ v.tr. 1 telefonar a; 2 (preço de artigo, lucros, etc.) registar; 3 TEATRO (cortina de palco) tocar para levantar; *to ~ the curtain* tocar a campainha para levantar o pano

ring² [rɪŋ] Ⓐ s. 1 (geral) anel; (dínamo) *collecting* ~ anel colector; *wedding* ~ aliança, anel de casamento; 2 aro; 3 argola; (brinquedo) *flying rings* argolas voadoras (para lançar); *napkin* ~ argola de guardanapo; 4 círculo; roda; *to be sitting in a* ~ estar sentado em roda; *to dance in a* ~ dançar de roda; 5 GEOMETRIA coroa; 6 virola; 7 cinta, banda; 8 anilha; 9 platibanda; 10 arena; redondel; 11 picadeiro; 12 pista; recinto; *circus* ~ pista de circo; 13 (hipódromo); recinto de apostas; 14 (combates de boxe) ringue; *the prize* ~ ringue de boxe; 15 [fig.] boxe, pugilismo; 16 coligação de comerciantes para efeitos especulativos; 17 (associação) círculo; 18 conluio Ⓑ *adj.* 1 anular; ELECTRICIDADE ~ *armature* induzido anular; ~ *core* núcleo anular; ~ *finger* (dedo) anular; 2 circular; ~ *magnet* íman circular; ~ *main* conduta circular; ~ *system* canalização circular Ⓒ v.tr.,intr. (prt. e part. pass. **ringed**) 1 rodear, cercar, circundar; *he was ringed about with enemies* ele estava rodeado de inimigos; *to* ~ *about* rodear, cercar; *to* ~ *cattle* cercar gado, obrigar gado a juntar-se, volteando em torno dele; 2 pôr argola ou arco em; 3 (focinho de porco) colocar arganel em; 4 (focinho de animal) colocar anel em; *to* ~ *a bull* atravessar uma argola no focinho de um touro; 5 (pombo) anilhar; 6 (falcão) subir em espiral; 7 (raposa perseguida) seguir em círculo; 8 (cebolas, maçãs, etc.) cortar em anéis ou rodelas; 9 marcar troncos cortando um segmento circular da casca ❖ ANATOMIA ~ *cartilage* cartilagem cricóide; ~ *case* cofrezinho para guardar anéis; ~ *craft* boxe; pugilismo; ~ *fence* vedação (a toda a volta de uma propriedade); ~ *net* rede para o salmão; ZOOLOGIA ~ *ouzel* tordo-torcaz; ZOOLOGIA ~ *snake* cobra-de-água; *arm* ~ bracelete; (críquete) *the* ~/*the prize* ~ linha que indica os limites do campo; *he was puffing out rings of smoke* ele lançava baforadas de fumo; *to have rings round one's eyes* ter olheiras; *to hold/keep the* ~ não permitir intervenção a favor de nenhum dos adversários; deixar o campo livre; deixar os adversários lutar à vontade; *to make rings round sb* ser muito mais rápido que alguém; ter nítida superioridade sobre alguém

◆**ring round** v.tr. rodear, cercar

ringbone ['rɪŋbəʊn] s. VETERINÁRIA sobreosso, excrescência anormal de osso em cavalgaduras

ringdove ['rɪŋdʌv] s. ZOOLOGIA pombo-torcaz

ringed [rɪŋd] adj. 1 com anel; 2 anelado; 3 anular, em forma de anel; 4 rodeado de um anel ou círculo

ringent ['rɪndʒənt] adj. BOTÂNICA ringente, com a forma de boca aberta

ringer ['rɪŋə] s. 1 sineiro; 2 fio/corda de campainha ou sineta; dispositivo para tocar campainha ou sineta; 3 (jogo das argolas) argola que enfia em pequeno poste cravado no chão; 4 (caça) raposa que corre sempre em volta quando perseguida; 5 oscilador mecânico; 6 (pessoa parecida) sósia; *to be a dead* ~ *for sb* ser a cara chapada de alguém ❖ ~ *road* biela ou tirante de oscilador mecânico

ringgit ['rɪŋgɪt] s. (moeda da Malásia) ringgit

ringing ['rɪŋɪŋ] Ⓐ adj. 1 sonoro; ressonante; ecoante; 2 vibrante Ⓑ s. 1 colocação de argola/arganel (em); 2 incisão anular; 3 (campainha, sineta) toque; 4 (sinos) repique; 5 eco; 6 (ouvidos) zunido, zumbido ❖ (telemóvel, telefone) ~ *tone* toque

ringleader ['rɪŋˌliːdə] s. (quadrilha, greve, protesto) cabecilha, cabeça, chefe

ringlet ['rɪŋlɪt] s. 1 anel pequeno, anelzinho; 2 pequeno círculo; 3 [rar.] caracol, anel (de cabelo)

ringleted ['rɪŋlɪtɪd] adj. encaracolado, anelado, aos caracóis

ringlety ['rɪŋlɪtɪ] adj. encaracolado, anelado

ringmaster ['rɪŋmɑːstə] s. director de circo, director de pista

ringneck ['rɪŋnek] adj. (ave, etc.) com círculos ou anéis de cor diferente no pescoço

ringroad ['rɪŋrəʊd] s. estrada de circunvalação, via circundante, via de cintura

ringside ['rɪŋsaɪd] Ⓐ s. primeira fila Ⓑ adj. de primeira fila; *to have a* ~ *seat* ter um lugar nas primeiras filas

ringtail ['rɪŋteɪl] s. 1 ZOOLOGIA variedade de milhafre ou milhano; 2 NÁUTICA vela do pau da bandeira

ringway ['rɪŋweɪ] s. estrada de circunvalação, via circundante, via de cintura

ringworm ['rɪŋwɜːm] s. MEDICINA tinha; doença da pele, sobretudo em crianças, às manchas circulares; impigem

rink [rɪŋk] Ⓐ s. 1 (pista de gelo) rinque; 2 recinto para o jogo do curling; 3 campo de patinagem para patins de rodas ou hóquei em patins Ⓑ v.intr. patinar com patins de rodas ❖ DESPORTO ~ *hockey*/*roller* ~ *hockey* hóquei em patins

rinker ['rɪŋkə] s. patinador (em patins de rodas)

rinse [rɪns] Ⓐ s. 1 enxaguadela; lavadela; 2 (cabelo) (coloração) tinta; 3 (dentes) elixir Ⓑ v.tr. 1 enxaguar; dar uma lavadela a; passar por água; *to* ~ *one's hands* passar as mãos por água; 2 (cabelo, tecidos) pintar; 3 (boca) bochechar; 4 [coloq.] (comida) beber para empurrar; regar [**with**, com]; *he rinsed it down with a glass of wine* tudo regado com um copo de vinho ❖ (máquina de lavar louça) ~ *agent* abrilhantador; [coloq.] *to have a* ~ molhar a goela

◆**rinse out** v.tr. 1 passar por água, enxaguar; *to rinse the dishes* passar a louça por água; 2 bochechar

rinser ['rɪnsə] s. aquele que enxagua ou passa por água

rinsing ['rɪnsɪŋ] s. 1 enxaguadela; 2 lavadela

riot ['raɪət] Ⓐ s. 1 tumulto; distúrbio; desordem; motim, rixa; 2 vida desregrada, dissipação, devassidão; 3 folia; 4 intemperança; 5 extravagância; 6 excesso, profusão; *the fields were a* ~ *of colour* os campos mostravam uma profusão de cores Ⓑ v.tr.,intr. (particípios -t-) 1 fazer barulho; 2 provocar tumultos; provocar distúrbios, motins; 3 levar vida desregrada, viver na devassidão; 4 (dinheiro, tempo) esbanjar, deitar fora, malbaratar; 5 divertir-se; andar na pândega; *to* ~ *the whole night* divertir-se toda a noite; 6 [depr.] deliciar-se, ter prazer [**in**, com]; *he rioted in cruelty* ele deliciava-se com a crueldade ❖ HISTÓRIA *Riot Act* lei contra perturbações de ordem pública; ~ *police* polícia de choque; *she indulged in a* ~ *of emotion* ela deu livre curso às suas emoções; [coloq.] (pessoa) *to be a* ~ ser muito engraçado; ser impagável; *to read the Riot Act* anunciar que terá de ser disperso determinado ajuntamento sob pena de severas sanções legais; avisar solenemente; [coloq.] *to read the* ~ *act to sb* pregar um sermão a alguém; *to run* ~ descontrolar-se; crescer exuberantemente; *to send a* ~ *call* reclamar a presença da polícia de choque

◆**riot away** v.tr.,intr. 1 esbanjar, malbaratar; 2 desperdiçar em orgias

rioter ['raɪətə] s. 1 desordeiro; 2 amotinado, revoltoso; 3 libertino, estroina

rioting ['raɪətɪŋ] Ⓐ adj. 1 turbulento; 2 que provoca distúrbios; 3 que leva vida desregrada Ⓑ s. distúrbios, tumultos, motins

riotous ['raɪətəs] adj. 1 tumultuoso; turbulento; desordeiro; 2 barulhento; 3 descomedido, desenfreado; 4 dissoluto, libertino, estroina; *to lead a* ~ *life* levar uma vida dissoluta

riotously ['raɪətəslɪ] adv. 1 tumultuosamente; 2 desordeiramente; 3 descomedidamente, desenfreadamente; 4 libertinamente

riotousness ['raɪətəsnɪs] s. 1 desordem; 2 desenfreamento; 3 libertinagem

riotry ['raɪətrɪ] s. 1 motins, distúrbios; 2 desenfreamento, libertinagem

rip [rɪp] Ⓐ s. 1 rasgão, rasgo; 2 descosedura; 3 fenda; 4 [arc.] (cavalo velho) pileca, sendeiro; 5 [arc.] (pessoa) valdevinos, velhaco, patife, traste, libertino; 6 redemoinho; extensão de água agitada, corrente rápida provocada pela maré Ⓑ v.tr.,intr. (particípios **-pp-**) 1 rasgar(-se); 2 fender; abrir; 3 romper(-se); 4 descoser(-se); 5 esgaçar, esgarçar; 6 dilacerar; 7 arrancar; tirar; 8 demolir; 9 caminhar, seguir para a frente; 10 (um assunto) voltar a ventilar; 11 [coloq.] praguejar; 12 (madeira) serrar na direcção do veio; serrar ao comprido ❖ (motor, automóvel, etc.) *let her* ~ deixa puxar; dá-lhe gás; *let things* ~ deixa que as coisas sigam o seu curso natural; *she ripped open the letter* ela abriu a carta rasgando o envelope; *to* ~ *a roof* destelhar um telhado; *to* ~ *along* caminhar a toda a velocidade; *to* ~ *away* arrancar; soltar-se; *to* ~ *the seams of a garment* rasgar uma peça de vestuário pelas costuras

◆**rip into** v.tr. [coloq.] (criticar severamente) atacar

◆**rip off** v.tr. 1 arrancar, tirar a cobertura a; *to rip the cover off a box* arrancar a tampa a uma caixa; 2 [coloq.] roubar, enganar; 3 [coloq.] explorar

◆**rip out** v.tr. 1 arrancar; 2 soltar; *to* ~ *an oath* soltar uma praga

◆**rip through** v.tr. espalhar-se por; dispersar-se por; alastrar a

◆**rip up** v.tr. 1 rasgar; *he ripped up the photo* ele rasgou a fotografia; 2 retalhar; 3 descoser, abrir; 4 esventrar, estripar; 5 arrancar ❖ *to ~ an old sore* reabrir uma ferida antiga
RIP Ⓐ INFORMÁTICA [abrev. de raster image processor] Ⓑ [abrev. de rest in peace]
riparian [raɪˈpeərɪən] Ⓐ adj. marginal, ripário, ribeirinho; relativo a margem de rio Ⓑ s. proprietário ribeirinho
ripcord [ˈrɪpkɔːd] s. cabo de abertura de pára-quedas
ripe [raɪp] adj. 1 maduro; amadurecido; sazonado; *a ~ apple* uma maçã madura; *~ corn* trigo maduro; *to grow ~* amadurecer; 2 (pessoa, idade) adulto; maduro; amadurecido; *a ~ man* um homem adulto; *sb of ripe/riper years* uma pessoa de idade madura; uma pessoa mais velha; *to be of ~ age* ser de idade madura; *to die at a ~ age* morrer em idade avançada; 3 pronto (para ser colhido, utilizado, etc.); *~ timber* floresta em estado de ser explorada; *the plan was ~ for execution* o plano estava pronto para ser executado; 4 completamente desenvolvido; completamente formado; *~ beauty* beleza em toda a sua plenitude; 5 consumado; *~ scholar* sábio consumado; 6 oportuno, conveniente, propício ❖ *~ cheese* queijo completamente feito; *~ lips* lábios vermelhos e macios (como fruta madura); *soon ripe, soon rotten* quanto mais depressa amadurece, mais depressa apodrece; *the time is ~* chegou a hora
ripely [ˈraɪplɪ] adv. 1 maduramente; 2 oportunamente; 3 ponderadamente
ripen [ˈraɪpən] v.tr.,intr. 1 amadurecer; fazer amadurecer; sazonar; (fruta) *to ~ under glass* acabar de amadurecer, amadurecer em casa; 2 aprimorar, aperfeiçoar ❖ *to ~ into manhood* chegar a homem; *to ~ into perfection* chegar à perfeição
ripeness [ˈraɪpnəs] s. 1 estado maduro; maturação; 2 maturidade; 3 desenvolvimento pleno ❖ *~ of time* oportunidade; ocasião propícia
ripening [ˈraɪpnɪŋ] Ⓐ adj. 1 que amadurece; 2 que favorece o amadurecimento Ⓑ s. 1 amadurecimento; 2 aperfeiçoamento; 3 maturação
rip-off [ˈrɪpɒf] s. 1 [coloq.] (preço excessivo) exploração, roubo*fig*; *it's a rip-off!* isto é um roubo!; 2 [fig.] cópia, imitação ❖ *~ artist* vigarista
riposte [rɪˈpəʊst, rɪˈpɒst] Ⓐ s. (boxe, esgrima, etc.) riposta, réplica ao ataque do adversário Ⓑ v.intr. ripostar, contra-atacar
ripper [ˈrɪpə] s. 1 estripador; 2 indivíduo que destelha um telhado; 3 serrote, serra circular; 4 [coloq.] (coisa, pessoa) espectáculo; *she is a ~* ela é espectacular ❖ *Jack the Ripper* Jack o Estripador
ripping [ˈrɪpɪŋ] Ⓐ adj. 1 que despedaça, corta, dilacera ou rasga; 2 [ant., coloq.] arrebatador, esplêndido; óptimo Ⓑ adv. [ant., coloq.] muito, intensamente; *a ~ good time* um tempo esplêndido Ⓒ s. 1 acto de rasgar, dilacerar ou fender; 2 serração ao correr do veio da madeira, serração ao comprido ❖ *~ chisel* formão; escopro grosso; NÁUTICA *~ iron* marujo; *~ saw* serra braçal
rippingly [ˈrɪpɪŋlɪ] adv. optimamente, esplendidamente
ripple [ˈrɪpəl] Ⓐ s. 1 pequena ondulação (provocada por vento suave); 2 (regato) murmúrio; 3 (cabelo) ondulação; 4 prega, ruga; 5 (voz) modulação; 6 (linho) rastelo, sedeiro, ripanço; 7 FÍSICA série de ondas Ⓑ v.tr.,intr. 1 (superfície da água) enrugar(-se), agitar(-se), encrespar(-se); 2 ondular, fazer pequenas ondas; 3 rumorejar, sussurrar, murmurar; 4 (linho) ripar ❖ *~ mark* pequena ondulação deixada na areia pela maré; *~ plate* chapa ondulada; *ripples of laughter* série de risadas
rippled [ˈrɪpəld] adj. enrugado, encrespado, ondulado
rippler [ˈrɪplə] s. rastelo, sedeiro, ripanço (para o linho)
ripplet [ˈrɪplɪt] s. ondulação pequena
rippling [ˈrɪplɪŋ] Ⓐ adj. murmurante, sussurrante, rumorejante Ⓑ s. 1 ondulação, enrugamento (da superfície da água); 2 murmúrio, rumorejo, sussurro; 3 ripagem, ripadura
ripply [ˈrɪplɪ] adj. ondulado, com pequenas ondulações
riprap [ˈrɪpræp] Ⓐ s. 1 enrocamento, conjunto de rochas que servem de base em obras de hidráulica; 2 detonações de fogo de artifício Ⓑ v.tr. (particípios: **-pp-**) enrocar, preparar rochas para o enrocamento
riprapping [ˈrɪpˌræpɪŋ] s. acto de enrocar
riproaring [ˈrɪpˌrɔːrɪŋ] adj. [coloq.] barulhento, ruidoso, turbulento

ripsaw [ˈrɪpsɔː] s. serrote, serra circular
ripsnorter [ˈrɪpsnɔːtə] s. [coloq.] (pessoa, coisa) espectáculo*coloq.*
Ripuarian [ˌrɪpjuˈeərɪən] adj.,s. ripuário ❖ HISTÓRIA *the ~ code of law* a lei dos ripuários; o código dos ripuários
rise [raɪz] Ⓐ s. 1 elevação; ressalto; *~ in the ground* ressalto de terreno; 2 pequena elevação, pequeno monte, colina; *the small church stands on a ~* a igrejinha fica no topo de uma elevação; 3 ladeira; rampa; 4 altura de degrau; 5 ascensão; *the ~ and fall of statesmen* a ascensão e a queda dos homens de estado; 6 subida; *~ in prices* subida de preços; *~ in social position* subida na escala social; *~ in temperature* subida de temperatura; MÚSICA *~ of half a tone* subida de meio tom; *the ~ of the tide* a subida da maré; *prices are on the ~* os preços estão a subir; 7 (temperatura, pressão, salário, etc.) elevação, aumento; *~ pressure* aumento de pressão; 8 (salário) aumento; *to ask for a ~* pedir um aumento; 9 enchente, cheia; 10 crescimento, melhoria, promoção; 11 desenvolvimento, progresso; 12 flecha de arco; 13 subida (do peixe à superfície); *he fished all day and did not get a ~* ele esteve a pescar todo o dia mas o peixe nem sequer mordeu; 14 ressurreição; 15 origem, fonte, início; *to give ~ to* originar, dar causa a Ⓑ v.tr.,intr. (*prt.* **rose**, *part. pass.* **risen**) 1 aparecer (no horizonte); nascer; *what time does the sun rise?* a que horas nasce o Sol?; 2 erguer-se, levantar-se; pôr-se em pé; *to ~ at an actor* levantar-se para aplaudir um actor; *to ~ from the table* levantar-se da mesa; 3 elevar-se; *to ~ off the ground* elevar-se do solo; 4 (sair da cama) levantar-se; *to ~ with the lark* levantar-se muito cedo, levantar-se com a cotovia; 5 surgir; vir; *a thought rose in me* surgiu-me uma ideia; *tears rose to her eyes* vieram-lhe lágrimas aos olhos; 6 vir ao de cima, vir à superfície; *to ~ to the surface* vir à superfície; 7 ressurgir, ressuscitar; *to ~ from the dead* ressurgir dos mortos; 8 (preços, temperatura) subir; elevar-se; *the barometer is rising* a temperatura está a subir; 9 aumentar, crescer; *her hopes began to ~* as esperanças dele começaram a aumentar; 10 formar ladeira; 11 tornar-se mais forte; *her colour rose* a cor dela tornou-se mais evidente; 12 medrar, desenvolver-se; 13 (massa) levedar; crescer; *the bread will ~* a massa do pão vai crescer (depois de deitado o fermento); 14 responder [**to**, a]; *to ~ to it* responder a uma provocação; 15 mostrar-se à altura [**to**, de]; *to ~ to an emergency* mostrar-se à altura duma emergência; *to ~ to the occasion* mostrar-se à altura das circunstâncias; 16 revoltar-se, rebelar-se, sublevar-se; 17 ter origem [**from**, em]; resultar [**from**, de]; 18 progredir, subir socialmente, prosperar; *to ~ in the world* subir na escala social; 19 (caça) levantar ❖ *~ and fall of the sea* a maré cheia e a maré baixa do mar; *~ of a curve* inclinação de uma curva; *bubbles rose from the bottom of the river* saíam bolhas do fundo do rio; *he couldn't ~ a fish* nem um peixe lhe mordeu a isca; *he rose from nothing* ele saiu do nada; *her voice rose in excitement* o tom de voz subiu com a excitação; *his spirits are rising* agora sente-se cada vez mais animado; *if a wind should ~* na hipótese de se levantar vento; *my hair rose on my head* os cabelos puseram-se-me em pé; *my stomach rose at the sight* senti o estômago revoltar-se perante aquele espectáculo; *Parliament will ~ in two or three weeks* o parlamento vai interromper as suas sessões dentro de duas ou três semanas; *the horse rose on its hind legs* o cavalo empinou-se nas patas traseiras; *the House rose at seven o'clock* o parlamento encerrou a sessão às sete horas; *the road begins to ~ here* a estrada começa aqui a subir; *the river takes its ~ among...* o rio nasce entre...; *the wind rose quickly* o vento levantou-se rapidamente; *they fell never to ~ again* eles tombaram para nunca mais se levantarem; *to get a ~ out of sb/to take a ~ out of sb* mistificar alguém; irritar alguém; obrigar alguém a mostrar os seus fracos; levar alguém; *to ~ to wealth* chegar à riqueza
◆**rise above** v.tr. mostrar-se superior a; estar acima de
◆**rise against** v.tr. revoltar-se contra; insurgir-se contra; *my whole soul rises against it* todo o meu ser se revolta perante isso
◆**rise up** v.intr. 1 revoltar-se [**against**, contra]; *to ~ against sb* revoltar-se contra alguém; 2 (edifício, montanha, etc.) erguer-se; 3 levantar-se; *to ~ to sb* levantar-se à passagem de alguém ❖ *to ~ in arms* pegar em armas; (pele) *to ~ in blisters* empolar

risen ['rɪzən] *part. pass. de* **to rise**
riser ['raɪzə] *s.* 1 (sono, cama) pessoa que se levanta; *to be a late ~* levantar-se tarde; *to be an early ~* ser madrugador, gostar de se levantar cedo; 2 pé de degrau; espelho de degrau; 3 tubo de subida
risibility [,rɪzɪ'bɪlɪtɪ, ,raɪzɪ'bɪlɪtɪ] *s.* risibilidade; ridículo; absurdo
risible ['rɪzɪbəl, 'raɪzɪbəl] *adj.* risível; ridículo; absurdo
rising ['raɪzɪŋ] Ⓐ *adj.* 1 que se ergue, que se eleva, que sobe; 2 ascendente; em ascensão; *~ thermals* correntes aéreas ascendentes; 3 (sol) nascente; 4 crescente; que aumenta; *~ importance* importância crescente; *~ temperature* temperatura a subir; 5 emergente; que surge Ⓑ *s.* 1 subida; *the ~ of the tide* a subida da maré; 2 ascensão; 3 elevação; 4 ressalto, protuberância; 5 (sol) nascimento; 6 aparecimento; emergência; 7 (assembleia, parlamento, etc.) encerramento, interrupção de trabalhos; 8 sublevação, insurreição, revolta; 9 (sono, cama) acto de se levantar; *he does not like early ~* ele não gosta de se levantar cedo; 10 ressurreição, ressurgimento; 11 promoção, subida na escala social; 12 MEDICINA abcesso, tumor, furunculose Ⓒ *adv.,prep.* 1 [EUA] [coloq.] cerca de, mais ou menos; *~ five hundred* cerca de quinhentos; 2 mais de, acima de; *~ of five hundred* mais de quinhentos ❖ ARQUITECTURA *~ arch* arco montante; arco aviajado; *~ cupboard* elevador de cozinha; *~ gradient* rampa; subida; *~ ground* elevação de terreno; (astrologia) *~ sign* (signo) ascendente; *~ star* estrela em ascensão; jovem esperança; *~ table* mesa de altura variável; *~ tide* enchente; maré-cheia; *~ vault* abóbada montante; *the ~ generation* a nova geração
risk [rɪsk] Ⓐ *s.* 1 risco; *fire ~* risco de incêndio; *war risks* riscos de guerra; *at the ~ of his life* com risco da própria vida; *it is not worth the ~* não vale o risco; *the risks of an undertaking* os riscos de um empreendimento; *to run the ~ of* correr o risco de; *to take no risks* não correr riscos, não desejar correr riscos; 2 perigo; *there is not much ~ of his catching cold* não há muito perigo de ele apanhar frio Ⓑ *v.tr.* 1 pôr em risco; 2 correr o risco de; arriscar-se a; *to ~ a hasty decision* correr o risco de tomar uma decisão apressada; *to ~ a sprained ankle* arriscar-se a sofrer uma entorse; 3 aventurar-se; 4 arriscar; *to ~ a battle* arriscar batalha; *to ~ everything on one throw* arriscar tudo numa só jogada; *to ~ one's fortune* arriscar a fortuna; *to ~ one's own skin* arriscar a própria pele ❖ COMÉRCIO *~ money* fundos destinados a cobrir qualquer déficit de caixa; *at one's own ~* por sua própria conta e risco; *at owner's ~* por conta e risco do proprietário
riskily ['rɪskɪlɪ] *adv.* 1 de uma maneira arriscada, arriscadamente; 2 perigosamente; 3 de modo incerto
riskiness ['rɪskɪnəs] *s.* 1 carácter arriscado ou perigoso; 2 perigos, riscos
risky ['rɪskɪ] *adj.* (comp. -ier, superl. -iest) 1 perigoso; arriscado; 2 (história, piada) ousado; arrojado; picante; 3 incerto; de carácter duvidoso
risotto [rɪ'zɒtəʊ] *s.* CULINÁRIA risoto
risqué [rɪs'keɪ] *adj.* pouco conveniente, escabroso, indecente
rissole ['rɪsəʊl] *s.* CULINÁRIA rissol
rite [raɪt] *s.* 1 ritual; cerimónia; 2 rito; *burial rites/funeral rites* ritos funerários; *conjugal rites/nuptial rites* ritos nupciais; 3 etiqueta ❖ *last rites* extrema-unção; *she died fortified with the rites of the Church* ela morreu confortada com os sacramentos da Igreja; *the rites of hospitality* as leis da hospitalidade; RELIGIÃO *the Roman ~* o rito romano
ritornello [,rɪtɔ'neləʊ] *s.* MÚSICA ritornelo
ritual ['rɪtʃʊəl, 'rɪtjʊəl] Ⓐ *adj.* 1 ritual; 2 relativo a ritos, que contém ritos Ⓑ *s.* 1 ritual, cerimonial; 2 livro com indicação dos ritos de uma religião
ritualism ['rɪtʃʊəlɪzəm, 'rɪtjʊəlɪzəm] *s.* 1 ritualismo; 2 conjunto de ritos; 3 tendência para aumentar a importância das cerimónias religiosas
ritualist ['rɪtʃʊəlɪst, 'rɪtjʊəlɪst] *s.* ritualista
ritualistic [,rɪtʃʊə'lɪstɪk, ,rɪtjʊə'lɪstɪk] *adj.* ritualístico, ritualista
ritualistically [,rɪtʃʊə'lɪstɪkəlɪ, ,rɪtjʊə'lɪstɪkəlɪ] *adv.* ritualisticamente
ritualize ['rɪtʃʊəlaɪz, 'rɪtjʊəlaɪz] *v.tr.* ritualizar

ritually ['rɪtʃʊəlɪ, 'rɪtjʊəlɪ] *adv.* ritualmente, de acordo com os ritos
ritzy ['rɪtsɪ] *adj.* [EUA] [coloq.] chique, elegante
rivage ['raɪvɪdʒ] *s.* [poét.] praia, costa, margem
rival ['raɪvəl] Ⓐ *adj.,s.* rival; adversário; antagonista; concorrente; êmulo; *without a ~* sem rival, sem adversário à altura Ⓑ *v.tr.,intr.* (particípios -ll-) 1 rivalizar [**with**, com]; competir [**with**, com]; bater-se [**with**, com]; *to ~ with sb in...* rivalizar com alguém em...; 2 ser concorrente [**with**, de]; 3 igualar [**in**, em]
rivalize ['raɪvəlaɪz] *v.intr.* rivalizar [**with**, com]
rivalry ['raɪvəlrɪ] *s.* (*pl.* **-ies**) rivalidade; competição; concorrência; emulação; *friendly ~* rivalidade amiga; *in ~ with* em competição com; *political ~* rivalidade política
rive [raɪv] *v.tr.,intr.* (*prt.* **rived**, *part. pass.* **riven**) 1 fender; rachar; abrir; 2 despedaçar, rebentar, rasgar; *to ~ sb's heart* despedaçar o coração de alguém; 3 arrancar [**from**, de]; *to ~ the truth from sb* arrancar a verdade a alguém
◆ **rive off** *v.tr.,intr.* arrancar; *to ~ a branch* arrancar um ramo
riven ['rɪvən] Ⓐ *adj.* 1 [lit.] despedaçado, fendido; 2 [lit.] arrancado Ⓑ *prt. de* **rive**
river¹ ['rɪvə] Ⓐ *s.* 1 rio; *the Hudson ~* o rio Hudson; *the ~ Thames* o rio Tamisa; 2 curso de água; 3 [fig.] (grande quantidade) corrente; torrente; *rivers of blood* rios de sangue, torrentes de sangue Ⓑ *adj.* 1 fluvial; *~ gunboat* canhoneira fluvial; *~ harbour* porto fluvial; *~ port* porto fluvial; 2 de rio; *~ fish* peixe de rio; *~ lamprey* lampreia de rio; *~ sand* areia de rio; 3 do rio; *~ bed* leito do rio; *~ pilot* piloto do rio Ⓒ *v.tr.* (lã, carneiros) lavar no rio ❖ *~ basin* bacia hidrográfica; *~ dragon* crocodilo; *~ horse* hipopótamo; *~ watcher* guarda-rios; *diamond extra ~* diamante da mais fina água; *down the ~* a jusante; *up the ~* a montante; [EUA] [coloq.] *to be up the ~* estar preso; [coloq.] *to cross the ~* morrer
river² ['raɪvə] *s.* pessoa que despedaça, fende ou racha
riverain ['rɪvəreɪn] Ⓐ *adj.* 1 ribeirinho, que vive nos rios ou nas suas proximidades; 2 marginal; 3 relativo a rios Ⓑ *s.* pessoa que vive junto ao rio
riverhead ['rɪvəhed] *s.* nascente do rio
riverine ['rɪvəraɪn] *adj.* 1 ribeirinho, marginal; 2 fluvial
riverless ['rɪvələs] *adj.* sem rios
riverling ['rɪvəlɪŋ] *s.* regato, pequeno rio
riverman ['rɪvəmən] *s.* (*pl.* **-men**) barqueiro de rio, arrais de rio, marinheiro de rio
riverscape ['rɪvəskeɪp] *s.* (imagem, natureza) paisagem fluvial
riverside ['rɪvəsaɪd] *s.* 1 margem de rio; 2 beira-rio ❖ *a ~ villa* uma casa situada à beira-rio
rivery ['rɪvərɪ] *adj.* 1 fluvial; relativo a rio; 2 semelhante a rio; 3 cheio de rios ou correntes de água
rivet ['rɪvɪt] Ⓐ *s.* 1 rebite; *to drive a ~* cravar um rebite; 2 cravo; 3 [coloq.] (peça de louça) gato Ⓑ *v.tr.* (particípios -t- ou -tt-) 1 rebitar; cravar com rebite; prender com rebite(s); 2 firmar; fixar; prender com firmeza; *to ~ on the sole* pregar a sola; 3 (atenção, olhar) concentrar; fixar; atrair; prender; *it riveted our attention* prendeu-nos a atenção, fascinou-nos; 4 arraigar
riveted ['rɪvɪtɪd] *adj.* 1 rebitado; preso com rebites; *~ bolt* cavilha rebitada; *~ pipe* tubo rebitado; 2 firme; *clinched and ~* seguro e firme; 3 arreigado; *~ hatred* ódio arreigado ❖ *~ seam* fila de rebites
riveter ['rɪvɪtə] *s.* 1 cravador; 2 rebitador; 3 pessoa que crava ou rebita; 4 rebitadora, máquina de rebitar
riveting ['rɪvɪtɪŋ] Ⓐ *adj.* [coloq.] fascinante Ⓑ *s.* 1 rebitagem; cravação; 2 acto de pregar ❖ *~ hammer* martelo de rebitar; *~ handle* forquilha de rebites; *~ machine* cravadeira; máquina de rebitar; *~ pin* cavilha; rebite; *~ press* prensa de rebitar; *~ shop* oficina de cravação de rebites; *~ tongs* tenaz para rebites
rivetless ['rɪvɪtləs] *adj.* sem rebites, fixo sem rebites
rivetted ['rɪvɪtɪd] ⇒ **riveted**
rivetting ['rɪvɪtɪŋ] ⇒ **riveting**
rivière ['rɪ'vjeə] *s.* colar de pedras preciosas, sobretudo com mais que uma volta
riving ['raɪvɪŋ] *s.* acto de fender ou fender-se
rivulet ['rɪvjəlɪt] *s.* regato, ribeiro, arroio
rix-dollar [,rɪks'dɒlə] *s.* HISTÓRIA rixdaler, antiga moeda de prata da Suécia, Dinamarca, Flandres, Suíça e Alemanha

riziform [ˈrɪzɪˌfɔːm] *adj.* riziforme
RLSS [*abrev. de* Royal Life Saving Society]
rm Ⓐ [*abrev. de* ream] Ⓑ [*abrev. de* room]
RM Ⓐ MEDICINA [*abrev. de* Registered Midwife] Ⓑ [*abrev. de* Royal Mail] Ⓒ MILITAR [*abrev. de* Royal Marines]
RMA Ⓐ [*abrev. de* Royal Marine Artillery] Ⓑ [*abrev. de* Royal Military Academy (Sandhurst)]
RMC [*abrev. de* Royal Military College]
RMS Ⓐ [*abrev. de* Royal Mail Service] Ⓑ [*abrev. de* Royal Mail Ship]
Rn QUÍMICA [*símbolo de* radon]
RN Ⓐ [*abrev. de* Royal Navy] Ⓑ [*abrev. de* registered nurse]
RNA BIOQUÍMICA (citologia, genética) [*abrev. de* ribonucleic acid] ARN
RNAS Ⓐ [*abrev. de* Royal Naval Air Service] Ⓑ [*abrev. de* Royal Naval Air Station]
RNR [*abrev. de* Royal Navy Reserve]
RNV [*abrev. de* Royal Navy Volunteers]
RNVR [*abrev. de* Royal Naval Volunteer Reserve]
roach [rəʊtʃ] *s.* **1** ZOOLOGIA leucisco; **2** NÁUTICA (esteira de vela quadrada) recorte curvo, aluamento; **3** [coloq.] barata; **4** [cal.] (marijuana) beata de charro ❖ *as sound as a ~* de óptima saúde
road [rəʊd] Ⓐ *s.* **1** estrada; *by ~* por estrada; *high ~* estrada principal, estrada nacional; *the ~ to Oporto* a estrada para o Porto; **2** via; **3** rua; *metalled ~* rua empedrada; **4** caminho; *local ~* caminho vicinal; **5** calçada; *roads and bridges* pontes e calçadas; **6** (mina) galeria; **7** NÁUTICA ancoradouro; enseada; angra; *in the roads* no porto, ancorado; **8** [fig.] caminho; via; *the ~ to crime* o caminho do crime; *this is the ~ to ruin* este é o caminho para a ruína; *to be on the ~ to...* estar a caminho de...; *to get in sb's ~* atravessar-se no caminho de alguém; *to get out of sb's ~* sair do caminho de alguém Ⓑ *v.tr.* (cão) seguir (a caça) pelo olfato ❖ *~ accidents* acidentes na estrada; *Road Board* Junta Autónoma das Estradas; *~ book* guia das estradas; *~ crossing* cruzamento; *~ death* acidente mortal na estrada; *~ fund licence* imposto de circulação; selo automóvel; *~ haulage* transportes rodoviários; [depr.] *~ hog* condutor de domingo; *~ hump* lomba; *~ labourer* cantoneiro; *~ leveller* máquina para terraplanagens; *~ map* mapa das estradas; *~ metal* cascalho para as estradas; pedra britada; *~ safety* segurança na estrada; segurança rodoviária; *~ section* troço de estrada; *~ sense* sentido de condução nas estradas; *~ sign* sinal de trânsito; *~ tax* imposto de circulação; *~ transport* transporte por estrada; *~ up* obras na estrada; *in the ~* a impedir; atravessado no caminho (de alguém); *there is no royal ~ to learning* aprender não é fácil; *the ~ to hell is paved with good intentions* de boas intenções está o inferno cheio; *to be on the (high) ~ to fortune* estar no bom caminho para conseguir fortuna; *to be on the ~* andar em viagem; *to take the ~* iniciar viagem (por estrada); [ant.] *to take to the ~* fazer-se salteador
roadability [ˌrəʊdəˈbɪlɪtɪ] *s.* capacidade de seguir por estrada
roadable [ˈrəʊdəbəl] *adj.* próprio para utilizar as estradas
roadbed [ˈrəʊdbed] *s.* leito de estrada
roadblock [ˈrəʊdblɒk] *s.* barricada, bloqueio de estrada
roadholding [ˈrəʊdhəʊldɪŋ] *s.* MECÂNICA (veículo) aderência à estrada; estabilidade na estrada
roadhouse [ˈrəʊdhaʊz] *s.* [ant.] restaurante junto da estrada; hotel junto da estrada
roadkill [ˈrəʊdkɪl] *s.* cadáver de animal atropelado
roadless [ˈrəʊdləs] *adj.* sem estradas, desprovido de estradas
roadman [ˈrəʊdmən] *s.* (*pl.* **-men**) **1** homem encarregado da conservação de estradas; **2** cantoneiro
roadmanship [ˈrəʊdmənʃɪp] *s.* obediência às regras de trânsito
roadmap [ˈrəʊdmæp] *s.* mapa das estradas
roadmender [ˈrəʊdˌmendə] *s.* cantoneiro
roadroller [ˈrəʊdˌrəʊlə] *s.* (obras na estrada) rolo compressor
roadside [ˈrəʊdsaɪd] *s.* (estrada) beira, berma ❖ *~ plants* plantas ao longo da estrada; *~ repairs* reparações de emergência; consertos de emergência
roadstead [ˈrəʊdsted] *s.* NÁUTICA rada; angra; ancoradouro; *to leave the ~* sair do ancoradouro
roadster [ˈrəʊdstə] *s.* **1** [ant.] (carro desportivo) descapotável de dois lugares; **2** [arc.] cavalo para andar na estrada; **3** viajante com grande experiência de andar pelas estradas; **4** NÁUTICA navio ancorado

roadway [ˈrəʊdweɪ] *s.* **1** estrada, parte central da estrada; **2** leito da rua
roadworks [ˈrəʊdwɜːks] *s.pl.* obras na estrada
roadworthy [ˈrəʊdˌwɜːðɪ] *adj.* (veículo) em bom estado, em boas condições, em condições para ser utilizado na estrada
roam [rəʊm] Ⓐ *s.* caminhada; deambulação Ⓑ *v.tr.,intr.* **1** andar; vaguear, deambular; caminhar sem um fim definido; **2** percorrer, andar por; *to ~ the woods* andar pelos bosques; **3** (mar) atravessar, cruzar; *to ~ the seas* cruzar os mares
✦**roam about** *v.tr.,intr.* andar sem destino; vaguear; deambular; *he is roaming about* ele está a andar por aí
roamer [ˈrəʊmə] *s.* vagabundo, vadio
roaming [ˈrəʊmɪŋ] Ⓐ *adj.* **1** vagabundo; **2** errante; **3** que anda sem destino definido Ⓑ *s.* deambulação, perambulação
roan [rəʊn] Ⓐ *adj.* (cavalo) ruão, ruano Ⓑ *s.* **1** ruão, ruano, cavalo de pêlo branco com manchas pretas redondas, ou preto com malhas brancas ou esbranquiçadas; **2** carneira macia empregada em encadernações em substituição do marroquim
roar [rɔː] Ⓐ *s.* **1** rugido, bramido; *the ~ of the waves* o bramido das ondas; **2** berro; urro; **3** ronco; **4** (gargalhadas, trovões, etc.) barulho; estrondo Ⓑ *v.tr.,intr.* **1** rugir, bramir; **2** atroar, troar; **3** ribombar; **4** berrar, bradar, gritar; vociferar; *don't ~ at me* não me berres; *he roared himself hoarse* enrouqueceu de tanto berrar; *to ~ for mercy* gritar implorando piedade; *to ~ out an order* gritar uma ordem; *to ~ sb down* obrigar alguém a calar-se berrando mais alto; *to ~ with pain* berrar de dor; *you need not ~* não é preciso berrares; **5** (motor, pessoas, animais) roncar ❖ *roars of laughter* grandes gargalhadas; [coloq.] *everything went with a ~* tudo correu às mil maravilhas; foi um sucesso louco; *to ~ with laughter* rir-se ruidosamente; *to set in a ~* fazer rir às gargalhadas
roarer [ˈrɔːrə] *s.* **1** pessoa que grita, berra ou vocifera; **2** cavalo que respira com ruído; **3** [EUA] qualquer coisa que dá nas vistas
roaring [ˈrɔːrɪŋ] Ⓐ *adj.* **1** rugidor; **2** ribombante; **3** atroador; **4** que brame, que berra; **5** vociferador; **6** ensurdecedor; que faz muito barulho; *a ~ audience* uma assistência que faz muito barulho; **7** exuberante; extraordinário; tremendo; **8** divertidíssimo; *a ~ night* uma noite divertidíssima, uma noite passada na pândega; *they had a ~ time!* isto é que eles se divertiram! Ⓑ *s.* **1** rugido, bramido; **2** berro; urro; **3** ronco; **4** estrondo; **5** VETERINÁRIA pulmoeira ❖ [arc.] *a ~ blade* um estroina; uma pessoa que anda na pândega; *in ~ health* de óptima saúde; com uma saúde esplêndida; GEOGRAFIA *the ~ Forties* a região tempestuosa compreendida entre os 40 e 50 graus de latitude norte; *the ~ game* o jogo do *curling*; *the ~ Twenties* os loucos anos 20; *to do/drive a ~ trade* fazer um negócio esplêndido
roast [rəʊst] Ⓐ *s.* **1** CULINÁRIA assado, carne assada; **2** assadura Ⓑ *v.tr.,intr.* (*prt. e part. pass.* **roasted**) **1** CULINÁRIA assar; *to ~ a joint* assar uma peça de carne; **2** torrar(-se); tostar(-se); *to ~ coffee beans* torrar café; [fig.] *to ~ under the sun* tostar (queimar) ao sol; **3** calcinar; queimar; **4** [coloq.] (crítica) atacar valentemente; **5** [coloq.] ridicularizar, meter a ridículo Ⓒ *adj.* **1** assado; *~ meat* carne assada; *~ pork* carne de porco assada; **2** torrado; tostado ❖ *to rule the ~* mandar; ser mandão
roaster [ˈrəʊstə] *s.* **1** pessoa que assa, torra ou tosta; **2** forno de assar; **3** grelha; **4** torrador de café; **5** calcinador de minério; **6** ave ou animal (galo, galinha, frango, leitão, etc.) próprio para assar; **7** [coloq.] dia muito quente
roasting [ˈrəʊstɪŋ] Ⓐ *adj.* (calor) extremamente quente, abrasador, ardente; *it's ~ in here!* assa-se aqui dentro! Ⓑ *s.* **1** acto de assar, torrar, tostar; **2** torrefacção; **3** calcinação, ustulação; **4** [coloq.] reprimenda, censura; *to give sb a ~* dar uma descompostura a alguém ❖ *~ dish* assadeira; *~ furnace* forno para assar; *~ jack/spit* espeto giratório de assar
rob [rɒb] *v.tr.* (*particípios* **-bb-**) **1** roubar; furtar; **2** assaltar; *to ~ sb on the road* assaltar alguém na estrada; **3** pilhar; **4** (valores, princípios, etc.) tirar, roubar, despojar violentamente [**of**, de]; *she was robbed of all her savings* roubaram-lhe todas as economias; **5** espoliar ❖ *to ~ Peter to pay Paul* tirar a um para dar a outro; pagar com dinheiro emprestado; pedir dinheiro emprestado para pagar dívidas; [coloq.] *to ~ sb blind* burlar alguém

robalo ['rɒbəˌləʊ] s. ZOOLOGIA (peixe) robalo
robands ['rəʊbəndz] s.pl. NÁUTICA envergues
robber ['rɒbə] s. 1 (bancos, lojas) salteador, ladrão; 2 bandido; 3 esbulhador ❖ ~ *baron* barão dos tempos medievais que conseguia ganhar dinheiro lançando impostos exorbitantes; ~ *chief* capitão de salteadores; ZOOLOGIA ~ *fly* asilo; díptero da família dos Asilídeos; *highway* ~ salteador de estrada; *sea* ~ pirata
robbery ['rɒbəri] s. (pl. **-ies**) 1 assalto; roubo; latrocínio; *armed* ~ assalto à mão armada; *bank* ~ assalto a banco; *highway* ~ assalto na estrada; ~ *with violence* assalto com emprego de violência; 2 pilhagem, esbulho, depredação; 3 extorsão ❖ *fair exchange is no* ~ trocado não é roubado
robbing ['rɒbɪŋ] s. 1 roubo, assalto; 2 esbulhamento
robbins ['rɒbɪnz] s.pl. NÁUTICA ⇒ **robands**
robe [rəʊb] Ⓐ s. 1 túnica; 2 manto; 3 roupão; 4 capa, toga, beca; 5 batina; 6 vestes; traje; *royal robes* trajes reais; *to wear one's* ~ *of office* envergar o traje próprio das suas funções; 7 veste talar Ⓑ v.tr.,intr. 1 vestir(-se) (com toga, beca, batina, etc.); 2 revestir(-se); 3 paramentar(-se) ❖ *the Robe* os magistrados; [fig.] *gentlemen of the* ~ magistrados; homens do foro; homens de leis; *master of the robes* chefe do guarda-roupa do rei; *mistress of the robes* dama da corte encarregada do guarda-roupa da rainha, açafata; *the long* ~ as togas; as becas; as batinas
Robert ['rɒbət] s.antr. Roberto
Roberta [rə'bɜːtə] s.antr. Roberta
robin ['rɒbɪn] s. ZOOLOGIA pisco, pisco-de-peito-ruivo ❖ ZOOLOGIA ~ *redbreast* pisco-de-peito-ruivo; pisco-de-peito-vermelho
robing ['rəʊbɪŋ] s. 1 acto de envergar a toga, beca, batina, etc.; 2 vestes talares, traje de cerimónia
robinia [rə'bɪnɪə] s. BOTÂNICA acácia-bastarda
roborant ['rɒbərənt] adj.,s. MEDICINA fortificante, tónico
robot ['rəʊbɒt] s. 1 robô; 2 [fig.] (pessoa) robô, autómato ❖ ~ *bomb* bomba voadora; ~ *distributor* distribuidor automático; AERONÁUTICA ~ *pilot* piloto automático; (trânsito) *traffic robots* semáforos
robotic [rəʊ'bɒtɪk] adj. 1 robotizado; 2 mecânico
robotics [rəʊ'bɒtɪks] s. robótica
robotization [rəʊbətaɪ'zeɪʃən] s. 1 robotização; 2 mecanização, automatização
robotize ['rəʊbətaɪz] v.tr. 1 robotizar; 2 mecanizar, automatizar
robur ['rəʊbə] s. BOTÂNICA roble
roburite ['rɒbəraɪt] s. roborito, roborite, explosivo constituído por cerca de 80% de nitrato de amónio com dinitroclorobenzina ou dinitrobenzina
robur oak ['rəʊbəˌrəʊk] s. BOTÂNICA roble
robust [rəʊ'bʌst, 'rəʊbəst] adj. (comp. **-er**, superl. **-est**) 1 robusto; forte; resistente; rijo, duro; 2 vigoroso; ~ *exercises* exercícios vigorosos; 3 sadio; 4 rude; áspero; 5 resoluto
robustious [rəʊ'bʌstjəs] adj. 1 barulhento, ruidoso, turbulento; 2 [arc.] robusto, vigoroso, rude
robustiously [rəʊ'bʌstjəslɪ] adv. ruidosamente, barulhentamente, rudemente
robustly [rə'bʌstlɪ] adv. 1 robustamente; 2 vigorosamente; 3 com firmeza; 4 violentamente
robustness [rə'bʌstnəs] s. robustez, vigor, força, energia
roc [rɒk] s. MITOLOGIA ave gigantesca e fabulosa de certos contos orientais
ROC [abrev. de Royal Observer Corps]
rocambole ['rɒkəmˌbəʊl] s. BOTÂNICA alho-bravo, alho-espanhol
rochet ['rɒtʃɪt] s. roquete, espécie de sobrepeliz com mangas, pregas e rendas
rock [rɒk] Ⓐ s. 1 MINERALOGIA rocha; *igneous* ~ rocha ígnea; *primitive* ~ rocha primitiva; *volcanic* ~ rocha vulcânica; 2 rocha, rochedo; penedo; *as firm as a* ~ firme como um rochedo; *the house was built upon* ~ a casa estava construída sobre rocha; (barco) *to run on the rocks/to strike the rocks* bater nas rochas, ir cair sobre os rochedos; 3 penhasco; 4 recife, escolho; 5 [fig.] coisa ou pessoa firme como uma rocha; 6 [fig.] auxílio, amparo, defesa, protecção, refúgio; 7 [fig.] contratempo, dificuldade; 8 embalo, balanço, balouço; *to give the baby a* ~ embalar uma criança; 9 MÚSICA rock; 10 HISTÓRIA roca de fiar Ⓑ v.tr.,intr. 1 embalar, abanar; *to* ~ *a baby to sleep* adormecer uma criança, embalando-a; 2 balouçar(-se); *to* ~ *a cradle* balouçar um berço; *to* ~ *oneself in a chair* balouçar-se numa cadeira; 3 oscilar de um lado para o outro; agitar em movimento semelhante ao de um berço quando embalado; *to* ~ *the ore* agitar o minério em movimento de embalo ❖ ~ *alum* alúmen; pedra-ume; ~ *basin* bacia rochosa formada por geleiras; ~ *bed* leito de rocha; ZOOLOGIA ~ *bird* arau-de-crista; papagaio-do-mar; ~ *breaker* britador; CULINÁRIA ~ *cake* pequeno bolo de frutas secas, com superfície dura e áspera; CULINÁRIA ~ *candy* açúcar cândi; ~ *cavity* cavidade rochosa; ~ *cork* cortiça fóssil; ~ *crystal* cristal-de-rocha; ZOOLOGIA ~ *dove* pombo-dos-rochedos; ~ *drill* broca para perfuração de rochas; ~ *English* inglês, misturado com espanhol, falado em Gibraltar; ~ *fever* febre-de-gibraltar; ~ *garden* terreno adornado com rochas para cultivo de plantas apropriadas; ~ *gas* gás natural; ZOOLOGIA ~ *goat* cabra-montês; ZOOLOGIA ~ *gurnard* bêbedo; ruivo; ~ *island* ilhéu; ~ *leather* couro fossilizado; ~ *oil* nafta; petróleo; ~ *painting* pintura rupestre; ~ *paper* variedade de asbesto; ~ *pigeon* pombo-dos-rochedos; ~ *plant* planta que se dá só entre rochas; ~ *salt* sal-gema; ~ *sucker* lampreia-do-mar; ~ *tar* petróleo em bruto; ZOOLOGIA ~ *whistler* marmota-dos-alpes; ~ *and ore breaker* britador; *on the rocks* sem dinheiro; (bebida) com pedras de gelo; (barco) encalhado nas rochas, naufragado sobre rochas; RELIGIÃO *the Rock of Ages* Jesus Cristo; *to go on the rocks* destruir-se; desfazer-se

◆**rock up** v.intr. [Austr.] [coloq.] acontecer inesperadamente; aparecer inesperadamente

rock-bottom ['rɒkˌbɒtəm] Ⓐ adj. mínimo, extremamente baixo, baixíssimo; ~ *prices* preços baixíssimos, preços imbatíveis Ⓑ s. 1 leito da rocha; 2 (ponto mais baixo) fundo; *to hit* ~ chegar ao fundo ❖ *this is* ~ isto é o fim; impossível descer mais baixo do que isto
rockbound ['rɒkbaʊnd] adj. 1 pedregoso; rochoso; rodeado por rochas; 2 de acesso difícil
rock-climber ['rɒkˌklaɪmə] s. alpinista, montanhista, escalador
rock-climbing ['rɒkˌklaɪmɪŋ] s. alpinismo, escalada, montanhismo
rocker ['rɒkə] s. 1 músico de rock; 2 pessoa que embala, embalador; 3 (berço, cadeira, etc.) embaladeira, peça curva para facilitar o balanço; 4 cadeira de balanço; 5 oscilador; 6 balanceiro; 7 (minas) peneira móvel; 8 báscula, cambota ❖ ~ *arm* balanceiro; braço oscilante; [cal.] *are you off your rockers?* estás maluco?; não estás bom do juízo?
rockery ['rɒkərɪ] s. ⇒ **rock garden**
rocket ['rɒkɪt] Ⓐ s. 1 (míssil, sinalização) foguete; 2 (espaço) foguetão; *to fire a* ~ lançar um foguetão; 3 [coloq.] repreenda; *to give sb a* ~ dar um sermão a alguém; 4 BOTÂNICA eruca, juliana-dos-jardins Ⓑ v.tr.,intr. 1 atacar, bombardear; 2 subir em grande velocidade (como um foguete); 3 (cavalo, cavaleiro) passar como um foguete, precipitar-se como um foguete; 4 (aves de caça) subir a direito, voar rapidamente e muito alto; 5 (preços) subir em flecha, disparar ❖ ~ *airplane* avião-foguete; ~ *apparatus* foguetão porta-cabo; MILITAR ~ *bomb* foguetão; ~ *camera* máquina fotográfica instalada em foguetão; BOTÂNICA ~ *cress* erva-de-santa-bárbara; ~ *engine* motor que funciona pelo mesmo princípio dos foguetões; ~ *gun* canhão lança-cabos; canhão que dispara foguetões; ~ *plane* avião-foguete; ~ *signal* sinal de foguetão; ~ *stick* cana do foguete
rocketer ['rɒkɪtə] s. 1 desenhador de foguetões; 2 ave que sobe verticalmente
rockfish ['rɒkfɪʃ] s. ZOOLOGIA bodião, maragota, godião, chalrão, cantarilho
Rockies ['rɒkɪz] s.pl. (as) Montanhas Rochosas
rockiness ['rɒkɪnəs] s. 1 aspecto rochoso; 2 natureza rochosa; 3 natureza pedregosa
rocking ['rɒkɪŋ] Ⓐ adj. 1 que balança; 2 oscilante; ~ *lever* alavanca oscilante; ~ *stone* rochedo oscilante; 3 que embala Ⓑ s. 1 balanço; 2 embalo; 3 oscilação ❖ ~ *gait* andar bambo-leante; ~ *chair* cadeira de baloiço; (brinquedo) ~ *horse* cavalinho de baloiço
rockless ['rɒkləs] adj. sem rochedos
rocklike ['rɒklaɪk] adj. semelhante a rochedo, semelhante a rocha

rockling ['rɒklɪŋ] s. ZOOLOGIA pardelha-do-mar
rockrose ['rɒkrəʊz] s. BOTÂNICA (arbusto) esteva
rockslide ['rɒkslaɪd] s. avalanche, queda de rochedos
rocky ['rɒkɪ] adj. (comp. **-ier**, superl. **-iest**) **1** rochoso, cheio de rochas; pedregoso, cheio de pedras; **~** *soil* solo pedregoso; **2** duro, empedernido; semelhante a rocha; **3** [coloq.] pouco firme; periclitante; instável; precário; *to be in a* **~** *condition* estar em situação precária; **4** [coloq.] incerto; hesitante; **5** que abana, vacilante; *the table is very* **~** a mesa abana muito ❖ GEOGRAFIA *the Rocky Mountains* as Montanhas Rochosas; ZOOLOGIA *Rocky Mountain goat* cabra montesa norte-americana; CULINÁRIA (Estados Unidos) *Rocky Mountain oysters* testículos de boi; *to be going through a* **~** *patch* estar a viver um mau bocado
rococo [rə'kəʊkəʊ] Ⓐ s. rococó Ⓑ adj. **1** rococó; **2** [depr.] antiquado; **3** [depr.] com ornamentos excessivos ❖ ARTES PLÁSTICAS *the* **~** *style* o estilo rococó
rod [rɒd] s. **1** tirante, vareta, haste, biela; *brake* **~** tirante de travão; *copper* **~** vareta de cobre; *a piston* **~** uma biela; **~** *of a pendulum* haste de um pêndulo; **~** *of carbon* haste de carvão; **~** *of iron* vareta de ferro; **~** *of slide valve* haste de válvula; **2** varão; **3** varão (de cortina); *a curtain* **~** varão de cortinado ou cortina; **4** bordão, bastão; **5** castigo corporal, punição, açoite; **6** látego; **7** poder, autoridade, domínio; **8** (pesca) cana; *casting* **~** cana de lançar; *a fishing* **~** uma cana de pesca; *to fish with* **~** *and line* pescar à linha; **9** medida de comprimento equivalente a 5 jardas e meia; **10** ANATOMIA bastonete; **11** [cal.] pénis; **12** tribo, raça, linhagem; **13** [EUA] [coloq.] pistola, revólver ❖ **~** *antenna* antena em haste; **~** *chisel* talhadeira; **~** *fishing* pesca à linha; **~** *gauge* calibre macho; **~** *guide* guia de plaina; **~** *iron* ferro em varetas; *cleaning* **~** saca-trapos; *divining* **~** varinha de condão; *to have a* **~** *in pickle for sb* ter um castigo preparado para alguém; *to kiss the* **~** aceitar o castigo com submissão; *to make a* **~** *for one's own back* arranjar lenha para se queimar; arranjar complicações para si mesmo; *to rule with a* **~** *of iron* governar com mão de ferro; proceder como um tirano; [ant.] *spare the* **~** *and spoil the child* quem o castigo poupa estraga a criança
rodded ['rɒdɪd] adj. **1** com varas ou varetas; **2** em forma de vara ou vareta
rodding ['rɒdɪŋ] s. ferro em varetas
rode [rəʊd] prt. de **to ride**
rodent ['rəʊdənt] Ⓐ adj. roedor Ⓑ s. ZOOLOGIA roedor ❖ MEDICINA **~** *cancer/ulcer* cancro da pele; **~** *exterminators* exterminadores de ratos
rodeo ['rəʊdɪəʊ] s. **1** [EUA] rodeio (de gado); **2** reunião de gado para ser marcado, etc.; **3** local onde se efectua essa reunião
Roderick ['rɒdərɪk] s.antr. Rodrigo
rodinal ['rɒdɪnl] s. QUÍMICA rodinal, citronelal
rodlet ['rɒdlɪt] s. pequena vara, pequeno bastão, bastonete
rodman ['rɒdmən] s. (pl. **-men**) **1** porta-mira; **2** pescador
rodomontade [ˌrɒdəmɒn'tɑːd, ˌrɒdəmɒn'teɪd] Ⓐ s. fanfarronada, bravata, jactância Ⓑ v.intr. fanfarronar; dizer bravatas
rodomontader [ˌrɒdəmɒn'tɑːdə, ˌrɒdəmɒn'teɪdə] s. **1** fanfarrão; **2** bravatão, bravateador
rodsman ['rɒdzmən] s. (pl. **-men**) ⇒ **rodman**
roe [rəʊ] s. **1** cabrito-montês, cabra-montês; **~** *deer* cabrito-montês; **~** *doe* cabra-montês; **2** ovas de peixe ❖ **~** *calf* cria de cabrito-montês; (salmão, arenque, etc.) **~** *corn* ova; GEOLOGIA **~** *stone* oólito; *soft* **~** líquido fecundador de peixe-macho
roebuck ['rəʊbʌk] s. cabrito-montês (macho)
roed [rəʊd] adj. (peixe) com ovas
Roedean School [rəʊ'diːnˌskuːl] s. nome de uma escola pública inglesa, para raparigas, fundada em 1885 em Brighton
roentgen ['rɒntɡən] s. FÍSICA (sistema internacional de unidades de medida) roentgen
R. of O. [abrev. de Reserve of Officers]
rogation [rəʊ'ɡeɪʃən] s. **1** RELIGIÃO (três dias antes da Ascensão) rogações, ladainhas e preces públicas; **2** ladainhas menores; **3** HISTÓRIA rogação, projecto de lei entre Romanos proposto ao povo por cônsul ou tribuno ❖ RELIGIÃO **~** *days* rogações; BOTÂNICA **~** *flower* erva-leiteira; RELIGIÃO **~** *week* semana das rogações
rogatory ['rɒɡətrɪ] adj. rogatório

roger ['rɒdʒə] Ⓐ interj. [coloq.] OK Ⓑ v.tr. [cal.] dar o OK a
Roger ['rɒdʒə] s.antr. Rogério
rogue [rəʊɡ] Ⓐ s. **1** intrujão, trapaceiro, vigarista; **2** patife, velhaco; **3** malandro, tratante; **4** (pessoa que gosta de pregar partidas) malandrete; **5** [arc.] vagabundo, vadio; **6** ZOOLOGIA elefante solitário; animal solitário que vive afastado da manada e que se mostra um tanto perigoso; **7** cavalo de corrida manhoso; **8** planta de qualidade inferior numa sementeira Ⓑ adj. **1** ZOOLOGIA solitário, que vive afastado da manada; **~** *buffalo* búfalo solitário e potencialmente perigoso; **2** independente e imprevisível; que é uma espécie de carta fora do baralho; **3** potencialmente perigoso ❖ *rogue's gallery* fotografias de identificação judiciária; *to play the* **~** pregar partidas
roguery ['rəʊɡərɪ] s. (pl. **-ies**) **1** tratantada, marotice, velhacaria, malandrice; **2** trapaça, embuste; **3** travessura, partida
roguish ['rəʊɡɪʃ] adj. **1** tratante, maroto, velhaco; **2** malandro; **3** travesso, brincalhão, malicioso, traquinas
roguishly ['rəʊɡɪʃlɪ] adv. **1** velhacamente; **2** com malandrice; **3** travessamente, maliciosamente; **4** com um ar traquina
roguishness ['rəʊɡɪʃnəs] s. **1** espírito maroto, tratante; **2** travessura, malícia
roi [rwɑː] s. rei; *«le* **~** *le veult»* o rei assim o quer; *«le* **~** *s'avisera»* o rei considerará o assunto [palavra francesa usada ainda em Inglaterra em certas frases tradicionais]
roil [rɔɪl] v.tr. **1** [EUA] turvar (água); **2** incomodar; **3** irritar, fazer zangar (alguém) ❖ *to roil the waters* arranjar problemas
roily ['rɔɪlɪ] adj. (comp. **-ier**, superl. **-iest**) **1** turvo, turvado (líquido, água, etc.); **2** irritado
roinek ['rɔɪnek] s. **1** imigrante inglês ou europeu na República da África do Sul; **2** soldado britânico (durante a guerra dos Bóeres)
roister ['rɔɪstə] v.intr. **1** divertir-se ruidosamente, fazer barulho, foliar; **2** fazer de fanfarrão
roisterer ['rɔɪstərə] s. **1** fanfarrão, pessoa barulhenta; **2** indivíduo que se diverte ruidosamente; **3** estroina
roistering ['rɔɪstərɪŋ] Ⓐ adj. **1** barulhento, ruidoso; **2** fanfarrão Ⓑ s. **1** barulho; **2** fanfarronada; **3** divertimento ruidoso
roisteringly ['rɔɪstərɪŋlɪ] adv. **1** ruidosamente; **2** blasonadoramente, jactanciosamente
ROK [abrev. de Republic of Korea]
Roland ['rəʊlənd] s.antr. Rolando ❖ *a* **~** *for an Oliver* uma resposta adequada
role [rəʊl] s. **1** TEATRO papel; *supporting* **~** papel secundário; *the leading* **~** o papel principal; *to play the* **~** *of* desempenhar o papel de; **2** função, atribuições, cargo; **3** PSICOLOGIA papel; modelo ❖ (pessoa) **~** *model* modelo; **~** *reversal* inversão de papéis
rôle [rəʊl] s. ⇒ **role**
role-play ['rəʊlpleɪ] s. **1** PSICOLOGIA psicodrama; **2** dramatização
role-playing ['rəʊlpleɪɪŋ] s. ⇒ **role-play**
roll [rəʊl] Ⓐ s. **1** (geral) rolo; *a* **~** *of film* um rolo fotográfico; **2** CULINÁRIA rolo; **3** pão, pãozinho; *French* **~** pãozinho francês; *he took a cup of coffee and a* **~** ele tomou uma chávena de café e comeu um pãozinho; **4** cilindro, tambor; **5** rolo compressor; **6** (tambor) rufar rápido; **7** (trovão) ribombar; *the distant* **~** *of thunder* o ribombar distante do trovão; **8** grito, brado prolongado; **9** rol, lista, catálogo; *a* **~** *of honour* uma lista daqueles que morreram pela pátria; **10** registo; matrícula; *to enter sb on the rolls* inscrever alguém nos registos; **11** anuário; **12** série; número; conjunto; *a long* **~** *of heroes* uma longa série de heróis; *in the* **~** *of saints* no número dos santos; **13** [coloq.] dinheiro, maço de notas de banco; **14** ritmo, cadência; *the* **~** *of her sentences* a cadência das frases dela; **15** (embarcação, etc.) balanço; baloiçar; *the* **~** *of a ship* o balanço de um navio; **16** agitação das ondas; *the* **~** *of the sea* a agitação do mar; **17** movimento de rotação; **18** cambalhota; *to do a* **~** dar uma cambalhota; **19** [coloq.] (sexo) cambalhota; **20** andar gingado; *to walk with a* **~** caminhar, bamboleando-se, ter um andar gingado; **21** cilindro de laminação; **22** ARQUITECTURA voluta, espira; **23** pl. crónicas, anais, arquivos; *on the rolls of fame* nos anais da fama Ⓑ v.tr.,intr. **1** rolar, fazer rolar; *the coin rolled into a hole* a moeda rolou para um buraco; *to* **~** *downstairs* rolar pelas escadas abaixo, cair pelas escadas abaixo; **2** enrolar; *she was rolling sth in her fingers* ela estava a enrolar qualquer

coisa entre os dedos; **3** fazer, enrolando; *to ~ a cigarette* enrolar (fazer) um cigarro; *to ~ a snowball/to ~ snow into a ball* fazer uma grande bola de neve; **4** revirar; *to ~ one's eyes* revirar os olhos, rolar o olhar; **5** revolver; **6** voltear, girar; **7** laminar, calandrar; *this steel rolls well* este aço lamina-se bem; **8** preparar com rolo; **9** balançar dum lado para o outro; *the ship rolled badly* o navio oscilava muito dum lado para o outro; **10** flutuar, ondular; **11** rodar, efectuar movimento de rotação; **12** (tempo) passar, fluir; **13** (rio) correr; **14** deitar tinta no tipo com um rolo; **15** alisar com rolo; passar com rolo; cortar com rolo; *to ~ a lawn* cortar um relvado com o rolo; *to ~ sth flat* alisar alguma coisa com o rolo, **16** (tambor) rufar; *the drums rolled* rufaram os tambores; **17** (trovão) ribombar; **18** ressoar, fazer ressoar; **19** bambolear(-se); gingar; *to ~ in one's walk* ter um andar gingado, bambolear-se a andar; **20** (terreno) estender-se ao longe com suaves elevações e depressões ❖ (escola, etc.) *~ call* chamada; *~ collar* colarinho de dobrar para baixo; *~ film* rolo fotográfico; *~ machine* laminadora; máquina de enrolar papel; *~ mandrel* mandril redondo; *~ paper* papel em rolo; *~ tobacco* tabaco enrolado; *a ~ of cloth* uma peça de fazenda; *on a ~* em maré de sorte; *the horse had a ~ on the grass* o cavalo rebolou-se na relva; [EUA] *to be ready to ~* estar pronto para arrancar; *to be rolling in money* ter muito dinheiro; ser extremamente rico; *to call the ~* fazer a chamada; (negócio) *to get rolling* começar a rolar; *to ~ a ship into the sea* lançar um navio ao mar; CULINÁRIA *to ~ and fold folhar* (a massa); *to ~ in ease* viver no conforto; [EUA] *to ~ in his/her grave* dar voltas no túmulo; *to ~ one's r's* rolar os rr; pronunciar os rr, rolando-os; (advogado) *to strike off the rolls* expulsar; retirar a autorização para se ocupar de quaisquer causas
◆ **roll about/around** *v.intr.* **1** rolar de um lado para o outro; **2** rebolar; [coloq.] *to roll around with laughter* rebolar de tanto rir
◆ **roll along** Ⓐ *v.tr.* **1** rolar ao longo de; **2** [coloq.] chegar; aparecer Ⓑ *v.intr.* ir a rolar, avançar, rolando
◆ **roll back** *v.tr.* **1** (carpete, etc.) enrolar; levantar, enrolando; **2** (preços, etc.) reduzir; **3** pôr fim a; **4** (fronteiras, etc.) alargar
◆ **roll by** *v.intr.* **1** passar, rolando; **2** atravessar o céu; **3** (tempo) (passar) escoar-se
◆ **roll down** Ⓐ *v.tr.* **1** (mangas) desdobrar; **2** (janela de carro) abrir; **3** fazer rolar para baixo; *he rolled the barrel down the hill* ele fez rolar o barril pelo monte abaixo; **4** deslizar por; *tears rolled down her cheeks* lágrimas deslizaram-lhe pelo rosto abaixo Ⓑ *v.intr.* descer a rolar
◆ **roll in** *v.intr.* **1** entrar rolando; **2** chegar em grandes quantidades; **3** chegar tarde, chegar atrasado ❖ (críquete) *to ~ the ball* pôr a bola em jogo
◆ **roll on** *v.intr.* **1** continuar; **2** (tempo, anos, etc.) (passar) escoar-se ❖ *~ holidays!* nunca mais chegam as férias!; *~ summer!* nunca mais chega o Verão!
◆ **roll out** *v.tr.* **1** usar; aproveitar-se de; **2** CULINÁRIA (massa) estender; *to ~ pastry* estender massa de bolos com o rolo; **3** desdobrar; estender; desenrolar; **4** (produto) lançar ❖ *to ~ a song* cantar uma canção com voz sonora
◆ **roll over** Ⓐ *v.intr.* **1** virar-se de um lado para o outro; revirar-se; rebolar; *to ~ in bed* rebolar na cama; **2** dar uma cambalhota; **3** (veículo) virar-se, capotar Ⓑ *v.tr.* **1** virar; derrubar; *to roll sb over* derrubar alguém, fazendo-o rolar pelo chão; **2** (dívida, empréstimo) alargar o pagamento de; **3** (prémio de lotaria) somar ao prémio seguinte
◆ **roll up** Ⓐ *v.intr.* [coloq.] aparecer; *the coach rolled up to the inn* o carro parou junto à estalagem Ⓑ *v.tr.* **1** arregaçar; *to ~ one's sleeves* arregaçar as mangas; **2** enrolar; enroscar; *to ~ a map* enrolar um mapa; *to ~ paper* enrolar papel; *he rolled himself up in the blankets* ele enroscou-se nos cobertores; **3** (janela de carro) fechar
rollback ['rəʊlbæk] *s.* (impostos, preços, salários) redução, descida, baixa; corte
rolled [rəʊld] *adj.* **1** enrolado; **2** passado com o rolo; **3** em plaqué; *~ gold watch* relógio em plaqué; **4** laminado; *~ iron* ferro laminado; *~ lead* chumbo laminado; *~ section* perfil laminado ❖ *(all) ~ into one* combinado num só
roller ['rəʊlə] *s.* **1** (geral) cilindro; (trabalhos em estrada) *steam ~* cilindro a vapor; *a garden ~* cilindro de jardim; **2** rolete; *a blind ~* um

rolete de persiana; **3** coisa que rola; **4** (cabelo) rolo; **5** rolo compressor; TIPOGRAFIA *impression ~* rolo de impressão; **6** tambor; **7** roldana, calandra, **8** lançadeira; **9** (perna de mesa, cadeira, etc.) roda; **10** roda de patim; **11** laminador; **12** ligadura, atadura; **13** ZOOLOGIA pombo-cambalhota; **14** onda alta e larga que vem rebentar na praia ❖ *~ bandage* ligadura enrolada; *~ blind* estore com rolo; *~ chain* corrente de roletes; *~ coaster* montanha-russa; *~ path* pista de rolamento; *~ towel* toalha rolante; *~ of a chain* rolo de corrente; *spring blind ~* enrolador automático de persiana
rollerblade ['rəʊləˌbleɪd] *s.* patim em linha
roller-skate ['rəʊləˌskeɪt] *s.* patim de rodas
roller-skater ['rəʊləˌskeɪtə] *s.* patinador (com patins de rodas)
roller-skating ['rəʊləˌskeɪtɪŋ] *s.* patinagem (com patins de rodas)
rollick ['rɒlɪk] Ⓐ *s.* **1** alegria ruidosa, alegria exuberante; **2** jovialidade; **3** pândega, folia, folguedo Ⓑ *v.intr.* **1** manifestar alegria, mostrar jovialidade; **2** divertir-se ruidosamente; **3** foliar; **4** folgar
rollicker ['rɒlɪkə] *s.* **1** estroina, indivíduo que anda na pândega; **2** pessoa jovial, pessoa exuberante alegre
rollicking ['rɒlɪkɪŋ] Ⓐ *adj.* **1** extremamente alegre; muito divertido; *they had a ~ time* eles divertiram-se imenso; **2** jovial, folgazão, brincalhão; pândego Ⓑ *s.* folia, pândega
rolling ['rəʊlɪŋ] Ⓐ *adj.* **1** rolante; que rola; **2** móvel; *~ load* carga móvel; **3** giratório; **4** (terreno) ondeado, ondulado, com elevações e depressões suaves; *~ country* região ondulada; **5** bamboleante, gingado; *they have a ~ gait* eles têm um andar gingado; **6** (canto) gorjeado, com trinados; **7** (mar) encapelado, agitado; *a ~ sea* um mar encapelado; **8** retumbante, ribombante; **9** (tempo) que passa; *the ~ years* os anos que passam Ⓑ *s.* **1** acto de rolar ou rodar; **2** laminagem, laminação; **3** rotação; **4** (estrada) cilindragem; **5** (terreno) ondulação; **6** ruído, ribombar; **7** (navio) balanço; *~ of a ship* balanço de navio ❖ *~ bearing* rolamento de esferas; *~ bridge* ponte rolante; *~ capital* capital em circulação; *~ curve* curva de rolamento; *~ instability* instabilidade de rolamento; *~ mill* laminador; CULINÁRIA *~ pin* rolo da massa; *~ press* prensa de laminação; calandra; *~ resistance* resistência ao rolamento; *~ shutter* estore de enrolar; (caminhos-de-ferro) *~ stock* material circulante; *~ stone* cilindro de pedra de alisar pavimentos de estrada; *a ~ stone gathers no moss* pedra que rola não cria musgo; *to be a ~ stone* não se dedicar a nada; não se concentrar em nada
roll-on ['rəʊlɒn] Ⓐ *s.* **1** (desodorizante) roll-on; **2** VESTUÁRIO cinta elástica Ⓑ *adj.* com roll-on
roll-up ['rəʊlʌp] *s.* cigarro enrolado à mão ❖ *~ desk* secretária com tampa corrediça; *~ map* mapa desdobrável
roly-poly ['rəʊlɪˌpəʊlɪ] Ⓐ *adj.* roliço; rechonchudo; gorducho Ⓑ *s.* (*pl.* **-ies**) CULINÁRIA (bolo) rolo; *~ pudding* rolo
Rom [rɒm] *s.* (*pl.* **Roma**) **1** romanichel; **2** homem ou rapaz cigano
ROM INFORMÁTICA [*abrev. de* read-only memory]
Romaic [rəʊˈmeɪɪk, rəˈmeɪɪk] Ⓐ *adj.* [arc.] romaico; relativo ao grego moderno Ⓑ *s.* [arc.] (língua) romaico, grego moderno
Roman ['rəʊmən] Ⓐ *adj.* **1** romano; **2** católico romano; **3** ARQUITECTURA românico; **4** TIPOGRAFIA romano, redondo; *~ type* tipo romano, tipo redondo Ⓑ *s.* (*pl.* **-s**) **1** romano, habitante ou cidadão de Roma; **2** católico-romano; **3** TIPOGRAFIA tipo romano, tipo redondo; **4** *pl.* Romanos; **5** *pl.* cristãos da antiga Roma; *Epistle to the Romans* Epístola aos Romanos ❖ *~ balance/ ~ beam/~ steelyard* balança romana; *~ fever* malária; paludismo; *~ law* direito romano; *~ numerals* numeração romana; *~ road* estrada romana; *~ vitriol* sulfato de cobre; *a ~ nose* um nariz aquilino; *the ~ Empire* o Império Romano
Roman Catholic [ˌrəʊmənˈkæθlɪk] Ⓐ *adj.* **1** católico; **2** católico romano Ⓑ *s.* **1** membro da igreja Católica; **2** católico; **3** católico romano
Roman Catholicism [ˌrəʊmənkəˈθɒlɪsɪzəm] *s.* catolicismo romano
romance ['rəʊmæns, rəˈmæns] Ⓐ *s.* **1** LITERATURA (geralmente em verso) conto medieval de cavalaria; **2** LITERATURA conto, novela, história romanesca; novela sentimental; **3** história de amor; **4** romance, ligação, aventura amorosa; *their ~ began when...*

Romance

a ligação deles começou quando...; **5** romantismo, ambiente romântico, atmosfera romântica; **6** imaginação delirante; **7** MÚSICA romança ⓑ *v.intr.* romancear, fantasiar, dar largas à imaginação ⓒ *v.tr.* ter um romance com; ter uma ligação com ❖ LITERATURA *~ novel* romance de cavalaria; *love of ~* gosto pelo romanesco; (mentiras) *it's pure ~* pura invenção; pura fantasia

Romance [rəʊˈmæns, rəˈmæns, ˈrəʊmæns] ⓐ *s.* línguas românicas, romanço, romance ⓑ *adj.* românico, romanço, novilatino ❖ *the ~ languages* as línguas românicas; *he is a student of the ~ languages* ele é um romanista

romancer [rəʊˈmænsə] *s.* **1** autor de romances medievais; **2** romancista; **3** indivíduo fantasista; **4** mentiroso, patranheiro

romancero [ˌrəʊmænˈseərəʊ] *s.* romanceiro

romancing [rəʊˈmænsɪŋ] *s.* **1** exagero; **2** fantasia

Romanes [ˈrɒmənes] *s.* **1** romani, romanho; **2** dialecto falado pelos Ciganos

Romanesque [ˈrəʊmənesk] *adj.,s.* **1** ⇒ **romance**; **2** romanesco; **3** ARQUITECTURA relativo a certo estilo que prevaleceu na Europa romanizada entre o período clássico e o gótico; **4** estilo romanesco

Romania [rəʊˈmeɪnɪə] *s.* Roménia

Romanian [rəʊˈmeɪnɪən] *adj.,s.* (pessoa, língua) romeno

Romanic [rəʊˈmænɪk] ⓐ *adj.* **1** românico, novilatino; **2** romanço; **3** romano, descendente dos Romanos, proveniente dos Romanos; **4** de cultura romana ⓑ *s.* **1** romance, romanço; **2** línguas novilatinas

Romanism [ˈrəʊmənɪzəm] *s.* **1** romanismo, influência das instituições romanas; **2** catolicismo

Romanist [ˈrəʊmənɪst] *s.* **1** romanista; **2** jurista versado no direito Romano; **3** [depr.] católico, papista

Romanity [rəʊˈmænɪtɪ] *s.* [rar.] romanidade, civilização e influência do Império Romano

Romanization [ˌrəʊmənaɪˈzeɪʃən] *s.* romanização

Romanize [ˈrəʊmənaɪz] *v.tr.,intr.* **1** romanizar, latinizar; **2** converter ao catolicismo; **3** ingressar no seio da Igreja Católica

Romanizer [ˈrəʊmənaɪzə] *s.* romanizador, romanizante

Romanizing [ˈrəʊmənaɪzɪŋ] ⓐ *adj.* romanizante ⓑ *s.* romanização

Romansh [rəˈmænʃ] *adj.,s.* **1** romanche; **2** rético

romantic [rəʊˈmæntɪk] ⓐ *adj.* **1** romântico; **2** romanesco; **3** sentimental; romântico; *a ~ scene* uma cena romântica; **4** fantasista; imaginário; lendário; **5** visionário; irreal, sonhador, fantástico, fabuloso ⓑ *s.* romântico; *a hopeless ~* um romântico incurável ❖ CINEMA *~ comedy* comédia romântica; CINEMA, TEATRO *~ lead* galã

Romantic [rəʊˈmæntɪk] ⓐ *adj.* ARTES PLÁSTICAS, LITERATURA romântico; *the ~ poets* os poetas românticos; *the ~ school* a escola romântica ⓑ *s.* Romântico ❖ ARTES PLÁSTICAS, LITERATURA *the Romantics* os Românticos; ARTES PLÁSTICAS, LITERATURA *the ~ movement* o movimento romântico; o Romantismo

romantically [rəʊˈmæntɪklɪ] *adv.* **1** romanticamente, de maneira romântica; **2** romanescamente

romanticism [rəʊˈmæntɪsɪzəm] *s.* romantismo

Romanticism [rəʊˈmæntɪsɪzəm] *s.* ARTES PLÁSTICAS, LITERATURA Romantismo

Romanticist [rəʊˈmæntɪsɪst] *s.* ARTES PLÁSTICAS, LITERATURA romântico

romanticize [rəʊˈmæntɪsaɪz] *v.tr.,intr.* **1** romantizar, dar um aspecto romântico a; **2** tratar duma maneira romântica; **3** enveredar pelo romantismo; **4** escrever com um estilo romântico

Romany [ˈrɒmənɪ, ˈrəʊmənɪ] ⓐ *adj.* cigano ⓑ *s.* (*pl.* **-ies**) **1** cigano, romanichel; **2** os Ciganos; **3** romani, romanho

romaunt [rəˈmɔːnt] *s.* **1** LITERATURA [arc.] romance; **2** LITERATURA romance, conto de cavalaria ❖ LITERATURA *the Romaunt of the Rose* o Romance da Rosa

rombowline [rʌmˈbəʊlaɪn] *s.* NÁUTICA cabo grosso

Rome [rəʊm] *s.top.* **1** Roma; **2** HISTÓRIA o Império Romano; **3** RELIGIÃO a Igreja Católica, a Igreja Romana ❖ *all roads lead to ~* todos os caminhos vão dar a Roma; *~ was not built in a day* Roma e Pavia não se criaram num dia; *when at Rome, do as the Romans do* em Roma, sê romano

Romeo [ˈrəʊmɪəʊ] *s.antr.* Romeu

Romish [ˈrəʊmɪʃ] *adj.* [depr.] católico, papista

romp [rɒmp] ⓐ *v.intr.* **1** brincar; traquinar; **2** [coloq.] pintar o diabo; divertir-se ruidosamente; **3** correr rapidamente e com facilidade ⓑ *s.* **1** brincadeira ruidosa, jogo barulhento; **2** [arc.] criança turbulenta; **3** [arc.] rapariga irrequieta; maria-rapaz ❖ [coloq.] *to ~ home* vencer sem qualquer dificuldade; *to ~ past sb* passar à frente de um concorrente com toda a facilidade

◆**romp in** *v.intr.* [coloq.] vencer na boa, vencer sem dificuldade

◆**romp through** *v.tr.,intr.* [coloq.] fazer facilmente; desenrascar-se sem dificuldade; *to ~ an examination* passar facilmente num exame

romper [ˈrɒmpə] *s.* **1** VESTUÁRIO (para criança) macacão; **2** espécie de babeiro

romping [ˈrɒmpɪŋ] *s.* **1** folia; **2** brincadeira barulhenta; **3** turbulência

rompish [ˈrɒmpɪʃ] *adj.* **1** irrequieto, traquinas, estouvado; **2** maria-rapaz

rompishness [ˈrɒmpɪʃnəs] *s.* traquinice, estouvamento

rompy [ˈrɒmpɪ] *adj.* ⇒ **rompish**

Romulus [ˈrɒmjʊləs] *s.antr.* Rómulo

rondeau [ˈrɒndəʊ] *s.* LITERATURA rondó

rondel [ˈrɒndəl] *s.* LITERATURA rondé, rondó

rondo [ˈrɒndəʊ] *s.* MÚSICA rondó

rondure [ˈrɒndjə] *s.* [poét.] redondeza, objecto redondo, contorno arredondado

Röntgen [ˈrɒntgən, ˈrʌntgən] *s.antr.* Röntgen ❖ FÍSICA *~ rays* raios X; raios röntgen

Röntgenogram [rɒntˈgenəgræm, rʌntˈgenəgræm] *s.* roentgenograma, fotografia tirada pelos raios X

rood [ruːd] *s.* **1** crucifixo; **2** [arc.] a cruz de Cristo; *the (Holy) ~* a Santa Cruz; **3** medida agrária correspondente a 10,117 ares ❖ *~ arch* arco entre a nave e o coro; *~ cloth* véu com que na Quaresma se oculta a cruz; *~ loft* altar onde se colocava a Santa Cruz; *~ tree* Santo Lenho; *not a ~ remained to him* nem um pedaço de terra ficou para ele

roof [ruːf] ⓐ *s.* **1** telhado; *flat ~* açoteia, telhado em forma de terraço; *jutting-out ~* telhado saliente; *lean-to ~* telhado de uma água; *thatched ~* telhado de colmo; *tiled ~* telhado de telhas; *a leaking ~* um telhado que mete água; **2** cobertura exterior dum edifício; **3** madeiramento do telhado; **4** tecto; **5** tejadilho (de arco); *the ~ of a bus* o tejadilho de um autocarro; **6** cobertura; *under a ~ of foliage* sob uma cobertura de folhagem; **7** [fig.] (casa) tecto_fig_; abrigo; telhado_fig_; *under sb's ~* debaixo do telhado de alguém, em casa de alguém; *without ~* sem abrigo; **8** topo, cume ⓑ *v.tr.* **1** cobrir com telhado; colocar telhado em; **2** abrigar, alojar ❖ *~ garden* jardim em terraço; *~ gutter* goteira de telhado; (automóvel) *~ lamp* lâmpada do tecto; *~ light* luz do tecto; (tejadilho) *~ rack* porta-bagagens; *~ slate* ardósia de telhado; *~ spotter* observador colocado num telhado para detectar aviões inimigos (durante a II Guerra Mundial); *~ timbering* madeiramento do telhado; *~ truss* asna (de telhado); *French ~* mansarda; *the ~ of heaven* o céu; *the ~ of the mouth* o céu da boca; *the ~ of the world* o tecto do mundo (cordilheira de grande altitude que se eleva acima de todas as outras); *that would put the gilded ~ on it* isso seria o cúmulo; *to go through the ~/to hit the ~* (preços, etc.) subir em flecha; (pessoa) ir aos arames; *to lift the ~* fazer barulho; pintar o diabo; pintar o sete

roofage [ˈruːfɪdʒ] *s.* **1** materiais para construção de telhados; **2** disposição do telhado, telhado

roofed [ruːft] *adj.* **1** com telhado, coberto com telhado; **2** abrigado, protegido

roofer [ˈruːfə] *s.* **1** aquele que coloca telhados; **2** [coloq.] carta de agradecimento enviada aos donos da casa onde se esteve alojado por algum tempo

roofing [ˈruːfɪŋ] *s.* **1** telhado, armação de telhado; **2** cobertura; **3** material empregado em telhados ❖ *~ felt* cartão alcatroado; *~ slate* ardósia para telhados; *~ strip* tabuinha; ripa (para assentar as telhas); *~ tile* telha

roofless [ˈruːfləs] *adj.* **1** sem telhado, descoberto, a céu aberto; **2** sem abrigo, sem lar

roof-rack [ˈruːfræk] *s.* porta-bagagem (no tejadilho de automóveis para transporte de cargas)

rooftop [ˈruːftɒp] *s.* telhado

rooftree ['ru:ftri:] s. trave principal do telhado; pau de fieira; viga-mestra

rooinek ['rɔɪnek] s. ⇒ **roinek**

rook [rʊk] Ⓐ s. **1** ZOOLOGIA (ave) gralha, gralha-calva, corvelo; **2** (jogos de cartas, dados, etc.) batoteiro, trapaceiro; **3** (xadrez) torre Ⓑ v.tr.,intr. **1** (jogo) fazer batota; **2** vigarizar; trapacear; **3** rocar, fazer roque no xadrez ❖ ~ *rifle* espingarda de caça de pequeno calibre

rookery ['rʊkərɪ] s. (pl. **-ies**) **1** viveiro de gralhas; **2** colónia de gralhas ou corvelos; **3** colónia de pinguins ou focas; **4** bairro de casas miseráveis superlotadas; espeluncas, pardieiros

rookie ['rʊkɪ] s. MILITAR [cal.] recruta

rooking ['rʊkɪŋ] s. **1** trapaça; **2** vigarice; **3** batotice

rooklet ['rʊklɪt] s. ZOOLOGIA gralha nova, corvelo novo

rooky ['rʊkɪ] s. ⇒ **rookie**

room [ru:m] Ⓐ s. **1** quarto; aposento; sala; *living ~* sala de estar; **2** casa; *boiler ~* casa das caldeiras; NÁUTICA *torpedo ~* casa dos torpedos; **3** espaço; *that chair takes up too much ~* aquela cadeira ocupa demasiado espaço; *there is plenty of ~* há muito espaço; *to be cramped for ~* não ter espaço livre; **4** lugar; *standing ~ only!* só há lugares de pé!; *there is no ~ for you in the car* não há lugar para ti no carro; **5** [fig.] oportunidade; ocasião; ensejo; **6** pl. (alojamento) aposentos, série de divisões; *bachelor's rooms* aposentos de rapaz solteiro; **7** pl. galeria de mina Ⓑ v.intr. **1** [EUA] ocupar quartos, ocupar aposentos; **2** morar, habitar; *to ~ with sb* partilhar alojamento com alguém ❖ RÁDIO ~ *noise* ruído ambiente; ~ *and board* cama e mesa; estadia e alimentação; pensão completa; (hotel, restaurante) *private ~* aposentos reservados; sala reservada; *in the ~ of* em vez de; *that leaves no ~ for doubt* isso não deixa lugar a dúvidas; *there is ~ for improvement* isso deixa a desejar; isso podia estar melhor; isso não está bem; *there was no ~ to swing a cat* não havia espaço nenhum; *there was ~ for uneasiness* havia motivo para inquietação; *to make ~ for sb* deixar passar alguém; arranjar lugar para alguém

roomer ['ru:mə] s. [EUA] hóspede, locatário sem pensão

roomful ['ru:mfʊl] s. **1** quarto cheio, sala cheia; **2** aquilo que enche um quarto

roominess ['ru:mɪnəs] s. **1** espaço, espaço suficiente; **2** largueza

rooming ['ru:mɪŋ] adj. [EUA] com quartos ou pequenos apartamentos para alugar ❖ [EUA] ~ *house* pensão; hospedaria

roommate [,ru:m'meɪt] s. **1** companheiro de quarto; **2** companheiro de casa

roomy ['ru:mɪ] adj. (comp. **-ier**, superl. **-iest**) espaçoso; amplo; largo; grande; *a ~ flat* um apartamento espaçoso

roost [ru:st] Ⓐ s. **1** (galinhas, etc.) poleiro nocturno; **2** poleiro; ramo com ninho; **3** [coloq.] quarto de dormir, cama; alojamento, pousada; **4** GEOGRAFIA corrente violenta ao largo das ilhas Shetland e Órcades Ⓑ v.tr.,intr. **1** (aves) empoleirar-se durante a noite; **2** alojar-se, recolher-se durante a noite; **3** albergar, dar guarida ❖ ~ *at* ~ empoleirado (ave); deitado (pessoa); *curses come home to ~* as pragas caem em cima de quem as roga; [coloq.] *to go to ~* deitar-se; ir para a cama; [coloq.] *to rule the ~* mandar; comandar as tropas

rooster ['ru:stə] s. ZOOLOGIA galo doméstico

roosting ['ru:stɪŋ] adj. empoleirado

root [ru:t] Ⓐ s. **1** (planta, cabelo, dente, etc.) raiz; *edible roots* raízes comestíveis; *the ~ of a tooth* a raiz de um dente; *to strike ~/to take ~* deitar raiz; *to pull up by the roots* arrancar pela raiz; **2** planta com raízes para transplantação; **3** [fig.] origem, fonte, causa, base, alicerce; *to lie at the ~ of...* ser a causa primordial de...; **4** [fig.] essência, fundo; *to get at (to) the ~ of the matter* ir ao fundo da questão; **5** LINGUÍSTICA, MATEMÁTICA raiz; *cube ~* raiz cúbica; *square ~* raiz quadrada; *a verb ~* uma raiz verbal, um radical; *the ~ of a number* a raiz de um número; *the ~ of a verb* a raiz (o radical) de um verbo; **6** MÚSICA nota ou acorde fundamental; **7** RELIGIÃO (Bíblia) ramo, vergôntea, descendência; **8** pl. (cenouras, nabos, etc.) tubérculos Ⓑ v.tr.,intr. **1** deitar raízes, enraizar; fixar as raízes; firmar-se; **2** radicar(-se); **3** fixar, implantar; **4** (suíno) fossar; **5** procurar, esquadrinhar, remexer; *to ~ among papers* remexer em papéis; **6** [EUA] apoiar; gritar em favor de (alguém) ❖ BOTÂNICA ~ *cap* coifa (de raiz); ~ *cause* causa primeira; causa primordial; ~ *circle* círculo de base; BOTÂNICA ~ *crops* tubérculos comestíveis; ~ *cutter* corta-raízes; ~ *eater* animal que se alimenta de raízes; BOTÂNICA ~ *hair* pêlo radicular; ~ *ideas* ideias fundamentais; BOTÂNICA ~ *leaf* folha de raiz; ~ *line* linha de base; MATEMÁTICA ~ *sign* sinal de radical; ~ *syllable* sílaba do radical; ~ *timber* madeira de raiz; ~ *and branch* totalmente; completamente; *roots of a mountain* base de montanha; *fear rooted him to the ground* o medo imobilizou-o; *to strike at the ~ of an evil* atacar um mal pela raiz

✦**root about/around** v.tr.,intr. esquadrinhar; remexer em

✦**root for** v.tr. [coloq.] torcer por; apoiar; DESPORTO *to ~ a team* torcer por um grupo desportivo

✦**root out** v.tr. **1** erradicar, exterminar; **2** (encontrar com dificuldade) desencantar

✦**root up** v.tr. **1** arrancar pela raiz; **2** erradicar

rootage ['ru:tɪdʒ] s. BOTÂNICA raizame

rooted ['ru:tɪd] adj. **1** com raízes; enraizado; arraigado; *her affection was deeply ~* era um afecto com raízes profundas; **2** entranhado; *deeply ~ ideas* ideias bem entranhadas

rootedly ['ru:tɪdlɪ] adv. profundamente

rootedness ['ru:tɪdnəs] s. arreigamento

rooter ['ru:tə] s. **1** DESPORTO adepto, torcedor$_{Bras}$; **2** entusiasta, partidário; **3** simpatizante

rooting ['ru:tɪŋ] s. enraizamento ❖ ~ *up* arranque pela raiz

rootless ['ru:tləs] adj. **1** sem raiz; **2** [fig.] desenraizado

rootlet ['ru:tlɪt] s. BOTÂNICA radícula, pequena raiz

rootstock ['ru:tstɒk] s. **1** BOTÂNICA rizoma; **2** [fig.] fonte; origem

rooty ['ru:tɪ] adj. cheio de raízes

rope [rəʊp] Ⓐ s. **1** corda, cabo; **2** cordame; **3** massame; **4** maroma, **5** cordel, baraço; **6** fio; **7** (cebolas, etc.) réstia, cabo; *a ~ of onions* um cabo de cebolas; **8** (pérolas) colar; *a ~ of pearls* um colar de pérolas, uma enfiada de pérolas; **9** formação viscosa ou gelatinosa na cerveja e outros líquidos Ⓑ v.tr.,intr. **1** atar; prender com corda; amarrar [**to**, a]; **2** (alpinistas) ligar com corda uns aos outros para maior segurança; **3** puxar à sirga; **4** delimitar com cordas; vedar com cordas; **5** [EUA] (animal) laçar; **6** puxar a rédea (a cavalo para impedir de ganhar a corrida); **7** (atleta) não se empregar a fundo para evitar ganhar; **8** (líquido) tornar-se viscoso ❖ NÁUTICA ~ *bands* envergues; ~ *block* moitão; cadernal; ~ *drive* movimento motor por cabos; ~ *driving* transmissão por cabos; ~ *gearing* transmissão por cabos; ~ *ladder* escada de corda; ~ *maker* fabricante de cordas; ~ *making* fabrico de cordas; ~ *quoit* anel de corda (para certos jogos a bordo); ~ *railway* funicular; ~ *sole* sola de corda; ~ *yard* cordoaria; ~ *yarn* fio grosso para cabos; ~ *to tow a boat* sirga; *the ~* a pena da forca; a corda da forca; a corda usada pelos funâmbulos; *the ropes* as cordas (em redor do recinto de boxe); *a ~ of sand* uma base de areia; apoio sem qualquer segurança; segurança fictícia; (alpinistas) *on the ~* ligados pela mesma corda; *give a fool a rope, and he'll hang himself* dai uma corda a um tolo e ele enforcar-se-á; *to be upon the high ~* ser orgulhoso; *to give sb ~/to give sb plenty of ~* dar a alguém liberdade de acção; *to know the ropes* conhecer as regras; saber as condições; saber o que há a fazer; *to put sb up to the ropes* informar alguém; pôr alguém ao corrente; *to show the ropes* mostrar o que há a fazer; indicar as condições, as regras

✦**rope in** v.tr. **1** vedar com cordas; delimitar com cordas; **2** [fig.] convencer (a); dar a volta a; enrolar

✦**rope off** v.tr. **1** separar por meio de uma corda; **2** interditar o acesso a

ropedancer ['rəʊp,dɑ:nsə] s. funâmbulo

ropedancing ['rəʊp,dɑ:nsɪŋ] s. funambulismo

ropery ['rəʊpərɪ] s. (pl. **-ies**) cordoaria

ropewalker ['rəʊp,wɔ:kə] s. funâmbulo

ropewalking ['rəʊp,wɔ:kɪŋ] s. funambulismo

ropeway ['rəʊpweɪ] s. cabo aéreo de transporte

ropey ['rəʊpɪ] adj. **1** viscoso; **2** [coloq.] foleiro$_{coloq.}$, de fraca qualidade

ropily ['rəʊpɪlɪ] adv. viscosamente

ropiness ['rəʊpɪnəs] s. viscosidade

roping ['rəʊpɪŋ] s. **1** cordame, conjunto de cordas ou cordéis (de fardo, etc.); **2** atadura; **3** acto de laçar (animal) ❖ NÁUTICA ~ *needle* agulha de palombar

ropy [ˈrəʊpɪ] *adj.* (*comp.* **-ier**, *superl.* **-iest**) **1** [coloq.] foleiro, de má qualidade; **2** viscoso; **3** [coloq.] mal-disposto, adoentado; **4** filamentoso; **5** com aspecto de fio ou corda

Roquefort [ˈrɒkfɔː] *s.* (queijo) roquefort

roquelaure [ˈrɒkələː] *s.* rocló, rocloró, antigo capote de homem que descia até ao joelho

roquet [ˈrəʊkɪ, ˈrəʊkeɪ] Ⓐ *s.* batida de uma bola noutra, no jogo do *croquet*; Ⓑ *v.tr.,intr.* (*particípios*: **-t-**) **1** fazer com que a nossa bola bata noutra no jogo do *croquet*; **2** bater noutra bola

roqueting [ˈrəʊkətɪŋ] *s.* (jogo do *croquet*) batida de uma bola noutra

rorqual [ˈrɔːkwəl] *s.* ZOOLOGIA (baleia) rorqual

rorty [ˈrɔːtɪ] *adj.* **1** [cal.] óptimo, esplêndido, fantástico; **2** pândego; divertido ❖ [cal.] *to have a ~ time* divertir-se à grande

Rosaceae [rəʊˈzeɪsɪiː] *s.pl.* BOTÂNICA Rosáceas

rosaceous [rəʊˈzeɪʃəs] *adj.* rosáceo

Rosalind [ˈrɒzəlɪnd] *s.antr.* Rosalinda

Rosaline [ˈrɒzəlɪn] *s.antr.* Rosalina

Rosamond [ˈrɒzəmənd] *s.antr.* Rosamunda

rosaniline [rəʊˈzænɪlaɪn] *s.* QUÍMICA rosanilina

rosarian [rəʊˈzeərɪən] *s.* **1** pessoa que se dedica ao cultivo de rosas; **2** membro de uma Irmandade do Rosário

rosarium [rəʊˈzeərɪəm] *s.* rosal, roseiral

rosary [ˈrəʊzərɪ] *s.* (*pl.* **-ies**) **1** rosal, roseiral; canteiro com rosas; **2** RELIGIÃO rosário ❖ RELIGIÃO *lesser ~* terço; BOTÂNICA *~ pea* olho-de-cabra

Roscian [ˈrɒʃən] *adj.* relativo ao célebre actor romano Roscius

rose [rəʊz] Ⓐ *s.* **1** BOTÂNICA rosa; roseira; *briar ~* rosa-brava; *a climbing ~* uma rosa trepadeira; *strewn with roses* juncado de rosas; **2** qualquer coisa parecida com uma rosa; **3** roseta; **4** (regador) ralo; **5** cor-de-rosa; **6** ARQUITECTURA rosácea; *~ window* rosácea Ⓑ *adj.* rosa, cor-de-rosa Ⓒ *prt. de* **to rise** Ⓓ *v.tr.* **1** tornar róseo, dar uma tonalidade rósea a; **2** tingir de cor-de-rosa ❖ BOTÂNICA *~ apple* jambo; *~ bed* canteiro de roseiras; *~ beetle* escaravelho dourado; *~ bowl* taça com rosas; BOTÂNICA *~ campion* candelária-dos-jardins; ZOOLOGIA *~ chafer* escaravelho dourado; *~ compass* rosa-dos-ventos; *~ copper* cobre puro; *~ garden* roseiral; jardim de rosas; *~ honey* mel rosado; *~ laurel* loureiro-rosa; *~ leaf* pétala de rosa; BOTÂNICA *~ mallow* malva-rosa, alteia; *~ pink* cor-de-rosa pálido; *~ quartz* quartzo róseo; MEDICINA *~ rash* roséola; rubéola; *~ water* água-de-rosas; MEDICINA *the ~* a erisipela; *no bed of roses* tarefa difícil; BOTÂNICA *~ of Jericho* rosa-de-jericó; *~ of May* rosa-de-piqué, rosa-de-leite; *under the ~* em segredo; HISTÓRIA (séc. XV) *Wars of the Roses* Guerra das Rosas (entre a Casa de York e a Casa de Lancaster); *every ~ has its thorn* não há rosa sem espinho; *life is not roses all the way* a vida não são só rosas; *no ~ without a thorn* não há rosa sem espinho; *to be on a bed of roses* estar num mar de rosas; *to gather life's roses* gozar a vida

Rose [rəʊz] *s.antr.* Rosa

rosé [ˈrəʊzeɪ, rəʊˈzeɪ] *s.* vinho rosé

roseate [ˈrəʊzɪɪt] *adj.* **1** róseo, rosado; **2** [fig., depr.] (idílico) cor-de-rosa; *he always takes a ~ view of things* ele vê sempre tudo cor-de-rosa ❖ ZOOLOGIA *~ spoonbill* colhereiro; ZOOLOGIA *~ tern* andorinha-do-mar-rosada

rosebay [ˈrəʊzbeɪ] *s.* BOTÂNICA rododendro, loendro, aloendro

rosebud [ˈrəʊzbʌd] *s.* botão de rosa ❖ *a ~ mouth* uma boca de cereja; uma rapariga bonita

rosebush [ˈrəʊzbʊʃ] *s.* BOTÂNICA roseira

rose-coloured [ˈrəʊzkʌləd] *adj.* cor-de-rosa ❖ *to look at things through ~ spectacles* ver tudo cor-de-rosa

rose-cut [ˈrəʊzkʌt] *adj.* (diamante) lapidado em rosa

rosed [rəʊzt] *adj.* **1** rosado, cor-de-rosa, com uma tonalidade rósea; **2** tingido de cor-de-rosa; **3** coberto de rosas

rosemary [ˈrəʊzmərɪ] *s.* (*pl.* **-ies**) BOTÂNICA alecrim

roseola [rəʊˈziːələ] *s.* MEDICINA roséola

roseroot [ˈrəʊzruːt] *s.* BOTÂNICA erva-espinheira

rosery [ˈrəʊzərɪ] *s.* roseiral, rosal

rosette [rəʊˈzet] *s.* **1** (ornamento) roseta, laço ou nó em forma de rosa; **2** ARQUITECTURA rosácea, ornato em forma de rosa; **3** BIOLOGIA roseta, sinal ou mancha vermelha; **4** diamante-rosa

rosewood [ˈrəʊzwʊd] *s.* pau-rosa

Rosicrucian [ˌrəʊzɪˈkruːʃɪən, ˌrɒzɪˈkruːʃɪən] *adj.,s.* rosacruciano

Rosicrucianism [ˌrəʊzɪˈkruːʃɪənɪzəm, ˌrɒzɪˈkruːʃɪənɪzəm] *s.* rosacrucianismo

rosin [ˈrɒzɪn] Ⓐ *s.* **1** resina; **2** colofónia Ⓑ *v.tr.* passar com resina; esfregar com resina ❖ *~ oil* óleo de resina

Rosinante [ˌrɒzɪˈnæntɪ] *s.* [lit.] rocinante, cavalo reles, pileca

rosiness [ˈrəʊzɪnəs] *s.* **1** cor rosa, cor rosada; **2** [fig.] perspectiva prometedora

rosiny [ˈrɒzɪnɪ] *adj.* resinoso

rosolic [rəʊˈzɒlɪk] *adj.* QUÍMICA rosólico; *~ acid* ácido rosólico

rosolio [rəˈzəʊlɪəʊ] *s.* rosólio, espécie de licor com aguardente e plantas aromáticas

rostellate [ˈrɒstɪlɪt] *adj.* BOTÂNICA com rostelo

rostellum [rɒsˈteləm] *s.* BOTÂNICA, ZOOLOGIA rostelo

roster [ˈrəʊstə] Ⓐ *s.* lista; plano com escala de serviço Ⓑ *v.tr.* listar; escalar

rostra [ˈrɒstrə] *s.* {*pl. de* **rostrum**}

rostral [ˈrɒstrəl] *adj.* **1** rostral; **2** em forma de bico; **3** em forma de esporão de navio; **4** ornado com rostos, representativo de rostos

rostrate [ˈrɒstreɪt] *adj.* BOTÂNICA, ZOOLOGIA rostrado

rostriform [ˈrɒstrɪfɔːm] *adj.* rostriforme

rostrum [ˈrɒstrəm] *s.* (*pl.* **-ra** *ou* **-rums**) **1** rostro, tribuna onde, na antiga Roma, os oradores discursavam; **2** púlpito; **3** esporão de galera de guerra; **4** ZOOLOGIA bico de aves, armadura bocal de certos insectos; **5** BOTÂNICA esporão de vegetais, ponto mais ou menos consistente de certos órgãos

rosy [ˈrəʊzɪ] *adj.* (*comp.* **-ier**, *superl.* **-iest**) **1** cor-de-rosa; rosado; róseo; *~ cheeks* faces rosadas; *she has a ~ complexion* ela tem uma pele rosada; *to become ~* tomar um tom róseo; **2** [rar.] com um odor de rosas, feito de rosas, coberto de rosas, juncado de rosas; **3** [fig.] risonho, prometedor, esperançoso, optimista; *~ prospects* perspectivas risonhas ❖ *~ cross* rosa-cruz; ZOOLOGIA *~ soldierfish* olho-de-vidro

rot [rɒt] Ⓐ *s.* **1** putrefacção, podridão; decomposição orgânica; **2** caruncho; *dry ~* caruncho; **3** morrinha, gafeira; **4** VETERINÁRIA (ovelhas, carneiros) distomatose; *the ~* a distomatose; **5** [cal.] disparate, tolice, parvoíce, baboseira, burrice; *don't talk rot!* não digas disparates! Ⓑ *v.tr.,intr.* (*particípios*: **-tt-**) **1** apodrecer, putrefazer-se, entrar em putrefacção; decompor-se; **2** deteriorar, fazer apodrecer; **3** definhar (na prisão), estiolar; *the prisoner was left to ~ in the jail* deixaram o preso a definhar na cadeia; **4** decair, entrar em decadência; **5** (linho) macerar; **6** [cal.] dizer disparates, dizer asneiras, falar ironicamente; *he is only rotting* ele não está a falar a sério; **7** arreliar, rir-se de, fazer pouco de; **8** estragar, perturbar; *he has rotted the whole plan* ele estragou o plano todo Ⓒ *interj.* (irritação) irra!, arre! ❖ [coloq.] *tommy ~* disparate; burrice; parvoíce; *what tommy ~ that we are not allowed to do it today!* é uma burrice não podermos fazer isso hoje!

rota [ˈrəʊtə] *s.* **1** rota, tribunal pontifício composto de doze juízes; **2** escala de serviço, lista de pessoas que fazem serviço sucessivamente; **3** ⇒ **roster**

Rotarian [rəʊˈteərɪən] *adj.,s.* rotário, membro de um clube rotário

rotary [ˈrəʊtərɪ] Ⓐ *adj.* **1** rotativo; **2** giratório, rotatório; *~ drum* tambor giratório; **3** que anda em volta; que actua em rotação Ⓑ *s.* (*pl.* **-ies**) **1** rotativa, máquina rotativa; **2** [EUA] rotunda ❖ *the Rotary* os Rotários; *Rotary Club* clube rotário; ELECTRICIDADE *~ converter* conversor de um só induzido; ELECTRICIDADE *~ field* campo giratório; *~ kiln* forno giratório; *~ motion* movimento de rotação; *~ platform* plataforma giratória; *~ pump* bomba rotativa; *~ spring* mola rotativa; *~ table* mesa rotativa

rotate[1] [rəʊˈteɪt] *v.tr.,intr.* **1** rodar, girar em volta; **2** suceder-se ciclicamente; *seasons ~* as estações sucedem-se ciclicamente; **3** alternar, fazer alternar; *to ~ the crops* fazer alternar as culturas; **4** revezar-se

rotate[2] [ˈrəʊtɪt] *adj.* **1** rotiforme, rotáceo; **2** circular

rotating [rəʊˈteɪtɪŋ] *adj.* **1** giratório, rotativo; *~ mirror* espelho rotativo; **2** rotatório; **3** alternado, que se alterna; *~ crops* culturas alternadas ❖ ELECTRICIDADE *~ brush* escova rotatória; *~ centre* centro de rotação

rotation [rəʊˈteɪʃən] *s.* **1** rotação, movimento de rotação; *anticlockwise ~* rotação no sentido inverso ao dos ponteiros de um relógio; *clockwise ~* rotação no sentido dos ponteiros de um relógio; *rotations per second* rotações por segundo; *the ~ of the earth* a rotação da terra; **2** alternância; sucessão alternada, AGRICULTURA *~ of crops* alternância de culturas; **3** turno; *to do sth in ~* fazer uma coisa por turnos; **4** revezamento ❖ *~ speed* velocidade de rotação; *by ~/in ~* alternadamente

rotational [rəʊˈteɪʃənəl] *adj.* rotativo, rotatório

rotative [ˈrəʊtətɪv] *adj.* **1** rotativo, rotatório, giratório; **2** alternado; **3** relativo a revezamento

rotativism [rəʊˈteɪtɪvɪzəm] *s.* POLÍTICA rotativismo

rotator [rəʊˈteɪtə] *s.* **1** ANATOMIA músculo rotador, que faz rodar um membro; **2** MECÂNICA rotor

rotatory [ˈrəʊtətrɪ, rəʊˈteɪtərɪ] *adj.* rotatório; relativo a rotação; giratório

rotch [rɒtʃ] *s.* ZOOLOGIA alca pequena, torda-mergulheira

rotche [rɒtʃ] *s.* ZOOLOGIA alca pequena, torda-mergulheira

rote [rəʊt] *s.* **1** rotina, hábito; **2** repetição maquinal ❖ *~ learning* memorização; *by ~* de cor; *to learn by ~* memorizar; decorar

ROTFL (Internet, e-mail) [*abrev. de* rolling on the floor laughing]

rot-gut [ˈrɒtɡʌt] *s.* zurrapa, bebida ordinária

rotifer [ˈrəʊtɪfə] *s.* ZOOLOGIA rotífero, rotador

Rotifera [rəʊˈtɪfərə] *s.pl.* ZOOLOGIA rotíferos, rotadores

rotiform [ˈrəʊtɪfɔːm] *adj.* rotiforme

rotisserie [rɒˈtiːsərɪ] *s.* churrascaria, churrasqueira

roto [ˈrəʊtəʊ] *s.* **1** hábito, rotina; **2** conhecimento adquirido por pura repetição; memória meramente mecânica ❖ *by ~* de cor; mecanicamente; *to do by ~* fazer mecanicamente; *to say by ~* dizer de cor; dizer mecanicamente

rotogravure [ˌrəʊtəʊɡrəˈvjʊə] *s.* rotogravura

rotor [ˈrəʊtə] *s.* rotor ❖ *~ blade* lâmina do rotor; ELECTRICIDADE *~ circuit* circuito do rotor; *air-cleaner ~* rotor de purificação do ar; [*ant.*] *~ winged plane* helicóptero

rotted [ˈrɒtɪd] *adj.* **1** podre, apodrecido; **2** atacado de distomatose

rotten [ˈrɒtən] *adj.* **1** podre, apodrecido; *to smell ~* cheirar a podre; **2** cheio de caruncho, carunchoso; *~ timber* madeira carunchosa, madeira podre; **3** carcomido; **4** em decomposição; **5** VETERINÁRIA (carneiro, ovelha) atacado de distomatose; **6** corrupto moral ou socialmente; **7** sem valor, inútil, decadente; **8** [cal.] reles, ordinário, mau, desagradável, miserável; *~ weather* tempo miserável ❖ *~ egg* ovo choco; *~ luck* grande azar; (antes de 1832) *a ~ borough* círculo eleitoral com muito poucos votantes; *that man is ~ to the core* aquele homem está podre de vícios

rottenly [ˈrɒtənlɪ] *adv.* **1** de uma maneira corrupta; **2** desagradavelmente; **3** duma maneira reles, ordinária

rottenness [ˈrɒtənəs] *s.* **1** podridão, putrefacção, decomposição; **2** má qualidade, estado miserável

rottenstone [ˈrɒtənstəʊn] *s.* GEOLOGIA trípoli

rotter [ˈrɒtə] *s.* **1** [coloq.] patife, garoto, biltre, canalha; **2** [coloq.] inútil

Rotterdam [ˈrɒtədæm] *s.top.* Roterdão

rotting [ˈrɒtɪŋ] Ⓐ *adj.* **1** que apodrece, que entra em decomposição; **2** podre, putrefacto Ⓑ *s.* **1** acto ou acção de apodrecer, de se decompor; **2** putrefacção; **3** [coloq.] disparate, calinada

Rottweiler [ˈrɒtwaɪlə] *s.* ZOOLOGIA (cão) rottweiler

rotund [rəʊˈtʌnd] *adj.* **1** rotundo, cheio de ênfase, empolado; **2** sonoro, grandiloquente; **3** gordo, rechonchudo; **4** [rar.] redondo, arredondado, circular

rotunda [rəʊˈtʌndə] *s.* **1** ARQUITECTURA rotunda, edifício ou átrio de forma circular e cúpula arredondada ou quase esférica; **2** aposento circular

rotundity [rəʊˈtʌndɪtɪ] *s.* (*pl.* -ies) **1** rotundidade; **2** esfericidade, aparência redonda; **3** obesidade, gordura

rouble [ˈruːbəl] *s.* (moeda) rublo

roucou [ˈruːkuː] *s.* anato, urucum

roué [ˈruːeɪ] *adj.* libertino, devasso, debochado

Rouen [ruːˈɒ̃] *s.top.* (cidade francesa) Ruão

rouge [ruːʒ] Ⓐ *s.* **1** [ant.] (cosmética) carmim, rouge; **2** vermelhão; **3** colcotar, sesquióxido de ferro empregado para polir; **4** POLÍTICA vermelho, político da extrema esquerda; revolucionário Ⓑ *adj.* vermelho, encarnado, rubro Ⓒ *v.tr.,intr.* **1** colorir de vermelho; **2** [ant.] pôr rouge; maquilhar-se com rouge ❖ *Rouge Croix* Cruz Vermelha; (jogo de cartas) *~ et noir* jogo do trinta e quatro

rough [rʌf] Ⓐ *adj.* **1** áspero; *~ paper* papel áspero; *~ skin* pele áspera; *~ surface* superfície áspera; *~ to the touch* áspero ao tacto; **2** rugoso, desigual, irregular; *a ~ road* uma estrada de piso irregular; **3** grosseiro, descortês, severo, violento, rude; *~ handling* tratamento rude, brutalidade; *~ treatment* tratamento rude; *~ welcome* acolhimento rude (mas sincero); *a ~ tongue* pessoa que fala com rudeza; *a ~ voice* uma voz rude; **4** insolente; **5** duro; brutal; *that is ~ on him* isso é duro para ele; *to be ~ with sb* ser duro com alguém; *to lead a ~ life* ter uma vida dura; **6** (mar.) agitado, encrespado, encapelado; *a ~ crossing* uma travessia com mar agitado; *a ~ sea* um mar agitado; **7** tempestuoso, ventoso, borrascoso; *~ weather* tempo tempestuoso; *a ~ day* um dia ventoso; **8** aproximado, não exacto; *~ calculation* cálculo aproximado; *~ dimension* dimensão aproximada; *a ~ translation* uma tradução aproximada; *on a ~ estimate it is well worth £5,000* deve valer aproximadamente 5000 libras; **9** inculto, rústico, bronco; **10** (vinho) rascante; **11** rudimentar, imperfeito, incompleto, tosco, mal-acabado, malfeito, por polir, em bruto; *~ glass* vidro em bruto, vidro despolido; *~ stone* pedra por trabalhar, pedra não aparelhada; *in the ~ state* em estado bruto; **12** (diamante) por lapidar, em bruto; *a ~ diamond* um diamante por polir; **13** descuidado; **14** discordante, inarmónico Ⓑ *adv.* **1** grosseiramente, rudemente; *to treat sb ~* tratar alguém com rudeza; **2** asperamente; **3** toscamente Ⓒ *s.* **1** rudeza, grosseria, falta de polimento; **2** parte grosseira; **3** terreno acidentado; **4** (ferradura de cavalo) espigão; **5** adversidade, dificuldades, lado desagradável das coisas; **6** arruaceiro, vagabundo, desordeiro, rufia, mariola Ⓓ *v.tr.* **1** tornar áspero; **2** (cabelo, penas, etc.) arrepiar, levantar, passando a mão ao contrário; **3** (ferraduras de cavalo) firmar com cavilhas salientes; **4** (cavalos) domar, amansar; **5** fazer um esboço grosseiro de; **6** (pedra preciosa) desbastar, dar um primeiro polimento a; **7** (pessoa) tratar rudemente ❖ *~ casting* fundição em bruto; *~ coat* primeira mão de argamassa; *~ draft* rascunho; bosquejo; *~ file* lima grossa; *~ hair* cabelo hirsuto; *~ hands* mãos calosas; ZOOLOGIA (peixe) *~ hound* cação; *~ house* altercação; rixa; desordem; luta; *~ justice* justiça sumária; *~ leaf* primeira folha de planta nova depois das cotilédones; *~ luck* má sorte; pouca sorte; *~ music* banzé; algazarra; alarido; *~ rice* arroz com casca; *~ work* trabalho grosseiro; violência; *~ cut* lima grossa; *a ~ customer* um indivíduo duro, violento; *a ~ sketch* um esboço; *at a ~ guess* aproximadamente; *book with ~ edges* livro com folhas não aparadas à máquina; *in the ~* em estado bruto; aproximadamente; de modo geral; *he had to ~ it at the start* a princípio teve de levar uma vida dura; *to give sb a ~ handling* tratar alguém rudemente; *to have a ~ time* passar por dificuldades; sofrer dificuldades; *to play ~* jogar rudemente; *to ~ it* levar vida dura; passar dificuldades a que se não estava habituado; viver sem comodidades; *to take the ~ with the smooth* aceitar as coisas como elas são; enfrentar a realidade; *to travel over ~ and smooth* viajar por montes e vales

✦**rough out** *v.tr.* fazer um breve esboço de

✦**rough up** *v.tr.* **1** (piano) dar uma afinadela ligeira a; **2** (cabelo) despentear; **3** [coloq.] dar uma tareia; espancar ❖ *to rough sb up the wrong way* irritar alguém

roughage [ˈrʌfɪdʒ] *s.* fibras alimentares

rough-and-ready [ˌrʌfənˈredɪ] *adj.* **1** rudimentar; **2** grosseiro; mal-acabado; **3** improvisado; **4** (pessoa) desajeitado

rough-and-tumble [ˌrʌfənˈtʌmbəl] Ⓐ *adj.* **1** irregular, à margem das regras; **2** em desordem; **3** turbulento Ⓑ *s.* **1** caos; desordem; barafunda; confusão; **2** luta desordenada

rough-cast [ˈrʌfkɑːst] Ⓐ *adj.* **1** (parede) com um revestimento grosseiro de argamassa; **2** esboçado; **3** (plano) elaborado grosseiramente; **4** fundido em bruto Ⓑ *s.* **1** reboco, argamassa (para paredes); **2** peça fundida em bruto Ⓒ *v.tr.* (*prt. e part. pass.* **rough-cast**) **1** rebocar, cobrir com reboco; **2** esboçar, bosquejar (plano)

rough-caster [ˌrʌfˈkɑːstə] *s.* rebocador, aquele que cobre com reboco

rough-casting [ˌrʌfˈkɑːstɪŋ] *s.* cobertura com reboco

rough-dry [ˈrʌfdraɪ] *v.tr.* secar (roupa) sem passar a ferro

roughen [ˈrʌfən] *v.tr.,intr.* **1** (mar) encrespar-se, enrugar-se, encapelar-se; **2** ficar ou tornar rugoso ou áspero; **3** tornar-se rugoso ou áspero; **4** irritar

rougher [ˈrʌfə] *s.* **1** pessoa que desbasta, desbastador; **2** pessoa que desbasta a pedra que outro trabalha

roughgrind ['rʌf‚graɪnd] *v.tr.* (*prt. e part. pass.* **roughground**) 1 desbastar; 2 afiar, amolar (ferramenta)

roughground ['rʌfgraʊnd] *prt. e part. pass. de* **roughgrind**

rough-hew [‚rʌf'hjuː] *v.tr.* (*prt.* **rough-hewed**, *part. pass.* **rough-hewn**) 1 desbastar (estátua); 2 desbastar obra em madeira, falquear, falquejar

rough-hewn [‚rʌf'hjuːn] Ⓐ *adj.* 1 desbastado com enxó ou outro instrumento; 2 falqueado, falquejado; 3 em esboço Ⓑ *part. pass. de* **rough-hew**

roughing ['rʌfɪŋ] *s.* 1 desbaste; ~ *down* desbaste; 2 esboço, bosquejo; ~ *out* desbaste, esboço, bosquejo ❖ ~ *cylinder* cilindro desbastador; ~ *it* vida difícil; vida dura; ~ *lathe* torno de desbastar; ~ *roll* rolo desbastador

roughish ['rʌfɪʃ] *adj.* 1 um tanto áspero ou rugoso; 2 um tanto rude; 3 (mar) um tanto encapelado ou agitado; 4 (pessoa) um pouco rude, grosseiro, sem grande polimento

roughly ['rʌflɪ] *adv.* 1 rudemente, asperamente, descortesmente; *to treat sb* ~ tratar alguém com rudeza; 2 insolentemente, bruscamente; 3 brutalmente; 4 imperfeitamente, rudimentarmente, toscamente; ~ *made table* mesa feita toscamente; 5 grosseiramente; *to sketch* ~ fazer um esboço grosseiro de; 6 aproximadamente ❖ ~ *speaking* de uma maneira geral; *the wind blew* ~ soprava um vento agreste

rough-mannered [‚rʌf'mænəd] *adj.* rude

roughneck ['rʌfnek] *s.* grosseirão

roughness ['rʌfnəs] *s.* 1 rugosidade, aspereza; 2 desigualdade, imperfeição; 3 irregularidade; 4 grosseria, descortesia; 5 severidade; 6 rudeza; 7 brutalidade; 8 agitação (do mar); 9 inclemência (do tempo); 10 deselegância (de estilo)

roughshod ['rʌfʃɒd] *adj.* 1 com rompões ou saliências nas extremidades das ferraduras; 2 (atitude) brutal; sem consideração nenhuma ❖ *to ride* ~ *over sb* tratar alguém sem consideração

rough-turn [‚rʌf'tɜːn] *v.tr.* desbastar ao torno

rough-turning [‚rʌf'tɜːnɪŋ] *s.* desbaste ao torno

roulade [ruː'lɑːd] *s.* 1 MÚSICA trilo, volata; 2 CULINÁRIA rolo

rouleau [rʊ'ləʊ] *s.* (*pl.* -**x** ou -**s**) rolo (feito de moedas embrulhadas)

rouleaux [rʊ'ləʊs] *s.* {*pl. de* **rouleau**}

roulette [ruː'let] *s.* 1 (jogo de azar) roleta; 2 GEOMETRIA roleta; 3 carretilha, rolete picotador (de selos); 4 roda dentada empregada pelos gravadores

Roumania [ruː'meɪnɪə] *s.top.* Roménia

Roumanian [ruː'meɪnɪən] *adj.,s.* romeno

Roumansh [rʊ'mænʃ] *s.* ⇒ **Romansh**

Roumelian [ruː'miːlɪən] *adj.,s.* ⇒ **Roumeliote**

Roumeliote [ruː'miːlɪəʊt] *adj.,s.* romeliota

round [raʊnd] Ⓐ *adj.* 1 redondo, circular; ~ *cheeks* rosto redondo; ~ *face* rosto redondo; ~ *hand* caligrafia redonda; *as* ~ *as a ball* redondo como uma bola; *to become* ~ ficar redondo; *to make* ~ 2 esférico; cilíndrico; côncavo; ~ *glass* vidro côncavo; 3 curvo; arredondado; ~ *corner* canto arredondado; 4 roliço, cheio, corpulento; ~ *arms* braços roliços; 5 que se move em círculo; 6 completo, cheio; 7 autêntico, genuíno; 8 claro, declarado, positivo, nítido, categórico; ~ *assertion* afirmação categórica; 9 [arc.] franco, sincero; *to be* ~ *with sb* ser franco com alguém; 10 vigoroso, vivo; *at a* ~ *trot* num trote vivo; 11 contínuo; 12 (números) redondo, inteiro; (soma aproximada) ~ *sum* números redondos; *a* ~ *dozen* nada menos de uma dúzia; *in* ~ *figures* em números redondos; 13 importante, considerável; *a good* ~ *sum* uma soma considerável; *a* ~ *tip* uma boa gorjeta; 14 (estilo) fluente; ~ *style* estilo fluente; 15 suave; 16 (tom de voz) rico, sonoro, melodioso, harmonioso, cheio Ⓑ *s.* 1 forma redonda, objecto redondo; *a cylinder out of* ~ um cilindro que já perdeu a forma redonda; 2 círculo, circunferência; 3 roda; 4 arco, volta; 5 esfera, bola; 6 orbe; [poét.] *the earthly* ~ o orbe terrestre; 7 rodela; 8 rotação; revolução; *the earth's yearly* ~ a revolução anual da Terra; 9 (bebidas) rodada; *to stand a* ~ *of drinks* pagar uma rodada de bebidas; 10 volta, giro, passeio; *to go for a good* ~ ir dar uma grande volta; 11 visitas; *a doctor's* ~ as visitas regulares de um médico; 12 (vigilante, militar, etc.) ronda; *the watchman made his rounds every five minutes* o guarda fazia a ronda de cinco em cinco minutos; MILITAR *to go the rounds* fazer serviço de ronda; 13 rotina; *the daily* ~ a rotina diária, as ocupações de todos os dias; 14 sucessão, série; *a* ~ *of cheers* uma série de aplausos; *a* ~ *of pleasures* uma série de diversões; *she made a* ~ *of visits* ela fez uma série de visitas; 15 DESPORTO (boxe) round, assalto; *a fight of ten rounds* um combate de dez assaltos; 16 (golfe) jogo completo; *to have a* ~ *of golf* fazer um jogo de golfe; 17 (tiros) salva, descarga; munições necessárias para uma descarga ou salva; *there was a* ~ *of six shots* houve uma salva de seis tiros; 18 dança de roda; *to dance in a* ~ dançar de roda; 19 MÚSICA canção na qual tomam parte duas ou mais pessoas ou grupos, e de maneira a que, quando o segundo verso começa a ser entoado, iniciam outros o primeiro, e assim sucessivamente; 20 degrau de escada portátil; 21 escultura que pode ver-se por todos os lados Ⓒ *adv.* 1 em círculo, em roda, em torno, em volta; *for two or three miles* ~ duas ou três milhas em redor; ~ *and* ~ muitas vezes em volta; 2 de circunferência; *to be 20 feet* ~ ter vinte pés de circunferência; 3 de volta; de regresso; com regresso ao ponto de partida; *I shall be* ~ *here in March* eu voltarei aqui em Março; 4 de mão em mão; de uns aos outros; a todos; para todos; *tea was served* ~ serviram o chá a todos; *the beer was not enough to go* ~ a cerveja não chegava para todos; 5 por toda a parte, por todos os lados; 6 fazendo um rodeio Ⓓ *prep.* 1 em torno de, em roda de, em volta de, à volta de; *he lives* ~ *the corner* ele vive ao dobrar da esquina; *he travelled* ~ *the world* ele viajou à volta do mundo; *she had a necklace* ~ *her neck* ela trazia um colar ao pescoço; *shells were bursting* ~ *them* rebentavam granadas em volta deles; *the earth goes* ~ *the sun* a Terra gira em volta do Sol; *they were seated* ~ *the table* estavam sentados em volta da mesa; *to go* ~ *the city* ir dar uma volta pela cidade; *to go* ~ *the museums* ir visitar os museus; *to sail* ~ *a cape* dobrar um cabo; 2 (aproximadamente) por volta de; ~ *about ten* por volta das dez horas Ⓔ *v.tr. intr.* 1 arredondar(-se); dar forma redonda a; *to* ~ *the lips* arredondar os lábios; 2 bolear; 3 curvar, encurvar; 4 acabar, completar; 5 tornar simétrico, perfeito, bem ordenado; 6 (cabo, promontório) passar além de, dobrar; 7 circundar, contornar; 8 voltar-se, virar-se para o outro lado; 9 [arc.] segredar, cochichar; *he rounded him in his ear that...* ele segredou-lhe ao ouvido que... ❖ ~ *ammunition* cartucho de guerra; ~ *angle* ângulo de 360°; ~ *arch* arco semicircular; ~ *bar* varão de ferro; ~ *belt* correia roliça; ~ *dance* dança de roda; valsa; ~ *file* lima redonda; limatão redondo; ~ *game* jogo de mesa; ~ *lie* mentira descarada; ~ *nose* bico redondo; NÁUTICA ~ *top* gávea; ~ *towel* toalha rolante; ~ *of ammunition* cartucho; bala; ~ *unvarnished tale* verdade pura; verdade completa; *a* ~ *of beef* uma posta de carne (redonda); *a* ~ *of politicians* uma roda de políticos; um grupo de políticos; *a* ~ *of toast* uma fatia de pão torrado; *a* ~ *robin* exposição ou petição escrita com as assinaturas em círculo para não revelar a ordem com que foram feitas; *a* ~ *tour* um passeio, uma viagem que termina no ponto de partida; *a* ~ *voice* uma voz cheia; *a* ~ *vowel* uma vogal pronunciada com os lábios arredondados; *all the year* ~ durante todo o ano; *the Round Table* a Távola Redonda; *he paid for drinks all* ~ ele pagou uma rodada a toda a gente; *her eyes were* ~ *with astonishment* ela arregalou os olhos com espanto; *it's a long way* ~ é uma grande volta; é um grande desvio; *taking it all* ~ considerando isso de todos os pontos de vista; *to go one's rounds*/*to make one's rounds* fazer a inspecção (andando de um lugar para outro); *to go the* ~ *of* passar de boca em boca; *to make the* ~ *of the country* percorrer todo o país; *to* ~ *a dog's ears* cortar as orelhas a um cão; *to* ~ *the angles* atenuar os ângulos; *to take the longest way* ~ seguir o caminho mais longo

✦**round down** *v.tr.* (quantia) arredondar para baixo, arredondar por defeito

✦**round off** *v.tr.* 1 concluir; *to* ~ *the negotiations* concluir as negociações; 2 (dia, sessão, etc.) completar, rematar [**with**, com]; 3 arredondar ❖ *to round a boat off* virar um barco em direcção à vaga; *to* ~ *a sentence well* apurar uma frase

✦**round on/upon** *v.tr.* 1 (atacar) virar-se contra; cair em cima de; 2 denunciar

✦**round out** *v.tr.* 1 arredondar; 2 [EUA] (dia, sessão, etc.) completar, rematar [**with**, com]

✦**round up** *v.tr.* 1 (quantia) arredondar para cima, arredondar por excesso; juntar; 2 (gado) juntar; *to* ~ *the cattle* juntar o gado, cavalgando em roda dele

roundabout ['raʊndəbaʊt] Ⓐ *s.* 1 [GB] carrossel; 2 [GB] rotunda; 3 desvio, caminho indirecto; 4 circunlóquio, rodeio; 5 [EUA] casaco curto Ⓑ *adj.* 1 indirecto; com rodeios; vago; *he has a ~ way of saying things* ele tem uma maneira indirecta de dizer as coisas; *in a ~ way* de maneira indirecta; 2 com desvios; 3 gordo, rechonchudo ❖ *~ policy* política tortuosa; *to go by a ~ route* seguir por um desvio; *to lose on the swings what one makes on the roundabouts* perder num lado o que se ganha no outro; *what he loses on the swings he makes up on the roundabouts* ele ganha num lado o que perde no outro

round-arm ['raʊndɑ:m] *adj.* com o braço à altura do ombro

rounded ['raʊndɪd] *adj.* 1 arredondado; boleado; torneado; curvo; *~ corner* canto arredondado; 2 roliço; 3 cilíndrico, esférico; 4 bem acabado, perfeito, impecável; 5 LINGUÍSTICA arredondado, labializado, pronunciado com os lábios arredondados

roundel ['raʊndl] *s.* 1 medalhão; 2 HERÁLDICA arruela, besante; 3 LITERATURA rondó, rondel; 4 (dança) rondó

roundelay ['raʊndɪleɪ] *s.* (*pl.* **-s**) 1 canção breve e simples com refrão; 2 canto de ave; 3 (dança) rondó

rounder ['raʊndə] *s.* 1 aquele que arredonda, aperfeiçoa, boleia, etc.; 2 ferramenta para arredondar ou bolear; 3 [EUA] [coloq.] vadio, debochado; 4 *pl.* desporto inglês parecido com o basebol

round-eyed ['raʊndaɪd] *adj.* 1 de olhos redondos; 2 (espanto, admiração) de olhos arregalados; *they listened to him in ~ wonder* eles escutaram-no com os olhos arregalados de espanto

Roundhead ['raʊndhed] *s.* 1 puritano; 2 [coloq.] cabeça-redonda, apodo dado em Inglaterra aos partidários de Cromwell durante a guerra civil de 1642-1649

rounding ['raʊndɪŋ] *s.* 1 aperfeiçoamento; 2 arredondamento; boleamento; 3 (lombada de livro) abaulamento; 4 NÁUTICA cabos para forrar ❖ MATEMÁTICA *~ off* arredondamento

roundish ['raʊndɪʃ] *adj.* um tanto redondo, arredondado

roundly ['raʊndlɪ] *adv.* 1 claramente, inequivocamente, sem rodeios; *he told them ~ they had better go home* ele disse-lhes claramente que era melhor irem para casa; 2 redondamente, severamente; 3 [coloq.] sem papas na língua; com toda a franqueza; 4 rudemente, asperamente; 5 em círculo; com forma arredondada; *to swell out ~* inchar e tomar uma forma arredondada ❖ *to go ~ to work* pôr-se a trabalhar com toda a vontade

roundness ['raʊndnɪs] *s.* 1 rotundidade, aspecto redondo, redondeza; 2 boleamento; 3 harmonia (de estilo); 4 sonoridade; 5 rudeza, franqueza

round-off ['raʊndɒf] *s.* 1 encerramento (de frase), maneira de acabar uma frase; 2 arredondamento, boleado

round-shouldered ['raʊndʃəʊldəd] *adj.* 1 de ombros arredondados; 2 (postura) de ombros descaídos

roundsman ['raʊndzmən] *s.* (*pl.* **-men**) 1 (leite, pão, etc.) entregador ao domicílio; 2 [EUA] inspector/agente de polícia em serviço de patrulha ❖ *milk ~* leiteiro; distribuidor do leite

round-the-clock [,raʊndθə'klɒk] *adj.* 24 horas por dia, permanente, contínuo

roundtrip [,raʊnd'trɪp] *s.* ida e volta ❖ [EUA] *~ ticket* bilhete de ida e volta

round-up ['raʊndʌp] *s.* 1 agrupamento de gado; 2 (criminosos) rusga policial; 3 síntese, resumo; *a ~ of the latest news* uma síntese das últimas notícias

roup¹ [raʊp] Ⓐ *s.* [Esc.] leilão, venda em hasta pública Ⓑ *v.tr.* [Esc.] leiloar, vender em hasta pública

roup² [ru:p] *s.* VETERINÁRIA doença que ataca com catarro purulento as aves de capoeira; difteria das aves de capoeira

roupy ['ru:pɪ] *adj.* (ave de capoeira) atacado de catarro purulento, com difteria

rouse [raʊz] Ⓐ *v.tr.,intr.* 1 (caça) levantar; 2 acordar, despertar; *to ~ sb from sleep* despertar alguém do sono; 3 cobrar ânimo; 4 (apatia, inactividade, etc.) fazer acordar, fazer despertar; tornar mais activo, insuflar nova energia em; *to ~ oneself* sair da apatia; *to ~ sb to action* despertar alguém para a acção; 5 inflamar, instigar, estimular; 6 provocar, exasperar; *he is terrible when roused* ele é terrível quando o provocam; 7 (paixões) excitar; 8 (sentimentos) evocar; 9 (líquido) misturar bem, agitar; 10 (arenque) salgar Ⓑ *s.* 1 MILITAR toque de alvorada, alvorada; 2 [arc.] copázio, copada; 3 brinde; *to give a ~ to* fazer um brinde a, beber à saúde de; 4 festança; orgia, bacanal ❖ *to ~ the masses* levantar as massas; agitar as massas; *to ~ the sleeping lion* despertar cão que dorme; *to take a ~* foliar; ir para os copos; *he was roused from his reflections* arrancaram-no às suas cogitações; [coloq.] *nothing will ~ them* eles não têm sangue nas veias; *she was roused by the noise they made* ficou sobressaltada com o barulho que eles fizeram

◆**rouse up** *v.tr.,intr.* sair da apatia; despertar; *to rouse sb up* fazer alguém sair da apatia

rouser ['raʊzə] *s.* 1 aquele que desperta, inflama, instiga ou estimula; 2 estimulante; 3 excitação, surpresa; 4 misturador (de cerveja); 5 mentira chocante, patranha

rousing ['raʊzɪŋ] *adj.* 1 excitante; apaixonante; 2 vibrante; 3 animador, estimulante; 4 comovente; 5 [fig.] grande, enorme ❖ *a ~ cheer* aplausos calorosos; *a ~ lie* uma mentira descarada

roussette [ru:'set] *s.* 1 ZOOLOGIA (peixe) cação; 2 morcego grande

roust [raʊst] *v.tr.* 1 pôr a mexer; pôr a andar; 2 [EUA] [coloq.] (incomodar) meter-se com

◆**roust about** *v.intr.* andar de um lado para o outro; andar todo atarefado

roustabout ['raʊstəbaʊt] *s.* 1 [EUA] estivador, descarregador; 2 empregado para todo o serviço

rout [raʊt] Ⓐ *s.* 1 bando de arruaceiros; 2 DIREITO (reunião) complô; conluio; 3 tumulto, desordem, barulho, alvoroço, confusão; 4 populaça, turbamulta, horda; 5 desaire; 6 debandada, fuga desordenada; *the retreat soon became a ~* a retirada logo se transformou em debandada; 7 [arc.] grande reunião festiva, recepção Ⓑ *v.tr.,intr.* 1 destroçar, desbaratar, derrotar totalmente, pôr em debandada; *to ~ the enemy* desbaratar o inimigo; 2 arrancar pela raiz, desenraizar, desenterrar; 3 desalojar; 4 (carpintaria) cortar/rebaixar com goiva; fresar ❖ *to break into a ~* pôr-se em debandada; *to put to ~* pôr em debandada

◆**rout out** *v.tr.* 1 arrancar; fazer sair à força; *to rout sb out of bed* arrancar alguém da cama; 2 (paradeiro) encontrar; descobrir

route [ru:t] Ⓐ *s.* 1 rumo, rota; *overland ~* rota terrestre; *the great sea routes* as grandes rotas marítimas; 2 via, caminho; *which ~ did they take?* que caminho seguiram eles?; 3 itinerário, percurso, roteiro; *to map out a ~* traçar um itinerário; 4 MILITAR ordem de marcha; *to get the ~* receber ordem de marcha; *to give the ~* dar ordem de marcha Ⓑ *v.tr.* 1 indicar, determinar, traçar a rota, trajecto ou caminho de; 2 encaminhar; 3 COMÉRCIO expedir por determinada via ❖ *~ map* mapa itinerário; MILITAR *~ march* marcha para treino de tropas; *bus ~* linha de autocarro; *"en route"* em marcha; a caminho; MILITAR *column of ~* coluna de marcha

routed ['raʊtɪd] *adj.* desbaratado, destroçado, em derrota

router¹ ['raʊtə] *s.* 1 fresadora; 2 graminho; 3 escavadeira

router² ['ru:tə] *s.* INFORMÁTICA encaminhador, direccionador

routh [raʊθ] *s.* [Esc.] grande quantidade, abundância

routine [ru:'ti:n] Ⓐ *s.* 1 rotina; 2 procedimento habitual; 3 serviço corrente, serviço habitual; 4 hábito; 5 (artista) número; 6 [coloq.] (comportamento) fingimento; falsidade Ⓑ *adj.* 1 rotineiro; 2 monótono, repetitivo; 3 banal ❖ *~ duties* obrigações regulares; obrigações normais; *the daily ~* o ramerrão diário; o serviço de todos os dias

routing¹ ['raʊtɪŋ] *s.* 1 fresagem, chanfradura, canelagem; 2 abertura com a ponta do buril ❖ (gravador ou marceneiro) *~ plane* plaina pequena

routing² ['ru:tɪŋ] *s.* 1 INFORMÁTICA encaminhamento, direccionamento; 2 empacotamento com indicação da via a seguir

routinish [ru:'ti:nɪʃ] *adj.* rotineiro

routinism [ru:'ti:nɪzəm] *s.* espírito de rotina, rotineirismo

routinist [ru:'ti:nɪst] *s.* rotineiro, indivíduo de rotinas

rove [rəʊv] Ⓐ *s.* 1 vagabundagem; *to be on the ~* andar na vagabundagem; 2 passeio sem destino certo Ⓑ *v.tr.,intr.* 1 andar sem destino certo; vaguear; deambular; *to ~ over sea and land* vaguear por terra e mar; 2 (olhar) mover-se; *her eyes roved from one to the other* o seu olhar movia-se de um para o outro; 3 ser inconstante nos seus actos; mudar continuamente de objectivo; 4 pescar ao corrico com isca viva Ⓒ *v.tr.* andar por; deambular por; percorrer; *to ~ the streets* andar pelas ruas Ⓓ *prt. e part. pass. de* **to reeve** ❖ *to ~ about the seas* piratear; percorrer os mares pirateando; *to ~ wide off the mark* acertar muito longe do alvo

rove-beetle ['rəʊv‚biːtəl] s. ZOOLOGIA (besouro) estafilino
rover ['rəʊvə] s. 1 alvo distante para tiro ao alvo; 2 vagabundo; 3 (críquete) bola que passou todos os arcos; 4 pirata, flibusteiro, corsário; 5 escoteiro-chefe; 6 máquina ou operário encarregado do torcimento do fio antes de entrar no carretel ❖ [lit.] *sea ~* pirata; salteador dos mares; *to shoot at rovers* disparar ao acaso; atirar sobre um alvo escolhido à vontade
roving ['rəʊvɪŋ] Ⓐ adj. 1 errante; nómada; de terra em terra; *~ instincts* tendência nómada; 2 vagabundo Ⓑ s. 1 vagabundagem; vida errante; 2 operação para primeira tecelagem do algodão ❖ *to have a ~ commission to do sth* ter carta-branca para fazer algo; [depr.] *to have a ~ eye* andar sempre em busca de uma aventura amorosa
row[1] [rəʊ] Ⓐ s. 1 fileira, fila; *a ~ of cars* uma fila de carros; *a ~ of piles* uma fila de estacas; *in the fourth ~* na quarta fila; *in the front ~* na fila da frente, na primeira fila; *to sit in rows* distribuir-se por filas; 2 linha, carreira; *in a ~* em linha, em fila; 3 (rebites) fila; *~ of rivets* fila de rebites; 4 remada, remadela; 5 passeio de barco; *to go for a ~* ir dar um passeio de barco Ⓑ v.tr.,intr. 1 remar; *can she ~ a boat?* ela sabe remar?; *they rowed 38 to the minute* eles remavam com a cadência de 38 remadas por minuto; *to ~ a fast stroke* remar depressa; 2 andar em barco a remos; transportar em barco a remos; *to ~ sb across* levar alguém num barco a remos para a outra margem; 3 ocupar determinado lugar como remador; *he rows Nº 4 in the Cambridge crew* ele é o remador número 4 da tripulação de Cambridge; 4 (barco) estar provido de uns tantos remos; *the boat rows eight oars* o barco tem oito remos; 5 participar em corrida de barco a remos; *to ~ (in) a race* participar em corrida de barco a remos ❖ *~ barge* bateira; [EUA] *a hard ~ to hoe* coisa difícil; tarefa difícil; osso duro de roer; (remador) *to be rowed out* estar exausto; estar esgotado; *to look one way and ~ another* fazer as coisas sem prestar atenção; *to ~ against the stream* remar contra a maré; *to ~ down* ultrapassar, remando; *to ~ down the river* descer o rio, remando; *to ~ in the same boat* estarem combinados; terem a mesma sorte; *to ~ over the river* atravessar o rio, remando; *to ~ together* estar de acordo
row[2] [raʊ] Ⓐ s. 1 grande discussão; briga, rixa; *to get mixed up in a ~* envolver-se numa rixa; *to have a ~ with sb* ter uma discussão (violenta) com alguém; 2 [coloq.] barulho, desordem, algazarra, tumulto; *there was too much ~ going on* havia muito barulho e desordem; *to kick up a ~* armar confusão, fazer muito barulho; *to kick up the devil of a ~* fazer um barulho dos diabos; 3 descompostura; *to get into a ~ for sth* apanhar uma descompostura por alguma coisa Ⓑ v.tr.,intr. 1 discutir, brigar [with, com]; *he was rowing with his brother* ele estava a discutir com o irmão; 2 fazer barulho, criar desordem; 3 repreender, censurar, ralhar com ❖ [coloq.] *hold your row!* cala-te para aí!; *what's the row?* que é que há?; que aconteceu?
rowan ['rəʊən, 'raʊən] s. 1 BOTÂNICA sorveira-brava; *~ (tree)* sorveira-brava; 2 (fruto da sorveira) sorva; *~ (berry)* sorva
rowboat ['rəʊbəʊt] s. [EUA] barco a remos
row-de-dow ['raʊdɪ‚daʊ] s. 1 [coloq.] barulho, barulheira; 2 tumulto
rowdily ['raʊdɪlɪ] adv. desordeiramente, turbulentamente
rowdiness ['raʊdɪnɪs] s. barulho, turbulência
rowdy ['raʊdɪ] Ⓐ adj. (comp. **-ier**, superl. **-iest**) barulhento, turbulento; desordeiro; conflituoso; *to be ~* provocar desacatos Ⓑ s. (pl. **-ies**) 1 desordeiro, arruaceiro; 2 vagabundo, vadio
rowdy-dowdy [‚raʊdɪ'daʊdɪ] adj. [coloq.] barulhento, arruaceiro
rowdyism ['raʊdɪɪzəm] s. 1 barulho, barulheira; 2 turbulência; 3 velhacaria
rowel ['raʊəl] Ⓐ s. 1 roseta de espora; 2 sedenho (em cavalos) Ⓑ v.tr. (particípios: **-ll-**) 1 esporear (cavalo); 2 aplicar sedenho em (cavalos)
rower ['rəʊə] s. remador
rowing ['rəʊɪŋ] s. 1 DESPORTO remo; 2 canoagem ❖ [GB] *~ boat* barco a remos; (exercício) *~ machine* máquina de remo
rowing[1] ['rəʊɪŋ] s. 1 DESPORTO remo; *to go in for ~* dedicar-se ao remo; 2 acção de remar, remadura, remadela; *to go ~* ir remar ❖ *~ barge* bateira; *~ boat* barco a remos; *~ drill* exercício de remo; DESPORTO *~ machine* aparelho para exercícios de remo; DESPORTO *~ match* competição de remo
rowing[2] ['raʊɪŋ] s. 1 discussão, algazarra, espalhafato; 2 repreensão, censura, reprimenda
rowlock ['rɒlək, 'rʌlək] s. toleteira, forqueta
Roxburghe ['rɒksbrə] s. processo de encadernação à amador, com a lombada em carneira sem quaisquer ornamentos, excepto letras douradas e simples, capa em pano ou papel, e as folhas por aparar em baixo
royal ['rɔɪəl] Ⓐ adj. 1 real, régio, relativo ao rei ou à rainha; *~ standard* pavilhão real; *with ~ consent* com consentimento real; 2 principesco; majestoso, magnificente; digno de um rei; *~ bearing* atitude ou comportamento digno de um rei; *a ~ welcome* uma recepção principesca; 3 sob o patrocínio real; 4 de grande importância; de alta posição; 5 de grande tamanho Ⓑ s. 1 membro da família real; 2 veado com 12 ou mais pontas; 3 NÁUTICA mastaréu do sobrejoanete; 4 pl. regimento de dragões da rainha ❖ *~ blue* azul real; *~ charter* carta real; alvará real; *~ coachman* mosca artificial usada como isca na pesca; *Royal Engineers* Real Engenharia Militar; *Royal Exchange* Palácio da Bolsa, em Londres; BOTÂNICA *~ fern* feto-real; NÁUTICA *~ halliard* adriça do sobrejoanete; NÁUTICA *~ mast* mastaréu do sobrejoanete; HISTÓRIA *~ oak* carvalho real (onde Carlos II se escondeu depois da derrota das suas tropas junto de Worcester); *~ road* caminho fácil; processo fácil de conseguir qualquer coisa; NÁUTICA *~ sheet* escota de sobrejoanete; NÁUTICA *~ stay* estai do mastaréu do sobrejoanete; *Prince Royal* príncipe real; *Princess Royal* princesa real; *a ~ stag* um veado com chifres completamente desenvolvidos; *His Royal Highness* Sua Alteza Real; *the blood ~/the ~ family* a família real; *he was given a ~ entertainment* receberam-no principescamente; *to be in ~ spirits* estar muito bem disposto; *to have a ~ time* divertir-se à grande
royalism ['rɔɪəlɪzəm] s. POLÍTICA realismo
royalist ['rɔɪəlɪst] adj.,s. POLÍTICA realista
royally ['rɔɪəlɪ] adv. 1 como um rei; 2 principescamente, regiamente; 3 magnificamente
royalty ['rɔɪəltɪ] s. (pl. **-ies**) 1 realeza; dignidade real; *in the presence of ~* na presença da realeza, na presença do rei ou da rainha, na presença de qualquer membro da família real; 2 prerrogativa real; 3 majestade, magnificência, grandiosidade, pompa; 4 pl. (quantia paga) direitos de autor; 5 [geralm. no pl.] patentes ❖ (para autor) *~ of 20% on the published price* percentagem de 20% sobre o preço de capa
rozzer ['rɒzə] s. [cal.] (polícia) bófia[cal.]
RP Ⓐ LINGUÍSTICA [abrev. de Received Pronunciation] Ⓑ [abrev. de Reformed Presbyterian] Ⓒ [abrev. de Regius Professor] Ⓓ [abrev. de Republic of the Philippines]
RPI ECONOMIA [abrev. de retail price index]
rpm [abrev. de revolutions per minute]
RR Ⓐ [abrev. de railroad] Ⓑ [abrev. de Right Reverend]
RRC [abrev. de Royal Red Cross]
Rs [abrev. de rupees]
RS Ⓐ [abrev. de right side] Ⓑ [abrev. de Royal Society]
RSA Ⓐ [abrev. de Republic of South Africa] Ⓑ [abrev. de Royal Scottish Academy] Ⓒ [abrev. de Royal Society of Arts]
RSE [abrev. de Royal Society of Edinburgh]
RSFSR [abrev. de Russian Soviet Federated Socialist Republic]
RSL Ⓐ [Austr.] [abrev. de Returned Services League] Ⓑ [abrev. de Royal Society of Literature]
RSM Ⓐ MILITAR [abrev. de Regimental Sergeant Major] Ⓑ [abrev. de Republic of San Marino] Ⓒ [abrev. de Royal School of Music] Ⓓ [abrev. de Royal Society of Medicine]
RSPCA [abrev. de Royal Society for the Prevention of Cruelty to Animals]
RSVP [abrev. de "répondez, s'il vous plaît" (please reply)]
Rt Hon. POLÍTICA [abrev. de Right Honourable]
RTR [GB] [abrev. de Royal Tank Regiment]
Rt Rev. RELIGIÃO [abrev. de Right Reverend]
Ru QUÍMICA [símbolo de ruthenium]
RU [abrev. de Rugby Union]
rub [rʌb] Ⓐ s. 1 atrito, fricção; 2 esfrega; esfregadela; *to give sth a good ~* esfregar uma coisa bem esfregada; 3 dificuldade, obstáculo, busílis; *there's the ~* aí é que está a dificuldade, aí é que está o busílis; 4 embaraço, empecilho; 5 aspereza; 6 irregularidade; desigualdade de terreno; 7 (carácter) falha, falta; 8 sarcasmo; 9 (whist) róber Ⓑ v.tr. (particípios **-bb-**) 1 esfregar;

friccionar; *to ~ dry* esfregar até ficar seco; *to ~ one's hands with sth* friccionar as mãos com alguma coisa; *to ~ with a clout* esfregar com uma rodilha; *to ~ with oil* esfregar com óleo; **2** roçar [**against**, em/por]; *she rubbed her coat against some wet paint* ela roçou com o casaco por qualquer coisa pintada de fresco; *the dog came and rubbed its head against my legs* o cão veio roçar a cabeça contra as minhas pernas; **3** coçar(-se); **4** (atrito) desgastar(-se); **5** raspar; **6** limpar, lustrar, polir (esfregando); **7** exasperar; irritar; vexar; **8** deslizar; passar; **9** viver com dificuldades; prosseguir com dificuldades; **10** [arc.] embaraçar, dificultar ❖ MEDICINA (pleurisia seca) *pleural ~* ruído pulmonar; DESPORTO (golfe) *~ on the green* interferência acidental no trajecto seguido pela bola; *the rubs and worries of life* as contrariedades da vida; *to ~ a lesson into sb* fazer entrar uma lição à força na cabeça de alguém; [coloq.] *to ~ noses with* ser íntimo de; (certas tribos) saudar esfregando os narizes; *to ~ one's hands together* esfregar as mãos de contente; *to ~ sb the wrong way* irritar; aborrecer alguém; *to ~ shoulders with* conviver com; *to ~ through a sieve* fazer passar, esfregando, através de um crivo ou peneira; *to ~ to powder* reduzir a pó

◆ **rub along** *v.intr.* **I** [coloq.] dar-se; conviver; *they're rubbing along* eles lá se vão dando; **2** [coloq.] desenrascar-se; *enough to ~ with* o suficiente para me desenrascar

◆ **rub away** *v.tr.* esfregar até desaparecer; limpar, esfregando

◆ **rub down** *v.tr.* **I** (superfície) lixar; alisar; **2** friccionar; **3** (animal, pessoa) secar com toalha

◆ **rub in** *v.tr.* **I** fazer penetrar, esfregando; **2** (lição) ensinar à força; **3** (facto desagradável) obrigar a reconhecer; *don't rub it in!* escusas de estar a lembrar!; **4** insistir em, realçar

◆ **rub off** *v.tr.* **I** (giz, tinta) apagar(-se); sair; **2** passar [**on to**, para]; pegar-se [**on to**, a]; **3** influenciar, contagiar [**on to**, -] ❖ *to rub the rust off* desenferrujar; *some chalk has rubbed off on to your coat* tens o casaco com cal

◆ **rub on** Ⓐ *v.intr.* prosperar Ⓑ *v.tr.* **I** (creme) pôr; espalhar; **2** polir; puxar o lustro a

◆ **rub out** *v.tr.* **I** (lápis, tinta) safar; apagar; **2** [coloq.] (liquidar) eliminar

◆ **rub up** *v.intr.* **I** polir; fazer reluzir; **2** aperfeiçoar; *her German needs to be rubbed up* ela precisa de aperfeiçoar o alemão ❖ *to ~ one's memory* refrescar a memória; [coloq.] *what has rubbed him up the wrong way?* que bicho lhe mordeu?

◆ **rub up against** *v.tr.* conviver com; contactar com

rub-a-dub [ˌrʌbəˈdʌb] Ⓐ *s.* **I** rufar de tambor; **2** rataplão de tambor Ⓑ *v.intr.* (*particípios*: -**bb**-) rufar como um tambor

rubbed [rʌbd] *adj.* **I** coçado, puído; **2** sem brilho; **3** gasto; **4** de mau humor, irritado

rubber [ˈrʌbə] Ⓐ *s.* **I** borracha; **2** borracha (de safar); *india ~* borracha (para safar); **3** esfregão; *kitchen ~* esfregão de cozinha; **4** artigos de borracha (como galochas, pneus, etc.); **5** rodilha; **6** (pessoa, coisa) esfregador; **7** massagista; **8** toalha grossa; **9** raspador; **10** polidor; **11** escova; **12** pedra de amolar; **13** lima grossa; **14** [cal.] preservativo; **15** (jogos de cartas) róber (no jogo de *whist*) Ⓑ *v.tr.* revestir de borracha Ⓒ *adj.* de/em borracha ❖ *~ adhesive* adesivo de borracha; *~ ball* bola elástica; bola de borracha; pêra de borracha; *~ band* elástico; fita de borracha; *~ boat* barco de borracha; *~ cement* cola de borracha; *~ check* cheque sem cobertura; *~ cork* rolha de borracha; *~ file* lima grossa; *~ gloves* luvas de borracha; *~ gum* látex; *~ heels* saltos de borracha; *~ insulation* isolamento de borracha; *~ packing* guarnição de borracha; *~ pad* almofada de borracha; *~ ring* anel de borracha; *~ sheet* folha de borracha; *~ stamp* carimbo de borracha; *~ stopper* rolha de borracha; *~ strip* tira de borracha; *~ tape* fita isoladora de borracha; BOTÂNICA *~ tree* árvore da borracha

rubberize [ˈrʌbəraɪz] *v.tr.* ⇒ **rubber** Ⓑ

rubberneck [ˈrʌbənek] Ⓐ *s.* **I** [coloq.] mirone, curioso, basbaque; **2** [coloq.] turista Ⓑ *v.intr.* [coloq.] pasmar, embasbacar

rubbers [ˈrʌbəz] *s.pl.* galochas

rubber-stamp [ˌrʌbəˈstæmp] *v.tr.* **I** pôr selo em; **2** aprovar

rubbery [ˈrʌbrɪ] *adj.* **I** como borracha, semelhante a borracha; **2** elástico

rubbing [ˈrʌbɪŋ] Ⓐ *s.* **I** atrito; **2** fricção; **3** polimento Ⓑ *adj.* **I** que roça; **2** que serve para esfregar; **3** que serve para polir ❖ *~ away* desgaste; *~ compound* produto para polir; *~ down* polimento; limpeza de cavalos com a almofaça; *~ surface* superfície de atrito; *~ up* polimento; acto de puxar o lustro

rubbish [ˈrʌbɪʃ] *s.* **I** lixo; desperdícios; detritos; *household ~* lixo, detritos caseiros; **2** entulho; caliça; **3** refugo; mercadoria de qualidade inferior; **4** [coloq.] porcaria; inutilidade; **5** disparates, tolices, asneiras; *rubbish!* disparate!; *that is all rubbish!* isso não vale nada!, isso é um disparate!; *to talk ~* dizer disparates ❖ *~ bin* balde de lixo; *~ heap/shoot* monte de lixo; depósito de lixo; *a good riddance of bad ~* mas que alívio! (quando nos vemos livres de pessoas de quem não gostamos); *shoot no ~* é proibido deitar lixo

rubbishing [ˈrʌbɪʃɪŋ] *adj.* **I** sem qualquer valor; **2** (mercadoria) de má qualidade

rubbishy [ˈrʌbɪʃɪ] *adj.* **I** cheio de lixo, cheio de detritos; **2** sem qualquer valor; **3** de má qualidade

rubble [ˈrʌbəl] *s.* **I** destroços, escombros; **2** entulho; **3** cascalho, pedra miúda, rípio, rebo, burgau; **4** pequenos fragmentos de pedra solta em cima de grandes rochas; **5** seixos; **6** pedra de cunha

rubblework [ˈrʌbəlwɜːk] *s.* alvenaria de pedra bruta

rubbly [ˈrʌblɪ] *adj.* pedregoso, cheio de cascalho

rubdown [ˈrʌbdaʊn] *s.* **I** fricção; **2** massagem; *to give sb a ~* fazer uma massagem a alguém; **3** limpeza de cavalos com almofaça

rubefacient [ˌruːbɪˈfeɪʃənt] *adj., s.* rubefaciente

rubefaction [ˌruːbɪˈfækʃən] *s.* rubefacção

rubefy [ˈruːbɪfaɪ] *v.tr.* rubificar

rubella [ruːˈbelə] *s.* MEDICINA rubéola

rubellite [ˈruːbɪlaɪt] *s.* MINERALOGIA rubelite

rubescent [ruːˈbesənt] *adj.* rubescente

Rubiaceae [ˌruːbɪˈeɪsiː] *s.pl.* BOTÂNICA Rubiáceas

rubiaceous [ˌruːbɪˈeɪʃəs] *adj.* BOTÂNICA rubiáceo

Rubicon [ˈruːbɪkən, ˈruːbɪkɒn] *s.* **I** Rubicão; **2** [fig.] o limite para além do qual não é possível voltar atrás ❖ *to cross/pass the ~* tomar uma decisão ou atitude irreversível

rubicund [ˈruːbɪkənd] *adj.* [lit.] rubicundo, corado, rosado; vermelho

rubicundity [ˌruːbɪˈkʌndɪtɪ] *s.* [lit.] aspecto rubicundo, aspecto rosado

rubidium [ruːˈbɪdɪəm] *s.* QUÍMICA (elemento químico) rubídio

rubify [ˈruːbɪfaɪ] *v.tr.* ⇒ **rubefy**

rubiginous [ruːˈbɪdʒɪnəs] *adj.* **I** rubiginoso; **2** ferrugento; **3** da cor da ferrugem

rubious [ˈruːbɪəs] *adj.* [poét.] da cor do rubi

ruble [ˈruːbəl] *s.* ⇒ **rouble**

rubric [ˈruːbrɪk] *s.* **I** rubrica, título de capítulo, secção ou qualquer passo ou frase especial escrita a vermelho e em tipo de letra diferente; **2** RELIGIÃO instruções para o serviço religioso (impressas a vermelho em breviário ou missal)

rubrical [ˈruːbrɪkəl] *adj.* RELIGIÃO relativo a rubrica; contido em rubrica

rubricate [ˈruːbrɪkeɪt] *v.tr.* **I** marcar, imprimir ou escrever a vermelho; **2** pôr rubricas eclesiásticas

rubrication [ˌruːbrɪˈkeɪʃən] *s.* acto de colocar rubricas eclesiásticas

rubricator [ˌruːbrɪˈkeɪtə] *s.* aquele que põe rubricas eclesiásticas

rubrician [ruːˈbrɪʃən] *s.* ⇒ **rubricist**

rubricist [ˈruːbrɪsɪst] *s.* rubricista, indivíduo perito em rubricas eclesiásticas

rubstone [ˈrʌbstəʊn] *s.* pedra de amolar

ruby [ˈruːbɪ] Ⓐ *s.* (*pl.* -**ies**) **I** MINERALOGIA rubi; **2** (cor) vermelho--rubi; **3** (rosto, nariz) borbulha vermelha; **4** rubi, vinho tinto vermelho-vivo; **5** sangue; **6** TIPOGRAFIA corpo 5 $\frac{1}{2}$ Ⓑ *adj.* **I** (cor) vermelho-vivo, da cor do rubi; *~ lips* lábios de um vermelho--vivo; *~ nose* nariz vermelho; **2** semelhante a rubi Ⓒ *v.tr.* tingir de vermelho-vivo ❖ *~ port* vinho do Porto novo; *~ wedding* bodas de rubi; *above rubies* de valor inestimável

RUC [abrev. de Royal Ulster Constabulary]

ruche [ruːʃ] Ⓐ *s.* rufo, guarnição de tule ou renda franzida ou preguead Ⓑ *v.tr.* guarnecer com tule ou renda franzida ou preguead

ruched [ruːʃt] *adj.* com pregas ou rufos

ruching [ˈruːʃɪŋ] *s.* **I** pregueado; **2** guarnição de franzidos ou pregas

ruck [rʌk] Ⓐ s. 1 prega; dobra; 2 DESPORTO amontoado de jogadores; 3 multidão, turba, populaça; ralé; 4 amontoado de coisas vulgares Ⓑ v.tr.,intr. 1 preguear, franzir, vincar; 2 amarrotar-se ❖ *to be out of the ~* distinguir-se do comum dos mortais
◆**ruck up** v.tr. VESTUÁRIO (com movimento) subir, encolher
rucking ['rʌkɪŋ] s. pregueado, franzido
ruckle ['rʌkəl] Ⓐ s. 1 prega, franzido, vinco; 2 MEDICINA estertor (na garganta de moribundo) Ⓑ v.tr.,intr. 1 ⇒ **ruck**; 2 agonizar, estertorar
rucksack ['rʌksæk] s. mochila
ruckus ['rʌkəs] s. [EUA] [coloq.] zaragata, balbúrdia, desordem
ruction ['rʌkʃən] s. [coloq.] tumulto, distúrbios; balbúrdia, desordem; zaragata; *there will be ructions* vai haver tumultos
rudd [rʌd] s. ZOOLOGIA peixe de água doce parecido com o ruivo
rudder ['rʌdə] s. 1 AERONÁUTICA, NÁUTICA leme; *horizontal ~* leme de profundidade; *vertical ~* leme de direcção; *the afterpieces of the ~* safrão do leme; *the pintles of the ~* os machos do leme; 2 [fig.] orientador, guia, mentor; 3 [fig.] princípio orientador; 4 [joc.] cauda de ave, peixe ou outro animal; 5 (fabrico de cerveja) agitador mecânico ❖ *~ bar* barra de direcção; *cana do leme; ~ control* comando do leme de direcção; *~ motor* motor do leme; *~ pedals* pedais da direcção; pedais do leme da direcção; *~ tiller* cana do leme
rudderfish ['rʌdəfɪʃ] s. ZOOLOGIA peixe que segue no encalço dos navios
rudderless ['rʌdələs] adj. NÁUTICA à deriva, sem governo, sem leme
ruddiness ['rʌdɪnəs] s. rubor, vermelhidão
ruddle ['rʌdəl] Ⓐ s. 1 almagre; 2 ocre vermelho (usado para marcar carneiros) Ⓑ v.tr. pintar a almagre, marcar a vermelho
ruddock ['rʌdək] s. ZOOLOGIA pisco-de-peito-ruivo
ruddy ['rʌdɪ] Ⓐ adj. (comp. **-ier**, superl. **-iest**) 1 rosado; róseo; *~ cheeks* faces rosadas; *~ complexion* tez rosada; 2 corado; *to grow ~* corar; 3 avermelhado, vermelho; 4 ruivo; 5 [coloq.] maldito; *that ~ dog!* o raio do cão! Ⓑ v.tr. corar; 2 tingir de vermelho ❖ ZOOLOGIA (pato selvagem) *~ duck* Oxyura jamaicensis rubida; *~ youth* juventude sadia
rude [ru:d] adj. 1 rude; mal-educado; insolente; incorrecto; *to be ~ to sb* ser mal-educado para com alguém; 2 grosseiro; *a ~ reply* uma resposta grosseira; *~ language* linguagem grosseira; 3 rústico; grosseiro, rudimentar; 4 violento, duro, inclemente; *~ blast* golpe de vento violento; *~ passions* paixões violentas; 5 tosco, inacabado, mal construído; 6 primitivo; *~ times* tempos primitivos; 7 em bruto; *cotton in its ~ state* algodão em bruto; *~ ore* minério em bruto ❖ (verdade desagradável) *~ awakening* balde de água fria; desilusão súbita; mau despertar; *~ estimate* cálculo aproximado; *~ voice* voz não educada; *~ word* palavrão; praga; *to be in ~ health* ser forte; ser vigoroso
rudely ['ru:dɪlɪ] adv. 1 rudemente; 2 insolentemente; 3 indelicadamente; 4 grosseiramente; 5 violentamente, duramente; 6 toscamente
rudeness ['ru:dnəs] s. 1 rudeza, descortesia, incorrecção, insolência, grosseria; 2 aspereza; 3 rigor; 4 inclemência, primitivismo
ruderal ['ru:dərəl] adj. BOTÂNICA ruderal
rudiment ['ru:dɪmənt] s. 1 parte ou órgão imperfeitamente desenvolvido, órgão rudimentar, que não exerce qualquer função; 2 pl. rudimentos, primeiras noções, primeiros princípios, conhecimentos rudimentares; 3 pl. embrião, germe, começo imperfeito de qualquer coisa que se desenvolverá ulteriormente ou que se poderia ter desenvolvido se houvesse condições favoráveis
rudimental [,ru:dɪ'mentəl] adj. ⇒ **rudimentary**
rudimentary [,ru:dɪ'mentərɪ] adj. rudimentar
Rudolph ['ru:dɒlf] s.antr. Rudolfo
rue [ru:] Ⓐ s. 1 BOTÂNICA arruda, ruda; 2 [arc.] arrependimento, pesar; 3 compaixão, pena Ⓑ v.tr. 1 arrepender-se de; lamentar; *he shall ~ it* ele há-de arrepender-se; *you'll ~ the day when...* hás-de lamentar o dia em que...; 2 estar pesaroso por, lastimar; 3 deplorar
rueful ['ru:fʊl] adj. 1 pesaroso; triste; magoado; 2 lamentável; deplorável ❖ *the Knight of the Rueful Countenance* o Cavaleiro de Triste Figura (D. Quixote)
ruefully ['ru:fʊlɪ] adv. 1 pesarosamente; 2 lamentosamente; 3 lugubremente

ruefulness ['ru:fʊlnəs] s. 1 aspecto pesaroso, pesar; 2 tristeza; 3 mágoa
rue-raddy [,ru:'rædɪ] s. corda ou correia passada ao ombro para arrastar qualquer coisa
rufescent [ru:'fesənt] adj. ZOOLOGIA avermelhado
ruff [rʌf] Ⓐ s. 1 rufo, gola de tufos engomados muito usada, sobretudo no séc. XVI; 2 gola natural de penas ou pêlos de cores variegadas em torno do pescoço de algumas aves ou animais; 3 variedade de pombo doméstico [fem. *reeve*]; 4 pequeno peixe de água doce da família da perca; 5 trunfo, trunfada no jogo do *whist*; 6 situação de jogo na qual são dadas alternadamente possibilidades de trunfar a todos os jogadores; 7 rufo de tambor, rataplão Ⓑ s. ZOOLOGIA pavão-do-mar, combatente Ⓒ v.tr.,intr. trunfar (no jogo do *whist*)
ruffed [rʌft] adj. 1 que usa gola de tufos engomados como no séc. XVI; 2 (animal) com tufo de penas ou pelos de várias cores em volta do pescoço
ruffian ['rʌfɪən] s. 1 salteador, bandido; 2 celerado; 3 rufião, indivíduo turbulento à margem da lei; 4 malfeitor, facínora
ruffianism ['rʌfɪənɪzəm] s. 1 acto de vandalismo; 2 banditismo; 3 brutalidade, barbaridade; *a piece of ~* uma brutalidade
ruffianly ['rʌfɪənlɪ] adj. brutal, bárbaro, violento, desordeiro
ruffle ['rʌfəl] Ⓐ s. 1 (com o vento, etc.) perturbação, agitação; 2 (gola, punhos) folho de renda; *laced ruffles* punhos de renda; 3 ZOOLOGIA tufo de penas/pêlos em torno do pescoço; 4 contrariedade, aborrecimento; 5 rufo, rataplão de tambor, MILITAR *to beat a ~* rufar o tambor em marcha de continência; 6 [rar.] desordem, briga, disputa Ⓑ v.tr.,intr. 1 enrugar, amarrotar, amachucar; 2 despentear; 3 pôr franjas/folhos (em); preguear; 4 folhear com rapidez; 5 perturbar; transtornar; *nothing ever ruffles him* não há nada que lhe perturbe a calma; 6 irritar; fazer perder a calma; arreliar; *to ~ sb* irritar alguém; 7 agitar(-se); encrespar(-se); *the wind ruffled the surface of the water* o vento encrespava a superfície da água; 8 (cartas de jogo) baralhar; 9 brigar, questionar; 10 bazofiar, fanfarronar ❖ *don't ~ your feathers!* não se exalte!; *without ~ or excitement* sem a menor perturbação
◆**ruffle up** v.tr.,intr. eriçar; *birds sometimes ~ their feathers* as aves eriçam as penas por vezes ❖ *to ~ in heaps* amontoar; pôr aos montões
ruffled ['rʌfəld] adj. 1 (cabelo) desgrenhado, emaranhado, em desordem; 2 irritado; 3 eriçado, inquieto, arreliado; 4 agitado, com ondas; 5 com punhos, folhos ou gola de renda; 6 (animal) com gola natural de penas ou pêlos de cores variegadas em torno do pescoço
ruffler ['rʌflə] s. 1 fanfarrão; 2 peça de franzir (de máquina de costura)
Rufinus [ru:'faɪnəs] s.antr. Rufino
rufous ['ru:fəs] adj. ruivo, castanho-avermelhado
rug [rʌg] s. 1 cobertura ou cobertor de lã grossa; 2 manta de viagem; *travelling ~* manta de viagem; 3 tapete pequeno e grosso; *bedside ~* tapete de cama; *hearth ~* tapete colocado em frente do lume
Rugbeian [rʌg'bɪən] s. 1 aluno da escola de Rugby; 2 antigo aluno dessa escola
rugby ['rʌgbɪ] s. DESPORTO râguebi ❖ (râguebi profissional) *~ league* equipa com 13 jogadores; (râguebi) *~ tackle* placagem; (râguebi amador) *~ union* equipa com 15 jogadores
rugged ['rʌgɪd] adj. 1 desigual, áspero; 2 rugoso; *~ bark* casca rugosa; 3 irregular; *~ features* feições irregulares; 4 acidentado; escarpado; *~ coast* costa acidentada, *~ country* região acidentada; 5 não polido, tosco; 6 rude; grosseiro; *~ character* carácter rude; *~ manners* maneiras rudes; 7 severo, austero, inflexível; 8 duro; difícil; *~ life* vida dura; *~ times* tempos difíceis; 9 dissonante, inarmónico; 10 tempestuoso; 11 descomedido; desabrido; 12 hirsuto, carrancudo; 13 [EUA] robusto, vigoroso
ruggedly ['rʌgɪdlɪ] adv. 1 rudemente; 2 severamente; 3 desabridamente; 4 grosseiramente
ruggedness ['rʌgɪdnəs] s. 1 rugosidade; aspecto áspero ou desigual; irregularidade; 2 grosseria; 3 severidade; 4 dissonância; 5 carácter desabrido; 6 acidentes (de terreno)
rugger ['rʌgə] s. DESPORTO [coloq.] râguebi
rugose [ru:'gəʊs] adj. ⇒ **rugous**

rugosity [ruːˈɡɒsɪtɪ] s. rugosidade
rugous [ˈruːɡəs] adj. rugoso
ruin [ˈruːɪn] Ⓐ s. 1 ruína; *in ruins* em ruínas; 2 ruína, bancarrota, falência; *to bring to* ~ arruinar; 3 perdição, desgraça; 4 decadência; degradação; *all those empires that have fallen into* ~ todos aqueles impérios entraram em decadência; 5 desonra; 6 pl. ruínas; destroços; escombros; restos; *to lie in ruins* jazer em ruínas; *to tumble into ruins* tombar em ruínas Ⓑ v.tr. 1 estragar; destruir; arruinar; *to* ~ *one's health* dar cabo da saúde; *to* ~ *sb's reputation* arruinar a reputação de alguém; 2 deitar a perder; 3 provocar a desgraça de; 4 arruinar; levar à falência; *he's going to* ~ *himself* ele vai acabar por se arruinar; 5 [poét.] desmoronar-se, desabar, cair em ruínas; 6 [arc.] seduzir; desonrar ❖ *red* ~ catástrofe; *the* ~ *of one's hopes* o desmoronar das nossas esperanças
ruination [ruːɪˈneɪʃən] s. 1 ruína; *to be the* ~ *of* ser a ruína de; 2 destruição, perda; 3 perdição ❖ ~ *work* trabalho ruinoso
ruined [ˈruːɪnd] adj. 1 estragado; 2 arruinado, em ruínas
ruinous [ˈruːɪnəs] adj. 1 arruinado, em ruínas; 2 ruinoso, desastroso; ~ *expenditure* gastos ruinosos; 3 prejudicial; 4 que provoca ruína
ruinously [ˈruːɪnəslɪ] adv. ruinosamente
rule [ruːl] Ⓐ s. 1 regra; *hard and fast* ~ regra rígida, fixa; *I make it a* ~ *to go for a long walk every day* estabeleci como regra dar um longo passeio a pé todos os dias; *that is the exception rather than the* ~ isso é mais excepção do que regra; *to lay down a* ~ estabelecer uma regra; *to obey the rules* obedecer às regras; *to play according to the rules of the game* observar as regras do jogo; *to set down as a* ~ *that...* estabelecer como regra que...; 2 norma; regulamento; estatuto; *by* ~ de acordo com os regulamentos; *to keep the rules* submeter-se aos regulamentos; 3 preceito; 4 uso, prática; hábito, costume; 5 domínio, império, poder; governo, administração; regime; *to be under Portuguese* ~ estar sob domínio português; 6 régua, régua graduada; 7 DIREITO decisão de juiz/tribunal Ⓑ v.tr.,intr. 1 governar; *he ruled the country for many years* ele governou o país durante muitos anos; 2 reger; 3 dominar; *don't be ruled by hatred!* não te deixes dominar pelo ódio!; 4 administrar; dirigir; 5 refrear, conter, reprimir; 6 subjugar; 7 guiar, orientar, controlar; 8 DIREITO decidir; deliberar; resolver em julgamento; *the judge ruled that...* o juiz decidiu que...; 9 pautar, traçar linhas com uma régua; *to* ~ *a line* traçar uma linha com a régua; 10 laminar; 11 (preços) atingir determinado nível; *prices ruled high* os preços andavam altos ❖ *folding* ~ metro articulado; DIREITO ~ *of a court* decisão de um tribunal; RELIGIÃO ~ *of an order* regra de uma ordem; ~ *of conduct* norma de conduta; MATEMÁTICA ~ *of proportion* regra das proporções; MATEMÁTICA ~ *of three* regra de três; ~ *of thumb* método empírico; método baseado apenas na experiência e no bom senso; *by* ~ *of thumb* empiricamente; aproximadamente; *as a* ~ geralmente; por via de regra; *as is the* ~ conforme é regra; *the golden* ~ regra das proporções; *the* ~ *of fashion* os ditames da moda; *the rule(s) of the road* o código da estrada; *to* ~ *the roost* mandar; dar ordens; dominar
◆**rule in** v.tr. 1 incluir; 2 abarcar
◆**rule off** v.tr. (em papel) fazer uma linha; dividir através de linha
◆**rule out** v.tr. 1 excluir; pôr de parte; descartar; *to rule sth out of order* excluir algo por não obedecer às normas; 2 prevenir; impedir
ruled [ruːld] adj. 1 pautado, com linhas; ~ *paper* papel pautado; 2 governado, regido, dirigido; 3 regulado; 4 DIREITO decidido, julgado; *that is a* ~ *case* isso é um caso já decidido
ruleless [ˈruːlləs] adj. sem ordem, sem regra
ruler [ˈruːlə] s. 1 governante; 2 rei, soberano, monarca, imperador, chefe de Estado; 3 governador; 4 administrador; 5 régua, regradeira; 6 (pessoa, mecanismo) pautador
rulership [ˈruːləʃɪp] s. domínio, autoridade, governo
ruling [ˈruːlɪŋ] Ⓐ adj. 1 dirigente; *the* ~ *classes* as classes dirigentes; 2 reinante; 3 dominante; preponderante; ~ *passion* paixão dominante; 4 corrente, em vigor, actual; ~ *price* preço corrente Ⓑ s. 1 governação; 2 poder, domínio, governo; 3 pauta, pautação; 4 DIREITO decisão, parecer; *to give a* ~ *in favour of sb* decidir a favor de alguém ❖ TIPOGRAFIA ~ *machine* máquina de pautar; ~ *pen* tira-linhas

rum [rʌm] Ⓐ s. (bebida) rum Ⓑ adj. (flexão de grau: **-mm-**) estranho, esquisito, singular; *he says he's heard rummer stories than that* ele diz que tem ouvido coisas mais estranhas do que essa ❖ ~ *customer* pessoa ou animal perigoso; ~ *joint* venda de bebidas alcoólicas passadas como contrabando; [EUA] ~ *row* local, durante a lei seca, onde se reuniam os navios de contrabando de bebidas alcoólicas; [EUA] ~ *runner* contrabandista de bebidas alcoólicas; [EUA] ~ *running* contrabando de bebidas alcoólicas; [colloq.] ~ *start* ocorrência surpreendente; surpresa
Rumania [ruːˈmeɪnɪə] s.top. Roménia
Rumanian [ruːˈmeɪnɪən] adj.,s. romeno
Rumansh [ruːˈmænʃ] s. ⇒ **Romansh**
rumba [ˈrʌmbə] s. MÚSICA rumba
rumble [ˈrʌmbəl] Ⓐ s. 1 estrondo, ruído surdo e prolongado; *body* ~ ruídos da carroçaria; 2 ribombar longínquo de trovão; *the* ~ *of thunder* o ribombar do trovão; 3 MEDICINA borborismo, borborigmo; 4 assento suplementar instalado na parte traseira de veículo, porta-bagagens suplementar; 5 MECÂNICA tambor de rebarbação Ⓑ v.tr.,intr. 1 ribombar, troar; 2 retumbar; ressoar; 3 (estômago) roncar; 4 deslocar-se com ruído; 5 [colloq.] adivinhar as intenções de (alguém); 6 ir até ao fundo das coisas ❖ ~ *tumble* solavancos; veículo pesado e ruidoso; (veículo) *to* ~ *by* passar, fazendo um ruído surdo e prolongado; *to* ~ *forth* pronunciar com voz cavernosa; *to* ~ *off* afastar-se com um ruído surdo e prolongado; *to* ~ *out* pronunciar com voz cavernosa
◆**rumble on** v.intr. (discussão, controvérsia, etc.) continuar; manter-se; estender-se
rumbler [ˈrʌmblə] s. tambor para limpeza de peças de fundição
rumbling [ˈrʌmblɪŋ] Ⓐ s. 1 ruído surdo e prolongado; *the* ~ *of the wheels* o ruído feito pelo rodar da carruagem; 2 estrondo; 3 MEDICINA borborismo, borborigmo; 4 pl. [fig.] rumores; indícios Ⓑ adj. 1 que produz um ruído surdo e prolongado; 2 ribombante; ressoante; ruidoso
rumbowline [rʌmˈbəʊlaɪn] s. ⇒ **rombowline**
rumbustious [rʌmˈbʌstʃəs] adj. [colloq.] turbulento, barulhento, arrebatado, rude
Rumelian [ruːˈmiːlɪən] adj.,s. ⇒ **Roumelian**
rumen [ˈruːmən] s. rúmen, ruminadoiro, primeiro estômago dos ruminantes
ruminant [ˈruːmɪnənt] Ⓐ s. ZOOLOGIA ruminante Ⓑ adj. 1 ZOOLOGIA ruminante; 2 [colloq., fig.] (pessoa) contemplativo, dado à meditação
ruminantly [ˈruːmɪnəntlɪ] adv. 1 como um ruminante; 2 à maneira de ruminante; 3 meditativamente, contemplativamente
ruminate [ˈruːmɪneɪt] v.tr.,intr. 1 ZOOLOGIA ruminar; 2 meditar, ponderar, reflectir (**about/on/over**, sobre); magicar (**about/on/over**, sobre); 3 planear; *he ruminated revenge* ele planeava vingança
ruminating [ˈruːmɪneɪtɪŋ] Ⓐ adj. ruminante Ⓑ s. ruminação
rumination [ruːmɪˈneɪʃən] s. 1 ruminação; 2 meditação, contemplação, congeminação
ruminative [ˈruːmɪnətɪv, ˈruːmɪneɪtɪv] adj. meditativo, contemplativo, pensativo
ruminatively [ˈruːmɪnətɪvlɪ, ˈruːmɪneɪtɪvlɪ] adv. meditativamente
rumly [ˈrʌmlɪ] adv. 1 de maneira estranha, esquisita; 2 curiosamente; singularmente; ~ *enough - he had just told me that* caso curioso - ele tinha acabado precisamente de me dizer isso
rummage [ˈrʌmɪdʒ] Ⓐ s. 1 busca minuciosa; esquadrinhamento; pesquisa, investigação; 2 NÁUTICA (por funcionários alfandegários) vistoria a navio, inspecção a navio; 3 NÁUTICA coisas encontradas em inspecção a navio; 4 miscelânea de objectos; 5 retalhos; coisas miúdas; 6 desordem, barafunda Ⓑ v.tr.,intr. 1 vasculhar, esquadrinhar (**for**, em busca de); *to* ~ *a house from top to bottom* esquadrinhar uma casa de cima a baixo; *to* ~ *for a book* vasculhar tudo em busca de um livro; 2 rebuscar, revistar, fazer busca; (alfândega) *to* ~ *a ship* passar busca a um navio; 3 pesquisar, investigar; 4 remexer, pôr em desordem; *to* ~ *in a cupboard* remexer num armário ❖ [EUA] ~ *sale* venda de caridade
◆**rummage out/up** v.intr. 1 descobrir, desencantar [**for**, -]; 2 ir à cata [**for**, de]
rummaging [ˈrʌmɪdʒɪŋ] s. 1 esquadrinhamento; 2 busca minuciosa
rummer [ˈrʌmə] Ⓐ s. copo grande Ⓑ comp. de **rum**
rummest [ˈrʌmɪst] superl. de **rum**

rummy [ˈrʌmɪ] Ⓐ *adj.* (*comp.* **-ier**, *superl.* **-iest**) ⇒ **rum** Ⓑ *s.* determinado jogo de cartas

rumness [ˈrʌmnəs] *s.* [coloq.] singularidade, aspecto estranho ou esquisito

rumour [ˈruːmə] Ⓐ *s.* boato; rumor; *he heard a ~ that...* ele ouviu dizer que...; *~ has it that they will come tomorrow* diz-se que eles chegarão amanhã; *to spread rumours* espalhar boatos Ⓑ *v.tr.* **1** fazer constar; divulgar; espalhar; **2** correr o boato de que, constar; *it is rumoured that...* consta que..., corre o boato de que...; *she is rumoured to have sold the estate* consta que ela vendeu a propriedade ❖ [arc., poét.] *the ~ of the wind* o rumor do vento

rump [rʌmp] *s.* **1** ZOOLOGIA (aves) uropígio, rabadela, rabadilha; **2** (animal) garupa, anca, rabada, alcatra; **3** [rar.] traseiro, nádegas; **4** (de grupo, organização, etc.) restos; vestígios

rumple [ˈrʌmpəl] *v.tr.,intr.* **1** amarrotar, amarrotar-se; **2** amarfanhar, enrugar; **3** criar rugas, amarfanhar-se; **4** desgrenhar, esguedelhar; **5** pôr em desordem (cabelo, roupas, etc.); **6** [coloq.] irritar, fazer zangar

rumpled [ˈrʌmpəld] *adj.* **1** amarrotado; **2** desgrenhado, esguedelhado, em desordem

rumpless [ˈrʌmpləs] *adj.* sem parte traseira, sem cauda

rumpling [ˈrʌmplɪŋ] *s.* **1** amarrotamento; **2** desgrenhamento

rumpsteak [ˈrʌmpsteɪk] *s.* carne da rabada

rumpus [ˈrʌmpəs] *s.* **1** [coloq.] balbúrdia, zaragata; *to kick up a ~* armar uma zaragata; *what is all this rumpus?* que zaragata é esta?; **2** motim, rixa; tumulto; desordem; *to have a ~ with sb* pegar-se com alguém ❖ [Austr., EUA] *~ room* sala para jogos e festas

rumpy [ˈrʌmpɪ] *s.* gato sem cauda, da ilha de Man

rum-tum [ˈrʌmtʌm] *s.* barco ligeiro a remos do baixo Tamisa

run [rʌn] Ⓐ *v.tr.,intr.* (*prt.* **ran**, *part. pass.* **run**) **1** correr; *to ~ at a high speed* correr a alta velocidade; *to ~ at a low speed* correr a baixa velocidade; *to ~ upstairs* subir as escadas a correr; *to ~ like a hare/to ~ like anything/to ~ like blazes* correr que nem o diabo; **2** desatar a correr; **3** fugir, pôr-se em fuga; *as soon as they fired, the enemy ran* logo que fizeram fogo, o inimigo fugiu; **4** apressar-se, precipitar-se; **5** pedir auxílio; **6** DESPORTO participar em corridas; *to ~ in a race* participar numa corrida; **7** rolar; girar; deslocar-se; *the steamer runs twenty-two knots an hour* o vapor desloca-se a vinte e dois nós por hora; **8** navegar, seguir viagem; *to ~ down the coast* navegar ao longo da costa; **9** funcionar, trabalhar; *engine that runs well* motor que funciona bem; *he left the engine of his car running* ele deixou o motor do carro a trabalhar; *it runs on water* funciona a água; **10** estar em boas condições de funcionamento; **11** atingir determinado tamanho, atingir determinado preço; **12** manar, fluir, correr; *you left the tap running* deixaste a torneira aberta, deixaste a água a correr; **13** verter, gotejar, pingar; *if you have a bad cold, your nose runs* quando se está muito constipado, o nariz pinga; *to be running at the nose* estar com o nariz a pingar (por estar constipado); **14** desaguar; *rivers ~ into the sea* os rios desaguam no mar; **15** supurar; **16** motivar sintomas de; sofrer de; **17** dispor-se, arranjar-se; **18** tornar-se, ficar; **19** (tecido) desbotar, largar tinta; (tinta em tecido) espalhar-se; *these colours ~ in the washing* estas cores desbotam na lavagem; **20** tornar-se conhecido; divulgar-se rapidamente; **21** continuar, estender-se, seguir, prosseguir; **22** fazer determinado percurso; **23** (tempo) passar, durar; **24** (prazo) expirar; **25** fazer-se sentir; **26** prevalecer, estar em voga; **27** TEATRO estar em representação; *the play has been running for three months* a peça está em cena há três meses; **28** (livro) ter (determinado número de edições); *to ~ into several editions* ter várias edições; **29** meter em, espetar, atravessar; *to ~ a sword into sb* atravessar alguém com uma espada; *to ~ a thorn into one's finger* espetar um espinho no dedo; **30** organizar, gerir, orientar, dirigir; **31** (riscos) correr, expor-se a; **32** (líquido) deitar, fazer correr; *to ~ water into a bathtub* deitar água numa banheira; **33** passar (aos direitos); **34** (bloqueio) romper; *to ~ a blockade* forçar um bloqueio; **35** POLÍTICA apresentar-se como candidato, candidatar-se; **36** mostrar determinada tendência ou característica comum; **37** coser com pontos miúdos; **38** (documento) ser concebido (em determinados termos); **39** (história, conto) rezar; *the story runs that...* reza a história que...; **40** (diploma legal) vigorar, ser válido; *such laws don't ~ here* essas leis não têm validade aqui; *the contract runs for five years* o contrato é válido por cinco anos; **41** (palavras, notas musicais) seguir determinada ordem ou sequência; **42** (meias, peúgas) deixar cair malhas; *I don't like these socks, they sometimes ~* não gosto destas peúgas, por vezes deixam cair as malhas Ⓑ *s.* **1** corrida (a pé); *at a ~* a correr; *to go for a ~* ir dar uma corrida; **2** corrida a cavalo na caça à raposa; **3** viagem, passeio; travessia (de barco); (automóvel, locomotiva, etc.) *trial ~* viagem de experiência; *a ~ to Lisbon* uma ida a Lisboa, um passeio a Lisboa; **4** trajecto; *Lisbon is four hours ~ from Oporto* Lisboa está a quatro horas do Porto; **5** carreira; *the ship was taken off its usual ~* o navio foi desviado da sua carreira normal; **6** pista; *ski ~* pista para esqui; **7** descarga, desembarque, escoamento; **8** baixa súbita, queda; *the temperature came down with a ~* a temperatura baixou subitamente; **9** sucessão; série; *a ~ of ill luck* uma série de desgraças; (bilhar) *~ of cannons* série de carambolas; **10** curso, marcha; *the ~ of the events was puzzling* o curso dos acontecimentos era desorientador; **11** repetição; **12** (artes, espectáculos) temporada, representação, série de representações; CINEMA *first ~* primeira apresentação; TEATRO *the play had a ~ of six months* a peça esteve em cena durante seis meses; TEATRO *to enjoy a long ~* ter uma longa série de representações; **13** ritmo, cadência; *~ of verses* cadência de versos; **14** extensão de terreno aberto destinado a animais; caminho habitualmente seguido por animais; **15** (animais domésticos) recinto fechado; *a cattle ~* recinto cercado para gado; *a chicken ~* recinto para aves de capoeira; **16** rebanho, manada; **17** (peixes) cardume; *a ~ of salmon* um cardume de salmões; **18** TIPOGRAFIA tiragem; *~ of ten thousand copies* tiragem de dez mil exemplares; **19** generalidade, vulgaridade; *he is above the ordinary ~ of mankind* ele está acima da vulgaridade; *the common ~ of men* o comum dos homens; **20** (minério) veio; **21** tendência; curso, orientação, direcção geral; *the general ~ of things* a tendência geral das coisas; *the ~ of the hills* a orientação dos montes, a disposição dos montes; *the ~ of the market* a tendência do mercado; **22** investida, corrida (a bancos); *there was a ~ on the bank* houve uma corrida ao banco; **23** (produto) grande procura; saída; *there was a great ~ on that book* houve uma grande procura desse livro; COMÉRCIO *to have a great ~* ter boa saída; **24** fuga; *on the ~* em fuga, a monte; *to break into a ~* pôr-se em fuga, pôr-se a andar; *to get on the ~* pôr em debandada; *to have the enemy on the ~* pôr o inimigo em fuga; [coloq.] *to make a ~ for it* pôr-se a mexer, pôr-se a andar, pôr-se a salvo; *to put to the ~* pôr em fuga; **25** grande actividade; *on the ~* activo, sempre de um lado para o outro; *she is always on the ~* ela anda sempre a girar de um lado para o outro; **26** [coloq.] utilização livre, acesso livre; **27** (críquete) número de pontos numa corrida; **28** (meia, peúga) malha caída ou rebentada; **29** MÚSICA série de notas em rápida sucessão; **30** [EUA] regato, corrente, torrente; *~ of tide* corrente da maré ❖ *in the long ~* a longo prazo; (minas) *~ of a lode* direcção, orientação de um filão; *the ~ of a ship* a esteira de um navio; *a heavy sea was running* estava um mar agitado; *everything went with a ~* tudo correu maravilhosamente; tudo correu sem a menor perturbação; DESPORTO *he ran second* ele chegou em segundo lugar; *he was given the ~ of my house* ele tinha entrada franca em minha casa; *her eyes were running* ela estava a chorar; *her life has not ~ smoothly* a vida não lhe tem sido fácil; *I can't ~ a holiday this year* este ano não me posso dar ao luxo de ter férias; *it runs in the family* isso é de família; *my blood ran cold* o sangue gelou-se-me nas veias; *passions ran high* as paixões andavam exacerbadas; *the buses ~ every five minutes* há autocarros de cinco em cinco minutos; *there was no ~ left in him* ele já não podia mais; ele já estava sem fôlego; *the song kept running in her head* a canção não lhe saía da cabeça; *they are running an extra train today* hoje há um comboio extra; *thus the letter runs* a carta diz assim; *to be running with sweat* estar encharcado de suor; *to fall with a ~* cair ao comprido; *to have a ~ for one's money* divertir-se um pouco como compensação por esforços feitos ou dinheiro despendido; *to have a ~ of customers* ter muitos

clientes; *to have a ~ of luck* ter um período de sorte; *to have the ~ of one's teeth* ter alimentação grátis; POLÍTICA *to ~ a candidate* apoiar um candidato; *to ~ a fox to earth* perseguir uma raposa até à toca; *to ~ a horse* fazer um cavalo tomar parte numa corrida; MILITAR *to ~ a man* acusar um soldado de falta de disciplina; *to ~ a parallel too far* levar uma comparação demasiado longe; *to ~ a temperature* estar com temperatura; estar com febre; *to ~ arms* fazer contrabando de armas; *to ~ ashore* encalhar na praia; NÁUTICA *to ~ before the wind* correr com o vento; *to ~ close* seguir de perto; ser tão bom ou tão mau como; *to ~ counter to* estar em oposição a; *to ~ deep* ser fundo; ter grande profundidade; nadar debaixo de água; ser esperto; ser perspicaz; *to ~ dry* secar; *to ~ errands* fazer recados; *to ~ high* andar à solta; estar excitado; estar exaltado; (mar) estar agitado; (preço) estar muito alto; *to ~ hot* superaquecer-se; *to ~ its course* chegar ao fim; *to ~ one's head against a wall* tentar o impossível; *to ~ rings around sb* fazer o que se quer de alguém; *to ~ short of* não ter mais; ficar sem; esgotar a totalidade de; [coloq.] *to ~ the show* ser o chefe; comandar as tropas,fig; *to ~ the streets* vadiar; andar pelas ruas; *to ~ upon* bater de encontro a; encontrar por acaso; *to be ~ by sb* ser dirigido por alguém
• **run about** Ⓐ *v.intr.* [GB] correr de um lado para o outro; andar a correr de um lado para o outro Ⓑ *v.tr.* [GB] correr por ❖ (relação) *to be running about with sb* andar a sair com alguém
• **run across** Ⓐ *v.tr.* 1 (pessoa, objecto, etc.) encontrar por acaso; 2 seguir através de; *for five or six miles the road runs across a plain* durante cinco ou seis milhas a estrada segue através duma planície Ⓑ *v.intr.* atravessar a correr
• **run after** *v.tr.* 1 correr atrás de; 2 [coloq.] (relacionamento amoroso) andar atrás de, suspirar por
• **run against** *v.tr.* 1 ir de encontro a; chocar contra; 2 (eleições) ser o adversário de ❖ (jogo) *the game was running against them* as coisas não lhes estavam a correr bem
• **run along** *v.tr.* seguir ao longo de; *the road runs along the side of a hill* a estrada segue ao longo das faldas de um monte Ⓑ *v.intr.* [coloq.] ir-se embora; *run along!* vai-te embora!
• **run around/round** Ⓐ *v.tr.* 1 seguir à volta de; *a lot of shelves were running round the walls* sucediam-se prateleiras e prateleiras a toda a volta e por todas as paredes; 2 correr por Ⓑ *v.intr.* 1 seguir a toda a volta; 2 correr de um lado para o outro; andar a correr de um lado para o outro; 3 (relacionamento) andar a sair [with, com] ❖ *to ~ in circles* perder tempo com voltas inúteis; andar às voltas; *to run round to sb* dar um salto a casa de alguém
• **run at** *v.tr.* 1 atacar; precipitar-se sobre; 2 (inflação, desemprego, etc.) estar em, atingir (determinada percentagem ou nível)
• **run away** *v.intr.* 1 fugir; escapar; pôr-se em fuga; 2 (água) esvaziar ❖ *to ~ from home* fugir de casa; *to ~ from the facts* fugir à realidade
• **run away with** *v.tr.* 1 fugir com; 2 ganhar nas calmas; 3 [coloq.] deixar-se levar por ❖ *don't ~ the idea that...* não fiques agora a julgar que...; *his imagination runs away with him* ele não consegue dominar a imaginação; *that runs away with a lot of money* isso absorve uma porção de dinheiro
• **run back** Ⓐ *v.intr.* voltar a correr Ⓑ *v.tr.* (cassete, etc.) rebobinar ❖ *to ~ over the past* lançar um olhar sobre o passado
• **run by** Ⓐ *v.tr.* [coloq.] mostrar a; contar a; explicar a Ⓑ *v.intr.* passar a correr
• **run down** Ⓐ *v.tr.* 1 derrubar; 2 atropelar; 3 criticar; deitar abaixo; 4 correr por, escorrer por; *the tears ran down her cheeks* as lágrimas escorriam-lhe pela cara; 5 (lista, página, etc.) percorrer rapidamente, ler rapidamente, passsar os olhos por; 6 encontrar, conseguir encontrar; 7 identificar, conseguir identificar; *to ~ a quotation* conseguir identificar uma citação; 8 esvaziar; *to ~ the boilers* esvaziar as caldeiras; 9 reduzir; baixar; diminuir Ⓑ *v.intr.* 1 descer a correr; 2 (pilha) acabar; 3 (relógio) parar; ficar sem corda; *that clock is ~* esse relógio não tem corda ❖ *a cold shiver ran down her spine* ela sentiu um calafrio pelas costas abaixo
• **run for** *v.tr.* 1 esforçar-se por conseguir; *you must ~ it* tens de te esforçar por isso; 2 POLÍTICA (parlamento) candidatar-se a; *to ~ parliament* apresentar-se como candidato a deputado ❖ *to ~ one's life* correr o mais depressa possível para se salvar

• **run in** Ⓐ *v.tr.* 1 [ant., coloq.] prender, levar para a cadeia; *to be ~ for doing sth* ser preso por fazer alguma coisa; 2 [GB] (veículo) fazer a rodagem a; 3 (motor) ensaiar; 4 experimentar Ⓑ *v.intr.* 1 entrar a correr; 2 [coloq.] visitar, fazer uma breve visita ❖ *to ~ with* estar de acordo com; conceder
• **run into** *v.tr.* 1 encontrar por acaso; 2 receber; *he ran into a lot of money* recebeu muito dinheiro; 3 (problemas) arranjar; estar com; 4 esbarrar-se contra; bater em; *to ~ a vessel* cair sobre um navio; *to run one's car into a wall* esbarrar o carro contra uma parede; 5 [EUA] [coloq.] passar por; 6 levar a, dar boleia até; 7 (quantia) atingir, subir a; *her income runs into thousands* o rendimento dela ascende a milhares de libras
• **run off** *v.tr.,intr.* 1 partir apressadamente; fugir; 2 passar por; 3 decidir; 4 (estrada, caminho, etc.) desviar-se; desviar-se de; 5 (água, suor, etc.) escoar; escorrer; 6 (tipo de energia) trabalhar a, trabalhar com; 7 imprimir, reproduzir, copiar; 8 escrever rapidamente; *to ~ a letter on the typewriter* bater rapidamente uma carta à máquina ❖ DESPORTO *to ~ a heat* correr uma eliminatória; (comboio) *to ~ the rails* descarrilar; *to run sb clean off his legs* fazer alguém cair de cansaço; *to ~ with the cash* fugir com o dinheiro
• **run on** Ⓐ *v.intr.* 1 continuar, continuar sem interrupção; *it ran on for hours* durou horas e horas; 2 (texto) continuar sem mudança de parágrafo; 3 falar continuamente [about, de] Ⓑ *v.tr.* continuar sem interrupção
• **run out** Ⓐ *v.intr.* 1 sair a correr; 2 acabar(-se); esgotar(-se); 3 caducar Ⓑ *v.tr.* 1 desenrolar; 2 expulsar ❖ *the sands are running out* o tempo está a acabar; DESPORTO *to ~ a race* correr na prova final; NÁUTICA *to ~ a warp* estender uma espia
• **run out of** *v.tr.* ficar sem ❖ *to ~ patience* perder a paciência; *to ~ time* ficar sem tempo; não ter mais tempo; (televisão, etc.) *we've ~ time* o nosso tempo chegou ao fim
• **run out on** *v.tr.* abandonar; deixar; largar
• **run over** Ⓐ *v.tr.* 1 atropelar; 2 rever; recapitular; 3 percorrer; *her fingers ran over the keys of the piano* os dedos dela percorreram as teclas do piano Ⓑ *v.intr.* 1 transbordar; 2 fazer uma visita; passar (por algum lado); *I'll ~ tomorrow* vou lá amanhã ❖ (televisão, etc.) *we're running over* já ultrapassámos o nosso tempo
• **run past** Ⓐ *v.tr.* [coloq.] mostrar a; contar a; explicar a Ⓑ *v.intr.* passar a correr
• **run through** *v.tr.* 1 passar por; *money ran through her fingers like water through a sieve* o dinheiro corria-lhe por entre os dedos como água por um crivo; *to run one's fingers through one's hair* passar os dedos pelo cabelo; 2 passar por cima de; *he ran his pen through the line* ele riscou a linha com a caneta; 3 atravessar; 4 passar os olhos por; 5 rever; recapitular; 6 praticar; 7 [coloq.] (dinheiro) gastar desgovernadamente ❖ *that thought kept running through his head* aquela ideia não lhe saía da cabeça; *to ~ a fortune* receber uma fortuna; *to ~ one's work* fazer o trabalho a correr
• **run to** *v.tr.* 1 recorrer a; 2 chegar a; *to ~ extremes* chegar a extremos; 3 (quantia, quantidade) chegar a, atingir; 4 [GB] ter dinheiro bastante para; *will the cash ~ it?* o dinheiro chegará?; 5 tender para, ter tendência para; *that author runs to sentiment* esse autor tende para o sentimento ❖ *he felt the blood running to his head* ele sentiu o sangue subir-lhe à cabeça; *to ~ fat* estar a engordar; *to ~ ruin* caminhar para a ruína; *to ~ seed* espigar; perder o vigor; arruinar-se; degenerar (física e moralmente)
• **run up** *v.tr.,intr.* 1 subir a correr; 2 correr [to, para]; 3 levantar, erigir; hastear; *to ~ a flag* hastear uma bandeira; 4 (quantia) adicionar, acumular; 5 crescer, aumentar; 6 (preços em leilão) fazer subir; 7 fazer com; 8 costurar rapidamente ❖ *to ~ a debt* endividar-se
• **run up against** *v.tr.* 1 deparar-se com; confrontar-se com; defrontar-se com; 2 encontrar

runabout ['rʌnəbaʊt] *s.* 1 automóvel ou barco pequeno e leve; 2 indivíduo que não pára em parte nenhuma, que anda sempre de um lado para o outro em busca de diversões

runagate ['rʌnəgeɪt] *s.* 1 [arc.] vagabundo; 2 fugitivo

runaround ['rʌnəraʊnd] *s.* evasiva ❖ *to give sb the ~* empatar alguém

runaway ['rʌnəweɪ] Ⓐ *adj.* 1 fugitivo; fugido; em fuga; 2 desertor; 3 (cavalo) desembestado Ⓑ *s.* 1 soldado desertor; 2 fugitivo, pessoa que anda fugida; 3 cavalo desembestado ❖ ~ *chin* queixo metido para dentro; ~ *match* casamento precedido de rapto; (brincadeira) ~ *ring* toque a campainha e fuga

runcinate ['rʌnsɪnɪt] *adj.* BOTÂNICA runcinado

rundale ['rʌndeɪl] *s.* ocupação conjunta da terra, sobretudo na Irlanda, possuindo cada ocupante várias faixas de terreno não contíguas

rundown[1] ['rʌndaʊn] *s.* 1 redução, diminuição; 2 (empresa, etc.) cortes de pessoal; 3 resumo, apanhado; recapitulação; ideia geral; *to give a ~ on* dar uma ideia geral de

rundown[2] [rʌn'daʊn] *adj.* 1 abatido, enfraquecido, adoentado; 2 (edifício) degradado, decrépito, em ruínas; 3 obsoleto; estafado

rune [ru:n] *s.* 1 runa; qualquer letra do primitivo alfabeto teutónico, usado principalmente na Escandinávia e pelos Anglo-Saxões; 2 sinal semelhante às runas, com significado mágico ou misterioso; 3 poema finlandês, divisão de poema finlandês

rung [rʌŋ] Ⓐ *s.* 1 degrau de escada de mão; 2 travessa de madeira que fixa as pernas das cadeiras; 3 raio de roda Ⓑ *part. pass. de* **to ring** ❖ *the lowest ~ of Fortune's ladder* o degrau mais baixo da escada da sorte; *the topmost ~ of Fortune's ladder* o degrau mais alto da escada da sorte; *to start at the lowest ~* começar por baixo; começar pelos cargos ou ocupações mais humildes

runged [rʌŋd] *adj.* com degraus

rungless ['rʌŋləs] *adj.* sem degraus

runic ['ru:nɪk] Ⓐ *adj.* rúnico Ⓑ *s.* inscrição rúnica

run-in ['rʌnɪn] Ⓐ *adj.* inserido, inserto Ⓑ *s.* discussão, briga, rixa

runlet ['rʌnlɪt] *s.* 1 regato, arroio; 2 [arc.] pequena pipa para vinho, de capacidade variável

runnel ['rʌnəl] *s.* arroio, regato

runner ['rʌnə] *s.* 1 (pessoa, animal) corredor; 2 mensageiro, correio; 3 escoteiro; 4 cobrador, agente de banco, etc.; 5 [EUA] maquinista, condutor de locomotiva; 6 ZOOLOGIA galinha-de-água; 7 agente de polícia; 8 contrabandista; 9 pedra de moinho; 10 moinho; 11 NÁUTICA amante, cabo grosso de içamento de parte do aparelho náutico; 12 BOTÂNICA rebento; vergôntea; estolho; *strawberry runners* vergônteas (estolhos) de morangueiro; 13 BOTÂNICA variedade de feijão de trepar; *scarlet runners* feijão-vermelho de trepar; 14 rodízio; 15 anel que gira em correia, tirante, vara, etc.; 16 patim de trenó; *the runners of a sledge* os patins de um trenó; 17 lâmina de patim; 18 AERONÁUTICA patim de aterragem; 19 calha sobre a qual corre ou desliza determinado objecto; rolete para a deslocação de objectos pesados; 20 jito; 21 tira (de mesa), pano comprido colocado ao través sobre uma mesa; 22 tapete comprido, passadeira ❖ ~ *head* jito de metal; *a blockade ~* indivíduo ou barco que fura um bloqueio; [ant.] *Bow Street ~* agente de polícia

runner-up [rʌnər'ʌp] *s.* 1 segundo classificado; 2 concorrente bem classificado

running ['rʌnɪŋ] Ⓐ *adj.* 1 que corre; a correr; corredor; *the ~ birds* as aves corredoras; 2 corrediço; ~ *fit* encaixe corrediço; ~ *knot/noose* nó corrediço; 3 corrente; ~ *expenses* despesas correntes; ~ *water* água corrente; 4 contínuo; linear; ~ *metre* metro linear; 5 consecutivo, a seguir, seguido; *four times ~* quatro vezes seguidas; 6 vigente; 7 fluente; 8 DESPORTO com lanço dado a correr; 9 que supura; 10 COMÉRCIO a vencer; 11 MILITAR em retirada Ⓑ *s.* 1 corrida; 2 marcha; andamento; *to alter the ~ of trains* alterar a marcha dos comboios; *to make the ~* marcar/determinar o andamento; 3 circulação; deslocação; 4 direcção, administração; gerência; exploração; *to take up the ~* tomar a direcção das coisas; 5 contrabando; ~ *of goods* contrabando de mercadorias; 6 escoamento de águas; 7 MEDICINA supuração; 8 (pipas, etc.) derramamento, perda de líquido; 9 (linha) traçado ❖ ~ *about* idas e vindas; FINANÇAS ~ *account* conta corrente; ~ *aground* encalhamento; ~ *away* fuga; ~ *back* recuo; marcha-atrás; (evento) ~ *commentary* relato; ~ *down* descida; descarga (de bateria); depreciação; ~ *gear* eixos; rodas de veículo; ~ *hand* escrita cursiva; ~ *in* rodagem (de motor); DESPORTO ~ *jump* salto com balanço; DESPORTO (futebol) ~ *kick* pontapé dado em corrida; DESPORTO ~ *match* corrida de atletismo; ~ *off* fuga; ~ *out* termo (de prazo); fuga (de líquido); ~ *over* extravasamento; CINEMA ~ *shot* tomada de vistas em movimento; ~ *sore* chaga; ferida purulenta; ~ *title* título de página; DESPORTO ~ *track* pista de atletismo; *his shoes are made of ~ leather* ele anda sempre a correr de um lado para o outro; *in ~ order* pronto a funcionar; DESPORTO *in the ~* com possibilidades de êxito; DESPORTO *out of the ~* sem possibilidades de êxito; MEDICINA *the ~ of the nose* defluxo nasal; *to have the best of the ~* levar a melhor

runny ['rʌnɪ] *adj.* 1 CULINÁRIA líquido; 2 (nariz) a pingar; *to have a ~ nose* ter o nariz a pingar; 3 (olhos) lacrimejante

run-off ['rʌnɒf] *s.* 1 DESPORTO prova final, corrida final, final; 2 POLÍTICA (eleições) segunda volta; 3 GEOGRAFIA escoamento (de águas)

runt [rʌnt] *s.* 1 boi ou vaca de raça pequena; 2 pombo doméstico de raça grande; 3 qualquer animal ou pessoa de tamanho inferior ao normal; 4 tronco de couve

run-through ['rʌnθru:] *s.* 1 TEATRO ensaio; leitura rápida de qualquer peça, repetição rápida de peça para auxiliar a memória; 2 recapitulação

runtime ['rʌntaɪm] *s.* INFORMÁTICA tempo de execução

run-up ['rʌnʌp] *s.* 1 período anterior; período preparatório; 2 etapa preliminar; 3 corrida preparatória; 4 DESPORTO (golfe) bola rolada para se aproximar do objectivo; 5 (salmão) subida de rio ❖ *the ~ to the election* a pré-campanha; o período pré-eleitoral

runway ['rʌnweɪ] *s.* 1 leito (de rio); 2 calha, canal; 3 caminho ou carreiro seguido por animais; 4 rampa, na encosta de monte, por onde rolam os troncos das árvores abatidas; 5 caminho especial para veículos com rodas; 6 AERONÁUTICA pista de descolagem; 7 comboio suspenso, carril aéreo

rupee [ru:'pi:] *s.* (moeda) rupia

Rupert ['ru:pət] *s.antr.* Ruperto

rupestral [ru:'pestrəl] *adj.* BOTÂNICA rupestre

rupestrine [ru:'pestraɪn] *adj.* ⇒ **rupestral**

rupicolous [ru:'pɪkələs] *adj.* rupícola

rupture ['rʌptʃə] Ⓐ *s.* 1 ruptura, rompimento; 2 desinteligência, desavença, discórdia; 3 MEDICINA hérnia, ruptura, rebentamento Ⓑ *v.tr.,intr.* 1 romper(-se), interromper(-se); 2 rebentar; 3 MEDICINA sofrer ruptura, provocar hérnia (em); *to ~ oneself* arranjar uma hérnia

ruptured ['rʌptʃəd] *adj.* 1 roto; 2 rebentado; 3 MEDICINA com hérnia; *to be ~* ter uma hérnia

rupturewort ['rʌptʃəwɜ:t] *s.* BOTÂNICA herniária, erva-turca

rupturing ['rʌptʃərɪŋ] *s.* ruptura

rural ['rʊərəl] *adj.* 1 rural; agrícola; 2 rústico; 3 rural; campestre; campesino; ~ *customs* costumes rurais; *to live in ~ seclusion* viver retirado na aldeia ❖ ~ *constable* guarda rural; polícia rural; RELIGIÃO ~ *dean* arcipreste rural; ~ *depopulation* êxodo rural

ruralism ['rʊərəlɪzəm] *s.* ruralismo, vida rural

rurality [rʊə'rælɪtɪ] *s.* 1 carácter rural, vida rural; 2 ambiente rural

ruralization [rʊərəlaɪ'zeɪʃən] *s.* 1 ruralização; 2 transformação em ambiente ou carácter rural

ruralize ['rʊərəlaɪz] *v.tr.,intr.* 1 tornar rural; 2 dar um ambiente rural a; 3 ruralizar; 4 ir para o campo, ir para a aldeia, levar uma vida campestre

rurally ['rʊərəlɪ] *adv.* 1 ruralmente; 2 no campo; 3 na aldeia

ruridecanal [rʊərɪdɪ'keɪnəl] *adj.* que pertence ou diz respeito ao deão ou deado rural

rusa ['ru:zə] *s.* ZOOLOGIA grande veado da Malásia

ruscus ['rʌskəs] *s.* BOTÂNICA rusco, pequeno arbusto pertencente à família das Liliáceas

ruse [ru:z] *s.* 1 estratagema, manha, ardil, astúcia; 2 fraude, emprego de processos fraudulentos

rush [rʌʃ] Ⓐ *s.* (*pl.* -**es**) 1 pressa; *what is this rush?* mas que pressa é essa?; 2 investida, arremetida, ímpeto; ataque, carga, assalto; 3 DESPORTO (futebol) arranco (em direcção às redes do adversário); 4 migração súbita de grande número de pessoas; 5 afluência; afluxo; *a ~ of blood to the head* um afluxo de sangue à cabeça; 6 aumento súbito; ELECTRICIDADE ~ *of current* aumento brusco de corrente; *a ~ of business* um aumento súbito de negócio; 7 COMÉRCIO grande procura; *a ~ for blue ties* uma grande procura de gravatas azuis; 8 grande movimento; pressa; precipitação; agitação; *the ~ of modern life* a agitação da vida moderna; *the Christmas* ~ o grande movimento de compras pelo Natal; **9** acumulação de serviços; **10** jacto; **11** torrente, fúria; *the child was swept away by the ~ of the river* a criança foi arrebatada pelo ímpeto do rio; **12** BOTÂNICA junco; *hard* ~ junco verde-mar; **13** CINEMA imagens não montadas Ⓑ *v.tr.,intr.* **1** precipitar-se para a frente; arrojar-se, lançar-se; *to* ~ *forward* precipitar-se para a frente; **2** avançar de súbito, invadir; precipitar-se [*at*, sobre/para]; *the bull rushed at them* o touro precipitou-se para eles; **3** afluir [**to**, a]; acorrer [**to**, a]; **4** arremessar, impelir com violência, arrojar, empurrar, levar com ímpeto; **5** (pressão) apressar; pressionar; *I don't want to* ~ *you* não quero que se apresse por minha causa; *to refuse to be rushed* não admitir pressões indevidas; **6** [coloq.] explorar, levar um preço exorbitante; *they rushed you shockingly* foste escandalosamente roubado; **7** capturar, conquistar, tomar de assalto; *to* ~ *a trench* tomar uma trincheira de assalto; **8** atravessar impetuosamente; **9** executar a toda a pressa; **10** (rio) correr; **11** cobrir de junco; **12** (cadeira) colocar palhinha em ❖ ~ *mat* esteira; capacho de junco; ~ *order* encomenda urgente; ~ *work* trabalho urgente; *the gold* ~ a corrida do ouro; *the* ~ *hours* as horas de ponta; *with a* ~ de repente; de súbito; *I don't care a* ~ quero lá saber; *that is not worth a* ~ isso não vale uma palha; isso não vale nada; *to* ~ *sb off his feet* obrigar alguém a agir sem dar tempo a reflectir; *to* ~ *to a conclusion* tirar conclusões precipitadas; *to* ~ *upstairs* correr pelas escadas acima

◆**rush about/around** *v.intr.* precipitar-se para um e outro lado; andar a correr de um lado para o outro

◆**rush in** *v.intr.* **1** entrar a correr, entrar de roldão; **2** decidir-se rapidamente; decidir-se precipitadamente; precipitar-se ❖ *to* ~ *where angels fear to tread* proceder audaciosamente em face do perigo

◆**rush into** *v.tr.* decidir rapidamente; decidir precipitadamente ❖ *it rushed into my mind* veio-me de repente à cabeça; *to* ~ *extremes* ir logo aos extremos; *to* ~ *print* dar à estampa, publicar sem preparação suficiente

◆**rush out** Ⓐ *v.intr.* sair à pressa Ⓑ *v.tr.* **1** fazer sair à pressa; *to rush sb out of a room* tirar alguém rapidamente de um sítio; **2** fazer rapidamente; produzir rapidamente; disponibilizar rapidamente

◆**rush through** *v.tr.* **1** fazer apressadamente; apressar; *he rushed me through dinner* ele obrigou-me a jantar a correr; *to* ~ *one's work* fazer o trabalho apressadamente; **2** POLÍTICA (lei) fazer passar a toda a pressa; *to rush a bill through* fazer passar a toda a pressa um projecto de lei

◆**rush up** Ⓐ *v.tr.* **1** enviar com urgência; *fresh troops were rushed up to the front* foram rapidamente enviados reforços para a frente da batalha; **2** construir à pressa; **3** (preços) fazer subir rapidamente; *to* ~ *the prices* fazer os preços disparar Ⓑ *v.intr.* acorrer

rush-bottomed [ˈrʌʃˌbɒtəmd] *adj.* (cadeira) com fundo ou assento de palhinha

rushed [rʌʃd] *adj.* **1** feito à pressa, feito a correr; **2** coberto de junco; **3** (cadeira) com o fundo de palhinha

rusher [ˈrʌʃə] *s.* **1** aquele que se precipita, que se arremessa; **2** indivíduo que não perde um minuto de tempo; **3** DESPORTO (futebol) jogador que arranca para as redes adversárias

rushing [ˈrʌʃɪŋ] Ⓐ *adj.* **1** impetuoso; **2** que se precipita Ⓑ *s.* **1** pressa; **2** ímpeto; **3** arremetida; **4** precipitação

rushy [ˈrʌʃɪ] *adj.* (*comp.* **-ier**, *superl.* **-iest**) **1** feito de junco; **2** coberto de junco

rusk [rʌsk] *s.* **1** pão torrado; **2** tosta; **3** biscoito

Ruskinesque [ˌrʌskɪˈnesk] *adj.* relativo a Ruskin

Ruskinian [rʌsˈkɪnɪən] Ⓐ *adj.* ⇒ **Ruskinesque** Ⓑ *s.* partidário das doutrinas estéticas e sociais de John Ruskin

Russ [rʌs] Ⓐ *adj.* [rar.] russo Ⓑ *s.* [rar.] (língua, pessoa) russo

russet [ˈrʌsɪt] Ⓐ *s.* **1** (cor) castanho-avermelhado; **2** maçã reineta; **3** tecido grosseiro, de fabrico caseiro, e cor castanho-avermelhada ou cinzenta, usado outrora pelos camponeses Ⓑ *adj.* (cor) castanho-avermelhado

russety [ˈrʌsɪtɪ] *adj.* arruivado, castanho-avermelhado

Russia [ˈrʌʃə] *s.top.* Rússia

Russian [ˈrʌʃən] Ⓐ *adj.* russo Ⓑ *s.* (língua, pessoa) russo ❖ ~ *boots* botas de couro (para senhoras); ~ *doll* boneca russa; ~ *roulette* roleta russa; CULINÁRIA ~ *salad* salada russa; BOTÂNICA ~ *thistle/tumbleweed* barrilha-espinhosa, ZOOLOGIA (cão) ~ *wolfhound* borzói; galgo russo

Russianism [ˈrʌʃənɪzəm] *s.* russianismo, tendência russófila

Russianize [ˈrʌʃənaɪz] *v.tr.* russianizar, russificar

Russianizing [ˈrʌʃənaɪzɪŋ] *s.* acto de russianizar ou russificar

Russification [ˌrʌsɪfɪˈkeɪʃən] *s.* russificação

Russify [ˈrʌsɪfaɪ] *v.tr.* russificar

Russniak [ˈrʌsnɪæk] *adj.,s.* ruteno, pequeno-russo

Russophile [ˈrʌsəʊfaɪl] *adj.,s.* russófilo

Russophilism [ˈrʌsəʊfɪlɪzəm] *s.* russofilismo

Russophobe [ˈrʌsəʊfəʊb] *adj.,s.* russofobo

Russophobia [ˌrʌsəˈfəʊbɪə] *s.* russofobia

rust [rʌst] Ⓐ *s.* **1** ferrugem; *to gather* ~ criar ferrugem; *to rub the* ~ *off* tirar a ferrugem; **2** cascão; **3** [fig.] (falta de treino) ferrugem*fig*; **4** BOTÂNICA ferrugem das plantas, mangra, alforra Ⓑ *v.tr.,intr.* **1** enferrujar(-se); ficar enferrujado; oxidar-se; [fig.] *inactivity rusts the mind* a inactividade enferruja o espírito; **2** (plantas) criar mangra ou alforra; ser atacado pela mangra ou alforra; **3** ficar com um aspecto de ferrugem; ficar da cor da ferrugem ❖ [coloq.] ~ *box* navio velho todo enferrujado; ~ *preventive* substância que impede a formação de ferrugem; ~ *putty* massa-ferro; ~ *red* cor de ferrugem; ~ *remover* produto desenferrujante; ~ *preventive film* película que impede a formação de ferrugem; ~ *preventive paint* tinta contra a ferrugem

◆**rust away** *v.intr.* desfazer-se em ferrugem

◆**rust up** *v.intr.* vedar/tapar devido à criação de ferrugem

rustic [ˈrʌstɪk] Ⓐ *adj.* **1** rústico, rural, campestre, campesino; **2** agrário; **3** [depr.] rude; grosseiro; sem polimento; **4** inculto; **5** simples, sincero, singelo; **6** (letra) de traço irregular; **7** ARQUITECTURA rústico Ⓑ *s.* **1** indivíduo rústico; **2** pessoa da aldeia; **3** [depr.] camponês; campónio; labrego; **4** MILITAR recruta

rustically [ˈrʌstɪkəlɪ] *adv.* rusticamente

rusticate [ˈrʌstɪkeɪt] *v.tr.,intr.* **1** retirar-se para o campo, passar a viver na aldeia; **2** levar uma vida rural; **3** construir em estilo rústico; **4** tornar rústico, dar um aspecto rústico a; **5** expulsar temporariamente da universidade

rustication [ˌrʌstɪˈkeɪʃən] *s.* **1** vida rural; **2** estadia no campo; **3** expulsão temporária da universidade

rusticity [rʌsˈtɪsɪtɪ] *s.* **1** rusticidade; **2** rudeza; **3** carácter rústico

rustily [ˈrʌstɪlɪ] *adv.* **1** com ferrugem, de modo ferrugento; **2** com aspecto de velho

rustiness [ˈrʌstɪnəs] *s.* **1** ferrugem; **2** aspecto ou aparência de velho ou muito usado; **3** [fig.] enfraquecimento devido à falta de treino, idade, etc.

rusting [ˈrʌstɪŋ] *s.* **1** enferrujamento, oxidação; **2** ferrugem

rustle [ˈrʌsəl] Ⓐ *s.* **1** (folhas secas, chuva) sussurro, rumor, murmúrio brando; **2** ruge-ruge, frufru; **3** [EUA] pressa, actividade enérgica Ⓑ *v.tr.,intr.* **1** (folhas secas, chuva) sussurrar; **2** fazer ruge-ruge, fazer frufru; **3** dar causa a que qualquer coisa faça este ruído; **4** [EUA] roubar (gado); **5** [EUA] apanhar (lenha)

rustler [ˈrʌslə] *s.* **1** [EUA] ladrão de gado; **2** indivíduo despachado, activo

rustless [ˈrʌstləs] *adj.* **1** inoxidável; **2** sem ferrugem

rustling [ˈrʌslɪŋ] Ⓐ *adj.* **1** sussurrante, rumorejante; **2** que faz ruge-ruge, que faz frufru Ⓑ *s.* **1** sussurro, rumor, murmúrio brando; **2** ruge-ruge, frufru; **3** [EUA] roubo de gado

rustproof [ˈrʌstpruːf] Ⓐ *adj.* antiferruginoso; inoxidável; à prova de ferrugem Ⓑ *v.tr.* fazer um tratamento antiferruginoso a

rusty [ˈrʌstɪ] *adj.* (*comp.* **-ier**, *superl.* **-iest**) **1** enferrujado; com ferrugem; oxidado; ~ *iron* ferro ferruginoso; *to get* ~ enferrujar; **2** [fig.] (falta de treino) enferrujado; entorpecido; *my English is a little* ~ estou um bocado enferrujado no Inglês; **3** cor de ferrugem; **4** BOTÂNICA atacado de mangra/alforra; **5** desbotado pela idade; **6** rançoso; bolorento; **7** antiquado; fora da época; **8** (cavalo) rebelão ❖ *to cut up/turn* ~ irritar-se; zangar-se; ficar maldisposto

rut [rʌt] Ⓐ *s.* **1** (passagem de rodas) sulco; **2** rotina; *to get out of the* ~ sair da rotina; *to sink into a* ~ cair na rotina, estupidificar-se; **3** (cio dos veados) brama, berra; **4** [EUA] (mar) ruído Ⓑ *v.tr.,intr.* (*particípios* **-tt-**) **1** abrir sulcos com as rodas; marcar com os sulcos deixados pelas rodas; **2** (veado, etc.) estar com o cio

rutabaga [ˌruːtəˈbeɪgə] s. [EUA] BOTÂNICA rutabaga, couve-nabiça
Rutaceae [ruːˈteɪsiiː] s.pl. BOTÂNICA Rutáceas
rutaceous [ruːˈteɪʃəs] adj. BOTÂNICA rutáceo
ruth [ruːθ] s. [arc.] piedade, pena, compaixão
Ruth [ruːθ] s.antr. Rute
Ruthene [ruːˈθiːn] adj.,s. ruteno
Ruthenia [ruːˈθiːnɪə] s.top. Ruténia
Ruthenian [ruːˈθiːnɪən] Ⓐ adj. ruteno Ⓑ s. (dialecto, pessoa) ruteno
ruthenic [ruːˈθenɪk] adj. QUÍMICA ruténico
ruthenium [ruːˈθiːnɪəm] s. QUÍMICA (elemento químico) ruténio
rutherfordium [ˌrʌðəˈfɔːdɪəm] s. QUÍMICA (elemento químico) rutherfórdio
ruthful [ˈruːθfʊl] adj. 1 cheio de piedade ou compaixão; 2 compassivo; 3 arrependido, pesaroso, triste; 4 que inspira pena ou compaixão; 5 lamentável
ruthless [ˈruːθləs] adj. implacável, impiedoso, cruel, desumano, sem piedade
ruthlessly [ˈruːθləslɪ] adv. 1 implacavelmente, impiedosamente; 2 cruelmente, desumanamente
ruthlessness [ˈruːθləsnəs] s. crueldade, desumanidade, falta de compaixão
rutilant [ˈruːtɪlənt] adj. rutilante, resplandecente

rutile [ˈruːtaɪl] s. MINERALOGIA rútilo
rutin [ˈruːtɪn] s. FARMÁCIA rutina
rutting [ˈrʌtɪŋ] s. cio, brama, berra ❖ ZOOLOGIA ~ *season* época do cio
ruttish [ˈrʌtɪʃ] adj. lascivo, luxurioso, libidinoso
rutty [ˈrʌtɪ] adj. ⟨comp. -ier, superl. -iest⟩ 1 marcado com sulcos feitos pelas rodas dos carros; 2 cheio de sulcos, cheio de regos
RV Ⓐ [EUA] [abrev. de recreational vehicle] Ⓑ (Bíblia) [abrev. de Revised Version]
RW Ⓐ [abrev. de Right Worshipful] Ⓑ [abrev. de Right Worthy]
Rwanda [ruˈændə] s.top. Ruanda
Rwandan [rʊˈændən] Ⓐ adj. do Ruanda Ⓑ s. habitante ou natural do Ruanda
RWDGM [abrev. de Right Worshipful Deputy Grand Master]
RWGS [abrev. de Right Worthy Grand Secretary]
RWGT [abrev. de Right Worthy Grand Treasurer]
rye [raɪ] s. BOTÂNICA centeio ❖ ~ *bread* pão de centeio
rye-grass [ˈraɪɡrɑːs] s. BOTÂNICA azevém, erva castelhana
ryepeck [ˈraɪpek] s. varão de ferro para amarrar barcos (em rio)
ryot [ˈraɪət] s. camponês (na Índia)
RYS [abrev. de Royal Yacht Squadron]

S [es] s. ⟨pl. **ss** ou **s's**⟩ 1 (letra) s, S; 2 S; objecto em forma de S; curva em forma de S; *the river makes a great S* o rio faz uma grande curva em S

S Ⓐ RELIGIÃO [abrev. de Sabbath] Ⓑ RELIGIÃO [abrev. de Saint] Ⓒ RELIGIÃO (Bíblia) [abrev. de Samuel] Ⓓ (escola) [abrev. de satisfactory] Ⓔ [abrev. de Saturday] Ⓕ HISTÓRIA [abrev. de Saxon] Ⓖ GEOGRAFIA [abrev. de Sea] Ⓗ VESTUÁRIO [abrev. de Small] S Ⓘ [abrev. de South] Ⓙ QUÍMICA [símbolo de sulphur] Ⓚ [abrev. de Sunday]

SA Ⓐ [abrev. de South Africa] Ⓑ [abrev. de South America] Ⓒ [abrev. de South Australia] Ⓓ [abrev. de Salvation Army]

Saarlander [ˈsɑːlændə] s. pessoa natural do Sarre

Sabaean [səˈbɪən] adj.,s. sabeu

sabaism [ˈseɪbɪɪzəm] s. sabeísmo, adoração das estrelas

Sabbatarian [ˌsæbəˈteərɪən] s. 1 sabatário; 2 judeu que guarda o sábado; 3 cristão que guarda o domingo tão rigorosamente como o judeu, o sábado

Sabbatarianism [ˌsæbəˈteərɪənɪzəm] s. sabatismo

Sabbath [ˈsæbəθ] s. 1 RELIGIÃO (judeus) *sabbat*, sabá; sábado; *to keep the ~* guardar o sábado; 2 RELIGIÃO (cristãos) domingo; repouso dominical; *to break the ~* não observar o repouso dominical ❖ *~ breaker* pessoa que não observa o dia de descanso (determinado pela sua religião); RELIGIÃO *~ school* catequese; (assembleia de bruxas) *witches' ~* sabá; *~ day's journey* distância que os judeus podiam percorrer ao sábado; pequena viagem

sabbatic [səˈbætɪk] adj.,s. ⇒ **sabbatical**

sabbatical [səˈbætɪkəl] Ⓐ s. licença sabática Ⓑ adj. sabático ❖ *~ leave* licença sabática; *~ year* ano sabático

sabbatically [səˈbætɪkəlɪ] adv. sabaticamente

sabbatize [ˈsæbətaɪz] v.tr.,intr. 1 (cristãos) observar o descanso dominical; 2 (judeus) guardar o sábado ❖ RELIGIÃO *to ~ the Lord's Day* guardar o dia do Senhor

Sabean [səˈbɪən] adj.,s. sabeu

Sabellian [sæˈbelɪən] Ⓐ adj. 1 sabélico, relativo aos Sabélicos (grupo de tribos da antiga Itália); 2 RELIGIÃO sabeliano Ⓑ s. 1 sabélico, povo da antiga Itália; 2 RELIGIÃO sabeliano, partidário das doutrinas de Sabélio

saber [ˈseɪbə] s. [EUA] ⇒ **sabre**

Sabian [ˈseɪbɪən] adj.,s. 1 RELIGIÃO relativo a uma seita, referida no Corão, que engloba Muçulmanos, Judeus e Cristãos; 2 membro dessa seita

Sabine[1] [ˈsæbaɪn] adj.,s. sabino ❖ *the Rape of the Sabines* o Rapto das Sabinas

sable [ˈseɪbəl] Ⓐ s. 1 ZOOLOGIA zibelina, marta-zibelina, marta-da-zibelina; 2 pele de marta-zibelina; 3 [poét.] (cor) negro, preto; 4 pl. crepes, trajes de luto Ⓑ adj. 1 (cor) negro, preto; 2 sombrio, carregado; tenebroso, lúgubre ❖ ZOOLOGIA *~ antelope* antílope negro africano; *his ~ Majesty* o Demónio

sabled [ˈseɪbəld] adj. de negro, de luto

sably [ˈseɪblɪ] adv. 1 sombriamente; 2 lugubremente

sabot [ˈsæbəʊ] s. 1 tamanco, soco (calçado com sola de madeira); 2 tamanco todo de madeira usado em certas regiões da França; 3 MECÂNICA sapata, base, armadura de estaca, perfuradeira, etc.

sabotage [ˈsæbətɑːʒ] v.tr. sabotar, fazer sabotagem em

saboteur [ˌsæbətɜː] s. sabotador

sabre [ˈseɪbə] Ⓐ s. 1 (espada de cavalaria) sabre; terçado; 2 DESPORTO (esgrima) sabre; 3 soldado de cavalaria armado de um sabre Ⓑ v.tr. acutilar com sabre; dar sabradas em; matar com sabre ❖ *~ cut* golpe de sabre; ZOOLOGIA *~ fish* triquiúro; peixe-espada-lírio; *~ rattling* fanfarronadas; ameaças de guerra

sabred [ˈseɪbəd] adj. armado com sabre

sabretache [ˈseɪbəˌtæʃ] s. MILITAR sacola usada outrora pelos oficiais de cavalaria

sabre-toothed [ˈseɪbətuːθt] adj. com dentes de sabre ❖ ZOOLOGIA *~ tiger/cat* tigre-de-dentes-de-sabre

sabulous [ˈsæbjələs] adj. 1 sabuloso, areento; 2 MEDICINA (urina) com cálculos

saburra [sæˈbʌrə] s. MEDICINA saburra

saburral [sæˈbʌrəl] adj. MEDICINA saburral

sac [sæk] s. 1 BIOLOGIA saco, bolsa em organismo animal ou vegetal; 2 revestimento membranoso de hérnia, tumor, quisto, etc.; 3 saca

saccate [ˈsækeɪt] adj. saciforme, em forma de saco ou bolsa

saccharate [ˈsækərɪt] s. QUÍMICA sacarato

saccharic [sæˈkærɪk] adj. QUÍMICA sacárico; *~ acid* ácido sacárico

saccharide [ˈsækəraɪd] s. QUÍMICA sacárido

sacchariferous [ˌsækəˈrɪfərəs] adj. sacarífero

saccharifiable [ˌsækərɪˈfaɪəbəl] adj. QUÍMICA sacarificável

saccharification [ˌsækərɪfɪˈkeɪʃən] s. QUÍMICA sacarificação

saccharify [sæˈkærɪfaɪ] v.tr. QUÍMICA sacarificar

saccharifying [sæˈkærɪfaɪɪŋ] adj. sacarificante

saccharimeter [ˌsækəˈrɪmɪtə] s. sacarímetro

saccharimetric [ˌsækərɪˈmetrɪk] adj. sacarimétrico

saccharimetry [ˌsækəˈrɪmɪtrɪ] s. sacarimetria

saccharin [ˈsækərɪn] s. QUÍMICA sacarina

saccharine [ˈsækəraɪn] adj. 1 sacarino, que contém açúcar; 2 [fig.] melífluo; 3 [fig.] lamechas, piegas

saccharization [ˌsækəraɪˈzeɪʃən] s. ⇒ **saccharification**

saccharoid [ˈsækərɔɪd] adj. GEOLOGIA sacaróide, com estrutura granulosa como o açúcar

saccharometer [ˌsækəˈrɒmɪtə] s. 1 sacarómetro; 2 pesa-mosto

saccharomyces [ˌsækərəʊˈmaɪsɪz] s. BOTÂNICA sacaromice, sacaromicete

saccharomycetes [ˌsækərəʊmaɪˈsiːtɪz] s.pl. BOTÂNICA sacaromicetes

saccharose [ˈsækərəʊs] s. QUÍMICA sacarose

sacciform [ˈsæksɪfɔːm] adj. saciforme

saccophore [ˈsækəfɔː] s. ZOOLOGIA sacóforo, tunicário

saccular [ˈsækjʊlə] adj. saculiforme

saccule [ˈsækjuːl] s. ANATOMIA sáculo, pequena vesícula do vestíbulo do ouvido interno

sacerdotal [ˌsæsəˈdəʊtəl] adj. sacerdotal

sacerdotalism [ˌsæsəˈdəʊtəlɪzəm] s. sacerdotalismo

sacerdotally [ˌsæsəˈdəʊtəlɪ] adv. sacerdotalmente

SACEUR [abrev. de Supreme Allied Commander, Europe]

sachem [ˈseɪtʃəm] s. 1 sachém, chefe supremo de algumas tribos índias da América do Norte; 2 [coloq.] manda-chuva, pessoa muito importante

sachet [ˈsæʃeɪ] s. saché, saquinha com substâncias aromáticas

sack [sæk] Ⓐ s. 1 (tecido, papel resistente) saco; saca; *a ~ of coal* um saco de carvão; 2 [coloq.] despedimento; *to get the ~* ser posto na rua, ser despedido; *to give sb the ~* pôr alguém na rua, despedir alguém; 3 [coloq.] cama; *in the ~* na cama; *to hit the ~* ir para a cama, ir deitar-se; 4 saque, pilhagem; *to put a town to ~* pôr uma cidade a saque, saquear uma cidade; 5 VESTUÁRIO casaco solto e não cintado; 6 VESTUÁRIO (século XVIII) cauda de vestido de senhora descendo dos ombros até ao chão; 7 [arc.] (vinho) vinho branco seco importado das Canárias e da Península Ibérica, *sack*; *Sherry ~* vinho de Xerez Ⓑ v.tr. 1 ensacar, meter em sacos; 2 saquear, pôr a saque; 3 [coloq.] despedir, mandar embora, pôr na rua ❖ *~ race* corrida de sacos; [EUA] *to hold the ~* pagar pelos outros; sofrer as consequências dos actos alheios

◆**sack out** v.intr. [EUA] [coloq.] ir para a cama; ir dormir

sackbut [ˈsækbʌt] s. MÚSICA (instrumento) sacabuxa

sackcloth [ˈsækklɒθ] s. 1 serapilheira; 2 burel ❖ *to do penance in ~ and ashes* fazer penitência coberto de cinzas e vestido de burel; *to be in ~ and ashes* penitenciar-se; estar arrependido

sackful ['sækfʊl] s. 1 saco cheio; 2 conteúdo de um saco cheio
sacking ['sækɪŋ] s. 1 (tecido) serapilheira; 2 ensacamento, colocação em sacos; 3 [coloq.] despedimento (de emprego ou cargo); 4 saque
sackload ['sækləʊd] s. 1 saco cheio; 2 conteúdo de um saco cheio
sacral ['seɪkrəl] adj. 1 sacral, ritual; 2 ANATOMIA sacro; relativo ao osso sacro
sacrament ['sækrəmənt] Ⓐ s. 1 RELIGIÃO (cristianismo) sacramento; *to give the last sacraments to* administrar os últimos sacramentos a; 2 símbolo sagrado; 3 juramento solene Ⓑ v.tr. ajuramentar ❖ *the Blessed/Holy Sacrament* o Santíssimo Sacramento; *to partake of/receive the ~* comungar
sacramental [,sækrə'mentəl] Ⓐ adj. 1 sacramental; relativo a sacramento; 2 sagrado; inviolável; 3 de grande solenidade Ⓑ s. RELIGIÃO (rito, objecto) sacramental
sacramentalism [,sækrə'mentəlɪzəm] s. sacramentalismo, doutrina que liga grande importância aos sacramentos
sacramentalist [,sækrə'mentəlɪst] s. sacramentalista
sacramentality [,sækrəmen'tælɪtɪ] s. sacramentalidade
sacramentally [,sækrə'mentəlɪ] adv. sacramentalmente
sacramentarian [,sækrəmen'teərɪən] s. sacramentário; suposto herege que nega a presença real de Deus na Eucaristia
sacramentary [,sækrə'mentərɪ] s. 1 ⇒ **sacramentarian**; 2 sacramentário, livro antigo com a descrição de cerimónias religiosas, sobretudo relativas aos sacramentos
Sacramento [,sækrə'mentəʊ] s.top. Sacramento
sacraria [sə'kreərɪə] s. {pl. de **sacrarium**}
sacrarium [sæ'kreərɪəm] s. (pl. -ia) 1 santuário, sacrário (de igreja); 2 baptistério, pia baptismal; 3 larário
sacred ['seɪkrɪd] adj. 1 sagrado; sacro; *~ books* livros sagrados; *~ writings* escritos sagrados; *to regard sth as a ~ duty* considerar uma coisa como um dever sagrado; 2 sacrossanto; santo; 3 consagrado {**to**, a]; 4 inviolável; 5 solene; *~ promise* promessa solene ❖ ZOOLOGIA *~ baboon* hamadríada; hamadríades (cardeais) *Sacred College* sacro colégio; MÚSICA *~ concert* concerto de música sacra; *~ cow* vaca sagrada; *~ history* história sagrada; ZOOLOGIA *~ ibis* íbis sagrada; (alucinogénio) *~ mushroom* cogumelo psilocibino; MÚSICA *~ music* música sacra; *convent of the Sacred Heart* convento do Sagrado Coração; *nothing was ~ to them* não respeitavam nada
sacredly ['seɪkrɪdlɪ] adv. 1 sagradamente; 2 religiosamente; 3 inviolavelmente
sacredness ['seɪkrɪdnəs] s. 1 santidade; 2 carácter sagrado; 3 inviolabilidade
sacrifice ['sækrɪfaɪs] Ⓐ s. 1 sacrifício; *to do sth as a ~* fazer alguma coisa como sacrifício; *to make sacrifices* fazer sacrifícios; *at great ~* com muito sacrifício; *they won the battle at a great ~ of life* ganharam a batalha com grande sacrifício de vidas; 2 RELIGIÃO (oferta) sacrifício; oblação; imolação; *to make a ~ to* oferecer um sacrifício a; *a human ~* um sacrifício humano; 3 perda; prejuízo; *to sell sth at a ~* vender algo com prejuízo; 4 [fig.] vítima; *he fell as a ~ to his creditors* ele foi vítima dos credores Ⓑ v.tr.,intr. 1 sacrificar; *to ~ one's life* sacrificar a vida; 2 RELIGIÃO (oferta) sacrificar, fazer o sacrifício de; imolar; oferecer sacrifícios; *to ~ to the gods* sacrificar aos deuses, oferecer sacrifícios aos deuses; 3 COMÉRCIO vender com prejuízo ❖ *~ prices* preços de venda com prejuízo; RELIGIÃO *the ~ of the Mass* o sacrifício da missa; (luta por uma causa) *the supreme/ultimate ~* o derradeiro sacrifício; o sacrifício da morte
sacrificer ['sækrɪfaɪsə] s. aquele que sacrifica; sacrificante; imolador; *to be a ~ of* fazer o sacrifício de
sacrificial [,sækrɪ'fɪʃəl] adj. 1 sacrificial; *~ rite* rito sacrificial; 2 COMÉRCIO com prejuízo ❖ RELIGIÃO *~ lamb* cordeiro de Deus; *~ lamb* bode expiatório
sacrificing ['sækrɪfaɪsɪŋ] s. sacrifício
sacrilege ['sækrɪlɪdʒ] s. 1 sacrilégio; 2 profanação de coisa sagrada
sacrilegious [,sækrɪ'lɪdʒəs] adj. sacrílego
sacrilegiously [,sækrɪ'lɪdʒəslɪ] adv. sacrilegamente
sacrilegist [,sækrɪ'liːdʒɪst] s. sacrílego
sacring ['seɪkrɪŋ] s. 1 RELIGIÃO [arc.] (missa) consagração; 2 [arc.] (bispo, soberano, etc.) sagração ❖ *~ bell* campainha tocada à elevação da hóstia

sacrist ['seɪkrɪst] s. ⇒ **sacristan**
sacristan ['sækrɪstən] s. sacristão
sacristine ['sækrɪstɪn] s.f. sacristã
sacristy ['sækrɪstɪ] s. (pl. -ies) sacristia
sacrofemoral [,seɪkrəʊ'femərəl] adj. ANATOMIA sacrofemoral
sacroiliac [,seɪkrəʊ'ɪlɪæk] adj. ANATOMIA sacroilíaco
sacrolumbal [,seɪkrəʊ'lʌmbəl] adj. ANATOMIA sacrolombar
sacrosanct ['sækrəʊsæŋkt] adj. sacrossanto
sacrovertebral [,seɪkrəʊ'vɜːtɪbrəl] adj. ANATOMIA sacrovertebral
sacrum ['seɪkrəm] s. ANATOMIA sacro
sad [sæd] adj. (comp. **sadder**, superl. **saddest**) 1 triste; *it was a ~ day for him* foi um dia triste para ele; *that is a ~ thing* isso é triste; *to be ~* estar triste; *to come to a ~ end* ter um triste fim; 2 pesaroso, contristado; *to look ~* estar com um ar pesaroso; 3 melancólico; 4 doloroso; 5 lamentável; deplorável; digno de pena; 6 mau, vergonhoso, incorrigível; 7 sombrio, escuro; 8 (bolo, pão, etc.) húmido, mal cozido ❖ [EUA] [coloq.] (pessoa) *~ sack* nulidade; *a sadder and a wiser man* um homem que teve muitas desilusões e aprendeu à custa delas; *a ~ dog* um patife; um vadio; *in ~ earnest* muito seriamente; *~ to say* infelizmente; *to make sb ~* entristecer alguém
SAD MEDICINA [abrev. de Seasonal Affective Disorder]
sadden ['sædən] Ⓐ v.tr. 1 entristecer; 2 (cor) ofuscar, obscurecer Ⓑ v.intr. entristecer-se
saddening ['sædənɪŋ] adj. que entristece, que faz entristecer
saddle ['sædəl] Ⓐ s. 1 sela; *hunting ~* sela inglesa; *to be thrown from the ~* ser cuspido da sela; 2 (bicicleta, etc.) selim; 3 lombo (de animal); *~ of mutton* lombo de carneiro; 4 GEOGRAFIA selada, depressão oblonga em montanha; 5 suporte; apoio; descanso; 6 (correia da sela) espera Ⓑ v.tr. selar; colocar a sela em; albardar ❖ *~ blanket* manta da sela; xairel; teliz; VETERINÁRIA *~ gall* matadura; *~ girth* cilha; *~ horse* cavalo de sela; ARQUITECTURA *~ roof* telhado de duas águas; ZOOLOGIA *~ shell* anomia; *in the ~* a cavalo; em posição de comando; [ant.] *to put the ~ on the right horse* censurar o verdadeiro culpado; [ant.] *to put the ~ on the wrong horse* acusar uma pessoa inocente; enganar-se; *win the horse or lose the ~* tudo ou nada; ou o dobro ou estamos quites

♦**saddle up** v.tr. selar; colocar a sela em; albardar
♦**saddle with** v.tr. sobrecarregar com; colocar (uma pesada responsabilidade) nos ombros de; *to saddle sb with* sobrecarregar alguém com; *to be saddled with debts* estar sobrecarregado de dívidas; *to saddle oneself with* tomar o encargo de; *at her husband's death she was saddled with six small children* com a morte do marido ela ficou com seis crianças pequenas a seu cargo

saddleback ['sædəlbæk] Ⓐ adj. ⇒ **saddlebacked** Ⓑ s. 1 telhado de duas águas; 2 monte ou cume com depressão oblonga; 3 ZOOLOGIA variedade de gaivota e de foca
saddlebacked ['sædəlbækt] adj. 1 com o seladouro arqueado; 2 de dorso curvo; 3 (cume) com depressão oblonga; 4 (cavalo) com sela
saddlebag ['sædəl,bæg] s. 1 (cavalos) alforge; 2 (bicicleta, mota) cesto; bagageira
saddlebow ['sædəl,bəʊ] s. (sela) arção
saddlecloth ['sædəlklɒθ] s. xairel, teliz
saddlefast ['sædəlfɑːst] adj. sentado firmemente na sela, firme na sela
saddler ['sædlə] s. 1 seleiro, albardeiro, fabricante ou negociante de selas, arreios, etc.; 2 MILITAR indivíduo encarregado das selas, arreios, etc. de um regimento de cavalaria
saddlery ['sædlərɪ] s. (pl. -ies) 1 selaria; 2 ofício, indústria ou loja de seleiro; 3 sela, arreios, etc. duma montada
saddletree ['sædəltriː] s. 1 armação da sela; 2 BOTÂNICA árvore-do-ponto, tulipeiro
Sadducean [,sædjʊ'siːən] adj. saduceu
Sadducee ['sædjəsiː] s. saduceu
Sadduceeism ['sædjəsiːɪzəm] s. saduceísmo
sadism ['seɪdɪzəm, 'sædɪzəm] s. sadismo
sadist ['seɪdɪst, 'sædɪst] s. sádico
sadistic [sə'dɪstɪk, sæ'dɪstɪk] adj. sádico
sadly ['sædlɪ] adv. 1 tristemente; melancolicamente; 2 pesarosamente; 3 infelizmente; lamentavelmente; *~ for him* infelizmente para ele ❖ *to be ~ mistaken* estar profundamente enganado

sadness ['sædnɪs] s. 1 tristeza; 2 melancolia; 3 pesar
sadomasochism [ˌsɔɪdəʊˈmæzəʊkɪzəm] s. sadomasoquismo
sadomasochist [ˌsɔɪdəʊˈmæzəkɪst] s. sadomasoquista
sadomasochistic [ˌsɔɪdəʊmæzəˈkɪstɪk] adj. sadomasoquista
s.a.e. Ⓐ [abrev. de self-addressed envelope] Ⓑ [abrev. de stamp addressed envelope]
safari [səˈfɑːrɪ] s. safari; *to go on a safari* ir fazer um safari
safe [seɪf] Ⓐ adj. 1 seguro; que não causa perigo; que não é perigoso; *a ~ road* uma estrada segura; *to put in a ~ place* pôr num lugar seguro; *at a ~ distance* a uma distância segura; *is it ~ to leave him there?* não haverá perigo em deixá-lo ali?; [GB] *as ~ as houses/as ~ as the Bank of England* completamente seguro; 2 em segurança, a salvo; fora de perigo; ileso; *~ from* a salvo de, livre de; *you're ~ now* agora já estás em segurança; *to feel ~* sentir-se em segurança; 3 seguro; certo; garantido; *to be ~ to...* ser certo que..., ter a certeza de...; *it is ~ to say that...* pode dizer-se sem a menor dúvida que...; *he is ~ to win* ele ganha sem dúvida; 4 cuidadoso, cauteloso, prudente; 5 de confiança; fiável; *the dog is not ~* o cão não é de confiança; 6 tranquilo; *with a ~ conscience* de consciência tranquila Ⓑ s. 1 (dinheiro, valores) cofre; cofre-forte; 2 [ant.] guarda-comida, armário ventilado para guardar alimentos e outras provisões; 3 [EUA] [cal.] camisinha, preservativo ❖ *~ anchorage* porto seguro; *~ deposit* casa-forte; *~ haven* zona de segurança; porto seguro; *~ house* abrigo; esconderijo; [coloq.] *~ journey!* boa viagem!; [GB] POLÍTICA (deputado) *~ seat* lugar (no Parlamento) assegurado; lugar (no Parlamento) garantido; *~ sex* sexo seguro; *~ and sound* são e salvo; *~ working load* carga admissível; *better ~ than sorry* mais vale prevenir do que remediar; *it's a ~ bet* é uma aposta certa; é garantido; [coloq.] *(just) to be on the ~ side* por precaução; para jogar pelo seguro; por causa das coisas; *to be in ~ hands* estar em boas mãos; estar em segurança (nas mãos de alguém); *to play (it) ~* jogar pelo seguro
safeblower ['seɪfˌbləʊə] s. arrombador de cofres (que usa explosivos)
safebreaker ['seɪfˌbreɪkə] s. [GB] (ladrão) arrombador de cofres
safe-conduct ['seɪfˈkɒndəkt] s. salvo-conduto
safecracker ['seɪfˌkrækə] s. [EUA] (ladrão) arrombador de cofres
safe-deposit ['seɪfdɪˌpɒzɪt] Ⓐ s. cofre-forte; caixa-forte Ⓑ adj. que fornece segurança para objectos de valor ❖ (banco) *~ box* cofre de segurança
safeguard ['seɪfɡɑːd] Ⓐ s. 1 salvaguarda [**against**, contra]; garantia [**against**, contra]; 2 ressalva; 3 salvo-conduto; 4 guarda, escolta Ⓑ v.tr. 1 salvaguardar; garantir; 2 defender [**against**, de]; proteger [**against**, de]; pôr ao abrigo [**against**, de] ❖ DIREITO *~ clause* cláusula de salvaguarda
safeguarder ['seɪfɡɑːdə] s. 1 aquele que protege, garante ou defende; 2 protector
safeguarding ['seɪfɡɑːdɪŋ] s. protecção, salvaguarda
safekeeping ['seɪfkiːpɪŋ] s. 1 segurança; *in ~* em segurança; 2 protecção; guarda; cuidado; *to be in sb's ~* estar à guarda de alguém ❖ *for ~* por precaução; *to put sth in sb's ~* confiar algo à guarda de alguém
safelight ['seɪflaɪt] s. FOTOGRAFIA (câmara escura) luz vermelha
safely ['seɪflɪ] adv. 1 em segurança; 2 sem perigo; sem riscos; 3 a salvo; 4 com cuidado; *drive safely!* conduz com cuidado!, tem cuidado a conduzir! ❖ *let me know if you've got home ~* depois diz-me se chegaste bem; *one can ~ say that...* podemos seguramente dizer que...; *to put sth away ~* guardar algo bem guardado
safeness ['seɪfnəs] s. 1 segurança; 2 confiança; 3 firmeza; 4 solidez
safety ['seɪftɪ] s. 1 segurança; *for safety's sake* por uma questão de segurança; *for your ~* para sua segurança; *in ~* em segurança; 2 dispositivo de segurança; fecho de segurança; posição de segurança; *to put a rifle at ~* travar uma espingarda, pôr uma espingarda na posição de segurança; 3 segurança; lugar seguro; salvação, salvamento; *to seek ~ in flight* fugir para tentar salvar-se; 4 [EUA] [cal.] preservativo, camisinha_coloq._; 5 [arc.] custódia ❖ *~ belt* cinto de segurança; zona de segurança; [ant.] *~ bicycle* bicicleta (convencional); (arma de fogo, máquina, etc.) *~ catch* fecho de segurança; TEATRO *~ curtain* pano de ferro; *~ deposit* casa-forte; *~ device* dispositivo de segurança; *~ factor* coeficiente de segurança; *~ film* filme não inflamável; *~ first!* a segurança em primeiro lugar!; *~ glass* vidro inquebrável; *~ glasses* óculos de segurança; *~ guard* aparelho protector; (minas) *~ lamp* lâmpada de segurança; *~ lock* fechadura de segurança; fecho de segurança; *~ match* fósforo de segurança; fósforo amorfo; *~ measures* medidas de segurança; *~ net* rede; rede de segurança; rede protectora; *~ pin* alfinete-de-ama; *~ razor* lâmina de barbear; gilete; *~ valve* válvula de segurança; válvula de escape; *(there's) ~ in numbers* há mais segurança quando se faz parte de um grupo; *to play for ~* não correr riscos; jogar pelo seguro
saffian ['sæfɪən] s. marroquim curtido com sumagre e tingido com cores vivas
safflower ['sæflaʊə] s. BOTÂNICA açafroa, açafrão-bastardo
saffron ['sæfrən] Ⓐ s. 1 BOTÂNICA açafrão; 2 (cor) amarelo-açafrão Ⓑ adj. (cor) amarelo-açafrão Ⓒ v.tr. CULINÁRIA condimentar com açafrão, açafroar ❖ BOTÂNICA *~ flower* flor de açafrão; CULINÁRIA *~ rice* arroz de açafrão; *~ oil* essência de açafrão; BOTÂNICA *bastard ~* açafroa; açafrão-bastardo
safranin ['sæfrənɪn] s. QUÍMICA safranina
sag [sæɡ] Ⓐ s. 1 descaimento; 2 abatimento; 3 (corda, fio) flecha; 4 inclinação; 5 arqueamento; curvatura por falta de suporte; 6 depressão; 7 COMÉRCIO baixa; quebra de preço; descida; *there was a ~ in the price of cotton* houve uma descida no preço do algodão; 8 NÁUTICA descaimento para sotavento Ⓑ v.tr./intr. (particípios **-gg-**) 1 baixar no meio por falta de apoio; 2 vergar; formar barriga; 3 ficar bambo; inclinar-se para o lado; 4 ceder; *the pavement was sagging* o solo estava a ceder; 5 fraquejar; 6 COMÉRCIO (preço) baixar; *prices were sagging* os preços estavam a descer; 7 NÁUTICA descair para sotavento
saga ['sɑːɡə] s. LITERATURA saga
sagacious [səˈɡeɪʃəs] adj. 1 sagaz, perspicaz, arguto; 2 atilado, ajuizado; 3 inteligente; *a ~ dog* um cão inteligente
sagaciously [səˈɡeɪʃəslɪ] adv. 1 sagazmente, perspicazmente; 2 judiciosamente
sagaciousness [səˈɡeɪʃəsnəs] s. sagacidade, argúcia, inteligência, perspicácia
sagacity [səˈɡæsɪtɪ] s. ⇒ **sagaciousness**
sagamore ['sæɡəmɔː] s. sachém, chefe supremo de algumas tribos índias da América do Norte
sage [seɪdʒ] Ⓐ s. 1 (pessoa) sábio; 2 BOTÂNICA salva, salva-das-boticas, salva-dos-jardins Ⓑ adj. 1 sábio; judicioso, sensato; prudente; discreto; *a ~ advice* um conselho judicioso; 2 [arc.] grave; sério; solene ❖ *~ green* verde salva; verde acinzentado; *~ tea* infusão de salva; ZOOLOGIA *~ grouse* galo silvestre das Montanhas Rochosas; BOTÂNICA *wood ~* seixebra; salva-brava; salva-bastarda; *the Sage of Chelsea* o Sábio de Chelsea (Thomas Carlyle)
sagebrush ['seɪdʒbrʌʃ] s. BOTÂNICA artemísia ❖ [EUA] *the Sagebrush State* o estado do Nevada
sageness ['seɪdʒnəs] s. sagacidade, sageza, prudência, sabedoria
saggar ['sæɡə] s. invólucro de argila refractária ao fogo destinado ao cozimento de louça de barro
sagging ['sæɡɪŋ] Ⓐ adj. 1 curvo, descaído no meio; 2 formando barriga; 3 inclinado para o lado; 4 bambo; 5 solto, pendente; 6 COMÉRCIO (preços) a descer; 7 NÁUTICA descaindo para sotavento Ⓑ s. 1 curvatura, descaimento (de telhado, pavimento, etc.); 2 inclinação lateral; 3 flecha (de fio, corda, etc.); 4 COMÉRCIO queda, baixa (de preços); 5 NÁUTICA descaimento para sotavento
Sagitta [səˈɡɪtə, səˈdʒɪtə] s. ASTRONOMIA (constelação) Seta
sagittal ['sædʒɪtəl] adj. 1 ANATOMIA sagital; *sagittal suture* sutura sagital; 2 sagitado, semelhante a seta
sagittaria [ˌsædʒɪˈtɛərɪə] s. BOTÂNICA sagitária
Sagittarian [ˌsædʒɪˈtɛərɪən] Ⓐ s. (astrologia) sagitariano, nativo do signo Sagitário Ⓑ adj. 1 sagitariano; 2 típico do signo Sagitário
Sagittarius [ˌsædʒɪˈtɛərɪəs] s. (pl. **Sagittariuses**) ASTRONOMIA (constelação, signo) Sagitário
sagittate ['sædʒɪteɪt] adj. sagitado, em forma de ferro de seta
sagittated [ˈsædʒɪteɪtɪd] adj. ⇒ **sagittate**
sago ['seɪɡəʊ] s. BOTÂNICA sagu ❖ CULINÁRIA *~ pudding* pudim de sagu; BOTÂNICA *~ palm* sagueiro

sagoin [sə'gɔɪn] *s.* ZOOLOGIA saguim
Saguntine [sæ'gʌntaɪn] *adj.,s.* **1** saguntino; **2** relativo a Sagunto; **3** natural ou habitante de Sagunto
saha [sə'hɑː] *interj.* adeus (na ilha de Malta)
Sahara [sə'hɑːrə] *s.top.* (deserto) Sara; *the Sahara (Desert)* o deserto do Sara
Saharan [sə'hɑːrən] *adj.* ⇒ **Saharian**
Saharian [sə'hɑːrɪən] *adj.* sariano, relativo ao deserto do Sara
Saharic [sə'hɑːrɪk] *adj.* **1** saárico, sariano; **2** do Sara
sahib [sɑːb, 'sɑːhɪb] *s.* saíbe, saibo, título respeitoso dado na antiga Índia britânica aos europeus
said [sed] *prt. e part. pass. de* **to say**
sail [seɪl] Ⓐ *s.* **1** (barco, moinho, etc.) vela; *to hoist/lower a ~* içar/baixar uma vela; *to trim the sails* marear as velas; *to strike ~* amainar as velas; **2** NÁUTICA pano; *to make (more) ~* dar (mais) pano; *he bore down on them full ~* ele dirigiu-se para eles a todo o pano; **3** viagem de barco (geralmente pequena), pequena viagem marítima; *to go for a ~* ir dar um passeio num barco à vela, ir velejar um bocado; *it's four days' ~ from Southampton* são quatro dias de viagem por mar de Southampton; *a four-day ~* uma viagem (por mar) de quatro dias; **4** (barco) embarcação (à vela); navio(s); *there wasn't a ~ in sight* não se via um único navio; *a fleet of ten ~* uma esquadra de dez navios; *~ ho!* navio à vista!; **5** ASTRONOMIA (constelação) Vela; **6** [arc., poét.] asa; **7** *pl.* velame Ⓑ *v.tr.,intr.* **1** navegar à vela, velejar, singrar; navegar; vogar; *to ~ before the wind* navegar com vento de popa; *to ~ dead south* seguir (de barco) a direito para o Sul; *to ~ into harbour* entrar no porto; *to ~ round a cape* contornar um cabo; *to ~ close to the wind* navegar à bolina cerrada; **2** (barco, navio) manobrar, dirigir; **3** partir, zarpar, fazer-se à vela; encetar viagem por mar; *to ~ for/to* partir para; *he sails next week* ele parte na próxima semana; **4** atravessar; percorrer, viajar por; navegar ao longo de; *to ~ the Atlantic Ocean* atravessar o oceano Atlântico; **5** mover-se com graciosidade; caminhar com um ar de grande importância; *she sailed into the room* ela entrou cheia de importância no aposento; **6** (ave, nuvem, etc.) pairar, planar, deslocar-se lentamente no ar ❖ *~ cover* capa da vela; *~ needle* agulha de marinheiro; agulha de coser pano; *~ room* paiol das velas; *~ twine* fio de vela; *(in) full ~* a todo o pano; *to ~ against the wind* remar contra a maré; navegar contra o vento; *to ~ close to the wind* roçar pela desonestidade; ter um comportamento um tanto arriscado; *to ~ under/with false colours* mostrar-se diferente daquilo que se é; navegar com bandeira de outro país; *to set ~* fazer-se à vela; *to take in ~* diminuir as velas; limitar as suas ambições; *to take the wind out of sb's sails* apanhar alguém desprevenido (e deixá-lo sem saber o que fazer); *to trim one's sails* economizar; conter-se; cortar as despesas; *under ~* com as velas desfraldadas; numa viagem de barco; *to velejar*
◆**sail in/into** *v.tr.* **1** [fig.] iniciar (algo) com energia e confiança; atacar*fig.*, atirar-se a*fig.*; *he and his secretary sailed into the large stack of mail* ele e o secretário atacaram a grande quantidade de correspondência; **2** atacar verbalmente; censurar
◆**sail through** *v.tr.* (teste, exame, etc.) fazer com muita facilidade; passar à vontade*coloq.*
sailboat ['seɪlbəʊt] *s.* [EUA] barco à vela
sailcloth ['seɪlklɒθ] *s.* lona, pano próprio para velas
sailed [seɪld] *adj.* com vela ❖ *full-sailed* a toda a vela, a todo o pano
sailer ['seɪlə] *s.* NÁUTICA veleiro, navio à vela; *good ~* bom veleiro, veleiro rápido
sailing ['seɪlɪŋ] Ⓐ *s.* **1** (actividade, desporto) vela; **2** navegação; mareação; marcha de navio; *great circle ~* navegação ortodrómica; *Mercator ~* navegação com cartas reduzidas; *plane ~* navegação loxodrómica; **3** NÁUTICA partida, largada; *order of ~* ordem de marcha Ⓑ *adj.* **1** que navega; **2** que anda à vela, veleiro; *~ craft* pequeno barco à vela ❖ [GB] *~ boat* barco à vela; *~ direction* rota; *~ directions* instruções para a rota a seguir; *~ line* linha; serviço feito por veleiros; linha de flutuação (de navio); [EUA] *~ master* capitão de iate; *~ match* corrida à vela; regata à vela; *~ ship* veleiro
sailmaker ['seɪlmeɪkə] *s.* **1** fabricante de velas; **2** operário veleiro
sailor ['seɪlə] *s.* **1** marinheiro; marujo; **2** chapéu de palha de aba estreita ❖ *~ hat* chapéu de palha de aba estreita; (para criança) *~ suit* fatinho à marinheiro; *sailor's knot* nó de marinheiro; (raia, tubarão) *sailor's purse* cápsula córnea onde se desenvolvem os ovos; *a good/bad ~* pessoa que raramente/frequentemente enjoa no mar; [cal.] *a sailor's blessing* um palavrão; uma praga
sailoring ['seɪlərɪŋ] *s.* marinhagem, maruja ❖ [coloq.] *he went ~* ele fez-se marinheiro
sailorly ['seɪləlɪ] *adj.* próprio de marinheiro, característico de marinheiros
sailplane ['seɪlpleɪn] Ⓐ *s.* AERONÁUTICA planador Ⓑ *v.intr.* voar num planador
sailsman ['seɪlzmən] *s.* (*pl.* **-men**) capitão de veleiro
sailyard ['seɪljɑːd] *s.* NÁUTICA verga em que se estendem as velas
sain [seɪn] *v.tr.* **1** [arc.] fazer o sinal da cruz em; **2** [arc.] abençoar
sainfoin ['sænfɔɪn, 'seɪnfɔɪn] *s.* BOTÂNICA sanfeno, esparceta
saint [seɪnt] Ⓐ *adj.,s.* **1** santo; **2** santificado; sagrado; **3** canonizado Ⓑ *v.tr.* **1** canonizar; sagrar, consagrar; **2** santificar ❖ *Saint John* S. João; *saint's day* dia de um santo patrono; *All Saints' Day* Dia de Todos-os-Santos; *calendar of Saints* calendário eclesiástico; (teologia) *the Communion of Saints* a comunhão dos santos; *to try the patience of a ~* dar cabo da paciência de um santo; *young saints, old devils or sinners* muita santidade em novo vem a dar mau resultado mais tarde
Saint Bernard [sənt'bɜːnəd] *s.* ZOOLOGIA (cão) são-bernardo
sainted ['seɪntɪd] *adj.* **1** canonizado; **2** sagrado, consagrado; **3** virtuoso, piedoso ❖ [coloq.] *my ~ aunt!* meu Deus!
sainthood ['seɪnthʊd] *s.* santidade, (o) conjunto dos santos
saintliness ['seɪntlɪnəs] *s.* santidade
saintling ['seɪntlɪŋ] *s.* [irón.] santinho
saintly ['seɪntlɪ] *adj.* (*comp.* **-ier**, *superl.* **-iest**) **1** santo, de santo, próprio de santo; **2** cheio de virtude
Saint-Simonian [səntsɪ'məʊnɪən] Ⓐ *adj.,s.* sansimoniano; relativo às doutrinas de Saint-Simon Ⓑ *s.* sansimoniano
Saint-Simonianism [səntsɪ'məʊnɪənɪzəm] *s.* sansimonismo
Saint-Simonism [sənt'saɪmənɪzəm] *s.* sansimonismo
Saint-Simonist [sənt'saɪmənɪst] *s.* sansimonista
saith [seθ] [arc.] 3.ª pessoas de *to say*
saithe [seɪθ] *s.* ZOOLOGIA ⇒ **coalfish**
sajou [sə'dʒuː] *s.* ZOOLOGIA (macaco) sajum
sake [seɪk] *s.* causa; motivo; *for the ~ of* por causa de; *he did it for the ~ of his family* ele fez isso por causa da família; *he was persecuted for his opinion's ~* ele foi perseguido por causa das suas opiniões ❖ *art for art's ~* a arte pela arte; *for conscience's ~* por uma questão de consciência; *for God's sake!/for goodness' sake!* por amor de Deus!; *for his name's ~* devido ao seu nome; por consideração pelo seu nome; *for my ~* por atenção a mim; por mim; *for the ~ of the rhyme* por uma questão de rima; *for old times' ~* em recordação de velhos tempos; *for peace's ~* em favor da paz; *for the ~ of appearances* para salvar as aparências; *to argue for the ~ of arguing* discutir por discutir; discutir só pelo prazer de discutir
saké ['sɑːkɪ] *s.* saké, bebida alcoólica japonesa feita do arroz
saker ['seɪkə] *s.* **1** ZOOLOGIA sacre, espécie de falcão da Europa meridional e da Ásia; **2** sacre, antiga peça de artilharia de pequeno calibre
sakeret ['seɪkərɪt] *s.* ZOOLOGIA sacre-macho
saki ['sɑːkɪ] *s.* variedade de macaco
sakia ['sɑːkɪə] *s.* espécie de nora ou roda usada para irrigação
sal [sæl] *s.* **1** QUÍMICA sal; **2** BOTÂNICA (árvore indiana) *Shorea robusta* ❖ QUÍMICA *~ ammoniac* sal-amoníaco; sal amoniacal; cloreto de amónio; QUÍMICA *~ soda* sal-soda; carbonato de sódio comercial; QUÍMICA *~ volatile* sal volátil; carbonato de amónio
salaam [sə'lɑːm] Ⓐ *s.* **1** salama, salamo, salema, salamaleque; **2** saudação muçulmana ou indiana Ⓑ *v.tr.,intr.* **1** saudar com grande reverência; **2** fazer salema; **3** fazer salamaleques
salability [seɪlə'bɪlɪtɪ] *s.* vendibilidade
salable ['seɪləbəl] *adj.* **1** próprio para venda; **2** capaz de encontrar compradores
salacious [sə'leɪʃəs] *adj.* **1** salaz, impudico, impuro; **2** devasso, libertino
salaciously [sə'leɪʃəslɪ] *adv.* **1** impudicamente, devassamente; **2** libertinamente
salaciousness [sə'leɪʃəsnəs] *s.* **1** salacidade; **2** devassidão; **3** libertinagem

salacity [səˈlæsɪtɪ] *s.* ⇒ **salaciousness**
salad [ˈsæləd] *s.* CULINÁRIA salada; *fruit* ~ salada de frutas; *lobster* ~ salada de lagosta ❖ ~ *bowl* saladeira; [ant.] ~ *days* anos da juventude; ~ *dressing* molho para salada; ~ *oil* azeite de mesa; BOTÂNICA ~ *burnet* pimpinela; ~ *spinner* escorredor rotativo para salada
Salamanca [ˌsæləˈmæŋkə] *s.top.* Salamanca
salamander [ˈsæləmændə] *s.* 1 ZOOLOGIA (anfíbio) salamandra; 2 MITOLOGIA (espírito do fogo) salamandra; 3 (fogão) salamandra; ~ *stove* salamandra
salamandrine [ˌsæləˈmændrɪn] *adj.* salamandrino; relativo a salamandra
salami [səˈlɑːmɪ] *s.* CULINÁRIA salame
salangane [ˈsæləŋgeɪn] *s.* ZOOLOGIA salangana
salaried [ˈsælərɪd] *adj.* 1 que recebe um ordenado; 2 que não é pago ao dia ou à semana
salary [ˈsælərɪ] Ⓐ *s.* (*pl.* -**ies**) vencimento; ordenado; salário; *a teacher's* ~ o ordenado de um professor; *to draw a fixed* ~ receber um ordenado fixo Ⓑ *v.tr.* pagar ordenado ❖ ~ *bracket* escalão de rendimento; [EUA] ~ *cap* tecto salarial; ~ *earner* assalariado; ~ *increase* aumento salarial; ~ *range* leque salarial; ~ *review* revisão salarial; ~ *scale* escala salarial
sale [seɪl] *s.* 1 venda; *cash* ~ venda a dinheiro; *credit* ~ venda a crédito; *for/on* ~ à venda; *is that house for sale?* aquela casa está à venda?; *to exhibit sth for* ~ expor algo para venda; 2 leilão, hasta pública; *to put sth up for* ~ pôr algo em leilão; 3 saldo, promoção, liquidação; *spring sales* saldos da Primavera; [GB] *in the* ~ em saldo, em promoção; [EUA] *on* ~ em saldo, em promoção; 4 *pl.* vendas; volume de vendas; *sales are down this year* as vendas baixaram este ano ❖ ~ *goods* artigos de saldo; *sales analysis* análise de vendas; *sales campaign* campanha de vendas; [EUA] *sales check* recibo; *sales department* secção de vendas; *sales director* director comercial; *sales pitch* conversa de vendedor; *sales representative/rep* delegado de vendas; representante comercial; *sales resistance* recusa por parte do comprador perante a propaganda de vendas; [EUA] *sales slip* recibo; [EUA] *sales tax* imposto de transacção; imposto sobre as vendas; [GB] ~ *of work* venda de caridade
saleable [ˈseɪləbəl] *adj.* ⇒ **salable**
saleableness [ˈseɪləbəlnəs] *s.* ⇒ **salability**
Salem [ˈseɪləm] *s.* igreja, templo dos não-conformistas
salep [ˈsæləp] *s.* salepo, substância alimentar extraída dos tubérculos das orquídeas
saleratus [ˌsæləˈreɪtəs] *s.* [EUA] [arc.] bicarbonato de soda ou potássio empregue para fins culinários
Salernitan [sæˈlɜːnɪtən] *adj.,s.* 1 salernitano; 2 relativo a Salerno; 3 natural ou habitante de Salerno
saleslady [ˈseɪlzˌleɪdɪ] *s.f.* (*pl.* -**ies**) [EUA] vendedora, agente de vendas
salesman [ˈseɪlzmən] *s.m.* (*pl.* -**men**) 1 vendedor, agente de vendas; 2 [ant.] caixeiro-viajante
salesmanship [ˈseɪlzmənʃɪp] *s.* 1 arte de vender; 2 capacidade de promover vendas
salespeople [ˈseɪlzpiːpəl] *s.pl.* vendedores, agentes de vendas
salesperson [ˈseɪlzˌpɜːsən] *s.* (loja) empregado; vendedor
saleswoman [ˈseɪlzˌwʊmən] *s.f.* (*pl.* -**women**) vendedora, agente de vendas
Salian [ˈseɪlɪən] Ⓐ *adj.* sálio, sálico; relativo aos Sálios, povo franco de que descendem os Merovíngios Ⓑ *s.* sálio, membro de uma das tribos de Francos que deu origem aos Merovíngios
Salic [ˈsælɪk] *adj.* sálico ❖ HISTÓRIA *the* ~ *law* a lei sálica
Salicaceae [ˌsælɪˈkeɪsiːiː] *s.pl.* BOTÂNICA Salicáceas
salicet [ˈsælɪsɪt] *s.* MÚSICA salicional, registo de órgão aflautado e suave
salicyl [ˈsælɪsɪl] *s.* QUÍMICA salicilo
salicylate[1] [səˈlɪsɪleɪt] *v.tr.* QUÍMICA salicilar
salicylate[2] [səˈlɪsɪlɪt] *s.* QUÍMICA salicilato
salicylic [ˌsælɪˈsɪlɪk] *adj.* QUÍMICA salicílico; ~ *acid* ácido salicílico
salience [ˈseɪlɪəns] *s.* 1 ressalto, saliência; 2 ângulo saliente; 3 proeminência; 4 importância, projecção
saliency [ˈseɪlɪənsɪ] *s.* 1 importância, realce, projecção; *to give* ~ *to* realçar; 2 saliência; protuberância

salient [ˈseɪlɪənt] Ⓐ *adj.* 1 saliente; ~ *angle* ângulo saliente; 2 que forma ressalto; protuberante; 3 (interesse) pertinente; relevante; ~ *point* ponto relevante; 4 proeminente, notável; ~ *features* características notáveis; 5 que dá nas vistas; 6 (água) que jorra, jorrante Ⓑ *s.* MILITAR ângulo saliente, parte saliente em fortificação ❖ (dínamo) ~ *pole* pólo saliente; HISTÓRIA (Primeira Guerra Mundial) *the Salient* o saliente de Ypres
salientian [ˌseɪlɪˈɛntɪən] *adj.,s.* ZOOLOGIA anuro
saliently [ˈseɪlɪəntlɪ] *adv.* de modo saliente, salientemente
saliferous [səˈlɪfərəs] *adj.* GEOLOGIA salífero, saliferiano
salifiable [ˌsælɪˈfaɪəbəl] *adj.* QUÍMICA salificável
salification [ˌsælɪfɪˈkeɪʃən] *s.* salificação
saligot [ˈsælɪgɒt] *s.* BOTÂNICA tríbulo, abrolho
Salii [ˈseɪlɪaɪ] *s.pl.* Sálios, sacerdotes de Marte na antiga Roma
salina [səˈlaɪnə] *s.* salina, marinha
saline[1] [ˈseɪlaɪn] *adj.* salino; salgado; ~ *water* água salina ❖ FARMÁCIA ~ *solution* soro fisiológico
saline[2] [ˈseɪlaɪn] *s.* MEDICINA soro fisiológico
saline[3] [səˈlaɪn] *s.* ⇒ **salina**
salinity [səˈlɪnɪtɪ] *s.* salinidade
salinometer [ˌsælɪˈnɒmɪtə] *s.* salinómetro ❖ ~ *cock* torneira de salinómetro
Salisbury [ˈsɔːlzbərɪ] *s.top.* Salisbúria ❖ [EUA] CULINÁRIA ~ *steak* hambúrguer servido com molho de carne
saliva [səˈlaɪvə] *s.* saliva
salival [səˈlaɪvəl] *adj.* salival
salivary [ˈsælɪvərɪ, səˈlaɪvərɪ] *adj.* salivar ❖ ANATOMIA ~ *glands* glândulas salivares
salivate [ˈsælɪveɪt] *v.tr.,intr.* 1 provocar a produção de saliva em; 2 produzir quantidade anormal de saliva, salivar
salivation [ˌsælɪˈveɪʃən] *s.* salivação
sallenders [ˈsæləndəz] *s.pl.* malandra
sallet [ˈsælɪt] *s.* morrião, antigo capacete sem viseira
sallow [ˈsæləʊ] Ⓐ *s.* 1 variedade de salgueiro; 2 aspecto macilento, tonalidade amarelada e lívida Ⓑ *adj.* 1 pálido, amarelado, descorado; 2 macilento, com uma cor doentia, lívido Ⓒ *v.tr.,intr.* 1 empalidecer; 2 amarelecer
sallowness [ˈsæləʊnəs] *s.* 1 tom amarelado; 2 tonalidade amarelada ou lívida (do rosto)
sally [ˈsælɪ] Ⓐ *s.* (*pl.* -**ies**) 1 MILITAR surtida, investida de sitiados contra sitiantes; ataque; arremetida; *to make a* ~ fazer uma surtida; 2 gracejo, dito espirituoso; saída; aparte; ~ *of wit* dito de espírito, saída espirituosa; 3 movimento repentino para a frente; 4 começo súbito de actividade; 5 (ataque) acesso; 6 excursão; saída; expedição; 7 [GB] BOTÂNICA [dial.] salgueiro; 8 [rar.] travessura; leviandade; ~ *of youth* rapaziada; 9 [rar.] (sino) parte da corda guarnecida pela lã (para não ferir as mãos) Ⓑ *v.tr.,intr.* 1 fazer uma surtida; 2 sair a passear; ir dar um passeio; partir para uma viagem; *they sallied out into the country* partiram para um passeio ao campo; 3 brotar, jorrar; 4 [rar.] sair repentinamente; 5 NÁUTICA fazer oscilar (embarcação) correndo dum extremo a outro ❖ ~ *port* porta falsa em fortificações para permitir as surtidas contra o inimigo
◆**sally forth/out** *v.intr.* [ant.] sair (de um local), cheio de confiança
Sally [ˈsælɪ] (*dim. de* **Sarah**) Sally ❖ [GB] [coloq.] ~ *Army* Exército de Salvação; [GB] CULINÁRIA ~ *Lunn* pequeno bolo para chá, comido quente, com manteiga
salmagundi [ˌsælməˈgʌndɪ] *s.* 1 CULINÁRIA prato de carne picada, ovos, cebolas, etc., tudo misturado; 2 miscelânea, mistura, salgalhada
salmi [ˈsælmɪ] *s.* CULINÁRIA guisado, sobretudo de aves de caça
salmon [ˈsæmən] Ⓐ *s.* (*pl.* **salmon** ou **-s**) 1 ZOOLOGIA (peixe) salmão; *the river is full of* ~ o rio está cheio de salmões; 2 CULINÁRIA salmão, carne de salmão; 3 (cor) salmão; *she had a dress of a pale* ~ ela trazia um vestido cor de salmão-pálido Ⓑ *adj.* (cor) salmão ❖ ~ *ladder/leap/pass/stair* série de degraus que permitem que os salmões passem um dique; ZOOLOGIA ~ *peel* salmão novo; salmonete; (cor) ~ *pink* salmão; CULINÁRIA ~ *steak* posta frita de salmão; ZOOLOGIA ~ *trout* truta salmonada
salmonella [ˌsælməˈnɛlə] *s.* (*pl.* -**ae**) BIOLOGIA (bactéria) salmonela
salmonellosis [ˌsælmənɛˈləʊsɪs] *s.* MEDICINA salmonelose
salol [ˈsælɒl] *s.* QUÍMICA salol, nome corrente do salicilato de fenilo
Salome [səˈləʊmɪ] *s.antr.* RELIGIÃO (Bíblia) Salomé

Salomonian [sælə'məʊnɪən] *adj.* ⇒ **Salomonic**
Salomonic [sælə'mɒnɪk] *adj.* salomónico; relativo a Salomão
salon ['sælɒn] *s.* **1** sala de visitas; sala para recepções; **2** salão de beleza; **3** HISTÓRIA recepção de notabilidades; **4** salão de exposições
saloon [sə'lu:n] *s.* **1** [EUA] bar; taberna; *saloon*; **2** [GB] automóvel coberto; *sedan*, três volumes; **3** (hotel, navio, lugares públicos) salão; sala grande; sala; sala de estar; **4** [GB] (caminhos-de-ferro) carruagem-salão ❖ [GB] (pub) ~ *bar* sala mais confortável e elegante
saloop [sə'lu:p] *s.* **1** ⇒ **salep**; **2** bebida quente de salepo e sassafrás, vendida outrora em Londres como substituto do café
Salopian [sə'ləʊpɪən] *adj.,s.* **1** relativo a Shropshire; **2** natural ou habitante de Shropshire; **3** relativo à escola de Shrewsbury; **4** membro da escola de Shrewsbury
salpa ['sælpə] *s.* (*pl.* -**s** ou -**ae**) ZOOLOGIA salpa
salpae ['sælpi:] *s.* {*pl. de* **salpa**}
salpidae ['sælpɪdi:] *s.pl.* ZOOLOGIA Salpídeos, Sálpidas
salpiglossis [sælpɪ'glɒsɪs] *s.* BOTÂNICA salpingoglossa
salpingectomy [sælpɪn'dʒektəmɪ] *s.* CIRURGIA salpingectomia, ablação cirúrgica da trompa de Falópio
salpinges ['sælpɪndʒɪs] *s.* {*pl. de* **salpinx**}
salpingitis [sælpɪn'dʒaɪtɪs] *s.* MEDICINA salpingite, inflamação da trompa de Falópio
salpinx ['sælpɪŋks] *s.* (*pl.* **salpinges**) **1** ANATOMIA salpinge, trompa uterina; **2** MÚSICA salpinge, trombeta em forma de cone usada na antiga Grécia
salsa ['sælsə] *s.* **1** MÚSICA salsa; **2** CULINÁRIA (molho) salsa
salsify ['sælsɪfɪ] *s.* BOTÂNICA xersefi, barbas-de-bode
salsuginous [sæl'sju:dʒɪnəs] *adj.* salsuginoso, impregnado de sal marinho
salt [sɔ:lt, sɒlt] Ⓐ *s.* **1** CULINÁRIA sal, sal comum; *common* ~ sal comum; *kitchen* ~/*table* ~ sal de cozinha/sal de mesa; *white* ~ sal refinado; *a pinch of* ~ uma pitada de sal; **2** QUÍMICA sal; ~ *of lemon* sal oxálico; **3** [fig.] (algo que dá gosto, sabor) sal; **4** [fig.] graça, chiste, espírito; finura; malícia; *attic* ~ graça ática; *their talk was full of* ~ a conversa deles era cheia de espírito; **5** [coloq.] marinheiro experimentado, lobo-do-mar; *old* ~ velho lobo-do-mar; **6** salina; marinha; **7** *pl.* sais; *smelling salts* sais para cheirar Ⓑ *adj.* **1** salgado; com sabor a sal; **2** salgado; com sal; temperado com sal; **3** salgado, conservado em sal; ~ *provisions* mantimentos em sal; **4** salino; ~ *solution* solução salina; **5** amargo; doloroso; pungente; forte; *she wept* ~ *tears* ela chorou lágrimas amargas; **6** BOTÂNICA que cresce junto ao mar; que cresce em terrenos salinos; **7** [arc.] picante; inconveniente; indecente; ~ *stories* histórias picantes Ⓒ *v.tr.* **1** salgar; temperar com sal; deitar sal em; polvilhar com sal; **2** conservar em sal; **3** dar gosto a, dar sabor a; condimentar,fig.; **4** (minas) introduzir minério estranho para valorizar a mina; **5** [rar.] falsificar; alterar; adulterar; COMÉRCIO *to* ~ *the books* falsificar a escrita, dando entrada a receitas fictícias ❖ ~ *bath* banho salino; ~ *gauge* halómetro; GEOGRAFIA ~ *lick* terreno impregnado de sal que os animais procuram para lamber; ~ *marsh* marinha; ~ *mine* salina; mina de sal; ~ *pit* mina de sal; ~ *pond* lago (natural ou artificial) para evaporação da água do mar; [EUA] ~ *rheum* eczema; ~ *spoon* colher do sal; ~ *water* água salgada; *he is not worth his* ~ ele não vale o pão que come; ele não é digno do seu nome; *the* ~ *of the earth* o sal da terra; boa gente; pessoa comum, mas honesta e bondosa; [arc.] *to sit above the* ~ estar sentado à cabeceira da mesa; [arc.] *to sit below the* ~ estar sentado ao fundo da mesa; *to take sth with a grain/pinch of* ~ aceitar algo com reservas; não tomar algo à letra; duvidar de algo; considerar algo exagerado; dar um desconto a algo; [arc.] *true to one's* ~ fiel aos seus superiores
◆**salt away** *v.tr.* **1** salgar; **2** (dinheiro) meter ao bolso,coloq; guardar
◆**salt down** *v.tr.* salgar; conservar em sal; *to* ~ *cod* salgar bacalhau
SALT [*abrev. de* Strategic Arms Limitation Talks]
saltant ['sæltənt, 'sɔ:ltənt] *adj.* HERÁLDICA (bode, cabra, carneiro e unicórnio) saltante
saltarello [sæltə'reləʊ] *s.* (dança popular veneziana) saltarelo, saltarela
saltation [sæl'teɪʃən] *s.* **1** saltação, acto de saltar; **2** dança; **3** transição súbita ou movimento; **4** BIOLOGIA mutação
saltatorial [sæltə'tɔrɪəl] *adj.* ⇒ **saltatory**

saltatory ['sæltətrɪ] *adj.* **1** que diz respeito a saltos; **2** saltador; saltante; saltatório
saltcellar ['sɒlt,selə] *s.* **1** saleiro de mesa; **2** ANATOMIA (acima da clavícula) saboneteira,coloq.
salted ['sɒltɪd] *adj.* **1** salgado; **2** metido em sal; **3** conservado em sal; **4** temperado com sal; **5** (animal) imunizado contra doença contagiosa; **6** [coloq.] experimentado, calejado, esperto
salter ['sɒltə] *s.* **1** negociante de sal; **2** produtor de sal; **3** salineiro; **4** homem que se emprega nas salinas; **5** pessoa que salga (peixe, carne, etc.)
saltern ['sɒltən] *s.* salina, marinha
saltigrade ['sæltɪ,greɪd] *adj.,s.* **1** saltígrado, saltatriz; **2** aranha saltatriz
saltiness ['sɒltɪnəs] *s.* salinidade
salting ['sɒltɪŋ] *s.* **1** salgação, salga; **2** imunização (de animal); **3** falsificação (de contas); **4** colocação furtiva de minério numa mina para dar a impressão de muito valiosa; **5** *pl.* terrenos salgados
saltire ['sɒltaɪə] *s.* **1** HERÁLDICA santor, aspa nos brasões; **2** cruz de Santo André
saltirewise [sɒltaɪə'waɪz] *adv.* em santor
saltish ['sɒltɪʃ] *adj.* levemente salgado, um tanto salgado
saltishness ['sɒltɪʃnəs] *s.* sabor levemente salgado
saltless ['sɒltləs] *adj.* **1** sem sal; **2** sem gosto; **3** insosso, insulso; **4** insípido; **5** sem graça, sem vida
saltness ['sɒltnəs] *s.* **1** salinidade, grau de salinidade; **2** salsugem
saltpan ['sɒltpæn] *s.* **1** GEOGRAFIA depressão de salina; **2** recipiente para obtenção de sal por evaporação
saltpetre [sɒlt'pi:tə] *s.* **1** salitre; **2** QUÍMICA nitrato de potássio, nitro, azotado de potássio ❖ QUÍMICA ~ *bed* nitreira; ~ *rot* salitre nas paredes novas, húmidas; QUÍMICA *Chili* ~ nitrato-do-chile
saltshaker ['sɔ:lt,ʃeɪkə, 'sɒlt,ʃeɪkə] *s.* [EUA] saleiro
saltwater ['sɔ:lt,wɔ:tə, 'sɒlt,wɔ:tə] *adj.* **1** de água salgada; ~ *fish* peixe de água salgada; **2** com água salgada, que contém água salgada
saltworks ['sɒltwɜ:ks] *s.* salina
saltwort ['sɒltwɜ:t] *s.* BOTÂNICA soda, soda-maior, barrilha, barrilheira-gramata
salty ['sɒltɪ] *adj.* (*comp.* -**ier**, *superl.* -**iest**) **1** salgado, com sal; **2** picante; **3** malicioso, com graça, chistoso; **4** inconveniente, indecente
salubrious [sə'lu:brɪəs] *adj.* salubre; sadio, saudável, salutar; *the* ~ *air of serra da Estrela* o ar sadio da serra da Estrela
salubriously [sə'lu:brɪəslɪ] *adv.* sadiamente, saudavelmente, salutarmente
salubriousness [sə'lu:brɪəsnəs] *s.* ⇒ **salubrity**
salubrity [sə'lu:brɪtɪ] *s.* salubridade
saluki [sə'lu:kɪ] *s.* ZOOLOGIA galgo árabe, galgo persa
salutary ['sæljətrɪ, 'sæljəterɪ] *adj.* **1** útil, benéfico; **2** salutar
salutation [sæljə'teɪʃən] *s.* saudação, cumprimento; *to raise one's hat in* ~ tirar o chapéu para cumprimentar ❖ *the Angelic Salutation* a saudação angélica; a Ave-Maria
salutatory [sə'lju:tətrɪ] *adj.* de saudação
salute [sə'lu:t] Ⓐ *s.* **1** cumprimento, saudação; *answering* ~ retribuição de cumprimento/saudação; *to acknowledge a* ~ corresponder a um cumprimento/uma saudação; **2** MILITAR continência; ~ *with the sword* continência com a espada; *to beat a* ~ rufar o tambor em marcha de continência; *to stand at the* ~ estar na posição de continência; *to take the* ~ retribuir a continência; **3** (artilharia, etc.) salva; *to fire a* ~ *in honour of* disparar uma salva em honra de; **4** (esgrima) saudação com florete ao adversário; **5** beijo de saudação Ⓑ *v.tr.,intr.* **1** saudar; cumprimentar; *to* ~ *with a kiss* saudar com um beijo; *he saluted them by bowing his head* ele cumprimentou-os com uma inclinação de cabeça; **2** MILITAR fazer continência; **3** (esgrima) saudar com florete/espada; **4** receber; acolher; **5** (ouvido, vista) impressionar ❖ *to* ~ *the eye* saltar à vista; *to* ~ *the flag* fazer a saudação à bandeira; *to take the* ~ *of the troops* passar revista às tropas
saluter [sə'lu:tə] *s.* pessoa que saúda, pessoa que cumprimenta, cumprimentador
saluting [sə'lu:tɪŋ] *s.* saudação; ~ *of the colours* saudação à bandeira

salvability [sælvə'bɪlɪtɪ] s. possibilidade de salvação
salvable ['sælvəbəl] adj. [form.] que pode salvar-se, que pode ser salvo
salvableness ['sælvəbəlnəs] s. ⇒ salvability
salvage ['sælvɪdʒ] Ⓐ v.tr. **1** (incêndio, naufrágio, etc.) salvar; resgatar; **2** salvar; recuperar; aproveitar Ⓑ s. **1** salvamento; resgate; recuperação de objectos; **2** salvados, coisas recuperadas; **3** (recompensa) salvádego; **4** objecto recuperado, objecto aproveitado; **5** lucros da venda de objectos salvos ❖ ~ **bond** contrato de salvamento; ~ **corps** corpo de salvação; corpo de resgate; ~ **logging** abate de árvores mortas ou doentes (para beneficiar uma floresta); ~ **operation** operação de resgate; trabalhos de salvamento; NÁUTICA ~ **plant** aparelhagem de desencalhe; ~ **tug** rebocador de salvamento
salvager ['sælvədʒə] s. aquele que salva ou recupera mercadorias (de incêndio, naufrágio, etc.)
salvaging ['sælvɪdʒɪŋ] s. **1** salvamento; resgate; **2** recuperação
salvarsan ['sælvəsən] s. salvarsan, designação comercial do arsenobenzol
salvation [sæl'veɪʃən] s. **1** salvação; *there is no hope of* ~ não há esperança de salvação; *to work out one's* ~ trabalhar para a própria salvação; **2** salvação da alma, redenção; **3** segurança, libertação de perigo ❖ (fomento do sentimento religioso) *Salvation Army* Exército de Salvação
salvationism [sæl'veɪʃənɪzəm] s. **1** salvacionismo; **2** princípios e doutrinas do Exército de Salvação; **3** movimento preconizado pelo Exército de Salvação
salvationist [sæl'veɪʃənɪst] s. **1** salvacionista; **2** membro do Exército de Salvação
salve[1] [sɑːv, sælv] Ⓐ s. **1** unguento, pomada; **2** emplastro; **3** (remédio) bálsamo; lenitivo; calmante Ⓑ v.tr. **1** acalmar, mitigar, suavizar, aliviar; **2** harmonizar; apaziguar; tranquilizar; **3** (honra) vingar; **4** salvar; **5** [arc.] untar com unguento/pomada ❖ [GB] *lip* ~ bâton de cieiro
salve[2] [sælv] v.tr. ⇒ salvage Ⓐ
Salve ['sælviː] s. RELIGIÃO salve-rainha
salver ['sælvə] s. salva (de prata ou outro metal)
salving ['sælvɪŋ] s. salvamento
salvo ['sælvəʊ] s. (pl. **-es** ou **-s**) **1** (artilharia, palmas) salva; *a* ~ *of applause* uma salva de palmas; **2** MILITAR (bombas) descarga; **3** [rar.] (direitos) reserva, cláusula, ressalva; *with an express* ~ *of* com reserva expressa de; **4** [rar.] restrição mental; **5** [rar.] evasiva, desculpa mal forjada, subterfúgio; **6** [rar.] expediente para salvar a reputação; meio para aplacar a consciência
salvor ['sælvə] s. salvador, indivíduo ou navio que auxilia no salvamento de naufrágio
Salzburg [sæltsbɜːg, 'sɑːltsbɜːg] s.top. Salzburgo
Sam [sæm] {dim. de **Samuel**} Sam ❖ MILITAR ~ *Browne (belt)* cinturão e talabarte de oficial; [EUA] [cal.] (eufemismo) ~ *Hill* inferno; [coloq.] *uncle* ~ os Americanos; os Estados Unidos; *to stand* ~ pagar a despesa (sobretudo de bebidas); *upon my* ~ palavra de honra
samara [sə'mɑːrə] s. BOTÂNICA sâmara
Samaria [sə'meərɪə] s.top. RELIGIÃO (Bíblia) Samaria
Samaritan [sə'mærɪtən] adj.,s. samaritano ❖ *the good* ~ o bom samaritano
samarium [sə'meərɪəm] s. QUÍMICA (elemento químico) samário
samba ['sæmbə] s. MÚSICA samba
sambar ['sæmbə] s. ⇒ sambur
sambo ['sæmbəʊ] s. (pl. **-s** ou **-es**) **1** (ofensivo) zambo, mulato, mestiço; **2** (ofensivo) negro, preto
sambuca [sæm'bjuːkə] s. MÚSICA sambuca
sambur ['sæmbə] s. ZOOLOGIA sambur, espécie de veado da Índia
same [seɪm] Ⓐ adj. **1** mesmo; *in the* ~ *way* da mesma maneira, do mesmo modo; *of the* ~ *kind* da mesma espécie; *she put the book on the* ~ *place where I had left it* ela pôs o livro no mesmo sítio em que eu o tinha deixado; *to go in the* ~ *direction* ir na mesma direcção; **2** mesmo; igual, idêntico; semelhante, similar; *it's the* ~ *thing everywhere* é igual em toda a parte; *these difficulties are of the* ~ *nature as those we met with before* estas dificuldades são idênticas às que se nos depararam antes; **3** inalterado, invariável, inalterável; **4** já mencionado, supracitado Ⓑ pron. **1** *the* ~ o mesmo; *just the* ~ precisamente o mesmo; *he still looks the* ~ ainda parece o mesmo, ele tem o mesmo aspecto, não mudou nada; *he is just the* ~ *as before* ele é o mesmo que era dantes, ele é como era dantes; *I wouldn't do the* ~ *again* eu não voltaria a fazer o mesmo; *that is much about the* ~ isso é sensivelmente a mesma coisa; *they are all the* ~ são todos o mesmo, são todos iguais; **2** COMÉRCIO o artigo já referido; *please return the* ~ *by return of post* é favor devolver o referido artigo na volta do correio Ⓒ adv. igualmente; *the* ~ do mesmo modo, da mesma maneira; *I treat you the* ~ trato-vos do mesmo modo ❖ [coloq.] (pedir bebida) ~ *again* (outra vez) o mesmo; [coloq.] ~ *difference* vai dar ao mesmo; é a mesma coisa; [coloq.] ~ *here* também acho; eu também; *all/just the* ~ mesmo assim; ainda assim; *(and the)* ~ *to you!* igualmente!; *at the* ~ *time* ao mesmo tempo; todavia; *by the* ~ *token* pelo mesmo motivo; pela mesma ordem de ideias; seguindo o mesmo raciocínio; além do mais; *it's all the* ~ *to me* para mim é o mesmo; tanto faz; é-me indiferente; [coloq.] *it's the* ~ *old story* é sempre a mesma história; é a história do costume; *more of the* ~ mais do mesmo; *one and the* ~ exactamente o mesmo; um só; *one and the* ~ *thing* exactamente a mesma coisa; uma e a mesma coisa; *the* ~ *as sb* tal como alguém; *the* ~ *goes to sth/sb* o mesmo se aplica a algo/alguém; *the very* ~ exactamente o mesmo; o mesmíssimo; o próprio; *to be in the* ~ *boat* estar no mesmo barco; *to come/amount to the* ~ *thing* ir dar ao mesmo; *under the* ~ *roof* debaixo do mesmo tecto
samel ['sæməl] adj. (tijolo) mal cozido
sameliness ['seɪmlɪnəs] s. [coloq.] monotonia
sameness ['seɪmnəs] s. **1** monotonia, uniformidade; **2** identidade, igualdade, semelhança
same-sex [,seɪm'seks] adj. entre pessoas do mesmo sexo, com pessoas do mesmo sexo; homossexual; ~ *marriage* casamento entre pessoas do mesmo sexo
Samian ['seɪmɪən] adj.,s. **1** samiano, sâmico; **2** relativo a Samos; **3** natural ou habitante de Samos
samisen ['sæmɪsen] s. MÚSICA espécie de guitarra oriental
samite ['sæmaɪt, 'seɪmaɪt] s. (tecido de seda antigo e rico) samito
samlet ['sæmlɪt] s. salmoneta, salmão novo e pequeno
Sammy ['sæmɪ] dim. de **Samuel**
Samnite ['sæmnaɪt] adj.,s. **1** samnita, sâmnio, samnite; **2** relativo a Sâmnio; **3** natural ou habitante de Sâmnio
Samoa [sə'məʊə] s.top. Samoa
Samoan [sə'məʊən] Ⓐ adj. samoano; relativo ao arquipélago de Samoa Ⓑ s. samoano, natural ou habitante de Samoa
samosa [sə'məʊsə] s. CULINÁRIA (cozinha indiana) chamuça, pastel de carne ou legumes
Samosatenian [,sæməsæ'tiːnɪən] adj.,s. **1** samosatiano; **2** herege que seguia a doutrina de Paulo de Samosata
Samothracian [,sæmə'θreɪsɪən] adj.,s. **1** samotrácio; **2** relativo a Samotrácia; **3** natural ou habitante de Samotrácia
samovar ['sæməvɑː] s. samovar
Samoyed ['sæmɔɪed] Ⓐ adj. samoiedo Ⓑ s. (língua, pessoa) samoiedo
Samoyede [sæmɔɪ'iːd] s. ⇒ **Samoyed**
Samoyedic [sæmɔɪ'edɪk] adj. samoiédico

samp [sɑːmp] s. [EUA] farinha grossa, farinha milha mal moída
sampan ['sæmpæn] s. NÁUTICA sampana, embarcação de carga e passageiros em uso no Extremo Oriente
samphire ['sæmfaɪə] s. **1** BOTÂNICA perrexil-do-mar, funcho-marítimo; **2** salicórnia
sample ['sɑːmpəl] Ⓐ s. **1** amostra; ~ *of no value* amostra sem valor; *free* ~ amostra gratuita; *not up to* ~ de qualidade diferente da amostra; *picked* ~ amostra escolhida; *up to* ~ de qualidade igual à amostra; **2** [fig.] exemplo; **3** espécie; **4** MÚSICA (mistura) *sample* Ⓑ v.tr. **1** provar; experimentar; **2** (opinião) sondar; **3** apresentar amostra(s) de; dar uma amostra de; **4** tirar amostra(s) de; **5** MÚSICA misturar (músicas já existentes para criar uma nova) ❖ ~ *area* área de ensaios; campo experimental (em agricultura); COMÉRCIO ~ *book* colecção de amostras; ~ *card* cartão de amostra; COMÉRCIO *representative* ~ amostra-tipo; *to take a blood* ~ tirar sangue (para análise)
sampler ['sɑːmplə] s. **1** provador; **2** verificador de amostras; **3** modelo, padrão; **4** MÚSICA *sampler*, misturador; **5** bordado feito para mostrar a capacidade do seu autor, e geralmente

sampling

exibido depois como quadro; **6** árvore nova que se deixa ficar depois de se cortarem todas as outras

sampling ['sɑːmplɪŋ] *s.* **1** amostragem; *random* ~ amostragem aleatória; **2** amostra ❖ *~ error* erro de amostragem; *~ inspection* verificação de amostras

Samson ['sæmsən] *s.antr.* RELIGIÃO (Bíblia) Sansão ❖ NÁUTICA *Samson's post* pés-de-carneiro das escotilhas

Samuel ['sæmjʋəl] *s.antr.* RELIGIÃO (Bíblia) Samuel

samurai ['sæmʋraɪ] *s.* (*pl.* **samurai**) samurai

san [sæn] *s.* [coloq.] (escola) enfermaria

sanative ['sænətɪv] *adj.* **1** curativo, sanativo, salutar; **2** a caminho da saúde física ou moral

sanatoria [sænəˈtɔːrɪə] *s.* {*pl. de* **sanatorium**}

sanatorium [sænəˈtɔːrɪəm] *s.* (*pl.* **-ia**) **1** sanatório; **2** estabelecimento hospitalar para tratamento de doentes, convalescentes e tuberculosos; **3** lugar com bom clima frequentado por pessoas doentes

sanatory ['sænətrɪ] *adj.* ⇒ **sanative**

sanbenito [sænbɪˈniːtəʋ] *s.* **1** sambenito, hábito negro em forma de saco vestido por heréticos condenados a morrer em auto-de-fé; **2** hábito amarelo, com a cruz de Santo André, vestido a heréticos pela Inquisição espanhola

Sancho ['sæntʃəʋ] *s.antr.* Sancho ❖ LITERATURA *~ Panza* Sancho Pança

sanctification [sæŋktɪfɪˈkeɪʃən] *s.* santificação

sanctified ['sæŋktɪfaɪd] *adj.* **1** santificado; **2** consagrado

sanctifier ['sæŋktɪfaɪə] *s.* santificador

sanctify ['sæŋktɪfaɪ] *v.tr.* **1** santificar; **2** consagrar ❖ *the end sanctifies the means* os fins justificam os meios

sanctifying ['sæŋktɪfaɪɪŋ] Ⓐ *adj.* santificante Ⓑ *s.* santificação

sanctimonious [sæŋktɪˈməʋnɪəs] *adj.* santimonial, hipócrita, beato, fingido

sanctimoniously [sæŋktɪˈməʋnɪəslɪ] *adv.* **1** hipocritamente; **2** com falsos ares de santidade, de santarrão

sanctimoniousness [sæŋktɪˈməʋnɪəsnəs] *s.* **1** santimónia, falsa santidade; beatice; **2** hipocrisia

sanctimony ['sæŋktɪmənɪ] *s.* ⇒ **sanctimoniousness**

sanction ['sæŋkʃən] Ⓐ *s.* **1** (aprovação, confirmação) sanção; *~ by usage* sanção conferida pelo uso; *with the ~ of* com a sanção de; **2** ratificação; **3** (penalidade) sanção [**against**, contra]; *vindicatory ~* sanção penal; *to apply sanctions against* aplicar sanções contra; **4** recompensa; **5** decreto, lei, edicto Ⓑ *v.tr.* **1** sancionar; **2** aprovar, confirmar, ratificar; **3** autorizar; **4** DIREITO (lei) ligar sanções/recompensas a ❖ *sanctions buster* Estado que não cumpre sanções internacionais combinadas; *remuneratory ~* recompensa; HISTÓRIA *the Pragmatic Sanction* a Pragmática Sanção

sanctioned ['sæŋkʃənt] *adj.* **1** sancionado; **2** ratificado; **3** autorizado

sanctioneer [sæŋkʃəˈnɪə] *s.* partidário de sanções

sanctity ['sæŋktɪtɪ] *s.* (*pl.* **-ies**) **1** santidade; *the sanctities of the home* a santidade do lar; **2** carácter sagrado; carácter venerável; **3** inviolabilidade; **4** obrigações sagradas; sentimentos sagrados

sanctuary ['sæŋktjʋərɪ] *s.* (*pl.* **-ies**) **1** RELIGIÃO (templo) santuário; lugar sagrado; **2** RELIGIÃO sacrário; tabernáculo; **3** (protecção) asilo; refúgio; abrigo; *to seek ~* procurar refúgio; **4** POLÍTICA imunidade; asilo; *right of ~* direito de asilo; *to break ~* violar um asilo; **5** (animais) reserva natural ❖ *to take ~* refugiar-se

sanctum ['sæŋktəm] *s.* **1** lugar sagrado; **2** sacrário; **3** aposento privado, gabinete de estudo

Sanctus ['sæŋktəs] *s.* RELIGIÃO sanctus, cântico que se segue ao prefácio da missa

sand [sænd] Ⓐ *s.* **1** areia; **2** [EUA] [ant.] garra; coragem; determinação; *he has got plenty of ~* ele é uma pessoa cheia de garra; **3** *pl.* areias; areais; praia; *the children were playing on the sands* as crianças andavam a brincar na praia Ⓑ *v.tr.,intr.* **1** cobrir de areia; deitar areia em; **2** lixar, esfregar com lixa; **3** limpar com areia; esfregar com areia; arear; **4** juntar areia a; **5** adulterar, misturando areia; **6** (foz de rio, porto) assorear, obstruir-se com areia; arear ❖ *~ bath* banho de areia; *~ bed* camada de areia; estrato de areia; *~ casting* fundição em moldes de areia; VETERINÁRIA (cavalo) *~ crack* fenda no casco; *~ drift* areia movediça; areia levada pelo vento; ZOOLOGIA *~ eel* enguia-da-areia; ZOOLOGIA *~ flea* tunga; nígua; pulga-do-mar; ZOOLOGIA *~ fly* mosquito flebotomídeo; ZOOLOGIA *~ hopper* pulga-do-mar; ZOOLOGIA *~ martin* andorinha-das-barreiras; (tempestade) *~ spout* tromba de areia; *as numerous as the sands on the seashore* tantos como grãos de areia; *the sands of time are running out* o prazo está a acabar; está quase no fim; resta pouco tempo; (projecto, etc.) *to be built on ~* não ter bases sólidas; *to bury one's head in the ~* enterrar a cabeça na areia

◆**sand down** *v.tr.* lixar, esfregar com lixa

sandal ['sændəl] Ⓐ *s.* **1** sandália; **2** fita de sandália, correia de sandália; **3** BOTÂNICA ⇒ **sandalwood** Ⓑ *v.tr.* (*particípios*: **-ll-**) calçar sandálias a

sandalled ['sændəld] *adj.* com sandálias, calçado com sandálias

sandalwood ['sændəlwʋd] Ⓐ *s.* sândalo, madeira de sândalo, pau-sândalo; *red ~* sândalo vermelho; *white ~* sândalo branco; *yellow ~* sândalo citrino Ⓑ *adj.* de sândalo; *~ oil* óleo de sândalo

sandarac ['sændəræk] *s.* sandáraca; rosalgar ❖ BOTÂNICA *~ tree* sandáraca; tuia-da-argélia

sandbag ['sændbæg] Ⓐ *s.* **1** saco de areia usado em fortificações temporárias ou como lastro; **2** saco de areia fino e comprido para impedir correntes de ar de frinchas de portas ou janelas, etc.; **3** saco comprido e esguio com areia, usado por criminosos como arma de ataque Ⓑ *v.tr.* (*particípios*: **-gg-**) **1** proteger com sacos de areia; **2** agredir com saco de areia

sandbank ['sændbæŋk] *s.* banco de areia; baixio

sandbar ['sændbɑː] *s.* (foz de rio, porto) banco de areia

sandblast ['sændblɑːst] Ⓐ *s.* **1** jacto de areia sob pressão; **2** máquina para jacto de areia Ⓑ *v.tr.* **1** limpar com jacto de areia; **2** submeter a jacto de areia

sandblaster ['sændblɑːstə] *s.* aparelho de limpar com jacto de areia sob pressão

sandblasting ['sændblɑːstɪŋ] *s.* limpeza com jacto de areia sob pressão

sandbox ['sændbɒks] *s.* (local de brincadeira) caixa de areia ❖ BOTÂNICA (árvore tropical) *~ tree* catatuá; assacu

sandboy ['sændbɔɪ] *s.* [arc.] rapaz que vende areia ❖ [GB] *as happy/jolly as a ~* todo contente; extremamente alegre

sandcastle ['sændˌkɑːsl] *s.* castelo de areia

sanded ['sændɪd] *adj.* **1** com areia; **2** coberto de areia; **3** areado, limpo com areia; **4** adulterado com areia misturada

sander ['sændə] *s.* máquina de lixar, lixadeira mecânica

sanderling ['sændəlɪŋ] *s.* ZOOLOGIA sanderlingo, pirlito, pirlito

sandglass ['sændglɑːs] *s.* relógio de areia, ampulheta

sandhill ['sændhɪl] *s.* duna

Sandhurst ['sændhɜːst] *s.* a Real Academia Militar de Sandhurst, para cadetes do exército

sandiness ['sændɪnəs] *s.* arenosidade

sanding ['sændɪŋ] *s.* **1** areamento; limpeza esfregando com areia; **2** (rio, porto) assoreamento; **3** cobertura com areia

sandiver ['sændɪvə] *s.* substância salina e aquosa que se produz no fabrico do vidro

sandman ['sændmən] *s.* [coloq.] joão-pestana

sandpaper ['sændpeɪpə] Ⓐ *s.* **1** lixa; papel de lixa; **2** lixa de vidraceiro Ⓑ *v.tr.* lixar, passar com lixa ❖ NÁUTICA *to ~ the anchor* fazer trabalho totalmente inútil

sandpapering ['sændpeɪpərɪŋ] *s.* acto de lixar, acto de passar com lixa

sandpiper ['sændpaɪpə] *s.* ZOOLOGIA borrelho, maçarico; variedade de aves que se encontram em terrenos arenosos húmidos

sandpit ['sændpɪt] *s.* **1** [GB] (local de brincadeira) caixa de areia; **2** saibreira; local onde se extrai areia

sandstone ['sændstəʋn] *s.* grés, arenito

sandstorm ['sændstɔːm] *s.* tempestade de areia

sandwich ['sænwɪdʒ, 'sænwɪtʃ, 'sændwɪtʃ] Ⓐ *s.* (*pl.* **-es**) **1** CULINÁRIA sanduíche, sande; *cheese ~* sande de queijo; **2** [GB] CULINÁRIA bolo de duas camadas; *~ cake* bolo de recheio, bolo de duas camadas Ⓑ *v.tr.* ensanduichar; meter [**between**, entre]; encaixar [**between**, em] ❖ *~ board* cartazes publicitários pendurados nos ombros (um à frente e o outro atrás); (corrida de barcos) *~ boat* barco que, no mesmo dia, corre em último lugar numa prova e em primeiro noutra; [GB] (ensino) *~ course* curso em que se alternam aulas práticas e teóricas; (com cartazes publicitários) *~ man* homem-sanduíche; *open ~* canapé

sandwort ['sændwɜ:t] s. BOTÂNICA arenária
sandy ['sændɪ] adj. (comp. **-ier**, superl. **-iest**) **1** arenoso, areento, como areia; **2** coberto de areia; **3** da cor da areia; **4** (cabelo) ruivo
Sandy ['sændɪ] s. [coloq.] escocês
sane [seɪn] adj. **1** são, são de espírito; **2** sensato, razoável; *~ mind* espírito sensato
sanely ['seɪnlɪ] adv. sensatamente, com sensatez
San Francisco [ˌsænfrən'sɪskəʊ] s.top. São Francisco
sang [sæŋ] prt. de **to sing**
sanga ['sæŋɡə] s. parapeito de pedra usado, como defesa, por tribos indianas das montanhas
sangar ['sæŋɡə] s. parapeito de pedra usado, como defesa, por tribos indianas das montanhas
sangaree [ˌsæŋɡə'ri:] s. (bebida) sangria
sang-froid [sɑ̃:ŋ'frwɑ:] s. sangue-frio
Sangrail [sæŋ'ɡreɪl] s. Santo Graal
Sangreal [sæŋ'ɡreɪl] s. Santo Graal
sanguification [ˌsæŋɡwɪfɪ'keɪʃən] s. sanguificação, formação de sangue, transformação dos alimentos em sangue
sanguinarily ['sæŋɡwɪnərɪlɪ, ˌsæŋɡwɪnerɪlɪ] adv. sanguinariamente, de maneira sanguinária
sanguinary ['sæŋɡwɪnərɪ, 'sæŋɡwɪnerɪ] adj. **1** sanguinário, sanguinolento; **2** sangrento; mortífero; atroz; *a ~ battle* uma batalha sangrenta; **3** (lei) feroz, que causa muitas mortes
sanguine ['sæŋɡwɪn] Ⓐ adj. **1** confiante, esperançoso, optimista [**about**, em relação a]; *to be of a ~ disposition* ser optimista por natureza; *to feel ~ about sth* sentir-se confiante em relação a algo; **2** cor de sangue; sanguíneo; de um vermelho intenso; **3** [arc.] Ⓑ s. (material, lápis, desenho) sanguínea ❖ [arc.] *~ rain* chuva de sangue; [rar.] *~ slaughter* carnificina sangrenta
sanguinely ['sæŋɡwɪnlɪ] adv. **1** esperançosamente; **2** com confiança; **3** com optimismo
sanguineness ['sæŋɡwɪnɪs] s. esperança, confiança, optimismo
sanguineous [sæŋ'ɡwɪnɪəs] adj. **1** sanguíneo; **2** da cor do sangue; **3** raiado de sangue; **4** sanguinolento; **5** forte, pletórico de energia
sanguinolent [sæŋ'ɡwɪnələnt] adj. **1** sanguinolento; **2** raiado de sangue
sanhedrim ['sænɪdrɪm] s. sinédrio, sinedrim, supremo tribunal de 71 membros na antiga Jerusalém
sanicle ['sænɪkəl] s. BOTÂNICA sanícula
sanidine ['sænɪdɪn] s. MINERALOGIA sanidina
sanies ['seɪnɪi:z] s. MEDICINA sânie
sanify ['sænɪfaɪ] v.tr. **1** sanear; **2** melhorar as condições sanitárias de; **3** tornar saudável
sanious ['seɪnɪəs] adj. **1** MEDICINA sanioso; **2** da natureza da sânie; **3** purulento
sanitarian [ˌsænɪ'teərɪən] Ⓐ adj. sanitário Ⓑ s. higienista
sanitarianism [ˌsænɪ'teərɪənɪzəm] s. higiene, sistema dos higienistas
sanitarium [ˌsænɪ'teərɪəm] s. [EUA] ⇒ **sanatorium**
sanitary ['sænɪtərɪ, 'sænɪterɪ] adj. **1** sanitário; de higiene; *~ care* cuidados sanitários; *the ~ authorities* as autoridades sanitárias; **2** higiénico; **3** limpo ❖ *~ commission* comissão de higiene pública; *~ cordon* cordão sanitário; *~ engineer* engenheiro de serviços sanitários; *~ fittings* mobiliário de banho; *~ inspector* inspector de saúde pública; [ant.] *~ landfill* aterro sanitário; [EUA] *~ napkin* penso higiénico; *~ pad* penso higiénico; *~ piping* canalização para serviços sanitários; [GB] *~ towel* penso higiénico
sanitation [ˌsænɪ'teɪʃən] s. **1** instalações sanitárias; **2** saneamento; **3** higiene pública; **4** condições sanitárias; *improving of the ~ of a town* melhoria das condições sanitárias duma cidade ❖ [EUA] *~ man/worker* homem do lixo
sanity ['sænɪtɪ] s. **1** saúde mental; **2** equilíbrio mental, bom senso; **3** moderação
sanjak ['sændʒæk] s. sanjaque, divisão administrativa turca
sank [sæŋk] prt. de **to sink**
San Marinese [ˌsænˌmærɪ'ni:z] Ⓐ adj. de San Marino Ⓑ s. habitante ou natural de San Marino
San Marino [ˌsænmə'ri:nəʊ] s.top. São Marinho
sans [sænz] prep. [arc., lit., joc.] sem; *~ teeth, ~ eyes, ~ taste, ~ everything* sem dentes, sem olhos, sem gosto, sem coisa nenhuma

Sans. [abrev. de Sanscrit]
Sanscrit ['sænskrɪt] adj.,s. ⇒ **Sanskrit**
sansculotte ['sænzkjəlɒt] s. HISTÓRIA (Revolução Francesa) *sans-culotte*, revolucionário que tinha substituído os calções por calças grosseiras
sansculottism [ˌsænzkjə'lɒtɪzəm] s. HISTÓRIA *sans-culotismo*, sistema ou época dos revolucionários da Revolução Francesa
sansculottist [ˌsænzkjə'lɒtɪst] s. partidário das doutrinas ou processos do *sans-culotismo*
sansevieria [ˌsænsə'vɪərɪə] s. BOTÂNICA sanseviéria
Sanskrit ['sænskrɪt] Ⓐ adj. sânscrito Ⓑ s. (língua) sânscrito
Sanskritic [sæns'krɪtɪk] adj. sanscrítico
Sanskritist ['sænskrɪtɪst] s. sanscritista
Santa ['sæntə] s. [coloq.] Pai Natal
Santa Claus ['sæntəklɔ:z] s. Pai Natal
santal ['sæntəl] s. sândalo, madeira de sândalo
Santo Domingo [ˌsæntədəʊ'mɪŋɡəʊ] s.top. São Domingos, capital da República Dominicana
santolina [ˌsæntəʊ'li:nə] s. BOTÂNICA santolina
santon ['sæntɒn] s. **1** santão; **2** religioso e asceta muçulmano
santonic [sæn'tɒnɪk] adj. QUÍMICA santónico, santonínico
santonica [sæn'tɒnɪkə] s. BOTÂNICA santónica, santonina, planta vermífuga da família das Asteráceas
santonin ['sæntɒnɪn] s. QUÍMICA santonina
Saorstat Eireann [ˌseɪɒstət'eərən] s. o Estado Livre da Irlanda, a República da Irlanda
sap [sæp] Ⓐ s. **1** BOTÂNICA seiva; **2** suco; fluido vital; BOTÂNICA *cell ~* suco celular; **3** [fig.] seiva; vitalidade, vigor; energia; *the ~ of youth* a energia da juventude, o vigor da juventude; *to feel the ~ rising* sentir-se a ficar cheio de energia; **4** [EUA] [cal.] estúpido; simplório; trouxa; **5** BOTÂNICA alburno, entrecasco; **6** MILITAR trincheira para cobrir a aproximação dos atacantes; **7** (arma) moca Ⓑ v.tr.,intr. (particípios: **-pp-**) **1** extrair a seiva de; **2** exaurir, esgotar; enfraquecer; destruir o vigor de; *his energy had been sapped by...* estava com pouca energia por causa de; **3** MILITAR abrir trincheiras, fazer trabalho de sapa; **4** MILITAR aproximar-se, abrindo trincheiras; **5** derrubar com uma moca; dar mocadas em; **6** minar; destruir os alicerces de; *the wall of the town was sapped by the enemy* o muro da cidade foi minado pelo inimigo; **7** [fig.] abalar; *science was sapping old beliefs* a ciência estava a abalar velhas crenças; **8** [fig.] destruir insidiosamente; realizar trabalho de sapa ❖ *~ green* pigmento verde extraído do fruto do catapereiro ou escambroeiro; MILITAR *~ roller* gabião grande que cobre a extremidade de trincheira ou mina mais próxima do inimigo
sapajou ['sæpədʒu:] s. ZOOLOGIA sapaju, pequeno macaco-americano
sapanwood ['sæpənwʊd] s. sapão, madeira da Ásia tropical empregada em tinturaria
sapeke [sə'pi:k] s. (numismática) sapeca
saphead ['sæphed] s. [coloq.] pateta, palerma, simplório
sapheaded ['sæpˌhedɪd] adj. **1** palerma, simplório; **2** estúpido
saphena [sæ'fi:nə] s. ANATOMIA safena
sapid ['sæpɪd] adj. **1** sápido, saboroso, com bom paladar; **2** interessante, não desenxabido
sapidity [sæ'pɪdɪtɪ] s. sabor, gosto
sapience ['seɪpɪəns] s. **1** [irón.] sapiência, sabedoria, sagacidade; **2** falsa sabedoria, sagacidade aparente
sapient ['seɪpɪənt] adj. **1** [irón.] sapiente, sábio, sagaz; **2** [coloq.] que arma à sapiência
sapiential [ˌseɪpɪ'enʃəl] adj. sapiencial ❖ RELIGIÃO (Bíblia) *the ~ books* os sapienciais; os livros sapienciais
sapiently ['seɪpɪəntlɪ] adv. **1** [irón.] sapientemente, sagazmente; **2** exibindo uma falsa sagacidade
Sapindaceae [ˌsæpɪn'deɪsɪi:] s.pl. BOTÂNICA Sapindáceas
sapindaceous [ˌsæpɪn'deɪʃəs] adj. BOTÂNICA sapindáceo
sapless ['sæpləs] adj. **1** sem seiva, seco; **2** sem energia, sem vigor; **3** insípido, banal, trivial; **4** estéril, improdutivo
sapling ['sæplɪŋ] s. **1** árvore jovem; **2** [fig., lit.] rapaz, adolescente, jovem; **3** galgo até um ano de idade
sapodilla [ˌsæpə'dɪlə] s. BOTÂNICA (árvore, fruto) sapoti, sapotizeiro, sapotilha
saponaceous [ˌsæpəʊ'neɪʃəs] adj. **1** saponáceo, da natureza do sabão; **2** que contém sabão

saponaria [sæpəʊˈneərɪə] s. BOTÂNICA saponária, saboeira
saponifiable [səˌpɒnɪˈfaɪəbəl] adj. saponificável
saponification [səˌpɒnɪfɪˈkeɪʃən] s. saponificação ❖ ~ *agent* agente de saponificação
saponified [səˈpɒnɪfaɪd] adj. saponificado; ~ *cellulose acetate* acetato de celulose saponificado
saponify [səˈpɒnɪfaɪ] v.tr.,intr. saponificar, saponificar-se
saponin [ˈsæpənɪn] s. QUÍMICA saponina
saponite [ˈsæpənaɪt] s. MINERALOGIA saponite
sapor [ˈseɪpɔː, ˈseɪpə] s. 1 gosto, sensação do gosto; 2 sabor
sapper [ˈsæpə] s. 1 MILITAR sapador; 2 (escola) estudante muito aplicado; 3 indivíduo que extrai a seiva ou o entrecasco das plantas
Sapphic [ˈsæfɪk] adj. sáfico; relativo a Safo ❖ LITERATURA ~ *stanza* estrofe sáfica; LITERATURA ~ *verse* verso sáfico; ~ *vice* safismo
Sapphics [ˈsæfɪks] s.pl. LITERATURA versos sáficos
Sapphira [səˈfaɪərə] s.antr. RELIGIÃO (Bíblia) Safira, mulher de Ananias
sapphire [ˈsæfaɪə] Ⓐ s. 1 MINERALOGIA (pedra preciosa) safira; 2 MINERALOGIA corundo, corindo; 3 (cor) safira, azul-safira; 4 ZOOLOGIA (espécie) beija-flor Ⓑ adj. 1 azul-safira; da cor da safira; 2 de safira(s); ~ *ring* anel de safira
sapphirine [ˈsæfɪraɪn] Ⓐ adj. safírico, safirino Ⓑ s. MINERALOGIA safirina
Sapphism [ˈsæfɪzəm] s. safismo
Sappho [ˈsæfəʊ] s.antr. LITERATURA Safo
sappiness [ˈsæpɪnəs] s. 1 abundância de seiva; 2 suculência; 3 [fig.] energia, dinamismo; 4 [fig.] falta de experiência; 5 [cal.] estupidez
sappy [ˈsæpɪ] adj. (comp. **-ier**, superl. **-iest**) 1 cheio de seiva, viçoso; 2 suculento; 3 cheio de energia, dinâmico; 4 [fig.] sem experiência; 5 [cal.] estúpido
sapraemia [sæˈpriːmɪə] s. MEDICINA sapremia
sapraemic [sæˈpriːmɪk] adj. MEDICINA saprémico
saprogenic [sæprəʊˈdʒenɪk] adj. saprogénico
saprogenous [sæˈprɒdʒɪnəs] adj. saprógeno
saprolegnia [sæprəʊˈlegnɪə] s. BOTÂNICA saprolégnia
saprophagous [sæˈprɒfəgəs] adj. saprófago
saprophyte [ˈsæprəʊfaɪt] s. BIOLOGIA saprófita
sapucaia [sæpʊˈkaɪə] s. BOTÂNICA sapucaia
sapwood [ˈsæpwʊd] s. BOTÂNICA alburno, entrecasco
sar [sɑː] s. ZOOLOGIA sargo
SAR [abrev. de Sons of the American Revolution]
saraband [ˈsærəbænd] s. 1 sarabanda, dança em voga nos sécs. XVII e XVIII; 2 música para essa dança
Saracen [ˈsærəsən] adj.,s. 1 HISTÓRIA sarraceno; árabe, muçulmano; 2 HISTÓRIA nómada do deserto sírio-arábico ❖ BOTÂNICA ~ *corn* trigo-mourisco; (símbolo de taberna) *Saracen's head* cabeça de mouro
Saracenic [særəˈsenɪk] adj. sarraceno, sarracénico; mouro
Saragossa [særəˈgɒsə] s.top. Saragoça
Sarah [ˈseərə] s.antr. Sara
Sarai [ˈseəraɪ] s.antr. RELIGIÃO (Bíblia) Sara, mulher de Abraão
Sarajevo [særəˈjeɪvəʊ] s.top. Sarajevo
Saratoga [særəˈtəʊgə] s.top. Saratoga ❖ ~ *trunk* grande mala de viagem de senhora
sarcasm [ˈsɑːkæzəm] s. sarcasmo, ironia contundente, mordacidade
sarcastic [sɑːˈkæstɪk] adj. 1 sarcástico; irónico; *a ~ remark* uma observação sarcástica, um sarcasmo; 2 contundente, mordaz
sarcastically [sɑːˈkæstɪkəlɪ] adv. sarcasticamente
sarcelle [sɑːˈsel] s. ZOOLOGIA cerceta, cantadeira, marrequinho
sarcenet [ˈsɑːsnɪt] s. (tecido) variedade de tafetá
sarcina [ˈsɑːsɪnə] s. (pl. **-ae**) BIOLOGIA sárcina, género de bactérias
sarcinae [ˈsɑːsɪniː] s. {pl. de **sarcina**}
sarcine [ˈsɑːsɪn] s. QUÍMICA sarcina, hipoxantina
sarcocarp [ˈsɑːkəʊkɑːp] s. BOTÂNICA sarcocárpio
sarcocele [ˈsɑːkəsiːl] s. MEDICINA sarcocele
sarcocolla [ˌsɑːkəʊˈkɒlə] s. 1 sarcocola, resina da sarcocoleira; 2 sarcocoleira
sarcoderm [ˈsɑːkədɜːm] s. BOTÂNICA sarcoderma

sarcolactic [sɑːkəʊˈlæktɪk] adj. QUÍMICA sarcoláctico
sarcolemma [sɑːkəʊˈlemə] s. MEDICINA sarcolema, miolema
sarcology [sɑːˈkɒlədʒɪ] s. sarcologia, parte da anatomia que trata dos tecidos moles
sarcoma [sɑːˈkəʊmə] s. (pl. **-ata**) MEDICINA sarcoma
sarcomata [sɑːˈkəʊmətə] s. {pl. de **sarcoma**}
sarcomatosis [sɑːˌkəʊməˈtəʊsɪs] s. MEDICINA sarcomatose
sarcomatous [sɑːˈkəʊmətəs] adj. MEDICINA sarcomatoso
sarcophagi [sɑːˈkɒfəgaɪ] s. {pl. de **sarcophagus**}
sarcophagus [sɑːˈkɒfəgəs] s. (pl. **-phagi**) sarcófago
sarcophagy [sɑːˈkɒfədʒɪ] s. sarcofagia
sarcoplasm [ˈsɑːkəʊplæzm] s. ANATOMIA sarcoplasma
sarcoplasma [sɑːkəʊˈplæzmə] s. ANATOMIA sarcoplasma
sarcoptes [sɑːˈkɒptiːz] s. ZOOLOGIA sarcopta, sarcoptes
sarcosis [sɑːˈkəʊsɪs] s. sarcose, aumento da massa muscular
sard [sɑːd] s. MINERALOGIA sardónica, espécie de ágata ou calcedónia de cor escuro-alaranjada
Sardanapalian [sɑːdənəˈpeɪlɪən] adj. sardanapálico, sardanapalesco
sardelle [sɑːˈdel] s. peixe parecido com a sardinha
sardina [sɑːˈdaɪn] s. ⇒ **sard**
sardine [sɑːˈdiːn] s. ZOOLOGIA sardinha; *tinned sardines* sardinhas enlatadas ❖ *to be packed like sardines* estar como sardinha em lata
Sardinia [sɑːˈdɪnɪə] s.top. Sardenha
Sardinian [sɑːˈdɪnɪən] adj.,s. 1 sardenho; 2 relativo à Sardenha; 3 natural ou habitante da Sardenha; 4 sardo; 5 dialecto falado na Sardenha
sardonic [sɑːˈdɒnɪk] adj. 1 sardónico; sarcástico; irónico; *a ~ laugh* um riso sardónico; 2 cínico; desdenhoso
sardonically [sɑːˈdɒnɪkəlɪ] adv. sardonicamente
sardonyx [ˈsɑːdənɪks] s. MINERALOGIA sardónica, ágata ou calcedónia de cor escuro-alaranjada
saree [ˈsɑːrɪ] s. VESTUÁRIO sari
sargasso [sɑːˈgæsəʊ] s. (pl. **-s** ou **-es**) (algas) sargaço ❖ GEOGRAFIA *the Sargasso Sea* o mar dos Sargaços
sargo [ˈsɑːgəʊ] s. ⇒ **sargus**
sargus [ˈsɑːgəs] s. ZOOLOGIA sargo
sari [ˈsɑːrɪ] s. VESTUÁRIO sari
sarigue [sæˈriːg] s. ZOOLOGIA sarigueia, sarigué, gambá, timbu
sarissa [səˈrɪsə] s. (pl. **-ae**) sarissa, lança usada outrora pelos Macedónios
sarissae [səˈrɪsiː] s. {pl. de **sarissa**}
sark [sɑːk] s. [Esc.] camisa de homem ou de mulher
sarkine [ˈsɑːkɪn] s. QUÍMICA sarcina, hipoxantina
sarky [ˈsɑːkɪ] adj. (comp. **-ier**, superl. **-iest**) [coloq.] sarcástico, irónico, contundente
Sarmatian [sɑːˈmeɪʃən] adj.,s. 1 sarmático; 2 relativo aos Sármatas ou à Sarmácia; 3 natural ou habitante da Sarmácia
Sarmatic [sɑːˈmætɪk] adj. sarmático
sarmentose [sɑːˈmentəʊs] adj. BOTÂNICA sarmentoso
sarmentous [sɑːˈmentəs] adj. ⇒ **sarmentose**
sarong [səˈrɒŋ, ˈsɑːrɒŋ] s. sarongue, sarão, pano com que se cobrem as pessoas em algumas regiões da Malásia
sarracenia [særəˈsiːnɪə] s. BOTÂNICA sarracénia
sarrusophone [sæˈrʌsəʊfəʊn] s. MÚSICA sarrussofone, instrumento metálico de sopro com palheta dupla
SARS MEDICINA [abrev. de Severe Acute Respiratory Syndrome] Síndrome Respiratória Aguda
sarsaparilla [sɑːsəpəˈrɪlə] s. BOTÂNICA salsaparrilha
sarsen [ˈsɑːsən] s. 1 ARQUEOLOGIA bloco de arenito; 2 bloco calcário nas planícies de Wiltshire; 3 bloco tumular
sarsenet [ˈsɑːsnɪt, ˈsɑːsnet] s. ⇒ **sarcenet**
sartorial [sɑːˈtɔːrɪəl] adj. 1 relativo a alfaiate; 2 relativo a fato ou vestuário de homem; 3 ANATOMIA (músculo) sartório
sartorius [sɑːˈtɔːrɪəs] s. ANATOMIA (músculo) costureiro
SAS MILITAR (Grã-Bretanha) [abrev. de Special Air Service] força especial
sash [sæʃ] s. (pl. **-es**) 1 (ornamento, insígnia, etc.) faixa; cinto; cinturão; banda; 2 caixilho de janela; caixilho de porta envidraçada; 3 vidraça corrediça; janela de guilhotina ❖ ~ *bar* pinázio; ~ *cord*/~ *line* cordão de janela de guilhotina; ~ *door* porta envidraçada; ~ *fastener* tranca; ~ *saw* serra de vidraceiro; ~ *weight* contrapeso de janela de guilhotina; ~ *window* janela de guilhotina

sashed [sæʃt] *adj.* 1 com faixa, banda ou cinta; 2 (janela) de guilhotina
sashimi [sæʃɪmɪ] *s.* CULINÁRIA (Japão) sashimi
sasin [ˈsæsɪn] *s.* ZOOLOGIA variedade de antílope indiano
Sask. [*abrev. de* Saskatchewan]
sass [sæs] Ⓐ *s.* [EUA] [coloq.] insolência, audácia, atrevimento Ⓑ *v.tr.* [EUA] responder com insolência, respingar, refilar
sassaby [ˈsæsəbɪ] *s.* (*pl.* **-ies**) ZOOLOGIA grande antílope sul-africano
sassafras [ˈsæsəfræs] *s.* (*pl.* **-es**) BOTÂNICA sassafrás ❖ ~ *oil* óleo de sassafrás
Sassanian [sæˈseɪnɪən] *adj.,s.* ⇒ **Sassanid**
Sassanid [ˈsæsənɪd] *adj.,s.* 1 sassanida; 2 relativo a uma dinastia persa de 221-651; 3 membro dessa dinastia
Sassenach [ˈsæsənæk] *adj.,s.* [Esc., Irl.] inglês
sassoline [ˈsæsəliːn] *s.* MINERALOGIA sassolite
sassy [ˈsæsɪ] *adj.* 1 [EUA] [coloq.] insolente, atrevido, impertinente; 2 [EUA] actual, moderno, na moda
sat [sæt] *prt. e part. pass. de* **to sit**
Satan [ˈseɪtən] *s.* Satã
Satanas [ˈsætənæs] *s.* Satanás
satanic [səˈtænɪk] *adj.* 1 satânico; 2 diabólico, infernal ❖ *his ~ majesty* o Diabo; Satanás
satanical [səˈtænɪkəl, seɪˈtænɪkəl] *adj.* [rar.] ⇒ **satanic**
satanically [səˈtænɪkəlɪ, seɪˈtænɪkəlɪ] *adv.* satanicamente; diabolicamente, infernalmente
Satanism [ˈseɪtənɪzəm] *s.* satanismo
Satanist [ˈseɪtənɪst] *s.* satanista
satanize [ˈseɪtənaɪz] *v.tr.* satanizar
satchel [ˈsætʃəl] *s.* pasta da escola
sate [seɪt] *v.tr.* 1 saciar; satisfazer; *to ~ one's thirst for* saciar-se de; 2 fartar; saturar
sated [ˈseɪtɪd] *adj.* 1 saciado [**with**, de]; satisfeito [**with**, com]; *to be ~ with* estar saciado de; 2 farto, saturado
sateen [sæˈtiːn, səˈtiːn] *s.* (tecido) cetineta
sateless [ˈseɪtləs] *adj.* [poét.] insaciável
satellite [ˈsætəlaɪt, ˈsætɪlaɪt] *s.* 1 ASTRONOMIA satélite; 2 (telecomunicações) satélite; *by ~* via satélite; 3 (país) satélite; 4 assistente; braço direito; acólito ❖ TELEVISÃO *~ broadcasting* transmissão via satélite; *~ dish* antena parabólica; *~ link* ligação via satélite; POLÍTICA *~ nations* países satélites; ASTRONOMIA *~ planet* planeta satélite; *~ television* televisão por satélite; *~ town* cidade-satélite
satiable [ˈseɪʃəbəl] *adj.* saciável
satiate [ˈseɪʃɪeɪt] Ⓐ *adj.* saciado, farto Ⓑ *v.tr.* 1 saciar; 2 fartar, saturar
satiated [ˈseɪʃɪeɪtɪd] *adj.* 1 saciado; 2 farto, saturado [**with**, de]
satiating [ˈseɪʃɪeɪtɪŋ] Ⓐ *adj.* 1 que sacia; 2 que satura Ⓑ *s.* 1 saciedade; 2 saturação
satiation [ˌseɪʃɪˈeɪʃən] *s.* 1 saturação; 2 saciedade
satiety [səˈtaɪətɪ] *s.* 1 saciedade; *to ~* até à saciedade; 2 saturação; 3 aborrecimento; enjoo; 4 [rar.] superabundância
satin [ˈsætɪn] Ⓐ *s.* cetim Ⓑ *adj.* 1 de cetim, em cetim; *~ dress* vestido de cetim; *~ ribbon* fita de cetim; 2 acetinado; *~ cloth* tecido acetinado; *~ finish* acabamento acetinado; *~ paper* papel acetinado ❖ BOTÂNICA *~ flower* lunária; *~ spar* espato calcário acetinado; *~ stitch* ponto que dá uma aparência acetinada ao tecido; *~ straw* palha macia e flexível para chapéus
satiner [ˈsætɪnə] *s.* acetinador, pessoa que acetina
satinette [ˈsætɪnet] *s.* cetineta
sating [ˈseɪtɪŋ] *s.* 1 acto de saciar; 2 saturação
satining [ˈsætɪnɪŋ] *s.* acetinação
satinwood [ˈsætɪnwʊd] *s.* pau-cetim
satiny [ˈsætɪnɪ] *adj.* acetinado; com aspecto de cetim; lustroso como cetim
satire [ˈsætaɪə] *s.* 1 sátira [**on**, contra/a partir de/sobre]; 2 sarcasmo; ironia
satiric [səˈtɪrɪk] *adj.* satírico; relativo a sátira; que contém sátira; *~ poem* poema satírico; *~ writer* escritor satírico
satirical [səˈtɪrɪkəl] *adj.* 1 ⇒ **satiric**; 2 sarcástico, irónico; 3 cínico
satirically [səˈtɪrɪkəlɪ] *adv.* 1 satiricamente; 2 ironicamente
satirist [ˈsætərɪst] *s.* 1 satirista, escritor ou poeta satírico; 2 pessoa satírica

satirize [ˈsætəraɪz] *v.tr.* satirizar
satisfaction [ˌsætɪsˈfækʃən] *s.* 1 satisfação, prazer, contentamento; *he thinks only of present ~* ele só pensa nos prazeres de momento; *I heard it with great ~* ouvi isso com grande satisfação; *the work was done to his ~* o trabalho deixou-o satisfeito; *to find ~ in* ter prazer em; *to give ~* causar prazer, dar satisfação; *to one's (own) ~* para completa satisfação nossa; 2 liquidação de dívida, pagamento; 3 cumprimento de obrigação; 4 reparação, compensação; *to demand ~* exigir reparação; *to make full ~ to* dar plena reparação a; 5 expiação, justificação; 6 RELIGIÃO (castigo) penitência; 7 [ant.] oportunidade de nos batermos em duelo com pessoa que nos ofendeu ❖ *he proved it to our ~* ele convenceu-nos; DIREITO *to enter ~* tomar nota da liquidação de uma dívida; *to everybody's ~* a contento de todos
satisfactorily [ˌsætɪsˈfæktərɪlɪ] *adv.* satisfatoriamente, de modo satisfatório; *things are going on ~* as coisas estão a correr de modo satisfatório
satisfactoriness [ˌsætɪsˈfæktərɪnəs] *s.* carácter satisfatório
satisfactory [ˌsætɪsˈfæktərɪ] *adj.* 1 satisfatório; que causa satisfação; *negotiations were brought to a ~ conclusion* as negociações chegaram a uma conclusão satisfatória; *the pupil's progress was ~* o progresso do aluno era satisfatório; 2 que serve como reparação; que serve como expiação
satisfiable [ˌsætɪsˈfaɪəbəl] *adj.* que pode contentar-se ou satisfazer-se
satisfied [ˈsætɪsfaɪd] *adj.* 1 contente; satisfeito; *he is ~ to know that …* ficou contente por saber que …; 2 convencido; *I'm ~ that…* estou convencido que…; 3 (dívida) liquidado, saldado ❖ *to be ~ with…* contentar-se com…; *to rest ~* não exigir mais nada; dar-se por satisfeito
satisfier [ˈsætɪsˈfaɪə] *s.* aquele ou aquilo que satisfaz
satisfy [ˈsætɪsfaɪ] *v.tr.,intr.* 1 satisfazer; 2 (dívida) pagar, liquidar, saldar; *to ~ one's creditors* pagar aos credores; 3 (obrigação) cumprir; 4 reparar, indemnizar; ressarcir; 5 (pecados) expiar; 6 corresponder; ir ao encontro dos desejos ou esperanças de; 7 causar satisfação, agradar, contentar; 8 convencer, persuadir; *he has satisfied himself that* ele convenceu-se de que; *to ~ sb of* convencer alguém de; 9 saciar; mitigar; suprir; *to ~ one's hunger* mitigar a fome; 10 solucionar, resolver ❖ *riches don't always ~* o dinheiro não traz felicidade
satisfying [ˈsætɪsfaɪɪŋ] Ⓐ *adj.* 1 satisfatório, que satisfaz; 2 convincente Ⓑ *s.* 1 satisfação; 2 contentamento; 3 esclarecimento
satisfyingly [ˈsætɪsfaɪɪŋlɪ] *adv.* satisfatoriamente
satrap [ˈsætrəp] *s.* sátrapa, governador de província entre os antigos Persas
satrapy [ˈsætrəpɪ] *s.* (*pl.* **-ies**) 1 satrapia; 2 cargo ou governo de um sátrapa; 3 território governado por um sátrapa
saturable [ˈsætʃərəbəl] *adj.* saturável
saturant [ˈsætʃərənt] *adj.,s.* saturante
saturate[1] [ˈsætʃəreɪt] *v.tr.* 1 saturar; 2 impregnar; 3 levar ao ponto de saturação; 4 encher; 5 inundar de bombas
saturate[2] [ˈsætʃərɪt] *adj.* ⇒ **saturated**
saturated [ˈsætʃərɪtɪd] *adj.* 1 saturado; impregnado; 2 (cor) intenso, rico, sem mistura com o branco; 3 saturado, repleto, cheio [**with**, de]; 4 encharcado; *to be ~* estar encharcado ❖ *~ air* ar saturado; *~ fat* gordura saturada; QUÍMICA *~ solution* solução saturada; FÍSICA *~ steam* vapor saturado
saturation [ˌsætʃəˈreɪʃən] *s.* 1 saturação; 2 impregnação ❖ MILITAR *~ attack* ataque intenso; (gráfico) *~ curve* curva de saturação; QUÍMICA *~ point* ponto de saturação; QUÍMICA *~ temperature* temperatura de saturação
Saturday [ˈsætədɪ] *s.* sábado; *on ~* no sábado; *on Saturdays* aos sábados; *last/next ~* no último/próximo sábado ❖ [EUA] [coloq.] *~ night special* pistola barata
Saturn [ˈsætən] *s.* 1 MITOLOGIA Saturno, deus da agricultura entre os Romanos, mais tarde identificado com o deus grego Cronos; 2 ASTRONOMIA (planeta) Saturno
Saturnalia [ˌsætəˈneɪlɪə] *s.pl.* Saturnais, festas romanas em honra de Saturno
saturnalian [ˌsætəˈneɪlɪən] *adj.* 1 saturnino, saturnal; 2 relativo às Saturnais

Saturnian [sæ'tɜːnɪən] Ⓐ adj. (planeta, deus) saturnino Ⓑ s. habitante de Saturno ❖ LITERATURA ~ *verse* verso primitivo latino, constituído por um jambo e dois troqueus; *the ~ age* a idade do ouro

saturnic [sæ'tɜːnɪk] adj. MEDICINA saturnino, causado pelo chumbo; atacado pelo saturnismo

saturnine ['sætənaɪn] adj. 1 saturnino; de temperamento sombrio e melancólico; 2 QUÍMICA saturnino, relativo ao chumbo e seus compostos; 3 MEDICINA causado pelo chumbo ❖ MEDICINA ~ *patients* doentes atacados pelo saturnismo; MEDICINA ~ *poisoning* saturnismo; plumbismo

saturnism ['sætənɪzəm] s. 1 MEDICINA saturnismo; 2 intoxicação produzida pelo chumbo e seus compostos

satyr ['sætə] s. 1 MITOLOGIA sátiro; 2 [fig.] indivíduo lúbrico, libinoso; 3 [rar.] orangotango; 4 variedade de insectos lepidópteros, da subfamília dos satiríneos

satyriasis [sætɪ'raɪəsɪs] s. MEDICINA satiríase, satirismo; satiromania; priapismo

satyric [sə'tɪrɪk] adj. 1 satírico; 2 relativo a sátiro ❖ LITERATURA (drama grego com coro de sátiros) ~ *drama* drama satírico

satyrion [sæ'tɪrɪən] s. BOTÂNICA satirião

sauce [sɔːs] Ⓐ s. 1 CULINÁRIA (tempero) molho; *butter ~* molho de manteiga; *tomato ~* molho de tomate; *white ~* molho branco; 2 [EUA] CULINÁRIA compota; *apple ~* compota de maçã; 3 [fig.] condimento; atracção; apelo; *the ~ of danger* a atracção do perigo; 4 [ant.] descaramento, insolência, atrevimento; *none of your sauce!* não me venhas com insolências!; 5 [EUA] [cal.] álcool Ⓑ v.tr. 1 CULINÁRIA temperar com molho; 2 [fig.] dar sal a; condimentar; 3 [ant.] ser insolente com; faltar ao respeito a ❖ ~ *boat* molheira; *hunger is the best ~ (in the world)* não há nada melhor do que a fome para abrir o apetite; *to serve sb with the same ~* pagar na mesma moeda; *what is ~ for the goose is ~ for the gander* o que serve para um serve para outro

saucebox ['sɔːsbɒks] s. [ant.] pessoa descarada, pessoa impertinente

sauceless ['sɔːslɪs] adj. 1 sem paladar, sem sal; 2 sem graça; desenxabido

saucepan ['sɔːspən] s. caçarola

saucepanful ['sɔːspənful] s. conteúdo de uma caçarola cheia

saucer ['sɔːsə] s. 1 pires; 2 (forma semelhante a um pires) disco; prato; 3 NÁUTICA chapa de ferro que recebe o espigão do cabrestante; 4 [arc.] molheira ❖ *flying ~* disco voador

saucerful ['sɔːsəful] s. pires cheio

saucily ['sɔːsɪlɪ] adv. 1 descaradamente; 2 insolentemente; 3 agarotadamente, com graça

sauciness ['sɔːsɪnəs] s. 1 descaramento, atrevimento, insolência, topete; 2 impertinência; 3 ousadia

saucy ['sɔːsɪ] adj. (comp. *-ier*, superl. *-iest*) 1 descarado; atrevido; ousado; ~ *smile* sorriso atrevido; 2 insolente; impertinente; 3 divertido ❖ *to swing a ~ hip* gingar as ancas

Saudi Arabia [saʊdɪəˈreɪbɪə, sɔːdɪəˈreɪbɪə] s.top. Arábia Saudita

Saudi Arabian [saʊdɪəˈreɪbɪən, sɔːdɪəˈreɪbɪən] Ⓐ adj. da Arábia Saudita Ⓑ s. habitante ou natural da Arábia Saudita

sauerkraut ['saʊəkraʊt] s. CULINÁRIA couve fermentada

Saul [sɔːl] s.antr. RELIGIÃO (Bíblia) Saul

sauna ['sɔːnə] s. sauna

saunter ['sɔːntə] Ⓐ s. 1 passeio; volta; *to go for a ~* ir dar uma volta; 2 passo vagaroso, descontraído Ⓑ v.intr. deambular; vaguear; passear sem destino ❖ *to ~ across a street* atravessar uma rua calmamente; *to ~ along a street* caminhar vagarosamente ao longo de uma rua; *to ~ down a street* descer uma rua em passo vagaroso; *to ~ through life* deixar-se levar pela vida; *at a ~* descontraidamente

saunterer ['sɔːntərə] s. pessoa que caminha vagarosamente, sem objectivo determinado

sauntering ['sɔːntərɪŋ] s. deambulação

saunteringly ['sɔːntərɪŋlɪ] adv. 1 lentamente; 2 sem se apressar; 3 com passos vagarosos

sauria ['sɔːrɪə] s.pl. ZOOLOGIA sáurios

saurian ['sɔːrɪən] adj.,s. ZOOLOGIA sáurio

saury ['sɔːrɪ] s. (pl. *-ies*) ZOOLOGIA sauro

sausage ['sɒsɪdʒ] s. 1 CULINÁRIA salsicha; *Frankfurt ~* salsicha de Frankfurt; 2 salpicão; *Bologne ~* salpicão de Bolonha; 3 linguiça; 4 MILITAR balão de observação ❖ [coloq.] ~ *dog* cão-salsicha; salsicha; teckel; dachshund; CULINÁRIA ~ *roll* rolinho de salsicha; folhado de salsicha; [GB] [joc.] *not a ~* nada de nada

saussurite ['sɔːsjəraɪt] s. MINERALOGIA saussurite

sauté ['səʊteɪ] Ⓐ adj. CULINÁRIA salteado Ⓑ v.tr. CULINÁRIA saltear

Sauterne [səʊ'tɜːn, səʊ'teən] s. vinho de Sauterne

savable ['seɪvəbəl] adj. susceptível de salvação

savage ['sævɪdʒ] Ⓐ adj. 1 violento; feroz; selvático; cruel; bárbaro; brutal; ~ *criticism* crítica feroz; ~ *revenge* vingança cruel, vingança selvática; 2 drástico; radical; 3 selvagem; ~ *dog* cão selvagem; 4 [depr., ant.] primitivo; em estado primitivo; ~ *tribes* tribos primitivas; 5 [coloq.] irritado; furioso; enraivecido; *to grow ~* ficar furioso, encolerizar-se; 6 HERÁLDICA nu Ⓑ s. 1 [depr.] (pessoa cruel, brutal) bárbaro; 2 [depr., ant.] (de tribo) selvagem Ⓒ v.tr. 1 (animal) atacar ferozmente; *he was savaged by his horse* o cavalo maltratou-o muito; 2 criticar contundentemente

savagely ['sævɪdʒlɪ] adv. 1 selvaticamente; 2 ferozmente; 3 furiosamente

savageness ['sævɪdʒnəs] s. 1 carácter selvagem, estado selvagem; 2 crueldade; 3 ferocidade; 4 selvajaria; barbaridade

savagery ['sævɪdʒrɪ] s. (pl. *-ies*) ⇒ **savageness**

savanna [sə'vænə] s. savana

savannah [sə'vænə] s. savana

savarin ['sævərɪn] s. CULINÁRIA savarim

savate [sæ'væt] s. savate, variedade de boxe francês que permite, além dos punhos, o uso de pontapés e cabeçadas

save [seɪv] Ⓐ v.tr.,intr. 1 salvar; *to be saved from* ser salvo de; *to ~ appearances* salvar as aparências; *to ~ sb from* salvar alguém de; [coloq.] *to ~ one's bacon* salvar a pele, salvar o couro; 2 proteger; preservar; resguardar; poupar; *he is saving his strength* ele está a poupar-se; *to ~ sb from himself* proteger alguém das consequências dos próprios actos; 3 livrar; *God ~ me from my friends!* Deus me livre dos meus amigos!; 4 guardar; reservar; *she saved a dance for me* ela reservou-me uma dança; 5 (dinheiro) amealhar, juntar; economizar; poupar; fazer economias; *he has never saved* ele nunca fez economias; *to have money saved* ter dinheiro amealhado; *to ~ little by little* economizar pouco a pouco; *to ~ money by doing sth* poupar dinheiro por fazer alguma coisa; *to ~ labour* economizar mão-de-obra; *to ~ one's pocket* poupar dinheiro; *to ~ time* poupar tempo; *to ~ on sth* poupar em algo; 6 INFORMÁTICA guardar em disco, gravar; 7 evitar; tornar desnecessário; *that will ~ you a lot of trouble* isso evita-lhe muitas maçadas; 8 DESPORTO (guarda-redes) fazer uma defesa, defender; *to ~ the goal* defender a baliza Ⓑ s. 1 DESPORTO (guarda-redes) defesa; *to effect a ~* fazer uma defesa; 2 [dial.] economia Ⓒ conj.,prep. [form.] excepto; salvo; a não ser que; *he is well ~ that he has a cold* ele encontra-se bem, salvo uma constipação; ~ *as otherwise provided in the articles* salvo disposição estatutária em contrário; *everybody ~ Smith* toda a gente excepto Smith; *all is lost ~ honour* tudo se perdeu menos a honra ❖ *God ~ the Queen!* Deus salve a rainha!; *(God) ~ us!* valha-nos Deus!; *he might as well have saved his breath* mais valia ter ficado calado; *she could be happy ~ for one thing* ela podia ser feliz se não fosse uma coisa; *the last ~ one* o penúltimo; *to ~ one's breath* estar calado; *to ~ one's face* não dar parte de fraco; *to ~ one's skin* pôr-se a salvo; *to ~ the tide* não perder a maré; não deixar passar a ocasião propícia; não perder uma oportunidade

✦**save up** v.tr.,intr. poupar, economizar [**for**, para]; *to ~ for a new car* poupar para um carro novo; *to ~ money* poupar dinheiro, economizar dinheiro

save-all ['seɪvɔːl] s. 1 tabuleiro para recolher líquidos derramados; 2 arandela; 3 dispositivo economizador; 4 NÁUTICA vela suplementar por baixo de outra vela

saveloy ['sævɪlɔɪ] s. CULINÁRIA salsichão, variedade de salsicha muito condimentada

saver ['seɪvə] s. 1 pessoa económica, pessoa poupada; 2 aforrista; 3 dispositivo economizador; *machines are savers of labour* as máquinas poupam trabalho

savin ['sævɪn] s. BOTÂNICA sabina

saving ['seɪvɪŋ] Ⓐ adj. 1 que salva, salvador; 2 redentor; que redime; 3 compensador; *~ quality/grace* qualidade que compensa outras deficiências; 4 poupado, que poupa; económico; *a labour-saving invention* uma invenção que economiza trabalho; *money/time/...-saving* que poupa dinheiro/tempo/...; 5 frugal; 6 salutar; 7 DIREITO que ressalva; *~ clause* reserva, ressalva, cláusula restritiva Ⓑ s. 1 economia; *~ of labour* economia de trabalho; *~ of power* economia de força motriz; *~ of time* economia de tempo; 2 poupança; 3 salvação, salvamento; *the ~ of souls* a salvação das almas; 4 preservação; protecção; 5 DIREITO reserva, ressalva; 6 pl. economias, poupanças, dinheiro poupado; *to draw on one's savings* recorrer às economias Ⓒ conj.,prep. 1 salvo, excepto; 2 salvaguardado; *~ your reverence* salvaguardado o devido respeito ❖ *savings account* conta de poupança; *savings and loan association* associação de poupança e empréstimos; *savings bank* banco de poupança; caixa económica; *savings bank book* caderneta da caixa económica

savingly ['seɪvɪŋli] adv. 1 economicamente; 2 frugalmente; 3 parcimoniosamente

saviour ['seɪvjə] s. 1 salvador; 2 redentor

Saviour ['seɪvjə] s. RELIGIÃO Jesus Cristo; Salvador

savory ['seɪvərɪ] s. (pl. **-ies**) BOTÂNICA segurelha, nome de uma planta aromática usada como condimento

savour ['seɪvə] Ⓐ s. 1 sabor, gosto, paladar; 2 [fig.] atractivo, graça, interesse, qualidade sugestiva; *a book without ~* um livro sem graça, um livro desinteressante; *she finds no ~ left in life* a vida para ela já não tem qualquer interesse; 3 ressaibo, traço, vestígio Ⓑ v.tr. 1 apreciar, saborear; *to ~ a wine* saborear um vinho; 2 [depr.] saber [**of**, a]; ter sabor [**of**, a]; 3 [depr.] sugerir [**of**, -]; aparentar [**of**, -]; mais parecer [**of**, -]; *that savours of demagogy* isso mais parece demagogia; 4 mostrar sinais [**of**, de]; 5 [rar.] dar paladar (a) ❖ *sth has some ~* mais vale pouco que nada

savouriness ['seɪvərɪnəs] s. sabor, bom paladar, gosto, cheiro agradável

savourless ['seɪvɜ:ləs] adj. 1 sem paladar, sem sabor, insípido; 2 sem graça

savoury ['seɪvərɪ] Ⓐ adj. 1 saboroso, apetitoso, com bom paladar; 2 (não doce) salgado; 3 (pessoa) respeitável, honrado, de confiança; 4 [rar.] (lugares) livre de maus cheiros Ⓑ s. (pl. **-ies**) CULINÁRIA aperitivo; digestivo ❖ *~ herbs* ervas aromáticas

savoy [sə'vɔɪ] s. BOTÂNICA sabóia, variedade de couve repolhuda

Savoy [sə'vɔɪ] s.top. Sabóia

Savoyard [sə'vɔɪɑːd] adj.,s. saboiano

savvy ['sævɪ] Ⓐ s. [coloq.] (sensatez, bom senso) miolo, miolos; cabeça Ⓑ adj. [coloq.] com esperteza Ⓒ v.tr. [cal.] saber; compreender, perceber; *savvy?* compreendeste?, percebeste?, chegaste lá?; *no ~* não percebo, ele não percebe

saw [sɔː] Ⓐ s. 1 (ferramenta) serra; *marble ~* serra de cortar mármore; *metal ~* serra para metais; *buzz/circular ~* serra circular; 2 ZOOLOGIA órgão serrilhado; 3 adágio, rifão, máxima, aforismo, provérbio; *an old ~* um velho adágio Ⓑ v.tr.,intr. (prt. **sawed**, part. pass. **sawn** ou **sawed**) 1 serrar, cortar com serra; *to ~ a log into planks* serrar um toro em tábuas; 2 serrar, utilizar uma serra, trabalhar com serra; *to ~ through timber* traçar madeira, serrando; 3 dar forma a (algo), serrando; recortar com serra; 4 recortar, cortar; fazer movimentos de vaivém como uma serra; *to ~ the air with one's arms* cortar o ar com os braços, agitar os braços, esbracejar; 5 serrar, ser serrado, deixar-se serrar; *that wood doesn't ~ well* aquela madeira é difícil de serrar Ⓒ prt. de **to see** ❖ [GB] *~ doctor* máquina para abrir dentes em serra; *~ file* lima triangular para serras; *~ log* toro próprio para ser serrado, BOTÂNICA *~ palmetto* palmeira anã; palmeto; *~ wrack* alga marinha serrilhada; [EUA] [coloq.] *to ~ wood* ressonar alto

◆**saw down** v.tr. deitar abaixo, serrando

◆**saw off** v.tr. (retirar) serrar; cortar com serra

◆**saw up** v.tr. serrar (em pedaços pequenos); *to ~ wood* serrar madeira

sawbones ['sɔːbəʊnz] s. [coloq.] cirurgião

sawbuck ['sɔːbʌk] s. 1 [EUA] ⇒ **sawhorse**; 2 [EUA] [cal., ant.] nota de dez dólares

sawder ['sɔːdə] Ⓐ s. [coloq.] graxa$_{cal}$; bajulação; *soft ~* graxa, cumprimentos aduladores Ⓑ v.tr. [coloq.] dar graxa$_{cal}$; bajular

sawdust ['sɔːdʌst] Ⓐ s. serradura, serrim Ⓑ v.tr. (carpintaria) cobrir com serradura ❖ *to knock the ~ out of sb* dar uma tareia em alguém; *to let the ~ ouf of* mostrar o nulo valor de

sawfish ['sɔːfɪʃ] s. ZOOLOGIA peixe-serra, espadarte

sawfly ['sɔːflaɪ] s. ZOOLOGIA vespão

sawhorse ['sɔːhɔːs] s. [EUA] cavalete de serrador

sawing ['sɔːɪŋ] s. acto de serrar, serração ❖ *~ machine* máquina de serrar

sawmill ['sɔːmɪl] s. (oficina) serração

sawn [sɔːn] {part. pass. de **to saw**} serrado ❖ *~ timber* madeira de serração

Sawney ['sɔːnɪ] s. 1 (alcunha de) escocês; 2 simplório, pateta

sawtoothed ['sɔːtuːθt] adj. em forma de dentes de serra; em ziguezague

saw-wort ['sɔːwɜːt] s. BOTÂNICA serrátula

sawyer ['sɔːjə] s. 1 serrador; 2 homem que se ocupa na serração de madeira; 3 [EUA] árvore arrancada a boiar num rio; 4 ZOOLOGIA variedade de larvas que atacam a madeira

sax Ⓐ s. espécie de machadinha usada pelos operários que trabalham em ardósia, com ponta para abrir furos para pregos Ⓑ [abrev. de saxofone]

Sax. Ⓐ [abrev. de Saxon] Ⓑ [abrev. de Saxony]

saxatile ['sæksətaɪl] adj. saxátil, que cresce ou vive nas pedras ou entre rochedos

saxe [sæks] s. 1 variedade de papel para fotografia; 2 solução de azul em ácido sulfúrico usada para tingir

saxhorn ['sækshɔːn] s. MÚSICA saxo, instrumento semelhante ao saxofone e à saxotrompa

saxicava [sæk'sɪkəvə] s. (pl. **-ae**) ZOOLOGIA saxicava

saxicavae [sæk'sɪkəviː] s. {pl. de **saxicava**}

saxicavous [sæk'sɪkəvəs] adj. ZOOLOGIA saxicavo

saxicoline [sæk'sɪkəlaɪn] adj. ZOOLOGIA saxícola, sexátil

saxicolous [sæk'sɪkələs] adj. ⇒ **saxicoline**

saxifrage ['sæksɪfrɪdʒ] s. BOTÂNICA saxífraga

Saxon ['sæksən] adj.,s. 1 saxão; 2 anglo-saxão; 3 relativo ou natural da moderna Saxónia; 4 teutónico

Saxondom ['sæksəndəm] s. 1 domínio, mundo anglo-saxónico; 2 extensão da cultura anglo-saxónica

Saxonism ['sæksənɪzəm] s. 1 palavra ou expressão anglo-saxónica; 2 maneira de ser ou característica anglo-saxónica

Saxonist ['sæksənɪst] s. defensor ou partidário da cultura e da maneira de ser anglo-saxónica

Saxonize ['sæksənaɪz] v.tr.,intr. dar feição anglo-saxónica

saxony ['sæksənɪ] s. variedade de tecido fino de lã

Saxony ['sæksənɪ] s.top. Saxónia

saxophone ['sæksəfəʊn] s. MÚSICA saxofone

saxophonist [sæk'sɒfənɪst] s. MÚSICA saxofonista, tocador de saxofone

saxpense ['sækspəns] s. [Esc.] ⇒ **sixpence**

saxtuba [sæks'tjuːbə] s. MÚSICA saxotrompa; saxo de grandes dimensões

say [seɪ] Ⓐ v.tr.,intr. (prt. e part. pass. **said**, 3ª pes. sing. pres. ind. **says**) 1 dizer; *he does not care what I ~* ele não liga nenhuma ao que eu digo; *he was asked to ~ a few words* pediram-lhe que dissesse algumas palavras; 2 dizer, dizer-se, vir, estar escrito; *it says in the Bible* diz-se na Bíblia; 3 dizer; supor; imaginar; calcular; *let's say...* digamos que..., suponhamos que...; *well, ~ it were true, what then?* bem, suponhamos que é verdade, e daí?; *~ that it is so* e se fosse assim?; supondo que assim fosse; 4 (opinião corrente) dizer; pensar; *they ~ (that)...* dizem que...; *he is said to be a very clever man* dizem que ele é um homem muito inteligente; *and so ~ all of us* e é essa a opinião de todos nós Ⓑ s. 1 opinião; palavra; voto; intervenção; *to have a ~ in the matter* ter uma palavra a dizer sobre o assunto, ter voto na matéria; *to have one's ~* manifestar a sua opinião, dizer o que pensa; *the final ~* a última palavra; 2 decisão; *he has the ~ here* quem decide aqui é ele; 3 [arc.] afirmação; 4 [rar.] tecido fino semelhante à sarja Ⓒ interj. [EUA] (surpresa, chamada de atenção, etc.) olha! Ⓓ adv. 1 digamos; aproximadamente; *he is, say, 25 years old* ele tem, digamos, 25 anos; 2 digamos; por exemplo; *come and have dinner with us, ~ Friday* venha jantar connosco, digamos na sexta-feira ❖ *~ again?* como dizes?; diz lá outra vez; (tirar fotografia) *~ cheese!*

olha o passarinho!; sorri!; ~ *no more* não digas mais (nada); ~ *what you like* digas o que disseres; (servir bebida) ~ *when* quando chegar, diga; avise quando for para parar; *be it said incidentally* diga-se de passagem; *enough said* está tudo dito; não vale a pena dizer mais nada; *having said that* posto isto; apesar disto; *I'll say!* é bem verdade!; *I'll ~ this (much) for (sb)* uma coisa tenho de dizer a favor de (alguém); *I must ~* devo dizê-lo; [GB] [ant.] *I say!* olhe cá!; caramba!; *it goes without saying* nem é preciso dizer; escusado será dizer; *it's fair to ~* é justo dizer; *I've said I'm sorry* já pedi desculpa; já disse que lamento; *I wouldn't ~ no (to)* não digo que não (a); não recusaria; *I wouldn't ~ so* eu não diria isso; [coloq.] (oferta, proposta, etc.) *I/you can't ~ fairer than that* mais justo é impossível; *(just) ~ the word* basta dizeres; *least said soonest mended* quanto menos se falar, melhor; *need I ~ more?* é preciso dizer mais alguma coisa?; *no sooner said than done* dito e feito; *not to ~* para não dizer; *sad to ~* é triste dizê-lo; infelizmente; *so they ~* é o que dizem; *so to ~* por assim dizer; *that is not saying much* isso não é nada de especial; *that is not to ~ (that)* isso não quer dizer que; *that is to ~* quer dizer; *there's no saying* é impossível saber; *to have a lot to ~ for oneself* ser muito falador; *to ~ a lot for* dizer muito sobre; *to ~ goodbye (to sb)* dizer adeus (a alguém); despedir-se (de alguém); *to ~ nothing of* (já) para não falar em; *to ~ one's piece* dizer aquilo que se quer dizer; dizer o que se tem a dizer; *to ~ one's prayers* rezar; fazer as suas orações; *to ~ sth to sb's face* dizer algo na cara de alguém/cara-a-cara/de frente; *to ~ to oneself* dizer para si mesmo; dizer com os seus botões; *to ~ yes/no* dizer que sim/que não; aceitar/recusar; (sugestão) *what do you ~ (to)?* que dizes (a)?; *whatever you ~* como queiras; *what have you got to ~ for yourself?* que tens a dizer em tua defesa?; *when all is said and done* no final de contas; *who can say... ?* quem saberá... ?; *who says (that)... ?* quem diz que... ?; *who's to ~ (that)... ?* quem é que nos diz que... ?; quem é que garante que... ?; *you can ~ that again!* bem podes dizê-lo!; *you don't say!* não me digas!; a sério?!; *you said it!* foste tu que disseste!; bem podes dizê-lo!

sayable ['seɪəbəl] *adj.* dizível, que pode dizer-se

SAYE [abrev. de save as you earn]

sayee [seɪ'iː] *s.* pessoa a quem se diz alguma coisa

sayer ['seɪə] *s.* aquele que diz

saying ['seɪɪŋ] *s.* 1 dito; provérbio, adágio, rifão; *an old ~* um provérbio antigo; 2 forma de dizer; 3 relato; 4 declaração ❖ *as the ~ goes* como diz o ditado; *it goes without ~ that...* é evidente que...; *there is no ~ when it will be possible* não se quando será possível

say-so ['seɪˌsəʊ] *s.* 1 [coloq.] autorização; permissão; consentimento; *they had taken his car without his ~* tinham-lhe pegado no carro sem autorização; 2 [coloq.] afirmação; 3 [coloq.] decisão; palavra final; *it's her ~* a palavra final é dela

Sb QUÍMICA [símbolo de antimony]

sbirro ['sbɪərəʊ] *s. (pl. -ri)* esbirro, polícia italiano

sc [abrev. de small capital]

sc. Ⓐ [abrev. de scilicet (namely; that is to say)] Ⓑ [abrev. de scene]

Sc QUÍMICA [símbolo de scandium]

SC Ⓐ POLÍTICA [abrev. de Security Council] Ⓑ MILITAR [abrev. de Signal Corps] Ⓒ [abrev. de South Carolina]

SCAAP [abrev. de Special Commonwealth African Assistance Plan]

scab [skæb] Ⓐ *s.* 1 (ferida) crosta, escara, casca; 2 VETERINÁRIA sarna; ronha; 3 VETERINÁRIA morrinha; 4 BOTÂNICA sarna; sarna negra da batata; 5 [coloq., depr.] fura-greves, operário que fura uma greve; 6 canalha, biltre Ⓑ *v.intr. (particípios: -bb-)* 1 (ferida) formar crosta; criar crosta; cicatrizar; 2 [coloq., depr.] furar uma greve

scabbard ['skæbəd] Ⓐ *s.* (espada, sabre, baioneta) bainha Ⓑ *v.tr.* (espada, sabre, baioneta) embainhar ❖ ZOOLOGIA ~ *fish* peixe-espada-lírio; *to fling/throw away the ~* decidir-se à luta

scabbily ['skæbɪlɪ] *adv.* 1 de maneira sarnenta; 2 mesquinhamente, miseravelmente

scabbiness ['skæbɪnəs] *s.* 1 estado sarnento; 2 aspecto morrinhoso ou tinhoso; 3 estado crostoso (de ferida); 4 mesquinhez, mesquinhice, aspecto miserável

scabbing ['skæbɪŋ] *s.* formação de crosta

scabble ['skæbəl] *v.tr.* desbastar, picar, aparelhar em grosso (pedra)

scabbling ['skæblɪŋ] *s.* acto de desbastar, de aparelhar em grosso (pedra)

scabby ['skæbɪ] *adj. (comp. -ier, superl. -iest)* 1 sarnento; 2 com morrinha; 3 tinhoso; 4 com crosta ou escara; 5 mesquinho, miserável, vil

scabies ['skeɪbiːz] *s.* MEDICINA, VETERINÁRIA sarna

scabious ['skeɪbɪəs] Ⓐ *adj.* 1 sarnento; 2 com morrinha, tinhoso; 3 BOTÂNICA atacado de sarna; 4 com crosta Ⓑ *s.* BOTÂNICA escabiosa, saudade

scabrous ['skeɪbrəs] *adj.* 1 rugoso, áspero, de superfície irregular, escamoso; 2 delicado, melindroso, difícil de tratar; 3 [rar.] escabroso, obsceno

scabrousness ['skeɪbrəsnəs] *s.* 1 rugosidade, aspereza; 2 melindre; 3 [rar.] escabrosidade

scabwort ['skæbwɜːt] *s.* BOTÂNICA énula, énula-campana

scad [skæd] *s.* ZOOLOGIA (peixe) carapau-preto, chicharro-negrão, charréu

scads [skædz] *s.pl.* [EUA] [coloq.] (grande quantidade) montes; *to have ~ of things* ter montes de coisas

scaffold ['skæfəld] Ⓐ *s.* 1 (obras) andaime; 2 (execuções) cadafalso, patíbulo; *to bring sb to the ~* levar alguém ao cadafalso; *to die on the ~* morrer no cadafalso; *to go to the ~* subir ao cadafalso; 3 [rar.] (espectadores, objectos expostos) tablado, tribuna, palanque; 4 ANATOMIA (órgão, etc.) esqueleto; armação Ⓑ *v.tr.* colocar andaimes em; rodear de andaimes

scaffolder ['skæfəldə] *s.* trabalhador que coloca andaimes

scaffolding ['skæfəldɪŋ] *s.* 1 andaime; armação de andaimes; 2 [rar.] tribuna, tablado ❖ ~ *pole* suporte de andaime

scalable ['skeɪləbəl] *adj.* 1 (monte) que pode escalar-se; 2 (caldeira) que pode desincrustar-se; 3 INFORMÁTICA (fonte) redimensionável; 4 INFORMÁTICA expansível

scalariform [skə'lærɪfɔːm] *adj.* escalariforme, em forma de escada

scalawag ['skæləwæg] *s.* 1 animal enfezado ou mal alimentado; 2 mandrião, pessoa que não serve para nada, valdevinos, biltre, malandro

scald [skɔːld] Ⓐ *s.* 1 escaldadura, queimadela, queimadura; 2 HISTÓRIA escaldo, bardo escandinavo Ⓑ *v.tr.* 1 (líquido, vapor) escaldar; queimar; *to ~ one's fingers* escaldar os dedos; *to be scalded to death* morrer de queimaduras recebidas; 2 (leite) aquecer quase até ferver; 3 (esterilização) escaldar; passar por água a ferver; *to ~ a vessel* escaldar uma vasilha Ⓒ *adj.* [arc.] tinhoso, sarnento

scald-head ['skɔːldhed] *s.* MEDICINA tinha

scaldic ['skɔːldɪk] *adj.* relativo aos antigos bardos escandinavos

scalding ['skɔːldɪŋ] Ⓐ *adj.* 1 escaldante; muito quente; 2 a ferver; 3 ardente; ~ *tears* lágrimas ardentes; 4 (crítica) cáustico, contundente, mordaz Ⓑ *s.* escaldadela

scale [skeɪl] Ⓐ *s.* 1 (dimensões) escala; extensão; tamanho; proporção; *on a large ~* em grande escala, em grandes proporções, à grande; *on a small ~* em pequena escala; ~ *for measuring* escala de proporção; *reduced ~* escala reduzida; *enlarged ~* escala aumentada; ~ *of hardness* escala de dureza; ~ *of pressure* escala de pressão; ~ *of salaries* escala de salários; *high in the ~* num ponto elevado na escala; *low in the ~* num ponto baixo da escala; 3 [EUA] balança; balança de pratos; 4 prato de balança; 5 (desenho, mapa, modelo) escala; escala de redução; petipé; *to draw to ~* desenhar à escala; *plain ~* tamanho natural (de desenho); *the map is on the ~ of one inch to the mile* o mapa está na escala de uma polegada para uma milha; 6 MATEMÁTICA (sistema de numeração) escala; *binary ~* escala de numeração de dois em dois; *ternary ~* escala de numeração de três em três; *the decimal ~* o sistema decimal de numeração, 7 régua graduada; 8 ARQUITECTURA (régua) petipé; 9 MÚSICA escala; gama; *the ~ of A* a escala de lá; *to practise scales on the piano* praticar escalas no piano; 10 ZOOLOGIA (peixes, répteis, etc.) escama; 11 película semelhante a escama; placa semelhante a escama, 12 esquírola; lasca; 13 BOTÂNICA bráctea; folha rudimentar; 14 (dentes) tártaro; 15 (caldeiras) incrustações; *boiler ~* incrustação em caldeira; 16 (metal) oxidação; lâmina formada à superfície de ferro ferrugento; **17** escória; **~ of iron** escória de ferro; **roll ~** escórias de laminador; **18** espécie de caspa que se desprende da pele em certas doenças; **19** [arc.] escalada; **20** [arc.] escada; **21** pl. ⇒ **scales** ⓑ v.tr.,intr. **1** escalar; trepar; **to ~ a wall** escalar um muro; **2** escamar, tirar as escamas a, remover as escamas de; **to ~ a fish** escamar um peixe, tirar as escamas a um peixe; **3** ZOOLOGIA sair em escamas; largar escamas; **4** esfolar; descascar; lascar; pelar; raspar; **5** reduzir a escala; realizar por meio de escala; traçar à escala; **to ~ a map** traçar um mapa à escala; **6** ascender; subir; **7** pesar (na balança); **it scales twenty pounds** pesa vinte libras; **8** [Austr.] [coloq.] andar de transportes públicos sem pagar bilhete; **9** formar incrustações; cobrir-se de incrustações; **10** (dentes) tirar o tártaro a; **11** escalonar; **12** ajustar ❖ **~ beam** travessão de balança; BOTÂNICA **~ blight** doença provocada pela cochonilha; **~ crust** depósito calcário; incrustações; BOTÂNICA **~ fern** ceteraque; ZOOLOGIA **~ insect** coccídeo; **~ model** modelo em escamas de; **~ pan** prato da balança; **~ paper** papel milimétrico; **to remove the scales from sb's eyes** abrir os olhos a alguém; **to ~ the heights of** fazer sucesso em

◆**scale back** v.tr. [EUA] reduzir; ajustar, reduzindo

◆**scale down** v.tr. **1** reduzir à escala; **2** reduzir; ajustar, reduzindo

◆**scale off** v.tr.,intr. esfolar; descascar; lascar; pelar; raspar; **the paint is scaling off the wall** a tinta da parede está a descascar

◆**scale up** v.tr. aumentar; alargar; aumentar a escala de; ajustar, aumentando; **taxes were scaled up 5%** os impostos subiram 5%

scaleboard ['skeɪlbɔːd] s. (costas de espelho, quadro, etc.) lâmina delgada de madeira

scaled [skeɪld] adj. **1** com escamas, coberto de escamas; **2** com placas semelhantes a escamas

scaleless ['skeɪlləs] adj. sem escamas

scalene ['skeɪliːn] Ⓐ adj. escaleno Ⓑ s. **1** GEOMETRIA triângulo escaleno; **2** ANATOMIA músculo escaleno ❖ ANATOMIA **~ muscle** músculo escaleno

scaler ['skeɪlə] s. **1** escalador, indivíduo que escala (montanhas, etc.); **2** pessoa que escama (peixes); **3** dispositivo para escamar (peixes); **4** aparelho desincrustador de caldeiras; **5** raspadeira

scales [skeɪlz] s.pl. balança; **kitchen ~** balança de cozinha; **pair of ~** balança ❖ **letter ~** pesa-cartas; **the ~ of justice** a balança da justiça; **to hold the ~ even** fazer justiça; julgar com imparcialidade

Scales [skeɪlz] s. ASTRONOMIA (constelação, signo) Balança

scalesman ['skeɪlzmən] s. (pl. **-men**) indivíduo encarregado de pesar, pesador

scaliness ['skeɪlɪnəs] s. escamosidade

scaling ['skeɪlɪŋ] s. **1** escalada; **2** (dentes) limpeza do tártaro; **3** escamação; **4** desincrustamento, desincrustação; **5** raspagem; **6** (salários, preços, etc.) gradação, graduação; **7** (desenho) traçado à escala; **8** criação de uma escala; **9** pesagem ❖ **~ ladder** escada utilizada no assalto a fortalezas; **~ tools** ferramentas para desincrustação

scallawag ['skæləwæg] s. ⇒ **scalawag**

scallion ['skælɪən] s. BOTÂNICA chalota

scallop ['skɒləp] Ⓐ s. **1** ZOOLOGIA castanhola, pectúnculo, penteola; **2** concha de romeiro, venera, vieira; **3** CULINÁRIA concha de vieira; prato em forma de vieira; **4** [EUA] CULINÁRIA escalope; **5** pl. (tecido, roupa) recorte, beira rendilhada Ⓑ v.tr. **1** cozinhar em concha de vieira; cozinhar em recipiente com forma de vieira; **2** (costura) abrir recortes ou rendilhados ❖ ZOOLOGIA **~ shell** castanhola; pectúnculo

scallywag ['skælɪwæg] s. [coloq., ant.] maroto, traquina

scalp [skælp] Ⓐ s. **1** couro cabeludo; **2** HISTÓRIA (índios americanos) escalpo, escalpe; **3** [fig.] troféu; sinal de vitória; **4** cimo da cabeça; epicrânio; **5** [Esc.] cimo de monte arredondado e sem vegetação Ⓑ v.tr. **1** escalpar, tirar o escalpo a; **2** [EUA] [coloq.] (mercado negro) revender; **3** (lucro rápido) vender a preços inferiores aos oficiais; **4** realizar pequenos lucros em jogos de Bolsa; **5** [fig.] escalpelar, criticar desabridamente, criticar com toda a severidade ❖ (índios americanos) **~ lock** poupa de cabelo deixada na cabeça rapada, como desafio aos inimigos; **to be out for/after sb's ~** querer tramar alguém

scalped [skælpd] adj. escalpado

scalpel ['skælpəl] s. CIRURGIA escalpelo, bisturi

scalper ['skælpə] s. **1** espécie de goiva usada por gravadores; **2** caçador de cabeças, de escalpos; **3** indivíduo que faz pequenas transacções de Bolsa; **4** açambarcador de bilhetes (de teatro, espectáculos desportivos, etc.)

scalping ['skælpɪŋ] s. **1** escalpamento; **2** escalpelização; **3** realização de pequenos lucros em transacções de Bolsa

scalpriform ['skælprɪfɔːm] adj. (dente incisivo de roedor) em forma de escalpelo ou bisturi

scaly ['skeɪlɪ] adj. (comp. **-ier**, superl. **-iest**) **1** escamoso, com escamas; **2** (caldeira) com incrustações; **3** [coloq.] mesquinho, miudinho, miserável, vil

scam [skæm] s. [cal.] esquema (desonesto); burla

scammony ['skæmənɪ] s. BOTÂNICA escamónea-de-mompilher

scamp [skæmp] Ⓐ s. **1** [coloq.] (criança) maroto; diabinho; fedelho; **2** [ant.] (adulto) patife; biltre; mariola Ⓑ v.tr. [coloq.] (trabalho) fazer à toa; fazer à pressa ❖ **scamped work** trabalho feito às três pancadas

scamper ['skæmpə] Ⓐ v.intr. **1** correr rapidamente; correr precipitadamente; romper numa correria; **2** abalar; partir; debandar Ⓑ s. **1** corrida rápida; corrida alegre e viva; **2** passeio rápido [**through**, por]; passagem rápida [**through**, por]; **a ~ through Portugal** uma passagem rápida por Portugal; **3** galope, galopada; **4** (pessoa) sarrafeiro; trapalhão

◆**scamper about** v.intr. **1** saltaricar; **2** correr para cá e para lá

◆**scamper away/off** v.intr. **1** fugir; safar-se dali para fora; desaparecer em corrida; **2** desvanecer-se, esfumar-se

◆**scamper through** v.intr. **1** ler rapidamente, ler a correr; devorar; **to ~ a book** ler um livro a correr; **2** percorrer rapidamente, percorrer apressadamente; **to ~ a country** percorrer um país apressadamente

scampering ['skæmpərɪŋ] s. **1** acto de correr rapidamente; **2** galopada, galope; **3** passeio rápido

scamping ['skæmpɪŋ] s. execução apressada

scan [skæn] Ⓐ v.tr. (particípios **-nn-**) **1** examinar cuidadosamente; **to ~ sb from head to foot** examinar alguém dos pés à cabeça; **2** perscrutar; percorrer com os olhos; **to ~ the horizon** perscrutar o horizonte; **3** esquadrinhar; **4** sondar; **5** passar os olhos por, dar uma vista de olhos a; **to ~ a newspaper** passar os olhos pelo jornal; **6** LITERATURA (versos) escandir; **7** INFORMÁTICA (imagem) scanear; digitalizar; **8** INFORMÁTICA pesquisar, explorar; **9** MEDICINA fazer uma tomografia a Ⓑ v.intr. LITERATURA ter métrica correcta; permitir uma leitura rítmica; **this line scans smoothly** este verso tem um ritmo suave; **those lines don't ~ well** esses versos não têm uma métrica perfeita Ⓒ s. **1** vista de olhos; **2** MEDICINA tomografia ❖ MEDICINA **to do a CAT ~** fazer um TAC

scandal ['skændəl] s. **1** escândalo; **it is a ~ that such things should be possible** é um escândalo que coisas destas sejam possíveis; **to cause a ~** causar escândalo; **2** opróbrio; desonra; vergonha; **3** maledicência; mexericos; má-língua; **to listen to ~** prestar atenção a mexericos; **to talk ~** meter-se em mexericos, bisbilhotar; **4** difamação; calúnia; **5** DIREITO difamação pública, afronta pública, falta de respeito ao tribunal ❖ [depr.] **~ sheet** jornal sensacionalista; LITERATURA (comédia de R. B. Sheridan,1751-1816) **the School for Scandal** a Escola da Má-Língua

scandalize ['skændəlaɪz] v.tr.,intr. **1** escandalizar, chocar; **2** ofender a moral, ofender o sentido das conveniências; **3** provocar escândalo, mexericar; **4** difamar; **5** NÁUTICA reduzir, em iate, a superfície da vela

scandalizer ['skændəlaɪzə] s. aquele que provoca escândalo

scandalmonger ['skændl,mʌŋgə] s. difamador, maldizente, mexeriqueiro

scandalmongering ['skændəl,mʌŋgərɪŋ] s. maledicência; bisbilhotice

scandalous ['skændələs] adj. **1** escandaloso; **2** vergonhoso; **3** indigno; **4** infame; **5** difamatório, calunioso

scandalously ['skændələslɪ] adv. **1** escandalosamente; **2** vergonhosamente; **3** caluniosamente

scandalousness ['skændələsnəs] s. **1** carácter escandaloso; **2** infâmia; **3** indignidade

Scandinavia [skændɪ'neɪvɪə] s.top. Escandinávia

Scandinavian [skændɪ'neɪvɪən] adj.,s. escandinavo

scandium ['skændɪəm] s. QUÍMICA (elemento químico) escândio

scanner ['skænə] *s.* 1 scanner, digitalizador, leitor óptico; 2 explorador, perscrutador; 3 pessoa que faz a escansão (de versos)

scanning ['skænɪŋ] Ⓐ *adj.* 1 perscrutador; esquadrinhador; 2 que explora, examina minuciosamente Ⓑ *s.* 1 LITERATURA (versos) escansão; 2 perscrutação; esquadrinhamento; 3 TELEVISÃO exploração da imagem a transmitir; 4 INFORMÁTICA (processo) digitalização ❖ *~ antenna* antena exploradora; *~ electron microscope* microscópio electrónico de varrimento

scansion ['skænʃən] *s.* (versos) escansão

scansorial [skæn'sɔːrɪəl] *adj.* ZOOLOGIA (ave) trepador

scant [skænt] Ⓐ *adj.* (comp. **-er**, superl. **-est**) 1 escasso; diminuto; *~ vegetation* vegetação escassa; *~ wind* vento escasso; 2 raro; 3 falho; limitado; insuficiente; *~ of strength* falho de energia, sem energia; 4 pouco; *to be ~ of speech* ser pouco comunicativo; *to give ~ attention to sth* prestar pouca atenção a alguma coisa Ⓑ *v.tr.* 1 [arc.] restringir, limitar; 2 [arc.] dar de má vontade; 3 [arc.] prover insuficientemente ❖ *~ of breath* sem fôlego; [coloq.] *in ~ attire* em traje muito sumário; *with ~ courtesy* sem grande cortesia

scanties ['skæntɪz] *s.pl.* [coloq.] calcinhas de senhora muito reduzidas

scantily ['skæntɪlɪ] *adv.* escassamente; insuficientemente; deficientemente; *the street was ~ lit* a rua estava escassamente iluminada

scantiness ['skæntɪnəs] *s.* 1 escassez, insuficiência; 2 deficiência; 3 falta; 4 pobreza, limitação

scantling ['skæntlɪŋ] *s.* 1 [arc.] espécime, amostra; 2 pequena quantidade, porção muito diminuta, o indispensável; 3 pequena trave de grossura não inferior a 5 polegadas; 4 bitola, tamanho prescrito para pedra ou madeira que vai ser cortada; 5 medidas estabelecidas para certos trabalhos, sobretudo construção de navios; 6 escantilhão

scantly ['skæntlɪ] *adv.* ⇒ **scantily**

scanty ['skæntɪ] *adj.* (comp. **-ier**, superl. **-iest**) 1 escasso; insuficiente; deficiente; diminuto; *~ crop* colheita escassa; 2 pequeno; reduzido; *~ dress* vestido reduzido, vestido que mal cobre o corpo; 3 pouco abundante; raro; *~ hair* cabelo ralo; 4 magro; pobre; *to make a ~ meal* fazer uma refeição pobre

scape [skeɪp] Ⓐ *s.* 1 BOTÂNICA escapo; 2 ZOOLOGIA (pena de ave) cálamo; 3 ZOOLOGIA (insecto) base de antena; 4 ARQUITECTURA escapo, fuste de coluna; 5 [arc.] escapada, fuga; *hairbreadth ~* escapada por um triz Ⓑ *v.tr.* [arc.] escapar

scapegoat ['skeɪpgəʊt] Ⓐ *s.* bode expiatório Ⓑ *v.tr.* transformar em bode expiatório

scapegrace ['skeɪpgreɪs] *s.* 1 criança incorrigível, criança irrequieta, estouvada; 2 tratante, patife

scapement ['skeɪpmənt] *s.* ⇒ **escapement**

scaphocephalic [skæfəsɪ'fælɪk] *adj.* ⇒ **scaphocephalous**

scaphocephalous [skæfəʊ'sefələs] *adj.* escafocéfalo

scaphocephalus [skæfəʊ'sefələs] *s.* escafocefalia, esfenocefalia

scaphoid ['skæfɔɪd] *adj.* ANATOMIA [arc.] escafóide; navicular; *~ bone* osso escafóide

scapula ['skæpjələ] *s.* (pl. **-ae**) ANATOMIA omoplata

scapulae ['skæpjəliː] *s.* {pl. de **scapula**}

scapular ['skæpjələ] Ⓐ *adj.* ANATOMIA escapular Ⓑ *s.* 1 VESTUÁRIO (monges) escapulário; 2 ligadura para a omoplata; 3 ZOOLOGIA pena nascida junto da inserção das asas ❖ ANATOMIA *~ arch* cintura escapular; *~ bandage* escapulário; *~ ligadura para a omoplata; *~ feathers* penas que crescem junto da inserção das asas

scapulary ['skæpjələrɪ] *s.* (pl. **-ies**) RELIGIÃO escapulário

scar [skɑː] Ⓐ *s.* 1 cicatriz; 2 [fig.] (dor, sofrimento) cicatriz; marca; mazela; 3 [fig.] marca de destruição; 4 BOTÂNICA cicatriz, marca deixada na haste por folha caída; 5 penhasco; parte rochosa e escarpada em encosta de montanha Ⓑ *v.tr.* (particípios: **-rr-**) 1 deixar cicatriz(es) em; marcar com cicatriz; 2 [fig.] deixar cicatriz(es) em; deixar marca; marcar negativamente Ⓒ *v.intr.* cicatrizar

◆**scar over** *v.intr.* cicatrizar

scarab ['skærəb] *s.* 1 escaravelho sagrado do antigo Egipto; 2 gema cortada em forma de escaravelho, no antigo Egipto

scarabaeid [skærə'biːɪd] *s.* ZOOLOGIA escarabeídeo

scarabaeidae [skærə'biːɪdiː] *s.pl.* ZOOLOGIA Escarabeídeos

scarabaeoid [skærə'biːɔɪd] *adj.* semelhante a um escaravelho ou escarabeídeo

scarabaeus [skærə'biːəs] *s.* ZOOLOGIA escarabeu

scaramouch ['skærəmuːtʃ] *s.* (pl. **-es**) 1 [arc.] poltrão, fanfarrão, gabarola; 2 bobo, palhaço

scarce [skeəs] Ⓐ *adj.* 1 escasso; pouco abundante; *to be ~* escassear; *to be ~ of money* ter pouco dinheiro; 2 insuficiente, que não é bastante; 3 raro; *to grow ~* tornar-se raro; 4 que só se vê de longe a longe Ⓑ *adv.* [arc., poét.] ⇒ **scarcely** ❖ [coloq.] *to make oneself ~* escapulir-se; esgueirar-se

scarcely ['skeəslɪ] *adv.* 1 mal; *he ~ knew what to say* ele mal sabia o que dizer; *I ~ know her* eu mal a conheço; *~ had she looked at him when she began to cry* ela mal tinha olhado para ele quando começou a chorar; 2 dificilmente; *they ~ think of anything else* eles dificilmente pensam noutra coisa; 3 certamente não; *she can ~ have said such a thing* não me parece que ela tenha dito uma coisa dessas; *I ~ think so* não me parece ❖ *~ ever* quase nunca

scarcement ['skeəsmənt] *s.* reentrância em parede, ressalto derivado dessa reentrância

scarceness ['skeəsnɪs] *s.* 1 raridade; 2 ausência, afastamento

scarcity ['skeəsɪtɪ] *s.* 1 escassez; insuficiência; *~ of money* escassez de dinheiro; 2 falta; *~ of labour* falta de mão-de-obra; 3 carência, penúria

scare [skeə] Ⓐ *v.tr.* 1 assustar; pregar um susto a; *he was scared by the fire* ele ficou todo assustado com o fogo; 2 amedrontar; alarmar; espantar Ⓑ *v.intr.* assustar-se; ficar assustado Ⓒ *s.* 1 susto; 2 medo; pânico; pavor; *to create a ~* semear o pânico; 3 alarme; sobressalto ❖ (imprensa) *~ headline* títulos garrafais, para alarmar; *~ story* rumor alarmista; *~ tactics* táctica do medo; [coloq.] *to ~ sb out of their wits* pregar um susto do caraças a alguém; [cal.] *to ~ sb shitless* pregar um susto de caraças a alguém; [coloq.] *to ~ sb to death* pregar um susto de morte a alguém; [coloq.] *to ~ the hell out of sb* pregar um susto dos diabos a alguém; [coloq.] *to ~ the life out of sb* pregar um susto do caraças a alguém; *to ~ the (living) daylights out of sb* pregar um susto do caraças a alguém; [coloq.] *to ~ the pants off sb* pregar um susto do caraças a alguém; [cal.] *to ~ the shit out of sb* pregar um susto do caraças a alguém

◆**scare away/off** *v.tr.* 1 (animais) afugentar; espantar; *to scare away the birds* afugentar os pássaros; 2 (pressão) afugentar; intimidar; *to scare away the customers* afugentar os clientes

◆**scare up** *v.tr.* [EUA] [coloq.] arranjar (algo) com o que houver; improvisar (algo)

scarecrow ['skeəkrəʊ] *s.* 1 espantalho; 2 [fig.] (pessoa) espantalho; 3 [fig.] (coisa assustadora) papão

scared [skeəd] *adj.* apavorado, assustado; *a ~ face* um rosto apavorado; *he was ~ out of his wits* ele estava apavorado; *to be ~ of* ter medo de; *to be ~ stiff of...* ter um medo terrível de...; *to be ~ to death* estar morto de medo

scaremonger ['skeəmʌŋgə] *s.* boateiro, alarmista, indivíduo que espalha boatos alarmantes

scaremongering ['skeəmʌŋgərɪŋ] *s.* acto de espalhar notícias alarmantes

scarf [skɑːf] Ⓐ *s.* (pl. **-s** ou **scarves**) 1 (cabeça, pescoço, ombros) lenço; écharpe; 2 (agasalho) cachecol; 3 (mesa, piano, etc.) pano; 4 faixa militar; 5 (paramento) estola; *clerical ~* estola de sacerdote; 6 (carpintaria) escarva, encaixe para embutir uma peça de madeira noutra; *scarfs of the keel* escarvas da quilha; 7 (carpintaria) ensambladura, ensamblamento; 8 (corpo da baleia) golpe, entalhe Ⓑ *v.tr.* 1 [EUA] (comer) engolir sofregamente; 2 cobrir; embrulhar; 3 (carpintaria) ligar, por meio de escarvas; 4 (carpintaria) ensamblar por meio de juntas sobrepostas; 5 (baleia) esquartejar

◆**scarf down/up** *v.tr.* [EUA] (comer) engolir sofregamente

scarfed [skɑːft] *adj.* 1 (carpintaria) ligado por chanfradura; 2 ensamblado

scarfing ['skɑːfɪŋ] *s.* 1 encaixe por sambladura; 2 acto de biselar ou chanfrar; 3 acto de escarvar ❖ *~ machine* máquina de biselar

scar-fish ['skɑːfɪʃ] *s.* ZOOLOGIA escaro

scarfskin ['skɑːfskɪn] *s.* epiderme; cutícula

scarification [ˌskɛərɪfɪˈkeɪʃən] s. escarificação
scarificator [ˌskɛərɪfɪˈkeɪtə] s. CIRURGIA escarificador
scarifier [ˈskɛərɪfaɪə] s. 1 escarificador, máquina agrícola para cortar verticalmente o solo; 2 ⇒ **scarificator**
scarify [ˈskɛərɪfaɪ] v.tr. 1 CIRURGIA escarificar, fazer incisões em; 2 [fig.] atormentar, fazer sofrer devido a crítica demasiado severa, etc.; 3 remover o solo com o escarificador
scarifying [ˌskɛərɪˈfaɪɪŋ] Ⓐ adj. contundente, cortante Ⓑ s. 1 escarificação; acto ou efeito de escarificar; 2 crítica excessivamente severa
scariose [ˈskɛərɪəʊs] adj. ⇒ **scarious**
scarious [ˈskɛərɪəs] adj. BOTÂNICA escarioso
scarlatina [ˌskɑːləˈtiːnə] s. MEDICINA escarlatina
scarlet [ˈskɑːlət] Ⓐ adj. 1 (cor) escarlate; 2 imoral; ofensivo Ⓑ s. 1 (cor) escarlate; 2 traje escarlate; uniforme do exército britânico ✤ ZOOLOGIA (borboleta) ~ *admiral* vanessa; almirante-vermelho; (tecido) ~ *cloth* escarlata; MEDICINA ~ *fever* escarlatina; ~ *hat* chapéu de cardeal; chapéu cardinalício; ZOOLOGIA (ave) ~ *ibis* guará; HISTÓRIA (símbolo de adultério, entre os Puritanos) ~ *letter* letra escarlate; BOTÂNICA ~ *oak* carvalho-vermelho americano; BOTÂNICA ~ *pimpernel* morrião; BOTÂNICA ~ *runner* feijão-vermelho de trepar; ZOOLOGIA (ave) ~ *tanager* sanhaço-d'asa-preta; [ant.] ~ *woman* mulher de maus costumes; pecadora; *to go* ~ corar de embaraço
scarp [skɑːp] Ⓐ s. 1 escarpa, talude, ladeira muito íngreme; 2 declive interior em muralha de fortificação; 3 HERÁLDICA banda Ⓑ v.tr. cortar em declive, talhar em escarpa, escarpar
scarped [skɑːpt] adj. 1 escarpado; 2 cortado a pique
scarper [ˈskɑːpə] v.intr. [GB] [coloq.] pôr-se a mexer, pôr-se a andar
scarred [skɑːd] adj. 1 marcado com cicatriz, cheio de cicatrizes; *a* ~ *face* uma cara cheia de cicatrizes; 2 (experiência negativa) marcado; dilacerado; devastado; *war-scarred country* país marcado pela guerra; ~ *for life* marcado para a vida inteira, com marcas para a vida inteira
scarry [ˈskɑːrɪ] adj. ⇒ **scarred**
scarus [ˈskɛərəs] s. ⇒ **scar-fish**
scarves [skɑːvz] s. {pl. de **scarf**}
scary [ˈskɛərɪ] adj. (comp. **-ier**, superl. **-iest**) 1 assustado, com medo; 2 amedrontado, assustadiço; 3 assustador
scathe [skeɪð] Ⓐ v.tr. 1 criticar de maneira contundente; criticar severamente; 2 prejudicar; causar dano a; danificar; 3 [arc.] ferir; 4 [poét.] queimar, fulminar Ⓑ s. 1 [arc.] dano, estrago, prejuízo; *to guard from* ~ proteger contra danos, estragos ou prejuízos, pôr a salvo; 2 [arc.] infortúnio ✤ *without* ~ são e salvo
scatheless [ˈskeɪðləs] adj. incólume, ileso; são e salvo; *to get away* ~ sair ileso, estar a salvo
scathing [ˈskeɪðɪŋ] adj. 1 contundente; mordaz, sarcástico; cáustico; ~ *criticism* crítica mordaz; 2 cruel; ~ *irony* ironia cruel; 3 fulminante; *to give sb a* ~ *look* lançar a alguém um olhar fulminante
scathingly [ˈskeɪðɪŋlɪ] adv. 1 contundentemente, mordazmente, sarcasticamente; 2 de maneira incisiva
scatological [ˌskætəʊˈlɒdʒɪkəl] adj. escatológico; relativo à escatologia ou coprofagia
scatology [skəˈtɒlədʒɪ] s. 1 escatologia, coprofagia; 2 tratado acerca dos excrementos
scatophage [ˈskætəʊfeɪdʒ] s. ZOOLOGIA escatófago, coprófago
scatophagous [skəˈtɒfəgəs] adj. ZOOLOGIA escatófago, coprófago
scatter [ˈskætə] v.tr.,intr. 1 espalhar em todas as direcções; *to* ~ *to the four winds* espalhar aos quatro ventos; 2 disseminar(-se); 3 dispersar(-se); *the storm scattered the ships* a tempestade dispersou os navios; *the region is scattered over with hamlets* pequenos lugarejos encontram-se dispersos por toda a região; 4 pôr em fuga; derrotar; 5 AGRICULTURA semear; *to* ~ *seed* espalhar semente, juncar; 7 (luz) difundir; 8 frustrar; 9 (arma de fogo) espalhar a carga; *to* ~ *the shot* espalhar o chumbo ✤ *all their hopes were scattered* todas as esperanças deles se desvaneceram
scatterbrain [ˈskætəbreɪn] s. cabeça-no-ar, pessoa desmiolada, indivíduo incapaz de se concentrar
scatterbrained [ˈskætəbreɪnd] adj. 1 desmiolado, distraído, cabeça-no-ar; 2 (ideia) descabelado, disparatado
scattered [ˈskætəd] adj. 1 espalhado em várias direcções; 2 disperso; *there are a few* ~ *villages* há algumas aldeias dispersas; 3 disseminado; 4 difuso; ~ *light* luz difusa; 5 (pequenas coisas) coberto, juncado, cheio [**with**, de]; *the soil was* ~ *with leaves* o solo estava coberto de folhas ✤ METEOROLOGIA ~ *showers* aguaceiros
scattering [ˈskætərɪŋ] Ⓐ adj. disperso, espalhado Ⓑ s. 1 dispersão; 2 difusão (de luz); 3 quantidade diminuta, pequeno número
scatteringly [ˈskætərɪŋlɪ] adv. 1 dispersamente; 2 por aqui e por ali
scattershot [ˈskætəʃɒt] adj. 1 desordenado; 2 desregrado; 3 pouco sistemático; ~ *approach* abordagem não sistemática
scatty [ˈskætɪ] adj. (comp. **-ier**, superl. **-iest**) 1 [coloq.] distraído, despistado, esquecido; 2 [coloq.] maluquinho
scaup [skɔːp] s. 1 ZOOLOGIA negrinha, negrela, variedade de pato marinho; 2 ⇒ **scaup-duck**
scaur [skɔː] s. parte rochosa e escarpada em encosta de montanha
scavenge [ˈskævɪndʒ] v.tr.,intr. 1 limpar as ruas, varrer as ruas; 2 rebuscar (lixo), procurar (em material deitado ao lixo) para usar, recuperar do lixo; 3 limpar a alma (em cano de peça de artilharia); 4 expulsar (gases queimados, em motores)
scavenger [ˈskævɪndʒə] Ⓐ s. 1 ZOOLOGIA animal necrófago; 2 indivíduo que procura algo em material deitado fora; 3 [GB] [arc.] varredor de ruas; 4 QUÍMICA armadilha Ⓑ v.intr. [arc.] limpar as ruas, varrer as ruas ✤ ZOOLOGIA (insecto) ~ *beetle* necróforo; (jogo) ~ *hunt* caça ao tesouro
scavengery [ˈskævɪndʒrɪ] s. limpeza das ruas, varredura das ruas
scavenging [ˈskævɪndʒɪŋ] s. 1 limpeza das ruas, varredura das ruas; 2 recuperação de material deitado ao lixo; 3 ZOOLOGIA necrofagia
scenario [sɪˈnɑːrɪəʊ] s. (pl. **-s**) 1 TEATRO, CINEMA argumento; 2 CINEMA guião; 3 hipótese; cenário; panorama; possibilidade; *worst-case* ~ a pior das hipóteses, o pior cenário possível, o cenário mais negro
scenarist [ˈsiːnərɪst] s. argumentista, guionista
scend [send] Ⓐ s. 1 NÁUTICA impulso dado pelas ondas; 2 balanço de popa à proa; 3 arfagem Ⓑ v.intr. 1 cair no cavado da onda; 2 balançar da popa à proa; 3 arfar
scene [siːn] s. 1 TEATRO, CINEMA cena; *a romantic* ~ uma cena romântica; *the* ~ *opens with a song* a cena abre com uma canção; *the* ~ *is laid in Oporto* a cena passa-se no Porto; *Act I,* ~ *ii* Acto I, Cena 2; 2 TEATRO, CINEMA (espaço) cena; cenário; 3 (imagem, paisagem) cena; panorama; vista; *country scenes* cenas campestres; 4 (situação) cenário; teatro_{fig}; *that place was the* ~ *of a fierce battle* esse local foi cenário de uma batalha furiosa; *the* ~ *of operations* o teatro das operações; 5 (acontecimento negativo) local; *at/on the* ~ *(of)* no local (de); *on the* ~ *of the disaster* no local do sinistro; *the* ~ *of the crime* o local do crime; 6 [coloq.] (discussão, escândalo) cena; *to make a* ~ fazer uma cena; 7 (ambiente social) cena, meio, mundo; *the political* ~ a cena política; *the fashion* ~ o mundo da moda; 8 LITERATURA episódio; lance ✤ TEATRO ~ *painter* pintor de cenas; decorador de cenas; *a change of* ~ uma mudança de ares; *behind the scenes* nos bastidores; por trás do pano; [coloq.] *not to be sb's* ~ não fazer o género de alguém; *to be/come/appear on the* ~ chegar; chegar ao local; entrar em cena; *to quit the* ~ sair de cena; falecer; *to set the* ~ descever o ambiente; preparar o caminho; *to steal the* ~ conquistar a assistência; ser o centro das atenções
scenery [ˈsiːnərɪ] s. 1 TEATRO cenário; 2 decoração teatral; 3 (montes, vales, etc.) paisagem, panorama, vista; *an imposing* ~ um panorama imponente ✤ *you need a change of* ~ precisas de mudar de ares; precisas de espairecer
sceneshifter [ˈsiːnʃɪftə] s. TEATRO maquinista
scenic [ˈsenɪk, ˈsiːnɪk] adj. 1 cénico; 2 teatral; 3 pitoresco; 4 dramático; 5 exagerado, afectado; 6 (quadro) que representa um incidente, que conta uma história
scenically [ˈsiːnɪkəlɪ] adv. 1 cenicamente; 2 dramaticamente; 3 pitorescamente
scenographic [ˌsiːnəʊˈgræfɪk] adj. cenográfico
scenographical [ˌsiːnəʊˈgræfɪkəl] adj. cenográfico

scenographically [ˌsiːnəʊˈɡræfɪkəlɪ] adv. cenograficamente
scenography [siːˈnɒɡrəfɪ] s. 1 cenografia; 2 arte de pintar segundo as regras da perspectiva; 3 desenho em perspectiva
scent [sent] Ⓐ s. 1 aroma; odor; fragrância; perfume; 2 (cosmética) perfume; *bottle of* ~ frasco de perfume; *she put some* ~ *on her dress* ela pôs um pouco de perfume no vestido; 3 (pessoa, animal) cheiro característico; odor; 4 rasto; pista; *to be on the right* ~ estar no caminho certo; *to be thrown off the* ~ perder a pista; *to get on the* ~ encontrar o rasto; *to lose the* ~ perder o rasto, perder a pista; *to pick up the* ~ *again* voltar a encontrar o rasto; 5 indício; 6 faro; olfacto; *some dogs have practically no* ~ há cães que praticamente não têm faro; 7 [fig.] faro; *to have a good* ~ *for* ter bom faro para, ter jeito para (descobrir qualquer coisa) Ⓑ v.tr.,intr. 1 cheirar; 2 farejar; *to* ~ *(out) game* farejar caça; *the dog scented a cat* o cão farejou um gato; 3 [fig.] pressentir; ver sinais de; suspeitar; farejar, cheirar_fig_; *to* ~ *treachery* pressentir traição, suspeitar de traição; *to* ~ *danger* pressentir o perigo; 4 perfumar ❖ BIOLOGIA ~ *gland* glândula odorífera; (amostra) ~ *strip* tira com perfume; *he is on the* ~ *of an important discovery* ele está prestes a fazer uma importante descoberta; *to put/throw sb off the* ~ despistar alguém
scented [ˈsentɪd] adj. 1 perfumado; 2 cheiroso; 3 odorífero, odorífico
scentless [ˈsentləs] adj. 1 sem cheiro; 2 sem perfume; 3 inodoro
scepsis [ˈskepsɪs] s. FILOSOFIA ceptismo
scepter [ˈseptə] s. ⇒ **sceptre**
sceptic [ˈskeptɪk] adj. céptico
sceptical [ˈskeptɪkəl] adj. 1 céptico; *to be* ~ *about* mostrar-se céptico em relação a; 2 incrédulo ❖ *to be* ~ *about…* duvidar que…; ter dúvidas em relação a…
sceptically [ˈskeptɪkəlɪ] adv. 1 cepticamente; 2 incredulamente
scepticism [ˈskeptɪsɪzəm] s. cepticismo
sceptre [ˈseptə] s. 1 ceptro; *to wield the* ~ ter o ceptro; 2 [fig.] autoridade, poderio real ou imperial
sceptred [ˈseptəd] adj. com ceptro, real ou imperial
sceptreless [ˈseptələs] adj. 1 sem ceptro; 2 despojado do ceptro
sch. [abrev. de school]
schedule [ˈʃedjuːl, ˈskedjuːl] Ⓐ s. 1 (trabalho) plano; 2 horário; 3 rol, lista, catálogo; 4 inventário; 5 DIREITO (em contrato) codicilo; anexo; 6 nota explicativa; 7 (preços) tabela Ⓑ v.tr. 1 marcar, agendar [for, para]; *the meeting is scheduled for Saturday* a reunião está marcada para sábado; 2 planear, prever; 3 fazer lista de; 4 inventariar; catalogar; 5 ordenar ❖ MILITAR ~ *fire* fogo previsto; ~ *time* (tempo planificado em) horário; [irón.] *that was scarcely* ~ isso não estava; isso não estava no programa; *to be behind* ~ atrasar-se; estar com atraso; *to happen ahead of* ~ acontecer antes do tempo; (caminhos-de-ferro) *up to* ~ a horas; de acordo com o horário
scheduled [ˈʃedjuːlt, ˈskedjuːlt] adj. 1 marcado; combinado; 2 previsto; ~ *time* hora prevista; *as* ~ conforme previsto; 3 organizado; 4 regular; ~ *flight* voo regular; (comboio, autocarro, etc.) ~ *service* serviço regular
scheduling [ˈskedʒəlɪŋ] s. (actividades, tarefas) escalonamento; programação
Scheherazade [ʃəˌherəˈzɑːdə] s.antr. Xerazade, figura principal dos contos das Mil e Uma Noites
schema [ˈskiːmə] s. (pl. **-ta**) 1 esquema, diagrama; 2 sinopse; 3 figura silogística; 4 figura de retórica; 5 FILOSOFIA forma essencial, ideia do que é comum a todos os membros de uma classe
schemata [ˈskiːmətə] s. (pl. de **schema**)
schematic [skɪˈmætɪk] Ⓐ adj. esquemático; ~ *diagram* diagrama esquemático; ~ *representation* representação esquemática Ⓑ s. esquema
schematically [skɪˈmætɪkəlɪ] adv. esquematicamente
schematize [ˈskiːmətaɪz] v.tr. esquematizar
scheme [skiːm] Ⓐ s. 1 plano; projecto; *a* ~ *of work* um plano de trabalho; 2 (método) procedimento; 3 maquinação, intriga, ardil, artifício; 4 programa; 5 horário; 6 esquema; 7 combinação; arranjo; disposição; ~ *of colours* combinação de cores; *to lay a* ~ *to do sth* combinar fazer alguma coisa Ⓑ v.tr.,intr. 1 maquinar, urdir, planear; 2 intrigar ❖ ARQUITECTURA ~ *arch* arco abaulado; *pension* ~ plano de reforma; LITERATURA *rhyme* ~ esquema rimático; MILITAR *tactical* ~ esquema de táctica; *the* ~ *of things* a ordem das coisas; a ordem da natureza

schemer [ˈskiːmə] s. 1 aquele que planeia ou projecta; 2 intriguista, maquinador
scheming [ˈskiːmɪŋ] Ⓐ adj. intriguista, cheio de intrigas ou maquinações Ⓑ s. 1 acto de planear ou projectar; 2 intrigas, maquinações
scherzo [ˈskeətsəʊ] s. MÚSICA scherzo, parte graciosa de uma peça musical
schiagraphic [ˌsaɪəˈɡræfɪk] adj. ciográfico
schiagraphical [ˌsaɪəˈɡræfɪkəl] adj. ciográfico
schiedam [skiːˈdæm] s. (bebida) genebra holandesa
schipperke [ˈʃɪpəkɪ, ˈskɪpəkɪ] s. determinado tipo de raça canina
schism [ˈsɪzəm, ˈskɪzəm] s. 1 cisma, separação, divisão de uma comunidade em facções hostis; 2 cisão; 3 dissidência
schismatic [sɪzˈmætɪk] Ⓐ adj. 1 cismático; relativo a cisma ou cisão; 2 que tomou parte num cisma Ⓑ s. cismático, indivíduo que tomou parte num cisma
schismatical [sɪzˈmætɪkəl] adj. ⇒ **schismatic** Ⓐ
schismatically [sɪzˈmætɪkəlɪ] adv. cismaticamente
schist [ʃɪst] s. MINERALOGIA xisto ❖ QUÍMICA ~ *oil* óleo de xisto
schistoid [ˈʃɪstɔɪd] adj. MINERALOGIA xistóide, esquistóide
schistose [ˈʃɪstəʊs] adj. xistoso
schistous [ˈʃɪstəs] adj. ⇒ **schistose** ❖ ~ *clay* argila xistosa
schizanthus [skaɪˈzænθəs] s. BOTÂNICA esquizanto, género de plantas anuais, da família das Solanáceas, muito cultivadas na Europa pela beleza das suas flores
schizocarpous [ˌskaɪzəʊˈkɑːpəs] adj. BOTÂNICA xistocarpo, esquistocarpo
schizogenesis [ˌskaɪzəʊˈdʒenɪsɪs] s. BIOLOGIA (genética) fissiparidade, cissiparidade
schizogony [skaɪˈzɒɡənɪ] s. BIOLOGIA esquizogonia
schizoid [ˈskɪzɔɪd] adj. PSICOLOGIA esquizóide
schizomycete [ˌskaɪzəʊmaɪˈsiːt] s. BOTÂNICA esquizomicete
schizophrenia [ˌskɪtsəʊˈfriːnɪə] s. MEDICINA, PSICOLOGIA esquizofrenia
schizophrenic [ˌskɪtsəʊˈfrenɪk] adj. MEDICINA, PSICOLOGIA esquizofrénico
schizophyte [ˈskaɪzəʊfaɪt] s. BIOLOGIA esquizófita
schizopod [ˈskaɪzəʊpɒd] s. ZOOLOGIA esquizópode
schlep [ʃlep] Ⓐ v.tr. (particípios: **-pp-**) [EUA] [coloq.] arrastar-se a custo Ⓑ v.tr. [EUA] [coloq.] carregar, arrastar
schlepp [ʃlep] v.tr.,intr. [EUA] [coloq.] ⇒ **schlep**
schlock [ʃlɒk] Ⓐ s. [coloq.] (livros, filmes, discos) lixo comercial_depr._ obra sem valor artístico Ⓑ adj. [coloq.] sem valor artístico, comercial_depr._
Schmalkaldic [ˈʃmɑːlkældɪk] adj. esmalcáldico; relativo a Esmalcalda ❖ HISTÓRIA (Alemanha) *the* ~ *League* a Liga de Esmalcalda
schmaltz [ʃmɔːlts] s. [depr.] sentimentalismo excessivo
schmaltzy [ˈʃmɔːltsɪ] adj. [depr.] cor-de-rosa_fig._, sentimentalóide
schmooze [ʃmuːz] Ⓐ s. [coloq.] tagarelice, cavaqueio Ⓑ v.intr. [coloq.] tagarelar, cavaquear Ⓒ v.tr. adular, lisonjear, bajular
schmuck [ʃmʌk] s. [EUA] [coloq.] parvo, convencido, presumido
schnapps [ʃnæps] s. (bebida) *schnaps*, aguardente alemã
schnaps [ʃnæps] s. ⇒ **schnapps**
schnauzer [ˈʃnaʊzə] s. ZOOLOGIA (cão) schnauzer
schnorrer [ˈʃnɒrə] s. mendigo, pedinte
schol [skɒl] s. [coloq.] (escola) ⇒ **scholarship** ❖ *to get a* ~ ter uma bolsa de estudos; *to go in for a* ~ candidatar-se a uma bolsa de estudos; preparar-se para bolsa de estudos
scholar [ˈskɒlə] s. 1 erudito; estudioso; académico; 2 letrado; intelectual; humanista; sábio; 3 (estudante) bolseiro; 4 [arc.] aluno, colegial, estudante ❖ BOTÂNICA *scholar's tree* sófora; *German* ~ germanista; *Greek* ~ helenista; *Latin* ~ latinista; *he's not much of a* ~ ele não é muito intruído; *he's a* ~ *and a gentleman* ele é uma pessoa culta e educada
scholarlike [ˈskɒləlaɪk] adj. ⇒ **scholarly**
scholarly [ˈskɒləlɪ] adj. 1 sábio, douto, erudito, ilustrado; 2 muito instruído; 3 académico
scholarship [ˈskɒləʃɪp] s. 1 bolsa de estudos; *to win a* ~ receber uma bolsa de estudos; 2 erudição, saber; 3 trabalho académico ❖ ~ *holder* bolseiro

scholastic [skəˈlæstɪk] Ⓐ *adj.* **1** escolástico; relativo à escolástica; **2** escolar; *the ~ year* o ano escolar; **3** universitário, académico; **4** formal, formalista Ⓑ *s.* **1** escolástico; **2** HISTÓRIA professor de universidade medieval; **3** teólogo que segue as regras de Aristóteles; **4** RELIGIÃO (entre o noviciado e o sacerdócio) jesuíta do terceiro grau da ordem ❖ *~ agency* agência de colocação para professores; FILOSOFIA *~ philosophy* escolástica; [EUA] *~ aptitude test* prova de acesso à universidade; *the ~ profession* a carreira docente

scholastically [skəˈlæstɪkəlɪ] *adv.* **1** escolasticamente; **2** segundo os métodos da escolástica

scholasticism [skəˈlæstɪsɪzəm] *s.* **1** FILOSOFIA escolástica; **2** tendências escolásticas; **3** apego às doutrinas escolásticas

scholia [ˈskɔːlɪə] *s.* {*pl. de* **scholium**}

scholiast [ˈskəʊlɪæst] *s.* **1** escoliasta; **2** anotador, comentador

scholium [ˈskəʊlɪəm] *s.* (*pl.* **-ia**) escólio, anotação, nota marginal (em autor clássico)

school [skuːl] Ⓐ *s.* **1** (instituição, local, comunidade) escola; colégio; *the whole ~ knew it* toda a escola sabia; *which ~ does she go to?/which ~ does she attend?* em que escola é que ela anda?; *I was at ~ with him* andei na escola com ele; *secondary ~* escola secundária; *she left ~ when she was ten* ela saiu da escola quando tinha dez anos de idade; **2** (período lectivo) escola; aulas; *~ begins at 9 a. m.* as aulas começam às nove da manhã; *before/after ~* antes/depois das aulas; *there will be no ~ tomorrow* amanhã não há escola, amanhã não há aulas; **3** (ensino superior) faculdade; escola; *medical ~* faculdade de medicina; *~ of art* escola de belas-artes; **4** [EUA] universidade; **5** escola; instituto; academia; *driving ~* escola de condução; *language ~* escola de línguas, instituto de línguas; *dancing ~* escola de dança, academia de dança; **6** [fig.] (fonte de conhecimento ou experiência) escola; *the ~ of life* a escola da vida; *the hard ~ of experience* a dura escola da experiência; **7** (artes, pensamento) escola; movimento; corrente; *~ of thought* corrente de pensamento; *the romantic ~* a escola romântica; *the Platonic ~* a escola platónica; *he left no ~ behind him* ele não deixou escola; **8** doutrina; **9** (peixes, baleias, golfinhos) cardume; grupo, conjunto; *a ~ of mackerel* um cardume de cavalas; **10** MÚSICA manual; *~ of counterpoint* manual de contraponto; **11** *pl.* (universidade de Oxford) edifício de exames; exames finais; *to sit for one's schools* apresentar-se a exame; **12** *pl.* HISTÓRIA universidades medievais; filosofia escolástica medieval Ⓑ *adj.* **1** escolar; de escola; da escola; *~ doctor* médico escolar; *~ fees* propinas escolares; *~ furniture* mobiliário escolar; *~ days* tempos de escola; **2** [arc.] relativo à teologia escolástica Ⓒ *v.tr.,intr.* **1** ensinar, instruir, educar; **2** mandar à escola; **3** treinar; adestrar; disciplinar; *to ~ one's temper* disciplinar o temperamento; **4** acostumar; habituar; *to ~ oneself to patience* habituar-se a ter paciência; **5** juntar-se em cardumes, nadar em cardumes ❖ *~ age* idade escolar; [EUA] *~ board* assembleia local responsável pelo sistema educativo público; *~ bus* autocarro escolar; camioneta escolar; *~ day* dia de aulas; dia de escola; [EUA] *~ district* zona escolar; zona educativa; [GB] *~ friend* amigo da escola; *~ inspector* inspector escolar; *~ report* boletim escolar; *~ ship* navio-escola; *~ year* ano escolar; ano lectivo; *during ~ time* em tempo de aulas; *in my ~ days* nos meus tempos de escola; quando eu andava na escola; *of the old ~* da velha guarda; antiquado; tradicional

schoolable [ˈskuːləbəl] *adj.* em idade escolar

schoolbag [ˈskuːlbæg] *s.* pasta da escola

schoolbook [ˈskuːlbʊk] *s.* manual escolar

schoolboy [ˈskuːlbɔɪ] *s.* aluno; estudante ❖ *~ slang* calão escolar

schoolchild [ˈskuːltʃaɪld] *s.* (*pl.* **-children**) criança da escola, criança que anda na escola

schooled [skuːld] *adj.* **1** treinado, adestrado [**to**, para]; **2** habituado [**to**, a]; *to be ~ to* estar habituado a ❖ *to be ~ in sth* ter experiência em algo; *to have been ~ by adversity* ter aprendido na escola da adversidade

schoolfellow [ˈskuːlˌfeləʊ] *s.* [ant.] condiscípulo, companheiro de escola, colega de escola

schoolgirl [ˈskuːlgɜːl] *s.* aluna (de escola, liceu, etc.)

schoolgirlish [ˈskuːlgɜːlɪʃ] *adj.* **1** próprio de aluna de escola; **2** adolescente, colegial

schoolgirly [ˈskuːlgɜːlɪ] *adj.* ⇒ **schoolgirlish**

schoolhouse [ˈskuːlhaʊs] *s.* **1** edifício escolar (sobretudo numa aldeia); **2** [GB] [ant.] residência do director; residência do professor

schooling [ˈskuːlɪŋ] *s.* **1** instrução, educação; **2** escolaridade; **3** treino, aprendizagem

school-leaving [ˈskuːlˌliːvɪŋ] *adj.* relativo à saída da escola, relativo ao final da escolaridade ❖ *~ age* idade limite da escolaridade obrigatória; *to raise the ~ age* prolongar a escolaridade obrigatória

schoolman [ˈskuːlmən] *s.* (*pl.* **-men**) **1** escolástico; **2** professor em universidade europeia medieval; **3** teólogo escolástico, que versa os seus problemas segundo as regras da lógica aristotélica; **4** [EUA] professor

schoolmarm [ˈskuːlmɑːm] *s.* **1** [ant.] professora; professora antiquada e rígida; **2** [depr.] mulher formal, antiquada e rígida

schoolmaster [ˈskuːlmɑːstə] *s.* **1** [ant.] mestre-escola, professor de escola elementar; **2** director de escola ❖ [fig., irón.] *the ~ is abroad* cá está o que se aprende hoje; cada vez se aprende menos

schoolmastering [ˈskuːlˌmɑːstərɪŋ] *s.* [ant.] ensino, actividade docente numa escola; *to go in for ~* dedicar-se ao ensino

schoolmate [ˈskuːlmeɪt] *s.* colega de escola; companheiro de escola; condiscípulo

schoolmistress [ˈskuːlmɪstrɪs] *s.f.* (*pl.* **-es**) **1** professora de escola elementar; **2** professora de escola secundária; **3** directora de internato

schoolroom [ˈskuːlrʊm] *s.* sala de aula

schoolteacher [ˈskuːlˌtiːtʃə] *s.* professor escolar

schoolteaching [ˈskuːlˌtiːtʃɪŋ] *s.* ensino escolar

schoolwork [ˈskuːlwɜːk] *s.* trabalho escolar

schooner [ˈskuːnə] *s.* **1** NÁUTICA escuna, goleta; **2** cerca de meio litro de cerveja; **3** caneca grande para a cerveja ❖ CULINÁRIA *~ on the rocks* carne assada com batatas à volta

schorl [ʃɔːl] *s.* MINERALOGIA turmalina preta

schottische [ʃɒˈtiːʃ, ʃəˈtiːʃ] *s.* **1** espécie de polca; **2** música para esta espécie de polca

Schubertian [ʃʊˈbɜːtɪən] *adj.* schubertiano, à maneira de Schubert

sci. [*abrev. de* science]

sciaena [saɪˈiːnə] *s.* ZOOLOGIA (peixe) ciena, corvina

sciaenoid [saɪˈiːnɔɪd] *s.* cienídeo

sciagram [ˈsaɪəgræm] *s.* **1** ciografia; **2** radiografia

sciagraph [ˈsaɪəgrɑːf] *s.* **1** ciografia; **2** corte vertical de edifício; **3** radiografia

sciagraphy [saɪˈægrəfɪ] *s.* **1** ciografia; **2** arte de contrastar em desenho as sombras com os claros; **3** fotografia por meio de raios X; **4** corte vertical de edifício, mostrando o interior; **5** arte de achar as horas pelo exame das sombras projectadas pelos objectos

sciascopy [saɪˈæskəpɪ] *s.* **1** MEDICINA esquiascopia; **2** pupiloscopia, determinação do grau de refracção ocular

sciatic [saɪˈætɪk] *adj.* ANATOMIA ciático ❖ ANATOMIA *the ~ nerve* o nervo ciático

sciatica [saɪˈætɪkə] *s.* MEDICINA ciática

science [ˈsaɪəns] *s.* **1** ciência; ciências; *natural ~* ciências naturais; *physical ~* ciências físicas; *pure ~* ciências puras; *social sciences* ciências sociais; *the exact sciences* as ciências exactas; *to study ~* estudar ciências; **2** ciência; habilidade, perícia, arte; **3** [arc.] ciência; saber, conhecimento ❖ *~ fiction* ficção científica; *~ park* parque científico; *~ teacher* professor de ciências; *to blind sb with ~* confundir alguém com explicação demasiado técnica; impressionar alguém com a sua sabedoria

scienter [saɪˈentə] *adv.* DIREITO intencionalmente, deliberadamente, com plena consciência

scientific [ˌsaɪənˈtɪfɪk] *adj.* **1** científico; *~ community* comunidade científica; *~ instruments* instrumentos científicos; **2** metódico (**about**, em relação a); sistemático (**about**, em relação a) ❖ FILOSOFIA *the ~ method* o método científico

scientifically [ˌsaɪənˈtɪfɪkəlɪ] *adv.* cientificamente

scientism [ˈsaɪəntɪzəm] *s.* cientismo

scientist [ˈsaɪəntɪst] *s.* cientista

scientologist [ˌsaɪənˈtɒlədʒɪst] *s.,adj.* RELIGIÃO cientologista

scientology [saɪən'tɒlədʒɪ] s. RELIGIÃO cientologia
sci-fi ['saɪfaɪ] s. [coloq.] ficção científica
scilla ['sɪlə] s. BOTÂNICA cila, cebola-albarrã
scimitar ['sɪmɪtə] s. cimitarra
scintilla [sɪn'tɪlə] s. 1 centelha; chispa; lampejo; 2 [fig.] quantidade ínfima; *not a ~ of evidence* sem o menor indício de prova
scintillant ['sɪntɪlənt] adj. cintilante, brilhante
scintillate ['sɪntɪleɪt] v.intr. cintilar, brilhar
scintillating ['sɪntɪleɪtɪŋ] adj. cintilante, brilhante
scintillation [sɪntɪ'leɪʃən] s. cintilação, brilho
sciolism ['saɪəlɪzəm] s. 1 conhecimento superficial; 2 charlatanismo
sciolist ['saɪəlɪst] s. 1 indivíduo com conhecimentos superficiais; 2 pseudo-sábio; 3 charlatão
scion ['saɪən] s. 1 BOTÂNICA rebento (sobretudo destinado a enxerto ou plantação); 2 garfo; 3 enxerto; 4 descendente jovem de família nobre
Scipio ['sɪpɪəʊ, 'skɪpɪəʊ] s.antr. HISTÓRIA (cônsul romano) Cipião; *~ Africanus* Cipião, o Africano
scirrhoid ['sɪrɔɪd] adj. cirroso
scirrhosity [sɪ'rɒsɪtɪ] s. 1 cirrosidade; 2 tumor cirroso
scirrhous ['sɪrəs] adj. cirroso
scirrhus ['sɪrəs] s. MEDICINA cirro, tumor cirroso
scissel ['sɪsəl] s. cisalha, fragmentos de metal ou restos de chapa metálica depois da cunhagem de moedas
scissile ['sɪsaɪl] adj. 1 susceptível de ser cortado; 2 físsil
scission ['sɪʒən, 'sɪʃən] s. 1 cisão, corte; 2 separação, divisão
scissiparity [sɪsɪ'pærɪtɪ] s. cissiparidade, fissiparidade
scissiparous [sɪ'sɪpərəs] adj. cissíparo, fissíparo
scissor ['sɪzə] Ⓐ v.tr. cortar com tesoura; recortar com tesoura Ⓑ v.intr. fazer um movimento de tesoura; fazer um golpe de tesoura; fazer um salto de tesoura Ⓒ s. ⇒ scissors Ⓓ adj. de tesoura; *~ blade* lâmina de tesoura; *~ case* estojo de tesoura ❖ DESPORTO *~ jump* salto de tesoura; DESPORTO (natação) *~ kick* movimento de tesoura; golpe de tesoura; pernada de tesoura
scissorbill ['sɪzəbɪl] s. ZOOLOGIA (ave) talha-mar, taiataia
scissors ['sɪzəz] s.pl. 1 [verbo no sing. ou pl.] tesoura; *a pair of ~* uma tesoura; *nail ~* tesoura das unhas; 2 DESPORTO (movimento, salto, golpe) tesoura ❖ DESPORTO (natação) *~ kick* movimento de tesoura; golpe de tesoura; pernada de tesoura
scissors-and-paste [sɪzəzən'peɪst] adj. (trabalho) de corta e cola; feito com os pés; feito a partir de remendos de outras obras
scissortail ['sɪzəteɪl] s. ZOOLOGIA variedade de ave norte-americana (*Muscivora fortificatus*)
sciuridae [saɪ'jʊrɪdi:] s.pl. ZOOLOGIA Ciurídeos
sciurine ['saɪjʊraɪn] adj. ZOOLOGIA ciuríneo
sclaff [sklæf] Ⓐ s. (golfe) tacada que roça pelo solo Ⓑ v.tr. (golfe) roçar no solo ao bater a bola
sclera ['sklɪərə] s. ANATOMIA esclerótica
sclerenchyma [sklɪə'reŋkɪmə] s. BOTÂNICA esclerênquima
scleritis [sklɪə'raɪtɪs] s. MEDICINA esclerite
scleroderm ['sklɪərəʊ'dɜːm] s. ZOOLOGIA esclerodermo
scleroderma [sklɪərəʊ'dɜːmə] s. MEDICINA esclerodermia
sclerodermatous [sklɪərəʊ'dɜːmətəs] adj. com esclerodermia
scleroma [sklɪə'rəʊmə] s. (pl. -ta) MEDICINA escleroma
scleromata [sklɪə'rəʊmətə] s. {pl. de **scleroma**}
sclerometer [sklɪə'rɒmɪtə] s. esclerómetro
sclerophthalmia [sklɪərɒf'θælmɪə] s. MEDICINA escleroftalmia, xeroftalmia
scleroscope ['sklɪərəskəʊp] s. escleroscópio
sclerosed [sklɪə'rəʊst] adj. MEDICINA com esclerose
scleroses [sklɪə'rəʊsəz] s. {pl. de **sclerosis**}
sclerosis [sklɪə'rəʊsɪs] s. (pl. -oses) MEDICINA esclerose ❖ MEDICINA *multiple ~* esclerose múltipla
sclerotic [sklɪə'rɒtɪk] Ⓐ adj. esclerótico Ⓑ s. esclerótica
sclerotitis [sklɪərəʊ'taɪtɪs] s. MEDICINA esclerotite, esclerite
sclerotomy [sklɪə'rɒtəmɪ] s. CIRURGIA esclerotidectomia, escleroticotomia, esclerectomia
sclerous ['sklɪərəs] adj. escleral, esclerotical
SCM Ⓐ MEDICINA [abrev. de State Certified Midwife] Ⓑ [abrev. de Student Christian Movement]
scobs [skɒbz] s.pl. 1 raspas de metal; 2 aparas; 3 serradura; 4 limalha; 5 escória, escórias

scoff [skɒf] Ⓐ s. 1 chacota; troça; zombaria; escárnio; *to be the ~ of* servir de alvo de chacota; 2 [coloq.] comida Ⓑ v.tr.,intr. 1 fazer pouco, rir-se [at, de]; escarnecer, zombar [at, de]; 2 [coloq.] (comida) engolir sofregamente
scoffer ['skɒfə] s. zombador, escarnecedor, trocista
scoffing ['skɒfɪŋ] Ⓐ adj. zombador, zombeteiro, gracejador Ⓑ s. zombaria, troça, mofa, escárnio
scoffingly ['skɒfɪŋlɪ] adv. zombeteiramente, escarnecedoramente
scold [skəʊld] Ⓐ v.tr.,intr. 1 ralhar (com), repreender [for, por]; censurar [for, por]; *the boy was scolded for being so lazy* o rapaz foi repreendido por ser tão preguiçoso; 2 rezingar, resmungar Ⓑ s. 1 rabugento; rezingão; 2 [depr.] (mulher) megera
scolder ['skəʊldə] s. pessoa que ralha ou repreende
scolding ['skəʊldɪŋ] Ⓐ adj. 1 rezingão, rabugento; 2 severo Ⓑ s. censura, repreensão; descompostura; *to give sb a good ~* dar uma boa descompostura a alguém
scoleces ['skɒlɪsɪz] s. {pl. de **scolex**}
scolex ['skɒleks] s. (pl. **scoleces**) escólex, cabeça (de ténia)
scolia ['skɒlɪə] s. ZOOLOGIA escolia (género de insectos)
scoliidae [skɒ'laɪɪdi:] s.pl. ZOOLOGIA Escolíideos
scolion ['skɒlɪɒn] s. escólio, canção entoada à mesa na antiga Grécia
scoliosis [skɒlɪ'əʊsɪs] s. MEDICINA escoliose
scoliotic [skɒlɪ'ɒtɪk] adj. MEDICINA escoliótico
scollop ['skɒləp] ⇒ **scallop**
scolopaceous [skɒləʊ'peɪʃəs] adj. ZOOLOGIA que pertence ao género das escolopácidas
scolopacine [skɒləʊ'pæsɪn, skɒləʊ'pæsaɪn] Ⓐ adj. ⇒ **scolopaceous** Ⓑ s. ZOOLOGIA escolopácida
scolopendra [skɒləʊ'pendrə] s. ZOOLOGIA escolopendra
scolopendrine [skɒləʊ'pendrɪn] adj. que pertence às escolopendras ou é próprio delas
scolopendrium [skɒləʊ'pendrɪəm] s. BOTÂNICA escolopêndrio
scomber ['skɒmbə] s. 1 ZOOLOGIA escômber; 2 cavala, sarda
scombroid ['skɒmbrɔɪd] adj.,s. ZOOLOGIA escombrídeo
sconce [skɒns] Ⓐ s. 1 (candeeiro fixo em parede) aplique; 2 (velas) castiçal; arandela; 3 palmatória; 4 (protecção de vau, passagem, etc.) fortim, pequena obra de fortificação; 5 [arc.] abrigo, anteparo; 6 assento fixo à lareira; 7 (universidade) multa por infracção disciplinar; 8 (Oxford) rodada de cerveja paga como multa por quebra de etiqueta; 9 [coloq.] cabeça, cachola, cachimónia, cocuruto; *a crack on the ~* uma pancada na cabeça; 10 icebergue à flor da água Ⓑ v.tr. 1 (Oxford) multar, obrigar a uma rodada de cerveja por pequena ofensa; 2 HISTÓRIA (universidade) multar por infracção disciplinar; *Latin quotations are sconced* é multado quem fizer citações de latim ❖ *to build a ~* mudar sucessivamente de taberna para não pagar as dívidas nelas contraídas
scone [skəʊn] s. CULINÁRIA scone
scoop [sku:p] Ⓐ s. 1 (cereal, farinha, carvão, açúcar, etc.) pá funda e de cabo curto; 2 colher de gelado; 3 (colher) concha; 4 (escavadora, retroescavadora, etc.) colher, pá; 5 (quantidade) colherada; conchada; pazada; 6 acto de utilizar colher; acto de utilizar concha; 7 CIRURGIA cureta; 8 concavidade, escavação, cavidade; 9 [coloq.] furo jornalístico; 10 [coloq.] lucro considerável conseguido rapidamente; negócio da China; 11 NÁUTICA bartedouro Ⓑ v.tr. 1 tirar com uma concha; tirar com as mãos em forma de concha; tirar com uma pequena pá; 2 (colheção, pá, vertedouro, concha) esvaziar; vazar; 3 escavar, cavar; 4 levantar, num movimento rápido; 5 (furo jornalístico) publicar (antes dos outros jornais); transmitir (antes dos outros canais); *to ~ the other papers* antecipar-se aos outros jornais na publicação de uma notícia importante; 6 [coloq.] (lucro, votos, prémios, benefício) conseguir (devido a súbita decisão ou sorte); ganhar; embolsar; *he scoops £1,000 a month* ele embolsa 1000 libras por mês ❖ VESTUÁRIO (roupa feminina) *~ neck* decote redondo; (pesca) *~ net* rede de arrasto; *~ wheel* tímpano; roda hidráulica para água; *in one ~* com um só movimento de pá; com um só movimento de colher; de uma só vez; [coloq.] *poop ~* pequena pá para apanhar excrementos de cão; [GB] [coloq.] *to ~ the pool* [coloq.] ganhar todos os prémios; limpar os prémios; [EUA] (novidades, mexericos, etc.) *what's the scoop?* quais são as últimas?; que novidades há?

◆**scoop out** *v.tr.* 1 tirar com uma concha; tirar com uma colher; tirar com a mão em forma de concha; 2 abrir um buraco em; escavar

◆**scoop up** *v.tr.* 1 [coloq.] (lucro, votos, prémios, benefício) juntar, acumular; ganhar; 2 levantar, com um movimento rápido

scooped [sku:pt] *adj.* oco, vazio

scooper ['sku:pə] *s.* 1 pessoa que esvazia ou vaza; 2 pessoa que junta com pá; 3 goiva; 4 cinzel, escopro; 5 ZOOLOGIA sovela, avoceta

scooping ['sku:pɪŋ] *s.* 1 acto de esvaziar ou vazar; 2 escavação ❖ **~ up** acumulação (por meio de pá)

scoot [sku:t] Ⓐ *s.* [coloq.] fuga precipitada; *to do a ~* fugir a sete pés Ⓑ *v.intr.* 1 [coloq.] fugir a sete pés; dar às gâmbias*cal*; 2 correr ❖ *scoot!* corre!, põe-te a andar!

◆**scoot away/off** *v.intr.* fugir, pôr-se a andar, pôr-se a mexer

scooter ['sku:tə] *s.* 1 (crianças) trotineta; 2 (veículo) vespa, lambreta; *motor ~* vespa; lambreta; 3 [EUA] veleiro com esquis para a deslocação sobre gelo

scop ['skɒp] *s.* [ant.] bardo, poeta

scopa ['skəʊpə] *s.* ⇒ **scopula**

scopate ['skəʊpeɪt] *adj.* ZOOLOGIA com escópulas

scope [skəʊp] *s.* 1 âmbito; alcance; envergadura; *an undertaking of wide ~* um empreendimento de grande alcance; *to fall within the ~ of...* cair no âmbito de...; 2 intenção, objectivo; alvo, desígnio, escopo; 3 extensão de conhecimentos; capacidade de compreensão; 4 competência; *that's beyond/outside my ~* isso está para além da minha competência; 5 esfera de acção, campo de acção; *~ of gunfire* campo de acção de artilharia; *to lack ~* carecer de campo de acção; 6 liberdade de acção, margem de manobra*fig*; *he has full ~ to act* ele tem liberdade de acção, ele tem carta-branca; 7 NÁUTICA (navio ancorado) comprimento da toa ❖ *to lie within the ~ of possible events* estar dentro das previsões; *to give full ~ to* dar livre curso a

◆**scope out** *v.tr.* alargar horizontes sobre; expandir conhecimentos sobre

scopiform ['skəʊpɪfɔːm] *adj.* fasciculado

scops [skɒps] *s.* ZOOLOGIA escops

scopula ['skɒpjələ] *s.* (*pl.* **-ae**) ZOOLOGIA escópula

scorbutic [skɔː'bjuːtɪk] Ⓐ *adj.* escorbútico Ⓑ *s.* pessoa atacada pelo escorbuto

scorbutus [skɔː'bjuːtəs] *s.* MEDICINA escorbuto

scorch [skɔːtʃ] Ⓐ *s.* (*pl.* **-es**) 1 queimadura superficial, chamuscadela; 2 [coloq.] (automóvel, bicicleta) corrida a toda a velocidade Ⓑ *v.tr.,intr.* 1 (chama, raios solares) chamuscar; causticar; queimar; 2 secar, ressequir, (fazer) murchar; 3 [coloq.] desbotar devido ao calor; 4 (crítica) ferir; 5 [coloq.] (automóvel, bicicleta) guiar a toda a velocidade; 6 GEOLOGIA vulcanizar prematuramente ❖ *wit that scorches* espírito cáustico

scorched [skɔːtʃt] *adj.* 1 chamuscado, levemente queimado; *~ earth* terra queimada; 2 ressequido ❖ ECONOMIA, MILITAR *~ earth policy* política da terra queimada

scorcher ['skɔːtʃə] *s.* 1 [coloq.] dia abrasador; *the day before yesterday was a ~* anteontem esteve um dia abrasador; 2 dito mordaz, frase ou discurso cáustico; 3 [coloq.] (pessoa, coisa) espectáculo*coloq*; 4 [coloq.] acelera*coloq*

scorching ['skɔːtʃɪŋ] Ⓐ *adj.* 1 abrasador, tórrido, escaldante; 2 contundente, mordaz; *~ criticism* crítica mordaz Ⓑ *adv.* [coloq.] (calor) muitíssimo; *it was ~ hot there* assava-se lá Ⓒ *s.* 1 chamuscadela; queimadura superficial; 2 [coloq.] velocidade excessiva, velocidade louca; *he was had up for ~* foi multado por velocidade excessiva; 3 GEOLOGIA vulcanização prematura

scorchingly ['skɔːtʃɪŋlɪ] *adv.* 1 excessivamente quente; 2 ardentemente; 3 contundentemente, mordazmente

score [skɔː] Ⓐ *s.* 1 (jogo, desporto) pontuação, pontos; *to make a good ~* fazer um bom resultado; *to keep (the) ~* registar os resultados, contar os pontos; *half-time came and there was still no ~* chegou o intervalo e o marcador ainda estava a zero; *what's the ~ now?* qual é o resultado neste momento?; 2 MÚSICA partitura; *piano ~* partitura para piano; *vocal ~* partitura para canto; 3 MÚSICA, CINEMA (música de fundo) banda sonora; 4 [EUA] (teste, exame) resultado, pontuação; 5 [ant.] vintena; *five ~* cinco vintenas, um cento, cem; *half a ~* meia vintena, uma dezena; *three ~ and five* sessenta e cinco; *three ~ of apples* sessenta maçãs; 6 grande quantidade [**of**, de]; *scores of* muitos; *scores of people* muita gente; 7 corte; incisão; entalhe; 8 marca, estria, risca em superfície; *the rock was covered with scores* a rocha estava coberta de estrias; 9 traço; linha; 10 (para dobrar, para separar) vinco; corte superficial; 11 registo de dívida; 12 dívida; dinheiro que se deve; *to pay scores* pagar dívidas; *to run up a ~* incorrer em dívidas; 13 [fig.] (moral) contas; *death pays all scores* a morte tudo nivela; (vingança) *he has some old scores to settle with them* ele tem velhas contas a ajustar com eles; 14 motivo, razão, fundamento; *on what score?* por que motivo?, a que título?; *on the ~ of* atendendo a, devido a; *it was rejected on the ~ of absurdity* foi rejeitado devido ao seu carácter absurdo; 15 situação actual; verdade; *the ~* a realidade, as coisas tal como são; 16 [coloq.] sucesso; sorte; 17 [cal.] (droga) negócio; 18 [coloq.] roubo; 19 [cal.] (sexo) conquista; 20 NÁUTICA entalhe do leme, cava do leme, gorne Ⓑ *v.tr.,intr.* 1 (jogo, desporto) marcar; pontuar; *to ~ a goal* marcar um golo; *to ~ a point* marcar um ponto; (râguebi) *to ~ a try* marcar um ensaio; *to fail to ~* não conseguir marcar, não marcar pontos; 2 (jogo, desporto) registar os resultados, contar os pontos; *will you score?* quer tomar nota dos resultados?; 3 (jogo, desporto) atribuir (pontos) a; 4 (jogo, desporto) dar (pontos), valer (pontos); 5 (teste, exame) ter (como resultado), obter; 6 (teste, exame) atribuir (pontuação); corrigir; 7 MÚSICA orquestrar, instrumentar; *to ~ for an instrument* fazer uma adaptação para um instrumento; *the music was scored for a small orchestra* o arranjo foi adaptado a uma pequena orquestra; 8 [coloq.] marcar pontos*fig*, ter sorte, dar-se bem, sair-se bem, ter sucesso, levar a melhor; *that's where he scores* é aí que ele marca pontos; 9 [EUA] [coloq.] arranjar, conseguir; 10 fazer uma incisão; 11 riscar; gravar; 12 (riscos, traços, linhas, etc.) marcar; *his face was scored with scars* tinha o rosto marcado com cicatrizes; *the mountain side was scored by the torrents* a encosta da montanha estava cheia de regos provocados pelas torrentes; 13 (para dobrar, para separar) vincar; cortar superficialmente; 14 contar; registar; tomar nota de, anotar; 15 [cal.] (sexo) marcar pontos, facturar; 16 [cal.] (aquisição de droga) fazer negócio; 17 (dívida) assentar; debitar, lançar em conta; 18 criticar duramente; censurar; 19 NÁUTICA goivar, entalhar ❖ *~ paper* papel de música; (assunto) *on that ~* a esse respeito; quanto a isso; [coloq.] *to know the ~* saber como as coisas são; *to ~ points (off/over sb)* provar que se tem razão (e que alguém não tem); deixar (alguém) ficar mal; [coloq.] (perguntar o que vai acontecer) *what's the score?* como é que é?

◆**score off** *v.tr.* 1 riscar; traçar; cortar, traçando uma linha por cima; 2 [GB] [coloq.] deixar (alguém) ficar mal; levar a melhor sobre (alguém)

◆**score out/through** *v.tr.* riscar; traçar; cortar, traçando uma linha por cima

◆**score up** *v.tr.* 1 (pontos) marcar; fazer; 2 contar; registar; tomar nota de

scoreboard ['skɔːbɔːd] *s.* DESPORTO marcador, quadro de resultados

scorecard [skɔːkɑːd] *s.* DESPORTO cartão de registo de resultados

scored [skɔːd] *adj.* 1 com traços, riscas, incisões, cicatrizes, etc.; 2 esfolado; 3 sublinhado; 4 riscado, cortado

scorer ['skɔːrə] *s.* 1 DESPORTO marcador, goleador; 2 pessoa que toma nota dos pontos marcados (em jogos)

scoresheet ['skɔːʃiːt] *s.* DESPORTO cartão de registo de resultados

scoria ['skɔːrɪə] *s.* (*pl.* **-ae**) escória, cinzas vulcânicas misturadas com lavas

scoriaceous [skɔːrɪ'eɪʃəs] *adj.* escoriáceo

scoriae ['skɔːriː] *s.* [*pl. de* **scoria**]

scorification [skɒrɪfɪ'keɪʃən] *s.* escorificação

scorify ['skɒrɪfaɪ] *v.tr.,intr.* 1 escorificar, escorificar-se; 2 escoriar; 3 reduzir a escória; 4 limpar de escórias

scoring ['skɔːrɪŋ] *s.* 1 esfoladela, arranhão; 2 entalhe; 3 registo; 4 (jogos) marcação de pontos; 5 MÚSICA orquestração, instrumentação; 6 CINEMA sonorização ❖ (dívidas, bebidas consumidas, etc.) *~ up* registo; anotação; lançamento; *to open the ~* abrir o activo; (jogo) inaugurar o marcador

scorn ['skɔːn] Ⓐ v.tr. 1 desprezar; *he scorns lying* ele despreza a mentira; 2 menosprezar; desdenhar; 3 abster-se [**to**, de]; recusar-se [**to**, a]; *he scorns to do it* ele recusa-se a fazê-lo Ⓑ s. 1 escárnio; 2 objecto de escárnio; *he is the ~ of everyone* todos o desprezam; 3 [arc.] desprezo, menosprezo, desdém; *to laugh to ~* rir-se com desprezo; *to think ~ of* desprezar

scorner ['skɔːnə] s. 1 menosprezador, desprezador; 2 escarnecedor, desdenhador ❖ *he sits in the seat of the ~* ele ri-se das coisas sagradas

scornful ['skɔːnfʊl] adj. 1 desdenhoso; 2 trocista; zombador ❖ *to be ~ of* desdenhar de; tratar com desprezo

scornfully ['skɔːnfʊlɪ] adv. 1 desdenhosamente, com desdém; 2 com desprezo

scornfulness ['skɔːnfʊlnəs] s. 1 desdém, carácter desdenhoso; 2 menosprezo

scorning ['skɔːnɪŋ] s. desprezo [**of**, de]; desdém [**of**, por]

scorper ['skɔːpə] s. 1 (carpintaria) goiva; 2 buril (de gravador)

Scorpian ['skɔːpɪən] Ⓐ s. (astrologia) nativo do signo Escorpião Ⓑ adj. típico do signo Escorpião

Scorpio ['skɔːpɪəʊ] s. (pl. **Scorpios**) ASTRONOMIA (constelação, signo) Escorpião

scorpioid ['skɔːpɪɔɪd] adj., s. BOTÂNICA escorpióide

scorpion ['skɔːpjən] s. 1 ZOOLOGIA escorpião, lacrau; 2 RELIGIÃO (Bíblia) azorrague com pontas de metal; 3 [arc.] (arma) besta para o arremesso de balas de chumbo ❖ BOTÂNICA *~ broom* giesta (*genista scorpius*); ZOOLOGIA *~ fish* peixe-escorpião; rascasso; BOTÂNICA *~ grass* miosótis; ZOOLOGIA *~ spider* pedipalpo; BOTÂNICA *scorpion's thorn* giesta (*genista scorpius*)

Scorpion ['skɔːpjən] s. ASTRONOMIA (constelação, signo) Escorpião

scorpiurus [ˌskɔːpɪˈjuːrəs] s. BOTÂNICA escorpiúro; cornilhão

scorzonera [ˌskɔːzəʊˈnɪərə] s. BOTÂNICA escorcioneira; salsifri-negro_{Bras.}

scot [skɒt] s. 1 HISTÓRIA tributo, imposto, contribuição; taxa; 2 [arc.] escote, quota-parte ❖ HISTÓRIA *~ and lot* imposto paroquial; imposto concelhio; *to pay (sb) ~ and lot* regular as contas (com alguém)

Scot. Ⓐ [abrev. de Scotland] Ⓑ [abrev. de Scottish] Ⓒ [abrev. de Scotch]

Scot [skɒt] s. 1 escocês; 2 HISTÓRIA (povo gaélico) escoto

scotch [skɒtʃ] Ⓐ v.tr. 1 impedir; pôr termo a; 2 reprimir; 3 firmar com calço; 4 [arc.] ferir; golpear; inutilizar Ⓑ s. 1 calço; 2 [arc.] ferimento; golpe

Scotch [skɒtʃ] Ⓐ adj. 1 (produto) escocês; 2 [depr.] (indivíduo, cultura) escocês; 3 (ofensivo) avarento Ⓑ s. 1 (língua) escocês, gaélico escocês; 2 (bebida) uísque escocês; *~ and soda* uísque com soda; *a glass of ~* um copo de uísque Ⓒ s.pl. [depr.] (ofensivo) *the ~* os Escoceses ❖ (jogo infantil) *~ and English* jogo em que ambas as partes se tentam apanhar uma à outra ou um objecto; BOTÂNICA *~ broom* giesta-das-vassouras; CULINÁRIA *~ broth* caldo escocês com legumes e cevada; CULINÁRIA *~ collops* bife com cebolada; CULINÁRIA *~ egg* ovo cozido com carne e pedaços de pão; BOTÂNICA *~ kale* repolho com folhas arroxeadas; *~ mist* mistura de neblina com chuviscos; BOTÂNICA *~ pine/fir* pinheiro silvestre; [EUA] *~ tape* fita-cola; (raça de cão) *~ terrier* terrier escocês; *~ verdict* veredicto de não provado; julgamento inconclusivo; *~ whisky/whiskey* uísque escocês; CULINÁRIA *~ woodcock* torrada com pasta de anchovas e ovo

scotching ['skɒtʃɪŋ] s. colocação de calço

Scotchman ['skɒtʃmən] s. (pl. **-men**) 1 [arc., depr.] escocês; 2 NÁUTICA defesa no aparelho

Scotch-tape ['skɒtʃteɪp] v.tr. colar com fita-cola

Scotchwoman ['skɒtʃˌwʊmən] s.f. (pl. **-women**) escocesa

scoter ['skəʊtə] s. ZOOLOGIA negrinha, negrela, cerceta

scotia ['skəʊʃə] s. ARQUITECTURA escócia, moldura côncava na base de uma coluna

Scotice ['skɒtɪsiː] adv. em escocês, no dialecto escocês

Scoticism ['skɒtɪsɪzəm] s. maneira de dizer escocesa, palavra escocesa, expressão idiomática escocesa

Scotism ['skəʊtɪzəm] s. escotismo, sistema metafísico do filósofo Duns Scotus (1265-1308)

Scotist ['skəʊtɪst] s. FILOSOFIA escotista, partidário das doutrinas de Duns Scotus

Scotland ['skɒtlənd] s.top. Escócia

scotoma [skəʊˈtəʊmə] s. (pl. **-ta**) MEDICINA escotoma; *scintillating ~* escotoma cintilante

scotomata [skəˈtəʊmətə] s. {pl. de **scotoma**}

Scots [skɒts] Ⓐ adj. escocês; [arc.] *pound ~* libra escocesa Ⓑ s. 1 (língua) escocês, escocês gaélico; *to talk ~* falar escocês ❖ DIREITO *~ Law* direito escocês; BOTÂNICA *~ pine* pinheiro-silvestre; pinheiro-da-escócia

Scots-Irish [ˌskɒtsˈaɪrɪʃ] adj. escoto-irlandês

Scotsman ['skɒtsmən] s.m. (pl. **-men**) (homem) escocês

Scotswoman ['skɒtsˌwʊmən] s.f. (pl. **-women**) (mulher) escocesa

Scott [skɒt] s.antr. Scott ❖ *great Scott!* meu Deus!

Scottice ['skɒtɪsiː] adv. em escocês, no dialecto escocês

Scotticism ['skɒtɪsɪzəm] s. maneira de dizer escocesa, palavra escocesa, expressão idiomática escocesa

Scottie ['skɒtɪ] s. [coloq.] escocês

Scottish ['skɒtɪʃ] Ⓐ adj. escocês; *~ literature* literatura escocesa Ⓑ s. (língua) escocês, gaélico escocês Ⓒ s.pl. *the ~* os escoceses ❖ POLÍTICA *~ National Party* Partido Nacionalista Escocês; ZOOLOGIA *~ terrier* terrier escocês

scoundrel ['skaʊndrəl] s. malandro, patife, maroto, miserável, canalha, biltre

scoundrelism ['skaʊndrəlɪzəm] s. 1 malandrice, patifaria, canalhice; 2 malvadez

scoundrelly ['skaʊndrəlɪ] adj. canalha, malandro, patife, malvado

scour ['skaʊə] Ⓐ s. 1 limpeza total; 2 polimento; 3 (água) força erosiva; 4 (gado) diarreia, disenteria; 5 (limpeza de tecidos) detergente Ⓑ v.tr.,intr. 1 (limpezas) esfregar; *to ~ the saucepans* esfregar as caçarolas; 2 branquear, desengordurar, tirar nódoas (a); 3 arear, esfregar, polir; 4 desgastar por erosão; 5 libertar(-se) de; 6 esquadrinhar; dar busca (a); rebuscar; *the police scoured the town for the thieves* a polícia esquadrinhou toda a cidade à procura dos ladrões; *to ~ a wood* rebuscar uma floresta; 7 purgar; 8 errar, vaguear; 9 seguir rapidamente ❖ *to ~ a ditch* limpar uma vala; *to ~ after sb* perseguir alguém; ir atrás de alguém; *to ~ corn* limpar o cereal; [cal.] *to ~ the pewter* fazer o que se tem a fazer; *such food is liable to ~ the cattle* esta alimentação pode provocar diarreia no gado

✦**scour off** v.tr.,intr. raspar; esfregar; *to scour the rust off* tirar a ferrugem raspando

✦**scour out** v.tr. escorraçar; expulsar; *to scour the enemy out of the land* expulsar o inimigo do país

scourer ['skaʊərə] s. 1 pessoa que limpa, esfrega ou areia; 2 polidor; 3 limpador; 4 purgante; 5 desengordurador; 6 [fig.] vadio, desordeiro

scourge [skɜːdʒ] Ⓐ s. 1 açoite, chicote, azorrague; 2 flagelo; praga; calamidade; 3 castigo; tormento Ⓑ v.tr. 1 açoitar, chicotear, azorragar; 2 flagelar; 3 atormentar; castigar; 4 [Esc.] (terra) cansar ❖ [ant.] *the white ~* a tuberculose

scourger ['skɜːdʒə] s. 1 flagelador; 2 opressor; 3 castigador

scouring ['skaʊərɪŋ] s. 1 acto de limpar; limpeza; acto de esfregar; acto de polir; 2 erosão (causada pelas águas); 3 purga, purgação; 4 [arc.] (país, região) invasão, ocupação; *~ of a country* invasão de um país; 5 pl. impurezas, resíduos; 6 pl. [fig., depr.] ralé ❖ BOTÂNICA *~ rush* cavalinha; rabo-de-cavalo; *~ sand* areia fina

scouse [skaʊs] s. CULINÁRIA espécie de guisado com biscoito, legumes, etc.

scout [skaʊt] Ⓐ s. 1 MILITAR escuta; batedor; sentinela avançada; observador; explorador; vedeta; 2 escuteiro; *boy ~* escuteiro; [EUA] *girl ~* escuteira; 3 (desporto, arte, etc.) caçador de talentos; *a talent ~* um caçador de talentos; 4 MILITAR avião de reconhecimento; navio de reconhecimento, vedeta de reconhecimento; 5 MILITAR reconhecimento; *to be on the ~* andar em reconhecimento; *to go on the ~* ir em reconhecimento; 6 vista de olhos; observação; inspecção; 7 [ant., coloq.] tipo; rapaz; 8 (Oxford) criado de colégio; 9 [arc.] (críquete) jogador que corre no campo; 10 ZOOLOGIA arau, papagaio-do-mar; mergulhão Ⓑ v.tr.,intr. 1 MILITAR actuar como escuta, actuar como batedor; 2 observar; vigiar; inspeccionar; examinar; 3 procurar; andar em busca de; 4 (desporto, arte, etc.) andar à caça de (novos talentos); recrutar (novos talentos); 5 [arc.] ridicularizar, zombar de, desdenhar; 6 [arc.] rejeitar com desdém ❖ *~ bomber* bombardeiro de reconhecimento; *~ party* grupo de reconhecimento

◆**scout about/around/round** v.intr. 1 MILITAR fazer o reconhecimento; 2 procurar em sítios diferentes, procurar aqui e ali
◆**scout out** v.tr. 1 procurar; andar em busca de; 2 inspeccionar; descobrir informações acerca de
◆**scout up** v.tr. [EUA] ⇒ **scout out**
scouting ['skaʊtɪŋ] s. 1 reconhecimento; exploração; *to go off ~* partir em reconhecimento, sair em campanha de exploração; 2 observação ❖ *~ party* grupo de reconhecimento; *~ plane* avião de reconhecimento
scoutmaster ['skaʊtˌmɑːstə] s. chefe de grupo de escuteiros
scow [skaʊ] s. NÁUTICA chata, barco ou barcaça de fundo chato
scowl [skaʊl] Ⓐ s. olhar carrancudo; semblante carregado; sobrolho carregado, franzido; cara feia; *he looked at me with a ~* ele olhou para mim de sobrolho carregado Ⓑ v.tr.,intr. 1 carregar, franzir o sobrolho; fazer cara feia [**at**, a]; fuzilar com os olhos [**at**, -]; *he scowled at me* ele franziu-me o sobrolho; *to ~ at sb* lançar a alguém um olhar carrancudo; 2 [poét.] (céu) escurecer
◆**scowl down** v.tr. (com olhar carrancudo) dominar; reduzir ao silêncio
scowling ['skaʊlɪŋ] adj. ameaçador, carrancudo, mal-humorado, torvo
scowlingly ['skaʊlɪŋlɪ] adv. 1 carrancudamente, torvamente; 2 ameaçadoramente
SCR [abrev. de senior common room]
scrabble ['skræbəl] Ⓐ v.tr.,intr. 1 garatujar, rabiscar, gatafunhar, escrevinhar; 2 esgaravatar [**against/at**, -]; remexer [**against/at**, -]; escarafunchar [**against/at**, em]; 3 procurar às apalpadelas [**for**, -]; procurar, gatinhando [**for**, -]; *to ~ for a pen* procurar uma caneta às apalpadelas; 4 raspar; arranhar; 5 (fazer pela vida) labutar; lutar Ⓑ s. 1 garatuja, rabisco, gatafunho; 2 esgaravatadela; escarafunchadela; 3 (vida) labuta; luta
◆**scrabble about/around/round** v.intr. 1 andar às apalpadelas; tactear; 2 procurar às apalpadelas [**for**, -]
scrag [skræg] Ⓐ s. 1 magricela, trinca-espinhas, esqueleto_fig_; 2 (animal, planta) ser muito esguio; 3 CULINÁRIA pescoço de carneiro; 4 [coloq.] pescoço (de pessoa); 5 terreno pedregoso Ⓑ v.tr. (particípios **-gg-**) 1 [coloq.] estrangular, torcer o pescoço a; 2 DESPORTO (futebol) agarrar pelo pescoço ❖ *the ~ of the neck* a nuca
scragged [skrægd] adj. ⇒ **scraggy**
scraggily ['skrægɪlɪ] adv. 1 com um aspecto macilento; 2 asperamente, rugosamente
scragginess ['skrægɪnəs] s. 1 magreza, aspecto esquelético; 2 rugosidade, aspereza
scraggy ['skrægɪ] adj. (comp. **-ier**, superl. **-iest**) 1 magro, descarnado, magricela, que só tem ossos; 2 áspero, rugoso
scram [skræm] v.intr. (particípios: **-mm-**) 1 [coloq.] pôr-se a andar, pôr-se a mexer; 2 [coloq.] safar-se
scramble ['skræmbəl] Ⓐ s. 1 (com recurso a mãos e pés) subida difícil, escalada difícil; 2 deslocação em terreno difícil; 3 competição renhida, luta, batalha; *the ~ for a living* a luta pela existência; *there will be a ~ for it* isso vai ser muito renhido; 4 pressa, precipitação; 5 mistura; 6 desordem, confusão; 7 DESPORTO corrida de motocross Ⓑ v.tr.,intr. 1 (utilizando os pés e as mãos) trepar, escalar; *to ~ up a hill* trepar por um monte acima; 2 lutar com unhas e dentes [**for**, por]; batalhar [**for**, por]; disputar vivamente [**for**, -]; *to ~ for one's living* lutar pela vida; 3 mover(-se) apressadamente; 4 CULINÁRIA (ovos) mexer; 5 misturar; 6 (mensagem) codificar ❖ CULINÁRIA *scrambled eggs* ovos mexidos; *the children scrambled for the pennies* as crianças atiraram-se todas em montão para apanhar as moedas; *to ~ into one's clothes* vestir-se atabalhoadamente; *to ~ through* conseguir com dificuldade
scrambling ['skræmblɪŋ] Ⓐ adj. atabalhoado, desordenado; *in a ~ fashion* atabalhoadamente, desordenadamente Ⓑ s. 1 (utilizando os pés e as mãos) deslocação/subida difícil; 2 luta; competição; disputa; 3 barafunda
scramblingly ['skræmblɪŋlɪ] adv. atabalhoadamente, desordenadamente
scran [skræn] s. [cal.] (comida) migalhas, restos ❖ [cal.] *bad ~ to him!* que vá para o Diabo!
scrannel ['skrænəl] adj. 1 [arc.] fraco, débil; 2 (som) fanhoso, desagradável

scranny ['skrænɪ] adj. [EUA] ⇒ **scraggy**
scrap [skræp] Ⓐ s. 1 (papel, tecido, informação, etc.) pedaço; fragmento; bocado [**of**, de]; *a ~ of paper* um pedaço de papel, um papel; *not a ~* nem um pouco; absolutamente nada; [fig.] *not a ~ of evidence* sem o mínimo indício que ajude a provar; 2 (materiais velhos) sucata, ferro-velho; coisas inúteis, refugo; 3 extracto; recorte; 4 [coloq.] luta, rixa, briga; discussão; desaguisado; 5 resíduo de gordura derretida; resíduo de peixe depois de extraído o óleo; 6 pl. (comida) restos, sobras; *to dine off scraps* jantar os restos (da refeição anterior); *to be fed on scraps* comer restos Ⓑ v.tr.,intr. (particípios: **-pp-**) 1 deitar fora; livrar-se de; 2 deitar para a sucata, deitar para o ferro-velho; *why don't you ~ that old car?* porque não mandas esse carro velho para a sucata?; 3 [coloq.] lutar, brigar ❖ *~ dealer/merchant* sucateiro; *~ iron* sucata de ferro; *~ man* sucateiro; homem da sucata; *~ metal* sucata de metal; *~ paper* papel de rascunho; [coloq.] *a little ~ of a man* um cinco-réis de gente; um dez-réis de gente
scrapbook ['skræpbʊk] s. (fotografias, recortes) álbum
scrape [skreɪp] Ⓐ s. 1 raspagem; 2 arranhadela, arranhão; *he got a ~ on the face* ele ficou com um arranhão na cara; 3 dificuldade, embaraço, sarilho; *to get into a ~* meter-se num sarilho; *to get out of a ~* sair duma dificuldade; *to get sb into a ~* meter alguém em dificuldades; *to get sb out of a ~* tirar alguém duma dificuldade Ⓑ v.tr.,intr. 1 esfregar; polir; 2 raspar; limpar, raspando, tirar, raspando; *the ship's bottom needs to be scraped* o fundo do navio precisa de ser raspado; 3 alisar; 4 abrir buraco, raspando; 5 (desagrado, inquietação) arrastar ruidosamente; *to ~ one's feet* arrastar ruidosamente os pés; 6 roçar; raspar [**along/against**, por/contra]; *his arm scraped along the wall* o braço dele roçou pela parede; *the branches were scraping against the window* os ramos roçavam contra a janela; *the ship scraped her side against the pier* o navio roçou de lado contra o molhe; 7 arranhar; *this wine scrapes the throat* este vinho arranha a garganta; *to ~ one's shins* arranhar as canelas; *to ~ the fiddle* arranhar o violino; 8 [coloq.] conseguir com dificuldade; *to ~ home* conseguir atingir os seus fins, ainda que com dificuldade; 9 juntar com dificuldade; economizar com dificuldade; 10 [ant.] fazer uma vénia arrastando um dos pés; *to bow and ~* fazer uma vénia e arrastar um dos pés ao mesmo tempo ❖ *to ~ a leg* fazer mal uma cortesia; *to ~ a living* ganhar apenas o indispensável para viver; *to ~ an acquaintance with* conseguir travar conhecimento com alguém (mesmo sem prévia apresentação); *to ~ one's chin* fazer a barba; [coloq.] (comer tudo) *to ~ one's plate* lamber o prato; rapar o prato; [coloq.] *to ~ the bottom of the barrel* utilizar os últimos recursos; *a ~ of the pen* rubrica; rabisco; *bread and ~* pão quase sem manteiga nenhuma
◆**scrape along/by** v.intr. ir vivendo; conseguir ir vivendo; sobreviver com pouco ❖ *to scrape along together* darem-se bem juntos
◆**scrape away/off** v.tr. (limpezas) raspar; limpar/tirar raspando; *to scrape the rust off* limpar/tirar a ferrugem
◆**scrape down** v.tr. 1 alisar, raspar; 2 [GB] (orador) fazer calar arrastando com os pés no chão
◆**scrape in/into** v.tr. 1 (universidade) entrar por pouco; 2 (eleições) ganhar por pouco; 3 (emprego) conseguir a custo
◆**scrape out** v.tr.,intr. raspar; limpar/tirar raspando
◆**scrape through** v.tr.,intr. 1 escapar à justa; 2 (exame) passar pela tangente; *he was lucky to ~ the examination* ele lá conseguiu passar pela tangente no exame
◆**scrape together/up** v.tr.,intr. juntar; poupar com muita dificuldade; amealhar, contando os tostões; *at last he scraped together a few pounds* por fim ele juntou algumas libras
scraper ['skreɪpə] s. 1 (instrumento) raspador; raspadeira; raspa; 2 pessoa que raspa; 3 [rar.] pessoa que toca mal um instrumento de cordas; 4 [rar.] avarento, sovina
scrapheap ['skræphiːp] s. monte de sucata ❖ *to find oneself on the ~* ser posto de lado; *to throw sb/sth on the ~* pôr algo/alguém de lado; despachar algo/alguém; livrar-se de algo/alguém
scraping ['skreɪpɪŋ] Ⓐ adj. 1 que arranha/raspa; 2 avaro Ⓑ s. 1 raspagem, raspadura; 2 acto de arranhar; 3 pl. aparas,

raspas; **4** *pl.* economias ❖ ~ *iron* raspadeira; ferro de raspar; ~ *knife* faca para raspar; ~ *noise* chiadeira; rangido; *bowing and* ~ salamaleques; reverências
scrapper ['skræpə] *s.* [cal.] lutador; pugilista
scrappily ['skræpɪlɪ] *adv.* desligadamente, fragmentariamente
scrappiness ['skræpɪnəs] *s.* **1** aspecto desligado ou fragmentário; **2** desconexão
scrapping ['skræpɪŋ] *s.* **1** acto de lançar para o ferro-velho, para a sucata; **2** rixa, combate, luta
scrappy ['skræpɪ] *adj.* (*comp.* -**ier**, *superl.* -**iest**) **1** desligado; fragmentário; desconjuntado; desconexo; **2** heterogéneo; **3** CULINÁRIA de restos; ~ *dinner* jantar constituído por restos de outra refeição; **4** [coloq.] (pessoa) brigão; conflituoso; **5** [coloq.] (atitude) dinâmico; agressivo
scrapy ['skreɪpɪ] *adj.* (*comp.* -**ier**, *superl.* -**iest**) dissonante, inarmónico
scrapyard ['skræpjɑːd] *s.* sucata, ferro-velho
scratch [skrætʃ] Ⓐ *v.tr.,intr.* **1** arranhar; fazer um arranhão (em); *I have scratched my hands badly* tenho as mãos todas arranhadas; **2** coçar(-se); **3** (pele) arranhar, irritar; **4** riscar, fazer um risco (em); raspar; **5** apagar; riscar; **6** esgravatar; **7** fazer um ruído desagradável (de alguma coisa que arranha); **8** arrastar (ruidosamente); **9** gravar; *the stone was scratched with letters* a pedra estava toda gravada com letras; **10** rabiscar, escrever apressadamente; **11** pôr de parte, abandonar; **12** DESPORTO (candidato, equipa, cavalo) retirar da corrida, retirar da competição; **13** DESPORTO retirar-se (da competição), desistir, abandonar; *he scratched at the last moment* ele desistiu no último momento; **14** (bilhar) falhar uma tacada Ⓑ *s.* (*pl.* -**es**) **1** arranhão, arranhadela, arranhadura; *to be covered with scratches* estar cheio de arranhões; **2** (ferimento insignificante) arranhão; *he got off with a ~ or two* ele escapou com uns arranhõezitos; *to escape without a ~* escapar sem um arranhão; **3** esfoladela, esfoladura; **4** coçadela; *to have a ~* coçar-se; **5** som produzido por alguma coisa que arranha; **6** rabisco, garatuja; **7** DESPORTO (corridas) linha de partida (riscada no solo); **8** DESPORTO candidato que se retirou, desistente; **9** (bilhar) tacada que falha; **10** [cal.] (dinheiro) guita; **11** *pl.* VETERINÁRIA (cavalo) galápago, gavarro Ⓒ *adj.* **1** improvisado; feito apressadamente; *a ~ dinner* um jantar improvisado; DESPORTO *a ~ team* um grupo improvisado; *a ~ map* um mapa feito à pressa, um mapa em esboço; **2** de emergência; *a ~ crew* uma tripulação de emergência; **3** reunido ao acaso; feito à sorte; acidental; *a ~ hit* um golpe acidental ❖ ~ *card* raspadinha; DESPORTO (corridas) ~ *line* linha de partida (riscada no solo); [EUA] ~ *paper* papel de rascunho; ~ *race* corrida iniciada por todos na linha de partida; ~ *test* teste cutâneo de alergia; [Austr.] ~ *ticket* raspadinha; ~ *wig* chinó; *from* ~ do princípio; do nada; *to* ~ *one's head* coçar a cabeça; puxar pela cabeça; pensar; *to* ~ *the surface* tratar superficialmente; tocar ao de leve (assunto); revolver levemente a superfície do solo; *up to* ~ satisfatório; que corresponde às expectativas; com um bom nível; [coloq.] *you* ~ *my back, (and) I'll* ~ *yours* faz-me festinhas que eu festinhas te farei; uma mão lava a outra
◆**scratch about/around** *v.intr.* **1** esgravatar; **2** [fig.] (algo difícil de encontrar) vascular; andar à procura [**for**, de]; *the police were scratching around for clues* a polícia andava à procura de pistas; **3** ir sobrevivendo; ganhar a vida com dificuldade
◆**scratch along** *v.intr.* ir sobrevivendo; ganhar a vida com dificuldade
◆**scratch out** *v.tr.* **1** riscar; cortar com um traço; **2** arrancar; *to scratch sb's eyes out* arrancar os olhos a alguém ❖ *to scratch sb out of the list* eliminar alguém da lista
◆**scratch together/up** *v.tr.* juntar; poupar com muita dificuldade
Scratch [skrætʃ] *s.* Diabo ❖ *old* ~ o Diabo
scratchcard ['skrætʃkɑːd] *s.* raspadinha
scratcher ['skrætʃə] *s.* **1** pessoa que arranha, coça ou raspa; **2** raspadeira, raspador
scratchie ['skrætʃɪ] *s.* raspadinha
scratchily ['skrætʃɪlɪ] *adv.* **1** de maneira irregular, áspera; **2** toscamente; **3** sem conjunto
scratchiness ['skrætʃɪnəs] *s.* **1** aspecto ou carácter desigual ou irregular; **2** rugosidade; **3** imperfeição; **4** falta de conjunto; **5** desarmonia

scratching ['skrætʃɪŋ] *s.* **1** acto de arranhar; **2** arranhão; **3** coçadela; **4** ruído (de alguma coisa que arranha); **5** risca; **6** (lista, registo, etc.) eliminação ❖ ~ *out* eliminação; corte; (animal) ~ *post* poste para arranhar; poste para se coçar
scratchy ['skrætʃɪ] *adj.* (*superl.* -**iest**, *comp.* -**ier**) **1** que arranha; **2** que range; **3** rugoso; áspero; **4** irregular; imperfeito; desigual; *a ~ drawing* um desenho imperfeito, um desenho de traço desigual; *a ~ performance* uma execução desigual, um desempenho irregular; **5** (tripulação, etc.) que não trabalha bem em conjunto; **6** desigual, malfeito, tosco; **7** arisco, maldoso
scrawl [skrɔːl] Ⓐ *s.* **1** sarrabisco, gatafunho, gatafunhada, garatuja; **2** bilhete escrito à pressa; carta apressada Ⓑ *v.tr.,intr.* **1** sarrabiscar; gatafunhar; **2** fazer gatafunhadas, garatujas; *to ~ all over sth* fazer garatujas em alguma coisa
scrawler ['skrɔːlə] *s.* **1** aquele que faz gatafunhadas ou garatujas; **2** escrevinhador
scrawly ['skrɔːlɪ] *adj.* (*comp.* -**ier**, *superl.* -**iest**) legível, desigual, irregular, tosco
scrawny ['skrɔːnɪ] *adj.* (*comp.* -**ier**, *superl.* -**iest**) ⇒ **scraggy**
scray [skreɪ] *s.* ZOOLOGIA andorinha-do-mar; gaivina, gaivinha
screak [skriːk] Ⓐ *s.* **1** guincho; **2** chiadeira; **3** rangido Ⓑ *v.intr.* **1** guinchar; **2** chiar; **3** ranger
scream [skriːm] Ⓐ *s.* **1** grito; *screams of pain* gritos de dor; *to give a ~* dar/soltar um grito; **2** [coloq.] coisa/pessoa de morrer a rir; *it was a ~* foi de morrer a rir Ⓑ *v.tr.,intr.* **1** gritar [**for/in**, por/de]; *to ~ for help* gritar por socorro; *to ~ in anger* gritar de cólera; **2** gritar estridentemente; esganiçar-se a gritar; berrar; *the baby screamed all morning* a criança berrou toda a manhã; *to ~ oneself hoarse* berrar até enrouquecer; *to ~ one's head off* gritar como um desalmado; **3** (locomotiva) apitar, silvar; **4** dizer, falar aos gritos ❖ *screams of laughter* gargalhadas; *to ~ with laughter* rir às gargalhadas
◆**scream down** *v.intr.* gritar como um louco; *to scream the place down* parecer que está a deitar a casa abaixo com berros
◆**scream out** *v.tr.* berrar; dizer aos berros; *to ~ an order* berrar uma ordem
screamer ['skriːmə] *s.* **1** pessoa que berra ou solta gritos agudos; **2** ZOOLOGIA anhuma, anhupoca, cauintau; **3** [coloq.] história engraçadíssima que provoca gargalhadas; **4** [coloq.] coisa óptima
screaming ['skriːmɪŋ] Ⓐ *adj.* **1** que grita; **2** (som) agudo, penetrante; **3** engraçado, engraçadíssimo, impagável; hilariante; ~ *farce* farsa hilariante; **4** (cor) berrante, muito viva; ~ *colours* cores berrantes; **5** [coloq.] esplêndido, formidável, bestial Ⓑ *s.* **1** gritaria; gritos agudos, penetrantes, estridentes; **2** (locomotiva) silvo ❖ ~ *nonsense* disparate de se morrer a rir
screamingly ['skriːmɪŋlɪ] *adv.* **1** agudamente, penetrantemente, estridentemente; **2** impagavelmente; **3** formidavelmente ❖ ~ *funny* de morrer a rir
scree [skriː] *s.* **1** seixos, cascalho solto da encosta de monte; **2** ladeira cheia de pedras soltas que caem quando se caminha sobre ela
screech [skriːtʃ] Ⓐ *s.* (*pl.* -**es**) guincho; grito penetrante, grito agudo e desagradável; *the little girl let out a ~ when her tooth was pulled out* a pequenita soltou um guincho quando lhe arrancaram o dente Ⓑ *v.tr.,intr.* **1** guinchar, soltar gritos agudos e desagradáveis; **2** chiar; *the brakes of the car screeched* os travões do carro chiaram; **3** piar como uma coruja ❖ ZOOLOGIA (ave) ~ *owl* coruja-das-torres
screeching ['skriːtʃɪŋ] *s.* gritos agudos, penetrantes, guinchos
screechy ['skriːtʃɪ] *adj.* estridente, agudo, esganiçado
screed [skriːd] *s.* **1** carta comprida e enfadonha; **2** discurso muito longo e enfadonho; **3** longa lista de reclamações, queixas, etc.; **4** ripa, tira, faixa comprida (de madeira, argamassa, etc.)
screen [skriːn] Ⓐ *s.* **1** (televisor, computador) ecrã; *the small* ~ o pequeno ecrã; **2** CINEMA tela, ecrã; cinema; *the big* ~ o grande ecrã; *to put on the* ~ levar à tela; **3** biombo; anteparo; **4** divisória; tabique; guarda-vento; **5** resguardo; abrigo; **6** cortina; barreira; *a smoke ~* uma cortina de fumo; *safety ~* cortina de segurança; *the attack was prepared under a ~ of trees* o ataque foi preparado por trás de uma cortina de árvores; **7** encobrimento; manto; disfarce [**for**, para]; *to act as a ~ for sb* encobrir alguém; **8** protecção; amparo; *under the ~ of night* sob a protecção da noite; **9** (porta, janela) armação de rede

(para impedir a entrada de insectos); 10 (divisória) teia; 11 sistema de selecção; 12 (carvão, areia, etc.) peneira grossa, ciranda, crivo grosso; 13 grade; grelha; 14 DESPORTO táctica de obstrução do adversário; 15 FOTOGRAFIA filtro; *black ~* dispositivo para proteger da luz solar; *compensating ~* filtro de compensação; 16 MILITAR tropa de cobertura; *a ~ of cavalry* uma cobertura de cavalaria ⑧ *v.tr.,intr.* 1 CINEMA (filme) projectar, exibir; 2 TELEVISÃO transmitir; 3 MEDICINA (doença) despistar, rastrear; 4 proteger; resguardar; abrigar; *to ~ sb from* proteger alguém ao abrigo de; 5 esconder, ocultar, encobrir; *to ~ oneself behind...* ocultar-se por trás de...; *to ~ sth from view* ocultar alguma coisa; 6 dividir em partes; separar por meio de divisória; 7 seleccionar (por eliminação); 8 examinar minuciosamente; 9 (carvão, areia, etc.) joeirar, cirandar, passar pelo crivo; 10 (romance, drama, etc.) adaptar ao cinema; 11 DESPORTO obstruir o adversário; 12 FOTOGRAFIA filtrar, regular a luz que passa através da lente ❖ [EUA] *~ door* parte exterior de porta dupla; CINEMA *~ rights* direitos de adaptação cinematográfica; *~ star* estrela de cinema; *~ test* teste de imagem; *~ writer* argumentista
◆**screen off** *v.tr.* separar por meio de divisória; separar por meio de um biombo; isolar por meio de cortina
◆**screen out** *v.tr.* 1 (processo de selecção) recusar; excluir; eliminar; 2 impedir; repelir; não deixar passar
screened [skri:nt] *adj.* 1 (com anteparo, biombo, etc.) protegido; tapado; 2 encoberto, resguardado, abrigado; 3 joeirado; passado pelo crivo; filtrado; *~ coal* carvão passado pelo crivo; *~ sand* areia joeirada ❖ *~ condenser* condensador blindado
screener ['skri:nə] *s.* crivo, peneira grossa, ciranda
screening ['skri:nɪŋ] *s.* 1 CINEMA (filme) exibição, projecção; 2 (pessoas) selecção; triagem; 3 MEDICINA despistagem, rastreio; 4 ELECTRICIDADE blindagem; 5 acto de passar pelo crivo ou ciranda; 6 *pl.* limpaduras; refugo após passagem por crivo ou peneira ❖ *~ effect* efeito de anteparo; *~ machine* crivo mecânico; CINEMA *~ room* sala de projecção; MEDICINA *~ test* teste de despistagem
screenplay ['skri:npleɪ] *s.* CINEMA argumento, guião
screensaver ['skri:nseɪvə] *s.* INFORMÁTICA (computador) protector do ecrã
screenshot ['skri:nʃɒt] *s.* imagem de ecrã
screenwriter [skri:n'raɪtə] *s.* CINEMA, TELEVISÃO argumentista
screenwriting [ˌskri:n'raɪtɪŋ] *s.* CINEMA, TELEVISÃO escrita de argumentos
screw [skru:] Ⓐ *s.* 1 parafuso; tarraxa; 2 aperto de parafuso; volta dada a parafuso; *give it another ~* dê-lhe outra apertadela; 3 instrumento em parafuso; 4 (avião, navio, etc.) hélice; *helicopter ~* hélice de sustentação; 5 [coloq.] guarda prisional; 6 [cal.] queca$_{cal}$; 7 [ant.] (tabaco, chá, sal, etc.) pacotinho (com o papel retorcido); *a ~ of tea* um pacotinho de chá; *~ of paper* pequeno cartucho de papel (enrolado); 8 [ant.] cavalo sem préstimo, cavalo rebentado; 9 [ant.] forreta; sovina; *he is a dreadful ~* ele é um unhas-de-fome; 10 [ant., coloq.] soldada, ordenado; 11 HISTÓRIA instrumento de tortura para apertar os polegares Ⓑ *v.tr.,intr.* 1 aparafusar; apertar com parafuso; *to ~ a lock on* aparafusar uma fechadura em; 2 atarraxar; meter, girando; *to ~ a lid on* atarraxar uma tampa em; 3 girar em espiral; girar como parafuso; 4 desatarraxar; desandar; puxar, girando; 5 amarfanhar; amarrotar; fazer uma bola com; 6 apertar, comprimir, torcer; *to ~ sb's neck* torcer o pescoço a alguém; 7 (feições) contrair; cerrar um pouco; 8 [coloq.] enganar; vigarizar; intrujar; levar; 9 [cal.] extorquir; arrancar [**out of**, a]; *to ~ money out of sb* extorquir dinheiro a alguém; *they screwed the truth out of him* eles conseguiram arrancar-lhe a verdade; 10 [cal.] comer$_{cal}$, dar uma queca com$_{cal}$; 11 [cal.] lixar$_{cal}$ ❖ *~ auger* broca espiral; pua; *~ blade* pá de hélice; *~ bolt* parafuso roscado; cavilha com rosca; *~ cap* obturador roscado; tampa roscada; tampa de atarraxar; *~ gear* engrenagem sem-fim; engrenagem helicoidal; (aparelho para levantar) *~ jack* macaco de parafuso; BOTÂNICA *~ pine* pândano; *~ press* prensa de parafuso; *~ propeller* hélice; [GB] *~ spanner* chave de porcas; *~ steamer* navio a hélices; *~ stopper* rolha roscada; *~ thread* rosca de parafuso; *~ top* tampa de atarraxar; [EUA] *~ wrench* chave de porcas; [cal.] *~ him/her/them/that/...* ele/ela/eles/isso/... que se lixe(m); [cal.] *~ you!* vai-te lixar!; *there's a ~ loose somewhere* há qualquer coisa que não funciona bem; há qualquer coisa que não bate certo; [coloq.] *to have a ~ loose* ter um parafuso a menos; não ter o juízo todo; [coloq.] *to have one's head screwed on (straight/the right way)* ter a cabeça no lugar; [coloq.] *to put/tighten the screws on sb* apertar com alguém; coagir alguém; intimidar alguém; forçar alguém
◆**screw around** *v.intr.* 1 [cal.] (sexo) ir para a cama com todos; 2 [cal.] (remexer) brincar [**with**, com]; 3 [cal.] andar de um lado para o outro, sem fazer nada; perder tempo com palhaçadas
◆**screw down** *v.tr.* 1 aparafusar; 2 atarraxar; apertar bem, atarraxando; *to ~ a lid* atarraxar uma tampa
◆**screw out** *v.tr.* desatarraxar; tirar, desatarraxando
◆**screw over** *v.tr.* [EUA] [coloq.] enganar; vigarizar; intrujar; levar
◆**screw together** *v.tr.* aparafusar; fixar
◆**screw up** *v.tr.,intr.* 1 [cal.] lixar; deitar a perder; fazer asneira; 2 amarfanhar; amarrotar; fazer uma bola com; 3 (feições) contrair; cerrar um pouco; *to ~ one's face* contrair o rosto; *she screwed up her eyes* ela cerrou um pouco os olhos; 4 [cal.] (dar cabo de) deixar num frangalho; lixar; foder$_{cal}$; 5 aparafusar; fixar; *to ~ a door* aparafusar uma porta (para evitar que seja aberta) ❖ *to ~ one's courage* arranjar coragem; encher-se de coragem
screwball ['skru:bɔ:l] *adj.,s.* [EUA] [coloq.] (pessoa, ideia) chanfrado; maluco
screwdriver ['skru:draɪvə] *s.* 1 chave de fendas; 2 (bebida) vodka com sumo de laranja
screwed [skru:d] *adj.* 1 aparafusado; *~ joint* ligação aparafusada; 2 roscado; *~ pipe* tubo roscado; *~ plug* bujão roscado; 3 [cal.] lixado; tramado; 4 [coloq., ant.] bêbedo, borracho
screwed-up ['skru:dʌp] *adj.* [cal.] confuso, perturbado
screwing ['skru:ɪŋ] *s.* 1 aparafusamento; 2 [cal.] (sexo) quecas$_{cal}$; 3 (bilhar) efeito dado à bola ❖ *~ down* aparafusamento; *~ off* desatarraxamento
screw-top ['skru:tɒp] *adj.* com tampa de atarraxar
screwup ['skru:ʌp] *s.* 1 [cal.] asneirada; 2 [cal.] desastre; 3 [cal.] falhanço, fracasso; 4 [cal.] trapalhada, imbróglio, alhada; 5 [cal.] (pessoa) trapalhão, desastrado
screwy ['skru:ɪ] *adj.* 1 disparatado, tolo; *he has the ~ idea that...* ele tem a ideia tola de que...; 2 esquisito, estranho
scribble ['skrɪbəl] Ⓐ *s.* 1 sarrabisco, rabisco; 2 qualquer coisa escrita apressadamente; 3 garatuja; 4 [coloq.] cartão, carta com duas palavras apenas Ⓑ *v.tr.,intr.* 1 escrevinhar, escrever apressadamente e mal; fazer garatujas; 2 ser jornalista ou autor; 3 cardar grosseiramente (lã, algodão)
scribbler ['skrɪblə] *s.* 1 escrevinhador, rabiscador; 2 [depr.] jornalista ou escritor (geralmente de má qualidade); 3 cardador; 4 carda grossa
scribbling ['skrɪblɪŋ] *s.* 1 acto de sarrabiscar, escrevinhar; 2 cardadura, cardagem ❖ *~ pad* bloco de notas; *~ paper* papel de rascunho
scribe [skraɪb] Ⓐ *s.* 1 HISTÓRIA copista, escriba; 2 RELIGIÃO (judaísmo) escriba; 3 escriturário; 4 [coloq.] autor; escritor; jornalista; 5 riscador, instrumento aguçado para traçar linhas em madeira, tijolo, etc. Ⓑ *v.tr.,intr.* 1 riscar, marcar, traçar (linhas em madeira, tijolo, etc.); 2 escrever ❖ *~ awl* riscador; instrumento aguçado para traçar linhas em madeira, tijolo, etc.
scriber ['skraɪbə] *s.* ⇒ **scribe awl**
scribing ['skraɪbɪŋ] *s.* 1 acto de riscar uma linha, acto de traçar uma linha; 2 escrita ❖ (carpintaria) *~ block* graminho; *~ iron* riscador
scrim [skrɪm] *s.* tecido forte usado para forro em estofos, etc.
scrimmage ['skrɪmɪdʒ] Ⓐ *s.* 1 luta confusa, escaramuça, rixa, contenda; 2 DESPORTO (râguebi) aglomeração de jogadores em torno da bola colocada no centro do terreno Ⓑ *v.tr.,intr.* 1 lutar, brigar, tomar parte numa rixa; 2 buscar activamente; 3 DESPORTO (râguebi) lutar pela posse da bola num aglomerado de jogadores
scrimp [skrɪmp] *v.tr.,intr.* ⇒ **skimp**
scrimpy ['skrɪmpɪ] *adj.* ⇒ **skimpy**
scrimshank ['skrɪmʃæŋk] *v.intr.* MILITAR [cal., ant.] fugir ao serviço, fugir às suas obrigações, mandriar
scrimshanker ['skrɪmʃæŋkə] *s.* MILITAR [cal., ant.] aquele que se esquiva ao serviço, madraço
scrimshanking [ˌskrɪm'ʃæŋkɪŋ] *s.* [cal., ant.] madraçaria, vida de madraço

scrimshaw ['skrɪmʃɔː] Ⓐ v.tr.,intr. esculpir, gravar, decorar, ornamentar (conchas, marfim, etc.) com desenhos coloridos ou em relevo (trabalho feito por marinheiros como passatempo) Ⓑ s. trabalhos de fantasia de osso, marfim, etc., executados pelos marinheiros como passatempo
scrip [skrɪp] s. 1 certificado provisório de subscrição de acções ou obrigações; 2 título; 3 (dinheiro temporário) cédula; 4 [coloq.] receita médica; 5 pequeno escrito; 6 [arc.] sacola de pedinte, bolsa de viajante, bornal
script [skrɪpt] Ⓐ s. 1 DIREITO documento original; 2 escrita; caligrafia; *Gothic* ~ escrita gótica; 3 letra manuscrita; 4 TIPOGRAFIA cursivo; 5 CINEMA argumento, guião Ⓑ v.tr. CINEMA escrever o argumento de ❖ HISTÓRIA *cuneiform* ~ escrita cuneiforme; LINGUÍSTICA *phonetic* ~ transcrição fonética
Script. Ⓐ [abrev. de Scripture] Ⓑ [abrev. de scriptural]
scriptoria [skrɪp'tɔrɪə] s. {pl. de **scriptorium**}
scriptorium [skrɪp'tɔrɪəm] s. (pl. -s ou -ia) escritório (de mosteiro ou convento)
scriptural ['skrɪptʃərəl] adj. 1 bíblico; relativo às Escrituras; 2 baseado nas Escrituras; de acordo com as Escrituras; 3 [rar.] tirado das Escrituras
scripture ['skrɪptʃə] s. 1 RELIGIÃO (Bíblia) escritura; *Holy Scripture* a Sagrada Escritura; *the Scriptures* as Sagradas Escrituras; *this doctrine is found in Scripture* esta doutrina encontra-se na Bíblia; 2 RELIGIÃO passagem bíblica; 3 RELIGIÃO escrito sagrado, texto sagrado; *Buddhist scriptures* textos budistas sagrados; 4 [arc.] inscrição; escrito ❖ ~ *text* texto bíblico; ~ *reader* leitor da Bíblia, pessoa que vai a casa de alguém ler a Bíblia
scriptwriter ['skrɪptraɪtə] s. CINEMA, TELEVISÃO argumentista, guionista
scriptwriting ['skrɪptraɪtɪŋ] s. guionismo, escrita de guiões
scritch [skrɪtʃ] s. [arc.] grito penetrante
scrivener ['skrɪvnə] s. 1 [ant.] escrivão, notário, copista, escriba, tabelião; 2 [ant.] corretor, pessoa que empresta dinheiros ❖ *scrivener's palsy* cãibra dos escritores
scrivenery ['skrɪvnərɪ] s. [ant.] ofício de escriba ou amanuense
scrivening ['skrɪvnɪŋ] s. [coloq.] actividade de escrevinhador ou escritor medíocre
scrobicular [skrə'bɪkjʊlə] adj. ⇒ scrobiculate
scrobiculate [skrə'bɪkjʊlɪt] adj. escrobiculado
scrofula ['skrɒfjələ] s. MEDICINA escrófula
scrofulism ['skrɒfjəlɪzəm] s. MEDICINA escrofulismo, escrofulose
scrofulous ['skrɒfjələs] adj. MEDICINA escrofuloso
scroll [skrəʊl] Ⓐ s. 1 (documento) rolo de pergaminho; rolo de papel; 2 rol; lista; 3 voluta; ornato espiralado; arabesco; 4 MÚSICA (instrumento de corda) voluta; 5 [arc.] mensagem; anotação Ⓑ v.tr.,intr. 1 INFORMÁTICA (texto, imagens, etc.) puxar, andar, deslocar; 2 escrever num rolo de pergaminho; 3 enrolar(-se); 4 enfeitar, embelezar, ornamentar com arabescos ❖ ~ *saw* serrote de relojoeiro
◆**scroll down** v.tr.,intr. INFORMÁTICA (texto, imagens, etc.) puxar para baixo, deslocar para baixo
◆**scroll up** v.tr.,intr. INFORMÁTICA (texto, imagens, etc.) puxar para cima, deslocar para cima
scrollbar ['skrəʊlbɑː] s. INFORMÁTICA barra de deslocamento
scrolled ['skrəʊlt] adj. em voluta
scrollwork ['skrəʊlwɜːk] s. (ornamentação em espiral) arabescos
scrooch [skruːtʃ] v.intr. [EUA] agachar-se
Scrooge ['skruːdʒ] s.antr. 1 LITERATURA nome do protagonista de uma narrativa de Charles Dickens; 2 [fig.] avarento
scroop [skruːp] Ⓐ s. rangido, chiadeira (de porta) Ⓑ v.intr. ranger, chiar
scrota ['skrəʊtə] s. {pl. de **scrotum**}
scrotal ['skrəʊtəl] adj. ANATOMIA escrotal; relativo ao escroto
scrotocele ['skrəʊtəʊsiːl] s. MEDICINA escrotocele
scrotum ['skrəʊtəm] s. (pl. -ta) ANATOMIA escroto
scrounge ['skraʊndʒ] Ⓐ s. 1 [coloq.] cravanço$_{pop}$, pedinchice; *to be on the* ~ andar na pedinchice; 2 [coloq.] (pessoa) crava$_{pop}$; 3 [coloq.] rapinagem, surripianço; 4 surripiador, larápio, gatuno Ⓑ v.tr.,intr. 1 andar na pedinchice; 2 viver às custas [**off/on**, de]; *to* ~ *off sb* viver às custas de alguém; 3 [coloq.] cravar$_{pop}$ [**off/on**, a]; *to* ~ *sth from/on sb* cravar alguma coisa a alguém; 4 rapinar, surripiar; furtar, roubar; 5 dar-se como convidado
◆**scrounge around** v.intr. andar em busca [**for**, de]; andar à cata [**for**, de]; *to* ~ *for sth* andar à procura de alguma coisa
◆**scrounge up** v.intr. vascular

scrounger ['skraʊndʒə] 1 [coloq.] (pessoa) crava$_{pop}$; 2 [coloq.] parasita, indivíduo que vive à custa dos outros; papa-jantares; 3 [coloq.] surripiador, larápio, gatuno
scrounging ['skraʊndʒɪŋ] s. 1 [coloq.] cravanço$_{pop}$; 2 [coloq.] rapinagem, surripiança
scrub [skrʌb] Ⓐ v.tr.,intr. 1 esfregar; limpar esfregando; *to* ~ *the floor* esfregar o chão; 2 utilizar escova de esfrega; 3 (gás) purificar; 4 [coloq.] cancelar; abandonar; 5 (cirurgião) lavar as mãos e os braços antes de operação; 6 [arc.] labutar; mourejar; *to* ~ *for a living* lutar duramente pela vida Ⓑ s. 1 esfrega, esfregadela; limpeza por meio de esfrega; *give it a good* ~ dá-lhe uma boa esfregadela; 2 arbusto enfezado; vegetação enfezada; 3 terreno coberto de vegetação enfezada; 4 rafeiro; animal raçado; 5 [cal., depr.] (pessoa insignificante) zé-ninguém; zero-à-esquerda; 6 (coisa insignificante) ninharia; 7 [EUA] DESPORTO [coloq.] jogador que não faz parte do grupo principal; grupo de segunda categoria; 8 (cosmética) loção para a limpeza da pele; 9 [Austr.] [coloq.] zona remota, local longe da civilização; 10 escova gasta; vassoura gasta; 11 pessoa que esfrega; 12 [arc.] labutador; 13 pl. [coloq.] roupa de bloco (operatório), roupa usada durante uma cirurgia Ⓒ adj. (particípios: **-bb-**) 1 insignificante; inferior; 2 pequeno; enfezado ❖ [EUA] ~ *brush* escova de esfrega; ~ *nurse* enfermeira que auxilia cirurgião; BOTÂNICA ~ *oak* carvalho americano anão; ~ *pine* pinheiro atrofiado; pinheiro de crescimento deficiente; MEDICINA ~ *typhus* febre de Tsutsugamushi
◆**scrub out** v.tr. 1 esfregar até desaparecer; 2 limpar, esfregando; 3 apagar
◆**scrub up** v.intr. (cirurgião) lavar as mãos e os braços antes de operação
scrubbable ['skrʌbəbəl] adj. que pode lavar-se esfregando
scrubber ['skrʌbə] s. 1 esfregador, aquele que esfrega com escova; 2 escova de esfregar; 3 (de gás, etc.) purificador; depurador; 4 [cal.] puta$_{cal.}$ ❖ *air* ~ filtro de ar; *paint* ~ broxa para tinta
scrubbing ['skrʌbɪŋ] s. 1 (escova) esfrega; lavagem; 2 purificador (de gás) ❖ ~ *brush* escova de esfrega
scrubby ['skrʌbɪ] adj. (comp. **-ier**, superl. **-iest**) 1 enfezado, atrofiado, raquítico; 2 insignificante, sem qualquer valor; 3 mesquinho; 4 sujo; 5 coberto de matagal; 6 [fig.] sem conjunto, inarmónico
scrubland ['skrʌblænd] s. terreno de vegetação rasteira, mato
scrubwoman ['skrʌbˌwʊmən] s. (pl. **-women**) empregada de limpeza
scruff [skrʌf] s. (pl. **-s**) 1 (nuca) cachaço; *to hold by the* ~ *of the neck* segurar pelo cachaço; 2 [coloq.] (pessoa) desmazelado
scruffy ['skrʌfɪ] adj. 1 mal-arranjado, mal vestido; 2 com mau aspecto
scrum [skrʌm] Ⓐ s. 1 DESPORTO (râguebi) aglomeração de jogadores em torno da bola; 2 [GB] [coloq.] multidão turbulenta; tumulto, rebuliço Ⓑ v.intr. DESPORTO (râguebi) lutar pela posse da bola num aglomerado de jogadores ❖ MEDICINA [ant.] ~ *pox* infecção da pele; impetigo
◆**scrum down** v.intr. DESPORTO (râguebi) lutar pela posse da bola num aglomerado de jogadores
scrummage ['skrʌmɪdʒ] v.tr.,intr.,s. ⇒ **scrimmage**
scrummy ['skrʌmɪ] adj. [ant., coloq.] ⇒ **scrumptious**
scrump [skrʌmp] v.intr. [coloq.] (pomar) roubar fruta
scrumptious ['skrʌmpʃəs] adj. 1 [coloq.] delicioso; 2 [coloq.] esplêndido, óptimo, de primeira qualidade; 3 [coloq.] formidável; 4 [coloq.] encantador
scrunch [skrʌntʃ] v.tr.,intr. ⇒ **crunch**
scrunchie ['skrʌntʃɪ] s. elástico para o cabelo, borracha para o cabelo
scrunchy ['skrʌntʃɪ] adj. estaladiço
scruple ['skruːpəl] Ⓐ s. 1 escrúpulo; *he is a man of no scruples* ele é um homem sem escrúpulos; *to do sth without* ~ não ter escrúpulos em fazer alguma coisa; *to have scruples about...* sentir escrúpulos em...; 2 hesitação; dúvida; *to make no scruples to do sth* não hesitar em fazer alguma coisa; 3 [ant.] (unidade de peso) escrúpulo (20 grãos); 4 [arc.] quantidade muito pequena Ⓑ v.intr. 1 sentir escrúpulos [**to**, em]; ter escrúpulos [**to**, em/para]; *to* ~ *to do sth* sentir escrúpulos em fazer alguma coisa; 2 hesitar; *she would not* ~ *to tell a lie* ela não hesitaria em mentir
scrupulosity [ˌskruːpjə'lɒsɪtɪ] s. escrupulosidade

scrupulous [ˈskruːpjələs] *adj.* 1 escrupuloso; consciencioso; recto; *they are not too ~* eles não se preocupam muito com escrúpulos; 2 meticuloso, minucioso; cuidadoso; 3 escrupuloso; rigoroso; exacto; *we must act with ~ honesty* devemos agir com rigorosa honestidade

scrupulously [ˈskruːpjələslɪ] *adv.* 1 escrupulosamente; conscienciosamente; *he attends ~ to all duties* ele cumpre escrupulosamente todas as obrigações; 2 meticulosamente; minuciosamente; cuidadosamente

scrupulousness [ˈskruːpjələsnəs] *s.* escrupulosidade, meticulosidade, minuciosidade

scrutator [skruːˈteɪtə] *s.* 1 observador, investigador, escrutador; 2 POLÍTICA escrutinador

scrutineer [ˌskruːtɪˈnɪə] *s.* escrutinador

scrutinize [ˈskruːtɪnaɪz] *v.tr.* 1 escrutar; perscrutar; esquadrinhar; 2 investigar, examinar minuciosamente; 3 escrutinar; fazer a verificação de; *to ~ votes* fazer a verificação de votos

scrutinizer [ˈskruːtɪnaɪzə] *s.* escrutinador

scrutinizing [ˈskruːtɪnaɪzɪŋ] Ⓐ *adj.* 1 perscrutador, investigador; 2 escrutinador Ⓑ *s.* 1 exame minucioso; 2 verificação

scrutinizingly [ˈskruːtɪnaɪzɪŋlɪ] *adv.* minuciosamente, esmiuçadamente

scrutiny [ˈskruːtɪnɪ] *s.* ⟨*pl.* -ies⟩ 1 exame; análise; *after a careful ~* depois de um minucioso exame; *to come under intense ~* ser objecto de um exame minucioso; 2 (verificação oficial dos votos) escrutínio; *to demand a ~* contestar a validade dum escrutínio; 3 olhar curioso; olhar atento; *John felt nervous under her ~* o olhar curioso dela estava a pôr o John nervoso ❖ *to be under ~* estar sob observação; estar a ser analisado

scry [skraɪ] *v.intr.* pretender adivinhar o futuro por meio de uma bola de cristal

scryer [ˈskraɪə] *s.* vidente que trabalha com uma bola de cristal

SCSI INFORMÁTICA [*abrev. de* small computer systems interface]

scuba [ˈskuːbə] *s.* escafandro autónomo ❖ *~ diver* mergulhador; escafandrista; DESPORTO *~ diving* mergulho submarino, escafandrismo

scud [skʌd] Ⓐ *s.* 1 corrida rápida; carreira; 2 nuvens leves arrastadas pelo vento; 3 espuma batida pelo vento; 4 rabanada de vento; 5 (escola) bom corredor Ⓑ *v.intr.* ⟨*particípios* -dd-⟩ 1 deslocar-se rapidamente; *the clouds ~ across the sky* as nuvens deslocam-se rapidamente no céu; 2 deslizar suavemente; 3 NÁUTICA navegar de vento em popa

◆**scud away** *v.intr.* fugir, escapulir-se

scuff [skʌf] Ⓐ *v.tr.,intr.* 1 caminhar, arrastando os pés; 2 andar com os passos arrastados, roçar, raspar; 3 esfregar os pés em; 4 gastar, romper, esfregando os pés; 5 romper-se Ⓑ *s.* ⇒ **scruff**

scuffed [skʌft] *adj.* gasto, coçado

scuffle [ˈskʌfəl] Ⓐ *s.* 1 rixa, tumulto, briga; 2 luta confusa, desordem; 3 escardilho, sacho de jardim Ⓑ *v.tr.,intr.* 1 tomar parte numa rixa, num tumulto; 2 brigar; 3 lutar; 4 arrastar os pés; 5 raspar os sapatos em; 6 (jardim) limpar com o sacho

scuffling [ˈskʌflɪŋ] *s.* 1 briga, tumulto, desordem, rixa; 2 barulho feito pelo arrastar de calçado

sculduddery [skʌlˈdʌdərɪ] *s.* 1 [Esc., EUA] obscenidade, comportamento ou atitude obscena ou torpe; 2 adultério

scull [skʌl] Ⓐ *s.* 1 (de uma só mão) remo leve e curto; 2 NÁUTICA (remo de popa) ginga; 3 NÁUTICA barco de corrida Ⓑ *v.tr.,intr.* 1 manejar um par de remos; 2 NÁUTICA trabalhar com ginga; *to ~ a boat* impelir um barco com a ginga

sculler [ˈskʌlə] *s.* 1 remador que trabalha com um par de remos; 2 gingador; 3 barco movido à ginga ou com um par de remos

scullery [ˈskʌlərɪ] *s.* ⟨*pl.* -ies⟩ [ant.] copa, parte da cozinha onde se lava a louça ❖ [ant.] *~ maid* criada encarregada da lavagem da louça

sculling [ˈskʌlɪŋ] *s.* 1 NÁUTICA deslocação por meio de um par de remos; 2 NÁUTICA deslocação através de ginga ❖ NÁUTICA *~ oar* ginga

scullion [ˈskʌlɪən] *s.* 1 [arc., poét.] moço de cozinha, ajudante de cozinha; 2 lavador de pratos

sculp. Ⓐ [*abrev. de* he engraved (sculpsit)] Ⓑ [*abrev. de* sculptor] Ⓒ [*abrev. de* sculptress] Ⓓ [*abrev. de* sculpture]

sculp [skʌlp] *v.tr.* [coloq.] ⇒ **sculpture**

sculpin [ˈskʌlpɪn] *s.* 1 ZOOLOGIA variedade de requeime-preto ou rascasso de grande cabeça cheia de espinhas; 2 [fig.] pessoa sem valor

sculpt [skʌlpt] *v.tr.,intr.* esculpir

sculptor [ˈskʌlptə] *s.* escultor

sculptress [ˈskʌlptrɪs] *s.f.* ⟨*pl.* -es⟩ escultora

sculptural [ˈskʌlptʃrəl] *adj.* (artes) escultórico, escultural

sculpturally [ˈskʌlptʃrəlɪ] *adv.* 1 esculturalmente; 2 de acordo com as normas da escultura

sculpture [ˈskʌlptʃə] Ⓐ *s.* 1 escultura; 2 ZOOLOGIA (concha de moluscos) saliências, reentrâncias Ⓑ *v.tr.,intr.* 1 esculpir; *to ~ in/out of stone* esculpir em pedra; 2 talhar; 3 dedicar-se à escultura; ser escultor; 4 ornamentar com esculturas

sculpturesque [ˌskʌlptʃəˈresk] *adj.* 1 escultural, perfeito; 2 de plástica impressionante; 3 relativo à estatuária

scum [skʌm] Ⓐ *s.* 1 (superfície de líquido) camada de sujidade; escuma; 2 [coloq., depr.] (pessoas) ralé; escória; escumalha; 3 refugo, rebotalho; 4 (metalurgia) escumalha, escória de metais em fusão; *~ of metal* escórias de metal; 5 escumação; *~ pipe* tubo de escumação; *~ valve* válvula de escumação Ⓑ *v.intr.* ⟨*particípios:* -mm-⟩ formar escuma Ⓒ *v.tr.* tirar a escuma a

scumbag [ˈskʌmbæɡ] *s.* [cal.] patife, sacana

scumble [ˈskʌmbəl] Ⓐ *s.* 1 esbatimento, atenuação de cores; 2 demão de tinta muito fina e opaca para atenuar a cor Ⓑ *v.tr.* 1 esbater, atenuar cores (de um quadro), aplicando-lhe uma camada de tinta fina e opaca; 2 velar, esfumar

scumming [ˈskʌmɪŋ] *s.* 1 escumação; 2 *pl.* escórias

scummy [ˈskʌmɪ] *adj.* ⟨*comp.* -ier, *superl.* -iest⟩ 1 cheio de espuma; 2 espumoso; 3 coberto de escória; 4 escoriáceo; 5 baixo, próprio da ralé

scuncheon [ˈskʌntʃən] *s.* ARQUITECTURA pedras ou arcos ornamentais na intercepção de paredes de torre quadrada

scunner [ˈskʌnə] Ⓐ *s.* 1 [Esc.] desgosto; *he took a ~ at it* ele ficou desgostoso com isso; 2 [Esc.] repugnância; enjoo Ⓑ *v.tr.,intr.* 1 [Esc.] repugnar; enjoar(-se); 2 [Esc.] chocar(-se), revoltar(-se); 3 [Esc.] enfastiar-se, saciar(-se)

scupper [ˈskʌpə] Ⓐ *s.* NÁUTICA embornal Ⓑ *v.tr.* 1 NÁUTICA (navio, tripulação) afundar; 2 MILITAR surpreender e massacrar; 3 aniquilar; destruir; arruinar

scurf [skɜːf] *s.* 1 caspa; descamação da epiderme; 2 crosta que se desfaz em pequenas partículas; 3 incrustações em caldeiras

scurfer [ˈskɜːfə] *s.* responsável pela limpeza de caldeiras

scurfiness [ˈskɜːfɪnəs] *s.* 1 escamosidade; 2 estado casposo

scurfy [ˈskɜːfɪ] *adj.* ⟨*comp.* -ier, *superl.* -iest⟩ 1 casposo; 2 que se descama em pequenas películas

scurrility [skʌˈrɪlɪtɪ] *s.* ⟨*pl.* -ies⟩ 1 grosseria; 2 (linguagem) impropério, obscenidade; 3 insulto, injúria

scurrilous [ˈskʌrɪləs] *adj.* 1 (linguagem) grosseiro, obsceno, ordinário; 2 vil, baixo, infame; 3 calunioso, difamatório; 4 injurioso; *they made a ~ attack on him* atacaram-no injuriosamente

scurrilously [ˈskʌrɪləslɪ] *adv.* 1 grosseiramente, obscenamente; 2 ignobilmente; 3 difamatoriamente; 4 injuriosamente

scurrilousness [ˈskʌrɪləsnəs] *s.* ⇒ **scurrility**

scurry [ˈskʌrɪ] Ⓐ *s.* ⟨*pl.* -ies⟩ 1 fuga precipitada; debandada; 2 pressa; 3 chuva batida pelo vento; turbilhão de neve Ⓑ *v.intr.* correr precipitadamente, apressar-se ❖ *the ~ and scramble of modern life* a agitação febril da vida moderna; *there was a regular ~* houve um autêntico «salve-se quem puder»

◆**scurry away/off** *v.intr.* fugir precipitadamente; partir a toda a pressa

◆**scurry through** *v.tr.* fazer atabalhoadamente; fazer à pressa; *to ~ one's work* fazer o trabalho atabalhoadamente

scurrying [ˈskʌrɪɪŋ] *adj.* que foge precipitadamente; *the ~ mice* os ratos em fuga precipitada

scurvied [ˈskɜːvɪd] *adj.* MEDICINA com escorbuto, escorbútico

scurvily [ˈskɜːvɪlɪ] *adv.* 1 vilmente, miseravelmente; 2 com baixeza

scurvy [ˈskɜːvɪ] Ⓐ *s.* MEDICINA escorbuto Ⓑ *adj.* ⟨*comp.* -ier, *superl.* -iest⟩ [arc.] baixo; vil, miserável, desprezível, mesquinho; indigno; *a ~ knave* um vil patife; *a ~ trick* uma acção indigna ❖ BOTÂNICA *~ grass* cocleária

scut [skʌt] *s.* cauda curta (sobretudo de lebre, coelho ou veado)

scutage ['skju:tɪdʒ] s. HISTÓRIA dinheiro pago por proprietário feudal para se eximir ao serviço militar
scutal ['skju:təl] adj. em forma de escudo ou escama
scutate ['skju:teɪt] adj. 1 com escamas; 2 em forma de escudo
scutch [skʌtʃ] Ⓐ s. 1 tomentos, estopa; 2 gramadeira, batedor; 3 BOTÂNICA grama Ⓑ v.tr. 1 bater, espadelar (linho); 2 bater (algodão)
scutcheon ['skʌtʃən] s. 1 ⇒ **escutcheon**; 2 espelho de fechadura; 3 placa com nome ou inscrição
scutcher ['skʌtʃə] s. 1 gramadeira, batedor; 2 espadela; 3 pessoa que bate ou espadela (linho)
scutching ['skʌtʃɪŋ] s. espadelada, acto de espadelar ❖ **~ blade** espadela; tasquinha
scute [skju:t] s. ⇒ **scutum**
scutella [skju:'telə] s. {pl. de **scutellum**}
scutellar [skju:'telə] adj. em forma de escama córnea ou placa óssea
scutellaria [skju:tɪ'leərɪə] s. BOTÂNICA escutelária
scutellate ['skju:tɪlɪt] adj. 1 ZOOLOGIA provido de escutela ou escutelo; 2 BOTÂNICA com escutelo
scutellum [skju:'teləm] s. (pl. -a) 1 ZOOLOGIA escutela; 2 BOTÂNICA escutelo
scutifoliate [skju:tɪ'fəʊlɪɪt] adj. BOTÂNICA escutifólio
scutiform ['skju:tɪˌfɔ:m] adj. escutiforme
scutter ['skʌtə] v.intr. ⇒ **scurry**
scuttle ['skʌtəl] Ⓐ v.intr. andar apressadamente; caminhar com passo rápido Ⓑ v.tr. 1 NÁUTICA afundar (navio), abrindo rombos no casco; 2 destruir, deitar por terra Ⓒ s. 1 caminhar apressado, passo rápido; fuga apressada; partida apressada; 2 NÁUTICA vigia; 3 balde para carvão; caixa metálica para carvão; **coal ~** balde do carvão; 4 (parede) postigo; 5 (chão) alçapão; 6 (automóvel) parte da frente da carroçaria ❖ NÁUTICA **~ cask** tonel de água doce (colocado no convés)
✦**scuttle away/off** v.intr. retirar-se apressadamente; esgueirar-se; escapulir-se; pôr-se a andar
scuttlebutt ['skʌtəlbʌt] s. 1 NÁUTICA fonte de água doce; 2 NÁUTICA [arc.] tonel de água doce colocado no convés; 3 [EUA] [coloq.] mexericase, coscuvilhice, bisbilhotice
scuttler ['skʌtlə] s. indivíduo que abre brechas no casco de embarcação com o fim de a afundar para receber o seguro
scuttling ['skʌtlɪŋ] Ⓐ adj. que foge; em fuga Ⓑ s. 1 fuga, corrida precipitada; 2 afundamento de embarcação abrindo brechas no casco
scutum ['skju:təm] s. (pl. -a) 1 escudo de legionário, na antiga Roma, de forma oval, oblonga ou semicilíndrica; 2 ANATOMIA rótula; 3 ZOOLOGIA escudete, escutela, escutelo
Scylla ['sɪlə] s. MITOLOGIA Cila ❖ **between ~ and Charybdis** entre Cila e Caríbdis; entre a espada e a parede
scyphus ['saɪfəs] s. (pl. -i) 1 taça sem pé na antiga Grécia; 2 BOTÂNICA parte em forma de taça como na flor do narciso ou nos líquenes
scythe [saɪð] Ⓐ s. gadanha, segadeira, foice grande para segar Ⓑ v.tr. 1 segar, ceifar com segadeira; 2 cortar com gadanha
Scythian ['sɪðɪən] Ⓐ adj. cítico; relativo à Cítia ou aos Citas Ⓑ s. cita
Scythic ['sɪðɪk] adj. cítico
SD Ⓐ [abrev. de South Dakota] Ⓑ (estatística) [abrev. de standard deviation]
SDLP [abrev. de Social Democratic and Labour Party]
SDRs [abrev. de special drawing rights]
Se QUÍMICA [símbolo de selenium]
SE Ⓐ [abrev. de southeast] Ⓑ [abrev. de southeastern] Ⓒ [abrev. de stock exchange]
sea [si:] Ⓐ s. 1 mar; **by ~** por mar; **by the ~** junto ao mar; **to put (out) to ~** sair para o mar, fazer-se ao mar; **at ~** no mar; **the old sailor was buried at ~** o velho marinheiro foi sepultado no mar; **at the bottom of the ~** no fundo do mar; 2 [fig.] (grande quatidade) mar; **a ~ of blood** um mar de sangue; 3 onda, vaga, vagalhão; **crest of the ~** crista da vaga; **to run before the ~** correr diante da vaga; **the boat shipped a ~** o barco foi inundado por uma vaga; 4 movimento das ondas; 5 mar; vida de marinheiro; **to go to/follow the ~** seguir a vida de marinheiro; 6 ASTRONOMIA (Lua, Marte) mar; **~ of Tranquillity** mar da Tranquilidade; 7 pl. mares; águas; **across/beyond the seas** para além dos mares; **to be in Portuguese seas** estar em águas (territoriais) portuguesas; **the seven seas** os sete mares Ⓑ adj. 1 marinho; do mar; **~ air** ar do mar; **~ bottom** fundo do mar; **~ animal** animal marinho; **~ fish** peixe do mar; **~ foam** espuma do mar; 2 marítimo; **~ cable** cabo marítimo; **~ laws** leis marítimas; **~ trade** comércio marítimo; 3 naval; **~ battle** batalha naval; **~ fight** combate naval ❖ NÁUTICA **~ anchor** âncora de capa; ZOOLOGIA **~ anemone** anémona-do-mar; actínia; ZOOLOGIA **~ angel** anjo-do-mar; BOTÂNICA **~ aster** malmequer-da--praia; ZOOLOGIA **~ bass** robalo; serrano; **~ bathing** banhos de mar; ZOOLOGIA **~ bear** urso polar; lobo-marinho; **~ biscuit** bolacha de bordo; **~ boy** grumete; ZOOLOGIA **~ bream** pargo; **~ breeze** brisa do mar; ZOOLOGIA **~ calf** foca vulgar; ZOOLOGIA **~ canary** baleia branca; beluga; **~ captain** capitão da marinha (mercante ou de guerra); **~ card** rosa-dos-ventos; **~ change** grande mudança; alteração causada pelo mar; **~ chart** carta náutica; **~ chest** cofre de bordo; [arc.] **~ coal** carvão de pedra; **~ compass** agulha de marear; ZOOLOGIA **~ cow** sirenídeo; vaca marinha; dugão; dugongo; ZOOLOGIA **~ cucumber** pepino-do-mar; ZOOLOGIA **~ devil** raia gigante; polvo; diabo-marinho; **~ dog** lobo do mar; velho marinheiro; foca comum; esqualo; cação; ZOOLOGIA **~ duck** pato marinho; ZOOLOGIA **~ eagle** águia-marinha; águia-pesqueira; ZOOLOGIA **~ eel** congro; ZOOLOGIA **~ egg** ouriço-do-mar; ZOOLOGIA **~ elephant** elefante-marinho; (coral) **~ fan** gorgónia; BOTÂNICA **~ fennel** funcho-marítimo; **~ fire** bioluminescência (de animais marinhos); ZOOLOGIA **~ fox** tubarão raposo; **~ gauge** calado de navio, medidor da profundidade do mar; MITOLOGIA **~ god/goddess** deus marinho/deusa marinha; **~ grape** uva marinha; sargaço; ovo de choco; ZOOLOGIA **~ gudgeon** caboz negro; ZOOLOGIA **~ hare** vinagreira; lebre-do-mar; tintureira; ZOOLOGIA **~ hen** mergulhão; ZOOLOGIA **~ hog** porco do mar; porco-marinho; marsuíno; ZOOLOGIA **~ horse** cavalo-marinho; hipocampo; morsa; BOTÂNICA **~ holly** cardo-marítimo; HISTÓRIA **~ king** rei dos mares; chefe viking; ZOOLOGIA **~ lamprey** lampreia-do-mar; **~ lane** via marítima; NÁUTICA **~ lawyer** marinheiro resmungão; castanhola-cinzenta; ZOOLOGIA (molusco) **~ lemon** dóris; **~ lettuce** alface-do-mar; **~ level** nível do mar; ZOOLOGIA **~ lion** leão-marinho; [Esc.] GEOGRAFIA **~ loch** braço de mar; **~ Lord** lorde do Almirantado; **~ mew** gaivota; **~ mile** milha marítima; ZOOLOGIA **~ needle** peixe--agulha; ZOOLOGIA **~ nettle** urtiga-do-mar; MITOLOGIA **~ nymph** ninfa do mar; nereida; BOTÂNICA **~ onion** cebola-albarrã; **~ ooze** limo; vasa; fundo lodoso do mar; ZOOLOGIA **~ otter** lontra-marinha; ZOOLOGIA **~ perch** robalo; BOTÂNICA **~ pine** pinheiro-marítimo; **~ pool** lagoa de água salgada; lago de água salgada; **~ power** potência marítima; **~ protest** protesto de mar; protesto no mar; (pirata) **~ robber** salteador dos mares; ladrão do mar; BOTÂNICA **~ rocket** eruca-marinha; **~ room** espaço para manobrar um navio; **~ rover** salteador dos mares; pirata; navio pirata; **~ salt** sal marinho; **~ serpent** serpente-do-mar; ZOOLOGIA **~ slug** nudibrânquio; ZOOLOGIA **~ snail** caramujo; ZOOLOGIA **~ squirt** ascídia; ZOOLOGIA **~ star** estrela-do-mar; ZOOLOGIA **~ trout** corvinata; truta--marisca; truta salmonada; ZOOLOGIA **~ turtle** tartaruga marinha; ZOOLOGIA **~ urchin** ouriço-do-mar; **~ wall** molhe; ZOOLOGIA **~ wolf** peixe-lobo; robalo; BOTÂNICA **~ wrack** sargaço; **(all) at ~** (completamente) confuso; (completamente) perdido; à nora; **to get/find one's ~ legs** habituar-se ao balanço do navio e não enjoar; NÁUTICA **to stand out to ~** manter-se ao largo; **when the ~ gives up its dead** quando chegar o dia da ressurreição
seabed ['si:bed] s. fundo do mar
seabird ['si:bɜ:d] s. ave marinha, ave marítima
seaboard ['si:bɔ:d] s. litoral, costa marítima ❖ **~ town** cidade do litoral
seaborgium [si:'bɔ:gɪəm] s. QUÍMICA (elemento químico) seabórgio
seaborne ['si:bɔ:n] adj. transportado por mar; transportado por via marítima; **~ goods** mercadorias transportadas por via marítima
seacoast ['si:kəʊst] s. litoral; costa marítima
seacock ['si:kɒk] s. NÁUTICA torneira de tomada de água do mar
seadog ['si:dɒg] s. ⇒ **fogbow**
seadrome ['si:drəʊm] s. AERONÁUTICA aeródromo flutuante no alto mar
seads [si:dz] s.pl. [EUA] [coloq.] massaroca, bagalhoça, muito dinheiro

sea-ear ['si:ɪə] *s.* [EUA] ZOOLOGIA abalone
seafarer ['si:feərə] *s.* **1** pessoa que viaja pelo mar; *he is a great ~* ele viaja muito pelo mar; **2** marinheiro, homem do mar
seafaring ['si:feərɪŋ] Ⓐ *adj.* **1** navegador; **2** que anda sempre no mar Ⓑ *s.* **1** viagens marítimas; viagens por mar; **2** vida de marinheiro ❖ *a ~ life* uma vida de marinheiro; *a ~ man* um marinheiro; *a ~ people* um povo de navegadores; um povo de marinheiros
seafood ['si:fu:d] *s.* marisco ❖ *~ restaurant* marisqueira
seafowl ['si:faʊl] *s.* ave marinha, ave marítima
seafront ['si:frʌnt] *s.* **1** (zona) beira-mar; **2** (avenida, passeio) marginal; **3** praia ❖ *~ restaurant* restaurante em frente ao mar
seagoing ['si:gəʊɪŋ] *adj.* de longo curso; *~ craft* navio de longo curso
seagrass ['si:grɑ:s] *s.* BOTÂNICA sargaço
sea-green ['si:gri:n] *adj.,s.* (cor) verde-mar
seagull ['si:gʌl] *s.* ZOOLOGIA (ave) gaivota
seal [si:l] Ⓐ *s.* **1** ZOOLOGIA foca; *hooded ~* foca de capelo; **2** pele de foca; couro de foca; **3** (marca oficial) selo; sinete, chancela; carimbo; marca; *the Great Seal* o selo real (usado em documentos oficiais importantes); *to affix the seals* apor os selos; *to put one's ~ to* pôr o selo em; **4** (material para calafetar) tampão; borracha para calafetar; *fridge ~* borracha que calafeta a porta do frigorífico; **5** (garantia de inviolabilidade) selo; lacre; *to break the ~ of a letter* quebrar o lacre de uma carta; **6** sinal; cunho; marca; selo; *the ~ of genius* a marca do génio; *~ of distinction* marca de distinção, selo da distinção; **7** penhor, garantia; **8** ratificação, confirmação; **9** vedação hidráulica; **10** RELIGIÃO (catolicismo) sigilo, segredo; *under the ~ of confession* sob o sigilo da confissão; **11** (cor) castanho-escuro Ⓑ *v.tr.* **1** (inviolabilidade) selar; **2** selar; fechar hermeticamente; fechar bem; vedar; obturar; *to ~ a pipe* obturar um tubo; *to ~ with lead* chumbar; **3** fechar; cerrar; *sleep sealed her eyes* o sono fechou-lhe os olhos; **4** selar, marcar com selo, marcar com sinete; **5** lacrar; selar; **6** firmar; *to ~ a bargain* firmar um negócio; **7** confirmar; ratificar; **8** decidir, resolver, destinar; *to ~ one's fate* decidir o destino (de modo desfavorável); *her fate was sealed* a sorte dela estava traçada Ⓒ *v.intr.* caçar focas ❖ *~ engraver* gravador de sinetes; gravador de selos; *~ of approval* (selo de) aprovação; aval; *~ oil* óleo de foca; *~ ring* anel com selo; anel com selo; *to set one's ~ to* aprovar; confirmar; autorizar; *to set the ~ on sth* tornar algo inevitável; resolver algo; *under ~* selado

◆ **seal in** *v.tr.* **1** fechar hermeticamente; **2** (substância, qualidade) não deixar escapar

◆ **seal off** *v.tr.* **1** (área) isolar; **2** proibir o acesso a; transformar em zona interdita; **3** encerrar

◆ **seal up** *v.tr.* **1** selar; **2** fechar hermeticamente; *windows must be sealed up* as janelas têm de ficar hermeticamente fechadas; **3** fechar bem; *she sealed up the drawers* ela fechou as gavetas à chave; **4** vedar

sealed [si:ld] *adj.* **1** selado; **2** secreto ❖ *~ orders* instruções secretas; *my lips are ~* não posso dizer nada; *that is a ~ book to me* isso para mim é um mistério
sealer ['si:lə] *s.* **1** navio próprio para a caça à foca; **2** caçador de focas; **3** pessoa que sela, que coloca o selo (em documentos); **4** aferidor de pesos
sealery ['si:ləri] *s.* caça à foca
sealing ['si:lɪŋ] *s.* **1** caça de focas; **2** colocação de selo; colocação de sinete; **3** acto de lacrar; **4** ratificação; confirmação; **5** vedação; **6** obturação ❖ *~ compound* massa para vedação; *~ wax* lacre
sealskin ['si:lskɪn] *s.* pele de foca
Sealyham ['si:lɪəm] *s.* determinada raça canina, parecida com os terrier
seam [si:m] Ⓐ *s.* **1** costura; *French ~* costura dupla; (meias) *mock ~* costura simulada; **2** bainha; *lapped ~* bainha dobrada; **3** linha de junção; **4** GEOLOGIA camada carbonífera; veio de metal, filão; **5** cicatriz; **6** ANATOMIA sutura; **7** ruga, fissura; **8** NÁUTICA costura; **9** (construção) costura; *flat ~* costura rebatida Ⓑ *v.tr.,intr.* **1** juntar com costura, unir com costura; coser; **2** (rebitagem, soldagem, etc.) unir; **3** vincar; marcar (com rugas ou cicatrizes); *his face was seamed with scars* tinha o rosto cheio de cicatrizes; **4** fender(-se); rachar; abrir-se em sulcos ❖ (carruagem) *~ lace* fita ornamental para disfarce de costuras; AGRICULTURA *~ presser* alisador do terreno depois da passagem da charrua; *a rich ~ of* um grande filão de; uma grande fonte de; *to burst at the seams* rebentar pelas costuras; *to be coming/falling apart at the seams* (roupa) estar a descoser-se; (plano, relação, etc.) estar em ruptura

seaman ['si:mən] *s.* (*pl.* **-men**) **1** marinheiro; marujo; navegador; **2** homem do mar ❖ [EUA] *~ apprentice* grumete; [EUA] *~ recruit* aluno-marinheiro; [GB] *junior ~* aluno-marinheiro; [GB] *leading ~* cabo-marinheiro; [GB] *ordinary ~* grumete
seamanlike ['si:mənlaɪk] Ⓐ *adj.* próprio de bom marinheiro, de marinheiro Ⓑ *adv.* como bom marinheiro
seamanship ['si:mənʃɪp] *s.* **1** marinharia, náutica; **2** arte de marinheiro
seamark ['si:mɑ:k] *s.* NÁUTICA baliza costeira
SEAMEC [*abrev. de* Southeast Asian Ministers of Education Council]
seamed [si:md] *adj.* **1** com costura; *~ stockings* meias com costura; **2** cosido; **3** (soldado) com costura; *~ pipe* cano com costura; *~ tubing* tubulação com costura; **4** (rosto) enrugado; marcado por rugas
SEAMEO [*abrev. de* Southeast Asian Ministers of Education Organization]
SEAMES [*abrev. de* Southeast Asian Ministers of Education Secretariat]
seaming ['si:mɪŋ] *s.* **1** costura; **2** bainha ❖ *~ lace* fita agaloada empregada como adorno
seamless ['si:mləs] *adj.* **1** sem costura; **2** sem emenda; *~ pipe* cano sem emenda; **3** inconsútil, inteiriço; *~ ring* anel inteiriço; *~ tube* tubo sem soldadura; **4** [fig.] contínuo, sem interrupção; **5** [fig.] homogéneo; **6** [fig.] coerente
seamlessly ['si:mləslɪ] *adv.* **1** continuamente; **2** ininterruptamente; **3** homogeneamente
seamstress ['semstrɪs] *s.f.* (*pl.* **-es**) costureira
seamy [si:mɪ] *adj.* (*comp.* **-ier**, *superl.* **-iest**) **1** desagradável, áspero, imperfeito; **2** sórdido; *the ~ side of life* o lado sórdido da vida
Seanad Eireann [ˌʃenəd'eərən] *s.* Senado da Irlanda, a Câmara Alta da República da Irlanda
seance ['seɪɑ̃ns] *s.* **1** sessão de qualquer sociedade ou organismo; **2** sessão espírita
séance ['seɪɑ̃ns] *s.* **1** sessão de qualquer sociedade ou organismo; **2** sessão espírita
seapiece ['si:pi:s] *s.* PINTURA marinha
seaplane ['si:pleɪn] *s.* hidroavião ❖ *~ carrier* porta-aviões (para hidroaviões)
seaport ['si:pɔ:t] *s.* porto de mar
seaquake ['si:kweɪk] *s.* maremoto
sear [sɪə] Ⓐ *v.tr.* **1** crestar; queimar a superfície de; **2** [fig.] endurecer; insensibilizar; cauterizar_{fig.}; *her soul has been seared by injustice* a injustiça tem-lhe endurecido a alma; **3** secar, fazer mirrar; **4** CULINÁRIA alourar; **5** marcar com ferro ao rubro Ⓑ *adj.* [poét.] seco, murcho, ressequido; *~ leaves* folhas secas, folhas mirradas Ⓒ *s.* **1** gatilho, descanso do gatilho; fecho de espingarda; **2** cicatriz de queimadura

search [sɜ:tʃ] Ⓐ *s.* (*pl.* **-es**) **1** busca, procura; *to be in ~ of* andar em busca de; *to set out in ~ of* pôr-se em busca de; **2** pesquisa; *to make a ~ for* pesquisar; **3** indagação; averiguações; **4** exame cuidadoso; **5** sindicância; inquirição Ⓑ *v.tr.,intr.* **1** buscar, procurar; *to ~ after truth* andar em busca da verdade; *to ~ for sb* procurar alguém; **2** pesquisar, investigar; *to ~ into the causes of* investigar as causas de; **3** revistar; fazer buscas; *to ~ a ship* passar revista a um navio; *to ~ a house* fazer uma busca a uma casa; **4** examinar cuidadosamente; *to ~ a wound* examinar uma ferida; **5** INFORMÁTICA (base de dados, ficheiro, etc.) consultar; **6** remexer, rebuscar; *to ~ one's memory* rebuscar na memória ❖ [EUA] COMÉRCIO *~ costs* custos de procura; INFORMÁTICA (Internet) *~ engine* motor de pesquisa; *~ party* expedição de socorro; *~ radar* radar de exploração; DIREITO *~ warrant* mandado de busca; DIREITO *~ and rescue* salvamento; DIREITO *right of ~* direito de uma nação beligerante passar revista a navios neutros; *to ~ one's heart* fazer um exame de consciência; fazer uma introspecção

search out v.tr. procurar até encontrar; conseguir localizar; *they searched out a relative whom they hadn't seen for 25 years* conseguiram localizar um familiar que não viam há 25 anos

searchable ['sɜːtʃəbəl] adj. 1 pesquisável; 2 que pode procurar-se; 3 investigável

searcher ['sɜːtʃə] s. 1 investigador, pesquisador; aquele que busca, investiga ou procura; 2 inspector, examinador; 3 verificador; 4 DIREITO inquiridor; 5 MEDICINA sonda

searching ['sɜːtʃɪŋ] Ⓐ adj. 1 pesquisador, examinador, inquiridor; 2 (análise, investigação, etc.) minucioso, rigoroso; *they put him through a ~ examination* eles submeteram-no a um minucioso interrogatório; 3 profundo, penetrante; *he gave them a ~ look* ele lançou-lhes um olhar penetrante; 4 (pergunta) certeiro; *to ply a person with ~ questions* apertar uma pessoa com perguntas certeiras Ⓑ s. 1 pesquisa, exame minucioso, inspecção; 2 busca, revista; 3 investigação; 4 inquirição ❖ *~ remedy* remédio radical; *searchings of the heart* apreensões; pressentimentos

searchingly ['sɜːtʃɪŋlɪ] adv. 1 minuciosamente; 2 penetrantemente, perspicazmente

searchlight ['sɜːtʃlaɪt] s. holofote, projector

seared [sɪəd] adj. 1 seco, murcho, ressequido; 2 cauterizado, queimado; 3 (consciência) insensível, endurecido

searing ['sɪərɪŋ] Ⓐ adj. 1 (calor) abrasador, escaldante; 2 (dor) agudo; 3 (fig.) (crítica, ataque) cáustico, virulento Ⓑ s. 1 acto de crestar; 2 acto de fazer mirrar; 3 cauterização ❖ *~ iron* ferro de cauterização

seascape ['siːskeɪp] s. 1 PINTURA marinha; 2 paisagem marítima

seashell ['siːʃel] s. concha

seashore ['siːʃɔː] s. costa, praia marítima

seasick ['siːsɪk] adj. (a bordo) enjoado

seasickness ['siːsɪknəs] s. (mar) enjoo

seaside ['siːsaɪd] s. 1 litoral; costa marítima; beira-mar; 2 (lazer) praia; *to be at the ~* estar na praia; *to go to the ~* ir para a praia ❖ *~ resort* estância balnear; *~ town* cidade costeira

season ['siːzən] Ⓐ s. 1 (do ano) estação; *the four seasons of the year* as quatro estações do ano; *the dry ~* a estação seca; *the rainy ~* a estação das chuvas; 2 (festividade) quadra; 3 época; *close ~* época de defeso; *holiday ~* época de férias; *hunting ~* época da caça; *in ~* na época própria; *open ~* época própria; *out of ~* fora da época própria; *oysters are in ~* estamos na época das ostras; *the off ~* época baixa; 4 ocasião, altura própria; *a remark out of ~* uma observação fora de propósito; *a word in ~* uma palavra dita na altura própria; *he will take action at the proper ~* ele agirá na altura própria; *in ~ and out of ~* em qualquer altura, sempre; 5 tempo, período; *for a ~* durante algum tempo; 6 (desporto, espectáculos) temporada, época; *theatrical ~* temporada teatral; *the football ~* a época do futebol; 7 (filmes) ciclo; 8 VETERINÁRIA cio; *a mare in ~* uma égua com cio Ⓑ v.tr.,intr. 1 CULINÁRIA temperar, condimentar; *to ~ meat with mustard* temperar carne com mostarda; [fig.] *his speech was seasoned with irony* o discurso dele estava temperado de ironia; 2 ficar em boas condições para ser usado; 3 (madeira) secar; *to ~ timber* secar a madeira; *that wood has not been well seasoned* essa madeira não está bem seca; 4 animar, vivificar; 5 abrandar, atenuar, moderar, suavizar; 6 habituar, adaptar-se ❖ *season's greetings* boas festas, TEATRO, DESPORTO *~ ticket* assinatura para uma época; *~ ticket holder* assinante; [ant.] *the London ~* o princípio do Verão (quando era moda a alta sociedade ir para Londres)

seasonable ['siːznəbəl] adj. 1 a propósito, adequado, oportuno; *~ aid* auxílio oportuno; *the ~ arrival of...* a chegada oportuna de...; 2 de acordo com a estação, próprio da época; *~ weather* tempo próprio da estação

seasonableness ['siːznəbəlnəs] s. 1 oportunidade, conveniência; 2 adequação (à época, estação, etc.)

seasonably ['siːzənəblɪ] adv. oportunamente, na altura própria, a propósito

seasonal ['siːzənəl] adj. 1 sazonal; *~ rains* chuvas sazonais; 2 dependente da estação do ano ❖ ECONOMIA, POLÍTICA *~ adjustment* ajuste sazonal; *~ worker* trabalhador sazonal; PSICOLOGIA *~ affective disorder* depressão sazonal

seasonally ['siːzənəlɪ] adv. 1 sazonalmente; 2 de acordo com a estação, de acordo com a época

seasoned ['siːzənd] adj. 1 (madeira) seco; 2 (comida) temperado, condimentado; 3 [fig.] picante; *a highly ~ anecdote* uma anedota picante; 4 experiente; treinado; habituado; com muita prática; *a ~ soldier* um soldado treinado, experimentado; *to grow ~* adquirir treino e experiência

seasoning ['siːzənɪŋ] s. 1 CULINÁRIA tempero, condimento; 2 (madeira) secagem; 3 aclimatação, habituação; 4 treino, preparação; 5 (queijo) cura; 6 [poét.] atenuação, moderação

seat [siːt] Ⓐ s. 1 assento; banco; cadeira; *back/front ~* banco de trás/da frente; *adjustable ~* assento regulável; 2 lugar; lugar sentado; *to book/reserve a ~* reservar lugar; *is this ~ free/taken?* este lugar está livre/ocupado?; *to keep sb's ~ (for sb)* guardar o lugar (a alguém); *the window ~* o lugar da janela; *he bought a car with five seats* ele comprou um carro de cinco lugares; *how many seats did you buy?* quantos lugares pagaste?, quantos bilhetes compraste?; 3 (parte de cadeira) assento, fundo; 4 VESTUÁRIO (calças, calções, etc.) fundilho; assento; 5 (posição oficial) lugar; assento; *to vacate one's ~* apresentar a demissão; 6 (base) sede; *~ of government* sede de governo; 7 local, localização; *the ~ of war* o teatro da guerra; *the disease has its ~ in the liver* a doença está localizada no fígado; 8 (equitação) postura; maneira de se sentar; *she has a graceful ~* ela tem uma maneira de montar muito graciosa; 9 (família rica e importante) moradia; vivenda; casa grande no campo; *country ~* casa de campo; 10 [coloq.] traseiro, nádegas; *to come down on one's ~* cair sobre as nádegas; 11 base; parte de objecto que apoia Ⓑ v.tr.,intr. 1 sentar; colocar (num lugar sentado); colocar em assento; *she seated the child on the table* ela sentou a criança na mesa; 2 ter uma lotação de; ter capacidade para; comportar; *the theatre can ~ 1,500 people* o teatro tem lugar para 1500 pessoas; 3 assentar; *this valve seats badly* esta válvula não assenta bem; 4 (cadeira, banco) consertar o fundo de; *to ~ a chair* deitar um fundo numa cadeira; 5 VESTUÁRIO deitar fundilhos a; *to ~ a pair of trousers* deitar fundilhos numas calças; 6 estabelecer; instalar; *to ~ machinery* instalar máquinas; 7 estabelecer, instalar; eleger; *to ~ a candidate* eleger um candidato a deputado ❖ *~ belt* cinto de segurança; *by the ~ of one's pants* sem ajuda nenhuma; somente por intuição; instintivamente; *have a ~/take a ~* faça o favor de se sentar; tenha a bondade de se sentar; sente-se; *in the hot ~* numa posição de muita responsabilidade; numa posição difícil; *please be seated* queira ter a bondade de se sentar; *to be in the driving/driver's ~* estar no lugar de comando; *to be on the edge of one's ~* ficar na expectativa acerca do que vai acontecer; *to keep one's ~* manter-se no seu lugar; continuar sentado; *to take a back ~* colocar-se em segundo plano; ficar nos bastidores

seatbelt ['siːtbelt] s. cinto de segurança

seated ['siːtɪd] adj. 1 sentado; 2 localizado

seating ['siːtɪŋ] s. 1 lugares sentados, assentos; *additional ~* lugares suplementares; 2 distribuição de lugares sentados; 3 suporte, base; 4 material para estofar asentos ❖ (mesa) *~ arrangements* distribuição dos lugares; *~ capacity* número de lugares sentados

seatless ['siːtləs] adj. 1 sem lugar; 2 (cadeira) sem fundo, sem assento

SEATO [abrev. de Southeast Asia Treaty Organization]

seawall ['siːwɔːl] s. paredão, molhe de defesa da costa

seaward ['siːwəd] Ⓐ adj. 1 voltado para o mar; 2 que se dirige ao mar; *~ breeze* brisa em direcção ao mar Ⓑ adv. ⇒ **seawards**

seawards ['siːwɜːdz] adv. 1 em direcção ao mar; 2 para o mar alto

seawater ['siːwɔːtə] s. água do mar

seaweed ['siːwiːd] s. alga marítima, planta marítima

seaworthiness ['siːwɜːðɪnəs] s. 1 NÁUTICA boas condições de navegabilidade (de embarcação); 2 capacidade de aguentar o mar

seaworthy ['siːwɜːðɪ] adj. 1 em condições de navegar, capaz de aguentar o mar; 2 (embarcação) forte, bem construído

sebaceous [sɪ'beɪʃəs] adj. sebáceo; *~ cyst* quisto sebáceo ❖ ANATOMIA *~ glands* glândulas sebáceas

sebacic [sɪˈbæsɪk] *adj.* QUÍMICA sebácico; **~ acid** ácido sebácico
Sebastian [səˈbæstɪən, səˈbæstʃən] *s.antr.* Sebastião
sebesten [sɪˈbestən] *s.* BOTÂNICA sebesteira, sebesteiro
sebiferous [seˈbɪfərəs] *adj.* sebífero
seborrhea [sebəˈrɪə] *s.* MEDICINA seborreia
seborrhoea [sebəˈrɪə] *s.* MEDICINA seborreia
sec [sek] Ⓐ *s.* **1** [coloq.] segundinho; momentinho; *half a* **~** um momento, um momentinho; **2** [coloq.] secretário Ⓑ *adj.* (vinho) seco
SEC [EUA] [abrev. de Securities and Exchange Commission]
secant [ˈsiːkənt] Ⓐ *adj.* GEOMETRIA secante Ⓑ *s.* GEOMETRIA secante
secateurs [ˈsekətəz] *s.pl.* tesoura de podar
seccotine [ˈsekətiːn] Ⓐ *s.* **1** secotina (nome comercial de determinado líquido utilizado como cola); **2** cola líquida Ⓑ *v.tr.* colar com secotina
secede [sɪˈsiːd] *v.intr.* **1** separar-se de; **2** entrar em dissidência, cisma ou secessão; **3** abandonar (confissão religiosa, agrupamento político, etc.)
seceder [sɪˈsiːdə] *s.* **1** separatista; **2** dissidente, cismático
seceding [sɪˈsiːdɪŋ] Ⓐ *adj.* separatista, dissidente Ⓑ *s.* separação, dissidência
secern [sɪˈsɜːn] *v.tr.,intr.* **1** [arc.] distinguir-se, tornar distinto; **2** [arc.] separar-se, separar; **3** [arc.] segregar
secernent [sɪˈsɜːnənt] Ⓐ *adj.* secretório, secernente Ⓑ *s.* **1** órgão de secreção; **2** secretor; **3** droga que provoca secreção
secernment [sɪˈsɜːnmənt] *s.* separação, diferenciação, distinção
secession [sɪˈseʃən] *s.* secessão, separação ❖ [EUA] HISTÓRIA *the War of Secession* a Guerra da Secessão (1861-1865)
secessionism [sɪˈseʃənɪzəm] *s.* separatismo, secessionismo
secessionist [sɪˈseʃənɪst] *s.* separatista, secessionista
seckel [ˈsekəl] *s.* BOTÂNICA variedade de pêra sumarenta
seclude [sɪˈkluːd] *v.tr.* separar [**from**, de]; isolar [**from**, de]; apartar [**from**, de] ❖ *to* **~** *oneself* isolar-se; levar uma vida de isolamento
secluded [sɪˈkluːdɪd] *adj.* **1** isolado, retirado, afastado; *a* **~** *life* uma vida de isolamento; **2** solitário
seclusion [sɪˈkluːʒən] *s.* **1** isolamento; reclusão; solidão; *to live in* **~** levar uma vida de isolamento; **2** retiro; *in the* **~** *of one's own home* na retiro da sua própria casa
second¹ [ˈsekənd] Ⓐ *s.* **1** (tempo) segundo; *in a split* **~** em menos de um segundo; **2** [fig.] momento, instante; *he will be back in a* **~** ele vem já, ele não demore nada Ⓑ *s.,num.ord.* **1** (ordem, hierarquia) segundo; **~** *in command* segundo-comandante; *Charles the Second* Carlos II; *on the* **~** *of February* no dia 2 de Fevereiro; **2** DESPORTO segundo classificado; *to be a good* **~** chegar a pouca distância do vencedor, chegar logo atrás do vencedor; **3** [fig.] rival, concorrente; *he has no* **~** ele não tem rival; **4** (duelo) padrinho, testemunha; **5** ajudante, auxiliar; **6** protector, defensor; **7** MÚSICA segunda, segunda voz; segunda parte; **8** segunda via; **~** *of exchange* segunda via de letra; **9** *pl.* COMÉRCIO mercadorias de segunda classe, mercadorias de qualidade inferior Ⓒ *adj.,num.ord.* **1** segundo; **~** *ballot* segundo escrutínio; **~** *cause* causa segunda; **~** *time* uma segunda vez; **2** outro; diferente; *I think I'll need a* **~** *pair of shoes* parece-me que preciso de outro par de sapatos; **3** secundário; **~** *motion* movimento secundário; **~** *shaft* eixo secundário; **4** suplementar, adicional; **5** de segunda classe; inferior; **~** *cabin* camarote de segunda classe; **6** segundo, subordinado; **~** *mate* segundo-piloto; (importância) *to be* **~** *to sb* vir logo a seguir a alguém; **7** derivado; **8** MÚSICA que canta, executa a parte mais baixa; *the* **~** *violins* os segundos-violinos Ⓓ *adv.* em segundo lugar; *to arrive* **~** chegar em segundo lugar Ⓔ *v.tr.* **1** ajudar, auxiliar, coadjuvar, secundar; **2** apoiar, sustentar; *to* **~** *a motion* apoiar uma moção ❖ POLÍTICA **~** *chamber* câmara alta, câmara dos pares, senado; [depr.] **~** *childhood* segunda meninice; **~** *class* segunda classe; **~** *cousin* segundo-primo; PINTURA **~** *distance* segundo plano; **~** *filter* filtro fino; **~** *floor* [GB] segundo andar; [EUA] primeiro andar; (velocidade) **~** *gear* segunda; **~** *generation* segunda geração; (relógio) **~** *hand* ponteiro do relógio; LINGUÍSTICA **~** *language* segunda língua; MILITAR **~** *lieutenant* alferes; **~** *marriage* segundas núpcias; **~** *mourning* luto aliviado; **~** *name* apelido; **~** *nature* segunda natureza; LINGUÍSTICA **~** *person* segunda pessoa; **~** *sight* intuição, previsão, presciência de coisas futuras; DESPORTO **~** *string* suplente; **~** *stroke* segundo tempo, tempo de compressão; **~** *teeth* segunda dentição; **~** *wind* novo fôlego; **~** *to none* sem igual; insuperável; HISTÓRIA *Second World War* Segunda Guerra Mundial; *every* **~** *year* de dois em dois anos; *on* **~** *thoughts* pensando melhor

second² [sɪˈkɒnd] *v.tr.* **1** (trabalhador) transferir temporariamente, mudar de serviço; **2** MILITAR destacar; *to be seconded for service for…* ser destacado para fazer serviço em …
secondarily [ˈsekəndərɪlɪ] *adv.* secundariamente
secondary [ˈsekəndərɪ] Ⓐ *adj.* **1** (importância) secundário; acessório; *all those measures are of* **~** *importance* todas essas providências são de importância secundária; **2** (ordem) secundário; subordinado; **3** (qualidade) inferior [**to**, a]; **4** (escola) secundário; de ensino secundário Ⓑ *s.* (*pl.* **-ies**) **1** (pessoa) subalterno; **2** coisa secundária; **3** MEDICINA metástase; **4** GEOLOGIA formação secundária; **5** RELIGIÃO membro subalterno de capítulo; **6** ASTRONOMIA satélite; **7** (aves) rémige secundária; **8** (insecto) asa posterior; **9** ELECTRICIDADE (transformador) secundário ❖ POLÍTICA **~** *action* movimento de solidariedade; ELECTRICIDADE **~** *battery* bateria secundária; FILOSOFIA **~** *cause* causa segunda; ELECTRICIDADE **~** *cell* elemento de acumuladores; **~** *colour* cor secundária; ELECTRICIDADE **~** *current* corrente induzida; **~** *education* ensino secundário; (electrónica) **~** *electron* electrão secundário; GEOLOGIA **~** *epoch* era secundária; **~** *glazing* vidro duplo; MEDICINA **~** *infection* sobreinfecção; ECONOMIA **~** *market* mercado secundário; [GB] (ensino técnico) **~** *modern* escola secundária; ELECTRICIDADE **~** *phase* fase do secundário; **~** *picketing* piquete de apoio; **~** *product* subproduto; **~** *road* estrada secundária; **~** *school* escola secundária; **~** *sexual characteristics* carácteres sexuais secundários; (fonética) **~** *stress* acento secundário; MEDICINA **~** *syphilis* sífilis secundária; ELECTRICIDADE **~** *turns* espiras do secundário; ELECTRICIDADE **~** *voltage* voltagem secundária

second-best [ˌsekəndˈbest] Ⓐ *s.* **1** o segundo (classificado); o segundo melhor; **2** substituto; **3** [depr.] prémio de consolação $_{fig.}$ Ⓑ *adj.* segundo melhor, logo a seguir ao melhor; *his* **~** *suit* o seu segundo melhor fato Ⓒ *adv.* **1** fora do primeiro lugar; **2** em segundo lugar; *to come off* **~** acabar em segundo lugar ❖ *as a* **~** à falta de melhor; *to come off* **~** sair a perder, sair-se mal, ser derrotado

second-class [ˌsekəndˈklɑːs] Ⓐ *adj.* **1** de segunda classe; *a* **~** *ticket* um bilhete de segunda classe; **2** de segunda (categoria); de qualidade inferior Ⓑ *adv.* em segunda classe; *to travel* **~** viajar em segunda classe ❖ **~** *citizens* cidadãos de segunda (classe/categoria)

second-degree [ˌsekənddɪˈɡriː] *adj.* de segundo grau ❖ **~** *burns* queimadura de segundo grau; MATEMÁTICA **~** *equation* equação do segundo grau; DIREITO **~** *murder* homicídio não premeditado

seconde [sɪˈkɒnd] *s.* DESPORTO (esgrima) segunda (posição)
seconder [ˈsekəndə] *s.* aquele que secunda ou apoia (uma moção, etc.)
secondhand [ˌsekəndˈhænd] Ⓐ *adj.* **1** em segunda mão; usado; que não é novo; **~** *car* carro em segunda mão; **~** *clothes* roupa em segunda mão; **~** *furniture* mobília em segunda mão; **2** pouco original; em segunda mão Ⓑ *adv.* **1** em segunda mão; *to buy sth* **~** comprar qualquer coisa em segunda mão; **2** por terceiros ❖ **~** *bookshop* alfarrabista; **~** *smoke* tabagismo passivo; **~** *smoker* fumador passivo; *at* **~** por ouvir dizer; em segunda mão

secondly [ˈsekəndlɪ] *adv.* em segundo lugar
secondment [sɪˈkɒndməntk] *s.* **1** destacamento; **2** substituição temporária
second-rate [ˌsekəndˈreɪt] Ⓐ *adj.* **1** de qualidade inferior; de segunda, de segunda categoria; de meia-tigela; **2** de segunda ordem; menor; *a* **~** *writer* um escritor de segunda ordem Ⓑ *s.* NÁUTICA navio de segunda ordem
second-rateness [ˌsekəndˈreɪtnɪs] *s.* **1** mediocridade; **2** qualidade inferior
second-rater [ˌsekəndˈreɪtə] *s.* indivíduo medíocre
second-sighted [ˌsekəndˈsaɪtɪd] *adj.* **1** intuitivo; **2** visionário; **3** profético, premonitório, com o dom da previsão
second-string [ˌsekəndˈstrɪŋ] Ⓐ *s.* **1** banco de suplentes; **2** plano alternativo, plano de reserva Ⓑ *adj.* suplente, de reserva

secrecy ['si:krɪsɪ] *s.* 1 secretismo; segredo, sigilo; confidencialidade; *~ of correspondence* sigilo da correspondência; *in ~* em segredo; *there can be no ~ about it* não há que guardar segredo acerca disso; *to be done with great ~* ser feito em grande segredo; *to bind sb to ~* obrigar alguém a comprometer-se a guardar sigilo; *to promise ~* prometer guardar segredo; *to rely on sb's ~* confiar no sigilo de alguém; *under pledge of ~* sob compromisso de guardar segredo; 2 discrição; reserva

secret ['si:krɪt] Ⓐ *adj.* 1 secreto; *~ meeting* reunião secreta; *~ treaty* tratado secreto; *a ~ door* uma porta secreta; *to keep sth ~* guardar sigilo de algo; 2 encoberto; oculto; escondido; 3 recôndito, íntimo; *her ~ feelings* os seus sentimentos mais íntimos; 4 misterioso; 5 (documento) secreto; confidencial; 6 reservado, pouco comunicativo; 7 afastado; retirado; solitário; isolado Ⓑ *s.* 1 segredo; sigilo; informação confidencial; *as a great ~* em grande segredo; *in ~* em segredo, secretamente; *to be in (on) the ~* compartilhar do segredo, estar a par do segredo; *to betray a ~* revelar um segredo; *to let sb in on a ~* deixar alguém compartilhar de um segredo; *to keep a ~* guardar um segredo; *they make no ~ of it* eles não fazem segredo disso; *an open ~* um segredo que toda a gente conhece; um segredo muito mal guardado; 2 confidência; *lover's secrets* confidências de amor; 3 mistério; 4 explicação, segredo; chave [of, de]; 5 RELIGIÃO secreta; 6 *pl.* [arc.] partes sexuais, partes pudendas ❖ *~ admirer* admirador secreto; *~ agent* agente secreto; *~ ballot* voto secreto; *~ police* polícia secreta; *~ service* serviços secretos; *~ society* sociedade secreta; *~ weapon* arma secreta

secretaire [ˌsekrɪ'teə] *s.* (mobília) secretária, escrivaninha

secretarial [ˌsekrɪ'teərɪəl] Ⓐ *adj.* 1 de secretariado; 2 administrativo Ⓑ *s.* secretariado ❖ *~ college* escola de secretariado; *~ course* curso de secretariado

secretariat [ˌsekrɪ'teərɪət] *s.* 1 secretariado; 2 secretaria

secretary ['sekrətərɪ, 'sekrəterɪ] *s.* (*pl.* **-ies**) 1 (funcionário) secretário, secretária; *to act as a ~ to sb* trabalhar como secretário de alguém; *private ~* secretário particular; 2 POLÍTICA ministro; secretário de Estado; *Secretary of State* ministro, secretário de Estado; *Secretary of State for Foreign Affairs* ministro dos negócios estrangeiros; *Secretary of State for the Colonies* ministro das colónias; *Foreign Secretary* ministro dos negócios estrangeiros; *Home Secretary* ministro da administração interna; 3 (organização, clube, sociedade) secretário; 4 [EUA] escrivaninha ❖ ZOOLOGIA (ave) *~ bird* serpentário; secretário

secretary-general [ˌsekrətrɪ'dʒenərəl] *s.* secretário-geral

secretaryship ['sekrətərɪʃɪp, 'sekrəterɪʃɪp] *s.* POLÍTICA secretariado; cargo de secretário; *he was called to a Secretaryship of State* ele foi nomeado Secretário de Estado

secrete [sɪ'kri:t] *v.tr.* 1 BIOLOGIA segregar; 2 ocultar, esconder, encobrir; *to ~ oneself in* esconder-se em

secretin [sɪ'kri:tɪn] *s.* BIOLOGIA, QUÍMICA secretina

secretion [sɪ'kri:ʃən] *s.* 1 BIOLOGIA secreção; 2 DIREITO ocultação; 3 receptação; *the ~ of stolen goods* a receptação de coisas roubadas

secretive ['si:krətɪv] *adj.* 1 calado, reservado, dissimulado, dado a fazer segredo de tudo; 2 FISIOLOGIA secretor

secretiveness ['si:krɪtɪvnɪs] *s.* 1 reserva desnecessária e excessiva; 2 tendência para fazer segredo de tudo; 3 secretividade

secretly ['si:krɪtlɪ] *adv.* secretamente, em segredo

secretory [sɪ'kri:tərɪ] Ⓐ *adj.* secretor; secretório; relativo à secreção Ⓑ *s.* (*pl.* **-ies**) órgão ou glândula secretora

sect [sekt] *s.* 1 seita religiosa; 2 escola filosófica; 3 facção

sectarian [sek'teərɪən] Ⓐ *adj.* 1 sectário; 2 relativo a seita; 3 faccioso; *~ politics* política facciosa Ⓑ *s.* 1 sectário; 2 membro de seita ou facção; 3 indivíduo faccioso

sectarianism [sek'teərɪənɪzəm] *s.* sectarismo, espírito sectário

sectarianize [sek'teərɪənaɪz] *v.tr.* imbuir de sectarismo

sectary ['sektərɪ] *s.* (*pl.* **-ies**) 1 [arc.] sectário; 2 dissidente, cismático; 3 não-conformista

sectile ['sektaɪl] *adj.* séctil

section ['sekʃən] Ⓐ *s.* 1 (repartição) secção, sector, divisão, departamento; *~ of defence* sector de defesa; 2 porção; parte; segmento; *a ~ of public opinion* um segmento da opinião pública; 3 elemento; 4 (mobília) módulo; 5 distrito, região, zona; 6 (documento, livro) alínea, capítulo, parágrafo; 7 CIRURGIA incisão; 8 BOTÂNICA, ZOOLOGIA subgénero; 9 (citrino) gomo; *~ of an orange* gomo de laranja; 10 corte para observação ao microscópio; 11 (caminhos-de-ferro) troço; 12 MATEMÁTICA corte, secção; *~ on line AB* corte pela linha AB; *conic sections* secções cónicas; 13 [EUA] (área) milha quadrada Ⓑ *v.tr.* 1 cortar; 2 seccionar, dividir em secções ❖ [EUA] (caminhos-de-ferro) *~ hand* cantoneiro; *~ mark* sinal de parágrafo (§); MECÂNICA *~ modulus* módulo de resistência; [EUA] (caminhos-de-ferro) *~ of a sleeper* compartimento de carruagem-cama

✦**section off** *v.tr.* (área) dividir em partes; *we sectioned off the field into four parts* nós dividimos o campo em quatro partes

sectional ['sekʃənəl] *adj.* 1 seccional; relativo a secção; 2 dividido em secções; *~ boiler* caldeira de vários elementos; 3 (mobília) desmontável; em módulos; *~ bookcase* estante desmontável; 4 (desenho) em secção; *~ die* matriz em secções; *~ drawing* desenho em corte; 5 (interesses) particular; de um só grupo ❖ *~ iron* ferro perfilado; *~ plan* planta

sectionalism ['sekʃənəlɪzəm] *s.* [EUA] regionalismo

sectionalize ['sekʃənəlaɪz] *v.tr.* dividir em secções, em regiões

sectionalizing ['sekʃənəlaɪzɪŋ] *s.* divisão em secções ou regiões

sectionally ['sekʃənəlɪ] *adv.* por secções

sector ['sektə] Ⓐ *s.* 1 (geral) sector; *private/public ~* sector público/privado; 2 GEOMETRIA sector; *~ of circle* sector de círculo; *~ of sphere* sector esférico; 3 (instrumento) compasso de proporção Ⓑ *v.tr.* dividir em sectores ❖ *~ gear* sector dentado; *postal ~* divisão postal

sectorial [sek'tɔrɪəl] *adj.* 1 sectorial, seccional; *~ approach* abordagem por sectores, análise por sectores; 2 ZOOLOGIA cortante; *~ teeth* dentes cuja função é o corte

secular ['sekjʊlə] Ⓐ *adj.* 1 (clero) secular; *the ~ power* o poder secular; *~ priest* sacerdote secular; 2 (muito antigo) secular, de séculos, que se mantém há séculos; *~ fame* renome perdurável; *the ~ rivalry between Church and State* a rivalidade secular entre a Igreja e o Estado; 3 laico, civil; *~ education* educação laica; 4 do século; relativo ao século; 5 (arte, música, etc.) profano; *~ music* música profana Ⓑ *s.* 1 membro do clero secular; 2 laico, leigo ❖ *~ change* modificação lenta mas contínua; HISTÓRIA *~ games* jogos seculares; *~ humanism* humanismo secular; ASTRONOMIA *~ variation* variação secular; ASTRONOMIA *~ acceleration* lenta aceleração de corpos celestes; MITOLOGIA *the ~ bird* fénix

secularism ['sekjʊlərɪzəm] *s.* 1 secularismo; 2 regime ou sistema secular ou laico; 3 laicização (do ensino)

secularist ['sekjʊlərɪst] *s.* secularista

secularity [ˌsekjʊ'lærɪtɪ] *s.* (*pl.* **-ies**) 1 secularidade, laicidade; 2 mundanidade

secularization [ˌsekjʊləraɪ'zeɪʃən] *s.* 1 secularização; 2 laicização; 3 absolvição do voto de clausura; 4 extinção do carácter religioso (de capela ou igreja)

secularize ['sekjʊləraɪz] *v.tr.* 1 secularizar; 2 laicizar

secularly ['sekjʊləlɪ] *adv.* secularmente

secund [sɪ'kʌnd] *adj.* BOTÂNICA unilateral

secundine ['sekəndi:n, 'sekəndaɪn] *s.* 1 BOTÂNICA secundina; 2 *pl.* secundinas, páreas

secundly [sɪ'kʌndlɪ] *adv.* BOTÂNICA unilateralmente

secundus [sɪ'kʌndəs] *adj.* (escola) segundo, número 2; *Jones ~* o Jones n.º 2 (quando há outro aluno do mesmo nome mais antigo que ele)

secure [sɪ'kjʊə] Ⓐ *adj.* 1 seguro, confiante, tranquilo; *he doesn't feel ~ about his future* ele não se sente seguro em relação ao futuro; 2 (emprego, situação) certo; estável; 3 (estado) protegido; em segurança; 4 em lugar seguro; 5 (coisas) firme, seguro; *are you sure the ladder is secure?* tem a certeza que a escada está segura?; 6 (relação, etc.) sólido, estável Ⓑ *v.tr.* 1 proteger, salvaguardar [**from**, de; **against**, contra]; *how can I ~ myself against that?* como é que me poderei proteger contra isso?; *to ~ a town with a wall* proteger uma cidade com uma muralha; 2 pôr no seguro; 3 (objectos) prender; apertar; atar; 4 obter, conseguir; *he secured the appointment of* ele conseguiu a nomeação para; *to ~ special prices* conseguir preços especiais; *to ~ ends* conseguir os seus fins; 5 trancar, fechar bem; *to ~ a door* trancar uma porta, fechar bem uma porta; 6 assegurar, garantir; *to ~ by mortgage* garantir por hipoteca; 7 MILITAR capturar; guardar; *to ~ a pass* guardar um desfiladeiro ❖ INFORMÁTICA (Internet) *~ server* servidor seguro

secured [sɪˈkjʊəd] *adj.* 1 assegurado, certo, ao abrigo da adversidade; 2 garantido, afiançado, coberto por fiança ou hipoteca

securely [sɪˈkjʊəlɪ] *adv.* 1 (situação) seguramente; por certo; 2 cuidadosamente; *he closed the door ~* ele fechou a porta com cuidado; 3 solidamente; firmemente

securiform [sɪˌkjʊərɪˈfɔːm] *adj.* securiforme, em forma de machadinha

securing [sɪˈkjʊərɪŋ] *s.* 1 protecção, defesa; 2 fortificação; 3 consolidação; 4 fixação; 5 obtenção, consecução

security [sɪˈkjʊərɪtɪ] *s. (pl.* -ies) 1 segurança; protecção; defesa; *tight ~* segurança apertada; *national ~* segurança nacional; *collective ~* segurança colectiva; *high ~* alta segurança; 2 salvaguarda; 3 estabilidade; certeza; *financial ~* estabilidade financeira; *job ~* estabilidade no trabalho; 4 tranquilidade, despreocupação; 5 (guardas) segurança; *a ~ man* um segurança, um homem da segurança; 6 garantia, penhor, caução; *additional ~* caução adicional; *to give sth as a ~* apresentar alguma coisa como garantia; *to lodge a ~* efectuar uma caução; *to lend money on/without ~* emprestar dinheiro com/sem garantias; 7 fiador; *to stand ~ for sb* actuar como fiador de alguma coisa; 8 *pl.* FINANÇAS títulos de crédito, valores; *government securities* títulos do Governo; *public securities* títulos do Estado; *registered securities* títulos nominativos; *gilt-edged securities* títulos absolutamente seguros ❖ *~ camera* câmara de vigilância; (Nações Unidas) *Security Council* Conselho de Segurança; *~ device* dispositivo de segurança; *~ forces* forças de segurança; (guarda) *~ guard* segurança; guarda-nocturno; *~ leak* fuga de informação; *~ risk* um risco para a segurança; *~ van* carrinha blindada; FINANÇAS *securities analyst* analista financeiro; FINANÇAS *securities market* mercado dos valores

sedan [sɪˈdæn] *s.* [EUA, Can., Austr.] (carro) sedan

sedan-chair [sɪˌdænˈtʃeə] *s.* 1 cadeirinha (usada sobretudo nos sécs. XVII e XVIII); 2 assento feito por quatro mãos entrançadas

sedate [sɪˈdeɪt] Ⓐ *adj.* 1 tranquilo, calmo, sossegado; 2 composto; 3 ponderado, reflectido; 4 sério Ⓑ *v.tr.* FARMÁCIA administrar sedativo(s) a; tratar com calmantes; sedar

sedately [sɪˈdeɪtlɪ] *adv.* 1 tranquilamente, calmamente, sossegadamente; 2 ponderadamente, reflectidamente; 3 com gravidade

sedateness [sɪˈdeɪtnəs] *s.* 1 tranquilidade, serenidade; 2 calma, compostura, ponderação; 3 gravidade

sedation [sɪˈdeɪʃən] *s.* sedação, tratamento com sedativos ❖ *to be under ~* estar sob efeito de sedativos

sedative [ˈsedətɪv] *adj.,s.* MEDICINA sedativo, calmante

se defendendo [siːdiːˈfenˈdendəʊ] *adv.* DIREITO em legítima defesa

sedentarily [ˈsedəntərɪlɪ] *adv.* sedentariamente

sedentariness [ˈsedəntrɪnɪs] *s.* sedentariedade, vida sedentária

sedentary [ˈsedəntərɪ] *adj.* 1 sedentário; *~ life* vida sedentária; *~ profession* profissão sedentária; *~ work* trabalho sedentário; 2 que quase não faz exercício; 3 (estátua, etc.) na posição de sentado; 4 (aves) que não migra

sederunt [sɪˈdɪərʌnt] *s.* 1 [Esc.] reunião de assembleia eclesiástica ou de qualquer outro organismo; *to have a long ~* ter uma reunião muito longa; 2 [Esc.] lista de pessoas presentes na reunião

sedge [sedʒ] *s.* BOTÂNICA carriço ❖ ZOOLOGIA *~ warbler* felosa-dos-juncos

sedgy [ˈsedʒɪ] *adj.* 1 juncoso, da natureza das juncas; 2 abundante em juncas

sedilia [səˈdaɪlɪə] *s.pl.* série de assentos de pedra, na parte sul do coro, destinados ao clero

sediment [ˈsedɪmənt] *s.* 1 GEOLOGIA sedimento; 2 (líquidos) depósito; 3 borra ❖ (análises clínicas) *urinary ~* sedimento urinário

sedimental [ˌsedɪˈmentəl] *adj.* sedimentário

sedimentarily [ˌsedɪˈmentərɪlɪ] *adv.* sedimentariamente

sedimentary [ˌsedɪˈmentərɪ] *adj.* sedimentar; *~ rocks* rochas sedimentares

sedimentation [ˌsedɪmenˈteɪʃən] *s.* sedimentação

sedition [sɪˈdɪʃən] *s.* 1 sedição, insubordinação, rebelião contra o poder executivo de um Estado; 2 perturbação da ordem pública

seditionary [sɪˈdɪʃənrɪ] *adj.* sedicioso

seditionist [sɪˈdɪʃənɪst] *s.* rebelde, sedicioso

seditious [sɪˈdɪʃəs] *adj.* 1 sedicioso; 2 que incita à sedição

seditiously [sɪˈdɪʃəslɪ] *adv.* sediciosamente

seduce [sɪˈdjuːs] *v.tr.* 1 (relação amorosa) seduzir; *to ~ sb* seduzir alguém; 2 convencer [**into**, a]; persuadir [**into**, a]; 3 instigar [**into**, a]; incitar [**into**, a]; 4 desencaminhar, afastar do bom caminho; *they tried to ~ him from his duty* tentaram afastá-lo do dever

seducer [sɪˈdjuːsə] *s.* sedutor

seducible [sɪˈdjuːsɪbəl] *adj.* seduzível, que pode seduzir-se

seduction [sɪˈdʌkʃən] *s.* 1 sedução; 2 acto ou efeito de seduzir ou de se deixar seduzir; 3 corrupção; 4 desonra; 5 encanto, atractivo, tentação; 6 poder de atracção

seductive [sɪˈdʌktɪv] *adj.* 1 sedutor, encantador, tentador; 2 que atrai; 3 que tenta levar para o mal

seductively [sɪˈdʌktɪvlɪ] *adv.* sedutoramente, encantadoramente

seductiveness [sɪˈdʌktɪvnəs] *s.* 1 carácter sedutor; sedução; 2 encantos

sedulity [sɪˈdjuːlɪtɪ] *s.* 1 assiduidade, diligência, aplicação, perseverança; 2 esforço persistente

sedulous [ˈsedjələs] *adj.* [form.] aplicado, assíduo, diligente, laborioso, perseverante, trabalhador; *to be ~ in doing...* aplicar-se a fazer...

sedulously [ˈsedjələslɪ] *adv.* assiduamente, diligentemente, aplicadamente, perseverantemente

sedulousness [ˈsedjələsnəs] *s.* ⇒ **sedulity**

sedum [ˈsiːdəm] *s.* BOTÂNICA erva-pinheira, erva-pinheira-enxuta

see [siː] Ⓐ *v.tr.,intr.* (*prt.* **saw**, *part. pass.* **seen**) 1 (sentido) ver; *cats ~ in the dark* os gatos vêem às escuras; *he has often seen it done* ele tem muitas vezes visto pessoas fazer isso; *I can't ~ him do it without interfering* não posso vê-lo fazer isso sem interferir; *I saw her in the distance* vi-a à distância; *now ~ for yourself* veja agora por si mesmo; *there was nothing to be seen* não havia nada para ver; *to ~ the last of* ver pela última vez; *to ~ the sights of a town* ver uma cidade, visitar uma cidade; 2 [fig.] compreender, entender, perceber; *as far as I can ~* tanto quanto posso perceber; *I couldn't ~ the joke* não consegui perceber a piada; *I don't ~ the point* não percebo aonde quer chegar; *you ~?* percebes?; 3 encontrar-se com; visitar, receber visitas; *I am seeing them this afternoon* vou visitá-los esta tarde; 4 notar; distinguir; 5 andar com; namorar com; *to ~ a lot of sb* andar muito na companhia de alguém; 6 achar, considerar; *if you ~ fit to...* se achar conveniente...; *to ~ fit* considerar aconselhável; 7 passar por, ter experiência de; *to ~ a good deal of the world* ter grande experiência do mundo; *to ~ service* ter grande experiência, ser perito, ser conhecedor; 8 entrevistar, dar entrevistas; 9 providenciar, tratar de, fazer com que; *I will ~ them righted* eu farei com que lhes seja feita justiça; 10 assegurar-se de; certificar-se de; 11 verificar; 12 acompanhar, levar; *he wanted to ~ her home* ele queria acompanhá-la a casa; 13 descobrir; 14 imaginar; *she couldn't ~ herself allowing the children to behave like that* ela não conseguia imaginar-se a permitir que as crianças se comportassem daquela maneira; 15 consultar; aconselhar-se com, falar com; *can I ~ you on business?* posso falar consigo por causa dum assunto?; *to ~ a doctor* consultar um médico; 16 estudar; ler; *can you ~ to read in this poor light?* consegue ler com esta luz tão fraca? Ⓑ *s.* 1 sé, catedral; 2 RELIGIÃO diocese, sede episcopal ❖ *~ you!* até à vista!; *as I ~ it* segundo me parece; RELIGIÃO *the Apostolic See/the Holy See* a Santa Sé; *to ~ daylight* perceber finalmente; *to ~ everything black* ver tudo negro; ser pessimista; *to ~ eye to eye* concordar completamente; *to ~ how the land lies* ver como param as modas; *to ~ red* irritar-se; [coloq.] *to ~ snakes* estar em delírio; (dor) *to ~ stars* ver estrelas; *to ~ the back of* ver-se livre de; ver pelas costas; *to ~ things* ter alucinações; *to ~ visions* ser vidente; [ant.] *no! I'll ~ you damned first!* não! vá para o diabo!; *he will never ~ twenty again* ele já fez vinte anos; *she has seen better days* ela já teve uma vida melhor; *she likes to be seen* ela gosta de se mostrar; *this coat has seen hard wear* este casaco tem tido muito uso

◆ **see about** *v.tr.* 1 pensar; considerar; *I'll ~ that* vou pensar; 2 ocupar-se de, tratar de; *could you ~ lunch?* podes tratar do

seeable

almoço? ❖ *I'll ~ it* vou ver se é possível; (resposta evasiva) *we'll ~ it* vamos ver; logo se vê; (ameaça) *we'll ~ it! veremos!*

◆**see after** *v.tr.* [EUA] tomar conta de; *I'll ~ the children while you go shopping* eu tomo conta das crianças enquanto vais às compras

◆**see in** *v.tr.* 1 (qualidades) reconhecer; ver; *he refused to see any good in them* ele recusou-se a reconhecer-lhes quaisquer qualidades; *what can you ~ her?* que é que vês nela?; 2 acompanhar; *my secretary will see you in* a minha secretária acompanha-o; 3 celebrar; *to see the New Year in* celebrar a entrada do Ano Novo

◆**see into** *v.tr.* 1 investigar; 2 perceber; discernir; *he cannot ~ other people's character* ele não é capaz de discernir o carácter das outras pessoas; 3 prever; *to ~ the future* prever o futuro ❖ *to ~ a millstone* ser invulgarmente inteligente; ser excepcionalmente arguto

◆**see off** *v.tr.* 1 acompanhar; despedir-se de; *they came to the airport to see their son off* eles foram ao aeroporto despedir-se do filho; 2 [coloq.] afugentar; *the dog saw off the thieves* o cão afugentou os ladrões; 3 resistir; *he can ~ the challenge* ele é capaz de resistir ao desafio; 4 [GB, Austr.] [coloq.] derrotar; eliminar; *England sees off Hungary* Inglaterra derrota Hungria; 5 [GB] [cal.] matar

◆**see out** *v.tr.* 1 acompanhar alguém até à porta; *I'll see myself out* não preciso que me acompanhe à porta; 2 levar algo até ao fim; *although he dislikes the course, he's determined to see it out* embora ele não goste do curso, está decidido a levá-lo até ao fim; 3 [coloq.] durar mais do que; sobreviver a

◆**see over** *v.tr.* visitar; examinar; inspeccionar; *she wanted to ~ the house before renting it* ela quis visitar a casa antes de a arrendar

◆**see through** *v.tr.* 1 (intenções, etc.) entender; perceber; adivinhar; *she saw through your lies* ela percebeu que estavas a mentir; 2 (apoio, trabalho) acompanhar durante; *to see a book through the press* acompanhar a edição de um livro; *to see sth through* acompanhar uma coisa até ao fim; *will you see me through this rough patch?* quer ajudar-me nesta dificuldade?; 3 levar algo até ao fim ❖ *to ~ sb* não se deixar enganar por alguém; *I'll see you through* conta com o meu apoio; *she sees through a brick wall* ele vê coisas que não existem

◆**see to** *v.tr.* encarregar-se de, ocupar-se de, tratar de; *I'll ~ it* vou tratar disso; *I'll ~ it that he writes the letter* encarregar-me-ei de que ele escreva a carta

seeable ['siːəbəl] *adj.* visível

seed [siːd] Ⓐ *s.* 1 BOTÂNICA semente; grão; *tomato seeds* semente de tomateiro; *lawn ~* semente de relva; 2 [EUA] BOTÂNICA pevide; grainha; *seeds of an apple* pevides de maçã; *seeds of a grape* grainhas de uva; 3 [fig.] semente; gérmen; origem; fonte; causa primária; começo; *the seeds of discord* o gérmen da discórdia; 4 DESPORTO (ténis) cabeça-de-série; 5 [arc.] progénie, geração, descendência; *the ~ of Abraham* a descendência de Abraão; *to raise up ~* criar descendência, procriar; 6 [arc.] (sémen) semente; 7 bolhas gasosas extremamente pequenas no vidro Ⓑ *v.tr.,intr.* 1 semear, lançar a semente em; 2 deitar semente, produzir semente, espigar; 3 tirar a semente a; 4 extrair as pevides a; 5 DESPORTO separar os adversários fracos dos fortes, de modo a permitir encontros mais equilibrados; 6 DESPORTO atribuir uma posição a; tornar cabeça-de-série; 7 (dinheiro) prover; fornecer; *to ~ money* prover com capital inicial ❖ BOTÂNICA *~ bud* gérmen; botão; gomo; [GB] FINANÇAS *~ capital* capital inicial; auxílio financeiro inicial; BOTÂNICA *~ coat* arilo; tegumento de semente; *~ corn* grão usado para semente; bens postos de parte para gerar lucros; ZOOLOGIA *~ fish* peixe prestes a desovar; *~ lac* goma-laca em grão; BOTÂNICA *~ leaf/lobe* cotilédone; FINANÇAS *~ money* capital inicial; auxílio financeiro inicial; *~ plot* viveiro (de plantas obtidas por semente); local de sementeira; *~ potato* batata de semente; BOTÂNICA *~ vessel* pericárpio; [EUA] *~ wool* algodão em bruto, não descaroçado; *to go/run to ~* espigar; germinar; desmazelar-se; entrar em decadência

seedcake ['siːdkeɪk] *s.* CULINÁRIA bolo com sementes aromáticas
seedeater ['siːdˌiːtə] *s.* ave granívora
seeder ['siːdə] *s.* semeador, máquina de semear
seedily ['siːdɪlɪ] *adv.* 1 com mau aspecto; 2 com má disposição
seediness ['siːdɪnəs] *s.* 1 cansaço, fadiga, falta de energia, falta de forças; 2 mau aspecto
seeding ['siːdɪŋ] *s.* 1 formação de sementes; 2 sementeira, acto de semear; 3 (fruto) extracção das sementes ❖ *~ plough* charrua-semeador
seedless ['siːdləs] *adj.* 1 sem sementes, que não contém sementes; 2 que não dá semente
seedling ['siːdlɪŋ] *s.* 1 BOTÂNICA planta muito nova criada a partir de semente; 2 BOTÂNICA planta de viveiro não transplantada
seedsman ['siːdzmən] *s.* (*pl.* **-men**) vendedor de sementes
seedswoman ['siːdzˌwʊmən] *s.f.* (*pl.* **-women**) vendedora de sementes
seedtime ['siːdtaɪm] *s.* 1 época das sementeiras; 2 período de desenvolvimento
seedy ['siːdɪ] *adj.* (*comp.* **-ier**, *superl.* **-iest**) 1 com muitas sementes, cheio de sementes; 2 [coloq.] (roupa) coçado, gasto, puído; 3 com mau aspecto; 4 maldisposto, deprimido, abatido; *to feel ~* sentir-se em baixo
seeing ['siːɪŋ] Ⓐ *adj.* que vê Ⓑ *s.* 1 visão, vista; 2 ASTRONOMIA condições atmosféricas Ⓒ *conj.* visto [**that**, que]; considerando [**that**, que]; uma vez [**that**, que]; *~ that he is so keen on languages...* uma vez que ele se interessa tanto por línguas... ❖ *~ distance* alcance da vista; [EUA] *~ eye dog* cão-guia; *~ is believing* ver para crer; *this is worth ~* vale a pena ver isto
seek [siːk] *v.tr.,intr.* (*prt. e part. pass.* **sought**) 1 procurar; *to ~ work* andar à procura de emprego; *to ~ shelter from the rain* procurar abrigar-se da chuva; *to ~ the good offices of* procurar cair nas boas graças de; *~ and ye shall find!* procura e acharás!; 2 tentar, esforçar-se por; *they are going to ~ their fortune in Africa* vão tentar a sorte em África; *he sought to climb the wall* ele tentou trepar ao muro; 3 pedir, solicitar; *to ~ advice* pedir um conselho; *to ~ satisfaction from* pedir satisfações a; 4 recorrer a; *all the earth sought to Solomon* toda a gente recorria a Salomão; 5 dirigir-se para, ir para; 6 investigar, pesquisar; *the reason is not far to ~* é fácil encontrar a razão ❖ *to ~ one's bed* ir deitar-se; *politeness is much to ~* a delicadeza deixa muito a desejar

◆**seek out** *v.tr.* procurar; localizar; *dolphins were trained to ~ underwater mines* golfinhos foram treinados para localizar minas debaixo de água

seeker ['siːkə] *s.* 1 pessoa que procura; *job ~* pessoa que anda à procura de emprego; 2 investigador; pesquisador ❖ *to be a ~ after...* andar em busca de...
seeking ['siːkɪŋ] *s.* 1 procura, busca; 2 pesquisa ❖ *that was none of my ~* não fui eu que provoquei isso
seel [siːl] *v.tr.* 1 [arc.] fechar os olhos (ao falcão), passando-lhe um fio pelas pálpebras; 2 [fig.] vendar os olhos
seem [siːm] *v.intr.* parecer; dar a impressão de; *how does it ~ to you?* que te parece?; *I can't ~ to do it* parece que não consigo; *he seems to be very clever* ele parece ser muito esperto; *I ~ to have been putting my foot in it* tenho a impressão de ter feito tolice; *it does not ~ likely to me that...* não me parece muito provável que...; *it seems ages since we last met* parece que foi há séculos que nos vimos; *it seems so* parece que sim; *that's how it seems to me* é isso que me parece
seeming ['siːmɪŋ] Ⓐ *adj.* 1 aparente; *his ~ friendship* a sua aparente amizade; *with ~ kindness* com uma falsa amabilidade; 2 suposto Ⓑ *s.* [arc.] aspecto, aparência; *the ~ and the real* as aparências e a realidade
seemingly ['siːmɪŋlɪ] *adv.* 1 aparentemente; 2 segundo as aparências
seemliness ['siːmlɪnəs] *s.* 1 decência, decoro, compostura; 2 aspecto agradável, graça
seemly ['siːmlɪ] Ⓐ *adj.* (*comp.* **-ier**, *superl.* **-iest**) 1 [ant.] decente, decoroso; 2 [ant.] conveniente, próprio, correcto; 3 [ant.] gracioso, de boa aparência Ⓑ *adv.* [rar.] decentemente, com compostura, com decoro
seen [siːn] *part. pass. de* **to see**
seep [siːp] *v.intr.* (líquido) infiltrar-se, penetrar, passar através de
seepage ['siːpɪdʒ] *s.* 1 infiltração (de líquido); 2 perda (por infiltração); 3 água de infiltração
seeping ['siːpɪŋ] *s.* infiltração

seer [sɪə] *s.* vidente, profeta
seersucker [ˈsɪəˌsʌkə] *s.* tecido indiano de linho, com listras brancas e azuis
seesaw [ˈsiːsɔː] Ⓐ *adj.* oscilante, de vaivém Ⓑ *adv.* em movimento de vaivém Ⓒ *s.* **1** balancé; *to play at ~* andar de balancé; **2** oscilação Ⓓ *v.intr.* **1** andar de balancé; **2** mover-se para cima e para baixo; **3** deslocar-se num movimento de vaivém; **4** vacilar, oscilar entre duas opiniões ou entre duas ideias ❖ *~ motion* movimento de vaivém
seethe [siːð] Ⓐ *s.* **1** ebulição; **2** agitação, excitação Ⓑ *v.tr.,intr.* (*prt. e part. pass.* **seethed**, [arc.] *prt.* **sod**, [arc.] *part. pass.* **sodden**) **1** CULINÁRIA ferver; **2** (irritação) ferver [**with**, de]; *to ~ with anger* ferver de cólera; **3** (local) fervilhar [**with**, de]; *the square was seething with people* a praça fervilhava de gente ❖ (Bíblia) *thou shalt not ~ a kid in his mother's milk* não cozerás o cabrito no leite da própria mãe
seething [ˈsiːðɪŋ] Ⓐ *adj.* **1** fervente, a ferver; **2** em grande agitação Ⓑ *s.* ⇒ **seethe** Ⓐ
see-through [ˈsiːθruː] *adj.* transparente
seggar [ˈsegə] *s.* ⇒ **saggar**
segment[1] [ˈsegmənt] *s.* **1** (parte) segmento; **2** (fruto) gomo; *the ~ of an orange* o gomo de uma laranja; **3** GEOMETRIA segmento; segmento de círculo; **4** GEOMETRIA calote; *~ of sphere* calote esférica; **5** ZOOLOGIA segmento; **6** (estrada) troço
segment[2] [segˈment] *v.tr.,intr.* segmentar(-se), dividir(-se) em segmentos
segmental [segˈmentəl] *adj.* **1** segmentar, segmentado; *~ wheel* roda segmentada; **2** LINGUÍSTICA segmental
segmentary [ˈsegməntərɪ] *adj.* segmentário
segmentation [ˌsegmənˈteɪʃən] *s.* BIOLOGIA segmentação
Segovia [sɪˈgəʊvɪə] *s.top.* Segóvia
segregate[1] [ˈsegrɪgeɪt] Ⓐ *v.tr.* segregar, separar, isolar; *to ~ the sexes* separar os sexos Ⓑ *v.intr.* segregar-se, separar-se, apartar-se
segregate[2] [ˈsegrɪgɪt, ˈsegrɪgeɪt] Ⓐ *adj.* isolado, separado por segregação Ⓑ *s.* BOTÂNICA espécie separada por segregação
segregation [ˌsegrɪˈgeɪʃən] *s.* **1** segregação, separação; **2** discriminação; **3** marginalização
segregative [ˈsegrɪˌgeɪtɪv] *adj.* segregativo
seguidilla [ˌsegɪˈdiːlɪə] *s.* (dança espanhola) seguidilha
seiche [seɪʃ] *s.* oscilação verificada na superfície de alguns lagos
Seidlitz [ˈseɪdlɪts] *s.top.* (República Checa) Seidlitz ❖ *~ powder* pó de soda de Sedlitz
seigneur [seɪˈnjɜː] *s.* senhor feudal
seigneury [seɪˈnjɜːrɪ] *s.* senhoria (feudal)
seignior [ˈseɪnjə] *s.* ⇒ **seigneur**
seigniorage [ˈseɪnjərɪdʒ] *s.* senhoriagem, direito que se pagava em reconhecimento de um senhorio
seigniory [ˈseɪnjərɪ] *s.* (*pl.* **-ies**) senhoria (feudal)
seignorial [seɪnˈjɔːrɪəl] *adj.* senhorial; próprio ou relativo a senhor feudal
seine [seɪn] Ⓐ *s.* (pesca) rede de arrasto; rede varredoura Ⓑ *v.tr.* pescar com rede de arrasto
seiner [ˈseɪnə] *s.* pescador com rede de arrasto
seise [siːz] *v.tr.* DIREITO pôr na posse de, colocar na posse de; *to ~ sb of/with* pôr alguém na posse legal de; *to stand seised of* estar na posse legal de
seisin [ˈsiːzɪn] *s.* DIREITO posse legal (de bens)
seism [ˈsaɪzəm] *s.* sismo, tremor de terra, terramoto
seismic [ˈsaɪzmɪk] *adj.* **1** sísmico; **2** [fig., coloq.] profundo; esmagador; radical; *~ shift* mudança radical ❖ *~ wave* onda sísmica
seismogram [ˈsaɪzməgræm] *s.* sismograma
seismograph [ˈsaɪzməgrɑːf] *s.* sismógrafo ❖ *~ record* registo feito por sismógrafo
seismographer [saɪzˈmɒgrəfə] *s.* sismógrafo
seismographic [ˌsaɪzməˈgræfɪk] *adj.* sismográfico
seismographical [ˌsaɪzməˈgræfɪkəl] *adj.* ⇒ **seismographic**
seismography [saɪzˈmɒgrəfɪ] *s.* sismografia
seismological [ˌsaɪzməˈlɒdʒɪkəl] *adj.* sismológico; *~ observation* observação sismológica; *~ observatory* observatório sismológico
seismologist [saɪzˈmɒlədʒɪst] *s.* sismólogo
seismology [saɪzˈmɒlədʒɪ] *s.* sismologia

seismometer [saɪzˈmɒmɪtə] *s.* sismómetro, sismógrafo
seizable [ˈsiːzəbəl] *adj.* **1** que pode agarrar-se, que pode apanhar-se; **2** que pode apreender-se
seize [siːz] *v.tr.,intr.* **1** segurar, agarrar, apanhar; **2** [fig.] agarrar, aproveitar; *to ~ an opportunity* agarrar uma oportunidade; **3** DIREITO apreender, confiscar; **4** (polícia) capturar, apanhar; *to ~ sb* capturar alguém; *the policeman seized the thief by the collar* o polícia apanhou o ladrão pela gola; **5** (desejo, doença) acometer, atacar, tomar; apoderar-se de; *he was seized with a dangerous illness* foi acometido por uma doença perigosa; *to be seized with apoplexy* sofrer uma apoplexia; *to be seized with a desire to* ser tomado por um desejo de; *to be seized with fear* ficar cheio de medo; **6** compreender, perceber; *to ~ an ideia* compreender uma ideia; **7** NÁUTICA (cabos) amarrar, ligar; **8** DIREITO pôr na posse de, colocar na posse de; **9** MILITAR invadir, tomar
◆ **seize on/upon** *v.tr.* aproveitar; agarrar; *to seize on a pretext for* aproveitar um pretexto para; *you should seize on this opportunity* devias aproveitar esta oportunidade
◆ **seize up** *v.intr.* **1** MECÂNICA (motor) gripar; *without oil, the engine will ~* sem óleo, o motor vai gripar; **2** MEDICINA ser atingido por ancilose; *with spondylitis, joints ~ and become inflexible* com espondilite, as articulações são atingidas por ancilose e ficam rígidas; **3** [fig.] (trânsito) paralisar; *city streets steadily ~* o trânsito está constantemente a paralisar nas ruas das cidades
seizin [ˈsiːzɪn] *s.* DIREITO ⇒ **seisin**
seizing [ˈsiːzɪŋ] *s.* **1** NÁUTICA amarração; **2** nó, laço
seizure [ˈsiːʒə] *s.* **1** DIREITO apreensão, confiscação, confisco; **2** (bens, mercadoria) embargo; **3** MILITAR conquista, tomada; **4** MEDICINA acesso, ataque; *to have a ~* ter um ataque apopléctico; **5** (criminoso) captura ❖ MEDICINA *fatal ~* apoplexia fulminante
sejant [ˈsiːdʒənt] *adj.* HERÁLDICA sentado
selachian [sɪˈleɪkɪən] *adj.,s.* ZOOLOGIA seláceo, seláquio
selachii [sɪˈleɪkɪaɪ] *s.pl.* ZOOLOGIA seláceos, seláquios
selaginella [ˌseləʤɪˈnelə] *s.* BOTÂNICA selaginela
seldom [ˈseldəm] *adv.* raramente, raras vezes; *very ~* muito raramente; *she ~ if ever goes to the theatre* ela quase nunca vai ao teatro ❖ *~ or never* quase nunca; *~ seen, soon forgotten* longe da vista, longe do coração
seldomness [ˈseldəmnəs] *s.* raridade, carácter raro
select [sɪˈlekt] Ⓐ *adj.* **1** seleccionado; de qualidade superior; **2** cuidadosamente escolhido; **3** selecto, fino; **4** reservado; *~ club* clube reservado Ⓑ *v.tr.* **1** escolher; *to ~ a gift* escolher um presente; **2** seleccionar ❖ [GB] (parlamento) *~ commitee* comissão especial de inquérito; *few, but ~* poucos, mas bons
selected [sɪˈlektɪd] *adj.* **1** escolhido, seleccionado; **2** de primeira qualidade ❖ LITERATURA *~ works* obras escolhidas
selecting [sɪˈlektɪŋ] Ⓐ *adj.* de selecção; *~ device* dispositivo de selecção Ⓑ *s.* escolha, selecção
selection [sɪˈlekʃən] *s.* **1** escolha, selecção; *to make a ~* fazer uma selecção, fazer uma escolha; *~ of motive power* escolha da força motriz; **2** (livros) colectânea; *selections from Dickens* trechos escolhidos de Dickens; **3** (lojas) colecção; conjunto; sortido; variedade; *this shop has a very good ~ of shirts* esta casa tem uma grande variedade de camisas; **4** BIOLOGIA selecção ❖ ELECTRICIDADE *~ circuit* circuito de selecção; BIOLOGIA *artificial ~* selecção artificial; BIOLOGIA *natural ~* selecção natural
selective [sɪˈlektɪv] *adj.* **1** selectivo, de selecção; *~ memory* memória selectiva; **2** parcial; *~ strike* greve parcial; **3** (pessoa) exigente, criterioso ❖ [EUA] *~ service* serviço militar obrigatório; *one must be ~* é preciso saber escolher
selectively [sɪˈlektɪvlɪ] *adv.* **1** selectivamente; de forma selectiva; **2** parcialmente; **3** criteriosamente
selectivity [ˌsɪlekˈtɪvɪtɪ] *s.* selectividade
selectman [sɪˈlektmən] *s.* (*pl.* **-men**) [EUA] membro do conselho municipal (eleito anualmente em Nova Inglaterra)
selectness [sɪˈlektnəs] *s.* **1** excelência, qualidade superior; **2** exclusivismo, exclusividade
selector [sɪˈlektə] *s.* (pessoa, mecanismo) seleccionador ❖ ELECTRICIDADE *~ circuit* circuito do selector; *~ valve* válvula selectora
selenate [ˈselənɪt] *s.* QUÍMICA selenato, seleniato
selenian [sɪˈliːnɪən] *adj.* selénico; relativo à Lua
seleniate [sɪˈliːnɪɪt] *s.* QUÍMICA seleniato

selenic [sɪˈlenɪk] *adj.* QUÍMICA selénico
seleniferous [sɪlɪˈnɪfərəs] *adj.* selenífero, seleniado
selenious [sɪˈliːnɪəs] *adj.* QUÍMICA selenioso
selenite [ˈselənaɪt] *s.* MINERALOGIA selenite
Selenite [sɪˈliːnaɪt] *s.* selenita, suposto habitante da Lua
selenitic [sɪlɪˈnɪtɪk] *adj.* QUÍMICA selenitoso
selenium [sɪˈliːnɪəm] *s.* QUÍMICA (elemento químico) selénio ❖ ELECTRICIDADE ~ *cell* célula foto-resistente; ~ *content* teor de selénio; ~ *plate* chapa de selénio; ELECTRICIDADE ~ *rectifier* rectificador de selénio
selenographer [selɪˈnɒɡrəfə] *s.* selenógrafo
selenographic [selɪnəˈɡræfɪk] *adj.* selenográfico
selenographical [selɪnəˈɡræfɪkəl] *adj.* selenográfico
selenography [selɪˈnɒɡrəfɪ] *s.* selenografia, descrição da Lua
Seleucidae [sɪˈljuːsɪdiː] *s.pl.* Seleucidas, designação dada na história à dinastia estabelecida na Síria por Nicator Seleuco
self [self] Ⓐ *s.* (*pl.* **-ves**) **1** o ego, o eu; *a sense of* ~ a consciência do eu; **2** personalidade; **3** egoísmo, interesse próprio; *he cares for nothing but* ~ ele não se importa com ninguém; **4** ser; *one's better* ~ a parte melhor do nosso ser; *one's former* ~ a nossa antiga maneira de ser; **5** ZOOLOGIA animal de cor uniforme Ⓑ *pron.* **1** eu próprio, tu próprio, ele próprio; **2** a mim próprio, etc.; *a room for wife and* ~ um quarto para a minha mulher e para mim mesmo Ⓒ *adj.* **1** de cor uniforme; **2** da mesma substância, do mesmo material; *iron tool with* ~ *handle* ferramenta de ferro com punho do mesmo metal; **3** [arc.] idêntico ❖ *all by one's very* ~ totalmente só; *one's second* ~ o nosso braço direito; (cheques) *pay to* ~ pague-se ao próprio; *she is quite her old* ~ *again* ela está completamente restabelecida; COMÉRCIO *your good self/selves* Vossa(s) Senhoria(s)
self-abasement [selfəˈbeɪsmənt] *s.* humilhação de si mesmo
self-abnegation [selfæbnɪˈɡeɪʃən] *s.* renúncia, espírito de sacrifício
self-absorbed [selfəbˈsɔːbd] *adj.* egocêntrico
self-absorption [selfəbˈsɔːpʃən] *s.* egocentrismo
self-abuse [selfəˈbjuːs] *s.* **1** desperdício das próprias capacidades; **2** [depr., joc.] masturbação
self-accusation [selfækjuˈzeɪʃən] *s.* auto-acusação
self-accusing [selfəˈkjuːzɪŋ] *adj.* que se confessa culpado, que se acusa a si mesmo
self-acting [selfˈæktɪŋ] *adj.* automático; que funciona sozinho
self-adhesive [selfədˈhiːzɪv] *adj.* auto-adesivo
self-adjusting [selfəˈdʒʌstɪŋ] *adj.* de ajuste automático, auto-regulador, autocompensador
self-admiration [selfædməˈreɪʃən] *s.* orgulho, vaidade pessoal
self-admirer [selfədˈmaɪərə] *s.* vaidoso
self-analysis [selfəˈnælɪsɪs] *s.* auto-análise
self-apparent [selfəˈpærənt] *adj.* evidente, óbvio, que dispensa explicação
self-appointed [selfəˈpɔɪntɪd] *adj.* autonomeado
self-assertion [selfəˈsɜːʃən] *s.* assertividade
self-assertive [selfəˈsɜːtɪv] *adj.* assertivo, afirmativo, seguro de si, categórico
self-assessment [selfəˈsesmənt] *s.* auto-avaliação
self-assurance [selfəˈʃɔːrəns] *s.* autoconfiança, segurança
self-assured [selfəˈʃɔːd] *adj.* autoconfiante, seguro de si
self-binder [selfˈbaɪndə] *s.* ceifeira mecânica de enfeixar
self-calibrating [selfˈkælɪbreɪtɪŋ] *s.* auto-regulação
self-catering [selfˈkeɪtərɪŋ] *adj.* [GB] (férias) com cozinha (mas sem refeições incluídas); ~ *apartment* apartamento com cozinha; ~ *holiday* férias em apartamento independente, sem refeições incluídas, mas com possibilidade de cozinhar
self-censorship [selfˈsensəʃɪp] *s.* autocensura
self-centred [selfˈsentəd] *adj.* egocêntrico, egoísta
self-centredness [selfˈsentədnəs] *s.* egocentrismo, egoísmo
self-checking [selfˈtʃekɪŋ] *adj.* de controlo automático
self-cleaning [selfˈkliːnɪŋ] *adj.* de limpeza automática; ~ *filter* filtro de limpeza automática
self-closing [selfˈkləʊzɪŋ] *adj.* de fecho automático; que fecha automaticamente
self-collected [selfkəˈlektɪd] *adj.* calmo, com autodomínio, sereno, tranquilo
self-colour [selfˈkʌlə] *s.* cor natural, cor uniforme

self-coloured [selfˈkʌləd] *adj.* **1** homogéneo, uniforme; **2** cor natural; **3** (tecido) sem ser tingido
self-command [selfkəˈmɑːnd] *s.* autodomínio, sangue-frio
self-communion [selfkəˈmjuːnɪən] *s.* meditação, concentração, recolhimento
self-complacence [selfkəmˈpleɪsəns] *s.* ⇒ **self-complacency**
self-complacency [selfkəmˈpleɪsənsɪ] *s.* indulgência consigo mesmo, satisfação consigo mesmo
self-complacent [selfkəmˈpleɪsənt] *adj.* **1** indulgente consigo mesmo; **2** satisfeito consigo
self-composed [selfkəmˈpəʊzd] *adj.* calmo, sereno, firme
self-composure [selfkəmˈpəʊʒə] *s.* calma, serenidade, firmeza
self-conceit [selfkənˈsiːt] *s.* presunção, vaidade; orgulho; fatuidade; *to be full of* ~ ser todo enfatuado
self-conceited [selfkənˈsiːtɪd] *adj.* presunçoso, vaidoso, orgulhoso de si mesmo
self-conceitedness [selfkənˈsiːtɪdnɪs] *s.* presunção
self-confessed [selfkənˈfesd] *adj.* confesso, assumido
self-confidence [selfˈkɒnfɪdəns] *s.* autoconfiança, confiança em si mesmo; *lack of* ~ falta de confiança em si mesmo, insegurança
self-confident [selfˈkɒnfɪdənt] *adj.* autoconfiante
self-confidently [selfˈkɒnfɪdəntlɪ] *adv.* com autoconfiança
self-conscious [selfˈkɒnʃəs] *adj.* **1** inibido, constrangido; **2** inseguro; **3** tímido; **4** deliberado, voluntário
self-consciously [selfˈkɒnʃəslɪ] *adv.* **1** com inibição, com constrangimento; **2** com insegurança; **3** timidamente; **4** voluntariamente, deliberadamente
self-consciousness [selfˈkɒnʃəsnəs] *s.* **1** inibição, constrangimento; **2** insegurança; **3** timidez; **4** consciência
self-contained [selfkənˈteɪnd] *adj.* **1** (apartamento, divisão) independente, autónomo; **2** (personalidade) reservado; contido; de poucas palavras; **3** independente; auto-suficiente; autónomo ❖ ~ *mechanism* mecanismo independente; ~ *unit* unidade independente
self-contradiction [selfkɒntrəˈdɪkʃən] *s.* autocontradição
self-contradictory [selfkɒntrəˈdɪktərɪ] *adj.* em contradição consigo mesmo
self-control [selfkənˈtrəl] *s.* **1** autocontrolo; **2** sangue-frio; **3** presença de espírito
self-controlled [selfkənˈtrəʊld] *adj.* com autodomínio, com sangue-frio
self-convicted [selfkənˈvɪktɪd] *adj.* seguro de si
self-created [selfkriːˈeɪtɪd] *adj.* criado por si mesmo
self-critical [selfˈkrɪtɪkəl] *adj.* autocrítico, exigente em relação a si mesmo
self-criticism [selfˈkrɪtɪsɪzəm] *s.* autocrítica
self-culture [selfˈkʌltʃə] *s.* autodidáctica
self-cultured [selfˈkʌltʃəd] *adj.* autodidacta
self-deceit [selfdɪˈsiːt] *s.* auto-ilusão, acto de se enganar a si mesmo
self-deception [selfdɪˈsepʃən] *s.* ⇒ **self-deceit**
self-defeating [selfdɪˈfiːtɪŋ] *adj.* contraproducente
self-defence [selfdɪˈfens] *s.* **1** autodefesa; **2** legítima defesa
self-defense [selfdɪˈfens] *s.* [EUA] ⇒ **self-defence**
self-defensive [selfdɪˈfensɪv] *adj.* em legítima defesa
self-denial [selfdɪˈnaɪəl] *s.* espírito de sacrifício, abnegação
self-denying [selfdɪˈnaɪŋ] *adj.* abnegado, desinteressado
self-denyingly [selfdɪˈnaɪŋlɪ] *adv.* abnegadamente, desinteressadamente
self-dependence [selfdɪˈpendəns] *s.* independência, auto-suficiência
self-dependent [selfdɪˈpendənt] *adj.* independente, auto-suficiente
self-destruct [selfdɪˈstrʌkt] Ⓐ *v.intr.* autodestruir-se Ⓑ *adj.* (aparelho) com mecanismo de autodestruição
self-destruction [selfdɪˈstrʌkʃən] *s.* autodestruição
self-destructive [selfdɪˈstrʌktɪv] *adj.* autodestrutivo
self-determination [selfdɪtɜːmɪˈneɪʃən] *s.* **1** POLÍTICA autodeterminação; **2** autonomia; **3** livre arbítrio
self-discipline [selfˈdɪsəplɪn] *s.* autodisciplina
self-discovery [selfdɪsˈkʌvrɪ] *s.* autodescoberta
self-distrust [selfdɪsˈtrʌst] *s.* insegurança, falta de confiança em si mesmo

self-driven [ˌselfˈdrɪvən] adj. automático, autopropulsionado
self-educated [ˌselfˈedjʊkeɪtɪd, ˌselfˈedʒʊkeɪtɪd] adj. autodidacta
self-education [ˌselfedjʊˈkeɪʃən] s. autodidáctica
self-effacement [ˌselfɪˈfeɪsmənt] s. 1 modéstia; 2 discrição; sobriedade; 3 timidez
self-effacing [ˌselfɪˈfeɪsɪŋ] adj. 1 modesto; 2 discreto; sóbrio; 3 tímido; 4 apagado
self-elected [ˌselfɪˈlektɪd] adj. que se elegeu a si mesmo
self-employed [ˌselfɪmˈplɔɪd] Ⓐ adj. (trabalhador) independente; por conta própria Ⓑ s.pl. *the* ~ os trabalhadores independentes, os trabalhadores por conta própria
self-employment [ˌselfɪmˈplɔɪmənt] s. trabalho independente; trabalho por conta própria; *in* ~ que trabalha por conta própria
self-esteem [ˌselfɪˈstiːm] s. auto-estima; amor-próprio; *to injure sb's* ~ afectar a auto-estima de alguém; *high/low* ~ alta/baixa auto-estima
self-evident [ˌselfˈevɪdənt] adj. evidente por si mesmo
self-examination [ˌselfɪgzæmɪˈneɪʃən] s. exame de consciência; introspecção
self-excitation [ˌselfɪksɪˈteɪʃən] s. ELECTRICIDADE auto-excitação
self-exciter [ˌselfɪkˈsaɪtə] s. ELECTRICIDADE auto-excitador
self-existence [ˌselfɪgˈzɪstəns] s. existência independente
self-existent [ˌselfɪgˈzɪstənt] adj. que tem existência independente
self-experience [ˌselfɪkˈspɪərɪəns] s. experiência pessoal
self-explanatory [ˌselfɪkˈsplænətrɪ] adj. evidente, óbvio, que dispensa explicações
self-expression [ˌselfɪkˈspreʃən] s. expressão das próprias ideias ou sentimentos
self-feeding [ˌselfˈfiːdɪŋ] Ⓐ adj. de alimentação automática Ⓑ s. 1 auto-alimentador; 2 avanço automático
self-fertilization [ˌselffɜːtɪlaɪˈzeɪʃən] s. BIOLOGIA, BOTÂNICA polinização directa, autofecundação
self-fertilizing [ˌselffɜːtɪˈlaɪzɪŋ] adj. BOTÂNICA de polinização directa
self-filling [ˌselfˈfɪlɪŋ] adj. de enchimento automático
self-fulfilling [ˌselffʊlˈfɪlɪŋ] adj. 1 que se cumpre; 2 que faz sentir realizado
self-governed [ˌselfˈɡʌvən] adj. autónomo, com governo próprio, independente
self-governing [ˌselfˈɡʌvənɪŋ] adj. autónomo, independente, que se governa a si mesmo
self-government [ˌselfˈɡʌvənmənt] s. autonomia, independência
self-hardening [ˌselfˈhɑːdənɪŋ] adj. (aço) temperado ao ar; ~ *steel* aço para temperar ao ar
self-heating [ˌselfˈhiːtɪŋ] adj. de aquecimento automático
self-help [ˌselfˈhelp] s. auto-ajuda ✧ ~ *book* manual de auto-ajuda; ~ *group* grupo de apoio
selfhood [ˈselfhʊd] s. 1 individualidade; 2 identidade
self-ignition [ˌselfɪɡˈnɪʃən] s. auto-inflamação, auto-ignição
self-image [ˌselfˈɪmɪdʒ] s. auto-imagem
self-importance [ˌselfɪmˈpɔːtəns] s. arrogância, presunção
self-important [ˌselfɪmˈpɔːtənt] adj. arrogante, presunçoso
self-improvement [ˌselfɪmˈpruːvmənt] s. auto-aperfeiçoamento, desenvolvimento pessoal
self-inductance [ˌselfɪnˈdʌktəns] s. ELECTRICIDADE auto-inductância
self-induction [ˌselfɪnˈdʌkʃən] s. auto-indução
self-indulgence [ˌselfɪnˈdʌldʒəns] s. auto-indulgência, autocomplacência
self-indulgent [ˌselfɪnˈdʌldʒənt] adj. indulgente consigo mesmo, satisfeito consigo mesmo
self-inflicted [ˌselfɪnˈflɪktɪd] adj. infligido a si mesmo; voluntário
self-instructed [ˌselfɪnsˈtrʌktɪd] adj. autodidacta
self-instruction [ˌselfɪnsˈtrʌkʃən] s. autodidáctica
self-interest [ˌselfˈɪntrəst] s. 1 egoísmo; 2 interesse pessoal
self-interested [ˌselfˈɪntrəstɪd] adj. 1 egoísta; 2 interesseiro; por interesse próprio
selfish [ˈselfɪʃ] adj. egoísta, interesseiro, egotista
selfishly [ˈselfɪʃlɪ] adv. egoistamente, interesseiramente

selfishness [ˈselfɪʃnəs] s. egoísmo
self-justification [ˌselfdʒʌstɪfɪˈkeɪʃən] s. autojustificação
self-knowledge [ˌselfˈnɒlɪdʒ] s. autoconhecimento
selfless [ˈselfləs] adj. altruísta, generoso
selflessly [ˈselfləslɪ] adv. desinteressadamente, com altruísmo
selflessness [ˈselfləsnəs] s. altruísmo, generosidade
self-locking [ˌselfˈlɒkɪŋ] Ⓐ adj. 1 com travamento automático; 2 de blocagem automática Ⓑ s. blocagem automática
self-love [ˌselfˈlʌv] s. egoísmo, narcisismo
self-lubricating [ˌselfˈluːbrɪkeɪtɪŋ] adj. com lubrificação automática
self-lubrication [ˌselfluːbrɪˈkeɪʃən] s. lubrificação automática
self-luminous [ˌselfˈluːmɪnəs] adj. luminoso, com luz própria; ~ *body* corpo luminoso
self-made [ˌselfˈmeɪd] adj. 1 que se fez por si próprio; que venceu sozinho; subiu a pulso; ~ *man* homem que venceu por si próprio; 2 feito sem ajuda
self-mastery [ˌselfˈmɑːstərɪ] s. autodomínio
self-medication [ˌselfmedɪˈkeɪʃən] s. automedicação
self-motivated [ˌselfˈməʊtɪveɪtɪd] adj. dinâmico, com iniciativa
self-motivation [ˌselfməʊtɪˈveɪʃən] s. dinamismo, iniciativa
self-moving [ˌselfˈmuːvɪŋ] adj. automático
self-murder [ˌselfˈmɜːdə] s. [arc.] suicídio
self-murderer [ˌselfˈmɜːdərə] s. [arc.] suicida
self-neglect [ˌselfnɪˈɡlekt] s. desmazelo, descuido na apresentação, falta de limpeza
self-oiling [ˌselfˈɔɪlɪŋ] s. lubrificação automática
self-opening [ˌselfˈəʊpənɪŋ] adj. de abertura automática
self-opinionated [ˌselfəˈpɪnjənetɪd] adj. teimoso, obstinado
self-pity [ˌselfˈpɪtɪ] s. autocomiseração
self-pitying [ˌselfˈpɪtɪɪŋ] adj. de autocomiseração
self-portrait [ˌselfˈpɔːtreɪt] s. auto-retrato
self-possessed [ˌselfpəˈzest] adj. senhor de si, com presença de espírito, com sangue-frio
self-possession [ˌselfpəˈzeʃən] s. autodomínio; presença de espírito; sangue-frio; *to lose one's* ~ perder o autodomínio, perder o sangue-frio
self-praise [ˌselfˈpreɪz] s. elogio de si mesmo, louvor próprio
self-preservation [ˌselfprezəˈveɪʃən] s. conservação de si mesmo, conservação da própria vida
self-propelled [ˌselfprəˈpeld] adj. autopropulsor
self-propelling [ˌselfprəˈpelɪŋ] Ⓐ adj. 1 autopropulsor; 2 de autopropulsão Ⓑ s. autopropulsão
self-protection [ˌselfprəˈtekʃən] s. autoprotecção; *for* ~ para autoprotecção, para sua própria segurança
self-raising [ˌselfˈreɪzɪŋ] adj. [GB] com fermento; ~ *flour* farinha para bolos, farinha com fermento
self-regard [ˌselfrɪˈɡɑːd] s. 1 egoísmo; 2 auto-estima
self-regulating [ˌselfˈreɡjʊleɪtɪŋ] adj. auto-regulador; de regulação automática; ~ *brake* freio com regulação automática
self-reliance [ˌselfrɪˈlaɪəns] s. autoconfiança
self-reliant [ˌselfrɪˈlaɪənt] adj. autoconfiante
self-reproach [ˌselfrɪˈprəʊtʃ] s. auto-recriminação, censura feita a si mesmo
self-respect [ˌselfrɪsˈpekt] s. amor-próprio; auto-estima; dignidade; *to lose all* ~ perder toda a dignidade
self-respecting [ˌselfrɪsˈpektɪŋ] adj. 1 com dignidade, com amor-próprio; 2 com auto-estima
self-restrained [ˌselfrɪˈstreɪnd] adj. com autodomínio, comedido, moderado
self-restraint [ˌselfrɪˈstreɪnt] s. 1 autodomínio; 2 comedimento, moderação
self-righteous [ˌselfˈraɪtʃəs] adj. arrogante, pedante, sobranceiro
self-righteousness [ˌselfˈraɪtʃəsnəs] s. arrogância, pedantismo, sobranceria
self-rising [ˌselfˈraɪzɪŋ] adj. [EUA] ⇒ **self-raising**
self-sacrifice [ˌselfˈsækrɪfaɪs] s. 1 abnegação; 2 altruísmo ✧ *an act of* ~ um acto abnegado
self-sacrificing [ˌselfˈsækrɪfaɪsɪŋ] adj. abnegado, altruísta
selfsame [ˈselfseɪm] adj. 1 mesmo, mesmíssimo; 2 idêntico; 3 próprio
self-satisfaction [ˌselfsætɪsˈfækʃən] s. auto-satisfação
self-satisfied [ˌselfˈsætɪsfaɪd] adj. satisfeito, contente consigo mesmo

self-sealing [ˌselfˈsiːlɪŋ] adj. (envelope) auto-adesivo
self-seeker [ˌselfˈsiːkə] s. egoísta
self-seeking [ˌselfˈsiːkɪŋ] Ⓐ adj. egoísta Ⓑ s. 1 egoísmo; 2 atitude egoísta
self-service [ˌselfˈsɜːvɪs] s. self-service, auto-serviço
self-sown [ˌselfˈsəʊn] adj. BOTÂNICA espontâneo
self-starter [ˌselfˈstɑːtə] s. 1 MECÂNICA arranque automático; 2 pessoa com iniciativa, pessoa empreendedora
self-starting [ˌselfˈstɑːtɪŋ] adj. 1 (pessoa) dinâmico, com iniciativa, empreendedor; 2 com arranque automático
self-styled [ˌselfˈstaɪld] adj. pretenso, falso, suposto, autodesignado
self-sufficiency [ˌselfsəˈfɪʃənsɪ] s. auto-suficiência, autonomia
self-sufficient [ˌselfsəˈfɪʃənt] adj. 1 auto-suficiente; 2 autónomo
self-sufficing [ˌselfsʌˈfaɪsɪŋ] adj. que se basta a si mesmo, independente
self-supporting [ˌselfsəˈpɔːtɪŋ] adj. 1 financeiramente independente; 2 auto-suficiente do ponto de vista financeiro
self-sustaining [ˌselfsʌsˈteɪnɪŋ] adj. auto-suficiente; auto-sustentável; autónomo
self-taught [ˌselfˈtɔːt] adj. autodidacta
self-will [ˌselfˈwɪl] s. voluntarismo, obstinação
self-willed [ˌselfˈwɪld] adj. obstinado, teimoso
self-winding [ˌselfˈwaɪndɪŋ] adj. (relógio) de corda automática
self-worship [ˌselfˈwɜːʃɪp] s. egolatria
Seljukians [selˈdʒuːkɪənz] s.pl. Seljúcidas, Seljúquidas, Seldjúcidas
Seljuks [selˈdʒuːks] s.pl. ⇒ **Seljukians**
sell [sel] Ⓐ v.tr.,intr. (prt. e part. pass. **sold**) 1 vender; *to ~ sb sth/to ~ sth to sb* vender algo a alguém; *to ~ sth on credit* vender algo a crédito; *to ~ sth at a loss/profit* vender algo com prejuízo/lucro; *he sold it for €500* ele vendeu por €500; *land to ~* terreno para venda; 2 vender(-se); ter saída no mercado; *his books ~ very well* os livros dele vendem-se muito bem; 3 vender, fazer vender, levar à compra de; promover; *rumours ~ papers* os boatos fazem vender jornais; 4 (ideia, proposta, etc.) vender; promover; levar à aceitação de; 5 vender; renunciar a (algo) por dinheiro; atraiçoar, trair; *to ~ one's country* trair a pátria, vender o seu próprio país; 6 enganar, ludibriar, lograr Ⓑ s. 1 [coloq.] venda; forma de vender; 2 [coloq.] desilusão, decepção, desapontamento; 3 [coloq.] logro, mistificação ❖ [coloq.] *to ~ like hot cakes* vender como pãezinhos quentes; *to ~ one's body* prostituir-se; *to ~ oneself* vender-se; promover-se; *to ~ one's soul (to the devil)* vender a alma (ao diabo); [EUA] *to ~ sb a bill of goods* enganar alguém; iludir alguém; [coloq.] *to ~ sb a pup* vigarizar alguém; vender a alguém algo sem valor; *to ~ sb down the river* trair alguém; atraiçoar alguém; abandonar alguém; *to ~ sth/sb short* não dar o devido valor a algo/alguém; depreciar algo/alguém
♦ **sell back** v.tr. revender (à mesma pessoa)
♦ **sell off** v.tr. 1 vender a preço reduzido; liquidar a baixo preço; 2 desfazer-se de (algo), vendendo a preço reduzido; 3 (empresa, negócio, etc.) vender, colocar à venda
♦ **sell on** v.tr. [GB] revender (logo depois de comprar)
♦ **sell out** Ⓐ v.intr. 1 vender todos os exemplares [**of**, de]; *we have sold out of this article* temos este artigo esgotado; 2 esgotar; *it sold out in two hours* esgotou em duas horas; *the edition was sold out* a edição estava esgotada; 3 (empresa, negócio, etc.) vender, colocar à venda; 4 (princípio, ideia, valor, etc.) vender-se; renunciar (a algo) por dinheiro Ⓑ v.tr. trair, atraiçoar
♦ **sell up** v.intr. [GB] vender a casa; vender o negócio; vender a empresa
sell-by [ˈselbaɪ] adj. de validade; *~ date* prazo de validade, data-limite de venda
seller [ˈselə] s. 1 vendedor, comerciante; 2 artigo que se vende; *to be a good/bad ~* artigo que vende bem/mal ❖ *seller's market* mercado favorável ao vendedor
selling [ˈselɪŋ] s. venda(s) ❖ *~ off* liquidação total; COMÉRCIO (produto) *~ point* atractivo comercial; característica que ajuda a vender; *~ price* preço de venda; COMÉRCIO *~ rate* preço de venda
sell-off [ˈselɒf] s. venda
sellotape [ˈseləʊteɪp] Ⓐ s. fita-cola Ⓑ v.tr. colar com fita-cola
sellout [ˈselaʊt] s. 1 TEATRO, CINEMA, MÚSICA, DESPORTO espectáculo com lotação esgotada; 2 [fig.] traição

SELNEC [abrev. de South East Lancashire and North East Cheshire]
seltzer [ˈseltsə] s. 1 água de Seltz; 2 água de Seltz artificial
seltzogene [ˈseltsəʊˌdʒiːn] s. ⇒ **gazogene**
selvage [ˈselvɪdʒ] s. 1 ourela, orla (de tecido); 2 chapa de fechadura com abertura para a lingueta
selvagee [ˈselvədʒiː] s. NÁUTICA estropo, linga
selvedge [ˈselvɪdʒ] s. ⇒ **selvage**
selves [selvz] pl. de **self**
semanteme [sɪˈmæntiːm] s. LINGUÍSTICA semantema
semantic [sɪˈmæntɪk] adj. LINGUÍSTICA, LÓGICA semântico
semanticist [sɪˈmæntɪsɪst] s. LINGUÍSTICA, LÓGICA especialista em semântica
semantics [sɪˈmæntɪks] s. LINGUÍSTICA, LÓGICA semântica
semaphore [ˈseməfɔː] Ⓐ s. [ant.] (bandeiras ou hastes móveis) semáforo Ⓑ v.tr.,intr. [ant.] transmitir por meio de semáforo; fazer sinais com semáforo ❖ *~ arm* braço do semáforo; *~ disc* disco semafórico; *~ signal* sinal de semáforo
semaphoric [seməˈfɒrɪk] adj. semafórico
semaphorical [seməˈfɒrɪkəl] adj. semafórico
semasiological [sɪmeɪsɪəˈlɒdʒɪkəl] adj. LINGUÍSTICA semasiológico
semasiologically [sɪmeɪsɪəˈlɒdʒɪkəlɪ] adv. semasiologicamente
semasiology [sɪmeɪsɪˈɒlədʒɪ] s. LINGUÍSTICA semasiologia
sematic [sɪˈmætɪk] adj. ZOOLOGIA semático
semblable [ˈsembləbəl] adj. [arc.] parecido
semblance [ˈsembləns] s. 1 aparência, ar, aspecto; *to bear the ~ of* ter o aspecto de; *to put on a ~ of* assumir o aspecto de; 2 parecença, semelhança; 3 ficção, representação ❖ *in ~* aparentemente
seme [siːm] s. LINGUÍSTICA sema
semé [ˈsemeɪ] adj. HERÁLDICA semeado
semeiologist [sɪmaɪˈɒlədʒɪst] s. 1 semiólogo, semiologista; 2 MEDICINA médico versado em semiologia
semeiology [sɪmaɪˈɒlədʒɪ] s. semiologia, semiótica, estudo dos sinais característicos das doenças
Semele [ˈsemɪlɪ] s. MITOLOGIA Semele, filha de Cadmo e de Harmonia
semen [ˈsiːmen] s. sémen, esperma
semester [sɪˈmestə] s. (universidade) semestre
semi [ˈsemɪ] s. DESPORTO [coloq.] semifinal, meia-final
semi-anthracite [ˌsemɪˈænθrəsaɪt] s. hulha, carvão antracitoso
semiautomatic [ˌsemɪɔːtəˈmætɪk] Ⓐ adj. semi-automático; *~ lathe* torno semi-automático; MECÂNICA *~ transmission* transmissão semi-automática Ⓑ s. arma semi-automática
semi-axis [ˌsemɪˈæksɪs] s. GEOMETRIA semieixo
semibreve [ˈsemɪbriːv] s. MÚSICA semibreve
semicentennial [ˌsemɪsenˈtenɪəl] Ⓐ adj. 1 com 50 anos; 2 de 50 em 50 anos Ⓑ s. cinquentenário
semicircle [ˈsemɪsɜːkəl] s. semicírculo
semicircular [ˌsemɪˈsɜːkjʊlə] adj. semicircular ❖ ANATOMIA *~ canal* canal semicircular; *~ file* lima de meia-cana; *~ protractor* transferidor de 180°; *~ scale* escala de 180°
semicolon [ˌsemɪˈkəʊlɒn, ˌsemɪˈkəʊlən] s. sinal ortográfico de ponto e vírgula (;)
semiconscious [ˌsemɪˈkɒnʃəs] adj. semiconsciente
semiconservative [ˌsemɪkənˈsɜːvətɪv] adj. (genética) semiconservativo; *~ replication* replicação semiconservativa
semi-convergent [ˌsemɪkənˈvɜːdʒənt] adj. MATEMÁTICA semiconvergente
semi-cylinder [ˌsemɪˈsɪlɪndə] s. semicilindro
semi-cylindrical [ˌsemɪsɪˈlɪndrɪkəl] adj. semicilíndrico
semidetached [ˌsemɪdɪˈtætʃt] Ⓐ adj. geminado Ⓑ s. casa geminada
semidiameter [ˌsemɪdaɪˈæmɪtə] s. GEOMETRIA semidiâmetro
semidome [ˈsemɪdəʊm] s. ARQUITECTURA semicúpula
semifinal [ˌsemɪˈfaɪnəl] s. DESPORTO semifinal, meia-final
semifinalist [ˌsemɪˈfaɪnəlɪst] s. DESPORTO semifinalista
semifluid [ˌsemɪˈfluːɪd] adj. semifluido, viscoso
semi-jubilee [ˌsemɪˈdʒuːbɪliː] s. vigésimo quinto aniversário
semiliterate [ˌsemɪˈlɪtərɪt] adj. semianalfabeto

semilunar [ˌsemɪˈluːnə] *adj.* semilunar ❖ ANATOMIA ~ *cartilage* cartilagem semilunar; ANATOMIA ~ *fold* prega semilunar; ANATOMIA ~ *valve* válvula semilunar

semi-lune [ˌsemɪˈluːn] *s.* meia-lua

seminal [ˈsemɪnəl, ˈsiːmɪnəl] *adj.* **1** BIOLOGIA seminal, relativo ao sémen; **2** [fig.] (inspirador, fundador) seminal; **3** [fig.] crucial; decisivo; fundamental ❖ ~ *fluid* líquido seminal; sémen; ANATOMIA ~ *vesicle* vesícula seminal; *in the ~ state* rudimentar; embrionário

seminally [ˈsemɪnəll, ˈsiːmɪnəlɪ] *adv.* seminalmente

seminar [ˈsemɪnɑː] *s.* (escola) seminário, grupo de estudantes que se entregam a trabalhos de investigação sob a orientação de um professor

seminarian [ˌsemɪˈneərɪən] *s.* seminarista

seminarist [ˈsemɪnərɪst] *s.* seminarista

seminary [ˈsemɪnərɪ] *s.* (*pl.* **-ies**) seminário, estabelecimento de ensino que prepara os candidatos para a vida eclesiástica

semination [ˌsemɪˈneɪʃən] *s.* BOTÂNICA seminação

seminiferous [ˌsemɪˈnɪfərəs] *adj.* seminífero

semi-occasionally [ˌsemɪəˈkeɪʒənlɪ] *adv.* poucas vezes, muito raramente

semiofficial [ˌsemɪəˈfɪʃəl] *adj.* semioficial, oficioso

semiofficially [ˌsemɪəˈfɪʃəlɪ] *adv.* semioficialmente, oficiosamente

semiological [ˌsemɪəˈlɒdʒɪkəl] *adj.* semiológico

semiologist [ˌsemɪˈɒlədʒɪst] *s.* semiólogo

semiology [ˌsemɪˈɒlədʒɪ] *s.* semiologia

semiopaque [ˌsemɪəʊˈpeɪk] *adj.* semiopaco

semiotic [ˌsemɪˈɒtɪk] *adj.* semiótico

semiotics [ˌsemɪˈɒtɪks] *s.* semiótica

semiportable [ˌsemɪˈpɔːtəbəl] *adj.* meio fixo, semiportátil

semiquaver [ˌsemɪˈkweɪvə] *s.* MÚSICA semicolcheia

semirigid [ˌsemɪˈrɪdʒɪd] *adj.* semi-rígido

semi-shielded [ˌsemɪˈʃiːldɪd] *adj.* semiblindado

semi-skimmed [ˌsemɪˈskɪmd] *adj.* [GB] (leite) meio gordo

semispherical [ˌsemɪsˈfɪərɪkəl] *adj.* semiesférico

Semite [ˈsɪmaɪt, ˈsemaɪt] *adj., s.* semita

Semitic [sɪˈmɪtɪk, səˈmɪtɪk] *adj.* semítico

Semitism [ˈsemɪtɪzəm] *s.* semitismo

semitone [ˈsemɪtəʊn] *s.* MÚSICA semitom, meio tom

semitonic [ˌsemɪˈtɒnɪk] *adj.* MÚSICA (intervalo) de meio tom ❖ MÚSICA ~ *scale* escala cromática

semi-transparency [ˌsemɪtrænsˈpærənsɪ] *s.* semitransparência

semi-transparent [ˌsemɪtrænsˈpærənt] *adj.* semitransparente

semitropical [ˌsemɪˈtrɒpɪkəl] *adj.* semitropical

semivariable [ˌsemɪˈveərɪəbəl] *adj.* semivariável; ~ *costs* custos semivariáveis

semivowel [ˌsemɪˈvaʊəl] *s.* LINGUÍSTICA semivogal

semiwater [ˌsemɪˈwɔːtə] *adj.* pobre; ~ *gas* gás pobre

semiweekly [ˌsemɪˈwiːklɪ] Ⓐ *adj.* bissemanal Ⓑ *adv.* duas vezes por semana

semolina [ˌseməˈliːnə] *s.* sémola

sempiternal [ˌsempɪˈtɜːnəl] *adj.* sempiterno, eterno

sempiternally [ˌsempɪˈtɜːnəlɪ] *adv.* eternamente, sempiternamente

sempstress [ˈsempstrəs] *s.* (*pl.* **-es**) ⇒ **seamstress**

Sen. Ⓐ POLÍTICA [*abrev. de* Senate] Ⓑ POLÍTICA [*abrev. de* Senator] Ⓒ [*abrev. de* Senior]

senary [ˈsiːnərɪ] *adj.* senário, que tem a base seis, de seis em seis

senate [ˈsenɪt] *s.* **1** senado; **2** senado universitário

senator [ˈsenətə, ˈsenɪtə] *s.* senador ❖ DIREITO ~ *of the College of Justice* juiz

senatorial [ˌsenəˈtɔːrɪəl] *adj.* senatorial ❖ [EUA] ~ *courtesy* cortesia senatorial; [EUA] ~ *district* distrito com direito a eleger um senador

senatorian [ˌsenəˈtɔːrɪən] *adj.* senatorial, senatório

senatorship [ˈsenətəʃɪp] *s.* cargo ou dignidade de senador

senatus consult [seˌneɪtəskənˈsʌlt] *s.* senatus-consulto, decreto com força de lei do antigo senado romano

senatus consultum [seˌneɪtəskənˈsʌltəm] *s.* ⇒ **senatus consult**

send [send] Ⓐ *v.tr., intr.* (*prt. e part. pass.* **sent**) **1** (carta, encomenda, etc.) enviar, despachar, expedir, mandar; *they sent the goods by rail* mandaram as mercadorias por caminho-de-ferro; *to ~ abroad* mandar ao estrangeiro; *to ~ a message* mandar um recado; *to ~ a telegram* mandar um telegrama; *to ~ clothes to the wash* mandar roupa para lavar; *to ~ one's love to* mandar lembranças a, enviar os seus cumprimentos a; **2** (informação, etc.) transmitir, difundir, emitir; *the news was sent to her that…* informaram-na de que…; **3** lançar, proferir, soltar; **4** [ant., coloq.] animar, entusiasmar; **5** arremessar, arrojar, impelir; **6** (pessoa) enviar, mandar, mandar ir; *he was sent as ambassador to Lisbon* foi enviado para Lisboa como embaixador; MILITAR *to ~ a case to a hospital* mandar um ferido para o hospital; **7** permitir, conceder; *God ~ it may not be so!* Deus permita que não seja assim!; **8** causar, originar Ⓑ *v.intr.* (*prt. e part. pass.* **-ed**) NÁUTICA ser jogado pelas ondas; arfar Ⓒ *s.* NÁUTICA arfagem, impulso dado pelas ondas ❖ *it sent a shiver down my spine* até senti um arrepio na espinha; *to ~ coals to Newcastle* perder o tempo e paciência; *to ~ in the dinner* servir o jantar; [coloq.] *to ~ sb packing* mandar alguém dar uma curva; *to ~ to Coventry* cortar relações; *to ~ sb about his business* mandar alguém tratar da sua vida; *to ~ to Parliament* eleger para o Parlamento; *to ~ word* passar palavra

◆ **send away** *v.tr.* **1** (lugar) mandar para; *he was sent away to boarding school at the age of seven* ele foi mandado para um colégio interno aos sete anos; **2** (pessoa) despedir, mandar embora; *she was sent away because she broke the law* ela foi despedida porque infringiu a lei

◆ **send away for** *v.tr.* pedir por correio; ~ *a free demonstration* peça uma demonstração grátis

◆ **send back** *v.tr.* devolver; remeter; ~ *the questionnaire as soon as possible* devolva o questionário o mais depressa possível; **2** (luz, som, etc.) reflectir; *all rough and opaque objects ~ light* todos os objectos ásperos e opacos reflectem a luz

◆ **send down** *v.tr.* **1** (preço) fazer descer; **2** [GB] (Universidade) expulsar; *he was sent down due to his bad behaviour* ele foi expulso por mau comportamento; **3** [GB] [coloq.] mandar para a cadeia, condenar; *he was sent down for homicide* ele foi condenado por homicídio

◆ **send for** *v.tr.* **1** mandar vir; encomendar; **2** (pessoa) mandar chamar; *the doctor was sent for* mandaram chamar o médico

◆ **send forth** *v.tr.* **1** (luz, som) difundir, propagar; **2** (planta) produzir; **3** (cheiro) exalar; **4** (tropas) enviar, mandar

◆ **send in** *v.tr.* **1** enviar; ~ *your application form* envie a sua candidatura; **2** (pessoa) mandar entrar; **3** apresentar; *to ~ one's resignation* apresentar a sua demissão ❖ *to ~ one's name* fazer-se anunciar

◆ **send in for** *v.tr.* pedir por correio; ~ *more information* peça mais informações

◆ **send off** *v.tr.* **1** (pessoa) enviar, mandar; *she sent her children off to their grandparents* ela mandou os filhos para casa dos avós; **2** despedir-se de; **3** (coisas) pôr no correio; *have you sent off my letter?* puseste a minha carta no correio?; **4** mandar embora; **5** [GB] DESPORTO (jogadores) expulsar; *two players were sent off during the game* houve dois jogadores expulsos durante o jogo

◆ **send off for** *v.tr.* pedir por correio

◆ **send on** *v.tr.* **1** (carta) enviar, fazer seguir; **2** despachar com antecedência; *to ~ one's luggage* despachar a bagagem com antecedência; **3** devolver

◆ **send out** *v.tr.* **1** distribuir; *to ~ circulars* distribuir circulares; **2** (calor, luz, som, etc.) emitir, transmitir; **3** (bens, mercadoria) despachar, enviar, expedir; **4** BOTÂNICA brotar, desabrochar; *to ~ leaves* brotar folhas; **5** (pessoa) fazer sair

◆ **send out for** *v.tr.* [coloq.] (comida) encomendar; *do you want to ~ a pizza?* queres encomendar uma pizza?

◆ **send round** *v.tr.* **1** (documento, etc.) fazer circular; **2** fazer chegar; **3** (pessoa) mandar

◆ **send up** *v.tr.* **1** fazer subir; *to ~ prices* fazer os preços subir; **2** (foguetão, sinal luminoso) lançar; **3** [GB] [coloq.] imitar; **4** [EUA] [coloq.] condenar à cadeia; *he was sent up for three years* foi condenado a três anos de cadeia; **5** explodir com; fazer explodir

sender [ˈsendə] *s.* **1** aquele que envia ou transmite; **2** expedidor; **3** remetente; **4** dispositivo transmissor

sending ['sendɪŋ] s. 1 envio, expedição; 2 transmissão ❖ RÁDIO ~ *aerial* antena transmissora; ~ *back* devolução; RÁDIO ~ *equipment* equipamento transmissor; ~ *forth* emissão; RÁDIO ~ *station* estação emissora; ~ *up* ascensão; subida; lançamento para a atmosfera

send-off ['sendɒf] s. 1 despedida afectuosa; 2 festa de despedida, bota-fora

senebiera [ˌsenə'bɪərə] s. BOTÂNICA senebiera

Seneca ['senɪkə] s.antr. FILOSOFIA Séneca

senega ['senɪgə] s. BOTÂNICA sénega

Senegal ['senɪgɔ:l] s.top. Senegal

Senegalese [ˌsenɪgə'li:z] adj.,s. senegalês

Senegambian [ˌsenɪ'gæmbɪən] adj.,s. senegâmbio

senescence [sɪ'nesəns] s. 1 senescência; 2 velhice; 3 enfraquecimento físico e mental provocado pela idade

senescent [sɪ'nesənt] adj. senescente

seneschal ['senɪʃəl] s. HISTÓRIA senescal, antigo mordomo-mor ou vedor de algumas grandes casas medievais

seneschalsy ['senɪʃəlsɪ] s. senescalia, senescalado

senile ['si:naɪl] adj. senil; *to go* ~ ficar senil ❖ ~ *atrophy* atrofia senil; ~ *decay* degenerescência senil; ~ *dementia* demência senil

senility [sɪ'nɪlɪtɪ] s. senilidade

senior ['si:nɪə] Ⓐ adj. 1 (idade) sénior, mais velho; *John Smith* ~ John Smith, sénior; *she is three years* ~ *to me* ela é três anos mais velha que eu; 2 (escola, universidade) mais antigo, veterano; *the* ~ *boys of a school* os alunos mais antigos de uma escola; 3 (funções) superior; principal; ~ *partner* sócio principal Ⓑ s. 1 decano; 2 pessoa mais velha; 3 (funções) superior; ~ *in rank* superior hierárquico; 4 [EUA] estudante finalista ❖ [GB] MILITAR (Força Aérea) ~ *aircraftman* soldado; [EUA] MILITAR (Força Aérea) ~ *airman* furriel-chefe; ~ *citizen* pessoa de idade; reformado; ~ *clerk* chefe de escritório; ~ *lecturer* professor universitário; (universidade) ~ *man* estudante finalista; [GB] ~ *master* professor efectivo; [EUA] ~ *prom* baile de finalistas; [EUA] ~ *year* último ano de estudos; [EUA] MILITAR (Marinha) ~ *chief petty officer* primeiro-oficial; [GB] (universidade) ~ *common room* sala dos professores; [EUA] ~ *high school* liceu; [EUA] MILITAR (Força Aérea) ~ *master sergeant* sargento-ajudante; [GB] *the Senior Service* a marinha

seniority [ˌsɪnɪ'ɒrɪtɪ] s. 1 (cargo, funções, serviço) antiguidade; *promotion by* ~ promoção por antiguidade; 2 categoria superior ❖ ~ *list* lista de antiguidades

senna ['senə] s. BOTÂNICA sene, sena; sene-de-alexandria, sene-de-meca

sennet ['senɪt] s. HISTÓRIA toque de trombeta para chamar os actores à cena (em peças de Shakespeare e de outros autores)

sennight ['senaɪt] s. [arc.] semana ⇒ **seven nights**

Senonian [sɪ'nəʊnɪən] adj. GEOLOGIA senoniano

sensation [sen'seɪʃən] s. 1 (físico) sensação; *a* ~ *of pain* uma sensação de dor; 2 (físico) sensibilidade; *she lost* ~ *in her hand* perdeu a sensibilidade da mão; 3 (psicológico) sensação; impressão; *a* ~ *of fear* uma sensação de medo; *to feel a* ~ *of* ter a impressão de; *to have the* ~ *that* ter a sensação de que, ter a impressão de que; 4 (excitação, interesse invulgar) sensação, efeito sensacional; comoção; *to create a* ~ causar sensação; *the news made a* ~ as notícias causaram sensação ❖ LITERATURA (século XIX) ~ *novel* romance de sensação

sensational [sen'seɪʃənəl] adj. 1 PSICOLOGIA sensorial; relativo aos sentidos ou sensações; 2 sensacional; que causa sensação; estupendo; extraordinário; 3 (acontecimento, notícia) sensacionalista; ~ *piece of news* notícia sensacionalista

sensationalism [sen'seɪʃnəlɪzəm] s. sensacionalismo

sensationalist [sen'seɪʃnəlɪst] adj.,s. sensacionalista

sensationalize [sen'seɪʃnəlaɪz] v.tr. exagerar, dar efeitos sensacionais

sensationally [sen'seɪʃnəlɪ] adv. sensacionalmente, de uma maneira sensacional

sensationism [sen'seɪʃnɪzəm] s. ⇒ **sensationalism**

sensationist [sen'seɪʃnɪst] s. 1 PSICOLOGIA sensacionalista; 2 PSICOLOGIA sensualista

sense [sens] Ⓐ s. 1 (físico) sentido; *the five senses* os cinco sentidos; *the* ~ *of sight/hearing/smell/taste/touch* o sentido da visão/audição/olfacto/paladar/tacto; *sixth* ~ sexto sentido; *the pleasures of the senses* os prazeres dos sentidos; *errors of* ~ erros dos sentidos; 2 sensação; sentimento; *a* ~ *of well-being* uma sensação de bem-estar; *I had the* ~ *that sth was going to happen* tinha a sensação de que ia acontecer alguma coisa; 3 (lucidez) senso; bom senso; razão; juízo; *to have the* ~ *to do sth* ter o bom senso de fazer algo; *there's a lot of* ~ *in what he says* há muita razão naquilo que ele diz; *common* ~ senso comum, bom senso; 4 (palavra, expressão, etc.) sentido; acepção; significado; interpretação; *the* ~ *of a word* o sentido de uma palavra; *in what* ~ *do you use that word?* em que sentido usas essa palavra?; *in every* ~ *of the word* em todas as acepções da palavra; *to take a word in the wrong* ~ tomar uma palavra num sentido errado; 5 senso; noção; consciência; *moral* ~ consciência moral; *to have a high* ~ *of duty* ter uma elevada consciência do dever; 6 (capacidade) sentido; ~ *of direction* sentido de orientação; *to have a good dress* ~ saber que roupas ficam bem; 7 sentido; finalidade; objectivo; razão; *there's no* ~ *in doing sth* não faz sentido fazer algo, não há uma boa razão para fazer algo; *what is the* ~ *of doing that?* de que serve fazer isso?; 8 consenso; acordo; opinião geral; *to take the* ~ *of a meeting* ouvir a opinião de uma assembleia; 9 sentido, direcção; FÍSICA ~ *of a force* sentido de uma força; ~ *of motion* sentido do movimento; 10 pl. juízo, equilíbrio mental, senso; *to be in one's right senses* estar em seu pleno juízo, estar em plena posse das suas faculdades mentais Ⓑ v.tr. 1 sentir; pressentir; *to* ~ *danger* pressentir o perigo; 2 perceber; 3 compreender, entender, fazer ideia de; 4 FILOSOFIA perceber por intermédio dos sentidos ❖ ~ *organ* órgão dos sentidos; ~ *perception* percepção sensorial; ~ *of humour* sentido de humor; ~ *of occasion* sensação de que se trata de um acontecimento importante; *in a* ~ de certo modo; *in every* ~ de todas as formas; em todos os sentidos; *in no* ~ em nenhum sentido; de forma alguma; *to be out of one's senses* não estar no seu juízo perfeito; *to bring sb to their senses* chamar alguém à razão; *to come to one's senses* cair em si; vir a si; recobrar os sentidos; voltar à realidade; ser razoável; *to lose one's senses* perder os sentidos; *to make* ~ fazer sentido; ter lógica; *to make* ~ *of* compreender; decifrar; *to see* ~ ganhar bom senso; *to talk* ~ dizer coisas acertadas

senseless ['senslǝs] adj. 1 (pessoa) sem sentidos, desmaiado, inconsciente; *to fall* ~ cair sem sentidos; (pancada) *to knock sb* ~ pôr alguém sem sentidos; 2 (acção, ideia) absurdo, disparatado, sem sentido, sem pés nem cabeça; *a* ~ *idea* uma ideia disparatada; *a* ~ *remark* uma observação absurda; 3 (pessoa) insano, néscio, tolo

senselessly ['senslǝslɪ] adv. 1 disparatadamente, insensatamente; 2 estupidamente

senselessness ['senslǝsnǝs] s. 1 falta de senso, disparate, insensatez; 2 insensibilidade

sensibility [ˌsensǝ'bɪlɪtɪ] s. (pl. -ies) 1 sensibilidade, capacidade de sentir; ~ *of skin* sensibilidade da pele; ~ *to* sensibilidade para; 2 impressionabilidade; 3 pl. susceptibilidades; *to outrage sb's sensibilities* ferir as susceptibilidades de alguém

sensible ['sensǝbǝl] adj. 1 (pessoa) sensato, razoável; *be sensible!* seja razoável!; ~ *man* homem sensato; *that is very* ~ *of him* isso é muito sensato da parte dele; 2 (roupas, calçado) prático; confortável; 3 [ant.] apreciável, considerável; 4 sensório, sensível, que pode ser percebido pelos sentidos; ~ *fall in temperature* descida sensível de temperatura; ~ *heat* calor sensível; ~ *phenomena* fenómenos sensíveis; 5 (acto, decisão) consciente, ponderado, prudente, sensato; *a* ~ *idea* uma ideia sensata; *to be* ~ *of* ter consciência de; *he is not* ~ *of his defects* ele não dá conta dos seus defeitos ❖ ~ *balance* balança sensível; ASTRONOMIA ~ *horizon* horizonte aparente

sensibleness ['sensǝbǝlnǝs] s. sensatez, juízo, bom senso

sensibly ['sensǝblɪ] adv. 1 sensatamente, razoavelmente, judiciosamente; 2 sensivelmente, manifestamente

sensitive ['sensɪtɪv] Ⓐ adj. 1 (emoções) sensível; *to be* ~ *to beauty* ser sensível à beleza; [fig.] ~ *plant* pessoa excessivamente sensível; 2 (sentidos) sensitivo; 3 (assunto, situação, etc.) delicado; ~ *point* questão delicada; 4 sensível, susceptível [**to**, a; **about**, a]; *he is* ~ *to cold* é muito sensível ao frio; *she is very* ~ ela é muito susceptível; **5** (documento) confidencial; **6** (máquinas) sensível; preciso; de precisão; ~ *drill* máquina de furar de precisão; ~ *instrument* instrumento de precisão; ~ *scales* balança de precisão; **7** COMÉRCIO (mercado) instável ⒷS. pessoa que tem poderes extra-sensoriais ❖ FOTOGRAFIA ~ *agent* agente sensibilizador; FOTOGRAFIA ~ *emulsion* emulsão sensível; FOTOGRAFIA ~ *film* película impressionável; BOTÂNICA ~ *plant* sensitiva; FOTOGRAFIA ~ *plate* chapa impressionável

sensitively ['sensɪtɪvlɪ] *adv.* sensivelmente, de uma maneira sensível

sensitiveness ['sensɪtɪvnəs] *s.* **1** sensibilidade; *lack of* ~ falta de sensibilidade; ~ *of an instrument* sensibilidade de um instrumento; **2** susceptibilidade; **3** impressionabilidade

sensitivity [ˌsensɪ'tɪvɪtɪ] *s.* ⇒ **sensitiveness**

sensitizable [ˌsensɪ'taɪzəbəl] *adj.* FOTOGRAFIA sensibilizável

sensitize ['sensɪtaɪz] *v.tr.* FOTOGRAFIA, QUÍMICA sensibilizar, tornar sensível

sensitized ['sensɪtaɪzd] *adj.* FOTOGRAFIA sensibilizado, tornado sensível

sensitizer ['sensɪtaɪzə] *s.* FOTOGRAFIA agente sensibilizador

sensitizing ['sensɪtaɪzɪŋ] Ⓐ *adj.* sensibilizador Ⓑ *s.* FOTOGRAFIA sensibilização

sensitometer [ˌsensɪ'tɒmɪtə] *s.* FOTOGRAFIA sensitómetro, aparelho destinado a medir a sensibilidade das emulsões fotográficas

sensor ['sensə] *s.* sensor, detector

sensoria [sen'sɔrɪə] *s.* {*pl. de* **sensorium**}

sensorial [sen'sɔrɪəl] *adj.* sensorial, sensório; relativo aos sentidos; ~ *errors* erros dos sentidos

sensorimotor [ˌsensərɪ'məʊtə] *adj.* FISIOLOGIA sensoriomotor

sensorium [sen'sɔrɪəm] *s.* (*pl.* **-ia** *ou* **-s**) **1** sensório; **2** parte do cérebro considerada por alguns como centro comum de todas as sensações e a sede da alma; **3** BIOLOGIA o conjunto de todo o aparelho nervoso

sensory ['sensərɪ] *adj.* sensório, sensorial, dos sentidos

sensual ['sensjʊəl, 'senʃʊəl] *adj.* **1** sensual; **2** sensitivo; sensorial; relativo aos sentidos ou às sensações; **3** voluptuoso; que busca os prazeres dos sentidos; **4** FILOSOFIA partidário do sensualismo

sensualism ['sensjʊəlɪzəm, 'senʃʊəlɪzəm] *s.* **1** FILOSOFIA sensualismo; **2** sensualidade

sensualist ['sensjʊəlɪst, 'senʃʊəlɪst] *s.* FILOSOFIA sensualista

sensuality [ˌsensjʊ'ælɪtɪ, ˌsenʃʊ'ælɪtɪ] *s.* sensualidade

sensualize ['sensjʊəlaɪz, 'senʃʊəlaɪz] *v.tr.* sensualizar

sensuous ['sensjʊəs] *adj.* sensual; sensível; relativo aos sentidos

sensuously ['sensjʊəslɪ] *adv.* sensivelmente

sensuousness ['sensjʊəsnəs] *s.* sensualidade, sensibilidade

sent [sent] *prt. e part. pass. de* **to send**

sentence ['sentəns] Ⓐ *s.* **1** LINGUÍSTICA frase; *complex* ~ frase complexa (com uma ou mais orações subordinadas); *compound* ~ frase composta (com uma ou mais orações coordenadas); *simple* ~ frase simples; *well-constructed* ~ frase bem construída; **2** DIREITO (decisão judicial) sentença, veredicto; pena; *commutation of* ~ comutação de pena; *to pass* ~ pronunciar uma sentença; *to receive a heavy* ~ receber uma pena pesada; *to serve a* ~ cumprir uma sentença; *life* ~ pena perpétua, prisão perpétua; **3** [arc.] opinião (a favor ou contra); *my* ~ *is for war* sou a favor da guerra; **4** [arc.] adágio, máxima, sentença Ⓑ *v.tr.* DIREITO sentenciar; pronunciar uma sentença sobre; condenar; *to* ~ *sb* to condenar alguém a ❖ LINGUÍSTICA ~ *connector* conector; LINGUÍSTICA ~ *stress* acento rítmico da frase; LINGUÍSTICA ~ *structure* estrutura frásica

sententious [sen'tenʃəs] *adj.* **1** sentencioso; **2** conceituoso, judicioso, aforístico; **3** formalista; **4** cheio de adágios; **5** moralizador; **6** com pretensões à sagacidade

sententiously [sen'tenʃəslɪ] *adv.* sentenciosamente, de uma maneira sentenciosa

sententiousness [sen'tenʃəsnəs] *s.* sentenciosidade, tom sentencioso, carácter sentencioso

sentient ['senʃənt, 'senʃɪənt] *adj.* senciente, sensível

sentiment ['sentɪmənt] *s.* **1** sentimento; modo de sentir; *the* ~ *of pity* o sentimento de compaixão; *to be animated by noble sentiments* ser movido por sentimentos nobres; **2** atitude; *my* ~ *towards them is one of respect* a minha atitude perante eles é de respeito; **3** sensibilidade; **4** sentimentalismo, hiperemotividade; **5** percepção, opinião, parecer, ponto de vista; *my sentiments exactly* é precisamente essa a minha opinião

sentimental [ˌsentɪ'mentəl] *adj.* **1** sentimental; romântico; ~ *attachment* ligação sentimental; *he did it for* ~ *reasons* ele fez isso por motivos sentimentais; **2** sensível, emocionável ❖ *it's of* ~ *value only* tem um valor meramente sentimental

sentimentalism [ˌsentɪ'mentəlɪzəm] *s.* sentimentalismo

sentimentalist [ˌsentɪ'mentəlɪst] *s.* sentimentalista, pessoa sentimental

sentimentality [ˌsentɪmen'tælɪtɪ] *s.* sentimentalidade

sentimentalization [ˌsentɪmentəlaɪ'zeɪʃən] *s.* sentimentalização

sentimentalize [ˌsentɪ'mentəlaɪz] *v.tr., intr.* **1** tornar-se sentimental; **2** adoptar uma atitude sentimental; **3** sentimentalizar

sentimentally [ˌsentɪ'mentəlɪ] *adv.* sentimentalmente

sentinel ['sentɪnəl] Ⓐ *s.* **1** sentinela; **2** MECÂNICA dispositivo de sinalização Ⓑ *v.tr.* (*particípios:* -**ll**-) **1** estar de sentinela a, estar de guarda a; **2** colocar sentinelas em ❖ *to stand* ~ *over* estar de guarda a

sentry ['sentrɪ] *s.* (*pl.* -**ies**) **1** MILITAR (pessoa) sentinela; *to relieve a* ~ render uma sentinela; *outlying* ~ sentinela avançada; **2** guarda; vigilante ❖ ~ *box* guarita; ~ *duty/go* (serviço de) sentinela; vigilância; vigia; guarda

Seoul [səʊl] *s.top.* Seul

Sep. Ⓐ [*abrev. de* September] Ⓑ (Bíblia) [*abrev. de* Septuagint]

sepal ['sepəl] *s.* BOTÂNICA sépala

sepaloid ['sepəlɔɪd] *adj.* BOTÂNICA sepalóide

separability [ˌsepərə'bɪlɪtɪ] *s.* separabilidade

separable ['sepərəbəl] *adj.* separável

separably ['sepərəblɪ] *adv.* de maneira que pode separar-se

separate¹ ['sepəreɪt] Ⓐ *v.tr.* **1** separar [**from**, de]; *to* ~ *one thing from another* separar uma coisa de outra; **2** apartar, desunir; **3** desprender, soltar; **4** dividir; *to* ~ *sth into different parts* dividir algo em várias partes; *the land was separated into small gardens* a terra estava dividida em pequenos jardins; **5** (leite) desnatar Ⓑ *v.intr.* **1** separar-se [**from**, de]; afastar-se [**from**, de]; **2** (casais, pessoas) separar-se; *he and his wife have decided to* ~ ele e a mulher decidiram separar-se; **3** (objectos) desprender-se, desunir-se, soltar-se ❖ (ovo) *to* ~ *the eggs* separar as gemas das claras; *to* ~ *the wheat from the chaff* separar o trigo do joio

◆ **separate out** *v.tr., intr.* **1** dividir (em); *the candidates were separated out into two small groups* os candidatos foram divididos em dois pequenos grupos; **2** triar; **3** QUÍMICA separar por precipitação

separate² ['seprɪt] Ⓐ *adj.* **1** separado; *they sleep in* ~ *rooms* dormem em quartos separados; *to cut into* ~ *parts* cortar em partes separadas; **2** independente; **3** (divergência) diferente; distinto, **4** individual, particular, pessoal Ⓑ *s. pl.* (roupa) peças soltas ❖ DIREITO ~ *estate* bens próprios de mulher casada quando não sujeitos ao controlo do marido; DIREITO ~ *maintenance* bens parafernais; [Can.] ~ *school* escola privada; *to go* ~ *ways* ir cada um para seu lado; COMÉRCIO *under* ~ *cover* em separado

separately ['seprɪtlɪ] *adv.* separadamente

separating [ˌsepə'reɪtɪŋ] Ⓐ *s.* separação Ⓑ *adj.* de separação; ~ *calorimeter* calorímetro de separação; ~ *surface* superfície de separação

separation [ˌsepə'reɪʃən] *s.* **1** separação, afastamento; ~ *from sb* separação de alguém; **2** triagem; **3** (barreira) divisão; **4** DIREITO divórcio, separação; *judicial* ~ separação judicial; **5** (ideias) distinção, diferença [**between**, entre] ❖ (divórcio) ~ *allowance* pensão alimentar; DIREITO ~ *from bed and board* separação de pessoas e bens; [EUA] (governo) ~ *of powers* separação de poderes

separationism [ˌsepə'reɪʃənɪzəm] *s.* ⇒ **separatism**

separationist [ˌsepə'reɪʃənɪst] *s.* ⇒ **separatist**

separatism ['sepərətɪzəm] *s.* separatismo

separatist ['sepərətɪst] *s.* **1** separatista; **2** RELIGIÃO cismático

separative ['sepərətɪv] *adj.* que separa, separativo

separator ['sepəreɪtə] *s.* **1** (aparelho) separador, separadora; *ore* ~ separadora de minério; **2** (leite) desnatadeira, centrifugador; *cream* ~ centrifugador do leite

sepia ['siːpɪə] Ⓐ *s.* **1** (pigmento, cor) sépia; **2** ARTES PLÁSTICAS desenho a sépia Ⓑ *adj.* (cor) sépia

sepoy ['siːpɔɪ] *s. (pl. -s)* sipaio, sipai, sipal
seps [seps] *s.* MEDICINA sepsina
sepsis ['sepsɪs] *s.* MEDICINA sepsia, sepse, sépsis
sept [sept] *s.* clã, sobretudo na Irlanda
Sept. Ⓐ [*abrev. de* September] Ⓑ (Bíblia) [*abrev. de* Septuagint]
septa ['septə] *s. pl. de* **septum**
septal ['septəl] *adj.* ANATOMIA septal; relativo ao septo
septangular [sep'tæŋgjʊlə] *adj.* GEOMETRIA heptagonal
septaria [sep'tɛərɪə] *s. {pl. de* **septarium**}
septarium [sep'tɛərɪəm] *s. (pl. -a)* GEOLOGIA septário
septate ['septeɪt] *adj.* septado, com septos
September [sep'tembə] *s.* Setembro; *in* ~ em Setembro; *on the third of* ~ a 3 de Setembro
Septembrist [sep'tembrɪst] *s.* HISTÓRIA setembrista, nome dado aos que participaram nos massacres de Paris em 2 e 3 de Setembro de 1792
septemvir [sep'temvə] *s. (pl.* **septemviri**) HISTÓRIA septênviro
septemvirate [sep'temvɪreɪt] *s.* septenvirato, septenvirado
septemviri [sep'temvɪraɪ] *s. {pl. de* **septemvir**}
septenary [sep'tiːnərɪ] *adj., s.* septenário
septennate [sep'tenɪt] *s.* septenato, septenado
septennial [sep'tenɪəl] *adj.* septenal
septennially [sep'tenɪəllɪ] *adv.* septenalmente, de sete em sete anos
septentrional [sep'tentrɪənəl] *adj.* setentrional
septet [sep'tet] *s.* MÚSICA septeto
septette [sep'tet] *s.* MÚSICA ⇒ **septet**
septic ['septɪk] *adj.* séptico, septicémico ❖ MEDICINA ~ *poisoning* septicemia; ~ *tank* fossa séptica; MEDICINA ~ *sore throat* angina estreptocócica; *to go* ~ infectar-se
septicaemia [septɪ'siːmɪə] *s.* MEDICINA septicemia
septicaemic [septɪ'siːmɪk] *adj.* septicémico
septicidal [septɪ'saɪdəl] *adj.* BOTÂNICA septicida
septicity [sep'tɪsɪtɪ] *s.* MEDICINA septicidade
septiferous [sep'tɪfərəs] *adj.* septífero, que contém septos
septiform ['septɪfɔːm] *adj.* septiforme, em forma de septo ou parede
septillion [sep'tɪlɪən] *s.* septilião
septime ['septɪm] *s.* DESPORTO (esgrima) sétima, uma das linhas baixas em esgrima
septivalent [septɪ'veɪlənt] *adj.* QUÍMICA heptavalente
septuagenarian [septjʊədʒɪ'nɛərɪən] *adj., s.* septuagenário
Septuagesima [septjʊə'dʒesɪmə] *s.* RELIGIÃO Septuagésima
Septuagint ['septjʊədʒɪnt] *s.* versão grega dos Setenta (do Antigo Testamento)
septum ['septəm] *s. (pl. -a)* ANATOMIA, BOTÂNICA septo
septuor ['septjʊə] *s.* MÚSICA ⇒ **septet**
septuple ['septjəpəl] *adj., s.* séptuplo
sepulchral [sɪ'pʌlkrəl] *adj.* I sepulcral; ~ *stone* pedra sepulcral, pedra tumular; ~ *voice* voz sepulcral; 2 (tom) fúnebre
sepulchrally [sɪ'pʌlkrəlɪ] *adv.* I de uma maneira sepulcral; 2 com um tom sepulcral
sepulchre ['sepəlkə] Ⓐ *s.* sepulcro, túmulo Ⓑ *v.tr.* I enterrar, meter em sepultura ao sepulcro; 2 servir de sepulcro ❖ RELIGIÃO *the Holy Sepulchre* o Santo Sepulcro; [fig.] *a whited* ~ um sepulcro caiado; fariseu
sepulture ['sepəltʃə] *s.* [arc.] inumação, enterro, sepultura
sequacious [sɪ'kweɪʃəs] *adj.* I sem independência nem originalidade; 2 servil; 3 [form.] (raciocínio) coerente, lógico, consequente
sequel ['siːkwəl] *s.* I seguimento; *in the* ~ *of* no seguimento de; 2 LITERATURA, CINEMA, TELEVISÃO continuação; parte dois; 3 consequências; sequelas ❖ *as a* ~ *to* em consequência de; *in the* ~ subsequentemente
sequelae [sɪ'kwiːliː] *s.pl.* MEDICINA sequelas
sequence ['siːkwəns] Ⓐ *s.* I (factos, acontecimentos, etc.) sequência; série; sucessão; ~ *of events* série de acontecimentos; 2 sequência; encadeamento lógico; ordem; *in* ~ em sequência, por ordem; *out of* ~ fora de sequência, fora de ordem; *in historical* ~ por ordem cronológica; *in alphabetical* ~ por ordem alfabética; 3 CINEMA sequência; 4 (jogos de cartas) sequência; 5 RELIGIÃO (missa) sequência; 6 MATEMÁTICA, MÚSICA, BIOQUÍMICA sequência Ⓑ *v.tr.* I ordenar em sequência; 2 BIOQUÍMICA (moléculas) determinar a sequência de, sequenciar ❖ LINGUÍSTICA (na frase) ~ *of tenses* concordância dos tempos verbais

sequencer ['siːkwənsə] *s.* ELECTRICIDADE, MÚSICA sequenciador
sequent ['siːkwənt] *adj.* I sequente, que se segue; 2 subsequente, consequente; 3 consecutivo, sucessivo
sequential [sɪ'kwenʃəl] *adj.* I subsequente; 2 sequente, consequente; 3 regular, contínuo
sequentially [sɪ'kwenʃəlɪ] *adv.* I subsequentemente, consequentemente; 2 com sequência
sequester [sɪ'kwestə] *v.tr.* I DIREITO (bens) arrestar, confiscar; 2 sequestrar, apossar-se por sequestro de; 3 isolar-se, enclausurar-se; *to* ~ *oneself from the world* isolar-se do mundo; *every Sunday he sequesters himself in his study* todos os domingos ele se enclausura no gabinete de trabalho
sequestered [sɪ'kwestəd] *adj.* I (vida) isolado, retirado, afastado do mundo; 2 (lugar) calmo, sossegado, pouco frequentado; 3 DIREITO (bens) apreendido, confiscado
sequestra [sɪ'kwestrə] *s. {pl. de* **sequestrum**}
sequestrate ['sɪkwestreɪt, sɪ'kwestreɪt] *v.tr.* I DIREITO sequestrar, colocar sob sequestro de; 2 arrestar
sequestration [sɪkwəs'treɪʃən] *s.* I isolamento, afastamento do mundo; 2 retiro; 3 sequestro, arresto, confiscação
sequestrator [sɪkwəs'treɪtə] *s.* sequestrador
sequestrum [sɪ'kwestrəm] *s. (pl. -a)* MEDICINA sequestro, porção de osso necrosado que se separa da parte não mortificada
sequim ['siːkwɪn] *s.* cequim, antiga moeda veneziana de ouro
sequin ['siːkwɪn] *s.* lantejoula
sequoia [sɪ'kwɔɪə] *s.* BOTÂNICA (árvore) sequóia
serac ['seræk] *s.* GEOLOGIA massa elevada de glaciar em pontos altos
seraglio [se'rɑːlɪəʊ] *s.* serralho, harém
serai [se'raɪ, sə'raɪ] *s.* ⇒ **caravanserai**
serang [se'ræŋ] *s.* chefe indígena de um grupo de lascarins
seraph ['serəf] *s. (pl. -s* ou *-phim)* RELIGIÃO serafim
seraphic [sɪ'ræfɪk, sə'ræfɪk] *adj.* seráfico ❖ *the Seraphic Doctor* o doutor seráfico (designação dada a S. Boaventura)
seraphically [sə'ræfɪkəlɪ, sɪ'ræfɪkəlɪ] *adv.* seraficamente
seraphim ['seərəfɪm] *s. {pl. de* **seraph**}
seraphina ['serəfɪnə] *s.* ⇒ **seraphine**
seraphine [serə'fiːn] *s.* MÚSICA serafina, precursor do harmónio
seraskier [seræs'kɪə] *s.* serasqueiro, comandante-chefe ou ministro da guerra turco
Serb [sɜːb] *adj., s.* ⇒ **Serbian**
Serbian ['sɜːbɪən] Ⓐ *adj.* sérvio Ⓑ *s.* (língua, pessoa) sérvio
Serbo-Croatian [sɜːbəʊkrəʊ'eɪʃən] Ⓐ *adj.* servo-croata Ⓑ *s.* (língua, pessoa) servo-croata
Serbonian bog [sɜːbəʊnɪən'bɒg] *s.* I pântano perigoso e traiçoeiro outrora existente entre o delta do Nilo e o canal de Suez; 2 [fig.] situação perigosa, situação de que é difícil escapar
sere [sɪə] *adj., s.* ⇒ **sear**
serenade [serə'neɪd] Ⓐ *s.* serenata Ⓑ *v.tr.* fazer uma serenata
serendipitous [serən'dɪpɪtəs] *adj.* [poét.] (descoberta) feliz, inesperado, casual
serendipity [serən'dɪpɪtɪ] *s.* [poét.] feliz acaso, sorte inesperada
serene [sə'riːn, sɪ'riːn] Ⓐ *adj.* I sereno, calmo, sossegado; *a* ~ *smile* um sorriso sereno; 2 (céu) límpido, não nublado; 3 tranquilo, plácido; 4 (título) sereníssimo; *her Serene Highness* Sua Alteza Sereníssima Ⓑ *s.* vastidão calma do céu ou do mar ❖ [cal.] *all* ~ muito bem
serenely [sə'riːnlɪ, sɪ'riːnlɪ] *adv.* I serenamente, calmamente; 2 tranquilamente, placidamente; 3 imperturbavelmente
sereness [sə'riːnnəs, sɪ'riːnnəs] *s.* I serenidade, calma; 2 placidez; 3 tranquilidade, quietude
serenity [sə'renɪtɪ, sɪ'renɪtɪ] *s.* I ⇒ **sereneness**; 2 alteza sereníssima
serf [sɜːf] *s.* I servo, servo da gleba; 2 vilão; 3 hilota; 4 [fig.] escravo
serfage ['sɜːfɪdʒ] *s.* ⇒ **serfdom**
serfdom ['sɜːfdəm] *s.* servidão, sujeição
serge [sɜːdʒ] *s.* (tecido) sarja; *silk* ~ sarja de seda
sergeant ['sɑːdʒənt] *s.* I MILITAR sargento; 2 (polícia) graduado; subchefe ❖ ZOOLOGIA (peixe) ~ *fish* cobia; robalo; ~ *major* (militar) sargento-mor; (peixe) castanheta-das-rochas; (tribunal, parlamento, etc.) ~ *at arms* funcionário encarregado de manter a ordem e a

segurança; HISTÓRIA ~ *at law* advogado de categoria superior; MILITAR [cal.] (II Guerra Mundial) ~ *major's tea* chá com leite e açúcar; chá com rum

sergette [sɜːˈdʒet] *s.* (tecido) sarjeta, sarja fina, não encorpada
Sergius [ˈsɜːdʒəs] *s.antr.* Sérgio
serial [ˈsɪərɪəl] Ⓐ *s.* 1 (publicação) folhetim; 2 TELEVISÃO, RÁDIO série; telenovela Ⓑ *adj.* 1 de série; relativo a série; 2 em série; disposto em série; que forma série; 3 MÚSICA serial; 4 (história) em fascículos, em capítulos ❖ ~ *killer* assassino em série; ~ *number* número de série; número de fabrico; ~ *processing* processamento em série; ~ *rights* direitos de autor de publicação em fascículos ou em folhetins; ~ *story* história em folhetins; ~ *writer* folhetinista
serialism [ˈsɪərɪəlɪzəm] *s.* MÚSICA serialismo
serialize [ˈsɪərɪəlaɪz] *v.tr.* 1 seriar; 2 dispor em série; 3 LITERATURA publicar em folhetins; 4 TELEVISÃO adaptar para o formato de série televisiva, seriar, transformar em série; 5 fabricar em série
serially [ˈsɪərɪəlɪ] *adv.* 1 em séries; 2 em folhetins
seriate[1] [ˈsɪərɪeɪt] *v.tr.* seriar, dispor em série
seriate[2] [ˈsɪərɪɪt] *adj.* ⇒ **seriated**
seriated [ˈsɪərɪˌeɪtɪd] *adj.* seriado, disposto em série
seriatim [ˌsɪərɪˈeɪtɪm, ˌserɪˈeɪtɪm] *adv.* ponto por ponto, sucessivamente, um por um
seriation [ˌsɪərɪˈeɪʃən] *s.* seriação
Seric [ˈsɪərɪk] *adj.* LITERATURA chinês
sericeous [sɪˈrɪʃjəs] *adj.* 1 seríceo, sedoso, acetinado; 2 aveludado
sericicultural [ˌserɪsɪˈkʌltʃərəl] *adj.* sericícola
sericiculture [ˌserɪsɪˈkʌltʃə] *s.* sericicultura, sericultura
sericiculturist [ˌserɪsɪˈkʌltʃərɪst] *s.* sericicultor, sericultor, sericícola
sericultural [ˌserɪˈkʌltʃərəl] *adj.* sericícola
sericulture [ˌserɪˈkʌltʃə] *s.* sericicultura, sericultura
sericulturist [ˌserɪˈkʌltʃərɪst] *s.* sericicultor, sericultor, sericícola
series [ˈsɪəriːz] *s.* (*pl.* **series**) 1 série; sucessão; encadeamento; sequência; ~ *of misfortunes* série de desgraças; ~ *of operations* série de operações; ~ *of years* série de anos; 2 série; conjunto; 3 TELEVISÃO, RÁDIO série; *television* ~ série televisiva; 4 (livros) colecção; 5 (filmes, concertos, conferências) ciclo; 6 DESPORTO série; 7 grupo taxonómico; 8 QUÍMICA série; *homologous* ~ série homóloga; 9 ELECTRICIDADE série; *connection in* ~ ligação em série; 10 MATEMÁTICA série; *infinite* ~ série infinita; 11 GEOLOGIA série ❖ ELECTRICIDADE ~ *circuit* circuito em série; ELECTRICIDADE ~ *dynamo* dínamo em série; ELECTRICIDADE ~ *winding* enrolamento em série; ELECTRICIDADE *in* ~ em série
serif [ˈserɪf] *s.* TIPOGRAFIA serifa
serin [ˈserɪn] *s.* ZOOLOGIA serzino, serezino, milheirinha, amarelinha, azegrino
seringa [sɪˈrɪŋɡə] *s.* BOTÂNICA seringueira
seriocomic [ˌsɪərɪəʊˈkɒmɪk] *adj.* 1 sério-cómico; 2 herói-cómico
seriocomically [ˌsɪərɪəʊˈkɒmɪkəlɪ] *adv.* de uma maneira sério-cómica
serious [ˈsɪərɪəs] *adj.* 1 (aspecto) sério; circunspecto; grave; sisudo; solene; ~ *face* rosto sério; 2 (importância) sério; *this is a* ~ *matter* isto é um assunto sério; 3 sério; reflectido; ponderado; 4 grave; crítico; ~ *illness* doença grave; *a* ~ *situation* uma situação grave; 5 sincero; autêntico; verdadeiro; 6 de peso; *a* ~ *candidate* um candidato de peso; 7 [coloq.] (quantidade, qualidade, dedicação, etc.) a sério; ~ *money* dinheiro a sério; *a* ~ *player* um jogador a sério ❖ [coloq.] *are you serious?* estás a falar a sério?; [coloq.] *be serious!* fala a sério!; não brinques!; *to be* ~ *about sb* ter intenções sérias em relação a alguém; *to be* ~ *about doing sth* estar determinado a fazer algo; *to be* ~ *about sth* falar a sério acerca de algo; ter intenções sérias em relação a algo; *to give sth* ~ *thought* pensar seriamente numa coisa; [coloq.] *you can't be serious!* só podes estar a brincar!
seriously [ˈsɪərɪəslɪ] *adv.* 1 seriamente, a sério; *but seriously, would you like to do it?* agora a sério, gostarias de fazer isso?; *to take sth* ~ levar uma coisa a sério; 2 gravemente; ~ *ill* gravemente doente; 3 perigosamente; 4 extremamente; [coloq.] *to be* ~ *rich* ser muito rico
serious-minded [ˌsɪərɪəsˈmaɪndɪd] *adj.* circunspecto, sério, grave, reflectido

seriousness [ˈsɪərɪəsnəs] *s.* 1 seriedade; 2 importância; 3 gravidade; *don't you realize the* ~ *of the situation?* então não vê a gravidade da situação? ❖ *in all* ~ muito seriamente
serjeant [ˈsɑːdʒənt] *s.* ⇒ **sergeant**
sermon [ˈsɜːmən] *s.* 1 RELIGIÃO sermão; *to preach a* ~ pregar um sermão; 2 [fig.] censura; repreensão; sermão ❖ (Bíblia) *the Sermon on the Mount* o Sermão da Montanha; *collection of sermons* sermonário
sermonette [ˌsɜːməˈnet] *s.* [coloq.] sermão pequeno
sermonize [ˈsɜːmənaɪz] *v.tr.,intr.* 1 pregar sermões; 2 pregar sermões a, censurar, admoestar, repreender
sermonizer [ˈsɜːməˌnaɪzə] *s.* 1 pessoa que está sempre a pregar sermões; 2 admoestador
sermonizing [ˈsɜːmənaɪzɪŋ] *s.* 1 repreensão; 2 admoestações, censuras
serology [sɪəˈrɒlədʒɪ] *s.* MEDICINA serologia
seron [ˈserən] *s.* 1 fardo; 2 caixa para transporte de produtos exóticos
serosa [sɪˈrəʊsə] *s.* ANATOMIA serosa, membrana serosa
serosity [sɪˈrɒsɪtɪ] *s.* (*pl.* **-ies**) serosidade
serotherapeutic [ˌsɪərəʊθerəˈpjuːtɪk] *adj.* seroterapêutico
serotherapy [ˌsɪərəʊˈθerəpɪ] *s.* MEDICINA seroterapia
serotine [ˈserəʊtaɪn, ˈserətɪn] *s.* ZOOLOGIA serotino, variedade de morcego
serotinous [sɪˈrɒtɪnəs] *adj.* serôdio, tardio
serotonin [ˌserəʊˈtəʊnɪn] *s.* BIOQUÍMICA serotonina
serous [ˈsɪərəs] *adj.* ANATOMIA seroso; ~ *membrane* membrana serosa
serpent [ˈsɜːpənt] *s.* 1 ZOOLOGIA [arc.] serpente; cobra; 2 [fig.] (pessoa traiçoeira) serpente, cobra, víbora; 3 MÚSICA serpentão; 4 (pirotecnia) bicha-de-rabear ❖ [arc.] ~ *charmer* encantador de serpentes; ZOOLOGIA (ave) ~ *eater* serpentário; secretário; BOTÂNICA ~ *grass* bistorta-dos-alpes; ZOOLOGIA (lagarto sem patas) ~ *lizard* ofissauro; BOTÂNICA *serpent's tongue* ofioglosso; língua-de-cobra; eritrónio; *Pharaoh's* ~ serpente-de-faraó (cilindro pequeno de sulfocianeto de mercúrio que se alonga em forma de serpente quando se lhe lança o fogo)
Serpent [ˈsɜːpənt] *s.* 1 ASTRONOMIA (constelação) Serpentário, Serpente; 2 [poét.] Satanás; *the old* ~ a serpente do Inferno, Satanás
serpentaria [ˌsɜːpənˈteərɪə] *s.* BOTÂNICA serpentária, serpentina
Serpentarius [ˌsɜːpənˈteərɪəs] *s.* ASTRONOMIA Serpentário
serpentary [ˈsɜːpəntrɪ] *s.* BOTÂNICA ⇒ **serpentaria**
serpentiform [sɜːˈpentɪfɔːm] *adj.* serpentiforme
serpentine [ˈsɜːpəntaɪn] Ⓐ *adj.* 1 serpentino, de serpente; ~ *dance* dança com movimentos serpentinos; ~ *wisdom* prudência de serpente; 2 sinuoso, tortuoso; ~ *course of a river* curso sinuoso de um rio; ~ *windings* sinuosidades; 3 astuto; 4 falso, em que se não pode confiar, pérfido, traiçoeiro Ⓑ *s.* MINERALOGIA serpentina Ⓒ *v.intr.* serpentear; mover-se ou deslocar-se sinuosamente ❖ ~ *verse* verso que começa e termina com a mesma palavra
serpiginous [sɜːˈpɪdʒɪnəs] *adj.* MEDICINA serpiginoso
serpigo [sɜːˈpaɪɡəʊ] *s.* 1 MEDICINA dermatose serpiginosa; 2 erupção serpiginosa; 3 herpes
serpula [ˈsɜːpjələ] *s.* (*pl.* **-ae**) ZOOLOGIA sérpula
serpulae [ˈsɜːpjəliː] *s.* {*pl.* de **serpula**}
serra [ˈserə] *s.* (*pl.* **-ae**) ANATOMIA, BOTÂNICA, ZOOLOGIA órgão, estrutura ou borda serriforme ou serreada
serradilla [ˌserəˈdɪlə] *s.* BOTÂNICA serradela, senradela
serrae [ˈserɪː] *s. pl. de* **serra**
serrate [ˈserɪt, ˈsereɪt] Ⓐ *adj.* ⇒ **serrated** Ⓑ *v.tr.* serrear, dar um aspecto serriforme
serrated [səˈreɪtɪd] *adj.* 1 serreado, serriforme, serrilhado; 2 BOTÂNICA serreado, denteado; ~ *leaf* folha dentada
serration [səˈreɪʃən] *s.* 1 recorte serreado; 2 série de recortes em forma de dentes de serra
serrature [ˈserətʃə] *s.* ⇒ **serration**
serrefile [ˈserəfaɪl] Ⓐ *s.* MILITAR cerra-fila Ⓑ *adv.* em cerra-fila
serried [ˈserɪd] *adj.* 1 cerrado, compacto; *in* ~ *ranks* em filas cerradas; 2 ombro com ombro
serriform [ˈserɪfɔːm] *adj.* serriforme, dentado em serra
serrulate [ˈserjəlɪt] *adj.* serrilhado, serreado

serrulated [ˌserjə'leɪtɪd] *adj.* ⇒ **serrulate**
serrulation [ˌserjə'leɪʃən] *s.* serrilhado muito fino
serry ['serɪ] *v.tr.,intr.* cerrar (fileiras)
serum ['sɪərəm] *s.* sérum, soro
serval ['sɜːvəl] *s.* ZOOLOGIA gato-bravo africano, semelhante ao tigre com manchas pretas
servant ['sɜːvənt] *s.* **1** [ant.] criado, criada; *indoor ~* criado/criada para serviços internos; *~ girl/maid* criada; **2** empregado, empregada; *a domestic ~* um empregado doméstico; *general ~* empregado para todo o serviço; **3** servidor; servo [**of**, de]; **4** funcionário; *civil ~* funcionário do Estado, funcionário público; *public ~* funcionário governamental, empregado dos serviços públicos
serve [sɜːv] Ⓐ *v.tr.,intr.* **1** estar ao serviço (de); trabalhar (para); *he serves as a gardener* ele trabalha como jardineiro; *the village is served by a railway line* a aldeia é servida por uma linha de caminho-de-ferro; **2** (comida, bebida) servir; servir à mesa; trazer (para a mesa); *they served the coffee in the sitting room* eles serviram o café na sala de estar; *dinner is served* o jantar está na mesa; *to ~ at table* servir à mesa; *to ~ sb with potatoes* servir batatas a alguém; **3** servir; dedicar-se ao serviço de; obedecer a; venerar; *to ~ one's country* servir o país; *to ~ two masters* servir a dois senhores; *to ~ God* servir a Deus; **4** [ant.] servir; trabalhar como criado (para); **5** (lidar com cliente) atender; *are you being served?* está a ser atendido?; *there was no one in the shop to ~ me* não havia ninguém no estabelecimento para me atender; **6** exercer um cargo; desempenhar uma função; fazer parte [**on**, de]; *to ~ on a committee* fazer parte de uma comissão; *to ~ on the jury* fazer parte do júri; **7** MILITAR cumprir o serviço militar, servir nas forças armadas; *to ~ in the army* estar no exército; **8** (utilidade) servir, cumprir; ser útil a; *to ~ as* servir de, servir como; *to ~ for* servir para; *the box served as a seat* a caixa serviu de assento; *to ~ a purpose* servir uma finalidade; *how can I ~ you?* em que lhe posso ser útil?; **9** (efeito, objectivo) servir [**to**, para]; **10** satisfazer, ser suficiente (a), bastar (a); *nothing will ~ him but the first prize* nada o satisfará senão o primeiro prémio; *anything will ~ his turn* qualquer coisa lhe basta; **11** (pena de prisão) cumprir; passar; *he served a sentence of three years imprisonment* ele cumpriu uma pena de três anos de cadeia; *to ~ a sentence* cumprir pena de prisão; **12** servir, estar ao serviço de; promover; contribuir para; *to ~ a cause* servir uma causa; **13** fornecer, abastecer, suprir; distribuir; **14** ser favorável; ser adequado; ser conveniente; NÁUTICA *now the wind serves* o vento agora é favorável; *the tide serves* a maré é favorável; **15** tratar; lidar com; *she served him very badly* ela tratou-o muito mal; **16** DESPORTO (ténis, badminton, voleibol, etc.) servir; *to ~ well* servir bem; **17** RELIGIÃO ajudar, auxiliar; desempenhar a função de acólito; *to ~ (at) mass* ajudar à missa; **18** DIREITO entregar formalmente (um documento) [**on**, a]; executar; *to ~ a summons on sb* entregar uma citação a alguém, citar alguém; *to ~ a warrant on sb* executar um mandado de prisão contra alguém; *he was served with a summons* foi citado perante o juiz; **19** NÁUTICA (cabos) forrar; *to ~ the cables* forrar os cabos; **20** (animal macho) cobrir; *to ~ a mare* cobrir uma égua Ⓑ *s.* **1** DESPORTO (ténis, badminton, voleibol, etc.) serviço; **2** [Austr.] [coloq.] raspanete ❖ *(as far) as (my) memory serves (me)* tanto quanto me lembro; *if my memory serves me right/well/correctly* se bem me recordo/lembro; se a memória não me atraiçoa; [coloq.] *it serves you/him/... right!* bem feito (para ti/ele/...)!; *to ~ an apprenticeship* fazer uma aprendizagem; fazer um estágio; *to ~ sb the same sauce* pagar a alguém na mesma moeda; [arc.] *to ~ the time/hour* conformar-se com a época; adaptar-se à ocasião; *to ~ time* cumprir uma pena (de prisão); estar na cadeia; [arc.] *when time shall ~* quando houver ocasião
◆**serve out** *v.tr.* **1** (pena de prisão, aprendizagem, etc.) cumprir até ao fim; **2** [GB] (prato, refeição) servir; **3** distribuir, fazer a distribuição de; **4** [arc.] vingar-se de, castigar; *I'll serve him out!* há-de pagar-mas!
◆**serve up** *v.tr.* **1** (prato, refeição) servir; **2** distribuir, fazer a distribuição de
server ['sɜːvə] *s.* **1** aquele que serve; **2** criado de mesa, pessoa que serve à mesa; **3** salva, bandeja; **4** travessa; **5** RELIGIÃO acólito, pessoa que ajuda à missa; **6** DESPORTO (ténis) jogador que se serve; **7** INFORMÁTICA servidor
Servian ['sɜːvɪən] Ⓐ *adj.,s.* ⇒ **Serbian** Ⓑ *adj.* serviano; relativo a Sérvio Túlio
service ['sɜːvɪs] Ⓐ *s.* **1** serviço; *public services* serviços públicos; *postal ~* serviços postais, correios; *train ~* serviço de comboios, linha de caminho-de-ferro; *electric supply ~* serviços de fornecimento de energia eléctrica; **2** (trabalho) serviço; *he will need a lawyer's services* ele tem necessidade de um advogado; **3** departamento, secção; **4** utilidade, préstimo, serventia; auxílio, assistência, ajuda; vantagem, benefício; *to be of ~* ser útil, ser prestável; *to be of some ~* ser de alguma utilidade; *can I be of ~ to you?* posso ser-lhe útil em alguma coisa?; *that is of no ~* isso não serve para nada; **5** MILITAR serviço militar; forças armadas; ramo das forças armadas; *to do one's military ~* cumprir o serviço militar; *to be on active ~* estar no (serviço) activo; *~ with the colours* serviço activo; **6** serviço doméstico; [ant.] *to be in ~* servir como criado/criada; [ant.] *to go into ~* ir servir; **7** (hotel, restaurante, etc.) (atendimento) serviço; **8** (veículo) revisão; **9** (máquina) manutenção; **10** uso; funcionamento; serviço; *his car has seen long ~* o carro dele já tem muito uso; *in ~* em serviço, em funcionamento; *out of ~* fora de serviço; **11** RELIGIÃO serviço religioso; cerimónia; celebração; *to attend divine ~* assistir ao serviço religioso; *baptismal ~* cerimónia de baptismo; *thanksgiving ~* serviço de acção de graças; **12** (pratos, talheres, etc.) serviço; *a dinner ~* um serviço de jantar; *a tea ~* um serviço de chá; *~ of plate* baixela de prata; **13** DESPORTO (ténis, badminton, voleibol, etc.) serviço; *whose ~ is it?* de quem é o serviço?; **14** DIREITO entrega formal de documento; **15** NÁUTICA (cabos) forro; *to take off the ~* desforrar os cabos; **16** BOTÂNICA sorveira; **17** (animal macho) cobrição Ⓑ *adj.* **1** de serviço; *~ boat* escaler de serviço; *~ directions* instruções de serviço; MILITAR *~ uniform* uniforme de serviço; **2** regulamentar; NÁUTICA *~ cap* barrete regulamentar; MILITAR *~ pistol/rifle* pistola/espingarda regulamentar; **3** militar; das forças armadas; *~ pilot* piloto militar; *air ~* aeronáutica, serviço aéreo Ⓒ *v.tr.* **1** (veículo) fazer a revisão de; **2** (máquina) tratar da manutenção de; reparar; **3** prestar serviço a; estar ao serviço de; servir; **4** prestar assistência a; **5** pagar juros de (dívida); **6** (animal macho) cobrir ❖ *~ ammunition* munições de guerra; (auto-estrada) *~ area* área de serviço; BOTÂNICA *~ berry* baga de sorveira; (livro) *~ book* ritual; (automóvel) *~ brake* travão de serviço; travão de pé; *~ cap* boné militar; AERONÁUTICA *~ ceiling* tecto de voo normal; *~ charge* taxa de serviço; [GB] *~ flat* apartamento alugado com serviço doméstico incluído; *~ industry* indústria de serviços; DESPORTO *sevice line* linha de serviço; linha de fundo; *~ pipe* cano de ligação (para casa particular); *~ provider* fornecedor de serviços; *~ road* estrada de serviço; *~ station* estação de serviço; posto de abastecimento; BOTÂNICA *~ tree* sorveira; *to be at sb's ~* estar ao serviço de alguém; estar à disposição de alguém; estar às ordens de alguém; *to do sb a ~* fazer um favor a alguém; prestar um serviço a alguém
serviceable ['sɜːvɪsəbəl] *adj.* **1** (ferramenta, objecto) útil; eficaz; *a ~ instrument* um instrumento útil; **2** funcional, próprio para ser usado
serviceableness ['sɜːvɪsəbəlnəs] *s.* **1** utilidade; **2** vantagem; **3** durabilidade
serviceably ['sɜːvɪsəblɪ] *adv.* **1** utilmente, aproveitavelmente, de maneira prestável; **2** vantajosamente
servicing ['sɜːvɪsɪŋ] *s.* (automóvel, etc.) reparação, manutenção
servient ['sɜːvɪənt] *adj.* DIREITO serviente
serviette [ˌsɜːvɪ'et] *s.* guardanapo
servile ['sɜːvaɪl] *adj.* **1** servil; *~ imitation* imitação servil; **2** de escravo ou servo; *~ revolt* revolta dos escravos; **3** adulador, bajulador, subserviente; *~ flattery* lisonja subserviente; *~ spirit* espírito subserviente
servilely [ˌsɜː'vaɪllɪ] *adv.* **1** servilmente; **2** abjectamente, vilmente; **3** com estreiteza de espírito; **4** aduladoramente
servilism ['sɜːvɪlɪzəm] *s.* servilismo
servility [sɜː'vɪlɪtɪ] *s.* **1** espírito servil, servilidade, servilismo; **2** baixeza, subserviência, vileza
serving ['sɜːvɪŋ] Ⓐ *s.* **1** (comida) dose; porção; quantidade trazida para a mesa; **2** (à mesa) acto de servir; **3** DIREITO duração (de pena); **4** DESPORTO (ténis) serviço; **5** NÁUTICA forro, acto de forrar (cabo);

~ *of a cable* forro de amarra ou cabo; **6** cobrição (de égua) ⒷＢ *adj.* que serve; que está ao serviço; ~ *man* empregado doméstico, criado ❖ NÁUTICA ~ *board/mallet* macete de forrar

servitor ['sɜːvɪtə] *s.* [arc., poét.] criado, serviçal, subordinado

servitude ['sɜːvɪtjuːd] *s.* **1** servidão, escravidão; **2** sujeição; **3** DIREITO servidão ❖ DIREITO *penal ~ (for life)* prisão celular (perpétua); DIREITO *praedial ~* servidão predial

servo-brake [sɜːvəʊ'breɪk] *s.* servo-freio

servo-control [sɜːvəʊkən'trəʊl] *s.* AERONÁUTICA comando auxiliar

Servo-Croatian [sɜːvəʊkrəʊ'eɪʃən] *adj.,s.* ⇒ **Serbo-Croatian**

servomotor [sɜːvəʊ'məʊtə] *s.* MECÂNICA servo-motor

sesame ['sesəmɪ] *s.* BOTÂNICA sésamo, gergelim ❖ ~ *oil* óleo de sésamo; ~ *seeds* sementes de sésamo; *open Sesame!* abre-te, Sésamo!

Sesameae [se'seɪmɪiː] *s.pl.* BOTÂNICA Sesâmeas

sesamoid ['sesəmɔɪd] Ⓐ *adj.* ANATOMIA sesamóide, sesamóideo Ⓑ *s.* ANATOMIA osso sesamóide, osso sesamóideo

seseli ['sesəlɪ] *s.* BOTÂNICA séseli

sesquialter [seskwɪ'æltə] *adj.* MATEMÁTICA sesquiáltero

sesquialtera [seskwɪ'æltərə] *s.* MÚSICA sesquiáltera

sesquioxide [seskwɪ'ɒksaɪd] *s.* QUÍMICA sesquióxido; ~ *of iron* sesquióxido de ferro

sesquipedalian [seskwɪpɪ'deɪlɪən] Ⓐ *adj.* sesquipedal Ⓑ *s.* palavra muito comprida, palavra sesquipedal

sesquitertia [seskwɪ'tɜːʃɪə] *s.* MÚSICA quarta justa

sessile ['sesaɪl] *adj.* BOTÂNICA, ZOOLOGIA séssil

session ['seʃən] *s.* **1** sessão; *to have a long ~* ter uma sessão longa; **2** (reunião formal) assembleia; audiência; reunião; *sessions of a commission* reuniões de uma comissão; *to be in ~* estar reunido; *to go into secret ~* reunir a portas fechadas; **3** (ano, semestre, trimestre) período escolar; *the winter ~ of a University* o semestre de Inverno de uma universidade ❖ ~ *hall* sala de audiências; ~ *musician* músico de estúdio; *the Court of Session* o Supremo Tribunal Escocês

sesterce ['sestɜːs] *s.* sestércio, antiga moeda romana

sestertia [səs'tɜːʃɪə] *pl.* de **sestertium**

sestertii [səs'tɜːʃiː] *s.* {*pl.* de **sestertius**}

sestertium [ses'tɜːtɪəm, ses'tɜːʃɪəm] *s.* (*pl.* **-ia**) antiga moeda romana igual a mil sestércios

sestertius [ses'tɜːʃɪəs] *s.* (*pl.* **-ii**) ⇒ **sesterce**

sestet [ses'tet] *s.* **1** LITERATURA os últimos dois tercetos de um soneto; **2** MÚSICA sexteto

sestette [ses'tet] *s.* ⇒ **sestet**

sestina [ses'tiːnə] *s.* LITERATURA sextina, sextilha

set [set] Ⓐ *v.tr.,intr.* ⟨*prt. e part. pass.* **set**⟩ **1** pôr, colocar; pousar; assentar; **2** (situação) pôr; deixar; fazer; fazer com que; *to ~ sb doing sth* pôr alguém a fazer algo, deixar alguém a fazer algo; *you must ~ things going* tens de pôr as coisas em funcionamento; *that sets me thinking* isso põe-me a pensar; **3** preparar; montar; **4** (regra, limite, recorde, objectivo, etc.) estabelecer; criar; *to ~ a precedent* criar um precedente, estabelecer um precedente; *to ~ a record* estabelecer um recorde; **5** (data, hora, preço, etc.) marcar; estabelecer; decidir; determinar; fixar; *the date hasn't been ~ yet* ainda não foi marcada a data; **6** estimar; avaliar; calcular; *they ~ the losses at 40%* estimam os prejuízos em 40%; **7** ditar; impor; marcar; fixar; regular; *to ~ the fashion* ditar a moda; DESPORTO *to ~ the stroke* regular o ritmo das remadas; **8** [geralm. na passiva] (história, filme, etc.) passar; *the film is ~ in New York* o filme passa-se em Nova Iorque, o filme decorre em Nova Iorque; **9** acertar, regular, ajustar; *to ~ a clock* acertar um relógio; *to ~ the alarm clock for seven o'clock* pôr o despertador para as sete horas; *he ~ his watch by the time signal* acertou o relógio pelo sinal horário; *to ~ the iron of a plane* ajustar o ferro de uma plaina; **10** [GB] (trabalho escolar) marcar, dar (para fazer); *the teacher ~ them a difficult problem* o professor deu-lhes um problema difícil; **11** (tarefa, objectivo, desafio, etc.) atribuir; propor; apresentar; **12** [GB] (teste, exame) fazer (exercício, pergunta, inventar (exercício, pergunta); **13** atribuir (valor) [**on**, a]; **14** solidificar, endurecer; tornar-se fixo; firmar; *plaster of Paris sets quickly* o gesso francês solidifica rapidamente; **15** (osso partido) endireitar; voltar ao sítio; **16** encastoar, engastar, montar; *to ~ a stone in gold* encastoar uma pedra preciosa em ouro; **17** (semblante, músculo) contrair; endurecer; **18** (sol) pôr-se; *it will be much cooler when the sun has ~* a temperatura vai descer depois de o sol se pôr; **19** terminar; declinar; entrar no ocaso; [fig.] *her star is ~* passou o seu período de esplendor; **20** MÚSICA adaptar; *to ~ sth to music* musicar algo; ~ *the music for the violin* ele fez um arranjo da música para violino; **21** (parte de uma máquina) pôr; deslocar; girar; **22** TIPOGRAFIA compor; *to ~ a page* compor uma página; *to ~ close* compor sem entrelinhas; *to ~ type* compor tipo; **23** (ratoeira, velas) armar; *to ~ a trap* armar uma ratoeira; NÁUTICA *to ~ the sails of a ship* armar as velas dum navio; **24** afiar; assentar; *to ~ a razor* afiar uma navalha de barba; **25** adornar, enfeitar; **26** plantar; lançar à terra; *to ~ a bed with carnations* plantar um canteiro de jardim com cravos; *to ~ a tree* plantar uma árvore; *to ~ seeds* lançar sementes à terra; **27** BOTÂNICA desenvolver-se; dar fruto, formar fruto; **28** (ovo) chocar; pôr no choco; *to ~ a hen* pôr uma galinha a chocar ovos, deitar uma galinha; *to ~ eggs* deitar ovos para a chocar; **29** VESTUÁRIO assentar, cair (bem/mal); *that coat sets very well* aquele casaco assenta muito bem; **30** (vento) soprar; *the wind sets from the south* o vento sopra do sul; **31** (corrente, maré) correr, seguir, deslocar-se; *the current sets to the south* a corrente segue em direcção ao sul; **32** (cão de caça) marrar; **33** (serra) travar; *to ~ a saw* travar uma serra; **34** coalhar; **35** (percurso, direcção) determinar; **36** permanecer; fixar-se; **37** NÁUTICA abrir as velas, para aproveitar o vento; **38** (metalurgia) torcer; *to ~ the chain links* torcer os elos de uma corrente Ⓑ *s.* **1** conjunto; grupo; ~ *of beliefs* conjunto de crenças; *a ~ of machines* um grupo de máquinas; **2** (pessoas) grupo; círculo; meio; bando; *he does not belong to their ~* ele não pertence ao grupo deles; *they don't move in the same ~* eles não frequentam os mesmos meios; *political ~* grupo político; *the smart ~* o mundo elegante; ~ *of thieves* bando de gatunos; **3** RÁDIO, TELEVISÃO aparelho; rádio; televisor; *receiving ~* receptor; televisor; **4** TEATRO cenário; décor; **5** CINEMA local de filmagens; plateau; **6** DESPORTO (voleibol, ténis) set, partida; *to win a ~* ganhar um set; **7** MÚSICA alinhamento; repertório; **8** endurecimento, solidificação, firmeza; dureza; **9** posição, porte, postura; atitude; *I knew her by the ~ of her head* conhecia-a pelo porte da cabeça; **10** configuração; disposição; **11** rumo; orientação, direcção geral; tendência, inclinação, pendor; *the ~ of the hills* a orientação das colinas; **12** [GB] grupo de alunos; **13** MATEMÁTICA conjunto; **14** (roupa) forma como assenta; **15** DESPORTO série de exercícios repetidos; **16** TIPOGRAFIA espaço entre letras; **17** (conjunto) jogo; série; colecção completa; ~ *of tools* jogo de ferramentas; ~ *of tyres* jogo de pneus; **18** (louça) serviço; *dinner ~* serviço de jantar; **19** (cabelo) penteado; **20** (serra) trava; **21** (metalurgia) deformação; desvio; *permanent ~* deformação permanente; *to give a ~ to* deformar; *to take a ~* deformar-se; **22** BOTÂNICA garfo; enxerto; planta nova para transplantação; bolbo; **23** NÁUTICA (vento, corrente, vela, navio, etc.) direcção, orientação; ~ *of the sails* orientação das velas; **24** toca de texugo; **25** bloco de pedra para pavimentação; **26** ninhada de ovos; **27** (cão de caça) acto de marrar; *dead ~* posição de marrar; **28** [poét.] ocaso, pôr-do-sol; *at ~ of sun* ao pôr-do-sol; *at ~ of day* no fim do dia Ⓒ *adj.* **1** colocado; situado, localizado; **2** fixo; determinado; pré-definido; ~ *price* preço fixo; ~ *wages* salários fixos; *at a ~ time* a uma hora fixa; ~ *rules* regras pré-definidas; **3** (opiniões, princípios, ideias, etc.) firme; rígido; inflexível; *he is a man of ~ opinions* ele é inflexível nas suas opiniões; ~ *purpose* objectivo firme; **4** determinado, decidido, resolvido; obstinado; teimoso; *don't be so ~ about it* não sejas tão teimoso em relação a isso; *to be ~ on* estar decidido a; *to be dead ~* estar absolutamente determinado; **5** (sorriso, feições) rígido, imóvel; **6** (escola) obrigatório; que consta do programa; ~ *book* livro de leitura obrigatória; ~ *subject* assunto do programa; **7** [coloq.] preparado, pronto [**for**, para]; *to be* (*all*) ~ *to do sth* estar pronto para fazer algo; **8** provável; *he is ~ to win the election* é provável que ganhe as eleições; **9** gasto; estereotipado; *in ~ phrases* com expressões estereotipadas, em frases feitas; **10** [rar.] embutido; engastado; montado; ~ *tub* banheira embutida ❖ MATEMÁTICA ~ *theory* teoria dos conjuntos; ~ *a thief to catch a thief* para vilão, vilão e meio; *to be ~ in*

SET

one's ways ter hábitos fixos; *to ~ an example* dar o exemplo; constituir um exemplo; *to ~ a trap* montar uma armadilha; *to ~ eyes on sth/sb* pôr a vista em cima de alguma coisa/alguém; *to ~ fire to sth/to ~ sth on fire* deitar/pegar fogo a alguma coisa; *to ~ great store by sth* atribuir grande importância a algo; *to ~ algo em alto apreço; to ~ in order* pôr em ordem; compor; dispor; *to ~ one's heart on* desejar muito, ambicionar, dedicar-se de alma e coração a; *to ~ one's mind to sth* resolver-se a fazer algo; *to ~ one's sights on sth* ter algo como objectivo; *to ~ pen/pencil to paper* começar a escrever; lançar mão da pena; *to ~ sb free/loose* libertar alguém; deixar alguém escapar; *to ~ sb on their feet* tornar alguém independente; pôr alguém outra vez com saúde; *to ~ sb right* pôr alguém bom; fazer alguém sentir-se melhor; corrigir alguém; esclarecer alguém acerca dos factos; desenganar alguém; *to ~ sb's mind at rest/ease* deixar alguém mais descansado; sossegar alguém; *to ~ sb's teeth on edge* irritar alguém; fazer alguém arrepiar-se; *to ~ sb talking* pôr alguém a falar; dar que falar; ser motivo de falatório; *to ~ sth in motion* pôr algo em marcha; pôr algo em movimento; pôr algo a andar; pôr algo em andamento; *to ~ sth right* pôr algo em ordem; esclarecer algo; corrigir algo; *to ~ the records straight* esclarecer as coisas; *to ~ the scene* descrever o ambiente; preparar o caminho; *to ~ the table* pôr a mesa; *to ~ the Thames/the world on fire* fazer coisa que se veja; fazer algo de especial; causar sensação; *to ~ to work* começar a trabalhar; meter mãos à obra; meter-se ao trabalho

◆**set about** *v.tr.* 1 começar; pôr mãos à obra em relação a; tratar de; *she does not know how to ~ it* ela não sabe como começar; *to ~ doing sth* começar a fazer alguma coisa, meter mãos à obra e fazer alguma coisa; *to ~ one's work* tratar de trabalhar; 2 atacar; *the two boys ~ each other* os dois rapazes atiraram-se um ao outro

◆**set against** *v.tr.* 1 (inimizades) virar contra; pôr contra; *to set father against son* virar o pai contra o filho; 2 opor-se a; ser contra; 3 (situações) contrabalançar com; contrapor a; 4 (impostos) deduzir em ❖ (filme, história, etc.) *to be ~* passar-se em

◆**set ahead** *v.tr.* [EUA] (relógio) adiantar

◆**set apart** *v.tr.* 1 (uso futuro) pôr de lado; separar; reservar; 2 distinguir, diferenciar [**from**, de]

◆**set aside** *v.tr.* 1 (tempo, dinheiro) pôr de lado; reservar; destinar; 2 (sentimento, convicção) rejeitar; recusar; 3 (situação, facto) não atender a; 4 (decisão, acordo, etc.) anular; *to ~ a will* anular um testamento

◆**set at** *v.tr.* atacar

◆**set back** *v.tr.* 1 (processo) atrasar, retardar; 2 entravar; dificultar; 3 [coloq.] (muito dinheiro) custar; *how much did it set you back?* quanto é que isto te custou?; 4 reduzir; enfraquecer; baixar; 5 [EUA] (relógio) atrasar ❖ *to be ~* estar num local recuado

◆**set by** *v.tr.* 1 pôr de lado, poupar, economizar; 2 [arc.] estimar, ter em grande consideração

◆**set down** *v.tr.* 1 pousar; 2 (ideias, sentimentos) anotar; assentar; 3 (táxi, autocarro, comboio, etc.) deixar sair; largar; deixar [**at**, em]; 4 estabelecer; *to ~ a rule* estabelecer uma regra; 5 considerar; *to set sb down as* considerar alguém como; 6 atribuir [**to**, a]; *he ~ his success to hard work* ele atribuiu o seu êxito ao trabalho persistente; 7 sentar; 8 [GB] [coloq.] ralhar com; censurar; 9 (avião) aterrar; 10 (castigo) suspender

◆**set forth** Ⓐ *v.tr.* expor; apresentar Ⓑ *v.intr.* partir; iniciar viagem

◆**set in** *v.intr.* 1 instalar-se; chegar; aparecer; começar; *the night is setting in* a noite está a chegar; *spring was setting in* a Primavera começava a instalar-se; 2 (vento, maré, corrente) aproximar-se da costa; *the tide was setting in* a maré estava a subir

◆**set off** Ⓐ *v.intr.* 1 (viagem) partir; sair; *to ~ on a journey* partir para uma viagem; 2 lançar-se [**on**, em] Ⓑ *v.tr.* 1 (processo, acontecimento) desencadear; fazer disparar[fig.]; 2 (bomba) detonar; 3 (alarme) fazer disparar; 4 (reacção) provocar; pôr, fazer, fazer começar; *to set sb off doing sth* pôr alguém a fazer alguma coisa; 5 (cor, traço) realçar; contrastar; *her dress sets off her beauty* o vestido que ela traz realça-lhe a beleza; 6 contrabalançar; *to ~ a debt* contrabalançar uma dívida

◆**set on** *v.tr.* 1 (ataque) lançar, fazer atacar; *he set the dog on me* lançou-me o cão; 2 atacar; lançar-se sobre; *to be ~ by a dog* ser atacado por um cão; 3 [fig.] lançar-se sobre; rodear; 4 atiçar; picar; levar a; *they tried to set the crowd on to acts of violence* tentaram levar a multidão a actos de violência

◆**set out** Ⓐ *v.intr.* 1 (viagem) partir; *to ~ for school* partir para a escola; 2 (processo) iniciar; começar; 3 lançar-se [**to**, em] Ⓑ *v.tr.* 1 tentar; intentar; propor-se [**to**, a]; 2 (actividade) organizar; 3 (ideias) expor; apresentar; explicar; *to ~ one's reasons* expor as suas razões; 4 expor, pôr em exposição; exibir; 5 traçar; *to ~ a curve* traçar uma curva; 6 plantar; *the plants should be ~ at intervals of four or five inches* as plantas devem ser colocadas na terra com intervalos de quatro ou cinco polegadas

◆**set to** *v.intr.* 1 começar; 2 meter mãos à obra; 3 [coloq.] começar a lutar, começar à bulha[coloq.]

◆**set up** Ⓐ *v.tr.* 1 (negócio, organização, sistema, etc.) abrir; montar; estabelecer; formar; fundar; 2 (negócio) ajudar (alguém) a estabelecer-se; 3 organizar; preparar; planear; montar; 4 erguer, erigir, levantar; edificar, construir; montar; *to ~ a statue* levantar uma estátua; 5 (equipamento) montar; preparar; 6 tramar, conspirar contra; montar uma armadilha a, montar uma cilada a; *his enemies have set him up* os inimigos montaram-lhe uma armadilha; 7 dar energia; revigorar; pôr bom, pôr em forma; *a month at the seaside will set you up* um mês à beira-mar põe-te bom outra vez; 8 (financeiramente) deixar desafogado, deixar descansado; 9 entusiasmar; encher de alegria; 10 (som, barulho, ruído) soltar, largar; *to ~ a cry* soltar um grito; 11 (processo) instaurar; desencadear; 12 (ideia, sugestão, teoria, etc.) apresentar; expor; propor; estabelecer; *what defence did her lawyer ~ at the trial?* que defesa apresentou o advogado dela no julgamento?; *to ~ a theory* propor uma teoria; 13 colocar no poder, dar o poder a, colocar em posição de comando; *to ~ a king* colocar um rei no poder, implantar uma monarquia; 14 solidificar; 15 TIPOGRAFIA compor; *to ~ type* compor tipo Ⓑ *v.intr.* 1 (negócio, profissão) iniciar negócio, estabelecer-se [**as**, como]; 2 montar o equipamento; 3 (equipamento) montar-se; 4 (fingimento) querer passar, fazer-se passar [**as, por**], apresentar-se [**as**, como] ❖ *to ~ camp* acampar; montar a tenda; *to ~ home/house* montar casa; *to ~ shop* estabelecer-se; abrir um negócio; *to set oneself up (as)* querer passar (por)

◆**set upon** *v.tr.* atacar com violência; atirar-se a

SET (Internet) [abrev. de Secure Electronic Transaction]

seta ['siːtə] *s.* {*pl.* -ae} ZOOLOGIA cerda

setaceous [sɪ'teɪʃəs] *adj.* setáceo, cerdoso

setae ['siːtiː] *s.* {*pl. de* **seta**}

setaria [sɪ'teərɪə] *s.* BOTÂNICA setária

setback ['setbæk] *s.* 1 revés, contrariedade; 2 (parede) reentrância, nicho; 3 (doença) recaída; 4 FINANÇAS descida

setdown ['setdaʊn] *s.* 1 censura, descomposta; 2 humilhação, vexame

setiferous [sɪ'tɪfərəs] *adj.* setífero

setiform ['sɪtɪfɔːm] *adj.* setiforme

setigerous [sɪ'tɪdʒərəs] *adj.* setígero

set-in ['setɪn] Ⓐ *adj.* (costura) inserido, entremeado Ⓑ *s.* começo, início

setness ['setnɪs] *s.* 1 rigidez; 2 firmeza (de resolução); 3 moderação, ponderação; 4 formalidade, formalismo

seton ['siːtən] *s.* sedenho

setose ['siːtəʊs] *adj.* ⇒ **setaceous**

set-out ['setaʊt] *s.* 1 louça; serviço; 2 [rar.] começo

setscrew ['setskruː] *s.* parafuso de pressão

set-square ['setskweə] *s.* esquadro

sett [set] *s.* bloco de pedra para pavimentação

settee [se'tiː] *s.* 1 sofá; 2 [EUA] canapé ❖ *~ bed* sofá-cama

setter ['setə] *s.* 1 (máquinas) montador; ajustador; *boiler tube ~* ajustador de tubos de caldeira; 2 (pedras preciosas) engastador; 3 (facas, navalhas, tesouras, etc.) amolador; 4 pessoa que faz perguntas, formula problemas, etc.; 5 TIPOGRAFIA compositor, tipógrafo; 6 ZOOLOGIA (cão) *setter*, cão perdigueiro; 7 espião; esbirro ❖ *brick ~* assentador de tijolos

setterwort ['setəwɜːt] *s.* BOTÂNICA heléboro fétido

setting ['setɪŋ] Ⓐ *s.* 1 cenário; panorama; pano de fundo; 2 colocação, fixação; (contador) *~ to zero* colocação em zero; 3 (jóias) engaste; 4 (máquina, etc.) afinação, ajustamento; 5 (argamassa, cimento) endurecimento, solidificação; 6 MEDICINA (fractura) redução;

7 MÚSICA arranjo musical; **~ for piano** arranjo para piano; **8** (sol) ocaso; **9** TIPOGRAFIA composição; **10** INFORMÁTICA parâmetro; **11** (mesa) lugar; **12** (ovos) ninhada ⓑ *adj.* **1** (sol) poente; **2** em declínio; **3** BOTÂNICA (fruto) em formação ❖ **~ apart** acto de pôr de lado; reserva; separação; **~ aside** anulação; rejeição; **~ forth** partida; **~ in** começo; (jóias) encastoamento; (cabelo) **~ lotion** loção de fixação (para permanente); **~ off** compensação; partida; comparação; (cor) realce; **~ on** incitação; incitamento; **~ out** partida; embarque; início; (campanha) entrada; TIPOGRAFIA **~ rule** regreta; (argamassa, cimento) **~ time** tempo de endurecimento; **~ together** comparação; TIPOGRAFIA **~ stick** componedor; **~ to music** adaptação musical

setting-up ['setɪŋʌp] *s.* **1** (empresa, instituição, etc.) criação, fundação; **2** TIPOGRAFIA composição ❖ **~ exercises** ginástica de manutenção; FINANÇAS (banco) **~ of an account** abertura de conta

settle ['setəl] ⓐ *v.tr.,intr.* **1** determinar; decidir; resolver; **to ~ a question** resolver uma questão; **his appointment was as good as settled** a nomeação dele estava praticamente decidida; **~ it any way you like** resolva como quiser; **that is settled then** está então resolvido; **that settles the matter** isso resolve a questão; **there's nothing settled yet** ainda não há nada resolvido; **2** estabelecer; **to ~ an annuity on sb** estabelecer uma pensão anual a alguém; **3** combinar; marcar; fixar; **to ~ the day** fixar a data; **4** (acordos) pagar; liquidar; **to ~ a bill** pagar uma conta, liquidar uma conta; **5** pôr em ordem; **to ~ one's affairs** pôr em ordem os seus negócios; **6** (local) instalar-se, fixar-se; **to ~ in the country** fixar-se na província; **7** (conforto) instalar; acomodar; **8** povoar; colonizar; **a large part of the world was settled by the Portuguese** grande parte do mundo foi colonizada pelos Portugueses; **9** acalmar, apaziguar, tranquilizar, sossegar; **to ~ one's nerves** acalmar os nervos; **10** dissipar; **to ~ sb's doubts** dissipar as dúvidas de alguém; **11** (agitação, líquido, pó, etc.) depositar-se, assentar; **the dregs settled** o depósito assentou; **12** (arma) assentar; **to ~ a gun** assentar uma peça; **13** pousar; **a bird settled on the tree** uma ave pousou na árvore; **14** (alicerces, terreno) baixar de nível; ceder; dar de si; **the roadbed settled** o pavimento da estrada cedeu; **15** DIREITO doar, legar; **to ~ one's property on sb** doar os seus haveres a alguém; **16** ajustar; **to have an account to ~ with sb** ter contas a ajustar com alguém ⓑ *s.* banco comprido de costas altas ❖ **he can't ~ to anything** ele não se contenta com nada; **to ~ a case** servir como árbitro numa questão; NÁUTICA **to ~ a sail** baixar uma vela; **to ~ oneself to sleep** dispor-se a dormir; NÁUTICA **to ~ the land** perder a terra de vista; **to ~ with one's creditors** entrar em acordo com os credores; **the wind was settling in the south** o vento soprava firme do sul

◆**settle down** *v.intr.* **1** (vida) assentar; instalar-se; **he is now married and settled down** ele casou e assentou; **2** (emocionalmente) acalmar; tranquilizar-se; **3** (antes de acção) preparar-se [**to/for**, para]; **4** acomodar-se, instalar-se; **she settled herself down in the easychair** ela instalou-se na poltrona; **5** adaptar-se [**to**, a]; acostumar-se [**to**, a]; **she is settling down to her new job** ela vai-se acostumando ao novo emprego ❖ **to ~ for life** casar; **to ~ to work** começar a trabalhar; MILITAR **the line has settled down** a linha firmou-se de novo

◆**settle for** *v.tr.* aceitar, conformar-se com; **the athlete had to ~ bronze medal** o atleta teve de se conformar com a medalha de bronze

◆**settle in** *v.intr.* **1** (nova situação) adaptar-se; acostumar-se; **2** instalar-se

◆**settle on** *v.tr.* **1** decidir; resolver; **have you settled on the date yet?** já decidiram a data?; **2** chegar a acordo em relação a; **3** [GB] DIREITO doar, legar; **she settled her wealth on an orphanage** ela doou a fortuna a um orfanato

◆**settle up** *v.intr.* **1** fazer as contas; **let's ~** vamos fazer as contas; **2** [fig.] ajustar contas [**with**, com]; pedir satisfações [**with**, a]

settled ['setəlt] *adj.* **1** (arranjo, compromisso) combinado, marcado; **2** (hábito) enraizado, estabelecido; **3** (situação) instalado; sólido; **4** (tempo) estável; **5** (assunto, questão) decidido, estabelecido; **6** (área, terra) colonizado; **7** (estado) persistente, constante; **she had an air of ~ melancholy** ela tinha um ar de constante melancolia ❖ (pessoa) **to feel ~** sentir-se integrado; **to get ~** instalar-se

settlement ['setəlmənt] *s.* **1** acordo; contrato; **compulsory ~** acordo compulsório; **the terms of a ~** os termos de um acordo; **to make a ~ with** fazer um acordo com; **to reach a ~** chegar a acordo; **a marriage ~** contrato de casamento; **2** decisão, determinação; **3** (local) povoação; **4** colónia; grupo de colonos; **5** (processo) colonização; povoamento; **6** (edifício, parede, terreno, etc.) abatimento, aluimento; **7** COMÉRCIO saldo; liquidação; pagamento; **in full ~** para liquidação total; **in part ~** em liquidação parcial; **~ of account** liquidação de conta; **yearly ~** liquidação anual; **8** DIREITO doação; constituição; pensão; dote; **~ in trust** regime dotal; **~ of an annuity on sb** constituição de pensão ou renda a favor de alguém; **to make a ~ on** fazer uma doação a favor de; **9** fundação; instituição de beneficência; obra social ❖ **~ day** dia de liquidação; DIREITO **deed of ~** certidão de transferência; **legal ~** concordata com os credores; **penal ~** colónia penal

settler ['setlə] *s.* **1** colono, pessoa que se estabeleceu numa nova colónia; **2** [coloq.] argumento ou acontecimento decisivo, golpe decisivo; **3** árbitro; pessoa que provoca uma decisão ou preside a uma decisão; **4** tina de decantação

settling ['setlɪŋ] *s.* (depósito) borra; sedimento ❖ **~ tank** tina de decantação; **~ of accounts** ajuste de contas

settlor ['setlə] *s.* DIREITO doador, aquele que faz uma doação

set-to ['set,tu] *s.* (*pl.* **set-tos**) **1** discussão exaltada, batalha campal_fig._; **2** briga, rixa, luta; **3** (pugilismo) combate

setup ['setʌp] ⓐ *s.* **1** organização; **2** composição, constituição; **3** instalação, montagem; **4** arranjo; **5** (corpo) postura; **6** [coloq.] armadilha, cilada, ratoeira; **7** sistema, esquema; **8** INFORMÁTICA preparação; **9** CINEMA posição da câmara no início de uma cena; **10** [EUA] (mesa) lugar para uma pessoa ⓑ *adj.* **1** montado; **2** estabelecido ❖ INFORMÁTICA **~ file** ficheiro de configuração; **~ time** tempo de espera

setwall ['setwɔːl] *s.* BOTÂNICA valeriana

seven ['sevən] *num.card.,s.* **1** sete; **he was ~ last birthday** ele tem sete anos; **in sevens** aos sete, em grupos de sete; **2** [coloq.] carro de sete cavalos; **3** (carta de jogar) sete ❖ [coloq.] **at sixes and sevens** atrapalhado; desorientado; RELIGIÃO **the ~ deadly sins** os sete pecados mortais; **the Seven-hilled City** a cidade das sete colinas; **seven-league boots** botas de sete léguas; **the ~ wonders of the world** as sete maravilhas do mundo; HISTÓRIA **the Seven Years' War** a guerra dos Sete Anos; ZOOLOGIA **~ gills** variedade de tubarão

sevenfold ['sevən,fəʊld] ⓐ *adj.* séptuplo ⓑ *adv.* sete vezes; **to increase ~** aumentar sete vezes

seventeen [sevən'tiːn] *num.card.,s.* dezassete; **to be ~** ter dezassete anos; **she is sweet ~** ela está nas suas dezassete risonhas primaveras

seventeenth [sevən'tiːnθ] ⓐ *adj.,num.ord.* décimo sétimo ⓑ *adv.* em décimo sétimo lugar ⓒ *s.* décima sétima parte ❖ **on the ~ of March** a 17 de Março

seventh ['sevənθ] ⓐ *adj.,num.ord.* sétimo; **in the ~ place** em sétimo lugar ⓑ *s.* **1** sétimo; sétima parte; **2** MÚSICA sétima ❖ **~ day** sábado; **in the ~ heaven** no sétimo céu; extremamente feliz

seventieth ['sevəntɪɪθ] *num.ord.,s.* septuagésimo

seventy ['sevəntɪ] *num.card.,s.* setenta ❖ **he's in his seventies** ele anda pelos setenta anos; **the ~** os setenta discípulos de Cristo; os setenta tradutores do Velho Testamento para o grego; **the seventies** os anos setenta

sever ['sevə] ⓐ *v.tr.* **1** cortar; separar [**from**, de]; **to ~ with a knife** cortar com uma faca; **2** (relações) romper; cortar; **to ~ all connections with...** cortar todas as relações com...; **3** (partes do corpo) cortar, decepar; **they severed his head** cortaram-lhe a cabeça ⓑ *v.intr.* **1** separar-se, dividir-se; **2** romper-se, partir-se, quebrar-se

severable ['sevrəbəl] *adj.* separável, que se pode separar [**from**, de]

several ['sevrəl] *adj.,pron.* **1** vários; muitos; **~ of them** vários deles; **~ parts** várias partes; **she has been in England ~ times** ela já esteve em Inglaterra várias vezes; **they went their ~ ways** eles seguiram os seus caminhos; **2** DIREITO separado; **each ~ part** cada parte em separado; **3** diverso, diferente, distinto; **4** respectivo; **each has his ~ ideal** cada um tem o respectivo

severally ['sevrəlɪ] *adv.* **1** separadamente; **2** individualmente; **3** respectivamente ❖ DIREITO *jointly and ~* em conjunto e solidariamente

ideal; *their ~ rights* os direitos respectivos; **5** individual, particular; *collective and ~ responsibility* responsabilidade individual e colectiva; *the members of that community have no ~ estates* os membros daquela comunidade não possuem bens particulares ❖ *~ men, ~ minds* cada cabeça sua sentença; *joint and ~ bond* obrigação solidária

severalty ['sevrəltɪ] *s.* [EUA] DIREITO propriedade privativa, individual; *in ~* individualmente, em regime de propriedade individual

severance ['sevərəns] *s.* **1** separação, divisão; **2** (relação) rompimento, ruptura; **3** (despedimento) indemnização ❖ *~ pay* indemnização por despedimento

severe [sɪ'vɪə] *adj.* (*comp.* **-er**, *superl.* **-est**) **1** (pessoa) severo, austero, cruel, duro, inflexível; *~ look* olhar severo; *to be too ~ on sb* ser demasiado severo em relação a alguém; *the teacher was very ~ with his pupils* o professor era muito severo com os alunos; **2** (consequência, problema, etc.) grave, sério; *to be in ~ distress* estar a passar sérias necessidades; **3** (clima, tempo) rigoroso, tempestuoso, frio; *~ weather* tempo rigoroso; **4** (tarefa, teste) árduo, difícil; *~ trial* prova difícil; **5** (aspecto, estilo) simples, sóbrio; *~ beauty* beleza sóbria; *~ style* estilo sóbrio; **6** (comentário, crítica) satírico, sarcástico; *~ remarks* observação sarcástica

severely [sɪ'vɪəlɪ] *adv.* **1** severamente, rigorosamente, inflexivelmente; *she looked ~ at them* ela lançou-lhes um olhar severo; **2** cruelmente, duramente; *~ tried* duramente posto à prova; **3** seriamente, gravemente

severity [sɪ'verɪtɪ] *s.* (*pl.* **-ies**) **1** severidade, austeridade; *act of ~* acto de severidade; **2** inflexibilidade, dureza; **3** (doença, problema, etc.) gravidade, seriedade; *the ~ of an illness* a gravidade de uma doença; **4** (tempo) inclemência; rigor; **5** violência; **6** (estilo) sobriedade, simplicidade; **7** *pl.* tratamento severo

severy ['severɪ] *s.* ARQUITECTURA compartimento de tecto abaulado

Seville [sə'vɪl] *s.top.* Sevilha

Sevillian [sə'vɪlɪən] *adj.,s.* sevilhano

sew[1] [səʊ] *v.tr.,intr.* (*prt.* **-ed**, *part. pass.* **sewn** ou **sewed**) coser; costurar; *to ~ a dress* coser um vestido; *to ~ in a patch* coser um remendo; *can you ~ buttons?* sabes pregar botões?

◆**sew on** *v.tr.* coser; pregar; *to ~ a button* pregar um botão

◆**sew up** *v.tr.* **1** coser; remendar; **2** (ferida) coser, suturar; **3** (acordo, plano, etc.) ser bem sucedido ❖ *it's all sewn up now* está no papo; [coloq.] *to sew sb up* esfalfar, esgotar alguém

sew[2] [sju:] *v.tr.,intr.* NÁUTICA ⇒ **sue**

sewage ['sju:ɪdʒ, 'sʊɪdʒ] *s.* águas residuais; esgotos ❖ *~ disposal* tratamento de águas residuais; *~ farm* estação de tratamento de águas residuais; *~ pipe* (cano de) esgoto

sewen ['sju:ən] *s.* ⇒ **sewin**

sewer[1] ['su:ə] *s.* **1** esgoto, cano de esgoto; **2** escoadouro; **3** cloaca ❖ *main ~* colector principal; *public ~* esgotos públicos; *~ gas* emanações dos canos de esgoto; *~ rat* rato de esgoto

sewer[2] ['səʊə] *s.* **1** costureiro, costureira; **2** aquele que cose

sewerage ['su:ərɪdʒ] *s.* **1** sistema de esgotos, rede de esgotos; **2** imundícies, conteúdo dos canos de esgoto

sewin ['su:ɪn] *s.* ZOOLOGIA variedade de truta salmonada

sewing ['səʊɪŋ] *s.* **1** (actividade, acto) costura; *plain ~* costura simples; **2** roupa para coser ❖ *~ basket* cesto de costura; [EUA] *~ bee* reunião em que se fazem trabalhos de costura com fins beneficentes; *~ cotton* algodão para coser; *~ cushion* almofadinha de costura; (remendo, etc.) *~ in* acto de coser; *~ machine* máquina de costura; *~ needle* agulha de costura; (botão, presilha, etc.) *~ on* acto de pregar; *~ outfit* coisas necessárias para costura; *~ silk* retrós fino para costura; *~ up* acto de fechar com costura; suturação

sewn [səʊn] Ⓐ *prt. pass. de* **to sew** Ⓑ *adj.* cosido

sex [seks] Ⓐ *s.* (*pl.* **-es**) sexo; [ant.] *the fair ~/the gentle ~* o belo sexo[ant.]; *without distinction of age or ~* sem distinção de idade ou sexo Ⓑ *v.tr.* (téc.) (animal, planta) determinar o sexo de ❖ *~ act* acto sexual; *~ appeal* atracção sexual; CIRURGIA *~ change* mudança de sexo; BIOLOGIA *~ chromosome* cromossoma sexual; *~ discrimination* discriminação sexual; *~ education* educação sexual; (mulher atraente) *~ goddess* bomba, deusa; FISIOLOGIA *~ hormone* hormona sexual; *~ life* vida sexual; *~ maniac* tarado sexual; *~ object* objecto sexual; DIREITO *~ offender* delinquente sexual; ANATOMIA *~ organ* órgão sexual; *~ partner* parceiro sexual; CINEMA, TEATRO *~ scene* cena de sexo; *~ shop* sex shop; *~ show* espectáculo erótico; *~ symbol* símbolo sexual; *~ therapist* sexólogo; *~ therapy* sexologia; *~ urge* desejo sexual; *the ~ industry* a indústria do sexo; *to have ~ with* ter relações sexuais com

sexagenarian [seksədʒɪ'neərɪən] *adj.,s.* sexagenário

sexagenary [seksə'dʒi:nərɪ] *adj.* MATEMÁTICA sexagesimal

Sexagesima [seksə'dʒesɪmə] *s.* RELIGIÃO Sexagésima, segundo domingo do período litúrgico que antecede a Quaresma

sexagesimal [seksə'dʒesɪməl] Ⓐ *adj.* MATEMÁTICA sexagesimal Ⓑ *s.* fracção sexagesimal

sexangular [seks'æŋɡjʊlə] *adj.* hexagonal, sexangular, sexangulado

sexdigital [seks'dɪdʒɪtəl] *adj.* sexdigital

sexdigitate [seks'dɪdʒɪtɪt] *adj.* sexdigitado

sexdigitism [seks'dɪdʒɪtɪzəm] *s.* MEDICINA sexdigitismo, hexadactilia

sexdigitist [seks'dɪdʒɪtɪst] *s.* sexdigitário

sexed [sekst] *adj.* sexuado

sexennial [sek'senɪəl] *adj.* sexenal

sexiferous [sek'sɪfərəs] *adj.* sexífero

sexism ['seksɪzəm] *s.* sexismo, discriminação baseada no sexo

sexist ['seksɪst] *adj.,s.* sexista

sexless ['seksləs] *adj.* assexuado

sexological [seksə'lɒdʒɪkəl] *adj.* sexológico

sexologist [sek'sɒlədʒɪst] *s.* sexólogo

sexology [sek'sɒlədʒɪ] *s.* sexologia

sext [sekst] *s.* RELIGIÃO sexta, terceira das horas menores do ofício divino

sextain ['sekstɛɪn] *s.* sextilha, estância de seis versos

sextan ['sekstən] *adj.* (febre) que aparece de seis em seis dias

sextant ['sekstənt] *s.* **1** sextante; **2** [arc.] sexta parte de um círculo

sexte [sekst] *s.* RELIGIÃO sexta, terceira das horas menores do ofício divino

sextet [seks'tet] *s.* MÚSICA sexteto

sextile ['sekstaɪl] *adj.* sextil

sextillion [seks'tɪlɪən] *s.* sextilião

sexto ['sekstəʊ] *s.* livro formado por folhas dobradas em seis

sextodecimo [sekstəʊ'desɪməʊ] *s.* **1** folha de papel dobrado em dezasseis partes; **2** livro formado por folhas de papel dobradas em dezasseis partes

sexton ['sekstən] *s.* RELIGIÃO sacristão ❖ ZOOLOGIA *~ beetle* necróforo

sextuple ['sekstjəpəl] Ⓐ *adj.,s.* sêxtuplo Ⓑ *v.tr.* sextuplicar

sexual ['seksjʊəl, 'sekʃʊəl] *adj.* sexual ❖ *~ abuse* abusos sexuais; *~ attraction* atracção sexual; *~ discrimination* discriminação sexual; *~ disease* doença venérea; *~ dysfunction* disfunção sexual; *~ equality* igualdade de sexos; *~ harassment* assédio sexual; *~ intercourse* relações sexuais; *~ organs* órgãos sexuais; *~ orientation* orientação sexual

sexuality [seksjʊ'ælɪtɪ, sekʃʊ'ælɪtɪ] *s.* sexualidade

sexualize ['seksjʊəlaɪz, 'sekʃʊəlaɪz] *v.tr.* sexualizar, atribuir sexo

sexually ['seksjʊəlɪ, 'sekʃʊəlɪ] *adv.* sexualmente ❖ MEDICINA *~ transmitted disease* doença sexualmente transmissível

sexy ['seksɪ] *adj.* (*comp.* **-ier**, *superl.* **-iest**) **1** sexy, sensual, atraente; **2** erótico; **3** (sexualmente) excitado

Seychelles [seɪ'ʃelz] *s.top.pl.* Seychelles; *the ~* as Ilhas Seychelles

Seym [seɪm] *s.* dieta, parlamento polaco

seythed ['seɪθɪd] *adj.* [ant.] armado de foices (carro de combate)

sf Ⓐ [*abrev. de* sub finem (near the end)] Ⓑ LITERATURA [*abrev. de* science fiction]

SF [*abrev. de* San Francisco]

sg [*abrev. de* specific gravity]

Sg QUÍMICA [*símbolo de* seaborgium]

SG DIREITO [*abrev. de* solicitor general]

SGHWR [*abrev. de* steam-generating heavy-water reactor]

SGML INFORMÁTICA [*abrev. de* Standard Generalized Markup Language]

sh. Ⓐ [abrev. de shilling] Ⓑ [abrev. de share]

shabbily ['ʃæbɪlɪ] adv. **1** andrajosamente, pobremente; **2** com aspecto esfarrapado, velho e sujo; **3** miseravelmente; **4** mesquinhamente, como um sovina

shabbiness ['ʃæbɪnəs] s. **1** aspecto roto, esfarrapado, coçado; **2** andrajosidade; **3** desalinho; **4** mesquinhice, sovinice; **5** vileza

shabby ['ʃæbɪ] adj. (comp. **-ier**, superl. **-iest**) **1** gasto; coçado; ~ *clothes* roupas coçadas; **2** pobre; ~ *room* aposento pobre; **3** (aspecto) andrajoso, maltrapilho; **4** (acto) desprezível, miserável, vil; *that's a ~ trick* isso é um estratagema desprezível; **5** mesquinho; sovina; **6** [coloq.] (objecto) foleiro, rasca_pop._ ❖ ~ *excuse* desculpa de mau pagador

shabby-genteel [ˌʃæbɪdʒen'tiːl] adj. que não consegue encobrir a miséria apesar das aparências elegantes; ~ *people* pessoas que vivem com dificuldades, mas que simulam viver bem

shabrack ['ʃæbræk] s. MILITAR xabraque, espécie de xairel com que se cobrem os coldres e as ancas do cavalo

shack [ʃæk] s. barraca, cabana, choupana, choça

◆**shack up** v.intr. [coloq.] (pessoas) juntar-se [**with**, com]; *to ~ with sb* ir viver com alguém

shackle ['ʃækəl] Ⓐ s. **1** algema; **2** argola de cadeado; elo de corrente; **3** anel, aro; **4** [fig.] dificuldade, empecilho, entrave; *the shackles of habit* os entraves postos pela força do hábito Ⓑ v.tr. **1** algemar; agrilhoar; **2** ligar por meio de cadeado ou corrente; **3** [fig.] impedir; entravar; estorvar ❖ ~ *bolt* cavirão da manilha; ~ *insulator* isolador de suporte duplo

shad [ʃæd] s. ZOOLOGIA (peixe) sável

shade [ʃeɪd] Ⓐ s. **1** (sem sol) sombra; *temperature in the ~* temperatura à sombra; *the shades of evening* as sombras do anoitecer; **2** [fig.] escuridão, obscuridade, sombra; *to keep in the ~* conservar à sombra, manter na obscuridade; **3** PINTURA sombreado; **4** (cor) tom, tonalidade; *different shades of green* diferentes tons de verde; **5** [fig.] nuance; matiz; *people of all shades of opinion* pessoas de todos os matizes de opinião; **6** [coloq.] nadinha; *that's a ~ better* isso é um nadinha melhor; **7** (candeeiro) quebra-luz, *abat-jour*; **8** [EUA] estore; **9** [poét.] espírito, fantasma; **10** pl. [coloq.] óculos de sol; óculos escuros Ⓑ v.tr.,intr. **1** proteger da luz, resguardar; *to ~ from the sun* proteger do sol; *she shaded her eyes with her hand* ela protegeu os olhos, fazendo uma pala com as mãos; **2** PINTURA sombrear; **3** escurecer, obscurecer, tornar sombrio; *a sullen look shaded his face* obscurecia-lhe o rosto um olhar carregado; **4** (cor) mudar gradualmente, adquirir nuances; **5** (preços) baixar ❖ ~ *card* cartaz de cores; NÁUTICA ~ *deck* tombadilho corrido; *glass ~* redoma; *without light and ~* monótono; demasiado uniforme; [fig.] *to go down to the shades* morrer; *to throw into ~* superar; suplantar; fazer sombra a; *to ~ away* esmaecer

◆**shade into** v.tr. confundir-se com; misturar-se com; *his confidence can ~ arrogance* a sua segurança pode confundir-se com arrogância

◆**shade off** v.tr. (cor) esbater, esfumar; *it's a blue that shades off into green* é um azul a fugir para o verde

shaded ['ʃeɪdɪd] adj. **1** à sombra; com sombra; ~ *area* área à sombra; **2** PINTURA sombreado; ~ *drawing* desenho sombreado

shadeless ['ʃeɪdləs] adj. **1** sem sombra; **2** que não produz sombra

shades [ʃeɪdz] s.pl. óculos escuros, óculos de sol

shadiness ['ʃeɪdɪnəs] s. **1** sombra; **2** obscuridade; **3** lugar cheio de sombra; lugar com pouca luz; **4** [fig.] má reputação, falta de honestidade; carácter suspeito ou duvidoso

shading ['ʃeɪdɪŋ] s. **1** sombreado; **2** nuance, cambiante, tonalidade

shadoof [ʃə'duːf, ʃæ'duːf] s. cegonha, vara comprida com um balde na extremidade e um contrapeso na outra, empregada, sobretudo no Egipto, para tirar água dos poços

shadow ['ʃædəʊ] Ⓐ s. **1** sombra; *to cast a ~* fazer sombra; *in the ~* à sombra de; **2** obscuridade; escuridão parcial; **3** PINTURA sombreado; **4** [fig.] (companheiro inseparável) sombra; **5** [fig.] aviso, premonição, prenúncio, ameaça; **6** [fig.] (quantidade mínima) vestígio; sinal; sombra; *there is not a ~ of doubt* não há a menor sombra de dúvida; *coming events cast their shadows before* há sempre um como que sinal das coisas que vão acontecer; **7** fantasma; coisa irreal; *to catch at shadows* correr atrás de fantasmas, correr atrás de irrealidades; *to run after a ~* correr atrás de fantasmas, correr atrás de irrealidades; **8** abrigo, protecção; **9** MEDICINA (radiografia) sombra Ⓑ v.tr. **1** (luz) obscurecer; cobrir de sombras; sombrear; **2** (tempo) nublar; toldar; **3** (vigia) seguir de perto; colar-se a; ser a sombra de; *to be shadowed by* ser vigiado de perto por; **4** esboçar vagamente, representar de maneira pouco precisa; **5** [arc.] acolher; dar abrigo ❖ POLÍTICA ~ *cabinet* gabinete-sombra; ~ *factories* fábricas de emergência adaptadas à produção de artigos de guerra em caso de necessidade; POLÍTICA ~ *minister* ministro-sombra; ~ *photograph* radiografia; ~ *show* sombras chinesas; *he is afraid of his own ~* ele tem medo da própria sombra; *he is worn to a ~* ele está completamente exausto; *to be under the ~ of misfortune* estar sob o peso da desgraça; *to have (dark) shadows round/under one's eyes* ter os olhos pisados; estar com olheiras; *she is only the ~ of her former self* ela não passa de uma sombra do que era

shadowbox ['ʃædəʊbɒks] v.intr. treinar-se no boxe, simulando lutar contra um adversário imaginário

shadowgraph ['ʃædəʊɡrɑːf] s. **1** sombras feitas com as mãos, sombras-chinesas; **2** MEDICINA radiografia

shadowing ['ʃædəʊɪŋ] s. **1** obscurecimento; **2** perseguição, vigilância de pessoa suspeita

shadowy ['ʃædəʊɪ] adj. **1** sombrio, cheio de sombras, umbroso; **2** como uma sombra, irreal; **3** pouco nítido, vago, indeciso, indistinto

shady ['ʃeɪdɪ] adj. (comp. **-ier**, superl. **-iest**) **1** (lugar) à sombra; *the ~ side* o lado que tem sombra; **2** [fig.] (acto, negócio) desonesto; duvidoso; suspeito; obscuro; *a ~ transaction* uma transacção duvidosa, um negócio pouco honesto; *there's sth ~ in that* há qualquer coisa suspeita em tudo isso

SHAEF [ʃɑːf] [abrev. de Supreme Headquarters Allied Expeditionary Forces]

shaft [ʃɑːft] Ⓐ s. **1** (lança, seta) haste; **2** (bandeira) mastro; **3** ARQUITECTURA fuste; ~ *of column* fuste de coluna; **4** flecha, seta; dardo; *the shafts of Cupid* as setas de Cupido; **5** (ferramenta) cabo; ~ *of a hammer* cabo de um martelo; **6** (luz) feixe, raio; ~ *of light* feixe de luz; **7** ANATOMIA diáfise; **8** (pena de ave) ráquis; **9** MECÂNICA eixo, veio; *driving ~* veio de transmissão; ~ *carrier* suporte do eixo; **10** (carro de cavalos) lança, varal; **11** (abertura) poço; *ventilating ~* poço de ventilação; ~ *of a mine* poço de mina Ⓑ v.tr. **1** [coloq.] aldrabar, enganar; **2** [cal.] (ofensivo) ter relações sexuais com

shafted ['ʃɑːftɪd] adj. **1** provido de haste, com cabo comprido; **2** ARQUITECTURA assente em fustes, em colunas

shafting ['ʃɑːftɪŋ] s. **1** veios, conjunto de veios; **2** transmissão por veios; *main ~* transmissão principal; **3** ARQUITECTURA fustes ❖ ~ *lathe* torno para veios

shag [ʃæɡ] Ⓐ s. **1** (cabelo) guedelha, grenha; **2** emaranhado; **3** tabaco grosseiro cortado fino; **4** ZOOLOGIA corvo-marinho de crista; **5** [arc.] riço, pelúcia; **6** [cal.] (ofensivo) queca_cal._, transada_Bras._ Ⓑ v.tr.,intr. (part. **-pp-**) [cal.] (ofensivo) dar uma queca (com), dar uma transada (com)_Bras._

shagbark ['ʃæɡbɑːk] s. BOTÂNICA nogueira branca americana

shagged [ʃæɡt] adj. **1** guedelhudo, com grenha, com o cabelo emaranhado; **2** hirsuto; **3** [coloq.] exausto

shagginess ['ʃæɡɪnəs] s. **1** aspecto guedelhudo, com o cabelo emaranhado; **2** aspecto hirsuto; **3** emaranhamento ou comprimento de pêlos ou fios de tecido

shaggy ['ʃæɡɪ] adj. (comp. **-ier**, superl. **-iest**) **1** (barba, cabelo) desgrenhado, hirsuto; **2** peludo, felpudo; **3** (terreno) áspero, coberto de brenhas; **4** BIOLOGIA, BOTÂNICA viloso ❖ *a ~ dog story* anedota longa e seca

shagreen [ʃə'ɡriːn, ʃæ'ɡriːn] Ⓐ s. chagrém, chagrim, couro granuloso preparado de pele de camelo, jumento, cavalo, etc., e geralmente com a cor verde Ⓑ v.tr. dar (ao couro) o aspecto de chagrém

shah [ʃɑː] s. xá, imperador da Pérsia

shake [ʃeɪk] Ⓐ s. **1** abanão; sacudidela; *to give a carpet a good ~ out* dar uma boa sacudidela a um tapete; *to give a ~ to sth* dar um abanão a alguma coisa; **2** tremor; vibração; [coloq.] *he was all of a ~* todo ele tremia; *with a ~ in her voice she explained that…* com a voz a tremer, ela explicou que…; **3** aperto de mão; **4** GEOLOGIA terramoto; abalo; **5** MÚSICA trinado, garganteio; **6** GEOLOGIA fenda, racha; **7** [coloq.] instante, momento; *in half a shake/in two shakes/in two*

shakeable

shakes of a lamb's tail num instante, num momento, num abrir e fechar de olhos_{coloq.}; **8** [EUA] CULINÁRIA [coloq.] batido; **9** [EUA] [coloq.] oportunidade; *to give sb a fair ~* dar uma oportunidade a alguém; **10** NÁUTICA o arfar à ré; **11** *pl.* (construção) aduelas; **12** *pl.* (corpo) tremores Ⓑ *v.tr.,intr.* ⟨prt. **shook**, part. pass. **shaken**⟩ **1** (objecto, pessoa) sacudir; abanar; agitar; *to ~ a carpet* sacudir um tapete; *to ~ to and fro* abanar, agitar de um lado para o outro; *to ~ sand out of one's shoes* sacudir a areia dos sapatos; *to ~ to pieces* sacudir até desfazer em bocados; *to ~ fruit from a tree* deitar fruta abaixo, abanando uma árvore; **2** (cabeça) acenar; **3** lançar; **4** tremer; *his voice was shaking with emotion* a voz tremia-lhe de emoção; *to be shaking with cold* estar a tremer de frio; *to ~ all over* tremer todo, tremer como varas verdes; *to ~ in one's shoes* tremer de medo; *the earth was shaking* era um tremor de terra; **5** (corpo) menear(-se); **6** abalar, enfraquecer, perturbar; *the firm's credit was shaken* a credibilidade da firma tinha sofrido um abalo; *to ~ sb's faith* abalar a fé de alguém; **7** fazer vacilar, vacilar, titubear; **8** impressionar; **9** apertar; *to ~ hands with sb* apertar a mão a alguém, cumprimentar alguém apertando-lhe a mão; *to ~ sb by the hand* apertar a mão a alguém; **10** MÚSICA trilar, trinar; *to ~ a note* trinar uma nota; **11** NÁUTICA bater o pano; **12** [coloq.] livrar-se de; *to ~ sb* livrar-se de alguém; **13** (dados) misturar ❖ [coloq.] *~ a leg!* despachem-se!; *~ of wind* golpe de vento; *he was shaken out of his sleep* acordaram-no com um sacão; [coloq.] *to be no great shakes* não valer grande coisa; *to ~ a leg* dançar; dar à perna; apressar-se; mexer as pernas; *to ~ one's fist at* ameaçar com o punho; *to ~ one's side (laughing)* rir a bom rir; *to ~ oneself free* libertar-se com um sacão; *with a ~ of the head* abanando a cabeça

◆**shake down** Ⓐ *v.intr.* **1** [GB] [coloq.] (nova situação) adaptar-se, habituar-se; **2** [GB] [coloq.] dormir numa cama improvisada; **3** (substância) assentar Ⓑ *v.tr.* **1** fazer cair; **2** [EUA] [cal.] (dinheiro) extorquir; *to shake sb down for 50 dollars* extorquir 50 dólares a alguém; **3** [EUA] [coloq.] revistar; **4** (avião, navio) submeter a um teste de navegação

◆**shake off** *v.tr.* **1** sacudir; *to ~ the dust from* sacudir o pó de; **2** livrar-se de; *to ~ a cold* ver-se livre de uma constipação; *to ~ a bad habit* livrar-se de um mau hábito; **3** (pessoa) despistar; escapar a

◆**shake out** *v.tr.* **1** (bandeiras, velas) desfraldar, relingar; *to ~ a sail* relingar uma vela; **2** (pano, etc.) sacudir bem (para retirar sujidade); **3** despejar

◆**shake up** *v.tr.* **1** sacudir; bater; **2** (líquidos) mexer; agitar; *to ~ a bottle of medicine* agitar um frasco com remédio; **3** (equilíbrio mental) abalar; afectar; **4** incitar à acção; dar um abanão a; **5** (empresa, instituição, etc.) reorganizar; remodelar

shakeable ['ʃeɪkəbl] *adj.* **1** que pode ser sacudido; **2** (fruto) pronto para ser sacudido (da árvore), maduro

shakedown ['ʃeɪkdaʊn] *s.* **1** [cal.] extorsão; **2** cama improvisada

shaken ['ʃeɪkən] Ⓐ *part. pass. de* **to shake** Ⓑ *adj.* **1** abalado; *to be ~ up by sth* ter ficado muito abalado com algo; *she was much ~ at the news* ela ficou muito abalada com as notícias; **2** (madeira) com fendas, com rachas

shake-out ['ʃeɪkaʊt] *s.* **1** reviravolta; **2** rearranjo, reorganização; **3** FINANÇAS crise na Bolsa que liquida os especuladores mais fracos

shaker ['ʃeɪkə] *s.* **1** (coisa, pessoa) aquele que sacode, treme ou agita; **2** (bebidas) misturador; **3** (utensílio) batedor; **4** CULINÁRIA polvilhador; **5** [coloq.] inovador, revolucionário ❖ *~ sieve* crivo oscilante

Shaker ['ʃeɪkə] *adj.,s.* RELIGIÃO Shaker

Shakerism ['ʃeɪkərɪzəm] *s.* doutrinas seguidas pelos Shakers

Shakespearian [ʃeɪks'pɪərɪən] *adj.* shakespeariano; relativo a Shakespeare

shake-up ['ʃeɪkʌp] *s.* **1** abalo, choque; **2** reviravolta; **3** revolução; **4** reorganização, remodelação; **5** rearranjo

shakily ['ʃeɪkɪlɪ] *adv.* **1** com insegurança, sem firmeza, de maneira instável, pouco solidamente; **2** a tremer; **3** com voz tremente

shakiness ['ʃeɪkɪnəs] *s.* **1** insegurança, tremura, falta de firmeza, instabilidade; **2** fragilidade

shaking ['ʃeɪkɪŋ] Ⓐ *adj.* trémulo; *a ~ voice* uma voz trémula Ⓑ *s.* **1** estremeção, estremecimento, sacudidela; **2** meneio; **3** vibração ❖ *~ grate* grelha móvel; *~ sieve* crivo

shako ['ʃækəʊ] *s.* MILITAR barretina mais ou menos cilíndrica e emplumada

shaky ['ʃeɪkɪ] *adj.* ⟨comp. **-ier**, superl. **-iest**⟩ **1** (mão, voz) trémulo; **2** (condição física) débil, fraco, frágil; *to look ~* ter um aspecto frágil; *he feels ~ today* ele hoje não se sente nada bem; **3** [fig.] (compromisso, negócio, situação) duvidoso, incerto, instável; **4** (objecto) pouco firme, que abana, vacilante; *~ table* mesa pouco firme

shale [ʃeɪl] *s.* argila xistosa, xisto argiloso ❖ *~ oil* óleo de xisto; *oil ~* xisto betuminoso

shall [ʃæl, ʃəl] *v.aux.,mod.* ⟨prt. **should**⟩ **1** (futuro) ir; *~ we go there?* vamos lá?; *I ~ go to Lisbon next week* para a semana vou a Lisboa; *he says he won't pay, but he ~* ele diz que não paga, mas há-de pagar; **2** (perguntas, sugestões) querer, desejar; *~ I open the window?* quer que eu abra a janela?; *~ my brother wait for you?* quer que o meu irmão espere por si?

shalloon [ʃə'luːn] *s.* tecido leve para forros e vestidos de senhora

shallop ['ʃæləp] *s.* NÁUTICA chalupa

shallot [ʃə'lɒt] *s.* BOTÂNICA chalota

shallow ['ʃæləʊ] Ⓐ *adj.* ⟨comp. **-er**, superl. **-est**⟩ **1** (águas) de pouca profundidade, pouco fundo, baixo; *~ water* água pouco funda; **2** superficial; fútil; *~ friendship* amizade superficial; *~ talk* conversa fútil; **3** raso; *~ dish* prato raso Ⓑ *s. pl.* NÁUTICA baixios Ⓒ *v.tr.,intr.* tornar(-se) pouco fundo; ficar menos fundo

shallowness ['ʃæləʊnəs] *s.* **1** pouca profundidade, falta de profundidade; **2** superficialidade, carácter superficial; **3** futilidade, frivolidade

shalt [ʃælt] {2.ª pes. sing. pres. ind. de **shall**} [arc.] *thou ~ not kill* não matarás; *the "shalts" and "shalt nots" of society* aquilo que se deve e aquilo que não se deve fazer

shaly ['ʃeɪlɪ] *adj.* xistoso

sham [ʃæm] Ⓐ *adj.* **1** (situação) simulado; *~ sale* venda simulada; **2** suposto, pretenso; **3** (objecto, material) postiço, falso; *~ pearls* pérolas falsas; **4** fictício; *~ dividend* dividendo fictício Ⓑ *s.* **1** (objectos) contrafacção, falsificação, imitação; *these are not real diamonds, they are only shams* estes diamantes não são autênticos, são apenas imitações; **2** (pessoa) farsante, impostor; **3** hipocrisia; **4** impostura, farsa, embuste, mentira; *it was a mere ~* aquilo não passava de um embuste Ⓒ *v.tr.,intr.* ⟨particípios: **-mm-**⟩ **1** simular; *to ~ a faint* simular um desmaio; **2** fingir; *to ~ ill* fingir-se de doente; *to ~ sleep* fingir estar a dormir; *he is only shamming* ele está a fingir; **3** enganar ❖ *~ republic* república das bananas

Shaman ['ʃæmən] *s.* xamã, xamane

Shamanism ['ʃæmənɪzəm] *s.* xamanismo

Shamanist ['ʃæmənɪst] *s.* xamanista

shamateurism [ʃæmə'tɜːrɪzəm] *s.* falso amadorismo

shamble ['ʃæmbl] Ⓐ *s.* andar trôpego, desajeitado; maneira de andar arrastando os pés Ⓑ *v.intr.* caminhar tropegamente; andar sem firmeza; arrastar os pés ao caminhar

shambles ['ʃæmblz] *s.pl.* **1** (devastação) carnificina; massacre, mortandade; **2** confusão; desordem; caos; *my house was (in) a ~* a minha casa estava um caos; **3** [ant.] matadouro; açougue

shame [ʃeɪm] Ⓐ *s.* **1** vergonha; *he has no ~* ele não tem vergonha; *to be lost to ~/to be past ~* ter perdido toda a vergonha; *to bring ~ on sb* ser motivo de vergonha para alguém; *to feel ~ at* sentir vergonha de; *to put sb to ~* envergonhar alguém; *to the ~ of* para vergonha de; *without ~* sem vergonha; **2** (embaraço) pejo; pudor; **3** desonra, ignomínia, opróbrio; **4** humilhação; **5** (sentimento) pena, lástima; *what a shame!* que pena! Ⓑ *v.tr.* **1** envergonhar; *to ~ sb* envergonhar alguém; **2** causar vergonha a; *to ~ sb into doing sth* levar uma pessoa a fazer alguma coisa por vergonha; *to ~ sb out of doing sth* levar uma pessoa a não fazer alguma coisa por vergonha; **3** aviltar, comprometer, humilhar; **4** [arc.] envergonhar-se de, ter vergonha de; *he shamed not to...* ele não teve vergonha de... ❖ *~ on you!* devias ter vergonha!; *for shame!* tenha vergonha!

shamefaced ['ʃeɪmfeɪst] *adj.* **1** envergonhado, acanhado, tímido; **2** modesto; **3** apagado, procurando não dar nas vistas

shamefacedly ['ʃeɪmˌfeɪsɪdlɪ] *adv.* envergonhadamente, timidamente, modestamente

shamefacedness [ˈʃeɪmˌfeɪsɪdnəs] *s.* **1** vergonha, falsa vergonha; **2** acanhamento, timidez, modéstia
shameful [ˈʃeɪmfʊl] *adj.* **1** vergonhoso, escandaloso; **2** indigno, ignominioso, infame
shamefully [ˈʃeɪmfʊlɪ] *adv.* **1** vergonhosamente, escandalosamente; **2** indignamente, ignominiosamente, infamemente
shamefulness [ˈʃeɪmfʊlnəs] *s.* vergonha, indignidade, infâmia, ignomínia
shameless [ˈʃeɪmləs] *adj.* **1** desavergonhado, sem vergonha, sem pudor; **2** descarado; **3** impudico; **4** indigno, escandaloso
shamelessly [ˈʃeɪmləslɪ] *adv.* **1** desavergonhadamente, descaradamente; **2** impudentemente, impudicamente; **3** indignamente, escandalosamente
shamelessness [ˈʃeɪmləsnəs] *s.* **1** desvergonha; **2** despudor; **3** descaramento; **4** falta de decoro; **5** indignidade, escândalo
shaming [ˈʃeɪmɪŋ] *s.* **1** envergonhamento; **2** aviltamento
shammer [ˈʃæmə] *s.* impostor, trapaceiro, mentiroso
shammy [ˈʃæmɪ] *s.* pele de camurça
shammy-leather [ˈʃæmɪˌleðə] *s.* ⇒ **shammy**
shamoy [ˈʃæmɔɪ] *s.* ⇒ **shammy**
shampoo [ʃæmˈpuː] Ⓐ *s.* **1** champô; **2** lavagem com champô Ⓑ *v.tr.* lavar com champô ❖ **~ powder** champô em pó; **dry ~** massagem à cabeça; **to give oneself a ~** lavar a cabeça
shampooing [ʃæmˈpuːɪŋ] *s.* lavagem com champô
shampooist [ʃæmˈpuːɪst] *s.* cabeleireiro que só lava o cabelo
shamrock [ˈʃæmrɒk] *s.* BOTÂNICA (emblema nacional da Irlanda) trevo de três folhas
shandrydan [ˈʃændrɪˌdæn] *s.* **1** carro leve de duas rodas; **2** carro velho desconjuntado
shandygaff [ˈʃændɪgæf] *s.* mistura de cerveja e de gengibirra
shanghai [ʃæŋˈhaɪ] *v.tr.* NÁUTICA [cal.] embriagar e embarcar, enquanto inconsciente, como marinheiro
Shanghai [ʃæŋˈhaɪ] *s.top.* Xangai
shank [ʃæŋk] Ⓐ *s.* **1** ANATOMIA (perna) canela; **2** ANATOMIA (ave) tarso; **3** BOTÂNICA pedúnculo; **4** ARQUITECTURA (coluna) fuste; **5** (ferramenta) haste; **6** fuste; **~ of bolt** fuste de rebite; **~ of connecting rod** fuste de biela; **7** cana, espiga, espigão; **~ of a tool** espiga de ferramenta; **8** (colher, chave, etc.) haste; **~ of screw** haste de parafuso; **9** CULINÁRIA pernil; **10** parte estreita da sola de sapato; **11** NÁUTICA verga; **anchor ~** verga da âncora; **12** parte direita de anzol Ⓑ *v.tr.,intr.* **1** BOTÂNICA (flor) cair devido ao apodrecimento do pedúnculo; (planta) apodrecer pelo caule; **2** DESPORTO (golfe) falhar a jogada por bater a bola com a haste do taco ❖ [coloq.] **to go on Shanks's mare/pony** ir a pé
shanked [ʃæŋkt] *adj.* **1** com haste; **2** com pé, pedúnculo ou pecíolo
shankless [ˈʃæŋkləs] *adj.* sem haste, caule ou pé
shanny [ˈʃænɪ] *s.* ZOOLOGIA variedade de peixe europeu de água salgada, de cor verde-azeitona
shan't [ʃɑːnt] *contr. de* **shall not**
shanty [ˈʃæntɪ] *s.* (*pl.* **-ies**) **1** (casa) barraca, cabana, choupana_{ant.}; **2** NÁUTICA (marinheiros) canção de bordo ❖ **~ town** bairro de lata
shape [ʃeɪp] Ⓐ *s.* **1** forma; feitio; *liquids take the ~ of their containers* os líquidos adquirem a forma do recipiente que os contém; *to take ~* ganhar forma; *his hat was knocked out of ~* deformaram-lhe o chapéu; **2** condição física, forma; *out of ~* em baixo de forma; *to be in good ~* estar em boa forma; *to keep in ~* manter a forma; **3** forma definida; **4** (pessoa) figura, silhueta; **5** modelo; molde; *a hat ~* um molde para chapéu; **6** fantasma, imagem, vulto; *a ~ loomed through the mist* um vulto surgiu através da névoa Ⓑ *v.tr.,intr.* (*prt. e part. pass.* **-ed**) **1** formar, dar forma a; *to ~ sth into* dar a alguma coisa a forma de; **2** modelar; moldar; *to ~ sb's character* moldar o carácter de alguém; **3** planear; *to ~ one's course* planear a estratégia; **4** influenciar; **5** acontecer, ocorrer ❖ CULINÁRIA *chocolate ~* creme de chocolate; CULINÁRIA *rice ~* bolo de arroz; *something in the ~ of* uma espécie de; *that's a ~ of things to come* isto dá uma ideia daquilo que nos espera; *to get one's ideas into ~* ordenar as ideias
◆**shape up** *v.tr.,intr.* **1** [coloq.] tomar forma; **2** (comportamento, trabalho, etc.) fazer progressos, melhorar; *if you don't ~ your behaviour, I'll have to call your parents* se não melhorares o teu comportamento, vou ter de chamar os teus pais; **3** recuperar a boa forma física; adelgaçar ❖ [coloq.] (trabalho) *shape up!* vê lá se atinas!; *things are shaping up well* está tudo a correr pelo melhor; *to ~ to* avançar em posição de combate para
SHAPE [*abrev. de* Supreme Headquarters of the Allied Powers Europe]
shaped [ʃeɪpt] *adj.* **1** com determinada forma; *oddly ~* com uma forma estranha; **2** em forma [**like**, de]; **3** perfilado; **~ plate** chapa perfilada; **~ wire** arame perfilado
shapeless [ˈʃeɪpləs] *adj.* **1** amorfo, sem forma, informe; **2** disforme; **3** desproporcionado; **4** deselegante, feio; **5** sem qualquer ordem nem plano
shapelessly [ˈʃeɪpləslɪ] *adv.* **1** disformemente; **2** sem forma, amorfamente; **3** desproporcionadamente
shapelessness [ˈʃeɪpləsnəs] *s.* **1** aspecto informe, desproporcionado; **2** desequilíbrio na forma; **3** deselegância
shapeliness [ˈʃeɪplɪnəs] *s.* **1** equilíbrio de forma, simetria; **2** beleza; **3** perfeição
shapely [ˈʃeɪplɪ] *adj.* (*comp.* **-ier**, *superl.* **-iest**) **1** bem proporcionado, bem modelado; **2** bem talhado, bem feito; **3** simétrico
shaper [ˈʃeɪpə] *s.* **1** pessoa que dá forma; *the ~ of a plan* o autor de um projecto; **2** modelador; **3** máquina de desbastar ou de talhar ❖ **~ gauge** calibre de máquina de talhar
shaping [ˈʃeɪpɪŋ] *s.* **1** formação; **~ of character** formação de carácter; **2** modelação, modelagem; **3** desbastamento; **4** calibragem ❖ **~ machine** máquina limadora
shard [ʃɑːd] *s.* **1** [arc.] caco, fragmento de louça de barro; **2** ZOOLOGIA élitro
share [ʃeə] Ⓐ *s.* **1** parte, quinhão, quota [**in**, em; **of**, de]; DIREITO *to claim one's proportionate ~* reclamar a sua parte; *to pay one's ~* pagar a sua parte; *she has had her ~ of worries* ela tem tido a sua quota-parte de preocupações; **2** comparticipação; **~ in profits** comparticipação nos lucros; **3** (responsabilidade) participação; parte; *he had no ~ in this* ele não tomou parte nisto; *to take a ~* participar em; *to do one's ~* cumprir a sua parte; **4** FINANÇAS acção; *he holds 800 shares in the company* ele é proprietário de 800 acções da empresa; *ordinary ~* acção ordinária; *paid-up ~* acção liberada; *registered ~* acção registada; *transferable ~* acção ao portador; **5** AGRICULTURA (arado, charrua) relha; **~ beam** parte do arado onde se fixa a relha Ⓑ *v.tr.,intr.* **1** partilhar; *they shared a room* eles partilhavam um quarto; *to ~ sth with sb* partilhar alguma coisa com alguém; **2** compartilhar, possuir em comum; *to ~ sb's opinion* compartilhar da opinião de alguém; **3** dividir, repartir; *to ~ and alike* repartir igualmente; **4** tomar parte [**in**, em]; participar [**in**, de] ❖ **~ capital** capital social; **~ certificate** certificado de acção; **~ issue** emissão de acções; **~ list** lista oficial com a cotação alcançada na Bolsa pelos papéis de crédito; **~ warrant** título ao portador; [GB] *shared ownership* co-propriedade; DIREITO *legal ~* reserva legal; *for my ~* quanto a mim; pela minha parte; *to fall to the ~ of* cair em partilhas de; *to go half shares with* repartir a meias com; *to go shares with* repartir com; *to take ~ and ~ alike with sb* repartir com alguém em partes iguais
◆**share out** *v.tr.* distribuir, repartir; *the earnings were shared out among the partners* os dividendos foram repartidos entre os sócios
shareholder [ˈʃeəˌhəʊldə] *s.* ECONOMIA accionista ❖ ECONOMIA *registered ~* proprietário de acções nominativas
shareholding [ˈʃeəˌhəʊldɪŋ] *s.* **1** ECONOMIA posse de acções ou títulos; **2** *pl.* acções ❖ **~ interest in** comparticipação por acções em
sharer [ˈʃeərə] *s.* **1** aquele que compartilha ou participa em; **2** interessado; **3** associado
shareware [ˈʃeəweə] *s.* INFORMÁTICA shareware, software gratuito apenas por determinado período de tempo
sharing [ˈʃeərɪŋ] *s.* **1** (bens) partilha; divisão; **2** (fundos) comparticipação
shark [ʃɑːk] Ⓐ *s.* **1** ZOOLOGIA tubarão; **2** [fig., depr.] aldrabão, burlão, trapaceiro; **3** [fig., depr.] (pessoa) poderoso; manda-chuva; **4** [EUA] [cal.] (escola) ás, estudante brilhante; *to be a ~ at* ser um ás em Ⓑ *v.tr.,intr.* **1** vigarizar; burlar; trapacear; **2** [arc.] conseguir por meios desonestos; roubar; **3** engolir vorazmente ❖ **~ hook** anzol para tubarões; **~ oil** óleo de fígado de tubarão; NÁUTICA (mastro) *shark's mouth* boca de toldo; ZOOLOGIA *basking ~* peixe-frade; ZOOLOGIA *blue ~* tubarão-azul; ZOOLOGIA *man-eating ~* anequim; ZOOLOGIA *sand ~* tubarão-de-areia

sharksucker [ʃɑːkˌsʌkə] s. ZOOLOGIA (peixe) rémora
sharp [ʃɑːp] Ⓐ adj. (comp. -**er**, superl. -**est**) 1 (objecto) afiado; cortante; ~ *knife* faca cortante; 2 (dor, som) agudo; ~ *cry* grito agudo; ~ *pain* dor aguda; 3 pontiagudo; ~ *roof* telhado em ponta; 4 arguto, astuto, esperto, inteligente, perspicaz; *he was a ~ child* ele era uma criança muito esperta; *to be as ~ as a needle* ser fino como um coral, ser muito inteligente; 5 desonesto, manhoso; ~ *lawyer* advogado pouco honesto; ~ *practice* processos pouco honestos; 6 MÚSICA sustenido; C ~ dó sustenido; 7 elegante, fino; 8 (sabor) picante; ácido, azedo; ~ *taste* gosto picante; 9 cáustico, mordaz, sarcástico; *to make a ~ retort* responder sarcasticamente; 10 duro, rígido, severo; ~ *words* palavras duras; *to be very ~ with sb* dar uma reprimenda severa a alguém; 11 vivo; ~ *edge* aresta viva; *in a ~ tone* num tom vivo; *to take a ~ walk* ir dar um passeio com um andamento vivo; 12 repentino, súbito, violento; ~ *attack of fever* violento ataque de febre; 13 (temperamento) feroz, impetuoso; 14 atento, vigilante; *to keep a ~ lookout* vigiar atentamente; 15 acentuado; pronunciado, brusco; ~ *angle* ângulo pronunciado; ~ *turn* curva brusca; 16 nítido; bem definido; ~ *image* imagem nítida; ~ *vision* visão nítida; 17 (acto) rápido; imediato; 18 (diferenças, ideias) marcante, nítido; ~ *contrast* contraste marcante Ⓑ adv. 1 em ponto, pontualmente; *at three o'clock* ~ às três horas em ponto; 2 abruptamente, subitamente; *the road turns ~ to the right* a estrada vira subitamente para a direita; 3 nitidamente, vincadamente; *the building stood ~ against the sky* o edifício recortava-se nitidamente de encontro ao céu; 4 MÚSICA acima do tom; *to sing ~* cantar num tom acima Ⓒ s. 1 agulha com ponta aguçada; 2 MÚSICA sustenido; 3 intrujão, trapaceiro, vigarista; 4 [EUA] [coloq.] conhecedor, perito Ⓓ v.tr.,intr. 1 MÚSICA levantar o tom; cantar acima do tom; 2 enganar, intrujar, trapacear, vigarizar ❖ NÁUTICA ~ *bottom* delgados do navio; ~ *fight* peleja renhida; *sharp's the word!* depressa!; rápido!; *look sharp!* despacha-te!; *he is very ~ at Physics* ele sabe muito de Física, [coloq.] *he was too ~ for me* ele conseguiu levar-me; *it was a bit ~ that morning* estava um pouco frio naquela manhã
shar-pei [ʃɑːˈpeɪ] s. ZOOLOGIA (cão) xar-pei
sharpen [ˈʃɑːpən] v.tr.,intr. 1 (objecto) afiar, aguçar; *to ~ a pencil* afiar um lápis; *this razor wants sharpening* esta lâmina precisa de ser afiada; 2 (apetite) abrir; 3 [fig.] (situação) agudizar, intensificar; 4 (imagem) tornar mais nítido; 5 (contraste, diferença) tornar mais acentuado; 6 [fig.] (desejo, sentimento) avivar, estimular; 7 MÚSICA subir meio tom; 8 (dor) agravar
◆**sharpen up** v.tr. aperfeiçoar; melhorar; *you have to ~ your performance* tens de melhorar o teu desempenho
sharpener [ˈʃɑːpənə] s. 1 afiador; 2 amolador; *a knife ~* um amolador de facas ❖ *pencil ~* apara-lápis; afia; aguça
sharpening [ˈʃɑːpənɪŋ] s. 1 acto de amolar, afiar ou aguçar; 2 afiação; 3 acentuação, intensificação; 4 MÚSICA elevação de meio tom ❖ ~ *machine* máquina de afiar; ~ *stone* pedra de amolar; ~ *tool* ferramenta de afiar
sharper [ˈʃɑːpə] s. 1 vigarista, gatuno, intrujão; 2 trapaceiro; 3 escroque; 4 batoteiro
sharp-eyed [ˈʃɑːpaɪd] adj. 1 com olhos de lince; de olhar penetrante; 2 perspicaz
sharping [ˈʃɑːpɪŋ] s. 1 vigarice, gatunice, intrujice; 2 trapacice; 3 batotice
sharply [ˈʃɑːplɪ] adv. 1 severamente, rispidamente; 2 vivamente; 3 bruscamente; *he answered ~* ele respondeu bruscamente; *to turn ~* virar-se bruscamente; 4 nitidamente, vincadamente; *to contrast ~ with sth* contrastar nitidamente com algo; 5 acentuadamente; *prices have risen ~* verificou-se uma subida acentuada dos preços; 6 perspicazmente; 7 rapidamente ❖ ~ *pointed* aguçado; de ponta muito viva
sharpness [ˈʃɑːpnəs] s. 1 (tom, voz) brusquidão, rudeza; 2 (crítica, etc.) aspereza, mordacidade, sarcasmo, severidade; 3 (sabor) acidez; 4 (dor) agudeza, intensidade; 5 (tempo) inclemência; 6 (agulha, lápis) bico, ponta; 7 (faca, lâmina) gume; 8 FOTOGRAFIA nitidez; ~ *of image* nitidez de imagem ❖ ~ *of sight* acuidade visual; RÁDIO ~ *of tuning* exactidão de sintonização
sharp-set [ˈʃɑːpset] adj. 1 esfomeado; 2 ansioso, ávido

sharpshooter [ˈʃɑːpʃuːtə] s. atirador de elite, atirador especial
sharp-sighted [ˈʃɑːpˈsaɪtɪd] adj. 1 com olhos de lince; de olhar penetrante; 2 perspicaz
sharp-tongued [ˈʃɑːpˌtʌŋd] adj. cáustico, mordaz, sarcástico
sharp-witted [ˈʃɑːpˈwɪtɪd] adj. inteligente, perspicaz
shatter [ˈʃætə] v.tr.,intr. 1 (louça, vidro) estilhaçar; *to ~ a window* estilhaçar uma janela; 2 [coloq.] (esforço físico) moer; fatigar; 3 [fig.] (emoções, sonhos) destruir, destroçar; *all her hopes were shattered* todas as suas esperanças ruíram; 4 (louça, vidro) esmigalhar-se, despedaçar-se; 5 (saúde) arruinar
shatterable [ˈʃætərəbəl] adj. quebrável; que pode partir
shattered [ˈʃætəd] adj. 1 despedaçado, esmigalhado, feito em bocados; 2 (emoções, sonhos) desfeito, destroçado; destruído; ~ *hopes* esperanças destruídas; 3 (saúde) arruinado, estragado; ~ *health* saúde arruinada; ~ *nerves* nervos escangalhados; 4 irritado; 5 [coloq.] (cansaço) esgotado, exausto
shatterer [ˈʃætərə] s. 1 destruidor; 2 aquele que despedaça ou faz em bocados
shattering [ˈʃætərɪŋ] Ⓐ adj. 1 terrível, tremendo; demolidor; 2 esmagador, destruidor; 3 (cansaço) esgotante, extenuante Ⓑ s. 1 destruição; 2 esmagamento; 3 acto de abalar (saúde, etc.)
shatterproof [ˈʃætəpruːf] adj. inquebrável
shave [ʃeɪv] Ⓐ v.tr. 1 (acto) fazer a barba; barbear-se; *to have a ~* fazer a barba; *haircut or shave, sir?* cabelo ou barba?; 2 escapadela por um triz; *to have a close/narrow ~* escapar por pouco, escapar por um triz; 3 (instrumento) raspador; raspilha; 4 fraude, intrujice; 5 apara Ⓑ v.tr. 1 barbear, fazer a barba; *do you ~ every day?* fazes a barba todos os dias?; *I got shaved* fiz a barba; 2 (com lâmina) depilar, fazer depilação; 3 cortar em fatias; *to ~ a slice off* cortar uma fatia; 4 roçar; *her car shaved the wall* o carro dela tocou a parede de raspão; 5 (preço, quantia) baixar, reduzir; 6 (madeira) aparar, aplainar
◆**shave off** v.tr. 1 (barba, cabelo) rapar; 2 (madeira) aplainar, lixar; 3 reduzir ligeiramente; *the sprinter shaved a second off the Olympic record* o velocista reduziu um segundo ao recorde olímpico; 4 fazer um (pequeno) desconto a
shavegrass [ˈʃeɪvɡrɑːs] s. BOTÂNICA cavalinha, rabo-de-cavalo
shaveling [ˈʃeɪvlɪŋ] s. [arc.] monge, frade, padre
shaven [ˈʃeɪvən] adj. 1 barbeado, com a barba feita; 2 tonsurado
shaver [ˈʃeɪvə] s. 1 máquina de barbear; 2 [ant., coloq.] garoto, miúdo ❖ ELECTRICIDADE ~ *point* tomada para máquina de barbear
Shavian [ˈʃeɪvɪən] Ⓐ adj. 1 relativo a Bernard Shaw; 2 à maneira de Bernard Shaw Ⓑ s. discípulo de Bernard Shaw
shaving [ˈʃeɪvɪŋ] s. 1 acto de se barbear, acto de fazer a barba; 2 pl. (madeira, metal) aparas; rebarbas; *iron shavings* rebarbas de aço ❖ ~ *brush* pincel de barba; ~ *cream* creme de barbear; ~ *glass* espelho para a barba; ~ *lotion* loção para a barba; ~ *soap* sabão de barba
shaw [ʃɔː] s. [arc., poét.] bosque, moita
shawl [ʃɔːl] Ⓐ s. VESTUÁRIO xaile Ⓑ v.tr. pôr um xaile em ❖ ~ *dance* dança na qual se agita um xaile
shawm [ʃɔːm] s. [arc.] flauta rústica, charamela
shay [ʃeɪ] s. [arc., joc.] ⇒ **chaise**
she [ʃiː] Ⓐ pron.pess. (pl. **they**) 1 ela; ~ *and I* ela e eu; *it is ~* é ela; 2 [antes de pron. rel.] aquela; ~ *who spoke to you* aquela que falou contigo Ⓑ s. (pl. -**s**) 1 mulher, pessoa do sexo feminino; *is the child a he or a she?* é menino ou menina?; *the not impossible ~* a mulher que se poderia amar; 2 (animal) fêmea; ~ *had a litter of three shes and a he* teve uma ninhada de três cadelinhas e um cãozinho ❖ *have you seen my car? ~ is a beauty* já viste o meu carro? é uma beleza
shea [ʃɪə, ʃiː] s. BOTÂNICA (árvore) carité; vitelária ❖ ~ *butter* manteiga de carité
sheading [ˈʃiːdɪŋ] s. cada uma das seis divisões administrativas da ilha de Man
sheaf [ʃiːf] Ⓐ s. (pl. -**ves**) 1 (palha) molho; feixe; 2 maço; *a ~ of papers* um maço de papéis Ⓑ v.tr. atar em molhos ou feixes; enfeixar
shear [ʃɪə] Ⓐ s. 1 (ovelhas) tosquia; tosquiadela; 2 FÍSICA cisalhamento; 3 pl. tesoura grande; 4 pl. cisalha; *to be in ~* sofrer a acção da cisalha; 5 pl. guia de torno; 6 pl. (instrumento) tosquiadeira; 7 pl. (jardinagem) podão, tesoura da poda Ⓑ v.tr.,intr. (prt. -**ed** ou (arc.) **shore**, part. pass. **shorn**) 1 (ovelhas) tosquiar; 2 cortar com

tesoura; **3** cortar rente, rapar; **4** (jardinagem) podar; **5** penetrar cortando; **6** despojar; **7** FÍSICA cisalhar, deformar, sofrer deformação ❖ FÍSICA **~ *effort*** esforço de cisalhamento; FÍSICA **~ *value*** valor de cisalhamento; **~ *mark*** sinal deixado no vidro devido ao esfriamento da tesoura ao cortar; **~ *sheep*** carneiro de um ano; carneiro que só foi tosquiado uma vez; ***two-shear sheep*** carneiro que foi tosquiado duas vezes; **~ *steel*** aço de têmpera especial próprio para instrumentos cortantes; ***block shears*** tesoura de cortar ferro

◆**shear off** *v.tr.,intr.* **1** (cabelo, etc.) cortar; **2** arrancar, extrair, tirar; **3** (árvore) podar; **4** (ramo, etc.) partir-se

◆**shear through** *v.tr.* **1** (madeira, metal) fender, rachar; **2** (pano, papel) cortar, talhar; **3** [fig.] (multidão, ondas) cortar, sulcar

shearbill [ˈʃɪəbɪl] *s.* ZOOLOGIA talha-mar, corta-mar, taia-taia

shearer [ˈʃɪərə] *s.* **1** tosquiador; **2** máquina de tosquiar

shearing [ˈʃɪərɪŋ] *s.* **1** (ovelhas) tosquia; **2** (árvores) poda; **3** corte; **4** *pl.* pêlo de lã tosquiada ❖ **~ *blade*** lâmina de cortar; **~ *force*** resistência à tracção; **~ *machine*** máquina de tosquiar; **~ *of the rivet*** ruptura de rebite por cisalhamento; **~ *shop*** oficina de corte à tesoura; **~ *strain*** esforço tangencial; **~ *stress*** esforço transverso; **~ *strength*** resistência ao esforço transverso; **~ *time*** tempo de tosquia

shearlegs [ˈʃɪəlegz] *s.* ⇒ **sheerlegs**

shearling [ˈʃɪəlɪŋ] *s.* **1** carneiro de um ano; **2** carneiro que só foi tosquiado uma vez

shearwater [ˈʃɪəˌwɔːtə] *s.* ZOOLOGIA pardela, pardilhão, maranhona

sheat-fish [ˈʃiːtfɪʃ] *s.* ZOOLOGIA siluro, o peixe europeu de água doce de maiores dimensões

sheath [ʃiːθ] Ⓐ *s.* **1** (espada, faca) bainha, estojo; **2** (objecto) invólucro, revestimento; **3** BOTÂNICA vagem; **4** vestido justo; **5** preservativo; ***contraceptive ~*** preservativo anticoncepcional Ⓑ *v.tr.* **1** revestir, cobrir, forrar; **2** NÁUTICA embonar ❖ ANATOMIA **~ *of the womb*** vagina

sheathe [ʃiːð] *v.tr.* **1** (espada, faca) embainhar, meter na bainha; ***to ~ the sword*** embainhar a espada; **2** (estruturas) cobrir, forrar, revestir [**with**, com; **in**, de]; **3** (garras) recolher; **4** [lit.] (pessoa) trespassar ❖ ***to ~ the sword*** fazer a paz; cessar as hostilidades

sheathed [ˈʃiːðd] *adj.* **1** embainhado, metido na bainha; **2** revestido de membrana protectora; **3** coberto, recoberto, blindado ❖ **~ *cable*** cabo armado; **~ *in armour*** protegido com armadura

sheathing [ˈʃiːðɪŋ] *s.* **1** revestimento; **2** invólucro de protecção; **3** forro; **4** NÁUTICA forro de navio, embonos; **5** (cabo) blindagem, armadura ❖ **~ *copper*** revestimento de cobre

sheave [ʃiːv] Ⓐ *s.* **1** roldana; **2** *pl.* NÁUTICA roda de moitão Ⓑ *v.tr.* enfeixar, atar em molhos ou feixes ❖ NÁUTICA **~ *hole*** gorne

sheaves [ʃiːvz] Ⓐ *s.* {*pl. de* **sheaf**} Ⓑ *s.* {*pl. de* **sheave**}

Sheba [ˈʃiːbə] *s.top.* Sabá ❖ (Bíblia) ***the Queen of ~*** a rainha do Sabá

shebang [ʃɪˈbæŋ] *s.* **1** [EUA] [coloq.] casa, cabana; **2** [EUA] bar, taberna; **3** [coloq.] assunto, coisa; ***he says he is sick of the whole ~*** ele diz que já está farto de toda essa droga_coloq._

shebeen [ʃɪˈbiːn] Ⓐ *s.* [Irl.] taberna, estabelecimento clandestino de bebidas Ⓑ *v.intr.* vender bebidas clandestinamente

shed [ʃed] Ⓐ *s.* **1** (construção) alpendre; barracão; telheiro; ***cattle ~*** alpendre para gado; **2** barraco, cabana, choupana; **3** depósito; hangar; (caminhos-de-ferro) ***engine ~*** depósito de máquinas; **4** oficina; **5** linha divisória das águas, vertente Ⓑ *v.tr.* (*prt. e part. pass.* **shed**) **1** (carga) deixar cair; largar; **2** (cabelo, folhas, penas) perder; ***to ~ feathers*** perder as penas; **3** despojar-se de; ***to ~ one's clothes*** despojar-se das roupas; **4** livrar-se de; **5** proteger de; ***an umbrella sheds rain*** um guarda-chuva protege da chuva; **6** (líquidos) derramar; verter; ***to ~ blood*** derramar sangue; ***to ~ tears*** derramar lágrimas; **7** (luz, etc.) emitir; lançar; irradiar; ***to ~ light*** emitir luz, iluminar; ***to ~ love*** irradiar amor; **8** (emoções) soltar; libertar-se de ❖ **~ *roof*** telhado de alpendre; ***to ~ light on*** esclarecer; lançar luz sobre

she'd [ʃiːd] Ⓐ *contr. de* **she had** Ⓑ *contr. de* **she would**

shedder [ˈʃedə] *s.* **1** aquele que derrama; **2** ZOOLOGIA caranguejo que muda da casca; **3** ZOOLOGIA salmão fêmea depois da desova ❖ ***a ~ of blood*** assassino

shedding [ˈʃedɪŋ] *s.* **1** (líquido) derramamento; **~ *of tears*** derramamento de lágrimas; **2** perda, queda; **3** muda; **~ *of skin*** muda da pele

she-devil [ˈʃiːdevl] *s.* (mulher terrível) megera; demónio de saias

sheen [ʃiːn] *s.* **1** brilho; lustro; ***to take the ~ off sth*** tirar o brilho a algo; **2** luminosidade; **3** reflexo de luz; ***her hair with a ~ like gold*** o cabelo dela com reflexos dourados

sheeny [ˈʃiːnɪ] *adj.* **1** brilhante, reluzente; **2** lustroso

sheep [ʃiːp] *s.* (*pl.* **sheep**) **1** ZOOLOGIA carneiro; ovelha; **2** (pele) carneira; **3** [fig., depr.] (pessoa submissa) carneirinho; ***they follow one another like ~*** são uns carneiros, não têm iniciativa nenhuma, não têm a menor independência ❖ ZOOLOGIA **~ *bot*** estro; larva parasita do carneiro; **~ *farmer*** criador de carneiros; **~ *hook*** cajado de pastor; ZOOLOGIA **~ *louse*** piolho do carneiro; **~ *pen*** redil; **~ *run/~ walk*** terreno de pastagem para carneiros; ***sheep's fescue*** relva de pastagem; **~ *shearing*** festa da tosquia; ZOOLOGIA **~ *ked/tick*** melófago; parasita do carneiro; ***a lost ~*** uma ovelha tresmalhada; ***a wolf in a sheep's clothing*** um lobo com pele de cordeiro; ***he is the black ~ of the family*** ele é a ovelha negra da família; ***I feel like a lost ~*** sinto-me deslocado; ***one may as well be hanged for a ~ as for a lamb*** perdido por um, perdido por cem; ***the parish priest and his ~*** o pároco e as suas ovelhas; ***to cast sheep's eyes at*** fazer olhinhos a; ***to separate the ~ from the goat*** separar o trigo do joio

sheepcot [ˈʃiːpkɒt] ⇒ **sheepcote**

sheepcote [ˈʃiːpkəʊt] *s.* [arc.] redil

sheep-dip [ˈʃiːpdɪp] *s.* **1** (ovelhas) loção desinfectante; **2** (ovelhas) banho desinfectante

sheepdog [ˈʃiːpdɒg] *s.* ZOOLOGIA cão pastor

sheepfold [ˈʃiːpfəʊld] *s.* redil, curral para ovelhas

sheepish [ˈʃiːpɪʃ] *adj.* **1** acanhado, tímido; ***a ~ look*** um ar acanhado, um ar tímido; **2** envergonhado, embaraçado

sheepishly [ˈʃiːpɪʃlɪ] *adv.* acanhadamente, timidamente, com um ar envergonhado

sheepishness [ˈʃiːpɪʃnəs] *s.* acanhamento, timidez

sheepman [ˈʃiːpmən] *s.* (*pl.* **-men**) criador de carneiros

sheepshank [ˈʃiːpʃæŋk] *s.* NÁUTICA trincafio

sheepskin [ˈʃiːpskɪn] *s.* **1** pele de carneiro; carneiro; **2** pergaminho; **3** [EUA] [coloq.] (diploma) canudo; ***he finally secured his ~*** conseguiu finalmente o canudo; **4** (tapete, vestuário) peça em pele de carneiro ❖ VESTUÁRIO **~ *jacket*** casaco forrado a pele de carneiro

sheer [ʃɪə] Ⓐ *adj.* **1** (ênfase) puro; mero; simples; ***out of ~ malice*** por pura maldade; ***that's ~ waste of time*** isso é pura perda de tempo; ***the ~ beauty of Conrad's prose*** a pura beleza da prosa de Conrad; **2** (material) puro, sem mistura; **3** absoluto, completo, total; ***a ~ waste of time*** uma total perda de tempo; ***in ~ desperation*** em desespero total; **4** (tecido) muito fino; ***stockings of ~ silk*** meias de seda muito fina; **5** (superfície) íngreme, alcantilado, a pique; **~ *cliff*** penhasco íngreme Ⓑ *adv.* **1** a pique; abruptamente; **2** completamente, totalmente; **3** bruscamente; ***trees were torn ~ by the roots*** árvores foram bruscamente arrancadas pelas raízes Ⓒ *v.intr.* guinar; fazer uma mudança brusca de direcção; desviar-se; ***the ship sheered toward us*** o navio guinou na nossa direcção Ⓓ *s.* **1** NÁUTICA curvatura do convés; posição do navio relativamente à sua ancoragem; **2** guinada, mudança brusca de direcção; **3** NÁUTICA cábrea, cabrilha; **~ *hulk*** cábrea flutuante; **4** *pl.* tecido transparente ❖ **~ *draught*** projecção longitudinal; NÁUTICA **~ *strake*** precinta; ***he grew rich by ~ hard work*** ele enriqueceu unicamente devido a um trabalho intenso; ***to do sth by ~ force*** fazer uma coisa recorrendo à força bruta

◆**sheer away** *v.intr.* **1** (assunto, tema) esquivar-se [**from**, a]; fugir [**from**, a]; **2** evitar [**from**, -]

◆**sheer off** *v.intr.* **1** desviar-se; **~ *the wall*** desvia-te da parede; **2** NÁUTICA fazer-se ao largo; ***to ~ from a ship*** passar a boa distância de um navio; **3** fugir, pôr-se a andar_coloq._

sheerlegs [ˈʃɪəlegz] *s.pl.* cábrea, guindaste

sheet [ʃiːt] Ⓐ *s.* **1** (tecido, vidro) lâmina; chapa; folha; ***copper sheets*** chapa de cobre; **~ *brass*** folha de latão; **~ *iron*** chapa de ferro; **~ *of tin*** folha de estanho; **~ *steel*** chapa de aço; ***to cover with ~ iron*** cobrir com chapa de ferro; **3** (papel, etc.) folha; ***loose ~*** folha solta; **~ *of felt*** feltro em folhas; **~ *of notepaper*** folha de papel de carta; **4** camada; **~ *of ice*** camada de gelo; **5** cortina; **~ *of flames*** cortina de fogo; **6** jornal;

sheeted

7 NÁUTICA escota; *flowing* ~ escota folgada; *main sheets* escotas grandes; **8** página de selos ⒷⒶ adj. **1** em folhas; laminado; em chapas; ~ *copper* cobre em folhas; ~ *fibre* fibra em chapas; ~ *glass* vidro laminado; ~ *lead* chumbo em lâminas ou chapas; ~ *tin* estanho em folhas; **2** difuso; ~ *lightning* relâmpago difuso Ⓒ v.tr.,intr. **1** cobrir com lençol; **2** cobrir; envolver; *the village was sheeted over with snow* a aldeia estava coberta de neve; **3** laminar ❖ ~ *anchor* âncora maior; âncora de salvação; NÁUTICA ~ *cable* amarra mestre; ~ *metal* chapa metálica; ~ *mill* oficina de laminação; ~ *of water* lençol de água; COMÉRCIO ~ *sale* nota/folha de vendas; *book in sheets* livro de folhas soltas; *the rain came down in sheets* a chuva caía em torrentes; *to be three sheets in the wind* estar um tanto embriagado; *to stand in a white* ~ arrepender-se; NÁUTICA *to* ~ *home* alar pelas escotas
◆**sheet down** v.intr. **1** chover torrencialmente; **2** nevar muito
sheeted [ˈʃiːtɪd] adj. **1** coberto (com lençol, manto, etc.); **2** amortalhado
sheeting [ˈʃiːtɪŋ] s. **1** pano para lençóis; **2** material laminado, laminação; **3** revestimento de madeira
sheik [ʃeɪk, ʃiːk, ʃek] s. **1** xeque, chefe de tribo, família ou aldeia árabe ou maometana; **2** [fig.] amante ou marido dominador; **3** [ant., fig.] homem irresistível, conquistador
sheikh [ʃeɪk, ʃiːk, ʃek] s. **1** xeque, chefe de tribo, família ou aldeia árabe ou maometana; **2** [fig.] amante ou marido dominador; **3** [ant., fig.] homem irresistível, conquistador
shekel [ˈʃekəl] s. **1** (moeda de Israel) shekel; **2** (antiga moeda hebraica de prata) siclo; **3** (antiga unidade de peso) siclo; **4** pl. dinheiro, riquezas
sheldrake [ˈʃeldreɪk] s. **1** ZOOLOGIA variedade de pato-bravo; **2** adem, merganso; **3** pato tadorno
shelf [ʃelf] s. (pl. **-ves**) **1** (mobiliário) prateleira; *wall* ~ prateleira de parede; **2** (rocha) saliência; **3** GEOLOGIA plataforma; *continental* ~ plataforma continental; **4** baixio, banco de areia coberto pela água ❖ ~ *ice* banco de gelo costeiro; COMÉRCIO ~ *life* tempo de armazenamento de um produto; (biblioteca) ~ *mark* cota; ~ *support* suporte da prateleira; (mobiliário) *set of shelves* estante; [depr.] (mulher) *to be left on the* ~ ficar para tia; (relação, etc.) *to have limited* ~ *life* durar pouco; *to leave sth on the* ~ pôr alguma coisa na prateleira; pôr alguma coisa de lado
shelfy [ˈʃelfɪ] adj. com baixios, cheio de bancos de areia
shell [ʃel] Ⓐ s. **1** (frutos, ovos, sementes, etc.) casca; **2** BOTÂNICA vagem; **3** (crisálida) casulo; **4** ZOOLOGIA concha, carapaça; **5** (edifício) armação, esqueleto; *after the fire only the* ~ *was left* depois do incêndio só ficou o esqueleto da casa; **6** invólucro, parte exterior, revestimento; **7** (plano) linhas gerais; *the* ~ *of a scheme* as linhas gerais de um plano; **8** (navio) casco; **9** NÁUTICA barco leve de corrida, de um só remador; **10** (explosivo) cartucho; **11** MILITAR bomba; obus; granada; *armour-piercing* ~ granada perfurante; *heavy* ~ granada de grosso calibre; *high-explosive* ~ granada altamente explosiva; *live* ~ granada carregada; *practice* ~ granada de exercício; **12** [EUA] copo pequeno de cerveja; **13** INFORMÁTICA programa que estabelece ligação entre o utilizador e o sistema operativo; **14** [GB] (escola) classe; **15** [fig.] (reserva, timidez) concha,fig.; *to come out of one's* ~ sair da concha; *to go into one's* ~ encerrar-se na sua concha, mostrar-se tímido, retrair-se perante outras pessoas; **16** aparência, aspecto exterior; *that's a mere* ~ *of religion* isso é apenas uma aparência de religião; **17** [EUA] VESTUÁRIO blusa/camisola sem mangas; **18** VESTUÁRIO casaco leve Ⓑ v.tr.,intr. **1** descascar; tirar a casca a; *to* ~ *peas* descascar ervilhas; *these peas* ~ *well* estas ervilhas são fáceis de descascar; **2** [EUA] (conchas) coleccionar; **3** MILITAR bombardear; **4** (tinta, etc.) escamar, lascar ❖ ~ *auger* verruma; ~ *gold* ouro em folhas para douradores; ARQUEOLOGIA ~ *heap/mound* restos de cozinha; ~ *hole* cratera aberta pela explosão de uma granada; ~ *marble* mármore com conchas fossilizadas; ~ *pink* cor-de-rosa pálido; ~ *shock* trauma de guerra; ~ *silver* prata em folha para douradores; ELECTRICIDADE ~ *transformer* transformador blindado; *boiler* ~ corpo de caldeira; ~ *of a cock* caixa de torneira; *that's as easy as shelling peas* isso é extremamente fácil
◆**shell out** v.tr.,intr. [coloq.] pagar; largar,coloq.; *how much did you* ~ *for your new car?* quanto é que pagaste pelo teu carro novo?
she'll [ʃiːl] contr. de **she will**

shellac [ʃəˈlæk, ˈʃelæk] Ⓐ s. **1** goma-laca; *bleached* ~ goma-laca branca; **2** verniz de goma-laca Ⓑ v.tr. (particípios: **-ck-**) **1** cobrir com goma-laca; envernizar com goma-laca; **2** [EUA] [cal.] (pancada, derrota) dar uma tareia a ❖ ~ *film* película de goma-laca
shellback [ˈʃelbæk] s. **1** marinheiro que atravessou o equador; **2** (marinheiro experiente) lobo-do-mar
shellbark [ˈʃelbɑːk] s. BOTÂNICA nogueira americana
shelled [ʃelt] adj. **1** com casca; **2** com carapaça; **3** descascado; **4** (terreno) coberto de conchas; **5** metido dentro de bomba ou granada
sheller [ˈʃelə] s. **1** descascador; **2** pessoa ou aparelho que descasca
shellfire [ˈʃelfaɪə] s. MILITAR fogo de artilharia; *to be under* ~ estar sob fogo de artilharia
shellfish [ˈʃelfɪʃ] s. **1** marisco; **2** crustáceo; **3** molusco de concha; **4** frutos do mar
shelling [ˈʃelɪŋ] s. MILITAR bombardeamento ❖ ~ *out* desembolso de dinheiro
shellproof [ˈʃelpruːf] adj. MILITAR blindado
shell-shocked [ˈʃelʃɒkd] adj. traumatizado pela guerra
shellwork [ˈʃelwɔːk] s. decoração feita com conchas
shelly [ˈʃelɪ] adj. (comp. **-ier**, superl. **-iest**) **1** cheio de conchas, coberto de conchas; **2** com incrustações de conchas
shelter [ˈʃeltə] Ⓐ s. **1** (geral) abrigo; *night* ~ abrigo nocturno; *to find* ~ encontrar abrigo; *to give* ~ *to sb* dar abrigo a alguém; *under the* ~ *of* ao abrigo de; **2** refúgio; **3** amparo, protecção, segurança, resguardo; *to take sb under one's* ~ tomar alguém sob a sua protecção; **4** (sentinelas) guarita Ⓑ v.tr. abrigar; proteger; resguardar; *to* ~ *from the rain* proteger da chuva, abrigar da chuva; *to* ~ *sb* dar abrigo a alguém Ⓒ v.intr. (perigo, tempo) abrigar-se; proteger-se; *to* ~ *under a tree* abrigar-se debaixo duma árvore ❖ ~ *belt* zona de segurança, cortina de protecção; NÁUTICA ~ *deck* convés de manobra; ~ *pit* trincheira-abrigo; ~ *tent* tenda-abrigo; *to take* ~ *from* proteger-se de
sheltered [ˈʃeltəd] adj. **1** (lugar) abrigado; **2** (infância, vida) protegido; **3** [GB] (trabalho) fiscalizado, vigiado ❖ [GB] ~ *accomodation/ ~ housing* alojamento para idosos e pessoas com deficiência; ~ *industry* indústria que beneficia de protecção contra a concorrência estrangeira; ~ *workshop* atelier para pessoa com deficiência
shelterer [ˈʃeltərə] s. pessoa que se abriga; ~ *of sb* pessoa que dá abrigo a alguém, protector de alguém
sheltering [ˈʃeltərɪŋ] adj. que protege, protector
shelterless [ˈʃeltələs] adj. **1** sem abrigo, sem amparo; **2** desamparado, sem protecção
sheltie [ˈʃeltɪ] s. pónei das ilhas Shetland
shelty [ˈʃeltɪ] s. (pl. **-ies**) **1** ⇒ **sheltie**; **2** [Esc.] cabana, abrigo rude
shelve [ʃelv] Ⓐ v.tr. **1** (objecto) colocar em prateleira; prover de prateleiras; **2** [fig.] adiar, protelar, deixar para mais tarde; **3** (processo, etc.) arquivar, suspender; *his request has been shelved* o requerimento dele foi arquivado; **4** (empregado) despedir Ⓑ v.intr. (terreno) descer a pique; precipitar-se
shelves [ʃelvz] s. pl. de **shelf**
shelving [ˈʃelvɪŋ] s. **1** prateleiras; *adjustable* ~ prateleiras móveis; **2** material usado para fazer prateleiras; **3** [fig.] suspensão; adiamento; **4** (terreno) declive, inclinação
Shema [ˈʃemɑ] s. RELIGIÃO profissão de fé hebraica
shemozzle [ʃɪˈmɒzəl] Ⓐ s. [coloq.] luta, rixa Ⓑ v.intr. [coloq.] pôr-se a andar, fugir
shenanigan [ʃɪˈnænɪɡən] s. [EUA] [coloq.] mistificação, parlapatice; dolo, engano
she-oak [ˈʃiːəʊk] s. BOTÂNICA casuarina
Sheol [ˈʃiːəʊl, ˈʃiːɒl] s. **1** local dos mortos entre os Hebreus; **2** [fig.] a sepultura
shepherd [ˈʃepəd] Ⓐ s. **1** (ovelhas) pastor; **2** RELIGIÃO pastor Ⓑ v.tr. **1** (ovelhas) apascentar; **2** guiar, orientar, conduzir; *they shepherded the boys into the train* eles guiaram os rapazes para dentro do comboio ❖ ZOOLOGIA ~ *dog* cão-pastor; ~ *girl* pastora; BOTÂNICA *shepherd's club* verbasco; BOTÂNICA *shepherd's crook* cajado; BOTÂNICA *shepherd's needle* agulha-de-pastor; CULINÁRIA *shepherd's pie* empadão de carne; *shepherd's plaid* manta de xadrez preto e branco; BOTÂNICA *shepherd's purse* bolsa-de-pastor; BOTÂNICA *shepherd's rod* cardo; RELIGIÃO *the Good Shepherd* o Bom Pastor; *the Shepherd's Lamp* a estrela de alva

shepherdess [ˈʃepədəs] s.f. ⟨pl. **-es**⟩ 1 pastora; 2 AERONÁUTICA [ant.] hospedeira que acompanha os passageiros ao avião

sheppy [ˈʃepɪ] s. redil

sherbet [ˈʃɜːbɪt] s. limonada, refresco de sumo de frutas

sherd [ʃɜːd] s. ⇒ **shard**

shereef [ʃəˈriːf] s. 1 xerife, príncipe maometano que se diz descendente de Maomet e que por isso tem o direito de usar turbante verde; 2 magistrado principal em Meca

sherif [ʃəˈriːf] s. 1 xerife, príncipe maometano que se diz descendente de Maomet e que por isso tem o direito de usar turbante verde; 2 magistrado principal em Meca

sheriff [ˈʃerɪf] s. 1 [EUA] xerife; 2 [GB] representante da Coroa nos condados; 3 [Esc.] juiz de primeira instância num condado ❖ [Esc.] *Sheriff Court* Tribunal de Primeira Instância; [Esc.] *~ officer* representante do tribunal

sheriffdom [ˈʃerɪfdəm] s. xerifado, cargo ou funções de xerife

sheriffship [ˈʃerɪfʃɪp] s. ⇒ **sheriffdom**

sherry [ˈʃerɪ] s. xerez, vinho espanhol de Xerez ❖ *~ cobbler* bebida composta de xerez, limão e açúcar; *~ glass* pequeno cálice para vinho

she's [ʃiːz] Ⓐ contr. de **she is** Ⓑ contr. de **she has**

Shetland [ˈʃetlənd] s.top. *~ Islands* ilhas Shetland ❖ ZOOLOGIA *~ pony* pónei das ilhas Shetland; ZOOLOGIA *~ sheepdog* pastor Shetland; *~ wool* lã Shetland

Shetlander [ˈʃetləndə] s. natural ou habitante das ilhas Shetland

shew [ʃəʊ] v.tr.,intr.,s. ⇒ **show**

shewbread [ˈʃəʊbred] s. RELIGIÃO [arc.] pão da proposição entre os Hebreus

Shiab [ˈʃiːə] s. ⇒ **Shiite**

shiatsu [ʃɪˈɑːtsuː] s. (massagem terapêutica) shiatsu

shibboleth [ˈʃɪbəleθ] s. 1 palavra, princípio, comportamento ou opinião que deixa ver a nacionalidade, partido, etc. de uma pessoa; 2 palavra que serve de teste; 3 pedra-de-toque; 4 prova; 5 senha; 6 doutrina antiquada e geralmente posta de parte

shick [ʃɪk] Ⓐ s. [coloq.] bebida que embriaga Ⓑ adj. [Austr.] [coloq.] bêbedo, com os copos

shickered [ˈʃɪkəd] adj. [coloq.] bêbedo, embriagado

shied [ʃaɪd] prt. e part. pass. de **to shy**

shield [ʃiːld] Ⓐ s. 1 (arma) escudo; 2 [fig.] defesa, protecção, salvaguarda [**against**, contra]; 3 HERÁLDICA brasão; 4 ZOOLOGIA carapaça; 5 BOTÂNICA apotécia; 6 emblema; 7 [EUA] (polícia) distintivo; 8 FÍSICA escudo em volta do reactor nuclear; 9 GEOLOGIA área pré-paleozóica de um continente Ⓑ v.tr. 1 defender, proteger [**from**, de/contra]; *he wrote that letter to ~ his friend* ele escreveu essa carta para proteger o amigo; *to ~ sb with one's own body* proteger alguém com o próprio corpo; 2 encobrir, esconder; 3 cobrir com escudo; servir de escudo a; 4 ELECTRICIDADE (lâmpada, transformador) blindar ❖ AGRICULTURA *~ bud* enxerto de borbulha; BOTÂNICA *~ fern* aspídio; [arc.] *~ hand* mão esquerda; *~ nut/screw* porca/parafuso de blindagem; RELIGIÃO *Shield of David* Estrela de David; *the other side of the ~* o reverso da medalha

shielded [ˈʃiːldɪd] adj. 1 protegido; 2 ELECTRICIDADE blindado; *~ connection* ligação blindada; *~ filter* filtro blindado; *~ lead* fio condutor blindado; *~ cable* cabo blindado

shielding [ˈʃiːldɪŋ] s. 1 protecção contra radiações; 2 blindagem ❖ *~ wire* fio de blindagem

shieldless [ˈʃiːldləs] adj. 1 sem defesa, sem protecção; 2 sem escudo

shieling [ˈʃiːlɪŋ] s. 1 [Esc.] pastagem; 2 abrigo para caçadores, carneiros, etc.

shier [ˈʃaɪə] comp. de **shy**

shiest [ˈʃaɪɪst] superl. de **shy**

shift [ʃɪft] Ⓐ s. 1 mudança; deslocação; 2 substituição, troca; 3 (trabalho) turno; *the day ~* o turno do dia; *the night ~* o turno da noite; *to work in shifts* trabalhar por turnos; 4 (grupo, turma) alternância, rotação; 5 (vento) viragem; 6 ardil, artimanha, expediente, habilidade, recurso; *to live on shifts* viver de expedientes; *he resorted to dubious shifts* ele recorreu a expedientes duvidosos; 7 LINGUÍSTICA mutação; 8 GEOLOGIA deslocamento das pedras numa falha; 9 VESTUÁRIO camisa; vestido solto Ⓑ v.tr.,intr. 1 mudar; *he shifted the box from one shoulder to the other* ele mudou a caixa de um ombro para outro; *the scene now shifts to Lisbon* a cena agora muda para Lisboa; NÁUTICA *to ~ a sail* mudar uma vela; *to ~ one's ground* mudar de posição; *to ~ one's opinions* mudar de opinião; TEATRO *to ~ the scenes* mudar de cenário; 2 substituir, trocar; 3 deslocar; *part of the load has shifted* parte da carga deslocou-se; *to ~ a stranded ship* deslocar um navio encalhado; *to ~ the belt* deslocar a correia; 4 (automóvel) mudar de velocidade; *to ~ up* mudar para uma velocidade superior; 5 (vento) virar; *the wind shifted to the south* o vento virou para o sul; 6 arranjar-se, desenrascar-se, solucionar dificuldade; *they can ~ for themselves* eles desenrascam-se sozinhos; *you have to ~ for yourself* tens de te desenrascar sozinho; 7 tergiversar, usar de evasivas, usar de expedientes; 8 (culpa, responsabilidade) atribuir, imputar, lançar; *don't ~ the blame on them* não lances a culpa para eles; *to ~ the responsibility on sb* atirar com a responsabilidade para alguém; 9 (nódoas) remover, tirar; 10 transferir; 11 mudar de casa; *to ~ one's lodgings* mudar de residência; [coloq.] *to ~ one's quarters* mudar de residência; 12 LINGUÍSTICA (fonética) alterar ❖ *~ fork* forquilha de deslocamento; *~ handle* manivela de deslocamento; INFORMÁTICA *~ key* tecla das maiúsculas; (automóvel) *~ lever* alavanca de mudanças; *~ rail* corrediça de deslocamento; NÁUTICA *~ of stowage* deslocamento da carga; *he has nothing he can make ~ with* ele não tem nada a que recorrer; *I don't know what ~ to make* não sei o que hei-de fazer; *the shifts and changes of life* as vicissitudes da vida; *to make a ~* arranjar-se o melhor possível; *to ~ off* adiar; protelar; fugir a; livrar-se de; NÁUTICA *to ~ the stowage* desarmar a carga

◆ **shift about/around** Ⓐ v.intr. 1 (emprego, função) mudar continuamente de lugar; experimentar vários empregos/funções; 2 (pessoa) remexer-se; não parar quieto Ⓑ v.tr. (mobília, etc.) mudar de lugar

◆ **shift back** Ⓐ v.intr. retroceder; voltar atrás Ⓑ v.tr. (cadeira, etc.) afastar, chegar para trás

◆ **shift over** v.intr. afastar-se; arrumar-se

shifter [ˈʃɪftə] s. 1 aquele que desloca, desvia ou muda de um lugar para outro; 2 (coisa, pessoa) deslocador; 3 trabalhador por turno; 4 pessoa que vive de expedientes; mentiroso; trapaceiro

shiftiness [ˈʃɪftɪnəs] s. 1 falta de sinceridade, velhacaria, falsidade, dissimulação; 2 astúcia

shifting [ˈʃɪftɪŋ] Ⓐ adj. 1 (atitude) inconstante, que muda facilmente; 2 incerto, pouco firme; 3 (cor) irisado; 4 (correntes, ventos) inconstante, variável; 5 instável, pouco firme Ⓑ s. 1 mudança; *~ of scenery* mudança de cenário; 2 deslocação, deslocamento; ELECTRICIDADE *~ of phase* deslocamento da fase ❖ NÁUTICA *~ backstays* brandais volantes; *~ ground* terreno pouco firme; fundo de areia movediça; *~ handle* manivela de deslocamento; *~ sand* areias movediças; *~ spanner* chave inglesa; *~ trick* velhacaria; (automóvel) *~ up* mudança para velocidade superior; LINGUÍSTICA *consonant ~* mutação consonântica

shiftingly [ˈʃɪftɪŋlɪ] adv. 1 mutavelmente, inconstantemente; 2 astuciosamente

shiftless [ˈʃɪftləs] adj. 1 indolente, preguiçoso, sem iniciativa; *he is a ~ fellow* ele é um indivíduo sem inciativa; 2 sem ambição; 3 incompetente

shiftlessly [ˈʃɪftləslɪ] adv. desajeitadamente, ineptamente

shiftlessness [ˈʃɪftləsnəs] s. 1 falta de jeito, falta de iniciativa; 2 indolência; 3 incapacidade

shifty [ˈʃɪftɪ] adj. (comp. **-ier**, superl. **-iest**) 1 astuto, manhoso, matreiro; 2 fértil em expedientes; 3 falso; 4 desleal; 5 desonesto

Shiite [ˈʃiːaɪt] s. xiita, sectário do xiismo

shikar [ʃɪˈkɑː] Ⓐ s. [Índia] caça Ⓑ v.tr. caçar

shikaree [ʃɪˈkærɪ, ʃɪˈkɑːrɪ] s. [Índia] caçador indígena, guia indígena de caçadores

shillelagh [ʃɪˈleɪlə] s. cacete irlandês

shilling [ˈʃɪlɪŋ] s. 1 [GB] (moeda antiga) xelim; 2 TIPOGRAFIA vírgula ❖ *to cut sb off with a ~* deserdar alguém; *to take the King's/Queen's ~* alistar-se como soldado; [coloq.] (ofensivo) *not the full ~* ter um parafuso a menos

shilly-shally [ˈʃɪlɪˌʃælɪ] Ⓐ adj. irresoluto, indeciso, vacilante Ⓑ s. 1 indecisão, hesitação, vacilação, irresolução; 2 incapacidade de tomar uma decisão Ⓒ v.intr. 1 vacilar, hesitar; 2 ficar indeciso; 3 não conseguir tomar uma decisão

shilly-shallyer [ˌʃɪlɪˈʃælɪə] s. pessoa indecisa, pessoa que hesita, indivíduo incapaz de tomar uma decisão

shilly-shallying [ˌʃɪlɪˈʃælɪŋ] s. 1 indecisão, hesitação; 2 incapacidade de tomar uma decisão

shily [ˈʃaɪlɪ] adv. ⇒ **shyly**

shim [ʃɪm] Ⓐ s. 1 calço; chapa de calço; 2 enchimento Ⓑ v.tr. (particípios: **-mm-**) 1 pôr calço em, calçar; 2 introduzir pequenas cunhas ou chapas

shimmed [ʃɪmt] adj. calçado, com calço

shimmer [ˈʃɪmə] Ⓐ s. 1 luz difusa, luz trémula; brilho tremeluzente; *the ~ of pearls* o brilho tremeluzente de pérolas; 2 reflexo; *the ~ of the moon on a lake* o reflexo prateado da Lua sobre um lago Ⓑ v.intr. 1 brilhar com brilho apagado; 2 tremeluzir, brilhar com luz trémula; 3 lançar reflexos

shimmering [ˈʃɪmərɪŋ] adj. 1 reluzente; 2 tremeluzente

shimming [ˈʃɪmɪŋ] s. acto de calçar, de pôr um calço

shimmy [ˈʃɪmɪ] Ⓐ s. (pl. **-ies**) 1 [dial.] camisa de mulher; 2 trepidação anormal das rodas da frente do automóvel quando se atinge determinada velocidade; 3 [EUA] (dança) *shimmy* Ⓑ v.intr. 1 oscilar; 2 (rodas dianteiras do automóvel) vibrar; 3 trepidar

shin [ʃɪn] Ⓐ s. 1 ANATOMIA (perna) canela; 2 CULINÁRIA lombo; *~ of beef* lombo de vaca Ⓑ v.tr.,intr. (particípios: **-nn-**) 1 trepar; 2 dar caneladas em ❖ DESPORTO *~ guard/pad* caneleira; *to ~ around* andar a correr de um lado para o outro

◆**shin down** v.tr. (árvore, cano, etc.) descer rapidamente

◆**shin up** v.intr. trepar; subir a; *to ~ a tree* trepar a uma árvore

shinbone [ˈʃɪnbəʊn] s. ANATOMIA tíbia

shindig [ˈʃɪndɪɡ] s. 1 [coloq.] pândega, festa, borga; 2 [coloq.] algazarra, barulho

shindy [ˈʃɪndɪ] s. (pl. **-ies**) 1 [coloq.] algazarra, barulho, tumulto, zaragata; *to kick up a ~* armar uma zaragata; 2 [coloq.] festa barulhenta

shine [ʃaɪn] Ⓐ s. 1 brilho; claridade; *to take the ~ off* tirar o brilho; 2 superfície brilhante; 3 (limpeza) lustro, polimento; *to give a ~ to* polir, dar lustro a; 4 bom tempo, sol; *rain or ~* quer chova, quer faça sol; 5 [EUA] [coloq.] bebida alcoólica ilegal Ⓑ v.tr. (prt. e part. pass. **shone**) 1 brilhar; *a cat's eyes ~ in the dark* os olhos dos gatos brilham na escuridão; *the sun was shining* o Sol brilhava; 2 cintilar, reluzir; 3 [fig.] realçar, sobressair [**at/in**, em]; *she does not ~ in conversation* ela não sobressai na conversação; 4 irradiar [**from**, de]; *her face shone with health* o rosto dela irradiava saúde Ⓒ v.tr. 1 (luz) apontar [**in**, para]; 2 (limpeza) polir; 3 engraxar; *to ~ shoes* engraxar sapatos ❖ [EUA] *to take a ~ to sb* engraçar com alguém; *to take the ~ out of sb* superar alguém; eclipsar alguém

◆**shine through** v.intr. 1 passar; 2 [fig.] transparecer; revelar-se; ser evidente; *his passion for life shines through* a sua paixão pela vida transparece

◆**shine up** v.intr. 1 (lisonja) dar graxa [**to**, a]; 2 procurar agradar [**to**, a]

shiner [ˈʃaɪnə] s. 1 [coloq.] moeda, libra de ouro; 2 [coloq.] pisadura, olho pisado; 3 pl. dinheiro

shingle [ˈʃɪŋɡəl] Ⓐ s. 1 sarrafo; 2 (parede, telhado) ripa de madeira; 3 burgalhão, cascalho; 4 (praia) seixo; 5 (anos vinte) corte à la garçonne; 6 [EUA] letreiro Ⓑ v.tr. 1 cobrir com tabuinhas; cobrir com ripas; 2 (senhora) cortar à la garçonne; 3 (ferro) bater para libertar de impurezas ❖ *~ beach* praia coberta de seixos; [coloq.] *he is a ~ short* ele é um pouco desequilibrado

shingled [ˈʃɪŋɡəlt] adj. 1 coberto de ripas, coberto de tabuinhas; 2 (cabelo de senhora) muito curto; à la garçonne

shingler [ˈʃɪŋɡlə] s. 1 fabricante ou colocador de ripas; 2 cabeleireiro de senhora especialista em cortar o cabelo curto; 3 máquina ou pessoa que bate metal para o libertar de impurezas

shingles [ˈʃɪŋɡəlz] s.pl. MEDICINA zona, herpes zóster

shingling [ˈʃɪŋɡlɪŋ] s. 1 acto de cobrir com ripas ou tabuinhas; 2 acto de bater (metal) para o libertar de impurezas

shingly [ˈʃɪŋɡlɪ] adj. cheio de seixos, cheio de pedras

shininess [ˈʃaɪnɪnəs] s. 1 brilho; 2 lustro (devido ao uso)

shining [ˈʃaɪnɪŋ] adj. 1 brilhante, reluzente, cintilante; 2 extraordinário, notável; 3 destacado, ilustre

shiningly [ˈʃaɪnɪŋlɪ] adv. 1 de maneira brilhante; 2 cintilantemente; 3 notavelmente, extraordinariamente

shinny [ˈʃɪnɪ] s. ⇒ **shinty**

shinplaster [ˈʃɪnplɑːstə] s. [EUA] ECONOMIA promissória

Shintoism [ˈʃɪntəɪzəm] s. RELIGIÃO xintoísmo

Shintoist [ˈʃɪntəɪst] adj.,s. xintoísta

shinty [ˈʃɪntɪ] s. 1 DESPORTO (Escócia, Norte de Inglaterra) hóquei sobre a erva; 2 bola usada nesse jogo

shiny [ˈʃaɪnɪ] adj. (comp. **-ier**, superl. **-iest**) 1 brilhante, cintilante; 2 reluzente; *his nose is ~* tem o nariz reluzente; 3 polido; 4 lustroso, cheio de lustro, gasto pelo uso; *~ coat* casaco lustroso

ship [ʃɪp] Ⓐ s. 1 NÁUTICA navio, embarcação, barco; 2 NÁUTICA tripulação; 3 AERONÁUTICA avião, dirigível; nave espacial; 4 sorte; *when my ~ comes home* se me sair a sorte grande Ⓑ v.tr.,intr. (particípios: **-pp-**) 1 (pessoas) embarcar; 2 (mercadorias) enviar por barco, expedir por via marítima; *to ~ goods to a country* enviar, por via marítima, mercadorias para um país; 3 meter a bordo; 4 (leme, mastro, remo, etc.) aprontar para uso, armar, colocar, montar; *to ~ the oars* armar os remos; 5 contratar; *to ~ a crew* contratar uma tripulação; 6 receber por sobre a borda; *to ~ a sea* receber um golpe de mar por sobre a borda; *to ~ water* receber água por sobre a borda ❖ CULINÁRIA *~ biscuit* biscoito de mar; *~ canal* canal navegável; MEDICINA *~ fever* tifo; *~ keeper* guarda de navios; *~ plane* hidroavião de bordo; *~ railway* caminho-de-ferro para o transporte de navios; *~ resistance* resistência ao avanço do navio; *~ surveyor* perito de navios; *capital ~* navio de linha couraçado; *sister ~* navio gémeo; navio construído segundo os planos de outro; (marinheiros) *ship's articles* contrato de embarque; (marinha) *ship's boy* grumete; *ship's carpenter* carpinteiro de bordo; *ship's chandler* fornecedor de equipamento de navios; *ship's company* tripulação; *ship's cook* cozinheiro de bordo; *ship's husband* capitão fretador; *ship's papers* papéis de bordo; *ship's stem* roda de proa; *ship's time* hora local do navio; *Her Majesty's ships* a marinha real; *on board ~* a bordo, embarcado; *to take ~* embarcar; seguir a bordo

◆**ship off/out** v.tr. 1 enviar por barco; *to ship off food to Third World countries* enviar comida para os países do Terceiro Mundo; 2 (pessoa) despachar

shipboard [ˈʃɪpbɔːd] Ⓐ s. bordo de navio; *on ~* a bordo Ⓑ adj. 1 (trabalho) a bordo; 2 (tripulação) de bordo

shipbreaker [ˈʃɪpbreɪkə] s. sucateiro de navios

shipbroker [ˈʃɪpbrəʊkə] s. corretor de navios

shipbuilder [ˈʃɪpˌbɪldə] s. 1 construtor naval, construtor de navios; 2 engenheiro naval

shipbuilding [ˈʃɪpˌbɪldɪŋ] s. construção naval ❖ *~ yard* estaleiro

shipload [ˈʃɪpləʊd] s. carregamento, carga de navio

shipmaster [ˈʃɪpˌmɑːstə] s. 1 NÁUTICA patrão; 2 capitão da marinha mercante

shipmate [ˈʃɪpmeɪt] s. companheiro de bordo, camarada de bordo

shipment [ˈʃɪpmənt] s. 1 embarque; 2 carregamento, quantidade de mercadorias transportadas por mar; 3 remessa, expedição

shipowner [ˈʃɪpəʊnə] s. NÁUTICA armador; proprietário de navio(s)

shippen [ˈʃɪpən] s. [dial.] estábulo

shipper [ˈʃɪpə] s. 1 expedidor, remetente; 2 pessoa que importa e exporta mercadorias por via marítima; 3 carregador

shipping [ˈʃɪpɪŋ] s. 1 (processo) embarque; 2 transporte por via marítima; 3 MILITAR esquadra, frota; 4 tonelagem total; 5 NÁUTICA marinha mercante; 6 navegação; 7 (leme, mastro, etc.) armação, montagem ❖ *~ advice* aviso de expedição; *~ agent* agente marítimo; (marinheiros) *~ articles* contrato de embarque; *~ bill* declaração de mercadorias; *~ charges* encargos de embarque; frete marítimo; *~ company* companhia de navegação; *~ forecast* previsão do estado do mar; *~ expenses* despesas de expedição; *~ insurance* seguro de transporte marítimo; *~ intelligence* notícias marítimas; *~ lane* rota de navegação; *~ leaf* tabaco forte da Virgínia; *~ master* funcionário que preside aos contratos de prestação de serviços a bordo, a pagamentos, etc.;

~ office agência marítima; **~ port** porto de armamento; **~ routes** rotas de navegação; **~ shares** acções de companhias de navegação; **~ trade** comércio marítimo; **movement of ~** movimento marítimo

ship-rigged [ʃɪpˈrɪgəd] *adj.* NÁUTICA armado em galera

shipway [ˈʃɪpweɪ] *s.* 1 (em estaleiro) carreira de construção; 2 via navegável

shipworm [ˈʃɪpwɜːm] *s.* ZOOLOGIA teredem

shipwreck [ˈʃɪprek] Ⓐ *s.* 1 naufrágio; **to suffer ~** naufragar, sofrer naufrágio; 2 navio naufragado; 3 [fig.] malogro; **the ~ of our hopes** a ruína das nossas esperanças Ⓑ *v.tr.* 1 fazer naufragar; 2 destruir por naufrágio; 3 [fig.] arruinar, fazer malograr

shipwrecked [ˈʃɪprekt] *adj.* naufragado ❖ *a ~ person* um náufrago

shipwright [ˈʃɪpraɪt] *s.* construtor naval, carpinteiro naval

shipwrighting [ˈʃɪpraɪtɪŋ] *s.* construção naval, carpintaria naval

shipwrightry [ˈʃɪpraɪtrɪ] *s.* ⇒ **shipwrighting**

shipyard [ˈʃɪpjɑːd] *s.* estaleiro

shir [ʃɜː] Ⓐ *s.* 1 tecido elástico; 2 fio elástico metido em tecido; 3 prega, folho (em vestido) Ⓑ *v.tr.* preguear, franzir

shire [ˈʃaɪə] Ⓐ *s.* [GB] (divisão administrativa) condado Ⓑ *v.tr.* [Irl.] [coloq.] (cabeça, ideias) desanuviar ❖ *~ horse* de cavalo de tiro criado especialmente nos condados de Cambridge e Lincoln

shirk [ʃɜːk] Ⓐ *v.tr.,intr.* 1 fugir a; **to ~ a question** fugir a uma pergunta; 2 (responsabilidades, etc.) furtar-se a, esquivar-se a, evitar Ⓑ *s.* ⇒ **shirker**

shirker [ˈʃɜːkə] *s.* 1 mandrião, pessoa que foge ao trabalho; 2 pessoa que foge às suas obrigações

Shirley [ˈʃɜːlɪ] *s.antr.* ❖ BOTÂNICA **~ poppy** papoila inglesa com flores grandes

shirr [ʃɜː] Ⓐ *s.* 1 tecido elástico; 2 fio elástico metido em tecido; 3 prega, folho (em vestido) Ⓑ *v.tr.* preguear, franzir

shirred [ʃɜːt] *adj.* 1 (tecido) com fios elásticos; 2 pregueado, franzido, com folhos

shirt [ʃɜːt] *s.* VESTUÁRIO (homem) camisa; (mulher) blusa; **dress ~** camisa de cerimónia; **flannel ~** camisa de flanela; **to put on a clean ~** mudar de camisa ❖ **~ of mail** cota de malha; **near is my shirt, but nearer is my skin** primeiro os dentes, depois os parentes; (dificuldades financeiras) **he hasn't a ~ to his back** ele não tem com que se cobrir; **to get sb's ~ off** irritar alguém; **to give sb a wet ~** obrigar alguém a trabalhar até transpirar; [coloq.] **to keep one's ~ on** manter a calma; **to lose one's ~** ficar sem vintém, perder tudo; **to put one's ~ on** apostar todo o seu dinheiro em

shirtdress [ˈʃɜːtdres] *s.* [EUA] VESTUÁRIO vestido tipo camiseiro

shirted [ˈʃɜːtɪd] *adj.* que traz camisa

shirtfront [ˈʃɜːtfrʌnt] *s.* peito da camisa

shirting [ˈʃɜːtɪŋ] *s.* pano para camisas

shirtless [ˈʃɜːtləs] *adj.* 1 sem camisa; 2 sem uma camisa para vestir

shirtsleeve [ˈʃɜːtsliːv] *s.* manga de camisa ❖ *in one's shirtsleeves* em mangas de camisa; sem casaco

shirt-tail [ˈʃɜːteɪl] *s.* fralda da camisa

shirtwaister [ˈʃɜːtweɪstə] *s.* [GB] VESTUÁRIO vestido tipo camiseiro

shirty [ˈʃɜːtɪ] *adj.* [GB] [coloq.] aborrecido; irritado; zangado ❖ **to get ~** irritar-se; zangar-se

shit [ʃɪt] Ⓐ *s.* [cal.] merda$_{cal.}$ Ⓑ *v.intr.* [cal.] cagar$_{cal.}$

shite [ʃaɪt] *s.,v.intr.* ⇒ **shit**

shit-scared [ˈʃɪtˌskeəd] *adj.* [cal.] cagado de medo$_{cal.}$

shittim [ˈʃɪtɪm] *s.* madeira de acácia

shitty [ˈʃɪtɪ] *adj.* (*comp.* **-ier**, *superl.* **-iest**) 1 [cal.] de merda, merdoso; 2 [cal.] cagado; 3 [cal.] nojento, desprezível

Shivaism [ˈʃiːvaɪzəm] *s.* ⇒ **Sivaism**

shivaree [ˈʃɪvəriː] *s.* charivari, chinfrim

shive [ʃaɪv] *s.* rolha, batoque

shiver [ˈʃɪvə] Ⓐ *s.* 1 (doença, frio, medo) arrepio, calafrio; estremecimento, tremor, tremura; *a ~ went down his back* ele sentiu um arrepio pelas costas abaixo; *it gave her the shivers to think of it* ela sentiu arrepios só de pensar nisso; **to get/have the shivers** estar com tremeliques; **to give sb the shivers** causar arrepios a alguém; 2 (louça, vidro, etc.) bocado, caco, estilhaço, pedaço; **to break into shivers** partir em pedaços Ⓑ *v.tr.,intr.* 1 (frio) tremer; tiritar; **to ~ with cold** tremer de frio; 2 (medo) tremer, estremecer; **he was shivering all over with fear** todo ele tremia de medo; 3 (louça, vidro, etc.) estilhaçar-se, partir(-se) em bocados; 4 NÁUTICA (vela) deixar bater o pano ❖ (imprecação usada outrora por marinheiros) **~ my timbers!** raios te partam!

shivering [ˈʃɪvərɪŋ] Ⓐ *adj.* ⇒ **shivery** Ⓑ *s.* 1 estremecimento; 2 tremura; 3 arrepio, calafrio ❖ **~ fit** calafrio

shiveringly [ˈʃɪvərɪŋlɪ] *adv.* 1 tremendo; 2 a tremer, com tremuras; 3 com calafrios

shivery [ˈʃɪvərɪ] *adj.* 1 tremente, trémulo; 2 tiritante; 3 com arrepios, com calafrios; **to feel ~** estar com arrepios

shoal [ʃəʊl] Ⓐ *adj.* (água) pouco profundo; **to be in ~ water** estar em águas pouco profundas Ⓑ *s.* 1 NÁUTICA baixio; 2 banco de areia; 3 (peixes) cardume; 4 *pl.* [coloq.] montes, montões; *she gets letters in shoals* ela recebe montes de cartas; 5 *pl.* [coloq.] (pessoas) multidão; *shoals of people* ondas de gente Ⓒ *v.intr.* 1 juntar-se em cardumes; 2 ficar menos fundo; 3 (água) diminuir de profundidade

shoaly [ˈʃəʊlɪ] *adj.* 1 sem profundidade, baixo; 2 cheio de baixios ou bancos de areia

shock [ʃɒk] Ⓐ *s.* 1 (emoções) choque; abalo; comoção; *he got the ~ of his life* ele nunca tinha sofrido um choque tão grande; *her marriage was a great ~ to her father* o casamento dela foi um grande choque para o pai; **to die of ~** morrer de choque; **to recover from a ~** refazer-se dum choque; 2 (coisas) choque; colisão; embate; *the walls stood the ~* as paredes aguentaram o choque; 3 ELECTRICIDADE choque; **to get a ~ from** apanhar um choque em; 4 MILITAR ataque; confronto; 5 (explosão, sismo) abalo; 6 MEDICINA choque; *anaphylactic ~* choque anafiláctico; *in a state of ~* em estado de choque; 7 (cereais) meda; 8 (cabelo) guedelha, tufo Ⓑ *v.tr.,intr.* 1 (emoções) chocar; abalar; *she was shocked to hear the news* ela ficou chocada com as notícias; 2 (mentalidades) escandalizar, ferir, ofender; **to be shocked at/by sth** ficar escandalizado com alguma coisa; 3 (animal, pessoa) dar um choque eléctrico a; 4 (cereais) dispor em medas, fazer medas; 5 [arc.] colidir; entrar em conflito ❖ (automóvel) **~ absorber** amortecedor; MILITAR **~ action** acção de choque; **~ cord** corda/cordão elástico; **~ cushion** almofada amortecedora; AERONÁUTICA **~ strut** perna amortecedora; MEDICINA **~ therapy/treatment** terapia/tratamento de choque; MILITAR **~ troops** corpo de intervenção; FÍSICA **~ wave** onda de choque; GEOLOGIA *distant ~* telessismo; *road shocks* solavancos; MEDICINA **~ following a surgical operation** choque pós-operatório

shocked [ʃɒkt] *adj.* 1 chocado; 2 escandalizado; 3 horrorizado

shocker [ˈʃɒkə] *s.* 1 [coloq.] (escândalo, surpresa) bomba$_{fig.}$; 2 [coloq.] choque, golpe; *that was a ~* foi um rude golpe; 3 desastre, desgraça; 4 [coloq.] (artigo, livro, peça) texto-choque; 5 CINEMA [coloq.] filme-choque; 6 [Austr.] DESPORTO mau desempenho

shocking [ˈʃɒkɪŋ] Ⓐ *adj.* 1 chocante, escandaloso; **~ behaviour** comportamento chocante, comportamento escandaloso; 2 (moral) indecoroso, ofensivo; 3 (emoções) chocante; impressionante; *how shocking!* que coisa chocante!; 4 horrível, mau, péssimo, terrível; *a ~ cold* uma constipação horrível; *she gave us a ~ dinner* ela serviu-nos um jantar péssimo; *she writes a ~ hand* ela tem uma letra terrível; 5 (preço) exorbitante Ⓑ *adv.* [coloq.] ⇒ **shockingly**; **~ bad** escandalosamente mau ❖ (cor) **~ pink** rosa-choque

shockingly [ˈʃɒkɪŋlɪ] *adv.* 1 escandalosamente; 2 terrivelmente, horrivelmente; 3 extremamente, tremendamente; *she has a ~ bad taste* ela tem um gosto extremamente mau; *that's ~ difficult* isso é tremendamente difícil

shockproof [ˈʃɒkpruːf] *adj.* 1 antichoque, à prova de choque; **~ case** caixa antichoque; 2 [fig.] (pessoa) difícil de chocar

shod [ʃɒd] *prt. e part. pass. de* **to shoe**

shoddiness [ˈʃɒdɪnəs] *s.* qualidade inferior, má qualidade

shoddy [ˈʃɒdɪ] Ⓐ *s.* (*pl.* **-ies**) 1 tecido de má qualidade, feito de trapos de lã, tecido feito de farrapos; 2 qualquer coisa de qualidade inferior, artigo de má qualidade Ⓑ *adj.* (*comp.* **-ier**, *superl.* **-iest**) 1 feito de trapos, de farrapos; 2 de qualidade inferior; 3 falso, falsificado, de imitação; 4 de refugo; 5 pretensioso

shoe [ʃuː] Ⓐ *s.* 1 sapato; **to put on one's shoes** calçar os sapatos; **to take off one's shoes** tirar os sapatos; 2 (dispositivo) chumaceira; 3 (ponte, telhado) sapata; 4 (travões) calço; 5 (cavalo) ferradura; **to cast a ~** perder uma ferradura; 6 (bengala, etc.) ponteira; 7 (pneumático)

shoeblack

capa exterior; **8** travão; **9** ELECTRICIDADE colector, escova ⓑ *v.tr.* (*prt. e part. pass.* **shod**) **I** calçar; *he is well shod* ele está bem calçado; **2** (cavalos) ferrar, pôr ferradura; **3** (bengala, vara, etc.) colocar ponteira de ferro em; *an iron-shod stick* um cajado com ponteira de ferro ❖ VETERINÁRIA *~ boil* esparavão; *~ butt* couro forte; *~ cream* pomada para calçado; *~ leather* couro para calçado; *~ lift* calçadeira; NÁUTICA *~ of the anchor* sapata da unha; [EUA] *~ parlour* engraxadoria; *wooden shoes* tamancos; socos; *he might as well save his ~ leather* é inútil ir lá; não vale a pena dar-se ao trabalho de lá ir; *I shouldn't like to be in his shoes* não gostaria de estar na pele dele; *that is a very different pair of shoes* isso é uma coisa muito diferente; *to be in another man's shoes* estar na pele de outra pessoa; *to be waiting for dead men's shoes* esperar por sapatos de defunto; *to die in one's shoes* morrer de forma violenta (sobretudo na forca); *to know where the ~ pinches* saber onde é que está a dificuldade; saber onde é que o sapato lhe aperta; *to put the ~ on the right foot* [coloq.] pôr a culpa em quem a tem; pôr o dedo na ferida

shoeblack [ˈʃuːblæk] *s.* engraxador
shoebox [ˈʃuːbɒks] *s.* caixa de sapatos
shoebrush [ˈʃuːbrʌʃ] *s.* escova do calçado
shoehorn [ˈʃuːhɔːn] *s.* calçadeira
shoeing [ˈʃuːɪŋ] *s.* **I** acto de calçar; **2** (cavalos) acto de ferrar ❖ *~ hammer* martelo de ferrador; *~ smith* ferrador
shoelace [ˈʃuːleɪs] *s.* [GB] (sapatos) atacador; cordão
shoeless [ˈʃuːləs] *adj.* sem sapatos, descalço
shoemaker [ˈʃuːmeɪkə] *s.* **I** sapateiro; **2** fabricante de calçado ❖ *let the ~ stick to his last* não suba o sapateiro além da chinela; *shoemaker's shop* loja de sapateiro; sapataria; *the shoemaker's wife is always the worst shod* em casa de ferreiro espeto de pau
shoemaking [ˈʃuːmeɪkɪŋ] *s.* fabrico de calçado; ofício de sapateiro
shoeshiner [ˈʃuːʃaɪnə] *s.* engraxador
shoeshop [ˈʃuːʃɒp] *s.* sapataria
shoestring [ˈʃuːstrɪŋ] Ⓐ *s.* **I** [EUA] (sapatos) atacador, cordão; **2** [fig.] pouco dinheiro; *on a ~* com muito pouco dinheiro Ⓑ *adj.* **I** (dinheiro, orçamento) limitado, reduzido; *~ budget* orçamento limitado, orçamento reduzido; **2** [EUA] CULINÁRIA cortado em juliana
shoetree [ˈʃuːtriː] *s.* forma de calçado
shogun [ˈʃəʊgʌn] *s.* HISTÓRIA xógum, comandante-chefe (título existente no Japão antes de 1868)
shogunal [ˈʃəʊgənəl] *adj.* relativo aos xóguns
shogunate [ˈʃəʊgənɪt] *s.* xogunato, dignidade ou cargo de xógum
shone [ʃəʊn] *prt. e part. pass. de* **to shine**
shonky [ˈʃɒŋkɪ] *adj.* (*comp.* **-ier**, *superl.* **-iest**) **I** [Austr.] [coloq.] pouco fiável; **2** [Austr.] [coloq.] de pouca qualidade
shoo [ʃuː] Ⓐ *interj.* xô! Ⓑ *v.tr.,intr.* **I** enxotar; **2** dizer xô
shoo-in [ˈʃuːɪn] *s.* [EUA, Can.] favorito
shook [ʃʊk] Ⓐ *s.* aduela, jogo de aduelas Ⓑ *v.tr.* colocar em grupos Ⓒ *prt. de* **to shake**
shoot [ʃuːt] Ⓐ *s.* **I** BOTÂNICA rebento, vergôntea; **2** (videira) sarmento; *to cut the shoots off a vine* limpar uma videira dos sarmentos; **3** caçada; grupo de caçadores; extensão de terreno onde se caça; **4** alcance de um tiro; **5** CINEMA, FOTOGRAFIA captação de imagem, filmagem; **6** (rio) rápido; **7** (dor) pontada; **8** impulso; **9** DESPORTO (futebol) pontapé, tiro; **10** disparo; **11** concurso de tiro; **12** MINERALOGIA veio; escoadouro; *coal ~* escoadouro de carvão; *ore ~* escoadouro de minério Ⓑ *v.tr.,intr.* (*prt. e part. pass.* **shot**) **I** (arma) disparar, atirar; *don't shoot!* não dispare!; *he shot at them with the revolver* disparou o revólver sobre eles; *he shoots very well* ele é um bom atirador; *to ~ a rifle* disparar uma espingarda; *to ~ an arrow* disparar uma seta; **2** atirar, arremessar; **3** (a tiro) matar; caçar; *he is shooting lions* ele anda à caça de leões; *he was shot for a spy* mataram-no como espião; *to ~ an estate* caçar numa propriedade; *to ~ oneself through the head* suicidar-se com uma bala na cabeça; *to ~ sb dead* matar alguém a tiro; **4** (com um tiro) acertar; ferir; *to ~ oneself in the foot* dar um tiro no pé; *the man had his arm shot off* o homem ficou com o braço despedaçado por uma bala; **5** irromper; *the sun shot out* o sol irrompeu subitamente; **6** arrojar, projectar; **7** [EUA] [cal.] dizer; **8** doer, latejar; *my corns are shooting* doem-me os calos; *my finger shoots* o meu dedo está a latejar; **9** BOTÂNICA brotar, rebentar; *those bushes shot again after being cut back* aqueles arbustos voltaram a rebentar depois de terem sido cortados; **10** lançar; *to ~ a glance at* lançar um olhar a; *to ~ dice* lançar os dados; **11** precipitar-se; *to ~ down a slope* precipitar-se por uma encosta abaixo; *he shot across the street* ele precipitou-se pela rua fora; *the cape shoots out into the sea* o cabo precipita-se pelo mar dentro; *the train shot out of the tunnel* o comboio precipitou-se para fora do túnel; **12** DESPORTO rematar, chutar; (bola de críquete) continuar rapidamente em vez de saltar depois de ter tocado o solo; **13** atravessar rapidamente; *the meteor shot across the sky* o meteoro atravessou velozmente o céu; **14** CINEMA filmar, rodar; *to ~ a film* rodar um filme; **15** FOTOGRAFIA tirar um instantâneo; **16** (ferrolho) correr; **17** (luz) emitir; **18** (carpintaria) acepilhar, aplainar; **19** [cal.] (droga) (injectar) chutar; **20** ASTRONOMIA medir a altitude de um corpo celeste; *to ~ the sun* medir, ao meio-dia, a altura do Sol com o sextante; **21** despejar, vazar; *to ~ coal into the cellar* despejar carvão na cave; *to ~ rubbish* despejar lixo Ⓒ *interj.* [EUA] (aborrecimento, desilusão) bolas! ❖ (barco) *to ~ a bridge* passar debaixo duma ponte; *to ~ across one's mind* vir à ideia; acudir ao pensamento; *to ~ a fishing net* estender uma rede de modo a atravessar um rio; *to ~ ahead* avançar rapidamente; *to ~ ahead of sb* ultrapassar alguém rapidamente; *to ~ a match* tomar parte numa prova de tiro; [EUA] [coloq.] *to ~ billiards* jogar bilhar; *to ~ money* contar dinheiro; [coloq.] *to ~ one's bolt* gastar os últimos cartuchos; jogar a última cartada; *to ~ one's job* abandonar o emprego; [coloq.] *to ~ the breeze* cavaquear; conversar amenamente; [coloq.] *to ~ the cat* vomitar; *to ~ straight* apontar bem; *to ~ wide of the mark* apontar mal; andar muito longe da verdade

◆**shoot away** Ⓐ *v.intr.* **I** continuar a disparar; *to ~ all one's ammunition* disparar até gastar todas as munições; **2** (velocidade) partir como um raio Ⓑ *v.tr.* (parte do corpo) desfazer com um tiro
◆**shoot back** *v.intr.* **I** regressar a toda a velocidade; *he shot back to the barracks* ele regressou a toda a velocidade para o quartel; **2** MILITAR responder ao tiroteio
◆**shoot down** *v.tr.* **I** (avião, pessoa) abater; **2** [fig.] (ideias, opiniões) rebater, deitar por terra
◆**shoot for/at** *v.tr.* [coloq.] (objectivo) tentar alcançar; tentar atingir
◆**shoot in** *v.intr.* entrar como uma bala; precipitar-se para dentro
◆**shoot off** Ⓐ *v.intr.* [Austr., GB] partir como uma flecha; sair disparado Ⓑ *v.tr.* **I** (arma de fogo) disparar; **2** (parte do corpo) despedaçar com um tiro; *the man had his arm shot off* o homem ficou com o braço despedaçado por uma bala ❖ *to shoot one's mouth off* falar impensadamente; falar demasiado; (tiro) *to ~ for a prize* tomar parte na prova final
◆**shoot out** *v.intr.* (carro, pessoa, etc.) surgir abruptamente; vir disparado; *to ~ of a side street* surgir subitamente duma rua lateral ❖ *to ~ one's lips* fazer com os lábios um trejeito de desdém; *to ~ in ears* deitar espigas; espigar
◆**shoot through** *v.intr.* **I** [Austr.] [coloq.] partir repentinamente; **2** [Austr.] [coloq.] morrer
◆**shoot up** *v.tr.,intr.* **I** (arma de fogo) atingir com um tiro; danificar; ferir; **2** (preços) aumentar rapidamente, subir; *prices shot up* os preços subiram; **3** crescer, desenvolver-se; *the boy is shooting up* o rapaz está a crescer; *to ~ into a young woman* tornar-se mulher; **4** (líquidos, etc.) jorrar; **5** [cal.] (droga) (injectar) chutar
shooter [ˈʃuːtə] *s.* **I** atirador; **2** [coloq.] espingarda, revólver; **3** DESPORTO (futebol) jogador que marca uma bola; **4** DESPORTO (críquete) bola que rasa o solo
shooting [ˈʃuːtɪŋ] Ⓐ *adj.* (dor) aguda, penetrante; *~ corn* calo que dói Ⓑ *s.* **I** tiroteio; **2** DESPORTO tiro; *pigeon ~* tiro aos pombos; *to practise pistol ~* praticar o tiro à pistola; **3** caça (com arma de fogo); *rabbit ~* caça ao coelho; *to go ~* ir à caça; **4** reserva de caça; **5** BOTÂNICA rebento; **6** (dor) pontada; **7** CINEMA, TELEVISÃO rodagem; **8** acto de abater a tiro; fuzilamento ❖ *~ box* pavilhão de tiro; *~ block* prensa de cortes; [GB] *~ brake* carrinha; *~ competition* concurso de tiro; *~ gallery* campo de tiro; [EUA] [cal.] *~ gallery* casa de chuto; [EUA] [coloq.] *~ iron* arma de fogo; *~ jacket* casaco de caça; *~ man* caçador; *~ match* concurso de tiro ao alvo; DESPORTO (tiro) *~ off* prova eliminatória;

(planta) ~ *out* aparecimentos de rebentos; ~ *party* caçada; ~ *range* carreira de tiro; ~ *rights* direitos de caça; CINEMA ~ *script* guião; ~ *season* época de caça; ASTRONOMIA ~ *star* estrela cadente; ~ *up* aumento súbito; ~ *war* luta armada; *closing of the* ~ *season* encerramento da época de caça; *opening of the* ~ *season* abertura da época de caça

shoot-out [ˈʃuːtaʊt] *s.* 1 tiroteio; 2 DESPORTO (futebol) penálti de desempate

shop [ʃɒp] Ⓐ *s.* 1 COMÉRCIO loja; estabelecimento; *to go from* ~ *to* ~ percorrer todos os estabelecimentos; *to keep a* ~ ter uma loja; 2 fábrica; oficina; *fitting* ~ oficina de ajustamento; *machine* ~ oficina de construção mecânica; 3 [coloq.] compras; 4 escritório; 5 assuntos profissionais, negócios; 6 [EUA] (escola) trabalhos manuais Ⓑ *v.tr.,intr.* (*particípios:* **-pp-**) 1 fazer compras; ir às compras; *she spent all morning shopping* ela passou toda a manhã a fazer compras; 2 [GB] [cal.] denunciar, trair ❖ ~ *accident* acidente de trabalho; [GB] ~ *assistant* empregado de balcão; ~ *bell* campainha de loja; ~ *boy* marçano; ~ *calendar* calendário de produção; ~ *committee* conselho duma empresa comercial; ~ *foreman* mestre de oficina; ~ *girl* empregada; ~ *hours* horas de serviço; horário de funcionamento; ~ *microscope* microscópio de metalurgia; ~ *steward* delegado sindical; ~ *window* montra, [coloq.] *all over the* ~ em desordem; tudo fora do lugar; *he has everything in the* ~ ele é um tanto superficial; *his patients soon went to another* ~ os doentes dele rapidamente procuraram outro médico; TEATRO *to be out of* ~ estar sem contrato; [coloq.] *to come to the wrong* ~ enganar-se na porta; dirigir-se à pessoa errada; *to go through the shops* seguir um curso de aprendizagem; *to put all one's goods in the* ~ *window* exibir tudo quanto se tem, sem deixar nada de reserva; *to talk* ~ falar de trabalho; *to set up* ~ estabelecer-se; *to shut up* ~ retirar-se dos negócios; deixar de fazer alguma coisa; *to sink the* ~ ocultar a sua profissão; não falar de coisas profissionais

◆shop around *v.intr.* 1 andar pelas lojas; 2 (antes de comprar) comparar preços; 3 (antes de escolher) considerar várias possibilidades

shopaholic [ʃɒpəˈhɒlɪk] *s.* comprador compulsivo, fanático das compras

shopkeeper [ˈʃɒpkiːpə] *s.* comerciante; lojista ❖ *nation of shopkeepers* nação de comerciantes (a Inglaterra); *small shopkeepers* pequenos comerciantes

shopkeeping [ˈʃɒpkiːpɪŋ] *s.* 1 pequeno comércio; 2 comércio

shoplift [ˈʃɒplɪft] *v.intr.* roubar (em lojas)

shoplifter [ˈʃɒplɪftə] *s.* ladrão de loja

shoplifting [ˈʃɒplɪftɪŋ] *s.* roubo em lojas

shopman [ˈʃɒpmən] *s.* (*pl.* **-men**) lojista, empregado em loja

shopper [ˈʃɒpə] *s.* 1 comprador; 2 cliente, freguês

shopping [ˈʃɒpɪŋ] *s.* compras; *to go* ~ ir às compras; *she said she had some* ~ *to do* ela disse que tinha umas compras a fazer ❖ ~ *bag* saco das compras; ~ *basket* cesto de compras; [EUA] ~ *cart* carrinho das compras; [GB] ~ *centre* centro comercial; TELEVISÃO ~ *channel* canal de televendas; ~ *list* lista de compras; [EUA] ~ *mall* centro comercial; [EUA] ~ *plaza* centro comercial; [GB] ~ *precinct* zona comercial; [GB] ~ *trolley* carrinho de compras

shoppy [ˈʃɒpi] *adj.* [coloq.] limitado, com espírito mesquinho

shopsoiled [ˈʃɒpsɔɪld] *adj.* 1 [GB] com aspecto manuseado; deteriorado por ter estado exposto à venda; 2 [GB] gasto

shopwalker [ˈʃɒpˌwɔːkə] *s.* 1 chefe de secção; 2 inspector, vigia de estabelecimento comercial

shopwindow [ˈʃɒpˌwɪndəʊ] *s.* montra

shopworn [ˈʃɒpwɔːn] *adj.* [EUA] ⇒ **shopsoiled**

shore [ʃɔː] Ⓐ *s.* 1 praia; beira-mar; *close on* ~ junto da praia; 2 litoral; costa; *clear* ~ costa limpa; *in* ~ perto da costa; *off* ~ ao largo da costa; 3 (mar, rio) borda, margem; *on the* ~ na margem; 4 (árvore, parede, etc.) escora, esteio, suporte; 5 pontão, pontalete; 6 DIREITO área que fica entre as marcas da maré alta e da maré baixa; 7 *pl.* país, terra; *within those shores* nessas terras Ⓑ *v.tr.* 1 (construção) escorar, pontaletar; 2 (estrutura) reforçar, suportar Ⓒ [arc.] *prt. de* **to shear** ❖ NÁUTICA ~ *anchor* âncora de terra; ZOOLOGIA ~ *bird* borrelho, (Nova Inglaterra) ~ *cod* bacalhau encontrado junto à costa; ZOOLOGIA ~ *crab* caranguejo vulgar; NÁUTICA ~ *fast* amarra de terra; ~ *fauna* fauna litoral; NÁUTICA ~ *leave* licença para ir a terra; [EUA] ~ *patrol* polícia marítima; *lee* ~ costa de sotavento; *on* ~ em terra; *to go on* ~ dirigir-se a terra; *to set foot on* ~ desembarcar

◆shore up *v.tr.* 1 (construção) escorar, especar; 2 [fig.] consolidar; *the government is trying to* ~ *the economy* o governo está a tentar consolidar a economia

shoreless [ˈʃɔːləs] *adj.* 1 sem limites, ilimitado; 2 sem margens

shoreline [ˈʃɔːlaɪn] *s.* linha da costa

shoreward [ˈʃɔːwəd] *adv.* 1 em direcção a terra, em direcção à praia; 2 em direcção à costa

shorewards [ˈʃɔːwədz] *adv.* ⇒ **shoreward**

shoring [ˈʃɔːrɪŋ] *s.* 1 escoramento; 2 escoras, pontaletes

shorn [ʃɔːn] Ⓐ *part. pass. de* **to shear** Ⓑ *adj.* 1 (cabelo) rapado; 2 (pêlo) tosquiado; 3 desprovido, privado; *to be* ~ *of all one's belongings* ver-se privado de todas as suas posses, ficar sem nada

short [ʃɔːt] Ⓐ *adj.* 1 (estatura) baixo; pequeno; 2 (comprimento, tamanho) curto; *to be* ~ *in the leg* ser curto de pernas; *she dresses too* ~ ela usa os vestidos demasiado curtos; 3 LINGUÍSTICA (sílaba, vogal) breve; 4 deficiente, escasso, insuficiente; *a* ~ *three hours* só três horas; umas míseras três horas; ~ *commons* alimentação insuficiente; ~ *crops* colheitas deficientes; ~ *weight* peso insuficiente; 5 (duração, tempo) breve, pequeno; *a* ~ *time ago* há pouco tempo; *at* ~ *intervals* com pequenos intervalos; *for a* ~ *time* por pouco tempo; *of* ~ *duration* de pequena duração; *the nights are getting shorter and shorter* as noites estão cada vez mais pequenas; 6 (bebida) puro, sem água; 7 de pouco alcance, limitado; 8 conciso, lacónico, de poucas palavras; *to be* ~ *and to the point* ser conciso e concreto; *to be* ~ *of speech* ser de poucas falas; 9 (comportamento) duro, rude, seco [**with**, com]; *he was very* ~ *with them* ele foi muito brusco com eles; 10 CULINÁRIA (massa) estaladiço; 11 (distância) curto, pequeno; *a* ~ *way off* a pequena distância; ~ *focus* de curta distância focal; 12 FINANÇAS a curto prazo; *a* ~ *bill* uma factura a curto prazo; 13 esquecido, que não consegue reter; *to have a* ~ *memory* ter má memória; 14 quebradiço; ~ *iron* ferro quebradiço; 15 abreviado; *she was called Maggie for* ~ chamavam-lhe Maggie para abreviar Ⓑ *adv.* 1 abruptamente, subitamente; *to be taken* ~ ter uma cólica súbita; 2 bruscamente; *she took him up* ~ ela interrompeu-o bruscamente; *to bring/pull up* ~ parar bruscamente; 3 concisamente, resumidamente; 4 a pequena distância do objectivo; 5 FINANÇAS sem garantia; 6 grosseiramente, indelicadamente Ⓒ *s.* 1 LINGUÍSTICA sílaba ou vogal breve; 2 [coloq.] (bebida) dose pequena; 3 [EUA] (homem) cuecas; 4 ELECTRICIDADE curto-circuito; 5 CINEMA curta-metragem; 6 VESTUÁRIO tamanho pequeno; 7 *pl.* mistura de farinha grossa e farelo Ⓓ *v.tr.,intr.* ELECTRICIDADE [coloq.] pôr em curto-circuito; entrar em curto-circuito ❖ ~ *allowance* meia ração; DIREITO ~ *cause* causa sumária; ~ *cut* atalho; [fig.] segredo, fórmula mágica; ~ *drink* aperitivo; ~ *rib* falsa costela; LITERATURA ~ *story* conto; ~ *sight* miopia; ~ *time* tempo parcial; ~ *ton* tonelada americana; (casaco, vestido) ~ *waist* cinta alta; ~ *wave* onda curta; ~ *of* excepto; ~ *of breath* com falta de ar; ~ *and sweet* pouco, mas bom; *for* ~ para abreviar; *in* ~ em resumo; em suma; *she is not far* ~ *of forty* ela não anda longe dos quarenta anos; *to be* ~ *of* não ter; ter carência de; ter falta de; *to be* ~ *of money* estar sem dinheiro; *to come/fall* ~ (*of*) não atingir; não chegar (a); desiludir; ser insuficiente; *to give* ~ *weight* tirar ao peso; *the long and the* ~ *of it* em poucas palavras; *the weight is ninety grammes* ~ faltam noventa gramas ao peso; *to make* ~ *work of* destruir; despachar rapidamente

short-acting [ˌʃɔːtˈæktɪŋ] *adj.* 1 de acção reduzida; 2 de curta duração

shortage [ˈʃɔːtɪdʒ] *s.* carência, escassez, falta; *food* ~ escassez de alimentos, falta de alimentos; ~ *of teachers* falta de professores

shortbread [ˈʃɔːtbred] *s.* CULINÁRIA ⇒ **shortcake**

shortcake [ˈʃɔːtkeɪk] *s.* 1 CULINÁRIA bolacha amanteigada, biscoito amanteigado; 2 sobremesa com estes biscoitos cobertos de natas e fruta

shortchange [ˌʃɔːtˈtʃeɪndʒ] *v.tr.* 1 [coloq.] enganar no troco, dar menos troco que o devido; 2 [fig.] enrolar, intrujar, burlar (alguém)

shortchanger [ˌʃɔːtˈtʃeɪndʒə] *s.* aquele que dá menos troco que o devido; pessoa que comete fraudes nos trocos

short-circuit [ʃɔːtˈsɜːkɪt] Ⓐ s. ELECTRICIDADE curto-circuito Ⓑ v.tr.,intr. 1 ELECTRICIDADE ligar em curto-circuito; provocar um curto-circuito; 2 [fig.] (dificuldade) resolver; 3 [fig.] (plano) boicotar; frustrar ❖ ~ *braking* travagem por curto-circuito; ~ *proof* à prova de curto-circuito

shortcoming [ˈʃɔːtˌkʌmɪŋ] s. 1 defeito; falha; 2 falta, insuficiência, lacuna; *the shortcomings of a book* as lacunas dum livro

shortcrust [ˈʃɔːtkrʌst] adj. CULINÁRIA de massa quebradiça e amanteigada; ~ *pastry* massa amanteigada

shorten [ˈʃɔːtən] v.tr.,intr. 1 (assunto) abreviar; resumir; 2 (dimensões) diminuir; encurtar; 3 (distância, tempo) diminuir, reduzir; *to ~ the range* diminuir o alcance do tiro; 4 NÁUTICA (vela) reduzir o pano

shortening [ˈʃɔːtənɪŋ] Ⓐ adj. que diminui, que fica mais pequeno Ⓑ s. 1 diminuição, redução, encurtamento, decrescimento; 2 resumo; 3 CULINÁRIA manteiga; gordura

shortfall [ˈʃɔːtfɒl] s. défice, insuficiência, escassez, carência

shorthaired [ˈʃɔːtˌheəd] adj. 1 (pessoa) de cabelo curto; 2 (animal) de pêlo curto; ~ *cat* gato de pêlo curto

shorthand [ˈʃɔːthænd] Ⓐ s. estenografia, taquigrafia Ⓑ adj. [fig.] (palavra, versão) abreviado ❖ ~ *notebook* livro de notas; ~ *reporter* estenógrafo; taquígrafo; ~ *symbols* símbolos de estenografia; ~ *typing* estenodactilografia; ~ *typist* estenodactilógrafo; DIREITO ~ *writer's notes* notas de audiência tomadas em taquigrafia; *to take sth down in ~* estenografar alguma coisa; *to be ~ for* significar por outras palavras

shorthorn [ˈʃɔːthɔːn] s. determinada raça bovina inglesa de chifres curtos

shortie [ˈʃɔːtɪ] s. pequenitates

shortish [ˈʃɔːtɪʃ] adj. um tanto curto, um tanto baixo

short-list [ˈʃɔːtlɪst] v.tr. fazer a pré-selecção de; seleccionar os finalistas de; incluir na lista de finalistas

short-lived [ˈʃɔːtlɪvdt] adj. 1 breve; de curta duração; 2 passageiro; temporário

shortly [ˈʃɔːtlɪ] adv. 1 (tempo) dentro em pouco, em breve; 2 (comportamento) abruptamente, bruscamente, rispidamente; 3 concisamente, em poucas palavras ❖ ~ *after* pouco depois; ~ *before* pouco antes

shortness [ˈʃɔːtnəs] s. 1 (pessoa) baixa estatura, pequenez; 2 (coisa) tamanho pequeno; 3 brusquidão, rudeza; 4 (sílaba, vogal) brevidade; 5 (tempo) brevidade, pequena duração; 6 carência, escassez, falta; ~ *of memory* falta de memória; 7 friabilidade; qualidade de quebradiço ❖ MEDICINA ~ *of sight* miopia

short-range [ˌʃɔːtˈreɪndʒ] adj. 1 de curto prazo; 2 para pequenas distâncias; 3 (armas) de curto alcance

shorts [ʃɔːtz] s.pl. calções; *a pair of ~* um par de calções

short-sighted [ˈʃɔːtˌsaɪtɪd] adj. 1 [GB] míope; pitosga*coloq.*; 2 [fig.] (pessoa, projecto) de vistas curtas; limitado ❖ ~ *policy* falta de visão

short-spoken [ˈʃɔːtˌspəʊkən] adj. de poucas falas

short-staffed [ˈʃɔːtˌstɑːft] adj. com pouco pessoal; com défice de funcionários

short-tempered [ˈʃɔːtˌtempɜːd] adj. irritadiço; implicante; impaciente

short-term [ˌʃɔːtˈtɜːm] adj. 1 de curta duração; 2 temporário; ~ *passport* passaporte temporário; 3 FINANÇAS a curto prazo ❖ PSICOLOGIA ~ *memory* memória de curto prazo

short-waisted [ˈʃɔːtˌweɪstɪd] adj. de cintura alta

shortwave [ˈʃɔːtweɪv] Ⓐ s. RÁDIO onda curta Ⓑ adj. RÁDIO de onda curta; ~ *broadcasting* emissão em onda curta; ~ *frequency* frequência de ondas curtas

short-winded [ˈʃɔːtˌwɪndɪd] adj. 1 sem fôlego; ofegante; esbaforido; 2 de fôlego curto; 3 (enunciado) breve

shorty [ˈʃɔːtɪ] s. pequenitates

shot [ʃɒt] Ⓐ s. 1 disparo, tiro; *he heard a ~ in the distance* ele ouviu um tiro ao longe; *pistol ~* tiro de pistola; *snap ~* disparo de arma de fogo quase sem apontar; *the frigate fired three ~* a fragata disparou três descargas; *to fire a ~* disparar um tiro; *to take a flying ~ at a bird* dar um tiro a uma ave durante o voo; 2 AERONÁUTICA (foguetão) lançamento; 3 tentativa; *let him have a ~ at it* deixe-o tentar; 4 [coloq.] palpite; 5 DESPORTO lançamento, remate, tacada; ~ *at the goal* remate à baliza; 6 [fig.] (injúria) remoque; *the remark was a ~ at him* a observação era um remoque dirigido a ele; 7 atirador; *to be a first-class ~/to be a good ~* ser um atirador de primeira classe, ser um bom atirador; *to be no ~* ser mau atirador; 8 alcance do tiro; *out of rifle ~* fora do alcance de um tiro de espingarda; 9 (arma) bala; *wasted ~* bala perdida; 10 DESPORTO (lançamento do peso) peso; 11 (espingarda) cartucho, chumbo; *small ~* chumbo miúdo; *sporting ~* chumbo de caça; 12 CINEMA, FOTOGRAFIA, TELEVISÃO cena, plano; *close ~* primeiro plano; *long ~* plano de conjunto; *to make the exterior shots of a film* filmar os exteriores de um filme; 13 FOTOGRAFIA instantâneo; 14 [EUA] injecção, vacina; 15 (bebida) trago; 16 quinhão, parte de conta que toca a cada um; *I'll pay my ~* quem paga a minha conta sou eu; 17 vez; *it's your ~* é a sua vez de jogar Ⓑ {prt. e part. pass. de **to shoot**} Ⓒ v.tr.,intr. (particípios: -**tt**-) 1 (arma de fogo) carregar; 2 (linha de pesca, etc.) colocar chumbo em; 3 granar, granular, tomar a forma de grânulos; 4 entremear, meter de permeio em Ⓓ adj. 1 com reflexos; *silk ~ with silver* seda com reflexos prateados; 2 [coloq.] cansado, estafado; 3 [coloq.] gasto; 4 (emoção, qualidade) impregnado [*with*, de] ❖ ~ *metal* liga de 2% de chumbo; DESPORTO ~ *put* lançamento do peso; *a ~ in the arm* estímulo; coisa que anima ou entusiasma; *a ~ in the dark* um tiro no escuro; *as long as I have a ~ in the locker* enquanto eu tiver possibilidades financeiras; *he is a big ~* ele é um manda-chuva; *he was off like a ~* ele partiu como um raio; *I'll be ~ if...* diabos me levem se ...; *like a ~* sem hesitação; *not by a long ~* de modo nenhum; nunca; *off like a ~* com grande velocidade; como um raio; sem demora; *the candidate made some lucky shots at the examination questions* o candidato acertou em algumas perguntas do exame; *to be without a ~ in the locker* não ter um tostão; *to call one's shots* ser franco; *to call the shots* ditar as regras; *to do sth like a ~* fazer uma coisa imediatamente; *to make a bad ~* enganar-se ao tentar adivinhar; *to take a long ~* arriscar-se; meter-se em empreendimento arriscado

shotgun [ˈʃɒtɡʌn] Ⓐ s. espingarda de caça Ⓑ adj. à força, à pressão

shot-putter [ˈʃɒtpʊtə] s. DESPORTO lançador de peso

shotted [ˈʃɒtɪd] adj. com chumbo

shotten [ˈʃɒtən] adj. (peixe) que desovou ❖ [coloq.] ~ *herring* criatura fraca

shotting [ˈʃɒtɪŋ] s. acto de granar ou granular

should [ʃʊd] prt. de **shall** ❖ *all is as it ~ be* tudo corre bem; *everyone ~ go to the poll* toda a gente deveria votar; *in case he shouldn't be there* no caso de ele não estar ali; *I ~ think so* parece-me que sim; ~ *he ring up, let me know* no caso de ele telefonar, diz-me; *that ~ suit you* isso convir-lhe-ia!; *they ordered that he ~ be released* determinaram que ele fosse libertado; *whom ~ I meet but Smith?* quem havia eu de encontrar senão o Smith?; *you ~ have been more careful* devias ter tido mais cuidado

shoulder [ˈʃəʊldə] Ⓐ s. 1 ANATOMIA ombro; *to dislocate one's ~* deslocar o ombro; 2 (animal) quarto dianteiro; 3 VESTUÁRIO ombreira, chumaço; 4 TIPOGRAFIA ombro, rebarba; 5 (montanha) contraforte, saliência; 6 [EUA] (estrada) berma; 7 *pl.* [fig.] (responsabilidade) costas, ombros; *his shoulders are broad enough* ele tem as costas largas; *to shift the responsibility to other shoulders* atirar a responsabilidade para os outros; *to take the responsibility on one's shoulders* assumir a responsabilidade Ⓑ v.tr.,intr. 1 (pesos) carregar aos ombros, pôr aos ombros; 2 (culpa, despesas, responsabilidade) arcar com, assumir; *he shouldered all her debts* ele assumiu a responsabilidade por todas as dívidas dela; 3 acotovelar, empurrar; abrir caminho; *to ~ one's way through the crowd* abrir caminho aos encontrões através da multidão; 4 encarregar-se; *to ~ a task* encarregar-se duma tarefa ❖ MILITAR ~ *arms* posição de sentido com a arma encostada ao ombro direito; ~ *bag* bolsa/mala a tiracolo; ANATOMIA ~ *blade* omoplata; ANATOMIA ~ *joint* articulação da omoplata; VESTUÁRIO ~ *pad* ombreira; (armadura, peça de vestuário) ~ *piece* ombreira; (roupa, bolsa, carteira) ~ *strap* alça; ~ *to ~* ombro a ombro; *a ~ to cry on* um ombro amigo; *straight from the ~* sem rodeios; [coloq.] *to give sb the cold ~* ignorar alguém; tratar alguém com indiferença; *to have a head on one's shoulders* ter cabeça; saber o que se diz e o que se faz; *to put one's ~ to the wheel* deitar mãos à obra;

to stand head and shoulders above estar acima de/em posição superior a; **to turn the cold ~** pôr de parte; mostrar indiferença; **you can't put an old head on young shoulders** não se pode esperar que os novos pensem como os velhos
shoulder-belt ['ʃəʊldəbelt] s. talabarte, boldrié
shoulder-block ['ʃəʊldəblɒk] s. NÁUTICA moitão de gato
shoulder-brace ['ʃəʊldəbreɪs] s. dispositivo para endireitar as costas duma criança
shoulder-high ['ʃəʊldəhaɪ] adj.,adv. 1 à altura dos ombros; 2 aos ombros
shouldering ['ʃəʊldərɪŋ] s. acto de abrir caminho com os ombros, acto de empurrar com os ombros
shoulder-length ['ʃəʊldəleŋθ] adj. (cabelo) pelos ombros, que chega até aos ombros
shouldn't ['ʃʊdənt] contr. de **should not**
should've ['ʃʊdəv] contr. de **should have**
shout [ʃaʊt] Ⓐ s. 1 (alegria, dor, etc.) grito, berro, brado; *a ~ of alarm* um grito de alarme; *shouts of joy* gritos de alegria; 2 [Austr., GB] [coloq.] (bebidas) rodada; *it's my ~* quem paga agora sou eu Ⓑ v.tr.,intr. 1 berrar; bradar; gritar; *don't ~ at me!* não me grites!; *to ~ an order* berrar uma ordem; *to ~ at the top of one's voice* berrar o mais alto que se pode; *to ~ for joy* gritar de alegria; *to ~ for sb* chamar alguém, berrando; *to ~ oneself hoarse* berrar até enrouquecer; *to ~ with pain* gritar de dor; 2 [Austr., GB] [coloq.] pagar uma rodada de bebidas ❖ *shouts of applause* aclamações; *shouts of laughter* gargalhadas; *to ~ with laughter* rir às gargalhadas; *you don't have to ~ it from the house-tops* não precisas de espalhar isso aos quatro ventos
◆**shout down** v.tr. apupar, vaiar; *activists shouted down the prime minister* os activistas apuparam o primeiro-ministro
◆**shout out** v.intr. berrar, gritar
shouter ['ʃaʊtə] s. 1 aquele que grita ou solta brados; 2 pessoa que aclama, aclamador
shouting ['ʃaʊtɪŋ] s. gritaria; berreiro; algazarra ❖ [coloq.] *a ~ match* uma peixeirada; *it's all over bar the ~* está quase tudo terminado; já não restam dúvidas quanto ao resultado
shove [ʃʌv] Ⓐ s. 1 empurrão, encontrão; *to give a ~* dar um empurrão; 2 impulso forte Ⓑ v.tr.,intr. 1 (objecto, pessoa) empurrar; dar um encontrão; *don't shove!* não empurre!; [fig.] *they shoved him into power* empurraram-no para o poder; *to ~ a boat into the river* empurrar um barco para o rio; 2 [coloq.] (descuidadamente) meter [**into**, em]; enfiar [**into**, em] ❖ *~ net* rede de pesca em forma de saco; *to ~ along* abrir caminho, empurrando; *to ~ aside* empurrar para o lado; pôr de lado; *to ~ by sb* passar por alguém, empurrando; *to ~ oneself forward* conseguir singrar na vida
◆**shove about/around** v.tr. 1 empurrar; tratar mal_fig_; 2 [coloq.] dar ordens a
◆**shove away** v.tr. (objecto, pessoa) afastar, empurrando
◆**shove back** v.tr. 1 (cadeira, pessoa) empurrar para trás; 2 recolocar; repor; pôr no lugar
◆**shove down** v.tr. (objecto) pousar ❖ *to ~ a few notes* rabiscar uns apontamentos
◆**shove off** v.intr. 1 [coloq.] pôr-se a andar; 2 NÁUTICA fazer-se ao largo ❖ *shove off!* desanda daqui!
◆**shove on** v.tr. [coloq.] (roupa, etc.) enfiar; pôr
◆**shove out** v.tr. 1 (barco) desatracar; 2 (pessoa) pôr na rua
◆**shove over/up** Ⓐ v.intr. [coloq.] afastar-se Ⓑ v.tr. 1 derrubar; 2 empurrar ❖ [coloq.] *shove it over to me* chega-me isso
shovel ['ʃʌvəl] Ⓐ s. 1 (utensílio) pá; *coal ~* pá de carvão; *fire ~* pá para brasas; 2 (máquina) escavadora; *electric ~* escavadeira eléctrica Ⓑ v.tr.,intr. (particípios: -ll-) 1 escavar; limpar com uma pá; 3 abrir caminho com uma pá; *they shovelled a path through the snow* com uma pá abriram um caminho através da neve; 4 [coloq.] (descuidadamente) atirar [**into**, para]; meter [**into**, em]; enfiar [**into**, em] ❖ *~ dredge* pá automática; *~ hat* chapéu de abas usado por membros da Igreja Anglicana; [coloq.] *to ~ food into one's mouth* enfiar comida pela goela abaixo; *to ~ out* deitar fora com uma pá; distribuir às mãos-cheias
◆**shovel up** v.tr. 1 juntar com uma pá; *~ the snow* junta a neve com uma pá; 2 tirar com uma pá
shovelboard ['ʃʌvəlbɔːd] s. jogo, em coberta de barco, que consiste em impelir pequenos discos sobre uma superfície dividida por linhas

shovelful ['ʃʌvəlfʊl] s. pazada, pá cheia
shoveller ['ʃʌvələ] s. 1 pessoa que trabalha com pá; 2 ZOOLOGIA pato-colhereiro, colhereiro
shovelling ['ʃʌvəlɪŋ] s. 1 acto de trabalhar com uma pá; 2 acto de juntar ou deslocar com uma pá ❖ *~ away* limpeza com uma pá; *~ up* acto de juntar com uma pá
shovel-nosed ['ʃʌvl,nəʊzd] adj. (bico, nariz, focinho, etc.) largo e chato
shover ['ʃʌvə] s. aquele que empurra ou impele
shoving ['ʃʌvɪŋ] s. 1 empurrão; 2 impulso
show [ʃəʊ] Ⓐ s. 1 (exibição) exposição, mostra; *a flower ~* uma exposição de flores; *cattle ~* exposição de gado; *dog ~* exposição canina; *motor ~* salão automóvel; *to be on ~* estar em exposição; 2 (evento) espectáculo; *to go to a ~* ir a um espectáculo; 3 RÁDIO, TELEVISÃO programa; 4 demonstração, manifestação; 5 indicação, indício; 6 aparência; simulacro; *~ of resistance* simulacro de resistência; 7 impressão; *to make a fine ~* causar boa impressão; 8 [depr.] alarde, aparato, ostentação, pompa; *to be fond of ~* gostar de aparato; *to do sth for ~* fazer qualquer coisa só para se mostrar; 9 [coloq.] empreendimento, negócio; 10 [Austr., EUA] [coloq.] oportunidade; *to give a fair ~* dar oportunidade igual; *to have a ~* ter uma oportunidade; *you must give a fair ~* tens de dar uma oportunidade; 11 MEDICINA hemorragia indicativa do início do trabalho de parto Ⓑ v.tr.,intr. (prt. **showed**, part. pass. **shown** ou **showed**) 1 mostrar; *to have nothing to ~ for it* não ter nada para mostrar que se fez alguma coisa; *to ~ an interest in* mostrar interesse por; *to ~ signs of* mostrar/dar sinais de; *to ~ great improvement* mostrar grandes progressos; *to ~ sb how to do sth* mostrar a alguém como se faz alguma coisa; *as shown in the illustration* conforme se mostra na ilustração; *to ~ mercy on* mostrar compaixão por; 2 (exposição) expor; *she got a prize for the flowers she showed* recebeu um prémio pelas flores que expôs; *the picture was shown at the Academy* o quadro foi exposto na Academia; 3 (filme) exibir; 4 (medição) marcar, registar; 5 indicar; *to ~ sb to* indicar alguma coisa a alguém; *to ~ the time* indicar as horas; 6 conceder, dar; 7 acompanhar, conduzir; *to ~ sb into a room* conduzir alguém a um aposento; *to ~ sb out* acompanhar alguém até à saída; 8 esclarecer, explicar; *to ~ cause* explicar as suas razões; 9 (sentimentos) demonstrar, manifestar; 10 provar, dar provas de; 11 notar-se; ver-se, deixar ver; *it shows in his face* vê-se-lhe na cara; *the dress shows her underwear* o vestido deixa ver a roupa interior; *the veins ~ under her skin* vêem-se-lhe as veias por baixo da pele; *the stain does not ~* não se vê a nódoa; 12 [coloq.] (comparência) aparecer; *he didn't ~ his face/head* ele não pôs lá os pés; 13 parecer; *it shows yellow from here* daqui parece amarelo; *she does not ~ her age* ela não aparenta a idade que tem; 14 [EUA] (corrida de cães, cavalos) classificar-se em terceiro lugar; 15 mostrar-se; *to ~ oneself* mostrar-se, aparecer em público; 16 apresentar; colocar; COMÉRCIO *to ~ a cheap line of goods* colocar à venda artigos baratos; 17 DIREITO alegar; apelar; 18 revelar; *to ~ one's hand* revelar os seus planos ou intenções ❖ (espectáculo) *~ bill* cartaz; *~ business* mundo do espectáculo; [GB] *~ house* casa modelo; *~ jumping* concurso hípico; *~ trial* julgamento encenado para impressionar o público; *~ window* montra; *he made a ~ of going to bed* ele fingiu que se ia deitar; *he showed the white feather* ele fugiu; *time will ~* quem viver verá; o tempo o dirá; *to boss/run the ~* comandar as tropas; ser quem manda/dirige as coisas; *to give the (whole) ~ away* mostrar os pontos fracos; revelar tudo; [EUA] [coloq.] *to go to ~* demonstrar; mostrar; *to make a ~ of oneself* tornar-se ridículo; fazer uma figura ridícula; *to put up a good ~* representar bem; [GB] [ant., coloq.] *to ~ a clean pair of heels* desatar a fugir; [coloq.] *to ~ a leg* sair da cama; *to ~ daylight* estar todo roto, cheio de buracos; *to ~ one's teeth* mostrar-se zangado; *to ~ fight* opor resistência; não ceder; reagir; *to ~ forth* anunciar; proclamar; *to ~ the colours* desfraldar a bandeira; *to ~ sb the door* pôr alguém na rua; DESPORTO *to ~ up well* fazer uma boa exibição; *to vote by ~ of hands* votar de mãos levantadas
◆**show around/round** v.tr. (visita) mostrar; dar a conhecer; *I'll show you around town* vou dar-te a conhecer a cidade; *to show sb round the town* mostrar a cidade a alguém

show in v.tr. mandar entrar; ~ *the next visitor, please* mande entrar o próximo convidado, por favor

show off Ⓐ v.tr. 1 [depr.] (vaidade) exibir; ostentar; 2 (característica) realçar Ⓑ v.intr. [depr.] armar-se; dar nas vistas

show through v.intr. (sentimento) transparecer

show up Ⓐ v.intr. 1 (pessoa) aparecer; comparecer; 2 (mancha, revelação) notar-se; ver-se; 3 destacar-se Ⓑ v.tr. 1 (característica, defeito) descobrir; realçar; chamar a atenção para; *to ~ sb's faults* realçar os defeitos de alguém; 2 desmascarar; denunciar; 3 envergonhar; embaraçar

showbiz ['ʃəʊbɪz] s. 1 mundo do espectáculo; 2 indústria do espectáculo

showboat ['ʃəʊbəʊt] Ⓐ s. 1 [EUA] barco a bordo do qual se dão espectáculos; 2 [fig.] (pessoa) exibicionista Ⓑ v.intr. armar-se, exibir-se

showcase ['ʃəʊkeɪs] Ⓐ s. 1 expositor, vitrina; 2 mostruário; 3 cenário ideal Ⓑ v.tr. 1 exibir; 2 expor; 3 mostrar

showdown ['ʃəʊdaʊn] s. 1 [coloq.] confronto; ajuste de contas; momento da verdade; 2 (póquer) colocação das cartas na mesa

shower[1] ['ʃaʊə] Ⓐ s. 1 (banho) duche; 2 (utensílio) chuveiro; 3 METEOROLOGIA (chuva) aguaceiro; (neve) nevão; 4 [coloq., fig.] (grande quantidade) chuva; avalanche; torrente; *a ~ of bullets* uma chuva de balas; *a ~ of insults* uma avalanche de insultos; *letters came in showers* chegaram montes de cartas; 5 [EUA, Austr.] (grávida, noiva) festa com presentes; 6 [GB] [coloq., depr.] (pessoas) bando, quadrilha Ⓑ v.intr. 1 tomar um duche; 2 chover Ⓒ v.tr. 1 borrifar; molhar; 2 [fig.] (quantidade) encher de; *to ~ gifts upon sb* encher alguém de presentes; *congratulations showered down on him* choveram sobre ele os parabéns ❖ *~ base* poliban; *~ cap* touca de banho; *~ cubicle* cabina de duche; *~ gel* gel de banho; [fig.] *she sent him to the showers* ela mandou-o passear

shower[2] ['ʃəʊə] s. aquele que expõe ou mostra; expositor

showerproof ['ʃaʊəpruːf] adj. resistente à água

showery ['ʃaʊərɪ] adj. 1 chuvoso; 2 com aguaceiros; 3 às chuvadas

showgirl ['ʃəʊɡɜːl] s. 1 corista; 2 bailarina

showground ['ʃəʊɡraʊnd] s. recinto da feira

showily ['ʃəʊɪlɪ] adv. com ostentação, pomposamente

showiness ['ʃəʊɪnəs] s. ostentação, pompa; *she dresses without ~* ela veste sem ostentação

showing ['ʃəʊɪŋ] s. 1 (quadros, etc.) exposição; 2 CINEMA sessão; projecção; 1 actuação; exibição; 4 resultado; 5 (factos) apresentação, exposição ❖ *~ off* ostentação; exibicionismo; *~ up* denúncia; desmascaramento; *on this ~* nesta perspectiva; deste ponto de vista

showman ['ʃəʊmən] s. (pl. **-men**) 1 empresário de espectáculo; 2 director de circo; 3 artista, entertainer

showmanship ['ʃəʊmənʃɪp] s. arte de organizar espectáculos

shown [ʃəʊn] part. pass. de **to show**

show-off ['ʃəʊɒf] s. [coloq.] fanfarrão, convencido, exibicionista

showpiece ['ʃəʊpiːs] s. 1 (exemplo perfeito) paradigma, modelo; 2 [fig.] peça extraordinária, peça de museu

showplace ['ʃəʊpleɪs] s. 1 atracção turística; 2 lugar de sonho

showroom ['ʃəʊrʊm] s. COMÉRCIO salão de exposições

showstopper ['ʃəʊstɒpə] s. 1 momento alto do espectáculo; 2 [fig.] momento empolgante; 3 [fig.] pessoa impressionante

showstopping ['ʃəʊstɒpɪŋ] adj. [coloq.] empolgante, arrebatador, impressionante

showy ['ʃəʊɪ] adj. (comp. **-ier**, superl. **-iest**) 1 (coisa) vistoso, que dá nas vistas; *a ~ dress* um vestido vistoso; 2 (pessoa) aparatoso; pomposo; pretensioso

shrank [ʃræŋk] prt. de **to shrink**

shrapnel ['ʃræpnəl] s. 1 granada de balas que se espalham quando ela rebenta; 2 granada que se desfaz em estilhaços

shred [ʃred] Ⓐ s. 1 (pano) farrapo, trapo; 2 (corte de tecido) tira; bocado; 3 [fig.] (quantidade) grão$_{fig.}$; parcela; *not a ~ of evidence* nem a menor prova Ⓑ v.tr. (particípios: **-dd-**) 1 (máquina de cortar papel) cortar às tiras, triturar; 2 (alimentos) esfiar, ralar ❖ (crítica) *to pull sth to shreds* arrasar alguma coisa; *to tear to shreds* pôr em farrapos; reduzir a nada

shredded ['ʃredɪd] adj. em tiras, em retalhos, em farrapos

shredder ['ʃredə] s. 1 (máquina, pessoa) retalhador, desfibrador; 2 (papel) trituradora

shredding ['ʃredɪŋ] s. 1 acto de retalhar, de pôr em tiras; 2 desfibramento

shreddy ['ʃredɪ] adj. 1 em farrapos, em tiras; 2 (carne) esfiada

shrew [ʃruː] s. 1 ZOOLOGIA musaranho; 2 (insulto) megera, víbora$_{fig.}$, jararaca$_{Bras.}$

shrewd [ʃruːd] adj. 1 astuto, perspicaz, sagaz; *~ wit* espírito sagaz; 2 astucioso, manhoso; 3 sensato; *~ reasoning* raciocínio sensato; 4 [arc.] cortante; *~ wind* vento cortante ❖ *he had a ~ idea that...* tudo o levava a crer que...

shrewdly ['ʃruːdlɪ] adv. 1 sensatamente; 2 de maneira perspicaz; 3 astuciosamente; 4 sagazmente, judiciosamente

shrewdness ['ʃruːdnəs] s. sensatez, sagacidade, perspicácia, argúcia

shrewish ['ʃruːɪʃ] adj. de mau génio, rabugento, que está sempre a ralhar

shrewishly ['ʃruːɪʃlɪ] adv. de maneira rabugenta, quezilentamente

shrewishness ['ʃruːɪʃnəs] s. espírito quezilento, rabugice, impertinência

shriek [ʃriːk] Ⓐ s. grito agudo; guincho; chio; *to give a ~* soltar um grito agudo; *~ of anguish* grito de angústia Ⓑ v.tr.,intr. 1 gritar; berrar; *to ~ at the top of one's voice* gritar com uma voz esganiçada; *to ~ oneself hoarse* gritar até enrouquecer; 2 guinchar; chiar ❖ *to ~ with laughter* rir às gargalhadas; rir a bandeiras despregadas; *to ~ out* exclamar em voz aguda e angustiada

shrieking ['ʃriːkɪŋ] adj. gritante, que solta gritos agudos ❖ *~ colours* cores que não condizem umas com as outras

shrieval ['ʃriːvəl] adj. relativo a xerife; *~ functions* funções de xerife

shrievalty ['ʃriːvəltɪ] s. (pl. **-ies**) cargo, funções ou dignidade de xerife

shrift [ʃrɪft] s. 1 RELIGIÃO [arc.] confissão; 2 RELIGIÃO [arc.] absolvição; 3 RELIGIÃO [arc.] penitência ❖ *to get short ~* ser castigado severamente sem demora; *to give short ~* castigar sem demora com toda a severidade

shrike [ʃraɪk] s. ZOOLOGIA picanço, picanço-bacoreiro

shrill [ʃrɪl] Ⓐ adj. 1 (som, voz) agudo, esganiçado, estridente; *in a ~ voice* com voz aguda; 2 (som) penetrante; *she uttered a ~ cry* ela soltou um grito penetrante; 3 (crítica, queixa, etc.) desagradável; incómodo, insistente Ⓑ v.tr.,intr. 1 soltar gritos agudos, guinchar; 2 gritar; 3 proferir com voz estridente; *she shrilled out a song* ela cantou uma canção com uma voz estridente

shrillness ['ʃrɪlnəs] s. agudeza (de som), estridência

shrilly ['ʃrɪlɪ] adv. 1 estridentemente, agudamente; 2 com voz esganiçada

shrimp [ʃrɪmp] Ⓐ s. 1 camarão; 2 [coloq.] homem muito pequeno, anão; 3 [coloq.] zé-ninguém, dez-réis de gente Ⓑ v.intr. ir à pesca dos camarões

shrimper ['ʃrɪmpə] s. 1 pescador de camarões; 2 barco para a pesca do camarão

shrimping ['ʃrɪmpɪŋ] s. pesca de camarão

shrine [ʃraɪn] Ⓐ s. 1 (local) santuário; 2 RELIGIÃO (recipiente) relicário; 3 capela; altar; 4 túmulo de santo Ⓑ v.tr. ⇒ **to enshrine**

shrink [ʃrɪŋk] Ⓐ s. 1 retracção; 2 retraimento; 3 encolhimento; 4 [cal.] psiquiatra; psicólogo Ⓑ v.tr.,intr. (prt. **shrank**, part. pass. **shrunk** ou **shrunken**) 1 (roupa) encolher; *woollen clothes often ~ in the wash* roupas de lã encolhem muitas vezes ao serem lavadas; 2 (fronteiras) estreitar-se; 3 (quantia, quantidade) diminuir, reduzir; *his income has shrunk* o rendimento dele diminuiu; 4 (metal) contrair-se; *a metal shrinks when cooling* um metal contrai-se ao arrefecer; 5 (carne) ralar, triturar; 6 recuar [**from**, perante]; acobardar-se [**from**, perante]; 7 esquivar-se [**from**, a]; fugir [**from**, a]; *to ~ from one's word* fugir à palavra dada; *he shrinks from no work* ele não foge a nenhum trabalho ❖ *to ~ at* ser avesso a; ter relutância em; *to ~ back* recuar; *to ~ into oneself* ensimesmar-se; fechar-se em si mesmo; *to ~ on* encaixar enquanto dilatado pelo calor; *to ~ too next to nothing* tornar-se em quase nada

shrinkage ['ʃrɪŋkɪdʒ] s. 1 (roupa) encolhimento; 2 (quantia, quantidade) diminuição, redução; 3 (madeira, metal) contracção, encolhimento; *~ of a metal* contracção de um metal; *~ of the wood* encolhimento da madeira; 4 retracção, retrocesso ❖ *~ allowance* tolerância de contracção; *~ rule* escala de contracção

shrinking ['ʃrɪŋkɪŋ] Ⓐ adj. [fig.] acanhado, tímido Ⓑ s. 1 encolhimento; 2 diminuição ❖ [coloq.] (pessoa tímida) *a ~ violet* um atadinho; *~ away/back* afastamento; *~ of the casting* contracção da fundição

shrinkingly ['ʃrɪŋklɪ] adv. receosamente, timidamente

shrink-wrap ['ʃrɪŋkræp] v.tr. (particípios -**ped**) celofanar

shrink-wrapped ['ʃrɪŋkræpd] adj. celofanado

shrink-wrapping ['ʃrɪŋkræpɪŋ] s. celofanagem

shrive [ʃraɪv] v.tr. (prt. **shrove**, part. pass. **shriven**) 1 RELIGIÃO [arc.] ouvir em confissão; 2 RELIGIÃO [arc.] (pecados) absolver; 3 RELIGIÃO [arc.] indicar penitência ❖ *to ~ oneself* confessar-se

shrivel ['ʃrɪvəl] v.tr.,intr. (particípios: -**ll**-) 1 enrugar, enrugar-se; 2 engelhar; 3 murchar; 4 ficar com um aspecto ressequido

shrivelled ['ʃrɪvəlt] adj. 1 enrugado, engelhado; 2 murcho; 3 ressequido, queimado pelo sol

shrivelling ['ʃrɪvəlɪŋ] s. 1 enrugamento; 2 acto de ressequir, de ficar ressequido, aspecto ressequido

shriven ['ʃrɪvən] {part. pass. de **to shrive**} *to die ~* morrer confessado

shriving ['ʃraɪvɪŋ] s. confissão e absolvição

shroff [ʃrɒf] s. cambista egípcio

shroud [ʃraʊd] Ⓐ s. 1 (corpos) mortalha; sudário; *to wrap a corpse in a ~* amortalhar um cadáver; 2 cobertura, revestimento; 3 [fig.] manto [**of**, de]; *to be wrapped in a ~ of mystery* estar envolto num manto de mistério; *under a ~ of darkness* num manto de escuridão; 4 (equipamento, máquinas) capa protectora; 5 NÁUTICA (mastro) ovém; 6 AERONÁUTICA deflector, protecção; 7 cabo de içar; 8 pl. enxárcia; *fore shrouds* enxárcias do traquete; *maintop shrouds* enxárcias do mastaréu grande; *the main shrouds* as enxárcias grandes; *to ease the shrouds* afrouxar a enxárcia; *to set up the shrouds* atesar a enxárcia Ⓑ v.tr. 1 (cadáver) amortalhar; 2 envolver [**in**, em]; 3 cobrir; encobrir; esconder; 4 [arc.] abrigar; 5 ELECTRICIDADE (transformador) blindar

shrouded ['ʃraʊdɪd] adj. 1 amortalhado, coberto por mortalha; 2 envolto, oculto, protegido; *~ in mystery* envolto em mistério; 3 reforçado; *~ gearwheel* roda de engrenagens reforçada por discos; 4 ELECTRICIDADE blindado

shrouding ['ʃraʊdɪŋ] s. 1 amortalhamento; 2 envolvimento, cobertura, ocultamento; 3 ELECTRICIDADE blindagem

shroud-laid ['ʃraʊdleɪd] adj. NÁUTICA feito com quatro cordas enroladas à volta do mastro ❖ *~ rope* cabo da enxárcia

shrove [ʃrəʊv] prt. de **to shrive**

Shrove [ʃrəʊv] *~ Monday* segunda-feira de Carnaval; *~ Sunday* Domingo Gordo; *~ Tuesday* terça-feira de Carnaval

Shrovetide ['ʃrəʊvtaɪd] s. três dias de Carnaval

shrub [ʃrʌb] s. 1 arbusto; 2 (bebida) licor de sumo de frutas e rum

shrubbery ['ʃrʌbərɪ] s. (pl. -**ies**) plantação de arbustos, matagal

shrubby ['ʃrʌbɪ] adj. (comp. -**ier**, superl. -**iest**) 1 cheio de arbustos, coberto de arbustos; 2 arbustivo; arbustiforme; semelhante a arbusto ❖ BOTÂNICA *~ tree* arbusto

shrug [ʃrʌg] Ⓐ s. encolhimento de ombros Ⓑ v.tr. (particípios: -**gg**-) encolher os ombros

shrugging ['ʃrʌgɪŋ] s. encolher de ombros

shrunk [ʃrʌŋk] part. pass. de **to shrink**

shrunken ['ʃrʌŋkən] adj. 1 contraído, encolhido; 2 enrugado; 3 chupado, magro

S-HTTP INFORMÁTICA [abrev. de Secure Hypertext Transfer Protocol]

shuck [ʃʌk] Ⓐ s. 1 vagem; 2 casca; 3 invólucro de certos frutos; 4 ouriço (de castanha); 5 folhelho; 6 [coloq.] coisa de pouco valor Ⓑ v.tr. 1 descascar, tirar a casca a; 2 debulhar

shucking ['ʃʌkɪŋ] s. descasque, debulha

shucks [ʃʌks] interj. [coloq.] (desapontamento, irritação) ora bolas!

shudder ['ʃʌdə] Ⓐ s. 1 (pessoa) arrepio, calafrio, estremecimento; *a ~ passed over her* ela estremeceu de horror; 2 (máquina, veículo) solavanco; abanão; trepidação Ⓑ v.intr. 1 estremecer, tremer; *to ~ with cold* tremer de frio; *to ~ with horror* estremecer de horror; *she shuddered at the thought of it* ela estremeceu só de pensar nisso; 2 (máquina, veículo) abanar; dar solavancos

shuddering ['ʃʌdərɪŋ] adj. 1 que estremece; 2 trémulo; 3 horrorizado Ⓑ s. 1 estremecimento, tremor; 2 arrepio

shudderingly ['ʃʌdərɪŋlɪ] adv. 1 com estremecimento; 2 a tremer

shuffle ['ʃʌfəl] Ⓐ s. 1 maneira de caminhar, arrastando os pés; *he walks with a ~* ele caminha, arrastando os pés; 2 variedade de dança na qual se arrastam os pés; 3 acto de baralhar as cartas; *give the cards a good shuffle!* baralha bem as cartas!; 4 confusão; baralhada; 5 [fig.] reorganização; 6 evasão, fuga Ⓑ v.tr.,intr. 1 (pés) arrastar; *to ~ one's feet* arrastar os pés; 2 caminhar/dançar arrastando os pés; *to ~ along* caminhar lentamente, arrastando os passos; *to ~ in* entrar, arrastando os passos; 3 encobrir, escamotear; *to ~ sth out of sight* escamotear uma coisa, fazer desaparecer uma coisa da vista; 4 tergiversar, usar de subterfúgios; *he shuffled and didn't give a clear answer* ele tergiversou e não deu uma resposta clara; 5 (coisa) mudar de lugar; 6 (jogos de cartas) baralhar; 7 misturar descuidadamente; baralhar ❖ *to ~ one's clothes on* vestir-se descuidadamente; [fig.] *to ~ the cards* mudar de orientação, política; *to ~ through one's work* realizar o seu trabalho descuidadamente

◆**shuffle off** Ⓐ v.tr. 1 (roupa) despir à pressa; 2 (responsabilidades) descartar-se de; 3 atribuir, imputar, atirar as culpas [**on to**, para] Ⓑ v.intr. ir-se embora a arrastar os pés ❖ *to ~ this mortal coil* libertar-se deste tumulto da vida; morrer

shuffleboard ['ʃʌfəlbɔːd] s. ⇒ **shovelboard**

shuffler ['ʃʌflə] s. 1 trapaceiro, pessoa que usa de embustes; 2 tergiversador; 3 pessoa que dissimula

shuffling ['ʃʌflɪŋ] Ⓐ adj. 1 que arrasta os pés; 2 que usa evasivas, que tergiversa; 3 equívoco; 4 desonesto Ⓑ s. ⇒ **shuffle** Ⓐ

shufflingly ['ʃʌflɪŋlɪ] adv. 1 arrastando os passos; 2 evasivamente, tergiversadoramente

Shulamite ['ʃuːləmaɪt] s. RELIGIÃO (Bíblia) sulamita

shun[1] [ʃʌn] interj. MILITAR ⇒ **attention!**

shun[2] [ʃʌn] v.tr. (particípios: -**nn**-) evitar intencionalmente; fugir a, esquivar-se a; *to ~ society* fugir da sociedade, fugir do convívio social ❖ *he shuns it like the plague* ele foge disso como o Diabo da Cruz

Shunammite ['ʃuːnəmaɪt] s. RELIGIÃO (Bíblia) sunamita

shunner ['ʃʌnə] s. aquele que evita ou se esquiva

shunning ['ʃʌnɪŋ] s. acto de se esquivar, acto de evitar, de fugir

shunt [ʃʌnt] Ⓐ s. 1 desvio, manobra; 2 (caminhos-de-ferro) agulha; 3 ELECTRICIDADE derivação; *to put in ~* pôr em derivação; *voltmeter fitted on a ~* voltímetro colocado em derivação; 4 [coloq.] (automóvel) batida por trás; 5 MEDICINA (fluido, sangue) canal que desvia a circulação Ⓑ v.tr.,intr. 1 (objectos, pessoas) deslocar, desviar; 2 (caminhos-de-ferro) mudar de linha; 3 [coloq.] pôr de lado, pôr de parte; 4 (responsabilidade, etc.) livrar-se de, desviar-se de; *the conversation was shunted on to more pleasant subjects* a conversa foi desviada para assuntos mais agradáveis; 5 ELECTRICIDADE montar em derivação, pôr em derivação; 6 [coloq.] (automóvel) bater Ⓒ adj. ELECTRICIDADE de/em derivação; *~ circuit* circuito de derivação; *~ motor* motor em derivação; *~ winding* enrolamento em derivação ❖ (caminhos-de-ferro) *~ line* via de manobra

shunter ['ʃʌntə] s. (caminhos-de-ferro) agulheiro

shunting ['ʃʌntɪŋ] s. 1 (caminhos-de-ferro) manobra; 2 ELECTRICIDADE derivação ❖ *~ engine/locomotive* locomotiva de gare; *~ siding* desvio de manobra; *~ yard* estação de manobra

shush [ʃʌʃ] Ⓐ v.tr. 1 mandar calar; 2 fazer calar Ⓑ v.intr. emudecer; fazer silêncio Ⓒ interj. silêncio!

shut [ʃʌt] Ⓐ v.tr.,intr. (prt. e part. pass. **shut**) 1 fechar; *the door does not ~ easily* a porta custa a fechar; *the window won't ~* a janela não fecha; *to ~ a book* fechar um livro; *to ~ a door in sb's face/to ~ a door on sb* fechar a porta na cara de alguém; *to ~ a drawer* fechar uma gaveta; *to ~ one's ears to* fechar os ouvidos a; 2 impedir a entrada ou saída de; 3 (janela, porta) trancar; 4 (estabelecimento) encerrar; 5 confinar, limitar; 6 (janela, porta) fechar-se; 7 trilhar; *he ~ his finger in the drawer* ele trilhou o dedo na gaveta Ⓑ adj. fechado, trancado Ⓒ s. 1 encerramento; fecho; 2 (metalurgia) ponto/linha de união de peças soldadas ❖ *~ your mouth!/~ your face!* cala-te; *to be ~ of* estar livre de; *to get ~ of* desembaraçar-se de; libertar-se de; *to ~ sb's mouth* calar a boca a alguém

◆**shut away** v.tr. 1 guardar; esconder; 2 (animal, pessoa) fechar, encarcerar ❖ *to shut oneself away* isolar-se

◆**shut down** v.tr.,intr. 1 (estabelecimento comercial, fábrica) fechar; encerrar; *to ~ a factory* encerrar uma fábrica; 2 (máquina) desligar, parar; *to ~ a machine* parar uma máquina
◆**shut in** Ⓐ v.tr. 1 fechar à chave; prender; 2 rodear [**with**, de]; *the valley is ~ by high mountains* o vale está rodeado de montanhas altas Ⓑ v.refl. fechar-se
◆**shut off** v.tr.,intr. 1 (abastecimento) suspender; cortar; *the engine driver ~ steam* o maquinista cortou o vapor; 2 (vista) tapar; 3 (pessoa) isolar [**from**, de]; *to be ~ from society* estar isolado da sociedade; 4 (máquina) desligar; *to ~ the engine* desligar o motor; *~ the radio* desliga o rádio
◆**shut out** v.tr. 1 (sentimentos, ideias) afastar; ignorar; 2 não incluir em; 3 pôr (lá) fora; 4 não deixar entrar; *to shut sb out* não deixar alguém entrar; 5 DESPORTO bloquear ❖ *you can't shut me out of your life!* não me podes banir da tua vida!
◆**shut up** Ⓐ v.tr. 1 (num local) encerrar, encarcerar; *the poor girl was ~ in a convent* a pobre rapariga foi encerrada num convento; 2 fechar; *to ~ shop* fechar um estabelecimento; 3 (objectos de valor) fechar à chave, guardar; *to ~ jewels in a case* guardar jóias num cofre; 4 [coloq.] fazer calar; silenciar Ⓑ v.intr. [coloq.] calar-se; *shut up!* cala-te!
shutdown [ˈʃʌtdaʊn] s. 1 encerramento, fecho; 2 encerramento de empresa; 3 suspensão de trabalho
shut-in [ˈʃʌtɪn] s. [EUA, Can.] inválido
shut-off [ˈʃʌtɒf] s. 1 torneira; 2 válvula; 3 interruptor
shutter [ˈʃʌtə] Ⓐ s. 1 aquilo que fecha; 2 portada; 3 FOTOGRAFIA obturador; *revolving ~* obturador rotativo Ⓑ v.tr. 1 (persiana, portinhola, etc.) fechar; 2 (estabelecimento) encerrar, fechar ❖ *~ blind* persiana de lâminas móveis; FOTOGRAFIA *~ release* disparador do obturador; MECÂNICA *air ~* válvula do ar; MECÂNICA *diaphragm ~* obturador de diafragma; *slatted shutters* persianas; (estabelecimento) *to put up the shutters* encerrar ao fim do dia ou definitivamente
shutterbug [ˈʃʌtəbʌg] s. [coloq.] fotógrafo amador
shuttered [ˈʃʌtəd] adj. fechado, com as persianas corridas
shuttering [ˈʃʌtərɪŋ] s. 1 persianas; 2 colocação de persianas
shutting [ˈʃʌtɪŋ] s. 1 fechamento; 2 encerramento ❖ (fábrica) *~ down* encerramento; (corrente, gás, etc.) *~ off* corte; *~ out* exclusão; (porta) *~ to* encerramento; acto de fechar; (prisão, etc.) *~ up* encerramento
shuttle [ˈʃʌtəl] Ⓐ s. 1 (máquina de costura, tear, etc.) lançadeira, naveta; 2 DESPORTO (badminton) volante; 3 (meios de transporte) ida e volta; 4 AERONÁUTICA vaivém espacial; 5 AERONÁUTICA ponte aérea Ⓑ v.intr. viajar; deslocar-se [**between**, entre] Ⓒ v.tr. transportar ❖ *~ box* caixa da lançadeira; *~ bus* camioneta expresso; *~ carrier* porta-lançadeira; *~ diplomacy* mediação diplomática; *~ movement* movimento de vaivém; *~ peg* agulha de lançadeira; AERONÁUTICA *~ rocket* foguetão espacial de transporte; *~ train* comboio suburbano; (meios de transporte) *~ service* serviço expresso
shuttlecock [ˈʃʌtəlkɒk] s. DESPORTO (badminton) volante
shy [ʃaɪ] Ⓐ adj. (comp. **shier** ou **shyer**, superl. **shiest** ou **shyest**) 1 (personalidade) acanhado, envergonhado, reservado, tímido; *a ~ smile* um sorriso tímido; *to be ~ of people* ser acanhado, fugir do convívio; 2 (animal) arisco, assustadiço; 3 cauteloso, prudente; 4 desconfiado, relutante; *he is ~ of strangers* ele desconfia de pessoas desconhecidas; *to be ~ of doing sth* hesitar em fazer uma coisa; 5 pouco produtivo; *that orange tree is a ~ bearer* aquela laranjeira é pouco produtiva; 6 [coloq.] com falta [**of**, de], mal provido [**of**, de]; *to be ~ of money* estar com falta de dinheiro Ⓑ s. (pl. **shies**) 1 (pedra, etc.) arremesso, lançamento; *to take a ~ at* atirar uma pedra a; 2 movimento brusco; 3 tentativa; *to have a ~ at* fazer uma tentativa Ⓒ v.tr.,intr. (prt. e part. pass. **shied**, part. pres. **shying**) 1 (cavalo) assustar-se; espantar-se; 2 afastar-se, desviar-se; 3 arremessar, arrojar, atirar ❖ *to make sb ~* intimidar alguém; *to fight ~ of doing sth* evitar fazer alguma coisa
◆**shy away from** v.tr. (com medo) encolher-se perante; retroceder perante
shyer [ˈʃaɪə] s. cavalo assustadiço
shying [ˈʃaɪɪŋ] s. salto, galão de cavalo que se assusta
shyly [ˈʃaɪli] adv. acanhadamente, timidamente

shyness [ˈʃaɪnəs] s. 1 timidez, acanhamento; 2 vergonha; 3 reserva; 4 carácter arisco ou espantadiço (de animal)
shyster [ˈʃaɪstə] s. 1 homem de leis de fama duvidosa; 2 pessoa que se dedica a negócios duvidosos
si [siː] s. MÚSICA si
Si QUÍMICA [símbolo de silicon]
SI (unidades de medida) [abrev. de International System of Units] SI ❖ *SI base unit* unidade básica do SI
sial [ˈsaɪəl] s. GEOLOGIA sial
sialagogic [ˌsaɪələˈgɒdʒɪk] adj. ⇒ **sialagogue** Ⓐ
sialagogue [ˈsaɪələˌgɒg] Ⓐ adj. MEDICINA sialagogo Ⓑ s. medicamento sialagogo
sialic [saɪˈælɪk] adj. siálico
sialorrhea [ˌsaɪələʊˈriːə] s. MEDICINA sialorreia, sialismo
siamang [ˈsaɪəmæŋ] s. ZOOLOGIA siamanga
Siamese [ˌsaɪəˈmiːz] Ⓐ adj. siamês Ⓑ s. [ant.] (pessoa, língua) siamês ❖ *~ twins* gémeos siameses; ZOOLOGIA *~ cat* gato siamês
sib [sɪb] Ⓐ s. 1 irmão; irmã; 2 (antropologia) grupo de pessoas com o mesmo antepassado Ⓑ adj. parente [**to**, de]; aparentado [**to**, com]
Siberia [saɪˈbɪərɪə] s.top. Sibéria
Siberian [saɪˈbɪərɪən] adj.,s. siberiano ❖ ZOOLOGIA *~ crane* grou-branco; ZOOLOGIA *~ husky* husky siberiano
sibilance [ˈsɪbɪləns] s. sibilância
sibilancy [ˈsɪbɪlənsɪ] s. sibilância
sibilant [ˈsɪbɪlənt] Ⓐ adj. LINGUÍSTICA sibilante Ⓑ s. LINGUÍSTICA consoante sibilante
sibilantly [ˈsɪbɪləntlɪ] adv. sibilantemente, de maneira sibilante
sibilate [ˈsɪbɪleɪt] v.tr. sibilar, pronunciar de maneira sibilada
sibilation [ˌsɪbɪˈleɪʃən] s. sibilação
sibling [ˈsɪblɪŋ] s. ⇒ **siblings**
siblings [ˈsɪblɪŋz] s.pl. irmãos
Sibyl [ˈsɪbɪl] s. sibila, profetisa
Sibylline [ˈsɪbɪlaɪn] adj. sibilino; *the ~ books* os livros sibilinos
Sicambri [sɪˈkæmbraɪ] s.pl. Sicambros, antigo povo que habitou a Germânia setentrional
siccative [ˈsɪkətɪv] adj.,s. sicativo, secante
sice [saɪs] s. 1 seis (no jogo dos dados); 2 ⇒ **syce**
Sicel [ˈsɪsɪl] s. sicano, sículo, primitivo habitante da Sicília
Sicilian [sɪˈsɪlɪən] adj.,s. 1 siciliano, relativo à Sicília; 2 habitante ou natural da Sicília
siciliana [sɪsɪlɪˈɑːnə] s. MÚSICA (música e dança) siciliana
Sicily [ˈsɪsɪlɪ] s.top. Sicília
sick [sɪk] Ⓐ adj. 1 (doença) doente, adoentado; *to be as ~ as a cat/dog* estar muito doente; 2 enjoado, com náuseas, maldisposto; *to be ~* estar com náuseas, enjoado; *to feel ~* sentir-se maldisposto; 3 [coloq., depr.] (pensamento) doentio; sinistro; 4 [depr.] (piada de mau gosto); 5 [coloq.] (saturação) farto, cansado [**of**, de]; *~ to death of* farto de; *to be ~ and tired of* estar farto até às pontas dos cabelos de; 6 desgostoso, triste; *to be ~ at heart* sentir-se triste; 7 que necessita de ser reparado; 8 [EUA] inferior Ⓑ s. [GB] [coloq.] vómito Ⓒ s.pl. *the ~* os doentes Ⓓ v.tr. (cão); incitar para atacar ❖ (meios de transporte) *~ bag* saco para vomitar; *~ bay* enfermaria; *~ bed* cama de doente; NÁUTICA *~ flag* bandeira amarela para indicar que há doentes a bordo; MEDICINA *~ headache* enxaqueca; *~ leave* baixa; *~ list* lista dos doentes; *~ note* atestado médico; *~ parade* visita aos doentes; *~ room* quarto de doente; MEDICINA *~ building syndrome* síndroma do edifício doente; HISTÓRIA [fig.] *the Sick Man* o Império Otomano; [coloq.] *to be as ~ as a parrot* estar destroçado; [GB] *to be ~* vomitar; (escola, trabalho) *to be off ~* faltar por doença; *to be on the ~ list* estar doente de cama; *to be worried ~* estar a morrer de preocupação; (escola, trabalho) *to call in ~* meter baixa; *to fall ~* adoecer; (irritar) *to make sb ~* enojar alguém; *to report ~* dar parte de doente
◆**sick up** v.tr. [GB] [coloq.] vomitar
sickbay [ˈsɪkbeɪ] s. enfermaria
sicken [ˈsɪkən] v.tr.,intr. 1 pôr doente; 2 ficar doente; 3 (susceptibilidades) chocar; causar repulsa a; 4 sentir náuseas; *to ~ at sth* sentir náuseas com alguma coisa; 5 aborrecer(-se); enfadar(-se); *they will soon ~ of that* eles vão aborrecer-se depressa disso ❖ [GB] (adoecer) *to be sickening for sth* estar a chocar alguma coisa

sickener ['sɪkənə] s. espectáculo, vista chocante
sickening ['sɪkənɪŋ] adj. 1 que causa náuseas; repugnante, asqueroso; 2 desgostante; 3 revoltante; 4 chocante
sickeningly ['sɪkənɪŋlɪ] adv. 1 repugnantemente, asquerosamente; 2 de maneira chocante
sickish ['sɪkɪʃ] adj. 1 adoentado, indisposto, enjoado; 2 que causa certa repugnância
sickishly ['sɪkɪʃlɪ] adv. 1 adoentadamente; 2 um tanto indisposto
sickishness ['sɪkɪʃnəs] s. sensação de indisposição, sensação de certo mal-estar
sickle ['sɪkəl] s. foucinha, foice ❖ ~ *feather* pena curva de cauda do galo; ASTRONOMIA (signo do Zodíaco) *the Sickle* o Leão
sicklebill ['sɪkəl͵bɪl] s. ZOOLOGIA colibri, pássaro-mosca, chupa-mel
sickliness ['sɪklɪnəs] s. 1 doença, estado doentio, indisposição, falta de saúde; 2 moléstia; 3 enfermidade; 4 náusea; 5 sensaboria, insipidez
sickly ['sɪklɪ] Ⓐ adj. (comp. **-ier**, superl. **-iest**) 1 (pessoa) doente, fraco, débil; *a ~ child* uma criança doente; 2 pálido; 3 doentio, insalubre; 4 (cheiro, sabor) enjoativo; *a ~ smell* um cheiro enjoativo; 5 (coisa, situação) repugnante, repulsivo; 6 piegas; sentimentalóide Ⓑ adv. fracamente, debilmente ❖ *a ~ smile* um sorriso amarelo; *a ~ white* um branco terroso
sickness ['sɪknəs] s. 1 (condição física) doença, enfermidade, moléstia, mal; 2 enjoo, náusea, vontade de vomitar; *bouts of ~* vómitos; 3 situação débil ❖ [GB] *~ benefit* subsídio de doença; *~ insurance* seguro contra doença; (a bordo de aviões) *air/flying ~* enjoo; MEDICINA *falling ~* epilepsia; *mountain ~* mal das montanhas; indisposição causada pela ascensão às montanhas altas; MEDICINA *sleeping ~* doença do sono; MEDICINA *sleepy ~* encefalite letárgica; *bed of ~* leito de convalescença
Sicyonian [sɪʃɪˈəʊnɪən] adj.,s. sicónico, sicíonio
side [saɪd] Ⓐ s. 1 lado; *on one ~* de lado; *the inner ~* o lado de dentro; *the outer ~* o lado de fora; 2 (casa) oitão; 3 (corpo) flanco; ilharga; *to have a pain in the ~* ter uma dor na ilharga; 4 (extremidade) beira, borda, margem; *the ~ of a river* a margem dum rio; 5 (monte) declive, encosta, ladeira, vertente; *the ~ of a mountain* a encosta duma montanha; 6 NÁUTICA amurada, bordo, costado; *the lee ~* o costado de sotavento; *the ship's sides* o costado dum navio; 7 fracção, parte; 8 aspecto, lado, perspectiva; vertente; *there is a serious ~ to the question* a questão tem uma vertente séria; *to hear both sides of the question* apreciar os dois lados duma questão; *to consider sth from all sides* encarar uma coisa de todas as perspectivas; *there are two sides to every story* há sempre dois lados da mesma história; *the bright ~ of things* o lado bom das coisas; 9 (disputa) partido; lado; *they don't know what ~ to take* eles não sabem que partido tomar; *to take sides with* tomar o partido de; *to have the law on one's ~* ter a lei do nosso lado; *to change sides* mudar de partido; *to stand by sb's ~* manter-se ao lado de alguém; *to speak on sb's ~* falar em favor de alguém; 10 (bilhar) efeito; *check ~* efeito contrário; 11 (linha de parentesco) lado; parte; *he is my uncle on my mother's ~* é meu tio por parte de minha mãe; 12 arrogância, presunção; 13 [GB] TELEVISÃO [coloq.] canal; 14 DESPORTO equipa; *the school had a strong ~* a escola tinha uma boa equipa; 15 GEOMETRIA lado; *~ of polygon* lado de polígono; 16 [GB] página; 17 (carácter, personalidade) faceta; *there were many sides to her character* ela tinha um carácter complexo; *she keeps on the right ~ of him* ela sabe lidar com ele; 18 (área) banda, região Ⓑ adj. 1 (posição) lateral; (igreja) *~ aisle* nave lateral; *~ altar* altar lateral; *~ box* camarote lateral; *~ cover* tampa lateral; *~ cut* golpe lateral; *~ elevation* elevação lateral; *~ entrance* entrada lateral; *~ frame* estrutura lateral; *~ play* folga lateral; *~ pressure* pressão lateral; *~ view* vista lateral; (edifício) *~ wing* ala lateral; 2 (questão, problema) secundário; menor; *a ~ issue* uma questão secundária ❖ QUÍMICA *~ chain* cadeia lateral de átomos; CULINÁRIA (refeição) *~ dish* acompanhamento; *~ effect* efeito secundário; *~ note* nota marginal; *~ whiskers* patilhas; suíças; *~ wind* vento de bolina; *~ by* lado a lado; MATEMÁTICA *~ of an equation* membro dum equação; *a ~ of beef* uma fatia de carne; *by the ~ of* ao lado de; junto de; em comparação com; *from all sides, from every ~* de todos os lados; *from ~ to* de lado a lado; *his trousers were on the short ~* as calças dele estavam sobre o curto; *on all sides, on every ~* em todos os lados, em toda a parte; DESPORTO (futebol) *on ~* que não está fora de jogo; *on the east ~* a leste; *on the ~* extra; à parte; *to be on the right/wrong ~ of 30* ter menos/mais de 30 anos; *to earn sth on the ~* ganhar alguma coisa extra; *to hear of sth by a ~ wind* ouvir falar indirectamente de alguma coisa; *to serve sth on the ~* servir qualquer coisa extra; *the other ~ of the picture/shield* o reverso da medalha; *the right/wrong ~ of a cloth* o direito/avesso de um tecido

◆**side against** v.tr. (grupo, pessoa) manifestar-se contra, opor-se a
◆**side with** v.tr. (grupo, pessoa) apoiar, tomar o partido de
side-arms ['saɪdɑːmz] s.pl. [arc.] (espadas, baionetas, etc.) armas brancas (usadas de lado)
sideband ['saɪdbænd] s. RÁDIO banda lateral
sideboard ['saɪdbɔːd] s. 1 aparador, guarda-louça; 2 pl. ⇒ sidewhiskers
sideburns ['saɪdbɜːnz] s. patilhas, suíças
sidecar ['saɪdkɑː] s. side-car
side-face ['saɪdfeɪs] Ⓐ s. perfil Ⓑ adj.,adv. de perfil; *~ portrait* retrato de perfil; *taken ~* fotografado de perfil
side-glance ['saɪdglɑːns] s. 1 olhar de lado; olhar de soslaio; 2 alusão; referência indirecta
sidekick ['saɪdkɪk] s. [coloq.] comparsa, camarada, companheiro
sideless ['saɪdləs] adj. sem lados
sidelight ['saɪdlaɪt] s. 1 luz lateral; 2 luz de borda; 3 iluminação lateral ou oblíqua; 4 (automóvel) luz de presença; 5 lâmpada ou lanterna colocada lateralmente; 6 vigia do costado; 7 [fig.] informação adicional
sideline ['saɪdlaɪn] Ⓐ s. 1 DESPORTO (campo) linha lateral; 2 (trabalho) biscate; 3 COMÉRCIO linha adicional de produtos Ⓑ v.tr. excluir; pôr de lado ❖ *to stay on the sidelines* manter-se à margem; *to be relegated to the sidelines* ser colocado à margem; ser afastado
sideling ['saɪdlɪŋ] Ⓐ adj. de lado, oblíquo, de esguelha Ⓑ adv. obliquamente, de esguelha, de lado
sidelong ['saɪdlɒŋ] Ⓐ adj. 1 oblíquo; de esguelha, de lado; *he cast a ~ glance on her* ele lançou-lhe um olhar de lado; 2 indirecto Ⓑ adv. 1 de lado, de esguelha; *to look ~ at* olhar de lado para; 2 indirectamente
sideman ['saɪdmən] s. MÚSICA (banda) acompanhante
side-on ['saɪdɒn] adj. de lado, lateral; *a ~ collision with* uma colisão lateral com Ⓑ adv. de lado, lateralmente
sideral ['saɪdərəl] adj. ⇒ sidereal
sidereal [saɪˈdɪərɪəl] adj. ASTRONOMIA sideral ❖ *~ day* dia sideral; *~ period* período sideral; *~ year* ano sideral
siderite ['saɪdəraɪt] s. MINERALOGIA siderite
siderography [͵saɪdəˈrɒgrəfɪ] s. siderografia
siderolite ['saɪdərəʊlaɪt] s. MINERALOGIA siderólito
siderolithic [͵saɪdərəʊˈlɪθɪk] adj. siderolítico
sideroscope ['saɪdərəskəʊp] s. ELECTRICIDADE sideroscópio
siderosis [͵saɪdəˈrəʊsɪs] s. MEDICINA siderose
siderostat ['saɪdərəʊstæt] s. ASTRONOMIA sideróstato
sideroxylon [͵saɪdərɒkˈsaɪlən] s. BOTÂNICA sideróxilo
siderurgical [͵saɪdəˈrɜːdʒɪkəl] adj. siderúrgico
siderurgy [͵saɪdəˈrɜːdʒɪ] s. siderurgia
sidesaddle ['saɪdsædl] Ⓐ adv. à amazona; *to ride ~* montar à amazona Ⓑ s. sela de amazona
sideshow ['saɪdʃəʊ] s. 1 barraca de feira; 2 espectáculo de feira; 3 atracção secundária, espectáculo secundário; 4 acontecimento secundário, acontecimento menor; 5 pormenor, detalhe
sideslip ['saɪdslɪp] Ⓐ s. 1 resvalamento lateral; 2 derrapagem; 3 AERONÁUTICA deslizamento lateral sobre a asa; 4 [cal.] filho ilegítimo Ⓑ v.intr. (particípios: **-pp-**) 1 resvalar lateralmente, derrapar; 2 AERONÁUTICA deslizar lateralmente sobre a asa
sidesman ['saɪdzmən] s. (pl. **-men**) fabricário, fabriqueiro auxiliar
sidesplitter ['saɪdsplɪtə] s. história hilariante
sidesplitting ['saɪdsplɪtɪŋ] adj. hilariante, que faz rebentar de riso
sidestep ['saɪdstep] Ⓐ s. passo lateral, passo dado para o lado Ⓑ v.tr.,intr. (particípios: **-pp-**) 1 dar um passo para o lado; 2 evitar (golpe, etc.), dando um passo lateral; 3 fugir a; 4 esquivar-se
sidetrack ['saɪdtræk] Ⓐ s. 1 (caminhos-de-ferro) desvio; 2 via secundária ou de serviço Ⓑ v.tr. (caminhos-de-ferro) desviar para uma via lateral; 2 [fig.] desencaminhar, desviar alguém dos seus fins; 3 distrair; 4 adiar a solução de

sidewalk ['saɪdwɔːk] s. [EUA] (estrada, rua) passeio
sideward ['saɪdwəd] Ⓐ adj. lateral, oblíquo, para o lado Ⓑ adv. 1 lateralmente, de lado, para um lado; 2 obliquamente
sidewards ['saɪdwədz] adv. ⇒ **sideward** Ⓑ
sideways ['saɪdweɪz] Ⓐ adj. lateral; de lado; ~ motion movimento lateral Ⓑ adv. 1 de lado; to look ~ at olhar de lado para; to walk ~ andar de lado; 2 lateralmente; para o lado ❖ (surpresa) to knock sb ~ deixar alguém de boca aberta
sidewise ['saɪdwaɪz] adj.,adv. ⇒ **sideways**
siding ['saɪdɪŋ] s. 1 (caminhos-de-ferro) desvio, linha de manobra, linha de serviço, via de resguardo; 2 [EUA] (parede) revestimento exterior ❖ (caminhos-de-ferro) goods ~ via de carregamento; (caminhos-de-ferro) shunting ~ via de manobra
sidle ['saɪdəl] Ⓐ v.intr. 1 andar de lado, caminhar de lado; 2 avançar despercebidamente Ⓑ s. 1 movimento lateral; 2 movimento furtivo
Sidonian [saɪ'dəʊnɪən] adj.,s. sidoniano, sidónio
sidy ['saɪdɪ] adj. 1 [coloq.] gabarola, fanfarrão; 2 presumido, enfatuado
siege [siːdʒ] Ⓐ s. 1 MILITAR assédio, cerco, sítio; to lay ~ to pôr cerco a; to raise the ~ levantar o cerco; to stand a long ~ resistir a um longo assédio; 2 esforço persistente de persuasão; 3 período de inércia Ⓑ v.tr. cercar, pôr cerco a ❖ MILITAR ~ artillery artilharia de cerco; MILITAR ~ train artilharia e outros apetrechos de cerco; royal ~ dignidade real; in a state of ~ em estado de sítio; to have a ~ mentality estar sempre na defensiva
siemens ['ziːmənz] s. ELECTRICIDADE (sistema internacional de unidades de medida) siemens
Sienese [sɪə'niːz] Ⓐ adj. relativo a Siena Ⓑ s. natural ou habitante de Siena ❖ (sécs. XIII e XIV) ~ school a escola de pintura de Siena
sienna [sɪ'enə] s. 1 (pigmento) terra-de-siena; raw ~ terra-de-siena natural; burnt ~ terra-de-siena queimada; 2 (tinta) ocre amarelo ou castanho-avermelhado
Siennese [sɪə'niːz] adj.,s. ⇒ **Sienese**
sierra ['sɪərə, sɪ'erə] s. 1 serra; 2 ASTRONOMIA cromosfera
Sierra Leone [sɪerəlɪ'əʊn] s.top. Serra Leoa
Sierra-Leonean [sɪerəlɪ'əʊnɪən] adj.,s. 1 relativo à Serra Leoa; 2 natural ou habitante da Serra Leoa
siesta [sɪ'estə] s. sesta
sieve [sɪv] Ⓐ s. 1 peneira; to pass through the ~ passar pela peneira; 2 (líquidos) coador; 3 [fig.] pessoa incapaz de guardar segredo, saco-roto Ⓑ v.tr. 1 peneirar; 2 coar ❖ ~ frame armação de peneira; [coloq.] to have a memory like a ~ ter memória de grilo
sievert ['siːvət] s. (sistema internacional de unidades de medida) sievert
sieving ['sɪvɪŋ] s. acto de peneirar ou de passar pelo crivo ❖ ~ machine crivo mecânico
sift [sɪft] v.tr.,intr. 1 (açúcar, areia, farinha) peneirar, joeirar; 2 (carvão, pedras) crivar, passar pelo crivo; 3 [fig.] examinar minuciosamente; to ~ evidence examinar minuciosamente as provas; 4 polvilhar; to ~ sugar on to a cake polvilhar um bolo com açúcar
◆**sift out** v.tr. joeirar; separar ❖ to ~ the true from the false separar o trigo do joio
◆**sift through** v.tr. 1 fazer a triagem de; 2 (papéis, etc.) vasculhar, procurar/examinar minuciosamente; rescue teams ~ the rubble equipas de salvamento vasculham os escombros
sifter ['sɪftə] s. 1 indivíduo que peneira ou criva; 2 peneira, crivo, joeira
sigh [saɪ] Ⓐ s. 1 suspiro; deep/heavy ~ suspiro profundo; to breathe a ~ deixar escapar um suspiro; to fetch/heave a ~ suspirar; she breathed a ~ of relief ela soltou um suspiro de alívio; 2 [fig.] (som) suspirar; gemido; the ~ of the wind o suspirar do vento Ⓑ v.tr.,intr. 1 (respiração) suspirar; she sighed a long ~ ela suspirou profundamente; 2 ansiar, suspirar [for, por]; to ~ for home suspirar pela sua casa; 3 (vento) assobiar; gemer; the wind sighed in the trees o vento assobiava nas árvores; 4 (pessoa) sussurrar ❖ the Bridge of Sighs a Ponte dos Suspiros; to ~ forth one's soul exalar o último suspiro; to ~ over a mistake lamentar um erro
sighing ['saɪɪŋ] Ⓐ adj. que suspira Ⓑ s. 1 acto de suspirar; 2 suspiros

sighingly ['saɪɪŋlɪ] adv. suspirando
sight [saɪt] Ⓐ s. 1 vista; out of my sight! fora da minha vista!; she didn't lose ~ of him ela não o perdeu de vista; to be within ~ estar à vista; to know sb by ~ conhecer alguém de vista; to lose ~ of perder de vista; 2 (sentido) visão; to have good ~ ver bem; to lose one's ~ perder a visão/vista, deixar de ver; 3 campo de visão; aquilo que se vê; there was nobody in ~ não se via ninguém; to come in ~ aparecer; to get a ~ of divisar; 4 [coloq.] visão desagradável; 5 (paisagem) vista; panorama; the sights of Oporto as vistas do Porto; 6 opinião, parecer, ponto de vista; in my ~ I don't think he is right na minha opinião não me parece que ele tenha razão; you must do what is right in your own ~ deves proceder conforme considerares justo; 7 cena, espectáculo; a sad ~ um triste espectáculo; 8 (arma) mira; line of ~ linha de mira; the sights on a rifle os pontos de mira numa espingarda; to set the ~ at 500 yards pôr a alça de mira para 500 jardas; 9 pontaria; he took a careful ~ before firing ele apontou cuidadosamente antes de disparar; 10 objectivo; his goal was in ~ o seu objectivo estava à vista; 11 [coloq.] muito; (grande quantidade) it cost a ~ of money custou um dinheirão Ⓑ v.tr.,intr. 1 avistar; they sighted land avistaram terra; 2 ver; 3 observar; to ~ a star observar uma estrela; 4 (arma) apontar a, fazer pontaria a, visar; to ~ the mark visar o alvo; 5 (arma) ajustar mira ou visor; to ~ at 500 yards pôr a alça de mira para 500 jardas ❖ [EUA] COMÉRCIO ~ draft letra à vista; ~ gauge indicador de nível; ~ hole visor, vigia de fornalha; ~ testing exame à vista; ~ vane pínula; second ~ intuição; visão profética; (coisa, pessoa, etc.) a ~ for sore eyes visão; (amor, opinião, etc.) at first ~ à primeira vista; COMÉRCIO at ~ imediatamente; sem estudo prévio; à vista; at the ~ of à vista de; ao ver; COMÉRCIO at thirty days ~ a trinta dias de vista; [EUA] on sale ~ unseen vende-se, mas sem exame prévio/conforme descrição feita; [EUA] [cal.] out of ~ estupendo; extraordinário; fabuloso; inacreditável; out of sight, out of mind longe da vista, longe do coração; she hates the very ~ of him ela já nem o pode ver; that is a long ~ better isso é muito melhor; they shot him at ~ eles abateram-no com um tiro mal o viram; to have long ~ ser presbita; sofrer de presbitia; to have short ~ ser míope; sofrer de miopia; to make a ~ of oneself tornar-se ridículo; to play music at ~ tocar um instrumento sem estudo prévio da pauta; NÁUTICA to take a ~ at the sun observar o Sol; to translate at ~ traduzir sem estudo prévio do texto; your situation is out of ~ more advantageous than mine a tua situação é indiscutivelmente mais vantajosa que a minha
sighted ['saɪtɪd] Ⓐ adj. 1 com vista; 2 que vê; 3 NÁUTICA assinalado Ⓑ s.pl. the ~ as pessoas sem problemas de visão; as pessoas com vista
sighter ['saɪtə] s. 1 tiro para verificação do alvo; 2 agulha de mira
sighting ['saɪtɪŋ] s. 1 (acto) avistamento; observação; there have been five UFO sightings in this area registaram-se cinco avistamentos de óvnis nesta zona; 2 (arma) pontaria; mira
sightless ['saɪtləs] adj. 1 sem vista, cego; 2 [poét.] invisível
sightlessness ['saɪtləsnəs] s. cegueira, ausência de visão
sightline ['saɪtlaɪn] s. 1 linha de visão; 2 linha do horizonte
sightliness ['saɪtlɪnəs] s. beleza, encanto, formosura
sightly ['saɪtlɪ] adj. (comp. -ier, superl. -iest) que se vê com agrado, de aspecto agradável, belo, encantador
sight-read ['saɪtriːd] v.tr.,intr. (prt. e part. pass. **read**) ler de improviso
sightsee ['saɪtsiː] v.intr. (prt. **-saw**, part. pass. **-seen**) fazer turismo, ver as vistas, visitar os monumentos
sightseeing ['saɪtsiːɪŋ] s. visita turística; turismo; to go ~ ir fazer turismo ❖ ~ tour visita guiada; round of ~ visita turística
sightseer ['saɪtsiːə] s. turista, excursionista, visitante
sigil ['sɪdʒɪl] s. sinete, selo, chancela
sigillary ['sɪdʒɪlərɪ] adj. sigilar
sigillate ['sɪdʒɪlɪt] adj. (cerâmica) estampado
sigillation [sɪdʒɪ'leɪʃən] s. sigilação
sigillographer [sɪdʒɪ'lɒgrəfə] s. sigilógrafo
sigillography [sɪdʒɪ'lɒgrəfɪ] s. sigilografia
sigla ['sɪglə] s. sigla
sigma ['sɪgmə] s. sigma, nome de letra grega correspondente ao s

sigmatic [sɪgˈmætɪk] *adj.* (gramática grega) sigmático
sigmatism [ˈsɪgmətɪzəm] *s.* sigmatismo
sigmoid [ˈsɪgmɔɪd] *adj.* ANATOMIA sigmóide
sign [saɪn] Ⓐ *s.* 1 sinal, indício, vestígio [**of**, de]; *~ of rain* sinal de chuva; *~ of the times* sinal dos tempos; *sure ~* indício seguro; *he showed no ~ of fear* ele não mostrou qualquer sinal de receio; *there was no ~ of them* não havia quaisquer vestígios deles; 2 MEDICINA sintoma; 3 (sinalização do espaço) letreiro; tabuleta; sinal; *at the ~ of the Red Lion* junto da tabuleta do Leão de Ouro; *inn ~* tabuleta de hospedaria; *traffic signs* sinais de trânsito; 4 agouro, prenúncio, presságio; 5 (zodíaco) signo; *born under the ~ of the Archer* ser do signo Sagitário; *the signs of the Zodiac* os signos do Zodíaco; 6 (com mão) sinal, gesto, aceno; *she made him a ~ to come nearer* ela fez-lhe sinal para que se aproximasse; *to make signs* fazer sinais; 7 MATEMÁTICA sinal; *minus/negative ~* sinal negativo, sinal menos (-); *plus/positive ~* sinal positivo, sinal mais (+) Ⓑ *v.tr.,intr.* 1 assinar; *to ~ a contract* assinar um contrato; *to ~ a letter* assinar uma carta; *to ~ oneself* assinar o nome; *a signed masterpiece of Turner's* uma obra-prima de Turner assinada; 2 (empresa) contratar; assinar contrato [**with**, com]; *the sailor signed for a voyage to Australia* o marinheiro assinou contrato para uma viagem à Austrália; 3 (com mão) fazer sinais, acenar; *to ~ assent* fazer um sinal de concordância; *to ~ farewell* acenar um adeus; 4 (linguagem gestual) exprimir por meio de sinais ❖ *~ language* linguagem gestual; (soberano) *~ manual* assinatura; firma; *illuminated ~* anúncio luminoso; RELIGIÃO *the ~ of the Cross* o sinal da cruz; RELIGIÃO *to make the ~ of the cross* fazer o sinal da cruz; *to talk by signs* falar por sinais
◆**sign away** *v.tr.* (por escrito) renunciar a; *to sign sth away* renunciar aos seus direitos legais sobre ❖ *to sign one's life away* hipotecar o futuro
◆**sign in** Ⓐ *v.intr.* registar-se Ⓑ *v.tr.* (com assinatura) autorizar entrada a; dar visto de entrada a
◆**sign off** Ⓐ *v.intr.* 1 (carta) terminar; 2 RÁDIO, TELEVISÃO anunciar o fim de emissão Ⓑ *v.tr.* concluir
◆**sign on** Ⓐ *v.intr.* 1 inscrever-se para receber subsídio de desemprego; 2 MILITAR alistar-se; 3 (escola) matricular-se; 4 (funcionário) apresentar-se ao serviço Ⓑ *v.tr.* (funcionário) contratar
◆**sign out** *v.intr.* 1 (hotel, etc.) assinar o registo de saída; 2 (biblioteca) assinar registo de saída de livro
◆**sign over** *v.tr.* (bens, direitos) assinar cedência de
◆**sign up** Ⓐ *v.tr.* (emprego) recrutar; contratar Ⓑ *v.intr.* (associação, curso) inscrever-se; matricular-se
signal [ˈsɪgnəl] Ⓐ *s.* 1 sinal; *~ of distress* sinal de perigo; *to give the ~ for advance* dar o sinal para avançar; 2 anúncio, aviso; 3 incitamento; 4 indício; 5 (telecomunicações) impulso Ⓑ *adj.* memorável, notório; *a ~ defeat* uma derrota memorável; *a ~ example* um exemplo notável Ⓒ *v.tr.,intr.* (particípios: -ll-) 1 fazer sinais; *he signalled them to stop* ele fez-lhes sinal de paragem; *to ~ with a flag* fazer sinais com uma bandeira; 2 transmitir; *to ~ a message* transmitir uma mensagem por meio de sinais; 3 (pisca-pisca) dar sinal, sinalizar; *to ~ a turn* sinalizar que vai mudar de direcção; 4 (combinação) expressar; indicar; 5 (escrita) assinalar, marcar ❖ *~ bell* campainha de alarme; NÁUTICA *~ book* código de sinais; (caminhos-de-ferro) *~ box* guarita de sinais/sinalização; RÁDIO *~ circuit* circuito do sinal; RÁDIO *~ conductor* condutor do sinal; *~ flag* bandeira de sinalização; *~ gun* tiro de canhão dado como sinal; RÁDIO *~ input* entrada do sinal; *~ lantern* farol de sinalização; *~ mirror* espelho semafórico; RÁDIO *~ output* saída do sinal; *~ pistol* pistola de sinalização; *~ post* semáforo; poste de sinalização; *~ rocket* foguete luminoso; RÁDIO *~ strength* intensidade do sinal; *~ system* sistema de sinalização; *~ tower* torre de sinalização; *conventional ~* indicação de serviço; *the Royal Corps of Signals* o Corpo de Sapadores Telegrafistas
signalize [ˈsɪgnəlaɪz] *v.tr.* 1 assinalar, marcar; *her accession was signalized by an amnesty* a sua subida ao trono foi assinalada por uma amnistia; 2 distinguir, tornar notável; destacar; *to ~ oneself by...* distinguir-se por..., assinalar-se por...
signaller [ˈsɪgnələ] *s.* 1 pessoa que faz sinais; 2 sinaleiro
signalling [ˈsɪgnəlɪŋ] *s.* 1 sinalização; 2 transmissão de sinais; 3 comunicação por sinais; 4 aviso ❖ *~ bell* campainha de sinalização; (telegrafia) *~ code* código de sinalização; *~ device* dispositivo sinalizador; *arm ~* sinalização por meio dos braços; *visual ~* sinalização óptica; *diver's ~ line* corda de sinalização de mergulhador
signally [ˈsɪgnəlɪ] *adv.* 1 de maneira notável; 2 notoriamente; 3 memoravelmente, extraordinariamente; 4 de modo invulgar
signalman [ˈsɪgnəlmən] *s.* ⟨*pl.* **-men**⟩ (caminhos-de-ferro) empregado encarregado da sinalização
signatory [ˈsɪgnətərɪ] *adj.,s.* (acordo, contrato, tratado) signatário; *the ~ powers to a treaty/the signatories to a treaty* as potências signatárias dum tratado
signature [ˈsɪgnətʃə] *s.* 1 assinatura; *to put one's ~ to* pôr a sua assinatura em; 2 [fig.] marca; sinais; 3 TIPOGRAFIA letra ou número posto ao fundo de cada folha de impressão; 4 MÚSICA sinal indicativo de clave, andamento, etc.; 5 MEDICINA (receita médica) indicações, instruções ❖ RÁDIO *~ tune* música de abertura ou encerramento de programa; *stamped ~* chancela; *to put one's ~ on* dar o aval a; COMÉRCIO *the ~ of the firm* a assinatura social
signboard [ˈsaɪnbɔːd] *s.* tabuleta, letreiro
signed [saɪnd] *adj.* 1 assinado; 2 assinalado com o sinal + ou - ❖ *~ initials* rubrica
signer [ˈsaɪnə] *s.* signatário ❖ [EUA] *the Signers* os que assinaram a Declaração de Independência de 1776
signet [ˈsɪgnɪt] Ⓐ *s.* 1 sinete, selo; 2 carimbo Ⓑ *v.tr.* selar, carimbar ❖ *~ ring* anel com sinete; *the ~* o selo real; DIREITO (Escócia) *Writer to the Signet* advogado
significance [sɪgˈnɪfɪkəns] *s.* 1 (interpretação) significado; sentido; 2 alcance, importância, significado; *events of great ~* acontecimentos de grande importância ❖ *she gave him a look of deep ~* ela olhou para ele muito significativamente
significant [sɪgˈnɪfɪkənt] *adj.* 1 significativo; *a ~ speech* um discurso significativo; 2 importante; de grande alcance; 3 (quantidade) substancial ❖ MATEMÁTICA *~ figure* algarismo significativo; *~ other* companheiro; parceiro; *it's ~ that...* é importante assinalar que...
significantly [sɪgˈnɪfɪkəntlɪ] *adv.* 1 significativamente; 2 de maneira significativa
signification [sɪgnɪfɪˈkeɪʃən] *s.* 1 significação; 2 significado; 3 sentido; 4 alcance, importância; 5 [rar.] expressão
significational [sɪgnɪfɪˈkeɪʃənəl] *adj.* significacional; relativo a significação
significative [sɪgˈnɪfɪkətɪv] *adj.* significativo, indicativo [**of**, de]
signified [ˈsɪgnɪfaɪd] *s.* LINGUÍSTICA significado
signifier [ˈsɪgnɪfaɪə] *s.* LINGUÍSTICA significante
signify [ˈsɪgnɪfaɪ] *v.tr.,intr.* 1 (interpretação) significar; *what does that signify?* que significa isso?; 2 (sentimentos) exprimir, demonstrar; *to ~ one's consent* exprimir consentimento; 3 denotar, indicar; 4 ter importância; ser significativo; *it doesn't ~* não tem importância
signing [ˈsaɪnɪŋ] *s.* 1 (carta, contrato, tratado) assinatura; 2 DESPORTO contratação (de jogador); 3 língua gestual
signpost [ˈsaɪnpəʊst] Ⓐ *s.* 1 (informação) placa de sinalização; sinal; 2 (instruções) indicação; 3 [fig.] indicador, pista, índice Ⓑ *v.tr.* 1 sinalizar; identificar; *all the road was signposted* toda a estrada estava sinalizada; 2 dar indicações sobre; orientar
Sikh [siːk] *s.* sikh, sique, membro de comunidade hindu fundada por volta de 1500 no Punjab
silage [ˈsaɪlɪdʒ] *s.,v.tr.* ⇒ **ensilage**
silence [ˈsaɪləns] Ⓐ *s.* 1 silêncio; *blank/dead ~* silêncio absoluto; *there was complete ~* fez-se silêncio total; *she listened in ~* ela ouviu em silêncio; *to break the ~* quebrar o silêncio; *to call for ~* pedir silêncio; 2 mutismo; *to maintain stubborn ~* encerrar-se num mutismo absoluto Ⓑ *v.tr.* 1 fazer calar, silenciar; *to ~ the voice of conscience* fazer calar a voz da consciência; 2 reduzir ao silêncio; 3 amortecer; *to ~ a noise* amortecer um ruído Ⓒ *interj.* silêncio! ❖ *~ cabinet* gabinete insonorizado; *~ gives consent* quem cala consente; *~ is golden* o silêncio é de ouro; *to pass over in ~* não mencionar; *a three minutes' ~* três minutos de silêncio
silencer [ˈsaɪlənsə] *s.* 1 (arma) silenciador; 2 [GB] (automóvel) silencioso; 3 [fig.] réplica mortal, argumento que obriga o adversário a calar-se ❖ *~ pad* almofada amortecedora de ruídos

silencing ['saɪlənsɪŋ] *s.* 1 silenciamento; 2 amortecimento ❖ ~ **switch** comutador de eliminação de ruídos

silene ['saɪliːn] *s.* BOTÂNICA silena

silent ['saɪlənt] *adj.* 1 silencioso; ~ **propaganda** propaganda feita sem ruído; ~ **rotor** rotor silencioso; ~ **running** funcionamento silencioso; ~ **march** marcha silenciosa; 2 (pessoa) reservado; taciturno; calado; *to be a ~ man* ser muito calado; 3 calado; *keep ~ please!* façam o favor de estar calados!; 4 calmo, sossegado, tranquilo; 5 omisso; *history is ~ upon it* a história nada diz a esse respeito; 6 LINGUÍSTICA (consoante, vogal) mudo; ~ **letter** letra muda; 7 CINEMA mudo; *a ~ film* um filme mudo ❖ ~ **majority** maioria silenciosa; RELIGIÃO ~ **orders** ordens religiosas que obrigam ao silêncio; COMÉRCIO ~ **partner** sócio comanditário; ~ **system** regime prisional celular; *to be ~ concerning...* calar-se em relação a...; *to keep ~* calar-se

silentiary [saɪˈlenʃərɪ] *s.* silenciário, membro de ordem religiosa obrigada ao silêncio

silently ['saɪləntlɪ] *adv.* silenciosamente, em silêncio

Silenus [saɪˈliːnəs] *s.* MITOLOGIA Sileno

silesia [saɪˈliːzɪə] *s.* variedade de tecido fino de algodão ou linho

Silesian [saɪˈliːzɪən] Ⓐ *adj.* silesiano; relativo à Silésia Ⓑ *s.* silesiano, natural ou habitante da Silésia

silex ['saɪleks] *s.* MINERALOGIA sílex, sílice, pederneira

silhouette [ˌsɪluːˈet] Ⓐ *s.* silhueta; *in ~* em silhueta Ⓑ *v.tr.* desenhar em silhueta ❖ *to be silhouetted against* perfilar-se contra; recortar-se sobre

silhouettist [ˌsɪluːˈetɪst] *s.* silhuetista, desenhador de silhuetas

silica ['sɪlɪkə] *s.* QUÍMICA sílica ❖ ~ **brick** tijolo de sílica; ~ **gel** gel de sílica

silicate¹ ['sɪlɪkət] *s.* QUÍMICA silicato; ~ *of potash* silicato de potassa ❖ ~ *cotton* lã de escórias; ~ *wool* lã mineral; ~ *enamel* esmalte de silicato; *to treat with ~* silicatizar; revestir de silicatos

silicate² ['sɪlɪkeɪt] *v.tr.* silicatar, silicatizar

silicating ['sɪlɪkeɪtɪŋ] *s.* silicatização

siliceous [sɪˈlɪʃəs] *adj.* silicioso, que contém sílica; ~ *iron* ferro silicioso; ~ *marl* calcário silicioso; ~ *steel* aço silicioso

silicic [sɪˈlɪsɪk] *adj.* QUÍMICA silícico; ~ *acid* ácido silícico

silicide ['sɪlɪsaɪd] *s.* QUÍMICA silicieto

siliciferous [ˌsɪlɪˈsɪfərəs] *adj.* silicífero, que contém silício

silicification [sɪlɪsɪfɪˈkeɪʃən] *s.* 1 silicificação, fossilização pela sílica; 2 silicatização

silicifluoric [sɪlɪsɪfluˈɒrɪk] *adj.* QUÍMICA fluossilícico

silicify [sɪˈlɪsɪfaɪ] *v.tr.,intr.* 1 silicificar; 2 silicatizar; 3 silicificar-se

silicious [sɪˈlɪʃəs] *adj.* ⇒ **siliceous**

siliciuret [sɪˈlɪsjʊrɪt] *s.* QUÍMICA ⇒ **silicide**

silicle ['sɪlɪkəl] *s.* BOTÂNICA silícula

silicon ['sɪlɪkən] *s.* QUÍMICA (elemento químico) silício ❖ ~ **bronze** bronze silicioso; ~ **carbide** carboneto de silício; INFORMÁTICA ~ **chip** chip; ~ **dioxide** dióxido de silício; ~ **steel** aço silicioso; ~ **iron alloy** liga de ferro e silício

silicone ['sɪlɪkəʊn] *s.* QUÍMICA silicone ❖ ~ **implant** implante de silicone; ~ **rubber** borracha de silicone

silicosis [ˌsɪlɪˈkəʊsɪs] *s.* MEDICINA silicose

silicula [sɪˈlɪkjələ] *s.* BOTÂNICA ⇒ **silicle**

siliculose [sɪˈlɪkjələʊs] *adj.* BOTÂNICA siliculoso

siliqua ['sɪlɪkwə] *s. (pl.* -**ae***)* BOTÂNICA síliqua

siliquae [sɪˈlɪkwiː] *s. {pl. de* **siliqua***}*

silique [sɪˈliːk] *s.* BOTÂNICA ⇒ **siliqua**

siliquiform [sɪˈlɪkwɪfɔːm] *adj.* BOTÂNICA siliquiforme

siliquose [sɪˈlɪkwəʊs] *adj.* BOTÂNICA siliquoso

silk [sɪlk] Ⓐ *s.* 1 seda; *artificial ~* seda artificial; *rayon ~* seda vegetal; 2 vestuário de seda; *to be dressed in silks* estar vestido de seda; *to wear a black ~* usar um vestido preto; 3 (advogados da Coroa) beca de seda; 4 [GB] DIREITO advogado da Coroa; *to take ~* ser nomeado advogado da Coroa; 5 *pl.* (jóqueis) roupa de seda Ⓑ *adj.* de/em seda; ~ **belt** cinto de seda; ~ **cord** cordão de seda; ~ **stockings** meias de seda ❖ ~ **breeder/grower** criador de bichos-da-seda; sericicultor; sericultor; BOTÂNICA ~ **cotton** sumaúma; ~ **culture** sericicultura; sericultura; ~ **fabrics** tecidos de seda; ~ **fiber** fibra de seda; ~ **fowl** ave com plumagem sedosa; ZOOLOGIA ~ **gland** glândula sericígena; ~ **hat** cartola; ~ **industry** indústria da seda; ~ **manufacturing** fabrico de artigos de seda; ~ **mill** fiação de seda; ~ **printer** estampador de seda; ~ **ribbon** fita de seda; ~ **thread** fio de seda; ~ **weaver** tecelão de seda; ~ **yarn** fio de seda; ~ **weaving mill** fábrica de tecelagem de seda; *figured ~* lustrina; *thrown ~* retrós; *to make a ~ purse out of a sow's ear* conseguir melhores resultados com uma pessoa do que o que seria de esperar

silken ['sɪlkən] *adj.* 1 sedoso; macio; ~ **hair** cabelo sedoso; 2 (material) de seda, feito de seda; 3 suave; acetinado; ~ **voice** voz suave

silkily ['sɪlkɪlɪ] *adv.* 1 de modo macio; 2 suavemente, insinuantemente, melifluamente

silkiness ['sɪlkɪnəs] *s.* 1 aspecto sedoso, macio como seda; 2 suavidade, maviosidade, melifluidade; 3 brandura, moleza

silkscreen ['sɪlkskriːn] *s.* tela de seda ❖ ~ **printing** serigrafia

silkweed ['sɪlkwiːd] *s.* BOTÂNICA planta-da-seda

silkworm ['sɪlkwɜːm] *s.* ZOOLOGIA bicho-da-seda ❖ ~ **breeder** sericicultor; ~ **breeding** sericicultura

silky ['sɪlkɪ] *adj. (comp.* -**ier***, superl.* -**iest***)* 1 sedoso; 2 (material) de seda; 3 *(fig.)* (pessoa) doce, suave; 4 *(fig.)* melífluo; *a ~ voice* uma voz melíflua

sill [sɪl] *s.* 1 (janela) parapeito, peitoril; 2 (porta) soleira; 3 (veículo) estribo

sillabub ['sɪləbʌb] *s.* CULINÁRIA leite batido com vinho, açúcar e canela, a que por vezes se dá maior consistência com gelatina

siller ['sɪlə] *s.* 1 [Esc.] prata; 2 dinheiro

Sillery ['sɪlərɪ] *s.* variedade de vinho espumoso

sillily ['sɪlɪlɪ] *adv.* estupidamente, totalmente, parvamente

silliness ['sɪlɪnəs] *s.* estupidez, parvoíce, tolice, burrice

silly ['sɪlɪ] Ⓐ *adj. (comp.* -**ier***, superl.* -**iest***)* 1 [coloq.] parvo, pateta, tolo; *don't be silly!* não sejas pateta!; 2 [depr.] idiota, imbecil; 3 (aspecto) ridículo; 4 (quantidade) irrisório Ⓑ *s. (pl.* -**ies***)* [coloq.] parvo, pateta, tolo ❖ [coloq.] ~ **billy** imbecil; [GB] (notícias) *the ~ season* a época do Verão; *to bore sb ~* chatear alguém de morte; *to go ~ over a woman* perder a cabeça por causa de uma mulher; [coloq.] *to laugh oneself ~* rir até mais não

silo ['saɪləʊ] Ⓐ *s.* silo Ⓑ *v.tr.* ensilar; meter em silo

silpha ['sɪlfə] *s.* ZOOLOGIA silfa

silt [sɪlt] *s.* (canal, porto, rio, etc.) silte, sedimento

♦**silt up** *v.tr.,intr.* 1 obstruir(-se) com lodo, sedimentos, etc.; 2 assorear(-se); *the passage has silted up* a passagem está assoreada

silting ['sɪltɪŋ] *s.* [frequentemente *silting up*] assoreamento, obstrução com lodo, limos, etc.

silty ['sɪltɪ] *adj.* sedimentoso

silure [saɪˈljʊə] *s.* ZOOLOGIA siluro

Silures [saɪˈljʊəriːz] *s.pl.* Silúrios, antigo povo da Bretanha

Silurian [saɪˈljʊərɪən, sɪˈljʊərɪən] Ⓐ *s.* 1 GEOLOGIA Silúrico, Siluriano; 2 Silúrio Ⓑ *adj.* 1 GEOLOGIA silúrico, siluriano; 2 relativo aos Silúrios

silurus [sɪˈljʊərəs] *s. (pl.* -**i***)* ZOOLOGIA siluro

silva ['sɪlvə] *s.* ⇒ **sylva**

silvan ['sɪlvən] *adj.* ⇒ **sylvan**

silver ['sɪlvə] Ⓐ *s.* 1 QUÍMICA (elemento químico) prata; *oxidized ~* prata oxidada; 2 objectos de prata; *table ~* facas, garfos, colheres e outros objectos de prata; 3 moedas de prata; *a pocketful of ~* um bolso cheio de moedas de prata; *a pound in ~* uma libra em moedas de prata; 4 [coloq.] medalha de prata; 5 FOTOGRAFIA brometo de prata; ~ **bromide** brometo de prata natural Ⓑ *adj.* 1 de prata; ~ **alloy** liga de prata; 2 (cor) prateado; *the moon cast a ~ shimmer on the lake* a Lua lançava um brilho prateado sobre o lago; *the ~ moon* a Lua prateada; 3 *(fig.)* eloquente; *to have a ~ tongue* ter uma língua de prata, ser eloquente Ⓒ *v.tr.,intr.* 1 pratear; 2 (cabelo) embranquecer, ficar grisalho ❖ **Silver Age** Idade da Prata; ~ **bath** prateação; solução de nitrato de prata; BOTÂNICA ~ **birch** bétula; QUÍMICA ~ **chloride** cloreto de prata; ~ **dust** pó de prata; BOTÂNICA ~ **fir** -pinheiro-alvar; ~ **foil/leaf** prata em folhas; ZOOLOGIA ~ **fox** raposa-prateada; MINERALOGIA ~ **glance** argentite; ZOOLOGIA (insecto) ~ **lady** peixe-prata, traça-dos-livros; ~ **mine** mina de prata; FOTOGRAFIA ~ **negative** negativo de prata; QUÍMICA ~ **nitrate** nitrato de prata; ~ **ore** minério de prata; [GB] ~ **paper** papel de alumínio; MEDICINA ~ **poisoning** argirismo; FOTOGRAFIA ~ **print/printing** prova em papel com sais de prata; ~ **salt** sal de prata;

CINEMA ~ *screen* tela prateada para efeitos de filmagem; FINANÇAS ~ *standard* prata-padrão; ~ *thaw* geada; ~ *thread* fio de prata; ~ *work* trabalhos em prata; *bar* ~ prata em barra; ~ *wedding anniversary* bodas de prata; *every cloud has a* ~ *lining* não há mal que bem não tenha; *speech is* ~ *but silence is gold* a palavra é de prata, mas o silêncio é de ouro; *the* ~ *streak* o canal da Mancha; *to be born with a* ~ *spoon in one's mouth* nascer em berço de ouro

silvered ['sɪlvət] *adj.* 1 prateado; 2 estanhado
silverer ['sɪlvərə] *s.* 1 prateador; 2 estanhador
silverfish ['sɪlvəfɪʃ] *s.* 1 ZOOLOGIA (peixe) argentina; 2 ZOOLOGIA (insecto) lepisma, traça-dos-livros
silver-gilt ['sɪlvəɡɪlt] *s.* prata dourada
silver-grey ['sɪlvəɡreɪ] *adj.,s.* (cor) cinzento-prateado
silver-haired ['sɪlvəhɛəd] *adj.* de cabelo grisalho; de cabelo cor de prata
silveriness ['sɪlvərɪnɪs] *s.* aspecto prateado ou argentino
silvering ['sɪlvərɪŋ] Ⓐ *adj.* que serve para pratear ou estanhar Ⓑ *s.* acto de pratear ou estanhar
silvern ['sɪlvən] *adj.* [arc.] de prata, como prata ❖ *speech is silvern, but silence is golden* a palavra é de prata, mas o silêncio é de ouro
silver-plate ['sɪlvəpleɪt] Ⓐ *s.* pratas, baixela de prata Ⓑ *v.tr.* 1 pratear; 2 revestir de prata
silver-plated ['sɪlvəpleɪtɪd] *adj.* prateado; ~ *copper* cobre prateado
silver-plater ['sɪlvəpleɪtə] *s.* prateador
silver-plating ['sɪlvəpleɪtɪŋ] *s.* prateação
silversmith ['sɪlvəsmɪθ] *s.* ourives que trabalha em prata
silver-tongued ['sɪlvətʌŋd] *adj.* eloquente, persuasivo
silverware ['sɪlvəweə] *s.* pratas, baixela de prata
silverweed ['sɪlvəwi:d] *s.* BOTÂNICA ansarinha
silvery ['sɪlvərɪ] *adj.* 1 argentino, prateado; semelhante a prata; 2 de som argentino
Silvester [sɪl'vestə] *s.antr.* Silvestre
silviculture [sɪlvɪ'kʌltʃə] *s.* ⇒ **sylviculture**
silviculturist [sɪlvɪ'kʌltʃərɪst] *s.* ⇒ **sylviculturist**
simar ['sɪmə] *s.* BOTÂNICA simaruba
simaruba [sɪmə'ru:bə] *s.* BOTÂNICA simaruba
Simarubaceae [sɪmərʊ'beɪsɪ:] *s.pl.* BOTÂNICA Simarubáceas
Simeon ['sɪmɪən] *s.antr.* RELIGIÃO (Bíblia) Simeão
simian ['sɪmɪən] Ⓐ *adj.* simiesco, simiano Ⓑ *s.* símio, macaco, mono, bugio
similar ['sɪmɪlə] Ⓐ *adj.* parecido; similar; semelhante [*to, a*]; ~ *products* produtos similares; *we hold* ~ *views* nós temos opiniões semelhantes Ⓑ *s.* coisa semelhante, similar ❖ ELECTRICIDADE ~ *poles* pólos semelhantes; GEOMETRIA ~ *triangles* triângulos semelhantes
similarity [sɪmɪ'lærɪtɪ] *s.* (*pl.* -*ies*) semelhança, similaridade, parecença, analogia
similarly [sɪmɪləlɪ] *adv.* 1 similarmente; analogamente; da mesma forma; 2 identicamente; igualmente; 3 além disso; *similarly, we don't agree about...* além disso, não estamos de acordo em relação a... ❖ ~ *charged electrons* electrões com cargas semelhantes
simile ['sɪmɪlɪ] *s.* LINGUÍSTICA símile, comparação, analogia, imagem; *a style rich in* ~ um estilo rico em imagens
similitude [sɪ'mɪlɪtju:d] *s.* 1 parecença; semelhança; similitude; 2 figura; forma; imagem; *the devil in the* ~ *of a serpent* o Diabo sob a forma de serpente; *to assume the* ~ *of* assumir a figura de; *to be the very* ~ *of* ser a própria imagem de; 3 [arc.] símile, alegoria, parábola
similize ['sɪmɪlaɪz] *v.tr.,intr.* 1 usar símiles; 2 ilustrar com símiles
similor ['sɪmɪlɔ:] *s.* ouropel
SIMM INFORMÁTICA [*abrev. de* single in-line memory module]
simmer ['sɪmə] Ⓐ *s.* CULINÁRIA lume brando; *to keep at a* ~/*to keep on the* ~ ferver a lume brando Ⓑ *v.tr.,intr.* 1 CULINÁRIA ferver ou cozer a lume brando; 2 [fig.] (pessoa) ferver [**with**, de]; *to* ~ *with rage* ferver de cólera; 3 [fig.] (discussão, violência) estar em ebulição; fervilhar
◆**simmer down** *v.intr.* acalmar-se; *you've got to simmer down!* tens de te acalmar!
simmering ['sɪmərɪŋ] Ⓐ *adj.* que ferve a fogo lento, que ferve em lume brando Ⓑ *s.* fervura lenta

simnel-cake ['sɪmnəlˌkeɪk] *s.* bolo todo enfeitado, feito sobretudo pela Páscoa, pelo Natal e pela Quaresma
Simon ['saɪmən] *s.antr.* RELIGIÃO (Bíblia) Simão ❖ ~ *Magus* Simão, o Mago; *the real* ~ *Pure* a pessoa autêntica, verdadeira
simoniac [saɪ'məʊnɪæk] *s.* simoníaco, pessoa culpada de simonia
simoniacal [saɪmə'naɪəkəl] *adj.* simoníaco
simoniacally [saɪmə'naɪəklɪ] *adv.* simoniacamente
simonist ['saɪmənɪst] *s.* ⇒ **simoniac**
simony ['saɪmənɪ] *s.* simonia
simoom [sɪ'mu:m] *s.* ⇒ **simoon**
simoon [sɪ'mu:n] *s.* (vento) simum
simp [sɪmp] *s.* [EUA] [coloq.] simplório, pateta
simper ['sɪmpə] Ⓐ *s.* 1 sorriso afectado; 2 requebro; trejeito Ⓑ *v.tr.,intr.* sorrir afectadamente; exprimir com um sorriso afectado; *to* ~ *one's thanks* agradecer com um sorriso afectado
simperer ['sɪmpərə] *s.* 1 pessoa que sorri afectadamente; 2 pessoa dengosa, de gestos afectados
simpering ['sɪmpərɪŋ] Ⓐ *adj.* 1 afectado; 2 com um sorriso afectado Ⓑ *s.* afectação, denguice, sorrisos afectados
simperingly ['sɪmpərɪŋlɪ] *adv.* 1 sorrindo afectadamente; 2 com atitudes dengosas
simple ['sɪmpəl] Ⓐ *adj.* 1 (não complexo) simples, fácil; *the problem was very* ~ o problema era muito simples; 2 mero, simples, único; *his* ~ *word is as good as an oath* a simples palavra dele tem o valor dum juramento; 3 (estilo) simples, sóbrio; *his style is* ~ *and devoid of ornament* ele tem um estilo sóbrio e simples; 4 comum, habitual, simples; ~ *food* alimentação simples; 5 [depr.] (pessoa) crédulo, ingénuo, modesto, simples, simplório; *she was not so* ~ *as to believe that* ela não era ingénua ao ponto de acreditar naquilo; (pessoa) *a* ~ *soul* um simples Ⓑ *s.* 1 [arc.] pessoa ingénua, simplória; 2 BOTÂNICA [arc.] planta medicinal; 3 *pl.* símplices ❖ ELECTRICIDADE ~ *circuit* circuito simples; ~ *contract* contrato verbal; MATEMÁTICA ~ *division* divisão simples; MATEMÁTICA ~ *equation* equação do primeiro grau; ZOOLOGIA ~ *eye* ocelo; MATEMÁTICA ~ *fraction* fracção simples; MEDICINA ~ *fracture* fractura simples; FINANÇAS ~ *interest* juros simples; MATEMÁTICA ~ *proportion* proporção simples; LINGUÍSTICA ~ *sentence* frase simples; ELECTRICIDADE ~ *switch* comutador simples; LINGUÍSTICA ~ *tense* tempo simples; MÚSICA ~ *time* compasso simples; [coloq.] *a* ~ *lifer* pessoa que leva uma vida simples; *as* ~ *as shelling peas* claro como água; *it would be* ~ *madness to do it* seria verdadeira loucura fazer isso
simple-mannered [sɪmpəl'mænəd] *adj.* de modos simples
simple-minded [sɪmpəl'maɪndɪd] *adj.* 1 simplório; 2 ingénuo; 3 simplista
simple-mindedness [sɪmpəl'maɪndɪdnɪs] *s.* 1 simplicidade de espírito; 2 ingenuidade; 3 simplismo
simpleness ['sɪmpəlnəs] *s.* simplicidade de espírito, ingenuidade
simpleton ['sɪmpəltən] *s.* simplório, pateta, papalvo, tolo
simpliciter [sɪm'plɪsɪtə] *adv.* absolutamente, universalmente, sem qualquer limitação ou reserva; de maneira absoluta
simplicity [sɪm'plɪsɪtɪ] *s.* (*pl.* -*ies*) 1 simplicidade; *it is* ~ *itself* não há nada mais simples; 2 naturalidade; 3 ingenuidade ❖ *for the sake of* ~ para facilitar as coisas
simplification [sɪmplɪfɪ'keɪʃən] *s.* simplificação ❖ *capable of* ~ simplificável
simplifier ['sɪmplɪfaɪə] *s.* simplificador
simplify ['sɪmplɪfaɪ] *v.tr.* 1 simplificar; 2 tornar mais simples ou mais fácil
simplifying ['sɪmplɪfaɪɪŋ] Ⓐ *adj.* que simplifica, simplificador Ⓑ *s.* simplificação
simplism ['sɪmplɪzəm] *s.* 1 simplismo; 2 simplicidade afectada
simplistic [sɪm'plɪstɪk] *adj.* simplista
simply ['sɪmplɪ] *adv.* 1 (restrição) simplesmente, somente, unicamente; *pure and* ~ pura e simplesmente; 2 (estilo) de maneira simples, com simplicidade; *she dresses* ~ ela veste-se de maneira simples; 3 absolutamente; *he* ~ *must* ele tem absolutamente de o fazer; 4 (recursos) modestamente; 5 francamente; *her pronunciation was* ~ *terrible* a pronúncia dela era francamente péssima ❖ *you* ~ *must come!* tens de vir!; *to put it simply,...* indo directamente ao assunto,...

simulacra [ˌsɪmjə'leɪkrə] s. {pl. de **simulacrum**}
simulacrum [ˌsɪmjə'leɪkrəm] s. (pl. **-cra**) 1 simulacro; 2 imagem; 3 semelhança imperfeita; 4 simulação; 5 imitação; 6 arremedo
simulant ['sɪmjələnt] adj. que tem a aparência [**of**, de]; *stamens ~ of petals* estames com a aparência de pétalas
simulate ['sɪmjəleɪt] v.tr. 1 simular, fingir; *to ~ surprise* fingir-se surpreendido; 2 imitar
simulated ['sɪmjəleɪtɪd] adj. 1 simulado; 2 falso; 3 de imitação; 4 sintético; 5 fingido ❖ *simulated debt* dívida simulada; *simulated leather* couro de imitação
simulation [ˌsɪmjə'leɪʃən] s. simulação, fingimento
simulator ['sɪmjəleɪtə] s. simulador ❖ AERONÁUTICA *flight ~* simulador de voo
simultaneity [ˌsɪməltə'neɪɪtɪ, ˌsaɪməltə'niːɪtɪ] s. simultaneidade
simultaneous [ˌsɪməl'teɪnɪəs, ˌsaɪməl'teɪnɪəs] adj. simultâneo; *~ with* em simultâneo com ❖ RÁDIO, TELEVISÃO *~ broadcast* emissão simultânea; MATEMÁTICA *~ equations* sistema de equações; *~ translation* tradução simultânea
simultaneously [ˌsɪməl'teɪnɪəslɪ, ˌsaɪməl'teɪnɪəslɪ] adv. simultaneamente
simultaneousness [ˌsɪməl'teɪnɪəsnəs, ˌsaɪməl'teɪnɪəsnəs] s. simultaneidade
sin [sɪn] Ⓐ s. 1 RELIGIÃO pecado; *capital/deadly/mortal ~* pecado mortal; *original ~* pecado original; *to commit a ~* cometer um pecado; *to fall into ~* cair em pecado; *to die in ~* morrer em pecado; *the seven deadly sins are: pride, covetousness, lust, anger, gluttony, envy and sloth* os sete pecados mortais são: orgulho, avareza, luxúria, ira, gula, inveja e preguiça; 2 [fig.] atentado [**against**, a]; crime [**against**, contra]; 3 [fig.] erro; falha Ⓑ v.intr. (particípios: **-nn-**) 1 pecar [**against**, contra]; 2 transgredir as leis [**against**, de] ❖ *~ offering* sacrifício expiatório; [EUA] *~ tax* imposto sobre o tabaco e o álcool; [GB] *for my sins* para mal dos meus pecados; *to be more sinned against than sinning* ser mais vítima do que culpado; [joc.] (viver com alguém sem serem casados) *to live in ~* viver em pecado
Sinai ['saɪnaɪ] s.top. Sinai ❖ *Mount ~* o Monte Sinai; *the ~ Peninsula* Península do Sinai
Sinaitic [ˌsaɪneɪ'ɪtɪk] adj. sinaita; relativo ao Sinai
sinapic [sɪ'næpɪk] adj. QUÍMICA sinápico
sinapine ['sɪnəpɪn] s. QUÍMICA sinapina
sinapism ['sɪnəpɪzəm] s. MEDICINA sinapismo
since [sɪns] Ⓐ adv. 1 desde então, desde essa altura; *he has been healthy ever ~* ele tem tido saúde desde então; *she went to Lisbon in 1960 and I haven't seen her ~* ela foi para Lisboa em 1960 e não voltei a vê-la desde então; 2 há muito; *how long is it since?* há quanto tempo foi isso?; *that happened many years ~* isso aconteceu há muitos anos; *those things have long ~ been out of use* essas coisas deixaram de se usar há muito Ⓑ prep. desde; *I have not seen her ~ Easter* não a vejo desde a Páscoa; *~ my last letter...* desde a minha última carta...; *~ seeing you, I have...* desde que te vi, tenho...; *~ that time* desde essa altura; *~ then* desde então; *~ when have you been reading that book?* desde quando é que andas a ler esse livro? Ⓒ conj. 1 (tempo) desde que, depois que; *nobody knows what he has been doing ~ we last saw him* ninguém sabe o que ele tem feito desde que o vimos pela última vez; *it is a month ~ he went away* há um mês que ele se foi embora; 2 (causa) visto que; uma vez que; já que; *a more dangerous, ~ unknown, foe* um inimigo tanto mais perigoso, quanto é certo ser desconhecido; *~ that is so, there is no more to be said* uma vez que isso é assim, não há mais nada a dizer
sincere [sɪn'sɪə] adj. 1 sincero, franco, verdadeiro; 2 honesto, recto, leal; 3 autêntico, genuíno, real, sem simulações
sincerely [sɪn'sɪəlɪ] adv. sinceramente, francamente ❖ [EUA] (carta comercial) *sincerely yours* atenciosamente; [GB] (carta comercial) *~ yours* com os melhores cumprimentos; [GB] (carta comercial) *yours ~* atenciosamente
sincerity [sɪn'serɪtɪ] s. sinceridade; franqueza, honestidade; *speaking in all ~* para falar com sinceridade
sincipital [sɪn'sɪpɪtəl] adj. ANATOMIA sincipital; relativo ao sincipúcio
sinciput ['sɪnsɪpʌt] s. ANATOMIA sincipúcio, a parte superior da cabeça

sindon ['sɪndən] s. (tecido) síndone ❖ RELIGIÃO *the ~ of Christ* o Santo Sudário
sine [saɪn] s. MATEMÁTICA seno ❖ MATEMÁTICA *~ curve* sinusóide; FÍSICA *~ wave* onda sinusoidal
sinecure ['sɪnɪkjʊə, 'saɪnɪkjʊə] s. 1 sinecura; 2 RELIGIÃO benefício sem a cura de almas
sinecurism [ˌsɪnɪ'kjʊərɪzəm, ˌsaɪnɪ'kjʊərɪzəm] s. sinecurismo
sinecurist [ˌsɪnɪ'kjʊərɪst, ˌsaɪnɪ'kjʊərɪst] s. sinecurista
sinew ['sɪnjuː] Ⓐ s. 1 ANATOMIA tendão; 2 [fig.] (apoio) sustentáculo; espinha dorsal; 3 pl. [fig.] força, vigor Ⓑ v.tr. [poét.] servir de sustentáculo a; sustentar, manter ❖ *the sinews of war* o dinheiro
sinewless ['sɪnjuːləs] adj. 1 ANATOMIA sem tendões; 2 [coloq.] sem energia, sem nervos, sem força
sinewy ['sɪnjuːɪ] adj. 1 (carne) duro, cheia de nervos ou tendões; 2 forte, vigoroso, duro, enérgico
sinful ['sɪnfʊl] adj. 1 pecaminoso, pecador; 2 perverso, mau, criminoso; 3 escandaloso
sinfully ['sɪnfʊlɪ] adv. 1 pecaminosamente, pecadoramente; 2 em pecado; 3 criminosamente; 4 escandalosamente
sinfulness ['sɪnfʊlnəs] s. 1 carácter pecaminoso; 2 tendência para o pecado
sing. [abrev. de singular]
sing [sɪŋ] Ⓐ v.tr.,intr. (prt. **sang**, part. pass. **sung**) 1 (pássaro, pessoa) cantar; *to ~ a song* cantar uma canção; *to ~ in tune* cantar afinado; *to ~ out of tune* cantar desafinado; *to ~ to the guitar* cantar com acompanhamento de viola; *she sang the baby to sleep* ela adormeceu a criança, cantando; 2 (cânticos, etc.) entoar; *to ~ in the New Year* celebrar a chegada do Ano Novo com cânticos; 3 (ouvidos) zumbir; *his ears were singing* ele sentia um zumbido nos ouvidos; 4 [fig.] (poesia) cantar, celebrar, louvar; 5 [EUA] [cal.] (denúncia) bufar_cal_; 6 (chaleira, vento) assobiar, silvar; *the kettle was singing on the fire* a chaleira assobiava ao lume Ⓑ s. [coloq.] cantoria ❖ [coloq.] *to ~ another song* mudar de assunto; *to ~ mass* cantar missa; *to ~ small* humilhar-se; baixar a grimpa; *to ~ sb's praises* estar sempre a elogiar alguém; *they made him ~ small* obrigaram-no a baixar a crista; *you are always singing the same song* estás sempre a dizer a mesma coisa
◆**sing along** v.intr. cantar em coro; *~ with us* canta connosco
◆**sing out** v.tr.,intr. 1 bradar, gritar; *"forward!", sang out our colonel* "em frente!", gritou o nosso coronel; 2 cantar alto; *to ~ the Old Year* celebrar a saída do Ano Velho, cantando
◆**sing up** v.intr. cantar alto; *sing up!* mais alto!
singable ['sɪŋəbəl] adj. 1 cantável; 2 que pode cantar-se
Singapore ['sɪŋgəpɔː] s.top. Singapura
Singaporean [ˌsɪŋgə'pɔːrɪən] Ⓐ adj. de Singapura Ⓑ s. habitante ou natural de Singapura
singe [sɪndʒ] Ⓐ s. chamuscadela, queimadura superficial Ⓑ v.tr.,intr. 1 chamuscar; *to ~ pigs* chamuscar porcos; *her hair was singed* ela ficou com o cabelo chamuscado; 2 (roupa) desbotar ❖ *to ~ one's wings* ficar com as asas queimadas; *to ~ the King of Spain's beard* saquear as costas espanholas; *her reputation was a little singed* ficou com a reputação um bocado queimada
singeing ['sɪndʒɪŋ] s. acto de chamuscar ou de queimar superficialmente
singenesia [ˌsɪndʒɪ'niːzɪə] s. BOTÂNICA singenesia
singer ['sɪŋə] s. 1 MÚSICA cantor, cantora; 2 RELIGIÃO chantre; 3 poeta ❖ *lead ~* vocalista
Singhalese [ˌsɪŋə'liːz, ˌsɪŋhə'liːz] adj.,s. ⇒ **Cingalese**
singing ['sɪŋɪŋ] Ⓐ adj. que canta, canoro, cantor Ⓑ s. 1 canto; *to learn ~* aprender canto; *to teach ~* ensinar canto; 2 canções; 3 (ouvidos) zumbido, zunido; *to have a ~ in one's ears* ter um zumbido nos ouvidos ❖ ZOOLOGIA *~ bird* ave canora; *~ lessons* aulas de canto; *~ teacher* professor de canto; *~ telegram* telegrama cantado; *~ voice* voz própria para canto
singingly ['sɪŋɪŋlɪ] adv. de maneira cantante; a cantar
single ['sɪŋgəl] Ⓐ s. 1 DESPORTO (ténis) partida de singulares; *men's singles* singulares de homens; *to play a ~* jogar uma partida de singulares; *women's singles* singulares de mulheres; 2 DESPORTO (golfe) partida simples; 3 DESPORTO (críquete) um ponto; 4 MÚSICA (disco) single; 5 [GB] (comboios) bilhete de ida; 6 [EUA] nota de um dólar Ⓑ adj. 1 só, único; *no ~ example will*

suffice um só exemplo não chega; *with a ~ eye* com um só objectivo, com um só fim em vista; **2** individual; *~ bed* cama individual; *~ bedroom* quarto individual; **3** simples; *~ belt/ ~ belting* correia simples; *~ cut of a file* picado simples de lima; *~ riveting* rebitagem simples; *shoes with ~ sole* sapatos com sola simples; **4** solitário; **5** (pessoa) solteiro; celibatário; descomprometido; *is she ~ or married?* ela é solteira ou casada?; *he lives in ~ blessedness* ele vive na santa paz do celibato; **6** BOTÂNICA (corola, flor) simples, singelo; *~ flower* flor simples; **7** franco, sincero; *a ~ heart* um coração sincero © *v.tr.* **1** apartar, dividir; **2** (plantas) desbastar ❖ *to ~ block* moitão; (tecido) brim; *~ combat* combate singular; ECONOMIA *~ currency* moeda única; (máquina) *~ parts* peças separadas; *~ rail* monocarril; *~ sum* importância paga de uma só vez; *~ tax* taxa única; imposto único; COMÉRCIO *bookeeping by ~ entry* escrituração por partidas simples; *every ~ day* todos os dias; *he has not seen a ~ soul* ele não viu vivalma; *to walk in ~ file* caminhar em fila
◆**single out** *v.tr.* **1** (realce) destacar; distinguir; *to single oneself out* destacar-se; **2** (escolha) escolher; seleccionar; *to ~ sb as…* seleccionar alguém para…
single-acting [ˈsɪŋlˌæktɪŋ] *adj.* de acção simples, de efeito simples; *~ piston* êmbolo de efeito simples
single-breasted [ˌsɪŋlˈbrestɪd] *adj.* (casaco, etc.) sem ser de trespasse
single-cell [ˌsɪŋlsel] *adj.* monocelular; *~ battery* bateria monocelular
single-decker [ˌsɪŋlˈdekə] *s.* [GB] autocarro de um piso
single-ended [ˈsɪŋlendɪd] *adj.* simples; *~ boiler* caldeira simples
single-handed [ˌsɪŋəlˈhændɪd] *adj.,adv.* **1** sozinho; **2** sem ajuda de ninguém ❖ *to be ~* não ter ninguém para ajudar
single-minded [ˌsɪŋəlˈmaɪndɪd] *adj.* **1** resoluto; decidido; **2** persistente; perseverante; tenaz; **3** com um só objectivo; com determinado fim em vista; **4** honesto, sério, recto ❖ *to be ~ about sth* fazer tudo para conseguir algo; concentrar todos os esforços com determinado fim em vista
single-mindedly [ˌsɪŋəlˈmaɪndɪdlɪ] *adv.* resolutamente; com decisão
singleness [ˈsɪŋəlnəs] *s.* **1** honestidade; **2** sinceridade, franqueza; **3** unicidade, singularidade; **4** celibato
single-parent [ˌsɪŋəlˈpærənt] *adj.* monoparental; *~ family* família monoparental
single-phase [ˈsɪŋlfeɪz] *adj.* ELECTRICIDADE monofásico; *~ alternating current* corrente alterna monofásica; *~ circuit* circuito monofásico; *~ wiring* ligação monofásica
singlestick [ˈsɪŋəlstɪk] *s.* **1** (esgrima) pequeno bastão mais ou menos do tamanho duma espada; **2** esgrima com um destes bastões
singlet [ˈsɪŋlət] *s.* **1** VESTUÁRIO camisola interior sem mangas; **2** VESTUÁRIO camisola sem mangas
singleton [ˈsɪŋəltən] *s.* **1** (jogos de cartas) carta seca, carta única de um naipe em certos jogos; **2** coisa única; **3** filho único; **4** solteiro; pessoa solteira
single-track [ˈsɪŋltræk] *adj.* **1** (caminhos-de-ferro, etc.) com uma só via; **2** que só pensa numa coisa; *to have a ~ mind* só pensar numa coisa; só conseguir pensar numa coisa de cada vez
singly [ˈsɪŋlɪ] *adv.* **1** isoladamente, separadamente; **2** individualmente, um a um; *he questioned them ~* ele interrogou-os um a um; **3** sem ajuda, sem auxílio
singsong [ˈsɪŋsɒŋ] Ⓐ *adj.* monótono, recitado em tom monótono, num ritmo monótono Ⓑ *s.* **1** ritmo monótono; tom monótono; toada monótona; **2** concerto orfeónico de amadores; **3** concerto orfeónico improvisado Ⓒ *v.tr.,intr.* falar monotonamente, recitar de maneira monótona, dizer monotonamente
singular [ˈsɪŋɡjʊlə] Ⓐ *adj.* **1** LINGUÍSTICA singular; **2** [form.] extraordinário, excepcional, notável; **3** [form.] (característica) singular, raro, único; *he is a man of ~ courage* ele é um homem de coragem invulgar; **4** excêntrico, invulgar; *~ clothes* trajes invulgares Ⓑ *s.* LINGUÍSTICA singular; *in the ~* no singular ❖ *all and ~* todos e cada um
singularity [ˌsɪŋɡjəˈlærɪtɪ] *s.* (*pl.* **-ies**) **1** singularidade; **2** invulgaridade; **3** peculiaridade; **4** excentricidade
singularize [ˈsɪŋɡjələraɪz] *v.tr.,intr.* **1** LINGUÍSTICA transformar(-se) em singular; **2** singularizar; distinguir dos outros

singularly [ˈsɪŋɡjələlɪ] *adv.* **1** singularmente; **2** notavelmente; **3** curiosamente; **4** particularmente; **5** separadamente; **6** LINGUÍSTICA no singular
Sinhalese [ˌsɪŋəliz, ˌsɪŋhəˈliːz] *adj.,s.* ⇒ **Cingalese**
sinister [ˈsɪnɪstə] *adj.* **1** sinistro; *~ face* um rosto sinistro; **2** HERÁLDICA do lado esquerdo, situado à esquerda; *bar ~* marca no lado esquerdo de escudo
sinisterly [ˈsɪnɪstəlɪ] *adv.* **1** sinistramente; **2** agoirentamente; **3** funestamente; **4** ameaçadoramente
sinistral [ˈsɪnɪstrəl] *adj.* **1** (espiras de conchas) sinistrorso, que se dirige da direita para a esquerda; **2** [rar.] à esquerda; relativo à esquerda
sinistrally [ˈsɪnɪstrəlɪ] *adv.* em movimento sinistrorso
sinistrogyrate [ˌsɪnɪstrəʊˈdʒaɪrɪt] *adj.* sinistrogiro
sinistrogyric [ˌsɪnɪstrəʊˈdʒaɪrɪk] *adj.* ⇒ **sinistrogyrate**
sinistrorsal [ˌsɪnɪsˈtrɔːsəl] *adj.* ⇒ **sinistral**
sinistrorse [ˈsɪnɪstrɔːs] *adj.* BOTÂNICA sinistrorso
sink [sɪŋk] Ⓐ *v.tr.,intr.* (*prt.* **sank**, *part. pass.* **sunk**) **1** afundar(-se); ir ao fundo; *the ship sank* o navio afundou-se; **2** (veículos) atolar-se, enterrar-se; *the cart had sunk into the mud* a carroça enterrou-se na lama; **3** tombar; descer; *darkness sank upon the scene* a escuridão tombou sobre o local da cena; *to ~ under a misfortune* tombar sob a adversidade; **4** (horizonte) baixar, descer; *the sun was sinking* o Sol baixava no horizonte; **5** (edifício, terreno) aluir, ceder, desmoronar-se; *the foundations have sunk* os alicerces cederam; **6** (nível) baixar; descer; *the lake had sunk, as there had been no rain* o nível do lago tinha baixado por não ter chovido; *the ground sinks to the sea* o terreno vai descendo em direcção ao mar; **7** (valor) diminuir, reduzir; **8** cair; *to ~ like a stone* cair como uma pedra; *to ~ in one's estimation* cair na estima de alguém; *to ~ (down) into an easy-chair* deixar-se cair numa poltrona; *to ~ on one's knees* cair de joelhos; *to ~ into oblivion* cair no esquecimento; *to ~ to the ground* cair no chão; **9** penetrar; *let this ~ well into your mind* que isto penetre bem no seu espírito; **10** (dívida) amortizar; **11** [fig.] (planos, projectos, etc.) arruinar; **12** abrir, cavar; *to ~ a well* abrir um poço; **13** esquecer, deixar de lado; *let us ~ our differences!* esqueçamos as nossas divergências!; *let us ~ shop!* deixemos agora os assuntos profissionais!; *to ~ a fact* esquecer um facto; **14** (dinheiro) empatar, enterrar, perder; *to ~ money into an undertaking* empatar dinheiro num empreendimento; **15** [coloq.] (bebidas alcoólicas) emborcar; *to ~ a beer* emborcar uma cerveja; **16** ficar desanimado; *his heart sank at the news* sentiu-se desanimar ao ouvir as notícias; **17** baixar gradualmente; *her voice sank to a whisper* a voz dela transformou-se num murmúrio Ⓑ *s.* **1** (cozinha) banca; **2** fossa; **3** charco, pântano onde desaparecem as águas de um rio; **4** [fig.] antro; *a ~ of iniquity* um antro de vício; **5** (mina) poço ❖ *~ pipe* cano de esgoto da banca; *here goes, ~ or swim* cá vai, aconteça o que acontecer; *he was left to ~ or swim* abandonaram-no ao deus-dará; *she was sinking fast* ela estava a morrer; *to ~ one's title* renunciar provisoriamente a um título; *to ~ in oneself* recolher-se em si mesmo; *to ~ into the memory* gravar-se na memória; *to ~ out of sight* desaparecer da vista; *you must sing or ~* ou uma coisa ou outra; ou tudo ou nada; ou bebes ou te afogas
◆**sink in** *v.intr.* **1** ser compreendido; ser entendido; *the warning didn't ~* o aviso não foi entendido; **2** fazer sentido; *their words began to ~* aquilo que eles tinham dito começou a fazer sentido; **3** (líquidos) penetrar
sinkable [ˈsɪŋkəbəl] *adj.* que pode afundar-se
sinkage [ˈsɪŋkɪdʒ] *s.* **1** imersão; **2** atolamento (de rodas de carro); **3** abatimento (de terreno), depressão
sinker [ˈsɪŋkə] *s.* **1** pessoa que afunda ou faz afundar; **2** (linha de pesca, sonda) chumbo; **3** [EUA] CULINÁRIA [coloq.] sonho
sinkhole [ˈsɪŋkhəʊl] *s.* **1** esgoto de pia; **2** GEOGRAFIA poço natural; escoadouro natural
sinking [ˈsɪŋkɪŋ] Ⓐ *adj.* **1** que está a afundar-se; **2** (moeda) em queda Ⓑ *s.* **1** afundamento; submersão; **2** (navio) naufrágio; **3** desmoronamento; **4** abatimento, desânimo ❖ FINANÇAS *~ fund* fundo de amortização; *a ~ in the stomach* sensação de fome; *a ~ ship* uma causa perdida; *with ~ heart* com um aperto de coração

sinless ['sɪnləs] *adj.* 1 sem pecados, isento de pecado; 2 puro, inocente
sinlessly ['sɪnləslɪ] *adv.* sem pecado, com pureza
sinlessness ['sɪnləsnəs] *s.* pureza, inocência, ausência de pecado
sinner ['sɪnə] *s.* 1 pecador; 2 [coloq.] patife
sinnet ['sɪnɪt] *s.* NÁUTICA gaxeta
Sinn Fein [ʃɪn'feɪn] *s.* POLÍTICA movimento nacionalista irlandês, que busca não só a independência política como também a revivescência da língua e tradições nacionais
Sinn Feiner [ʃɪn'feɪnə] *s.* partidário de Sinn Fein
sinning ['sɪnɪŋ] Ⓐ *adj.* que peca, que vive no pecado Ⓑ *s.* pecado, falta
sinological [saɪnə'lɒdʒɪkəl, sɪnə'lɒdʒɪkəl] *adj.* sinológico
sinologist [saɪ'nɒlədʒɪst, sɪ'nɒlədʒɪst] *s.* ⇒ **sinologue**
sinologue ['saɪnəlɒg, 'sɪnələʊg] *s.* sinólogo
sinology [saɪ'nɒlədʒɪ, sɪ'nɒlədʒɪ] *s.* sinologia
sinomania [saɪnəʊ'meɪnɪə, ˌsɪnəʊ'meɪnɪə] *s.* sinomania, mania das coisas chinesas
sinophile ['saɪnəfaɪl, 'sɪnəfaɪl] *s.* sinófilo, amigo da China
sinophobe ['saɪnəfəʊb, 'sɪnəfəʊb] *s.* sinófobo, hostil à China
sinople ['sɪnəpəl] *s.* sinopla, sinople
sinsyne ['sɪnsaɪn] *adv.* [ant.] desde então
sinter ['sɪntə] Ⓐ *s.* 1 rocha de precipitação; 2 sedimento calcário ou silicioso Ⓑ *v.tr.,intr.* 1 aglomerar, aglomerar-se; 2 agregar-se por concreção; 3 concrecionar, concrecionar-se
sinuate ['sɪnjʊɪt] *adj.* BOTÂNICA sinuado
sinuosity [ˌsɪnjʊ'ɒsɪtɪ] *s. (pl.* **-ies**) 1 sinuosidade, tortuosidade; 2 anfractuosidade, curva em rio ou estrada
sinuous ['sɪnjʊəs] *adj.* 1 sinuoso; 2 tortuoso; 3 anfractuoso; 4 com muitas curvas
sinuously ['sɪnjʊəslɪ] *adv.* sinuosamente, tortuosamente
sinus ['saɪnəs] *s. (pl.* **-es**) 1 ANATOMIA seio nasal; 2 ZOOLOGIA seio venoso; 3 MEDICINA fístula
sinusitis [ˌsaɪnə'saɪtɪs] *s.* MEDICINA sinusite
sinusoid ['saɪnəsɔɪd] *s.* MATEMÁTICA sinusóide
sinusoidal [ˌsaɪnə'sɔɪdəl] *adj.* MATEMÁTICA sinusoidal; ~ *diagram* traçado sinusoidal ❖ RÁDIO ~ *variation* variação sinusoidal; RÁDIO ~ *wave* onda sinusoidal
Siouan ['siː'uːən] *adj.* relativo à tribo dos Sioux
Sioux [suː, suːz] *s. (pl.* **Sioux**) sioux, membro de uma tribo de índios norte-americanos
sip [sɪp] Ⓐ *s.* gole, sorvo, trago; *a ~ of brandy* um trago de aguardente; *to drink in sips* beber aos golinhos Ⓑ *v.tr.,intr.* (*particípios:* -**pp-**) beber aos golinhos, beberricar
sipahee ['siːpəhiː] *s.* ⇒ **sepoy**
sipe [saɪp] *s.* [EUA] lamela (de pneumático)
siphon ['saɪfən] Ⓐ *s.* 1 sifão; 2 ZOOLOGIA sifão Ⓑ *v.tr.,intr.* 1 transvasar com sifão; 2 (fundos, recursos) extorquir ❖ FÍSICA ~ *gauge* indicador de rarefacção; ~ *trap* tubo curvo adaptado a pias ou a esgotos
❖**siphon off** *v.tr.* 1 extrair com sifão; 2 (dinheiro, fundos) desviar; canalizar
siphonage ['saɪfənɪdʒ] *s.* sifonagem
siphonal ['saɪfənəl] *adj.* sifóide
siphoniform [saɪ'fɒnɪˌfɔːm] *adj.* sifóide, em forma de sifão
siphoning ['saɪfənɪŋ] *s.* 1 sifonagem; 2 acto de extrair ou sair por meio de sifão
siphonophore ['saɪfənəfɔː] *s.* ZOOLOGIA sifonóforo
siphonostome ['saɪfənəsˌtəʊm] *s.* ZOOLOGIA sifonóstoma
siphuncle ['saɪfʌŋkəl] *s.* ZOOLOGIA sifónulo
sipper ['sɪpə] *s.* 1 aquele que bebe aos golinhos; 2 pessoa que beberrica
sippet ['sɪpɪt] *s.* 1 pedacito de pão embebido em leite ou outro líquido, sopa; 2 bocado de pão torrado
sir [sɜː] *s.* 1 [form.] senhor; *no,* ~ não, senhor; *yes,* ~ sim, senhor; 2 [GB] (título de cavaleiro ou barão) sir ❖ (carta formal) *Dear Sir* Exmo. Senhor
Sirdar ['sɜːdɑː] *s.* 1 HISTÓRIA sirdar, comandante-chefe das tropas inglesas no Egipto; 2 [Índia] generalíssimo, chefe, comandante
sire ['saɪə] Ⓐ *s.* 1 ZOOLOGIA garanhão, cavalo de cobrição; 2 [arc.] pai; antepassado; 3 [arc.] sire, majestade Ⓑ *v.tr.* ZOOLOGIA (garanhão) padrear, cobrir ❖ *like ~ like son* tal pai, tal filho

siren ['saɪərən] Ⓐ *s.* 1 MITOLOGIA sereia; 2 (dispositivo) sirene; *a ship's ~* a sirene de um navio; *to blow the ~* tocar a sirene; 3 [fig.] mulher fatal; 4 ZOOLOGIA siren Ⓑ *adj.* encantador, sedutor ❖ ~ *song* canto da sereia
sirenia [saɪ'riːnɪə] *s.pl.* ZOOLOGIA sirénios
sirenian [saɪ'riːnɪən] *s.* ZOOLOGIA sirénio
siriasis [sɪ'raɪəsɪs] *s.* 1 MEDICINA siríase, insolação; 2 banho de sol como tratamento médico
Sirius ['sɪrɪəs] *s.* ASTRONOMIA (estrela) Sírio
sirloin ['sɜːlɔɪn] *s.* CULINÁRIA lombo de vaca
sirocco [sɪ'rɒkəʊ] *s.* siroco, vento quente do Mediterrâneo
sirrah ['sɪrə] *s.* 1 [arc.] ⇒ **sir**; 2 [depr.] tratante, mariola
sirvente [sɜː'vænt] *s.* LITERATURA sirvente, sirventês (composição crítica ou satírica na literatura medieval)
sis [sɪs] *s.* [coloq.] ⇒ **sister**
sisal ['saɪsəl] *s.* BOTÂNICA sisal ❖ ~ *fibre* fibra de sisal
siskin ['sɪskɪn] *s.* 1 ZOOLOGIA verdelhão, verdizel, verdilhão; 2 pintassilgo-verde, lugre
sissy ['sɪsɪ] *s.,adj. (pl.* **-ies**) [coloq.] (ofensivo) efeminado, maricas
sister ['sɪstə] *s.* 1 (parentesco) irmã; 2 cunhada; 3 amiga íntima; 4 RELIGIÃO irmã, freira, religiosa; *grey ~* freira franciscana; 5 [GB] (hospital) enfermeira-chefe; 6 (correspondência) congénere ❖ ~ *country* país irmão; ~ *german* irmã germana; ~ *ship* navio gémeo; RELIGIÃO *sisters of Mercy* irmãs de caridade; MITOLOGIA *the Dire/Fatal Sisters* as Parcas; MITOLOGIA *the nine Sisters* as musas; MITOLOGIA *the three Sisters* as Parcas
sisterhood ['sɪstəhʊd] *s.* 1 confraria, irmandade, congregação de religiosas; 2 fraternidade de irmãs
sister-in-law [ˌsɪstərɪn'lɔː] *s.* cunhada
sisterlike ['sɪstəlaɪk] *adj.,adv.* 1 de irmã; 2 irmãmente; 3 como irmã
sisterliness ['sɪstəlɪnəs] *s.* afecto de irmã
sisterly ['sɪstəlɪ] *adj.* de irmã; próprio de irmã; fraternal; ~ *love* amor de irmã
Sistine ['sɪstiːn, 'sɪstaɪn] *adj.* sistino; relativo ao papa Sisto IV ❖ (Vaticano) *the ~ Chapel* a Capela Sistina
sistra ['sɪstrə] *s. {pl.* de **sistrum**}
sistrum ['sɪstrəm] *s. (pl.* **-tra**) MÚSICA sistro, antigo instrumento musical entre os Egípcios
sisymbrium [sɪ'sɪmbrɪəm] *s.* BOTÂNICA sisímbrio
Sisyphean [ˌsɪsɪ'fiːən] *adj.* MITOLOGIA relativo a Sísifo ❖ ~ *stone* penhasco de Sísifo; ~ *task* trabalho de Sísifo
Sisyphus ['sɪsɪfəs] *s.* MITOLOGIA Sísifo, filho de Éolo e de Enareta, lendário fundador de Corinto
sit [sɪt] Ⓐ *v.tr.,intr.* (*prt. e part. pass.* **sat**) 1 sentar-se [**on/in**, em; **at**, a]; *to ~ at table* sentar-se à mesa; *to ~ on a chair* sentar-se numa cadeira; 2 (ave) pousar, empoleirar-se; 3 (sessões) reunir-se; *Parliament is sitting* o parlamento está reunido; *the court is sitting* o tribunal está em sessão; 4 (organização) ser membro [**in/on**, de]; *to ~ in Parliament* ser membro do parlamento, ser deputado; *to ~ on a committee* ser membro de uma comissão; 5 (roupa) assentar, cair bem; *the coat sits badly* o casaco assenta mal; 6 (localização) estar situado, ficar situado; 7 [fig.] ser apropriado; *his new dignity sits well on him* o novo cargo dele é mesmo apropriado; 8 (ovos) chocar, incubar; 9 firmar-se na sela, montar; *to ~ a horse* montar um cavalo; *to ~ a horse well* montar bem num cavalo; 10 [arc., poét.] soprar em determinada direcção; *in what quarter does the wind sit?* de que lado sopra o vento?; *the wind sits fair* o vento é favorável; *to know where the wind sits* saber de que lado sopra o vento; 11 (objectos) colocar; ajustar; 12 permanecer inactivo; *to ~ at home* estar em casa, não ter que fazer, não fazer nada; 13 pesar; *care that sits on the mind* preocupações que pesam no espírito; *his sister's death sits at his heart* a morte da irmã pesa-lhe no coração; *this sort of food sits heavily on the stomach* este género de comida é pesado para o estômago, cai um bocado mal Ⓑ *s.* 1 (peça de vestuário, traje) maneira de assentar ou cair; *the ~ of her dress* a forma como o vestido lhe assentava; 2 tempo que se esteve sentado; 3 (animal) posição para montar ❖ *he wants sitting upon* ele é uma pessoa que se metam na ordem; *his principles ~ loosely on him* ele não atribui grande importância aos princípios que defende; *to ~ close at work* estar entregue ao trabalho; trabalhar com todo o cuidado;

[coloq.] *to ~ on the fence* manter-se diplomaticamente neutro; *to ~ pretty* estar em boa situação; *to ~ still* não se mexer; *to ~ tight* manter-se firme; *to ~ upon* investigar; inquirir; meter na ordem; *to ~ upon thorns* estar sobre espinhos/brasas
♦**sit around/about** *v.intr.* [coloq.] não fazer nada
♦**sit back** *v.intr.* 1 [coloq.] recostar-se; 2 [coloq.] descontrair; relaxar ❖ *to ~ and do nothing* ficar de braços cruzados
♦**sit by** *v.intr.* ficar sem fazer nada; ficar de braços cruzados
♦**sit down** *v.intr.* 1 sentar-se; *sit down!* sente-se!; *to ~ to table* sentar-se à mesa; 2 (debates) reunir-se; juntar-se ❖ (conformismo) *to take sth sitting down* aceitar alguma coisa de braços cruzados; *to ~ under* sofrer sem réplica
♦**sit for** *v.tr.* 1 [GB] apresentar-se; *to ~ an examination* apresentar-se a exame; 2 posar; *to ~ one's portait* posar para o retrato; 3 [EUA] (crianças) tomar conta de
♦**sit in** *v.intr.* 1 (reunião) assistir como observador [on, a]; 2 substituir [for, -]; 3 (edifício) ocupar como forma de protesto
♦**sit on** *v.tr.* 1 (informação) guardar segredo sobre; não divulgar; 2 (pessoa) silenciar; fazer calar; 3 (controlo, disciplina) meter na ordem coloq.; 4 (ideia, proposta) recusar, rejeitar; 5 [coloq.] atrasar intencionalmente
♦**sit out** Ⓐ *v.tr.* 1 (espectáculo, conferência, etc.) ficar até ao fim de; 2 não participar em; *to ~ a dance* não tomar parte numa dança; *she didn't ~ a dance* ela não ficou uma única vez sem dançar Ⓑ *v.intr.* sentar-se lá fora, ao ar livre
♦**sit through** *v.tr.* aguentar até ao fim de
♦**sit up** *v.intr.* 1 (após ter estado deitado) sentar-se; 2 (noitada) ficar a pé; *to ~ for sb* ficar a pé à espera de alguém; 3 (atenção) estar alerta; tomar consciência ❖ (após doença) *to ~ and take notice* mostrar sinais de recuperação; *to ~ all night* passar toda a noite acordado; trabalhar durante toda a noite; *to make sb ~* surpreender alguém; assustar alguém; impelir alguém à acção
sitcom ['sɪtkɒm] *s.* {contr. de **situation comedy**} TELEVISÃO sitcom, série cómica
site [saɪt] Ⓐ *s.* 1 sítio; local; lugar; *on ~* no local; *picturesque ~* lugar pitoresco; *the ~ of a battle* o local duma batalha; 2 (espaço) terreno; *a building ~* terreno para construções; 3 INFORMÁTICA (Internet) site, sítio Ⓑ *v.tr.* 1 colocar; 2 localizar; situar; *it is very badly sited* é muito mal situado; *to be sited in* estar localizado em; situar-se em ❖ (engenharia civil) *~ measuring* medição; ARQUEOLOGIA *archeological ~* jazida arqueológica; *off ~* no exterior
sitfast ['sɪtfɑːst] *s.* VETERINÁRIA calo, calosidade (no dorso de cavalgadura)
sith [sɪθ] *conj.* [arc.] desde que, visto que
sitiology [sɪtɪ'blədʒɪ] *s.* sitiologia, tratado dos alimentos
sit-me-down ['sɪtmɪˌdaʊn] *s.* [coloq.] traseiro, nádegas
sitter ['sɪtə] *s.* 1 pessoa que está sentada; 2 ARTES PLÁSTICAS, FOTOGRAFIA modelo; 3 AGRICULTURA galinha choca, ave que está no choco; 4 [coloq.] canja fig. coisa fácil; *it was a ~ for him* era uma coisa extremamente fácil para ele; 5 [EUA] ama; 6 (doentes, idosos) acompanhante; 7 [GB] DESPORTO (futebol) baliza aberta; *to miss a ~* falhar um golo de baliza aberta; 8 [coloq.] sala de estar
sitter-in ['sɪtərɪn] *s.* ⇒ **baby-sitter**
sitting ['sɪtɪŋ] Ⓐ *adj.* 1 sentado; *to be ~* estar sentado; *~ figure* figura sentada, 2 (animal) em repouso; 3 (galinha, etc.) no choco; 4 (cargo) em funções; *~ member of parliament* deputado em funções; 5 (assembleia, comissão) em sessão Ⓑ *s.* 1 (refeição) turno; 2 posição sentada; 3 (fotografia, pintura, parlamento) sessão; *the portrait was finished in four sittings* o retrato ficou pronto em quatro sessões; *to give a ~ to a painter* ter uma sessão com um pintor; 4 lugar; 5 (ovos) ninhada; 6 (ovos) choco, incubação ❖ *~ duck/target* presa fácil; *~ room* sala de estar; [GB] *~ tenant* inquilino; *at one ~* duma só vez; duma assentada; *there is ~ and standing room* há lugares sentados e de pé; DIREITO *the sittings* as sessões do ano judicial; [EUA] [coloq.] *to be ~ pretty* ter um bom emprego
situate[1] ['sɪtjʊeɪt] *v.tr.* [form.] (referências) situar; *to ~ sth in a certain context* contextualizar algo
situate[2] ['sɪtjʊɪt] *adj.* ⇒ **situated**
situated ['sɪtjʊeɪtɪd] *adj.* 1 situado, localizado; *the village is pleasantly ~* a aldeia está bem situada; 2 FINANÇAS em determinada situação; *to be badly ~* estar em má situação financeira

situation [sɪtjʊ'eɪʃən] *s.* 1 situação, posição; *he found himself in an unfortunate ~* ele encontrou-se numa situação inglória; 2 circunstâncias, situação; *to explain the ~* explicar a situação; 3 (local geográfico) localização, situação; *his house stands in a fine ~* a casa dele está bem situada; 4 (perigo) emergência; 5 [form.] colocação, emprego; *she couldn't find a ~* ela não conseguiu arranjar emprego; *to be out of a ~* estar sem emprego ❖ *~ comedy* comédia de situação; (anúncios de emprego) *situations vacant* oferece-se; (anúncios de emprego) *situations wanted* precisa-se; procura-se
situational [sɪtjʊeɪ'ʃənəl] *adj.* 1 situacional; em situação; 2 relativo a situação
sit-up ['sɪtʌp] *s.* DESPORTO abdominal
sitz-bath ['sɪtsbɑːθ] *s.* banho de assento
Siva ['sɪvə] *s.* Xiva, divindade indiana, terceira pessoa do hinduísmo
Sivaism ['sɪvaɪzəm] *s.* RELIGIÃO xivaísmo
Sivaite ['sɪvaɪt] *s.* xivaísta
six [sɪks] *num.card., s.* 1 seis; *in sixes* em grupos de seis; *six-and-twenty* vinte e seis; *to be ~ years old* ter seis anos de idade; *twenty-six* vinte e seis; *twice ~ is twelve* duas vezes seis são doze; 2 DESPORTO (críquete) seis pontos; 3 carta de jogar ou dado com seis pintas; *the ~ of spades* o seis de espadas ❖ *~ coach and* ~ carruagem tirada a seis cavalos; [coloq.] *it's ~ of one and half a dozen of the other* tanto faz; [coloq.] (confusão) *to be at sixes and sevens* estar de pernas para o ar; *two and ~* meia coroa; dois xelins e meio
sixain ['sɪkseɪn] *s.* sextilha, estância de seis versos
sixfold ['sɪksfəʊld] Ⓐ *adj.* sêxtuplo Ⓑ *adv.* seis vezes mais ❖ *to increase ~* sextuplicar
six-footer [sɪks'fʊtə] *s.* [coloq.] pessoa com seis pés de altura
sixpence ['sɪkspəns] *s.* [GB] moeda de seis dinheiros, meio xelim ❖ *I have not got a ~* não tenho um tostão
sixpenny ['sɪkspənɪ] Ⓐ *adj.* de seis dinheiros; que custa seis dinheiros; *~ stamp* selo de seis dinheiros Ⓑ *s.* moeda de meio xelim ❖ *~ bazaar* bazar de preço fixo; bazar dos três vinténs
sixpennyworth ['sɪksˌpenɪwɜːθ] *s.* valor de seis dinheiros ❖ [coloq.] *he is a mere ~ of halfpence* ele não vale nada
sixscore ['sɪksskɔː] *s.* [arc.] cento e vinte
six-shooter [sɪks'ʃuːtə] *s.* [coloq.] revólver de seis tiros
sixte [sɪkst] *s.* DESPORTO (esgrima) sexta
sixteen [sɪks'tiːn] *num.card., s.* dezasseis; *to be ~ years old* ter dezasseis anos de idade
sixteenmo [sɪks'tiːnməʊ] Ⓐ *adj.* TIPOGRAFIA em formato 16 Ⓑ *s.* TIPOGRAFIA livro ou publicação em formato 16
sixteenth [sɪks'tiːnθ] Ⓐ *num.ord., s.* décimo sexto; *on the ~ of January* a 16 de Janeiro Ⓑ *adj.* décima sexta Ⓒ *adv.* em décimo sexto lugar ❖ [EUA] MÚSICA *~ note* semicolcheia
sixteenthly [sɪks'tiːnθlɪ] *adv.* em décimo sexto lugar
sixth [sɪksθ] Ⓐ *num.ord., s.* 1 sexto; 2 MÚSICA (intervalo) sexta Ⓑ *adv.* em sexto lugar ❖ [GB] (escola) *~ form* sexto ano; *~ sense* sexto sentido
sixthly ['sɪksθlɪ] *adv.* em sexto lugar
sixtieth ['sɪkstɪɪθ] *num.ord., s.* sexagésimo
sixty ['sɪkstɪ] *num.card., s.* sessenta; *she is getting on for ~* ela aproxima-se dos sessenta; *to be in the sixties* ter passado dos sessenta anos; *sixty-one* sessenta e um; *sixty-two* sessenta e dois ❖ *the sixties* os anos 60; *sixty-first* sexagésimo primeiro; *sixty-second* sexagésimo segundo; *sixty-third* sexagésimo terceiro
sizable ['saɪzəbəl] *adj.* 1 bastante grande; 2 significativo; 3 com alguma importância
sizar ['saɪzə] *s.* (Cambridge, Trinity College) estudante que beneficia de redução de propinas
sizarship ['saɪzəʃɪp] *s.* (universidade) bolsa concedida a estudante
size [saɪz] Ⓐ *s.* 1 (dimensões) tamanho; *all of a ~* todos do mesmo tamanho; *they are both of a ~* são ambos do mesmo tamanho; *standard ~* tamanho-padrão; 2 (pessoa) altura, estatura; 3 (papel, tecido, etc.) cola; goma; *animal ~* cola animal; *vegetable ~* cola vegetal; 4 grandeza; 5 (roupa) medida, número, tamanho; *I take ~ 7 in gloves* uso luvas número 7; *~ five shoes* sapatos número cinco; *what ~ do you want?* que tamanho

sizeable

usa? Ⓑ *v.tr.* **1** classificar por tamanhos; **2** ordenar por tamanho; **3** cortar à medida; **4** (papel, tecido, etc.) tratar com cola ou goma ❖ ~ *of bolt* diâmetro da cavilha; ~ *of cell* dimensão da pilha; ~ *of hole* diâmetro do furo; ~ *of mesh* largura das malhas; ~ *of wire* bitola do arame; [coloq.] *that's about the* ~ *of it* é mais ou menos isso; *to take the* ~ *of* medir; *to cut sb down to* ~ meter alguém na linha

◆**size up** *v.tr.* **1** [coloq.] avaliar; analisar; *you have to* ~ *the situation* tens de analisar a situação; **2** [coloq.] julgar, formar uma opinião sobre ❖ *I can't quite size him up* ainda não consegui formar uma opinião sobre ele; não percebo onde ele quer chegar

sizeable ['saɪzəbəl] *adj.* ⇒ **sizable**

sized [saɪzd] *adj.* **1** ordenado por tamanhos; **2** classificado por tamanhos; **3** calibrado

sizer ['saɪzə] *s.* **1** calibrador; **2** classificador por tamanhos

sizing ['saɪzɪŋ] *s.* **1** ordenação por tamanhos; **2** (tecido, papel, etc.) tratamento ou preparação com goma ou cola ❖ ~ *machine* engomadeira mecânica

sizzle ['sɪzəl] Ⓐ *s.* crepitação, zumbido ou chiadeira de coisa a frigir Ⓑ *v.intr.* **1** crepitar; **2** chiar, fazer chiadeira (como coisa a fritar); **3** [coloq., fig.] (fúria) bufar; **4** (calor) queimar, assar

sizzler ['sɪzlə] *s.* [coloq.] dia escaldante

sizzling ['sɪzlɪŋ] Ⓐ *s.* **1** crepitação; **2** chiadeira Ⓑ *adj.* **1** (som) a crepitar; estralejante; *a* ~ *noise* um crepitar; **2** escaldante; ~ *summer* verão escaldante

SJ RELIGIÃO [*abrev. de* Society of Jesus]

sjambok ['ʃæmbɒk] *s.* Áfr. do S.] chicote de pele de rinoceronte

skain [skeɪn] *s.* ⇒ **skean**

skald [skɔːld] *s.* bardo escandinavo

skaldic ['skɔːldɪk] *adj.* relativo aos bardos escandinavos

skat [skæt] *s.* jogo de cartas para três pessoas bastante popular na Alemanha

skate [skeɪt] Ⓐ *s.* **1** patim; *ice* ~ patim de gelo; *roller* ~ patim de rodas; **2** ZOOLOGIA eiroga, raia Ⓑ *v.intr.* **1** (gelo, superfície lisa) patinar; **2** DESPORTO andar de patins; andar de skate ❖ ZOOLOGIA *shagreen* ~ raia pregada; *put your skates on!* despacha-te!; *to* ~ *over thin ice* avançar em terreno perigoso

◆**skate over/around/round** *v.tr.* (dificuldade, problema, etc.) evitar, esquivar-se a

skateboard ['skeɪtbɔːd] Ⓐ *s.* skate Ⓑ *v.intr.* andar de skate

skateboarder ['skeɪtbɔːdə] *s.* indivíduo que anda de skate

skateboarding ['skeɪtbɔːdɪŋ] *s.* (acto de) andar de skate

skater ['skeɪtə] *s.* patinador

skating ['skeɪtɪŋ] *s.* patinagem ❖ ~ *rink* campo/recinto de patinagem; *ice* ~ patinagem sobre o gelo; *to go* ~ ir patinar

skatole ['skætəʊl] *s.* QUÍMICA escatol

skean [skɪən] *s.* [ant.] (Escócia, Irlanda) punhal

skean-dhu ['skiːənˌduː] *s.* [Esc.] punhal metido na meia

skedaddle [skɪ'dædəl] Ⓐ *s.* **1** [coloq.] fuga precipitada; **2** debandada Ⓑ *v.intr.* **1** fugir precipitadamente; **2** debandar; **3** dar às de vila-diogo

skeet [skiːt] *s.* NÁUTICA bartedouro grande

skeg [skeg] *s.* NÁUTICA prolongamento da quilha para a ré

skegger ['skegə] *s.* ZOOLOGIA salmonete

skein [skeɪn] *s.* **1** meada; **2** bando de patos selvagens em fuga; **3** [fig.] confusão, baralhada

skeletal ['skelɪtəl] *adj.* **1** relativo a esqueleto; **2** (magríssimo) esquelético

skeletology [ˌskelɪ'tɒlədʒɪ] *s.* esqueletologia

skeleton ['skelɪtən] Ⓐ *s.* **1** ANATOMIA esqueleto; **2** (edifício) alicerces, estrutura; **3** [fig., coloq.] (pessoa) magricela; *she is a mere* ~ ela só tem pele e osso; *to be reduced to a* ~ estar reduzido a pele e osso; **4** (trabalho escrito) esboço, esquema, projecto Ⓑ *adj.* **1** (pessoal) reduzido; **2** (serviço) básico, mínimo ❖ ~ *key* chave-mestra; ~ *map* mapa mudo; ~ *outline* esboço; [coloq.] *to have a* ~ *in one's closet* ter rabos-de-palha; *to be a* ~ *at the feast* ser um desmancha-prazeres; *a* ~ *in the cupboard* um segredo de família

skeletonize ['skelɪtənaɪz] *v.tr.* **1** reduzir ao estritamente necessário; **2** reduzir ao mínimo; **3** reduzir ao esqueleto; **4** esquematizar

skeletonizing ['skelɪtənaɪzɪŋ] *s.* redução ao esqueleto, armação ou estrutura

skell [skel] *s.* [EUA] [cal.] sem-abrigo

skelp [skelp] Ⓐ *s.* **1** pancada com a mão aberta; **2** sapatada, palmada; **3** pedaço comprido e não espesso de ferro ou aço do qual se faz o cano de uma arma Ⓑ *v.tr.,intr.* **1** bater, dar palmadas em; **2** saltar, andar ou correr rapidamente; **3** apressar-se

skene [skiːn] *s.* ⇒ **skean**

skep [skep] *s.* **1** cesto de madeira ou vime; **2** colmeia feita de vime ou palha

skeptic ['skeptɪk] *adj.* ⇒ **sceptic**

skeptical ['skeptɪkəl] *adj.* ⇒ **sceptical**

skerry ['skerɪ] *s.* [Esc.] rochedo, ilha rochosa, recife

sketch [sketʃ] Ⓐ *s.* (*pl.* -**es**) **1** (desenho) esboço; rascunho; *to take a* ~ *of* fazer o esboço de; **2** plano geral; ~ *of procedure to be adopted* plano do procedimento a adoptar; **3** TELEVISÃO, TEATRO (humor) sketch; cena cómica; **4** MÚSICA breve composição musical; **5** [coloq.] pessoa com aspecto ridículo Ⓑ *v.tr.,intr.* **1** esboçar; **2** fazer esboços; **3** (ideias, planos, etc.) delinear, planear ❖ ~ *board* prancheta de desenho; ~ *map* croquis; ~ *paper* papel quadriculado; *character* ~ retrato literário

◆**sketch in** *v.tr.* **1** (desenho) esboçar; **2** transmitir uma ideia geral de; **3** (informação) acrescentar; indicar

◆**sketch out** *v.tr.* **1** esboçar; **2** (ideia, plano, etc.) traçar as linhas gerais de

sketchbook ['stetʃbʊk] *s.* **1** caderno de rascunho; **2** TEATRO, TELEVISÃO, RÁDIO livro de sketches

sketcher ['sketʃə] *s.* **1** desenhador; **2** aquele que faz esboços

sketchily ['sketʃɪlɪ] *adv.* **1** com imprecisão; **2** apenas em esboço; **3** de maneira vaga

sketchiness ['sketʃɪnəs] *s.* **1** imprecisão, ausência de pormenores; **2** carácter superficial

sketching ['sketʃɪŋ] *s.* (desenho) esboço ❖ ~ *pad* bloco de papel para esboços; ~ *paper* papel para esboços

sketchy ['sketʃɪ] *adj.* (*comp.* -**ier**, *superl.* -**iest**) **1** impreciso, vago; ~ *notions* ideias vagas; **2** (desenho) em esboço, delineado; **3** (conhecimento, noção) superficial; incompleto, rudimentar

skew [skjuː] Ⓐ *adj.* **1** oblíquo, enviesado, de esguelha; ~ *vault* abóbada oblíqua; **2** esconso, inclinado, torto; ~ *arch* arco esconso; ~ *bridge* ponte esconsa; ~ *surface* superfície torta; ~ *teeth* dentes inclinados; **3** MATEMÁTICA assimétrico; **4** distorcido, falseado Ⓑ *s.* **1** obliquidade; **2** inclinação; **3** desvio Ⓒ *adv.* de esguelha; obliquamente; enviesadamente Ⓓ *v.tr.,intr.* **1** enviesar, obliquar; **2** [fig.] distorcer, falsear; **3** olhar de esguelha; **4** (veículo) guinar; desviar-se ❖ ~ *notch* chanfro; *on the* ~ de esguelha

skewbald ['skjuːbɔːld] *adj.* (cavalo) ruão, ruano, malhado de branco e outra cor (excepto preta)

skewer ['skjuːə] Ⓐ *s.* **1** CULINÁRIA espeto (para segurar a carne enquanto está a ser cozinhada); **2** [joc.] espada Ⓑ *v.tr.* introduzir (a carne) em espeto

skew-wise ['skjuːwaɪz] *adv.* enviesadamente, obliquamente

ski [skiː] Ⓐ *s.* (*pl.* **ski** ou **skis**) **1** DESPORTO esqui; **2** (veículos) patim Ⓑ *v.intr.* (*prt. e part. pass.* **skied**) esquiar; praticar esqui ❖ ~ *boots* botas para esquiar; ~ *instructor* instrutor de esqui; ~ *pants* calças para esquiar; ~ *pole* bastão de esqui; ~ *resort* estância de esqui; ~ *run* pista de esqui; ~ *runner* esquiador; ~ *running* corridas de esqui; ~ *slope* pista de esqui; ~ *suit* fato de esqui

skiagram ['skaɪəɡræm] *s.* radiografia

skiagraph ['skaɪəɡrɑːf] *s.* radiografia

skiascopy [ˌskaɪəs'kəpɪ] *s.* radioscopia

skid [skɪd] Ⓐ *s.* **1** (veículos) derrapagem, resvalamento; *dry* ~ resvalamento em seco; *full turn* ~ resvalamento a uma volta completa; *half turn* ~ resvalamento a meia volta; *quarter turn* ~ resvalamento de modo a ficar atravessado na estrada; **2** (pessoas) escorregadela; **3** (roda) calço, sapata; **4** AERONÁUTICA patim de aterragem; **5** (objectos pesados) zorra; **6** *pl.* NÁUTICA defesa de costado Ⓑ *v.tr.,intr.* (*particípios:* **-dd-**) **1** (veículos) derrapar, resvalar; *to* ~ *right round* fazer meia volta ao derrapar; **2** (pessoas) escorregar, patinar; **3** calçar, segurar com calço ❖ ~ *marks* marcas de derrapagem; (veículos) ~ *chains* correntes; [EUA] ~ *track* caminho que permite o escorregamento da madeira facilitando assim o seu transporte

skidding ['skɪdɪŋ] *s.* **1** resvalamento, patinagem, derrapagem; **2** acto de firmar com calço

skiddy ['skɪdɪ] *adj.* (piso, estrada, etc.) escorregadio
skier ['ski:ə] *s.* DESPORTO esquiador
skiff [skɪf] *s.* NÁUTICA esquife, barco leve a remos
skiing ['ski:ɪŋ] *s.* DESPORTO esqui ❖ *~ ground* terreno próprio para a prática do esqui; *~ instructor* instrutor de esqui; *~ resort* estância de esqui; *a ~ holiday* férias na neve; *to go in for ~* dedicar-se ao esqui; *to go ~* ir esquiar
skijoring ['ski:dʒɔ:rɪŋ] *s.* DESPORTO modalidade em que o esquiador é puxado por um cavalo
ski-jump ['ski:dʒʌmp] *v.intr.* saltar de esqui
skilful ['skɪlful] *adj.* **1** (pessoa) hábil, habilidoso; talentoso; **2** (mente) perspicaz, inteligente ❖ *to be ~ in* ter jeito para
skilfully ['skɪlfulɪ] *adv.* habilmente, com habilidade, com destreza, com perícia
skilfulness ['skɪlfulnəs] *s.* **1** habilidade; **2** destreza; **3** engenho; **4** jeito, perícia
skill [skɪl] *s.* **1** (conhecimentos) perícia; aptidão; *lack of ~* falta de perícia; **2** talento, jeito [**in/at**, para]; **3** técnica; **4** *pl.* (escola, etc.) competências; capacidades
skilled [skɪlt] *adj.* **1** (operário, trabalho) especializado, qualificado; *~ labour* mão-de-obra especializada; **2** perito; **3** hábil
skilless ['skɪlləs] *adj.* **1** desconhecedor, ignorante; **2** sem perícia, sem habilidade
skillessness ['skɪllɪsnəs] *s.* falta de jeito, falta de habilidade
skillet ['skɪlɪt] *s.* caçarola de metal com um braço comprido e geralmente com pernas
skilletful ['skɪlɪtful] *s.* conteúdo de uma caçarola cheia
skillful ['skɪlful] *adj.* ⇒ **skilful**
skillfully ['skɪlfulɪ] *adv.* ⇒ **skilfully**
skilly ['skɪlɪ] *s.* [ant.] sopa aguada dada em prisões e em hospícios
skim [skɪm] Ⓐ *v.tr.,intr.* (particípios: **-mm-**) **1** (leite) desnatar; **2** (líquidos) escumar, desengordurar [**off/from**, -]; **3** (superfície) roçar, tocar ao de leve; **4** (leitura) folhear, passar os olhos por; *to ~ a book* folhear um livro; **5** (pássaros) planar; **6** [EUA] [coloq.] (impostos) cometer fraude Ⓑ *s.* **1** película; **2** vista de olhos; *he had a ~ through the book* ele folheou rapidamente o livro ❖ *to ~ along* deslizar
◆**skim off** *v.tr.* **1** (dinheiro) desviar; **2** escolher a melhor parte de; *to skim the cream off...* escolher a nata de... *fig.*
◆**skim over/through** *v.tr.* (leitura) dar uma vista de olhos a; *I only skimmed through the article* eu só dei uma vista de olhos ao artigo
skimmed [skɪmd] *adj.* desnatado, magro ❖ *~ milk* leite magro
skimmer ['skɪmə] *s.* **1** escumadeira; **2** (máquina) coadeira; desnatadeira; **3** pessoa que tira a nata ao leite; **4** raspadeira; **5** (críquete) bola que rasa o solo; **6** ZOOLOGIA (ave) taiataia, bico-rasteiro, talha-mar
skimming ['skɪmɪŋ] *s.* **1** desnatagem; **2** [EUA] [coloq.] fraude fiscal; **3** *pl.* escuma, espuma, escória; **4** *pl.* escumalha ❖ *~ ladle* escumadeira; *~ plant* refinaria
skimp [skɪmp] *v.tr.,intr.* **1** (dinheiro, tempo) economizar; restringir; **2** ser avarento, ser sovina em relação a; *to ~ the food* ser sovina na alimentação; **3** (trabalho) executar de maneira imperfeita
skimpily ['skɪmpɪlɪ] *adv.* **1** acanhadamente, insuficientemente; **2** com parcimónia
skimpiness ['skɪmpɪnəs] *s.* **1** carência, deficiência, falta; **2** escassez; **3** aspecto acanhado, com falta do necessário; **4** avareza; mesquinhez; **5** limitação
skimping ['skɪmpɪŋ] *adj.* sovina, mesquinho
skimpy ['skɪmpɪ] *adj.* (comp. **-ier**, superl. **-iest**) **1** (de dimensões reduzidas) mínimo; minúsculo; curto; **2** (dinheiro) sovina, avarento; **3** (refeição) frugal
skin [skɪn] Ⓐ *s.* **1** (pessoa, animal) pele; *a fair ~* uma pele delicada; *rabbit ~* pele de coelho; **2** (animal) couro; **3** (saco de pele) odre; **4** (superfície) película, capa; pele; *the ~ of a banana* a casca duma banana; *grape ~* pele da uva; *orange ~* casca de laranja; **6** (avião, barco) revestimento; **7** (leite) nata; **8** [cal.] papel de cigarro; **9** *pl.* MÚSICA [coloq.] (jazz) bateria Ⓑ *v.tr.,intr.* (particípios: **-nn-**) **1** (animais) esfolar; *to ~ a rabbit* esfolar um coelho; **2** (frutos) descascar; **3** esfolar, arranhar; *to ~ one's shins* esfolar as canelas; **4** (pele) escamar; **5** forrar; *to ~ a ship* forrar um navio; **6** [cal.] burlar, enganar, intrujar Ⓒ *adj.* [EUA] [coloq.] pornográfico ❖ (construção) *~ coat* última camada de argamassa/estuque; *~ dealer* negociante de peles; *~ disease* doença de pele; *~ diving* mergulho submarino; *inner ~* derme; *outer ~* epiderme; ELECTRICIDADE *~ effect* efeito Kelvin/pelicular; *~ eruption* erupção cutânea; (avião, navio) *~ friction* atrito; [EUA] *~ game* fraude; trapaça; *~ grafting* enxerto de pele; MEDICINA *~ test* cutirreacção; *he is only ~ and bones* ele só tem pele e osso; *I shouldn't like to be in his ~* eu não gostaria de estar na pele dele; *next (to) one's ~* sobre a pele; *to change one's ~* modificar-se totalmente; mudar completamente de carácter; *to come off with a whole ~* escapar a salvo; sair ileso; *to escape by the ~ of one's teeth* escapar por um triz; *to fear for one's ~* recear pela pele; [coloq.] *to get under sb's ~* irritar alguém; *to get wet to the ~* molhar-se até aos ossos; *to have a thick ~* ser insensível; não se deixar influenciar; *to have a thin ~* ser muito susceptível, sensível; [coloq.] *to keep one's eyes skinned* por-se alerta; manter os olhos bem abertos; *to save one's ~* salvar a pele; *to ~ over* cicatrizar; cobrir-se de pele nova; *to ~ sb alive* esfolar alguém vivo; (ginástica) *to ~ the cat* fazer tracção na barra; *to strip to the ~* despir-se totalmente; pôr-se em pêlo
◆**skin up** *v.intr.* [cal.] fazer um charro
skincare ['skɪnkeə] *s.* (cosmética) cuidados com a pele; dermoprotecção
skin-deep ['skɪndi:p] Ⓐ *adj.* **1** superficial, aparente; **2** ilusório, enganador Ⓑ *adv.* superficialmente
skinflint ['skɪnflɪnt] *s.* sovina, miserável, avarento, pão-duro $_{Bras.}$
skinful ['skɪnful] *s.* **1** quantidade de um odre cheio; **2** [coloq.] bebedeira, embriaguez
skinhead ['skɪnhed] *s.* **1** pessoa de cabeça rapada; **2** (racista) skinhead, cabeça-rapada
skink [skɪŋk] *s.* ZOOLOGIA variedade de lagarto pequeno
skinless ['skɪnləs] *adj.* **1** sem pele, sem casca; **2** com pele ou casca muito ténue
skinned ['skɪnd] *adj.* **1** sem pele, esfolado; **2** (casca, descascado ❖ *to have sb ~* ter alguém à sua mercê
skinner ['skɪnə] *s.* **1** aquele que esfola ou tira a pele; **2** peleiro; **3** negociante de peles
skinniness ['skɪnɪnəs] *s.* magreza, aspecto esquelético
skinny ['skɪnɪ] *adj.* (comp. **-ier**, superl. **-iest**) **1** magro, escanzelado, só com pele e osso, descarnado; **2** cutâneo, relativo a pele, membranoso; **3** [coloq.] forreta, avarento, sovina; **4** [coloq.] (com leite) magro
skinny-dipping ['skɪnɪˌdɪpɪŋ] *s.* [coloq.] (ar livre) acto de tomar banho nu
skint [skɪnt] *adj.* [coloq.] (sem dinheiro) teso, falido $_{fig.}$; *to be ~* estar teso, estar nas lonas, estar sem cheta
skintight ['skɪntaɪt] *adj.* (vestuário) que se cola ao corpo, justíssimo
skip [skɪp] Ⓐ *v.tr.,intr.* (particípios: **-pp-**) **1** saltar; *to ~ for joy* saltar de alegria; **2** (correria) saltitar; **3** (brincadeira) saltar à corda; **4** (lapso) saltar; avançar; **5** (compromisso, etc.) faltar a; escapar-se a; *to ~ school* faltar à escola Ⓑ *s.* **1** salto, pulo; **2** [GB] (lixo) contentor; **3** omissão; **4** NÁUTICA [cal.] capitão ❖ RÁDIO *~ distance* limite exterior da zona de silêncio; [EUA] *~ rope* corda de saltar; RÁDIO *~ zone* zona de silêncio; *~ it!* esqueça!; (escola) *to ~ a form* saltar um ano; [EUA] *to ~ bail* fugir à justiça enquanto em liberdade provisória; *to ~ over* dar uma saltada a; *to ~ town* deixar a cidade
◆**skip off/out** *v.intr.* [Austr., EUA] [coloq.] partir subitamente; fugir; *they skipped out without paying the bill* eles fugiram sem pagar a conta
◆**skip out on** *v.tr.* [Austr., EUA] [coloq.] (pessoa) abandonar, deixar; *his father skipped out on the family* o pai dele abandonou a família
skipjack ['skɪpdʒæk] *s.* **1** brinquedo de criança em forma de animal que salta; **2** variedade de peixes, borboletas e escaravelhos; **3** ZOOLOGIA serra, peixe-serra
skipper ['skɪpə] Ⓐ *s.* **1** NÁUTICA [coloq.] capitão; **2** DESPORTO [coloq.] (equipa) capitão; **3** ZOOLOGIA (peixe teleósteo) ratinho; **4** ZOOLOGIA larva do queijo; **5** líder Ⓑ *v.tr.* **1** [coloq.] capitanear; comandar; **2** [coloq.] (equipa) liderar ❖ *skipper's daughters* ondas altas com a crista coberta de espuma
skippet ['skɪpɪt] *s.* pequena caixa cilíndrica de madeira, usada para guardar e proteger o selo ligado por uma fita a qualquer documento

skipping ['skɪpɪŋ] s. saltar à corda ❖ [GB] ~ *rope* corda de saltar

skirl [skɜːl] Ⓐ s. 1 [Esc.] grito agudo, guincho; 2 nota aguda da gaita-de-foles; 3 som característico de gaita-de-foles Ⓑ v.intr. 1 [Esc.] (gaita-de-foles) tocar, soar; 2 produzir som característico de gaita-de-foles

skirmish ['skɜːmɪʃ] Ⓐ s. (pl. -es) escaramuça, confronto, discussão, conflito Ⓑ v.intr. 1 tomar parte numa escaramuça ou confronto; 2 combater em pequenos grupos; 3 entrar num conflito

skirmisher ['skɜːmɪʃə] s. soldado que entra em escaramuças
skirmishing ['skɜːmɪʃɪŋ] s. combate em escaramuças
skirret ['skɪrɪt] s. BOTÂNICA cherivia, cherovia, chirivia, pastinaga

skirt [skɜːt] Ⓐ s. 1 VESTUÁRIO saia; 2 (êmbolo) superfície lateral; 3 (máquinas) capa protectora, saia; 4 [cal.] (mulher nova) tipa*coloq.*; 5 CULINÁRIA (bife) alcatra; 6 pl. (camisa, vestido) aba, fralda; 7 pl. limite, margem; 8 pl. arrabaldes, arredores, periferia; *the skirts of Oporto* os arredores do Porto Ⓑ v.tr.,intr. 1 circundar; contornar; orlar; 2 limitar; marginar ❖ ~ *dancer* bailarina que tira efeito gracioso do ondular da saia; [ant.] ~ *guard* rede na roda traseira de bicicleta para proteger a saia; ~ *hand* costureira que faz saias; VESTUÁRIO *divided* ~ saia-calça; *to be always hanging on to sb's skirts* andar sempre agarrado às saias de alguém

◆**skirt around/round** v.tr. 1 circundar; 2 (dificuldade, problema) contornar, evitar

skirted ['skɜːtɪd] adj. 1 com saia; *long-skirted* com saia comprida; 2 que usa saia

skirting ['skɜːtɪŋ] s. 1 [GB] (construção) rodapé; 2 tecido para saias
skit [skɪt] s. 1 LITERATURA sátira; paródia; *a ~ on sb* uma paródia de alguém; 2 TEATRO sketch satírico

skits [skɪts] s.pl. [coloq.] grande quantidade, grande número
skitter ['skɪtə] v.intr. 1 (ave aquática) deslocar-se, roçando a água, ao levantar-se para voar ou pousar; 2 pescar, arrastando a isca sobre a água

skittering ['skɪtərɪŋ] s. ruído (de coisa que se arrasta)
skittish ['skɪtɪʃ] adj. 1 nervoso, excitável, irrequieto, espantadiço, assustadiço; 2 (cavalo) rebelão; 3 caprichoso, volúvel; 4 leviano; 5 brincalhão

skittishly ['skɪtɪʃlɪ] adv. 1 de maneira caprichosa, travessa; 2 procurando tornar-se notado, procurando dar nas vistas

skittishness ['skɪtɪʃnəs] s. 1 carácter caprichoso; 2 volubilidade; 3 carácter irrequieto, excitável; 4 inconstância; 5 garridice

skittle ['skɪtəl] Ⓐ s. 1 (jogo da laranjinha) pau, pino; 2 pl. jogo da laranjinha; *to play at skittles* jogar a laranjinha; 3 pl. [coloq.] disparate, frioleiras; 4 pl. divertimento Ⓑ v.tr. jogar a laranjinha ❖ ~ *alley* terreno de jogo da laranjinha; ~ *ball* bola utilizada no jogo da laranjinha; [coloq.] *life is not all beer and skittles* a vida não é só diversão; *to ~ away* desperdiçar; malbaratar; perder totalmente

◆**skittle out** v.tr. DESPORTO (críquete) eliminar rapidamente os batedores

skittles ['skɪtəlz] interj. disparate!, tolice!
skiv [skɪv] s. [cal.] libra esterlina, soberano
skive [skaɪv] Ⓐ v.intr. [coloq.] baldar-se Ⓑ v.tr. 1 [coloq.] baldar-se a; 2 aparar, raspar (couro, pele); 3 polir a superfície de (pedra preciosa) Ⓒ s. [coloq.] balda

skiver ['skaɪvə] s. 1 [coloq.] mandrião; baldas; 2 raspador (de peles, couro); 3 máquina para raspar ou aparar peles, etc.; 4 couro para encadernação, carneira

skivvy ['skɪvɪ] Ⓐ s. (pl. -ies) 1 [GB] [depr.] criadita, sopeira; 2 pl. [Austr., EUA] VESTUÁRIO roupa interior de homem Ⓑ v.intr. (prt. e part. pass. **-ied**, part. pres. **-ying**) fazer trabalhos menores; ser pau para toda a colher*fig.*; *I'm not skivvying for you* não sou tua criada

Skt [abrev. de Sanskrit]
skua ['skjuːə] s. ZOOLOGIA variedade de gaivota, com uma cor escura
skulduggery [skʌl'dʌgərɪ] s. 1 manipulações, intriguices, trapaças; 2 tramóia, embuste

skulk [skʌlk] Ⓐ s. covarde; poltrão Ⓑ v.intr. 1 (cobardia, medo) esconder-se; 2 esquivar-se; 3 atacar pela calada

skulker ['skʌlkə] s. ⇒ **skulk** Ⓐ
skulking ['skʌlkɪŋ] Ⓐ adj. 1 que foge, que se esquiva; 2 madraço; 3 furtivo Ⓑ s. 1 acto de esquivar, de se esconder; 2 madracice

skull [skʌl] s. 1 ANATOMIA crânio; 2 [coloq.] caveira; 3 [coloq.] (cabeça) tola ❖ ~ *and crossbones* símbolo de produto tóxico; bandeira dos piratas; *to have a thick ~* ser estúpido

skullcap ['skʌlkæp] s. 1 VESTUÁRIO barrete; 2 ANATOMIA calota; 3 BOTÂNICA escutelária

skunk [skʌŋk] s. 1 ZOOLOGIA toirão americano, doninha fedorenta; 2 zorrilho, jaguané, jaguaré; 3 pele deste animal; 4 [coloq.] canalha, indivíduo desprezível

Skupshtina ['skʊpʃˌtiːnə] s. parlamento jugoslavo
sky [skaɪ] Ⓐ s. (pl. **skies**) 1 céu; *in the ~* no céu; 2 paraíso; 3 estado atmosférico; 4 grau ou nível mais elevado Ⓑ v.tr. 1 mandar para o alto; 2 (críquete) levantar demasiado a bola; 3 NÁUTICA levantar demasiado a pá do remo; 4 (quadro) pendurar demasiado alto na parede ❖ ~ *advertising* publicidade aérea; ~ *army* aviação; ~ *men* tropas aerotransportadas; MILITAR ~ *pilot* capelão; ~ *waves* ondas ionosféricas; *out of a clear ~* de súbito; inesperadamente; *the sky's the limit* tudo é possível; *to be raised to the skies* ser levado aos céus; [coloq.] *to laud/ praise to the skies* pôr nos pincaros da Lua; elogiar muitíssimo; *under a foreign ~* no estrangeiro; *under the open ~* ao ar livre; fora de casa

sky-blue ['skaɪbluː] adj.,s. (cor) azul-celeste; *a ~ dress* um vestido azul-celeste

skydive ['skaɪdaɪv] Ⓐ s. salto em queda livre (com pára-quedas) Ⓑ v.intr. praticar pára-quedismo (em queda livre)

skydiver ['skaɪdaɪvə] s. pára-quedista (que pratica queda livre)
skydiving ['skaɪdaɪvɪŋ] s. pára-quedismo (em queda livre)
skyer ['skaɪə] s. (ténis, críquete) bola jogada demasiado alta
Skye terrier [ˌskaɪ'terɪə] s. variedade de cão rateiro, proveniente da ilha de Skye

skyey ['skaɪɪ] adj. [poét.] celeste
sky-high ['skaɪhaɪ] Ⓐ adv. 1 até aos céus; 2 para o alto; 3 a grande altura Ⓑ adj. 1 muito alto; 2 (preços) astronómico ❖ *to blow sth ~* mandar pelos ares; *to blow a theory ~* demolir uma teoria; (preços) *to go ~* subir em flecha

skyjack ['skaɪdʒæk] v.tr. ⇒ **hijack**
skyjacking ['skaɪdʒækɪŋ] s. ⇒ **hijacking**
skylark ['skaɪlɑːk] Ⓐ s. ZOOLOGIA cotovia Ⓑ v.intr. 1 pregar partidas, fazer travessuras; 2 divertir-se ruidosamente; 3 galhofar; 4 aperrear alguém

skylarker ['skaɪlɑːkə] s. [coloq.] indivíduo folgazão, pessoa que gosta de fazer travessuras

skylarking ['skaɪlɑːkɪŋ] s. 1 [coloq.] pândega, divertimento, galhofa, chalaça; 2 travessura, partida

skylight ['skaɪlaɪt] s. 1 clarabóia; 2 NÁUTICA escotilha envidraçada ❖ FOTOGRAFIA ~ *filter* filtro para o reflexo do céu

skyline ['skaɪlaɪn] s. 1 linha do horizonte; 2 contorno dos telhados no céu (de uma cidade)

skyrocket ['skaɪrɒkɪt] Ⓐ s. foguete; foguete de artifício Ⓑ v.intr. (preços) subir em flecha, disparar

skysail ['skaɪseɪl] s. NÁUTICA cutelo do sobrejoanete
skyscape ['skaɪskeɪp] s. quadro, pintura que representa o céu
skyscraper ['skaɪskreɪpə] s. arranha-céus
skyvvy ['skɪvɪ] s.f. [depr.] criadita, sopeira
skyward ['skaɪwɜːd] adv. em direcção ao céu
skywards ['skaɪwɜːdz] adv. ⇒ **skyward**
skyway ['skaɪweɪ] s. rota aérea
skywriting ['skaɪraɪtɪŋ] s. publicidade aérea
slab [slæb] Ⓐ s. 1 (madeira, pedra) laje; bloco; placa; ~ *of marble* placa de mármore; 2 NÁUTICA (vela) costas; 3 [coloq.] mesa de autópsias; 4 (pedaço) porção; fatia; ~ *of cake* fatia grossa de bolo; 5 chapa; ~ *glass* vidro em chapa; *slabs of tin* chapas de estanho Ⓑ adj. [arc.] viscoso Ⓒ v.tr. (particípios: **-bb-**) 1 lajear, cobrir de lajes, pavimentar com lajes; 2 (toro de madeira) desbastar; 3 cortar em placas ❖ CULINÁRIA ~ *cake* bolo rectangular, de tabuleiro; ~ *mill* fresa paralela; ~ *of chocolate* tablete de chocolate; ~ *stone* pedra que parte em camadas como a ardósia

slabbing ['slæbɪŋ] s. 1 cobertura com lajes; 2 conjunto de lajes ou pedras ❖ ~ *machine* máquina de fresar paralela; ~ *mill* laminador universal

slabline ['slæblaɪn] s. NÁUTICA carregadeira da vela grande
slab-sided [slæb'saɪdɪd] adj. 1 com lados lisos; 2 [EUA] [coloq.] alto e magro

slack [slæk] Ⓐ s. **1** cisco, pó de carvão; **2** (corda) folga; *to pull in the ~ of a rope* esticar uma corda; **3** (negócios, etc.) acalmia, afrouxamento; **4** descanso, lazer; **5** águas paradas; **6** potencial não utilizado; **7** pl. VESTUÁRIO calças compridas largas Ⓑ adj. **1** lento, vagaroso; *~ ship in stays* navio lento em virar de bordo; **2** (negócio) morto, parado; fraco, frouxo; *~ business* negócios frouxos; *~ hours* horas mortas; *trade is ~* o comércio está frouxo; **3** (pessoa) indolente, preguiçoso, mole; *to be ~ in doing sth* fazer alguma coisa de forma indolente; *to feel ~* sentir-se sem energia; *~ weather* tempo que provoca indolência; **4** descuidado, negligente, desleixado; *to be ~ at one's work* ser desleixado no trabalho; **5** solto, bambo; *~ rope* corda bamba Ⓒ adv. **1** de maneira imperfeita; **2** deficientemente, insuficientemente; **3** sem energia Ⓓ v.tr.,intr. **1** preguiçar; **2** descuidar, negligenciar; **3** abrandar, acalmar, afrouxar, moderar; **4** (cal) apagar ❖ *~ hand* indolência; preguiça; *~ season* época baixa; *~ time* acalmia; *compressed ~* briquetes de carvão; *to grow ~* relaxar-se; *to ~ about* andar de um lado para o outro sem ter que fazer; mandriar; (comboio, etc.) *to ~ up* reduzir velocidade antes de parar; *to seize sb by the ~ of his trousers* agarrar alguém pelos fundilhos das calças

◆**slack off** Ⓐ v.intr. **1** abrandar o ritmo; trabalhar menos; **2** (negócio) ficar mais fraco Ⓑ v.tr. (corda, etc.) dar mais folga a

slacken [ˈslækən] v.tr.,intr. **1** (actividade, ritmo, etc.) abrandar; moderar; MÚSICA *to ~ the time* abrandar o andamento; **2** (material) afrouxar; soltar; alargar; *to ~ the reins* afrouxar as rédeas

◆**slacken off/up** v.intr. **1** (actividade) abrandar o ritmo; **2** descontrair; relaxar

slackening [ˈslækənɪŋ] s. **1** abrandamento, afrouxamento; **2** diminuição de intensidade

slacker [ˈslækə] s. **1** [coloq.] mandrião, indivíduo indolente, mole, preguiçoso; **2** [coloq.] baldas_coloq_, pessoa que foge às suas obrigações

slacking [ˈslækɪŋ] s. **1** abrandamento, diminuição do ritmo; **2** relaxamento; **3** indolência, preguiça; **4** negligência; **5** apagamento (de cal)

slackness [ˈslæknəs] s. **1** indolência, preguiça, falta de energia; **2** negligência, fuga ao dever, falta de cuidado nas suas obrigações; **3** abrandamento, afrouxamento, frouxidão; **4** diminuição de actividade

slade [sleɪd] s. **1** vale pequeno entre colinas; **2** sulco, rasto da charrua

slag [slæg] Ⓐ s. **1** MINERALOGIA escória; jorra; **2** cinzas vulcânicas misturadas com lava; **3** [cal.] (mulher) cabra_cal_. Ⓑ v.tr.,intr. (particípios: -gg-) **1** transformar(-se) em escória; **2** [cal.] dizer mal de; deitar abaixo_fig._ fazer pouco de; **3** [Austr.] cuspir ❖ *~ brick* tijolo de jorra; *~ cement* cimento de escórias; (metalurgia, minas) *~ heap* monte de escórias; *~ wool* lã mineral

◆**slag off** v.tr. [GB] [coloq.] criticar, falar mal de

slagging [ˈslægɪŋ] s. **1** transformação em escória; **2** [cal.] (crítica) descasca_fig._

slaggy [ˈslægi] adj. escoriáceo

slagless [ˈslægləs] adj. livre de escórias

slain [sleɪn] part. pass. de **to slay**

slake [sleɪk] v.tr.,intr. **1** (sede) saciar; **2** [fig.] (vingança, etc.) satisfazer; **3** (cal) caldear Ⓓ QUÍMICA *slaked lime* cal apagada

slakeless [ˈsleɪkləs] adj. **1** insaciável; **2** inextinguível

slaking [ˈsleɪkɪŋ] s. **1** acto de saciar ou mitigar (sede); **2** caldeação, caldeamento (de cal)

slalom [ˈslɑːləm] Ⓐ s. DESPORTO slalom Ⓑ v.intr. DESPORTO descer em slalom

slam [slæm] Ⓐ s. **1** (porta, etc.) estrondo; golpe; pancada; *he closed the door with a ~* ele fechou a porta com um estrondo, ele bateu com a porta; **2** tareia_fig._ crítica violenta; **3** (jogos de cartas) capote Ⓑ v.tr.,intr. (particípios: -mm-) **1** (janela, porta, etc.) bater com; *she slammed the door in his face* ela bateu-lhe com a porta na cara; **2** bater [**into**, contra]; *the car slammed into the wall* o carro bateu contra a parede; **3** (com estrondo) atirar; pousar ruidosamente; *to ~ a book on the table* atirar com um livro para a mesa; **4** bater, derrotar facilmente; **5** [EUA] [coloq.] (jornais) criticar; bater em; **6** (com estrondo) bater; fechar-se

◆**slam down** v.tr. bater com; pousar ruidosamente ❖ *she slammed the phone down on me* desligou-me o telefone na cara

◆**slam on** v.tr. carregar em; travar a fundo; *to ~ the brakes* travar a fundo ❖ *to slam the brakes on sth* pôr travão a algo; pôr fim a determinada situação

slammer [ˈslæmə] s. [cal.] choça, chilindró, cadeia

slamming [ˈslæmɪŋ] s. batimento (de porta ou janela)

slander [ˈslɑːndə] Ⓐ s. **1** calúnia; **2** DIREITO difamação Ⓑ v.tr. **1** caluniar; **2** DIREITO difamar ❖ DIREITO *~ action* processo por difamação

slanderer [ˈslɑːndərə] s. caluniador, difamador

slandering [ˈslɑːndərɪŋ] Ⓐ adj. caluniador, difamador Ⓑ s. calúnia, difamação

slanderous [ˈslɑːndərəs] adj. calunioso, difamatório, difamador

slanderously [ˈslɑːndərəsli] adv. caluniosamente

slang [slæŋ] Ⓐ s. **1** calão; *in ~* em calão; *to talk ~* usar calão; **2** gíria; *Newgate ~* gíria dos gatunos Ⓑ adj. de calão; *~ dictionary* dicionário de calão Ⓒ v.tr. chamar nomes a, insultar

slangily [ˈslæŋɪli] adv. **1** em calão; **2** empregando termos de calão

slanginess [ˈslæŋɪnəs] s. linguagem de calão

slanging [ˈslæŋɪŋ] s. [coloq.] censura, descompostura com palavras grosseiras ❖ [GB] [coloq.] *~ match* troca de insultos

slangster [ˈslæŋstə] s. pessoa que emprega calão

slangy [ˈslæŋi] adj. **1** que usa calão; que se exprime em calão; **2** de calão; **3** muito coloquial

slank [slæŋk] [rar.] prt. de **to slink**

slant [slɑːnt] Ⓐ s. **1** (superfície) inclinação; declive; *on a ~* em declive; **2** opinião, perspectiva, ponto de vista; *what is your ~ about it?* qual é a sua opinião acerca disso?; **3** parcialidade; favorecimento Ⓑ adj. **1** inclinado; **2** de esguelha, enviesado Ⓒ v.tr.,intr. **1** inclinar(-se); **2** [fig.] favorecer; ser parcial em relação a

slanted [ˈslɑːntɪd] adj. **1** (inclinação) oblíquo; enviesado; **2** [fig., depr.] (opinião) tendencioso; facioso

slanting [ˈslɑːntɪŋ] adj. **1** inclinado; **2** oblíquo; *~ rain* chuva que cai obliquamente

slantingly [ˈslɑːntɪŋli] adv. obliquamente, enviesadamente, de través

slantways [ˈslɑːntweɪz] adv. enviesadamente, de través, de esguelha

slantwise [ˈslɑːntwaɪz] adv. ⇒ **slantways**

slap [slæp] Ⓐ s. **1** bofetada, palmada, sapatada; *a ~ on the bottom* uma palmada no rabo; **2** (som) chape; **3** [fig.] (repreensão) bofetada_fig._; *a ~ in the face* uma bofetada de luva branca; **4** [cal.] maquilhagem Ⓑ adv. [coloq.] directamente, em cheio; *to run ~ into* esbarrar-se em cheio contra; *they hit him ~ on the head* agrediram-no em cheio na cabeça Ⓒ v.tr. (particípios: -pp-) **1** dar uma bofetada a; esbofetear; dar uma palmada a; *she slapped his face* ela deu-lhe uma bofetada na cara; **2** (objecto) atirar com força, arremessar; **3** [coloq.] (castigo, multa) aplicar ❖ [coloq.] (felicitações) *a ~ on the back* uma palmadinha nas costas; *a ~ on the wrist* repreenda; [coloq.] *~ and tickle* marmelada; apalpanço

◆**slap around** v.tr. (pessoa) bater em; *he slaps his wife around* ele bate na mulher

◆**slap down** v.tr. **1** pousar bruscamente; **2** repreender

◆**slap on** v.tr. **1** [coloq.] (imposto, taxa) aumentar; **2** (tinta, etc.) pôr ou espalhar rapidamente

slap-bang [ˌslæpˈbæŋ] adv. **1** [coloq.] ruidosamente; **2** [coloq.] violentamente; **3** [coloq.] bruscamente; **4** [coloq.] em cheio

slapdash [ˈslæpdæʃ] Ⓐ adj. **1** impetuoso; **2** (pessoa) trapalhão; **3** descuidado; às três pancadas; *~ work* trabalho feito às três pancadas Ⓑ adv. descuidadamente; atabalhoadamente; à toa Ⓒ s. (edifício, parede) reboco

slaphappy [ˈslæphæpi] adj. **1** [coloq.] despreocupado, descontraído; **2** [coloq.] descuidado; **3** [coloq.] tonto, atordoado, zonzo

slapjack [ˈslæpdʒæk] s. CULINÁRIA [EUA] panqueca

slapping [ˈslæpɪŋ] Ⓐ adj. **1** muito rápido; *a ~ pace* um andamento muito rápido; **2** muito grande; **3** óptimo; muito bom; *a ~ dinner* um óptimo jantar Ⓑ s. **1** batimento de mãos; **2** palmadas, sapatadas; **3** (êmbolo) batimento

slapstick [ˈslæpstɪk] s. **1** comédia física, farsa; **2** arlequinada

slap-up [ˈslæpʌp] adj. [coloq.] óptimo, excelente, de primeira ordem; *~ lunch* banquete, almoço de primeira ordem

slash [slæʃ] Ⓐ s. (pl. -es) 1 (objecto cortante) corte, golpe; 2 (toque) raspão; 3 TIPOGRAFIA barra oblíqua (/); 4 [cal.] mija$_{cal}$; 5 [EUA] clareira deixada por árvores derrubadas; 6 VESTUÁRIO abertura Ⓑ v.tr.,intr. 1 (objecto cortante) cortar, esfaquear, golpear [at, -]; *to ~ one's wrists* cortar os pulsos; 2 (toque) bater de raspão; 3 [fig.] criticar duramente; 4 VESTUÁRIO fazer uma abertura em; 5 [fig.] (preços, etc.) cortar, reduzir; 6 (caminho) desbastar ❖ VESTUÁRIO *~ neck* decote em V acentuado; BOTÂNICA (América do Norte) *~ pine* pinheiro; VESTUÁRIO *~ pocket* bolso com abertura diagonal

slashed [slæʃt] adj. 1 (ferimento) com cicatrizes; 2 [ant.] (costura) golpeado; *~ sleeve* manga golpeada

slasher [slæʃə] s. 1 [cal.] tipo formidável; 2 crítica aniquiladora; 3 pugilista com um poder de soco devastador

slashing [slæʃɪŋ] Ⓐ adj. 1 aniquilador, contundente, mordaz, cáustico; *~ attack* ataque aniquilador; *~ criticism* crítica mordaz; 2 (chuva, tempestade) fustigante; *~ rain* chuva fustigante Ⓑ s. 1 DESPORTO (hóquei, lacrosse) stickada; 2 cutilada

slashingly [slæʃɪŋlɪ] adv. devastadoramente, contundentemente, mordazmente

slat [slæt] s. 1 (madeira) ripa; 2 (persiana) tira; 3 AERONÁUTICA plano auxiliar do bordo da asa ❖ *~ conveyor* transportador de ripas

slate [sleɪt] Ⓐ s. 1 (pedra) ardósia, piçarra; 2 (telhados) telha; 3 [EUA] POLÍTICA lista provisória de candidatos; 4 (quadro) lousa Ⓑ v.tr. 1 (telhado) cobrir com ardósia; 2 [EUA] POLÍTICA pôr na lista o nome dum candidato; 3 [EUA] programar; 4 [GB] [coloq.] (crítica) arrasar, demolir Ⓒ adj. cor de ardósia ❖ (cor) *~ black* negro-de-ardósia; (cor) *~ blue* azul carregado e sem brilho; *~ clay* argila xistosa; *~ club* pequena associação de benefícios mútuos, à qual semanalmente se pagam pequenas importâncias, que permitem repartição de lucros no Natal; *~ pencil* lápis de lousa; *~ quarrier* louseiro; pessoa que trabalha em lousa ou ardósia; *~ quarry* ardosieira; pedreira de ardósia; *~ spar* espato xistoso; *~ worker* louseiro; *to have a clean ~* ter um registo limpo; [coloq.] *to have a ~ loose/off* ter uma aduela a menos; ser um pouco maluco; *to start with a clean ~* esquecer o passado e começar vida nova; *to wipe the ~ clean* pôr uma pedra no assunto

slater [sleɪtə] s. 1 pessoa que cobre de ardósia, que põe cobertura de lousa ou ardósia; 2 crítico extremamente severo, contundente; 3 ZOOLOGIA bicho-de-conta

slathers [slæðəz] s.pl. [coloq.] grande quantidade

slating [sleɪtɪŋ] s. 1 cobertura com ardósia ou lousa; 2 cobertura de ardósia ou lousa; 3 crítica severa; 4 reprimenda, descompostura

slatted [slætɪd] adj. 1 com ripas ou tabuinhas; 2 provido de lâminas de madeira ou metal

slattern [slætɜːn] s. 1 [ant., depr.] mulher desmazelada; 2 [ant., depr.] mulher promíscua

slatternliness [slætənlɪnəs] s. 1 [ant., depr.] (mulher) desmazelo, desleixo; 2 [ant., depr.] (mulher) promiscuidade

slatternly [slætənlɪ] adj. 1 [ant., depr.] (mulher) desleixada, desmazelada; 2 [ant., depr.] (mulher) promíscua

slaty [sleɪtɪ] adj. 1 de ardósia ou lousa; 2 semelhante à ardósia ❖ *~ coal* carvão xistoso

slaughter [slɔːtə] Ⓐ s. 1 (animais) abate; 2 (pessoas) carnificina, chacina, matança; *~ of the innocents* matança dos inocentes; 3 [coloq.] (derrota esmagadora) massacre$_{fig}$. Ⓑ v.tr. 1 (animais) abater; 2 (pessoas) chacinar, massacrar; 3 [coloq.] (derrotar) massacrar$_{fig}$; trucidar$_{fig}$.

slaughterer [slɔːtərə] s. 1 magarefe, carniceiro; 2 chacinador; aquele que mata em grandes quantidades

slaughterhouse [slɔːtəhaʊs] s. matadouro, açougue

slaughterman [slɔːtəmən] s. (pl. -men) magarefe, carniceiro

slaughterous [slɔːtərəs] adj. 1 sanguinário, carniceiro; 2 destruidor; 3 mortífero

slaughterously [slɔːtərəslɪ] adv. 1 sanguinariamente; 2 mortiferamente

Slav [slɑːv, slæv] Ⓐ adj. eslavo Ⓑ s. 1 eslavo; 2 língua eslava

Slav. Ⓐ [abrev. de Slavic] Ⓑ [abrev. de Slavonic]

slave [sleɪv] Ⓐ s. 1 escravo; 2 [fig.] vítima, escravo; *to be a ~ of/to sth* ser escravo de alguma coisa; *to be a ~ to duty* ser um escravo do dever; *to be sb's ~* fazer tudo o que alguém quer; 3 [fig.] (pessoa mal paga) escravo; burro de carga Ⓑ v.intr. trabalhar como um escravo [at, em] ❖ (pulseira) *~ bangle* escrava; *~ cylinder* cilindro secundário; *~ dealer* negociante de escravos; *~ hunter/raider* caçador de escravos; *~ labour* escravagismo; exploração de trabalho de escravos; *~ ship* navio negreiro; [EUA] HISTÓRIA *Slave States* estados partidários da escravatura; *~ trade* tráfico de escravos; *~ trader* traficante de escravos; [cal.] *to ~ one's guts out* matar-se com trabalho; trabalhar até não poder mais; *white ~ traffic* tráfico de brancas

slave-driver [sleɪv'draɪvə] s. 1 HISTÓRIA feitor; capataz; 2 tirano; patrão que escraviza

slaveholder [sleɪvhəʊldə] s. proprietário de escravos

slaver[1] [sleɪvə] s. 1 [arc.] traficante de escravos, negreiro; 2 [arc.] navio negreiro

slaver[2] [slævə] Ⓐ s. 1 baba; 2 [fig.] lisonja servil, lisonja grosseira Ⓑ v.intr. 1 babar-se, salivar; 2 ser adulador, rastejar$_{fig}$; 3 [fig.] (desejo) ficar todo babado Ⓒ v.tr. babar

slaverer [slævərə] s. 1 pessoa que se baba; 2 adulador servil

slavering [slævərɪŋ] Ⓐ adj. babão; que se baba Ⓑ s. acto de se babar; produção anormal de saliva

slavery[1] [sleɪvərɪ] s. 1 escravatura, escravidão; *to reduce to ~* reduzir à escravidão; 2 submissão total; 3 trabalho de escravo ❖ *white ~* escravatura branca; *to sell into ~* vender como escravo; *he was sold into ~* foi vendido como escravo

slavery[2] [slævərɪ] adj. 1 baboso, cheio de baba; babão; 2 [fig.] adulador, servil

slavey [slæv, sleɪv] s. [coloq., joc.] criada para todo o serviço

Slavic [slævɪk] Ⓐ adj. eslavo Ⓑ s. eslavo, a língua eslava

slavish [sleɪvɪʃ] adj. 1 servil, próprio de escravo; 2 abjecto, baixo, vil

slavishly [sleɪvɪʃlɪ] adv. 1 servilmente; 2 como escravo; 3 de maneira vil, baixa; 4 abjectamente

slavishness [sleɪvɪʃnəs] s. 1 servilismo; 2 atitude servil, própria de escravo

Slavism [slɑːvɪzəm] s. eslavismo

Slavist [slɑːvɪst] s. eslavista

Slavonian [sləˈvəʊnɪən] Ⓐ adj. 1 eslavónio; 2 eslavão Ⓑ s. 1 eslavónio; 2 a língua eslavónia

Slavonic [sləˈvɒnɪk] Ⓐ adj. 1 eslavónico; 2 eslavo Ⓑ s. 1 eslavónico, eslavo; 2 a língua eslava

Slavophile [slɑːvəʊfaɪl] adj.,s. eslavófilo

Slavophobe [slɑːvəʊfəʊb] adj.,s. eslavófobo

slaw [slɔː] s. CULINÁRIA salada de couve e cenoura

slay [sleɪ] Ⓐ s. pente de tecelão, pente do tear Ⓑ v.tr. (prt. slew, part. pass. slain) 1 matar; 2 assassinar; 3 chacinar

slayer [sleɪə] s. 1 assassino; 2 exterminador

slaying [sleɪɪŋ] s. 1 matança; 2 chacina

sleaze [sliːz] s. 1 sordidez; 2 corrupção

sleazebag [sliːzbæg] s. [cal.] (insulto) monte de esterco

sleazeball [sliːzbɔːl] s. [cal.] (insulto) monte de esterco

sleaziness [sliːzɪnəs] s. sordidez

sleazy [sliːzɪ] adj. (comp. -ier, superl. -iest) 1 [coloq.] (lugar) sórdido; mal frequentado; 2 (pessoa) desonesto, imoral

sled [sled] v.tr.,intr.,s. ⇒ **sledge**

sledge [sledʒ] Ⓐ s. 1 trenó (de transporte e de desporto); 2 zorra; 3 malho, martelo de forja Ⓑ v.tr.,intr. 1 andar de trenó; 2 viajar de trenó; 3 transportar em trenó

sledgehammer [sledʒhæmə] Ⓐ s. martelo de forja Ⓑ v.tr. bater com martelo de forja Ⓒ adj. 1 violento; fortíssimo; 2 pesado; *~ style* estilo buldózer ❖ *to strike sth/sb a ~ blow* atacar algo/alguém com um golpe de mestre

sleek [sliːk] Ⓐ adj. 1 (cabelo, pêlo) liso, lustroso; *~ hair* cabelo liso e lustroso; 2 (superfície) lustroso, polido; 3 [depr.] (pessoa) lambido; untuoso; 4 (objecto) atraente, elegante Ⓑ v.tr. 1 alisar, amaciar; 2 lustrar, polir ❖ *~ stone* pedra de polir; *~ as a cat* hipócrita; santarrão

sleekly [sliːklɪ] adv. 1 de maneira macia; 2 subtilmente; 3 lisonjeiramente, untuosamente

sleekness [sliːknəs] s. 1 macieza, suavidade; 2 aspecto lustroso; 3 subtileza; 4 untuosidade

sleep [sliːp] Ⓐ s. 1 sono; *don't lose any ~ over it* não perca o sono por causa disto; *in one's ~* durante o sono; *to be ready to drop with ~* estar a cair de sono; *to drop off to ~* cair de sono; *to fall into a sound* ~ cair num sono profundo; *to read oneself to* ~ ler até vir o sono; *to talk in one's* ~ falar durante o sono; **2** [coloq.] (olhos) remela; **3** [fig.] descanso, paz, tranquilidade, sossego; **4** [poét.] morte; **5** BOTÂNICA nictitropismo ❖ *v.tr.,intr.* (*prt. e part. pass.* **slept**) **1** dormir; *the bed has not been slept in for weeks* há semanas que ninguém dorme nesta cama; *to be sleeping on one's feet* estar a dormir em pé; *to* ~ *like a log/top* dormir como uma pedra; *to* ~ *soundly* dormir profundamente; *to* ~ *the clock round* dormir doze horas seguidas; *to* ~ *the night through* dormir a noite toda; (dor de cabeça, má disposição, etc.) libertar-se, livrar-se de alguma coisa, dormindo; *to* ~ *oneself sober* curar a embriaguez, dormindo; **3** pernoitar [**at**, em]; passar a noite [**at**, em]; **4** alojar, fornecer acomodações para dormir; *the lodging house sleeps 250 people* a casa de hóspedes aloja 250 pessoas; **5** estar inactivo; **6** [poét.] estar morto; repousar; *to* ~ *in the Lord* repousar na paz do Senhor ❖ ~ *tight!* dorme bem!; *winter* ~ hibernação; *he did not get a wink of* ~ *last night* ele não conseguiu pregar olho a noite passada; *he does not get much* ~ ele dorme pouco; *I'll try to get some* ~ vou tentar dormir um pouco; *the* ~ *of the just* o sono dos justos; *to get to* ~ adormecer; *to go to* ~ ir dormir; *to have a good* ~ dormir bem; *to put sb to* ~ adormecer alguém; [fig.] assassinar alguém; *to* ~ *a dog's* ~ fingir que está a dormir; *to walk in one's* ~ ser sonâmbulo

◆**sleep about/around** *v.intr.* [coloq., depr.] ir para a cama com qualquer um(a)

◆**sleep away** *v.tr.* passar a dormir; *to sleep the morning away* passar a manhã a dormir

◆**sleep in** *v.intr.* **1** dormir até mais tarde; **2** (não acordar a tempo) adormecer; **3** (empregado, etc.) ser interno

◆**sleep off** *v.tr.* dormir até se sentir melhor; *to* ~ *a headache* livrar-se duma dor de cabeça, dormindo; [coloq.] *to sleep it off* curar uma bebedeira, dormindo

◆**sleep on** Ⓐ *v.intr.* continuar a dormir Ⓑ *v.tr.* adiar uma decisão para o dia seguinte; *you had better* ~ *it* era melhor deixar ficar isso para amanhã

◆**sleep out** *v.intr.* **1** dormir ao ar livre; **2** dormir em tenda de campismo; **3** (empregado, etc.) ser externo

◆**sleep over** *v.intr.* dormir em casa de alguém

◆**sleep through** *v.tr.* (barulho, ruído, etc.) continuar a dormir ❖ *to* ~ *the alarm clock* nem sequer ouvir o despertador a tocar; *to sleep the whole night through* dormir a noite de um sono

◆**sleep together** *v.intr.* (sexo) dormir juntos

◆**sleep with** *v.tr.* [coloq.] (sexo) ir para a cama com; dormir com

sleeper ['sli:pə] *s.* **1** pessoa adormecida; *a bad* ~ pessoa que dorme mal; *a heavy* ~ pessoa que tem o sono pesado; *a light* ~ pessoa que tem o sono leve; **2** (comboio) carruagem-cama; **3** (caminhos-de-ferro) chulipa, dormente; ~ *pitch* distância entre dormentes; **4** barrote, viga horizontal; **5** [GB] (brinco) argola; **6** [EUA] [coloq.] êxito inesperado; **7** ZOOLOGIA peixe tropical; **8** *pl.* [EUA] (bebés) pijama

sleepily ['sli:pɪlɪ] *adv.* cheio de sonolência, com sonolência

sleep-inducing ['sli:pɪndjuːsɪŋ] *adj.* soporífero

sleepiness ['sli:pɪnəs] *s.* **1** sonolência, sono, vontade de dormir; **2** torpor, letargo; **3** indolência, apatia

sleeping ['sli:pɪŋ] Ⓐ *adj.* adormecido, que dorme, que está a dormir Ⓑ *s.* **1** sono; **2** acto de dormir ❖ ~ *bag* saco-cama; *Sleeping Beauty* Bela Adormecida; (comboios) ~ *car/carriage* carruagem-cama; ~ *draught* soporífero; FINANÇAS ~ *partner* sócio comanditário; ~ *pill/tablet* comprimido para dormir; (estrada) ~ *policeman* lomba, guias sonoras; ~ *room* dormitório; MEDICINA ~ *sickness* doença do sono; *let* ~ *dogs lie!* não acordes cão que dorme!; *to have* ~ *problems* dormir mal

sleepless ['sli:pləs] *adj.* (sono) agitado; em branco; em claro; *to have a* ~ *night* passar uma noite em claro

sleeplessly ['sli:pləslɪ] *adv.* **1** sem dormir; **2** sem sono

sleeplessness ['sli:pləsnəs] *s.* falta de sono, insónia

sleepover ['sli:pəʊvə] *s.* [coloq.] noite que se passa na casa de um amigo

sleepwalk ['sli:pwɔːk] *v.intr.* ser sonâmbulo, sofrer de sonambulismo

sleepwalker ['sli:pwɔːkə] *s.* sonâmbulo

sleepwalking ['sli:pwɔːkɪŋ] *s.* sonambulismo

sleepy ['sli:pɪ] *adj.* (*comp.* **-ier**, *superl.* **-iest**) **1** sonolento; com sono; ~ *look* ar sonolento; *to be* ~/*to feel* ~ ter sono, estar com sono; *to grow* ~ começar a sentir sono; **2** que faz dormir; **3** (lugar) pacato, sossegado; *a* ~ *little village* uma aldeiazinha pacata ❖ MEDICINA ~ *sickness* encefalite letárgica

sleepyhead ['sli:pɪhed] *s.* [joc., coloq.] dorminhoco

sleet [sli:t] Ⓐ *s.* **1** fiapos de neve; **2** [EUA] camada fina de gelo Ⓑ *v.intr.* (pouca intensidade) nevar

sleety ['sli:tɪ] *adj.* com neve e chuva misturadas

sleeve [sli:v] *s.* **1** manga; *to pluck sb's* ~ puxar pela manga de alguém; *to roll up one's sleeves* arregaçar as mangas; **2** MÚSICA (disco) capa; **3** MECÂNICA casquilho, luva; **4** (revestimento de protecção) camisa; ~ *of the cylinder* camisa de cilindro ❖ ~ *board* tábua para engomar mangas de camisa; (capa de disco) ~ *note* texto; *to have sth up one's* ~ ter uma carta na manga; *to laugh up one's* ~ rir à socapa; *to wear one's heart on one's* ~ ter o coração ao pé da boca

sleeved [sli:vd] *adj.* com mangas; ~ *waistcoat* colete com mangas

sleevefish ['sli:vfɪʃ] *s.* ZOOLOGIA calamar

sleeveless ['sli:vləs] *adj.* sem mangas

sleigh [sleɪ] Ⓐ *s.* trenó Ⓑ *v.intr.* **1** andar de trenó; **2** transportar em trenó ❖ ~ *ride* passeio de trenó

sleighbell ['sleɪbel] *s.* guizo

sleighbell ['sleɪbel] *s.* (trenó) campainha; guizo

sleigher ['sleɪə] *s.* aquele que anda de trenó

sleighing ['sleɪɪŋ] *s.* deslocação em trenó, transporte em trenó

sleight [slaɪt] *s.* **1** (espectáculo) prestidigitação; **2** [arc., fig.] ardil, artifício, truque ❖ *by a* ~ *of hand* com um passe de mágica; *to be* ~ *of hand* ter mão leve

slender ['slendə] *adj.* **1** (aspecto) delgado, esbelto, esguio, fino, magro; ~ *hands* mãos finas; ~ *waist* cintura fina; **2** (quantidade) escasso, insuficiente, pequeno, reduzido; ~ *means* meios escassos; *we had but* ~ *hope that…* tínhamos muito poucas esperanças de…; **3** débil, fraco; ~ *voice* voz débil

slenderize ['slendəraɪz] *v.tr.,intr.* [EUA] adelgaçar, adelgaçar-se

slenderizing ['slendəraɪzɪŋ] *adj.* que torna mais esbelto

slenderly ['slendəlɪ] *adv.* **1** de maneira esbelta, elegantemente; ~ *built person* pessoa de constituição esbelta, elegante; **2** escassamente, insuficientemente, reduzidamente

slenderness ['slendənəs] *s.* **1** aspecto delgado, delicado, esguio; **2** esbelteza, esbeltez; **3** limitação, escassez, insuficiência, modicidade, exiguidade

slept [slept] *prt. e part. pass. de* **to sleep**

sleuth ['slu:θ] Ⓐ *s.* **1** cão de caça, sabujo; **2** [coloq.] detective Ⓑ *v.intr.* [coloq.] fossar*coloq.*, fazer trabalho de detective, investigar Ⓒ *v.tr.* [coloq.] procurar, tentar localizar

sleuth-hound ['slu:θhaʊnd] *s.* cão de caça, sabujo

slew [slu:] Ⓐ *s.* **1** viragem repentina; **2** [EUA] [coloq.] grande quantidade [**of**, de] Ⓑ *v.tr.,intr.* **1** virar, girar; **2** NÁUTICA fazer a viragem; *to* ~ *to starboard* virar de súbito para estibordo; **3** fazer virar, fazer girar Ⓒ *prt. de* **to slay**

slewed [slju:d] *adj.* [cal.] bêbedo

slewing [slju:ɪŋ] Ⓐ *adj.* que gira, que anda à roda; ~ *crane* guindaste giratório Ⓑ *s.* rotação; viragem

sley [sleɪ] *s.* ⇒ **slay** Ⓐ

slice [slaɪs] Ⓐ *s.* **1** (comida) fatia; *a* ~ *of bread and butter* uma fatia de pão com manteiga; *a small/thin* ~ *of meat* uma fatia fina de carne; *to cut in slices* cortar em fatias; **2** rodela; *a round* ~ *of sausage* uma rodela de salsicha; **3** (peixe) posta; **4** parte, quinhão; *a* ~ *of the profits* uma parte dos lucros; *to take a large* ~ *of the credit for a thing* atribuir a si mesmo grande parte do mérito de qualquer coisa; **5** CULINÁRIA (utensílio) espátula; **6** DESPORTO (bola) corte Ⓑ *v.tr.,intr.* **1** cortar em fatias; *to* ~ *sth thin* cortar às fatias finas; **2** dividir, repartir; **3** (espátula) remover; **4** DESPORTO (bola) cortar; **5** [EUA] cortar; reduzir; *to* ~ *the funds* cortar os fundos; **6** (água, ar, etc.) fender [**through**, -]; romper [**through**, -] ❖ *a* ~ *of good luck* um golpe de sorte; (actividade) *a* ~ *of the action* um papel; participação activa

◆**slice off** *v.tr.* (bocado, pedaço) cortar

◆**slice up** *v.tr.* cortar às fatias ou rodelas; ~ *the onion* corte a cebola às rodelas

slicer

slicer ['slaɪsə] *s.* 1 instrumento para cortar em fatias finas; 2 máquina de cortar em fatias
slick [slɪk] Ⓐ *adj.* 1 habilidoso; inteligente; eficiente; 2 [depr.] dissimulado; manhoso; com muita lábia; 3 escorregadio; *the road was ~ with the mud* a estrada estava escorregadia com a lama; 4 [EUA] liso, macio; *~ hair* cabelo liso Ⓑ *s.* 1 (mar) maré negra; derrame de petróleo; 2 [EUA] revista impressa em papel lustroso; 3 DESPORTO (corridas motorizadas) pneu macio Ⓒ *v.tr.* alisar, amaciar, polir ❖ *~ of attire* todo elegante; *to do sth out of ~ perversity* fazer uma coisa por pura perversidade; *to look ~ about sth* despachar-se com alguma coisa
◆**slick down/back** *v.tr.* (cabelo, pêlo) alisar
◆**slick up** *v.tr.* [EUA] arranjar; *to slick oneself up* aperaltar-se
slickenside ['slɪkənsaɪd] *s.* GEOLOGIA superfície de atrito ou fricção
slicker ['slɪkə] *s.* 1 espertalhão; 2 vigarista, trapaceiro; 3 [EUA] VESTUÁRIO impermeável
slickness ['slɪknəs] *s.* 1 destreza; habilidade; 2 astúcia; 3 elegância; 4 aspecto macio ou lustroso
slid [slɪd] *prt. e part. pass. de* **to slide**
slide [slaɪd] Ⓐ *s.* 1 superfície lisa onde se deslizar; 2 pista para trenó ou esqui; 3 (acto) deslizamento, escorregadela; 4 (crianças) escorrega; 5 FOTOGRAFIA slide, diapositivo; 6 (microscópio) lamela; 7 corrediça, cursor; 8 GEOLOGIA desabamento, desmoronamento; 9 (cabelo) travessão; 10 MÚSICA ligação; 11 FINANÇAS (níveis) decréscimo, queda Ⓑ *v.tr.,intr.* (*prt. e part. pass.* **slid**) 1 empurrar, fazer deslizar; 2 (coisa, pessoa) escorregar; deslizar; *to ~ down the banisters* escorregar pelo corrimão abaixo; *the book slid off her knee* o livro escorregou-lhe dos joelhos; 3 (fuga discreta) esgueirar-se, retirar-se [**out**, de]; *she slid out her room* ela esgueirou-se do quarto sem que dessem por isso; 4 (em calhas) deslizar; correr; *pistons ~ up and down* os êmbolos deslizam para cima e para baixo; 5 fazer alguma coisa sem ser notado; *to ~ one's hand into sb's pocket* meter a mão no bolso de alguém sem se tornar notado; 6 sucumbir [**into**, a]; 7 FINANÇAS (moeda, preços) decair, desvalorizar-se ❖ *~ bar* corrediça; VESTUÁRIO *~ fastener* fecho de correr; *~ knot* nó corredio; FOTOGRAFIA *~ projector* projector de diapositivos; *~ rail* trilho de deslizamento; *~ rod* contra-haste; haste corrediça; MATEMÁTICA *~ rule* regra de cálculo; *~ show* projecção de diapositivos; (gaveta, porta, etc.) *~ way* corrediça; *to let things ~* deixar correr as coisas; (tempo) *to ~ away/by* decorrer; passar
◆**slide off** *v.intr.* 1 (tampa, etc.) sair com facilidade; 2 eclipsar-se; esgueirar-se; sair furtivamente
◆**slide over** *v.tr.* eludir; evitar; fugir a
slider ['slaɪdə] *s.* 1 cursor, corrediça; 2 pessoa que desliza ou escorrega; 3 patinador; 4 lâmina (de microscópio)
sliding ['slaɪdɪŋ] Ⓐ *adj.* 1 (janela, porta, etc.) corrediço, de correr, deslizante; *~ door* porta de correr; *~ joint* junta corrediça; *~ motion* movimento deslizante; *~ shoe* sapata corrediça; *~ valve* válvula corrediça; *~ window* janela de correr; 2 instável, inconstante, volúvel; 3 móvel; *~ parts* partes móveis; *~ visor* viseira móvel Ⓑ *s.* escorregamento, deslize ❖ *~ roof* tecto de abrir; *~ sash window* janela de guilhotina; FINANÇAS *~ scale* escala móvel; (barco a remos) *~ seat* assento móvel; [EUA] *~ time* horário flexível; *~ weight* cursor de balança; *wages on a ~ scale* salários segundo uma escala móvel
slight [slaɪt] Ⓐ *adj.* (*comp.* **-er**, *superl.* **-est**) 1 leve; ligeiro; pequeno; *~ accident* acidente leve; *~ illness* doença ligeira; *to have a ~ cold* ter uma ligeira constipação; *to take a ~ repast* fazer uma refeição leve; *I have made some ~ inquiries into it* fiz algumas pequenas investigações a propósito; *there is not the slightest excuse for it* não há a menor desculpa para isso; 2 (aspecto) débil; delicado; franzino; 3 insignificante; sem importância; superficial Ⓑ *s.* desrespeito, desconsideração, descortesia; *to put a ~ on* tratar com descortesia, tratar sem consideração Ⓒ *v.tr.* 1 faltar ao devido respeito a; 2 desprezar; menosprezar; 3 insultar, ofender ❖ *he gives but ~ attention to it* ele pouca atenção presta a isso; *it didn't embarrass him in the slightest* isso não o atrapalhou minimamente; *she takes offence at the slightest thing* ela ofende-se por tudo e por nada
slighting ['slaɪtɪŋ] *adj.* 1 desdenhoso, com ar de desprezo; 2 depreciativo; ofensivo

slightingly ['slaɪtɪŋli] *adv.* 1 desdenhosamente, com menosprezo, com desprezo; 2 depreciativamente; 3 de forma ofensiva
slightly ['slaɪtli] *adv.* 1 ligeiramente; um pouco; *he is ~ better* ele está ligeiramente melhor; *~ taller* um pouco mais alto; 2 (constituição física) com aspecto franzino ou débil ❖ *I know him ~* conheço-o muito superficialmente
slightness ['slaɪtnəs] *s.* 1 leveza, delicadeza, aspecto franzino; 2 delgadeza, esbelteza; 3 insignificância, pequenez
slily ['slaɪli] *adv.* ⇒ **slyly**
slim [slɪm] Ⓐ *adj.* 1 (pessoa) elegante, delgado, esguio; 2 (objecto) estreito, fino; 3 diminuto, escasso, fraco, insuficiente; *that was a ~ excuse* isso foi uma desculpa muito fraca; *the chances are ~* há poucas hipóteses; 4 [coloq.] astucioso, espertalhão, manhoso, sem escrúpulos, cheio de estratagemas Ⓑ *v.tr.,intr.* (*particípios:* **-mm-**) 1 (dieta) emagrecer; fazer dieta; 2 adelgaçar ❖ *~ file* lima fina de três quinas
◆**slim down** Ⓐ *v.intr.* 1 emagrecer; perder peso; 2 (empresa) reduzir o número de efectivos Ⓑ *v.tr.* 1 diminuir; reduzir; 2 (roupa, etc.) fazer parecer mais magro
slime [slaɪm] *s.* 1 (em superfície) limo, lodo, vasa; 2 ZOOLOGIA muco; 3 (caracóis, etc.) baba Ⓑ *v.tr.* 1 cobrir de limo, lodo ou vasa; 2 retirar muco de ❖ *~ classifier* seleccionador de lodos; [cal.] *to ~ away out off/past/through sth* ver-se livre de alguma coisa por processos pouco limpos
sliminess ['slaɪmɪnəs] *s.* 1 limosidade, viscosidade; 2 [coloq.] servilismo
slimline ['slɪmlaɪn] *adj.* 1 (objecto) de dimensões reduzidas; 2 escorreito; 3 (alimento, bebida) dietético, de baixas calorias, para emagrecer, linha zero
slimmer ['slɪmə] *s.* pessoa que faz dieta para emagrecer
slimming ['slɪmɪŋ] Ⓐ *s.* emagrecimento; regime de emagrecimento Ⓑ *adj.* 1 (comprimidos, dieta, etc.) para emagrecer; 2 (roupa) que faz parecer mais magro; 3 adelgaçante; *~ cream* creme adelgaçante
slimness ['slɪmnəs] *s.* 1 elegância, esbelteza; 2 [coloq.] astúcia, manha
slimy ['slaɪmi] *adj.* (*comp.* **-ier**, *superl.* **-iest**) 1 cheio de limo ou vasa; 2 lodoso; 3 lamacento; 4 viscoso, cheio de muco viscoso; 5 pegajoso; 6 [coloq.] servil
sling [slɪŋ] Ⓐ *s.* 1 NÁUTICA eslinga, linga, estropo; *slings of the yard* estropos das vergas; 2 (arma de arremesso) funda; 3 (costas, peito) porta-bebés; 4 (espingarda) bandoleira; 5 ligadura para trazer o braço ao peito; *he had his right arm in a ~* ele trazia o braço direito ao peito; 6 (bebida) mistura de rum com açúcar e água; 7 *pl.* ferro de luva Ⓑ *v.tr.,intr.* (*prt. e part. pass.* **slung**) 1 [coloq.] atirar, lançar; *to ~ sth over one's shoulder* atirar com qualquer coisa por cima do ombro; 2 pendurar, suspender; *he carried it slung round his neck* ele trazia aquilo pendurado ao pescoço; 3 NÁUTICA levantar com linga ❖ *~ cart* trinquevale; carreta para transporte de canhões; (cavalos) *~ trot* trote macio, suave; [coloq.] *to ~ a foot* dar à perna; dançar; MILITAR *to ~ arms* pôr armas em bandoleira; [cal.] *to ~ a slobber* dar uma beijoca; [coloq.] *to ~ a yarn* contar/inventar uma história; [coloq.] *to ~ ink* escrever para os jornais; [cal.] *to ~ one's hook* ir; partir; *to ~ the bat* falar a língua do país
◆**sling away** *v.tr.* [coloq.] livrar-se de
◆**sling out** *v.tr.* 1 [coloq.] (pessoa) pôr no olho da rua; 2 [coloq.] (coisa) deitar fora, despachar
◆**sling over** *v.tr.* [coloq.] despedir, mandar embora
◆**sling up** *v.tr.* pendurar, suspender
slinger ['slɪŋə] *s.* aquele que atira, que arremessa com funda; fundibulário
slingshot ['slɪŋʃɒt] *s.* [EUA] fisga
slink [slɪŋk] Ⓐ *s.* VETERINÁRIA (vitelo) animal prematuro Ⓑ *adj.* VETERINÁRIA (vitelo) nascido prematuramente Ⓒ *v.tr.,intr.* (*prt.* **slunk** *ou* **slank**, *part. pass.* **slunk**) 1 escapulir-se, esgueirar-se; ir à socapa; 2 mover-se de forma sedutora; 3 VETERINÁRIA (vitelo) dar à luz prematuramente ❖ *to ~ about* mover-se furtivamente ou com ar comprometido; *to ~ in* entrar furtivamente
◆**slink away/off** *v.intr.* retirar-se furtivamente, esquivar-se; *she quietly slinked away* ele retirou-se discretamente
slinking ['slɪŋkɪŋ] Ⓐ *adj.* 1 furtivo; 2 sorrateiro Ⓑ *s.* 1 acto de se mover furtivamente; retirada furtiva; 2 (animal) parto prematuro

slinkingly ['slɪŋkɪŋlɪ] adv. furtivamente, com andar furtivo
slinky ['slɪŋkɪ] adj. (comp. **-ier**, superl. **-iest**) 1 provocante, sedutor; 2 (roupa) justo, que se cola ao corpo
slip [slɪp] Ⓐ s. 1 (acto) escorregadela; *a ~ on a piece of orange peel* uma escorregadela numa casca de laranja; 2 (terrenos) derrocada, desabamento; 3 (engano, erro) deslize, lapso, gafe; *~ of memory* lapso de memória; *to make a ~* cometer um deslize; *a ~ of the pen* lapso de escrita; *a ~ of the tongue* gafe; 4 (almofada) fronha; 5 VESTUÁRIO combinação; 6 BOTÂNICA estaca; 7 NÁUTICA (hélice) recuo; 8 (papel) tira; 9 (cão) trela; 10 decréscimo, descida, queda; 11 NÁUTICA (construção naval) carreira; 12 capa, cobertura; 13 (cerâmica) engobo; *to coat with ~* cobrir com engobo; 14 AERONÁUTICA viragem lateral; 15 [EUA] (igreja) banco estreito; 16 miúdo frágil ou franzino; *a ~ of a lad* um rapazinho; 17 DESPORTO (críquete) jogador que não batedor que toma posição junto do *wicket*; 18 pl. DESPORTO (críquete) duas ou mais posições junto do *wicket* tomadas pelos não batedores; 19 pl. TEATRO bastidores; 20 pl. NÁUTICA (navio) estaleiro; *graving ~* estaleiro de reparações; *on the slips* no estaleiro Ⓑ v.tr.,intr. (particípios: **-pp-**) 1 escorregar; *she slipped on a patch of oil* ela escorregou numa mancha de óleo; *the blanket slipped off the bed* o cobertor escorregou da cama; 2 (carro) resvalar; 3 (objecto) escorregar, escapar, fugir [**from**, de]; *to ~ through sb's fingers* escapar por entre os dedos de alguém; 4 mover-se sem ser notado, passar despercebido; *they slipped past without being seen* passaram sem ser vistos; *to ~ sb's notice* escapar à atenção de alguém; 5 (caminhos-de-ferro) desatrelar; 6 despir rapidamente; 7 (peça de roupa) enfiar; *she slipped the dress over her head* enfiou o vestido pela cabeça; 8 cometer um lapso; 9 (automóvel) patinar; *to ~ the clutch* deixar patinar a embraiagem; 10 enfiar, meter; *I slipped a coin into his hand* meti-lhe uma moeda na mão; 11 (animal) libertar-se de, soltar-se de; *to ~ its chain* libertar-se da corrente; *to ~ one's bridle* libertar-se do freio; 12 (costura) saltar um ponto; 13 (osso) deslocar; 14 (animal) parir prematuramente; 15 NÁUTICA (cabo) arriar; 16 (nó) desatar; 17 esquecer-se; *his name has slipped (from) my mind* esqueci-me do nome dele; 18 (nível) piorar; descer; 19 (condição) cair, mergulhar ❖ NÁUTICA *~ buoy* bóia de âncora; *~ joint* junta corrediça; *~ noose* nó corredio; *~ painting* engobagem; ELECTRICIDADE *~ ring* anel colector; AERONÁUTICA *~ stream* deslocação de ar produzida pela hélice; AERONÁUTICA *~ tank* reservatório alijável; MEDICINA *slipped disc* hérnia discal; (automóvel) *clutch ~* patinagem da embraiagem; VESTUÁRIO *foundation ~* saia de baixo; *let ~* dizer sem querer; revelar involuntariamente; deixar cair; *there's many a ~ 'twixt the cup and the lip* do prato à boca se perde a sopa; entre o dizer e o fazer muito coisa há que ver; *to give sb the ~* evitar alguém; fugir de alguém; (ferrolho, tranca) *to ~ home* fechar bem
◆**slip along** v.intr. dar uma saltada [**to**, a]; passar [**to**, por]
◆**slip away** v.tr. 1 (tempo) passar; *how time slips away!* como o tempo passa!; 2 (pessoa) escapulir-se; eclipsar-se; 3 (barco, carro) afastar-se lentamente
◆**slip back** v.intr. 1 regressar discretamente, sem ninguém dar por nada; 2 (más intenções) regressar furtivamente; 3 retomar gradualmente [**into**, -]; *to ~ into bad habits* voltar aos maus hábitos
◆**slip by** v.intr. (tempo) passar a correr
◆**slip down** v.intr. 1 (pessoa, objecto) escorregar; 2 [coloq.] (bebida, comida) escorregar
◆**slip in** Ⓐ v.intr. 1 (pessoa) entrar discretamente, sem ninguém dar por nada; 2 entrar suavemente; 3 (erros) passar despercebido Ⓑ v.tr. 1 (comentário, observação) fazer; 2 (objecto) pôr no lugar
◆**slip into** v.tr. 1 (roupa) enfiar, vestir rapidamente; 2 entrar à sorrelfa
◆**slip off** Ⓐ v.tr. (roupa) despir rapidamente Ⓑ v.intr. 1 esgueirar-se, esquivar-se; 2 deslizar; escorregar
◆**slip on** v.tr. 1 (roupa) enfiar, vestir rapidamente; 2 calçar rapidamente; 3 (tampa, etc.) colocar
◆**slip out** Ⓐ v.intr. 1 deixar escapar; *to ~ an oath* deixar escapar uma praga; *the secret slipped out* o segredo veio a público; 2 (saída) dar uma saltada [**to**, a]; 3 (ir-se embora) eclipsar-se Ⓑ v.tr. (roupa) tirar rapidamente [**of**, -]; *to ~ of a dress* tirar rapidamente um vestido
◆**slip over** Ⓐ v.tr. deslizar e cair Ⓑ v.tr. [coloq.] enganar [**on**, -]; *to slip it over on sb* enganar alguém
◆**slip past** v.intr. passar a correr
◆**slip round** v.intr. dar uma saltada [**to**, a]; passar [**to**, por]
◆**slip through** v.intr. (erro, pessoa) passar (despercebido)
◆**slip up** v.intr. 1 [coloq.] enganar-se; ter um deslize; 2 escorregar e cair
SLIP INFORMÁTICA [abrev. de Serial Line Internet Protocol] SLIP
slipe [slaɪp] s. lã morta
slipknot ['slɪpnɒt] s. nó corredio
slippage ['slɪpɪdʒ] s. deslizamento, resvalamento
slipper ['slɪpə] Ⓐ s. 1 chinelo; pantufa; *bedroom slippers* chinelos de quarto; *in slippers* de chinelos; *to take one's ~ to a child* castigar uma criança com um chinelo; 2 pessoa que escorrega; 3 sapata Ⓑ v.tr. bater com um chinelo em ❖ ZOOLOGIA *~ animalcules* paramécias; *~ bath* banheira em forma de chinelo; BOTÂNICA *~ flower* calceolária
slippered ['slɪpəd] adj. 1 em chinelos; 2 de pantufas
slipperily ['slɪpərɪlɪ] adv. 1 escorregadiamente; 2 enganosamente, traiçoeiramente; 3 velhacamente
slipperiness ['slɪpərɪnɪs] s. 1 aspecto escorregadio; 2 manha, velhacaria, astúcia
slippering ['slɪpərɪŋ] s. [coloq.] castigo com um chinelo
slipperwort ['slɪpəwɜːt] s. BOTÂNICA calceolária
slippery ['slɪpərɪ] adj. 1 (superfície) escorregadio; *a ~ road* uma estrada escorregadia; 2 duvidoso, instável; *a ~ business* um negócio duvidoso; 3 falso, manhoso, traiçoeiro, que não é de confiança, velhaco; *he is as ~ as an eel* ele não é de confiança ❖ [Austr.] (crianças) *~ dig* escorrega; [coloq.] *a ~ customer* um indivíduo desonesto; *the ~ turns of the world* os reveses da fortuna; *to be on the ~ slope* estar metido em assados
slipping ['slɪpɪŋ] s. 1 deslize; 2 escorregamento
slippy ['slɪpɪ] adj. [cal.] ⇒ **slippery** ❖ [cal.] *to be/look ~* andar depressa; despachar-se; mexer-se
slipshod ['slɪpʃɒd] adj. 1 de sapatos cambados, gastos nos tacões; 2 desarranjado, desmazelado, desleixado, relaxado; 3 negligente; 4 feito sem cuidado; 5 pouco correcto
slipshodness ['slɪpʃɒdnəs] s. 1 desleixo, desmazelo; 2 falta de cuidado
slipslop ['slɪpslɒp] s. 1 [arc.] bebida aguada, água chilra, lavagem, zurrapa, mixórdia; 2 [arc.] (conversa, escrita) baboseiras, pieguices
slipstream ['slɪpstriːm] s. corrente de ar
slit [slɪt] Ⓐ s. 1 abertura; *the ~ of a letterbox* a abertura duma caixa de correio; 2 fenda, racha, ranhura; *a ~ was provided for the coin to drop through* havia uma ranhura para as moedas; 3 MEDICINA incisão; 4 corte; rasgão; *to make a ~ in sth* fazer um rasgão em algo; 5 [cal.] (vagina) racha Ⓑ v.tr.,intr. (prt. e part. pass. **slit**) 1 fender, rachar; 2 cortar, rasgar em tiras; *to ~ hide into thongs* cortar couro em tiras Ⓒ adj. 1 fendido; aberto; 2 com racha; *a ~ skirt* uma saia de racha ❖ *~ and tongue joint* forquilha; MILITAR *~ trench* trincheira estreita; *to ~ one's wrists* abrir os pulsos; *to ~ open an envelope* abrir um envelope; *to ~ sb's throat* degolar alguém
slither ['slɪðə] Ⓐ s. resvalamento, deslize, escorregamento Ⓑ v.tr.,intr. 1 escorregar, resvalar, deslizar com movimentos incertos; 2 arrastar-se; 3 arrastar
slithery ['slɪðərɪ] adj. escorregadio
slitter ['slɪtə] s. 1 pessoa que abre ranhuras ou fendas; 2 disco para cortar papel; 3 máquina de cortar bobinas
slitting ['slɪtɪŋ] s. 1 acto de fender, de abrir fendas ou ranhuras; 2 corte ❖ *~ disc* serra de disco; *~ file* lima em losango; *~ mill* oficina de cortar chapas; *~ saw* serrote de cabo; *~ shears* tesoura para cortar tiras de metal
sliver ['slɪvə, 'slaɪvə] Ⓐ s. 1 lasca de madeira; 2 bocado de peixe utilizado como isca; 3 fibra solta (de linho cardado) Ⓑ v.tr. cortar em lascas Ⓒ v.intr. lascar, fender-se, partir em estilhas
slob [slɒb] s. [coloq.] desleixado; desmazelado ❖ *~ land* terra de aluvião
◆**slob about/around** v.intr. [GB] [coloq.] mandriar, preguiçar
slobber ['slɒbə] Ⓐ s. 1 baba; 2 [depr., fig.] pieguice, sentimentalismo exagerado Ⓑ v.tr.,intr. 1 babar-se; 2 molhar, besuntar com baba ou saliva; 3 expressar-se efusivamente; 4 [coloq.] (admiração) babar-se por*fig.*; *the teenagers ~ over him* as adolescentes babam-se por ele
slobberer ['slɒbərə] s. 1 baboso, babão, indivíduo lamecha; 2 atamancador, indivíduo que faz as coisas toscamente

slobbering ['slɒbərɪŋ] adj. baboso, babado
slobbery ['slɒbərɪ] adj. 1 baboso, babado, lamecha, piegas; 2 feito sem cuidado
sloe [sləʊ] s. 1 BOTÂNICA abrunho; 2 (arbusto) abrunheiro
sloe-worm ['sləʊwɜːm] s. ⇒ **slow-worm**
slog [slɒg] Ⓐ s. 1 [coloq.] (trabalho) estafa; 2 [coloq.] (caminhada longa) estirão; 3 DESPORTO golpe violento, pancada forte Ⓑ v.tr.,intr. (particípios: **-gg-**) 1 caminhar com esforço; 2 [coloq.] (estudo, trabalho) esforçar-se muito; 3 DESPORTO (boxe, críquete, etc.) bater forte
◆**slog away** v.intr. trabalhar no duro [**at**, em]; suar as estopinhas [**at**, por causa de]; *I've been slogging away at this project* tenho estado a trabalhar arduamente neste projecto
slogan ['sləʊgən] s. 1 slogan; 2 lema, divisa; 3 [Esc.] grito de guerra dos montanheses
sloganeer [sləʊgə'nɪə] s. 1 criador de slogans; 2 indivíduo que emprega slogans
slogger ['slɒgə] s. 1 pugilista que bate forte mas sem grande ciência; 2 indivíduo que trabalha duramente
slogging ['slɒgɪŋ] s. 1 tareia, sova; 2 trabalho duro, estafa
sloop [sluːp] s. NÁUTICA chalupa ❖ NÁUTICA ~ *of war* corveta de guerra
slop [slɒp] Ⓐ v.tr.,intr. (particípios: **-pp-**) 1 (líquido) derramar, entornar; transbordar; *to ~ milk on the tablecloth* entornar leite na toalha; 2 (água, lama, neve derretida) chapinhar; 3 [coloq.] escrever ou falar efusivamente; 4 (animal) alimentar com lavagem; 5 (comida) servir mal Ⓑ s. 1 [coloq.] lamechice, pieguice; 2 lama; neve derretida; 3 pl. [coloq.] (café, chá) borras; 4 pl. (comida) aguadilha; 5 pl. águas sujas de cozinha; 6 pl. (ração animal) lavagem; 7 pl. dejectos; 8 pl. [arc.] calções largos presos à altura dos joelhos; 9 pl. roupas e artigos pessoais fornecidos a marinheiros ❖ ~ *basin* recipiente para recolher o que fica no fundo de chávenas servidas; ~ *pail* balde de despejos
◆**slop about/around** v.intr. [Austr., GB] [coloq.] passar o tempo ser fazer nada; andar de um lado para o outro; vadiar; *she spends the days slopping about the house* ela passa os dias a andar de um lado para o outro em casa
◆**slop out** v.intr. [GB] (prisão) despejar os penicos
◆**slop over** Ⓐ v.tr. entornar Ⓑ v.intr. transbordar
slope [sləʊp] Ⓐ s. 1 (superfície) declive, inclinação; ~ *down* inclinação descendente; ~ *of a curve* inclinação de curva; *the ~ of a roof* a inclinação dum telhado; *the ~ of the Earth's axis* a inclinação do eixo da Terra; ~ *up* inclinação ascendente; 2 (montanha, vale) encosta, ladeira, vertente; 3 MATEMÁTICA tangente; 4 (esqui) pista; 5 MATEMÁTICA derivada Ⓑ v.tr.,intr. 1 (superfície) ter um declive; 2 inclinar(-se); *to ~ the sides of* inclinar os lados de; (letra) *to ~ backward/forward* inclinar-se para a esquerda/direita ❖ ~ *grate* gralha inclinada; (construção) ~ *of a wall* jorramento; MILITAR *reverse ~* contra-encosta; MILITAR *rifle at the ~* espingarda na posição de ombro-armas; *the Atlantic ~* a encosta atlântica; *to ~ about* vaguear; andar sem destino definido, dum lado para o outro
◆**slope away/down** v.intr. (terreno) descer a pique
◆**slope off** v.intr. [coloq.] ir-se embora; pôr-se a andar
◆**slope up** v.intr. (estrada, terreno) subir abruptamente
sloped [sləʊpt] adj. 1 inclinado, em declive; 2 enviesado; 3 MILITAR em posição de ombro-armas
slopewise ['sləʊpwaɪz] adv. ⇒ **slopingly**
sloping ['sləʊpɪŋ] adj. 1 inclinado, em declive; ~ *roof* tecto inclinado; 2 (ombros) caído
slopingly ['sləʊpɪŋlɪ] adv. 1 com inclinação, em declive; 2 de esguelha, obliquamente
sloppiness ['slɒpɪnəs] s. 1 imundície, aspecto sujo, molhado; 2 lama, estado lamacento; 3 flacidez, moleza; 4 desleixo, falta de cuidado; 5 sentimentalismo lamecha, pieguice
sloppy ['slɒpɪ] adj. (comp. **-ier**, superl. **-iest**) 1 molhado e sujo; 2 lamacento, cheio de lama; ~ *road* estrada cheia de lama; 3 (comida) aguado, pouco consistente; 4 (aspecto) descuidado, desleixado, desmazelado; 5 [coloq.] lamechas, piegas, sentimental; ~ *sentiment* sentimentalismo piegas; 6 (roupa) larguerirão, pingão; 7 (trabalho) mal feito ❖ VESTUÁRIO [coloq.] ~ *joe* camisolão; ~ *snow* neve meio derretida; ~ *weather* tempo húmido
slosh [slɒʃ] Ⓐ s. ⇒ **slush** Ⓑ v.tr. [coloq.] bater (em alguém), dar uma sova em; sovar

sloshed ['slɒʃd] adj. [coloq.] podre de bêbedo; com os copos ❖ *to get ~* apanhar uma bebedeira
sloshing ['slɒʃɪŋ] s. [coloq.] sova, tareia
sloshy ['slɒʃɪ] adj. ⇒ **slushy**
slot [slɒt] Ⓐ s. 1 ranhura; *to cut slots* abrir ranhuras; *to put a coin in the ~* meter uma moeda na ranhura; 2 (caixa de correio, etc.) abertura; 3 (emprego) cargo, posto; 4 (animal) rasto; 5 TELEVISÃO horário; 6 AERONÁUTICA abertura para passagem de ar em aerofólio; 7 INFORMÁTICA slot Ⓑ v.tr. (particípios: **-tt-**) 1 abrir ranhuras; 2 inserir; introduzir; encaixar ❖ ~ *hole* furo oblongo; ~ *link/slide* corrediça de Stephenson; ~ *machine* máquina de jogo; máquina de venda automática; (gás) ~ *meter* contador automático de pagamento prévio
◆**slot in** v.tr.,intr. 1 embutir; encastrar; 2 inserir em; 3 (horário, sistema) encaixar em; enfiar em
◆**slot together** v.tr.,intr. (objecto) encaixar, encastrar
sloth [sləʊθ] s. 1 (comportamento) preguiça, indolência, ociosidade; *to become sunk in ~* cair na indolência; 2 ZOOLOGIA preguiça ❖ ZOOLOGIA ~ *bear* urso da Índia e Ceilão, de grandes beiços, e apreciador de mel; ZOOLOGIA ~ *monkey* variedade de lóris
slothful ['sləʊθfʊl, 'slɒθfʊl] adj. 1 preguiçoso, indolente; 2 mandrião, madraço; 3 ocioso, inactivo
slothfully ['sləʊθfəlɪ, 'slɒθfəlɪ] adv. 1 preguiçosamente, indolentemente; 2 ociosamente
slothfulness ['sləʊθfʊlnəs, 'slɒθfʊlnəs] s. indolência, preguiça, ociosidade
slotted ['slɒtɪd] adj. com ranhuras, com entalhes, chanfrado; ~ *disc* disco com entalhes; ~ *shaft* eixo chanfrado ❖ ELECTRICIDADE ~ *armature* induzido de ranhuras
slotter ['slɒtə] s. 1 escatelador; 2 indivíduo que abre fendas ou ranhuras; 3 máquina de ensamblar, escateladora
slouch [slaʊtʃ] Ⓐ s. (pl. **-es**) 1 postura desleixada; *to walk with a ~* arrastar os passos; 2 [coloq.] desleixado, desmazelado, molengão; *he is no ~* ele não é molengão Ⓑ v.intr. 1 (postura) andar de ombros caídos; sentar-se de forma desleixada; *don't slouch!* põe-te direito!; 2 virar para baixo a aba do chapéu ❖ ~ *hat* chapéu mole, de aba larga virada para baixo; *to ~ away* afastar-se com um andar desleixado
◆**slouch about/around** v.intr. não fazer nada
sloucher ['slaʊtʃə] s. molengão, indolente, madraço
slouching ['slaʊtʃɪŋ] adj. de ombros caídos ❖ VESTUÁRIO ~ *hat* chapéu mole, de aba larga virada para baixo
slough[1] [slaʊ] s. lamaçal, pântano ❖ *the Slough of Despond* o vale de lágrimas
slough[2] [slʌf] Ⓐ s. 1 ZOOLOGIA (muda) pele largada por uma cobra; *to cast its ~* mudar de pele; 2 MEDICINA tecido morto, escara; 3 (jogos de cartas) carta descartada; 4 algo descartado ou deitado fora Ⓑ v.tr.,intr. 1 (serpente) mudar de pele; 2 MEDICINA (tecido morto) separar-se do tecido vivo; 3 [fig.] descartar-se de; libertar-se de; 4 ignorar; 5 (jogos de cartas) descartar carta
◆**slough off** v.tr. 1 [fig.] libertar-se de, livrar-se de; *to ~ a bad habit* libertar-se de um mau hábito; 2 (serpente) mudar de (pele)
sloughing ['slʌfɪŋ] s. 1 muda, acto de mudar (de pele); 2 formação de crosta ou escara
sloughy[1] ['slaʊɪ] adj. 1 lodoso, lamacento; 2 cheio de charcos
sloughy[2] ['slʌfɪ] adj. com crosta ou escara
Slovak ['sləʊvæk] Ⓐ adj. eslovaco Ⓑ s. 1 eslovaco; 2 pessoa que nasceu na Eslováquia; 3 o eslovaco, a língua eslovaca
Slovakia [sləʊ'vækɪə] s.top. Eslováquia
Slovakian [sləʊ'vækɪən] adj.,s. eslovaco
sloven ['slʌvən] s. 1 indivíduo desleixado, desmazelado ou sujo; 2 remendão, indivíduo que realiza mal o seu trabalho
Slovene [sləʊ'viːn, 'sləʊviːn] adj.,s. esloveno
Slovenia [sləʊ'viːnɪə] s.top. Eslovénia
Slovenian [sləʊ'viːnɪən] adj. 1 esloveno; 2 o esloveno, a língua eslovena
slovenliness ['slʌvənlɪnəs] s. 1 falta de asseio, falta de cuidado no vestir, trabalho, etc.; 2 porcaria; 3 desmazelo, desleixo, desalinho
slovenly ['slʌvənlɪ] adj. (comp. **-ier**, superl. **-iest**) desalinhado, desleixado, desmazelado, mal-arranjado; ~ *gait* porte desleixado; *to do sth in a ~ way* fazer alguma coisa desleixadamente

slow [sləʊ] ⓐ *adj.* 1 (movimento) lento, vagaroso; *a ~ train* um comboio lento; 2 [coloq.] (capacidades mentais) bronco, estúpido, de raciocínio lento; *he is ~ in the uptake* ele é de compreensão lenta; *to be ~ to act* ser lento a agir; *to be ~ over* levar muito tempo a; 3 (tempo) demorado, lento; *~ combustion* combustão lenta; *~ digestion* digestão demorada; *~ poison* veneno que actua lentamente; 4 (relógio) atrasado; *your watch is three minutes ~* o seu relógio está atrasado três minutos; 5 CULINÁRIA brando; *to cook in a ~ oven* cozinhar a lume brando; 6 aborrecido, enfadonho, maçador, sem interesse; *a ~ party* uma festa aborrecida; 7 (velocidade) lento; de baixa velocidade; *~ march* marcha lenta; *~ speed* velocidade lenta; *~ speed engine* motor de baixa velocidade; 8 (comércio, negócios) frouxo, morto, parado; *business is ~* os negócios estão parados; 9 hesitante; pouco decidido ⓑ *adv.* devagar, lentamente; *please speak slower!* fale mais devagar, por favor!; NÁUTICA *~ ahead!* devagar para a frente!; NÁUTICA *~ astern!* marcha à ré devagar! ⓒ *v.tr.,intr.* 1 reduzir a velocidade; 2 abrandar, afrouxar ❖ *~ currency* moeda fraca; (auto-estrada) *~ lane* faixa da direita; MEDICINA *~ heart* bradicardia; *~ of payment* mau pagador; *~ and sure, ~ and steady wins the race* devagar se vai ao longe; CINEMA *in ~ motion* em câmara lenta; (progresso) *in the ~ lane* a meio gás; *to be a ~ speaker* falar lentamente; não ter a palavra fácil; *to go ~* ser cauteloso, prudente; não se precipitar; (trabalho) *to go ~* fazer greve de zelo

✦**slow down** *v.tr.,intr.* 1 reduzir a velocidade; ir mais devagar; 2 abrandar, afrouxar; 3 atrasar; *these interruptions are slowing us down* estas interrupções estão a atrasar-nos ❖ [coloq.] *~ there!* calma aí!

✦**slow up** *v.tr.,intr.* ir mais devagar

slow-acting [sləʊˈæktɪŋ] *adj.* 1 lento; vagaroso; 2 que demora algum tempo a fazer efeito

slow-burning [sləʊˈbɜːnɪŋ] *adj.* de combustão lenta ❖ *~ film* filme não inflamável

slowcoach [ˈsləʊkəʊtʃ] *s.* (*pl.* **-es**) 1 pessoa de raciocínio lento, indivíduo de espírito obtuso; 2 molengão, indolente

slowdown [ˈsləʊdaʊn] *s.* 1 abrandamento, afrouxamento, diminuição; *a ~ in economic growth* um afrouxamento do crescimento económico; 2 [EUA] greve de zelo

slowing down [ˈsləʊɪŋdaʊn] *s.* abrandamento ou diminuição de velocidade, de ritmo de actividade, etc.

slowly [ˈsləʊlɪ] *adv.* 1 vagarosamente, lentamente; 2 pouco a pouco; gradualmente; *~ but surely* devagar se vai ao longe

slow-moving [sləʊˈmuːvɪŋ] *adj.* 1 lento; 2 de movimentos lentos; 3 (peça, etc.) parado

slowness [ˈsləʊnəs] *s.* 1 lentidão, vagar; 2 indolência; 3 atraso (de relógio); 4 lentidão de espírito, compreensão lenta

slowpoke [ˈsləʊpəʊk] *s.* [EUA] [coloq.] lesma*fig.*, vagaroso, molengão

slow-setting [sləʊˈsetɪŋ] *adj.* (argamassa, cimento) de solidificação lenta

slow-witted [sləʊˈwɪtɪd] *adj.* [depr.] de raciocínio lento

slowworm [ˈsləʊwɜːm] *s.* ZOOLOGIA licranço, górdio, cobra-de-vidro

sloyd [slɔɪd] *s.* 1 sistema sueco de treino de trabalho; 2 manual usado nas escolas

slub [slʌb] ⓐ *s.* lã levemente torcida antes da fiação ⓑ *v.tr.* torcer levemente (a lã, antes da fiação)

slubber [ˈslʌbə] ⓐ *v.tr.,intr.* 1 sujar; 2 babar-se; 3 remendar; 4 fazer às três pancadas, fazer sem cuidado ⓑ *s.* 1 operário que torce a lã antes da fiação; 2 máquina de torcer a lã

slubbing [ˈslʌbɪŋ] *s.* acto de torcer a lã antes da fiação ❖ *~ machine* máquina de torcer a lã

sludge [slʌdʒ] *s.* 1 lama espessa e gordurosa; 2 neve derretida; 3 resíduos; detritos; 4 óleo espesso e sujo das máquinas; 5 porcaria, imundície, lodo; 6 pequenos blocos de gelo à superfície do mar ❖ *~ hole in a boiler* orifício de limpeza de caldeira

sludgy [ˈslʌdʒɪ] *adj.* 1 com lama; 2 lamacento, enlameado; 3 com pequenos blocos de gelo à superfície

slue [sluː] *v.tr.,intr.* ⇒ **slew**

slug [slʌg] ⓐ *s.* 1 ZOOLOGIA lesma; 2 [coloq., depr.] (pessoa) lesma*fig.*; carroça*fig.*; *his brother is a regular ~* o irmão dele é uma autêntica lesma; 3 bala; 4 [coloq.] (bebida alcoólica) trago; gole; 5 defeito no pano causado por engrossamento súbito do fio; 6 peneira rotativa; 7 TIPOGRAFIA (de linótipo) linha composta ⓑ *v.tr.,intr.* (particípios: **-gg-**) 1 apanhar lesmas, matar lesmas; 2 (espingarda) carregar com bala; 3 (bala) deformar-se ao passar pelo cano; 4 [coloq.] (bebida alcoólica) deitar abaixo; 5 bater em

✦**slug out** *v.tr.* lutar por ❖ *to slug it out* decidir uma questão à pancada

slug-a-bed [ˈslʌgəˌbed] *s.* 1 [arc.] indivíduo preguiçoso que se levanta tarde; 2 dorminhoco

slugfest [ˈslʌgfest] *s.* [cal.] rixa, bulha

sluggard [ˈslʌgəd] *adj.,s.* 1 preguiçoso, mandrião, madraço; 2 vadio

sluggish [ˈslʌgɪʃ] *adj.* 1 vagaroso, lento; *~ circulation* circulação lenta; *~ digestion* digestão laboriosa; *~ engine* motor vagaroso; *~ pulse* pulso lento; *~ stream* rio parado, corrente lenta; 2 mole, sem energia; 3 preguiçoso, indolente, mandrião; [fig.] *he has a ~ liver* ele tem um fígado preguiçoso ❖ *~ regulator* regulador inerte

sluggishly [ˈslʌgɪʃlɪ] *adv.* 1 lentamente, vagarosamente; 2 preguiçosamente, indolentemente

sluggishness [ˈslʌgɪʃnəs] *s.* 1 lentidão, morosidade; 2 falta de energia; 3 preguiça, indolência; 4 MEDICINA atonia

sluice [sluːs] ⓐ *s.* 1 comporta; *open ~* comporta aberta; 2 MINERALOGIA (lavagem do ouro) calha; 3 (água) canal ⓑ *v.tr.,intr.* 1 prover de comportas; 2 abrir a comporta de; *to ~ a pond* abrir as comportas de escoamento dum lago; 3 MINERALOGIA (ouro) lavar; 4 (água) jorrar em grande quantidade ❖ *~ chamber* câmara de represa; *~ cock* torneira de corrediça; *to give sth a ~ down* dar uma boa lavadela a algo com muita água

✦**sluice down/out** *v.tr.* [Austr., GB] lavar com muita água

sluicegate [ˈsluːsgeɪt] *s.* comporta ❖ *the sluicegates of heaven have opened* abriram-se as cataratas do céu

sluiceway [ˈsluːsweɪ] *s.* canal com comportas

sluicing [ˈsluːsɪŋ] *s.* 1 acto de dotar com um sistema de comportas; 2 escoamento por comportas; 3 lavagem com grande quantidade de água; 4 jorro de água abundante

slum [slʌm] ⓐ *s.* 1 bairro degradado; bairro de lata, favela*Bras*; *the slums of London* os bairros degradados de Londres; 2 [coloq.] espelunca, pocilga ⓑ *v.intr.* (particípios: **-mm-**) visitar bairros de lata ❖ *~ clearance campaign* campanha para extinção dos bairros degradados; [joc.] *to ~ it* comer o pão que o Diabo amassou

slumber [ˈslʌmbə] ⓐ *s.* 1 sono; *to fall into a ~* adormecer; 2 descanso, inactividade ⓑ *v.intr.* 1 dormir; estar adormecido; 2 estar inactivo; descansar ❖ [EUA] *~ party* festa de pijama; VESTUÁRIO *~ suit* pijama; VESTUÁRIO *~ wear* roupa de dormir; *to ~ away* passar o tempo dormindo ou sem fazer nada

slumberer [ˈslʌmbərə] *s.* aquele que dorme ou dormita

slumbering [ˈslʌmbərɪŋ] *adj.* 1 que dormita; 2 adormecido; 3 sonolento, entorpecido; 4 inactivo

slumberless [ˈslʌmbələs] *adj.* sem sono

slumberous [ˈslʌmbərəs] *adj.* 1 sonolento; cheio de sono; 2 entorpecido; 3 soporífico; que dá sono ❖ *~ eyelids* pálpebras carregadas de sono

slumberously [ˈslʌmbərəslɪ] *adv.* 1 sonolentamente, de modo sonolento; 2 entorpecidamente; 3 sem vida, sem actividade

slumbrous [ˈslʌmbrəs] *adj.* ⇒ **slumberous**

slumbrously [ˈslʌmbrəslɪ] *adv.* ⇒ **slumberously**

slumgullion [slʌmˈgʌlɪən] *s.* 1 [EUA] mistura de óleo, sangue e água durante o esquartejamento das baleias; 2 [coloq.] malandrim, patife

slummer [ˈslʌmə] *s.* 1 pessoa que visita os bairros miseráveis para examinar ou melhorar as condições de vida dos seus habitantes; 2 morador em bairro degradado

slummock [ˈslʌmək] *v.tr.,intr.* 1 [coloq.] devorar, comer avidamente; 2 deslocar-se ou falar de maneira descontrolada e desajeitada

slummy [ˈslʌmɪ] *adj.* com bairros ou habitações miseráveis e sórdidas

slump [slʌmp] ⓐ *s.* 1 COMÉRCIO (preços) baixa súbita, quebra; 2 COMÉRCIO (produto) diminuição de procura; 3 súbito desinteresse

slumping

por qualquer coisa; **4** crise; crise económica; *the ~ in the book trade* a crise do livro; **5** (pessoa) posição curvada ⓑ *v.intr.* **1** (preço, procura, etc.) sofrer uma baixa súbita; cair bruscamente; **2** afundar-se; *he slumped into the sofa* afundou-se no sofá; **3** (posição) curvar-se; **4** falhar

slumping ['slʌmpɪŋ] Ⓐ *s.* **1** baixa, quebra de preços; **2** crise ⓑ *adj.* (preço, procura, etc.) em queda

slung [slʌŋ] {*prt. e part. pass. de* **to sling**} *~ crosswise* em bandoleira

slungshot ['slʌŋʃɒt] *s.* (arma) bola de metal presa por uma correia

slunk [slʌŋk] *prt. e part. pass. de* **to slink**

slur [slɜː] Ⓐ *s.* **1** censura, repreensão, admoestação; **2** labéu, estigma, mancha, desdouro; *it is no ~ on her reputation to say that* isto não é um desdouro; **3** letra rabiscada; **4** (palavras, frases) má articulação; **5** MÚSICA ligadura; **6** TIPOGRAFIA maculatura; **7** (imagem) falta de nitidez ⓑ *v.tr.,intr.* (*particípios:* **-rr-**) **1** articular mal; escrever ou pronunciar de maneira pouco clara; *to ~ one's words* articular mal as palavras, pronunciar sem clareza; **2** MÚSICA ligar; **3** (notas) marcar com ligadura; **4** caluniar, fazer insinuações contra; **5** desvalorizar, depreciar, rebaixar; **6** TIPOGRAFIA sujar, manchar; **7** tornar-se indistinto, pouco claro; **8** esfumar-se ❖ *to cast a ~ on sb* caluniar/difamar alguém; (assunto) *to ~ over sth* não aprofundar algo; passar por alto

slurp [slɜːp] *v.tr.,intr.* sorver ruidosamente

slurred [slɜːt] *adj.* **1** pouco claro, indistinto; **2** MÚSICA ligado

slurring ['slɜːrɪŋ] *s.* **1** má articulação; pronúncia pouco clara; **2** falta de nitidez; **3** MÚSICA ligadura, acto de ligar ❖ *~ over* pouco cuidado; pouca atenção

slurry ['slʌrɪ] *s.* **1** mistura semilíquida de cimento, barro, etc.; **2** lama, lodo

slush [slʌʃ] Ⓐ *s.* **1** neve suja e meio derretida; **2** lama aquosa; lodo; **3** imundície; **4** massa lubrificante; **5** (sentimentalismo) pieguice; baboseira; **6** (bebida) granizado ⓑ *v.tr.,intr.* **1** cobrir de lodo ou lama; enlamear; **2** (máquina) cobrir com uma mistura de cal e alvaiade; **3** (parede) rebocar; **4** lavar com grandes quantidades de água ❖ *~ fund* luvas; dinheiro para subornos; [coloq.] (editora) *~ pile* pilha de manuscritos rejeitados; *~ melodrama* história de fazer chorar as pedras da calçada; (na água, lama, neve, etc.) *to ~ about* patinhar; chapinhar

slushy ['slʌʃɪ] *adj.* ⟨*comp.* **-ier**, *superl.* **-iest**⟩ **1** lamacento; **2** cheio de neve meio derretida; **3** [fig.] piegas, lamecha

slut [slʌt] *s.* **1** [cal.] (ofensivo) (mulher sexualmente promíscua) cabra_cal_; **2** (ofensivo) (prostituta) puta_cal_; **3** [ant.] (vida doméstica) desmazelada, desleixada

sluttish ['slʌtɪʃ] *adj.* **1** (comportamento, moral) promíscuo; **2** [ant.] (vida doméstica) porco, desmazelado

sluttishly ['slʌtɪʃlɪ] *adv.* **1** promiscuamente; **2** porcamente; **3** [ant.] desmazeladamente

sluttishness ['slʌtɪʃnəs] *s.* **1** promiscuidade; **2** porcaria, desmazelo, desleixo

sly [slaɪ] *adj.* ⟨*comp.* **-er**, *superl.* **-est**⟩ **1** (animal, pessoa) manhoso, matreiro; *~ dog* indivíduo matreiro; **2** (pessoa) astuto, esperto, espertalhão; **3** [depr.] dissimulado, fingido; **4** (comentário, sorriso, etc.) maldoso, malicioso, zombeteiro ❖ *on the ~* às escondidas, pela calada; sorrateiramente

slyboots ['slaɪbuːts] *s.* [cal.] espertalhão, finório, velhaco

slyly ['slaɪlɪ] *adv.* **1** astutamente; **2** manhosamente, dissimuladamente; **3** em segredo, às escondidas

slyness ['slaɪnəs] *s.* **1** astúcia; **2** manha, dissimulação, sonsice; **3** zombaria, maldade

Sm QUÍMICA [*símbolo de* samarium]

SM Ⓐ MILITAR [*abrev. de* Sergeant major]; ⓑ [*abrev. de* Station Master]; Ⓒ [*abrev. de* Short Metre]; Ⓓ [*abrev. de* His (ou Her) Majesty (Sa Majesté)]

S & M Ⓐ [*abrev. de* sadomasochism] sadomasoquismo ⓑ [*abrev. de* sadomasochistic] sadomasoquista

smack [smæk] Ⓐ *s.* **1** leve gosto; travo, aroma; **2** laivo, traço; vestígio; *there is a ~ of recklessness in him* há nele qualquer coisa de temerário; **3** (barulho) estalo, estalido; *the ~ of a whip* o estalido de um chicote; *with a ~ of the tongue* com um estalido da língua; **4** beijoca, chocho; *she gave him a hearty ~* ela deu-lhe uma beijoca; **5** (mão aberta) palmada; bofetada; *~ in the face* bofetada, estalada; **6** [GB] [coloq.] soco; *to hit sb a ~ on the eye* atingir alguém nos olhos com um soco; **7** NÁUTICA (barco de pesca) sumaca; **8** [cal.] (droga) heroína ⓑ *v.tr.,intr.* **1** (pancada) dar uma bofetada/palmada a; esbofetear; *to ~ sb's face* dar uma bofetada a alguém; **2** dar a entender, sugerir; **3** (chicote, lábios, língua) estalar, dar estalidos; *to ~ one's lips* fazer estalar os lábios em sinal de satisfação; **4** (objecto) bater; **5** beijar ruidosamente; *a kiss smacked in the room* ouviu-se um beijo no aposento Ⓒ *adv.* **1** [coloq.] directamente; precisamente; em cheio; *he went ~ into the wall* ele bateu em cheio na parede; *to hit sb ~ on the nose* atingir alguém em cheio no nariz; **2** com um estalido; *to go ~* fazer um estalido; *~ went the whip* ouviu-se o estalar do chicote ❖ (desilusão) *~ in the eye* balde de água fria; *to have a ~ at sth* tentar fazer alguma coisa

◆**smack of** *v.tr.* [depr.] tresandar a_fig_; *that attitude smacks of racism* é o tipo de atitude que tresanda a racismo

smacker ['smækə] *s.* **1** [coloq.] beijoca, beijo sonoro; **2** pancada, bofetada que ressoa; **3** grande maravilha, qualquer coisa mirabolante; **4** [GB] uma nota de libra; **5** [EUA] dólar

smacking ['smækɪŋ] Ⓐ *adj.* **1** que estala, que faz estalidos; **2** sonoro; *a ~ kiss* um beijo sonoro, uma beijoca, um chocho; **3** vivo; forte; **4** fresco; *a ~ breeze* uma brisa fresca ⓑ *s.* **1** (chicote, etc.) estalido; **2** beijoquice; **3** sapatada; açoite; *to give sb a ~* dar uma sapatada a alguém

small [smɔːl] Ⓐ *adj.* **1** (dimensões, quantidade, valor) pequeno; *in ~ numbers* em pequeno número; *on the ~ side* um tanto pequeno; *~ craft* pequenas embarcações; *~ farmer* pequeno agricultor; *~ shopkeeper* pequeno comerciante; *the smaller industries* a pequena indústria; *the smallest details* os mais pequenos pormenores; *the ~ landowners* os pequenos proprietários; *to make smaller* tornar mais pequeno; **2** miúdo; *~ coal* carvão miúdo; *~ shot* chumbo miúdo; **3** (estatura) baixo, pequeno; *~ built* de baixa estatura; **4** limitado, restrito; *~ committee* comissão restrita; *~ party* festa restrita; **5** insignificante, sem importância, trivial; *that is a matter of no ~ consequence* isso é um assunto de grande importância; **6** mesquinho; *a ~ mind* um espírito mesquinho; *that is very ~ of him* isso denota um espírito muito mesquinho; **7** humilde, modesto; *~ income* rendimento modesto; *to live in a ~ way* viver modestamente; **8** humilhado; *to feel ~* sentir-se humilhado; *to make sb look ~* humilhar alguém; **9** fraco, débil; *~ voice* voz débil; **10** (letras) minúsculo; *~ letters* letras minúsculas; **11** pouco; *he has ~ cause for gratitude* ele tem poucos motivos para estar grato; *he has ~ Latin* ele sabe pouco latim; **12** imaturo ⓑ *s.* **1** parte mais delgada, fina ou estreita; **2** coisas miúdas, miudezas; **3** *pl.* [GB] [coloq., joc.] roupa interior, trajes menores; **4** *pl.* calções justos até ao joelho, usados no séc. XVIII; **5** *pl.* (Oxford) o primeiro dos três exames para obtenção do grau de bacharel Ⓒ *adv.* **1** aos bocados, em pequenos pedaços; *to cut sth up* cortar aos bocadinhos; **2** em tom baixo; em voz baixa; *to talk ~* falar em voz baixa; **3** delicadamente ❖ [GB] (jornal, revista) *~ ads* anúncios classificados; MILITAR *~ arms* armas portáteis; [GB] *~ beer* [coloq.] cerveja fraca; coisas sem importância; *~ change* trocos; coisas sem importância; GEOMETRIA *~ circle* círculo menor; *~ fry* pessoas ou coisas sem importância; *~ gross* dez dúzias; TIPOGRAFIA *~ hand* letra cursiva; *~ hours* primeiras horas da madrugada (entre a 1 e as 4); ANATOMIA *~ intestine* intestino delgado; *~ motor* motor de pequena potência; *~ talk* tagarelice; *~ tool* ferramenta portátil; *~ waist* cintura fina; *~ wine* vinho leve; *~ and early* pequena festa que acaba cedo; DIREITO *~ claims court* tribunal cível; ZOOLOGIA *~ sand ell* agulhão; *on a smaller scale* em escala reduzida; *the ~ of the back* a região lombar; *the still, ~ voice* a voz da consciência; *to his no ~ surprise* com grande surpresa sua

smallage ['smɔːlɪdʒ] *s.* BOTÂNICA aipo

smallholder ['smɔːlˌhəʊldə] *s.* pequeno agricultor; pequeno proprietário

smallholding ['smɔːlˌhəʊldɪŋ] *s.* minifúndio, pequena propriedade

smallish ['smɔːlɪʃ] *adj.* **1** um tanto pequeno; **2** um tanto baixo

small-minded [smɔːl'maɪndɪd] *adj.* **1** mesquinho; **2** de vistas curtas

small-mindedly [smɔːl'maɪndɪdlɪ] *adv.* mesquinhamente

small-mindedness [ˌsmɔːlˈmaɪndɪdnəs] s. 1 mesquinhez; 2 curteza de vistas

smallness [ˈsmɔːlnəs] s. 1 pequenez; 2 limitação; 3 insuficiência, exiguidade; 4 modicidade; 5 mesquinhez, estreiteza (de espírito)

smallpox [ˈsmɔːlpɒks] s. 1 MEDICINA varíola; 2 [coloq.] bexigas

small-scale [smɔːlˈskeɪl] adj. 1 pouco importante; 2 de pouca envergadura; 3 de escala reduzida

small-size [smɔːlˈsaɪz] adj. pequeno

small-sized [smɔːlˈsaɪzd] adj. pequeno

small-time [smɔːlˈtaɪm] adj. 1 pouco importante; 2 menor; 3 de segunda

small-town [smɔːlˈtaʊn] adj. provinciano, de província

smalt [smɔːlt] s. 1 vidro colorido de azul com óxido de cobalto; 2 esmalte obtido com a pulverização deste vidro

smaltine [ˈsmɔːltaɪn] s. MINERALOGIA esmaltina, esmaltite

smaragd [ˈsmærægd] s. [ant.] esmeralda

smaragdine [sməˈrægdaɪn, sməˈrægdɪn] adj. esmaragdino, esmeraldino

smaragdite [sməˈrægdaɪt] s. MINERALOGIA esmaragdite

smarm [smɑːm] v.tr.,intr. 1 bajular; adular; *to ~ over sb* bajular alguém; 2 [coloq.] (cabelo) alisar com brilhantina

smarmy [ˈsmɑːmɪ] adj. 1 [coloq.] bajulador, adulador; 2 [coloq.] untuoso

smart [smɑːt] Ⓐ adj. 1 inteligente; *a ~ lad* um rapaz vivo e inteligente; 2 severo, vigoroso, violento; *a ~ earthquake* um terramoto bastante violento; *~ punishment* castigo severo; 3 rápido, ligeiro; *a ~ walk* um passeio em andamento rápido; *he went off at a ~ pace* ele afastou-se com passo rápido; 4 astuto, espertalhão, finório; *he is a ~ one* ele é um espertalhão; *he is too ~ for you* cuidado com ele, que é um finório!; 5 contundente, mordaz; *a ~ answer* uma resposta mordaz; 6 asseado, limpo; 7 chique, elegante, fino; *~ dress* vestido elegante; pôr-se todo elegante, arranjar-se; 8 impertinente, insolente; 9 electrónico; *~ card* cartão electrónico Ⓑ s. 1 dor; 2 sofrimento físico ou mental; 3 pl. [EUA] [coloq.] inteligência Ⓒ adv. 1 vivamente; 2 elegantemente; 3 com inteligência; 4 rapidamente; *look ~ about it!* vamos!, depressa!, despache-se! Ⓓ v.intr. 1 (dor) arder; picar; *iodine smarts when it is put on a cut* a tintura de iodo arde quando deitada numa cortadela; 2 [fig.] sofrer; doer-se; *to ~ under an injustice* sofrer devido a uma injustiça; 3 pagar [for, por]; sofrer as consequências [for, de]; *you shall ~ for this!* hás-de pagar caro por isto! ✜ [coloq.] *~ alec(k)* espertinho; [cal.] *~ arse* convencido; *~ dealing* espertezas; *~ money* indemnização; dinheiro apostado ou investido; apostadores ou investidores espertos; *~ practice* atitudes/actos pouco escrupulosos; *~ society/set* as pessoas da alta; a alta sociedade; *a ~ thrashing* uma boa sova; *to be ~ at repartee* ter sempre resposta pronta

smarten [ˈsmɑːtən] v.tr.,intr. 1 acelerar, avivar, activar; 2 dar vida a, animar; 3 enfeitar, embelezar; 4 dar um aspecto mais agradável a, tornar elegante

✦**smarten up** Ⓐ v.intr. 1 tornar-se mais elegante; tornar-se mais cuidadoso com a aparência; arranjar-se; 2 (produção, passo) acelerar Ⓑ v.tr. 1 arranjar; melhorar a aparência de; tornar mais elegante; *to ~ a room* dar um aspecto mais elegante a um aposento; 2 acelerar

smarting [ˈsmɑːtɪŋ] Ⓐ adj. 1 pungente, agudo; 2 (dor, ferida, etc.) que arde Ⓑ s. dor aguda

smartish [ˈsmɑːtɪʃ] Ⓐ adj. bastante elegante Ⓑ adv. 1 [coloq.] consideravelmente; 2 bastante

smartly [ˈsmɑːtlɪ] adv. 1 rapidamente, vivamente, com diligência; *to answer ~* dar uma resposta pronta; 2 de maneira expedita; 3 com esperteza; inteligentemente; 4 com elegância; *~ dressed* bem vestido, muito elegante

smartness [ˈsmɑːtnəs] s. 1 vivacidade de espírito; 2 esperteza, inteligência; 3 argúcia; 4 mordacidade; 5 prontidão (em responder); 6 manha; 7 elegância

smartweed [ˈsmɑːtwiːd] s. BOTÂNICA persicária-mordaz, pimenta-de-água

smash [smæʃ] Ⓐ s. (pl. **-es**) 1 (som) estrondo; 2 golpe violento; 3 (automóvel, comboio) choque, colisão; 4 FINANÇAS falência, bancarrota; 5 DESPORTO (badminton, ténis) smash, golpe violento; 6 ruína; 7 bebida alcoólica misturada com gelo e aromatizada Ⓑ adv. 1 em cheio, violentamente; *the car went ~ into the wall*

o carro esbarrou-se violentamente contra a parede; 2 em falência; *to go ~* abrir falência Ⓒ v.tr.,intr. 1 partir, quebrar; *to ~ a window* partir uma janela; 2 desfazer(-se); esmagar(-se); *to ~ to pieces* desfazer em bocados; 3 derrotar; destruir; 4 DESPORTO (badminton, ténis) jogar a bola com uma pancada forte e irresistível; fazer um smash; 5 bater [**into**, em], colidir [**into**, contra]; *he smashed his head against the wall* ele bateu violentamente com a cabeça na parede; *the car smashed into the wall* o carro esbarrou-se violentamente contra a parede; 6 FINANÇAS abrir falência, falir ✜ (canção, filme) *~ hit* êxito estrondoso; *to fall with a ~* cair como um peso morto; *to go to ~* ficar em bocados; falhar; ir ao ar; *to knock to ~* fazer em bocados

✦**smash down** v.tr. (parede, porta, etc.) deitar abaixo

✦**smash in** v.tr. (porta) arrombar; forçar ✜ *to smash sb's head/face in* partir a cara a alguém

✦**smash up** v.tr.,intr. 1 (carro) bater, chocar; 2 destruir; partir tudo; *a group of vandals smashed up two stores* um grupo de vândalos destruiu duas lojas

smash-and-grab [ˌsmæʃənˈgræb] s. assalto, roubo por arrombamento; *~ raid* assalto a casa comercial

smashed [ˈsmæʃd] adj. 1 [coloq.] (álcool) podre de bêbedo; 2 [coloq.] (drogas) pedrado_cal._

smasher [ˈsmæʃə] s. 1 aquele que quebra, que faz em bocados; 2 golpe, pancada violenta; 3 argumento irresistível; 4 crítica devastadora; 5 [coloq.] (coisa) maravilha; 6 [coloq.] (pessoa) beleza; 7 falsário; indivíduo que fabrica ou põe em circulação moeda falsa; moedeiro falso

smashing [ˈsmæʃɪŋ] Ⓐ adj. 1 violento, devastador; 2 [GB] [coloq.] fantástico, estupendo, excelente Ⓑ s. 1 acto de quebrar, de fazer em bocados; 2 derrota, desbaratamento; 3 falência, bancarrota

smash-up [ˈsmæʃʌp] s. 1 colisão, choque violento; 2 acidente de trânsito; 3 destruição completa

smatch [smætʃ] s. [rar.] ⇒ **smack**

smatter [ˈsmætə] v.tr.,intr. ter conhecimentos superficiais de, ter umas luzes de_fig._

smatterer [ˈsmætərə] s. amador, pessoa com conhecimentos superficiais (em determinada área); *to be a ~ in* ter umas luzes de, ter conhecimentos superficiais de

smattering [ˈsmætərɪŋ] s. leves noções; conhecimento superficial; *to have a ~ of* ter umas luzes de

smaze [smeɪz] s. mistura de fumo e névoa

smear [smɪə] Ⓐ s. 1 nódoa, mancha de gordura, borrão; *a ~ of blood* uma mancha de sangue; 2 MEDICINA esfregaço; 3 calúnia, difamação Ⓑ v.tr.,intr. 1 untar, cobrir com substância oleosa; 2 besuntar; 3 sujar; 4 manchar, enodoar; 5 construir toscamente com adobes; 6 difamar; 7 [EUA] [coloq.] derrotar, arrasar com; *we got smeared* levámos uma tareia_coloq._ ✜ MEDICINA *~ test* esfregaço cervical; *~ campaign* campanha de difamação

smearing [ˈsmɪərɪŋ] s. acto de enodoar ou besuntar

smeary [ˈsmɪərɪ] adj. 1 besuntado, gorduroso; 2 com manchas ou nódoas

smectic [ˈsmektɪk] adj. QUÍMICA esmético

smectite [ˈsmektaɪt] s. MINERALOGIA esmectite

smell [smel] Ⓐ s. 1 olfacto; *~ is less acute in man than in dogs* o sentido do olfacto está menos desenvolvido no homem do que nos cães; *to have a keen sense of ~* ter o olfacto apurado; 2 (cão) faro; 3 cheiro; *to have a ~ at sth/to take a ~ at sth* cheirar alguma coisa, tomar o cheiro a alguma coisa; 4 odor, aroma, perfume; 5 mau cheiro, fedor; *there was a nasty ~ in the room* havia um cheiro desagradável no aposento; *what a horrible smell!* que cheiro horrível!; 6 acto de cheirar, olfacção Ⓑ v.tr.,intr. (prt. e part. pass. **smelt** ou **smelled**) 1 cheirar, perceber pelo sentido do olfacto; sentir o cheiro de; *I don't ~ anything* não me cheira a nada; *I ~ gas* cheira-me a gás; *to ~ a bottle of salts* cheirar um frasco de sais; 2 ter (o sentido do) olfacto; *do fishes smell?* os peixes têm olfacto?; 3 (emitir cheiro) cheirar; ter cheiro; *how sweet these roses smell!* que cheiro agradável têm estas rosas!; *those flowers don't ~* aquelas flores não têm cheiro; *to ~ of...* cheirar a....; 4 cheirar mal ✜ *I ~ a rat* aqui há gato; *to ~ a rat* ter uma suspeita; desconfiar; *to ~ of the shop* ser demasiado técnico; *to ~ round* andar em busca de informações; procurar descobrir pelo cheiro; *to ~ trouble/danger* pressentir complicações

❖**smell out** *v.tr.* 1 (cão) farejar; descobrir pelo cheiro; 2 descobrir; desvendar; 3 empestar; *it's smelling the room out* está a empestar o quarto

smeller ['smelə] *s.* 1 pessoa que cheira; 2 [cal.] nariz; 3 pancada forte, sobretudo no nariz; 4 pessoa ou coisa que cheira mal

smelliness ['smelɪnəs] *s.* mau cheiro, cheiro desagradável

smelling ['smelɪŋ] Ⓐ *adj.* que cheira, que emite cheiro; *ill-smelling* que cheira mal Ⓑ *s.* acto de cheirar ❖ *~ bottle* frasco de sais; *~ out* descoberta; *~ salts* sais de cheiro

smelly ['smelɪ] *adj.* (*comp.* -**ier**, *superl.* -**iest**) malcheiroso, que emite mau cheiro

smelt [smelt] Ⓐ *s.* ZOOLOGIA eperlano, espécie de salmão parecido com uma truta Ⓑ *prt. e part. pass. de* **to smell** Ⓒ *v.tr.* 1 fundir minério para extracção de metal; 2 (metal) extrair por meio de fusão de minério ❖ ZOOLOGIA *sand ~* peixe-rei

smelter ['smeltə] *s.* 1 oficina de fundição; 2 operário siderúrgico; 3 fundidor de minério; 4 pescador de eperlanos

smeltery ['smeltərɪ] *s.* fundição de minérios, oficina de fundição

smelting ['smeltɪŋ] *s.* fundição, acto de fundir minério ❖ *~ furnace* forno para fundição de minérios; *~ house* fundição; *~ pot* cadinho; crisol; *~ works* oficina metalúrgica

smew [smju:] *s.* ZOOLOGIA espécie de merganso ou mergulhão

smilax ['smaɪlæks] *s.* (*pl.* -**es**) BOTÂNICA esmilace

smile [smaɪl] Ⓐ *s.* 1 sorriso; *a pitying ~* um sorriso de piedade; *there was a scornful ~ on his face* ele sorria com desprezo; *to be all smiles* desfazer-se em sorrisos; *to force a ~* forçar um sorriso; 2 expressão sorridente Ⓑ *v.tr.,intr.* 1 sorrir; *he smiled a bitter ~* ele sorriu amargamente, ele teve um sorriso amargo; *to ~ an ironical ~* ter um sorriso irónico; *to ~ at the claims of* sorrir das exigências de; 2 mostrar uma expressão sorridente; *to ~ a welcome to sb* acolher alguém com um sorriso; *she smiled up at him* ela levantou os olhos para ele com um sorriso; *what are you smiling at?* que sorriso é esse?; 3 [fig.] mostrar-se propício ou favorável a; *fortune has never smiled on him* a sorte nunca o favoreceu ❖ *keep smiling!* não perca a calma!; não desanime!; *to ~ away* afastar com um sorriso; *to ~ one's thanks* agradecer com um sorriso

smileless ['smaɪlləs] *adj.* sem sorriso

smiley ['smaɪlɪ] Ⓐ *adj.* (*comp.* **smilier**, *superl.* **smiliest**) 1 sorridente; 2 bem-disposto Ⓑ *s.* (*pl.* -**s**) (figura) *smiley*

smiling ['smaɪlɪŋ] *adj.* 1 sorridente; 2 risonho, alegre, contente; 3 [fig.] propício, favorável ❖ *to come up ~* aguentar uma contrariedade de cara alegre

smilingly ['smaɪlɪŋlɪ] *adv.* com um sorriso, sorridentemente

smirch [smɜːtʃ] Ⓐ *s.* (*pl.* -**es**) 1 mancha, nódoa; mácula, labéu, estigma; *a ~ on sb's character* uma mancha na reputação de alguém; 2 farrusca Ⓑ *v.tr.* 1 manchar, sujar, enodoar; 2 macular, aviltar, rebaixar

smirk [smɜːk] Ⓐ *s.* 1 sorriso afectado; 2 sorriso tolo e pretensioso; 3 sorriso dengoso Ⓑ *v.intr.* 1 sorrir afectadamente; 2 sorrir tolamente; 3 desfazer-se em sorrisos

smirking ['smɜːkɪŋ] Ⓐ *adj.* afectado, dengoso Ⓑ *s.* sorrisos afectados, dengosos

smit [smɪt] [arc.] *prt. e part. pass. de* **to smite**

smite [smaɪt] Ⓐ *s.* 1 [coloq.] pancada; golpe violento; 2 tentativa Ⓑ *v.tr.,intr.* (*prt.* **smote** ou **smit**, *part. pass.* **smitten** ou **smit**) 1 bater forte; bater em; *the player smote the ball out of the ground* o jogador bateu a bola para fora do campo; *the waves smote upon the cliff* as ondas batiam no rochedo; *to ~ one's hands together* bater com as mãos uma na outra; 2 embater; 3 infligir derrota severa a, desbaratar, derrotar completamente; *to ~ hip and thigh* derrotar completamente; *to ~ the enemy* esmagar o inimigo; 4 castigar, punir; *God shall ~ thee* Deus te castigará; 5 atingir, afectar; 6 acometer, atacar; *they were smitten down with the plague* foram atacados pela epidemia; *to be smitten with paralysis* ser atacado pela paralisia; 7 incidir sobre, cair em; 8 impressionar; *she was smitten by the beauty of the scenery* ela ficou impressionada pela beleza da paisagem; 9 (consciência, etc.) atormentar; *his conscience smote him* sentiu remorsos ❖ *to ~ down* abater; matar; (golpe de espada, etc.) *to ~ off* decepar; decapitar; cortar; *the idea smote me* ocorreu-me a ideia; *the sound of the gun smote our ears* o barulho da espingarda chegou-nos aos ouvidos

smiter ['smaɪtə] *s.* aquele que bate

smith [smɪθ] Ⓐ *s.* ferreiro; indivíduo que trabalha em metais Ⓑ *v.tr.* (objecto de metal) forjar ❖ *smith's coal* carvão de forja; *smith's fire* forja; *smith's pliers/smith's tongs* tenaz de forja; *smith's shop* ferraria; forja; *shoeing ~* ferrador

smithereens [ˌsmɪðəˈriːnz] *s.pl.* [coloq.] bocados, pedaços, estilhaços, cacos, pedacinhos, pequenos fragmentos; *to knock/smash to/in ~* pôr em cacos, estilhaçar, partir em bocados

smithery ['smɪθərɪ] *s.* (*pl.* -**ies**) 1 forja, oficina de ferreiro; 2 ferraria; 3 obra, trabalho de ferreiro

smithing ['smɪðɪŋ] *s.* trabalhos de ferreiro ou de ferrador

smithy ['smɪðɪ, 'smɪθɪ] Ⓐ *s.* (*pl.* -**ies**) 1 forja; 2 oficina de ferrador Ⓑ *v.tr.* forjar (objectos de metal)

smiting ['smaɪtɪŋ] *s.* pancada; golpe forte ❖ *~ of conscience* remorsos

smitten ['smɪtən] Ⓐ *part. pass. de* **to smite** Ⓑ *adj.* apaixonado; *he was ~ with her* ele estava apaixonado por ela ❖ *to be ~ with/by* ser dominado por; ficar encantado, entusiasmado com; *to be ~ with a desire to* estar dominado pelo desejo de

smock [smɒk] Ⓐ *s.* 1 vestido pré-mamã; blusa de pré-mamã; 2 bata, guarda-pó; 3 babeiro de criança; 4 [arc.] camisa de mulher Ⓑ *v.tr.* (costura) franzir (tecido), dando-lhe um aspecto de certas golas antigas

smocking ['smɒkɪŋ] *s.* (costura) franzido com folhos, semelhante ao de certas golas antigas

smog [smɒg] *s.* mistura de fumo e nevoeiro

smokable ['sməʊkəbəl] *adj.* que pode fumar-se

smokables ['sməʊkəblz] *s.pl.* 1 tabaco; 2 artigos de tabacaria

smoke [sməʊk] Ⓐ *s.* 1 fumo; fumarada; 2 acto de fumar; consumo de tabaco; 3 [coloq.] cigarro; *to have a ~* fumar um cigarro; 4 [cal.] (droga) erva; 5 [fig.] (distracção) cortina de fumo; 6 [fig.] (coisa ilusória, transitória) fumaça; *that's all ~* isso não vale nada; 7 (cor) cinzento azulado ou acastanhado Ⓑ *v.tr.,intr.* 1 fumar; *do you smoke?* o senhor fuma?; *to ~ a pipe* fumar cachimbo; *to ~ like a chimney* fumar como uma chaminé; 2 fumegar, deitar fumo; *the lamp is smoking* a lâmpada deita muito fumo; 3 (com ervas, incenso) defumar, purificar; 4 CULINÁRIA (carne, peixe) defumar; 5 enegrecer, escurecer; 6 [cal.] andar muito depressa; 7 (insectos) afugentar com fumo; 8 desconfiar, suspeitar; 9 [cal.] assassinar, matar ❖ *~ alarm/detector* detector de fumo; QUÍMICA (pó) *~ black* negro-de-fumo; *~ bomb* bomba de fumo; (aparelho) *~ burner* fumívoro; *~ float* aparelho produtor de camada de fumo para ocultação de navio; *~ hole* boca de chaminé; orifício/buraco para saída do fumo; *~ screen* cortina de fumo; *~ shell* granada de fumo; *~ signal* sinal de fumo; [fig.] *smoke signals* vagas indicações; MINERALOGIA *~ stone* quartzo amarelo ou cinzento-claro; *~ test* prova de fumo; BOTÂNICA *~ wood* fustete; tatajuba; *from ~ into smother* de mal a pior; *like ~* sem dificuldade; facilmente; rapidamente; *the Big Smoke* Londres; *there's no ~ without fire* não há fumo sem fogo; *to end in ~* dar em nada; (reconciliação) *to ~ the pipe of peace* fumar o cachimbo da paz

❖**smoke out** *v.tr.* 1 (animal, pessoa) afugentar por meio de fumo; 2 (quarto, etc.) defumar; 3 [fig.] descobrir, desmascarar; *the police smoked out the truth* a polícia descobriu a verdade; *they must be smoked out and punished* eles devem ser desmascarados e punidos

smoked [sməʊkt] *adj.* 1 CULINÁRIA fumado, defumado, curado ao fumo; *~ fish* peixe defumado; 2 fumado, escurecido; *~ glasses* vidros fumados; 3 enegrecido pelo fumo; *a ~ wall* uma parede enegrecida pelo fumo; 4 que sabe a fumo; *the soup is ~* a sopa sabe a fumo

smoke-dried ['sməʊkdraɪd] *adj.* defumado

smokeless ['sməʊkləs] *adj.* 1 sem fumo; *~ powder* pólvora sem fumo; 2 que não deita fumo; *~ combustion* combustão que não produz fumo ❖ *~ furnace* fornalha fumívora

smoker ['sməʊkə] *s.* 1 fumador; *a heavy ~* fumador compulsivo; 2 fumigador; 3 [ant.] (comboios) carruagem de fumadores ❖ MEDICINA *smoker's cough* tosse de fumador; MEDICINA *smoker's heart* doença cardíaca causada pelo tabaco; MEDICINA *smoker's throat* doença da garganta causada pelo tabaco

smokestack ['sməʊkstæk] *s.* chaminé de fábrica; chaminé de navio

smokiness ['sməʊkɪnəs] s. 1 aspecto fumarento; 2 atmosfera, ar cheio de fumo; 3 gosto a fumo

smoking ['sməʊkɪŋ] Ⓐ adj. 1 (área) para fumadores; 2 fumegante; a fumegar; *his hands were ~ with blood* tinha as mãos cobertas de sangue fumegante Ⓑ s. consumo de tabaco; tabagismo; *to give up ~* deixar de fumar ❖ *no ~* proibido fumar; (caminhos-de-ferro) ~ *car(riage)/compartment* carruagem reservada a fumadores; ~ *gun* prova conclusiva; ~ *hot* quente; a deitar fumo; VESTUÁRIO ~ *jacket* roupão de homem; ~ *mixture* mistura de tabaco para cachimbo; ~ *room* sala de fumadores

smoky ['sməʊkɪ] adj. (comp. **-ier**, superl. **-iest**) 1 fumarento, cheio de fumo; *a ~ town* uma cidade cheia de fumo; 2 enegrecido pelo fumo; *a ~ ceiling* um tecto enegrecido pelo fumo; 3 fuliginoso; 4 que deita fumo; 5 (alimento) fumado, defumado; 6 que sabe a fumo; 7 (desenho, cor) esfumado ❖ MINERALOGIA ~ *quartz* quartzo enfumaçado

smolt [sməʊlt] s. ZOOLOGIA salmão de dois anos

smooch [smuːtʃ] Ⓐ v.tr.,intr. 1 [coloq.] estar na marmelada (com); 2 [coloq.] dançar agarradinhos, dançar um slow Ⓑ s. (pl. **-es**) 1 [coloq.] marmelada*fig*; 2 (dança) slow

smoochy ['smuːtʃɪ] adj. [coloq.] (música) romântico

smooth [smuːð] Ⓐ adj. 1 (superfície) liso, plano; ~ *finish* acabamento liso; ~ *forehead* testa lisa; ~ *road* estrada lisa; ~ *tube* tubo liso; 2 macio; ~ *skin* pele macia; ~ *surface* superfície macia; 3 constante, equilibrado; 4 (líquido) consistente, sem grumos; ~ *paste* pasta ou massa sem grumos; 5 glabro, sem pêlos; 6 (mar, pessoa) calmo, tranquilo; ~ *crossing* travessia marítima com mar calmo; ~ *sea* mar calmo; *the sea was as ~ as a millpond* o mar parecia um lago; 7 fácil, sem dificuldades; *to be in ~ waters* estar já livre de dificuldades; *the way is now ~* as dificuldades encontram-se dominadas; *to make things ~ for sb* facilitar as coisas a alguém; 8 suave; ~ *running/ ~ working* funcionamento suave; ~ *starting* arranque suave; 9 (pessoa) adulador, lisonjeiro, untuoso; *to have a ~ tongue* ter modos untuosos; 10 agradável; 11 gracioso; 12 (bebida) brando Ⓑ adv. ⇒ **smoothly**; *the course of true love never did run ~* o amor verdadeiro nunca foi sem dificuldades Ⓒ s. 1 alisamento; *to give one's hair a ~* dar uma alisadela ao cabelo; 2 parte lisa; 3 NÁUTICA acalmia Ⓓ v.tr.,intr. 1 alisar; 2 polir; 3 amaciar; 4 acalmar, serenar; 5 (dificuldades, obstáculos) aplainar; 6 aperfeiçoar, apurar, retocar; 7 facilitar; *to ~ the way for sb* facilitar o caminho a alguém ❖ (gramática grega) ~ *breathing* espírito brando; ~ *file* lima-murça; ZOOLOGIA ~ *sand eel* ligueirão; ~ *verse* verso de ritmo perfeito e leve; *to take the rough with the ~* aceitar, sem se queixar, aquilo que é desagradável

◆**smooth away** v.tr. [fig.] (dificuldades, problemas) aplainar

◆**smooth down** v.tr. 1 (cabelo, roupa) alisar; compor; endireitar; *she smoothed down her dress* ela alisou o vestido; 2 [fig.] (pessoa) acalmar, tranquilizar

◆**smooth out** v.tr. 1 (material, roupa) alisar; 2 [fig.] (dificuldades) aplainar; eliminar

◆**smooth over** v.tr. (dificuldades, problemas) aplainar, resolver; *to smooth things over* resolver as coisas

smooth-bore ['smuːðbɔː] adj. (espingarda) de alma lisa, sem estrias

smooth-chinned ['smuːðtʃɪnd] adj. imberbe, sem barba

smoothe [smuːð] v.tr.,intr. ⇒ **smooth** Ⓓ

smoothen ['smuːðən] v.tr. ⇒ **smooth** Ⓓ

smoother ['smuːðə] s. 1 pessoa que alisa, aplana, etc.; 2 pessoa que procura remover dificuldades, obstáculos, etc.; 3 alisador, polidor

smooth-faced ['smuːðfeɪst] adj. 1 com modos agradáveis; 2 de modos suaves mas insinceros; 3 (rosto) imberbe

smoothie ['smuːðɪ] s. 1 [coloq., depr.] conquistador, adulador, homem de falinhas mansas; 2 (bebida) batido

smoothing ['smuːðɪŋ] s. 1 acto de alisar, aplanar, etc.; 2 (dificuldades, obstáculos) aplainação ❖ ~ *iron* ferro de passar; (carpintaria) ~ *plane* garlopa; rabote; (carpintaria) ~ *planer* desempenadeira

smoothly ['smuːðlɪ] adv. 1 suavemente, com regularidade, de maneira uniforme, sem asperezas; 2 untuosamente, melifluamente; 3 aduladoramente, com lisonja ❖ *everything is going on ~* está tudo a correr bem

smoothness ['smuːðnəs] s. 1 aparência lisa, lisura, maciez(a); 2 suavidade; 3 tranquilidade, calma; 4 regularidade; 5 fluência, naturalidade; 6 suavidade de funcionamento; 7 afabilidade, melifluidade de trato ou de maneiras

smooth-running [ˌsmuːðˈrʌnɪŋ] adj. 1 que funciona bem; 2 bem organizado, eficiente

smooth-shaven [smuːðˈʃeɪvən] adj. bem barbeado

smooth-spoken [smuːðˈspəʊkən] adj. 1 de falinhas mansas; 2 adulador

smooth-tempered [smuːðˈtempəd] adj. de temperamento brando

smooth-tongued [smuːðˈtʌŋd] adj. de falinhas mansas, adulador

smoothy ['smuːðɪ] s. 1 [coloq., depr.] conquistador, adulador, homem de falinhas mansas; 2 (bebida) batido

smorgasbord ['smɔːgəzbɔːd] s. 1 bufê, bufete; 2 [fig.] grande variedade

smote [sməʊt] prt. de **to smite**

smother ['smʌðə] Ⓐ v.tr.,intr. 1 abafar; *to ~ a cry* abafar um grito; *to ~ up a scandal* abafar um escândalo; 2 asfixiar, matar por sufocação; 3 causar dificuldade na respiração; *to be smothered by dust* estar sufocado com pó; 4 ocultar, esconder, encobrir; 5 reprimir; *to ~ a yawn* reprimir um bocejo; *to ~ one's anger* reprimir a cólera; 6 suprimir; 7 encher [**with**, de]; cobrir totalmente [**with**, de]; inundar [**with**, de]; *the grave was smothered in flowers* o túmulo estava literalmente inundado de flores; *to ~ with kisses* cobrir de beijos; 8 (lume) abafar; *to ~ a fire with sand* apagar um fogo com areia; 9 [rar.] ter dificuldade em respirar, morrer por asfixia Ⓑ s. 1 fumarada espessa, nevoeiro espesso; 2 nuvem de pó, vapor, etc.; 3 [rar.] obscuridade causada por fumo espesso, nuvem de pó, etc.; 4 [arc.] cinzas onde o fogo vai lavrando

smothered ['smʌðəd] adj. abafado, surdo

smothering ['smʌðərɪŋ] Ⓐ adj. abafado, sufocante Ⓑ s. 1 abafamento, sufocação; 2 repressão, supressão

smothery ['smʌðərɪ] adj. asfixiante, sufocante

smoulder ['sməʊldə] Ⓐ s. 1 fumo espesso, fumarada; 2 fogo lento, combustão lenta; *the ~ will soon be a flame* do fogo lento em breve surgirá uma chama Ⓑ v.intr. 1 arder a fogo lento; 2 arder sem chama; 3 consumir-se; 4 estar latente, existir num estado de repressão; *for years and years hatred smouldered in their hearts* durante anos e anos o ódio manteve-se latente nos seus corações

smouldering ['sməʊldərɪŋ] Ⓐ adj. 1 que arde a fogo lento, que arde sem chama; 2 que se consome; 3 latente, em estado de latência Ⓑ s. fogo lento, combustão lenta

SMS (comunicações móveis) [abrev. de Short Message Service]

SMTP INFORMÁTICA (Internet) [abrev. de Simple Mail Transfer Protocol]

smudge [smʌdʒ] Ⓐ s. 1 mancha, nódoa, borrão; 2 farrusca, tisna; 3 fogueira com muito fumo feita no exterior para afastar insectos Ⓑ v.tr.,intr. 1 borratar, sujar com borrões; *that pen smudges easily* essa caneta borrata facilmente; 2 manchar; cobrir de nódoas; 3 enfarruscar; 4 (reputação) macular

smudgily ['smʌdʒɪlɪ] adv. 1 com manchas, com nódoas, com borrões

smudginess ['smʌdʒɪnəs] s. 1 aparência suja, com manchas ou nódoas; 2 borratada

smudgy ['smʌdʒɪ] adj. (comp. **-ier**, superl. **-iest**) 1 manchado, com nódoas; 2 enfarruscado; 3 cheio de borrões, sujo; 4 pouco nítido; 5 [dial.] abafado, sufocante; 6 [EUA] escuro, cheio de fumo

smug [smʌg] adj. (flexão de grau: **-gg-**) presunçoso, presumido, todo cheio de si; enfatuado e de espírito tacanho; *a ~ contempt for modern poetry* um desprezo presunçoso pela poesia moderna

smuggle ['smʌgəl] v.tr.,intr. 1 fazer contrabando; contrabandear; passar clandestinamente; 2 fazer (algo) secreta ou furtivamente; *she smuggled the letter under the book* sem que ninguém visse, ele meteu a carta debaixo do livro ❖ *to ~ away* fazer desaparecer; empalmar; escamotear; *to ~ into a country* fazer entrar num país sem pagar direitos; *to ~ out of a country* fazer sair de um país sem pagar direitos

smuggler ['smʌglə] s. contrabandista

smuggling ['smʌglɪŋ] s. contrabando

smugly ['smʌglɪ] adv. 1 presumidamente, presunçosamente; 2 com ar de satisfeito de si mesmo

smugness ['smʌgnəs] s. 1 presunção; 2 enfatuação, enfatuamento

smut [smʌt] Ⓐ *s.* **1** fuligem; **2** [coloq.] obscenidade, indecência; *to talk ~* dizer obscenidades; **3** BOTÂNICA (cereais) alforra, ferrugem, mangra Ⓑ *v.tr.,intr.* (*particípios:* **-tt-**) **1** sujar com fuligem; **2** BOTÂNICA (cereal) ser atacado pela alforra; **3** tornar obsceno ❖ *~ mill* aparelho para limpar o grão da ferrugem

smutch [smʌtʃ] *v.tr.* [arc.] ⇒ **smudge** Ⓑ

smuttily [ˈsmʌtɪlɪ] *adv.* **1** indecentemente, obscenamente; **2** com uma linguagem desbragada

smuttiness [ˈsmʌtɪnəs] *s.* **1** sujidade, negrura, mancha de fuligem; **2** estado do cereal atacado de mangra ou ferrugem; **3** obscenidade, indecência, desbragamento

smutty [ˈsmʌtɪ] *adj.* (*comp.* **-ier**, *superl.* **-iest**) **1** enegrecido, sujo, enfarruscado, com fuligem; **2** (cereal) atacado pela mangra, ferrugem ou alforra; **3** [coloq.] indecente, obsceno, desbragado, pornográfico

Smyrnean [smɜːˈnɪən] *adj.,s.* esmirneu

Smyrniote [ˈsmɜːnɪɒt] *adj.,s.* ⇒ **Smyrnean**

Sn QUÍMICA [*símbolo de* Tin]

snack [snæk] Ⓐ *s.* **1** refeição leve, lanche; *to have a ~/to take a ~* comer qualquer coisa; **2** [ant.] parte, quinhão Ⓑ *v.intr.* petiscar, lanchar ❖ *~ bar* snack-bar; *to go snacks with sb* partilhar com alguém

snaffle [ˈsnæfəl] Ⓐ *s.* bridão Ⓑ *v.tr.* [coloq.] apoderar-se de; surripiar, roubar ❖ *to ride sb on the ~* dirigir alguém brandamente

snafu [snəˈfuː] *adj.,s.* **1** [EUA] [cal.] confuso; **2** [EUA] [cal.] confusão

snag [snæg] Ⓐ *s.* **1** dificuldade, obstáculo; *to come on a ~/to run into a ~/to strike a ~* tropeçar num obstáculo, esbarrar com uma dificuldade ou impedimento; **2** inconveniente, desvantagem; **3** (tecido) buraco, rasgão; **4** gancho; **5** raiz ou tronco aguçado; **6** nó de madeira; **7** rocha ou madeiro no fundo de rio ou mar, que constitui um obstáculo para a navegação; **8** protuberância; ponta saliente; **9** dente partido ou irregular Ⓑ *v.tr.* (*particípios:* **-gg-**) **1** (malha) repuxar; **2** ficar preso; emaranhar-se; **3** bater em tronco submerso; limpar de troncos submersos; limpar de galhos ou pontas salientes; **4** (terreno) desbravar

snagged [snægd] *adj.* ⇒ **snaggy**

snaggle-tooth [ˈsnægəl.tuːθ] *s.* **1** dente saliente, arnela; **2** [cal.] criança ou pessoa a quem faltam alguns dentes

snaggy [ˈsnægɪ] *adj.* (*comp.* **-ier**, *superl.* **-iest**) **1** cheio de nós, pontas ou protuberâncias irregulares; **2** cheio de galhos ou raízes; **3** cheio de troncos ou obstáculos submersos

snail [sneɪl] Ⓐ *s.* **1** ZOOLOGIA caracol; *edible ~* caracol comestível; **2** [fig., depr.] (pessoa lenta) lesma*fig.*; carroça*fig.* Ⓑ *v.tr.,intr.* **1** libertar/limpar de caracóis; **2** apanhar caracóis; **3** andar com uma lentidão de caracol ❖ *~ breeder* helicicultor; *~ breeding* helicicultura; BOTÂNICA *~ clover* variedade de luzerna; [coloq.] *~ mail* correio postal; *~ shell* concha de caracol; *at a snail's pace* a passo de caracol

snailery [ˈsneɪlərɪ] *s.* viveiro de caracóis

snake [sneɪk] Ⓐ *s.* **1** ZOOLOGIA cobra, serpente; *a bed/knot of snakes* um novelo de serpentes enlaçadas umas nas outras; **2** [fig., depr.] (pessoa falsa, traiçoeira) serpente Ⓑ *v.tr.,intr.* **1** (estrada, rio, etc.) serpentear; ondular; **2** [EUA] (corda) enrolar em espiral; **3** [EUA] puxar com força ❖ *~ charmer* encantador de serpentes; *~ fence* vedação feita de ripas ou troncos em ziguezague; ZOOLOGIA *~ lizard* lagarto sem pernas ou com pernas muito rudimentares; BOTÂNICA *snake's head* fritilária; (fóssil) *~ stone* amonite; *~ hooded* cobra-de-capelo; ZOOLOGIA *~ water* cobra-d'água; *~ in the grass* perigo escondido; traidor; *to cherish a ~ in one's bosom* criar uma cobra no seu seio; receber o mal em paga do bem; *to raise/wake snakes* armar violenta desordem; (patologia) *to see snakes* ter *delirium tremens*; *to ~ along* rastejar; rojar-se

snakebird [ˈsneɪkbɜːd] *s.* ZOOLOGIA caravá, miná, biguá, anhinga

snakebite [ˈsneɪkbaɪt] *s.* mordedura de cobra

snakefish [ˈsneɪkfɪʃ] *s.* ZOOLOGIA regaleco

snakemouth [ˈsneɪkmaʊθ] *s.* [coloq.] orquídea

snakeroot [ˈsneɪkruːt] *s.* BOTÂNICA serpentária, serpentina, dragonteia, dracúnculo

snakeskin [ˈsneɪkskɪn] *s.* pele de cobra ❖ *~ shoes* sapatos em pele de cobra

snakeweed [ˈsneɪkwiːd] *s.* BOTÂNICA bistorta

snaky [ˈsneɪkɪ] *adj.* (*comp.* **-ier**, *superl.* **-iest**) **1** serpentino; semelhante a serpente ou cobra; **2** sinuoso; tortuoso; **3** infestado de serpentes; **4** [fig.] falso, pérfido, traiçoeiro, venenoso

snap [snæp] Ⓐ *s.* **1** (som) estalido, estalo; *he shut his mouth with a ~* ele fechou a boca com um estalido; **2** dentada; *to make a ~ at* tentar abocanhar, tentar morder; **3** [EUA] (fecho) mola; *the ~ of a necklace* a mola de um colar; **4** METEOROLOGIA vaga de frio; **5** [coloq.] energia, ímpeto, vigor, vivacidade; *a style full of ~* um estilo vigoroso; *put some ~ into it!* um pouco mais de energia!; **6** (jogo de cartas) batalha; **7** FOTOGRAFIA instantâneo; **8** biscoito seco; **9** [EUA] (tarefa fácil) canja*fig.*; *it's a ~* está no papo; **10** [GB] [coloq.] lanche, merenda Ⓑ *adj.* **1** inesperado; *a ~ debate* um debate inesperado; *~ election* inesperada eleição para o parlamento; **2** precipitado; irreflectido; **3** [EUA] muito fácil Ⓒ *adv.* com um estalido; *~ went the stick* a vara quebrou com um estalido; *to go ~* quebrar com um estalido Ⓓ *v.tr.* (*particípios:* **-pp-**) **1** partir, quebrar, rebentar; *the rope snapped and they fell* a corda rebentou e eles caíram; *to ~ asunder* fazer-se em bocados; *to ~ in two* partir em dois; **2** (cão) morder [*at*, -]; *the dog snapped at his leg* o cão mordeu-lhe a perna; **3** (dedos) estalar; **4** [coloq.] passar-se; **5** (olhar) dardejar; **6** [coloq.] fotografar; *to ~ a person* fotografar uma pessoa; **7** falar rudemente [*at*, a]; **8** mover-se rapidamente ❖ *~ bolt* ferrolho de fecho automático; (montanhismo) *~ ring* mosquetão; ELECTRICIDADE *~ switch* interruptor de mola; *~ to it!* depressa!; vamos!; [coloq.] *don't care a ~* não me interessa; não quero saber; [coloq.] *I don't give a ~ of my fingers for what she says* não ligo absolutamente nada àquilo que ela diz; (parlamento) *to ~ a division on a question* pôr uma questão à votação sem dar tempo de a discutir; *to ~ a pistol at* disparar uma pistola contra; (automóvel) *to ~ in a gear* mudar bruscamente de velocidade; (automóvel) *to ~ on the brakes* travar bruscamente; *to ~ one's fingers at* rir-se de; desdenhar; desafiar; *to ~ one's fingers at Mrs Grundy* rir-se das chamadas conveniências sociais; não se importar com aquilo que os outros possam dizer; *to speak with a ~* falar em tom seco

➤ **snap back** *v.intr.* **1** (corda, elástico) retesar-se bruscamente; **2** (doença, etc.) recuperar rapidamente; reagir; **3** dar uma resposta torta

➤ **snap off** *v.tr.,intr.* partir; estalar ❖ *to snap sb's head/nose off* responder muito bruscamente

➤ **snap out** Ⓐ *v.intr.* **1** [coloq.] (mau humor, tristeza) livrar-se de [*of*, de]; **2** (mau génio) controlar-se; dominar-se Ⓑ *v.tr.* falar bruscamente; responder bruscamente; *to ~ one's orders* dar as ordens com brusquidão e secura ❖ *~ of it!* anima-te!, reage!

➤ **snap up** *v.tr.* **1** agarrar; apanhar; apoderar-se de; *the goods were soon snapped up* as mercadorias foram logo agarradas; **2** aproveitar; *to ~ an opportunity* agarrar uma oportunidade

snapdragon [ˈsnæpdrægən] *s.* **1** BOTÂNICA boca-de-lobo, erva-bezerra; **2** brincadeira de Natal que consiste em apanhar uvas passas dum prato onde arde conhaque

snapper [ˈsnæpə] *s.* **1** que ou aquele que morde; **2** fotógrafo que tira instantâneos; **3** ZOOLOGIA ❖ *snapping turtle* ❖ *~ up* pessoa que apanha tudo que encontra à mão

snapping [ˈsnæpɪŋ] Ⓐ *adj.* **1** impertinente, rabugento; **2** (cão) abocanhador, que tenta morder Ⓑ *s.* **1** acto de apanhar com os dentes; **2** batimento de dentes; **3** rebentamento, rompimento; **4** FOTOGRAFIA tiragem de instantâneo ❖ ZOOLOGIA *~ beetle* elaterídeo; ZOOLOGIA *~ turtle* quélidra serpentina

snappish [ˈsnæpɪʃ] *adj.* **1** brusco; **2** impertinente, irritado, maldisposto, mal-humorado; **3** resmungão; **4** intratável

snappishly [ˈsnæpɪʃlɪ] *adv.* **1** impertinentemente; **2** de mau humor

snappishness [ˈsnæpɪʃnəs] *s.* **1** impertinência, má disposição, mau humor; **2** carácter azedo

snappy [ˈsnæpɪ] *adj.* (*comp.* **-ier**, *superl.* **-iest**) **1** nervoso; impaciente; irritadiço; **2** cheio de vida; animado, vigoroso; **3** rápido, apressado; **4** chique; elegante ❖ [coloq.] *make it snappy!* rápido!; depressa!; *to be a ~ dresser* vestir bem

snapshot [ˈsnæpʃɒt] Ⓐ *s.* FOTOGRAFIA instantâneo; *to take a ~* tirar um instantâneo Ⓑ *v.tr.,intr.* (*particípios:* **-tt-**) **1** tirar um instantâneo a; **2** tirar instantâneos

snapshotter [ˈsnæpʃɒtə] *s.* pessoa que tira instantâneos

snare [sneə] Ⓐ s. 1 (animal) armadilha; *bird ~* armadilha para pássaros; *to lay/set a ~* pôr uma armadilha; 2 (pessoa) cilada; *to be caught in a ~* ser apanhado numa cilada; 3 CIRURGIA laço metálico para a excisão de pólipos; 4 (tambor) corda Ⓑ v.tr. 1 apanhar numa armadilha, enredar; 2 armar cilada a; 3 enganar ❖ *~ drum* tambor de parada; *~ hoop* arco de tambor

snarer ['sneərə] s. 1 pessoa que arma laço; 2 indivíduo que prepara armadilhas

snarky ['snɑːkɪ] adj. (comp. -**ier**, superl. -**iest**) [EUA] [coloq.] desagradável, chato

snarl [snɑːl] Ⓐ s. 1 rosnadela; 2 maneira ríspida de falar; 3 emaranhamento; enredo Ⓑ v.tr.,intr. 1 rosnar; 2 (irritação, rispidez) rosnar*fig.*; vociferar; *to ~ out an order* dar uma ordem com rispidez; 3 emaranhar(-se); enredar(-se); 4 (recipiente metálico) ornamentar o exterior em relevo, batendo por dentro com um martelo especial; 5 [EUA] lançar a confusão em; desorganizar ❖ *a snarled skein* um negócio complicado; *a traffic ~* um engarrafamento

◆**snarl up** v.tr.,intr. 1 emaranhar(-se); enredar(-se); 2 desorganizar; 3 (trânsito) bloquear; obstruir; engarrafar

snarler ['snɑːlə] s. 1 indivíduo resmungão ou rabugento; 2 artista que trabalha em relevo, batendo com um martelo especial

snarling ['snɑːlɪŋ] Ⓐ adj. 1 rabugento, resmungão; 2 (cão) que rosna, rosnador Ⓑ s. 1 resmunguice, mau humor; 2 rispidez; 3 trabalho em relevo batido ❖ *~ iron* punção; martelo especial para bater em relevo

snarly ['snɑːlɪ] adj. [coloq.] resmungão, rabugento

snatch [snætʃ] Ⓐ s. (pl. -**es**) 1 tentativa de agarrar; *to make a ~ at* tentar deitar a mão a; 2 (conversa, música) fragmento, trecho; *snatches of a song* trechos de uma canção; 3 (pequena quantidade) bocadinho; *in snatches* aos bocadinhos; 4 [coloq.] esticão, roubo; 5 [EUA] [coloq.] rapto; 6 DESPORTO (halterofilismo) levantamento do haltere/peso com os braços esticados para cima; 7 [EUA] [cal.] (vulva) rata Ⓑ v.tr.,intr. 1 arrancar, arrebatar; *to ~ sth out of sb's hands* arrancar alguma coisa das mãos de alguém; 2 apanhar; *to ~ insects* apanhar insectos; 3 (oportunidade, etc.) aproveitar; *to ~ a few hours' sleep* aproveitar para dormir algumas horas; 4 [EUA] [coloq.] raptar; 5 despachar rapidamente; *to ~ a hasty meal* despachar rapidamente uma refeição; 6 [fig.] roubar; *to ~ a kiss* roubar um beijo ❖ NÁUTICA *~ block* patesca; *~ horsepower* potência máxima

◆**snatch at** v.tr. 1 aproveitar; agarrar; *to ~ a chance* aproveitar uma oportunidade; 2 (objecto, etc.) tentar deitar a mão a

◆**snatch away/off** v.tr. arrancar bruscamente

◆**snatch up** v.tr. agarrar, apanhar

snatcher ['snætʃə] s. ladrão; *body ~* ladrão de cadáveres

snatchy ['snætʃɪ] adj. 1 esporádico; 2 irregular; 3 desigual

snazzy ['snæzɪ] adj. 1 apelativo, chamativo; 2 vistoso; 3 em voga

sneak [sniːk] Ⓐ s. 1 bufo; indivíduo cobarde e traiçoeiro; 2 [coloq.] (escola) aluno delator; 3 DESPORTO (críquete) bola rasteira; 4 pl. sapatos de borracha; 5 pl. alpercatas Ⓑ adj. 1 furtivo; 2 traiçoeiro; 3 sub-reptício Ⓒ v.tr.,intr. 1 deslocar-se pela calada; mover-se disfarçadamente; ter movimentos furtivos; 2 esgueirar-se; 3 [coloq.] (escola) denunciar um colega ao professor; 4 comportar-se de modo servil; 5 andar com mexericos; 6 roubar, furtar ❖ CINEMA *~ preview* pré-estreia; *~ thief* larápio que rouba, aproveitando-se de portas ou janelas abertas; *to ~ in* entrar sorrateiramente; *to ~ out* sair às sorrelfa

◆**sneak away/off** v.intr. esgueirar-se; pôr-se ao fresco; ir-se embora sorrateiramente; eclipsar-se

◆**sneak on** v.tr. espiar; *to ~ sb* espiar alguém

◆**sneak up on** v.tr. 1 aproximar-se discretamente de; aproximar-se furtivamente de; 2 apanhar de surpresa

sneaker ['sniːkə] s. 1 DESPORTO (críquete) bola rasteira; 2 pl. (calçado) sapatos de borracha, alpercatas; 3 pl. [EUA, Can., Austr.] (calçado) sapatilhas

sneakily ['sniːkɪlɪ] adv. 1 dissimuladamente; 2 furtivamente; 3 sorrateiramente; 4 traiçoeiramente

sneaking ['sniːkɪŋ] adj. 1 furtivo; 2 cobarde; 3 dissimulado; oculto; secreto; *to have a ~ sympathy for* ter uma oculta simpatia por ❖ *to have a ~ suspicion that...* ter a nítida impressão que...

sneakingly ['sniːkɪŋlɪ] adv. 1 furtivamente; 2 servilmente; 3 dissimuladamente; 4 secretamente

sneaky ['sniːkɪ] adj. (comp. -**ier**, superl. -**iest**) 1 dissimulado; 2 furtivo; 3 sorrateiro; 4 traiçoeiro

sneck [snek] Ⓐ s. 1 [Esc.] trinco, tranqueta, ferrolho; 2 fecho de segurança Ⓑ v.tr. 1 [Esc.] fechar com trinco ou ferrolho; 2 aferrolhar; 3 trancar

sneer [snɪə] Ⓐ s. 1 sorriso escarninho; 2 ar de desprezo; expressão de desprezo; 3 chacota, escárnio, sarcasmo Ⓑ v.tr.,intr. 1 escarnecer [**at**, de]; zombar [**at**, de]; 2 dirigir sarcasmos [**at**, a]; 3 sorrir-se com desprezo [**at**, de]; rir-se [**at**, de] ❖ *he sneered them down* ele fê-los calar à força de sarcasmos; *to ~ away* destruir à força de sarcasmos

sneerer ['snɪərə] s. trocista, zombador, escarnecedor

sneering ['snɪərɪŋ] Ⓐ adj. zombeteiro, escarnecedor, trocista, sarcástico Ⓑ s. 1 troça, zombaria, chacota; 2 sarcasmo

sneeringly ['snɪərɪŋlɪ] adv. 1 zombeteiramente, escarninhamente; 2 sarcasticamente

sneeze [sniːz] Ⓐ s. espirro Ⓑ v.intr. 1 espirrar; 2 [coloq.] desprezar [**at**, -]; desdenhar [**at**, de]; *that is not to be sneezed at* isso não é para desprezar ❖ QUÍMICA *~ gas* gás esternutatório; [coloq.] *to ~ into a basket* ser guilhotinado

sneezer ['sniːzə] s. pessoa que espirra

sneezewort ['sniːzwɜːt] s. BOTÂNICA espirradeira, cevadilha

sneezing ['sniːzɪŋ] s. espirro ❖ *~ powder* pó esternutatório

snell [snel] s. (pesca) sedalha, sedela

snib [snɪb] s.,v.tr. ⇒ **sneck**

snick [snɪk] Ⓐ s. 1 entalhe, incisão; 2 (críquete) golpe que faz desviar levemente a bola; 3 [coloq.] pequeno ruído seco Ⓑ v.tr. 1 abrir entalhe(s) em; fazer pequena incisão em; 2 (bola de críquete) cortar levemente; 3 [coloq.] fazer (qualquer coisa) com um pequeno ruído seco, fazer (qualquer coisa) com um pequeno estalido ❖ *to ~ across to* correr até junto de

snicker ['snɪkə] Ⓐ s. 1 relincho, rincho, nitrido; 2 ⇒ **snigger** Ⓑ Ⓑ v.intr. 1 relinchar, rinchar, nitrir; 2 ⇒ **snigger** Ⓐ

snickersnee ['snɪkəsniː] s. faca grande, usada sobretudo como arma

snide [snaɪd] Ⓐ adj. 1 [coloq.] falso, falsificado, de imitação; 2 cínico; 3 trocista, sarcástico Ⓑ s. 1 moeda falsa; 2 jóias falsas, jóias de imitação; 3 vigarista; 4 cínico; 5 cinismo

Snider ['snaɪdə] s. determinado tipo antigo de fuzil ou espingarda, de carregar pela culatra

snidesman ['snaɪdzmən] s. (pl. -**men**) passador de moeda falsa

sniff [snɪf] Ⓐ s. 1 (nariz) aspiração, inalação; *to take a ~ at* cheirar, aspirar o cheiro de; 2 (som) fungadela Ⓑ v.tr.,intr. 1 aspirar, inalar; *she sniffed the bottle of salts* ela cheirou o frasquinho de sais; 2 farejar; 3 fungar; 4 (droga) snifar; 5 [fig.] suspeitar de; pressentir; 6 [fig.] torcer o nariz [**at**, a]; *he sniffed at my proposal* ele torceu o nariz ao ouvir a minha proposta ❖ *in the fresh air* encher os pulmões de ar fresco; MEDICINA *to ~ up* tomar, aspirando

◆**sniff out** v.tr. 1 [coloq.] descobrir; 2 (cão) farejar

sniffer ['snɪfə] s. pessoa que funga

sniffing ['snɪfɪŋ] Ⓐ adj. 1 que funga; 2 com defluxo nasal Ⓑ s. 1 fungadela; 2 aspiração de ar

sniffle ['snɪfl] v.intr. fungar; estar com defluxo nasal

sniffling ['snɪflɪŋ] Ⓐ adj. com defluxo nasal Ⓑ s. entupimento do nariz devido a defluxo

sniffy ['snɪfɪ] adj. (comp. -**ier**, superl. -**iest**) 1 [coloq.] desdenhoso, que mostra desdém; 2 [coloq.] altivo; 3 [coloq.] levemente malcheiroso

snift [snɪft] v.intr. 1 [dial.] fungar; 2 (motor) cuspir, espirrar

snifter ['snɪftə] s. 1 [coloq.] (bebida) copo, copito; *to have a ~* tomar um copo; 2 (brandy) copo de balão

snifting ['snɪftɪŋ] s. fungadela

snigger ['snɪgə] Ⓐ v.intr. rir à socapa, rir com um riso meio reprimido Ⓑ s. risinho, riso meio reprimido; riso abafado

sniggerer ['snɪgərə] s. pessoa que se ri à socapa, com um riso meio reprimido

sniggering ['snɪgərɪŋ] s. risinho, riso à socapa, riso meio reprimido

sniggle ['snɪgl] Ⓐ s. ⇒ **snigger** Ⓑ Ⓑ v.intr. 1 pescar (enguias), introduzindo a isca no buraco onde costumam encontrar-se; 2 ⇒ **snigger** Ⓐ

sniggler ['snɪglə] s. ⇒ **sniggerer**

snip [snɪp] Ⓐ s. 1 bocado, pedaço cortado; 2 recorte; 3 retalho; 4 tesourada; 5 [coloq.] alfaiate; 6 [coloq.] certeza, negócio vantajoso; 7 tesoura de cortar chapa Ⓑ v.tr.,intr. (particípios -pp-) 1 cortar com tesoura; *to ~ a hole* fazer um buraco com a tesoura; 2 dar tesouradas [at, em] ❖ [GB] *to be a ~* ser uma pechincha; [coloq.] *to have the ~* fazer uma vasectomia

◆**snip off** v.tr. cortar; arrancar; *you must snip the ends off* tens de cortar as pontas

snipe [snaɪp] Ⓐ s. 1 ZOOLOGIA narceja; 2 tiro de emboscada; 3 [fig.] idiota Ⓑ v.tr.,intr. 1 (franco-atirador) disparar; 2 caçar narcejas; 3 criticar por trás das costas [at, -] ❖ ZOOLOGIA *~ eel* órfia; ZOOLOGIA *summer ~* maçarico; seixoeira; andorinha-do-mar

sniper ['snaɪpə] s. 1 MILITAR franco-atirador; atirador emboscado; 2 caçador de narcejas

sniping ['snaɪpɪŋ] s. 1 MILITAR actividade de atiradores isolados; 2 caça à narceja

snipped ['snɪpt] adj. 1 cortado; 2 separado com uma tesourada

snipper-snapper [snɪpə'snæpə] s. [coloq.] frangalhote, rapazola

snippet ['snɪpɪt] s. 1 pedacinho; 2 recorte; 3 fragmento; 4 pequeno extracto; 5 pl. pedaços isolados de conhecimentos ou informações

snippety ['snɪpɪtɪ] adj. 1 insignificante, trivial; 2 sem ligação; 3 fragmentário

snipping ['snɪpɪŋ] s. acto de dar tesouradas, de cortar com a tesoura; 2 pl. bocados cortados

snippy ['snɪpɪ] adj. (comp. **-ier**, superl. **-iest**) 1 fragmentário; 2 breve; 3 [coloq.] maldisposto; 4 rude; 5 arrogante, presunçoso

snip-snap ['snɪp,snæp] Ⓐ s. 1 [coloq.] réplica; 2 resposta pronta Ⓑ v.intr. (particípios: -pp-) 1 dar resposta pronta; 2 trocar réplicas rápidas

snipy ['snaɪpɪ] adj. 1 semelhante a narceja, parecido com narceja; 2 abundante em narcejas; 3 de focinho afilado

snit [snɪt] s. [EUA] ataque de mau génio

snitch [snɪtʃ] Ⓐ s. 1 [coloq.] bufo, delator, denunciador; *he turned ~* ele passou a ser denunciante; 2 [ant.] (nariz) penca Ⓑ v.intr. [coloq.] bufar; denunciar, delatar; *to ~ on sb* denunciar alguém Ⓒ v.tr. [coloq.] (roubar) pifar; gamar

snivel ['snɪvəl] Ⓐ s. 1 monco, ranho; 2 choradeira, lamúria; 3 linguagem hipócrita, untuosidade afectada Ⓑ v.intr. (particípios: -ll-) 1 fungar, pingar do nariz; 2 deitar ranho pelo nariz; 3 estar todo ranhoso, ter defluxo nasal; 4 choramingar, andar com choradeiras, com lamúrias; 5 falar com uma untuosidade afectada

sniveller ['snɪvələ] s. 1 [coloq.] choramingas, choramingueiro; 2 [coloq.] indivíduo sempre com a lágrima pronta ao canto do olho; 3 [depr.] pessoa de uma untuosidade hipócrita

snivelling ['snɪvəlɪŋ] Ⓐ adj. 1 (nariz) que deixa correr monco ou ranho; ranhoso; que pinga; 2 lamuriento, choroso; 3 hipócrita; 4 que arma ao sentimento Ⓑ s. 1 acto de fungar; 2 defluxo nasal; 3 atitude ou linguagem lamurienta; 4 hipócrita; 5 untuosidade chorosa; 6 sentimentalismo afectado

snob [snɒb] s. snobe

snobbery ['snɒbərɪ] s. 1 snobismo; 2 pretensiosismo

snobbish ['snɒbɪʃ] adj. 1 snobe; 2 pretensioso, enfatuado, presumido

snobbishly ['snɒbɪʃlɪ] adv. 1 pretensiosamente; 2 com atitudes de snobe

snobbishness ['snɒbɪʃnəs] s. ⇒ **snobbism**

snobbism ['snɒbɪzəm] s. snobismo

snog [snɒɡ] Ⓐ v.intr. (particípios: -gg-) [cal.] estar na marmelada_fig_ Ⓑ s. [cal.] marmelada_fig_

snood [snu:d] s. 1 [Esc.] fita usada pelas raparigas para prenderem o cabelo; 2 (pesca marítima) qualquer das linhas que prendem os anzóis à linha principal

snook [snu:k] s. 1 ZOOLOGIA lúcio marinho; 2 [cal.] careta feita com o polegar no nariz e os outros dedos abertos em sinal de desprezo; *to cook/to cut/to make a ~* fazer uma careta com o polegar no nariz

snooker ['snu:kə] Ⓐ s. DESPORTO (bilhar) snooker Ⓑ v.tr. 1 colocar numa situação embaraçosa; 2 colocar num beco sem saída, encurralar

snoop [snu:p] Ⓐ v.tr.,intr. [coloq.] bisbilhotar; mexericar; meter o nariz em tudo; *to ~ around* andar a meter o nariz em tudo Ⓑ s. 1 [coloq.] mexeriqueiro, coscuvilheiro; 2 [coloq., fig.] espião; 3 [coloq.] espreitadela indiscreta

snooper ['snu:pə] s. 1 bisbilhoteiro, coscuvilheiro; 2 espião_fig_

snoopy ['snu:pɪ] adj. metediço, intrometido, bisbilhoteiro

snooty ['snu:tɪ] adj. orgulhoso, altivo, pretensioso, presumido

snooze [snu:z] Ⓐ s. sesta, soneca; *to have a ~* dormir uma soneca Ⓑ v.intr. dormitar; passar pelo sono; dormir uma soneca

snoozing ['snu:zɪŋ] adj. 1 adormecido; 2 sonolento; entorpecido

snore [snɔ:] Ⓐ s. ressono, ronco Ⓑ v.intr. ressonar; *to ~ like a pig* ressonar como um porco; *to ~ oneself awake* acordar à força de ressonar

snorer ['snɔ:rə] s. aquele que ressona

snoring ['snɔ:rɪŋ] Ⓐ adj. 1 ressonador, que ressona; 2 (vento) rugidor Ⓑ s. 1 ruído produzido por quem ressona; 2 ronco

snorkel ['snɔ:kəl] Ⓐ s. 1 (mergulho submarino) tubo de respiração para mergulhador; 2 dispositivo que permite a renovação do ar nos submarinos, quando em submersão Ⓑ v.intr. praticar mergulho submarino com tubo de respiração

snorkelling ['snɔ:kəlɪŋ] s. DESPORTO mergulho submarino (com tubo de respiração)

snort [snɔ:t] Ⓐ s. 1 resfôlego; *he gave a ~ of rage* ele bufou de raiva; 2 resmungo; rosnadela_fig_; 3 [coloq.] (droga) snifadela Ⓑ v.tr.,intr. 1 resfolegar; 2 (indignação, incredulidade, etc.) bufar; *to ~ with rage* bufar de raiva; 3 resmungar; rosnar_fig_; *he snorted out an answer* ele resmungou uma resposta; 4 morrer de riso; 5 desdenhar [at, de]; 6 [cal.] (droga) snifar

snorter ['snɔ:tə] s. 1 [coloq.] (coisa difícil) bico-de-obra; 2 soco no nariz; 3 reprimenda severa; 4 coisa invulgar, extraordinária ou extremamente ruidosa; 5 ventania, rajada de vento; 6 aquele que bufa ou resfolega ❖ *~ of a letter* carta desaforada

snorting ['snɔ:tɪŋ] Ⓐ adj. 1 (cavalo) que resfolega; 2 (vento) forte, violento; 3 [coloq.] extraordinário, formidável Ⓑ s. acto de resfolegar

snot [snɒt] s. 1 [cal.] (muco nasal) ranho; 2 [cal., depr.] (pessoa) arrogante; presunçoso ❖ [coloq.] *~ rag* lenço de assoar

snottily ['snɒtɪlɪ] adv. [cal.] de uma maneira ranhosa

snottiness ['snɒtɪnəs] s. aspecto ranhoso, moncoso

snotty ['snɒtɪ] Ⓐ adj. (comp. **-ier**, superl. **-iest**) 1 [cal.] com o nariz cheio de ranho, ranhoso; 2 mal-humorado, irritado Ⓑ s. NÁUTICA [cal.] ⇒ **midshipman**

snout [snaʊt] s. 1 ZOOLOGIA focinho, tromba; 2 [GB] [cal.] (nariz) bicanca, penca; 3 (arma) bocal; 4 [GB] [cal.] tabaco; 5 [GB] [cal.] informador ❖ ZOOLOGIA *~ beetle* gorgulho; *~ ring* arganel; arganéu; *to have a ~ for* ter um faro especial para

snouted ['snaʊtɪd] adj. 1 com um focinho comprido; 2 com bocal

snouty ['snaʊtɪ] adj. 1 semelhante a focinho ou tromba; 2 (crânio) prógnato

snow [snəʊ] Ⓐ s. 1 neve; *the ~ was getting deeper* a neve aumentava cada vez mais; 2 [cal.] (droga) cocaína, heroína; 3 [poét.] cãs, cabelos brancos; *the snows of seventy-five years* os cabelos brancos dos setenta e cinco anos; 4 pl. nevão Ⓑ v.tr.,intr. 1 nevar; 2 [EUA] [coloq.] impressionar ❖ *~ blindness* cegueira causada pela neve; ZOOLOGIA *~ bunting* emberiza-das-neves; [EUA] *~ flurry* tempestade de neve; *~ goggles* óculos para a neve; ZOOLOGIA *~ goose* ganso-das-neves; ZOOLOGIA *~ grouse* lagópode; *~ ice* gelo opaco formado por neve semiderretida; *~ lamp* farol para a neve; ZOOLOGIA *~ leopard* leopardo-das-neves; onça; *~ line* limite das neves eternas; ZOOLOGIA *~ owl* coruja-branca real; BOTÂNICA *~ plant/red ~* alga microscópica que dá à neve uma coloração avermelhada; *~ shovel* pá para remover a neve; *~ slip* avalancha de neve; *~ tyre* pneu para a neve; CULINÁRIA *apple ~* pudim de maçã; [coloq.] *he has been snowed under with work* ele tem estado sobrecarregado de trabalho; *to be snowed in/up* estar retido na neve; *to be snowed under (with sth)* não chegar para as encomendas

snowball ['snəʊbɔ:l] Ⓐ s. 1 bola de neve; *to gather like a ~* crescer como uma bola de neve; 2 BOTÂNICA rosa-de-gueldres, bola-de-neve Ⓑ v.tr.,intr. 1 atirar bolas de neve a; 2 ter uma batalha de bolas de neve; 3 [fig.] desenvolver-se rapidamente; prosperar ❖ *~ effect* efeito bola de neve; *~ fight* batalha de bolas de neve; BOTÂNICA *~ tree* noveleiro; bola-de-neve; *not to have a snowball's chance in hell* não ter a mínima hipótese

snowberry ['snəʊbərɪ] s. BOTÂNICA sinforina, arbusto de jardim de bagas brancas

snowbird ['snəʊbɜːd] *s.* ZOOLOGIA variedade de tentilhão branco, emberiza-das-neves, siocho-branco
snow-blind ['snəʊblaɪnd] *adj.* cego pela neve
snowblink ['snəʊblɪŋk] *s.* METEOROLOGIA brilho no céu causado por reflexo da neve
snowblower ['snəʊˌbləʊə] *s.* (máquina) limpa-neves
snowboard ['snəʊbɔːd] Ⓐ *s.* DESPORTO (prancha) snowboard Ⓑ *v.intr.* descer em snowboard
snowboarding ['snəʊbɔːdɪŋ] *s.* DESPORTO snowboard
snowbound ['snəʊbaʊnd] *adj.* bloqueado, preso pela neve
snowcap ['snəʊkæp] *s.* (cume da montanha) cobertura de neve
snowdrift ['snəʊdrɪft] *s.* monte de neve acumulado pelo vento
snowdrop ['snəʊdrɒp] *s.* BOTÂNICA campânula-branca
snowfall ['snəʊfɔːl] *s.* 1 queda de neve; 2 nevão; 3 nevada
snowfield ['snəʊfiːld] *s.* campo de neve
snowflake ['snəʊfleɪk] *s.* 1 floco de neve; 2 ZOOLOGIA emberiza-das-neves; 3 BOTÂNICA nivéola
snowily ['snəʊɪlɪ] *adv.* 1 como neve; 2 imaculadamente
snowiness ['snəʊɪnəs] *s.* 1 alvura; 2 aspecto níveo; 3 brancura de neve; 4 estado nevoso
snowing ['snəʊɪŋ] *s.* 1 nevão, queda de neve; 2 nevada
snowman ['snəʊmæn] *s.* boneco de neve ❖ *the Abominable Snowman* o Abominável Homem das Neves
snowmobile ['snəʊməbiːl] *s.* moto para a neve
snowplough ['snəʊplaʊ] Ⓐ *s.* (veículo, ferramenta) limpa-neves; 2 DESPORTO posição adoptada pelo esquiador para parar Ⓑ *v.intr.* (esqui) parar; virar
snowshoe ['snəʊʃuː] Ⓐ *s.* (calçado) raqueta de neve Ⓑ *v.intr.* (calçado) andar com raquetes de neve
snowstorm ['snəʊstɔːm] *s.* tempestade de neve
Snow White ['snəʊˌwaɪt] *s.* Branca de Neve
snowy ['snəʊɪ] *adj.* (*comp.* -**ier**, *superl.* -**iest**) 1 de neve; relativo a neve; *the ~ season* a época da neve; 2 nevoso; *~ weather* tempo nevoso; 3 [fig.] branco de neve, níveo; *there was a ~ tablecloth* havia uma toalha branca como a neve; 4 [fig.] imaculado, puro ❖ ZOOLOGIA *~ egret* garça-branca-pequena; ZOOLOGIA *~ owl* coruja-branca real; ZOOLOGIA *~ plover* borrelho-de-coleira-interrompida
snr [*abrev. de* senior]
snub [snʌb] Ⓐ *s.* 1 humilhação; desaire; 2 rejeição; 3 NÁUTICA (amarra, cabo) esticão Ⓑ *adj.* (nariz) arrebitado Ⓒ *v.tr.* (*particípios:* -**bb**-) 1 repreender; 2 (pessoa) desprezar; 3 (oferta, proposta) recusar, rejeitar; 4 NÁUTICA (amarra, cabo) dar um esticão a
snubber ['snʌbə] *s.* [EUA] amortecedor
snubbing ['snʌbɪŋ] *s.* 1 reprimenda; censura; 2 afronta, injúria; 3 mau acolhimento; 4 NÁUTICA esticão súbito em cabo ou amarra
snubby ['snʌbɪ] *adj.* (nariz) levemente arrebitado ou achatado
snuck [snʌk] {*prt. e part. pass. de* **to sneak**}
snuff [snʌf] Ⓐ *s.* 1 fungadela; 2 (tabaco) rapé; *a pinch of ~* uma pitada de rapé; *to take ~* tomar rapé; 3 MEDICINA pó para inalações; 4 (vela) morrão, pavio queimado Ⓑ *v.tr.,intr.* 1 fungar; 2 (vela) cortar a parte queimada do pavio; 3 (animal) farejar; 4 cheirar rapé; 5 (vela) apagar ❖ BOTÂNICA *~ gourd* cabaça; *~ maker* fabricante de rapé; *~ mill* moinho para moer tabaco; *~ taker* pessoa que toma rapé; (morrer) *to ~ it* esticar o pernil; [coloq.] *to take ~ at* irritar-se; ofender-se; picar-se com; [coloq.] *up to a ~* finório; manhoso; matreiro
✦ **snuff out** Ⓐ *v.intr.* [cal.] (morrer) bater a bota Ⓑ *v.tr.* 1 (vela) apagar com os dedos; *to ~ a candle* apagar uma vela com os dedos; 2 sufocar; *to ~ a rebellion* sufocar uma revolta; 3 acabar com, extinguir; *her hopes were soon snuffed out* as esperanças dela em breve se extinguiram; 4 [Austr., EUA] [cal.] matar
snuffbox ['snʌfbɒks] *s.* caixa de rapé
snuff-coloured ['snʌfˈkʌləd] *adj.* (cor) castanho-arruivado
snuffer ['snʌfə] *s.* 1 instrumento para apagar velas; 2 aquele que toma rapé
snuffiness ['snʌfɪnəs] *s.* 1 aspecto sujo de rapé; 2 pouco cuidado no vestir; 3 [fig.] rabugice
snuffing ['snʌfɪŋ] *s.* 1 fungadela; 2 hábito de cheirar rapé; 3 espevitamento (de vela, etc.), acto de tirar o morrão a (vela, etc.); *pl.* morrões (em pavios, torcidas)
snuffle ['snʌfəl] *s.* 1 fungadela; 2 conversa fanhosa; 3 som ou tom de voz fanhoso; 4 *pl.* coriza, defluxo, catarro nasal Ⓑ *v.tr.,intr.* 1 fungar; 2 (constipação) ter o nariz tapado; 3 falar pelo nariz; 4 dizer com voz fanhosa; falar com voz fanhosa e hipócrita; *he snuffled out a prayer* ele recitou hipocritamente uma oração ❖ *to ~ at sth* farejar/cheirar alguma coisa
snuffler ['snʌflə] *s.* 1 indivíduo fanhoso; 2 [coloq.] beato, hipócrita
snuffling ['snʌflɪŋ] Ⓐ *adj.* 1 que funga; 2 que tem o nariz tapado (devido a constipação); 3 que fala com voz fanhosa e hipócrita; 4 beato Ⓑ *s.* 1 acto de fungar; 2 tom de voz fanhoso; 3 hipocrisia, beatice
snufflingly ['snʌflɪŋlɪ] *adv.* 1 de maneira fanhosa; 2 hipocritamente
snuffy ['snʌfɪ] *adj.* (*comp.* -**ier**, *superl.* -**iest**) 1 semelhante a rapé; 2 que cheira a rapé; 3 sujo de rapé; 4 desmazelado, com pouco cuidado no vestir; 5 [fig.] descontente, rabugento
snug [snʌg] Ⓐ *adj.* 1 confortável; aconchegado; *it is very ~ here* está-se bem aqui; *to be as ~ as a bug in a rug* estar comodamente instalado; *to lie ~ in bed* estar aconchegado na cama; 2 quente, agradável; *a ~ climate* um clima agradável; 3 protegido; abrigado; 4 com bom aspecto, bem arranjado, arrumado; 5 (roupa) que assenta bem; *a ~ jacket* um casaco que assenta bem; 6 bastante bom; razoável; *~ income* rendimento razoável Ⓑ *v.tr.* (*particípios* -**gg**-) 1 instalar de modo confortável; 2 pôr em ordem ❖ *to make oneself ~* meter-se em casa e pôr-se à vontade; NÁUTICA (para todas as eventualidades) *to ~ a ship down* aparelhar um navio
snuggery ['snʌgərɪ] *s.* (*pl.* -**ies**) 1 lugar confortável; 2 (pub) divisão particular
snuggle ['snʌgəl] *v.tr.,intr.* 1 aconchegar(-se); deitar(-se) aconchegado; *she snuggled the child close to her* ela aconchegou a criança a si; 2 [coloq.] aninhar-se; enroscar-se
✦ **snuggle down** *v.intr.* aconchegar-se; enroscar-se; *to ~ beside sb* aconchegar-se junto a alguém
✦ **snuggle up** *v.intr.* encostar-se [**to**, a]; aconchegar-se [**to**, junto a]; *to ~ to sb* aconchegar-se junto a alguém
snugly ['snʌglɪ] *adv.* 1 confortavelmente; 2 comodamente; 3 bem arranjado ❖ *to fit snugly* assentar bem; encaixar perfeitamente
snugness ['snʌgnəs] *s.* 1 conforto; 2 comodidade; 3 bem-estar
snurge [snɜːdʒ] *s.* [cal.] (escola) aluno delator
so [səʊ] Ⓐ *adv.* 1 tão; *so fine a day* um dia tão bonito; 2 tanto; *at so much a head* a tanto por cabeça; 3 deste modo, assim, desta maneira; *as he treats me, so I will treat him* conforme ele me tratar, assim o tratarei a ele; *so, and so only, can it be done* assim, e só assim, é que isso se fará; *so help me God!* assim Deus me ajude!; *so it seems* assim parece; *so it was that he became a teacher* foi assim que ele veio a ser professor; 4 também; igualmente; *he speaks English, and so does my brother* ele fala inglês, e o meu irmão também; *she is young, and so am I* ela é nova, e eu também Ⓑ *conj.* 1 portanto; por conseguinte; por isso; *it was very late, so we decided to go home* era muito tarde, por isso resolvemos ir para casa; *the test is very difficult, so you must work hard for it* a prova é muito difícil, portanto tens de trabalhar muito para ela; 2 para que; *he passed me the letter, so I might read it* ele passou-me a carta para eu a poder ler; 3 no caso de, desde que; *so (that) it is done, it matters not how* desde que seja feito, não importa como ❖ *so far* até agora; até esta altura; *so far so good* até aqui muito bem; *so far you are right* até aqui tens razão; *so long!* adeus!; *so many men, so many minds* cada cabeça sua sentença; *so much as* nem sequer; *so that's that* e pronto; nada mais há a dizer, e ponto final; *so to say/so to speak* por assim dizer; *so what?* e então?; *and so on/and so forth* etc.; *I think so* julgo que sim; *he was not so much angry as disappointed* ele estava mais desapontado do que zangado; *he was so fortunate as to get the money* ele teve a sorte de conseguir o dinheiro; *I told you so* eu avisei; *is that so?* ai sim?; *it so happened that I met them* aconteceu por acaso eu encontrá-los; *just so/quite so* justamente; exactamente; *she didn't so much as ask me to sit down* ela nem sequer me mandou sentar; *she is not so sure of that* ela não tem bem a certeza disso; *she must be twenty or so* ela deve ter vinte anos mais ou menos; *two hundred euros or so* duzentos euros, ou coisa que o valha
SO Ⓐ [GB] [*abrev. de* Stationery Office] Ⓑ [*abrev. de* standing order]
soak [səʊk] Ⓐ *s.* 1 encharcamento; ensopamento; saturação em líquido; 2 [cal.] (bêbedo) esponja_{fig}, borrachão; 3 patuscada,

soakage

orgia, bebedeira, borracheira ⓑ *v.tr.,intr.* **1** encharcar(-se); **2** embeber(-se); impregnar(-se) de líquido; saturar; *to ~ in water* embeber em água, ensopar em água; **3** molhar; **4** pôr de molho; **5** infiltrar(-se); *to ~ into* penetrar em, passar através de, infiltrar-se em; **6** absorver; **7** [coloq.] socar, esmurrar, agredir; **8** [coloq.] sugar, espoliar, defraudar, explorar, cobrar preço excessivo; **9** [coloq.] beber demasiado, embebedar-se, embriagar-se ❖ *in ~* de molho; *to ~ away* desaparecer por infiltração; *to ~ off* afastar, lavando; *to ~ afastar*, metendo em líquido; *to ~ oneself in philosophy* embeber-se de filosofia; *to ~ the rich* fazer pagar aos ricos; sugar os ricos

◆**soak in** *v.intr.* (líquido) penetrar; ser absorvido

◆**soak out** *v.tr.,intr.* (nódoa, etc.) fazer desaparecer, metendo na água; extrair por maceração

◆**soak through** *v.tr.,intr.* encharcar

◆**soak up** *v.tr.* absorver; chupar; *blotting paper soaks up ink* o papel mata-borrão absorve a tinta

soakage ['səʊkɪdʒ] *s.* **1** infiltração; **2** imbibição; **3** perda por infiltração

soakaway ['səʊkəweɪ] *s.* escoadouro, sarjeta, fossa

soaked [səʊkt] *adj.* ensopado, encharcado, todo molhado; *~ in* encharcado de; *he was ~ through* ele estava todo encharcado, não tinha um fio enxuto_{coloq}; *to be ~ to the skin* estar encharcado, estar molhado até aos ossos

soaker ['səʊkə] *s.* **1** [coloq.] (pessoa) beberrão, esponja_{fig}; **2** aguaceiro, chuvada, carga de água

soaking ['səʊkɪŋ] Ⓐ *adj.* que molha, que encharca completamente; *~ wet* encharcado, todo molhado, a pingar_{coloq}. Ⓑ *s.* **1** encharcamento; saturação em líquido; **2** [coloq.] molha; *to get a ~* apanhar uma molha; **3** *pl.* água de infiltração ❖ *~ in* infiltração

so-and-so ['səʊənsəʊ] *s.* **1** fulano, fulano de tal; *Mr. So-and-so* o sr. Fulano de Tal; **2** [coloq.] imbecil, palerma ❖ *he told me to do ~* ele disse-me que fizesse isto e aquilo

soap [səʊp] Ⓐ *s.* **1** sabão, sabonete; *a bar of ~* um pau de sabão; *to wash with ~* lavar com sabão; **2** TELEVISÃO [coloq.] telenovela Ⓑ *v.tr.* **1** ensaboar; **2** [coloq.] repreender ❖ *~ dish/~ pod* saboneteira; *~ powder* detergente para a máquina de lavar roupa; *~ bubble* bola de sabão; *~ maker* fabricante de sabão; BOTÂNICA *~ nut* saboeira; *~ water* água de sabão; *to blow ~ bubbles* fazer bolas de sabão

soapbark ['səʊpbɑːk] *s.* BOTÂNICA quilaia ❖ BOTÂNICA *~ tree* árvore-do-sabão-do-chile; timbaúva

soapberry ['səʊpberɪ] *s. (pl. -ies)* BOTÂNICA saboeira, saboeiro, saponária; sabão-de-soldado

soapbox ['səʊpbɒks] *s.* **1** caixa de sabão; **2** (orador) tribuna improvisada ❖ *~ orator* demagogo; *~ oratory* demagogia; [depr.] *to get on one's ~* perorar

soapdish ['səʊpdɪʃ] *s.* saboneteira

soapily ['səʊpɪlɪ] *adv.* **1** untuosamente; **2** lisonjeiramente, aduladoramente

soapiness ['səʊpɪnəs] *s.* **1** qualidade de saponáceo; **2** untuosidade; **3** adulação

soaping ['səʊpɪŋ] *s.* **1** ensaboadela; **2** acto de ensaboar

soapstone ['səʊpstəʊn] *s.* (minas) esteatite, greda ❖ *to sprinkle with ~* polvilhar com talco

soapsuds ['səʊpsʌdz] *s.pl.* espuma de sabão; água de sabão

soapwort ['səʊpwɜːt] *s.* BOTÂNICA saponária, erva-do-sabão

soapy ['səʊpɪ] *adj. (comp. -ier, superl. -iest)* **1** cheio de sabão, ensaboado; **2** semelhante a sabão, saponáceo; **3** untuoso, melífluo; **4** mole, brando; **5** [fig.] lisonjeiro, adulador, bajulador

soar [sɔː] *v.intr.* **1** voar a grande altura; **2** pairar nos ares, planar; **3** alcandorar-se; elevar-se; **4** (preços) disparar, subir em flecha; *prices soared as a result of the war* os preços dispararam por causa da guerra ❖ *her ambitions ~ high* ela tem grandes ambições

soaring ['sɔːrɪŋ] Ⓐ *adj.* **1** que sobe, que se eleva nos ares; **2** que voa a grande altura; **3** altaneiro; **4** que cresce, que se eleva continuamente; **5** elevado; **6** (edifício) altíssimo; **7** (preços) em alta; a subir; *owing to ~ prices* devido à alta dos preços; **8** que tem grandes ambições Ⓑ *s.* **1** voo a grande altura; **2** voo planado; **3** elevação a grande altura; **4** (preços) subida em flecha, alta

soaringly ['sɔːrɪŋlɪ] *adv.* de modo altaneiro

SOAS [abrev. de School of Oriental and African Studies]

sob [sɒb] Ⓐ *v.tr.,intr.* (particípios: **-bb-**) (choro) soluçar; *to ~ oneself to sleep* chorar até adormecer Ⓑ *s.* (choro) soluço ❖ [coloq.] *~ sister* mulher que escreve reportagens sentimentais para os jornais; [coloq.] *~ story* dramalhão; [coloq.] *~ stuff* pieguice; lamechice

◆**sob out** *v.tr.* dizer, soluçando; *to sob one's heart out* chorar amargamente, desfazer-se em lágrimas

sobbing ['sɒbɪŋ] Ⓐ *adj.* (choro) soluçante, aos soluços; *a ~ voice* uma voz soluçante Ⓑ *s.* (choro) soluços

sobbingly ['sɒbɪŋlɪ] *adv.* aos soluços, entrecortado de soluços, a chorar

sobeit [səʊ'biːɪt] *conj.* [arc.] desde que

sober ['səʊbə] Ⓐ *adj.* **1** sóbrio; discreto; *~ colours* cores sóbrias; *~ taste* gosto sóbrio; **2** comedido; moderado; **3** (sem bebedeira) sóbrio; *as ~ as a judge* totalmente sóbrio; **4** em seu juízo perfeito; **5** calmo, firme; **6** prudente, sensato, cauteloso, sério, grave; *~ estimate* cálculo prudente; *~ judgment* juízo prudente Ⓑ *v.tr.,intr.* **1** moderar; **2** tornar sóbrio; **3** fazer passar a embriaguez a; **4** [coloq.] curar a bebedeira; **5** atenuar, dar um tom sóbrio a ❖ *in ~ fact* na realidade; *to appeal Philip drunk to Philip ~* insinuar que as opiniões variam conforme o nosso estado de espírito; *to sleep oneself ~* curar a bebedeira, dormindo

◆**sober up** *v.tr.* **1** (embriaguez) recuperar a sobriedade; **2** recuperar o sangue-frio; acalmar; moderar-se

sobering ['səʊbərɪŋ] *adj.* que dá que pensar

soberly ['səʊbəlɪ] *adv.* **1** sobriamente; **2** moderadamente; **3** calmamente; **4** sensatamente; **5** ponderadamente; **6** com seriedade

sober-minded ['səʊbə'maɪndɪd] *adj.* sensato, desapaixonado, ponderado

sober-mindedness ['səʊbə'maɪndɪdnəs] *s.* sensatez, ponderação

soberness ['səʊbənəs] *s.* **1** sobriedade; **2** moderação; **3** calma, sensatez, prudência; **4** seriedade, ponderação; **5** temperança

sobersides ['səʊbəsaɪdz] *s.* [joc.] pessoa muito grave e séria

Sobranje [sə'brɑːnɪe] *s.* sobranjé (parlamento búlgaro)

sobriety [səʊ'braɪətɪ] *s.* sobriedade

soc. Ⓐ [abrev. de society] Ⓑ POLÍTICA [abrev. de socialist]

so-called [səʊ'kɔːld] *adj.* **1** assim chamado; **2** chamado; **3** pseudo, suposto; *a ~ lawyer* um suposto advogado; **4** pretenso; falso

soccer ['sɒkə] *s.* DESPORTO futebol

sociability [səʊʃə'bɪlɪtɪ] *s.* sociabilidade

sociable ['səʊʃəbəl] Ⓐ *adj.* **1** sociável; **2** dado, comunicativo; **3** amável; **4** sem cerimónia, sem formalismos Ⓑ *s.* **1** carruagem aberta com dois assentos um em frente do outro; **2** triciclo para duas pessoas com assentos lado a lado; **3** (mobília) conversadeira, variedade de sofá em forma de S; **4** [EUA] reunião entre pessoas amigas ❖ *~ animals* animais gregários; *~ evening* reunião à noite entre pessoas amigas

sociableness ['səʊʃəbəlnəs] *s.* sociabilidade

sociably ['səʊʃəblɪ] *adv.* **1** de maneira sociável, comunicativa, dada; **2** em boa harmonia

social ['səʊʃəl] Ⓐ *adj.* **1** social; relativo à sociedade; *~ intercourse* convívio social; *~ problems* problemas sociais; *~ reform* reforma social; **2** gregário, que vive em grupo; **3** amável, comunicativo, dado, sociável Ⓑ *s.* reunião informal de amigos ❖ *~ club* clube recreativo; POLÍTICA *~ democracy* social-democracia; POLÍTICA *~ democrat* social-democrata; *~ dues* impostos ou taxas para fins sociais; *~ events* acontecimentos sociais; vida mundana; [EUA] *~ insurance* seguro social; *~ integration* inserção social; ARTES PLÁSTICAS, LITERATURA *~ realism* realismo socialista; *~ security* segurança social; *~ work* serviço/assistência social; *~ worker* assistente social; *~ studies* ciências sociais; *the ~ contract* o contrato social; *the ~ ladder* a escala social; *man is a ~ animal* o homem é um animal social

socialism ['səʊʃəlɪzəm] *s.* POLÍTICA socialismo

socialist ['səʊʃəlɪst] *adj.,s.* POLÍTICA socialista ❖ *the Socialist Party* o partido socialista; o partido trabalhista britânico

socialistic [səʊʃə'lɪstɪk] *adj.* socialista

socialite ['səʊʃəlaɪt] *s.* [coloq.] pessoa do jet-set, colunável

sociality [səʊʃɪˈælɪtɪ] s. 1 gregarismo; 2 tendência para viver em grupo; 3 sociabilidade; 4 acto de frequentar a sociedade; 5 pl. compromissos sociais
socialization [səʊʃəlaɪˈzeɪʃən] s. socialização
socialize [ˈsəʊʃəlaɪz] v.tr. 1 socializar; 2 dispor de acordo com os princípios socialistas; 3 sociabilizar
socially [ˈsəʊʃəlɪ] adv. socialmente
societal [səʊˈsaɪətəl] adj. social; relativo à sociedade
society [səˈsaɪətɪ] s. (pl. -ies) 1 (comunidade) sociedade; *a danger to* ~ um perigo para a sociedade; *our duties towards* ~ os nossos deveres para com a sociedade; *to live in* ~ viver em sociedade; 2 associação; colectividade; 3 grémio; agremiação; 4 congregação religiosa; 5 convívio, companhia; *in the* ~ *of* na companhia de; *to avoid the* ~ *of* evitar a companhia de; *to be fond of* ~ gostar de andar acompanhado; 6 (vida mundana) sociedade; *high* ~ alta sociedade, alta roda; *to go into* ~ frequentar a sociedade ❖ (jornalismo) ~ *news* ecos mundanos; *Society of Friends* a sociedade dos Quacres; *Society of Jesus* Companhia de Jesus
Socinian [səʊˈsɪnɪən] Ⓐ adj. sociniano; relativo ao socinianismo Ⓑ s. sociniano, adepto da heresia de Sócino
socinianism [səʊˈsɪnɪənɪzəm] s. socinianismo, heresia dos partidários de Lélio Sócino e Fausto Sócino
sociocultural [səʊʃəʊˈkʌltʃərəl] adj. sociocultural
sociolect [ˈsəʊʃəʊlekt] s. LINGUÍSTICA socioleto
sociolinguistic [səʊsɪəʊlɪŋˈgwɪstɪk] adj. sociolinguístico
sociolinguistics [səʊsɪəʊlɪŋˈgwɪstɪks] s. sociolinguística
sociological [səʊsɪəˈlɒdʒɪkəl] adj. sociológico
sociologically [səʊsɪəˈlɒdʒɪkəlɪ] adv. sociologicamente
sociologist [səʊsɪˈɒlədʒɪst] s. sociólogo
sociology [səʊsɪˈɒlədʒɪ] s. sociologia
sociopolitical [səʊʃəʊpəˈlɪtɪkəl] adj. sociopolítico
sock [sɒk] Ⓐ s. 1 peúga; 2 (interior do sapato) palmilha; 3 TEATRO (Antiguidade) soco, calçado usado pelos actores cómicos; ~ *and buskin* soco e coturno; 4 [cal.] soco, murro, pedrada ou pancada com qualquer objecto atirado; 5 [cal.] (escola) doces, pastéis, bolos, bombons, etc. Ⓑ v.tr.,intr. 1 [coloq.] agredir; bater em; socar; *to* ~ *(into) sb* socar alguém, dar uma tareia em alguém; 2 (bola, pedra) arremessar, atirar; *to* ~ *a stone at* atirar uma pedra a; 3 atingir com uma pedrada ou outro objecto; 4 [cal.] (escola) comer doces, pastéis, bolos, bombons; 5 oferecer de presente ❖ *give him socks!* chega-lhe!; *put a* ~ *in it!* pára lá com isso!; basta de disparates!; [cal.] *to give sb socks* chegar a roupa ao pêlo a alguém; derrotar alguém; [EUA] *to knock sb's socks off* apanhar (alguém) de surpresa; *to pull one's socks up* fazer um esforço; *to put on the* ~ representar comédia
◆ **sock away** v.tr. [EUA, Can.] [coloq.] poupar (dinheiro); pôr (dinheiro) de lado
◆ **sock in** v.tr. [EUA] [coloq.] (mau tempo, falta de visibilidade) cancelar o tráfego aéreo de (aeroporto)
sockdolager [sɒkˈdɒlədʒə] s. 1 [cal.] golpe, pancada violenta; 2 argumento decisivo
socker [ˈsɒkə] s. [coloq.] ⇒ **soccer**
socket [ˈsɒkɪt] s. 1 cavidade (natural ou artificial); 2 embocadura, bocal; 3 boca; 4 ELECTRICIDADE (em parede) tomada, ficha; 5 ELECTRICIDADE (hardware) conector de placas; 6 ANATOMIA (olho) órbita; *the eye sockets* as órbitas dos olhos; 7 casquilho; *a* ~ *for an electric bulb* o casquilho de uma lâmpada eléctrica; 8 mancal, bancal; 9 pé; base; suporte; 10 pedestal, base de coluna; 11 encaixe; 12 rela ❖ ~ *chisel* formão largo; ~ *spanner/wrench* chave de caixa; ~ *and ball joint* união de esferas; ~ *of a rope* presilha de cabo
socle [ˈsɒkəl] s. ARQUITECTURA soco, peanha
Socrates [ˈsɒkrətiːz, ˈsɒkrətɪːz] s.antr. FILOSOFIA Sócrates
Socratic [səˈkrætɪk, sɒˈkrætɪk] adj.,s. FILOSOFIA socrático; ~ *irony* ironia socrática; ~ *method* método socrático
sod [sɒd] Ⓐ s. 1 relvado, relva; 2 torrão de relva; 3 [cal.] imbecil; estúpido; chato Ⓑ v.tr. arrelvar Ⓒ [rar.] prt. de to seethe ❖ [cal.] ~ *all!* que se lixe!; [cal.] ~ *it!* [cal.] merda!; *to be a* ~ ser uma seca
◆ **sod off** v.intr. [GB] [cal.] pôr-se a andar ❖ *sod off* desaparece!; vai-te lixar!
soda [ˈsəʊdə] s. 1 soda; 2 natrão, natro; *native* ~ natrão; 3 carbonato de sódio; ~ *ash* carbonato de sódio; 4 bicarbonato de sódio; 5 hidróxido de sódio; 6 soda cáustica; *caustic* ~ soda cáustica; 7 água carbonatada; ~ *water* água com gás, água bicarbonatada; 8 bebida com soda ❖ ~ *biscuit* variedade de biscoito feito de farinha e bicarbonato de soda; ~ *cock* torneira de soda; FOTOGRAFIA ~ *developer* revelador com base de sais de soda; [EUA] [ant.] ~ *fountain* bar onde se servem bebidas gasosas, gelados, etc.; [EUA] [ant., cal.] (bar onde se servem bebidas gasosas, gelados, etc.) ~ *jerk(er)* empregado de mesa; ~ *lye* lixívia de soda; ~ *soap* sabão de soda; *baking* ~ bicarbonato de soda; *common* ~ soda do comércio; carbonato de soda; *cooking* ~ bicarbonato de soda; *washing* ~ soda do comércio; carbonato de soda
sodality [səʊˈdælɪtɪ] s. (pl. -ies) 1 congregação, associação sobretudo de carácter religioso; 2 irmandade, confraria
sodden [ˈsɒdn] Ⓐ adj. 1 encharcado, ensopado em água; impregnado de água; muito molhado; 2 CULINÁRIA mal feito, mal cozinhado, pesado, mole, mal cozido; 3 [fig.] estupidificado; embrutecido pela bebida; ~ *features* feições flácidas devido ao abuso do álcool; ~ *with drink* embrutecido pelo álcool Ⓑ v.tr.,intr. 1 empapar; encharcar, saturar de água; 2 embrutecer devido ao abuso do álcool
soddenness [ˈsɒdnɪs] s. situação ou característica de encharcado ou cheio de humidade ou água
soddy [ˈsɒdɪ] Ⓐ adj. relvado; coberto de relva Ⓑ s. [EUA] cabana feita de torrões
sodic [ˈsɒdɪk] adj. QUÍMICA sódico
sodium [ˈsəʊdɪəm] s. QUÍMICA (elemento químico) sódio ❖ ~ *benzoate* benzoato de sódio; ~ *bicarbonate* bicarbonato de sódio; ~ *borate* borato de sódio; ~ *bromide* brometo de sódio; ~ *chloride* cloreto de sódio; sal comum; ~ *compound* composto de sódio; ~ *cyanide* cianeto de sódio; ~ *fluoride* fluoreto de sódio; ~ *nitrate* nitrato de sódio; ~ *oxide* óxido de sódio; ~ *permanganate* permanganato de sódio; ~ *phosphate* fosfato de sódio; FOTOGRAFIA, MEDICINA ~ *thiosulphate* hipossulfito; tiossulfato
sodomite [ˈsɒdəmaɪt] s. sodomita, pederasta
sodomize [ˈsɒdəmaɪz] v.tr. sodomizar
sodomy [ˈsɒdəmɪ] s. sodomia, pederastia
soever [səʊˈevə] adv. *in any way* ~ não importa como, seja como for; *how great* ~ *it may be* por maior que seja; *you have no justification* ~ não tens justificação absolutamente nenhuma
sofa [ˈsəʊfə] s. 1 (mobília) sofá; 2 canapé ❖ ~ *bed* sofá-cama
soffit [ˈsɒfɪt] s. ARQUITECTURA sofito; intradorso
Sofia [ˈsəʊfɪə] s.top. Sófia
soft [sɒft] Ⓐ adj. 1 suave, brando; ~ *wine* vinho brando; *a* ~ *winter* um Inverno suave; 2 afável; cortês; 3 compassivo; *she has a* ~ *heart* ela tem um coração compassivo; 4 mole; ~ *ground* terreno mole, pouco firme; ~ *hat* chapéu mole; ~ *pencil* lápis mole; *as* ~ *as butter* mole como manteiga; 5 macio; ~ *hair* cabelo macio; ~ *packing* guarnição macia; ~ *skin* pele macia; ~ *steel* aço macio; ~ *solder* solda macia; ~ *to the touch* macio ao tacto; *as* ~ *as silk* macio como seda; 6 flexível; 7 (cor, tom) suave, atenuado; ~ *colours* cores suaves; 8 (bebida) sem álcool; ~ *drink* bebida não alcoólica; 9 ameno, agradável; 10 simples, simplório, estúpido; ~ *in the head* tolo; maluquinho; idiota; *he's gone* ~ ele perdeu o juízo; 11 débil, fraco; ~ *fire* chama débil por deficiência de ar; ~ *character* fraco carácter; 12 fácil, que não requer grande esforço; ~ *snap* tarefa fácil; *a* ~ *job* um emprego fácil e rendoso; [coloq.] *a* ~ *thing* tarefa fácil, transacção que dá lucro certo; 13 LINGUÍSTICA sibilante, fricativa; *g is* ~ *in gin* a letra "g" é sibilante na palavra "gin"; 14 sonoro, brando; 15 não aspirado Ⓑ s. parte macia Ⓒ adv. 1 suavemente; brandamente; *to play* ~ tocar suavemente; 2 lentamente Ⓓ interj. 1 [arc.] um momento!; 2 [arc.] caluda! ❖ ~ *coal* carvão gordo; ~ *diamond* diamante lapidado; ~ *drugs* drogas leves; ~ *goods* artigos têxteis; ~ *lead* chumbo doce; ~ *money* papel-moeda; ~ *outline* contornos imprecisos, indecisos; (piano) ~ *pedal* pedal abafador; ~ *sheets* chapa para revirar; ~ *water* água pura; [ant.] *the* ~ *sex* o sexo fraco; *to get on the* ~ *side of sb* saber como conquistar alguém; *to have a* ~ *spot in one's heart for sb* ter um fraco por alguém; *to have a* ~ *tongue* ser de falinhas mansas
softa [ˈsɒftə] s. softa, estudante de teologia entre os turcos
softball [ˈsɒftbɔːl] s. 1 DESPORTO softball, variante de basebol; 2 bola de softball

soft-boiled [ˈsɒftbɔɪld] *adj.* **1** (ovo) escaldado; **2** (pessoa) brando; doce
soft-core [ˌsɒftˈkɔː] *adj.* com alguma pornografia
soft-cover [ˌsɒftˈkʌvə] *s.* **1** livro brochado; **2** livro de bolso
soften [ˈsɒfən] *v.tr.,intr.* **1** abrandar; suavizar; **2** atenuar; mitigar; *to ~ a contrast* atenuar um contraste; **3** enfraquecer; **4** amaciar; **5** MILITAR diminuir a resistência de qualquer posição por meio de bombardeamento; **6** enternecer-se, comover-se; *to ~ at the sight of* comover-se à vista de ❖ *to ~ one's position/one's attitude* tornar-se menos intransigente; *to ~ the blow* amortecer o golpe; *to ~ the water* depurar a água
✦**soften up** Ⓐ *v.intr.* abrandar-se; suavizar-se Ⓑ *v.tr.* **1** abrandar; suavizar; amaciar; **2** atenuar; **3** enternecer, comover
softened [ˈsɒfənd] *adj.* **1** atenuado, suavizado; **2** enternecido
softener [ˈsɒfənə] *s.* **1** (roupa) amaciador; *fabric ~* amaciador, **2** suavizador; **3** produto para tirar a dureza da água; **4** [fig.] circunstância, pessoa ou coisa que acalma, atenua ou abranda
softening [ˈsɒfənɪŋ] Ⓐ *adj.* **1** amaciador; **2** suavizante; **3** que atenua, acalma ou mitiga; **4** emoliente Ⓑ *s.* **1** abrandamento; **2** amolecimento; *~ of the brain* amolecimento cerebral
softhearted [ˌsɒftˈhɑːtɪd] *adj.* **1** compassivo; de bom coração; bondoso; **2** terno
softie [ˈsɒftɪ] *s.* **1** [coloq.] bonacheirão, bom-serás; **2** [coloq.] sentimental; **3** [coloq.] mole, fraco
softish [ˈsɒftɪʃ] *adj.* **1** um tanto mole; **2** bastante fácil; **3** um tanto pateta, simplório
softly [ˈsɒftlɪ] *adv.* **1** suavemente, brandamente; **2** mansamente; **3** molemente; **4** ternamente
softness [ˈsɒftnɪs] *s.* **1** suavidade, brandura, macieza; **2** amenidade; **3** debilidade, falta de energia; **4** moleza; **5** estupidez, debilidade de espírito
softpedal [ˈsɒftpedl] *v.tr.,intr.* (particípios: -ll-) **1** [coloq.] minimizar a importância de; desvalorizar; **2** MÚSICA usar o abafador do piano; **3** amenizar, suavizar, atenuar
soft-sawder [ˌsɒftˈsɔːdə] Ⓐ *s.* **1** lisonja, adulação; **2** [coloq.] graxa Ⓑ *v.tr.* **1** lisonjear, adular; **2** [coloq.] dar graxa a (alguém)
soft-soap [ˌsɒftˈsəʊp] Ⓐ *s.* **1** sabão de potassa, sabão mole; **2** ⇒ **soft-sawder** Ⓐ Ⓑ *v.tr.* ⇒ **soft-sawder** Ⓑ
soft-spoken [ˌsɒftˈspəʊkən] *adj.* **1** de voz suave; **2** [fig.] suave; de falinhas mansas
software [ˈsɒftweə] *s.* INFORMÁTICA software, suporte lógico ❖ INFORMÁTICA *~ engineering* engenharia de software; INFORMÁTICA *~ house* empresa de desenvolvimento de software; INFORMÁTICA *~ package* software integrado; INFORMÁTICA *~ piracy* pirataria de software
softy [ˈsɒftɪ] *s.* (*pl.* **-ies**) **1** [coloq.] bonacheirão, bom-serás; **2** [coloq.] sentimental; **3** [coloq.] mole, fraco
sogginess [ˈsɒgɪnəs] *s.* encharcamento, ensopamento
soggy [ˈsɒgɪ] *adj.* (*comp.* **-ier**, *superl.* **-iest**) **1** encharcado, ensopado em água; **2** pesado, saturado de humidade; **3** (pão) pesado, mal cozido, empapado
soh [səʊ] *s.* MÚSICA sol
soil [sɔɪl] Ⓐ *s.* **1** solo; **2** terra, terreno; *alluvial ~* terreno de aluvião; *grown ~* terra virgem; *loose ~* terra solta; **3** solo arável; **4** nódoa, mancha; **5** sujidade, sujeira, imundície; **6** esterco, estrume, despejos; **7** brejo, pântano, lamaçal onde se refugia a caça; (caça) *to take ~* refugiar-se nos charcos Ⓑ *v.tr.,intr.* **1** sujar, sujar levemente; **2** manchar, macular; **3** desonrar, aviltar; **4** sujar-se, manchar-se; *it soils easily* suja-se facilmente; **5** (gado) alimentar com forragens verdes ❖ *~ mechanics* mecânica do solo; *~ pipe* cano de despejos; *~ science* edafologia; estudo dos solos; *~ tank* fossa; *one's native ~* o torrão natal; *to be bound to the ~* estar preso à gleba; *to refuse to ~ one's hands* recusar sujar as mãos, tomando parte em actividades desonrosas ou desonestas
soilage [ˈsɔɪlɪdʒ] *s.* forragem verde
soiled [sɔɪld] *adj.* **1** sujo; *~ linen* roupa suja; **2** manchado; **3** relativo a solo; *sandy-soiled* de solo arenoso
soiling [ˈsɔɪlɪŋ] Ⓐ *adj.* que suja, que mancha Ⓑ *s.* acto de colocar (gado) em regime de forragens verdes
soirée [ˈswɑːreɪ, ˈswɒreɪ] *s.* recepção, reunião musical ou artística feita à noite

sojourn [ˈsɒdʒɜːn, ˈsʌdʒɜːn] Ⓐ *s.* **1** estadia, permanência temporária; **2** residência transitória; **3** local onde se permanece por pouco tempo Ⓑ *v.intr.* **1** ficar, estar durante pouco tempo; **2** residir temporariamente
sojourner [ˈsɒdʒɜːnə, ˈsʌdʒɜːnə] *s.* **1** hóspede; **2** pessoa que está de passagem; **3** residente temporário
sojourning [ˈsɒdʒɜːnɪŋ, ˈsʌdʒɜːnɪŋ] *s.* estadia, estada, residência temporária
soke [səʊk] *s.* [ant.] jurisdição, direito de jurisdição
sol [sɒl] *s.* **1** MÚSICA sol; **2** FÍSICA, QUÍMICA solução coloidal; **3** (moeda do Peru) sol; *nuevo ~* novo sol
sol. Ⓐ *s.* [abrev. de soluble] Ⓑ [abrev. de solution]
solace [ˈsɒlɪs] Ⓐ *s.* **1** consolação; **2** refrigério, conforto, consolo; *to find ~ in* achar consolo em; **3** alívio Ⓑ *v.tr.* **1** consolar; *he solaces himself with drink* ele consola-se na bebida; **2** confortar
solacement [ˈsɒlɪsmənt] *s.* consolo, consolação
solan [ˈsəʊlən] *s.* ZOOLOGIA ganso-patola, mascato
Solanaceae [ˌsɒləˈneɪsiː] *s.pl.* BOTÂNICA Solanáceas
solanaceous [ˌsɒləˈneɪʃəs] *adj.* BOTÂNICA solanáceo
solan-goose [ˈsəʊləngus] *s.* ZOOLOGIA ganso-patola, mascato
solanum [səʊˈleɪnəm] *s.* BOTÂNICA solano
solar [ˈsəʊlə] *adj.* solar, do sol; *~ cycle* ciclo solar; *~ heat* calor do sol ❖ ASTRONOMIA *~ eclipse* eclipse do sol; *~ pannel* painel de energia solar; *~ power* energia solar; ANATOMIA *~ plexus* plexo solar; ASTRONOMIA *~ system* sistema solar
solarium [səʊˈleərɪəm] *s.* (*pl.* **-ia**) **1** solário; **2** ZOOLOGIA solário
solarization [ˌsəʊləraɪˈzeɪʃən] *s.* FOTOGRAFIA solarização (de chapa fotográfica)
solarize [ˈsəʊləraɪz] *v.tr.,intr.* FOTOGRAFIA solarizar
solatium [səʊˈleɪʃɪəm] *s.* (*pl.* **-a**) DIREITO coisa como compensação ou consolação
sold [səʊld] [*prt. e part. pass. de* **to sell**] ❖ COMÉRCIO *~ out* esgotado
soldanella [ˌsɒldəˈnelə] *s.* BOTÂNICA soldanela, soldanela-de-água, couve-marinha
solder [ˈsɒldə] Ⓐ *s.* solda; *hard ~* solda forte Ⓑ *v.tr.* soldar
soldered [ˈsɒldəd] *adj.* soldado, unido com solda; *~ joint* junta soldada; *~ pipe* tubo/cano soldado ❖ *~ seam* soldadura
solderer [ˈsɒldərə] *s.* soldador, aquele que solda
soldering [ˈsɒldərɪŋ] Ⓐ *s.* soldadura, soldagem; *~ with the blowpipe* soldagem a maçarico Ⓑ *adj.* de soldar, para soldar; *~ bit/~ iron* ferro de soldar; *~ furnace* forno para soldar; *~ paste* pasta de soldar; *~ tongs* tenaz para soldar; *~ wire* fio de solda ❖ *~ ladle* colher de picheleiro; *~ lamp* maçarico; *~ spirit* ácido muriático
solderless [ˈsɒldələs] *adj.* sem solda
soldier [ˈsəʊldʒə] Ⓐ *s.* **1** (geral) soldado; *the unknown ~* o soldado desconhecido; *tin ~* soldado de chumbo; *to enlist/to go for a ~* ir para soldado; *to play at soldiers* brincar aos soldados; **2** soldado raso; *common/private ~* soldado raso; **3** militar; **4** comandante militar; **5** NÁUTICA [cal.] marinheiro que procura fugir ao trabalho; **6** [cal.] arenque defumado Ⓑ *v.intr.* **1** servir como soldado; ser militar; **2** NÁUTICA [ant.] fugir ao serviço; fingir que trabalha ❖ *~ of fortune* mercenário; aventureiro; *soldier's small book* caderneta militar; NÁUTICA *soldier's wind* vento favorável para a ida e para o regresso; VETERINÁRIA *red ~* mal rubro (doença que ataca os suínos); *an old ~* um veterano; uma pessoa experiente; uma raposa-velha; garrafa vazia; ponta de charuto
✦**soldier on** *v.intr.* **1** persistir; não se deixar abater; **2** (militar) continuar ao serviço
soldierfish [ˈsəʊldʒəfɪʃ] *s.* ZOOLOGIA holocentrídeo
soldiering [ˈsəʊldʒərɪŋ] *s.* carreira das armas; ofício de soldado; *tired of ~* cansado da vida de soldado
soldierly [ˈsəʊldʒəlɪ] *adj.* **1** próprio de soldado; **2** marcial; *~ bearing* atitude marcial; **3** corajoso; valente; **4** leal
soldiery [ˈsəʊldʒərɪ] *s.* **1** tropa, soldados, força militar; **2** soldadesca; **3** arte militar, ciência militar
sole [səʊl] Ⓐ *s.* **1** (pé) planta; **2** (calçado) sola; *shoes with a double ~* sapatos com sola dupla; **3** base, fundo; superfície inferior de qualquer coisa; **4** ZOOLOGIA solha, patruça, patrúcia Ⓑ *adj.* **1** único; *my ~ reason* a minha única razão; *the ~ cause* a única causa; **2** exclusivo; *~ agent* agente exclusivo; *~ right* direito exclusivo; **3** DIREITO solteira; **4** [arc.] sozinho, só, solitário,

abandonado; *he went forth ~* ele foi sozinho Ⓒ *v.tr.* deitar solas em, solar ❖ *~ leather* couro para solas; *~ legatee* herdeiro universal; *sand ~* linguado-da-areia; *~ of plane* rasto de plaina

solecism [ˈsɒləsɪzəm] *s.* 1 LINGUÍSTICA solecismo, incorrecção de linguagem; 2 erro; 3 má educação, comportamento incorrecto, incorrecção

solely [ˈsəʊlɪɪ] *adv.* 1 somente, unicamente; 2 exclusivamente

solemn [ˈsɒləm] *adj.* 1 solene; *~ music* música solene; *a ~ warning* um aviso solene; *to put a ~ face* tomar um ar solene; 2 sagrado; *~ duty* dever sagrado; 3 sério; grave; *~ question* problema grave, sério; 4 importante; 5 majestoso, pomposo, cerimonioso; 6 misteriosamente impressionante ❖ *it is the ~ truth* juro que é verdade

solemness [ˈsɒləmnəs] *s.* 1 solenidade; 2 ar grave, gravidade

solemnity [səˈlemnɪtɪ] *s.* (*pl.* **-ies**) 1 solenidade; *with all ~* com toda a solenidade; 2 (tom, atitude) gravidade; 3 festa solene, acto solene, rito, cerimónia; *the queen was crowned with all the proper solemnities* a rainha foi coroada com todas as solenidades próprias

solemnization [ˌsɒləmnaɪˈzeɪʃən, ˌsɒləmnɪˈzeɪʃən] *s.* 1 cerimónia, solenidade; 2 comemoração

solemnize [ˈsɒləmnaɪz] *v.tr.* 1 celebrar (casamento); 2 solenizar; 3 festejar, comemorar; 4 dar um ar solene a, tornar solene

solemnizing [ˈsɒləmnaɪzɪŋ] *s.* solenização

solemnly [ˈsɒləmlɪ] *adv.* 1 solenemente; 2 com ar grave; 3 majestosamente, pomposamente

solen [ˈsəʊlən] *s.* ZOOLOGIA concha bivalve

solenoid [ˈsɒlɪnɔɪd, ˈsəʊlɪnɔɪd] *s.* ELECTRICIDADE solenóide ❖ *~ armature* armadura do solenóide; *~ core* núcleo do solenóide; *~ plunger* êmbolo do solenóide; *~ shim* calço do solenóide; *~ trip* desengate por solenóide; *~ wiring* ligação do solenóide

solenoidal [ˌsɒlɪˈnɔɪdəl, ˌsəʊlɪˈnɔɪdəl] *adj.* ELECTRICIDADE solenoidal

soleplate [ˈsəʊlpleɪt] *s.* 1 prato de assentamento; 2 fixe de máquina ❖ *~ bolt* cavilha da base de assentamento

soleus [səʊˈlɪəs] *s.* ANATOMIA solhar, músculo da região posterior da perna, situado abaixo dos gémeos

sol-fa [ˌsɒlˈfɑː] Ⓐ *s.* MÚSICA solfejo Ⓑ *v.tr.* solfejar

solfatara [ˌsɒlfəˈtɑːrə] *s.* GEOLOGIA solfatara, sulfatara, terreno em que se deposita enxofre ou se desenvolvem vapores sulfurosos

solfataric [ˌsɒlfəˈtɑːrɪk] *adj.* sulfatárico

solfeggi [sɒlˈfedʒiː] *s.* {*pl. de* **solfeggio**}

solfeggio [sɒlˈfedʒɪəʊ] *s.* (*pl.* **-ios** ou **-gi**) MÚSICA solfejo

soli [ˈsəʊliː] *s.* ⟨*pl. de* **solo**⟩

solicit [səˈlɪsɪt] *v.tr., intr.* 1 solicitar; *to ~ sb's vote* solicitar o voto de alguém; 2 rogar; 3 instar com; 4 importunar; 5 procurar dinheiro, auxílio, etc.; 6 convidar, requestar; 7 provocar; 8 (prostituta) procurar aliciar clientes em lugares públicos

solicitant [səˈlɪsɪtənt] Ⓐ *adj.* que solicita Ⓑ *s.* solicitante ❖ *to be ~ of* solicitar

solicitation [səˌlɪsɪˈteɪʃən] *s.* 1 solicitação; 2 rogo, pedido; *he did it at my ~* ele fez isso a meu pedido; 3 convite; 4 (prostituta) convite a quem passa na via pública

soliciting [səˈlɪsɪtɪŋ] *s.* 1 solicitação; 2 (prostituta) aliciação de clientes

solicitor [səˈlɪsɪtə] *s.* 1 DIREITO procurador; 2 procurador encartado; 3 solicitador; 4 [rar.] aquele que solicita ❖ *Solicitor General* assistente do procurador-geral do Estado ou da Coroa

solicitous [səˈlɪsɪtəs] *adj.* 1 solícito, cuidadoso; 2 preocupado, apreensivo; *to be ~ about one's health* manifestar preocupação em relação à saúde de alguém; 3 desejoso, ansioso; *to be ~ of* desejar, ansiar por

solicitously [səˈlɪsɪtəslɪ] *adv.* 1 solicitamente; 2 cuidadosamente

solicitousness [səˈlɪsɪtəsnəs] *s.* 1 solicitude, cuidado; 2 preocupação; 3 ansiedade

solicitude [səˈlɪsɪtjuːd] *s.* ⇒ **solicitousness**

solicitudinous [səˌlɪsɪˈtjuːdɪnəs] *adj.* solícito, cuidadoso, diligente

solid [ˈsɒlɪd] Ⓐ *adj.* 1 sólido; *~ arguments* argumentos sólidos; *~ cone* cone sólido; *~ food* alimentos sólidos; *~ fuel* combustível sólido; *~ lubricant* lubrificante sólido; 2 com comprimento, largura e altura; 3 cúbico; 4 inteiriço; *~ boss* cubo inteiriço; *~ end* cabeça inteiriça; 5 maciço, não oco; *~ casting* fundição maciça; *~ flywheel* volante maciço; *~ gold* ouro maciço; *~ shaft* eixo maciço; *~ silver spoon* colher de prata maciça; *~ tyre* pneumático de borracha maciça; 6 consistente, compacto; *~ jet* jacto compacto; 7 denso; 8 duro; 9 resistente, forte; *~ granite* granito resistente; 10 firme; 11 estável, em boa situação financeira; *a ~ business firm* uma firma comercial estável; 12 inteligente, sensato; *~ common sense* bom senso comum; 13 verdadeiro; sério; forte; *~ consideration* motivo sério; *I have ~ grounds for...* tenho fortes razões para...; 14 unânime, unido; *a ~ vote* um voto unânime; 15 ininterrupto, seguido; *I've been waiting here a ~ hour* há uma hora segura que estou aqui à espera; 16 (papel, tecido) de uma só cor; *~ colour* com uma só tonalidade de cor, de uma só cor Ⓑ *adv.* unanimemente; *to vote ~ for* votar unanimemente por Ⓒ *s.* 1 FÍSICA, GEOMETRIA sólido; *~ of revolution* sólido de revolução; 2 *pl.* alimentos não líquidos ❖ *~ angle* ângulo poliédrico/sólido; *~ geometry* geometria no espaço; *~ line* traço cheio; *~ measures* medidas de volume; *~ piston* êmbolo de disco; *~ printing* impressão sem entrelinhas; MILITAR *~ square* formação em quadrado; *~ strut* tarugo; *~ thinker* pensador robusto; *~ wheel* roda sem raios; *~ system of axes* coordenadas no espaço; *a ~ man* um homem de situação financeira sólida; *an homem sensato, seguro*; *there is nothing ~ about it* falta-lhe fundo; não tem consistência; *to become ~* solidificar; *wheel ~ with another* roda solidária com outra

solidago [ˌsɒlɪˈdeɪɡəʊ] *s.* BOTÂNICA solidago

solidarism [ˈsɒlɪdərɪzəm] *s.* solidarismo

solidarity [ˌsɒlɪˈdærɪtɪ] *s.* ⟨*pl.* **-ies**⟩ solidariedade

solidary [ˈsɒlɪdərɪ] *adj.* solidário

solidifiable [səˈlɪdɪˌfaɪəbəl] *adj.* 1 solidificável; 2 congelável

solidification [səˌlɪdɪfɪˈkeɪʃən] *s.* 1 solidificação; 2 congelação

solidify [səˈlɪdɪfaɪ] *v.tr., intr.* 1 solidificar, solidificar-se; 2 coagular; 3 congelar, congelar-se; 4 [fig.] fortalecer

solidifying [səˈlɪdɪfaɪɪŋ] *s.* 1 solidificação; 2 coagulação; 3 congelação ❖ *~ point* ponto de solidificação

solidity [səˈlɪdɪtɪ] *s.* ⟨*pl.* **-ies**⟩ 1 solidez, consistência, firmeza; 2 sensatez, inteligência

solidly [ˈsɒlɪdlɪ] *adv.* 1 solidamente; 2 de modo firme; 3 unanimemente ❖ *~ built* robusto; *he reads ~ at his Greek* ele trabalha com toda a diligência no seu grego

solidness [ˈsɒlɪdnəs] *s.* 1 solidez; 2 firmeza; 3 unanimidade

solid-state [ˈsɒlɪdsteɪt] *adj.* 1 de estado sólido; 2 ELECTRÓNICA com circuitos integrados

solidungulate [ˌsɒlɪdˈʌŋɡjəlɪt] *adj.* ZOOLOGIA solípede

solidus [ˈsɒlɪdəs] *s.* ⟨*pl.* **-i**⟩ 1 HISTÓRIA (moeda de ouro romana) soldo; 2 traço oblíquo (/) indicativo de xelins; *7/4* 7 xelins e 4 dinheiros

soliloquist [səˈlɪləkwɪst] *s.* soliloquista

soliloquize [səˈlɪləkwaɪz] *v.intr.* 1 monologar, soliloquiar; 2 falar a sós

soliloquizer [səˈlɪləkwaɪzə] *s.* ⇒ **soliloquist**

soliloquy [səˈlɪləkwɪ] *s.* ⟨*pl.* **-ies**⟩ solilóquio

soling [ˈsəʊlɪŋ] *s.* acto de deitar solas

soliped [ˈsɒlɪped] *adj., s.* ZOOLOGIA solípede

solipede [ˈsɒlɪpiːd] *adj., s.* ⇒ **soliped**

solipsism [ˈsɒlɪpsɪzəm, ˈsəʊlɪpsɪzəm] *s.* FILOSOFIA solipsismo

solipsist [ˈsɒlɪpsɪst, ˈsəʊlɪpsɪst] *s.* solipsista

solitaire [ˈsɒlɪteə] *s.* 1 solitário, brinco, botão de punho, anel com uma só pedra engastada; 2 paciência, jogo de cartas para uma pessoa só; 3 ZOOLOGIA (ave) solitário, rouxinol-do-mato, melro-das-rochas; 4 [rar.] solitário, anacoreta

solitarily [ˈsɒlɪtərɪlɪ, ˈsɒlɪˈterɪlɪ] *adv.* solitariamente

solitariness [ˈsɒlɪtərɪnəs, ˈsɒlɪterɪnəs] *s.* 1 solidão; 2 sentimento de solidão

solitary [ˈsɒlɪtərɪ, ˈsɒlɪterɪ] Ⓐ *adj.* 1 solitário; 2 sozinho; 3 isolado; 4 ermo, retirado Ⓑ *s.pl.* ⟨*pl.* **-ies**⟩ solitário, anacoreta

solitude [ˈsɒlɪtjuːd] *s.* 1 solidão; *to live in ~* viver na solidão; 2 isolamento; 3 lugar solitário; lugar retirado; lugar remoto; 4 ermo, deserto ❖ *the solitudes of the Arctic* as solidões do Árctico

solleret [ˈsɒləret] *s.* ARQUEOLOGIA sapata de armadura

solmizate [ˈsɒlmɪzeɪt] *v.tr., intr.* MÚSICA solmizar

solmization [ˌsɒlmɪˈzeɪʃən] *s.* MÚSICA solmização

solo ['səʊləʊ] Ⓐ s. (pl. **-s**) 1 MÚSICA solo; *violin ~* solo de violino; 2 MÚSICA solista; *~ violin* solista de violino; 3 (jogo de cartas) solo Ⓑ *adj.,adv.* 1 a solo; *a ~ career* uma carreira a solo; *to go ~* enveredar por uma carreira a solo; *to play ~* tocar a solo; 2 para solista; 3 sozinho; 4 (empreendimento) por conta própria; *to go ~* estabelecer-se por conta própria

soloist ['səʊləʊɪst] s. MÚSICA solista

Solomon ['sɒləmən] s.antr. HISTÓRIA Salomão ❖ BOTÂNICA *Solomon's seal* selo-de-salomão; HISTÓRIA *the British ~* Jaime I de Inglaterra

Solomonic [sɒləˈmɒnɪk] adj. salomónico

Solomon Islands ['sɒləmənaɪləndz] s.top. Ilhas de Salomão

solstice ['sɒlstɪs] s. solstício; *summer ~* solstício de Verão; *winter ~* solstício de Inverno

solstitial [sɒlˈstɪʃəl] adj. solsticial; *~ point* ponto solsticial

solubility [sɒljəˈbɪlɪtɪ] s. (pl. **-ies**) 1 solubilidade; *~ in water* solubilidade na água; 2 possibilidade de resolução; *he questioned the ~ of the problem* ele pôs em dúvida a possibilidade de se resolver o problema

solubilization [sɒljəbɪlaɪˈzeɪʃən] s. solubilização

solubilize ['sɒljəbɪlaɪz] v.tr. solubilizar

soluble ['sɒljəbəl] adj. 1 solúvel; que pode dissolver-se; *highly ~* altamente solúvel; *slightly ~* levemente solúvel; *~ acid* ácido solúvel; *~ gas* gás solúvel; *~ in water* solúvel na água; *~ salt* sal solúvel; 2 que pode resolver-se; 3 que pode decompor-se

solubleness ['sɒljəbəlnəs] s. solubilidade

solus ['səʊləs] Ⓐ adj. (fem. **sola**) 1 só, desacompanhado; TEATRO *enter king ~* entra o rei sozinho; 2 (publicidade) isolado Ⓑ s. (publicidade) anúncio isolado

solute [sɒˈljuːt] Ⓐ adj. em dissolução, dissolvido Ⓑ s. soluto, substância dissolvida

solution [səˈluːʃən] Ⓐ s. 1 (problema) solução; resolução; esclarecimento; *standard ~* solução normal; 2 QUÍMICA solução; *brine ~* solução de sal comum; *chemical ~* solução química; *mechanical ~* solução mecânica (sem alteração das propriedades químicas dos elementos componentes); *~ of salt and water* solução de sal e água; 3 dissolução; *~ of sugar in tea* dissolução de açúcar no chá; 4 separação, abolição de união, ruptura, desintegração Ⓑ v.tr. (pneu de bicicleta ou automóvel) aplicar solução de borracha a ❖ ELECTRICIDADE *battery ~* electrólito; *~ of continuity* solução de continuidade; *his ideas are in ~* as suas ideias estão em contínua efervescência

solutionist [səˈluːʃənɪst] s. pessoa que encontra uma solução

solutive [səˈljuːtɪv] adj. [ant.] laxativo, solutivo

Solutrean [səˈljuːtrɪən] adj. ARQUEOLOGIA solutriano, solutrense

Solutrian [səˈljuːtrɪən] adj. ARQUEOLOGIA solutriano, solutrense

solvability [sɒlvəˈbɪlɪtɪ] s. 1 solvabilidade, solvência; 2 solubilidade; 3 resolubilidade, possibilidade de ter resolução ou solução

solvable ['sɒlvəbəl] adj. 1 solúvel, que pode dissolver-se; 2 resolúvel, que pode resolver-se, susceptível de resolução

solve [sɒlv] v.tr. 1 resolver; solucionar; explicar; *to ~ a puzzle* resolver um enigma; 2 dar solução a; 3 [arc.] desatar, soltar, dissolver; 4 (dívida) saldar, liquidar

solvency ['sɒlvənsɪ] s. (pl. **-ies**) solvência, solvibilidade

solvent ['sɒlvənt] Ⓐ adj. 1 FINANÇAS solvente, que tem capacidade para pagar as suas dívidas; 2 QUÍMICA dissolvente; *~ power* força dissolvente Ⓑ s. 1 QUÍMICA solvente; 2 FINANÇAS pessoa solvente, pessoa com capacidade para pagar as suas dívidas ❖ QUÍMICA *~ extraction* extracção de dissolvente; (cola, gasolina) *~ misuse* inalação de solventes

solver ['sɒlvə] s. solucionador (de problema, etc.)

solving ['sɒlvɪŋ] s. solução, resolução, resultado, explicação

som [səʊm] s. (moeda do Quirguistão) som

Som. Ⓐ [abrev. de Somerset] Ⓑ [abrev. de Somalia]

Somali [səˈmɑːlɪ] adj.,s. (pl. **-alis** ou **-ali**) somáli, habitante da Somália

Somalia [səʊˈmɑːlɪə] s.top. Somália

Somalian [səʊˈmɑːlɪən] adj.,s. somali

Somaliland [səˈmɑːlɪlænd] s.top. Somália

somatic [səˈmætɪk] adj. somático

somatical [səˈmætɪkəl] adj. somático

somatologic [səʊmətəˈlɒdʒɪk] adj. somatológico

somatological [səʊmətəˈlɒdʒɪkəl] adj. somatológico

somatologist [səʊməˈtɒlədʒɪst] s. somatologista

somatology [səʊməˈtɒlədʒɪ] s. MEDICINA somatologia

somber ['sɒmbə] adj. [EUA] ⇒ **sombre**

sombre ['sɒmbə] adj. 1 sombrio, escuro; *sombre wood* bosque sombrio; *a somber December day* um sombrio dia de Dezembro; 2 enevoado; 3 melancólico, triste

sombrely ['sɒmbəlɪ] adv. 1 sombriamente; 2 de tons escuros; 3 melancolicamente

sombreness ['sɒmbənəs] s. 1 aspecto sombrio, carregado; 2 melancolia

sombrero [sɒmˈbreərəʊ] s. chapéu de aba larga muito usado na América

sombrous ['sɒmbrəs] adj. [poét.] umbroso

some [sʌm] Ⓐ adj. 1 [geralm. substituído por *any* em frases interrogativas, negativas, dubitativas e condicionais] algum, alguma, alguns, algumas; *~ books* alguns livros; *~ distance away* a alguma distância; *~ years ago* há alguns anos; *after ~ time* algum tempo depois; 2 bastante, certo; *in ~ measure* em certa medida; *to ~ degree* até certo grau; 3 um, uma, uns, umas; *in ~ form or (an) other* de uma forma ou de outra; *she went to ~ place in England* ela foi para uma localidade qualquer em Inglaterra; *~ other solution will have to be found* teremos de encontrar outra solução; *I had to wait ~ twenty-five minutes* tive de esperar cerca de 25 minutos/uns 25 minutos; 4 um pouco de, certa quantidade de; *it needs ~ pluck to do that* é preciso uma certa lata para fazer isso; 5 [EUA] [coloq.] terrível, grande, formidável; [coloq.] *I call that ~ poem* isto é que é um poema!; *it was ~ dinner* foi um jantar esplêndido; *that's ~ rain* isso é que é chover Ⓑ pron. 1 alguns, algumas pessoas; *~ of my friends* alguns dos meus amigos; *~ of us were late* alguns de nós chegaram tarde; 2 algum, alguma; 3 certa quantidade; *he will be in London all January and ~ of February* ele estará em Londres todo o mês de Janeiro e parte de Fevereiro Ⓒ adv. [cal.] um tanto, bastante; *I am tired ~* sinto-me um tanto cansado; *he seemed annoyed ~* ele parecia um tanto aborrecido ❖ *~ imagine that...* há quem imagine que...; *~ of the afternoon* uma parte da tarde; *they will arrive ~ day* eles chegam qualquer dia; *they will arrive ~ day this week* eles chegam num dia desta semana; *will you have ~ coffee?* quer um café?

somebody ['sʌmbədɪ] Ⓐ pron. alguém; *~ is missing* falta alguém Ⓑ s. (pl. **-ies**) pessoa de importância; *he thinks he's ~* ele julga-se muito importante ❖ *~ else* qualquer outro; algum outro; *~ is knocking* estão a bater à porta; *~ or other has told me* não sei quem me disse

somehow ['sʌmhaʊ] adv. 1 de qualquer maneira; *~ or other I never liked him* de qualquer maneira, nunca gostei dele; 2 de uma maneira ou de outra, seja como for; *you must get it finished ~* tens de acabar isso seja como for; 3 de certo modo

someone ['sʌmwən] pron. ⇒ **somebody** Ⓐ

somersault ['sʌməsɔːlt] Ⓐ s. 1 (no chão) cambalhota; 2 DESPORTO (no ar) salto mortal; *double ~* duplo salto mortal; *to turn a ~* dar um salto mortal; *treble ~* triplo salto mortal; 3 acidente no qual um ciclista ou automóvel dá uma cambalhota no ar; 4 [fig.] (mudança) volte-face, reviravolta Ⓑ v.intr. 1 dar um salto mortal; 2 dar uma cambalhota no ar

somerset ['sʌməsɪt] Ⓐ s. 1 ⇒ **somersault**; 2 sela almofadada sobretudo para cavaleiros que só têm uma perna Ⓑ v.intr. ⇒ **somersault**

Somerset House ['sʌməsɪtˌhaʊs] s. edifício em Londres onde se encontram os registos de finanças, casamentos, etc.

something ['sʌmθɪŋ] Ⓐ pron. algo; alguma coisa; qualquer coisa; *I felt there was a little ~ wanting* senti que faltava uma pequenina coisa; *I have ~ to tell you* tenho de te dizer uma coisa; *let us have a little ~* vamos tomar qualquer coisa; *there is ~ in what he says* há qualquer coisa naquilo que ele diz, o que ele diz tem certa substância Ⓑ adv. 1 de certo modo; um tanto; *he was ~ impatient* ele estava um tanto impaciente; 2 aproximadamente; *she is thirty ~* ela tem pouco mais de trinta anos; *~ like 50 euros* à volta de 50 euros; *the three ~ train* o comboio das três e tal ❖ *he is ~ in the City* ele tem uma ocupação qualquer na City; *he thinks himself ~*

ele julga-se muito importante; *he was made a director or ~* nomearam-no director ou coisa assim; *or ~* ou assim; ou coisa parecida; *~ or other* uma coisa ou outra; não sei quê; [coloq.] *that's ~ else!* isso é qualquer coisa!; *there is ~ the matter with him* ele tem qualquer problema; ele está doente; *to be ~ else* ser qualquer coisa de espectacular; *we hope to see ~ of you* esperamos vê-lo de quando em quando

sometime ['sʌmtaɪm] Ⓐ *adv.* 1 durante; em alguma ocasião; *~ in summer* durante o Verão; 2 outrora, antigamente; 3 [arc.] às vezes Ⓑ *adj.* 1 antigo; *the ~ sheriff* o antigo xerife; 2 esporádico; ocasional ❖ *~ soon* em breve; *~ or other* mais tarde ou mais cedo

sometimes ['sʌmtaɪmz] *adv.* 1 às vezes, por vezes; 2 de quando em quando, de vez em quando

someway ['sʌmweɪ] *adv.* de alguma maneira; de algum modo; de uma maneira ou de outra; *~ or other he always says the wrong thing* não sei como é, mas diz sempre aquilo que não deve

someways ['sʌmweɪz] *adv.* de uma maneira ou de outra

somewhat ['sʌmwɒt, 'sʌmwʰɒt] Ⓐ *adv.* um tanto, um pouco; *she was ~ disappointed* ela ficou um tanto desapontada Ⓑ *pron.* 1 um pouco; um bocado; *he is ~ of a liar* ele é um bocado mentiroso; *that loses ~ in the telling* isso perde um bocado ao contar-se; 2 algo; qualquer coisa

somewhen ['sʌmwen, 'sʌmwʰen] *adv.* 1 em qualquer ocasião; 2 num dia ou noutro

somewhere ['sʌmweə, 'sʌmwʰeə] *adv.* 1 em qualquer parte; em qualquer lugar; algures; *she is ~ about the house* ela está em qualquer parte da casa; *~ in Portugal* algures em Portugal; 2 mais ou menos; à volta de; *~ before three o'clock* um pouco antes das três horas ❖ *~ else* em qualquer outra parte; noutro lugar; *~ about Lisbon* nos arredores de Lisboa; *~ or other* não sei onde; *have you got ~ to stay?* tens onde ficar?; *I will see him ~ first!* que vá para o diabo!; *now we're getting somewhere!* agora sim!

somewhile ['sʌmwaɪl, 'sʌmwʰaɪl] *adv.* 1 outrora, antigamente; 2 durante algum tempo

somewhither ['sʌmwɪðə, 'sʌmwʰɪðə] *adv.* [arc.] para qualquer parte

somite ['səʊmaɪt] *s.* 1 somito, vértebra rudimentar, protovértebra; 2 metâmero, cada um dos anéis que constituem o corpo de um animal articulado

somitic [səʊ'mɪtɪk] *adj.* BIOLOGIA relativo a somito

somnambulant [sɒm'næmbjələnt] *adj.,s.* sonâmbulo

somnambulism [sɒm'næmbjəlɪzəm] *s.* sonambulismo ❖ *artificial ~* hipnotismo

somnambulist [sɒm'næmbjəlɪst] *s.* sonâmbulo

somnambulistic [sɒm'næmbjəlɪstɪk] *adj.* sonâmbulo

somnambulistically [sɒm'næmbjəlɪstɪkəlɪ] *adv.* sonambulamente

somniferous [sɒm'nɪfərəs] *adj.* sonífero, soporífero, soporífico

somnific [sɒm'nɪfɪk] *adj.* ⇒ **somniferous**

somniloquent [sɒm'nɪləkwənt] *adj.* sonílocuo

somniloquist [sɒm'nɪləkwɪst] *s.* sonílocuo

somniloquize [sɒm'nɪləkwaɪz] *v.intr.* falar durante o sono

somniloquous [sɒm'nɪləkwəs] *adj.* ⇒ **somniloquent**

somniloquy [sɒm'nɪləkwɪ] *s.* hábito de falar durante o sono

somnolence ['sɒmnələns] *s.* sonolência

somnolent ['sɒmnələnt] *adj.* sonolento

somnolently ['sɒmnələntlɪ] *adv.* sonolentamente

son [sʌn] *s.* filho ❖ [cal.] (ofensivo) *~ of a bitch* filho da puta_{cal}; [cal.] *~ of a gun* filho da mãe_{cal}; *a ~ of the soil* pessoa natural de determinada região; lavrador; pessoa que trabalha na terra; *every mother's ~* toda a gente; *he is his father's ~* tal pai, tal filho; RELIGIÃO *the Son of God/Man* o Filho de Deus; RELIGIÃO *the sons of Abraham* os filhos de Abraão; os Judeus

sonant ['səʊnənt] Ⓐ *adj.* LINGUÍSTICA sonoro Ⓑ *s.* LINGUÍSTICA consoante sonora

sonar ['səʊnɑː] *s.* sonar

sonata [sə'nɑːtə] *s.* MÚSICA sonata

sonatina [sɒnə'tiːnə] *s.* MÚSICA sonatina

song [sɒŋ] *s.* 1 canção; *hunting ~* canção de caça; *love ~* canção de amor; LITERATURA *the Song of Roland* a canção de Rolando; *give us a ~* cante-nos qualquer coisa; 2 cantiga; 3 canto; 4 poesia lírica em geral ❖ [coloq.] (preço) *for a ~/for a mere ~* muito barato; por uma ninharia; *he is always singing the same ~* ele está sempre a repisar na mesma coisa; *nothing to make a ~ about* nada de importante; coisa sem importância; (Bíblia) *the Song of Solomon/the Song of Songs* o Cântico dos Cânticos; *to burst into ~* começar a cantar; pôr-se de repente a cantar; *to buy sth for a ~* comprar qualquer coisa por uma bagatela; *to make a ~ about* fazer muito barulho por causa de; mostrar grande espanto em relação a; complicar

songbird ['sɒŋbɜːd] *s.* ave canora

songbook ['sɒŋbʊk] *s.* livro de canções; recolha de canções; cancioneiro

songful ['sɒŋfʊl] *adj.* 1 melodioso, agradável; 2 canoro

songless ['sɒŋləs] *adj.* 1 sem canções, onde se não ouvem canções; 2 que não canta

songsmith ['sɒŋsmɪθ] *s.* escritor de canções

songster ['sɒŋstə] *s.* 1 cantor; 2 bardo, poeta; 3 ave canora

songstress ['sɒŋstrəs] *s.f.* (*pl.* **-es**) 1 [ant.] cantora; 2 [ant.] poetisa

songwriter ['sɒŋraɪtə] *s.* MÚSICA escritor de canções, compositor

sonic ['sɒnɪk] *adj.* relativo a som; sónico; sonoro; acústico ❖ AERONÁUTICA *~ altimeter* altímetro sonoro; *~ barrier* barreira de som; *~ boom* barulho causado por aviões supersónicos; NÁUTICA *~ depth finder* sonda de ultra-sons

sonics ['sɒnɪks] *s.* acústica

soniferous [sə'nɪfərəs] *adj.* sonoro, que propaga o som

son-in-law ['sʌnɪnlɔː] *s.* genro

sonnet ['sɒnɪt] *s.* soneto ❖ *~ writer* sonetista; autor de sonetos

sonneteer [sɒnɪ'tɪə] Ⓐ *s.* sonetista Ⓑ *v.intr.* [depr.] fazer sonetos, rabiscar sonetos

sonny ['sʌnɪ] *s.* [coloq.] filho, filhinho, pequeno

sonometer [səʊ'nɒmɪtə] *s.* FÍSICA sonómetro, harmonómetro

sonorific [sɒnə'rɪfɪk] *adj.* 1 sonoro; 2 ressoante

sonority [sə'nɒrɪtɪ] *adj.* (*pl.* **-ies**) sonoridade

sonorous ['sɒnərəs, sə'nɔːrəs] *adj.* 1 sonoro; *~ voice* voz sonora; 2 retumbante; 3 grandiloquente

sonorously ['sɒnərəslɪ, sə'nɔːrəslɪ] *adv.* sonoramente; com voz sonora

sonorousness ['sɒnərəsnəs, sə'nɔːrəsnəs] *s.* sonoridade

sonsy ['sɒnsɪ] *adj.* 1 rechonchudo, fofo; 2 descontraído; 3 que traz sorte

soon [suːn] *adv.* 1 em breve, dentro em pouco, dentro em breve; 2 depressa; 3 sem demora; 4 logo; *as ~ as* logo que; *as ~ as I arrived in Oporto* logo que cheguei ao Porto; *no sooner had she said it than...* logo que ela disse isso..., mal ela disse isso; 5 cedo; *as ~ as possible* o mais cedo possível; *he arrived an hour too ~* ele chegou uma hora mais cedo; 6 de boa vontade, de bom grado; *I would just as ~ stay at home as go there* tanto se me dá ficar em casa como ir lá ❖ *~ after* pouco depois; *how ~ can you be ready?* de quanto tempo precisas para estar pronto?; *he got out of the house none too ~* ele saiu de casa precisamente a tempo; *see you soon!* até breve!

sooner ['suːnə] *adv.* {*comp.* de **soon**} ❖ *~ or later* mais cedo ou mais tarde; *no ~ said than done* dito e feito; *the ~ the better* quanto mais cedo melhor

soonest ['suːnɪst] *adv.* {*superl.* de **soon**} ❖ *I will be back on Friday at the ~* não regressarei antes de sexta-feira; *least said, ~ mended* quanto menos se falar, melhor

soot [sʊt] Ⓐ *s.* 1 fuligem; 2 ferrugem de chaminé Ⓑ *v.tr.* 1 cobrir de fuligem, encher de fuligem, sujar com fuligem; 2 enfarruscar

sooth [suːθ] *s.* [arc.] verdade; facto; *in (good) ~* na verdade, de facto, na realidade, sinceramente; *~ to say* para falar verdade

soothe [suːð] *v.tr.* 1 abrandar, atenuar, mitigar, suavizar; 2 acalmar, aliviar; *to ~ an aching tooth* aliviar uma dor de dentes; 3 lisonjear; *to ~ sb's vanity* lisonjear a vaidade de alguém; 4 satisfazer, condescender com ❖ *to ~ sb's fears* tranquilizar alguém

soothfast ['suːθfɑːst] *adj.* 1 [arc.] verdadeiro; genuíno; 2 [arc.] leal; sincero; fiel

soothing ['suːðɪŋ] *adj.* 1 tranquilizador; 2 relaxante; 3 sedativo, calmante; 4 balsâmico; 5 acariciador

soothingly ['suːðɪŋlɪ] *adv.* 1 suavemente; 2 de maneira que suaviza; 3 de modo a acalmar ou mitigar

soothsayer ['suːθseɪə] s. 1 adivinho, profeta; 2 ZOOLOGIA louva-a-deus

soothsaying ['suːθseɪɪŋ] s. 1 adivinhação; 2 acto de profetizar; 3 profecia, prognóstico, vatícinio

sootiness ['sʊtɪnəs] s. 1 fuligem; 2 estado fuliginoso; 3 negrura de fuligem

sooting ['sʊtɪŋ] s. 1 sujidade; 2 circunstância de estar sujo (motor, etc.)

sooty ['sʊtɪ] adj. (comp. -ier, superl. -iest) coberto de fuligem, sujo com fuligem

sop [sɒp] Ⓐ s. 1 sopa, bocado de pão molhado em leite, caldo, etc.; 2 peita, dádiva com o fim de conciliar; 3 oferta propiciatória; 4 pl. sopas de leite Ⓑ v.tr.,intr. (participios: -pp-) 1 ensopar, fazer sopas de; 2 embeber em leite, caldo, etc.; 3 ficar encharcado; 4 [colloq.] ficar numa sopa ❖ (para entreter ou dispor bem) *to throw a* ~ *to Cerberus* lançar um osso a um cão

◆**sop up** v.tr. (com um pano, toalha, etc.) absorver, chupar; *she sopped up the water* ela apanhou a água com um pano

Sophia [səˈfaɪə] s.antr. Sofia

sophism ['sɒfɪzəm] s. sofisma

sophist ['sɒfɪst] s. sofista

sophister ['sɒfɪstə] s. 1 (Cambridge) estudante universitário do segundo ou terceiro ano; 2 terceiranista ou quartanista em Dublin

sophistic [səˈfɪstɪk] adj. sofista, sofístico

sophistical [səˈfɪstɪkəl] adj. sofista, sofístico

sophistically [səˈfɪstɪkəlɪ] adv. sofisticamente

sophisticate [səˈfɪstɪkeɪt] v.tr.,intr. 1 sofismar, sofisticar; 2 usar de sofismas; 3 tornar artificial, destruir a naturalidade e simplicidade de; 4 alterar, falsificar (texto) com fins de argumentação; 5 adulterar

sophisticated [səˈfɪstɪkeɪtɪd] adj. 1 sofisticado; 2 falsificado, adulterado; 3 que perdeu a naturalidade; 4 [depr.] de gostos complicados; com um modo de ser demasiado requintado ou artificializado; de sensibilidade embotada; 5 que não tem ilusões; 6 com grande experiência da vida; 7 delicado, ultra-civilizado

sophistication [səfɪstɪˈkeɪʃən] s. 1 sofisticação; 2 emprego de sofismas; 3 falsificação, adulteração; 4 artificialismo, ausência de naturalidade, refinamento; 5 grande experiência da vida

sophisticator [səˈfɪstɪkeɪtə] s. 1 sofisticador; 2 pessoa que sofistica

sophistry ['sɒfɪstrɪ] s. (pl. -ies) 1 sofística; 2 sofisma; *a piece of* ~ um sofisma; 3 sofisticação; *to indulge in* ~ sofisticar

Sophoclean [sɒfəˈkliːən] adj. sofocliano

Sophocles ['sɒfəkliːz] s.antr. LITERATURA Sófocles

sophomore ['sɒfəmɔː] s. [EUA, Can.] estudante do segundo ano

sophomoric [sɒfəˈmɔːrɪk] adj. 1 [EUA] superficial, sem profundidade, frívolo; 2 [EUA] pretensioso

sophora [səˈfɔːrə] s. BOTÂNICA sófora

Sophy ['səʊfɪ] s.antr. Sofia

sopor ['səʊpə] s. 1 MEDICINA sopor, sonolência, letargo; 2 estado comatoso

soporiferous [sɒpəˈrɪfərəs, səʊpəˈrɪfərəs] adj. soporífero

soporiferousness [sɒpəˈrɪfərəsnəs] s. qualidades soporíferas (de medicamento ou droga)

soporific [sɒpəˈrɪfɪk, səʊpəˈrɪfɪk] Ⓐ adj. 1 soporífico, soporífero; 2 [fig.] enfadonho, aborrecido, que causa sono Ⓑ s. FARMÁCIA soporífero

soporous ['səʊpərəs] adj. [rar.] soporoso; comatoso

sopping ['sɒpɪŋ] adj. encharcado, ensopado; ~ *wet* encharcado até aos ossos

soppy ['sɒpɪ] adj. (comp. -ier, superl. -iest) 1 encharcado, cheio de água, alagado; 2 [colloq.] demasiado sentimental, piegas, lamecha; 3 pateta, estúpido; 4 mole ❖ [colloq.] *to be* ~ *on* ter uma paixoneta por; estar babado por

sopranist [səˈprɑːnɪst] s. MÚSICA soprano

soprano [səˈprɑːnəʊ] s. (pl. -os ou -i) MÚSICA soprano, tiple ❖ ~ *voice* voz de soprano

sorb [sɔːb] s. 1 BOTÂNICA sorveira; 2 (fruto) sorva; ~ *apple* sorva

sorbet ['sɔːbeɪ, 'sɔːbət] s. sorvete

sorbic ['sɔːbɪk] adj. QUÍMICA sórbico

sorbite ['sɔːbaɪt] s. QUÍMICA sorbite

sorbitol ['sɔːbɪtɒl] s. QUÍMICA sorbitol

sorcerer ['sɔːsərə] s. 1 feiticeiro, bruxo; 2 mágico

sorceress ['sɔːsərɪs] s.f. (pl. -es) feiticeira, bruxa

sorcery ['sɔːsərɪ] s. (pl. -ies) 1 feitiçaria, bruxaria; 2 magia; 3 artes mágicas

sordid ['sɔːdɪd] adj. 1 sórdido; 2 ignóbil, baixo, vil; 3 mesquinho, avaro; 4 miserável; 5 (cor) sujo, impuro; ~ *blue* azul sujo; 6 MEDICINA fétido; 7 [arc.] imundo

sordidly ['sɔːdɪdlɪ] adv. 1 sordidamente; 2 ignobilmente, vilmente; 3 miseravelmente, mesquinhamente

sordidness ['sɔːdɪdnəs] s. 1 sordidez; 2 baixeza, vileza; 3 mesquinhice, mesquinhez, avareza

sordine ['sɔːdiːn] s. MÚSICA surdina

sordino [sɔːˈdiːnəʊ] s. MÚSICA ⇒ **sordine**

sore [sɔː] Ⓐ adj. 1 doloroso, dorido, que dói; *I am* ~ *all over* estou todo dorido, dói-me o corpo todo; ~ *to the touch* que dói quando se lhe toca; 2 irritado, inflamado; *to have a* ~ *throat* ter a garganta inflamada; 3 triste, magoado, pesaroso, penalizado; *a* ~ *heart* um coração pesaroso; *to be* ~ *at heart* estar desolado; 4 susceptível, irritadiço; 5 (questão, assunto, etc.) sensível; delicado; *a* ~ *subject* um assunto desagradável, delicado; *that's his* ~ *spot* é esse o seu ponto sensível; *that's a* ~ *subject with her* ela não gosta que falem nesse assunto; 6 aborrecido, vexado, irritado, exasperado, ofendido; *to be* ~ *on* estar irritado com alguém; *to feel* ~ *about sth* sentir-se aborrecido com alguma coisa; *to get* ~ começar a irritar-se; 7 forte, severo; 8 extremo, intenso; *to be in* ~ *need of help* necessitar extremamente de auxílio Ⓑ s. 1 ferida, chaga; 2 ferimento; 3 úlcera; 4 (mágoa) ferida, desgosto, recordação desagradável; *to put one's finger on the* ~ *place* pôr o dedo na ferida; *to reopen old sores* reavivar feridas antigas; 5 ponto sensível Ⓒ adv. 1 muito, intensamente; 2 dolorosamente; 3 severamente; ~ *oppressed* severamente oprimido ❖ ~ *point* ponto fraco; ~ *trial* prova difícil de vencer; *a sight for* ~ *eyes* uma visão ou um espectáculo agradável; MEDICINA *clergyman's* ~ *throat* faringite crónica; *like a bear with a* ~ *head* maldisposto; irritado; furioso

sorel ['sɒrəl] s. ⇒ **sorrel**

sorely ['sɔːlɪ] adv. 1 intensamente, gravemente; 2 extremamente; *he felt* ~ *inclined to...* ele sentia-se muitíssimo inclinado a...; 3 severamente ❖ ~ *distressed* numa grande aflição; (paciência, pessoa) *to be* ~ *tested* ser posto à prova; *he'll be* ~ *missed* ele vai fazer muita falta

soreness ['sɔːnɪs] s. 1 ulceração, ferimento; 2 dor; estado dorido; 3 sofrimento; mágoa, pesar, desgosto; 4 irritabilidade; agastamento

sorghum ['sɔːgəm] s. BOTÂNICA sorgo

soricidae [səˈrɪsɪdiː] s.pl. ZOOLOGIA musaranhos

sorites [səˈraɪtiːz] s. LÓGICA sorites

sorn [sɔːn] v.intr. 1 [Esc.] procurar dormir e comer à custa de alguém; 2 dar-se como convidado para pernoitar e para comer

sorner ['sɔːnə] s. [Esc.] papa-jantares, chupista, pessoa que se dá como convidada para dormir e comer

sorning ['sɔːnɪŋ] s. [Esc.] chupice, parasitismo

sorority [səˈrɒrɪtɪ] s. (pl. -ies) 1 comunidade religiosa feminina; 2 [EUA] círculo estudantil feminino

sorption ['sɔːpʃən] s. FÍSICA, QUÍMICA acção combinada de absorção e adsorção

sorra ['sɒrə] adv. [Irl.] não, nunca

sorrel ['sɒrəl] Ⓐ s. 1 BOTÂNICA azeda(s); *salts of* ~ sal de azedas; 2 cor de canela, castanho-avermelhado; 3 alazão; animal de cor castanho-avermelhada, sobretudo cavalo; 4 gamo com três anos Ⓑ adj. cor de canela, castanho-avermelhado, alazão

sorrily ['sɒrɪlɪ] adv. 1 tristemente; 2 pobremente, miseravelmente; 3 lastimavelmente

sorrow ['sɒrəʊ] Ⓐ s. 1 dor, pesar, mágoa; *to his great* ~ com grande pesar seu; *to express* ~ exprimir pesar; 2 sofrimento; *inarticulate* ~ sofrimento mudo; 3 infortúnio; 4 aflição; 5 amargura, tristeza; 6 arrependimento, contrição; 7 lamento Ⓑ v.intr. 1 sofrer, afligir-se; 2 estar triste, entristecer; 3 chorar, lamentar-se; *to* ~ *after* lamentar, chorar ❖ *hang sorrow!* leve o Diabo tristezas!; RELIGIÃO *the Man of Sorrows* Jesus Cristo; *to be in* ~ sofrer; *to* ~ *at/for/over* condoer-se de; ter pena de

sorrower ['sɒrəʊə] s. 1 aquele que sofre ou chora; 2 aquele que tem pena

sorrowful ['sɒrəʊfʊl] adj. 1 pesaroso, aflito, triste, cheio de pena; 2 infeliz; 3 lamentável, doloroso

sorrowfully ['sɒrəʊfʊlɪ] adv. 1 pesarosamente; 2 com aflição; 3 desoladamente; 4 tristemente

sorrowfulness ['sɒrəʊfʊlnɪs] s. pesar, tristeza, angústia, aflição

sorrowing ['sɒrəʊɪŋ] adj. 1 que se lamenta ou sofre; 2 triste, aflito

sorry ['sɒrɪ] adj. (comp. **-ier**, superl. **-iest**) 1 triste, pesaroso, desolado, desanimado; 2 desgostoso; 3 arrependido, contrito; 4 penalizado; com pena [**for**, de]; *to be ~ for sb* ter pena de alguém; 5 pobre, miserável, infeliz; 6 que causa dó; 7 lamentável, deplorável, mau, pobre; *that's a ~ excuse* isso é uma desculpa infeliz; 8 desprezível ❖ **sorry!** desculpe!; *I am ~ not to have done it* lamento não o ter feito; *if you refuse it now, you'll be ~ later* se recusar agora, arrepender-se-á mais tarde; *to be in a ~ plight* estar numa situação difícil; passar um mau bocado; *to cut a ~ figure* fazer uma triste figura

sort [sɔːt] Ⓐ s. 1 espécie; *all sorts of things* toda as espécie de coisas; *I know what ~ of man he is* sei que espécie de homem ele é; *of all sorts* de todas as espécies; *of sorts* de várias espécies, misto; *people of every ~ and kind* gente de todas as espécies; *these ~ of people are not to be relied upon* não se pode confiar em gente desta espécie; [depr.] *they had coffee of a ~* tomaram uma espécie de café; 2 género; tipo; *that ~ of thing* esse tipo de coisa; *sth of that/the ~* qualquer coisa desse género; 3 casta, classe; 4 qualidade; 5 carácter, grupo; 6 estilo, modo; *after a ~* de certo modo; *~ of* de certo modo; 7 TIPOGRAFIA tipo, letra Ⓑ v.tr.,intr. 1 separar; *to ~ the letters* fazer a separação da correspondência; 2 seleccionar; escolher; fazer a triagem de; 3 pôr em ordem, ordenar; 4 classificar; distribuir por classes ou grupos; *to ~ into classes* classificar, separar por classes ❖ *a good ~* boa pessoa; *he is a strange ~ of fellow* ele é um tipo estranho, curioso; *I am not the ~ of man who always says "yes"* não sou daqueles que dizem sempre que sim; *I ~ of expected it* eu já contava mais ou menos com isso; *I ~ of think that…* tenho quase a impressão de que…; *in some ~* de certa maneira; até certo ponto; *nothing of the ~* nada disso; *to be out of sorts* estar maldisposto; *to ~ ill with* destoar de; estar em contradição com; não se harmonizar com; *to ~ well with* estar de harmonia com; harmonizar-se com; *to ~ with sb* andar com alguém

◆**sort out** v.tr. 1 organizar; 2 arrumar; 3 separar [**from**, de]; *to ~ the good from the bad* separar os bons dos maus; 4 tratar de; 5 fazer a triagem de

◆**sort through** v.tr. procurar no meio de

sorta ['sɔːtə] [EUA] ⇒ **sort of**

sortable ['sɔːtəbəl] adj. susceptível de ser classificado, ordenado ou seleccionado

sorted ['sɔːtɪd] adj. 1 escolhido, seleccionado; 2 sortido

sorter ['sɔːtə] s. 1 aquele que escolhe, separa ou selecciona; 2 classificador; 3 separador mecânico

sortie ['sɔːtiː] s. MILITAR surtida

sortilege ['sɔːtɪlɪdʒ] s. 1 adivinhação por meio de sortes; 2 sortilégio

sorting ['sɔːtɪŋ] s. 1 selecção; 2 triagem; 3 classificação, distribuição por classes ❖ *~ capacity* capacidade seleccionadora; (banco) *~ code* número da sucursal; (correios) *~ office* secção de triagem da correspondência

sortition [sɔːˈtɪʃən] s. sorteio, tiragem à sorte

sort-out ['sɔːtaʊt] s. (organização) arrumadela; *to have a ~ of* dar uma arrumadela a

sorus ['sɔːrəs] s. (pl. **-ri**) BOTÂNICA soro

SOS Ⓐ [abrev. de *save our souls*] Ⓑ s. SOS; *to send out an ~* mandar um SOS

so-so ['səʊsəʊ] adj.,adv. assim-assim; mais ou menos; *business is ~* os negócios vão assim-assim

sot [sɒt] Ⓐ s. [depr., ant.] bêbedo Ⓑ v.intr. (particípios: **-tt-**) embriagar-se, embebedar-se

soteriology [sɒˌtɪərɪˈɒlədʒɪ] s. RELIGIÃO soteriologia, doutrina da salvação em nome de Cristo

sotnia ['sɒtnɪə] s. sótnia, companhia de cem cossacos

sottish ['sɒtɪʃ] adj. 1 bêbedo; 2 embrutecido pelo álcool

sottishly ['sɒtɪʃlɪ] adv. como ébrio; de modo ébrio

sottishness ['sɒtɪʃnɪs] s. 1 embriaguez; 2 embrutecimento causado pelo álcool

sotto voce [ˌsɒtəʊˈvəʊtʃɪ] adv. 1 em voz baixa; 2 em aparte

sou [suː] s. 1 [ant.] (moeda francesa) soldo; 2 [coloq.] tostão; *they haven't a ~* não têm um tostão

souchong [ˌsuːˈʃɒŋ, ˌsuːˈtʃɒŋ] s. variedade de chá-preto feito de folhinhas novas

Soudanese [ˌsuːdəˈniːz] adj.,s. sudanês

souffle ['suːfəl] s. MEDICINA ruído, sopro

soufflé ['suːfleɪ] s. CULINÁRIA soufflé

sough[1] [sʌf] s. 1 paul, pântano; 2 fosso de escoamento, sarjeta

sough[2] [saʊ] Ⓐ s. [arc., poét.] murmúrio, sussurro, ruído leve como o do vento ao passar pelas árvores Ⓑ v.intr. [arc., poét.] (vento) sussurrar, murmurar

sought [sɔːt] prt. e part. pass. de **to seek**

sought-after ['sɔːtɑːftə] adj. 1 solicitado; 2 procurado ❖ *to be little ~* não ter muita procura; *to be much ~* ter muita procura; ser muito procurado

soul [səʊl] s. 1 (geral) alma; *to be the ~ of* ser a alma de; *God rest his soul!* Deus dê descanso à sua alma!; 2 espírito; 3 essência, parte principal; 4 animador, chefe, líder; 5 personificação; *he is the ~ of honour* ele é a personificação da honra; 6 (pessoa) alma; *population of twenty thousand souls* população de vinte mil almas; *the ship went down with four hundred souls* o navio afundou-se com quatrocentas almas a bordo; *there wasn't a ~ there* não se via vivalma; 7 [EUA] cultura soul; 8 MÚSICA soul; *~ music* música soul ❖ RELIGIÃO (2 de Novembro) *All Souls' Day* dia de Finados; dia de Fiéis Defuntos; *he cannot call his ~ his own* ele não é senhor de si próprio; *he is a cheery ~* ele está sempre bem-disposto; *I can't for the ~ of me* não posso por nada deste mundo; *to have a ~ above money* estar acima das preocupações monetárias; *to have no ~* não ter coração; ser cruel, desumano; *to keep body and ~ together* manter-se vivo; conseguir ir vivendo; RELIGIÃO *to make one's ~* [Irl.] concentrar-se (antes da Confissão); preparar-se para morrer; *to put one's heart and ~ into* dedicar-se de alma e coração a; *upon my soul!* por Deus!; *with all my ~* de todo o coração

soul-destroying [ˈsəʊldɪˌstrɔɪɪŋ] adj. 1 desmoralizador, desmotivante; 2 degradante; 3 monótono, desinteressante

soulful ['səʊlfʊl] adj. 1 emotivo, sentimental; 2 nobre, elevado, cheio de alma

soulfully ['səʊlfʊlɪ] adv. 1 sentimentalmente; 2 de maneira elevada; 3 com alma

soulless ['səʊlləs] adj. 1 sem alma; 2 sem sentimentos; 3 frio, desumano; 4 vulgar; 5 sem interesse

soullessly ['səʊllɪslɪ] adv. 1 friamente; 2 sem alma; 3 desumanamente

soullessness ['səʊllɪsnɪs] s. 1 ausência de alma, de sentimentos; 2 vulgaridade

soulmate ['səʊlmeɪt] s. alma gémea

soul-searching ['səʊlˌsɜːtʃɪŋ] s. introspecção, auto-análise

sound[1] [saʊnd] Ⓐ s. 1 som; *musical ~* som musical; *within ~ of* ao alcance do som de; *not a ~ was to be heard* não se ouvia um único som; o silêncio era absoluto; *to the ~ of* ao som de; 2 barulho, rumor; *much ~ but little sense* muito barulho, mas poucas ideias; 3 tom; 4 LINGUÍSTICA fonema; 5 GEOGRAFIA estreito, braço de mar; 6 ZOOLOGIA bexiga natatória; 7 sondagem; 8 CIRURGIA sonda, tenta Ⓑ adj. sonoro; de som; *~ amplifier* amplificador sonoro; *~ barrier* barreira de som; (computador) *~ card* placa de som; *~ control* controlo do som; *~ distortion* distorção de som; CINEMA *~ film* filme sonoro; *~ circuit* circuito sonoro; *~ insulation* isolamento sonoro; *~ ranging* localização pelo som; *~ recording* registo de som; *~ signal* sinal sonoro; CINEMA *~ truck* carro do som; *~ vibration* vibração sonora; *~ wave* onda sonora Ⓒ v.tr.,intr. 1 soar; emitir som; *to ~ harsh* ter um som duro; *to ~ hollow* ter um som cavo, soar a oco; *that sounds well* isso soa bem num discurso; 2 tocar; *to ~ a trumpet* tocar uma trombeta; *to ~ the retreat* tocar em retirada; (piano) *this key won't ~* esta nota não toca; 3 fazer soar; *to ~ an alarm* fazer soar o alarme; *to ~ the horn* tocar a buzina; **4** produzir ruído; ressoar; **5** bater; anunciar por meio de sons; *the clock sounded twelve* o relógio bateu as doze; **6** tornar conhecido; **7** parecer; *the scheme does not ~ very reasonable* o plano não parece muito razoável; *your explanation sounds all right* a tua explicação parece perfeita; **8** auscultar, verificar por meio do som produzido; *the doctor sounded his chest* o médico auscultou-lhe o peito; **9** LINGUÍSTICA (fonética) pronunciar, pronunciar-se; *the "r" is not sounded* o "r" não se pronuncia; **10** procurar conhecer, inquirir, sondar; *to ~ one's conscience* interrogar a consciência; *you must ~ him on the subject* tens de ver o que ele pensa sobre o assunto, tens de auscultar a opinião dele sobre o assunto; **11** (profundidade) sondar, verificar com uma sonda ou vara; **12** (elogios) celebrar, entoar; **13** afundar; **14** (baleias) mergulhar fundo ❖ *~ chest* caixa de ressonância; *~ detector* geofone; *~ locator* aparelho de escuta; *~ record* fonograma; *~ signal* sinal sonoro; [coloq.] *I don't like the ~ of it* isso não me soa nada bem; *the science of ~* a acústica; *to add ~ effects to a film* sonorizar um filme

◆**sound off** *v.intr.* **1** falar para a plateia; falar de maneira dogmática e em voz alta; **2** vangloriar-se [**about**, em relação a]; **3** resmungar [**about**, por causa de]; **4** passar um raspanete [**at**, a]

◆**sound out** *v.tr.* (opinião) sondar (alguém); auscultar (alguém); procurar descobrir (o que alguém pensa/planeia)

sound[2] [saʊnd] Ⓐ *adj.* **1** saudável, sadio, são; robusto, forte; *~ constitution* constituição forte, saúde robusta; *~ teeth* bons dentes; *a ~ mind in a ~ body* um espírito são num corpo vigoroso; *to be as ~ as a bell* estar de perfeita saúde, estar são como um pêro_coloq.;_ **2** perfeito; **3** ileso, incólume; **4** em boas condições, em bom funcionamento; **5** sólido; *~ argument* argumento sólido; **6** bom; de confiança; *~ advice* bom conselho; **7** (sono) pesado, profundo; *~ sleep* sono profundo; **8** prudente, seguro; **9** lógico, certo, acertado, correcto; **10** válido, legal; **11** capaz; **12** completo; **13** idóneo, honrado; **14** COMÉRCIO solvente; *to be a ~ man* ter crédito Ⓑ *adv.* profundamente; *~ asleep* profundamente adormecido; *he will sleep the sounder for it* ele dormirá tanto melhor ❖ *~ ground* terreno com bom subsolo; *he is a ~ tennis player* ele é um bom jogador de ténis; DIREITO *to be of ~ disposing mind* estar em condições de testar; *to give a ~ thrashing* dar uma boa tareia/sova

soundable ['saʊndəbəl] *adj.* sondável

soundbite ['saʊndbaɪt] *s.* (meios de comunicação social) frase-chave

soundboard ['saʊndbɔːd] *s.* caixa de ressonância

sounder ['saʊndə] *s.* **1** receptor acústico; **2** sonda; *echo ~* sonda acústica; NÁUTICA *flying ~* sonda que pode empregar-se sem reduzir a velocidade do navio; **3** sondador; **4** [arc.] manada de porcos-bravos

sounding ['saʊndɪŋ] Ⓐ *adj.* **1** sonoro; **2** retumbante; **3** pomposo; **4** bombástico Ⓑ *s.* **1** toque; **2** som; **3** ressonância; **4** MEDICINA auscultação; **5** sondagem, prumada, prumagem; **6** *pl.* (perto da praia) águas não muito fundas (que permitem sondagens); *to strike soundings* encontrar o fundo; *to take soundings* fazer sondagens; *what are the soundings?* que fundo temos? ❖ *~ balloon* balão-sonda; *~ board* caixa de ressonância; *~ buoy* bóia de sonda; *~ lead* prumo de sonda; *~ line* sonda; *~ machine* sonda; *~ pipe* tubo de sonda

soundingly ['saʊndɪŋlɪ] *adv.* **1** com grande sonoridade; **2** retumbantemente; **3** pomposamente; **4** de maneira bombástica

soundless ['saʊndləs] *adj.* **1** silencioso; **2** sem produzir som; **3** mudo; **4** insondável

soundlessly ['saʊndləslɪ] *adv.* **1** silenciosamente, mudamente; **2** insondavelmente

soundly ['saʊndlɪ] *adv.* **1** profundamente, pesadamente; *to sleep ~* dormir profundamente; **2** perfeitamente; **3** convenientemente, cabalmente, correctamente; **4** acertadamente, sensatamente, judiciosamente; **5** completamente; **6** inteiramente, integralmente ❖ *they thrashed him ~* deram-lhe uma sova mestra

soundness ['saʊndnəs, 'saʊnnəs] *s.* **1** boa saúde; **2** equilíbrio; **3** energia, vigor; **4** solidez, segurança, estabilidade; **5** FINANÇAS solvência; **6** justeza, acerto, sensatez; *the ~ of a judgement* a justeza de um julgamento; **7** rectidão, rectitude; **8** (sono) profundidade

soundproof ['saʊndpruːf] Ⓐ *adj.* insonorizado; à prova de som; *a ~ room* cabine insonorizada; *~ layer* camada impermeável ao som Ⓑ *v.tr.* insonorizar

soundproofing ['saʊndpruːfɪŋ] *s.* insonorização

soundtrack ['saʊndtræk] *s.* CINEMA banda sonora

soup [suːp] *s.* CULINÁRIA sopa; caldo; *pea ~* sopa de ervilhas; *thick ~* sopa-puré; *tomato ~* sopa de tomate; *vegetable ~* sopa de legumes ❖ *~ kitchen* sopa dos pobres; *~ ladle* concha da sopa; *~ plate* prato da sopa; *~ ticket* senha que dá direito a comer na sopa dos pobres; *~ tureen* terrina da sopa; [coloq.] *in the ~* em dificuldades

◆**soup up** *v.tr.* (veículo) aumentar a potência de

souped-up ['suːpʌp] *adj.* **1** optimizado; **2** restruturado, remodelado, recauchutado_fig_; **3** dinâmico, enérgico; **4** rápido, veloz; **5** frenético

soupspoon ['suːpspuːn] *s.* colher da sopa

sour ['saʊə] Ⓐ *adj.* **1** amargo, acre; **2** azedo; *~ milk* leite azedo, leite estragado; (vinho) *to turn ~* azedar, avinagrar; **3** ácido; **4** ardido; **5** avinagrado, picante; **6** [fig.] maldisposto, carrancudo, irritado, irascível; *to look ~* ter um aspecto rabugento, intratável Ⓑ *v.tr.,intr.* **1** azedar; **2** avinagrar; **3** fermentar; **4** ficar ácido; **5** irritar(-se); *to be soured by misfortune* ser irascível devido ao infortúnio; **6** azedar o ânimo (de alguém), azedar-se; **7** (pele) colocar em mistura própria para curtir ❖ *~ grapes* uvas verdes; [fig.] despeito, rancor; *~ look* expressão amarga; *~ water* mistura para curtir peles; *those apples are ~* aquelas maçãs estão verdes; *to give sb a ~ look* franzir o sobrolho a alguém

source [sɔːs] Ⓐ *s.* **1** fonte; *~ of energy* fonte de energia; *~ of heat* fonte de calor; *~ of potential* fonte de voltagem; *~ of electric current* fonte de energia eléctrica; **2** fonte de informações; *this news comes from a very reliable ~* estas notícias provêm de uma fonte segura; **3** origem; ponto de partida; foco; *~ of infection* foco de infecção; **4** manancial; **5** nascente; *the sources of the Nile* as nascentes do Nilo Ⓑ *v.tr.* **1** indicar as fontes de; **2** procurar fornecedores externos para ❖ *~ book* colectânea de textos ou documentos históricos; (tradução) *~ language* língua de partida; *idleness is the ~ of all evil* a ociosidade é mãe de todos os vícios; *to be sourced from...* provir de...

sourdough ['saʊədəʊ] *s.* **1** CULINÁRIA fermento de padeiro, levedura; **2** [EUA] [ant.] garimpeiro; velho explorador dos jazigos do Alasca

souring ['saʊərɪŋ] *s.* **1** azedamento; **2** acidificação; **3** acto de se tornar irascível

sourish ['saʊərɪʃ] *adj.* um tanto azedo

sourness ['saʊənɪs] *s.* **1** acidez; **2** azedume; **3** acrimónia

sourpuss ['saʊəpʊs] *s.* [coloq.] resmungão, rabugento

sour-sop ['saʊəsɒp] *s.* BOTÂNICA araticu, araticum; areticum

souse [saʊs] Ⓐ *s.* **1** CULINÁRIA salmoura; **2** CULINÁRIA escabeche; **3** CULINÁRIA pés de porco, orelhas e cabeça postos em salmoura; **4** mergulho, banho; *to get a ~* cair à água, apanhar um banho; **5** [cal.] bêbedo Ⓑ *v.tr.,intr.* **1** mergulhar em água; *to ~ into the water* mergulhar na água, tomar um banho involuntário; **2** atirar para a água; **3** molhar, encharcar; **4** CULINÁRIA pôr em salmoura; **5** CULINÁRIA pôr em escabeche; **6** (falcão) mergulhar [**on/upon**, sobre]; *to ~ on/upon the prey* cair sobre a presa Ⓒ *adv.* **1** de direito, de cabeça; **2** em rápido mergulho; **3** de súbito, de chofre; *to come ~ into* surgir de súbito em ❖ *to ~ with bullets* crivar de balas

soused ['saʊsd] *adj.* **1** CULINÁRIA de escabeche; **2** CULINÁRIA em salmoura; **3** molhado, encharcado; **4** [coloq.] bêbedo como um cacho

sousing ['saʊsɪŋ] *s.* **1** CULINÁRIA acto de pôr em escabeche ou em salmoura; **2** molhadela, encharcadela

sou' sou' west [saʊsaʊ'west] ⇒ **south-south-west**

soutache ['suːtɑːʃ] *s.* sutache

soutane [suː'tɑːn] *s.* RELIGIÃO sotaina

souteneur [suːtə'nɜː] *s.* proxeneta, indivíduo que coabita com prostituta e vive dos ganhos dela

south [saʊθ] Ⓐ *s.* **1** sul; *magnetic ~* sul magnético; *on the ~ of* a sul de; *true ~* sul geográfico; *to go to the ~* ir para o sul; *to look to the ~* dar para o sul, estar virado o sul; *Mexico is to the ~ of the USA* o México fica ao sul dos E. U. A.; **2** meio-dia; **3** territórios do Sul; **4** [arc.] vento sul Ⓑ *adj.* sul, de sul, meridional, austral; *~ aspect* exposição ao sul;

~ *latitude* latitude sul; ~ *side* lado sul; ~ *wind* vento sul Ⓒ *adv.* em direcção ao sul, para o sul; *to lie* ~ *of* ficar a sul de; *to sail due* ~ navegar a direito para o sul; *the swallows go* ~ *in winter* as andorinhas vão para o Sul no Inverno Ⓓ *v.intr.* 1 NÁUTICA seguir em direcção ao Sul; 2 ASTRONOMIA passar o paralelo de um lugar ❖ *South Africa* África do Sul; *South African* sul-africano; *South America* a América do Sul; *South Carolina* Carolina do Sul; *South Pole* Pólo Sul; *South Sea* Pacífico; mar do Sul; *South Sea Island* ilha da Oceânia ou das ilhas do Pacífico
south-bound ['saʊθbaʊnd] *adj.* em direcção ao sul
Southdown ['saʊθdaʊn] Ⓐ *adj.* (carneiro) da raça de SouthDown Ⓑ *s.* carneiro da raça de SouthDown
southeast [ˌsaʊθ'iːst] Ⓐ *s.* sudeste, sueste Ⓑ *adv.* em direcção a sudeste Ⓒ *adj.* sudeste; do sudeste; relativo ao sudeste
southeaster [ˌsaʊθ'iːstə] *s.* vento do sudeste
southeasterly [ˌsaʊθ'iːstəli] Ⓐ *adj.* 1 do sudeste; 2 virado ao sudeste Ⓑ *adv.* em direcção ao sudeste
southeastern [ˌsaʊθ'iːstən] *adj.* 1 sudeste; 2 a sudeste
southeastward [ˌsaʊθ'iːstwəd] Ⓐ *s.* sudeste Ⓑ *adj.* 1 sudeste; 2 do sudeste, a sudeste Ⓒ *adv.* em direcção a sudeste
southeastwards [ˌsaʊθ'iːstwədz] *adv.* ⇒ **south-eastward** Ⓒ
southerly ['sʌðəli] Ⓐ *adj.* do sul; meridional; ~ *aspect* exposição ao sul; ~ *latitude* latitude sul Ⓑ *adv.* em direcção ao sul; NÁUTICA *to steer a* ~ *course* rumar ao sul
southern ['sʌðən] *adj.* do sul; meridional; austral; 2 [EUA] HISTÓRIA sulista ❖ GEOGRAFIA ~ *lights* aurora austral; GEOGRAFIA *the* ~ *hemisphere* o hemisfério Sul
southerner ['sʌðənə] *s.* habitante do Sul, sulista
southernmost ['sʌðənməʊst] *adj.* (o) mais meridional
southernwood ['sʌðənwʊd] *s.* BOTÂNICA abrótano, erva-lombrigueira
southing ['saʊðɪŋ] *s.* 1 distância percorrida para Sul; 2 declinação austral; 3 avanço para o sul
southmost ['saʊθməʊst] *adj.* ⇒ **southernmost**
southron ['sʌðrən] *adj.,s.* [ESC.] [arc.] inglês
south-southeast [ˌsaʊθsaʊθ'iːst] Ⓐ *adj.,s.* su-sueste Ⓑ *adv.* em direcção ao su-sueste
south-southwest [ˌsaʊθsaʊθ'west] Ⓐ *adj.,s.* su-sudoeste Ⓑ *adv.* em direcção a su-sudoeste
southward ['saʊθwəd, 'sʌðəd] Ⓐ *s.* 1 sul; 2 ponto ao sul Ⓑ *adj.* 1 sul; 2 a sul de; 3 do lado sul Ⓒ *adv.* em direcção ao sul
southwards ['saʊθwədz, 'sʌðədz] *adv.* em direcção ao sul
southwest [ˌsaʊθ'west] Ⓐ *s.* sudoeste Ⓑ *adj.* sudoeste, do sudoeste; ~ *monsoon* monção de sudoeste Ⓒ *adv.* em direcção ao sudoeste ❖ *Southwest Africa* o Sudoeste Africano; a Namíbia
southwester [ˌsaʊθ'westə] *s.* vento do sudoeste
southwesterly [ˌsaʊθ'westəli] Ⓐ *adj.* 1 do sudoeste; 2 a sudoeste Ⓑ *adv.* em direcção ao sudoeste
southwestern [ˌsaʊθ'westən] *adj.* de sudoeste
southwestward [ˌsaʊθ'westwəd] Ⓐ *s.* sudoeste Ⓑ *adj.* 1 sudoeste; 2 a sudoeste de; 3 do lado sudoeste Ⓒ *adv.* em direcção ao sudoeste
southwestwards [ˌsaʊθ'westwədz] *adv.* em direcção ao sudoeste
souvenir [suːvə'nɪə] *s.* (objecto) lembrança, recordação
sou'west [saʊ'west] *adj.,adv.,s.* NÁUTICA ⇒ **south-west**
souyhing ['saʊɪŋ] *s.* murmúrio, sussurro (de vento)
sov [sɒv] *s.* [coloq.] soberano, libra de ouro
sovereign ['sɒvrɪn] Ⓐ *adj.* 1 supremo, soberano; ~ *rights* direitos de soberania; *a* ~ *State* um estado soberano, um estado independente; *the* ~ *good* o supremo bem; *to hold in* ~ *contempt* ter um desprezo soberano por; 2 régio, real; 3 altivo; 4 poderoso; 5 inexcedível; 6 excelente, muitíssimo bom; *a* ~ *remedy* um remédio eficaz; 7 superior Ⓑ *s.* 1 soberano; monarca; rei; 2 senhor; 3 (libra de ouro) soberano
sovereignly ['sɒvrɪnli] *adv.* soberanamente
sovereignty ['sɒvrənti] *s.* (*pl.* -**ies**) 1 soberania; 2 supremacia; 3 autoridade suprema; 4 estado soberano, estado independente
Soviet ['səʊvɪət] Ⓐ *adj.* soviético Ⓑ *s.* 1 (conselho) soviete; 2 (pessoa) soviético; *the Soviets* os soviéticos ❖ *the* ~ *Union* a União Soviética; *the Union of Socialist* ~ *Republics* a União das Repúblicas Socialistas Soviéticas
sovietism ['səʊvɪətɪzəm] *s.* sovietismo

sovietist ['səʊvɪətɪst] *s.* soviético
Sovietologist [ˌsəʊvɪət'ɒlədʒɪst] *s.* sovietólogo
sovran ['sɒvrən] *adj.,s.* [poét.] ⇒ **sovereign**
sovranty ['sɒvrənti] *s.* [poét.] ⇒ **sovereignty**
sow[1] [saʊ] *v.tr.* (*prt.* **sowed**, *part. pass.* **sown** ou **sowed**) 1 semear; deitar semente à terra; *to* ~ (*with*) *wheat* semear trigo (em); 2 [fig.] espalhar, disseminar, propagar, semear$_{fig}$; *to* ~ *the seeds of hatred* semear o ódio; 3 [fig.] juncar, cobrir; *the streets were sown with corpses* as ruas estavam juncadas de cadáveres ❖ BOTÂNICA ~ *thistle* serralha; *as a man sows, so shall he reap* se fizeres tua cama, nela te deitarás; cada um colhe aquilo que semeia; *the seeds of revolution were sowing* preparava-se a revolução; *to* ~ *one's wild oats* pagar o tributo à mocidade; *to* ~ *on stony ground* semear em terra ingrata; *to* ~ *the wind and reap the whirlwind* semear ventos e colher tempestades
sow[2] [saʊ] *s.* 1 ZOOLOGIA porca; 2 lingote de metal (saído da fundição); ~ *iron* lingote de ferro; ~ *of lead* lingote de chumbo ❖ BOTÂNICA ~ *thistle* serralha; *you cannot make a silk purse out of a sow's ear* do mau não se pode fazer bom
sowar [sə'wɑː] *s.* soldado de cavalaria indiano
sowbelly ['saʊbeli] *s.* toucinho salgado, carne de porco salgada
sowbread ['saʊbred] *s.* BOTÂNICA variedade de ciclame
sower ['saʊə] *s.* semeador
sowing ['səʊɪŋ] *s.* 1 sementeira; semeadura; ~ *in drills* sementeira em regos; 2 disseminação, acto de espalhar ❖ ~ *machine* máquina de semear; ~ *peas* ervilhas de semente; ~ *seed* semente; ~ *time* época das sementeiras
sown [səʊn] *part. pass. de* **to sow**[1]
soy [sɔɪ] *s.* 1 BOTÂNICA soja; 2 CULINÁRIA molho de soja ❖ ~ *bean* rebento de soja
soya ['sɔɪə] *s.* BOTÂNICA, CULINÁRIA ⇒ **soy**
sozzled ['sɒzəld] *adj.* [coloq.] bêbedo como um cacho
Sp. Ⓐ [*abrev. de* Spain] Ⓑ [*abrev. de* Spanish] Ⓒ [*abrev. de* Spaniard]
SP Ⓐ [*abrev. de* without issue (sine prole)] Ⓑ [*abrev. de* submarine patrol] Ⓒ [*abrev. de* starting price] Ⓓ [*abrev. de* Service Police]
spa [spɑː] *s.* 1 estância termal, termas; 2 fonte de água mineral ❖ *to go to a* ~ ir fazer uma cura de águas
space [speɪs] Ⓐ *s.* 1 espaço; ~ *required* espaço necessário; *blank* ~ espaço em branco; *time and* ~ espaço e tempo; *to have* ~ *for* ter espaço para; *it takes up a lot of* ~ ocupa muito espaço; 2 área, superfície; 3 distância entre coisas; 4 espaço percorrido; 5 câmara; 6 zona; lugar; MILITAR *dangerous* ~ zona perigosa; 7 intervalo, período; ~ *of time* período de tempo; *after a short* ~ depois de um breve intervalo; *in the* ~ *of an hour* no período de uma hora; *let us rest a* ~ descansemos um bocado; 8 duração; *for a* ~ durante algum tempo Ⓑ *v.tr.* espacejar; espaçar; colocar a intervalos regulares ❖ ~ *agency* agência espacial; ~ *bar/key/plate* tecla de espaçamento; MÚSICA ~ *line* pauta; ~ *shuttle* vaivém espacial; ~ *station* estação espacial; FILOSOFIA *space-time* espaço-tempo; ~ *tug* rebocador espacial; ~ *utilization* aproveitamento do espaço; (jornal, revista) ~ *writer* colaborador pago a um tanto por linha; *to stare into* ~ olhar o vácuo; contemplar o espaço de maneira abstracta
✦**space out** *v.tr.* espaçar
spaceborne ['speɪsbɔːn] *adj.* espacial, que vai através do espaço
spacecraft ['speɪskrɑːft] *s.* nave espacial
spaced [speɪst] *adj.* espaçado
spaced-out [ˌspeɪsd'aʊt] *adj.* 1 [cal.] pedrado$_{cal}$; 2 tonto, aturdido; 3 aluado, distraído
spacefaring ['speɪsfeərɪŋ] *s.* exploração espacial
spaceless ['speɪsləs] *adj.* 1 ilimitado; 2 sem fim, sem limites
spaceplane ['speɪspleɪn] *s.* nave espacial
spacer ['speɪsə] *s.* 1 espaçador; 2 separador ❖ ~ *nut* porca de espaçamento; porca separadora; ELECTRICIDADE ~ *shield* blindagem de separação
spaceship ['speɪsʃɪp] *s.* nave espacial
spacewalk ['speɪswɔːk] *v.intr.* passear pelo espaço
spacial ['speɪʃəl] *adj.* ⇒ **spatial**
spacing ['speɪsɪŋ] *s.* 1 espaçamento, espacejamento; 2 intervalo; 3 afastamento; 4 MEDICINA intervalo apirético ❖ ~ *collar* anilha de espaçamento; ~ *disc* disco de espaçamento; ~ *washer* espaçador

spacious ['speɪʃəs] *adj.* 1 espaçoso; 2 amplo; 3 grande; 4 vasto
spaciously ['speɪʃəslɪ] *adv.* 1 amplamente; 2 vastamente
spaciousness ['speɪʃəsnɪs] *s.* 1 amplitude, grandeza, amplidão, vastidão; 2 extensão
spacy ['speɪsɪ] *adj.* 1 [cal.] pedrado_cal_; 2 tonto, aturdido; 3 aluado, distraído
spade [speɪd] Ⓐ *s.* 1 pá; 2 espécie de pá para esquartejar baleias; 3 (naipe de cartas) espadas; *the ace of spades* o ás de espadas; 4 [depr.] (ofensivo) negro Ⓑ *v.tr.* 1 cavar com pá; 2 (baleia) esquartejar com pá para tirar a gordura ❖ *~ bayonet* pá-baioneta; *~ guinea* guinéu do tempo de Jorge III; [coloq.] *in spades* em grande quantidade; *to call a ~ a ~* chamar as coisas pelo nome; não estar com rodeios
spadeful ['speɪdfʊl] *s.* 1 pá cheia; 2 pazada
spadework ['speɪdwɜːk] *s.* (preparação) trabalho preliminar
spadger ['spædʒə] *s.* [coloq.] pardal
spadgick ['spædʒɪk] *s.* [coloq.] ⇒ **spadger**
spadicifloral [speɪdaɪsɪ'flɔːrəl] *adj.* BOTÂNICA espatifloro
spadicious [speɪ'dɪʃəs] *adj.* 1 acastanhado; 2 BOTÂNICA espadíceo
spadille [spə'dɪl] *s.* (jogos de cartas) ás de espadas
spadix ['speɪdɪks] *s.* (*pl.* **spadices**) BOTÂNICA espádice
spado ['speɪdəʊ] *s.* [ant.] eunuco; castrado
spaghetti [spə'getɪ, spa'geti] *s.* CULINÁRIA esparguete *spaghetti bolognese* esparguete à bolonhesa
spahi ['spɑːhiː, 'spaːiː] *s.* 1 MILITAR soldado da cavalaria argelina ao serviço da França; 2 soldado, no séc. XIV, das tropas irregulares turcas de cavalaria
Spain [speɪn] *s.top.* Espanha
spake [speɪk] [arc.] *prt. de* **to speak**
spale [speɪl] *s.* [Esc.] lasca de madeira
spall [spɔːl] Ⓐ *s.* pedaço, lasca (de pedra) Ⓑ *v.tr.,intr.* 1 triturar (minério); 2 desbastar, picar, polir (pedra); 3 esboroar; 4 estilhaçar-se, lascar
spalled [spɔːld] *adj.* (bloco de pedra) picado, polido, desbastado
spalling ['spɔːlɪŋ] *s.* 1 trituração (de minério); 2 desbaste de pedra; 3 esboroamento
spalpeen [spæl'piːn] *s.* [Irl.] patife, maroto
spam [spɑːm] Ⓐ *s.* correio electrónico (geralmente publicitário) não solicitado Ⓑ *v.tr.* (correio electrónico) enviar mensagens (geralmente publicitárias) não solicitadas
span [spæn] Ⓐ *s.* 1 palmo; 2 envergadura; distância de uma extremidade a outra; 3 espaço de tempo; *for a short ~* por breves momentos; 4 duração; *~ of life* duração da vida; 5 alcance; 6 (ponte) vão, olhal; 7 distância entre dois pontos de apoio de um arco; secção de arco entre dois pontos de apoio; *arch with a ~ of 50 metres* arco com uma abertura de 50 metros; *the ~ of a bridge* o arco de uma ponte; 8 NÁUTICA bragueiro; 9 [EUA] parelha, junta Ⓑ *v.tr.,intr.* (particípios: **-nn-**) 1 alcançar, transpor, atravessar; *two bridges ~ the river* duas pontes atravessam o rio; 2 abarcar; 3 medir aos palmos, abranger com a mão; 4 NÁUTICA firmar com cabos; 5 mover-se como a lagarta-das-falenas; 6 [Áfr. do S.] atrelar (cavalos); jungir (bois); *to ~ out* desatrelar (cavalos) Ⓒ *prt. de* **to spin** ❖ *~ loading* carga de envergadura; *~ roof* telhado de duas águas; *~ wire* arame tensor
spancel ['spænsəl] Ⓐ *s.* peia (de vaca) Ⓑ *v.tr.* (particípios: **-ll-**) pear (vaca)
spandrel ['spændrəl] *s.* 1 tímpano (de arco); 2 superfície entre a curva dum arco e a parte rectangular que o enquadra
spangle ['spæŋgəl] Ⓐ *s.* 1 lantejoula; 2 qualquer pequeno objecto brilhante; 3 excrescência esponjosa nas folhas do carvalho Ⓑ *v.tr.* 1 cobrir de lantejoulas, enfeitar com lantejoulas; 2 juncar
spangly ['spæŋglɪ] *adj.* reluzente, brilhante
Spaniard ['spænjəd] *s.* (pessoa) espanhol
spaniel ['spænjəl] *s.* 1 ZOOLOGIA (raça de cão de caça) spaniel; 2 pessoa servil, indivíduo bajulador
Spanish ['spænɪʃ] Ⓐ *adj.* castelhano, espanhol Ⓑ *s.* (língua) castelhano, espanhol Ⓒ *s.pl. the ~* os espanhóis ❖ ZOOLOGIA *~ bream* besugo; *~ broom* giesta; *~ chestnut* variedade de castanha; ZOOLOGIA *~ fly* cantárida; *~ juice* alcaçuz; BOTÂNICA *~ grass* esparto; *~ leather* cordovão, marroquim; ZOOLOGIA *~ mackerel* cavala; sarda; BOTÂNICA *~ moss* barbas-de-velho; BOTÂNICA *~ potato* batata-doce; *~ white* alvaiade; NÁUTICA *~ windlass* tortor; GEOGRAFIA *the ~ Main* o mar das Antilhas
Spanish-American [spænɪʃə'merɪkən] *adj.,s.* hispano-americano
spank [spæŋk] Ⓐ *s.* 1 palmada, sapatada nas nádegas; 2 castigo dado com um chinelo Ⓑ *v.tr.,intr.* 1 dar uma palmada ou sapatada em; 2 castigar com um chinelo; 3 fazer andar para a frente à custa de pancada ou de chicote; 4 seguir depressa; *to ~ along* seguir em andamento vivo; 5 (cavalo) caminhar a trote largo ❖ *to ~ down* cair pesadamente
spanker ['spæŋkə] *s.* 1 pessoa que dá palmadas ou castiga com um chinelo; 2 cavalo que segue em andamento vivo; 3 NÁUTICA vela da ré, draiva; 4 [coloq.] coisa ou pessoa formidável, tipo colossal, coisa de primeira ordem
spanking ['spæŋkɪŋ] Ⓐ *s.* 1 tareia, coça; *to give sb a ~* dar uma tareia a alguém; 2 palmada; sapatada; chinelada nas nádegas Ⓑ *adj.* 1 [coloq.] óptimo; excelente; 2 vivo; fresco; *~ breeze* brisa viva; 3 rápido, acelerado, apressado; *~ pace* andamento acelerado Ⓒ *adv.* [coloq.] muito, extremamente; *~ clean* extremamente limpo, limpíssimo
spanless ['spænləs] *adj.* sem limites
spanner ['spænə] *s.* 1 chave de fendas; 2 chave de porcas, chave inglesa; *screw/shifting ~* chave inglesa; 3 travessão de ponte; 4 vara de ligação em movimento paralelo de motor; 5 fecho de clavina
spar [spɑː] Ⓐ *s.* 1 MINERALOGIA espato; 2 [arc.] tranca; 3 NÁUTICA termo geral para mastros, vergas, antenas, caranguejas, botalós, etc.; 4 AERONÁUTICA longarina de asa; 5 DESPORTO (boxe) defesa, encontro de boxe, pugilato; 6 briga de galos; 7 finta; 8 discussão, questão Ⓑ *v.tr.,intr.* (particípios: **-rr-**) 1 NÁUTICA colocar mastros, vergas, etc., em; 2 praticar boxe; 3 lutar a soco; defender-se com os punhos; *to ~ at sb* aprontar-se para lutar a soco contra alguém; 4 discutir; *they were always sparring* estavam sempre a discutir ❖ NÁUTICA *~ buoy* bóia feita com mastro mergulhado, de modo que uma das extremidades se mostre fora de água; NÁUTICA *~ deck* convés superior; MINERALOGIA *calcareous ~* calcite; MINERALOGIA *diamond ~* corindo
sparable ['spærəbəl] *s.* ponta, prego sem cabeça empregado pelos sapateiros
spare [speə] Ⓐ *adj.* 1 extra; 2 de reserva; *~ anchor* âncora de reserva; *~ boiler* caldeira de reserva; NÁUTICA *~ sails* velas de reserva; *to have no ~ cash* não ter dinheiro de reserva; 3 sobresselente; *~ gear* peças sobresselentes; *~ parts* peças sobresselentes; *~ wheel* roda sobresselente, roda de reserva; 4 disponível; *~ capital* capital disponível; 5 livre, vago; 6 escasso, frugal; *~ diet* regime frugal; *a ~ meal* uma refeição frugal; 7 parco; 8 magro, seco; *a ~ man* um homem magro; *to be ~ of build* ser de constituição magra; 9 DESPORTO [coloq.] suplente Ⓑ *s.* pneu ou qualquer peça sobresselente Ⓒ *v.tr.* 1 economizar, poupar; *to ~ one's strength* poupar energias; *to ~ no pains* não se poupar a esforços; 2 dispensar, ceder; *can you ~ me ten euros?* pode dispensar-me dez euros?; 3 passar sem, privar-se de; 4 evitar; 5 tratar com generosidade; *he spares no expenses* ele não olha a despesas; 6 sentir comiseração por; 7 respeitar; tomar em consideração ❖ *~ room* quarto de hóspedes; *~ time* tempo livre; (na cintura) *~ tyre* [joc., coloq.] pneu; *he cannot ~ the time to finish it* ele não tem tempo para acabar isso; *he does not ~ himself* ele trabalha com toda a energia; é severo consigo mesmo; *I have no time to ~* não tenho tempo disponível; *there is room to ~* há lugar de sobra; *they have enough and to ~* eles têm mais do que o preciso; *they have nothing to ~* têm o estritamente necessário; *to take up the ~ in a rope* retesar uma corda
sparely ['speəlɪ] *adv.* 1 frugalmente; 2 parcamente; 3 escassamente
spareness ['speənɪs] *s.* 1 frugalidade; 2 escassez
sparer ['speərə] *s.* 1 bom administrador; 2 pessoa que economiza
sparerib ['speərɪb] *s.* costeleta de porco com pouca carne
sparge [spɑːdʒ] *v.tr.* 1 salpicar; 2 pulverizar; 3 aspergir, espargir
sparing ['speərɪŋ] Ⓐ *adj.* 1 frugal; 2 escasso; 3 parco; *~ of words* parco de palavras; 4 poupado, económico; *to be ~ with*

poupar, economizar; **5** limitado; moderado Ⓑ *s.* **1** economia, poupança; **2** administração cuidadosa; **3** benevolência, perdão; **4** *pl.* economias

sparingly [ˈspeərɪŋlɪ] *adv.* **1** frugalmente; **2** parcamente; **3** com limitação; **4** com moderação

sparingness [ˈspeərɪŋnɪs] *s.* **1** frugalidade; **2** escassez; **3** parcimónia; **4** poupança, economia

spark [spɑːk] Ⓐ *s.* **1** faísca, faúlha, chispa; *electric ~* faísca eléctrica; **2** [fig.] (traço) centelha; sinal de vida ou de energia; *a ~ of genius* uma centelha de génio; *he hasn't a ~ of wit in him* ele não possui a menor centelha de espírito; **3** descarga eléctrica; **4** [arc.] galanteador, janota; **5** *pl.* [coloq.] electricista Ⓑ *v.intr.* **1** faiscar, produzir faíscas; **2** entusiasmar-se, rejubilar Ⓒ *v.tr.* **1** desencadear; dar origem a; **2** provocar; suscitar; **3** [arc.] galantear, cortejar ❖ *~ arrester* mecanismo de absorção de faíscas; grelha de faúlhas; *~ box* isolador de faíscas; *~ control* comando de ignição; *~ gap* distância de explosão; *~ ignition* ignição por faísca; *~ intensity* intensidade de faísca; *~ plug* vela de ignição; *to make the sparks fly* fazer faísca

sparking [ˈspɑːkɪŋ] *s.* **1** produção de faíscas ou centelhas; **2** descarga de faíscas; **3** ignição por faísca eléctrica ❖ *~ coil* bobina de indução; ELECTRICIDADE *~ distance* distância de descarga; (automóvel) *~ plug* vela de ignição

sparkle [ˈspɑːkəl] Ⓐ *s.* **1** centelha, chispa, cintilação; **2** lampejo, brilho, fulgor; **3** vivacidade; **4** espírito Ⓑ *v.intr.* **1** brilhar, cintilar; *her eyes sparkled* os olhos dela brilhavam; **2** reluzir, luzir; **3** deitar faúlhas ou faíscas; **4** borbulhar; **5** (vinho) espumar

sparkler [ˈspɑːklə] *s.* **1** [coloq.] (pedra preciosa) brilhante, diamante; **2** aquilo que brilha ou cintila

sparkless [ˈspɑːkləs] *adj.* **1** sem faíscas; **2** que não produz faíscas nem centelhas

sparklet [ˈspɑːklɪt] *s.* pequena faísca; centelhazinha

sparkling [ˈspɑːklɪŋ] Ⓐ *adj.* **1** brilhante, cintilante, reluzente; **2** gaseificado, com gás; *~ water* água com gás; **3** (vinho) espumante; *~ wine* vinho espumoso; **4** efervescente; **5** espirituoso, animado, vivo; *~ wit* espírito, vivacidade de espírito Ⓑ *s.* **1** cintilação, brilho; **2** fulgor; **3** centelha

sparklingly [ˈspɑːklɪŋlɪ] *adv.* **1** cintilantemente; **2** com vivacidade de espírito

sparling [ˈspɑːlɪŋ] *s.* ZOOLOGIA eperlano

sparoid [ˈspærɔɪd] *adj.* ZOOLOGIA esparídeo

sparrer [ˈspɑːrə] *s.* pugilista

sparring [ˈspɑːrɪŋ] *s.* demonstração de pugilismo ❖ *~ match* desafio de boxe amigável; *~ partner* companheiro de treino; adversário

sparrow [ˈspærəʊ] *s.* ZOOLOGIA pardal; *hen ~* pardoca, pardaleja; *tree ~* pardal dos campos ❖ *she doesn't eat enough to keep a ~ alive* é um passarinho a comer

sparrowgrass [ˈspærəʊgrɑːs] *s.* [EUA] [coloq.] espargo

sparrowhawk [ˈspærəʊhɔːk] *s.* ZOOLOGIA gavião

sparry [ˈspɑːrɪ] *adj.* **1** MINERALOGIA de espato; espático; **2** como espato ❖ MINERALOGIA *~ iron* siderite

sparse [spɑːs] *adj.* **1** esparso; **2** escasso; **3** raro, ralo; *a ~ beard* uma barba rala; **4** disperso, espaçado; **5** (tráfego) sem grande movimento

sparsely [ˈspɑːslɪ] *adv.* **1** esparsamente; **2** escassamente, pouco; *~ populated* pouco povoado; **3** dispersamente

sparseness [ˈspɑːsnɪs] *s.* **1** escassez; **2** raridade; **3** baixa densidade (de população); **4** dispersão

sparsiflorous [spɑːsɪˈflɔːrəs] *adj.* BOTÂNICA esparsifloro

sparsifolious [spɑːsɪˈfəʊlɪəs] *adj.* BOTÂNICA esparsifólio

Spartacist [ˈspɑːtəsɪst] *adj.,s.* HISTÓRIA (grupo extremista alemão fundado em 1917) espartaquista

Spartan [ˈspɑːtən] *adj.,s.* espartano ❖ (austeridade, rigor) *~ simplicity* simplicidade espartana; *to live a ~ life* levar uma existência espartana

Spartanwise [ˈspɑːtənwaɪz] *adv.* [coloq.] à maneira espartana

sparteine [ˈspɑːrtɪɪn] *s.* FARMÁCIA esparteína

sparterie [ˈspɑːtərɪ] *s.* espartaria

spasm [ˈspæzəm] *s.* **1** espasmo; *clonic ~* espasmo clónico; *functional ~* espasmo funcional, cãibra; *tonic ~* espasmo tónico; **2** convulsão; **3** acesso [**of**, de]; *in a spasm of fear* num acesso de medo ❖ *~ of the chest* angina de peito

spasmodic [spæzˈmɒdɪk] *adj.* **1** espasmódico; **2** convulsivo; **3** violento; **4** intermitente

spasmodically [spæzˈmɒdɪklɪ] *adv.* **1** espasmodicamente; **2** convulsivamente; **3** de maneira intermitente, intermitentemente

spasmolytic [spæzməˈlɪtɪk] *adj.,s.* FARMÁCIA antiespasmódico

spastic [ˈspæstɪk] *adj.* MEDICINA espástico, espasmódico

spat [spæt] Ⓐ *s.* **1** questiúncula, pequena questão; **2** palmada leve; **3** ovas (de ostra); **4** *pl.* polainitos Ⓑ *v.tr.,intr.* **1** desovar (ostra); **2** pôr (ovas); **3** produzir um ruído seco Ⓒ *prt. e part. pass. de* **to spit**

spatchcock [ˈspætʃkɒk] Ⓐ *s.* CULINÁRIA frango de churrasco Ⓑ *v.tr.* **1** CULINÁRIA fazer um churrasco de; **2** cozinhar apressadamente; **3** [coloq., depr.] (texto, etc.) intercalar à pressa; inserir à força; *to ~ a sentence* introduzir apressadamente uma frase

spate [speɪt] *s.* **1** (rio) enchente, cheia; *the river is in ~* o rio está a transbordar; **2** [fig.] vaga*fig*; avalanche*fig*; torrente*fig*. ❖ *to have a ~ of work* estar sobrecarregado de trabalho

spathaceous [spəˈθeɪʃəs] *adj.* BOTÂNICA espatáceo

spathe [speɪð] *s.* BOTÂNICA espata

spathella [spəˈθelə] *s.* BOTÂNICA espatélia

spathic [ˈspæθɪk] *adj.* MINERALOGIA espático

spathiform [ˈspæθɪfɔːm] *adj.* espatiforme

spathose [ˈspæθəʊs] *adj.* **1** BOTÂNICA espatiforme; **2** MINERALOGIA espático

spatial [ˈspeɪʃəl] *adj.* espacial; do espaço; *~ awareness* percepção espacial; *~ extent* extensão espacial ❖ ELECTRICIDADE *~ frequency* frequência espacial

spatiality [speɪʃɪˈælɪtɪ] *s.* espacialidade

spatially [ˈspeɪʃəlɪ] *adv.* **1** relativamente ao espaço; **2** espacialmente

spatiate [ˈspeɪʃɪeɪt] *v.intr.* [coloq.] passear; deambular

spatiotemporal [ˌspeɪʃɪəʊˈtempərəl] *adj.* espácio-temporal

spatter [ˈspætə] Ⓐ *s.* **1** borrifo; salpico; *a ~ of mud* salpicos de lama; **2** (som) crepitar; série rápida de pequenos estalidos; **3** [fig.] chuveiro; *a ~ of bullets* um chuveiro de balas Ⓑ *v.tr.,intr.* **1** borrifar; salpicar; *to ~ with mud* enlamear, salpicar de lama; **2** cair em gotas; *the rain spattered down on her umbrella* a chuva batia-lhe no guarda-chuva; **3** (som) crepitar; **4** difamar; **5** sujar, manchar

spatterdashes [ˈspætədæʃɪz] *s.pl.* [ant.] espécie de polainas de pano para proteger da lama

spatterdock [ˈspætədɒk] *s.* BOTÂNICA gólfão-amarelo

spatula [ˈspætjʊlə] *s.* CULINÁRIA, MEDICINA espátula

spatulate [ˈspætjʊlɪt] *adj.* espatulado, em forma de espátula

spatule [ˈspætjuːl] *s.* ZOOLOGIA extremidade larga de certas penas da cauda das aves

spavin [ˈspævɪn] *s.* VETERINÁRIA esparavão

spavined [ˈspævɪnd] *adj.* esparavonado, esparvonado

spawn [spɔːn] Ⓐ *s.* **1** (peixe, rãs, ostras, etc.) ovas; **2** mílharas; **3** [depr.] descendência, prole, geração; **4** (cogumelos) micélio Ⓑ *v.tr.,intr.* **1** desovar; **2** gerar em grande número; **3** [fig.] reproduzir-se; multiplicar-se ❖ *waters spawning with fish* águas repletas de peixes

spawner [ˈspɔːnə] *s.* peixe que desova

spawning [ˈspɔːnɪŋ] *s.* desova ❖ *~ ground/place* local de desova; *~ season* época da desova

spay [speɪ] *v.tr.* VETERINÁRIA castrar, extrair os ovários a (fêmea)

spaying [ˈspeɪɪŋ] *s.* VETERINÁRIA (animal) castração (de fêmea)

SPCK [abrev. de Society for Promoting Christian Knowledge]

speak [spiːk] *v.tr.,intr.* (*prt.* **spoke** ou **spake**, *part. pass.* **spoken**) **1** falar; *to ~ about* falar acerca de, falar sobre; *he doesn't like speaking in public* ele não gosta de falar em público; *to ~ by signs* falar por gestos, falar por sinais; *to ~ to* falar com; *who was that woman you were speaking to?* quem era essa mulher com que estavas a falar?; **2** conversar; **3** dizer; *to ~ ill/well of* dizer mal/bem de; **4** (reunião, etc.) discursar, fazer um discurso; tomar a palavra; intervir; *did you ~ at the meeting?* intervieste na reunião?; **5** expor, exprimir, declarar, manifestar; **6** tornar conhecido; **7** [arc.] mostrar, indicar; *his conduct speaks him generous* o comportamento dele demonstra generosidade; *this speaks a little mind* isto mostra-nos um espírito mesquinho; **8** NÁUTICA chegar à fala, trocar sinais com; *to ~ a ship* chamar um navio à fala; **9** soar; fazer-se ouvir; *suddenly the guns spoke* de súbito, os canhões fizeram-se ouvir; **10** ladrar, latir ❖ *actions ~ louder than words* os actos valem mais que as palavras;

speakable

I can ~ to his having been here posso atestar que ele esteve aqui; *so to ~* por assim dizer; *there has been hardly a word spoken between them* mal chegaram a trocar uma palavra; *to be nothing to ~ of* não ser nada de especial; *to be well spoken of* ter boa reputação; *to ~ by the book* falar com conhecimento de causa; *to ~ like a book* revelar-se como um livro aberto; *to ~ one's mind* dizer aquilo que se pensa; falar com franqueza; *to ~ one's piece* exprimir as suas ideias; dizer o que se tem a dizer; *to ~ out of turn* cometer uma indiscrição; demonstrar pouco tacto; *to ~ the word* dizer o que se pensa; *to ~ thick* gaguejar; *to ~ volumes for* mostrar bem; ser um testemunho claro de; demonstrar; *to ~ without book* falar de memória; *you must ~ to the point* não deves fugir da questão

◆**speak for** *v.tr.* 1 falar em nome de; *to ~ sb* falar em nome de alguém; 2 interceder a favor de; defender; 3 ser evidente; ser significativo; falar por si; *the facts ~ themselves* os factos falam por si ❖ *I ~ myself* falo por mim; é a minha opinião; (discordância) *~ yourself!* fala por ti!; *to ~ oneself* dizer o que se pensa; *to be spoken for* estar reservado; (pessoa) ser comprometido

◆**speak out** *v.intr.* ⇒ **speak up**

◆**speak to** *v.tr.* (tema) abordar ❖ *to ~ an objection* responder a uma objecção

◆**speak up** *v.intr.* 1 dizer o que se pensa; 2 falar mais alto; falar com clareza; 3 defender [**for**, -]; *to ~ for sb* defender alguém

speakable ['spiːkəbəl] *adj.* exprimível, comunicável, dizível
speakeasy [spiːkˈiːzɪ] *s.* [EUA] [cal., ant.] taberna clandestina
speaker ['spiːkə] *s.* 1 (línguas) falante; *native ~* falante nativo; 2 (diálogo, discussão) interlocutor; 3 orador, pessoa que discursa; 4 conferencista; 5 locutor; 6 ELECTRICIDADE altifalante, coluna de som ❖ *Mr. Speaker* sr. Presidente; *the Speaker* o presidente da Câmara dos Comuns ou assembleia legislativa; *to be an easy ~* falar com muita facilidade; ter um discurso fluente
Speakership ['spiːkəʃɪp] *s.* presidência (da Câmara dos Comuns ou assembleia legislativa)
speakie ['spiːkɪ] *s.* [ant.] ⇒ **talkie**
speaking ['spiːkɪŋ] Ⓐ *adj.* 1 que fala, falante; 2 que serve para falar; 3 eloquente; expressivo; 4 flagrante; vivo, inegável; *~ likeness* semelhança flagrante Ⓑ *s.* 1 fala; discurso; 2 eloquência; oratória ❖ *~ trumpet* porta-voz; megafone; *~ tube* tubo acústico; *~ voice* locução; dicção; *a ~ acquaintance* pessoa que só conhecemos de dizer bom dia ou boa tarde; *I am not on ~ terms with him* eu não falo com ele; estamos de relações cortadas
speakingly ['spiːkɪŋlɪ] *adv.* 1 eloquentemente; 2 com expressão
spear [spɪə] Ⓐ *s.* 1 lança; 2 chuço; 3 arpão de pesca; 4 dardo, azagaia; 5 haste, vergôntea, palhinha; 6 planta jovem; 7 haste de bomba Ⓑ *v.tr., intr.* 1 atravessar com lança, espetar com lança; 2 BOTÂNICA germinar, brotar, rebentar ❖ *~ foot* pata traseira direita do cavalo; *~ hand* mão direita; *spear-shaped* lanceolada; *~ thrust* golpe de lança; [arc.] (família) *the ~ side* a ascendência masculina
spearhead ['spɪəhed] Ⓐ *s.* 1 ponta de lança; 2 força motriz; 3 linha de frente Ⓑ *v.tr.* 1 encabeçar, liderar; 2 dirigir, orientar; 3 dar início a, inaugurar
spearman ['spɪəmən] *s.* (*pl.* **-men**) soldado armado de lança, lanceiro
spearmint ['spɪəmɪnt] *s.* BOTÂNICA hortelã-verde, mesta
spearthistle ['spɪəθɪsl] *s.* BOTÂNICA cardo silvestre
spearwort ['spɪəwɜːt] *s.* BOTÂNICA rainúnculo, ranúnculo
spec [spek] *s.* 1 {forma abreviada de **specification**} especificação; pormenor técnico; 2 {forma abreviada de **speculation**} [coloq.] especulação, empreendimento especulativo; *it turned out a good ~* foi uma boa especulação ❖ *on ~* à sorte; sem planear; à experiência
special ['speʃəl] Ⓐ *adj.* 1 especial; *~ allowance* desconto especial; *~ article of manufacture* produto especial; *~ bargain* oferta especial; *~ edition* edição especial; *~ price* preço especial; *those words are used in a very ~ sense* essas palavras são usadas num sentido muito especial; *to take ~ care over* tomar um cuidado especial com; *~ trains were put on* organizaram-se comboios especiais; 2 particular; (bilhete de identidade, etc.) *~ peculiarities* sinais particulares; 3 específico; *to receive ~ instructions* receber instruções específicas; 4 especializado; *~ branch* ramo especializado; 5 não geral; 6 excepcional; 7 singular; 8 notável, excelente, óptimo; 9 diferente Ⓑ *s.* 1 comboio especial; comboio suplementar; 2 (jornal) edição especial; 3 TELEVISÃO emissão especial; 4 correspondência especial; 5 (restaurante) prato; especialidade; *chef's ~* especialidade do chefe; *today's ~* prato do dia ❖ *~ agent* agente secreto; (jornalismo) *~ correspondent* enviado especial; *~ delivery* entrega por correio especial; *~ friend* amigo íntimo; (celebração de casamentos) *~ licence* licença especial; (escola) *~ needs* dificuldades de aprendizagem; necessidades especiais; *~ plate* chapa perfilada; *~ relativity* relatividade restrita; [GB] *~ schooling* ensino especial; *~ survey of machinery* vistoria periódica das máquinas; *literature is his ~ subject* a literatura é a sua especialidade
specialism ['speʃəlɪzəm] *s.* especialização, especialidade
specialist ['speʃəlɪst] *s.* 1 especialista; 2 MEDICINA médico especialista ❖ *~ work* trabalho especializado; *to become a ~ in* especializar-se em
specialistic [speʃəˈlɪstɪk] *adj.* especializado
speciality [speʃɪˈælɪtɪ] *s.* (*pl.* **-ies**) 1 especialidade; 2 peculiaridade; característica especial; 3 trabalho ou estudo especializado
specialization [speʃəlaɪˈzeɪʃən] *s.* 1 especialização; 2 BIOLOGIA adaptação ao ambiente ou função
specialize ['speʃəlaɪz] *v.tr., intr.* 1 especializar(-se) [**in**, em]; 2 BIOLOGIA diferenciar-se; adaptar-se ao ambiente ou função; 3 especificar; limitar; restringir
specializing ['speʃəlaɪzɪŋ] *s.* especialização
specially ['speʃəlɪ] *adv.* 1 especialmente; 2 particularmente; sobretudo; 3 expressamente; *I asked for it ~* pedi aquele expressamente; 4 excepcionalmente ❖ COMÉRCIO *~ manufactured articles* artigos fora de série; *to be ~ trained* ter formação especial
specialty ['speʃəltɪ] *s.* (*pl.* **-ies**) 1 DIREITO contrato selado, instrumento legal devidamente selado; 2 especialidade
speciation [spiːsɪˈeɪʃən] *s.* BIOLOGIA especiação
specie ['spiːʃiː] *s.* espécie; numerário; moeda sonante; dinheiro de contado; *shortness of ~* falta de numerário; *~ payments* pagamentos a dinheiro; *to pay in ~* pagar a dinheiro ❖ ECONOMIA *~ point* ponto de equilíbrio
species ['spiːʃiːz] *s.* 1 [*pl.* inv.] BIOLOGIA espécie; *the human ~* a espécie humana; *the origin of ~* a origem das espécies; 2 casta, variedade; 3 DIREITO forma; 4 RELIGIÃO espécies, espécies sacramentais
specifiable [spesɪˈfaɪəbəl] *adj.* 1 especificável; 2 determinável
specific [spɪˈsɪfɪk] Ⓐ *adj.* 1 específico; *~ cause* causa específica; *~ density* densidade específica; *~ gravity* gravidade específica; *~ mass* massa específica; *~ weight* peso específico; 2 claro, explícito, preciso; *he was very ~ on that point* ele foi muito claro quanto a isso; *they were given ~ orders to advance* receberam ordens estritas para avançar; *to draw a ~ distinction between…* traçar uma distinção clara entre…; 3 particular, peculiar, característico, próprio; *his style is ~ to this school of writers* o estilo dele é característico desta escola de escritores; *~ aim* objectivo particular Ⓑ *s.* 1 FARMÁCIA medicamento específico [**for**, contra]; 2 pormenor; *to go into specifics* entrar em pormenores, ir ao pormenor; 3 exemplo concreto; caso concreto; *let's get down to specifics* passemos a exemplos concretos ❖ FÍSICA *~ gravity* densidade relativa; *~ legatee* legatário a título particular; *~ performance* execução integral de um contrato; FÍSICA *~ gravity flask* picnómetro
specifically [spɪˈsɪfɪklɪ] *adv.* 1 especificamente; 2 explicitamente; 3 particularmente
specification [spesɪfɪˈkeɪʃən] *s.* 1 especificação; 2 descrição; (emprego) *job ~* descrição do cargo; 3 memorial descritivo; *patent specifications* memória descritiva da patente; 4 lista, relação; 5 *pl.* caderno de encargos; 6 *pl.* estipulações; condições; *specifications for delivery* condições de entrega
specificity [spesɪˈfɪsɪtɪ] *s.* MEDICINA especificidade
specify ['spesɪfaɪ] *v.tr.* 1 especificar; 2 precisar; 3 particularizar; 4 determinar pormenorizadamente ❖ *unless otherwise specified* salvo especificação em contrário

specifying [ˌspesɪˈfaɪɪŋ] *adj.* especificativo
specimen [ˈspesɪmɪn] *s.* 1 espécime, espécimen; 2 exemplar, amostra; *specimens of copper ore* amostras de minério de cobre; 3 modelo; 4 exemplo; 5 [coloq., depr.] tipo, indivíduo; *what a specimen!* mas que tipo! ❖ ~ *case* caixa especial para guardar espécimes de insectos; (publicação) ~ *copy* exemplar de amostra
speciocide [ˈspiːʃɪəʊsaɪd] *s.* destruição de espécies animais
speciosity [ˌspiːʃɪˈɒsɪtɪ] *s.* [arc.] ⇒ **speciousness**
specious [ˈspiːʃəs] *adj.* 1 enganador, ilusório; 2 capcioso; ~ *argument* argumento capcioso; 3 de aspecto exterior agradável, mas falso
speciously [ˈspiːʃəslɪ] *adv.* 1 enganadoramente; 2 especiosamente; 3 capciosamente
speciousness [ˈspiːʃəsnɪs] *s.* 1 aparência enganadora; 2 especiosidade
speck [spek] Ⓐ *s.* 1 mancha pequena; 2 ponto; 3 (quantidade mínima) partícula, átomo; *he has not a ~ of generosity* ele não tem um átomo de generosidade; 4 (poeira, sal, etc.) grão; *a ~ of dust* um grão de pó; 5 impureza; 6 (fruta) pinta; 7 ponto negro; (diante dos olhos) *floating specks* pontos negros; 8 mácula; 9 [EUA] carne gorda, toucinho; 10 (baleia, foca, etc.) gordura Ⓑ *v.tr.* 1 manchar; 2 macular; 3 salpicar de pintas ou manchas escuras ❖ ~ *detector* detector de impurezas
specked [spekt] *adj.* 1 manchado; 2 com pintas
speckle [ˈspekəl] Ⓐ *s.* 1 mancha pequena; 2 ponto; 3 pinta Ⓑ *v.tr.* 1 manchar; 2 salpicar, mosquear; 3 matizar, esmaltar
speckled [ˈspekəld] *adj.* 1 manchado; 2 mosqueado; 3 salpicado; 4 matizado; 5 sarapintado
speckless [ˈspekləs] *adj.* sem manchas
speckling [ˈspeklɪŋ] *s.* 1 mancha; 2 acto de mosquear, salpicar ou sarapintar
specksioneer [ˌspekʃəˈnɪə] *s.* arpoador principal na pesca da baleia
specs [speks] *s.pl.* [coloq.] óculos
spectacle [ˈspektəkəl] *s.* 1 espectáculo; exibição; 2 (situação) cena; espectáculo*fig*; *a moving ~* uma cena comovente; *a sorry ~* um triste espectáculo; *the sunset was a magnificent ~* o pôr-do-Sol era um espectáculo magnífico; *to make a ~ of oneself* dar espectáculo, fazer figuras tristes; 3 *pl.* óculos; *to put on one's spectacles* pôr os óculos ❖ ~ *case* caixa para óculos; ~ *frame* armação de óculos; ~ *glass* vidro para óculos
spectacled [ˈspektəkld] *adj.* com óculos; que usa óculos ❖ ZOOLOGIA ~ *cobra* naja
spectacular [spekˈtækjʊlə] *adj.* 1 espectacular; 2 impressionante; 3 aparatoso, grandioso
spectacularly [spekˈtækjʊləlɪ] *adv.* 1 espectacularmente; 2 com grande aparato
spectator [spekˈteɪtə] *s.* 1 espectador; *the spectators* os espectadores; 2 circunstante; 3 testemunha; 4 observador ❖ ~ *sport* desporto-espectáculo; desporto que atrai multidões
spectatress [spekˈteɪtrɪs] *s.f.* (*pl.* -es) espectadora
spectra [ˈspektrə] *pl. de* **spectrum**
spectral [ˈspektrəl] *adj.* 1 FÍSICA espectral; do espectro; ~ *analysis* análise espectral; ~ *colours* cores do espectro; 2 espectral; fantasmagórico
spectre [ˈspektə] *s.* 1 espectro; fantasma; aparição; 2 [fig.] iminência; expectativa desagradável
spectrochemistry [ˌspektrəʊˈkemɪstrɪ] *s.* espectroquímica
spectrograph [ˈspektrəʊgrɑːf] *s.* espectrógrafo
spectrographic [ˌspektrəʊˈgræfɪk] *adj.* espectrográfico; ~ *curve* curva espectrográfica
spectroheliograph [ˌspektrəʊˈhiːlɪəʊgrɑːf] *s.* espectroeliógrafo
spectrology [spekˈtrɒlədʒɪ] *s.* espectrologia
spectrometer [spekˈtrɒmɪtə] *s.* espectrómetro
spectrometric [ˌspektrəʊˈmetrɪk] *adj.* espectrométrico
spectrometry [spekˈtrɒmətrɪ] *s.* espectrometria
spectrophotography [ˌspektrəʊfəˈtɒgrəfɪ] *s.* espectrofotografia
spectrophotometer [ˌspektrəʊfəˈtɒmɪtə] *s.* espectrofotómetro
spectrophotometry [ˌspektrəʊfəˈtɒmətrɪ] *s.* espectrofotometria

spectroscope [ˈspektrəskəʊp] *s.* espectroscópio; *direct-vision ~* espectroscópio de visão directa
spectroscopic [ˌspektrəˈskɒpɪk] *adj.* espectroscópico
spectroscopical [ˌspektrəˈskɒpɪkəl] *adj.* espectroscópico
spectroscopically [ˌspektrəˈskɒpɪkəlɪ] *adv.* espectroscopicamente
spectroscopist [spekˈtrɒskəpɪst] *s.* espectroscopista
spectroscopy [spekˈtrɒskəpɪ] *s.* espectroscopia
spectrum [ˈspektrəm] *s.* (*pl.* -tra) 1 FÍSICA espectro; ~ *of light* espectro luminoso; *absorption ~* espectro de absorção; *solar ~* espectro solar; *X-ray ~* espectro radiológico; 2 gama, série, conjunto; *a broad ~* uma vasta gama ❖ ~ *analysis* análise espectral
specular [ˈspekjʊlə] *adj.* 1 especular; relativo a espelho; 2 que reflecte como um espelho; ~ *surface* superfície que espelha; 3 polido; 4 MINERALOGIA com lâminas brilhantes que reflectem a luz ❖ ~ *density* densidade por reflexão; ~ *iron* oligisto; hematite brilhante
specularia [ˌspekjʊˈleərɪə] *s.* 1 BOTÂNICA especulária; 2 espelho-de-vénus
speculate [ˈspekjʊleɪt] *v.intr.* 1 especular; 2 reflectir, meditar; *to ~ on/upon/about* meditar sobre; 3 COMÉRCIO, ECONOMIA envolver-se em especulações comerciais ou financeiras; *he speculates on the Stock Exchange* ele especula na Bolsa
speculating [ˈspekjʊleɪtɪŋ] *s.* especulação
speculation [ˌspekjʊˈleɪʃən] *s.* 1 especulação; conjectura; *that is pure ~* conjecturas apenas; 2 reflexão; meditação; *to break in upon sb's speculations* interromper a reflexão de alguém; 3 COMÉRCIO, ECONOMIA especulação ❖ *that is a subject of much ~* é um assunto que podia levar-nos longe
speculative [ˈspekjʊlətɪv] *adj.* 1 especulativo, dado à especulação; ~ *philosophy* filosofia especulativa; 2 teórico, conjectural, baseado em suposições; 3 reflexivo; 4 COMÉRCIO especulativo, arriscado
speculatively [ˈspekjʊlətɪvlɪ] *adv.* especulativamente
speculator [ˈspekjʊleɪtə] *s.* 1 pensador; 2 pessoa que é dada à especulação filosófica; 3 COMÉRCIO especulador
speculum [ˈspekjʊləm] *s.* (*pl.* -s ou -a) 1 CIRURGIA espéculo; 2 espelho geralmente de metal polido; 3 (pena de ave) espelho
sped [sped] *pret. e part. pass. de* **to speed**
speech [spiːtʃ] *s.* (*pl.* -es) 1 linguagem, fala; 2 idioma, língua; *a musical ~* uma língua musical; 3 articulação; elocução; dicção; *a clear ~* uma dicção clara; 4 discurso; *to deliver a ~* pronunciar um discurso; *to make a ~* fazer um discurso; *after-dinner ~* discurso/brinde pronunciado à sobremesa; 5 LINGUÍSTICA discurso; *direct ~* discurso directo; *indirect/reported ~* discurso indirecto; 6 conferência; 7 qualidade de tubo de órgão ❖ (banda desenhada) ~ *bubble* balão; ~ *day* dia da distribuição de prémios nas escolas, com recitativos, etc.; INFORMÁTICA ~ *recognition* reconhecimento de voz; INFORMÁTICA ~ *synthesizer* sintetizador de voz; ~ *therapist* terapeuta da fala; ~ *therapy* terapia da fala; ~ *is silver but silence is golden* a palavra é de prata mas o silêncio é de ouro; *figure of ~* figura de retórica; *freedom of ~* liberdade de expressão; LINGUÍSTICA *parts of ~* categorias gramaticais; *the faculty of ~* a faculdade da palavra; *to be slow of ~* falar lentamente; não ter a palavra fácil; *to have ~ with* falar com
speechification [ˌspiːtʃɪfɪˈkeɪʃən] *s.* [depr.] arenga, discurso
speechifier [ˈspiːtʃɪfaɪə] *s.* [depr.] arengador, indivíduo que faz discursos
speechify [ˈspiːtʃɪfaɪ] *v.intr.* [depr.] arengar, discursar
speechifying [ˈspiːtʃɪfaɪɪŋ] *s.* 1 [depr.] acto de fazer discursos; 2 arenga
speechless [ˈspiːtʃləs] *adj.* 1 mudo; incapaz de falar; ~ *rage* raiva muda; ~ *with fear* mudo de pavor; 2 silencioso; calado; 3 sem voz; 4 atónito; 5 que não pode exprimir-se por palavras; 6 [coloq.] podre de bêbedo ❖ *I'm speechless!* nem sei o que dizer!
speechlessly [ˈspiːtʃləslɪ] *adv.* 1 mudamente, silenciosamente; 2 sem pronunciar uma palavra; 3 duma maneira atónita
speechlessness [ˈspiːtʃləsnɪs] *s.* mutismo, mudez
speech-reading [ˈspiːtʃˌriːdɪŋ] *s.* leitura dos lábios
speed [spiːd] Ⓐ *s.* 1 velocidade; *at full ~* a toda a velocidade; *at the top of one's ~* em velocidade máxima; *cruising ~*

speedboat

velocidade de cruzeiro; *designed* ~ velocidade prevista; AERONÁUTICA *ground* ~ velocidade em relação ao solo; NÁUTICA *sea* ~ velocidade normal; ~ *of fall/light/rotation* velocidade de queda/da luz/de rotação; *timed* ~ velocidade cronometrada; *to attain high* ~ atingir alta velocidade; *to pick up* ~ tomar velocidade; *top* ~ velocidade máxima; 2 rapidez; ~ *of ignition* rapidez de ignição; 3 presteza, pressa, celeridade; *to make all* ~ apressar-se, fazer toda a diligência; 4 [cal.] (droga) speed, anfetamina; 5 [arc.] felicidades, sorte, êxito, prosperidade; *I wish you good* ~ desejo-lhe felicidades Ⓑ *v.tr.,intr. (prt. e part. pass.* **sped** ou **speeded**) 1 apressar(-se); 2 ir depressa, seguir a grande velocidade; *he sped his way* ele saiu a correr; *to* ~ *by* passar a toda a velocidade; *to* ~ *off* partir a toda a velocidade; 3 obrigar a seguir depressa; 4 acelerar; 5 transportar com rapidez; 6 despachar; 7 despedir; 8 enviar rapidamente; 9 conduzir a velocidade superior à permitida; *the young lady was fined for speeding* a jovem senhora foi multada por seguir a grande velocidade; 10 (motor) regular a velocidade de, fazer seguir a uma determinada velocidade; 11 [arc.] favorecer, ajudar, fazer prosperar; *God* ~ *you!* Deus o proteja!, Deus o torne próspero e feliz!; 12 [arc.] ser bem sucedido, ter sorte, ter êxito; *to* ~ *a parting guest* desejar boa viagem a um hóspede que parte ❖ ~ *box* caixa de velocidades; ~ *counter* contador de rotações; (gráfico) ~ *curve* curva da velocidade; FOTOGRAFIA ~ *exposure* exposição instantânea; ~ *indicator* velocímetro; ~ *limit* limite de velocidade; ~ *reducer* desmultiplicador; redutor da velocidade; (motociclismo, automobilismo) ~ *track* pista de velocidade; ~ *adjustment knob* botão de ajustamento da velocidade; ~ *control switch* interruptor do comando da velocidade; ~ *control valve* válvula reguladora da velocidade; *speed-limiting device* dispositivo de limitação da velocidade; FOTOGRAFIA ~ *of a lens* luminosidade da objectiva; ~ *on various gears* rendimento das várias velocidades; ~ *reduction gear* engrenagem desmultiplicadora; *four-speed car* carro de quatro velocidades; *full-speed trial* ensaio a toda a velocidade; *uniform* ~ movimento uniforme; *how have you sped?* que tal tem passado?; *more haste, less* ~ quanto mais depressa mais devagar

◆**speed along** Ⓐ *v.intr.* seguir a toda a velocidade; *the car sped along the road* o carro seguiu pela rua adiante em grande velocidade Ⓑ *v.tr.* acelerar

◆**speed up** *v.tr.,intr.* acelerar; aumentar a velocidade; *to* ~ *the traffic* acelerar o tráfego

speedboat ['spi:dbəʊt] *s.* NÁUTICA lancha rápida

speeder ['spi:də] *s.* 1 [coloq.] acelera*coloq*; 2 MECÂNICA dispositivo para regular ou aumentar a velocidade

speedily ['spi:dɪlɪ] *adv.* 1 rapidamente; 2 prontamente

speeding ['spi:dɪŋ] *s.* 1 excesso de velocidade; 2 aceleração demasiada; 3 grande velocidade, regulação, controlo da velocidade (de motor)

speedness ['spi:dnɪs] *s.* 1 rapidez; 2 grande velocidade; 3 pressa; 4 prontidão

speedometer [spɪ'dɒmɪtə] *s.* 1 velocímetro, conta-quilómetros; 2 taquímetro

speedster ['spi:dstə] *s.* 1 carro muito rápido; 2 [EUA] (pessoa) acelera*coloq*.

speedup ['spi:dʌp] *s.* 1 aceleração; 2 aumento de rendimento ou eficiência

speedwalk ['spi:dwɔ:k] *s.* [EUA] tapete rolante

speedway ['spi:dweɪ] *s.* DESPORTO pista de corrida; circuito; ~ *racing* corrida de motos

speedwell ['spi:dwel] *s.* BOTÂNICA verónica

speedy ['spi:dɪ] *adj. (comp.* **-ier**, *superl.* **-iest**) 1 rápido, veloz; *a* ~ *recovery* um rápido restabelecimento, as melhoras; (futebol) ~ *forwards* avançados rápidos; 2 célere, ligeiro; 3 pronto; ~ *answer* resposta pronta; 4 despachado

speiss [spaɪs] *s.* composto de arsénico, ferro, etc., que se encontra ao fundir alguns minérios de chumbo

spelaean [spɪ'li:ən] *adj.* 1 das cavernas; relativo às cavernas; 2 cavernícola

spelaeology [spi:lɪ'ɒlədʒɪ] *s.* ⇒ **speleology**

speleological [spi:lɪə'lɒdʒɪkəl] *adj.* espeleológico

speleologist [spi:lɪ'ɒlədʒɪst] *s.* espeleólogo

speleology [spi:lɪ'ɒlədʒɪ] *s.* (ciência, desporto) espeleologia

spelican ['spelɪkən] *s.* ⇒ **spillikin**

spell [spel] Ⓐ *s.* 1 palavras mágicas; fórmula encantatória; 2 encantamento; feitiço; bruxaria; *to cast a* ~ *over sb* enfeitiçar alguém; *to lay sb under a* ~ conservar alguém enfeitiçado; 3 encanto, fascinação; *to break the* ~ quebrar o encanto; *he was under the* ~ *of her beauty* ele estava fascinado pela beleza dela; 4 turno; revezamento; *by spells* por turnos, alternadamente, revezando-se; *to give sb a* ~ revezar-se com alguém; 5 breve espaço de tempo; período; temporada; *a long* ~ *of fine weather* um longo período de bom tempo; *to rest for a short* ~ descansar durante um bocadinho Ⓑ *v.tr. (prt. e part. pass.* **spelt** ou **spelled**) 1 soletrar, dizer as letras de; *to* ~ *backwards* ler ou soletrar do fim para o princípio; 2 escrever; *to* ~ *badly* escrever com erros ortográficos; *she can't* ~ *her own name* nem o próprio nome ela sabe escrever; *how do you* ~ *it?* como é que se escreve?; 3 (palavra) formar; *what does l-a-u-g-h spell?* como é que se lê l-a-u-g-h?, que palavra formam as letras l-a-u-g-h?; 4 significar, implicar; *laziness spells ruin to the farmer* a preguiça significa ruína para o camponês; 5 ter como consequência; 6 [fig.] interpretar mal, desvirtuar o significado de; 7 [rar.] (trabalho) revezar, tomar o lugar de, substituir ❖ INFORMÁTICA ~ *checker* corrector ortográfico; *four hours at a* ~ quatro horas seguidas; *it took him hours to* ~ *those pages* demorou horas a compreender aquelas páginas

◆**spell out** *v.tr.* 1 soletrar; 2 decifrar; 3 explicar claramente, de modo a não deixar dúvidas ❖ *do I have to spell it out for you?* tenho de te dizer tudo?

spellable ['speləbəl] *adj.* 1 soletrável; 2 que pode escrever-se

spellbinder ['spelbaɪndə] *s.* orador cativante ❖ *to be a* ~ captar a atenção; ser fascinante; ser absorvente

spellbinding ['spelbaɪndɪŋ] *adj.* cativante, fascinante

spellbound ['spelbaʊnd] *adj.* enfeitiçado, encantado, fascinado

spellchecker ['speltʃekə] *s.* INFORMÁTICA corrector ortográfico

speller ['spelə] *s.* 1 manual de ortografia; 2 corrector ortográfico

spelling ['spelɪŋ] *s.* 1 soletração; 2 ortografia; *her* ~ *is weak* ela é fraca em ortografia; *reformed* ~ nova ortografia; 3 grafia; *this is another* ~ *of the same word* esta é outra grafia da mesma palavra ❖ ~ *bee* concurso ortográfico; ~ *book* cartilha; ~ *mistake* erro ortográfico; ~ *reform* reforma ortográfica

spelt [spelt] Ⓐ *prt. e part. pass. de* **to spell** Ⓑ *s.* BOTÂNICA espelta

spelter ['speltə] *s.* zinco comercial ❖ ~ *solder* solda de zinco

spelunk [spelʌŋk] *v.intr.* [EUA] DESPORTO praticar espeleologia

spelunker [spelʌŋkə] *s.* [EUA] DESPORTO espeleologista

spelunking [spelʌŋkɪŋ] *s.* [EUA] DESPORTO espeleologia

spence [spens] *s.* [arc.] despensa

spencer ['spensə] *s.* 1 NÁUTICA vela de caranguejo, vela de capa; 2 espécie de samarra curta usada nos fins do séc. XVIII e princípios do séc. XIX

Spencerian [spen'sɪərɪən] *adj.* spenceriano; relativo às doutrinas de Herbert Spencer

Spencerianism [spen'sɪərɪənɪzəm] *s.* spencerianismo, sistema de Herbert Spencer

Spencerism ['spensɪərɪzəm] *s.* ⇒ **Spencerianism**

Spencerist ['spensɪərɪst] *s.* spencerista

spend [spend] Ⓐ *v.tr. (prt. e part. pass.* **spent**) 1 gastar, despender; *he spends too much money on cigarettes* ele gasta demasiado dinheiro em cigarros; *to* ~ *money like water* gastar dinheiro extravagantemente; 2 pagar; 3 empregar; 4 esgotar, consumir, exaurir; *to* ~ *one's strength* esgotar as suas energias; 5 cansar; 6 (tempo) passar; *how did you* ~ *your holidays?* como passou as férias?; *to* ~ *a month in Lisbon* passar um mês em Lisboa; 7 NÁUTICA (mastro) perder; 8 passar, consumir-se, extinguir-se; *his anger will soon* ~ *itself* a irritação depressa lhe passará; 9 (peixe) desovar Ⓑ *s.* gasto; despesa; *total* ~ despesa total ❖ *to* ~ *one's breath in vain* falar inutilmente; lançar palavras ao vento

spendable ['spendəbəl] *adj.* que pode gastar-se

spender ['spendə] *s.* 1 aquele que gasta; 2 perdulário, gastador

spending ['spendɪŋ] *s.* 1 despesa; *government/public* ~ despesa pública; 2 gasto ❖ ~ *cuts* cortes orçamentais; ~ *money* dinheiro para despesas correntes; ~ *power* poder de compra; ~ *spree* orgia de compras

spendthrift ['spendθrɪft] *s.* perdulário, pródigo, indivíduo gastador

spense [spens] *s.* [arc.] despensa

Spenserian [spen'sɪərɪən] *adj.* spenseriano; relativo a Edmund Spenser ❖ LITERATURA ~ *stanza* estância spenseriana (usada por Spenser no seu poema «The Faerie Queene»)

spent [spent] Ⓐ *prt. e part. pass. de* **to spend** Ⓑ *adj.* 1 gasto; 2 exausto, extenuado; ~ *runner* corredor exausto; 3 (peixe) que desovou; ~ *herring* arenque que desovou ❖ ~ *bullet* bala morta, sem força; ~ *storm* tempestade que já passou; ~ *volcano* vulcão extinto; *to be a* ~ *force* ter perdido toda a influência

spergula ['spɜːɡjʊlə] *s.* BOTÂNICA espérgula

sperm [spɜːm] *s.* 1 BIOLOGIA esperma, sémen; 2 BIOLOGIA espermatozóide; 3 (de baleia) espermacete ❖ ~ *bank* banco de esperma; ~ *count* número de espermatozóides; ~ *oil* óleo de espermacete; ZOOLOGIA ~ *whale* cachalote; ~ *whaler* pescador de cachalotes; navio para a pesca do cachalote

spermaceti [ˌspɜːməˈsetɪ, ˌspɜːməˈsiːtɪ] *s.* espermacete ❖ ~ *oil* óleo de espermacete

spermary ['spɜːmərɪ] *s.* ANATOMIA glândula seminal

spermatheca [ˌspɜːməˈθiːkə] *s.* (*pl.* **-cae**) espermateca

spermatic [spɜːˈmætɪk] *adj.* espermático

spermatid ['spɜːmətɪd] *s.* espermatide, espermatídio

spermatoblast ['spɜːmətəʊblæst] *s.* espermatoblasto

spermatocele ['spɜːmətəʊsiːl] *s.* MEDICINA espermatocele

spermatocyte ['spɜːmətəʊsaɪt] *s.* espermatócito

spermatogonium [ˌspɜːmətəˈɡəʊnɪəm] *s.* (*pl.* **-ia**) espermatogónia

spermatoon [spɜːməˈtəʊən] *s.* (*pl.* **-oa**) espermatídio

spermatophore ['spɜːmətəʊfɔː] *s.* espermatóforo

spermatophyte ['spɜːmətəʊfaɪt] *s.* BOTÂNICA espermatófito

spermatorrhaea [ˌspɜːmətəʊˈrɪə] *s.* MEDICINA espermatorreia

spermatozoon [ˌspɜːmətəʊˈzəʊən] *s.* (*pl.* **-oa**) espermatozóide

spermicidal [spɜːmɪˈsaɪdl] *adj.* espermicida

spermicide ['spɜːmɪsaɪd] *s.* FARMÁCIA espermicida

spermophile ['spɜːməfaɪl] *s.* ZOOLOGIA espermófilo

spew [spjuː] Ⓐ *s.* vómito Ⓑ *v.tr.,intr.* vomitar

spewing ['spjuːɪŋ] *s.* vómito, acto de vomitar

spewy ['spjuːɪ] *adj.* (solo) húmido

sp. gr. [*abrev. de* specific gravity]

sphacelate ['sfæsɪleɪt] *v.intr.* gangrenar, fazer gangrenar

sphacelation [sfæsɪˈleɪʃən] *s.* 1 gangrena, necrose; 2 esfacelo

sphacelia [sfæˈsiːlɪə] *s.* BOTÂNICA esfacélia

sphacelus ['sfæsɪləs] *s.* MEDICINA esfacelo, gangrena

sphaerometer [sfɪəˈrɒmɪtə] *s.* FÍSICA esferómetro

sphaerosiderite [sfɪərəʊˈsɪdərɪt] *s.* MINERALOGIA esferossiderite

Sphagnaceae [sfæɡˈneɪsɪiː] *s.pl.* BOTÂNICA Esfagnáceas

sphagnum ['sfæɡnəm] *s.* (*pl.* **-a**) BOTÂNICA esfagno

sphedra ['sfiːdrə] *s.* BOTÂNICA éfedra

sphenoid ['sfiːnɔɪd] *adj.,s.* esfenóide

sphenoidal [sfɪˈnɔɪdəl] *adj.* esfenoidal

sphere [sfɪə] *s.* 1 esfera; 2 bola; 3 corpo esférico; 4 globo, orbe; 5 firmamento, céu; 6 [poét.] estrela ou qualquer outro corpo celeste; 7 alcance, âmbito, campo de acção; *that does not come within my ~/that is out of my ~* isso está fora da minha competência, isso não está ao meu alcance; 8 campo, esfera, domínio; ~ *of action* campo de acção, esfera de acção; ~ *of influence* esfera de influência; *in the mental ~* no domínio do espírito; 9 posição social, classe, nível; 10 meio; círculo; ambiente; *he moves in quite another ~* ele vive num meio muito diferente; *to belong to another ~* pertencer a outro meio; *to be out of one's ~* estar fora do seu elemento, estar fora do seu elemento ❖ *doctrine of the ~* geometria e trigonometria esférica; *harmony of the spheres* harmonia das esferas; *the celestial ~* a esfera celeste

spheric ['sferɪk, 'sfɪərɪk] *adj.* esférico; ~ *bullet* projéctil esférico; ~ *projection* projecção esférica

spherical ['sferɪkəl, 'sfɪərɪkəl] *adj.* 1 esférico; relativo a esfera, com forma de esfera; ~ *angle* ângulo esférico; ~ *geometry* geometria esférica; ~ *joint* junta ou articulação esférica; ~ *motion* movimento esférico; ~ *polygon* polígono esférico; 2 redondo; ~ *head of screw* cabeça redonda de parafuso ❖ ÓPTICA ~ *aberration* aberração esférica; ~ *vault* zimbório; cúpula; abóbada esférica

spherically ['sferɪkəlɪ, 'sfɪərɪkəlɪ] *adv.* esfericamente

sphericity [sfeˈrɪsɪtɪ, sfɪəˈrɪsɪtɪ] *s.* esfericidade

spherics ['sfɪərɪks, 'sferɪks] *s.* trigonometria e geometria esféricas

spheroid ['sfɪərɔɪd, 'sferɔɪd] *adj.,s.* esferóide; *prolate ~* esferóide alongado

spheroidal [sfɪəˈrɔɪdl, sfeˈrɔɪdl] *adj.* esferoidal; ~ *mirror* espelho esferoidal

spherometer [sfɪəˈrɒmɪtə] *s.* FÍSICA esferómetro

spherometric [sfɪərəʊˈmetrɪk] *adj.* esferométrico

spherometry [sfɪəˈrɒmətrɪ] *s.* esferometria

spherular ['sferjʊlə] *adj.* esferular

spherule ['sferjuːl] *s.* esférula

spherulite ['sferjʊlaɪt] *s.* MINERALOGIA esferulite

spherulitic [sferjuːˈlɪtɪk] *adj.* esferulítico

sphincter ['sfɪŋktə] *s.* ANATOMIA esfíncter

sphincteral ['sfɪŋktərəl] *adj.* esfincteral

sphincteric [sfɪŋkˈterɪk] *adj.* ⇒ **sphincteral**

sphingidae ['sfɪndʒɪdiː] *s.pl.* ZOOLOGIA esfingídeos

sphinx [sfɪŋks] *s.* (*pl.* **sphinxes** *ou* **sphinges**) MITOLOGIA, ZOOLOGIA esfinge

sphragistics [sfrəˈdʒɪstɪks] *s.* esfragística (ciência dos carimbos e dos selos)

sphygmogram ['sfɪɡməɡræm] *s.* MEDICINA esfigmograma

sphygmograph ['sfɪɡməɡrɑːf] *s.* MEDICINA esfigmógrafo

sphygmomanometer [sfɪɡməʊməˈnɒmɪtə] *s.* MEDICINA esfigmomanómetro

sphygmoscope ['sfɪɡməskəʊp] *s.* MEDICINA esfigmoscópio

sphygmus ['sfɪɡməs] *s.* FISIOLOGIA pulso, pulsação

spic [spɪk] *s.* [cal.] (pessoa de origem hispânica ou italiana) latino

spica ['spaɪkə] *s.* (*pl.* **spicae**) 1 BOTÂNICA espiga; 2 CIRURGIA ligadura em espiral

spicate ['spaɪkɪt] *adj.* 1 BOTÂNICA com espiga; 2 espigado; 3 espicular, espiculado, espiciforme

spice [spaɪs] Ⓐ *s.* 1 especiaria, especiarias; 2 tempero, condimentos; 3 sabor, gosto, paladar; 4 [fig.] (pequena quantidade) grão, ar, ressaibo, pitada, traço; *a ~ of irony* uma pontinha de ironia; 5 [fig.] (malícia, interesse) picante*fig.*; sal*fig.* Ⓑ *v.tr.* 1 temperar, condimentar; 2 [fig.] apimentar ❖ ~ *box* lata dos condimentos; *a dealer in ~* um negociante de especiarias

→**spice up** *v.tr.* apimentar*fig.*; tornar mais interessante

spicebush ['spaɪsbʊʃ] *s.* BOTÂNICA variedade de loureiro americano

spiced ['spaɪst] *adj.* 1 condimentado; 2 apimentado

spicery ['spaɪsərɪ] *s.* (*pl.* **-ies**) especiarias

spiciflorous [spaɪsɪˈflɔːrəs] *adj.* BOTÂNICA espicifloro

spiciform ['spaɪsɪfɔːm] *adj.* BOTÂNICA espiciforme

spicily ['spaɪsɪlɪ] *adv.* de maneira picante, apimentada

spiciness ['spaɪsɪnɪs] *s.* sabor apimentado

spick [spɪk] *s.* [cal.] (pessoa de origem hispânica ou italiana) latino

spick-and-span [ˌspɪkənˈspæn] *adj.* 1 novo em folha; 2 lustroso, reluzente, a brilhar; *she always keeps her kitchen spick and span* ela tem sempre a cozinha a reluzir de limpa

spick-and-spanness [ˌspɪkənˈspænɪs] *s.* 1 aspecto de novo em folha; 2 limpeza

spicula ['spɪkjʊlə] *s.* (*pl.* **-ae**) 1 espícula, espículo; 2 ferrão

spicular ['spɪkjʊlə] *adj.* espicular

spiculate ['spɪkjʊlɪt] *adj.* BOTÂNICA espiculado

spiculated ['spɪkjʊleɪtɪd] *adj.* ⇒ **spiculate**

spicule ['spɪkjuːl] *s.* ZOOLOGIA, ASTRONOMIA espícula

spiculum ['spɪkjʊləm] *s.* espículo

spicy ['spaɪsɪ] *adj.* (*comp.* **-ier**, *superl.* **-iest**) 1 CULINÁRIA picante, condimentado, com muitas especiarias; 2 [fig.] apimentado; picante; *to tell a ~ story* contar uma história picante; 3 vistoso, elegante

spider ['spaɪdə] *s.* 1 ZOOLOGIA aranha, aracnídeo; *house ~* aranha doméstica; 2 centro de roda raiada; 3 (suporte) tripé; 4 frigideira ou caçarola de três pés; 5 (carro leve) aranha ❖ ZOOLOGIA ~ *catcher* trepadeira-dos-muros; ZOOLOGIA ~ *crab* santola; aranha-do-mar; ÓPTICA ~ *lines* fios reticulares; ZOOLOGIA ~ *monkey* cuatá; ~ *thread* fio de aranha; ZOOLOGIA ~ *wasp* pompílio; ~ *wheel* roda com raios; ZOOLOGIA *birdeating ~* mígala; *spider's web* teia de aranha

spiderweb ['spaɪdəweb] *s.* teia de aranha ❖ ~ *antenna* antena em forma de teia

spiderwort ['spaɪdəwɜːt] *s.* BOTÂNICA tradescância, erva-da-fortuna

spidery ['spaɪdərɪ] *adj.* 1 aracnídeo, araneiforme, semelhante a aranha; 2 cheio de aranhas; 3 (caligrafia) tremido

spied [spaɪd] *prt. e part. pass. de* **to spy**
spiegeleisen ['spi:gəlaɪzən] *s.* ferro coado especular
spiel [spi:l] Ⓐ *s.* [coloq.] (discurso; aula, etc.) seca; arrazoado sem interesse Ⓑ *v.tr.,intr.* [coloq.] (discurso; aula, etc.) dar uma seca
spieler ['spi:lə] *s.* palrador, conversador
spier ['spaɪə] *s.* 1 espião; 2 pessoa que anda sempre a espreitar
spiffing ['spɪfɪŋ] *adj.* [coloq.] óptimo, excelente; colossal
spifflicate ['spɪflɪkeɪt] *v.tr.* 1 [ant.,cal.] zurzir, açoitar; 2 esmagar, aniquilar (adversário)
spifflicating ['spɪflɪkeɪtɪŋ] *adj.* [ant.,cal.] que aniquila, que esmaga
spiffy ['spɪfɪ] *adj.* [coloq.] sofisticado, elegante, com estilo
spiflicate ['spɪflɪkeɪt] *v.tr.* 1 [ant.,cal.] zurzir, açoitar; 2 esmagar, aniquilar (adversário)
spiflicating ['spɪflɪkeɪtɪŋ] *adj.* [ant.,cal.] que aniquila, que esmaga
spigelia [spaɪ'dʒi:lɪə] *s.* BOTÂNICA espigélia
spigot ['spɪgət] Ⓐ *s.* 1 batoque, espiche; 2 torneira, extremidade de tubo que encaixa noutro Ⓑ *v.intr.* encaixar-se [into, em]
spike [spaɪk] Ⓐ *s.* 1 pua, espigão, ponta de ferro, cravo, cavilha; 2 escápula; 3 grampo; 4 prego; 5 torno; 6 BOTÂNICA espiga; 7 alfazema; 8 ZOOLOGIA galho de veado de dois anos; 9 [coloq.] anglicano ferrenho; 10 [coloq.] hospício Ⓑ *v.tr.,intr.* 1 guarnecer de espigões, puas, etc.; 2 colocar ponta de ferro em; *to ~ a gate* guarnecer um portão com pontas de ferro; 3 cravar; furar; 4 meter cavilhas em; 5 (plano, etc.) impedir; contrariar; estragar; *to ~ one's guns* estragar os planos; 6 MILITAR (canhão) encravar, inutilizar, metendo-lhe um espigão na abertura de inflamação da pólvora; 7 BOTÂNICA deitar espigas; 8 (bebida) tornar mais forte com a adição de aguardente; deitar um cheirinho de aguardente em; 9 DESPORTO (vólei) fazer um smash ❖ *~ drawer* arranca-cravos; arranca-grampos; *~ driver* dispositivo para cravar grampos; *~ flower* flor com espigas; *~ heels* saltos-agulha; *~ iron* ferro para cravos; ferro de calafate
spiked [spaɪkt] *adj.* 1 com pontas de ferro; 2 guarnecido de pregos; 3 (calçado) de pitons; DESPORTO *~ shoes* sapatilhas de pitons; 4 BOTÂNICA com espigas; 5 apiciforme ❖ *~ coffee* café com cheirinho; *~ hair* cabelo espetado
spikelet ['spaɪklɪt] *s.* BOTÂNICA espícula; espiguilha
spikenard ['spaɪknɑːd] *s.* BOTÂNICA nardo indiano, espicanardo
spiky ['spaɪkɪ] *adj.* (*comp.* -**ier**, *superl.* -**iest**) 1 pontiagudo, armado ou guarnecido de pontas; 2 eriçado de pregos ou hastes de ferro; 3 espetado; 4 [coloq.] melindroso, susceptível; irritadiço, irascível
spile [spaɪl] Ⓐ *s.* 1 batoque; 2 cavilha de madeira; 3 rolha de cavilha; 4 pilar, estaca; 5 goteira (para tirar seiva de árvore) Ⓑ *v.tr.* 1 pôr cavilhas ou batoques em; 2 espichar; 3 firmar com estacas
spiling ['spaɪlɪŋ] *s.* 1 acto de pôr estacas em; 2 acto de firmar com estacaria
spill [spɪl] Ⓐ *s.* 1 (líquido) derramamento; 2 líquido derramado; 3 tombo, queda, trambolhão; *to have a nasty ~* cair violentamente, dar um trambolhão forte; 4 aguaceiro, bátega de água; 5 torcida de papel ou lasca de madeira para acender vela, cachimbo, etc. Ⓑ *v.tr.,intr.* (*prt. e part. pass.* **spilt** ou **spilled**) 1 derramar(-se); entornar(-se); *to ~ blood* derramar sangue; *without spilling a drop* sem derramar uma gota; 2 transbordar, deitar por fora, extravasar; 3 virar; 4 espalhar; 5 cuspir de veículo, cavalo, etc.; *he was spilt into the ditch* ele foi cuspido para a vala; 6 atirar ao chão; 7 (dinheiro) perder, desperdiçar; *to ~ money* perder dinheiro em apostas; 8 (segredo) revelar, deixar escapar; [coloq.] *to ~ the beans* revelar um segredo; 9 [EUA] falar, dizer; 10 NÁUTICA (vela) esvaziar do vento ❖ *much ink has been spilt about this question* tem corrido muita tinta a propósito desta questão; [coloq.] *to ~ one's guts* desabafar
◆**spill out** Ⓐ *v.intr.* 1 derramar-se; 2 sair em massa Ⓑ *v.tr.* 1 derramar; 2 revelar; contar
◆**spill over** *v.intr.* 1 transbordar; entornar-se; derramar-se; 2 espalhar-se [into, em]; 3 invadir [into, -]; alastrar [into, para]
spillage ['spɪlɪdʒ] *s.* 1 derramamento; 2 líquido derramado
spiller ['spɪlə] *s.* 1 aquele que derrama; *~ of blood* pessoa que faz derramar sangue; 2 aquele que verte ou faz correr; 3 pequena rede de pesca
spillikin ['spɪlɪkɪn] *s.* 1 pedaço ou lasca de madeira ou osso usada em certos jogos; 2 tento do jogo

spilling ['spɪlɪŋ] *s.* derramamento
spillover ['spɪləʊvə] *s.* 1 derramamento, derrame; 2 excedente; 3 efeito, consequência
spillway ['spɪlweɪ] *s.* desaguadouro, vertedouro
spilt [spɪlt] *prt. e part. pass. de* **to spill** ❖ *it is no use crying over ~ milk* o que não tem remédio remediado está
spilth [spɪlθ] *s.* 1 [arc.] líquido derramado; 2 excesso
spin [spɪn] Ⓐ *s.* 1 rotação; movimento rotativo; movimento giratório; 2 rodopio; 3 volta, giro; *to go for a ~* ir dar uma volta; 4 AERONÁUTICA parafuso; 5 DESPORTO (bola) efeito; *to put ~ on a ball* dar efeito a uma bola; 6 [coloq.] agitação; pânico; *to get into a ~* ficar nervoso; entrar em pânico; 7 [coloq.] tentativa; *to give sth a ~* experimentar algo; fazer uma tentativa; 8 [coloq.] manipulação Ⓑ *v.tr.,intr.* (*prt.* **spun** ou **span**, *part. pass.* **spun**) 1 (fio) fiar, tecer, torcer; *spiders ~ webs* as aranhas tecem teias; 2 sair em fio, desfiar; 3 moldar ao torno, tornear; 4 seguir, correr com velocidade; 5 [fig.] compor, produzir, escrever; 6 inventar, engendrar; 7 (discussão, etc.) prolongar; 8 repuxar; 9 fazer girar em volta, fazer rodopiar; *to ~ a top* fazer girar um pião; 10 voltear, girar, andar à roda; *to ~ like a teetotum/a top* girar como um pião; 11 pescar com isca giratória; 12 [cal.] (examinando) reprovar, chumbar; 13 AERONÁUTICA fazer parafuso ❖ *to ~ a coin* atirar uma moeda ao ar; *to ~ a yarn* contar uma história; *to ~ along* passar velozmente
◆**spin off** *v.intr.* resultar [**from**, de]; derivar [**from**, de]
◆**spin out** *v.tr.* 1 (férias) prolongar; 2 (discurso) estender; alargar; 3 (dinheiro, tempo) esticar
◆**spin round** Ⓐ *v.tr.* fazer andar à volta Ⓑ *v.intr.* girar; andar à volta rapidamente
spinach ['spɪnɪtʃ, 'spɪnɪdʒ] *s.* BOTÂNICA espinafre ❖ BOTÂNICA *mountain ~* armole; armola
spinage ['spɪnɪdʒ] *s.* ⇒ **spinach**
spinal ['spaɪnəl] *adj.* 1 ANATOMIA espinal; 2 vertebral ❖ *~ anaesthesia* anestesia epidural; *~ column* coluna vertebral; *~ cord* medula espinal; *~ curvature* desvio da coluna vertebral; MEDICINA *~ meningitis* meningite cerebrospinal
spindle ['spɪndl] Ⓐ *s.* 1 fuso; roca; *~ of a loom* fuso de um tear; 2 eixo; *~ of the compass* eixo da bússola; *dead ~* eixo fixo; *live ~* eixo móvel; *pump ~* eixo de bomba; 3 haste; *~ of slide valve* haste de válvula; *insulator ~* haste de isolador; 4 veio; 5 carretel; 6 [coloq., fig.] (pessoa, coisa delgada) fuso; 7 medida variável para fios Ⓑ *v.intr.* 1 alongar-se, crescer em altura; 2 criar talo comprido e fino ❖ BOTÂNICA *~ berry* baga do fusano; *~ cone* cone fusiforme; [ant.] *~ side* o lado materno da família; BOTÂNICA *~ tree* evónimo; fusano; *lathe ~* árvore/veio do torno
spindleful ['spɪndlfʊl] *s.* quantidade de fio que enche um fuso
spindle-legs ['spɪndllegz] *s.* 1 indivíduo pernalto; 2 magricela, trinca-espinhas
spindle-shanks ['spɪndlʃæŋks] *s.* 1 indivíduo pernalto; 2 magricela, trinca-espinhas
spindling ['spɪndlɪŋ] *adj.* (magro) fininho_coloq._
spindly ['spɪndlɪ] *adj.* (*comp.* -**ier**, *superl.* -**iest**) 1 (magro) fininho_fig._, magricela_fig._; 2 (mobília) pouco sólido, pouco robusto
spindrift ['spɪndrɪft] *s.* espuma da água do mar levada pelo vento ❖ *~ clouds* nuvens leves com aspecto de penugem
spin-dry ['spɪndraɪ] *v.tr.* (roupa) centrifugar; secar centrifugamente
spin-dryer ['spɪndraɪə] *s.* secador centrífugo (de roupa)
spine [spaɪn] *s.* 1 espinha; 2 espinhaço; 3 ANATOMIA coluna vertebral, espinha dorsal; 4 BOTÂNICA, ZOOLOGIA espinho; 5 GEOGRAFIA crista (de monte); 6 lombada de livro
spine-chilling ['spaɪntʃɪlɪŋ] *adj.* 1 que provoca calafrios; 2 horripilante
spined [spaɪnd] *adj.* 1 com espinhas ou espinhos; 2 vertebrado; 3 relativo à espinha
spinel [spɪ'nel] *s.* MINERALOGIA espinel, espinela
spineless ['spaɪnləs] *adj.* 1 invertebrado; 2 sem espinhas; 3 sem espinhos; 4 [fig.] fraco, mole, sem energia; 5 [fig.] de carácter débil, sem carácter; 6 [fig.] sem coragem; 7 [fig.] sem capacidade de decisão
spinelessness ['spaɪnləsnɪs] *s.* 1 [coloq.] falta de carácter, moleza; 2 falta de energia
spinescence [spaɪ'nesəns] *s.* BOTÂNICA espinescência
spinescent [spaɪ'nesənt] *adj.* BOTÂNICA espinescente

spinet [spɪˈnet, ˈspɪnɪt] s. MÚSICA espineta
spiniferous [spaɪˈnɪfərəs] adj. BOTÂNICA espinífero, espinhoso
spiniform [ˈspaɪnɪfɔːm] adj. espiniforme
spinnaker [ˈspɪnəkə] s. NÁUTICA (vela grande) spinnaker
spinner [ˈspɪnə] s. 1 fiandeiro, fiandeira; 2 máquina de fiar; 3 (profissional) torneiro; 4 aranha de jardim; 5 (aranha, bicho-da-seda) palpo; 6 isca, anzol giratório ❖ ~ *of yarns* inventor de histórias; contador de histórias
spinneret [ˈspɪnərɪt] s. 1 (aranha, bicho-da-seda) órgão produtor do fio; 2 fieira (para seda artificial)
spinnery [ˈspɪnərɪ] s. 1 fiação; 2 oficina de fiação
spinney [ˈspɪnɪ] s. bosque pequeno, bosquezinho
spinning [ˈspɪnɪŋ] Ⓐ adj. 1 giratório, que gira; que roda sobre si mesmo; 2 que fia Ⓑ s. 1 fiação, acto de fiar; 2 movimento giratório, movimento de rotação; 3 pesca com isca giratória; 4 AERONÁUTICA parafuso ❖ ~ *factory* (fábrica de) fiação; (aranha, bicho-da-seda) ~ *gland* glândula produtora do fio; ~ *jenny* tipo antigo de máquina de fiar; ~ *lathe* torno repuxador; ~ *machine* máquina de fiar; ~ *top* pião; ~ *wheel* roda de fiar
spinocarpous [spaɪnəʊˈkɑːpəs] adj. BOTÂNICA relativo ao espinocarpo
spin-off [ˈspɪnɒf] s. 1 resultado indirecto; 2 benefício inesperado; 3 lucro inesperado; 4 (produto) derivado; 5 (livro, filme, série televisiva) adaptação
spinose [ˈspaɪnəʊs] adj. espinhoso
spinous [ˈspaɪnəs] adj. ⇒ spinose
Spinozism [spɪˈnəʊzɪzəm] s. FILOSOFIA espinosismo, doutrina ou sistema de Espinosa
Spinozist [spɪˈnəʊzɪst] s. espinosista
Spinozistic [spɪnəʊˈzɪstɪk] adj. espinosista
spinster [ˈspɪnstə] s.f. [depr.] solteirona
spinsterhood [ˈspɪnstəhʊd] s. 1 [depr.] situação ou estado de solteirona; 2 [depr.] as solteironas
spinthariscope [spɪnˈθærɪskəʊp] s. espintariscópio
spinule [ˈspaɪnjuːl] s. BOTÂNICA espínula
spinulose [ˈspaɪnjuːləʊs] adj. espinuloso
spinulous [ˈspaɪnjuːləs] adj. ⇒ spinulose
spiny [ˈspaɪnɪ] adj. espinhoso ❖ ZOOLOGIA ~ *anteater* equidna; BOTÂNICA ~ *cocklebur* espinho-de-carneiro; ZOOLOGIA ~ *lobster* lagosta
spiracle [ˈspaɪərəkl] s. (geral) espiráculo
spiraea [spaɪˈriːə] s. BOTÂNICA espireia, grinalda-de-noiva
spiral [ˈspaɪərəl] Ⓐ s. 1 espiral; *in a* ~ em espiral; 2 (curva de espiral) espira; 3 curva em espiral; curva helicoidal Ⓑ adj. 1 espiral, em espiral; ~ *grid* grade em espiral de válvula electrónica; *spiral-wound* enrolado em espiral; 2 helicoidal; ~ *bit* broca helicoidal; ~ *drive* redutor helicoidal; ~ *spring* mola helicoidal; ~ *wheel* roda de eixo helicoidal Ⓒ v.tr.,intr. (particípios: -ll-) 1 mover-se em espiral; girar em espiral; 2 subir ou descer em espiral; 3 dar forma espiralada a; 4 (preços, etc.) subir em flecha ❖ ASTRONOMIA ~ *nebula* nebulosa espiralada; ~ *notebook* caderno de espiral; ~ *stairs* escada de caracol; ~ *tubing* serpentina; ~ *electric planer* plaina eléctrica de eixo sem-fim
spirant [ˈspaɪərənt] Ⓐ adj. LINGUÍSTICA fricativo, contínuo Ⓑ s. 1 consoante fricativa, consoante contínua; 2 consoante constritiva
spirated [ˈspaɪreɪtɪd] adj. espiralado
spire [ˈspaɪə] Ⓐ s. 1 ARQUITECTURA agulha ou flecha (de torre); pináculo; coruchéu; 2 cúspide, ápice; 3 haste fina de gramínea; 4 junco; 5 volta, espira, espiral; 6 rosca Ⓑ v.tr.,intr. 1 elevar-se em ponta ou flecha; 2 rematar em ponta; 3 BOTÂNICA rebentar, deitar rebentos
spired [ˈspaɪəd] adj. terminado em agulha ou flecha
spireme [ˈspaɪriːm] s. BIOLOGIA espirema
spiriferous [spaɪˈrɪfərəs] adj. ZOOLOGIA espirífero
spiriform [ˈspaɪrɪfɔːm] adj. em forma de agulha ou flecha
spirillar [spaɪˈrɪlə] adj. (bactéria) espirilar; relativo a espirilo
spirillosis [spaɪrɪˈləʊsɪs] s. MEDICINA espirilose
spirillum [spaɪˈrɪləm] s. (pl. -a) espirilo, bactéria em forma de filamento espiralado
spiring [ˈspaɪərɪŋ] adj. que se eleva ou sobe em flecha
spirit [ˈspɪrɪt] Ⓐ s. 1 espírito; *the ~ of the law* o espírito da lei; *the ~ of the times* o espírito da época; 2 alma; *peace to his spirit!* paz à sua alma!; 3 consciência; mente; *I shall be with you in (the)* ~ eu estarei consigo em espírito; 4 espírito; ser sobrenatural; fantasma, aparição, espectro; *evil* ~ espírito maligno; *to raise a* ~ invocar um espírito; 5 mentalidade; vida espiritual; 6 talento, génio, engenho; 7 coragem, denodo, ardor, vigor, vitalidade; *man of* ~ homem de coragem; *to show* ~ mostrar coragem; *you must put more* ~ *into your work* deves trabalhar com mais energia; 8 (disposição, atitude) espírito; *to do sth in the wrong* ~ fazer uma coisa com má disposição; *in a* ~ *of* com disposição para; *it depends on the* ~ *in which it is done* depende do espírito com que for feito; 9 essência, sentido real; 10 influência, tendência; 11 álcool; *preserved in spirit(s)* conservado em álcool; *spirit(s) of wine* álcool vínico; 12 pl. bebidas alcoólicas; *ardent spirits* bebidas espirituosas fortes; 13 pl. ânimo; boa disposição; *to keep one's spirits up* não perder a coragem, conservar o ânimo; *to recover one's spirits* ficar outra vez bem-disposto; *to put sb in spirits* animar alguém, pôr alguém bem-disposto; *in great spirits/in high spirits* animado, bem-disposto; *in low spirits/in poor spirits* desanimado, deprimido Ⓑ v.tr. encorajar, animar; *to* ~ *sb on* animar alguém a continuar; *to* ~ *up* animar, encorajar, estimular ❖ ~ *duck* variedade de pato que mergulha logo que ouve um tiro; ~ *flask* garrafa de aguardente; ~ *gauge* alcoómetro; ~ *lamp* lâmpada de álcool; ~ *level* nível de bolha de ar; ~ *varnish* verniz à base de álcool; ~ *vault* caves; ~ *writing* psicograma; ~ *of camphor* extracto de cânfora; *spirit(s) of hartshorn* sal amoníaco; ~ *of turpentine* aguarrás; essência de terebentina; *spirits of salt* espírito de sal; *the poor in* ~ os pobres de espírito
spirit away/off v.tr. afastar misteriosamente; fazer desaparecer como por artes mágicas; levar como por encanto
spirited [ˈspɪrɪtɪd] adj. 1 vivo; 2 animado; 3 vivaz; 4 corajoso, intrépido; *a ~ defence* uma defesa corajosa; 5 fogoso, ardente; 6 cheio de energia, cheio de vivacidade
spiritedly [ˈspɪrɪtɪdlɪ] adv. 1 com vivacidade, com animação; 2 com energia; 3 ardentemente, fogosamente; 4 corajosamente, denodadamente
spiritedness [ˈspɪrɪtɪdnɪs] s. 1 vivacidade, animação; 2 coragem, intrepidez, denodo; 3 ardor, energia; 4 fogosidade
spiritism [ˈspɪrɪtɪzəm] s. espiritismo
spiritist [ˈspɪrɪtɪst] adj.,s. espírita, espiritista
spiritistic [spɪrɪˈtɪstɪk] adj. espírita, espiritista
spiritless [ˈspɪrɪtləs] adj. 1 inanimado, sem vida; 2 sem vivacidade; 3 sem energia; 4 mole, fraco, débil; 5 sem vigor; 6 desalentado, deprimido, desanimado, abatido; 7 sem interesse
spiritlessly [ˈspɪrɪtləslɪ] adv. 1 molemente, debilmente; 2 desalentadamente, desanimadamente; 3 sem vida; 4 sem energia; 5 sem vivacidade
spiritlessness [ˈspɪrɪtləsnɪs] s. 1 falta de animação, falta de vida, falta de energia; 2 moleza de carácter, fraqueza; 3 falta de vigor; 4 desalento, desânimo, depressão
spiritual [ˈspɪrɪtʃʊəl] Ⓐ adj. 1 espiritual; relativo ao espírito; ~ *power* poder espiritual; ~ *relationship* parentesco espiritual; 2 imaterial; incorpóreo; 3 (pessoa) sensível; subtil; com poucas preocupações materiais; ligada ao lado espiritual das coisas; 4 moral; 5 religioso; sagrado; divino; 6 puro Ⓑ s. 1 MÚSICA espiritual; [EUA] *Negro spirituals* espirituais dos negros do Sul; 2 vertente espiritual ❖ RELIGIÃO ~ *court* tribunal eclesiástico; (Câmara dos Lordes) *Lords Spiritual* bispos e arcebispos
spiritualism [ˈspɪrɪtʃʊəlɪzəm] s. 1 espiritismo; 2 FILOSOFIA espiritualismo
spiritualist [ˈspɪrɪtʃʊəlɪst] s. 1 espírita, espiritista; 2 FILOSOFIA espiritualista
spiritualistic [spɪrɪtʃʊəˈlɪstɪk] adj. 1 espírita; 2 FILOSOFIA espiritualista
spirituality [spɪrɪtʃʊˈælɪtɪ] s. (pl. -ies) 1 espiritualidade; 2 pl. bens e benefícios eclesiásticos
spiritualization [spɪrɪtʃʊəlaɪˈzeɪʃən] s. espiritualização
spiritualize [ˈspɪrɪtʃʊəlaɪz] v.tr. espiritualizar
spiritually [ˈspɪrɪtʃʊəlɪ] adv. 1 espiritualmente; 2 imaterialmente
spirituous [ˈspɪrɪtʃʊəs] adj. alcoólico
spirivalve [ˈspaɪrɪvælv] adj. 1 ZOOLOGIA com concha espiralada; 2 com concha em espiral

spirketing ['spɜːkɪtɪŋ] s. NÁUTICA carreira de tábuas
spirobacteria [spaɪrəʊbæk'tɪərɪə] s.pl. espirobactérias
spirochaeta [spaɪrə'kiːtə] s. espiroqueta
spirochaete [spaɪrə'kiːtiː] s. ⇒ **spirochaeta**
spirometer [spaɪ'rɒmɪtə] s. espirómetro
spirometry [spaɪ'rɒmətrɪ] s. espirometria
spiroscope [spaɪrəskəʊp] s. espiroscópio
spirt [spɜːt] Ⓐ s. 1 esguicho, repuxo, jacto, jorro; 2 irrupção súbita; 3 ímpeto, arranco Ⓑ v.tr.,intr. 1 esguichar; 2 sair em repuxo, sair em jacto; 3 fazer esguichar, fazer sair em repuxo ou jacto
spirter ['spɜːtə] s. CIRURGIA artéria que esguicha sangue durante uma operação
spirting ['spɜːtɪŋ] s. 1 esguichamento; 2 saída em jacto ou repuxo
spirula ['spaɪrjʊlə] s. ZOOLOGIA espírula (género de moluscos)
spiry ['spaɪərɪ] adj. 1 em flecha ou agulha; 2 cheio de flechas ou agulhas; 3 esguio, delgado, afilado; 4 espiralado; 5 sinuoso
spit [spɪt] Ⓐ s. 1 saliva; cuspo; 2 cuspidela; 3 pazada; profundidade correspondente a uma pá; to dig two spits deep cavar à profundidade de duas pás; 4 CULINÁRIA (para assar) espeto de ferro; 5 assador; 6 GEOGRAFIA pequena ponta de terra que entra pelo mar dentro Ⓑ v.tr. (participios: -tt-) 1 espetar (com espada, etc.) trespassar, atravessar Ⓒ v.tr.,intr. (prt. e part. pass. **spat**) 1 escarrar, cuspir; to ~ in sb's face cuspir na cara de alguém; 2 emitir, lançar, dizer violentamente, proferir cheio de cólera; 3 (gato, etc.) bufar; the cat spat at the dog o gato pôs-se a bufar para o cão; 4 (chuva) cair levemente; 5 (lume) crepitar, deitar faúlhas ❖ to be the dead ~ of sb/to be the very ~ of sb ser a cara chapada de alguém; to ~ upon tratar com desprezo
◆**spit out** v.tr. cuspir ❖ [coloq.] spit it out! diga depressa!; diga lá!; desembuche!
◆**spit up** v.tr. cuspir; 2 vomitar
spital ['spɪtəl] s. [arc.] hospital; asilo; hospício
spitball ['spɪtbɔːl] s. bolinha de papel mastigado
spitchcock ['spɪtʃkɒk] Ⓐ s. enguia grelhada Ⓑ v.tr. grelhar (enguias, peixes, aves)
spite [spaɪt] Ⓐ s. 1 rancor; despeito; from ~/out of ~ por despeito; to do sth from pure ~ fazer uma coisa por puro despeito; to have a ~ against sb ter rancor a alguém, sentir despeito contra alguém; 2 ódio; 3 malevolência; desejo de fazer mal Ⓑ v.tr. 1 irritar, contrariar, aborrecer; 2 vexar, mortificar; to ~ sb vexar alguém; 3 magoar, ofender ❖ [EUA] DIREITO ~ fence vedação levantada para aborrecer um vizinho; in ~ of apesar de; a despeito de; in ~ of the fact that embora, apesar de que; to cut off one's nose to ~ one's face prejudicar-se a si mesmo para se vingar de alguém
spiteful ['spaɪtfʊl] adj. 1 rancoroso; vingativo; 2 malévolo; maldoso; 3 venenoso; ~ tongue língua venenosa, viperina
spitefully ['spaɪtfʊlɪ] adv. 1 rancorosamente; 2 maldosamente; 3 vingativamente
spitefulness ['spaɪtfʊlnɪs] s. 1 rancor; 2 maldade; 3 espírito vingativo
spitfire ['spɪtfaɪə] s. 1 pessoa irascível; 2 [coloq.] pessoa que ferve em pouca água; 3 determinado tipo de avião de caça inglês, usado na II Grande Guerra
spitful ['spɪtfʊl] s. CULINÁRIA espeto assar cheio de carne ou caça
spitter ['spɪtə] s. 1 pessoa que escarra ou cospe; 2 pessoa que põe carne a assar no espeto
spitting ['spɪtɪŋ] s. 1 acto de cuspir ou escarrar; 2 expectoração ❖ ZOOLOGIA ~ cobra/snake naja-cuspideira; to be the ~ image of... ser a cara chapada de; within ~ distance a dois passos
spittle ['spɪtl] s. saliva, cuspo
spittoon [spɪ'tuːn] s. escarrador, escarradeira
spitz [spɪts] s. lulu, cãozinho de luxo de focinho aguçado
spiv [spɪv] s. [GB] [cal.] vigarista
spivvery ['spɪvərɪ] s. [GB] [cal.] vigarice
splanchnic ['splæŋknɪk] adj. ANATOMIA esplâncnico
splanchnology [splæŋk'nɒlədʒɪ] s. ANATOMIA esplancnologia
splash [splæʃ] Ⓐ s. (pl. -es) 1 salpico; borrifo; 2 (pequena quantidade) gota; 3 (som, pancada) chape; to fall into the water with a ~ cair na água com um chape; 4 mancha; 5 (publicação) manchete;

6 pó de arroz Ⓑ v.tr.,intr. 1 esparrinhar, fazer esparrinhar; 2 espadanar; 3 salpicar [**with**, de]; borrifar [**with**, com]; to ~ **with mud** salpicar de lama; to ~ **water on sb** borrifar alguém com água; 4 chapinhar; they splashed through the mud eles caminharam chapinhando através da lama; 5 patinhar; 6 chafurdar; 7 manchar; 8 (publicação) colocar em manchete ❖ (jornal) ~ news manchete; artigo principal; the fields were splashed with flowers os campos estavam salpicados de flores; to make a ~ causar sensação; dar nas vistas; [coloq.] whisky and ~ uísque com água gasosa
◆**splash about** Ⓐ v.intr. chapinhar; to ~ in the water chapinhar na água Ⓑ v.tr. 1 fazer esparrinhar; to splash water about fazer esparrinhar a água; 2 (dinheiro) esbanjar; to splash one's money about esbanjar dinheiro
◆**splash down** v.intr. (hidroavião) amarar, pousar na água
◆**splash out** Ⓐ v.intr. 1 [coloq.] gastar um dinheirão; fazer uma loucura; 2 [coloq.] dar-se ao luxo [**on**, de] Ⓑ v.tr. [coloq.] (gastar) largar
◆**splash up** v.tr.,intr. esparrinhar; esguichar
splashboard ['splæʃbɔːd] s. (automóvel) guarda-lamas
splasher ['splæʃə] s. 1 guarda-lama; 2 colher de lubrificação de cabeça de biela
splashing ['splæʃɪŋ] Ⓐ adj. que esparrinha, espadana ou salpica Ⓑ s. 1 salpico, borrifo; 2 mancha de coisa que salpicou; 3 chape, pancada na água
splashy ['splæʃɪ] adj. 1 salpicado, borrifado; 2 com salpicos de lama; 3 colorido, garrido; 4 vistoso, chamativo, espalhafatoso
splatter ['splætə] Ⓐ v.tr.,intr. salpicar [**with**, de] Ⓑ s. salpico ❖ CINEMA [cal.] ~ movie filme com muitas mortes sangrentas
splay [spleɪ] Ⓐ s. 1 alargamento; 2 abertura; 3 vão de porta ou janela; 4 superfície oblíqua Ⓑ adj. 1 largo e chato; 2 virado para fora; 3 chanfrado Ⓒ v.tr.,intr. 1 (vão de janela, porta, etc.) alargar; 2 afunilar, abrir em esguelha, abrir obliquamente; 3 abrir com lados divergentes; 4 chanfrar; 5 cortar em bisel; 6 (omoplata de cavalo) deslocar ❖ ~ mouth bocarra; boca que se abre por toda numa careta ou esgar
splayed ['spleɪd] adj. 1 aberto obliquamente; 2 chanfrado, cortado em bisel
splayfoot ['spleɪfʊt] s. pé largo e chato
spleen [spliːn] s. 1 ANATOMIA baço; 2 spleen, má disposição, mau humor; he vented his ~ on them ele descarregou neles o mau humor; in a fit of ~ num momento de spleen, num momento de má disposição; 3 [fig.] bílis
spleenful ['spliːnfʊl] adj. 1 hipocondríaco, taciturno; 2 neurasténico; 3 esplenético; 4 mal-humorado; 5 irritadiço; 6 impertinente; 7 colérico
spleenfully ['spliːnfʊlɪ] adv. 1 taciturnamente; 2 hipocondriacamente; 3 neurastenicamente; 4 irritadamente, colericamente; 5 de mau humor
spleenish ['spliːnɪʃ] adj. 1 de mau humor; 2 um tanto maldisposto; 3 aborrecido; 4 taciturno
spleenishly ['spliːnɪʃlɪ] adv. 1 com certo mau humor; 2 mal-humoradamente; 3 taciturnamente
spleenwort ['spliːnwɜːt] s. BOTÂNICA asplénio
spleeny ['spliːnɪ] adj. 1 taciturno, melancólico; 2 maldisposto
splenalgia [splɪ'nældʒə, splɪ'nældʒɪə] s. MEDICINA esplenalgia
splendacious [splen'deɪʃəs] adj. [coloq.] esplendoroso, esplêndido
splendent ['splendənt] adj. 1 lustroso, brilhante; 2 reluzente; 3 com brilho metálico
splendid ['splendɪd] adj. 1 esplêndido; that was a ~ victory foi uma vitória esplêndida; 2 magnífico, magnificente; 3 grandioso, sumptuoso; 4 excelente, óptimo, muitíssimo bom; he had a ~ chance of escape ele teve uma óptima oportunidade de fugir; 5 glorioso
splendidly ['splendɪdlɪ] adv. 1 esplendidamente; 2 magnificamente; 3 optimamente; she is doing ~ ela está a ir optimamente
splendidness ['splendɪdnɪs] s. 1 esplendor; 2 magnificência; 3 grandiosidade
splendiferous [splen'dɪfərəs] adj. [coloq.] óptimo; excelente; magnífico; esplêndido
splendorous ['splendərəs] adj. 1 esplendoroso; 2 magnificente; 3 sumptuoso

splendour ['splendə] s. 1 esplendor; 2 resplendor; 3 magnificência; 4 sumptuosidade; 5 pompa; 6 grande aparato

splenectomy [spli:'nektəmɪ] s. CIRURGIA esplenectomia

splenetic [splɪ'netɪk] Ⓐ adj. 1 esplenético; 2 hipocondríaco; 3 neurasténico; 4 mal-humorado; 5 irritadiço; 6 colérico; 7 atrabiliário Ⓑ s. 1 remédio para doentes do baço; 2 pessoa que sofre do baço

splenial ['spli:nɪəl] adj. ANATOMIA esplenial; relativo ao esplénio

splenic ['splenɪk] adj. ANATOMIA esplénico ❖ MEDICINA ~ *fever* antraz

splenitis [splɪ'naɪtɪs] s. MEDICINA esplenite

splenius ['spli:nɪəs] s. (pl. -**li**) ANATOMIA esplénio

splenization [spli:nɪ'zeɪʃən] s. MEDICINA esplenificação, esplenização

splenocele ['spli:nəsi:l] s. MEDICINA esplenocele

splenotomy [spli:'nɒtəmɪ] s. CIRURGIA esplenotomia

splice [splaɪs] Ⓐ s. 1 união de dois cabos; 2 NÁUTICA costura, aúste; *long* ~ costura de lavorar; *short* ~ costura redonda; 3 (carpintaria) encaixe, ensamblagem, ensambladura; ~ *joint* ensambladura; 4 junção; emenda Ⓑ v.tr. 1 juntar, unir, ligar, emendar; 2 entrançar; *to* ~ *a rope* entrançar uma corda; 3 NÁUTICA fazer costura de cabo; 4 ensamblar, enxamblar; 5 (câmara-de-ar) remendar; 6 [coloq.] casar; *when did they get spliced?* quando é que eles se casaram? ❖ ELECTRICIDADE ~ *box* caixa de junção de cabos; [coloq.] *to sit on the* ~ jogar pelo seguro; não se arriscar; *to* ~ *the mainbrace* beber à vontade

splicer ['splaɪsə] s. 1 alicate de entrançar; 2 NÁUTICA passador, espicha; 3 pessoa ou dispositivo que une, emenda, etc.

splicing ['splaɪsɪŋ] s. 1 união; 2 entrançadura; ~ *of a rope* entrançadura de um cabo ❖ NÁUTICA ~ *fid* passador; espicha; ~ *ear* pinça de união; ~ *sleeve* manga de união; CINEMA ~ *table* mesa de montagem

spliff [splɪf] s. (pl. -**s**) [cal.] charro

spline [splaɪn] Ⓐ s. 1 chaveta rectangular adaptada a cubo de roda, permitindo jogo longitudinal; 2 tabuinha de persiana; 3 fasquia; 4 macho de ensambladura; 5 estria, caneluras; *two-spline hole* buraco com duas ranhuras Ⓑ v.tr. 1 cortar em fasquias ou tabuinhas; 2 ensamblar; 3 estriar, canelar

splint [splɪnt] Ⓐ s. 1 MEDICINA tala; 2 lasca, esquírola; 3 ANATOMIA perónio; 4 ANATOMIA osso metacárpico do cavalo; 5 VETERINÁRIA sobrecana Ⓑ v.tr. CIRURGIA colocar em talas; colocar talas em ❖ ~ *coal* carvão de estrutura xistosa

splinter ['splɪntə] Ⓐ s. 1 (madeira, pedra, etc.) esquírola; estilha; lasca; 2 fragmento; 3 (no dedo) farpa Ⓑ v.tr.,intr. 1 estilhaçar(-se); fazer(-se) em estilhaços; despedaçar(-se); 2 voar em estilhas; 3 lascar; 4 (grupo) dividir(-se) ❖ ~ *bar* barra de tracção à qual se prendem os tirantes; ANATOMIA ~ *bone* perónio; ~ *group* facção dissidente; grupo separatista; ~ *party* minoria que se separa de um partido

splintered ['splɪntəd] adj. 1 estilhaçado; 2 em estilhas; 3 estalado; 4 fendido ❖ ~ *fragment* esquírola (de osso); lasca (de madeira)

splintering ['splɪntərɪŋ] s. estilhaçamento

splinterless ['splɪntələs] adj. que parte sem estilhaçar

splinterproof ['splɪntəpru:f] adj. à prova de estilhaços

splintery ['splɪntərɪ] adj. 1 que lasca; 2 que se estilhaça; 3 semelhante a lasca ou esquírola

splinting ['splɪntɪŋ] s. fixação (imobilização) por meio de talas

split [splɪt] Ⓐ s. 1 racha, fenda, rasgão; 2 cisão, divisão; 3 cisma, separação; 4 ruptura; 5 vime fendido para cestos; 6 meia garrafa de gasosa; 7 meio copo de licor; 8 pl. DESPORTO (ginástica, dança) espargata; *to do the splits* fazer a espargata Ⓑ adj. 1 rachado; 2 fendido; ~ *bearing* mancal fendido; ~ *nut* porca fendida; 3 lascado; 4 cindido; 5 dividido; 6 dividido ou cortado em dois; bipartido; ~ *boss* cubo dividido em dois; ~ *flywheel* volante bipartido Ⓒ v.tr.,intr. (prt. e part. pass. **split**) 1 partir, quebrar, rachar, fender; *the ship* ~ *on the reef* o navio partiu-se em dois de encontro ao rochedo; *to* ~ *logs* rachar lenha, rachar toros de madeira; 2 rebentar; 3 cortar em partes; dividir; *to* ~ *into parts* decompor em partes; 4 separar em fracções; 5 cortar ao meio; dividir (ao meio); *to* ~ *an apple* cortar uma maçã ao meio; 6 repartir; 7 FÍSICA desintegrar; *to* ~ *the atom* desintegrar o átomo; 8 [cal.] delatar, trair ❖ ~ *collar* anel de aperto, LINGUÍSTICA ~ *infinitive* infinitivo com um advérbio a separá-lo da partícula "to"; ~ *key* troço simples; PSICOLOGIA ~ *personality* dupla personalidade; ~ *pin* troço; troço duplo; ~ *quotation* cotação da Bolsa em fracção de 16 avos; ~ *second* fracção de segundo; (críquete) ~ *shot* pancada em duas bolas juntas, atirando-as em direcções diferentes; ELECTRICIDADE ~ *winding* enrolamento interrompido; *can you* ~ *a two euros piece?* pode trocar-me esta moeda de dois euros por duas moedas de um?; *my head is splitting* tenho uma dor de cabeça tremenda; LINGUÍSTICA *to* ~ *an infinitive* introduzir um advérbio entre a partícula "to" e o verbo; *to* ~ *hairs* discutir coisas sem importância, fazer distinções demasiado subtis; TEATRO (acto) *to* ~ *into scenes* dividir em cenas; *to* ~ *one's sides* rebentar de riso; *to* ~ *open* fazer saltar; rebentar para abrir; estourar e abrir; *to* ~ *the difference* chegar a um meio-termo

◆**split away/off** v.tr.,intr. separar(-se); partir(-se)

◆**split on** v.tr. [GB] denunciar; trair; *to* ~ *sb* denunciar alguém, delatar alguém

◆**split up** Ⓐ v.intr. 1 fender-se; 2 (grupo, etc.) cindir-se; dividir-se; 3 (casal) romper; separar-se; 4 (multidão) dispersar Ⓑ v.tr. 1 dividir; 2 repartir [**among**, entre]; 3 MATEMÁTICA (fracções) fraccionar, dissociar, decompor; 4 (pessoas) separar

split-off [splɪt'ɒf] s. separação, cisão

splitter ['splɪtə] s. 1 aquele que racha, fende ou faz saltar; 2 talhadeira

splitting ['splɪtɪŋ] Ⓐ adj. 1 que parte, fende ou racha; 2 agudo, muito intenso, violento; *a* ~ *headache* uma dor de cabeça fortíssima Ⓑ s. 1 acto de partir, fender ou rachar; 2 divisão; separação; 3 rachadura; 4 FÍSICA desintegração, cisão ❖ ~ *machine* máquina de rachar lenha em pedaços pequenos; máquina de cortar couro; MATEMÁTICA ~ *up* fraccionamento; decomposição; ~ *of light* decomposição da luz; LINGUÍSTICA *the* ~ *of an infinitive* inserção de um advérbio entre o verbo e o «to»

splodge [splɒdʒ] s.,v.tr. ⇒ **splotch**

splodgy ['splɒdʒɪ] adj. sujo, manchado, aos borrões

splosh [splɒʃ] s. 1 [coloq.] quantidade de água que cai de repente; 2 [cal.] dinheiro, bagalhoça

splotch [splɒtʃ] Ⓐ s. (pl. -**es**) 1 mancha, borrão; 2 nódoa Ⓑ v.tr. 1 manchar; 2 sujar; 3 encher de borrões

splotchy ['splɒtʃɪ] adj. sujo, manchado

splurge [splɜ:dʒ] Ⓐ s. 1 alarde; espalhafato; ostentação ruidosa; 2 [coloq.] despesas loucas; 3 carga de água; aguaceiro forte Ⓑ v.intr. 1 fazer alarde; fazer espalhafato; 2 [coloq.] gastar montes de dinheiro [**on**, em]

splutter ['splʌtə] v.tr.,intr.,s. ⇒ **sputter**

spluttering ['splʌtərɪŋ] s. ⇒ **sputtering**

Spode [spəʊd] s. variedade de porcelana fina

spoffish ['spɒfɪʃ] adj. 1 [coloq.] cheio de azáfama; 2 prestável

spoil [spɔɪl] Ⓐ s. 1 rapina, roubo; objectos roubados; *the thieves shared the spoil(s)* os ladrões repartiram o roubo; 2 pilhagem, saque; *to make a* ~ *of* assaltar, saquear, pilhar; 3 pl. vantagens; 4 pl. emolumentos de cargo público Ⓑ v.tr.,intr. (prt. e part. pass. **spoilt** ou **spoiled**) 1 estragar, prejudicar; *to* ~ *a joke* estragar uma história engraçada; *to* ~ *one's appetite* tirar o apetite a alguém; 2 estragar com mimos; *to* ~ *a child* estragar uma criança com mimos; 3 deteriorar; 4 arruinar, corromper; 5 deteriorar-se, estragar-se, tornar-se inútil; 6 [arc.] pilhar, saquear, espoliar, roubar com violência ❖ ~ (*earth*) aterro; entulho; [EUA] *spoils system* sistema de distribuição de cargos públicos aos membros do partido que ganhou as eleições; *I'll* ~ *his beauty for him* hei-de dar-lhe dois safanões; *to be spoiling for* ansiar por; estar extremamente desejoso de; *vengeance does not* ~ *with keeping* a vingança é um prato que se serve frio; *you must* ~ *before you spin* ninguém é mestre antes de ser aprendiz

spoilable ['spɔɪləbəl] adj. que pode estragar-se; deteriorável

spoilage ['spɔɪlɪdʒ] s. 1 escória, refugo, resíduo; 2 papel estragado na impressão

spoiler ['spɔɪlə] s. 1 aquele que estraga, deteriora ou prejudica; 2 salteador, saqueador; 3 desmancha-prazeres

spoiling ['spɔɪlɪŋ] s. 1 acto de estragar, deteriorar ou prejudicar; 2 [arc.] pilhagem, saque, assalto

spoilsman ['spɔɪlzmən] s. ⟨pl. **-men**⟩ [EUA] POLÍTICA partidário do *spoils system*; indivíduo que procura beneficiar da vitória de determinado partido político

spoilsport ['spɔɪlspɔːt] s. desmancha-prazeres

spoilt [spɔɪlt] adj. 1 estragado; 2 estragado com mimos; ~ *child* criança mimada; 3 deteriorado ❖ ~ *voting paper* boletim de voto nulo; *to be a ~ child of fortune* ter uma vida demasiado fácil

spoil-trade ['spɔɪltreɪd] s. 1 COMÉRCIO concorrente desleal; 2 indivíduo que estraga o negócio

spoke [spəʊk] Ⓐ s. 1 (roda) raio; ~ *of a wheel* raio de roda; *to let in spokes* pôr/colocar raios; 2 degrau de escada de mão; 3 NÁUTICA malagueta da roda do leme; 4 travão, dispositivo para travar roda, sobretudo em descidas muito íngremes Ⓑ v.tr. 1 enraiar; colocar raios em; 2 (escada de mão) colocar degraus em; 3 (roda) travar Ⓒ *prt. de* **to speak** ❖ ANATOMIA (osso do antebraço) ~ *bone* rádio; ~ *lathe* torno de raios; ~ *wheel* roda com raios; *he is at the lowest ~ of the wheel of Fortune* ele encontra-se no ponto mais baixo da roda da fortuna; *to put a ~ in sb's wheel* contrariar, transtornar os planos de alguém

spoken ['spəʊkən] Ⓐ *part. pass. de* **to speak** Ⓑ adj. oral; da fala; falado ❖ ~ *commands* comandos de voz; ~ *word* oralidade; fala; *English ~* fala-se Inglês

spokeshave ['spəʊkʃeɪv] s. (carpintaria) rasoira

spokesman ['spəʊksmən] s. ⟨pl. **-men**⟩ porta-voz

spokesperson ['spəʊks,pɜːsən] s. porta-voz

spokeswoman ['spəʊkswʊmən] s.f. ⟨pl. **-women**⟩ porta-voz

spokewise ['spəʊkwaɪz] adv. radialmente

spoking ['spəʊkɪŋ] s. colocação de raios

spoliate ['spəʊlɪeɪt] v.tr. 1 espoliar, despojar; 2 saquear, pilhar

spoliation [ˌspəʊlɪ'eɪʃən] s. 1 espoliação, esbulho, roubo; 2 extorsão; 3 saque, pilhagem (sobretudo de navios neutros por parte dos beligerantes); 4 recebimento indevido de benefício eclesiástico; 5 DIREITO destruição, mutilação ou alteração de documento de modo a impedir a sua utilização como prova

spoliative ['spəʊlɪətɪv] adj. MEDICINA espoliativo

spoliator ['spəʊlɪeɪtə] s. espoliador; saqueador; indivíduo que pratica actos de pilhagem

spoliatory ['spəʊlɪətərɪ] adj. espoliador

spondaic [spɒn'deɪk] adj. LITERATURA (verso) espondaico, formado por espondeus

spondee ['spɒndiː] s. LITERATURA (pé de verso) espondeu

spondias ['spɒndɪæs] s. BOTÂNICA espondia

spondulicks [spɒn'djuːlɪks] s. [coloq.] dinheiro, massa

spondylitis [ˌspɒndɪ'laɪtɪs] s. MEDICINA espondilite

spondylus ['spɒndɪləs] s. ⟨pl. **-i**⟩ 1 ANATOMIA espôndilo; 2 ZOOLOGIA espondilis

sponge [spʌndʒ] Ⓐ s. 1 (geral) esponja; 2 massa levedada; 3 CIRURGIA chumaço de algodão absorvente; 4 escovilhão, lanada; 5 [fig., depr.] (pessoa) esponja, chupista, papa-jantares, parasita; 6 banho com esponja; ~ *bath* banho com esponja Ⓑ v.tr.,intr. 1 limpar, lavar com esponja, passar com esponja; 2 apagar, esquecer; *to ~ out a memory* esquecer uma recordação; 3 viver à custa de outrem; ser chupista; explorar; *to ~ on sb* viver à custa de alguém, explorar alguém; 4 mendigar, obter sem pagar; *to ~ a dinner* mendigar um jantar, conseguir um jantar sem gastar dinheiro; 5 apanhar esponjas ❖ CULINÁRIA ~ *cake* pão-de-ló; ~ *cloth* pano de limpeza; BOTÂNICA ~ *cucumber* mamalonga; lufa-riscada; bucha; buchinha; esfregão; ~ *filter* filtro de esponjas; CULINÁRIA ~ *finger* biscoito de champanhe; ~ *rubber* borracha esponjosa; ~ *structure* estrutura esponjosa; BOTÂNICA ~ *tree* esponjeira; *to give sth a ~* passar a esponja por; lavar com esponja; *to pass the ~ over...* passar uma esponja sobre...; *to throw up the ~* desistir; dar-se por vencido

◆ **sponge down** v.tr. 1 dar um banho de esponja a; 2 limpar com esponja

◆ **sponge out** v.tr. 1 limpar com esponja; 2 apagar com esponja

◆ **sponge up** v.tr. absorver com esponja

spongelet ['spʌndʒlɪt] s. BOTÂNICA espongíolo

sponger ['spʌndʒə] s. 1 pescador de esponjas; 2 [depr.] parasita, indivíduo que vive à custa de outrem

spongiae ['spʌndʒiiː] s.pl. ZOOLOGIA espongiários

spongiform ['spʌndʒɪfɔːm] adj. espongiforme

spongilla [spʌn'dʒɪlə] s. ZOOLOGIA espongila

sponginess ['spʌndʒɪnɪs] s. esponjosidade, natureza esponjosa

sponging ['spʌndʒɪŋ] Ⓐ adj. parasita, chupista, explorador, que vive à custa de outrem Ⓑ s. 1 limpeza com esponja; 2 pesca de esponjas; 3 [fig.] chupice, exploração ❖ ~ *house* casa de detenção provisória para devedores insolventes

spongiole ['spʌndʒɪəʊl] s. BOTÂNICA espongíola, espongíolo

spongoid ['spʌŋɡɔɪd] adj. esponjóide

spongy ['spʌndʒɪ] adj. ⟨comp. **-ier**, superl. **-iest**⟩ 1 esponjoso; 2 ANATOMIA cavernoso; 3 poroso; ~ *casting* fundição porosa; ~ *iron* ferro poroso; ~ *lead* chumbo poroso; 4 absorvente; 5 mole e elástico

sponsion ['spɒnʃən] s. 1 DIREITO garantia, fiança; 2 caução; 3 compromisso em nome de outrem

sponson ['spɒnsn] s. 1 projecção, saliência lateral a bordo de navio de guerra para permitir a movimentação das peças; 2 NÁUTICA plataforma triangular junto da roda propulsora

sponsor ['spɒnsə] Ⓐ s. 1 responsável; *to be the ~ of a suggestion* ser o autor de uma sugestão, ser o responsável por uma sugestão; 2 fiador; 3 abonador; 4 patrocinador; 5 padrinho, madrinha; *to stand ~ to a child* apadrinhar uma criança Ⓑ v.tr. 1 ser o responsável por, responder por; 2 abonar, garantir; 3 patrocinar; *to ~ a radio programme* patrocinar um programa de rádio; 4 apadrinhar

sponsorial [spɒn'sɔːrɪəl] adj. 1 patrocinador; 2 relativo a fiador ou abonador

sponsorship ['spɒnsəʃɪp] s. 1 garantia; 2 patrocínio; 3 apadrinhamento

spontaneity [ˌspɒntə'neɪətɪ, ˌspɒntə'niːɪtɪ] s. ⟨pl. **-ies**⟩ espontaneidade

spontaneous [spɒn'teɪnɪəs] adj. 1 espontâneo, natural; *to make a ~ offer of one's services* oferecer espontaneamente os seus serviços; 2 livre, voluntário; 3 involuntário, não dependente de um acto da vontade, automático; 4 instintivo; 5 natural; não artificial ❖ MEDICINA ~ *abortion* aborto espontâneo; QUÍMICA ~ *combustion/ignition* combustão espontânea; BIOLOGIA ~ *generation* abiogénese; geração espontânea

spontaneously [spɒn'teɪnɪəslɪ] adv. 1 espontaneamente; 2 naturalmente; 3 livremente; 4 voluntariamente; 5 automaticamente

spontaneousness [spɒn'teɪnɪəsnɪs] s. espontaneidade

spontoon [spɒn'tuːn] s. 1 espontão, espécie de alabarda ou lança de cerca de dois metros de comprimento; 2 partazana; 3 meio pique

spoof [spuːf] Ⓐ s. 1 [coloq.] burla, embuste, intrujice; 2 mistificação; 3 fraude, logro; 4 diversão Ⓑ v.tr. [coloq.] intrujar; enganar; mistificar

spoofer ['spuːfə] s. 1 [coloq.] mistificador; 2 trapaceiro; intrujão

spook [spuːk] Ⓐ s. [coloq.] fantasma, espectro, aparição Ⓑ v.tr. 1 assombrar; 2 (fantasma) aparecer; 3 [EUA] assustar, amedrontar Ⓒ v.intr. [EUA] assustar-se, amedrontar-se

spookish ['spuːkɪʃ] adj. um tanto fantasmagórico

spooky ['spuːkɪ] adj. ⟨comp. **-ier**, superl. **-iest**⟩ 1 [coloq.] fantasmagórico; 2 [coloq.] relativo a fantasma ou espectro; sobrenatural; 3 [coloq.] arrepiante, assustador; 4 [EUA] assustadiço

spool [spuːl] Ⓐ s. 1 canilha, canela; 2 carretel, bobina, rolo; FOTOGRAFIA *a ~ of film* um rolo de filme; CINEMA *feed ~* bobina que dá o filme; CINEMA *take-up ~* bobina receptora do filme Ⓑ v.tr. 1 enrolar, bobinar; 2 enrolar nas canilhas, fuso, carretel, etc. ❖ *to ~ off* desenrolar; desbobinar

spooling ['spuːlɪŋ] s. acto de enrolar ou bobinar ❖ ~ *off* acto de desbobinar ou desenrolar

spoon [spuːn] Ⓐ s. 1 colher; *soup ~* colher da sopa; *wooden ~* colher de pau; 2 objecto em forma de colher; 3 pá curva de remo; 4 (golfe) ferros com a superfície de batimento curva; 5 (pesca) isca metálica giratória em forma de colher; 6 [ant.] simplório, tolo; 7 [ant.] namorado lamechas, namorado baboso Ⓑ v.tr.,intr. 1 tirar com colher; 2 escavar; 3 pescar com isca metálica giratória em forma de colher; 4 (críquete) bater levemente, levantar a bola; 5 [ant.] estar babado por, estar apaixonado por; fazer festinhas ❖ (pesca) ~ *bait* isca giratória em forma de colher; ~ *bit* verruma de meia-cana; ~ *bread* pão com leite; sopas de leite; ~ *gouge* goiva redonda; ~ *proof* amostra de vidro em

fusão tirada com uma colher; ~ *shovel* escavadeira; *spoon, knife and fork* talher de mesa; *assay* ~ proveta; *to be born with a silver* ~ *in the mouth* nascer num berço de ouro; [ant.] *to be spoons on sb* estar babado/apaixonado por alguém
◆**spoon off** *v.tr.* tirar com a colher
◆**spoon out** *v.tr.* servir com uma colher; *to* ~ *the gravy* servir o molho com uma colher
◆**spoon up** *v.tr.* 1 comer com uma colher; *to* ~ *one's soup* comer a sopa com uma colher; 2 apanhar com uma colher
spoonbill ['spu:nbɪl] *s.* ZOOLOGIA colhereiro, colhereira; pato--colhereiro
spoondrift ['spu:ndrɪft] *s.* espuma da água do mar levantada pelo vento
spoonerism ['spu:nərɪzəm] *s.* [coloq.] troca acidental de sílabas ou sons entre duas palavras (por ex. "well-boiled icycle" em vez de "well-oiled bicycle")
spoon-fed ['spu:nfɛd] *adj.* 1 alimentado à colher; 2 mimado; 3 (indústria) auxiliada pelo Governo; 4 [fig.] com a papinha toda feita
spoon-feed ['spu:nfi:d] *v.tr.* (*prt. e part. pass.* **spoon-fed**) 1 alimentar com a colher, alimentar às colheres; 2 mimar; apaparicar; 3 [fig.] fazer a papinha toda a alguém
spoonful ['spu:nfʊl] *s.* colherada, conteúdo duma colher cheia
spoonily ['spu:nɪlɪ] *adv.* 1 patetamente; 2 de maneira sentimental; 3 babosamente
spooniness ['spu:nɪnɪs] *s.* 1 patetice; 2 sentimentalidade lamechas; 3 baboseira
spoony ['spu:nɪ] Ⓐ *adj.* (*comp.* **-ier**, *superl.* **-iest**) 1 pateta, simplório, tolo; 2 [ant.] sentimental; lamechas; Ⓑ *s.* (*pl.* **-ies**) [ant.] (pessoa) lamechas; piegas
spoor [spʊə, spɔ:] Ⓐ *s.* 1 rasto (de animal); 2 pista Ⓑ *v.tr.* seguir o rasto de, seguir a pista de
sporadic [spəˈrædɪk] *adj.* 1 esporádico; 2 acidental; 3 raro; 4 disperso; 5 isolado
sporadically [spəˈrædɪklɪ] *adv.* 1 esporadicamente; 2 acidentalmente; 3 ocasionalmente; 4 isoladamente
sporadicalness [spəˈrædɪkəlnɪs] *s.* esporadicidade, carácter esporádico
sporangium [spəʊˈrændʒɪəm] *s.* (*pl.* **-ia**) BOTÂNICA esporângio
sporation [spəʊˈreɪʃən] *s.* BOTÂNICA esporulação
spore [spɔ:] *s.* BOTÂNICA esporo ❖ BOTÂNICA ~ *case* esporângio
spored [spɔ:d] *adj.* com esporos
sporiferous [spəˈrɪfərəs] *adj.* BOTÂNICA esporífero, que contém ou produz esporos
sporocarp ['spɔrəʊkɑ:p] *s.* BOTÂNICA esporocarpo
sporogone ['spɒrəʊgən] *s.* BOTÂNICA esporogónio
sporophore ['spɒrəfɔ:] *s.* BOTÂNICA esporóforo
sporophyte ['spɒrəfaɪt] *s.* BOTÂNICA esporófito
sporozoon [ˌspɒrəʊˈzəʊn] *s.* (*pl.* **-oa**) ZOOLOGIA esporozoário
sporran ['spɒrən] *s.* bolsa de pele usada pelos serranos escoceses diante do saiote
sport [spɔ:t] Ⓐ *s.* 1 desporto; *aquatic sports* desportos aquáticos; *to go in for sports* dedicar-se ao desporto; 2 jogo; 3 desportista; 4 diversão; divertimento; festa; *to spoil the* ~ estragar a festa; 5 passatempo; 6 brincadeira, gracejo, zombaria; *to say in* ~ dizer por brincadeira; 7 objecto de zombaria; 8 [coloq.] camarada; bom rapaz; bom tipo; *he's a good* ~ ele é boa pessoa, ele é bom tipo; 9 BIOLOGIA tipo anormal, variedade anormal, animal ou planta que se afastou do tipo normal Ⓑ *v.tr.,intr.* 1 divertir-se; brincar; *to* ~ *with sb* divertir-se com alguém, rir-se de alguém; 2 [coloq.] usar, trazer, exibir, ostentar; *to* ~ *a gold tiepin* ostentar um alfinete de gravata de ouro; 3 BIOLOGIA afastar-se do tipo normal ❖ *be a sport!* não sejas desmancha-prazeres!; *to be the* ~ *of circumstances* ser joguete das circunstâncias; *to have good* ~ fazer boa caça/pesca; *to make* ~ *of* ridicularizar; meter a ridículo; rir-se de; fazer pouco de
sporter ['spɔ:tə] *s.* pessoa que exibe ou ostenta (anel, objecto valioso, gravata, etc.)
sportful ['spɔ:tfʊl] *adj.* divertido, alegre, folgazão, brincalhão, galhofeiro
sportfully ['spɔ:tfʊlɪ] *adv.* 1 divertidamente, alegremente; 2 brincalhonamente; galhofeiramente

sporting ['spɔ:tɪŋ] Ⓐ *adj.* 1 desportivo; relativo a desporto; 2 próprio de desportista, com espírito desportista; *in a* ~ *spirit* desportivamente, com espírito desportivo; 3 brincalhão Ⓑ *s.* 1 desportivo; 2 caça; 3 pesca; 4 BIOLOGIA produção de tipos anormais ❖ [EUA] ~ *editor* editor de desporto; ~ *events* provas desportivas; ~ *gun* espingarda de caça; ~ *news* notícias desportivas; ~ *newspaper* jornal desportivo; [EUA] (prostituição) ~ *house* casa de passe; ~ *powder* pólvora de caça; *a* ~ *chance* uma possibilidade; *I made him a* ~ *offer* fiz-lhe uma oferta em que ele não corria quaisquer riscos; *there's a* ~ *chance that...* é possível que...
sportive ['spɔ:tɪv] *adj.* 1 brincalhão, folgazão; 2 galhofeiro; 3 alegre; 4 divertido
sportively ['spɔ:tɪvlɪ] *adv.* 1 galhofeiramente; 2 brincalhonamente; 3 alegremente; 4 divertidamente
sports [spɔ:ts] *adj.* de/para desporto; desportivo; ~ *bra* soutien desportivo; ~ *jacket* casaco desportivo; ~ *shirt* camisa desportiva ❖ (jornalismo) ~ *editor* editor de desporto; ~ *facilities* instalações desportivas; ~ *ground* terreno de jogo; ~ *hall* pavilhão desportivo; ~ *injury* lesão desportiva; ~ *medicine* medicina do desporto; ~ *model* carro desportivo; (jornal) ~ *page* secção de desporto
sportsman ['spɔ:tsmən] *s.* (*pl.* **-men**) 1 (homem) desportista; 2 homem com espírito desportivo
sportsmanlike ['spɔ:tsmənlaɪk] *adj.* 1 próprio de desportista, digno de desportista; com desportivismo; 2 leal, correcto
sportsmanly ['spɔ:tsmənlɪ] *adj.* ⇒ **sportsmanlike**
sportsmanship ['spɔ:tsmənʃɪp] *s.* 1 desportivismo, espírito desportivo; 2 lealdade, correcção; 3 prática de desporto, competência desportiva
sportsperson ['spɔ:tsˌpɜ:sən] *s.* desportista
sportster ['spɔ:tstə] *s.* carro ou veículo desportivo
sportswear ['spɔ:tsweə] *s.* VESTUÁRIO roupa desportiva
sportswoman ['spɔ:tsˌwʊmən] *s.f.* (*pl.* **-women**) 1 (mulher) desportista; 2 mulher com espírito desportivo
sportswriter ['spɔ:tsˌraɪtə] *s.* (jornalismo) redactor de desporto, jornalista desportivo
sportula ['spɔ:tjʊlə] *s.* espórtula
sporty ['spɔ:tɪ] *adj.* 1 desportivo; 2 (pessoa) interessado em actividades desportivas; 3 [coloq.] correcto, leal, amável
sporulated ['spɒrjʊleɪtɪd] *adj.* BOTÂNICA esporulado
sporulation [ˌspɒrjʊˈleɪʃən] *s.* BOTÂNICA esporulação
sporule ['spɒrju:l] *s.* espórulo
spot [spɒt] Ⓐ *s.* 1 lugar, sítio; 2 ponto; 3 local, região; *the people on the* ~ as pessoas da região; 4 marca; 5 mancha; 6 borrão; 7 salpico; *spots of mud* salpicos de lama; 8 pinta; *he had a yellow tie with blue spots* ele tinha uma gravata amarela com pintas azuis; 9 espinha, borbulha; 10 sinal; 11 pisadura, confusão, equimose; 12 [fig.] mácula, vergonha, desonra, infâmia; *reputation without a* ~ reputação sem mácula; 13 bocadinho; *to do a* ~ *of work* trabalhar um bocadito; 14 [coloq.] gole, trago; *will you have a* ~ *of whisky?* quer uma gota de uísque?; 15 [fig.] ponto fraco; *tender* ~ ponto delicado, assunto melindroso; *to find sb's weak* ~ descobrir o ponto fraco de alguém; 16 variedade de peixe ou de pombo doméstico; 17 *pl.* [coloq.] leopardo Ⓑ *v.tr.,intr.* (*particípios:* **-tt-**) 1 manchar, macular, enodoar, sujar; 2 manchar-se; *this material spots easily* este tecido mancha-se facilmente; 3 pintalgar, sarapintar; 4 [coloq.] reconhecer, notar, distinguir, localizar, descobrir; *he spotted his brother in the crowd* ele descobriu o irmão no meio da multidão; 5 [coloq.] (vencedor) indicar antecipadamente; *to* ~ *the winner* indicar antecipadamente o vencedor ❖ ~ *cash* pago contra entrega da mercadoria; dinheiro de contado; (futebol) ~ *kick* penálti; ~ *mark* marca de identificação; ~ *prices* preços a pronto pagamento; ~ *remover* tira-nódoas; ~ *survey* sondagem; *it is spotting with rain* está a começar a chover; *on the* ~ imediatamente; *that hits the spot!* muito bem!; isso sim!; *to be on the* ~ *in an emergency* mostrar-se à altura de uma emergência; *to make a* ~ *check of* investigar; examinar; [coloq.] *to put on the* ~ colocar em situação desagradável; assassinar; *to touch the* ~ pôr o dedo na ferida; ir ao fundo da questão
spotless ['spɒtləs] *adj.* 1 (limpeza) impecável; ~ *room* aposento impecável; 2 sem mancha, sem mácula; ~ *reputation* reputação

spotlessly

sem mácula; **3** puro; imaculado; ~ *snow* neve de brancura imaculada ❖ ~ *conscience* consciência limpa
spotlessly ['spɒtlɪslɪ] *adv.* **1** imaculadamente; **2** sem mácula, sem mancha; **3** impecavelmente; ~ *clean* impecavelmente limpo
spotlessness ['spɒtlɪsnɪs] *s.* **1** limpeza; **2** pureza; **3** imaculabilidade
spotlight ['spɒtlaɪt] Ⓐ *s.* **1** projector; **2** holofote; **3** farol giratório; **4** farolete; **5** [fig.] centro das atenções; *to hold the ~* ser o centro das atenções; **6** [fig.] (lugar de destaque) ribalta; *to be in the ~* estar na ribalta; **7** [fig.] publicidade Ⓑ *v.tr.* (*prt. e part. pass.* **-lit** ou **-lighted**) **1** TEATRO colocar sob os holofotes; dirigir a luz dos projectores sobre; **2** chamar a atenção para; destacar
spotlighting ['spɒtlaɪtɪŋ] *s.* iluminação com projectores
spot-on [spɒt'ɒn] *adj.* **1** exacto; **2** óptimo, perfeito
spotted ['spɒtɪd] *adj.* **1** às pintas; *a blue tie ~ with grey* uma gravata azul com pintas cinzentas; **2** pintalgado; sarapintado; **3** manchado; com manchas; ~ *with mould* com manchas de bolor; **4** [fig.] desonrado; **5** [fig.] suspeito ❖ BOTÂNICA ~ *cranesbill* gerânio manchado; ZOOLOGIA ~ *dragonet* peixe-pau; MEDICINA ~ *fever* febre eruptiva; BOTÂNICA ~ *hemlock* cicuta-da-américa
spotter ['spɒtə] *s.* **1** observador; **2** [EUA] [coloq.] detective particular; **3** avião para regular o tiro ❖ ~ *plane* avião de reconhecimento
spotting ['spɒtɪŋ] *s.* **1** manchas; **2** nódoas; **3** distinção; **4** localização de objectivo; **5** regulação do tiro
spotty ['spɒtɪ] *adj.* (*comp.* **-ier**, *superl.* **-iest**) **1** sarapintado, pintalgado; **2** cheio (de manchas); **3** cheio de sinais; *a ~ skin* uma pele cheia de sinais; **4** (pele) com espinhas e pontos negros; **5** irregular, desigual; *a ~ piece of work* um trabalho irregular, desigual
spousals ['spaʊzəlz] *s.pl.* **1** casamento, núpcias; **2** esponsais
spouse [spaʊz] *s.* **1** [form.] esposo, esposa; **2** DIREITO cônjuge
spout [spaʊt] Ⓐ *s.* **1** bica, goteira, gárgula, dala, calha; **2** cano, tubo; *rainwater ~* cano de descarga das águas pluviais; **3** (bule, chaleira, etc.) bico; **4** esguicho, jacto, repuxo; **5** coluna de líquido ou cereal Ⓑ *v.tr.,intr.* **1** jorrar, esguichar; **2** (baleia) lançar jacto de água; **3** fazer jorrar, fazer esguichar; **4** falar continuamente, declamar; **5** [coloq.] pôr no prego, empenhar, penhorar ❖ ~ *hole* espiráculo de baleia; ~ *well* poço artesiano; [coloq.] *to be up the ~* (planos) ir por água abaixo; (pessoa) estar grávida; [coloq.] *to put sth up the ~* pôr alguma coisa no prego; empenhar alguma coisa
spouter ['spaʊtə] *s.* [ant.] declamador; indivíduo que gosta de fazer discursos, que fala pomposamente
spouting ['spaʊtɪŋ] *s.* **1** jorro, esguicho; **2** [ant.] declamação, acto de falar com volubilidade
SPQR Ⓐ [*abrev. de* Senatus Populusque Romanus (Senate and People of Rome)] Ⓑ [joc.] [*abrev. de* small profit, quick return]
sprag [spræg] Ⓐ *s.* **1** escora, espeque; **2** calço de madeira Ⓑ *v.tr.* (*particípios:* **-gg-**) **1** escorar, firmar com escoras; **2** segurar com calço de madeira
sprain [spreɪn] Ⓐ *s.* **1** entorse; **2** torcedura; **3** mau jeito Ⓑ *v.tr.* **1** (pé, pulso, etc.) torcer; *to ~ one's ankle* torcer o pé; **2** dar mau jeito a
sprang [spræŋ] *prt. de* **to spring**
sprat [spræt] Ⓐ *s.* **1** ZOOLOGIA arenque novo e pequeno; **2** ZOOLOGIA espadilha; **3** ZOOLOGIA petinga; **4** ZOOLOGIA enguia-da-areia; **5** [joc.] (criança magra) dez-réis de gente Ⓑ *v.intr.* pescar espadilhas ou arenques pequenos ❖ ~ *day* o dia 9 de Novembro; *to throw a ~ to catch a herring/a mackerel/a whale* arriscar pouco para ganhar muito
spratter ['sprætə] *s.* pescador de espadilhas ou arenques pequenos
spratting ['sprætɪŋ] *s.* pesca de espadilha ou arenque pequeno
sprawl [sprɔːl] Ⓐ *s.* **1** (queda) estatelamento; posição de quem ficou esparramado, de pernas e braços abertos; **2** (área urbana, cidade) crescimento desordenado, crescimento descontrolado; **3** (cidade) periferia; *urban ~* periferia urbana Ⓑ *v.tr.,intr.* **1** (queda) estatelar-se, estender-se ao comprido; *to go sprawling* estatelar-se ao comprido; *to send sb sprawling* estender alguém ao comprido; **2** esparramar-se, escarrapachar-se[coloq], sentar-se ou deitar-se pesadamente (de pernas e braços abertos); **3** BOTÂNICA estender-se irregularmente; **4** (área urbana) crescer desordenadamente; **5** espalhar-se; **6** espalhar, dispor tropas irregularmente

sprawling ['sprɔːlɪŋ] *adj.* **1** esparramado; **2** (área urbana, cidade) em crescimento desordenado, em crescimento descontrolado; **3** (caligrafia) irregular
spray [spreɪ] Ⓐ *s.* **1** spray, pulverizador, vaporizador; (perfumes) *scent ~* pulverizador; **2** borrifo, borrifadela; *sea ~* borrifo das ondas; **3** (ramo) bouquet; **4** rebento com folhas ou flores; **5** enfeite com forma idêntica Ⓑ *v.tr.* **1** pulverizar; *to ~ fruit trees* pulverizar árvores de fruto; **2** borrifar, aspergir; **3** encher [**with**, de] ❖ ~ *board* anteparo em amurada de barco para proteger da espuma das ondas; ~ *cooling* arrefecimento por pulverização; ~ *diffuser* dispositivo de rega por jacto de água pulverizada; ~ *gun* pistola de pulverização; ~ *nozzle* bocal de pulverização; ~ *painting* pintura à pistola; ~ *of diamonds* martinete de diamantes
sprayer ['spreɪə] *s.* **1** pulverizador, vaporizador; **2** pistola para pintar por pulverização; **3** dispositivo de rega por pulverização
spraying ['spreɪɪŋ] *s.* **1** pulverização; **2** vaporização; **3** aspersão; **4** rega por pulverização ❖ ~ *apparatus* pulverizador; ~ *carburettor* carburador com pulverizador; ~ *machine* máquina de pulverizar; ~ *mixture* mistura para pulverizações; ~ *nozzle* bocal para pulverização
spread [spred] Ⓐ *s.* **1** aumento; crescimento; **2** expansão; propagação; *the ~ of knowledge* a propagação do saber; *the ~ of a disease* a propagação de uma doença; **3** proliferação; **4** extensão, amplitude; **5** largura, envergadura; **6** [coloq.] festa, banquete; *to have no end of a ~* ser um festim que nunca mais acaba; **7** CULINÁRIA pasta para barrar; *cheese ~* queijo para barrar; **8** toalha de mesa; **9** colcha, coberta; **10** [EUA] COMÉRCIO diferença entre o custo do fabrico e o preço de venda Ⓑ *v.tr.,intr.* (*prt. e part. pass.* **spread**) **1** estender; *to ~ a cloth on a table/to ~ a table with a cloth* estender uma toalha sobre uma mesa; *here a desert spreads for miles and miles* aqui, o deserto estende-se por milhas e milhas; **2** espalhar; *to ~ manure over a field* espalhar estrume num campo; *flies ~ disease* as moscas espalham doenças; **3** CULINÁRIA barrar; *to ~ butter on a slice of bread* espalhar uma fatia de pão com manteiga; **4** divulgar, tornar conhecido; *to ~ the news* divulgar as novidades; **5** espalhar-se; alastrar; *rumours ~ quickly* os boatos espalham-se rapidamente; *the fire ~ to the next house* o fogo alastrou para a casa vizinha; **6** difundir(-se); disseminar(-se); **7** desdobrar, desfraldar; NÁUTICA *to ~ the sails* abrir as velas; **8** cobrir; **9** abrir; **10** esticar; **11** distribuir; **12** prolongar; **13** juncar; *the fields were ~ with flowers* os campos estavam juncados de flores Ⓒ *adj.* **1** espalhado; **2** estendido; **3** aberto ❖ *cold ~* refeição fria; (publicidade) *doublepage ~* anúncio de duas páginas; *butcher's ~* chambaril; ~ *of a tree* desenvolvimento da copa de uma árvore; NÁUTICA ~ *of the shrouds* ângulo entre a enxárcia e o mastro; *he developed a middle-age ~* ele começou a engordar com a idade; *the story goes as it spreads* a história aumenta como bola de neve; [coloq.] *to ~ it thick* gastar muito dinheiro; *to ~ it thin* viver modestamente; *to ~ oneself* ser generoso; desdobrar-se em muitas actividades; escrever ou conversar com grande verbosidade; *to ~ the table* pôr a mesa; *to ~ the word* passar palavra
◆**spread out** *v.tr.,intr.* **1** abrir(-se); *to ~ a newspaper* abrir um jornal, estender um jornal; *the map lay ~ on the table* o mapa estava aberto em cima da mesa; **2** espalhar(-se); **3** estender(-se); **4** alargar; **5** (pessoas, animais) dispersar-se
spread-eagle [ˌspredˈiːgəl] Ⓐ *s.* **1** HERÁLDICA águia de asas e patas abertas; **2** HISTÓRIA pessoa amarrada de braços e pernas afastadas, para o castigo das vergastadas Ⓑ *adj.* **1** de braços e pernas afastados; **2** com patriotismo exagerado Ⓒ *v.tr.* **1** afastar braços e pernas de; **2** HISTÓRIA submeter ao castigo das vergastadas, com braços e pernas amarradas e estendidas Ⓓ *v.intr.* **1** afastar braços e pernas; **2** exibir um patriotismo exagerado
spread-eagleism [ˌspredˈiːglɪzəm] *s.* [EUA] patriotismo exagerado
spread-eaglet [ˌspredˈiːglɪt] *s.* HERÁLDICA aguieta
spreader ['spredə] *s.* **1** pessoa ou dispositivo que estende ou espalha; **2** divulgador; **3** espalhador; **4** espátula; **5** parte de pulverizador de rega que espalha a água

spreading ['sprediŋ] s. 1 divulgação; 2 disseminação, expansão, propagação; 3 desenvolvimento; 4 acto de espalhar tinta, verniz, etc.; 5 dispersão; 6 extensão, superfície ❖ ~ *of the table* acto de pôr a mesa

spread-over [ˌspredˈəʊvə] s. arranjo ou combinação, na indústria, para repartição das horas de trabalho conforme as necessidades especiais que foram surgindo

spreadsheet ['spredʃi:t] s. INFORMÁTICA folha de cálculo

spree [spri:] Ⓐ s. 1 farra; pândega; pagode; *to go on the ~* andar na pândega/farra; 2 bebedeira Ⓑ v.intr. 1 andar na pândega; 2 embriagar-se

sprig [sprɪg] Ⓐ s. 1 vergôntea, raminho, rebento, galho novo; 2 adorno em forma de ramo; 3 prego sem cabeça; 4 [ant., depr.] jovem, rapaz, fedelho; *who is this sprig?* quem é este fedelho? Ⓑ v.tr. (*particípios*: **-gg-**) 1 enfeitar, ornamentar com raminhos ou rebentos; 2 pregar ❖ ~ *nails* pontas-de-paris; *a ~ of the nobility* um descendente da nobreza

sprigged [sprɪgd] adj. 1 com ramos ou raminhos; 2 com ornamentação de flores

sprightliness ['spraɪtlɪnɪs] s. 1 vivacidade, jovialidade, alegria; 2 esperteza; 3 desembaraço

sprightly ['spraɪtlɪ] adj. (*comp.* **-ier**, *superl.* **-iest**) 1 vivo, jovial, alegre, animado; *he is as ~ as a two-year-old* ele tem a vivacidade de um rapazinho de dois anos; 2 esperto; 3 desembaraçado

sprigtail ['sprɪgteɪl] s. ZOOLOGIA variedade de pato-bravo de cauda aguçada

spring [sprɪŋ] Ⓐ s. 1 salto, pulo; *to rise with a ~* levantar-se de um salto; *to take a ~* dar um salto; 2 fonte, nascente, manancial; 3 mola; *spiral ~* mola espiral; *the ~ of a watch* a mola de um relógio; 4 elasticidade; *the rubber bands have lost their ~* as borrachas perderam a elasticidade; *your muscles have no ~ in them* os teus músculos não têm elasticidade; 5 energia, vigor; 6 origem; *the springs of human conduct* as origens do comportamento do ser humano; *this custom had its ~ in another country* este costume teve a sua origem noutro país; 7 motivo, causa; 8 rachadura, fenda ou empeno na madeira; 9 NÁUTICA entrada de água; 10 Primavera; ~ *is in the air* cheira a Primavera; *in (the) ~* na Primavera; 11 pl. (automóvel) suspensão Ⓑ v.tr.,intr. (*prt.* **sprang**, *part. pass.* **sprung**) 1 saltar, pular; dar um pulo; lançar-se de um salto; *to ~ aside* saltar para o lado; *to ~ at sb's throat* saltar ao pescoço de alguém; *to ~ down* saltar para baixo; *to ~ forward* dar um salto para a frente; *to ~ out of bed* saltar da cama; *he sprang to his feet* ele pôs-se de pé num salto; 2 (mecanismo) accionar; fazer saltar; *to ~ a mine* fazer saltar uma mina; *to ~ a trap* fazer saltar uma armadilha; 3 surgir; aparecer; fazer surgir; 4 nascer; brotar; *the buds are beginning to ~* os botões estão a começar a rebentar; 5 abrir/fechar por meio de mola; 6 explodir, fazer explodir; 7 rebentar; 8 descarregar; 9 (caça) levantar; *to ~ game* levantar caça; 10 mostrar subitamente; 11 enfraquecer; 12 estalar, rachar; *I have sprung my racket* a minha raqueta estalou; 13 (fenda) abrir; *to ~ a leak* abrir uma fenda, meter água; 14 empenar; 15 prover com molas, pôr molas em ❖ ~ *aerial* antena helicoidal; ~ *assister* reforço auxiliar para molas; ~ *balance* balança de mola; ~ *beam* barrote comprido sem apoio no meio; ~ *bed* cama com colchão de molas; ~ *bolt* fecho de mola; ~ *catch* lingueta de mola; ~ *clamp* braçadeira de mola; ~ *cleaning* limpeza feita na Primavera; ~ *collar* anel de pressão; ~ *cushion* almofada de mola; ~ *flowers* flores da Primavera; (bicicleta) ~ *fork* forqueta de mola; ~ *gauge* calibre de mola; ~ *gun* ratoeira a fogo; ~ *halt* movimento convulsivo da pata traseira de cavalo ao caminhar; ~ *hammer* martelo de mola; ~ *latch* trinco de mola; ~ *leaf* lâmina de mola; ~ *lock* fechadura de mola; ~ *lubrication* lubrificação por acção de mola; ~ *mattress* colchão de molas; ~ *overcoat* sobretudo de meia estação; ~ *retainer* retentor da mola; ~ *return* recuo por mola; ~ *screw* parafuso de mola; ~ *steel* aço para molas; ~ *suspension* jogo de molas; ~ *tide* maré de águas vivas; ~ *van* carro grande para transporte de mobília; ~ *washer* arruela de pressão; ~ *water* água de nascente; ~ *action gripper* pegador com mola; ~ *adjusting screw* parafuso regulador das molas; ~ *balance valve* válvula de segurança com alavanca e mola; ~ *bow dividers* compasso de mola; ~ *cap oiler* lubrificador com tampa de mola; ~ *coiling machine* máquina de enrolamento de molas; ~ *for governor* mola de regulador; ~ *load safety valve* válvula de segurança carregada por mola; ~ *piston ring* segmento de mola para êmbolo; ~ *pressure gauge* manómetro de mola; ~ *releasing arm* braço libertador da mola; ~ *safety valve* válvula de segurança carregada por mola; ~ *temper steel* aço com têmpera de mola; *hot springs* estância termal; *blood sprang to her cheeks* o sangue afluiu-lhe ao rosto; *hope springs eternal* a esperança renasce continuamente; *if you could ~ to a hundred euros* se pudesses ir até cem euros; *the door sprang to* a porta fechou-se de súbito; *to ~ a lock* forçar uma fechadura; *to ~ a new theory* dar origem subitamente a uma nova teoria; *to ~ a question* fazer de súbito uma pergunta; *to ~ a surprise on sb* fazer uma surpresa a alguém; *to ~ into existence* formar-se de repente; NÁUTICA *to ~ the luff/her luff* bolinar; ganhar o barlavento; *to ~ sth on sb* surpreender alguém com alguma coisa; *to ~ to mind* ocorrer

◆**spring back** v.intr. 1 recuar, saltando; 2 voltar ao mesmo lugar (como que movido por uma mola)

◆**spring from** v.tr. 1 provir de; proceder de; 2 derivar de ❖ *where did you spring from?* de onde é que aparecestes?

◆**spring on** v.tr. surpreender com; *to spring sth on sb* surpreender alguém com alguma coisa; *to spring a question on sb* surpreender alguém com uma pergunta ❖ *he sprang it on me* apanhou-me de surpresa; *to spring a piece of news on sb* dar uma notícia inesperada a alguém

◆**spring up** v.intr. 1 (vento) levantar-se de repente; *a breeze sprang up* surgiu de súbito uma brisa; 2 surgir; aparecer; apresentar-se; *a doubt sprang up in his mind* ocorreu-lhe uma dúvida de repente; 3 (planta) brotar; nascer; 4 (pessoa) levantar-se com um salto; 5 (grande quantidade) multiplicar-se como cogumelos

springal ['sprɪŋgəl] s. 1 [arc.] jovem; 2 rapaz, rapariga

springald ['sprɪŋgəld] s. ⇒ **springal**

springboard ['sprɪŋbɔːd] s. 1 trampolim; 2 (natação) prancha de saltos; 3 [fig.] rampa de lançamento

springbok ['sprɪŋbɒk] s. ZOOLOGIA variedade de gazela sul-africana

Springbok ['sprɪŋbɒk] s. 1 jogador da equipa de râguebi da África do Sul; 2 [ant.] atleta sul-africano

springe [sprɪndʒ] Ⓐ s. laço, armadilha para apanhar aves e outros animais Ⓑ v.tr. apanhar em laço ou armadilha

springed [sprɪŋd] adj. com molas, provido de molas

springer ['sprɪŋə] s. 1 saltador; 2 mancal de apoio; 3 ARQUITECTURA imposta; 4 saimel; 5 cão que levanta a caça; 6 variedade de golfinho; 7 variedade de gazela sul-africana; 8 NÁUTICA [coloq.] professor de ginástica

springhalt ['sprɪŋhɔːlt] s. VETERINÁRIA esparavão-seco

springiness ['sprɪŋɪnɪs] s. 1 elasticidade; 2 molejamento

springing ['sprɪŋɪŋ] Ⓐ adj. 1 que se levanta, que se ergue; 2 que salta; 3 que cresce ou brota Ⓑ s. 1 salto, pulo; 2 BOTÂNICA germinação; 3 desvio, empeno; 4 rachadela; 5 (fonte) acto de brotar, de nascer; 6 nascença; ~ *of an arch* nascença de um arco; ~ *line* linha de nascença; 7 suspensão; conjunto de molas ❖ ~ *off of rivet heads* ruptura das cabeças dos rebites

springlet ['sprɪŋlɪt] s. pequena fonte

springlike ['sprɪŋlaɪk] adj. 1 primaveril; 2 próprio da Primavera

spring-loaded [ˌsprɪŋˈləʊdɪd] adj. accionado por mola

spring-operated [ˌsprɪŋˈɒpəreɪtɪd] adj. accionado por mola

springtide ['sprɪŋtaɪd] s. ⇒ **springtime**

springtime ['sprɪŋtaɪm] s. Primavera ❖ *in the ~ of one's life* na primavera da vida

springy ['sprɪŋɪ] adj. (*comp.* **-ier**, *superl.* **-iest**) 1 elástico, flexível, ágil; 2 provido de molas; 3 com nascentes, cheio de nascentes

sprinkle ['sprɪŋkəl] Ⓐ s. 1 salpico, borrifo; 2 chuvisco; 3 (pequena quantidade) pouco; *a ~ of* um pouco de, umas luzes de Ⓑ v.tr.,intr. 1 salpicar; borrifar; 2 aspergir; regar; 3 polvilhar; *to ~ with pepper* polvilhar com pimenta; 4 semear; 5 esmaltar, matizar; 6 cair em pequenas gotas ou bocados ❖ *the book was sprinkled with quotations* o livro estava cheio de citações

sprinkler ['sprɪŋklə] s. 1 borrifador; 2 (aparelho de rega) aspersor; 3 extintor de incêndios; *automatic fire ~* extintor automático de incêndios; 4 (açúcar, etc.) polvilhador; 5 hissope, aspersório ❖ ~ *system* (relvado) sistema de rega; (incêndios) sistema de extintores

sprinkling ['sprɪŋklɪŋ] s. 1 aspersão; espargimento; 2 borrifo; salpico; gotas; *a ~ of water* umas gotas de água; 3 chuvisco; 4 rega por aspersão; 5 (quantidade) laivos; bocadito; *a fair ~ of* um bom bocado de; *to have a ~ of* ter uns laivos de, saber uns rudimentos de ❖ [EUA] *~ can* regador; *to give sth a ~ of sugar* polvilhe com açúcar

sprint [sprɪnt] Ⓐ *s.* 1 DESPORTO sprint; 2 corrida; *we made a ~ for the bus* demos uma corrida para apanhar o autocarro; 3 arranco; 4 acesso de actividade Ⓑ *v.tr.,intr.* 1 DESPORTO sprintar; fazer um sprint; *he sprinted for the line* fez um sprint até à meta; 2 arrancar; *he sprinted past his opponent* ele arrancou e ultrapassou o adversário; 3 correr a toda a velocidade ❖ *~ race* corrida de velocidade

sprinter ['sprɪntə] *s.* DESPORTO sprinter

sprinting ['sprɪntɪŋ] *s.* 1 corrida de velocidade; 2 arranque

sprit [sprɪt] *s.* NÁUTICA (vela) espicha ❖ NÁUTICA *~ topsail* vela da sobrecevadeira; NÁUTICA *~ topsail braces* braços da sobrecevadeira

sprite [spraɪt] *s.* 1 duende, trasgo, elfo; 2 espírito; 3 fada

spritsail ['sprɪtseɪl] *s.* NÁUTICA cevadeira ❖ *~ braces* braços da cevadeira

spritzer ['sprɪtsə] *s.* bebida de vinho (geralmente branco) e água com gás

sprocket ['sprɒkɪt] *s.* 1 dente de roda; 2 roda dentada para corrente; *~ wheel* roda dentada ❖ *~ chain* corrente articulada; *~ drum* tambor dentado; *~ gear* engrenagem para corrente; (bicicleta) *chain-tightening ~* esticador

sprout [spraʊt] Ⓐ *s.* 1 BOTÂNICA botão, rebento; 2 renovo; 3 grelo; 4 *pl. Brussels sprouts* couves de Bruxelas Ⓑ *v.tr.,intr.* 1 BOTÂNICA rebentar; deitar rebentos ou botões; 2 germinar, fazer germinar; 3 nascer; 4 gretar; 5 deixar crescer; *he has sprouted a moustache* ele deixou crescer o bigode; 6 criar

◆**sprout up** *v.intr.* grelar, começar a crescer

sprouting ['spraʊtɪŋ] *s.* 1 BOTÂNICA acto de deitar rebentos ou botões; 2 germinação; 3 desenvolvimento

spruce [spruːs] Ⓐ *s.* BOTÂNICA espruce Ⓑ *adj.* 1 elegante, bem vestido; 2 impecável; 3 asseado Ⓒ *v.tr.,intr.* 1 arranjar; preparar; 2 (limpar, arrumar) pôr a brilhar ❖ BOTÂNICA *~ fir* abeto; MILITAR *to ~ sb* enganar alguém; iludir alguém

◆**spruce up** *v.tr.* 1 arranjar, vestir com todo o esmero; 2 (limpar, arrumar) pôr a brilhar ❖ *to spruce oneself up* produzir-se; arranjar-se com todo o esmero

sprucely ['spruːslɪ] *adv.* 1 elegantemente; 2 asseadamente

spruceness ['spruːsnɪs] *s.* 1 elegância; 2 garbo; 3 requinte na maneira de vestir

sprucer ['spruːsə] *s.* 1 MILITAR intrujão; 2 indivíduo que conta histórias inverosímeis

sprue [spruː] *s.* 1 jito, passagem através da qual o metal entra para o molde; 2 metal que enche essa passagem; 3 MEDICINA (doença tropical) psilose

sprung [sprʌŋ] Ⓐ *part. pass. de* **to spring** Ⓑ *adj.* 1 de molas; 2 rachado, fendido; 3 [EUA] bêbado

spry [spraɪ] *adj.* (*comp.* **-er**, *superl.* **-est**) vivo, ágil, activo, dinâmico; *to look ~* ser vivo, ser ágil, ser despachado

spud [spʌd] Ⓐ *s.* 1 [coloq.] batata; 2 pá de jardineiro; 3 escardilho; 4 qualquer coisa pequena e espessa; 5 pessoa baixa e entroncada Ⓑ *v.tr.* (*particípios:* **-dd-**) 1 escardilhar, limpar com sacho ou escardilho; 2 mondar, tirar as ervas

spudder ['spʌdə] *s.* aparelho para descascar árvores

spudding ['spʌdɪŋ] *s.* acto de escardilhar, mondar, etc.

spuddy ['spʌdɪ] *adj.* atarracado, baixo e entroncado

spue [spjuː] Ⓐ *s.* vómito Ⓑ *v.tr.,intr.* vomitar

spume [spjuːm] Ⓐ *s.* 1 espuma; 2 escuma Ⓑ *v.intr.* 1 espumar; 2 deitar espuma

spumescence [spjuːˈmesəns] *s.* espumosidade

spumescent [spjuːˈmesənt] *adj.* espumoso

spumous ['spjuːməs] *adj.* 1 espumoso; 2 escumoso

spumy ['spjuːmɪ] *adj.* (*comp.* **-ier**, *superl.* **-iest**) ⇒ **spumous**

spun [spʌn] Ⓐ *part. pass. de* **to spin** Ⓑ *adj.* 1 fiado; *~ silk* seda fiada; 2 torcido em corda ❖ *~ sugar* algodão doce; NÁUTICA *~ yard* mialhar; NÁUTICA *~ yard reel* engenho de mialhar

spunk [spʌŋk] *s.* 1 [coloq.] (coragem, energia) garra *fig.*; *he has no ~* ele não tem garra; 2 cólera, irritação; 3 acendalha; 4 [Esc.] fósforo; 5 [cal.] (ofensivo) esperma; 6 [Austr.] [coloq.] (pessoa atraente) borracho

spunkily ['spʌŋkɪlɪ] *adv.* 1 corajosamente; 2 briosamente

spunkiness ['spʌŋkɪnɪs] *s.* brio, coragem, energia

spunky ['spʌŋkɪ] *adj.* (*comp.* **-ier**, *superl.* **-iest**) 1 corajoso; 2 enérgico, brioso; 3 irado, irascível

spur [spɜː] Ⓐ *s.* 1 espora; *to clap spurs to one's horse/to dig one's spurs into one's horse/to set spurs to one's horse* meter esporas ao cavalo; *to win one's spurs* ganhar as esporas de cavaleiro; 2 esporão; 3 agulha, acicate, aguilhão; 4 [fig.] estímulo, impulso, incentivo; *to act on the ~ of the moment* agir impulsivamente, agir sem pensar; 5 percutor; 6 GEOGRAFIA pico, contraforte; 7 ARQUITECTURA escora, pontalete; botaréu; arcobotante; 8 gancho para escaladas; *climbing spurs* ganchos de escalar; 9 galho saliente de árvore; 10 (caminhos-de-ferro) ramal curto; 11 cravagem do centeio Ⓑ *v.tr.,intr.* (*particípios:* **-rr-**) 1 esporear; picar com esporas; meter a espora a; 2 cavalgar velozmente; 3 (esporões do galo) armar; 4 [fig.] acicatar, aguilhoar, espicaçar, estimular, incitar; *to ~ a willing horse* espicaçar uma pessoa sem haver necessidade para tal ❖ *~ gear* engrenagem de dentes direitos; *~ pinion* carreto cilíndrico; *~ wheel* roda dentada; roda de engrenagem; BOTÂNICA *fruit ~* pistilo; NÁUTICA *the spurs of the bits* as curvas das abitas

◆**spur on** *v.tr.* estimular; incitar; encorajar; *to spur sb on* estimular/espicaçar alguém; *they were spurred on to rebellion* incitaram-nos à revolta

spurge [spɜːdʒ] *s.* BOTÂNICA eufórbio, eufórbia ❖ BOTÂNICA *~ flax* trovisco, trovisco-macho; BOTÂNICA *~ laurel* lauréola-macho

spurious ['spjʊərɪəs] *adj.* 1 espúrio; 2 falsificado, falso; *~ coin* moeda falsa; *~ pedigree* árvore genealógica falsa; 3 simulado; fingido; *~ piety* religiosidade fingida; 4 apócrifo; 5 ilegítimo; bastardo

spuriously ['spjʊərɪəslɪ] *adv.* 1 simuladamente; 2 com falsificação

spuriousness ['spjʊərɪəsnɪs] *s.* 1 espuriedade; 2 falsidade; 3 falsificação; 4 apocrifia, carácter apócrifo; 5 bastardia

spurn [spɜːn] Ⓐ *s.* 1 pontapé de repulsa; 2 rejeição desdenhosa Ⓑ *v.tr.,intr.* 1 afastar com o pé; 2 repelir desdenhosamente; 3 recusar com desprezo; 4 tratar com desprezo

spurner ['spɜːnə] *s.* aquele que despreza, que trata com desdém

spur-of-the-moment [spɜːrəvðəˈməʊmənt] *adj.* 1 decidido no momento; não planeado; 2 impulsivo; 3 irreflectido, não pensado; 4 improvisado

spurred ['spɜːd] *adj.* 1 com esporas; 2 com esporões; 3 BOTÂNICA atacado pela cravagem

spurrey ['spʌrɪ] *s.* ⇒ **spurry**

spurrier ['spʌrɪə] *s.* fabricante de esporas

spurring [ˈspɜːrɪŋ] *s.* 1 acto de esporear, de cravar as esporas em; 2 estímulo, incitamento

spurry ['spʌrɪ] *s.* BOTÂNICA esparguta, gorga

spurt [spɜːt] Ⓐ *s.* 1 arranco; esforço súbito; 2 DESPORTO corrida; sprint; *final ~* sprint final; 3 acesso; *a ~ of anger* um acesso de cólera; 4 subida repentina de preços; 5 jacto, esguicho Ⓑ *v.tr.,intr.* 1 arrancar; 2 DESPORTO fazer um sprint; sprintar; 3 redobrar de actividade; 4 esguichar, jorrar, brotar; *blood spurted from the wound* o sangue jorrou da ferida; 5 irromper (**from**, de) ❖ [coloq.] *to put a ~ on* apressar-se

sputnik ['sputnɪk, 'spʌtnɪk] *s.* (satélite soviético) sputnik

sputter ['spʌtə] Ⓐ *s.* 1 perdigoto; 2 maneira de falar rápida e incoerente, precipitação na fala; 3 linguagem atabalhoada e veemente; 4 som produzido por pena ao arranhar o papel; 5 crepitação Ⓑ *v.tr.,intr.* 1 deitar perdigotos; 2 falar atabalhoadamente; 3 falar precipitadamente; 4 arranhar (o papel); 5 crepitar

sputtering ['spʌtərɪŋ] *s.* ⇒ **sputter** Ⓐ

sputum ['spjuːtəm] *s.* (*pl.* **-a**) 1 esputo; 2 saliva; 3 escarro, expectoração

spy [spaɪ] Ⓐ *s.* (*pl.* **spies**) 1 espião, espia; *to play the ~ on sb* espiar alguém; 2 esbirro; malsim; denunciante; *the police spies* os esbirros da polícia Ⓑ *v.tr.,intr.* 1 ver; 2 descortinar, divisar, notar, observar; *they ~ a horseman approaching* eles observam um cavaleiro que se aproxima; *he is quick at spying his neighbour's faults* ele está sempre pronto a notar as faltas dos outros; 3 fazer espionagem; espiar; 4 vigiar, espreitar; *to ~ on/upon sb* espiar alguém ❖ *~ ring* rede de espionagem; *~ story* história de espionagem; *~ in the sky* satélite espião; *to ~ into sth* examinar algo secretamente; tentar descobrir algo

◆**spy out** *v.tr.* 1 descobrir; 2 explorar; fazer o reconhecimento de; *to ~ the ground* fazer o reconhecimento do terreno

spyglass ['spaɪglɑːs] s. óculo de ver ao longe
spyhole ['spaɪhəʊl] s. (porta) olho mágico, óculo de inspecção
spying ['spaɪɪŋ] s. espionagem
sq. Ⓐ [abrev. de sequence] Ⓑ [abrev. de square]
sq. cm [abrev. de square centimetres]
sq. ft [abrev. de square feet]
sq. in [abrev. de square inches]
SQL INFORMÁTICA [abrev. de structured query language] SQL
squab [skwɒb] Ⓐ s. 1 [coloq.] (pessoa rechonchuda) batoque; 2 (pombo implume) borracho; 3 almofada, coxim; 4 sofá Ⓑ adj. 1 rechonchudo; gorducho; baixo e gordo; atarracado; 2 (pássaro) implume, sem penas Ⓒ adv. pesadamente; em cheio; *to come down ~ on the floor* cair pesadamente no chão, tombar em cheio no chão ❖ *~ chick* pintainho; pinto; CULINÁRIA *~ pie* pastel de pombo; pastel de carneiro, cebolas e maçãs
squabble ['skwɒbəl] Ⓐ s. 1 questiúncula, contenda, disputa, altercação ruidosa; 2 querela Ⓑ v.tr.,intr. 1 altercar, brigar, armar questiúnculas; 2 TIPOGRAFIA escangalhar (o tipo já composto)
squabbler ['skwɒblə] s. 1 brigão, desordeiro; 2 pessoa que está sempre a armar questiúnculas
squabbling ['skwɒblɪŋ] s. questiúncula, contenda, querela, altercação
squabby ['skwɒbɪ] adj. gorducho, gordo, atarracado
squad [skwɒd] Ⓐ s. 1 MILITAR esquadra; pelotão; *punishment ~* pelotão de castigo; 2 (polícia) brigada; *drugs ~* brigada de estupefacientes; *the Flying Squad of Scotland Yard* a brigada móvel da polícia de Londres; 3 DESPORTO equipa; 4 grupo de pessoas Ⓑ v.tr. (particípios: -dd-) formar, dispor em pelotões ou esquadras ❖ (polícia) *~ car* carro de patrulha; *~ drill* exercícios elementares; *awkward ~* grupo de recrutas ainda sem a instrução conveniente
squadron ['skwɒdrən] Ⓐ s. 1 MILITAR esquadrão; 2 NÁUTICA esquadra; *the centre ~* o centro da esquadra; *the rear ~* a retaguarda; *the van ~* a vanguarda; 3 AERONÁUTICA esquadrilha (de 10 a 18 aviões); *bombing ~* esquadrilha de bombardeamento Ⓑ v.tr. dispor, formar em esquadrões, esquadras ou esquadrilhas ❖ AERONÁUTICA *~ commander* comandante de esquadrilha
squailer ['skweɪlə] s. pau com ponta de chumbo para atirar aos esquilos, etc.
squalene ['skweɪliːn] s. BIOQUÍMICA esqualeno
squali ['skweɪlaɪ] s.pl. ZOOLOGIA esqualos
squalid ['skwɒlɪd] adj. 1 esquálido; 2 sujo, imundo, sórdido, miserável
squalidity [skwɒ'lɪdɪtɪ] s. ⇒ **squalor**
squalidness ['skwɒlɪdnɪs] s. ⇒ **squalor**
squall [skwɔːl] Ⓐ s. 1 guincho; 2 borrasca, tempestade; *arched ~* tempestade equatorial com trovoada e nuvens negras em forma de arco; *black ~* tempestade com nuvens negras; *tight ~* tempestade leve; *white ~* tempestade que se levanta com bom tempo, sem formação de nuvens; 3 rajada, golpe de vento geralmente acompanhado de chuva, saraiva ou neve; *~ of rain* chuvada Ⓑ v.tr.,intr. 1 guinchar, berrar com dor ou medo; 2 pronunciar, berrando ou guinchando ❖ *to look out for squalls* precaver-se contra perigos; ter cuidado
squaller ['skwɔːlə] s. aquele que grita, berra ou guincha
squalling ['skwɔːlɪŋ] Ⓐ adj. que grita, berra ou guincha Ⓑ s. 1 gritos agudos; 2 guinchos; 3 berros
squally ['skwɔːlɪ] adj. (comp. -ier, superl. -iest) 1 tempestuoso; 2 borrascoso; 3 sujeito a tempestades súbitas e de pouca duração
squaloid ['skweɪlɔɪd] adj. ZOOLOGIA esqualídeo
squalor ['skwɒlə] s. 1 esqualidez, esqualor; 2 imundície, porcaria, miséria, sordidez
squama ['skweɪmə] s. (pl. -ae) 1 BOTÂNICA bráctea; 2 ZOOLOGIA escama
squamate ['skweɪmɪt] adj. escamoso
squamation [skwə'meɪʃən] s. escamosidade, disposição das escamas
squamiferous [skwə'mɪfərəs] adj. escamífero
squamose ['skweɪməʊs] adj. escamoso
squamous ['skweɪməs] adj. ⇒ **squamose**

squamula ['skweɪmjʊlə] s. (pl. -ae) escâmula
squamule ['skweɪmjuːl] s. ⇒ **squamula**
squamulose ['skweɪmjʊləʊs] adj. escamuloso, coberto de escâmulas
squander ['skwɒndə] v.tr. 1 desperdiçar; malbaratar; 2 (fortuna) dissipar; 3 (dinheiro) gastar tolamente, esbanjar; *he squandered his money* ele esbanjou todo o dinheiro que tinha
squanderer ['skwɒndərə] s. 1 gastador, dissipador; 2 pessoa que esbanja dinheiro
squandering ['skwɒndərɪŋ] Ⓐ adj. gastador, dissipador, esbanjador Ⓑ s. desperdício, dissipação, esbanjamento
squandermania [skwɒndə'meɪnɪə] s. [coloq.] mania de gastar tolamente; mania de esbanjar
square [skweə] Ⓐ s. 1 GEOMETRIA quadrado; *perfect ~* quadrado perfeito; 2 (objecto) quadrado; *magic ~* quadrado mágico; 3 (cidade) rossio, largo, praça; *Trafalgar Square* a praça de Trafalgar; *he lives in the next ~* ele vive na praça a seguir; 4 quarteirão de edifícios limitado por quatro ruas; 5 [EUA] comprimento de um desses quarteirões; 6 régua em L ou em T; *T ~* régua em T; 7 esquadro; 8 esquadria; *out of ~* fora de esquadria; 9 MATEMÁTICA quadrado; *to bring to a ~* elevar ao quadrado; *25 is the ~ of 5* 25 é o quadrado de 5; 10 MILITAR quadrado de infantaria; *hollow ~* formação em quadrado mas de modo a deixar espaço livre no centro; *solid ~* formação em quadrado sem deixar espaço livre no centro; 11 [fig., depr.] (pessoa convencional) quadrado; 12 cem pés quadrados como medida de assoalhadas; 13 [arc.] modelo, padrão Ⓑ adj. 1 quadrado; quadrangular; com a forma de um quadrado; *~ cross-section* secção quadrada, corte quadrado; *~ pyramid* pirâmide quadrangular; *~ thread* rosca quadrangular; 2 (medida) quadrado; *~ metre* metro quadrado; *~ mile* milha quadrada; *five foot ~* que forma um quadrado de cinco pés de lado; *five ~ feet* cinco pés quadrados; 3 MATEMÁTICA quadrado; *~ root* raiz quadrada; *the ~ root of 25 is 5* a raiz quadrada de 25 é 5; 4 em esquadria; *~ corners* em esquadria com; 5 anguloso; *square-jawed* de queixo anguloso; 6 [fig., depr.] (pessoa) (convencional, retrógrado) quadrado; 7 em ordem, com tudo pago, quite, saldado; *to get one's accounts ~* saldar as contas; 8 completo, categórico, formal; *he met with a ~ refusal* ele recebeu uma recusa categórica; 9 [coloq.] satisfatório, substancial, abundante; *~ meal* refeição boa, refeição substancial; 10 [fig.] sincero, honesto, imparcial; *~ dealing* rectidão, honestidade, sinceridade; 11 NÁUTICA redondo; largo; *~ sails* velas redondas; *the yards are very ~* as vergas são muito largas Ⓒ adv. 1 paralelamente [**to/with**, a]; 2 a direito; de frente; *to face sb ~ on* encarar alguém de frente; 3 em quadrado; em ângulo recto; de forma rectangular; *line ~ with another* linha em ângulo recto com outra; 4 honestamente, com correcção; *to play fair and ~* fazer jogo franco, proceder com lealdade; 5 francamente; 6 em cheio, de chapa; *he hit the man ~ on the jaw* ele atingiu o homem em cheio no queixo Ⓓ v.tr.,intr. 1 quadrar, tornar quadrado, dar forma quadrada a; 2 formar ângulo recto; 3 pôr em esquadria; 4 endireitar; 5 quadricular; 6 MATEMÁTICA elevar ao quadrado; *5 squared is 25* o quadrado de 5 é 25; 7 saldar, liquidar, ajustar, pôr-se quite com; *to ~ accounts with sb* ajustar contas com alguém; 8 subornar; *they have been squared to hold their tongue* eles foram subornados para não dizerem nada; 9 reconciliar; *to ~ oneself with sb* apresentar desculpas a alguém, restabelecer relações de amizade com alguém; 10 harmonizar(-se) [**with**, com]; estar de acordo [**with**, com]; *to ~ matters* arranjar as coisas, harmonizar as coisas; *your practice does not ~ with your principles* aquilo que fazes não corresponde aos princípios que defendes ❖ TIPOGRAFIA *~ brackets* parênteses rectos; *~ dance* quadrilha; *~ game* jogo/partida para quatro jogadores; *~ measure* medida de superfície; *oblong ~* rectângulo; *by the ~* com exactidão; exactamente; *framework of squares* quadriculado; rede de quadrículas (para aumentar desenhos, plantas, etc.); *how does he ~ it with his conscience?* como é que ele aguenta os remorsos?; *like a ~ peg in a round hole* fora do seu elemento; como um peixe fora de água; *to act on the ~* fazer jogo franco; proceder honestamente; *to be a ~ peg in a round hole* estar fora do seu elemento; *to be on the ~* ser

pedreiro-livre; ser mação; *to cut on the ~* cortar em ângulo recto; *to get ~ with sb* saldar contas com alguém; vingar-se de alguém; *to get things ~* arranjar; pôr as coisas em ordem; *to ~ the circle* realizar a quadratura do círculo; realizar o impossível; NÁUTICA *to ~ the yards* cruzar as vergas; DESPORTO (golfe) *to ~ with one's opponent* pôr-se em igualdade de pontos com o adversário

◆**square off** Ⓐ *v.intr.* **1** colocar-se em posição de combate; preparar-se para a luta [**to**, com]; **2** (discussão) enfrentar; fazer frente [**to**, a] Ⓑ *v.tr.* **1** dar forma quadrangular ou rectangular a; fazer esquadria em; **2** quadricular

◆**square up** Ⓐ *v.intr.* **1** (dívidas) pagar as contas; fazer as contas; *to ~ with sb* regular as contas com alguém; **2** enfrentar; *to ~ to sb* enfrentar alguém; *to ~ to a problem* enfrentar um problema Ⓑ *v.tr.* **1** dar forma quadrangular ou rectangular a; fazer esquadria em; **2** regular; tratar do pagamento de

squared [skweəd] *adj.* **1** em esquadria, cortado em quadrado ou em forma rectangular; **2** MATEMÁTICA elevado ao quadrado; **3** (papel) quadriculado; *~ paper* papel quadriculado

squarehead ['skweəhed] *s.* [EUA] natural da Escandinávia ou do Canadá

squarely ['skweəlɪ] *adv.* **1** direito; **2** com prumo, em esquadria; **3** de forma quadrada; **4** honestamente; **5** honradamente; **6** com firmeza, com decisão

squareness ['skweənɪs] *s.* **1** forma quadrada; **2** configuração quadrada; **3** seriedade, honestidade, lisura

square-rigged [skweə'rɪgd] *adj.* NÁUTICA com velas redondas

square-toed ['skweətəʊd] *adj.* **1** (sapatos) de biqueira quadrada; **2** [fig., ant.] rigoroso; formalista

squaring ['skweərɪŋ] *s.* **1** quadratura; *~ the circle* quadratura do círculo; **2** MATEMÁTICA elevação ao quadrado; **3** (papel) acto de quadricular; **4** esquadria, acto de endireitar; **5** NÁUTICA lais

squarish ['skweərɪʃ] *adj.* **1** um tanto quadrado; **2** (indivíduo) atarracado

squarrose [skwærəʊs] *adj.* esquarroso

squarrous ['skwærəs] *adj.* ⇒ **squarrose**

squash [skwɒʃ] Ⓐ *s. (pl. -es)* **1** massa, substância comprimida ou espremida; **2** polpa; **3** (multidão compacta) aperto; aglomeração; **4** queda de corpo mole; som produzido pela queda de corpo mole; *to fall with a ~* cair com um som surdo e mole; **5** sumo de frutas; *lemon ~* limonada; **6** DESPORTO squash; **7** BOTÂNICA abóbora Ⓑ *v.tr.,intr.* **1** esmagar(-se); espremer(-se); esborrachar(-se); **2** comprimir(-se); *they squashed into the elevator* comprimiram-se no elevador; **3** forçar, abrir caminho [**into**, para]; **4** [coloq.] jugular, dominar, reprimir; *to ~ a rebellion* reprimir, esmagar uma revolta; **5** reduzir (alguém) ao silêncio ❖ DESPORTO *~ court* court de squash; *~ hat* chapéu mole; DESPORTO *~ player* jogador de squash

◆**squash in** Ⓐ *v.intr.* **1** amontoar-se; **2** comprimir-se Ⓑ *v.tr.* (em caixa, mala, etc.) meter à força em ❖ *can I squash in?* há lugar para mim?

◆**squash together** *v.tr.,intr.* juntar(-se); apertar(-se); comprimir(-se)

◆**squash up** Ⓐ *v.intr.* apertar-se; comprimir-se Ⓑ *v.tr.* **1** esmagar; **2** amarrotar

squashily ['skwɒʃɪlɪ] *adv.* molemente, como massa informe

squashiness ['skwɒʃɪnɪs] *s.* **1** aspecto mole; **2** aspecto de massa informe

squashy ['skwɒʃɪ] *adj. (comp. -ier, superl. -iest)* **1** mole; **2** lamacento; **3** húmido; **4** que se esmaga facilmente

squat [skwɒt] Ⓐ *s.* **1** acocoramento; agachamento; **2** postura acocorada; **3** pessoa atarracada Ⓑ *adj.* **1** acocorado, de cócoras; **2** agachado; **3** (indivíduo) atarracado, baixo e entroncado, baixote Ⓒ *v.tr.,intr. (particípios: -tt-)* **1** acocorar-se, agachar-se, pôr-se ou estar de cócoras; *the old man was squatting by the fire* o velho estava acocorado junto ao lume; *to ~ upon the tail* acocorar-se sobre os calcanhares; **2** (caça) alapardar-se; **3** [coloq.] sentar-se; **4** [coloq.] ocupar ilegalmente; apoderar-se ilegalmente de terras desocupadas

squatter ['skwɒtə] *s.* **1** pessoa que se acocora ou agacha; pessoa que se põe ou está de cócoras; **2** peça de caça que se alaparda; **3** ocupante ilegal; **4** indivíduo que toma posse de terra desocupada

squatting ['skwɒtɪŋ] Ⓐ *adj.* **1** acocorado, agachado; **2** instalado ilegalmente em terreno desocupado Ⓑ *s.* **1** acto de se acocorar ou agachar; **2** ocupação ilegal de terreno desocupado

squaw [skwɔː] *s.f.* [ant.] (ofensivo) índia, mulher pele-vermelha ❖ [ant.] *~ man* branco que casou com uma índia

squawfish ['skwɔːfɪʃ] *s.* ZOOLOGIA grande peixe de água doce da costa americana do Pacífico

squawk [skwɔːk] Ⓐ *s.* **1** grito áspero e rouco de certas aves; **2** grasnido; **3** [coloq.] fífia (em instrumento musical) Ⓑ *v.intr.* **1** grasnir, grasnar; **2** soltar gritos ásperos e roucos; **3** dar fífia (em instrumento musical); **4** queixar-se

squeak [skwiːk] Ⓐ *s.* **1** guincho, chio; *the ~ of a mouse* o chiar de um rato; **2** rangido, chiadeira; *the ~ of a hinge* a chiadeira de uma dobradiça Ⓑ *v.tr.,intr.* **1** guinchar, chiar; **2** ranger; **3** dizer com voz aguda; *to ~ out* dizer com um tom de voz agudo; **4** [coloq.] (denunciar) bufar ❖ *I don't want another ~ out of you* nem mais um pio; não te quero ouvir dizer mais nada; *not a ~* nem um pio; *to have a narrow ~* escapar por pouco, por um triz

◆**squeak by/through** *v.intr.* (exame, eleições, etc.) conseguir por pouco

squeaker ['skwiːkə] *s.* **1** pessoa ou animal que guincha ou chia; **2** delator, denunciante; **3** ave ou outro animal no início do seu desenvolvimento

squeakily ['skwiːkɪlɪ] *adv.* **1** guinchando; **2** chiando

squeaking ['skwiːkɪŋ] *s.* **1** guincho, chio; **2** chiadeira ❖ (automóvel) *~ of the body* ruídos da carroçaria

squeaky ['skwiːkɪ] *adj. (comp. -ier, superl. -iest)* **1** que guincha; **2** que chia; **3** (voz) agudo, estridente ❖ (muito limpo) *~ clean* a brilhar; a reluzir; impecável

squeal [skwiːl] Ⓐ *s.* (animal, criança) guincho; gritinho Ⓑ *v.tr.,intr.* **1** (animal, criança) chiar, guinchar; **2** grunhir; *to ~ like a pig* grunhir como um porco; **3** [coloq.] protestar, reclamar; **4** dizer com voz aguda; *to ~ out* dizer com um tom de voz agudo; **5** (denunciar) bufar [**on**, -] ❖ *to make sb ~* fazer chantagem com alguém

squealer ['skwiːlə] *s.* **1** pessoa que grita com voz muito aguda; **2** animal muito novo que só guincha ou chia; **3** denunciante, delator; **4** pessoa que protesta

squealing ['skwiːlɪŋ] Ⓐ *adj.* **1** que solta gritos agudos; **2** que chia ou guincha Ⓑ *s.* **1** gritos agudos; **2** guinchos; **3** chiada

squeamish ['skwiːmɪʃ] *adj.* **1** enjoado, fastiento; facilmente sujeito a náuseas; *a ~ stomach* um estômago delicado; *to feel ~* sentir vontade de vomitar; **2** susceptível; que se ofende facilmente; **3** miudinho; cheio de melindres; excessivamente escrupuloso; *don't be so ~ about that!* não esteja com tantos escrúpulos por causa disso, não esteja com tantas cerimónias

squeamishly ['skwiːmɪʃlɪ] *adv.* **1** susceptivelmente; **2** fastientamente; de maneira enjoada; **3** de maneira excessivamente escrupulosa

squeamishness ['skwiːmɪʃnɪs] *s.* **1** tendência para náuseas; **2** susceptibilidade; **3** melindre; **4** escrúpulo excessivo

squeegee ['skwiːdʒiː] Ⓐ *s.* **1** rodo, utensílio limpa-vidros; **2** FOTOGRAFIA rolo de borracha Ⓑ *v.tr.* **1** limpar, passar com secador de borracha; **2** FOTOGRAFIA passar com rolo de borracha

squeezable ['skwiːzəbəl] *adj.* **1** que se pode espremer; **2** comprimível; **3** [coloq.] (pessoa) susceptível de se lhe extorquir dinheiro

squeeze [skwiːz] Ⓐ *s.* **1** compressão; pressão; **2** espremedura, líquido espremido; *a ~ of lemon* umas gotas de limão; **3** abraço; aperto de mão; *to give sb a ~* dar um abraço a alguém, apertar alguém nos braços; *he gave her a ~ of the hand* ele deu-lhe um aperto de mão; **4** esmagamento; **5** (multidão compacta) aperto; *we all got in, but it was a tight ~* todos conseguimos entrar, mas ficámos muito apertados; **6** [coloq.] suborno, extorsão; **7** (situação difícil) apuros; **8** molde obtido por compressão de substância mole Ⓑ *v.tr.,intr.* **1** apertar; *to ~ sb's hand* apertar a mão de alguém; **2** estreitar; **3** abraçar; **4** comprimir; **5** trilhar; *to ~ one's finger* trilhar um dedo; **6** espremer; *to ~ an orange dry* espremer uma laranja até ficar seca; **7** extorquir dinheiro (a alguém); **8** exercer pressão sobre; forçar (alguém) a proceder de determinada maneira; oprimir; **9** conseguir à custa de esforço, arrancar; **10** tirar molde por meio de compressão; *to ~ an inscription* tirar o molde de uma inscrição ❖ *~ tube* tubo de cores (que pode apertar-se); *he was squeezed to death in the crowd* ele morreu esmagado no meio da multidão

squeeze in Ⓐ *v.intr.* (pessoa, carro) arranjar um lugarzinho; *can I squeeze in?* há lugar para mim? Ⓑ *v.tr.* 1 arranjar espaço para; 2 (agenda) arranjar vaga para; 3 comprimir; meter para dentro; *to ~ one's waist* comprimir a cintura, meter a barriga para dentro

squeeze out Ⓐ *v.intr.* sair a custo Ⓑ *v.tr.* 1 extrair a custo; 2 espremer de; *to squeeze matter out of a wound* espremer pus de uma ferida; 3 (dinheiro, etc.) extorquir; arrancar; *to squeeze money out of sb* extorquir dinheiro a alguém; 4 afastar de ❖ *to ~ a tear* conseguir verter uma lágrima

squeeze through *v.tr.* 1 abrir caminho através de; *he squeezed his way through the crowd* ele abriu caminho através da multidão; 2 (carro, etc.) meter-se em; introduzir-se em ❖ *to ~ a sieve* fazer passar por uma peneira

squeeze up *v.intr.* apertar-se; comprimir-se; encostar-se

squeezed ['skwi:zd] *adj.* 1 espremido; 2 comprimido ❖ (coisa, pessoa) *a ~ orange* chão que já deu uvas.*fig.*

squeezer ['skwi:zə] *s.* 1 pessoa ou coisa que aperta ou comprime; 2 prensa; 3 espremedor

squeezing ['skwi:zɪŋ] *s.* 1 acto de comprimir, espremer ou apertar; 2 extorsão, exacção

squelch [skweltʃ] *s.* ⟨*pl.* **-es**⟩ 1 som de passos sobre a lama; 2 queda pesada em cima de qualquer coisa mole; 3 réplica esmagadora Ⓑ *v.tr.,intr.* 1 esmagar; 2 esborrachar, pisando; 3 pôr termo a; 4 terminar, acabar; 5 subjugar; 6 reprimir; 7 obrigar ao silêncio, fazer calar; 8 produzir som idêntico ao de passos sobre a lama

squib [skwɪb] Ⓐ *s.* 1 (fogo de artifício) bichinha de rabear, busca-pé; 2 mecha formada por um tubo com pólvora; 3 pasquim, sátira, epigrama; *to fire squibs at sb* dirigir epigramas a alguém Ⓑ *v.tr.,intr.* (particípios: **-bb-**) 1 escrever pasquins, sátiras ou epigramas; 2 atacar com pasquins, sátiras ou epigramas

squid [skwɪd] Ⓐ *s.* 1 ZOOLOGIA calamar, choco, lula; 2 variedade de isca artificial Ⓑ *v.intr.* (particípios: **-dd-**) pescar com isca artificial ou calamar

squiffed ['skwɪft] *adj.* ⇒ **squiffy**

squiffer ['skwɪfə] *s.* [coloq.] concertina

squiffy ['skwɪfɪ] *adj.* [coloq.] (bebida) tocado*fig.*, alegre*fig.*

squiggle ['skwɪɡəl] Ⓐ *s.* 1 [coloq.] contorcimento; 2 floreio, enfeite Ⓑ *v.intr.* [coloq.] contorcer-se, enrolar-se

squiggly ['skwɪɡlɪ] *adj.* 1 [coloq.] sinuoso; 2 que se contorce

squilgee [skwɪl'dʒi:] *s.,v.tr.* ⇒ **squeegee**

squill [skwɪl] *s.* 1 BOTÂNICA cila, cebola-albarrã; esquila; 2 ZOOLOGIA esquila

squinancy-wort ['skwɪnənsɪwɜ:t] *s.* 1 BOTÂNICA garança-ruiva; 2 granza-dos-tintureiros

squinch [skwɪntʃ] *s.* ARQUITECTURA arco, abóbada de suporte

squint [skwɪnt] Ⓐ *s.* 1 estrabismo; *he has a ~ in his right eye* ele é estrábico do olho direito; 2 olhar vesgo; 3 [coloq.] olhar, olhadela; olhar de soslaio; olhar furtivo; *to have a ~ at* deitar um olhar a; 4 inclinação, tendência; *their ideas have a ~ to/towards socialism* as ideias deles mostram tendência para o socialismo; 5 abertura inclinada através da parede de igreja, que permite ver o altar do transepto Ⓑ *adj.* 1 estrábico, vesgo; ~ *eyes* pessoa estrábica; 2 inclinado, oblíquo; 3 de soslaio, de través Ⓒ *v.intr.* 1 ser estrábico, ser vesgo; 2 lançar um olhar [**at**, a]; olhar de esguelha [**at**, para]; olhar de soslaio [**at**, para]; 3 piscar os olhos; fechar os olhos rapidamente; manter os olhos semicerrados ❖ *to get a ~ of* aperceber-se de

squinter ['skwɪntə] *s.* pessoa estrábica, pessoa vesga

squint-eyed ['skwɪnt,aɪd] *adj.* 1 vesgo, estrábico; 2 de esguelha; de soslaio; 3 [fig.] malévolo, mau

squinting ['skwɪntɪŋ] Ⓐ *adj.* estrábico, vesgo Ⓑ *s.* estrabismo

squirage ['skwaɪərɪdʒ] *s.* 1 (conjunto dos) proprietários rurais; 2 pequena nobreza

squire ['skwaɪə] Ⓐ *s.* 1 HISTÓRIA escudeiro; 2 fidalgo rural; 3 o proprietário com mais terras de uma região; 4 indivíduo galanteador; 5 [arc.] indivíduo que acompanha uma senhora; ~ *of dames* indivíduo que anda sempre em companhia de senhoras, indivíduo amável para com as senhoras; 6 [EUA] magistrado, juiz de paz Ⓑ *v.tr.* [ant.] (senhora) acompanhar, escoltar

squirearchy ['skwaɪərɑ:kɪ] *s.* 1 conjunto dos grandes proprietários rurais; 2 predomínio (domínio) dos grandes proprietários rurais, sobretudo antes da reforma de 1832; 3 fidalguia rural

squireen [skwaɪə'ri:n] *s.* [arc.] fidalgote rural

squirm [skwɜ:m] Ⓐ *s.* contorcimento Ⓑ *v.intr.* 1 torcer-se, contorcer-se; 2 enroscar-se; 3 [fig.] mostrar ou sentir embaraço ou mal-estar; 4 sofrer

squirming ['skwɜ:mɪŋ] *s.* contorcimento

squirrel ['skwɪrəl, 'skwɜ:rəl] *s.* ZOOLOGIA esquilo ❖ *squirrel cage/squirrel's cage* gaiola de esquilo; ZOOLOGIA ~ *monkey* saguim; sagui; BOTÂNICA ~ *tail* variedade de cevada; *flying* ~ esquilo voador; *Siberian* ~ esquilo-da-sibéria

squirrel away *v.tr.* (nozes, etc.) acumular

squirt [skwɜ:t] Ⓐ *s.* 1 bisnaga, seringa; 2 seringadela; 3 jacto; jorro, esguicho; 4 (borrifo) gotas; 5 [coloq., depr.] fedelho Ⓑ *v.tr.,intr.* 1 esguichar; fazer sair em repuxo; sair em jorros; 2 (aspergir) deitar algumas gotas de; 3 bisnagar, injectar com uma seringa ❖ (brinquedo) ~ *gun* pistola de água

squirter ['skwɜ:tə] *s.* tubo de dispositivo de rega

squirting ['skwɜ:tɪŋ] *s.* 1 acto de bisnagar ou seringar; 2 esguicho, jacto

squish [skwɪʃ] Ⓐ *s.* ⟨*pl.* **-es**⟩ 1 jacto, salpico; 2 [Esc.] doce de laranja; 3 [coloq.] obra de fancaria, literatura sentimental Ⓑ *v.intr.* sair em jacto

squishy ['skwɪʃɪ] *adj.* 1 mole; 2 que cede à pressão; 3 mole e húmido

squit [skwɪt] *s.* 1 [coloq.] zé-ninguém; fedelho; 2 *pl.* [coloq.] diarreia

squiz [skwɪz] *s.* [Austr.] [coloq.] furtivo

sq. yds [abrev. de square yards]

Sr QUÍMICA [símbolo de strontium]

SR [abrev. de Southern Railway]

SRC [abrev. de Science Research Council]

Sri Lanka [ˌsri:'læŋkə] *s.top.* Sri Lanka

Sri Lankan [ˌsri:'læŋkən] Ⓐ *adj.* do Sri Lanka Ⓑ *s.* habitante ou natural do Sri Lanka

SRN [abrev. de State Registered Nurse]

SS Ⓐ [abrev. de Saints] Ⓑ [abrev. de steamship] Ⓒ [abrev. de Social Security] Ⓓ [abrev. de Sunday School]

SSC [Esc.] [abrev. de Solicitor to the Supreme Court]

SSE [abrev. de south-southeast]

SSR [abrev. de Soviet Socialist Republic]

SSW [abrev. de south-southwest]

st. Ⓐ LITERATURA [abrev. de stanza] Ⓑ [abrev. de state] Ⓒ DIREITO [abrev. de statute] Ⓓ [abrev. de stone] Ⓔ LITERATURA [abrev. de strophe]

St. Ⓐ [abrev. de Saint] Ⓑ [abrev. de Street]

stab [stæb] Ⓐ *s.* 1 punhalada; facada; *a ~ in the back* uma punhalada nas costas; 2 estocada; 3 [fig.] ofensa, injúria; 4 [fig.] dor, golpe; pontada; *a ~ of pain* uma guinada de dor Ⓑ *v.tr.,intr.* (particípios: **-bb-**) 1 apunhalar; *to ~ at sb* dirigir uma punhalada a alguém; *to ~ sb in the back* apunhalar alguém pelas costas; 2 ferir com estocada ou facada; 3 perfurar, furar, trespassar; 4 [fig.] magoar, ofender, injuriar ❖ (golfe) ~ *shot* pancada seca; ~ *wound* ferimento causado por estocada; *a ~ in the back* um golpe traiçoeiro; *to ~ sb to death* matar alguém com uma punhalada; *to ~ sb to the heart* ferir alguém profundamente; *to take a ~ at* tentar

Stabat Mater ['stɑ:bæt,mɑ:tə] *s.* RELIGIÃO hino religioso sobre a agonia da Virgem Maria junto do Crucifixo

stabber ['stæbə] *s.* 1 assassino que se serve de um punhal; 2 furador; 3 passador

stabbing ['stæbɪŋ] Ⓐ *adj.* 1 que apunhala; 2 agudo, penetrante, lancinante; ~ *pain* dor penetrante Ⓑ *s.* 1 punhalada; 2 apunhalamento; 3 agressão com arma branca ❖ ~ *awl* sovela

stability [stə'bɪlɪtɪ] *s.* 1 estabilidade; 2 firmeza; ~ *of character* firmeza de carácter; 3 solidez; 4 constância; *he is a man of no ~* ele é um homem inconstante ❖ QUÍMICA ~ *test* teste de estabilidade

stabilization [ˌsteɪbɪlaɪ'zeɪʃən] *s.* estabilização

stabilizator [ˌsteɪbɪlaɪ'zeɪtə] *s.* AERONÁUTICA estabilizador fixo

stabilize ['steɪbɪlaɪz] *v.tr.* 1 estabilizar; 2 firmar

stabilizer ['steɪbɪlaɪzə] *s.* 1 estabilizador; 2 (motociclo) amortecedor do travão da direcção ❖ [EUA] (automóvel) ~ *bar* barra estabilizadora; estabilizador

stabilizing ['steɪbɪlaɪzɪŋ] Ⓐ *adj.* que estabiliza Ⓑ *s.* estabilização ❖ AERONÁUTICA ~ *plane* plano de deriva; ~ *policy* política de estabilização

stable ['steɪbəl] Ⓐ *adj.* 1 estável; ~ *equilibrium* equilíbrio estável; FÍSICA ~ *nucleus* núcleo estável; ~ *oscillation* oscilação estável; ~ *operation* funcionamento estável; *to become* ~ estabilizar-se; 2 firme; *he was the only* ~ *politician of his day* ele foi o único político firme do seu tempo; 3 fixo; 4 constante; 5 sólido; seguro; *he needs a* ~ *job* ele precisa de um emprego seguro; 6 duradouro; 7 que não se altera, que não muda Ⓑ *s.* 1 estábulo; 2 cavalariça; estrebaria; coudelaria; 3 cavalos de corrida de determinada coudelaria; 4 *pl.* MILITAR toque de faxinas da cavalariça; ~ *call* toque para chamar o pessoal das cavalariças Ⓒ *v.tr.,intr.* 1 pôr/meter em estábulo; ter em estábulo; estar em estábulo; *where shall we* ~ *our horses?* onde é que vamos meter os nossos cavalos?; 2 [fig.] alojar-se; *they must* ~ *where they can* que se instalem onde puderem ❖ ~ *boy/* ~ *lad* moço de cavalariça; ~ *companion* cavalo da mesma cavalariça; (pessoa) membro da mesma escola; clube, etc.; ~ *dung* estrume de cavalo; *to lock the* ~ *door after the horse is stolen* casa roubada, trancas na porta

stableman ['steɪblmən] *s.* (*pl.* -**men**) palafreneiro; cavalariço, homem encarregado dos cavalos ou das cavalariças

stableness ['steɪblnɪs] *s.* estabilidade

stablish ['stæblɪʃ] *v.tr.* [arc.] fixar firmemente; pôr; assentar, firmar

stably ['steɪblɪ] *adv.* 1 de maneira estável; 2 com firmeza, solidamente

staccato [stə'kɑːtəʊ] *adj.,adv.* MÚSICA staccato

stack [stæk] Ⓐ *s.* 1 (feno, palha, etc.) meda; 2 pilha; monte; ~ *of boards* pilha de tábuas; *stacks of letters* montes de cartas; 3 (fichas de jogo) monte; 4 (grande quantidade) montão; *he makes stacks of money* ele ganha um dinheirão; *he has a whole* ~ *of work to get through* ele tem uma porção de trabalho a fazer; 5 medida de lenha ou carvão equivalente a 108 pés-cúbicos; 6 grupo de armas ensarilhadas; 7 grupo de chaminés encostadas umas às outras; 8 (navio, fábrica, etc.) chaminé alta; conjunto de chaminés; 9 penhasco, rocha isolada, sobretudo ao longo da costa escocesa e nas Órcades Ⓑ *v.tr.* 1 empilhar; 2 colocar em medas; 3 amontoar; fazer um monte de; 4 encher [**with**, de]; 5 (telefonema, avião, etc.) pôr em lista de espera ❖ ~ *gas* gás de combustão; ~ *pipe* cano que traz a água de uma goteira; ~ *stand* base onde se assenta a meda ou pilha; MILITAR *to* ~ *arms* ensarilhar armas; [coloq.] *to* ~ *the cards* fazer batota, dispondo as cartas por certa ordem no baralho; *the cards/odds are stacked against me* tudo joga contra mim

◆**stack up** Ⓐ *v.intr.* comparar-se [**against**, a/com]; equiparar-se [**against**, a] Ⓑ *v.tr.* amontoar; empilhar

stacker ['stækə] *s.* 1 aquele que empilha ou amontoa; 2 MECÂNICA depósito de ejecção

stacking ['stækɪŋ] *s.* 1 empilhamento; 2 amontoamento; 3 MILITAR (armas) ensarilhamento

stackyard ['stækjɑːd] *s.* pátio onde se empilha o feno, trigo, etc.

stacte ['stæktiː] *s.* estoraque, resina odorífera utilizada pelos antigos Judeus para fazer incenso

stactometer [stæk'tɒmɪtə] *s.* conta-gotas

staddle ['stædl] Ⓐ *s.* 1 base de meda ou pilha; 2 suporte, apoio Ⓑ *v.tr.* marcar (árvores poupadas ao corte)

staddling ['stædlɪŋ] *s.* acto de escolher e marcar as árvores que hão-de ser poupadas ao corte

stadia ['steɪdɪə] Ⓐ *s.* estádia Ⓑ *pl. de* **stadium**

stadiometer [ˌsteɪdɪ'ɒmɪtə] *s.* estadiómetro

stadium ['steɪdɪəm] *s.* (*pl.* -**a**) 1 DESPORTO estádio; 2 antiga medida grega de comprimento equivalente a cerca de 202 jardas; 3 MEDICINA fase (período) de doença

stadtholder ['stæthəʊldə] *s.* 1 governador ou vice-rei de província ou cidade nos Países Baixos; 2 antigo magistrado principal nas Províncias Unidas

stadtholdership ['stæthəʊldəʃɪp] *s.* cargo ou dignidade de *stadtholder*

staff [stɑːf] Ⓐ *s.* (*pl.* **staffs**) 1 pessoal; corpo; *editorial* ~ corpo redactorial; *diplomatic* ~ pessoal dos serviços diplomáticos; *hotel* ~ pessoal de hotel; *to be on the* ~ *of* fazer parte do pessoal de; 2 corpo docente; *the teaching* ~ o corpo docente; 3 corpo directivo; corpo administrativo; 4 MILITAR estado-maior, grupo de oficiais com funções no alto comando; ~ *of navy operations* estado-maior do almirantado; *chief of* ~ chefe do estado-maior; *the General Staff* o estado-maior; *to be on the* ~ pertencer ao estado-maior; *officer* oficial do estado-maior; 5 bastão, bordão, vara, esteio; *pilgrim's* ~ bordão de peregrino; 6 [fig.] apoio; auxílio; sustento; *bread is the* ~ *of life* o pão é o sustento da vida; 7 (bandeira) mastro; 8 báculo episcopal; *crosier's* ~ báculo episcopal; *pastoral* ~ báculo pastoral; 9 haste de lança; 10 cabo de instrumento; 11 mira de nivelamento; 12 vários tipos de instrumentos para tomar a altitude sobre o mar; 13 CIRURGIA sonda para guia do bisturi até ao órgão a operar; 14 estafe, espécie de estuque com fibras de cânhamo; 15 *pl.* **staves** MÚSICA pauta, pentagrama Ⓑ *v.tr.* fornecer de pessoal; prover de pessoal ❖ BOTÂNICA ~ *tree* celastro; ~ *wood* madeira para aduelas; *the domestic* ~ empregados domésticos; *to let the* ~ *go out of one's hands* ceder os direitos

staffman ['stɑːfmən] *s.* (*pl.* -**men**) indivíduo que marca com bandeirolas ou balizas

staffroom ['stɑːfrʊm] *s.* (escola) sala dos professores

stag [stæg] *s.* 1 ZOOLOGIA veado macho; 2 (outros animais) macho; 3 touro castrado quando atingiu quase o seu desenvolvimento completo; 4 (Bolsa) pessoa que especula com valores; 5 corretor não qualificado; 6 [EUA] (festa) homem sozinho ❖ ZOOLOGIA ~ *beetle* lucano; cabra-loura; ~ *hunting* caça ao veado; (antes do casamento) ~ *night/party* despedida de solteiro; ~ *show* espectáculo porno

stage [steɪdʒ] Ⓐ *s.* 1 estrado; plataforma pouco elevada; 2 TEATRO palco(s); teatro; carreira dramática; *career on the* ~ carreira dramática; *to go on the* ~ dedicar-se à carreira dramática; *to leave the* ~ abandonar os palcos, abandonar a carreira dramática; *to put a play on the* ~ montar uma peça; *to quit the* ~ abandonar os palcos; *to take to the* ~ dedicar-se à carreira dramática; *to write for the* ~ escrever para o teatro; 3 ribalta; 4 [fig.] cena, local da acção; *to come on the* ~ entrar em cena; 5 cavalete, andaime, prancha; 6 jornada; 7 estação de muda; 8 estalagem, hospedaria, pousada; 9 [ant.] diligência, mala-posta; 10 [ant.] distância entre duas estações de muda; 11 estádio; grau; ponto; fase; período; ~ *of oxidation* grau de oxidação; ZOOLOGIA *the larval* ~ o estado de larva; *the stages of life* os períodos da vida; *to reach a critical* ~ atingir um ponto crítico; 12 platina de microscópio; 13 GEOLOGIA andar Ⓑ *v.tr.,intr.* 1 pôr em cena, encenar; 2 ser representável, representar-se bem; *the play stages badly* a peça não se presta à representação; *the play stages well* a peça adapta-se bem à cena; 3 organizar, preparar, montar; *to* ~ *a demonstration* organizar uma manifestação; 4 levar a cabo, efectuar; 5 [arc.] viajar em diligência ❖ ~ *box* camarote de cena; TEATRO ~ *carpenter* maquinista; TEATRO ~ *designer* cenógrafo; TEATRO ~ *directions* indicações cénicas; TEATRO ~ *director* director de cena; ~ *effect* efeito cénico; ~ *fright* medo da ribalta; nervosismo dos actores quando vão entrar em cena; ~ *light* luz da ribalta; TEATRO ~ *manager* contra-regra; TEATRO ~ *rights* direitos de produção; TEATRO ~ *setting* encenação; TEATRO ~ *whisper* aparte; (autocarro, etc.) *fare* ~ zona; *landing* ~ cais de desembarque; *by easy stages* suavemente; gradualmente; com muitos períodos de descanso; TEATRO *front of the* ~ boca de cena; (autocarro, etc.) *the old lady gets down at next* ~ a senhora idosa sai na próxima paragem; *the* ~ *door* a porta privativa dos artistas

stagecoach ['steɪdʒkəʊtʃ] *s.* diligência; mala-posta

stagecraft ['steɪdʒkrɑːft] *s.* TEATRO técnica da cena

staged [steɪdʒd] *adj.* 1 encenado; 2 organizado, preparado; 3 (edifício) construído em andares; 4 faseado

stagehand ['steɪdʒhænd] *s.* ajudante de teatro

stage-manage [ˌsteɪdʒ'mænɪdʒ] *v.tr.* 1 TEATRO encenar; 2 [fig.] orquestrar, preparar

stager ['steɪdʒə] *s.* [arc.] actor ❖ [coloq.] *old* ~ pessoa experiente; veterano; velha raposa

stage-struck ['steɪdʒstrʌk] *adj.* louco pelo teatro ❖ *to be* ~ sonhar vir a ser um grande actor

staggard ['stægəd] s. veado com quatro anos
stagger ['stægə] Ⓐ s. 1 andar incerto e cambaleante; cambaleio; 2 AERONÁUTICA escalonamento dos planos; 3 pl. tonturas; 4 pl. (cavalos, gado) vertigem, vágado Ⓑ v.tr.,intr. 1 cambalear, vacilar; 2 caminhar aos ziguezagues; *to ~ along* caminhar aos ziguezagues; 3 titubear; 4 fazer cambalear; 5 atordoar; *the question staggered him* a pergunta atordoou-o; 6 confundir; desconcertar; 7 dispor em ziguezagues; 8 dispor alternadamente; 9 sobrepor; 10 escalonar; repartir; *to ~ office hours* escalonar, distribuir as horas do serviço de maneira a evitar as horas de ponta ❖ *to ~ back* recuar, cambaleando; recuar de maneira pouco firme; *to ~ forward* avançar, titubeando; *to ~ to one's feet* levantar-se, cambaleando; *blind staggers* cenurose; *negative ~* escalonamento negativo
staggered ['stægəd] adj. 1 abismado, pasmado; *to be ~* ficar espantado; 2 alternado; 3 escalonado; 4 disposto em ziguezague; 5 (férias) repartido ❖ AERONÁUTICA *~ biplane* biplano com as asas superiores avançadas
staggerer ['stægərə] s. 1 pancada ou golpe que faz cambalear; 2 argumento que abala; 3 acontecimento súbito e chocante; 4 aquele que cambaleia ou vacila
staggering ['stægərɪŋ] Ⓐ adj. 1 cambaleante, titubeante, vacilante; 2 desconcertante; 3 assombroso, espantoso Ⓑ s. 1 vacilação, cambaleio; 2 disposição em ziguezague; 3 alternação; 4 escalonamento ❖ *a ~ blow* acontecimento grave e imprevisto; cacetada; bordoada
staghound ['stæghaʊnd] s. cão para a caça ao veado
stagily ['steɪdʒɪlɪ] adv. 1 teatralmente; 2 exageradamente
staginess ['steɪdʒɪnɪs] s. 1 teatralidade, aspecto teatral; 2 exagero
staging ['steɪdʒɪŋ] s. 1 encenação; 2 adaptação ao teatro; 3 (construção) estrutura de andaimes ❖ (viagem) *~ post* escala
Stagirite ['stædʒɪraɪt] s. estagirita ❖ *the ~* Aristóteles
stagnancy ['stægnənsɪ] s. estagnação
stagnant ['stægnənt] adj. 1 estagnado; *~ water* água estanada; 2 parado, inerte, inactivo; 3 paralisado ❖ *~ growth* estagnação
stagnantly ['stægnəntlɪ] adv. 1 estagnadamente; 2 inactivamente
stagnate [stæg'neɪt, 'stægneɪt] v.intr. 1 estagnar; 2 estacionar; 3 não se desenvolver; 4 deixar-se invadir pela inércia
stagnating ['stægneɪtɪŋ] adj. 1 estagnado; 2 parado; 3 paralisado; 4 morto, sem movimento
stagnation [stæg'neɪʃən] s. 1 estagnação; 2 COMÉRCIO marasmo
stagnicolous [stæg'nɪkələs] adj. estagnícola, que vive nas águas estagnadas
stagy ['steɪdʒɪ] adj. (comp. -ier, superl. -iest) 1 teatral; 2 exagerado; 3 pouco sincero
staid [steɪd] adj. 1 grave; 2 sóbrio; 3 sério; 4 sensato; 5 calmo, sereno; 6 reflectido
staidly ['steɪdlɪ] adv. 1 gravemente, com gravidade; 2 sobriamente; 3 com seriedade; 4 sensatamente; 5 calmamente, serenamente; 6 reflectidamente
staidness ['steɪdnɪs] s. 1 gravidade; 2 sobriedade; 3 seriedade; 4 sensatez; 5 calma; 6 carácter reflectido
stain [steɪn] Ⓐ s. 1 nódoa; mancha; *ink ~* mancha de tinta; 2 [fig.] mácula; mancha; desdouro; desonra; *a ~ in one's reputation* uma mancha na reputação de alguém; 3 pinta; 4 coloração; 5 tinta, corante Ⓑ v.tr.,intr. 1 manchar, enodoar, sujar; *to ~ with blood* manchar de sangue; 2 manchar-se, enodoar-se, sujar-se; *this cloth stains easily* este tecido mancha-se facilmente; 3 pintar, colorir, tingir; 4 [fig.] macular; 5 [fig.] difamar ❖ *~ remover* tira-nódoas
stainable ['steɪnəbəl] adj. susceptível de receber coloração
stained [steɪnd] adj. 1 sujo; manchado; 2 enodoado; 3 tingido, colorido ❖ *~ paper* pintado
stained-glass ['steɪnd‚glɑːs] s. de vitral; com vitrais ❖ *~ window* vitral
stainer ['steɪnə] s. 1 tintureiro; 2 pintor; 3 difamador
staining ['steɪnɪŋ] s. 1 mancha, nódoa; 2 sujidade; 3 coloração; 4 acto de tingir
stainless ['steɪnləs] adj. 1 sem mancha, sem mácula; 2 sem coloração; 3 puro, imaculado; 4 inoxidável; *~ protection* revestimento inoxidável; *~ steel* aço inoxidável, inox
stainlessly ['steɪnləslɪ] adv. 1 imaculadamente; 2 sem mancha
stainlessness ['steɪnləsnəs] s. 1 imaculabilidade; 2 pureza
stair [steə] s. 1 (escada) degrau; 2 pl. escada, escadas, escadaria; *flight of stairs* lanço de escadas; *to run down the stairs* descer as escadas a correr, correr pelas escadas abaixo ❖ *~ baluster* balaustrada; *~ carpet* passadeira da escada; *~ rail* corrimão da escada; *~ rods* varões para fixar a passadeira; *below stairs* no porão; nos baixos da casa
staircase ['steəkeɪs] s. 1 escadaria; *corkscrew ~* escadaria em espiral; *external ~* escadaria exterior; *winding ~* escadaria em espiral; 2 caixa da escada
stairhead ['steəhed] s. cimo da escada
stairwell ['steəwel] s. caixa de escada
staithe [steɪθ] s. cais de descarga de carvão
stake [steɪk] Ⓐ s. 1 estaca; 2 HISTÓRIA poste ao qual se amarravam os condenados a ser queimados vivos; *to be condemned to the ~/to be sent to the ~* ser condenado à fogueira, ser condenado a morrer queimado; *to suffer at the ~* morrer queimado; 3 fueiro; 4 (quantia) aposta, lanço, parada; 5 interesse, empenho, envolvimento; *to have a ~ in* ter interesses em; 6 pl. (aposta) prémio; *consolation stakes* prémio de consolação; 7 pl. risco, comparticipação nas possibilidades de ganho ou prejuízo; 8 pl. tais, espécie de bigorna de cuteleiro Ⓑ v.tr. 1 escorar, segurar com estaca, estacar; 2 delimitar, limitar, marcar com estacas; 3 reivindicar, reclamar; *to ~ a claim* fazer valer os seus direitos; 4 arriscar, apostar; *to ~ one's all* arriscar tudo; *to ~ ten euros* apostar dez euros; 5 [EUA] prestar auxílio financeiro a ❖ *~ money* parada; (rio) *~ net* estacada; carneiro; *at ~* em jogo; *there is too much at ~* isso é demasiado arriscado; *to lay the stakes* fazer o jogo; *to sweep the stakes* ganhar tudo; *your honour is at ~* está em causa a tua honra
◆ **stake on** v.tr. apostar em ❖ *I'd stake my life on it* aposto a vida
◆ **stake out** v.tr. 1 delimitar com estacas; 2 balizar; demarcar; 3 afirmar; *to ~ a position as…* marcar posição como…; 4 [coloq.] (polícia, etc.) colocar sob vigilância; vigiar
stakeholder ['steɪkhəʊldə] s. 1 (dinheiro apostado) depositário; 2 interessado, participante; 3 DIREITO parte comprada
stakeout ['steɪkaʊt] s. 1 (polícia) vigilância; 2 posto de vigilância
staker ['steɪkə] s. indivíduo encarregado de raspar peles curtidas
staking ['steɪkɪŋ] s. 1 estacaria; 2 escoramento; 3 delimitação (marcação) por meio de estacas; 4 acto de arriscar (determinada soma ao jogo)
stalactite ['stæləktaɪt, stə'læktaɪt] s. estalactite
stalactited ['stæləktaɪtɪd, stə'læktaɪtɪd] adj. com estalactites, estalactífero
stalactitic [stælək'tɪtɪk, stə'læktɪtɪk] adj. estalactítico
stalagmite ['stæləgmaɪt, stə'lægmaɪt] s. estalagmite
stalagmitic [stæləg'mɪtɪk, stə'lægmɪtɪk] adj. estalagmítico
stalagmometer [stæləg'mɒmɪtə] s. FÍSICA estalagmómetro
stale [steɪl] Ⓐ adj. 1 sediço, velho, não fresco; 2 (alimento, pão) seco, duro; *~ bread* pão seco; 3 insípido; 4 bolorento, bafiento, rançoso; *to smell ~* cheirar a bafio; 5 com mofo; 6 (ar) viciado; 7 [fig.] corriqueiro, batido, trivial, sem graça; *~ joke* piada com barbas; 8 DESPORTO fatigado, cansado devido a treino excessivo; *to go ~* fatigar-se devido a treino excessivo; 9 DIREITO que prescreveu, que caducou; *to become ~* prescrever, caducar Ⓑ s. (gado, cavalos) urina Ⓒ v.tr.,intr. 1 banalizar; tornar desinteressante; tornar sem graça; tornar banalizar-se; perder interesse; 3 azedar, rançar; 4 (gado, cavalos) urinar
stalemate ['steɪlmeɪt] Ⓐ s. 1 impasse, beco sem saída; 2 (xadrez) empate devido à impossibilidade de mover qualquer peça, embora o rei não esteja em xeque Ⓑ v.tr. 1 (xadrez) colocar adversário na posição de *stalemate*; 2 [fig.] encurralar
staleness ['steɪlnɪs] s. 1 estado sediço, velho, bafiento, bolorento; 2 insipidez; 3 falta de graça, falta de novidade; 4 trivialidade, banalidade; 5 mofo; 6 ranço; 7 bafio
Stalinism ['stɑːlɪnɪzm] s. POLÍTICA estalinismo
Stalinist ['stɑːlɪnɪst] adj.,s. estalinista
stalk [stɔːk] Ⓐ s. 1 BOTÂNICA haste, caule, talo, cana, espiga, vara, pedúnculo, pecíolo; 2 apoio em forma de haste de qualquer órgão; 3 (cálice, copo) pé; 4 tubo de termómetro; 5 ARQUITECTURA ornamento semelhante a haste, talo ou caule; 6 chaminé alta

de fábrica; *chimney* ~ chaminé alta de fábrica; **7** acto de espreitar a caça, de se aproximar silenciosamente da caça; **8** andar majestoso, maneira de andar imponente ⓑ *v.tr.,intr.* **1** (caça) aproximar-se silenciosamente de (animal que se pretende caçar); **2** perseguir; espreitar; **3** caminhar de maneira pomposa; seguir com passo imponente; *to ~ along* caminhar majestosamente; *to ~ out* sair ostentando indignação ❖ *the ~ of corn* a palha do trigo; *to ~ away* afastar-se a largos passos; [coloq.] *to ~ sb* seguir furtivamente alguém

stalked [stɔːkt] *adj.* **1** BOTÂNICA com caule; **2** com talo; **3** com pecíolo; **4** pedunculado

stalker [ˈstɔːkə] *s.* **1** caçador que espreita a caça; **2** perseguidor

stalk-eyed [ˈstɔːkaɪd] *adj.* ZOOLOGIA com olhos pedunculados, podoftálmico

stalking [ˈstɔːkɪŋ] *s.* **1** (vítima) perseguição; assédio; **2** aproximação furtiva à caça ❖ *~ horse* cavalo atrás do qual o caçador se esconde; falso pretexto; (eleições) falso candidato

stalkless [ˈstɔːkləs] *adj.* BOTÂNICA sem pedúnculo, sem talo

stalklet [ˈstɔːklɪt] *s.* BOTÂNICA pedicelo

stalky [ˈstɔːkɪ] *adj.* (*comp.* **-ier**, *superl.* **-iest**) **1** BOTÂNICA com haste ou talo comprido; **2** com muitas hastes

stall [stɔːl] ⓐ *s.* **1** estábulo; **2** estrebaria; **3** cocheira divisória em estábulo só para um animal, pesebre, baia; **4** (pequeno estabelecimento) barraca, tenda, quiosque, mesa onde se expõem os artigos a vender; *flower ~* barraca de venda de flores; (mercado) *market stalls* barracas, tendas ao ar livre; **5** TEATRO (lugar) plateia; **6** (coro de igreja) cadeiral, assento fixo; **7** [fig.] canonicato; dignidade e funções de cónego; **8** dedeira; **9** galeria de mina de carvão; **10** cúmplice de carteirista que desvia as atenções durante o roubo e facilita a fuga do outro; **11** [coloq.] evasiva, pretexto; **12** AERONÁUTICA perda de velocidade ⓑ *v.tr.,intr.* **1** meter em estábulo; engordar em estábulo; **2** prover de baias; **3** (lama, neve, etc.) atolar-se, ser obrigado a parar; **4** (motor) parar, deixar de trabalhar; **5** (automóvel) ir abaixo, deixar ir abaixo; **6** AERONÁUTICA deixar de controlar o aparelho devido a perda de velocidade; **7** [EUA] [coloq.] empatar; tentar ganhar tempo; protelar; **8** evitar responder claramente a uma pergunta; **9** (carteirista) encobrir um cúmplice enquanto este rouba ❖ (mercado) *~ rent* aluguer pago por barraca ou tenda; *to ~ off sth* afastar, repelir alguma coisa; *to ~ sb off* escarnecer de; zombar de; lograr alguém

stallage [ˈstɔːlɪdʒ] *s.* **1** direitos pagos para possuir tenda ou barraca em mercado, etc.; **2** aluguer pago por uma barraca; **3** estabulação; **4** cria e engorda de animais em estábulo

stalled [ˈstɔːld] *adj.* **1** metido em estábulo; **2** criado ou engordado em estábulo; **3** atolado (na lama, neve, etc.); **4** (motor) parado, que deixou de funcionar; **5** AERONÁUTICA que entrou em perda de velocidade

stall-fed [ˈstɔːlfed] *adj.* (gado) engordado em estábulo (e não ao ar livre)

stall-feeding [ˈstɔːlˌfiːdɪŋ] *s.* (gado) engorda em estábulo

stallholder [ˈstɔːlˌhəʊldə] *s.* **1** tendeiro; vendedor de barraca; **2** empresa em feira ou exposição

stalling [ˈstɔːlɪŋ] *s.* **1** estabulação; **2** estrebarias; estábulos; **3** criação ou engorda em estábulo; **4** paragem de motor; **5** AERONÁUTICA perda de velocidade ❖ AERONÁUTICA *~ speed* velocidade mínima de sustentação

stallion [ˈstæljən] *s.* garanhão, cavalo de padreação

stalwart [ˈstɔːlwət] ⓐ *adj.* **1** forte, robusto; **2** rijo, vigoroso; **3** resoluto, decidido, firme; *~ supporters* partidários resolutos; **4** corajoso, valente ⓑ *s.* **1** pessoa robusta, forte, resoluta; **2** [fig.] esteio, escora; *the ~ of the football team* o esteio da equipa de futebol; **3** apoiante dedicado

stalwartly [ˈstɔːlwətlɪ] *adv.* **1** robustamente; **2** rijamente, vigorosamente; **3** resolutamente, corajosamente

stalwartness [ˈstɔːlwətnɪs] *s.* **1** robustez; **2** vigor; **3** valentia, coragem; **4** firmeza

Stamboul [stæmˈbuːl] *s.top.* Istambul

stamen [ˈsteɪmen] *s.* BOTÂNICA estame

stamened [ˈsteɪmend] *adj.* BOTÂNICA com estames

stamina [ˈstæmɪnə] *s.* **1** vigor; energia; *to lack ~* não ter energia, não ter vigor; **2** capacidade de resistência; perseverança

staminal [ˈstæmɪnəl] *adj.* **1** BOTÂNICA estaminal; **2** MEDICINA tonificante

staminate [ˈstæmɪnɪt] *adj.* BOTÂNICA estaminado, com estames

stamineal [stəˈmɪnɪəl] *adj.* BOTÂNICA estaminoso

stamineous [stəˈmɪnɪəs] *adj.* BOTÂNICA estaminoso, estaminário

staminiferous [ˌstæmɪˈnɪfərəs] *adj.* BOTÂNICA estaminífero

staminode [ˈstæmɪnəʊd] *s.* BOTÂNICA estaminódio

staminodium [ˌstæmɪˈnəʊdɪəm] *s.* (*pl.* **-ia**) ⇒ **staminode**

stammer [ˈstæmə] ⓐ *s.* **1** gaguez; **2** tendência para gaguejar ⓑ *v.tr.,intr.* **1** gaguejar; **2** balbuciar, dizer a gaguejar

stammerer [ˈstæmərə] *s.* gago, pessoa que gagueja

stammering [ˈstæmərɪŋ] ⓐ *adj.* **1** gago; a gaguejar; **2** balbuciante ⓑ *s.* **1** gaguejo; **2** gaguez

stammeringly [ˈstæmərɪŋlɪ] *adv.* **1** gaguejando; **2** com voz gaguejante

stamp [stæmp] ⓐ *s.* **1** selo; *embossed ~* selo (em) branco; *postage ~* selo do correio; *revenue ~* selo fiscal; *to put a ~ on a letter* pôr um selo numa carta; **2** carimbo, cunho, matriz; *date ~* carimbo de datar; *self-inking ~* carimbo de carga automática; **3** sinete; **4** estampa, imagem; **5** marca, sinal, traço característico; *his work has the ~ of genius* a obra dele tem a marca do génio; **6** [fig.] carácter, laia, índole, espécie, têmpera; *a man of the old ~* um homem da fibra antiga; *of the right ~* de boa têmpera; **7** acto de bater com o pé no chão; *with a ~ of the foot* batendo o pé; **8** pilão; **9** britador; *~ mill* britador; **10** máquina ou parte de máquina destinada a moer minério ⓑ *v.tr.,intr.* **1** marcar; **2** imprimir; **3** gravar; *to ~ a name on* gravar um nome em; **4** carimbar; **5** franquiar; *the letter was insufficiently stamped* a carta não tinha a franquia devida; **6** selar, pôr selo em; **7** [fig.] estampar, cunhar, caracterizar; *cruelty was stamped on his face* tinha a crueldade estampada no rosto; *what he did stamps him as a wise man* o que ele fez define-o como um homem sensato; **8** bater violentamente com os pés no chão; *to ~ the ground* bater com os pés no chão; *to ~ the snow from one's feet* sacudir a neve dos pés, batendo com eles no chão; **9** (minério, etc.) esmagar, moer, triturar, britar ❖ HISTÓRIA *Stamp act* lei do selo; *~ album* álbum de selos; *~ collector* filatelista; coleccionador de selos; *~ collection* colecção de selos; (para filatelistas) *~ dealer* negociante de selos; *~ duty* imposto de selo; *~ machine* máquina de venda automática de selos; *~ office* repartição do selo; *~ pad* almofada para carimbo; *~ paper* papel selado; *~ signature* chancela; *to ~ about the room* andar de um lado para o outro, num aposento, para aquecer os pés; *to ~ an action (as) a crime* estigmatizar determinada acção como crime; *to ~ sth on one's mind/memory* fixar qualquer coisa na memória

◆**stamp down** *v.tr.* **1** esmagar com os pés; **2** (revolta, protestos, etc.) esmagar, abafar

◆**stamp out** *v.tr.* **1** (cigarro, fogo, etc.) pisar para apagar; apagar com os pés; **2** acabar com; destruir; erradicar; **3** (rebelião) sufocar, esmagar; *to ~ a rebellion* esmagar uma revolta; **4** bater o pé para marcar (o ritmo); **5** (moeda) cunhar

stamped [stæmpt] *adj.* **1** timbrado; selado; *~ envelope* sobrescrito selado; *~ paper* papel selado; **2** estampado; *~ cover* tampa estampada; *~ metal* metal estampado; *~ plate* chapa ou placa estampada ❖ *~ ore* minério britado

stampede [stæmˈpiːd] ⓐ *s.* debandada, fuga precipitada de pessoas ou animais, fuga causada por pânico ⓑ *v.tr.,intr.* **1** fugir em debandada, fugir precipitadamente, fugir em desordem; **2** pôr em debandada; **3** lançar o pânico entre

stamper [ˈstæmpə] *s.* **1** carimbador; **2** pessoa que põe selo ou carimbo em; **3** estampador; **4** pilão; **5** máquina de britar ou moer minério

stamping [ˈstæmpɪŋ] *s.* **1** timbragem; **2** selagem; **3** acto de bater com os pés no chão; **4** (ouro, prata) puncionagem; **5** estampagem, cunhagem; **6** (minério) britagem; **7** folha/lâmina estampada ❖ [coloq.] *~ ground* poiso habitual; *~ machine* máquina de estampar; *~ mill* máquina de moer minério; *~ press* prensa de estampar; *~ sheet* chapa para estampar

stance [stɑːns] *s.* **1** atitude [**on**, em relação a]; posicionamento [**on**, em relação a]; **2** (posição do corpo) postura; **3** ponto de apoio; **4** (golfe, críquete) posição que se toma para bater a bola ❖ *to take up a ~ against sth* manifestar oposição a algo; tomar posição contra algo

stanch [stɑːntʃ] Ⓐ v.tr. 1 (sangue) estancar; *to ~ a wound* fazer estancar o sangue de uma ferida; 2 vedar Ⓑ adj. ⇒ **staunch**
stanching [ˈstɑːntʃɪŋ] s. (sangue) estancamento
stanchion [ˈstɑːntʃən] Ⓐ s. 1 pilar; 2 escora, espeque; 3 suporte; 4 batente; 5 balaústre; 6 pontalete; 7 fueiro de carro; 8 mainel de janela; 9 ferro ou pau de toldo; 10 poste a que se prende o animal na baia Ⓑ v.tr. 1 escorar; 2 firmar com pilares; 3 colocar pontaletes em; 4 (animais) prender aos postes da baia
stanchness [ˈstɑːntʃnɪs] s. ⇒ **staunchness**
stand [stænd] Ⓐ v.tr.,intr. (prt. e part. pass. **stood**) 1 pôr de pé; colocar em posição vertical; 2 estar de pé; segurar-se em pé; manter-se em posição vertical; *he could hardly ~* ele mal se segurava em pé; *she was too weak to ~* ela estava demasiado fraca para se segurar em pé; 3 levantar-se; erguer-se; pôr-se de pé; (terror) *his hair stood on end* ficou com os cabelos em pé; 4 apoiar [**against**, a]; encostar [**against**, a]; *to ~ a ladder against a wall* encostar uma escada a uma parede; 5 estar; ficar; ter; *to ~ in fear* estar com medo; *to ~ in need of* ter necessidade de; *to ~ a chance of* ter probabilidades de; *to ~ in the rain/in the sun* estar à chuva/ao sol; *tears stood in her eyes* ela tinha lágrimas nos olhos; *to ~ ready* estar pronto; *don't ~ there arguing* não fiquem para aí a discutir; *he stands six foot* ele tem seis pés de altura; *he stood there gazing at us* ele estava para ali a olhar espantado para nós; 6 estar situado; estar colocado; *he stands second on the list* ele está colocado em segundo lugar na lista; *Oporto stands on the Douro* o Porto situa-se junto ao Douro; 7 manter-se na mesma posição; encontrar-se em determinada situação; *as matters ~* no ponto em que as coisas se encontram; *the matter stands thus* a questão encontra-se neste ponto; *this passage must ~* este excerto não se altera; 8 parar; 9 manter-se firme; *to ~ firm* manter-se firme; *to ~ one's ground* aguentar-se, manter-se firme, não ceder; *that colour does not ~* essa cor não se aguenta, não é firme; 10 durar; existir; *that church has stood for seven hundred years* aquela igreja existe há setecentos anos; 11 deslocar-se para nova posição; 12 continuar válido; manter-se em vigor; *does the argument stand?* será válido o argumento?; *to ~ good* ser válido, ter validade; 13 (cão de caça) marrar; 14 NÁUTICA seguir determinada rota, rumar para; *to ~ from* vir de; *to ~ on* insistir, conservar o rumo; 15 aguentar, suportar, tolerar; *to ~ fatigue* aguentar a fadiga; *to ~ the loss* aguentar o prejuízo, pagar o prejuízo; *he couldn't ~ the pain* ele não podia suportar a dor; *he says he will ~ no nonsense* ele diz que não tolerará disparates; *I can't ~ that man* não suporto aquele homem; 16 sofrer; 17 ser submetido a; *to ~ trial* ser submetido a julgamento; 18 estar à prova de; 19 oferecer, pagar; (bebidas) *to ~ a round* pagar uma rodada; *to ~ drinks to one's friends* pagar bebidas aos amigos; *who's going to ~ treat?* quem paga a despesa?; 20 hesitar; ter escrúpulos; *he wouldn't ~ at a crime* ele não teria escrúpulos em cometer um crime; 21 (líquido) parar, ficar parado, assentar Ⓑ s. 1 (móvel) mesinha, estante, descanso, cabide, bengaleiro, suporte, prateleira, etc.; *hat and umbrella ~* bengaleiro; 2 (posto de venda) stand; escaparate; *fruit ~* venda de fruta; 3 (estacionamento) estação, praça de táxis; 4 estrado, plataforma, tribuna, palanque, bancada(s); 5 sítio; posição; lugar; *he was not on his ~* ele não estava no lugar; *she took her ~ by the window* ela pôs-se ao pé da janela; 6 paragem, pausa; *to be brought to a ~* ser obrigado a parar, não poder fazer mais nada; *to come to a ~* parar, não continuar; *to put sb to a ~* obrigar alguém a parar, não permitir que alguém continue, encostar alguém à parede; *there is a great ~ in trade* o negócio está parado; 7 (opinião) posição; *to take one's ~* tomar posição, manifestar-se; *what ~ do you take?* qual é a sua opinião?; 8 resistência, posição firme; *to make a ~ against* enfrentar, resistir a; *to make a ~ against the enemy* suspender uma retirada para enfrentar o inimigo; *to take a firm ~* tomar uma posição firme; 9 estado das culturas; *a good ~ of wheat* uma boa cultura de trigo; 10 [arc.] conjunto, jogo; 11 [EUA] barra das testemunhas ❖ *~ base* suporte; *~ camera* máquina fotográfica de tripé; *~ rest* apoio ou descanso para uma pessoa que se encontre de pé; *~ for pedestal bearing* cavalete para mancal; [arc.] *~ of arms* armamento para um soldado; *~ of colour* bandeira; estandarte; [ant.] (salteadores) *~ and deliver!* alto! dinheiro para cá!; *~ clear!* desimpedir o caminho!; afastar!; *how do we stand?* como vão as nossas contas?; *how do we ~ in the matter of horses?* como vamos nós quanto a cavalos?; *I ~ corrected* agradeço a correcção; *the coat stood me 80 euros* o casaco custou-me 80 euros; *the thermometer stood at 40°* o termómetro marcava 40°; *they stood bowing as he passed* todos se inclinavam quando ele passava; *to ~ alone* não ter igual; não ter par; *to ~ between* encontrar-se no meio; interpor-se entre; servir de mediador, MILITAR *to ~ fire* enfrentar, sem ceder terreno, o fogo do inimigo; *to ~ high* ter renome; ter fama; ser tido em grande consideração; *to ~ in sb's way* intrometer-se no caminho de alguém; *to ~ on one's dignity* manter a dignidade; *to ~ on one's legs/to ~ on one's own feet* ser independente; depender só de si; *to ~ on one's rights* insistir nos seus direitos; *to ~ security* garantir; prestar fiança a; *to ~ sth in a corner* pôr qualquer coisa num canto; *to ~ to lose/to ~ to win* arriscar-se a perder/ter possibilidades de ganhar; *to ~ to lose nothing* não ter nada a perder; *to ~ to reason* ser evidente; ser lógico; *to ~ well with sb* ser visto com bons olhos por alguém; ter boas relações com alguém; *to take one's ~ on an authority* apoiar-se/firmar-se numa autoridade; *we ~ or fall together* ou vencemos ou morremos juntos

◆**stand about/around/round** v.intr. ficar para ali

◆**stand aside** v.intr. 1 desviar-se; afastar-se para o lado; encostar-se; 2 não se intrometer [**from**, em]; não interferir [**from**, em]; conservar-se à margem [**from**, de]; 3 deixar o caminho livre [**in favour of**, para] ❖ *stand aside!* deixem passar!

◆**stand back** v.intr. 1 recuar; 2 [fig.] distanciar-se; analisar as coisas com algum distanciamento ❖ *stand back!* para trás!

◆**stand by** Ⓐ v.intr. 1 [depr.] ficar de braços cruzados; ficar parado; não fazer nada; 2 estar preparado; estar pronto; estar alerta Ⓑ v.tr. 1 apoiar; ficar ao lado de; não abandonar; *to ~ sb through thick and thin* manter-se ao lado de alguém através de todas as dificuldades; 2 (promessa, ordem, etc.) cumprir; respeitar; *to ~ one's word* ser fiel à palavra dada; 3 (decisão) manter-se firme em relação a ❖ NÁUTICA *to ~ the anchor* estar pronto a fundear

◆**stand down** Ⓐ v.intr. 1 demitir-se; abandonar funções; 2 (candidato, etc.) desistir; retirar-se da corrida Ⓑ v.tr. dar ordem de retirada a ❖ MILITAR *to ~* deixar o banco das testemunhas; retirar-se; deixar o serviço

◆**stand for** v.tr. 1 significar; *P. O. stands for postal order* P. O. quer dizer *postal order*; 2 representar, simbolizar; 3 tolerar, permitir; *I can't ~ that* não posso tolerar isso; 4 POLÍTICA defender; *to ~ free trade* ser partidário do livre-cambismo; 5 POLÍTICA candidatar-se a, apresentar-se como candidato a; *to ~ Parliament* candidatar-se a deputado

◆**stand in** v.intr. 1 substituir [**for**, -]; *she stood in for me while I was ill* ela substituiu-me enquanto estive doente; 2 compartilhar, tomar parte em, comparticipar; *let me ~ with you in case it is expensive* deixe-me compartilhar a despesa consigo, no caso de ser caro ❖ NÁUTICA *to ~ for the shore* rumar para terra; *to ~ (good) with* estar de boas relações com; dar-se bem com

◆**stand off** v.intr. 1 afastar-se; 2 não se envolver [**from**, em]; manter-se à distância [**from**, de]; 3 estar num impasse; 4 NÁUTICA virar ao mar; *to ~ and on* bordejar (à vista da terra)

◆**stand out** v.intr. 1 sobressair; destacar-se; 2 resistir [**against**, a]; opor-se [**against**, a]; 3 lutar [**against**, contra] ❖ *that stands out to the eye!* isso salta à vista!; *to ~ for* insistir em

◆**stand over** Ⓐ v.intr. ficar em suspenso; ser adiado; esperar Ⓑ v.tr. vigiar; andar sempre em cima de; *to ~ sb* vigiar alguém de perto

◆**stand to** Ⓐ v.intr. MILITAR estar em estado de alerta Ⓑ v.tr. MILITAR pôr em estado de alerta

◆**stand up** Ⓐ v.intr. 1 levantar-se; pôr-se de pé; estar de pé; *everybody stood up* toda a gente se levantou; *stand up!* levante-se!; *to ~ to a wall* estar de pé, encostado à parede; 2 resistir; aguentar; *that steel stands up well to high temperatures* esse aço aguenta bem altas temperaturas; *the troops stood out until their ammunition was exhausted* as tropas mantiveram-se firmes até as munições se esgotarem; 3 fazer frente [**against**, a] Ⓑ v.tr. 1 levantar; erguer; pôr de pé; 2 [coloq.] faltar

standage

a encontro marcado com; *she stood me up* ela não apareceu ao encontro marcado com ❖ *to ~ and be counted* abrir o jogo; declarar abertamente a sua posição

◆**stand up for** *v.tr.* defender; tomar o partido de; *to ~ oneself* saber defender-se

◆**stand up to** *v.tr.* 1 enfrentar corajosamente; *to ~ one's work* pôr mãos à obra com toda a coragem; 2 fazer frente a; 3 resistir a

standage ['stændɪdʒ] *s.* 1 lugar de estacionamento; 2 direitos pagos por estacionamento

stand-alone [ˌstændə'ləʊn] *adj.* INFORMÁTICA, ELECTRICIDADE autónomo; *~ programme* programa autónomo

standard ['stændəd] Ⓐ *s.* 1 padrão; *double ~* duplo padrão; *~ of reference* padrão de referência; *the gold ~* o padrão ouro; *the legal ~* o padrão legal; 2 calibre; 3 norma, critério, medida; *he applied another ~* aplicou outro critério; *if we judge it by that ~* se usarmos esse critério; 4 modelo a seguir; protótipo; 5 nível; *a high ~ of living* um elevado nível de vida; *to have a low ~ of living* ter um baixo nível de vida; *to aim at a high ~* procurar atingir um alto nível; *to raise the ~* elevar o nível; *to set a low ~* baixar o nível; *to be up to the ~* atingir o nível desejado, estar à altura; *he is not up to the ~* ele não está à altura; 6 média; *above the ~* acima da média; *below the ~* abaixo da média; 7 craveira; qualidade; *work of a low ~* trabalho de qualidade inferior; 8 grau de conhecimentos; 9 (escola) classe (de instrução primária); *to have gone through the standards* ter concluído a instrução primária; 10 coluna; cavalete; *~ of a machine* coluna de uma máquina; NÁUTICA *~ of a steering engine* coluna da máquina do leme; 11 prumo de grade; 12 poste de iluminação; 13 estandarte, bandeira; pendão, pavilhão; *the royal ~* o pavilhão real, o pendão real; [fig.] *to raise the ~ of revolt* erguer o pendão da revolta; 14 emblema, insígnia, símbolo; 15 canalização vertical de gás ou água; 16 BOTÂNICA árvore ou arbusto direito que se segura sem estaca; *tall standards* árvores de alto porte; 17 enxerto feito no topo de um tronco direito e orientado no sentido do novo caule Ⓑ *adj.* 1 exemplar; modelar; de referência; 2 estandardizado; 3 recomendado; *~ authors/books* autores/livros recomendados; 4 corrente; *~ English* inglês corrente; *~ practice* prática corrente, procedimento habitual; 5 normal; (hélice) *~ pitch* passo normal; *~ section* perfil normal; *of ~ size* de tamanho normal; (caminhos-de-ferro) *~ gauge* via normal; 6 normalizado; estandardizado; 7 padrão; NÁUTICA *~ compass* agulha-padrão; *~ measure* medida-padrão; *~ metre* metro-padrão; *~ unit* unidade-padrão; *~ weights and measures* pesos e medidas-padrão ❖ *~ edition* edição vulgar/popular; *~ gold* ouro de lei; *~ lamp* candeeiro de pé; *~ solution* solução graduada/titulada; *~ time* hora legal; *car ~ model* carro de série; *electric table ~* candeeiro eléctrico de mesa

standard-bearer ['stændədˌbeərə] *s.* porta-estandarte, porta-bandeira

standardise ['stændədaɪz] *v.tr.* ⇒ **standardize**

standardization [ˌstændədaɪ'zeɪʃən] *s.* 1 estandardização, uniformização; 2 aferição (de pesos e medidas); 3 construção em série

standardize ['stændədaɪz] *v.tr.* 1 estandardizar, uniformizar; 2 aferir (pesos e medidas); 3 calibrar; 4 construir em série; 5 QUÍMICA titular

standardized ['stændədaɪzd] *adj.* 1 estandardizado, uniformizado; 2 aferido; 3 calibrado; 4 construído em série ❖ *~ production* fabrico em série

standardizing ['stændədaɪzɪŋ] *s.* ⇒ **standardization** ❖ *~ instrument* instrumento-padrão

stand-by ['stændbaɪ] Ⓐ *adj.* 1 suplente; 2 de reserva; *~ engine* máquina de reserva Ⓑ *s.* 1 suplente; substituto; *honey is a useful ~ if you have no sugar* o mel pode ser um bom substituto do açúcar; 2 plano B ❖ *~ ticket* bilhete sem garantia; *aspirin is always a good ~* é sempre bom ter uma aspirina de reserva; MILITAR *in ~* em estado de alerta; *to be on ~* estar de serviço; (passageiro) estar em lista de espera

stander ['stændə] *s.* pessoa que está de pé ❖ *stander-by* espectador; pessoa que se limita a contemplar o que se passa

standfast ['stændfɑːst] Ⓐ *adj.* perseverante, firme, constante Ⓑ *s.* firmeza, posição firme

stand-in [ˌstænd'ɪn] Ⓐ *s.* 1 CINEMA substituto, duplo; 2 substituto, suplente; 3 [EUA] entendimento, acordo, boas relações Ⓑ *adj.* substituto

standing ['stændɪŋ] Ⓐ *adj.* 1 em pé, de pé; *to be in a ~ posture* estar de pé; 2 direito, vertical; 3 permanente; *~ army* exército permanente; *to have a ~ invitation* estar permanentemente convidado, não necessitar de convite especial; 4 duradouro; 5 constante; 6 estagnado; 7 parado; *~ engine* motor parado; 8 fixo, estabelecido; *~ block* polia fixa; 9 firme; 10 habitual; 11 regular; MILITAR *~ forces* forças regulares; 12 (cereal) não ceifado; *~ corn* cereal ainda no campo, cereal não ceifado; 13 (salto) feito sem lanço; *~ jump* salto dado sem balanço Ⓑ *s.* 1 paragem; estacionamento; 2 permanência; 3 acto de ficar de pé; 4 (tempo) duração; *friends of long ~* velhos amigos, amigos de longa data; 5 (tempo de serviço) antiguidade; *officer of ten months ~* oficial com dez meses de serviço; 6 situação, posição; *the financial ~ of* a situação financeira de; 7 categoria, prestígio, reputação, crédito, importância; *~ of a firm* importância de uma firma comercial; *person of no ~* pessoa sem prestígio; *professional ~* reputação profissional; 8 posição social, estatuto; *person of high ~* pessoa de elevada posição, pessoa de grande prestígio; *social ~* posição social ❖ *~ bed* leito com colunas; *~ down* desistência de candidatura; *~ expenses* despesas gerais; *~ ground* ponto de apoio; *~ joke* graça que provoca sempre o riso; *~ orders* regulamento; regimento; (espectáculo, etc.) *~ ovation* aplauso de pé; NÁUTICA (talha) *~ part* extremidade fixa de corda; NÁUTICA *~ rigging* enxárcia morta; *~ room* lugares em pé; *~ time* tempo de estacionamento; tempo de paragem; *five hundred ~ trees* quinhentos pés de árvores

standish ['stændɪʃ] *s.* 1 [arc.] tinteiro; 2 escrivaninha; 3 caixa com as coisas necessárias para escrever

standoff ['stændɒf] *adj.* ⇒ **standoffish**

standoffish [ˌstænd'ɒfɪʃ] *adj.* 1 reservado, distante, pouco comunicativo; 2 altivo; 3 retraído

standoffishly [ˌstænd'ɒfɪʃlɪ] *adv.* 1 de maneira reservada, pouco comunicativamente; 2 altivamente

standoffishness [ˌstænd'ɒfɪʃnɪs] *s.* 1 reserva, retraimento; 2 pouca comunicabilidade; 3 altivez

standpatter ['stændpætə] *s.* 1 [EUA] político pouco amigo de reformas; 2 defensor de um acordo entre os partidos sobretudo em matéria de tarifas

standpipe ['stændpaɪp] *s.* 1 tubo ascendente; tubo de subida; 2 chaminé vertical; 3 coluna de alimentação; 4 (corte de água) tubo de emergência

standpoint ['stændpɔɪnt] *s.* ponto de vista, opinião

standstill ['stændstɪl] *s.* 1 imobilização; 2 paragem, pausa; 3 paralisação ❖ (devido a epidemia) *~ order* proibição de circulação de animais; *to be at a ~* estar parado, estar imobilizado; *to bring to a ~* obrigar a parar; paralisar; *to come to a ~* paralisar; imobilizar-se; não progredir

stand-to [ˌstænd'tuː] *s.* MILITAR alerta

stand-up ['stændʌp] Ⓐ *adj.* 1 (colarinho) direito, duro, engomado, alto; *~ collar* colarinho alto, colarinho engomado; 2 (combate, confronto) encarniçado, cerrado, em regra; *~ fight* luta cerrada; 3 (refeição) tomado de pé Ⓑ *s.* 1 cómico de *stand-up*; 2 *stand-up comedy*

stang [stæŋ] *s.* vara (medida de comprimento equivalente a 5,03 metros)

stanhope ['stænəp] *s.* 1 carruagem, carro leve, aberto, de duas ou quatro rodas; 2 determinado tipo de máquina impressora

staniel ['stænjəl] *s.* ZOOLOGIA francelho, mioto, peneireiro

stank [stæŋk] Ⓐ *s.* [dial.] charco, pântano Ⓑ *prt. de* **to stink**

stannary ['stænərɪ] *s.* ⟨pl. **-ies**⟩ 1 mina de estanho; 2 região rica em minas de estanho

stannate ['stæneɪt] *s.* QUÍMICA estanato

stannic ['stænɪk] *adj.* QUÍMICA estânico; *~ acid* ácido estânico ❖ QUÍMICA *~ chloride* cloreto estânico

stanniferous [stæ'nɪfərəs] *adj.* estanífero

stannite ['stænaɪt] *s.* MINERALOGIA estanina

stannous ['stænəs] *adj.* que contém estanho; *~ sulphate* sulfato de estanho

stanza ['stænzə] *s.* LITERATURA estância, estrofe

stanzed ['stænzd] *adj.* com estâncias ou estrofes; *four-stanzed* com quatro estâncias

stapedial [stəˈpiːdɪəl] *adj.* ANATOMIA estapédico, estapediano
stapedius [stəˈpiːdɪəs] *s.* ANATOMIA músculo estapediano
stapelia [stəˈpiːlɪə] *s.* BOTÂNICA estapélia
stapes [ˈsteɪpiːz] *s.* ANATOMIA (osso do ouvido interno) estribo
staphyline [ˈstæfɪlaɪn] *adj.* ANATOMIA estafilino
staphylinus [stæfɪˈlaɪnəs] *s.* ZOOLOGIA estafilino, género de insectos coleópteros
staphylococcus [stæfɪləʊˈkɒkəs] *s.* (pl. **-cocci**) estafilococo
staphyloma [stæfɪˈləʊmə] *s.* MEDICINA estafiloma, tumefacção da córnea ou da esclerótica
staphylomatous [stæfɪˈləʊmətəs] *adj.* estafilomatoso
staple [ˈsteɪpəl] Ⓐ *s.* 1 agrafo; 2 grampo, gato; 3 peça de metal ou arame dobrada em U; 4 armela; 5 encaixe da lingueta da fechadura; 6 tesoura de pregar; 7 COMÉRCIO artigo/produto principal; *the staples of Portuguese industry* os produtos principais da indústria portuguesa; 8 alimento principal, alimento de base; 9 elemento fundamental, assunto principal, parte mais importante; *gossip formed the ~ of their conversation* a conversa delas baseava-se essencialmente em bisbilhotice; 10 matéria-prima; 11 (algodão, lã) fibra; fio; *cotton of fine ~* algodão de fibra fina; *long-staple cotton* algodão de fibra comprida; *short-staple cotton* algodão de fibra curta; 12 (mina) poço interior; 13 HISTÓRIA entreposto, mercado, empório Ⓑ *adj.* 1 principal; *~ food* alimento principal; 2 básico; de primeira necessidade; *~ commodities* artigos de primeira necessidade; Ⓒ *v.tr.* 1 agrafar; 2 prender com grampos, segurar com grampos; grampear, grampar; 3 (lã) classificar, seleccionar conforme o fio ou a fibra ❖ *~ diet* dieta de base; quotidiano; dia-a-dia; *~ vice* torno de pé
stapler [ˈsteɪplə] *s.* 1 agrafador; 2 negociante, mercador de lã
stapling [ˈsteɪplɪŋ] *s.* agrafamento ❖ *~ machine* agrafador
star [stɑː] Ⓐ *s.* 1 ASTRONOMIA estrela; astro; *the morning ~* a estrela de alva; *the North ~* a estrela do norte, a Estrela Polar; *the Pole ~* a Estrela Polar; 2 figura geométrica parecida com uma estrela; 3 TIPOGRAFIA asterisco; 4 MILITAR insígnia de oficial, galões; 5 CINEMA actor principal; 6 vedeta, estrela, celebridade; 7 [fig.] fado, destino, fortuna, sorte; *she may thank her stars that she was not there* ela teve muita sorte em não estar ali; *to be born under a lucky ~* nascer sob uma boa estrela; 8 mancha branca na testa do cavalo; 9 BOTÂNICA variedade de flor Ⓑ *v.tr.,intr.* (particípios: **-rr-**) 1 ornamentar com estrelas; 2 marcar com asteriscos; 3 CINEMA, TEATRO apresentar como actor ou artista principal, apresentar como vedeta; *she is to be starred in the next film* vão-lhe dar o papel principal no próximo filme; 4 CINEMA, TEATRO protagonizar; 5 brilhar, cintilar, refulgir Ⓒ *adj.* 1 notável, de primeira ordem; *~ performance* representação de primeira ordem; 2 famoso; 3 principal ❖ ELECTRICIDADE *~ connection* ligação em estrela; ASTRONOMIA *~ drift* deriva estelar; BOTÂNICA *~ fruit* carambola; ZOOLOGIA *~ hawk* fêmea do açor; BOTÂNICA *~ jelly* nodulária; *~ lighting* tipo de iluminação de ruas que se assemelha à luz das estrelas; *~ map* mapa celeste; *~ part* papel principal; *~ point* ponto neutro; *~ polygon* polígono estrelado; ELECTRICIDADE *~ delta connection* ligação em estrela-triângulo; *~ of an order* estrela de uma ordem; condecoração; *~ pine* pinheiro-marítimo; *~ player* vedeta; *~ shell* granada iluminante; granada de sinalização; *~ shower* chuva de estrelas; BOTÂNICA *~ thistle* calcatripa; cardo estrelado; *~ wheel* roda estrelada; disco com entalhes; *~ worshipper* astrólatra; BOTÂNICA *~ of Bethlehem* leite-de-galinha; CINEMA, TEATRO *the ~ system* sistema de promoção das estrelas principais; *the stars and stripes* a bandeira dos Estados Unidos; (dor) *to see stars* [coloq.] ver as estrelas (ao meio-dia); *to sleep under the stars* dormir ao ar livre/ao relento
starblind [ˈstɑːblaɪnd] *adj.* 1 quase cego; 2 meio cego
starboard [ˈstɑːbəd, ˈstɑːbɔːd] Ⓐ *s.* NÁUTICA estibordo; *to ~ a* estibordo Ⓑ *v.tr.,intr.* virar para estibordo; guinar para estibordo ❖ *~ engine* máquina de estibordo; *~ light* luz de estibordo
starch [stɑːtʃ] Ⓐ *s.* (pl. **-es**) 1 amido; 2 fécula; *potato ~* fécula de batata; 3 (roupa) goma; 4 [fig.] rigidez, formalismo; *to take the ~ out of sb* tirar o formalismo a alguém Ⓑ *v.tr.* (roupa branca) engomar, meter em goma ❖ *~ paste* cola branca; goma de amido
starched [stɑːtʃt] *adj.* 1 engomado, metido em goma; 2 [fig.] empertigado, presumido, cheio de formalismo; *to affect a ~ manner* adoptar uma atitude empertigada
starchedness [ˈstɑːtʃtnɪs] *s.* ⇒ **starchiness**
starcher [ˈstɑːtʃə] *s.* 1 pessoa que engoma, engomadeira; 2 máquina de engomar
starchiness [ˈstɑːtʃɪnɪs] *s.* 1 atitude formalista; 2 maneiras afectadas, empertigadas
starching [ˈstɑːtʃɪŋ] *s.* acto de engomar, de meter em goma (roupa branca)
starchy [ˈstɑːtʃɪ] *adj.* 1 que contém amido, amiláceo; 2 feculento; 3 formalista, empertigado, cerimonioso
star-crossed [ˈstɑːˌkrɒst] *adj.* perseguido pela pouca sorte; predestinado para a infelicidade; maldito
stardom [ˈstɑːdəm] *s.* estrelato
stardust [ˈstɑːdʌst] *s.* 1 ASTRONOMIA poeira estelar; 2 [fig.] visão cor-de-rosa das coisas; *to have ~ in one's eyes* ter a cabeça cheia de ilusões
stare [steə] Ⓐ *s.* 1 olhar fixo; *stony ~* olhar duro; 2 olhar espantado; *with a ~ of horror* com os olhos arregalados de horror Ⓑ *v.tr.,intr.* 1 olhar, encarar fixamente; *to ~ at* olhar fixamente para; *to ~ into the distance* olhar ao longe fixamente; 2 olhar espantado, arregalar os olhos; *to make sb ~* causar surpresa a alguém, surpreender alguém; 3 fitar insolentemente; 4 (pessoa) reduzir a determinado estado, olhando-a fixamente; *she stared him dumb* ela fê-lo calar com um olhar; *to ~ sb into silence* fazer calar alguém com um olhar fixo; 5 estar iminente; saltar à vista; *ruin stared him in the face* a ruína parecia-lhe perigosamente próxima ❖ (solução, resposta) *to be staring sb in the face* estar debaixo do nariz de alguém; saltar à vista; ser evidente
◆**stare down/out** *v.tr.* fazer desviar o olhar a alguém, olhando fixamente; *to stare sb out of countenance* desconcertar uma pessoa, olhando-a fixamente
starer [ˈsteərə] *s.* 1 pessoa que olha fixamente; 2 basbaque, pacóvio
star-finch [ˈstɑːfɪntʃ] *s.* ZOOLOGIA rabirruivo
starfish [ˈstɑːfɪʃ] *s.* (pl. **-es**) ZOOLOGIA estrela-do-mar
stargaze [ˈstɑːgeɪz] *v.intr.* 1 observar as estrelas, dedicar-se à astronomia; 2 andar nas nuvens, andar na lua; devanear
stargazer [ˈstɑːgeɪzə] *s.* 1 [coloq.] astrónomo, astrólogo; 2 indivíduo que anda nas nuvens, indivíduo que anda na lua; 3 visionário, sonhador; 4 ZOOLOGIA (peixe) mira-sol, uranóscopo
stargazing [ˈstɑːgeɪzɪŋ] Ⓐ *adj.* 1 que anda no ar, que anda na lua; 2 visionário; 3 [coloq.] de nariz no ar Ⓑ *s.* 1 observação das estrelas, astronomia; 2 distracção, alheamento
stariness [ˈstɑːrɪnɪs] *s.* brilho de estrelas, claridade de estrelas
staring [ˈsteərɪŋ] Ⓐ *adj.* 1 que fitam fixamente; 2 (olhos) abertos, arregalados, pasmados; *~ eyes* olhos arregalados; 3 que dá na vista, berrante, espalhafatoso; *his tie was of a ~ red* a gravata dele era de um vermelho berrante Ⓑ *adv.* completamente, totalmente; *stark ~ mad* completamente louco, doido varrido Ⓒ *s.* olhar fixo; olhar pasmado
stark [stɑːk] Ⓐ *adj.* 1 rígido, hirto; 2 [poét.] forte, resoluto, decidido, persistente, tenaz; 3 completo, puro, perfeito; *he is a ~ fool* ele é um tolo perfeito; *~ madness* loucura completa; *~ nonsense* puro disparate Ⓑ *adv.* completamente; totalmente ❖ *~ mad* doido varrido; *~ naked* nu em pêlo; *to lie ~ in death* jazer na rigidez da morte; *to strip sb ~* tirar a roupa a alguém; despir alguém; pôr alguém em pêlo
starkly [ˈstɑːklɪ] *adv.* 1 rigidamente, de maneira hirta; 2 completamente; 3 pobremente, com singeleza
starkness [ˈstɑːknɪs] *s.* 1 rigidez; 2 nudez; 3 rudeza
starless [ˈstɑːləs] *adj.* sem estrelas, desprovido de estrelas
starlet [ˈstɑːlɪt] *s.f.* CINEMA jovem aspirante à estrela de cinema, jovem esperança do cinema
starlight [ˈstɑːlaɪt] *s.* luz das estrelas; *by ~/in the ~* à luz das estrelas
starling [ˈstɑːlɪŋ] *s.* 1 pegão, esporão de ponte; 2 quebra-mar; 3 ZOOLOGIA (ave) estorninho
starlit [ˈstɑːlɪt] *adj.* estrelado; *~ night* noite estrelada
starred [stɑːd] *adj.* 1 estrelado, cheio de estrelas; 2 em forma de estrela; 3 TIPOGRAFIA marcado com asterisco ❖ (durante a guerra de 1914-1918) *~ profession* profissão que isentava do serviço militar
starry [ˈstɑːrɪ] *adj.* (comp. **-ier**, superl. **-iest**) 1 estrelado, semeado de estrelas; *a ~ night* uma noite estrelada; 2 brilhante, cintilante como estrela; *~ eyes* olhos brilhantes como estrelas; 3 em forma de estrela

starry-eyed ['stɑːrɪaɪd] adj. 1 ingénuo; 2 demasiado idealista, sem o sentido da realidade; 3 (apaixonado) com um brilhozinho nos olhos

star-spangled ['stɑːˌspæŋgəld] adj. 1 estrelado; coberto de estrelas; 2 (acontecimento social) com presença de VIPs e pessoas famosas ❖ *the Star-Spangled Banner* o hino dos Estados Unidos; a bandeira dos Estados Unidos

starstone ['stɑːstəʊn] s. MINERALOGIA astéria

start [stɑːt] Ⓐ s. 1 início, começo, princípio; *at the ~* a princípio; *from the ~* desde o princípio; 2 origem; 3 partida; *the ~ of a race* a partida para uma corrida; *the ~ is scheduled for 6 a.m.* a partida está marcada para as seis da manhã; DESPORTO *to make a false ~* partir em falso; (corridas) *flying ~* partida lançada; (corridas) *standing ~* partida sem lançamento; 4 sinal de partida; 5 linha de partida; 6 avanço; vantagem; *five minutes ~* avanço de cinco minutos, vantagem de cinco minutos; *to have the ~ of* levar/ter vantagem sobre; 7 frente; dianteira; *to get the ~ of* passar à frente de, tomar a dianteira a; 8 começo vantajoso, posição vantajosa; 9 oportunidade; *he was not given much ~* não lhe deram grandes oportunidades; 10 arranco, impulso; *by fits and starts* aos arrancos, sem continuidade; 11 estremecimento, sobressalto, movimento brusco; *to give a ~* estremecer, sobressaltar-se; *to spring up with a ~* sobressaltar-se, pôr-se em pé, sobressaltado; 12 (surto); 13 arranque Ⓑ v.tr.,intr. 1 partir, iniciar viagem; *to ~ for* partir para; *she started her journey from Oporto* ela começou a viagem no Porto; 2 começar, dar começo a; iniciar, iniciar-se; *he started as a doctor* ele começou por ser médico; *I must ~ work at once* tenho de começar a trabalhar imediatamente; *to ~ afresh* começar de novo; *to ~ at the beginning* começar no princípio; *to ~ crying* começar a chorar; 3 abrir; encetar; *to ~ a fund* abrir uma subscrição; *to ~ negotiations* encetar negociações; 4 funcionar; pôr a funcionar; *the engine is hard to ~* é difícil pôr o motor a funcionar; *the engine started at the first touch* o motor pegou logo à primeira tentativa; 5 (negócio) lançar; *to ~ a newspaper* lançar um jornal, começar a publicar um jornal; 6 (assunto) trazer à baila; 7 causar, motivar, provocar, originar; 8 ajudar a começar, lançar (na vida); 9 sobressaltar-se, estremecer; *she started at the sound of his voice* ela teve um sobressalto ao ouvir a voz dele; 10 (travejamento) soltar-se, empenar, desprender-se, despegar, ceder, sair do lugar; 11 (corrida) dar sinal de partida; 12 (cavalo) inscrever em corrida; 13 (caça) levantar; *to ~ a hare* levantar uma lebre; 14 NÁUTICA tirar de barril, abrir barril ❖ *~ button* botão de arranque; *once you ~ her talking* se a põem a falar; *tears started from her eyes* saltaram-lhe lágrimas dos olhos; *tears started to her eyes* vieram-lhe as lágrimas aos olhos; *the news started her thinking* as notícias puseram-na a pensar; *to make a fresh ~* começar de novo; *to make a good ~* começar bem; *to ~ a bolt* abalar uma cavilha; *to ~ a difficulty* levantar uma dificuldade; *to ~ the ball rolling* dar o impulso inicial; *to ~ to one's feet* pôr-se em pé de repente; *to ~ wine* trasfegar vinho; *to ~ with* para começar; antes de mais nada; a princípio

◆ **start back** v.intr. 1 iniciar o caminho de regresso; 2 recuar, sobressaltado

◆ **start in** v.intr. 1 pôr mãos à obra; 2 [EUA] começar a ralhar, começar a criticar

◆ **start off** Ⓐ v.tr. 1 fazer partir; dar sinal de partida; *to ~ a horse at a gallop* fazer partir um cavalo a galope; 2 dar início a Ⓑ v.intr. 1 começar; iniciar; 2 partir

◆ **start on** v.tr. 1 queixar-se de; 2 meter-se com; implicar com; pegar-se com ❖ AERONÁUTICA *to ~ a flight* descolar; partir

◆ **start out** v.intr. 1 começar; 2 tencionar, ter a intenção de; 3 levantar âncora ❖ (espanto, medo, etc.) *her eyes were starting out of her head* ela arregalou os olhos; os olhos pareciam saltar-lhe das órbitas

◆ **start over** Ⓐ v.tr. recomeçar Ⓑ v.intr. começar de novo; voltar à estaca zero

◆ **start up** Ⓐ v.tr. (carro, máquina) pôr a trabalhar Ⓑ v.intr. 1 começar; 2 (carro) pegar; 3 levantar-se repentinamente; *to ~ from a seat* levantar-se com um salto ❖ *his hair started up* ficou com os cabelos em pé; *to ~ from one's sleep* acordar sobressaltado

START [abrev. de Strategic Arms Reduction Talks] tratado sobre a redução dos arsenais estratégicos nucleares

starter ['stɑːtə] s. 1 DESPORTO (corridas) juiz de partida, pessoa que dá sinal de partida; 2 corredor; 3 concorrente, participante; 4 cavalo que toma parte numa corrida; 5 autor de projecto, etc.; pessoa que lança uma ideia ou inicia qualquer coisa; 6 cão que levanta a caça; 7 (dispositivo) arranque; *foot ~* pedal de arranque, arranque com o pé; 8 (automóvel) motor de arranque; 9 (refeição) entrada, primeiro prato ❖ *~ button* botão de arranque; *~ motor* motor de arranque; *for starters* para começar

starting ['stɑːtɪŋ] Ⓐ adj. 1 inicial; *~ friction* atrito inicial; *~ price* preço inicial; 2 de arranque; *~ current* corrente de arranque; *~ engine* motor de arranque; *~ handle* manivela de arranque; ELECTRICIDADE *~ load* carga de arranque; AERONÁUTICA *~ motor* motor de arranque; *~ protective device* dispositivo de segurança do arranque; *~ resistance* resistência de arranque; *~ speed* velocidade de arranque; 3 de partida; DESPORTO *~ line* linha de partida; *~ point* ponto de partida; *~ position* posição de partida Ⓑ s. 1 sobressalto, susto, estremecimento; 2 movimento brusco; 3 início, começo; 4 iniciação; 5 arranque, dispositivo de arranque; *~ trouble* avaria no arranque do automóvel ❖ *~ (up) an engine* acto de pôr em funcionamento um motor

startle ['stɑːtl] v.tr. 1 assustar, atemorizar; 2 sobressaltar; 3 surpreender, chocar, escandalizar, alarmar; [coloq.] *to ~ the old fogeys* alarmar as pessoas pacatas, escandalizar as pessoas antiquadas

startled ['stɑːtəld] adj. 1 assustado, alarmado; 2 sobressaltado, surpreendido

startler ['stɑːtlə] s. [coloq.] coisa ou notícia chocante ou sensacional

startling ['stɑːtlɪŋ] adj. 1 assustador, alarmante; 2 aterrador; 3 surpreendente; 4 sensacional; 5 chocante

startlingly ['stɑːtlɪŋlɪ] adv. 1 assustadoramente; 2 de maneira alarmante; 3 surpreendentemente; 4 chocantemente

start-up ['stɑːtʌp] Ⓐ s. 1 (máquina, etc.) arranque; 2 (negócio) lançamento Ⓑ adj. 1 de arranque; 2 de lançamento; 3 (negócios) inicial; *~ money* capital inicial

starvation [stɑːˈveɪʃən] s. 1 fome; *to die of ~* morrer de fome; 2 inanição ❖ *~ wages* salários de fome

starve [stɑːv] v.tr.,intr. 1 estar esfomeado, passar fome; *I am simply starving* estou com uma fome terrível; 2 morrer de fome, morrer de inanição; 3 morrer à míngua; 4 fazer passar fome; 5 matar à fome; 6 morrer [for, por]; ansiar [for, por]; sentir grande necessidade [for, de]; 7 [arc.] estar cheio de frio; *to be starving with cold* estar gelado, estar cheio de frio

◆ **starve into** v.tr. obrigar pela fome; *to starve sb into surrender* vencer alguém pela fome

◆ **starve of** v.tr. privar de ❖ *to be starved of* sentir carência de; sentir necessidade de

◆ **starve out** v.tr. obrigar a render-se, por falta de alimentos; vencer pela fome; *to starve sb out* cortar as subsistências a alguém

starved [stɑːvd] adj. 1 esfomeado; cheio de fome; faminto; *to be ~* estar cheio de fome; 2 [fig.] carente; *~ of affection* carente; 3 [arc.] transido de frio

starveling ['stɑːvlɪŋ] Ⓐ adj. 1 faminto, esfomeado; 2 (salário) de fome, insuficiente Ⓑ s. 1 pessoa ou animal esfomeado; 2 pessoa ou animal com aspecto esfomeado; 3 planta estiolada

starver ['stɑːvə] s. pessoa que passa ou faz passar fome

starving ['stɑːvɪŋ] Ⓐ adj. esfomeado, faminto, famélico; a morrer de fome Ⓑ s. 1 acto de morrer de fome; 2 insuficiência de alimentação; 3 inanição; 4 MEDICINA dieta rigorosa

starwort ['stɑːwɜːt] s. BOTÂNICA morugem, merugem, marugem

stash [stæʃ] Ⓐ v.tr. 1 [coloq.] esconder; 2 [coloq.] guardar; 3 [coloq.] pôr de lado Ⓑ s. 1 [coloq.] esconderijo, toca(fig.); 2 [coloq.] porção escondida; *a ~ of drugs* um carregamento de droga escondido

◆ **stash away** v.tr. 1 esconder; 2 guardar, pôr de lado

stasis ['steɪsɪs] s. MEDICINA estase

statable ['steɪtəbəl] adj. que pode afirmar-se ou declarar-se

statant ['steɪtənt] adj. HERÁLDICA sentado

state [steɪt] Ⓐ s. 1 estado; condição; situação; *~ of health* estado de saúde; *~ of mind* estado de espírito; *~ of siege* estado de sítio; *a bad ~ of repair* mau estado de conservação; *in a good ~* em bom estado; 2 classe; posição social; 3 (emoções) agitação; cólera; excitação; *she was in quite a ~ about that* ela estava muito agitada por causa disso; **4** cerimónia, esplendor, magnificência, pompa, aparato, gala; *in great ~* com grande aparato, com grande pompa; *to live in great ~* viver com grande pompa; *the Queen received the ambassador in ~* a rainha recebeu o embaixador com grande pompa; **5** dignidade; **6** POLÍTICA estado, governo, país; **7** (república federal) estado; *the States/the United States of America* os Estados Unidos da América Ⓑ *adj.* **1** estatal; público; do Estado; *to bring into ~ control* colocar sob o controlo do Estado; **2** de estado; *~ affairs* negócios de estado; *~ secret* segredo de Estado; **3** governamental; **4** oficial; *~ schools* escolas oficiais; *~ visit* visita oficial; **5** (cerimónia) de grande gala; *~ ball* baile de gala; *~ carriage* carruagem oficial de gala Ⓒ *v.tr.* **1** dizer; referir; especificar; *he didn't ~ why* ele não disse porquê; *he is stated to have said...* afirmam que ele disse...; *as stated below* conforme abaixo se especifica; **2** declarar, expor, narrar, relatar cuidadosamente; DIREITO *to ~ a case* expor um caso perante o tribunal; *to ~ one's opinion* expor a sua opinião; *you must ~ full particulars* tens de apresentar os pormenores; **3** MATEMÁTICA formular, enunciar; **4** (hora, data) fixar, determinar, designar, especificar ❖ *~ apartments* aposentos oficiais; *~ criminal* criminoso político; [EUA] *State Department* Ministério dos Negócios Estrangeiros; *~ funeral* honras fúnebres; DIREITO *~ trial* processo político; [EUA] *~ rights* direitos particulares de cada um dos estados; *chair of ~* trono; *Secretary of State* secretário de estado; (EUA) Ministro dos Negócios Estrangeiros; [EUA] *the State Department* o Ministério dos Negócios Estrangeiros; (França) *the States General* os Estados Gerais; (cadáver) *to lie in ~* estar exposto em câmara ardente; *to ~ an account* especificar uma conta; *whatever the ~ of the case may be* seja qual for o caso

state-aided ['steɪt,eɪdɪd] *adj.* com apoio oficial; subvencionado pela Estado; subsidiado

statecraft ['steɪtkrɑːft] *s.* **1** arte de governar; **2** política

stated ['steɪtɪd] *adj.* **1** fixo, estabelecido, determinado; *at the ~ times* à hora marcada, às horas determinadas; **2** especificado; **3** exposto, apresentado, relatado ❖ *at ~ intervals* a intervalos regulares

statedly ['steɪtɪdlɪ] *adv.* **1** regularmente, em intervalos regulares; **2** em ocasiões fixas

stateless ['steɪtləs] *adj.* apátrida

stateliness ['steɪtlɪnɪs] *s.* **1** imponência, fausto, pompa, ostentação, magnificência; **2** majestade; **3** dignidade, altivez

stately ['steɪtlɪ] *adj.* (*superl.* **-iest**, *comp.* **-ier**) **1** imponente, faustoso, pomposo, magnificente; **2** majestoso; **3** grandioso; **4** solene, nobre, elevado; **5** altivo

statement ['steɪtmənt] *s.* **1** declaração; *according to her own ~* segundo ela própria declarou; **2** comunicado; *official ~ to the press* comunicado oficial à imprensa; **3** afirmação, asserção; **4** (atitude, estilo) mensagem; *to make a ~* passar uma mensagem; **5** enunciação; *bare ~ of the facts* simples enunciação dos factos; **6** exposição, relato circunstanciado; relatório; **7** FINANÇAS (banco) balanço; extracto de conta; *~ of account* extracto de conta; *~ of expenses* extracto de despesas; *the Bank monthly ~* o balanço mensal do banco; **8** DIREITO (testemunha) depoimento; *to make a ~* depor; **9** INFORMÁTICA declaração

state-of-the-art ['steɪtəvðɪˈɑːt] *adj.* **1** (tecnologia) topo de gama, de ponta; *it's state-of-the-art!* é o último grito!, é a última palavra! *fig.*; **2** conhecimentos actuais; últimos avanços

state-owned [ˌsteɪtˈəʊnd] *adj.* do estado, público

stater ['steɪtə] *s.* státer, antiga moeda grega de ouro ou prata

stateroom ['steɪtruːm] *s.* **1** salão de recepções; **2** camarote de luxo

statesman ['steɪtsmən] *s.* (*pl.* **-men**) **1** estadista, homem de estado; **2** político inteligente e de vistas largas; **3** pequeno agricultor que trabalha nas terras ❖ HISTÓRIA *the Elder Statesmen* os estadistas japoneses que dirigiram os destinos do Japão entre o restabelecimento do Micado (1868) e os fins do séc. XIX

statesmanlike ['steɪtsmənlaɪk] *adj.* **1** próprio de estadista; **2** político

statesmanly ['steɪtsmənlɪ] *adj.* ⇒ **statesmanlike**

statesmanship ['steɪtsmənʃɪp] *s.* **1** capacidade política, competência de estadista; **2** arte de governar

static ['stætɪk] Ⓐ *adj.* **1** estático; *~ balance* equilíbrio estático; *~ charge* carga estática; *~ equilibrium* equilíbrio estático; *~ load* carga estática; *~ unbalance* desequilíbrio estático; **2** relativo à estática; **3** em repouso; **4** em equilíbrio; **5** (água) sem pressão; **6** estacionário; estável Ⓑ *s.* interferências; estática ❖ ELECTRICIDADE *~ electricity* electricidade estática; *~ friction* atrito de aderência; *~ moment* momento de uma força

statical ['stætɪkəl] *adj.* ⇒ **static**

statically ['stætɪklɪ] *adv.* **1** estaticamente; **2** segundo as leis da estática

statics ['stætɪks] *s.* estática

stating ['steɪtɪŋ] *s.* **1** exposição, declaração, relato; **2** relatório

station ['steɪʃən] Ⓐ *s.* **1** posto, posição; NÁUTICA *action stations* postos de combate; NÁUTICA *take your stations!* todos aos seus postos!; **2** sítio; **3** local designado; **4** (comboios) estação; *railway ~* estação do caminho-de-ferro; *detraining ~* estação de desembarque; *entraining ~* estação de embarque; *goods ~* estação de mercadorias; *passenger ~* estação de passageiros; **5** (autocarros) central, terminal; *bus ~* central de autocarros; **6** RÁDIO, TELEVISÃO emissora, estação; *broadcasting ~* emissora; **7** (bombeiros, etc.) quartel; **8** esquadra, posto policial; *police ~* esquadra de polícia; **9** bomba; *petrol ~* bomba de gasolina; **10** MILITAR posto; guarnição militar; base militar ou naval; *military ~* posto militar, guarnição militar; MILITAR *outlying ~* ponto de apoio; *listening ~* posto de escuta, estação de escuta; **11** depósito de carvão; *coaling ~* depósito de carvão; **12** central eléctrica; **13** posição, classe social, hierarquia; *~ in life* posição social; *the duties of one's ~* as obrigações da posição que se ocupa; **14** esfera de actividade, ofício, ocupação; **15** observatório; **16** (agrimensura) ponto de referência; **17** criação de carneiros; **18** BOTÂNICA, ZOOLOGIA habitat; **19** [rar.] acto de estar, de não se deslocar Ⓑ *v.tr.* colocar, pôr, fazer estacionar; *to ~ troops* colocar tropas; *the fleet was stationed at...* a esquadra encontrava-se estacionada em...; **2** nomear ou designar para posto ou cargo ❖ (comboios) *~ calendar* quadro de partidas; *~ house* esquadra de polícia; quartel de bombeiros; (comboios) *~ manager/master* chefe da estação; (automóvel) *~ wagon* carrinha; RELIGIÃO *stations of the cross* estações da via sacra; *Red Cross ~* posto da Cruz Vermelha; *to know the ~ of the wind* saber de que lado sopra o vento

stational ['steɪʃənəl] *adj.* estacional

stationary ['steɪʃnərɪ, 'steɪʃənerɪ] Ⓐ *adj.* **1** estacionário; sem aumentar nem diminuir; *~ population* população estacionária, que não aumenta nem diminui; *~ temperature* temperatura estacionária; **2** imóvel; sem movimento; parado; **3** estacionado; *~ car* carro estacionado, carro em estacionamento; *~ troops* tropas estacionadas; **4** fixo; *~ core* núcleo fixo; *~ crane* guindaste fixo; *~ engine* motor fixo Ⓑ *s.* (*pl.* **-ies**) **1** pessoa que estaciona; **2** *pl.* tropas estacionadas ❖ *~ air* ar que permanece nos pulmões durante a respiração normal; DESPORTO *~ bike* bicicleta de ginástica; bicicleta fixa; *~ disease* doença local, devida a condições atmosféricas, que desaparece depois de determinado período; ASTRONOMIA (satélite artificial) *~ orbit* órbita geostacionária; ASTRONOMIA *~ point* estação espacial

stationer ['steɪʃənə] *s.* proprietário de papelaria; gerente de papelaria; vendedor de artigos de papelaria ❖ *stationer's (shop)* papelaria; *Stationers' Hall* conservatória da propriedade literária em Londres

stationery ['steɪʃnərɪ] *s.* **1** artigos de papelaria, artigos de escritório; **2** papel de carta e sobrescritos; *a box of ~* uma caixa com papel de carta e sobrescritos; **3** papelaria

statism ['steɪtɪzəm] *s.* estatismo, administração e controlo pelo Estado dos assuntos sociais e económicos

statist ['steɪtɪst] *s.* estatista, estaticista

statistic [stəˈtɪstɪk] *s.* (número) estatística ❖ *to become just another ~* ser apenas mais um número a juntar às estatísticas

statistical [stəˈtɪstɪkəl] *adj.* estatístico; baseado na estatística ❖ *~ experts* peritos em estatísticas; *~ tables* estatística

statistically [stəˈtɪstɪklɪ] *adv.* **1** estatisticamente; **2** de acordo com a estatística; **3** do ponto de vista estatístico

statistician [ˌstætɪsˈtɪʃən] *s.* ⇒ **statist**

statistics [stəˈtɪstɪks] *s.* estatística

stator ['steɪtə] *s.* **1** ELECTRICIDADE estator; parte fixa de motor eléctrico

statoscope [ˈstætəʊskəʊp] s. estatoscópio, instrumento para verificar as variações bruscas de pressão durante temporais, trovoadas, ciclones, etc.

statuary [ˈstætʃuərɪ] Ⓐ adj. estatuário; relativo à estatuária; próprio para estátuas; *~ bronze* bronze para estátuas Ⓑ s. (pl. **-ies**) **1** estatuário; **2** escultor; **3** estatuária, arte de fazer estátuas; **4** estátuas

statue [ˈstætʃuː] s. estátua

statued [ˈstætʃuːd] adj. **1** com estátuas; **2** ornamentado com estátuas; **3** representado em estátua

statuesque [stætʃuˈesk] adj. **1** semelhante a uma estátua; com a beleza e a dignidade de uma estátua; **2** (aspecto, aparência) escultural

statuette [stætʃuˈet] s. estatueta

stature [ˈstætʃə] s. **1** estatura, tamanho, altura; *to be of mean ~* ser de estatura mediana; **2** envergadura; importância; estatuto; prestígio

status [ˈsteɪtəs, ˈstætəs] s. (pl. **-es**) **1** estado; *civil ~* estado civil; **2** posição, condição, categoria; *social ~* posição social; **3** título; *without any official ~* sem título oficial; **4** estado legal; situação jurídica; situação legal de uma pessoa em relação a outras; **5** situação de negócios, etc.; **6** prestígio; importância relativa ❖ *~ symbol* símbolo de prestígio; sinal exterior de riqueza; *to make a ~ report on...* fazer o ponto da situação de...

status quo [ˌsteɪtəsˈkwəʊ, ˌstætəsˈkwəʊ] s. statu quo, (o) estado actual das coisas

statutable [ˈstætʃutəbəl] adj. **1** legalmente estatuído; **2** regulamentar; **3** previsto pela lei

statute [ˈstætʃuːt] s. **1** lei; decreto; *by ~* segundo a lei; *declaratory ~* lei interpretativa; **2** estatuto, regimento, regulamento; *University statutes* estatutos universitários; **3** RELIGIÃO (Bíblia) lei divina ❖ *~ book* código de leis dimanadas do Parlamento; *~ fair* feira legal; *~ law* decreto parlamentar; *~ measures* medidas legais; *~ mile* milha inglesa; DIREITO *the ~ of limitation* a lei relativa à prescrição de dívidas legais

statute-barred [ˈstætʃuːtbɑːd] adj. DIREITO prescrito, caduco

statutory [ˈstætʃutərɪ, ˈstætʃutərɪ] adj. **1** estatutário, conforme os estatutos; **2** legal, regulamentar, legalmente estatuído; *~ provisions* medidas legais; **3** previsto pela lei ❖ *~ change* modificação legislativa; *~ company* companhia que beneficia de legislação especial para empresas de serviço público; *~ holiday* feriado oficial; [EUA] DIREITO *~ rape* violação de menor; estupro

staunch [stɔːntʃ] Ⓐ adj. **1** fiel, leal, dedicado, seguro; *~ friend* amigo dedicado; *~ supporter* partidário seguro; **2** de confiança; **3** sólido, forte, firme; **4** (navio, junta, etc.) estanque, que não deixa passar água nem ar Ⓑ v.tr. ⇒ **stanch** Ⓐ

staunchly [ˈstɔːntʃlɪ] adv. **1** com segurança, com firmeza; **2** resolutamente; **3** com dedicação

staunchness [ˈstɔːntʃnɪs] s. **1** fidelidade, lealdade, dedicação; **2** solidez, firmeza; **3** característica daquilo que é estanque

staurolite [ˈstɔːrəlaɪt] s. MINERALOGIA estaurolite

stauroscope [ˈstɔːrəskəʊp] s. MINERALOGIA estauroscópio

stave [steɪv] Ⓐ s. **1** bordão, ripa forte; **2** (escada de mão) degrau; **3** (pipa, barril) aduela; **4** MÚSICA pentagrama, pauta; **5** LITERATURA estrofe, estância Ⓑ v.tr.,intr. (prt. e part. pass. **staved** ou **stove**) **1** rebentar, quebrar, arrombar; **2** abrir rombo em; **3** esmagar, amassar, achatar; **4** esmagar-se, achatar-se; **5** colocar aduelas em ❖ *~ rhyme* aliteração; *~ wood* madeira para aduela; MÚSICA *the staves of the piece* os primeiros compassos da obra; *to ~ a barrel* tirar o fundo a uma pipa

◆**stave in** v.tr. **1** rebentar, quebrar, arrombar; **2** amassar; *to ~ the top of a box* amassar/achatar a tampa de uma caixa

◆**stave off** v.tr. **1** adiar, afastar, atrasar, protelar; **2** evitar ❖ *to ~ hunger* enganar a fome

staved [steɪvd] adj. ARQUITECTURA com rudentura

stavesacre [ˈsteɪvzeɪkə] s. BOTÂNICA paparraz, erva-piolha

staving [ˈsteɪvɪŋ] s. madeira para aduelas ❖ *~ in* amassamento; arrombamento; *~ off* adiamento; protelação

stay [steɪ] Ⓐ s. **1** estada, estadia, permanência; *for a short ~* durante uma breve estadia; **2** paragem, demora; **3** DIREITO adiamento; suspensão; prorrogação; *the judge granted a ~ of execution* o juiz concedeu uma prorrogação; *an appeal is not a ~* um recurso não tem efeito suspensivo; **4** NÁUTICA estai, patarrás do gurupés; *main ~* estai do mastro grande; *main topgallant ~* estai do joanete grande; *main top ~* estai da gávea do mastro grande; **5** suporte, apoio, esteio, escora, pontalete; *he's the chief ~ of his family* ele é o principal esteio da família; **6** tirante; **7** obstáculo, empecilho, impedimento, estorvo; **8** resistência; **9** pl. corpete, espartilho Ⓑ v.tr.,intr. **1** estar; ficar; *to ~ at home* ficar em casa; *to ~ for/to dinner* ficar para jantar; *to ~ in bed* ficar na cama; [coloq.] *to ~ put* ficar no mesmo sítio, não sair do lugar; **2** permanecer; ficar; *to ~ single* permanecer solteiro; **3** continuar; demorar-se; **4** ter breve estadia, hospedar-se; *to ~ at a hotel* ficar num hotel; *to ~ with sb* ficar em casa de alguém; *she has come to ~* ela veio passar algum tempo connosco, veio viver connosco; **5** satisfazer, saciar por pouco tempo, enganar; *to ~ one's hunger* enganar a fome; *to ~ one's stomach* enganar o estômago; **6** adiar, protelar, demorar, retardar, deter; **7** debelar; **8** suster, reter; impedir; *to ~ sb's hand* reter a mão de alguém; *to ~ the progress of a disease* suster uma doença; **9** parar, fazer uma pausa, deter-se; **10** interromper-se; **11** suportar, tolerar, aguentar, resistir; *I couldn't ~ the course* não consegui aguentar a corrida; **12** apoiar, escorar, segurar com esteio, arame ou corda; *to ~ (up) sth* escorar alguma coisa; **13** NÁUTICA virar de bordo ❖ *~ bar* barra de apoio; NÁUTICA *to be in stays* ter vento pela proa; NÁUTICA *to be slack in stays* ser lento a virar de bordo; NÁUTICA *to miss stays* não conseguir virar de bordo; *to ~ one's hand* evitar fazer; coibir-se de fazer alguma coisa

◆**stay away** v.intr. **1** manter-se longe [**from**, de]; **2** faltar [**from**, a]; não ir [**from**, a]

◆**stay behind** v.intr. ficar para trás; atrasar-se

◆**stay down** v.intr. **1** ficar em baixo; **2** ficar deitado; **3** (escola) chumbar; reprovar; **4** (comida) ficar no estômago

◆**stay in** v.intr. não sair; ficar em casa; *he was told to ~ for a few days* disseram-lhe que não saísse de casa durante alguns dias

◆**stay on** v.intr. demorar-se ainda algum tempo

◆**stay out** v.intr. **1** não estar em casa; *the boys stayed out until eleven o'clock* os rapazes só voltaram às onze horas; **2** estar fora; **3** (trabalhadores) fazer greve; **4** evitar envolver-se [**of**, em]; não se meter [**of**, em]; *~ of trouble!* não te metas em sarilhos! ❖ *to ~ all night* não dormir em casa; passar a noite fora

◆**stay over** v.intr. (um ou vários dias) ficar; fazer uma paragem

◆**stay up** v.intr. não se deitar; ficar a pé; ficar acordado; *to ~ late* ficar a pé até tarde

stayer [ˈsteɪə] s. **1** pessoa que está, que permanece ou se demora; **2** resistente, pessoa com muita resistência; pessoa persistente; **3** pessoa que põe termo a; **4** DESPORTO corredor de fundo; **5** cavalo que aguenta longas distâncias

staying [ˈsteɪɪŋ] s. **1** estadia, estada; **2** demora; **3** visita; **4** resistência; **5** suspensão; **6** escoramento; reforço; apoio; *~ of a roof* escoramento de um telhado; **7** NÁUTICA acto de firmar com cabos ❖ *~ away* ausência; afastamento; *~ power* capacidade de resistência; persistência; *to lack ~ power* não ter capacidade de resistência; desistir facilmente

staysail [ˈsteɪseɪl, ˈsteɪsl] s. NÁUTICA vela de estai; *fore topgallant ~* vela de estai do joanete da proa; *main topgallant ~* vela de estai do joanete grande; *main top ~* vela de estai do mastaréu grande

STD Ⓐ MEDICINA [abrev. de sexually transmitted disease] DST Ⓑ [abrev. de Sacrae Theologiae Doctor (Doctor of Sacred Theology)] Ⓒ (telecomunicações) [abrev. de subscriber trunk dialling]

stead [sted] Ⓐ s. **1** lugar; *in sb's ~* em vez de alguém, no lugar de alguém; **2** proveito, serviço; *to stand a person in good ~* ser útil ou vantajoso para alguém Ⓑ v.tr. [arc.] ser útil, ser vantajoso para; servir, aproveitar; *it steads him nothing* de nada lhe serve

steadfast [ˈstedfɑːst] adj. **1** firme, estável; *~ policy* política firme; **2** constante; *~ in love* constante no amor; **3** inalterável; **4** inflexível, inabalável; **5** resoluto

steadfastly [ˈstedfɑːstlɪ] adv. **1** com firmeza; **2** com constância; **3** inabalavelmente, resolutamente, inflexivelmente

steadfastness [ˈstedfɑːstnɪs] s. **1** firmeza, constância, estabilidade; **2** inflexibilidade; **3** tenacidade, perseverança

steadily ['stedɪlɪ] adv. 1 firmemente; to walk ~ caminhar com um passo firme; 2 com constância; 3 perseverantemente; 4 com regularidade; to work ~ trabalhar com perseverança, com regularidade, com bom ritmo

steadiness ['stedɪnɪs] s. 1 segurança; 2 firmeza; ~ of hand firmeza da mão; 3 fixidez; ~ of gaze fixidez do olhar; 4 perseverança, constância; 5 regularidade, uniformidade; 6 estabilidade; ~ of prices estabilidade dos preços; 7 comportamento equilibrado, reflectido; 8 serenidade, calma

steading ['stedɪŋ] s. ⇒ farmstead

steady ['stedɪ] Ⓐ adj. (comp. -ier, superl. -iest) 1 firme, fixo, seguro; ~ as a rock firme como rocha; ~ rest apoio fixo; to be ~ in one's principles ser firme nos seus princípios; to have a ~ hand ter uma mão segura; to keep ~ manter-se firme; with a ~ step com passo firme; you must level the table's legs to make it ~ tens de nivelar as pernas da mesa para a firmar; 2 estável; ~ prices preços estáveis; ~ weather tempo estável; to grow ~ estabilizar-se; 3 constante, regular, uniforme; a ~ wind um vento constante; a ~ speed uma velocidade constante; ~ load carga constante, carga permanente; ~ motion movimento uniforme; ~ pulse pulso constante, pulso regular; ~ running funcionamento uniforme; ELECTRICIDADE ~ direct current corrente contínua constante; 4 contínuo; ~ increase aumento contínuo; 5 invariável; 6 aplicado, trabalhador, disciplinado; ~ worker trabalhador aplicado; 7 regrado, com bons hábitos; a ~ young man um jovem regrado, com bons hábitos de trabalho; 8 constante, perseverante Ⓑ s. (pl. -ies) 1 suporte, apoio para mão ou ferramenta; 2 [EUA] [coloq.] namorado ou namorada firme e constante; companheiro de relação estável Ⓒ v.tr.,intr. 1 firmar; fixar; to ~ one's hand firmar a mão; 2 estabilizar; prices are steadying os preços estão a estabilizar; 3 regular; 4 acalmar; to ~ the nerves acalmar os nervos; 5 manter(-se) firme; 6 equilibrar(-se); 7 NÁUTICA (navio) aguentar; to ~ a boat aguentar um barco, endireitar um barco; 8 dar pouco balanço; 9 endireitar-se ❖ steady! cuidado!; não sejas pateta!; não te precipites!; ~ barometer barómetro estacionário; ~ horse cavalo calmo; ~ pin pino de fixação; he will soon ~ down ele em breve tomará juízo, em breve assentará; NÁUTICA keep her steady! firme o leme!; não desviar da rota!; to be ~ in one's legs/pins andar direito; manter-se firme nas pernas; to go ~ with sb ter uma relação estável com alguém

steady-going ['stedɪɡəʊɪŋ] adj. 1 ponderado, metódico, reflectido; 2 (cavalo) seguro; 3 (motor) de funcionamento regular

steadying ['stedɪɪŋ] s. 1 estabilização; 2 fixação; acto de firmar ❖ ~ resistance resistência de estabilização

steak [steɪk] s. 1 CULINÁRIA bife; grilled ~ bife grelhado; 2 costeleta de porco; 3 filete ou posta de peixe ❖ ~ knife faca de serrilha; CULINÁRIA ~ tartare bife tártaro

steal [stiːl] Ⓐ v.tr.,intr. (prt. stole, part. pass. stolen) 1 roubar, furtar, surripiar; I have had my watch stolen roubaram-me o relógio; to ~ a kiss roubar um beijo; to ~ money from the till roubar dinheiro da caixa; RELIGIÃO (Bíblia) thou shalt not ~ não roubarás; 2 conseguir por meio de astúcia ou surpresa; 3 agir pela calada; 4 mover-se em segredo; deslocar-se furtivamente; to ~ along caminhar furtivamente; to ~ down descer furtivamente; to ~ up subir sem se fazer notado Ⓑ s. 1 (golfe) bolada longa e bem sucedida; 2 [EUA] plágio; 3 furto; 4 trapacice ❖ a smile stole across her lips um sorriso furtivo perpassou-lhe pelos lábios; I felt sleep stealing upon me senti o sono começar a apoderar-se de mim; mist stole upon the valley a névoa instalou-se insensivelmente sobre o vale; time was stealing on o tempo passava imperceptivelmente; to ~ a glance at lançar um olhar furtivo para; to ~ a march on conseguir vantagem sobre; adiantar-se a; to ~ in entrar sem se tornar notado; to ~ sb's heart conquistar o coração de alguém; to ~ the show conquistar a assistência; merecer os aplausos da assistência; ser o centro das atenções

◆**steal away** v.intr. afastar-se pela calada; esgueirar-se; escapulir-se

stealer ['stiːlə] s. ladrão, gatuno

stealing ['stiːlɪŋ] s. roubo, furto

stealth [stelθ] s. sorrelfa; actuação furtiva; coisa feita pela calada; coisa feita em segredo ❖ ECONOMIA ~ tax imposto indirecto; by ~ pela calada; sub-repticiamente

stealthily ['stelθɪlɪ] adv. 1 furtivamente; 2 pela calada; 3 sub-repticiamente

stealthiness ['stelθɪnɪs] s. carácter furtivo de qualquer acto

stealthy ['stelθɪ] adj. (comp. -ier, superl. -iest) furtivo, escondido, secreto, dissimulado

steam [stiːm] Ⓐ s. 1 vapor, vapor de água; dry ~ vapor seco; wet ~ vapor húmido; to work by ~ trabalhar a vapor; 2 [fig.] (velocidade, força) vapor; at full ~/with all ~ on a todo o vapor; to put on full ~ seguir a todo o vapor, seguir a toda a velocidade; 3 névoa; 4 [coloq.] pressão; energia, vigor, força; to get up ~ preparar-se para qualquer esforço, concentrar energias; to keep up ~ continuar, manter-se sopressão, não abrandar o esforço; ~ is up estamos sob pressão Ⓑ adj. de vapor; a vapor; ~ atomizer pulverizador de vapor; ~ bath banho de vapor; ~ blast jacto de vapor; ~ boiler caldeira a vapor; ~ cock torneira do vapor; ~ cushion almofada de vapor, amortecedor de vapor; ~ engine máquina a vapor; ~ engineering engenharia de máquinas a vapor; ~ formation formação de vapor; ~ gas vapor sobreaquecido; ~ heating aquecimento a vapor; ~ jet jacto de vapor; ~ leak fuga de vapor; ~ passage trajecto de vapor, conduta de vapor; ~ power potência de vapor; ~ pressure pressão de vapor; ~ space reservatório de vapor, caixa de distribuição de vapor; ~ trawler traineira a vapor; ~ way conduta de vapor Ⓒ v.tr.,intr. 1 deitar fumo, fumegar, produzir vapor de água; 2 evaporar-se; 3 deslocar-se por meio de vapor; 4 navegar a vapor; the ship was steaming at fifteen knots o navio avançava à velocidade de quinze nós; 5 CULINÁRIA cozinhar, cozer ao vapor; 6 (madeira) tratar pelo vapor, submeter à acção do vapor de água para mais facilmente dobrar; 7 [coloq.] trabalhar com energia, fazer grandes progressos; 8 [fig.] fumegar; the horses were steaming with sweat os cavalos fumegavam de suor ❖ (nas caldeiras a vapor) ~ coal carvão de chama curta; ~ gauge manómetro de pressão; she steamed the envelope open ela descolou o sobrescrito, passando-o por vapor de água; to let off ~ deixar escapar vapor; descarregar a bílis; to proceed under its own ~ marchar pelos próprios meios

◆**steam up** v.tr.,intr. 1 embaciar; 2 (quarto de banho, etc.) encher(-se) de vapor; 3 aumentar a pressão; 4 [coloq.] trabalhar com vontade

steamboat ['stiːmbəʊt] s. barco a vapor

steamer ['stiːmə] s. 1 NÁUTICA navio a vapor; 2 bomba de incêndio a vapor; 3 recipiente para cozinhar por meio da acção do vapor

steamerful ['stiːməfʊl] s. navio cheio, barco cheio

steamily ['stiːmɪlɪ] adv. 1 fumegantemente; 2 emitindo vapor

steaminess ['stiːmɪnɪs] s. vaporosidade

steaming ['stiːmɪŋ] Ⓐ adj. 1 que deita fumo; 2 que emite vapor de água; 3 [coloq.] furioso, furibundo; 4 [cal.] podre de bêbedo coloq. Ⓑ s. 1 acto de fumegar; 2 deslocação por meio do vapor de água; 3 acto de cozinhar ao vapor; 4 [cal.] (comboio, autocarro, metro, etc.) assalto em massa

steamroller ['stiːmˌrəʊlə] Ⓐ s. 1 (trabalhos em estrada) cilindro a vapor; 2 [fig.] força invencível Ⓑ v.tr. 1 (estrada) alisar com cilindro; 2 [fig.] esmagar, arrasar, subjugar sem possibilidade de resistência; 3 [fig.] obrigar [into, a]; forçar [into, a]; to ~ sb into doing sth obrigar alguém a fazer alguma coisa

steamship ['stiːmˌʃɪp] s. navio a vapor; coasting ~ navio de cabotagem ❖ ~ company companhia de navegação a vapor

steamtight ['stiːmtaɪt] adj. à prova de vapor; estanque ao vapor

steamy ['stiːmɪ] adj. (comp. -ier, superl. -iest) 1 fumegante; 2 cheio de vapor; embaciado; 3 vaporoso; 4 [coloq., fig.] (cena) tórrido, escaldante

stearate ['stɪəreɪt] s. QUÍMICA estearato

stearic [stɪˈærɪk] adj. QUÍMICA esteárico; ~ acid ácido esteárico

stearin ['stɪərɪn] s. QUÍMICA estearina ❖ ~ candle vela de estearina

steatite ['stiːətaɪt] s. MINERALOGIA esteatite

steatitic [stiːəˈtɪtɪk] adj. esteatítico; relativo à esteatite; que contém esteatite

steatocele [stiːˈætəʊsiːl] s. MEDICINA esteatocele, esteatoma

steatopygia [ˌstiːətəʊˈpaɪdʒə, ˌstiːətəʊˈpaɪdʒɪə] s. esteatopigia

steatopygous [ˌstiːətəʊˈpaɪɡəs] adj. esteatopígio

steatopygy [stiːəˈtɒpɪdʒɪ] s. ⇒ steatopygia

steatosis [stiːəˈtəʊsɪs] s. MEDICINA esteatose

steed [stiːd] s. [poét.] corcel

steel ['sti:l] Ⓐ s. 1 aço; 2 espada; 3 punhal, lança, ferro, arma branca; 4 arma branca de aço; *cold ~* armas brancas; *to fight with cold ~* lutar com arma branca; 5 vareta de aço de espartilho; 6 dureza; 7 (para facas) afiador, assentador de aço; 8 fuzil (peça de aço para tirar lume da pederneira); 9 pl. [coloq.] acções de companhias siderúrgicas Ⓑ adj. 1 de/em aço; *~ alloy* liga de aço; *~ armour* armadura de aço; *~ casting* fundição de aço; *~ core* alma de aço, núcleo de aço; *~ dresser* rectificador de aço; *~ engraving* gravura em aço; *~ foundry* fundição de aço; *~ frame* armação de aço; *~ jacket* camisa de aço; *~ rope* cabo entrançado de aço; *~ scrap* sucata de aço; *~ sheet* lâmina de aço, chapa de aço; *~ shell* revestimento de aço; *~ structure* construção de aço; *~ tape* fita de aço; *~ wool* palha de aço; 2 siderúrgico; metalúrgico Ⓒ v.tr. 1 acerar, aceirar; 2 revestir de aço; 3 endurecer, tornar duro como o aço; 4 robustecer; 5 empedernir, insensibilizar; *to ~ one's heart against...* endurecer o coração em relação a... ❖ *~ bath* aceiramento; *~ concrete* cimento armado; (cor) *~ grey* cinzento-azulado; cinzento de aço; *~ pig* aço gusa; MEDICINA *~ pills* pílulas ferruginosas; [EUA] *~ road* caminho-de-ferro; *~ wire brush* escova metálica; *to ~ one's heart to do sth* armar-se de coragem para fazer alguma coisa

steeled ['sti:ld] adj. 1 aceirado; 2 acerado; 3 revestido de aço; 4 MEDICINA ferruginoso; 5 endurecido, implacável

steeliness ['sti:lɪnɪs] s. 1 dureza; 2 rigidez; 3 inflexibilidade

steeling ['sti:lɪŋ] s. aceiramento, aceramento

steelwork ['sti:lwɜ:k] s. 1 peças, artigos de aço; 2 aço para chapas

steelworks ['sti:lwɜ:ks] s. siderurgia; fundição de aço

steely ['sti:lɪ] adj. (comp. -ier, superl. -iest) 1 de aço; feito de aço; 2 duro como o aço; 3 acerado; *~ iron* aço acerado; 4 (cor) metálico; 5 [fig.] duro, rígido, inflexível; 6 [fig.] frio; 7 [fig.] (vontade, determinação) férreo; inabalável

steelyard ['sti:lja:d] s. balança romana

steenbok ['sti:nbɒk, 'steɪnbɒk] s. ZOOLOGIA variedade de pequeno antílope africano

steening ['sti:nɪŋ] s. revestimento de pedra dum poço

steep [sti:p] Ⓐ adj. 1 íngreme; *~ climb* subida íngreme; 2 escarpado; alcantilado; *~ hill* monte escarpado; 3 abrupto, acentuado; *a ~ decline in* uma descida acentuada em; 4 [coloq.] excessivo, exorbitante, exagerado; *it seems a bit ~ that...* parece um pouco exagerado que...; *~ price* preço exorbitante; 5 [coloq.] inverosímil; pouco razoável; *~ story* história inverosímil Ⓑ s. 1 despenhadeiro, escarpa, ladeira íngreme, precipício; 2 infusão; líquido para infusão; *to put in ~* pôr de infusão Ⓒ v.tr. 1 molhar; mergulhar; banhar; *to ~ in water* mergulhar em água, meter em água; 2 embeber [in, em]; impregnar [in, de]; saturar [in, de]; 3 pôr de infusão; 4 macerar; 5 curtir; *to ~ flax* curtir linho ❖ *to be steeped in misery* estar mergulhado na miséria; *to be steeped in vice* estar mergulhado no vício; *to ~ oneself in drink* encharcar-se de álcool

steepen ['sti:pən] v.tr.,intr. 1 tornar íngreme, tornar escarpado; 2 tornar-se íngreme ou escarpado; 3 ficar alcantilado; 4 subir; 5 aumentar

steeper ['sti:pə] Ⓐ s. 1 tina, vaso de maceração; 2 cuba de infusão Ⓑ comp. de **steep**

steeping ['sti:pɪŋ] s. 1 infusão; 2 maceração; 3 curtimento, curtimenta, curtidura

steepish ['sti:pɪʃ] adj. bastante íngreme, bastante abrupto

steeple ['sti:pəl] s. 1 campanário; 2 torre de campanário

steeplechase ['sti:pəltʃeɪs] s. 1 corrida de cavalos do género de corta-mato, com obstáculos tais como valas, sebes, etc.; 2 qualquer corrida de cavalos com obstáculos; 3 prova de corta-mato para corredores a pé

steeplechaser ['sti:pəltʃeɪsə] s. 1 cavaleiro que toma parte em corridas de obstáculos; 2 cavalo treinado para corridas de obstáculos

steeplechasing ['sti:pəltʃeɪsɪŋ] s. corridas de cavalos com obstáculos

steepled ['sti:pəld] adj. provido de campanário; com campanário

steeplejack ['sti:pəldʒæk] s. operário que conserta torres de campanários, chaminés altas de fábrica, etc.

steeply ['sti:plɪ] adv. 1 a pique; 2 em flecha; *the prices rised ~* os preços subiram em flecha

steepness ['sti:pnɪs] s. 1 aspecto escarpado ou íngreme; 2 ladeira íngreme; 3 grau de inclinação

steer [stɪə] Ⓐ v.tr.,intr. 1 guiar; dirigir; conduzir; 2 NÁUTICA navegar; seguir determinado rumo; *to ~ a straight course* rumar a direito; *to ~ along the land* navegar perto da terra; *to ~ north* navegar em direcção ao norte Ⓑ s. 1 [coloq.] (conselho) dica; palpite; 2 novilho, bezerro; 3 boi castrado ❖ *to ~ clear of* passar ao largo de; manter-se longe de; evitar

steerable ['stɪərəbəl] adj. 1 que pode dirigir-se; 2 que pode guiar-se

steerage ['stɪərɪdʒ] s. 1 NÁUTICA condução do navio; acção do leme sobre o navio; *the ship went with easy ~* o navio seguia com leme fácil; 2 alojamento de terceira classe em navio de passageiros; *to travel ~* viajar em terceira classe, viajar na classe mais barata; 3 (navio de guerra) espaço destinado aos oficiais de patente inferior ❖ *~ passengers* passageiros de terceira classe (alojados na entreponte ou à proa)

steerageway ['stɪərɪdʒweɪ] s. velocidade necessária para o navio obedecer ao leme ❖ *to have good ~* obedecer bem ao leme

steered ['stɪəd] adj. determinado; marcado; *~ course* rumo marcado, caminho marcado

steering ['stɪərɪŋ] Ⓐ s. 1 condução; direcção; *assisted ~* direcção assistida; 2 governo de navio; 3 manobra de leme Ⓑ adj. 1 de direcção; (automóvel) *~ arm* alavanca da direcção; (automóvel) *~ box* caixa da direcção; (automóvel) *~ column* caixa da direcção, coluna da direcção; *~ gear* mecanismo/caixa da direcção; (automóvel) *~ post* coluna de direcção; 2 NÁUTICA do leme; *~ compass* agulha do leme; *~ engine* máquina do leme ❖ *~ committee* comissão de organização; *~ oar* remo da cauda; AERONÁUTICA *~ rod* alavanca de comando; *~ wheel* volante (do automóvel); roda (do leme); NÁUTICA *to have lost ~ control* perder o domínio de manobra

steersman ['stɪəzmən] s. (pl. -men) NÁUTICA timoneiro, homem do leme, piloto

steersmanship ['stɪəzmənʃɪp] s. NÁUTICA arte (capacidade) de manobrar o leme

steeve [sti:v] Ⓐ s. 1 NÁUTICA ângulo formado pelo gurupés em relação ao horizonte; 2 pau provido de roldana para acondicionamento de carga Ⓑ v.tr.,intr. 1 formar ângulo com o horizonte (gurupés); 2 obrigar (gurupés) a formar ângulo com o horizonte; 3 acomodar carga com pau provido de roldana

steeving ['sti:vɪŋ] s. 1 NÁUTICA ângulo formado pelo gurupés em relação ao horizonte; 2 acomodação da carga por meio de pau comprido provido de roldana

stegophilist [ste'gɒfɪlɪst] s. escalador de edifícios

stele ['sti:li:] s. (pl. -ae) estela

Stella ['stelə] s.antr. Estela

stellar ['stelə] adj. 1 ASTRONOMIA estelar; 2 [EUA] excelente, excepcional

stellaria [stɪ'leərɪə] s. BOTÂNICA estelaria

stellate ['stelɪt] adj. 1 radiado; 2 estrelado

stellated ['steleɪtɪd] adj. ⇒ **stellate**

stellenbosch ['stelənbɒʃ] v.tr. MILITAR [cal.] dispensar os serviços de comandante incompetente, nomeando-o para cargo sem importância

stelliform ['stelɪfɔ:m] adj. esteliforme

stellion ['stelɪən] s. ZOOLOGIA estelião

stellionate ['stelɪənɪt] s. DIREITO estelionato

stellular ['steljʊlə] adj. 1 esteliforme; 2 estrelado; 3 em forma de pequenas estrelas

stellulate ['steljʊleɪt] adj. ⇒ **stellular**

stem [stem] Ⓐ s. 1 (plantas) caule; pedúnculo; pecíolo; 2 BOTÂNICA tronco de árvore; *~ of a tree* tronco de árvore; 3 (fruto) pé; 4 linha de antepassados; árvore genealógica; ascendência; linhagem; (família) *a collateral ~* um ramo colateral; *a noble ~* uma raça ilustre; 5 eixo; 6 (taça, cálice) pé; 7 haste; *~ of a valve* haste de válvula; 8 tubo de cachimbo; 9 LINGUÍSTICA radical (de palavra); 10 NÁUTICA proa, talha-mar; *from ~ to stern* da popa à proa, de uma ponta à outra; 11 alma (de ferro perfilado) Ⓑ v.tr.,intr. (particípios: **-mm-**) 1 fazer parar; conter, deter; 2 represar; 3 lutar contra, resistir, ir contra; opor-se a; *to ~ an attack* resistir a um ataque, conter um ataque; *to ~ the tide of* resistir a, pôr termo a; 4 navegar contra; *to ~ the current* navegar contra a corrente; **5** progredir, avançar contra; **6** tirar pés ou pedúnculos a; **7** provir [**from**, de]; derivar [**from**, de]; ser causado [**from**, por] ❖ BIOLOGIA ~ *cell* célula estaminal; ~ *leaf* folha sem pecíolo; ~ *thermometer* termómetro recto; BOTÂNICA *underground* ~ rizoma

stemless ['stemləs] *adj.* **1** BOTÂNICA acaule; sem pedúnculo, sem haste; **2** [poét.] que não pode deter-se

stemma ['stemə] *s. ⟨pl.* **-ata**⟩ **1** árvore genealógica; **2** estema; **3** ZOOLOGIA olho simples, ocelo

stemmed [stemd] *adj.* **1** BOTÂNICA com haste, pedúnculo ou caule; **2** (copo) com pé

stemming ['stemɪŋ] *s.* carregamento (de mina)

stemson ['stemsən] *s.* NÁUTICA coral do cadaste

stench [stentʃ] *s. ⟨pl.* **-es**⟩ cheiro pestilento; cheiro nauseabundo; fedor ❖ ~ *pipe* tubo de ventilação; (banca, pia, etc.) ~ *trap* sifão

stencil ['stensəl] Ⓐ *s.* **1** estêncil; **2** estampilha, chapa para estampar; **3** cópia tirada por este processo Ⓑ *v.tr.* (particípios: **-ll-**) tirar cópias por meio de estêncil

stencilling ['stensəlɪŋ] *s.* impressão ou cópia por meio de estêncil

stengah ['stəŋgə] *s.* uísque com água gasosa

stenocardia [ˌstenəʊˈkɑːdɪə] *s.* MEDICINA estenocardia, angina-de-peito

stenograph ['stenəgrɑːf] Ⓐ *s.* estenógrafo Ⓑ *v.tr.* estenografar

stenographer [stəˈnɒgrəfə] *s.* estenógrafo

stenographic [ˌstenəʊˈgræfɪk] *adj.* estenográfico

stenographical [ˌstenəʊˈgræfɪkəl] *adj.* estenográfico

stenographically [ˌstenəʊˈgræfɪkli] *adv.* estenograficamente

stenography [stəˈnɒgrəfi] *s.* estenografia

stenopaeic [ˌstenəʊˈpiːɪk] *adj.* (fenda) estenopeico

stenosis [steˈnəʊsɪs] *s.* MEDICINA estenose

stenotype ['stenəʊtaɪp] *s.* estenótipo

stenotyping ['stenəʊtaɪpɪŋ] *s.* estenotipia

stentor ['stentɔː] *s.* ZOOLOGIA estentor

Stentor ['stentɔː] *s.* MITOLOGIA Estentor, arauto grego que, com a voz de cinquenta homens, bradou perante as muralhas de Tróia

stentorian [stenˈtɔːrɪən] *adj.* **1** extremamente forte; possante; poderoso; **2** estentóreo, de estentor; *a ~ voice* uma voz de estentor

stentorphone ['stentɔːfəʊn] *s.* [rar.] altifalante, megafone

step [step] Ⓐ *s.* **1** passo; passada; *in ~* com passo certo; *out of ~* com passo trocado; *to bend one's steps towards...* dirigir os passos para...; *to break ~* deixar de seguir a passo certo (com outrem); *to change ~* trocar o passo; *to keep ~ with (sb)* marchar a passo certo com (alguém); *to take a ~ back* recuar um passo; *to take a ~ forward* avançar um passo; *to walk with quick steps* caminhar a passo rápido, andar em passadas rápidas; **2** (distância) passo; *it is only a ~ to the University* são apenas dois passos até à universidade; *within a ~ of* a dois passos de; **3** (rasto) pegada; *to find steps in the ground* descobrir pegadas no solo; **4** medida, diligência, providência, resolução; *to take all useful steps* dar todos os passos necessários, tomar todas as providências; **5** (escada) degrau; *mind the step!* cuidado com o degrau!; **6** grau; **7** fase, etapa; **8** cadência, ritmo; **9** (posto) avanço, promoção; **10** DESPORTO step; **11** MÚSICA intervalo; **12** (veículo) estribo; **13** NÁUTICA carlinga Ⓑ *v.tr.,intr.* (particípios **-pp-**) **1** dar passos; **2** andar, caminhar; **3** dançar; *to ~ a minuet* dançar um minuete; [coloq.] *to ~ it with sb* dançar com alguém; **4** pôr o pé; **5** pisar [**on**, em]; **6** atravessar, passar [**over/across**, por cima de]; *to ~ across the street* atravessar a rua; **7** escalonar; **8** dispor em degraus; **9** medir com passos; **10** NÁUTICA (mastro) fixar na carlinga; *to ~ a mast* fixar um mastro na carlinga ❖ ~ *board* estribo; *~ by ~* passo a passo; gradualmente; NÁUTICA *~ of a mast* carlinga; *~ this way* venha por aqui; *at every ~* a cada passo; *a todo o momento; he lets them ~ all over him* ele atura-lhes tudo; *they couldn't walk a ~ further* eles não podiam andar mais; estavam extremamente fatigados; [coloq.] *to ~ lively* apressar-se; ser despachado; *a false ~* um mau passo; uma coisa que não deveria ser feita; *to be a long ~* ser um bom bocado de caminho; ser uma estirada; *to be in ~ with* acompanhar; manter-se a par de; [EUA] [coloq.] *to be one ~ ahead of the sheriff* estar em má situação financeira; ter grandes dívidas; *to ~ into sb's shoes* suceder a alguém; pôr-se no lugar de alguém; *watch your step!* cuidado!

❖**step aside** *v.intr.* **1** desviar-se para o lado; chegar-se para o lado; **2** afastar-se; apagar-se

❖**step back** *v.intr.* recuar ❖ *to ~ into...* recuar no tempo até...

❖**step down** *v.tr.,intr.* **1** descer; *to ~ a ladder* descer uma escada; **2** renunciar [**from**, a]; retirar-se [**from**, de]; desistir [**from**, de] ❖ ELECTRICIDADE *to ~ the current* reduzir a tensão

❖**step forward** *v.intr.* **1** avançar; **2** apresentar-se; **3** voluntariar-se; oferecer-se

❖**step in** *v.intr.* **1** entrar; *step in, please!* entre, se faz favor!; **2** intervir; **3** interpor-se

❖**step inside** *v.intr.* entrar

❖**step off** *v.tr.,intr.* **1** descer; **2** sair ❖ [EUA] [coloq.] *I'll soon tell him when he steps off* eu em breve vou metê-lo no seu lugar

❖**step on** *v.tr.* **1** [coloq.] ofender; atropelar*fig*; *to ~ sb's shoes* ofender alguém; *to ~ sb's toes* ofender alguém, pisar os calos a alguém; **2** [coloq.] carregar; *to ~ the gas* carregar no acelerador

❖**step out** Ⓐ *v.intr.* **1** sair; **2** apressar-se; acelerar o passo; **3** [EUA] [coloq.] sair; divertir-se Ⓑ *v.tr.* medir com passos

❖**step round** *v.intr.* [coloq.] fazer uma visita rápida [**to**, a]; dar uma saltada [**to**, a]; *to ~ to sb* dar uma saltada a casa de alguém, fazer uma visita rápida a casa de alguém

❖**step up** Ⓐ *v.tr.* **1** (fazer) subir; aumentar; ELECTRICIDADE *to ~ the current* fazer subir a tensão, aumentar a voltagem; **2** reforçar; intensificar Ⓑ *v.intr.* aproximar-se [**to**, de]

stepbrother ['stepˌbrʌðə] *s.* meio-irmão

stepchild ['steptʃaɪld] *s.* ⟨pl. **-children**⟩ enteado, enteada

stepdame ['stepdeɪm] *s.* [arc.] ⇒ **stepmother**

stepdaughter ['stepˌdɔːtə] *s.* enteada

stepfather ['stepˌfɑːðə] *s.* padrasto

stephanion [steˈfeɪnɪən] *s.* ANATOMIA (ponto craniométrico) estefânio

Stephen ['stiːvn] *s.antr.* Estêvão

stepladder ['stepˌlædə] *s.* escadote

stepmother ['stepˌmʌðə] *s.* madrasta

stepney ['stepnɪ] *s.* jante amovível juntamente com o pneu

steppe [step] *s.* GEOGRAFIA estepe; vasta planície

stepped [stept] *adj.* graduado, escalonado; *~ piston* êmbolo escalonado ❖ *~ gearing* engrenagem de dentes cruzados; *~ pulley* tambor cónico

stepper ['stepə] *s.* (cavalo) bom trotador; *clean ~* cavalo de trote bem marcado

stepping ['stepɪŋ] *s.* **1** marcha; **2** passo, maneira de andar; **3** modo de pisar o chão; modo de trotar; **4** graduação; escalonamento ❖ *~ back* recuo; ELECTRICIDADE *~ down* diminuição de voltagem; descida; *~ forward* avanço; passo para a frente; *~ in* entrada; *~ out* saída; *~ short* encurtamento do passo; *~ stone* alpondra; ponto de passagem; objectivo intermédio; ELECTRICIDADE *~ up* aumento de voltagem

stepsister ['stepˌsɪstə] *s.* meia-irmã

stepson ['stepsʌn] *s.* enteado

ster. [abrev. de sterling]

steradian [stəˈreɪdɪən] *s.* GEOMETRIA (sistema internacional de unidades de medida) esterradiano

stercology [stɜːˈkɒlədʒi] *s.* estercologia, coprologia

stercoraceous [ˌstɜːkəʊˈreɪʃəs] *adj.* estercorário; MEDICINA *~ fistula* fístula estercorária

stercoral ['stɜːkərəl] *adj.* estercoral

stercorary ['stɜːkərəri] *adj.* ZOOLOGIA estercorário

stercoricolous [ˌstɜːkəʊˈrɪkələs] *adj.* ZOOLOGIA ⇒ **stercorary**

stere [stɪə] *s.* estere

stereo Ⓐ [abrev. de stereophonic] Ⓑ [abrev. de stereotype] Ⓒ *s.* **1** aparelhagem de som; **2** reprodução estereofónica

stereoautograph [ˌstɪərɪəʊˈɔːtəgrɑːf] *s.* estereoautógrafo

stereochemistry [ˌstɪərɪəʊˈkemɪstri] *s.* estereoquímica

stereochromy ['stɪərɪəʊˌkrəʊmi] *s.* QUÍMICA estereocromia

stereocomparator [ˌstɪərɪəʊˈkɒmpəreɪtə] *s.* estereocomparador

stereogram ['stɪərɪəʊgræm] *s.* estereograma

stereograph ['stɪərɪəʊgrɑːf] *s.* estereógrafo

stereographic [ˌstɪərɪəʊˈgræfɪk] *adj.* estereográfico

stereographically [ˌstɪərɪəʊˈgræfɪkli] *adv.* estereograficamente

stereography [ˌstɪərɪˈɒgrəfi] *s.* estereografia

stereometer [ˌstɪərɪˈɒmɪtə] *s.* estereómetro

stereometric [ˌstɪərɪəʊˈmetrɪk] *adj.* estereométrico
stereophonic [ˌstɪərɪəˈfɒnɪk] *adj.* estereofónico ❖ ~ *sound* estereofonia
stereophony [ˌstɪərɪˈɒfənɪ] *s.* estereofonia
stereophotogrammetry [ˌstɪərɪəʊfəʊtəˈgræmɪtrɪ] *s.* estereofotogrametria, fotogrametria estereoscópica
stereophotography [ˌstɪərɪəʊfəˈtɒgræfɪ] *s.* estereofotografia
stereoscope [ˈstɪərɪəskəʊp] *s.* estereoscópio
stereoscopic [ˌstɪərɪəˈskɒpɪk] *adj.* estereoscópico; ~ *glass* vidro estereoscópico; ~ *rangefinder* telémetro estereoscópico
stereoscopically [ˌstɪərɪəˈskɒpɪklɪ] *adv.* estereoscopicamente
stereoscopy [ˌstɪərɪˈɒskəpɪ] *s.* estereoscopia
stereotomic [ˌstɪərɪəʊˈtɒmɪk] *adj.* estereotómico
stereotomy [ˌstɪərɪˈɒtəmɪ] *s.* estereotomia
stereotype [ˈstɪərɪətaɪp] Ⓐ *s.* estereótipo Ⓑ *v.tr.* estereotipar ❖ ~ *printing* estereotipia
stereotyped [ˈstɪərɪətaɪpt] *adj.* 1 estereotipado; 2 impresso pelo processo da estereotipia; 3 fixo; 4 (dito, frase) feito
stereotyper [ˈstɪərɪətaɪpə] *s.* ⇒ **stereotypist**
stereotyping [ˈstɪərɪətaɪpɪŋ] *s.* estereotipagem
stereotypist [ˌstɪərɪəʊˈtaɪpɪst] *s.* estereotipista
stereotypy [ˌstɪərɪəʊˈtaɪpɪ, ˈstɪərɪətaɪpɪ] *s.* estereotipia
stereovision [ˌstɪərɪəʊˈvɪʒən] *s.* visão estereoscópica
steric [ˈsterɪk] *adj.* estérico ❖ (estereoquímica) ~ *hindrance* bloqueio estérico; bloqueio espacial
sterile [ˈsteraɪl] *adj.* 1 estéril, infecundo; 2 improdutivo, árido; ~ *land* terra árida; 3 inútil; ~ *efforts* esforços inúteis; 4 esterilizado, asséptico; 5 sem vida, insípido, desinteressante
sterility [stəˈrɪlɪtɪ, steˈrɪlɪtɪ] *s.* esterilidade
sterilization [ˌsterɪlaɪˈzeɪʃən] *s.* 1 esterilização; 2 assepsia
sterilize [ˈsterɪlaɪz] *v.tr.* 1 esterilizar; 2 tornar asséptico; 3 desinfectar
sterilizer [ˈsterɪlaɪzə] *s.* 1 esterilizador; 2 estufa de esterilização; 3 autoclave
sterilizing [ˈsterɪlaɪzɪŋ] *s.* esterilização
sterlet [ˈstɜːlɪt] *s.* ZOOLOGIA variedade de pequeno esturjão
sterling [ˈstɜːlɪŋ] *adj.* 1 (metais preciosos, moedas) autêntico, genuíno, de valor legal; 2 esterlino; *pound* ~ libra esterlina; £10 *stg.* 10 libras esterlinas; 3 real, de sólido valor, não aparente, que é o que parece ser; 4 verdadeiro; de confiança; ~ *character* carácter sólido, de confiança; *to be a* ~ *fellow* ser um indivíduo de confiança, ser uma pessoa às direitas; 5 excelente; notável ❖ ~ *silver* prata de lei
stern [stɜːn] Ⓐ *adj.* 1 severo; austero; *a* ~ *father* um pai severo; 2 duro, rígido; 3 firme, inflexível, implacável; 4 carrancudo, sombrio Ⓑ *s.* 1 NÁUTICA popa; *from stem to* ~ da proa à popa; *to sink* ~ *foremost* afundar-se pela popa; *to steam* ~ *to the sea* fazer-se ao mar pela popa; 2 [coloq.] traseiro, rabo; 3 (cão de caça) cauda; *the* ~ *of a greyhound* a cauda de um galgo ❖ NÁUTICA ~ *chaser* canhão da popa; NÁUTICA ~ *droop* inclinação da popa; NÁUTICA ~ *frame* armação da popa; NÁUTICA ~ *light* luz da popa; NÁUTICA ~ *port* escotilha da ré; ~ *shaft* veio propulsor
sternal [ˈstɜːnəl] *adj.* ANATOMIA esternal; relativo ao esterno
sternly [ˈstɜːnlɪ] *adv.* 1 severamente, asperamente; 2 com dureza; 3 com rigor
sternmost [ˈstɜːnməʊst] *adj.* 1 o mais traseiro; 2 o mais atrás; 3 o mais à popa; 4 o mais à ré
sternness [ˈstɜːnnɪs] *s.* 1 severidade; 2 aspereza; 3 rigor, dureza; 4 austeridade, rigidez
sternson [ˈstɜːnsən] *s.* NÁUTICA coral do cadaste
sternum [ˈstɜːnəm] *s.* (*pl.* -a ou -s) ANATOMIA esterno
sternutation [ˌstɜːnjuˈteɪʃən] *s.* esternutação; espirro
sternutative [stɜːˈnjuːtətɪv] *adj.* ⇒ **sternutatory** Ⓐ
sternutator [ˈstɜːnjuteɪtə] *s.* gás esternutatório
sternutatory [stɜːˈnjuːtətərɪ] Ⓐ *adj.* esternutatório, ptármico Ⓑ *s.* esternutatório, substância que provoca o espirro
steroid [ˈstɪərɔɪd] *s.* esteróide
stertor [ˈstɜːtɔː] *s.* MEDICINA estertor
stertorous [ˈstɜːtərəs] *adj.* MEDICINA estertoroso, estertorante
stet [stet] Ⓐ *s.* vale, indicação, na correcção de provas tipográficas, que significa anulação de emenda feita (o. m. q. *let it stand*, deixar ficar como está) Ⓑ *v.tr.* (*particípios*: -**tt**-) 1 TIPOGRAFIA anular emenda feita; 2 escrever *stet* em prova tipográfica

stethograph [ˈsteθəgrɑːf] *s.* MEDICINA estetógrafo, pneumógrafo
stethometer [steˈθɒmɪtə] *s.* MEDICINA estetómetro
stethoscope [ˈsteθəskəʊp] *s.* estetoscópio
stethoscopic [ˌsteθəˈskɒpɪk] *adj.* estetoscópico
stethoscopically [ˌsteθəˈskɒpɪklɪ] *adv.* estetoscopicamente
stethoscopy [steˈθɒskəpɪ] *s.* MEDICINA estetoscopia
stetson [ˈstetsən] *s.* [coloq.] chapéu mole de aba larga usado pelos soldados australianos
stevedore [ˈstiːvədɔː] Ⓐ *s.* estivador Ⓑ *v.tr.* NÁUTICA estivar
stevedoring [ˈstiːvədɔːrɪŋ] *s.* estiva
Stevensonian [ˌstiːvənˈsəʊnɪən] *adj.* 1 relativo a Stevenson; 2 segundo Stevenson
stew [stjuː, stuː] Ⓐ *s.* 1 CULINÁRIA estufado; *Irish* ~ estufado de carneiro, cebola e batata; *mutton* ~ estufado de carneiro; 2 [coloq.] excitação, nervosismo, ansiedade; *to be in a* ~ estar nervoso; *to get into a fine* ~ ficar todo nervoso, ficar todo ansioso; 3 viveiro de peixes; 4 criação de ostras; 5 [arc.] lupanar, prostíbulo Ⓑ *v.tr.,intr.* 1 CULINÁRIA estufar, cozinhar um estufado; cozinhar em fogo lento; 2 [coloq.] estar cheio de calor, assar*fig*; 3 enervar-se; 4 [coloq.] mourejar, labutar, trabalhar sem descanso ❖ [EUA] [coloq.] ~ *bum* bêbedo; (feito há muito tempo) *the tea is stewed* o chá está amargo; o chá está demasiado forte; *to let sb* ~ *in his own grease* deixar alguém entregue às consequências dos seus actos; *to let sb* ~ *in his own juice* deixar uma pessoa sem auxílio numa dificuldade; CULINÁRIA *to* ~ *fruit* fazer compota de fruta; [coloq.] *what a stew!* que calor aqui!
steward [ˈstjuːəd, ˈstuːərd] *s.* 1 NÁUTICA criado de bordo, camareiro; criado de mesa; 2 mordomo, intendente, administrador; 3 (colégio, clube, etc.) económo; 4 fornecedor de navios; 5 (corridas, bailes, exposições) organizador ❖ *steward's mate* despenseiro; *steward's room* despensa; NÁUTICA *cabin* ~ camareiro; NÁUTICA *dining-room* ~ criado de mesa; (reunião pública) *megaphone* ~ orador; *shop* ~ delegado sindical; [GB] *Lord High Steward of England* alto magistrado que preside ao julgamento de par do reino; [GB] *Lord Steward of the Household* mordomo-mor da Casa Real
stewardess [ˌstjuːəˈdes, ˈstuːərdəs] *s.f.* (*pl.* -es) AERONÁUTICA [ant.] hospedeira de bordo
stewardship [ˈstjuːədʃɪp, ˈstuːərdʃɪp] *s.* 1 cargo ou funções de despenseiro, mordomo, intendente, administrador ou económo; 2 intendência; 3 administração; 4 mordomia
stewed [stjuːd, stuːd] *adj.* 1 CULINÁRIA estufado; ~ *mutton* carneiro estufado; 2 CULINÁRIA em compota; ~ *apples* compota de maçã; ~ *fruit* compota de fruta; 3 [coloq.] bêbedo; ~ *to the gills* bêbedo que nem um cacho ❖ ~ *tea* chá que esteve demasiado tempo em infusão
stewing [ˈstjuːɪŋ, ˈstuːɪŋ] *s.* CULINÁRIA acto de estufar ❖ ~ *pan* tacho/panela para estufados
stewpan [ˈstjuːpæn, ˈstuːpæn] *s.* CULINÁRIA caçarola para estufados
stewpot [ˈstjuːpɒt, ˈstuːpɒt] *s.* CULINÁRIA panela para estufados
St. Ex. [abrev. de Stock Exchange]
stg [abrev. de sterling]
sthenic [ˈsθenɪk] *adj.* MEDICINA esténico, estenial; relativo a estenia
stibine [ˈstɪbaɪn] *s.* MINERALOGIA, QUÍMICA estibina
stibium [ˈstɪbɪəm] *s.* estíbio, antimónio
stibnite [ˈstɪbnaɪt] *s.* MINERALOGIA estibina
stick [stɪk] Ⓐ *s.* 1 pau; *a* ~ *of sealing wax* um pau de lacre; 2 vara; vareta; 3 bengala, bordão, bastão; 4 (regente) batuta; 5 galho seco; lenha miúda; *to gather sticks* apanhar lenha miúda; 6 (bilhar) taco; 7 (hóquei) *stick*, aléu; 8 TIPOGRAFIA compositor; 9 AERONÁUTICA alavanca de comando; 10 BOTÂNICA pecíolo; 11 DESPORTO (corridas) obstáculo; 12 [coloq., fig.] (pessoa) desajeitado; trapalhão; molengão; 13 [coloq.] tipo; *he's a poor* ~ ele é um pobre diabo Ⓑ *v.tr.,intr.* (*prt. e part. pass.* **stuck**) 1 picar; 2 espetar; cravar; *to* ~ *a dagger into sb* apunhalar alguém; *to* ~ *a stake in the ground* espetar uma estaca no chão; 3 enfiar, encaixar, introduzir; 4 meter, pôr, colocar; *to* ~ *a pen behind one's ear* pôr uma caneta atrás da orelha; *to* ~ *one's hands in one's pockets* meter as mãos nos bolsos; 5 penetrar; 6 sangrar; 7 afixar; *to* ~ *a notice on a wall* colar um aviso numa parede; *to* ~ *a stamp on an envelope* colar um selo num sobrescrito; *the envelope will not* ~ o sobrescrito não cola; *to* ~ *like a burr/leech/limpet* colar como uma sanguessuga; 8 encher de, cravar de*fig*; *the cushion was stuck full of pins*

a almofada estava cheia de alfinetes; **9** prender com alfinetes; **10** encravar; ficar preso; *the key stuck in the lock* a chave ficou encravada na fechadura; **11** emperrar; não abrir; *the door has stuck* a porta emperrou, a porta não abre; **12** ficar atolado, atolar-se; *to ~ in the mud* ficar atolado na lama; **13** paralisar; **14** [coloq.] suportar, tolerar; *I can't ~ him* não o suporto; **15** permanecer; *he sticks indoors too much* ele passa demasiado tempo metido em casa; **16** manter-se; firmar-se, não abandonar; *to ~ on a horse* manter-se firme sobre um cavalo; **17** fixar(-se); **18** [coloq.] atrapalhar, embaraçar; **19** escalar, amparar com estaca; **20** [cal.] abusar, explorar (nos preços); **21** [cal.] enganar, roubar ❖ *~ lac* goma-laca em paus; *~ and stone* com casca e tudo; *~ it!* coragem!; é aguentar!; *~ no bills!* afixação proibida; *he can swear a good ~* ele sabe praguejar bem; *he wants the ~* ele precisa dumas varadas; *it is easy to find a ~ to beat a dog* é sempre fácil arranjar qualquer pretexto; *not a ~ was saved* nada se salvou; *the big ~* o recurso à força; *to be in a cleft ~* estar entre a espada e a parede; estar muito atrapalhado; *to get hold of the wrong end of the ~* não compreender bem determinada situação; começar mal um assunto; *to ~ between hope and fear* oscilar entre a esperança e o receio; (ressentimento) *to ~ in one's throat* ficar atravessado na garganta; *to ~ to one's last* tratar da sua vida; não se meter em assuntos acima da sua competência; [coloq.] *we have only a few sticks of furniture* temos apenas uns moveizitos muito simples; [coloq.] *with a ~ in it* com um pouco de rum

◆**stick about/around** *v.intr.* [coloq.] **1** deixar-se ficar; **2** [coloq.] ficar por ali; **3** [coloq.] estar à espera

◆**stick at** *v.tr.* **1** manter-se firme; persistir; **2** prender-se com; deter-se em; *to ~ trifles* prender-se com ninharias ❖ *to ~ nothing* não ter escrúpulos; não se deter perante nada; não hesitar perante coisa alguma

◆**stick away** *v.tr.* [coloq.] esconder

◆**stick back** *v.tr.* **1** recolocar, repor; **2** recolar, tornar a colar; tornar a prender

◆**stick by** *v.tr.* **1** apoiar; não abandonar; manter-se ao lado de; **2** (promessa, compromisso) perseverar em; manter; cumprir

◆**stick down** *v.tr.* **1** fixar; colar; prender; *to stick sth down* colar alguma coisa; **2** [coloq.] pousar [**on**, em]; **3** [coloq.] anotar à pressa

◆**stick in** Ⓐ *v.tr.* **1** introduzir; inserir; colocar, pôr; *~ a few commas* ponha algumas vírgulas; **2** espetar; enfiar; **3** (álbum de fotografias) colar Ⓑ *v.intr.* esforçar-se; aplicar-se; insistir; persistir ❖ [coloq.] *to get stuck in/into sth* envolver-se a sério em algo

◆**stick on** Ⓐ *v.tr.* **1** colocar; **2** fixar; colar; **3** pôr fita-cola em; **4** vestir Ⓑ *v.intr.* ficar colado ❖ [coloq.] *to stick it on* carregar nos preços

◆**stick out** Ⓐ *v.intr.* **1** estar espetado; **2** sobressair; estar saliente; *how his stomach sticks out!* aquilo é que ele tem um estômago saliente!; *his teeth ~* tem os dentes muito salientes; **3** destacar-se; dar nas vistas; chamar a atenção; **4** despontar Ⓑ *v.tr.* **1** (língua, cabeça, etc.) pôr de fora; *to stick one's head out of the window* pôr a cabeça fora da janela; *to ~ one's chest* deitar o peito para fora; *to ~ one's tongue* deitar a língua de fora; **2** suportar; aguentar; *can you ~ a little longer?* aguentas mais um bocadinho?; **3** insistir [**for**, em]; lutar [**for**, em] ❖ *he sticks out his chin for more* ele ainda não está satisfeito

◆**stick through** Ⓐ *v.intr.* **1** impor-se; **2** projectar-se; **3** salientar-se Ⓑ *v.tr.* atravessar, passar através de

◆**stick to** *v.tr.* **1** (promessa, compromisso) cumprir; manter-se fiel a; *to ~ one's ideals* manter-se fiel aos seus ideais; **2** limitar-se a; cingir-se a; *to ~ the facts* cingir-se aos factos; **3** manter; firmar-se; [coloq.] *to ~ one's guns* manter a sua posição; **4** gravar-se; ficar gravado; *the name stuck to him* o nome ficou-lhe gravado na memória; **5** (com afinco) empenhar-se em; dedicar-se a; *to ~ one's task* dedicar-se à sua tarefa; **6** apoiar; manter-se ao lado de

◆**stick together** *v.intr.* [coloq.] manter-se unido; *you must ~* vocês devem manter-se unidos

◆**stick up** *v.tr.,intr.* **1** ficar espetado; espetar; *his hair sticks straight up* o cabelo dele fica todo espetado; **2** destacar-se; sobressair; **3** confundir; *that will stick him up* isso vai confundi-lo; **4** (cartaz, aviso, etc.) afixar ❖ *to ~ a bank* atacar um banco à mão armada; [EUA] *stick them up!* mãos ao ar!

◆**stick up for** *v.tr.* pôr-se ao lado de; defender; tomar o partido de

◆**stick with** *v.tr.* **1** (assunto, conversa, actividade) continuar com; manter; não mudar de; **2** manter-se junto a (alguém)

sticker ['stɪkə] *s.* **1** indivíduo perseverante; **2** [coloq.] trabalhador incansável; **3** visita que demora muito; pessoa que nunca mais se vai embora; **4** maçador; **5** pessoa que cola ou afixa, **6** cartaz; **7** autocolante; **8** rótulo aderente; **9** partidário, adepto; **10** matador de porcos; **11** faca, punhal; **12** arpão (de pesca); **13** [coloq.] embaraço; **14** pergunta embaraçosa

stickily ['stɪkɪlɪ] *adv.* pegajosamente, viscosamente

stickiness ['stɪkɪnɪs] *s.* **1** adesividade; **2** carácter pegajoso, viscosidade

sticking ['stɪkɪŋ] Ⓐ *adj.* **1** adesivo, que cola, pegajoso; **2** saliente, que sobressai; *~ out ears* orelhas tombadas, orelhas viradas Ⓑ *s.* **1** aderência; **2** colagem; **3** (automóvel) gripagem ❖ *~ plaster* adesivo; *~ point* ponto problemático; questão problemática; *to screw up one's courage to the ~ point* encher-se de coragem

stick-in-the-mud ['stɪkɪnðəˌmʌd] Ⓐ *s.* **1** [coloq.] (pessoa retrógrada) caturra; quadrado; bota-de-elástico; **2** lugar sem interesse Ⓑ *adj.* **1** lento, vagaroso; **2** sem iniciativa; sem imaginação; **3** retrógrado

stickle ['stɪkəl] *v.tr.* dificultar; criar dificuldades a; ver só dificuldades em; levantar questões fúteis ❖ *to ~ for* lutar por; fazer questão de

stickleback ['stɪkəlbæk] *s.* ZOOLOGIA espinhela, espinho, esgana-gata

stickler ['stɪklə] *s.* picuinhas; pessoa minuciosa ❖ *to be a ~ for* prender-se com; atribuir grande importância a

stick-on ['stɪkɒn] *adj.* **1** que cola; **2** autocolante; **3** adesivo

stick-pin ['stɪkpɪn] *s.* alfinete de gravata

stick-up ['stɪkʌp] Ⓐ *adj.* **1** direito; **2** (colarinho) engomado, duro Ⓑ *s.* **1** assaltante armado; **2** assalto à mão armada

sticky ['stɪkɪ] *adj.* (*comp.* **-ier**, *superl.* **-iest**) **1** pegajoso, viscoso; *~ road* estrada pegajosa; **2** adesivo, autocolante; **3** [cal.] *label* etiqueta autocolante; **3** espesso; **4** [coloq.] (tempo, clima) quente e húmido, abafado; **5** [coloq.] (problema, situação) difícil; desagradável; penoso; doloroso; **6** BOTÂNICA lenhoso ❖ *~ tape* fita-cola; [coloq., fig.] *to be on a ~ wicket* estar em sarilhos; *to come to a ~ end* acabar mal; [coloq.] *to have ~ fingers* ser cleptomaníaco; ter dedo para o dinheiro

stiff [stɪf] Ⓐ *adj.* (*comp.* **-er**, *superl.* **-est**) **1** rígido; rijo; **2** duro, teso; forte; *~ brush* escova dura, escova forte; *~ cardboard* cartão forte; **3** firme; *to keep a ~ upper lip* manter-se firme, aguentar sem se queixar; **4** hirto; perro, com dificuldade de movimentos; *to have a ~ leg* ter uma perna perra; **5** espesso; denso; **6** rigoroso, inflexível, rígido; *~ manners* modos rígidos; **7** frio, formalista, reservado, pouco comunicativo, cerimonioso; *to be very ~* ser muito formalista; **8** sem graça; **9** constrangido; **10** difícil, complicado, que exige grande esforço; *a ~ climb* uma subida difícil; *~ examination* exame difícil; *~ piece of work* tarefa difícil; *that is very ~ reading* isso é uma leitura difícil, isso exige muito esforço para ler; **11** forte; *a ~ drink* uma bebida forte, com muito álcool; *~ wind* vento forte; **12** volumoso, grande; **13** (preço) muito elevado; *a ~ price* preço muito elevado; **14** COMÉRCIO estável, firme; **15** NÁUTICA que aguenta bem o vento; estável; *~ ship* navio estável Ⓑ *s.* **1** [coloq.] (pessoa) tipo; **2** [coloq., depr.] (pessoa) emproado; pretensioso; chato; **3** [cal.] cadáver; **4** [cal.] fiasco; **5** [coloq.] papel de crédito negociável ❖ *~ joints* articulações anciolasadas; *~ neck* torcicolo; *~ soil* solo argiloso; *a book bound in ~ cover* um livro cartonado; *a ~ collar* um colarinho engomado; *to be scared ~* estar morto de medo; *to bore sb ~* matar alguém de aborrecimento

stiffen ['stɪfn] *v.tr.,intr.* **1** endurecer; **2** firmar; **3** fortalecer; **4** (bebida) deitar mais álcool em; *to ~ a drink* tornar uma bebida mais alcoólica; **5** (preço) aumentar; **6** entorpecer, emperrar; **7** tornar viscoso ou espesso; **8** dar mais consistência a; **9** engomar; **10** assumir uma atitude rígida ou formalista; **11** tornar teimoso; **12** teimar; **13** reforçar; **14** esticar

stiffener ['stɪfənə] *s.* **1** reforço, contraforte; **2** escora; **3** esticador; **4** [coloq.] copo de bebida alcoólica

stiffening

stiffening [ˈstɪfənɪŋ] s. 1 reforço; 2 consolidação; 3 travamento; 4 endurecimento; 5 acto de engomar; 6 entretela; 7 lastro de navio ❖ ~ *angle* cantoneira de reforço; ~ *rib* nervura de reforço

stiffish [ˈstɪfɪʃ] adj. 1 um tanto hirto ou duro; 2 um tanto difícil; 3 bastante reservado ou formalista

stiffly [ˈstɪflɪ] adv. 1 com rigidez; 2 de maneira hirta; 3 inflexivelmente, rigorosamente, severamente; 4 obstinadamente; 5 constrangidamente, sem graça

stiff-necked [ˈstɪfˌnekt] adj. 1 teimoso; obstinado; 2 arrogante

stiffness [ˈstɪfnɪs] s. 1 rigidez; ~ *of a rope* rigidez dum cabo; 2 dureza; 3 firmeza; 4 MEDICINA ancilose; 5 inflexibilidade, severidade, teimosia; 6 formalismo, afectação; 7 reserva; 8 constrangimento; 9 espessura; 10 dificuldade

stifle [ˈstaɪfəl] Ⓐ v.tr.,intr. 1 abafar; sufocar; asfixiar; 2 reprimir; *to ~ a yawn* reprimir um bocejo; 3 jugular; *to ~ a rebellion* jugular uma revolta Ⓑ s. 1 VETERINÁRIA (cavalos) soldra; 2 VETERINÁRIA (cavalo) (tumor nas articulações do jarrete) alifafe ❖ (cavalo) ~ *bone* rótula

stifled [ˈstaɪfəld] adj. 1 abafado, sufocado; 2 reprimido; 3 (cavalo) com um alifafe

stifler [ˈstaɪflə] s. 1 [coloq.] duche frio; 2 acontecimento chocante

stifling [ˈstaɪflɪŋ] Ⓐ adj. 1 sufocante; 2 abafadiço, que causa uma sensação de abafamento; 3 [fig.] castrador*fig.* Ⓑ adv. 1 de abafar; *it's ~ hot* está um calor de abafar; 2 imensamente

stigma [ˈstɪɡmə] s. (pl. **-s**) 1 estigma, ferrete, labéu, marca infamante, vergonhosa ou desonrosa; 2 BOTÂNICA estigma; 3 (pl. **stigmata**) ANATOMIA, PSICOLOGIA, RELIGIÃO, ZOOLOGIA estigma

stigmatic [stɪɡˈmætɪk] Ⓐ adj. 1 BOTÂNICA estigmático; 2 ÓPTICA anastigmático, estigmático Ⓑ s. HISTÓRIA, RELIGIÃO estigmatizado

stigmatism [ˈstɪɡmətɪzəm] s. estigmatismo

stigmatist [ˈstɪɡmətɪst] s. HISTÓRIA, RELIGIÃO estigmatizado

stigmatization [ˌstɪɡmətaɪˈzeɪʃən] s. estigmatização

stigmatize [ˈstɪɡmətaɪz] v.tr. 1 estigmatizar; 2 (qualificar) rotular [as, de]

stigmatose [ˈstɪɡmətəʊs] adj. 1 estigmatizado, marcado com estigmas; 2 BOTÂNICA estigmatófaro

stile [staɪl] s. 1 (porta) couceira; 2 degraus de passagem numa vedação ❖ [coloq.] *to help a lame dog over a ~* ajudar alguém que seja fraco ou esteja em dificuldades

stiletto [stɪˈletəʊ] Ⓐ s. (pl. **-s** ou **-es**) 1 punhal pequeno e fino; 2 (para trabalhar em pano) furador; 3 (sapatos) salto-agulha; ~ *heels* sapatos de salto-agulha Ⓑ v.tr. golpear com punhal fino e pequeno

still [stɪl] Ⓐ adj. 1 quieto, sossegado, tranquilo; *to keep ~* ficar quieto; 2 calmo; *how ~ everything is!* está tudo calmo!; 3 sem ondas; 4 silencioso; *as ~ as death/the grave* silencioso como um túmulo; 5 pacífico; 6 manso; suave; ~ *waters run deep* águas mansas correm fundo; 7 (bebidas) sem gás; 8 (vinho) não espumoso, não espumante; ~ *wines* vinhos não espumantes Ⓑ s. 1 [poét.] silêncio profundo, calma, quietude; 2 CINEMA fotograma; 3 alambique; aparelho de destilação; 4 destilaria Ⓒ v.tr.,intr. 1 acalmar(-se), sossegar(-se), aquietar(-se); *to ~ sb's fears* acalmar os receios de alguém; sossegar alguém; 2 mitigar, suavizar, aliviar; 3 reduzir ao silêncio, fazer calar; 4 parar, deter; 5 destilar Ⓓ adv. 1 ainda; ~ *less* ainda menos; ~ *more* ainda mais; *he is ~ writing* ele ainda está a escrever; 2 não obstante, todavia, contudo; *he suffered a lot, ~ he never complained* ele sofreu muito, contudo nunca se queixou; ~ *the fact remains that...* o que é certo é que...; o certo é que...; 3 por outro lado; 4 [arc., poét.] constantemente, habitualmente ❖ NÁUTICA ~ *bugle* toque de sentido; PINTURA ~ *life* natureza morta; [EUA] ~ *and all* apesar de tudo; PINTURA ~ *life painting* pintura de natureza morta; [coloq.] *the ~ small voice* a voz da consciência; *to keep a ~ tongue in one's head* calar-se; *to stand ~* não se mexer; estacar; não fazer nada; não progredir

stillage [ˈstɪlɪdʒ] s. banco, estrado, armação para evitar o contacto de mercadorias com o chão

stillbirth [ˈstɪlbɜːθ] s. 1 (bebé) nado-morto; 2 nascimento de criança já morta

stillborn [ˈstɪlbɔːn] adj. nado-morto

still-fish [ˈstɪlfɪʃ] v.intr. pescar de bordo de barco ancorado

still-hunt [ˈstɪlhʌnt] Ⓐ s. 1 [EUA] acto de espreitar a caça; 2 acto de esperar a caça escondido Ⓑ v.tr. [EUA] seguir a caça às escondidas

still-hunter [ˈstɪlhʌntə] s. caçador que segue a caça às escondidas, caçador que espreita a caça

stilling [ˈstɪlɪŋ] s. 1 suporte, armação para sustentar barris; 2 canteiro (em adegas)

stillion [ˈstɪljən] s. ⇒ **stilling**

stillness [ˈstɪlnɪs] s. 1 tranquilidade, sossego, quietude; 2 calma, silêncio; 3 paz

stilly [ˈstɪlɪ] Ⓐ adj. (comp. **-ier**, superl. **-iest**) 1 [poét.] tranquilo, sossegado, calmo, sereno; 2 pacífico Ⓑ adv. 1 tranquilamente, sossegadamente; 2 calmamente; 3 silenciosamente; 4 pacificamente

stilt [stɪlt] Ⓐ s. 1 ZOOLOGIA fusiloa, pernilongo; 2 alcaravão, piroliz, sisão; 3 estaca sobre que assenta uma construção; 4 pl. andas; *on stilts* com andas, sobre andas Ⓑ v.tr. colocar sobre andas ❖ *the ~ birds* as aves pernaltas

stilted [ˈstɪltɪd] adj. 1 colocado sobre andas; posto sobre andas; 2 (estilo) afectado, empolado, pomposo, bombástico; 3 ARQUITECTURA (arco) subido, alçado; ~ *arch* arco subido

stiltedness [ˈstɪltɪdnɪs] s. 1 afectação, formalismo; 2 pomposidade

stilting [ˈstɪltɪŋ] s. acto de andar sobre andas

stimulant [ˈstɪmjʊlənt] Ⓐ adj. FARMÁCIA estimulante Ⓑ s. 1 FARMÁCIA estimulante; 2 estímulo; 3 bebida alcoólica

stimulate [ˈstɪmjʊleɪt] v.tr. 1 estimular; *to ~ production* estimular a produção; 2 excitar; 3 activar, impulsionar; 4 animar [to, a]; incitar [to, a]; *to ~ sb to do sth* incitar alguém a fazer alguma coisa; 5 inspirar

stimulating [ˈstɪmjʊleɪtɪŋ] adj. 1 estimulante, que estimula; 2 excitante; 3 inspirador

stimulation [ˌstɪmjʊˈleɪʃən] s. estimulação

stimulative [ˈstɪmjʊlətɪv] adj. estimulante, estimuloso

stimulose [ˈstɪmjʊləʊs] adj. BOTÂNICA com pêlos urticantes

stimulus [ˈstɪmjʊləs] s. (pl. **-i**) 1 estímulo; incentivo; *to give a ~ to* estimular; 2 excitação; *to apply a ~ to a muscle* excitar um músculo; 3 BOTÂNICA pêlo urticante ❖ *under the ~ of hunger* sob o aguilhão da fome

stimy [ˈstaɪmɪ] Ⓐ s. (golfe) colocação das bolas de tal modo que um jogador não pode lançar a sua para o buraco devido a encontrar-se de permeio a bola de outro jogador Ⓑ v.tr. (golfe) impedir o acesso ao buraco colocando uma bola de permeio

sting [stɪŋ] Ⓐ s. 1 ferrão; 2 (serpente venenosa) presa; 3 BOTÂNICA pêlo urticante; 4 ferroada, ferroadela, picada, picadela com ferrão; 5 (dor aguda) aguilhão*fig.*; *the ~ of hunger* o aguilhão da fome; 6 [fig.] remorso; ~ *of conscience* remorsos; *to be stung with remorse* estar atormentado pelo remorso; 7 [fig.] vigor, energia; 8 [fig.] mordacidade Ⓑ v.tr. (prt. e part. pass. **stung**) 1 (com ferrão) picar, ferretoar; *a bee has stung (on) her finger* uma abelha picou-a no dedo; *some bees don't ~* há abelhas que não picam; 2 aguilhoar; 3 [fig.] causar dor aguda, provocar sofrimento pungente; dilacerar; pungir; 4 (doer) arder; *her eyes were stinging* tinha os olhos a arder; *pepper stings one's tongue* a pimenta faz arder a língua; 5 ferir; 6 ofender; *nothing stings like the truth* só a verdade ofende; 7 [fig.] impelir, estimular, incitar; *anger stung them to action* a cólera impeliu-os à acção; 8 [coloq.] explorar, levar demasiado dinheiro (a), cobrar preço exorbitante (a); *to ~ sb* explorar alguém, levar um preço exorbitante a alguém; 9 [coloq.] (pedir emprestado) cravar ❖ ZOOLOGIA ~ *bull* peixe-aranha-maior; ZOOLOGIA ~ *fish* peixe-aranha-menor; BOTÂNICA ~ *nettle* urtiga; ZOOLOGIA ~ *ray* raia-lixa; ZOOLOGIA ~ *winkle* múrice; *pleasures have their stings* não há rosa sem espinhos; *to have a ~ in the tail* ter um segundo sentido; ter uma má surpresa escondida no final

◆**sting for** v.tr. [coloq.] (dinheiro) cravar; *he stung me for 5 pounds* ele cravou-me 5 libras

stingaree [ˈstɪŋɡəriː] s. ZOOLOGIA raia-lixa

stinger [ˈstɪŋə] s. 1 pancada, golpe que provoca dor aguda; 2 animal com ferrão; 3 planta com pêlos urticantes; 4 mordacidade, observação sarcástica

stingily [ˈstɪndʒɪlɪ] adv. 1 mesquinhamente; 2 avaramente

stinginess [ˈstɪndʒɪnɪs] s. avareza, mesquinhez, sovinice

stinging [ˈstɪŋɪŋ] adj. 1 picante, que causa dor fina; 2 pungente; 3 que faz arder; 4 mordaz, acerado, contundente; ~ *answer* resposta contundente ❖ BOTÂNICA ~ *nettle* urtiga

stingless [ˈstɪŋləs] adj. desprovido de ferrão

stingo ['stɪŋgəʊ] *s.* ⟨arc.⟩ cerveja forte
stingy ['stɪndʒɪ] *adj.* ⟨*comp.* **-ier**, *superl.* **-iest**⟩ 1 [coloq.] avarento, avaro, sovina, agarrado ao dinheiro; *to be ~ with sth* ser sovina com alguma coisa; 2 [coloq.] mesquinho; 3 [coloq.] minúsculo, escasso, insuficiente
stink [stɪŋk] Ⓐ *s.* 1 mau cheiro, fedor; 2 [fig.] confusão; escândalo; barulho; cena; *to kick up a ~* armar confusão, fazer uma cena Ⓑ *v.tr.,intr.* ⟨*prt.* **stank** ou **stunk**, *part. pass.* **stunk**⟩ 1 cheirar mal, feder, tresandar; *to ~ of garlic* tresandar a alho; 2 empestar; 3 (pessoa) ser desprezível ❖ *to ~ of money* ser podre de rico
◆**stink out/up** *v.tr.* 1 empestar; 2 (caça) fazer sair da toca por meio de gases malcheirosos, sufocantes
stink-alive ['stɪŋkəˌlaɪv] *s.* ZOOLOGIA faneca
stinkard ['stɪŋkəd] *s.* 1 pessoa ou animal fedorento; 2 ZOOLOGIA maritacaca
stinkball ['stɪŋkbɔːl] *s.* 1 [coloq., joc.] coisa malcheirosa; 2 [coloq.] (insulto) chato; chaga*fig.*; 3 MILITAR ⟨ant.⟩ (batalhas navais) bomba de mau cheiro
stink-bomb ['stɪŋkbɒmb] *s.* bomba de mau cheiro
stinker ['stɪŋkə] *s.* 1 indivíduo que cheira mal; 2 canalha, indivíduo desprezível, ordinário; 3 coisa que cheira mal; 4 chatice, situação desagradável; 5 ZOOLOGIA variedade de aves marinhas de cheiro desagradável
stinkhorn ['stɪŋkhɔːn] *s.* BOTÂNICA (cogumelo exótico) *Dictyophora indusiata*
stinking ['stɪŋkɪŋ] *adj.* 1 fétido, malcheiroso, fedorento; 2 [fig.] ignóbil, desprezível; *a ~ thing to do* uma patifaria, uma velhacaria; 3 [fig.] insuportável; *a ~ cold* uma constipação insuportável; 4 [fig.] detestável ❖ BOTÂNICA *~ camomile* macela-fétida; BOTÂNICA *~ goosefoot* vulvária; fedegosa; [coloq.] *~ rich* podre de rico
stinkpot ['stɪŋkpɒt] *s.* ⇒ **stinkball**
stinkstone ['stɪŋkstəʊn] *s.* GEOLOGIA pedra fedorenta
stint [stɪnt] Ⓐ *s.* 1 restrição, limite, limitação; *to labour without ~* trabalhar sem se poupar a esforços; *without ~* sem limite, sem restrição; 2 tarefa, trabalho que uma pessoa pode realizar; *to do one's daily ~* realizar a sua tarefa diária; 3 ZOOLOGIA maçarico; 4 ⟨arc.⟩ porção, quantidade, ração Ⓑ *v.tr.,intr.* 1 cercear, limitar; 2 reduzir; *to ~ food* reduzir a alimentação, tirar à alimentação; 3 poupar, economizar; *he stinted neither trouble nor money* ele não poupou esforços nem dinheiro; 4 dar em quantidade excessivamente pequena; 5 privar [of, de]; *to ~ a person of sth* privar uma pessoa de alguma coisa; *to ~ oneself* privar-se do necessário; 6 ⟨arc.⟩ deixar de fazer ❖ *to ~ one's anger* reprimir a cólera
stinting ['stɪntɪŋ] Ⓐ *adj.* 1 económico, poupado; 2 que se priva do necessário Ⓑ *s.* 1 limitação; 2 economia; 3 sovinice, mesquinhice
stintingly ['stɪntɪŋlɪ] *adv.* 1 com sovinice; 2 mesquinhamente; 3 economicamente
stintless ['stɪntləs] *adj.* 1 prodigalizado, dado generosamente; 2 dado sem restrições
stip. Ⓐ [abrev. de stipendiary] Ⓑ [abrev. de stipend]
stipe [staɪp] *s.* BOTÂNICA espique
stipel ['staɪpəl] *s.* BOTÂNICA estípula
stipella [stɪ'pelə] *s.* BOTÂNICA ⇒ **stipel**
stipellate [stɪ'pelɪt] *adj.* BOTÂNICA com estípula
stipend ['staɪpend] *s.* 1 estipêndio, soldo, salário, remuneração pecuniária periódica de trabalho; 2 emolumentos; 3 rendimento oficial de eclesiástico
stipendiary [staɪ'pendɪərɪ] Ⓐ *adj.* ⟨*pl.* **-ies**⟩ 1 remunerado, assalariado; 2 estipendiário, que recebe estipêndio Ⓑ *s.* ⇒ *~ magistrate* ❖ *~ magistrate* magistrado/juiz de tribunal de polícia nas grandes cidades nomeado pelo ministro da Administração Interna
stipes ['staɪpiːz] *s.* ⟨*pl.* **stipites**⟩ BOTÂNICA estipe
stipiform ['staɪpɪfɔːm] *adj.* estipiforme
stipitate ['stɪpɪteɪt] *adj.* BOTÂNICA estipitado
stipple ['stɪpəl] Ⓐ *s.* 1 PINTURA desenho ou gravura pontilhada; 2 granido Ⓑ *v.tr.* 1 PINTURA pontilhar; 2 granir
stippled ['stɪpəld] *adj.* 1 PINTURA pontilhado; 2 granido
stippler ['stɪplə] *s.* gravador que faz granidos ou pontilhados
stippling ['stɪplɪŋ] *s.* 1 PINTURA pontilhagem; 2 granido
stipula ['stɪpjʊlə] *s.* ⟨*pl.* **-s** ou **-ae**⟩ BOTÂNICA estípula
stipulaceous [ˌstɪpjʊ'leɪʃəs] *adj.* BOTÂNICA estipuloso
stipular ['stɪpjʊlə] *adj.* BOTÂNICA estipular; relativo a estípula
stipulate[1] ['stɪpjʊleɪt] *v.tr.,intr.* 1 estipular, estabelecer; *it is stipulated that...* está estipulado que...; *to ~ for sth* estipular alguma coisa, estabelecer alguma coisa como condição; 2 ajustar; 3 exigir como condição; 4 (contrato) especificar
stipulate[2] ['stɪpjʊlɪt] *adj.* BOTÂNICA estipulado, com estípulas
stipulated ['stɪpjʊleɪtɪd] *adj.* 1 estipulado; *that is not of the ~ quality* isso não é da qualidade estipulada; 2 estabelecido; 3 ajustado, especificado
stipulation [ˌstɪpjʊ'leɪʃən] *s.* 1 estipulação; 2 condição; *under the ~ that* sob condição de; 3 cláusula; 4 convenção
stipulator ['stɪpjʊleɪtə] *s.* 1 estipulador; 2 aquele que põe uma cláusula ou estabelece uma condição
stipule ['stɪpjuːl] *s.* BOTÂNICA estípula
stipuled ['stɪpjuːld] *adj.* BOTÂNICA estipulado
stipulose ['stɪpjʊləʊs] *adj.* BOTÂNICA estipuloso
stir [stɜː] Ⓐ *s.* 1 sensação, excitação, agitação; *to cause a ~* causar sensação; *a place full of ~ and movement* um lugar cheio de agitação e movimento; 2 azáfama; 3 rebuliço, desordem, tumulto; 4 impulso; 5 (líquido, etc.) acto de agitar ou mexer, com uma colher, garfo, etc.; 6 (lume) acto de mexer com um atiçador; *to give the fire a ~* avivar o fogo (com o atiçador) Ⓑ *v.tr.,intr.* ⟨*particípios:* **-rr-**⟩ 1 agitar(-se); 2 mover(-se); mexer(-se); *don't stir!* não se mexa!; *not to ~ a finger* não mexer um dedo, não ajudar absolutamente nada; *to ~ about* mexer-se, andar dum lado para o outro; 3 bulir; 4 avivar, atiçar; *to ~ the fire* avivar o lume; 5 excitar, despertar, inflamar, estimular; *to ~ sb's imagination* excitar a imaginação de alguém; *to ~ the blood* excitar, entusiasmar; 6 instigar; *to ~ sb* levar alguém a ❖ *a ~ of wind* uma lufada de vento; *he didn't ~ an eyelid* ele manteve-se impassível; ele nem pestanejou; *he says he won't ~ a foot* ele diz que dali não sai; *nobody was stirring in the house* estavam todos a descansar na casa; *not a ~* nem o mais leve movimento; *she is not stirring yet* ela ainda não está a pé; ela ainda não se levantou; [coloq.] *~ you stumps!* mexe-te!; vamos depressa!; *there was not a breath of air stirring* não soprava a mais leve aragem; *to ~ heaven and earth* mover céu e terra; *to ~ out of the house* sair de casa; NÁUTICA *to ~ tack or sheet* dar as velas todas ao vento
◆**stir in** *v.tr.* (líquido) acrescentar, mexendo
◆**stir round** *v.tr.* CULINÁRIA mexer
◆**stir up** *v.tr.* 1 agitar, mexer; *to ~ a cup of tea* mexer uma chávena de chá; 2 (lume) avivar; 3 excitar, provocar, fomentar; *he wants stirring up* ele precisa que o estimulem, ele precisa que o piquem*coloq.*; *to ~ hatred* fomentar o ódio
stirabout ['stɜːrəbaʊt] *s.* 1 pessoa que anda sempre a mexer-se dum lado para o outro; 2 rebuliço, balbúrdia; 3 papa de farinha de aveia
stir-crazy ['stɜːkreɪzɪ] *adj.* doido
stir-fry ['stɜːfraɪ] *v.tr.* CULINÁRIA (cozinha chinesa) saltear, fritar rapidamente, mexendo sempre
stirk [stɜːk] *s.* ⟨dial.⟩ novilho; boi ou vaca de um ano
stirless ['stɜːləs] *adj.* 1 sem se mexer; 2 imóvel
stirps [stɜːps] *s.* ⟨*pl.* **stirpes**⟩ 1 estirpe, família; 2 linhagem; 3 raça
stirred [stɜːd] *adj.* agitado ❖ *~ up* excitado; espicaçado
stirrer ['stɜːrə] *s.* 1 instigador, incitador; 2 fomentador, provocador; 3 agitador mecânico; 4 batedor ❖ *he is an early ~* ele levanta-se cedo
stirring ['stɜːrɪŋ] Ⓐ *adj.* 1 activo, vivo, mexido; *to lead a ~ life* ter uma vida activa; 2 agitado; *~ times* tempos agitados; 3 esperto; 4 empreendedor, atarefado; 5 buliçoso, em movimento; 6 excitante, estimulante; 7 comovente, comovedor; 8 vibrante; arrebatador; *~ music* música arrebatadora; *~ speech* discurso vibrante; 9 sensacional; *~ events* acontecimentos sensacionais Ⓑ *s.* (acção) activação, agitação; 2 mistura; 3 primeiro sinal; *a ~ of interest* o primeiro sinal de interesse
stirringly ['stɜːrɪŋlɪ] *adv.* 1 activamente; 2 vivamente; 3 excitadamente; 4 comoventemente; 5 arrebatadoramente, de maneira sensacional
stirrup ['stɪrəp, 'stɜːrəp] *s.* 1 (cavaleiro) estribo; *to fit the stirrups* ajustar os estribos; *to put one's feet in the stirrups* pôr os pés nos estribos; 2 NÁUTICA estribo; 3 colchete, gancho ❖ ANATOMIA *~ bone* estribo; *~ cup* bebida de despedida; *~ iron* estribo;

stitch

~ *leather* loro; [ant.] ~ *oil* chicotada; castigo com correia; ~ *piece* suporte de fixação; ~ *strap* loro; suporte de fixação
stitch [stɪtʃ] Ⓐ *s. (pl. -es)* 1 (bordados, costura, etc.) ponto; *chain* ~ ponto de cadeia; *pin* ~ ponto turco; 2 (cirurgia) sutura; costura; *to put stitches in a wound* suturar uma ferida; 3 malha; *to drop a* ~ deixar cair uma malha; 4 pontada, dor aguda; ~ *(in the side)* pontada Ⓑ *v.tr.,intr.* 1 coser; pontear; dar pontos em; 2 costurar; 3 bordar; 4 CIRURGIA suturar ❖ *a* ~ *in time saves nine* mais vale prevenir do que remediar; *he has not a dry* ~ *on him* ele está todo encharcado; ele não tem um fio enxuto; [coloq.] *to have not a* ~ *on* estar nu; estar em pêlo; *to keep sb in stitches* fazer rir alguém; NÁUTICA *with every* ~ *of canvas set* com as velas todas desfraldadas
◆**stitch down** *v.tr.* 1 (costura) assentar; 2 (malhas) matar
◆**stitch on** *v.tr.* 1 coser; 2 remendar
◆**stitch up** *v.tr.* 1 consertar, remendar; 2 CIRURGIA suturar; 3 concluir; finalizar; 4 [fig., coloq.] montar uma cilada contra; *I was stitched up* montaram-me uma cilada
stitched [stɪtʃt] *adj.* 1 cosido; 2 (livro) brochado
stitcher [ˈstɪtʃə] *s.* 1 aquele que cose ou ponteia; 2 costureiro; 3 máquina de pontear
stitching [ˈstɪtʃɪŋ] *s.* 1 costura; 2 acto de dar pontos, acto de coser; 3 CIRURGIA sutura; 4 acto de brochar (livro)
stitchwort [ˈstɪtʃwɜːt] *s.* BOTÂNICA murugem, morugem
stithy [ˈstɪðɪ] *s. (pl. -ies)* [arc., poét.] forja de ferreiro
stiver [ˈstaɪvə] *s.* 1 [ant.] moeda holandesa; 2 tostão; *I wouldn't give a* ~ *for it* não daria um tostão por isso; *without a* ~ sem um tostão ❖ *not to care a* ~ estar-se nas tintas; não ligar meia
stoa [ˈstəʊə] *s. (pl. -s* ou *-ae)* ARQUITECTURA (Grécia antiga) pórtico ❖ *the Stoa* a escola estóica de filosofia
stoat [stəʊt] Ⓐ *s.* 1 ZOOLOGIA arminho (no Verão, quando tem o pêlo ruivo); 2 doninha, furão Ⓑ *v.tr.* cerzir
stochastic [stɒˈkæstɪk] *adj.* estocástico
stock [stɒk] Ⓐ *s.* 1 (parte de tronco) cepo; *why are you standing there like a stock?* por que é que está para aí parado como um cepo?; 2 COMÉRCIO stock, lote, fornecimento, armazenamento, sortido; reserva; ~ *in hand* stock em armazém; ~ *of wood* stock de madeira; *to be at the end of one's* ~ *of* ter esgotado o fornecimento de...; *to lay in a* ~ *of* fazer um fornecimento de; *to take* ~ verificar o que se tem em armazém; fazer inventário; 3 FINANÇAS valores, acções; *stocks and shares* valores de bolsa; 4 ECONOMIA valores, fundos, papéis de crédito; *stocks payable in foreign standard* fundos em moeda estrangeira; *to invest one's money in Government stocks* investir o dinheiro em valores do Estado; *to carry heavy* ~ imobilizar grandes capitais; 5 (família) ascendência, tronco, geração; *he comes of good* ~ ele provém de boa família, ele provém de boa cepa_{coloq.}; 6 BOTÂNICA goivo, goiveiro; 7 gado; 8 matéria-prima; *paper* ~ matéria-prima para fabrico de papel; *soap* ~ matéria-prima para fabrico de sabão; 9 AGRICULTURA (planta em que se enxerta o garfo) cavalo; 10 (pessoa) estúpido, néscio, tolo; 11 suporte; cabo; 12 haste; 13 (espingarda) coronha; *the* ~ *of a gun* a coronha de uma espingarda; 14 NÁUTICA cepo de âncora; 15 berbequim de broca; 16 cubo de roda; 17 (ferramenta) cepo; ~ *of a plane* cepo de plaina; ~ *of an anvil* cepo de bigorna; 18 (corais, abelhas, etc.) colónia; 19 CULINÁRIA (para sopa) caldo; concentrado; *meat* ~ caldo de carne; *vegetable* ~ caldo de legumes; 20 (uniforme) gola larga; 21 gravata alta; 22 talão de recibo; 23 *pl.* NÁUTICA estaleiro; carreira de construções; *to be on the stocks* estar no estaleiro, estar em construção; 24 *pl.* [arc.] (instrumento de tortura) cepo; *to put sb in the stocks* condenar alguém ao cepo Ⓑ *adj.* 1 usual; habitual; comum; ~ *phrase* lugar-comum; frase feita; ~ *sizes in shoes* tamanho usual em calçado; *the* ~ *jargon of students* a gíria estudantil habitual; 2 clássico; típico; 3 tipo; ~ *character* personagem-tipo; 4 (animal) reprodutor; de reprodução Ⓒ *v.tr.* 1 abastecer, prover, fornecer; sortir; *the shop was stocked with winter dresses* o estabelecimento tinha um bom fornecimento de vestidos de Inverno; 2 guarnecer; 3 armazenar; conservar em depósito; 4 guardar; recolher; 5 (espingarda) colocar coronha ❖ ~ *account* conta de capital; ~ *argument* argumento já batido; argumento conhecido; ~ *book* livro de armazém; FINANÇAS ~ *certificate* certificado de acções; TEATRO ~ *company* companhia com determinado repertório; CULINÁRIA ~ *cube* cubo de caldo; ZOOLOGIA ~ *dove* pombo-torcaz; FINANÇAS ~ *exchange* bolsa de valores; ~ *farmer* criador de gado; ~ *farming* criação de gado; COMÉRCIO ~ *list* inventário; ~ *market* bolsa de valores; comércio de gado; TEATRO ~ *play* peça de repertório; ~ *raiser* criador de gado; ~ *raising* criação de gado; ~ *saw* serra múltipla; ~ *and block* tudo; ~ *and stones* coisas sem vida; pessoas sem iniciativa; TEATRO ~ *of play* repertório; *a laughing* ~ bobo da corte; motivo de zombaria; *a good* ~ *of information* boa informação; *a* ~ *joke* uma piada já muito batida; COMÉRCIO *in* ~ em existência; COMÉRCIO *out of* ~ esgotado; *the river was well stocked with fish* o rio abundava em peixe; *to have a piece of work on the stocks* ter um trabalho entre mãos; *to take* ~ *of* examinar cuidadosamente; pensar cuidadosamente em
◆**stock up** Ⓐ *v.intr.* (racionamento) açambarcar [**with**, -]; encher-se [**with**, de]; abastecer-se [**with**, de]; *to* ~ *with tinned food* abastecer-se de comida enlatada Ⓑ *v.tr.* abastecer; encher; *to* ~ *the fridge* encher o frigorífico
stockade [stɒˈkeɪd] Ⓐ *s.* 1 estacada, paliçada; 2 [EUA] cadeia Ⓑ *v.tr.* fortificar, defender com estacada ou paliçada
stockbreeder [ˈstɒkbriːdə] *s.* criador de gado
stockbreeding [ˈstɒkbriːdɪŋ] *s.* 1 criação de gado; 2 ganadaria
stockbroker [ˈstɒkˌbrəʊkə] *s.* corretor da Bolsa
stockbroking [ˈstɒkˌbrəʊkɪŋ] *s.* corretagem, comércio de valores da Bolsa
stocker [ˈstɒkə] *s.* 1 [EUA] touro gordo; 2 indivíduo que coloca coronhas em espingardas
stockfish [ˈstɒkfɪʃ] *s.* bacalhau seco
stockholder [ˈstɒkˌhəʊldə] *s.* accionista
Stockholm [ˈstɒkhəʊm] *s.top.* Estocolmo
stockily [ˈstɒkɪlɪ] *adv.* atarracadamente
stockiness [ˈstɒkɪnɪs] *s.* aspecto atarracado
stockinet [ˌstɒkɪˈnet] *s.* tecido de malha para roupa interior
stocking [ˈstɒkɪŋ] *s.* 1 fornecimento, aprovisionamento; 2 (lago, rio, etc.) povoamento; 3 VESTUÁRIO (feminino) meia; *a pair of stockings* um par de meias; *elastic* ~ meia elástica ❖ ~ *cap* gorro comprido de malha; ~ *suspender* liga da cinta (para segurar meias); *a horse with white* ~ cavalo murzelo; *to be in one's* ~ *feet* estar descalço; *he stands six feet in his stockings* descalço, ele mede seis pés de altura; (em alguns cavalos) *white* ~ malha branca na parte inferior das patas
stock-in-trade [ˌstɒkɪnˈtreɪd] *s.* coisas necessárias para determinado ofício, negócio ou profissão
stockist [ˈstɒkɪst] *s.* armazenista
stockless [ˈstɒkləs] *adj.* NÁUTICA (âncora) sem cepo
stockman [ˈstɒkmən] *s. (pl. -men)* 1 guardador de gado; 2 criador de gado
stockpile [ˈstɒkpaɪl] Ⓐ *v.tr.* armazenar, acumular, amontoar Ⓑ *s.* reserva, armazenamento
stockroom [ˈstɒkruːm] *s.* armazém
stock-still [ˈstɒkstɪl] *adj.* imóvel
stocktaking [ˈstɒkˌteɪkɪŋ] *s.* COMÉRCIO inventário; balanço; *to do* ~ fazer o inventário ❖ *a* ~ *exercise* balanço da situação; *to do* ~ fazer o ponto da situação
stocky [ˈstɒkɪ] *adj. (comp. -ier, superl. -iest)* 1 atarracado, entroncado; 2 baixo e forte
stockyard [ˈstɒkjɑːd] *s.* cerca para gado
stodge [stɒdʒ] Ⓐ *s.* 1 [coloq.] (escola) comida pesada, refeição abundante, banquete; 2 comilão Ⓑ *v.intr.* comer vorazmente; empanzinar-se; comer até ficar empanturrado
stodginess [ˈstɒdʒɪnɪs] *s.* característica, qualidade do que é abundante, pesado ou indigesto
stodgy [ˈstɒdʒɪ] *adj.* 1 (comida) pesado, indigesto; 2 pomposo; 3 formal; 4 sem imaginação
stoep [stuːp] *s.* terraço, varanda em frente de uma casa (na União Sul-Africana)
stogy [ˈstəʊgɪ] *s. (pl. -ies)* 1 [EUA] charuto comprido e barato; 2 sapato grande
stoic [ˈstəʊɪk] *s.* 1 FILOSOFIA estóico; filósofo da escola fundada em Atenas por Zenão de Cítio; 2 pessoa dotada de grande austeridade e do domínio das paixões; 3 aluno da «Stowe school»
stoical [ˈstəʊɪkəl] *adj.* 1 estóico; 2 relativo ao estoicismo

stoically ['stəʊɪklɪ] *adv.* 1 estoicamente; 2 com estoicismo
stoicism ['stəʊɪsɪzəm] *s.* 1 estoicismo; 2 sistema filosófico dos estóicos; 3 austeridade, domínio das paixões
stoke [stəʊk] *v.tr.,intr.* 1 carregar, alimentar uma fornalha; 2 actuar como fogueiro; 3 [coloq.] comer à pressa
stokehold ['stəʊkhəʊld] *s.* NÁUTICA casa das caldeiras
stoke-hole ['stəʊkhəʊl] *s.* 1 ⇒ **stokehold**; 2 porta da fornalha; 3 porta de carregamento da fornalha
stoker ['stəʊkə] *s.* 1 (pessoa) fogueiro; chegador; 2 carregador automático; grelha mecânica; 3 fogo vivo ❖ *mechanical ~* carregador automático de caldeira
stole [stəʊl] Ⓐ *s.* 1 (adorno) estola; 2 RELIGIÃO (paramento) estola; 3 BOTÂNICA ⇒ **stolon** Ⓑ *prt. de* **to steal** ❖ *groom of the ~* primeiro camarista do rei
stoled ['stəʊld] *adj.* com uma estola, revestido de estola
stolen ['stəʊlən] *part. pass. de* **to steal**
stolid ['stɒlɪd] *adj.* 1 fleumático; 2 imperturbável; 3 impassível; 4 calmo; 5 obstinado, teimoso; 6 estólido, apático, estúpido
stolidity [stə'lɪdɪtɪ] *s.* 1 fleuma; 2 impassibilidade; 3 imperturbabilidade; 4 estolidez
stolidly ['stɒlɪdlɪ] *adv.* 1 fleumaticamente, imperturbavelmente; 2 impassivelmente; 3 estolidamente
stolidness ['stɒlɪdnɪs] *s.* ⇒ **stolidity**
stolon ['stəʊlən] *s.* BOTÂNICA estolho
stolonate ['stəʊlənɪt] *adj.* ⇒ **stoloniferous**
stoloniferous [ˌstəʊlə'nɪfərəs] *adj.* BOTÂNICA estolonífero
stoma ['stəʊmə] *s.* (*pl.* **-ata**) BOTÂNICA estoma
stomach ['stʌmək] Ⓐ *s.* 1 estômago; *on a full ~* com o estômago cheio; *pit of the ~* boca do estômago; *to turn one's ~* dar voltas ao estômago; 2 abdómen; 3 [fig.] apetite; vontade de comer; voracidade; *nothing can stay his ~* ele tem um apetite devorador; 4 inclinação, tendência, disposição; *he had no ~ for a fight* ele não tinha disposição para lutar; *that goes against my ~* isso vai contra os meus princípios Ⓑ *v.tr.* 1 suportar, tolerar, aguentar; *I cannot ~ it* não suporto isso; 2 aturar; 3 aceitar sem queixa ❖ MEDICINA (lavagens ao estômago) *~ pump* bomba gástrica; *to be given a ~ pump* fazer uma lavagem ao estômago; ANATOMIA *~ tooth* dente canino da primeira dentição; MEDICINA *~ tube* sonda gástrica; VETERINÁRIA (ruminantes) *first ~* pança; VETERINÁRIA (ruminantes) *fourth ~* coalheira; VETERINÁRIA (ruminantes) *second ~* barrete; VETERINÁRIA (ruminantes) *third ~* folhoso; *men of ~* homens de coragem; *to make sb's ~ rise* provocar náuseas a alguém
stomachache ['stʌmək,eɪk] *s.* dor de estômago; dor de barriga
stomachal ['stʌməkəl] *adj.* estomacal
stomacher ['stʌməkə] *s.* peitilho em trajes femininos do séc. XV ao XVII, cobrindo o peito e a boca do estômago
stomachful ['stʌməkfʊl] *s.* estômago cheio
stomachic [stə'mækɪk] Ⓐ *adj.* estomacal; estomáquico Ⓑ *s.* 1 [arc.] tónico estomacal; 2 [arc.] aperitivo
stomata ['stɒmətə] *pl. de* **stoma**
stomatal ['stɒmətəl] *adj.* BOTÂNICA relativo a estoma
stomate ['stɒmɪt] *s.* BOTÂNICA ⇒ **stoma**
stomatitis [stɒmə'taɪtɪs, stɒmə'taɪtɪs] *s.* MEDICINA estomatite; *aphthous ~* estomatite aftosa
stomatology [ˌstɒmə'tɒlədʒɪ, ˌstɒmə'tɒlədʒɪ] *s.* MEDICINA estomatologia
stomatoplasty ['stɒmətəʊplæstɪ, 'stɒmətəʊplæstɪ] *s.* CIRURGIA estomatoplastia
stomatopod [ˌstɒmətəpɒd, 'stɒmətəpɒd] *s.* ZOOLOGIA estomatópode
stomp [stɒmp] Ⓐ *v.intr.* andar com um passo pesado; bater com os pés Ⓑ *v.tr.* bater com; *to ~ one's feet* bater com os pés ❖ *to ~ in* entrar como um furacão; *to ~ out* sair como um furacão
stone [stəʊn] Ⓐ *s.* 1 pedra; calhau; *as hard as ~* duro como pedra; *to throw stones at* atirar pedras a; 2 lápide funerária; 3 pedra de amolar; 4 mó; 5 pedra preciosa, gema; *precious ~* pedra preciosa; 6 BOTÂNICA (cerejas, pêssegos, etc.) caroço; 7 BOTÂNICA (uvas) grainha; 8 testículo; 9 grão de granizo ou pedrisco; 10 MEDICINA (rins, pâncreas, etc.) pedra, cálculo; *kidney ~* cálculo renal; *to undergo an operation for ~* ser operado a um cálculo; 11 (medida de peso) 6,35 quilogramas; *he weighs 12 ~* ele pesa 76,25 quilos; 12 TIPOGRAFIA mesa de imposição; 13 [coloq.] pedra de dominó Ⓑ *v.tr.* 1 atirar pedras a; 2 lapidar, matar à pedrada; *to ~ sb to death* matar alguém à pedrada; 3 (fruta) tirar o caroço a; 4 (uvas) tirar a grainha a; 5 empedrar, revestir de pedras; *to ~ a well* revestir de pedra um poço ❖ HISTÓRIA *Stone Age* Idade da Pedra; *~ axe* machado de canteiro; ZOOLOGIA *~ bass* pardilho; cherne; *~ bedding* base de pedra; ZOOLOGIA *~ borer* molusco litófago; *~ bottle* botija; *~ building* edifício de pedra; ARQUEOLOGIA *~ circle* cromeleque; ZOOLOGIA *~ curlew* tarambola; MINERALOGIA *~ coal* antracite; *~ dresser* talhador de pedra; *~ drill* broca para pedra; ZOOLOGIA *~ falcon* esmerilhão; *~ fall* desmoronamento; [EUA] [coloq.] *~ fence* mistura de uísque com sidra; cerveja; *~ floor* pavimento de pedra; *~ fruit* fruta de caroço; *~ hammer* marreta; *~ heap* monte de pedra; ZOOLOGIA *~ marten* fuinha; BOTÂNICA *~ parsley* sisão; abetardinha; BOTÂNICA *~ pine* pinheiro-manso; *~ pit* pedreira; ZOOLOGIA *~ plover* tarambola; ELECTRICIDADE *~ plug* vela com isolamento de porcelana; *~ quarry* pedreira; *~ saw* serra para pedra; *stone's cast* distância muito pequena; *stones will cry out* isso é de fazer chorar as pedras da calçada; *not to leave a ~ standing* não deixar pedra sobre pedra; *to cast the first ~* atirar a primeira pedra; *to give a ~ and a beating to* vencer facilmente; ultrapassar facilmente; *to leave no ~ unturned* fazer todos os possíveis; não se poupar a esforços; *to mark with a white ~* marcar com uma pedra branca; considerar como data ou acontecimento particularmente feliz; *within a stone's throw* a curta distância; muito perto
stone-blind [ˌstəʊn'blaɪnd] *adj.* completamente cego
stonebreaker ['stəʊnˌbreɪkə] *s.* 1 máquina de britar pedra; 2 operário britador
stone-broke [ˌstəʊn'brəʊk] *adj.* [EUA] [coloq.] (sem dinheiro) teso, liso
stonechat ['stəʊntʃæt] *s.* ZOOLOGIA alvéola, alvéloa
stone-cold [ˌstəʊn'kəʊld] *adj.* gelado ❖ *to be ~ sober* estar totalmente sóbrio
stonecrop ['stəʊnkrɒp] *s.* BOTÂNICA erva-pinheira, erva-das-sete-sangrias
stonecutter ['stəʊnˌkʌtə] *s.* 1 (pedras preciosas) lapidário, lapidador; 2 serra de pedreiro; máquina de lavrar pedra; 3 canteiro, operário de obra de cantaria
stoned ['stəʊnd] *adj.* 1 [cal.] (drogado) pedrado; 2 [cal.] podre de bêbedo *fig.*; 3 pavimentado; 4 revestido a pedra; 5 (fruta) a que se extraiu o caroço
stone-dead ['stəʊndɪd] *adj.* [coloq.] morto e bem morto
stone-deaf ['stəʊndɛf] *adj.* completamente surdo; surdo como uma porta *coloq.*
Stonehenge [ˌstəʊn'hendʒ] *s.* nome de um monumento megalítico na Salisbury Plain
stoneless ['stəʊnləs] *adj.* (fruta) sem caroço
stoneman ['stəʊnmən] *s.* (*pl.* **-men**) pedreiro
stonemason ['stəʊnˌmeɪsən] *s.* pedreiro
stonewall [ˌstəʊn'wɔːl] Ⓐ *s.* parede de pedra Ⓑ *v.intr.* 1 POLÍTICA [coloq.] fazer obstrução; criar obstáculos; 2 [fig.] jogar à defesa; dar respostas evasivas; não se comprometer; 3 DESPORTO (críquete) bater a bola sem tentar marcar, fazer um jogo prudente ❖ *~ countenance* rosto impassível
stonewaller [ˌstəʊn'wɔːlə] *s.* 1 POLÍTICA [coloq.] obstrucionista; 2 DESPORTO (críquete) jogador que não tenta marcar para se não arriscar
stonewalling [ˌstəʊn'wɔːlɪŋ] *s.* 1 POLÍTICA [coloq.] obstrução; 2 DESPORTO (críquete) acto de bater a bola durante muito tempo sem tentar marcar
stoneware ['stəʊnweə] *s.* 1 grés; 2 faiança; 3 louça de barro vidrado ❖ *~ pipe* tubo de grés
stonewashed [ˌstəʊnwɒʃt] *adj.* pré-lavado; *~ denim* ganga pré-lavada
stonework ['stəʊnwɜːk] *s.* 1 trabalho em pedra; 2 cantaria; 3 alvenaria; 4 silharia; 5 TIPOGRAFIA imposição
stonily ['stəʊnɪlɪ] *adv.* 1 friamente; 2 com um olhar duro
stoniness ['stəʊnɪnɪs] *s.* 1 aspecto pedregoso, natureza pedregosa; 2 desumanidade, insensibilidade
stoning ['stəʊnɪŋ] *s.* 1 empedramento; revestimento com pedra; 2 apedrejamento; 3 acto de passar pela pedra de afiar; 4 (fruta) extracção do caroço ou da grainha ❖ *~ machine* descaroçador
stonk [stɒŋk] *v.tr.* bombardear com artilharia
stonker ['stɒŋkə] *s.* [cal.] espectáculo, coisa fantástica

stonkered ['stɒŋkəd] adj. 1 [cal.] (exausto) arrumado; 2 [cal.] podre de bêbedo

stonking ['stɒŋkɪŋ] Ⓐ adj. [coloq.] estrondoso, espectacular, fantástico Ⓑ adv. [coloq.] estrondosamente, espectacularmente, fantasticamente

stony ['stəʊnɪ] adj. (comp. **-ier**, superl. **-iest**) 1 pedregoso, cheio de pedras; ~ *ground* solo pedregoso; 2 rochoso; 3 (praia) de cascalho; 4 duro como uma pedra; 5 (pessoas) empedernido, insensível, inflexível, duro; 6 frio; glacial; ~ *stare* olhar glacial; 7 rígido; 8 [cal.] sem dinheiro, sem cheta; completamente liso ❖ *to fall on* ~ *ground* não ter qualquer efeito; ser o mesmo que nada

stony-broke ['stəʊnɪˌbrəʊk] adj. [coloq.] teso, sem cheta

stony-hearted ['stəʊnɪˌhɑːtɪd] adj. impiedoso; implacável; com um coração de pedra

stood [stʊd] prt. e part. pass. de **to stand**

stooge [stuːdʒ] Ⓐ s. 1 (comediante) estarola; 2 [cal.] pau-mandado Ⓑ v.intr. [coloq.] ser usado, ser explorado ❖ *to* ~ *for* ser o pau-mandado de

stook [stuːk] Ⓐ s. [dial.] meda de centeio, trigo, etc. Ⓑ v.tr. colocar, dispor em medas

stool [stuːl] Ⓐ s. 1 banco, banquinho; tamborete; *music* ~ banco de piano; *three-legged* ~ banco de três pernas; 2 mocho de piano; 3 suporte, base; 4 retrete; fezes; *to go to* ~ ir à retrete; 5 ARQUITECTURA peitoril de janela; 6 tronco/toco de árvore; 7 BOTÂNICA (planta) pé; 8 [EUA] negaça, chamariz Ⓑ v.intr. 1 BOTÂNICA (planta) deitar rebentos; rebentar pela raiz; 2 MEDICINA evacuar ❖ [cal.] ~ *pigeon* delator; denunciante; BOTÂNICA ~ *shoot* rebento; vergôntea; *close* ~ cadeira-retrete; *folding* ~ cadeira dobrável; [arc.] ~ *of repentance* banco de reprimendas para pessoas culpadas de faltas; *to fall between two stools* falhar; perder uma oportunidade devido a falta de decisão

stooling ['stuːlɪŋ] s. 1 acto de rebentar, de deitar rebentos; 2 evacuação

stoop [stuːp] Ⓐ s. 1 inclinação do corpo para a frente; *he walks with a* ~ ele caminha curvado para a frente; 2 [EUA] varanda, alpendre; 3 coluna, pilar; 4 cântaro, bilha Ⓑ v.intr. 1 inclinar-se; vergar-se; *she stooped to pick up the pencil* ela inclinou-se para apanhar o lápis; 2 andar curvado; 3 humilhar-se; *to* ~ *to conquer* humilhar-se a princípio para dominar depois; 4 (acção indigna) rebaixar-se; descer; *to* ~ *to stealing* descer até ao roubo; *he is a man who would* ~ *to anything* ele é um homem capaz de descer a todas as vilezas; 5 condescender, dignar-se [**to**, a]; *he stooped to greet them* ele dignou-se a cumprimentá-los; 6 cair, precipitar-se [**on**, sobre]; *the falcon stooped on its prey* o falcão precipitou-se sobre a presa

stooping ['stuːpɪŋ] Ⓐ adj. 1 inclinado, curvado para a frente; 2 arqueado Ⓑ s. 1 inclinação; 2 acto de se inclinar para a frente; 3 [fig.] submissão

stop [stɒp] Ⓐ s. 1 paragem; *short* ~ breve paragem; *dead* ~ paragem total; *regular* ~ paragem fixa; *the train came to a* ~ o comboio parou; *the train runs from Espinho to Vila Nova de Gaia without a* ~ o comboio vai de Espinho a Vila Nova de Gaia sem parar; *to be at a* ~ estar parado; 2 local de paragem; *bus* ~ paragem de autocarro; 3 termo, suspensão; fim; *we must put a* ~ *to this* temos de pôr um fim a isto; *to come to a full* ~ chegar ao fim; 4 impedimento, obstáculo; 5 (pontuação) ponto, ponto final; *full* ~ ponto final; *to put in the stops rightly* pontuar convenientemente, pôr bem os pontos e as vírgulas; 6 tampão; bujão; 7 rolha; 8 (firmar porta, janela, etc.) calço; 9 batente, espera; 10 ferrolho, alavanca, lingueta; 11 FOTOGRAFIA diafragma; 12 LINGUÍSTICA consoante oclusiva; 13 MÚSICA tecla, chave, registo de órgão; 14 tom, maneira de falar Ⓑ v.tr.,intr. (particípios **-pp-**) 1 parar; *it has stopped raining* parou de chover; (automóvel) *to* ~ *at the kerb* parar junto do passeio; *to* ~ *dead/to* ~ *short* parar de repente, estacar; *to* ~ *talking* parar de falar; 2 fazer uma pausa, fazer uma paragem; cessar; 3 fazer parar; deter; (râguebi) *to* ~ *an opponent* fazer parar um adversário; *to* ~ *the traffic* parar o trânsito; 4 reter; congelar; *to* ~ *sb's wages* reter o salário de alguém; 5 deixar de funcionar; 6 impedir; *nothing stopped him from doing it/nothing stopped his doing it* nada o impediu de fazer isso; *to* ~ *a thief* impedir um roubo; 7 suprimir, reprimir, pôr termo a; 8 interromper; *rain stopped the game* a chuva interrompeu o jogo; 9 cortar, suspender; MILITAR *all leave is stopped* estão suspensas todas as licenças; *the bank stopped payment* o banco suspendeu os pagamentos; *to* ~ *a cheque* suspender o pagamento de um cheque; 10 cortar o fornecimento de; 11 descontar, deduzir; 12 calafetar, tapar, vedar; *to* ~ *a leak* vedar um rombo; 13 (sangue) estancar; 14 [coloq.] (dente) obturar; chumbar; *to* ~ *a tooth* chumbar um dente, obturar um dente; 15 ficar; *to* ~ *at home* ficar em casa; 16 (escrita) pontuar; *this composition is badly stopped* esta redacção está mal pontuada ❖ ~ *arm* braço detentor; ~ *bumper* pára-choques; batente; ~ *device* dispositivo de paragem; ~ *lever* alavanca de interrupção de marcha; ~ *order* ordem a corretor de bolsa para comprar ou vender com determinada cotação; ~ *pawl* lingueta; ~ *plate* chapa de encosto; (jornalismo) ~ *press* notícias de última hora; ~ *sign* sinal de stop; ~ *thief!* agarra que é ladrão!; (boxe) *to* ~ *a blow* blocar um golpe; *to* ~ *a bullet* ser atingido por uma bala; *to* ~ *a gap* servir de substituto em caso de necessidade; NÁUTICA *to* ~ *at a port* fazer escala num porto; *business is at a* ~ os negócios não progridem; *to put on the sentimental* ~ armar ao sentimento; *to* ~ *the way* barrar a passagem; interromper o caminho; impedir o progresso; *cars* ~ *by request* paragem facultativa; (comboios) *how long do we* ~ *at this station?* quanto tempo demoramos nesta estação?

◆**stop away** v.intr. 1 faltar [**from**, a]; não ir [**from**, a]; 2 ausentar-se

◆**stop behind** v.intr. 1 (em relação a outros) ficar para trás; 2 deter-se por momentos

◆**stop by** v.tr.,intr. fazer uma visita (a); [coloq.] passar por

◆**stop down** v.tr. 1 vergar-se; 2 ficar deitado; 3 manter-se debaixo de água; 4 FOTOGRAFIA diafragmar, equipar com diafragma; *to* ~ *a lens* diafragmar

◆**stop in** v.intr. 1 [coloq.] fazer uma visita; 2 [GB] [coloq.] ficar em casa, não sair

◆**stop off** v.intr. [coloq.] (viagem) parar um bocadinho; fazer uma curta paragem

◆**stop out** Ⓐ v.intr. fazer noitada; não dormir em casa Ⓑ v.tr. (estampagem, fotografia) tapar para criar efeitos

◆**stop over** v.intr. 1 (durante uma viagem) parar; 2 (voo) fazer escala; 3 passar a noite

◆**stop up** Ⓐ v.intr. [GB] não se deitar; ficar a pé Ⓑ v.tr. (buraco, cano) tapar, encher; *to* ~ *a hole* tapar um buraco, encher um buraco ❖ *my nose is stopped up* tenho o nariz tapado

stopcock ['stɒpkɒk] s. torneira de passagem

stope [stəʊp] Ⓐ s. (minas) escavação em degraus Ⓑ v.tr. explorar (mina) em degraus

stopgap ['stɒpgæp] Ⓐ s. remedeio; solução provisória Ⓑ adj. provisório; de remedeio; ~ *measure* medida provisória

stop-go ['stɒpgəʊ] adj. 1 incerto; 2 de altos e baixos; 3 hesitante; frouxo

stoping ['stəʊpɪŋ] s. (minas) exploração em degraus

stoplight ['stɒplaɪt] s. 1 [EUA] semáforo vermelho; 2 (automóvel) luz de paragem

stopover ['stɒpəʊvə] s. 1 AERONÁUTICA escala; 2 paragem; 3 pequena estadia

stoppage ['stɒpɪdʒ] s. 1 interrupção; 2 suspensão; ~ *of leave* suspensão de licenças; ~ *of payments* suspensão de pagamentos; 3 cessação, paragem; 4 interferência; 5 impedimento; 6 obstrução; oclusão; *intestinal* ~ oclusão intestinal; 7 fechamento; encerramento; 8 (salários) desconto, dedução ❖ DESPORTO *to play* ~ *time* cumprir o tempo de compensação

stopped [stɒpt] adj. 1 parado; 2 detido; 3 reprimido; 4 interrompido, suspenso; 5 (dente) obturado; 6 obstruído ❖ ~ *consonant* consoante explosiva; *a badly* ~ *letter* uma carta mal pontuada

stopper ['stɒpə] Ⓐ s. 1 tampão; 2 bucha; 3 (garrafa) rolha; 4 (tonel) batoque; 5 NÁUTICA (tampa) bujão; 6 NÁUTICA (cabo) boça; 7 comporta Ⓑ v.tr. 1 (com rolha, batoque ou tampão) tapar; 2 NÁUTICA aboçar, atar às boças ❖ NÁUTICA ~ *bolts* argolas de boça; *tobacco* ~ calcador de tabaco em cachimbos; *stoppers of the cables* nós dos cabos; *to put a* ~ *on sb's activities* pôr um travão nas actividades de alguém

stopping ['stɒpɪŋ] Ⓐ s. 1 paragem; pausa; cessação; 2 supressão; suspensão; 3 (salários) retenção; congelamento; 4 obturação;

~ *of a tooth* obturação de um dente; **5** oclusão; fechamento; **6** acto de vedar; tapamento; **7** impedimento; **8** LINGUÍSTICA pontuação; **9** tampão ⒷⓂ *adj.* **1** que pára, que deixa de andar; **2** (comboio) que pára em todas as estações ❖ ~ *device* dispositivo de paragem; (condução) ~ *distance* distância de segurança; FOTOGRAFIA ~ *down* redução do diâmetro do diafragma; ~ *lever* alavanca de suspensão de marcha; ~ *place* paragem; local de paragem; ~ *of a cheque* ordem de não-pagamento de um cheque

stopple ['stɒpl] Ⓐ *s.* rolha (de vidro), bujão Ⓑ *v.tr.* fechar, tapar (com rolha de vidro ou bujão)

stopwatch ['stɒpwɒtʃ] *s.* cronómetro; cronógrafo

storable ['stɔːrəbəl] *adj.* acumulável, que pode acumular-se

storage ['stɔːrɪdʒ] *s.* **1** armazenamento; **2** cave, armazém, local de armazenamento; **3** custo, despesas de armazenamento; **4** acumulação; ~ *of energy* acumulação de energia; ~ *of heat* acumulação de calor ❖ ~ *basin* reservatório de barragem; ELECTRICIDADE ~ *battery* bateria de acumuladores; ~ *bin* contentor; INFORMÁTICA ~ *capacity* capacidade de armazenamento; ELECTRICIDADE ~ *cell* elemento de acumulador; ~ *unit* armário; ~ *yard* pátio de armazenamento; *in cold* ~ guardado em frigorífico

storax ['stɔːræks] *s.* **1** BOTÂNICA estoraque, estiraque; **2** QUÍMICA estoraque, bálsamo de estoraque

store [stɔː] Ⓐ *s.* **1** fornecimento; abastecimento; provisão; *to have (a) good* ~ *of* ter um bom fornecimento de; **2** reserva; *to hold/keep in* ~ ter de reserva, ter guardado; *to lay in stores for the winter* pôr de reserva para o Inverno; **3** fartura; abundância; **4** armazém; depósito; *contractor's* ~ depósito de materiais; *military stores* depósitos militares; **5** [EUA] loja, estabelecimento; *toy* ~ loja de brinquedos, bazar; *village* ~ loja, mercearia da aldeia; **6** [GB] grande armazém de vendas Ⓑ *v.tr.* **1** fornecer, abastecer; prover; equipar; **2** pôr de reserva, juntar para mais tarde; **3** acumular; **4** armazenar; aprovisionar ❖ COMÉRCIO ~ *card* cartão de crédito; ~ *cattle* gado destinado à engorda; ~ *clothes* confecções; roupa de pronto-a-vestir; [EUA] ~ *furniture* mobília proveniente dos grandes armazéns; ~ *ship* navio de abastecimento; navio-transporte; ~ *teeth* dentes postiços; *cooperative* ~ cooperativa; *war stores* material de guerra; ~ *of energy* energia disponível; ~ *of money* pecúlio; ~ *in a cool, dark place* conservar em local fresco e protegido da luz; *in* ~ de reserva; pronto a ser usado; que está para acontecer; *she has a surprise in* ~ *for you* ela reserva-te uma surpresa; *that is a treat in* ~ isso é um prazer que vamos ter; *to set no great* ~ *by* atribuir pouca importância a; não ter em grande conta; *to set* ~ *by* atribuir grande importância a; ter em grande conta; *stored furniture* mobília guardada em armazém

◆**store away** *v.tr.* pôr de reserva; guardar

◆**store up** *v.tr.* **1** pôr de reserva; armazenar; **2** acumular; *some animals* ~ *food for the winter* há animais que acumulam alimentos para o Inverno; *to* ~ *electricity* acumular electricidade

storehouse ['stɔːhaʊs] *s.* **1** armazém; **2** depósito; **3** celeiro; **4** paiol; **5** [fig.] mina; manancial; *he is a* ~ *of information* ele é uma mina de conhecimentos

storekeeper ['stɔːkiːpə] *s.* [EUA] ⇒ **shopkeeper**

storer ['stɔːrə] *s.* acumulador; ~ *of energy* acumulador de energia

storeroom ['stɔːruːm] *s.* **1** depósito; armazém; **2** (comida) despensa; **3** NÁUTICA paiol

storey ['stɔːrɪ] *s.* (casa) andar, pavimento ❖ [coloq.] *the upper* ~ o quarto andar; o cérebro; a cabeça; [coloq.] *he is a little wrong in the upper* ~ ele não regula bem do quarto andar

storeyed ['stɔːrɪd] *adj.* (edifício) com determinado número de andares; *a three-storeyed house* uma casa de três andares

storiated ['stɔːrɪeɪtɪd] *adj.* TIPOGRAFIA (título) adornado, ornamentado

storied ['stɔːrɪd] *adj.* **1** lendário, célebre na lenda; **2** relacionado com lendas ou uma história; **3** ornamentado com cenas históricas; **4** ⇒ **storeyed** ❖ ~ *forest* floresta com idades diferentes

storiette [stɔːrɪ'et] *s.* historieta

storing ['stɔːrɪŋ] *s.* **1** abastecimento, aprovisionamento; **2** armazenamento; **3** acumulação; ~ *up of energy* acumulação de energia

stork [stɔːk] *s.* ZOOLOGIA cegonha ❖ [coloq.] (nascimento) *a visit from the* ~ a chegada da cegonha

storksbill ['stɔːksbɪl] *s.* BOTÂNICA bico-de-cegonha, repimpim

storm [stɔːm] Ⓐ *s.* **1** tempestade; temporal; **2** (no mar) borrasca; procela; **3** tumulto, agitação, distúrbio; **4** MILITAR ataque; assalto; *to take by* ~ tomar de assalto; **5** [fig.] (grande quantidade) explosão; *a* ~ *of cheers* uma explosão de aplausos; *to raise a* ~ *of laughter* provocar uma explosão de gargalhadas Ⓑ *v.tr.,intr.* **1** (vento) bramir, bramar, soprar violentamente; **2** chover torrencialmente; **3** nevar abundantemente; **4** cair saraiva em grande quantidade; **5** esbracejar, vociferar, irritar-se, enfurecer-se; **6** tomar de assalto, atacar súbita e violentamente, assaltar ❖ ~ *belt*/ ~ *zone* zona de tempestade; MILITAR ~ *boat* barco de assalto; ZOOLOGIA ~ *bird* procelária; ~ *centre* centro de tempestade; sinal de perigo iminente; ZOOLOGIA ~ *cock* tordo grande; ~ *cone* cone para indicar vento; ~ *damage* prejuízos causados pela tempestade; [EUA] ~ *door* contraporta; NÁUTICA ~ *jib* vela de estai da mezena; polaca; NÁUTICA ~ *mizzen* gata; mezena; ZOOLOGIA ~ *petrel* alma-de-mestre; paínho-de-cauda-quadrada; NÁUTICA ~ *sail* vela de capa; ~ *troops* tropas de assalto; ~ *wind* vento de tempestade; *a* ~ *in a teacup* uma tempestade num copo de água; *after a* ~ *comes a calm* depois da tempestade vem a bonança; *it's storming* há tempestade; *the storms of fate* os golpes do destino

stormbound ['stɔːmbaʊnd] *adj.* impedido de seguir viagem por causa de tempestade

stormer ['stɔːmə] *s.* comandante ou membro de tropa de assalto

stormily ['stɔːmɪlɪ] *adv.* **1** tempestuosamente, **2** violentamente

storming ['stɔːmɪŋ] Ⓐ *adj.* [coloq.] excelente, fantástico Ⓑ *s.* **1** MILITAR (acto) assalto, ataque; **2** violência ❖ MILITAR ~ *party* pelotão de assalto

stormproof ['stɔːmpruːf] *adj.* à prova de tempestade

stormy ['stɔːmɪ] *adj.* (*comp.* -**ier**, *superl.* -**iest**) **1** tormentoso, tempestuoso, proceloso; ~ *sea* mar tempestuoso; ~ *wind* vento proceloso; **2** violento; turbulento; tumultuoso; ~ *passions* paixões violentas; **3** arrebatado; apaixonado ❖ ZOOLOGIA ~ *petrel* alma-de-mestre; calca-mares; (pessoa) ~ *petrel* indivíduo conflituoso

story ['stɔːrɪ] *s.* (*pl.* -**ies**) **1** história; *a ghost* ~ uma história de fantasmas; *to tell a* ~ contar uma história; **2** LITERATURA conto; novela; **3** narrativa, crónica, relato; **4** (romance, peça teatral) enredo, intriga; **5** fábula, lenda; **6** anedota; **7** (pessoa) passado; **8** [coloq.] mentira, peta; *to tell stories* contar mentiras; *what a story!* mas que mentira!; **9** [coloq.] artigo de jornal; **10** [EUA] ⇒ **storey**; *on the second* ~ no segundo andar; [EUA] *on the third* ~ no segundo andar ❖ LITERATURA *short* ~ conto; (jornal) *cover* ~ artigo principal; *as the* ~ *goes* conforme dizem; *that is quite another* ~ isso é outra história; isso é coisa muito diferente; *the* ~ *goes that...* conta-se que...; *you all tell the same* ~ todos vocês dizem a mesma coisa; é sempre a mesma cantiga

storyboard ['stɔːrɪbɔːd] *s.* CINEMA, INFORMÁTICA, TELEVISÃO storyboard; guião

storybook ['stɔːrɪbʊk] Ⓐ *s.* livro de histórias Ⓑ *adj.* **1** de conto de fadas; **2** fantástico; **3** [depr.] irrealista

storyline ['stɔːrɪlaɪn] *s.* intriga, enredo

storyteller ['stɔːrɪtelə] *s.* **1** contador de histórias; **2** contista, autor de contos; **3** [coloq.] mentiroso, aldrabão

storytelling ['stɔːrɪtelɪŋ] *s.* **1** narração de histórias; **2** escrita de contos

stoup [stuːp] *s.* **1** [arc.] garrafa bojuda de vinho, copo grande; **2** [arc.] pia de água benta

stout [staʊt] Ⓐ *adj.* **1** forte, entroncado, robusto, corpulento; *to grow* ~ ganhar corpo; **2** corajoso; intrépido; valente; resoluto; *to put up a* ~ *resistance* defender-se corajosamente; **3** sólido, resistente Ⓑ *s.* cerveja preta forte ❖ [arc.] ~ *fellow* bom lutador

stout-hearted [staʊt'hɑːtɪd] *adj.* corajoso, intrépido

stout-heartedly [staʊt'hɑːtɪdlɪ] *adv.* corajosamente, intrepidamente

stoutish ['staʊtɪʃ] *adj.* **1** um tanto forte, um tanto corpulento, um tanto cheio; **2** bastante sólido

stoutly ['staʊtlɪ] *adv.* **1** fortemente; **2** corajosamente, resolutamente, intrepidamente, valentemente; **3** solidamente; ~ *built* de construção sólida

stoutness ['staʊtnɪs] *s.* **1** corpulência; **2** coragem, força, energia, intrepidez

stovaine ['stəʊveɪn] s. QUÍMICA estovaina
stove [stəʊv] Ⓐ s. 1 fogão de cozinha; fogão de aquecimento; 2 estufa; 3 fogareiro; 4 forno; 5 fornalha Ⓑ prt. e part. pass. de to stave Ⓒ v.tr. 1 BOTÂNICA criar em estufa; 2 secar/desinfectar em estufa ❖ **slow-combustion** ~ salamandra
stovepipe ['stəʊvpaɪp] s. 1 chaminé de fogão; 2 chapéu alto de seda, cartola
stover ['stəʊvə] s. forragem de palha de trigo
stow [stəʊ] v.tr. 1 guardar, acondicionar, arrumar; NÁUTICA to ~ the cargo arrumar a carga; NÁUTICA to ~ the hold arrumar a carga no fundo do navio; 2 encher com coisas muito bem dispostas umas em cima das outras; 3 (navio) estivar, carregar; 4 deixar de; pôr de parte; parar com; ~ that nonsense! pára lá com esse disparate! ❖ NÁUTICA to ~ the sails ferrar as velas
◆**stow away** Ⓐ v.intr. viajar clandestinamente; viajar como passageiro clandestino Ⓑ v.tr. 1 guardar; pôr no lugar; arrumar; 2 esconder; ocultar
stowage ['stəʊɪdʒ] s. 1 NÁUTICA estiva; 2 arrumação; 3 acondicionamento; 4 capacidade de arrumação ou acondicionamento; 5 carga; 6 despesas de carregamento
stowaway ['stəʊəweɪ] s. (navio, avião) passageiro clandestino
stower ['stəʊə] s. NÁUTICA estivador
STP Ⓐ s. [abrev. de Sacrae Theologiae Professor (Professor of Sacred Theology)] Ⓑ [abrev. de standard temperature and pressure]
strabism ['streɪbɪzəm] s. ⇒ **strabismus**
strabismic [strə'bɪzmɪk] adj. estrábico
strabismus [strə'bɪzməs] s. MEDICINA (olhos) estrabismo; **convergent/cross-eyed** ~ estrabismo convergente/interno; **divergent/external** ~ estrabismo externo/divergente; **internal** ~ estrabismo interno/convergente
strabotomy [strə'bɒtəmɪ] s. CIRURGIA estrabotomia
straddle ['strædəl] Ⓐ v.tr.,intr. 1 andar/sentar-se de pernas escarranchadas; 2 pôr-se a cavalo em; 3 [fig.] abranger; 4 [fig.] hesitar; evitar tomar uma decisão; jogar com um pau de dois bicos; 5 bombardear o objectivo de um lado a outro Ⓑ s. 1 posição escarranchada; 2 POLÍTICA atitude indecisa, atitude que evita comprometer-se ❖ FINANÇAS (bolsa) ~ **option** opção de compra ou venda
straddle-legged ['strædəl,legd] adj. de pernas abertas, de pernas escarranchadas; **to sit** ~ sentar-se de pernas escarranchadas
straddling ['strædlɪŋ] s. 1 acto de escarranchar as pernas; 2 acto de abrir muito as pernas ao andar, sentar-se, etc.
strafe [strɑːf] Ⓐ s. 1 [cal.] bombardeamento; 2 reprimenda severa Ⓑ v.tr. 1 [cal.] bombardear, metralhar; 2 repreender severamente
straggle [strægl] v.intr. 1 afastar-se, dispersar-se; 2 extraviar-se; 3 perder-se, andar perdido; 4 vaguear, errar; 5 crescer de modo irregular ❖ **keep your mind from straggling** evite a dispersão do espírito; **to** ~ **along** marchar sem ordem; **to** ~ **behind** ficar para trás; **to** ~ **from the road** desviar-se da estrada
◆**straggle away/off** v.intr. dispersar; espalhar-se em pequenos grupos
straggler ['stræglə] s. 1 vagabundo, vadio; 2 indivíduo que fica para trás; 3 soldado que se deixa ficar para trás; 4 retardatário; 5 BOTÂNICA rebento que se desvia demasiado da planta-mãe
straggling ['stræglɪŋ] Ⓐ adj. 1 afastado, isolado, perdido, solitário; 2 disperso; disseminado; desgarrado; **a** ~ **village** uma aldeia com casas dispersas; 3 irregular Ⓑ s. 1 vagabundagem; 2 debandada; 3 dispersão
stragglingly ['stræglɪŋlɪ] adv. 1 dispersamente; 2 irregularmente; 3 confusamente; 4 em desordem; 5 esparsamente
straggly ['stræglɪ] adj. 1 esparso, espalhado, disperso; 2 irregular; 3 desgrenhado
straight [streɪt] Ⓐ adj. 1 recto; ~ **line** linha recta; ~ **line motion** movimento em linha recta; 2 direito; **are the pictures straight?**: os quadros estão direitos?; **put your hat** ~ ponha o chapéu direito; **to fly** ~ **as a dart/an arrow** voar direito como uma flecha; **to set one's tie** ~ endireitar a gravata; **with** ~ **back** de costas direitas; 3 directo; **the straightest way** o caminho mais directo; 4 desempenado; 5 erecto; 6 arrumado, limpo; em ordem; **to put a room** ~ arrumar um quarto; **the accounts are** ~ as contas estão em ordem; 7 claro; linear; lógico; ~ **definition** definição clara; ~ **thinking** pensamento lógico; 8 contínuo, ininterrupto, seguido; 9 honesto, sério; **he is perfectly** ~ **in all his dealings** ele é absolutamente honesto em tudo o que faz; ~ **dealings** procedimentos honestos; 10 franco, sincero, verdadeiro; **to give a** ~ **answer** dar uma resposta franca; 11 correcto; justo; leal; **to be** ~ **with sb** proceder lealmente para com alguém; ~ **as a die** absolutamente justo; 12 (cabelo) liso; ~ **hair** cabelo liso; 13 [coloq.] de confiança; de fonte autorizada; 14 POLÍTICA declarado, intransigente, manifesto; **a** ~ **Republican** um republicano intransigente; 15 [EUA] sem desconto, líquido; 16 (bebida) puro, sem mistura, não falsificado; ~ **whiskey** uísque sem mistura, uísque puro; 17 [coloq.] heterossexual; 18 [coloq., depr.] careta; mediano; banal Ⓑ s. 1 verticalidade; 2 atitude correcta; **to be on the** ~ viver honestamente; 3 DESPORTO (corrida) recta final; 4 pista direita Ⓒ adv. 1 a direito; em linha recta; **go** ~ **on!** siga a direito!; **keep** ~ **on!** siga a direito!; **to go** ~ **across the road** atravessar a rua a direito; 2 verticalmente; 3 directamente, directo; **he comes** ~ **from Oporto** ele vem directamente do Porto; **to drink** ~ **from the bottle** beber (directamente) da garrafa; **to come** ~ **to the point** ir directo ao assunto; 4 de frente; **to look sb** ~ **in the face** olhar alguém bem de frente; 5 sem demora; imediatamente; **to do sth** ~ **away** fazer alguma coisa imediatamente; 6 honestamente; 7 claramente; bem; como deve ser; **to see** ~ ver bem; **to shoot** ~ apontar cuidadosamente ❖ GEOMETRIA ~ **angle** ângulo raso; GEOMETRIA ~ **cylinder** cilindro recto; ~ **fight** luta entre dois contendores que se esforçam ao máximo; (boxe) ~ **left** directo com a esquerda; TEATRO ~ **man** comparsa; figurante; ~ **pipette** pipeta graduada; (boxe) ~ **right** directo dado com punho direito; ARQUITECTURA ~ **vaulting** abóbada plana; ~ **wire** fio rectilíneo; ~ **as a dog's hind leg** desonesto; que não inspira confiança; **out of the** ~ torto; não alinhado; [EUA] POLÍTICA **the** ~ **ticket** o programa oficial do partido; [coloq.] **to get information** ~ **from the horse's mouth** obter uma informação de boa fonte; **to hit** ~ **from the shoulder** bater em cheio; agredir em cheio; criticar corajosa e honestamente; **to keep a** ~ **face** conservar uma cara séria; não se rir; **to read a book** ~ **through** ler um livro de uma ponta à outra; **to set sb** ~ corrigir alguém; esclarecer alguém acerca dos factos; desenganar alguém; **to walk** ~ **in** entrar sem bater
straightaway [streɪtə'weɪ] Ⓐ adv. imediatamente Ⓑ s. DESPORTO (pista) recta
straighten ['streɪtn] v.tr.,intr. 1 endireitar(-se); pôr direito; **to** ~ **a piece of wire** endireitar um bocado de arame; **to** ~ **one's back** pôr as costas direitas; 2 arrumar; pôr em ordem; 3 (cabelo) esticar; alisar; 4 rectificar; **to** ~ **the alignment of a road** rectificar o traçado de uma estrada; 5 desempenar
◆**straighten out** v.tr. 1 resolver; 2 esclarecer
◆**straighten up** Ⓐ v.intr. (pessoa) endireitar-se Ⓑ v.tr. arrumar; pôr em ordem
straightener ['streɪtnə] s. máquina ou aparelho para endireitar
straightening ['streɪtnɪŋ] s. 1 endireitamento; 2 desempeno; 3 ajustamento ❖ ~ **press** prensa para desempenar ou endireitar
straightfaced [streɪt'feɪst] adj. com cara séria; sem se rir
straightforward [streɪt'fɔːwəd] adj. 1 direito, recto, honesto, sério, íntegro; 2 franco, sincero; **a** ~ **answer** uma resposta franca; **to be quite** ~ ser franco; 3 leal; 4 claro; simples; fácil de compreender; **a** ~ **explanation** uma explicação clara
straightforwardly [streɪt'fɔːwədlɪ] adv. 1 rectamente, honestamente, lealmente; 2 francamente, com sinceridade, sem rodeios; **to act** ~ agir com franqueza, fazer jogo franco
straightforwardness [streɪt'fɔːwədnɪs] s. 1 rectidão, honestidade, seriedade, lealdade; 2 franqueza
straight-lined ['streɪt,laɪnd] adj. rectilíneo; com linhas rectas
straightness ['streɪtnɪs] s. 1 direitura, aspecto recto de linha; 2 rectitude, rectidão; 3 honestidade, seriedade
straightway ['streɪtweɪ] adv. [arc.] imediatamente
strain [streɪn] Ⓐ s. 1 tensão; esforço; **breaking** ~ esforço de ruptura; **the rope broke under the** ~ a corda rebentou com o esforço; **to speak without** ~ falar sem esforço; 2 força; 3 tensão; pressão; **mental** ~ tensão nervosa; **the** ~ **of modern life** a tensão da vida moderna; **those sleepless nights were a** ~ **on his nerves** aquelas noites sem dormir eram uma tensão para os nervos; **to relieve the** ~ **on a beam** aliviar a pressão sobre uma trave;

4 deformação; distorção; *torsional* ~ deformação devida a torsão; 5 choque; 6 entorse, luxação, mau jeito; *to have a ~ in one's leg* ter uma entorse na perna; 7 ascendência, linhagem, raça; 8 BIOLOGIA estirpe; 9 disposição, inclinação, tendência; *a ~ of madness* disposição para a loucura, traços de loucura; 10 (expressão) tom, estilo; *to speak in a lofty ~* falar num tom empolado; 11 pl. MÚSICA toada, acordes; melodia; canto; *sweet strains* acordes melodiosos Ⓑ *v.tr.,intr.* 1 esticar, retesar, puxar com força; *to ~ a rope to breaking point* esticar uma corda até partir; 2 torcer(-se); retorcer(-se); deformar(-se); 3 esforçar-se [*after/to*, para/por]; *to ~ every nerve* esforçar-se ao máximo; *to ~ to do sth* esforçar-se por fazer alguma coisa; 4 forçar; *to ~ a point* forçar as coisas; *to ~ one's voice* forçar a voz; *to ~ the law* forçar a lei; *to ~ the truth* forçar a verdade; 5 (esforço excessivo) prejudicar; fatigar; cansar; *to ~ one's eyes* fatigar os olhos; 6 torcer(-se), deslocar(-se); *to ~ one's ankle* torcer um pé; *to ~ one's wrist* torcer o pulso; 7 forçar a interpretação de, exagerar; 8 abusar de; *to ~ one's powers* abusar dos poderes; 9 apertar [**to**, a]; abraçar; *to ~ sb to one's breast* apertar alguém ao peito, abraçar alguém 10 (coador, passador) espremer, coar, passar (por coador); peneirar; *to ~ soup* coar sopa, passar sopa pelo coador; 11 filtrar(-se); passar através de; 12 extorquir (dinheiro) ❖ *~ sensitivity* sensibilidade à deformação; sensibilidade à fadiga; *it would be a great ~ on his purse* seria uma despesa excessiva para a sua carteira

◆**strain at** *v.tr.* 1 ser muito escrupuloso em; 2 empregar todas as forças; esforçar-se ao máximo; *to ~ the oars* remar ao máximo

◆**strain off** *v.tr.* (líquido) vazar; despejar

strained [streɪnd] *adj.* 1 tenso, esticado; 2 torcido, deslocado, com luxação; 3 deformado; 4 fatigado, cansado; 5 constrangido; 6 tenso; *~ nerves* nervos tensos; *~ relations* relações tensas; 7 forçado, afectado; *~ laugh* riso forçado; 8 exagerado; 9 passado pelo coador, coado; *~ honey* mel coado ❖ *~ ankle* entorse do tornozelo

strainer [streɪnə] *s.* 1 coador, passador; 2 filtro; 3 peneira; 4 ralo de aspiração; 5 tensor

straining [streɪnɪŋ] *s.* 1 tensão; 2 deformação; 3 esforço, esforço excessivo; 4 fadiga devida a esforço excessivo; 5 interpretação forçada; 6 coagem; 7 filtragem; 8 drenagem ❖ (construção) *~ beam* tirante tensor; *~ chamber* câmara de filtração; *~ pulley* polia esticadora; *~ screw* parafuso tensor; (construção) *~ of a beam* fadiga de uma trave

strainless [streɪnləs] *adj.* sem esforço

strait [streɪt] Ⓐ *adj.* 1 estreito, apertado; 2 limitado; 3 rigoroso, severo, puritano Ⓑ *s.* 1 GEOGRAFIA estreito, canal; *Magellan Strait* Estreito de Magalhães; *Straits of Dover* Canal da Mancha; *Strait of Gibraltar* Estreito de Gibraltar; 2 [fig.] dificuldade, aperto, situação difícil; *to be in financial straits* estar em dificuldades financeiras ❖ *~ waistcoat* camisa de forças; (Malaca, Singapura) *Straits Settlements* Estabelecimentos do Estreito; *to put a ~ waistcoat on sb/to put sb into a ~ waistcoat* meter alguém numa camisa-de-forças

straiten [streɪtən] *v.tr.* 1 causar dificuldades a, pôr em dificuldades; 2 pôr em apuros; 3 embaraçar; 4 apertar, estreitar, limitar; 5 restringir

straitened [streɪtnd] *adj.* difícil ❖ *to be in ~ circumstances* estar numa situação difícil; passar dificuldades

straitly [streɪtlɪ] *adv.* 1 estreitamente; 2 rigorosamente

straitjacket [streɪtdʒækɪt] Ⓐ *s.* camisa-de-forças Ⓑ *v.tr.* 1 prender em camisa-de-forças; 2 [fig.] limitar, restringir

strait-laced [streɪtleɪsd] *adj.* 1 [depr.] puritano; 2 [depr.] rigorista; 3 [depr.] rígido, severo

straitness [streɪtnɪs] *s.* 1 estreiteza, aperto; 2 rigor, dureza, severidade; 3 dificuldade

strake [streɪk] *s.* fiada de tábuas ou chapas ao longo do navio

stramineous [strəˈmɪnɪəs] *adj.* 1 [arc.] da cor da palha; 2 [arc.] feito de palha; 3 [arc.] leve e sem valor como a palha

stramonium [strəˈməʊnɪəm] *s.* BOTÂNICA estramónio, figueira-do-inferno, erva-dos-feitiços

strand [strænd] Ⓐ *s.* 1 [poét.] praia, margem de lago ou rio; 2 costa; 3 cordão de cabo; 4 toro de corda; 5 [fig.] parte integrante, elemento de um todo; 6 fio; *a ~ of hair* um fio de cabelo Ⓑ *v.tr.,intr.* 1 (na praia) encalhar; 2 dar à costa; 3 (corda) rebentar um dos cordões ou fios; *to ~ a rope* rebentar um dos cordões de um cabo; 4 (ao fazer o cabo) cochar (os cordões) ❖ *central ~* alma de um cabo

stranded [strændɪd] *adj.* 1 (cabo) com cordões; *four-stranded rope* cabo com quatro cordões; 2 NÁUTICA encalhado; 3 sem recursos, em dificuldades financeiras; 4 abandonado; desamparado; *to leave sb ~* abandonar alguém, deixar alguém desamparado ❖ *~ wire* cabo torcido; arame trançado

stranding [strændɪŋ] *s.* encalhe

strange [streɪndʒ] *adj.* 1 estranho; *a ~ behaviour* um comportamento estranho; *in a ~ land* numa terra estranha; *it feels ~* é uma sensação estranha; 2 desconhecido, forasteiro; *a ~ man* um estranho; um desconhecido; 3 esquisito; 4 curioso; singular; invulgar; 5 surpreendente; 6 deslocado; 7 inexperiente, novato, sem prática; *I am ~ to this work* não tenho prática neste trabalho, sou novato nisto; *to be ~ to* não estar habituado a ❖ *~ as it may seem* por incrível que pareça; *the ~ thing is that…* curiosamente,…; estranhamente,…; *to feel ~* não se sentir bem; estar maldisposto

strangely [streɪndʒlɪ] *adv.* 1 estranhamente; 2 de maneira estranha; 3 de maneira esquisita; 2 curiosamente

strangeness [streɪndʒnɪs] *s.* 1 singularidade; 2 estranheza; 3 invulgaridade; 4 novidade

stranger [streɪndʒə] *s.* 1 desconhecido; pessoa estranha; 2 visitante; forasteiro; 3 estrangeiro; 4 novato; pessoa não habituada a algo; desconhecedor ❖ [GB] (parlamento) *Stranger's Gallery* galeria destinada ao público; *he is quite a ~ to me* não o conheço; *I am a ~ here* não sou daqui; *she is no ~ to sorrow* ela está habituada ao sofrimento; *to make a ~ of sb* tratar alguém com reserva; *to make no ~ of sb* tratar alguém com cordialidade; (Câmara dos Comuns) *to see strangers/to spy strangers* pedir a expulsão de toda a gente excepto deputados e funcionários; *you are quite a stranger!* nunca ninguém o vê!

strangle [stræŋgəl] *v.tr.* 1 estrangular, esganar; 2 apertar o pescoço a; 3 sufocar, abafar; *to ~ a laugh* sufocar o riso; 4 causar uma sensação de abafamento; 5 reprimir, suprimir, dominar ❖ *strangled voice* voz estrangulada

stranglehold [stræŋgəlhəʊld] *s.* 1 golpe que aperta a garganta; golpe que estrangula; 2 [fig., depr.] domínio; mão de ferro_{fig}; jugo_{fig}. ❖ *high tariffs put a ~ on trade* as tarifas elevadas estrangulam o comércio; *to have a ~ on sb* ter alguém à sua mercê

strangler [stræŋglə] *s.* estrangulador

strangles [stræŋgəlz] *s.pl.* VETERINÁRIA garrotilho

strangling [stræŋglɪŋ] *s.* estrangulamento, estrangulação

strangulate [stræŋgjʊleɪt] *v.tr.* estrangular

strangulation [stræŋgjʊˈleɪʃən] *s.* estrangulamento, estrangulação

strangury [stræŋgjʊrɪ] *s.* MEDICINA estrangúria

strap [stræp] Ⓐ *s.* 1 correia, tira de couro; precinta; *luggage/rug ~* correia com elos para transporte de bagagens; (transportes públicos) *standing passengers' ~* correia suspensa para passageiros se segurarem; 2 presilha; 3 (navalha, lâmina de barbear) assentador; 4 alça; 5 (correia de carruagens) tirante; 6 (tira estreita) galão; 7 colchete; 8 BOTÂNICA língua; 9 (punição física) castigo com correias Ⓑ *v.tr.* (particípios **-pp-**) 1 (com correia) segurar, prender, firmar; 2 castigar com correia; 3 afiar navalha em assentador, passar (navalha) pelo assentador (de couro) ❖ *~ brake* freio de cinta; *~ fork* forquilha de correia; ARQUITECTURA *~ work* entrançado

◆**strap down** *v.tr.* prender com correia

◆**strap in/on** *v.tr.* prender; segurar

◆**strap on** *v.tr.* 1 prender; firmar; apertar; 2 (relógio, etc.) pôr; colocar

◆**strap up** *v.tr.* (feridas) ligar, pôr ligadura em

straphanger [stræpˌhæŋə] *s.* [coloq.] (transportes públicos) passageiro em pé

strapless [stræpləs] *adj.* VESTUÁRIO caicai, sem alças

strappado [strəˈpeɪdəʊ] Ⓐ *s.* (pl. **-es**) estrapada, polé Ⓑ *v.tr.* 1 submeter ao suplício da estrapada; 2 submeter a tratos de polé

strapped [stræpt] *adj.* 1 preso, seguro, atado com uma correia; 2 [coloq.] sem cheta, sem dinheiro

strapper [stræpə] *s.* 1 valentão; 2 matulão; indivíduo forte, vigoroso

strapping ['stræpɪŋ] Ⓐ *adj.* [coloq.] robusto, bem constituído, forte, sólido; *a ~ fellow* um indivíduo alto e forte Ⓑ *s.* 1 colocação de correias; 2 castigo dado com uma correia; 3 MEDICINA adesivo

strapwork ['stræpwɜːk] *s.* ARQUITECTURA entrançado, entrelaçado

Strasburg ['stræzbɜːɡ] *s.top.* Estrasburgo

Strasburger ['stræzbɜːɡə] *s.* estrasburguês

strass [stræs] *s.* 1 variedade de vidro de chumbo para o fabrico de pedras preciosas artificiais; 2 seda de refugo; 3 palha ondulada com aparência de seda empregada em adornos de vestuário, etc.

strata ['strɑːtə, 'streɪtə] *pl. de* stratum

stratagem ['strætədʒəm] *s.* estratagema; artimanha; ardil; *to effect sth by ~* recorrer a um estratagema para fazer alguma coisa

strategic [strə'tiːdʒɪk, stræ'tedʒɪk] *adj.* estratégico; *~ bombing* bombardeamento estratégico; *~ considerations* considerações estratégicas; *~ ores* minérios estratégicos; *~ position* posição estratégica

strategical [strə'tiːdʒɪkəl] *adj.* ⇒ strategic

strategically [strə'tiːdʒɪklɪ] *adv.* estrategicamente

strategics [strə'tiːdʒɪks] *s.* MILITAR estratégia

strategist ['strætɪdʒɪst] *s.* estratega, estrategista

strategus [strə'tiːɡəs] *s.* (*pl.* -gi) HISTÓRIA estratego, comandante militar na antiga Atenas

strategy ['strætɪdʒɪ] *s.* estratégia

strath [stræθ] *s.* [Esc.] vale largo de montanha

strathspey [stræθ'speɪ] *s.* nome de determinada dança escocesa

stratification [strætɪfɪ'keɪʃən] *s.* estratificação

stratified ['strætɪfaɪd] *adj.* estratificado; em estratos; *~ rock* rocha estratificada

stratiform ['strætɪfɔːm] *adj.* estratiforme

stratify ['strætɪfaɪ] *v.tr.,intr.* estratificar, estratificar-se

stratigraphic [strætɪ'ɡræfɪk] *adj.* estratigráfico

stratigraphy [strə'tɪɡrəfɪ] *s.* estratigrafia

stratocracy [strə'tɒkrəsɪ] *s.* (*pl.* -ies) estratocracia, estratarquia

stratocruiser [strætəʊ'kruːzə] *s.* AERONÁUTICA cruzador estratosférico

stratopause ['strætəʊpɔːz] *s.* estratopausa

stratosphere ['strætəsfɪə] *s.* estratosfera ❖ *~ flight* voo estratosférico

stratospheric [strætə'sferɪk] *adj.* estratosférico

stratum ['strɑːtəm, 'streɪtəm] *s.* (*pl.* -a) 1 GEOLOGIA estrato; 2 camada; 3 estrato social, classe social; *the various strata of society* as várias classes sociais

stratus ['strɑːtəs, 'streɪtəs] *s.* (*pl.* -ti) METEOROLOGIA (nuvem) estrato

stravaig [strə'veɪɡ] *v.intr.* [Esc.] vaguear, vagabundear

straw [strɔː] Ⓐ *s.* 1 palha; *bundle of ~* molho de palha; *rice ~* palha de arroz; 2 chapéu de palha, palhinha; 3 bagatela, ninharia; *not to be worth a ~* não valer nada Ⓑ *v.tr.* [arc.] cobrir com palha, empalhar; 2 [arc.] juncar de ❖ *~ bed* cama de palha; *~ board* cartão grosseiro de polpa de palha; [EUA] *~ ballot/vote* sondagem de opinião; [EUA] [coloq.] *~ boss* auxiliar de contramestre; *~ file* lima de desbastar; *~ hat* chapéu de palha, palhinha; *~ mat* esteira; *~ mattress* enxergão; colchão de palha; *~ ring* coroa de palha; *~ roof* telhado de colmo; *~ stack* meda de palha; *~ yard* palheiro; *a ~ in the wind* uma indicação de onde vem o vento; *a ~ shows which way the wind blows* pequenas coisas podem significar muito; *a man of ~* um boneco de palha; pessoa sem valor; testa-de-ferro; [arc.] *in the ~* de parto; *I don't care a ~* não quero saber; *to be the last ~* ser o cúmulo; ser a última gota; *to be the last ~ that breaks the camel's back* ser a (última) gota que faz transbordar o copo; *to catch at a ~/to cling to every ~* aproveitar-se de toda e qualquer oportunidade; *to draw straws* tirar à sorte (com palhinhas de diferentes tamanhos); *to throw straws against the wind* tentar coisas inúteis; esforçar-se inutilmente; *to try to make bricks without ~* tentar fazer uma omelete sem ovos

strawberry ['strɔːbərɪ, 'strɔːberɪ] *s.* (*pl.* -ies) 1 BOTÂNICA (fruto) morango; 2 BOTÂNICA (planta) morangueiro ❖ *~ bed* canteiro de morangos; (cor, pessoa) *~ blond* louro arruivado; *~ field* plantação de morangos; *~ ice* gelado de morangos; *~ jam* compota de morangos; ANATOMIA *~ mark* nevo; sinal de nascença; ZOOLOGIA (cavalo) *~ roan* ruão; ruano; BOTÂNICA *~ tree* medronheiro; *crushed ~* cor escarlate mate; *the ~ leaves* a dignidade ducal; a coroa ducal

strawman ['strɔːmən] *s.* [fig.] espantalho, testa-de-ferro

strawworm ['strɔːwɜːm] *s.* ZOOLOGIA frigânea

strawy ['strɔːɪ] *adj.* 1 com palha, que contém palha; 2 de palha; 3 cor de palha

stray [streɪ] Ⓐ *s.* 1 animal vadio; 2 DIREITO bens sem herdeiros; 3 NÁUTICA declinação de rota, desvio; 4 esteira de barquilha; 5 difusão, dispersão, extravio; 6 *pl.* RÁDIO ruídos parasitários Ⓑ *adj.* 1 extraviado, perdido, desgarrado; *he was hit by a ~ bullet* ele foi atingido por uma bala perdida; 2 transviado; 3 isolado, acidental, fortuito; *a ~ customer came in* um freguês acidental entrou; 4 vadio; *a ~ cat* um gato vadio; 5 vagabundo; errante; 6 DIREITO sem herdeiros Ⓒ *v.intr.* 1 vaguear; 2 perder-se, extraviar-se; 3 afastar-se [**from**, de]; desviar-se [**from**, de]; *to ~ from the right path* sair do bom caminho; *to ~ from the point* afastar-se do assunto; 4 devanear, passar de um assunto para outro, não se concentrar; 5 ELECTRICIDADE dispersar-se ❖ ELECTRICIDADE *~ capacity* capacidade de dispersão; ELECTRICIDADE *~ current* corrente parasitária; *~ light* luz difusa; *~ losses* perdas por dispersão; CINEMA *~ angle of the screen* ângulo de difusão da tela; *magnetic ~ field* campo de dispersão magnética

strayed [streɪd] *adj.* 1 extraviado, perdido; 2 isolado

strayer ['streɪə] *s.* 1 pessoa ou animal perdido, extraviado; 2 animal vadio; 3 vagabundo

straying ['streɪɪŋ] Ⓐ *adj.* 1 perdido, extraviado; 2 desencaminhado, desviado do bom caminho; 3 errante, vagabundo Ⓑ *s.* 1 extravio; 2 acto de sair do bom caminho

strayless ['streɪləs] *adj.* ELECTRICIDADE sem dispersão

streak [striːk] Ⓐ *s.* 1 listra; risca; faixa; 2 (cabelo) madeixa; 3 vestígio, elemento, traço, sinal, laivo; *a ~ of humour* um laivo de humor; 4 (propensão) veia; *an artistic ~* uma veia artística; 5 MINERALOGIA filão, veio; *~ of ore* filão de minério; 6 NÁUTICA fiada de tábuas ou chapas ao longo do navio; 7 [fig.] (tendência) maré; período; *an unlucky ~/a ~ of bad luck* período de azar; *to be on a winning/loosing ~* estar em maré de sorte/de azar Ⓑ *v.tr.,intr.* 1 raiar, listrar; 2 riscar; 3 [coloq.] deslocar-se com grande rapidez; *they streaked off as fast as their legs would carry them* eles correram quanto podiam ❖ *~ of sunlight* raio de sol; *like a ~ (of lightning)* rapidamente; como um raio; *the silver ~* o Canal da Mancha; *there is a yellow ~ in him* há certa pusilanimidade nele; *to run like a ~* correr/partir como um raio

streaked [striːkt] *adj.* 1 raiado, listrado; 2 matizado; 3 (madeira) fibroso; 4 (cabelo) com madeixas ❖ ZOOLOGIA (peixe) *~ gurnard* bêbedo; ruivo; *his face was ~ with scars* ele tinha a cara cheia de marcas e cicatrizes

streaker ['striːkə] *s.* pessoa que corre nua em público

streakiness ['striːkɪnɪs] *s.* aspecto listrado

streaking ['striːkɪŋ] *s.* 1 listras, riscas; 2 estrias

streaky ['striːkɪ] *adj.* (*comp.* -ier, *superl.* -iest) 1 listrado, às riscas; 2 raiado; 3 (toucinho) entremeado

stream [striːm] Ⓐ *s.* 1 curso de água; corrente; 2 ribeiro, regato, arroio, riacho; *little streams make great rivers* são os riachos que fazem os grandes rios; 3 caudal, fluxo, torrente; *a ~ of lava* uma torrente de lava; *mountain ~* torrente de montanha; 4 (grande quantidade) torrente; fluxo; onda, vaga; *a ~ of people* uma torrente de gente; *a ~ of protest* uma onda de protesto; *the ~ of traffic* o fluxo de trânsito; 5 [fig.] corrente, tendência, direcção geral das coisas; *to go against the ~* contra a corrente; *to go with the ~* ir com a corrente, seguir a tendência; 6 (de luz) raio Ⓑ *v.tr.,intr.* 1 correr; *tears streamed down her face* as lágrimas corriam-lhe pela cara abaixo; 2 jorrar; brotar; manar; 3 gotejar, pingar; 4 derramar(-se), escorrer; 5 afluir em torrentes, deslocar(-se) em torrente; 6 canalizar, escoar; encaminhar; 7 flutuar, ondular, tremular; *the Portuguese flag was streaming in the wind* a bandeira portuguesa tremulava ao vento; 8 (cabelo) cair em ondas ❖ NÁUTICA *~ anchor* ancoreta; *~ gold* ouro de aluvião; *~ power* energia hidráulica; LITERATURA *~ of consciousness* monólogo interior; *to come on ~* entrar em funcionamento; *to flow with a gentle ~* correr brandamente; *to ~ forth* jorrar; brotar; *to ~ in* entrar a jorros; entrar em grande número; afluir abundantemente; *to ~ out* sair em grande número

streamer ['stri:mə] *s.* 1 flâmula, bandeirola; 2 serpentina (de Carnaval); 3 *pl.* aurora boreal

streamless ['stri:mləs] *adj.* 1 (água) sem corrente, parada; 2 (região) sem rios

streamlet ['stri:mlɪt] *s.* 1 regato, arroio; 2 riacho; 3 ribeirinho

streamline ['stri:mlaɪn] Ⓐ *s.* 1 linha aerodinâmica; 2 linha de curso natural de um fluido Ⓑ *v.tr.* 1 dar forma aerodinâmica a; 2 optimizar, tornar mais eficiente, dinamizar; 3 racionalizar; simplificar; 4 (empresa) reduzir o número de efectivos de ❖ *~ body* carroçaria aerodinâmica; *~ shape* forma aerodinâmica

streamlined ['stri:mlaɪnd] *adj.* 1 aerodinâmico; *~ fuselage* fuselagem aerodinâmica; *~ wing* asa aerodinâmica; 2 (barco) hidrodinâmico; 3 optimizado; racionalizado; simplificado; 4 eficiente, eficaz

streamlining ['stri:mlaɪnɪŋ] *s.* 1 acto de dar forma aerodinâmica; 2 dinamização; 3 rentabilização; 4 optimização; simplificação

streek [stri:k] *v.tr.,intr.* 1 passar como um relâmpago; 2 deslocar-se com grande rapidez ❖ [Esc.] *to ~ a body* vestir um morto

street [stri:t] *s.* 1 rua; *the windows look on (to) the ~* as janelas dão para a rua; *to go across the ~* atravessar a rua; *to go down the ~* descer a rua; *to live in the ~* viver na rua; *to turn into the streets* pôr na rua ❖ *~ accidents* acidentes rodoviários; [ant.] *~ arab* garoto da rua; vagabundo; *~ calls/cries* pregões dos vendedores ambulantes; *~ cleaner* varredor; máquina para varrer as ruas; *~ door* porta da rua; *~ guide* roteiro de cidade; *~ hawker* vendedor ambulante; *~ level* rés-do-chão; *~ lighting* iluminação das ruas; *~ main* conduta principal de gás nas ruas; *~ orderly* varredor das ruas; *~ organ* realejo; *~ plate* placa com o nome da rua; *~ urchin* garoto da rua; [coloq.] *not in the same ~ with sb* muito inferior a alguém; *on the streets* prostituindo-se; vivendo da prostituição; *the man in the ~* o cidadão normal; *to be streets above sb* ser muito superior a alguém; (manifestação) *to take to the streets* sair para a rua

streetcar ['stri:tkɑ:] *s.* [EUA, Can.] eléctrico, bonde_Bras._

streetlamp ['stri:tlæmp] *s.* poste de iluminação pública

streetwalker ['stri:t,wɔ:kə] *s.* prostituta

streetwalking ['stri:t,wɔ:kɪŋ] *s.* prostituição

streetwise ['stri:twaɪz] *adj.* 1 [coloq.] sabido, vivido, calejado; 2 consciente dos perigos da rua

strelitzia [stre'lɪtsɪə] *s.* BOTÂNICA estrelícia

strength [streŋθ, streŋkθ] *s.* 1 força; *by ~ of arm* à força de braço; *he has the ~ of a horse* ele tem a força de um cavalo; *~ of will* força de vontade; *that is beyond human ~* isso ultrapassa as forças/capacidades humanas; 2 vigor, energia; 3 firmeza; fortaleza; *~ of mind* firmeza de espírito; 4 apoio, arrimo; 5 robustez; solidez; 6 resistência; *bending ~* resistência à flexão; *breaking ~* resistência à ruptura; *~ of materials* resistência de materiais; *tensile ~* resistência à tensão; 7 poder, potência; 8 veemência, intensidade; 9 eficácia; 10 MILITAR força militar; efectivos militares; *fighting ~* efectivos de combate; *peace ~* efectivos de tempo de paz; *not on the ~* fora do rol de alistamento; *on the ~* inscrito no rol de alistamento; 11 número (necessário); *below ~* abaixo do número necessário; *up to ~* com o número necessário; *to be present in great ~* estar presente em grande número; 12 intensidade; ELECTRICIDADE *~ of a current* intensidade de correntes; *~ of discharge current* intensidade de corrente de descarga; *~ of draught* intensidade de tiragem; ELECTRICIDADE *~ of field* intensidade do campo; ELECTRICIDADE *~ of pole* intensidade polar ❖ *~ testing* prova de resistência; QUÍMICA *~ of a solution* título de uma solução; *~ of spring* tensão da mola; *in full ~* com os quadros completos; *on the ~ of* apoiando-se em; baseado em; devido a; *to build up one's ~ again* reconstituir-se; *to recover one's ~* recompor-se; recuperar as forças

strengthen ['streŋθən] *v.tr.,intr.* 1 fortificar; tonificar; fortalecer; 2 ganhar forças; 3 dar ânimo a; 4 intensificar(-se); 5 reforçar; *to ~ a law* reforçar uma lei; 6 consolidar ❖ *to ~ a solution* aumentar a concentração de uma solução

strengthener ['streŋθənə] *s.* 1 reforço; 2 MEDICINA fortificante

strengthening ['streŋθənɪŋ, 'streŋθnɪŋ] Ⓐ *adj.* 1 que fortifica; de fortalecimento; 2 que anima; que tonifica; 3 que reforça; 4 em crescimento; em desenvolvimento; *a ~ economy* uma economia em crescimento Ⓑ *s.* 1 reforço; 2 consolidação; 3 ligamento; 4 resistência ❖ *~ piece* reforço; *~ plate* chapa de reforço; *to have a ~ effect on sth* ajudar a consolidar algo

strenuous ['strenjʊəs] *adj.* 1 enérgico, vigoroso; 2 diligente, trabalhador; 3 persistente, tenaz ❖ *~ life* vida de trabalho árduo; *to make ~ efforts* esforçar-se ao máximo; *he mustn't do anything ~* ele não pode fazer esforços

strenuously ['strenjʊəslɪ] *adv.* vigorosamente, energicamente, esforçadamente, diligentemente, tenazmente

strenuousness ['strenjʊəsnɪs] *s.* 1 vigor, energia, esforço persistente; 2 tenacidade; 3 ardor

Strephon ['strefən] *s.* LITERATURA tipo do apaixonado dedicado (personagem da *Arcadia* de Sidney)

strepitous ['strepɪtəs] *adj.* estrepitoso, ruidoso, barulhento

streptoccocic [,streptə'kɒksɪk] *adj.* estreptocócico

streptococcus [,streptə'kɒkəs] *s.* (*pl.* -cocci) estreptococo

streptomycin [,streptəʊ'maɪsɪn] *s.* FARMÁCIA estreptomicina

stress [stres] Ⓐ *s.* (*pl.* -es) 1 stress; pressão; tensão; *to be subjected to great ~* estar sujeito a grande stress; *under the ~ of circumstances* sob a pressão das circunstâncias; 2 destaque, ênfase, importância, realce; *to lay ~ on* atribuir grande importância a, realçar; 3 LINGUÍSTICA acento tónico; *the ~ is the second syllable* o acento tónico está na segunda sílaba; 4 carga; 5 esforço Ⓑ *v.tr.* 1 realçar, sublinhar, vincar, salientar, insistir em; *he stressed the fact that...* ele realçou o facto de que...; 2 LINGUÍSTICA acentuar, pôr o acento em; 3 causar stress a; 4 submeter a esforço mecânico ❖ *~ concentration* concentração do esforço; *~ limit* limite de fadiga; LINGUÍSTICA *~ mark* acento; FOTOGRAFIA *~ marks* arranhões; *~ recorder* registador do esforço; *bending ~* esforço de flexão; *breaking ~* esforço de ruptura; *~ of weather* inclemência do tempo; *under the ~ of fear* sob a influência do medo

stressed [strest] *adj.* 1 acentuado, com acento tónico; 2 com stress, stressado; *to be ~ out* estar esgotado pelo stress, exausto

stressful ['stresfʊl] *adj.* desgastante, difícil, que causa stress, stressante

stressing ['stresɪŋ] *s.* 1 acentuação; 2 realce, destaque; 3 insistência; 4 pressão

stretch [stretʃ] Ⓐ *s.* (*pl.* -es) 1 alongamento; *cable-wire ~* alongamento de cabo metálico; 2 esticamento; retesamento; 3 (tecido) elasticidade; *with two-way ~* elástico nos dois sentidos; 4 (tempo) período; assentada; 5 extensão; *a ~ of road* uma extensão de estrada; *~ of the arm* extensão do braço; 6 envergadura; *~ of the wing* envergadura (de asa); 7 espreguiçadela; *to give a ~* espreguiçar-se; *with a ~ and a yawn* espreguiçando-se e bocejando; 8 [cal.] pena, tempo de cadeia; *he's doing his ~* ele está a cumprir uma pena; *to do a long ~* cumprir uma longa pena de cadeia; 9 alcance; 10 área, trecho; espaço; *for a long ~ of time* durante um grande espaço de tempo; 11 curso; direcção; 12 DESPORTO recta de chegada; 13 esforço; tensão; 14 NÁUTICA caminho que o navio percorre bordejando Ⓑ *adj.* elástico; *~ jeans* calças de ganga elásticas; *~ knit* malha elástica Ⓒ *v.tr.,intr.* 1 esticar; retesar; *the rope must be stretched tight* a corda tem de ser bem esticada; *to ~ like elastic* esticar como o elástico; *to ~ one's neck* esticar o pescoço (para ver melhor); 2 alargar; *to ~ a pair of gloves* alargar um par de luvas; 3 exagerar; forçar; violentar; *to ~ the law* forçar a interpretação da lei; *to ~ the truth* forçar a verdade; 4 espalhar(-se); estender(-se); *the forests stretched for miles and miles* as florestas estendiam-se por milhas e milhas; *to lie stretched on the ground* estar estendido no chão ao comprido; 5 dar de si; 6 durar; 7 espreguiçar-se; 8 [cal.] pendurar, enforcar ❖ *~ mark* estria; *~ modulus* coeficiente de elasticidade; *~ of imagination* um golpe de imaginação; *at full ~* a todo o galope; (palavras) *by a ~ of language* por extensão de sentido; *it made her ~ her eyes* isso fê-la arregalar os olhos; *not by any ~ of imagination* nem em sonhos; *the final ~* a recta final; *to drive for five hours at a ~* guiar durante cinco horas seguidas; *to put one's wits on the ~* dar tratos ao juízo; *to put sb's patience to the ~* pôr à prova a paciência de alguém;

stretched

to ~ a point ceder num ponto; fazer uma concessão; abrir uma excepção; (pequeno passeio) *to ~ one's legs* ir dar uma volta; *to ~ one's wings* alargar horizontes; fazer algo de novo

◆stretch out Ⓐ *v.tr.* **1** (braço, pescoço, etc.) esticar; estender; *to ~ one's arm for sth* estender o braço para pegar em qualquer coisa; **2** (tempo) prolongar; alongar; **3** fazer cair; *to stretch sb out* fazer alguém cair ao comprido no chão Ⓑ *v.intr.* esticar-se; estender-se

stretched ['stretʃt] *adj.* **1** esticado; **2** retesado; **3** que perdeu a elasticidade; **4** forçado, exagerado

stretcher ['stretʃə] Ⓐ *s.* **1** maca, padiola; *to carry on a ~* transportar numa maca; **2** tensor; *~ pulley* tensor de correia; **3** (calçado) esticador, forma; **4** vareta de guarda-chuva; **5** (correia) tirante; **6** NÁUTICA pernada dos vaus; **7** apoio para os pés do remador; **8** (construção) tijolo/pedra assente ao comprido; **9** [cal.] exagero, mentira Ⓑ *v.tr.* transportar em maca ❖ *~ party* destacamento de maqueiros

stretcher-bearer ['stretʃəbeərə] *s.* maqueiro

stretchiness ['stretʃɪnəs] *s.* elasticidade

stretching ['stretʃɪŋ] *s.* **1** estiramento; **2** alongamento; *~ of a rope* alongamento de cabo; **3** alargamento; dilatação; **4** tensão ❖ *~ force* força de tensão; (desenhador) *~ frame* estirador; *~ machine* dispositivo para esticar

stretchy ['stretʃɪ] *adj.* elástico

strew [stru:] *v.tr.* (prt. **-ed**, part. pass. **-ed** ou **-n**) **1** espalhar; *to ~ flowers in sb's path* espalhar flores no caminho de alguém; **2** espargir; derramar; **3** semear; encher; juncar; cobrir; *to ~ the floor with papers* encher o chão de papéis; **4** salpicar; polvilhar

strewing ['stru:ɪŋ] *s.* acto de espalhar, de cobrir ou juncar

strewn [stru:n] *part. pass. de* **to strew**

stria ['straɪə] *s.* (pl. **-ae**) ANATOMIA, GEOLOGIA, ZOOLOGIA estria

striate¹ ['straɪeɪt] *v.tr.* estriar

striate² ['straɪət, 'straɪeɪt] *adj.* estriado

striated ['straɪeɪtɪd] *adj.* ⇒ **striate**²

striation [straɪ'eɪʃən] *s.* estriamento

stricken ['strɪkən] Ⓐ {*part. pass. de* **to strike**} Ⓑ *adj.* **1** devastado; destroçado; **2** ameaçado; em perigo; **3** (gravemente) ferido; *a ~ deer* um veado ferido; **4** aflito; *a ~ heart* um coração aflito; **5** atacado [**with**, por]; *~ with fever* atacado pela febre; *~ with paralysis* atacado pela paralisia ❖ *~ in years* enfraquecido pela idade; *a ~ field* um campo de batalha

strickling ['strɪklɪŋ] *s.* acto de alisar (molde de fundição)

strict [strɪkt] *adj.* **1** severo; austero; *~ discipline* disciplina severa; *~ morals* moral rígida, costumes austeros; *~ teacher* professor severo; *to be ~ with sb* ser severo com alguém; *to keep a ~ hand over sb* tratar alguém com severidade; **2** rigoroso; *I'll tell you, but in strictest confidence* eu dir-lhe-ei, mas a título rigorosamente confidencial; *in the ~ sense of the word* no sentido rigoroso do termo; *to give ~ orders* dar ordens rigorosas; *to live in ~ seclusion* viver num isolamento rigoroso; **3** estrito, terminante; *~ obligation* obrigação estrita; **4** rígido, estreito; **5** preciso, exacto

striction ['strɪkʃən] *s.* estricção, constrição

strictly ['strɪktlɪ, 'strɪklɪ] *adv.* **1** estritamente; **2** rigorosamente, severamente; **3** rigidamente; **4** terminantemente ❖ *~ speaking* em rigor

strictness ['strɪktnəs, 'strɪknəs] *s.* **1** exactidão, rigor, precisão; **2** severidade, austeridade; **3** rigidez de disciplina

stricture ['strɪktʃə] *s.* **1** crítica, censura; *strictures on/upon* crítica agressiva em relação a; **2** restrição [**on**, sobre]; **3** limite; **4** MEDICINA estrita, estrangulamento, estrangulação, aperto, estenose, contracção mórbida

strictured ['strɪktʃəd] *adj.* MEDICINA com estrangulação, estritura ou estenose

stridden ['strɪdn] *part. pass. de* **to stride**

stride [straɪd] Ⓐ *s.* **1** passo grande, passo largo; *with giant strides* a passos de gigante; *with vigorous strides* com um andar enérgico; **2** (cavalo) tranco; *a horse with good length of ~* um cavalo com trote alongado Ⓑ *v.tr.,intr.* (prt. **strode**, part. pass. **stridden**) **1** caminhar com grandes passadas; andar a passos largos; *to ~ along* caminhar a passos largos; *to ~ away* afastar-se a passos largos; *to ~ up to sb* dirigir-se a alguém com grandes passadas; **2** transpor, galgar uma passada larga; *to ~ over a ditch* galgar uma vala com uma passada; **3** sentar-se escarranchado; estar de pé sobre alguma coisa de modo a ter uma perna de cada lado ❖ *to get into one's ~* entrar no seu ritmo normal; *to hit one's ~* atingir o melhor do seu rendimento; *to ~ up and down a room* andar dum lado para o outro num aposento; *to take sth in one's ~* encarar algo calmamente; não se deixar desmoralizar por algo

stridency ['straɪdənsɪ] *s.* estridência

strident ['straɪdənt] *adj.* **1** estridente; **2** (aspecto) vistoso, berrante, exuberante; **3** (protesto) enérgico, veemente

stridently ['straɪdəntlɪ] *adv.* estridentemente

strideways ['straɪdweɪz] *adv.* [EUA] escarranchado

stridor ['straɪdɔ:] *s.* **1** grito estridente, estridor; **2** MEDICINA estridor

stridulant ['strɪdjʊlənt] *adj.* **1** estridulante; **2** estrídulo

stridulate ['strɪdjʊleɪt] *v.intr.* (insecto) estridular

stridulation [strɪdjʊ'leɪʃən] *s.* estridulação

stridulous ['strɪdjʊləs] *adj.* MEDICINA estriduloso

strife [straɪf] *s.* luta, briga, conflito, contenda, questão, discussão, porfia; *to be at ~ with* estar em conflito com

striga ['straɪgə] *s.* (pl. **strigae**) estriga

strigil ['strɪdʒɪl] *s.* estrigil, almofada usada pelos antigos para esfregar a pele ao tomar banho

strigose ['straɪgəʊs] *adj.* híspido, estrigoso

strike [straɪk] Ⓐ *s.* **1** greve; *general ~* greve geral; *hunger ~* greve da fome; *sympathetic ~* greve de solidariedade; *to go on ~* fazer greve; **2** pancada, golpe; **3** AERONÁUTICA, MILITAR ataque; **4** êxito repentino; **5** descoberta; *gold ~* descoberta de ouro; *oil ~* descoberta de petróleo; **6** DESPORTO (basebol) golpe do batedor; **7** GEOLOGIA direcção do filão Ⓑ *v.tr.,intr.* (prt. **struck**, part. pass. **struck** ou **stricken**) **1** bater com; bater em; *he struck his foot against a stone* ele bateu com o pé numa pedra; *to ~ one's head against the wall* bater com a cabeça na parede; *to ~ sb in the face* bater na cara de alguém; **2** dar pancadas [**in/against**, em/contra]; **3** bater, chocar, colidir [**against**, com/contra]; **4** atacar, assaltar; atingir; *he struck the man a violent blow* ele atingiu o homem com uma violenta pancada; *we must ~ at the root of the trouble* devemos atacar o mal pela raiz; **5** atingir; chegar a; *to ~ a happy medium* chegar a um compromisso, chegar a um meio-termo satisfatório; **6** descobrir; achar, encontrar; deparar com; *to ~ a snag* deparar com uma dificuldade com que se não contava; *to ~ gold* encontrar minério de ouro; **7** atirar, arremessar; **8** (peixe) morder a isca, pegar; apanhar; arpoar; **9** (bandeira) arriar; render-se; *to ~ one's colours/one's flag* arriar bandeira; **10** NÁUTICA encalhar; bater em baixio; **11** (acampamento) levantar; desarmar, desfazer (tenda); *to ~ camp* levantar o acampamento; **12** cunhar; *to ~ a coin* cunhar uma moeda; **13** calcular; **14** (horas) fazer soar, dar, bater; *his hour has struck* soou a hora dele; *that clock strikes the hours* aquele relógio bate as horas; **15** afligir; **16** (emoção forte) infundir; encher de; *to ~ terror into sb* encher alguém de terror; *to ~ with wonder* encher de admiração; **17** impressionar, surpreender, dar nas vistas, chamar a atenção; **18** (fósforo) raspar; acender; *the matches were too wet to ~* os fósforos estavam demasiado molhados para acender; *to ~ a match* acender um fósforo; **19** (opinião) parecer; parecer; ter a impressão que; *how does it ~ you?* que tal lhe parece?; *it struck me he was telling a lie* tenho a impressão de que ele estava a mentir; *she strikes me as being sincere* parece-me ser sincera; **20** surgir; ocorrer; *an idea suddenly struck her* surgiu-lhe de repente uma ideia; **21** fazer greve, suspender o trabalho; **22** penetrar; fazer penetrar; *the cold struck through his clothes* o frio penetrava-lhe através da roupa; **23** adoptar, assumir, tomar; *to ~ a warning note* assumir um tom de aviso; **24** (acordo) concluir, fechar; *to ~ a bargain* fechar um negócio ❖ *~ breaker* fura-greves; *~ clause* cláusula para o caso de greve; *~ pay* subvenção paga pelos sindicatos aos operários que estão em greve; *lucky ~* sorte; golpe de sorte; achado feliz; *to ~ a committee* formar uma comissão; *to ~ a dividend* distribuir um dividendo; *to ~ a knife into sb's heart* cravar uma faca no coração de alguém; *to ~ an attitude* assumir uma atitude teatral; *to ~ a spark out of sb* conseguir que alguém mostre um pouco de animação; *to ~ battle* dar batalha; *to ~ blind* cegar; NÁUTICA *to ~ goods into the hold* arrumar mercadorias no fundo do porão; *to ~ home* produzir efeito; atingir o objectivo em cheio; *to ~ it rich* enriquecer subitamente; *to ~ oil* descobrir petróleo; fazer fortuna; BOTÂNICA *to ~ root* começar a deitar raízes; *to ~ sb's fancy* cair nas boas graças de alguém; *to ~ sparks out of a flint* fazer saltar faíscas do sílex; *to ~ speechless* espantar; pôr de boca aberta; NÁUTICA *to ~ the bottom* tocar o fundo; NÁUTICA *to ~ soundings* deitar o prumo; [coloq.] *~ me dead if!~ me pink if…* Diabos me levem se…; *~ while the iron is hot* é preciso malhar o ferro enquanto está quente; *they struck (off) to the right* viraram para a direita; *without striking a blow* sem desferir um único golpe

◆ **strike at** v.tr. 1 tentar atacar; lançar golpe a; 2 empreender; meter-se em; *to ~ everything* empreender muitas coisas; meter-se em muitas coisas

◆ **strike back** v.intr. 1 (agressão) ripostar; responder; retaliar; 2 MILITAR contra-atacar

◆ **strike down** v.tr. 1 abater; derrubar; 2 fulminar; *he was struck down by apoplexy* foi fulminado por uma apoplexia; 3 (lei) abolir

◆ **strike in** v.intr. 1 interromper; 2 intervir; 3 irromper

◆ **strike into** v.tr. 1 irromper em; começar de súbito; *to ~ a gallop* irromper num galope; 2 penetrar em; entrar em; *to ~ the woods* penetrar na floresta

◆ **strike off** v.tr. 1 cortar, fazer saltar de um golpe; *to ~ sb's head* cortar a cabeça de alguém; 2 banir; riscar; *to strike a name off a list* riscar um nome de uma lista; 3 improvisar; *to ~ an epigram* improvisar um epigrama; 4 imprimir; *to ~ ten thousand copies of a book* imprimir dez mil exemplares de um livro

◆ **strike on/upon** v.tr. 1 (ideia) ter; 2 (solução, etc.) descobrir; desencantar

◆ **strike out** Ⓐ v.tr. 1 rasurar; 2 cortar; raspar; excluir Ⓑ v.intr. 1 debater-se; lutar; *to ~ right and left* desferir golpes à direita e à esquerda; 2 (natação) mexer/bater com os braços; *to ~ with one's arms* bater a água com os braços; 3 dirigir-se [for, para]; (nadador, remador) *he struck out for the shore* ele dirigiu-se para a praia ❖ *~ for oneself* lançar-se por conta própria

◆ **strike through** v.tr. cortar com um traço

◆ **strike up** Ⓐ v.tr. 1 levantar; começar; iniciar; *to ~ a quarrel* começar uma discussão; 2 encetar; travar; *to ~ a conversation with sb* encetar uma conversa com alguém; *to ~ an acquaintance with sb* travar conhecimento com alguém; 3 MÚSICA entoar; iniciar os acordes de Ⓑ v.intr. 1 (música) começar a tocar; 2 rufar; *the drums struck up* rufaram os tambores; 3 [ant.] fazer saltar a espada do adversário

strikebound ['straɪkbaʊnd] adj. paralisado por greve; encerrado devido a greve

strikebreaker ['straɪkˌbreɪkə] s. fura-greves

striker ['straɪkə] s. 1 grevista; 2 DESPORTO atacante; 3 batedor; 4 jogador de ténis que recebe a bola no serviço; 5 percutor; 6 arpoador; 7 (relógio) martelo; 8 ELECTRICIDADE faísca de ignição

striking ['straɪkɪŋ] Ⓐ adj. 1 surpreendente; impressionante; dramático; *~ situation* situação dramática; 2 atraente; chamativo; apelativo; 3 flagrante; *~ likeness* semelhança flagrante; 4 em greve Ⓑ s. 1 batimento, acto de bater; 2 colisão; choque; 3 determinação de média; 4 (moeda) cunhagem; 5 batimento de horas ❖ *~ camp* levantamento de acampamento; *~ clock* relógio que bate as horas; *~ down* derrube com uma pancada; TIPOGRAFIA *(acto) ~ off* corte, rasura; eliminação; tiragem; *rate of ~* cadência de remada; *within ~ distance* ao alcance da mão

strikingly ['straɪkɪŋlɪ] adv. 1 de forma notável; 2 inegavelmente; incontestavelmente; 3 de forma impressionante; *~ beautiful* de uma beleza impressionante; 4 atraentemente ❖ *~ different from…* totalmente diferente de…; *to be ~ evident* saltar à vista

strikingness ['straɪkɪŋnɪs] s. carácter impressionante

strikle ['strɪkl] Ⓐ s. 1 rasoira, pau cilíndrico para tirar o cogulo às medidas; 2 pedra para afiar foices; 3 alisador de moldes de fundição Ⓑ v.tr. alisar (molde de fundição)

string [strɪŋ] Ⓐ s. 1 fio; *a ball of ~* um novelo de fio; *a piece of ~* um bocado de fio; *cotton ~* fio de algodão; 2 cordão; cordelinho; 3 fita; *bonnet strings* fitas de chapéu; 4 atilho; guita; barbante; 5 réstia; 6 BOTÂNICA fibra; *the small strings of a root* os filamentos das raízes; 7 [arc.] nervo, tendão; 8 colar; *a ~ of pearls* um colar de pérolas, 9 (sequência) fiada; fila; série; *a ~ of cars* uma fila (ininterrupta) de carros; *a ~ of lies* uma série de mentiras; 10 MÚSICA corda; *the strings of a piano* as cordas de um piano; 11 pl. MÚSICA cordas; instrumentos de cordas, músicos que tocam instrumentos de cordas Ⓑ v.tr.,intr. (prt. e part. pass. **strung**) 1 (instrument, raquete, etc.) encordoar; pôr cordas em; *to ~ a tennis racket* encordoar uma raqueta de ténis; *to ~ a violin* encordoar um violino; 2 amarrar, pendurar com corda/barbante; 3 (pérolas, etc.) enfiar; 4 esticar; 5 dispor em série; 6 mover-se em fila; 7 formar filamento, tornar-se fibroso; 8 [cal.] burlar, intrujar ❖ MÚSICA *~ band* banda de instrumentos de corda; BOTÂNICA *~ bean* feijão-verde; vagem; ARQUITECTURA *~ cornice* cornija linear; MÚSICA *~ orchestra* orquestra de instrumentos de corda; *~ polygon* polígono funicular; MÚSICA *~ quartet* quarteto de cordas; *~ vest* camisola de rede; DESPORTO *first ~* o melhor atleta seleccionado; *to ~ beans* tirar os veios às vagens; *to ~ lamps across a street* pendurar lâmpadas na rua; *by the ~ rather than by the bow* em linha recta; *there are some strings attached* a coisa não é assim tão simples; *to harp on the same/one ~* tocar sempre na mesma tecla; *to have sb on a ~* ter alguém à sua mercê; ter alguém na palma da mão; *to have two strings to one's bow* ter sempre algo de reserva; [coloq.] *to pull the strings* puxar os cordelinhos; *to touch a ~ in sb's heart* fazer vibrar uma corda no coração de alguém; [coloq.] *with a ~ attached* com uma cláusula; com uma condição; *with no strings attached* sem reservas; sem condições; sem compromissos

◆ **string along** v.intr. 1 seguir [**with**, -]; acompanhar [**with**, -]; 2 iludir, trazer (alguém) enganado

◆ **string out** Ⓐ v.tr. estender em longa fila; distribuir [**along**, ao longo de] Ⓑ v.intr. espraiar-se; distribuir-se

◆ **string together** v.tr. encadear; unir; juntar

◆ **string up** v.tr. 1 pressionar; 2 (esforço, vontade, etc.) concentrar; orientar; *to ~ one's resolution to* concentrar toda a sua vontade para; 3 [coloq.] enforcar ❖ *to be strung up* estar pronto a agir; estar excitado; estar nervoso

stringboard ['strɪŋbɔːd] s. perna da escada; armação lateral da escada

stringed [strɪŋd] adj. MÚSICA de cordas

stringency ['strɪndʒənsɪ] s. 1 severidade, rigor; 2 rigidez; 3 vigor (de argumentação); 4 escassez, carência, falta de dinheiro

stringent ['strɪndʒənt] adj. 1 severo, rigoroso; 2 rígido; 3 convincente; 4 FINANÇAS com escassez de dinheiro; 5 (mercado) em dificuldades devido à falta de dinheiro

stringently ['strɪndʒəntlɪ] adv. severamente, rigorosamente

stringer ['strɪŋə] s. 1 encordoador; 2 pessoa que encordoa instrumentos musicais; 3 trave, viga, barrote de suporte; 4 (automóvel) longarina; 5 (jornalismo) correspondente (em part-time); 6 pl. algemas

stringhalt ['strɪŋhɔːlt] s. VETERINÁRIA esparavão, esparvão, tumor ósseo na curva da perna dos solípedes

stringiness ['strɪŋɪnɪs] s. 1 fibrosidade; 2 viscosidade

stringy ['strɪŋɪ] adj. (comp. -ier, superl. -iest) 1 fibroso, filamentoso; 2 duro; *~ meat* carne dura, com nervos; 3 pegajoso, viscoso; 4 (pessoa) escanzelado; esquelético

strip [strɪp] Ⓐ s. 1 faixa; tira; *a ~ of cloth* uma tira de pano; 2 (banda desenhada) tira; *a comic ~* uma tira de banda desenhada; 3 fio; 4 AERONÁUTICA pista de aterragem; 5 DESPORTO equipamento Ⓑ v.tr.,intr. (particípios **-pp-**) 1 despir(-se); tirar a roupa; *to ~ sb to the skin* despir alguém por completo; *to ~ to the skin* despir-se por completo; *to ~ to the waist* despir-se até à cintura; 2 privar [**of**, de]; despojar [**of**, de]; *to ~ sb of his honours* despojar alguém das suas honras; 3 esfolar; pelar, descascar, esburgar; 4 (cereais) debulhar; 5 desmontar; 6 desguarnecer; 7 NÁUTICA desaparelhar, desmantelar; 8 (folhas de tabaco) separar do talo; 9 moer; *to ~ a screw* moer a rosca de um parafuso; 10 (dente de engrenagem) desgastar; *to ~ the gears* desgastar os dentes das engrenagens; 11 cortar em tiras; 12 (vaca) mungir até à última gota de leite ❖ [GB] *~ cartoon* banda desenhada; *~ club* clube de striptease; *~ leaf* folha de tabaco sem talo; *~ map* mapa de rota; *stripped of all his wordly goods* despojado de todos os bens terrenos; (metralhadora) *loading ~* fita de balas; *metal ~* fita metálica; [coloq.] *to ~ a peg* comprar um fato feito; *to ~ a tree* tirar as folhas a uma árvore; *to ~ a wall* tirar o papel que reveste uma parede

◆**strip away** *v.tr.* 1 (camada) remover; retirar; 2 privar de; despojar de; 3 esquecer; pôr de parte

◆**strip down** Ⓐ *v.tr.* (motor, equipamento) desmontar; desmantelar; tirar peça a peça Ⓑ *v.intr.* despir-se

◆**strip off** Ⓐ *v.tr.* 1 despir; 2 tirar; *she stripped off her gloves* ela tirou as luvas; 3 remover Ⓑ *v.intr.* despir-se

stripe [straɪp] Ⓐ *s.* 1 barra, lista, tira; 2 (tecido) riscado; 3 MILITAR (cabo, sargento) divisa; *the three stripes of a sergeant* as três divisas de um sargento; 4 MILITAR (oficial) galão; 5 classe, espécie, tipo; *a man of that ~ is not to be trusted* um homem dessa espécie não merece confiança; 6 chicotada, vergastada, açoite; 7 *pl.* [coloq.] tigre Ⓑ *v.tr.* 1 listrar; marcar a riscas; 2 raiar; 3 zebrar, listrar semelhantemente à pele da zebra ❖ *to get one's stripes* ser promovido; subir de posto; *to lose one's stripes* ser despromovido; baixar de posto; [EUA] *to wear the stripes* estar na cadeia; [EUA] *they are of the same ~* são da mesma cor política

striped [straɪpt] *adj.* 1 listrado, às riscas; 2 listrado como zebra; 3 raiado; 4 ANATOMIA estriado ❖ ZOOLOGIA *~ bream* besugo-de-ova; besugo-trombeiro

striping [ˈstraɪpɪŋ] *s.* 1 aspecto listrado ou raiado; 2 acto de listrar ou raiar

stripling [ˈstraɪplɪŋ] *s.* adolescente, rapaz; jovem

stripper [ˈstrɪpə] *s.* 1 stripper, artista de striptease; 2 decapante; 3 espadelador (de linho); 4 limpador mecânico (dos dentes da carda); 5 expoliador; 6 alfeça

stripping [ˈstrɪpɪŋ] *s.* 1 desnudamento, acto de tirar a roupa, de se despir; 2 desaparelhamento

striptease [ˈstrɪptiːz] *s.* striptease ❖ *~ artist* stripper

stripteaser [ˈstrɪptiːzə] *s.* strip-teaser, stripper

stripy [ˈstraɪpɪ] *adj.* 1 raiado, listado, às riscas; 2 semelhante à pele de zebra

strive [straɪv] *v.intr.* (*prt.* **strove**, *part. pass.* **striven**) 1 esforçar-se ao máximo; empenhar-se; fazer o possível; *to ~ after an end* esforçar-se por atingir um fim; *to ~ to* esforçar-se por; 2 lutar; combater; *to ~ against/with* lutar contra; *to ~ for right* combater pela justiça ❖ *to ~ together* disputar a supremacia

striving [ˈstraɪvɪŋ] *s.* 1 esforços; 2 luta

strobe [strəʊb] Ⓐ *adj.* FÍSICA estroboscópico Ⓑ *s.* estroboscópio

strobic [ˈstrɒbɪk] *adj.* ÓPTICA estrobósico

strobila [strəˈbaɪlə] *s.* (*pl.* **-ae**) ZOOLOGIA estróbilo

strobilaceous [strɒbɪˈleɪʃəs] *adj.* BOTÂNICA estrobiláceo

strobile [ˈstrɒbaɪl, ˈstrəʊbaɪl] *s.* BOTÂNICA estróbilo

strobiliferous [strɒbɪˈlɪfərəs] *adj.* BOTÂNICA estrobilífero

strobiliform [strəʊˈbɪlɪfɔːm] *adj.* estrobiliforme, com forma de estróbilo

strobilus [strəʊˈbaɪləs] *s.* (*pl.* **-i**) BOTÂNICA, ZOOLOGIA estróbilo

stroboscope [ˈstrəʊbəskəʊp] *s.* FÍSICA estroboscópio

stroboscopic [ˌstrəʊbəˈskɒpɪk] *adj.* estroboscópico

stroboscopy [strəʊˈbɒskəpɪ] *s.* FÍSICA estroboscopia

strode [strəʊd] *prt. de* **to stride**

stroke [strəʊk] Ⓐ *s.* 1 pancada; soco; 2 golpe; *finishing ~* golpe de misericórdia; *he killed the man with a ~ of his sword* ele matou o homem com um golpe de espada; 3 carícia, afago; 4 [ant.] palmatoada; *the boy received six strokes* o rapaz recebeu seis palmatoadas; 5 batida; 6 (doença) ataque, acesso, apoplexia; *an apoplectic ~* um ataque de apoplexia; *a paralytic ~* um ataque de paralisia; *to have a ~* ter uma apoplexia; 7 (natação) braçada; 8 DESPORTO lançamento; jogada; bolada; tacada; *a ~ in tennis* uma bolada no ténis; 9 cadência; ritmo; *to row a fast ~* remar com cadência acelerada; 10 NÁUTICA remador da popa que marca a cadência das remadas; 11 façanha, proeza; 12 pincelada; 13 traço; penada; *~ of the pen* traço da caneta; *with a ~ of the pen* com uma penada; 14 (relógio) bater de horas; *he was there on the ~* ele foi pontual; *the clock is on the ~ of five* o relógio vai dar cinco horas; *they arrived on the ~ of five* eles chegaram às cinco em ponto; 15 (máquinas) curso; *~ of a machine* curso de uma máquina; *~ of piston* curso de êmbolo; 16 (motor) tempo; *four-stroke engine* motor a quatro tempos; *two-stroke engine* motor a dois tempos; 17 pulsação Ⓑ *v.tr.,intr.* 1 acariciar; afagar; fazer festas a; *to ~ a cat* fazer festas a um gato; 2 alisar; 3 (barba, bigode) cofiar; 4 riscar; 5 DESPORTO marcar a cadência das remadas; remar com cadência; *to ~ thirty-five (per minute)* remar com a cadência de trinta e cinco remadas por minuto ❖ NÁUTICA *~ oar* remo da popa; MECÂNICA *~ volume* cilindrada; *finishing strokes* últimos retoques; *~ of business* negócio lucrativo; *~ of genius* golpe de génio; *~ of wit* dito de espírito; chiste; *a lightning ~* um raio; *he hasn't done a ~ of work today* ele hoje ainda não fez absolutamente nada; *to keep ~* conservar a cadência; nadar juntos; *to ~ sb the wrong way* aborrecer alguém; irritar alguém; *what a ~ of luck!* isto é que é ter sorte!; (bilhar) *whose ~ is it?* quem joga agora?; quem é agora a jogar?

◆**stroke down** *v.tr.* 1 acariciar; fazer uma festa a; 2 acalmar; sossegar; *to stroke sb down* acalmar alguém

stroking [ˈstrəʊkɪŋ] *s.* carícias, afagos, festas

stroll [strəʊl] Ⓐ *s.* (pequeno passeio) volta, giro; *to go for a ~/to take a ~* ir dar uma volta, ir dar um pequeno passeio Ⓑ *v.tr.,intr.* 1 dar uma volta; 2 deambular; vaguear; andar sem destino; passear sem pressas; *to ~ the streets* deambular pelas ruas; 3 TEATRO andar de terra em terra dando espectáculos

stroller [ˈstrəʊlə] *s.* 1 pessoa que passeia, caminhante; 2 [EUA, Can., Austr.] carrinho de bebé; 3 [arc.] vadio, quebra-esquinas; 4 [arc.] actor ambulante

strolling [ˈstrəʊlɪŋ] Ⓐ *adj.* 1 errante, vagabundo; 2 ambulante; que anda de terra em terra; *~ player* actor ambulante Ⓑ *s.* deambulação

stroma [ˈstrəʊmə] *s.* (*pl.* **-ata**) BIOLOGIA estroma

stromateus [strəʊˈmeɪtɪəs] *s.* ZOOLOGIA estromáteo

Strombolian [strɒmˈbəʊlɪən] *adj.* (vulcão italiano) estromboliano, estrombólico; relativo ou semelhante ao Estrômboli

strong [strɒŋ] Ⓐ *adj.* 1 forte; *~ conviction* convicção forte; *~ tea* chá forte; *to be as ~ as a horse* ser forte como um touro; *to be ~ in literature* ser forte em literatura; 2 corpulento; robusto; 3 enérgico; vigoroso; *~ literary style* estilo vigoroso; *~ measures* providências enérgicas; *they wrote him in ~ terms* escreveram-lhe uma carta enérgica; 4 sólido; robusto; resistente; *~ beliefs* crenças sólidas; 5 consistente; 6 saudável; sadio; 7 nítido; pronunciado; 8 (sotaque) acentuado, cerrado, forte; 9 (cheiro, cor) intenso; *to have a ~ smell* ter um cheiro intenso; 10 firme, decidido, resoluto; convicto; *~ partisan* defensor convicto; 11 drástico; 12 convincente; de peso; concludente; *~ evidence* prova convincente; 13 (linguagem) rude; violento; ofensivo; *~ language* linguagem ofensiva; 14 (bebida) concentrado; alcoólico; forte; *~ drink* bebida alcoólica; 15 (comida) nutritivo; muito condimentado; 16 (sabor) rançoso; 17 (opinião) influente; 18 LINGUÍSTICA forte; *~ verb* verbo forte; 19 COMÉRCIO firme, com tendência para a alta; *~ market* mercado firme, mercado com tendência para a alta Ⓑ *adv.* 1 fortemente; 2 com força; vigorosamente; energicamente; intensamente; *the wind blows ~* o vento sopra com força; *to be ~ against* opor-se com energia a; 3 solidamente, firmemente; 4 [coloq.] bem; *things are going ~* está tudo a correr bem ❖ MÚSICA *~ beat* tempo forte; *~ eyes* boa vista; *~ in health* saudável; FÍSICA *~ interaction* interacção forte; *~ memory* boa memória; MILITAR *~ point* posição especialmente fortificada num sistema de defesa; *a ~ fort* um forte bem defendido; *an army 250,000 ~* um exército de 250 000 homens; *by the ~ arm/hand* à força; *one's ~ point* o ponto forte de uma pessoa; *she is still far from ~* ela ainda não está completamente restabelecida; *that is ~ meat* isso não é brincadeira nenhuma; *the ~ arm of the law* a autoridade pública; *to be ~ in numbers* ser numeroso; *to feel quite ~ again* sentir-se recuperado; *to grow stronger* recuperar forças; *to have recourse to ~ action* recorrer à força; *to have ~ nerves* ter nervos de aço

strongbox [ˈstrɒŋbɒks] *s.* caixa-forte

stronghold [ˈstrɒŋhəʊld] *s.* 1 fortaleza, praça forte; 2 baluarte, cidadela; 3 reduto

strongish [ˈstrɒŋɪʃ] *adj.* um tanto forte

strongly [ˈstrɒŋlɪ] *adv.* 1 solidamente; 2 fortemente; 3 vivamente; vigorosamente, insistentemente; *he ~ advised me to talk to them* ele aconselhou-me insistentemente a falar com eles; 4 profundamente; 5 com força forte; *~ worded letter* carta dura; 6 muito; intensamente; *to smell ~ of* cheirar muito a...

strong-minded [ˌstrɒŋˈmaɪndɪd] *adj.* **1** decidido; determinado; **2** firme; **3** teimoso
strongroom [ˈstrɒŋrʊm] *s.* casa-forte
strong-willed [ˌstrɒŋˈwɪlt] *adj.* determinado; firme; forte; persistente; tenaz
strongyle [ˈstrɒndʒɪl] *s.* ZOOLOGIA estrongilo
strontia [ˈstrɒnʃɪə] *s.* QUÍMICA estronciana
strontian [ˈstrɒnʃɪən] Ⓐ *s.* ⇒ **strontia** Ⓑ *adj.* estronciânico
strontianite [ˈstrɒnʃɪənaɪt] *s.* MINERALOGIA estroncianite
strontium [ˈstrɒnʃɪəm] *s.* QUÍMICA (elemento químico) estrôncio ❖ ~ *carbonate* carbonato de estrôncio; FÍSICA ~ **90** isótopo de estrôncio
strop [strɒp] Ⓐ *s.* **1** tira de couro utilizada como assentador de navalhas; **2** NÁUTICA estropo Ⓑ *v.tr.* (*particípios*: **-pp-**) passar, assentar, afiar no assentador
strophanthin [strəʊˈfænθɪn] *s.* FARMÁCIA estrofantina
strophe [ˈstrəʊfɪ, ˈstrɒfɪ] *s.* (*pl.* **-es**) **1** estrofe, movimento do antigo coro grego ao dançar; **2** primeira parte da antiga ode grega, oposta à antístrofe e ao epodo
strophic [ˈstrɒfɪk] *adj.* estrófico
strophiola [strɒfɪˈəʊlə] *s.* BOTÂNICA estrofíolo
strophiole [ˈstrɒfɪəʊl] *s.* BOTÂNICA ⇒ **strophiola**
strophoid [ˈstrɒfɔɪd] *s.* GEOMETRIA estrofóide
strophoidal [strəˈfɔɪdəl] *adj.* relativo ao estrofóide ❖ GEOMETRIA ~ *curve* estrofóide
strophulus [ˈstrɒfjʊləs] *s.* MEDICINA estrófulo
stropping [ˈstrɒpɪŋ] *s.* acto de afiar, de passar no assentador de couro
stroppy [ˈstrɒpɪ] *adj.* (*comp.* **-ier**, *superl.* **-iest**) [coloq.] antipático, rabugento, desagradável
strove [strəʊv] *prt.* de **to strive**
struck [strʌk] *prt. e part. pass. de* **to strike** ❖ *to be ~ all of a heap* ficar espantado; *to be ~ by lightning* ser fulminado por um raio; *to get ~ on sb* apaixonar-se por alguém
structural [ˈstrʌktʃərəl] *adj.* **1** estrutural; **2** (construção) relativo a estrutura; ~ *blueprint* planta de estrutura; ~ *glass* vidro para estruturas; ~ *shape* perfil de estrutura; ~ *stability* estabilidade de estrutura; **3** GEOLOGIA tectónico ❖ (edifício) ~ *defect* problema de construção; ~ *engineering* engenharia de estruturas; engenharia civil; ~ *engineer* engenheiro civil; LINGUÍSTICA ~ *linguistics* linguística estrutural; estruturalismo; ~ *steelwork* armação de aço; ~ *timber* madeira para construções
structuralism [ˈstrʌktʃərəlɪzm] *s.* estruturalismo
structuralist [ˈstrʌktʃərəlɪst] *adj.,s.* estruturalista
structurally [ˈstrʌktʃərəlɪ] *adv.* **1** estruturalmente; **2** relativamente à estrutura
structure [ˈstrʌktʃə] Ⓐ *s.* **1** estrutura; **2** constituição; composição; *the ~ of the human body* a constituição do corpo humano; **3** contextura; **4** armação; **5** estruturação; **6** construção, edifício; **7** obra, trabalho Ⓑ *v.tr.* **1** estruturar; **2** planificar
structured [ˈstrʌktʃəd] *adj.* **1** com estrutura; **2** com armação; **3** [coloq.] construído, edificado
structureless [ˈstrʌktʃəlɪs] *adj.* amorfo
structurizer [ˈstrʌktʃəraɪzə] *s.* (cabelo) condicionador
struggle [ˈstrʌɡəl] Ⓐ *s.* **1** luta; *armed ~* luta armada; *the class ~* a luta de classes; *the ~ for existence/life* a luta pela vida; **2** grande esforço; **3** resistência; *to give in without ~* ceder sem resistência; *to put up a ~* opor resistência; **4** contenda, porfia Ⓑ *v.intr.* **1** lutar; *to ~ against fate* lutar contra o destino; *to ~ with death* lutar com a morte; **2** debater-se; procurar libertar-se; *the man struggled in the policeman's arms* o homem debatia-se nos braços do polícia; **3** fazer um grande esforço; tentar duramente; trabalhar muito; *he struggled to his feet* ele levantou-se com dificuldade; *she was struggling with her umbrella* ela estava às voltas com o guarda-chuva, ela esforçava-se por abrir o guarda-chuva; *to ~ to succeed* esforçar-se por ser bem sucedido ❖ *the death ~* a agonia da morte; *it was struggle, but we made it* foi difícil, mas conseguimos; *to ~ in* entrar com dificuldade; *to ~ up* subir à custa de esforço
✦ **struggle along** *v.intr.* **1** caminhar penosamente; caminhar com esforço; **2** desenrascar-se; safar-se; ir andando
✦ **struggle back** *v.intr.* **1** regressar penosamente; ter dificuldades em regressar; **2** conseguir a custo [**to**, **-**]
✦ **struggle on** *v.intr.* **1** avançar a custo; **2** continuar a lutar, prosseguir a luta; lutar por um objectivo
✦ **struggle through** *v.intr.* passar com dificuldade
struggler [ˈstrʌɡlə] *s.* **1** lutador; **2** aquele que se esforça; **3** aquele que se debate
struggling [ˈstrʌɡlɪŋ] Ⓐ *adj.* **1** que se esforça; **2** que luta; que se debate; **3** que vive com dificuldades; **4** que se esforça por vencer Ⓑ *s.* **1** luta, combate; **2** esforço intenso ❖ *a struggling artist* um artista à procura de uma oportunidade
strugglingly [ˈstrʌɡlɪŋlɪ] *adv.* **1** debatendo-se; **2** com grande esforço
Struldbrug [ˈstrʌldbrʌɡ] *s.* **1** pessoa condenada à imortalidade, mas de modo nenhum isenta do envelhecimento; **2** nome dos componentes de uma raça nas *Viagens de Gulliver*, que, votada à imortalidade, era forçada a considerar esse dom como uma desgraça
strum [strʌm] Ⓐ *s.* **1** toada; som de cordas mal dedilhadas; **2** ralo de aspiração Ⓑ *v.tr.,intr.* (*particípios* **-mm-**) **1** (instrumento de corda) arranhar*fig.*, tocar mal, tocar descuidadamente; [coloq.] *to ~ (on) a guitar* arranhar o violão; **2** [coloq.] martelar ao piano; *to ~ a tune* martelar uma música ao piano
struma [ˈstruːmə] *s.* (*pl.* **-ae**) **1** MEDICINA estruma, bócio; **2** MEDICINA [arc.] estruma, escrófula; **3** BOTÂNICA protuberância, dilatação de um órgão
strummer [ˈstrʌmə] *s.* indivíduo que toca mal piano, violão, banjo, etc.
strumming [ˈstrʌmɪŋ] *s.* acto de tocar mal piano, violão, etc.
strumous [ˈstruːməs] *adj.* MEDICINA estrumoso, escrofuloso
strumpet [ˈstrʌmpɪt] *s.* prostituta
strung [strʌŋ] *prt. e part. pass. de* **to string**
strut [strʌt] Ⓐ *s.* **1** maneira empertigada de andar; andar pomposo, afectado; **2** escora, escora da asna; **3** esteio, suporte, espeque, apoio; **4** contraforte; **5** tirante, esticador Ⓑ *v.tr.,intr.* (*particípios*: **-tt-**) **1** pavonear-se; andar empertigado, todo cheio de importância; *to ~ about the stage* pavonear-se no palco; *to ~ along* andar com um ar todo empertigado; *to ~ in* entrar com um ar todo importante; **2** escorar, firmar com escoras; **3** reforçar com suportes ❖ *to ~ your stuff* mostrar o que se vale
struthious [ˈstruːθɪəs] *adj.* relativo à avestruz
strutting [ˈstrʌtɪŋ] *s.* **1** andar pomposo, afectado; **2** modo de andar empertigado; **3** escoramento; **4** colocação de esteios ou suportes
strychnia [ˈstrɪknɪə] *s.* ⇒ **strychnine**
strychnine [ˈstrɪkniːn] Ⓐ *s.* estricnina Ⓑ *v.tr.* MEDICINA tratar com estricnina, estricnizar
strychninism [ˈstrɪknɪnɪzəm] *s.* estricnismo, intoxicação pela estricnina
strychnism [ˈstrɪknɪzəm] *s.* ⇒ **strychninism**
strychnos [ˈstrɪknɒs] *s.* BOTÂNICA estricno
stub [stʌb] Ⓐ *s.* **1** (árvore) cepo, toco; **2** (dente) raiz; **3** (lápis) bico; **4** (cigarro) beata, ponta; **5** (rabo de cão) coto; **6** caneta de ponta grossa; **7** resto; fragmento; **8** (cheques, recibo, etc.) talão Ⓑ *v.tr.* (*particípios* **-bb-**) **1** dar uma topada; *to ~ one's foot/toe* dar uma topada, bater com o pé; **2** arrancar pela raiz; *to ~ (up) roots* arrancar raízes; **3** (terreno) limpar de tocos
✦ **stub out** *v.tr.* (charuto, cigarro) apagar beata de; *to ~ one's cigarette* apagar a beata do cigarro
stubbed [stʌbd] *adj.* **1** (terreno) cheio de tocos; **2** rombudo, com a forma de coto; **3** atarracado; **4** (árvore) decepado
stubbedness [ˈstʌbɪdnɪs] *s.* aspecto atarracado, aspecto parecido com um toco
stubble [ˈstʌbəl] Ⓐ *s.* **1** restolho; **2** barba por fazer; barba de três dias*fig.*; **3** cabelo curto e ao alto Ⓑ *v.tr.* AGRICULTURA tirar o restolho a ❖ ~ *field* restolhal
stubbling [ˈstʌblɪŋ] *s.* acto de tirar o restolho
stubbly [ˈstʌblɪ] *adj.* **1** coberto de restolho; **2** eriçado, hirsuto; ~ *beard* barba hirsuta
stubborn [ˈstʌbən] *adj.* **1** teimoso, obstinado, inflexível, que não muda de opinião; *as ~ as a donkey/as a mule* teimoso como um burro, teimoso como uma mula; **2** persistente; ~ *illness* doença persistente; **3** rebelde; **4** refractário; ~ *ore* minério refractário ❖ ~ *battle* batalha encarniçada; ~ *soil* solo ingrato
stubbornly [ˈstʌbənlɪ] *adv.* **1** teimosamente, obstinadamente; **2** inflexivelmente; **3** renitentemente

stubbornness ['stʌbənnɪs] s. 1 teimosia, obstinação; 2 inflexibilidade

stubby ['stʌbɪ] adj. (comp. -ier, superl. -iest) 1 com tocos; 2 coberto de tocos; 3 atarracado, baixo e forte; 4 hirsuto

stucco ['stʌkəʊ] Ⓐ s. (pl. -es ou -s) estuque Ⓑ v.tr. estucar; cobrir com estuque

stuccoer ['stʌkəʊə] s. estucador

stuccoing ['stʌkəʊɪŋ] s. cobertura com estuque

stuccowork ['stʌkəʊˌwɜːk] s. trabalho em estuque

stuccoworker ['stʌkəʊˌwɜːkə] s. estucador

stuck [stʌk] Ⓐ {prt. e part. pass. de **to stick**} Ⓑ adj. 1 perro; encravado; preso; 2 (veículo) atolado; *to get ~ in the mud* ficar atolado na lama; atolar-se na lama ❖ [fig.] *~ in the mud* perplexo; admirado; confuso; *to be ~ on sb* estar louco por alguém; *to be ~ in one's memory* não se conseguir esquecer; *to get ~ in sth* embrenhar-se em alguma coisa

stuck-up [ˌstʌk'ʌp] adj. emproado, presunçoso, presumido, snobe

stud [stʌd] Ⓐ s. 1 tachão; prego de cabeça grossa; cravo; 2 (punho, colarinho, etc.) botão; *shirt ~* botão de peito de camisa; 3 (brinco) piercing; 4 esteio; 5 barrote; viga; caibro; 6 munhão; perno de tampa de cilindro; 7 NÁUTICA estai; *~ of chain link* estai de elo; 8 coudelaria; criação de cavalos; 9 (cavalo) reprodutor; 10 [coloq., fig.] (homem atraente) borracho; 11 [coloq., depr.] conquistador Ⓑ v.tr. (particípios **-dd-**) 1 eriçar; 2 encher [**with**, de]; juncar [**with**, de]; 3 matizar [**with**, de]; salpicar [**with**, de] ❖ *~ farming* criação de cavalos; *~ farmer* criador de cavalos; *~ mare* égua reprodutora; *~ stable* criação de cavalos

studbook ['stʌdbʊk] s. (cavalos, cães) livro genealógico

studded ['stʌdɪd] adj. 1 tachonado; guarnecido, ornamentado com tachões; 2 cheio [**with**, de]; *~ with mistakes* cheio de erros; 3 salpicado [**with**, de]; cravejado [**with**, de]; *~ with stars* cravejado de estrelas; 4 NÁUTICA (cabos) com estais; *~ chain* corrente com estais

studding ['stʌdɪŋ] s. 1 guarnecimento com tachões; 2 pregaria; 3 vigamento

studdingsail ['stʌdɪŋseɪl] s. NÁUTICA varredoura; cutelo; *main ~* varredoura maior; *topmost ~* cutelo da gávea ❖ NÁUTICA *~ booms* botalós

student ['stjuːdənt] s. 1 estudante; *law ~* estudante de direito; *medical ~* estudante de medicina; 2 estudioso, investigador ❖ [EUA] *~ body* corpo discente; *~ card* cartão de estudante; *~ grant* bolsa de estudo; [EUA] *~ lamp* candeeiro de secretária; *~ teacher* professor estagiário; *~ teaching* estágio pedagógico; *students' union* associação de estudantes; *to be a hard ~* estudar duramente

studentship ['stjuːdəntʃɪp] s. bolsa de estudo

studhorse ['stʌdhɔːs] s. garanhão

studied ['stʌdɪd] adj. 1 estudado; *all her gestures are ~* todos os gestos que faz são estudados; *with ~ politeness* com uma delicadeza estudada; 2 calculado, deliberado, intencional, premeditado; *~ insult* insulto deliberado; 3 conhecedor, instruído; versado

studio ['stjuːdɪəʊ] s. 1 (geral) estúdio; *broadcasting ~* estúdios de emissão; *photographer's ~* estúdio fotográfico; 2 atelier ❖ *~ apartment/flat* estúdio; RÁDIO, TELEVISÃO *~ audience* público; assistência; *~ couch* sofá-cama

studious ['stjuːdɪəs] adj. 1 aplicado, diligente, estudioso; *he is a person of ~ habits* ele é uma pessoa dedicada ao estudo; 2 zeloso; 3 cuidadoso, consciencioso; *with ~ care* com um cuidado consciencioso; 4 atento, atencioso

studiously ['stjuːdɪəslɪ] adv. 1 estudiosamente, diligentemente, aplicadamente; 2 cuidadosamente, conscienciosamente; 3 atentamente, atenciosamente; 4 estudadamente

studiousness ['stjuːdɪəsnɪs] s. 1 aplicação, diligência, amor ao estudo; 2 cuidado, atenção, zelo

studmuffin ['stʌdmʌfɪn] s. [EUA] [coloq.] (homem atraente) borracho[coloq.]

stud-sail ['stʌdsl] s. ⇒ **studdingsail**

study ['stʌdɪ] Ⓐ s. (pl. **-ies**) 1 estudo; *to be fond of ~* gostar do estudo; *to begin one's studies* começar os estudos; *to finish one's studies* terminar os estudos; *to make a ~ of* dedicar-se ao estudo de; 2 ARTES PLÁSTICAS (esboço, modelo) estudo; *a ~ of a head* um estudo de uma cabeça; 3 MÚSICA estudo; *a ~ by Chopin* um estudo de Chopin; 4 investigação; 5 exame cuidadoso; 6 ramo do saber; 7 assunto estudado; 8 abstracção, devaneio, meditação profunda; *to be in a brown ~* devanear, estar absorto; 9 gabinete de estudo; gabinete de trabalho; *you will find him in his ~* encontrá-lo-á no gabinete de trabalho; 10 coisa digna de ser observada ou que atrai a atenção; *his face was a ~* o rosto dele merecia ser observado; 11 esforço, diligência, empenho, cuidado, preocupação; *her constant ~ was to please her parents* a sua preocupação constante era agradar aos pais; *it shall be my ~ to write correctly* esforçar-me-ei por escrever correctamente Ⓑ v.tr.,intr. 1 estudar; *my brother is studying for the medical profession/my brother is studying to be a doctor* o meu irmão estuda medicina; *to ~ for an examination* estudar para um exame, preparar-se para um exame; *to ~ law* estudar Direito; TEATRO *to ~ one's part* estudar o papel; *to ~ out* estudar até ao fim, chegar a uma conclusão depois de aturado estudo; *to ~ Portuguese* estudar Português; 2 examinar cuidadosamente, investigar, pesquisar; 3 tomar em consideração; prestar grande atenção a; 4 dedicar-se a; 5 visar, procurar; *he studies brevity rather than clearness* ele busca mais a brevidade que a clareza; 6 [arc.] meditar, reflectir ❖ *~ group* grupo de trabalho; (escola) *~ hall* salão de estudo; (escola) *~ tour* visita de estudo; TEATRO *to be a good ~* aprender rapidamente o seu papel; TEATRO *to be a slow ~* aprender o papel com dificuldade

studying ['stʌdɪɪŋ] s. estudo

stuff [stʌf] Ⓐ s. 1 substância (sólida ou líquida); 2 material, matéria-prima; 3 ingredientes; 4 coisa, coisas, objectos, produtos; 5 pano, tecido de lã; 6 qualidade, carácter; *he is good ~* ele é de boa têmpera; *this book is sorry ~* este livro vale pouco; *this wine is good ~* este vinho é bom; 7 ninharia, bagatela; tolices; 8 (coisas) tralha; bugigangas; 9 zurrapa; 10 [coloq.] (dinheiro) massa; *to be short of ~* ter falta de dinheiro; 11 [coloq.] droga; *he takes too much doctor's ~* ele toma muitas drogas Ⓑ v.tr.,intr. 1 encher [**with**, com/de]; 2 meter [**into**, em]; *to ~ a bag with straw* encher um saco com palha; *to ~ one's fingers into one's ears* meter os dedos nos ouvidos; *to ~ into* encher à força, meter à força; 3 estofar, acolchoar; 4 atestar, atulhar; 5 acumular; 6 tapar, entulhar, entupir; *to ~ one's ears with cottonwool* tapar os ouvidos com algodão em rama; 7 (animal morto) empalhar, praticar a taxidermia; *to ~ a bird* empalhar uma ave; 8 CULINÁRIA rechear; *to ~ a hare* rechear uma lebre; 9 CULINÁRIA entremear; 10 empanturrar(-se); comer de mais; *to ~ a child* obrigar uma criança a comer muito; *to ~ oneself with food* empanturrar-se, comer até ficar cheio; *to ~ your face with* empanturrar-se com; 11 iludir com mentiras; enganar; *he is only stuffing* ele está a contar petas, ele está a mentir; *to ~ sb* iludir alguém com mentiras; 12 [EUA] encher uma urna eleitoral com votos falsos ❖ MILITAR *heavy ~* fogo de artilharia; [cal.] *hot ~* pessoa cheia de garra e de energia; *household ~* mobiliário; *nasty ~* porcaria; imundície; NÁUTICA *small ~* merlim; *~ and nonsense* disparates; *a ~ gownsman* um jovem advogado que começou há pouco a carreira; *he is not the ~ of which heroes are made* ele não é da massa de que se fazem os heróis; *that's the stuff!* é isso mesmo!; *that's the ~ to give'em* é assim que se faz; é assim que eles se tratam; *to do one's ~* fazer aquilo que esperam de nós; fazer o que nos compete; *to know one's ~* entender do assunto; perceber da poda[coloq.]; *to ~ a boy for an exam* preparar um rapaz para um exame

◆**stuff away** v.tr. (comida) devorar, empanturrar-se com

◆**stuff up** v.tr. tapar, obstruir, entulhar; *the filter is stuffed up* o filtro está entupido

stuffed [stʌft] adj. 1 CULINÁRIA recheado; *~ turkey* peru recheado; 2 (excesso de comida) cheio, enfartado; 3 (animal) empalhado; 4 (nariz) tapado, entupido; *my nose is ~* tenho o nariz tapado; 5 [Austr.] exausto, esgotado; 6 [Austr.] [coloq.] lixado; *get stuffed!* vai-te lixar! ❖ *~ toy* peluche; boneco de peluche; [coloq.] *~ shirt* peneirento; presumido; *to be ~ with* estar cheio de; estar recheado de; *the book is ~ with interesting information* o livro está recheado de informação interessante

stuffer ['stʌfə] *s.* 1 empalhador (de animais); 2 estofador, acolchoador

stuffiness ['stʌfɪnɪs] *s.* 1 má ventilação, cheiro a mofo, abafamento, falta de ar; 2 entupimento

stuffing ['stʌfɪŋ] *s.* 1 estofamento; 2 (animais) taxidermia, empalhamento; 3 CULINÁRIA recheio; 4 enchimento; 5 empanque ❖ [coloq.] *to knock the ~ out of sb* tirar as peneiras a alguém; dar uma tareia a alguém; pôr alguém no lugar

stuffy ['stʌfɪ] *adj.* ⟨*comp.* **-ier**, *superl.* **-iest**⟩ 1 (mal ventilado) abafado; com cheiro a mofo; abafadiço; *it is a bit ~ here* está um bocado abafado aqui; 2 [fig.] sem interesse, enfadonho, destituído de ideias novas; 3 [fig.] conservador; convencional; tradicionalista; quadrado*fig.*

stuggy ['stʌgɪ] *adj.* [coloq.] ⇒ **stocky**

stultification [stʌltɪfɪ'keɪʃən] *s.* 1 estultificação; 2 ridicularização; 3 invalidação

stultify ['stʌltɪfaɪ] *v.tr.* 1 estupidificar; embrutecer; 2 reduzir ao absurdo; tornar ridículo; 3 invalidar; neutralizar; tirar todo o valor a; tornar inútil; 4 desmentir; refutar; desacreditar ❖ DIREITO *to ~ oneself* contradizer-se

stum [stʌm] Ⓐ *s.* 1 sumo de uva não fermentado, mosto não fermentado Ⓑ *v.tr.* ⟨*particípios:* **-mm-**⟩ 1 impedir a fermentação de; 2 interromper a fermentação de (vinho)

stumble ['stʌmbəl] Ⓐ *s.* 1 tropeção, tropeçamento; 2 topada; 3 passo em falso; 4 deslize, dislate, erro, falta, lapso Ⓑ *v.intr.* 1 caminhar aos tropeções; dar passos em falso; *to ~ along* seguir com passo pouco firme, caminhar aos tropeções; 2 tropeçar; *that's where all have stumbled* é aí que todos têm tropeçado; *to ~ against* tropeçar contra, esbarrar-se com; *to ~ over a stone* tropeçar numa pedra; 3 gaguejar; falar de maneira hesitante; *to ~ in one's speech* falar de maneira hesitante; 4 errar; cometer deslizes ou faltas; falhar; 5 ofender-se [at, com] ❖ *to ~ at a straw and leap over a block* ser escrupuloso nas pequenas coisas e não ter escrúpulos nas grandes; *it's a good horse that never stumbles* não há bem que mal não tenha; não há cavalo que não tropece

→ **stumble across/on/upon** *v.tr.* encontrar por acaso; deparar com; topar com

stumbler ['stʌmblə] *s.* aquele que tropeça

stumbling ['stʌmblɪŋ] Ⓐ *adj.* 1 que tropeça; 2 gaguejante; 3 hesitante; vacilante Ⓑ *s.* 1 tropeção; 2 vacilação; hesitação; 3 passo em falso; 4 deslize, falta ❖ *~ block* tropeço; empecilho; obstáculo; dificuldade

stumer ['stjuːmə] *s.* 1 [coloq.] cheque sem valor; 2 [coloq.] moeda ou nota falsa

stumming ['stʌmɪŋ] *s.* acto de impedir ou interromper a fermentação (do vinho)

stump [stʌmp] Ⓐ *s.* 1 (árvore) toco, cepo; 2 (perna, braço cortado) coto; 3 DESPORTO (críquete) cada um dos três paus verticais que constituem o *wicket*; 4 (resto de dente) arnela; 5 ponta de cigarro, beata; 6 bocado já gasto de lápis; 7 escova já gasta; 8 [coloq., fig.] (pessoa atarracada) batoque; 9 andar pesado e surdo; 10 ARTES PLÁSTICAS (desenho) esfuminho; 11 [ant.] cepo de árvore usado por orador em comício político; 12 *pl.* [coloq.] pernas Ⓑ *v.tr.* 1 DESPORTO (críquete) eliminar o batedor, tocando o *wicket* com a bola; 2 [coloq.] atrapalhar, confundir, deixar perplexo, desnortear; 3 pôr em situação difícil Ⓒ *v.intr.* [EUA] POLÍTICA fazer campanha; *to ~ the country* fazer campanha no país ❖ *~ foot* pé aleijado; *~ oratory* oratória de praça pública; *~ speech* discurso político em praça pública; *~ splitter* máquina de cortar cepos; *~ wood* madeira de cepos; (críquete) *stumps were pitched at three o'clock* a partida começou às três horas; *to ~ sb on sth* fazer embatucar alguém a propósito de alguma coisa; *to be on a ~* estar em apuros; *to be on the ~* andar a fazer discursos políticos; *to be stumped* ficar desorientado; não saber o que fazer; *to be up a ~* estar em apuros; DESPORTO (críquete) *to draw stumps* fazer terminar a partida; *to stir one's stumps* mexer-se; despachar-se; andar depressa

→ **stump along** *v.intr.* caminhar pesada e ruidosamente; caminhar como se fosse com pernas de pau

→ **stump up** *v.tr.,intr.* [coloq.] pagar, dar dinheiro; *he had to ~* ele teve de pagar

stumper ['stʌmpə] *s.* 1 [coloq.] pergunta ou problema difícil; 2 DESPORTO (críquete) jogador que está de guarda ao *wicket*

stumpiness ['stʌmpɪnɪs] *s.* aspecto curto, atarracado

stumpy ['stʌmpɪ] *adj.* ⟨*comp.* **-ier**, *superl.* **-iest**⟩ 1 atarracado, baixo e entroncado; 2 (terreno) cheio de cepos

stun [stʌn] *v.tr.* ⟨*particípios:* **-nn-**⟩ 1 atordoar, aturdir, estontear; 2 desorientar; 3 chocar; espantar; 4 ensurdecer temporariamente

stung [stʌŋ] *prt. e part. pass. de* **to sting**

stunk [stʌŋk] *part. pass. de* **to stink**

stunned [stʌnd] *adj.* 1 atordoado; aturdido; *to be ~ with* ficar aturdido com; 2 (inconsciente) sem sentidos; 3 (espanto) atónito; estupefacto; pasmado

stunner ['stʌnə] *s.* 1 [coloq.] choque, coisa que nos deixa atordoados; 2 (pessoa atraente) brasa*coloq.*

stunning ['stʌnɪŋ] *adj.* 1 invulgar, esplêndido, assombroso, belíssimo, colossal, formidável, fantástico; 2 entontecedor; 3 chocante

stunningly ['stʌnɪŋlɪ] *adv.* 1 de maneira invulgar, esplêndida; 2 assombrosamente, colossalmente, formidávelmente

stunsail ['stʌnsl] *s.* NÁUTICA ⇒ **studdingsail**

stunt [stʌnt] Ⓐ *s.* 1 [coloq.] proeza; façanha; habilidade; 2 número de sensação; 3 acrobacia; pirueta; 4 truque publicitário; 5 [coloq.] truque; gracinha; manobra; 6 interrupção do desenvolvimento; 7 indivíduo enfezado Ⓑ *v.tr.,intr.* 1 AERONÁUTICA realizar acrobacias; 2 tolher o crescimento a; impedir o desenvolvimento a; tolher; enfezar; atrofiar ❖ CINEMA *~ double* duplo; *~ flying* acrobacias aéreas; *don't ever pull that ~ again!* nunca mais me arranjes uma dessas!; *that's a good stunt!* boa ideia!; [coloq.] *that's not my ~* não tenho nada com isso

stunted ['stʌntɪd] *adj.* 1 atrofiado; definhado; raquítico; 2 que não cresceu; que não se desenvolveu convenientemente ❖ BOTÂNICA *~ pine tree* pinheiro anão; pinheiro enfezado

stuntedness ['stʌntɪdnɪs] *s.* 1 aspecto enfezado, atrofiado; 2 definhamento

stunter ['stʌntə] *s.* aviador acrobata

stunting ['stʌntɪŋ] *s.* 1 acto de atrofiar, de tornar enfezado; 2 acto de tolher o desenvolvimento de

stuntman ['stʌntmən] *s.* TELEVISÃO, CINEMA duplo

stupe [stjuːp] Ⓐ *s.* 1 MEDICINA compressa quente; 2 [coloq.] tolo, estúpido, imbecil Ⓑ *v.tr.* MEDICINA aplicar compressa sobre

stupefacient [stjuːpɪ'feɪʃənt] *adj.,s.* MEDICINA estupefaciente

stupefaction [stjuːpɪ'fækʃən] *s.* 1 estupefacção; 2 entorpecimento; 3 pasmo, assombro

stupefactive [stjuːpɪ'fæktɪv] *adj.,s.* MEDICINA estupefactivo

stupefier ['stjuːpɪfaɪə] *s.* MEDICINA [arc.] estupefaciente

stupefy ['stjuːpɪfaɪ] *v.tr.* 1 atordoar; 2 deixar estupefacto; espantar; pasmar; *I was stupefied by what he told me* fiquei simplesmente pasmado com aquilo que ele me disse; 3 estupidificar; 4 entorpecer; privar de sensibilidade; *to be stupefied with grief* ficar entorpecido pela dor

stupefying ['stjuːpɪfaɪɪŋ] Ⓐ *adj.* 1 MEDICINA estupefaciente; 2 estonteante Ⓑ *s.* 1 estupefacção; 2 acto de estupefazer

stupendous [stjuː'pendəs] *adj.* 1 estupendo, fantástico, formidável, assombroso, prodigioso; *~ achievement* realização assombrosa; 2 enorme

stupendously [stjuː'pendəslɪ] *adv.* 1 de maneira estupenda; 2 fantasticamente, formidavelmente, assombrosamente, prodigiosamente

stupendousness [stjuː'pendəsnɪs] *s.* qualidade de estupendo, de assombroso ou prodigioso

stupeous ['stjuːpɪəs] *adj.* lanoso, da natureza da lã

stupid ['stjuːpɪd] *adj.* 1 estúpido; imbecil; néscio; parvo; pateta; *as ~ as a donkey/as a goose/as an owl* estúpido como um burro; *don't be stupid!* não sejas pateta!; 2 em estado de estupefacção ou torpor; entorpecido; 3 obtuso, de raciocínio lento; 4 maçador, enfadonho, desinteressante, insípido; *that was a ~ time* isso foi um tempo passado estupidamente; 5 [depr., coloq.] maldito; insignificante ❖ *a ~ question deserves no answer* pergunta tola não tem resposta; *to drink oneself ~* embrutecer-se com a bebida; *to make sb look ~* ridicularizar alguém; *to do sth ~* fazer uma asneira; fazer uma estupidez

stupidity [stjuː'pɪdɪtɪ] *s.* 1 estupidez; 2 imbecilidade; 3 parvoíce, patetice; 4 lentidão de espírito; 5 disparate, asneira; 6 [cal.] burrice

stupidly ['stjuːpɪdlɪ] *adv.* 1 estupidamente; 2 parvamente; 3 disparatadamente

stupor ['stju:pə] s. 1 letargia, entorpecimento, insensibilidade, estupor; 2 pasmo
stuporous ['stju:pərəs] adj. 1 atacado de estupor ou letargia; 2 estuporoso
sturdied ['stɜ:dɪd] adj. VETERINÁRIA (carneiro, ovelha) atacado de cenurose
sturdily ['stɜ:dɪlɪ] adv. 1 vigorosamente, firmemente, fortemente; 2 de maneira robusta
sturdiness ['stɜ:dɪnɪs] s. 1 vigor, força, robustez; 2 energia; 3 tenacidade, firmeza; 4 ânimo
sturdy ['stɜ:dɪ] Ⓐ adj. (comp. -ier, superl. -iest) 1 forte, robusto, vigoroso; 2 firme, resoluto, tenaz; ~ *courage* coragem firme; 3 enérgico Ⓑ s. VETERINÁRIA (carneiros, ovelhas) cenurose ❖ [arc.] ~ *beggar* mendigo profissional, que não trabalha porque não quer
sturgeon ['stɜ:dʒən] s. ZOOLOGIA esturjão
stutter ['stʌtə] Ⓐ s. gaguez Ⓑ v.tr.,intr. 1 gaguejar; 2 balbuciar; dizer a gaguejar; *to* ~ *out* dizer a gaguejar
stutterer ['stʌtərə] s. gago, aquele que gagueja
stuttering ['stʌtərɪŋ] Ⓐ adj. gago, que gagueja Ⓑ s. gaguez
stutteringly ['stʌtərɪŋlɪ] adv. 1 gaguejando; 2 como quem gagueja
sty [staɪ] Ⓐ s. (pl. -ies) 1 estábulo para porcos, pocilga, aido dos porcos, chiqueiro; 2 covil, espelunca, antro; 3 pardieiro; 4 MEDICINA terçol, terçolho Ⓑ v.tr.,intr. 1 meter na pocilga, no aido dos porcos; 2 viver numa pocilga
stye [staɪ] s. MEDICINA terçol, terçolho
Stygian ['stɪdʒɪən] adj. 1 MITOLOGIA estígio; relativo ao Estige (rio ou paul infernal); 2 infernal; 3 sombrio, tenebroso; *a* ~ *night* uma noite tenebrosa
style [staɪl] Ⓐ s. 1 estilo; *business* ~ estilo comercial; *epic* ~ estilo épico; *furniture in the Empire* ~ mobília de estilo império; *in the* ~ *of Raphael* no estilo de Rafael; *to do things in* ~ fazer as coisas com estilo, fazer as coisas como deve ser; 2 encanto; distinção; 3 gosto; elegância; *in bad* ~ de mau gosto; *in good* ~ de bom gosto; *to dress in good* ~ vestir bem; 4 maneira; *in the English* ~ à maneira inglesa; 5 género; espécie; *sth in that* ~ qualquer coisa no género; 6 variedade; modelo; *the latest styles in shoes* os modelos mais recentes de sapatos; 7 moda; tendência; 8 feitio, formato; 9 título, nome; *he assumed the* ~ *of doctor* ele adoptou o título de doutor; *my* ~ *is plain John Brown* o meu nome é simplesmente John Brown; 10 COMÉRCIO razão social; 11 firma comercial; *under the* ~ *of Smith and Co.* sob a firma Smith & Cª; 12 estilo ou estilete usado outrora para escrever sobre cera; 13 punção; 14 buril de gravador; 15 (gira-discos) agulha; 16 ponteiro de relógio de sol; 17 instrumento semelhante a estilete; 18 CIRURGIA sonda; 19 ⇒ **stile** Ⓑ v.tr. 1 moldar, dar forma a; 2 criar, conceber, desenhar; 3 denominar, intitular, chamar; *to* ~ *oneself doctor* intitular-se doutor; *to* ~ *sb Colonel* intitular alguém coronel; 4 [EUA] designar ❖ *new* ~ segundo o calendário gregoriano; *old* ~ segundo o calendário juliano; *he is an aristocrat in the old* ~ ele é um aristocrata da velha escola; *that is his very* ~ ele é exactamente assim; *to live in (great)* ~ viver à grande
stylet ['staɪlɪt] s. CIRURGIA sonda, estilete, punhal fino
styliform ['staɪlɪfɔ:m] adj. BOTÂNICA estiliforme
styling ['staɪlɪŋ] Ⓐ s. 1 design, forma; 2 (cabelo) corte, penteado Ⓑ adj. (gel) estruturante
stylish ['staɪlɪʃ] adj. 1 com estilo; 2 sofisticado, elegante; 3 à moda; 4 artístico
stylishly ['staɪlɪʃlɪ] adv. 1 com estilo; 2 elegantemente, sofisticadamente; 3 à moda; 4 artisticamente
stylishness ['staɪlɪʃnɪs] s. estilo, elegância, presença
stylist ['staɪlɪst] s. 1 estilista; 2 cabeleireiro, cabeleireira
stylistic [staɪ'lɪstɪk] adj. estilístico; relativo a estilo literário
stylistics [staɪ'lɪstɪks] s. estilística
stylite ['staɪlaɪt] s. estilita; solitário cristão que, para melhor se isolar do mundo, colocava a sua cela no cimo de colunas ou pórticos em ruínas
Stylites [staɪ'laɪti:z] s.antr. RELIGIÃO *Saint Simeon* ~ S. Simeão Estilita
stylitism ['staɪlɪtɪzəm] s. estilitismo; vida ascética de um estilita

stylization [staɪlaɪ'zeɪʃn] s. estilização
stylize ['staɪlaɪz] v.tr. estilizar
stylized ['staɪlaɪzd] adj. estilizado
stylo ['staɪləʊ] s. [coloq.] ⇒ **stylograph**
stylobate ['staɪləʊbeɪt] s. ARQUITECTURA estilóbata, base contínua lisa ou decorada de molduras que serve de suporte a uma colunata
stylograph ['staɪləgrɑ:f] s. estilógrafo caneta de tinta permanente
stylographic [staɪlə'græfɪk] adj. estilográfico
styloid ['staɪlɔɪd] Ⓐ adj. ANATOMIA estilóide Ⓑ s. apófise estilóide
stylomastoid [staɪləʊ'mæstɔɪd] adj. ANATOMIA estilomastóide
stylomaxillary [staɪləʊmæk'sɪlərɪ] adj. ANATOMIA estilomaxilar
stylospore ['staɪləspɔ:] s. BOTÂNICA estilospório
stylus ['staɪləs] s. (pl. **-es** ou **-i**) estilete
stymie ['staɪmɪ] Ⓐ v.tr. 1 boicotar; 2 impedir; 3 bloquear Ⓑ s. impasse, beco sem saída.fig.
styptic ['stɪptɪk] Ⓐ adj. 1 MEDICINA estíptico, estítico, adstringente; 2 hemostático Ⓑ s. substância hemostática, hemostático
stypticity [stɪp'tɪsɪtɪ] s. estipticidade, adstringência
Styraceae [stɪ'reɪsɪɪ] s.pl. BOTÂNICA Estiracáceas
styrax ['staɪəræks, 'staɪəræks] s. (pl. **-es**) BOTÂNICA estírace
styrene ['staɪəri:n] s. QUÍMICA estireno
Styria ['stɪrɪə] s.top. Estíria
Styrian ['stɪrɪən] Ⓐ adj. 1 relativo à Estíria; 2 natural da Estíria Ⓑ s. habitante da Estíria
styrofoam ['staɪərəʊfəʊm] s. isopor
styrol ['staɪərɒl] s. 1 QUÍMICA estirol; 2 cinamena
Styx [stɪks] s. MITOLOGIA Estige ❖ *to cross the* ~ morrer
Suabia ['sweɪbɪə] s.top. Suábia
Suabian ['sweɪbɪən] adj.,s. suábio
suable ['su:əbl, 'sju:əbl] adj. DIREITO processável, susceptível de ser perseguido pela justiça
suasion ['sweɪʒən] s. [form.] persuasão; *moral* ~ persuasão moral
suasive ['sweɪsɪv] adj. persuasivo; suasivo, suasório
suasively ['sweɪsɪvlɪ] adv. persuasivamente; suasoriamente
suave [swɑ:v, sweɪv] adj. 1 muito delicado; afável; cortês; ~ *manners* modos delicados; 2 [depr.] melífluo; 3 suave; brando; ~ *medicine* remédio brando; 4 ameno; agradável; aprazível
suavely ['swɑ:vlɪ, 'sweɪvlɪ] adv. 1 delicadamente; 2 cortêsmente; 3 melifluamente; 4 brandamente; 5 suavemente
suaveness ['swɑ:vnəs, 'sweɪvnəs] s. 1 delicadeza, cortesia, urbanidade, afabilidade; 2 melifluidade; 3 suavidade
suavity ['swævɪtɪ, 'sweɪvɪtɪ] s. ⇒ **suaveness**
sub [sʌb] Ⓐ s. 1 subalterno; 2 subordinado; 3 substituto; 4 suplente; 5 assinatura; 6 ⇒ **submarine** Ⓑ v.tr.,intr. (particípios: **-bb-**) 1 substituir (alguém); 2 adiantar importância por conta do salário
subacetate [sʌb'æsɪteɪt] s. QUÍMICA subacetato
subacid [sʌb'æsɪd] adj. 1 levemente ácido; 2 acídulo, acidulado
subacute [sʌbə'kju:t] adj. MEDICINA subagudo
subagency [sʌb'eɪdʒənsɪ] s. subagência
subagent [sʌb'eɪdʒənt] s. subagente
subahdar [su:bə'dɑ:] s. oficial nativo comandante de uma companhia de sipaios
subalpine [sʌb'ælpaɪn] adj. subalpino
subaltern ['sʌbəltən, 'sʌbɒltən] Ⓐ adj. subalterno; subordinado; LÓGICA ~ *proposition* proposição subalterna Ⓑ s. MILITAR (inferior a capitão) oficial subalterno
subaquatic [sʌbə'kwætɪk] adj. subaquático
subaqueous [sʌb'eɪkwɪəs] adj. ⇒ **subaquatic**
subarch ['sʌbɑ:tʃ] s. arquivolta
subarctic [sʌb'ɑ:ktɪk] adj. subárctico
subassistant [sʌbə'sɪstənt] s. subajudante
subastral [sʌb'æstrəl] adj. terrestre, sublunar
subatomic [sʌbə'tɒmɪk] adj. subatómico
subaudition [sʌbɔ:'dɪʃən] s. 1 sentido implícito; 2 sentido subentendido
subaxillary [sʌbæk'sɪlərɪ] adj. subaxilar
sub-bituminous [sʌbbɪ'tju:mɪnəs] adj. GEOLOGIA sub-betuminoso ❖ ~ *coal* lenhite; lignite

subcarbonate [sʌbˈkɑːbənɪt] s. QUÍMICA subcarbonato
subcategory [sʌbˈkætəgərɪ] s. subcategoria
subcaudal [sʌbˈkɔːdəl] adj. subcaudal, que está por baixo da cauda
subchanter [ˈsʌbtʃɑːntə] s. segundo-chantre
subcharter [sʌbˈtʃɑːtə] v.tr. subfretar (navio)
subclass [sʌbklɑːs] s. 1 subclasse; 2 MATEMÁTICA subconjunto
subclavian [sʌbˈkleɪvɪən] adj. ANATOMIA subclávio
subclavicular [sʌbkləˈvɪkjʊlə] adj. subclavicular
subcomission [sʌbkəˈmɪʃən] s. subcomissão
subcommissioner [sʌbkəˈmɪʃənə] s. subcomissário
subcommittee [sʌbkəˈmɪtɪ] s. subcomissão
subconscious [sʌbˈkɒnʃəs] Ⓐ adj. subconsciente Ⓑ s. the ~ o subconsciente
subconsciousness [sʌbˈkɒnʃəsnɪs] s. subconsciência
subcontinent [sʌbˈkɒntɪnənt] s. subcontinente
subcontract[1] [sʌbkənˈtrækt] v.tr. subcontratar
subcontract[2] [sʌbˈkɒntrækt] s. 1 contrato acessório; 2 subempreitada
subcontractor [sʌbkənˈtræktə] s. 1 subcontratante; 2 subempreiteiro
subcontrary [sʌbˈkɒntrərɪ] Ⓐ adj. subcontrário Ⓑ s. (pl. -ies) proposição subcontrária
subcortical [sʌbˈkɔːtɪkəl] adj. subcortical
subcostal [sʌbˈkɒstəl] adj. ANATOMIA subcostal
subculture [ˈsʌbkʌltʃə] s. 1 (sociedade) subcultura; 2 BIOLOGIA cultura secundária (de bacilos)
subcutaneous [sʌbkjuːˈteɪnɪəs] adj. subcutâneo; hipodérmico; ~ injection injecção subcutânea
subdeacon [sʌbˈdiːkən] s. subdiácono
subdeaconate [sʌbˈdiːkənɪt] s. subdiaconado
subdeaconry [sʌbˈdiːkənrɪ] s. ⇒ subdeaconate
subdean [sʌbˈdiːn] s. deão substituto
subdeanery [sʌbˈdiːnərɪ] s. cargo ou dignidade de deão substituto
subdelegate [sʌbˈdelɪgɪt] s. subdelegado
subdelegation [sʌbdelɪˈgeɪʃən] s. subdelegação
subdiaconate [sʌbˈdiːkənɪt] s. subdiaconado
subdirector [sʌbdɪˈrektə] s. subdirector
subdivide [sʌbdɪˈvaɪd] v.tr.,intr. 1 subdividir; 2 subdividir-se
subdivision [sʌbdɪˈvɪʒən] s. 1 subdivisão; ~ of labour subdivisão do trabalho, repartição do trabalho; 2 fraccionamento; parcelamento; 3 fracção; 4 BOTÂNICA, ZOOLOGIA subclasse
subdominant [sʌbˈdɒmɪnənt] s. MÚSICA subdominante
subdual [səbˈdjuːəl] s. 1 sujeição; 2 escravização
subdue [səbˈdjuː] v.tr. 1 sujeitar, dominar, subjugar, controlar; to ~ one's passions controlar as paixões; 2 conquistar; 3 vencer; 4 reprimir, conter; 5 suavizar, moderar, mitigar, abrandar; 6 reduzir; 7 amortecer; 8 atenuar; 9 (tom de voz) baixar; 10 (terra) arrotear
subdued [səbˈdjuːd] adj. 1 dominado, subjugado, conquistado, vencido; 2 deprimido, preocupado; 3 (reacção) prudente; 4 atenuado; mitigado; suavizado; ~ tone tom de voz suavizado; 5 (tom) suave; ~ colour cor suave; 6 em voz baixa; ~ conversation conversa em voz baixa
subduer [səbˈdjuːə] s. 1 aquele que sujeita, domina ou subjuga; 2 conquistador; 3 dominador
subduing [səbˈdjuːɪŋ] s. 1 subjugação, domínio, conquista; 2 sujeição; 3 escravização; 4 atenuação; 5 suavização, abrandamento
subduple [sʌbˈdjuːpl] adj. MATEMÁTICA subduplo
subedit [sʌbˈedɪt] v.tr. (publicação) supervisionar a redacção de
subediting [sʌbˈedɪtɪŋ] s. (publicação) supervisão de redacção
subeditor [sʌbˈedɪtə] s. (publicação) supervisor de redactores
subeditorship [sʌbˈedɪtəʃɪp] s. (publicação) supervisão de redacção
subequatorial [sʌbekwəˈtɔːrɪəl] adj. subequatorial
suber [ˈsjuːbə] s. BOTÂNICA súber
suberate [ˈsjuːbəreɪt] s. QUÍMICA suberato
suberic [sjuːˈberɪk] adj. QUÍMICA subérico
suberification [sjuːberɪfɪˈkeɪʃən] s. suberificação
suberin [ˈsjuːbərɪn] s. QUÍMICA suberina
suberose [ˈsjuːbərəʊs] adj. BOTÂNICA suberoso

suberous [ˈsjuːbərəs] adj. ⇒ suberose
subfamily [ˈsʌbfæməlɪ] s. subfamília
subfeu [ˈsʌbfjuː] v.tr. DIREITO enfeudar (uma terra)
subfoundation [sʌbfaʊnˈdeɪʃən] s. ARQUITECTURA envasamento (de edifício)
subframe [ˈsʌbfreɪm] s. subestrutura
subfusc [ˈsʌbfʌsk] adj. sombrio, fosco
subgenus [ˈsʌbdʒiːnəs] s. (pl. -genera) subgénero
subgovernor [ˈsʌbgʌvənə] s. subgovernador
subgranular [sʌbˈgrænjʊlə] adj. subgranular, subgranuloso
subgroup [ˈsʌbgruːp] s. 1 subgrupo; 2 subgénero
subheading [ˈsʌbhedɪŋ] s. subtítulo
subhuman [sʌbˈhjuːmən] adj. sub-humano
subinspector [ˈsʌbɪnspektə] s. subinspector
subinspectress [ˈsʌbɪnspektrɪs] s.f. (pl. -es) subinspectora
subj. Ⓐ [abrev. de subjunctive] Ⓑ [abrev. de subject] Ⓒ [abrev. de subjective]
subjacent [sʌbˈdʒeɪsənt] adj. subjacente
subject[1] [ˈsʌbdʒɪkt] Ⓐ s. 1 sujeito, pessoa, indivíduo; 2 súbdito, vassalo; a British ~ um súbdito britânico; 3 tópico, assunto, tema; to change the ~ mudar de assunto; to come to one's ~ entrar no assunto; to suggest a ~ for a debate propor um assunto para debate; to wander from the ~ afastar-se do assunto; 4 motivo; a ~ for pity um motivo de compaixão; 5 (escola) disciplina; matéria escolar; compulsory subjects disciplinas obrigatórias; 6 paciente; 7 (qualquer experiência) objecto; 8 LINGUÍSTICA sujeito; ~ and predicate sujeito e predicado; ~ and object sujeito e objecto Ⓑ adj. 1 sujeito; ~ to the laws of nature sujeito às leis da natureza; the treaty is ~ to ratification o tratado está sujeito a ratificação; 2 dominado; ~ nations nações dominadas por outras; 3 submetido; em sujeição; 4 subordinado; 5 exposto [to, a]; 6 propenso [to, a]; com tendência [to, para]; he is ~ to gout ele tem tendência para a gota; 7 condicionado, dependente; sob reserva; 8 LINGUÍSTICA de sujeito ❖ ~ index índice temático; ~ matter assunto; conteúdo; ~ for dissection cadáver; ~ to alteration salvo alteração; all prices are ~ to 3% discount todos os preços têm 3% de desconto; he is a good hypnotic ~ ele é fácil de hipnotizar; on the ~ of quanto a; this is ~ to your approval isto depende da sua aprovação
subject[2] [səbˈdʒekt] v.tr. 1 sujeitar [to, a]; submeter [to, a]; 2 dominar, subjugar; 3 subordinar; 4 expor; to ~ oneself to ridicule expor-se ao ridículo
subjection [səbˈdʒekʃən] s. 1 sujeição; 2 submissão; 3 subordinação; 4 vassalagem; 5 dependência; to hold/to keep in ~ manter sob dependência; 6 jugo ❖ to bring into ~ dominar
subjective [səbˈdʒektɪv] adj. 1 subjectivo; 2 LINGUÍSTICA (caso) nominativo; the ~ case o caso sujeito, o nominativo; 3 LINGUÍSTICA (pronome) de sujeito
subjectively [səbˈdʒektɪvlɪ] adv. subjectivamente
subjectivism [səbˈdʒektɪvɪzəm] s. subjectivismo
subjectivist [səbˈdʒektɪvɪst] adj.,s. subjectivista
subjectivistic [sʌbdʒektɪˈvɪstɪk] adj. subjectivista
subjectivity [sʌbdʒekˈtɪvɪtɪ] s. subjectividade
subjoin [sʌbˈdʒɔɪn] v.tr. juntar, acrescentar, juntar em anexo
subjugable [ˈsʌbdʒugəbəl] adj. [rar.] subjugável; que pode sujeitar-se ou dominar-se
subjugate [ˈsʌbdʒəgeɪt] v.tr. 1 subjugar; 2 submeter; 3 sujeitar; 4 dominar; 5 vencer, conquistar
subjugation [sʌbdʒəˈgeɪʃən] s. 1 sujeição; 2 subjugação; 3 domínio pela força
subjugator [ˈsʌbdʒəgeɪtə] s. aquele que subjuga; subjugador
subjunctive [səbˈdʒʌŋktɪv] adj.,s. LINGUÍSTICA conjuntivo; the ~ /the ~ mood o conjuntivo, o modo conjuntivo
subking [ˈsʌbkɪŋ] s. rei subordinado a outro
subkingdom [ˈsʌbkɪŋdəm] s. sub-reino
sublease[1] [sʌbˈliːs] v.tr. subarrendar, sublocar, subalugar
sublease[2] [ˈsʌbliːs] s. subarrendamento, sublocação, subaluguer
subleasing [sʌbˈliːsɪŋ] s. subarrendamento, sublocação
sublessee [sʌbleˈsiː] s. subarrendatário, sublocatário
sublessor [sʌbleˈsɔː] s. aquele que dá de subarrendamento ou sublocação

sublet[1] [sʌb'let] *v.tr.* (*prt. e part. pass.* **-let**) subalugar, subarrendar, sublocar
sublet[2] [sʌb'let] *s.* subarrendamento, sublocação
subletter [sʌb'letə] *s.* sublocador
subletting [sʌb'letɪŋ] *s.* sublocação
sublibrarian [ˌsʌblaɪ'breərɪən] *s.* segundo-bibliotecário
sublieutenancy [ˌsʌblef'tenənsɪ, ˌsʌblu:'tenənsɪ] *s.* **1** cargo ou dignidade de guarda-marinha; **2** cargo ou dignidade de alferes
sublieutenant [ˌsʌblef'tenənt, ˌsʌblu:'tenənt] *s.* **1** guarda-marinha; **2** MILITAR alferes
sublimate[1] ['sʌblɪmeɪt] *v.tr.* **1** sublimar; **2** [fig.] refinar, purificar, idealizar
sublimate[2] ['sʌblɪmɪt] *adj.,s.* QUÍMICA sublimado; *corrosive ~* sublimado corrosivo
sublimated ['sʌblɪmeɪtɪd] *adj.* **1** sublimado; **2** idealizado
sublimation [ˌsʌblɪ'meɪʃən] *s.* sublimação
sublime [sə'blaɪm] Ⓐ *adj.* **1** sublime; *~ heroism* heroísmo sublime; **2** elevado, grandioso, extraordinário; **3** [coloq.] formidável, sensacional; **4** total; *~ indifference* indiferença total; **5** ANATOMIA superficial, à flor da pele Ⓑ *s.* sublime; *from the ~ to the ridiculous* do sublime ao ridículo Ⓒ *v.tr.,intr.* **1** QUÍMICA sublimar(-se); **2** tornar sublime; idealizar
sublimed [sə'blaɪmd] *adj.* sublimado
sublimeness [sə'blaɪmnɪs] *s.* sublimidade
subliminal [sʌb'lɪmɪnəl] *adj.* PSICOLOGIA subliminar; *~ advertising* publicidade subliminar; *~ image* imagem subliminar; *~ message* mensagem subliminar
subliminally [sʌb'lɪmɪnəlɪ] *adv.* subliminarmente
subliming [sə'blaɪmɪŋ] *s.* QUÍMICA sublimação
sublimity [sə'blɪmɪtɪ] *s.* sublimidade
sublingual [sʌb'lɪŋgwəl] *adj.* ANATOMIA sublingual
sublunary [sʌb'lu:nərɪ] *adj.* sublunar, terrestre
subman ['sʌbmæn] *s.* (*pl.* **-men**) sub-homem
submanager [sʌb'mænɪdʒə] *s.* subgerente
submarine ['sʌbməri:n] Ⓐ *adj.* submarino; *~ cable* cabo submarino; *~ mine* mina submarina Ⓑ *s.* submarino; submersível; *oceangoing ~* submarino de cruzeiro ❖ [coloq.] *~ chaser* caça-submarinos; *~ detector* detector de submarinos
submariner [sʌb'mærɪnə] *s.* tripulante de submarino
submaxillary [ˌsʌbmæk'sɪlərɪ] *adj.* ANATOMIA submaxilar
submediant [sʌb'mi:dɪənt] *s.* MÚSICA subdominante
submental [sʌb'mentəl] *adj.* ANATOMIA submental, que está por baixo do mento
submerge [səb'mɜ:dʒ, sʌb'mɜ:dʒ] *v.tr.,intr.* **1** submergir; **2** imergir; **3** mergulhar; **4** afogar; **5** afundar; **6** inundar
submerged [səb'mɜ:dʒd] *adj.* **1** submerso; *~ body* corpo submerso; **2** imerso; mergulhado; **3** inundado; **4** sobrecarregado; *~ in work* sobrecarregado de trabalho ❖ *~ speed* velocidade em imersão; *~ submarine* submarino em imersão; *the jet is ~* o pulverizador está encharcado
submergence [səb'mɜ:dʒəns] *s.* submersão, imersão
submersed [sʌb'mɜ:st] *adj.* BOTÂNICA submerso
submersible [səb'mɜ:səbəl] Ⓐ *adj.* submersível Ⓑ *s.* (barco) submersível, submarino
submersion [səb'mɜ:ʃən, səb'mɜ:ʃən] *s.* **1** submersão, imersão; **2** encharcamento (do pulverizador)
submission [səb'mɪʃən] *s.* **1** submissão; *to starve sb into ~* obrigar alguém a submeter-se pela fome; vencer alguém pela fome; **2** sujeição; **3** resignação; **4** respeito; *with all due ~* com todo o devido respeito; **5** obediência; humildade; **6** apresentação; *the ~ of a passport* apresentação de passaporte; **7** DIREITO hipótese submetida à apreciação do juiz ou dos jurados; *my ~ is that...* a hipótese que sugiro é a de que...; **8** proposta ❖ *he demanded the ~ of the signature to an expert* ele exigiu que a assinatura fosse examinada por um perito
submissive [səb'mɪsɪv] *adj.* **1** submisso; **2** resignado; **3** dócil, humilde, obediente ❖ *to be ~ to...* obedecer a...
submissively [səb'mɪsɪvlɪ] *adv.* **1** submissamente; **2** resignadamente; **3** docilmente, obedientemente; **4** humildemente
submissiveness [səb'mɪsɪvnɪs] *s.* **1** submissão; **2** resignação; **3** docilidade; **4** obediência; **5** humildade

submit [səb'mɪt] *v.tr.,intr.* (*particípios:* **-tt-**) **1** submeter-se; sujeitar-se; **2** render-se; entregar-se; **3** ceder, aceder; **4** apresentar, submeter (a apreciação); *I should like to ~ it to your judgment* gostaria de submeter isso à sua apreciação; *to ~ a question to a court* apresentar uma questão a um tribunal; **5** alegar, argumentar; *I ~ that sth very important has been passed over* permito-me alegar que não se prestou a devida atenção a uma coisa muito importante; **6** sugerir
submontane [ˌsʌbmɒn'teɪn] *adj.* situado ao pé duma montanha
submultiple [sʌb'mʌltɪpl] *adj.,s.* MATEMÁTICA submúltiplo
subnitrate [sʌb'naɪtrɪt] *s.* QUÍMICA subnitrato
subnormal [sʌb'nɔ:məl] Ⓐ *adj.* **1** (pessoa) atrasado; **2** abaixo do normal; *~ temperature* temperatura abaixo do normal Ⓑ *s.* GEOMETRIA subnormal Ⓒ *s.pl. the ~* as pessoas com atraso mental
suboccipital [ˌsʌbɒk'sɪpɪtəl] *adj.* ANATOMIA suboccipital
sub-office ['sʌbɒfɪs] *s.* sucursal, filial
suborbital [sʌb'ɔ:bɪtəl] *adj.* ANATOMIA suborbitário
suborder ['sʌbɔ:də] *s.* BIOLOGIA subordem
subordinate[1] [sə'bɔ:dɪneɪt] *v.tr.* **1** subordinar [**to**, a]; **2** submeter [**to**, a]; sujeitar [**to**, a]; **3** colocar em lugar inferior [**to**, a]; **4** tratar como sendo de pouca importância
subordinate[2] [sə'bɔ:dɪnɪt] Ⓐ *adj.* **1** subordinado; subalterno; *to play a ~ part* ter uma função subalterna; **2** secundário; *~ interests* interesses secundários; **3** dependente [**to**, de]; **4** inferior; **5** LINGUÍSTICA subordinado Ⓑ *s.* subordinado, subalterno; *he never trusts his subordinates* ele nunca confia nos subordinados ❖ LINGUÍSTICA *~ clause* oração subordinada; LINGUÍSTICA *subordinate/subordinating conjunction* conjunção subordinativa
subordinately [sə'bɔ:dnɪtlɪ] *adv.* **1** subordinadamente; **2** subalternamente
subordinating [sə'bɔ:dɪneɪtɪŋ] *adj.* LINGUÍSTICA subordinante, subordinativo; *~ conjunction* conjunção subordinativa
subordination [səˌbɔ:dɪ'neɪʃən] *s.* **1** subordinação; **2** submissão [**to**, a]; **3** sujeição [**to**, a]
subordinationism [səˌbɔ:dɪ'neɪʃənɪzəm] *s.* subordinacionismo, subordinatismo, doutrina herética do séc. II que considerava o Filho de Deus subordinado ao Pai
subordinationist [səˌbɔ:dɪ'neɪʃənɪst] *s.* subordinacionista
suborn [sə'bɔ:n] *v.tr.* DIREITO subornar, peitar
subornation [ˌsʌbɔ:'neɪʃən] *s.* DIREITO suborno; peita
suborner [sʌ'bɔ:nə] *s.* DIREITO subornador
suborning [sʌ'bɔ:nɪŋ] *s.* suborno
suboxide [sʌb'ɒksaɪd] *s.* QUÍMICA subóxido
subplot ['sʌbplɒt] *s.* LITERATURA, TEATRO, CINEMA intriga secundária
subpoena [sə'pi:nə] Ⓐ *s.* DIREITO citação, intimação (com sanções, se não comparecer) Ⓑ *v.tr.* DIREITO citar, intimar (com sanções, se não comparecer); *to ~ sb as witness* citar alguém como testemunha
subpolar [sʌb'pəʊlə] *adj.* **1** subpolar; **2** ASTRONOMIA abaixo do pólo celeste
subprior ['sʌbpraɪə] *s.* subprior
subprioress ['sʌbpraɪərɪs] *s.f.* (*pl.* **-es**) subprioresa
subpubic [sʌb'pju:bɪk] *adj.* ANATOMIA subpúbico
subrector ['sʌbrektə] *s.* (escola) vice-reitor
subrent [sʌb'rent] *v.tr.* sublocar
subreption [sʌb'repʃən] *s.* DIREITO sub-repção
subreptitious [ˌsʌbrep'tɪʃəs] *adj.* sub-reptício
subrogate ['sʌbrəgeɪt] *v.tr.* **1** DIREITO sub-rogar; **2** substituir; **3** (direitos, funções) transferir para outrem; *to ~ a person to the rights of sb* transferir para uma pessoa os direitos de alguém; **4** assumir encargos de outrem
subrogation [ˌsʌbrə'geɪʃən] *s.* DIREITO sub-rogação ❖ *~ act* acto sub-rogatório
subroutine ['sʌbru:ti:n] *s.* INFORMÁTICA (programação) sub-rotina, procedimento
subscapular [sʌb'skæpjʊlə] *adj.* ANATOMIA subescapular
subscribe [səb'skraɪb] *v.tr.,intr.* **1** subscrever; **2** (dinheiro) contribuir; *to ~ twenty euros* contribuir com vinte euros; **3** (publicação periódica) assinar [**to**, -]; *to ~ to a newspaper* assinar um jornal; **4** (documento) assinar; *to ~ one's name to a document* assinar um documento; **5** concordar com; aceitar; *I cannot ~ to that* não posso aceitar isso, não posso concordar com isso; *to ~ to an opinion* concordar com uma opinião

subscriber [səbˈskraɪbə] s. 1 (publicação) assinante; ~ *to a newspaper* assinante de um jornal; 2 signatário; 3 subscritor; 4 contribuinte; ~ *to a charity* contribuinte para fins caritativos

subscribing [səbˈskraɪbɪŋ] s. acto de subscrever, contribuir, assinar

subscript [ˈsʌbskrɪpt] adj. (gramática grega) subscrito, escrito por baixo de (outra letra)

subscription [səbˈskrɪpʃən] s. 1 (documento, etc.) assinatura; ~ *to a document* assinatura de um documento; *to take out a* ~ *to a newspaper* assinar um jornal; *to withdraw one's* ~ cessar a assinatura; 2 (fins caritativos, etc.) contribuição monetária; ~ *to a charity* contribuição para fins beneficentes; 3 subscrição pública; *by public* ~ por subscrição pública; 4 (publicação) assinatura ❖ ~ *concert* concerto de assinatura; (publicações) ~ *form* boletim de subscrição/de assinatura; ~ *list* lista de subscritores; *to get up a* ~ cotizar-se

subsection [ˈsʌbsekʃən] s. subdivisão

subsellium [sʌbˈselɪəm] s. (pl. -**ia**) misericórdia (em cadeiral de igreja)

subsequence [ˈsʌbsɪkwəns] s. 1 subsequência, posterioridade; 2 acontecimento subsequente, seguimento, sequência

subsequent [ˈsʌbsɪkwənt] adj. 1 subsequente; seguinte; ~ *events* acontecimentos subsequentes; 2 ulterior ❖ ~ *to* em aditamento a; no seguimento de; ~ *to this* em seguida

subsequential [sʌbsɪˈkwenʃəl] adj. subsequente

subsequently [ˈsʌbsɪkwəntlɪ] adv. 1 subsequentemente; 2 ulteriormente

subserous [sʌbˈsɪərəs] adj. ANATOMIA subseroso

subserve [səbˈsɜːv] v.tr. ajudar, facilitar, ser útil para (objectivo, propósito, etc.)

subservience [səbˈsɜːvɪəns] s. 1 utilidade, préstimo; 2 subserviência, servilismo; 3 sujeição; 4 desejo excessivo de agradar

subserviency [səbˈsɜːvɪənsɪ] s. 1 utilidade, préstimo; 2 subserviência, servilismo; 3 sujeição; 4 desejo excessivo de agradar

subservient [səbˈsɜːvɪənt] adj. 1 útil; 2 que serve (para); 3 subserviente, servil; 4 subordinado

subserviently [səbˈsɜːvɪəntlɪ] adv. 1 utilmente; 2 subservientemente, servilmente

subset [ˈsʌbset] s. MATEMÁTICA subconjunto

subshrub [ˈsʌbʃrʌb] s. BOTÂNICA subarbusto

subside [səbˈsaɪd] v.intr. 1 baixar; *the fever is subsiding* a febre começa a baixar; 2 (terreno) aluir, ceder, dar de si; *the ground has subsided* o terreno cedeu; 3 abrandar, acalmar, amainar, diminuir de violência; *the storm subsided* a tempestade abrandou; 4 [coloq.] calar o bico, calar-se; 5 sentar-se vagarosamente, cair vagarosamente (numa cadeira); *to* ~ *into an armchair* deixar-se cair numa poltrona; 6 (sedimentos) depositar-se; assentar; decantar

subsidence [səbˈsaɪdəns, ˈsʌbsɪdəns] s. 1 abaixamento; 2 afundamento, aluimento; 3 acalmia; 4 assentamento (de líquidos), precipitação, sedimentação

subsidiarily [səbˈsɪdɪərɪlɪ, səbˈsɪdɪerɪlɪ] adv. subsidiariamente

subsidiary [səbˈsɪdɪərɪ, səbˈsɪdɪerɪ] Ⓐ adj. 1 subsidiário; 2 secundário; ~ *subject* matéria secundária; 3 subordinado; 4 auxiliar, acessório; ~ *road* estrada auxiliar; ~ *troops* tropas auxiliares; 5 suplementar, adicional Ⓑ s. (pl. **-ies**) 1 auxiliar, ajudante; 2 COMÉRCIO filial; 3 pl. tropas auxiliares ❖ ~ *company* filial; MECÂNICA ~ *shaft* eixo intermediário; (rio) ~ *stream* afluente

subsiding [səbˈsaɪdɪŋ] s. 1 abaixamento; 2 aluimento; 3 acalmia

subsidization [sʌbsɪdaɪˈzeɪʃən] s. concessão de subsídio(s)

subsidize [ˈsʌbsɪdaɪz] v.tr. subsidiar, subvencionar, auxiliar com subsídios ❖ *subsidized troops* tropas mercenárias; *to be subsidized out of...* receber subsídio de

subsidizing [ˈsʌbsɪdaɪzɪŋ] s. concessão de subsídio(s)

subsidy [ˈsʌbsɪdɪ] s. (pl. **-ies**) 1 subsídio, subvenção, auxílio financeiro; 2 [ant.] tributo, dinheiro concedido pelo parlamento ao soberano para as necessidades do Estado

subsist [səbˈsɪst] Ⓐ v.tr.,intr. 1 subsistir, perdurar, continuar a viver; 2 viver, sustentar-se; *he subsists entirely by begging* ele vive inteiramente da mendicidade; *to* ~ *on charity* viver de esmolas; 3 manter, sustentar; *he undertook to arm and* ~ *600 men* ele comprometeu-se a armar e a sustentar 600 homens; 4 abastecer, garantir a subsistência de Ⓑ s. pagamento por conta do salário

subsistence [səbˈsɪstəns] s. 1 subsistência; 2 existência; 3 sustento; 4 meios de subsistência ❖ ~ *economy* economia de subsistência; ~ *farming* agricultura de subsistência; *a bare* ~ *wage* um salário que mal dá para viver

subsistent [səbˈsɪstənt] adj. 1 existente; 2 subsistente

subsisting [səbˈsɪstɪŋ] adj. 1 que subsiste; 2 subsistente

subskill [ˈsʌbskɪl] s. competência específica, competência especializada

subsoil [ˈsʌbsɔɪl] Ⓐ s. subsolo Ⓑ v.tr. revolver o subsolo de

subsoiler [ˈsʌbsɔɪlə] s. charrua própria para revolver o subsolo

subsoiling [ˈsʌbsɔɪlɪŋ] s. acto de revolver o subsolo

subsonic [sʌbˈsɒnɪk] adj. subsónico

subspecies [ˈsʌbspiːʃiːz] s. subespécie

subst. Ⓐ [abrev. de substantive] Ⓑ [abrev. de substitute]

substance [ˈsʌbstəns, ˈsʌbztəns] s. 1 substância, matéria; *copper is a hard* ~ o cobre é uma substância dura; 2 essência, parte essencial; *I agree with you in* ~ concordo consigo no principal; 3 firmeza, solidez; *the argument is of little* ~ o argumento tem pouca solidez; 4 bens, posses, propriedades, recursos, riqueza; *a man of* ~ um homem de posses, um homem rico; *to waste one's* ~ dissipar o seu dinheiro, ser perdulário ❖ (álcool, droga) ~ *abuse* consumo de substâncias tóxicas; *stable* ~ corpo estável; RELIGIÃO *the Son is of one* ~ *with the Father* o Filho é consubstancial ao Pai; *to lose the* ~ *for the shadows* perder o real pelo aparente

substandard [sʌbˈstændəd] adj. 1 abaixo dos padrões requeridos; 2 de qualidade inferior; 3 medíocre; 4 LINGUÍSTICA de variante menos comum

substantial [səbˈstænʃəl] adj. 1 substancial; ~ *meal* refeição substancial; *that makes a* ~ *difference* isso constitui uma diferença substancial; 2 forte, firme, robusto, sólido; *he is a man of* ~ *build* é um homem robusto; ~ *furniture* mobília sólida e rica; ~ *house* casa bem construída, casa sólida; 3 considerável, importante, de vulto; de importância ou valor real; ~ *reasons* razões de peso; 4 grande; ~ *landlord* grande proprietário; 5 abastado, com recursos, de posses, rico; 6 quase completo, quase total; 7 real, não ilusório, tangível, verdadeiro; 8 alimentício, nutritivo ❖ *they are in* ~ *agreement* eles concordam no essencial

substantialist [səbˈstænʃəlɪst] s. FILOSOFIA substancialista

substantiality [səbˌstænʃɪˈælɪtɪ] s. 1 substancialidade; 2 existência real; 3 realidade; 4 firmeza, solidez; 5 [coloq.] prato substancial

substantially [səbˈstænʃəlɪ] adv. 1 consideravelmente; substancialmente; fortemente; 2 em grande parte; *that's* ~ *true* isso é em grande parte verdade; 3 no essencial; 4 na realidade; 5 solidamente ❖ *they dined* ~ eles jantaram bem

substantials [səbˈstænʃəlz] s.pl. 1 (as) coisas essenciais; 2 [coloq.] pratos de resistência

substantiate [səbˈstænʃɪeɪt] v.tr. 1 demonstrar a verdade de; 2 documentar, fundamentar, justificar, provar; *to* ~ *a claim* justificar uma reclamação

substantiation [səbˌstænʃɪˈeɪʃən] s. 1 fundamentação, justificação, comprovação, concretização; 2 apresentação das razões justificativas

substantival [sʌbstənˈtaɪvəl] adj. substantivo

substantivally [sʌbstənˈtaɪvəlɪ] adv. substantivamente

substantive [ˈsʌbstəntɪv] Ⓐ adj. 1 substantivo; ~ *law* lei substantiva; *the* ~ *verb* o verbo substantivo; 2 real; 3 permanente; 4 autónomo, com existência independente; *the colony was raised to the status of a* ~ *nation* a colónia foi elevada a nação independente; 5 substancial Ⓑ s. LINGUÍSTICA substantivo ❖ ~ *dye* corante directo; DIREITO ~ *right* direito substantivo

substantively [ˈsʌbstəntɪvlɪ] adv. substantivamente

substantivize [sʌbˈstæntɪvaɪz] v.tr. LINGUÍSTICA substantivar

substation [ˈsʌbsteɪʃən] s. ELECTRICIDADE subestação

substernal [sʌbˈstɜːnəl] adj. ANATOMIA subesternal

substituent [sʌbˈstɪtjuənt] s. QUÍMICA substituinte

substitute [ˈsʌbstɪtjuːt] Ⓐ s. 1 substituto; 2 DESPORTO suplente; 3 representante, delegado; 4 sucedâneo, produto empregado em vez de outro; 5 imitação, falsificação Ⓑ v.tr.,intr. 1 substituir; *to* ~ *for sb* substituir alguém, desempenhar as funções de alguém; 2 usar em vez de; *to* ~ *water for wine* usar água em

substitution

vez de vinho ❖ [EUA] ~ *teacher* professor substituto; *as a ~ for* em substituição de

substitution [ˌsʌbstɪ'tjuːʃən] s. substituição ❖ MATEMÁTICA *method of successive substitutions* método de aproximação sucessiva; DESPORTO *to make a ~* fazer uma substituição

substratum [sʌb'strɑːtəm, sʌb'streɪtəm] s. (*pl.* -a ou -s) 1 substrato; 2 base, fundos; 3 subsolo

substruction [sʌb'strʌkʃən] s. ⇒ **substructure**

substructure ['sʌbˌstrʌkʃə] s. 1 infra-estrutura; 2 fundação; 3 alicerce, base, fundamento de um edifício ❖ *~ base* assentamento; leito

subsume [səb'sjuːm] v.tr. 1 subsumir; 2 incluir em classe ou regra; 3 agrupar, classificar; 4 subordinar (um conceito a outro)

subsumption [sʌb'səmpʃən] s. subsunção; colocação de uma ideia particular sob a dependência de uma ideia geral

subtangent [sʌb'tændʒənt] s. GEOMETRIA subtangente

subteen [sʌb'tiːn] s. [EUA, Can.] pré-adolescente (entre os 9 e os 12 anos)

subtenancy [sʌb'tenənsɪ] s. sublocação

subtenant [sʌb'tenənt] s. sublocatário

subtend [səb'tend] v.tr. GEOMETRIA subtender

subtense [sʌb'tens] s. GEOMETRIA subtendente; corda de arco

subterfuge ['sʌbtəfjuːdʒ] s. 1 subterfúgio; *to resort to ~* usar de subterfúgios; 2 evasiva

subterranean [ˌsʌbtə'reɪnɪən] adj. subterrâneo

subterraneous [ˌsʌbtə'reɪnɪəs] adj. ⇒ **subterranean**

subterraneously [ˌsʌbtə'reɪnɪəslɪ] adv. subterraneamente

subtext ['sʌbtekst] s. significado subjacente, significado oculto

subtextual [sʌb'tekstjʊəl] adj. subjacente, implícito, oculto

subtile ['sʌtl] adj. [arc.] ⇒ **subtle**

subtility [sʌb'tɪlɪtɪ] s. [arc.] ⇒ **subtlety**

subtilization [ˌsʌbtɪlaɪ'zeɪʃən] s. 1 subtilização; 2 volatilização, emprego de subtilezas

subtilize ['sʌtɪlaɪz] v.tr.,intr. 1 subtilizar, tornar subtil; 2 usar de subtilezas; 3 requintar; 4 [arc.] volatilizar

subtilty ['sʌtltɪ] s. [arc.] ⇒ **subtlety**

subtitle ['sʌbtaɪtl] Ⓐ s. 1 subtítulo; 2 CINEMA legenda Ⓑ v.tr. legendar

subtitling ['sʌbtaɪtlɪŋ] s. legendagem

subtle ['sʌtl] adj. 1 subtil; *a ~ charm* um encanto subtil; *a ~ distinction* uma distinção subtil; *a ~ mind* um espírito subtil; *~ irony* ironia subtil; 2 delicado; *a ~ perfume* um perfume delicado; 3 misterioso, difícil de descrever ou compreender; 4 extraordinariamente esperto, fino, penetrante, vivo; 5 engenhoso, astuto, arguto; 6 espertalhão; 7 insidioso, manhoso; 8 [arc.] ténue, rarefeito ❖ *~ fingers* dedos experimentados; (Bíblia) *now the serpent was more ~ than any beast* mas a serpente era o mais astuto de todos os animais da Terra

subtleness ['sʌtlnɪs] s. ⇒ **subtlety**

subtlety ['sʌtltɪ] s. (*pl.* -ies) 1 subtileza; 2 distinção subtil; 3 requinte; 4 delicadeza; 5 astúcia, argúcia; 6 tenuidade

subtly ['sʌtlɪ] adv. subtilmente; com subtileza

subtonic [sʌb'tɒnɪk] s. MÚSICA subtónica

subtotal [sʌb'təʊtəl] s. subtotal, total parcial

subtract [səb'trækt] v.tr. subtrair; *to ~ from* subtrair a/de; *to ~ sth from sb* subtrair alguma coisa a alguém

subtracting [səb'træktɪŋ] s. subtracção

subtraction [səb'trækʃən] s. MATEMÁTICA subtracção

subtractive [sʌb'træktɪv] adj. MATEMÁTICA subtractivo

subtrahend ['sʌbtrəhend] s. MATEMÁTICA subtraendo

subtribe ['sʌbtraɪb] s. BIOLOGIA subfamília, subordem

subtriple ['sʌbtrɪpl] adj. MATEMÁTICA subtriplo, subtríplice

subtriplicate [sʌb'trɪplɪkɪt] adj. MATEMÁTICA subtriplicado

subtropical [sʌb'trɒpɪkəl] adj. subtropical

subtype ['sʌbtaɪp] s. BIOLOGIA subtipo, subclasse

subulate ['sjuːbjʊlɪt] adj. BOTÂNICA subulado, assovelado

subulated ['sjuːbjʊleɪtɪd] adj. ⇒ **subulate**

subungual [sʌb'ʌŋgwəl] adj. ANATOMIA subungueal

suburb ['sʌbɜːb] s. subúrbio; *in the suburbs* nos subúrbios, nos arredores

suburban [sə'bɜːbən] adj. 1 suburbano; 2 [fig.] medíocre

suburbanite [sʌ'bɜːbənaɪt] s. [coloq.] morador nos subúrbios

suburbanization [sʌˌbɜːbənaɪ'zeɪʃən] s. suburbanização; desenvolvimento, alargamento dos subúrbios

suburbanize [sə'bɜːbənaɪz] v.tr. suburbanizar; dar um aspecto de subúrbio a

suburbia [sʌ'bɜːbɪə] s. [coloq.] subúrbios

subvariety ['sʌbvəˌraɪətɪ] s. subvariedade

subvassal ['sʌbvæsəl] s. [ant.] subvassalo

subvention [səb'venʃən] s. subvenção, subsídio

subventioned [sʌb'venʃənd] adj. subvencionado, subsidiado

subversion [səb'vɜːʃən, səb'vɜːʒən] s. subversão

subversive [səb'vɜːsɪv] adj.,s. subversivo

subversively [səb'vɜːsɪvlɪ] adv. subversivamente

subvert [səb'vɜːt] v.tr. 1 destruir, derrubar; 2 corromper, minar a lealdade de; 3 subverter

subverter [səb'vɜːtə] s. 1 subversor; *the subverters of social order* os subversores da ordem social; 2 destruidor

subway ['sʌbweɪ] s. 1 passagem subterrânea; 2 [EUA] metropolitano

subzero [sʌb'zɪərəʊ] adj. abaixo de zero, negativo; *~ temperatures* temperaturas negativas

succedaneous [ˌsʌksɪ'deɪnɪəs] adj. sucedâneo

succedaneum [ˌsʌksɪ'deɪnɪəm] s. (*pl.* -ea) sucedâneo

succeed [sək'siːd] v.tr.,intr. 1 ser bem sucedido; sair-se bem; ter êxito; *he succeeded as a doctor* ele foi bem sucedido como médico; *to ~ in doing sth* ser bem sucedido em alguma coisa; 2 atingir o que se pretendia; 3 ir longe; *your brother will ~ in life* o teu irmão há-de ir longe na vida; 4 prosperar; 5 suceder [**to**, a]; seguir-se [**to**, a]; vir depois [**to**, de]; *day succeeds (to) day* um dia segue-se a outro dia; *the old king was succeeded by his son* ao velho rei sucedeu o filho; *to ~ to the throne* suceder no trono; 6 tornar-se herdeiro [**to**, de]; *to ~ to an estate* herdar, receber uma herança ❖ *nothing succeeds like success* sucesso atrai sucesso

succeeding [sək'siːdɪŋ] Ⓐ adj. 1 seguinte, subsequente; 2 sucessivo; 3 futuro; *~ ages will reverence her memory* as gerações futuras lembrarão reverentemente a sua memória Ⓑ s. êxito; sucesso; obtenção de bons resultados

succentor [sək'sentə] s. 1 baixo principal no coro; 2 segundo-chantre

success [sək'ses] s. (*pl.* -es) 1 êxito, sucesso; *she was a ~ as Ophelia* ela foi um êxito no papel de Ofélia; *to achieve ~* obter êxito; *to have great ~ in life* ter grande êxito na vida; *to meet with ~* ter êxito; 2 fama, prosperidade, riqueza; 3 bom resultado; 4 triunfo; vitória; *the army advanced from ~ to ~* o exército avançou de vitória em vitória; 5 obtenção ou consecução do fim em vista ❖ *~ story* história de sucesso; *I wish you success!* felicidades!; *without ~* sem êxito; em vão

successful [sək'sesfʊl] adj. 1 bem sucedido; coroado de êxito; 2 famoso; 3 afortunado, feliz; 4 próspero; 5 triunfante; vitorioso ❖ *~ candidates* candidatos eleitos; candidatos seleccionados; *to be ~ at the polls* ser eleito; ganhar uma eleição; *to bring sth to a ~ conclusion* levar algo a bom termo

successfully [sək'sesfəlɪ] adv. 1 com êxito; 2 bem sucedido; *to deal ~ with* ser bem sucedido ao tratar de; 3 afortunadamente; 4 prosperamente

succession [sək'seʃən] s. 1 sucessão; *by order of ~* por ordem de sucessão; *in rapid ~* em rápida sucessão; *title by ~* título por direito de sucessão; 2 série; *~ of disasters* uma série de desastres; 3 alternância; rotação; *the ~ of crops* a rotação das culturas; 4 descendência, descendentes; *it was left to him and his ~* foi-lhe deixado a ele e a todos os seus descendentes; 5 herdeiros, herança ❖ *in ~* sucessivamente; consecutivamente; *five times in ~* cinco vezes seguidas; *for five years in ~* durante cinco anos consecutivos; *she is next in ~ to the throne* é ela a próxima na linha de sucessão ao trono; *the Apostolic Succession* a Sucessão Apostólica; *the Succession States* os estados provenientes do desmembramento do império austro-húngaro

successional [sʌk'seʃənəl] adj. 1 sucessivo, que se segue; 2 DIREITO sucessório

successive [sək'sesɪv] adj. sucessivo, consecutivo

successively [sək'sesɪvlɪ] adv. sucessivamente, consecutivamente

successiveness [sək'sesɪvnɪs] s. carácter sucessivo

successor [sək'sesə] *s.* **1** sucessor; **2** substituto; **3** herdeiro
succin ['sʌksɪn] *s.* âmbar-amarelo, súccino
succinate ['sʌksɪneɪt] *s.* QUÍMICA succinato
succinct [sək'sɪŋkt] *adj.* **1** sucinto; **2** conciso, breve, resumido; **3** lacónico
succinctly [sək'sɪŋktlɪ] *adv.* **1** sucintamente; **2** concisamente; **3** resumidamente; **4** com brevidade; **5** laconicamente
succinctness [sək'sɪŋktnɪs] *s.* **1** concisão; **2** brevidade; **3** laconismo
succinic [sʌk'sɪnɪk] *adj.* QUÍMICA succínico; ~ *acid* ácido succínico
succinite ['sʌksɪnaɪt] *s.* **1** MINERALOGIA succinite; **2** súccino, âmbar-amarelo
succory ['sʌkərɪ] *s.* BOTÂNICA chicória
succotash ['sʌkətæʃ] *s.* [EUA] CULINÁRIA espécie de feijoada com milho verde, favas e carne de porco
succour ['sʌkə] Ⓐ *s.* **1** socorro, ajuda, auxílio; **2** *pl.* MILITAR [arc.] reforços Ⓑ *v.tr.* **1** socorrer, ajudar, auxiliar; **2** vir em auxílio de
succuba ['sʌkjʊbə] *s.* (*pl.* -ae) súcubo, demónio que toma a forma de mulher para ter relações sexuais com um homem
succubus ['sʌkjʊbəs] *s.* (*pl.* -i) ⇒ **succuba**
succulence ['sʌkjʊləns] *s.* suculência
succulency ['sʌkjʊlənsɪ] *s.* suculência
succulent ['sʌkjʊlənt] *adj.* **1** suculento; **2** sumarento; **3** espesso e carnudo
succulently ['sʌkjʊləntlɪ] *adv.* suculentamente
succumb [sə'kʌm] *v.intr.* **1** sucumbir [**to**, a]; **2** ceder [**to**, a]; *to* ~ *to temptation* ceder à tentação; **3** não resistir [**to**, a]; *he succumbed to her charms* ele não resistiu aos encantos dela; *to* ~ *to sleep* não resistir ao sono; **4** morrer [**to**, de]; **5** capitular, render-se
succursal [sʌ'kɜːsəl] *adj.* RELIGIÃO sufragâneo
succus [sʌ'kəs] *v.tr.* MEDICINA submeter o doente a sucussão
succussion [sə'kʌʃən] *s.* MEDICINA sucussão
such [sʌtʃ] Ⓐ *adj.* **1** tal; este, aquele; ~ *books* tais livros, estes livros; *in* ~ *cases* em tais casos; **2** igual; semelhante; *another* ~ *defeat and the war will be lost* outra derrota igual e a guerra estará perdida; **3** assim; ~ *a book* um livro assim; ~ *is the world* o mundo é assim Ⓑ *pron.* **1** este, esse; **2** aquele; **3** isto, aquilo; **4** o; ~ *all* ~ todos os que são assim ❖ ~ *and* ~ *a person* um tal; uma tal e tal pessoa; ~ *are the results* eis os resultados; *and* ~ etc.; como tal; *do no* ~ *thing!* não faças uma coisa dessas!; *don't be in* ~ *a hurry!* não esteja com tanta pressa!; *down with traitors and all* ~ abaixo os traidores e todos que tais; *if you behave like a child you must be treated as* ~ se te comportares como uma criança terás de ser tratado como tal; *I know of no* ~ não conheço nada assim; *I never saw* ~ *a one as him* nunca vi ninguém como ele; *in* ~ *a way that* de tal modo que; *it was not* ~ *as to cause anxiety* não era de modo a causar ansiedade; *I've got* ~ *a twist!* tenho uma destas fomes!; *long may he continue such!* oxalá que ele possa continuar assim por muito tempo; *you may use my bicycle,* ~ *as it is* podes utilizar a minha bicicleta tal como ela é (embora ela não seja grande coisa)
suchlike [sʌtʃlaɪk] Ⓐ *adj.* **1** igual; idêntico; **2** similar; semelhante; do mesmo género; *I never saw* ~ *goings-on* nunca vi uma coisa assim Ⓑ *s.* coisa semelhante; coisa idêntica; *theatres and balls and* ~ teatros e bailes e coisas semelhantes
suck [sʌk] Ⓐ *s.* **1** sucção; **2** mamada; *to give* ~ *to* dar de mamar a, amamentar; **3** chupadela, sorvo; *to have/take a* ~ *at* chupar, dar uma chupadela a; **4** (bebida) gole; pequeno trago; **5** *pl.* [coloq.] guloseimas, doces Ⓑ *v.tr.,intr.* **1** chupar; *to* ~ *at a pipe* chupar um cachimbo; *to* ~ *dry* chupar até à última gota; **2** sugar; **3** chuchar; *to* ~ *one's thumb* chuchar no polegar; **4** mamar; *the child won't* ~ a criança não mama; **5** absorver por sucção; **6** exaurir; **7** aspirar Ⓒ *v.intr.* [EUA, Can.] [cal.] ser horrível, ser uma merda_{cal}; *that sucks!* que merda!_{cal} ❖ *go and teach your grandmother to* ~ *eggs* vai ensinar o pai-nosso ao vigário; *to be sucked into a situation* ser arrastado para determinada situação; *to have/to take a* ~ *at one's pipe* tirar uma cachimbada; *to* ~ *sb's brains* apropriar-se das ideias de alguém; tirar proveito das ideias de alguém
◆**suck down** *v.tr.* engolir; sugar para o fundo
◆**suck in** *v.tr.* **1** absorver; assimilar; **2** inspirar; aspirar; *to* ~ *the morning air* inspirar o ar da manhã ❖ *he sucked it in with his mother's milk* ele aprendeu isso no berço; (atenção) *to* ~ *sb's words* beber as palavras de alguém; *to* ~ *with sb* lamber as botas a alguém
◆**suck off** *v.tr.* [vulg.] fazer um broche a
◆**suck out** *v.tr.* chupar; sugar; *to suck the marrow out of a bone* chupar o tutano de um osso
◆**suck up** *v.tr.* [coloq.] dar graxa [**to**, a]
sucker ['sʌkə] Ⓐ *s.* **1** (de animal, de borracha) ventosa; **2** leitão; bacorinho; baleia recém-nascida; **3** [coloq.] trouxa, otário, simplório, pateta; *there's a* ~ *born every minute* os trouxas nunca mais acabam; **4** ZOOLOGIA rémora, agarrador, pegador, peixe-piolho; **5** peixes que sugam ou dão a impressão de sugar os alimentos; **6** (bomba) êmbolo; **7** tubo de aspiração de líquidos; **8** BOTÂNICA (em raiz) rebento; *to remove the suckers of* tirar os rebentos a; *to throw out suckers* deitar rebentos; **9** [EUA] chupa-chupa Ⓑ *v.tr.* **1** [EUA] [coloq.] intrujar; burlar; vigarizar [**out of**, em]; **2** BOTÂNICA tirar os rebentos a Ⓒ *v.intr.* BOTÂNICA deitar rebentos ❖ ~ *punch* golpe inesperado; ZOOLOGIA *lump* ~ roncador; *to be a* ~ *for* ser maluco por; não resistir a
◆**sucker into** *v.tr.* [EUA] convencer a; persuadir a
sucking ['sʌkɪŋ] Ⓐ *adj.* **1** de leite; **2** lactente, que ainda mama; **3** que suga, que chupa; **4** inexperiente, principiante, novato Ⓑ *s.* sucção; aspiração ❖ ~ *barrister* advogado em início de carreira; advogado sem experiência; ~ *child* criança de peito; criança de mama; ZOOLOGIA ~ *fish* rémora, peixe-piolho; ~ *pig* leitão; bacorinho; ~ *pump* bomba aspirante; ~ *up* aspiração; sucção
suckle ['sʌkəl] *v.tr.* amamentar, dar de mamar a, criar ao peito
suckling ['sʌklɪŋ] *s.* **1** lactente, criança de peito; **2** cria que ainda mama; **3** aleitamento; **4** [fig.] anjinho; pessoa inexperiente ❖ ~ *pig* leitão; ~ *time* período de aleitamento; *babes and sucklings* as crianças e os inocentes
suck-up ['sʌkʌp] *s.* [coloq.] (escola) adulador, graxista
sucre ['suːkreɪ] *s.* (moeda do Equador) sucre
sucrose ['sjuːkrəʊs] *s.* QUÍMICA sacarose
suction ['sʌkʃən] *s.* sucção; aspiração ❖ ~ *box/chamber* câmara de aspiração; ~ *conduit* conduta da aspiração; ~ *conveyor* aspirador-transportador; ~ *cup* ventosa; ~ *filter* filtro por aspiração; ~ *gas* gás pobre; ~ *nozzle* bico de aspiração; ~ *pipe* tubo de aspiração; ~ *pressure* força de sucção; ~ *pump* bomba de aspiração; ~ *stroke* tempo de aspiração; ~ *tube* tubo de aspiração; tubo de sucção; ~ *valve* válvula de aspiração; *to adhere by* ~ aderir por ventosa; *to filter with* ~ filtrar pelo vácuo
suctorial [sʌk'tɔːrɪəl] *adj.* **1** BIOLOGIA próprio para sucção; **2** adaptado a sucção; **3** próprio para aderir por meio de ventosas
sudamina [sjuˈdæmɪnə] *s.* MEDICINA sudâmina
Sudan [suːˈdɑːn] *s.top.* Sudão
Sudanese [suːdəˈniːz] *adj.,s.* sudanês
sudarium ['sjuːdeərɪəm] *s.* (*pl.* -a) **1** sudário; **2** verónica
sudatorium [ˌsjuːdəˈtɔːrɪəm] *s.* (*pl.* -a) sudatório, banho de ar quente para provocar a transpiração, na Antiga Roma
sudatory ['sjuːdətərɪ] Ⓐ *adj.* sudatório, sudorífico, sudorífero Ⓑ *s.* (*pl.* **-ies**) ⇒ **sudatorium**
sudden ['sʌdən] *adj.* **1** súbito, repentino; ~ *change of temperature* mudança súbita de temperatura; *to take a* ~ *resolve* tomar uma resolução súbita; **2** imprevisto, inesperado; ~ *bend in the road* curva inesperada na estrada; *this is so sudden!* isto é tão inesperado!; **3** intempestivo, inopinado; **4** brusco, abrupto; *he is very* ~ *in his movements* ele tem movimentos muito bruscos; **5** precipitado, apressado ❖ ~ *death* morte súbita; *all of a* ~ subitamente; de súbito; *on a* ~ subitamente; de súbito
suddenly ['sʌdnlɪ] *adv.* **1** subitamente, repentinamente, imprevistamente, inopinadamente; **2** bruscamente
suddenness ['sʌdnnɪs] *s.* **1** repente, subitaneidade; **2** brusquidão
sudoriferous [ˌsjuːdəˈrɪfərəs] *adj.* sudoríparo, sudorífero ❖ ANATOMIA ~ *glands* glândulas sudoríferas
sudorific [sjuːdəˈrɪfɪk] *adj.* sudorífico, que faz suar
sudoriparous [ˌsjuːdəˈrɪpərəs] *adj.* sudoríparo
suds [sʌdz] *s.pl.* [geralm. *soap suds*] água de sabão, espuma de sabão
sudsy ['sʌdzɪ] *adj.* cheio de espuma de sabão, coberto de espuma de sabão

sue [su:, sju:] *v.tr.,intr.* 1 DIREITO intentar uma acção; *to ~ for divorce* intentar uma acção de divórcio; 2 DIREITO processar; levar (alguém) a tribunal; demandar judicialmente; *to ~ sb at law* processar alguém; *to ~ sb for damages* processar alguém por prejuízos causados; 3 cortejar; 4 [form.] solicitar; pedir; rogar; implorar; *to ~ for a woman's hand* pedir a mão de uma mulher; *to ~ for mercy* implorar misericórdia; 5 NÁUTICA (navio) deixar em seco ❖ *to ~ a beggar and catch a louse* ir buscar lã e vir tosquiado

suede [sweɪd] *s.* camurça, pele de camurça

suet ['sju:ɪt] *s.* sebo, gordura das vísceras de vaca, carneiro, etc.

suety ['sju:ɪtɪ] *adj.* gorduroso, com o aspecto de sebo ❖ *~ face* face pálida, terrosa

Suevi ['swiːvaɪ] *s.pl.* Suevos

Suevian ['swiːvɪən] *adj.,s.* suevo

Suez ['suːɪz, suː'ez] *s.top.* Suez ❖ *the ~ Canal* o Canal de Suez

suff. [abrev. de suffix]

suffer ['sʌfə] *v.tr.,intr.* 1 sofrer; padecer [from, de]; *to ~ from headaches* sofrer de dores de cabeça; 2 (danos, prejuízos) sofrer; ser afectado; *his reputation will ~* a reputação dele vai ser afectada; 3 (experiência) passar (por); *to ~ hunger* passar fome; 4 suportar; tolerar; *how can you ~ his insolence?* como é que consegues tolerar esta insolência?; *I cannot ~ that fellow* não suporto aquele tipo; *to ~ fools gladly* tolerar parvos; 5 permitir; deixar; *he was suffered to go* deixaram-no partir; 6 [arc.] (condenado) ser executado; *he was to ~ the next week* ele ia ser executado na semana seguinte ❖ *to ~ death* morrer; sofrer a morte; *to ~ oneself to be imposed upon* deixar-se enganar

sufferable ['sʌfərəbəl] *adj.* tolerável, sofrível

sufferableness ['sʌfərəbəlnɪs] *s.* tolerabilidade

sufferably ['sʌfərəblɪ] *adv.* 1 toleravelmente; 2 suportavelmente

sufferance ['sʌfərəns] *s.* 1 tolerância; consentimento tácito; permissão implícita na ausência de objecção; *on ~* tolerado; 2 capacidade de resistência; 3 [arc.] resignação, dor, sofrimento

sufferer ['sʌfərə] *s.* 1 sofredor; 2 doente, paciente; *to be a ~ from asthma* sofrer de asma; 3 vítima [**from**, de]; *~ from a calamity* vítima duma calamidade ❖ *fellow ~* companheiro de infortúnio

suffering ['sʌfərɪŋ] Ⓐ *adj.* 1 que sofre; 2 padecente, sofredor Ⓑ *s.* 1 sofrimento; 2 dor

sufferingly ['sʌfərɪŋlɪ] *adv.* sofredoramente

suffete ['sʌfiːt] *s.* HISTÓRIA sufeta, magistrado supremo na antiga Cartago

suffice [sə'faɪs] *v.tr.,intr.* 1 chegar, bastar; *his word will ~* basta a sua palavra; *100 euros will ~ for me* 100 euros chegam para mim; 2 ser suficiente para, satisfazer ❖ *~ it to say that…* basta dizer que…

sufficiency [sə'fɪʃənsɪ] *s. (pl. -ies)* 1 quantidade suficiente; *~ of food* quantidade suficiente de alimentos; 2 suficiência de meios; recursos adequados; 3 [arc.] eficiência, capacidade, competência; 4 arrogância, presunção

sufficient [sə'fɪʃənt] Ⓐ *adj.* 1 bastante, suficiente; *he has impudence ~ for anything* ele tem descaramento suficiente seja para o que for; *his word is ~* basta a palavra dele; *that is ~ for my needs* isso chega para as minhas necessidades; 2 [arc.] competente, capaz, apto Ⓑ *s.* quantidade suficiente, o bastante ❖ FILOSOFIA *~ reason* razão suficiente; *~ unto the day is the evil thereof* cada dia tem sua pena; [coloq.] *have you had sufficient?* ainda está com apetite?; *want of ~ food* insuficiência de alimentação

sufficiently [sə'fɪʃəntlɪ] *adv.* suficientemente

sufficing [sə'faɪsɪŋ] *adj.* suficiente, bastante; *~ for* suficiente para

sufficingly [sə'faɪsɪŋlɪ] *adv.* 1 suficientemente; 2 de modo a bastar

suffix ['sʌfɪks] Ⓐ *s. (pl. -es)* LINGUÍSTICA sufixo Ⓑ *v.tr.* 1 apor sufixo; 2 sufixar

suffixal ['sʌfɪksl] *adj.* sufixal

suffixation [sʌfɪk'seɪʃn] *s.* sufixação

suffocate ['sʌfəkeɪt] *v.tr.,intr.* 1 sufocar; *this heat suffocates me* este calor sufoca-me; [fig.] *to ~ with rage* sufocar de raiva; 2 asfixiar; matar por sufocação; 3 ter dificuldade em respirar; sentir falta de ar

suffocating ['sʌfəkeɪtɪŋ] *adj.* 1 sufocante, asfixiante; 2 que abafa; 3 (atmosfera, ambiente) opressivo

suffocatingly ['sʌfəkeɪtɪŋlɪ] *adv.* 1 de maneira sufocante, asfixiante; 2 opressivamente

suffocation [sʌfə'keɪʃn] *s.* 1 sufocação; 2 asfixia

suffocative ['sʌfəkeɪtɪv] *adj.* sufocante; *~ catarrh* catarro sufocante

suffragan ['sʌfrəgən] Ⓐ *adj.* RELIGIÃO (bispo, diocese) sufragâneo; *~ to* sufragâneo de Ⓑ *s.* RELIGIÃO bispo sufragâneo

suffrage ['sʌfrɪdʒ] *s.* 1 sufrágio; *universal ~* sufrágio universal; 2 voto, votação; *to give one's ~ to* dar o seu voto a; 3 consentimento expresso por votação; 4 direito de voto; *manhood ~* direito geral de voto para todos os homens de maioridade; *woman ~* direito de voto para todas as mulheres; 5 RELIGIÃO sufrágio ❖ *the biplane has won my ~* tem a minha preferência

suffragette [sʌfrə'dʒet] *s.f.* sufragista ❖ HISTÓRIA *the ~ Movement* o movimento sufragista

suffragist ['sʌfrədʒɪst] *s.* sufragista

suffrutescent [sʌfru'tesənt] *adj.* BOTÂNICA subfrutescente

suffrutex ['sʌfruteks] *s. (pl. suffrutices)* subarbusto

suffuse [sə'fjuːz] *v.tr.* 1 espalhar-se sobre; derramar-se sobre; *the skies were suffused with amethyst* por todo o céu se espalhava uma cor de ametista; 2 cobrir, encher, inundar; *her eyes were suffused with tears* os olhos dela inundaram-se de lágrimas ❖ *a blush suffused her cheeks* ela corou por todo o rosto

suffusion [sə'fjuːʒn] *s.* 1 sufusão, derrame, espalhamento de líquido; 2 MEDICINA sufusão; 3 rubor

Sufi ['suːfɪ] *s.* RELIGIÃO sufi

Sufic ['suːfɪk] *adj.* RELIGIÃO súfico, sufista

Sufism ['suːfɪzəm] *s.* RELIGIÃO sufismo

sugar ['ʃʊgə] Ⓐ *s.* 1 açúcar; *brown ~* açúcar amarelo; *crude ~* açúcar em bruto; *granulated ~* açúcar cristalizado; *soft ~* açúcar em pó; *to sweeten with ~* adoçar com açúcar; 2 [fig.] lisonja, adulação; 3 [fig.] palavras doces; tom meliflúo; *he was all ~* todo ele se desfazia em amabilidades Ⓑ *v.tr.,intr.* 1 deitar açúcar em; adoçar; 2 polvilhar com açúcar; 3 [fig.] suavizar; dar tom meliflúo a; *to ~ one's words* suavizar as suas palavras, dar um tom meliflúo às palavras; 4 [coloq.] trabalhar indolentemente; não se aplicar com energia ❖ *~ basin* açucareiro; BOTÂNICA *~ beet* beterraba; *~ bowl* açucareiro; *~ candy* açúcar cândi; BOTÂNICA *~ cane* cana-de-açúcar; *~ cube* cubinho de açúcar; [EUA] [coloq.] *~ daddy* homem rico que mantém relação com uma jovem; *~ factory* fábrica de açúcar; *~ industry* indústria açucareira; *~ loaf* pão doce; BOTÂNICA *~ maple* bordo sacarino; AGRICULTURA *~ plantation* plantação de cana-de-açúcar; *~ refinery* refinaria de açúcar; *~ tongs* pinça para pegar em cubos de açúcar; *~ and water* água com açúcar; *loaf ~* cubo de açúcar, açúcar em quadradinhos; [coloq.] *to ~ the pill* dourar a pílula; adoçar a pílula

sugar-coated ['ʃʊgəkəʊtɪd] *adj.* cristalizado; coberto de açúcar; com cobertura de açúcar

sugared ['ʃʊgəd] *adj.* 1 açucarado; 2 coberto de açúcar, polvilhado de açúcar; 3 [fig.] adocicado; 4 [fig.] em tom meliflúo

sugarer ['ʃʊgərə] *s.* 1 indivíduo que foge ao trabalho; 2 indivíduo que finge esforçar-se

sugar-free ['ʃʊgəfriː] *adj.* sem açúcar

sugarily ['ʃʊgərɪlɪ] *adv.* melifluamente

sugariness ['ʃʊgərɪnɪs] *s.* 1 gosto açucarado; 2 aspecto meliflúo

sugaring ['ʃʊgərɪŋ] *s.* adoçamento

sugarplum ['ʃʊgəplʌm] *s.* bombom; drageia

sugary ['ʃʊgərɪ] *adj.* 1 açucarado, doce, muito doce; 2 adocicado; 3 adulador, lisonjeiro, de modos meliflúos

suggest [sə'dʒest] *v.tr.* 1 sugerir, lembrar; *what does his letter ~ to you?* que é que esta carta lhe sugere?; 2 propor; *I ~ that…* proponho que…; 3 alvitrar, aventar; 4 implicar; 5 inspirar; 6 insinuar; *what are you trying to suggest?* que é que estás a insinuar?; 7 DIREITO apresentar como possível

suggester [sə'dʒestə] *s.* 1 aquele que sugere; 2 inspirador

suggestibility [sədʒestɪ'bɪlɪtɪ] *s.* sugestionabilidade

suggestible [sə'dʒestɪbəl] *adj.* 1 (pessoa) sugestionável; influenciável; 2 que pode sugerir-se, sugerível

suggestion [sə'dʒestʃən] s. 1 sugestão; *to offer a ~* apresentar uma sugestão; 2 ideia; dica; indicação; 3 conselho; *practical ~* conselho prático; 4 proposta; 5 insinuação; alusão; 6 hipótese; 7 associação de ideias; 8 indício, laivo; *a ~ of fatigue* uns laivos de fadiga; *to speak Portuguese with a ~ of an English accent* falar português com uns laivos de sotaque inglês ❖ *~ box* caixa de sugestões; *hypnotic ~* sugestão hipnótica; *it conveys the ~ that...* isso faz lembrar que...; DIREITO *my ~ is that you met him on that day* não é verdade que o encontrou nesse dia?

suggestive [sə'dʒestɪv] adj. 1 sugestivo; 2 estimulante; 3 que faz ocorrer ideias ao espírito

suggestively [sə'dʒestɪvlɪ] adv. sugestivamente

suggestiveness [sə'dʒestɪvnɪs] s. sugestividade; carácter sugestivo

suicidal [suːɪ'saɪdl] adj. suicida; *~ tendencies* tendências suicidas; *that would be ~* isso seria suicida ❖ *~ maniac* suicidomaníaco

suicidally [suːɪ'saɪdəlɪ] adv. de maneira suicida

suicide ['suːɪsaɪd] Ⓐ s. 1 suicídio; *to commit ~* suicidar-se; 2 (pessoa) suicida Ⓑ v.intr. [coloq.] suicidar-se ❖ *~ attempt* tentativa de suicídio; *~ bomber* bombista suicida; *~ bombing* ataque suicida; *~ pact* pacto suicida; *attempted suicides* tentativas de suicídio

suidae ['suːɪdiː] s.pl. ZOOLOGIA suídeos

suing ['suːɪŋ] s. 1 acto de processar, de demandar judicialmente; 2 rogo, solicitação

suint [swɪnt] s. suarda, matéria gordurosa de lã da ovelha

suit [suːt, sjuːt] Ⓐ s. 1 VESTUÁRIO fato completo; 2 VESTUÁRIO saia-casaco; 3 fato; equipamento; 4 petição; requerimento; pedido, rogo; *at the ~ of* a requerimento de; *his ~ was rejected* o pedido dele foi rejeitado; *to make a ~* rogar humildemente; *to press one's ~* insistir no pedido feito, pedir com insistência; 5 [arc.] corte, galanteio; *to press one's ~ with a maiden* fazer corte assídua a uma rapariga; 6 DIREITO acção judicial, demanda, processo, questão; *civil ~* processo civil; *criminal ~* processo-crime; *to be a party in a ~* ser parte num processo; *to bring a ~ against* intentar um processo contra; *to institute a ~ against* intentar um processo contra; 7 (jogos de cartas) naipe; *to follow ~* jogar carta do mesmo naipe Ⓑ v.tr.,intr. 1 satisfazer; contentar; *not to be easily suited* ser difícil de contentar; 2 convir; servir; *will that train ~ you?* serve esse comboio?; 3 ajustar(-se); adaptar(-se); ser bom para; *acting is what suits her best* o teatro é o que está melhor para ela; 4 harmonizar(-se); 5 condizer; 6 assentar bem, ficar bem; *red does not ~ her complexion* o vermelho não a favorece; 7 servir [to, para]; 8 prover; fornecer ❖ *~ of armour* armadura; (de homem) *~ of clothes* fato completo; NÁUTICA *~ of sails* jogo de velas; *~ yourself* faça como quiser; (para homem) *a dress ~* traje de cerimónia; *in ~ with* de acordo com; [coloq.] *one's best ~* fato domingueiro; *that just suits me* isso calha-me às mil maravilhas; *they are suited to each other* eles são talhados um para o outro; *to cut one's ~ according to one's cloth* adaptar-se às circunstâncias; *to follow ~* proceder da mesma maneira; imitar outra pessoa; *to ~ oneself* actuar de acordo com os seus desejos; *to ~ the action to the word* pôr em prática o que se diz

suitability [suːtə'bɪlɪtɪ] s. 1 conveniência; adequação; 2 pertinência; relevância; 3 conformidade; 4 aptidão [for, para]

suitable ['suːtəbəl] adj. adequado, apropriado, conveniente; *~ for* conveniente para, adaptado a; *clothes ~ for warm weather* roupa apropriada para o tempo quente; *the most ~ date* a data mais conveniente ❖ *~ marriage* casamento por conveniência; *~ to the occasion* de acordo com a ocasião; *to make ~ for* adaptar a

suitableness ['suːtəbəlnəs, 'sjuːtəbəlnəs] s. ⇒ **suitability**

suitably ['suːtəblɪ] adv. adequadamente, apropriadamente, convenientemente; *~ to the occasion* de modo apropriado para a ocasião ❖ *to be ~ qualified* apresentar as competências/habilitações pretendidas; ter um perfil adequado

suitcase ['suːtkeɪs, 'sjuːtkeɪs] s. mala

suite [swiːt] s. 1 séquito, comitiva; 2 mobília; *sitting-room ~* mobília de sala de estar; 3 (hotel) suite; 4 MÚSICA suite ❖ *~ of rooms* apartamento

suiting ['suːtɪŋ, 'sjuːtɪŋ] s. 1 adaptação; 2 acomodação; 3 pl. fazenda para fatos

suitor ['suːtə, 'sjuːtə] s. 1 DIREITO (processo judicial) litigante, parte, parte autora; 2 requerente, peticionário; 3 ECONOMIA licitante; 4 [ant.] (casamento com uma mulher) pretendente

sulcate ['sʌlkeɪt] adj. 1 estriado, sulcado; 2 com caneluras

sulciform ['sʌlsɪfɔːm] adj. sulciforme, com forma de sulco

sulcus ['sʌlkəs] s. (pl. -ci) sulco, cissura

sulk [sʌlk] Ⓐ s. 1 amuo; *a fit of the sulks* amuo; *to be in the sulks* estar amuado, ficar amuado; 2 mau humor, aborrecimento, enfado Ⓑ v.intr. 1 amuar; 2 estar de mau humor

sulkily ['sʌlkɪlɪ] adv. 1 de modo mal-humorado; 2 com enfado; 3 amuadamente

sulkiness ['sʌlkɪnɪs] s. amuo, enfado, aborrecimento, mau humor

sulking ['sʌlkɪŋ] s. 1 amuo; 2 mau humor; 3 enfado

sulky ['sʌlkɪ] Ⓐ adj. (comp. -ier, superl. -iest) 1 enfadado, aborrecido, mal-humorado; 2 birrento; 3 rabugento; 4 [coloq.] trombudo, carrancudo; 5 amuado; *to be ~ with* estar amuado com; 6 zangado Ⓑ s. (pl. -ies) carro leve de duas rodas para uma só pessoa, tirado por um só cavalo

sullage ['sʌlɪdʒ] s. 1 despejos, água dos canos de esgoto; 2 imundície, porcaria; 3 limo, vasa; 4 escórias metálicas ❖ *~ pipe* cano de esgoto

sullen ['sʌlən] adj. 1 carrancudo, insociável, intratável, mal-humorado, taciturno; 2 rabugento; 3 obstinado; 4 carregado, de aspecto lúgubre, sombrio, soturno ❖ *the sullens* depressão; mau humor; taciturnidade

sullenly ['sʌlənlɪ] adv. 1 taciturnamente, carrancudamente; 2 insociavelmente; 3 rabugentamente; 4 soturnamente, sombriamente

sullenness ['sʌlənnɪs] s. 1 mau humor, insociabilidade, mau génio; 2 teimosia, obstinação; 3 aspecto ou carácter carrancudo ou sombrio

sullied ['sʌlɪd] adj. 1 manchado, maculado, conspurcado; 2 deslustrado

sully ['sʌlɪ] v.tr. 1 sujar, manchar, conspurcar, macular; 2 deslustrar

sulphamate ['sʌlfəmeɪt] s. QUÍMICA sulfamato

sulphamic [sʌl'fæmɪk] adj. QUÍMICA sulfâmico

sulphamide ['sʌlfəmaɪd] s. QUÍMICA sulfamida

sulphanilic [ˌsʌlfə'nɪlɪk] adj. QUÍMICA sulfanílico

sulpharsenic [ˌsʌlfɑː'senɪk] adj. QUÍMICA sulfarsénico

sulpharsenide [sʌl'fɑːsɪnaɪd] s. QUÍMICA sulfarsenito

sulphate ['sʌlfeɪt, 'sʌlfɪt] Ⓐ s. 1 QUÍMICA sulfato; *~ of ammonia* sulfato de amónia; *~ of copper* sulfato de cobre, vitríolo azul; *~ of iron* sulfato de ferro, vitríolo verde; *~ of lime* gesso, sulfato de cálcio; *~ of zinc* sulfato de zinco, vitríolo branco; 2 sulfato de soda Ⓑ v.tr.,intr. 1 sulfatar; 2 deteriorar-se por sulfatação ❖ *~ of sodium* sais de Glauber; *to dress/to treat vines with ~* sulfatar vinhas

sulphated ['sʌlfeɪtɪd] adj. 1 sulfatado; 2 atacado pelo sulfato

sulphating ['sʌlfeɪtɪŋ] s. 1 sulfatagem; 2 sulfatização

sulphide ['sʌlfaɪd] s. QUÍMICA sulfureto; *~ of copper/iron/silver* sulfureto de cobre/ferro/prata ❖ *hydrogen ~* ácido sulfídrico; *red ~ of antimony* pentassulfureto de antimónio; *to dress/to treat vines with ~* sulfatar vinhas

sulphite ['sʌlfaɪt] s. QUÍMICA sulfito; *sodium ~* sulfito de sódio

sulphocyanate [ˌsʌlfə'saɪənɪt] s. ⇒ **sulphocyanide**

sulphocyanic [ˌsʌlfəsaɪ'ænɪk] adj. QUÍMICA sulfociânico

sulphocyanide [ˌsʌlfə'saɪənaɪd] s. sulfocianato

sulphonal ['sʌlfənəl] s. QUÍMICA sulfonal

sulphonamide [sʌl'fɒnəmaɪd] s. sulfonamida, sulfamida

sulpho-salt ['sʌlfəsɒlt] s. QUÍMICA sulfossal

sulphur ['sʌlfə] Ⓐ s. QUÍMICA (elemento químico) enxofre; *to treat with ~* tratar com enxofre Ⓑ v.tr. enxofrar; tratar com enxofre ❖ *~ content* teor de enxofre; MINERALOGIA *~ ore* pirite; *~ spring* fonte sulfurosa; *~ water* água sulfurosa; *drop ~* enxofre granulado; *flowers of ~* flores de enxofre

sulphurate ['sʌlfjʊreɪt] v.tr. sulfurar; enxofrar

sulphuration [ˌsʌlfjʊ'reɪʃən] s. sulfuração; tratamento pelo enxofre

sulphurator ['sʌlfjʊreɪtə] s. sulfurador

sulphureous [sʌl'fjʊərɪəs] adj. 1 sulfúreo; relativo a enxofre; 2 semelhante a enxofre; 3 da cor do enxofre

sulphuret [ˈsʌlfjʊret] s. QUÍMICA sulfureto; ~ *of copper/mercury* sulfureto de cobre/mercúrio
sulphuretted [ˈsʌlfjʊretɪd, ˈsʌlfəretɪd] adj. 1 QUÍMICA sulfuretado; 2 sulfúreo ❖ QUÍMICA ~ *hydrogen* ácido sulfídrico
sulphuric [sʌlˈfjʊrɪk] adj. QUÍMICA sulfúrico; ~ *acid* ácido sulfúrico; ~ *anhydride* anidrido sulfúrico
sulphuring [ˈsʌlfərɪŋ] s. acto de enxofrar, de tratar pelo enxofre
sulphurization [ˌsʌlfjʊraɪˈzeɪʃən] s. sulfuração
sulphurize [ˈsʌlfjʊraɪz] v.tr. sulfurar
sulphurous [ˈsʌlfərəs] adj. 1 sulfúreo; 2 sulfuroso
sulphurwort [ˈsʌlfəwɜːt] s. 1 BOTÂNICA funcho-de-porco; 2 ervatão-porcino
sulphury [ˈsʌlfəri] adj. 1 sulfúreo; 2 a saber ou a cheirar a enxofre
sulphydrate [sʌlfˈhaɪdrɪt] s. QUÍMICA sulfidrato
sulphydric [sʌlfˈhaɪdrɪk] adj. QUÍMICA sulfídrico
sultan [ˈsʌltən] s. 1 sultão; 2 variedade de galinhas brancas
sultana [sʌlˈtɑːnə] s. 1 sultana, variedade de uva-passa sem grainha; 2 variedade de galinhas brancas; 3 sultana (mãe ou mulher de sultão)
sultanate [ˈsʌltənɪt, ˈsʌltəneɪt] s. sultanato
sultaness [ˈsʌltənɪs] s.f. sultana
sultrily [ˈsʌltrɪlɪ] adv. 1 de maneira opressiva; 2 abafadoramente
sultriness [ˈsʌltrɪnɪs] s. 1 calor abafadiço; 2 atmosfera pesada e abafada; 3 mormaço
sultry [ˈsʌltrɪ] adj. (comp. **-ier**, superl. **-iest**) 1 abafado, opressivo; 2 quente e abafadiço; 3 mormacento; 4 ardente, apaixonado; 5 [fig.] picante, malicioso
sum [sʌm] Ⓐ s. 1 soma; *he did the ~ in his head* ele fez a soma mentalmente; *to find the ~ of* somar; 2 montante, importância; *what ~ would you give for it?* que importância daria por isso?; 3 total, totalidade; 4 cálculo; conta; *to be good at sums* ser bom em contas; 5 resumo, síntese, sumário; 6 substância, essência; *the ~ and substance of* a essência de; 7 pl. aritmética, operação aritmética; *the four sums* as quatro operações aritméticas Ⓑ v.tr.,intr. somar; adicionar ❖ ~ *total* total final; *in ~* em suma; *the ~ total of what he said was...* em suma, o que ele disse foi...
◆**sum up** v.tr. 1 resumir; sumariar; recapitular; *the judge summed up the evidence* o juiz recapitulou os debates; *to sum up, I must say that...* para resumir, devo dizer que...; 2 avaliar; 3 ilustrar perfeitamente; dar uma ideia de
sumac [ˈsuːmæk] s. ⇒ **sumach**
sumach [ˈsuːmæk] s. BOTÂNICA sumagre; sumagreira
Sumatra [sʊˈmɑːtrə] s.top. Sumatra
Sumatran [sʊˈmɑːtrən] adj.,s. 1 de Samatra; 2 relativo a Samatra; 3 natural ou habitante de Samatra
Sumerian [sʊˈmɪərɪən] adj.,s. sumeriano, sumério
summand [ˈsʌmənd] s. elemento de uma soma
summarily [ˈsʌmərɪlɪ] adv. 1 sumariamente; 2 sucintamente; 3 sem grandes formalidades
summarize [ˈsʌməraɪz] v.tr. sumariar, resumir
summarized [ˈsʌməraɪzd] adj. sumariado, resumido
summary [ˈsʌmərɪ] Ⓐ adj. 1 sumário; ~ *justice* justiça sumária; DIREITO ~ *procedure* processo sumário; 2 breve; 3 sucinto; 4 resumido; 5 sem formalidades, íntimo Ⓑ s. (pl. **-ies**) 1 sumário; 2 resumo, epítome; 3 síntese ❖ DIREITO ~ *of leading cases and decisions* repertório de jurisprudência; *in ~* resumindo; DIREITO *to take a ~ of evidence* tomar informações
summation [sʌˈmeɪʃən] s. 1 adição, soma; 2 total
summer [ˈsʌmə] Ⓐ s. 1 Verão; Estio; *in ~* no Verão; 2 ARQUITECTURA viga mestra; 3 pl. [poét.] idade, anos de vida, primaveras; *a boy of nine summers* um rapaz de nove primaveras Ⓑ v.tr.,intr. 1 veranear, passar o Verão; 2 (gado) apascentar em pastagens de Verão ❖ ~ *clothes* roupa de Verão; ~ *course* curso de férias; (tempo quente) ~ *lightning* relâmpagos sem trovão audível; ~ *school* curso de férias; ~ *resort* estância estival; ARQUITECTURA ~ *tree* viga mestra; ~ *time* hora do Verão; *Indian ~/St. Luke's ~/ St. Martin's ~* Verão de S. Martinho; *the ~ holidays* as férias de Verão
summerhouse [ˈsʌməhaʊs] s. (jardim, parque) pavilhão de Verão
summersault [ˈsʌməsɔlt] s.,v.intr. ⇒ **somersault**
summertime [ˈsʌmətaɪm] s. Verão, época de Verão
summery [ˈsʌmərɪ] adj. 1 de Verão; 2 estival
summing [ˈsʌmɪŋ] s. adição, soma ❖ ~ *up* resumo; recapitulação
summit [ˈsʌmɪt] s. 1 cimo, cume, pico, ponto mais alto, topo, vértice; *the icy summits of the Alps* os cumes gelados dos Alpes; 2 auge, culminância; *at the ~ of fame* no auge da fama; 3 (reunião) cimeira; *to attend a ~* participar numa cimeira ❖ *the ~ of his ambition is...* a maior ambição dele é...
summitry [ˈsʌmɪtrɪ] s. conferências, cimeira
summon [ˈsʌmən] v.tr. 1 chamar, mandar chamar; *to be summoned to the peerage* ser chamado ao pariato; 2 convocar; *to ~ Parliament* convocar o parlamento; *to ~ sb before a court martial* convocar alguém a comparecer em conselho de guerra; *to ~ the shareholders* convocar os accionistas; 3 DIREITO citar, intimar; *to ~ a witness to attend* citar/intimar uma testemunha a comparecer; *to ~ the parties* citar as partes; *they summoned the enemy to surrender* intimaram o inimigo a render-se; 4 fazer apelo a, congregar, concentrar
◆**summon up** v.tr. 1 (forças) reunir; 2 (coragem) ganhar; arranjar; encher-se de; armar-se de; *to ~ one's courage* encher-se/ armar-se de coragem; *she couldn't ~ the courage to tell him about the accident* ela não conseguiu arranjar coragem para lhe falar no desastre; 3 apelar a; *to ~ one's energy* apelar a toda a energia
summoner [ˈsʌmənə] s. 1 aquele que cita ou convoca; 2 convocador; 3 oficial de justiça que faz as citações; 4 oficial de diligências
summoning [ˈsʌmənɪŋ] s. 1 convocação; 2 DIREITO citação, intimação
summons [ˈsʌmənz] Ⓐ s. (pl. **-es**) 1 DIREITO citação, convocatória; *to serve a ~ on sb* citar, mandar uma convocatória a alguém; 2 notificação; 3 chamamento, mensagem; 4 ordem; ~ *to surrender* ordem de rendição Ⓑ v.tr. DIREITO citar, intimar, notificar
sump [sʌmp] s. 1 fossa ou poço para onde corre água, óleo ou outros líquidos em minas, máquinas, etc.; 2 poço colector; 3 fossa sanitária; 4 colector de óleo; 5 (automóvel) cárter; 6 cadinho; 7 reservatório
sumpitan [ˈsʌmpɪtən] s. sarabatana
sumpter [ˈsʌmptə] s. 1 [arc.] besta de carga; 2 condutor de besta de carga; 3 arreeiro
sumptuary [ˈsʌmptʃʊərɪ] adj. sumptuário; relativo a despesas ou gastos; HISTÓRIA ~ *law* lei sumptuária
sumptuosity [ˌsʌmptʃʊˈɒsɪtɪ] s. sumptuosidade
sumptuous [ˈsʌmptʃʊəs] adj. sumptuoso, faustoso, magnificente
sumptuously [ˈsʌmptʃʊəslɪ] adv. sumptuosamente, aparatosamente, magnificentemente
sumptuousness [ˈsʌmptʃʊəsnɪs] s. sumptuosidade, fausto, aparato, magnificência, pompa
sum-up [ˈsʌmʌp] s. 1 síntese; 2 súmula; 3 sumário, resumo
sun [sʌn] Ⓐ s. 1 Sol; *the ~ is shining* está sol; *to let in the ~* deixar entrar o sol; *to sit in the ~* sentar-se ao sol; 2 raios solares, luz solar; 3 (qualquer estrela) sol Ⓑ v.tr. expor ao sol Ⓒ v.refl. pôr-se ao sol; apanhar sol ❖ ~ *awning* estore; toldo para o sol; ~ *cream/~ block* bronzeador; protector solar; [EUA] (Índios) ~ *dance* dança em honra do Sol; ~ *deck* (casa, hotel) varanda; (barco) convés superior; ~ *engine* motor que funciona a energia solar; ASTRONOMIA ~ *gear* engrenagem central de sistema planetário; ~ *helmet* capacete colonial; (divisão de casa) ~ *lounge* solário; ~ *rays* raios ultravioletas; *a place in the ~* um lugar ao sol; *the midnight ~* o sol da meia-noite; *to coil a rope against the ~* enrolar uma corda da direita para a esquerda; *to coil a rope with the ~* enrolar uma corda da esquerda para a direita; NÁUTICA *to take the ~* tomar a altura do Sol; pôr-se ao sol
sunbaked [ˈsʌnbeɪkt] adj. 1 cozido ao Sol; 2 queimado do sol
sunbath [ˈsʌnbɑːθ] s. banho de sol
sunbathe [ˈsʌnbeɪð] v.intr. tomar um banho de sol, pôr-se ao sol, estender-se ao sol
sunbather [ˈsʌnbeɪðə] s. pessoa que toma banhos de sol
sunbathing [ˈsʌnbeɪðɪŋ] s. 1 banhos de sol; 2 acto de tomar banhos de sol
sunbeam [ˈsʌnbiːm] s. raio de sol, raio solar

sunbird ['sʌnbɜːd] s. ZOOLOGIA nectarínea
sunblock ['sʌnblɒk] s. protector solar
sunbow ['sʌnbəʊ] s. arco irisado feito pelo sol ao atravessar um jacto de água
sunburn ['sʌnbɜːn] Ⓐ s. 1 queimadura provocada pelo sol; 2 aspecto da pele devido a exposição ao sol Ⓑ v.intr. (prt. e part. pass. **burnt**, às vezes **burned**) 1 expor-se ao sol para queimar; 2 queimar ao sol
sunburned ['sʌnbɜːnt] adj. ⇒ **sunburnt**
sunburnt ['sʌnbɜːnt] adj. queimado pelo sol, tostado pelo sol
sunburst ['sʌnbɜːst] s. aberta de sol por entre nuvens
sundae ['sʌndeɪ, 'sʌndɪ] s. CULINÁRIA gelado, sorvete de fruta com creme
Sunday ['sʌndɪ] s. domingo; *on ~* no domingo; *on Sundays* aos domingos ❖ *~ calm* o descanso dominical; [depr.] *~ driver* condutor de domingo; *~ school* catequese; *~ trading laws* regulamentação do comércio dominical; [joc.] *a month of Sundays* grande espaço de tempo; *one's ~ best/one's ~ clothes* traje domingueiro; *when two Sundays come in one week/when two Sundays come together* no dia de S. Nunca; na semana dos nove dias
Sundayfied ['sʌndɪfaɪd] adj. [COLOQ.] endomingado
sunder ['sʌndə] v.tr.,intr. 1 separar, dividir; 2 fender; 3 manter separado; 4 [rar.] separar-se; quebrar-se
sundering ['sʌndərɪŋ] s. separação
sundew ['sʌndjuː] s. BOTÂNICA orvalhinha, rorela; drósera
sundial ['sʌn,daɪəl] s. relógio de sol
sundown ['sʌndaʊn] s. 1 pôr-do-Sol; 2 [EUA] ocidente; 3 chapéu de abas largas
sundowner ['sʌndaʊnə] s. caminhante que regula a sua marcha de modo a chegar a casa ou herdade ao pôr do Sol
sundress ['sʌndres] s. VESTUÁRIO vestido sem mangas
sundries-man ['sʌndrɪzmən] s. ⇒ **sundry-man**
sundry ['sʌndrɪ] Ⓐ adj. 1 vários, diversos; *on ~ occasions* em várias ocasiões; 2 de várias espécies, variados Ⓑ s. (pl. **-ies**) pl. **sundries** artigos vários, miudezas, coisas diversas ❖ *all and ~* toda a gente; todos sem excepção; *for all and ~* para todos e para cada um
sundry-man ['sʌndrɪmən] s. (pl. **-men**) fornecedor de artigos para horticultura
sunfish ['sʌnfɪʃ] s. ZOOLOGIA peixe-lua, bezedor, mola, rodim, rolim
sunflower ['sʌn,flaʊə] s. BOTÂNICA girassol ❖ CULINÁRIA *~ oil* óleo de girassol; *~ seeds* sementes de girassol; [EUA] *the Sunflower State* o estado do Kansas
sung [sʌŋ] part. pass. de **to sing**
sunglasses ['sʌn,ɡlɑːsɪz] s.pl. óculos de sol
sun-god ['sʌnɡɒd] s. deus-sol
sunhat ['sʌnhæt] s. chapéu de abas largas
sunk [sʌŋk] Ⓐ prt. e part. pass. de **to sink** Ⓑ adj. 1 submerso; 2 afundado; metido no fundo; 3 submerso; *~ key* chave embutida; 4 absorto; *~ in thought* absorto ❖ *~ costs* despesas fixas
sunken ['sʌŋkən] adj. 1 submerso; coberto de água; 2 fundo; cavado; 3 encovado; *~ cheeks* rosto encovado; *~ eyes* olhos encovados; 4 (terreno) a um nível mais baixo; 5 (banheira, etc.) encastrado
sunlamp ['sʌnlæmp] s. lâmpada de bronzeamento
sunless ['sʌnləs] adj. sem sol
sunlight ['sʌnlaɪt] s. luz do Sol
sunlit ['sʌnlɪt] adj. iluminado pelo sol; ensolarado
Sunni ['sʌnɪ] s. ⇒ **sunnite**
sunnies ['sʌnɪz] s.pl. [Austr.] [COLOQ.] óculos de sol, óculos escuros
sunnily ['sʌnɪlɪ] adv. 1 radiantemente, risonhamente; 2 risonhamente; 3 cheio de brilho
sunniness ['sʌnɪnɪs] s. 1 aspecto soalheiro; 2 exposição ao sol; 3 soalheira; 4 alegria, disposição alegre, aspecto risonho; 5 aspecto radiante
sunning ['sʌnɪŋ] s. exposição ao sol
Sunnite ['sʌnaɪt] s. RELIGIÃO sunita, partidário ou sectário da doutrina do sunismo
sunnud ['sʌnʌd] s. 1 [Índia] DIREITO patente, privilégio; 2 diploma
sunny ['sʌnɪ] adj. (comp. **-ier**, superl. **-iest**) 1 soalheiro, luminoso, cheio de sol; *~ room* divisão cheia de sol; 2 banhado pelo sol; *the ~ side of a house* o lado de uma casa exposto ao sol; 3 brilhante; 4 dourado; *~ hair* cabelo dourado; 5 alegre, radiante, radioso; feliz; *a ~ smile* um sorriso radioso; 6 risonho; *the ~ side of life* o aspecto risonho da vida ❖ *he is on the ~ side of forty* ele ainda não passou dos quarenta
sunrise ['sʌnraɪz] s. nascer do Sol; *at ~* ao nascer do Sol ❖ *~ industry* indústria em expansão
sunroof ['sʌnruːf] s. (carro) tejadilho móvel
sunscreen ['sʌnskriːn] s. protector solar
sunset ['sʌnset] s. 1 pôr-do-sol; *at ~* ao pôr-do-sol; 2 [fig.] declínio; *the ~ of life* o declínio da vida ❖ *~ industry* indústria em declínio
sunshade ['sʌnʃeɪd] s. 1 guarda-sol; 2 toldo; 3 sombrinha
sunshine ['sʌnʃaɪn] s. 1 brilho do Sol, claridade, luz do Sol; *in the ~* ao sol; 2 bom tempo; 3 [fig.] alegria, aspecto radioso, felicidade; *life was all ~ for her* a vida para ela era toda sorrisos; *to take a ~ view of everything* ver tudo cor-de-rosa ❖ *~ friend* amigo de Peniche; *Sunshine patriot* patrioteiro; patriota de trazer por casa; falso patriota; (automóvel) *~ roof* tecto de abrir; *~ treatment* helioterapia; [EUA] *the Sunshine State* o estado da Florida
sunshiny ['sʌnʃaɪnɪ] adj. 1 luminoso, cheio de sol; 2 radiante; 3 alegre; 4 feliz
sunspecs ['sʌnspeks] s.pl. [COLOQ.] óculos de sol
sunspot ['sʌnspɒt] s. 1 ASTRONOMIA mancha solar; 2 local de veraneio; destino de férias muito procurado
sunstroke ['sʌnstrəʊk] s. MEDICINA insolação; *to get ~* apanhar uma insolação
sunstruck ['sʌnstrʌk] adj. com insolação
suntan ['sʌntæn] s. bronzeado ❖ *~ lotion* protector solar; *to get a ~* bronzear-se
sun-up ['sʌnʌp] s. [EUA] [COLOQ.] nascer do Sol
sup. Ⓐ [abrev. de superior] Ⓑ [abrev. de superlative] Ⓒ [abrev. de supplement] Ⓓ [abrev. de supra]
sup [sʌp] Ⓐ v.tr.,intr. (prt. e part. pass. **-pp-**) 1 cear; *to ~ off/on cold meat* cear carnes frias, comer carnes frias à ceia; 2 dar de cear a; 3 beberricar, tomar aos golinhos ou às colheres Ⓑ s. gole, pequeno trago; *to take a ~ of* tomar um gole de ❖ *he must have a long spoon that sups with the devil* quem lida com os maus tem de ter todo o cuidado; *neither bite nor ~* nem comida nem bebida
super ['suːpə, 'sjuːpə] Ⓐ adj. 1 super; 2 excelente, formidável, sensacional Ⓑ adv. super Ⓒ s. 1 [COLOQ.] (actor) extra; 2 superintendente; 3 supervisor Ⓓ interj. fantástico!
superable ['suːpərəbəl, 'sjuːpərəbəl] adj. superável
superabound [,suːpərə'baʊnd] v.intr. superabundar; *to ~ in/with* superabundar em
superabundance [,suːpərə'bʌndəns] s. 1 superabundância; 2 grande quantidade
superabundant [,suːpərə'bʌndənt] adj. superabundante
superabundantly [,suːpərə'bʌndəntlɪ] adv. superabundantemente
superacidulate [,suːpərə'sɪdjʊleɪt] v.tr. superacidular
superacidulated [,suːpərə'sɪdjʊleɪtɪd] adj. superacidulado
superacute [,suːpərə'kjuːt] adj. ultra-agudo
superadd [,suːpər'æd] v.tr. acrescentar
superaddition [,suːpərə'dɪʃən] s. acrescento
superaltar ['suːpərɔːltə] s. retábulo
superannuate [,suːpə'rænjʊeɪt] v.tr.,intr. 1 reformar, aposentar; 2 atingir o limite de idade, atingir a idade de aposentação; 3 prescrever, caducar
superannuated [,suːpə'rænjʊeɪtɪd] adj. 1 aposentado, reformado; 2 fora de moda, antiquado, obsoleto; 3 velho
superannuation [,suːpərənjʊ'eɪʃən] s. 1 reforma; 2 pensão de reforma; 3 [Austr.] plano poupança para reforma, fundo de reforma particular
super-audible [,suːpər'ɔːdɪbəl] adj. RÁDIO (frequência) ultra-sonora
superb [suː'pɜːb] adj. soberbo, óptimo, esplêndido, magnífico
superbly [suː'pɜːblɪ] adv. 1 soberbamente; 2 esplendidamente; 3 optimamente
supercalender [,suːpə'kæləndə] Ⓐ s. calandra de lustrar Ⓑ v.tr. lustrar intensamente (papel)

supercalendered [ˌsuːpəˈkæləndəd] *adj.* (papel) altamente lustroso
supercargo [ˈsuːpəˌkɑːgəʊ] *s.* (*pl.* **-es**) **1** NÁUTICA sobrecarga; **2** comissário de bordo encarregado da venda da carga
supercharge [ˈsuːpətʃɑːdʒ] Ⓐ *s.* sobretaxa Ⓑ *v.tr.* **1** sobrecarregar; **2** superalimentar; **3** pôr sob pressão
supercharged [ˈsuːpətʃɑːdʒd] *adj.* **1** sobrecarregado; **2** superalimentado; **3** (motor) com excesso de compressão
supercharger [ˈsuːpətʃɑːdʒə] *s.* **1** compressor (de motor); **2** superalimentador
supercharging [ˈsuːpətʃɑːdʒɪŋ] *s.* **1** supercompressão; **2** superalimentação
superciliary [ˌsuːpəˈsɪlɪərɪ] *adj.* ANATOMIA superciliar; *the ~ arches/ridges* as arcadas superciliares
supercilious [ˌsuːpəˈsɪlɪəs] *adj.* **1** desdenhoso, arrogante, altivo; **2** orgulhoso; **3** com um ar de superioridade
superciliously [ˌsuːpəˈsɪlɪəslɪ] *adv.* **1** desdenhosamente, arrogantemente, altivamente; **2** com ar de superioridade
superciliousness [ˌsuːpəˈsɪlɪəsnɪs] *s.* **1** desdém, arrogância, altivez; **2** ar de superioridade
supercompression [ˌsuːpəkəmˈpreʃən] *s.* **1** supercompressão; **2** superalimentação ❖ *~ engine* motor de inflamação por compressão
superconductivity [ˌsuːpəkɒndʌkˈtɪvɪtɪ] *s.* FÍSICA supercondutividade
supercool [ˌsuːpəˈkuːl] *v.tr.* QUÍMICA resfriar abaixo do ponto de congelação
supercooled [ˌsuːpəˈkuːld] *adj.* QUÍMICA resfriado abaixo do ponto de congelação
supercooling [ˌsuːpəˈkuːlɪŋ] *s.* QUÍMICA acto de resfriar abaixo do ponto de congelação
superdominant [ˌsuːpəˈdɒmɪnənt] *s.* MÚSICA sobredominante
superego [ˌsuːpərˈiːgəʊ] *s.* PSICOLOGIA superego
superelevation [ˌsuːpərelɪˈveɪʃən] *s.* sobrelevação; (em curva) *~ of rails* sobrelevação dos carris
supereminence [ˌsuːpərˈemɪnəns] *s.* sobreeminência, preeminência
supereminent [ˌsuːpərˈemɪnənt] *adj.* sobreeminente, preeminente
supererogation [ˌsuːpərerəˈgeɪʃən] *s.* supererrogação; *a work of ~* boa acção além daquilo a que se é obrigado
supererogatory [ˌsuːpərɪˈrɒgətərɪ] *adj.* supererrogatório, supererrogativo
superexcellence [ˌsuːpərˈeksələns] *s.* superexcelência
superexcellent [ˌsuːpərˈeksələnt] *adj.* **1** superior, superexcelente; **2** duma excelência invulgar
superfatted [ˌsuːpəˈfætɪd] *adj.* (sabão) ultragordo, supergordo
superfatting [ˌsuːpəˈfætɪŋ] *s.* acto de tornar excessivamente gordo (o sabão)
superfecundation [ˌsuːpəfekənˈdeɪʃən] *s.* superfecundação
superfetation [ˌsuːpəfeˈteɪʃən] *s.* **1** superfetação; **2** excesso
superficial [ˌsuːpəˈfɪʃəl] *adj.* **1** (geral) superficial; não profundo; de superfície; *~ book* livro superficial; *~ contact* contacto superficial; *~ measures* medidas de superfície; *~ mind* espírito superficial; *~ wound* ferida superficial; **2** com pouca substância, apressado ❖ (medida) *~ foot* pé-quadrado; *~ hardness tester* aparelho para verificação da dureza superficial
superficiality [ˌsuːpəfɪʃɪˈælɪtɪ] *s.* superficialidade
superficially [ˌsuːpəˈfɪʃəlɪ] *adv.* superficialmente
superficiary [ˌsuːpəˈfɪʃərɪ] Ⓐ *adj.* DIREITO superficiário Ⓑ *s.* proprietário superficiário
superficies [ˌsuːpəˈfɪʃiːz] *s.* superfície
superfine [ˈsuːpəfaɪn] *adj.* **1** superfino; **2** de qualidade superior; **3** extrafino; *~ finishing* acabamento extrafino; **4** demasiado subtil; *~ wit* espírito demasiado subtil
superfluity [ˌsuːpəˈfluːɪtɪ] *s.* (*pl.* **-ies**) **1** superfluidade; **2** excesso; *to give of one's ~* dar daquilo que se tem a mais; **3** coisa supérflua; **4** superabundância
superfluous [suːˈpɜːfluəs] *adj.* **1** supérfluo; **2** excessivo, demasiado; **3** desnecessário; **4** inútil; *it is ~ to say* é inútil dizer
superfluously [suːˈpɜːfluəslɪ] *adv.* **1** superfluamente; **2** em excesso, excessivamente; **3** demasiadamente; **4** desnecessariamente; **5** inutilmente

superfluousness [suːˈpɜːfluəsnɪs] *s.* **1** superfluidade; **2** excesso; **3** demasia; **4** superabundância; **5** coisa desnecessária; **6** inutilidade
superfoetation [ˌsuːpəfiːˈteɪʃən] *s.* ⇒ **superfetation**
superfuse [ˌsuːpəˈfjuːz] *v.tr.,intr.* ⇒ **to supercool**
superheat[1] [ˌsuːpəˈhiːt] *v.tr.* sobreaquecer
superheat[2] [ˈsuːpəhiːt] *s.* superaquecimento; sobreaquecimento
superheated [ˌsuːpəˈhiːtɪd] *adj.* sobreaquecido; superaquecido; *~ steam* vapor sobreaquecido, vapor não saturado
superheater [ˌsuːpəˈhiːtə] *s.* mecanismo de sobreaquecer o vapor ❖ *~ door* porta do mecanismo de sobreaquecer; *~ tube* tubo de sobreaquecimento
superheating [ˌsuːpəˈhiːtɪŋ] *s.* sobreaquecimento
superhero [ˌsuːpəˈhɪərəʊ] *s.* super-herói
superhet [ˌsuːpəˈhet] *s.* [coloq.] ⇒ **superheterodyne**
superheterodyne [ˌsuːpəˈhetərədaɪn] *s.* RÁDIO aparelho super-heteródino
superhive [ˈsuːpəhaɪv] *s.* parte superior de colmeia
superhuman [ˌsuːpəˈhjuːmən] *adj.* sobre-humano, super-humano
superhumanly [ˌsuːpəˈhjuːmənlɪ] *adv.* de modo sobre-humano
superhumeral [ˌsuːpəˈhjuːmərəl] *s.* superumeral (vestuário eclesiástico entre os Hebreus)
superimposable [ˌsuːpərɪmˈpəʊzəbəl] *adj.* que pode sobrepor-se
superimpose [ˌsuːpərɪmˈpəʊz] *v.tr.* **1** sobrepor [**on**, a]; pôr por cima [**on**, de]; **2** fazer uma sobreposição de
superimposition [ˌsuːpərɪmpəˈzɪʃən] *s.* sobreposição
superincumbent [ˌsuːpərɪnˈkʌmbənt] *adj.* superincumbente
superinduce [ˌsuːpərɪnˈdjuːs] *v.tr.* **1** acrescentar a, juntar a; **2** transmitir; **3** sobrepor
superintend [ˌsuːpərɪnˈtend] *v.tr.* **1** superintender; **2** dirigir, fiscalizar; **3** mandar; **4** presidir
superintendence [ˌsuːpərɪnˈtendəns] *s.* **1** superintendência; **2** direcção, fiscalização; **3** orientação
superintendent [ˌsuːpərɪnˈtendənt] *s.* **1** superintendente; **2** director, fiscal; **3** inspector; **4** chefe de oficina ❖ *railway ~* comissário dos caminhos-de-ferro
superintendentship [ˌsuːpərɪnˈtendəntʃɪp] *s.* **1** superintendência; **2** direcção; **3** fiscalização; **4** chefia
superior [suːˈpɪərɪə] Ⓐ *adj.* **1** superior; *~ in* superior em; *~ to* superior a; **2** mais elevado; em lugar ou posição mais elevada; acima [**to**, de]; *to be ~ to flattery* estar acima da lisonja, ser insensível à lisonja; *to rise ~ to* elevar-se acima de; **3** maior; **4** melhor; **5** óptimo, excepcional, excelente; **6** [depr.] vaidoso, presunçoso, orgulhoso, arrogante, desdenhoso Ⓑ *s.* **1** superior; chefe; *my superiors in rank* os meus superiores hierárquicos; *to be deferential to one's superiors* mostrar-se deferente com os superiores hierárquicos; **2** (comunidade religiosa) superior; *Mother Superior* madre superiora ❖ COMÉRCIO *~ article* artigo de qualidade superior; [EUA] DIREITO *~ court* tribunal de última instância; *~ numbers* superioridade numérica; ASTRONOMIA *~ planet* planeta superior; *Lake Superior* o lago Superior; *he has no ~ in courage* não tem quem o ultrapasse em coragem; *with a ~ air* com ar de superioridade
superioress [suːˈpɪərɪərəs] *s.f.* superiora, madre superiora
superiority [suːˌpɪərɪˈɒrɪtɪ] *s.* superioridade; *~ in* superioridade em ❖ PSICOLOGIA *~ complex* complexo de superioridade; LINGUÍSTICA *comparative of ~* comparativo de superioridade
superiorly [suːˈpɪərɪəlɪ] *adv.* **1** superiormente; **2** com um ar de superioridade
superiorship [suːˈpɪərɪəʃɪp] *s.* cargo, funções de superior ou superiora de comunidade religiosa
superjacent [ˌsuːpəˈdʒeɪsənt] *adj.* GEOLOGIA superjacente
superlative [suːˈpɜːlətɪv] Ⓐ *adj.* **1** supremo; **2** superlativo; **3** extremo; **4** excelente; excepcional; de qualidade ou mérito verdadeiramente superior; **5** LINGUÍSTICA superlativo Ⓑ *s.* LINGUÍSTICA superlativo; *absolute ~* superlativo absoluto; *relative ~* superlativo relativo ❖ [coloq.] *to speak in superlatives* alongar-se em elogios excessivos
superlatively [suːˈpɜːlətɪvlɪ] *adv.* **1** [coloq.] extremamente; **2** superlativamente; **3** de forma extraordinária

superlunary [ˌsupəˈluːnərɪ] *adj.* superlunar
superman [ˈsuːpəmæn] *s.* ⟨*pl.* **-men**⟩ super-homem
supermarket [ˈsuːpəˌmɑːkɪt] *s.* supermercado
supermodel [ˈsuːpəmɒdəl] *s.* (moda) top-model
supermundane [ˌsuːpəˈmʌndeɪn] *adj.* **1** supramundano; **2** de outro mundo
supernaculum [ˌsupəˈnækjuləm] Ⓐ *adv.* até à última gota; *to drink ~* beber até à última gota Ⓑ *s.* copázio
supernal [suˈpɜːnəl] *adj.* **1** celeste, celestial, divino; **2** elevado; **3** supernal
supernatant [ˌsuːpəˈneɪtənt] *adj.* flutuante
supernatural [ˌsuːpəˈnætʃərəl] *adj.,s.* sobrenatural
supernaturalism [ˌsuːpəˈnætʃrəlɪzəm] *s.* FILOSOFIA supernaturalismo; sobrenaturalismo
supernaturality [ˌsuːpəˌnætʃuˈrælɪtɪ] *s.* sobrenaturalidade
supernaturally [ˌsuːpəˈnætʃrəlɪ] *adv.* sobrenaturalmente
supernaturalness [ˌsuːpəˈnætʃrəlnɪs] *s.* ⇒ **supernaturality**
supernormal [ˈsuːpəˌnɔːməl] *adj.* supernormal; supranormal
supernumerary [ˌsuːpəˈnjuːmərərɪ, ˌsuːpəˈnjuːmərərɪ] Ⓐ *adj.* **1** supranumerário; **2** excedente; **3** para além do número; **4** supérfluo Ⓑ *s.* **1** extra; **2** TEATRO actor extra, actor supranumerário; **3** substituto, funcionário eventual
superordinate [ˌsuːpərˈɔːdənɪt] Ⓐ *s.* LINGUÍSTICA hiperónimo Ⓑ *adj.* superior
superoxide [ˌsuːpərˈɒksaɪd] *s.* QUÍMICA superóxido
superoxidize [ˌsuːpərˈɒksɪdaɪz] *v.tr.* superoxidar
superoxygenate [ˌsuːpərˈɒksɪdʒɪneɪt] *v.tr.* superoxigenar
superpanchromatic [ˌsuːpəpænkrəʊˈmætɪk] *adj.* FOTOGRAFIA superpancromático
superphosphate [ˌsuːpəˈfɒsfeɪt] *s.* QUÍMICA superfosfato; *~ of calcium* superfosfato de cálcio ❖ *~ fertilizer* adubo de superfosfato
superposable [ˌsuːpəˈpəʊzəbəl] *adj.* que pode sobrepor-se
superpose [ˈsuːpəˌpəʊz] *v.tr.* **1** sobrepor; **2** juntar
superposed [ˈsuːpəˌpəʊzd] *adj.* sobreposto
superposition [ˌsuːpəpəˈzɪʃən] *s.* sobreposição; *~ of vibrations* sobreposição de vibrações
superpower [ˌsuːpəˈpaʊə] *s.* superpotência
supersalt [ˈsuːpəsɒlt] *s.* QUÍMICA sal com excesso de cálcio
supersaturate [ˌsuːpəˈsætʃəreɪt] *v.tr.* supersaturar
supersaturated [ˌsuːpəˈsætʃəreɪtɪd] *adj.* supersaturado; *~ solution* solução supersaturada
supersaturation [ˌsuːpəsætʃəˈreɪʃən] *s.* supersaturação
superscribe [ˌsuːpəˈskraɪb] *v.tr.* **1** escrever sobre; **2** sobrescrever; **3** sobrescritar, pôr o endereço em
superscript [ˈsuːpəˌskrɪpt] Ⓐ *s.* expoente Ⓑ *adj.* em expoente
superscription [ˌsuːpəˈskrɪpʃən] *s.* **1** legenda; **2** inscrição; **3** cabeçalho (de documento); **4** endereço
supersede [ˌsuːpəˈsiːd] *v.tr.* **1** substituir; *to ~ an official* substituir um funcionário, dispensar um funcionário das suas funções; *to ~ one thing by another* substituir uma coisa por outra; **2** ocupar o lugar de; **3** suplantar; **4** tornar inútil; **5** pôr de lado
supersedeas [ˌsuːpəˈsiːdɪæs] *s.* DIREITO mandato suspensivo de instância
supersedure [ˌsuːpəˈsiːdjə] *s.* ⇒ **supersession**
supersensible [ˌsuːpəˈsensɪbəl] *adj.* FILOSOFIA supra-sensível
supersensitive [ˌsuːpəˈsensɪtɪv] *adj.* **1** hipersensitivo; **2** ultra-sensível; **3** com sensibilidade excessiva
supersensory [ˌsuːpəˈsensərɪ] *adj.* ⇒ **supersensitive**
superserviceable [ˌsuːpəˈsɜːvɪsəbəl] *adj.* **1** excessivamente prestável; **2** demasiadamente solícito
supersession [ˌsuːpəˈseʃən] *s.* **1** substituição; **2** preterição; **3** afastamento (de funcionário, etc.); **4** revogação, anulação
supersonic [ˌsuːpəˈsɒnɪk] *adj.* supersónico; *~ flight* voo supersónico; *~ plane* avião supersónico; *~ speed* velocidade supersónica; *~ tunnel* túnel aerodinâmico supersónico
superspeed [ˌsuːpəˈspiːd] *s.* grande velocidade
superstar [ˈsuːpəstɑː] *s.* superestrela
superstition [ˌsuːpəˈstɪʃən] *s.* superstição
superstitious [ˌsuːpəˈstɪʃəs] *adj.* supersticioso
superstitiously [ˌsuːpəˈstɪʃəslɪ] *adv.* supersticiosamente
superstitiousness [ˌsuːpəˈstɪʃəsnɪs] *s.* supersticiosidade
superstore [ˈsuːpəstɔː] *s.* hipermercado, grande superfície
superstratum [ˌsuːpəˈstreɪtəm] *s.* ⟨*pl.* **-a**⟩ GEOLOGIA superstrato

superstructure [ˈsuːpəˌstrʌktʃə] *s.* superestrutura
supersubtle [ˈsuːpəsʌtl] *adj.* **1** ultra-subtil; **2** dotado de extrema subtileza
super-tax [ˈsuːpətæks] *s.* ⟨*pl.* **-es**⟩ **1** sobretaxa; **2** imposto suplementar sobre o rendimento
superterrestrial [ˌsuːpətɪˈrestrɪəl] *adj.* **1** supraterrestre; **2** celeste; **3** situado à superfície da Terra
supertitle [ˈsuːpətaɪtl] *s.* TEATRO, MÚSICA (ecrã acima do palco) legenda
supertonic [ˌsuːpəˈtɒnɪk] *s.* MÚSICA supertónica
supervene [ˌsuːpəˈviːn] *v.intr.* sobrevir; acontecer logo depois; seguir-se; *lockjaw supervened on the wound* declarou-se o tétano depois do ferimento
supervening [ˌsuːpəˈviːnɪŋ] Ⓐ *adj.* superveniente Ⓑ *s.* **1** vinda; **2** superveniência
supervention [ˌsuːpəˈvenʃən] *s.* **1** superveniência; **2** vinda
supervise [ˈsuːpəvaɪz] *v.tr.,intr.* **1** supervisionar; **2** dirigir; **3** vigiar; **4** acompanhar; **5** fiscalizar, inspeccionar; **6** superintender
supervision [ˌsuːpəˈvɪʒən] *s.* **1** supervisão; **2** vigilância; *he is under police ~* ele está sob a vigilância da polícia; *to keep under strict ~* manter sob uma vigilância severa; **3** acompanhamento; **4** fiscalização, inspecção; **5** direcção; **6** chefia
supervisor [ˈsuːpəvaɪzə] *s.* **1** supervisor; **2** director, inspector, fiscal; **3** [EUA] membro do conselho municipal; *chief ~* presidente do conselho; **4** (universidade) orientador de tese; **5** (exame) professor vigilante
supervisorship [ˈsuːpəvaɪzəʃɪp] *s.* **1** supervisão; **2** cargo ou funções de inspector, fiscal ou director; **3** inspectoria; **4** directoria
supervisory [ˌsuːpəˈvaɪzərɪ] *adj.* **1** de supervisão; **2** fiscalizador; relativo a inspecção ou fiscalização
superwoman [ˈsuːpəˌwʊmən] *s.f.* ⟨*pl.* **-men**⟩ super-mulher
supinate [ˈsuːpɪneɪt] *v.tr.* pôr em supinação; virar a palma da mão para cima
supination [ˌsuːpɪˈneɪʃən] *s.* supinação, posição da mão com a palma voltada para cima
supinator [ˈsuːpɪneɪtə] Ⓐ *adj.* ANATOMIA supinador (de acção oposta à do músculo pronador) Ⓑ *s.* músculo supinador
supine [ˈsuːpaɪn] Ⓐ *adj.* **1** em supinação; **2** deitado com a face para cima; **3** [*depr.*] indolente, mole, sem energia, indiferente, inerte, inactivo Ⓑ *s.* (gramática latina) supino; *in the ~* no supino ❖ *~ position* decúbito dorsal
supinely [ˈsuːpaɪnlɪ] *adv.* **1** deitado de costas; **2** deitado com a face para cima; **3** indolentemente, inertemente, inactivamente
supiness [ˈsuːpaɪnnɪs] *s.* **1** indolência; **2** inércia; **3** inacção
suplanter [səˈplɑːntə] *s.* suplantador
supp. Ⓐ [*abrev. de* supplement] Ⓑ [*abrev. de* supplementary]
supper [ˈsʌpə] *s.* **1** jantar; **2** ceia; *to have ~* cear ❖ *~ dance* baile seguido de ceia; RELIGIÃO *the Last Supper* a Última Ceia (de Cristo); RELIGIÃO *the Lord's Supper* a comunhão; a eucaristia
supperless [ˈsʌpələs] *adj.* **1** sem ceia; **2** que não ceou
suppertime [ˈsʌpətaɪm] *s.* **1** hora do jantar; *at ~* à hora do jantar; **2** hora da ceia
supplant [səˈplɑːnt] *v.tr.* **1** suplantar; **2** substituir, tomar o lugar de
supplantation [ˌsʌplɑːnˈteɪʃən] *s.* suplantação
supplanting [səˈplɑːntɪŋ] *s.* suplantação
supple [ˈsʌpəl] Ⓐ *adj.* **1** flexível, elástico, maleável, dúctil; **2** influenciável; **3** acomodatício; **4** complacente, condescendente; **5** servil, subserviente Ⓑ *v.tr.* **1** tornar flexível, tornar elástico; **2** dar elasticidade a; **3** dar agilidade a ❖ *to ~ a horse* ensinar um cavalo a obedecer ao menor toque de rédea
supplely [ˈsʌplɪ] *adv.* ⇒ **supply**²
supplement¹ [ˈsʌplɪmənt] *s.* **1** suplemento; *literary ~* suplemento literário; *~ of an angle* suplemento de um ângulo; **2** aditamento, apêndice, anexo
supplement² [ˈsʌplɪment, ˌsʌplɪˈment] *v.tr.* **1** acrescentar um suplemento a; **2** suprir; complementar; completar; *to ~ one's income by...* completar os rendimentos com...; **3** fazer um acrescento a
supplemental [ˌsʌplɪˈmentəl] *adj.* suplementar; *this angle is ~ to that one* este ângulo é suplementar daquele ❖ *~ air* ar residual dos pulmões
supplementarily [ˌsʌplɪˈmentərɪlɪ] *adv.* **1** suplementarmente; **2** complementarmente

supplementary [sʌplɪ'mentərɪ] *adj.* 1 suplementar; ~ *angles* ângulos suplementares; 2 adicional; 3 complementar ❖ [GB] ~ *benefit* subsídio suplementar concedido às famílias mais pobres; DIREITO ~ *scheme* regime complementar; ~ *to* adicionalmente a

suppleness ['sʌplnɪs] *s.* 1 elasticidade, flexibilidade; 2 maleabilidade; 3 complacência, condescendência; 4 servilismo, subserviência

suppletive [sə'pliːtɪv] *adj.* LINGUÍSTICA supletivo

suppletory ['sʌplɪtərɪ] *adj.* 1 LINGUÍSTICA supletivo; 2 supletório

suppliant ['sʌplɪənt] Ⓐ *adj.* 1 suplicante; relativo a súplica; 2 imploratório; *a ~ attitude* uma atitude imploratória Ⓑ *s.* suplicante; pessoa que apresenta uma súplica

suppliantly ['sʌplɪəntlɪ] *adv.* 1 suplicantemente; 2 implorativamente

supplicant ['sʌplɪkənt] *s.* suplicante

supplicate ['sʌplɪkeɪt] *v.tr.,intr.* suplicar; implorar; rogar humilde e insistentemente; *to ~ for sth* suplicar algo

supplicating ['sʌplɪkeɪtɪŋ] *adj.* suplicante, implorativo

supplicatingly ['sʌplɪkeɪtɪŋlɪ] *adv.* 1 suplicantemente; 2 implorativamente

supplication [sʌplɪ'keɪʃən] *s.* 1 súplica; 2 suplicação

supplicatory ['sʌplɪkətərɪ, 'sʌplɪkeɪtərɪ] *adj.* suplicatório

supplier [sə'plaɪə] *s.* COMÉRCIO fornecedor [**of**, de]

suppling ['sʌplɪŋ] Ⓐ *adj.* que torna flexível, elástico Ⓑ *s.* flexibilização

supply¹ [sə'plaɪ] Ⓐ *s.* (*pl.* **-ies**) 1 fornecimento; abastecimento; *ammunition ~* fornecimento de munições; *electric ~ service* fornecimento de electricidade; *fresh ~* novo fornecimento, reforço; *power ~* fornecimento de força motriz; *to cut off the enemy's supplies* cortar os abastecimentos ao inimigo; *to lay in a ~ of/to take in a ~ of* fazer um fornecimento de; 2 distribuição; *~ of electrical energy* distribuição de energia eléctrica; 3 COMÉRCIO oferta; *~ and demand* a oferta e a procura; *in short ~* com pouca oferta; 4 suprimento; 5 provisão; mantimento; *supplies for the army* provisões para o exército; 6 total de mercadorias existentes a um dado preço; 7 reserva; stock; *that shop has a large ~ of shirts* aquele estabelecimento tem um grande stock de camisas; 8 substituto; *to arrange for a ~* arranjar um substituto; 9 professor que temporariamente substitui outro; 10 *pl.* material; acessórios; *electrical supplies* acessórios eléctricos; *office supplies* material de escritório; 11 *pl.* víveres; *food supplies* víveres; 12 *pl.* pensão; mesada; *his father got angry and cut off his supplies* o pai zangou-se e cortou-lhe a mesada; 13 *pl.* verba concedida pelo parlamento ao governo Ⓑ *v.tr.* 1 fornecer; *to ~ sb with sth* fornecer algo a alguém; *to ~ proof* fornecer provas; 2 prover; 3 abastecer; *to ~ a town* abastecer uma cidade; 4 proporcionar, produzir; 5 suprir; 6 completar; 7 corrigir; remediar (deficiência); *to ~ a defect* corrigir uma deficiência, corrigir um defeito; 8 servir como substituto, substituir temporariamente; *to ~ sb's place* substituir alguém interinamente ❖ *~ chain* cadeia de abastecimento; *~ meter* contador de electricidade; *~ ship* navio de abastecimento; [GB] *~ teacher* professor substituto; *~ terminal* borne de alimentação; *~ valve* válvula de admissão; válvula de distribuição; *~ of air* admissão de ar; POLÍTICA *bill of ~* projecto de crédito suplementar; *committee of ~* comissão parlamentar do orçamento; *to hold a post on ~* ocupar um cargo interinamente; *to vote supplies* votar créditos

supply² ['sʌplɪ] *adv.* 1 com elasticidade; 2 com flexibilidade

supplying [sə'plaɪɪŋ] *s.* 1 fornecimento, abastecimento; 2 acto de remediar (deficiência); 3 substituição interina

support [sə'pɔːt] Ⓐ *s.* 1 apoio; *moral ~* apoio moral; *to obtain no ~* não conseguir apoio; 2 defesa; *to speak in ~ of* falar em defesa de; *in ~ of* a favor de; 3 ajuda, amparo, auxílio, acompanhamento; 4 sustento; *he was the chief ~ of his family* ele era a principal fonte de sustento da família; 5 manutenção; 6 esteio, suporte, sustentáculo; *the bridge needs more ~* a ponte precisa de mais suportes; 7 patrocínio; 8 DESPORTO adeptos; claque; 9 MILITAR tropa de reserva; *in ~* em reserva Ⓑ *adj.* 1 de suporte; *~ bar* barra de suporte; *~ dowel* encaixe de suporte; *~ shim* calço de suporte; 2 de apoio; *~ group* grupo de apoio; 3 de resistência; *~ trench* trincheira de resistência Ⓒ *v.tr.* 1 sustentar; *to ~ a family* sustentar uma família; 2 suportar, aguentar, suster; *the bridge was not strong enough to ~ such trains* a ponte não era suficientemente forte para aguentar com comboios desses; 3 apoiar; *to ~ a political party* apoiar um partido político; POLÍTICA *to ~ the motion* apoiar a moção; 4 amparar; segurar; *he supported her by the arm/he supported her with his arm* ele segurou-a pelo braço; 5 ajudar, auxiliar; 6 custear, prover às despesas de; 7 patrocinar, favorecer, secundar; 8 tolerar, aturar; *I cannot ~ his impudence* não posso tolerar o seu descaramento; 9 vir em apoio de, provar, demonstrar, confirmar, corroborar; 10 DESPORTO (equipa) ser adepto de; *which team do you support?* de que equipa és?; 11 TEATRO (papel) interpretar, representar ❖ (concerto) *~ act* primeira parte; grupo/cantor(a) que actua na primeira parte; *~ stockings* meias elásticas; *to be without means of ~* estar sem meios; *to ~ oneself* ganhar a vida

supportable [sə'pɔːtəbəl] *adj.* 1 que pode manter-se; 2 sustentável; 3 suportável, tolerável

supportably [sə'pɔːtəblɪ] *adv.* toleravelmente, suportavelmente

supporter [sə'pɔːtə] *s.* 1 apoiante, partidário, defensor, aderente; 2 simpatizante; 3 DESPORTO adepto, torcedor_Bras._; 4 suporte, esteio; 5 sustentáculo, apoio; 6 amparo; 7 HERÁLDICA suporte

supporting [sə'pɔːtɪŋ] Ⓐ *adj.* 1 que apoia; 2 que serve de suporte; de sustentação; *~ base* base de sustentação; *~ beam* viga de sustentação; *~ frame* caixilho de suporte; *~ pillar* coluna de suporte; *~ spring* mola de sustentação; 3 comprobante; que corrobora; 4 CINEMA, TEATRO secundário; *~ film* filme secundário em programa duplo; *~ role* papel secundário Ⓑ *s.* 1 apoio; 2 esteio

supportive [sə'pɔːtɪv] *adj.* 1 compreensivo; solidário; 2 que dá apoio; *to be ~* apoiar, dar apoio ❖ *a ~ environment* um ambiente propício; um bom ambiente

supposable [sə'pəʊzəbəl] *adj.* 1 que pode supor-se; 2 concebível; 3 imaginável

supposal [sə'pəʊzəl] *s.* suposição

suppose [sə'pəʊz] *v.tr.* 1 supor; *let us ~ that...* suponhamos que...; 2 imaginar; admitir por hipótese; conjecturar; *~ yourself in my place* ponha-se no meu lugar, imagine-se no meu lugar; 3 (opinião) achar, julgar, crer, pensar; *I don't ~ he will go to England* não me parece que ele vá à Inglaterra; *I ~ so* acho que sim, creio que sim; *what do you ~ happened next?* que julga que aconteceu a seguir?; *will he write the letter? no, I ~ not* ele escreverá a carta? não, julgo que não; 4 presumir; 5 implicar; pressupor ❖ GEOMETRIA *~ ABC an equilateral triangle* seja ABC um triângulo equilátero; (sugestão) *we go for a walk* e se fôssemos dar um passeio?; *it's supposed to be a good film* dizem que é um bom filme; *it was supposed to...* esperar-se-ia que...; *she is supposed to be rich* dizem que ela é rica; *what am I supposed to do?* que devo fazer?; que esperam que faça?; *what's that supposed to be?* que queres dizer com isso?; *you're supposed to be studying!* devias estar a estudar!

supposed [sə'pəʊzd] *adj.* 1 pretenso; suposto; *his ~ sister* a pretensa irmã dele; 2 presumível; *the ~ culprit* o presumível culpado

supposedly [sə'pəʊzɪdlɪ] *adv.* por hipótese, supostamente, por suposição

supposing [sə'pəʊzɪŋ] *conj.* se; no caso de; dada a hipótese de; *~ he does not come?* e se ele não vier?

supposition [sʌpə'zɪʃən] *s.* 1 suposição; *that is based on supposition, not on facts* isso é baseado numa suposição, não em factos; *to make a ~* supor; *unfounded ~* suposição infundada; 2 conjectura, hipótese; 3 opinião ❖ *on the ~ that he will come* supondo que ele vem

suppositional [sʌpə'zɪʃənəl] *adj.* 1 hipotético, 2 suposto

suppositionally [sʌpə'zɪʃnəlɪ] *adv.* 1 hipoteticamente; 2 por suposição

supposititious [səpɒzɪ'tɪʃəs] *adj.* 1 suposto, falso, espúrio; *~ name* nome suposto, nome falso; 2 fingido; 3 hipotético

supposititiously [səpɒzɪ'tɪʃəslɪ] *adv.* 1 supostamente; 2 por suposição

suppositive [sʌ'pɒzɪtɪv] *adj.* supositivo

suppository [səˈpɒzɪtərɪ, səˈpɒzɪtɔːrɪ] s. (pl. -ies) FARMÁCIA supositório

suppress [səˈpres] v.tr. 1 suprimir; 2 reprimir; *to ~ a yawn* reprimir um bocejo; 3 subjugar, sufocar, esmagar; 4 esconder, ocultar; 5 conter, refrear; 6 (hemorragia) estancar; 7 PSICOLOGIA recalcar; 8 impedir a publicação de; *to ~ a publication* proibir uma publicação

suppressant [səˈpresənt] s. 1 supressor; 2 FARMÁCIA inibidor; *appetite ~* inibidor do apetite

suppressed [səˈprest] adj. 1 suprimido; 2 reprimido, contido; *~ yawn* bocejo reprimido; 3 refreado; 4 abafado; *~ voice* voz abafada

suppressible [səˈpresəbəl] adj. 1 que pode suprimir-se; 2 reprimível

suppressing [səˈpresɪŋ] s. 1 supressão; 2 repressão; 3 ocultação

suppression [səˈpreʃən] s. 1 repressão; 2 proibição, abolição; 3 supressão; 4 refreamento; 5 ocultação, dissimulação; 6 PSICOLOGIA recalcamento

suppressio veri [sʌˌpresɪəʊˈvɪərɑɪ] s. 1 DIREITO ocultação da verdade; 2 dissimulação

suppressive [səˈpresɪv] adj. repressivo; *~ measures* medidas repressivas

suppressor [səˈpresə] s. aquele que suprime ou reprime (revolta, perturbação, etc.)

suppurate [ˈsʌpjʊreɪt] v.intr. supurar

suppurating [ˈsʌpjʊreɪtɪŋ] adj. que supura

suppuration [ˌsʌpjʊˈreɪʃən] adj. supuração

suppurative [ˈsʌpjʊrətɪv] adj.,s. MEDICINA supurativo

supra-axillary [ˌsuːprəækˈsɪlərɪ] adj. BOTÂNICA supra-axilar

supraclavicular [ˌsuːprəkləˈvɪkjʊlə] adj. ANATOMIA supraclavicular

supracostal [ˌsuːprəˈkɒstəl] adj. ANATOMIA intercostal

suprahepatic [ˌsuːprəhɪˈpætɪk] adj. ANATOMIA supra-hepático

supraliminal [ˌsuːprəˈlɪmɪnəl] adj. PSICOLOGIA supraliminal

supramaxilary [ˌsuːprəmækˈsɪlərɪ] adj. ANATOMIA supramaxilar

supramundane [ˌsuːprəˈmʌndeɪn] adj. FILOSOFIA supramundano

supranaturalism [ˌsuːprəˈnætʃrəlɪzəm] s. supranaturalismo

supraorbital [ˌsuːprəˈɔːbɪtəl] adj. ANATOMIA supra-orbital

suprarenal [ˌsuːprəˈriːnəl] adj. ANATOMIA supra-renal

suprasensible [ˌsuːprəˈsensɪbəl] adj. FILOSOFIA supra-sensível

supremacy [suˈpreməsɪ] s. (pl. -ies) 1 supremacia; 2 predomínio; 3 hegemonia ❖ HISTÓRIA *the Act of Supremacy* o Acto de Supremacia de 1543

suprematism [suːˈpremətɪzm] s. ARTES PLÁSTICAS suprematismo

suprematist [suːˈpremətɪst] s. ARTES PLÁSTICAS suprematista

supreme [suːˈpriːm] Ⓐ adj. 1 supremo; *~ courage* coragem suprema; 2 sumo; 3 superior; 4 maior possível, extremo, máximo em importância; *she holds him in ~ contempt* ela tem por ele um desprezo total Ⓑ s. *the Supreme* o Supremo, Deus ❖ MILITAR *~ commander* comandante supremo; *the Supreme Being* o Ser Supremo; Deus; [EUA] DIREITO *the Supreme Court* o Supremo Tribunal; FILOSOFIA *the Supreme Good* o Supremo Bem; *the ~ hour* a hora derradeira; a morte; *the Supreme Pontiff* o Sumo Pontífice; o Papa; *to reign ~* reinar soberanamente

supt [abrev. de superintendent]

sura [ˈsʊərə] s. capítulo do Corão

surah¹ [ˈsʊərə] s. ⇒ **sura**

surah² [ˈsjʊərə] s. (tecido de seda cruzada) surá

sural [ˈsjʊərəl] adj. sural

surbase¹ [ˈsɜːbeɪs] s. ARQUITECTURA cornija de topo de pedestal

surbase² [səˈbeɪs] v.tr. ARQUITECTURA abater (arco)

surbased [səˈbeɪst] adj. ARQUITECTURA abatido; *~ arch* arco abatido; *~ vault* abóbada abatida

surbasement [səˈbeɪsmənt] s. abatimento (de arco)

surcease [sɜːˈsiːs] Ⓐ [arc.] cessação, termo, fim Ⓑ v.tr. cessar

surcharge¹ [ˈsɜːtʃɑːdʒ] s. 1 sobrecarga; 2 carga excessiva; 3 sobretaxa, taxa suplementar; 4 preço excessivo

surcharge² [sɜːˈtʃɑːdʒ] v.tr. 1 sobrecarregar; 2 submeter a carga excessiva; 3 levar preço excessivo, exigir pagamento extra; 4 onerar; 5 (correios) pôr sobrecarga

surcingle [ˈsɜːsɪŋgl] Ⓐ s. sobrecilha Ⓑ v.tr. pôr sobrecilha a (cavalo)

surcoat [ˈsɜːkəʊt] s. 1 HISTÓRIA espécie de manto ou capa usada por cima da armadura; 2 casaco solto de mulher (sécs. XV-XVI)

surd [sɜːd] Ⓐ adj. 1 (som) surdo; 2 MATEMÁTICA irracional; *~ number* número irracional; *~ root* raiz irracional Ⓑ s. 1 LINGUÍSTICA consoante surda; 2 MATEMÁTICA número irracional

surdity [ˈsɜːdɪtɪ] s. surdez

surdomutism [ˌsɜːdəʊˈmjuːtɪzəm] s. surdimutismo, surdo-mudez

sure [ʃʊə, ʃɔː] Ⓐ adj. 1 certo, seguro; *~ proof* prova segura; *to put in a ~ place* pôr em lugar seguro; *to send sth by a ~ hand* mandar uma coisa por portador seguro; 2 que tem a certeza; *I'm not ~ of that* não tenho a certeza; *to be ~* ter a certeza; *to feel ~ about sth* ter a certeza acerca de alguma coisa; 3 convencido, confiante, convicto; *to be ~ of oneself* ter confiança em si mesmo; 4 sem qualquer dúvida; indubitável; 5 garantido; de confiança, infalível; 6 firme, sólido Ⓑ adv. 1 [coloq.] claro, sem dúvida; 2 [arc.] evidentemente, certamente, seguramente ❖ *~ enough* de facto; [coloq.] *~ thing* certeza; coisa certa; [EUA] [coloq.] *~ thing!* claro!; *as ~ as a gun* sem a menor dúvida; *as ~ as death/fate/mud* sem sombra de dúvidas; *as ~ as eggs is eggs* tão certo como dois e dois serem quatro; *as ~ as I make arrangements, he says he can't come* sempre que organizo as coisas, ele diz que não pode vir; *be ~ to* não deixe de; *don't be too sure!* ninguém diga desta água não beberei!; *she is ~ to come* ela vem de certeza; *to be sure!* certamente; sem dúvida; evidentemente; naturalmente; *to be ~ of one's income* ter o rendimento assegurado; *to make ~* verificar; tirar dúvidas; assegurar-se; *tomorrow for ~* amanhã de certeza; (surpresa) *well, I'm sure!* essa agora!

surely [ˈʃʊəlɪ, ˈʃɔːlɪ] adv. 1 de facto; 2 sem dúvida; 3 verdadeiramente; 4 seguramente; *he works slowly but ~* ele trabalha devagar, mas com segurança; 5 certamente; com toda a certeza; *~ you don't think this is true* por certo não julga que isto seja verdade ❖ *surely!* com todo o prazer!; *there is ~ some mistake* deve haver algum erro

sureness [ˈʃʊənəs, ˈʃɔːnəs] s. 1 certeza; 2 segurança, firmeza

surety [ˈʃʊərɪtɪ, ˈʃɔːrətɪ] s. (pl. -ies) 1 garantia; caução; penhor; 2 DIREITO fiador; *to stand ~ for sb* ficar como fiador de alguém; 3 [arc.] certeza; *of a ~* certamente

suretyship [ˈʃʊrɪtɪʃɪp] s. 1 DIREITO fiança; 2 caução

surf [sɜːf] Ⓐ s. (ondas) ressaca; rebentação; espuma Ⓑ v.intr. DESPORTO praticar surf Ⓒ v.tr. [coloq.] (Internet) navegar em; *to ~ the Net* navegar na Internet ❖ ZOOLOGIA (ave) *~ duck* pato negro; cerceta

surface [ˈsɜːfɪs] Ⓐ s. 1 superfície; *bearing ~* superfície de apoio; *curved ~* superfície curva; 2 área; 3 face; lado; *a cube has six surfaces* um cubo tem seis faces; 4 plano; 5 aspecto exterior, aparência Ⓑ adj. 1 superficial; *~ combustion* combustão superficial; *~ discharge* descarga superficial; *~ evaporation* evaporação superficial; *~ impressions* impressões superficiais; *~ politeness* delicadeza superficial; *~ resistance* resistência superficial; *~ water* águas superficiais; 2 de superfície; *~ condensation* condensação de superfície; *~ condenser* condensador de superfície; *~ craft* navio de superfície Ⓒ v.tr.,intr. 1 emergir; 2 vir à superfície; 3 revelar-se; 4 reaparecer; 5 polir; envernizar; aplainar; dar um acabamento especial à superfície de ❖ *~ concrete* camada de cimento; *~ drain* vala a céu aberto; FÍSICA *~ friction* atrito à superfície; *~ mail* correio por terra; correio por mar; (tábua) *~ planing* desbaste; *~ soil* terra vegetal; (submarino) *~ speed* velocidade de navegação à superfície; LINGUÍSTICA *~ structure* estrutura de superfície; *~ temperature* temperatura à superfície; FÍSICA *~ tension* tensão superficial; GEOMETRIA *~ of revolution* superfície de revolução; *it lies on the ~* é evidente; *one never gets below the ~ with him* nunca se chega a perceber bem o que ele pensa no fundo; *on the ~* exteriormente; superficialmente; *patriotism all on the ~* patriotismo de fachada; *that country presents a very rugged ~* esse país tem um relevo muito acidentado; (submarino) *to come to the ~* vir à tona; *to go below the ~* ir ao fundo das coisas; (submarino) *to proceed on the ~* navegar à tona; *under the ~* interiormente

surface-active [ˈsɜːfɪsæktɪv] adj. QUÍMICA tensioactivo

surfaceman [ˈsɜːfɪsmən] s. (pl. -men) 1 mineiro que trabalha à superfície; 2 (caminhos-de-ferro) operário encarregado da conservação da linha

surfacer ['sɜːfɪsə] s. 1 máquina de polir; 2 máquina de desbastar
surfacing ['sɜːfɪsɪŋ] s. 1 polimento; 2 (tábua) desbaste; 3 acto de facejar ou facear ❖ ~ *lather* torno plano
surfactant [sɜːˈfæktənt] s. QUÍMICA tensioactivo
surfboard ['sɜːfbɔːd] s. DESPORTO prancha de surf
surfboat ['sɜːfbəʊt] s. NÁUTICA barco especial para aguentar a rebentação do mar
surfeit ['sɜːfɪt] Ⓐ s. 1 superabundância; excesso; 2 enfartamento; sensação de peso ou mal-estar devido a excesso de comida ou bebida; 3 indigestão; *to die of a ~ of* morrer com uma indigestão de; 4 saciedade; *to eat sth to a ~* comer uma coisa até fartar Ⓑ v.tr.,intr. 1 encher-se de; 2 empanturrar; *to ~ a child with* empanturrar uma criança de; 3 [coloq.] empanturrar-se, apanhar um fartote; *to ~ oneself with* apanhar um fartote de
surfeiter ['sɜːfɪtə] s. glutão, comilão
surfer ['sɜːfə] s. DESPORTO surfista
surfing ['sɜːfɪŋ] s. DESPORTO surf
surf-ride ['sɜːfraɪd] v.intr. praticar surf, surfar
surf-rider ['sɜːf,raɪdə] s. DESPORTO surfista, praticante de surf
surf-riding ['sɜːf,raɪdɪŋ] s. DESPORTO surf
surfy ['sɜːfɪ] adj. com ressaca, com rebentação do mar
surg. Ⓐ [abrev. de surgeon] Ⓑ [abrev. de surgery] Ⓒ [abrev. de surgical]
surge [sɜːdʒ] Ⓐ s. 1 onda(s); vaga(s); *the ~ of the sea* a ondulação do mar; 2 [fig.] (tendência) onda; *a ~ of pity* uma onda de piedade; 3 (pessoas) afluência; 4 ELECTRICIDADE aumento súbito de tensão, sobretensão; *~ of current* aumento súbito de tensão; 5 FÍSICA coincidência de vibrações ou oscilações; 6 NÁUTICA chicotada ou salto de cordame Ⓑ v.intr. 1 agitar-se; encapelar-se; 2 ondular; 3 aumentar de súbito; 4 afluir [to, a]; 5 NÁUTICA (cabo) fugir com uma chicotada; 6 (roda) patinar, girar sem se agarrar à estrada ❖ ELECTRICIDADE *~ arrester* descarregador de sobretensões; *~ tank* pulsador; coluna de oscilações hidráulicas
◆**surge forward** v.intr. lançar-se para a frente
◆**surge up** v.intr. apoderar-se; *anger surged up in him* sentiu a fúria a apoderar-se dele
surgeon ['sɜːdʒən] s. 1 MEDICINA cirurgião; 2 médico militar; médico naval ❖ *~ dentist* cirurgião-dentista; MILITAR *~ general* general médico; MILITAR *~ major* major médico
surgeonfish ['sɜːdʒənfɪʃ] s. ZOOLOGIA (peixe) barbeiro
surgeonship ['sɜːdʒənʃɪp] s. cargo ou funções de cirurgião
surgery ['sɜːdʒərɪ] s. (pl. -ies) 1 MEDICINA cirurgia; 2 operação; *to have/to undergo ~* ser operado; 3 [EUA, Can.] consultório médico; 4 consultório médico; 5 MEDICINA horário de consultas; 6 (advogado, político) horário de atendimento; *when is his surgery?* qual é o horário de atendimento dele? ❖ MEDICINA *~ hours* horário de consulta; *plastic ~* cirurgia plástica
Surg. Gen. [abrev. de Surgeon General]
surgical ['sɜːdʒɪkəl] adj. cirúrgico; *~ case* caso cirúrgico; *~ instruments* instrumentos cirúrgicos; [fig.] *with ~ precision* com precisão cirúrgica ❖ *~ boots* botas ortopédicas; *~ cotton* algodão hidrófilo; *~ dressing* curativo; penso; *~ knife* bisturi; *~ shock* choque operatório; *~ spirit* álcool a 90 graus; MILITAR *~ strike* ofensiva cirúrgica
surgically ['sɜːdʒɪklɪ] adv. cirurgicamente
surging ['sɜːdʒɪŋ] Ⓐ adj. que faz ondas; ondulante; *a ~ mass of people* uma multidão ondulante, uma vaga de gente Ⓑ s. ⇒ surge Ⓐ
Surg. Maj. [abrev. de Surgeon Major]
suricata [sjʊrɪˈkeɪtə] s.pl. ZOOLOGIA suricatas
suricate [ˈsjʊrɪkeɪt] s. ZOOLOGIA suricata
Surinam [suərɪˈnæm] s.top. Suriname
Surinamese [suərɪnəˈmiːz] Ⓐ adj. do Suriname Ⓑ s. habitante ou natural do Suriname
surlily ['sɜːlɪlɪ] adv. 1 grosseiramente; 2 carrancudamente; 3 mal-humoradamente
surliness ['sɜːlɪnɪs] s. 1 grosseria; 2 mau humor; 3 rispidez; 4 mau génio; 5 enfado; 6 aspecto ou feitio carrancudo
surly ['sɜːlɪ] adj. (comp. -ier, superl. -iest) 1 mal-humorado; 2 carrancudo; 3 ríspido; 4 enfadado; 5 grosseiro; 6 intratável ❖ *~ disposition* mau génio
surmise [səˈmaɪz, ˈsɜːmaɪz] Ⓐ s. 1 suposição, conjectura, presunção; 2 desconfiança, suspeição Ⓑ v.tr.,intr. 1 supor, conjecturar; 2 presumir; *I surmised as much* bem me parecia; 3 desconfiar; 4 tentar adivinhar; 5 inferir
surmount [səˈmaʊnt] v.tr. 1 encimar; coroar; *the mountain was surmounted with snow* a montanha estava coroada de neve; 2 dominar, vencer, superar; *to ~ a difficulty* vencer uma dificuldade; 3 transpor
surmountable [səˈmaʊntəbəl] adj. 1 transponível; 2 dominável
surmounted [səˈmaʊntɪd] adj. 1 encimado; 2 coroado; 3 dominado ❖ ARQUITECTURA *~ arch* arco subido; ARQUITECTURA *~ vault* abóbada pontiaguda
surmounter [səˈmaʊntə] s. aquele que domina; *he is a ~ of all difficulties* ele é capaz de dominar todas as dificuldades
surmullet [səˈmʌlɪt] s. ZOOLOGIA salmonete, salmonejo
surname ['sɜːneɪm] Ⓐ s. apelido, nome de família, sobrenome Ⓑ v.tr. 1 cognominar; 2 apelidar; 3 dar nome de família
surpass [səˈpɑːs] v.tr. 1 ultrapassar; superar; ser melhor que; *that surpasses all my expectations* isso ultrapassa todas as minhas expectativas; *to ~ sb in intelligence* ser mais inteligente do que alguém; 2 exceder; 3 ir além de ❖ *that is not to be surpassed* isso é insuperável
surpassable [səˈpɑːsəbəl] adj. 1 ultrapassável; 2 excedível; 3 que pode superar-se
surpassing [səˈpɑːsɪŋ] Ⓐ adj. 1 incomparável, inigualável; 2 transcendente, eminente; 3 extremo, extraordinário; 4 insuperável Ⓑ adv. incomparavelmente; inigualavelmente; *she is ~ fair* ela é de uma beleza sem igual
surpassingly [səˈpɑːsɪŋlɪ] adv. incomparavelmente, insuperavelmente
surplice ['sɜːpləs, 'sɜːplɪs] s. sobrepeliz ❖ *~ fee* pé-de-altar
surpliced ['sɜːplɪst] adj. com sobrepeliz
surplus ['sɜːpləs] Ⓐ s. (pl. -es) 1 excedente; 2 excesso; *to have a ~ of* ter excesso de; 3 ECONOMIA *superavit*, saldo positivo Ⓑ adj. 1 em excesso; excessivo; 2 excedentário ❖ *~ dividend* dividendo extra; *~ population* excedente de população; ECONOMIA (marxismo) *~ value* mais-valia; *it is ~ to our requirements* excede as nossas necessidades; COMÉRCIO *sale of ~ stock* venda de saldos
surplusage ['sɜːpləsɪdʒ] s. 1 excesso; 2 superabundância; 3 DIREITO redundância, matéria irrelevante
surprise [səˈpraɪz] Ⓐ s. 1 surpresa; *I have a ~ for you* tenho uma surpresa para ti; *to cause great ~* causar grande surpresa; *to give a ~* fazer uma surpresa; *to give sb the ~ of his life* fazer uma grande surpresa a alguém; *to take sb by ~* apanhar alguém de surpresa; *to take the enemy by ~* atacar o inimigo de surpresa, apanhar o inimigo de surpresa; *to the ~ of everybody* para grande surpresa de todos; 2 espanto; admiração; *much to my ~/ to my great ~* para meu grande espanto; *struck with ~* cheio de espanto; 3 coisa inesperada; coisa com que não se conta Ⓑ adj. 1 inesperado; 2 (de) surpresa; *~ attack* ataque surpresa Ⓒ v.tr. 1 surpreender; espantar; 2 apanhar de surpresa; *to ~ in the act* apanhar em flagrante, surpreender em flagrante; 3 descobrir; desvendar; *to ~ a secret* descobrir um segredo ❖ *to ~ sb into doing sth* persuadir alguém, pela surpresa, a fazer determinada coisa
surprised [səˈpraɪzd] adj. 1 admirado; *I am ~ at you!* estou admirado contigo!; 2 surpreendido; 3 (olhar, expressão) de surpresa; de admiração ❖ *I'm ~ to see you here!* que surpresa ver-te aqui!; *I shouldn't be ~ if it rained* não me admiraria nada que chovesse; *I wouldn't be ~ if...* não me admirava nada que...
surprisedly [səˈpraɪzɪdlɪ] adv. com um ar de admiração
surprising [səˈpraɪzɪŋ] adj. 1 surpreendente; 2 espantoso, assombroso; 3 admirável; 4 imprevisto
surprisingly [səˈpraɪzɪŋlɪ] adv. 1 surpreendentemente; 2 espantosamente; 3 de modo a causar admiração
surreal [səˈrɪəl] adj. surreal, surrealista
surrealism [səˈrɪəlɪzəm] s. ARTES PLÁSTICAS, LITERATURA surrealismo
surrealist [səˈrɪəlɪst] adj.,s. ARTES PLÁSTICAS, LITERATURA surrealista
surrealistic [sərɪəˈlɪstɪk] adj. surrealista
surrealistically [sərɪəˈlɪstɪklɪ] adv. surrealisticamente
surrebut [sʌrɪˈbʌt] v.intr. (particípios: -tt-) DIREITO [arc.] (autor) responder à segunda tréplica do réu
surrebutter [sʌrɪˈbʌtə] s. DIREITO [arc.] resposta do autor à segunda tréplica do réu

surrejoin [ˌsʌrɪdˈʒɔɪn] v.intr. DIREITO (autor) responder à tréplica do réu

surrejoinder [ˌsʌrɪˈdʒɔɪndə] s. DIREITO resposta do autor à tréplica do réu

surrenal [sʌˈriːnəl] adj. supra-renal

surrender [səˈrendə] Ⓐ s. 1 rendição, capitulação; 2 renúncia; 3 entrega; 4 DIREITO (direito de propriedade) restituição; 5 (apólice de seguros) resgate Ⓑ v.tr.,intr. 1 render-se; 2 entregar; *to ~ a fortress to the enemy* entregar uma fortaleza ao inimigo; 3 cessar a resistência; 4 capitular; 5 renunciar; 6 desistir da posse de; 7 (seguros) resgatar; *to ~ an insurance policy* resgatar uma apólice de seguro; 8 entregar-se a; abandonar-se a; *to ~ (oneself) to* render-se a, entregar-se a, abandonar-se a; *to ~ (oneself) to justice* entregar-se à justiça; *to ~ (oneself) to sleep* entregar-se ao sono ❖ DIREITO *compulsory ~* expropriação; [coloq.] *to make a ~ of principles* abdicar dos princípios; *to ~ one's office* apresentar a demissão; demitir-se; (pessoa em liberdade sob fiança) *to ~ to one's bail* comparecer a julgamento

surreptitious [ˌsʌrəpˈtɪʃəs] adj. 1 sub-reptício; 2 clandestino; 3 furtivo; 4 ilícito, secreto

surreptitiously [ˌsʌrəpˈtɪʃəslɪ] adv. 1 sub-repticiamente; 2 clandestinamente; 3 furtivamente; 4 secretamente, ilicitamente

surrey [ˈsʌrɪ] s. [EUA] carro de cavalos de quatro rodas e quatro lugares

surrogacy [ˈsʌrəgəsɪ] s. maternidade de aluguer

surrogate [ˈsʌrəgɪt, ˈsʌrəgeɪt] s. 1 suplente, substituto, delegado; 2 delegado de bispo ou do seu chanceler; 3 [EUA] juiz com a função de homologar testamentos; 4 sucedâneo [**for/of**, de] ❖ *~ mother* mãe de aluguer; barriga de aluguer

surround [səˈraʊnd] Ⓐ s. 1 (sala) rodapé; 2 parte circunjacente, limite; 3 vedação; *wirenetting ~ of a tennis court* vedação em rede de um campo de ténis Ⓑ v.tr. 1 rodear [**with**, de]; circundar [**with**, com]; 2 cercar (criminosos, inimigo, etc.) ❖ *~ sound* som estereofónico; *surrounded by/with* cercado de; rodeado de

surrounder [səˈraʊndə] s. aquele que toma parte num cerco; *the town and its surrounders* a cidade e aqueles que a cercavam

surrounding [səˈraʊndɪŋ] adj. circundante, circunjacente

surroundings [səˈraʊndɪŋz] s.pl. 1 ambiente, meio; 2 arredores, cercanias

surtax [ˈsɜːtæks] Ⓐ s. (pl. **-es**) 1 sobretaxa; 2 taxa gradual sobre rendimentos que excedam determinado quantitativo Ⓑ v.tr. aplicar sobretaxa

surtitle [ˈsɜːtaɪtl] s. (ecrã acima do palco) legenda

surtout [ˈsɜːtuː, sɜːˈtuː] s. [rar.] sobretudo

surveillance [sɜːˈveɪləns] s. 1 vigilância; *to be under ~* estar sob vigilância; 2 fiscalização

survey[1] [ˈsɜːveɪ, sɜːˈveɪ] s. 1 exame, inspecção, vistoria; *to make a ~ of* examinar, estudar; 2 visita; 3 (agrimensura) exame topográfico, levantamento topográfico; *to effect/make a ~* fazer um levantamento topográfico; 4 planta, mapa; 5 vista geral; 6 levantamento; *aerial ~* levantamento aéreo; *trigonometrical ~* levantamento trigonométrico; 7 descrição, sumário, esboço; *general ~ of* exposição sumária de; 8 inquérito; sondagem de opinião; *to carry out a ~* fazer um inquérito, levar a cabo uma sondagem ❖ [EUA] (universidade) *~ course* curso de iniciação; *~ line* alinhamento; *~ vessel* navio hidrográfico, AERONÁUTICA *the ~ company* a secção topográfica

survey[2] [səˈveɪ] v.tr. 1 observar cuidadosamente; 2 inspeccionar, estudar; 3 fazer um exame de conjunto; 4 passar em revista; *to ~ the situation* passar em revista a situação; 5 fazer o levantamento topográfico de; fazer uma planta de; 6 demarcar, nivelar; 7 (opinião) fazer um inquérito sobre; fazer um estudo sobre

surveying [səˈveɪɪŋ] s. 1 inspecção, estudo, exame, vistoria; 2 medição; 3 agrimensura; levantamento topográfico; 4 hidrografia; topografia marinha ❖ *~ compass* bússola; *~ instruments* instrumentos de agrimensura; *~ ship* navio hidrográfico; *~ wheel* odómetro

surveyor [səˈveɪə] s. 1 agrimensor; 2 hidrógrafo; 3 inspector, fiscal, superintendente; *~ of taxes* inspector dos impostos directos; *~ of weights and measures* inspector dos pesos e medidas ❖ *land ~* topógrafo

surveyorship [səˈveɪəʃɪp] s. cargo ou funções de inspector, fiscal, perito, etc.

survival [səˈvaɪvəl] s. 1 sobrevivência; 2 sobrevivente; 3 restos, relíquia; *a ~ of times past* uma relíquia de tempos passados ❖ *~ kit* kit de sobrevivência; *~ after death* a outra vida; a sobrevivência do espírito depois da morte do corpo; *the ~ of the fittest* a sobrevivência dos mais fortes; a lei do mais forte

survivance [səˈvaɪvəns] s. DIREITO sucessão em caso de sobrevivência

survive [səˈvaɪv] v.tr.,intr. 1 sobreviver; continuar vivo; subsistir; *he was survived twenty years by his son* o filho sobreviveu-lhe vinte anos; *to ~ a shipwreck* sobreviver a um naufrágio, escapar a um naufrágio; 2 sobreviver [**to**, a]; resistir [**to**, a]; 3 persistir; perdurar; *such facts survived in his memory* aqueles factos ficaram-lhe na memória ❖ *to ~ one's usefulness* deixar de ser útil

surviving [səˈvaɪvɪŋ] adj. sobrevivente

survivor [səˈvaɪvə] s. 1 sobrevivente; *the sole ~ of the shipwreck* o único sobrevivente do naufrágio; 2 resistente

survivorship [səˈvaɪvəʃɪp] s. 1 sobrevivência; 2 DIREITO direito de sobrevivência

Susan [ˈsuːzn] s.antr. Susana

Susanna [suːˈzænə] s.antr. Susana

Susannah [suːˈzænə] s.antr. Susana

susceptibility [səˌseptəˈbɪlɪtɪ] s. (pl. **-ies**) 1 susceptibilidade; *to wound susceptibilities* ferir susceptibilidades; 2 sensibilidade; *~ to pain* sensibilidade à dor; 3 impressionabilidade; 4 predisposição; *~ to a disease* predisposição para uma doença ❖ *~ to impressions* sugestionabilidade

susceptible [səˈseptəbəl] adj. 1 susceptível [**of**, de]; *his statement is not ~ of proof* a afirmação dele não é susceptível de prova; 2 capaz [**of**, de]; 3 sensível; *a ~ young man* um jovem muito sensível; *~ to flattery* sensível à lisonja; *~ to pain* sensível à dor; *to be ~* ser sensível; 4 impressionável; 5 que se ofende facilmente

susceptibly [səˈseptəblɪ] adv. de maneira susceptível; susceptivelmente

susceptive [səˈseptɪv] adj. 1 susceptível; 2 receptivo

susceptivity [ˌsʌsepˈtɪvɪtɪ] s. 1 susceptividade; 2 sugestionabilidade

sushi [ˈsuːʃɪ] s. CULINÁRIA (Japão) sushi

Susie [ˈsuːzɪ] s.antr. Susana

suspect[1] [ˈsʌspekt] adj.,s. suspeito

suspect[2] [səˈspekt] v.tr. 1 suspeitar de; acreditar na possibilidade de culpa de; *he is suspected of murder* suspeitam de que ele tenha cometido um assassínio; *she never suspected it for a moment* ela nunca teve a menor suspeita; *to ~ a danger* suspeitar de um perigo; *to ~ sb* suspeitar de alguém; 2 duvidar de; desconfiar de; *I ~ him to be a liar* desconfio que ele é um mentiroso; *to ~ the authenticity of* desconfiar da autenticidade de; 3 supor, conjecturar ❖ *I suspected as much* bem me parecia

suspectable [səˈspektəbəl] adj. suspeito; que inspira suspeição

suspected [səˈspektɪd] adj. 1 suspeito; 2 presumível; *a ~ criminal* presumível suspeito; 3 possível; não confirmado

suspector [səˈspektə] s. 1 aquele que suspeita; 2 pessoa que desconfia

suspend [səˈspend] v.tr. 1 suspender; *to ~ a rule* suspender um regulamento; *to ~ payment* suspender os pagamentos; *to be suspended in a liquid* estar suspenso num líquido; 2 pendurar; *to ~ sth from the ceiling* pendurar alguma coisa do tecto; 3 adiar; 4 suster, deter; 5 interromper temporariamente; *to ~ the traffic* interromper o tráfico; 6 pôr de parte temporariamente; 7 afastar temporariamente das suas funções ❖ *to ~ a licence* retirar a carta de condução

suspended [səˈspendɪd] adj. 1 suspenso; *he was fined twenty euros with ~ execution* foi multado em vinte euros com pena suspensa; 2 pendurado; 3 em suspensão; *~ matter* matérias em suspensão; 4 interrompido; 5 indeciso ❖ *~ animation* suspensão temporária das funções vitais; morte aparente; morte clínica; DIREITO *~ sentence* pena suspensa; *the plans are in a state of ~ animation* os planos estão em suspenso

suspender [səˈspendə] s. 1 aquele que suspende ou pendura; 2 [GB] VESTUÁRIO liga; 3 pl. [EUA] VESTUÁRIO suspensórios

suspending [səˈspendɪŋ] s. acto de suspender ou pendurar

suspense [səˈspens] s. 1 suspense; 2 dúvida, expectativa, incerteza; *to keep sb in ~* conservar alguém na dúvida, manter alguém na expectativa; 3 ansiedade; *they waited in great ~ for the letter* eles esperaram pela carta com grande ansiedade; 4 indecisão; *to remain in ~* ficar indeciso; 5 DIREITO suspensão ❖ *~ account* conta provisória

suspension [səˈspenʃən] s. 1 suspensão; *~ of a licence* suspensão da carta de condução; *~ of hostilities* suspensão de hostilidades; *~ of payment* suspensão de pagamento; *elastic ~* suspensão elástica; 2 interrupção; 3 (aluno) suspensão; 4 MÚSICA suspensão ❖ *~ bridge* ponte suspensa; ponte pênsil; *~ cable* cabo de suspensão; *~ hook* gancho de suspensão; (pontuação) *~ points* reticências; *~ of arms* armistício; LITERATURA *~ of disbelief* suspensão da descrença

suspensive [səˈspensɪv] adj. 1 suspensivo; *~ veto* veto suspensivo; 2 indeciso, irresoluto; 3 que cria suspense

suspensively [səˈspensɪvlɪ] adv. 1 suspensivamente; 2 indecisamente

suspensoid [sʌˈspensɔɪd] s. FÍSICA suspensóide

suspensor [sʌˈspensə] s. MEDICINA suspensório

suspensory [səˈspensərɪ] adj. 1 ANATOMIA suspensor; 2 suspensivo

suspicion [səˈspɪʃən] Ⓐ s. 1 suspeita; *above ~* acima de qualquer suspeita; *his reputation is beyond ~* a sua reputação está para além de qualquer suspeita; *open to ~* suspeito; *to arouse ~* despertar suspeitas; *to arrest on ~* prender por suspeita; *to hold in ~* considerar suspeito; *to lay oneself open to ~* expor-se a suspeitas; 2 desconfiança, dúvida; *I have a ~ that...* desconfio de que...; *not the ghost/shadow of a ~* nem a menor sombra de dúvida; *to form suspicions regarding sb* desconfiar de alguém; 3 noção vaga; 4 (quantidade pequena) laivo, sinal, vislumbre, traço; *there was a ~ of sadness in her voice* havia laivos de tristeza na voz dela Ⓑ v.tr. [EUA] [coloq.] suspeitar, desconfiar ❖ *detention on ~* detenção preventiva

suspicious [səˈspɪʃəs] adj. 1 suspeito, que causa suspeita; *he is a ~ character* é uma pessoa suspeita; 2 equívoco, duvidoso; *to look ~* ter um aspecto equívoco, duvidoso; 3 desconfiado; cheio de suspeitas; *the ignorant are ~* os ignorantes são desconfiados; *to be ~ of* desconfiar de; *with a ~ glance* com um olhar desconfiado

suspiciously [səˈspɪʃəslɪ] adv. 1 suspeitosamente, desconfiadamente; 2 de maneira duvidosa; 3 equivocamente

suspiciousness [səˈspɪʃəsnɪs] s. 1 suspeição, suspeita, desconfiança; 2 aspecto ou carácter suspeito ou equívoco

suspiration [sʌspɪˈreɪʃən] s. [poét.] suspiro

suspire [sʌˈspaɪə] v.intr. [poét., ant.] suspirar

suss [sʌs] v.tr. 1 [coloq.] ficar a perceber, apanhar coloq.; 2 [coloq.] topar coloq.; perceber o jogo de; *I've sussed it out!* já percebi tudo!

sustain [səˈsteɪn] v.tr. 1 segurar, suster, sustentar; 2 aguentar; *to ~ a comparison with* aguentar uma comparação com, poder comparar-se com; *to ~ oneself* aguentar-se; 3 defender; *to ~ an argument* defender um argumento, seguir determinada linha de argumentação; 4 prosseguir; manter; 5 amparar, escorar; 6 dar energia a, encorajar, confortar; 7 aprovar, sancionar; *the court sustained their claims* o tribunal sancionou as reclamações deles; 8 (prova) confirmar, corroborar; 9 sofrer, passar por, experimentar; *to ~ an injury* sofrer um ferimento; *to ~ a shock* sofrer um choque; 10 MÚSICA sustentar; *to ~ a note* sustentar uma nota ❖ TEATRO *to ~ a part* representar um papel

sustainable [səˈsteɪnəbəl] adj. 1 sustentável; 2 viável; 3 duradouro; 4 (energia) renovável ❖ (ecologia) *~ development* processo de desenvolvimento sustentável

sustained [səˈsteɪnd] adj. 1 mantido, aguentado, sustido; 2 contínuo, ininterrupto; 3 constante, uniforme; *~ overload* sobrecarga constante; 4 prolongado; *~ applause* aplausos prolongados; 5 persistente ❖ MÚSICA *~ note* nota sustentada

sustainer [səˈsteɪnə] s. (pessoa, coisa) sustentáculo; pilar

sustaining [səˈsteɪnɪŋ] Ⓐ adj. 1 que sustém; 2 que aguenta ou segura; 3 que mantém ou sustenta Ⓑ s. 1 apoio, escora; 2 amparo; 3 MÚSICA prolongamento, sustentação ❖ *~ food* alimento restaurador; MÚSICA (piano) *~ pedal* pedal de sustentação; [EUA] RÁDIO, TELEVISÃO *~ program* programa sem patrocínio; *~ wall* muro de suporte

sustainment [səˈsteɪnmənt] s. 1 [rar.] suporte, apoio, escora, arrimo; 2 alimento

sustenance [ˈsʌstɪnəns] s. 1 (alimento) valor nutritivo; *there is no ~ in that* isso não tem qualquer valor nutritivo; 2 sustento; 3 subsistência; 4 manutenção; 5 amparo ❖ *means of ~* meios de subsistência; *to earn a scanty ~* ganhar para o estritamente necessário; *without ~ of any kind* sem qualquer mão de subsistência

sustentation [sʌstenˈteɪʃən] s. 1 sustentação, sustento; 2 alimentação; 3 manutenção ❖ *~ fund* fundos para o clero pobre

sustention [sʌsˈtenʃən] s. 1 MÚSICA sustentação (de nota); 2 ⇒ **sustentation**

susurrant [ˈsʌsərənt] adj. sussurrante, rumorejante, murmurante

susurrate [ˈsʌsəreɪt] v.tr. sussurrar, rumorejar, murmurar

susurration [sʌsəˈreɪʃən] s. sussurro, rumorejo, murmúrio

susurrus [ˈsʌsərəs] s. ⇒ **susurration**

sutler [ˈsʌtlə] s. MILITAR [arc.] vivandeiro

sutra [ˈsuːtrə] s. sutra, série de aforismos na literatura sânscrita

suttee [ˈsʌtiː, sʌˈtiː] s. 1 [ant.] sati, viúva que, na Índia, se lança na pira onde ardem as cinzas do marido; 2 [ant.] costume de as viúvas se lançarem na pira onde ardem as cinzas dos maridos

sutteeism [ˈsʌtiːɪzəm] s. [ant.] sistema ou costume de, na Índia, a viúva se lançar na pira onde ardem as cinzas do marido

sutural [ˈsuːtʃərəl] adj. sutural; relativo a sutura

suturally [ˈsuːtʃərəlɪ] adv. suturalmente

suturation [suːtʃəˈreɪʃən] s. suturação

suture [ˈsuːtʃə] Ⓐ s. sutura Ⓑ v.tr. suturar

SUV [EUA] [abrev. de sport-utility vehicle]

suzerain [ˈsuːzəreɪn] s. suserano

suzeraine [ˈsuːzəreɪn] s.f. suserana

suzerainty [ˈsuːzəˈreɪntɪ] s. suserania; *under the ~ of* sob a suserania de

s.v. [abrev. de sub verbo (under the word or term)]

svelte [svelt] adj. esbelto, esguio, elegante

SVGA INFORMÁTICA [abrev. de super video graphics array]

Sw. Ⓐ [abrev. de Sweden] Ⓑ [abrev. de Swedish]

SW Ⓐ [abrev. de southwest] Ⓑ [abrev. de southwestern] Ⓒ RÁDIO [abrev. de short wave]

swab [swɒb] Ⓐ s. 1 esfregão, rodilha na ponta duma haste, estropalho; 2 lambaz, espécie de vassoura de cordas e trapos usada a bordo; 3 mecha absorvente empregada em cirurgia; 4 NÁUTICA [cal.] galão de oficial; 5 NÁUTICA [cal.] indivíduo desajeitado Ⓑ v.tr. (particípios: -**bb**-) 1 limpar (lavar) com uma rodilha ou lambaz; 2 passar com um esfregão e água

swabber [ˈswɒbə] s. 1 [cal.] indivíduo desajeitado; 2 pessoa que limpa ou lava com muita água e uma rodilha ou lambaz

swabbing [ˈswɒbɪŋ] s. (acto) lavagem com água e esfregão em ponta de haste ❖ *~ mop* lambaz

Swabia [ˈsweɪbɪə] s.top. Suábia

Swabian [ˈsweɪbɪən] adj.,s. suábio

swaddle [ˈswɒdl] Ⓐ s. [EUA] cueiros, faixas (de envolver bebés) Ⓑ v.tr. 1 enfaixar (bebé); 2 vestir; 3 pôr cueiros

swaddling [ˈswɒdlɪŋ] s. acto de vestir/pôr cueiros a ❖ *~ bands* faixas (de bebé); infância; princípios; começos; ausência de liberdade; *~ clothes* fraldas; cueiros

Swadeshi [swɑːˈdeɪʃɪ] s. [Índia] movimento de boicotagem aos produtos estrangeiros, sobretudo ingleses

Swadeshist [swɑːˈdeɪʃɪst] s. [Índia] partidário da boicotagem aos produtos estrangeiros, sobretudo ingleses

swag [swæg] Ⓐ s. 1 (produto do roubo) saque; 2 (corrupção política, tráfico) ganhos, lucros; 3 trouxa de mineiro/vagabundo Ⓑ v.intr. (particípios: -**gg**-) oscilar; dar solavancos

swagbellied [ˈswægbelɪd] adj. [coloq.] barrigudo

swagbelly [ˈswægbelɪ] s. barriga saliente; pança coloq.

swage [sweɪdʒ] Ⓐ s. 1 molde, matriz de estampar; 2 encaladeira; 3 ranhura circular Ⓑ v.tr. estampar; forjar em molde ❖ *~ block* suécia; bigorna de estampar

swagger [ˈswægə] Ⓐ v.tr.,intr. 1 pavonear-se, andar todo emproado; *to ~ about* pavonear-se de um lado para outro, exibir-se com ares superiores; **2** bazofiar, vangloriar-se [**about**, de]; *to ~ about sth* vangloriar-se de qualquer coisa Ⓑ *s.* **1** bravata; bazófia, jactância, presunção; fanfarronada; **2** insolência, arrogância; **3** pose afectada; *to walk with a ~* caminhar pavoneando-se; **4** vagabundo Ⓒ *adj.* elegante; *~ society* sociedade elegante ❖ *~ cane* badine; bengala leve de passeio; VESTUÁRIO *~ coat* casaco três-quartos; *to ~ sb into doing sth* coagir alguém a fazer determinada coisa; *to ~ sb out of doing sth* coagir alguém a não fazer determinada coisa

swaggerer [ˈswægərə] *s.* fanfarrão, gabarola
swaggering [ˈswægərɪŋ] Ⓐ *adj.* **1** presunçoso, arrogante, fanfarrão; **2** importante Ⓑ *s.* ⇒ **swagger** Ⓑ
swaggeringly [ˈswægərɪŋlɪ] *adv.* **1** presunçosamente, arrogantemente; **2** com ar fanfarrão
swaging [ˈsweɪdʒɪŋ] *s.* **1** estampagem; **2** acto de forjar em molde
swain [sweɪn] *s.* **1** jovem camponês; **2** zagal; **3** apaixonado ou namorado rústico; **4** [joc.] apaixonado, pretendente
swale [sweɪl] *s.* campina pantanosa
swallet [ˈswɒlɪt] *s.* **1** toalha-de-água subterrânea; **2** rio subterrâneo; **3** buraco no qual um rio se precipita
swallow [ˈswɒləʊ] Ⓐ *s.* **1** ANATOMIA garganta, esófago; **2** acto de engolir, deglutição; **3** trago, sorvo; *to drink at one ~* beber dum trago; **4** voracidade; **5** ZOOLOGIA andorinha; **6** NÁUTICA gorne Ⓑ *v.tr.,intr.* **1** engolir; tragar; **2** absorver; **3** esconder da vista; **4** (acreditar, aceitar) engolir*fig.*; *to ~ a story* engolir uma história; *to ~ an insult* engolir um insulto; *he will ~ anything you tell him* ele acreditará em tudo o que lhe disserem; **5** desdizer; *to ~ one's words* retractar-se, desdizer-se; **6** tolerar, suportar; **7** disfarçar, dissimular ❖ (natação) *~ dive* salto de anjo; ZOOLOGIA (peixe) *~ fish* andorinha-do-mar; GEOGRAFIA *~ hole* poço natural; escoadouro natural; ZOOLOGIA *chimney ~* andorinha-das-chaminés; ZOOLOGIA *common ~* andorinha doméstica; ZOOLOGIA *house ~* andorinha-das-casas; *one ~ does not make a summer* uma andorinha não faz a primavera; *to ~ the bait* morder a isca; cair no anzol
◆**swallow up** *v.tr.* **1** levar; engolir; *gambling has swallowed up all his fortune* o jogo levou-lhe toda a fortuna; *the waves swallowed up the boat* as ondas engoliram o barco; **2** absorver, consumir; *the expenses more than ~ the earnings* as despesas absorvem de longe as receitas
swallowable [ˈswɒləʊəbəl] *adj.* **1** que pode engolir-se; **2** que pode comer-se; **3** crível, aceitável; **4** em que pode acreditar-se
swallower [ˈswɒləʊə] *s.* **1** aquele que come ou engole; **2** pessoa que acredita em mentiras ou histórias impossíveis
swallowing [ˈswɒləʊɪŋ] *s.* acto de engolir ou deglutir
swallowtail [ˈswɒləʊˌteɪl] *s.* **1** ZOOLOGIA cauda de andorinha; **2** ZOOLOGIA borboleta de cauda de andorinha; **3** fraque; **4** flâmula em cauda de andorinha
swallow-tailed [ˈswɒləʊteɪld] *adj.* com cauda semelhante à da andorinha ❖ *~ coat* fraque
swallowwort [ˈswɒləʊˌwɔːt] *s.* BOTÂNICA celidónia
swam [swæm] *prt. de* **to swim**
swami [ˈswɑːmɪ] *s.* **1** [Índia] (mestre de religião) pândita; **2** ídolo hindu ❖ *~ house* templo hindu; santuário hindu
swamp [swɒmp] Ⓐ *s.* **1** pântano; paul; **2** charco; lodaçal, atoleiro Ⓑ *v.tr.* **1** atolar; **2** meter em charco/pântano; **3** inundar, submergir, afundar; *the wave swamped the boat* a onda submergiu o barco; **4** encharcar, encher de água; **5** [fig.] assoberbar [**with**, com]; inundar [**with**, de]; *to be swamped with work* estar assoberbado de trabalho ❖ MEDICINA *~ fever* febre-dos-pântanos; *~ ore* minério de ferro encontrado em terrenos pantanosos
swampy [ˈswɒmpɪ] *adj.* (*comp.* **-ier**, *superl.* **-iest**) pantanoso, encharcadiço, alagadiço
swan [swɒn] *s.* **1** ZOOLOGIA cisne; *black ~* cisne negro; **2** [poét.] poeta ❖ [EUA] (natação) *~ dive* salto de anjo; BOTÂNICA *~ flower* orquídea; *~ neck* colo de cisne; extremidade curva de tubo de descarga; *~ shot* chumbo grosso para a caça ao cisne; *~ song* canto do cisne; (Tamisa) *~ upping* recenseamento anual de cisnes; (Shakespeare) *the Swan of Avon* o cisne de Avon; ZOOLOGIA *whistling ~* cisne-cantor

swank [swæŋk] Ⓐ *s.* **1** ostentação; aparato; gosto de dar nas vistas; *he does it for ~* ele faz isso só para dar nas vistas; **2** arrogância, presunção; **3** gabarolice, bazófia; **4** (pessoa) gabarola, fanfarrão Ⓑ *v.intr.* **1** pavonear-se; exibir-se com ares superiores; **2** vangloriar; bazofiar; armar-se; *to ~ about sth* vangloriar-se por algo
swanker [ˈswæŋkə] *s.* **1** indivíduo que gosta de se exibir, de dar nas vistas; **2** pessoa presumida; **3** gabarola, parlapatão
swanky [ˈswæŋkɪ] *adj.* (*comp.* **-ier**, *superl.* **-iest**) **1** [coloq.] pretensioso; **2** [coloq.] que gosta de se armar, presumido; **3** gabarola, parlapatão; **4** fanfarrão
swanlike [ˈswɒnlaɪk] *adj.* **1** como um cisne; **2** semelhante a um cisne
swannery [ˈswɒnərɪ] *s.* (*pl.* **-ies**) local destinado à criação de cisnes
swansdown [ˈswɒnzˌdaʊn] *s.* **1** penugem de cisne; **2** flanela fina
swanskin [ˈswɒnskɪn] *s.* flanela fina
swap [swɒp] Ⓐ *s.* troca, permuta; *to do a ~* fazer uma troca Ⓑ *v.tr.* (*particípios:* **-pp-**) trocar, permutar; *to ~ one thing for another* trocar uma coisa por outra; *to ~ stories* trocar impressões ❖ [EUA] (objectos usados) *~ meet* feira de trocas; *to ~ horses when crossing a stream* fazer trocas numa ocasião de crise
swapping [ˈswɒpɪŋ] *s.* troca, permuta
Swaraj [swəˈrɑːdʒ, swɑːˈrɑːdʒ] *s.* [Índia] independência, autonomia
swarajist [swɑːˈrɑːdʒɪst] *adj.,s.* [Índia] partidário da independência ou autonomia
sward [swɔːd] Ⓐ *s.* **1** relva, relvado; **2** extensão coberta de relva Ⓑ *v.tr.* relvar, cobrir de relva
swarded [ˈswɔːdɪd] *adj.* relvado, coberto de relva
swardy [ˈswɔːdɪ] *adj.* cheio de relva, coberto de relva
sware [sweə] [arc.] *prt. de* **to swear**
swarf [swɔːf, swɑːf] *s.* limalha de ferro
swarm [swɔːm] Ⓐ *s.* **1** enxame; **2** formigueiro; **3** (grande quantidade) multidão; magote; massa; *~ of people* magote de gente; *in swarms* em massa, aos magotes Ⓑ *v.tr.,intr.* **1** pulular, enxamear; **2** estar repleto [**with**, de]; fervilhar [**with**, de]; **3** (em grande número) deslocar-se; invadir; precipitar-se; afluir em massa; *people swarmed into the theatre* a multidão precipitava-se para o teatro; *to ~ out of....* precipitar-se em massa para fora de...; **4** (abelhas) juntar-se em enxame de volta da rainha para abandonar a colmeia; **5** subir, firmando-se com pés e mãos, trepar; *the sailor swarmed (up) the rope* o marinheiro trepou pela corda acima; **6** infestar; *the house was swarmed with mice* a casa estava infestada de ratos ❖ BOTÂNICA *~ cell/spore* zoósporo
swarmer [ˈswɔːmə] *s.* **1** colmeia para recolher um enxame; **2** abelha de enxame
swarming [ˈswɔːmɪŋ] *s.* enxameação
swart [swɔːt] *adj.* [arc.] escuro; de compleição morena ou escura
swarthiness [ˈswɔːðɪnɪs] *s.* tom moreno ou escuro da pele; compleição escura
swarthy [ˈswɔːðɪ] *adj.* (*superl.* **-iest**, *comp.* **-ier**) moreno; de compleição escura; trigueiro
swash [swɒʃ] Ⓐ *s.* **1** marulhar da água; esparrinhar da água; **2** (som) chape; splash Ⓑ *adv.* com um chape; com um som semelhante ao marulhar/bater da água Ⓒ *v.tr.,intr.* **1** esparrinhar; fazer esparrinhar; esguichar; **2** marulhar; **3** fanfarronar; **4** [arc.] bater violentamente ❖ *to fall ~* cair fazendo chape
swashbuckler [ˈswɒʃˌbʌklə] *s.* **1** espadachim; **2** mata-mouros, mata-sete, ferrabrás; **3** CINEMA filme de capa e espada
swashbuckling [ˈswɒʃˌbʌklɪŋ] Ⓐ *adj.* **1** fanfarrão, ferrabrás; **2** CINEMA de capa e espada Ⓑ *s.* fanfarronadas; modos ou atitudes de ferrabrás ou espadachim
swashing [ˈswɒʃɪŋ] *adj.* **1** (pancada) violento, mortal; **2** (líquido) que esparrinha
swastika [ˈswɒstɪkə, ˈswæstɪkə] *s.* suástica; cruz gamada
swat [swɒt] *v.tr.* **1** (*particípios:* **-tt-**) esmagar (mosca); **2** dar uma pancada em
SWAT (polícia americana) [*abrev. de* Special Weapons And Tactics] ❖ *~ team* Força de Intervenção de Elite
swath [swɒθ] *s.* **1** trigo/cereal que fica depois de ceifado; **2** porção de cereal cortado em cada movimento da gadanha; **3** espaço que a gadanha limpa em cada movimento que faz; **4** [fig.] destruição; *to cut a ~ through* destruir, dizimar

swathe [sweɪð] Ⓐ *s.* **1** faixa; **2** atadura; **3** [arc.] cueiro; **4** ⇒ **swath** Ⓑ *v.tr.* **1** enfaixar; **2** envolver com muita roupa ou abafos; *she was swathed in furs* ela estava envolta em peles

swathing ['swɒθɪŋ] *s.* **1** acto de envolver em faixas, roupas, etc.; **2** ligaduras

swatter ['swɒtə] *s.* **1** batedouro; **2** mata-moscas

sway [sweɪ] Ⓐ *s.* **1** oscilação, balanço; **2** movimento de vaivém; **3** preponderância; domínio; *to be under the ~ of...* estar sob o domínio de...; *to bear ~ over...* dominar...; **4** influência, poder, autoridade; *he has great ~ in the House* ele tem grande influência no Parlamento; **5** governo Ⓑ *v.tr.,intr.* **1** oscilar, balançar; **2** caminhar de modo hesitante; vacilar; **3** (fazer) oscilar; agitar(-se); *the trees swayed in the wind* as árvores agitavam-se ao vento; **4** manejar, brandir; **5** (ceptro) empunhar; *to ~ the sceptre* empunhar o ceptro; **6** inclinar(-se); *victory swayed on their side* a vitória inclinou-se para o lado deles; **7** afastar; desviar; *to ~ sb from his course* desviar alguém dos seus propósitos; desencaminhar alguém; **8** influenciar; *his speech swayed thousands of votes* o discurso dele influenciou milhares de eleitores; **9** dominar; governar ❖ NÁUTICA *to ~ on the lower yards* içar as vergas baixas; *to hold ~ over* imperar sobre; *to refuse to be swayed* manter-se inflexível; *to turn the ~ of the battle* mudar o curso da batalha

✦**sway up** *v.tr.* içar, guindar

sway-back ['sweɪbæk] *s.* **1** excessiva curvatura da espinha; **2** (cavalos) excessivo arqueamento do dorso

swaying ['sweɪɪŋ] Ⓐ *adj.* **1** oscilante; **2** que balança; **3** pouco firme Ⓑ *s.* oscilação, balanço ❖ *~ crowd* multidão ondulante; *to walk with a ~ gait* caminhar, meneando-se

Swaziland ['swɑːzɪlænd] *s.top.* Suazilândia

swear [sweə] Ⓐ *s.* **1** jura; **2** blasfémia; **3** (com palavrões) insulto Ⓑ *v.tr.,intr.* (prt. **swore**, part. pass. **sworn**) **1** jurar; *to ~ an oath* fazer um juramento; *to ~ by all gods* jurar por todos os santos; *to ~ eternal hatred* jurar um ódio eterno; *to ~ on the Bible* jurar sobre a Bíblia; **2** afirmar/declarar sob juramento; *to ~ a charge against* fazer uma acusação sob juramento contra; *to ~ an estate at £50,000* avaliar sob juramento uma propriedade em 50 000 libras; **3** prometer solenemente; **4** praguejar; dizer palavrões; *to ~ like a bargee/to ~ like a trooper* praguejar como um carroceiro; **5** blasfemar; **6** rogar pragas; *to ~ at sb* rogar pragas a alguém ❖ *to ~ away sb's good name* destruir o bom nome de alguém com falsos testemunhos; *to ~ black is white* mentir com quantos dentes se tem; *to ~ treason against sb* acusar alguém de traição; *it is enough to make a saint ~* é de fazer perder a paciência a um santo; *to be sworn* prestar juramento

✦**swear by** *v.tr.* ter fé e confiança em; depositar confiança em, confiar em; *to ~ sb* ter fé e confiança em alguém

✦**swear in** *v.tr.* **1** ajuramentar; *to ~ a witness* ajuramentar uma testemunha; **2** prestar juramento; *the President was sworn in by the Chief Justice of the Supreme Court* o Presidente prestou juramento perante o presidente do Supremo Tribunal de Justiça

✦**swear off** *v.tr.* [coloq.] renunciar a; desistir de; *to ~ drink* desistir da bebida

✦**swear to** *v.tr.* **1** atestar sob juramento; **2** obrigar sob juramento; *to swear sb to secrecy* obrigar alguém a guardar um segredo sob juramento

swearer ['sweərə] *s.* **1** aquele que jura ou presta juramento; **2** blasfemador; **3** pessoa que praguaja

swearing ['sweərɪŋ] *s.* **1** juramento, acto de jurar; **2** acto de praguejar; **3** blasfémia

swearword ['sweəwɜːd] *s.* palavrão

sweat [swet] Ⓐ *s.* **1** suor, transpiração; *a cold ~ came over him* ficou cheio de suores frio; *by the ~ of one's brow* com o suor do seu rosto; *night sweats* suores nocturnos; *to be all in a ~* estar a transpirar, estar banhado em suor; *to be dripping with ~* estar a pingar de suor; **2** suadela, suadouro; **3** [coloq.] labuta, trabalhão; trabalho duro, trabalho violento; *he says it is a horrid ~* ele diz que dá um trabalhão horrendo; **4** líquido condensado; **5** humidade Ⓑ *v.tr.,intr.* **1** transpirar, suar; **2** [coloq.] aterrorizar-se; sentir-se aterrado; **3** [coloq.] arrepender-se; *he shall ~ for it!* há-de arrepender-se disso!; **4** (humidade, vapor) embaciar; **5** ressuar; **6** [coloq.] trabalhar duramente, mourejar, labutar; **7** (trabalhador) explorar; *he sweats his workers* ele explora os trabalhadores; [fig.] *to ~ blood* trabalhar arduamente, suar sangue; **8** (fazer) suar; dar suadouro (a); provocar sudação; MEDICINA *to ~ a patient* provocar sudação num doente, fazer um doente suar; **9** fermentar; **10** (tabaco) fazer fermentar ❖ ANATOMIA *~ duct* canal excretor de glândula sudorípara; ANATOMIA *~ gland* glândula sudorípara; MILITAR *an old ~* um veterano; *in a cold ~* aterrado; [coloq.] *no ~* na maior; sem problemas; RELIGIÃO *in the ~ of thy face thou shalt eat bread* comerás o pão com o suor do teu rosto

✦**sweat along** *v.tr.,intr.* [coloq.] seguir penosamente; caminhar com esforço; *to ~ the road* seguir penosamente ao longo da estrada

✦**sweat off** *v.tr.* emagrecer através do exercício físico

✦**sweat out** *v.tr.* curar pela transpiração; *to ~ a cold* curar uma constipação transpirando ❖ [coloq.] *sweat it out!* esfalfa-te aí!; vê lá se gostas!; [coloq.] *they left him to sweat it out* nada fizeram para o ajudar

✦**sweat over** *v.tr.* trabalhar arduamente em

sweatband ['swetbænd] *s.* **1** (chapéus) carneira; **2** DESPORTO tira elástica (para a cabeça); **3** DESPORTO pulseira (elástico para o pulso)

sweatbox ['swetbɒks] *s.* **1** [EUA] (obtenção de confissões) cela de maus-tratos policiais; **2** (local) suadouro

sweated ['swetɪd] *adj.* **1** violento; **2** que faz suar; **3** extenuante e mal remunerado ❖ *~ goods* mercadorias produzidas à custa da exploração da mão-de-obra; *~ labour* trabalho mal pago; exploração de mão-de-obra

sweater ['swetə] *s.* **1** VESTUÁRIO camisola de lã; **2** patrão que explora os trabalhadores, obrigando-os a trabalho excessivo e pagando-lhes um salário insuficiente

sweatered ['swetəd] *adj.* com camisola de lã vestida

sweatiness ['swetɪnɪs] *s.* transpiração, humidade devida a transpiração

sweating ['swetɪŋ] Ⓐ *adj.* **1** a transpirar, a suar; **2** que explora os trabalhadores; **3** excessivo; extenuante e mal pago Ⓑ *s.* **1** transpiração, sudação; **2** exploração dos trabalhadores; **3** [EUA] maus-tratos exercidos contra preso para o obrigar a confessar ❖ *~ bath* banho para provocar uma sudação intensa; MEDICINA (Inglaterra, sécs. XV e XVII) *~ sicknesss* febre epidémica; *the ~ system* a exploração patronal

sweatshirt ['swetʃɜːt] *s. vest.* camisola

sweatshop ['swetʃɒp] *s.* fábrica clandestina, fábrica que explora os empregados

sweaty ['swetɪ] *adj.* (comp. **-ier**, superl. **-iest**) **1** húmido de suor; cheio de suor; *~ clothes* roupa cheia de suor; **2** que faz transpirar; *a ~ piece of work* um trabalho que faz suar; **3** fatigante, trabalhoso ❖ *to go ~* começar a transpirar

swede [swiːd] *s.* BOTÂNICA rutabaga, couve-nabiça

Swede [swiːd] *s.* sueco, natural da Suécia, habitante da Suécia

Sweden ['swiːdn] *s.top.* Suécia

Swedenborgian [ˌswiːdnˈbɔːdʒɪən] *adj.,s.* FILOSOFIA, RELIGIÃO swedenborgiano

Swedenborgianism [ˌswiːdnˈbɔːdʒɪənɪzəm] *s.* swedenborgianismo

Swedish ['swiːdɪʃ] Ⓐ *adj.* sueco Ⓑ *s.* (língua) sueco Ⓒ *s.pl. the ~* os suecos ❖ DESPORTO *~ gymnastics* ginástica sueca; *~ massage* massagem sueca; (metrologia) *~ mile* milha sueca

sweeny ['swiːnɪ] *s.* [EUA] atrofia muscular da espádua do cavalo

sweep [swiːp] Ⓐ *s.* **1** varredela; vassourada; limpeza com vassoura; *to give a good ~* dar uma boa varredela; **2** curva larga, ampla; volta; *a wide ~ leads up to the house* uma ampla curva do caminho leva-nos até à casa; *the river makes a great ~ to the right* o rio dá uma grande volta para a direita; *to take a ~* dar/fazer uma curva; **3** rodeio; **4** vista extensa; amplidão; **5** alcance; âmbito; *beyond the ~ of human intelligence* fora do alcance da inteligência humana; *he killed everyone who came within the ~ of his sword* ele matou todos os que estavam ao alcance da espada; *within the ~ of the guns* ao alcance da artilharia; **6** extensão; *fine ~ of grass* bela extensão de relva; *~ of the eye* extensão abrangida pela vista; **7** movimento majestoso, andar imponente; **8** limpa-chaminés; **9** (polícia) busca;

10 movimento circular; (dança) *of the leg* movimento circular da perna; *with a ~ of his arm* com um movimento circular do braço; **11** remo comprido e pesado (usado como leme, ou para mover o barco); **12** (recolha de água de poços) cegonha; braço de cegonha; **13** vela de moinho de vento; **14** [coloq.] ⇒ **sweepstake** ⓑ *v.tr.,intr. (prt. e part. pass.* **swept**) **1** varrer; limpar com vassoura; **2** (levar tudo à frente) varrer; arrastar; *a wave swept them overboard* uma onda arrastou-os pela borda fora; **3** empolgar; arrebatar; *he sweeps his audience along with him* ele arrebata o público; **4** passar velozmente; passar impetuosamente; precipitar(-se); **5** fazer desaparecer; destruir; **6** caminhar majestosamente; *the shore sweeps northward* a praia estende-se em direcção ao norte; **8** examinar, perscrutar, esquadrinhar; **9** tocar [**over**, em]; passar os dedos [**over**, por]; *he swept his hand over his hair* ele passou a mão pelo cabelo; *to ~ the keys of a piano* passar os dedos pelas teclas dum piano; **10** dragar; *to ~ a channel* dragar um canal; *to ~ for mines* dragar minas ❖ (rede de pesca) *~ net* chincha; (rede de pesca) *~ sein* chinchorro; *door ~* abertura da porta; (automóvel) *fan ~* alcance da ventoinha; *to ~ all before one* ser completamente bem sucedido; [coloq.] *to ~ everything into one's net* meter tudo para o saco; *to ~ the board* limpar a mesa ao jogo; ganhar tudo ao jogo; ganhar todos os prémios; *to ~ the seas of pirates* libertar os mares de piratas; *to ~ under the carpet* pôr de parte sem ter resolvido; esconder; *a ~ of the oars* uma remada; *the ~ of the tide* o movimento da maré; *a new broom sweeps clean* gente nova tem sempre iniciativas e trabalha com energia; *as black as a ~* negro como carvão; *at one ~* de um só golpe; POLÍTICA *he swept the country with his programme* ele fez conhecer o seu programa a todo o país; *her dress swept the ground* o vestido dela arrastava-se pelo chão; *it was a clean ~* levaram tudo; foi uma limpeza geral; *the tanks swept over the trenches* os tanques passaram por cima das trincheiras; *to make a clean ~ of* libertar-se de; desfazer-se de; *to make a clean ~ of one's prejudices* pôr de parte os preconceitos

◆**sweep aside** *v.intr.* **1** empurrar para o lado; **2** afastar; **3** rejeitar; pôr de parte

◆**sweep away** Ⓐ *v.tr.* **1** varrer; **2** arrastar; levar; **3** livrar-se de; **4** erradicar; acabar com; *to ~ slavery* acabar com a escravidão; **5** (emoções) apoderar-se de; tomar conta de; arrebatar Ⓑ *v.intr.* **1** afastar-se rapidamente; **2** afastar-se majestosamente

◆**sweep down** *v.intr.* **1** limpar com vassoura; **2** abater-se [**on/upon**, sobre]; *the storm swept down upon us* a tempestade abateu-se sobre nós; **3** arrastar [**to**, para]

◆**sweep off** *v.tr.* **1** tirar com gesto largo; *to ~ one's hat* tirar o chapéu num gesto largo; **2** varrer; limpar ❖ [fig.] *to be swept off one's feet* ser arrebatado

◆**sweep out** *v.tr.* varrer; *to ~ a room* varrer um aposento
◆**sweep round** *v.tr.,intr.* NÁUTICA virar, voltar, dar a volta

◆**sweep up** *v.tr.,intr.* **1** (com varredela) juntar, amontoar e varrer; limpar; **2** recolher; **3** dirigir-se rapidamente [**to**, para], aproximar-se rapidamente [**to**, de]

sweeper ['swi:pə] *s.* **1** varredor; **2** máquina de varrer; **3** DESPORTO (futebol) líbero ❖ *~ and sprinkler* máquina de varrer e de regar

sweeping ['swi:pɪŋ] Ⓐ *adj.* **1** (movimento, gesto) largo; circular; *~ gesture* gesto largo; *~ motion* movimento circular; **2** vasto; extenso; amplo; **3** completo; *~ victory* vitória completa; **4** radical; *~ reform* reforma radical; **5** impetuoso, arrebatador; **6** (preço) imbatível; **7** abrangente Ⓑ *s.* **1** limpeza feita com uma vassoura; varredura; **2** *pl.* lixo, varreduras ❖ *~ away* acto de varrer; eliminação; supressão; *~ curtsy* vénia profunda; *~ machine* varredora mecânica; NÁUTICA *~ round* viragem; [depr.] *~ statement* generalização; [depr.] *that's pretty sweeping!* isso é uma grande generalização!; isso é uma visão um bocado simplista!

sweepingly ['swi:pɪŋlɪ] *adv.* **1** radicalmente, demolidoramente; **2** sem excepção

sweepstakes ['swi:psteɪks] *s.* (jogos de sorte) modalidade de aposta em que o vencedor recebe o dinheiro de todas as apostas feitas

sweet [swi:t] Ⓐ *adj.* **1** doce; *as ~ as honey* doce como mel; *she likes her tea ~* ela gosta do chá bem doce; **2** fresco; puro; *~ breath* hálito fresco; **3** agradável; *revenge is ~* a vingança é uma coisa agradável, a vingança é o prazer dos deuses; *~ voice* voz agradável; *to smell ~* ter um cheiro agradável; **4** odorífero, perfumado, aromático; *~ oil* óleo aromático; **5** melodioso, harmonioso; **6** amável, cativante, encantador; delicado, gentil; *~ girl* rapariga encantadora; *~ manners* modos delicados; *that is very ~ of you* isso é muito gentil da sua parte; **7** meigo, suave; dócil; **8** (vidro) que pode ser trabalhado com facilidade Ⓑ *s.* **1** guloseima (bombom, rebuçado, chocolate, etc.); **2** doce (bolo, pudim, torta, creme, etc.); **3** sobremesa; **4** querido/a, amado/a; **5** *pl.* encantos, doçuras, delícias, amenidades, prazeres; *the sweets and bitters of life* as doçuras e as agruras da vida; *to taste the sweets of success* provar as delícias do êxito ❖ BOTÂNICA *~ bay* loureiro; BOTÂNICA *~ broom* tojo; urze; BOTÂNICA *~ cicely* cerefólio; cerefolho; BOTÂNICA *~ clover* meliloto; anafra; trevo-de-cheiro; coroa-de-rei; BOTÂNICA *~ fennel* funcho-doce; BOTÂNICA *~ grass* gliceria; BOTÂNICA *~ peas* ervilhas-de-cheiro; BOTÂNICA *~ pepper* pimentão verde; BOTÂNICA *~ potato* batata-doce; *~ rush* capim cheiroso; BOTÂNICA *~ sop* anona; *~ talk* adulação; bajulação; lisonja; *~ temper* afabilidade; BOTÂNICA *~ violet* violeta com perfume; *~ water* água potável; BOTÂNICA *~ william* cravo-dos-poetas; BOTÂNICA *~ willow* árvore-do-paraíso; *at one's own ~ will* a seu bel-prazer; *to be ~ on* ter um fraco por; *to have a ~ tooth* ser guloso; *to taste ~* saber bem; (vinho) *very ~* ajeropigado; muito doce

sweet-and-sour [swi:tən'sauə] *adj.* CULINÁRIA agridoce
sweetbread ['swi:tbred] *s.* CULINÁRIA pâncreas ou timo de vitela frito
sweetcorn ['swi:tkɔ:n] *s.* BOTÂNICA milho-doce
sweeten ['swi:tn] *v.tr.,intr.* **1** adoçar; adocicar; açucarar; **2** deitar açúcar em; **3** ficar doce; pôr-se doce; **4** purificar; **5** tornar mais agradável; **6** suavizar(-se); amenizar(-se) ❖ *to ~ the pill* dourar a pílula

◆**sweeten up** *v.tr.* **1** (subornar) comprar; **2** (pessoa) amansar
sweetener ['swi:tnə] *s.* **1** adoçante; **2** [coloq.] gratificação, pagamento-extra; **3** [coloq.] suborno
sweetening ['swi:tnɪŋ] *s.* **1** adoçamento; **2** suavização, amenização; **3** purificação
sweetheart ['swi:tha:t] Ⓐ *s.* **1** (expressão de carinho) amor; querido, querida; **2** namorado, namorada Ⓑ *v.tr.,intr.* namorar; *to go sweethearting* ir namorar ❖ VESTUÁRIO (blusa, vestido) *~ neckline* decote princesa
sweetie ['swi:tɪ] *s.* **1** (expressão de carinho) querido, doçura; *you're a ~* és um querido, és um anjo; **2** [coloq.] bombom; guloseima
sweetie-pie ['swi:tɪ,paɪ] *s.* [coloq.] (expressão de carinho) amorzinho, queridinho
sweeting ['swi:tɪŋ] *s.* **1** variedade de maçã doce; **2** [arc.] querido, amor
sweetish ['swi:tɪʃ] *adj.* bastante doce; adocicado
sweetishly ['swi:tɪʃlɪ] *adv.* de maneira adocicada
sweetishness ['swi:tɪʃnɪs] *s.* natureza adocicada
sweetly ['swi:tlɪ] *adv.* **1** docemente; **2** melodiosamente; **3** agradavelmente; **4** suavemente
sweetmeat ['swi:tmi:t] *s.* **1** bombom; **2** fruta cristalizada; **3** *pl.* doçarias
sweetness ['swi:tnɪs] *s.* **1** doçura; **2** suavidade; **3** encanto, gentileza; **4** aspecto melodioso; **5** pureza, bom estado (da carne, manteiga, etc.)
sweet-smelling [swi:t'smelɪŋ] *adj.* perfumado, aromático
sweety ['swi:tɪ] *s. (pl.* **-ies**) ⇒ **sweetie**
swell [swel] Ⓐ *s.* **1** inchação; intumescimento; **2** dilatação; **3** ondas largas sem rebentar; ondas altas; *there is a heavy ~* o mar está agitado; **4** (terreno) elevação; outeiro; colina; *~ of ground* elevação de terreno; **5** bojo, protuberância; **6** MÚSICA crescendo e diminuindo; **7** (órgão) regulador do volume de som; **8** [ant.] elegante, janota; *the swells* as pessoas elegantes; **9** [ant.] manda-chuva; figurão Ⓑ *adj.* **1** [ant.] formidável; **2** [ant.] distinto; *a ~ pianist* um pianista distinto; **3** [ant.] elegante, fino; muito bem vestido; *~ clothes* roupas elegantes; *~ society* sociedade elegante; *you look very ~* estás todo elegante; *what a ~ you are!* isto é que estás todo elegante! Ⓒ *v.tr.,intr. (prt.* **swelled**, *part. pass.* **swollen** ou **swelled**) **1** inchar, intumescer; *to ~ with*

swellfish

pride estar todo inchado de orgulho; *wood swells in water* a madeira incha na água; **2** aumentar de volume; **3** dilatar(-se); **4** intensificar(-se); **5** crescer, avolumar(-se); *the murmur swelled into a roar* o sussurro cresceu até se transformar em barulho; **6** enfunar; **7** (terreno) elevar(-se); **8** aumentar; *to ~ the ranks of the unemployed* aumentar as fileiras dos desempregados; **9** formar ondas, ondular; **10** ensoberbecer(-se), sentir-se vaidoso; pavonear-se; *to ~ like a turkey cock* armar-se como um pavão ❖ *~ of an organ* caixa de órgão; (órgão) *~ pedal* pedal de expressão; MÚSICA *to ~ a note* tocar/cantar uma nota com alternâncias de crescendo e diminuindo

◆**swell out** *v.intr.* **1** inchar; *her face began to ~* a cara começou a inchar-lhe; **2** encher; enfunar; *the sails swelled out* as velas encheram

◆**swell up** *v.intr.* inchar intensamente

swellfish ['swelfɪʃ] *s.* ZOOLOGIA plectógnato, bezedor

swelling ['swelɪŋ] Ⓐ *adj.* **1** que incha, que aumenta; **2** tumefacto; **3** enfunado; *the ~ sails* as velas enfunadas; **4** bombástico, empolado; **5** arrogante, orgulhoso Ⓑ *s.* **1** inchaço; *to have a ~ on the arm* ter o braço inchado; **2** tumefacção, turgescência; **3** inchação; *~ of wood* inchação da madeira; **4** aumento, dilatação; **5** tumor; *white ~* tumor branco; **6** protuberância, proeminência; **7** enchimento; **8** (ondas) elevação; **9** crescimento; aumento; incremento ❖ *the ~ tide* a maré alta

swellish ['swelɪʃ] *adj.* um tanto elegante

swellishness ['swelɪʃnɪs] *s.* [coloq.] elegância

swelter ['sweltə] Ⓐ *s.* calor sufocante; *in the ~ of the Indian nights* no calor sufocante das noites indianas; *to be in a ~* sufocar de calor Ⓑ *v.intr.* **1** abafar, sufocar de calor; **2** estar encharcado de suor

sweltering ['sweltərɪŋ] *adj.* **1** sufocante, asfixiante; **2** abrasador; **3** encharcado de suor

swept [swept] *prt. e part. pass. de* **to sweep**

swerve [swɜːv] Ⓐ *s.* **1** mudança de direcção; desvio da direcção seguida; **2** (automóvel) guinada para o lado; **3** (bola) efeito Ⓑ *v.tr.,intr.* **1** desviar(-se) [**from**, de]; **2** mudar de direcção; obrigar a mudar de direcção; *the ball swerved in the air* a bola mudou de direcção no ar; **3** (automóvel) guinar para o lado; *to ~ from the road* sair da estrada, guinar para o lado; **4** (bola) dar efeito a; *to ~ a ball* dar efeito à bola

swerveless ['swɜːvləs] *adj.* **1** sem desvios, sem mudanças de direcção; **2** direito; **3** sem sair do caminho recto

swerving ['swɜːvɪŋ] *s.* **1** desvio, mudança de direcção; **2** (automóvel) guinada para o lado

SWG [abrev. de standard wire gauge]

swift [swɪft] Ⓐ *adj.* **1** rápido, veloz; *a ~ glance* um olhar rápido; *as ~ as an arrow* veloz como uma seta; *as ~ as thought* rápido como o pensamento; *she is swifter than your sister* ela é mais rápida do que a tua irmã; **2** vivo; *~ of wit* vivo de espírito; *to have a ~ wit* ter um espírito vivo; **3** repentino; **4** pronto, imediato Ⓑ *adv.* **1** rapidamente; depressa; velozmente; **2** prontamente; sem hesitação; sem demora; *to answer ~* responder prontamente Ⓒ *s.* **1** ZOOLOGIA (ave) pedreiro, gaivão, andorinhão, martinete; **2** ZOOLOGIA lagartixa; **3** MECÂNICA cilindro de carda, dobadoira, carretel Ⓓ *v.tr.* NÁUTICA tesar a enxárcia ❖ (rio) *swift-flowing* que corre depressa; *swift-footed* ágil; ligeiro; *swift-passing* que passa rapidamente; *swift-tongued* de resposta pronta; *swift-winged* de voo rápido; *~ of foot* ágil; *be ~ to hear, slow to speak* ouve muito e fala pouco; *to be ~ to anger* irritar-se facilmente

swifter ['swɪftə] Ⓐ *s.* **1** NÁUTICA precinta, cinta; **2** cabo para firmar as barras do cabrestante; **3** *pl.* ovéns de fortuna Ⓑ *v.tr.* ⇒ **swift**

swiftie ['swɪftɪ] *s.* [Austr.] [coloq.] artimanha, estratagema

swiftly ['swɪftlɪ] *adv.* velozmente, rapidamente, depressa

swiftness ['swɪftnɪs] *s.* **1** rapidez, velocidade, ligeireza; **2** vivacidade, prontidão, presteza

swig [swɪg] Ⓐ *s.* [coloq.] trago, golada, gole; *to take a ~ at a bottle* beber uma golada de uma garrafa Ⓑ *v.tr.,intr.* [coloq.] beber um trago; beber uma golada ❖ *to ~ up a yard* içar uma vela

◆**swig down** *v.tr.* beber de um trago; beber de golada

swigged [swɪgd] *adj.* [coloq.] embriagado

swill [swɪl] Ⓐ *s.* **1** lavagem com água abundante; *to give sth a ~* lavar algo com bastante água; **2** lavadura; **3** lavagem, comida dos porcos; **4** [depr.] (comida) mistela; **5** [depr.] (bebida) zurrapa; **6** [rar.] bebedeira Ⓑ *v.tr.,intr.* **1** lavar com bastante água; **2** passar por água, enxaguar; **3** baldear; **4** beber avidamente; beber a longos tragos; beber como uma esponja

swiller ['swɪlə] *s.* [coloq.] bêbedo, beberrão

swilling ['swɪlɪŋ] *s.* **1** acto de baldear; **2** lavagem; **3** bebedeira; **4** *pl.* lavagem para os porcos

swim [swɪm] Ⓐ *s.* **1** natação, acto de nadar; *to go for a ~* ir nadar; **2** [rar.] (peixes) bexiga natatória; **3** poço fundo de rio, com peixes; **4** [fig.] situação geral, corrente geral dos acontecimentos; **5** [coloq.] vertigem, tontura; *my head is all in a ~* tenho a cabeça a andar à roda Ⓑ *v.tr.,intr.* (*prt.* **swam**, *part. pass.* **swum**) **1** nadar; *to ~ like a fish* nadar como um peixe; *to ~ like a millstone/like a stone/like a tailor's goose* nadar como um prego; *to ~ the English Channel* atravessar a Mancha a nado; *to ~ to the bottom* nadar como um prego; **2** fazer nadar, obrigar a nadar; *to ~ a horse across a river* fazer um cavalo atravessar um rio a nado; **3** participar em prova de natação; *to ~ a race* participar em corrida de natação; **4** boiar, flutuar; **5** inundar, transbordar; **6** estar coberto; **7** marejar-se; *her eyes were swimming with tears* tinha os olhos marejados de lágrimas; **8** sentir tonturas, ter vertigens, ter a impressão de ver tudo a andar à roda; *everything swam before her eyes* tudo lhe parecia andar à volta; *my head began to ~* senti a cabeça a andar à roda; **9** oscilar ❖ ZOOLOGIA *~ bladder* bexiga natatória; *to be in the social ~* cultivar a vida social; *to be in the ~* estar a par da situação; *to be out of the ~* não estar a par da situação; estar por fora; *to ~ a stroke* dar uma braçada; *to ~ against the tide* remar contra a maré; *to ~ for it/to ~ for one's life* salvar-se a nado; *to ~ sb* desafiar alguém para uma prova de natação; *to ~ with stream/with the tide* seguir a corrente; não pôr nada em causa

swimmer ['swɪmə] *s.* **1** nadador; **2** bexiga natatória

swimmeret ['swɪmərɪt] *s.* ZOOLOGIA pleópode

swimming ['swɪmɪŋ] Ⓐ *s.* **1** DESPORTO natação; **2** vertigem, tontura; *~ of the head* tontura, vertigem Ⓑ *adj.* **1** nadador, que nada; **2** natatório, que flutua; **3** marejado; *~ eyes* olhos marejados de lágrimas; **4** inundado; **5** tonto, com vertigens; *~ head* cabeça que anda à roda, cabeça com vertigens ❖ [ant.] *~ baths* piscina pública; (piscina) *~ cap* touca de banho; VESTUÁRIO *~ costume* fato-de-banho; *~ instructor* professor de natação; *~ pool* piscina; *~ stroke* braçada; VESTUÁRIO *~ trunks* calções de banho

swimmingly ['swɪmɪŋlɪ] *adv.* **1** facilmente; **2** sem atritos, sem dificuldades; **3** às mil maravilhas; *everything went ~* tudo correu às mil maravilhas

swimsuit ['swɪmsuːt] *s.* VESTUÁRIO fato-de-banho

swindle ['swɪndl] Ⓐ *s.* **1** logro, embuste, intrujice, burla, vigarice, fraude, falcatrua; **2** [coloq.] desapontamento, surpresa desagradável Ⓑ *v.tr.,intr.* **1** enganar, vigarizar, burlar, defraudar, intrujar; *to ~ a person out of sth/to ~ sth out of a person* burlar uma pessoa em alguma coisa; **2** fazer falcatruas, roubar

swindler ['swɪndlə] *s.* vigarista, trapaceiro, burlista, escroque, impostor

swindling ['swɪndlɪŋ] Ⓐ *adj.* **1** que intruja ou burla; **2** que se dedica à vigarice Ⓑ *s.* vigarice, burla, fraude, falcatrua, logro, embuste

swindlingly ['swɪndlɪŋlɪ] *adv.* **1** com vigarice; **2** trapaceiramente; **3** fraudulentamente

swine [swaɪn] *s.* **1** porco, suíno; **2** [depr.] patife; sacana; filho da mãe ❖ VETERINÁRIA *~ fever* peste suína; *to cast pearls before ~* deitar pérolas a porcos

swineherd ['swaɪnhɜːd] *s.* [arc.] guardador de porcos

swinery ['swaɪnərɪ] *s.* corte, pocilga, curral dos porcos

swine's-snout ['swaɪnzsnaʊt] *s.* BOTÂNICA dente-de-leão, taráxaco

swing [swɪŋ] Ⓐ *s.* **1** balanço; oscilação; movimento de vaivém; movimento baloiçante; *single ~ of a pendulum* oscilação simples de um pêndulo; **2** agitação; **3** ritmo; movimento rítmico; cadência; *the ~ of a dance tune* o ritmo duma música de dança; *to go with a ~* ter um ritmo rápido e suave; *to row with a*

steady ~ remar com cadência constante; **4** curso; progressão; *let it have its full* ~ deixe isso seguir o seu curso normal; *to give full* ~ *to* dar livre curso a; **5** (duração, ritmo) actividade; *in full* ~ em plena actividade; **6** (boxe) soco dado com movimento giratório do braço e do corpo; **7** amplitude de oscilação; **8** baloiço, redoiça; **9** reviravolta; *sudden* ~ *of public opinion* reviravolta inesperada da opinião pública; **10** MÚSICA swing ⓑ *v.tr.,intr.* (*prt. e part. pass.* **swung**) **1** (mover-se de um lado para o outro) balançar; oscilar; *to* ~ *free* balançar livremente; *to* ~ *to and fro* oscilar de um lado para o outro; **2** girar; rodar; *to* ~ *on an axis* girar em torno de um eixo; AERONÁUTICA *to* ~ *the propeller* fazer girar a hélice à mão; **3** (fazer) virar; curvar, dar uma curva; MILITAR *to* ~ *into line* virar, fazer uma volta; **4** suspender, pendurar; **5** [coloq.] ser enforcado; *to* ~ *for sb* ser enforcado por ter assassinado alguém; **6** agitar; sacudir; *their arms swung as they walked* agitavam os braços enquanto caminhavam; **7** (corpo) bambolear, gingar, voltear; *to* ~ *the hips* bambolear as ancas; **8** MÚSICA tocar em ritmo de swing; **9** (sexo) trocar parceiros ❖ ~ *bob* contrapeso; ~ *bridge* ponte giratória; ~ *crane* guindaste giratório; ~ *door* porta de vaivém; (fábricas) ~ *shift* segundo turno diário; ~ *voters* eleitores flutuantes; *swings and roundabouts* perdas e ganhos; POLÍTICA *the* ~ *of the pendulum* a alternância dos partidos no poder; [coloq.] *to* ~ *into the saddle* saltar para a sela; [coloq.] *to* ~ *it on sb* enganar/procurar enganar alguém; *to* ~ *open* abrir-se; *to* ~ *sth* conseguir alguma coisa; *to* ~ *the lead* fugir às obrigações sob qualquer pretexto; simular doença para fugir ao serviço; *to get into the* ~ *of work* pôr-se a par de um trabalho; *with no room to* ~ *a cat* muito pequeno; estreito; acanhado; sem espaço
◆**swing around/round** *v.tr.,intr.* **1** virar(-se) bruscamente; *he swung the car round* ele virou bruscamente o carro; **2** girar em torno de; *to swing round an axis* girar em torno de um eixo; **3** [EUA] dar uma volta, fazer ronda; *to swing round the circle* dar uma volta pelo seu círculo eleitoral
◆**swing over** *v.intr.* (opinião pública) sofrer uma reviravolta; fazer uma viragem
◆**swing up** *v.tr.* içar, subir
swingboat ['swɪŋbəʊt] *s.* (carrocel) barco de baloiço
swinge [swɪndʒ] *v.tr.* **1** [arc.] bater em, açoitar, espancar; **2** [arc.] castigar
swingeing ['swɪndʒɪŋ] *adj.* **1** enorme, grande; **2** forte; ~ *blow* pancada forte, golpe bem mandado; **3** duro, feroz, violento; **4** severo ❖ ~ *lie* mentira descarada; ~ *majority* maioria esmagadora
swinger ['swɪŋə] *s.* **1** aquele ou aquilo que balança ou oscila; **2** pessoa que agita ou faz oscilar qualquer coisa; **3** disco fonográfico mal centrado; **4** pancada forte; **5** (sexo) *swinger*
swinging ['swɪŋɪŋ] ⓐ *adj.* **1** oscilante; ~ *axle* eixo oscilante; ~ *bar* barra oscilante; **2** pendular; ~ *motion* movimento pendular; ~ *suspension* suspensão pendular; **3** articulado; ~ *lever* alavanca articulada; ~ *support* suporte articulado; **4** giratório; **5** rítmico; **6** animado, de ritmo alegre e vincado; ~ *tune* música animada ⓑ *s.* **1** balanço, oscilação; **2** (jogo) baloiço; **3** movimento pendular; **4** movimento giratório; **5** NÁUTICA viragem sobre a âncora; **6** AERONÁUTICA acto de pôr a hélice em movimento com a mão; **7** RÁDIO variação momentânea na frequência de onda captada; **8** (sexo) *swinging*; troca de parceiros ❖ [EUA] ~ *door* porta que bate; porta giratória; ~ *open* abertura; (automóvel) ~ *round* viragem; ~ *to* fechamento; ~ *tray* prato de balança; [Austr.] (eleições) ~ *voter* indeciso
swingingly ['swɪŋɪŋlɪ] *adv.* **1** pendularmente; **2** ritmicamente; **3** cadencialmente
swingle ['swɪŋgl] ⓐ *s.* **1** espadela; **2** mango; **3** pírtigo ⓑ *v.tr.* espadelar (linho ou cânhamo)
swinglebar ['swɪŋglbɑ:] *s.* **1** balancim de viatura; **2** peça de viatura à qual se prendem os tirantes
swingletree ['swɪŋgltri:] *s.* ⇒ **swinglebar**
swingling ['swɪŋglɪŋ] *s.* espadelagem
swing-swang ['swɪŋswæŋ] *s.* **1** oscilação completa do pêndulo; **2** movimento de vaivém
swinish ['swaɪnɪʃ] *adj.* **1** próprio de porco, de suíno; **2** sujo, imundo; **3** grosseiro, baixo; **4** ignóbil

swinishly ['swaɪnɪʃlɪ] *adv.* **1** como um suíno, como um porco; **2** imundamente; **3** grosseiramente; **4** de maneira baixa, ignóbil
swinishness ['swaɪnɪʃnɪs] *s.* **1** grosseria; **2** porcaria, imundície; **3** baixeza
swipe [swaɪp] ⓐ *s.* **1** golpe, pancada violenta, pancada forte; **2** [coloq.] crítica; **3** (bomba) balanceiro ⓑ *v.tr.,intr.* **1** [coloq.] bater fortemente em; *to* ~ *at* dar uma pancada forte a; *to* ~ *a ball* bater uma bola com força; **2** [coloq.] roubar, furtar; **3** (cartão de banda magnética) passar pela máquina ❖ ~ *card* cartão de banda magnética
swipes [swaɪps] *s.pl.* cerveja de má qualidade, cerveja aguada, zurrapa
swipple ['swɪpl] *s.* **1** mango; **2** pírtigo
swirl [swɜ:l] ⓐ *s.* **1** redemoinho, remoinho; **2** turbilhão; *a* ~ *of dust* um turbilhão de pó; **3** rodopio; **4** [fig.] agitação; *the* ~ *of modern life* a agitação da vida moderna; **5** voluta, espiral; **6** trança enrolada em volta da cabeça; **7** movimento de peixe ao saltar fora de água ⓑ *v.tr.,intr.* **1** redemoinhar, rodopiar; girar em turbilhão; andar à roda; *the dust swirled through the air* a poeira redemoinhava no ar; **2** fazer andar à roda; fazer rodopiar ❖ *to* ~ *up* subir em redemoinho
swirling ['swɜ:lɪŋ] ⓐ *adj.* que gira em turbilhão, em torvelinho; ~ *motion* movimento em torvelinho ⓑ *s.* redemoinho; torvelinho; turbilhão
swish [swɪʃ] ⓐ *s.* (*pl.* **-es**) **1** silvo, som de algo a cortar o ar; **2** vergastada, chicotada ⓑ *v.tr.,intr.* **1** sibilar, silvar, cortar o ar com um silvo; **2** vergastar, açoitar, chibatar, chicotear; **3** produzir um som como o de chibata a cortar o ar ⓒ *adj.* **1** [coloq.] chique; elegante; **2** [EUA] [depr.] efeminado; amaricado ❖ *the horse swished its tail* o cavalo agitava a cauda; *to* ~ *in* entrar com um ruge-ruge de sedas; *to* ~ *off a flower* cortar uma flor com um golpe de bengala ou chibata
swishing ['swɪʃɪŋ] *s.* vergastada, açoite
Swiss [swɪs] ⓐ *adj.* **1** suíço; **2** relativo à Suíça ⓑ *s.* suíço; natural ou habitante da Suíça ⓒ *s.pl.* *the* ~ os Suíços ❖ ~ *Admiral* marinheiro de água doce; ~ *bit* verruma; BOTÂNICA ~ *chard* acelga; ~ *cheese* queijo gruyère; ~ *French* dialecto francês falado na Suíça; ~ *German* dialecto alemão falado na Suíça; CULINÁRIA (doce) ~ *roll* rolo; [EUA] CULINÁRIA ~ *steak* bife estufado com vegetais; ~ *army knife* canivete suíço; BOTÂNICA ~ *cheese plant* costela-de-adão; (no Vaticano) *the* ~ *Guards* os Guardas Suíços
switch [swɪtʃ] ⓐ *s.* (*pl.* **-es**) **1** ELECTRICIDADE interruptor; *starting* ~ interruptor de arranque; **2** ELECTRICIDADE comutador, disjuntor; *charging* ~ comutador de carga; **3** reviravolta, mudança, transição; **4** troca, substituição; **5** desvio; **6** (caminhos-de-ferro) mudança de agulha; **7** chibata; **8** trança postiça de cabelo ⓑ *v.tr.,intr.* **1** transferir; **2** permutar, trocar; **3** substituir; **4** mudar de; **5** brandir (vergasta, chicote); vergastar; chicotear (com chibata); *to* ~ *a whip* brandir um chicote; **6** agitar(-se); *the horse switched its tail* o cavalo agitava a cauda; **7** (caminhos-de-ferro) fazer a agulha; **8** ELECTRICIDADE comutar, desligar, ligar; *to* ~ *to dim* ligar os mínimos; **9** desviar(-se); levar; mudar; *to* ~ *the conversation on to another subject* desviar a conversa para outro assunto ❖ ELECTRICIDADE ~ *box* caixa de distribuição; caixa de interruptores; ~ *button* botão do interruptor; TEATRO ~ *desk* mesa de distribuição da luz; ~ *fuse* fusível automático; ELECTRICIDADE ~ *house* cabina de comando; cabina de distribuição; ELECTRICIDADE ~ *housing* caixa do comutador; ELECTRICIDADE ~ *lever* braço/alavanca do comutador; ELECTRICIDADE ~ *panel* quadro de interruptores; ~ *plug* tomada; ~ *spring* mola do comutador; ELECTRICIDADE ~ *terminal* borne do interruptor; *double-throw* ~ inversor de corrente; *I'll be switched!* macacos me mordam!; diabos me levem!; *to* ~ *sth out of sb's hand* arrancar algo da mão de alguém
◆**switch back** ⓐ *v.intr.* voltar [**to**, a]; regressar [**to**, a] ⓑ *v.tr.* voltar a ligar
◆**switch off** *v.tr.,intr.* **1** (luz, aparelho) apagar; desligar; **2** (gás) fechar; **3** (motor) parar; *to* ~ *the ignition* desligar a ignição; **4** (pessoa) distrair-se; desligar; desinteressar-se ❖ (telefone) *to switch sb off* cortar a ligação a alguém; [coloq.] *switch off!* fecha a matraca!; cala a boca!

switchback

◆**switch on** v.tr.,intr. (luz, aparelho, etc.) ligar; acender; *to ~ the light* acender a luz ❖ (telefone) *to switch sb on* ligar alguém; estabelecer ligação com alguém; *to be switched on* estar a par; estar interessado
◆**switch over** v.tr.,intr. 1 [GB] RÁDIO, TELEVISÃO mudar de estação ou canal; *to ~ to another programme* mudar de canal; 2 mudar [**to**, para]
switchback ['swɪtʃbæk] s. 1 caminho-de-ferro aos ziguezagues numa encosta escarpada; 2 (parque de diversões) montanha-russa
switchblade ['swɪtʃbleɪd] s. navalha de mola
switchboard ['swɪtʃbɔːd] s. 1 ELECTRICIDADE quadro de distribuição; 2 painel de comandos ❖ *~ operator* telefonista
switcher ['swɪtʃə] s. 1 (caminhos-de-ferro) locomotiva de manobras; 2 vergasta
switchgear ['swɪtʃˌgɪə] s. mecanismo de comutação
switchman ['swɪtʃmən] s. (*pl.* -men) agulheiro
swither ['swɪðə] Ⓐ s. [Esc.] dúvida, incerteza Ⓑ v.intr. hesitar
Switz. [abrev. de Switzerland]
Switzer ['swɪtsə] s. [arc.] suíço, natural ou habitante da Suíça
Switzerland ['swɪtsələnd] s.top. Suíça
swivel ['swɪvəl] Ⓐ s. 1 macaco tensor; 2 elo móvel; 3 articulação giratória, suporte giratório; 4 torniquete; 5 cavilha/perno móvel; 6 argola móvel Ⓑ v.tr.,intr. (*particípios* -**ll**-) 1 articular em torno de um eixo; (fazer) girar em torno de um eixo; 2 olhar; voltar o olhar ❖ *~ bridge* ponte giratória; *~ chair* cadeira giratória; *~ hook* gato de tornel; *~ joint* junta articulada; *~ pen* tira-linhas
◆**swivel around/round** v.intr. (com rapidez) rodar; voltar-se; girar
swivelling ['swɪvəlɪŋ] adj. 1 que gira em torno de um eixo; 2 articulado; 3 giratório
swiz [swɪz] s. 1 [coloq.] intrujice, burla, logro; 2 [coloq.] fiasco
swizz [swɪz] s. 1 [coloq.] intrujice, burla, logro; 2 [coloq.] fiasco
swizzle ['swɪzəl] s. [GB] [cal.] ⇒ **swizz**
swob [swɒb] s.,v.tr. [arc.] ⇒ **swab**
swollen ['swəʊlən] Ⓐ adj. inchado; *a ~ face* uma cara inchada Ⓑ {*part. pass. de* **to swell**} ❖ *to suffer from ~ head* sentir-se cheio de importância; estar cheio de vaidade
swollen-headed ['swəʊlənˌhedɪd] adj. pretensioso, vaidoso
swoon [swuːn] Ⓐ s. 1 desmaio; desfalecimento; *to go off in a ~* ter um desmaio; 2 [coloq.] êxtase; arrebatamento Ⓑ v.intr. 1 desmaiar; 2 desfalecer; 3 [coloq.] derreter-se [**over**, por]; deixar-se arrebatar [**over**, por]
swooning ['swuːnɪŋ] Ⓐ adj. 1 desfalecido; 2 em delíquio Ⓑ s. 1 delíquio, desfalecimento; 2 desmaio; 3 síncope
swoop [swuːp] Ⓐ s. 1 descida de ave de rapina sobre a presa; 2 descida rápida; 3 ataque súbito, ataque repentino; 4 investida; 5 golpe; *at one (fell) ~* de um só golpe Ⓑ v.intr. 1 atacar violentamente; AERONÁUTICA *to ~ down on the enemy* cair a fundo sobre o inimigo, picar sobre o inimigo; 2 cair de súbito sobre a presa; *the eagle swooped down on the lamb* a águia precipitou-se sobre o cordeirinho; 3 [coloq.] arrebatar, apanhar; *to ~ up sth* arrebatar alguma coisa
swoosh [swuːʃ] Ⓐ v.intr. (água, ar) rumorejar, murmurar, sussurrar Ⓑ s. rumor, murmúrio, sussurro
swop [swɒp] Ⓐ s. [coloq.] troca Ⓑ v.tr.,intr. (*particípios*: -**pp**-) [coloq.] trocar; *will you ~ places?* não se importa de trocar de lugar?
sword [sɔːd] s. 1 espada; *to draw one's ~* puxar pela espada; *to fight with the ~* lutar à espada; *to measure swords with* cruzar espada com; *to put up the ~* meter a espada na bainha; *to sheathe the ~* usar espada; 2 gládio; 3 sabre; *cavalry ~* sabre de cavalaria; 4 [fig.] guerra, poderio militar; 5 [fig.] vingança; 6 [fig.] justiça ❖ *~ arm* braço direito; MILITAR *~ bayonet* sabre-baioneta; *~ belt* cinturão; talim; *~ blade* lâmina; *~ cut* cutilada; *~ cutler* armeiro, fabricante de espadas; *~ guard* copos da espada; (Escócia) *~ dance* dança das espadas; BOTÂNICA *~ flag* gladíolo; *~ hilt* punho; BOTÂNICA *~ lily* gladíolo; *~ side* linha masculina de descendência; *~ stroke* golpe de espada; (perigo iminente) *~ of Damocles* espada de Dâmocles; *fire and ~* ferro e fogo; *to cross swords with* travar-se de razões com; *to draw the ~* iniciar as hostilidades; abrir hostilidades

swordcraft ['sɔːdkræft] s. DESPORTO esgrima com espada
sworded ['sɔːdɪd] adj. armado com uma espada
swordfish ['sɔːdfɪʃ] s. ZOOLOGIA peixe-espada; espadarte
swordplay ['sɔːdpleɪ] s. 1 DESPORTO esgrima; 2 manejo de espada ❖ *verbal ~* esgrima oratória
swordsman ['sɔːdsmən] s. (*pl.* -**men**) esgrimista, espadachim
swordsmanship ['sɔːdzmənʃɪp] s. 1 manejo de espada; 2 arte de manejar a espada
swordstick ['sɔːdstɪk] s. bengala com lâmina metálica escondida dentro
sword-swallower ['sɔːdˌswɒləʊə] s. engole-espadas
swore [swɔː] prt. *de* **to swear**
sworn [swɔːn] part. pass. *de* **to swear**
swot [swɒt] Ⓐ s. 1 [cal.] marrão_cal_; 2 estudo muito intenso; 3 trabalho difícil; coisa que exige grande esforço; *it is too much ~* é trabalho excessivo Ⓑ v.tr.,intr. (*particípios*: -**tt**-) trabalhar, estudar duramente; aplicar-se intensamente ao estudo; queimar as pestanas; *to ~ for an exam* marrar para um exame
◆**swot up** v.tr.,intr. [GB] empinar, marrar; *to ~ a subject* empinar um assunto
swotting ['swɒtɪŋ] s. (escola) marranço; *to do some ~* marrar
SWPA [abrev. de South-West Pacific Area]
swum [swʌm] part. pass. *de* **to swim**
swung [swʌŋ] prt. e part. pass. *de* **to swing**
sybarite ['sɪbəraɪt] adj.,s. sibarita
sybaritic [sɪbəˈrɪtɪk] adj. sibarita
sybaritically [sɪbəˈrɪtɪklɪ] adv. sibariticamente
sybaritism ['sɪbərɪtɪzəm] s. sibaritismo
sybil ['sɪbɪl] s. sibila
sycamine ['sɪkəmaɪn, 'sɪkəmɪn] s. RELIGIÃO (Bíblia) amoreira
sycamore ['sɪkəmɔː] s. BOTÂNICA sicómoro ❖ BOTÂNICA *Egyptian ~* figueira-do-egipto
syce [saɪs] s. 1 [Índia] palafreneiro; 2 criado montado
syconium [saɪˈkəʊnɪəm] s. BOTÂNICA sicónio
sycophancy ['sɪkəfənsɪ] s. sicofantismo
sycophant ['sɪkəfənt] s. sicofanta
sycophantic [sɪkəˈfæntɪk] adj. sicofântico
sycophantically [sɪkəˈfæntɪklɪ] adv. sicofanticamente
sycosis [saɪˈkəʊsɪs] s. MEDICINA sicose
syenite ['saɪənaɪt] s. MINERALOGIA sienite, sienito
syenitic [saɪəˈnɪtɪk] adj. sienítico
syllabary [sɪləbərɪ, 'sɪləbærɪ] s. (*pl.* -**ies**) silabário
syllabic [sɪˈlæbɪk] adj.,s. 1 silábico; 2 baseado no número de sílabas; 3 *pl.* versos silábicos
syllabically [sɪˈlæbɪklɪ] adv. silabicamente
syllabicate [sɪˈlæbɪkeɪt] v.tr. ⇒ **syllabify**
syllabication [sɪˌlæbɪˈkeɪʃən] s. silabação
syllabification [sɪˌlæbɪfɪˈkeɪʃən] s. silabação
syllabify [sɪˈlæbɪfaɪ] v.tr. 1 silabar; 2 dividir ou pronunciar por sílabas
syllabism ['sɪləbɪzəm] s. 1 silabismo; 2 divisão em sílabas
syllabize ['sɪləbaɪz] v.tr. ⇒ **syllabify**
syllable ['sɪləbəl] Ⓐ s. sílaba; *long ~* sílaba longa; *short ~* sílaba breve Ⓑ v.tr. 1 pronunciar sílaba por sílaba; 2 articular distintamente; 3 [poét.] pronunciar ❖ *not a syllable!* nem uma palavra!; *to explain sth in words of one ~* explicar algo com palavras simples, para toda a gente entender
syllabled ['sɪləbəld] adj. 1 silábico; 2 com sílabas; *three-syllabled word* palavra de três sílabas; *two-syllabled word* palavra de duas sílabas
syllabub ['sɪləbʌb] s. ⇒ **sillabub**
syllabus ['sɪləbəs] s. (*pl.* -**bi**) 1 (disciplina, escola) programa de estudos; 2 resumo, sumário; 3 RELIGIÃO sílabo
syllepsis [sɪˈlepsɪs] s. (*pl.* -**pses**) LINGUÍSTICA silepse
sylleptic [sɪˈleptɪk] adj. siléptico
sylleptically [sɪˈleptɪklɪ] adv. silepticamente
syllogism ['sɪlədʒɪzəm] s. LÓGICA silogismo
syllogistic [sɪləˈdʒɪstɪk] adj. LÓGICA silogístico
syllogistically [sɪləˈdʒɪstɪklɪ] adv. silogisticamente
syllogize ['sɪlədʒaɪz] v.intr. silogismar, silogizar
sylph [sɪlf] s. MITOLOGIA silfo, sílfide
sylphid ['sɪlfɪd] s. MITOLOGIA sílfide jovem

sylva ['sɪlvə] s. arvoredo
sylvan ['sɪlvən] Ⓐ s. 1 MITOLOGIA silvano; 2 rústico; 3 habitante da floresta Ⓑ adj. 1 silvestre; 2 silvícola
sylvanite ['sɪlvənaɪt] s. MINERALOGIA silvanite, silvanito
Sylvanus [sɪl'veɪnəs] s.antr. Silvano
Sylvester [sɪl'vestə] s.antr. Silvestre
Sylvia ['sɪlvɪə] s.antr. Sílvia
sylvian ['sɪlvɪən] adj. ANATOMIA silvano
sylviculture ['sɪlvɪkʌltʃə] s. silvicultura
sylviculturist [sɪlvɪ'kʌltʃərɪst] s. silvicultor
sylvine ['sɪlvaɪn] s. MINERALOGIA silvina
sylvite ['sɪlvaɪt] s. MINERALOGIA silvite
symbion ['sɪmbɪɒn] s. BIOLOGIA simbionte
symbiont ['sɪmbɪɒnt] s. BIOLOGIA simbionte
symbiosis [sɪmbɪ'əʊsɪs] s. simbiose
symbiote ['sɪmbɪəʊt] s. BIOLOGIA simbiota
symbiotic [sɪmbaɪ'ɒtɪk, sɪmbɪ'ɒtɪk] adj. simbiótico
symbol ['sɪmbəl] Ⓐ s. 1 símbolo; *chemical symbols* símbolos químicos; *mathematical symbols* símbolos matemáticos; 2 emblema Ⓑ v.tr. (particípios: -ll-) [rar.] simbolizar ❖ *system of symbols* simbólica
symbolic [sɪm'bɒlɪk] adj. simbólico
symbolical [sɪm'bɒlɪkəl] adj. simbólico
symbolically [sɪm'bɒlɪklɪ] adv. simbolicamente
symbolics [sɪm'bɒlɪks] s. simbólica
symbolism ['sɪmbəlɪzəm] s. simbolismo
symbolist ['sɪmbəlɪst] s. simbolista
symbolistic [sɪmbə'lɪstɪk] adj. simbolista
symbolistical [sɪmbə'lɪstɪkəl] adj. simbolista
symbolistically [sɪmbə'lɪstɪklɪ] adv. simbolisticamente
symbolization [sɪmbəlaɪ'zeɪʃən] s. simbolização
symbolize ['sɪmbəlaɪz] v.tr. simbolizar, representar por meio de símbolos, tratar simbolicamente
symbolizing ['sɪmbəlaɪzɪŋ] s. simbolização
symbology [sɪm'bɒlədʒɪ] s. simbologia
symmetric [sɪ'metrɪk] adj. simétrico
symmetrical [sɪ'metrɪkəl] adj. simétrico; ~ *bend* curvatura simétrica; ~ *feed system* sistema simétrico de alimentação; ~ *position* posição simétrica
symmetrically [sɪ'metrɪklɪ] adv. simetricamente
symmetrize ['sɪmɪtraɪz] v.tr. simetrizar, tornar simétrico, dispor em simetria
symmetry ['sɪmɪtrɪ] s. 1 simetria; 2 proporção; 3 harmonia ❖ GEOMETRIA ~ *plane* plano de simetria
sympathetic [sɪmpə'θetɪk] Ⓐ adj. 1 compreensivo; de compreensão; ~ *glance* olhar de compreensão; *to be* ~ *to/towards* mostrar-se compreensivo em relação a; 2 solidário; 3 simpático; 4 que nos toca de perto; 5 harmonioso, adequado; 6 agradável; ~ *atmosphere* atmosfera agradável; 7 MATEMÁTICA simpático Ⓑ s. 1 ANATOMIA nervo simpático; 2 sistema nervoso simpático; 3 pessoa particularmente sensível a influências hipnóticas ❖ ~ *ink* tinta simpática; tinta invisível; ~ *landscape* paisagem evocativa; ~ *letter* carta de pêsames; ~ *strike* greve de solidariedade; MÚSICA ~ *string* corda de ressonância; ANATOMIA ~ *nervous system* sistema nervoso simpático
sympathetically [sɪmpə'θetɪklɪ] adv. 1 compreensivamente; 2 por simpatia
sympathize ['sɪmpəθaɪz] v.intr. 1 compreender, ser compreensivo; 2 compartilhar os sentimentos; *to* ~ *with sb* compartilhar dos sentimentos de alguém; 3 condoer-se [**with**, de]; sentir compaixão [**with**, por]; 4 apresentar condolências; *they called to* ~ eles vieram apresentar condolências; 5 simpatizar, concordar, aprovar
sympathizer ['sɪmpəθaɪzə] s. 1 pessoa que compartilha dos sentimentos de outra; 2 pessoa que defende determinada causa; 3 adepto; apoiante; 4 simpatizante
sympathizing ['sɪmpəθaɪzɪŋ] adj. 1 compreensivo; 2 que compartilha dos sentimentos de outrem
sympathy ['sɪmpəθɪ] s. (*pl.* -**ies**) 1 solidariedade; apoio; compreensão amiga; *to strike in* ~ fazer greve por solidariedade; 2 compaixão, comiseração, pena, piedade; *they claim our* ~ merecem a nossa compaixão; 3 condolências, pêsames; *a letter of* ~ uma carta de pêsames; *accept my deep* ~ aceite os meus sinceros pêsames; 4 (partido, clube desportivo) simpatia; *to feel a* ~ *for* sentir simpatia por; 5 concordância ❖ *a man of wide sympathies* um homem sensível; *in* ~ *with* de acordo com; *out of* ~ *with* em desacordo com
symphonic [sɪm'fɒnɪk] adj. sinfónico
symphonically [sɪm'fɒnɪklɪ] adv. sinfonicamente
symphonist ['sɪmfənɪst] s. MÚSICA sinfonista, autor de sinfonias
symphony ['sɪmfənɪ] s. (*pl.* -**ies**) 1 sinfonia; 2 [arc.] harmonia ❖ ~ *concert* concerto sinfónico; ~ *orchestra* orquestra sinfónica; ~ *writer* sinfonista; compositor de sinfonias
symphoricarpous [sɪmfərɪ'ka:pəs] adj. BOTÂNICA sinforicarpo
symphysis ['sɪmfɪsɪs] s. ANATOMIA sínfise
sympiesometer [sɪmpɪ'sɒmɪtə] s. FÍSICA simpiezómetro
sympode ['sɪmpəʊd] s. BOTÂNICA símpode
sympodial [sɪm'pəʊdɪəl] adj. BOTÂNICA simpódico
sympodium [sɪm'pəʊdɪəm] s. (*pl.* -**a**) BOTÂNICA símpodo
symposiarch [sɪm'pəʊzɪa:k] s. simposiarca
symposium [sɪm'pəʊzɪəm] s. (*pl.* -**a**) 1 simpósio, festim, festa depois de jantar com bebidas, música, bailados ou conversação; 2 discussão filosófica, literária, etc.; 3 debate amigável; 4 contribuição de vários autores sobre determinado assunto
symptom ['sɪmptəm] s. 1 sintoma; *to show symptoms of* ter sintomas de; 2 [fig.] sinal; *to show symptoms of* dar sinais de
symptomatic [sɪmptə'mætɪk] adj. 1 sintomático; 2 indicativo [**of**, de]
symptomatically [sɪmptə'mætɪklɪ] adv. 1 de acordo com os sintomas; 2 sintomaticamente
symptomatology [sɪmptəmə'tɒlədʒɪ] s. MEDICINA sintomatologia
syn. Ⓐ [abrev. de synonym] Ⓑ [abrev. de synonymous]
synaeresis [sɪ'nɪərɪsɪs] s. LINGUÍSTICA sinérese
synaesthesia [sɪniːs'θiːzɪə, sɪniːs'θiːʒə] s. (*pl.* -**ae**) sinestesia
synagogal ['sɪnəgəʊgəl] adj. sinagogal; relativo a sinagoga
synagogical [sɪnə'gɒdʒɪkəl] adj. ⇒ **synagogal**
synagogue ['sɪnəgɒg] s. RELIGIÃO sinagoga
synallagmatic [sɪnæləg'mætɪk] adj. DIREITO sinalagmático, bilateral
synaloepha [sɪnə'liːfə] s. LINGUÍSTICA sinalefa
synantherous [sɪ'nænθərəs] adj. BOTÂNICA sinantérico
synanthous [sɪ'nænθəs] adj. BOTÂNICA sinanto
synapse [sɪ'næps] s. HISTOLOGIA sinapse
synaptic [sɪ'næptɪk] adj. BIOLOGIA sináptico
synarchy ['sɪna:kɪ] s. sinarquia
synarthrodial [sɪna:'θrəʊdɪəl] adj. ANATOMIA sinartrodial
synarthrosis [sɪna:'θrəʊsɪs] s. (*pl.* -**throses**) ANATOMIA sinartrose
sync [sɪŋk] Ⓐ s. 1 sincronia; *in* ~ em sincronia, ao mesmo tempo; 2 [fig.] harmonia; *they are in* ~ estão em harmonia Ⓑ v.tr. (*prt. e part. pass.* **synced** ou **synched**, *part. pres.* **syncing** ou **synching**, *3.ª pess. sing. do pres.* **syncs** ou **synchs**) 1 sincronizar(-se); 2 harmonizar(-se) ❖ *out of* ~ desfasados
syncarp ['sɪnka:p] s. BOTÂNICA sincarpo
syncarpous [sɪn'ka:pəs] adj. BOTÂNICA sincárpico
synch [sɪŋk] s.,v.tr.,intr. ⇒ **sync**
synchondrosis [sɪŋkɒn'drəʊsɪs] s. (*pl.* -**oses**) ANATOMIA sincondrose, sincondrósis
synchromesh ['sɪŋkrəʊmeʃ] Ⓐ adj. sincronizado; *four* ~ *forward gears* quatro velocidades sincronizadas para a frente Ⓑ s. 1 engrenagem sincronizada; 2 caixa de velocidades sincronizada
synchronic [sɪŋ'krɒnɪk] adj. sincrónico
synchronicity [sɪŋkrə'nɪsɪtɪ] s. sincronismo
synchronism ['sɪŋkrənɪzəm] s. 1 sincronismo; 2 sincronia ❖ ~ *speed* velocidade de sincronismo; ELECTRICIDADE *in* ~ em sincronismo; ELECTRICIDADE *out of* ~ desfasado
synchronistic [sɪŋkrə'nɪstɪk] adj. sincrónico
synchronization [sɪŋkrənaɪ'zeɪʃən, sɪŋkrənɪ'zeɪʃən] s. sincronização ❖ ~ *signal* sinal de sincronização
synchronize ['sɪŋkrənaɪz] v.tr.,intr. 1 sincronizar; 2 coincidir no tempo; acontecer ao mesmo tempo; 3 suceder simultaneamente; 4 estabelecer correspondência de datas
synchronized ['sɪŋkrənaɪzd] adj. sincronizado
synchronizer ['sɪŋkrənaɪzə] s. sincronizador ❖ ~ *swimming* natação sincronizada

synchronizing ['sɪŋkrənaɪzɪŋ] Ⓐ s. sincronização Ⓑ adj. sincronizador; de sincronização; ELECTRICIDADE ~ *circuit* circuito sincronizador; ~ *device* dispositivo sincronizador ❖ RÁDIO ~ *pulse generator* gerador de pulsações sincronizadas
synchronological [ˌsɪŋkrɒnəˈlɒdʒɪkəl] adj. sincronológico
synchronous ['sɪŋkrənəs] adj. sincrónico, síncrono; ELECTRICIDADE ~ *condenser* condensador sincrónico; ELECTRICIDADE ~ *impedance* impedância sincrónica; ~ *switch* comutador sincrónico
synchronously ['sɪŋkrənəslɪ] adv. sincronamente, sincronicamente
synchrony ['sɪŋkrənɪ] s. sincronia, sincronismo
synchysis ['sɪŋkɪsɪs] s. LINGUÍSTICA, MEDICINA sínquise
synclinal [sɪŋˈklaɪnəl] adj. GEOLOGIA sinclinal, sinclínico, sinclínio
syncline ['sɪŋklaɪn] s. GEOLOGIA sinclinal
syncopal ['sɪŋkəpəl] adj. MEDICINA sincopal
syncopate ['sɪŋkəpeɪt] v.tr. sincopar
syncopated ['sɪŋkəpeɪtɪd] adj. sincopado; ~ *music* música sincopada
syncopation [sɪŋkəˈpeɪʃən] s. MÚSICA síncope
syncope ['sɪŋkəpɪ] s. LINGUÍSTICA, MEDICINA, MÚSICA síncope
syncotyledonous [sɪŋkɒtɪˈliːdənəs] adj. BOTÂNICA sincotiledóneo
syncretic [sɪŋˈkretɪk] adj. sincrético
syncretism ['sɪŋkrɪtɪzəm] s. sincretismo
syncretist ['sɪŋkrɪtɪst] adj.,s. sincretista
syncretistic [sɪŋkrɪˈtɪstɪk] adj. sincretístico
syndactilism [sɪnˈdæktɪlɪzəm] s. sindactilia
syndactyl [sɪnˈdæktɪl] adj. ZOOLOGIA sindáctilo
syndactylism [sɪnˈdæktɪlɪzəm] s. ⇒ **syndactyly**
syndactylous [sɪnˈdæktɪləs] adj. ZOOLOGIA sindáctilo
syndactyly [sɪnˈdæktɪlɪ] s. sindactilia
syndesmosis [sɪndɪsˈməʊsɪs] s. ANATOMIA sindesmose
syndic ['sɪndɪk] s. síndico
syndical ['sɪndɪkəl] adj. sindical
syndicalism ['sɪndɪkəlɪzəm] s. sindicalismo
syndicalist ['sɪndɪkəlɪst] adj.,s. sindicalista
syndicate[1] ['sɪndɪkeɪt] v.tr. 1 sindicalizar, organizar em sindicato; 2 vender (material informativo, etc.) à imprensa; distribuir
syndicate[2] ['sɪndɪkɪt] s. 1 sindicato; 2 consórcio; 3 corporação, conselho dos síndicos; 4 organização criminosa; 5 agência noticiosa
syndrome ['sɪndrəʊm] s. MEDICINA síndroma
syne [saɪn] adv. [ESC.] ⇒ **since** ❖ *auld lang* ~ os dias passados; os tempos que já lá vão
synecdoche [sɪˈnekdəkɪ] s. LITERATURA sinédoque
syneresis [sɪˈnɪərəsɪs] s. sinérese
synergia [sɪˈnɜːdʒɪə] s. sinergia
synergic [sɪˈnɜːdʒɪk] adj. sinérgico
synergy ['sɪnədʒɪ] s. sinergia
syngenesis [sɪnˈdʒenɪsɪs] s. singénese
syngenetic [sɪndʒɪˈnetɪk] adj. singenésico
synod ['sɪnəd] s. sínodo
synodal ['sɪnədl] adj. sinodal
synodic [sɪˈnɒdɪk] adj. sinódico
synodical [sɪˈnɒdɪkəl] adj. sinódico
synonym ['sɪnənɪm] s. LINGUÍSTICA sinónimo
synonymic [sɪnəˈnɪmɪk] adj. LINGUÍSTICA sinonímico
synonymics [sɪnəˈnɪmɪks] s. sinonímia
synonymist [sɪˈnɒnɪmɪst] s. sinonimista
synonymity [sɪnəˈnɪmɪtɪ] s. LINGUÍSTICA sinonímia
synonymize [sɪˈnɒnɪmaɪz] v.tr.,intr. 1 dar sinónimos de; 2 usar sinónimos
synonymous [sɪˈnɒnɪməs] adj. sinónimo [**with**, de]
synonymously [sɪˈnɒnɪməslɪ] adv. sinonimamente
synonymy [sɪˈnɒnɪmɪ] s. LINGUÍSTICA sinonímia
synop. [abrev. de synopsis]
synopsis [sɪˈnɒpsɪs] s. (pl. **-pses**) 1 sinopse; 2 sumário, resumo; 3 epítome
synoptic [sɪˈnɒptɪk] adj. sinóptico
synoptical [sɪˈnɒptɪkəl] adj. sinóptico
synoptically [sɪˈnɒptɪkəlɪ] adv. sinopticamente
synostosis [sɪnɒsˈtəʊsɪs] s. (pl. **-es**) ANATOMIA sinostose
synovia [sɪˈnəʊvɪə, saɪˈnəʊvɪə] s. ANATOMIA sinóvia

synovial [sɪˈnəʊvɪəl, saɪˈnəʊvɪəl] adj. sinovial
synovitis [ˌsɪnəʊˈvaɪtɪs, ˌsaɪnəʊˈvaɪtɪs] s. MEDICINA sinovite
synsepalous [sɪnˈsepələs] adj. BOTÂNICA sinsépalo
syntactic [sɪnˈtæktɪk] adj. LINGUÍSTICA sintáctico
syntactical [sɪnˈtæktɪkəl] adj. LINGUÍSTICA sintáctico
syntactically [sɪnˈtæktɪklɪ] adv. sintacticamente
syntagm ['sɪntæm] s. (pl. **-s**) LINGUÍSTICA sintagma
syntagma [sɪnˈtægmə] s. (pl. **syntagmata**) LINGUÍSTICA sintagma
syntagmatic [ˌsɪntəgˈmætɪk] adj. LINGUÍSTICA sintagmático
syntagmic [sɪnˈtægmɪk] adj. LINGUÍSTICA ⇒ **syntagmatic**
syntax ['sɪntæks] s. (pl. **-es**) LINGUÍSTICA sintaxe
synthesis ['sɪnθɪsɪs, 'sɪnθəsɪs] s. (pl. **-es**) síntese
synthesist ['sɪnθɪsɪst] s. pessoa que procede por síntese
synthesize ['sɪnθəsaɪz] v.tr. sintetizar
synthesizer ['sɪnθəsaɪzə] s. (geral) sintetizador
synthetic [sɪnˈθetɪk] Ⓐ adj. 1 sintético; ~ *cork* cortiça sintética; ~ *fibre* fibra artificial, fibra sintética; ~ *rubber* borracha sintética; ~ *wool* lã sintética; 2 artificial Ⓑ s. produto sintético ❖ ~ *silk* seda artificial; ~ *rock salt* sal-gema artificial
synthetical [sɪnˈθetɪkəl] adj. ⇒ **synthetic**
synthetically [sɪnˈθetɪklɪ] adv. sinteticamente
synthetist ['sɪnθɪtɪst] s. investigador que trabalha por síntese
syntonic [sɪnˈtɒnɪk] adj. sintónico
syntonism ['sɪntənɪzəm] s. sintonia
syntonization [sɪntənaɪˈzeɪʃən] s. sintonização
syntonize ['sɪntənaɪz] v.tr. sintonizar
syntonizing ['sɪntənaɪzɪŋ] s. sintonização ❖ ~ *condenser* condensador de sintonização
syntonous ['sɪntənəs] adj. MÚSICA sintónico
syntony ['sɪntənɪ] s. ELECTRICIDADE, MEDICINA sintonia
sypher ['saɪfə] v.tr. (carpintaria) ensamblar
syphilide ['sɪfɪlaɪd] s. sifílide
syphilis ['sɪfɪlɪs] s. MEDICINA sífilis
syphilitic [sɪfɪˈlɪtɪk] adj. sifilítico
syphilization [sɪfɪlaɪˈzeɪʃən] s. sifilização
syphilize ['sɪfɪlaɪz] v.tr. sifilizar
syphiloid ['sɪfɪlɔɪd] adj. sifilóide
syphiloma [sɪfɪˈləʊmə] s. MEDICINA sifiloma
syphilophobia [ˌsɪfɪləʊˈfəʊbɪə] s. sifilofobia
syphilosis [sɪfɪˈləʊsɪs] s. sifilismo
Syr. Ⓐ [abrev. de Syria] Ⓑ [abrev. de Syriac]
Syracusan [saɪərəˈkjuːzən] adj.,s. siracusano
Syracuse ['saɪərəkjuːz] s.top. Siracusa
Syria ['sɪrɪə] s.top. Síria
Syriac ['sɪrɪæk] Ⓐ adj. 1 siríaco; relativo à Síria ou aos Sírios; 2 relativo à linguagem dos Sírios Ⓑ s. siríaco, língua aramaica outrora falada pelos Sírios
Syrian ['sɪrɪən] adj.,s. sírio
syringa [sɪˈrɪŋgə] s. BOTÂNICA lilás
syringe [sɪˈrɪndʒ, 'sɪrɪndʒ] Ⓐ s. 1 seringa; ~ *for lubricating* seringa de lubrificação; 2 bomba; *garden* ~ bomba de jardim Ⓑ v.tr. 1 lavar com seringa; 2 injectar com seringa
syringeal [sɪˈrɪndʒɪəl] adj. ZOOLOGIA relativo à siringe
syringitis [sɪrɪnˈdʒaɪtɪs] s. MEDICINA siringite
syringomyelia [sɪrɪŋgəʊmaɪˈiːlɪə] s. MEDICINA siringomielia
syringomyelic [sɪrɪŋgəʊmaɪˈiːlɪk] adj. siringomiélico
syringotomy [ˌsɪrɪŋˈgɒtəmɪ] s. CIRURGIA siringotomia, tratamento das fístulas por incisão
syrinx ['sɪrɪŋks] s. (pl. **syrinxes** ou **siringes**) 1 ZOOLOGIA siringe; 2 MÚSICA flauta de cana, flauta-de-pã; 3 ANATOMIA trompa de Eustáquio
syrphid ['sɜːfɪd] adj. ZOOLOGIA sirfídeo
syrphus ['sɜːfəs] s. (pl. **-phi**) ZOOLOGIA sirfo
syrup ['sɪrəp] Ⓐ s. 1 (medicamento, bebida) xarope; *cough* ~ xarope para a tosse; *redcurrant* ~ xarope de groselha; 2 [coloq., depr.] sentimentalismo exagerado, pieguice Ⓑ v.tr. 1 reduzir a xarope; 2 cobrir de xarope
syrupy ['sɪrəpɪ] adj. 1 xaroposo; ~ *solution* solução xaroposa; 2 [coloq., depr.] xaroposo; piegas; sentimentalóide
sysop ['sɪsɒp] s. {contr. de **system+operator**} INFORMÁTICA [coloq.] operador de sistema
syssarcosis [sɪsɑːˈkəʊsɪs] s. ANATOMIA sissarcose

systaltic [sɪsˈtæltɪk] *adj.* MEDICINA sistáltico, sistólico

system [ˈsɪstəm] *s.* **1** sistema; *~ of government* sistema de governo; *~ of levers* sistema de alavancas; *~ of philosophy* sistema filosófico; *nervous ~* sistema nervoso; **2** rede; estrutura; conjunto organizado; *road ~* rede rodoviária; *~ of pipes* rede de tubos; **3** plano, processo, método; *to lack ~* não ter método; **4** organismo; *water is not bad for the ~* a água não faz mal ao organismo; **5** universo, mundo ❖ (construção) *~ building* edifício pré-fabricado; INFORMÁTICA *~ operator* servidor; INFORMÁTICA *systems analysis* análise de sistemas; INFORMÁTICA *systems analyst* analista de sistemas; *systems engineer* engenheiro de sistemas; *systems engineering* engenharia de sistemas; INFORMÁTICA *systems software* software de sistema; DIREITO *married under the dotal ~* casado sob regime dotal

systematic [ˌsɪstəˈmætɪk] *adj.* **1** sistemático; *~ nomenclature* nomenclatura sistemática; *~ opposition* oposição sistemática; **2** regular, metódico; *to be ~* ter método, proceder ordenadamente; **3** inveterado; compulsivo; *~ liar* mentiroso convulsivo ❖ (terapia) *~ desensitization* dessensibilização sistemática

systematically [ˌsɪstəˈmætɪklɪ] *adv.* **1** sistematicamente; **2** com regularidade; **3** metodicamente

systematics [ˌsɪstəˈmætɪks] *s.* sistemática

systematist [ˈsɪstəmətɪst] *s.* **1** sistematizador; **2** classificador

systematization [ˌsɪstɪmətaɪˈzeɪʃən] *s.* sistematização

systematize [ˈsɪstəmətaɪz] *v.tr.* **1** sistematizar; **2** reduzir a um sistema

systematizer [ˈsɪstəmətaɪzə] *s.* sistematizador

systemic [sɪsˈtemɪk] *adj.* **1** sistémico, do sistema; **2** orgânico; **3** MEDICINA sistémico, que afecta todo o organismo, generalizado, relativo a todo o organismo; *~ infection* infecção sistémica, infecção generalizada ❖ BIOLOGIA *~ circulation* grande circulação; circulação sistémica; MEDICINA *~ lupus erythematosus* lúpus eritematoso

systemize [ˈsɪstəmaɪz] *v.tr.* ⇒ **systematize**

systole [ˈsɪstəlɪ] *s.* sístole

systolic [sɪsˈtɒlɪk] *adj.* sistólico

systyle [ˈsɪstaɪl] *s.* ARQUITECTURA sístilo

syzygetic [ˌsɪzɪdʒetɪk] *adj.* ASTRONOMIA relativo a sizígia

syzygy [ˈsɪzɪdʒɪ] *s.* ASTRONOMIA sizígia

T

t [tiː] s. (pl. **ts** ou **t's**) **1** (letra) t, T; **2** T; objecto em forma de T ❖ (imunologia) **T cell** célula T; linfócito T; [coloq.] **to a T** exactamente; justamente; perfeitamente; como uma luva; sem tirar nem pôr; **to cross the ts/one's ts** ser muito minucioso

ta [tɑː] interj. [GB] [coloq.] obrigado!; **ta muchly!** muito obrigado!

Ta QUÍMICA [símbolo de tantalum]

TA [GB] [abrev. de Territorial Army]

taal [tɑːl] s. dialecto holandês sul-africano

tab [tæb] Ⓐ s. **1** aba; **2** presilha; alça; **3** etiqueta; marca; **4** apêndice; orelha; **5** (hotel, restaurante, bar) conta; **put it on my ~** ponha na minha conta; **6** [EUA] (abertura de lata) argola; **7** (texto) tabulação; **8** (tecla) tabulador; **9** MILITAR (oficiais do estado-maior) insígnia no colarinho; **10** [EUA] selo automóvel, colado na matrícula; **11** coloq.] (droga) pastilha; **12** [GB] [coloq.] cigarro Ⓑ v.tr. (prt. e part. pass. **-bb-**) **1** colocar uma etiqueta em; **2** tabular ❖ [coloq.] **to keep tabs on** controlar; não perder de vista; exercer vigilância sobre; [coloq.] **to pick up the ~** pagar a conta; pagar a factura; arcar com as despesas

tabard ['tæbəd, 'tæbɑːd] s. **1** HISTÓRIA tabardo; espécie de capote usado sobre a armadura dos cavaleiros; **2** manto de arauto

tabaret ['tæbərət] s. cetim listrado empregado no estofamento de móveis

tabasheer [tæbə'ʃɪə] s. tabaxir

tabashir [tæbə'ʃɪə] s. tabaxir

tabbed ['tæbd] adj. (costura) guarnecido de alças, presilhas, etc.

tabby ['tæbɪ] Ⓐ s. (pl. **-ies**) **1** tabi, variedade de tafetá ondeado; **2** gato malhado ou cinzento com listas pretas; **3** gata; **4** espécie de traça; **5** variedade de cimento Ⓑ v.tr. ondear como o tabi

tabefaction [tæbɪ'fækʃən] s. emaciação devida a doença

tabellion [tæ'belɪən] s. DIREITO [arc.] tabelião

taberdar ['tæbədəː] s. (Oxford) escolar do Queen's College

tabernacle ['tæbənækəl] s. **1** RELIGIÃO tabernáculo; **2** RELIGIÃO templo judeu; **3** RELIGIÃO lugar sagrado; **4** RELIGIÃO sacrário; **5** ARQUITECTURA nicho; **6** [fig.] corpo humano; **7** NÁUTICA suporte para o mastro ❖ RELIGIÃO **the Feast of Tabernacles** a Festa dos Tabernáculos

tabes ['teɪbiːz] s. MEDICINA tabes ❖ MEDICINA **dorsal ~** paralisia espinal progressiva

tabescence [tə'besəns] s. MEDICINA tabescência

tabescent [tə'besənt] adj. tabescente

tabetic [tə'betɪk] Ⓐ adj. MEDICINA tabético; relativo a tabes Ⓑ s. (doente) tabético

tabinet ['tæbɪnet] s. tecido de seda e lã

Tabitha ['tæbɪθə] s.antr. RELIGIÃO (Bíblia) Tabita

tablature ['tæblətʃə] s. **1** [arc.] imagem mental; **2** descrição gráfica

table ['teɪbəl] Ⓐ s. **1** (geral) mesa; **at ~** à mesa; **to lay/set the ~** pôr a mesa; **to clear the ~** levantar a mesa; **to book/reserve a ~** reservar uma mesa; **to keep a good ~** ter boa mesa; **to wait at table/tables** servir à mesa; (campismo) **collapsible ~** mesa de desarmar; **dinner/kitchen/operating/... ~** mesa de jantar/de cozinha/de operações/...; **2** (grupo de pessoas) comensais; **3** (oficina, etc.) banca; **4** tabela; quadro; tábua; lista; catálogo; **periodic ~** tabela periódica; **~ of square roots** tabela de raízes quadradas; **~ of temperatures** tabela de temperaturas; **~ of weights and measures** tabela de pesos e medidas; **5** MATEMÁTICA tabuada; **the five times ~** a tabuada dos cinco; **multiplication ~** tabuada de multiplicação; **6** MATEMÁTICA tábua; **~ of logarithms** tábua de logaritmos; **7** GEOGRAFIA mesa; planalto; **8** ARQUITECTURA moldura; **9** placa de pedra com letras gravadas; **10** chapa de metal; **11** (gema) mesa; faceta superior; **12** ANATOMIA (crânio) tábua; **13** ASTRONOMIA (constelação) mesa; **14** MÚSICA caixa de ressonância; **15** GEOLOGIA camada horizontal; **16** [ant.] távola; **King Arthur and the Knights of the Round Table** o rei Artur e os cavaleiros da Távola Redonda; **17** pl. HISTÓRIA (leis) tábuas; RELIGIÃO **the Tables of the Law** as Tábuas da Lei; (Roma) **the Twelve Tables** as Doze Tábuas Ⓑ v.tr. **1** colocar sobre a mesa, pôr na mesa; **to ~ one's cards** pôr as cartas na mesa; **2** [GB] (proposta, moção, questão, etc.) apresentar; **to ~ a motion** apresentar uma moção; **3** [EUA] (projecto de lei, decisão, proposta, medida, etc.) adiar a discussão de; **4** colocar numa tabela; fazer lista de; catalogar; **5** (carpintaria) entalhar, encaixar; **6** NÁUTICA reforçar (vela); **7** [arc.] dar de comer a Ⓒ v.intr. [arc.] comer, alimentar-se; partilhar a mesa ❖ **~ cover** toalha de mesa, usada fora das refeições; [GB] **~ football** futebol de mesa; matraquilhos; **~ lamp** candeeiro de mesa; (mesa) **~ leaf** tábua móvel; (restaurante) **~ licence** licença para servir álcool às refeições; (espiritismo) **~ lifting** levitação da mesa; **~ linen** conjunto de toalhas, guardanapos, etc.; **~ manners** comportamento à mesa; **~ mat** suporte de pratos quentes; **~ salt** sal de mesa; **~ talk** conversa durante as refeições; conversa à mesa; DESPORTO **~ tennis** ténis de mesa; pingue-pongue; **~ wine** vinho de mesa; (livro) **~ of contents** índice; **on the ~** na mesa; sobre a mesa; em consideração; [EUA] **on the ~** adiado; **the tables are turned** inverteu-se a situação de vencido e de vencedor; virou-se o feitiço contra o feiticeiro; **to turn the tables (on sb)** virar o feitiço contra o feiticeiro, virar o jogo; inverter as posições; [coloq.] **under the ~** debaixo/por baixo da mesa; secretamente

tableau ['tæbləʊ] s. (pl. **-x**) TEATRO quadro ❖ TEATRO **~ curtains** cortina que abre para o lado e fecha, unindo-se ao meio, na boca do palco; (representação) **tableaux vivants** quadros vivos

tablecloth ['teɪbəlklɒθ] s. toalha de mesa

table d'hôte [tɑːbəl'dəʊt] s. (hotel, restaurante) menu/refeição a preço fixo ❖ **~ dinner** jantar da casa

tableful ['teɪbəlfʊl] s. conteúdo de uma mesa cheia

tableland ['teɪbəlænd] s. planalto

tablespoon ['teɪbəlspuːn] s. colher de servir

tablespoonful ['teɪbəlˌspuːnfʊl] s. colherada, conteúdo de uma colher cheia

tablet ['tæblɪt] s. **1** FARMÁCIA comprimido, pastilha; **2** placa; tabuleta; **3** placa comemorativa; **4** HISTÓRIA (ardósia, cera, madeira, etc.) tabuinha; **5** pedaço de sabão; **6** (chocolate) tablete; **7** (papel) bloco ❖ **~ of colour** tinta em pasta; **votive ~** placa votiva; ex-voto

tabletop ['teɪbəlˌtɒp] s. tampo da mesa

tableware ['teɪbəlweə] s. (mesa) louça, talheres

tabling ['teɪblɪŋ] s. **1** (carpintaria) acto de entalhar ou ensamblar; **2** NÁUTICA reforço de vela, forra de vela; **3** número de massas disponíveis; **4** (parlamento) apresentação de projecto de lei; **5** [EUA] (parlamento) adiamento de projecto de lei

tabloid ['tæblɔɪd] Ⓐ s. (jornal) tablóide Ⓑ adj. (imprensa) sensacionalista ❖ [depr.] **~ journalism** jornalismo sensacionalista; [depr.] **~ press** imprensa sensacionalista; TELEVISÃO [coloq.] **~ TV** programas sensacionalistas

taboo [tə'buː] Ⓐ s. **1** tabu; **2** proibição; impedimento Ⓑ adj. **1** tabu; **that is ~** isso é tabu; **2** proibido; **3** sagrado Ⓒ v.tr. proscrever; interditar; proibir; **the subject was tabooed** não se tocava no assunto; era um assunto tabu

tabooing [tə'buːɪŋ] s. **1** proibição, interdição; **2** banimento; **3** acto de declarar tabu

tabor ['teɪbə, 'teɪbɔː] s. MÚSICA tamborim; pequeno tambor destinado geralmente ao acompanhamento de flauta

Taborites ['tæbəraɪts] s.pl. Taboritas, seita de hussitas do séc. XV

tabouret ['tæbərɪt, 'tæburɪt] s. 1 tamborete, pequeno banco sem braços nem costas; 2 bastidor de bordar
tabula ['tæbjʊlə] s. (pl. -ae) ANATOMIA superfície lisa e áspera de osso ❖ FILOSOFIA ~ *rasa* tábua rasa
tabular ['tæbjʊlə] adj. 1 tabular; em forma de tabela; disposto em tabelas; 2 calculado por meio de tabelas; calculado por meio de tábuas; 3 GEOGRAFIA tabular; 4 laminar; disposto em lamelas; 5 raso
tabulate[1] ['tæbjʊleɪt] v.tr. 1 dispor em tábuas ou tabelas; 2 classificar; 3 catalogar; 4 dar superfície plana
tabulate[2] ['tæbjʊlɪt] adj. 1 laminar; 2 em forma de lamela; 3 que tem uma superfície plana
tabulated ['tæbjʊleɪtɪd] adj. 1 em lamelas, em lâminas; 2 disposto em tábuas ou tabelas
tabulation [,tæbjʊ'leɪʃən] s. 1 classificação; 2 catalogação; 3 disposição em tabelas
tabulator ['tæbjʊleɪtə] s. (máquina de escrever, etc.) tabulador
tacamahac ['tækəməhæk] s. 1 BOTÂNICA tacamaca; tacamaqueiro; 2 resina da tacamaca
tac-au-tac [,tækəʊ'tæk] s. 1 DESPORTO (esgrima) rápida sucessão de ataques e paradas; 2 parada combinada com ataque
tace ['teɪsɪ] interj. caluda!, silêncio!
tacet ['teɪset, 'tæset] v.intr. MÚSICA indicar silêncio de voz ou de instrumento
tach [tɑːʃ, tæʃ] s. RELIGIÃO (Bíblia) fecho, fivela, colchete
tache [tɑːʃ, tæʃ] s. RELIGIÃO (Bíblia) fecho, fivela, colchete
tacheometer [,tækɪ'ɒmɪtə] s. taqueómetro ❖ *recording* ~ taqueógrafo
tacheometric [,tækɪə'metrɪk] adj. taqueométrico
tacheometry [,tækɪ'ɒmətrɪ] s. taqueometria
tachism ['tæʃɪzəm] s. ARTES PLÁSTICAS tachismo
tachisme ['tæʃɪzəm] s. ARTES PLÁSTICAS tachismo
tachist ['tæʃɪst] adj.,s. ARTES PLÁSTICAS tachista
tachograph ['tækəgrɑːf] s. tacógrafo
tachometer [tæ'kɒmɪtə] s. tacómetro ❖ ~ *scale* escala do tacómetro
tachometry [tæ'kɒmətrɪ] s. tacometria
tachycardia [,tækɪ'kɑːdɪə] s. MEDICINA taquicardia
tachygraph ['tækɪgrəf] s. 1 texto taquigrafado, sobretudo entre os antigos Gregos e Romanos; 2 taquígrafo
tachygrapher [tæ'kɪgrəfə] s. taquígrafo
tachygraphist [tæ'kɪgrəfɪst] s. ⇒ **tachygrapher**
tachygraphy [tæ'kɪgrəfɪ] s. taquigrafia, estenografia (sobretudo entre os antigos Gregos e Romanos)
tachylite ['tækɪlaɪt] s. MINERALOGIA taquilito
tachylyte ['tækɪlaɪt] s. MINERALOGIA taquilito
tachymeter [tæ'kɪmɪtə] s. taquímetro, tacómetro
tachymetry [tæ'kɪmɪtrɪ] s. taquimetria
tacit ['tæsɪt] adj. 1 tácito; ~ *consent* consentimento tácito; 2 implícito, subentendido
Tacitean [,tæsɪ'tɪən] adj. 1 semelhante a Tácito; 2 à maneira de Tácito
tacitly ['tæsɪtlɪ] adv. tacitamente, implicitamente
taciturn ['tæsɪtɜːn] adj. 1 taciturno; 2 de poucas palavras; 3 reservado
taciturnity [,tæsɪ'tɜːnɪtɪ] s. taciturnidade
taciturnly ['tæsɪtɜːnlɪ] adv. taciturnamente
Tacitus ['tæsɪtəs] s.antr. Tácito
tack [tæk] Ⓐ s. 1 (prego) tacha; brocha; 2 [EUA] ⇒ **thumbtack**; 3 orientação; linha de acção; estratégia, táctica, política; caminho, rumo; *to be on the wrong* ~ estar em mau caminho, estar no caminho errado; *to go off on a new* ~ tomar outro rumo; *to try another* ~ tentar outro caminho, procurar outra solução; *to change* ~ mudar de caminho, mudar de estratégia; 4 NÁUTICA direcção em relação ao vento; rumo; *on the port/starboard* ~ com o vento de bombordo/estibordo; 5 NÁUTICA mudança de direcção; percurso elaborado numa mudança de direcção; 6 NÁUTICA bordada, trajecto enviesado de barco à vela que navega contra o vento; navegação em ziguezague; *to make a* ~ correr uma bordada; 7 NÁUTICA (cabo) amura; bolina; escota; *fore tacks* amuras do traquete; *main* ~ escota da vela grande; *preventer tacks* contra-amuras; 8 (costura) alinhavo, ponto largo só para alinhavar; *to take out the tacks* tirar os alinhavos; 9 carácter pegajoso; 10 material de equitação; 11 [coloq.] porcarias; coisas foleiras; pirosices; 12 alimento de fraca qualidade Ⓑ v.tr.,intr. 1 pregar com tachas; pregar com brochas; 2 prender; fixar, firmar; afixar; 3 juntar à sorte; 4 adicionar, acrescentar; 5 mudar de orientação; mudar de conduta; mudar de estratégia; 6 NÁUTICA virar de bordo; *to* ~ *the ship* virar de bordo; 7 NÁUTICA velejar em ziguezague; 8 (costura) alinhavar ❖ *to come/get down to brass tacks* tratar do que importa
◆**tack on** v.tr. acrescentar à pressa [**to**, a]
tackboard ['tækbɔːd] s. placar informativo
tackies ['tækɪz] s.pl. [coloq.] sapatos com sola de borracha
tackiness ['tækɪnɪs] s. 1 viscosidade, aspecto pegajoso; 2 [coloq.] mau aspecto; 3 [coloq.] pirosice, parolice, cafonice_Bras._
tacking ['tækɪŋ] s. 1 alinhavo; 2 NÁUTICA viragem de bordo ❖ (costura) ~ *stitch* alinhavo
tackle ['tækəl] Ⓐ v.tr.,intr. 1 (problema) enfrentar, procurar resolver; combater, atacar; dominar; 2 agarrar, deitar a mão a; fazer parar, deter; 3 DESPORTO tentar tirar a bola a; entrar sobre; 4 DESPORTO (râguebi, futebol americano) placar; *he tackled his opponent* ele placou o adversário; 5 (problema) confrontar; *to* ~ *sb about sth* confrontar alguém com determinado problema; 6 lutar com; 7 (animal) aparelhar, arrear; selar; atrelar Ⓑ s. 1 apetrechos; aparelhagem; equipamento; *fishing* ~ apetrechos de pesca; 2 DESPORTO (futebol) entrada; 3 DESPORTO (râguebi, futebol americano) placagem; 4 roldana; polé; guincho; cadernal, talha; *double* ~ talha dobrada; *luff* ~ talha singela; 5 NÁUTICA moitão; estralheira; molinete; polé; *stay* ~ polé de estai; 6 NÁUTICA aparelho de navio; aprestos de navio; *fore* ~ aparelho do mastro do traquete; 7 NÁUTICA cordame, cordoalha; 8 [GB] [cal.] genitais masculinos
tackler ['tæklə] s. 1 DESPORTO (râguebi) jogador que placa um adversário; 2 trabalhador numa plantação de algodão
tackling ['tæklɪŋ] s. 1 acto de prender, de fazer parar; 2 DESPORTO (râguebi) placagem (de adversário)
tacky ['tækɪ] adj. (comp. **-ier**, superl. **-iest**) 1 pegajoso, viscoso; 2 [coloq.] com mau aspecto; desleixado; 3 [coloq.] piroso, parolo, de mau gosto, cafona_Bras._
taco ['tɑːkəʊ] s. CULINÁRIA (comida mexicana) taco
tact [tækt] s. tacto; delicadeza; diplomacia; *without* ~ sem tacto; *to be wanting in* ~ não ter tacto; *if you use tact, maybe he won't say "no"* se usares de diplomacia, pode ser que ele aceite
tactful ['tæktfʊl] adj. 1 de tacto, cheio de tacto; 2 delicado, diplomático
tactfully ['tæktfʊlɪ] adv. com tacto, com delicadeza, com diplomacia; *to deal* ~ *with* tratar com diplomacia
tactic ['tæktɪk] s. ⇒ **tactics**
tactical ['tæktɪkəl] adj. táctico; estratégico ❖ ~ *bombing* bombardeamento aéreo táctico; MILITAR ~ *exercises* exercícios tácticos; ~ *plan* estratégia; POLÍTICA ~ *voting* voto útil
tactically ['tæktɪklɪ] adv. tacticamente; do ponto de vista táctico; sob o aspecto táctico ❖ POLÍTICA *to vote tactically* optar pelo voto útil
tactician [,tæk'tɪʃən] s. táctico, estratego
tactics ['tæktɪks] s. 1 táctica; 2 MILITAR estratégia; 3 pl. meios, métodos, processos; *I cannot approve those* ~ não posso aprovar esses processos
tactile ['tæktaɪl] adj. 1 táctil; ~ *perceptions* percepções tácteis; 2 (tecido, etc.) com um toque agradável; 3 palpável, tangível ❖ INFORMÁTICA ~ *display* ecrã táctil
tactility [tæk'tɪlɪtɪ] s. tactilidade
tactism ['tæktɪzəm] s. BIOLOGIA tactismo; taxia
tactless ['tæktləs] adj. 1 sem tacto, sem delicadeza, sem diplomacia; 2 sem habilidade, sem discernimento
tactlessly ['tæktləslɪ] adv. 1 sem tacto; 2 sem habilidade; 3 indiscretamente; 4 precipitadamente
tactlessness ['tæktləsnɪs] s. 1 falta de tacto, falta de diplomacia, falta de senso; 2 precipitação; 3 indelicadeza
tactual ['tæktʃʊəl] adj. táctil
tactually ['tæktʃʊəlɪ] adv. tactilmente
tad [tæd] s. [coloq.] bocado, pouco; *a* ~ *boring* um bocado chato
tadpole ['tædpəʊl] s. ZOOLOGIA girino ❖ ZOOLOGIA ~ *fish* rainúnculo-negro
Tadzhik ['tɑːdʒɪk] Ⓐ adj. do Tajiquistão Ⓑ s. habitante ou natural do Tajiquistão

Tadzhikistan [tɑːˌdʒiːkɪˈstɑːn] s.top. Tajiquistão
tae kwon do [ˌtaɪkwɒnˈdəʊ] s. DESPORTO taekwondo
tael [teɪl, ˈteɪəl] s. 1 tael, unidade de peso chinesa correspondente a 37,8 gramas; 2 moeda de prata chinesa com o mesmo peso
taenia [ˈtiːnɪə] s. (pl. -ae) 1 ténia, bicha-solitária; 2 ARQUITECTURA lintel que separa o friso da arquitrave; 3 fita usada no cabelo na antiga Grécia e Roma; 4 ANATOMIA fita de tecido nervoso
taeniacide [ˈtiːnɪəsaɪd] s. tenicida
taenifuge [ˈtiːnɪfjuːdʒ] adj.,s. tenicida
TAF [abrev. de Tactical Air Force]
tafferel [ˈtæfərɪl] s. ⇒ **taffrail**
taffeta [ˈtæfɪtə] s. (tecido) tafetá
taffrail [ˈtæfreɪl, ˈtæfrɪl] s. NÁUTICA corrimão de popa, balaústre de popa
taffy [ˈtæfɪ] s. (pl. -ies) ⇒ **toffee**
Taffy [ˈtæfɪ] s. [cal.] (ofensivo) galês, habitante ou natural do País de Gales ❖ *Taffy's day* dia de S. David (1 de Março)
tag [tæɡ] Ⓐ s. 1 etiqueta; 2 [depr.] (generalização) etiqueta, rótulo; 3 etiqueta electrónica; pulseira electrónica; 4 INFORMÁTICA etiqueta; 5 epíteto; designação identificadora; 6 (jogo infantil) apanhada, caçadinhas; 7 agulheta; ponta metálica de cordão; 8 ZOOLOGIA extremidade de cauda de animal; 9 ponta solta e esfarrapada; farrapo; 10 apêndice; 11 tufo emaranhado de lã; 12 madeixa de cabelos; 13 (pesca) apêndice de mosca artificial; 14 velha citação; lugar-comum; frase-feita; *as the old ~ has it* como diz o velho provérbio; *that is one of his favourite tags* essa é uma das suas expressões favoritas; 15 parte final de um discurso; estribilho; refrão; 16 LINGUÍSTICA interrogativa "tag"; 17 [EUA] (graffiti) *tag*; assinatura de artista de graffiti; 18 [EUA] selo automóvel, colado na matrícula; 19 [EUA] [coloq.] (automóvel) matrícula; 20 multa de trânsito; 21 [arc.] ralé, gentalha Ⓑ v.tr.,intr. (particípios: -gg-) 1 etiquetar, pôr uma etiqueta em; *to ~ a trunk* pôr uma etiqueta numa mala; 2 [depr.] (generalização) etiquetar, rotular; classificar; 3 colocar uma etiqueta electrónica em; colocar uma pulseira electrónica em; 4 INFORMÁTICA colocar uma etiqueta em; 5 colocar o preço em; 6 [coloq.] seguir de perto e persistentemente; 7 responsabilizar; acusar; 8 (trânsito) multar; 9 juntar; adicionar; acrescentar; 10 (graffiti) pintar assinatura num local proibido; cobrir de graffiti; 11 rimar, achar rima para; *to ~ lines* rimar versos; *those words don't ~* essas palavras não rimam; 12 (carneiro) cortar a lã emaranhada; 13 (jogo infantil) tocar em, caçar; 14 colocar ponta metálica em cordão ❖ *~ end* último bocado; parte pendurada; *~ line* ponto culminante de uma anedota; slogan; LINGUÍSTICA *~ question* interrogativa "tag"
◆**tag along** v.intr. ir atrás, andar atrás; seguir; acompanhar
◆**tag on** Ⓐ v.tr. juntar [**to**, a]; adicionar [**to**, a]; acrescentar [**to**, a] Ⓑ v.intr. [GB] ir atrás [**to**, de]
Tagala [təˈɡɑːlə] s. ⇒ **Tagalog**
Tagalog [təˈɡɑːlɒɡ] Ⓐ adj. tagalo; relativo às Filipinas Ⓑ s. 1 tagalo; 2 natural ou habitante das Filipinas; 3 dialecto malaio falado nas Filipinas
Tagals [təˈɡɑːlz] s.pl. Tagalos, povo das Filipinas resultante do cruzamento de malaios com chineses e negros
tagetes [tæˈdʒiːtiːz] s. BOTÂNICA tagete
tagger [ˈtæɡə] s. 1 [cal.] grafiteiro que assina o nome nos graffitis; 2 (jogo do gato) gato; 3 pl. ferro em chapas delgadas, estanhado ou não ❖ *black taggers* ferro em chapa delgada não estanhado
tagliatelle [ˌtæljəˈtelɪ] s. CULINÁRIA (comida italiana) tagliatela
tagmeme [ˈtæɡmiːm] s. LINGUÍSTICA tagmema
Tagus [ˈteɪɡəs] s.top. Tejo
Tahiti [təˈhiːtɪ] s.top. Taiti
Tahitian [təˈhiːtɪən] adj.,s. taitiano
tail [teɪl] Ⓐ s. 1 ZOOLOGIA cauda, rabo; 2 (vestido, avião, cometa) cauda; 3 parte traseira; rabo; canto; extremidade; cabo; apêndice; *the ~ of the eye* o canto do olho; 4 retaguarda; parte final; ponta; *the ~ of a procession* a retaguarda de um cortejo; 5 [coloq.] encalço; rasto; *to be on sb's ~* andar no encalço de alguém; 6 [coloq.] (vigilância) detective; espião; *to put a ~ on sb* mandar uma pessoa seguir alguém; 7 [coloq.] rabo, traseiro; nádegas; 8 trança de cabelo; rabicho; 9 fila, bicha; 10 comitiva, séquito; 11 TIPOGRAFIA parte inferior da página, fundo da página; *~ margin* margem inferior; 12 DIREITO limitação de propriedade; propriedade vinculada; 13 [EUA] [cal.] queca; 14 [EUA] [cal.] rata; 15 pl. (camisa) fralda; 16 pl. (moeda) coroa, reverso, verso; *heads or tails?* cara ou coroa?; 17 pl. VESTUÁRIO fraque; *to wear tails* ir de fraque Ⓑ v.tr.,intr. 1 [coloq.] seguir de perto e persistentemente; andar no encalço de; *the murderer was being tailed by the policemen* os polícias seguiam de perto o assassino; *to ~ after sb* seguir logo atrás de alguém; 2 formar uma fila; 3 retirar o pedúnculo a; 4 cortar a cauda de; 5 caminhar na cauda de, seguir no fim de; *to ~ a procession* seguir na cauda de um cortejo; 6 unir pelas extremidades; amarrar pela extremidade; 7 colocar uma cauda em, colocar um rabo em; 8 (construção) embutir (trave/viga/tijolo/...) numa parede; 9 NÁUTICA virar; ter a popa apontada em determinada direcção; *to ~ to the tide* virar com os movimentos das marés © adj. de trás; traseiro; da parte de trás; da cauda; (helicóptero) *~ rotor* rotor traseiro; *~ rudder* leme da cauda; *~ wind* vento traseiro, vento de cauda ❖ *~ end* parte final; última parte; rabo; *~ feather* pena da cauda, rectriz; *~ hair* crina da cauda; (automóvel) *~ lamp/light* luz da retaguarda; farol traseiro; (acontecimento, história, etc.) *a sting in the ~* uma surpresa desagradável no final; *can't make head nor/or ~ of it* não perceber patavina de; não conseguir perceber; *the ~ wagging the dog* situação em que é o menos importante que decide; *to be chasing one's ~* fazer muitas coisas ao mesmo tempo, mas com pouco sucesso; (estrada) *to be (sitting) on sb's ~* guiar muito perto da traseira (do veículo) de alguém; *(to leave/go off/...) with one's ~ between one's legs* (ir embora/sair/...) com o rabo/rabinho entre as pernas; *to put one's ~ between one's legs* meter o rabo/rabinho entre as pernas; *to turn ~* fugir; virar as costas; *to twist sb's ~* arreliar alguém; irritar alguém; *with one's ~ up* confiante; animado; contente
◆**tail away/off** v.intr. 1 (números, interesse, etc.) baixar, diminuir, declinar; 2 (som) ir enfraquecendo, até se deixar de ouvir; ir esmorecendo; ir afrouxando
◆**tail back** v.intr. [GB] (trânsito) formar uma fila [**to**, até]; estender-se [**to**, até]
tailback [ˈteɪlbæk] s. fila de trânsito
tailboard [ˈteɪlbɔːd] s. [GB] (veículo) parte traseira móvel (para cargas e descargas); taipal; comporta de descarga
tailbone [ˈteɪlbəʊn] s. ANATOMIA cóccix
tailcoat [ˈteɪlkəʊt] s. VESTUÁRIO casaca; fraque
tailed [teɪld] adj. [geralm. em compostos] com cauda; de cauda, caudífero; *long-tailed* de cauda comprida; *short-tailed* de cauda curta; *a furry-tailed animal* um animal de cauda peluda
tailfin [ˈteɪlfɪn] s. ZOOLOGIA barbatana caudal
tailgate [ˈteɪlɡeɪt] Ⓐ s. 1 porta da mala do carro; 2 (via navegável) comporta de descarga Ⓑ v.tr.,intr. (carros) ir mesmo colado (a outro)
tailing [ˈteɪlɪŋ] s. 1 extremidade de tijolo, pedra ou trave encaixada na parede; 2 pl. resíduos, escória, refugo
tailless [ˈteɪləs] adj. sem cauda, sem rabo ❖ AERONÁUTICA *~ aircraft* avião sem cauda
tailor [ˈteɪlə] Ⓐ s.m. alfaiate Ⓑ v.tr. 1 (fatos) talhar, fazer (à medida), alfaiatar; 2 adequar, ajustar, adaptar [**to**, a] © v.intr. alfaiatar, trabalhar como alfaiate ❖ *tailor's dummy* manequim de alfaiate; [fig.] joguete, fantoche, ANATOMIA (músculo) *tailor's muscle* costureiro; *tailor's twist* fio forte de seda usado por alfaiate; *the ~ makes the man* o hábito faz o monge
tailored [ˈteɪləd] adj. 1 de alfaiate, feito por alfaiate; 2 de corte justo; 3 feito para determinado fim
tailoress [ˈteɪlərɪs] s.f. modista, costureira
tailoring [ˈteɪlərɪŋ] s. 1 ofício de alfaiate; 2 corte, trabalho de alfaiate
tailor-made [ˈteɪləmeɪd] adj. 1 (roupa) feito à medida; 2 [fig.] feito [**for**, para]; 3 [fig.] concebido especificamente [**for**, para]
tailpiece [ˈteɪlpiːs] s. 1 final, remate; 2 apêndice; 3 TIPOGRAFIA vinheta; 4 (construção) viga com extremidade embutida na parede
tailpipe [ˈteɪlpaɪp] s. 1 tubo de escape; 2 AERONÁUTICA tubo de aspiração de bomba
tailplane [ˈteɪlpleɪn] s. AERONÁUTICA estabilizador
tailrace [ˈteɪlreɪs] s. 1 canal que transporta água vinda de roda de moinho ou turbina; 2 canal que transporta resíduos de uma mina em água

tailskid ['teɪlskɪd] *s.* AERONÁUTICA bequilha
tailspin ['teɪlspɪn] Ⓐ *s.* **1** AERONÁUTICA (descida em espiral) parafuso; **2** [fig.] (preços, etc.) descida a pique; **3** [coloq.] pânico; grande confusão Ⓑ *v.intr.* (*prt.* **-spun**, *part. pass.* **-spun**) cair a pique
tain [teɪn] *s.* folha de estanho (para espelhos)
taint [teɪnt] Ⓐ *s.* **1** mancha; nódoa; *without ~ of* sem mancha de; **2** [fig.] defeito, vício; **3** [fig.] (desequilíbrio mental) tara; *hereditary ~* tara hereditária; *there is a ~ of insanity in the family* há uma tendência para a loucura na família; **4** [fig.] corrupção Ⓑ *v.tr.,intr.* **1** contaminar, infectar; **2** (água, ar, etc.) poluir; **3** (comida) estragar-se; apodrecer; *meat taints easily in hot weather* a carne estraga-se facilmente com o calor; **4** (reputação) manchar
tainted ['teɪntɪd] *adj.* **1** contaminado, infectado; **2** (comida) estragado; *~ fish* peixe estragado; **3** sujo; manchado; impuro ❖ *~ goods* mercadorias provenientes de mão-de-obra não sindicalizada
taintless ['teɪntləs] *adj.* **1** imaculado, sem mácula; **2** puro; **3** inocente
Taiwan [ˌtaɪˈwɑːn] *s.top.* Taiwan
Taiwanese [ˌtaɪwɑːˈniːz] Ⓐ *adj.* taiwanês; de Taiwan Ⓑ *s.* (pessoa) taiwanês
Tajik ['tɑːdʒɪk] Ⓐ *adj.* do Tajiquistão Ⓑ *s.* habitante ou natural do Tajiquistão
Tajikistan [tɑːˌdʒiːkɪˈstɑːn] *s.top.* Tajiquistão
taka ['tɑːkə] *s.* (moeda do Bangladesh) taka
take [teɪk] Ⓐ *v.tr.* (*prt.* **took**, *part. pass.* **taken**) **1** levar; *~ these letters to the post* leve estas cartas ao correio; **2** tirar, retirar; levar; **3** pegar em; agarrar (em); tomar; deitar a mão a; segurar (em); *who has taken my gloves?* quem pegou nas minhas luvas?; *to ~ sb's hand* pegar na mão de alguém; *to ~ sb's arm* tomar o braço de alguém; *to ~ sb in one's arms* tomar alguém nos braços, abraçar alguém; *to ~ sb by the throat* agarrar alguém pela garganta; **4** tirar; ficar com; escolher, seleccionar; **5** (acção) dar, tomar, ter, fazer; *to ~ a look* dar uma olhadela; *to ~ a bath* tomar um banho; *to ~ a walk* dar um passeio; *to ~ a break* fazer um intervalo; *~ care not to do it* cuidado para não fazer isso; **6** (tempo, dinheiro, energia, esforço, etc.) levar; demorar; exigir, requerer; ser necessário, precisar, necessitar; gastar, ocupar; *how long is it going to take?* quanto tempo vai demorar?; *it took a lot of effort* exigiu muito esforço; **7** receber; aceitar; reagir a; **8** aceitar; aproveitar; pegar em; usar; assumir; *to ~ sb's advice* aceitar os conselhos de alguém, seguir o conselho de alguém; *to ~ all responsibility* assumir toda a responsabilidade; *to ~ sth lying down* aceitar algo sem protesto; **9** suportar; tolerar; aguentar; **10** (transporte) apanhar; **11** levar [**to**, a]; conduzir [**to**, a]; acompanhar [**to**, a]; fazer chegar [**to**, a]; **12** (caminho, estrada, etc.) seguir, tomar, apanhar; *to ~ the wrong road* enganar-se no caminho; *which road do you ~ to go to Lisbon?* que estrada toma para ir para Lisboa?; **13** (educação) estudar; ter (uma disciplina); **14** (teste) fazer; **15** (fotografia) tirar; **16** (adequação, capacidade) levar; comportar; ter espaço para; **17** obter; recolher; **18** considerar; tomar; encarar; *I shall ~ it as a great favour* considerarei isso como um grande favor; *you must ~ things as you find them/as they are* tem de encarar as coisas como elas são; *to ~ things easy* encarar as coisas com calma; *to ~ sth very seriously* levar algo muito a sério; **19** julgar; achar; supor, imaginar, presumir; admitir; *how old do you ~ her to be?* quantos anos julga que ela tem?; *I took them to be honest* julguei que eram honestos; **20** compreender, perceber, entender; interpretar; concluir, depreender; partir do princípio de que; *as I ~ it...* quanto a mim..., segundo me parece...; *do you ~ me?* está a compreender-me?; *how would you ~ this passage?* como é que interpretaria este passo?; *to ~ sb in the wrong way* compreender mal alguém; **21** (sentimento) ter; ficar com; sentir; *to ~ pity on* ter pena de; *to ~ pride in* ter orgulho em, orgulhar-se de; **22** ganhar; alcançar; conquistar; *to ~ the first prize* ganhar o primeiro prémio; **23** (controlo) tomar; dominar; fazer; assumir; *to ~ a fortress* tomar uma fortaleza; *to ~ charge of* assumir o controlo de, encarregar-se de; *to ~ sb prisoner* fazer alguém prisioneiro, aprisionar alguém; *to ~ the chair* tomar a presidência, presidir; **24** apanhar, capturar, prender, aprisionar; *to ~ hares* apanhar lebres (com armadilhas);

25 (no organismo) tomar; comer; beber; *to ~ medicine* tomar um medicamento; *to ~ breath* tomar fôlego; *to ~ a glass of port* tomar um cálice de vinho do Porto; *to ~ drugs* drogar-se; **26** (açúcar, leite, etc.) querer; *do you ~ sugar?* quer açúcar?; **27** tirar; subtrair [**from**, a]; *if you ~ 3 from 9 you have 6 left* 9 menos 3 é igual a 6; **28** (dinheiro) receber; levar; **29** escrever, anotar, tomar nota de, registar; tomar; tirar; *to ~ notes* tirar apontamentos; *did you ~ my number?* anotaste o meu número?; **30** ensinar; ser professor [**for**, de]; **31** apoderar-se de; apropriar-se de; aproveitar-se de; *he is always taking other people's ideas* ele está sempre a aproveitar-se das ideias dos outros; **32** [lit.] (sexo) tomar, possuir; **33** (vida) acabar com, pôr termo a; **34** atrair a atenção de; agradar, encantar, cativar; **35** receber; comprar com regularidade; assinar; **36** adquirir; **37** [coloq.] enganar, levar_{coloq.}; **38** apanhar; encontrar; *to ~ sb by surprise* apanhar alguém de surpresa; **39** arrendar, alugar; *he took the flat for six months* ele alugou o andar por seis meses; *to ~ a farm* arrendar uma quinta; **40** (doença) apanhar, contrair; **41** acertar em, atingir; **42** fotografar Ⓑ *v.intr.* **1** fazer efeito; *the vaccine didn't ~* a vacina não teve resultado positivo, a vacina não pegou_{coloq.}; **2** ter êxito, ser bem sucedido; *the book didn't ~* o livro não agradou; **3** ser fotografado; *he does not ~ well* ele não fica bem nas fotografias; *to ~ a bad/good picture* não ser/ser fotogénico; **4** engatar; prender; **5** BOTÂNICA ganhar raízes; dar-se; **6** (tinta, cor, etc.) fixar-se; **7** ir; seguir; **8** ficar; *to ~ sick* ficar doente, adoecer Ⓒ *s.* **1** [EUA] COMÉRCIO receita, dinheiro recebido; **2** opinião; parecer [**on**, acerca de]; *what's your take?* que te parece?; **3** abordagem; perspectiva; **4** CINEMA take, filmagem de um plano; **5** MÚSICA take, gravação feita de uma só vez; **6** (quantidade apanhada) pescaria; caçada; **7** [coloq.] tentativa; **8** TIPOGRAFIA quantidade de trabalho composto de cada vez ❖ *~ it or leave it* é pegar ou largar; *~ sb/sth (for example)* vejamos o caso de alguém/algo (por exemplo); [coloq.] *that takes the biscuit/cake* é o cúmulo; [coloq.] *to be on the ~* receber subornos; *to be taken ill/sick* adoecer; [coloq.] *to have what it takes* reunir as qualidades necessárias; *to ~ sb's point* aceitar os argumentos de alguém; *to ~ sb's word for it/to ~ it from sb/to ~ sb at their word* acreditar na palavra de alguém; ir por alguém; fiar-se em alguém; [GB] [coloq.] *to ~ some doing* dar muito trabalho; ser muito difícil; *to ~ sth for granted* aceitar algo como verdadeiro; aceitar algo como garantido; considerar algo um dado adquirido; *to ~ sth to bits/pieces* desmontar algo; desfazer algo; *you may ~ it from me* pode acreditar em mim; acredite que é assim; sou eu que lho digo

◆ **take aback** *v.tr.* surpreender; *to be taken aback (at/by)* ficar surpreendido (com)
◆ **take after** *v.tr.* **1** sair a; parecer-se com; puxar a; **2** [EUA] [coloq.] ir atrás de
◆ **take against** *v.tr.* [GB] começar a antipatizar com; tomar de ponta
◆ **take along** *v.tr.* levar consigo
◆ **take apart** *v.tr.* **1** desmontar; tirar as peças de; **2** virar de pernas para o ar; **3** [coloq.] (derrota) massacrar; humilhar; **4** (mentira, teoria, etc.) desmontar; demolir; deitar por terra; **5** atacar; **6** [coloq.] (crítica) criticar violentamente; massacrar; arrasar
◆ **take around/round** *v.tr.* (local) levar a ver; mostrar
◆ **take aside** *v.tr.* (falar em privado) puxar à parte
◆ **take away** *v.tr.* **1** levar (embora/daqui); tirar (daqui); fazer desaparecer; *take the letter away* leva daqui a carta; **2** tirar, retirar; **3** [GB] (comida) levar (para comer em casa); **4** afastar [**from**, de]; roubar o tempo (de alguém) [**from**, em/para]; **5** subtrair [**from**, a] ❖ *to ~ from sth's value* desvalorizar algo; depreciar algo; *to take one's breath away* deixar alguém estupefacto
◆ **take back** *v.tr.* **1** devolver; **2** recuperar, conseguir de volta; trazer de volta; **3** aceitar de volta; **4** (comentário, insulto, etc.) retirar; *to ~ one's words* retirar o que se disse; **5** fazer lembrar [**to**, -]; fazer recuar [**to**, até]
◆ **take down** *v.tr.* **1** tirar, tirar para baixo; **2** puxar para baixo; baixar; **3** descolar; **4** anotar, tirar nota de, escrever, assentar; *to ~ in shorthand* estenografar; **5** desmontar; desmantelar; demolir; **6** dar para trás (na vaidade de alguém)_{coloq.}; fazer baixar a crista_{coloq.}

takeable

◆**take for** v.tr. 1 confundir com; *she took him for your brother* ela confundiu-o com o teu irmão; 2 tomar por; *what do you take me for?* por quem me toma o senhor?
◆**take from** v.tr. retirar de, extrair de; copiar de; *this word is taken from the Portuguese* esta palavra vem do português
◆**take in** v.tr. 1 aceitar; acolher; alojar; *to ~ lodgers* aceitar hóspedes; 2 levar; enganar; *to be taken in* ser levado, ser enganado; 3 (entendimento) compreender; interiorizar; apanhar; 4 abranger; incluir; cobrir; 5 (polícia) levar para a esquadra; 6 [EUA] (lazer) ir ver; ir visitar; 7 (carro) levar para arranjar; levar para ser visto; 8 trabalhar para fora; *she took in sewing* ela cosia para fora, ela aceitava trabalhos de costura; 9 engolir; ingerir; 10 (barco) meter, deixar entrar; *to ~ water* deixar entrar água; 11 [EUA] (dinheiro) receber; fazer; ganhar; 12 VESTUÁRIO encurtar; diminuir; apertar; *to ~ a sleeve* encurtar uma manga; 13 NÁUTICA (velas) amainar, colher ❖ *to ~ a movie* ir ao cinema
◆**take off** Ⓐ v.tr. 1 (roupa) tirar; despir; *to ~ one's clothes* tirar a roupa, despir-se; *to ~ one's shoes* tirar os sapatos, descalçar-se; 2 retirar; remover; *he took off his moustache* ele tirou o bigode, ele rapou o bigode; *to ~ the spell* anular o feitiço, desencantar; 3 tirar; descontar; deduzir; 4 [GB] coloq.] (divertimento) imitar; caricaturar; parodiar; 5 tirar (alguém) de, retirar (alguém) de; 6 (férias, folga, etc.) tirar, não ir trabalhar; *I'm taking Monday off* vou tirar a segunda-feira, não vou trabalhar na segunda-feira; *to take a few days off* tirar uns dias, meter uns dias de folga; 7 [EUA] roubar, assaltar; 8 levar (alguém) [**to**, a/para]; 9 terminar com Ⓑ v.intr. 1 AERONÁUTICA descolar, levantar voo; 2 (sucesso) (tornar-se popular) pegar$_{fig}$; 3 partir; ir embora ❖ [coloq.] *to take oneself off* ir; *to take years off sb* fazer alguém parecer muito mais novo
◆**take on** v.tr. 1 (emprego) admitir; contratar; empregar; 2 (competição, luta) enfrentar; defrontar; 3 (emprego, responsabilidade) aceitar; levar a cabo; comprometer-se a; 4 (característica, aparência) ganhar; adquirir; adoptar; 5 (transportes) deixar entrar (passageiros); meter (combustível); 6 [ant.] emocionar-se; excitar-se, enervar-se
◆**take out** v.tr. 1 tirar; extrair; *to ~ a stain* tirar uma nódoa; *to ~ a tooth* tirar um dente; 2 levar a passear; levar a sair; 3 [coloq.] eliminar; matar; destruir; 4 (biblioteca) levar (livro); requisitar; 5 (dinheiro) levantar; 6 (documento oficial) tirar; fazer; conseguir; *to ~ a licence* tirar uma licença; 7 partir [**for**, para]
◆**take out of** v.tr. deixar exausto, deixar estafado; *the climb took it out of me* a escalada deixou-me exausto ❖ [GB] *it will take you out of yourself* vai-te fazer espairecer; vais esquecer os problemas
◆**take out on** v.tr. descarregar em; *to take it out on sb* descarregar em alguém ❖ *don't take it out on me!* não tenho culpa!
◆**take over** v.tr.,intr. 1 (empresa, negócio) adquirir; 2 tomar conta (de); controlar, assumir o controlo (de); *he took over from her* ele assumiu o controlo depois dela, ele substituiu-a na direcção; 3 invadir; ocupar; conquistar
◆**take through** v.tr. explicar (algo) a (alguém); mostrar a (alguém) como se faz (algo)
◆**take to** v.tr. 1 gostar de; simpatizar com; dar-se bem com; 2 adaptar-se a; dar-se bem com; 3 habituar-se a, ganhar o hábito de; 4 dirigir-se a; retirar-se para; *to ~ one's bed* deitar-se, recolher ao leito
◆**take up** v.tr. 1 (actividade nova) dedicar-se a; *to ~ modern languages* começar a estudar línguas vivas; 2 (emprego, etc.) iniciar; 3 (problema, sugestão, etc.) tratar de; pegar em; abordar; 4 ocupar; preencher; *I am very much taken up this afternoon* estou muito ocupado esta tarde; *that will ~ a good deal of time* isso leva uma porção de tempo; 5 (sugestão, oportunidade, etc.) aceitar; *to ~ a challenge* aceitar um desafio; 6 VESTUÁRIO subir; encurtar; 7 continuar; retomar; recomeçar; *to ~ one's story* retomar a história (no ponto em que tinha sido interrompida); 8 levantar, erguer; 9 absorver; *a sponge takes up water* uma esponja absorve água; 10 (dívida) pagar; liquidar; saldar; 11 apertar, esticar; *to ~ the slack of a belt* esticar a correia; 12 censurar, repreender; *to take sb up sharply* censurar alguém severamente ❖ *to ~ one's position* pôr-se em posição; tomar a posição necessária; *to ~ the gauntlet* aceitar o desafio
◆**take upon** v.tr. 1 encarregar-se de; 2 decidir (algo) por (si próprio); *he took it upon himself to do sth* decidiu fazer algo sem perguntar a ninguém, tomou sozinho a iniciativa

◆**take up on** v.tr. 1 aceitar de (alguém) (alguma coisa); *I'll take you up on that* vou aceitar essa tua proposta; 2 pedir (a alguém) para explicar (algo)
◆**take up with** v.tr. ligar-se a, associar-se a; começar a dar-se com, começar a andar com
takeable ['teɪkəbəl] adj. 1 que pode tomar-se; 2 conquistável; 3 em que pode pegar-se
takeaway ['teɪkəweɪ] Ⓐ adj. [GB] para levar, para fora Ⓑ s. 1 [GB] restaurante de comida para fora; 2 [GB] comida para fora, refeição para fora
takedown ['teɪkdaʊn] Ⓐ adj. desmontável; de montar Ⓑ s. 1 humilhação, vexame, afronta; 2 máquina desmontável; 3 arma de fogo facilmente desmontável; 4 (máquina) desmontagem
take-in ['teɪk,ɪn] s. 1 engano, logro; 2 embuste
take-leave ['teɪkli:v] s. despedida, adeus
taken ['teɪkən] Ⓐ part. pass. de **to take** Ⓑ adj. 1 tomado; *she was ~ with a fit of laughter* ela teve um ataque de riso; 2 ocupado; *all the seats are ~* todos os lugares estão ocupados ❖ *I'm not very ~ with...* não estou grandemente impressionado com...; FARMÁCIA *to be ~* uso externo; *to be ~ ill* adoecer; *to be ~ with sb/sth* gostar de algo/alguém; *to be very ~ with sb/sth* estar muito entusiasmado com alguém/algo
takeoff ['teɪkɒf] s. 1 AERONÁUTICA descolagem; 2 partida, largada; 3 arranque; 4 [coloq.] imitação, caricatura, paródia
takeout ['teɪkaʊt] adj.,s. [EUA] ⇒ **takeaway**
takeover ['teɪkəʊvə] s. 1 (direcção, governo, etc.) tomada de posse; 2 (empresa) aquisição ❖ *military ~* golpe de estado; *~ bid* oferta pública de aquisição; OPA
taker ['teɪkə] s. 1 interessado; 2 comprador; 3 tomador, recebedor; 4 captor; 5 aceitador de aposta; 6 arrendador; 7 vigarista, intrujão
take-up ['teɪkʌp] s. 1 aceitação, nível de adesão; 2 subscrição; 3 absorção, capacidade de absorção; 4 esticamento, correcção de folga; 5 dispositivo tensor; 6 CINEMA enrolamento do filme
takin ['tɑːkɪn] s. ZOOLOGIA ruminante do Tibete, provido de chifres
taking ['teɪkɪŋ] Ⓐ s. 1 toma; 2 conquista; 3 MILITAR captura; 4 caça ou pesca apanhada; 5 DIREITO apreensão; 6 pl. [GB] COMÉRCIO receitas; *the takings were very good* as receitas foram muito boas Ⓑ adj. 1 [ant.] atraente, agradável, cativante, encantador; 2 [coloq.] (doença) contagioso, infeccioso ❖ (palavra dada, promessa, etc.) *~ back* acto de voltar atrás; *~ down* acto de pôr mais em baixo; acto de registar a escrito; AERONÁUTICA *~ off* partida; *~ off of sb* imitação dos gestos e atitudes de alguém; *~ out* extracção; limpeza; obtenção de licença, etc.; *~ over of luggage* aceitação de bagagem; *~ to pieces* desmontagem; *~ up* arrancamento; levantamento (leito da rua); absorção (líquido); adopção (ideias ou projectos alheios); *to be in a great ~ about* estar todo exaltado a propósito de
takingly ['teɪkɪŋli] adv. de maneira agradável e sedutora; de forma atraente
takingness ['teɪkɪŋnɪs] s. 1 encanto; 2 poder de atracção
tala ['tɑːlə] s. (moeda da Samoa Ocidental) tala
talapoin ['tæləpɔɪn] s. 1 talapão, monge budista em Ceilão, Sião, etc.; 2 variedade de macaco
talaria [təˈleərɪə] s.pl. talares, asas que, segundo a mitologia, Mercúrio possuía nos calcanhares
talaric [təˈlærɪk] adj. talar, que desce até aos calcanhares
talbot ['tɔːlbət] s. cão vulgar de certa corpulência
talbotype ['tɔːlbətaɪp] s. FOTOGRAFIA talbótipo
talc [tælk] Ⓐ s. 1 MINERALOGIA talco; 2 talco, pó de talco Ⓑ v.tr. (particípios: **-ck-** ou **talced**) 1 cobrir com talco; colocar talco em; 2 tratar com talco
talcite ['tælsaɪt] s. MINERALOGIA talcite
talcomicaceous [ˌtælkəʊmaɪˈkeɪʃəs] adj. MINERALOGIA talcomicáceo, que contém talco e mica
talcose ['tælkəʊs] adj. talcoso
talcous ['tælkəs] adj. ⇒ **talcose**
talcum ['tælkəm] s. MINERALOGIA talco ❖ *~ powder* pó de talco
tale [teɪl] s. 1 conto; história; narrativa; relato; fábula; lenda; *fairy ~* conto de fadas; *folk ~* conto popular, conto tradicional; *tales of adventure* histórias de aventuras; *the Canterbury Tales* Os Contos de Cantuária (de Chaucer); *there is a ~ that...* diz

uma lenda que ...; **2** mexerico; boato; maledicência; *that's the ~ afloat* é esse o boato que circula, é o que dizem; **3** falsidade; mentira; historieta; **4** [arc.] total, soma total, número total; *the ~ of dead was 15* houve um total de 15 mortos ❖ *a ~ never loses in the telling* quem conta um conto acrescenta um ponto; *a ~ of woe* um rosário de desgraças; uma série de infortúnios; *dead men tell no tales* morto o bicho, acaba a peçonha; *to have a long ~ to tell* ter muito que contar; *to live to tell the ~* viver para contar a história; *to tell its own ~* falar por si; dispensar comentários; mostrar claramente o que aconteceu; [depr.] *to tell tales (to sb)* fazer queixa (a alguém); fazer queixinhas (a alguém); (mentir) inventar histórias; [arc.] *to tell tales out of school* espiar; delatar; acusar; andar com mexericos

talebearer ['teɪlˌbeərə] *s.* **1** má-língua, mexeriqueiro; **2** delator

talebearing ['teɪlˌbeərɪŋ] Ⓐ *adj.* mexeriqueiro, intriguista, má-língua, que anda sempre com contos Ⓑ *s.* mexericos, intrigas, má-língua, falatório

talent ['tælənt] *s.* **1** (capacidade) talento; *to have a ~ for music* ter talento para a música; *he's a man of ~* ele é um homem de talento; **2** (pessoa dotada) talento, pessoa de talento; grupo de pessoas de talento; **3** [GB] [coloq.] pessoas atraentes; **4** HISTÓRIA (moeda, unidade de peso) talento; *gold ~* talento de ouro ❖ *~ contest/~ show* concurso de talentos; *~ scout* caça-talentos

talented ['tæləntɪd] *adj.* com talento, talentoso, excepcionalmente bem dotado

talentless ['tæləntləs] *adj.* sem talento

tales ['teɪliːz] *s.* **1** DIREITO convocação de jurados suplentes; **2** *pl.* lista de jurados suplentes; *to pray a ~* requerer que o júri seja completado com jurados suplentes

talesman ['teɪlɪzmən] *s. (pl.* **-men**) DIREITO jurado suplente

taleteller ['teɪltelə] *s.* ⇒ **talebearer**

taletelling ['teɪltelɪŋ] *adj., s.* ⇒ **talebearing**

talion ['tælɪən] *s.* DIREITO talião ❖ *the ~ law* a pena de talião

talionic [ˌtælɪ'ɒnɪk] *adj.* de talião

taliped ['tælɪped] Ⓐ *adj.* que tem os pés tortos Ⓑ *s.* pessoa ou animal com os pés tortos

talipes ['tælɪpiːz] *s.* MEDICINA talipo

talipot ['tælɪpɒt] *s.* BOTÂNICA talipote

talisman ['tælɪzmən] *s.* talismã

talismanic [ˌtælɪz'mænɪk] *adj.* talismânico

talk [tɔːk] Ⓐ *s.* **1** conversa; *to have a ~ with* ter uma conversa com; *there's too much ~ and not enough work* muita conversa e pouco trabalho; **2** discussão, troca de opiniões; **3** palestra; **4** cavaqueira; conversa amena; **5** falatório; assunto de conversa; boato, rumor; *the ~ of the town* o assunto de todas as conversas; *there is some ~ of his going to London* fala-se na sua ida para Londres; *there has been ~ of it* tem-se falado nisso; **6** [depr.] conversa; lábia; *it will end in ~* isso é só conversa; (pessoa) *to be all ~* ter muita conversa; **7** *pl.* conversações; negociações; *peace talks* negociações de paz; Ⓑ *v.tr.,intr.* **1** falar; *he talks nothing but German* ele só fala alemão; *to ~ and ~* falar continuamente; *to ~ by signs* falar por gestos; *to ~ on* continuar a falar; *to ~ to oneself* falar sozinho; *what are you talking about?* de que é que estás a falar?; [coloq.] *whom do you think you are talking to?* com quem julga que está a falar?; **2** conversar; palrar, tagarelar; **3** falar de; *to ~ business* falar de negócios; *to ~ shop* falar de assuntos profissionais; **4** pronunciar-se [**on/about**, sobre]; **5** bisbilhotar, coscuvilhar, dizer mal de ❖ TELEVISÃO *~ show* programa de entrevistas; debate; *small ~* conversa sobre assuntos do dia-a-dia; *he would ~ a horse's hind leg off* ele, começando, nunca mais pára de falar; *I want actions, not ~* quero actos, não palavras; [coloq.] *now you're talking* assim já nos começamos a entender; [coloq.] *people will ~* vai haver falatório; vai haver mexericos; *she likes to hear herself ~* ela gosta de se ouvir; ela gosta de falar; *talking of books, have you read this one?* a propósito de livros, já leste este?; *that is no way to ~* isso não são modos; não é assim que se fala; *to ~ big* falar com ares de fanfarrão; [coloq.] *to ~ nineteen to the dozen/to ~ one's head off* falar pelos cotovelos; *to ~ nonsense* dizer disparates; *to ~ oneself hoarse* ficar rouco de tanto falar; [coloq.] *to ~ through one's hat* dizer disparates; *to ~ to sb* repreender alguém; [EUA] [coloq.] *to ~ turkey* ser rude e franco

◆**talk away** *v.intr.* falar sem parar; passar o tempo a falar; *he talked away for 20 minutes* ele falou sem parar durante 20 minutos

◆**talk back** *v.intr.* refilar; ripostar; dar resposta torta [**to**, a]; replicar insolentemente [**to**, a]

◆**talk down** Ⓐ *v.tr.* **1** (pessoa) fazer calar; reduzir ao silêncio; **2** AERONÁUTICA (aterragem) dar instruções via rádio; **3** (suicida) convencer a não saltar (de edifício); **4** denegrir, difamar Ⓑ *v.intr.* (arrogância, desprezo) falar de cima [**to**, para]; falar de forma condescendente [**to**, para] ❖ *to talk sb down* regatear os preços

◆**talk into** *v.tr.* persuadir a; convencer a; *to talk sb into doing sth* persuadir alguém a fazer alguma coisa

◆**talk out** *v.tr.* **1** [coloq.] (problema) debater, discutir a fundo; **2** (parlamento) prolongar a discussão de um projecto de lei até ser demasiado tarde para o votar ❖ *to talk oneself out* ficar cansado de tanto falar

◆**talk out of** *v.tr.* [coloq.] dissuadir de; *to talk sb out of doing sth* dissuadir alguém de fazer alguma coisa

◆**talk over** *v.tr.* discutir, falar sobre; *let's talk it over* vamos lá falar sobre isso

◆**talk round** *v.tr.* convencer; *to talk sb round* convencer uma pessoa a mudar de opinião

talkative ['tɔːkətɪv] *adj.* **1** falador, conversador; **2** tagarela

talkatively ['tɔːkətɪvlɪ] *adv.* faladoramente

talkativeness ['tɔːkətɪvnɪs] *s.* **1** loquacidade; **2** verbosidade; **3** tagarelice

talkee-talkee [ˌtɔːkɪ'tɔːkɪ] *s.* **1** conversa incessante, tagarelice; **2** inglês macarrónico

talker ['tɔːkə] *s.* [coloq.] falador ❖ *a good ~* pessoa que fala bem e de maneira interessante; *a great ~* palrador; tagarela

talkie ['tɔːkɪ] *s.* CINEMA [ant.] filme sonoro ❖ *the talkies* o cinema sonoro

talking ['tɔːkɪŋ] Ⓐ *adj.* que fala, falante Ⓑ *s.* falar, conversa; *to do all the ~* fazer todas as despesas da conversa; *no talking!* nada de conversas! ❖ *~ book* gravação de leitura (de determinado livro); TELEVISÃO [coloq.] *~ head* apresentador; CINEMA *~ picture* filme sonoro; *~ point* tema de conversa;; *~ shop* tertúlia

talking-to ['tɔːkɪŋtuː] *s.* [coloq.] ralhete, sermão_coloq._, repri menda, repreensão, descompostura, bronca; *he gave them a good ~* ele deu-lhes uma boa repreensão

tall [tɔːl] Ⓐ *adj.* **1** alto; *a ~ boy* um rapaz alto; *that building is taller than this one* aquele edifício é mais alto do que este; **2** elevado; **3** [coloq.] difícil, quase impossível; *a ~ order* uma ordem quase impossível de executar; **4** incrível; **5** jactancioso, pomposo Ⓑ *adv.* com bazófia; *to talk ~* falar cheio de bazófia ❖ *~ talk* gabarolice; *~ glass* taça esguia para champanhe; *~ hat* cartola; *~ story* patranha; peta; *~ ship* veleiro; *he is six feet ~* ele mede seis pés; *she is growing ~* ela está a crescer; *to stand ~* manter a cabeça erguida

tallage ['tælɪdʒ] *s.* HISTÓRIA talha, antigo imposto abolido no séc. XIV, pago pelo rendeiro ao senhor feudal

tallboy ['tɔːlbɔɪ] *s.* **1** [GB] cómoda alta; **2** variedade de cano metálico para chaminés

talliable ['tælɪəbəl] *adj.* HISTÓRIA sujeito a imposto

talliage ['tælɪdʒ] *s.* ⇒ **tallage**

tallish ['tɔːlɪʃ] *adj.* um tanto alto

tallith ['tælɪθ] *s.* talete, manto com que os Judeus cobrem os ombros quando recitam as suas orações

tallness ['tɔːlnɪs] *s.* **1** grande estatura, estatura elevada; **2** grande altura

tallow ['tæləʊ] Ⓐ *s.* sebo Ⓑ *v.tr.,intr.* **1** ensebar, untar com sebo; **2** engordar (gado) para obter sebo ❖ *~ candle* vela de sebo; *~ oil* óleo sebáceo; óleo de sebo; BOTÂNICA *~ tree* árvore-de-sebo

tallowing ['tæləʊɪŋ] *s.* **1** ensebamento; **2** ensebadela

tallowy ['tæləʊɪ] *adj.* **1** sebáceo; **2** seboso; **3** untuoso, gorduroso; **4** da cor do sebo; **5** pálido, lívido

tally ['tælɪ] Ⓐ *s. (pl.* **-ies**) **1** registo; registo de contas; *to keep a ~ of* fazer um registo de, registar; **2** HISTÓRIA talha, vara na qual, por meio de entalhes, se marcava a quantidade desejada; **3** marca, incisão feita para indicar determinado número; **4** conjunto de quatro traços verticais e um diagonal para numerar em grupos de cinco; **5** quantidade usada como unidade de contagem; **6** etiqueta descritiva, letreiro, rótulo; *horticultural tallies* etiquetas de identificação de plantas; **7** réplica; duplicado ⓑ *v.tr.,intr.* **1** corresponder [**with**, a]; estar de acordo [**with**, com]; ajustar-se [**with**, a]; bater certo [**with**, com]; *to make one thing ~ with another* pôr uma coisa de acordo com outra; *the goods don't ~ with the invoice* as mercadorias não correspondem à factura; **2** contar, calcular; **3** marcar num registo, registar; **4** etiquetar, rotular; **5** DESPORTO marcar (um ponto) ❖ *~ clerk* verificador de mercadorias; *~ light* luz que indica que uma câmara está a filmar; *~ sheet* folha de registo; [ant.] *~ shop* estabelecimento de venda a prestações; HISTÓRIA *~ stick* talha; vara na qual, por meio de entalhes, se marcava a quantidade desejada

tally-ho [ˌtælɪˈhəʊ] Ⓐ *s.* **1** grito do caçador, ao avistar a raposa, para açular os cães; **2** carruagem puxada a duas parelhas ⓑ *v.tr.,intr.* **1** açular os cães com o grito de «tally-ho»; **2** gritar «tally-ho» Ⓒ *interj.* grito soltado pelos caçadores de raposas para açular os cães

tallying [ˈtælɪɪŋ] *s.* verificação, contagem, registo (de mercadorias)

tallyman [ˈtælɪmən] *s.* ⟨*pl.* **-men**⟩ **1** negociante que vende a prestações; **2** marcador de carga; **3** verificador de mercadoria

talma [ˈtælmə] *s.* talma, pequeno manto curto para os ombros e o peito

talmi-gold [ˌtælmɪˈɡəʊld] *s.* liga de cobre e zinco, levemente dourada

Talmud [ˈtælmʊd] *s.* RELIGIÃO Talmude, colectânea de leis e lendas judaicas, compreendendo a Mishnah e a Gemara

Talmudic [tælˈmʊdɪk, tælˈmʌdɪk] *adj.* talmúdico

Talmudical [tælˈmʊdɪkəl, tælˈmʌdɪkəl] *adj.* talmúdico

Talmudist [ˈtælmʊdɪst, ˈtælmʌdɪst] *s.* talmudista

talon [ˈtælən] *s.* **1** presa, garra (de ave de rapina); **2** unha comprida; **3** ARQUITECTURA talão, cimalha; **4** talão de arma branca; **5** (jogos de cartas) cartas que ficam no baralho depois de dadas; **6** saliência da lingueta de fechadura empurrada pela chave

talpa [ˈtælpə] *s.* ZOOLOGIA talpa

talpoid [ˈtælpɔɪd] *adj.* talpiforme

talus [ˈteɪləs] *s.* ⟨*pl.* **-i**⟩ **1** ANATOMIA astrágalo; **2** pé aleijado; **3** escarpa, rampa, talude

tamable [ˈteɪməbəl] *adj.* domável

tamandua [təˈmændjʊə] *s.* ZOOLOGIA tamanduá, tamanduá-mirim

tamanoir [ˈtæmənɔːr] *s.* ZOOLOGIA tamanduá-bandeira

tamarack [ˈtæməræk] *s.* BOTÂNICA variedade de larício americano

tamarin [ˈtæmərɪn] *s.* ZOOLOGIA sagui, tamari

tamarind [ˈtæmərɪnd] *s.* BOTÂNICA (árvore, fruto) tamarindo

tamarisk [ˈtæmərɪsk] *s.* BOTÂNICA tamargueira, tamarisco

tamarix [ˈtæmərɪks] *s.* ⇒ **tamarisk**

tambour [ˈtæmbʊə] Ⓐ *s.* **1** MÚSICA tambor, bombo; caixa; **2** bastidor de bordar; **3** bordado feito em bastidor; *~ work* bordado feito em bastidor; **4** (escrivaninha, secretária) tampo corrediço; **5** ARQUITECTURA parede cilíndrica que sustenta uma cúpula; **6** ARQUITECTURA tambor; **7** tambor, guarda-vento ⓑ *v.tr.* bordar ao bastidor

tambourin [ˈtæmburɪn] *s.* **1** MÚSICA tamborim, tambor estreito e comprido usado na Provença; **2** dança própria para ser acompanhada ao tamborim

tambourine [ˌtæmbəˈriːn] *s.* **1** MÚSICA pandeireta; **2** variedade de dança provençal; **3** ZOOLOGIA pombo-tambor

Tamburlaine [ˈtæmbəleɪn] *s.antr.* Tamerlão

tame [teɪm] Ⓐ *adj.* **1** (animal) manso, domesticado, doméstico, domado; **2** maçador, monótono, sem interesse, insípido; parado_{fig}; *~ description* descrição sem interesse, descrição insípida; **3** inofensivo, dócil, afável; submisso; **4** cooperante; **5** (terreno) cultivado; **6** lento ⓑ *v.tr.,intr.* **1** (animal selvagem) domar, amansar, domesticar; tornar-se manso, domesticar-se; *tigers are hard to ~* os tigres são difíceis de domar; **2** amansar; submeter, subjugar, abater; **3** (terreno) cultivar; **4** moderar; suavizar; atenuar; acalmar; **5** perder o interesse; tornar maçador, fazer perder o interesse, tornar insípido

◆**tame down** *v.tr.,intr.* ⇒ **tame**

tameable [ˈteɪməbəl] *adj.* domável, domesticável

tameless [ˈteɪmləs] *adj.* **1** indomável; **2** indómito; **3** bravio

tameness [ˈteɪmnɪs] *s.* **1** domesticidade, docilidade, mansidão; **2** submissão; **3** insipidez, falta de interesse, falta de graça, monotonia; **4** falta de energia, falta de coragem

tamer [ˈteɪmə] *s.* domador, domesticador

Tamerlane [ˈtæmɜːleɪn] *s.antr.* Tamerlão

Tamil [ˈtæmɪl, ˈtæml] Ⓐ *adj.* tâmil, tâmul ⓑ *s.* **1** tâmil, habitante de determinadas zonas da Índia Meridional; **2** tâmil, língua falada por esses habitantes

taming [ˈteɪmɪŋ] *s.* domesticação ❖ *~ down* atenuação; acalmia

Tammany [ˈtæməni] *s.* **1** [EUA] organização central do partido democrático em Tammany Hall, Nova Iorque; **2** corrupção política, desonestidade

Tammanyism [ˈtæmənɪzəm] *s.* **1** corrupção política; **2** sistema seguido em Tammany Hall

tammy [ˈtæmi] Ⓐ *s.* **1** etamine; **2** CULINÁRIA passador, peneira; **3** ⇒ **tam-o'-shanter** ⓑ *v.tr.* CULINÁRIA passar pelo passador

tam-o'-shanter [ˌtæməˈʃæntə] *s.* boina escocesa feita de lã

tamp [tæmp] *v.tr.* **1** calcar; **2** (construção) calcar com o maço ou pilão; **3** (carga explosiva) carregar; calcar com barro para obter maior potência de explosão ❖ *tamped asphalt* asfalto prensado

tamper [ˈtæmpə] Ⓐ *v.intr.* **1** (documento, etc.) adulterar [**with**, -]; falsificar [**with**, -]; **2** forçar [**with**, -]; *to ~ with a lock* tentar forçar uma fechadura; **3** subornar [**with**, -]; *to ~ with a witness* tentar subornar uma testemunha; **4** interferir [**with**, em]; fazer modificações ilícitas e em segredo [**with**, em] ⓑ *s.* **1** calcadeira; **2** MILITAR ferramenta para a vedação de aberturas que contenham cargas explosivas a fim de aumentar a potência de explosão; **3** indivíduo que coloca buchas em cargas explosivas; **4** (arma nuclear) reflector de reactor nuclear

tamperer [ˈtæmpərə] *s.* **1** falsificador; *~ with a document* falsificador de um documento; **2** subornador; *~ with sb* subornador de alguém

tampering [ˈtæmpərɪŋ] *s.* **1** adulteração, alteração ilegal e secreta, falsificação; *~ with a document* falsificação de um documento; **2** suborno; *~ with sb* suborno de uma pessoa

tamping [ˈtæmpɪŋ] *s.* **1** colocação de carga explosiva em rocha; **2** acto de tapar com barro a abertura onde se colocou carga explosiva, com o objectivo de aumentar a potência da explosão; **3** tampão de barro em carga explosiva; **4** acto de bater ou calcar com maço ou pilão o cascalho ou outro material para construção de uma estrada

tampion [ˈtæmpɪən] *s.* **1** tapulho, bucha; **2** tampão (de cano de peça de artilharia); **3** tampa (de tubo de órgão)

tampon [ˈtæmpɒn, ˈtæmpən] Ⓐ *s.* tampão ⓑ *v.tr.* tamponar, aplicar tampão em

tamponade [ˌtæmpəˈneɪd] *s.* CIRURGIA tamponamento

tamponage [ˈtæmpənɪdʒ] *s.* ⇒ **tamponade**

tamponment [ˈtæmpənmənt] *s.* ⇒ **tamponade**

tamtam [ˈtæmtæm] *s.* ⇒ **tomtom**

tan [tæn] Ⓐ *s.* **1** (pele) bronzeado, bronze_{coloq.}, tom moreno; *to get a ~* bronzear-se ao sol; **2** (cor) castanho-claro; **3** casca de árvore taninosa, com uma sem ácido tânico, empregada para curtir; *spent ~* casca de carvalho sem tanino ⓑ *v.tr.,intr.* ⟨*particípios:* -nn-⟩ **1** bronzear, ficar bronzeado; queimar, tostar, tostar-se; **2** (couro, peles) curtir; **3** [coloq.] dar uma tareia em, dar uma sova a/em, sovar, desancar Ⓒ *adj.* **1** (cor) castanho-claro; castanho-amarelado; trigueiro; **2** [EUA] moreno, bronzeado, queimado pelo sol ❖ *~ liquor/ooze/pickle* líquido para curtir; *~ vat* tanque de curtir; *to ~ sb's hide/to ~ the hide off sb* dar uma tareia em alguém; chegar a roupa ao pêlo a alguém

tan GEOMETRIA [*abrev. de* tangent]

tanager [ˈtænədʒə] *s.* ZOOLOGIA tangará

tanagrine [ˈtænəɡrɪn] *adj.* relativo aos tangarás

tanbark [ˈtænbɑːk] *s.* casca de carvalho com tanino

tandem [ˈtændəm] Ⓐ *s.* **1** (bicicleta, cabriolé) tandem; **2** fila de dois ⓑ *adv.* um atrás do outro; *to drive ~* andar com cavalos atrelados um atrás do outro Ⓒ *adj.* **1** colocado um atrás do outro; *~ cylinders* cilindros colocados uns a seguir aos outros; **2** em série ❖ ELECTRICIDADE *~ connection* ligação em série; *~ engine* máquina tandem; *in ~ with* conjuntamente com

tang [tæŋ] Ⓐ *s.* **1** cheiro forte; *the ~ of the sea* o cheiro acre do mar; **2** sabor picante; **3** (ferramenta) espigão, espiga; *~ of* *file* espiga de lima; **4** som agudo ou penetrante; **5** BOTÂNICA alga marinha ⓑ *v.tr.* **1** (ferramentas) dotar com espiga ou espigão; **2** soar, fazer soar com som metálico e agudo ❖ *there was a ~ of irony in her words* havia um tom de ironia nas palavras dela

Tanganyika [ˌtæŋgəˈnjiːkə] *s.top.* (lago) Tanganica

tangency [ˈtændʒənsɪ] *s.* GEOMETRIA tangência

tangent [ˈtændʒənt] ⓐ *adj.* tangente ⓑ *s.* **1** GEOMETRIA tangente; *~ of an angle* tangente de um ângulo; **2** MÚSICA tangente, peça de metal do clavicórdio ❖ *~ arc* arco tangente; *~ key* chaveta tangencial; *at a ~ to* tangencialmente a; *to fly off at a ~* escapar pela tangente; [coloq.] *to go off at a ~* desviar o assunto

tangential [tænˈdʒenʃəl] *adj.* **1** tangencial; **2** GEOMETRIA (curva, linha) tangente; **3** (assunto, comentário) irrelevante, sem importância ❖ FÍSICA *~ acceleration* aceleração tangencial; *~ force* força de rotação; GEOMETRIA *~ point* ponto de tangência; *~ pressure* pressão tangencial; *~ speed* velocidade tangencial; *~ stress* esforço tangencial

tangentially [tænˈdʒenʃəlɪ] *adv.* tangencialmente

tangerine [ˌtændʒəˈriːn] ⓐ *s.* **1** BOTÂNICA (fruto) tangerina; **2** BOTÂNICA (árvore) tangerineira; **3** (cor) laranja ⓑ *adj.* (cor) laranja

Tangerine [ˌtændʒəˈriːn] ⓐ *adj.* tangerino; relativo a Tânger ⓑ *s.* tangerino; tangitano; natural ou habitante de Tânger

tanghin [ˈtæŋgɪn] *s.* BOTÂNICA tanguim, tanguina

tangibility [ˌtændʒɪˈbɪlɪtɪ] *s.* **1** tangibilidade; **2** palpabilidade; **3** realidade

tangible [ˈtændʒəbəl] *adj.* **1** tangível; palpável; **2** claro, evidente, nítido; *~ proof* provas claras; **3** [coloq.] real ❖ DIREITO *~ assets* valores materiais; FILOSOFIA *the ~ world* o mundo sensível

tangibleness [ˈtændʒəbəlnɪs] *s.* ⇒ **tangibility**

tangibly [ˈtændʒəblɪ] *adv.* **1** tangivelmente, palpavelmente; **2** de modo evidente; **3** de maneira clara; **4** nitidamente

Tangier [ˈtændʒɪə, tænˈdʒɪə] *s.top.* Tânger

tangle [ˈtæŋgəl] ⓐ *s.* **1** (cabelos, linhas, etc.) emaranhado; **2** escaramuça; **3** confusão; complicação; *business is in a ~* os negócios estão em grande confusão; **4** BOTÂNICA sargaço ⓑ *v.tr.,intr.* **1** emaranhar(-se); enredar(-se); **2** atrapalhar-se, embrulhar-se; **3** apanhar em laço ou armadilha; **4** (conflito) meter-se [**with**, com]; *don't ~ with them* não te metas com eles ❖ *traffic ~* engarrafamento; *to be in a ~* estar desorientado; (pessoa) *to get into a ~* meter-se numa embrulhada

◆**tangle up** *v.intr.* enredar-se; envolver-se; meter-se numa embrulhada

tangled [ˈtæŋgəld] *adj.* **1** confuso, emaranhado, enredado, em desordem; **2** complicado

tanglefoot [ˈtæŋgəlfʊt] *s.* **1** [EUA] [cal.] uísque ordinário; **2** aguardente ordinária

tangling [ˈtæŋglɪŋ] *s.* **1** confusão; **2** emaranhamento, emaranhado

tangly [ˈtæŋglɪ] *adj.* **1** com algas; com ervas aquáticas; **2** emaranhado; confuso; enredado

tango [ˈtæŋgəʊ] ⓐ *s.* MÚSICA tango ⓑ *v.intr.* dançar o tango

tangram [ˈtæŋgræm] *s.* quebra-cabeças chinês, constituído por um quadrado cortado em sete partes que devem ser combinadas em várias figuras

tanguin [ˈtæŋgɪn] *s.* ⇒ **tanghin**

tangy [ˈtæŋɪ] *adj.* **1** (sabor) ácido, forte; **2** (cheiro) activo, penetrante

tank [tæŋk] ⓐ *s.* **1** (líquido, gás) tanque; reservatório; depósito; *petrol ~* depósito de gasolina; *to fill up the ~* encher o depósito; **2** MILITAR tanque, carro de assalto, carro blindado; **3** (água) tanque; piscina artificial; **4** (peixes) aquário; tanque; **5** (mergulho) garrafa; **6** VESTUÁRIO camisola sem mangas, camisola caveada; **7** [coloq.] prisão, cadeia, prisa_coloq._, pildra_coloq._, choça_coloq._; **8** FOTOGRAFIA tanque; *developing ~* tanque de revelação ⓑ *v.tr.,intr.* **1** (líquido, gás) colocar num tanque; colocar num reservatório; colocar num depósito; **2** [EUA] (jogo) perder de propósito, não se esforçar para ganhar; **3** declinar; descer a pique; **4** [GB] [coloq.] (grande velocidade) assapar_coloq._; acelerar ❖ (comboios) *~ car* carruagem-tanque; MILITAR *~ destroyer* peça antitanque; *~ farm* área para armazenamento de combustíveis em tanques; *~ farming* criação de plantas em reservatórios de água sem solo; hidropónica; *~ ship/vessel* petroleiro; navio-cisterna; [ant.] (1920) *~ suit* fato-de-banho; VESTUÁRIO *~ top* camisola sem mangas, camisola caveada; [EUA] (cidade pequena) *~ town* parvónia_fig._; MILITAR *~ trap* armadilha para tanques; [EUA] *~ truck* camião-cisterna; (caminhos-de-ferro) *~ wagon* carruagem-tanque; *think ~* junta consultiva; equipa de especialistas

◆**tank up** *v.tr.,intr.* **1** [EUA] (depósito de gasolina) atestar; **2** [EUA] [coloq.] embebedar-se

tankage [ˈtæŋkɪdʒ] *s.* **1** armazenamento (em tanques); **2** capacidade ou conteúdo de um tanque ou reservatório; **3** despesas de armazenamento (em tanque); **4** resíduos gordurosos usados como fertilizantes

tankard [ˈtæŋkəd] *s.* caneca de cerveja (geralmente de estanho) ❖ [rar.] *~ turnip* nabo comprido

tanked [ˈtæŋkt] *adj.* **1** (líquido em repouso) clarificado; **2** [coloq.] embriagado

tanker [ˈtæŋkə] *s.* **1** camião-cisterna; **2** (caminhos-de-ferro) carruagem-tanque, vagão-cisterna; **3** NÁUTICA petroleiro, navio-cisterna, barco-cisterna

tannate [ˈtæneɪt] *s.* QUÍMICA tanato

tanned [ˈtænd] *adj.* **1** (pessoa) bronzeado, moreno, queimado pelo sol; **2** (couro) curtido

tanner [ˈtænə] *s.* **1** curtidor; **2** [ant.] moeda de meio xelim

tannery [ˈtænərɪ] *s.* (*pl.* **-ies**) fábrica de curtumes, alcaçaria

tannic [ˈtænɪk] *adj.* QUÍMICA tânico; *~ acid* ácido tânico

tannin [ˈtænɪn] *s.* QUÍMICA tanino

tanning [ˈtænɪŋ] *s.* **1** curtimento; **2** [coloq.] tareia, sova

tanrec [ˈtænrək] *s.* ZOOLOGIA tanreque, mamífero insectívoro de Madagáscar

tansy [ˈtænzɪ] *s.* BOTÂNICA tanaceto, tanásia

tantalic [tænˈtælɪk] *adj.* QUÍMICA tantálico

tantalite [ˈtæntəlaɪt] *s.* MINERALOGIA tantalite

tantalization [ˌtæntəlaɪˈzeɪʃən] *s.* sofrimento, tormento, suplício

tantalize [ˈtæntəlaɪz] *v.tr.* atormentar, tantalizar, fazer sofrer com o desejo de coisas impossíveis

tantalizing [ˈtæntəlaɪzɪŋ] *adj.* **1** tantalizante, desesperador, torturante; **2** tentador

tantalizingly [ˈtæntəlaɪzɪŋlɪ] *adv.* **1** tantalizadoramente; **2** desesperadamente; **3** de forma tentadora

tantalum [ˈtæntələm] *s.* QUÍMICA (elemento químico) tântalo ❖ *~ capacitor* condensador de tântalo

tantalus [ˈtæntələs] *s.* **1** ZOOLOGIA género de aves pernaltas; **2** licoreiro no qual as garrafas fechadas estão visíveis

Tantalus [ˈtæntələs] *s.* MITOLOGIA Tântalo

tantamount [ˈtæntəmaʊnt] *adj.* equivalente [**to**, a]; *to be ~* equivaler a, ser o mesmo que; *this would be ~ to saying that...* isso seria o mesmo que dizer que...

tantara [ˈtæntərə, ˌtænˈtɑːrə] *s.* tarará, som de trombeta ou corneta

tantivy [tænˈtɪvɪ] ⓐ *s.* **1** [arc.] galope; **2** corrida; movimento rápido; **3** grito de caça ⓑ *adj.* rápido, veloz ⓒ *adv.* **1** rapidamente, velozmente; **2** a galope ⓓ *v.intr.* **1** precipitar-se, apressar-se; **2** correr

Tantra [ˈtæntrə] *s.* tantra

Tantric [ˈtæntrɪk] *adj.* tântrico

Tantrism [ˈtæntrɪzəm] *s.* FILOSOFIA, RELIGIÃO tantrismo

tantrum [ˈtæntrəm] *s.* **1** birra; *to throw a ~* fazer uma birra; **2** acesso de mau humor; ataque de fúria; *she went into her tantrums* ela teve uma das suas fúrias ❖ *to get into a ~* enfurecer-se

tanyard [ˈtænjɑːd] *s.* fábrica de curtumes

Tanzania [ˌtænzəˈniːə, tænˈzeɪnɪə] *s.top.* Tanzânia

Tanzanian [ˌtænzəˈnɪən] *adj.,s.* tanzaniano

Taoism [ˈtɑːəʊɪzəm, ˈtaʊɪzəm] *s.* RELIGIÃO taoísmo

Taoist [ˈtɑːəʊɪst, ˈtaʊɪst] ⓐ *adj.* taoísta; relativo ao taoísmo ⓑ *s.* taoísta

tap [tæp] ⓐ *s.* **1** [GB] torneira; *to turn the ~ on/off* abrir/fechar a torneira; *the cold/hot ~* a torneira da água fria/quente; **2** pancada leve, pancadinha; *she heard a ~ at the door* ela ouviu uma pancada na porta, ela ouviu bater à porta; **3** (aparelho) escuta; *phone taps* escutas telefónicas; **4** sapateado; **5** cerveja de barril; bebida de barril; *that's an excellent ~* é uma cerveja esplêndida; **6** MILITAR (casernas) toque para extinção de luzes; **7** protecção para calçado; **8** LINGUÍSTICA (fonética) vibrante simples; **9** [GB] (hotel, pub) bar; **10** (barril, pipo) espicho, espiche, batoque;

tape

11 CIRURGIA punção; 12 desandador; macho de atarrachar; 13 instrumento para abrir orifícios roscados; 14 [EUA] ELECTRICIDADE derivação; bifurcação; 15 título de dívida pública de emissão ilimitada ⒝ *v.tr.,intr. (particípios:* -**pp**-) 1 bater levemente em, dar pancada leve em; tocar (com) em; *to ~ at the door* bater levemente à porta; *she tapped her forehead* ela bateu com a mão na testa; *the policeman tapped the man on the shoulder* o polícia tocou no ombro do homem; 2 (som, ritmo) bater com (pés, dedos, lápis, etc.) para produzir um som; *to ~ one's foot* bater com o pé no chão; 3 dançar sapateado; 4 colocar escutas em; *to ~ a telephone line* pôr um aparelho de escuta numa linha telefónica; 5 extrair, tirar; fazer uso de; 6 [EUA] (cargo, posição) designar; seleccionar; 7 (sapatos, botas) pôr meias solas em; reforçar; 8 abrir torneira em; meter torneira em; meter um espiche em; *to ~ a cask* meter uma torneira numa pipa; 9 tirar pela torneira; 10 (árvore) sangrar; 11 CIRURGIA puncionar; 12 ELECTRICIDADE fazer uma derivação em; *to ~ a coil* fazer uma derivação numa bobina; 13 abrir rosca em; 14 [GB] DESPORTO (futebol) convencer (um jogador) a mudar de equipa ❖ *~ dance/dancing* sapateado; *~ dancer* pessoa que dança sapateado; *~ water* água da torneira; *on ~* disponível em grandes quantidades; (cerveja) à pressão; pronto a ser tirado pela torneira; *you didn't do a ~ of work* não fizeste absolutamente nada; não mexeste um dedo sequer; não mexeste uma palha

◆**tap for** *v.tr.* (dinheiro) procurar conseguir de; pedir emprestado a; *to tap sb for money* procurar conseguir dinheiro de alguém

◆**tap in** *v.tr.* 1 (prego, etc.) fazer entrar com pequenas pancadas; 2 (informação) inserir; introduzir; digitar

◆**tap into** *v.tr.* 1 extrair, tirar; fazer uso de; 2 aceder a, ter acesso a

◆**tap out** *v.tr.* 1 fazer sair com pequenas pancadas; 2 (computador) escrever; 3 (som) produzir, batendo com algo (pés, dedos, etc.)

◆**tap up** *v.tr.* [GB] DESPORTO (futebol) convencer (um jogador) a mudar de equipa

tape [teɪp] Ⓐ *s.* 1 (pano, papel, plástico, etc.) fita, tira; 2 fita magnética; gravação; cassete; 3 fita adesiva, fita-cola; 4 fita métrica; 5 MILITAR [coloq.] galão; 6 DESPORTO meta; *to break the ~* chegar em primeiro lugar, cortar a meta em primeiro lugar ⒝ *v.tr.* 1 gravar; 2 colar com fita-cola; 3 medir com fita métrica; 4 prender ou atar com fita; 5 ELECTRICIDADE revestir ou isolar com fita ❖ *~ deck* leitor de cassetes; BOTÂNICA *~ grass* valisnéria; *~ line* fita métrica de metal; *~ measure* fita métrica; *~ recorder* gravador; *~ recording* gravação em fita magnética; *~ session* sessão de gravação; ELECTRICIDADE *insulating ~* fita isoladora; *pocket ~* fita métrica de bolso; *red ~* burocracias; *steel ~* fita de aço; [coloq.] *to have sb taped* conhecer bem as intenções de alguém

◆**tape over** *v.tr.* gravar por cima de

◆**tape up** *v.tr.* 1 (caixa, embrulho) fechar com fita-cola; 2 [Austr., EUA] MEDICINA (ferimento) ligar

taper ['teɪpə] Ⓐ *v.tr.,intr.* afunilar; estreitar; adelgaçar; afilar; terminar em ponta ⒝ *s.* 1 vela (estreita e comprida); 2 pedaço de papel ou madeira, usado para acender algo; pavio comprido com cera, usado para acender algo; 3 cone alongado; objecto afilado; 4 afunilamento; estreitamento; 5 diminuição progressiva; 6 luz fraca Ⓒ *adj.* 1 [poét.] afunilado, esguio; *~ fingers* dedos afunilados, dedos esguios; 2 MECÂNICA cónico ❖ *~ stand* castiçal

◆**taper off** *v.intr.* 1 afunilar; estreitar; adelgaçar; afilar; terminar em ponta; 2 diminuir; reduzir aos poucos

tapered ['teɪpəd] *adj.* 1 cónico; *~ section* secção cónica; 2 afunilado; 3 agudo, afilado; *~ wing* asa afilada

tapering ['teɪpərɪŋ] Ⓐ *adj.* 1 cónico; 2 aguçado, pontiagudo; 3 afunilado; 4 de secção decrescente ⒝ *s.* 1 afundamento; 2 diminuição de secção; 3 adelgaçamento

taperingly ['teɪpərɪŋli] *adv.* 1 conicamente; 2 afuniladamente; 3 diminuindo de secção

taperstick ['teɪpəstɪk] *s.* castiçal

tapestried ['tæpɪstrɪd] *adj.* com tapeçarias

tapestry ['tæpɪstri] *s.* (*pl.* **-ies**) 1 tapeçaria; *to hang a wall with ~* ornamentar uma parede com tapeçarias; 2 [fig.] (complexidade, diversidade) mosaico ❖ *~ making* fabrico de tapeçarias; *~ weaving* tecelagem de tapeçarias

tapeworm ['teɪpwɜːm] *s.* ténia, bicha-solitária

taphouse ['tæphaʊz] *s.* [arc.] taberna

taping ['teɪpɪŋ] *s.* 1 acto de ornamentar ou prender com fitas; 2 ELECTRICIDADE acto de isolar ou envolver com fita

tapioca [ˌtæpɪˈəʊkə] *s.* CULINÁRIA tapioca ❖ *~ soup* sopa de tapioca

tapir ['teɪpə, 'teɪpɪə] *s.* ZOOLOGIA tapir, anta

tapis ['tæpiː] *s.* [arc.] tapeçaria ❖ *to be on the ~* estar em estudo; estar em discussão

tapnet ['tæpnɪt] *s.* seira (para figos)

tapped ['tæpt] *adj.* 1 com torneira metida; 2 sangrado; 3 ELECTRICIDADE com ramificações ou derivações; *~ impedance/inductance* impedância/indutância com derivação; 4 MECÂNICA com rosca, roscado; 5 [coloq.] telhudo; meio maluco; 6 ouvido sob escuta; captado clandestinamente

tapper ['tæpə] *s.* 1 pessoa que bate pancadas leves; 2 transmissor telegráfico

tappet ['tæpɪt] *s.* ressalto, dente ❖ *~ rod* haste de encontro

tapping ['tæpɪŋ] *s.* 1 batimento leve; série de pancadas leves; 2 [GB] ELECTRICIDADE derivação, bifurcação; *a coil with thirteen tappings* uma bobina com treze derivações; 3 CIRURGIA punção; 4 (árvore) sangramento; 5 abertura de rosca; 6 escutas

taproom ['tæprʊm] *s.* [GB] (hotel, pub) bar

taproot ['tæpruːt] Ⓐ *s.* BOTÂNICA raiz aprumada perpendicular, raiz mestra ⒝ *v.intr.* penetrar perpendicularmente no solo

taps [tæps] *s.* 1 MILITAR [exige verbo no singular] toque de recolher, toque para a extinção das luzes; 2 (encontro de escuteiros) canção de despedida, última canção antes do recolher

tapster ['tæpstə] *s.* 1 [arc.] empregado de bar; 2 [arc.] empregado de casa de bebidas

tar [tɑː] Ⓐ *s.* 1 (pavimentação) alcatrão; *coal ~* alcatrão da hulha, piche; *mineral ~* alcatrão mineral; 2 (tabaco) alcatrão; *low ~* baixo teor de alcatrão; 3 [arc., coloq.] marinheiro, lobo-do-mar; *Jack Tar* marujo, marinheiro; *old ~* lobo-do-mar ⒝ *v.tr. (particípios:* -**rr**-) alcatroar, cobrir com alcatrão ❖ [ant., coloq.] *~ baby* bico-de-obra; QUÍMICA *~ camphor* naftaleno; *~ oil* óleo de alcatrão; *~ remover* dissolvente de alcatrão; [EUA] [coloq.] *to beat/knock/whale the ~ out of sb* [coloq.] dar uma coça das grandes a alguém; *to be/get tarred with the same brush* ser encarado da mesma forma; ser igualmente malvisto; ser metido no mesmo saco; (punição) *to ~ and feather sb* cobrir alguém de alcatrão e penas; *to ~ sb with the same brush* medir alguém pela mesma bitola; meter alguém no mesmo saco

taradiddle ['tærədɪdl] Ⓐ *s.* [coloq.] mentira, peta ⒝ *v.tr.* [coloq.] dizer petas

taradiddler ['tærədɪdlə] *s.* [coloq.] indivíduo que conta petas, que diz mentiras

tarantella [ˌtærənˈtelə] *s.* MÚSICA (melodia, dança) tarantela

tarantism ['tærəntɪzəm] *s.* MEDICINA tarantulismo, tarantismo, tarentismo

tarantula [təˈræntjʊlə] *s.* ZOOLOGIA tarântula

taraxacum [təˈræksəkəm] *s.* BOTÂNICA taraxaco

tarboosh [tɑːˈbuːʃ] *s.* tarbuche, barrete turco semelhante a um fez

tardigrada [ˈtɑːdɪɡrədə] *s.pl.* ZOOLOGIA tardígrados

tardigrade [ˈtɑːdɪɡreɪd] *adj.,s.* ZOOLOGIA tardígrado

tardily [ˈtɑːdɪli] *adv.* 1 lentamente, indolentemente, morosamente; 2 sem pressas; 3 tardiamente

tardiness [ˈtɑːdɪnɪs] *s.* 1 lentidão, indolência, morosidade, vagar; 2 demora, atraso; 3 falta de pontualidade

tardy [ˈtɑːdi] *adj.* (*comp.* -**ier**, *superl.* -**iest**) 1 atrasado; tardio; 2 lento, indolente, moroso, vagaroso; *to be ~ in doing sth* ser lento a fazer alguma coisa

tare [teə] Ⓐ *s.* 1 (veículo, embalagem, etc.) tara; *actual ~* tara real; *allowance for ~* peso da tara; 2 BOTÂNICA ervilhaca, cizirão; 3 RELIGIÃO (Bíblia) joio ⒝ *v.tr.* tarar, avaliar a tara de

Tarentine [təˈrentaɪn] Ⓐ *adj.* tarentino; relativo a Tarento ⒝ *s.* tarentino; natural ou habitante de Tarento

targe [tɑːdʒ] *s.* [arc.] tarja, escudo pequeno geralmente redondo

target [ˈtɑːɡɪt] Ⓐ *s.* 1 alvo, mira; *to shoot at the ~* atirar ao alvo; 2 objectivo, meta; *to shift ~* mudar de objectivo; 3 (crítica) objecto [**of/for**, de]; *to be the ~ for ridicule* ser objecto de ridículo; 4 tela de tubo de raios catódicos; 5 [arc.] broquel, escudo pequeno e redondo, rodela, tarja Ⓑ v.tr. **I** apontar; visar; **2** CINEMA, COMÉRCIO, TV ter como público-alvo ❖ *~ audience* público-alvo; *~ date* data prevista de conclusão do projecto; LINGUÍSTICA *~ language* língua-alvo; *~ plane* avião que serve de alvo para exercícios de tiro; *~ practice* tiro ao alvo; *~ road* mira de corrediça; *an easy ~* uma presa fácil; *dead on target!* em cheio!; (projecto) *to be on ~* progredir segundo as previsões

targeteer [ˌtɑːɡɪˈtɪə] *s.* soldado outrora armado de tarja ou broquel

targeting [ˈtɑːɡətɪŋ] *s.* **I** MILITAR escolha de alvos a atingir; **2** definição de objectivos; **3** escolha de público-alvo

Targum [ˈtɑːɡəm] *s.* RELIGIÃO (Bíblia) targum

targumic [tɑːˈɡɜːmɪk] *adj.* targúmico

Targurmist [ˈtɑːɡəmɪst] *s.* targumista, tradutor e comentador de targum

Targurmistic [tɑːɡəˈmɪstɪk] *adj.* targumístico

tariff [ˈtærɪf] Ⓐ *s.* **I** tarifa; **2** tarifário; tabela de preços; *the ~ at a hotel* a tabela de preços de um hotel Ⓑ *v.tr.* tarifar; estabelecer ou aplicar tarifa a ❖ *~ laws* leis tarifárias; *~ reform* reforma tarifária; *~ wall* barreira alfandegária; *~ war* guerra aduaneira

tariffing [ˈtærɪfɪŋ] *s.* tarifação

taring [ˈteərɪŋ] *s.* determinação da tara

tarlatan [ˈtɑːlətən] *s.* tarlatana, variedade fina de musselina

tarmac [ˈtɑːmæk] *s.* (estrada) tarmacadame

tarmacadam [ˌtɑːməˈkædəm] *s.* ⇒ **tarmac**

tarmacadamize [ˌtɑːməˈkædəmaɪz] *v.tr.* (estrada) cobrir com tarmacadame

tarn [tɑːn] *s.* **I** pequeno lago nas montanhas; **2** ZOOLOGIA gaivina, andorinha-do-mar

tarnal [ˈtɑːnəl] *adj.,adv.* ⇒ **tarnation**

tarnation [tɑːˈneɪʃən] *interj.* ⇒ **damnation** Ⓑ

tarnish [ˈtɑːnɪʃ] Ⓐ *s.* **I** embaciamento; **2** perda de brilho ou lustre; **3** desdouro, deslustre, mancha, nódoa Ⓑ *v.tr.,intr.* **I** embaciar, embaçar, tornar baço; **2** embaciar-se, perder o brilho; **3** deslustrar, empanar, manchar

tarnishable [ˈtɑːnɪʃəbəl] *adj.* susceptível de se embaciar ou de perder o brilho

tarnished [ˈtɑːnɪʃt] *adj.* **I** baço, embaciado, sem brilho; **2** (reputação) manchado

tarnishing [ˈtɑːnɪʃɪŋ] *s.* **I** embaciamento; **2** perda de brilho; **3** desdouro, deslustre; **4** enodoamento

taro [ˈtɑːrəʊ, ˈtærəʊ] *s.* BOTÂNICA taro; inhame; inhame-branco

taroc [ˈtærɒk] *s.* ⇒ **tarot**

tarot [ˈtærəʊ] *s.* **I** tarot; **2** carta de tarot

tarp [tɑːp] *s.* [coloq.] encerado, lona

tarpan [ˈtɑːpæn] *s.* ZOOLOGIA tarpã, cavalo das estepes da Ásia ocidental

tarpaulin [tɑːˈpɔːlɪn] *s.* lona; *to cover with a ~* cobrir com lona

Tarpeian [tɑːˈpiːən] *adj.* tarpeia ❖ (Roma antiga) *the ~ Rock* a Rocha Tarpeia

tarpon [ˈtɑːpən] *s.* ZOOLOGIA tarpão, peixe da família dos Clupeídeos

tarradiddle [ˈtærədɪdl] *s.,v.intr.* ⇒ **taradiddle**

tarradiddler [ˌtærəˈdɪdlə] *s.* ⇒ **taradiddler**

tarragon [ˈtærəɡən] *s.* BOTÂNICA estragão

tarred [tɑːd] *adj.* alcatroado; *~ cloth* pano alcatroado; *~ pipe* tubo com revestimento de alcatrão; *~ road* estrada alcatroada; *~ rope* cabo alcatroado

tarring [ˈtɑːrɪŋ] *s.* alcatroamento; *road ~* alcatroamento das estradas

tarrock [ˈtærɒk] *s.* **I** ZOOLOGIA variedade de gaivota nova; **2** alcatraz; **3** gaivina; **4** andorinha-do-mar

tarry[1] [ˈtɑːrɪ] *adj.* (comp. **-ier**, superl. **-iest**) **I** alcatroado; com alcatrão; *~ matter* substância com alcatrão; **2** de alcatrão; semelhante ao alcatrão

tarry[2] [ˈtærɪ] *v.intr.* **I** ficar, permanecer; **2** demorar, demorar-se, tardar; **3** esperar; *to ~ for sb* esperar por alguém

tarrying [ˈtærɪɪŋ] *s.* **I** permanência, estadia; **2** demora; **3** espera

tarsal [ˈtɑːsəl] *adj.* ANATOMIA tarsal

tarsier [ˈtɑːsɪə] *s.* ZOOLOGIA társio

tarsometatarsal [ˌtɑːsəʊmetəˈtɑːsəl] *adj.* tarsometatársico

tarsometatarsus [ˌtɑːsəʊmetəˈtɑːsəs] *s.* tarsometatarso

tarsus [ˈtɑːsəs] *s.* (pl. **-i**) ANATOMIA tarso

tart [tɑːt] Ⓐ *s.* **I** CULINÁRIA (doce) torta; tarte; *apple ~* tarte de maçã; **2** [cal., depr.] (ofensivo) cabra_{cal}, pêga Ⓑ *adj.* **I** (sabor) ácido; amargo; azedo; **2** (comentário, resposta, tom) cáustico, mordaz, rude; *to give a ~ answer* dar uma resposta torta

◆**tart up** *v.tr.* **I** [GB] [coloq.] (edifício, etc.) reformar, restaurar; **2** [coloq.] (pessoa) emperiquitar; enfeitar em excesso; *to tart oneself up* emperiquitar-se

tartan [ˈtɑːtn] Ⓐ *s.* **I** (tecido escocês axadrezado) tartã; **2** qualquer tecido axadrezado; **3** manto desse tecido com padrão distintivo de clã; **4** roupa de tecido axadrezado; **5** NÁUTICA tartana, pequena embarcação de um só mastro usada no Mediterrâneo Ⓑ *adj.* **I** axadrezado; *~ velvet* veludo axadrezado; **2** [coloq.] escocês

tartar [ˈtɑːtə] *s.* **I** (dentes) tártaro; **2** (vinho) sarro, tártaro ❖ CULINÁRIA *~ sauce* molho tártaro; CULINÁRIA *steak ~* bife tártaro

Tartar [ˈtɑːtə] Ⓐ *adj.* tártaro; relativo à Tartária Ⓑ *s.* **I** tártaro, natural ou habitante da Tartária; **2** [fig., depr.] (pessoa violenta) louco furioso ❖ *to catch a ~* encontrar alguém que nos faça frente; encontrar alguém que nos põe em dificuldades

tartarated [ˈtɑːtəreɪtɪd] *adj.* QUÍMICA tartarizado

Tartarean [tɑːˈteərɪən] *adj.* MITOLOGIA tartáreo; relativo a Tártaro

tartaric [tɑːˈtærɪk] *adj.* QUÍMICA tartárico; *~ acid* ácido tartárico

Tartaric [tɑːˈtærɪk] *adj.* tártárico; relativo aos Tártaros

tartarized [ˈtɑːtəraɪzd] *adj.* QUÍMICA tartarizado

Tartarus [ˈtɑːtərəs] *s.* MITOLOGIA (inferno) Tártaro

tartish [ˈtɑːtɪʃ] *adj.* um tanto ácido

tartlet [ˈtɑːtlɪt] *s.* CULINÁRIA (pequena) tarte

tartly [ˈtɑːtlɪ] *adv.* **I** acerbamente, mordazmente, causticamente; **2** com acrimónia

tartness [ˈtɑːtnɪs] *s.* **I** acidez; **2** azedume; **3** mordacidade, causticidade; **4** acrimónia

tartrate [ˈtɑːtrɪt] *s.* QUÍMICA tartarato; *~ of iron* tartarato de ferro

tartrated [ˈtɑːtreɪtɪd] *adj.* tartarizado

Tartufe [tɑːˈtuːf] *s.* **I** tartufo; **2** homem hipócrita; **3** falso devoto

Tartuffe [tɑːˈtuːf] *s.* **I** tartufo; **2** homem hipócrita; **3** falso devoto

Tartuffism [tɑːˈtuːfɪzəm] *s.* tartufismo

Tartufism [tɑːˈtuːfɪzəm] *s.* tartufismo

tasimeter [təˈsɪmɪtə] *s.* ELECTRICIDADE tasímetro

tasimetric [ˌtæsɪˈmetrɪk] *adj.* tasimétrico

tasimetrical [ˌtæsɪˈmetrɪkəl] *adj.* tasimétrico

tasimetry [təˈsɪmɪtrɪ] *s.* tasimetria

task [tɑːsk] Ⓐ *s.* **I** tarefa; trabalho a fazer; incumbência; *daily ~* tarefa diária; *to perform a ~* realizar uma tarefa; *to apply oneself to a ~* dedicar-se a uma tarefa, empenhar-se numa tarefa; *to undertake the ~ of* empreender a tarefa de; *she always gives her pupils difficult tasks* ela dá sempre tarefas difíceis aos seus alunos; *that is one endless ~* isso é um trabalho que nunca mais acaba; *to be no easy ~* não ser tarefa fácil; **2** [arc.] taxa; imposto Ⓑ *v.tr.* **I** dar uma tarefa a; impor uma tarefa a; incumbir [**with**, de]; *to ~ sb with sth* incumbir alguém de algo; **2** sobrecarregar, exigir trabalho excessivo a; forçar, pôr à prova; **3** [arc.] taxar, obrigar a pagar imposto ❖ *~ force* "task force"; destacamento especial; *to take sb to ~ (for)* censurar alguém (por); repreender alguém (por)

taskmaster [ˈtɑːskˌmɑːstə] *s.* capataz, superintendente, vigia, aquele que impõe uma tarefa ou um serviço

taskmistress [ˈtɑːskˌmɪstrɪs] *fem. de* **taskmaster**

taskwork [ˈtɑːskwɜːk] *s.* **I** tarefa; **2** trabalho à peça

Tasmania [tæzˈmeɪnɪə] *s.top.* Tasmânia

Tasmanian [tæzˈmeɪnɪən] Ⓐ *adj.* tasmânio, tasmaniano; relativo à Tasmânia Ⓑ *s.* (pessoa) tasmânio, tasmaniano ❖ ZOOLOGIA *~ devil* dasiúro; ZOOLOGIA *~ wolf* lobo-da-tasmânia; lobo-da-austrália

tassel [ˈtæsəl] Ⓐ *s.* **I** borla; **2** fita presa a livro para marcar páginas; **3** BOTÂNICA pendão, bandeira do milho; **4** ⇒ **torsel** Ⓑ *v.tr.,intr.* (particípios: **-ll-**) **I** guarnecer com borla, enfeitar com borlas; **2** tirar o pendão ao milho; **3** (milho) deitar pendão, criar pendão

tasselled [ˈtæsəld] *adj.* com borlas, ornamentado com borlas

tassets [ˈtæsɪts] *s.pl.* escarcela (de armadura)

Tasso [ˈtæsəʊ] *s.antr.* Tasso

tastable [ˈteɪstəbəl] *adj.* **I** que pode provar-se; **2** que sabe bem, saboroso

taste [teɪst] Ⓐ s. 1 gosto, paladar, sabor; *I don't like the ~ of this fish* não gosto do sabor deste peixe; *to leave a bad ~ in the mouth* deixar um mau travo na boca; causar uma sensação de desagrado ou repugnância; 2 (sentido estético) gosto; *a joke in bad ~* uma brincadeira de mau gosto; *it is a matter of ~* é uma questão de gosto; *people of ~* pessoas de gosto; *tastes differ* os gostos são diferentes; *that's sth to my ~* isso é uma coisa a meu gosto; *to have a keen sense of ~* ter um apurado sentido de gosto; *your remark is in bad ~* a sua observação é de mau gosto; 3 bocado, pedaço; *a ~ of cheese* um bocado muito pequeno de queijo; 4 prova; amostra; 5 gosto, predilecção, preferência, simpatia; *to develop a ~ for* criar gosto por, aprender a gostar de; *to have a ~ for literature* gostar de literatura; 6 discernimento; critério; 7 primeira experiência; *he had his first ~ of gunpowder* ele teve o baptismo de fogo Ⓑ v.tr.,intr. 1 provar; *~ this cheese* prove este queijo; 2 experimentar; 3 [arc.] apreciar, gozar, saborear; *he cannot ~ a joke against himself* ele não é capaz de apreciar uma graça contra si mesmo; *to ~ the joys of freedom* saborear as alegrias da liberdade; 4 saber [of/like, a]; *it tastes like honey* sabe a mel; *the wine tastes of the cork* o vinho sabe à rolha; *to ~ good* saber bem; *to ~ sour/sweet* ser azedo/doce; *you can ~ nothing when you have a cold* quando uma pessoa está constipada fica sem sabor ❖ ANATOMIA *~ buds* papilas gustativas; *everyone to his ~* gostos não se discutem; *give him a ~ of the whip* mostra-lhe o que o espera; *there is no accounting for tastes* gostos não se discutem; *the wind tastes of the sea* o vento cheira a mar

tasteful ['teɪstfʊl] adj. 1 com gosto, de bom gosto; 2 elegante, fino; 3 apurado

tastefully ['teɪstfʊlɪ] adv. 1 com gosto, com elegância; 2 elegantemente

tastefulness ['teɪstfʊlnɪs] s. 1 bom gosto; 2 discernimento; 3 elegância, graça

tasteless ['teɪstləs] adj. 1 sem gosto, sem paladar, sem sabor; 2 insípido; 3 de mau gosto

tastelessly ['teɪstləslɪ] adv. 1 sem gosto, sem elegância; 2 inesteticamente

tastelessness ['teɪstləsnɪs] s. 1 falta de gosto, falta de paladar; 2 insipidez; 3 deselegância; mau gosto

taster ['teɪstə] s. 1 provador; 2 (comida, bebida) amostra; 3 antevisão, pequena amostra; 4 cheirinho_coloq_; 5 pipeta de prova; 6 cálice de prova

tastily ['teɪstɪlɪ] adv. com gosto, com elegância, com estética

tastiness ['teɪstɪnɪs] s. 1 paladar agradável, gosto agradável; 2 [coloq.] bom gosto, elegância

tasting ['teɪstɪŋ] s. (sabor) prova; *wine ~* prova de vinhos

tasty ['teɪstɪ] adj. (comp. -ier, superl. -iest) 1 saboroso, apetitoso; 2 de bom gosto, elegante

tat [tæt] Ⓐ s. 1 pónei; 2 andrajos, roupas coçadas, roupas muito gastas; 3 vestuário de mau gosto, vestir desmazelado; 4 pessoa andrajosa, mal vestida, pessoa desmazelada no vestir Ⓑ v.tr.,intr. (particípios: -tt-) 1 fazer espiguilha, trabalhar em espiguilha; 2 fazer renda de bilros

tata [tæ'tɑː] Ⓐ interj. adeus! Ⓑ s. [coloq.] *to go for a ~* ir dar um passeio

Tatar ['tɑːtə] adj.,s. 1 tártaro; 2 [fig.] (pessoa) intratável, violenta ou irascível

tater ['teɪtə] s. [coloq.] batata, batatinha ❖ [arc., coloq.] *~ trap* boca

tatou ['tɑːtuː] s. ZOOLOGIA tatu

tatter ['tætə] Ⓐ s. (roupa) andrajo, farrapo, trapo; *in tatters* em farrapos; *to be dressed in tatters* estar vestido de andrajos; *to wear one's clothes to tatters* usar a roupa até ficar em farrapos Ⓑ v.tr.,intr. esfarrapar(-se)

tatterdemalion [tætədə'meɪlɪən] s. farroupilha, maltrapilho, indivíduo vestido de andrajos

tattered ['tætəd] adj. andrajoso, esfarrapado, maltrapilho; *all ~ and torn* todo esfarrapado

Tattersall's ['tætəsɔːlz] s. local principal, em Londres, de venda e apostas em cavalos de corrida

tattery ['tætərɪ] adj. 1 todo esfarrapado; 2 andrajoso

tatting ['tætɪŋ] s. espiguilha, variedade de renda de bilros

tattle ['tætl] Ⓐ s. 1 tagarelice; 2 bisbilhotice, má-língua, mexerico Ⓑ v.tr.,intr. 1 tagarelar, palrar; 2 bisbilhotar, mexericar; 3 [EUA] [coloq.] bufar, chibar(-se)

tattler ['tætlə] s. 1 tagarela, palrador; 2 mexeriqueiro, má-língua; 3 ZOOLOGIA (ave) maçarico

tattletale ['tætlteɪl] Ⓐ adj. [EUA] [coloq.] queixinhas_coloq_ Ⓑ adj. [EUA] revelador, significativo, eloquente

tattling ['tætlɪŋ] Ⓐ adj. 1 conversador, tagarela; 2 mexeriqueiro, bisbilhoteiro Ⓑ s. 1 tagarelice, conversa oca e banal; 2 má-língua, bisbilhotice, mexericos

tattoo [tə'tuː, tæ'tuː] Ⓐ s. 1 tatuagem; 2 MILITAR hora de recolher; toque de recolher; *to sound the ~* tocar a recolher; 3 parada militar; 4 (tambor) rufo; *to drum the ~* dar, com o tambor, o sinal de recolher Ⓑ v.tr.,intr. 1 tatuar; fazer tatuagem; 2 (tambor) rufar

tattooer [tə'tuːə, tæ'tuːə] s. aquele que faz tatuagens, tatuador

tattooing [tə'tuːɪŋ, tæ'tuːɪŋ] s. tatuagem

tattooist [tə'tuːɪst, tæ'tuːɪst] s. ⇒ **tattooer**

tatty ['tætɪ] Ⓐ s. [Índia] esteira que se conserva pendurada e húmida para refrescar e perfumar o ar Ⓑ adj. (comp. -ier, superl. -iest) 1 com mau aspecto; 2 coçado, gasto, puído; 3 em mau estado

tatu ['tɑːtuː] s. ZOOLOGIA tatu

tau [tɔː, taʊ] s. (letra grega) tau ❖ *~ cross* tau; cruz de Santo Antão

taught [tɔːt] {prt. e part. pass. de **to teach**} *a ~ ship* um navio que obedece bem ao leme

taunt [tɔːnt] Ⓐ v.tr. 1 atormentar [**with**, com]; 2 picar_fig_; implicar com; gozar com, fazer pouco de [**about/over**, por causa de] Ⓑ s. 1 (comentário) provocação; piadinha; boca_coloq_; 2 [arc.] objecto de sarcasmo; objecto de escárnio; *to become a ~ to sb* tornar-se objecto do escárnio de alguém Ⓒ adj. NÁUTICA (mastro) muito elevado, alto, demasiadamente comprido; *taunt-masted* com os mastros excessivamente altos

taunter ['tɔːntə] s. escarnecedor; indivíduo que faz observações sarcásticas

taunting ['tɔːntɪŋ] Ⓐ adj. sarcástico, insultuoso, injurioso Ⓑ s. 1 observações mordazes e ofensivas; 2 sarcasmo; 3 escárnio

tauntingly ['tɔːntɪŋlɪ] adv. 1 sarcasticamente; 2 mordazmente; 3 insultuosamente

taupe [təʊp] adj.,s. (cor) cinzento-acastanhado

taurine ['tɔːraɪn] adj. 1 taurino; 2 bovino; 3 relativo ao signo zodiacal do Touro

tauromachian [tɔːrə'meɪkɪən] adj. tauromáquico

tauromachy [tɔː'rɒməkɪ] s. tauromaquia

Taurus ['tɔːrəs] s. (pl. Tauruses ou Tauri) ASTRONOMIA (constelação, signo) Touro

taut [tɔːt] adj. 1 (arame, corda, fio) esticado, retesado, teso; *to haul the sheets ~* esticar as escotas; 2 (músculo, pessoa) tenso; 3 (linguagem) conciso, sucinto; 4 em boas condições, em ordem ❖ NÁUTICA *~ and trim* em bom estado; bem tratado

tauten ['tɔːtn] v.tr. retesar, esticar

tautness ['tɔːtnɪs] s. tensão, retesamento

tautochrone ['tɔːtəkrəʊn] s. MATEMÁTICA curva tautócrona

tautochronous [tɔː'tɒkrənəs] adj. MATEMÁTICA tautócrono

tautological [tɔːtə'lɒdʒɪkəl] adj. tautológico

tautologically [tɔːtə'lɒdʒɪklɪ] adv. tautologicamente

tautology [tɔː'tɒlədʒɪ] s. tautologia

tautomeric [tɔːtə'merɪk] adj. QUÍMICA tautomérico, tautómero

tautomerism [tɔː'tɒmərɪzəm] s. QUÍMICA tautomeria

tautophony [tɔː'tɒfənɪ] s. tautofonia

tavern ['tævən, 'tævɜːn] s. botequim, taberna, casa onde se vende vinho e se servem comidas

taverner ['tævənə] s. [arc.] taberneiro

taw [tɔː] Ⓐ s. 1 jogo do carolo, jogo do berlinde; 2 esfera para o jogo do berlinde; 3 linha limite no jogo do berlinde Ⓑ v.tr. curtir (peles) com pedra-ume

tawdrily ['tɔːdrɪlɪ] adv. 1 com um brilho falso; 2 espalhafatosamente; 3 sem gosto

tawdriness ['tɔːdrɪnɪs] s. 1 aparato de pouco valor, aparência enganosa; 2 coisa vistosa sem valor; 3 ouropel, falso brilho

tawdry ['tɔːdrɪ] Ⓐ adj. (comp. -ier, superl. -iest) 1 aparatoso, espalhafatoso; vistoso; 2 de aparência enganadora; 3 (assunto, história) sórdido Ⓑ s. arrebiques de mau gosto, adornos baratos ❖ *a ~ existence* uma miséria dourada

tawed [tɔːd] *adj.* curtido com pedra-ume
tawer [ˈtɔːə] *s.* curtidor que emprega a pedra-ume
tawery [ˈtɔːərɪ] *s.* curtidouro, acto de curtir com pedra-ume
tawing [ˈtɔːɪŋ] *s.* curtimento com pedra-ume
tawniness [ˈtɔːnɪnɪs] *s.* amarelo-torrado, amarelo-acastanhado
tawny [ˈtɔːnɪ] *adj.* (comp. **-ier**, superl. **-iest**) **1** amarelo-acastanhado, moreno, dourado; **2** (vinho) aloirado ❖ **~ port** porto tawny
taws [tɔːz] *s.* HISTÓRIA (escola) correia, com a ponta aberta em tiras, para castigar crianças
tawse [tɔːz] *s.* HISTÓRIA (escola) correia, com a ponta aberta em tiras, para castigar crianças
tax [tæks] Ⓐ *s.* **1** imposto; taxa; contribuição; tributo; *the ~ on petrol* o imposto sobre a gasolina; *airport ~* taxa de aeroporto; *car/road ~* imposto automóvel; [GB] *council ~* imposto municipal, contribuição autárquica; *direct/indirect taxes* impostos directos/indirectos; *to lay a ~ on* lançar um imposto sobre; **2** (fig.) (encargo demasiado pesado) fardo; ónus; *to be a ~ on sb* ser um fardo para alguém; *to be a ~ on sb's patience* pôr à prova a paciência de alguém Ⓑ *v.tr.* **1** taxar; lançar imposto sobre; *to ~ income* lançar um imposto sobre o rendimento; **2** [GB] (veículo) pagar imposto sobre; **3** sobrecarregar; pôr à prova; forçar; *to ~ sb's patience* pôr à prova a paciência de alguém; *he taxed the horse to the limit* ele forçou o cavalo até ao máximo; **4** acusar [**with**, de]; censurar [**with**, por]; *she taxed them with having neglected their duty* ela acusou-os de não terem cumprido o dever; **5** DIREITO (custas de processo) avaliar, determinar ❖ **~ avoidance** elisão fiscal; evasão fiscal lícita; tentativa de minimizar as obrigações fiscais por meios legais; **~ bracket** escalão fiscal; **~ break** redução fiscal; **~ burden** encargos fiscais; encargos tributários; **~ collector** cobrador de impostos; **~ cuts** reduções nos impostos; [GB] **~ disc** selo automóvel; **~ evader** pessoa que foge ao pagamento dos impostos; **~ evasion** evasão fiscal; fuga ao fisco; fraude fiscal; **~ exile** pessoa que abandona o país para evitar pagar impostos elevados; **~ haven** paraíso fiscal; [EUA] **~ holiday** período de isenção fiscal; **~ incentives** incentivos fiscais; **~ liability** obrigação fiscal; [GB] **~ relief** benefícios fiscais; incentivos fiscais; **~ return** declaração de impostos; declaração de IRS; [EUA] **~ sale** leilão de bens por falta de pagamento de imposto; **~ title** direito de propriedade pelo arrematamento de bens leiloados por falta de pagamento de imposto; **~ year** ano fiscal
taxability [ˌtæksəˈbɪlɪtɪ] *s.* possibilidade de ser sujeito a taxa ou imposto
taxable [ˈtæksəbəl] *adj.* (bens, rendimentos, etc.) colectável; tributável ❖ FINANÇAS **~ amount** imposto; **~ capacity** capacidade tributária; FINANÇAS **~ year** ano fiscal
taxaceous [tækˈseɪʃəs] *adj.* BOTÂNICA pertencente às taxáceas
taxation [tækˈseɪʃən] *s.* **1** tributação; **2** lançamento de impostos; **3** taxação; **4** imposto
tax-deductible [ˌtæksdɪˈdʌktɪbl] *adj.* dedutível nos impostos
taxer [ˈtæksə] *s.* aquele que lança impostos
tax-exempt [ˌtæksɪɡˈzempt] *adj.* [EUA] isento de imposto(s)
tax-free [ˈtæksfriː] *s.* livre de imposto(s)
taxi [ˈtæksɪ] Ⓐ *s.* táxi; *by ~* de táxi; *a fleet of taxis* uma frota de táxis; *to flag down/hail a ~* fazer sinal de paragem a um táxi, chamar um táxi; *to take a ~* apanhar um táxi Ⓑ *v.intr.* **1** andar de táxi; **2** AERONÁUTICA (antes ou depois do voo) deslizar ao longo da pista Ⓒ *v.tr.* [coloq.] levar de táxi ❖ **~ driver** motorista de táxi; taxista; [GB] **~ rank** praça de táxis; [EUA] **~ stand** praça de táxis
taxiarch [ˈtæksɪɑːk] *s.* taxiarca, oficial grego que comandava uma taxiarquia
taxicab [ˈtæksɪkæb] *s.* [EUA] táxi
taxidermal [ˌtæksɪˈdɜːməl] *adj.* taxidérmico
taxidermist [ˈtæksɪdɜːmɪst] *s.* taxidermista
taxidermy [ˈtæksɪdɜːmɪ] *s.* taxidermia
taximan [ˈtæksɪmən] *s.* (pl. **-men**) condutor de táxi
taximeter [ˈtæksɪˌmiːtə] *s.* taxímetro
taxineae [tækˈsɪniː] *s.pl.* BOTÂNICA Taxáceas
taxing [ˈtæksɪŋ] *adj.* **1** difícil; **2** exigente; **3** árduo; **4** esgotante
taxiphote [ˈtæksɪfəʊt] *s.* FOTOGRAFIA taxifoto
taxiplane [ˈtæksɪpleɪn] *s.* avião-táxi
taxis [ˈtæksɪs] *s.* CIRURGIA táxis, redução de hérnia

taxonomic [ˌtæksəˈnɒmɪk] *adj.* taxonómico
taxonomical [ˌtæksəˈnɒmɪkəl] *adj.* taxonómico
taxonomically [ˌtæksəˈnɒmɪklɪ] *adv.* taxonomicamente
taxonomist [tækˈsɒnəmɪst] *s.* taxonomista
taxonomy [tækˈsɒnəmɪ] *s.* taxonomia
taxpayer [ˈtækspeɪə] *s.* FINANÇAS contribuinte
taxproof [ˈtækspruːf] *adj.* isento de imposto
taxying [ˈtæksɪɪŋ] *s.* AERONÁUTICA deslizamento sobre a pista (antes ou depois do voo)
tazza [ˈtæsə] *s.* (pl. **-e**) taça (para fruta)
Tb QUÍMICA [símbolo de terbium]
TB [abrev. de tuberculosis]
T-bar [ˈtiːbɑː] *s.* barra de metal em T
T-beam [ˈtiːbiːm] *s.* viga em T
Tc QUÍMICA [símbolo de technetium]
TCD [abrev. de Trinity College, Dublin]
tchick [tʃɪk] Ⓐ *s.* estalido com a língua (para animar cavalos) Ⓑ *v.intr.* dar estalidos com a língua (para animar um cavalo)
TCP INFORMÁTICA (Internet) [abrev. de Transmission Control Protocol]
TCP/IP INFORMÁTICA (Internet) [abrev. de Transmission Control Protocol/Internet Protocol] TCP/IP
TD Ⓐ MILITAR [abrev. de Territorial Decoration] Ⓑ (futebol americano) [abrev. de touchdown]
TDMA-CDMA [abrev. de Time Division Multiple Access-Code Division Multiple Access]
Te QUÍMICA [símbolo de tellurium]
tea [tiː] Ⓐ *s.* **1** (bebida, planta) chá; *a cup of ~* uma chávena de chá; *a nice cup of ~* um chazinho; *black ~* chá preto; *strong/weak ~* chá forte/fraco; **2** [GB] (refeição) chá; lanche; *to ask sb for ~* convidar alguém para o chá; *what time do you have your tea?* a que horas costuma tomar chá?, a que horas costuma lanchar?; *afternoon ~* chá, lanche; **3** [GB, Austr.] refeição tomada ao início da noite; lanche ajantarado; **4** [ant., cal.] (droga) erva Ⓑ *v.intr.* [arc.] tomar chá; *we ~ between four and five* tomamos o chá entre as quatro e as cinco ❖ **~ bag** saqueta; **~ ball** infusor (esférico) para chá; **~ break** (trabalho) pausa para chá; pausa para café; **~ caddy** lata do chá; [EUA] **~ cart** carrinho de chá; [GB] **~ cloth** pano da louça; **~ cosy/cozy** abafador para chá; **~ dance** chá dançante; **~ garden** jardim onde se serve chá; local ao ar livre onde se serve chá; plantação de chá; **~ leaf** folha de chá; **~ party** convívio em que se toma chá; **~ plantation** plantação de chá; **~ punch** ponche inglês; BOTÂNICA **~ rose** rosa-chá; **~ service/set** serviço de chá; **~ shop** casa de chá; salão de chá; **~ strainer** coador de chá; **~ table** mesinha de chá; **~ towel** pano da louça; **~ tray** tabuleiro do chá; BOTÂNICA **~ tree** árvore do chá; [GB] **~ trolley** carrinho de chá; [EUA] **~ urn** samovar; [EUA] **~ wagon** carrinho de chá; [GB] **high ~** lanche ajantarado; [GB] [ant.] **~ and sympathy** carinho e atenção; gentileza e compreensão; *(not) for all the ~ in China* por nada deste mundo; *not to be sb's cup of ~* não fazer o género de alguém; não ser aquilo de que alguém gosta
teacake [ˈtiːkeɪk] *s.* **1** (acompanhamento do chá) bolinho; biscoito; bolacha; **2** [GB] bolinho com frutos secos que se come quente com manteiga
teach [tiːtʃ] *v.tr.,intr.* (prt. e part. pass. **taught**) **1** ensinar; *he taught them Portuguese* ele ensinou-lhes português; *I taught her (how) to speak German* ensinei-a a falar alemão; *it is time the boy was taught something* é tempo de ensinarem alguma coisa ao rapaz; *to ~ the piano* ensinar piano; **2** educar; instruir; **3** dar aulas; leccionar; *she teaches* ela dá aulas, ela lecciona; *to ~ English* leccionar inglês; **4** mostrar; explicar; **5** (animais) educar; amestrar ❖ [coloq.] *that'll ~ you!* toma lá que é para aprenderes!; *that will ~ them* isso vai servir-lhes de lição; *to ~ for a living* dedicar-se ao ensino como profissão; *to ~ one's grandmother to suck eggs* ensinar o Pai-Nosso ao vigário; *to ~ sb a lesson* dar uma lição a alguém
teachable [ˈtiːtʃəbəl] *adj.* **1** que pode ensinar-se; **2** susceptível de receber ensino; que aprende com certa facilidade
teachableness [ˈtiːtʃəblnɪs] *s.* **1** receptividade para o ensino; **2** docilidade; **3** qualidade daquilo que pode ensinar-se
teacher [ˈtiːtʃə] *s.* **1** (escola) professor; *English/Maths ~* professor de Inglês/Matemática; **2** mestre; algo/alguém que ensina ❖ [GB] *teachers' centre* centro de recursos para professores;

teachership

[EUA, Austr.] *teacher's/teachers college* instituição que forma professores; escola superior de educação; [depr.] *teacher's pet* queridinho do professor; favorito; *teacher('s) training* formação pedagógica de professores; ~ *training college* escola superior de educação; [EUA] *substitute* ~ professor substituto; [GB] *supply* ~ professor substituto

teachership ['ti:tʃəʃɪp] *s.* 1 magistério; 2 professorado

teach-in ['ti:tʃˌɪn] *s.* curso de seminários organizado por estudantes, frequentemente em oposição ou desafio às autoridades académicas

teaching ['ti:tʃɪŋ] Ⓐ *adj.* docente; que ensina Ⓑ *s.* 1 (acto, profissão) ensino; *to take up* ~ dedicar-se ao ensino; 2 *pl.* doutrinas, ensinamentos, lições, preceitos; *the teachings of the Church* as doutrinas da Igreja ❖ ~ *aids* material pedagógico; ~ *diploma* diploma de exame de estado; ~ *hospital* centro hospitalar universitário; ~ *methods* métodos de ensino; ~ *practice* estágio pedagógico; ~ *staff* corpo docente

teacup ['ti:kʌp] *s.* chávena de chá ❖ *a storm in a* ~ uma tempestade num copo de água

teacupful ['ti:kʌpfʊl] *s.* conteúdo de uma chávena de chá

Teague [ti:g] *s.* [depr.] irlandês

teahouse ['ti:haʊs] *s.* casa de chá

teak [ti:k] *s.* BOTÂNICA (árvore, madeira) teca

teakettle ['ti:ketəl] *s.* chaleira

teal [ti:l] Ⓐ *s.* 1 ZOOLOGIA cerceta, cantadeira, marrequinho; 2 (cor) verde-escuro Ⓑ *adj.* (cor) verde-escuro

team [ti:m] Ⓐ *s.* 1 equipa; *football* ~ equipa de futebol; 2 grupo; 3 (bois, cavalos, etc.) junta; parelha Ⓑ *v.tr.* 1 (bois, cavalos) atrelar, jungir; 2 [EUA, Can.] transportar com parelha Ⓒ *v.intr.* 1 conduzir parelha; 2 formar uma parelha; formar uma equipa ❖ DESPORTO ~ *captain* capitão de equipa; ~ *driver* condutor de parelha ou junta de animais; ~ *games* jogos de equipa; ~ *leader* líder da equipa; ~ *mate* companheiro de equipa; ~ *spirit* espírito de equipa

◆**team up** *v.intr.* 1 associar-se; fazer equipa [**with**, com]; 2 (cores, etc.) combinar [**with**, com]

teamster ['ti:mstə] *s.* 1 condutor de parelha ou junta de animais; 2 [EUA, Can.] camionista

teamwork ['ti:mwɜ:k] *s.* trabalho de equipa

teapot ['ti:pɒt] *s.* bule

teapoy ['ti:pɔɪ] *s.* pequena mesa de três ou quatro pernas, sobretudo para chá

tear[1] [teə] Ⓐ *s.* 1 rasgão, rasgadela; 2 (vestuário) pedaço rasgado; 3 ruptura; 4 pressa; *he was in such a* ~ ele estava numa pressa Ⓑ *v.tr.,intr.* (*prt.* **tore**, *part. pass.* **torn**) 1 rasgar; *to* ~ *a paper in two* rasgar um papel em dois; *to* ~ *one's coat on a nail* rasgar o casaco num prego; 2 arrancar; *to* ~ *one's hair* arrancar os cabelos[fig.]; 3 despedaçar; dilacerar; *her heart was torn by grief* o coração dela estava despedaçado pela dor; 4 (ligamentos) romper; 5 precipitar-se; *to* ~ *downstairs/upstairs* precipitar-se pelas escadas abaixo/acima; 6 correr, ir depressa; *to* ~ *along* ir a toda a velocidade; *his car was tearing along at seventy miles an hour* o carro corria a setenta milhas por hora; *he tore down the street* ele desceu velozmente a rua; 7 rasgar-se, romper-se; *such things* ~ *easily* estas coisas rasgam-se facilmente; 8 irromper ❖ ~ *resistance* resistência ao dilaceramento; (jornal, etc.) ~ *sheet* folha arrancada; *that's torn it!* está tudo acabado!; foi o golpe final!; *to be torn between two things* estar dividido entre duas coisas; *to go full* ~ ir a toda a velocidade; [EUA] [coloq.] *to go off on a* ~ ir para a pândega; beber demasiado

◆**tear apart** *v.tr.* 1 despedaçar, dilacerar; *the wolf tore the sheep apart* o lobo despedaçou a ovelha; 2 (emoções) destroçar; *the divorce tore him apart* ficou destroçado com o divórcio; 3 [fig.] dividir, lançar na discórdia; *the war is tearing the country apart* a guerra está a dividir o país

◆**tear at** *v.tr.* arrancar violentamente; puxar com violência por

◆**tear away** Ⓐ *v.intr.* arrancar, partir a toda a velocidade Ⓑ *v.tr.* deixar com pena [**from**, -]; *the old woman couldn't tear herself away from the scene* a velha não era capaz de deixar o local

◆**tear down** *v.tr.* 1 (construção) deitar abaixo, demolir; 2 arrancar [**from**, de]

◆**tear into** *v.tr.* 1 atacar; [coloq.] *he tore into the steak* ele atacou o bife vigorosamente; 2 criticar duramente

◆**tear off** *v.tr.* 1 arrancar; *a shell tore off his leg* uma granada arrancou-lhe uma perna; *to* ~ *a leaf from a calendar* arrancar uma folha de um calendário; 2 (roupas) tirar à pressa, arrancar; 3 [GB] [coloq.] (carta, etc.) escrever à pressa ❖ [coloq.] *to* ~ *a strip* repreender severamente

◆**tear open** *v.tr.* (embrulho) abrir violentamente; desfazer

◆**tear out** *v.tr.* arrancar; [fig.] *to tear sb's eyes out* arrancar os olhos de alguém

◆**tear up** *v.tr.* 1 (papel) rasgar aos bocadinhos; *to tear a letter up to pieces* rasgar uma carta em bocados; 2 destruir; 3 (planta) arrancar; *to* ~ *by the roots* arrancar pela raiz

tear[2] [tɪə] Ⓐ *s.* 1 (choro) lágrima; *in tears* em lágrimas, a chorar; *close to tears* à beira das lágrimas, quase a chorar; *in floods of tears* num mar de lágrimas, banhado em lágrimas; *tears of joy/regret* lágrimas de alegria/arrependimento; *to bring tears to sb's eyes* fazer vir as lágrimas aos olhos de alguém; *to move sb to tears* comover alguém até às lágrimas; 2 (forma, objecto) lágrima, gota, pingo Ⓑ *v.intr.* lagrimejar; encher-se de lágrimas ❖ ~ *bomb* bomba lacrimógénea; ANATOMIA ~ *duct* canal lacrimal; ~ *gas* gás lacrimógeneo; ~ *grenade/shell* granada lacrimógena; [GB] [coloq.] *it'll end in tears* isso vai acabar mal; isso vai dar mau resultado

tearable ['teərəbəl] *adj.* 1 facilmente rompível; 2 que se rasga facilmente

teardrop ['tɪədrɒp] *s.* lágrima

tearful ['tɪəfʊl] *adj.* 1 choroso, cheio de lágrimas, lacrimoso; ~ *face* rosto choroso; *in a* ~ *voice* numa voz lacrimosa; 2 lamentável, triste; ~ *news* notícia triste

tearfully ['tɪəfʊli] *adv.* chorosamente, lacrimosamente

tearfulness ['tɪəfʊlnɪs] *s.* estado choroso, estado lacrimoso

tearing ['teərɪŋ] Ⓐ *adj.* 1 tremendo; *a* ~ *voice* uma voz tremenda; ~ *rage* fúria tremenda; 2 impetuoso, violento; 3 [GB] [fig.] grande, tremendo; *she was in a* ~ *hurry* ela estava com uma pressa tremenda Ⓑ *s.* 1 despedaçamento, dilaceramento; 2 rasgão; 3 ruptura; ~ *of a muscle* ruptura de um músculo ❖ ~ *away* arrancada; ~ *in* acto de entrar a toda a velocidade; ~ *out* acto de sair a toda a velocidade; ~ *strength* resistência à ruptura; ~ *up* acto de rasgar; (planta) acto de arrancar pela raiz

tearjerker ['tɪədʒɜ:kə] *s.* TELEVISÃO, CINEMA, LITERATURA [coloq.] melodrama, dramalhão

tearjerking ['tɪədʒɜ:kɪŋ] *adj.* TELEVISÃO, CINEMA, LITERATURA melodramático, próprio de dramalhão

tearless ['tɪəlɪs] *adj.* sem lágrimas

tearoom ['ti:ru:m, 'ti:rʊm] *s.* casa de chá, salão de chá

tear-stained ['tɪəsteɪnd] *adj.* banhado de lágrimas; ~ *face* rosto banhado de lágrimas

tease [ti:z] Ⓐ *s.* 1 [coloq.] (sedução) provocador(a); 2 [coloq.] gozão, trocista; 3 provocação Ⓑ *v.tr.,intr.* 1 fazer pouco de; 2 meter-se com; implicar com; 3 arreliar, importunar; *to* ~ *sb* arreliar alguém; *the small boy is always teasing his mother for chocolate* o pequeno está sempre a importunar a mãe por causa dos chocolates; 4 (lã, linho, etc.) cardar, pentear; 5 (tecido) perchar; 6 (sedução) provocar

◆**tease out** *v.tr.* 1 (cabelos, fios, etc.) desemaranhar, desenredar, desembaraçar; 2 (informação, verdade) sacar

teasel ['ti:zəl] Ⓐ *s.* 1 BOTÂNICA cardo-penteador; 2 carda (para tecidos); 3 percha (para tecidos) Ⓑ *v.tr.* 1 cardar; 2 perchar

teaseler ['ti:zələ] *s.* cardador

teaseling ['ti:zəlɪŋ] *s.* 1 cardação, cardagem; 2 acto de perchar

teaser ['ti:zə] *s.* 1 brincalhão; 2 (sedução) provocador(a); 3 [coloq.] (problema) quebra-cabeças, bico-de-obra; 4 (publicidade) amostra, antevisão, cheirinho[coloq.]; 5 [coloq.] pergunta difícil; *the candidate was asked a lot of teasers* fizeram ao candidato uma série de perguntas difíceis; 6 (lã, linho, etc.) cardador

teasing ['ti:zɪŋ] Ⓐ *adj.* 1 traquina, arreliador; 2 trocista, zombador Ⓑ *s.* 1 (brincadeira) arreliação; 2 cardação, cardagem

teasingly ['ti:zɪŋli] *adv.* arreliadoramente

teaspoon ['ti:spu:n] *s.* 1 colher do chá; 2 [cal.] 5000 libras

teaspoonful ['ti:spu:nfʊl] *s.* conteúdo de uma colher de chá

teat [ti:t] *s.* 1 mamilo, ponta do seio; 2 seio, mama; 3 úbere, teta; 4 (biberão) tetina

teated ['ti:tɪd] *adj.* (animal) com úbere ou tetas
teatime ['ti:taɪm] *s.* hora do chá; hora do lanche
teatlike ['ti:tlaɪk] *adj.* semelhante a mamilo, úbere ou teta
teazel [ti:zl] *s.,v.tr.* ⇒ **teasel**
teazle [ti:zl] *s.,v.tr.* ⇒ **teasel**
tec [tek] *s.* [colóq.] detective
tech [tek] Ⓐ *s.* {forma abreviada de **technology**} tecnologia Ⓑ *s.* {forma abreviada de **technical college**} [GB] escola técnica
techie ['tekɪ] *s. (pl.* **-s**) [colóq.] fanático da tecnologia
technetium [tek'nɪʃəm] *s.* QUÍMICA (elemento químico) tecnécio
technic ['teknɪk] Ⓐ *adj.* [rar.] técnico Ⓑ *s.* **1** técnica; **2** *pl.* tecnologia
technical ['teknɪkəl] *adj.* técnico ❖ ~ *college* centro de formação profissional; ~ *chemistry* química industrial; ~ *department* serviços técnicos; ~ *dictionary* dicionário de termos técnicos; ~ *difficulties* dificuldades técnicas; ~ *drawing* desenho industrial; ~ *education* ensino técnico; ~ *laboratory* laboratório técnico; ~ *office* escritório de serviços técnicos; ~ *school* escola técnica; [EUA] MILITAR (Força Aérea) ~ *sergeant* sargento-chefe; ~ *support* assistência técnica; ~ *terms* termos técnicos
technicality [teknɪ'kælɪtɪ] *s. (pl.* **-ies**) **1** termo técnico, expressão técnica; **2** problema ou questão de ordem técnica; **3** tecnicismo, pormenor técnico
technically ['teknɪklɪ] *adv.* tecnicamente
technicalness ['teknɪkəlnɪs] *s.* tecnicidade
technician [tek'nɪʃən] *s.* técnico
technicist ['teknɪsɪst] *s.* ⇒ **technician**
technicolor ['teknɪkʌlə] *s.* CINEMA tecnicolor
technics ['teknɪks] *s.* técnica, tecnologia
technique [tek'ni:k] *s.* **1** técnica, capacidade ou habilidade técnica; **2** perfeição de execução
techno ['teknəʊ] *adj.,s.* MÚSICA tecno
technocracy [tek'nɒkrəsɪ] *s.* tecnocracia
technocrat ['teknəʊkræt] *s.* tecnocrata
technocratic [teknə'krætɪk] *adj.* tecnocrático
technographic [teknəʊ'græfɪk] *adj.* tecnográfico
technography [tek'nɒgrəfɪ] *s.* tecnografia
technological [teknə'lɒdʒɪkəl] *adj.* tecnológico
technologically [teknə'lɒdʒɪklɪ] *adv.* tecnologicamente
technologist [tek'nɒlədʒɪst] *s.* tecnólogo
technology [tek'nɒlədʒɪ] *s.* tecnologia
technophobe ['teknəʊfəʊb] *s.* tecnófobo
technophobia [teknəʊ'fəʊbɪə] *s.* tecnofobia
techy ['tetʃɪ] *adj.* ⇒ **tetchy**
tectiform ['tektɪfɔ:m] *adj.* tectiforme
tectology [tek'tɒlədʒɪ] *s.* BIOLOGIA tectologia
tectonic [tek'tɒnɪk] *adj.* **1** GEOLOGIA tectónico; **2** (construção) arquitectónico ❖ GEOLOGIA ~ *plate* placa tectónica
tectonics [tek'tɒnɪks] *s.* tectónica
tectorial [tek'tɔ:rɪəl] *adj.* ANATOMIA tectório
tectrices [tek'traɪsɪ:z] *s.pl.* tectrizes, penas de cobertura
ted [ted] *v.tr.* (particípios: **-dd-**) espalhar e virar o feno ou erva cortada para secar
tedder ['tedə] *s.* **1** pessoa que vira e espalha o feno ou erva cortada para secar; **2** máquina de virar e espalhar o feno ou erva cortada
tedding ['tedɪŋ] *s.* acto de virar e espalhar o feno ou erva cortada ❖ ~ *machine* máquina para virar e espalhar o feno ou a erva cortada
teddy ['tedɪ] *s.* **1** (brinquedo) ursinho de peluche; **2** VESTUÁRIO (roupa interior feminina) combinação ❖ (anos 50) ~ *boys* rufias; rapazes desordeiros
Teddy ['tedɪ] *s.* {dim. de **Edmund, Edward, Theodore**}
Te Deum [ti:'di:əm] *s.* RELIGIÃO Te Deum
tedious ['ti:dɪəs] *adj.* tedioso, enfadonho, fastidioso, desinteressante e excessivamente longo, aborrecido
tediously ['ti:dɪəslɪ] *adv.* tediosamente, enfadonhamente, fastidiosamente
tediousness ['ti:dɪəsnɪs] *s.* **1** aborrecimento; tédio; **2** carácter fastidioso
tedium ['ti:dɪəm] *s.* **1** tédio, aborrecimento, enfado; **2** saciedade
tee [ti:] Ⓐ *s.* **1** DESPORTO (golfe) *tee*; lugar onde os jogadores iniciam o jogo antes de cada buraco; **2** DESPORTO (golfe) *tee*; montículo de areia ou terra, ou suporte próprio de madeira ou borracha onde se coloca a bola ao iniciar o jogo para cada buraco; **3** (jogos) meta, alvo; **4** (letra) tê; **5** T; objecto em forma de T; tubo em T; ferramenta em T; **6** [EUA] [colóq.] T-shirt Ⓑ *v.tr.,intr.* DESPORTO colocar (a bola) no *tee* ❖ ~ *shirt* T-shirt
❖**tee off** *v.intr.* **1** DESPORTO (golfe) iniciar o jogo com a bola no *tee*; **2** começar, iniciar; **3** [EUA] [colóq.] aborrecer; incomodar; chatear; **4** [EUA] [colóq.] ralhar com
❖**tee up** *v.tr.,intr.* **1** DESPORTO (golfe) colocar (a bola) no *tee*, para preparar o jogo; **2** tratar dos preparativos necessários
teel [ti:l] *s.* BOTÂNICA ⇒ **til**
teem [ti:m] *v.intr.* **1** abundar [**with**, em]; estar cheio [**with**, de]; estar a fervilhar [**with**, de]; *fish ~ in this lake* este lago está cheio de peixe; *this book teems with mistakes* este livro está cheio de erros; **2** descarregar, despejar, esvaziar; **3** [arc.] engravidar, gerar; dar à luz, parir
❖**teem down** *v.intr.* chover torrencialmente
teen [ti:n] Ⓐ *s.* **1** [colóq.] adolescente; **2** *pl.* (entre os 13 e os 19 anos) adolescência; *to be in one's teens* estar na adolescência, ter entre 13 e 19 anos; *to be out of one's teens* já ter passado dos 19 anos; **3** [arc.] dor, mal, sofrimento Ⓑ *adj.* [colóq.] jovem; juvenil; para adolescentes ❖ ~ *years* adolescência
teenage ['ti:neɪdʒ] *adj.* adolescente, entre os 13 e os 19 anos
teenager ['ti:neɪdʒə] *s.* (entre os 13 e os 19 anos) adolescente, brotinho*Bras.*
teeny ['ti:nɪ] *adj.* ⇒ **tiny**
teepee ['ti:pi:] *s.* ⇒ **tepee**
tee-square ['ti:skweə] *s.* ⇒ **T-square**
teeter ['ti:tə] Ⓐ *s.* **1** oscilação; **2** cambaleio; **3** hesitação; **4** baloiço; redoiça Ⓑ *v.intr.* **1** cambalear; **2** hesitar, vacilar; **3** baloiçar ❖ *to ~ on the brink/edge of* estar à beira de
teetering ['ti:tərɪŋ] *s.* **1** oscilação; **2** acto de se baloiçar; **3** cambaleio; **4** hesitação
teeth [ti:θ] *s.* {*pl.* de **tooth**} ❖ ~ *of a file* picado de uma lima; ZOOLOGIA *dog's* ~ dentão; dentelha; roncador; [colóq.] *to get one's ~ into* familiarizar-se com; tomar contacto com
teethe [ti:ð] *v.intr.* (criança) deitar dentes; começar a ter dentes; *the child is teething* o bebé já começa a ter dentes
teething ['ti:ðɪŋ] *s.* dentição, nascimento dos dentes ❖ ~ *ring* chupeta; [GB] ~ *troubles* dificuldades iniciais
teetotal [ti:'təʊtəl] *adj.* **1** abstémio, que se abstém de bebidas alcoólicas; **2** antialcoólico; **3** [colóq.] total, completo
teetotalism [ti:'təʊtəlɪzəm] *s.* abstenção de bebidas alcoólicas
teetotaller [ti:'təʊtələ] *s.* abstémio
teetotally [ti:'təʊtəlɪ] *adv.* [EUA] [colóq.] totalmente
teetotum [ti:'təʊtʌm] *s.* **1** (jogo de crianças) rapa; **2** piorra
TEFL [abrev. de Teaching (of) English as a Foreign Language]
teg[1] [teg] *s.* carneiro entre um e dois anos
teg[2] [abrev. de top edges gilt]
tegmen ['tegmen] *s. (pl.* **-mina**) **1** BOTÂNICA tegme, tégmen; **2** *pl.* ZOOLOGIA tégmina
tegula ['tegjʊlə] *s. (pl.* **-ae**) ZOOLOGIA tégula
tegular ['tegjʊlə] *adj.* tegular
tegument ['tegjʊmənt] *s.* tegumento
tegumental [tegjʊ'mentəl] *adj.* ⇒ **tegumentary**
tegumentary [tegjʊ'mentərɪ] *adj.* tegumentar, tegumentário
tehee ['ti:hi:] Ⓐ *s.* riso constrangido ou de desprezo Ⓑ *v.intr.* **1** rir constrangidamente ou com desprezo; **2** rir à socapa
Teheran [tɪə'rɑ:n] *s.top.* Teerão
teind [ti:nd] *s.* (escola) dízimo
tekkie ['tekɪ] *s.* [colóq.] ⇒ **techie**
telaesthesia [telɪs'θi:zɪə, telɪs'θi:ʒə] *adj.* **1** telestesia; **2** telepatia
telaesthetic [telɪs'θetɪk] *adj.* telestético
telamon ['teləmən] *s.* ARQUITECTURA télamon, estátua de homem a servir de apoio à cornija ou entablamento
Telamon ['teləmən] *s.* MITOLOGIA Télamon, rei de Egina
telautogram [tə'lɔ:təgræm] *s.* telautograma
telautograph [te'lɔ:təgrɑ:f] *s.* telautógrafo
telearchics [telɪ'ɑ:kɪks] *s.* comando à distância de submarinos, aviões, etc.
telecamera [telɪ'kæmərə] *s.* máquina para telefotografias
telecast ['telɪkɑ:st] Ⓐ *s.* TELEVISÃO emissão televisiva Ⓑ *v.tr.,intr.* TELEVISÃO transmitir

telecom ['telɪkɒm] s. [coloq.] telecomunicação
telecommunications [ˌtelɪkəmjuːnɪ'keɪʃənz] s.pl. telecomunicações
telecommute [ˌtelɪkə'mjuːt] v.intr. teletrabalhar
telecommuter [ˌtelɪkə'mjuːtə] s. teletrabalhador
telecommuting [ˌtelɪkə'mjuːtɪŋ] s. teletrabalho
teleconference [ˌtelɪ'kɒnfərəns] s. teleconferência
teledu ['telɪduː] s. ZOOLOGIA variedade de texugo de Java e Samatra
teledynamic [ˌtelɪdaɪ'næmɪk] adj. teledinâmico ❖ ~ cable cabo teledinâmico
telefilm ['telɪfɪlm] s. TELEVISÃO telefilme
telega [tɪ'leɪgə] s. telega, carro de quatro rodas usado na Sibéria
telegenic [ˌtelɪ'dʒenɪk] adj. telegénico, fotogénico na televisão
telegonic [ˌtelɪ'gɒnɪk] adj. telegónico
telegoniometry [ˌtelɪgəʊnɪ'ɒmətrɪ] s. telegoniometria
telegony [tɪ'legənɪ] s. BIOLOGIA telegonia, impregnação
telegram ['telɪgræm] s. telegrama; *to send a ~* mandar um telegrama ❖ *~ form* impresso para telegrama; *wireless ~* radiotelegrama
telegraph ['telɪgrɑːf] Ⓐ s. 1 telégrafo; *to send sth by ~* comunicar algo por telégrafo; 2 NÁUTICA semáforo Ⓑ v.tr.,intr. 1 telegrafar; enviar por telegrama; enviar telegrama; *to ~ sb* telegrafar a alguém; *his wife was telegraphed to come* telegrafaram à mulher dele que viesse; *you must ~ him to come* manda-lhe um telegrama a dizer que venha; 2 fazer sinais a; 3 dar a entender; revelar; denunciar ❖ *~ cable* cabo telegráfico; *~ form* impresso para telegramas; *~ key* manipulador de telégrafo; *~ line* linha telegráfica; *~ messenger* boletineiro; distribuidor de telegramas; *~ operator* telegrafista; [GB] *~ pole/post* poste telefónico; poste telegráfico; *~ sender* transmissor telegráfico; *~ station* estação telegráfica; *~ wire* fio telegráfico
telegrapher [tɪ'legrəfə] s. 1 telegrafista; 2 pessoa que envia um telegrama
telegraphese [ˌtelɪgrɑː'fiːz] Ⓐ adj. (escrito) em estilo telegráfico Ⓑ s. estilo telegráfico, maneira de escrever idêntica à usada nos telegramas
telegraphic [ˌtelɪ'græfɪk] adj. 1 telegráfico; 2 [fig.] telegráfico, breve, conciso como num telegrama; *in ~ style* em estilo telegráfico ❖ *~ address* endereço telegráfico; *~ code* código telegráfico; *~ message* mensagem telegráfica; *~ pole* poste telegráfico; *~ seeker* selector telegráfico; *~ money order* vale telegráfico
telegraphically [ˌtelɪ'græfɪklɪ] adv. telegraficamente
telegraphist [tɪ'legrəfɪst] s. telegrafista
telegraphy [tɪ'legrəfɪ] s. telegrafia
telekinesis [ˌtelɪkaɪ'niːsɪs] s. telecinesia, faculdade de provocar o movimento dos objectos sem lhes tocar
telekinetic [ˌtelɪkaɪ'netɪk] adj. telecinético
telelens ['telɪlenz] s. FOTOGRAFIA teleobjectiva
Telemachus [tɪ'leməkəs] s.antr. Telémaco
telemark ['telɪmɑːk] s. determinado movimento dado aos esquis, quer para mudar de direcção, quer para parar rapidamente
telemarketing ['telɪmɑːkətɪŋ] s. telemarketing
telematic [ˌtelɪ'mætɪk] adj. INFORMÁTICA telemático
telematics [ˌtelɪ'mætɪks] s. INFORMÁTICA telemática
telemechanics [ˌtelɪmɪ'kænɪks] s. telemecânica
telemeter [tə'lemɪtə] s. telémetro
telemetric [ˌtelɪ'metrɪk] adj. telemétrico
telemetrical [ˌtelɪ'metrɪkəl] adj. telemétrico
telemetry [tə'lemɪtrɪ] s. telemetria
teleological [ˌtelɪə'lɒdʒɪkəl] adj. FILOSOFIA teleológico
teleologically [ˌtelɪə'lɒdʒɪklɪ] adv. teleologicamente
teleology [ˌtelɪ'ɒlədʒɪ] s. FILOSOFIA teleologia
teleosaur ['telɪəsɔː] s. ⇒ **teleosaurus**
teleosaurus [ˌtelɪə'sɔːrəs] s. teleossáurio
teleost ['telɪɒst] adj.,s. ⇒ **teleostean**
teleostean [ˌtelɪ'ɒstɪən] adj.,s. ZOOLOGIA teleósteo
teleostei [ˌtelɪ'ɒstɪaɪ] s.pl. teleósteos
telepathic [ˌtelɪ'pæθɪk] adj. telepático
telepathically [ˌtelɪ'pæθɪklɪ] adv. telepaticamente
telepathist [tɪ'lepəθɪst] s. telepata
telepathy [tə'lepəθɪ] s. telepatia

telephone ['telɪfəʊn] Ⓐ s. telefone; *by ~* pelo telefone; *to be on the ~* estar ao telefone; *you are wanted on the ~* tens uma chamada; *to pick up the ~* atender o telefone; *to put the ~ down (on sb)* desligar o telefone (na cara de alguém) Ⓑ v.tr.,intr. 1 telefonar (a); 2 transmitir por telefone; *he telephoned his instructions* ele transmitiu as instruções por telefone ❖ *~ area code/~ dialling code* indicativo telefónico; *~ book* lista telefónica; [EUA] *~ booth* cabine telefónica; [GB] *~ box* cabine telefónica; *~ call* telefonema; chamada; *~ company* companhia telefónica; *~ connection* ligação telefónica; *~ cord* fio do telefone; [GB] *~ directory* lista telefónica; *~ exchange* central telefónica; PBX; [GB] *~ kiosk* cabine telefónica; *~ line* linha telefónica; *~ number* número de telefone; *~ operator* telefonista; MILITAR *~ orderly* telefonista; [EUA] *~ pole* poste telefónico; *~ tapping* escutas telefónicas; *~ wire* fio telefónico
telephonic [ˌtelɪ'fɒnɪk] adj. telefónico
telephonically [ˌtelɪ'fɒnɪklɪ] adv. telefonicamente
telephonist [tə'lefənɪst] s. telefonista
telephony [tə'lefənɪ] s. telefonia; *wireless ~* telefonia sem fios
telephote ['telɪfəʊt] s. telefote
telephoto [ˌtelɪ'fəʊtəʊ] Ⓐ adj. telefotográfico Ⓑ s. FOTOGRAFIA telefoto, telefotografia ❖ FOTOGRAFIA *~ lens* teleobjectiva
telephotograph [ˌtelɪ'fəʊtəgrɑːf] s. 1 telefotografia; 2 fotografia de objectos muito distantes por meio de teleobjectiva; 3 transmissão de fotografia a grandes distâncias
telephotographic [ˌtelɪfəʊtə'græfɪk] adj. telefotográfico
telephotography [ˌtelɪfə'tɒgrəfɪ] s. telefotografia
telepicture ['telɪˌpɪktʃə] s. imagem de televisão
teleprinter ['telɪˌprɪntə] s. teleimpressor, telétipo
teleprocessing [ˌtelɪ'prəʊsesɪŋ] s. INFORMÁTICA teleprocessamento
teleprompter ['telɪˌprɒmptə] s. [EUA] TELEVISÃO teleponto
telergy ['telədʒɪ] s. telergia, forma telepática com transmissão de energia
telesales ['telɪseɪlz] s.pl. TELEVISÃO televendas
telescope ['telɪskəʊp] Ⓐ s. telescópio Ⓑ v.tr.,intr. 1 encaixar; compactar-se; 2 (história, etc.) condensar; resumir e simplificar ❖ *~ table* mesa extensível; mesa elástica
telescopic [ˌtelɪ'skɒpɪk] adj. 1 telescópico; relativo a telescópio; *~ lens* lente telescópica; *~ view* observação telescópica; 2 telescópico; visível ao telescópio; *~ star/planet* estrela telescópica/planeta telescópico; 3 telescópico; com partes que encaixam; *~ tripod* tripé telescópico ❖ (arma) *~ sight* mira telescópica
telescopically [ˌtelɪs'kɒpɪklɪ] adv. telescopicamente
telescoping [ˌtelɪ'skəʊpɪŋ] Ⓐ adj. 1 telescópico; 2 constituído por peças que encaixam umas nas outras Ⓑ s. encaixe (de peças umas nas outras)
telescopy [tɪ'leskəpɪ] s. telescopia
teleshopping ['telɪˌʃɒpɪŋ] s. televendas, telecompras
telestereoscope [ˌtelɪ'sterɪəskəʊp] s. telestereoscópio
telestereoscopy [ˌtelɪsterɪ'ɒskəpɪ] s. telestereoscopia
teletext ['telɪtekst] s. teletexto
teletypewriter [ˌtelɪ'taɪpraɪtə] s. [EUA] teleimpressor, telétipo
teleutospore [tɪ'ljuːtəspɔː] s. BOTÂNICA teleutósporo
televiewer ['telɪvjuːə] s. telespectador
televise ['telɪvaɪz] v.tr. televisionar, transmitir por televisão
television ['telɪˌvɪʒən] s. televisão; *on ~* na televisão ❖ *~ aerial* antena de televisão; *~ broadcast* transmissão televisiva; *~ film* telefilme; *~ interference* interferência na televisão; [GB] *~ licence* licença para ter um televisor; *~ lounge/room* sala de televisão; *~ programme* programa de televisão; *~ rights* direitos de antena; *~ set* televisor; *~ tube* tubo catódico
teleworking ['telɪˌwɜːkɪŋ] s. teletrabalho
telex ['teleks] Ⓐ s. telex Ⓑ v.tr. telexar, enviar por telex
tell [tel] v.tr.,intr. (prt. e part. pass. told) 1 dizer; *don't ~ me you can't do it* não me diga que não é capaz de fazer isso; *it is just as I told you* é precisamente como lhe disse; *I told him not to disse-lhe que não* (fizesse isso); *so I have been told* assim me disseram; *to ~ the truth* dizer a verdade; 2 comunicar, informar; 3 avisar [about, de]; 4 contar; *to ~ a lie* contar uma mentira; *to ~ a story* contar uma história; *to ~ sb a piece of news* contar novidades a alguém; *he told the news to everybody in the*

village ele contou a novidade a toda a gente da aldeia; **5** [coloq.] (segredo) descair-se; contar; **6** mandar, ordenar; **7** fazer-se notar; **8** falar [**about**, de]; *~ me about your sister* fale-me da sua irmã; **9** (futuro) prever ❖ *every little tells* todas estas pequenas coisas produzem os seus efeitos; *I'll ~ you what...* ouve, e se...; *I told you so!* eu bem te dizia!; *one can ~ her by her voice* é possível reconhecê-la pela voz; *only time will ~* o tempo o dirá; *that tells a tale* isso é muito significativo; [EUA] [coloq.] *~ it like it is* diz as coisas como elas são, sem rodeios; *to ~ one's beads* rezar o terço; rezar as contas; *to ~ tales out of school* acusar; andar com mexericos; delatar; espiar; [coloq.] *~ that to the horsemarines* vá contar essa a outro; *to ~ sb properly* dizer duas verdades a alguém; dar uma descompostura a alguém; *to ~ the time* dizer as horas; *to ~ the votes* fazer a contagem dos votos; *to ~ sth straight out* não estar com rodeios; dizer sem qualquer cerimónia; *they were twenty all told* eram vinte ao todo; *who can tell?* sabe-se lá; *you never can ~* vá-se lá saber; [coloq., irón.] *you're telling me!* olha-me só a novidade!

◆**tell against** *v.tr.* [Austr., GB] prejudicar; *it will ~ you* isso prejudicá-lo-á

◆**tell apart** *v.tr.* distinguir; *I couldn't tell the two sisters apart* não consegui distinguir as duas irmãs

◆**tell from** *v.tr.* distinguir; ver a(s) diferença(s) entre; *I can't tell one from the other* não consigo distinguir um do outro; *to tell right from wrong* distinguir o bem e o mal

◆**tell off** *v.tr.* **1** censurar; repreender; ralhar; *she told him off* ela ralhou-lhe; *he needs to be told off* ele precisa de levar uma repreensão; **2** escolher; seleccionar; designar [**to**, para]; *three of us were told off to get fuel* três de nós foram escolhidos para arranjar combustível

◆**tell on** *v.tr.* **1** denunciar; fazer queixa de; *he told on his brother* ele fez queixa do irmão; **2** ressentir-se de; sentir o efeito de; *this hard work is telling on his health* a saúde dele começa a ressentir-se deste trabalho árduo

tellable ['teləbəl] *adj.* **1** que pode contar-se; **2** narrável

teller ['telə] *s.* **1** narrador; **2** aquele que conta (histórias, contos, etc.); **3** caixa, pagador, recebedor; **4** (Câmara de Comuns) um dos quatro escrutinadores de votos; **5** (boxe) golpe bem dado

tellina [te'li:nə] *s.* ZOOLOGIA telina

telling ['telɪŋ] Ⓐ *adj.* **1** eficaz; *~ blow* golpe eficaz; *with ~ effect* com eficácia; **2** notável; que causa impressão; **3** eloquente; expressivo; significativo; *~ speech* discurso expressivo Ⓑ *s.* (história, etc.) narração; *the story lost nothing in the ~* a história não perdeu nada ao ser narrada ❖ *~ off* censura; designação; escolha; *~ on sb* denúncia de alguém; *beyond all ~* inexprimível, indescritível; [coloq.] *that's telling!* isso é segredo meu!; *there is no ~ what may happen* ninguém sabe o que pode acontecer

tellingly ['telɪŋlɪ] *adv.* **1** eficazmente; **2** notavelmente; **3** de modo a impressionar; **4** expressivamente, eloquentemente; **5** significativamente

telling-off [telɪŋ'ɒf] *s.* [coloq.] repreensão, bronca, raspanete, sermão, descascadela

telltale ['telteɪl] Ⓐ *s.* **1** [GB] queixinhas, denunciador; intriguista; mexeriqueiro; linguareiro; **2** [fig.] sinal; indício; **3** detector; indicador automático, alarme automático; **4** NÁUTICA axiómetro; **5** NÁUTICA indicador da direcção do vento Ⓑ *adj.* (prova) revelador; significativo; denunciador; eloquente; *~ signs* sinais reveladores, pistas, sintomas; *a ~ blush* um rubor significativo; *the ~ mud on his shoes* a lama denunciadora nos sapatos dele ❖ *~ lamp* lâmpada-piloto

tellurate ['teljʊreɪt] *s.* QUÍMICA telurato

tellurian [te'ljʊərɪən] *adj.* telúrico; relativo à Terra

telluric [te'ljʊərɪk] *adj.* GEOLOGIA, MEDICINA, QUÍMICA telúrico ❖ MINERALOGIA *~ silver* hessite

telluride ['teljʊraɪd] *s.* QUÍMICA telureto

tellurism ['teljʊrɪzəm] *s.* telurismo

tellurite ['teljʊraɪt] *s.* MINERALOGIA telurita

tellurium [te'ljʊərɪəm] *s.* QUÍMICA (elemento químico) telúrio

tellurous ['teljʊrəs] *adj.* QUÍMICA teluroso

telly ['telɪ] *s.* [GB] [coloq.] tv, televisão; *what's on ~ tonight?* que é que dá hoje na televisão?

telobast ['teləʊblæst] *s.* BIOLOGIA teloblasto

telodynamic [teləʊdaɪ'næmɪk] *adj.* telodinâmico

telotype ['teləʊtaɪp] *s.* telétipo, telégrafo que escreve automaticamente as mensagens recebidas

telpher ['telfə] Ⓐ *s.* teleférico Ⓑ *v.tr.* (mercadorias) transportar por teleférico ❖ *~ line* linha de teleférico

telpherage ['telfərɪdʒ] *s.* transporte (de mercadorias) por teleférico

telson ['telsən] *s.* ZOOLOGIA telso

Telugu ['teləgu:] *s.* télego, telinga, ténugo (dialecto dravídico da Índia meridional)

temerarious [,temə'reərɪəs] *adj.* temerário, audacioso

temerity [tɪ'merɪtɪ] *s.* temeridade

temp. Ⓐ [*abrev. de* temperate] Ⓑ [*abrev. de* temperature] Ⓒ [*abrev. de* temporal] Ⓓ [*abrev. de* temporary]

temper ['tempə] Ⓐ *s.* **1** temperamento, índole, maneira de ser; génio, carácter; *incompatibility of ~* incompatibilidade de temperamentos; *to have a good ~* ter bom carácter; *to have an uncertain ~* ter um temperamento instável; **2** calma, sangue-frio, serenidade; *to lose one's ~* perder a calma; *they made him lose his ~* fizeram-no perder a calma; *to keep one's ~* manter a calma; **3** (metal) têmpera; *too hard a ~* têmpera demasiado dura; *to lose its ~* perder a têmpera; *loss of ~* perda de têmpera; **4** fúria; mau génio; *a fit of ~* um acesso de mau génio; *to be in a ~* estar furioso; *to fly into a ~* irritar-se Ⓑ *v.tr.* **1** moderar [**with**, com]; temperar [**with**, com]; *to ~ justice with mercy* temperar a justiça com a caridade; **2** (metal) dar têmpera a; **3** [fig.] atenuar; suavizar; **4** MÚSICA afinar ❖ *it's very trying to the ~* é enervante; *out of ~ with* irritado com; *to get sb's ~ up* irritar alguém; *to have a quick ~* irritar-se facilmente; *to try sb's ~* enervar alguém; *what a ~ he is in!* isto é que ele está irritado!

tempera ['tempərə] *s.* ARTES PLÁSTICAS pintura a têmpera

temperable ['tempərəbəl] *adj.* temperável, que se pode temperar

temperament ['tempərəmənt] *s.* **1** temperamento; *artistic ~* temperamento artístico; *nervous ~* temperamento nervoso; **2** instabilidade de humor; **3** MÚSICA temperamento; **4** MEDICINA [ant.] carácter, índole

temperamental [,tempərə'mentəl] *adj.* **1** temperamental; irascível; irritável; **2** instável; imprevisível; caprichoso; **3** de temperamento ❖ *a ~ outburst* um acesso de mau génio; *to have a ~ dislike for sth* sentir uma antipatia visceral por algo

temperance ['tempərəns] *s.* **1** comedimento; moderação; temperança; **2** (álcool) abstinência, sobriedade ❖ *~ hotel* hotel onde não servem bebidas alcoólicas; *~ society* liga contra o alcoolismo; *the ~ movement* o movimento de luta contra o alcoolismo

temperate ['tempərɪt] *adj.* **1** (clima, região, etc.) temperado; **2** (comportamento, pessoa) moderado; comedido; *to be ~* ser comedido ❖ GEOGRAFIA *Temperate Zone* Zona Temperada

temperately ['tempərɪtlɪ] *adv.* **1** temperadamente; **2** moderadamente, comedidamente

temperateness ['tempərɪtnɪs] *s.* **1** moderação, temperança; **2** comedimento; **3** suavidade (de clima)

temperature ['temprətʃə] *s.* **1** temperatura; *high/low ~* temperatura elevada/baixa; *a fall/rise/change in ~* uma descida/subida/alteração de temperatura; *room ~* temperatura ambiente; **2** MEDICINA temperatura, febre; *to have/run a ~* ter febre, estar com temperatura; *to take sb's ~* tirar a temperatura a alguém; **3** [fig.] ânimos; estado de espírito; **4** [arc.] temperamento ❖ *~ change* mudança de temperatura; *~ coefficient* coeficiente de temperatura; *~ inversion* inversão de temperatura

tempered ['tempəd] *adj.* **1** [usa-se em compostos] com determinado temperamento; *bad-tempered* com mau temperamento; *good-tempered* com bom temperamento; *quick-tempered* facilmente irritável; **2** harmonioso, bem proporcionado; **3** temperado; moderado; suavizado; **4** (indústria) temperado, endurecido; *~ glass* vidro temperado, vidro endurecido; *~ steel* aço temperado; **5** MÚSICA temperado

temperer ['tempərə] *s.* **1** aquele que dá têmpera (ao aço); **2** amassador (de barro ou argamassa)

tempering ['tempərɪŋ] *s.* **1** (metais) têmpera; *oil ~* têmpera em óleo; *water ~* têmpera em água; **2** (argamassa) mistura; **3** abrandamento, moderação, suavização ❖ (metais) *~ forge* forja para têmpera; (metais) *~ test* prova de têmpera

tempersome ['tempəsəm] *adj.* [coloq.] colérico, irritável
tempest ['tempɪst] *s.* 1 [lit.] tempestade; temporal; borrasca; 2 [fig.] tempestade; tumulto; agitação ❖ [EUA] *a ~ in a teapot* uma tempestade num copo de água
tempestuous [tem'pestʃuəs] *adj.* 1 tempestuoso, tormentoso; 2 violento, impetuoso, turbulento
tempestuously [tem'pestʃuəslɪ] *adv.* tempestuosamente
tempestuousness [tem'pestʃuəsnɪs] *s.* 1 tempestuosidade; 2 violência de tempestade; 3 agitação, turbulência, carácter tumultuoso
Templar ['templə] *s.* 1 templário, cavaleiro do Templo; 2 (Londres) advogado ou estudante de direito residente no *Temple* ❖ *Knights Templars* cavaleiros do Templo, Templários
template ['templɪt, 'templeɪt] *s.* 1 modelo, padrão; 2 molde; 3 escantilhão, gabarito; 4 suporte de viga; 5 (tecelagem) tempereiro
temple ['templ] *s.* 1 RELIGIÃO templo; igreja; 2 ANATOMIA fonte, têmpora; 3 (tecelagem) tempereiro ❖ *Temple Bar* barreira retirada em 1879 que marcava, em Londres, o limite ocidental da jurisdição da Corporação da *City*; *Knights of the Temple* Templários; *the Temple* antigo edifício, em Londres, dos Templários
templet ['templɪt] *s.* ⇒ **template**
tempo ['tempəʊ] *s.* (pl. -i) 1 MÚSICA tempo, andamento; 2 [fig.] ritmo; *the ~ of production* o ritmo da produção
temporal ['tempərəl] *adj.* 1 temporal, relativo ao tempo; *~ and spatial existence* existência no espaço e no tempo; 2 civil, secular, temporal; *~ power* poder temporal; *~ interests* interesses temporais; *the lords spiritual and ~* os lordes espirituais e temporais; 3 leigo, mundano, profano ❖ ANATOMIA *~ artery* artéria temporal; ANATOMIA *~ bone* osso temporal; LINGUÍSTICA *~ conjunctions* conjunções temporais
temporality [tempə'rælɪtɪ] *s.* (pl. -ies) 1 temporalidade; 2 bens temporais; 3 DIREITO carácter transitório; carácter provisório
temporally ['tempərəlɪ] *adv.* 1 temporalmente; 2 temporariamente
temporalty ['tempərəltɪ] *s.* (pl. -ies) 1 a classe dos leigos; 2 *pl.* temporalidades, bens temporais
temporarily ['tempərərɪlɪ, 'tempərerɪlɪ] *adv.* temporariamente, transitoriamente, provisoriamente
temporariness ['tempərərɪnəs, 'tempərerɪnəs] *s.* carácter temporário; transitoriedade
temporary ['tempərərɪ, 'tempərerɪ] *adj.* 1 temporário, transitório; *~ employment* emprego temporário; 2 provisório; *~ measures* medidas provisórias
temporization [tempərɪ'zeɪʃən] *s.* 1 temporização, contemporização; 2 transigência
temporize ['tempəraɪz] *v.intr.* 1 temporizar, contemporizar; 2 transigir temporariamente; 3 procurar ganhar tempo
temporizer ['tempəraɪzə] *s.* temporizador, contemporizador
temporizing ['tempəraɪzɪŋ] Ⓐ *adj.* temporizador, contemporizador; *~ politician* político contemporizador Ⓑ *s.* temporização, contemporização; *~ policy* política de contemporização
temporofacial [tempərəʊ'feɪʃəl] *adj.* ANATOMIA temporofacial
temporomaxillary [tempərəʊmæk'sɪləri] *adj.* ANATOMIA temporomaxilar
temporoparietal [tempərəʊpə'raɪətəl] *adj.* ANATOMIA temporoparietal
tempt [tempt] *v.tr.* 1 tentar, seduzir; *to ~ the appetite* servir iguarias tentadoras para abrir o apetite; 2 induzir [**to**, a]; *he was tempted to theft* ele foi induzido a roubar; *to ~ a person to do sth* induzir uma pessoa a fazer alguma coisa; *to ~ to evil* induzir ao mal; 3 convencer, persuadir [**into/to**, a]; *nothing would ~ him to read poetry again* nada o convenceria a voltar a ler poesia; *she tempted the patient to eat* ela procurou convencer o doente a comer; 4 [arc.] pôr à prova ❖ *I'm very tempted* é uma oferta muito tentadora; *to ~ the gods* desafiar os deuses
temptation [temp'teɪʃən] *s.* tentação; *to yield to ~* ceder à tentação; *to resist the ~* resistir à tentação; *lead us not into ~* não nos deixes cair em tentação
tempter ['temptə] *s.* tentador
Tempter ['temptə] *s.* RELIGIÃO Demónio
tempting ['temptɪŋ] Ⓐ *adj.* 1 tentador, que tenta; 2 que seduz; 3 atraente; 4 apetitoso; 5 convidativo Ⓑ *s.* tentação

temptingly ['temptɪŋlɪ] *adv.* tentadoramente
temptingness ['temptɪŋnɪs] *s.* carácter tentador; sedução, atracção
temptress ['temptrɪs] *s.f.* (pl. -es) 1 mulher que tenta; 2 mulher sedutora
ten [ten] *num.card.,s.* 1 dez; *number ~* número dez; *that's ~ times bigger* isso é dez vezes maior; 2 dezena; *tens of thousands* dezenas de milhar; *in tens* às dezenas; 3 (dinheiro) nota de dez (libras, dólares,...) ❖ *~ out of ~* dez em dez; cem por cento; excelente; [coloq.] *~ to one he will forget it* aposto que ele se esquece disso; *Number Ten* o número dez de Downing Street; a residência oficial do Primeiro-Ministro britânico; RELIGIÃO *the Ten Commandments* os Dez Mandamentos; [coloq.] *to be ~ a penny* existir às dúzias
tenability [tenə'bɪlɪtɪ, tiːnə'bɪlɪtɪ] *s.* ⇒ **tenableness**
tenable ['tenəbəl, 'tiːnəbəl] *adj.* 1 (construção, opinião, teoria) sustentável, defensável; *a ~ fortress* uma fortaleza defensável; 2 (cargo, subsídio) concedido [**for**, por]; *the scholarship is ~ for a year* a bolsa de estudos é concedida por um ano; 3 [fig.] convincente; *a ~ theory* uma teoria convincente
tenableness ['tenəbəlnəs, 'tiːnəbəlnəs] *s.* defensabilidade; sustentabilidade
tenably ['tenəblɪ, 'tiːnəblɪ] *adv.* defensavelmente, sustentavelmente
tenace ['tenɪs] *s.* (jogos de cartas) posse de duas cartas, uma de valor imediatamente superior e outra de valor imediatamente inferior ao da mais elevada do adversário
tenacious [tɪ'neɪʃəs] *adj.* 1 tenaz; 2 aferrado, obstinado, persistente; *he is ~ of his principles* ele é aferrado aos seus princípios; 3 firme, sólido; 4 aderente, adesivo ❖ *~ memory* boa memória
tenaciously [tɪ'neɪʃəslɪ] *adv.* 1 tenazmente, firmemente; 2 obstinadamente, persistentemente
tenaciousness [tɪ'neɪʃəsnɪs] *s.* tenacidade
tenacity [tɪ'næsɪtɪ] *s.* 1 tenacidade; 2 firmeza; 3 persistência, pertinácia; 4 obstinação; 5 coesão (de metal); 6 viscosidade
tenaculum [tɪ'nækjʊləm] *s.* (pl. -a) CIRURGIA tenáculo
tenail [tɪ'neɪl] *s.* (fortificações) tenalha
tenaille [tɪ'neɪl] *s.* (fortificações) tenalha
tenancy ['tenənsɪ] *s.* (pl. -ies) arrendamento; aluguer; *life ~* arrendamento vitalício; *~ at will* arrendamento rescindível pelo senhorio ❖ *~ agreement* contrato de arrendamento
tenant ['tenənt] Ⓐ *s.* 1 inquilino; locatário; arrendatário; rendeiro; 2 DIREITO proprietário de imóvel Ⓑ *v.tr.* ocupar como locatário; habitar como locatário ❖ *~ at will* inquilino durante a vontade e a permissão do senhorio; *~ farmer* rendeiro; caseiro
tenantable ['tenəntəbəl] *adj.* 1 arrendável, que pode arrendar-se; 2 habitável
tenantless ['tenəntləs] *adj.* 1 sem inquilino, sem locatário; 2 desabitado
tenantry ['tenəntrɪ] *s.* 1 conjunto dos rendeiros, inquilinos ou locatários; 2 arrendamento; 3 locação
tench [tentʃ, tenʃ] *s.* ZOOLOGIA (peixe) tenca
tend [tend] *v.tr.,intr.* 1 cuidar de; tomar conta de; tratar de; *to ~ a child* cuidar de uma criança; 2 guardar, vigiar; *to ~ flocks* guardar rebanhos; *to ~ the fire* vigiar o lume; 3 NÁUTICA (navio ancorado) vigiar para evitar voltas na amarração; 4 tender [**to/towards**, para]; ter tendência [**to**, para]; 5 AGRICULTURA (terra) cultivar; 6 [arc.] servir; *to ~ on sb* servir alguém à mesa; *to ~ upon sb* servir alguém
♦**tend to** *v.tr.* ocupar-se de; encarregar-se de; tratar de
tendance ['tendəns] *s.* [arc.] guarda, desvelo, cuidado
tendencious [ten'denʃəs] *adj.* ⇒ **tendentious**
tendency ['tendənsɪ] *s.* (pl. -ies) tendência [**to/towards**, para]; propensão [**to/towards**, para]; inclinação [**to/towards**, para]; *a growing ~* uma tendência crescente; *he has a ~ to catch cold* ele tem tendência para se constipar; FINANÇAS *strong upward ~* forte tendência para a alta; *to show a ~ to* mostrar tendência para
tendential [ten'denʃəl] *adj.* ⇒ **tendentious**
tendentious [ten'denʃəs] *adj.* tendencioso; parcial; *a ~ novel* um romance tendencioso; *~ news* notícias tendenciosas

tendentiously [tenˈdenʃəslɪ] *adv.* tendenciosamente
tendentiousness [tenˈdenʃəsnɪs] *s.* tendenciosidade, tendenciosismo
tender [ˈtendə] Ⓐ *adj.* **1** terno, meigo, carinhoso, afectuoso; **2** (ponto do corpo) sensível, dorido, que dói quando se lhe toca; *~ to the touch* que dói ao tocar-se-lhe; *a ~ spot* um ponto sensível, ponto que magoa quando se lhe toca; **3** (comida) tenro; mole; suculento; *~ meat* carne tenra; **4** delicado; frágil; sensível; pouco resistente; *~ plant* planta delicada; *to have ~ feet* ter pés delicados, não aguentar grandes marchas; **5** [lit.] (juventude) tenro; juvenil, muito novo; imaturo; *at the ~ age of* com a tenra idade de; *of ~ age/years* jovem, imaturo, nos seus verdes anos; **6** brando; suave; macio; delicado; *~ colours* cores suaves; **7** cuidadoso; zeloso; *~ care* tratamento cuidadoso; *to be ~ of one's good name* ser zeloso do seu bom nome; **8** melindroso; delicado; *a ~ subject* um assunto delicado; **9** delicado; impressionável; que se comove facilmente; *to have a ~ conscience* ter uma consciência delicada; **10** NÁUTICA susceptível de se virar, doce de borda Ⓑ *v.tr.,intr.* **1** apresentar (oficialmente); entregar; *to ~ one's resignation* apresentar a demissão; DIREITO *to ~ evidence* apresentar provas; **2** propor; oferecer; pôr à disposição de; *to ~ one's services* oferecer os seus serviços; *to ~ a sum in discharge of a debt* oferecer determinada importância por conta de um débito; **3** apresentar orçamento; apresentar proposta (para qualquer obra de empreitada); concorrer (à adjudicação de quaisquer obras) Ⓒ *s.* **1** orçamento; proposta; *allocation to lowest ~* adjudicação (de obra) à proposta mais baixa; **2** COMÉRCIO proposta, oferta; *~ of payment* oferta de pagamento, proposta de pagamento; *to make a ~ for* fazer uma proposta para; **3** (vigilância, cuidado) guarda, vigia; **4** (responsabilidade) encarregado; *machine ~* encarregado de máquina; **5** NÁUTICA navio auxiliar, escaler, patacho, falua; **6** (caminhos-de-ferro) tênder ❖ *legal ~* moeda corrente; moeda com curso legal; [GB] *to put sth out to ~* abrir concurso para algo; levar algo a concurso
tenderer [ˈtendərə] *s.* DIREITO concorrente à adjudicação de uma obra ❖ *successful ~ for* adjudicatário de
tenderfoot [ˈtendəfʊt] *s. (pl.* **-s** ou **-feet)** **1** [EUA] [cal.] imigrante acabado de chegar e não acostumado à vida dura do mato; **2** principiante, novato; **3** pessoa ignorante e sem experiência
tender-hearted [tendəˈhɑːtɪd] *adj.* **1** terno, sensível; **2** compassivo
tenderise [ˈtendəraɪz] *v.tr.* CULINÁRIA tornar mais tenro
tenderize [ˈtendəraɪz] *v.tr.* CULINÁRIA tornar mais tenro
tenderizer [ˈtendəraɪzə] *s.* **1** CULINÁRIA produto que torna a carne mais tenra; **2** martelo da carne
tenderloin [ˈtendəlɔɪn] *s.* filete de carne de vaca ou porco
tenderly [ˈtendəlɪ] *adv.* **1** brandamente, suavemente; **2** delicadamente; **3** ternamente, afectuosamente
tenderness [ˈtendənɪs] *s.* **1** (carne) qualidade de tenra; **2** ternura; **3** delicadeza, fragilidade, sensibilidade; **4** afecto; **5** suavidade
tendinous [ˈtendɪnəs] *adj.* tendinoso
tendon [ˈtendən] *s.* ANATOMIA tendão ❖ *Achilles ~* tendão de Aquiles
tendrac [ˈtendræk] *s.* ZOOLOGIA tanreque
tendril [ˈtendrɪl, ˈtendrəl] *s.* BOTÂNICA gavinha
tendrilled [ˈtendrɪld] *adj.* BOTÂNICA com gavinhas
tenebrae [ˈtenɪbriː] *s.pl.* RELIGIÃO (na Semana Santa) Trevas
tenebrio [tɪˈnebrɪəʊ] *s.* ZOOLOGIA tenébrio
tenebrous [ˈtenɪbrəs] *adj.* [arc.] tenebroso
tenement [ˈtenəmənt] *s.* **1** edifício dividido em habitações; **2** DIREITO prazo foreiro; **3** arrendamento; **4** bens imóveis; **5** apartamento, série de aposentos ocupados por uma família; **6** [arc.] casa de habitação ❖ *~ house* imóvel de habitação
Tenerife [ˌtenəˈriːf] *s.top.* Tenerife
tenesmus [tɪˈnezməs] *s.* MEDICINA tenesmo
tenet [ˈtenet, ˈtiːnet] *s.* princípio, dogma, doutrina
tenfold [ˈtenfəʊld] Ⓐ *adj.* décuplo, dez vezes maior Ⓑ *adv.* dez vezes mais ❖ *to increase ~* decuplicar
tenge [ˈteŋɡeɪ] *s.* (moeda do Cazaquistão) tengue
Tenn. [*abrev. de* Tennessee]
tenner [ˈtenə] *s.* **1** [coloq.] nota de dez libras; **2** [EUA] nota de dez dólares

Tennesseean [ˌtenəˈsiːən] Ⓐ *adj.* de Tennessee; relativo a Tennessee Ⓑ *s.* natural ou habitante de Tennessee
tennis [ˈtenɪs] *s.* DESPORTO ténis; *to play ~* jogar ténis; *lawn ~* ténis ❖ *~ ball* bola de ténis; *~ court* campo de ténis; *~ elbow* caibra no cotovelo devida ao ténis; *~ net* rede de ténis; *~ player* jogador de ténis; *~ racket* raqueta de ténis; (calçado) *~ shoe* ténis; *~ skirt* saia de ténis; *table ~* ténis de mesa, pingue-pongue; HISTÓRIA (França, 1789) *the Oath of the Tennis Court* o Juramento do Jogo da Péla
Tennysonian [ˌtenɪˈsəʊnɪən] Ⓐ *adj.* **1** relativo a Tennyson; **2** à maneira de Tennyson Ⓑ *s.* discípulo ou admirador de Tennyson
tenon [ˈtenən] Ⓐ *s.* (carpintaria) respiga, respigo; espiga; macho Ⓑ *v.tr.* (carpintaria) respigar; unir por malhetes; unir por meio de junta de macho e fêmea ❖ *~ saw* serrote com costas; serra de sambrar
tenoning [ˈtenənɪŋ] *s.* (carpintaria) união por meio de junta de macho e fêmea
tenor [ˈtenə] *s.* **1** curso; *the even ~ of sb's life* o calmo curso da vida de alguém; **2** (assunto) conteúdo [*of*, de]; teor [*of*, de]; **3** DIREITO cópia fiel, traslado; **4** MÚSICA (instrumento, voz) tenor; *comedy ~* tenor ligeiro
tenorino [ˌtenəˈriːnəʊ] *s. (pl.* **-ni**) MÚSICA tenorino
tenotome [ˈtenətəʊm] *s.* CIRURGIA tenótomo
tenotomy [teˈnɒtəmɪ] *s.* CIRURGIA tenotomia
tenpence [ˈtenpəns] *s.* moeda de dez dinheiros ❖ [coloq.] *~ to the shilling* débil de espírito
tenpenny [ˈtenpənɪ] *adj.* de dez dinheiros, no valor de dez dinheiros
tenpin [ˈtenpɪn] *s.* [EUA] meco de madeira usado no jogo de *tenpins*
tenpins [ˈtenpɪnz] *s.pl.* **1** [EUA] variedade do jogo de *ninepins*, mas com 10 mecos de madeira; **2** variedade de boliche
tenpounder [ˈtenpaʊndə] *s.* **1** ZOOLOGIA (peixe) fateixa-torpedo; **2** animal com o peso de dez libras (=4,54 quilos); pessoa com o peso de dez libras (=4,54 quilos); **3** coisa com o valor de dez libras; **4** arma que lança um projéctil com o peso de dez libras
tenrec [ˈtenrek] *s.* ZOOLOGIA tanreque
tense [tens] Ⓐ *s.* **1** LINGUÍSTICA (verbos) tempo; *future ~* futuro; *past perfect ~* pretérito mais-que-perfeito indefinido; *past ~* pretérito imperfeito, pretérito perfeito; *present perfect ~* pretérito perfeito indefinido; *present ~* presente Ⓑ *adj.* **1** esticado, estirado, retesado; *~ wire* arame esticado, arame retesado; **2** (pessoa, situação, etc.) ansioso, sob tensão nervosa, tenso; *~ atmosphere* atmosfera tensa; *~ moment* momento de forte tensão; *~ with inquisitiveness* ansioso com curiosidade Ⓒ *v.tr.,intr.* **1** esticar; retesar; **2** tornar tenso
tensely [ˈtenslɪ] *adv.* **1** retesadamente; **2** com os nervos tensos, sob grande tensão nervosa
tenseness [ˈtensnɪs] *s.* **1** tensão; **2** retesamento; **3** rigidez; **4** estado de tensão
tensile [ˈtensaɪl] *adj.* tênsil; relativo à tensão; que se pode esticar ❖ *~ strength* resistência à tracção; *~ stress* esforço de tensão
tension [ˈtenʃən] *s.* **1** tensão; pressão; nervosismo; ansiedade; *to relieve ~* aliviar a tensão, descomprimir; **2** tensão; desconfiança; hostilidade; animosidade; **3** (forças opostas) conflito; *racial ~* conflitos raciais; **4** tensão; retesamento; rigidez; **5** tracção; **6** pressão; força exercida; **7** compressão; força elástica; força expansiva dos gases; **8** ELECTRICIDADE tensão, voltagem, potencial ❖ MEDICINA *~ headache* dor de cabeça/cefaleia de tensão
tensional [ˈtenʃənəl] *adj.* tensional; relativo a tensão
tensive [ˈtensɪv] *adj.* tensivo, que causa tensão
tensor [ˈtensə] Ⓐ *adj.* tensor Ⓑ *s.* **1** ANATOMIA tensor, músculo tensor; **2** MATEMÁTICA tensor
tent [tent] Ⓐ *s.* **1** (campismo, etc.) tenda; barraca; *to pitch a ~* montar uma tenda, armar uma tenda, armar uma barraca; *bell ~* tenda cónica, tenda em forma de sino; **2** MEDICINA compressa introduzida em ferida ou orifício para os conservar abertos; mecha; dreno Ⓑ *v.tr.,intr.* **1** acampar; viver em tendas; **2** alojar em tendas, alojar em barracas; **3** cobrir com uma tenda; **4** MEDICINA (ferida, orifício) introduzir mecha em; abrir com uma compressa; conservar aberto com uma compressa; **5** [Esc.] atentar em, dar atenção a ❖ *~ bed* cama com sobrecéu; VESTUÁRIO *~ dress* vestido sem cinta; *~ fly* toldo; *~ peg* estaca para firmar

tentacle

as cordas duma tenda; ~ *stitch* ponto paralelo em diagonal (dando a ideia de tendas); FOTOGRAFIA [arc.] *dark* ~ câmara escura portátil
tentacle ['tentəkəl, 'tentɪkəl] *s.* tentáculo
tentacled ['tentəkəld] *adj.* ⇒ **tentaculate**
tentacular [ten'tækjʊlə] *s.* tentacular
tentaculate [ten'tækjʊlɪt] *adj.* tentaculado
tentage ['tentɪdʒ] *s.* 1 material para tendas; 2 acomodação em tendas; 3 tendas, barracas
tentative ['tentətɪv] *adj.* 1 experimental; provisório; 2 preliminar; 3 hesitante; indeciso; tímido; *a* ~ *suggestion* uma sugestão feita a medo
tentatively ['tentətɪvlɪ] *adv.* 1 tentativamente; 2 experimentalmente, a título experimental; 3 timidamente, a medo
tented ['tentɪd] *adj.* 1 coberto de tendas, cheio de tendas; 2 alojado em tendas
tenter ['tentə] Ⓐ *s.* 1 (tecelagem) tempereiro; máquina para esticar o pano para secar; 2 [arc.] (tecelagem) gancho que segura o pano Ⓑ *v.tr.,intr.* esticar (o pano), estender por meio de ganchos
tenterhook ['tentəhʊk] *s.* (tecelagem) gancho para firmar o pano ❖ *to be on tenterhooks* estar num estado de grande ansiedade; estar aflito; estar sobre brasas
tenth [tenθ] Ⓐ *adj.,num.ord.* décimo Ⓑ *s.* 1 décimo; décima parte; *six tenths* seis décimos; 2 HISTÓRIA dízimo
tenthly ['tenθlɪ] *adv.* em décimo lugar
tenuiflorous [ˌtenjuɪ'flɔːrəs] *adj.* BOTÂNICA tenuifloro
tenuifolious [ˌtenjuɪ'fəʊlɪəs] *adj.* BOTÂNICA tenuifoliado
tenuiroster [ˌtenjuɪ'rɒstə] *s.* ZOOLOGIA tenuirrostro, ciniromorfa
tenuirostrate [ˌtenjuɪ'rɒstrɪt] *adj.* ZOOLOGIA tenuirrostro
tenuirostres [ˌtenjuɪ'rɒstriːz] *s.pl.* ZOOLOGIA tenuirrostros, ciniromorfos
tenuis ['tenjuɪs] *s.* (*pl.* **tenues**) LINGUÍSTICA (fonética) consoante surda (p, t, k)
tenuity [te'njuːɪtɪ] *s.* 1 tenuidade; 2 delgadeza, rarefacção; 3 leveza; 4 debilidade; 5 fraqueza; 6 simplicidade (de estilo)
tenuous ['tenjuəs] *adj.* 1 ténue; delicado; 2 ténue, delgado, fino; 3 débil, frágil; 4 subtil; ~ *distinctions* distinções demasiado subtis ❖ *to have a* ~ *grasp of* ter vagas noções de
tenuously ['tenjuəslɪ] *adv.* 1 tenuemente; 2 finamente; 3 levemente; 4 subtilmente
tenuousness ['tenjuəsnɪs] *s.* ⇒ **tenuity**
tenure ['tenjʊə] *s.* 1 (propriedade) posse, título de posse; *communal* ~ posse em comum; *military* ~ posse de terras com obrigação de prestação de serviço militar; ~ *at will* posse por tolerância; 2 (cargo) detenção, ocupação; 3 (governo) mandato; *during her* ~ durante o mandato dela ❖ (emprego) *to get* ~ efectivar; passar ao quadro
teosinte [ˌteɪəʊ'sɪntɪ] *s.* BOTÂNICA teossinto
tepee ['tiːpiː] *s.* tenda cónica dos peles-vermelhas
tepefy ['tepɪfaɪ] *v.tr.,intr.* 1 pôr tépido; 2 ficar tépido; 3 amornar
tephrite ['tefraɪt] *s.* MINERALOGIA tefrito
tepid ['tepɪd] *adj.* 1 tépido; morno; *to make* ~ amornar; 2 [fig.] tíbio; pouco convicto; sem grande entusiasmo
tepidity [te'pɪdɪtɪ] *s.* tepidez
tepidly ['tepɪdlɪ] *adv.* 1 tepidamente; 2 sem grande calor; 3 sem grande entusiasmo
tepidness ['tepɪdnɪs] *s.* ⇒ **tepidity**
tepoy ['tiːpɔɪ] *s.* ⇒ **teapoy**
ter [tɜː] *adv.* MÚSICA três vezes
teraphim ['terəfɪm] *s.pl.* RELIGIÃO (Bíblia) terafins
teratological [ˌterətə'lɒdʒɪkəl] *adj.* teratológico
teratologist [ˌterə'tɒlədʒɪst] *s.* teratólogo, teratologista
teratology [ˌterə'tɒlədʒɪ] *s.* teratologia
terbium ['tɜːbɪəm] *s.* QUÍMICA (elemento químico) térbio
terce [tɜːs] *s.* RELIGIÃO terça (uma das horas menores do ofício divino)
tercel ['tɜːsəl] *s.* ZOOLOGIA terço (falcão-macho)
tercelet ['tɜːsəlɪt] *s.* ⇒ **tercel**
tercentenary [ˌtɜːsen'tiːnərɪ] Ⓐ *adj.* tricentenário Ⓑ *s.* (*pl.* **-ies**) tricentenário
tercentennial [ˌtɜːsen'tenɪəl] *adj.* tricentenário
tercet ['tɜːsɪt, 'tɜːset] *s.* 1 terceto; 2 MÚSICA tresquiáltera
terebella [ˌtere'belə] *s.* ZOOLOGIA terebela

terebellum [ˌtere'beləm] *s.* ZOOLOGIA terebelo
terebene ['terəbiːn] *s.* QUÍMICA terebeno
terebic [tə'rebɪk] *adj.* QUÍMICA terébico; ~ *acid* ácido terébico
terebinth ['terəbɪnθ] *s.* BOTÂNICA terebinto
terebra ['terɪbrə] *s.* (*pl.* **-ae**) ZOOLOGIA térebra, ovipositor, oviscapto
terebrant ['terɪbrənt] *adj.* ZOOLOGIA terebrante
terebrantia [ˌterɪ'brænʃɪə] *s.pl.* terebrâncios
terebrate ['terɪbreɪt] *v.tr.* [arc.] terebrar
terebrating ['terɪbreɪtɪŋ] *adj.* MEDICINA terebrante; ~ *pain* dor terebrante
teredo [tə'riːdəʊ] *s.* (*pl.* **teredos** ou **teredines**) ZOOLOGIA teredo
Teresa [tə'riːzə] *s.antr.* Teresa
tergal ['tɜːɡəl] *adj.* tergal, dorsal
tergeminal [tɜː'dʒemɪnəl] *adj.* ⇒ **tergeminate**
tergeminate [tɜː'dʒemɪnɪt] *adj.* tergeminado
tergiversate [ˈtɜːdʒɪvɜːseɪt] *v.intr.* 1 tergiversar; 2 virar as costas; 3 [coloq.] virar a casaca; 4 passar-se para outro partido, renegar; 5 apostatar; 6 usar de evasivas
tergiversation [ˌtɜːdʒɪvɜː'seɪʃən] *s.* 1 tergiversação, tergiversão; 2 mudança de partido; 3 apostasia; 4 evasiva, rodeio
tergiversator [ˈtɜːdʒɪvəseɪtə] *s.* tergiversador
term [tɜːm] Ⓐ *s.* 1 (palavra, expressão) termo; designação; *the correct* ~ o termo correcto; *nautical* ~ termo náutico; *scientific/technical terms* termos científicos/técnicos; *a* ~ *of endearment/abuse/respect* um termo carinhoso/ofensivo/respeitoso; 2 período de tempo; prazo; duração; *during one's* ~ *of office* durante o tempo em que se desempenhou o cargo; POLÍTICA ~ *in/of office* mandato, período de tempo num cargo; ~ *of imprisonment* (período que dura uma) pena de prisão; 3 prazo; *in the long/medium/short* ~ a longo/médio/curto prazo; 4 [GB] (escola, universidade) período; trimestre; semestre; *autumn/spring/summer* ~ primeiro/segundo/terceiro período; *during* ~ *time* durante o período de aulas; 5 termo; prazo; fim; limite de tempo; prazo foreiro; data de vencimento; *the* ~ *of life* o termo da vida; *to set a* ~ *to* pôr termo a; ~ *of a lease* prazo de arrendamento; 6 (final da gravidez) fim do tempo; 7 (tribunal) sessão; 8 MATEMÁTICA, LÓGICA termo; 9 (escultura) busto de figura humana (encimando coluna quadrada); 10 *pl.* (contrato, acordo, etc.) termos; condições; FINANÇAS *terms of an issue* condições de uma emissão; *terms of delivery/payment/...* condições de venda/pagamento/...; *by the terms of article 27* nos termos do artigo nº 27; *trade terms* condições de negócio; *to dictate terms* impor condições; *I cannot accept it on these terms* não posso aceitar isso nestas condições; *what terms do you offer?* que condições oferece?; 11 *pl.* relações, relações pessoais; *to be on good/bad terms with* estar de boas/más relações com; *we are on the best possible terms* nós temos as melhores relações possíveis; *to be on familiar terms* ter uma relação próxima; 12 *pl.* escolha de palavras Ⓑ *v.tr.* 1 designar; denominar; 2 qualificar; classificar; considerar; *he termed it sheer robbery* ele classificou-o como puro roubo ❖ FINANÇAS ~ *loan* empréstimo a prazo; [EUA] (universidade) ~ *paper* trabalho académico de um semestre; ~ *insurance/assurance* seguro por prazo limitado; *terms of reference* competências; atribuições; poderes; *in no uncertain terms* muito claramente; sem rodeios; *in real terms* em termos reais; efectivamente; *in sb's terms* para alguém; do ponto de vista de alguém; *in terms of* em termos de; em relação a; no que diz respeito a; (zanga) *not to be on speaking terms* estar sem se falar; não se falar; *on equal/the same terms* em pé de igualdade; *to be on first-name terms (with sb)* tratar (alguém) pelo nome próprio; tratar (alguém) por tu; *to bring sb to terms* obrigar alguém a um acordo; provocar a rendição de alguém; *to buy sth on easy terms* comprar algo com facilidades de pagamento; (tristeza, luto, etc.) *to come to terms with sth* aceitar algo; reconciliar-se com algo; conformar-se com algo

termagant ['tɜːməɡənt] Ⓐ *s.* 1 megera, virago; 2 mulher desordeira, turbulenta Ⓑ *adj.* turbulento, desordeiro, briguento
termagantly ['tɜːməɡəntlɪ] *adv.* turbulentamente, desordeiramente
terminable ['tɜːmɪnəbəl] *adj.* 1 limitável; 2 fixável; 3 limitado; 4 rescindível; 5 amortizável

terminal ['tɜːmɪnəl] Ⓐ adj. 1 (morte) terminal; ~ *illness* doença terminal; ~ *patient* doente terminal; 2 extremo; cada vez pior, sem perspectivas de melhorar; 3 terminal; situado na extremidade; relativo à extremidade; 4 final; que serve de limite; de encerramento, que encerra algo; 5 periódico Ⓑ s. 1 (transportes) terminal; *bus* ~ terminal de autocarros; 2 (caminhos-de-ferro) término; 3 terminal; término; parte final; ponto limite; 4 ELECTRICIDADE terminal; borne; terminal de cabo; 5 INFORMÁTICA terminal; 6 ARQUITECTURA imagem decorativa no cimo de uma estrutura de grande dimensão; florão ❖ ELECTRICIDADE ~ *pressure* pressão final; tensão de saída; ~ *station* estação terminal; ~ *velocity* velocidade terminal

terminally ['tɜːmɪnəlɪ] adv. trimestralmente; por trimestre; 2 na extremidade; em posição terminal

terminate[1] ['tɜːmɪneɪt] v.tr.,intr. 1 terminar; acabar com; pôr termo a; *to* ~ *in s* terminar em s; 2 (contrato) rescindir; 3 (gravidez) interromper; 4 ir dar [**in**, a]; ter como destino [**in**, -]; acabar [**in**, em]

terminate[2] ['tɜːmɪnɪt] adj. MATEMÁTICA finito ❖ ~ *decimal fraction* fracção decimal exacta

termination [ˌtɜːmɪ'neɪʃən] s. 1 fim, termo, conclusão; 2 DIREITO (contrato) rescisão; 3 LINGUÍSTICA (palavra) terminação; 4 MEDICINA (aborto) interrupção voluntária da gravidez; 5 limite ❖ *to bring/put to a* ~ concluir; pôr termo a

terminational [ˌtɜːmɪ'neɪʃənəl] adj. LINGUÍSTICA relativo à terminação

terminative ['tɜːmɪnətɪv, 'tɜːmɪneɪtɪv] adj. terminativo, final

terminatively ['tɜːmɪnətɪvlɪ] adv. terminativamente, terminantemente

terminator ['tɜːmɪneɪtə] s. 1 pessoa que termina alguma coisa; 2 coisa que delimita ou termina; 3 ASTRONOMIA linha divisória entre a parte iluminada e a não iluminada de um astro

terminer ['tɜːmɪnə] s. ⇒ **oyer**

terminism ['tɜːmɪnɪzəm] s. FILOSOFIA terminismo

terminist ['tɜːmɪnɪst] s. terminista

terminological [ˌtɜːmɪnə'lɒdʒɪkəl] adj. terminológico ❖ ~ *inexactitude* inexactidão de termos; inexactidão terminológica; [irón.] adulteração da verdade

terminologically [ˌtɜːmɪnə'lɒdʒɪklɪ] adv. terminologicamente

terminology [ˌtɜːmɪ'nɒlədʒɪ] s. terminologia

terminus ['tɜːmɪnəs] s. (pl. **-uses** ou **-i**) 1 (linha de transportes) término, estação terminal; 2 fim, meta, objectivo; 3 ARQUITECTURA busto de figura humana em cima de coluna quadrada ❖ ~ *a quo* ponto de partida; ~ *ad quem* ponto de chegada

termitarium [ˌtɜːmɪ'teərɪəm] s. ⇒ **termitary**

termitary ['tɜːmɪtərɪ] s. (pl. **-ies**) termiteira, termiteiro

termite ['tɜːmaɪt] s. ZOOLOGIA térmita, térmite, formiga-branca

termless ['tɜːmləs] adj. 1 ilimitado, sem fim; 2 interminó

termor ['tɜːmə] s. DIREITO foreiro

tern [tɜːn] Ⓐ s. 1 ZOOLOGIA andorinha-do-mar, grazina, gaivina; 2 série de três números, em lotaria, que dão direito a avultado prémio; 3 prémio que sai numa série de três números Ⓑ adj. BOTÂNICA ternado

ternal ['tɜːnəl] adj. ternal

ternary ['tɜːnərɪ] adj. 1 ternário; 2 composto de três unidades; 3 MATEMÁTICA que contém três variáveis

ternate ['tɜːnət] adj. 1 BOTÂNICA ternado; 2 disposto de três em três

terne [tɜːn] s. chapa de estanho em liga com muito chumbo

terne-plate ['tɜːnpleɪt] s. chapa de estanho em liga com muito chumbo

terpene ['tɜːpiːn] s. QUÍMICA terpeno

terpinol ['tɜːpɪnɒl] s. QUÍMICA terpinol

Terpsichore [tɜːp'sɪkərɪ] s. MITOLOGIA Terpsícore, uma das nove musas, patrona da dança e do canto coral

terpsichorean [ˌtɜːpsɪkə'riːən] adj. 1 MITOLOGIA terpsicórico; relativo a Terpsícore, musa da dança; 2 relativo à dança

terrace ['terəs] Ⓐ s. 1 terraço (natural ou artificial); 2 socalco; 3 terrapleno; 4 eirado; 5 fila de casas; 6 série de edifícios em ladeira ou no cimo de colina Ⓑ v.tr. 1 dispor em terraço; 2 arranjar em socalcos

terraced ['terəst] adj. em terraço, disposto em socalcos

terracing ['terəsɪŋ] s. 1 disposição em terraço; 2 construção em socalcos

terracotta [ˌterə'kɒtə] s. terracota ❖ *a* ~ *vase* um vaso de terracota

terrain [tə'reɪn] s. terreno, extensão de terra que cai sob a alçada do geógrafo ou do táctico militar

terral ['terəl] s. NÁUTICA vento terral

terramare [ˌterə'mɑː, terə'meər] s. terramara

terramycin [ˌterə'maɪsɪn] s. FARMÁCIA terramicina

terrane [tə'reɪn] s. GEOLOGIA terreno

terraneous [tə'reɪnəs] adj. BOTÂNICA (planta) terrestre

terrapin ['terəpɪn] s. ZOOLOGIA tartaruga de água doce

terraqueous [tə'reɪkwɪəs] adj. terráqueo

terrene [tə'riːn] adj. terrestre, terreno

terreplein ['teəpleɪn] s. (fortificações) terrapleno

terrestrial [tə'restrɪəl, tɪ'restrɪəl] Ⓐ adj. 1 terrestre; ~ *magnetism* magnetismo terrestre; 2 (interesses, prazeres) mundano; terreno; 3 TELEVISÃO transmitido por via terrestre Ⓑ s. (ficção científica, etc.) terráqueo; habitante da Terra

terrestrially [tə'restrɪəlɪ, tɪ'restrɪəlɪ] adv. 1 terrenamente; 2 por via terrestre

terret ['terɪt] s. 1 porta-rédeas; 2 anel por onde passam as rédeas nos arreios

terrible ['terəbəl] adj. 1 péssimo; pavoroso; 2 terrível; tremendo; *a* ~ *bore* um maçador terrível; *in a* ~ *hurry* com uma pressa terrível; *the heat was* ~ o calor era insuportável; 3 [coloq.] (intensificador) demasiado; grande; enorme; *it would be a* ~ *shame that..* seria uma grande pena se...

terribleness ['terəbəlnɪs] s. aspecto ou carácter terrível

terribly ['terəblɪ] adv. 1 terrivelmente, horrivelmente; *to be* ~ *busy* estar terrivelmente ocupado; 2 verdadeiramente; 3 extremamente; tremendamente; *that is* ~ *kind of you* isso é extremamente amável da sua parte ❖ *to suffer* ~ sofrer horrores; *to miss sb* ~ sentir muita falta de alguém

terricolous [tə'rɪkələs] adj. terrícola

terrier ['terɪə] s. 1 ZOOLOGIA (cão) terrier; 2 [coloq.] membro do exército territorial; 3 inventário ou registo dos bens de raiz

terrific [tə'rɪfɪk] adj. 1 [coloq.] espantoso, formidável; 2 tremendo, enorme; 3 [arc.] terrífico, terrível, terrificante

terrifically [tə'rɪfɪklɪ] adv. 1 tremendamente, enormemente, extremamente; 2 [arc.] terrificantemente, terrivelmente

terrified ['terɪfaɪd] adj. apavorado; aterrorizado; morto de medo ❖ *to be* ~ *of* morrer de medo de

terrify ['terɪfaɪ] v.tr. aterrorizar; apavorar; *they terrified him out of his wits* fizeram-no enlouquecer de terror

terrifying ['terɪfaɪɪŋ] adj. terrível; assustador; espantoso

terrigenous [tə'rɪdʒɪnəs] adj. 1 terrígeno, produzido na terra; 2 GEOLOGIA terrígeno, formado pela acumulação de terras soltas

terrine [te'riːn] s. terrina

territorial [ˌterɪ'tɔːrɪəl] adj. territorial ❖ MILITAR (Grã-Bretanha) *Territorial Army* Exército Territorial; ~ *waters* águas territoriais

Territorial [ˌterɪ'tɔːrɪəl] s. MILITAR (Grã-Bretanha) elemento de reserva de emergência

territoriality [ˌterɪtɔːrɪ'ælɪtɪ] s. territorialidade

territorially [ˌterɪ'tɔːrɪəlɪ] adv. territorialmente

territory ['terɪtərɪ, 'terɪtrɪ] s. (pl. **-ies**) 1 território; 2 zona; área; 3 [EUA] divisão ou região sem estatuto de estado

terror ['terə] s. 1 terror; pavor; medo extremo; *in* ~ aterrorizado, cheio de medo; *to cry out in* ~ gritar de medo, gritar, aterrorizado; 2 terrorismo; 3 [coloq., fig.] (coisa, pessoa) ameaça; perigo público; 4 [coloq., fig.] (criança) terrorista*fig*; peste*fig*; *that child is a real* ~ aquela criança é uma verdadeira peste ❖ ~ *group* grupo terrorista; LITERATURA *novel of* ~ romance de terror; *to be in* ~ *of one's life* temer pela vida

terrorism ['terərɪzəm] s. terrorismo

terrorist ['terərɪst] adj.,s. terrorista

terrorization [ˌterəraɪ'zeɪʃən] s. sujeição pelo terror

terrorize ['terəraɪz] v.tr. 1 aterrar; aterrorizar; 2 dominar pelo terror

terrorizer ['terəraɪzə] s. 1 aquele que aterroriza; 2 aquele que domina pelo terror

terror-stricken ['terəˌstrɪkn] adj. aterrado, tomado de terror

terror-struck ['terəstrʌk] adj. ⇒ **terror-stricken**

terry ['terɪ] Ⓐ adj. (veludo) frisado Ⓑ s. (pl. **-ies**) veludo frisado

terse [tɜːs] *adj.* **1** seco; **2** brusco; **3** (estilo) terso, sóbrio, conciso e elegante
tersely ['tɜːslɪ] *adv.* **1** secamente; **2** bruscamente; **3** sobriamente, de maneira concisa e elegante
terseness ['tɜːsnɪs] *s.* sobriedade (de estilo), concisão elegante
tertian ['tɜːʃən, 'tɜːʃjən] Ⓐ *adj.* (febre) terçã Ⓑ *s.* febre terçã
tertiary ['tɜːʃərɪ, 'tɜːʃjerɪ] Ⓐ *adj.* **1** terceiro; **2** terciário Ⓑ *s.* (*pl.* **-ies**) **1** RELIGIÃO membro da Ordem Terceira; **2** ZOOLOGIA rémige terciária
Tertiary ['tɜːʃərɪ, 'tɜːʃjerɪ] Ⓐ *s.* GEOLOGIA Terciário Ⓑ *adj.* GEOLOGIA terciário
tertiate ['tɜːʃɪeɪt] *v.tr.* calibrar (peça de artilharia)
tertius ['tɜːʃjəs] *adj.* (escola) terceiro, número três; *Jones ~ o Jones número três, o mais novo dos irmãos Jones, o mais novo de três alunos com o nome Jones* ❖ *~ gaudens* terceiro que espera tirar partido duma questão entre outros
tervalent [tɜːˈvaɪlənt, ˈtɜːvələnt] *adj.* QUÍMICA trivalente
terylene ['terəliːn] *s.* (tecido) terilene
terza rima [tɜːtsəˈriːmə] *s.* rima adoptada por Dante na *Divina Comédia* (abc, bcb, cdc, etc.)
TESL [*abrev. de* Teaching (of) English as a Second Language]
tesla ['teslə] *s.* (sistema internacional de unidades de medida) tesla
TESOL Ⓐ [*abrev. de* Teachers of English to Speakers of Other Languages] Ⓑ [*abrev. de* Teaching (of) English to Speakers of Other Languages]
tesselation [ˌtesɪˈleɪʃən] *s.* **1** mosaico; **2** arranjo, disposição em xadrez
tessellate ['tesəleɪt] Ⓐ *v.tr.* **1** dispor em quadrados; **2** pavimentar com mosaicos Ⓑ *v.intr.* encaixar perfeitamente
tessellated ['tesɪleɪtɪd] *adj.* em xadrez, disposto em quadrados, com mosaicos
tessera ['tesərə] *s.* (*pl.* **-ae**) **1** téssera, tabuinha de metal ou de marfim usada, na antiga Roma, como sinal, bilhete de entrada, etc.; **2** tessela
tesseral ['tesərəl] *adj.* **1** tesseral; **2** com tesselas
tessitura [ˌtesɪˈtuːrə] *s.* MÚSICA tessitura
test [test] Ⓐ *s.* **1** teste; exame; prova; *oral ~* prova oral; *driving ~* exame de condução; *a Maths/Biology/French/ ~* um teste de Matemática/Biologia/Francês; *to take/do/sit a ~* fazer um teste, fazer um exame; *to pass/fail the ~* passar/ reprovar no teste, tirar positiva/tirar negativa no teste; *the teacher gave us a ~ in grammar* o professor deu-nos um exame de gramática; **2** MEDICINA exame; análise; teste; *eye ~* exame aos olhos; *blood ~* análise de sangue; *pregnancy ~* teste de gravidez; **3** (funcionamento, qualidade) teste; prova; experiência; ensaio; verificação; *~ for fatigue* ensaio de fadiga (de materiais); *~ of raw materials* ensaio de materiais; **4** (situação difícil) provação; **5** QUÍMICA reagente; **6** QUÍMICA análise; reacção; *Wassermann ~* reacção de Wassermann; **7** [arc.] (anglicanismo) profissão de fé, juramento; **8** (molusco) concha; **9** DESPORTO (críquete, râguebi) jogo internacional; **10** (metalurgia) cadinho; copela; **11** critério de avaliação; bitola, craveira Ⓑ *v.tr.,intr.* **1** (funcionamento, qualidade, etc.) testar; experimentar; verificar; ensaiar; *to ~ a boiler* experimentar uma caldeira; *to ~ an idea/a theory* testar uma ideia/ uma teoria; **2** MEDICINA examinar, fazer exames (a); analisar; **3** QUÍMICA analisar; analisar com reagente; **4** (conhecimentos, aptidões, capacidades, etc.) testar; examinar; **5** (resistência, paciência, etc.) pôr à prova; **6** ter determinado resultado num teste; *to ~ positive for drugs* no controlo anti-doping deu positivo; **7** (metalurgia) copelar; **8** [arc.] fazer testamento, testar; **9** DIREITO [arc.] (documento) autenticar, visar ❖ HISTÓRIA (Inglaterra, 1673) *Test Act* lei que exigia profissão de fé da Igreja Anglicana sob juramento para cargos públicos; *~ ban* acordo de proibição de testes nucleares; [GB] TELEVISÃO *~ card* mira técnica; *~ case* DIREITO caso que estabelece um precedente para casos futuros; teste que comprova ou refuta a validade de uma hipótese; (antes de compra) *~ drive* test drive; teste de condução; AERONÁUTICA *~ flight* voo de ensaio; voo de teste; *~ glass* proveta; DESPORTO (críquete, râguebi) *~ match* jogo internacional; QUÍMICA *~ paper* papel reagente; [EUA] TELEVISÃO *~ pattern* mira técnica; AERONÁUTICA *~ pilot* piloto de testes; piloto de ensaios; *~ room* sala de ensaios; *~ run* ensaio; teste; verificação de funcionamento; *~ tube* tubo de ensaio; *to put sth/sb to the ~* pôr algo/alguém à prova; *to ~ the water(s)* apalpar terreno; sondar (interesses, reacções, opiniões, etc.) antes de avançar
◆**test out** *v.tr.* testar; experimentar; verificar; *to ~ a scheme* experimentar um plano
testa ['testə] *s.* **1** BOTÂNICA testa, parte externa do tegumento da semente; **2** ZOOLOGIA concha de molusco; **3** ZOOLOGIA carapaça de crustáceo
testacean [tesˈteɪʃən, tesˈteɪʃjən] *s.* ZOOLOGIA testáceo
testaceology [ˌtesteɪsɪˈɒlədʒɪ] *s.* testaceologia
testaceous [tesˈteɪʃəs] *adj.* **1** ZOOLOGIA testáceo; **2** cor do tijolo
testacy ['testəsɪ] *s.* DIREITO situação da pessoa que deixa testamento
testament ['testəmənt] *s.* **1** testemunho; demonstração; *to be (a) ~ to sth* testemunhar algo, dar testemunho de algo; **2** [arc.] testamento; *this is my last will and ~* este é o meu testamento e a minha última vontade; *to make one's ~* fazer o testamento ❖ RELIGIÃO (Bíblia) *the Old Testament* o Velho Testamento (Bíblia) *the New Testament* o Novo Testamento
testamentarily [ˌtestəˈmentərɪlɪ] *adv.* **1** conforme testamento; **2** testamentalmente
testamentary [ˌtestəˈmentərɪ] *adj.* [form.] testamentário, testamental ❖ *~ capacity* capacidade de testar
testamur [tesˈteɪmə] *s.* (universidade) certificado de passagem em exame
testate [ˈtestɪt, ˈtesteɪt] Ⓐ *adj.* que deixou testamento válido Ⓑ *s.* pessoa que deixou testamento válido
testator [tesˈteɪtə] *s.m.* DIREITO testador
testatrix [tesˈteɪtrɪks] *s.f.* (*pl.* **-es** *ou* **-trices**) DIREITO testadora
tester ['testə] *s.* **1** verificador; controlador; responsável pelos testes; **2** analista; **3** aparelho de verificação ou ensaio; *battery ~* verificador de baterias; *coil ~* verificador de bobinas; **4** baldaquim, baldaquino, dossel
testes ['testiːz] *pl. de* **testis**
testicle ['testɪkəl] *s.* ANATOMIA testículo
testicular [tesˈtɪkjʊlə] *adj.* testicular
testiculate [tesˈtɪkjʊlɪt] *adj.* testiculado
testifier ['testɪfaɪə] *s.* testemunha; aquele que testifica
testify ['testɪfaɪ] *v.tr.,intr.* **1** testemunhar [**against**, contra; **for**, a favor de/por]; depor [**against**, contra; **for**, a favor de/por]; *to ~ on behalf of* testemunhar a favor de; **2** declarar solenemente; *to ~ under oath* declarar sob juramento; **3** demonstrar [**to**, -]; proclamar [**to**, -]; dar testemunho [**to**, de] ❖ [arc.] *to ~ concerning/of* dar testemunho de; *to ~ to sth* afirmar, confirmar algo
testily ['testɪlɪ] *adv.* **1** com irritação; **2** irritadamente; **3** de mau humor
testimonial [ˌtestɪˈməʊnɪəl] *s.* **1** certificado, certidão, atestado; **2** recomendação; **3** testemunho; **4** (apreço, reconhecimento) dádiva; homenagem
testimonialize [ˌtestɪˈməʊnɪəlaɪz] *v.tr.* **1** passar um atestado, certidão ou certificado a (alguém); **2** oferecer uma dádiva em sinal de apreço ou reconhecimento
testimony ['testɪmənɪ] *s.* (*pl.* **-ies**) **1** depoimento [**of**, de]; testemunho [**of**, de]; *to give false ~* testemunhar falso testemunho; *to give ~* dar testemunho da sua fé; *we must rely on the ~ of history* temos de confiar no testemunho da História; **2** demonstração; prova; **3** declaração solene; **4** [arc.] protesto solene; **5** RELIGIÃO (Bíblia) o decálogo; **6** *pl.* a Escritura Sagrada, as Tábuas da Lei ❖ *in ~ whereof…* em fé do que…; RELIGIÃO *the tables of the ~* as Tábuas da Lei; *to bear ~* afirmar; atestar
testiness ['testɪnɪs] *s.* **1** mau humor, mau génio; **2** irritabilidade
testing ['testɪŋ] Ⓐ *adj.* difícil, duro; exigente; que põe à prova, de provação; *a ~ time* um momento difícil, um momento de provação Ⓑ *s.* **1** realização de testes; testagem; examinação; experimentação; realização de experiências; *animal ~* realização de testes em animais, experimentação animal; *nuclear ~* testes nucleares; **2** ensaio; prova; *~ of materials* ensaio de materiais; *~ of anchors* prova das âncoras; **3** verificação ❖ *~ machine* máquina de verificação; *~ stand* banco de ensaios
testis ['testɪs] *s.* (*pl.* **testes**) **1** testículo; **2** *pl.* tubérculos quadrigémeos inferiores
teston ['testən] *s.* [arc.] tostão
testoon [tesˈtuːn] *s.* ⇒ **teston**

testosterone [tɛˈstɒstərəʊn] s. QUÍMICA testosterona
test-tube [ˈtɛstˌtjuːb] adj. 1 produzido num tubo de ensaio; de laboratório; 2 gerado por inseminação artificial ❖ [coloq.] ~ *baby* bebé-proveta
testudinaria [tɛstjuˈdɪnɪəərɪə] s. BOTÂNICA testudinária
testudinate [tɛsˈtjuːdɪnɪt] adj. arqueado como a concha de uma tartaruga
testudineous [tɛstjuˈdɪnɪəs] adj. 1 semelhante a tartaruga; 2 relativo a tartaruga
testudo [tɛsˈtjuːdəʊ] s. 1 HISTÓRIA (Roma antiga) testudo, espécie de cobertura que os soldados faziam encostando os escudos de uns aos dos outros; 2 ZOOLOGIA testudo; 3 MEDICINA testudo
testy [ˈtɛstɪ] adj. (comp. **-ier**, superl. **-iest**) 1 irritado; 2 irritável, irascível; 3 impertinente, rabugento, mal-humorado
tetanic [tɪˈtænɪk] Ⓐ adj. tetânico; ~ *spasm* espasmo tetânico Ⓑ s. remédio que actua nos músculos por intermédio dos nervos ❖ MEDICINA ~ *state* tetanismo
tetanize [ˈtɛtənaɪz] v.tr. tetanizar
tetanoid [ˈtɛtənɔɪd] Ⓐ adj. tetanóide, tetaniforme Ⓑ s. convulsão tetaniforme
tetanus [ˈtɛtənəs] s. MEDICINA tétano ❖ *artificial* ~ tetania provocada pela estricnina
tetany [ˈtɛtənɪ] s. MEDICINA tetania
tetartohedral [tɛtɑːtəʊˈhiːdrəl] adj. tetartoédrico
tetchily [ˈtɛtʃɪlɪ] adv. ⇒ **testily**
tetchiness [ˈtɛtʃɪnɪs] s. ⇒ **testiness**
tetchy [ˈtɛtʃɪ] adj. ⇒ **testy**
tête-à-tête [ˌteɪtɑːˈteɪt] Ⓐ adv. 1 a sós; 2 em frente um do outro; 3 em particular Ⓑ adj. particular, confidencial Ⓒ s. 1 conversa privada; 2 conversa a sós; 3 sofá para duas pessoas
tether [ˈtɛðə] Ⓐ s. corda para amarrar um animal, corrente Ⓑ v.tr. (animal) prender com corda ou corrente; atar ❖ [coloq.] *the matrimonial* ~ os laços matrimoniais; *to be at the end of one's* ~ não poder mais; estar no fim; ter atingido o limite das suas forças
tetrabasic [ˌtɛtrəˈbeɪsɪk] adj. QUÍMICA tetrabásico
tetrabranch [ˈtɛtrəbræŋk] s. ZOOLOGIA tetrabrânquio
tetrabranchiate [ˌtɛtrəˈbræŋkɪɪt] adj. tetrabranquiado
tetrachloride [ˌtɛtrəˈklɔːraɪd] s. QUÍMICA tetracloreto
tetrachord [ˈtɛtrəkɔːd] s. MÚSICA tetracórdio
tetrad [ˈtɛtræd, ˈtɛtrəd] s. BIOLOGIA tétrada
tetradactyl [ˌtɛtrəˈdæktɪl] adj. ZOOLOGIA tetradáctilo
tetradactylous [ˌtɛtrəˈdæktɪləs] adj. ZOOLOGIA tetradáctilo
tetradrachm [ˈtɛtrədræm] s. tetradracma
tetraethyl lead [ˌtɛtrəˈɛθɪlˈlɛd] s. QUÍMICA chumbo tetraetílico
tetragon [ˈtɛtrəgən] s. GEOMETRIA tetrágono, quadrilátero
tetragonal [tɛˈtrægənəl] adj. GEOMETRIA tetragonal
tetragonia [ˌtɛtrəˈgəʊnɪə] s. BOTÂNICA tetragónia
tetragram [ˈtɛtrəgræm] s. tetragrama
Tetragrammaton [ˌtɛtrəˈgræmətɒn] s. 1 tetragrama; 2 conjunto de quatro letras místicas designativas de Jeová ou outro nome sagrado
tetrahedral [ˌtɛtrəˈhiːdrəl] adj. tetraédrico
tetrahedron [ˌtɛtrəˈhiːdrən] s. GEOMETRIA tetraedro
tetralogy [tɛˈtrælədʒɪ] s. (pl. **-ies**) tetralogia
tetramerous [tɛˈtræmərəs] adj. tetrâmero
tetrameter [tɛˈtræmɪtə] s. tetrâmetro
tetrandria [tɛˈtrændrɪə] s. BOTÂNICA tetrandria
tetrandrous [tɛˈtrændrəs] adj. BOTÂNICA tetrandro
tetrapetalous [ˌtɛtrəˈpɛtələs] adj. tetrapétalo
tetraplegia [ˌtɛtrəˈpliːdʒə, ˌtɛtrəˈpliːdʒɪə] s. tetraplegia
tetraplegic [ˌtɛtrəˈpliːdʒɪk] adj.,s. tetraplégico
tetrapod [ˈtɛtrəpɒd] adj. ZOOLOGIA tetrápode
tetrapterous [tɛˈtræptərəs] adj. tetráptero
tetrarch [ˈtɛtrɑːk, ˈtiːtrɑːk] s. tetrarca
tetrarchate [ˈtɛtrɑːkeɪt] s. tetrarcado
tetrarchy [ˈtɛtrɑːkɪ] s. tetrarquia
tetrasepalous [ˌtɛtrəˈsɛpələs] adj. tetrassépalo
tetraspore [ˈtɛtrəspɔː] s. BOTÂNICA tetrásporo
tetrastyle [ˈtɛtrəstaɪl] Ⓐ adj. ARQUITECTURA tetrastilo, que tem quatro ordens de colunas Ⓑ s. ARQUITECTURA tetrastilo, templo ou edifício com quatro ordens de colunas
tetrasyllabic [ˌtɛtrəsɪˈlæbɪk] adj. LINGUÍSTICA tetrassilábico, quadrissílabo

tetrasyllable [ˌtɛtrəˈsɪləbəl] s. LINGUÍSTICA tetrassílabo, quadrissílabo
tetratomic [ˌtɛtrəˈtɒmɪk] adj. QUÍMICA tetratómico
tetravalence [ˌtɛtrəˈveɪləns] s. QUÍMICA tetravalência
tetravalent [ˌtɛtrəˈveɪlənt] adj. QUÍMICA tetravalente
tetrode [ˈtɛtrəʊd] s. FÍSICA tétrodo
tetrodon [ˈtɛtrədɒn] s. ZOOLOGIA tetrodonte
tetter [ˈtɛtə] s. MEDICINA eczema; herpes; tinha ❖ *crusty* ~ impetigem, impetigo
tetterwort [ˈtɛtəwɜːt] s. BOTÂNICA celidónia, erva-andorinha
Tetuan [tɛˈtwɑːn] s.top. Tetuão
Teucrian [ˈtjuːkrɪən] adj.,s. teucro, troiano
Teutomania [ˌtjuːtəʊˈmeɪnɪə] s. teutomania
Teutomaniac [tjuːtəʊˈmeɪnɪæk] adj. teutómano, teutomaníaco
Teuton [ˈtjuːtən] Ⓐ adj. teutónico Ⓑ s. teutão
Teutonic [ˌtjuːˈtɒnɪk] Ⓐ adj. teutónico Ⓑ s. (língua) teutão, teutónico ❖ ~ *Order* Ordem Teutónica
Teutonism [ˈtjuːtənɪzəm] s. teutonismo
Teutonize [ˈtjuːtənaɪz] v.tr. teutonizar
Tex. [abrev. de Texas]
Texan [ˈtɛksən] Ⓐ adj. texano; relativo ao Texas Ⓑ s. texano
text [tɛkst] s. 1 texto; 2 passo bíblico; *Scripture* ~ citação tirada da Bíblia; 3 assunto, tema; *to stick to one's* ~ não se afastar do assunto; 4 TIPOGRAFIA tipo grande de letra manuscrita ❖ *church/German* ~ letra gótica
textbook [ˈtɛkstbʊk] Ⓐ s. manual escolar Ⓑ adj. 1 típico; clássico; *a* ~ *case* um caso típico; 2 modelo; ideal
textile [ˈtɛkstaɪl] Ⓐ adj. têxtil; ~ *engineering* engenharia têxtil; ~ *fiber* fibra têxtil; ~ *industry* indústria têxtil; ~ *machinery* maquinaria têxtil Ⓑ s. 1 tecido; 2 produto têxtil ❖ ~ *weaver* tecelão
textual [ˈtɛkstʃʊəl] adj. textual; literal; ~ *error* erro textual ❖ ~ *criticism* análise de texto
textualism [ˈtɛkstʃʊəlɪzəm] s. textualismo, sistema ou tendência para só atender à letra do texto
textualist [ˈtɛkstʃʊəlɪst] s. textualista
textually [ˈtɛkstʃʊəlɪ] adv. 1 textualmente; 2 relativamente ao texto
textuary [ˈtɛkstʃʊərɪ] Ⓐ adj. textuário, textual; relativo ao texto Ⓑ s. (pl. **-ies**) 1 textuário; 2 texto; 3 contexto
texture [ˈtɛkstʃə] s. 1 textura, contextura; 2 tessitura; 3 urdidura, teia; 4 constituição; 5 modo de entrelaçamento do fio; 6 estrutura
TG LINGUÍSTICA [abrev. de transformational grammar]
TGWU [abrev. de Transport and General Workers' Union]
Th QUÍMICA [símbolo de thorium]
Thaddeus [ˈθædɪəs, θæˈdiːəs] s.antr. RELIGIÃO (Bíblia) Tadeu
Thai [taɪ] adj.,s. tailandês
Thailand [ˈtaɪlænd] s.top. Tailândia
thalamencephalon [θæləmənˈsɛfəlɒn] s. ANATOMIA talamencéfalo
thalamus [ˈθæləməs] s. (pl. **-i**) 1 ANATOMIA tálamo; 2 BOTÂNICA tálamo, receptáculo, alargamento do pedúnculo de certas plantas
thalassic [θəˈlæsɪk] adj. talássico
thalassocracy [θæləˈsɒkrəsɪ] s. talassocracia
thalassography [θæləˈsɒgrəfɪ] s. talassografia
thalassometry [θæləˈsɒmɪtrɪ] s. talassometria
thalassophobia [θæləsəʊˈfəʊbɪə] s. talassofobia
thalassotherapy [θæləsəʊˈθɛrəpɪ] s. talassoterapia
thalattocracy [θæləˈtɒkrəsɪ] s. ⇒ **thalassocracy**
thalia [θəˈlaɪə] s. BOTÂNICA tália
Thalia [θəˈlaɪə] s. MITOLOGIA Tália
thalidomide [θəˈlɪdəmaɪd] s. FARMÁCIA talidomida ❖ ~ *child* vítima da talidomida
thallic [ˈθælɪk] adj. QUÍMICA tálico
thallium [ˈθælɪəm] s. QUÍMICA (elemento químico) tálio
thalloid [ˈθælɔɪd] adj. BOTÂNICA talóide
thallophyte [ˈθæləfaɪts] s. BOTÂNICA talófita
thallous [ˈθæləs] adj. QUÍMICA talioso
thallus [ˈθæləs] s. BOTÂNICA talo
thalweg [ˈtɑːlweɪg] s. GEOGRAFIA talvegue
Thames [tɛmz, θeɪmz] s. Tamisa ❖ *he will never set the* ~ *on fire* ele não inventou a pólvora

than [ðən, ðæn] *conj.* **1** de; *less ~ five* menos de cinco; *more ~ five* mais de cinco; **2** que; do que; *I'd rather go to England ~ stay here* antes queria ir para a Inglaterra do que ficar aqui; *I know him better ~ you (do)* conheço-o melhor do que tu; **3** senão; *it was no other ~ his father* não era outro senão o pai dele; **4** que não; *sth else ~ that* outra coisa qualquer que não essa ❖ *no sooner said ~ done* dito e feito

thanage ['θeɪndʒ] *s.* **1** cargo, dignidade de *thane*; **2** terras governadas por um *thane*

thanatology [θænə'tɒlədʒɪ] *s.* tanatologia

thanatophidia [θænətəʊ'fɪdɪə] *s.pl.* serpentes venenosas

thane [θeɪn] *s.* conde, barão, guerreiro de categoria inferior à nobreza hereditária anglo-saxónica

thank [θæŋk] *v.tr.* agradecer a; dar graças a; *to ~ sb for sth* agradecer alguma coisa a alguém, agradecer a alguém por algo ❖ *~ offering* oferta de acção de graças; *~ God/goodness/heavens!* graças a Deus!; *~ you (very much)!* (muito) obrigado!; *he won't ~ you for doing it* ele não vai gostar que faças isso; (irritação) *I'll ~ you (not) to do sth* agradecia-lhe que (não) fizesse algo; *to have sb to ~ (for sth)* ter de agradecer (algo) a alguém; ter de dar graças a alguém (por algo); [coloq.] *to ~ one's lucky stars* agradecer à sua boa estrela; dar graças aos céus; *you have only yourself to ~* a culpa é só tua; [coloq.] *you'll ~ me (for sth)* ainda me vais agradecer (algo)

thankful ['θæŋkfʊl] *adj.* grato [**for**, por]; agradecido [**for**, por]; *to be ~ for sth* estar grato por alguma coisa

thankfully ['θæŋkfʊlɪ] *adv.* com gratidão, reconhecimento, agradecidamente

thankfulness ['θæŋkfʊlnɪs] *s.* gratidão, reconhecimento

thankless ['θæŋkləs] *adj.* **1** ingrato; *a ~ task* uma tarefa ingrata; **2** mal agradecido

thanklessly ['θæŋklɪslɪ] *adv.* **1** ingratamente; **2** desagradecidamente; **3** sem proveito

thanklessness ['θæŋklɪsnɪs] *s.* ingratidão

thanks ['θæŋks] Ⓐ *interj.* [coloq.] obrigado; *many thanks!* muito obrigado; Ⓑ *s.pl.* **1** agradecimentos; *give him my best ~* dê-lhe os meus melhores agradecimentos; *I managed it, but small ~ to you* eu sempre consegui, mas não te devo quaisquer agradecimentos; *to express one's heartfelt ~* exprimir sinceros agradecimentos; **2** gratidão; reconhecimento ❖ *~ to* graças a; *to give ~ to God (for)* dar graças a Deus (por); *she smiled ~* ela agradeceu com um sorriso

thanksgiving ['θæŋks,gɪvɪŋ, θæŋks'gɪvɪŋ] *s.* **1** acção de graças; **2** oração de acção de graças ❖ [EUA] (última quinta-feira de Novembro) *Thanksgiving Day* Dia de Acção de Graças

thankworthy ['θæŋkwɜːðɪ] *adj.* **1** digno de agradecimento; **2** digno de reconhecimento

thapsia ['θæpsɪə] *s.* BOTÂNICA tápsia

that [ðæt] Ⓐ *adj.,pron.* (*pl.* **those**) **1** aquele, aquela; *I don't want this book, I want ~ one* não quero este livro, quero aquele; *~ girl* aquela rapariga; *who is that?* quem é aquele?; **2** aquilo; **3** esse, essa; *at ~ moment* nesse momento; *don't talk to me like ~* não me fales dessa maneira; **4** isso; *after ~* depois disso; *before ~* antes disso; *I won't go home, that's flat* não vou para casa, isso é que não vou; *that's what I have come for* foi por isso que eu vim; *he talked about our responsibility and all ~* ele falou acerca da nossa responsabilidade e de tudo isso; [EUA] *that's where it's at* isso é o que importa agora; *what of that?* e daí?, que importa isso? Ⓑ *pron.rel.* **1** que, quem; *he ~ shows iniquity shall reap sorrow* quem semeia ventos colhe tempestades; *no one has come ~ I know of* que eu saiba, ninguém veio; *the best ~ you can do is…* o melhor que tens a fazer é…; **2** o qual, a qual, os quais, as quais Ⓒ *adv.* **1** tão; *I can't walk ~ far* eu não posso ir tão longe; *I was ~ angry I could have struck them* eu estava tão irritado que era capaz de lhes bater; **2** de tal modo; a tal ponto; **3** tanto; *he talks ~ much!* ele fala assim tanto!, ele não pára de falar! Ⓓ *conj.* **1** que; *not ~ I have any objection* não é que eu tenha qualquer objecção; *she said ~ she would go to England* ela disse que iria para Inglaterra; *the book was so difficult ~ I couldn't translate it* o livro era tão difícil que não fui capaz de o traduzir; **2** para que; *they kept silent ~ she might sleep* eles calaram-se para que ela pudesse dormir; **3** de modo que; **4** a fim de que; **5** porque ❖ *all is well ~ ends well* tudo está bem quando acaba bem; *and that's that* e pronto, é assim mesmo; *he has done ~ much* ele só fez isto; *he must make up his mind, and ~ at once* ele tem de se decidir, e já; *is ~ you, Jones?* és tu, Jones?; *it is rather ~ he has not the time* é antes por ele não ter tempo; *~ is* isto é; *~ it were possible!* se fosse possível!; *that's a good boy* cá está um bom rapaz; *that's all* e eis tudo; *that's where she lives* é ali que ela vive

thatch [θætʃ] Ⓐ *s.* (*pl.* **-es**) **1** cobertura de colmo (em telhado); **2** telhado de colmo; **3** [joc.] cabeleira espessa Ⓑ *v.tr.* cobrir de colmo (telhado)

thatched ['θætʃt] *adj.* coberto de colmo ❖ *~ cottage* casa com telhado de colmo; *~ roof* telhado de colmo

thatcher ['θætʃə] *s.* operário que coloca coberturas de colmo (em telhados)

thatching ['θætʃɪŋ] *s.* cobertura de colmo

thaumatrope ['θɔːmətrəʊp] *s.* taumatrópio

thaumaturge ['θɔːmətɜːdʒ] *s.* taumaturgo

thaumaturgic [θɔːmə'tɜːdʒɪk] *adj.* taumatúrgico

thaumaturgical [θɔːmə'tɜːdʒɪkəl] *adj.* taumatúrgico

thaumaturgist [θɔːmə'tɜːdʒɪst] *s.* ⇒ **thaumaturge**

thaumaturgy ['θɔːmətɜːdʒɪ] *s.* taumaturgia

thaw [θɔː] Ⓐ *s.* **1** degelo; descongelação; *a ~ has set in* começou o degelo; **2** POLÍTICA [fig.] diminuição ou término das tensões Ⓑ *v.tr.,intr.* **1** (comida, neve) derreter; descongelar; **2** aquecer; *it is thawing* o tempo está a aquecer; **3** (pessoa) descontrair; relaxar; *after some glasses of port he began to ~* ele começou a descontrair depois de alguns cálices de vinho do Porto; *to ~ a person* fazer com que uma pessoa se descontraia; **4** (relações) melhorar

◆ **thaw out** *v.tr.,intr.* descongelar(-se); *~ the chicken before cooking it* descongele o frango antes de o cozinhar

thawing ['θɔːɪŋ] *s.* **1** degelo; **2** descongelação

thawy ['θɔːɪ] *adj.* quente, com temperatura de provocar o degelo

THC [abrev. de Transport Holding Company]

the [ðə, ðɪ, ðiː] Ⓐ *art.def.* o, a, os, as; *~ blind* os cegos; *~ Browns* os Browns, a família Brown; (sentido geral) *~ cat* o gato, os gatos; *~ moon* a Lua; *~ Portuguese* os Portugueses; *at ~ corner* ao canto, no canto; *at ~ moment* naquele momento; *~ voice of ~ people* a voz do povo; *William ~ Second* Guilherme Segundo; *~ day I met him* no dia em que o conheci Ⓑ *adv.* **1** quanto mais, tanto mais; *~ sooner he goes, ~ better* quanto mais depressa ele for, melhor; **2** quanto; **3** tanto; *all ~ better* tanto melhor; *so much ~ worse* tanto pior para você; *that will make it all ~ worse* isso tornará tudo pior; *~ act was ~ bolder that he stood quite alone* o acto foi tanto mais ousado quanto é certo que ele estava completamente só ❖ *she is none ~ richer* nem por isso é mais rica

theandric [θɪ'ændrɪk] *adj.* teândrico

theanthropic [θiːæn'θrɒpɪk] *adj.* teantrópico

theanthropical [θiːæn'θrɒpɪkəl] *adj.* teantrópico

thearchy ['θiːɑːkɪ] *s.* (*pl.* **-ies**) **1** governo dirigido pelos deuses; **2** teocracia

theater ['θɪətə] *s.* [EUA] ⇒ **theatre**

theatre ['θɪətə] Ⓐ *s.* **1** TEATRO (edifício, espectáculo, arte, profissão) teatro; *to go to the ~* ir ao teatro; *a book about the Portuguese ~* um livro sobre o teatro em Portugal; *open-air ~* teatro ao ar livre; **2** [EUA] CINEMA (edifício) cinema; sala de cinema; *movie theater* cinema; **3** [GB] MEDICINA sala de operações; *in ~* na sala de operações; *operating ~* sala de operações; **4** anfiteatro, sala de conferências; **5** [fig.] drama; teatro; teatralidade; *a sense of ~* teatralidade; **6** [fig.] (local de acontecimento) teatro; cena; palco; MILITAR (guerra) *~ of operations* teatro de operações, palco das operações, zona de combate; MILITAR *~ of war* teatro de guerra Ⓑ *adj.* MILITAR (armas) usado no teatro de operações ❖ *~ company* companhia teatral

theatregoer ['θɪətəgəʊə] *s.* espectador de teatro, frequentador de teatro ❖ *theatregoers* o público de teatro

theatregoing ['θɪətəgəʊɪŋ] Ⓐ *adj.* frequentador de teatro Ⓑ *s.* ida ao teatro ❖ *~ public* público do teatro

theatric [θɪ'ætrɪk] *adj.* [arc.] ⇒ **theatrical**

theatrical [θɪˈætrɪkəl] Ⓐ *adj.* **1** teatral; **2** cénico; adaptado ao teatro; relativo ao teatro; **3** [fig., depr.] dramático; teatral; afectado; aparatoso; vistoso Ⓑ *s.* TEATRO actor profissional ❖ *~ company* companhia teatral; *~ performance* representação teatral; *~ scenery* cenário de teatro; *a ~ family* uma família de actores; [EUA] *films for ~ release* filmes que vão fazer circuito comercial

theatricality [θɪˌætrɪˈkælɪtɪ] *s.* teatralidade

theatricalize [θɪˈætrɪkəlaɪz] *v.tr.* teatralizar

theatrically [θɪˈætrɪklɪ] *adv.* **1** teatralmente; **2** aparatosamente; **3** afectadamente

theatricals [θɪˈætrɪkəlz] *s.pl.* **1** teatro amador; **2** [coloq., fig.] cenas; espectáculo; *what were all those ~ about?* que cenas eram aquelas? ❖ *amateur/private ~* espectáculo de amadores

thebaic [ˈθiːbeɪɪk] *adj.* QUÍMICA tebaico; *~ extract* extracto tebaico

Thebaic [ˈθiːbeɪɪk] *adj.* tebaico; relativo à cidade de Tebas

thebaism [ˈθiːbeɪɪzəm] *s.* MEDICINA tebaísmo

Theban [ˈθiːbən] Ⓐ *adj.* tebano; relativo a Tebas Ⓑ *s.* tebano

Thebes [θiːbz] *s.top.* Tebas

theca [ˈθiːkə] *s.* BOTÂNICA teca

thee [ðiː] Ⓐ *pron.pess.* **1** [arc., poét.] te, ti; *get ~ gone* vai-te daqui; *I got ~ flowers to strew thy way* arranjei-te flores para juncar o teu caminho; **2** a ti; **3** (linguagem dos Quacres) tu; *~ goes* tu vais Ⓑ *v.tr.* tratar por tu; *to ~ and thou sb* tratar alguém por tu

theft [θeft] *s.* (crime) roubo; furto; *car ~* roubo de carros; *to commit a ~* praticar um roubo ❖ *~ prevention* prevenção de roubos

theic [ˈθiːɪk] *s.* MEDICINA indivíduo intoxicado pelo abuso do chá

theine [ˈθiːɪn] *s.* QUÍMICA teína

their [ðeə] *adj.poss.* **1** seu, sua, seus, suas; **2** dele, dela, deles, delas; *~ book* o livro deles; *~ books* os livros deles

theirs [ðeəz] *pron.poss.* **1** o seu, a sua, os seus, as suas; **2** deles, delas; *a friend of ~* um amigo deles; *some friends of ~* alguns amigos deles; *the book is mine, not ~* o livro é meu e não deles

theism [ˈθiːɪzəm] *s.* **1** FILOSOFIA teísmo; **2** MEDICINA teísmo, intoxicação pela teína

theist [ˈθiːɪst] *s.* FILOSOFIA teísta

theistically [θiːˈɪstɪklɪ] *adv.* de uma maneira teísta

thelitis [θɪˈlaɪtɪs] *s.* MEDICINA telite

them [ðəm] Ⓐ *pron.pess.* **1** os, as, a eles, a elas, lhes; *I didn't see ~* não os vi; **2** eles, elas; *every one of ~* todos, todos eles; *I shan't go with ~* não irei com eles; *it is ~* são eles; (dois) *neither of ~* nenhum deles; (vários) *none of ~* nenhum deles; *some of ~* alguns deles; *we are not so fortunate as ~* não temos tanta sorte como eles Ⓑ *adj.* **1** [dial.] esse; *I don't like ~ fellows* não gosto desses indivíduos; **2** aquele; *~ there sheep* aqueles carneiros ❖ *both of ~* ambos; [joc.] *them's my sentiments* eis o que eu penso

thematic [θɪˈmætɪk] *adj.* temático ❖ LINGUÍSTICA *~ vowel* vogal temática

thematically [θɪˈmætɪkəlɪ] *adv.* tematicamente

theme [θiːm] Ⓐ *s.* **1** (geral) tema, assunto; *a ~ for discussion* um tema para discussão; **2** LINGUÍSTICA, MÚSICA tema; **3** (escola) composição; dissertação; **4** característica fundamental Ⓑ *adj.* temático ❖ *~ park* parque temático; *~ song* canção do genérico; [fig.] *~ song* cantiga do costume

Themis [ˈθemɪs] *s.* MITOLOGIA Témis

themselves [ðəmˈselvz] *pron.refl.,enf.* **1** se; a si mesmos, a si mesmas; *they want it for ~* eles querem isso para si mesmos; **2** eles mesmos, elas mesmas; *they did it ~* eles mesmos fizeram isso; *they were not quite ~ yesterday* eles não pareciam os mesmos ontem ❖ *by ~* sozinhos

then [ðen] Ⓐ *adv.* **1** então; nessa altura, nessa ocasião; *if you don't want to study, what would you like to do then?* se não queres estudar, que gostarias então de fazer?; *I was ~ too much occupied* eu estava muito ocupado nessa altura; *~ he went away* então ele foi-se embora; **2** depois; *~ and not till ~* depois e não antes; **3** em seguida; **4** naquele tempo Ⓑ *conj.* **1** por conseguinte, por consequência, por isso, portanto; **2** nesse caso; *(but) ~ he should have written the letter* nesse caso ele deveria ter escrito a carta; *~ she had better do as she was told* nesse caso, era melhor ela proceder como lhe disseram; *if he wants to go, well then, let him go* se ele quiser ir, nesse caso, é deixá-lo ir Ⓒ *adj.* **1** existente nessa altura; **2** desse tempo; dessa época; de então; *the ~ secretary* o secretário de então Ⓓ *s.* **1** esse tempo, essa ocasião, essa altura; *before ~* antes desse tempo; *by ~* por essa altura; *(ever) since ~* desde essa altura; *from ~ onwards* a partir dessa altura; *until ~* até essa altura; **2** então ❖ *every now and ~* de quando em quando; *~ and there* sem mais demora

thenar [ˈθiːnə] *s.* ANATOMIA tenar ❖ (palma da mão) *~ eminence/~ prominence* saliência tenar

thence [ðens] *adv.* **1** daí; *from ~* daí, desse lugar; **2** por conseguinte; *it ~ appears that…* parece, por conseguinte, que…

thenceforth [ˌðensˈfɔːθ] *adv.* desde então, a partir daí, daí em diante

thenceforward [ˌðensˈfɔːwəd] *adv.* ⇒ **thenceforth**

theobroma [θɪəˈbrəʊmə] *s.* BOTÂNICA teobroma

theobromine [θɪəˈbrəʊmaɪn] *s.* QUÍMICA teobromina

theocracy [θɪˈɒkrəsɪ] *s.* (*pl.* -**ies**) teocracia

theocrat [ˈθɪəkræt] *s.* teocrata

theocratic [θɪəˈkrætɪk] *adj.* teocrático

theocratically [θɪəˈkrætɪklɪ] *adv.* teocraticamente

theocratist [θɪˈɒkrətɪst] *s.* teocratista

Theocritean [θɪɒkrɪˈtɪən] *adj.* relativo a Teócrito

theodicy [θɪˈɒdɪsɪ] *s.* FILOSOFIA teodiceia

theodolite [θɪˈɒdəlaɪt] *s.* teodolito

Theodora [θɪəˈdɔːrə] *s.antr.* Teodora

Theodore [ˈθɪədɔː] *s.antr.* Teodoro

Theodoric [θɪˈɒdərɪk] *s.antr.* Teodorico

Theodosian [θɪəˈdəʊsjən] *adj.* teodosiano

Theodosius [θɪəˈdəʊsjəs] *s.antr.* Teodósio

theogonic [θɪəˈɡɒnɪk] *adj.* teogónico

theogonist [θɪˈɒɡənɪst] *s.* teogonista

theogony [θɪˈɒɡənɪ] *s.* teogonia

theologal [θɪˈɒləɡəl] *adj.* teologal; *the three ~ virtues* as três virtudes teologais

theologian [θɪəˈləʊdʒən] *s.* teólogo

theological [θɪəˈlɒdʒɪkəl] *adj.* teológico ❖ *~ college* seminário; RELIGIÃO *the ~ virtues* as virtudes teologais

theologically [θɪəˈlɒdʒɪklɪ] *adv.* teologicamente

theologist [θɪˈɒlədʒɪst] *s.* teólogo

theologus [θɪˈɒləɡəs] *s.* teólogo

theology [θɪˈɒlədʒɪ] *s.* teologia

theomachy [θɪˈɒməkɪ] *s.* guerra dos deuses

theomorphic [θɪəˈmɔːfɪk] *adj.* teomorfo

theophany [θɪˈɒfənɪ] *s.* teofania

theophilanthropist [θɪəfɪˈlænθrəpɪst] *s.* teofilantropo

Theophilus [θɪˈɒfɪləs] *s.antr.* Teófilo

Theophrastian [θɪəˈfræstɪən] *adj.* relativo a Teofrasto

theorbo [θɪˈɔːbəʊ] *s.* MÚSICA tiorba

theorem [ˈθɪərəm] *s.* teorema

theoretic [θɪəˈretɪk] *adj.* teórico, teorético

theoretical [θɪəˈretɪkəl] *adj.* **1** teórico; *~ power* força teórica; *~ value* valor teórico; *~ horse power* potência teórica em cavalos; **2** especulativo ❖ *~ chemistry* química pura; *~ mechanics* mecânica racional; FÍSICA *~ physics* física teórica; FÍSICA *~ physicist* especialista em física teórica

theoretically [θɪəˈretɪklɪ] *adv.* teoricamente

theoretician [θɪərɪˈtɪʃən] *s.* teórico, teorizador

theoretics [θɪəˈretɪks] *s.* teoria; *~ and practice* teoria e prática

theoria [θɪˈɒrɪə] *s.* [rar.] teoria, desfile, procissão solene

theoric [θɪˈɒrɪk] *adj.* [arc.] teórico, destinado aos espectáculos públicos ❖ *~ fund* fundos públicos destinados a conceder aos cidadãos pobres a possibilidade de assistirem aos espectáculos ou às festas

theorician [θɪəˈrɪʃən] *s.* [rar.] ⇒ **theorist**

theorist [ˈθɪərɪst] *s.* teórico, teorizador

theorize [ˈθɪəraɪz] *v.tr.,intr.* teorizar

theorizer [ˈθɪəraɪzə] *s.* teorizador

theorizing [ˈθɪəraɪzɪŋ] *s.* teorização, especulação

theory [ˈθɪərɪ] *s.* (*pl.* -**ies**) **1** teoria; *that is excellent in ~ but not in practice* isso é esplêndido em teoria, mas não na prática; **2** especulação; suposição; **3** opinião; **4** (ciência) princípios gerais ❖ MATEMÁTICA *~ of chances* teoria das probabilidades; BIOLOGIA *Darwin's ~ of evolution* teoria da evolução das espécies de Darwin

theosophical [θɪəˈsɒfɪkəl] *adj.* teosófico
theosophically [θɪəˈsɒfɪklɪ] *adv.* teosoficamente
theosophist [θɪˈɒsəfɪst] *s.* teósofo
theosophy [θɪˈɒsəfɪ] *s.* teosofia
Therapeutae [ˌθerəˈpjuːtiː] *s.pl.* RELIGIÃO terapeutas, monges judeus provavelmente ligados à seita dos Essénios
therapeutic [ˌθerəˈpjuːtɪk] *adj.* **1** terapêutico; **2** [coloq.] que faz bem
therapeutical [ˌθerəˈpjuːtɪkəl] *adj.* ⇒ **therapeutic**
therapeutically [ˌθerəˈpjuːtɪklɪ] *adv.* terapeuticamente
therapeutics [ˌθerəˈpjuːtɪks] *s.* terapêutica
therapist [ˈθerəpɪst] *s.* **1** terapeuta; **2** PSICOLOGIA psicoterapeuta, psiquiatra
therapy [ˈθerəpɪ] *s.* terapia ❖ PSICOLOGIA *group ~* terapia de grupo; [fig.] *it's good ~* faz muito bem; PSICOLOGIA *to be in ~* estar a tratar-se com um psiquiatra
there [ðeə] ⒶⓐⒶ *adv.* **1** ali; lá; *go there!* vai lá!; *look ~* olhe para ali; *put it ~* ponha isso ali; *~ she comes* lá vem ela; *there's the bell ringing* lá está a campainha a tocar; *to get ~* chegar lá, ser bem sucedido*coloq.*; **2** naquele lugar; *~ and then* naquele lugar e naquela altura; *then and ~* naquela altura e naquele lugar; **3** acolá; além; **4** aí; *who is there?* quem está aí?; *there's the difficulty* aí é que está a dificuldade ⒷⓑⒷ *s.* lá, esse lugar; *near ~* perto desse lugar; *she came from ~* ela veio de lá; *she left ~ last Monday* ela saiu de lá na última segunda-feira; *the tide comes up to ~* a maré chega até lá ⒸⓒⒸ *interj.* **1** (triunfo, confirmação) aí tem!; ora toma!; **2** (aborrecimento, consternação) então?; (para reconfortar alguém) *there, there!* então, então; **3** atenção! ❖ *~ to be* haver; *fifty miles ~ and back* cinquenta milhas ida e volta; *here and ~* em vários lugares; *he is not all ~* ele não regula bem; *I've been ~ before* já passei por isso; *to be all ~* ser ajuizado; ser atilado; ser esperto; *there's gratitude for you* eis a recompensa; *will ~ ever come such a day?* quando chegará esse dia?
thereabout [ˌðeərəˈbaʊt] *adv.* [EUA] ⇒ **thereabouts**
thereabouts [ˌðeərəˈbaʊts] *adv.* **1** por aí; por ali; *in Cambridge or ~* em Cambridge ou por ali perto; *somewhere ~* em qualquer parte por ali; **2** aproximadamente; cerca de; mais ou menos; *three gallons or ~* três galões mais ou menos
thereafter [ˌðeərˈɑːftə] *adv.* **1** depois disso; **2** consequentemente, por conseguinte; **3** subsequentemente
thereanent [ˌðeərəˈnent] *adv.* [Esc.] acerca disso, sobre esse assunto
thereat [ˌðeəˈræt] *adv.* **1** [arc.] por causa disso, por esse motivo, com isso; **2** nesse lugar; **3** depois disso; **4** nessa altura
thereby [ˌðeəˈbaɪ] *adv.* **1** desse modo, por esse meio; **2** com isso; **3** a esse respeito; *~ hangs a tale* a esse respeito conta-se uma história
therefor [ˌðeəˈfɔː] *adv.* [arc.] para esse fim
therefore [ˈðeəfɔː] *adv.,conj.* por conseguinte; por isso; portanto; logo; *I think, ~ I am* penso, logo existo
therefrom [ˌðeəˈfrɒm] *adv.* [arc.] daí; *it follows ~ that...* segue-se daí que...
therein [ˌðeərˈɪn] *adv.* **1** ali; lá; aí; *~ lies the problem* aí é que está o problema; **2** nisso; nisto; **3** dentro ❖ *problems ~* problemas afins, relacionados
thereinafter [ˌðeərɪnˈɑːftə] *adv.* (em documentos) DIREITO mais adiante, mais abaixo
thereinbefore [ˌðeərɪnbɪˈfɔː] *adv.* DIREITO (em documentos) mais atrás, mais acima
thereinto [ˌðeərˈɪntu] *adv.* [arc.] para dentro desse lugar
thereinunder [ˌðeərɪnˈʌndə] *adv.* DIREITO mais adiante
thereof [ˌðeərˈɒv] *adv.* [arc.] daí, disso, daquilo; dali
thereon [ˌðeərˈɒn] *adv.* **1** [form.] em cima; **2** [arc.] sobre isso, em cima disso; **3** [arc.] nisso; **4** [arc.] após isso, depois disso; *~ hangs his fate* disso depende o seu destino
thereout [ˌðeərˈaʊt] *adv.* [arc.] daí; desse lugar; daquela origem
Theresa [tɪˈriːzə] *s.antr.* Teresa
therethrough [ˌðeəˈθruː] *adv.* [arc.] através disso
thereto [ˌðeəˈtuː] *adv.* **1** [form.] a isso, para isso, nisso; **2** além disso, outrossim
theretofore [ˌðeətuˈfɔː] *adv.* **1** [arc.] até então; **2** anteriormente
thereunder [ˌðeərˈʌndə] *adv.* [arc.] abaixo disso, abaixo

thereunto [ˌðeərʌnˈtuː, ˌðeərˈʌntuː] *adv.* **1** [arc.] para isso; **2** para aí
thereupon [ˌðeərəˈpɒn] *adv.* **1** em consequência disso, por isso; **2** logo a seguir; **3** após o que; **4** sobre isso, acerca disso
therewith [ˌðeəˈwɪθ] *adv.* **1** [arc.] com isso; **2** após o que
therewithal [ˌðəwɪˈðɔːl] *adv.* além disso
theriac [ˈθɪərɪæk] *adj.* MEDICINA [ant.] teriaga, teriaca
theriacal [θɪˈraɪəkəl] *adj.* MEDICINA teriacal
therm [θɜːm] *s.* pequena caloria; unidade calorífica usada no fornecimento do gás de iluminação (= 100 000 British Thermal Units, ou seja 25.200 grandes calorias)
thermae [ˈθɜːmiː] *s.pl.* termas (na antiga Roma)
thermaesthesia [ˌθɜːmɪsˈθiːzɪə, ˌθɜːmɪsˈθiːʒə] *s.* termoestesia
thermal [ˈθɜːməl] Ⓐ *adj.* **1** térmico; calorífico; *~ energy* energia térmica; **2** VESTUÁRIO térmico; *~ underwear* roupa interior térmica; **3** termal; *~ waters* águas termais Ⓑ *s.* **1** (meteorologia) corrente de ar quente ascendente; **2** *pl.* [GB] [coloq.] roupa interior térmica ❖ *~ barrier* barreira térmica; *~ baths* termas; banhos termais; *~ conductivity* condutividade térmica; *~ efficiency* rendimento térmico; *~ insulation* isolamento térmico; *~ pollution* poluição térmica; *~ power* potência térmica; *~ reactor* reactor térmico; *~ shock* choque térmico; *~ treatment* tratamento térmico; *British ~ unit* unidade térmica britânica
thermals [ˈθɜːməlz] *s.pl.* correntes aéreas ascendentes
thermanaesthesia [ˌθɜːmænɪsˈθiːzɪə, ˌθɜːmænɪsˈθiːʒə] *s.* MEDICINA termoanestesia
thermantidote [θɜːˈmæntɪdəʊt] *s.* ventilador-refrigerador
thermic [ˈθɜːmɪk] *adj.* térmico; *~ bottle* garrafa térmica; *~ capacity* capacidade térmica; *~ equivalent* equivalente térmico ❖ FÍSICA *~ balance* bolómetro; (lâmpada de incandescência) *~ inertia* inércia calorífica
Thermidorian [ˌθɜːmɪˈdɔːrɪən] Ⓐ *adj.* HISTÓRIA termidoriano; relativo ao 9 do Termidor (na Revolução Francesa, 27 de Julho de 1794) Ⓑ *s.* HISTÓRIA termidoriano, indivíduo que tomou parte nos acontecimentos do 9 do Termidor
thermion [ˈθɜːmɪən] *s.* FÍSICA termião
thermionic [ˌθɜːmɪˈɒnɪk] *adj.* termiónico ❖ (electrónica) *~ current* corrente termiónica; ELECTRICIDADE *~ emission* emissão termiónica; (electrónica) *~ rectifier* válvula rectificadora; (electrónica) *~ valve* válvula electrónica
thermistor [θɜːˈmɪstə] *s.* ELECTRICIDADE termístor
thermit [ˈθɜːmɪt] *s.* termite, mistura de óxido metálico e alumínio em pó
thermite [ˈθɜːmaɪt] *s.* ⇒ **thermit**
thermo-anaesthesia [ˌθɜːməʊænɪsˈθiːzɪə, ˌθɜːməʊænɪsˈθiːʒə] *s.* MEDICINA termoanestesia
thermobarometer [ˌθɜːməʊbəˈrɒmɪtə] *s.* termobarómetro
thermocautery [ˌθɜːməʊˈkɔːtərɪ] *s.* termocautério
thermochemical [ˌθɜːməʊˈkemɪkəl] *adj.* termoquímico
thermochemistry [ˌθɜːməʊˈkemɪstrɪ] *s.* termoquímica
thermochrosy [ˈθɜːməkrəʊsɪ, θəˈmɒkrəsɪ] *s.* termocrose
thermocouple [ˈθɜːməʊkʌpl] *s.* par termoeléctrico
thermodynamic [ˌθɜːməʊdaɪˈnæmɪk] *adj.* termodinâmico ❖ FÍSICA *~ equation* equação termodinâmica; FÍSICA *~ temperature* temperatura termodinâmica
thermodynamics [ˌθɜːməʊdaɪˈnæmɪks] *s.* termodinâmica
thermoelectric [ˌθɜːməʊɪˈlektrɪk] *adj.* termoeléctrico ❖ *~ action* acção termoeléctrica; *~ detector* detector termoeléctrico; *~ pile* pilha termoeléctrica
thermoelectrical [ˌθɜːməʊɪˈlektrɪkəl] *adj.* ⇒ **thermoelectric**
thermoelectricity [ˌθɜːməʊɪlekˈtrɪsɪtɪ] *s.* termoelectricidade
thermoelectrometer [ˌθɜːməʊɪlekˈtrɒmɪtə] *s.* electrómetro térmico
thermoelement [ˌθɜːməʊˈelɪmənt] *s.* elemento termoeléctrico
thermogene [ˈθɜːmədʒiːn] *adj.,s.* termogéneo
thermogenesis [ˌθɜːməʊˈdʒenɪsɪs] *s.* termogénese, termogenia
thermogenetic [ˌθɜːməʊdʒɪˈnetɪk] *adj.* termogenético
thermogenic [ˌθɜːməʊˈdʒenɪk] *adj.* termogénico
thermogenous [θəˈmɒdʒənəs] *adj.* termogeno
thermograph [ˈθɜːməɡrɑːf] *s.* FÍSICA termógrafo
thermography [θəˈmɒɡrəfɪ] *s.* FÍSICA termografia
thermolabile [ˌθɜːməʊˈleɪbaɪl] *adj.* termolábil
thermologic [ˌθɜːməˈlɒdʒɪk] *adj.* termológico

thermological [θɜːməˈlɒdʒɪkəl] *adj.* ⇒ **thermologic**
thermology [θəˈmɒlədʒɪ] *s.* FÍSICA termologia
thermolysis [θəˈmɒlɪsɪs] *s.* QUÍMICA termólise
thermomagnetic [ˌθɜːməʊmæɡˈnetɪk] *adj.* termomagnético
thermomagnetism [ˌθɜːməʊˈmæɡnətɪzəm] *s.* FÍSICA termomagnetismo
thermometer [θəˈmɒmɪtə] *s.* termómetro; *alcohol ~* termómetro de álcool; *centigrade ~* termómetro centígrado; *clinical ~* termómetro clínico; *Fahrenheit ~* termómetro Fahrenheit; *maximum and minimum ~* termómetro de máximas e de mínimas; *mercury ~* termómetro de mercúrio
thermometric [ˌθɜːməʊˈmetrɪk] *adj.* termométrico ❖ *~ glass* vidro para termómetros; *~ scale* escala termométrica
thermometrical [ˌθɜːməʊˈmetrɪkəl] *adj.* ⇒ **thermometric**
thermometrograph [ˌθɜːməʊˈmetrəʊɡræf] *s.* FÍSICA termometrógrafo, termógrafo
thermometry [θəˈmɒmətrɪ] *s.* FÍSICA termometria
thermo-motive [ˌθɜːməʊˈməʊtɪv] *adj.* a ar quente
thermo-motor [ˌθɜːməʊˈməʊtə] *s.* motor a ar quente
thermonuclear [ˌθɜːməʊˈnjuːklɪə] *adj.* termonuclear
thermopile [ˈθɜːməʊpaɪl] *s.* pilha termoeléctrica
Thermopylae [θəˈmɒpɪliː] *s.top.* Termópilas
thermoregulator [ˌθɜːməʊˈreɡjʊleɪtə] *s.* termorregulador
thermos [ˈθɜːməs] *s.* termo ❖ [EUA] *~ bottle* garrafa-termo; *~ flask* garrafa-termo
thermoscope [ˈθɜːməskəʊp] *s.* FÍSICA termoscópio
thermoscopic [ˌθɜːməʊˈskɒpɪk] *adj.* termoscópico
thermoscopical [ˌθɜːməʊˈskɒpɪkəl] *adj.* termoscópico
thermo-siphon [ˌθɜːməʊˈsaɪfən] *s.* termossifão
thermosphere [ˈθɜːməsfɪə] *s.* termosfera
thermostable [ˌθɜːməʊˈsteɪbəl] *adj.* termostável
thermostat [ˈθɜːməstæt] *s.* termóstato
thermostatic [ˌθɜːməˈstætɪk] *adj.* termostático
thermostatics [ˌθɜːməˈstætɪks] *s.* termostática
thermotherapy [ˌθɜːməʊˈθerəpɪ] *s.* MEDICINA termoterapia
thermotropic [ˌθɜːməʊˈtrɒpɪk] *adj.* BIOLOGIA termotrópico
thermotropism [θəˈmɒtrəpɪzəm] *s.* BIOLOGIA termotropismo
theroid [ˈθɪərɔɪd] *adj.* teróide
therology [θəˈrɒlədʒɪ] *s.* mamalogia, mamologia, mastozoologia
Thersites [θɜːˈsaɪtiːz] *s.* MITOLOGIA Tersites
thesaurus [θɪˈsɔːrəs] *s.* (*pl.* -i) 1 dicionário de sinónimos; 2 léxico
these [ðiːz] *pl. de* **this**
Theseus [ˈθiːsjuːs] *s.* MITOLOGIA Teseu
thesis [ˈθiːsɪs] *s.* (*pl.* **theses**) 1 tese; *to uphold a ~* sustentar uma tese; 2 dissertação, ensaio; 3 assunto, tema; 4 FILOSOFIA (hegelianismo) tese, primeiro estádio do processo dialéctico; 5 (versificação greco-latina) sílaba breve; 6 MÚSICA compasso acentuado
thespian [ˈθespɪən] *s.* actor, actriz
Thespian [ˈθespɪən] *adj.* 1 relativo ao teatro; teatral; dramático; 2 (poeta dramático grego) tespiano; relativo a Téspis ❖ *the ~ art* a arte dramática; o drama
Thess. (Bíblia) [*abrev. de* Thessalonians]
Thessalian [θeˈseɪlɪən] Ⓐ *adj.* tessaliano; relativo à Tessália Ⓑ *s.* tessaliano
Thessalonian [ˌθesəˈləʊnɪən] Ⓐ *adj.* tessalonicense; relativo à Tessalónica Ⓑ *s.* tessalonicence
Thessalonica [ˌθesəˈlɒnɪkə] *s.top.* Tessalónica
Thessaly [ˈθesəlɪ] *s.top.* Tessália
theta [ˈθiːtə] *s.* teta, nome da oitava letra do alfabeto grego
Thetis [ˈθetɪs] *s.* MITOLOGIA Tétis
theurgic [θɪˈɜːdʒɪk] *adj.* teúrgico
theurgical [θɪˈɜːdʒɪkəl] *adj.* teúrgico
theurgist [ˈθɪːɜːdʒɪst] *s.* teúrgo, teurgista
theurgy [ˈθɪːɜːdʒɪ] *s.* teurgia
thews [θjuːz] *s.pl.* 1 tendões, músculos; 2 [fig.] vigor mental ou moral
they [ðeɪ] *pron.pess.* 1 eles, elas; *if I were ~* se eu fosse eles, se eu estivesse no lugar deles; *~ alone can explain it* só eles podem explicar isso; 2 aqueles, aquelas; *~ who* aqueles que; 3 os, as ❖ *~ say that...* dizem que...; diz-se que...
they'd [ðeɪd] Ⓐ *contr. de* **they would** Ⓑ *contr. de* **they had**
they'll [ðeɪl] *contr. de* **they will**
they're [ðeɪə] *contr. de* **they are**
thiamide [ˈθaɪəmaɪd] *s.* QUÍMICA tiamida
thiamine [ˈθaɪəmɪn] *s.* BIOQUÍMICA tiamina
Thibetan [tɪˈbetən] Ⓐ *adj.* tibetano; relativo ao Tibete Ⓑ *s.* tibetano
thick [θɪk] Ⓐ *s.* 1 grosso; largo; volumoso; *a ~ coat* um casaco grosso; *~ glasses* óculos grossos; *~ plate* chapa grossa; *a ~ cable* um cabo grosso; 2 denso; espesso; compacto; cerrado; basto; carregado; *~ beard* barba espessa; *~ fog* nevoeiro cerrado; *the crowd grew thicker* a multidão tornou-se mais compacta; *the weather is still ~* o tempo ainda está carregado; 3 com a grossura de; com a espessura de; *10cm ~* com a grossura de 10 cm; *three inches ~* com a espessura de três polegadas; *how ~ is it?* que espessura tem?; 4 (líquido) grosso; espesso; consistente; *~ soup* sopa grossa; *~ oil* óleo espesso; *that's a bit too ~* isso é um pouco espesso de mais; 5 profundo; 6 [coloq.] tapado, estúpido, burro, bronco, de espírito obtuso; *(as) ~ as two short planks* muito tapado; 7 cheio [**with**, de]; carregado [**with**, de]; apinhado [**with**, de]; *the table was ~ with flies* a mesa estava cheia de moscas; 8 íntimo, familiar, chegado; *(as) ~ as thieves* muito íntimos; unha com carne; *to be ~ with sb* ter relações de amizade com alguém, dar-se muito com alguém; 9 numeroso, abundante, copioso; 10 (sotaque) cerrado, carregado; 11 (voz) rouco, enrouquecido; pouco claro, pouco perceptível; pastoso; 12 lodoso, turvo; *~ water* água turva Ⓑ *adv.* 1 espessamente, de forma espessa; de forma grossa; em grossa camada, em camada espessa; *to spread the butter ~* espalhar manteiga numa camada espessa, espalhar muita manteiga; *the snow lies ~ on the ground* há uma grande espessura de neve no solo, a neve estende-se espessamente no solo; 2 cerradamente; densamente, compactamente; 3 abundantemente, copiosamente Ⓒ *s.* 1 a parte mais grossa; a parte mais espessa; 2 a parte mais agitada, a parte mais movimentada; centro, ponto principal; *the ~ of the fight* o ponto mais vivo do combate; *to be in the ~ of one's work* estar em pleno trabalho ❖ TIPOGRAFIA *~ type* tipo cheio; *~ and fast* rapidamente e em grande quantidade; [GB] [ant.] *a bit ~* injusto; insensato; *through ~ and thin* nos bons e maus momentos; para o que der e vier; para o bem e para o mal; [GB] *to be ~ on the ground* ser muito numeroso; existir em abundância; [GB] [coloq.] *to give sb/to get a ~ ear* dar a alguém/apanhar uma palmada na cabeça; dar a alguém/apanhar um sopapo; *to have a ~ head of hair* ter muito cabelo; ter uma cabeleira farta; *to have a ~ skin* ser insensível; não se deixar influenciar; ter uma carapaça; [coloq.] *to lay it on (a bit) ~* exagerar (um bocado) nos elogios
◆**thick out** [ˈθɪkaʊt] *v.tr.* 1 reduzir em número; 2 [fig.] descongestionar; 3 mondar, desbastar
thicken [ˈθɪkən] *v.tr.,intr.* 1 engrossar; espessar; 2 condensar; 3 escurecer; 4 [fig.] complicar-se; *the plot thickens* as coisas complicam-se
thickener [ˈθɪkənə] *s.* espessante
thickening [ˈθɪkənɪŋ, ˈθɪknɪŋ] *s.* 1 engrossamento; 2 espessamento; 3 complicação; 4 CULINÁRIA espessante
thicket [ˈθɪkɪt] *s.* mata, matagal, bosque cerrado
thickhead [ˈθɪkˌhed] *s.* estúpido
thickheaded [ˌθɪkˈhedɪd] *adj.* [coloq.] tapado, estúpido, bronco
thickish [ˈθɪkɪʃ] *adj.* 1 um tanto grosso ou espesso; 2 um tanto cerrado ou denso
thick-lipped [ˌθɪkˈlɪpt] *adj.* 1 de lábios grossos; 2 de lábios carnudos ❖ ZOOLOGIA (peixe) *~ grey mullet* mugem; negrão; corvéu
thickly [ˈθɪklɪ] *adv.* 1 densamente; 2 espessamente, grossamente; em camada espessa; 3 com voz pastosa
thickness [ˈθɪknɪs] *s.* 1 espessura, grossura; *~ of insulation* espessura do isolamento; *~ of pipe* espessura da parede de um tubo; *~ of sheet metal* espessura da chapa metálica; *three feet in ~* três pés de espessura; 2 abundância, grande quantidade; 3 (floresta, nevoeiro) densidade; 4 camada; *~ of belting* camada de uma correia ❖ *~ microscope* microscópio de espessura; *~ gauge* verificador de folgas
thickset [ˌθɪkˈset] *adj.* 1 cerrado, basto; 2 espesso, abundante; 3 atarracado

thick-skinned [ˈθɪkˌskɪnd] *adj.* 1 de pele espessa; 2 (fruto) de casca grossa; 3 (fig.) (pessoa) pouco susceptível; pouco sensível; duro

thick-skulled [ˈθɪkˌskʌlt] *adj.* [cal.] estúpido, obtuso, tapado

thief [θiːf] *s.* (*pl.* **thieves**) 1 ladrão; *car ~* ladrão de automóveis; *stop thief!* agarra que é ladrão!; 2 [rar.] (vela) excrescência no morrão ❖ *it takes a ~ to catch a ~* para vilão, vilão e meio; para ladrão, ladrão e meio; *like a ~ in the night* como um ladrão, de noite; sem avisar; pela calada

thieve [θiːv] *v.tr.,intr.* roubar, furtar

thievery [ˈθiːvəri] *adj.* (*pl.* **-ies**) 1 roubo, furto; 2 gatunagem; 3 ladroagem

thieving [ˈθiːvɪŋ] Ⓐ *adj.* que rouba ou furta Ⓑ *s.* roubo, furto

thievish [ˈθiːvɪʃ] *adj.* 1 rapace, com inclinação para roubar; 2 desonesto; 3 gatuno ❖ *to be as ~ as a magpie* roubar como uma pega

thievishly [ˈθiːvɪʃlɪ] *adv.* como um ladrão

thievishness [ˈθiːvɪʃnɪs] *s.* rapacidade, tendência para o roubo

thigh [θaɪ] *s.* ANATOMIA coxa

thighbone [ˈθaɪbəʊn] *s.* ANATOMIA fémur

thill [θɪl] *s.* 1 varal de carro; 2 lança, timão

thiller [ˈθɪlə] *s.* cavalo atrelado aos varais

thimble [ˈθɪmbəl] *s.* 1 (costura) dedal; 2 MECÂNICA casquilho; 3 NÁUTICA sapatilho; 4 obturador; 5 terminal de cabo ❖ [ant.] (castigo) *~ pie* pancada aplicada na cabeça com um dedal; [arc., joc.] *knight of the ~* alfaiate

thimbleful [ˈθɪmbəlfʊl] *s.* [coloq.] quantidade muito pequena, tanto como o conteúdo dum dedal

thimblerigger [ˈθɪmbəlrɪgə] *s.* 1 jogador da bolinha; 2 burlão, vigarista, escroque

thimblerigging [ˈθɪmbəlrɪgɪŋ] *s.* 1 acto de jogar a bolinha; 2 vigarice, burla, trapacice

thin [θɪn] Ⓐ *adj.* 1 (espessura) fino; delgado; pouco grosso, pouco espesso; *~ board* prancha fina; *~ wire* arame fino; *a ~ layer* uma camada fina, uma película; *a ~ trickle of water* um fiozinho de água; 2 (aspecto) magro; franzino; esguio; *to become/grow thinner* ficar mais magro, emagrecer; *a ~ pale face* um rosto magro e pálido; *as ~ as a rake/stick* magro como um pau de virar tripas; magro como um espeto; 3 ralo, raro; *his hair is getting ~* o cabelo está-lhe a ficar raro; 4 pouco abundante, escasso; *~ crop* colheita escassa; *~ population* população escassa, população esparsa; 5 (líquido) aguado, diluído; fluido; *~ oil* óleo fluido; 6 rarefeito; *~ air* ar rarefeito; 7 pouco cerrado, pouco denso; transparente; 8 sem substância, pouco consistente, pouco sólido; *~ argument* argumento pouco sólido; 9 pobre; fraco; pouco convincente; improvável, pouco verosímil; *~ excuse* fraca desculpa; *~ imagination* imaginação pobre; *~ story* história pouco interessante, explicação pouco convincente; 10 ténue; delicado; fraco; ELECTRICIDADE *~ spark* faísca fraca; 11 curto; *by a ~ margin* por uma curta margem; 12 (cor) pálido, esbatido; 13 pouco cheio; TEATRO *~ house* casa fraca, casa com pouco público Ⓑ *adv.* 1 de forma fina; numa camada fina; 2 levemente; 3 fracamente; tenuemente; 4 esparsamente Ⓒ *v.tr.,intr.* (*particípios*: **-nn-**) 1 adelgaçar, pôr mais fino; 2 emagrecer; 3 escassear; rarear; diminuir em número; 4 reduzir; *the wars thinned the population* as guerras reduziram a população; 5 desbastar, mondar; 6 dispersar(-se); *they had to wait till the fog thinned* tiveram de esperar até que o nevoeiro abrisse; 7 (líquido) diluir, tornar menos grosso; 8 rarear; enfraquecer; *his hair is thinning* o cabelo dele está a rarear; 9 rarefazer(-se) ❖ *a ~ line (between... and...)* uma distinção muito ténue (entre... e...); uma diferença muito pequena (entre... e...); *my patience is wearing thin!* a minha paciência está a esgotar-se!; *out of ~ air* do nada; do vazio; [GB] *the ~ end of the wedge* o início de uma desgraça; [coloq.] *to be/go ~ on top* estar/ficar careca; *to be ~ on the ground* ser pouco numeroso; existir em pouca quantidade; *to be (walking/skating/treading) on ~ ice* estar numa situação muito delicada; arriscar muito; pisar terreno escorregadio; [GB] *to have a ~ time (of it)* passar um mau bocado; passar dificuldades; *to spread oneself too ~* desdobrar-se em demasiadas actividades, dando pouca atenção a cada uma; *to vanish/disappear into ~ air* desaparecer sem deixar rasto; esfumar-se; *to wear ~* deixar de ter graça; deixar de fazer efeito; esgotar-se

◆**thin down** Ⓐ *v.tr.* (líquido) diluir, tornar menos grosso; *to ~ a sauce* diluir um molho Ⓑ *v.intr.* [coloq.] emagrecer

◆**thin out** Ⓐ *v.intr.* 1 escassear; rarear; diminuir em número; 2 (nevoeiro) dissipar-se Ⓑ *v.tr.* 1 reduzir; 2 (planta) desbastar; podar; mondar

thine [ðaɪn] *pron.poss.* [arc., poét.] [empregado em vez de *thy* antes de som vocálico] teu, tua, teus, tuas; *~ eyes* os teus olhos; *a friend of ~* um amigo teu; *is this thine?* isto é teu?

thing [θɪŋ] *s.* 1 coisa; 2 (pessoa, animal) criatura; coisinha; *poor thing!* pobre criatura!, coitadinho!; 3 objectivo; 4 aspecto a ter em conta; problema; *the ~ about... is that...* o problema de... é que..., o que se passa com... é que...; 5 [coloq.] aversão [**against**, por]; grande antipatia [**against**, por]; 6 [coloq.] paixão [**for**, por]; maluqueira [**for**, por]; 7 [coloq.] moda; tendência; *the latest ~ in shoes* a última moda em sapatos; 8 [coloq.] coisa que agrade; interesse; *that's not my ~* não é coisa que me agrade, não é coisa para mim; 9 coisa ideal; aquilo que é necessário; aquilo que mais convém; aquilo que mais importa fazer; o que interessa; *that would be the very ~ for me* era precisamente isso que me convinha; *just the ~/the very ~* exactamente isso que é preciso; precisamente o que faz falta; 10 *pl.* (situação) as coisas; as circunstâncias; os acontecimentos; *as things are* no estado actual das coisas; *how are things?* como vão as coisas?; 11 *pl.* coisas; pertences; *to pack one's things* meter as coisas na mala, fazer as malas; 12 *pl.* material; equipamento; ferramentas; apetrechos, utensílios ❖ DIREITO *things personal/real* bens mobiliários/imobiliários; *above all things* acima de tudo; *all (other) things being equal* se tudo correr como até agora; se as circunstâncias não se alterarem; *all things considered* no final de contas; *among other things* entre outras coisas; *and another ~* e mais uma coisa; *and things* e coisas do género; *a ~ or two* umas coisas; uma coisa ou outra; *for one ~* por um lado; para começar; *he doesn't know the first ~ about* ele não percebe nada de; [coloq.] (lamentar) *if it's not one ~ it's another!* se não é uma coisa é outra!; [coloq.] *it's a good ~ (that)* ainda bem que; [coloq.] *it's just one of those things* são coisas que acontecem; *neither one ~ nor the other* nem uma coisa nem outra; *not a ~* nada; *there is no such ~ as...* não existe(m)...; *the next ~ I know/knew* quando me dou/dei conta; de repente; [coloq.] *the ~ is...* o ponto principal é este...; o problema é que...; o que se passa é que...; *to be all things to all men/people* tentar agradar a gregos e a troianos; *to be on to a good ~* estar numa situação vantajosa; *to do one's own ~* fazer o que apetecer; fazer o que se quer; *to do things to sb* ter um grande efeito em alguém; [coloq.] *to make a big ~ (out) of/about sth* fazer um bicho-de-sete-cabeças de; dar demasiada importância a algo; [GB] [coloq.] *what with one ~ and another* com tanta coisa que fazer; com tanta coisa em que pensar

thingamy [ˈθɪŋəmɪ] *s.* 1 fulano, fulano-de-tal; 2 coiso, coisa (palavra empregada para designar pessoa ou coisa cujo nome não nos ocorre)

thing-in-itself [ˌθɪŋɪnɪtˈself] *s.* (*pl.* **things-in-themselves**) FILOSOFIA coisa-em-si

thingumajig [ˈθɪŋəmɪdʒɪg] *s.* ⇒ **thingamy**

thingumbob [ˈθɪŋəmbɒb] *s.* ⇒ **thingamy**

thingummy [ˈθɪŋəmɪ] *s.* ⇒ **thingamy**

thingy [ˈθɪŋɪ] *s.* [coloq.] (objecto de cujo nome não nos conseguimos lembrar) coiso$_{coloq.}$; geringonça$_{coloq.}$

think [θɪŋk] Ⓐ *v.tr.,intr.* (*prt. e part. pass.* **thought**) 1 pensar [**about/of**, sobre/em]; reflectir [**about/of**, sobre/em]; meditar [**about/of**, sobre/em]; *~ twice before doing it* pense duas vezes antes de fazer isso; *to act without thinking* agir sem pensar; *I think, therefore I am* penso, logo existo; 2 (opinião) pensar [**about/of**, acerca de/de]; achar [**about/of**, de]; julgar; ser de opinião; crer, acreditar; 3 pensar; imaginar; compreender; conceber; *I can't ~ where she is* não posso imaginar onde ela esteja; 4 julgar; considerar; supor; *he thinks himself a hero* ele julga-se um herói; *to ~ sth unlawful* considerar algo ilegal, considerar algo ilícito; 5 recordar, lembrar, recordar-se de, lembrar-se de; *I can't ~ of her name at the moment* não consigo lembrar-me do seu nome neste momento; *I couldn't ~ where I'd seen her* não me conseguia lembrar de onde a tinha visto; 6 pensar;

fazer tenção de; tencionar; planear; *I thought I'd make you a surprise* pensei fazer-te uma surpresa, tencionava fazer-te uma surpresa; **7** estar à espera de; prever; admitir a hipótese de; *he little thought to see her again* ele não contava vê-la outra vez; **8** concentrar todos os pensamentos em; só pensar em; pensar em termos de; **9** [lit.] tentar Ⓑ *s.* pensamento; reflexão; algum tempo a pensar; *a quiet ~ reflexão ponderada; to have a ~ about* pensar em (algo) durante algum tempo ❖ *~ tank* junta consultiva; equipa de especialistas; *anyone would ~ (that)* dir-se-ia que; até parece que; *come to ~ of it* pensando bem; agora que penso nisso; agora que me lembro; *do as you ~ best* faz como achares melhor; faz como preferires; *I don't know what I was thinking* não sei onde é que tinha a cabeça; *I don't ~ so* penso que não; acho que não; julgo que não; não me parece; [coloq.] *if you ~... you have got another ~ coming* se achas que... podes tirar o cavalo da chuva; *I should hardly ~ so* parece-me pouco provável; não me parece muito provável; *I should ~ so (too)!* também me parece!; acho muito bem!; *I should ~ not!* também me parecia que não!; acho bem que não!; *I ~ not* não creio; creio que não; não me parece; *I ~ so* penso que sim; acho que sim; julgo que sim; *I thought as much* bem me parecia; foi o que eu pensava; (pedido de desculpas) *I wasn't thinking* eu não estava a raciocinar direito; *I would think/should think/would have thought/should have thought* eu diria (que); parece-me (que); *just ~* pensa só; imagina só; *let me ~* deixa-me pensar; *that's what you ~* isso é o que tu pensas; isso é o que tu achas; isso é o que tu julgas; *to ~ again* pensar melhor; repensar; *to ~ aloud/out loud* pensar alto; pensar em voz alta; *to ~ big* pensar em grande; *to ~ fit* julgar conveniente; achar adequado; *to ~ for oneself* pensar por si; pensar pela própria cabeça; *to ~ long and hard* reflectir bem; pensar e repensar; *to ~ on one's feet* ter capacidade de reacção; decidir depressa; tomar decisões no momento; responder depressa; *to ~ positive/positively* ter pensamento positivo; pensar positivo; *to ~ straight* pensar direito; *to ~ (that)...* e pensar que...; *to ~ twice* pensar duas vezes; *who would have thought it?* quem diria?; *you would think/would have thought* era de supor que...; seria de esperar que...; seria de pensar que...

◆**think ahead** *v.intr.* **1** ser previdente; prevenir-se; **2** antecipar-se; pensar com antecedência

◆**think back** *v.intr.* (passado) tentar lembrar-se [**to**, de]; recuar na memória [**to**, até]

◆**think of** *v.tr.* **1** decidir se; **2** pensar em; lembrar-se de; ter em conta; *one can't ~ everything* uma pessoa não pode pensar em tudo; **3** ter determinada opinião sobre; *not to think much of* não ter muito boa impressão de, não ter muito boa opinião acerca de; *to think highly of sb/sth* ter grande consideração por alguém/algo, ter alguém/algo em grande conta; *to think little of* não ter grande consideração por; *to think the best/worst of* ter a melhor/pior opinião possível (acerca) de; *to think the world of sb* pensar maravilhas de alguém ❖ *he thinks nothing of working fourteen hours a day* para ele, não é nada trabalhar catorze horas por dia; ele acha normalíssimo trabalhar catorze horas por dia; *to think better of it* pensar melhor; reconsiderar; *to think nothing of sth* não se importar com algo; *to ~ others before oneself* pensar sempre nos outros primeiro; pôr os interesses dos outros à frente dos próprios

◆**think out** *v.tr.* considerar cuidadosamente; reflectir acerca de; pensar bem sobre

◆**think over** *v.tr.* (decisão) pensar bem sobre; reflectir acerca de; meditar em; ponderar bem; *~ what I've said* pense naquilo que eu disse; *this wants thinking over* isto exige ponderação

◆**think through** *v.tr.* considerar bem; reflectir sobre/em; pensar (em); *she thought all the possibilities through* ela considerou bem todas as possibilidades

◆**think up** *v.tr.* (ideia, plano, desculpa, etc.) inventar; arranjar

thinkable ['θɪŋkəbəl] *adj.* **1** imaginável, concebível; **2** admissível

thinker ['θɪŋkə] *s.* pensador ❖ *to be a shallow ~* ter um pensamento superficial

thinking ['θɪŋkɪŋ] Ⓐ *adj.* **1** pensante, que pensa; racional; **2** reflectido; **3** inteligente Ⓑ *s.* **1** pensamento(s); *deep ~* pensamentos profundos; **2** reflexão, meditação; *to do some ~* reflectir, pensar; **3** opinião, parecer, maneira de ver, forma de pensar; *what's their thinking?* qual é a opinião deles?; *to bring sb round to one's way of ~* fazer alguém partilhar a nossa opinião ❖ *~ pattern* modelo de pensamento; [coloq.] *good thinking!* boa ideia!; bem pensado!; [coloq.] *to put one's ~ cap on* reflectir

thinly ['θɪnlɪ] *adv.* **1** levemente; **2** tenuemente; **3** escassamente; pobremente; insuficientemente; *~ populated* escassamente povoado, com uma população escassa; **4** de maneira rara ❖ *~ wooded* pouco arborizado

thinner ['θɪnə] Ⓐ *s.* **1** diluente; **2** dissolvente Ⓑ *comp. de* **thin**

thinness ['θɪnnɪs] *s.* **1** delgadeza; **2** pouca espessura; **3** fragilidade, tenuidade; **4** leveza; **5** magreza; **6** escassez, pouca abundância; **7** debilidade, fraqueza

thinning ['θɪnɪŋ] *s.* **1** adelgaçamento; **2** desbaste, monda

thinnish ['θɪnɪʃ] *adj.* **1** um tanto delgado, um tanto fino; **2** um tanto magro; **3** (cabelo) um tanto raro; **4** um tanto aguado

thin-skinned [ˌθɪnˈskɪnd] *adj.* **1** de casca fina; **2** [fig.] sensível, melindroso, susceptível, impressionável

thio-acid [ˌθaɪəʊˈæsɪd] *s.* QUÍMICA tioácido

thioarsenic [ˌθaɪəvɑːˈsenɪk] *adj.* QUÍMICA tioarsénico

thiocarbonate [ˌθaɪəˈkɑːbənɪt] *s.* QUÍMICA tiocarbonato, sulfocarbonato

thiocyanic [ˌθaɪəʊsaɪˈænɪk] *adj.* QUÍMICA tiociânico, sulfociânico, rodânico

thionate ['θaɪənɪt] *s.* QUÍMICA tionato

thionic [θaɪˈɒnɪk] *adj.* QUÍMICA tiónico

thionine ['θaɪənaɪn] *s.* QUÍMICA tionina

thiosulphate [ˌθaɪəʊˈsʌlfɪt] *s.* QUÍMICA tiossulfato, hipossulfato

thiosulphuric [ˌθaɪəʊsʌlˈfjʊərɪk] *adj.* QUÍMICA tiossulfúrico, hipossulfuroso

third [θɜːd] Ⓐ *num.ord.* terceiro; *in the ~ place* em terceiro lugar; *every ~ day* de três em três dias; *on the ~ of April* no dia 3 de Abril Ⓑ *s.* **1** terço; terça parte; *two thirds* dois terços; **2** MÚSICA terceira, terça; **3** [GB] (classificação de licenciatura) sofrível (entre 40% e 49%); **4** (velocidade) terceira; **5** sexagésima parte de um segundo; **6** *pl.* COMÉRCIO artigo de qualidade inferior Ⓒ *adv.* terceiro; em terceiro lugar; *to arrive ~* chegar em terceiro lugar ❖ *~ class* terceira classe; (classificação de licenciatura) sofrível (entre 40% e 49%); [coloq.] *~ degree* interrogatório exaustivo (que pode incluir maus-tratos); *~ dimension* terceira dimensão; (classe social) *~ estate* terceiro estado; povo; *~ force* mediador; (automóvel) *~ gear/speed* terceira velocidade; (tecnologia) *~ generation* terceira geração; *~ party* terceira parte; terceiro; terceiro partido; (gramática) *~ person* terceira pessoa; (caminhos-de-ferro) *~ rail* carril condutor; HISTÓRIA *Third Reich* Terceiro Reich; POLÍTICA *Third Way* Terceira Via; *~ world* terceiro mundo; *~ time lucky* à terceira é de vez

third-class [ˌθɜːdˈklɑːs] *adj.* **1** de qualidade inferior; **2** de terceira ordem; **3** de terceira classe; **4** que viaja em terceira classe

third-degree [ˌθɜːdɪˈɡriː] Ⓐ *adj.* de terceiro grau Ⓑ *v.tr.* fazer um interrogatório exaustivo a ❖ *~ burns* queimaduras de terceiro grau; MATEMÁTICA *~ equation* equação do terceiro grau

third-hand [ˌθɜːdˈhænd] *adj.* **1** de terceira mão; **2** comprado em terceira mão

thirdly ['θɜːdlɪ] *adv.* em terceiro lugar

third-rate ['θɜːdreɪt] *adj.* (qualidade) de terceira categoria; de qualidade inferior

thirst [θɜːst] Ⓐ *s.* **1** sede; *to die of ~* morrer de/à sede; **2** [fig.] ânsia [**for**, de]; avidez, desejo ardente [**for**, de]; *~ for adventures* ânsia de aventuras; *~ for knowledge* ânsia do saber Ⓑ *v.intr.* **1** ter sede [**for**, de]; **2** [fig.] ansiar [**for**, por] ❖ [coloq.] *to have a ~* apetecer uma bebida

thirstily ['θɜːstɪlɪ] *adv.* **1** com sede; **2** cheio de sede

thirstiness ['θɜːstɪnɪs] *s.* **1** sede; **2** estado sequioso

thirsting ['θɜːstɪŋ] Ⓐ *adj.* **1** com sede, sequioso; **2** [fig.] com sede [**for**, de]; ansioso, ávido [**for**, de] Ⓑ *s.* sede

thirsty ['θɜːstɪ] *adj.* (*comp.* -**ier**, *superl.* -**iest**) **1** sedento, com sede, sequioso; *to be ~* ter sede; *to feel ~* sentir sede; **2** que causa, faz sede; *this is ~ work* este trabalho faz sede; **3** seco, ressequido, árido; **4** ávido [**for**, por]; ansioso [**for**, por]; *to be ~ for* ansiar por, estar ávido de

thirteen [ˌθɜːˈtiːn] *num.card.*, *s.* treze; *to be ~* ter treze anos de idade ❖ *the ~ superstition* a superstição do número treze

thirteenth [θɜː'tiːnθ] Ⓐ *num.ord.* décimo terceiro Ⓑ *s.* décima terceira parte ❖ *on the ~ of June* a 13 de Junho

thirtieth ['θɜːtɪəθ] Ⓐ *num.ord.* trigésimo Ⓑ *s.* trigésima parte ❖ *on the ~ of May* a 30 de Maio

thirty ['θɜːtɪ] *num.card.,s.* 1 trinta; *she is ~ years old* ela tem 30 anos de idade; *thirty-one/two/four/nine* trinta e um/dois/quatro/ nove; *thirty-first/second/fourth/ninth* trigésimo primeiro/ segundo/quarto/nono; *on the thirty-first of January* no dia 31 de Janeiro; 2 *pl.* (década) anos trinta, década de trinta; *in the thirties* nos anos 30; *the late thirties* o final dos anos 30; 3 *pl.* (idade) trinta; *to be in one's thirties* ter já passado dos trinta anos, estar nos trinta; 4 *pl.* (temperatura) trinta (graus); *in the thirties* nos 30 graus, entre 30 e 39 graus ❖ (jogo de cartas) *~ one* trinta- -e-um; HISTÓRIA *Thirty Years' War* Guerra dos Trinta Anos

thirtyfold [ˌθɜːtɪ'fəʊld] Ⓐ *adj.* trinta vezes maior Ⓑ *adv.* trinta vezes mais

thirty-second [ˌθɜːtɪ'sekənd] *num.card.,s.* trigésimo segundo ❖ [EUA] MÚSICA *~ note* fusa; MÚSICA *~ rest* pausa da fusa

thirtysix-mo [θɜːtɪ'sɪksməʊ] *adj.,s.* 1 TIPOGRAFIA em formato 36; 2 formato 36

thirtytwo-mo [θɜːtɪ'tuːməʊ] *adj.,s.* 1 TIPOGRAFIA em formato 32; 2 formato 32

this [ðɪs] Ⓐ *adj.,pron.* (*pl.* **these**) 1 este; *I don't want that pencil, I want ~ one* eu não quero aquele lápis, quero este; *one of these days* um destes dias; *~ girl* esta rapariga; *~ morning* esta manhã; *who are these people?* quem são estas pessoas?; *who is this?* quem é este indivíduo?; 2 isto; *after ~* depois disto; *before ~* antes disto; *it is always this, that and the other* é sempre isto e aquilo; *with ~ he left* com isto ele foi-se embora; 3 isso Ⓑ *adv.* 1 assim; *fold it like ~* dobre-o assim; *it was like ~* foi assim que as coisas se passaram; 2 tão... como isto; *~ high* tão alto como isto ❖ *~ day week* de hoje a uma semana; *it's always John ~ and John that* é sempre João para aqui e João para acolá; *they ought to be here by ~* eles já deviam estar aqui por esta altura; *what of this?* e daí?; e que se conclui disto?

thisness [ðɪsnɪs] *s.* qualidade de ser isto

thistle ['θɪsəl] *s.* BOTÂNICA cardo ❖ ZOOLOGIA *~ bird/finch* pintas- silgo; ZOOLOGIA (borboleta) *~ butterfly* senhora pintada; *vanessa cardui*; *gather thistles, expect prickles* quem semeia ventos colhe tempestades; *the Order of the Thistle* a Ordem (escocesa) do Cardo

thistledown ['θɪsəlˌdaʊn] *s.* lanugem do cardo

thistly ['θɪsəlɪ] *adj.* 1 cheio de cardos; 2 semelhante ao cardo; 3 que pica como o cardo

thither ['ðɪðə, 'θɪðər] Ⓐ *adj.* 1 mais afastado, mais longe; 2 do outro lado; 3 de lá; *the ~ side* o lado de lá Ⓑ *adv.* [arc.] para lá, em direcção àquele lugar ❖ *hither and ~* de lá para cá; de um lado para o outro; GEOGRAFIA *~ Calabria* a Calábria ulterior

thitherto [ˌðɪðə'tuː, ˌθɪðər'tuː] *adv.* [rar.] até então

thitherward ['ðɪðəwəd, 'θɪðərwərd] *adv.* [arc.] para lá, naquela direcção

thitherwards ['ðɪðəwədz, 'θɪðərwərdz] *adv.* ⇒ **thitherward**

thixotropic [ˌθɪksə'trɒpɪk] *adj.* QUÍMICA tixotrópico

thixotropy [θɪk'sɒtrəpɪ] *s.* QUÍMICA tixotropia

thlaspi ['θlæspɪ] *s.* BOTÂNICA tlaspe

tho' [ðəʊ] *forma abreviada de* **though**

thole [θəʊl] Ⓐ *s.* NÁUTICA tolete Ⓑ *v.tr.* [arc.] sofrer, aturar; tolerar, permitir ❖ NÁUTICA *~ boards* toleteiras

tholepin ['θəʊlpɪn] *s.* NÁUTICA tolete

Thomas ['tɒməs] *s.antr.* Tomás ❖ *Saint ~ Aquinas* S. Tomás de Aquino

Thomism ['təʊmɪzəm] *s.* FILOSOFIA tomismo

Thomist ['təʊmɪst] *adj.,s.* FILOSOFIA tomista

Thomistic [təʊ'mɪstɪk] *adj.* tomista

Thomistical [ˌtəʊ'mɪstɪkəl] *adj.* tomista

thong [θɒŋ] Ⓐ *s.* 1 correia; 2 tira de couro; 3 VESTUÁRIO tanga; 4 (calçado) sandália de dedo Ⓑ *v.tr.* 1 prender com correia; 2 atar correia a; 3 castigar com correia

Thor [θɔː] *s.* MITOLOGIA (Escandinávia) Tor, divindade nórdica, filho de Ódim

thoracentesis [ˌθɔːrəsen'tiːsɪs] *s.* CIRURGIA toracentese

thoraces ['θɔːrəsiːz] *s.* {*pl. de* **thorax**}

thoracic [θɔː'ræsɪk] *adj.* torácico

thoracocentesis [ˌθɔːrəˌkəʊsen'tiːsɪs] *s.* MEDICINA toracentese

thorax ['θɔːræks] *s.* (*pl.* **-es**) 1 ANATOMIA tórax; 2 couraça que protegia o peito (da Grécia Antiga)

thoria ['θɔːrɪə] *s.* QUÍMICA torina, óxido de tório

thorite ['θɔːraɪt] *s.* MINERALOGIA torite

thorium ['θɔːrɪəm] *s.* QUÍMICA (elemento químico) tório

thorn [θɔːn] *s.* 1 BOTÂNICA espinho; acúleo; abrolho; 2 (planta) espi- nheiro; 3 (letra rúnica) *thorn*; 4 [fig.] tormento, aguilhão, inquie- tação; *a ~ in one's side/flesh* um tormento constante ❖ BOTÂNICA *~ apple* figueira-do-inferno; estramónio; pilrito; *~ hedge* sebe de espinheiros; *there's no rose without a ~* não há rosa sem espinho; [rar.] *to sit on thorns* estar sobre brasas

thornback ['θɔːnˌbæk] *s.* 1 ZOOLOGIA raia-pregada; 2 aranha- -do-mar

thornbush ['θɔːnbʊʃ] *s.* BOTÂNICA espinheiro

thornily ['θɔːnɪlɪ] *adv.* espinhosamente, de modo espinhoso

thorniness ['θɔːnɪnɪs] *s.* 1 espinhos; 2 carácter espinhoso; difi- culdade; 3 rispidez

thornless ['θɔːnləs] *adj.* sem espinhos

thorny ['θɔːnɪ] *adj.* (*comp.* **-ier**, *superl.* **-iest**) 1 com espinhos; espi- nhoso; 2 difícil; delicado; *a ~ subject* um assunto delicado; 3 penoso; árduo

thorough ['θʌrə] Ⓐ *adj.* 1 minucioso; meticuloso; cuidadoso; *to be ~ in one's work* ser cuidadoso no trabalho; 2 íntimo, profundo; *~ knowledge* conhecimento profundo; *~ mixing* mistura íntima; 3 completo, exaustivo; *the car was given a ~ overhaul* fizeram uma vistoria completa ao carro; 4 autêntico, rematado, consumado; *a ~ scoundrel* um autêntico patife Ⓑ *adv.,prep.* [arc.] ⇒ **through** ❖ *to be a ~ republican* ser um republicano convicto

thoroughbass ['θʌrəˌbeɪs] *s.* 1 MÚSICA baixo contínuo; 2 compo- sição harmónica

thoroughbrace ['θʌrəbreɪs] *s.* correia de suspensão de carro

thoroughbred ['θʌrəbred] Ⓐ *adj.* 1 (cavalo) de sangue puro, de raça pura; 2 (pessoa) com distinção, com brio Ⓑ *s.* 1 puro- -sangue, cavalo puro-sangue; 2 animal de raça

thoroughfare ['θʌrəfeə] *s.* 1 via pública; estrada; 2 trânsito ❖ *no ~* passagem proibida

thoroughgoing ['θʌrəˌgəʊɪŋ] *adj.* 1 exaustivo, minucioso, profundo; 2 consciencioso, cuidadoso; 3 completo, acabado, consumado

thoroughly ['θʌrəlɪ] *adv.* 1 minuciosamente, meticulosamente; 2 cuidadosamente; 3 exaustivamente, de modo completo; 4 perfeitamente; 5 completamente

thoroughness ['θʌrənɪs] *s.* 1 minúcia; 2 exaustividade; 3 pro- fundidade, perfeição

thorough-paced ['θʌrəpeɪst] *adj.* 1 acabado, consumado, perfeito; 2 rematado; 3 adestrado

thoroughwax ['θʌrəwæks] *s.* BOTÂNICA bupleuro

thoroughwort ['θʌrəwɜːt] *s.* BOTÂNICA eupatório

thorp [θɔːp] *s.* povoado, aldeia, lugar, lugarejo

Thos. [*abrev. de* Thomas]

those ['ðəʊz] *pl. de* **that**

thou[1] [θaʊ] *s.* 1 [coloq.] milésimo; 2 [coloq.] milhar

thou[2] [ðaʊ] Ⓐ *pron.pess.* [arc., poét.] tu; *~ art* tu és Ⓑ *v.tr.,intr.* 1 tutear, tratar por tu; 2 empregar o pronome *thou* em vez de *you*

though [ðəʊ] Ⓐ *conj.* se bem que, embora; conquanto, ainda que; apesar de (que); *he finished first ~ he began last* ele terminou em primeiro lugar, embora tivesse começado em último Ⓑ *adv.* todavia, contudo, não obstante; *I wish you had written the letter, ~* gostaria, contudo, que tivesses escrito a carta ❖ *as ~* como se; *it is not as ~ he would mind* não é que ele se importasse; *it looks as ~ he meant business* ele dá a impressão de não estar a brincar; *strange ~ it may appear* por incrível que pareça; *~ his crimes be ever so great* por maiores que sejam os crimes dele; *what ~ the way is long?* que importa que o caminho seja longo?

thought [θɔːt] Ⓐ *s.* 1 pensamento; *as quick as ~* rápido como o pensamento; *Greek/modern ~* o pensamento grego/moderno; *his thoughts were elsewhere* estava a pensar noutra coisa, estava com a cabeça noutro lado; 2 ideia; conceito; *at the ~ of* perante a ideia de; *he couldn't bear the ~* não conseguia suportar a ideia; **3** reflexão, meditação, cogitação; *after much ~* depois de muita reflexão; *want of ~* irreflexão; **4** atenção, consideração, cuidado, solicitude; **5** preocupação; *he is taken up with other thoughts* ele anda preocupado com outras coisas; **6** opinião; juízo; *he is a man who keeps his thoughts to himself* ele é um homem que guarda para si as suas opiniões, ele é um homem reservado; **7** intenção, propósito; *it's the ~ that counts* o que conta é a intenção; *no ~ of* nenhuma intenção de; *to have a ~ of* ter intenção de; **8** um pouco; um nada; *this colour is a ~ too dark* esta cor é um nadinha escura de mais Ⓑ *prt. e part. pass. de* **to think** ❖ *~ disorder* perturbação do pensamento; anomalia do pensamento; *~ police* polícia do pensamento; patrulha ideológica; *~ transference* transmissão de pensamentos; [colloq.] *don't give it another ~* não penses mais nisso; deixa lá isso; *his one ~ is to get married* ele não pensa senão em casar; [colloq.] *it's/it was just a ~* era só uma ideia; era só uma sugestão; *not to give a second ~* nem pensar duas vezes; *on first thoughts* sem reflectir; à primeira vista; *on second thoughts* pensando melhor; depois de reflectir; [joc.] *perish the thought!* nem quero pensar!; cruzes!; [colloq.] *that's a ~* boa ideia; *to give ~ to* considerar; pensar em; *to have second thoughts* ter dúvidas; *to spare a ~ for sb* pensar um pouco em alguém (em dificuldades); *train of ~* linha de pensamento; curso de pensamentos; raciocínio; *with no ~ for sth* sem pensar em algo, esquecendo-se de algo; *without a second ~* sem qualquer hesitação

thoughtful ['θɔːtfʊl] *adj.* **1** pensativo; **2** sério; **3** cheio de ideias; profundo; *a ~ book* um livro profundo; **4** previdente; ponderado; **5** cheio de consideração, atencioso, solícito, amável [**of**, para com]; *it was very ~ of you to write to me* foi uma grande amabilidade da sua parte escrever-me; *to be ~ of others* ser atencioso para com os outros; pensar nos outros

thoughtfully ['θɔːtfʊli] *adv.* **1** pensativamente; **2** ponderadamente, reflectidamente; **3** prudentemente; **4** atenciosamente, amavelmente

thoughtfulness ['θɔːtfʊlnɪs] *s.* **1** meditação, reflexão; **2** ponderação, prudência; **3** amabilidade, atenção, consideração

thoughtless ['θɔːtləs] *adj.* **1** irreflectido, inconsiderado, estouvado, imprudente; **2** imprevidente, descuidado

thoughtlessly ['θɔːtləsli] *adv.* **1** irreflectidamente, inconsideravelmente, estouvadamente; **2** imprevidentemente

thoughtlessness ['θɔːtləsnɪs] *s.* **1** irreflexão, inconsideração, imprevidência; **2** falta de atenção, falta de consideração

thought-out ['θɔːtaʊt] *adj.* planeado; delineado; arquitectado; *that's a well ~ dodge* é um truque bem imaginado

thought-provoking ['θɔːtprəvəʊkɪŋ] *adj.* sugestivo, estimulante, que dá que pensar

thousand ['θaʊzənd] *num.card.,s.* mil, milhar; *I paid two ~ for it* paguei duas mil libras por isso; *thousands of* milhares de; *three hundred ~* trezentos mil; *three ~* três mil ❖ *hundreds of thousands* centenas de milhar; *a ~ thanks* muitíssimo obrigado; mil vezes obrigado; *he is a man in a ~* ele é um homem como há poucos, LITERATURA *The Thousand and One Nights* As Mil e Uma Noites; *the ~ and one small worries of life* as mil e uma pequenas contrariedades da vida; *the upper ten ~* a aristocracia

thousandfold ['θaʊzəndfəʊld] Ⓐ *adj.* mil vezes maior Ⓑ *adv.* multiplicando por mil, mil vezes mais

thousandth ['θaʊzəndθ] Ⓐ *num.ord.* milésimo Ⓑ *s.* milésimo, milésima parte

Thracian ['θreɪʃən, 'θreɪʃɪən] Ⓐ *adj.* trácio; relativo à Trácia Ⓑ *s.* trácio

thraldom ['θrɔːldəm] *s.* servidão; escravidão; sujeição; *to keep in ~* manter na sujeição

thrall [θrɔːl] Ⓐ *s.* **1** servo; escravo; **2** servidão; escravidão; *in ~* na escravidão, na servidão Ⓑ *adj.* [arc.] escravo [**to**, de]; escravizado [**to**, por]; dominado [**by**, por] Ⓒ *v.tr.* escravizar

thrash [θræʃ] Ⓐ *s.* (*pl.* **-es**) **1** batimento; **2** MECÂNICA vibração Ⓑ *v.tr.,intr.* **1** bater [**against**, de encontro a/contra]; *to ~ against sth* bater contra algo, bater de encontro a alguma coisa; **2** sovar, açoitar, zurzir; **3** DESPORTO alcançar a vitória sobre, derrotar; arrasar; **4** (trigo, milho, etc.) malhar, debulhar; **5** agitar(-se) violentamente; **6** sacudir(-se); ser atirado de um lado para o outro; **7** MECÂNICA ter vibrações ❖ *to ~ a tree* varejar uma árvore; *to ~ the water* bater a água com as pernas (ao nadar); NÁUTICA *to ~ windward* navegar contra o vento; navegar contra a maré

◆**thrash about/around** *v.intr.* **1** (susto) virar-se subitamente; **2** (quando manietado) debater-se; **3** (dor) contorcer-se

◆**thrash out** *v.tr.* **1** [colloq.] debater exaustivamente; discutir a fundo; **2** [colloq.] resolver; chegar a acordo sobre; *to thrash it out* resolver o assunto

◆**thrash over** *v.tr.* (assunto, argumento, etc.) repisar, repetir

thrasher ['θræʃə] *s.* **1** debulhadora, máquina de debulhar; **2** batedor; **3** trilhador; **4** pessoa que malha ou debulha; **5** ZOOLOGIA peixe-alecrim, peixe-zorro; **6** variedade de tordo americano

thrashing ['θræʃɪŋ] *s.* **1** sova, tareia; *to get a sound ~* apanhar uma boa sova; *to give sb a ~* dar uma sova em alguém; **2** DESPORTO [colloq.] derrota esmagadora; sova, tareia*fig.*; **3** AGRICULTURA ⇒ **threshing**

Thraso ['θreɪsəʊ] *s.* tipo de soldado fanfarrão

thrasonical [θrə'sɒnɪkəl] *adj.* **1** fanfarrão; **2** insolente

thrasonically [θrə'sɒnɪkəli] *adv.* **1** de maneira fanfarrona; **2** insolentemente

thread [θred] Ⓐ *s.* **1** (algodão, lã, etc.) fio; linha; *~ of oakum* fio de estopa; *cotton ~* fio de algodão; *darning ~* linha de passajar, algodão de cerzir; *sewing ~* linha de coser; **2** filamento; fibra; **3** (narrativa, ideias, etc.) (sequência) fio; *to lose the ~ of* perder o fio de; *to pick up the ~ of* retomar; **4** (luz) réstia, fio; *~ of light* réstia de luz; **5** (água, fumo, vida, etc.) fio; *the ~ of life* o fio da vida; **6** INFORMÁTICA (grupo de discussão na Internet) conjunto de mensagens sobre o mesmo tema; **7** filete, espiral de parafuso; **8** (minério) pequeno veio; **9** *pl.* [EUA] [ant.] trapos, roupa Ⓑ *v.tr.* **1** enfiar um fio por; passar um fio por; *to ~ a needle* enfiar uma agulha; **2** (contas, pérolas, etc.) enfiar, unir, colocando num fio; *to ~ beads* enfiar contas; **3** avançar com dificuldade; abrir caminho [**through**, através de]; *to ~ one's way through a crowd* abrir caminho através da multidão; **4** roscar, abrir rosca em (parafuso); **5** entremear; esparzir; salpicar; *hair threaded with silver* cabelo salpicado de fios brancos, **6** atravessar Ⓒ *v.intr.* serpear ❖ *~ counter* conta-fios; (notas de banco) *~ mark* filigrana; [arc.] *~ and thrum* bom e mau ao mesmo tempo; *to hang by a ~* estar suspenso por um fio; *he hadn't a dry ~ on him* ele não tinha um fio enxuto; estava totalmente encharcado; *to pick up the thread(s) of* recomeçar

threadbare ['θredbeə] *adj.* **1** gasto, coçado, puído; *a ~ suit* um fato coçado, um fato puído; *to wear one's coat ~* trazer o casaco até ficar no fio; **2** velho; gasto ❖ *a ~ joke* uma piada batida, que já cheira a mofo

threadbareness ['θredbeənɪs] *s.* **1** estado do que já está gasto, coçado ou puído; **2** banalidade, trivialidade

threaded ['θredɪd] *adj.* filetado, com rosca, roscado; *~ end* ponta roscada

threader ['θredə] *s.* **1** pessoa que enfia, enfiador; **2** máquina de enfiar

threadlike ['θredlaɪk] *adj.* filiforme

threadworm ['θredwɜːm] *s.* **1** MEDICINA oxiúro, ascáride, lombriga, verme intestinal; **2** verme filiforme

thready ['θredɪ] *adj.* (*comp.* **-ier**, *superl.* **-iest**) **1** semelhante a um fio; **2** MEDICINA (pulso) filiforme; **3** filamentoso, fibroso; **4** fibróide; **5** (voz) aflautada, esganiçada

threat [θret] *s.* **1** ameaça; *to carry out a ~* cumprir uma ameaça; *to utter a ~* pronunciar uma ameaça, ameaçar; *under (the) ~ of* sob ameaça de; **2** ameaço; *a ~ of rain* um ameaço de chuva; **3** prenúncio, presságio; **4** aviso, sinal de perigo iminente

threaten ['θretn] *v.tr.,intr.* **1** ameaçar [**to**, -]; *it threatens to rain* ameaça chuva; *the minister threatened to resign* o ministro ameaçou demitir-se; *to be threatened with death* ser ameaçado de morte; *to ~ revenge* ameaçar vingar-se; *to ~ with legal proceedings* ameaçar com o tribunal; **2** proferir ameaças; **3** pôr em perigo; **4** avisar; prenunciar; pressagiar; **5** estar iminente; *danger threatened* o perigo estava iminente ❖ *to ~ to be out of hand* estar a começar a ficar fora do controlo

threatened ['θretnd] *adj.* ameaçado, sob ameaça [**with**, de]

threatening ['θretnɪŋ] Ⓐ *adj.* **1** ameaçador; *he put a ~ tone in his voice* a voz dele adquiriu um tom ameaçador; **2** intimidatório; *to find sb ~* sentir-se intimidado por alguém Ⓑ *s.* ameaças ❖ DIREITO *~ behaviour* tentativa de intimidação; *~ language* ameaças

threateningly [ˈθretnɪŋlɪ] adv. ameaçadoramente
three [θriː] num.card.,s. três ❖ **by threes/~ by ~** de três em três; três a três; **in threes** em grupos de três; MATEMÁTICA **rule of ~** regra de três; (literatura infantil) **the ~ little pigs** os três porquinhos; **the Three R's** ler, escrever e contar; as três operações básicas; **the Three Wise Men/the Three Kings** os Reis Magos; [ant.] **to be ~ sheets in/to the wind** estar ébrio
three-cornered [θriːˈkɔːnəd] adj. 1 triangular; 2 a três; **~ fight** luta a três
three-D [θriːˈdiː] Ⓐ s. três dimensões, 3-D; **in ~** em três dimensões, em 3-D Ⓑ adj. tridimensional, em 3-D
three-dimensional [θriːdaɪˈmenʃənəl, θriːdɪˈmenʃənəl] adj. 1 tridimensional; a três dimensões; **~ projection** projecção a três dimensões; 2 em relevo; 3 (personagem) com densidade psicológica ❖ MATEMÁTICA **~ coordinates** coordenadas tridimensionais; coordenadas no espaço a três dimensões
threefold [ˈθriːfəʊld] Ⓐ adj. triplo Ⓑ adv. 1 três vezes mais; 2 triplicadamente
three-legged [θriːˈlegɪd] adj. com três pernas ❖ **~ race** corrida de três pernas (os corredores correm aos pares com a perna direita de um amarrada à perna esquerda de outro)
threepence [ˈθrepəns, ˈθrʌpəns] s. a importância de três dinheiros
threepenny [ˈθrepənɪ, ˈθrʌpənɪ] Ⓐ adj. de três dinheiros; que custa três dinheiros; [ant.] **~ bit** moeda de três dinheiros Ⓑ s. [ant.] moeda de três dinheiros
three-phase [ˈθriːfeɪz] adj. 1 em três fases; 2 ELECTRICIDADE trifásico; **~ current** corrente trifásica
three-piece [ˈθriːpiːs] s. com três peças; com três partes; **~ fishing rod** cana de pesca desmontável em três partes ❖ VESTUÁRIO **~ suit** fato de três peças (casaco, calças e colete); [GB] **~ suite** conjunto de sofá e duas poltronas
three-ply [ˈθriːˌplaɪ] adj. 1 (corda, cabo, lã, etc.) com três fios; **~ wool** lã de três fios; 2 (madeira, lenço de papel, papel higiénico, etc.) com três camadas
three-point [ˈθriːpɔɪnt] adj. que vale três pontos ❖ AERONÁUTICA **~ landing** aterragem com a cauda caída; [GB] (manobra) **~ turn** inversão de marcha
three-quarter [ˈθriːkwɔːtə] Ⓐ adj. a três quartos; **~ length coat** casaco (de senhora) a três quartos Ⓑ s. DESPORTO (râguebi) três-quartos
three-ring [ˈθriːrɪŋ] adj. com três recintos ❖ [EUA] [coloq.] **a ~ circus** uma grande confusão; uma grande trapalhada
threescore [ˌθriːˈskɔː] adj.,s. [arc.] sessenta ❖ **~ and ten** setenta (anos)
three-sided [θriːˈsaɪdɪd] adj. 1 com três lados, trilátero; 2 entre três lados; **~ conversations** negociações trilaterais; conversações ou negociações entre três potências
threesome [ˈθriːsəm] Ⓐ s. 1 grupo de três pessoas; 2 actividade para três pessoas; 3 (sexo) **ménage à trois**, trio; 4 DESPORTO partida de golfe para três pessoas Ⓑ adj. de três; relativo a três
three-way [ˈθriːweɪ] adj. 1 com três vias; 2 a três
three-wheeler [θriːˈwiːlə] s. 1 veículo de três rodas; 2 triciclo
threin [ðeəˈɪn] adv. 1 [arc.] naquele lugar, nesse lugar, ali, aí, lá; 2 a esse respeito, sobre esse assunto, quanto a isso
threnody [ˈθrenədɪ] s. trenode, canto lúgubre
thresh [θreʃ] v.tr.,intr. (cereal) malhar, debulhar
thresher [ˈθreʃə] s. 1 AGRICULTURA malhador; 2 AGRICULTURA máquina debulhadora, debulhadora; 3 ZOOLOGIA tubarão-raposo, zorro, romano, romão; **~ shark** tubarão-raposo; zorro; romano; romão
threshing [ˈθreʃɪŋ] s. AGRICULTURA (cereais) malha, debulha ❖ AGRICULTURA **~ machine** debulhadora; **~ floor** eira
threshold [ˈθreʃəʊld] s. 1 soleira; entrada; 2 limiar; **on the ~ of** no limiar de; 3 [fig.] princípio; começo; dealbar ❖ PSICOLOGIA **~ of consciousness** limiar da consciência
threw [θruː] prt. **de to throw**
thrice [θraɪs] adv. 1 [arc.] três vezes; triplamente; 2 [arc.] três vezes; extremamente; **~ blessed** três vezes bendito, extremamente bendito
thridace [ˈθrɪdəs] s. FARMÁCIA tridácio
thrift [θrɪft] s. 1 poupança, parcimónia, economia, frugalidade; 2 BOTÂNICA relva-do-olimpo

thriftily [ˈθrɪftɪlɪ] adv. economicamente, parcimoniosamente, frugalmente
thriftiness [ˈθrɪftɪnɪs] s. espírito económico, economia, frugalidade
thriftless [ˈθrɪftləs] adj. gastador, pródigo, perdulário, esbanjador, extravagante
thriftlessly [ˈθrɪftlɪslɪ] adv. 1 esbanjadoramente; 2 perdulariamente
thriftlessness [ˈθrɪftlɪsnɪs] s. 1 prodigalidade, espírito perdulário; 2 esbanjamento, dissipação, desperdício; 3 incúria
thrifty [ˈθrɪftɪ] adj. (comp. **-ier**, superl. **-iest**) 1 frugal, económico, poupado, parcimonioso; 2 próspero, florescente
thrill [θrɪl] Ⓐ s. 1 emoção forte; 2 (emoção) estremecimento, tremor; **a ~ of joy** um estremecimento de alegria; 3 arrepio, calafrio; **a ~ of horror shook her whole frame** um calafrio de horror perpassou por ela; 4 (prazer) vibração, excitação; 5 palpitação; 6 [coloq.] história emocionante, história de sensações fortes; 7 MEDICINA (peito) murmúrio Ⓑ v.tr.,intr. 1 arrebatar; entusiasmar; **his speech thrilled everybody** o discurso dele foi arrebatador; 2 fazer vibrar; vibrar; **his voice thrilled through the crowd** a sua voz vibrava através da multidão; 3 emocionar(-se); 4 estremecer [**with**, de]; arrepiar(-se) [**with**, com]; **to ~ with horror** arrepiar-se de horror ❖ **fear thrilled through my veins** senti o medo penetrar-me até às veias; **they had the ~ of their lives** nunca tinham vivido nada tão forte; foi o grande momento das vidas deles
thriller [ˈθrɪlə] s. 1 CINEMA tríler, filme de suspense; 2 LITERATURA romance policial; 3 pessoa ou coisa que nos faz vibrar
thrillful [ˈθrɪlfʊl] adj. [coloq.] ⇒ **thrilling**
thrilling [ˈθrɪlɪŋ] adj. 1 arrebatador, emocionante, apaixonante; 2 empolgante; 3 vibrante; 4 sensacional; 5 comovedor
thrillingly [ˈθrɪlɪŋlɪ] adv. 1 arrebatadoramente; 2 emocionantemente; 3 de uma maneira sensacional
thrips [θrɪps] s. ZOOLOGIA tripes
thrive [θraɪv] v.intr. (prt. **throve** ou **thrived**, part. pass. **thriven** ou **thrived**) 1 prosperar; florescer; ser bem sucedido; 2 desenvolver-se (bem) [**on**, com]; dar-se bem [**on**, com]; **children ~ on milk** o leite contribui para o desenvolvimento das crianças; 3 medrar; vicejar; crescer; **this plant thrives in all climates** esta planta dá-se bem em todos os climas
thriving [ˈθraɪvɪŋ] Ⓐ adj. 1 florescente, próspero; 2 bem sucedido; 3 viçoso, bem desenvolvido Ⓑ s. 1 prosperidade; 2 êxito; 3 bom desenvolvimento
thrivingly [ˈθraɪvɪŋlɪ] adv. 1 prosperamente; 2 florescentemente; 3 com êxito
thro' [θruː] prep. ⇒ **through**
throat [θrəʊt] Ⓐ s. 1 ANATOMIA garganta; **to have a sore ~** ter a garganta inflamada; **to grip by the ~** agarrar pela garganta; 2 pescoço; goela coloq.; **to cut sb's ~** cortar o pescoço de alguém; **to take sb by the ~** puxar alguém pelo pescoço, tentar estrangular alguém; 3 estreitamento; passagem estreita; 4 [fig.] garganta; voz; 5 boca de fornalha, entrada de fornalha; 6 NÁUTICA gorne; 7 NÁUTICA punho da boca; 8 ARQUITECTURA caveto Ⓑ v.tr. dizer com voz gutural ❖ **to be at each other's throats** estarem engalfinhados; **to clear one's ~** pigarrear; tossir; **to cut one's own ~** trabalhar para a sua própria ruína; cavar a sua própria sepultura; [coloq.] **to force/ram/shove sth down sb's ~** obrigar alguém a engolir algo; impingir algo a alguém; **to give sb the lie in their ~** dar um desmentido categórico a alguém; [coloq.] **to jump down sb's ~** cair em cima de alguém; censurar alguém; **to lie in one's ~** mentir descaradamente; mentir pela gorja
throatily [ˈθrəʊtɪlɪ] adv. 1 com voz rouca; 2 guturalmente
throatiness [ˈθrəʊtɪnɪs] s. 1 rouquidão; 2 ressonância gutural, pronúncia gutural
throating [ˈθrəʊtɪŋ] s. canelura, ranhura
throatlatch [ˈθrəʊtlætʃ] s. (pl. **-es**) correia do freio que passa por baixo do pescoço do cavalo
throatwort [ˈθrəʊtwɜːt] s. BOTÂNICA erva-das-traqueias
throaty [ˈθrəʊtɪ] adj. (comp. **-ier**, superl. **-iest**) 1 rouco; 2 gutural
throb [θrɒb] Ⓐ s. 1 palpitação; pulsação rápida e forte; **a ~ of joy** uma palpitação de alegria; **her heart gave a ~** ela sentiu uma palpitação; 2 latejo; 3 ruído de máquina; 4 vibração Ⓑ v.intr. (particípios **-bb-**) 1 palpitar, pulsar [**with**, de]; **her heart throbbed with joy** o coração palpitava-lhe de alegria; 2 latejar; **my head is throbbing** sinto a cabeça a latejar; 3 vibrar

throbbing [ˈθrɒbɪŋ] Ⓐ *adj.* 1 palpitante [**with**, de]; ~ **with activity** palpitante de actividade; 2 que pulsa; 3 latejante; 4 vibrante Ⓑ *s.* 1 palpitação; pulsação; 2 batimento; trepidação; 3 guinada, dor aguda

throbbingly [ˈθrɒbɪŋli] *adv.* 1 palpitantemente; 2 activamente; 3 vibrantemente

throe [θrəʊ] Ⓐ *s.* 1 dor violenta; dor aguda; *the throes of childbirth* as dores de parto; 2 [fig.] (pior momento) angústia; agonia; luta agonizante; *in the throes of the disease* no auge da doença; 3 *pl.* convulsões; vascas; estertores; *the throes of death* os estertores da morte Ⓑ *v.intr.* [rar.] estar em agonia

thrombin [ˈθrɒmbɪn] *s.* BIOQUÍMICA trombina

thrombocyte [ˈθrɒmbəʊsaɪt] *s.* BIOLOGIA (plaqueta sanguínea) trombócito

thrombogen [ˈθrɒmbədʒen] *s.* trombogénio

thrombosis [θrɒmˈbəʊsɪs] *s.* MEDICINA trombose

thrombus [ˈθrɒmbəs] *s.* (*pl.* **-i**) MEDICINA trombo

throne [θrəʊn] Ⓐ *s.* 1 trono; *to ascend/come to the* ~ subir ao trono; *to lose one's* ~ perder o trono; 2 [fig.] autoridade real; 3 *pl.* RELIGIÃO tronos Ⓑ *v.tr.* entronizar ❖ ~ *room* sala do trono

throned [θrəʊnd] *adj.* 1 no trono; 2 sentado no trono

throng [θrɒŋ] Ⓐ *s.* 1 multidão; ajuntamento; aglomeração de gente; 2 afluência; 3 tropel Ⓑ *v.tr.,intr.* 1 apinhar(-se); amontoar(-se); *they thronged round him* apinharam-se em volta dele; *to be thronged with people* estar repleto/apinhado de gente; 2 afluir; invadir em grande número; *people thronged into the square* o povo dirigiu-se em grande número para a praça; 3 apertar [**upon**, com]; fazer pressão [**upon**, sobre] Ⓒ *adj.* 1 [Esc.] muito ocupado; 2 de grande movimento

throstle [ˈθrɒsl] *s.* 1 ZOOLOGIA tordo-bravo, tordo-malviz, malviz; 2 tear contínuo

throttle [ˈθrɒtl] Ⓐ *s.* 1 MECÂNICA válvula reguladora, regulador da pressão; 2 MECÂNICA alavanca da válvula reguladora; 3 (dispositivo) afogador, estrangulador; MECÂNICA *air* ~ estrangulador, obturador do ar; 4 alavanca do afogador, alavanca do estrangulador; 5 [arc.] garganta, gasganete Ⓑ *v.tr.,intr.* 1 estrangular, esganar; *to* ~ *sb* estrangular alguém; 2 [fig.] sufocar; silenciar; reprimir, suprimir; *to* ~ *freedom* sufocar a liberdade; 3 diminuir a potência de; diminuir a velocidade de ❖ *at/on half/at full* ~ a meio ou a todo o gás

✦**throttle back/down** *v.tr.* (motor) pôr em marcha lenta, diminuir o gás

throttling [ˈθrɒtlɪŋ] *s.* 1 estrangulamento; 2 asfixia por estrangulamento; 3 diminuição da potência ou da velocidade; 4 (motores) acto de cortar ou diminuir o gás

through [θruː] Ⓐ *prep.* 1 (espaço) por; através de; pelo meio de; de um extremo a outro de; em todo, de uma ponta à outra de; passando por; *to walk* ~ *the streets* passear pelas ruas; *the Thames flows* ~ *London* o Tamisa corre através de Londres; *to speak* ~ *one's nose* falar pelo nariz; 2 (tempo) durante; desde o princípio até ao fim de; através de; *all* ~ *the night* durante toda a noite; *all* ~ *her reign* durante todo o seu reinado; ~ *all ages* através dos tempos; 3 [EUA] (tempo) até ao fim de, até... inclusive; *Monday* ~ *Friday* de segunda-feira a sexta inclusive; 4 (causa) devido a, por causa de, por; *to be absent* ~ *illness* faltar devido a doença; 5 por meio de, por intermédio de, através de, por; ~ *sb* por intermédio de alguém; *to send* ~ *the post* mandar pelo correio; 6 (objecto transparente) através de, por; *to see sth* ~ *the window* ver algo através da janela; *to see* ~ *a telescope* ver por um telescópio; 7 no final de, na parte final de; 8 sem parar em; ~ *the red light* sem parar no sinal vermelho Ⓑ *adv.* 1 de um lado a outro; de uma ponta a outra; ao outro lado; 2 através; 3 do princípio ao fim; *to read a book* ~ ler um livro do princípio ao fim; *the whole night* ~ durante toda a noite; 4 completamente, totalmente, inteiramente; *wet* ~ completamente molhado, encharcado; 5 até ao fim Ⓒ *adj.* 1 [coloq.] em estado de conclusão, terminado; *are you* ~ *with the letter?* já acabou a carta?; 2 [coloq.] sem ligação, sem relação; *I'm* ~ *with him* já não tenho nada com ele, está tudo acabado entre mim e ele; 3 directo; que segue a direito; ~ *ticket/train* bilhete/comboio directo; 4 que vai de lado a lado; que atravessa; contínuo; ~ *hole* furo que atravessa; 5 completo ❖ ~ *stone* perpianho; ~ *street* rua principal; rua com prioridade; ~ *and* ~ de uma ponta à outra; completamente; *halfway* ~ *(sth)* a meio (de algo)

throughly [ˈθruːli] *adv.* [arc.] ⇒ **thoroughly**

throughout [θruːˈaʊt] Ⓐ *adv.* 1 por toda a parte, em toda a parte; 2 completamente; *he was wrong* ~ ele estava completamente errado; 3 durante todo o tempo, do princípio ao fim Ⓑ *prep.* 1 (local) por toda a parte, em toda a parte, em todo; ~ *Portugal* em todo o Portugal; 2 (tempo) durante todo; ~ *the year* durante todo o ano

throughput [ˈθruːpʊt] *s.* 1 produtividade, rendimento; 2 débito

throve [θrəʊv] *prt. de* **to thrive**

throw [θrəʊ] Ⓐ *v.tr.,intr.* (*prt.* **threw**, *part. pass.* **thrown**) 1 atirar; lançar; deitar; mandar; arremessar, arrojar, impelir; despejar; *to* ~ *oneself* atirar-se, lançar-se; 2 derrubar, lançar ao chão, deitar por terra; (luta livre) *to* ~ *an opponent* derrubar um adversário; 3 (cavalo) cuspir (da sela); 4 (cabeça, mãos, braços, etc.) atirar; estender; 5 [coloq.] deixar sem reacção; desconcertar; 6 (dúvida, suspeita) lançar; 7 (olhar, sorriso, etc.) dirigir; lançar; *to* ~ *a glance at* lançar um olhar para; 8 (pergunta, comentário) mandar, soltar; 9 perder de propósito; *to* ~ *a race* perder propositadamente uma corrida; 10 (luz, sombra) produzir; lançar; projectar; 11 projectar; *to* ~ *a picture on the screen* projectar uma imagem na tela; 12 (dados) jogar; lançar; 13 (fio) torcer, fiar; 14 moldar em roda de oleiro; 15 (madeira, metal) tornear; 16 (alavanca, chave) accionar, mover; 17 (animal) ter cria, parir Ⓑ *s.* 1 lançamento; arremesso; 2 (dados) lançamento, jogada, vez de jogar; ~ *of dice* lançamento de dados; *it is your* ~ é a sua vez de jogar; 3 (adorno em mobília) pano; cobertura; colcha; 4 derrube; 5 DESPORTO queda na luta; 6 GEOLOGIA deslocamento vertical; 7 distância a que a luz é projectada; comprimento de um raio de luz; 8 hipótese; oportunidade; 9 curso de êmbolo; ~ *of the piston* curso do êmbolo ❖ [EUA] ~ *pillow* pequena almofada decorativa; [ant.] ~ *stick* bumerangue; *a stone's* ~ *(from)* a uma pequena distância (de); [coloq.] *a* ~ a cada um; por cada; *to* ~ *a fit* ter um ataque (de nervos); irritar-se; encolerizar-se; zangar-se; [EUA] *to* ~ *a (monkey) wrench in the works* encravar as coisas; sabotar as coisas; *to* ~ *a party* dar uma festa; *to* ~ *a punch* dar um murro; [GB] *to* ~ *a spanner in the works* encravar as coisas; sabotar as coisas; *to* ~ *caution to the wind(s)* mandar a prudência às urtigas; *to* ~ *cold water on* rejeitar; criticar; desanimar; fazer perder o entusiasmo por; *to* ~ *light on sth* lançar luz sobre algo; esclarecer algo; *to* ~ *money at* gastar rios de dinheiro com (um problema, para o resolver); [coloq.] *to* ~ *oneself at sb* atirar-se a alguém; *to* ~ *sb in/into prison/jail* meter alguém na prisão/cadeia; prender alguém; *to* ~ *sb off balance* deixar alguém desorientado; *to* ~ *sb to the wolves/lions/dogs* lançar alguém às feras; (objecto) *to* ~ *sth open* abrir algo violentamente; abrir algo com força; (local, competição, debate, etc.) *to* ~ *sth open (to the public/...)* abrir algo (ao público/...); [coloq.] *to* ~ *the book at sb* castigar alguém com a pena máxima

✦**throw about/around** *v.tr.* 1 atirar de um lado para o outro; brincar com; 2 agitar; *to throw one's arms about* agitar os braços ❖ *to throw one's money around* esbanjar dinheiro; ser gastador; *to throw one's weight around* fazer sentir a sua autoridade

✦**throw aside** *v.tr.* 1 atirar para o lado; 2 pôr de lado; 3 rejeitar

✦**throw away** *v.tr.* 1 deitar fora; deitar ao lixo; 2 (dinheiro) esbanjar, deitar pela janela; 3 deitar fora, desperdiçar, não aproveitar; *to* ~ *a chance* deitar fora uma oportunidade; *his advice was thrown away upon you* o conselho que ele te deu foi deitado fora; *she's thrown away on him* ele não é digno dela; *to* ~ *one's life* desperdiçar a vida

✦**throw back** *v.tr.* 1 atrasar; 2 lançar para trás; atirar para trás; puxar para trás; 3 (lançar de volta) devolver; reenviar; 4 (memória) fazer lembrar

✦**throw back on** *v.tr.* obrigar (alguém) a recorrer a (algo)

✦**throw down** *v.tr.* 1 (armas) depor; 2 atirar para o chão; deitar por terra ❖ ~ *the gauntlet (to sb)* desafiar (alguém) para um combate; lançar a luva (a alguém)

✦**throw in** *v.tr.* 1 incluir; oferecer; *with drinks thrown in* com as bebidas incluídas; 2 (comentário, observação, etc.) fazer; intervir; introduzir, lançar, soltar; *to* ~ *a remark* fazer uma observação

throwaway

casual; **3** embraiar ❖ *to ~ one's hand* renunciar; desistir; *to ~ one's lot with* compartilhar da sorte de; *to ~ the sponge/towel* (no boxe) atirar a esponja; dar o braço a torcer

◆**throw into** *v.tr.* **1** empregar em, aplicar em; **2** (situação difícil) lançar em, atirar para; *to throw sb into chaos* lançar alguém no caos ❖ *to throw oneself into sth* dedicar-se totalmente a alguma coisa; mergulhar de corpo e alma em alguma coisa

◆**throw off** *v.tr.* **1** (roupa) tirar à pressa, despir à pressa; **2** (limitação, doença) livrar-se de; libertar-se de; **3** despistar; fazer perder o rasto; *to throw the dogs off the scent* desorientar os cães, fazer os cães perder o rasto; **4** (luz, calor) libertar; **5** (comentário) fazer; mandar; **6** desorientar; **7** fazer sem pensar muito; improvisar ❖ *to ~ one's reserve* deixar de ser reservado; ser franco

◆**throw on** *v.tr.* **1** (roupa) enfiar, vestir à pressa; **2** pôr à pressa; **3** acrescentar

◆**throw out** *v.tr.* **1** deitar fora; deitar ao lixo; **2** expulsar; pôr na rua; despedir; **3** (ideia, plano, etc.) recusar, rejeitar, reprovar; **4** (fumo, calor, cheiro) emitir; produzir; deitar; **5** (proposta, sugestão, etc.) fazer; dar; *to ~ a hint* dar uma dica; *to ~ a challenge* lançar um desafio; **6** desembraiar ❖ *to throw the baby out with the bath water* deitar tudo fora (tanto o que tem como o que não tem valor)

◆**throw over** *v.tr.* **1** [ant., coloq.] (relação amorosa) acabar com, abandonar; *to throw sb over for sb* deixar alguém por outro; **2** virar

◆**throw together** *v.tr.* **1** fazer à pressa; preparar à pressa; **2** (pessoas) juntar por acaso

◆**throw up** Ⓐ *v.tr.* **1** construir à pressa; erguer à pressa; **2** desistir de; renunciar a; abandonar, deixar; *she threw up her job* ela deixou o emprego; **3** [GB] (ideias, questões, problemas, etc.) produzir, ocasionar, gerar; **4** (água, pó, pedras, etc.) levantar; atirar; **5** montar; erguer; *the campers threw up their tents* os campistas montaram as tendas; **6** levantar; erguer; *to ~ one's arms* levantar os braços no ar; *to throw one's eyes up* erguer o olhar Ⓑ *v.intr.* vomitar; *to ~ one's breakfast* vomitar o pequeno-almoço ❖ *to ~ one's hands in horror/dismay/disgust* mostrar-se horrorizado/consternado/enojado

throwaway ['θrəʊəweɪ] Ⓐ *adj.* **1** descartável; **2** de tara perdida; **3** *pl.* coisas para deitar fora Ⓑ *s.* [EUA] folheto publicitário

throwback ['θrəʊbæk] *s.* **1** movimento de recuo; **2** movimento para trás; **3** recuo, retrocesso; **4** BIOLOGIA reversão a um tipo ancestral

thrower ['θrəʊə] *s.* **1** atirador, lançador; **2** dispositivo para lançar uma carga de profundidade

throw-in ['θrəʊɪn] *s.* DESPORTO (futebol) lançamento (para colocação da bola em jogo)

throwing ['θrəʊɪŋ] *s.* **1** lançamento; arremesso; **2** derrube; **3** moldagem em roda de oleiro; **4** parto (de animais); **5** projecção ❖ *~ stick* bumerangue; *~ wheel* roda de oleiro; DESPORTO *hammer ~* lançamento do martelo; DESPORTO *javelin ~* lançamento do dardo

thrown ['θrəʊn] *part. pass. de* **to throw**

throw-off ['θrəʊːf] *s.* **1** DESPORTO (futebol) início do jogo; **2** partida (para uma corrida); **3** BOTÂNICA rebento

throw-out ['θrəʊaʊt] *s.* **1** desembraiagem automática; **2** ELECTRICIDADE interruptor automático; **3** *pl.* COMÉRCIO artigos defeituosos

throwster ['θrəʊstə] *s.* pessoa que torce seda

thru [θruː] ⇒ **through**

thrum [θrʌm] Ⓐ *s.* **1** (franja de urdume) cadilho; **2** fio solto; **3** NÁUTICA mialhar; **4** (piano, viola, etc.) som monótono; matraquear Ⓑ *v.tr.,intr.* (*particípios* -mm-) **1** (instrumento de corda) arranhar, tocar mal; **2** (com dedos) tamborilar ❖ *thrummed mat* coxim com feltro; *thread and ~* bom e mau

thrummy ['θrʌmɪ] *adj.* **1** peludo; **2** com as beiras por aparar

thrush [θrʌʃ] *s.* (*pl.* -es) **1** ZOOLOGIA (ave) tordo; **2** MEDICINA afta (sobretudo em crianças); **3** sapinhos; **4** inflamação da ranilha do casco dos cavalos

thrust [θrʌst] Ⓐ *v.tr.,intr.* (*prt. e part. pass.* **thrust**) **1** enfiar; meter; *he ~ the letter into his pocket* ele enfiou decididamente a carta no bolso; *to ~ one's nose into everything* meter o nariz em tudo; *she ~ her head out of the window* ela pôs a cabeça fora da janela; **2** empurrar com violência; impelir com força; atirar; **3** (tentar passar) meter; empurrar com força; abrir à força; *to ~ one's way* abrir caminho à força; **4** estender-se; espalhar-se; **5** trespassar, atravessar; espetar, furar; *to ~ a dagger into sb's heart* trespassar o coração de alguém com um punhal; *the sword ~ him through* a espada atravessou-o de lado a lado; **6** (espada) dar estocadas, ferir com estocada; *to ~ at sb* dirigir uma estocada a alguém Ⓑ *s.* **1** baque, ruído surdo; *to fall with a ~* cair com um baque Ⓒ *v.intr.* (*particípios* -dd-) cair/bater com um baque; **2** (com instrumento de ponta) golpe; *lance ~* golpe de lança; **3** (espada) estocada; *to make a ~ at* dirigir uma estocada a; **4** (faca, punhal) facada; punhalada; **5** [fig.] ponto principal; ideia--chave; **6** ataque militar; ofensiva; **7** ataque; crítica; *that was a ~ at him* isso foi um ataque dirigido a ele; **8** impulso; impulsão; **9** força propulsora, força de propulsão; impulso; **10** (engenharia civil) impulso ❖ GEOLOGIA *~ fault* falha de cavalgamento; *home ~* golpe certeiro

◆**thrust aside** *v.tr.* **1** empurrar para o lado; **2** pôr de lado, pôr de parte, afastar, rejeitar

◆**thrust on/upon** *v.tr.* impor a; impingir a; empurrar para [coloq.]; *to thrust oneself on sb* impor a sua companhia a alguém

thruster ['θrʌstə] *s.* **1** indivíduo que lança uma estocada; **2** pessoa que empurra; **3** pessoa que abre o seu caminho, empurrando; **4** caçador demasiado impetuoso, que não sabe esperar; **5** pessoa que procura impor-se, que procura chamar a atenção sobre si

thrusting ['θrʌstɪŋ] Ⓐ *adj.* **1** [depr.] ambicioso; agressivo; sem escrúpulos; **2** saliente Ⓑ *s.* **1** empurrão; **2** impulso, impulsão; **3** estocada

Thucydides [θjuːˈsɪdɪdiːz] *s.antr.* HISTÓRIA Tucídides

thud [θʌd] Ⓐ *s.* baque, ruído surdo; *to fall with a ~* cair com um baque Ⓑ *v.intr.* (*particípios* -dd-) cair/bater com um baque

thug [θʌg] *s.* **1** rufião; **2** bandido, assassino; **3** HISTÓRIA (Índia) tugue, membro de uma associação religiosa de assassinos, suprimida cerca de 1825

thuggee [θʌˈgiː] *s.* ⇒ **thuggism**

thuggery [ˈθʌgərɪ] *s.* ⇒ **thuggism**

thuggism [ˈθʌgɪzm] *s.* **1** banditismo; **2** HISTÓRIA tuguismo

thulium [ˈθjuːlɪəm] *s.* QUÍMICA (elemento químico) túlio

thumb [θʌm] Ⓐ *s.* **1** ANATOMIA (dedo) polegar; *to hold between finger and ~* segurar entre o indicador e o polegar; **2** ARQUITECTURA óvalo Ⓑ *v.tr.,intr.* **1** manusear com os dedos; **2** carregar com o polegar; tocar com o polegar; **3** sujar com os dedos, marcar com dedadas; **4** folhear; *to ~ the pages of a book* folhear as páginas dum livro; **5** [coloq.] pedir boleia, fazendo sinal com o polegar; *to ~ a lift* pedir boleia; **6** [depr.] (piano, viola, etc.) tocar mal, matraquear; *to ~ the piano* matraquear o piano, tocar mal piano ❖ (livro) *~ index* índice alfabético com letras em reentrâncias na borda da página; [rar.] *~ latch* aldraba manobrada com o polegar; *rule of ~* método prático de fazer as coisas; método baseado na experiência e no bom senso; [coloq.] *the thumbs down* desaprovação; recusa; desacordo; [coloq.] *the thumbs up* aceitação; acordo; concordância; [coloq.] *to be all (fingers and) thumbs* ter mãos de aranha; ser desastrado; *to be under sb's ~* estar sob o domínio de alguém; *to have (got) sb under one's ~* mandar em alguém; ter alguém controlado; (regra, lei, etc.) *to ~ one's nose (at sth/sb)* desrespeitar (algo/alguém); desafiar (algo/alguém); fazer pouco (de algo/alguém)

◆**thumb through** *v.tr.* **1** folhear; manusear; **2** consultar rapidamente

thumbed [θʌmd] *adj.* (livro) manchado com dedadas; manuseado

thumbless [ˈθʌmləs] *adj.* sem polegar

thumbling [ˈθʌmlɪŋ] *s.* [coloq.] anãozinho

thumbnail [ˈθʌmneɪl] Ⓐ *s.* **1** unha do polegar; **2** miniatura de imagem; **3** (publicidade) esquema Ⓑ *adj.* **1** breve, conciso, curto; *~ sketch* descrição muito concisa; **2** geral; *to give a ~ account of* dar uma ideia geral de

thumbnut [ˈθʌmnʌt] *s.* porca de orelhas, porca de aperto manual

thumbprint [ˈθʌmprɪnt] *s.* impressão digital do polegar

thumbscrew [ˈθʌmskruː] *s.* **1** instrumento de tortura para apertar os polegares; **2** parafuso de orelhas, parafuso de aperto manual

thumbstall [ˈθʌmstɔːl] *s.* dedeira protectora do polegar

thumbtack [ˈθʌmtæk] *s.* [EUA] (afixar papel) percevejo; tacha; pionés

thump [θʌmp] Ⓐ *s.* 1 murro, soco; 2 baque; pancada surda; *to fall with a ~* cair com um ruído surdo; 3 (mecanismo) batimento Ⓑ *v.tr.,intr.* 1 socar, esmurrar, agredir a soco; *she thumped the cushion flat* ela alisou a almofada, socando-a; *to ~ one another* socarem-se mutuamente; 2 bater em, martelar; 3 bater violentamente; *her heart was thumping* o coração batia-lhe violentamente ❖ (pregador) *to ~ the cushion* realçar as palavras batendo na borda do púlpito

◆**thump out** *v.tr.,intr.* MÚSICA (piano) martelar; *to ~ a tune* martelar uma melodia

thumper [ˈθʌmpə] *s.* 1 pessoa que bate/agride a soco; 2 coisa que bate; 3 [coloq.] algo/alguém que dá nas vistas; 4 grande mentira; *to tell thumpers* contar grandes petas

thumping [ˈθʌmpɪŋ] Ⓐ *adj.* 1 que bate; 2 [coloq.] muito grande, enorme; *that is a ~ lie* isso é uma mentira de se lhe tirar o chapéu Ⓑ *s.* 1 agressão a soco/murro; 2 pancada; 3 batimento; 4 baque surdo ❖ [coloq.] *a ~ great car* um carro formidável

thunder [ˈθʌndə] Ⓐ *s.* 1 trovão; trovoada; *a clap/crack/crash/roll of ~* um trovão; *there is ~ in the air* está um ar de trovoada; 2 (som forte) estrondo; trovoada*fig*; tempestade*fig*; *a ~ of applause* uma tempestade de aplausos; *the ~ of the waves* o barulho das ondas; 3 [rar.] fulminação; censura; *the thunders of the Church* as fulminações da Igreja Ⓑ *v.tr.,intr.* 1 trovejar; *it thunders* está a trovejar, trovoa; 2 (som forte) ribombar, estrondear, retumbar, atroar; 3 (voz ameaçadora) trovejar; berrar; vociferar; *to ~ against sb* vociferar contra alguém; *to ~ out an order* berrar uma ordem; *to ~ threats* trovejar ameaças ❖ *to have a face like ~* estar com cara de poucos amigos; *to steal sb's ~* tirar a alguém a oportunidade de brilhar, antecipando-se; roubar as atenções; *why in the name of ~ did you do it?* por que Diabo fizeste isso?; por que carga de água fizeste isso?

thunderbolt [ˈθʌndəbəʊlt] *s.* 1 raio; 2 [fig.] duro golpe, qualquer coisa súbita e terrível; 3 ameaça terrível; 4 meteorito

thunderclap [ˈθʌndəklæp] *s.* 1 trovão; 2 [fig.] bomba*fig*; notícia chocante; acontecimento súbito e terrível

thundercloud [ˈθʌndəklaʊd] *s.* 1 nuvem de trovoada; 2 [fig.] (problema, ameaça) nuvem negra*fig*.

thunderer [ˈθʌndərə] *s.* aquele que troveja, profere ameaças ❖ MITOLOGIA *the Thunderer* Júpiter

thundering [ˈθʌndərɪŋ] Ⓐ *adj.* 1 trovejante; 2 atroador, ribombante; tonante; *a ~ noise* um barulho atroador; 3 fulminante; 4 [coloq., ant.] bestial, fantástico; *a ~ lie* uma mentira fantástica Ⓑ *adv.* 1 extremamente; enormemente; *to be ~ glad* estar extremamente satisfeito; 2 invulgarmente Ⓒ *s.* trovoada ❖ *a ~ great fish* um peixe enorme; um peixe formidável; HISTÓRIA (12ª legião romana) *the Thundering Legion* a Legião Fulminante

thunderingly [ˈθʌndərɪŋlɪ] *adv.* 1 trovejantemente, atroadoramente, ribombantemente; 2 [coloq.] extremamente, invulgarmente

thunderous [ˈθʌndərəs] *adj.* 1 de trovoada, que anuncia trovoada; 2 ameaçador; 3 atroador, trovejante; 4 de ensurdecer

thunderously [ˈθʌndərəslɪ] *adv.* atroadoramente

thundershower [ˈθʌndəʃaʊə] *s.* aguaceiro acompanhado de trovoada

thunderstorm [ˈθʌndəstɔːm] *s.* trovoada; tempestade

thunderstroke [ˈθʌndəstrəʊk] *s.* 1 trovão; 2 [fig.] acontecimento terrível

thunderstruck [ˈθʌndəstrʌk] *adj.* 1 assombrado; estupefacto; 2 [ant.] fulminado por um raio

thundery [ˈθʌndərɪ] *adj.* 1 tempestuoso; 2 de trovoada; 3 com prenúncios de trovoada

Thurgovian [tʊəˈɡəʊvɪən] Ⓐ *adj.* relativo à Turgóvia Ⓑ *s.* natural ou habitante da Turgóvia

thurible [ˈθʊərɪbəl] *s.* turíbulo

thurifer [ˈθʊərɪfə] *s.* turiferário; aquele que leva o turíbulo em procissões ou actos solenes

thuriferous [ˌθʊəˈrɪfərəs] *adj.* BOTÂNICA turífero, que produz incenso

Thuringia [θjʊəˈrɪndʒɪə] *s.top.* Turíngia

Thuringian [θjʊəˈrɪndʒɪən] Ⓐ *adj.* turingiano; relativo à Turíngia Ⓑ *s.* turingiano

Thursday [ˈθɜːzdɪ] *s.* quinta-feira; *on ~* na quinta-feira; *on Thursdays* às quintas-feiras ❖ *~ afternoon* quinta-feira de tarde; *~ morning* quinta-feira de manhã; RELIGIÃO *Holy ~* a festa da Ascensão; Quinta-Feira Santa

thus [ðʌs] *adv.* 1 assim; deste modo; desta maneira; *it ~ becomes clear that…* deste modo se torna evidente que…; 2 por conseguinte, nestas condições, nestes termos; 3 portanto; 4 até aqui, até este ponto ❖ *~ far* até aqui; até este ponto; *~ much* tanto; FILOSOFIA (Nietzsche) *~ spoke Zarathustra* Assim Falou Zaratustra

thusly [ˈðʌslɪ] *adv.* [joc.] assim, deste modo, desta maneira

thuya [ˈθjuːjə] *s.* BOTÂNICA tuia

thwack [θwæk] Ⓐ *s.* 1 paulada; 2 pancada forte; 3 bordoada Ⓑ *v.tr.* 1 dar pauladas ou bordoadas em; 2 espancar

thwart [θwɔːt] Ⓐ *s.* NÁUTICA banco de remador; bancada de embarcação Ⓑ *adj.* atravessado; transversal Ⓒ *v.tr.* 1 opor-se a, contrariar, frustrar, impedir; *to ~ sb's plans* frustrar os planos de alguém; 2 intrometer-se em; atravessar-se no caminho de Ⓓ *adv.* [arc.] transversalmente; de través Ⓔ *prep.* [arc.] através de

thwart-carling [ˈθwɔːtkɑːlɪŋ] *s.* NÁUTICA galiota

thwartship [ˈθwɔːtʃɪp] *adj.* 1 transversal; 2 através do navio

thwartships [ˈθwɔːtʃɪps] *adv.* NÁUTICA 1 transversalmente; 2 de lado a lado

thy [ðaɪ] *adj.poss.* [arc., poét.] [geralm. substituído por *thine* antes do som vocálico] teu, tua, teus, tuas; *it was ~ fault* a culpa foi tua

Thyestean [θaɪˈestɪən] *adj.* 1 relativo a Tiestes; 2 tiéstico, atroz

Thyestes [θaɪˈestiːz] *s.* MITOLOGIA Tiestes, irmão gémeo de Atreu

thyiad [ˈθaɪɪæd] *s.* tíade, sacerdotisa de Baco; bacante

thylacine [ˈθaɪləsɪn] *s.* ZOOLOGIA tilacino, lobo-da-tasmânia

thyme [taɪm] *s.* BOTÂNICA timo, tomilho ❖ *~ oil* essência de tomilho

thymelaea [ˌtɪmɪˈlɪə] *s.* BOTÂNICA timeleia

Thymelaeaceae [ˌtɪmɪlɪˈeɪsiː] *s.pl.* BOTÂNICA Timeleáceas

thymelaeaceous [ˌtɪmɪlɪˈeɪʃəs] *s.* timeleáceo

thymele [ˈθɪmɪliː] *s.* tímele, espécie de altar consagrado a Dionísio nos teatros da antiga Grécia

thymic [ˈθaɪmɪk] *adj.* 1 ANATOMIA tímico; relativo ao timo; 2 QUÍMICA tímico; *~ acid* ácido tímico

thymol [ˈθaɪmɒl] *s.* QUÍMICA timol

thymus [ˈθaɪməs] *s.* ANATOMIA timo

thyroid [ˈθaɪrɔɪd] Ⓐ *adj.* ANATOMIA tireóideo, tiroideu Ⓑ *s.* ANATOMIA tireóide, tiróide ❖ *~ artery* artéria tireóidea; *~ cartilage* cartilagem tireóidea; *~ gland* glândula tireóidea

thyroidectomy [ˌθaɪrɔɪˈdektəmɪ] *s.* CIRURGIA tiroidectomia

thyroidism [ˈθaɪrɔɪdɪzəm] *s.* MEDICINA tireoidismo

thyrse [θɜːs] *s.* BOTÂNICA tirso

thyrsus [ˈθɜːsəs] *s.* (*pl.* -i) tirso, bastão rematado em forma de pinha, que era o emblema de Baco

thysanopter [ˈθɪsənˌɒptə] *s.* ZOOLOGIA tisanóptero

thysanopterous [ˌθɪsənˈɒptərəs] *adj.* (insectos) tisanóptero; relativo aos tisanópteros

thysanura [ˌθɪsəˈnjʊərə] *s.pl.* ZOOLOGIA tisanuros

thysanuran [ˌθɪsəˈnjʊərən] Ⓐ *adj.* (insectos) relativo aos tisanuros Ⓑ *s.* (insecto) tisanuro

thyself [ðaɪˈself] *pron.refl.,enf.* 1 [arc., poét.] te, a ti mesmo; 2 tu mesmo

ti [tiː] *s.* 1 ti; 2 variedade de árvores com raízes comestíveis

Ti QUÍMICA [símbolo de titanium]

tiara [tɪˈɑːrə] *s.* tiara

Tib [tɪb] *s.* [arc.] mulher pública, prostituta ❖ *on Tib's Eve* nunca; para os calendas gregas

tibby [ˈtɪbɪ] *s.* gato

Tiber [ˈtaɪbə] *s.top.* (rio) Tibre

Tiberian [taɪˈbɪərɪən] *adj.* 1 tibérico, tiberiano; 2 relativo a Tiberíades

Tiberius [taɪˈbɪərɪəs] *s.antr.* HISTÓRIA Tibério

Tibet [tɪˈbet] *s.top.* Tibete

Tibetan [tɪˈbetən] Ⓐ *adj.* tibetano; relativo ao Tibete Ⓑ *s.* tibetano

tibia [ˈtɪbɪə] *s.* (*pl.* -ae ou -as) ANATOMIA tíbia

tibiotarsal [ˌtɪbɪəʊˈtɑːsəl] *adj.* ANATOMIA tibiotársico, tibiotarsiano

tic [tɪk] *s.* tique

tichodroma [ˌtɪkəʊˈdrəʊmə] *s.* ZOOLOGIA ticódroma, trepadeira-dos-muros

tick ['tɪk] Ⓐ s. 1 tiquetaque; 2 [coloq.] instante, momento, segundo; *in two ticks* em dois segundos; *I shall be back in a ~* eu venho num instante; *just a tick!* um momento!; 3 (sinal) visto; *to put a ~ against a name* marcar um nome com um visto; 4 ZOOLOGIA carraça; 5 parte externa de colchão/almofada; 6 (tecido para colchões) riscado; 7 [coloq.] crédito; *to buy on ~* comprar a crédito; *to get ~* conseguir crédito; *to go on ~* recorrer ao crédito Ⓑ *v.tr.,intr.* 1 fazer tiquetaque; 2 (listas, números, etc.) marcar com um visto; assinalar (com visto); 3 [coloq.] conceder crédito; *to ~ with sb* conseguir crédito junto de alguém ❖ MEDICINA *~ fever* febre da carraça; [EUA] *as full as a ~* cheio como um ovo; *at five to the ~* às cinco em ponto; *on the ~* à hora exacta; *what makes sb ~* aquilo que mexe com alguém

◆**tick away/by** Ⓐ *v.tr.* (relógio, taxímetro) marcar o tempo Ⓑ *v.intr.* (tempo) passar

◆**tick off** *v.tr.* 1 (items) marcar; assinalar; 2 [GB] ralhar; repreender; 3 [EUA] chatear; aborrecer; *this is ticking me off* isto já está a chatear-me

◆**tick over** *v.intr.* 1 [GB] (motor) girar em marcha muito lenta; trabalhar ao mínimo; 2 (negócio, etc.) ir andando

ticker ['tɪkə] s. 1 telégrafo impressor; 2 registador automático de cotações na bolsa; 3 [coloq.] relógio; 4 [joc.] coração

ticket ['tɪkɪt] Ⓐ s. 1 bilhete; *a concert ~/a ~ for the concert* um bilhete para o concerto; *admission ~* bilhete de entrada; *bus ~* bilhete de autocarro, senha de autocarro; *lottery ~* bilhete de lotaria; *return ~* bilhete de ida e volta; *single/one-way ~* bilhete de ida; 2 senha; *cloakroom ~* senha de vestiário; TEATRO *box ~* senha de camarote; 3 (estrada) multa; aviso de multa; *parking ~* multa de estacionamento; 4 (loja) etiqueta; 5 [EUA] POLÍTICA (partido político) lista de candidatos; *the Democratic ~* a lista de candidatos do partido democrático; 6 POLÍTICA programa de partido político, programa eleitoral; 7 [fig.] (forma de acesso) passaporte$_{fig.}$; *a ~ to fame/success/etc.* um passaporte para a fama/o sucesso/etc.; 8 (piloto, capitão de navio) licença; carta; brevete; NÁUTICA *to get one's (master's) ~* passar nas provas para capitão; AERONÁUTICA *to get one's (pilot's) ~* brevetar-se, tirar carta de piloto aviador; 9 MILITAR [cal.] baixa, licenciamento; *to get one's ~* dar baixa ao serviço Ⓑ *v.tr.,intr.* 1 vender bilhetes; 2 etiquetar; pôr etiqueta em; 3 (estrada) multar, passar uma multa a; 4 designar; atribuir ❖ *~ collector* revisor; pessoa que recolhe os bilhetes; *~ controller* revisor; (passageiro, espectador, etc.) *~ holder* pessoa munida de bilhete; *~ office* bilheteira; *~ tout/scalper* candongueiro; [GB] HISTÓRIA *~ of leave* liberdade condicional (concedida a preso que já cumpriu parte da sentença); [coloq.] *to be (just) the ~* ser precisamente aquilo que é necessário

ticketer ['tɪkɪtə] s. máquina de etiquetar ou rotular

ticketing ['tɪkɪtɪŋ] s. 1 etiquetagem; 2 colocação de etiquetas ou rótulos

ticking ['tɪkɪŋ] s. 1 tiquetaque; 2 (número, nome em lista, etc.) marcação com um sinal; 3 (tecido para colchões, etc.) riscado ❖ [coloq.] *~ off* repreensão; censura; (motor) *~ over* funcionamento muito lento

tickle ['tɪkl] Ⓐ s. 1 cócegas; 2 (desagradável) comichão; irritação; 3 titilação; prurido Ⓑ *v.tr.,intr.* 1 fazer cócegas a; *don't tickle!* não faças cócegas!; 2 fazer comichão; *pepper tickles when it gets into the nose* a pimenta faz comichão quando entra no nariz; 3 sentir cócegas; 4 divertir; agradar a; *I was hugely tickled at the idea* essa ideia divertiu-me imenso; 5 (truta, etc.) apanhar à mão ❖ *to ~ the carburettor* encharcar o carburador; *to ~ sb's vanity* lisonjear a vaidade de alguém; *to ~ with joy* saltar de alegria; pular de contentamento; [coloq.] *to be tickled pink* estar deliciado; [coloq.] *to be tickled to death at sth* rebolar-se de riso com alguma coisa

◆**tickle up** *v.tr.,intr.* estimular, excitar

tickler ['tɪklə] s. 1 problema sério, questão embaraçosa; 2 aquilo ou aquele que faz cócegas; 3 pena empregada para fazer cócegas; 4 livro ou caderno de lembranças ou apontamentos; 5 bóia de carburador; 6 ELECTRICIDADE bobina de reacção

tickling ['tɪklɪŋ] Ⓐ *adj.* 1 que faz cócegas; 2 que faz comichão Ⓑ *s.* 1 cócegas; 2 pesca à mão

ticklish ['tɪklɪʃ] *adj.* 1 coceguento; com cócegas; 2 sensível, susceptível; 3 instável; 4 difícil, delicado, melindroso, crítico; *a ~ issue* uma questão delicada; *a ~ situation* uma situação crítica

ticklishly ['tɪklɪʃlɪ] *adv.* 1 susceptivelmente; 2 melindrosamente

ticklishness ['tɪklɪʃnɪs] *s.* 1 sensibilidade às cócegas; 2 susceptibilidade; 3 instabilidade; 4 delicadeza, dificuldade, melindre

ticktack ['tɪktæk] Ⓐ s. 1 tiquetaque (de relógio); 2 sinais usados pelos *bookmakers* Ⓑ *v.tr.,intr.* 1 fazer tiquetaque; 2 (bookmakers) transmitir por meio de sinais

tick-tick ['tɪktɪk] s. [infant.] relógio

ticktock ['tɪktɒk] *v.tr.,intr.,s.* ⇒ **tick**

ticky ['tɪkɪ] s. [Áfr. do S.] moeda de três dinheiros

tictac ['tɪktæk] s. ⇒ **ticktack**

tidal ['taɪdl] *adj.* 1 relativo a maré; dependente de maré; 2 [fig.] flutuante; variável; incerto, inconstante ❖ *~ air* ar de respiração; *~ dock* doca sujeita ao movimento das marés; *~ energy/~ power* energia das marés; *~ harbour* porto de marés; *~ river* rio sujeito a marés até certa distância da foz; *~ wave* tsunami; onda gigantesca; torrente irresistível

tidbit ['tɪdbɪt] s. ⇒ **titbit**

tiddle-dy-winks ['tɪdlɪwɪŋks] s. jogo de sala com pequenos discos de marfim que se fazem saltar para dentro de uma bandeja colocada no centro de uma mesa

tiddle-fish ['tɪdlfɪʃ] s. ZOOLOGIA anjo-do-mar

tiddler ['tɪdlə] s. 1 ZOOLOGIA esgana-gata, espinhela; 2 [fig.] peixe miúdo$_{fig.}$; 3 pequenito, miudito

tiddly ['tɪdlɪ] Ⓐ *adj.* [coloq.] (bebida) alegre$_{fig.}$, tocado, com um grão na asa$_{fig.}$ Ⓑ *s.* [coloq.] bebida alcoólica

tiddly-winks ['tɪdlɪwɪŋks] s. ⇒ **tiddle-dy-winks**

tide [taɪd] Ⓐ s. 1 maré; *at high/low ~* na maré alta/baixa; *counter ~* maré contrária; *falling ~* maré vazante, vazante; *rising ~* enchente; 2 corrente; curso; tendência; 3 [fig.] (grande quantidade) maré; onda; *a ~ of protest* uma maré de protestos, uma onda de protestos; 4 [fig.] ponto crítico; período difícil; 5 [arc.] época, estação, quadra; tempo; ocasião; período; 6 [arc.] porção de tempo, período de tempo, espaço de tempo; 7 [arc.] momento oportuno Ⓑ *v.tr.,intr.* 1 (maré) transportar, levar; 2 seguir com a maré; 3 mover-se como a maré; 4 [arc.] acontecer, suceder ❖ *~ gate* comporta de canal reguladora das marés; dique; *~ gauge* marégrafo; *~ race* corrente forte; (reviravolta) *the turn of the ~* a mudança da maré; a mudança das coisas; *to go/swim against the ~* remar contra a maré; ir contra a corrente; *to go/swim with the ~* nadar ao sabor da corrente; seguir com a maré; NÁUTICA *to work double tides* trabalhar dobrado; trabalhar dia e noite

◆**tide over** *v.tr.* ajudar a ultrapassar uma dificuldade; desenrascar$_{coloq.}$; *that money will tide him over* esse dinheiro ajudá-lo-á a vencer as dificuldades; *to tide sb over a difficulty* ajudar alguém a vencer uma dificuldade

tideland ['taɪdlænd] s. [EUA] terra inundada pelas marés; marisma

tideless ['taɪdləs] *adj.* sem marés

tidemark ['taɪdmɑːk] s. 1 linha da maré alta; 2 [coloq.] (banheira, corpo) linha de sujidade

tide-rip ['taɪdrɪp] s. 1 contra-corrente; 2 turbulência

tidesman ['taɪdzmən] s. (*pl.* **-men**) funcionário da alfândega que vai a bordo

tidewaiter ['taɪdweɪtə] s. HISTÓRIA funcionário da alfândega que vai a bordo

tideway ['taɪdweɪ] s. 1 canal por onde corre a maré; subida e descida da maré num destes canais; 2 corrente; fluxo

tidily ['taɪdɪlɪ] *adv.* 1 com arrumação; 2 asseadamente; 3 ordenadamente

tidiness ['taɪdɪnɪs] s. arrumação, asseio, arranjo

tidings ['taɪdɪŋz] *s.pl.* notícias; *the ~ come too late* as notícias chegam demasiado tarde

tidy ['taɪdɪ] Ⓐ *adj.* (*comp.* **-ier**, *superl.* **-iest**) 1 arrumado; em ordem; *a ~ room* um quarto (bem) arrumado; 2 limpo; asseado; 3 bem arranjado; 4 cuidadoso, metódico; organizado; *she is very ~* ela é muito organizada; 5 [coloq.] considerável, bastante grande; *a ~ sum of money* uma boa quantia, uma boa soma de dinheiro; 6 bom; *~ customers* bons fregueses Ⓑ *s.* (*pl.* **-ies**) 1 cobertura bordada para espaldar ou braços de poltrona; 2 cesto de lixo; recipiente para lixo; 3 despeja-bolsos Ⓒ *v.tr.,intr.* assear, arrumar, pôr em ordem ❖ *to ~ oneself* arranjar-se; (na rua) *street ~* recipiente para papéis

◆**tidy away** *v.tr.* arrumar em gaveta ou caixa; guardar

◆**tidy out** v.tr. fazer arrumações a
◆**tidy up** Ⓐ v.intr. **1** pôr tudo em ordem; **2** arranjar-se Ⓑ v.tr. arrumar; *to ~ a room* arrumar um aposento
tie [taɪ] Ⓐ v.tr.,intr. (prt. e part. pass. **-d**, gerúnd. **tying**) **1** (corda, fita, fio, etc.) atar; amarrar; prender; *to ~ sb's legs together* amarrar as pernas de alguém; **2** apertar; dar nó (a), dar laço (a); *to ~ one's shoelaces* apertar os cordões dos sapatos; *to ~ a knot* dar um nó; *to ~ sth fast* apertar bem alguma coisa; **3** ligar; relacionar; vincular; **4** [fig.] prender; amarrar; limitar; restringir; sujeitar; entravar; *honour ties them* é a honra que os prende; *he is tied to his bed* ele está preso à cama, ele não pode deixar o leito (por doença); **5** (desporto, competição, jogo) empatar; ter o mesmo resultado; *the two teams tied* as duas equipas empataram Ⓑ s. **1** VESTUÁRIO gravata; **2** laço; ligação; vínculo; *ties of blood* laços de sangue; *family ties* laços de família, laços familiares; *to break one's ties with* quebrar os laços com; **3** atilho; fio; corda; cordão; **4** empate; igualdade de pontos; igualdade de votos; *the game ended in a ~* o jogo terminou com um empate; **5** [fig.] limitação; restrição; prisão; sujeição; **6** [GB] DESPORTO jogo, desafio; **7** [EUA] (caminhos-de-ferro) dormente, chulipa; **8** (construção) caibro; travessa; **9** MÚSICA ligadura ❖ ~ *clip* travessão de gravata; [EUA] ~ *tack/tac* alfinete de gravata; (mãe, mulher) *to be tied to sb's apron strings* andar agarrado às saias de alguém; [EUA] [coloq.] *to ~ one on* embebedar-se; [coloq.] *to ~ oneself (up) in knots* meter-se em dificuldades; ficar confuso; meter os pés pelas mãos; *to ~ sb's hands* atar as mãos a alguém; manietar alguém; impedir alguém de agir; [coloq.] *to ~ sb (up) in knots* confundir alguém; [coloq.] (casamento) *to ~ the knot* dar o nó
◆**tie back** v.tr. (cabelo) prender, amarrar (para trás)
◆**tie down** v.tr. **1** amarrar; atar; **2** [fig.] amarrar; prender; restringir; fazer (alguém) comprometer-se; *to tie sb down to a contract* prender alguém a um contrato; *to tie sb down to facts* não permitir que alguém se afaste dos factos; *to be tied down to* ficar preso a; comprometer-se com; **3** (soldado, polícia) reter; obstruir
◆**tie in** v.tr.,intr. **1** ligar-se [**with**, a]; estar relacionado, relacionar-se [**with**, com]; **2** bater certo; conjugar-se; **3** (acontecimentos) coincidir, fazer coincidir [**with**, com]
◆**tie up** v.tr.,intr. **1** amarrar; atar; **2** ligar; *to ~ a wound* ligar uma ferida; **3** (cordão, atacador) apertar; **4** ocupar; *to be tied up* estar ocupado, não ter disponibilidade; **5** reter; **6** [EUA] (trânsito) bloquear; **7** NÁUTICA amarrar, ancorar; **8** (negócio, acordo, plano, etc.) finalizar; fechar; levar a bom porto; **9** relacionar [**with**, com]; ligar [**with**, a]; associar [**with**, a/com]; **10** DIREITO (capital) imobilizar; investir; **11** DIREITO tornar inalienável; *to ~ a succession* tornar uma propriedade inalienável ❖ *to ~ loose ends* terminar o que ficou pendente; esclarecer o que ficou por explicar
tiebreak ['taɪbreɪk] s. **1** desempate; **2** DESPORTO (ténis) *tiebreak*
tiebreaker ['taɪbreɪkə] s. **1** desempate; **2** método de desempate; **3** DESPORTO (ténis) *tiebreak*
tiebreaking ['taɪbreɪkɪŋ] adj. **1** de desempate; **2** decisivo
tied [taɪd] adj. **1** DESPORTO empatado; **2** [GB] (alojamento) cedido enquanto o inquilino trabalha para o senhorio; **3** [GB] (pub, bar) que dá exclusividade a uma cervejeira; **4** emprestado desde que seja gasto em produtos de quem empresta
tie-in ['taɪɪn] s. **1** relação, ligação; **2** (marketing, vendas) lote, pacote de dois produtos; **3** CINEMA, LITERATURA adaptação
tiepin ['taɪpɪn] s. alfinete de gravata
tier[1] [tɪə] Ⓐ s. **1** (em anfiteatro) fila; renque; **2** fileira, fiada; **3** prateleira; **4** camada; *in tiers* em camadas; **5** escalão, nível; **6** pl. NÁUTICA aduchas, fiadas Ⓑ v.tr. **1** empilhar; **2** dispor em camadas ❖ NÁUTICA *tiers of cable* aduchas; voltas de cabo enrolado; NÁUTICA *first ~* primeiro-balcão
tier[2] [taɪə] s. aquele que prende, ata ou liga
tierce [tɪəs] s. **1** terça parte de uma pipa (cerca de 36 galões em Inglaterra e 42 nos E. U. A.); **2** terça parte de certas medidas; **3** (jogos de cartas) série de três cartas do mesmo naipe; **4** DESPORTO (esgrima) terceira posição; **5** (hora canónica) terça, térça
tierced ['tɪəst] adj. HERÁLDICA terciado
tiercel ['tɜːsəl] s. ZOOLOGIA falcão-macho
tiered ['tɪəd] adj. **1** às camadas; **2** em degraus; **3** disposto em terraços
tie-up ['taɪʌp] s. **1** situação sem saída; **2** união ou associação de casas comerciais; **3** [coloq.] (boxe) golpe de misericórdia; **4** fita; **5** [EUA] (trânsito, etc.) obstrução; engarrafamento; **6** (caminhos-de-ferro) greve; **7** paragem; interrupção

tiff [tɪf] Ⓐ s. **1** questiúncula sem importância; **2** amuo; **3** arrufo (de namorados); **4** pequena desavença; **5** trago, gole Ⓑ v.tr.,intr. **1** estar amuado; **2** almoçar; **3** beberricar, beber um trago de; **4** beber
tiffany ['tɪfənɪ] s. gaze de seda
tiffin ['tɪfɪn] Ⓐ s. [Índia] almoço, refeição leve, sobretudo de pratos preparados com caril e fruta Ⓑ v.intr. tomar uma refeição leve, sobretudo de pratos preparados com caril e fruta
tig [tɪg] Ⓐ s. jogo do gato e do rato Ⓑ v.tr. (particípios: **-gg-**) tocar (alguém) no jogo do gato e do rato
tige [tiːʒ] s. **1** BOTÂNICA haste, caule; **2** ARQUITECTURA fuste de coluna
tigel [tɪ'ʒel] s. BOTÂNICA caulículo
tigellate ['tɪdʒɪlɪt] adj. BOTÂNICA com caulículo
tigelle [tɪ'ʒel] s. BOTÂNICA caulículo
tiger ['taɪgə] s. **1** ZOOLOGIA tigre; **2** [fig.] (indivíduo ousado ou cruel) tigre; **3** [EUA] [ant., coloq.] aclamação extra depois dos três vivas regulamentares; **4** [GB] [arc.] (criado) lacaio de libré ❖ ZOOLOGIA ~ *beetle* cicindela; ZOOLOGIA ~ *cat* gato tigrado; gato listrado; tigre-gato; ocelote; serval; BOTÂNICA ~ *flower* tigrídia; BOTÂNICA ~ *lily* lírio tigrino; ZOOLOGIA ~ *shark* tubarão tigre; ~ *wood* madeira da Guiana Inglesa, própria para mobílias; ZOOLOGIA *American* ~ jaguar; onça pintada; puma; onça parda; *Bengal* ~ tigre-de-Bengala; tigre-real; (adversário só aparentemente perigoso) *paper* ~ tigre de papel
tigerish ['taɪgərɪʃ] adj. **1** tigrino, atigrado; **2** próprio de tigre; **3** semelhante ao tigre; **4** sanguinário, feroz, cruel
tiger's-eye ['taɪgəzaɪ] s. (gema) olho-de-tigre
tight [taɪt] Ⓐ adj. **1** apertado; firme, bem apertado; ~ *knot* nó apertado; *the cork is too ~* a rolha está demasiado apertada; **2** (junto ao corpo) apertado; justo; ~ *shoes* sapatos apertados; **3** (pouco espaço) apertado; estreito; **4** esticado; tenso; ~ *belt* correia esticada; **5** apertado; rigoroso, severo; exigente; ~ *security* segurança apertada; **6** (tempo, dinheiro) apertado; escasso; *a ~ deadline* um prazo apertado; *a ~ budget* um orçamento apertado; **7** [coloq.] avarento, avaro, sovina, somítico; **8** (relação) unido, chegado, estreito, próximo; **9** (curva) apertado; **10** (expressão, voz) tenso; angustiado; **11** sem falhas, sem erros; **12** (competição) renhido; bem disputado; *a ~ battle* uma batalha renhida; DESPORTO ~ *match* desafio bem disputado; **13** [ant., coloq.] bêbedo; *to get ~* embriagar-se; **14** vedado, calafetado; *to make ~* vedar; **15** estanque; impermeável; ~ *joint* junta estanque; ~ *riveting* rebitagem estanque; **16** conciso; sucinto Ⓑ adv. **1** (segurar, agarrar, fechar, etc.) com firmeza, firmemente; com força, fortemente; bem; *to hold ~* agarrar bem, agarrar com firmeza, segurar com firmeza; *hold on tight!* segura-te bem!; *to squeeze ~* apertar com força; *to shut sth ~* fechar bem alguma coisa; **2** até ficar apertado; até ficar justo ou ajustado; *to fit ~* estar bem ajustado; *her belt was buckled ~* ela trazia o cinto muito apertado; *to blow up a football ~* encher uma bola até ficar bem esticada; **3** hermeticamente; *to close ~* fechar hermeticamente; **4** bem; *to sleep ~* dormir bem ❖ [arc., coloq.] *blow me tight!* com a breca!; macacos me mordam!; *to be in a ~ spot/place/corner* estar num aperto; estar numa situação difícil; [ant.] *to keep a ~ hand over* ter mão firme em; *to keep a ~ rein on/to keep on a ~ rein* manter rédea curta em; controlar firmemente; (empresa, negócio, organização, etc.) *to run/keep a ~ ship* controlar de forma rigorosa e eficiente; *to sit ~* não sair do lugar; não mudar de ideias
tighten ['taɪtn] v.tr.,intr. **1** apertar; **2** esticar; pôr/ficar mais tenso; **3** (controlo, regulamentos) reforçar; tornar mais rigoroso; **4** comprimir(-se); cerrar(-se); *her lips tightened* os lábios cerraram-se-lhe ❖ *to ~ a rule* tornar uma regra mais rigorosa; (falta de dinheiro) *to ~ one's belt* apertar o cinto
◆**tighten up** v.tr. **1** (controlo, regulamentos) reforçar; tornar mais rigoroso; **2** atarraxar; *to ~ a screw* atarraxar um parafuso
tightener ['taɪtnə] s. **1** tensor; esticador; **2** [coloq.] comezaina; jantarada
tightening ['taɪtnɪŋ] s. **1** aperto; esticamento; **2** limitação; restrição; **3** escassez
tight-fisted ['taɪtfɪstɪd] adj. avaro, avarento, agarrado
tight-fitting [ˌtaɪt'fɪtɪŋ] adj. **1** que fecha hermeticamente; **2** (vestuário) justo, que se cola ao corpo
tight-knit [taɪt'nɪt] adj. **1** muito unido, de fortes laços, de laços estreitos; **2** bem organizado, planeado ao pormenor

tight-lipped ['taɪtlɪpd] adj. 1 (calado) de boca fechada fig.; 2 (zangado) trombudo, carrancudo, tenso

tightly ['taɪtlɪ] adv. 1 fortemente; firmemente; 2 rigorosamente; 3 compactamente; 4 com muita união; estreitamente ❖ (roupa) ~ *fitting* muito justo; (comunidade, etc.) ~ *knit* muito unido; com laços muito fortes; (abraço) *to hold sb* ~ apertar alguém contra si; [coloq.] *we were* ~ *packed* estávamos como sardinha em lata

tightness ['taɪtnɪs] s. 1 estancamento; 2 impermeabilidade; 3 aperto; estreiteza; 4 (músculos) retesamento; 5 (mercado) escassez de dinheiro; 6 opressão; tensão ❖ ~ *of the chest* dificuldade em respirar; opressão no peito

tight-packed ['taɪtpækd] adj. apertado, como sardinha em lata

tightrope ['taɪtrəʊp] s. corda bamba; *to be/walk on a* ~ estar na corda bamba ❖ ~ *walker* equilibrista; funâmbulo

tights [taɪts] s.pl. 1 VESTUÁRIO meia-calça, collants; 2 VESTUÁRIO (traje justo) malha

tight-shut ['taɪtʃʌt] adj. hermeticamente fechado

tightwad ['taɪtwɒd] s. [EUA, Can.] (insulto) unhas-de-fome, avarento, sovina

tigress ['taɪgrɪs] s.f. (pl. -es) 1 ZOOLOGIA tigre-fêmea; 2 [fig.] (mulher) tigresa

tigrine ['taɪgraɪn] adj. tigrino

Tigris ['taɪgrɪs] s.top. (rio) Tigre

tike [taɪk] s. ⇒ **tyke**

til [tɪl] s. BOTÂNICA sésamo

tilbury ['tɪlbərɪ] s. (pl. **-ies**) tílburi

tilde ['tɪldə] s. (sinal gráfico) til

tile [taɪl] Ⓐ s. 1 azulejo; ladrilho; tijoleira; *Dutch* ~ azulejo; *paving* ~ ladrilho para pavimentação; 2 telha; *plain* ~ telha lisa; 3 [ant., coloq.] chapéu alto, cartola; 4 (majungue, scrabble, etc.) peça, pedra; 5 tubo de escoamento Ⓑ v.tr. 1 cobrir com azulejos; ladrilhar; cobrir com tijoleira; 2 telhar, cobrir de telhas ❖ ~ *kiln* forno para cozer telhas; [GB] [coloq.] *to be on the tiles* nos copos; na pândega; no pagode; [ant., coloq.] *to have a* ~ *loose* ter uma aduela a menos; não regular bem da cabeça

tiled [taɪld] adj. 1 coberto de telha; 2 coberto com azulejos

tiler ['taɪlə] s. 1 colocador de telhas, telhador; 2 colocador de azulejos; 3 mação que se põe de guarda a loja ou reunião

tilery ['taɪlərɪ] s. 1 telhal, telheira; 2 fábrica de azulejos

tilework ['taɪlwɜːk] s. superfície de azulejos; superfície ladrilhada; tijoleira

Tiliaceae [tɪlɪ'eɪsɪiː] s.pl. BOTÂNICA Tiliáceas

tiliaceous [tɪlɪ'eɪʃəs] adj. BOTÂNICA tiliáceo

tiling ['taɪlɪŋ] s. 1 colocação de telhas; 2 telhadura; 3 telhado, cobertura de telhas; 4 colocação de azulejos; 5 cobertura de azulejos

till [tɪl] Ⓐ v.tr. (terra) cultivar; lavrar Ⓑ s. 1 COMÉRCIO caixa registadora; 2 GEOLOGIA tilito; bloco errático Ⓒ prep. (tempo, limite) até; a; *from morning* ~ *night* de manhã à noite; ~ *next week* até à próxima semana; ~ *now* até agora; ~ *tomorrow* até amanhã; *to laugh* ~ *one cries* rir até às lágrimas; *to wait* ~ *later* esperar até mais tarde; *walk on* ~ *you come to the gate* continue até chegar ao portão Ⓓ conj. até que ❖ [coloq.] *he was caught with his hand in the* ~ foi apanhado em flagrante; foi apanhado com a boca na botija; *she won't come* ~ *after tea* ela só virá depois do chá

tillable ['tɪləbl] adj. arável, cultivável

tillage ['tɪlɪdʒ] s. 1 amanho da terra; 2 agricultura, lavoura; 3 terra lavrada ou cultivada

tiller ['tɪlə] Ⓐ s. 1 trabalhador rural, lavrador, agricultor; 2 máquina de cultivo; 3 rebento de planta, renovo, grelo; 4 NÁUTICA cana do leme Ⓑ v.intr. (planta) lançar renovos, grelar ❖ NÁUTICA ~ *rope* gualdrope

tillering ['tɪlərɪŋ] s. BOTÂNICA acto de deitar rebentos

tilt [tɪlt] Ⓐ v.tr.,intr. 1 (movimento) inclinar(-se); enviesar; *to* ~ *backwards/forwards* inclinar-se para trás/para a frente; 2 virar(-se); *the table tilted* a mesa virou-se; 3 reclinar; rebater; dobrar; 4 [fig.] (mudança de opinião) inclinar-se, pender; 5 HISTÓRIA (lança) enristar; 6 HISTÓRIA tomar parte em justas; 7 HISTÓRIA atacar com lança; 8 (metal) martelar, trabalhar com martelo de forja; 9 cobrir com toldo Ⓑ s. 1 inclinação; 2 declive; pendor; encosta; 3 inclinação, pendor, preferência [**towards**, por]; viragem [**towards**, em direcção a]; 4 tentativa; 5 crítica feroz; ataque verbal; 6 discussão, altercação, disputa; 7 HISTÓRIA justa, torneio, luta entre cavaleiros armados de lança; *to run at tilts* tomar parte em justas ou torneios; 8 HISTÓRIA golpe de lança, lançada; 9 martinete, martelo de forja; 10 toldo, encerado; *to cover with a* ~ cobrir com um toldo ❖ ~ *boat* bote coberto; ~ *hammer* martinete; martelo de forja; *(at) full* ~ a toda a velocidade; com toda a força; a toda a brida; em cheio; *to* ~ *one's chair back* baloiçar-se na cadeira

✦ **tilt at** v.tr. 1 criticar ferozmente; atacar verbalmente; 2 lutar contra; combater; 3 atacar com lança ❖ *to* ~ *windmills* lutar contra moinhos de vento

tilted ['tɪltɪd] adj. inclinado; ~ *to the vertical* inclinado sobre a vertical

tilter ['tɪltə] s. 1 cavaleiro que toma parte em justas ou torneios; 2 indivíduo que trabalha com o martelo de forja

tilth [tɪlθ] s. 1 cultivo da terra, amanho da terra, lavoura; 2 terra cultivável; 3 profundidade de solo arável; 4 culturas

tilting ['tɪltɪŋ] Ⓐ adj. 1 inclinado, virado; 2 inclinável, que pode inclinar-se; ~ *furnace* forno inclinável; 3 pendular; ~ *train* comboio pendular; 4 basculante; 5 reclinável; rebatível; que se pode dobrar; ~ *seat* assento de dobrar Ⓑ s. 1 inclinação; 2 pendulação

tiltings ['tɪltɪŋz] s.pl. borras, sedimentos

tiltyard ['tɪltjɑːd] s. HISTÓRIA pátio para justas e torneios, estacada, liça, teia

timbal ['tɪmbəl] s. MÚSICA [arc.] timbale

timbale [tæm'bɑːl, 'tɪmbəl] s. CULINÁRIA empada, empadão em forma de timbale

timber ['tɪmbə] Ⓐ s. 1 madeira; madeiramento; madeira de construção; *round* ~ madeira não aparelhada, madeira em troncos; *square* ~ madeira cortada, madeira em esquadria; *ship* ~ madeira para construções navais; *a piece of* ~ um madeiro; 2 árvores para fornecimento de madeiras; *to fell* ~ cortar madeira, cortar árvores; 3 viga de madeira, trave; madeiro; vigamento; 4 terreno arborizado; 5 NÁUTICA costado de navio; balizas; 6 [EUA] [fig.] (pessoa) perfil adequado; 7 HERÁLDICA [rar.] timbre; 8 (hipismo, caça à raposa) obstáculo de madeira, cancela, vedação Ⓑ v.tr.,intr. 1 pôr madeiramento; colocar vigas; reforçar com madeira; madeirar; 2 revestir com madeira; forrar com madeira; 3 cortar madeira; 4 entivar ❖ ~ *bridge* ponte de madeira; ~ *cruiser* avaliador da produção de uma floresta; ~ *hitch* nó de madeira; ~ *merchant* negociante de madeiras; madeireiro; ZOOLOGIA ~ *rattlesnake* cobra cascavel norte-americana; (caminhos-de-ferro) ~ *sleepers* chulipas de madeira; ~ *sow/* ~ *worm* caruncho; ~ *store* armazém de madeiras; ~ *trade* comércio de madeiras; ~ *trees* árvores de alto porte; ZOOLOGIA ~ *wolf* lobo cinzento norte-americano; NÁUTICA ~ *and room* intervalo entre os costados; (marinheiro, pirata) *shiver my timbers if...* Diabos me levem se...; *to put sth under* ~ arborizar algo

timbered ['tɪmbəd] adj. 1 de madeira; 2 revestido a madeira; 3 com madeiramento à vista; 4 arborizado, coberto de árvores

timber-framed ['tɪmbəfreɪmd] adj. com madeiramento à vista

timbering ['tɪmbərɪŋ] s. 1 vigamento, madeiramento; 2 escoras, traves, vigas de madeira; 3 revestimento de madeira; 4 entivação; 5 madeira de construção; 6 arborização

timberman ['tɪmbəmən] s. (pl. **-men**) 1 madeireiro; 2 entivador

timberwork ['tɪmbəwɜːk] s. construção em madeira; madeiramento

timberyard ['tɪmbəjɑːd] s. depósito de madeira

timblerig ['tɪmbəlrɪg] Ⓐ s. jogo das bolinhas (consiste em adivinhar debaixo de que copo ou taça se encontra uma bolinha que se faz passar de uns para os outros) Ⓑ v.tr.,intr. (particípios: **-gg-**) 1 jogar a bolinha; 2 fazer trapaças; 3 vigarizar, burlar, enganar

timbre [tæmbə, 'tɪmbə] s. 1 timbre, tonalidade, característica do tom de voz, instrumento, etc.; 2 HERÁLDICA timbre

timbred ['tæmbəd, 'tɪmbəd] adj. HERÁLDICA com timbre

timbrel ['tɪmbrəl] s. MÚSICA adufe, pandeiro

time [taɪm] Ⓐ s. 1 tempo; ~ *and space* tempo e espaço; *to be pressed for* ~ estar com falta de tempo; 2 momento, altura; ocasião; hora(s); oportunidade; *at a given* ~ em dado momento, numa dada ocasião; *she may turn up at any* ~ ela pode chegar de um momento para o outro; *the right ~* o momento certo; *good and bad times* bons e maus momentos; *this ~ last year* o ano passado por esta altura; *opening ~* hora de abertura; *dinner ~* hora do jantar; *this ~ tomorrow* amanhã a esta hora; *it's ~ to go home* está na hora de ir para casa; *it's ~ I was going* são horas de eu ir andando; *it is ~ you went home* são horas de ires para casa; **3** vez; *this ~* esta vez, desta vez; *next ~* para a próxima vez; *every ~* todas as vezes, de todas as vezes que, sempre que; *the first/last ~ I saw her* a primeira/última vez que a vi; *one ~* uma vez; *another ~* outra vez, para outra vez; *five times running* cinco vezes seguidas; *she failed four times* ela reprovou quatro vezes; *many times/many a ~* muitas vezes; *one at a ~* um de cada vez; *I've told him a dozen times to go there* já lhe disse uma porção de vezes que fosse lá; *now's your ~* agora é a sua vez; *times without number* vezes sem conta, inúmeras vezes; **4** (relógio) horas; *to tell the ~* dizer as horas, indicar as horas; *what is the ~?/what ~ is it?/what ~ do you make it?* que horas são?; *have you got the time?* tens horas?; *what ~ do you wake up?* a que horas acordas?; **5** porção de tempo; espaço de tempo; intervalo de tempo; *in the shortest possible ~* no mais curto espaço de tempo; **6** (sistema de medição) hora; *local ~* hora local; *Lisbon ~* hora de Lisboa; *sidereal ~* hora sideral; *standard ~* hora legal; **7** (período, estação do ano) época; tempo; *in prehistoric times* na época pré-histórica; *in Stuart times* no tempo dos Stuarts; *sowing ~* época das sementeiras; *in times gone by* em tempos idos; *in times to come* nos tempos futuros, no futuro; **8** tempo (disponível); vagar; *I don't have ~ nor patience for...* não tenho tempo nem paciência para...; **9** [coloq.] pena de prisão; *to do ~* cumprir pena de prisão; *to serve one's ~* cumprir sentença de prisão; **10** prazo; *~ of delivery* prazo de entrega; **11** (fim da vida) hora; *your ~ has come* chegou a tua hora; *his ~ is drawing near* a hora dela está cada vez mais próxima; **12** (gravidez) tempo; *she is near her ~* ela está a chegar ao fim do tempo; *she is well on in her ~* ela está a chagar ao fim do tempo; ela está num estado de gravidez adiantada; **13** período de serviço militar; **14** [GB] (pub, bar) hora de fechar; *to call ~* avisar que está na hora de fechar; **15** duração; *~ of fall* duração da queda; *~ of heating up* duração de aquecimento; *~ of swing* duração da oscilação; **16** (profissão) período de aprendizagem, período de formação; *are you out of your time?* já acabou o seu período de formação?; **17** MÚSICA compasso; ritmo; tempo; *common ~* compasso quaternário; *in ~ to the music* a compasso; *out of ~* fora de compasso; *triple ~* compasso ternário; *two-four ~* compasso dois por quatro; *waltz ~* tempo de valsa, andamento de valsa, ritmo de valsa; *to beat ~* marcar o compasso; *to keep ~* cantar/dançar a compasso; **18** DESPORTO (corrida) tempo; *the winner's ~ was 21 seconds* o tempo do vencedor foi de 21 segundos; **19** DESPORTO tempo de jogo; **20** DESPORTO desconto de tempo; **21** *pl.* (comparação) vezes; *it is three times as large as yours/larger than yours* é três vezes maior que o teu; *their forces were three times as strong as ours* as suas forças eram três vezes mais poderosas que as nossas ⓑ *v.tr.* **1** escolher o tempo para; escolher a ocasião para; escolher o momento oportuno para; *to ~ a remark* escolher o momento oportuno para fazer uma observação; **2** marcar; fixar a hora de; *the arrival of the ministers was timed for 10 o'clock* a chegada dos ministros estava marcada para as 10 horas; **3** marcar o tempo de; cronometrar; **4** calcular a duração de; FOTOGRAFIA *to ~ the exposure* calcular o tempo de exposição; **5** (relógio, motor, ignição, etc.) regular; acertar; *to ~ the stroke* regular a cadência da remada; *you had better ~ your watch by the ~ signal* era melhor acertar o seu relógio pelo sinal horário ❖ *~ account* conta a prazo; *~ bomb* bomba-relógio; *~ book* livro de ponto; registo de presenças; NÁUTICA *~ charter* fretamento a prazo; LINGUÍSTICA *~ clause* oração temporal; (local de trabalho) *~ clock* relógio de ponto; *~ deposit* depósito a prazo; FOTOGRAFIA *~ exposure* pose; *~ frame* período de tempo esperado; prazo; *~ limit* prazo; tempo limite; *~ machine* máquina do tempo; (local de trabalho) *~ sheet* folha de presenças; folha de registo das horas de trabalho realizado; RÁDIO *~ signal* sinal horário; [GB] *~ switch* temporizador; DESPORTO *~ trial* (corrida) contra-relógio; *~ warp* distorção temporal; mistura de tempos; *~ zone* fuso horário; *~ after ~/~ and (~) again* continuamente; repetidas vezes; *~ flies* o tempo voa; o tempo passa a correr; *~ heals all wounds/~ is a great healer* o tempo cura tudo; *~ is money* tempo é dinheiro; [coloq.] *~ is up* terminou o tempo; (acontecimentos relacionados) *~ lag (between... and...)* intervalo de tempo (entre... e...); espaço de tempo (entre... e...); *~ off* intervalo; pausa; período de descanso; folga; *~ was (when)...* já (lá) foi/vai o tempo em que...; *against ~* contra o tempo; *ahead of one's/its ~* à frente do seu tempo; *ahead of ~* adiantado; com antecedência; *all in good ~* tudo a seu tempo; *all the ~* o tempo todo; sempre; a toda a hora; *a long ~ ago* há muito tempo; [coloq.] *and about ~ (too)* já não era sem tempo; até que enfim; *any ~ now* a qualquer momento; *as ~ goes by* à medida que o tempo passa; *at all times* sempre; em todos os momentos; *...at a ~* ...de cada vez; *at no ~* nunca; em momento algum; *at one's ~ of life* na sua idade; *at one ~* antigamente; *at some ~ or other* mais cedo ou mais tarde; *at the same ~* ao mesmo tempo; *at the ~* naquela altura; *at this moment in ~* neste momento; [EUA] *at this ~* neste momento; *at times* às vezes; por vezes; *before one's ~* antes do seu tempo; antes do tempo esperado; *behind ~* atrasado; *by the time...* quando...; na altura em que...; antes de...; [poét.] *for all ~* para todo o sempre; *for a long ~* durante muito tempo; há muito tempo; *for a ~* durante algum tempo; há algum tempo; *for hours/days/weeks/months/... at a ~* horas/dias/semanas/meses/... a fio; *for old times' sake* pelos velhos tempos; *for some ~* durante bastante tempo; há bastante tempo; *for the ~ being* por agora; por enquanto; de momento; *from ~ out of mind* desde tempos imemoriais; desde tempos remotos; *from ~ to ~* de tempos a tempos; de vez em quando; de quando em quando; *in good ~* na altura própria; na devida altura; cedo; *in no ~ (at all)* num instante; [coloq.] *in one's own good ~* quando se estiver preparado; *in one's own ~* no seu ritmo; fora das horas de trabalho; *in ~* a tempo; com o tempo; regulado; a compasso; *in two days'/weeks'/... ~* dentro de dois dias/duas semanas/...; [coloq.] *it's about ~* está na altura; já estava na altura; *it's only/just a matter of ~* é apenas uma questão de tempo; *just in ~* mesmo a tempo; *long ~ no see!* há quanto tempo!; [coloq.] (atraso) *look at the time!* olha-me para as horas!; *most of the ~* a/na maior parte do tempo; a/na maior parte das vezes; *of all ~* de sempre; de todos os tempos; *(only) ~ will/can tell* (só) o tempo o dirá; *on ~* a horas; *over ~* com o passar do tempo; *some ~ ago* há algum tempo; [coloq.] *there's no ~ like the present* esta é a melhor altura; *there's no ~ to lose* não há tempo a perder; *there's ~* dá tempo; há tempo; *the whole ~* o tempo todo; *this is not the ~/this is hardly the ~* este não é o melhor momento; esta não é a altura indicada; RÁDIO, TELEVISÃO *to be out of ~* não ter mais tempo; [coloq.] *to give sb a bad ~* dificultar a vida a alguém; fazer alguém passar por um mau bocado; *to have a bad ~* não se divertir; passar um mau bocado; *to have a good ~* divertir-se; passar um bom bocado; passar um momento agradável; *to have a hard ~* ter dificuldade; passar por dificuldades; *to have all the ~ in the world* ter todo o tempo do mundo; [coloq.] *to have a lot of ~ for* gostar muito de; admirar muito; [coloq.] *to have no ~ for* não gostar nada de; *to have (the) ~ (for sth/to do sth)* ter tempo (para algo/para fazer algo); *to have the ~ of one's life* divertir-se imenso; *to have ~ on one's hands* não ter que fazer; ter tempo livre; (relógio) *to keep good/bad ~* andar/não andar certo; marcar a hora certa/errada; *to make/find ~ (to/for)* arranjar tempo (para); *to make good ~* demorar pouco tempo (numa deslocação); *to pass the ~ of day* saudar; dar os bons-dias/as boas-tardes; *to stand the test of ~* resistir ao teste do tempo; *to take one's ~* fazer as coisas com calma; demorar o tempo que se precisar; não se apressar; *to take ~* levar tempo; exigir tempo; *when the ~ comes* quando chegar a hora; quando for necessário; na altura própria; *with ~* com o tempo; *with ~ to spare* com tempo de sobra

timecard [ˈtaɪmkɑːd] *s.* (local de trabalho) cartão de ponto
time-consuming [ˈtaɪmkənˌsjuːmɪŋ] *adj.* moroso; demorado
timed [ˈtaɪmd] *adj.* **1** regulado; **2** afinado; *well-timed engine* motor bem afinado; **3** em momento; *ill-timed* em mau momento, extemporâneo, inoportuno; *well-timed* num bom momento, oportuno ❖ *~ ticket* bilhete com hora marcada

time-expired [taɪmɪk'spaɪəd] adj. [arc., coloq.] (soldado, marinheiro) que completou o seu tempo de serviço

time-honoured [taɪm'ɒnəd] adj. 1 consagrado pelo uso; 2 tradicional, que faz parte da tradição; 3 respeitado; 4 venerável por causa da idade

timekeeper ['taɪmkiːpə] s. 1 (profissional) cronometrista; 2 cronómetro; 3 pessoa pontual; 4 relógio (que funciona bem)

timeless ['taɪmləs] adj. 1 intemporal; 2 eterno; 3 inoportuno, intempestivo, deslocado

timeline ['taɪmlaɪn] s. cronologia, friso cronológico, barra cronológica

timeliness ['taɪmlɪnəs] s. oportunidade

timely ['taɪmlɪ] adj. (comp. -ier, superl. -iest) 1 oportuno, feito a tempo; 2 dito a propósito

timeout ['taɪmaʊt] s. 1 pausa; intervalo; *to take ~* fazer uma pausa; 2 DESPORTO desconto de tempo; 3 (computador) falha temporária; interrupção de funcionamento

timepiece ['taɪmpiːs] s. 1 relógio; 2 cronómetro

timer ['taɪmə] s. 1 cronometrista; 2 distribuidor; 3 dispositivo regulador da ignição

times ['taɪmz] Ⓐ prep. (multiplicação) vezes; *four ~ four is/equals sixteen* quatro vezes quatro são dezasseis Ⓑ v.tr. [coloq.] multiplicar

timesaving ['taɪmseɪvɪŋ] adj. que economiza tempo

timescale ['taɪmskeɪl] s. 1 período de tempo; 2 duração; *the overall ~* a duração total; 3 cronologia

timeserver ['taɪmˌsɜːvə] s. [depr.] oportunista

timeserving ['taɪmˌsɜːvɪŋ] Ⓐ adj. [depr.] oportunista Ⓑ s. [depr.] oportunismo

time-share ['taɪmʃeə] v.tr. partilhar em regime de time-sharing

time sharing ['taɪmʃeərɪŋ] s. time-sharing, partilha

timeslot ['taɪmslɒt] s. RÁDIO, TELEVISÃO horário

timetable ['taɪmteɪbəl] Ⓐ s. horário Ⓑ v.tr. organizar em horário; fazer o horário de

time-tested ['taɪmˌtestɪd] adj. [EUA] testado ao longo do tempo, cuja eficácia foi testada ao longo do tempo

timework ['taɪmwɜːk] s. trabalho pago à hora; trabalho pago ao dia

timeworn ['taɪmwɔːn] adj. secular; gasto pelo tempo

timid ['tɪmɪd] adj. 1 tímido; 2 pouco audacioso; 3 receoso; 4 cobarde

timidity [tɪ'mɪdɪtɪ] s. timidez

timidly ['tɪmɪdlɪ] adv. timidamente

timidness ['tɪmɪdnɪs] s. ⇒ **timidity**

timing ['taɪmɪŋ] s. 1 timing; sentido de oportunidade; *good ~* bom sentido de oportunidade; 2 afinação; regulação; *~ of gear* afinação da engrenagem; 3 sincronização; 4 DESPORTO cronometragem; 5 FOTOGRAFIA cálculo do tempo de exposição ❖ *~ angle* ângulo de afinação; ELECTRICIDADE *~ chart* tabela de afinação; *~ device* dispositivo de retardamento; *~ motor* motor regulador

timocracy [taɪ'mɒkrəsɪ] s. timocracia

timocratic [ˌtaɪməʊ'krætɪk] adj. timocrático

timology [taɪ'mɒlədʒɪ] s. FILOSOFIA a doutrina dos valores

Timor ['tiːmɔː] s.top. Timor

Timorese [ˌtiːməˈriːz] adj. timorense

timorous ['tɪmərəs] adj. 1 tímido, timorato; 2 receoso

timorously ['tɪmərəslɪ] adv. 1 timidamente; 2 timoratamente; 3 receosamente

timorousness ['tɪmərəsnɪs] s. timidez

Timotheus [tɪ'məʊθjəs] s.antr. HISTÓRIA Timóteo

timothy ['tɪməθɪ] s. BOTÂNICA erva-dos-prados

Timothy ['tɪməθɪ] s.antr. RELIGIÃO (Bíblia) Timóteo, chefe amonita referido no «Livro I dos Macabeus»

timothy-grass ['tɪməθɪɡrɑːs] s. BOTÂNICA erva-dos-prados

timous ['taɪməs] adj. 1 [Esc.] oportuno, feito a tempo; 2 dito a propósito

timously ['taɪməslɪ] adv. 1 duma maneira oportuna; 2 a propósito

timpani ['tɪmpənɪ] s.pl. MÚSICA timbales

timpanist ['tɪmpənɪst] s. MÚSICA timbaleiro

tin [tɪn] Ⓐ s. 1 (elemento químico, metal) estanho; *bar ~* estanho em barra; *sheet ~* estanho em folha; 2 (chapa) folha-de-flandres; lata; caixa de lata; 3 [GB] (recipiente) lata; *preserved meat ~* lata de carne em conserva; *sardine ~* lata de sardinhas; 4 [GB] (bolachas, biscoitos, bolos, etc.) lata; caixa; 5 [GB] (tinta) lata; 6 [GB] CULINÁRIA forma; *cake ~* forma para bolos; 7 [ant., coloq.] dinheiro Ⓑ adj. 1 de/em estanho; de/em lata; *a ~ mug* uma caneca em estanho; 2 de/em lata; falso; desprezível Ⓒ v.tr. (particípios: **-nn-**) 1 estanhar; 2 [GB] enlatar, meter em latas ❖ QUÍMICA *~ chloride* cloreto de estanho; NÁUTICA [cal.] *~ fish* torpedo; *~ foundry* fundição de estanho; *~ god* falso deus; MILITAR *~ hat* capacete de aço; [coloq.] (automóvel) *~ lizzie* dona Elvira; lata; *~ loaf* pão de forma; [GB] *~ opener* abre-latas; [EUA] *~ shears* tesoura de cortar chapa; [ant., coloq.] *that puts the ~ hat on it* isso é o cúmulo; só faltava mais essa; [EUA][coloq.] *to have a ~ ear* ter mau ouvido

tinamou ['tɪnəmuː] s. ZOOLOGIA tinamu

tincal ['tɪŋkəl] s. MINERALOGIA tincal

tinctorial [tɪŋk'tɔːrɪəl] adj. 1 tintorial; 2 que serve para tingir

tincture ['tɪŋktʃə] Ⓐ s. 1 tintura; *~ of iodine* tintura de iodo; 2 extracto; 3 matiz; coloração; nuance; tonalidade; *a ~ of green* um matiz verde; 4 vestígios, laivos, sinal, traço; 5 HERÁLDICA cor Ⓑ v.tr. 1 colorir [**with**, de]; tingir [**with**, com]; pintar [**with**, a]; dar certa coloração a; 2 impregnar [**with**, de]; imbuir [**with**, de] ❖ [coloq.] *he has but a ~ of Portuguese* ele só sabe uns rudimentos de Português

tinder ['tɪndə] s. mecha; acendalha ❖ BOTÂNICA *~ fungus* agárico

tinderbox ['tɪndəbɒks] s. 1 acendalha; 2 [fig.] barril de pólvora

tine [taɪn] s. 1 ponta, galho de veado; 2 dente (de forcado ou garfo)

tinea ['tɪnɪə] s. MEDICINA tinha

tined [taɪnd] adj. com dentes; com pontas; com galhos; *four-tined* com quatro dentes, com quatro pontas, com quatro galhos

tineid ['tɪnɪɪd] s. ZOOLOGIA tineídeo

tinfoil ['tɪnfɔɪl] s. 1 papel estanhado para embrulhar cigarros, chocolates, etc.; 2 papel de alumínio

ting [tɪŋ] Ⓐ s. tinido, telim, som de campainha ou sineta Ⓑ v.intr. tinir, tilintar

ting-a-ling ['tɪŋəlɪŋ] s. dlim-dlim

tinge [tɪndʒ] Ⓐ s. 1 coloração, matiz, cor, cambiante; 2 laivo, traço; vestígio; tom; *there was a ~ of sadness in her smile* o sorriso dele tinha uns laivos de tristeza Ⓑ v.tr. 1 tingir, colorir; 2 dar leve coloração a; *to ~ sth with green* dar uma leve coloração verde a algo; 3 impregnar [**with**, de]; *all his actions were tinged with envy* todos os seus actos estavam impregnados de inveja; 4 dar certo sabor/aroma a

tingis ['tɪndʒɪs] s. ZOOLOGIA tingis

tingle ['tɪŋɡl] Ⓐ s. 1 (sensação física) formigueiro; prurido; picadas; 2 (som) zunido, zumbido; tinido; *to have a ~ in the ears* ter um zumbido nos ouvidos; 3 [fig.] (excitação, expectativa) vibração Ⓑ v.tr., intr. 1 doer; arder; *his cheek tingled from the slap* tinha a cara a arder por causa da bofetada; 2 picar; 3 formigar, sentir formigueiros; 4 (com o frio) entorpecer; 5 (som) zumbir, zunir; *his ears were tingling* os seus ouvidos zumbiam; 6 (excitação, expectativa) (fazer) vibrar [**with**, de]; *to ~ with excitement* vibrar de excitação ❖ *conscience begins to ~* a consciência começa a fazer-se ouvir; [coloq.] *to be tingling with impatience* estar em pulgas; estar sobre brasas

tingling ['tɪŋɡlɪŋ] Ⓐ adj. 1 que zune; que sente zumbidos; 2 que pica, que causa sensação de formigueiro; *a ~ sensation* uma sensação de formigueiro Ⓑ s. 1 formigueiro, prurido; 2 picada; 3 ardor; 4 zunido, zumbido; tinido

tininess ['taɪnɪnɪs] s. pequenez

tinker ['tɪŋkə] Ⓐ s. 1 latoeiro, funileiro; 2 [depr.] (pessoa) desajeitado; amador; remendão; 3 [depr.] remendo; arranjo de amador; 4 [coloq.] (criança) maroto, diabinho Ⓑ v.tr., intr. 1 mexericar [**with**, em]; remexer [**with**, em]; 2 (trabalho descuidado) atamancar, remendar, consertar mal; 3 exercer o ofício de latoeiro/funileiro ❖ *he had an hour's ~ at the engine of the car* ele passou uma hora a remexer no motor do carro; [coloq.] *I don't care a tinker's damn* estou-me nas tintas; [coloq.] *that is not worth a tinker's damn* isso não vale absolutamente nada

tinkering ['tɪŋkərɪŋ] s. 1 conserto (de latoeiro ou funileiro); 2 pequena reparação; 3 conserto ou arranjo grosseiro

tinkerly ['tɪŋkəlɪ] adv. desajeitadamente, atabalhoadamente

tinkle ['tɪŋkl] Ⓐ s. 1 (som metálico) tinido; 2 [infant.] chichi Ⓑ v.intr. tinir; tilintar Ⓒ v.tr. fazer tilintar ❖ *to ~ a bell* tocar uma campainha; [coloq.] *to give sb a ~* ligar a alguém

tinkler ['tɪŋklə] s. 1 [coloq.] campainha, sineta; 2 pessoa que toca uma campainha, etc.; 3 objecto que tine ou tilinta; 4 [Esc.] cigano

tinkling ['tɪŋklɪŋ] s. tinido

tinman ['tɪnmən] s. (pl. **-men**) latoeiro, funileiro

tinned [tɪnd] adj. 1 estanhado; *~ wire* arame estanhado; *~ paper* papel estanhado; 2 enlatado; de conserva; *~ peas* ervilhas de conserva; *~ food* alimentos enlatados, alimentos de conserva ❖ [EUA] [coloq., depr.] *~ music* música enlatada; música sem qualidade; *~ sheet* folha-de-flandres

tinner ['tɪnə] s. 1 estanhador, fundidor de estanho; 2 mineiro (em mina de estanho); 3 latoeiro, funileiro

tinnery ['tɪnərɪ] s. (pl. **-ies**) 1 exploração de estanho; 2 pl. minas de estanho

tinniness ['tɪnɪnɪs] s. 1 timbre metálico; 2 som de cana rachada

tinning ['tɪnɪŋ] s. 1 estanhagem; 2 [GB] (conservas alimentares) enlatamento; acondicionamento em latas

tinnitus [tɪ'naɪtəs] s. zumbido, zunido nos ouvidos

tinny ['tɪnɪ] adj. (comp. **-ier**, superl. **-iest**) 1 relativo/semelhante a estanho; estanífero; estanhado; 2 (som, tom) metálico; *a ~ piano* um piano com um som metálico

tin-opener [ˌtɪn'əʊpənə] s. abre-latas

tin-plate ['tɪnpleɪt] Ⓐ s. lata, folha branca, folha-de-flandres Ⓑ v.tr. estanhar

tin-plated ['tɪnpleɪtɪd] adj. 1 estanhado; 2 revestido a estanho

tin-plater ['tɪnpleɪtə] s. estanhador

tinpot ['tɪnpɒt] adj. [coloq.] de pacotilha; de segunda; sem qualidade

tinsel ['tɪnsəl] Ⓐ s. 1 (ouro falso) ouropel; 2 brocatel; 3 lantejoula; *to trim with ~* guarnecer com lantejoulas; 4 (árvore de Natal, etc.) fitas decorativas; 5 [fig.] brilho superficial; falso esplendor Ⓑ adj. 1 vistoso; 2 com um brilho falso Ⓒ v.tr. (particípios **-ll-**) 1 adornar com ouropel; 2 revestir de um brilho falso e barato

tinselled ['tɪnsəld] adj. 1 com lantejoulas; 2 ornamentado a ouropel; 3 com um brilho falso e superficial

tinsmith ['tɪnsmɪθ] s. latoeiro, funileiro

tinsmithing ['tɪnsmɪθɪŋ] s. 1 latoaria; 2 ocupação de latoeiro ou funileiro

tint [tɪnt] Ⓐ s. 1 (cor) cambiante, matiz; tinta; tom; tonalidade; *autumn ~* tom outonal, coloração outonal; *warm tints* tons quentes; *to have a reddish ~* ter um tom avermelhado; 2 cor leve, diluída; 3 tinta para o cabelo; 4 (gravura) sombreado uniforme, constituído por uma série de linhas paralelas Ⓑ v.tr. 1 tingir; colorir; 2 dar tonalidade a; dar coloração a; dar matiz a; 3 (cabelo) pintar; 4 (em gravura) sombrear por meio de tracejado ❖ *~ tool* buril para gravar

tintack ['tɪntæk] s. tacha

tinted ['tɪntɪd] adj. 1 colorido; de cor; *~ paper* papel colorido; *~ glasses* óculos com lentes coloridas; 2 colorido a aguarelas; *~ drawing* desenho colorido a aguarelas

tinter ['tɪntə] s. 1 pessoa encarregada de colorir ou aguarelar; 2 pessoa que faz o sombreado

tinting ['tɪntɪŋ] s. coloração ❖ *~ brush* pincel

tintinnabulary [ˌtɪntɪ'næbjʊlərɪ] adj. tintinabulante

tintinnabulate [ˌtɪntɪ'næbjʊleɪt] v.intr. [coloq.] tintinabular

tintinnabulation [ˌtɪntɪnæbjʊ'leɪʃən] s. [coloq.] tintinabulação

tintinnabulous [ˌtɪntɪ'næbjʊləs] adj. ⇒ **tintinnabulary**

tintinnabulum [ˌtɪntɪ'næbjʊləm] s. (pl. **-a**) tintinábulo; campainha

Tintoretto [ˌtɪntə'retəʊ] s.antr. Tintoreto, pintor italiano do séc. XVI

tinware ['tɪnweə] s. latoaria

tiny ['taɪnɪ] adj. (comp. **-ier**, superl. **-iest**) muito pequeno, pequenininho, minúsculo, diminuto ❖ *~ children* crianças de colo; *a ~ little boy* um pequenito

tip [tɪp] Ⓐ s. 1 ponta; *the ~ of the nose* a ponta do nariz; *to walk on the tips of one's toes* caminhar na ponta dos pés; 2 extremidade; *from ~ to ~* de uma extremidade a outra; 3 ponteira; 4 ponto mais alto; cume, topo, cimo, crista; 5 (dinheiro) gorjeta; gratificação; *I left a 10% ~* deixei uma gorjeta de 10%; *to give sb a ~* dar uma gorjeta a alguém; 6 (conselho) dica; indicação útil; sugestão; *to give sb a ~* dar uma indicação útil a alguém; *you had better take my ~* era melhor fazer o que lhe digo; 7 (corrida de cavalos, bolsa, polícia.) informação, dica, indicação; palpite; *hot ~* bom palpite; *a ~ to buy shares* uma informação para a compra de acções; 8 [GB] lixeira, depósito de lixo; *rubbish ~* depósito de lixo; 9 [fig., coloq.] (sujidade, desarrumação) lixeira, pocilga[fig.]; 10 pancadinha, pancada leve; 11 inclinação; *to give sth a ~* inclinar alguma coisa, dar certa inclinação a alguma coisa Ⓑ v.tr.,intr. (particípios: **-pp-**) 1 voltar(-se), virar(-se); tombar; deixar cair; 2 deitar; verter; derramar; despejar; *to ~ the water out of a bucket* despejar a água de um balde; 3 inclinar; dar inclinação a; *he tipped his hat over his eyes* ele inclinou o chapéu para os olhos; 4 (dinheiro) dar uma gorjeta a, gratificar; dar gorjeta; dar (algo) como/de gorjeta; *she tipped the driver five euros* ela deu ao motorista cinco euros de gorjeta; 5 dar uma informação secreta a; informar; 6 [GB] (êxito) indicar (como vencedor, bem sucedido, etc.); sugerir; *they tipped him as the favourite* indicaram-no como favorito; *to ~ the winner* indicar o nome do vencedor (antes de efectuada a prova); 7 colocar ponteira em, colocar ponta em; guarnecer com ponteira; *to ~ stick with iron* colocar uma ponteira de ferro numa bengala; 8 tocar levemente em; tocar com as pontas dos dedos em; 9 [GB] (lixo) despejar; 10 (cumprimento) levar os dedos a (chapéu); 11 (cabelo) pintar as pontas ❖ *from ~ to toe* da cabeça aos pés; *on the ~ of sb's tongue* na ponta da língua; *the ~ of the iceberg* a ponta do icebergue; [EUA] *to ~ one's hand* revelar as suas verdadeiras intenções; abrir o jogo; [EUA] *to ~ one's hat to* tirar o chapéu a; mostrar admiração por; [GB] [coloq.] *to ~ sb the wink* fazer sinal a alguém; passar uma informação secreta a alguém; *to ~ the scales* fazer desequilibrar a balança; actuar como factor decisivo; *to ~ the scales at* pesar sobre

◆ **tip down** v.intr. [GB] [coloq.] chover torrencialmente, chover a cântaros; *it's tipping down* está a chover torrencialmente

◆ **tip off** v.tr. avisar; prevenir

◆ **tip over** v.tr.,intr. voltar(-se), virar(-se); tombar

◆ **tip up** v.tr.,intr. voltar(-se); virar ao contrário; *to tip a table up* virar uma mesa; *the table tipped up* a mesa voltou-se, a mesa virou

tip-and-run ['tɪpənd,rʌn] Ⓐ s. DESPORTO (críquete) jogada em que o batedor tem de dar uma corrida quando toca na bola Ⓑ adj. [GB] que ataca e depois se retira rapidamente; MILITAR *~ raid* assalto de surpresa seguido de rápida retirada

tip-off ['tɪpɒf] s. 1 dica, conselho; 2 aviso

tippable ['tɪpəbəl] adj. que pode receber gorjeta

tipped ['tɪpt] adj. que tem ponta, que tem extremidade; *cork-tipped* com extremidade de cortiça; *rubber-tipped* com a ponta de borracha

tipper ['tɪpə] s. 1 aquele que dá gorjetas ou gratificações; 2 camião ou vagão que levanta com um movimento de báscula; 3 indivíduo que coloca ponteiras (em bengalas, etc.)

tippet ['tɪpɪt] s. 1 palatina; 2 (senhoras, juízes, membros do clero) estola de peles

tipping ['tɪpɪŋ] Ⓐ adj. móvel, que se inclina ou levanta; *~ seat* assento móvel Ⓑ s. 1 inclinação; 2 viragem; 3 esvaziamento; despejo; 4 regime de gorjetas; 5 informação confidencial; 6 pl. entulho, desaterro

tipple ['tɪpl] Ⓐ s. bebida alcoólica Ⓑ v.tr.,intr. 1 beber; 2 tomar bebidas alcoólicas; 3 entregar-se à bebida; 4 beber lentamente, beberricar

tippler ['tɪplə] s. 1 bebedor habitual; 2 bêbedo; 3 taberneiro

tippling ['tɪplɪŋ] Ⓐ adj. que bebe, bêbedo Ⓑ s. embriaguez; hábito de se embriagar ❖ *~ house* taberna

tippy ['tɪpɪ] adj. (comp. **-ier**, superl. **-iest**) 1 instável; 2 que se inclina facilmente

tipsily ['tɪpsɪlɪ] adv. ebriamente, alcoolicamente

tipsiness ['tɪpsɪnɪs] s. 1 embriaguez; 2 alcoolismo

tipstaff ['tɪpstɑːf] s. (pl. **-staves**) 1 meirinho, oficial de justiça; 2 vara da justiça

tipster ['tɪpstə] s. indivíduo que dá informações e palpites sobre corridas de cavalos, cotações da Bolsa, etc.

tipsy ['tɪpsɪ] adj. (comp. **-ier**, superl. **-iest**) 1 (bebidas alcoólicas) alegre[fig.], tocado[fig.]; *to be ~* estar alegre[fig.]; *to get ~* ficar alegre[fig.]; 2 tonto; vacilante; cambaleante ❖ CULINÁRIA *~ cake* bolo borrachão

tip-tilted [ˌtɪpˈtɪltɪd] adj. (nariz) arrebitado
tiptoe [ˈtɪptəʊ] Ⓐ s. ponta dos pés; bicos de pés; *to stand on ~* estar em bicos de pés Ⓑ adv. em bicos de pés Ⓒ v.intr. andar em bicos de pés ❖ *to ~ into a room* entrar num quarto em bicos de pés; (expectativa, ansiedade) *to be on the ~ of expectation* estar em pulgas
tiptop [ˈtɪpˈtɒp] Ⓐ adj. 1 excelente, de primeira ordem, de primeira classe; *a ~ concert* um concerto de primeira ordem; 2 óptimo; *to be a ~ dancer* ser um óptimo dançarino Ⓑ s. 1 (ponto mais alto) cume; apogeu; 2 (ponto máximo, culminante) auge Ⓒ adv. excelentemente; optimamente ❖ *~ society* alta sociedade
tirade [taɪˈreɪd, tɪˈreɪd] s. 1 tirada, invectiva, longa diatribe; 2 discurso longo e veemente, sobretudo de censura; 3 extensa declamação
tiramisu [ˌtɪrəˈmiːsuː] s. CULINÁRIA (sobremesa) tiramisu
tire [ˈtaɪə] Ⓐ v.tr.,intr. 1 fatigar, cansar, extenuar, estafar; esgotar; *to ~ oneself* cansar-se, estafar-se; *to ~ sb to death* fazer alguém ficar morto de cansaço; 2 aborrecer; importunar; 3 cansar(-se), aborrecer(-se); 4 (roda) montar pneu; 5 [arc.] ataviar, pentear, arranjar Ⓑ s. 1 aro de roda; 2 virola; 3 pneumático, pneu; 4 [arc.] penteado, toucado; 5 atavio, enfeite
❖**tire out** v.tr. extenuar
tired [ˈtaɪəd] adj. 1 cansado, fatigado, estafado, extenuado; *I am too ~ to go any further* estou tão cansado que não consigo continuar; *to feel ~* sentir-se cansado; *to be ~* estar cansado; 2 aborrecido; 3 farto; *to be ~ of* estar farto de; 4 com sono; 5 (ideias, lugares-comuns) gasto; velho ❖ [coloq.] *to be ~ out* estar arrasado; [coloq.] *to be ~ to death* estar exausto; *to dance oneself ~* dançar até perder as forças
tiredly [ˈtaɪədlɪ] adv. fatigadamente
tiredness [ˈtaɪədnɪs] s. 1 fadiga, cansaço; 2 enfado, aborrecimento
tireless [ˈtaɪələs] adj. 1 infatigável, incansável; *he is a ~ worker* ele é um trabalhador incansável; 2 (veículos) sem pneu; sem aro
tirelessly [ˈtaɪəlɪslɪ] adv. infatigavelmente, incansavelmente
tirelessness [ˈtaɪəlɪsnɪs] s. infatigabilidade
Tiresias [taɪˈriːsɪæs] s. MITOLOGIA Tirésias
tiresome [ˈtaɪəsəm] adj. 1 aborrecido, fastidioso, tedioso, maçador; 2 incómodo, cansativo, fatigante
tiresomely [ˈtaɪəsəmlɪ] adv. 1 fastidiosamente, tediosamente, maçadoramente; 2 de modo enfadonho
tiresomeness [ˈtaɪəsəmnɪs] s. aborrecimento, enfado, tédio
tirewoman [ˈtaɪəwʊmən] s. (pl. -women) [arc.] açafata
tiring [ˈtaɪərɪŋ] Ⓐ adj. cansativo; fatigante Ⓑ s. [arc.] acto de pentear; acto de ataviar ❖ TEATRO [arc.] *~ room/house* camarim; quarto de toucador
tiro [ˈtaɪərəʊ] s. noviço, novato, principiante
tirocinium [ˌtaɪrəʊˈsɪnɪəm] s. tirocínio, aprendizagem
'tis [tɪz] contr. de *it is*
tisane [tɪˈzæn] s. tisana
tissue [ˈtɪʃuː, ˈtɪsjuː] s. 1 (algodão, seda, etc.) tecido; 2 papel de seda; 3 lenço de papel; 4 BIOLOGIA tecido; *adipose/connective/muscular ~* tecido adiposo/conjuntivo/muscular; 5 [fig.] amontoado, colecção, série; *a ~ of lies* um amontoado de mentiras ❖ MEDICINA *~ fluids* humores; *~ paper* papel de seda
tit [tɪt] s. 1 ZOOLOGIA petinha, sombria, serezino; 2 chapim, cachapim, cedo-vem, mejengra; 3 [arc.] garrano, pileca, cavalo pequeno e ruim; 4 criança, rapariga; 5 [cal.] mama, peito, mamilo ❖ *to give ~ for tat* pagar na mesma moeda; dar olho por olho e dente por dente
Titan [ˈtaɪtən] s. MITOLOGIA titã ❖ HISTÓRIA *the weary ~* o império britânico
titanate [ˈtaɪtəneɪt] s. QUÍMICA titanato
Titanesque [ˌtaɪtəˈnesk] adj. titânico, próprio de titã
titanic [taɪˈtænɪk] adj. 1 titânico; poderosíssimo; sobre-humano; 2 gigantesco; colossal; 3 QUÍMICA titânico; relativo ao titânio; *~ sulphate* sulfato titânico
titaniferous [ˌtaɪtəˈnɪfərəs] adj. titanífero, que contém titânio
titanium [taɪˈteɪnɪəm] s. QUÍMICA (elemento químico) titânio
titbit [ˈtɪtbɪt] s. 1 guloseima, pitéu, petisco, acepipe, gulodice; 2 bom bocado
titch [tɪtʃ] s. [coloq.] (pessoa pequena) micróbio*fig*, cinco réis de gente*fig*.
titchy [ˈtɪtʃɪ] adj. [coloq.] minúsculo

tithable [ˈtaɪðəbəl] adj. sujeito ao pagamento do dízimo
tithe [taɪð] Ⓐ s. 1 (contributo a igreja) dízimo; *to pay ~* pagar dízimo; 2 (contribuição, imposto) dízimo, dízima, décima; *to levy a ~* lançar o imposto da décima; 3 [arc.] (parte) décima parte, décima, dízimo; 4 [arc.] fracção, pequena porção; *not a ~ of* nem nada de, nem um traço de Ⓑ v.tr.,intr. 1 (dinheiro, rendimento, produto, etc.) pagar como dízimo; pagar como dízima; pagar o dízimo; 2 submeter ao pagamento do dízimo; lançar imposto de dízima sobre ❖ [GB] HISTÓRIA *~ barn* armazém onde se guardava o dízimo das colheitas duma paróquia; *~ collector/gatherer* cobrador de dízimo
tithing [ˈtaɪðɪŋ] s. 1 pagamento do dízimo ou décima; 2 lançamento de dízimo ou décima
Tithonus [taɪˈθəʊnəs] s. MITOLOGIA Titão, deus fabuloso, pai de Aurora
Titian [ˈtɪʃɪən] s.antr. Ticiano, pintor veneziano do séc. XVI
Titianesque [ˌtɪʃəˈnesk] adj. ticianesco
titillate [ˈtɪtɪleɪt] v.tr. 1 titilar, fazer cócegas em; 2 provocar sensação agradável em, deleitar, excitar agradavelmente
titillating [ˈtɪtɪleɪtɪŋ] adj. titilante; excitante
titillation [ˌtɪtɪˈleɪʃən] s. 1 titilação, titilamento; 2 cócegas; 3 excitação agradável
titivate [ˈtɪtɪveɪt] v.tr.,intr. 1 enfeitar, enfeitar-se; 2 arranjar-se; 3 alindar, alindar-se; 4 ataviar, ataviar-se
titlark [ˈtɪtlɑːk] s. ZOOLOGIA petinha, sombria, cia
title [ˈtaɪtl] Ⓐ s. 1 (texto, filme, etc.) título; 2 (cargo, estatuto, etc.) título; forma de tratamento; 3 DESPORTO (campeão) título; 4 direito; título; jus; *he has a ~ to a place among the great writers* ele tem direito a ser colocado entre os grandes escritores; *to prove one's titles* demonstrar os seus direitos; *clear ~* título incontestável, direito incontestável; 5 DIREITO documento comprobatório de um direito; *to produce titles* mostrar os seus direitos (por meio de documentos); *by a good ~* com justo título; 6 DIREITO título de propriedade; 7 DIREITO (subdivisão) título; 8 TIPOGRAFIA frontispício, rosto; 9 RELIGIÃO título, igreja titular Ⓑ v.tr. intitular, dar título a ❖ DIREITO *~ deed* documento de propriedade; DESPORTO *~ holder* detentor do título; TIPOGRAFIA (livro) *~ page* frontispício; rosto; TEATRO, CINEMA *~ role* papel principal (indicado pelo nome da obra); MÚSICA *~ track* música que dá o nome ao álbum
titled [ˈtaɪtəld] adj. titular; titulado; com título de nobreza; *~ people* pessoas tituladas, pessoas com título
titleholder [ˈtaɪtlhəʊldə] s. 1 DESPORTO detentor do título; 2 DIREITO portador de documento de propriedade
titleless [ˈtaɪtlləs] adj. sem título
titler [ˈtaɪtlə] s. máquina de rotular
titling [ˈtaɪtlɪŋ] s. 1 ZOOLOGIA petinha, sombria, cia; 2 chapim, cachapim, cedo-vem, mejengra
titmice [ˈtɪtmaɪs] s. {pl. de *titmouse*}
titmouse [ˈtɪtmaʊs] s. (pl. -mice) chapim, cachapim, cedo-vem, mejengra
Titoism [ˈtiːtəʊɪzəm] s. HISTÓRIA titoísmo, sistema político de Tito da Jugoslávia
titrate [ˈtaɪtreɪt] v.tr. QUÍMICA titular; determinar experimentalmente o título de uma solução
titrated [ˈtaɪtreɪtɪd] adj. QUÍMICA titulado
titrating [ˈtaɪtreɪtɪŋ] s. QUÍMICA acto de titular
titration [taɪˈtreɪʃən] s. 1 QUÍMICA titulação; 2 análise volumétrica
titre [ˈtiːtə] s. 1 título (de ouro); 2 QUÍMICA título
titter [ˈtɪtə] Ⓐ s. risinho, riso abafado, riso sufocado Ⓑ v.intr. rir à socapa, rir com um riso sufocado
titterer [ˈtɪtərə] s. pessoa que ri com um riso sufocado ou reprimido
tittering [ˈtɪtərɪŋ] s. riso nervoso
tittivate [ˈtɪtɪveɪt] v.tr.,intr. ⇒ **titivate**
tittle [ˈtɪtl] s. 1 partícula; parte minúscula, parte mínima; 2 (escrita, etc.) pequeno traço; 3 (i, j) pontinho; 4 [ant.] til; 5 [ant.] cedilha ❖ *not a ~* nem um bocadinho; *to a ~* exactamente
tittlebat [ˈtɪtlbæt] s. ZOOLOGIA ⇒ **stickleback**
tittle-tattle [ˈtɪtltætl] Ⓐ s. 1 má-língua; 2 boatos, mexericos, falatório; 3 tagarelice Ⓑ v.intr. 1 tagarelar, palrar; 2 mexericar, andar com mexericos
tittle-tattler [ˈtɪtltætlə] s. 1 mexeriqueiro; 2 pessoa que gosta de falatório

tittup ['tɪtəp] Ⓐ v.intr. 1 saracotear-se; 2 seguir com um andar vivo; 3 (cavalo) seguir a trote curto; 4 NÁUTICA [coloq.] tirar à sorte quem há-de pagar as bebidas Ⓑ s. salto, cabriola, curveta

titubation [tɪtjuˈbeɪʃən] s. MEDICINA titubeação, andar titubeante que se nota em pessoas atacadas de certas doenças

titular ['tɪtʃʊlə, 'tɪtjʊlə] Ⓐ adj. 1 titular; ~ *bishop* bispo titular; 2 (poder) nominal; ~ *sovereignty* soberania nominal Ⓑ s. 1 bispo titular; 2 santo padroeiro ❖ ~ *possessions* terras ligadas a um título; ~ *saint* santo padroeiro

titularly ['tɪtʃʊləlɪ, 'tɪtjʊləlɪ] adv. 1 titularmente; 2 nominalmente; 3 por força do título

Titus ['taɪtəs] s.antr. Tito ❖ HISTÓRIA ~ *Livius* Tito Lívio

tizzy ['tɪzɪ] s. 1 [coloq.] moeda de seis dinheiros; 2 agitação, ansiedade

T-junction ['tiːdʒʌŋkʃən] s. (estrada) entroncamento

Tl QUÍMICA [*símbolo de* thallium]

Tm QUÍMICA [*símbolo de* thulium]

TM [*abrev. de* trademark]

tmesis ['tmiːsɪs] s. LINGUÍSTICA tmese

TNT [tiːenˈtiː] s. QUÍMICA trinitrotolueno, trotil

to [tə, tʊ, tuː] Ⓐ prep. 1 (direcção) a; para; até; em; em direcção a; *to turn to the left* virar à esquerda; *to go to Oxford* ir a Oxford, ir para Oxford; *the road to Lisbon* a estrada para Lisboa; *to go to the cinema* ir ao cinema; *to fall to the ground* cair ao chão; *from door to door* de porta em porta; *the way to perfection* o caminho para a perfeição; *to bed with you!* para a cama!; 2 (destinatário) a; para; com; *to send/give/show sth to sb* enviar/dar/mostrar algo a alguém; *the book belongs to me* o livro pertence-me; *he brought a gift to his wife* ele trouxe um presente para a mulher; *to speak to sb* falar com alguém; 3 (posição) a; *to the left of* à esquerda de; *to the south of* a sul de; *parallel to* paralelo a; 4 (forma o infinitivo) para; de; a; *to speak* falar; *she wants to go* ela quer ir; *you can do it, if you want to* podes fazê-lo, se quiseres; *I told him to come* eu disse-lhe para vir; *that is easy to understand* é fácil de compreender; *there is nothing to see* não há nada para ver; 5 (finalidade, intenção) para; com o fim de; *she said that to test you* ela disse isso para te experimentar; 6 (contiguidade, contacto, proximidade) em; a; rente a; junto a; *hand to hand* de mãos dadas; *to attach sth to sth* anexar algo a algo; *he put the sword to the man's throat* encostou a espada à garganta do homem; *next door to us* na casa a seguir à nossa; 7 a; para; virado para, voltado para; *face to face* cara a cara, frente a frente; *she sat with her back to me* ela estava sentada de costas para mim; *his house looks to the south* a casa dele está virada ao sul; 8 (relação) com; de; a; *married to a Portuguese woman* casado com uma mulher portuguesa; *brother to the Duke of York* irmão do duque de lorque; *he is nothing to me* ele não me é nada; 9 (limite) a, até; *from beginning to end* do princípio ao fim; *to count from one to twenty* contar de um até vinte; *to the end* até ao fim; *from top to toe* dos pés à cabeça; *to the clouds* até às nuvens; *to the last penny* até ao último centavo, até ao último tostão; *wet to the skin* molhado até aos ossos, todo molhado; *ten to twenty people* dez a vinte pessoas, entre dez e vinte pessoas; 10 (limite temporal) até; *to this day* até este dia; *to a great age* até à velhice; 11 (tempo que falta) para; *a quarter to five* um quarto para as cinco, cinco menos um quarto; *a month to his birthday* um mês para os seus anos; 12 de; pertencente a; *where is the key to this door?* onde está a chave desta porta?; 13 (comparação) a; comparado com, tendo em conta; DESPORTO *four to one* quatro a um; *it's nothing to what you could do* não é nada comparado com o que podes fazer; *superior to* superior a; 14 (opinião) para, quanto a; *to me that's just crazy* para mim isso não passa de uma loucura; 15 (reacção) a; com; *to my despair* para meu desespero, com grande desespero meu; *to my surprise I noticed that* com grande surpresa minha, verifiquei que; 16 (igualdade, correspondência) em, em cada; *there are 2.54 centimetres to the inch* há 2,54 centímetros numa polegada; 17 (simultaneidade) a; ao som de; com; *she woke up to the chirping of birds* ela acordou com o chilreio dos pássaros; 18 (resultado) a; até; *to burn to ashes* reduzir a cinzas; *generous to a fault* generoso até ao excesso; 19 (futuro) ir, dever; *what are we to do?* que vamos agora fazer?; *the Prime Minister is to meet the President* o Primeiro-Ministro irá reunir-se com o Presidente, o Primeiro-Ministro deverá reunir-se com o Presidente; *if civilization is to be saved* se quisermos salvar a civilização; 20 (atitude) para; *to be honest* para ser sincero; 21 (variedade) até; *we talked about everything, from sports to painting* falámos de tudo, desde desporto até pintura; 22 quanto a, a respeito de; com, para com; para; *that is all there is to it* é tudo quanto há a respeito disso; *kind to sb* amável para com alguém; *he has been a father to her* ele tem sido um pai para ela; 23 (celebração) a, em honra a, em memória de; *a toast to the good old days* um brinde aos velhos tempos; 24 (empregado, funcionário) de; ao serviço de; 25 (direito, pretensão) a; de; *the claimants to the crown* os pretendentes à coroa; *the heir to the throne* o herdeiro do trono; *born to a fortune* herdeiro duma fortuna; 26 de acordo com, segundo; *to my knowledge* segundo sei, que eu saiba; *to the best of my remembrance* tanto quanto me posso lembrar; *to all appearances* ao que tudo indica Ⓑ adv. 1 fechado, encostado; até ficar fechado, até ficar encostado; *push the door to* encoste a porta; *the door is to* a porta está encostada; 2 a si, à consciência; *to come to* recobrar os sentidos; 3 NÁUTICA em direcção ao vento; *a ship moored to* um navio ancorado em direcção ao vento; 4 na posição devida, na posição normal; para a posição devida, para a posição normal; 5 para diante, para a frente; 6 com atenção; em estado de alerta; 7 ao trabalho; *to turn to with a will* entregar-se ao trabalho com vontade ❖ *to and fro* dum lado para o outro; para trás e para a frente; para cima e para baixo; *to oneself* só para si

TO [*abrev. de* turn over]

toad [təʊd] s. 1 ZOOLOGIA sapo; 2 [fig.] (pessoa desprezível) sapo

toadeater ['təʊdiːtə] s. [arc.] adulador, bajulador

toadfish ['təʊdfɪʃ] s. ZOOLOGIA peixe-sapo

toadflax ['təʊdflæks] s. BOTÂNICA linária

toad-in-the-hole [təʊdɪnðəˈhəʊl] s. CULINÁRIA salsichas cozinhadas no forno em massa de crepe

toadstone ['təʊdstəʊn] s. MINERALOGIA pedra-de-sapo

toadstool ['təʊdstuːl] s. cogumelo venenoso

toady ['təʊdɪ] Ⓐ s. adulador, bajulador Ⓑ v.tr.,intr. 1 adular servilmente; 2 bajular; 3 [coloq.] lamber as botas

toadyism ['təʊdɪɪzəm] s. 1 adulação, bajulação; 2 servilismo

to-and-fro [tuːənˈfrəʊ] Ⓐ adj. 1 de vaivém; para a frente e para trás; ~ *motion* movimento de vaivém; 2 de um lado para o outro Ⓑ s. vaivém

toast [təʊst] Ⓐ s. 1 [substantivo não-contável] torrada, pão torrado; tosta; *a piece/a slice of* ~ uma torrada; *buttered/dry* ~ torradas com/sem manteiga; 2 (beber) brinde; *to propose a* ~ propor um brinde; *to drink a* ~ *to sb* beber à saúde de alguém; 3 pessoa a qual se faz um brinde; 4 [ant.] pessoa que suscita admiração; pessoa muito respeitada Ⓑ v.tr.,intr. 1 (pão, queijo, presunto, etc.) torrar; tostar; 2 aquecer ao lume; *to* ~ *one's feet* aquecer os pés ao lume; 3 (beber) brindar [**to**, a]; beber à saúde [**to**, de] ❖ ~ *rack* porta-torradas; [coloq.] (sarilhos) *to be* ~ estar feito; [EUA] *to have sb on* ~ ter alguém na mão; [coloq.] *warm as* ~ quentinho

toaster ['təʊstə] s. torradeira; *electric* ~ torradeira eléctrica

toasting ['təʊstɪŋ] s. 1 acto de torrar; acto de tostar; 2 realização de um brinde ❖ ~ *fork* garfo usado para torrar o pão

toastmaster ['təʊstˌmɑːstə] s. (banquete) aquele que anuncia os brindes

tobacco [təˈbækəʊ] s. (planta, folhas, produtos, hábito) tabaco; *chewing* ~ tabaco de mascar; *leaf* ~ tabaco em folhas; *mild* ~ tabaco fraco; *to give up* ~ deixar o tabaco ❖ ~ *heart* perturbação cardíaca causada pelo abuso do tabaco; ~ *industry* indústria tabaqueira; [EUA] ~ *road* comunidade rural muito pobre

tobacconist [təˈbækənɪst] s. tabaqueiro; vendedor de tabacos ❖ *tobacconist's* tabacaria

to-be [təˈbiː] adj. futuro ❖ *the* ~ o futuro

Tobiah [təˈbaɪə] s.antr. Tobias

Tobias [təˈbaɪəs] s.antr. ⇒ **Tobiah**

toboggan [təˈbɒgən] Ⓐ s. tobogã Ⓑ v.intr. andar de tobogã; *to* ~ *down a slope* descer uma encosta de tobogã ❖ ~ *slide/* ~ *shoot* pista de tobogã

tobogganer [tə'bɒgənə] s. toboganista
tobogganing [tə'bɒgənɪŋ] s. **1** prática do tobogã; **2** desporto do tobogã
toby ['təʊbɪ] s. ⟨pl. **-ies**⟩ [EUA] caneca/jarro com a configuração de um velhote com um tricórnio ❖ [GB] ~ **jug** caneca/jarro com a configuração de um velhote com um tricórnio
toccata [tə'kɑːtə] s. MÚSICA tocata
toccatela [tɒkə'telə] s. MÚSICA tocata breve; tocata simples
Toc H [ˌtɒk'eɪtʃ] s. sociedade que cultiva a camaradagem e a aproximação das diferentes classes sociais
toco ['təʊkəʊ] s. [GB] [coloq.] castigo corporal; **to administer ~ to a schoolboy** castigar corporalmente um aluno
tocology [tə'kɒlədʒɪ] s. MEDICINA tocologia; ciência ou tratado dos partos
tocsin ['tɒksɪn] s. **1** toque de sino a rebate; **2** toque de alarme
tod [tɒd] s. **1** [Esc.] raposa; **2** pessoa matreira; **3** [arc.] moita; **4** montão de folhagem; **5** antigo peso para lã, igual a 12,712 quilogramas
today [tə'deɪ] Ⓐ adv. **1** hoje; **he said he would come ~** ele disse que vinha hoje; **2** neste dia, no dia de hoje; **3** actualmente; hoje em dia Ⓑ s. **1** hoje; **~ is Saturday** hoje é sábado; **today's newspaper** o jornal de hoje; **2** (actualidade) hoje em dia ❖ **~ week** de hoje a uma semana; **a week ago ~** há uma semana
toddle ['tɒdl] Ⓐ v.tr.,intr. **1** andar (com passo incerto e vacilante); percorrer com passos vacilantes; **2** dar uma volta; dar um passeio; **3** [coloq.] ir-se embora, pôr-se a andar; **I must be toddling** tenho de ir Ⓑ s. **1** (criança pequena, bêbedo) passos vacilantes; andar hesitante; **2** [coloq.] criança pequena (que está a aprender a andar); **3** [coloq.] (pequeno passeio) volta; **to go for a ~** ir dar uma volta ❖ **to ~ home** ir até casa
◆**toddle in** v.intr. entrar a medo; entrar hesitantemente
◆**toddle out** v.intr. sair a medo
toddler ['tɒdlə] s. criança que começa a aprender a andar
toddling ['tɒdlɪŋ] adj. (criança) que começa a aprender a andar
toddy ['tɒdɪ] s. **1** suco de determinadas palmeiras, com o qual se fabrica a araca; **2** ponche; **3** bebida alcoólica doce misturada com água; **4** grogue quente
to-do [tə'duː] s. ⟨pl. **-s**⟩ [coloq.] rebuliço; agitação; alvoroço; azáfama; **to make a great ~** armar um grande rebuliço ❖ **~ list** lista de coisas a fazer
toe [təʊ] Ⓐ s. **1** ANATOMIA dedo do pé; **big/little ~** dedo grande/mínimo do pé; **to stub one's ~** bater com o dedo do pé, dar uma topada; **2** (sapato, meia, etc.) biqueira; ponta do pé; **3** parte anterior de casco de animal; **toes of a horse** parte dianteira da pata do cavalo; **4** extremidade da cabeça de taco de golfe; **5** MECÂNICA parte inferior do eixo vertical; **6** parte inferior; **7** pl. dedos dos pés, biqueiras, pontas dos pés; **to dance on one's toes** dançar em pontas; **to stand on the tips of one's toes** pôr-se nas pontas dos pés, pôr-se em bicos de pés; **to turn one's toes in/out** virar as pontas dos pés para dentro/fora Ⓑ v.tr.,intr. **1** (sapatos, peúgas, etc.) pôr biqueiras em; **to ~ a shoe** pôr biqueira a um sapato; **2** virar as pontas dos pés (numa direcção); estar/andar com as pontas dos pés (viradas numa direcção); **to ~ in/out** virar as pontas dos pés para dentro/fora; **3** tocar com a ponta dos pés; **4** dar pontapés em; **5** DESPORTO (golfe) bater a bola com a extremidade da cabeça do taco; **6** (prego, cavilha) pregar obliquamente, meter obliquamente ❖ (protecção para calçado) **~ cap** biqueira; (bicicleta) **~ clip** estribo do pedal de bicicleta; **~ dance** dança em pontas; MEDICINA **~ drop** paralisia dos músculos que levantam os dedos dos pés; **from top to ~** dos pés à cabeça; **on one's toes** (em estado de) alerta; vigilante; **to make sb's toes curl** deixar alguém envergonhado e desconfortável; **to put/dip a ~ in (the water)** experimentar um pouco, para ver se se gosta; **to ~ the line** acatar as regras estabelecidas; submeter-se a ordens; conformar-se com a orientação dada; estar pronto, na linha de partida, para uma corrida; **to touch one's toes** chegar à ponta dos pés; **to tread/step on sb's toes** pisar os calos a alguém; ofender alguém (por invadir o seu espaço); [coloq.] **to turn up one's toes** morrer; bater a bota; esticar o pernil
toecap ['təʊkæp] s. (calçado) biqueira
toed [təʊd] adj. **1** com dedos dos pés; **two-toed** com dois dedos dos pés; **four-toed** com quatro dedos dos pés; **2** com a biqueira (de determinada forma); **brown-toed shoes** sapatos com a biqueira castanha; **3** (prego, cavilha) pregado obliquamente, metido obliquamente
toehold ['təʊhəʊld] s. **1** apoio, suporte; **2** [fig.] pequena vantagem
toenail ['təʊneɪl] s. unha do pé
toff [tɒf] Ⓐ s. [coloq.] janota; **to dress up like a ~** vestir como um janota Ⓑ v.tr. aperaltar-se
◆**toff up** v.refl. aperaltar-se; pôr-se elegante
toffee ['tɒfɪ] s. ⟨pl. **-s**⟩ (caramelo) toffee ❖ **almond ~** toffee com amêndoa; **walnut ~** toffee com nozes; [coloq.] **she can't sing for ~** ela não canta absolutamente nada
toffee-nosed ['tɒfɪnəʊzd] adj. **1** snobe; **2** presumido; **3** afectado
toffy ['tɒfɪ] s. ⇒ **toffee**
toft [tɒft] s. **1** DIREITO [arc.] pequena quinta; pequena herdade
toftman ['tɒftmən] s. ⟨pl. **-men**⟩ **1** pequeno rendeiro; **2** proprietário duma pequena herdade
tofu ['tɒfuː, 'təʊfuː] s. CULINÁRIA tofu
tog [tɒg] Ⓐ s. [geralm. usado no pl.] [coloq.] trapo; vestuário, roupa Ⓑ v.tr. ⟨particípios **-gg-**⟩ [coloq.] aperaltar(-se); arranjar(-se); vestir bem; **to ~ out/up** esmerar-se na aparência; **to be all togged up** estar todo aperaltado
toga ['təʊgə] s. toga
toga'd ['təʊgəd] adj. togado, com toga
togaed ['təʊgəd] adj. togado, com toga
together [tə'geðə] Ⓐ adv. **1** juntos; em conjunto, conjuntamente; um com o outro, uns com os outros; em grupo; **they work ~** eles trabalham juntos; **war and poverty come ~** a guerra e a miséria andam sempre juntas; **2** (relação) juntos; **they've been ~ for ten years now** eles já estão juntos há dez anos; **3** (contacto) um ao outro, uns aos outros, um contra o outro, uns contra os outros; **4** ao mesmo tempo, simultaneamente; **5** seguidamente, seguidos, a fio, sem interrupção, sem parar; **he worked ten hours ~** ele trabalhou dez horas a fio Ⓑ adj. [coloq.] (pessoa) equilibrado; estável; atinado ❖ **~ with** juntamente com; **all ~ (now)!** todos ao mesmo tempo!
toggery ['tɒgərɪ] s. ⟨pl. **-ies**⟩ [coloq.] **1** vestuário, roupas (geralmente elegantes); **2** [EUA] [coloq.] loja de roupa
toggle ['tɒgl] Ⓐ s. **1** cavilha, cavilhão de madeira; **2** tarugo; **3** MECÂNICA balanceiro; **4** alavanca articulada; **5** trambelho, trabelho Ⓑ v.tr. segurar, firmar com cavilha/trabelho
Togo ['təʊgəʊ] s.top. Togo
toil [tɔɪl] Ⓐ s. **1** labuta, trabalho árduo; lida, faina; **after great ~** depois de muito labutar; **2** [arc.] luta; combate; **3** pl. rede para caça; **4** pl. [fig.] armadilha; rede; malhas; **caught in his own toils** apanhado na própria armadilha; **to be in the toils of debt** estar enredado em dívidas Ⓑ v.intr. **1** labutar; trabalhar duramente, trabalhar arduamente; afadigar-se; **to ~ and moil** trabalhar duramente, labutar; **to ~ at a task** trabalhar duramente numa tarefa; **2** mover-se penosamente, andar com custo; avançar com dificuldade; **to ~ along the road** seguir penosamente ao longo duma estrada; **he toiled up the steep hill** ele subiu penosamente o monte escarpado Ⓒ v.tr. [arc.] conseguir com muito esforço; realizar através de trabalho árduo
◆**toil away** v.intr. labutar; trabalhar duramente; afadigar-se
toiler ['tɔɪlə] s. trabalhador, labutador; aquele que trabalha duramente
toilet ['tɔɪlɪt] s. **1** quarto de banho, casa de banho; instalações sanitárias; **to go to the ~** ir à casa de banho; **2** sanita; **3** (preparação, roupa) toilette; **4** toucador, mesa de toucador; **5** MEDICINA (após operação) limpeza de ferida ❖ **~ case** estojo de toucador; **~ glass** espelho de toucador; **~ paper** papel higiénico; **~ powder** pó-de-arroz; **~ roll** rolo de papel higiénico; **~ seat** assento da sanita; **~ table** mesinha de toucador; (fraca qualidade) **~ water** água de colónia; **to make one's ~** arranjar-se; preparar-se
toiletries ['tɔɪlətrɪz] s.pl. produtos de higiene pessoal
toilful ['tɔɪlfʊl] adj. trabalhoso, penoso, árduo
toilfully ['tɔɪlfʊlɪ] adv. trabalhosamente, penosamente, arduamente
toilinet ['tɔɪlɪnet] s. tecido constituído por uma mescla de lã, algodão e seda
toilinette ['tɔɪlɪnet] s. tecido constituído por uma mescla de lã, algodão e seda

toiling ['tɔɪlɪŋ] Ⓐ adj. laborioso, trabalhador Ⓑ s. labuta, faina, lida, trabalho pesado

toilsome ['tɔɪlsəm] adj. 1 penoso, árduo, duro, trabalhoso, difícil, fatigante; 2 enfadonho, aborrecido

toilsomely ['tɔɪlsəmlɪ] adv. 1 penosamente, arduamente, duramente, trabalhosamente; 2 com dificuldade; 3 de maneira enfadonha

toilsomeness ['tɔɪlsəmnɪs] s. 1 trabalho fatigante; 2 cansaço, carácter penoso, arduosidade, arduidade

toilworn ['tɔɪlwɔ:n] adj. desgastado pelo trabalho; cansado pelo trabalho árduo

Tokay [tə'kaɪ, tɒ'kaɪ] s. tocaio, variedade de vinho húngaro

toke [təʊk] Ⓐ s. 1 [coloq.] pão, paparoca; 2 pão seco; 3 [cal.] (droga) passa Ⓑ v.tr.,intr. [cal.] (droga) dar uma passa

token ['təʊkən] Ⓐ s. 1 sinal, penhor, testemunho; *in ~ of* em sinal de; *it gives ~ of intelligence* é sinal de inteligência; 2 prova; *as a ~ of* como prova de; *more by ~* em prova de; 3 símbolo; 4 vale; 5 insígnia, emblema; 6 (oferta) lembrança; 7 (máquinas) ficha; senha; 8 FINANÇAS [ant.] (bancos, empresas) moeda particular de valor nominal muito superior ao valor real Ⓑ adj. simbólico; *~ withdrawal of troops* retirada simbólica de tropas; *a ~ gesture* um acto simbólico ❖ *~ money* moeda de emissão privada com metal de pouco valor; *~ payment* pagamento simbólico de dívida; pagamento parcial como sinal de reconhecimento duma dívida; *~ vote* concessão de créditos ao governo, com a garantia de poderem ser aumentados sem necessidade de nova discussão; *book ~* cheque-livro; *record ~* cheque-disco; *by the same ~* na mesma linha; pelo mesmo padrão; *by ~ of* conforme; em consideração de

toko ['təʊkəʊ] s. [cal.] (escola) ⇒ toco

Tokyo ['təʊkɪəʊ] s.top. Tóquio

tola ['təʊlə] s. tola, unidade de peso indiana equivalente a 180 grãos

tolar ['tɒlɑ:r] s. (moeda da Eslovénia) tolar

tolbooth ['təʊlbu:θ] s. 1 [Esc.] [ant.] cadeia, prisão; 2 posto de portagem

told [təʊld] prt. e part. pass. de to tell

Toledo [tɒ'leɪdəʊ] s.top. 1 Toledo; 2 toledana, espada feita em Toledo

tolerable ['tɒlərəbəl] adj. 1 tolerável; suportável; 2 sofrível; passável; 3 razoável; satisfatório; *to be in ~ health* ter uma saúde razoável

tolerableness ['tɒlərəblnɪs] s. tolerabilidade

tolerably ['tɒlərəblɪ] adv. 1 toleravelmente; 2 razoavelmente, relativamente; *~ well* relativamente bem ❖ *it is ~ certain that he won't write that letter* é quase certo que ele não escreverá essa carta

tolerance ['tɒlərəns] s. 1 tolerância; *to show great ~* mostrar grande tolerância; 2 resistência; 3 paciência; indulgência ❖ *limits of ~* tolerância máxima e mínima

tolerant ['tɒlərənt] adj. tolerante; *to be ~ of* ser tolerante com ❖ *~ of heat* resistente ao calor

tolerantly ['tɒlərəntlɪ] adv. 1 tolerantemente; com tolerância; 2 com paciência

tolerate ['tɒləreɪt] v.tr. 1 tolerar; 2 permitir; admitir; *I will not ~ his doing that* não admito que ele faça isso; 3 suportar; aguentar; *she can't ~ him* ela não o suporta

toleration [ˌtɒlə'reɪʃən] s. tolerância ❖ HISTÓRIA (1689) *Act of Toleration* Lei da Tolerância

tolerationism [ˌtɒlə'reɪʃənɪzəm] s. tolerantismo

tolerationist [ˌtɒlə'reɪʃənɪst] s. partidário do tolerantismo

toll [təʊl] Ⓐ s. 1 (taxa, cabine) portagem; 2 (vítimas) número; valor; extensão; *the death ~* o número de mortos; 3 consequências negativas; prejuízo; perda; *to take its/their ~* causar prejuízos; 4 [EUA] (telefone) custo de chamada interurbana; 5 taxa; honorários; 6 (sino) dobre; toque a finados; 7 (moleiro) maquia em grão retida como remuneração Ⓑ v.tr.,intr. 1 (sino) dobrar; tocar a finados; *to ~ for the dead* dobrar pelos mortos; *the bell tolled all day long* o sino dobrou o dia inteiro; 2 cobrar (portagem) ❖ (portagem) *~ bar* cancela; *~ bridge* ponte com portagem; [EUA] *~ call* chamada interurbana (mais cara que chamada normal); *~ road* estrada com portagem; HISTÓRIA *~ traverse* taxa paga para atravessar propriedade privada

tollable ['təʊləbəl] adj. sujeito ao pagamento de peagem ou portagem

tollbooth ['təʊlbu:θ] s. posto de portagem

toller ['təʊlə] s. 1 sineiro; 2 indivíduo que toca a finados; 3 cobrador de taxas de portagem

toll-free [ˌtəʊl'fri:] Ⓐ adj. 1 [EUA] (telefone) verde, gratuito; *~ number* número verde; 2 [EUA] (estrada) sem portagem Ⓑ adv. [EUA] gratuitamente

tollgate ['təʊlgeɪt] s. (portagem) cancela

tolling ['təʊlɪŋ] s. toque a finados

tollkeeper ['təʊlki:pə] s. portageiro

tol-lol [tɒl'lɒl] adj. 1 [coloq.] razoável; 2 passável; 3 nada mau

tol-lol-ish [tɒ'lɒlɪʃ] adj. ⇒ tol-lol

Toltec ['tɒltek] s. (pl. **Toltecs** ou **Toltec**) tolteca

Toltecan [tɒl'tekən] adj. tolteca; relativo aos Toltecas

tolu [tɒ'lu:] s. tolu, bálsamo-de-tolu

toluate ['tɒljuɪt] s. QUÍMICA toluato

toluene ['tɒljui:n] s. QUÍMICA tolueno

toluic [tɒ'lju:ɪk] adj. QUÍMICA toluico

toluidine [tɒ'lju:ɪdi:n] s. QUÍMICA toluidina ❖ *~ red* vermelho de toluidina

tom [tɒm] s. 1 [coloq.] gato (macho); 2 (gato, leão, puma, peru) macho

Tom [tɒm] {dim. de **Thomas**} Tomás ❖ CULINÁRIA (bebida) *~ and Jerry* gemada quente com rum, canela e água; (conto) *~ Thumb* Polegarzinho; *any Tom, Dick, or Harry* toda a gente; qualquer pessoa; MILITAR *long ~* canhão grande colocado a meio do navio; CULINÁRIA *Old ~* genebra forte

tomahawk ['tɒməhɔ:k] Ⓐ s. (Peles-Vermelhas) machado de guerra Ⓑ v.tr. 1 (Peles-Vermelhas) matar/ferir com o machado de guerra; 2 [fig.] (revista literária) criticar severamente; liquidar literariamente ❖ (reconciliação) *to bury the ~* enterrar o machado de guerra

tomalley [tə'mælɪ] s. CULINÁRIA substância esverdeada e mole, considerada o fígado da lagosta e usada como molho

tomally [tə'mælɪ] s. CULINÁRIA substância esverdeada e mole, considerada o fígado da lagosta e usada como molho

tomato [tə'mɑ:təʊ, tə'meɪtəʊ] s. (pl. **-es**) BOTÂNICA tomate ❖ BOTÂNICA *~ plant* tomateiro; *~ sauce* molho de tomate

tomb [tu:m] Ⓐ s. 1 sepultura, túmulo, sepulcro; *to rifle a ~* violar uma sepultura; 2 monumento funerário; 3 [fig.] morte Ⓑ v.tr. sepultar, meter em túmulo, enterrar

tombac ['tɒmbæk] s. tombaque, similiouro, liga de zinco e cobre

tomback ['tɒmbæk] s. ⇒ tombac

tombak ['tɒmbæk] s. ⇒ tombac

tombola [tɒm'bəʊlə] s. tômbola

tomboy ['tɒmbɔɪ] s. maria-rapaz; rapariga irrequieta e turbulenta

tomboyish ['tɒmbɔɪɪʃ] adj. arrapazado

tombstone ['tu:mstəʊn] s. pedra tumular, lápide

tomcat ['tɒmkæt] s. 1 (macho) gato; 2 [depr.] (homem) mulherengo

tome [təʊm] s. 1 volume, tomo; 2 livro grosso

tomentose [təʊ'mentəʊs] adj. BOTÂNICA tomentoso

tomentum [tə'mentəm] s. (pl. **-ta**) BOTÂNICA tomento

tomfool [tɒm'fu:l] Ⓐ s. 1 pateta; tolo; idiota; 2 paspalhão; basbaque Ⓑ v.intr. 1 dizer patetices; 2 fazer tolices; proceder como um tolo/idiota Ⓒ adj. absurdo; idiota; *a ~ speech* um discurso idiota

tomfoolery [tɒm'fu:lərɪ] s. (pl. **-ies**) 1 patetice, disparate, tolice; 2 parvoíce; 3 frioleiras

tommy ['tɒmɪ] s. (pl. **-ies**) [coloq.] (exército britânico) soldado ❖ [coloq.] *~ gun* metralhadora; *~ system* sistema de pagamento em géneros; NÁUTICA *soft ~* pão fresco

tommyrot ['tɒmɪrɒt] s. [ant., coloq.] disparate, parvoíce, tolice

tomnoddy ['tɒmnɒdɪ] s. [coloq.] pateta, tolo

tomorrow [tə'mɒrəʊ] Ⓐ adv. amanhã; *~ afternoon* amanhã à tarde; *~ morning* amanhã de manhã; *~ week* de amanhã a uma semana; *the day after ~* depois de amanhã Ⓑ s. amanhã, o dia de amanhã; *~ is Sunday* amanhã é domingo; *tomorrow's newspaper* o jornal de amanhã ❖ *~ never comes* nunca mais; no dia de S. Nunca; *never put off till ~ what you can do today* nunca deixes para amanhã o que podes fazer hoje

tompion ['tɒmpɪən] s. tampão de boca de canhão ou tubo de órgão

tomtit [tɒm'tɪt] s. ZOOLOGIA chapim azulado

tomtom ['tɒmtɒm] Ⓐ s. 1 tambor indiano; 2 tantã, gongo Ⓑ v.intr. tocar gongo ou tantã

ton [tʌn] s. 1 (medida de peso) tonelada; *metric ~* tonelada métrica; 2 tonelada (medida de capacidade: para cal = 40 *bushels*; para madeira = 40 pés-cúbicos; para pedras = 16 pés-cúbicos; para sal = 42 *bushels*; para trigo = 20 *bushels*); 3 NÁUTICA (de frete e de arqueação) tonelada; 4 [coloq.] (grande quantidade) montes [**of**, de]; muito [**of**, -]; *tons of people* muita gente; *they have tons of money* eles têm montes de dinheiro ❖ *long ~* 1016,96 quilogramas; *short ~* 908 quilogramas

tonal ['təʊnəl] adj. MÚSICA, LINGUÍSTICA tonal

tonality [təʊ'nælɪtɪ] s. (pl. **-ies**) tonalidade

tonally ['təʊnlɪ] adv. tonalmente

to-name ['tuneɪm] s. [Esc.] apelido, sobrenome

tone [təʊn] Ⓐ s. 1 (som) tom; 2 tom de voz; *in a low ~* em voz baixa; 3 MÚSICA timbre; 4 (voz) entoação, inflexão, tom; *an imploring ~* um tom implorativo; *to alter one's ~* mudar de tom; *to speak in an angry ~* falar num tom irritado; 5 acento, sotaque; 6 tendência geral; carácter; espírito; estilo; *an excellent ~* um espírito excelente; *there was a ~ of quiet elegance* havia um estilo de elegância sóbria; 7 (cor) matiz, tom, tonalidade; *different tones of green* diferentes tonalidades de verde; *warm tones* tons quentes; 8 saúde, vigor; 9 MEDICINA tónus, tonicidade; *muscular ~* tónus muscular; 10 MÚSICA intervalo de segunda; 11 [EUA] MÚSICA nota; *the sweet tones of a violin* as notas suaves dum violino Ⓑ v.tr.,intr. 1 dar o tom a; 2 LINGUÍSTICA entoar; 3 MÚSICA afinar; 4 FOTOGRAFIA fazer uma viragem ❖ MÚSICA *~ colour* timbre; *~ control* controlo da tonalidade; LINGUÍSTICA *~ language* língua tonal; MÚSICA *~ poem* poema sinfónico; (instrumento musical) *~ quality* qualidade de som; (auscultação) *heart tones* batimentos cardíacos; *to lose ~* deprimir-se; ficar deprimido; *want of ~* atonia

◆**tone down** v.tr. atenuar; moderar; *she advised him to ~ his speech* ela aconselhou-o a moderar o discurso

◆**tone in** v.intr. condizer [**with**, com]; ficar bem [**with**, com]; harmonizar-se [**with**, com]; *the carpet tones in with the furniture* o tapete condiz com a mobília

◆**tone up** v.tr. (músculos) tonificar

toned ['təʊnd] adj. 1 colorido com leves tons; 2 matizado; 3 com determinado tom ou timbre

toneless ['təʊnləs] adj. 1 sem coloração, sem colorido; 2 de voz velada; 3 inexpressivo; 4 mudo; 5 átono; 6 apático

tonelessly ['təʊnlɪslɪ] adv. 1 com voz inexpressiva; 2 apaticamente; 3 de maneira incolor

tonelessness ['təʊnləsnɪs] s. 1 inexpressividade; 2 falta de colorido; 3 ausência de tonalidade; 4 apatia

toneme ['təʊniːm] s. LINGUÍSTICA tonema

tonemic [təʊ'niːmɪk] adj. tonémico

toner ['təʊnə] s. 1 (cosmética) loção adstringente; 2 (impressora, fotocopiadora) *toner*

tong [tɒŋ] s. sociedade secreta (na China)

tonga ['tɒŋɡə] s. [Índia] carro leve de duas rodas

Tonga ['tɒŋə] s.top. Tonga ❖ GEOGRAFIA *the ~ Islands* o arquipélago de Tonga

Tongan ['tɒŋən] Ⓐ adj. tonganês; relativo ao arquipélago de Tonga Ⓑ s. tonganês, natural ou habitante do arquipélago de Tonga

Tongrian ['tɒŋɡrɪən] s. GEOLOGIA tongriano, oligoceno

tongs [tɒŋz] s.pl. 1 tenaz(es); *blacksmith's ~* tenazes grandes de ferreiro; *crucible ~* tenaz de fundidor; 2 pinça; *sugar ~* pinça para açúcar ❖ *anvil ~* alicate de ferreiro; *I wouldn't touch it with a pair of ~* mete-me nojo; [coloq.] *to go at it with hammer and ~* lutar encarniçadamente; discutir com toda a fúria

tongue [tʌŋ] Ⓐ s. 1 ANATOMIA língua; *to put out one's ~ at sb* deitar a língua de fora a alguém; 2 [fig.] fala; *to have lost one's ~* ter perdido a fala; 3 LINGUÍSTICA língua, idioma; *in one's mother ~* na nossa língua materna; *the gift of tongues* o dom das línguas; *the Portuguese ~* a língua portuguesa; 4 GEOGRAFIA língua de terra, península; 5 lingueta; 6 (balança) fiel; 7 (carro) lança; 8 (sino) badalo; 9 (carpintaria) macho; *~ and groove* macho e fêmea; 10 (presilha) fuzilhão; 11 (serra) trambelho; 12 ZOOLOGIA linguado; 13 (sapato) pala; *the ~ of a boot* a pala duma bota Ⓑ v.tr.,intr. 1 tocar com a ponta da língua em; 2 lamber; 3 [coloq.] dar um beijo molhado a; 4 MÚSICA (flauta, etc.) tocar em *staccato* por meio do emprego da língua; 5 (carpintaria) unir em junta de macho e fêmea ❖ ANATOMIA *~ bone* osso hióide; MEDICINA *~ depressor* abaixa-língua; *~ pie* censura severa; descompostura; *~ switch* agulha móvel; BOTÂNICA *~ sole* língua-de-vaca; MEDICINA (reanimação de afogados) *~ traction* tracção da língua; (jogo de palavras) *~ twister* trava-língua; *tongues of flame* línguas de fogo; *to be a ready ~* ter sempre uma resposta na ponta da língua; *to be on the tongues of men* ser muito falado; *to give ~* exprimir; dar expressão a; *to have a long ~* falar muito; ter o hábito de falar muito; *to have one's ~ in one's cheek* falar com ironia; *to hold one's ~* calar-se; *to keep a civil ~ in one's head* mostrar-se educado naquilo que se diz; *to keep a watch on one's ~* ter cuidado com o que se diz; *to wag one's ~* dar com a língua nos dentes; *I have it on the tip of my ~* tenho isso na ponta da língua; *her ~ is well oiled* ela não tem papas na língua; *she has a spiteful ~* ela tem uma língua venenosa

tongued [tʌŋd] adj. 1 com língua; 2 com lingueta; 3 com determinado tom de voz ❖ *~ flame* chama longa

tongueless ['tʌŋləs] adj. 1 sem língua; 2 mudo; 3 privado do uso da fala

tonguelet ['tʌŋlɪt] s. lingueta

tongue-tie ['tʌŋtaɪ] Ⓐ s. 1 dificuldade ou impedimento de falar devido a encurtamento anormal do freio da língua; 2 língua presa; 3 freio da língua Ⓑ v.tr. reduzir alguém ao silêncio

tongue-tied ['tʌŋtaɪd] adj. 1 (receio, timidez, vergonha) incapaz de dizer alguma coisa; mudo; *to be ~* não conseguir dizer nada; 2 MEDICINA que tem a língua presa

tonguing ['tʌŋɪŋ] s. 1 MÚSICA (instrumentos de sopro) golpe de língua; 2 (carpintaria) ligação de tábuas por juntura de macho e fêmea; 3 [coloq.] sermão, repreenda, censura

tonic ['tɒnɪk] Ⓐ adj. 1 LINGUÍSTICA tónico; acentuado; *~ accent* acento tónico; *~ syllable* sílaba tónica; 2 tonificante; estimulante; *the ~ quality of sea air* a qualidade tonificante do ar do mar Ⓑ s. 1 tónico [**for**, para]; 2 fortificante; 3 MÚSICA tónica ❖ MÚSICA *~ chord* acorde natural; MÚSICA *~ sol-fa* solfejo; *~ water* água tónica

tonicity [təʊ'nɪsɪtɪ] s. tonicidade

tonight [tə'naɪt] Ⓐ adv. hoje à noite, esta noite Ⓑ s. esta noite; *tonight's news* as notícias desta noite

toning ['təʊnɪŋ] s. 1 tonalidade; 2 (instrumento) afinação; 3 FOTOGRAFIA primeiro banho ❖ *~ down* atenuação; abrandamento

tonish ['tɒnɪʃ] adj. [rar.] à moda, no tom da moda

tonite ['təʊnaɪt] s. (explosivo) tonite

tonk [tɒŋk] v.tr. [cal.] bater em, dar uma tareia em, espancar

tonka bean [tɒŋkə'biːn] s. BOTÂNICA tonca; fava-da-índia

Tonkinese [tɒŋkɪ'niːz] Ⓐ adj. tonquim, tonquinês; relativo ao Tonquim Ⓑ s. tonquim, tonquinês; natural ou habitante do Tonquim

tonnage ['tʌnɪdʒ] s. 1 NÁUTICA tonelagem; *active ~* tonelagem em serviço; *gross ~* tonelagem bruta; *net ~* tonelagem líquida; *register ~* tonelagem registada; 2 taxa cobrada por tonelada ❖ *~ output* produção em toneladas

tonneau ['tɒnəʊ] s. (carro antigo) espaço dos assentos de trás

tonner ['tʌnə] s. navio com determinada tonelagem; *a three-thousand ~* um barco de três mil toneladas

tonsil ['tɒnsəl] s. ANATOMIA amígdala ❖ MEDICINA *enlarged tonsils* amígdalas hipertrofiadas; *to have one's tonsils removed* ser operado às amígdalas

tonsillectomy [tɒnsɪ'lektəmɪ] s. CIRURGIA tonsilectomia, amigdalectomia

tonsillitis [tɒnsɪ'laɪtɪs] s. MEDICINA tonsilite, amigdalite

tonsillotome [tɒn'sɪlətəʊm] s. CIRURGIA tonsilótomo, amigdalótomo

tonsillotomy [tɒnsɪ'lɒtəmɪ] s. CIRURGIA tonsilotomia, amigdalotomia

tonsorial [tɒn'sɔːrɪəl] adj. [joc.] relativo a cabeleireiro ou ao seu trabalho

tonsure ['tɒnʃə, 'tɒnsjʊə] Ⓐ s. tonsura Ⓑ v.tr. tonsurar ❖ RELIGIÃO *to receive the ~* receber a tonsura

tontine [tɒn'tiːn] s. tontina, modalidade de associação mútua concebida pelo italiano Lourenço Tonti (séc. XVII)

tonus ['təʊnəs] *s.* 1 MEDICINA tónus; 2 tonicidade; 3 espasmo tónico

tony ['təʊnɪ] *adj.* [coloq.] elegante, à moda

Tony ['təʊnɪ] *dim. de* **Anthony, Antony**

too [tu:] *adv.* 1 também; igualmente; *he is a doctor ~* ele também é médico; 2 demasiado; *I know him all/only ~ well* eu conheço-o demasiado bem; *it's ~ good to be true* é demasiado bom para ser verdade; *much ~ big* demasiado grande; *~ difficult* demasiado difícil; *~ far off* demasiado longe; *~ much money* demasiado dinheiro; 3 [coloq.] muito, extremamente; *it is not ~ good* deixa muito a desejar; *she is really ~ kind* ela é de facto muito amável; *that is ~ bad* isso é muito mau; 4 de mais, excessivamente; *all ~ familiar* excessivamente familiar; *he works ~ much* ele trabalha de mais; *~ many people* pessoas em número excessivo ❖ *~ bad for him* pior para ele; [coloq.] *~ far north* demasiado esperto para ser enganado; *it was achieved, too, at a small cost* para além disso, foi conseguido a preço muito económico; *to be none ~ much early* chegar mesmo à hora certa; *you are going ~ far* estás a exagerar; estás a ir longe de mais; *you were ~ many for him* chegaste para ele

toodle-oo [,tu:dl'u:] *interj.* [coloq.] adeus!, até à vista!

took [tʊk] *prt. de* **to take**

tool [tu:l] Ⓐ *s.* 1 ferramenta; *a bad workman always finds fault with his tools* o mau obreiro queixa-se sempre da ferramenta; 2 instrumento; *cutting ~* instrumento de corte; 3 [fig.] (pessoa) instrumento [of, de]; joguete [of, de]; *to make a ~ of sb* servir-se de alguém para os seus interesses; 4 [cal.] arma; 5 [cal.] (pénis) ferramenta; 6 *pl.* utensílios; *gardener's tools* utensílios de jardinagem Ⓑ *v.tr.,intr.* 1 trabalhar com ferramenta; 2 (encadernador) gravar a ferro quente; 3 (pedra, prata) cinzelar; 4 apetrechar, equipar; 5 [cal.] (carro) guiar ❖ (torno mecânico) *~ angle* ângulo de corte; *~ bag* bolsa de ferramentas; *~ gauge* calibre para ferramentas; (porta-ferramenta) *~ head* cabeçote; *~ holder* suporte de ferro; porta-ferramenta; *~ inspection* inspecção de ferramentas; *~ outfit* jogo de ferramentas; *~ smith* ferreiro que trabalha em ferramentas; *~ storage* depósito de ferramentas; *~ wear* desgaste de ferramentas; *bookbinder's tools* ferros de encadernador

◆**tool up** Ⓐ *v.tr.* (fábrica) apetrechar, equipar Ⓑ *v.intr.* 1 (fábrica) apetrechar-se, equipar-se; 2 [fig.] preparar-se

toolbar ['tu:lbɑ:] *s.* INFORMÁTICA barra de ferramentas

toolbox ['tu:lbɒks] *s.* caixa de ferramentas

toolchest ['tu:lʧest] *s.* mala de ferramentas

tooled ['tu:ld] *adj.* 1 trabalhado; 2 equipado, apetrechado ❖ [coloq.] (equipamento, arma) *~ up* perfeitamente equipado, todo artilhado; armado

tooler ['tu:lə] *s.* 1 cinzel de pedreiro; 2 (encadernação) dourador; 3 pessoa que trabalha com ferramentas

tooling ['tu:lɪŋ] *s.* 1 trabalho com ferramentas; 2 (encadernação) douradoura; 3 (pedra) cinzelagem

toolkit ['tu:lkɪt] *s.* jogo de ferramentas

toolmaker ['tu:lmeɪkə] *s.* fabricante de ferramentas ❖ *toolmaker's microscope* microscópio de oficina

toolmaking ['tu:lmeɪkɪŋ] *s.* fabrico de ferramentas

toolshed ['tu:lʃed] *s.* alpendre para guardar ferramentas

toon [tu:n] *s.* nome de uma árvore australiana

toot [tu:t] Ⓐ *s.* 1 buzinadela, apitadela; 2 trombeta, sirene Ⓑ *v.tr.,intr.* 1 (cláxon, trombeta, etc.) tocar; *to ~ the horn* tocar o cláxon, tocar a buzina; 2 buzinar; apitar; 3 soar; 4 (galo silvestre) cantar

tooter ['tu:tə] *s.* 1 aquele que toca (cláxon, buzina, etc.); 2 cláxon, buzina

tooth [tu:θ] Ⓐ *s.* (*pl.* **teeth**) 1 ANATOMIA dente; *artificial/false teeth* dentes postiços; *cutting of teeth* nascimento de dentes; *to lose a ~* perder um dente; *the baby cut his first ~* o bebé deitou o primeiro dente; *to have a ~ out* tirar um dente; *to show one's teeth* arreganhar/mostrar os dentes; 2 (forma) dente; *~ of a saw* dente de serra; *~ of a wheel* dente de uma roda; 3 [fig.] gosto, paladar; *a ~ pl.* dentição; *second teeth* segunda dentição Ⓑ *v.tr.,intr.* 1 prover de dentes; pôr dentes em; 2 (roda dentada) engrenar(-se) ❖ *Tooth Fairy* Fada dos Dentes; ARQUITECTURA *~ ornament* recortes ornamentais; MECÂNICA *~ pitch* afastamento dos dentes; *~ powder* pó dentífrico; *~ profile* perfil do dente; *~ wash* elixir dentífrico; *~ cutting machine* fresa para dentes de engrenagem; *~ and nail* com unhas e dentes; *don't throw that in his teeth* não o acuses por isso; *in the teeth of* a despeito de; *the ~ of time* as garras do tempo; *to be armed to the teeth* estar armado até aos dentes; *to be long in the ~* já não ser novo; ter certa idade; *to have a fine set of teeth* ter uma bela dentadura; *to have a sweet ~* ser guloso; *to have teeth in it* conter pontos/cláusulas severas; *to lie in one's teeth* mentir com quantos dentes se tem; *to put teeth in a new law* pôr força cominatória numa lei nova; *to say between one's teeth* resmungar por entre dentes; *to throw sth in sb's teeth* atirar alguma coisa à cara de alguém

toothache ['tu:θeɪk] *s.* dor de dentes

toothbrush ['tu:θbrʌʃ] *s.* escova dos dentes

toothed ['tu:θt, 'tu:ðd] *adj.* dentado; *~ ring* anel dentado; *~ segment* segmento dentado; *~ wheel* roda dentada ❖ *~ gearing* engrenagem

toothful ['tu:θfʊl] *s.* [coloq.] dedo, gota, quantidade muito pequena (de bebida)

toothing ['tu:θɪŋ] *s.* 1 dentadura; 2 conjunto de dentes (roda, serra, etc.); 3 pedras de espera, pedras ou tijolos salientes em extremidade de parede para permitir a continuação

toothless ['tu:θləs] *adj.* desdentado, sem dentes

toothpaste ['tu:θpeɪst] *s.* pasta dos dentes, dentífrico

toothpick ['tu:θpɪk] *s.* palito

toothsome ['tu:θsəm] *adj.* saboroso, delicioso, agradável ao paladar

toothsomely ['tu:θsəmlɪ] *adv.* 1 saborosamente; 2 deliciosamente

toothsomeness ['tu:θsəmnɪs] *s.* 1 sabor agradável, paladar saboroso; 2 bom gosto

toothwort ['tu:θwɜ:t] *s.* BOTÂNICA dentilária, erva-das-feridas

tooting ['tu:tɪŋ] *s.* toque (de cláxon, buzina, trombeta, etc.)

tootle ['tu:tl] Ⓐ *v.intr.* 1 MÚSICA trautear na flauta; 2 caminhar lentamente; dar uma volta a pé; 3 [coloq.] (despreocupadamente) dar uma volta de carro; passear de carro Ⓑ *s.* 1 volta de carro; 2 melodia trauteada

tootling ['tu:tlɪŋ] *s.* flauteio

tootsy ['tu:tsɪ] *s.* [infant.] pé, pé-pé, pezinho

tootsy-wootsy [,tu:tsɪ'wu:tsɪ] *s.* ⇒ **tootsy**

top [tɒp] Ⓐ *s.* 1 cimo [of, de]; topo [of, de]; *at the ~ of the page* ao cimo da página; 2 cume [of, de]; *the ~ of a hill* o cume de um monte; 3 melhor [of, de]; *to be at the ~ of the form* ser o melhor aluno da turma; 4 (pessoa, posição mais importante) cabeça; topo; grau mais elevado; máximo; *the ~ of the ladder/tree* o máximo numa carreira ou profissão; 5 ponta; remate; 6 tampa; 7 (mesa) cabeceira; *to sit at the ~* sentar-se à cabeceira; 8 VESTUÁRIO top; 9 (automóvel) tejadilho, capota; 10 [coloq.] (automóvel) velocidade directa; 11 BOTÂNICA copa; *flowering ~* copa florida; 12 NÁUTICA gávea; *main ~* cesto da gávea grande; *~ lantern* luz da gávea; 13 (jogos de cartas) melhores cartas do naipe do jogador; 14 pião; *to spin a ~* jogar o pião; 15 princípio; início; *take it from the ~* volta ao princípio; 16 cocuruto; *the ~ of one's head* o cocuruto da cabeça Ⓑ *v.tr.* (*particípios:* -**pp**-) 1 coroar; encimar; 2 subir; *to ~ a hill* subir um monte; 3 encabeçar, estar à cabeça de; 4 governar; dominar; *his party wants to ~ the nation* o partido dele pretende governar a nação; 5 exceder, superar, ultrapassar; *it topped expectation* excedeu as expectativas; *that tops everything* isso ultrapassa tudo; 6 ser mais alto que; *he tops your brother by three or four inches* ele é três ou quatro polegadas mais alto que o teu irmão; 7 podar a copa de; 8 DESPORTO bater (uma bola) por cima; 9 [cal.] matar; 10 QUÍMICA destilar a parte mais volátil de uma substância; 11 cobrir [**with**, com/de] Ⓒ *adj.* 1 mais alto; *she called at the ~ of her voice* ela chamou o mais alto que pôde; *to charge the ~ price* levar o preço mais alto; 2 máximo; *~ load* carga máxima; 3 melhor; 4 superior; *the ~ floor* o andar superior; *~ layer* camada superior ❖ [coloq.] *~ dog* manda-chuva; *~ hat* chapéu alto; cartola; [EUA] MILITAR *~ sergeant* primeiro-sargento; ZOOLOGIA *~ shell* tróquio; *~ view* vista de cima; (livro) *gilt ~* cabeça dourada; [coloq.] *old ~* velho amigo; meu velho; *~ of a rail* cabeça do trilho; *and to ~ it all* e para cúmulo; *at ~ speed* a toda a velocidade; *from ~ to bottom* de cima a baixo; *he went*

toparchical

to bed on ~ of his dinner ele foi para a cama logo a seguir ao jantar; *he tops six ft.* ele tem seis pés de altura; *in the ~ of/on ~ of* sobre; em cima de; *one thing happens on ~ of another* as coisas seguem-se umas às outras; *on ~* por cima; *on ~ of it all she added that...* para cúmulo, ela disse ainda que...; *on ~ of the world* satisfeito; contente com a vida; *put them one on ~ of the other* ponha um em cima do outro; *to be on ~* ir em primeiro lugar; *to be over the ~* exagerar; ser excessivo; *to come to the ~* distinguir-se; ganhar fama; [Irl.] *~ of the morning to you!* bom dia!; *to run at the ~ of one's speed* correr o mais depressa possível; *to the ~ of one's bent* tanto quanto se pode desejar; TEATRO *to ~ one's part* representar o seu papel com perfeição; (barco) *to ~ the sea* elevar-se com a vaga
- ◆**top off** Ⓐ *v.tr.* (terminar) rematar; *they topped off the dinner with some glasses of port* eles remataram o jantar com uns cálices de vinho do Porto Ⓑ *v.intr.* (vendas, etc.) atingir um recorde
- ◆**top out** *v.intr.* 1 (construção) dar os últimos retoques; 2 COMÉRCIO (preço) atingir um máximo
- ◆**top up** *v.tr.* 1 encher [with, com]; acabar de encher [with, com]; 2 FINANÇAS (fundo, montante) aumentar ❖ [coloq.] (bebida) *can I top you up?* mais um pouco?, sirvo-te outra vez?

toparchical [tɒˈpɑːkɪkəl] *adj.* topárquico; relativo a toparquia
toparchy [ˈtɒpɑːkɪ] *s.* toparquia
topaz [ˈtəʊpæz] *s. (pl.* -es) 1 MINERALOGIA topázio; 2 ZOOLOGIA topaza ❖ MINERALOGIA *false ~* falso-topázio; topázio-ocidental; MINERALOGIA *oriental ~* topázio-oriental
topazolite [təʊˈpæzəlaɪt] *s.* MINERALOGIA topazolite
topcoat [ˈtɒpkəʊt] *s.* 1 (tinta) última demão; 2 VESTUÁRIO [ant.] sobretudo
top-down [tɒpˈdaʊn] *adj.* 1 controlado pelas chefias; 2 dedutivo, que parte do geral para o particular; *~ approach* abordagem dedutiva
top-drawer [tɒpˈdrɔːə] *adj.* 1 excelente, de primeira água; 2 de classe alta
topdressing [ˈtɒpdresɪŋ] *s.* 1 camada; 2 adubo à superfície do solo
tope [təʊp] Ⓐ *s.* 1 ZOOLOGIA cação, cascarra, dentudo; 2 pequeno bosque ou alameda de mangueiras ou mangas; 3 monumento budista geralmente sob a forma de torre ou cúpula Ⓑ *v.intr.* (bebidas alcoólicas) beber em excesso, ter o vício da bebida
topee [ˈtəʊpiː] *s.* ⇒ **topi**
toper [ˈtəʊpə] *s.* 1 bebedor habitual; 2 [coloq.] bêbedo
top-flight [tɒpˈflaɪt] *adj.* 1 excelente, de primeira água; 2 notável
topgallant [tɒpˈgælənt] *s.* NÁUTICA (mastaréu, vela) joanete; *~ mast* mastaréu do joanete; *~ sail* vela do joanete ❖ NÁUTICA *~ forecastle* castelo de proa alteroso
tophaceous [təˈfeɪʃəs] *adj.* MEDICINA tofáceo; relativo ao tofo; da natureza do tofo
top-hamper [tɒpˈhæmpə] *s.* NÁUTICA superstrutura
top-heavy [tɒpˈhevɪ] *adj.* 1 (peso excessivo no cimo) desequilibrado; 2 [fig.] com demasiados executivos; 3 bêbedo*cal*, ébrio; *to be ~* estar embriagado
top-hole [tɒpˈhəʊl] *adj.* [ant.] óptimo, excelente, brilhante
tophus [ˈtəʊfəs] *s. (pl.* -i) MEDICINA tofo
topi [ˈtəʊpɪ] *s.* [Índia] capacete colonial
topiarist [ˈtəʊpɪərɪst] *s.* (jardinagem) topiário, jardineiro que pratica a topiaria
topiary [ˈtəʊpɪərɪ] Ⓐ *s.* 1 (arte) topiária; 2 BOTÂNICA (arbusto) tópia; 3 (jardim) topiaria Ⓑ *adj.* relativo à topiaria
topic [ˈtɒpɪk] *s.* assunto; tema; tópico; matéria de discussão; *~ of the day* assunto do dia
topical [ˈtɒpɪkl] Ⓐ *adj.* 1 local; 2 (assuntos) da actualidade, corrente; 3 tópico Ⓑ *s.* filme de actualidades ❖ *~ allusion* alusão a assuntos conhecidos; *~ film* filme de actualidades
topicality [tɒpɪˈkælɪtɪ] *s.* actualidade, candência
topically [ˈtɒpɪkəlɪ] *adv.* topicamente
topknot [ˈtɒpnɒt] *s.* 1 penacho, poupa, tufo de penas na cabeça de algumas aves; 2 tope, laço no chapéu ou no toucado; 3 topete; 4 [coloq.] cabeça
topless [ˈtɒpləs] *adj.* 1 em topless, com os seios descobertos; 2 de topless; 3 sem topo, sem cabeça, sem copa; 4 [arc., lit.] muito alto
topman [ˈtɒpmən] *s. (pl.* -men) 1 serrador que está na parte de cima, que pega na parte superior da serra; 2 NÁUTICA gajeiro, vigia na cesta da gávea
topmast [ˈtɒpmɑːst] *s.* NÁUTICA mastaréu da gávea; *main ~* mastaréu da gávea grande ❖ NÁUTICA *the mizzen ~* o mastaréu da gata
topmost [ˈtɒpməʊst] *adj.* (o) mais alto, (o) mais elevado
topnotch [ˈtɒpnɒtʃ] *adj.* excelente, de primeira água
topog. Ⓐ [abrev. de topography] Ⓑ [abrev. de topographical]
topographer [təˈpɒgrəfə] *s.* topógrafo
topographic [tɒpəˈgræfɪk] *adj.* ⇒ **topographical**
topographical [tɒpəˈgræfɪkl] *adj.* topográfico; *~ drafting* desenho topográfico; *~ survey* levantamento topográfico
topographically [tɒpəˈgræfɪkəlɪ] *adv.* topograficamente
topography [təˈpɒgrəfɪ] *s.* 1 topografia; 2 anatomia topográfica
topological [tɒpəˈlɒdʒɪkəl] *adj.* topológico
topologist [təˈpɒlədʒɪst] *s.* topologista, perito em topologia
topologization [təpɒlədʒaɪˈzeɪʃn] *s.* análise topológica
topology [təˈpɒlədʒɪ] *s.* topologia
topometry [təˈpɒmɪtrɪ] *s.* topometria
toponym [ˈtɒpənɪm] *s.* topónimo
toponymic [tɒpəˈnɪmɪk] *adj.* toponímico
toponymy [təˈpɒnɪmɪ] *s.* LINGUÍSTICA toponímia
topper [ˈtɒpə] *s.* 1 [coloq.] chapéu alto, cartola; 2 coisa formidável; 3 camarada, boa pessoa
topping [ˈtɒpɪŋ] Ⓐ *s.* 1 CULINÁRIA (piza, bolo, gelado) cobertura; guarnição; 2 corte/poda na copa de uma árvore; 3 NÁUTICA (verga) acto de desamantilha; 4 (aves) crista; poupa Ⓑ *adj.* 1 [ant., coloq.] esplêndido, excelente, óptimo; *a ~ dinner* um jantar esplêndido; *that's a ~ idea* isso é uma óptima ideia; 2 de categoria superior; 3 avantajado; altaneiro; proeminente ❖ *~ up* enchimento; [ant., coloq.] *we had a ~ time* divertimo-nos imenso
toppish [ˈtɒpɪʃ] *adj.* que se considera a si mesmo como pertencendo às camadas superiores da sociedade
topple [ˈtɒpl] *v.tr.,intr.* 1 cair, tombar; 2 ruir, desabar; 3 vacilar ❖ *to bring the Government toppling down* derrubar o governo; *to ~ over a cliff* cair do alto de uma falésia
toppling [ˈtɒplɪŋ] *adj.* vacilante, pouco seguro, pouco firme
top-ranking [ˈtɒpˌræŋkɪŋ] *adj.* 1 de alto nível; 2 em lugar de prestígio; em posição elevada; 3 DESPORTO de alta competição; 4 MILITAR de patente superior
topsail [ˈtɒpseɪl] *s.* 1 NÁUTICA vela da mezena; 2 NÁUTICA gávea ❖ NÁUTICA *main ~* vela da gávea grande
topsawyer [ˈtɒpsɔːjə] *s.* serrador que está da parte de cima, que pega na parte superior da serra
top-secret [tɒpˈsiːkrɪt] *adj.* ultra-secreto
topside [ˈtɒpsaɪd] *s.* pedaço de lombo de vaca
topsides [ˈtɒpsaɪdz] *s.pl.* NÁUTICA obras mortas, borda
topsman [ˈtɒpsmən] *s. (pl.* -men) NÁUTICA gajeiro, vigia no cesto da gávea
topsoil [ˈtɒpsɔɪl] Ⓐ *s.* húmus; solo arável Ⓑ *v.tr.* 1 cobrir com húmus; 2 retirar o húmus de
topsy-turvily [ˌtɒpsɪˈtɜːvɪlɪ] *adv.* 1 de pernas para o ar; 2 em grande confusão
topsy-turviness [ˌtɒpsɪˈtɜːvɪnɪs] *s.* desordem, barafunda
topsy-turvy [ˌtɒpsɪˈtɜːvɪ] Ⓐ *adj.* 1 virado de pernas para o ar; 2 baralhado, confuso Ⓑ *adv.* 1 desordenadamente, em confusão, confusamente; 2 de pernas para o ar; de cabeça para baixo; *to turn everything topsyturvy* pôr tudo de pernas para o ar; 3 às avessas; *the world is in a state of topsyturvy* o mundo está todo às avessas Ⓒ *s.* barafunda, desordem, confusão total Ⓓ *v.tr.* 1 virar de pernas para o ar; 2 pôr em confusão
topsy-turvydom [ˌtɒpsɪˈtɜːvɪdəm] *s.* grande confusão, desordem, barafunda
toque [təʊk] *s.* (chapéu, barrete de cozinheiro) toque
tor [tɔː] *s.* pico rochoso, elevação penhascosa, sobretudo em Dartmoor
Torah [ˈtɔːrə] *s.* RELIGIÃO Tora, nome hebreu do livro da Lei de Moisés
torc [tɔːk] *s.* colar de metal torcido usado pelos antigos Gauleses
torch [tɔːtʃ] Ⓐ *s. (pl.* -es) 1 tocha; archote; 2 lanterna; *electric ~* lanterna; 3 maçarico; *acetylene ~* maçarico a acetileno; *plumber's ~* maçarico de funileiro; 4 [fig.] facho, luz; *the ~ of*

liberty o facho da liberdade; *to hand on the ~* passar o testemunho Ⓑ *v.tr.* [coloq.] atear fogo a, incendiar ❖ *~ fishing* pesca ao candeio; (lâmpada, maçarico) *~ holder* suporte; HISTÓRIA (Grécia Antiga) *~ race* corrida de estafetas, na qual um archote passava de corredor para corredor; (anos 30) *~ singer* intérprete de canções de amor; (anos 30) *~ song* canção de amor; *to carry a ~ for sb* ter uma paixão secreta/não correspondida por alguém

torching [ˈtɔːtʃɪŋ] s. pesca ao candeio

torchlight [ˈtɔːtʃlaɪt] s. luz de tochas/archotes ❖ *a ~ procession* um cortejo à luz de archotes

torchon [ˈtɔːʃən] s. (enfeite) laço em leque ❖ *~ board* prancheta para aguarelas/guache; *~ lace* renda rústica de bilros; *~ paper* papel para aguarelas/guache

tore [tɔː] Ⓐ *prt. de* **to tear**¹ Ⓑ s. ARQUITECTURA, GEOMETRIA toro

toreador [ˈtɒrɪədɔː] s. toureiro

toreutic [təʊˈruːtɪk] adj. torêutico

toreutics [təʊˈruːtɪks] s. torêutica, arte de cinzelar e esculpir sobre metais

torment¹ [ˈtɔːment] s. 1 tormento; tortura; *to suffer torments* passar tormentos; 2 sofrimento; angústia; *to be in ~* estar em sofrimento; 3 suplício ❖ *the child is a positive ~* a criança é uma autêntica peste; MITOLOGIA *the ~ of Tantalus* o suplício de Tântalo; RELIGIÃO *the torments of the damned* os tormentos dos condenados às penas eternas

torment² [tɔːˈment] v.tr. 1 atormentar, torturar; fazer sofrer; *to be tormented with remorse* estar atormentado pelo remorso; 2 afligir, consumir; *to be tormented by jealousy* consumir-se de ciúmes; 3 aborrecer; arreliar

tormentil [ˈtɔːməntɪl] s. BOTÂNICA tormentilha, sete-em-rama

tormenting [tɔːˈmentɪŋ] adj. torturante, atormentador

tormentingly [tɔːˈmentɪŋlɪ] adv. torturantemente, atormentadoramente

tormentor [tɔːˈmentə] s. 1 atormentador, algoz, carrasco; 2 NÁUTICA garfo comprido para tirar a carne dos caldeirões; 3 variedade de grade com rodas para desfazer os torrões; 4 CINEMA anteparo anti-sonoro

tormentress [tɔːˈmentrɪs] fem. de **tormentor**

tormina [ˈtɔːmɪnə] s.pl. cólicas intestinais

torn [tɔːn] part. pass. de **to tear**¹

tornado [tɔːˈneɪdəʊ] s. (pl. -es) 1 tornado; tufão, furacão; 2 ciclone; 3 (estado) agitação; frenesim; 4 [fig.] (pessoa) furacão ❖ *~ lamp* lâmpada à prova de vento

toroidal [ˌtəʊˈrɔɪdəl] adj. toroidal ❖ ELECTRICIDADE *~ winding* enrolamento toroidal

Toronto [təˈrɒntəʊ] s.top. Toronto

torose [təˈrəʊs] adj. 1 nodoso; 2 toroso; 3 vigoroso

torous [ˈtɔːrəs] adj. ⇒ **torose**

torpedo [tɔːˈpiːdəʊ] Ⓐ s. (pl. -es) 1 MILITAR torpedo; *aerial ~* torpedo aéreo; 2 ZOOLOGIA (peixe) torpedo Ⓑ v.tr. 1 torpedear, atacar com torpedos; 2 [fig.] tornar ineficaz, inutilizar ❖ *to make a ~ attack* fazer um ataque com torpedos

torpedoing [tɔːˈpiːdəʊɪŋ] s. torpedeamento

torpid [ˈtɔːpɪd] Ⓐ adj. 1 tórpido; 2 com torpor, entorpecido; 3 dormente; 4 inactivo, inerte; 5 apático; 6 indolente; 7 estúpido, de espírito obtuso Ⓑ s. 1 (Oxford) barco que toma parte em regatas organizadas na Quaresma entre tripulações de segunda categoria; 2 pl. (Oxford) corridas de barco realizadas durante a Quaresma entre tripulações de segunda categoria pertencentes aos vários colégios

torpidity [tɔːˈpɪdɪtɪ] s. ⇒ **torpidness**

torpidly [ˈtɔːpɪdlɪ] adv. 1 torpidamente; 2 entorpecidamente; 3 apaticamente; 4 indolentemente

torpidness [ˈtɔːpɪdnɪs] s. 1 entorpecimento; 2 apatia; 3 inércia; 4 letargia

torpify [ˈtɔːpɪfaɪ] v.tr. entorpecer

torpor [ˈtɔːpə] s. 1 torpor; 2 entorpecimento; 3 sonolência

torporific [ˌtɔːpəˈrɪfɪk] adj. entorpecente, que causa torpor

torps [tɔːps] s. NÁUTICA [cal.] oficial encarregado dos torpedos

torquate [ˈtɔːkweɪt] adj. ZOOLOGIA torcaz, trocaz; com coleira de determinada cor

torquated [tɔːˈkweɪtɪd] adj. ⇒ **torquate**

torque [tɔːk] s. 1 MECÂNICA momento de torção; esforço de torção; binário de aperto; 2 ⇒ **torc** ❖ MECÂNICA *~ reaction* esforço de torção

torques [ˈtɔːks] s. ⇒ **torc**

torrefaction [ˌtɒrɪˈfækʃən] s. torrefacção

torrefy [ˈtɒrɪfaɪ] v.tr. 1 torrar; 2 torrefazer

torrefying [ˈtɒrɪfaɪɪŋ] adj. que torrefaz ou torra

torrent [ˈtɒrənt] s. 1 torrente; *rain was falling in torrents* estava a chover torrencialmente; 2 [fig.] (grande quantidade) torrente, enxurrada; *a ~ of insults* uma torrente de insultos

torrential [tɒˈrenʃəl] adj. 1 torrencial; *~ rain* chuva torrencial; 2 [fig.] caudaloso; impetuoso

torrentially [tɒˈrenʃəlɪ] adv. 1 torrencialmente; 2 impetuosamente, caudalosamente

Torricellian [ˌtɒrɪˈtʃelɪən] adj. de Torricelli; relativo a Torricelli ❖ *~ experiment* experiência de Torricelli; *~ tube* tubo de Torricelli

torrid [ˈtɒrɪd] adj. 1 tórrido; abrasador; 2 abrasado; 3 [fig.] tórrido; ardente; apaixonado; *~ love scenes* cenas de sexo tórrido ❖ GEOGRAFIA *Torrid Zone* zona tórrida

torridity [tɒˈrɪdɪtɪ] s. 1 calor tórrido, calor tropical; 2 temperatura abrasadora

torridly [ˈtɒrɪdlɪ] adv. 1 torridamente; 2 abrasadoramente

torridness [ˈtɒrɪdnɪs] s. ⇒ **torridity**

torsade [tɔːˈseɪd] s. cordão torcido ou entrançado

torsel [ˈtɔːsəl] s. 1 bloco ou pedaço de madeira ou ferro encaixado em parede para servir de apoio a uma viga; 2 ARQUITECTURA voluta, ornato em espiral

torsion [ˈtɔːʃən] s. torção ❖ GEOMETRIA *~ angle* ângulo de torção; *~ balance* balança de torção; *~ spring* mola de torção; *~ test* prova de torção

torsional [ˈtɔːʃənəl] adj. relativo a torção ❖ *~ deflection* deformação devida à torção; *~ moment* momento de torção

torsionally [ˈtɔːʃənəlɪ] adv. de maneira a torcer ou a torcer-se

torsk [tɔːsk] s. ZOOLOGIA peixe da família do bacalhau

torso [ˈtɔːsəʊ] s. 1 torso, tronco de estátua sem a cabeça e os braços; 2 [fig.] obra mutilada ou não concluída

tort [tɔːt] s. 1 DIREITO dano; 2 delito de natureza civil

tortellini [ˌtɔːtəˈliːnɪ] s.pl. CULINÁRIA (comida italiana) tortelini

torticollis [ˌtɔːtɪˈkɒlɪs] s. MEDICINA torticolo, torcicolo

tortile [ˈtɔːtaɪl] adj. 1 curvo, recurvado, torto; 2 torcido, entrançado; 3 BOTÂNICA espiralado

tortility [tɔːˈtɪlɪtɪ] s. 1 tortuosidade; 2 entrançamento

tortilla [tɔːˈtiːjə] s. 1 CULINÁRIA (cozinha espanhola) tortilha, omelete redonda; 2 CULINÁRIA (cozinha mexicana) tortilha, bolo de pão de milho (com cobertura ou recheio de carne ou queijo)

tortilly [tɔːˈtɪlɪ] adj. HERÁLDICA foteado

tortious [ˈtɔːʃəs] adj. DIREITO danoso, prejudicial, lesivo

tortiously [ˈtɔːʃəslɪ] adv. DIREITO lesivamente, prejudicialmente

tortoise [ˈtɔːtəs] s. 1 ZOOLOGIA tartaruga terrestre; 2 [fig.] (pessoa lenta) lesma_fig_; *as slow as a ~* extremamente lento ❖ ZOOLOGIA *freshwater/marsh ~* emidídeo; *hare and ~* a lebre e a tartaruga; a agilidade vencida pela persistência

tortoiseshell [ˈtɔːtəsʃel] Ⓐ s. 1 (tartaruga) carapaça; 2 ZOOLOGIA gato doméstico malhado Ⓑ adj. tigrado; malhado de amarelo e castanho ❖ ZOOLOGIA *~ butterfly* borboleta com manchas pretas e amarelas

tortrix [ˈtɔːtrɪks] s. (pl. **tortrices**) 1 ZOOLOGIA tórtrix; 2 burgo-da-azinheira

tortulla [ˈtɔːtjʊlə] s. BOTÂNICA tórtula

tortuosity [ˌtɔːtʃuˈɒsɪtɪ] s. tortuosidade, sinuosidade

tortuous [ˈtɔːtʃuəs] adj. 1 tortuoso, sinuoso; 2 retorcido; *a ~ style* um estilo retorcido; 3 de difícil compreensão; *a ~ argument* uma argumentação difícil de compreender; 4 desonesto; *to have a ~ mind* ser desonesto

tortuously [ˈtɔːtʃuəslɪ] adv. 1 tortuosamente; 2 sinuosamente

tortuousness [ˈtɔːtʃuəsnɪs] s. ⇒ **tortuosity**

torture [ˈtɔːtʃə] Ⓐ s. 1 tortura; *instruments of ~* instrumentos de tortura; *to put sb to the ~* submeter alguém à tortura; 2 tormento, suplício; *it was sheer torture!* foi um verdadeiro suplício!; 3 aflição, angústia Ⓑ v.tr. 1 torturar, submeter à tortura; 2 supliciar, atormentar; *to be tortured with anxiety* ser atormentado pela ansiedade; 3 desvirtuar, deturpar o significado de ❖ *~ chamber* câmara de tortura; câmara de horrores

torturer ['tɔːtʃərə] s. 1 torturador; 2 atormentador; 3 carrasco, algoz
torturing ['tɔːtʃərɪŋ] Ⓐ adj. 1 torturante; 2 atormentador Ⓑ s. tortura, suplício
torula ['tɒrjʊlə] s. (pl. -ae) BOTÂNICA tórula, grupo de microrganismos constituídos por cocos reunidos em cadeia
torulose ['tɒrjʊləʊs] adj. toruloso
torulous ['tɒrjʊləs] adj. ⇒ torulose
torulus ['tɒrjʊləs] s. (pl. -i) tórulo
torus ['tɔːrəs] s. (pl. -i) ARQUITECTURA, BOTÂNICA, GEOMETRIA toro
tory ['tɔːrɪ] Ⓐ adj. POLÍTICA conservador; relativo ao partido oposto aos *whigs* Ⓑ s. (pl. -ies) POLÍTICA conservador; membro do partido conservador; membro do partido oposto aos *whigs*
toryism ['tɔːrɪɪzəm] s. 1 POLÍTICA sistema dos conservadores; 2 sistema dos que se opunham aos *whigs*
tosh [tɒʃ] s. disparates, tolices
tosher ['tɒʃə] s. estudante universitário que não se matriculou
toss [tɒs] Ⓐ v.tr. (prt. e part. pass. **-ed** ou **tost**) 1 lançar; atirar; arremessar; *he tossed a coin to the beggar* ele atirou uma moeda ao pedinte; *to be tossed by a bull* ser atirado ao ar por um touro; 2 (com moeda) tirar à sorte; 3 perturbar, abalar; agitar; 4 (saudação) pôr os remos ao alto; 5 (cabeça) pôr para trás; empinar o nariz; 6 CULINÁRIA acrescentar; *~ in butter* acrescente manteiga; 7 CULINÁRIA (salada, etc.) mexer; misturar; 8 (assunto) debater; pôr na mesa Ⓑ s. 1 arremesso; 2 (jogo de sorte) lançamento de moeda ao ar; *to lose the ~* perder ao ser lançada a moeda ao ar; *to win the ~* ganhar ao ser lançada a moeda ao ar; 3 (sinal de desprezo) meneio de cabeça; nariz empinado; lançamento da cabeça para trás; *with a contemptuous ~ of the head* com um meneio de desprezo; 4 (equitação) queda do cavalo; *to take a ~* cair do cavalo abaixo ❖ [coloq.] *I don't give a toss!* quero lá saber!; *the horse tossed its rider* o cavalo deitou abaixo o cavaleiro; *to be tossed from post to pillar* ser empurrado de um lado para o outro; *to ~ and turn in bed* dar voltas na cama; NÁUTICA *to ~ oars* arvorar remos; *within the ~ of a stone* ao alcance duma pedra
◆**toss about/around** Ⓐ v.tr. 1 passar de um para outro; 2 (conversa) fazer andar de boca em boca; *he does not want his name to be tossed about* ele não quer que o seu nome ande de boca em boca; 3 desbaratar; esbanjar; gastar à larga; *to toss one's money about* esbanjar o seu dinheiro; 4 andar ao sabor da sorte, andar às calhas Ⓑ v.intr. contorcer-se; rebolar-se; *the poor boy tossed about on bed in pain* o pobre rapaz contorcia-se na cama com dores ❖ *he has been tossed about a good deal of late years* ele tem andado ao sabor da sorte nos últimos anos
◆**toss aside** v.tr. 1 atirar para o lado; 2 rejeitar; recusar; 3 pôr de lado; pôr de parte
◆**toss back** v.tr. 1 (bola, objecto) atirar de volta; devolver; 2 (cabeça, cabelo) atirar para trás
◆**toss for** v.tr. (moeda ao ar) tirar à sorte; *I'll toss you for it* vamos tirar à sorte; *to ~ sth* tirar à sorte alguma coisa ❖ DESPORTO (futebol) *to ~ sides* escolher o campo (por meio de moeda)
◆**toss off** Ⓐ v.tr. 1 beber rapidamente, beber de um trago; 2 fazer à pressa; 3 escrevinhar à pressa Ⓑ v.intr. [cal.] masturbar-se
◆**toss out** Ⓐ v.tr. 1 deitar fora; 2 pôr lá fora Ⓑ v.intr. sair bruscamente [**of**, de]; *to ~ of a room* sair bruscamente dum quarto
◆**toss over** v.tr. atirar; *toss it over!* atira!
◆**toss up** v.tr.,intr. (jogo da sorte) atirar (moeda) ao ar
tosser ['tɒsə] s. 1 [GB] [cal.] estúpido, parvo; 2 aquele que lança ou atira
tossing ['tɒsɪŋ] Ⓐ adj. 1 que sacode/agita; 2 agitado; encrespado Ⓑ s. 1 lançamento; 2 agitação; 3 balanço ❖ *~ of the head* movimento desdenhoso da cabeça; *he got a ~ in the Channel* teve uma travessia agitada na Mancha
tosspot ['tɒspɒt] s. 1 [arc.] ébrio, beberrão; 2 [cal.] imbecil
toss-up ['tɒsʌp] s. 1 (situação duvidosa) incerteza; *it is quite a ~ whether she comes or not* ela tanto pode vir como não vir; 2 acto de atirar a moeda ao ar
tost [tɒst] adj. [poét.] ⇒ **tossed**
tot [tɒt] Ⓐ s. 1 (criança) pequenino; 2 (bebida alcoólica) copinho; golinho; gota; 3 (abreviatura) total, soma, adição Ⓑ v.tr.,intr. (particípios **-tt-**) adicionar, somar

◆**tot up** v.intr. 1 fazer a soma; fazer a conta; 2 subir, ascender, elevar-se [**to**, a]; *the bill totted up to five hundred pounds* a conta elevava-se a 500 libras
total ['təʊtəl] Ⓐ adj. 1 total; *~ amount* soma total; *~ capacity* capacidade total; *~ silence* silêncio total; *~ travel* curso total; *~ war* guerra total; 2 inteiro; 3 completo; perfeito; absoluto; *~ failure* fracasso absoluto; *~ stranger* perfeito desconhecido; *to be in ~ ignorance of* ignorar completamente Ⓑ s. total; soma; montante; todo; *grand ~* total global; *in ~* ao todo, no total; *his ~ debts are £3000* o total das suas dívidas perfaz 3 000 libras Ⓒ v.tr. (particípios **-ll-**) 1 adicionar, somar; 2 totalizar; 3 subir a, ascender a, elevar-se a ❖ FINANÇAS *~ capital* capital global; ASTRONOMIA *~ eclipse* eclipse total; FÍSICA *~ heat* entalpia; (máquinas de calcular) *~ key* tecla de total; *it was a ~ loss* perdemos tudo; *to have ~ recall* recordar-se de tudo
◆**total up** v.intr. perfazer um total de; elevar-se a
totalitarian [təʊˌtælɪˈtɛərɪən] adj. POLÍTICA totalitário
totalitarianism [təʊˌtælɪˈtɛərɪənɪzəm] s. totalitarismo
totality [təʊˈtælɪtɪ] s. 1 totalidade; 2 ASTRONOMIA ocultação total (de astro durante um eclipse)
totalization [təʊtəlaɪˈzeɪʃən] s. totalização
totalizator ['təʊtəlaɪzeɪtə] s. 1 totalizador; 2 (corridas de cavalos) caixa-registadora
totalize ['təʊtəlaɪz] v.tr. 1 totalizar; achar o total de; 2 somar; adicionar; 3 (corridas de cavalos) empregar uma caixa-registadora
totalizer ['təʊtəlaɪzə] s. ⇒ **totalizator**
totalizing ['təʊtəlaɪzɪŋ] s. totalização
totally ['təʊtəlɪ] adv. totalmente, completamente, absolutamente
tote [təʊt] Ⓐ s. [coloq.] (corridas de cavalos) ⇒ **totalizator** Ⓑ v.tr. [EUA] (mercadorias, etc.) transportar, carregar ❖ (bolsa) *~ bag* saco; *to ~ fair* proceder com lealdade
totem ['təʊtəm] s. totem
totemic [təʊˈtɛmɪk] adj. totémico
totemism ['təʊtəmɪzəm] s. totemismo
tother ['tʌðə] adj.,pron. [coloq.] o outro; *I can't tell ~ from which* não sou capaz de distinguir um do outro
t'other ['tʌðə] adj.,pron. [coloq.] ⇒ **tother**
totipalmate [ˌtəʊtɪˈpælmɪt] adj. ZOOLOGIA totipalmado; relativo ou pertencente às totipalmas
totter ['tɒtə] v.intr. 1 vacilar; cambalear; 2 oscilar, abanar; 3 fraquejar ❖ *to ~ to one's feet* levantar-se de modo cambaleante; *the baby tottered across the room* a criança atravessou o quarto com passos pouco seguros
totterer ['tɒtərə] s. aquele que caminha a passos inseguros
tottering ['tɒtərɪŋ] Ⓐ adj. 1 cambaleante; titubeante; 2 pouco firme, inseguro; 3 instável Ⓑ s. cambaleio ❖ *a ~ empire* um império que ameaça ruína; um império em decadência
totteringly ['tɒtərɪŋlɪ] adv. 1 titubeantemente, de modo vacilante; 2 inseguramente
tottery ['tɒtərɪ] adj. 1 incerto, cambaleante, titubeante; 2 pouco firme
toucan ['tuːkən, 'tuːkæn] s. ZOOLOGIA (ave) tucano
touch [tʌtʃ] Ⓐ s. (pl. **-es**) 1 toque; *she felt a ~ on her shoulder* ela sentiu um toque no ombro; 2 tacto; *the sense of ~* o sentido do tacto; *to be soft to the ~* ser macio ao tacto; *to be rough to the ~* ser áspero ao tacto; *to know by the ~* conhecer pelo tacto; 3 apalpadela; 4 comunicação, contacto, ligação; *to get in ~ with* entrar em contacto com; *to keep in ~ with* manter-se em contacto com; *to lose ~ with* perder o contacto com; *to be out of ~ with* ter perdido o contacto com; 5 (pequena quantidade) toque,fig. sombra, vestígio, vislumbre; *a ~ of irony* um toque de ironia; *there was a ~ of bitterness in her voice* a voz dela tinha tons de amargura; 6 pincelada; retoque; *to add a few finishing touches* acrescentar uns retoques finais; *to give the last ~ to* dar o último retoque a; 7 impressão passageira; 8 pontada; acesso; ataque; 9 estilo, maneira de fazer alguma coisa, modo de agir; *the Nelson ~* a maneira característica de Nelson (de resolver os problemas); 10 MÚSICA execução, modo de tocar; (ao piano) *to have a firm ~ on the piano* possuir uma mão firme; 11 fraqueza, defeito; 12 remoque; 13 [cal.] furto; 14 DESPORTO (futebol) parte exterior ao terreno de jogo Ⓑ v.tr.,intr. 1 tocar [**on**, em]; *she touched me on the arm* ela tocou-me no braço; *the mountain seems to ~ the clouds* a montanha

parece tocar nas nuvens; *to ~ sb on a tender spot* tocar no ponto fraco de alguém; **2** alcançar com a mão; chegar a; **3** ser contíguo a; *the two estates ~ each other* as duas propriedades são contíguas; **4** (tecla de piano, etc.) passar os dedos por; *she touched the keys of the piano* ela passou os dedos pelas teclas do piano; **5** igualar, comparar-se; *there is nothing to ~ sea air* não há nada que se compare com o ar do mar; **6** (alimento) beber, provar, tomar; *she never touches wine* ela nunca bebe vinho; **7** referir-se a; dizer respeito a; *what he says does not ~ the point at issue* o que ele diz não se refere ao ponto em questão; **8** aludir [**on**, a]; mencionar [**on**, -]; *to ~ on a subject* tocar num assunto; **9** estar em contacto com; **10** afectar, danificar levemente; **11** (mentalmente) afectar; perturbar; *he seems to be slightly touched* ele parece estar levemente perturbado; *his brain has been touched* ele tem o cérebro um pouco afectado; **12** comover, enternecer, impressionar; *her sad story touched everybody deeply* aquela triste história impressionou profundamente toda a gente; **13** ferir, melindrar, magoar; **14** irritar, excitar; **15** crestar; **16** contagiar; **17** atenuar, temperar; **18** NÁUTICA fazer escala [**at**, em]; *to ~ at a port* fazer escala num porto ❖ ~ *bodies* corpúsculos do tacto; (arma de fogo) ~ *hole* ouvido; **8** DESPORTO (râguebi) ~ *judge* árbitro auxiliar; juiz de linha; INFORMÁTICA ~ *screen* ecrã táctil; *a ~ of rheumatism* um pouco de reumatismo; *at the first ~* à primeira; *it was a near ~* foi por pouco; escapou por pouco; *that touches the pocket* isso é caro; isso entra no bolso; *the dinner was a guinea ~* o jantar custou um guinéu por cabeça; *the law can't ~ them* a lei nada pode contra eles; *to be a sculptor with a light ~* ser era um escultor de cinzel delicado; *to be in ~ with the situation* estar ao corrente da situação; *to bring sth to the ~* pôr uma coisa à prova; *to give the horse a ~ of the spurs* picar levemente o cavalo com as esporas; *to make a ~* pedir dinheiro emprestado; *to put sth to the ~* pôr uma coisa à prova; *to ~ bottom* descer até ao fundo; descer ao ponto mais baixo; atingir base sólida; *to ~ one's hat* levar a mão ao chapéu; *to ~ sb to the quick* atingir alguém ao vivo; [coloq.] *to ~ the spot* pôr o dedo na ferida

◆**touch down** *v.intr.* **1** (avião) aterrar; **2** [EUA] DESPORTO (futebol) marcar um touchdown

◆**touch for** *v.tr.* **1** [coloq.] pedir emprestado; *to touch sb for money* pedir dinheiro emprestado a alguém; **2** igualar; equiparar-se a; *nobody can touch him for purity of style* ninguém o pode igualar em pureza de estilo; *nothing can touch this plane for speed* nada pode igualar este avião no que diz respeito à velocidade

◆**touch off** *v.tr.* **1** (arma de fogo) descarregar; **2** desencadear a explosão de; **3** desencadear; ser o rastilho para; provocar; causar; **4** fazer rápido esboço de

◆**touch on/upon** *v.tr.* (assunto) abordar; aludir a

◆**touch up** *v.tr.* **1** retocar; aperfeiçoar; *to ~ a drawing* retocar um desenho; **2** [cal.] apalpar

touchable ['tʌtʃəbəl] *adj.* **1** tangível, palpável; **2** em que se pode tocar

touch-and-go [ˌtʌtʃən'gəʊ] Ⓐ *adj.* **1** incerto; arriscado; *a ~ business* um negócio muito arriscado; **2** crítico, perigoso; *it was ~ with the sick man* o doente estava entre a vida e a morte Ⓑ *s.* situação incerta, arriscada ou perigosa

touchdown ['tʌtʃdaʊn] *s.* **1** AERONÁUTICA (avião, nave) aterragem; **2** contacto; **3** DESPORTO (râguebi) marcação de ponto; **4** DESPORTO (futebol americano) marcação de sete pontos

touched [tʌtʃt] *adj.* **1** comovido; **2** emocionado; **3** [coloq.] apanhado_fig_, amalucado, desequilibrado

toucher ['tʌtʃə] *s.* aquele/aquilo que toca ❖ *as near as a ~* quase; por pouco; *she was within a ~ of being caught by the train* por pouco ia sendo apanhada pelo comboio; *that was a near ~ for him* ele escapou por um triz

touchily ['tʌtʃɪlɪ] *adv.* com susceptibilidade, susceptivelmente, irritadamente

touchiness ['tʌtʃɪnɪs] *s.* **1** susceptibilidade; **2** irritabilidade

touching ['tʌtʃɪŋ] Ⓐ *adj.* **1** tocante, comovedor, comovente; **2** patético Ⓑ *s.* **1** toque; contacto; **2** contiguidade; **3** alusão [**upon**, a]; referência [**upon**, a] Ⓒ *prep.* respeitante a; no tocante a; com referência a ❖ ~ *up* retoques; acto de retocar

touchingness ['tʌtʃɪŋnɪs] *s.* carácter comovedor

touchline ['tʌtʃlaɪn] *s.* DESPORTO linha de fundo

touch-me-not ['tʌtʃmɪnɒt] *s.* BOTÂNICA balsamina, baunilha-dos-jardins, heliotrópio

touch-sensitive [ˌtʌtʃ'sensɪtɪv] *adj.* INFORMÁTICA táctil; ~ *screen* ecrã táctil

touchstone ['tʌtʃstəʊn] *s.* **1** MINERALOGIA pedra-de-toque, lidite; **2** [fig.] critério, meio de avaliar

touch-up ['tʌtʃʌp] *s.* **1** retoque; **2** aperfeiçoamento, melhoramento

touchwood ['tʌtʃwʊd] *s.* madeira apodrecida e seca utilizada para pegar lume

touchy ['tʌtʃɪ] *adj.* (*comp.* -ier, *superl.* -iest) **1** sensível; susceptível; vulnerável; *to be ~ on points of honour* ser muito susceptível em questões de honra; **2** que se ofende/melindra facilmente; **3** irritável, irascível; **4** desconfiado; **5** muito inflamável; *a ~ chemical* um produto muito inflamável

touchy-feely [ˌtʌtʃɪ'fiːlɪ] *adj.* expansivo; carinhoso; comunicativo

tough [tʌf] Ⓐ *adj.* (*comp.* -er, *superl.* -est) **1** duro, rijo; *a beefsteak as ~ as leather* um bife duro como sola; ~ *meat* carne dura; **2** forte, firme; robusto, resistente; ~ *wood* madeira resistente; *to become ~ through training* robustecer-se por meio de treino, adquirir resistência através do treino; **3** violento; pesado; **4** teimoso; inflexível; *a ~ spirit* um espírito inflexível; **5** [EUA] insubordinado, brigão, desordeiro; **6** [cal.] com bom aspecto, atraente; **7** difícil de levar a cabo, penoso, árduo; *a ~ task* uma tarefa difícil Ⓑ *s.* valentão, desordeiro, brigão ❖ ~ *copper* cobre endurecido; ~ *iron* ferro tenaz; ~ *luck!* pouca sorte!; (pessoa) *a ~ customer* um osso duro de roer; *that is tough!* essa é forte; isso é bem duro

toughen ['tʌfn] *v.tr.,intr.* **1** endurecer; **2** enrijar, enrijar-se; **3** robustecer, robustecer-se

toughish ['tʌfɪʃ] *adj.* **1** bastante resistente; **2** um tanto rijo, um tanto duro; **3** um tanto difícil

toughly ['tʌflɪ] *adv.* **1** duramente, rijamente; **2** fortemente, firmemente; **3** tenazmente; **4** vigorosamente; **5** teimosamente, inflexivelmente

tough-minded ['tʌfmaɪndɪd] *adj.* **1** duro; **2** realista, pragmático

toughness ['tʌfnɪs] *s.* **1** dureza, rijeza, robustez; **2** firmeza; **3** resistência; ~ *of materials* resistência de materiais; **4** tenacidade; **5** teimosia, obstinação

toupee ['tuːpeɪ] *s.* peruca, chinó

toupet ['tuːpeɪ] *s.* madeixa postiça de cabelo

tour [tʊə] Ⓐ *s.* **1** excursão; viagem de recreio; *to start on a ~* partir em viagem; **2** circuito, giro; *organized ~* circuito turístico; **3** passeio; volta; *walking ~* passeio a pé; **4** (espectáculo) digressão; tournée; *on ~* em tournée Ⓑ *v.tr.,intr.* viajar através de; percorrer; *to ~ a country* percorrer um país, viajar através dum país ❖ ~ *guide* guia (turístico); ~ *operator* operador turístico; *conducted ~* excursão acompanhada; visita guiada; ~ *of duty* plantão; *wedding ~* viagem de núpcias; ~ *of inspection* viagem de inspecção

tourbillion [tʊə'bɪljən] *s.* peça de fogo de artifício que gira no ar

tourer ['tʊərə] *s.* **1** turista que se desloca de automóvel; **2** carro de turismo

touring ['tʊərɪŋ] Ⓐ *adj.* que viaja, que anda em viagem Ⓑ *s.* turismo ❖ ~ *car* carro de turismo; ~ *party* grupo de turistas; *International Touring Alliance* Aliança Internacional de Turismo

tourism ['tʊərɪzəm] *s.* turismo; *mass ~* turismo de massas ❖ ~ *industry* indústria do turismo

tourist ['tʊərɪst] *s.* turista; *the country is overrun with tourists* o país está inundado de turistas ❖ ~ *agency* agência de viagens; ~ *attraction* atracção turística; ~ *class* classe turística; ~ *industry* indústria de turismo; ~ *ticket* bilhete turístico; ~ *trap* sítio cheio de turistas; ~ *information centre* posto de turismo

touristic [tʊə'rɪstɪk] *adj.* turístico; *from a ~ point of view* dum ponto de vista turístico

touristry ['tʊərɪstrɪ] *s.* turistas, o conjunto dos turistas

touristy ['tʊərɪstɪ] *adj.* [depr.] demasiado turístico

tourmalin ['tʊəməlɪn] *s.* MINERALOGIA turmalina

tourmaline ['tʊəməlɪn] *s.* MINERALOGIA turmalina

tournament ['tʊənəmənt] *s.* **1** HISTÓRIA justa, torneio; **2** (competição) torneio; desafio; *chess ~* torneio de xadrez; *tennis ~* torneio de ténis

tournay ['tʊənɪ] s. estambre estampado usado para estofos
tourney ['tʊənɪ] s. HISTÓRIA justa, torneio
tourniquet ['tʊənɪkeɪ] s. CIRURGIA torniquete
tousle ['taʊzl] v.tr. **1** pôr em desordem; **2** despentear, desgrenhar, esguedelhar; **3** amarrotar
tousled ['taʊzld] adj. **1** despenteado, desgrenhado, esguedelhado; **2** amarrotado
tout [taʊt] Ⓐ s. **1** vendedor persistente; **2** angariador; **3** (mercado negro) candongueiro; **4** [EUA] (corridas de cavalos) informador clandestino Ⓑ v.tr.,intr. **1** (aliciar) angariar [**for**, -]; **to ~ for votes** angariar votos; **2** (mercado negro) vender na candonga; **3** divulgar, fazer publicidade (a); **4** elogiar, recomendar; **5** [EUA] (corridas de cavalos) dar informações confidenciais (a)
◆**tout around/round** v.tr.,intr. [coloq.] propagandear
touter ['taʊtə] s. **1** angariador; **2** aliciador
touting ['taʊtɪŋ] s. **1** aliciação; **2** angariação; **3** (corridas de cavalos) espionagem
touzle ['taʊzl] v.tr. ⇒ **tousle**
tow [təʊ] Ⓐ s. **1** reboque; **to be in ~ of sb** andar a reboque de alguém; **to take a ~** fazer-se rebocar; **to take in ~** rebocar, levar a reboque; **2** cabo/corda de reboque; **3** (cânhamo, linho) estopa; **4** veículo rebocado Ⓑ v.tr. rebocar; **to ~ a ship** rebocar um navio ❖ **~ chain** corrente de sirga; **~ net** chincha; chinchorro; rede de arrasto; [EUA] **~ sack** aniagem; (veículo) **~ truck** reboque
towage ['təʊɪdʒ] s. **1** reboque; **2** atoagem
toward ['təʊəd] Ⓐ adj. **1** [arc.] dócil; **2** condescendente; **3** pronto a aprender; **4** apto; **5** próximo; **6** em execução Ⓑ prep. ⇒ **towards**
towardly [tə'wɔːdlɪ] adj. **1** dócil, condescendente; **2** favorável; **3** oportuno
towardness [tə'wɔːdnɪs] s. **1** [arc.] docilidade, condescendência, complacência; **2** presteza, facilidade; **3** aptidão
towards [tə'wɔːdz] prep. **1** para, em direcção a; **the country was quickly moving ~ prosperity** o país caminhava rapidamente para a prosperidade; **to look ~ the sea** olhar para o mar; **2** (tempo) perto de; por volta de; **~ the end of the journey** lá para o fim da viagem; **he went home ~ nine o'clock** ele foi para casa por volta das nove horas; **3** a fim de; com o fim de; para; com vista a; **you must save money ~ your old age** deve economizar dinheiro para quando for mais velho ❖ **to feel friendly ~ sb** ter amizade por alguém; **your attitude ~ them** a sua atitude para com eles
towboat ['təʊbəʊt] s. barco rebocador
towel ['taʊəl] Ⓐ s. **1** toalha; **2** pano da louça Ⓑ v.tr.,intr. (particípios: **-ll-**) **1** secar-se com uma toalha; **2** [coloq.] dar uma tareia em; sovar ❖ **~ horse/rack** toalheiro; [GB] **~ rail** toalheiro; **bath ~** toalhão de banho; [cal.] **lead ~** bala; **roller ~** toalha rolante; toalha sem fim; [GB] **sanitary ~** penso higiénico; **to throw in the ~** dar o braço a torcer
towelling ['taʊəlɪŋ] s. **1** (tecido) felpa; **2** atoalhado; **3** limpeza com toalha; **4** [coloq.] tareia, sova
tower[1] ['taʊə] Ⓐ s. **1** torre; **2** (igreja) campanário; **3** fortaleza Ⓑ v.intr. **1** estar em posição superior; **2** elevar-se; **3** destacar-se; sobressair ❖ **~ block** arranha-céus; **~ clock** relógio de torre; **~ crane** guindaste de torre; **~ of strength** ajuda valiosa; porto de abrigo; [EUA] (caminhos-de-ferro) **signal ~** torre de sinais
◆**tower above/over** v.tr. destacar-se em relação a
tower[2] ['taʊə] s. **1** rebocador; **2** aquele que reboca ou puxa à sirga
towered ['taʊəd] adj. **1** defendido por torre; **2** guarnecido por torres
towering ['taʊərɪŋ] adj. **1** muito alto, muito elevado; **2** altaneiro, superior; **3** importante, destacado; **4** violento, arrebatado ❖ **~ ambition** ambição ilimitada; **in a ~ rage** furiosamente; com uma fúria crescente; **to be a ~ presence** ter uma presença muito forte
toweringly ['taʊərɪŋlɪ] adv. **1** de modo altaneiro; **2** violentamente
towing ['təʊɪŋ] Ⓐ adj. que reboca, rebocador Ⓑ s. reboque ❖ **~ hook** gato de reboque; **~ line/rope** cabo de reboque; **~ net** chincha; chinchorro; rede de arrasto
towline ['təʊlaɪn] s. cabo de reboque

town [taʊn] s. **1** cidade; **outside the ~** fora da cidade; **to go to ~** ir à cidade; **to live in ~** viver na cidade; **country ~** cidade de província; **2** burgo; **3** vila ❖ **~ clerk** arquivista do município; advogado da câmara; **~ council** assembleia municipal; **~ councillor** conselheiro municipal; **~ crier** pregoeiro público; **~ hall** câmara municipal; **~ house** casa da cidade; **~ life** vida urbana; **~ planning** urbanismo; planeamento urbano; (Oxford, Cambridge) **~ and gown** futricas e estudantes; **~ water supply** fornecimento de água à cidade; [coloq.] **night on the ~** noite de farra; **to be out of ~** estar fora; andar em viagem; **to be the talk of the ~** ser o tema de conversa de todos
townee [taʊ'niː] s. **1** citadino; **2** [coloq., acad.] futrica
townie ['taʊnɪ] s. **1** citadino; **2** [coloq., acad.] futrica
townified ['taʊnɪfaɪd] adj. **1** com ares citadinos; **2** afidalgado
townlet ['taʊnlɪt] s. **1** [coloq.] cidadezita, cidade pequena; **2** vila
town-plan ['taʊnplæn] v.tr. (particípios: **-nn-**) urbanizar (cidade), planear de acordo com os princípios da urbanização moderna
town-planner ['taʊnplænə] s. urbanista
town-planning ['taʊnplænɪŋ] s. urbanismo
townsfolk ['taʊnzfəʊk] s.pl. habitantes de determinada cidade
township ['taʊnʃɪp] s. **1** paróquia, distrito, concelho, como divisão administrativa; **2** municipalidade; **3** [EUA] divisão administrativa de condado; **4** povoação
townsman ['taʊnzmən] s. ⟨pl. **-men**⟩ **1** habitante da cidade; **2** citadino
townspeople ['taʊnzpiːpl] s.pl. **1** habitantes da cidade; **2** gente da cidade; **3** citadinos
townswoman ['taʊnzwʊmən] s.f. citadina, habitante da cidade
townward ['taʊnwəd] adv. **1** para o lado da cidade; **2** em direcção à cidade
townwards ['taʊnwədz] adv. ⇒ **townward**
towpath ['təʊpɑːθ] s. caminho ao longo de canal ou rio para se levarem os barcos à sirga
towrope ['təʊrəʊp] s. cabo de reboque
tow-row ['taʊraʊ] s. [coloq.] barulho, barulheira
towy ['təʊɪ] adj. **1** semelhante a estopa; **2** como estopa
toxaemia [tɒk'siːmɪə] s. MEDICINA toxemia
toxalbumins [ˌtɒksæl'buːmɪnz] s.pl. toxalbuminas
toxic ['tɒksɪk] adj.,s. tóxico; **~ waste** resíduos tóxicos ❖ MEDICINA **~ shock syndrome** síndrome do choque tóxico
toxicant ['tɒksɪkənt] s. tóxico
toxicity [tɒk'sɪsɪtɪ] s. toxicidade
toxicodendron [ˌtɒksɪkəʊ'dendrən] s. BOTÂNICA toxicodendro
toxicological [ˌtɒksɪkə'lɒdʒɪkəl] adj. toxicológico
toxicologist [ˌtɒksɪ'kɒlədʒɪst] s. toxicólogo
toxicology [ˌtɒksɪ'kɒlədʒɪ] s. MEDICINA toxicologia
toxicomania [ˌtɒksɪkəʊ'meɪnɪə] s. toxicomania
toxicosis [ˌtɒksɪ'kəʊsɪs] s. toxicose
toxin ['tɒksɪn] s. toxina
toxolysis [tɒk'sɒlɪsɪs] s. BIOLOGIA toxólise
toxophilite [tɒk'sɒfɪlaɪt] adj.,s. amador do tiro ao arco
toxoplasmosis [ˌtɒksəʊplæs'məʊsɪs] s. MEDICINA toxoplasmose
toy [tɔɪ] Ⓐ s. **1** brinquedo; **2** entretenimento; **3** bagatela, ninharia; **4** [fig.] joguete; **he was a mere ~ in her hands** ele não passava de um joguete nas mãos dela Ⓑ adj. **1** [coloq.] irrelevante; de qualidade inferior; **2** (cão) anão; **~ poodle** caniche anão; **3** miniatura Ⓒ v.intr. **1** brincar [**with**, com]; **2** entreter-se [**with**, com]; **3** (ideia) considerar [**with**, -]; pensar [**with**, em]; **he is toying with the idea of moving to Australia** ele está a considerar mudar-se para a Austrália ❖ **~ book** livro de imagens; **~ fish** peixinho de aquário; **~ theatre** teatro de bonecos; **~ train** comboio de brincar; **~ soldier** soldadinho de chumbo; **~ trade** comércio de brinquedos; **to make a ~ of** brincar com; divertir-se com
toyshop ['tɔɪʃɒp] s. loja de brinquedos, bazar
tr. Ⓐ [abrev. de transitive] Ⓑ [abrev. de translation] Ⓒ [abrev. de translator] Ⓓ FINANÇAS [abrev. de treasurer] Ⓔ FINANÇAS [abrev. de trust] Ⓕ FINANÇAS [abrev. de trustee]
trabea ['treɪbɪə] s. ⟨pl. **trabeae**⟩ trábea, toga branca com listas encarnadas, usada às vezes na antiga Roma
trabeate ['treɪbɪeɪt] adj. ARQUITECTURA com vigas horizontais (e não com arcos)
trabeated ['treɪbɪeɪtɪd] adj. ⇒ **trabeate**
trabeation [ˌtreɪbɪ'eɪʃən] s. ARQUITECTURA construção com vigas horizontais e não com arcos

trabecula [trə'bekjʊlə] s. (pl. **-ae**) ANATOMIA, BOTÂNICA trabécula
trabecular [trə'bekjʊlə] adj. trabecular
trace [treɪs] Ⓐ s. 1 sinal; indício; vestígio; *he discovered traces of an ancient civilization* ele descobriu vestígios de uma civilização antiga; *he didn't show a ~ of fear* ele não mostrou o menor indício de receio; 2 pista; rasto; 3 (desenho) traçado; *traces of a straight line* traçado duma recta; 4 (carruagem) tirante; *in the traces* preso aos tirantes; 5 GEOMETRIA traço, plano ou linha de intersecção; 6 METEOROLOGIA precipitação demasiado reduzida para ser medida; 7 [EUA] caminho Ⓑ v.tr.,intr. 1 encontrar; localizar; *to ~ sb* localizar alguém; *to ~ lost goods* encontrar objectos perdidos; 2 seguir a pista de; *she had been traced to Lisbon* seguiram a pista dela até Lisboa; 3 descobrir a origem de; *to ~ a crime to sb* descobrir a autoria de um crime; *the satire has been traced to him* descobriram que foi ele o autor da sátira; 4 traçar; decalcar; *to ~ a few lines* traçar algumas linhas; 5 delinear; planear; 6 escrever com extremo cuidado; *he traced the words with a shaking hand* ele escreveu as palavras com mão tremente; 7 ARQUITECTURA decorar com arabesco ❖ BIOLOGIA *~ element* oligoelemento; *to die in the traces* morrer a trabalhar; [coloq.] *to kick over the traces* rebelar-se; insubordinar-se
❖**trace back** v.intr. remontar [**to**, a]
❖**trace out** v.tr. delinear, traçar; *to ~ a plan* traçar um plano
traceable ['treɪsəbəl] adj. 1 detectável; 2 localizável; 3 que pode traçar-se; decalcável
traced [treɪst] adj. 1 traçado; 2 ornamentado com rendilhado de pedras; *~ window* janela ornamentada com pedras em volta
traceless ['treɪsləs] adj. 1 que não deixou traços; 2 que não deixou vestígios
tracer ['treɪsə] s. 1 investigador, pesquisador; 2 (crime, etc.) descobridor; detective; 3 desenhador; decalcador; 4 copiador; 5 tira-linhas; 6 projéctil luminoso; 7 sota, cavalo de reforço em subidas ❖ *~ bullet/shell* bala tracejante; projéctil luminoso
traceried ['treɪsərɪd] adj. ARQUITECTURA rendilhado, com rendilhado
tracery ['treɪsərɪ] s. (pl. **-ies**) 1 ARQUITECTURA rendilhado; 2 arabesco; 3 rendilhado de pedra
trachea [trə'kiːə] s. (pl. **-ae**) ANATOMIA traqueia
tracheal [trə'kiːəl] adj. traqueal, traqueano
trachean [trə'kiːən] adj. traqueal, traqueano
tracheitis [trækɪ'aɪtɪs] s. MEDICINA traqueíte
tracheocele [trə'kiːəʊsiːl] s. MEDICINA traqueocele
tracheoscopy [trækɪ'ɒskəpɪ] s. MEDICINA traqueoscopia
tracheotomy [trækɪ'ɒtəmɪ] s. CIRURGIA traqueotomia
trachoma [trə'kəʊmə] s. MEDICINA tracoma
trachyte ['trækaɪt] s. MINERALOGIA traquite
trachytic [trə'kɪtɪk] adj. MINERALOGIA traquítico
tracing ['treɪsɪŋ] s. 1 investigação; 2 decalque; *to make/take a ~ of* decalcar; 3 traçado; 4 desenho ❖ *~ cloth* tela de desenho; *~ off* decalque; *~ paper* papel de engenheiro; papel forte e transparente para decalques; *magnetic ~* espectro magnético
track [træk] Ⓐ s. 1 pista; *to be off the ~* ter perdido a pista; *to follow the ~ of* seguir a pista de; 2 (animal, pessoa) pegada; rasto; *tracks in the snow* pegadas na neve; 3 (perseguição) encalço; *to be on the ~ of sb* andar no encalço de alguém; *the police are on the ~ of the murderer* a polícia anda no encalço do assassino; 4 (carro) marca; 5 (navio) esteira; 6 trajecto, trajectória; *the ~ of a comet* a trajectória dum cometa; 7 sequência; 8 caminho, carreiro, trilho; *a ~ through a forest* um carreiro através duma floresta; 9 (tractor) lagarta; 10 (disco, CD) faixa; 11 (caminhos-de-ferro) linha férrea, via; *double ~* via dupla; *main ~* via principal; *single ~* via simples; *the train left the ~* o comboio descarrilou; 12 superstrutura; 13 DESPORTO (atletismo) pista; *a cinder ~* uma pista de cinza; 14 pl. [cal.] (marcas) chutos$_{cal.}$, picadas$_{cal.}$; 15 [EUA] (educação) curso Ⓑ v.tr.,intr. 1 seguir; 2 seguir a pista de; 3 (cometa, satélite) seguir a trajectória de; 4 [EUA] (lama, etc.) patinhar; 5 percorrer; *to ~ a desert* percorrer um deserto; 6 (rodas de carro) marcar ❖ DESPORTO *~ athletics* atletismo em pista; NÁUTICA *~ chart* carta da rota; DESPORTO *~ events* atletismo em pista; (caminhos-de-ferro) *~ gauge* bitola da via; DESPORTO *~ racing* corridas em pista; *~ rope* sirga; DESPORTO *~ shoes* sapatilhas; CINEMA *~ shot* travelling; *wheel ~* caminho próprio para veículos com rodas; [EUA, Can.] DESPORTO *~ and field* atletismo; (sítio) *off the beaten ~* isolado; pouco conhecido; *to be always on sb's tracks* andar sempre atrás de alguém; *to cover up one's tracks* cobrir as pistas; despistar; *to get off the ~* mudar de assunto; *to keep ~ of* estar a par de; *to lose ~ of* perder o contacto com; [EUA] *to take the back ~* bater em retirada; retirar; *to be on the right ~* estar no bom caminho; *to fall dead in one's tracks* cair redondamente morto; *to make tracks* fazer-se ao caminho; *to throw sb off the ~* despistar alguém; *to ~ out* descobrir
❖**track down** v.tr. 1 encontrar, localizar; *the police is trying to ~ the terrorists* a polícia está a tentar localizar os terroristas; 2 capturar; *to ~ an animal* capturar um animal, seguindo-lhe no encalço
trackage ['trækɪdʒ] s. 1 vias-férreas; 2 extensão das vias-férreas; *the total ~ of the railroads of a country* a extensão total das vias-férreas de um país; 3 taxa que uma companhia paga a outra pela utilização das suas vias-férreas; 4 NÁUTICA sirgagem, navegação à sirga
tracked [trækt] adj. (tractor, etc.) provido de lagartas
tracker ['trækə] s. 1 (caça) batedor; 2 perseguidor; 3 pessoa que puxa à sirga
tracking ['trækɪŋ] s. 1 perseguição de caça/pegadas/rasto; 2 localização; 3 ELECTRICIDADE alinhamento, seguimento; 4 rastreio, rastreamento; 5 NÁUTICA sirgagem ❖ *~ radar* radar de rastreio; *~ station* estação de rastreio
trackless ['trækləs] adj. 1 que não deixa vestígios; que não deixa rastos; 2 ínvio, sem caminhos nem carreiros; 3 (veículos) sem carris ❖ *~ forest* floresta virgem
trackman ['trækmən] s. [EUA] (caminhos-de-ferro) responsável pela manutenção das linhas
tracksuit ['træksuːt] s. VESTUÁRIO, DESPORTO fato-de-treino
trackway ['trækweɪ] s. 1 pavimento de rua; 2 via-férrea
tract [trækt] s. 1 extensão de terreno; região; *~ of swamp* região pantanosa; *pathless tracts* regiões sem quaisquer caminhos; 2 ANATOMIA aparelho, sistema; *digestive ~* aparelho digestivo; *respiratory ~* aparelho respiratório; 3 [arc.] período, espaço de tempo; *a ~ of time* um espaço de tempo; 4 (de carácter religioso) folheto, brochura, opúsculo
tractability [træktə'bɪlɪtɪ] s. 1 sociabilidade, afabilidade, lhaneza; 2 docilidade
tractable ['træktəbəl] adj. 1 tratável, afável; dócil, lhano; 2 maleável, manejável, dúctil; 3 fácil de trabalhar; *a ~ metal* um metal fácil de trabalhar
tractableness ['træktəblnɪs] s. ⇒ **tractability**
Tractarian [træk'teərɪən] Ⓐ adj. tractariano; relativo ao tractarianismo Ⓑ s. tractariano
Tractarianism [,træk'teərɪənɪzəm] s. tractarianismo, movimento religioso iniciado em Oxford, entre 1833-1841, por Newman, Pusey, Keble e outros, e que, constituindo uma tendência para o primitivo catolicismo, representava também uma reacção contra o racionalismo e formalismo
traction ['trækʃən] s. 1 tracção; *angle of ~* ângulo de tracção; *electric ~* tracção eléctrica; *line of ~* linha de tracção; *steam ~* tracção a vapor; 2 MEDICINA tracção; alongamento de membro ou coluna vertebral; *~ of the tongue* tracção da língua ❖ *~ engine* veículo de tracção; *~ current* corrente de alimentação; *~ load* carga de tracção; *~ motor* motor de tracção; *~ wheels* rodas motrizes
tractive ['træktɪv] adj. relativo a tracção ❖ *~ effort* esforço de tracção; *~ power* força de tracção
tractor ['træktə] s. 1 tractor; 2 AERONÁUTICA avião com hélices à frente; 3 AERONÁUTICA hélice dianteira
tractrix ['træktrɪks] s. (pl. **-ices**) GEOMETRIA tractriz
trade [treɪd] Ⓐ s. 1 comércio; *by way of ~* comercialmente; *Portugal does a lot of ~ with England* Portugal tem muito comércio com a Inglaterra; *to be in ~* ser comerciante; *~ in cotton* comércio de algodão; 2 negócio, ramo de negócio; *his brother is in the tea ~* o irmão dele dedica-se ao negócio do chá; 3 indústria; 4 tráfico, tráfego, profissão; *he is a carpenter by ~* ele é carpinteiro de profissão; *everyone to his ~* cada um no seu ofício; *to follow a ~* seguir um ofício; *to put sb to a ~* ensinar um ofício a alguém; 6 pessoas que se dedicam ao mesmo ramo de negócio; *two of a ~ seldom agree* o meu inimigo é o

trademark

oficial do mesmo ofício; **7** clientela, freguesia; **8** [EUA, Can.] troca Ⓑ *v.tr.,intr.* **1** comercializar; negociar; *to ~ in furs* negociar em peles; *to ~ with a country* negociar com um país; **2** (acções) vender; **3** [EUA] trocar [**for**, por]; *he traded his old car for a new model* ele trocou o carro antigo por um modelo novo; *the boy traded his books for a ball* o rapaz trocou os livros por uma bola ❖ *~ allowance* desconto comercial; *~ barriers* barreiras comerciais; *~ bills* letras comerciais; *~ deficit/gap* défice na balança comercial; *~ disease* doença profissional; *~ expenses* despesas de administração; *~ fair* feira profissional; *~ name* marca registada; *~ price* preço de fábrica; *~ route* rota comercial; *~ school* escola de comércio; *~ union* sindicato; *~ unionism* sindicalismo; *~ unionist* sindicalista; *~ winds* ventos alísios; *~ smuggling* contrabando; *the Board of Trade* a Junta de Comércio; o Ministério do Comércio e Indústria; *to sell to the ~* vender por atacado; vender ao retalhista

◆**trade down** *v.intr.* (carro, casa, etc.) vender para comprar mais barato; *to ~ to a smaller house* vender a casa para comprar outra mais barata

◆**trade in** *v.tr.* (coisa usada) dar como parte do pagamento

◆**trade off** *v.tr.* **1** trocar [**against/for**, por]; **2** contrabalançar; equilibrar

◆**trade on/upon** *v.tr.* aproveitar-se de; explorar; *to ~ sb* aproveitar-se de alguém

◆**trade up** *v.intr.* (carro, casa, etc.) vender para comprar mais caro; *to ~ to a bigger house* vender a casa para comprar outra mais cara

trademark ['treɪdmɑːk] Ⓐ *s.* **1** marca registada; **2** marca comercial; **3** [fig.] imagem de marca, traço distintivo Ⓑ *v.tr.* **1** registar; **2** colocar a marca em

trade-off ['treɪdɒf] *s.* **1** troca; **2** compromisso, acordo

trader ['treɪdə] *s.* **1** comerciante; negociante; **2** navio mercante

tradescantia [ˌtrædɪs'kæntɪə] *s.* BOTÂNICA tradescância, erva-da-fortuna

tradesfolk ['treɪdzfəʊk] *s.pl.* **1** comerciantes, negociantes; **2** indivíduos que se dedicam ao comércio

tradesman ['treɪdzmən] *s.m.* ⟨*pl.* **-men**⟩ **1** comerciante, negociante; **2** mercador; **3** lojista

tradespeople ['treɪdzpiːpl] *s.pl.* ⇒ **tradesfolk**

tradeswoman ['treɪdzwʊmən] *s.f.* ⟨*pl.* **-women**⟩ **1** vendedora, mercadora; **2** negociadora

trading ['treɪdɪŋ] Ⓐ *s.* **1** comércio, actividade comercial; **2** negócio; **3** trato Ⓑ *adj.* de comércio; comercial ❖ *~ company* sociedade comercial; *~ concern* empresa comercial; *~ nation* nação comercial; *~ post* feitoria; entreposto comercial; *~ ship* navio mercante; *~ stamp* cupão; vale dado como bónus por certas empresas, permutável por mercadorias

tradition [trə'dɪʃən] *s.* tradição; *by ~* por tradição, tradicionalmente; *to be founded on ~* ser fundado na tradição; *to break with ~* quebrar a tradição

traditional [trə'dɪʃənəl] *adj.* tradicional

traditionalism [trə'dɪʃnəlɪzəm] *adj.* tradicionalismo

traditionalist [trə'dɪʃnəlɪst] *s.* tradicionalista

traditionally [trə'dɪʃnəlɪ] *adv.* tradicionalmente

traditor ['trædɪtə] *s.* ⟨*pl.* **traditors** ou **traditores**⟩ HISTÓRIA nome dado aos primeiros cristãos que, para salvar a vida, entregavam aos perseguidores exemplares dos escritos sagrados ou coisas pertencentes à Igreja

traduce [trə'djuːs] *v.tr.* **1** difamar, caluniar; **2** dizer mal de

traducement [trə'djuːsmənt] *s.* difamação, calúnia

traducer [trə'djuːsə] *s.* difamador, caluniador

Trafalgar [trə'fælgə] *s.top.* Trafalgar

traffic ['træfɪk] Ⓐ *s.* **1** tráfego; trânsito; *heavy ~* trânsito intenso; *rail ~* tráfego ferroviário; *road ~* trânsito nas estradas; *the motor ~* o tráfego de veículos motorizados; *there is little ~ on those roads* há pouco trânsito nessas estradas; *to block the ~* bloquear o trânsito; **2** tráfico; *the drug ~* tráfico de estupefacientes; *white slave ~* tráfico de escravas brancas; **3** NÁUTICA cabotagem; *far ~* grande cabotagem; *near ~* pequena cabotagem; **4** comércio, movimento; *goods ~* movimento de mercadorias Ⓑ *v.tr.,intr.* **1** comerciar, negociar; **2** traficar ❖ *~ accident* acidente de trânsito; [EUA, Can.] *~ circle* rotunda; *~ cone* cone de sinalização; *~ control* prevenção rodoviária; *~ cop* agente da brigada de trânsito; *~ holdup/~jam* engarrafamento; *~ lights* semáforos; *~ recorder* registador automático do número de veículos que passam em determinado local; *~ regulations* regulamento do trânsito; [EUA] *~ school* escola de condução; *~ sign* sinal de trânsito; *~ violation* infracção das regras de trânsito; [GB] *~ warden* polícia de trânsito

trafficator ['træfɪkeɪtə] *s.* (automóvel) indicador de direcção

trafficker ['træfɪkə] *s.* traficante; *drug ~* traficante de estupefacientes

trafficless ['træfɪkləs] *adj.* **1** sem movimento; **2** sem tráfico

tragacanth ['trægəkænθ] *s.* BOTÂNICA tragacanto, tragacanta; alcatira

tragedian [trə'dʒiːdɪən] *s.* **1** actor trágico, actor de tragédias; **2** tragediógrafo

tragedienne [trædʒiː'dɪen] *s.f.* **1** trágica, actriz que representa tragédias; **2** tragediógrafa

tragedy ['trædʒɪdɪ] *s.* ⟨*pl.* **-ies**⟩ **1** tragédia; **2** drama; *to make a ~ of sth* dramatizar uma situação, **3** calamidade, desgraça ❖ *~ queen* trágica; actriz que representa tragédias; *it's a ~ that...* é trágico que...

tragelaph ['trægɪlæf] *s.* ZOOLOGIA tragelafo

tragelaphus [trə'gelɑːfəs] *s.* ⇒ **tragelaph**

tragic ['trædʒɪk] *adj.* **1** trágico; **2** de tragédia; **3** TEATRO dramático; *~ irony* ironia dramática; **4** calamitoso; terrível; funesto ❖ *~ actor* (actor) trágico; TEATRO *the ~* a tragédia; o estilo trágico; TEATRO *the Tragic Muse* a musa da tragédia

tragical ['trædʒɪkəl] *adj.* ⇒ **tragic** Ⓐ

tragically ['trædʒɪkəlɪ] *adv.* tragicamente; dramaticamente ❖ *to take sth ~* dramatizar uma situação

tragicalness ['trædʒɪkəlnɪs] *s.* **1** carácter trágico; **2** calamidade; **3** desgraça; **4** acontecimento trágico

tragicomedy [ˌtrædʒɪ'kɒmɪdɪ] *s.* ⟨*pl.* **-ies**⟩ LITERATURA tragicomédia

tragicomic [ˌtrædʒɪ'kɒmɪk] *adj.* tragicómico

tragicomical [ˌtrædʒɪ'kɒmɪkəl] *adj.* tragicómico

tragicomically [ˌtrædʒɪ'kɒmɪkəlɪ] *adv.* tragicomicamente

tragopan ['trægəʊpæn] *s.* ZOOLOGIA tragopana, variedade de faisão asiático

tragus ['treɪgəs] *s.* ⟨*pl.* **tragi**⟩ ANATOMIA trago

trail [treɪl] Ⓐ *s.* **1** rasto; *to leave a long ~ of smoke behind* deixar um longo rasto de fumo; *the tiger left a ~ of blood* o tigre deixou um rasto de sangue; *to lose the ~* perder o rasto; *to pick up the ~* reencontrar o rasto; **2** fila; *there was a long ~ of tourists* havia uma longa fila de turistas; **3** (investigação) pista; *false ~* pista errada; *hot on the ~* na pista certa; **4** atalho, carreiro, senda, vereda; **5** cauda de vestido; **6** qualquer coisa alongada; **7** (peça de artilharia) conteira Ⓑ *v.tr.,intr.* **1** seguir o rasto/pista (de); *to ~ a murderer* seguir a pista de um criminoso; **2** arrastar(-se); puxar atrás de si; *to ~ one's dress* arrastar o vestido; **3** vaguear, errar; **4** arrastar-se; caminhar lentamente ou com dificuldade; **5** espalhar; **6** rastejar; **7** trepar; *roses trailed over her window* as rosas treparam pela janela dela; **8** pender; cair; *her hair trailed on her shoulders* o cabelo caía-lhe sobre os ombros ❖ *~ net* rede de arrasto; *~ mix* mistura de frutos secos; ASTRONOMIA *~ of a meteor* cauda de um meteoro; MILITAR *to ~ arms* levar as espingardas suspensas do braço com o cano paralelo ao solo; *to blaze the ~* desbravar caminho; indicar por onde se deve seguir; [EUA] *to take the ~ back* voltar para trás

◆**trail along** *v.tr.,intr.* arrastar(-se), caminhar com dificuldade

◆**trail away/off** *v.intr.* diminuir de intensidade; perder-se; *his voice trailed off in the distance* a sua voz perdia-se na distância

trailblazer ['treɪlbleɪzə] *s.* **1** pioneiro; **2** precursor

trailblazing ['treɪlbleɪzɪŋ] *adj.* **1** pioneiro; **2** precursor

trailer ['treɪlə] *s.* **1** [EUA] caravana; **2** atrelado, reboque; **3** BOTÂNICA planta trepadeira; **4** CINEMA, TELEVISÃO trailer; **5** pessoa que segue o rasto de ❖ *~ car* carro-reboque; [EUA] *~ park* parque de caravanas

trailing ['treɪlɪŋ] Ⓐ *adj.* **1** que se arrasta pelo chão; **2** roçagante; **3** BOTÂNICA trepadeira Ⓑ *s.* **1** acto de seguir pista/rasto de; **2** reboque, acção de rebocar/arrastar ❖ *~ rope* cabo de reboque

train [treɪn] Ⓐ *s.* **1** comboio; *a passenger ~* um comboio de passageiros; *emergency supply ~* comboio de socorros de emergência; *local ~* comboio de pequeno curso; *she had* lunch on ~ ela almoçou no comboio; *the ~ runs through to Lisbon* o comboio vai directo para Lisboa; *to come by ~* vir de comboio; *to get into the ~* entrar no comboio; *to miss a ~* perder um comboio; **2** (metropolitano) ramal; **3** (vestido) cauda; **4** comitiva, séquito; *the king's ~* o séquito real; **5** (acontecimentos, ideias) curso, sequência; *a sudden noise interrupted his ~ of thought* um barulho súbito interrompeu-lhe o curso dos pensamentos; **6** (máquina, motor, etc.) engrenagem; **7** fila; **8** rastilho; *to fire a ~* acender um rastilho de pólvora; **9** série, conjunto; *~ of rolls* conjunto de cilindros; *~ of waves* série de ondas; *~ of wheels* série de rodas Ⓑ *v.tr.,intr.* **1** instruir; ensinar; **2** treinar [for, para]; exercitar-se [for, para]; *to ~ for a race* treinar-se para uma corrida; *to ~ sb in* treinar alguém em; **3** (animal) adestrar, domesticar, ensinar; *he trained the dog to jump* ele ensinou o cão a saltar; **4** estudar, preparar-se; *to ~ to be a doctor* estudar para médico; *to ~ to business* preparar-se para se dedicar a negócios; **5** BOTÂNICA orientar o crescimento de uma planta em determinada direcção; *roses were trained against the wall* havia rosas a trepar pela parede; **6** (arma, câmara) apontar [at/on, a/para]; **7** [coloq.] ir de comboio, viajar de comboio; *I shall ~ from Viseu to Coimbra* irei de comboio de Viseu a Coimbra ❖ *~ camp* campo de instrução; *~ crash* acidente ferroviário; *~ journey* viagem de comboio; *~ oil* óleo de baleia; *~ resistance* resistência à tracção; (minas) *~ road* caminho-de-ferro reduzido; (brinquedo) *~ set* comboio eléctrico; MILITAR *~ of artillery* trem de artilharia; *by fast ~* em grande velocidade; *by slow ~* em pequena velocidade; *to be in ~* estar pronto; estar ordenado; *to put/set matters in ~* pôr as coisas em ordem; *war only brings famine in its ~* a guerra só traz fome atrás de si

◆**train on/upon** *v.tr.* (arma) apontar para
◆**train up** *v.tr.* (pessoa) treinar

trainable ['treɪnəbəl] *adj.* **1** treinável; **2** que pode ensinar-se ou educar-se; **3** susceptível de aprendizagem

trainband ['treɪnbænd] *s.* HISTÓRIA (tempo dos Stuarts) companhia de milícias em Londres

trainbearer ['treɪnbɛərə] *s.* caudatário, pessoa que pega na cauda de vestido

trained ['treɪnd] *adj.* **1** (trabalhador) qualificado; **2** experiente, experimentado; *nothing escaped his ~ eye* nada escapava àquele olhar experimentado; **3** (animal) ensinado; domesticado; **4** diplomado, formado

trainee [treɪˈniː] *s.* **1** estagiário; **2** formando ❖ *~ teacher* professor estagiário

traineeship [treɪˈniːʃɪp] *s.* estágio

trainer ['treɪnə] *s.* **1** DESPORTO treinador; **2** (ensino) instrutor; formador; **3** simulador; **4** (calçado) sapatilha; **5** (animais) domador; tratador; educador; **6** (peça de artilharia) apontador

trainful ['treɪnfʊl] *s.* **1** comboio cheio; **2** carga de um comboio cheio

training ['treɪnɪŋ] *s.* **1** DESPORTO treino; exercício físico; *in ~* treinado, em forma; *out of ~* destreinado, em baixo de forma; *to go into ~* treinar-se; **2** formação; *character ~* formação de carácter; **3** MILITAR instrução; **4** (animal) adestramento; educação ❖ *~ college* instituto de formação profissional; *~ equipment* equipamento de treino; *~ field* campo de treino; *~ officer* formador; *~ period* período de treino; período de estágio; *~ school* escola/liceu normal; *~ ship* navio-escola; (calçado) *~ shoe* sapatilha; *physical ~* educação física; *vocational ~* formação profissional; *to be in ~* estar em estágio

trainless ['treɪnləs] *adj.* **1** sem linhas férreas, sem comboios; **2** (vestido) sem cauda

trainman ['treɪnmən] *s.* (*pl.* **-men**) (caminhos-de-ferro) guarda-freio

train-oil ['treɪnɔɪl] *s.* óleo de baleia

traipse ['treɪps] *v.tr.,intr.* caminhar, andar, seguir a pé

trait [treɪt] *s.* **1** traço; característica; marca; *the chief traits in the British character* as características principais do temperamento britânico; **2** peculiaridade

traitor ['treɪtə] *s.* traidor; *to be a ~ to one's country* trair a pátria; *to turn ~* passar-se para o adversário

traitorous ['treɪtərəs] *adj.* **1** traidor, traiçoeiro; **2** pérfido, falso, desleal

traitorously ['treɪtərəslɪ] *adv.* **1** à traição; **2** traiçoeiramente, perfidamente; **3** deslealmente

traitorousness ['treɪtərəsnɪs] *s.* **1** traição; **2** perfídia

traitress ['treɪtrɪs] *s.f.* (*pl.* **-es**) traidora

Trajan ['treɪdʒən] *s.antr.* HISTÓRIA Trajano

traject [trəˈdʒekt] *v.tr.* **1** transmitir; **2** transportar

trajection [trəˈdʒekʃən] *s.* **1** trajecto; **2** caminho; **3** transporte

trajectory [trəˈdʒektərɪ] *s.* (*pl.* **-ies**) trajectória

tram [træm] Ⓐ *s.* **1** carro eléctrico, eléctrico; *to go by ~* ir de eléctrico; **2** (minas) carreta, vagoneta; **3** fio de seda duplo; **4** calibre para ajustar peças de máquinas Ⓑ *v.tr.* (*particípios:* **-mm-**) **1** viajar de eléctrico; *he trammed it* ele veio de eléctrico; **2** transportar em carro eléctrico; **3** (minas) transportar em vagonetas; **4** (peças de máquinas) ajustar ❖ *~ conductor* cobrador/revisor de eléctrico; *~ driver* condutor de eléctrico

tramcar ['træmkɑː] *s.* [GB] eléctrico

tramlines ['træmlaɪnz] *s.pl.* **1** carris do eléctrico; **2** DESPORTO (ténis) linhas laterais

trammel ['træməl] Ⓐ *s.* **1** (rede de pesca) tremalho, tresmalho; **2** (limitação) peia; **3** gancho, por cima da lareira, para pendurar as panelas; **4** compasso para o traçado de elipses; **5** (instrumento) cintel; **6** *pl.* estorvo; empecilho; obstáculo; *the trammels of etiquette* os obstáculos da etiqueta Ⓑ *v.tr.* (*particípios:* **-ll-**) **1** pear; **2** impedir, estorvar

trammelled ['træməld] *adj.* **1** peado, preso; **2** impedido; **3** (cavalo) com as patas de um lado malhadas de branco

trammeller ['træmələ] *s.* **1** pescador que pesca com tresmalho; **2** aquele que coloca peia ou trava; **3** impedimento, estorvo

trammer ['træmə] *s.* condutor de minério em vagonetas (nas minas)

tramming ['træmɪŋ] *s.* acto de conduzir ou transportar em vagonetas (nas minas)

tramontana [ˌtræmɒnˈtɑːnə] *s.* tramontana, vento norte no Mediterrâneo

tramontane [træˈmɒnteɪn] Ⓐ *adj.* **1** trasmontano, transalpino; **2** situado do outro lado dos Alpes; **3** [fig.] estrangeiro, bárbaro (em relação aos Romanos) Ⓑ *s.* pessoa que vive do outro lado dos Alpes

tramp [træmp] Ⓐ *s.* **1** pedinte; mendigo; vagabundo; *to be on the ~* vagabundear; **2** [cal.] (mulher promíscua) puta_{cal}, pêga_{cal}; **3** [GB] longa caminhada a pé; *to go for a long ~* ir dar um longo passeio a pé; **4** (bota) biqueira; **5** passo pesado; **6** som de passos pesados; *I heard the ~ of marching soldiers* ouvi o ruído dos soldados que marchavam; **7** (cavalos) tropel; **8** navio de carga sem carreira regular Ⓑ *v.tr.,intr.* **1** palmilhar; percorrer a pé; *he had to ~ it* ele teve de ir a pé; *he has tramped the whole country* ele tem percorrido a pé todo o país; *to ~ the streets* percorrer as ruas a pé; *to ~ through the north of Portugal* percorrer a pé o Norte de Portugal; **2** caminhar pesadamente; **3** calcar, pisar; **4** vaguear ❖ *~ steamer* navio de carga sem rota fixa

tramper ['træmpə] *s.* **1** pobre que anda de terra em terra; **2** pedinte; **3** vagabundo; **4** indivíduo que percorre longas distâncias a pé; **5** *pl.* [Esc.] botas grandes

tramping ['træmpɪŋ] *s.* **1** acto de percorrer longas distâncias a pé; **2** vagabundagem; **3** ruído de passos pesados; **4** NÁUTICA navegação sem rota fixa

trample ['træmpl] Ⓐ *s.* **1** ruído de passos; **2** tropel; **3** acto de calcar Ⓑ *v.tr.,intr.* **1** calcar, pisar, esmagar com os pés [on, -]; **2** andar pesadamente ❖ *to ~ on sb* tratar alguém com rudeza; espezinhar alguém; *to ~ on sb's toes* usurpar os direitos de alguém

trampling ['træmplɪŋ] *s.* **1** ruído de passos; **2** passadas

trampoline ['træmpəliːn] Ⓐ *s.* DESPORTO (ginástica) trampolim Ⓑ *v.intr.* DESPORTO praticar trampolim

tramroad ['træmrəʊd] *s.* [EUA] (mina, pedreira) pequena linha férrea

tramway ['træmweɪ] *s.* **1** linha de carros eléctricos; **2** linha férrea de mina ❖ *~ car* carro eléctrico

trance [trɑːns, træns] Ⓐ *s.* **1** (hipnose, espiritualismo) transe; *to fall into a ~* entrar em transe; **2** [fig.] êxtase; arrebatamento; **3** MEDICINA catalepsia Ⓑ *v.tr.* [poét.] ⇒ **entrance**

trannie ['trænɪ] *s.* **1** [coloq.] rádio; **2** [cal.] transexual; **3** [cal.] travesti

tranny ['trænɪ] *s.* (*pl.* **-ies**) **1** [coloq.] rádio; **2** [cal.] transexual; **3** [cal.] travesti; **4** FOTOGRAFIA diapositivo, slide

tranquil ['træŋkwɪl] *adj.* tranquilo, calmo, sereno, não agitado tranquility

tranquility [træŋˈkwɪlɪtɪ] s. [EUA] ⇒ **tranquillity**
tranquillity [træŋˈkwɪlɪtɪ] s. tranquilidade, calma, serenidade
tranquillize [ˈtræŋkwɪlaɪz] v.tr. tranquilizar, acalmar, serenar
tranquillizer [ˈtræŋkwɪlaɪzə] s. FARMÁCIA calmante, tranquilizante
tranquillizing [ˈtræŋkwɪlaɪzɪŋ] Ⓐ adj. tranquilizante, calmante Ⓑ s. acto de tranquilizar ou acalmar
tranquilly [ˈtræŋkwɪlɪ] adv. tranquilamente, calmamente, serenamente
trans. Ⓐ [abrev. de transaction] Ⓑ DIREITO [abrev. de transferred] Ⓒ [abrev. de transitive] Ⓓ [abrev. de translated] Ⓔ [abrev. de translation]
transact [trænˈzækt] v.tr.,intr. 1 (negócios) realizar, levar a cabo, efectuar; *to ~ business* efectuar negócios; 2 transaccionar, negociar [**with**, com]
transacting [trænˈzæktɪŋ] s. transacção
transaction [trænˈzækʃən] s. 1 (negócio) realização; 2 COMÉRCIO transacção, operação comercial/financeira; 3 negócio; 4 pl. (agremiações científicas, etc.) relatórios, actas de sessões ❖ FINANÇAS *Stock Exchange transactions* operações de Bolsa
transactional [trænˈzækʃənəl] adj. transaccional; relativo a transacção
transactor [trænˈzæktə] s. 1 transaccionador, negociador, agente; 2 aquele que efectua uma transacção
trans-African [trænzˈæfrɪkən] adj. transafricano
transalpine [trænzˈælpaɪn] adj. transalpino
trans-American [trænzəˈmerɪkən] adj. transamericano
trans-Andean [trænzænˈdɪən] adj. transandino
transatlantic [trænzəˈtlæntɪk] adj. transatlântico
trans-Caspian [trænzˈkæspɪən] adj. transcaspiano
Transcaucasia [trænzkɔːˈkeɪzɪə, trænzkɒːˈkeɪʒɪə] s.top. Transcaucásia
transcend [trænˈsend] v.tr. 1 transcender; ir além de; 2 ser superior a; ultrapassar; exceder
transcendence [trænˈsendəns] s. transcendência
transcendency [trænˈsendənsɪ] s. transcendência
transcendent [trænˈsendənt] Ⓐ adj. 1 transcendente; *~ genius* génio transcendente; *~ ideas* ideias transcendentes; 2 FILOSOFIA transcendental; 3 extraordinário, invulgar; superior Ⓑ s. FILOSOFIA coisa transcendental
transcendental [trænsenˈdentəl] adj. 1 FILOSOFIA transcendental; 2 idealista; 3 MATEMÁTICA transcendente; *~ function* função transcendente; 4 [coloq.] abstruso, vago, obscuro; visionário ❖ *~ cognition* conhecimento a priori; *~ meditation* meditação transcendental
transcendentalism [trænsenˈdentəlɪzəm] s. FILOSOFIA transcendentalismo
transcendentalist [trænsenˈdentəlɪst] adj.,s. FILOSOFIA transcendentalista
transcendentally [trænsenˈdentəlɪ] adv. transcendentalmente
transcontinental [trænzkɒntɪˈnentəl] adj. transcontinental
transcribe [trænˈskraɪb] v.tr. 1 transcrever; copiar; trasladar; 2 MÚSICA transcrever
transcriber [trænˈskraɪbə] s. 1 aquele que copia, translada ou transcreve; 2 copista
transcribing [trænˈskraɪbɪŋ] s. transcrição
transcript [ˈtrænskrɪpt] s. 1 cópia; 2 (registo escrito) transcrição; 3 traslado
transcription [trænˈskrɪpʃən] s. 1 transcrição; *to make a ~ of a piece for the violin* transcrever uma peça de música para o violino; *phonetic ~* transcrição fonética; 2 cópia
transduce [trænzˈdjuːs] v.tr. transformar, converter
transducer [trænzˈdjuːsə] s. transdutor
transduction [trænzˈdʌkʃən] s. transdução
transect [trænˈsekt] v.tr. cortar transversalmente
transection [trænˈsekʃən] s. corte transversal
transept [ˈtrænsept] s. transepto
transfer[1] [trænsˈfɜː] v.tr.,intr. (particípios: -rr-) 1 transferir; *to ~ a civil servant* transferir um funcionário público; 2 DIREITO (direito, propriedade, etc.) ceder; *to ~ a right to sb* ceder um direito a alguém; 3 DESPORTO mudar de clube; 4 ser transferido; mudar; *he has transferred from the army to the air force* ele mudou do exército para a força aérea; 5 decalcar; 6 (avião) fazer transbordo; 7 (educação) mudar de escola ou curso

transfer[2] [ˈtrænsfɜː] s. 1 transferência; 2 DIREITO (direito, propriedade, etc.) cedência; 3 coisa/pessoa transferida; 4 decalcomania; 5 transbordo; 6 [EUA] bilhete que permite mudar de transporte ❖ DESPORTO *~ fee* importância paga pela transferência de um atleta; DESPORTO *~ list* lista de transferências; (transportes) *~ passenger* passageiro em trânsito; BIOQUÍMICA *~ RNA* ARN de transferência; *~ student* aluno de intercâmbio; *~ of heat* transmissão de calor
transferability [trænsfɜːrəˈbɪlɪtɪ] s. transferabilidade, transmissibilidade
transferable [trænsˈfɜːrəbəl] adj. 1 transmissível; 2 transferível; 3 negociável ❖ FINANÇAS *~ securities* valores negociáveis; (bilhete, convite, etc.) *not ~* pessoal; intransmissível; de utilização pessoal
transferase [ˈtrænsfəreɪz] s. BIOQUÍMICA transférase
transferee [trænsfɜːˈriː] s. cessionário, aquele a quem se faz cessão
transference [ˈtrænsfərəns] s. 1 transferência; 2 transmissão; 3 mudança
transferor [ˈtrænsfərə] s. pessoa que transmite ou cede
transferrer [trænsˈfɜːrə] s. 1 ⇒ **transferor**; 2 aquele que passa imagens
transferring [trænsˈfɜːrɪŋ] s. 1 acto de transferir; 2 mudança de um lugar para outro; 3 transferência (de funcionário); 4 transporte; 5 mudança de um veículo para outro (eléctrico, autocarro, etc.); 6 transmissão, cedência (de direitos, propriedade, etc.); 7 estorno
transfiguration [trænsfɪɡjʊˈreɪʃən] s. transfiguração
transfigure [trænsˈfɪɡə] v.tr. transfigurar
transfinite [ˈtrænsfɪnɪt] adj. MATEMÁTICA transfinito; *~ number* número transfinito
transfix [trænsˈfɪks] v.tr. 1 atravessar; 2 (lança, etc.) transfixar; atravessar de lado a lado; trespassar; 3 petrificar; pregar ao chão; paralisar ❖ *to stand transfixed with fear* ficar petrificado de medo
transfixion [trænsˈfɪkʃən] s. CIRURGIA transfixação
transform [trænsˈfɔːm] v.tr. 1 transformar, mudar, modificar; *to ~ heat into energy* transformar calor em energia; *wealth transformed her character* a riqueza modificou-lhe o carácter; 2 converter; 3 metamorfosear ❖ *a beard may ~ a man beyond recognition* a barba pode tornar um homem irreconhecível
transformable [trænsˈfɔːməbəl] adj. 1 transformável [**into**, em]; 2 modificável
transformation [trænsfəˈmeɪʃən] s. 1 transformação; *to undergo a ~* sofrer uma transformação; *~ of energy* transformação de energia; *~ of heat into energy* transformação do calor em energia; 2 BIOLOGIA flutuação, modificação; 3 MATEMÁTICA conversão ❖ TEATRO (pantomima) *~ scene* cena que se modifica pouco a pouco perante os olhos da assistência
transformator [trænsfəˈmeɪtə] s. ⇒ **transformer**
transformer [trænsˈfɔːmə] s. 1 transformador; 2 ELECTRICIDADE transformador; *air gap ~* transformador a ar; *balancing ~* transformador compensado; *oil ~* transformador a óleo; *rotary ~* transformador rotativo; *static ~* transformador estático ❖ *~ box* caixa do transformador; *~ centre tap* derivação central do transformador; *~ lamination* lâmina do núcleo do transformador; *~ operation* funcionamento do transformador; *~ station* estação transformadora
transforming [trænsˈfɔːmɪŋ] Ⓐ adj. que transforma, transformador Ⓑ s. transformação [**into**, em]
transformism [trɑːnsˈfɔːmɪzəm] s. BIOLOGIA (ant.) (teoria) transformismo
transformist [trɑːnsˈfɔːmɪst] s. transformista ❖ BIOLOGIA (Lamarck) *~ theory* teoria transformista
transformistic [trænsfɔːˈmɪstɪk] adj. (ant.) (teoria) transformista
transfuse [trænsˈfjuːz] v.tr. 1 (sangue) fazer transfusão de; 2 (passar de um recipiente para outro) transvasar, trasfegar; 3 incutir; transmitir; 4 inocular ❖ *the air was transfused with light* o ar estava repassado de luminosidade
transfusion [trænsˈfjuːʒən] s. 1 transfusão; *blood ~* transfusão de sangue; 2 trasfego, trasfega; 3 transmissão; difusão; 4 inoculação
transfusionist [trænsˈfjuːʒənɪst] s. dador de sangue
trans-Gangetic [trænzɡænˈdʒetɪk] adj. transgangético
transgenic [trænzˈdʒenɪk] adj. transgénico

transgress [trænsˈgres] v.tr. 1 transgredir; infringir; violar; *to ~ a treaty* violar um tratado; 2 desobedecer a; 3 ultrapassar; exceder; ir além de; *to ~ one's competence* ir além das suas atribuições

transgression [trænsˈgreʃən] s. 1 transgressão; 2 infracção; 3 violação (de lei ou regulamento); 4 contravenção; 5 ofensa, delito

transgressive [trænsˈgresɪv] adj. transgressivo, que transgride

transgressor [trænsˈgresə] s. 1 transgressor; 2 infractor; 3 delinquente

tranship [trænˈʃɪp] v.tr.,intr. 1 passar de um navio para outro; 2 fazer trasbordar; 3 baldear (carga)

transhipment [trænˈʃɪpmənt] s. 1 mudança de um navio para outro; 2 transbordo; 3 baldeação (de carga)

transhumance [trænsˈhjuːməns] s. transumância, migração periódica dos rebanhos da planície para a serra e da serra para a planície

transhume [trænsˈhjuːm] v.intr. transumar

transience [ˈtrænzɪəns] s. 1 transitoriedade, brevidade, curta duração; 2 efemeridade

transiency [ˈtrænzɪənsɪ] s. 1 transitoriedade, brevidade, curta duração; 2 efemeridade

transient [ˈtrænzɪənt] Ⓐ adj. 1 transitório, passageiro; *~ success* êxito transitório; *~ tears* lágrimas passageiras; *of a ~ nature* passageiro; 2 efémero; breve, de curta duração; 3 momentâneo Ⓑ s. 1 pessoa de passagem; 2 ELECTRICIDADE onda errante ❖ ELECTRICIDADE *~ current* corrente passageira; MÚSICA *~ note* nota de ligação; *~ visitor* visitante de passagem; cliente esporádico

transiently [ˈtrænzɪəntlɪ] adv. transitoriamente, passageiramente, momentaneamente

transilience [trænˈsɪlɪəns] s. descontinuidade

transilient [trænˈsɪlɪənt] adj. 1 descontínuo; 2 que salta bruscamente duma coisa a outra

transilluminate [trænsɪˈljuːmɪneɪt] v.tr. transiluminar, iluminar por transparência

transillumination [trænsɪljuːmɪˈneɪʃən] s. MEDICINA transiluminação

transire [trɔːnˈsaɪərɪ] s. autorização dada pela alfândega para o levantamento de mercadorias

transistor [trænˈzɪstə] s. transístor

transistorise [trænˈzɪstəraɪz] v.tr. transistorizar

transistorize [trænˈzɪstəraɪz] v.tr. transistorizar

transit [ˈtrænsɪt] Ⓐ s. 1 trânsito; movimento; 2 rota; 3 [EUA] transporte público; 4 ASTRONOMIA trânsito, passagem de planeta sobre o disco solar; *in ~* em trânsito; *the ~ of Mercury* o trânsito de Mercúrio Ⓑ v.tr.,intr. 1 atravessar; 2 ASTRONOMIA passar sobre o disco do Sol ❖ (refugiados, soldados, etc.) *~ camp* acampamento temporário (aeroporto) ❖ *lounge* sala de espera; *~ van* furgoneta; *~ visa* visto de turismo

transition [trænˈzɪʃən] s. 1 transição; *a period of ~* um período de transição; 2 passagem; 3 mudança; 4 MÚSICA transição, mudança de clave ❖ QUÍMICA *~ elements* elementos de transição; ARTES PLÁSTICAS *~ style* estilo de transição; MEDICINA *~ tumour* tumor com tendência a transformar-se em maligno; *~ zone* zona de transição

transitional [trænˈzɪʃənəl] adj. de transição; que indica transição; relativo a transição

transitionally [trænˈzɪʃənlɪ] adv. à maneira de transição, transitoriamente

transitive [ˈtrænsɪtɪv] Ⓐ adj. LINGUÍSTICA transitivo; *a ~ verb* um verbo transitivo Ⓑ s. LINGUÍSTICA verbo transitivo

transitively [ˈtrænsɪtɪvlɪ] adv. transitivamente

transitiveness [ˈtrænsɪtɪvnəs] s. LINGUÍSTICA ⇒ **transitivity**

transitivity [trænsɪˈtɪvɪtɪ] s. LINGUÍSTICA transitividade

transitorily [ˈtrænsɪtərɪlɪ] adv. transitoriamente

transitoriness [ˈtrænsɪtərɪnɪs] s. transitoriedade

transitory [ˈtrænsɪtərɪ] adj. 1 transitório, passageiro; 2 temporário, momentâneo; 3 provisório; 4 efémero

Transjordanian [trænzdʒɔːˈdeɪnɪən] adj. transjordano

Transjuran [trænzˈdʒʊərən] adj. transjurano, situado além do Jurá

translatable [trænsˈleɪtəbəl] adj. traduzível, que pode ser traduzido

translate [trænsˈleɪt] v.tr. 1 traduzir; *this word is translated as...* esta palavra traduz-se por...; *to ~ from English into Portuguese* traduzir de inglês para português; 2 verter, converter [in/into, em]; 3 transferir, mudar [from/to, de/para]; *to ~ from one place to another* mudar de um lugar para outro; 4 alterar, modificar, transformar; 5 explicar, interpretar; *he translated her silence as a refusal* ele interpretou o silêncio dela como significando recusa; *kindly ~* explica-te, por favor; 6 imprimir movimento de translação a; 7 RELIGIÃO (Bíblia) subir ao céu; 8 [arc.] metamorfosear; 9 RELIGIÃO deslocar (bispo) da sua diocese; 10 transformar [into, em]

translation [trænsˈleɪʃən] s. 1 (acto, obra) tradução; *to do/make a ~* fazer uma tradução; 2 versão; interpretação; 3 decifração; 4 RELIGIÃO afastamento (de bispo) da sua diocese; 5 transformação; 6 RELIGIÃO (Bíblia) subida ao céu (sem passar pela morte); 7 FÍSICA translação; *movement of ~* movimento de translação; 8 retransmissão automática; *~ of telegrams* retransmissão automática de telegramas

translational [trænsˈleɪʃənəl] adj. FÍSICA de translação; relativo a translação; *~ movement* movimento de translação

translative [trænsˈleɪtɪv] adj. (movimento) de translação, translativo

translatively [trænsˈleɪtɪvlɪ] adv. translativamente

translator [trænsˈleɪtə] s. 1 tradutor; 2 tradutor automático; programa de tradução; 3 [ant.] repetidor automático (de aparelho telegráfico); 4 [ant.] sapateiro que reforma e modifica calçado velho

transliterate [trænzˈlɪtəreɪt] v.tr. transliterar

transliteration [trænzlɪtəˈreɪʃən] s. transliteração

translocation [trænzləʊˈkeɪʃən] s. 1 mudança de lugar; 2 mudança de localização

translucence [trænzˈluːsəns] s. 1 translucidez, diafaneidade; 2 transparência

translucency [trænzˈluːsnsɪ] s. 1 translucidez, diafaneidade; 2 transparência

translucent [trænzˈluːsənt] adj. translúcido

translucently [trænzˈluːsntlɪ] adv. translucidamente

translucid [trænzˈluːsɪd] adj. ⇒ **translucent**

transmarine [trænzməˈriːn] adj. 1 transmarino; 2 ultramarino

transmediterranean [trænzmedɪtəˈreɪnjən] adj. transmediterrâneo

transmigrant [ˈtrænzmɪgrənt] s. transmigrante, emigrante de passagem por um país quando se dirige a outro

transmigrate [ˌtrænzmaɪˈgreɪt, ˌtrænzmaɪˈgreɪt] v.intr. 1 transmigrar; 2 mudar de região, de residência ou de país; 3 passar (a alma) de um corpo para outro

transmigration [ˌtrænzmaɪˈgreɪʃən] s. 1 transmigração; 2 migração ❖ RELIGIÃO *the ~ of souls* a transmigração das almas

transmigrator [ˌtrænzmaɪˈgreɪtə] s. transmigrador, transmigrante

transmissibility [ˌtrænzmɪsəˈbɪlɪtɪ] s. transmissibilidade

transmissible [trænzˈmɪsəbəl] adj. transmissível

transmission [trænzˈmɪʃən] s. 1 transmissão; *~ of heat/motion/power* transmissão de calor/movimento/força; 2 propagação; *~ of a disease* propagação de uma doença; 3 RÁDIO, TELEVISÃO emissão; *clear ~* emissão nítida; 4 [EUA] (automóvel) caixa de velocidades ❖ *~ belt* correia de transmissão; *~ rope* cabo de transmissão; *~ speed* velocidade de transmissão; RÁDIO *~ tower* torre de transmissão; *beam ~* transmissão por ondas dirigidas; *belt ~* transmissão por correia

transmissive [trænzˈmɪsɪv] adj. que transmite, transmissivo, transmissor

transmit [trænzˈmɪt] v.tr. (particípios -tt-) 1 transmitir; emitir; *to ~ a message by radio* transmitir uma mensagem por rádio; 2 comunicar, transmitir; 3 propagar; 4 legar; 5 (doenças, etc.) contagiar; transmitir

transmittable [trænzˈmɪtəbəl] adj. transmissível

transmittal [trænzˈmɪtl] s. transmissão

transmittance [trænzˈmɪtəns] s. transmissão

transmitter [trænzˈmɪtə] s. 1 (pessoa, aparelho) transmissor; 2 RÁDIO, TELEVISÃO estação emissora ❖ *~ antenna* antena de emissor; RÁDIO *~ frequency* frequência de transmissor

transmitting [trænz'mɪtɪŋ] Ⓐ *adj.* transmissor; que transmite; de transmissão Ⓑ *s.* transmissão ❖ ~ **aerial** antena transmissora; ~ **set** aparelho de transmissão; ~ **station** estação transmissora; ~ **television signal** sinal transmissor da televisão

transmogrification [trænzmɒɡrɪfɪ'keɪʃən] *s.* [joc.] metamorfose

transmogrify [ˌtrænz'mɒɡrɪfaɪ] *v.tr.* [joc.] mudar, modificar; metamorfosear; modificar o aspecto de

transmutability [ˌtrænzmjuːtə'bɪlɪtɪ] *s.* transmutabilidade

transmutable [ˌtrænz'mjuːtəbəl] *adj.* transmutável, transformável [**into**, em]

transmutation [ˌtrænzmjuː'teɪʃən] *s.* 1 transmutação; 2 transformação, alteração ❖ FÍSICA ~ **of elements** transmutação química

transmute [trænz'mjuːt] *v.tr.* 1 transmutar; 2 transformar; alterar; modificar a natureza de; 3 converter [**into**, em]

transmuter [trænz'mjuːtə] *s.* transmutador

transnational [trænz'næʃənəl] *adj.* transnacional

transnavigation [ˌtrænznævɪ'ɡeɪʃən] *s.* transnavegação

transoceanic [ˌtrænzəʊʃɪ'ænɪk] *adj.* 1 transoceânico; 2 situado além do mar; 3 que atravessa o oceano

transom ['trænsəm] *s.* 1 (janela, porta) lintel; 2 (construção) travessa; 3 bandeira de porta ou janela; 4 [EUA] ARQUITECTURA clarabóia; 5 NÁUTICA gio; *wing* ~ gio grande

transpadane ['trænspədeɪn] *adj.* transpadano, situado para além do rio Pó, na Itália

transparence [træns'pærəns] *s.* [rar.] ⇒ **transparency**

transparency [træns'pærənsɪ] *s.* (*pl.* **-ies**) 1 transparência; 2 limpidez, claridade (de vidro, etc.); 3 (retroprojector) transparência; 4 diapositivo; 5 armação de madeira de fotografia, desenho ou inscrição iluminada por transparência

transparent [træns'pærənt] *adj.* 1 transparente; ~ **body** corpo transparente; ~ **mirror** espelho transparente; ~ **plastic** plástico transparente; ~ **stage** mesa transparente de microscópio; 2 claro, evidente; ~ **allusion** alusão evidente; **to be a man of** ~ **honesty** ser um homem de honestidade evidente; 3 simples, natural, franco, não afectado; 4 flagrante; ~ **lie** mentira flagrante

transparently [træns'pærəntlɪ] *adv.* 1 de maneira transparente; 2 evidentemente, manifestamente

transparentness [træns'pærəntnɪs] *s.* transparência

transpierce [træns'pɪəs] *v.tr.* 1 penetrar, trespassar; 2 furar de lado a lado

transpiration [ˌtrænspɪ'reɪʃən] *s.* 1 transpiração; 2 revelação de segredo

transpire [træns'paɪə] *v.tr.,intr.* 1 transpirar; 2 exalar(-se); 3 (segredo) tornar-se conhecido; *it transpired that...* soube-se que...; 4 acontecer, suceder; *important events transpired a few days ago* deram-se acontecimentos importantes há alguns dias

transplant[1] [træns'plɑːnt, træns'plænt] *v.tr.* 1 transplantar; 2 mudar de um lugar para outro; 3 CIRURGIA enxertar, transplantar

transplant[2] ['trænsplɑːnt, 'trænsplænt] *s.* 1 CIRURGIA transplante, enxerto; 2 BOTÂNICA planta transplantada; 3 transplantação

transplantable [træns'plɑːntəbəl, træns'plæntəbəl] *adj.* transplantável

transplantation [ˌtrænsplɑːn'teɪʃən, ˌtrænsplæn'teɪʃən] *s.* 1 transplantação; 2 CIRURGIA enxerto, transplantação

transplanter [træns'plɑːntə, træns'plæntə] *s.* 1 transplantador; 2 pessoa que transplanta; 3 aparelho para transplantar

transplanting [træns'plɑːntɪŋ, træns'plæntɪŋ] *s.* acto de transplantar

transponder [træn'spɒndə] *s.* transmissor-receptor

transpontine [trænz'pɒntaɪn] *adj.* 1 transpontino; do outro lado do rio; 2 relativo à parte de Londres que fica a sul do Tamisa; 3 [ant.] melodramático e barato

transport[1] ['trænspɔːt] *s.* 1 transporte; *air* ~ transporte por via aérea; *land* ~ transporte terrestre; *road* ~ transporte por estrada; ~ *by rail* transporte por caminho-de-ferro; 2 (navio, avião) transporte de tropas; 3 HISTÓRIA deportado, desterrado; 4 arrebatamento, arroubo, entusiasmo, êxtase; *to be thrown into transports of joy* estar num arroubo de alegria ❖ ~ *cafe* café à beira de estrada; POLÍTICA **Minister of Transport** Ministro dos Transportes

transport[2] [træns'pɔːt] *v.tr.* 1 transportar; *to* ~ *by aeroplane/by lorry* transportar de avião/de camioneta; 2 degradar, deportar, desterrar; *criminals were often transported to Africa* os criminosos eram muitas vezes degredados para África; 3 arrebatar, entusiasmar; *everybody was transported with joy* toda a gente ficou num arrebatamento de alegria

transportability [ˌtrænspɔːtə'bɪlɪtɪ] *s.* transportabilidade

transportable [træns'pɔːtəbəl] *adj.* 1 transportável; 2 punível com pena de desterro ou degredo

transportation [ˌtrænspɔː'teɪʃən] *s.* 1 transporte; 2 meio de transporte; 3 desterro, degredo, deportação; *to be sentenced to* ~ ser condenado ao degredo

transported [ˌtræns'pɔːtɪd] *adj.* deportado, desterrado, degredado

transporter [træns'pɔːtə] *s.* 1 encarregado de transportes; 2 transportador; veículo de transporte; 3 mecanismo transportador

transporting [træns'pɔːtɪŋ] Ⓐ *adj.* 1 que transporta, transportador; 2 arrebatador, que entusiasma Ⓑ *s.* 1 transporte; 2 desterro, degredo

transposable [træns'pəʊzəbəl] *adj.* que pode transpor-se, transponível

transpose [træns'pəʊz] *v.tr.* 1 transpor; 2 trocar a posição de; 3 inverter a ordem de; 4 MÚSICA transportar, mudar de clave; 5 mudar de tom

transposer [træns'pəʊzə] *s.* MÚSICA aquele que transpõe

transposing [træns'pəʊzɪŋ] Ⓐ *adj.* MÚSICA transpositor; ~ *piano* piano transpositor Ⓑ *s.* 1 MÚSICA transporte; 2 transposição

transposition [ˌtrænspə'zɪʃən] *s.* 1 MÚSICA transporte, transposição; 2 permutação, troca

transrhenane [træns'riːneɪn] *adj.* trans-renano

transsexual [trænz'seksjʊəl, træn'sekʃʊəl] *adj.,s.* transexual

transsexualism [trænz'seksjʊəlɪzəm, træn'sekʃʊəlɪzəm] *s.* transexualismo

transsexuality [trænzˌseksjʊ'ælɪtɪ, trænˌsekʃʊ'ælɪtɪ] *s.* transexualidade

transship [træns'ʃɪp] *v.tr.* 1 passar de um navio para o outro; 2 baldear (carga); 3 fazer o transbordo de

transshipment [træns'ʃɪpmənt] *s.* transbordo, trasbordo

Trans-Siberian [ˌtrænzsaɪ'bɪərɪən] *adj.* transiberiano

Trans-Teverine [trænz'tevəraɪn] *adj.* transteverino, transtiberino

Trans-Tiberine [trænz'taɪbəraɪn] *adj.* transtiberino, situado além do Tibre

transubstantiate [ˌtrænsəb'stænʃɪeɪt] *v.tr.* RELIGIÃO transubstanciar

transubstantiation [ˌtrænsəbstænʃɪ'eɪʃən] *s.* RELIGIÃO transubstanciação

transudation [ˌtrænsu'deɪʃən] *s.* transudação

transude [træn'suːd] *v.tr.,intr.* transudar

transuranian [ˌtrænsjʊ'reɪnɪən] *adj.* QUÍMICA ⇒ **transuranic**

transuranic [ˌtrænsjʊ'rænɪk] *adj.* QUÍMICA transurânico, transuraniano; ~ *elements* elementos transuranianos

Transvaal ['trænzvɑːl] *s.top.* Transval

Transvaaler ['trænzvɑːlə] *s.* 1 transvaliano; 2 boer

transversal [trænz'vɜːsəl] Ⓐ *adj.* transversal Ⓑ *s.* 1 GEOMETRIA transversal; 2 artéria ou músculo transversal

transversally [trænz'vɜːsəlɪ] *adv.* transversalmente

transverse ['trænzvɜːs] Ⓐ *adj.* transversal; ~ *artery* artéria transversal; ~ *elasticity* elasticidade transversal; ~ *section* secção transversal Ⓑ *s.* músculo transverso ❖ ~ *axis* eixo transversal; ~ *beam* travessão; ~ *contraction* contracção lateral; ANATOMIA ~ *process* apófise transversa; ~ *strength* resistência à flexão

transversely [trænz'vɜːslɪ] *adv.* 1 transversalmente; 2 transversamente

transvestism [ˌtrænz'vestɪzəm] *s.* travestismo

transvestite [ˌtrænz'vestaɪt] *s.* travesti

transveyor [trænz'veɪə] *s.* carrinho transportador

Transylvania [ˌtrænsɪl'veɪnɪə] *s.top.* Transilvânia

Transylvanian [ˌtrænsɪl'veɪnɪən] Ⓐ *adj.* transilvano; relativo à Transilvânia Ⓑ *s.* transilvano

tranter ['træntə] *s.* 1 [dial.] vendedor ambulante; 2 carroceiro, pessoa que se encarrega de transportes

trap [træp] Ⓐ *s.* 1 armadilha; ratoeira; 2 ardil, armadilha, cilada; *to be caught in a* ~ ser apanhado numa cilada; *to fall into a* ~ cair numa armadilha; *to set a* ~ *for...* armar uma cilada a...; **3** alçapão; **4** (esgotos) sifão; **5** caleche; **6** GEOLOGIA rocha eruptiva de cor escura; **7** (tiro) aparelho para lançar pombos; **8** [coloq.] boca; **9** (golfe) buraco de areia; **10** pl. [coloq.] tarecos, tralhas; **11** pl. MÚSICA [coloq.] instrumentos de percussão Ⓑ v.tr.,intr. (particípios: **-pp-**) **1** apanhar em armadilha; **2** colocar armadilhas; **3** encurralar; **4** colocar sifão; **5** aparelhar, arrear (cavalo); **6** DESPORTO (futebol) controlar a bola; **7** enganar; **8** (criminoso) apanhar; *they trapped the thief by using marked money* eles apanharam o ladrão utilizando dinheiro marcado; **9** enfeitar; **10** (água, ar, calor, etc.) conservar, reter

trapdoor ['træpdɔː] s. alçapão ❖ ZOOLOGIA ~ *spider* aranha-de--alçapão; aranha-pedreiro

trapes [treɪps] Ⓐ s. **1** estirada, longa caminhada; **2** [arc., depr.] mulher desleixada, suja Ⓑ v.tr.,intr. **1** andar sem destino, vagabundear; **2** andar aos recados; **3** percorrer; **4** [arc., depr.] (mulher) andar desleixada

trapeze [trəˈpiːz] s. GEOMETRIA, DESPORTO trapézio ❖ ~ *artist* trapezista

trapeziform [trəˈpiːzɪfɔːm] adj. trapeziforme

trapezist [trəˈpiːzɪst] s. [rar.] trapezista

trapezium [trəˈpiːzɪəm] s. **1** ANATOMIA, GEOMETRIA trapézio; **2** ANATOMIA trapezóide

trapezius [trəˈpiːzɪəs] s. ANATOMIA (músculo) trapézio

trapezohedron [træpɪzəʊˈhiːdrən] s. trapezoedro

trapezoid [ˈtræpɪzɔɪd] s. **1** GEOMETRIA trapezóide, quadrilátero com os lados todos oblíquos entre si; **2** ANATOMIA (osso) trapezóide

trapezoidal [træpɪˈzɔɪdəl] adj. GEOMETRIA trapezoidal; ~ *cross section* corte trapezoidal, secção trapezoidal; ~ *load* carga trapezoidal; ~ *rule* régua trapezoidal

trappean [trəˈpɪən] adj. GEOLOGIA semelhante à trape, da natureza da trape

trapped [træpt] adj. **1** apanhado no laço; **2** apanhado na ratoeira ou armadilha; **3** (canalização) com sifão; **4** (cavalo) arreado, aparelhado

trapper ['træpə] s. (caça) aquele que arma laços ou armadilhas

trapping ['træpɪŋ] s. **1** (actividade, acto) caça com laços ou armadilhas; **2** pl. arreios, jaezes; **3** pl. [fig.] (aspecto exterior) aparato, ornamentos; *the trappings of royalty* o aparato da realeza ❖ ~ *and netting* caça com armadilhas e rede

Trappist ['træpɪst] s. RELIGIÃO trapista, religioso ou religiosa da Ordem da Trapa

Trappistine ['træpɪstɪn] s.f. **1** RELIGIÃO trapista, trapistina, religiosa da Ordem da Trapa; **2** licor fabricado pelas trapistas

trappy ['træpɪ] adj. cheio de armadilhas

traprock ['træprɒk] s. GEOLOGIA trape

trapshooting ['træpʃuːtɪŋ] s. tiro aos pratos

trash [træʃ] Ⓐ s. (pl. **-es**) **1** [EUA] lixo; **2** (arte, literatura) porcaria; *this novel is mere* ~ este romance é uma porcaria; **3** disparate; *to talk a lot of* ~ dizer disparates; **4** (árvore, planta) galhos cortados; **5** refugo de cana-de-açúcar; **6** [EUA] [depr.] gentalha; ralé Ⓑ v.tr. **1** [coloq.] destruir, vandalizar; **2** [EUA] [coloq.] deitar fora; **3** [EUA] [coloq.] dizer mal de; deitar abaixo; denegrir; **4** (planta) podar; **5** (cana-de-açúcar) desfolhar ❖ [EUA] ~ *can* lata do lixo; [EUA] [depr.] *white* ~ camada pobre da população branca nos estados do Sul

trashery ['træʃərɪ] s. escória, coisas sem valor, refugo

trashily ['træʃɪlɪ] adv. **1** disparatadamente; **2** inutilmente

trashiness ['træʃɪnɪs] s. **1** ausência de valor; **2** inutilidade

trashy ['træʃɪ] adj. (comp. **-ier**, superl. **-iest**) **1** inferior, inútil, desprezível; **2** sem qualidade, sem valor; **3** de mau gosto

Trasimene ['træzɪmiːn] s. ⇒ **Trasimenus**

Trasimenus [ˌtræzɪˈmiːnəs] s. Trasimeno (lago situado na Umbria, Itália Central)

trass [træs] s. MINERALOGIA trasse

trauma ['trɔːmə] s. (pl. **-s** ou **-ta**) **1** trauma; **2** traumatismo ❖ [EUA] MEDICINA ~ *center* serviço de traumatologia

traumatic [trɔːˈmætɪk] adj. **1** traumático; ~ *experience* experiência traumática; **2** traumatizante

traumatism ['trɔːmətɪzəm] s. traumatismo

traumatize ['trɔːmətaɪz] v.tr. traumatizar

traumatology [ˌtrɔːməˈtɒlədʒɪ] s. MEDICINA traumatologia

travail ['træveɪl] Ⓐ s. **1** labuta árdua; trabalho penoso; **2** [arc.] dores de parto; *woman in* ~ mulher com as dores de parto Ⓑ v.intr. **1** labutar, trabalhar arduamente; **2** [arc.] estar com as dores de parto

travel ['trævl] Ⓐ s. **1** viagem; **2** MECÂNICA curso, jogo; *clutch* ~ curso da embraiagem; ~ *of lever* curso da alavanca; ~ *of the valve* jogo da válvula; **3** [EUA] movimento Ⓑ v.tr.,intr. (particípios: **-ll-**) **1** percorrer; *he travelled 600 miles a day* ele percorreu 600 milhas por dia; *his eye travelled over the scene* percorreu a cena com o olhar; *to* ~ *a country from end to end* percorrer um país de um extremo a outro; *to* ~ *the whole world* percorrer o mundo todo; **2** viajar; *to be travelling* andar em viagem; *to* ~ *by sea* viajar por mar; *to* ~ *round the world* viajar à volta do mundo; **3** COMÉRCIO (vendedor) andar; deslocar-se; *to* ~ *for a firm* viajar por conta de uma firma; **4** (notícias) ser transmitido; **5** (luz, som) propagar-se; *light travels faster than sound* a luz propaga--se mais rapidamente que o som; **6** [coloq.] andar muito depressa, voar; *the stone travelled through the air* a pedra voou pelos ares; **7** [EUA] (grupo, pessoa) associar-se [**with**, a]; juntar-se [**with**, a]; **8** (basquetebol) dar mais passos com a bola na mão ❖ ~ *agency* agência de viagens; ~ *insurance* seguro de viagem; LITERATURA (Jonathan Swift) *Gulliver's Travels* As Viagens de Gulliver

travelator ['trævəleɪtə] s. tapete rolante

travelled ['trævəld] adj. **1** viajado, que tem feito muitas viagens; *a* ~ *man* um homem viajado; **2** frequentado por muitos viajantes; *that is a much* ~ *part of the country* essa parte do país é percorrida por muitos viajantes

traveller ['trævlə] s. **1** viajante; **2** (vendas) representante; caixeiro--viajante_{ant.}; ~ *for a firm* representante de uma firma; ~ *in carpets* representante que vende tapetes; **3** (cigano, etc.) nómada; **4** MECÂNICA cursor; **5** NÁUTICA arco das vergas do joanete ❖ *traveller's cheque* cheque de viagem; *traveller's guide* guia turístico; BOTÂNICA *traveller's joy* clematite; *traveller's tale* mentira; peta; *fellow* ~ companheiro de viagem; [coloq.] *to tip sb the* ~ pregar uma peta a alguém

travelling ['trævlɪŋ] Ⓐ adj. **1** que viaja; itinerante; ambulante; **2** rolante; **3** móvel; **4** de viagem; ~ *crane* guindaste móvel; próprio para viagem; ~ *bag* saco de viagem; ~ *case* mala de viagem Ⓑ s. viagens ❖ ~ *companion* companheiro de viagem; ~ *expenses* despesas de deslocamento; ~ *library* biblioteca itinerante; ~ *salesman* agente comercial; CINEMA ~ *shot travelling*; [ant.] ~ *staircase* escada rolante

travelogue ['trævəlɒg] s. **1** TELEVISÃO documentário sobre viagem; **2** LITERATURA livro de viagens; **3** conferência, com projecções, relatando viagem efectuada

traversable ['trævɜːsəbəl] adj. **1** que pode atravessar-se; **2** atravessável; **3** DIREITO contestável, que pode contestar-se

traverse ['trævɜːs] Ⓐ adj. **1** atravessado; **2** transverso, transversal; **3** HERÁLDICA que atravessa o escudo de lado a lado Ⓑ s. **1** coisa atravessada; **2** travessão, travessa; **3** (trincheira) parapeito; **4** ARQUITECTURA (igrejas) galeria transversal de comunicação; **5** movimento transversal, jogo lateral; **6** (artilharia) pontaria dirigida; **7** GEOMETRIA linha transversal; **8** DIREITO objecção legal, negação; **9** NÁUTICA (correntes, ventos contrários) rota em ziguezague; **10** [arc.] contratempo, obstáculo, dificuldade, contrariedade Ⓒ v.tr.,intr. **1** atravessar; cruzar; *big ships* ~ *the ocean* o oceano é atravessado por enormes navios; **2** estar atravessado; **3** versar, examinar, estudar, tratar de; discutir; *to* ~ *a subject in a lecture* discutir determinado assunto numa conferência; **4** girar sobre eixo vertical; **5** fazer girar lateralmente; **6** caminhar de lado; **7** negar, contestar, opor-se a; *to* ~ *an indictment* negar uma acusação; **8** estorvar, dificultar; **9** (carpintaria) aplainar transversalmente à fibra; **10** (canhão) apontar ❖ NÁUTICA ~ *sailing* navegação em ziguezague; navegação aos bordos; *to* ~ *through Portugal* viajar através de Portugal; *the compass does not* ~ a bússola não se mexe; NÁUTICA *to solve/work a* ~ fazer redução da rota

traverser ['trævɜːsə] s. **1** (caminhos-de-ferro) plataforma móvel para virar vagões; **2** transportador mecânico; **3** DIREITO aquele que contesta

traversing ['trævɜːsɪŋ] s. **1** travessia; **2** deslocamento lateral; **3** acto de passar em revista (assuntos, problemas, etc.); **4** acto de colocar em pontaria (canhão); **5** torneamento cilíndrico; **6** DIREITO contestação

travertin ['trævətɪn] s. GEOLOGIA travertino

travertine ['trævətɪn] s. GEOLOGIA travertino

travesty ['trævɪstɪ] Ⓐ s. (pl. -ies) paródia, imitação grotesca, caricatura Ⓑ v.tr. parodiar, fazer imitação grotesca de, caricaturar

travolator ['trævəleɪtə] s. (pessoas) tapete rolante

trawl [trɔːl] Ⓐ s. 1 (pesca) arrastão, rede de arrasto; 2 [fig.] (informação) pesquisa, procura Ⓑ v.tr.,intr. 1 pescar de arrasto; 2 arrastar; *to ~ a net* arrastar uma rede; 3 [fig.] (informação) procurar ❖ *~ anchor* pequena âncora para o espinel; *~ line* espinel

trawler ['trɔːlə] s. 1 NÁUTICA traineira, barco de arrasto; 2 pescador que pesca com rede de arrasto

trawling ['trɔːlɪŋ] s. pesca de arrasto

tray [treɪ] s. (pl. -s) 1 tabuleiro; bandeja; *hawker's ~* tabuleiro de vendedor ambulante; *tea ~* tabuleiro do chá; 2 caixa ❖ *~ agriculture* cultura de plantas em tabuleiros

trayful ['treɪfʊl] s. tabuleiro cheio, conteúdo de um tabuleiro cheio

treacherous ['tretʃərəs] adj. 1 traiçoeiro; 2 traidor; desleal, falso; pérfido; 3 aleivoso; 4 (tempo) traiçoeiro, em que se não pode confiar; *~ weather* tempo traiçoeiro ❖ *~ ice* gelo pouco firme; *~ memory* memória pouco fiel

treacherously ['tretʃərəslɪ] adv. 1 traiçoeiramente, à traição; 2 deslealmente, perfidamente; 3 falsamente

treacherousness ['tretʃərəsnɪs] s. 1 carácter traiçoeiro ou desleal; 2 perfídia

treachery ['tretʃərɪ] s. (pl. -ies) 1 traição, perfídia; 2 deslealdade; 3 aleivosia

treacle ['triːkl] Ⓐ s. 1 melaço; 2 sentimentalismo exagerado; 3 antídoto utilizado contra o envenenamento Ⓑ v.tr. untar com melaço

treacly ['triːklɪ] adj. 1 semelhante a melaço; 2 demasiado doce; 3 [fig.] melífluo; *~ words* palavras melíflusas

tread [tred] Ⓐ s. 1 passo; maneira de andar; *to have a firm ~* ter um andar firme; 2 (degrau, pneu) piso; *nonskid ~* piso antiderrapante; 3 (sapato) sola; 4 (tractor, etc.) lagarta Ⓑ v.tr.,intr. (prt. trod, part. pass. trodden) 1 pisar; *don't ~ on the grass!* não pisem a relva!; *to ~ grapes* pisar uvas; *to ~ on sb's corns* pisar os calos a alguém; 2 calcar [in/on, -]; 3 caminhar; percorrer; *to ~ softly* caminhar suavemente; 4 abrir um carreiro; 5 (aves) galar; *the cock treads the hens* o galo gala as galinhas; 6 reprimir; subjugar ❖ *to ~ a dangerous path* seguir um caminho perigoso; *to ~ as on eggs* estar em situação muito delicada; *to ~ lightly* ser cauteloso, prudente; *to ~ in sb's footsteps* seguir o exemplo de alguém; *to ~ on air* sentir-se extremamente feliz; *to ~ on the heels of sb* seguir alguém muito de perto; *to ~ out* apagar fogo com os pés; esmagar; jugular uma revolta; *to ~ the boards* pisar o palco; ser actor; *to ~ up* fazer levantar as perdizes na caça; *to ~ water* caminhar sobre a água; [fig.] fazer milagres

◆**tread down** v.tr. calcar, pisar; *don't ~ the flowers!* não calques as flores! ❖ *to ~ Satan under our feet* esmagar Satanás aos pés

◆**tread in** v.tr. (raiz, semente) enterrar com os pés

treading ['tredɪŋ] s. 1 marcha, passo; 2 acto de esmagar com o pé ❖ *~ water* boiar na água

treadle ['tredl] Ⓐ s. pedal; *~ of a lathe* pedal de torno; *the ~ of a sewing machine* o pedal de uma máquina de costura; *to work the ~* accionar o pedal Ⓑ v.tr.,intr. pedalar ❖ *~ lathe* torno de pedal; *~ rod* tirante do pedal

treadmill ['tredmɪl] s. 1 HISTÓRIA moinho usado outrora como castigo, e accionado por uma grande roda provida de degraus que uma ou mais pessoas faziam girar; 2 [fig.] tarefa monótona e árdua; 3 [fig.] rotina

treason ['triːzn] s. 1 DIREITO traição; *high ~* alta traição; 2 deslealdade, traição

treasonable ['triːznəbl] adj. 1 traidor; 2 de traição; 3 desleal

treasonably ['triːznəblɪ] adv. por meio de traição; traiçoeiramente

treasonous ['triːzənəs] adj. traiçoeiro, pérfido

treasonously ['triːzənəslɪ] adv. traiçoeiramente, perfidamente

treasure ['treʒə] Ⓐ s. 1 tesouro; *a buried ~* um tesouro enterrado; 2 preciosidade; 3 (pessoa) jóia, tesouro; *my treasure!* meu tesouro! Ⓑ v.tr. 1 entesourar; 2 estimar; valorizar muito; *to ~ sb's friendship* estimar a amizade de alguém ❖ *~ chest* arca do tesouro; *~ trove* tesouro; repositório; *~ hunt* caça ao tesouro

◆**treasure up** v.tr. 1 (objecto, dinheiro, etc.) guardar preciosamente; 2 (memória) conservar, preservar; *I'll treasure it up in my memory* isso constituirá para mim uma recordação preciosa

treasurer ['treʒərə] s. 1 tesoureiro; *the ~ of a club* o tesoureiro de um clube; 2 caixa ❖ [GB] *Treasurer of the Household* Tesoureiro da Casa Real; *Lord High Treasurer* Lorde Tesoureiro-mor

treasurership ['treʒərəʃɪp] s. 1 tesouraria; 2 funções de tesoureiro

treasury ['treʒərɪ] s. (pl. -ies) 1 tesouraria; 2 tesouro, tesouro público; erário público; 3 fazenda; 4 ministério das finanças; 5 [fig.] repositório de informação ❖ [GB] POLÍTICA (Câmara dos Comuns) *Treasury bench* banco ocupado pelos principais membros do Governo; *~ bill* obrigação do Tesouro; [GB] POLÍTICA *Treasury Board* os lordes do Tesouro (geralm. o primeiro-ministro, o chanceler do Tesouro e mais três lordes); *~ note* nota de libra ou de 10 xelins; [GB] *the Treasury* a Tesouraria Britânica; (geralm. o primeiro-ministro) *First Lord of the Treasury* primeiro lorde do Tesouro; [EUA] POLÍTICA *Secretary of the Treasury* Ministro das Finanças

treat [triːt] Ⓐ s. 1 deleite, gosto, prazer, regalo; *it was quite a ~ to listen to him* era um deleite ouvi-lo; *a ~ in store* um prazer, um gosto que está para vir; 2 piquenique oferecido a crianças de escola; 3 divertimento, festa; 4 convite para comer e beber Ⓑ v.tr.,intr. 1 tratar(-se); *he treated her as a child* ele tratou-a como criança; *to ~ sb roughly* tratar alguém com rudeza; 2 considerar, encarar; 3 (textos, imagens) tratar, abordar; apresentar, exprimir; 4 (assunto) ser [of, sobre]; 5 (médico) tratar; *to ~ sb for an illness* tratar uma doença de alguém; *which doctor is treating you?* qual é o médico que o trata?; 6 festejar, banquetear; 7 negociar [with, com]; *to ~ with the enemy* negociar com o inimigo; 8 parlamentar; 9 ter o prazer [to, de]; obsequiar(-se) [to, com]; *to ~ oneself to a glass of port* obsequiar-se com um cálice de vinho do Porto; 10 convidar; *to ~ sb to a dinner party* convidar alguém para jantar ❖ *Dutch ~* convite em que cada um paga a sua despesa; *it's my ~* quem paga sou eu; *to be a fair ~* ser agradável; ser encantador; QUÍMICA *to ~ a substance with acid* tratar uma substância com ácido; *to ~ sth as a joke* levar algo a brincar; *to ~ a work* funcionar às mil maravilhas; *what a ~ it is not to have to get up early* é uma maravilha não ter de levantar cedo; *who is going to stand treat?* quem paga a despesa?; *whose turn is it to ~ next?* quem paga agora a seguir?

treatable ['triːtəbl] adj. tratável, que se pode tratar

treater ['triːtə] s. 1 aquele que trata; 2 pessoa que oferece e paga uma bebida; 3 negociador

treating ['triːtɪŋ] s. 1 acto de tratar; 2 oferta e pagamento de bebidas; 3 suborno ou tentativa de influir sobre os eleitores, oferecendo-lhes de comer e de beber

treatise ['triːtɪz, 'triːtɪs] s. 1 tratado; 2 dissertação; 3 obra sobre determinado assunto

treatment ['triːtmənt] s. 1 (acolhimento, atendimento) tratamento; *preferential ~* tratamento preferencial; 2 (maneiras) trato; 3 (assunto) abordagem; tratamento; 4 (doença, etc.) tratamento médico; cuidados médicos; cura; *she soon recovered under the doctor's ~* em breve ela se restabeleceu com o tratamento médico; *to undergo ~ for...* estar a ser tratado a... ❖ MEDICINA *fresh air ~* cura de ar puro

treaty ['triːtɪ] s. (pl. -ies) 1 tratado; *peace ~* tratado de paz; *to enter into a ~ with...* concluir um tratado com...; *under that ~* em virtude daquele tratado; 2 convénio, acordo; 3 pacto; convenção ❖ COMÉRCIO (em resultado de tratado) *~ port* porto obrigatoriamente aberto ao comércio externo; *to be in ~ with sb for...* estar em negociações com alguém para...

treble ['trebl] Ⓐ adj. 1 triplo; *~ gear* engrenagem tripla; *~ riveted joint* rebitagem tripla; 2 MÚSICA agudo, de soprano; *~ voice* voz de soprano Ⓑ s. 1 triplo; *nine is the ~ of three* nove é o triplo de três; *it was sold for ~ the price* foi vendido pelo triplo do preço; 2 MÚSICA tiple, soprano; 3 MÚSICA nota aguda; 4 (corridas de cavalos) aposta em três cavalos; 5 DESPORTO três vitórias Ⓒ v.tr.,intr. triplicar(-se) ❖ NÁUTICA *~ block* cadernal; MÚSICA *~ clef* clave de sol

trebling ['treblɪŋ] s. acto de triplicar

trebly ['treblɪ] adv. 1 três vezes mais; 2 triplicadamente

trebuchet ['trebjʊʃet] s. 1 HISTÓRIA trabuco, trabuquete, máquina de guerra usada outrora para atirar grandes pedras; 2 catapulta; 3 balança para pequenos pesos; 4 armadilha para pássaros

trebucket ['tri:bəkɪt] *s.* ⇒ **trebuchet**
trecentist [tre'tʃentɪst] *s.* trecentista
trecento [tre'tʃentəʊ] *s.* 1 o século XIV; 2 os poetas e artistas italianos do séc. XIV
tree [tri:] Ⓐ *s.* 1 árvore; *to climb a ~* trepar a uma árvore; 2 (construção) barrote; 3 [arc.] cruz; 4 [arc.] forca; 5 (calçado) forma; 6 (sela) arção; 7 GEOLOGIA dendrite Ⓑ *v.tr.* 1 refugiar-se numa árvore; 2 meter calçado na forma; 3 [EUA, Can.] [coloq.] (pessoa) pôr numa situação difícil ❖ ZOOLOGIA *~ creeper* trepadeira; *~ felling* corte de árvores; BOTÂNICA *~ fern* feto arbóreo; ZOOLOGIA *~ frog* raineta; rela; BOTÂNICA *~ heath* urze-branca; ZOOLOGIA *~ sparrow* pardal montês; BOTÂNICA *~ tomato* tomateiro-da-serra; variedade que cresce direita e segura o fruto sem necessidade de estacas; *~ trunk* tronco; *axle ~* eixo da roda; *family ~* árvore genealógica; BOTÂNICA *~ of heaven* ailanto; RELIGIÃO (Bíblia) *~ of life* árvore da vida; *at the top of the ~* no ponto mais elevado da sua profissão; [coloq.] *in the dry* no tempo das vacas magras; [coloq.] *in the green* quando tudo corre bem; *up a ~* em apuros, em dificuldades, embaraçado
treed ['tri:d] *adj.* com árvores, coberto de árvores
treeless ['tri:ləs] *adj.* sem árvores, desarborizado
treenail ['tri:neɪl] Ⓐ *s.* cavilha de madeira Ⓑ *v.tr.* cavilhar
treetop ['tri:tɒp] *s.* copa da árvore
trefoil ['trefɔɪl, 'tri:fɔɪl] *s.* 1 BOTÂNICA trevo; 2 ARQUITECTURA (arco, etc.) trifólio ❖ *~ leaf* folha de trevo; BOTÂNICA *marsh ~* trevo-vermelho; BOTÂNICA *Spanish ~* luzerna; BOTÂNICA *hare's-foot ~* tanchagem
trefoiled ['trefɔɪld, 'tri:fɔɪld] *adj.* 1 em forma de trevo; 2 trifoliado
trehalose [tri:'hɑ:ləʊs, 'tri:hələʊs] *s.* QUÍMICA trealose
trek [trek] Ⓐ *s.* 1 caminhada; 2 jornada árdua; 3 [Áfr. do S.] jornada em carro de bois coberto Ⓑ *v.intr.* (*pret. e part. pass.* **trekked**) 1 fazer caminhada; 2 DESPORTO trekking; 3 fazer jornada árdua; 4 [fig.] arrastar-se; 5 [Áfr. do S.] viajar em carro de bois coberto ❖ [Áfr. do S.] [ant.] *~ boer* nómada
trekker ['trekə] *s.* 1 caminhante; 2 [Áfr. do S.] pessoa que se desloca utilizando carro de bois
trellis ['trelɪs] Ⓐ *s.* (*pl.* **-es**) 1 (plantas) latada; 2 (construção) caniçada, treliça Ⓑ *v.tr.* 1 cruzar, entrançar; 2 (planta) colocar uma latada em
trellised ['trelɪst] *adj.* 1 provido de reixas ou gelosias; 2 HERÁLDICA rotulado
trellising ['trelɪsɪŋ] *s.* 1 grade de ripas cruzadas; 2 (plantas) disposição ou encaminhamento por latadas
trelliswork ['trelɪswɜ:k] *s.* (suporte de plantas) latada, grade de ripas cruzadas ❖ *~ gate* portão de grade de ripas cruzadas
trematode ['tremətəʊd] *adj.,s.* ZOOLOGIA trematode
tremble ['trembəl] Ⓐ *s.* 1 tremura, tremor; 2 estremecimento; 3 frémito; 4 *pl.* (animais) tremor nervoso Ⓑ *v.intr.* 1 tremer [**with**, de]; *I ~ to think that...* eu tremo só de pensar que...; *to ~ with anger* tremer de cólera; *to ~ with cold* tremer de frio; 2 estremecer; tremular; 3 estar num estado de grande agitação; 4 vacilar ❖ *to ~ for sb* recear pela sorte de alguém; *to ~ like an aspen leaf in every limb* tremer como varas verdes; *her fate is trembling in the balance* o destino dela está prestes a decidir-se; [coloq.] *to be all of a ~* estar todo a tremer
trembler ['tremblə] *s.* 1 pessoa que treme; 2 indivíduo medroso; 3 poltrão; 4 ELECTRICIDADE vibrador
trembling ['tremblɪŋ] Ⓐ *adj.* 1 tremente; trémulo; 2 vacilante; 3 agitado Ⓑ *s.* 1 tremor; 2 estremecimento ❖ *in fear and ~* num estado de receio e nervosismo
tremblingly ['tremblɪŋlɪ] *adv.* 1 a tremer; 2 tremulamente
trembly ['tremblɪ] *adj.* 1 trémulo; 2 a tremer; 3 tremente
tremella [tre'melə] *s.* BOTÂNICA tremela
Tremellaceae [,tremɪ'leɪsiɪ] *s.pl.* BOTÂNICA Tremeláceas
tremendous [trə'mendəs] *adj.* 1 tremendo, terrível, medonho; *at a ~ speed* com uma velocidade tremenda; 2 formidável; enorme; extraordinário, impressionante; *a ~ crowd* uma multidão impressionante; *that makes a ~ difference* isso faz uma diferença enorme ❖ *to be a ~ talker* ser um tagarela
tremendously [trə'mendəslɪ] *adv.* 1 tremendamente; terrivelmente, medonhamente; *he is ~ wealthy* ele é tremendamente rico; 2 formidavelmente; extraordinariamente; 3 enormemente; 4 furiosamente

tremendousness [trə'mendəsnɪs] *s.* 1 natureza tremenda; 2 carácter medonho; 3 terribilidade; 4 enormidade
tremolite ['treməlaɪt] *s.* MINERALOGIA tremolita
tremolo ['tremələʊ] *s.* MÚSICA trémulo
tremor ['tremə] Ⓐ *s.* 1 tremor; estremecimento; 2 frémito; agitação; 3 tremura, vibração, trepidação Ⓑ *v.intr.* (máquina) vibrar, trepidar ❖ GEOLOGIA *preliminary ~* abalo que precede um sismo
tremulous ['tremjʊləs] *adj.* 1 trémulo, tremente; *~ voice* voz trémula; 2 receoso, tímido; *~ smile* sorriso tímido, sorriso receoso; 3 nervoso
tremulously ['tremjʊləslɪ] *adv.* tremulamente, receosamente, timidamente
tremulousness ['tremjʊləsnɪs] *s.* 1 tremor, tremura; 2 timidez; 3 agitação
trench [trentʃ] Ⓐ *s.* (*pl.* **-es**) 1 fosso; vala; *to cut trenches* abrir valas; *water ~* vala de irrigação; 2 MILITAR trincheira; *advanced ~* trincheira de primeira linha; *approach ~* trincheira de comunicação; *to mount the trenches* montar guarda às trincheiras Ⓑ *v.tr.,intr.* 1 cavar fosso/vala em; 2 MILITAR entrincheirar; 3 aproximar-se [**on**, de]; roçar [**on**, -]; *those ideas ~ on heresy* essas ideias roçam pela heresia; 4 usurpar, violar; *to ~ upon sb's rights* violar os direitos de alguém ❖ VESTUÁRIO *~ coat* impermeável; MEDICINA *~ fever* febre-das-trincheiras; *~ mortar* morteiro de trincheira; MEDICINA *~ mouth* angina de Vincent; *~ warfare* guerra de trincheiras; *~ works* trabalhos de sapa
trenchancy ['trentʃənsɪ] *s.* 1 mordacidade, causticidade; 2 energia, vigor
trenchant ['trentʃənt] *adj.* 1 agudo, incisivo, mordaz; *~ wit* espírito mordaz; 2 enérgico, vigoroso; 3 cortante ❖ *~ sword* espada afiada
trenchantly ['trentʃəntlɪ] *adv.* 1 cortantemente; 2 incisivamente, mordazmente; 3 vigorosamente
trencher ['trentʃə] *s.* 1 tabuleiro de madeira para cortar pão; 2 trincho; 3 [arc.] os prazeres da mesa; 4 pessoa que abre valas, regos ❖ *~ companion* companheiro da mesa; *~ friends* amigos interesseiros
trencherman ['trentʃəmən] *s.* (*pl.* **-men**) comensal ❖ [coloq.] *a good ~* um bom garfo; [coloq.] *a poor ~* um mau comedor
trenching ['trentʃɪŋ] *s.* 1 abertura de fossos, valas, trincheiras; 2 (terreno) cava funda ❖ *~ upon sb's rights* violação dos direitos de alguém
trend [trend] Ⓐ *s.* 1 tendência; *the ~ of public opinion* as tendências da opinião pública; *the ~ of prices* a tendência dos preços; (moda) *the latest trends* as últimas tendências; 2 inclinação; 3 orientação geral; direcção; rumo Ⓑ *v.intr.* 1 tender [**towards**, para]; *his ideas ~ towards socialism* as ideias dele tendem para o socialismo; 2 inclinar-se [**towards**, para]; propender [**towards**, para]; 3 dirigir-se [**towards**, a]; 4 estender-se [**towards**, para]; *the coast trends towards the north* a costa estende-se para o norte
trendily ['trendɪlɪ] *adv.* à última moda; *to dress ~* vestir a última moda, vestir o último grito
trendoid ['trendɔɪd] *adj.,s.* 1 [depr.] modernaço; 2 [depr.] escravo da moda
trendsetter ['trend,setə] *s.* 1 iniciador de moda, criador de moda; 2 (artigo, produto) último grito da moda[coloq.]
trendsetting ['trend,setɪŋ] Ⓐ *s.* 1 lançamento de moda, criação de moda; 2 inovação Ⓑ *adj.* 1 que lança uma moda; 2 inovador
trendy ['trendɪ] Ⓐ *adj.* na moda, moderno, actual Ⓑ *s.* pessoa moderna, actual
Trent [trent] *s.top.* Trento ❖ RELIGIÃO *the Council of ~* o Concílio de Trento
trental ['trentəl] *s.* trintário, série de trinta missas diárias pelos mortos
trepan [trɪ'pæn] Ⓐ *s.* CIRURGIA trépano Ⓑ *v.tr.* (*particípios* **-nn-**) 1 CIRURGIA trepanar; fazer a operação do trépano; aplicar o trépano; 2 enganar, apanhar no laço, apanhar numa cilada; 3 [arc.] atrair; seduzir; *to ~ to a place* atrair a um lugar ❖ *to ~ sb out of a sum* extorquir determinada importância a alguém; *to ~ sb into doing sth* induzir alguém a fazer determinada coisa
trepanation [,trepə'neɪʃən] *s.* CIRURGIA trepanação
trepang [trɪ'pæŋ] *s.* ZOOLOGIA tripango, holotúria

trepanner [trɪˈpænə] s. CIRURGIA trepanador
trepanning [trɪˈpænɪŋ] s. CIRURGIA trepanação ❖ CIRURGIA ~ *instruments* instrumentos cirúrgicos para a trepanação
trephine [trɪˈfiːn, trɪˈfaɪn] Ⓐ s. CIRURGIA trefina Ⓑ v.tr. operar com a trefina
trephining [trɪˈfiːnɪŋ, trɪˈfaɪnɪŋ] s. CIRURGIA terebração
trepidation [ˌtrepɪˈdeɪʃən] s. 1 trepidação; 2 tremor, tremura; 3 perturbação, agitação; 4 receio, ansiedade
treponema [ˌtrepəˈniːmə] s. (bactéria) treponema
treponemiasis [ˌtrepənɪˈmaɪəsɪs] s. MEDICINA treponemíase
trespass [ˈtrespəs, ˈtrespæs] Ⓐ s. (pl. -es) 1 transgressão, delito, infracção; 2 (propriedade) invasão; violação; entrada sem autorização; ~ *of frontier* violação da fronteira; ~ *to land* violação de propriedade; 3 [arc.] pecado, ofensa, falta Ⓑ v.intr. 1 invadir propriedade alheia; 2 transgredir, infringir [**against**, -]; *to ~ against the law* infringir a lei; 3 ofender, pecar ❖ ~ *upon sb's patience* abuso da paciência de alguém; DIREITO *action of ~* acção de indemnização por danos causados por violação de propriedade; RELIGIÃO *forgive us our trespasses as we forgive them that ~ against us* perdoai-nos as nossas ofensas assim como nós perdoamos a quem nos tem ofendido
◆ **trespass on/upon** v.tr. 1 abusar; *to trespass upon sb's hospitality* abusar da hospitalidade de alguém; *I don't want to trespass on your patience* não quero abusar da sua paciência; 2 violar; *to trespass upon sb's rights* violar os direitos de alguém; 3 intrometer-se em, imiscuir-se em; [fig.] *to trespass on sb's preserves* intrometer-se em assunto alheio, imiscuir-se no campo de actividade de alguém
trespasser [ˈtrespæsə] s. 1 intruso; 2 infractor; transgressor; 3 RELIGIÃO pecador ❖ *trespassers will be prosecuted* proibida a passagem
trespassing [ˈtrespæsɪŋ] s. 1 violação de direitos alheios; 2 invasão de propriedade alheia ❖ *no trespassing!* passagem proibida; propriedade privada
tress [tres] Ⓐ s. (pl. -es) 1 trança, madeixa de cabelo (de mulher ou rapariga); 2 pl. tranças, cabeleira de mulher ou rapariga Ⓑ v.tr. pentear em tranças, entrançar
tressed [trest] adj. com tranças, entrançado; *a golden-tressed girl* uma rapariga com tranças douradas
trestle [ˈtresl] s. 1 cavalete; 2 armação; suporte ❖ ~ *bridge* ponte assente em armação de madeira/metal; ~ *table* mesa assente sobre um ou mais suportes
trestletree [ˈtresltriː] s. NÁUTICA curvatão
trestlework [ˈtreslwɜːk] s. conjunto de cavaletes no qual assenta uma ponte, etc.
tret [tret] s. peso extra de mercadorias dado como compensação por perdas sofridas durante o transporte
trews [truːz] s.pl. VESTUÁRIO calças de pano axadrezado usadas em algumas regiões da Escócia
trey [treɪ] s. (jogos de cartas, dominó) três, terno
TRH [abrev. de Their Royal Highnesses]
triable [ˈtraɪəbl] adj. 1 experimentável, que pode experimentar-se; 2 DIREITO processável, que pode ser julgado
triacontahedral [ˌtraɪəkɒntəˈhiːdrəl] adj. 1 triacontaedro; 2 que tem trinta faces
triad [ˈtraɪæd] s. 1 tríade, tríada, grupo de três; 2 MÚSICA acorde de três sons
triadelphous [ˌtraɪəˈdelfəs] adj. BOTÂNICA triadelfo
triage [ˈtriːɑːʒ] s. MEDICINA (hospital) triagem
trial [ˈtraɪəl] Ⓐ s. 1 ensaio; experiência; *on* ~ à experiência; *to give sb a* ~ aceitar alguém à experiência; 2 prova; *gun trials* provas de tiro; *speed* ~ prova de velocidade; 3 preocupação, problema; *the boy is a great* ~ *to his teachers* o rapaz é uma grande preocupação para os professores; 4 dificuldade, provação; *everyone has his trials* todos temos as nossas provações; 5 DIREITO processo; julgamento; ~ *by court martial* julgamento em conselho de guerra; ~ *by jury* julgamento com jurados; *to be on* ~ estar a ser julgado; *to stand one's* ~ ser julgado; 6 tentativa; *I can make the* ~ posso tentar Ⓑ v.tr. (prt. e part. pass. -ll-) testar ❖ ~ *balloon* balão de ensaio; ~ *boring* sondagem de terreno; ~ *eights* prova entre duas tripulações para seleccionar os melhores; ~ *flight* voo de ensaio; [EUA] DIREITO ~ *judge* juiz de primeira instância; ~ *run* teste; período de experiência;

NÁUTICA ~ *trip* viagem experimental; ~ *and error* ensaio e erro; método de tentativas; DIREITO *civil* ~ acção civil; DIREITO *criminal* ~ processo-crime; *as a ~ measure* a título de experiência
triallist [ˈtraɪəlɪst] s. DESPORTO (equipa de alta competição) jogador à experiência
triandria [traɪˈændrɪə] s. BOTÂNICA triandria
triandrous [traɪˈændrəs] adj. BOTÂNICA triandro
triangle [ˈtraɪæŋgl] s. 1 GEOMETRIA, ASTRONOMIA triângulo; *equilateral* ~ triângulo equilátero; *isosceles* ~ triângulo isósceles; *scalene* ~ triângulo escaleno; 2 MÚSICA ferrinhos ❖ FÍSICA ~ *of forces* triângulo de forças; FÍSICA ~ *of velocities* triângulo de velocidades; *hoisting* ~ cábrea; *the eternal* ~ o eterno triângulo amoroso
triangular [traɪˈæŋgjʊlə] adj. 1 triangular, com a forma de triângulo; ~ *compasses* compasso de três pontas; ~ *pyramid* pirâmide triangular; 2 com três elementos; *there was a* ~ *contest in the elections* as eleições decidiram-se entre três candidatos; ~ *agreement* acordo entre três signatários ❖ ~ *set square* esquadro
triangularis [traɪˌæŋgjʊˈlearɪs] s. (pl. -*res*) ANATOMIA músculo triangular
triangularity [traɪˌæŋgjʊˈlærɪtɪ] s. triangularidade
triangularly [traɪˈæŋgjʊləlɪ] adv. triangularmente
triangulate[1] [traɪˈæŋgjʊleɪt] v.tr. 1 triangular; 2 dividir em triângulos; 3 fazer a triangulação de
triangulate[2] [traɪˈæŋgjʊlɪt] adj. 1 ZOOLOGIA triangulado; 2 dividido em triângulos; 3 com forma de triângulo
triangulation [traɪˌæŋgjʊˈleɪʃən] s. triangulação ❖ ~ *point* ponto geodésico
triapsal [traɪˈæpsəl] adj. ARQUITECTURA triabsidal
triapsidal [traɪˈæpsɪdəl] adj. ⇒ **triapsal**
trias [ˈtraɪæs] s. GEOLOGIA trias
Triassic [traɪˈæsɪk] Ⓐ s. GEOLOGIA Triásico Ⓑ adj. GEOLOGIA triásico
triathlete [traɪˈæθliːt] s. DESPORTO atleta de triatlo
triathlon [ˌtraɪˈæθlən, traɪˈæθlɒn] s. DESPORTO triatlo
triatic [traɪˈætɪk] adj. NÁUTICA ~ *stay* estai da balança
triatomic [ˌtraɪəˈtɒmɪk] adj. QUÍMICA triatómico
triaxial [traɪˈæksɪəl] adj. triáxico, triaxífero; triaxial
triazine [ˈtraɪəzɪn] s. QUÍMICA triazina
tribadism [ˈtrɪbədɪzəm] s. tribadismo, safismo, lesbianismo
tribal [ˈtraɪbəl] adj. tribal; relativo a tribo
tribalism [ˈtraɪbəlɪzəm] s. 1 tribalismo; 2 sistema tribal
tribally [ˈtraɪbəlɪ] adv. em tribo, tribalmente
tribasic [traɪˈbeɪsɪk] adj. QUÍMICA tribásico
tribe [traɪb] s. 1 tribo; 2 BOTÂNICA, ZOOLOGIA tribo, subdivisão da família que engloba um ou mais géneros; 3 [depr.] (profissões, ideologias, etc.) grupo; tribo; 4 [coloq.] cambada; *the whole ~ of politicians* toda essa cambada de políticos ❖ HISTÓRIA (divisão política na antiga Roma) *the ~ of the Sabines* a tribo dos Sabinos
tribesman [ˈtraɪbzmən] s. (pl. -*men*) membro de tribo
triblet [ˈtrɪblɪt] s. mandril para fazer tubos, anéis, etc.
tribolet [ˈtrɪbəlɪt] s. ⇒ **triblet**
tribometer [traɪˈbɒmɪtə] s. tribómetro, instrumento para medir a força do atrito
tribometric [ˌtraɪbəˈmetrɪk] adj. tribométrico
tribometry [traɪˈbɒmətrɪ] s. tribometria
tribrach [ˈtrɪbræk] s. LITERATURA tríbraco, pé de verso grego ou latino composto de três sílabas breves
tribulation [ˌtrɪbjʊˈleɪʃən] s. 1 tribulação; 2 aflição; 3 sofrimento; 4 adversidade
tribunal [traɪˈbjuːnəl] s. 1 DIREITO tribunal; 2 foro; 3 assento de juiz/magistrado ❖ ~ *of inquiry* comissão de inquérito; *the ~ of conscience* o tribunal da consciência; *the Hague Tribunal* o Tribunal Internacional de Haia
tribunate [ˈtrɪbjʊnɪt] s. 1 tribunado; 2 cargo de tribuno; 3 tempo durante o qual um tribuno exerce o seu cargo
tribune [ˈtrɪbjuːn] s. 1 tribuno, antigo magistrado romano; 2 tribuna; 3 trono episcopal em basílica; 4 tribuna de orador; 5 púlpito
tribuneship [ˈtrɪbjuːnʃɪp] s. tribunado (na antiga Roma)
tribunitian [ˌtrɪbjuːˈnɪʃən] adj. tribunício

tributary [ˈtrɪbjʊtərɪ, ˈtrɪbjʊterɪ] Ⓐ *adj.* 1 tributário; 2 que paga tributo; 3 (rio) afluente Ⓑ *s.* (*pl.* **-ies**) 1 (rio) afluente; 2 tributário, estado tributário

tribute [ˈtrɪbjuːt] *s.* 1 tributo, homenagem; *floral tributes* flores oferecidas como homenagem; *to pay a ~ to sb* prestar homenagem a alguém; 2 HISTÓRIA contribuição, imposto, tributo; *to lay under ~* impor tributo a

tricapsular [traɪˈkæpsjʊlə] *adj.* BIOLOGIA tricapsular, que tem três cápsulas

tricarpous [traɪˈkɑːpəs] *adj.* BOTÂNICA com três carpelos

trice [traɪs] Ⓐ *s.* momento, instante Ⓑ *v.tr.* NÁUTICA alar, içar, suspender; *to ~ up a sail* içar uma vela ❖ *in a ~* num abrir e fechar de olhos

tricennial [traɪˈsenɪəl] *adj.* DIREITO tricenal

tricentenary [traɪsənˈtiːnərɪ] *adj.,s.* tricentenário

tricentennial [ˌtraɪsənˈtenɪəl] *adj.,s.* ⇒ **tricentenary**

tricephalic [ˌtraɪsɪˈfælɪk] *adj.* tricefálico

tricephalous [traɪˈsefələs] *adj.* tricéfalo

tricephalus [traɪˈsefələs] *s.* tricéfalo, monstro com três cabeças

triceps [ˈtraɪseps] *s.* (*pl.* **-es**) ANATOMIA tricípite

trichiasis [trɪˈkaɪəsɪs] *s.* MEDICINA triquíase

trichina [trɪˈkaɪnə] *s.* (*pl.* **-ae**) ZOOLOGIA triquina

trichinosed [ˈtrɪkɪnəʊzd] *adj.* MEDICINA atacado pela triquinose

trichinosis [ˌtrɪkɪˈnəʊsɪs] *s.* MEDICINA triquinose

trichinous [ˈtrɪkɪnəs] *adj.* triquinado

trichite [ˈtrɪkaɪt] *s.* MINERALOGIA triquite

trichiura [ˌtrɪkɪˈjʊərə] *s.* ZOOLOGIA triquiúra

trichiurus [ˌtrɪkɪˈjʊərəs] *s.* ZOOLOGIA triquiúro, peixe-espada-lírio

trichocephalus [ˌtrɪkəʊˈsefələs] *s.* ZOOLOGIA tricocéfalo

trichology [trɪˈkɒlədʒɪ] *s.* tricologia, tratado acerca dos cabelos ou pêlos

trichoma [trɪˈkəʊmə] *s.* MEDICINA tricoma

trichome [ˈtraɪkəʊm] *s.* BOTÂNICA tricoma

trichord [ˈtraɪkɔːd] Ⓐ *adj.* tricorde Ⓑ *s.* MÚSICA tricórdio; instrumento tricorde

trichosis [trɪˈkəʊsɪs] *s.* MEDICINA tricose

trichotomous [trɪˈkɒtəməs] *adj.* tricótomo

trichotomy [trɪˈkɒtəmɪ] *s.* tricotomia

trichromatic [ˌtraɪkrəʊˈmætɪk] *adj.* tricromático

tricing [ˈtraɪsɪŋ] *s.* acto de içar, de suspender

trick [trɪk] Ⓐ *s.* 1 truque; habilidade; *card ~* truque de cartas; *he knows all the tricks of the trade* ele conhece os truques todos do negócio; 2 artimanha; ardil; *he resorted to every ~ in order to...* ele recorreu a todas as artimanhas com o fim de...; 3 fraude, trapaça; *by a ~* fraudulentamente; *he suspected some ~* ele desconfiou de qualquer trapaça; 4 prestidigitação; *conjuring tricks* sortes de prestidigitação; 5 brincadeira, partida; *to play a ~ on sb/to serve sb a ~* pregar uma partida a alguém; 6 expediente, processo; *I know a ~ worth two of that* sei de um processo melhor que esse; 7 tique; *to have the ~ of* ter um tique de; 8 (jogos de cartas) vaza; *to take/win a ~* ganhar uma vaza; 9 NÁUTICA quarto de marinheiro ao leme; *to take one's ~ at the wheel* fazer o seu quarto ao leme Ⓑ *v.tr.,intr.* enganar; intrujar; levar; *I've been tricked* deixei-me enganar; *he has tricked me out of ten pounds* ele conseguiu levar-me em dez libras ❖ [coloq., joc., ant.] *~ cyclist* psiquiatra; *~ photography* montagem fotográfica; *~ question* pergunta com rasteira; *~ for ~* na mesma moeda; *tricks of writing* artifícios de estilo; *I shall soon get the ~ of it* dentro em pouco fico a saber isso; *slippery ~* falta de palavra; *to be full of tricks* estar cheio de malícia; *to do the ~* resultar; funcionar; [coloq.] *to turn the ~* dar resultado

➤**trick out/up** *v.tr.* adornar, enfeitar, ornamentar, ornar [**in/with**, com]

trickery [ˈtrɪkərɪ] *s.* (*pl.* **-ies**) 1 embuste, trapaça, fraude, impostura; 2 manha, astúcia

trickiness [ˈtrɪkɪnɪs] *s.* astúcia, manha, velhacaria, malandrice

tricking [ˈtrɪkɪŋ] *s.* 1 acto de enganar ou iludir; 2 impostura, fraude; 3 enfeite, ornamentação; 4 acto de ataviar ou vestir

trickish [ˈtrɪkɪʃ] *adj.* 1 enganador, ardiloso, manhoso, trapaceiro; 2 velhaco; 3 complicado, difícil

trickle [ˈtrɪkl] Ⓐ *s.* 1 (líquido) fio [**of**, de]; *there was a ~ of blood from his mouth* corria-lhe da boca um fio de sangue; 2 (pequena quantidade) gota; pingo; *a ~ of people* poucas pessoas Ⓑ *v.tr.,intr.* 1 cair em gotas, gotejar, pingar; 2 (líquido) correr (num fio); *blood trickled from his mouth* corria-lhe da boca um fio de sangue; *tears trickled down her cheeks* as lágrimas corriam-lhe pela cara abaixo; 3 fazer passar gota a gota; 4 infiltrar-se [**into**, em] ❖ (golfe) *to ~ the ball into the hole* fazer entrar a bola muito devagar no buraco

➤**trickle out** *v.intr.* 1 escorrer; 2 extravasar ❖ *the information trickled out* a informação foi-se tornando conhecida pouco a pouco

trickling [ˈtrɪklɪŋ] Ⓐ *adj.* 1 que corre gota a gota; 2 que pinga Ⓑ *s.* gotejamento

trickster [ˈtrɪkstə] *s.* trapaceiro, impostor, embusteiro, escroque, intrujão, vigarista

tricksy [ˈtrɪksɪ] *adj.* 1 malicioso, travesso; 2 esperto, brincalhão; 3 astuto, manhoso

tricky [ˈtrɪkɪ] *adj.* (*comp.* **-ier**, *superl.* **-iest**) 1 complicado, difícil, intrincado, espinhoso; *a ~ problem* um problema difícil; 2 astucioso, astuto; manhoso; 3 traçoeiro, trapaceiro, que inspira pouca confiança

triclinic [traɪˈklɪnɪk] *adj.* triclínico

triclinium [traɪˈklɪnɪəm] *s.* (*pl.* **-ia**) triclínio

tricoccous [traɪˈkɒkəs] *adj.* BOTÂNICA tricoco

tricoline [ˈtrɪkəlɪn] *s.* (tecido de algodão parecido com seda) tricolina

tricolor [ˈtrɪkələ] Ⓐ *adj.* tricolor Ⓑ *s.* 1 tricolor, bandeira nacional francesa; 2 bandeira tricolor

tricolour [ˈtrɪkələ] Ⓐ *adj.* tricolor Ⓑ *s.* 1 tricolor, bandeira nacional francesa; 2 bandeira tricolor

tricoloured [ˈtraɪkʌləd] *adj.* tricolor

tricorn [ˈtraɪkɔːn] Ⓐ *adj.* tricorne, com três bicos ou pontas Ⓑ *s.* tricórnio, tricorne, chapéu de três bicos

tricotyledonous [ˌtraɪkɒtɪˈliːdənəs] *adj.* BOTÂNICA tricotiledóneo

tricuspid [traɪˈkʌspɪd] *adj.* ANATOMIA tricúspide

tricycle [ˈtraɪsɪkl] *s.* triciclo; *motor ~* triciclo a motor

tricyclist [ˈtraɪsɪklɪst] *s.* pessoa que anda de triciclo

tridactylous [traɪˈdæktɪləs] *adj.* ZOOLOGIA tridáctilo

trident [ˈtraɪdənt] *s.* GEOMETRIA, MITOLOGIA tridente

tridental [traɪˈdentəl] *adj.* ⇒ **tridentate**

tridentate [traɪˈdentɪt] *adj.* tridentado

Tridentine [traɪˈdentaɪn] Ⓐ *adj.* tridentino Ⓑ *s.* católico romano ❖ *the ~ Council* o Concílio de Trento

tridimensional [ˌtraɪdɪˈmenʃənəl] *adj.* tridimensional; a três dimensões

triduo [ˈtriːdʊəʊ] *s.* RELIGIÃO tríduo

triduum [ˈtrɪdjʊəm] *s.* ⇒ **triduo**

tried [traɪd] Ⓐ *prt. e part. pass. de* **to try** Ⓑ *adj.* 1 posto à prova; 2 comprovado; 3 a toda a prova; 4 (pessoa) mortificado, tiranizado, atormentado

triennial [traɪˈenɪəl] Ⓐ *adj.* 1 trienal; 2 que dura três anos; 3 que acontece de três em três anos Ⓑ *s.* 1 planta trienal; 2 terceiro aniversário; 3 missas rezadas diariamente, durante três anos, por alma de pessoa falecida

triennially [traɪˈenɪəlɪ] *adv.* de três em três anos, trienalmente

triennium [traɪˈenɪəm] *s.* (*pl.* **-ia**) triénio

trier [ˈtraɪə] *s.* 1 pessoa que tenta, experimenta ou ensaia; 2 julgador; 3 magistrado que realiza um julgamento; 4 juiz; 5 pessoa que procura sempre fazer o melhor possível; 6 [arc.] prova difícil

trierarch [ˈtraɪərɑːk] *s.* 1 trierarca, trierarco; 2 comandante de uma triere, na antiga Grécia; 3 pessoa rica obrigada a equipar e armar à sua custa uma triere

trierarchal [ˈtraɪərɑːkəl] *adj.* próprio de trierarca

trierarchy [ˈtraɪərɑːkɪ] *s.* 1 trierarquia; 2 funções de trierarca; 3 obrigação de equipar à sua custa uma triere; 4 comando de uma triere

trifacial [traɪˈfeɪʃəl] Ⓐ *adj.* ANATOMIA trifacial Ⓑ *s.* ANATOMIA nervo trigémeo

trifid [ˈtraɪfɪd] *adj.* trífido

trifle [ˈtraɪfl] Ⓐ *s.* 1 bagatela, coisa sem importância, insignificância, ninharia; *don't waste your time on trifles* não perca o tempo com ninharias; *that costs only a ~* isso custa uma ninharia; *why quarrel over a trifle?* para quê discutir por coisas sem importância?; 2 frivolidade; 3 CULINÁRIA bolo em camadas (com creme, claras de ovo, amêndoa, frutas, etc.), embebido em vinho; 4 (pequena quantidade) pouco; *a ~ of* um pouco de;

trifler

5 peltre, liga de estanho e chumbo Ⓑ *v.tr.,intr.* brincar; gracejar; *don't ~ with love* não se brinca com o amor; *he is not a man to ~ with* não é homem com quem se brinque; *to ~ with one's health* brincar com a saúde ❖ CULINÁRIA *chocolate ~* pudim de chocolate; doce de chocolate; *he does not stick at trifles* ele não olhará a meios para atingir os seus fins; *he seems a ~ angry* ele parece um tudo-nada zangado

◆**trifle away** *v.tr.* desperdiçar; *to ~ one's time on...* desperdiçar o tempo com...

trifler ['traɪflə] *s.* 1 indivíduo que passa o tempo com ninharias; 2 pessoa frívola

trifling ['traɪflɪŋ] Ⓐ *adj.* 1 frívolo, fútil; 2 insignificante, trivial; *~ error* erro insignificante; 3 sem importância; sem valor Ⓑ *s.* 1 futilidade, frivolidade; 2 trivialidade; banalidade; 3 conversa banal, gracejo banal; 4 ociosidade ❖ *it is no ~ business* não é assunto com que se brinque

triflingly ['traɪflɪŋlɪ] *adv.* 1 frivolamente, futilmente; 2 trivialmente

triflorous [traɪ'flɔːrəs] *adj.* BOTÂNICA trifloro

trifoliate [traɪ'fəʊlɪɪt] *adj.* BOTÂNICA trifoliado

trifolium [traɪ'fəʊlɪəm] *s.* BOTÂNICA trifólio, trevo

triforium [traɪ'fɔːrɪəm] *s.* (*pl.* -a) ARQUITECTURA trifório

triform ['traɪfɔːm] *adj.* triforme

trifurcate[1] [traɪ'fɜːkeɪt] Ⓐ *v.tr.* trifurcar Ⓑ *v.intr.* trifurcar-se

trifurcate[2] [traɪ'fɜːkɪt] *adj.* trifurcado

trifurcation [traɪˌfɜːˈkeɪʃən] *s.* trifurcação

trig [trɪɡ] Ⓐ *s.* 1 (roda, pipa, etc.) calço; 2 [cal.] (escola) trigonometria Ⓑ *v.tr.* (*particípios* -gg-) 1 (roda, etc.) calçar, firmar com calço; 2 escorar; 3 ajanotar, vestir com esmero Ⓒ *adj.* elegante, janota; bem-posto, bem vestido

◆**trig out** *v.tr.* esmerar-se no vestir

trigamist ['trɪɡəmɪst] *s.* trígamo

trigamous ['trɪɡəməs] *adj.* BOTÂNICA, DIREITO trígamo

trigamy ['trɪɡəmɪ] *s.* trigamia

trigeminal [traɪ'dʒemɪnəl] *adj.,s.* ANATOMIA (nervo facial) trigémeo

trigger ['trɪɡə] Ⓐ *s.* 1 (arma) gatilho; 2 (máquina) disparador; 3 [fig.] estímulo Ⓑ *v.tr.* 1 (arma) disparar; 2 activar; desencadear; pôr em marcha; 3 provocar; causar; dar origem a ❖ *~ adjustment* regulação do gatilho; *~ finger* dedo que puxa o gatilho; dedo indicador; *~ guard* guarda-mato; *~ spring* mola do gatilho; *~ of a latch* fecho de trinco; [fig.] *quick on the ~* rápido; de resposta pronta; impetuoso; vivo

◆**trigger off** *v.tr.* (reacção, revolta, etc.) desencadear; provocar

triggerfish ['trɪɡəfɪʃ] *s.* ZOOLOGIA cangulo, xaputa, peixe-porco

trigger-happy ['trɪɡəˌhæpɪ] *adj.* 1 [coloq.] ansioso por disparar; *to make sb ~* pôr alguém com vontade de puxar pelo gatilho; 2 [coloq.] que age sem pensar

trigla ['trɪɡlə] *s.* ZOOLOGIA trigla; cabaço-ruivo, santo-antónio, cabra-moira, cabra-morena

triglot ['traɪɡlɒt] Ⓐ *adj.* 1 triglota; 2 em três línguas Ⓑ *s.* triglota, pessoa que fala três línguas

triglyph ['trɪɡlɪf, 'traɪɡlɪf] *s.* ARQUITECTURA tríglifo

trigon ['traɪɡən] *s.* trígono

trigonal ['trɪɡənəl] *adj.* trigonal, triangular

trigonally ['trɪɡənəlɪ] *adv.* trigonalmente

trigone ['trɪɡəʊn, trɪ'ɡəʊn] *s.* ANATOMIA trígono

trigonella [ˌtrɪɡə'nelə] *s.* BOTÂNICA trigonela

trigonometric [ˌtrɪɡənə'metrɪk] *adj.* ⇒ **trigonometrical**

trigonometrical [ˌtrɪɡənə'metrɪkəl] *adj.* trigonométrico; *~ function* função trigonométrica; *~ proportion* proporção trigonométrica

trigonometrically [ˌtrɪɡənə'metrɪklɪ] *adv.* trigonometricamente

trigonometry [ˌtrɪɡə'nɒmətrɪ] *s.* trigonometria; *spherical ~* trigonometria esférica

trigram ['traɪɡræm] *s.* 1 trigrama; 2 trígrafo

trigraph ['traɪɡrɑːf] *s.* trígrafo

trigyn ['traɪdʒɪn] *s.* 1 BOTÂNICA planta trigina; 2 trígina

trigynia [traɪ'dʒɪnɪə] *s.pl.* BOTÂNICA trigíneas

trigynous ['trɪdʒɪnəs] *adj.* BOTÂNICA trigíneo, trígino

trihedral [traɪ'hiːdrəl] Ⓐ *adj.* triedro Ⓑ *s.* ângulo triedro

trihedron [traɪ'hiːdrən] *s.* ângulo triedro

trike [traɪk] *s.* [coloq.] triciclo

trilateral [traɪ'lætərəl] *adj.* trilateral, trilátero

trilaterally [traɪ'lætərəlɪ] *adv.* trilateralmente

trilby ['trɪlbɪ] *s.* 1 [coloq.] chapéu mole; 2 *pl.* [cal.] pés

trilinear [traɪ'lɪnɪə] *adj.* trilinear

trilingual [traɪ'lɪŋɡwəl] *adj.* trilingue

triliteral [traɪ'lɪtərəl] *adj.* trilítero, triliteral

trilith ['traɪlɪθ] *s.* 1 trilito; 2 anta

trilithon ['traɪlɪθɒn] *s.* ⇒ **trilith**

trill [trɪl] Ⓐ *s.* 1 trilo; trinado; gorjeio; 2 LINGUÍSTICA consoante rolada Ⓑ *v.tr.,intr.* 1 trinar; fazer trinados; gorjear; *the canary was trilling in its cage* o canário trinava na gaiola; 2 LINGUÍSTICA (consoante) rolar

trilling ['trɪlɪŋ] *s.* 1 trinado, gorjeio, trilado; 2 pronúncia rolada (de consoante); 3 trigémeo, cada uma de três crianças nascidas de um só parto

trillion ['trɪlɪən] *s.* 1 [GB] trilião; 2 [EUA] bilião

trilobate [traɪ'ləʊbɪt] *adj.* BOTÂNICA trilobado

trilobite ['traɪləbaɪt] *s.* trilobita, trilobite (crustáceo fóssil da era paleozóica)

trilocular [traɪ'lɒkjʊlə] *adj.* trilocular, triloculado

trilogy ['trɪlədʒɪ] *s.* (*pl.* -ies) trilogia

trim [trɪm] Ⓐ *s.* 1 bom estado; boas condições; 2 (pessoa) forma; *to be in ~* estar em boa forma; *to be out of ~* não estar em forma; *to get into ~* pôr-se em forma; 3 compostura; 4 ordem; *everything was in good ~* estava tudo em ordem; *to put in good ~* pôr em ordem, arrumar; 5 NÁUTICA condição de navegabilidade; 6 NÁUTICA (navio) equilíbrio; 7 NÁUTICA mareação das velas; 8 NÁUTICA estiva, arrumação da primeira porção de carga; 9 equilíbrio longitudinal; 10 (cabelo) corte; 11 indumentária, traje; 12 garbo Ⓑ *adj.* (*particípios* -mm-) 1 elegante, bem vestido, esmerado; 2 asseado; limpo; 3 em boas condições; 4 bem arranjado, bem disposto, arrumado; 5 bem acondicionado Ⓒ *v.tr.,intr.* 1 arranjar; *to ~ one's nails* arranjar as unhas; 2 pôr em ordem; organizar; 3 aparar; podar; *to ~ a hedge* aparar uma sebe; 4 (barba, cabelo) espontar; aparar; desbastar; *to have one's beard trimmed* mandar aparar a barba; 5 aplainar; 6 avivar; espevitar; *to ~ the wick of a lamp* espevitar o pavio de uma lâmpada; 7 decorar, enfeitar, guarnecer, ornamentar; *her hat was trimmed with flowers* o chapéu dela estava enfeitado com flores; *to ~ with lace* enfeitar com renda; 8 NÁUTICA equilibrar, dispondo convenientemente a carga; *to ~ a boat* equilibrar a carga de um barco; *to ~ by the head* dispor convenientemente a carga, afocinhar à ré; 9 NÁUTICA (velas) ajustar, marear; *to ~ sails* marear as velas; 10 levar a melhor sobre, derrotar; 11 seguir uma posição intermédia; procurar congraçar opiniões contrárias; 12 ser oportunista; *this politician is always trimming* este político é um oportunista; 13 censurar, ralhar; 14 hesitar; tergiversar; gaguejar; 15 [coloq.] jogar com um pau de dois bicos ❖ *to ~ castings* limpar peças fundidas; [coloq.] *to ~ one's sails* economizar; limitar-se; mudar de opinião; adaptar-se por uma questão de conveniência; *to ~ sb's jacket* dar uma tareia em alguém; (cardume de peixes) *to ~ the shore* seguir junto à costa; NÁUTICA *in fighting ~* em condições de combater; NÁUTICA *ship out of ~* navio em más condições para navegar; *he is in no ~ for rough work* ele não está em condições de se dedicar a trabalhos pesados

◆**trim away/off** *v.tr.* tirar; cortar; aparar; *to trim off the burr* tirar as rebarbas

◆**trim down** Ⓐ *v.intr.* perder peso; emagrecer Ⓑ *v.tr.* (impostos) abater, cortar em

◆**trim up** *v.tr.* arranjar-se; pôr-se elegante

trimera ['trɪmərə] *s.pl.* ZOOLOGIA trímeros

trimeran ['trɪmərən] *adj.,s.* ZOOLOGIA trímero

trimerous ['trɪmərəs] *adj.* ZOOLOGIA trímero

trimester [traɪ'mestə] *s.* trimestre

trimestrial [traɪ'mestrɪəl] *adj.* trimestral, trimensal

trimeter ['trɪmɪtə] Ⓐ *s.* LITERATURA trímetro, verso de três pés Ⓑ *adj.* (verso) trímetro, composto por três pés

trimetric [traɪ'metrɪk] *adj.* 1 (verso) trímetro; 2 (cristal) trimétrico

trimetrical [traɪ'metrɪkəl] *adj.* 1 (verso) trímetro; 2 (cristal) trimétrico

trimly ['trɪmlɪ] *adv.* 1 com elegância; 2 garbosamente

trimmer ['trɪmə] *s.* 1 aquele que enfeita, embeleza ou guarnece; 2 máquina ou aparelho de podar, aparar, etc.; 3 podador; 4 podão; 5 viga mestra; 6 estivador, indivíduo que arruma e equilibra a carga nos porões; 7 oportunista, pessoa que procura agradar a campos opostos; **8** rectificador; **9** ELECTRICIDADE compensador; **10** *pl.* tesoura de aparar

trimming ['trɪmɪŋ] *s.* **1** ornamentação, enfeite; **2** *pl.* CULINÁRIA guarnição, acompanhamento; *a beefsteak and trimmings* um bife com guarnição; **3** redução; corte; diminuição; **4** NÁUTICA arrumação de carga no porão; **5** (navio, avião) equilíbrio longitudinal; **6** [ant.] censura, repreensão; **7** [ant.] tareia, sova; **8** (aparelho) rebarbador; **9** (acto) rebarbação; **10** rectificação; **11** *pl.* extras; **12** *pl.* ganhos ilícitos; **13** *pl.* aparas, limalha, sobras ❖ *~ joist* cadeia; *~ machine* rebarbador; *máquina de rebarbar*; *~ press* prensa de rebarbação; *~ shovel* pá para estivar carvão; *the truth without trimmings* a pura verdade

trimness ['trɪmnɪs] *s.* **1** asseio, alinho; **2** elegância; **3** limpeza; **4** aparência agradável

trimorph ['traɪmɔːf] *s.* substância trimorfa

trimorphic [traɪ'mɔːfɪk] *adj.* trimorfo

trimorphism [traɪ'mɔːfɪzəm] *s.* trimorfismo

trimorphous [traɪ'mɔːfəs] *adj.* trimorfo

trine [traɪn] Ⓐ *adj.* **1** tríplice, trino; **2** ASTRONOMIA em trígono Ⓑ *s.* ASTRONOMIA trígono; aspecto de dois planetas distantes um do outro 120°

trinervate [traɪ'nɜːvɪt] *adj.* BOTÂNICA trinérveo, trinervado

tringa ['trɪŋɡə] *s.* **1** ZOOLOGIA tringa; **2** perna-vermelha; **3** chalreta, sanheiro, maçarico; **4** areeiro, grim-grim, pássaro bique-bique; **5** rolinha-do-mar

tringle ['trɪŋɡl] *s.* **1** ARQUITECTURA moldura quadrada; **2** varão superior de cortina

Trinidad and Tobago [ˌtrɪnɪdædəntəˈbeɪɡəʊ] *s.top.* Trinidad e Tobago

Trinitarian [ˌtrɪnɪˈtɛərɪən] *s.* **1** trinitário, frade trinitário; **2** RELIGIÃO trinitário

Trinitarianism [ˌtrɪnɪˈtɛərɪənɪzəm] *s.* RELIGIÃO trinitarismo, trinitarianismo

trinitrate [traɪˈnaɪtrɪt] *s.* QUÍMICA trinitrato

trinitrated [traɪnaɪˈtreɪtɪd] *adj.* QUÍMICA trinitrado

trinitrocellulose [traɪˌnaɪtrəʊˈseljʊləʊz] *s.* **1** algodão-pólvora; **2** nitrocelulose

trinitrotoluene [traɪˌnaɪtrəʊˈtɒljuːiːn] *s.* trinitrotolueno, trolito, tolita

trinitrotoluol [traɪˌnaɪtrəʊˈtɒljʊɒl] *s.* ⇒ **trinitrotoluene**

trinity ['trɪnɪtɪ] *s.* (*pl.* -**ies**) trindade; grupo de três

Trinity ['trɪnɪtɪ] *s.* RELIGIÃO Trindade; *the Holy ~* a Santíssima Trindade ❖ RELIGIÃO *~ Sunday* primeiro domingo depois do Pentecostes, consagrado à festa da Santíssima Trindade; (escola) *~ Term* trimestre de Verão

trinket ['trɪŋkɪt] *s.* **1** jóia de pequeno valor; **2** pequeno adorno de joalharia; **3** berloque, bugiganga; **4** pequeno artigo de fantasia; **5** ninharia, bagatela

trinketry ['trɪŋkɪtrɪ] *s.* bugigangas, berloques

trinomial [traɪˈnəʊmɪəl] Ⓐ *s.* trinómio, polinómio de três termos Ⓑ *adj.* **1** trinómio; **2** que tem três termos

trio ['triːəʊ] *s.* (*pl.* -**s**) trio

triode ['traɪəʊd] Ⓐ *s.* ELECTRICIDADE tríodo, lâmpada com três eléctrodos Ⓑ *adj.* ELECTRICIDADE com três eléctrodos

triolet ['triːəʊlet] *s.* triolé, estrofe de oito versos, na qual o primeiro rima com o terceiro, quarto, quinto e sétimo, e o segundo com o sexto e com o oitavo

trional ['traɪəʊnəl] *s.* QUÍMICA trional

trioxide [ˌtraɪˈɒksaɪd] *s.* QUÍMICA trióxido

trip [trɪp] Ⓐ *s.* **1** viagem; *have a nice trip!* boa viagem!; *honeymoon ~* viagem de núpcias; *to go for a ~/to make a ~* fazer uma viagem; **2** excursão; passeio; *a weekend ~* uma excursão de fim-de-semana; *cheap ~* excursão barata; **3** andar rápido; *I knew him by his ~* reconheci-o pelo andar rápido; **4** tropeção; **5** deslize, erro, engano, falta; **6** MECÂNICA desengate, disparo; **7** [coloq.] (escola) ⇒ **tripos**; **8** [coloq.] (drogas) experiência excitante e intensa; **10** [coloq.] interesse obsessivo e passageiro Ⓑ *v.tr.,intr.* (*particípios*: **-pp-**) **1** tropeçar; fazer tropeçar; *to ~ over a root* tropeçar numa raiz; **2** andar, correr ou dançar com passos rápidos; *to ~ along* caminhar com passos miúdos e rápidos; *to ~ away* afastar-se com um passo rápido; **3** rastear; *to ~ a player in soccer* rasteirar um jogador no futebol; **4** (pessoa) apanhar em falta; *I caught him tripping* apanhei-o em falta; **5** MECÂNICA desengatar, disparar; **6** NÁUTICA desancorar; **7** NÁUTICA mudar para a posição vertical uma verga que estava na horizontal; **8** [coloq.] (drogas) estar com uma pedrada; **9** [arc.] passear; *~ of goats* rebanho de cabras ❖ MECÂNICA *to ~ in* engatar; embraiar

◆**trip up** Ⓐ *v.tr.* **1** passar rasteira a; *to trip sb up* passar uma rasteira a alguém; **2** (pessoa) levar a contradizer-se; *the lawyer tripped the witness up* o advogado levou a testemunha a contradizer-se Ⓑ *v.intr.* **1** tropeçar; **2** enganar-se

tripartite [traɪˈpɑːtaɪt] *adj.* **1** tripartido; *~ agreement* acordo tripartido; **2** triplo, tríplice ❖ DIREITO *~ indenture* contrato em triplicado

tripartition [ˌtraɪpɑːˈtɪʃən] *s.* tripartição

tripe [traɪp] *s.* **1** CULINÁRIA tripas, dobrada; **2** [coloq.] disparate; tolice; porcaria; *that's all ~* isso são só asneiras

tripeman ['traɪpmən] *s.* (*pl.* -**men**) vendedor de tripas

tripery ['traɪpərɪ] *s.* **1** triparia; **2** venda e comércio de tripas

tripetalous [traɪˈpetələs] *adj.* BOTÂNICA tripétalo

triphammer ['trɪphæmə] *s.* (ferramenta) martinete

triphase ['traɪfeɪz] *adj.* ELECTRICIDADE trifásico; *~ current* corrente trifásica

triphthong ['trɪfθɒŋ] *s.* tritongo

triphyllous [traɪˈfɪləs] *adj.* BOTÂNICA trifilo

tripinnate [traɪˈpɪnɪt] *adj.* BOTÂNICA tripenado

triplane ['traɪpleɪn] *s.* AERONÁUTICA triplano

triple ['trɪpl] Ⓐ *adj.* **1** triplo; *~ action* acção tripla, triplo efeito; *~ salt* sal triplo; *~ star* estrela tripla; **2** tríplice; *~ riveting* rebitagem tríplice Ⓑ *v.tr.,intr.* triplicar ❖ *~ crown* tiara pontifícia; DESPORTO *~ jump* triplo salto; DESPORTO *~ jumper* atleta de triplo salto; MÚSICA *~ time/measure* compasso ternário; *the Triple Alliance* a Tríplice Aliança

triplet ['trɪplɪt] *s.* **1** (grupo de três) trio, terno; **2** LITERATURA terceto, grupo de três versos; **3** MÚSICA terceto, grupo de três notas com o valor de duas; **4** NÁUTICA série de três elos entre a âncora e o cabo; **5** [coloq.] trigémeo; *to give birth to triplets* ter trigémeos

triplex ['trɪpleks] *s.* **1** MÚSICA composição em três partes; **2** compasso ternário; **3** vidro inquebrável

triplicate[1] ['trɪplɪkeɪt] *v.tr.* **1** triplicar, multiplicar por três; **2** redigir em triplicado

triplicate[2] ['trɪplɪkɪt] Ⓐ *adj.* **1** triplo; triplicado; *in ~* em triplicado; **2** tríplice Ⓑ *s.* triplicado; triplicata

triplication [ˌtrɪplɪˈkeɪʃən] *s.* **1** triplicação; **2** redacção em triplicado

triplicity [trɪˈplɪsɪtɪ] *s.* (*pl.* -**ies**) **1** triplicidade; **2** ASTRONOMIA trígono

tripling ['trɪplɪŋ] *s.* **1** acto de triplicar; **2** (cristalografia) grupo de três cristais

tripod ['traɪpɒd] *s.* tripé; tripeça; trípode; *adjustable ~* tripé extensível ❖ *~ jacket* macaco de tripé

tripodal ['trɪpədəl] *adj.* com três pés

tripoli ['trɪpəlɪ] *s.* GEOLOGIA trípoli

Tripoli ['trɪpəlɪ] *s.top.* Trípoli

Tripolitan [trɪˈpɒlɪtən] Ⓐ *adj.* tripolitano, tripolino; relativo à Tripolitânia ou a Trípoli Ⓑ *s.* tripolitano

tripos ['traɪpɒs] *s.* **1** (Cambridge) exame universitário para o grau de bacharel com distinção; **2** lista dos candidatos que realizaram esse exame

tripper ['trɪpə] *s.* **1** turista, excursionista; **2** pessoa que anda com passos miúdos e rápidos

trippery ['trɪpərɪ] *adj.* [coloq.] cheio de turistas e excursionistas

tripping ['trɪpɪŋ] Ⓐ *adj.* **1** (passo) leve, rápido; **2** saltitante; **3** que comete qualquer falta ou deslize Ⓑ *s.* **1** passeio, excursão; **2** acto de andar com passos miúdos e rápidos; **3** lapso, engano, erro; **4** tropeção, passo em falso; **5** NÁUTICA acto de arrancar a âncora do fundo; **6** MECÂNICA desengate

trippingly ['trɪpɪŋlɪ] *adv.* **1** com passo leve e rápido; agilmente; **2** de maneira seguida; **3** fluentemente; correntemente; **4** sem dificuldade; **5** sem hesitação

triptych ['trɪptɪk] *s.* ARTES PLÁSTICAS tríptico

triptyque ['trɪptɪk] *s.* tríptico, documento que permite passar com os automóveis nas fronteiras

tripudiate [traɪˈpjuːdɪeɪt] *v.tr.* exultar, dançar de alegria, tripudiar

triquetrous [traɪˈkwiːtrəs] *adj.* tríquetro, que tem três ângulos

trireme ['traɪriːm] *s.* **1** trirreme, antiga galera com três ordens de remos; **2** triere

trisect [traɪ'sɛkt] v.tr. 1 trissecar, trissectar, dividir em três partes iguais; 2 dividir (um ângulo) em três partes iguais
trisecting [traɪ'sɛktɪŋ] Ⓐ adj. trissector Ⓑ s. trissecção
trisection [traɪ'sɛkʃən] s. trissecção
trisector [traɪ'sɛktə] s. trissector
trisepalous [traɪ'sɛpələs] adj. BOTÂNICA trissépalo
trismus ['trɪzməs] s. MEDICINA trismo
trisomy ['traɪsəmɪ] s. MEDICINA trissomia
trispermous [traɪ'spɜːməs] adj. BOTÂNICA trispermo, trispérmico
Tristan ['trɪstæn] s.antr. Tristão
tristful ['trɪstfʊl] adj. [arc.] triste
tristichous ['trɪstɪkəs] adj. BOTÂNICA trístico, disposto em três ordens
Tristram ['trɪstrəm] s. MITOLOGIA (herói das lendas célticas) Tristão ❖ LITERATURA ~ *and Iseult* Tristão e Isolda
trisulcate [traɪ'sʌlkɪt] adj. 1 ZOOLOGIA trissulco, trissulcado; 2 trífido
trisulphide [traɪ'sʌlfaɪd] s. QUÍMICA trissulfeto
trisyllabic [traɪsɪ'læbɪk] adj. trissilábico
trisyllabically [traɪsɪ'læbɪkəlɪ] adv. trissilabicamente
trisyllable [,traɪ'sɪləbəl] s. trissílabo
trite [traɪt] adj. 1 banal, trivial, vulgar; *a ~ idea* uma ideia banal; *a ~ remark* uma banalidade; 2 corriqueiro; velho, usado, gasto
tritely ['traɪtlɪ] adv. de maneira banal, de modo vulgar, corriqueiramente
triteness ['traɪtnɪs] s. banalidade, trivialidade, vulgaridade
tritheism ['traɪθiːɪzəm] s. RELIGIÃO triteísmo
tritheist ['traɪθiːɪst] s. RELIGIÃO triteísta
triton ['traɪtɒn] s. ZOOLOGIA tritão, salamandra-dos-poços
Triton ['traɪtən] s. MITOLOGIA Tritão ❖ *to be a ~ among the minnows* eclipsar os demais; ter olho no meio de cegos
tritone ['traɪtəʊn] s. MÚSICA trítono, intervalo de três tons
tritoxide [traɪ'tɒksaɪd] s. QUÍMICA tritóxido, trióxido
triturate ['trɪtʃʊreɪt] v.tr. 1 triturar, reduzir a pó; 2 esmagar
triturating ['trɪtʃʊreɪtɪŋ] s. trituração
trituration [,trɪtʃʊ'reɪʃən] s. trituração
triturator ['trɪtʃʊreɪtə] s. triturador, máquina trituradora
triumph ['traɪəmf] Ⓐ s. 1 triunfo; vitória; *a shout of ~* um grito de triunfo; *in ~* em triunfo; *to achieve great triumphs* alcançar grandes triunfos; 2 êxito; sucesso; 3 regozijo, júbilo; 4 marcha triunfal Ⓑ v.intr. 1 triunfar [**over**, sobre]; alcançar a vitória [**over**, sobre]; 2 ser bem sucedido; 3 rejubilar; exultar; 4 cantar vitória ❖ [coloq.] *her hat is a ~ of ugliness* o chapéu dela é um colosso de fealdade; *to return home in ~* regressar em glória
triumphal [traɪ'ʌmfəl] adj. triunfal; *~ car* carro triunfal ❖ *~ arch* arco do triunfo
triumphant [traɪ'ʌmfənt] adj. 1 triunfante; vitorioso; *to emerge ~* sair vitorioso; 2 bem sucedido; 3 jubiloso, exultante; contente ❖ RELIGIÃO *the Church Triumphant* a Igreja triunfante
triumphantly [traɪ'ʌmfəntlɪ] adv. 1 triunfantemente; 2 vitoriosamente; 3 com ar de triunfo; 4 exultantemente
triumpher ['traɪəmfə] s. 1 triunfador; 2 vencedor
triumvir [traɪ'ʌmvɜː] s. (pl. -**ri** ou -**s**) triúnviro
triumviral [traɪ'ʌmvɪrəl] adj. triunviral
triumvirate [traɪ'ʌmvɪrɪt] s. triunvirato
triune ['traɪjuːn] adj. trino e uno; três num só ❖ RELIGIÃO *Triune Godhead* divindade trina e una; Trindade
triunity [traɪ'juːnɪtɪ] s. Trindade
trivalence [traɪ'veɪləns] s. QUÍMICA trivalência
trivalent [trɪ'veɪlənt] adj. QUÍMICA trivalente
trivalve ['traɪvælv] adj. ZOOLOGIA trivalve, que tem três valvas
trivalvular [traɪ'vælvjʊlə] adj. ⇒ **trivalve**
trivet ['trɪvɪt] s. 1 (tachos, panelas, etc.) trempe; 2 grelha; 3 tripé ❖ *~ table* mesa de três pernas; [coloq.] *right as a ~* óptimo; de perfeita saúde; em boas circunstâncias
trivia ['trɪvɪə] s. 1 trivialidades, bagatelas, insignificâncias; 2 curiosidades ❖ *~ game/quiz* jogo/concurso de cultura geral
trivial ['trɪvɪəl] adj. 1 trivial, banal; *to raise ~ objections* apresentar objecções banais; 2 superficial; frívolo; 3 vulgar, de pouca importância; insignificante; 4 corriqueiro, comum, usual; 5 sem capacidade, sem qualidades morais; 6 popular, não científico; 7 (oposto a genérico) específico ❖ *~ offence* pecadilho; *the ~ round* a lide diária
triviality [,trɪvɪ'ælɪtɪ] s. (pl. -**ies**) 1 trivialidade; 2 banalidade; 3 vulgaridade; 4 insignificância; 5 superficialidade

trivialize ['trɪvɪəlaɪz] v.tr. banalizar, trivializar
trivially ['trɪvɪəlɪ] adv. trivialmente, banalmente, de maneira vulgar, corriqueiramente
trivium ['trɪvɪəm] s. (pl. -**a**) trívio, as primeiras três artes liberais nas escolas da Idade Média (gramática, dialéctica, retórica)
triweekly [traɪ'wiːklɪ] Ⓐ adj. 1 trissemanal; 2 três vezes por semana; 3 de três em três semanas Ⓑ adv. 1 trissemanalmente; 2 três vezes por semana; 3 de três em três semanas
troat [trəʊt] Ⓐ s. bramido do veado Ⓑ v.intr. (veado) bramir
troating ['trəʊtɪŋ] s. (veado) acto de bramir
trocar ['trəʊkɑː] s. CIRURGIA trocarte
trochaic [trəʊ'keɪɪk] Ⓐ adj. LITERATURA trocaico, composto de troqueus Ⓑ s. LITERATURA trocaico, verso trocaico
trochal ['trəʊkəl] adj. 1 trocóide, trocóideo; 2 semelhante a roda; rotiforme
trochanter [trəʊ'kæntə] s. ANATOMIA, ZOOLOGIA trocânter; *the great ~* o grande trocânter; *the lesser ~* o pequeno trocânter, o trocantino
trochanteric [,trɒkən'tɛrɪk] adj. ANATOMIA trocanteriano
troche [trəʊʃ] s. FARMÁCIA trocisco
trochee ['trəʊkiː] s. 1 LITERATURA troqueu, pé métrico composto de uma sílaba longa e de outra breve; 2 FARMÁCIA ⇒ **troche**
trochilus ['trɒkɪləs] s. 1 ZOOLOGIA tróquilo; 2 pequeno-rubi; 3 ARQUITECTURA tróquilo, moldura côncava
trochlea ['trɒklɪə] s. (pl. -**ae**) ANATOMIA tróclea
trochlear ['trɒklɪə] adj. ANATOMIA troclear; relativo a tróclea
trochoid ['trəʊkɔɪd] Ⓐ adj. 1 ANATOMIA trocóide; 2 GEOMETRIA ciclóide Ⓑ s. 1 ANATOMIA articulação trocóide; 2 GEOMETRIA trocóide, ciclóide
trochoidal [trəʊ'kɔɪdəl] adj. ANATOMIA, GEOMETRIA trocoidal, trocóide
trod [trɒd] prt. de **to tread**
trodden ['trɒdn] adj. {part. pass. de **to tread**} batido, trilhado; *to follow the ~ path* seguir o caminho batido
trog [trɒg] v.intr. (prt. e part. pass. -**gg**-) [coloq.] andar pesadamente, arrastar-se
troglodyte ['trɒglədaɪt] s. 1 troglodita; 2 habitante das cavernas; 3 [fig.] eremita, anacoreta; 4 ZOOLOGIA carriça, carriço, esconderijeira; 5 variedade de chimpanzé
troglodytic [,trɒglə'dɪtɪk] adj. troglodítico
troglodytical [,trɒglə'dɪtɪkəl] adj. troglodítico
Trojan ['trəʊdʒən] Ⓐ adj. troiano; relativo a Tróia Ⓑ s. 1 troiano; 2 [fig.] (pessoa) batalhador; esforçado ❖ *the ~ horse* o cavalo de Tróia; *the ~ War* a guerra de Tróia; *to fight like a ~* combater valentemente
troll [trəʊl, trɒl] Ⓐ s. 1 (canção) espécie de rondó; 2 linha usada na pesca à corrica; 3 MITOLOGIA (Escandinávia) trol, duende travesso Ⓑ v.tr.,intr. 1 cantar em rondó; 2 cantar alegremente, cantarolar descuidadamente; *to ~ forth a tune* cantar alegremente uma canção; 3 pescar à linha; corricar, pescar à corrica; 4 [arc.] passar (garrafa) em torno da mesa
troller ['trəʊlə, 'trɒlə] s. pescador que pesca à corrica
trolley ['trɒlɪ] s. 1 carrinho; *luggage ~* carrinho para transporte de bagagem; 2 carrinho de compras; 3 vagoneta; 4 [EUA, Can.] (transporte de comida) mesinha de rodas; *tea ~* mesinha de chá; 5 (hospital) cama com rodas; 6 [EUA] eléctrico; 7 (carro eléctrico) trólei ❖ [coloq.] *to be off your ~* não ter os parafusos todos
trolleybus ['trɒlɪbʌs] s. troleicarro
trolling ['trɒlɪŋ, 'trəʊlɪŋ] s. pesca à corrica ❖ *~ rod* cana para a pesca à corrica
trollop ['trɒləp] s.f. 1 (ofensivo) prostituta; 2 (ofensivo) mulher desleixada, mulher desmazelada
trolly ['trɒlɪ] s. ⇒ **trolley**
trombone [trɒm'bəʊn] s. MÚSICA trombone
trombonist [trɒm'bəʊnɪst] s. MÚSICA trombonista, tocador de trombone
trommel ['trɒməl] s. cilindro ou tambor giratório para a limpeza de minério
troop [truːp] Ⓐ s. 1 (coisas, pessoas) multidão; magote; 2 (animais) bando; 3 MILITAR cavalaria; *to get one's ~* ser promovido a capitão de cavalaria; 4 grupo de escuteiros; 5 pl. MILITAR tropas, soldados; *he lost a third of his troops* ele perdeu um terço dos soldados; *three thousand troops* três mil soldados; *to raise troops* levantar tropas Ⓑ v.tr.,intr. 1 deslocar-se em grupo; *to ~ in* entrar em grupo; *to ~ out* sair em grupo; 2 [arc.] associar-se [**with**, a];

3 [GB] MILITAR desfilar; *to ~ along* desfilar em grupo ❖ MILITAR *~ carrier* avião de transporte de tropas; *~ horse* cavalo do exército; MILITAR *~ leader* comandante de esquadrão de cavalaria; *~ train* comboio militar; [coloq.] *that's the stuff to give the troops* isso vem mesmo a calhar; isso cai como sopa no mel; MILITAR *to ~ the colour* saudar a bandeira em cerimónia militar

trooper ['tru:pə] *s.* **1** soldado de cavalaria; soldado da polícia montada; **2** [coloq.] cavalo do exército; **3** [coloq.] pára-quedista, soldado pára-quedista; **4** navio de transporte de tropas; **5** TEATRO elemento de grupo de comediantes ❖ *to swear like a ~* praguejar como um carroceiro

troopial ['tru:pɪəl] *s.* ZOOLOGIA (ave) íctero

trooping ['tru:pɪŋ] *s.* **1** agrupamento; **2** junção; **3** MILITAR convocação de tropas ❖ *~ in* entrada em grupo; entrada em tropel; *~ out* saída em grupo; MILITAR (cerimónia) *~ the colours* saudação à bandeira

troopship ['tru:pʃɪp] *s.* MILITAR navio para o transporte de tropas

Tropaeolaceae [ˌtrəʊpɪəʊˈleɪsɪiː] *s.pl.* BOTÂNICA Tropeoláceas

tropaeolum [trəʊˈpiːələm] *s.* (*pl.* **-s** ou **-a**) BOTÂNICA tropéolo

trope [trəʊp] *s.* LITERATURA, LINGUÍSTICA tropo

trophic ['trɒfɪk] *adj.* FISIOLOGIA trófico; *~ nerves* nervos tróficos

trophied ['trəʊfɪd] *adj.* com troféus, ornamentado com troféus

trophoblast ['trɒfəblæst] *s.* BIOLOGIA trofoblasto

trophology [trɒˈfɒlədʒɪ] *s.* trofologia

trophoneurosis [ˌtrɒfənjʊəˈrəʊsɪs] *s.* MEDICINA trofoneurose

trophoplasm ['trɒfəplæzəm] *s.* BIOLOGIA trofoplasma

trophy ['trəʊfɪ] *s.* (*pl.* **-ies**) **1** troféu; prémio; *to raise the ~* erguer o troféu; **2** despojo de guerra

tropic ['trɒpɪk] Ⓐ *s.* trópico; *in the tropics* nos trópicos Ⓑ *adj.* ⇒ **tropical** ❖ *~ bird* ave dos trópicos; *Tropic of Cancer* trópico de Câncer; *Tropic of Capricorn* trópico de Capricórnio

tropical ['trɒpɪkl] *adj.* **1** tropical; *~ diseases* doenças tropicais; *~ heat* calor tropical; *~ storm* tempestade tropical; **2** abrasador; **3** [fig.] apaixonado, ardente ❖ *~ year* ano trópico

tropically ['trɒpɪkəlɪ] *adv.* **1** tropicalmente; **2** metaforicamente

tropicopolitan [ˌtrɒpɪkəʊˈpɒlɪtən] Ⓐ *adj.* (animal, planta) tropical, próprio dos trópicos Ⓑ *s.* planta ou animal tropical

tropism ['trɒpɪzəm, 'trəʊpɪzəm] *s.* BIOLOGIA tropismo

tropological [ˌtrɒpəˈlɒdʒɪkəl] *adj.* tropológico; relativo à tropologia

tropologically [ˌtrɒpəˈlɒdʒɪkəlɪ] *adv.* tropologicamente

tropology [trəˈpɒlədʒɪ] *s.* tropologia

troposphere ['trɒpəsfɪə] *s.* troposfera

trossy ['trɒsɪ] *adj.* [cal.] porco, sujo

trot [trɒt] Ⓐ *s.* **1** trote; *gentle ~* trote curto; *full ~* trote largo; *to go at a ~* seguir a trote; *to put a horse to the ~* meter um cavalo a trote; *to ride a horse at a steady ~* cavalgar num trote firme; **2** (corrida) andamento/ritmo constante; **3** passo rápido e certo; **4** faina, actividade; **5** criança pequena; criança que caminha a passos incertos Ⓑ *v.tr.,intr.* (*particípios* **-tt-**) **1** trotar, seguir a trote; percorrer a trote; **2** fazer seguir a trote; **3** caminhar a passo rápido e vivo; caminhar em passo gigantesco; correr de modo constante, mas não muito depressa ❖ *to ~ a horse to death* matar um cavalo por esforço excessivo; *an old ~* uma mulher velha; *to be on the ~* andar de um lado para o outro; ter muito que fazer; *to go for a ~* ir dar uma volta rápida; [coloq.] *to have the trots* ter diarreia; *you must keep him on the ~ all day* é preciso conservá-lo ocupado todo o dia

◆**trot along** *v.intr.* seguir rapidamente, seguir a trote

◆**trot away/off** *v.tr.,intr.* **1** afastar-se rapidamente; pôr-se a andar; **2** cansar(-se) à força de andar; *we trotted him off his legs* pusemo-lo exausto à força de andar

◆**trot out** *v.tr.* **1** debitar; recitar quase automaticamente; **2** apresentar, pôr em discussão; *he trotted out the theory that no woman had a sense of humour* ele apresentou a teoria de que as mulheres não têm sentido de humor; **3** mostrar; exibir; fazer gala de; *to ~ a horse* exibir um cavalo, mostrar o trote de um cavalo; *to ~ one's knowledge* exibir os seus conhecimentos

◆**trot over/round** Ⓐ *v.intr.* **1** dar uma saltada [*to*, a]; **2** [coloq.] fazer viagens extensas Ⓑ *v.tr.* [joc.] levar de um lado para o outro; servir de guia ou cicerone a

troth [trəʊθ, trɒθ] *s.* [arc.] verdade; *in ~* em verdade, na verdade ❖ *by my ~* por minha fé; *to plight one's ~* empenhar a palavra; comprometer-se (sobretudo em contrato de casamento)

Trotskyism ['trɒtskɪɪzm] *s.* POLÍTICA trotskismo

Trotskyist ['trɒtskɪɪst] *adj.,s.* POLÍTICA trotskista

trotter ['trɒtə] *s.* **1** cavalo de trote, cavalo trotão; **2** pessoa que anda rapidamente; **3** *pl.* [joc.] pés; **4** *pl.* CULINÁRIA pé de porco ou de carneiro

trotting ['trɒtɪŋ] Ⓐ *adj.* (cavalo) trotador Ⓑ *s.* trote ❖ (relógio) *~ second hand* ponteiro dos segundos

trotyl ['trəʊtɪl] *s.* trotil, tolite, trilite, tritol

troubadour ['tru:bədʊə] *s.* trovador (lírico)

troubadourish ['tru:bədʊərɪʃ] *adj.* trovadoresco

troubadourism ['tru:bədʊərɪzəm] *s.* trovadorismo

trouble ['trʌbəl] Ⓐ *s.* **1** problema; **2** dificuldade; *money troubles* dificuldades financeiras; *to be in ~* estar em dificuldades; *to get out of ~* livrar-se de dificuldades; **3** preocupação, sofrimento; *her heart was full of ~* o coração dela estava cheio de sofrimento; *to unfold one's troubles* contar as suas preocupações; **4** sarilho; *to get into ~* meter-se em sarilhos; *to get sb into ~* meter alguém em sarilhos; **5** esforço, incómodo, trabalho; *he spared no ~ to...* não se poupou a esforços para...; *to go to the ~ of* dar-se ao incómodo de; *to put sb to ~* causar incómodo a alguém; *thank you for all the ~ you have taken to help me* obrigado por todo o trabalho que teve para me ajudar; *will it be much ~ to you to do this?* será muito incómodo para si fazer isso?; **6** discussão; conflito; **7** MEDICINA doença, perturbação; *digestive troubles* perturbações digestivas; *to have heart ~* ter perturbações cardíacas; **8** (máquina) mau funcionamento; avaria; *engine ~* avaria do motor; *I've been having ~ with my car* o meu carro não tem funcionado bem Ⓑ *v.tr.,intr.* **1** preocupar(-se); *to be troubled about sb/sth* estar preocupado com alguém/algo; **2** dar trabalho a; **3** incomodar; perturbar; *he was troubled by the news* ele ficou incomodado com a notícia; *don't ~ your head about that* não se incomode com isso; *I'm sorry to ~ you* desculpe estar a incomodar; *what troubles him is...* o que o incomoda é...; **4** atormentar, afligir; **5** dar-se ao trabalho [*to*, de] ❖ *troubles never come single* uma desgraça nunca vem só; *it is not worth the ~* não vale a pena; *thankfulness is not his ~* a gratidão não é o seu forte; [coloq.] *to ask/look for ~* andar a arranjar lenha para se queimar; [coloq.] *to have all one's ~ for nothing* trabalhar para aquecer; esforçar-se em vão; *what is the ~ now?* que é que há agora?

troubled ['trʌbəld] *adj.* **1** incomodado, perturbado; preocupado; inquieto; aflito; **2** agitado; *~ sleep* sono agitado; *to fish in ~ waters* pescar em águas agitadas

trouble-free ['trʌbəlfri:] *adj.* sem problemas; tranquilo

troublemaker ['trʌbəlmeɪkə] *s.* desordeiro; arruaceiro

troubler ['trʌblə] *s.* **1** perturbador; **2** desordeiro

troubleshoot ['trʌblʃu:t] *v.tr.,intr.* (problemas) resolver, solucionar

troubleshooter ['trʌblʃu:tə] *s.* **1** mediador, conciliador; **2** perito, especialista

troubleshooting ['trʌblʃu:tɪŋ] *s.* **1** mediação, conciliação; **2** resolução de problemas

troublesome ['trʌbləsəm] *adj.* **1** perturbador; **2** aborrecido, incómodo, maçador; *~ cough* tosse aborrecida; **3** penoso, que aflige; **4** problemático; intrincado; *~ child* criança problemática; *~ problem* problema intrincado

troublesomely ['trʌbləsəmlɪ] *adv.* **1** de maneira aborrecida; **2** perturbadoramente; **3** maçadoramente

troublesomeness ['trʌbləsəmnɪs] *s.* **1** aborrecimento, perturbação; **2** incómodo, maçada; **3** enfado; **4** carácter enfadonho ou desagradável

troubling ['trʌblɪŋ] *adj.* **1** incómodo; **2** perturbador; **3** inquietante

troublingly ['trʌblɪŋlɪ] *adv.* **1** incomodamente; **2** perturbadoramente; **3** inquietantemente

troublous ['trʌbləs] *adj.* [arc.] agitado, perturbado; *~ times* épocas agitadas

trough [trɒf] *s.* **1** (animais) gamela; **2** tina; **3** masseira; **4** caleira; **5** NÁUTICA depressão entre duas ondas; **6** ECONOMIA baixa; **7** GEOLOGIA sinclinal; **8** (meteorologia) depressão barométrica; *~ of barometric depression* linha da maior depressão barométrica

troughful ['trɒfʊl] *s.* conteúdo de uma tina, alguidar, cuba cheia, etc.

trounce [traʊns] *v.tr.* **1** infligir pesada derrota a; **2** censurar severamente; **3** [ant.] açoitar, espancar, zurzir, castigar severamente

trouncing ['traʊnsɪŋ] s. 1 derrota pesada; 2 [ant.] tareia; *to give sb a ~* dar uma tareia a alguém

troupe [truːp] s. TEATRO trupe

trouper ['truːpə] s. TEATRO membro de trupe

troupial ['truːpɪəl] s. ZOOLOGIA designação geral dos icterídeos, particularmente do joão-pinto, sofré ou corrupião

trousered ['traʊzəd] adj. 1 com calças; 2 que usa calças

trousering ['traʊzərɪŋ] s. tecido para calças

trousers ['traʊzəz] s.pl. VESTUÁRIO calças; *a pair of ~* um par de calças; *turn-up ~* calças com dobra ❖ *to be caught with one's ~ down* ser apanhado com as calças na mão

trousies ['traʊzɪz] s.pl. [coloq.] ⇒ trousers

trousseau ['truːsəʊ] s. enxoval de noiva

trout [traʊt] s. (pl. trout) ZOOLOGIA (peixe) truta ❖ *~ fishing* pesca à truta; *~ stream* ribeiro/rio com trutas; ZOOLOGIA *rainbow ~* truta-arco-íris; ZOOLOGIA *sea ~* truta-sapeira; truta-salmonada

troutlet ['traʊtlɪt] s. truta pequena

troutling ['traʊtlɪŋ] s. ⇒ troutlet

trouty ['traʊtɪ] adj. 1 com trutas; 2 abundante em trutas

trouvere [truːˈveə] s. troveiro (épico)

trove [trəʊv] s. tesouro achado, cujo dono se desconhece

trover ['trəʊvə] s. 1 DIREITO acção para restituição de coisa ilegalmente retida; 2 apropriação de coisa perdida

trow [trəʊ] v.tr. [arc.] pensar; crer, acreditar ❖ [arc.] *what ails him, I trow?* pergunto a mim mesmo o que o incomoda

trowel ['traʊəl] Ⓐ s. 1 colher de trolha/pedreiro; 2 esparavel de estucador; 3 (jardinagem) sacho para arrancar plantas Ⓑ v.tr. (particípios -ll-) 1 encher de cal; 2 aplicar argamassa em, cobrir com argamassa ❖ *to lay it on with a ~* lisonjear grosseiramente; bajular

troy [trɔɪ] s. (para ouro e prata) sistema de pesos ❖ *~ ounce* 31,103 gramas; *~ pound* 373,24 gramas

Troy [trɔɪ] s.top. Tróia ❖ *the siege of ~* o cerco de Tróia

truancy ['truːənsɪ] s. 1 vadiagem; 2 ociosidade; 3 (escola) absentismo; 4 [coloq.] gazeta

truant ['truːənt] Ⓐ adj. 1 vadio; 2 indolente; ocioso; 3 (irresponsável) malandro Ⓑ s. 1 (aluno) gazeteiro; 2 [ant.] indivíduo que foge ao trabalho, indivíduo que se ausenta indevidamente do local do trabalho Ⓒ v.intr. (escola) faltar à escola; fazer gazeta ❖ *to play ~* faltar à escola; fazer gazeta

truantry ['truːəntrɪ] s. ⇒ truancy

truce [truːs] s. 1 tréguas; 2 armistício; 3 pausa; interrupção; *let there be a ~ to that* vamos parar com isso durante algum tempo ❖ *~ bearer* parlamentário; *the flag of ~* a bandeira branca

truceless ['truːsləs] adj. sem tréguas

truck [trʌk] Ⓐ s. 1 camião; 2 (caminhos-de-ferro) vagoneta; 3 (caminhos-de-ferro) plataforma de vagão; 4 carro de mão; 5 NÁUTICA borla; 6 (skate) eixo de roda; 7 troca; comércio por troca; 8 [arc.] pagamento em géneros; 9 [coloq.] negócio; 10 COMÉRCIO mercadorias; 11 [EUA, Can.] produtos hortícolas; 12 [coloq.] bugigangas, miudezas Ⓑ v.tr.,intr. 1 transportar de camião; 2 [EUA, Can.] [coloq.] guiar um camião; 3 trocar; *to ~ sth for sth* trocar uma coisa por outra; 4 negociar; *to ~ in sth* ser negociante de determinada mercadoria; *to ~ with sb for sth* negociar em alguma coisa com alguém; 5 [coloq.] ir; andar ❖ HISTÓRIA *Truck Acts* leis de 1831 e 1870 que proibiam o pagamento em géneros aos trabalhadores; *~ dolly* carreta de mão para transporte de caixas; *~ driver* camionista; *~ garden* horta; *~ gardener* horticultor; *~ gardening* horticultura; *~ tarpaulin* oleado; toldo para camião; *~ trailer* reboque de camião; *trucks of a gun mounting* roda da carreta de canhão; *porter's luggage ~* carro para transporte de bagagens; *to have no ~ with* não querer ter nada a ver com

truckage ['trʌkɪdʒ] s. 1 frete, carreto, transporte em vagão ou camião; 2 transportes

trucker ['trʌkə] s. camionista

truckful ['trʌkfʊl] s. conteúdo de camião ou vagão cheio

trucking ['trʌkɪŋ] s. transporte em vagão ou camião

truckle ['trʌkl] Ⓐ s. 1 roda pequena; 2 queijo pequeno Ⓑ v.intr. submeter-se [**to**, a]; sujeitar-se [**to**, a] ❖ *~ bed* pequena cama dobrável

truckler ['trʌklə] s. 1 adulador, bajulador; 2 aquele que se submete; 3 indivíduo que se comporta como um escravo perante outros

truckling ['trʌklɪŋ] Ⓐ adj. 1 servil, submisso; 2 que se submete Ⓑ s. 1 submissão; 2 servilismo; 3 humilhação

trucklingly ['trʌklɪŋlɪ] adv. 1 submissamente; 2 com servilismo

truckload ['trʌkləʊd] s. (carga, quantidade) camião; *a ~ of* um camião de, um carregamento de

truckman ['trʌkmən] s. (pl. -men) motorista de camião

truculence ['trʌkjʊləns] s. 1 truculência; 2 ferocidade, crueldade; 3 selvajaria, barbaridade; 4 agressividade

truculency ['trʌkjʊlənsɪ] s. 1 truculência; 2 ferocidade, crueldade; 3 selvajaria, barbaridade; 4 agressividade

truculent ['trʌkjʊlənt] adj. 1 truculento, cruel, feroz; 2 selvagem, bárbaro; 3 agressivo

truculently ['trʌkjʊləntlɪ] adv. 1 truculentamente, cruelmente, ferozmente; 2 selvaticamente, barbaramente; 3 agressivamente

trudge [trʌdʒ] Ⓐ s. 1 caminhada difícil; 2 marcha longa e penosa; 3 estirão Ⓑ v.tr.,intr. 1 caminhar penosamente; 2 caminhar com dificuldade; 3 arrastar-se; 4 percorrer (caminho) com dificuldade; 5 nadar com o estilo de *trudgen*

trudgen ['trʌdʒən] s. movimento de braçada, na natação, com impulso normal das pernas

true [truː] Ⓐ adj. 1 de verdade; a sério; *~ friendship lasts for ever* a amizade verdadeira nunca mais acaba; *that is only too ~* isso infelizmente é bem verdade; 2 verdadeiro; *~ altitude* altitude verdadeira; *~ azimuth* azimute verdadeiro; *~ course* rumo verdadeiro; *~ horizon* horizonte verdadeiro; *~ porosity* porosidade verdadeira; 3 real; *~ centre* centro real; *~ distance* distância real; *~ power* potência real; *~ specific gravity* gravidade específica real; 4 autêntico, genuíno; *~ stress* esforço autêntico; 5 leal; *to be ~ to one's friends* ser leal aos amigos; *~ friend* amigo leal; 6 fiel; *~ copy* cópia fiel; *~ to life* fiel ao modelo; 7 certo, exacto; *to form a ~ estimate of* fazer um cálculo correcto de, fazer uma ideia exacta de; *~ to size* com as dimensões exactas; 8 legítimo; *~ heir* herdeiro legítimo; 9 MÚSICA afinado; 10 nivelado, plano; *~ ground* terreno plano Ⓑ adv. 1 verdadeiramente; 2 sinceramente; *tell me ~* diga-me sinceramente; 3 bem, precisamente; *the wheel is not running ~* a roda não está bem centrada; *to aim ~* apontar bem; 4 sem variação do tipo ancestral; *to breed ~* criar sem variação do tipo ancestral Ⓒ v.tr. ajustar, afinar; *to ~ a wheel* ajustar uma roda Ⓓ s. 1 alinhamento; 2 verdade absoluta ❖ [EUA] DIREITO *~ bill* acusação justificada; *~ blue* fiel a uma causa ou ideia; BOTÂNICA *~ cedar* cedro; ANATOMIA *~ ribs* costelas verdadeiras; *to be ~ to life* ser realista, (sonho) *to come ~* concretizar-se

true-born ['truːbɔːn] adj. por nascimento; autêntico; de gema; *a ~ Englishman* um inglês de gema

true-bred ['truːbred] adj. de raça; *a ~ dog* um cão de raça

true-hearted ['truːhɑːtɪd] adj. leal, sincero

truelove ['truːlʌv] s. amor, pessoa amada ❖ *~ knot* símbolo da fidelidade

trueness ['truːnɪs] s. 1 veracidade, verdade; 2 exactidão; 3 lealdade, sinceridade; 4 fidelidade

truer-up ['truːərʌp] s. indivíduo que ajusta, desempena ou rectifica

truffle ['trʌfl] s. 1 BOTÂNICA trufa; 2 (bombom) trufa ❖ *~ grower* truficultor; *~ growing* truficultura

truffled ['trʌfəld] adj. recheado ou condimentado com trufas

trug [trʌg] s. 1 cesto feito de tiras de madeira empregado em jardins; 2 balde de madeira para leite

truing ['truːɪŋ] s. 1 endireitamento; 2 ajuste; 3 desempeno; 4 rectificação

truism ['truːɪzəm] s. 1 truísmo; 2 banalidade

truistic [truːˈɪstɪk] adj. 1 banal; 2 truístico

trull [trʌl] s. [arc.] prostituta, meretriz

truly ['truːlɪ] adv. 1 verdadeiramente; autenticamente; *a courageous act* um acto verdadeiramente corajoso; *to be ~ grateful* estar verdadeiramente reconhecido; 2 sinceramente; *to speak ~* falar sinceramente; 3 fielmente; lealmente; 4 realmente, de facto, na verdade ❖ [joc.] *that won't do for yours ~* essa comigo não pega, aqui o teu amiguinho não vai nessa; (encerramento de carta formal) *yours (very) ~* com a maior consideração; atentamente; respeitosamente

trump [trʌmp] Ⓐ s. 1 (jogos de cartas) trunfo; naipe de trunfo; 2 [coloq.] boa pessoa, indivíduo sempre pronto a ajudar os outros; 3 [arc., poét.] trombeta; *the last ~/the ~ of doom* a trombeta do

Juízo Final Ⓑ *v.tr.,intr.* **1** (jogos de cartas) trunfar, jogar trunfo; cortar com trunfo; **2** [rar.] apregoar ao som de trombeta ❖ **~ card** trunfo; argumento decisivo; (jogos de cartas) *a call for trumps* sinal convencional a pedir trunfo; *to have a ~ up one's sleeve* ter um trunfo na manga; *to play one's ~ card* jogar os seus trunfos; lançar os seus trunfos na questão; *to put sb to his trumps* reduzir alguém aos seus últimos recursos; *to ~ sb's ace* fazer ainda melhor do que alguém; *to turn up trumps* ter sorte; ser uma boa surpresa; salvar a honra do convento

◆**trump up** *v.tr.* inventar; forjar; arranjar; *to ~ an excuse* arranjar uma desculpa

trumpery ['trʌmpərɪ] Ⓐ *adj.* (*pl.* -**ies**) **1** vistoso mas sem valor; *~ furniture* mobília vistosa mas sem valor; **2** falso; ilusório; **3** superficial; **4** ridículo, insignificante Ⓑ *s.* **1** coisa vistosa mas de pouco valor; **2** jóias de imitação; bijuteria; **3** ouropel; **4** pacotilha; **5** refugo, entulho, coisas sem préstimo; **6** disparate, baboseira ❖ **~ jewels** jóias de imitação

trumpet ['trʌmpɪt] Ⓐ *s.* **1** MÚSICA trombeta, trompete; **2** MÚSICA (registo de órgão) corneta; **3** MEDICINA (aparelho) corneta acústica; **4** objecto em forma de trombeta; **5** (elefante) barrido, barrito Ⓑ *v.tr.,intr.* **1** tocar trombeta; **2** anunciar aos quatro ventos; **3** gabar-se de; **4** (elefante) barrir ❖ **~ blast** toque de trombeta; **~ call** apelo; chamamento urgente; BOTÂNICA **~ creeper/flower** jasmim-da-virgínia; BOTÂNICA **~ honeysuckle** madressilva norte-americana; **~ player** trompetista; *to blow one's own ~* gabar-se; vangloriar-se

trumpeter ['trʌmpɪtə] *s.* **1** MÚSICA trompetista, trombetista; **2** MILITAR corneteiro; **3** pregoeiro, propagandista, proclamador; **4** ZOOLOGIA (ave pernalta da América do Sul) jacami, jacamim, agami, trombeta, trombeteiro; **5** [EUA] variedade de cisne selvagem; **6** variedade de pombo doméstico

trumpetfish ['trʌmpɪtfɪʃ] *s.* ZOOLOGIA trombeiro

trumpeting ['trʌmpɪtɪŋ] *s.* **1** toque de trombeta ou corneta; **2** barrido (de elefante)

truncal ['trʌŋkəl] *adj.* ANATOMIA relativo ao tronco

truncate ['trʌŋkeɪt] Ⓐ *adj.* **1** truncado; **2** cortado; **3** mutilado Ⓑ *v.tr.* **1** truncar; **2** cortar por um plano secante; **3** mutilar

truncated ['trʌŋkeɪtɪd] *adj.* ⇒ **truncate** Ⓐ ❖ **~ cone** tronco de cone

truncation [trʌŋ'keɪʃən] *s.* **1** truncamento; **2** acto ou efeito de truncar

truncheon ['trʌntʃən] Ⓐ *s.* **1** espécie de moca curta usada pelos polícias; **2** bastão usado como insígnia Ⓑ *v.tr.* **1** agredir com moca ou cacete; **2** dar mocadas

trundle ['trʌndl] Ⓐ *s.* **1** (móvel) rodízio; **2** (carro) zorra Ⓑ *v.tr.,intr.* **1** fazer rodar; **2** [arc.] girar, rodar ❖ **~ bed** cama de rodízios; NÁUTICA **~ head** chapéu inferior de duplo cabrestante

trundler ['trʌndlə] *s.* [cal.] (críquete) aquele que bola

trunk [trʌŋk] *s.* **1** (animal, árvore, homem) tronco; **2** arca, baú; **3** [EUA] bagageira, mala; **4** (elefante) tromba; **5** (estrutura) parte principal; **6** ANATOMIA (vaso sanguíneo) canal principal; **7** NÁUTICA escotilha; **8** (ventilação, etc.) conduta; **9** ARQUITECTURA (coluna) fuste; **10** *pl.* VESTUÁRIO calções de banho ❖ **~ call** chamada de longa distância; **~ drawers** ceroulas até ao joelho; (ginástica) **~ exercise** rotação e flexão do tronco; **~ hose** calções largos usados no séc. XVI; **~ lid** tampa da arca; **~ light** luz da mala; **~ line** linha telefónica interurbana, linha principal; **~ road** estrada principal; **~ telephone service** serviço telefónico interurbano

trunkful ['trʌŋkfʊl] *s.* conteúdo de uma mala cheia

trunking ['trʌŋkɪŋ] *s.* separação (de minério)

trunnion ['trʌnɪən] *s.* munhão ❖ **~ pipe** tubo do munhão; **~ ring** reforço do munhão; braçadeira de munhão

trunnioned ['trʌnɪənd] *adj.* **1** com moentes; **2** com munhões

truss [trʌs] Ⓐ *s.* (*pl.* -**es**) **1** (telhado) asna; **2** (feno, etc.) fardo; feixe; molho; **3** (fruta) cacho; **4** (flores) tufo; **5** MEDICINA (hérnia) funda; **6** NÁUTICA braçadeira de verga de papa-figo Ⓑ *v.tr.* **1** (construção) reforçar; sustentar; **2** amarrar, atar; **3** CULINÁRIA (frango, etc.) atar as asas e coxas; **4** MEDICINA (hérnia) amparar com uma funda ❖ **~ bridge** ponte com armação metálica; **wing ~** armadura triangulada da asa

◆**truss up** *v.tr.* (prisioneiro) amarrar pés e mãos com corda; *they trussed up the man* amarraram o homem com os braços unidos ao corpo

trussing ['trʌsɪŋ] *s.* **1** acto de atar em molhos ou feixes; **2** reforço com um sistema de vigas cruzadas; **3** armação, armadura; **4** CULINÁRIA acto de amarrar as asas a galinhas, etc., antes de as cozinhar

trust [trʌst] Ⓐ *s.* **1** confiança; *I haven't much ~ in his word* não deposito grande confiança na palavra dele; *he takes everything on ~* ele acredita em tudo sem verificar primeiro; **2** esperança; *it is his confident hope and ~ that...* ele tem a firme esperança de que...; **3** responsabilidade; *to have a position of great ~* ter um cargo de grande responsabilidade; **4** dever, obrigação; *to desert one's ~* faltar ao dever; **5** COMÉRCIO crédito; *on ~* a crédito; *to buy on ~* comprar a crédito; **6** DIREITO guarda; *to hold a property in ~ for sb* ter à sua guarda uma propriedade de outra pessoa; **7** DIREITO fideicomisso; **8** COMÉRCIO cartel, consórcio; *the steel ~* o consórcio do aço Ⓑ *v.tr.,intr.* **1** confiar em; acreditar em; *he is not to be trusted* não se pode confiar nele; *I don't ~ him round the corner* não confio nada nele; *nobody trusts him* ninguém confia nele; *she could scarcely ~ her own eyes* ela mal podia acreditar nos próprios olhos; **2** encarregar; deixar a cargo [**to**, de]; entregar [**to**, a]; *he trusted a lawyer with his affairs/he trusted his affairs to a lawyer* ele encarregou um advogado dos seus assuntos; *do you ~ him with your car?* confias-lhe o teu carro?; **3** esperar; *I ~ your father is in good health* espero que o seu pai esteja de boa saúde; **4** COMÉRCIO fiar, vender a crédito ❖ **~ account** conta em nome do fideicomissário; **~ company** empresa que actua em nome de terceiros; **~ territory** território colocado sob curadoria; *he couldn't ~ himself to speak* ele não foi capaz de falar; *you can't ~ that boy out of your sight* é preciso vigiar continuamente aquele rapaz

trusted ['trʌstɪd] *adj.* de confiança, em quem se pode confiar

trustee [trʌs'tiː] *s.* **1** depositário; **2** administrador, curador; **~ in bankruptcy** administrador de falência; **3** fideicomisso; **4** provedor; **5** síndico; mandatário ❖ **board of trustees** conselho de administração

trusteeship [trʌs'tiːʃɪp] *s.* **1** fideicomisso; **2** curadoria; **3** administração de bens dos quais se é depositário

truster ['trʌstə] *s.* **1** aquele que fia; **2** pessoa que confia

trustful ['trʌstfʊl] *adj.* **1** confiante, cheio de confiança; **2** crente

trustfully ['trʌstfʊlɪ] *adv.* com confiança; confiadamente

trustfulness ['trʌstfʊlnɪs] *s.* confiança

trustification [ˌtrʌstɪfɪ'keɪʃən] *s.* consórcio de empresas; agrupamento ❖ **vertical ~** integração

trustify ['trʌstɪfaɪ] *v.tr.* reunir em consórcio (empresas)

trustily ['trʌstɪlɪ] *adv.* lealmente, fielmente

trustiness ['trʌstɪnɪs] *s.* lealdade, fidelidade

trusting ['trʌstɪŋ] *adj.* **1** confiante, cheio de confiança; **2** crédulo, ingénuo

trustingly ['trʌstɪŋlɪ] *adv.* **1** confiantemente, com confiança; **2** credulamente, ingenuamente

trustless ['trʌstlɪs] *adj.* **1** descrente; **2** desleal, infiel; **3** indigno de confiança; **4** desconfiado

trustlessness ['trʌstlɪsnɪs] *s.* deslealdade, infidelidade

trustworthiness [ˌtrʌst'wɜːðɪnɪs] *s.* **1** honradez, fidelidade, lealdade, honestidade; **2** credibilidade; **3** exactidão, fidedignidade

trustworthy [trʌst'wɜːðɪ] *adj.* **1** digno de confiança; fidedigno; **~ person** pessoa de confiança; **2** honrado; honesto; fiel, leal; **3** exacto ❖ **~ guarantee** garantia sólida

trusty ['trʌstɪ] Ⓐ *adj.* (*superl.* -**iest**, *comp.* -**ier**) **1** [ant.] de confiança; leal, fiel; **~ friend** amigo de confiança; **~ sword** espada fiel; **2** [ant.] seguro Ⓑ *s.* (*pl.* -**ies**) condenado com regalias devido a bom comportamento

truth [truːθ] *s.* (*pl.* **truths**) **1** verdade; *if the ~ must be told, I didn't meet him* para dizer a verdade, não estive com ele; *it's the truth!* é a verdade!; *the honest/naked ~* a pura verdade; *the ~ is...* a verdade é que...; *the unalloyed/unvarnished ~* a verdade nua e crua; *~ will out* a verdade há-de vir ao de cima; *to speak the whole ~ and nothing but the ~* dizer toda a verdade e só a verdade; *to tell sb some home truths* dizer meia dúzia de verdades a alguém; *to tell the ~* para dizer a verdade; **2** veracidade, autenticidade; **3** facto, realidade; **4** exactidão; **5** MECÂNICA ajustamento; afinação; **6** [rar.] honestidade, lealdade ❖ **~ drug** soro da verdade; [arc.] *of a ~* na verdade; RELIGIÃO *the*

truthful

fundamental truths as verdades fundamentais; *the ~ of the rumour is doubted* duvida-se que o boato seja verdadeiro; MECÂNICA *the wheel is out of ~* a roda está descentrada; a roda está desafinada; *to get at the ~ of* tirar uma coisa a limpo; esclarecer uma coisa

truthful ['truːθʊl] *adj.* 1 verdadeiro, verídico; 2 exacto; 3 fiel; de confiança; *a ~ boy* um rapaz de confiança

truthfully ['truːθʊlɪ] *adv.* 1 com verdade; 2 com exactidão; 3 sem mentir; 4 fielmente

truthfulness ['truːθʊlnɪs] *s.* 1 veracidade; 2 autenticidade; 3 boa fé; 4 exactidão; 5 fidelidade; 6 autenticidade

truthless ['truːθləs] *adj.* 1 falso, desleal; 2 de má fé; 3 infiel; 4 mentiroso

truthlessly ['truːθlɪslɪ] *adv.* 1 com falsidade; 2 deslealmente; 3 com mentira

truthlessness ['truːθlɪsnɪs] *s.* 1 falsidade; 2 deslealdade; 3 mentira; 4 má-fé

try [traɪ] Ⓐ *s.* 1 ensaio, experiência; 2 prova; 3 tentativa; *to have a ~ at sth* fazer uma tentativa; 4 DESPORTO (râguebi) ensaio; *to score a ~* marcar um ensaio Ⓑ *v.tr.,intr.* 1 tentar, fazer uma tentativa; *to ~ one's luck* tentar a sorte; 2 experimentar; *to ~ a dish* experimentar um prato; *how far you can jump* experimente e veja a que distância consegue saltar; *you had better ~ the rope before it is used* era melhor experimentar a corda antes de a usar; 3 ensaiar; 4 procurar conseguir; esforçar-se; *to ~ one's hardest* esforçar-se ao máximo; *~ and behave better* procure comportar-se melhor; *to ~ for a position* concorrer a uma determinada colocação; 5 tentar fazer, pôr em prática; ver o efeito de; 6 DIREITO julgar; actuar como juiz; *he was tried and found guilty* ele foi julgado e condenado; *to be tried for murder* ser julgado por assassínio; 7 cansar, fatigar, forçar; *small print tries the eyes* letra miúda fatiga os olhos; 8 atormentar; afligir; 9 pôr à prova; submeter a prova; *to be sorely tried by fortune* ser duramente posto à prova pela sorte; *to ~ a friend* pôr um amigo à prova; *to ~ one's patience* pôr a paciência à prova ❖ *~ cock* torneira de prova; *~ square* esquadro de carpinteiro; *to ~ an experiment* fazer uma experiência; *to ~ one's strength against sb* medir forças com alguém; NÁUTICA *to ~ the engines* afinar as máquinas; *to be tried and found wanting* não aguentar a prova; *to have a ~ for a prize* concorrer a um prémio; *we shall ~ the matter by the sword* resolveremos a questão à ponta da espada; *you just try!* atreve-te!; experimenta!

◆**try back** *v.intr.* voltar para trás

◆**try down** *v.tr.* (gordura) derreter para purificar

◆**try on** *v.tr.* 1 (roupa) provar; experimentar; 2 (comportamento) experimentar (algo) para ver até onde pode ir; *he's trying it on* está a ver como reage ❖ *it's no use trying it on me* não vale a pena estar com essas patetices comigo; *don't try anything on!* não inventes nenhuma!; não te armes em parvo!

◆**try out** *v.tr.* 1 experimentar; 2 pôr à prova; testar; *the idea needs to be tried out* há que pôr a ideia à prova; 3 (por meio de fervura) purificar; refinar

◆**try out for** *v.tr.* 1 prestar provas para; 2 atrever-se a; 3 fazer uma tentativa de; experimentar

◆**try over** *v.tr.* (música, etc.) ensaiar

◆**try up** *v.tr.,intr.* (juntas em carpintaria) ajustar; acertar

trying ['traɪɪŋ] Ⓐ *adj.* 1 doloroso; 2 penoso; difícil; *a ~ day* um dia difícil; *he is a ~ person to deal with* é difícil lidar com ele; 3 árduo; fatigante; *that is ~ to the eyes* isso é fatigante para os olhos; *~ light* luz fatigante para a vista; 4 desesperador Ⓑ *s.* 1 ensaio, prova; 2 DIREITO julgamento ❖ (roupas) *~ on* prova; *in ~ circumstances* em circunstâncias que nos põem à prova

tryingness ['traɪɪŋnɪs] *s.* dificuldade; aspecto ou carácter desagradável, desesperador ou doloroso

try-on ['traɪɒn] *s.* 1 [coloq.] provação; 2 [coloq.] teste

try-out ['traɪaʊt] *s.* 1 MECÂNICA (máquina) experiência, prova radical; 2 [EUA, Can.] TEATRO audição; 3 DESPORTO prova de selecção

trypanosome ['trɪpənəsəʊm] *s.* tripanossome, protozoário flagelado causador da doença-do-sono

trypanosomiasis [ˌtrɪpənəsəʊ'maɪəsɪs] *s.* MEDICINA tripanossomíase

trypsin ['trɪpsɪn] *s.* QUÍMICA tripsina

tryptic ['trɪptɪk] *adj.* QUÍMICA tripsínico

trysail ['traɪseɪl] *s.* NÁUTICA vela de caranguejo

tryst [trɪst, traɪst] Ⓐ *s.* 1 [arc.] encontro, entrevista; *to break ~ with* faltar a um encontro marcado com; *to keep ~ with* comparecer a um encontro marcado com; 2 [arc.] local de encontro Ⓑ *v.tr.* [arc.] marcar encontro ou entrevista com

Trystan ['trɪstæn] *s.antr.* Tristão

trysting-place ['trɪstɪŋpleɪs, 'traɪstɪŋpleɪs] *s.* local de encontro ou entrevista

tsar [zɑː, tsɑː] *s.* ⇒ **czar**

tsarevitch ['zɑːrɪvɪtʃ, 'tsɑːrəvɪtʃ] *s.* ⇒ **czarevitch**

tsarina [zɑː'riːnə, tsɑː'riːnə] *s.* ⇒ **czarina**

tsetse ['tsetsɪ] *s.* ZOOLOGIA (mosca) tsé-tsé

TSH FISIOLOGIA [abrev. de thyroid-stimulating hormone] tirostimulina

T-shirt ['tiːʃɜːt] *s.* VESTUÁRIO t-shirt

T-square ['tiːskweə] *s.* régua T

tsunami [tsʊ'nɑːmɪ] *s.* tsunami, maremoto

TT Ⓐ [abrev. de teetotal, teetotaller] Ⓑ [abrev. de tuberculin-tested] Ⓒ [abrev. de Tourist Trophy]

TU Ⓐ FÍSICA [abrev. de transmission unit] Ⓑ [abrev. de Trade Union]

Tuan [tuˈɑːn] *s.* título de respeito entre os Malaios

Tuareg ['twɑːreg] Ⓐ *adj.* tuaregue Ⓑ *s.* (língua, pessoa) tuaregue ❖ (povo) *the ~* os Tuaregues

tub [tʌb] Ⓐ *s.* 1 tina; selha; 2 recipiente; *a ~ of tea* uma caixa de chá; 3 [EUA] banheira; 4 [coloq.] banho; *he always had a cold ~ before breakfast* ele tomava sempre um banho frio antes do pequeno-almoço; 5 [coloq.] barco velho ou muito lento; 6 barco para praticar remo; 7 (minas) vagoneta; 8 [EUA] [coloq.] (pessoa) batoque Ⓑ *v.tr.,intr.* (particípios: **-bb-**) 1 [coloq.] banhar(-se); 2 armazenar em caixa de madeira ❖ ZOOLOGIA *~ fish* cabaço; ruivo; santo-antónio; *a tale of a ~* uma história fantástica; *every ~ must stand on its own bottom* cada qual trate de si

tuba ['tjuːbə] *s.* MÚSICA tuba

tubage ['tjuːbɪdʒ] *s.* tubagem, entubamento

tubal ['tjuːbəl] *adj.* 1 ANATOMIA tubar, tubárico, tubário; 2 MEDICINA relativo a trompa ❖ MEDICINA *~ pregnancy* gravidez tubular

tubbing ['tʌbɪŋ] *s.* 1 banho em tina ou selha de madeira; 2 acto de plantar em caixas de madeira; 3 (minas) revestimento, de madeira, de um poço

tubby ['tʌbɪ] *adj.* 1 gordo e baixo; 2 atarracado; 3 redondo de corpo; 4 pesado, sem graça

tube [tjuːb] Ⓐ *s.* 1 tubo; *boiler ~* tubo de caldeira; *~ of a thermometer* tubo de um termómetro; 2 (cola, tinta, etc.) tubo; bisnaga; 3 MÚSICA (instrumento de sopro) tubo; 4 (pneu) câmara-de-ar; 5 ANATOMIA canal, trompa; 6 [coloq.] (Londres) metropolitano; *to go by ~* ir de metropolitano; 7 [coloq.] válvula; 8 BOTÂNICA (cálice, corola) tubo; 9 [Austr.] [coloq.] lata de cerveja; 10 [EUA] [coloq.] televisão; 11 túnel Ⓑ *v.tr.* 1 prover de tubos; 2 entubar ❖ *~ brush* escova para limpar tubos; *~ function* união de tubos; *~ ignition* ignição por tubo incandescente; [GB] *~ station* estação de metro; [EUA] [cal.] *to go down the tubes* ir por água abaixo; *~ steak* cachorro-quente; *~ welding* soldadura autogénea; [coloq.]

tuber ['tjuːbə] *s.* 1 BOTÂNICA tubérculo; 2 ANATOMIA tuberosidade, tumor em forma de tubérculo; 3 túbera, trufa

Tuberaceae [ˌtjuːbəˈreɪsiːɪ] *s.pl.* BOTÂNICA Tuberáceas

tuberaceous [ˌtjuːbəˈreɪʃəs] *adj.* BOTÂNICA tuberáceo

tubercle [ˈtjuːbəːkl] *s.* 1 ANATOMIA, BOTÂNICA tubérculo ❖ MEDICINA *tubercle bacillus* bacilo de Koch

tubercled ['tjuːbɜːkəld] *adj.* tuberculado

tubercular [tjuːˈbɜːkjʊlə] *adj.* 1 BOTÂNICA tubercular, tuberculado, tuberculoso; *~ root* raiz tuberculosa; 2 MEDICINA tuberculoso; *~ cavity* cavidade tuberculosa; *~ lesion* lesão tuberculosa

tubercularize [tjuːˈbɜːkjʊləraɪz] *v.tr.,intr.* tuberculizar

tuberculate [tjuːˈbɜːkjʊlɪt] *adj.* tuberculado

tuberculated [tjuːˈbɜːkjʊleɪtɪd] *adj.* ⇒ **tuberculate**

tuberculiferous [tjuːˌbɜːkjʊˈlɪfərəs] *adj.* tuberculífero

tuberculiform [tjuːˈbɜːkjʊlɪfɔːm] *adj.* tuberculiforme

tuberculin [tjuːˈbɜːkjʊlɪn] *s.* MEDICINA tuberculina ❖ MEDICINA *~ skin test* teste (cutâneo) de tuberculina

tuberculinization [tjuːˌbɜːkjʊlɪnaɪˈzeɪʃən] *s.* tuberculinização

tuberculization [tjuːˌbɜːkjʊlaɪˈzeɪʃən] *s.* tuberculização pulmonar

tuberculize [tjuːˈbɜːkjʊlaɪz] *v.tr.,intr.* tuberculizar

tuberculoid [tjuːˈbɜːkjʊlɔɪd] *adj.* MEDICINA tuberculóide

tuberculosed [tjuːˈbɜːkjʊləʊst] *adj.* tuberculizado

tuberculosis [tjuːˈbɜːkjʊˈləʊsɪs] *s.* MEDICINA tuberculose ❖ MEDICINA ~ *of the bone* tuberculose óssea; MEDICINA ~ *of the lungs* tuberculose pulmonar

tuberculous [tjuːˈbɜːkjʊləs] *adj.* tuberculoso; relativo à tuberculose

tuberiferous [ˌtjuːbɜːˈrɪfərəs] *adj.* tuberculífero

tuberiform [ˈtjuːbərɪfɔːm] *adj.* tuberculiforme

tuberose [ˈtjuːbərəʊz] Ⓐ *adj.* BOTÂNICA tuberoso Ⓑ *s.* BOTÂNICA tuberosa

tuberosity [ˌtjuːbəˈrɒsɪtɪ] *s.* 〈*pl.* **-ies**〉 tuberosidade

tuberous [ˈtjuːbərəs] *adj.* BOTÂNICA tuberoso

tubful [ˈtʌbfʊl] *s.* 1 tina cheia; 2 balde cheio

tubicole [ˈtjuːbɪkəʊl] Ⓐ *adj.* ZOOLOGIA tubícola, tubicolado Ⓑ *s.* ZOOLOGIA tubícola

tubicolous [tjuːˈbɪkələs] *adj.* ⇒ **tubicole** Ⓐ

tubiferous [tjuːˈbɪfərəs] *adj.* tubífero

tubiform [ˈtjuːbɪfɔːm] *adj.* tubiforme

tubing [ˈtjuːbɪŋ] *s.* 1 (material, acto) tubagem, tubulação, entubação; 2 canalização ❖ *a piece of* ~ um tubo

Tübingen [ˈtjuːbɪŋən] *s.top.* Tubinga

tubipore [ˈtjuːbɪpɔː] *s.* ZOOLOGIA tubípora

tubular [ˈtjuːbjʊlə] *adj.* 1 tubular, tubiforme, tubulado; ~ *bridge* ponte tubular; 2 MEDICINA tubar ❖ MÚSICA (orquestra) ~ *bells* carrilhão; MEDICINA ~ *breathing* sopro tubular; ~ *steel* aço em tubos

tubularian [tjuːbjʊˈleərɪən] *s.* ZOOLOGIA tubulária

tubulate [ˈtjuːbjʊlɪt] *adj.* tubular, tubulado

tubulated [ˈtjuːbjʊleɪtɪd] *adj.* QUÍMICA tubular, tubulado

tubulature [ˈtjuːbjʊlətʃə] *s.* tubuladura

tubule [ˈtjuːbjuːl] *s.* túbulo

tubuliflorous [tjuːbjʊlɪˈflɔːrəs] *adj.* BOTÂNICA tubuliforo

tubulous [ˈtjuːbjʊləs] *adj.* 1 tubuloso; 2 tubiforme

tubulure [ˈtjuːbjʊljʊə] *s.* ⇒ **tubulature**

TUC [*abrev. de* Trades Union Congress]

tuck [tʌk] Ⓐ *s.* 1 (costura) prega; bainha; dobra; *to make a* ~ *in a dress* fazer uma prega num vestido; 2 (comida) doces, guloseimas; 3 NÁUTICA parte traseira de navio onde as tábuas do costado se unem pelas extremidades; 4 toque de trombeta; rufar de tambor; *by* ~ *of drum* ao rufar do tambor; 5 [arc.] espadim; 6 CIRURGIA operação para remover rugas; 7 DESPORTO (ginástica, mergulho) posição fetal Ⓑ *v.tr.,intr.* 1 enfiar, meter; *he tucked his arm in mine* ele enfiou o braço no meu; 2 (costura) fazer pregas, preguear; 3 prender; 4 contrair; 5 CIRURGIA remover rugas ❖ (máquina de costura) ~ *creaser/folder* guia para marcar pregas; ~ *net* rede pequena para recolher os peixes apanhados por rede varredoura; ~ *shop* loja de doces; NÁUTICA ~ *of a ship* rabada do navio

◆**tuck away** *v.tr.* 1 esconder; *to be tucked away* estar escondido; 2 (dinheiro) guardar em lugar seguro; 3 [coloq.] (comida) devorar; despachar; *to* ~ *a good dinner* devorar um bom jantar

◆**tuck in** Ⓐ *v.intr.* [coloq.] (comida) atacar Ⓑ *v.tr.* 1 (roupa da cama) aconchegar; 2 (fraldas da camisa) meter para dentro

◆**tuck into** *v.tr.* [coloq.] (comida) atacar; *he tucked into the ham* ele atacou o presunto

◆**tuck under** *v.tr.* recolher; *the lovebird tucked its head under its wing* o periquito recolheu a cabeça debaixo da asa

◆**tuck up** *v.tr.* 1 arregaçar; *to* ~ *one's shirtsleeves* arregaçar as mangas da camisa; 2 (roupa da cama) aconchegar; 3 (pernas) dobrar

tucker [ˈtʌkə] Ⓐ *s.* 1 [ant.] (sécs. XVII e XVIII) lenço/manta bordada ou de linho que cobria os ombros das senhoras; 2 (máquina de costura) guia para marcar pregas; 3 [coloq.] comida Ⓑ *v.tr.* cansar ❖ [joc.] *one's best bib and* ~ a melhor roupa; o fato domingueiro

◆**tucker out** *v.tr.* [EUA] [coloq.] fatigar, cansar ❖ *tuckered out* exausto; extenuado

tucket [ˈtʌkɪt] *s.* [arc.] toque de trombeta

tucum [ˈtuːkəm] *s.* 1 BOTÂNICA tucum; 2 fio de fibra de tucum

Tudor [ˈtjuːdə] *s.antr.* Tudor ❖ (estilo Tudor) ~ *flower* ornamento em forma de trevo; ~ *style* estilo Tudor

Tuesday [ˈtjuːzdɪ] *s.* terça-feira; *on* ~ na terça-feira

tufa [ˈtjuːfə] *s.* GEOLOGIA tufo calcário

tufaceous [tjuːˈfeɪʃəs] *adj.* GEOLOGIA tufáceo

tuff [tʌf] *s.* GEOLOGIA tufo vulcânico; tufo calcário

tuffaceous [tʌˈfeɪʃəs] *adj.* GEOLOGIA tufáceo

tuft [tʌft] Ⓐ *s.* 1 (cabelo, penas, relva, etc.) tufo; penacho; *a* ~ *of grass* um tufo de erva; *a* ~ *of hair* um tufo de cabelo; 2 (arbustos, árvores) maciço; *a* ~ *of trees* um maciço de árvores Ⓑ *v.tr.,intr.* 1 empenachar, enfeitar com tufos; 2 crescer em tufos; 3 (costura) cozer tufos em

tufted [ˈtʌftɪd] *adj.* 1 guarnecido de tufo ou borla; 2 em forma de tufo ou borla; 3 empenachado; 4 em moitas ou tufos; 5 com crista ou poupa

tufter [ˈtʌftə] *s.* cão treinado para levantar o veado

tufty [ˈtʌftɪ] *adj.* 1 ornamentado com tufos ou borlas; 2 tufoso; 3 espesso; 4 em moitas ou maciços

tug [tʌɡ] Ⓐ *s.* 1 (veículo) rebocador; 2 puxão, sacão; *she gave a* ~ *at the bell* ela deu um puxão à campainha; *to give a good* ~ dar um bom puxão; 3 disputa, luta; 4 tirante; 5 esforço, trabalho; *I had a great* ~ *to persuade him* tive um trabalhão para o convencer; *I had a hard* ~ *of it* isso deu-me muito trabalho Ⓑ *v.tr.,intr.* (particípios: -**gg**-) 1 puxar com força [**at**, por]; dar um puxão [**at**, a]; *the boys tugged so hard that the rope broke* os rapazes puxaram tanto que a corda partiu; *to* ~ *at the oars* puxar pelos remos; 2 arrastar; 3 (barco) rebocar; 4 esforçar-se [**for**, por]; lutar [**for**, por]; *to* ~ *for life* lutar pela vida com o suor do seu rosto; *to* ~ *for one's liberty* lutar pela liberdade ❖ [coloq.] ~ *of love* disputa pela custódia de uma criança; ~ *of war* jogo da corda; luta; [coloq.] *to feel a* ~ *at one's heartstrings* sentir um aperto no coração; encher-se de compaixão; *to* ~ *at sb's heartstrings* apelar à compaixão de alguém

tugboat [ˈtʌɡbəʊt] *s.* NÁUTICA rebocador

tugrik [ˈtuːɡriːk] *s.* (moeda da Mongólia) tugrik

tuille [twiːl] *s.* placa de armadura que protegia a coxa

tuism [ˈtjuːɪzəm] *s.* FILOSOFIA tuísmo, doutrina que sustenta que todo o pensamento é dirigido a uma segunda pessoa

tuition [tjuːˈɪʃən] *s.* 1 ensino; instrução; 2 (escola) explicações; ~ *in Portuguese* explicações de Português; 3 [EUA] propina ❖ [GB] ~ *fees* propinas; *private* ~ aulas particulares

tuitional [tjuːˈɪʃənəl] *adj.* relativo a ensino ou instrução

tulip [ˈtjuːlɪp] *s.* BOTÂNICA túlipa ❖ BOTÂNICA ~ *tree* tulipeira; tulipeiro

tulipomania [ˌtjuːlɪpəʊˈmeɪnɪə] *s.* tulipomania

tulipomaniac [ˌtjuːlɪpəʊˈmeɪnɪæk] *s.* tulipomaníaco

tulle [tjuːl, tuːl] *s.* (tecido) tule

tulwar [ˈtʌlwə] *s.* sabre usado por algumas tribos indianas do Norte

tum [tʌm] *s.* [coloq.] ⇒ **tummy**

tumble [ˈtʌmbl] Ⓐ *s.* 1 queda; trambolhão; *to have a nasty* ~ dar um trambolhão perigoso; 2 (ginástica) cabriola, cambalhota, pirueta; 3 monte, pilha; 4 confusão, desordem; *everything was in a* ~ tudo estava em desordem Ⓑ *v.tr.,intr.* 1 cair, tombar; *the building was tumbling to pieces* o edifício estava a cair aos bocados; *to* ~ *down the stairs* cair pelas escadas abaixo; *to* ~ *into a river* cair num rio; *to* ~ *off a horse* cair de um cavalo; 2 derrubar, deitar ao chão; 3 andar aos tropeções; 4 virar-se; *to toss and* ~ *in one's bed* virar-se de um lado para o outro; 5 espojinhar-se; 6 (ginástica) dar cambalhotas, piruetas; 7 precipitar-se; *to* ~ *upstairs* precipitar-se pelas escadas acima, subir as escadas quatro a quatro; 8 desarrumar, pôr em desordem; *to* ~ *one's bed* desarrumar a cama; 9 despentear, desarranjar, escangalhar; *to* ~ *sb's hair* despentear alguém; 10 (preço, valor) descer abruptamente; 11 atirar; *to* ~ *into bed* atirar-se para a cama ❖ ~ *dryer* secador de roupa; NÁUTICA [cal.] (costado de navio) *to* ~ *home* inclinar-se para dentro na parte central e superior; *to* ~ *in* encaixar uma tábua noutra; *to* ~ *in one's thoughts* revolver no pensamento; *to* ~ *into one's clothes* vestir-se à pressa

◆**tumble about/around** Ⓐ *v.intr.* (acrobata, crianças) dar cabriolas; dar cambalhotas Ⓑ *v.tr.* (livros, objectos) juntar, reunir

◆**tumble down** *v.intr.* 1 (edifício) desmoronar-se; 2 (pessoa) dar um trambolhão

◆**tumble out** Ⓐ *v.intr.* espalhar-se Ⓑ *v.tr.* derrubar; deitar ao chão

◆**tumble over** Ⓐ *v.intr.* dar um trambolhão; cair Ⓑ *v.tr.* derrubar, deitar ao chão

◆**tumble to** *v.tr.* [coloq.] compreender; *to* ~ *an idea* compreender uma ideia

tumblebug [ˈtʌmblbʌɡ] *s.* ZOOLOGIA variedade de escaravelho

tumbled [ˈtʌmbəld] *adj.* 1 em desordem; 2 emaranhado; 3 desarranjado

tumbledown [ˈtʌmbəldaʊn] *adj.* em ruínas; a cair aos pedaços; a desmoronar-se; *a* ~ *house* uma casa em ruínas

tumbler ['tʌmblə] *s.* 1 (sem pé) copo de vidro; 2 (saltos) acrobata; 3 pombo de cambalhota; 4 (espingarda) gatilho; 5 tranqueta, ganchet a de fechadura; 6 (boneco) teimoso ❖ ~ *dryer* máquina de secar roupa; ~ *gear* mecanismo de inversão
tumblerful ['tʌmbləfʊl] *s.* conteúdo de um copo cheio
tumbling ['tʌmblɪŋ] Ⓐ *adj.* 1 em ruína; 2 prestes a desmoronar-se; 3 (rio) em torrente Ⓑ *s.* 1 queda, tombo; 2 DESPORTO saltos acrobáticos, cambalhotas; 3 (limpeza, polimento) acto de passar em tambor ou cilindro giratório ❖ (edifício) ~ *down* desmoronamento
tumbrel ['tʌmbrəl] *s.* 1 carreta, carroça que levava os condenados à guilhotina na Revolução Francesa; 2 carro de munições
tumbril ['tʌmbrɪl] *s.* ⇒ **tumbrel**
tumefaction [ˌtjuːmɪ'fækʃən] *s.* tumefacção
tumefied ['tjuːmɪfaɪd] *adj.* tumefacto
tumefy ['tjuːmɪfaɪ] *v.tr.,intr.* tumefazer, tumefazer-se
tumescence [tjuː'mesəns] *s.* tumescência, intumescência
tumescent [tjuː'mesənt] *adj.* tumescente
tumid ['tjuːmɪd] *adj.* 1 intumescido, túmido, inchado; 2 protuberante, saliente; 3 (estilo) empolado, pomposo; 4 cheio, repleto [**with**, de]
tumidity [tjuː'mɪdɪtɪ] *s.* 1 tumidez; 2 inchação; 3 saliência, protuberância; 4 estilo empolado e pomposo
tumidly ['tjuːmɪdlɪ] *adv.* 1 tumidamente; 2 empoladamente
tumidness ['tuːmɪdnɪs] *s.* ⇒ **tumidity**
tummy ['tʌmɪ] *s.* (*pl.* **-ies**) [coloq., infant.] barriga ❖ [coloq.] ~ *button* umbigo; (cirurgia plástica) ~ *tuck* abdominoplastia; *to have a ~ ache* ter dores de barriga
tumorous ['tjuːmərəs] *adj.* 1 tumoroso, que tem tumor; 2 de tumor maligno
tumour ['tjuːmə] *s.* MEDICINA tumor; *benign ~* tumor benigno; *malignant ~* tumor maligno
tump [tʌmp] *s.* 1 cabeço arredondado; 2 [cal.] disparate
tumular ['tjuːmjʊlə] *adj.* tumular, tumulário; relativo a uma elevação de terra que contenha um túmulo
tumulary ['tjuːmjʊlərɪ] *adj.* (pedra) tumular, sepulcral
tumult ['tjuːmʌlt] *s.* 1 tumulto; 2 agitação; 3 barulho; 4 alvoroço; 5 desordem, motim; 6 desorientação, agitação mental, comoção
tumultuary [tjuː'mʌltʃʊərɪ] *adj.* tumultuário
tumultuous [tjuː'mʌltʃʊəs] *adj.* 1 tumultuoso, agitado; 2 barulhento; 3 desordenado
tumultuously [tjuː'mʌltʃʊəslɪ] *adv.* 1 tumultuosamente; 2 agitadamente; 3 em desordem
tumultuousness [tjuː'mʌltʃʊəsnɪs] *s.* 1 desordem, tumulto, agitação; 2 natureza tumultuosa
tumulus ['tjuːmjʊləs] *s.* (*pl.* **-i**) ARQUEOLOGIA túmulo
tun [tʌn] Ⓐ *s.* 1 tonel; pipa; 2 (líquidos) unidade de medida equivalente a 955 litros Ⓑ *v.tr.* (particípios: **-nn-**) guardar em tonel
tuna ['tuːnə] *s.* 1 ZOOLOGIA atum; 2 BOTÂNICA figueira-da-índia ❖ ZOOLOGIA *common/blue fin ~* albacora; judeu; ZOOLOGIA *little ~* albacora, cachorra; ZOOLOGIA *long-finned/white ~* atum-voador, atum-de-galha-comprida; ZOOLOGIA *short-finned/striped ~* sarda; sarrajão; serra
tunable ['tjuːnəbəl] *adj.* 1 harmonioso, melodioso; 2 MÚSICA que pode afinar-se
tunableness ['tjuːnəblnɪs] *s.* qualidade melodiosa; musicalidade
tund [tʌnd] *v.tr.* [joc.] sovar com uma vara
tundis ['tʌndɪs] *s.* variedade de funil
tundish ['tʌndɪʃ] *s.* variedade de funil
tundra ['tʌndrə] *s.* tundra
tune [tjuːn] Ⓐ *s.* 1 música; melodia; cantiga; *to whistle a ~* assobiar uma música; 2 toada; 3 harmonia, sintonia; 4 (instrumento, motor, etc.) afinação; *the engine is in perfect ~* o motor está afinado; 5 acordo, ajustamento, concordância; 6 disposição; *I am not in ~ for that* eu não estou com disposição para isso Ⓑ *v.tr.,intr.* 1 afinar; *to ~ a piano* afinar um piano; 2 provocar determinada disposição em; 3 adaptar(-se); ajustar(-se); harmonizar(-se); *he couldn't ~ himself to that way of living* ele não conseguia adaptar-se àquela maneira de viver; 4 [poét.] cantar; 5 exprimir através da música, celebrar em música; 6 RÁDIO sintonizar; 7 MECÂNICA (motor) afinar, regular ❖ *give us a ~* toca qualquer coisa; *in ~* afinado; *out of ~* desafinado; *to be in ~ with one's company* não destoar da companhia que se tem; *to be* *the one who calls the ~* ser o manda-chuva; *to change one's ~* mudar de tom; mudar de linguagem; *to get out of ~* desafinar; *to sing another ~* mudar de tom; passar a falar de outra maneira; *to sing out of ~* cantar desafinado; *to the ~ of* pela exorbitante quantia de
◆**tune in** *v.tr.,intr.* 1 RÁDIO, TELEVISÃO ligar; sintonizar; 2 ficar à escuta [**to**, de]; prestar atenção [**to**, a] ❖ *to be tuned in to* estar atento a; estar a par de
◆**tune out** Ⓐ *v.intr.* [EUA] desligar; deixar de prestar atenção Ⓑ *v.tr.* deixar de prestar atenção a ❖ RÁDIO *to ~ a station* cortar um posto emissor
◆**tune up** Ⓐ *v.intr.* 1 (orquestra) afinar os instrumentos; 2 começar a brincar/cantar; 3 [coloq.] (criança) começar a chorar Ⓑ *v.tr.* (máquinas, veículos) afinar; *to ~ a motor* afinar um motor
tuned ['tjuːnd] *adj.* 1 afinado; 2 sintonizado ❖ ~ *input circuit* circuito de admissão sintonizado; (válvula electrónica) ~ *plate* placa sintonizada
tuneful ['tjuːnfʊl] *adj.* 1 harmonioso, melodioso; 2 afinado
tunefully ['tjuːnfʊlɪ] *adv.* harmoniosamente, melodiosamente
tunefulness ['tjuːnfʊlnɪs] *s.* harmonia; carácter melodioso
tuneless ['tjuːnləs] *adj.* 1 dissonante, discordante; 2 inarmónico; 3 não melódico; 4 desafinado; 5 (instrumento musical) que não toca, silencioso
tuner ['tjuːnə] *s.* 1 afinador (de instrumento musical); 2 RÁDIO sintonizador
tungstate ['tʌŋstɪt] *s.* QUÍMICA tungstato
tungsten ['tʌŋstən] *s.* QUÍMICA (elemento químico) tungsténio ❖ QUÍMICA ~ *alloy* liga de tungsténio; ELECTRICIDADE ~ *lamp* lâmpada com filamento de tungsténio
tungstic ['tʌŋstɪk] *adj.* QUÍMICA túngstico; ~ *acid* ácido túngstico
tungstite ['tʌŋstaɪt] *s.* MINERALOGIA tungstite
Tungus ['tʊŋɡʊs] Ⓐ *adj.* relativo aos Tungus ou Tunguses Ⓑ *s.* 1 tungúsio, língua uralo-altaica falada pelos Tungus; 2 Tungus, Tunguses
tunic ['tjuːnɪk] *s.* 1 VESTUÁRIO túnica; 2 ZOOLOGIA túnica, manto; 3 BOTÂNICA túnica, tegumento
tunica ['tjuːnɪkə] *s.* ANATOMIA túnica
tunicate ['tjuːnɪkeɪt] Ⓐ *adj.* ZOOLOGIA tunicado Ⓑ *s.* (*pl.* **tunicates** ou **tunicata**) ZOOLOGIA tunicado
tunicated ['tjuːnɪkeɪtɪd] *adj.* ⇒ **tunicate** Ⓐ
tunicle ['tjuːnɪkl] *s.* tunicela, túnica pequena de subdiácono e de bispo
tuniness ['tjuːnɪnɪs] *s.* harmonia; melodia
tuning ['tjuːnɪŋ] *s.* 1 (motor, instrumento) afinação; 2 RÁDIO sintonização; ~ *in to a station* sintonização de uma emissora ❖ RÁDIO ~ *eye* olho mágico; MÚSICA ~ *fork* diapasão; MECÂNICA ~ *hammer* chave de afinação; RÁDIO ~ *knob* botão de sintonização; MÚSICA ~ *peg/pin* cravelha; ~ *range* amplitude de sintonização; ~ *system* sistema de sintonização
Tunis ['tjuːnɪs] *s.top.* Tunes
Tunisia [tjuː'nɪzɪə, tjuː'nɪʒə] *s.top.* Tunísia
Tunisian [tjuː'nɪzɪən, tjuː'nɪʒən] *adj.,s.* tunesino, tunisino
tunnel ['tʌnl] Ⓐ *s.* 1 túnel; *a railway ~* um túnel de caminho-de-ferro; *to drive a ~ through* abrir um túnel através de; 2 (animal) lura; 3 (mina) galeria; 4 [ant.] cano de chaminé; 5 (porão de navio) corredor fechado por onde passa o veio da hélice Ⓑ *v.tr.,intr.* (particípios: **-ll-**) 1 abrir túnel; *to ~ a hill* abrir um túnel num monte; *to ~ into/through rock* abrir um túnel na rocha; 2 [fig.] abrir caminho [**through**, através de]; *they tunnelled their way through the snow* eles abriram caminho através da neve ❖ (mina) ~ *abutment* pé-direito; MEDICINA ~ *disease* ancilostomíase; FÍSICA ~ *diode* díodo de túnel; FÍSICA ~ *effect* efeito de túnel; AERONÁUTICA ~ *test* prova em túnel de ensaios aerodinâmicos; [depr.] ~ *vision* vista curta; *wind ~* túnel para ensaios aerodinâmicos; ~ *recess* compartimento do túnel
tunnelling ['tʌnlɪŋ] *s.* abertura de túneis ou passagens subterrâneas
tunny ['tʌnɪ] *s.* (*pl.* **-ies**) ZOOLOGIA atum ❖ ZOOLOGIA ~ *fish* cachorra; judeu
tuny ['tjuːnɪ] *adj.* [coloq.] harmonioso, melodioso
tup [tʌp] Ⓐ *s.* 1 carneiro; 2 pilão (de bate-estacas) Ⓑ *v.tr.,intr.* (particípios: **-pp-**) cobrir a ovelha
tuppence ['tʌpəns] *s.* [coloq.] ⇒ **twopence**
tuppenny ['tʌpnɪ] *adj.* [coloq.] ⇒ **twopenny**

tuppenny-hapenny [tʌpəni'heɪpni] adj. [fig.] insignificante, trivial

Turanian [tjʊə'reɪnɪən] Ⓐ adj. 1 turaniano, turânico, turânio; 2 relativo aos Turanianos ou às línguas uralo-altaicas Ⓑ s. 1 turaniano, turiano; 2 membro de certas populações da Ásia ocidental

turban ['tɜːbən] s. 1 turbante; 2 chapéu de mulher ou de criança com aba estreita ou sem aba

turbary ['tɜːbəri] s. (pl. -ies) 1 turfeira, terreno de onde se extrai turfa; 2 DIREITO direito de extrair turfa em terrenos alheios

turbellaria [tɜːbɪ'leərɪə] s.pl. ZOOLOGIA turbelários

turbid ['tɜːbɪd] adj. 1 turvo, túrbido; toldado; 2 barrento, lodoso; 3 [fig.] confuso, desordenado, emaranhado; ~ *thoughts* pensamentos confusos

turbidity [tɜː'bɪdɪtɪ] s. 1 turvação; 2 aspecto lodoso ou barrento; 3 confusão, perturbação

turbidly ['tɜːbɪdlɪ] adv. 1 turvamente; 2 confusamente; 3 desordenadamente

turbidness ['tɜːbɪdnɪs] s. ⇒ **turbidity**

turbinal ['tɜːbɪnəl] adj. turbinal

turbinate ['tɜːbɪnɪt] adj. turbinado

turbinated ['tɜːbɪneɪtɪd] adj. ⇒ **turbinate**

turbine ['tɜːbaɪn, 'tɜːbɪn] s. turbina ❖ ~ *boat* barco a turbinas; ~ *bucket* pá de turbina; ~ *chamber* reservatório de turbina

turbined ['tɜːbaɪnd, 'tɜːbɪnd] adj. com turbinas

turbiniform [tɜː'bɪnɪfɔːm] adj. turbiniforme

turbit ['tɜːbɪt] s. ZOOLOGIA pombo-gravata

turbo ['tɜːbəʊ] s. (pl. -s) 1 ZOOLOGIA turbo; 2 MECÂNICA turbo

turbo-alternator [tɜːbəʊ'ɑːltɜːneɪtə] s. turboalternador

turbo-blower [tɜːbəʊ'bləʊə] s. turbocompressor

turbocharger [tɜːbəʊ'tʃɑːdʒə] s. turbocompressor

turbo-compressor [tɜːbəʊkəm'presə] s. turbocompressor

turbo-driven ['tɜːbəʊdrɪvn] adj. accionado a turbina ❖ ~ *generator* turbogerador

turbo-dynamo [tɜːbəʊ'daɪnəməʊ] s. turbodínamo

turbo-electric [tɜːbəʊ'ɪlektrɪk] adj. turboeléctrico

turbo-generator [tɜːbəʊ'dʒenəreɪtə] s. turbogerador

turbojet [tɜːbəʊ'dʒet] s. 1 turborreactor; 2 AERONÁUTICA turbojacto

turbo-motor [tɜːbəʊ'məʊtə] s. turbomotor, turbina a vapor

turbo-propeller [tɜːbəʊprə'pelə] s. turbo-hélice, turbopropulsor

turbo-pump ['tɜːbəʊpʌmp] s. turbobomba

turbot ['tɜːbət] s. ZOOLOGIA rodovalho, pregado, parracho ❖ ZOOLOGIA *one-spotted* ~ bruxa

turbo-ventilator [tɜːbəʊ'ventɪleɪtə] s. turboventilador

turbulence ['tɜːbjʊləns] s. 1 turbulência; 2 agitação, perturbação; 3 tumulto, distúrbio, desordem; 4 violência

turbulent ['tɜːbjʊlənt] adj. 1 turbulento; 2 agitado; 3 tumultuoso; 4 indisciplinado; 5 desordenado; 6 violento, difícil de dominar; 7 (vento) instável, em redemoinhos

turbulently ['tɜːbjʊləntlɪ] adv. 1 turbulentamente, tumultuosamente; 2 perturbadoramente

Turco ['tɜːkəʊ] s. soldado argelino de infantaria

Turco-Balkan [tɜːkəʊ'bɔːlkən] adj. turco-balcânico

Turcoman ['tɜːkəmən] s. (pl. -s) ⇒ **Turkoman**

Turcophil ['tɜːkəfɪl] adj.,s. turcófilo

Turcophobe ['tɜːkəfəʊb] adj.,s. turcófobo

turd [tɜːd] s. [cal.] (ofensivo) poio*cal*.

turdidae [tɜː'dɪdɪ] s.pl. ZOOLOGIA Turdídeos

turdinae [tɜː'dɪniː] s.pl. ZOOLOGIA turdinas

turdine ['tɜːdaɪn, 'tɜːdɪn] adj. ZOOLOGIA turdídeo

turdus ['tɜːdəs] s. ZOOLOGIA tordo

tureen [tjʊ'riːn] s. terrina (para sopa)

turf [tɜːf] Ⓐ s. (pl. -s ou -ves) 1 relva; 2 relva artificial; 3 gleba, torrão; 4 [coloq.] território; 5 (combustível) turfa; 6 [coloq., fig.] (conhecimento, influência) área; campo; terreno; 7 corridas de cavalos; 8 hipódromo Ⓑ v.tr. cobrir de relva ❖ ~ *accountant* apostador profissional; ~ *cutter* cortador de relva; ~ *moor* charco turfoso; ~ *moss/pit* turfeira; (entre gangs) ~ *war* disputa de territórios

◆ **turf out** v.tr. 1 [GB] [coloq.] (pessoa) pôr na rua; expulsar; 2 [GB] [coloq.] (coisa) livrar-se de; deitar fora

turfed [tɜːft] adj. relvado, arrelvado

turfiness ['tɜːfɪnɪs] s. 1 relvado; 2 aspecto relvoso; 3 abundância de turfa

turfing ['tɜːfɪŋ] s. arrelvamento ❖ ~ *iron* enxada

turfite ['tɜːfaɪt] s. ⇒ **turfman**

turfman ['tɜːfmən] s. (pl. -men) 1 pessoa que se interessa por corridas de cavalos; 2 proprietário de cavalos de corrida

turfy ['tɜːfɪ] adj. (comp. -ier, superl. -iest) 1 relvado, coberto de relva; 2 turfoso; 3 relativo às corridas de cavalos

turgescence [tɜː'dʒesəns] s. turgescência

turgescent [tɜː'dʒesənt] adj. 1 turgescente, turgente, túrgido; 2 (estilo) empolado

turgid ['tɜːdʒɪd] adj. 1 MEDICINA túrgido; túmido; inchado; 2 [depr.] empolado; bombástico; *in a* ~ *style* em estilo bombástico

turgidity [tɜː'dʒɪdɪtɪ] s. 1 turgidez, turgescência; 2 tumidez; 3 empolamento (de estilo)

turgidly ['tɜːdʒɪdlɪ] adv. empoladamente; bombasticamente

turgidness ['tɜːdʒɪdnɪs] s. ⇒ **turgidity**

turgor ['tɜːgɔː] s. turgescência

turion ['tjʊərɪən] s. BOTÂNICA turião

Turk [tɜːk] s. 1 turco; otomano; 2 [joc.] criança turbulenta, criança terrível; *he is a young* ~ ele é uma criança terrível; 3 [arc.] (ofensivo) muçulmano; 4 [arc.] (ofensivo) pessoa irascível, feroz; 5 cavalo árabe ❖ BOTÂNICA *Turk's cap* martagão; *Turk's head* vassourão redondo; forma para bolos; cabeça colocada num poste para exercícios de espada; NÁUTICA *Turk's head knot* pinha de anel; nó em forma de turbante

turkey ['tɜːkɪ] s. 1 ZOOLOGIA peru; 2 TEATRO, CINEMA [coloq.] fiasco; 3 [coloq.] imbecil, estúpido ❖ ZOOLOGIA ~ *buzzard/vulture* urubu, urubu-caçador; ZOOLOGIA ~ *cock* peru (macho); ZOOLOGIA ~ *hen* perua; ZOOLOGIA ~ *poult* peru ainda pequeno; ~ *trot* determinada dança de salão; (drogas) *cold* ~ abstinência; síndrome de abstinência; *red as a* ~ *cock* vermelho como um peru; vermelho de cólera; *to talk* ~ falar com franqueza; não ter papas na língua

Turkey ['tɜːkɪ] s.top. Turquia ❖ ~ *carpet* tapete turco; tapete oriental; BOTÂNICA ~ *corn* milho; BOTÂNICA ~ *oak* carvalho-turco; ~ *red* alizarina; MINERALOGIA ~ *stone* novaculite

Turkish ['tɜːkɪʃ] Ⓐ adj. turco; relativo à Turquia Ⓑ s. (língua) turco ❖ ~ *bath* banho turco; ~ *delight* guloseima com cobertura de geleia e açúcar; ~ *music* música com instrumentos de percussão; ~ *pound* libra turca; ~ *towel* toalha de banho felpuda e áspera; ~ *towelling* panos turcos; atoalhados turcos; HISTÓRIA *the* ~ *Empire* o Império Turco

Turkmen ['tɜːkmen] Ⓐ adj. do Turquemenistão Ⓑ s. habitante ou natural do Turquemenistão

Turkmenistan [tɜːkmenɪ'stɑːn] s.top. Turquemenistão

Turkoman ['tɜːkəmən] Ⓐ adj. do Turquemenistão Ⓑ s. habitante ou natural do Turquemenistão

turmeric ['tɜːmərɪk] s. BOTÂNICA curcuma; açafrão-da-índia

turmoil ['tɜːmɔɪl] Ⓐ s. 1 agitação, perturbação; 2 confusão, barafunda; 3 tumulto, desordem; 4 turbilhão Ⓑ v.tr. 1 [arc.] agitar, perturbar; 2 lançar na desordem, lançar na confusão

turmut ['tɜːmət] s. [dial.] ⇒ **turnip**

turn [tɜːn] Ⓐ s. 1 vez; *his* ~ *will come* há-de chegar a vez dele; *wait your* ~ espera pela tua vez; 2 volta; *a single* ~ *of the handle* uma simples volta da manivela; *a* ~ *to the left* uma volta para a esquerda; 3 mudança de direcção; *to make a* ~ *to the left* virar à esquerda; 4 rotação; 5 turno; 6 (estrada, rio, etc.) curva; 7 viragem; ~ *of the century* viragem do século; 8 mudança; reviravolta; *an unexpected* ~ uma mudança inesperada; *a* ~ *of Fortune's wheel* uma reviravolta da sorte; *his fortune took a* ~ *for the worse* a sorte dele começou a piorar; *she gave a new* ~ *to the conversation* ela mudou de conversa; *the tide is on the* ~ a maré está a mudar; *the* ~ *of the tide* a mudança das coisas, a melhoria da situação*fig*; *to take another* ~ mudar de aspecto; 9 (doença) crise; *she had one of her turns last week* ela teve uma das suas crises na semana passada; 10 ocasião, oportunidade; *out of* ~ fora da ocasião própria; 11 acção; *a bad* ~ uma má acção; *a friendly* ~ um favor; *to do a bad/good* ~ praticar uma má/boa acção; 12 TEATRO número; *music hall* ~ número de variedades; 13 passeio; volta; *to take a* ~ *in the garden* dar uma volta pelo jardim; 14 inclinação, propensão, tendência; *to have a gloomy* ~ *of mind* ter tendência para a melancolia; *to have a* ~ *for music* ter inclinação para a música; 15 fim, propósito; *to serve one's* ~ servir os seus fins; 16 estilo; *I don't like the* ~ *of the sentence* não gosto do estilo da frase; 17 choque, susto; *those news gave her quite a* ~

turnabout

as notícias causaram-lhe um grande choque; **18** MÚSICA grupeto; **19** (Bolsa de Valores) transacção de compra e venda; **20** MILITAR avanço para atacar pelos flancos; **21** *pl.* menstruação, regras Ⓑ *v.tr.,intr.* **1** virar; *I am going to have this suit turned* vou mandar virar este fato; [coloq.] *I don't know where to ~* não sei para que lado me hei-de virar; *she turned her head and looked at us* ela virou-se e olhou para nós; *the wind turned her umbrella inside out* o vento virou-lhe o guarda-chuva; *to ~ inside out* virar de dentro para fora; *to ~ the bed* virar o colchão; *to ~ the pages of a book* virar as páginas de um livro; **2** girar; a rodar; desandar; *my head was turning* eu sentia a cabeça a andar à roda; *the earth turns round the sun* a Terra gira em volta do Sol; *the tap will not ~* a torneira não desanda; *the world keeps on turning* o mundo continua a girar; *to ~ the key in the lock* rodar a chave na fechadura; *~ the tap* desande a torneira; **3** mudar; *the wind is turning* o vento está a mudar; *when does the tide turn?* quando muda a maré?; **4** mudar de assunto; *the conversation turned on the war* a conversa começou a incidir sobre a guerra; *to ~ the conversation* mudar de conversa; **5** transformar-se; *her love was turned to hate* o amor dela transformou-se em ódio; **6** [fig.] (afectar) dar a volta; *to ~ sb's brain* dar volta ao juízo de alguém; *to ~ sb's head* dar a volta à cabeça de alguém; *to ~ the stomach* dar a volta ao estômago; **7** desviar; *nothing will ~ him from his purpose* nada o fará desviar-se do objectivo; **8** tornear, trabalhar ao torno; *this wood turns well* esta madeira trabalha-se bem ao torno; **9** dobrar; *to ~ a corner* dobrar uma esquina; **10** contornar, rodear; *to ~ a difficulty* contornar uma dificuldade; *to ~ the flank of* contornar o flanco de; **11** azedar; *the milk has turned* o leite azedou; **12** COMÉRCIO (dinheiro) facturar, fazer; *to ~ a pretty penny* facturar um bom lucro; **13** (estrada, rio, etc.) fazer uma curva; **14** mudar de cor; *it turned him pale* fê-lo empalidecer; [coloq.] *to ~ all the colours of the rainbow* passar por todas as cores do arco-íris; **15** (cabelo) embranquecer, tornar-se branco; **16** (folhas no Outono) amarelecer; *the leaves are beginning to ~* as folhas estão a começar a amarelecer; **17** (anos) fazer; *she hasn't yet turned thirty* ela ainda não fez trinta anos; **18** MEDICINA (tornozelo) torcer; **19** traduzir [**into**, para]; *to ~ into English* traduzir para inglês; **20** (solo) revolver; **21** aperfeiçoar, burilar; *to ~ a sentence* aperfeiçoar uma frase; *a well-turned epigram* um epigrama bem burilado ❖ *~ bench* banco de torneiro; *~ bridge* ponte giratória; (veículo) *~ indicator* pisca-pisca; NÁUTICA *sea ~* brisa do mar; NÁUTICA *land ~* aragem; *~ and ~ about* alternadamente; por turnos; *~ of life* menopausa; mudança de idade; *~ of mind* modo de pensar; *~ of speed* velocidade; rapidez; ELECTRICIDADE *turns per inch* espiras por polegada; *at every ~* em cada momento; *by turns* sucessivamente; em alternância; à vez; *her stomach turned at the sight of the murder* ela sentiu náuseas ao ver o assassínio; *his head turned with success* sentiu-se embriagado pelo êxito; *I'll have a ~ of it* vou experimentar; *in ~* como consequência; sucessivamente; *it has just turned half past six* acabaram precisamente de dar as seis e meia; *one good ~ deserves another* amor com amor se paga; (relógio) *on the ~ of five* às cinco; MILITAR *right about turn!* meia volta à direita!; *to go hot and cold by turns* sentir febre e arrepios alternadamente; *to take turns* revezar-se; NÁUTICA *to ~ all hands on deck* fazer subir todos os homens ao convés; *to ~ an honest penny* ganhar a vida honradamente; *to ~ one's hand to* experimentar; [coloq.] *to ~ one's coat* virar a casaca; *to ~ the tide of* dar novo rumo a; *to ~ on one's heels* ir-se embora abruptamente; *to ~ the tables on sb* virar o feitiço contra o feiticeiro; *without turning a hair* sem o menor sinal de perturbação

◆**turn against** *v.tr.* virar-se contra; *the demonstrators turned against the police* os manifestantes viraram-se contra a polícia

◆**turn around** Ⓐ *v.intr.* **1** voltar-se; virar-se para trás; **2** dar meia-volta; **3** dar uma volta completa Ⓑ *v.tr.* **1** (mudança) dar a volta a; **2** (empresa, negócio) melhorar; ajudar a recuperar

◆**turn aside** Ⓐ *v.intr.* afastar-se, desviar-se [**from**, de] Ⓑ *v.tr.* desviar

◆**turn away** Ⓐ *v.tr.* **1** (pessoa) mandar embora; não deixar entrar; **2** recusar; rejeitar Ⓑ *v.intr.* **1** virar a cara; afastar os olhos; **2** virar costas; ir-se embora [**from**, de]

◆**turn back** *v.tr.,intr.* **1** (colarinho, roupa de cama) dobrar para trás; **2** (regresso) voltar para trás; **3** (relógio) atrasar; **4** (decisão, etc.) retroceder; recuar; voltar atrás

◆**turn down** *v.tr.* **1** recusar, rejeitar; não aceitar; **2** (som) baixar; **3** reduzir; **4** dobrar; virar para baixo

◆**turn in** Ⓐ *v.tr.* **1** (criminoso) denunciar, entregar à polícia; *to turn oneself in* entregar-se (à polícia); **2** devolver; restituir; **3** entregar; *rebels turned in their arms to the police* os rebeldes entregaram as armas à polícia; **4** (resultados) produzir Ⓑ *v.intr.* ir-se deitar; deitar-se[coloq.]; *to ~ all standing* deitar-se vestido

◆**turn into** *v.tr.* **1** transformar-se em; *can a wolf ~ a lamb?* poderá um lobo transformar-se em cordeiro?; *the water turned into ice* a água transformou-se em gelo; **2** (direcção) virar para

◆**turn off** Ⓐ *v.tr.* **1** (electricidade, gás, máquina) desligar; *to ~ the radio* desligar o rádio; **2** (luz) apagar; **3** (torneira) fechar; *to ~ the water* fechar a torneira da água; **4** repugnar; **5** fazer perder o interesse Ⓑ *v.intr.* **1** apagar-se; **2** (estrada) sair; virar; *is this where the road to Canterbury turns off?* é aqui que a estrada vira para Cantuária?

◆**turn on** Ⓐ *v.tr.* **1** (electricidade, gás, máquina) ligar; *to ~ the radio* ligar o rádio; **2** (luz) acender; **3** (torneira) abrir; **4** [coloq.] interessar; entusiasmar; **5** [coloq.] seduzir; excitar; **6** atacar; virar-se contra; *the dog turned on her and bit her* o cão atacou-a e mordeu-a; **7** depender de; *everything turns on the weather* tudo depende do tempo Ⓑ *v.intr.* **1** ligar-se; **2** acender-se ❖ [coloq.] *to ~ the waterworks* começar a chorar

◆**turn out** Ⓐ *v.tr.* **1** (luz) apagar; **2** expulsar, pôr na rua; *to ~ a tenant* expulsar um inquilino; **3** fabricar; produzir; **4** esvaziar; *she turned out all the drawers in her desk* ela esvaziou todas as gavetas da secretária Ⓑ *v.intr.* **1** acabar; terminar; **2** transformar-se; *what a pretty girl she has turned out* ela transformou-se numa bonita rapariga; **3** revelar-se, sair; *everything turned out well* tudo saiu bem; *to ~ well* sair bem; **4** aparecer, comparecer; *how many people turned out for the meeting?* quantas pessoas compareceram à reunião?; **5** levantar-se, sair da cama

◆**turn over** Ⓐ *v.tr.* **1** virar; virar ao contrário; **2** entregar; **3** (pensamento) dar voltas a, ponderar; *to turn a matter over and over in one's mind* ponderar maduramente um assunto; **4** (página) virar; **5** (responsabilidade) delegar; **6** FINANÇAS facturar; **7** [cal.] assaltar, roubar Ⓑ *v.intr.* **1** virar a página; partir para outra[coloq.]; *you must ~ a new leaf* tens de virar a página; **2** capotar; *the car turned over* o carro capotou; **3** (mecanismo) girar; funcionar ❖ *to ~ a new leaf* emendar-se; encetar novo caminho

◆**turn to** Ⓐ *v.tr.* **1** recorrer a; *he had no one to ~* ele não tinha a quem recorrer; **2** dedicar-se a, voltar-se para; *to turn one's thoughts to sth* voltar os seus pensamentos para alguma coisa; **3** (assunto, página) passar para Ⓑ *v.intr.* começar a trabalhar; *it's time we turned to* são horas de começar a trabalhar

◆**turn up** Ⓐ *v.intr.* aparecer; chegar; surgir; *although he promised to come he hasn't turned up yet* embora tivesse prometido vir, ainda não apareceu; *it will ~ one of these days* pode ser que isso apareça num dos próximos dias; *something is sure to ~* há-de aparecer uma oportunidade; *to ~ at sb's house* chegar inesperadamente a casa de alguém Ⓑ *v.tr.* **1** (volume) pôr mais alto; **2** (gás, aquecimento) pôr mais forte; aumentar; **3** (encontrar) descobrir; desencantar; desenterrar; **4** virar para cima; **5** [GB] (costura) subir ❖ *to turn one's nose up at sth* desdenhar de alguma coisa; torcer o nariz a alguma coisa; [coloq.] *to turn one's toes up* esticar o pernil; morrer; *to ~ the whites of one's eyes* revirar os olhos

turnabout ['tɜːnəbaʊt] *s.* **1** reviravolta; **2** mudança, transformação

turnback ['tɜːnbæk] *s.* dobra (de lençol)

turnbuckle ['tɜːnbʌkl] *s.* **1** esticador, parafuso tensor; **2** macaco tensor, macaco de tesar

turncoat ['tɜːnkəʊt] *s.* [depr.] vira-casaca

turncock ['tɜːnkɒk] *s.* funcionário da companhia das águas

turndown ['tɜːndaʊn] Ⓐ *adj.* (colarinho) virado para baixo Ⓑ *s.* dobra (de lenço, etc.)

turned ['tɜːnd] *adj.* **1** torneado; *~ box* caixa torneada; *lathe ~* trabalhado ao torno; **2** dobrado, virado ❖ *~ commas* aspas; *~ off* desligado; *~ on* ligado

turned-on [tɜːndˈɒn] *adj.* 1 [coloq.] (sexualmente) excitado; 2 [ant., coloq.] actualizado; 3 [ant., coloq.] (drogas) pedrado

turned-up [tɜːndˈʌp] *adj.* 1 virado para cima; 2 (nariz) arrebitado; 3 arregaçado

turner [ˈtɜːnə] *s.* 1 torneiro, indivíduo que trabalha com o torno; 2 ginasta; 3 variedade de pombo-cambalhota

Turneresque [ˌtɜːnəˈrɛsk] *adj.* PINTURA segundo a escola de Turner, à maneira de Turner

turnery [ˈtɜːnərɪ] *s.* (*pl.* **-ies**) 1 tornearia, oficina de torneiro; 2 trabalhos ao torno

turn-in [tɜːnˈɪn] *s.* parte da sobrecapa de livro virada para dentro

turning [ˈtɜːnɪŋ] Ⓐ *s.* 1 volta; curva; (automóvel) *to negotiate a ~* saber entrar numa curva; 2 (estrada) bifurcação; cruzamento; 3 desvio; mudança de direcção; 4 ângulo; sinuosidade; 5 mudança; *~ of the tide* mudança da maré; 6 torneio Ⓑ *adj.* que gira; giratório; rotativo • ANATOMIA *~ joint* vértebra; *~ lathe* torno mecânico; *~ moment* momento de torção; *~ point* momento decisivo; momento crítico; *~ speed* velocidade de rotação; *at the next ~* na próxima esquina; *a ~ point in one's career* um momento decisivo na carreira de alguém; *take the first ~ to the left* vire na primeira rua à esquerda

turnip [ˈtɜːnɪp] *s.* BOTÂNICA nabo ❖ [coloq., fig.] *~ watch* relógio grande de bolso; cebola

turnipy [ˈtɜːnɪpɪ] *adj.* 1 parecido com um nabo; 2 que cheira a nabo

turnkey [ˈtɜːnkiː] *s.* 1 carcereiro; 2 chaveiro de cadeia ou prisão

turn-off [ˈtɜːnɒf] *s.* 1 ramal, entroncamento; 2 [coloq.] (coisa desanimadora) corte_coloq._

turn-on [ˈtɜːnɒn] *s.* [coloq.] estímulo, coisa excitante

turnout [ˈtɜːnaʊt] *s.* 1 afluência; 2 assistência; audiência; adesão; *there was a great ~* estava muita gente; 3 POLÍTICA (eleições) afluência às urnas; *~ at the polls/voter ~* afluência às urnas; 4 greve; 5 VESTUÁRIO roupa; 6 COMÉRCIO produção; 7 (caminhos-de-ferro) ramal, desvio de linha; 8 (gavetas, etc.) arrumações

turnover [ˈtɜːnəʊvə] Ⓐ *s.* 1 FINANÇAS volume de negócios; facturação; 2 COMÉRCIO rotação do stock; 3 (recursos humanos, funcionários) mobilidade, rotatividade; 4 CULINÁRIA (pastel) guardanapo; *apple ~* guardanapo com recheio de maçã; 5 (lençol, roupa, etc.) dobra; *~ of a sheet* dobra de um lençol; 6 (jornal) artigo que continua noutra página; 7 (carruagem, etc.) acto de capotar; trambolhão Ⓑ *adj.* que pode ser dobrado ❖ FINANÇAS *~ tax* imposto de circulação de mercadoria

turnpike [ˈtɜːnpaɪk] *s.* 1 torniquete, molinete; 2 barreira colocada na estrada para obrigar os que nela transitam a pagar determinado imposto; 3 estrada atravessada por uma destas barreiras

turnround [ˈtɜːnraʊnd] *s.* 1 reviravolta; transformação radical; 2 (passageiros) embarque e desembarque; 3 (camiões, etc.) carga e descarga ❖ *~ time* tempo de execução; tempo de retorno

turnsole [ˈtɜːnsəʊl] *s.* BOTÂNICA girassol

turnspit [ˈtɜːnspɪt] *s.* pessoa encarregada de virar o espeto para assar

turnstile [ˈtɜːnstaɪl] *s.* 1 molinete, borboleta, torniquete; 2 cruz móvel, de ferro ou madeira, que só permite a entrada de peões um a um

turnstone [ˈtɜːnstəʊn] *s.* ZOOLOGIA (ave) maçarico, tarambola, marinho-branco, pildra-dourada, tordeira-do-mar

turntable [ˈtɜːnteɪbəl] *s.* 1 (gira-discos) prato; 2 plataforma giratória

turn-up [ˈtɜːnʌp] *s.* 1 [GB] VESTUÁRIO (calças) dobra; *turn-ups or plain bottoms?* calças com ou sem dobra?; 2 [coloq.] acaso

turpentine [ˈtɜːpəntaɪn] *s.* terebintina, terebentina ❖ *~ oil* óleo de terebentina; *~ substitute* aguarrás; BOTÂNICA *~ tree* terebinto; cornalheira

turpeth [ˈtɜːpɛθ] *s.* BOTÂNICA turbito ❖ QUÍMICA *~ mineral* turbito mineral

turpitude [ˈtɜːpɪtjuːd] *s.* 1 torpeza, indignidade, baixeza; 2 depravação

turps [tɜːps] *s.* essência de terebintina

turquoise [ˈtɜːkwɔɪz, ˈtɜːkwɑːz] Ⓐ *s.* 1 MINERALOGIA (pedra preciosa) turquesa; 2 (cor) azul-turquesa Ⓑ *adj.* (cor) azul-turquesa

turret [ˈtʌrɪt] *s.* 1 (edifício) torreão; 2 (fortificação, navio de guerra) torre; 3 HISTÓRIA torre de madeira, sobre rodas, utilizada outrora para o ataque a lugares fortificados; 4 MECÂNICA espera; 5 (microscópio) revólver ❖ *~ gun* peça de artilharia montada em torre; *~ lathe* torno-revólver; *~ rest* espera de revólver; *~ ship* navio de guerra com as peças de artilharia montadas em torres; *~ milling machine* máquina de fresar tipo revólver

turreted [ˈtʌrɪtɪd] *adj.* 1 atorreado, com torreões; 2 guarnecido de torres; 3 HERÁLDICA acastelado; 4 ZOOLOGIA turriculado

turriculate [tʌˈrɪkjʊlɪt] *adj.* turriculado

turtle [ˈtɜːtl] Ⓐ *s.* ZOOLOGIA tartaruga; *green ~* tartaruga verde; 2 ZOOLOGIA [arc.] rola Ⓑ *v.intr.* ir à pesca de tartarugas ❖ *~ shell* concha de tartaruga; CULINÁRIA *~ soup* sopa de tartaruga; *to turn ~* ficar de pernas para o ar; virar ao contrário

turtledove [ˈtɜːtldʌv] *s.* 1 ZOOLOGIA rola; 2 [arc.] querido

turtleneck [ˈtɜːtlnɛk] *s.* 1 [EUA] gola alta; 2 [EUA] camisola de gola alta

turtling [ˈtɜːtlɪŋ] *s.* pesca de tartaruga

Tuscan [ˈtʌskən] Ⓐ *adj.* toscano; relativo à Toscana Ⓑ *s.* (pessoa, dialecto) toscano ❖ *~ straw* palha fina de centeio usada para chapéus

Tuscany [ˈtʌskənɪ] *s.top.* Toscana

tush[1] [tʊʃ] *s.* [cal.] traseiro, rabo

tush[2] [tʌʃ] Ⓐ *interj.* [arc.] (desprezo, impaciência) ora!, histórias!, essa é boa! Ⓑ *v.intr.* pronunciar a interjeição *tush*, dizer *tush* Ⓒ *s.* 1 dente canino de cavalo; 2 a interjeição *tush*

tushery [ˈtʌʃərɪ] *s.* abuso de arcaísmos na literatura

tushy [ˈtʊʃɪ] *s.* [cal.] ⇒ **tush**[1]

tusk [tʌsk] Ⓐ *s.* 1 defesa, dente de elefante, javali, etc.; 2 colmilho; 3 dente de grade, ancinho, etc. Ⓑ *v.tr.* ferir, atravessar, despedaçar com as presas ou colmilhos

tusked [tʌskt] *adj.* com presas ou colmilhos

tusker [ˈtʌskə] *s.* javali ou elefante adulto, já com presas

tusky [ˈtʌskɪ] *adj.* com presas ou colmilhos

tussah [ˈtʌsə] *s.* ⇒ **tussore**

tussive [ˈtʌsɪv] *adj.* 1 tússico; relativo a tosse; 2 causado pela tosse

tussle [ˈtʌsl] Ⓐ *s.* luta; confronto; briga, rixa; *to have a ~ with sb for sth* lutar com alguém por causa de uma coisa Ⓑ *v.intr.* 1 lutar; 2 disputar; *to ~ over sth* disputar alguma coisa

tussock [ˈtʌsək] *s.* (cabelo, penas, relva, etc.) tufo ❖ BOTÂNICA *~ grass* erva alta e fina da Patagónia

tussocky [ˈtʌsəkɪ] *adj.* com tufos

tussore [ˈtʌsə, ˈtʌsɔː] *s.* 1 determinada espécie asiática de bicho-da-seda produtor de uma seda forte mas grosseira; 2 (tecido) tussá, tussor

tut [tʌt] Ⓐ *interj.* (impaciência, desprezo, censura) basta! Ⓑ *s.* 1 a interjeição *tut*; 2 (minas) tarefa, trabalho produzido; 3 trabalho de pouca monta Ⓒ *v.intr.* (*particípios:* **-tt-**) 1 manifestar impaciência, desprezo ou censura com a interjeição *tut*; 2 realizar biscates, fazer pequenos trabalhos

tutelage [ˈtjuːtɪlɪdʒ] *s.* (supervisão, orientação) tutela; *to be in ~* estar sob tutela

tutelar [ˈtjuːtɪlə] *adj.* 1 tutelar; *~ angel* anjo tutelar; 2 protector; *~ authority* autoridade protectora ❖ *~ saint* santo padroeiro; santo protector

tutelary [ˈtjuːtɪlərɪ, ˈtjuːtɪlərɪ] *adj.* ⇒ **tutelar**

tutenag [ˈtjuːtɪnæg] *s.* tutanaga, zinco importado da China e das Índias Orientais

tutor [ˈtjuːtə] Ⓐ *s.* 1 professor particular, preceptor; 2 explicador; 3 (seminário universitário) orientador; 4 protector; 5 [Esc.] DIREITO (de menores) tutor Ⓑ *v.tr.,intr.* 1 dar lições particulares (a); dar explicações (a); *to ~ sb in French* dar lições de francês a alguém; 2 (estudos, investigação, trabalho) orientar; 3 educar; disciplinar; 4 refrear, reprimir; *to ~ one's passions* refrear, reprimir as paixões

tutoress [ˈtjuːtərɪs] *s.f.* (*pl.* **-es**) 1 professora particular; 2 preceptora; 3 DIREITO tutora

tutorial [tjuːˈtɔːrɪəl] Ⓐ *s.* 1 sessão de estudo sob a orientação de um explicador; 2 seminário; 3 INFORMÁTICA tutorial Ⓑ *adj.* 1 tutorial; 2 tutório; 3 educativo

tutoring [ˈtjuːtərɪŋ] *s.* 1 ensino; 2 aulas particulares, explicações; 3 profissão de professor particular ou preceptor

tutorship [ˈtjuːtəʃɪp] *s.* 1 cargo ou funções de preceptor ou professor particular; 2 ensino

tutory [ˈtjuːtərɪ] *s.* DIREITO tutela

tutsan [ˈtʌtsən] *s.* BOTÂNICA androsemo, hipericão

tutti-frutti [ˌtʊtɪˈfrʊtɪ] *s.* gelado tutti-frutti

tutty [ˈtʌtɪ] *s.* tutia, óxido de zinco impuro

tu-whit [təˈwɪt] *s.* pio da coruja

tu-whoo [tə'wu:] Ⓐ s. ⇒ **tu-whit** Ⓑ v.intr. (coruja) piar
tuxedo [tʌk'si:dəʊ] s. (pl. **-s** ou **-es**) [EUA] VESTUÁRIO smoking
tuyère ['twi:eə] s. (carpintaria) alcaraviz, algaraviz ❖ ~ *iron* algaraviz
TV Ⓐ {abrev. de **television**} televisão Ⓑ [abrev. de terminal velocity]
twaddle ['twɒdl] Ⓐ s. 1 disparate, tolice; *to talk* ~ dizer disparates, falar no ar; 2 palavrório tolo, despropositado Ⓑ v.intr. 1 dizer disparates, dizer tolices; 2 falar no ar ❖ *to cut in* ~ cortar em dois
twaddler ['twɒdlə] s. 1 indivíduo que só diz tolices; 2 pessoa que fala no ar; 3 palrador; 4 mexeriqueiro, bisbilhoteiro
twaddling ['twɒdlɪŋ] adj. 1 oco, disparatado; 2 cheio de palavreado
twain [tweɪn] adj.,s. [arc.] dois; duas pessoas; duas coisas
twang [twæŋ] Ⓐ s. 1 som de corda tensa, ruído seco de corda de um arco; 2 som agudo, metálico; 3 voz fanhosa; tom de pessoa que fala pelo nariz; *to speak with a* ~ falar com voz fanhosa, falar pelo nariz Ⓑ v.tr.,intr. 1 produzir um som agudo, metálico; 2 fazer ressoar; 3 vibrar; 4 [depr.] (violino, etc.) arranhar, tocar mal; *to* ~ *a violin* arranhar violino; 5 falar com tom nasal ❖ *to* ~ *a bow* disparar um arco
twanging ['twæŋɪŋ] s. 1 som agudo ou metálico; 2 vibração; 3 tonalidade nasal
twangle ['twæŋgl] v.tr.,intr. 1 produzir um som agudo; 2 [depr.] (instrumento de corda) arranhar; *to* ~ *a violin* arranhar o violino
twankay ['twæŋkɪ] s. variedade de chá verde
'twas [twɒz, twɑz] contr. de **it was**
twat [twɒt] s. 1 [cal.] (ofensivo) rata_cal._, cona_cal._; 2 [cal.] (ofensivo) estupor_cal._, filho da mãe_cal._
twayblade ['tweɪbleɪd] s. BOTÂNICA listera, variedade de orquídea
tweak [twi:k] Ⓐ v.tr. 1 (nariz, orelhas) torcer; 2 beliscar fortemente; 3 dar um puxão (a), puxar; *to* ~ *a boy's ears* puxar as orelhas a um rapaz; 4 [coloq.] modificar ligeiramente Ⓑ s. 1 (orelhas) puxão; 2 (nariz, etc.) torcedura; 3 beliscão forte; 4 [coloq.] pequena modificação; 5 [coloq.] artimanha, astúcia
tweaker ['twi:kə] s. [coloq.] fisga de borracha (de rapaz)
tweed [twi:d] s. 1 (tecido) tweed; 2 pl. VESTUÁRIO roupas de tweed
tweedle ['twi:dl] s. som de violino ou de rabeca
tweedledum ['twi:dldʌm] s. ~ *and tweedledee* coisas que só diferem no nome ❖ *it is a change from* ~ *to tweedledee* quanto mais se muda, tanto mais se vê que é a mesma coisa; tanto faz dar-lhe na cabeça como na cabeça lhe dar
tweedy ['twi:dɪ] adj. de tweed, feito de tweed
'tween [twi:n] adv.,prep. ⇒ **between** ❖ NÁUTICA ~ *decks* espaço entre as cobertas
tweeny ['twi:nɪ] s. (pl. **-ies**) 1 criada auxiliar; 2 ajudante de cozinheira e de criada de sala; 3 charuto pequeno
tweet [twi:t] Ⓐ s. chilreio, chilro, pipilo, pipio Ⓑ v.intr. 1 chilrear; 2 pipilar, pipiar
tweezer ['twi:zə] Ⓐ s. (arrancar pêlos, etc.) pinça pequena Ⓑ v.tr. arrancar, extrair com pinça ❖ *a pair of tweezers* pinça
twelfth [twelfθ] Ⓐ num.ord. décimo segundo Ⓑ s. duodécimo, décima segunda parte Ⓒ adv. em décimo segundo lugar ❖ *Twelfth Day* dia de Reis; DESPORTO (críquete) ~ *man* jogador suplente; reserva; *Twelfth Night* véspera do dia de Reis
twelfthly ['twelfθlɪ] adv. 1 em décimo segundo lugar; 2 em duodécimo lugar
twelve [twelv] num.card.,s. doze ❖ (História de Roma) *Twelve Tables* Doze Tábuas; *twelve-phase transformer* transformador de doze fases
twelvemo ['twelvməʊ] s. ⇒ duodecimo
twelvemonth ['twelvmʌnθ] s. ano; doze meses; *she hasn't seen him for nearly a* ~ ela já não o vê há cerca de um ano; *this day* ~ de hoje a um ano
twelver ['twelvə] s. [coloq.] xelim
twelve-tone ['twelv,təʊn] adj. MÚSICA dodecafónico
twentieth ['twentɪəθ] num.ord.,s. vigésimo ❖ *on the* ~ *of May* a vinte de Maio
twenty ['twentɪ] num.card.,s. vinte; *twenty-five* vinte e cinco; *twenty-four* vinte e quatro; *twenty-three* vinte e três ❖ *twenty-fifth* vigésimo quinto; *twenty-second* vigésimo segundo; *twenty-third* vigésimo terceiro; *she is in the early twenties* ela tem vinte e poucos anos; *she is in the late twenties* ela tem vinte e tal anos

twentyfold ['twentɪfəʊld] Ⓐ adj. vinte vezes maior Ⓑ adv. vinte vezes mais
twenty-one [,twentɪ'wʌn] s. (jogo de cartas) vinte-e-um
twenty-two [,twentɪ'tu:] s. DESPORTO (râguebi) linha dos vinte e dois metros
'twere [twɜ:, tweə] contr. de **it were**
twerp [twɜ:p] s. [cal.] idiota; imbecil
twibill ['twaɪbɪl] s. 1 partasana; 2 enxó de calceteiro
twice [twaɪs] adv. duas vezes; o dobro; *he is* ~ *as old as she is* ele tem o dobro da idade dela; *the letter made him think* ~ a carta obrigou-o a pensar duas vezes; *to do sth* ~ fazer uma coisa duas vezes; ~ *a year* duas vezes por ano; ~ *over* duas vezes seguidas; ~ *seven is fourteen* duas vezes sete são catorze ❖ ~ *as many/much* o dobro; *he is* ~ *the man he was* ele está outra vez com uma saúde esplêndida; *once or* ~ algumas vezes
twicer ['twaɪsə] s. 1 TIPOGRAFIA compositor-impressor; 2 pessoa que ao domingo vai duas vezes à igreja; 3 [coloq.] gémeo; 4 viúvo ou viúva que volta a casar; 5 pessoa que se serve duas vezes numa refeição
twice-told [,twaɪs'təʊld] adj. [arc., poét.] bem conhecido; *a* ~ *tale* uma história conhecida
twiddle ['twɪdl] Ⓐ v.tr. (com os polegares) girar, fazer andar à volta; torcer; *to* ~ *one's moustache* torcer o bigode Ⓑ v.intr. brincar [**with**, com]; mexer [**with**, em] Ⓒ s. volta, giro; rotação pequena ❖ *to* ~ *one's thumbs* estar sem fazer nada
twig [twɪg] Ⓐ s. 1 galho; ramo delgado; 2 BOTÂNICA rebento; 3 ANATOMIA (artéria, nervo, etc.) ramificação; 4 ELECTRICIDADE derivação; 5 varinha mágica, varinha de vedor Ⓑ v.tr. (particípios **-gg-**) 1 [GB] [coloq.] compreender, perceber; *now I* ~ *it* agora percebo; 2 observar ❖ [coloq.] *to hop the* ~ morrer
twigged ['twɪgd] adj. com ramos ou galhos finos
twiggery ['twɪgərɪ] s. 1 ramagem; 2 raminhos, galhos
twiggy ['twɪgɪ] adj. 1 ramoso; 2 com rebentos; 3 com galhos finos
twilight ['twaɪlaɪt] Ⓐ s. 1 crepúsculo; 2 penumbra; 3 [fig.] conhecimento parcial; compreensão imperfeita; 4 [lit.] decadência, declínio; 5 mutação; transição; transformação Ⓑ v.tr. iluminar com luz débil; iluminar com luz crepuscular ❖ ~ *arc/curve* arco crepuscular; ~ *sleep* estado de semi-inconsciência provocado por hipnose; ~ *zone* zona intermédia; zona cinzenta; *the morning* ~ a aurora; o despontar do dia; *the* ~ *of history* os princípios da História; o despertar da História; MITOLOGIA *the Twilight of the Gods* o Crepúsculo dos Deuses
twilit ['twaɪlɪt] adj. 1 crepuscular; 2 iluminado pelo crepúsculo
twill [twɪl] Ⓐ s. sarja, tecido entrançado Ⓑ v.tr. tecer, dando o aspecto de sarja
'twill [twɪl] contr. de **it will**
twilled ['twɪld] adj. com aspecto de sarja
twin [twɪn] Ⓐ adj.,s. gémeo; ~ *brothers* irmãos gémeos; ~ *sisters* irmãs gémeas; ~ *wheels* rodas gémeas Ⓑ v.tr.,intr. (particípios: **-nn-**) 1 (cidade) geminar [**with**, com]; 2 (coisas, pessoas) emparceirar, emparelhar; 3 dar à luz gémeos; 4 [arc.] ser irmão gémeo; *to* ~ *with sb* ser irmão gémeo de alguém ❖ ARQUITECTURA ~ *arch* arco geminado; ~ *cable* cabo de dois condutores; ~ *compressor* compressor duplo; MINERALOGIA ~ *crystallization* hemitropia; ~ *cylinder* motor de dois cilindros; FOTOGRAFIA *twin-lens camera* máquina com duas objectivas; MINERALOGIA ~ *plane* plano de hemitropia; VESTUÁRIO ~ *set* conjunto de casaco e blusa de malha; ~ *town* cidade geminada; ~ *wire* cabo/fio duplo
twine [twaɪn] Ⓐ s. 1 (fio torcido) retrós; torçal; 2 guita, barbante; cordão, cordel, corda; 3 meandro, sinuosidade; *the twines of a river* as curvas de um rio; 4 entrelaçamento, emaranhamento; 5 (planta trepadeira) acto de se enroscar; 6 NÁUTICA fio de vela Ⓑ v.tr.,intr. 1 retorcer, torcer; 2 entrelaçar(-se); 3 enroscar(-se); 4 abraçar, cingir, enlaçar; *she twined her arms round her mother's neck* ela abraçou o pescoço da mãe; 5 (estrada) serpear, serpentear ❖ ~ *scrap* aparas de fio têxtil; *to* ~ *flowers into a wreath* fazer uma coroa de flores; *the branches were twined with ivy* os ramos estavam cobertos de heras
twin-engined [twɪn'endʒɪnd] adj. bimotor; ~ *machine* avião bimotor
twiner ['twaɪnə] s. 1 máquina de torcer fio; 2 BOTÂNICA planta volúvel

twinge ['twɪndʒ] Ⓐ *s.* **1** pontada, dor aguda e súbita; **2** remorso; *to have some twinges of conscience* ter remorsos, não ter a consciência tranquila Ⓑ *v.tr.* **1** causar pontadas, provocar dor súbita e aguda; **2** [rar.] atormentar Ⓒ *v.intr.* sentir pontadas; *my side twinges* sinto pontadas aqui de lado

twinging ['twɪndʒɪŋ] Ⓐ *adj.* (dor) agudo, pungente Ⓑ *s.* dor súbita e aguda

twining ['twaɪnɪŋ] Ⓐ *adj.* **1** sinuoso; **2** tortuoso; **3** cheio de curvas; **4** BOTÂNICA volúvel Ⓑ *s.* **1** sinuosidade; **2** tortuosidade; **3** entrelaçamento

twinkle ['twɪŋkl] Ⓐ *s.* **1** cintilação; brilho; centelha; *she had a mischievous ~ in her eyes* tinha um brilho malicioso nos olhos; **2** movimento rápido e breve; **3** vislumbre, bruxuleio, luz trémula; **4** (olhos) piscadela, pestanejo; **5** [fig.] instante, momento; *in the ~ of an eye* num instante Ⓑ *v.tr.,intr.* **1** cintilar, brilhar; tremeluzir; *her eyes twinkled with mischief* os olhos dela brilharam de malícia; *stars were twinkling in the sky* as estrelas tremeluziam no céu; **2** (olhos) pestanejar, piscar; **3** (luz) emitir intermitentemente; **4** (dança) mover-se rapidamente; *her feet twinkled as she danced* os pés moviam-se rapidamente enquanto dançava ❖ [coloq.] *in a ~* num abrir e fechar de olhos; num piscar de olhos

twinkling ['twɪŋklɪŋ] Ⓐ *adj.* cintilante; tremeluzente Ⓑ *s.* **1** cintilação; brilho trémulo; bruxuleio; **2** (olhos) piscadela, pestanejo; **3** vislumbre; **4** [fig.] instante, momento; *in the ~ of an eye* num instante ❖ *in a ~* num abrir e fechar de olhos

twinned [twɪnd] *adj.* **1** geminado; **2** (cristal) em maclas

twinning ['twɪnɪŋ] *s.* **1** geminação; **2** parto de gémeos; **3** ligação, junção; **4** hemitropia

Twins [twɪnz] *s.* ASTRONOMIA (constelação, signo) Gémeos

twin-screw ['twɪnskruː] *adj.* com duas hélices; *~ steamer* vapor com duas hélices

twirl [twɜːl] Ⓐ *s.* **1** rodopio; volta, rotação; reviravolta; **2** pirueta; **3** (escrita) floreado; **4** ARQUITECTURA voluta Ⓑ *v.tr.,intr.* **1** rodopiar; girar rapidamente; **2** torcer; enrolar; *he stood there twirling his moustache* ele estava de pé a torcer as pontas do bigode

twirling ['twɜːlɪŋ] *s.* **1** acto de girar à volta; **2** rodopio

twist [twɪst] Ⓐ *s.* **1** torção; **2** MEDICINA entorse; *he gave his ankle a ~* ele fez uma entorse, ele torceu um pé; **3** FÍSICA força de tensão; **4** curva; volta; *the road is full of twists and turns* a estrada está cheia de curvas e contracurvas; *~ in a stream* volta de um rio; **5** fio; cordel; **6** reviravolta; mudança inesperada; **7** (pão) regueifa, rosca; **8** rolo de tabaco para mascar; **9** DESPORTO (críquete, bilhar) efeito dado à bola; **10** DESPORTO rotação do corpo; **11** (personalidade) característica, peculiaridade; **12** deformação, distorção; perturbação; *mental ~* deformação de espírito; *to give the truth a ~* distorcer a verdade; *to have a bit of a ~ in one's brain* ter o juízo um pouco perturbado; **13** (bebida) rodela de limão; **14** (dança) twist; *to dance the ~* dançar o twist Ⓑ *v.tr.,intr.* **1** torcer; *his ankle twisted* torceu um pé; *to ~ a wet cloth* torcer um pano molhado; *to ~ one's wrist* torcer o pulso; **2** enrolar, enroscar; **3** entrançar, entrelaçar; *to ~ flowers into a garland* fazer uma coroa de flores entrançadas; **4** deformar; **5** contorcer-se, retorcer-se; *he twisted and turned about in pain* ele contorcia-se e retorcia-se com dores; **6** mudar de direcção; **7** [fig.] enganar, lograr; **8** deturpar, distorcer; *to ~ the truth* deturpar a verdade; **9** (estrada, rio) virar, desviar-se; **10** dançar o twist ❖ *~ drill* broca helicoidal; *~ gimlet* verruma em espiral; *~ of a rope* cocha de um cabo; *~ of paper* cartucho de papel torcido nas pontas; [coloq.] *to ~ sb's arm* pressionar alguém a fazer alguma coisa; *to ~ sb round one's little finger* fazer o que se quer de alguém; manobrar alguém à vontade; *with a ~ of the mouth* com um esgar da boca

◆**twist about/around** *v.intr.* **1** (corda, etc.) enrodilhar-se, enroscar-se; **2** (estrada, etc.) serpentear, ziguezaguear

◆**twist off** *v.tr.* **1** desenroscar; **2** desaparafusar

◆**twist up** *v.tr.,intr.* (corda, fio, etc.) enroscar, enrolar

twisted ['twɪstɪd] *adj.* **1** torcido, retorcido; *~ bar* barra torcida; **2** entrançado; *~ hair* cabelo entrançado; **3** enrolado, enroscado; **4** distorcido; alterado, deturpado, desvirtuado; **5** em espiral; *~ auger* broca em espiral ❖ ARQUITECTURA *~ column* coluna salomónica

twister ['twɪstə] *s.* **1** [EUA] [coloq.] ciclone, furacão, tornado; **2** aquele que torce; **3** DESPORTO bola com efeito; **4** [coloq.] aldrabão; trapaceiro; vigarista

twisting ['twɪstɪŋ] Ⓐ *adj.* tortuoso; cheio de curvas Ⓑ *s.* **1** torcedura; **2** torção; **3** entrelaçamento; **4** deturpação, desvirtuamento ❖ *~ force* resistência à torção; *~ moment* momento de torção; *it gave me a ~* senti uma dor no coração

twisty ['twɪstɪ] *adj.* ⟨*comp.* **-ier**, *superl.* **-iest**⟩ **1** tortuoso; **2** torcido, retorcido; **3** pouco sério

twit [twɪt] Ⓐ *s.* [GB] [coloq.] parvo, idiota Ⓑ *v.tr.* ⟨*particípios* **-tt-**⟩ **1** [ant.] censurar, repreender [**with/about**, por]; *to ~ a person with sth* censurar uma pessoa por qualquer coisa; **2** [ant.] arreliar

twitch [twɪtʃ] Ⓐ *s.* ⟨*pl.* **-es**⟩ **1** puxão, sacão; **2** (contracção muscular) tique; espasmo; *to have a ~* ter um tique; **3** convulsão; contorção; **4** estremeção; **5** BOTÂNICA grama Ⓑ *v.tr.,intr.* **1** contorcer(-se) [**with**, de]; *her face twitched with terror* o rosto contorceu-se de terror; **2** contrair(-se); **3** crispar(-se); **4** estremecer, ter um estremeção; **5** dar um puxão, dar um sacão [**at**, a] ❖ *~ of conscience* rebate de consciência; remorso

◆**twitch away** *v.tr.* arrancar [**from**, a]

twitcher ['twɪtʃə] *s.* pessoa que tem um estremecimento ou um tique

twitching ['twɪtʃɪŋ] *s.* **1** súbita contracção muscular; **2** crispação nervosa; **3** tique; **4** convulsão; **5** sacão, puxão

twitchy ['twɪtʃɪ] *adj.* **1** inquieto, nervoso, agitado; **2** irrequieto, pouco sossegado; **3** com tiques nervosos

twite [twaɪt] *s.* ZOOLOGIA pintarroxo

twitter ['twɪtə] Ⓐ *s.* **1** chilreio, chilro; pipilo; gorjeio; **2** (andorinha) trinfar; **3** algaraviada, conversa rápida e disparatada; **4** [coloq.] excitação, alvoroço; *to be in a ~* estar excitado Ⓑ *v.intr.* **1** chilrear, pipilar; gorjear; **2** (andorinha) trissar, trinfar; **3** tagarelar; falar excitada e rapidamente

twittering ['twɪtərɪŋ] *s.* **1** chilreio, gorjeio; **2** (andorinha) trissar, trinfar

twittingly ['twɪtɪŋlɪ] *adv.* **1** exprobradoramente; **2** repreensivamente; **3** com ar de censura

'twixt [twɪkst] *prep.* ⇒ **betwixt**

two [tuː] *num.card.,s.* dois; *a cigarette or ~* um ou dois cigarros; *in twos* dois a dois; *to cut in ~* cortar em dois; *to fold in ~* dobrar em dois; *the ~ of us* nós os dois; *~ and ~* dois a dois; *~ by ~* dois a dois ❖ [EUA] *~ bits* vinte e cinco cêntimos; MÚSICA *two-four time* compasso de dois por quatro; [coloq.] *in ~ shakes of a lamb's tail/in ~ twos* num abrir e fechar de olhos; *to put ~ and ~ together* perceber a ligação entre dois (ou mais) factos; tirar conclusões; *two's company, three's a crowd* dois é bom, três é de mais

twoc [twɒk] Ⓐ [*abrev. de* taken without owner's consent] Ⓑ *v.tr.* ⟨*prt. e part. pass.* **twocced**⟩ [cal.] (carro) roubar para passeio Ⓒ *s.* [cal.] roubo (temporário) de carro (para passeio)

twoccing ['twɒkɪŋ] *s.* [cal.] roubo de carro para passeio

twock [twɒk] *s.,v.tr.* ⇒ **twoc**

two-dimensional [ˌtuːdaɪˈmenʃənəl] *adj.* **1** bidimensional, a duas dimensões; **2** superficial; **3** (personagem) simplista, sem densidade psicológica

two-edged [tuːˈedʒd] *adj.* **1** (faca, etc.) com dois gumes; **2** com duas interpretações, com dois sentidos

two-faced [tuːˈfeɪst] *adj.* **1** hipócrita; falso; **2** com duas faces

twofer ['tuːfə] *s.* ⟨*contr. de* **two for one**⟩ [EUA] [coloq.] oferta de dois produtos pelo preço de um

twofold ['tuːfəʊld] Ⓐ *adj.* duplo, duplicado Ⓑ *adv.* **1** duplamente, duplicadamente; **2** duas vezes mais

two-handed [tuːˈhændɪd] *adj.* **1** (ferramenta, instrumento, etc.) que exige a utilização das duas mãos; **2** (jogo de cartas, etc.) concebido para duas pessoas; **3** ambidestro

twopence ['tʌpəns] *s.* **1** importância de dois dinheiros; **2** moeda de prata no valor de dois dinheiros ❖ *it isn't worth ~* isso não vale nada

twopenny ['tʌpənɪ] Ⓐ *adj.* **1** barato, ordinário; **2** no valor de dois dinheiros Ⓑ *s.* **1** [coloq.] cabeça, cachola; **2** variedade de cerveja

twopenny-halfpenny [ˌtʌpnɪˈhefpnɪ] *adj.* **1** no valor de dois dinheiros e meio; **2** insignificante, sem importância, sem valor; **3** desprezível

two-phase ['tu:feɪz] *adj.* 1 em duas fases; 2 ELECTRICIDADE bifásico; ~ *current* corrente bifásica

two-ply ['tu:ˌplaɪ] *adj.* 1 (corda, cabo, lã, etc.) com dois fios; 2 (madeira, papel, etc.) com duas camadas; de duas espessuras; ~ *wood* contraplacado de duas espessuras

two-seater [ˌtu:'si:tə] *s.* 1 veículo de dois lugares; 2 sofá de dois lugares

two-sided [tu:'saɪdɪd] *adj.* 1 com dois lados; 2 controverso, que comporta dois pontos de vista; 3 bilateral

twosome ['tu:səm] Ⓐ *adj.* para duas pessoas Ⓑ *s.* 1 par; parelha; grupo de dois; 2 dança ou jogo para duas pessoas

two-step ['tu:step] Ⓐ *s.* (dança, música) variedade de marcha Ⓑ *v.intr.* dançar marcha

two-stroke ['tu:strəʊk] *adj.* (automóvel) de dois tempos; ~ *engine* motor de dois tempos

'twould ['twʊd] *contr. de* it would

two-way ['tu:weɪ] *adj.* 1 com dois sentidos; ~ *street* rua com dois sentidos de trânsito; 2 DESPORTO (equipa, pessoa) com dois concorrentes; 3 (negociação, troca) bilateral ❖ ~ *mirror* espelho sem estanho; ~ *radio* rádio emissor e receptor

two-wheeler [ˌtu:'wi:lə] *s.* veículo de duas rodas

twyer ['twɪə] *s.* ⇒ tuyère

Tychonic [taɪ'kɒnɪk] *adj.* relativo a Tycho Brahe ou ao seu sistema

tycoon [taɪ'ku:n] *s.* 1 título dado pelos estrangeiros ao xógum do Japão (1854-1868); 2 [EUA] grande magnata no mundo dos negócios

tyg [tɪg] *s.* ARQUEOLOGIA taça com duas ou três asas

tying ['taɪɪŋ] Ⓐ *adj.* 1 que prende; 2 difícil, pesado Ⓑ *s.* 1 acto de prender, atar, amarrar; 2 imobilização; 3 laço, nó; 4 (embrulho) corda, fio, fita; 5 (linha de pesca) colocação de mosca artificial ou anzol; 6 CIRURGIA laqueação; ~ *of tubes* laqueação de trompas ❖ FINANÇAS ~ *up* imobilização de capitais

tyke [taɪk] *s.* 1 [coloq.] (criança) diabrete, traquinas; 2 (cão) rafeiro; 3 [coloq., ant.] labrego

tyle [taɪl] *v.tr.* guardar, estar de guarda a (loja maçónica)

tylose ['taɪləʊs] *s.* BOTÂNICA tilose

tylosis [taɪ'ləʊsɪs] *s.* 1 MEDICINA tilose; 2 blefarite ciliar; 3 calo dos dedos dos pés; 4 BOTÂNICA ⇒ tylose

tymp [tɪmp] *s.* 1 parte superior de abertura em alto-forno; 2 pequena trave horizontal em tecto de mina

tympan ['tɪmpən] *s.* ANATOMIA, ARQUITECTURA, TIPOGRAFIA tímpano

tympanic [tɪm'pænɪk] *adj.* timpânico ❖ ANATOMIA ~ *bone* timpanal; ANATOMIA ~ *membrane* membrana do tímpano

tympanist ['tɪmpənɪst] *s.* timpanista, tocador de tímpano

tympanites [ˌtɪmpə'naɪti:z] *s.* MEDICINA timpanismo, timpanite

tympanitic [ˌtɪmpə'nɪtɪk] *adj.* timpanítico

tympanum ['tɪmpənəm] *s.* (*pl.* -a) 1 ANATOMIA, ARQUITECTURA tímpano; 2 roda em forma de tambor para tirar água de um rio

typal ['taɪpəl] *adj.* 1 típico, característico; 2 tipográfico

type [taɪp] Ⓐ *s.* 1 tipo; *men of that* ~ homens daquele tipo; ~ *of cell* tipo de pilha; 2 protótipo; modelo; 3 BIOLOGIA espécie; *to deviate from the* ~ degenerar; 4 TIPOGRAFIA (caracteres) tipo; fonte; *to be short of* ~ ter falta de tipo; *to print in large* ~ imprimir em tipo grande; 5 RELIGIÃO (cristianismo) prenúncio, presságio Ⓑ *v.tr.,intr.* 1 (computador, etc.) digitar; 2 dactilografar; escrever à máquina; 3 (tipo sanguíneo) classificar; 4 (pessoa) classificar; etiquetar; tipificar; 5 RELIGIÃO prenunciar, pressagiar ❖ TIPOGRAFIA ~ *founder* fundidor de tipo; TIPOGRAFIA ~ *foundry* fundição de tipo; *these things are a* ~ estas coisas são significativas; TIPOGRAFIA *to be in* ~ estar a ser impresso; TIPOGRAFIA *to set* ~ compor; *to be the very* ~ *of Englishman* ser o inglês típico

typebar ['taɪpbɑ:] *s.* barra de tipo de máquina de escrever

typecast ['taɪpkɑ:st] *v.tr.* (*prt. e part. pass.* typecast) TEATRO, CINEMA, TELEVISÃO escolher sempre para o mesmo tipo de papel ❖ (actor) *to be* ~ *as...* estar sempre a ser escolhido para (o mesmo tipo de papel)

typecaster ['taɪpkɑ:stə] *s.* fundidor de tipo

typeface ['taɪpfeɪs] *s.* (caracteres) fonte

typescript ['taɪpskrɪpt] *s.* original ou cópia dactilografada

typeset ['taɪpset] *v.tr.* TIPOGRAFIA (texto) compor, trabalhar na composição de

typesetter ['taɪpsetə] *s.* 1 TIPOGRAFIA (funcionário) compositor; 2 TIPOGRAFIA compositora, máquina de compor

typesetting ['taɪpsetɪŋ] *s.* TIPOGRAFIA composição

typewrite ['taɪpraɪt] *v.tr.,intr.* (*prt.* typewrote, *part. pass.* typewritten) dactilografar, escrever à máquina, passar à máquina

typewriter ['taɪpraɪtə] *s.* 1 máquina de escrever; 2 dactilógrafo ❖ ~ *ribbon* fita de máquina de escrever

typewriting ['taɪpraɪtɪŋ] *s.* dactilografia

typha ['taɪfə] *s.* BOTÂNICA tifa

Typhaceae [taɪ'feɪsɪi:] *s.pl.* BOTÂNICA Tifáceas

typhlitis [tɪ'flaɪtɪs] *s.* MEDICINA tiflite

Typhoeus [taɪ'fi:əs] *s.* MITOLOGIA Tifeu

typhoid ['taɪfɔɪd] Ⓐ *adj.* tifóide Ⓑ *s.* MEDICINA tifóide, febre tifóide ❖ ~ *bacillus* bacilo tífico; ~ *fever* febre tifóide

typhoidal [taɪ'fɔɪdəl] *adj.* tifóide

typhomania [ˌtaɪfəʊ'meɪnɪə] *s.* MEDICINA tifomania

typhonic [taɪ'fɒnɪk] *adj.* relativo a tufão

typhoon [taɪ'fu:n] *s.* tufão, furacão nos mares da China entre Julho e Outubro

typhous ['taɪfəs] *adj.* tifoso; relativo ao tifo

typhus ['taɪfəs] *s.* MEDICINA tifo

typic ['tɪpɪk] *adj.* MEDICINA típico; ~ *fever* febre típica

typical ['tɪpɪkəl] *adj.* 1 típico; *a* ~ *Englishman* um inglês típico; *to be* ~ *of sb* ser típico de alguém; 2 característico; 3 representativo; 4 simbólico, emblemático ❖ *with* ~ *arrogance, he...* com a arrogância que o caracteriza, ele...

typically ['tɪpɪklɪ] *adv.* tipicamente

typicalness ['tɪpɪkəlnɪs] *s.* tipicidade

typification [ˌtɪpɪfɪ'keɪʃən] *s.* tipificação

typify ['tɪpɪfaɪ] *v.tr.* 1 tipificar; 2 ser o tipo de; 3 representar; 4 simbolizar; 5 exemplificar

typing ['taɪpɪŋ] Ⓐ *s.* 1 dactilografia; 2 digitação; 3 páginas dactilografadas Ⓑ *adj.* de dactilografia

typist ['taɪpɪst] *s.* dactilógrafo

typo ['taɪpəʊ] *s.* [coloq.] (erro) gralha

typographer [taɪ'pɒgrəfə] *s.* tipógrafo

typographic [ˌtaɪpə'græfɪk] *adj.* tipográfico

typographical [ˌtaɪpə'græfɪkəl] *adj.* tipográfico ❖ ~ *error* gralha

typographically [ˌtaɪpə'græfɪkəlɪ] *adv.* tipograficamente

typography [taɪ'pɒgrəfɪ] *s.* tipografia

typolithography [ˌtaɪpəʊlɪ'θɒgrəfɪ] *s.* tipolitografia

typological [ˌtaɪpə'lɒdʒɪkəl] *adj.* tipológico, de tipologia

typology [taɪ'pɒlədʒɪ] *s.* tipologia

typometer [taɪ'pɒmɪtə] *s.* tipómetro

typotelegraph [ˌtaɪpəʊ'telɪgræf] *s.* tipotelégrafo

typotelegraphy [ˌtaɪpəʊtɪ'legrəfɪ] *s.* tipotelegrafia

tyrannical [tɪ'rænɪkəl] *adj.* tirânico

tyrannically [tɪ'rænɪkəlɪ] *adv.* tiranicamente

tyrannicidal [ˌtɪrænɪ'saɪdəl] *adj.* tiranicida

tyrannicide [tɪ'rænɪsaɪd] *s.* 1 (pessoa) tiranicida; 2 (acto) tiranicídio

tyrannize ['tɪrənaɪz] *v.tr.,intr.* 1 POLÍTICA governar tiranicamente; 2 proceder como tirano; 3 tiranizar; *to* ~ (*over*) *sb* tiranizar alguém

tyrannous ['tɪrənəs] *adj.* 1 tirânico; 2 violento

tyrannously ['tɪrənəslɪ] *adv.* tiranicamente

tyranny ['tɪrənɪ] *s.* (*pl.* -ies) tirania

tyrant ['taɪərənt] *s.* tirano ❖ ZOOLOGIA ~ *bird* bem-te-vi

tyre ['taɪə] Ⓐ *s.* 1 pneu, pneumático; *nonskid* ~ pneu antiderrapante; *solid* ~ pneu maciço; 2 (roda) aro Ⓑ *v.tr.* montar pneu em ❖ (automóvel) ~ *carrier* porta-pneus; ~ *cement* solução para furos; ~ *chains* correntes para pneus; (pressão dos pneus) ~ *gauge* manómetro; ~ *lever* desmonta-pneus; ~ *inflator/pump* bomba para pneus; ~ *pressure* pressão do pneu

Tyre ['taɪə] *s.top.* Tiro

tyred ['taɪəd] *adj.* com aro ou pneu

tyreless ['taɪələs] *adj.* sem pneus

tyro ['taɪərəʊ] *s.* noviço, aprendiz, principiante

Tyrol [tɪ'rəʊl] *s.top.* Tirol

Tyrolese [tɪrə'li:z] Ⓐ *adj.* tirolês; relativo ao Tirol Ⓑ *s.* tirolês

Tyroliene [tɪrəʊlɪ'en] *s.* MÚSICA (música e dança) tirolesa

tyrosinase [taɪ'rɒsɪneɪz] *s.* BIOLOGIA tirosinase

tzar [zɑ:] *s.* ⇒ czar

tzarevitch ['zɑ:rəvɪtʃ] *s.* ⇒ czarevitch

tzarina [zɑ:'ri:nə] *s.* ⇒ czarina

tzetze ['tsetsɪ] *s.* ZOOLOGIA ⇒ tsetse

Tzigane [tsɪ'gɑ:n] Ⓐ *adj.* 1 cigano; 2 relativo aos ciganos húngaros ou à sua música Ⓑ *s.* 1 cigano; 2 cigano húngaro

u [ju:] s. ⟨pl. **-s** ou **-'s**⟩ (letra) u, U
U Ⓐ [abrev. de unionist] Ⓑ [abrev. de united] Ⓒ [GB] CINEMA [abrev. de Universal] Ⓓ [abrev. de university] Ⓔ [abrev. de upper class] Ⓕ QUÍMICA [símbolo de uranium]
uberous ['ju:bərəs] adj. rico em leite, com boa produção de leite
ubiety [ju:'baɪətɪ] s. ubicação
ubiquitarian [ju:,bɪkwɪ'teərɪən] Ⓐ adj. RELIGIÃO !ubiquitário, ubiquista Ⓑ s. RELIGIÃO ubiquitário, pessoa que defende a omnipresença do Corpo de Cristo
ubiquitarianism [ju:,bɪkwɪ'teərɪənɪzəm] s. RELIGIÃO ubiquismo, doutrina dos ubiquitários
ubiquitism [ju:'bɪkwɪtɪzəm] s. ⇒ **ubiquitarianism**
ubiquitous [ju:'bɪkwɪtəs] adj. ubíquo, que possui o dom da ubiquidade
ubiquity [ju:'bɪkwɪtɪ] s. ubiquidade
U-boat ['ju:bəʊt] s. submarino alemão
U-bolt ['ju:bəʊlt] s. cavilha em U
UC [abrev. de Urbs Condita (Year of Rome)]
UCLA [abrev. de University of California at Los Angeles]
udal ['ju:dəl] s. DIREITO usucapião (em vigor ainda nas ilhas Órcades e Shetland)
udalman ['ju:dəlmən] s. ⟨pl. **-men**⟩ usucapiente
UDC [GB] [abrev. de Urban District Council]
udder ['ʌdə] s. úbere, teta (de vaca)
uddered ['ʌdəd] adj. com úberes
UDEAC [abrev. de Central African Customs and Economic Union]
UDF INFORMÁTICA [abrev. de Universal Disk Format]
UDI (Rodésia, 1965) [abrev. de Unilateral Declaration of Independence]
udometer [ju:'dɒmɪtə] s. udómetro, pluviómetro
udometric [ju:də'metrɪk] adj. udométrico, pluviométrico
UDR [abrev. de Ulster Defence Regiment]
UEFA DESPORTO (futebol) [abrev. de Union of European Football Associations]
UFC [ESC.] [abrev. de United Free Church]
UFO [abrev. de Unidentified Flying Object] OVNI
ufologist [ju:'fɒlədʒɪst] s. ovnilogista
ufology [ju:'fɒlədʒɪ] s. ovnilogia
Uganda [ju:'gændə, u:'gændə] s.top. Uganda
Ugandan [ju:'gændən, u:'gændən] adj.,s. ugandês
UGC [GB] [abrev. de University Grants Committee]
ugh [ʊx, ʌg] interj. (nojo, impressão, horror) uf!
uglification [,ʌglɪfɪ'keɪʃən] s. afeamento
uglify ['ʌglɪfaɪ] v.tr. tornar (mais) feio; afear; estragar a beleza de
uglily ['ʌglɪlɪ] adv. 1 de maneira feia; 2 incorrectamente
ugliness ['ʌglɪnɪs] s. fealdade
ugly ['ʌglɪ] adj. ⟨comp. **-ier**, superl. **-iest**⟩ 1 feio; 2 desagradável; *~ rumours are about* correm uns boatos desagradáveis; 3 repelente; repulsivo; 4 perigoso, arriscado; 5 mau, ameaçador; 6 (tempo) carregado; *~ weather* tempo carregado, ameaçador; *the sky looked ~* o céu estava carregado; 7 mal-humorado; mal-encarado; briguento; repontão; *to be in an ~ mood* estar com um humor de cão; 8 torpe, vil, ignóbil ❖ [coloq.] *~ customer* indivíduo briguento; pessoa temível; animal perigoso; *~ duckling* patinho feio; *it's an ~ sight* não é bonito de se ver; *the ~ truth* a terrível verdade; *to give sb an ~ look* lançar a alguém um olhar fulminante; *to cut up ~* irritar-se; zangar-se; (situação) *to grow ~* ficar feio
Ugrian ['ju:grɪən, 'u:grɪən] Ⓐ adj. ugriano, ugro Ⓑ s. ugriano, ugro, membro de determinada raça uralo-altaica
Ugric ['ju:grɪk] s. úgrico, grupo de línguas uralo-altaicas

UHF [abrev. de ultrahigh frequency] frequência ultra-alta
uhlan ['u:lən, 'u:lɑ:n] s. HISTÓRIA (soldado de cavalaria) ulano
Uitlander ['eɪtlændə] s. [Áfr. do S.] estrangeiro
UK [abrev. de United Kingdom]
UKAEA [abrev. de United Kingdom Atomic Energy Authority]
ukase [ju:'keɪz, ju:'keɪs] s. ucasse, decreto dos antigos czares
Ukraine [ju:'kreɪn] s.top. Ucrânia
Ukrainian [ju:'kreɪnɪən] adj.,s. ucraniano
ukulele [ju:kə'leɪlɪ] s. MÚSICA guitarra havaiana de quatro cordas
ulcer ['ʌlsə] s. 1 MEDICINA úlcera; *to get an ~* arranjar uma úlcera; 2 MEDICINA (exterior) chaga; 3 [fig.] corrupção moral
ulcerate ['ʌlsəreɪt] v.tr.,intr. ulcerar(-se)
ulcerated ['ʌlsəreɪtɪd] adj. ulcerado
ulceration [,ʌlsə'reɪʃən] s. ulceração
ulcerative ['ʌlsəreɪtɪv] adj. ulcerativo
ulcered ['ʌlsəd] adj. ulcerado, ulceroso
ulex ['ju:leks] s. BOTÂNICA úlex
uliginal [ju'lɪdʒɪnəl] adj. uliginário
uliginose [ju'lɪdʒɪnəʊs] adj. ⇒ **uliginous**
uliginous [ju'lɪdʒɪnəs] adj. uliginoso
ullage ['ʌlɪdʒ] Ⓐ s. 1 esvaziamento, escoamento; 2 parte que falta a casco ou vasilha para acabar de encher Ⓑ v.tr. 1 tirar um pouco do conteúdo de um casco, calcular aquilo que falta a um casco; 2 (casco) atestar
ullaged ['ʌlɪdʒd] adj. (casco) que não está atestado
ullaging ['ʌlɪdʒɪŋ] s. 1 acto de calcular o que falta a um casco; 2 acto de atestar um casco
Ulmaceae [ʌl'meɪsɪ:] s.pl. BOTÂNICA Ulmáceas
ulmaceous [ʌl'meɪʃəs] adj. BOTÂNICA ulmáceo
ulmaria [ʌl'meərɪə] s. BOTÂNICA ulmária, rainha-dos-prados
ulmic ['ʌlmɪk] adj. QUÍMICA úlmico
ulmin ['ʌlmɪn] s. 1 QUÍMICA ulmina; 2 ácido úlmico
ulna ['ʌlnə] s. ⟨pl. **-ae** ou **-z**⟩ ANATOMIA, ZOOLOGIA cúbito
ulnar ['ʌlnə] adj. ulnar, ulnário, ulnal
ulotrichan [ju'lɒtrɪkən] Ⓐ adj. ⇒ **ulotrichous** Ⓑ s. ulótrico, indivíduo de cabelo lanoso e crespo
ulotrichous [ju'lɒtrɪkəs] adj. ulótrico, que tem cabelo crespo
ulster ['ʌlstə] s. VESTUÁRIO úlster, sobretudo comprido e solto, muitas vezes com cinto
ulstered ['ʌlstəd] adj. vestido com um úlster
ult. Ⓐ [abrev. de ultimate] Ⓑ [abrev. de ultimo]
ulterior [ʌl'tɪərɪə] adj. 1 (ocasião) ulterior; posterior; 2 além do que surge à primeira vista; 3 escondido, inconfessado, oculto ❖ *~ motive* segundas intenções; *without ~ motive* sem segundas intenções
ulteriorly [ʌl'tɪərɪəlɪ] adv. ulteriormente
ultima ['ʌltɪmə] s. ⟨pl. **-s**⟩ última sílaba
ultimate ['ʌltɪmɪt] Ⓐ adj. 1 derradeiro; final; *~ purpose* objectivo final; 2 último; *~ causes* causas últimas; 3 irrevogável; definitivo; *~ decision* decisão irrevogável; *~ proof* prova definitiva; 4 essencial; fundamental; *~ truth* verdade fundamental; 5 máximo; supremo Ⓑ s. 1 princípio fundamental; 2 verdade última; 3 [coloq.] último grito, última novidade ❖ QUÍMICA *~ analysis* análise elementar; *~ load* carga de ruptura; *~ strain* limite de ruptura; *~ strength* resistência à ruptura
ultimately ['ʌltɪmɪtlɪ] adv. 1 finalmente; por fim; 2 em última análise; no fim de contas; no fundo; 3 fundamentalmente ❖ *to ~ do sth* acabar por fazer alguma coisa
ultimatum [,ʌltɪ'meɪtəm] s. ⟨pl. **-s** ou **-ta**⟩ 1 ultimato; *to deliver an ~ to a country/to present a country with an ~* fazer um ultimato a um país; 2 resolução irrevogável

ultimo [ˈʌltɪməʊ] *adj.* do mês passado, do mês anterior; *your letter of the 15ᵗʰ ult.* a sua carta de 15 do mês passado
ultra [ˈʌltrə] Ⓐ *adj.* 1 extremista; 2 extremo; 3 excessivo; 4 extravagante Ⓑ *s.* 1 radical, extremista; 2 ultra
ultracentrifugal [ˌʌltrəsenˈtrɪfjʊɡəl] *adj.* ultracentrífugo
ultracentrifuge [ˌʌltrəˈsentrɪfjuːdʒ] *s.* ultracentrifugador
ultracritical [ˌʌltrəˈkrɪtɪkəl] *adj.* hipercrítico
ultrafashionable [ˌʌltrəˈfæʃnəbəl] *adj.* na última moda
ultrahigh [ˌʌltrəˈhaɪ] *adj.* 1 ultra-elevado; ~ *frequency* frequência ultra-elevada; ~ *receiver* receptor de frequência ultra-elevada; 2 extremamente elevado
ultraism [ˈʌltraɪzəm] *s.* POLÍTICA extremismo, radicalismo
ultraist [ˈʌltraɪst] *s.* POLÍTICA ultra, radical, extremista
ultraliberal [ˌʌltrəˈlɪbərəl] *adj.,s.* ultraliberal
ultralight [ˈʌltrəlaɪt] *adj.,s.* ultraleve
ultramarine [ˌʌltrəməˈriːn] Ⓐ *adj.* ultramarino Ⓑ *s.* ultramar, tinta azul tirada do lápis-lazúli
ultramicroscope [ˌʌltrəˈmaɪkrəskəʊp] *s.* ultramicroscópio
ultramicroscopic [ˌʌltrəmaɪkrəˈskɒpɪk] *adj.* ultramicroscópico
ultramicroscopical [ˌʌltrəmaɪkrəˈskɒpɪkəl] *adj.* ultramicroscópico
ultramicroscopy [ˌʌltrəmaɪˈkrɒskəpɪ] *s.* ultramicroscopia
ultramodern [ˌʌltrəˈmɒdən] *adj.* ultramoderno
ultramontane [ˌʌltrəˈmɒnteɪn] Ⓐ *adj.* 1 ultramontano, transmontano; 2 partidário do ultramontanismo Ⓑ *s.* ultramontano, sectário do ultramontanismo
ultramontanism [ˌʌltrəˈmɒntənɪzəm] *s.* ultramontanismo
ultramontanist [ˌʌltrəˈmɒntənɪst] *s.* ultramontano, sectário do ultramontanismo
ultramotivity [ˌʌltrəməʊˈtɪvɪtɪ] *s.* 1 capacidade de movimento espontâneo; 2 motilidade
ultramundane [ˌʌltrəˈmʌndeɪn] *adj.* ultramundano
ultrarapid [ˌʌltrəˈræpɪd] *adj.* ultra-rápido
ultrared [ˈʌltrəred] *adj.* infravermelho; ~ *rays* raios infravermelhos
ultrarevolutionary [ˌʌltrərevəˈluːʃnərɪ, ˌʌltrərevəˈluːʃnerɪ] *adj.,s.* ultra-revolucionário
ultrarich [ˈʌltrərɪtʃ] *adj.* extremamente rico, riquíssimo
ultrasentimental [ˌʌltrəsentɪˈmentəl] *adj.* ultra-sentimental
ultrashort [ˌʌltrəˈʃɔːt] *adj.* ultracurto; ~ *waves* ondas ultracurtas
ultrasonic [ˌʌltrəˈsɒnɪk] *adj.* ultra-sónico; ~ *flaw detection* detecção ultra-sónica de falhas; ~ *image* imagem ultra-sónica
ultrasonography [ˌʌltrəsəˈnɒɡrəfɪ] *s.* ecografia
ultrasound [ˈʌltrəsaʊnd] *s.* 1 FÍSICA ultra-som; 2 MEDICINA ecografia ❖ ~ *examination/scan* ecografia
ultraterrestrial [ˌʌltrətəˈrestrɪəl] *adj.* ultraterrestre
ultraviolet [ˌʌltrəˈvaɪəlɪt] *adj.* ultravioleta ❖ ~ *radiation* raios ultravioleta; ~ *treatment* tratamento por raios ultravioleta
ultra vires [ˌʌltrəˈvaɪəriːz] *adj.,adv.* DIREITO com abuso de autoridade, com abuso de poder; *to act* ~ cometer um abuso de poder
ultravirus [ˌʌltrəˈvaɪərəs] *s.* ultravírus, ultramicróbio, vírus filtrável
ultrazodiacal [ˌʌltrəzəʊˈdaɪəkəl] *adj.* ultrazodiacal
ululate [ˈjuːljʊleɪt] *v.intr.* 1 ulular; 2 uivar; 3 buzinar; 4 [coloq.] lamentar-se
ululation [ˌjuːljʊˈleɪʃən] *s.* 1 ululo, ululação, ululato, uivo; 2 lamentação
Ulysses [juːˈlɪsiːz] *s.antr.* Ulisses
umbel [ˈʌmbəl] *s.* ⇒ **umbella**
umbella [ʌmˈbelə] *s.* BOTÂNICA umbela
umbellar [ʌmˈbelə] *adj.* umbelado
umbellate [ˈʌmbelɪt] *adj.* BOTÂNICA umbelado
umbellated [ˈʌmbeleɪtɪd] *adj.* ⇒ **umbellate**
umbellet [ˈʌmbelɪt] *s.* BOTÂNICA umbélula
umber [ˈʌmbə] Ⓐ *s.* 1 (substância, pigmento) umbra, ocre, terra-de-siena; 2 ZOOLOGIA (salmão) umbla Ⓑ *adj.* cor de umbra, fusco, escuro Ⓒ *v.tr.* colorir com umbra ou ocre ❖ ~ *bird* umbreta
umbilic [ʌmˈbɪlɪk] *s.* GEOMETRIA umbílico
umbilical [ʌmˈbɪlɪkəl] *adj.* ANATOMIA umbilical ❖ ANATOMIA ~ *cord* cordão umbilical; GEOMETRIA ~ *point* ponto umbilical
umbilicate [ʌmˈbɪlɪkɪt] *adj.* umbilicado, em forma de umbigo
umbilicated [ʌmˈbɪlɪkeɪtɪd] *adj.* ⇒ **umbilicate**
umbilicus [ʌmˈbɪlɪkəs] *s.* 1 ANATOMIA umbigo; 2 BOTÂNICA hilo; 3 GEOMETRIA umbílico

umbles [ˈʌmblz] *s.pl.* miúdos (entranhas) de veado
umbo [ˈʌmbəʊ] *s.* 〈*pl.* **umbos** ou **umbones**〉 1 protuberância, elevação; 2 copa de broquel
umbra [ˈʌmbrə] *s.* 〈*pl.* -**ae**〉 1 ASTRONOMIA sombra, cone de sombra; 2 parte central de mancha solar; 3 visita inesperada trazida por um convidado; 4 ZOOLOGIA umbrina
umbrage [ˈʌmbrɪdʒ] *s.* 1 ofensa; ressentimento; *to take* ~ *at* ofender-se com, ficar ressentido com; 2 [poét.] (árvore, etc.) sombra; 3 suspeita
umbrageous [ʌmˈbreɪdʒəs] *adj.* 1 umbroso, com sombra, sombrio; 2 melindroso; 3 que se ofende facilmente; 4 desconfiado
umbrageously [ʌmˈbreɪdʒəslɪ] *adv.* 1 umbrosamente; 2 desconfiadamente
umbrageousness [ʌmˈbreɪdʒəsnɪs] *s.* 1 espírito ou carácter desconfiado ou melindroso; 2 aspecto sombrio
umbrated [ˈʌmbreɪtɪd] *adj.* sombreado
umbre [ˈʌmbə] *s.* ZOOLOGIA umbreta
umbrella [ʌmˈbrelə] Ⓐ *s.* 1 guarda-chuva, chapéu-de-chuva; 2 guarda-sol; 3 AERONÁUTICA, MILITAR cobertura, protecção; 4 [fig.] patrocínio; *under the* ~ *of...* sob o patrocínio de; 5 ZOOLOGIA (medusa) umbrela; 6 (género de moluscos) umbrela; ~ *shell* umbrela Ⓑ *adj.* 1 (organização, etc.) mãe; 2 (termo) genérico ❖ MILITAR ~ *barrage* fogo de protecção contra aviação inimiga; ZOOLOGIA ~ *bird* pavão-do-mato; ~ *frame* armação de guarda-chuva; BOTÂNICA ~ *pine* pinheiro-manso; ~ *stand* bengaleiro; BOTÂNICA ~ *tree* magnólia norte-americana
umbrette [ʌmˈbret] *s.* ZOOLOGIA ⇒ **umbre**
Umbria [ˈʌmbrɪə] *s.top.* Úmbria
Umbrian [ˈʌmbrɪən] *adj.,s.* umbriano, úmbrico
umlaut [ˈʊmlaʊt] *s.* 1 LINGUÍSTICA metafonia; 2 (sinal gráfico) trema
umph [ʌmf] *interj.* (dúvida, insatisfação) hum!
umpirage [ˈʌmpaɪrɪdʒ] *s.* arbitragem
umpire [ˈʌmpaɪə] Ⓐ *s.* 1 DESPORTO (basebol, críquete, etc.) árbitro; 2 juiz Ⓑ *v.tr.,intr.* 1 DESPORTO arbitrar; *to* ~ *a game/to* ~ *in a game* arbitrar um jogo; 2 servir de árbitro
umpireship [ˈʌmpaɪəʃɪp] *s.* funções de árbitro
umpiring [ˈʌmpaɪərɪŋ] *s.* arbitragem
umpteen [ˈʌmptiːn] *adj.* [cal.] muitos, vários, uma porção de
umpteenth [ˈʌmptiːnθ] *adj.* [coloq.] enésimo; sem conta; *for the* ~ *time* pela enésima vez
UMTS [*abrev. de* Universal Mobile Telecommunications System] SUTM
'un [ən] *pron.* [coloq.] um, uma pessoa; *he's a bad* ~ ele é mau tipo; *that's a good* ~ essa é boa!
UN [*abrev. de* United Nations] NU
una [ˈjuːnə] *s.* NÁUTICA pequeno iate à vela
UNA [*abrev. de* United Nations Association]
unabashed [ˌʌnəˈbæʃt] *adj.* 1 descarado, ousado; 2 impassível, imperturbável
unabated [ˌʌnəˈbeɪtɪd] Ⓐ *adj.* constante; persistente; que não diminui; *to remain* ~ permanecer constante Ⓑ *adv.* continuamente; sem parar; *to continue* ~ prolongar-se continuamente ❖ *with* ~ *interest* com interesse sempre renovado; *with* ~ *energy* com uma energia inquebrantável
unabating [ˌʌnəˈbeɪtɪŋ] *adj.* 1 persistente, firme, contínuo; 2 que não diminui
unabbreviated [ˌʌnəˈbriːvɪeɪtɪd] *adj.* 1 por extenso; 2 não abreviado; 3 integral
unabetted [ˌʌnəˈbetɪd] *adj.* sozinho, sem cúmplices
unabiding [ˌʌnəˈbaɪdɪŋ] *adj.* pouco duradouro
unable [ʌnˈeɪbəl] *adj.* 1 incapaz [to, de]; *to be* ~ *to* ser incapaz de; 2 incompetente ❖ *he was* ~ *to help me* ele não pôde ajudar-me
unabridged [ˌʌnəˈbrɪdʒd] *adj.* integral; completo; ~ *edition* edição integral
unabrogated [ʌnˈæbrəʊɡeɪtɪd] *adj.* não revogado
unabsorbent [ˌʌnəbˈzɔːbənt] *adj.* hidrófugo, não absorvente
unaccented [ˌʌnækˈsentɪd] *adj.* 1 LINGUÍSTICA átono, não acentuado; 2 sem sotaque; sem pronúncia ❖ MÚSICA ~ *beat* tempo fraco
unaccentuated [ˌʌnækˈsentjʊeɪtɪd] *adj.* não acentuado
unacceptable [ˌʌnəkˈseptəbəl] *adj.* 1 inaceitável, inadmissível; 2 intolerável ❖ *a glass of port wouldn't be* ~ um cálice de vinho do Porto não seria desagradável

unaccepted [ˌʌnəkˈseptɪd] adj. não aceite, recusado
unacclimatized [ˌʌnəˈklaɪmətaɪzd] adj. não aclimatado
unaccommodated [ˌʌnəˈkɒmədeɪtɪd] adj. 1 desprovido [**with**, de]; 2 inadaptado
unaccommodating [ˌʌnəˈkɒmədeɪtɪŋ] adj. 1 de trato difícil; 2 inflexível; 3 pouco cortês; 4 pouco prestável
unaccompanied [ˌʌnəˈkʌmpənɪd] adj. 1 sem companhia, não acompanhado; 2 só; 3 MÚSICA sem acompanhamento
unaccomplishable [ˌʌnəˈkʌmplɪʃəbl, ˌʌnəˈkɒmplɪʃəbl] adj. irrealizável
unaccomplished [ˌʌnəˈkʌmplɪʃt, ˌʌnəˈkɒmplɪʃt] adj. 1 não realizado; 2 por cumprir; 3 incompleto, por acabar; 4 sem talento; 5 medíocre
unaccordant [ˌʌnəˈkɔːdənt] adj. 1 discordante; 2 em desarmonia, em desacordo [**with**, com]
unaccountable [ˌʌnəˈkaʊntəbl] adj. 1 inexplicável; 2 inimputável; ~ **for sth** inimputável por alguma coisa
unaccountableness [ˌʌnəˈkaʊntəblnɪs] s. 1 inexplicabilidade; carácter incompreensível; 2 aspecto estranho; 3 irresponsabilidade
unaccountably [ˌʌnəˈkaʊntəblɪ] adv. 1 inexplicavelmente; 2 incompreensivelmente
unaccounted for [ˌʌnəˈkaʊntɪdfɔː] adj. 1 sem explicação; 2 sem esclarecimento; 3 sem informação
unaccredited [ˌʌnəˈkredɪtɪd] adj. sem crédito, que não merece confiança, não acreditado
unaccustomed [ˌʌnəˈkʌstəmd] adj. 1 desacostumado [**to**, de]; 2 não habituado [**to**, a]; *he is ~ to driving for so long* ele não está habituado a conduzir durante tanto tempo; 3 pouco usual
unaccustomedness [ˌʌnəˈkʌstəmdnɪs] s. falta de hábito
unachievable [ˌʌnəˈtʃiːvəbl] adj. irrealizável, inexequível; inatingível
unacknowledged [ˌʌnəkˈnɒlɪdʒd] adj. 1 não confessado; 2 não reconhecido; 3 não confirmado; 4 (carta) a que se não respondeu
unacquaintance [ˌʌnəˈkweɪntəns] s. desconhecimento, ignorância [**with**, de]
unacquainted [ˌʌnəˈkweɪntɪd] adj. desconhecedor; desconhecido; ignorado ❖ *they are ~ with each other* eles não se conhecem; *to be ~ with sb* não conhecer alguém; *to be ~ with sth* não estar familiarizado com alguma coisa; ignorar alguma coisa
unacquaintedness [ˌʌnəˈkweɪntɪdnɪs] s. ⇒ **unacquaintance**
unacquirable [ˌʌnəˈkwaɪərəbl] adj. que não pode adquirir-se
unacquired [ˌʌnəˈkwaɪəd] adj. 1 natural, inato; 2 não adquirido
unactable [ʌnˈæktəbl] adj. TEATRO irrepresentável
unacted [ʌnˈæktɪd] adj. TEATRO não representado ❖ *metal ~ upon by acids* metal não atacável por ácidos
unadaptable [ˌʌnəˈdæptəbl] adj. inadaptável; que não consegue adaptar-se
unadapted [ˌʌnəˈdæptɪd] adj. não adaptado, mal adaptado [**to**, a]
unaddressed [ˌʌnəˈdrest] adj. sem direcção, sem endereço
unadhesive [ˌʌnədˈhiːsɪv] adj. não aderente, sem cola
unadjudged [ˌʌnəˈdʒʌdʒd] adj. 1 ainda não concedido; 2 (prémio, etc.) ainda não atribuído; 3 DIREITO em litígio
unadjusted [ˌʌnəˈdʒʌstɪd] adj. 1 desajustado; 2 não resolvido, não solucionado ❖ ~ *to* em desacordo com
unadmired [ˌʌnədˈmaɪəd] adj. desconhecido, sem admiradores
unadmiring [ˌʌnədˈmaɪərɪŋ] adj. indiferente
unadmitted [ˌʌnədˈmɪtɪd] adj. não reconhecido, não confessado, não admitido
unadopted [ˌʌnəˈdɒptɪd] adj. 1 não adoptado; 2 (estrada nova) que não está a cargo das autoridades locais
unadorned [ˌʌnəˈdɔːnd] adj. 1 não embelezado; 2 natural; 3 singelo, puro
unadulterated [ˌʌnəˈdʌltəreɪtɪd] adj. 1 não adulterado, não falsificado; 2 autêntico, genuíno; 3 puro; *to do sth out of ~ malice* fazer qualquer coisa por pura malícia
unadventurous [ˌʌnədˈventʃərəs] adj. 1 pouco audacioso; 2 que não gosta de correr riscos
unadvisable [ˌʌnədˈvaɪzəbl] adj. 1 imprudente, pouco sagaz; 2 teimoso, refractário à razão; 3 desaconselhável

unadvisableness [ˌʌnədˈvaɪzəblnɪs] s. 1 imprudência; 2 precipitação; 3 teimosia
unadvised [ˌʌnədˈvaɪzd] adj. 1 precipitado, irreflectido, impensado; 2 imprudente; 3 sem pedir conselho; sem consultar ninguém
unadvisedly [ˌʌnədˈvaɪzɪdlɪ] adv. precipitadamente, irreflectidamente, impensadamente, imprudentemente
unadvisedness [ˌʌnədˈvaɪzɪdnɪs] s. 1 imprudência; 2 falta de oportunidade
unaffable [ʌnˈæfəbl] adj. não afável, rude
unaffected [ˌʌnəˈfektɪd] adj. 1 desafectado, natural, simples; 2 genuíno, sincero; 3 impassível, insensível; ~ *by other people's distresses* insensível aos problemas das outras pessoas; 4 MEDICINA não afectado ❖ (material) ~ *by acids* refractário aos ácidos
unaffectedly [ˌʌnəˈfektɪdlɪ] adv. 1 desafectadamente, sem afectação; 2 de maneira natural, simples; 3 com sinceridade, com franqueza
unaffectedness [ˌʌnəˈfektɪdnɪs] s. 1 naturalidade, simplicidade; 2 não afectação; 3 sinceridade, franqueza; 4 indiferença, impassibilidade
unaffiliated [ˌʌnəˈfɪlieɪtɪd] adj. não filiado; sem filiação [**to**, em]
unafraid [ˌʌnəˈfreɪd] adj. 1 sem medo [**of**, de]; sem se deixar intimidar [**of**, por]; *to be ~ of* não ter medo de; 2 temerário
unaggressive [ˌʌnəˈɡresɪv] adj. pacífico, não agressivo
unaided [ʌnˈeɪdɪd] adj. 1 sem ajuda, sem auxílio, sozinho; 2 (desfavorecido) sem socorro da assistência ❖ *by her own ~ efforts* pelos seus próprios meios; sem ajuda de ninguém; *with the ~ eye* a olho nu; à vista desarmada
unalarmed [ˌʌnəˈlɑːmd] adj. sem receio; sem se inquietar [**about**, com]
unalienable [ʌnˈeɪlɪənəbl] adj. inalienável
unalienably [ʌnˈeɪlɪənəblɪ] adv. inalienavelmente
unallayed [ˌʌnəˈleɪd] adj. 1 sem alívio, sem consolo; 2 [arc.] sem mistura
unalleviated [ˌʌnəˈliːvieɪtɪd] adj. 1 sem alívio; 2 sem nada que mitigue ou abrande
unallotted [ˌʌnəˈlɒtɪd] adj. 1 de que se pode dispor; 2 não empregado
unallowable [ˌʌnəˈlaʊəbl] adj. inadmissível, que não pode permitir-se
unallowed [ˌʌnəˈlaʊd] adj. não permitido
unalloyed [ˌʌnəˈlɔɪd] adj. 1 (metal) puro, sem liga, sem mistura; ~ *gold* ouro puro; 2 completo, perfeito, sem nada que perturbe; ~ *happiness* felicidade perfeita
unalterability [ʌnˌɔːltərəˈbɪlɪtɪ] s. ⇒ **unalterableness**
unalterable [ʌnˈɔːltərəbl] adj. inalterável, invariável, imutável
unalterableness [ʌnˈɔːltərəblnɪs] s. inalterabilidade, imutabilidade
unalterably [ʌnˈɔːltərəblɪ] adv. inalteravelmente, invariavelmente, imutavelmente
unaltered [ʌnˈɔːltəd] adj. sem modificações, sem alteração
unamazed [ˌʌnəˈmeɪzd] adj. não admirado, sem se admirar
unambiguity [ˌʌnæmbɪˈɡjuːtɪ] s. 1 clareza, transparência*fig.*; 2 precisão, exactidão
unambiguous [ˌʌnæmˈbɪɡjʊəs] adj. inequívoco, claro, não ambíguo
unambiguously [ˌʌnæmˈbɪɡjʊəslɪ] adv. 1 inequivocamente; 2 claramente; 3 com precisão; 4 sem rodeios
unambitious [ˌʌnæmˈbɪʃəs] adj. 1 sem ambições; 2 modesto
unambitiously [ˌʌnæmˈbɪʃəslɪ] adv. 1 modestamente; 2 despretensiosamente
unamenable [ˌʌnəˈmiːnəbl] adj. 1 rebelde, refractário; ~ *to reason* refractário à razão; 2 reservado; 3 que se mantém a certa distância
unamendable [ˌʌnəˈmendəbl] adj. incapaz de tomar emenda, incorrigível
unamended [ˌʌnəˈmendɪd] adj. 1 sem qualquer modificação; 2 sem qualquer emenda
un-American [ˌʌnəˈmerɪkən] adj. 1 não americano; 2 que não está de acordo com a maneira de ser americana; 3 [depr.] hostil à nação americana
UNAMET [abrev. de United Nations Mission in East Timor] UNAMET
unamiability [ˌʌneɪmɪəˈbɪlɪtɪ] s. falta de amabilidade
unamiable [ʌnˈeɪmɪəbl] adj. pouco amável, pouco delicado

unamiableness [ʌnˈeɪmɪəblnɪs] s. ⇒ **unamiability**
unamiably [ʌnˈeɪmɪəblɪ] adv. pouco delicadamente, de maneira pouco amável
unanchor [ʌnˈæŋkə] v.tr.,intr. 1 desancorar; 2 levantar a âncora; 3 levantar a âncora de
unaneled [ʌnˈniːld] adj. [arc.] sem ter recebido a extrema-unção
unanimated [ʌnˈænɪmeɪtɪd] adj. inanimado, sem vida ❖ ~ *by* sem ser movido por
unanimism [juːˈnænɪmɪzəm] s. LITERATURA unanimismo
unanimist [juːˈnænɪmɪst] adj.,s. LITERATURA unanimista
unanimity [juːnəˈnɪmɪtɪ] s. unanimidade; *with* ~ por unanimidade
unanimous [juːˈnænɪməs] adj. unânime; *to be elected by a* ~ *vote* ser eleito por unanimidade; *to be* ~ *in* ser unânime em; *with* ~ *approval* com aprovação unânime
unanimously [juːˈnænɪməslɪ] adv. unanimemente
unannounced [ʌnəˈnaʊnst] Ⓐ adj. 1 imprevisto; 2 sem ser anunciado Ⓑ adv. 1 sem prevenir, sem avisar; 2 sem se fazer anunciar
unanswerable [ʌnˈɑːnsərəbəl] adj. 1 irrespondível; 2 incontestável; 3 que não admite réplica
unanswerableness [ʌnˈɑːnsərəblnɪs] s. incontestabilidade
unanswerably [ʌnˈɑːnsərəblɪ] adv. 1 irrespondivelmente; 2 irrefutavelmente
unanswered [ʌnˈɑːnsəd] adj. 1 (cartão, pedido, questão) sem resposta, por responder; em branco; *her letter remained* ~ a carta dela ficou sem resposta; 2 (amor) não correspondido
unanticipated [ʌnænˈtɪsɪpeɪtɪd] adj. súbito, imprevisto
unappalled [ʌnəˈpɔːld] adj. 1 sem medo, sem se atemorizar; 2 impávido, impassível
unapparelled [ʌnəˈpærəld] adj. 1 sem adornos ou enfeites; 2 sem vestuário
unapparent [ʌnəˈpærənt] adj. 1 imperceptível; 2 invisível; 3 pouco óbvio, pouco evidente
unappealable [ʌnəˈpiːləbəl] adj. 1 DIREITO sem apelação, sem apelo; 2 irrecorrível
unappeasable [ʌnəˈpiːzəbəl] adj. 1 insaciável; 2 inaplacável
unappeasably [ʌnəˈpiːzəblɪ] adv. 1 insaciavelmente; 2 inaplacavelmente
unappeased [ʌnəˈpiːzd] adj. 1 não saciado; 2 insatisfeito
unappetizing [ʌnˈæpɪtaɪzɪŋ] adj. pouco apetitoso
unapplied [ʌnəˈplaɪd] adj. 1 não aplicado; 2 não utilizado ❖ (cargo) ~ *for* sem candidatos
unappreciated [ʌnəˈpriːʃɪeɪtɪd] adj. 1 pouco apreciado, pouco valorizado; 2 a que não se dá o devido valor
unappreciative [ʌnəˈpriːʃɪətɪv] adj. 1 com pouco apreço; 2 incapaz de apreciar; 3 insensível; 4 frio; indiferente
unapprehended [ʌnæprɪˈhendɪd] adj. 1 não alcançado, não apreendido; 2 em liberdade
unapprehensive [ʌnæprɪˈhensɪv] adj. 1 pouco esperto; 2 de espírito obtuso; 3 que não percebe; ~ *of* sem se aperceber de
unapprised [ʌnəˈpraɪzd] adj. ignorante, não informado; desconhecedor [**of**, de]
unapproachable [ʌnəˈprəʊtʃəbəl] adj. 1 inabordável; 2 inacessível; 3 intratável; hostil; 4 sem igual, inigualável, incomparável
unapproachableness [ʌnəˈprəʊtʃəblnɪs] s. 1 inacessibilidade; 2 incomparabilidade
unapproachably [ʌnəˈprəʊtʃəblɪ] adv. 1 de maneira inacessível; 2 de maneira incomparável
unapproached [ʌnəˈprəʊtʃd] adj. 1 sem igual; 2 de que ninguém se aproximou
unappropriated [ʌnəˈprəʊprɪeɪtɪd] adj. 1 disponível, não utilizado; 2 livre
unapproved [ʌnəˈpruːvd] adj. não aprovado
unapproving [ʌnəˈpruːvɪŋ] adj. que desaprova, desaprovador
unapt [ʌnˈæpt] adj. 1 inapto [**for**, para], incapaz [**to**, de]; 2 impróprio; descabido; ~ *language* linguagem imprópria; 3 pouco disposto, pouco inclinado
unaptly [ʌnˈæptlɪ] adv. impropriamente, descabidamente
unaptness [ʌnˈæptnɪs] s. 1 inaptidão, ineptidão, inépcia, incapacidade; 2 impropriedade, falta de propósito
unarm [ʌnˈɑːm] v.tr. desarmar
unarmed [ʌnˈɑːmd] adj. desarmado, sem armas, indefeso

unarmoured [ʌnˈɑːməd] adj. sem armadura, não blindado, sem couraça
unarrangeable [ʌnəˈreɪndʒəbəl] adj. que não pode ser arranjado
unarrested [ʌnəˈrestɪd] adj. 1 contínuo; 2 não impedido; 3 não detido; 4 em liberdade; 5 que não está preso
unarticulated [ʌnɑːˈtɪkjʊleɪtɪd] adj. 1 não expresso; 2 silencioso, mudo fig; 3 tácito, subentendido
unartificial [ʌnɑːtɪˈfɪʃəl] adj. sem artifício, natural
unartistic [ʌnɑːˈtɪstɪk] adj. não artístico
unascertainable [ʌnæsəˈteɪnəbəl] adj. 1 que não pode verificar-se ou determinar-se; 2 indeterminável
unascertained [ʌnæsəˈteɪnd] adj. 1 não verificado, não determinado; 2 desconhecido
unashamed [ʌnəˈʃeɪmd] adj. 1 desavergonhado, sem vergonha; descarado; atrevido; *to be* ~ *of* não ter vergonha de; 2 assumido; confesso; *an* ~ *admirer of* um admirador assumido de; 3 sem disfarces ❖ *he told me an* ~ *lie* nem sequer se deu ao trabalho de inventar uma boa mentira
unasked [ʌnˈɑːskt] Ⓐ adj. 1 (assistência, serviço, etc.) não solicitado; não requisitado; 2 (pergunta, questão) por colocar, por formular Ⓑ adv. 1 voluntariamente; espontaneamente; por iniciativa própria; 2 sem ser convidado ❖ *this was* ~ *for* isto era desnecessário
unaspirated [ʌnˈæspəreɪtɪd] adj. (som) não aspirado
unaspiring [ʌnəˈspaɪərɪŋ] adj. sem aspirações, sem ambições
unassailable [ʌnəˈseɪləbəl] adj. 1 inatacável; 2 inexpugnável; 3 indiscutível, irrefutável; 4 intangível
unassailed [ʌnəˈseɪld] adj. 1 que não foi atacado; 2 irrefutado
unassertive [ʌnəˈsɜːtɪv] adj. 1 que não se impõe; 2 tímido, modesto; 3 apagado
unassignable [ʌnəˈsaɪnəbəl] adj. inalienável, intransferível
unassimilated [ʌnəˈsɪmɪleɪtɪd] adj. não assimilado, mal assimilado
unassisted [ʌnəˈsɪstɪd] adj. 1 sem ajuda, sem auxílio; 2 sozinho
unassuaged [ʌnəˈsweɪdʒd] adj. 1 sem alívio; 2 sem consolo; 3 insatisfeito, insaciado
unassuming [ʌnəˈsjuːmɪŋ] adj. 1 simples, singelo, modesto; 2 sem pretensões
unassumingly [ʌnəˈsjuːmɪŋlɪ] adv. 1 modestamente; 2 de maneira simples; 3 despretensiosamente
unassured [ʌnəˈʃʊəd] adj. 1 pouco seguro; 2 duvidoso, incerto; 3 que não está no seguro; que não está coberto pelo seguro
unatested [ʌnəˈtestɪd] adj. 1 não verificado, não certificado; 2 não legalizado
unatonable [ʌnəˈtəʊnəbəl] adj. inexpiável
unatoned [ʌnəˈtəʊnd] adj. não expiado
unattached [ʌnəˈtætʃt] adj. 1 solto; 2 independente, livre; descomprometido; 3 não comprometido; 4 não ligado a nada; 5 disponível; 6 DIREITO não arrestado
unattackable [ʌnəˈtækəbəl] adj. inatacável
unattainable [ʌnəˈteɪnəbəl] adj. 1 fora do alcance, inatingível; 2 inacessível
unattempted [ʌnəˈtemptɪd] adj. inédito; que não foi experimentado, que não foi tentado
unattended [ʌnəˈtendɪd] adj. 1 sozinho; sem ninguém; 2 sem vigilância; *he left the horses* ~ ninguém ficou a vigiar os cavalos ❖ ~ *to* negligenciado
unattired [ʌnəˈtaɪəd] adj. 1 sem adornos; 2 sem vestuário
unattractive [ʌnəˈtræktɪv] adj. 1 pouco atraente; 2 sem atractivos, sem encantos
unaugmented [ʌnɔːɡˈmentɪd] adj. sem aumento
unauthentic [ʌnɔːˈθentɪk] adj. 1 apócrifo; 2 não autêntico
unauthenticated [ʌnɔːˈθentɪkeɪtɪd] adj. não autenticado
unauthorized [ʌnˈɔːθəraɪzd] adj. 1 não autorizado; 2 ilícito, ilegal
unavailability [ʌnəveɪləˈbɪlɪtɪ] s. 1 ineficácia, inutilidade; 2 indisponibilidade
unavailable [ʌnəˈveɪləbəl] adj. 1 ineficaz, inútil; 2 indisponível; não disponível, que não pode ser utilizado; 3 que não está livre
unavailableness [ʌnəˈveɪləblnɪs] s. ⇒ **unavailability**
unavailing [ʌnəˈveɪlɪŋ] adj. 1 ineficaz, inútil; 2 vão

unavailingly [ˌʌnəˈveɪlɪŋli] *adv.* 1 inutilmente; 2 em vão, debalde
unavenged [ˌʌnəˈvendʒd] *adj.* por vingar
unavoidable [ˌʌnəˈvɔɪdəbəl] *adj.* inevitável
unavoidableness [ˌʌnəˈvɔɪdəblnɪs] *s.* inevitabilidade
unavoidably [ˌʌnəˈvɔɪdəbli] *adv.* inevitavelmente ❖ *~ absent* ausente por motivo de força maior
unavowable [ˌʌnəˈvaʊəbəl] *adj.* inconfessável
unavowed [ˌʌnəˈvaʊd] *adj.* inconfessado
unaware [ˌʌnəˈweə] *adj.* desconhecedor, sem conhecimento [**of**, de]; inconsciente [**of**, de] ❖ *to be ~ of* ignorar; desconhecer; não ter consciência de
unawareness [ˌʌnəˈweənɪs] *s.* desconhecimento, ignorância
unawares [ˌʌnəˈweəz] *adv.* 1 de surpresa; inesperadamente; *to be taken ~* ser apanhado de surpresa; *to catch/take sb ~* apanhar alguém de surpresa; 2 inconscientemente, sem se dar conta
unawed [ʌnˈɔːd] *adj.* sem receio; sem se deixar intimidar [**by**, por]
unbacked [ʌnˈbækt] *adj.* 1 sem apoio; 2 sem reforço; 3 sem protecção; 4 sem garantia; 5 (cavalo) sem ter quem tivesse apostado nele; 6 (cavalo) ainda não montado, selvagem
unbag [ʌnˈbæɡ] *v.tr.* (particípios: **-gg-**) soltar (uma raposa)
unbaked [ʌnˈbeɪkt] *adj.* 1 (tijolo, etc.) mal cozido; 2 cru; 3 [fig.] imaturo
unbalance [ʌnˈbæləns] Ⓐ *s.* desequilíbrio, deficiência no equilíbrio Ⓑ *v.tr.* 1 desequilibrar; 2 alterar o equilíbrio de; 3 perturbar, transtornar
unbalanced [ʌnˈbælənst] *adj.* 1 desequilibrado; *~ load* carga desequilibrada; 2 (mentalmente) perturbado; transtornado; 3 ECONOMIA (conta) por saldar; 4 sem rigor; tendencioso ❖ ELECTRICIDADE *~ armature* induzido desequilibrado
unbalancing [ʌnˈbælənsɪŋ] *s.* desequilíbrio
unballast [ʌnˈbæləst] *v.tr.* tirar o lastro a (navio)
unballasted [ʌnˈbæləstɪd] *adj.* 1 sem lastro; 2 (caminhos-de-ferro) sem balastro; 3 (pessoa) sem a maturidade necessária, de cabeça no ar
unbaptized [ˌʌnbæpˈtaɪzd] *adj.* por baptizar, não baptizado
unbar [ʌnˈbɑː] *v.tr.* (particípios: **-rr-**) 1 (porta) destrancar; desaferrolhar; 2 [fig.] abrir; *to ~ the way* abrir caminho
unbarked [ʌnˈbɑːkt] *adj.* (madeira, tronco) sem casca
unbarred [ʌnˈbɑːd] *adj.* 1 sem barreiras; 2 livre, aberto; 3 sem trancas
unbarricade [ʌnˈbærɪkeɪd] *v.tr.* tirar as barricadas
unbaste [ʌnˈbeɪst] *v.tr.* (costura) descoser
unbay [ʌnˈbeɪ] *v.tr.* dar livre curso a
unbear [ʌnˈbeə] *v.tr.* aliviar a gamarra a (cavalo)
unbearable [ʌnˈbeərəbəl] *adj.* insuportável, intolerável
unbearableness [ʌnˈbeərəblnɪs] *s.* carácter insuportável; intolerabilidade
unbearably [ʌnˈbeərəbli] *adv.* insuportavelmente, intoleravelmente
unbearded [ʌnˈbɪədɪd] *adj.* imberbe; sem barba
unbeatable [ʌnˈbiːtəbəl] *adj.* imbatível, invencível
unbeaten [ʌnˈbiːtn] *adj.* 1 imbatido, não batido; 2 não derrotado, invicto; 3 não trilhado, não percorrido; 4 inexplorado
unbecoming [ˌʌnbɪˈkʌmɪŋ] *adj.* 1 impróprio, inconveniente; que fica mal; *it was ~ of you to act like that* ficou-te mal procederes dessa maneira; 2 (roupa, etc.) que não fica bem, que não favorece
unbecomingly [ˌʌnbɪˈkʌmɪŋli] *adv.* 1 pouco convenientemente; 2 de forma que não favorece
unbecomingness [ˌʌnbɪˈkʌmɪŋnɪs] *s.* impropriedade, inconveniência
unbefitting [ˌʌnbɪˈfɪtɪŋ] *adj.* 1 inconveniente, impróprio; 2 indecoroso
unbefriended [ˌʌnbɪˈfrendɪd] *adj.* 1 sem amigos; 2 sem amparo
unbegotten [ˌʌnbɪˈɡɒtn] *adj.* 1 não gerado, não concebido; 2 RELIGIÃO eterno
unbeknown [ˌʌnbɪˈnəʊn] Ⓐ *adj.* desconhecido Ⓑ *adv.* sem se saber; sem o conhecimento [**to**, de]; *~ to me* sem meu conhecimento
unbeknownst [ˌʌnbɪˈnəʊnst] *adv.* [arc.] sem o conhecimento [**to**, de]
unbelief [ˌʌnbɪˈliːf] *s.* incredulidade, descrença
unbelievable [ˌʌnbɪˈliːvəbəl] *adj.* incrível, inacreditável
unbeliever [ˌʌnbɪˈliːvə] *s.* 1 incrédulo, não crente; 2 descrente; 3 infiel; 4 céptico
unbelieving [ˌʌnbɪˈliːvɪŋ] *adj.* incrédulo, descrente
unbeloved [ˌʌnbɪˈlʌvd] *adj.* sem ser amado
unbelt [ʌnˈbelt] *v.tr.* tirar (a espada) do cinto
unbend [ʌnˈbend] *v.tr., intr.* (prt. e part. pass. **unbent**) 1 soltar; afrouxar; 2 endireitar; destorcer; 3 NÁUTICA (cordas, velas, vergas, etc.) soltar; *to ~ the cable* soltar a amarra da âncora; 4 (pessoa) descontrair; relaxar
unbendable [ʌnˈbendəbəl] *adj.* que não verga
unbending [ʌnˈbendɪŋ] *adj.* 1 inflexível; intransigente; implacável; *~ character* carácter inflexível; 2 firme; resoluto
unbendingly [ʌnˈbendɪŋli] *adv.* 1 inflexivelmente; 2 firmemente; 3 rigidamente
unbendingness [ʌnˈbendɪŋnɪs] *s.* 1 inflexibilidade; 2 firmeza; 3 rigidez
unbeneficed [ʌnˈbenɪfɪst] *adj.* (sacerdote) não provido em benefício
unbeneficial [ˌʌnbenɪˈfɪʃəl] *adj.* 1 pouco benéfico; 2 pouco vantajoso
unbenefited [ʌnˈbenɪfɪtɪd] *adj.* que não foi beneficiado, que não tirou vantagem
unbent [ʌnˈbent] *prt. e part. pass. de* **to unbend**
unbeseeming [ˌʌnbɪˈsiːmɪŋ] *adj.* 1 pouco conveniente, impróprio; 2 deslocado; 3 que fica mal
unbeseemingly [ˌʌnbɪˈsiːmɪŋli] *adv.* de modo pouco conveniente, de modo impróprio
unbeseemingness [ˌʌnbɪˈsiːmɪŋnɪs] *s.* 1 inconveniência; 2 qualidade daquilo que é impróprio ou se encontra deslocado
unbias [ʌnˈbaɪəs] *v.tr.* libertar (de preconceitos)
unbiased [ʌnˈbaɪəst] *adj.* 1 sem preconceitos; 2 imparcial, desinteressado; 3 desapaixonado
unbiassed [ʌnˈbaɪəst] *adj.* 1 sem preconceitos; 2 imparcial, desinteressado; 3 desapaixonado
unbiblical [ʌnˈbɪblɪkəl] *adj.* não bíblico
unbiddable [ʌnˈbɪdəbəl] *adj.* 1 rebelde, insubmisso, teimoso; 2 irrequieto
unbidden [ʌnˈbɪdn] *adj., adv.* 1 espontâneo; 2 sem ser convidado, sem ser solicitado; *an ~ guest* um hóspede inesperado
unbigoted [ʌnˈbɪɡətɪd] *adj.* 1 sem fanatismo; 2 livre de preconceitos; 3 tolerante
unbind [ʌnˈbaɪnd] *v.tr.* (prt. e part. pass. **unbound**) 1 desatar, desprender; 2 desligar; 3 desamarrar; 4 soltar, libertar; 5 desobrigar
unbitt [ʌnˈbɪt] *v.tr.* 1 NÁUTICA desenrolar o cabo das abitas; 2 desenfrear
unbitted [ʌnˈbɪtɪd] *adj.* desenfreado, sem freio
unblamable [ʌnˈbleɪməbəl] *adj.* irrepreensível
unblamably [ʌnˈbleɪməbli] *adv.* irrepreensivelmente
unblameable [ʌnˈbleɪməbəl] *adj.* irrepreensível
unblameably [ʌnˈbleɪməbli] *adv.* irrepreensivelmente
unbleached [ʌnˈbliːtʃt] *adj.* 1 não branqueado, por branquear; 2 (linho) cru
unblemished [ʌnˈblemɪʃt] *adj.* 1 sem mancha, sem mácula; 2 sem defeito; 3 imaculado; 4 puro
unblenched [ʌnˈblentʃt] *adj.* 1 firme, impávido, impassível; 2 sem mácula
unblended [ʌnˈblendɪd] *adj.* sem mistura, puro
unblessed [ʌnˈblest] *adj.* 1 não abençoado, não consagrado; 2 por benzer; 3 amaldiçoado, maldito; 4 desgraçado, infeliz; 5 ímpio
unblest [ʌnˈblest] *adj.* ⇒ **unblessed**
unblighted [ʌnˈblaɪtɪd] *adj.* 1 não crestado; 2 não atacado pelo míldio, ferrugem ou mangra; 3 intacto, sem nada que perturbe
unblindfold [ʌnˈblaɪndfəʊld] *v.tr.* desvendar os olhos a (alguém)
unblinking [ʌnˈblɪŋkɪŋ] *adj.* 1 sem pestanejar; 2 sem hesitar; 3 impassível, impávido e sereno, imperturbável
unblock [ʌnˈblɒk] *v.tr.* 1 desimpedir, desobstruir; 2 tirar o calço a (uma roda)
unblooded [ʌnˈblʌdɪd] *adj.* (cavalo) que não é de raça
unblown [ʌnˈbləʊn] *adj.* (flor) em botão, que ainda não desabrochou
unblushing [ʌnˈblʌʃɪŋ] *adj.* 1 sem vergonha, descarado, desavergonhado; 2 sem corar; 3 declarado; assumido

unblushingly [ʌnˈblʌʃɪŋlɪ] adv. 1 descaradamente, desavergonhadamente; 2 impudentemente; 3 declaradamente; assumidamente

unboiled [ʌnˈbɔɪld] adj. cru, por cozer

unbolt [ʌnˈbəʊlt] v.tr. 1 desaparafusar; 2 desaferrolhar, tirar o ferrolho a; 3 destrancar; 4 descravar

unbolted [ʌnˈbəʊltɪd] adj. 1 descravado; 2 desaparafusado; 3 desaferrolhado; 4 (cereal, farinha) não peneirado

unbolting [ʌnˈbəʊltɪŋ] s. 1 desaparafusamento; 2 desaferrolhamento

unbonnet [ʌnˈbɒnɪt] v.tr.,intr. 1 tirar o chapéu; 2 tirar o chapéu da cabeça de (alguém)

unbonneted [ʌnˈbɒnɪtɪd] adj. em cabelo, sem chapéu

unboot [ʌnˈbuːt] v.tr.,intr. 1 descalçar; 2 descalçar-se

unborn [ʌnˈbɔːn] adj. 1 ainda não nascido, por nascer; 2 futuro, vindouro

unborrowed [ʌnˈbɒrəʊd] adj. 1 original, próprio; 2 (dinheiro) que não foi pedido emprestado

unbosom [ʌnˈbʊzəm] v.tr.,intr. 1 confessar, revelar; 2 abrir-se, desabafar; *to ~ oneself to sb* abrir-se com alguém, desabafar com alguém

unbought [ʌnˈbɔːt] adj. 1 não vendido, não comprado; 2 em armazém

unbound [ʌnˈbaʊnd] Ⓐ prt. e part. pass. de *to unbind* Ⓑ adj. 1 liberto; solto; 2 desatado; 3 (livro) brochado, não encadernado ❖ MITOLOGIA *Prometheus Unbound* Prometeu libertado

unbounded [ʌnˈbaʊndɪd] adj. 1 ilimitado, sem limites, infinito; 2 desmedido, desmesurado

unboundedly [ʌnˈbaʊndɪdlɪ] adv. 1 ilimitadamente; 2 excessivamente, desmesuradamente

unbox [ʌnˈbɒks] v.tr. 1 tirar de uma caixa; 2 desembalar; desencaixotar

unbrace [ʌnˈbreɪs] v.tr. 1 desprender, desatar, soltar; 2 abrandar, afrouxar; 3 debilitar

unbraced [ʌnˈbreɪst] adj. 1 solto; 2 desarranjado, desalinhado; 3 sem apoio ou escora

unbraid [ʌnˈbreɪd] v.tr. desentrançar, destrançar

unbreakable [ʌnˈbreɪkəbəl] adj. 1 inquebrável; ELECTRICIDADE *~ insulator* isolador inquebrável; 2 [fig.] (compromisso, regra) sagrado, inviolável; 3 [fig.] indomável; 4 [fig.] inquebrantável

unbreathable [ʌnˈbriːðəbəl] adj. irrespirável

unbred [ʌnˈbred] adj. 1 mal-educado; 2 pouco educado; rude

unbribable [ʌnˈbraɪbəbəl] adj. incorruptível

unbridgeable [ʌnˈbrɪdʒəbəl] adj. 1 (dificuldade) insuperável, inultrapassável, intransponível; 2 (lacuna) impossível de colmatar

unbridle [ʌnˈbraɪdl] v.tr. 1 (cavalo) desbridar; tirar as rédeas a; 2 [fig.] dar livre curso a; dar largas a; *to ~ one's rage* dar largas à indignação

unbridled [ʌnˈbraɪdəld] adj. 1 desbridado; 2 desenfreado; 3 descontrolado

unbridling [ʌnˈbraɪdlɪŋ] s. acto de tirar a brida ou o freio

unbroached [ʌnˈbrəʊtʃt] adj. 1 não encetado; 2 (casco, pipa) não aberto

unbroken [ʌnˈbrəʊkən] adj. 1 não partido, não quebrado; 2 intacto, inteiro; 3 (promessa, etc.) inviolado; 4 (recorde) ainda por superar; imbatível; 5 contínuo, ininterrupto; 6 (cavalo) não domado; 7 (solo) não cultivado, virgem; 8 (pessoa) indómito, vigoroso; *~ spirit* espírito indómito ❖ MILITAR *~ front* frente invencível; (estrada) *~ line* traço contínuo; (genealogia) *descended in an ~ line from sb* que descende em linha directa de alguém

unbrokenly [ʌnˈbrəʊkənlɪ] adv. 1 ininterruptamente; 2 indomitamente

unbrotherly [ʌnˈbrʌðəlɪ] adj. impróprio de irmão; pouco fraternal

unbruised [ʌnˈbruːzd] adj. 1 sem ferimento, sem pisaduras; 2 sem danos; 3 intacto; sem marcas

unbuckle [ʌnˈbʌkl] v.tr. desafivelar, desatar

unbuild [ʌnˈbɪld] v.tr.,intr. (prt. e part. pass. **unbuilt**) 1 demolir, deitar abaixo; 2 arrasar; 3 desmagnetizar-se

unbuilt [ʌnˈbɪlt] Ⓐ prt. e part. pass. de *to unbuild* Ⓑ adj. não construído, ainda não construído, por construir

unbundle [ʌnˈbʌndl] v.tr. 1 separar; 2 desemaçar; 3 detalhar, tarifar separadamente

unbung [ʌnˈbʌŋ] v.tr. transbordar, deitar por fora

unburden [ʌnˈbɜːdn] v.tr. 1 (carga, preocupação, etc.) aliviar; descarregar; *to ~ a horse* aliviar um cavalo da sua carga; *to ~ the mind* aliviar o espírito; 2 desabafar, desafogar; *to ~ oneself to sb* desabafar com alguém

unburied [ʌnˈberɪd] adj. 1 sem sepultura, não enterrado; 2 desenterrado, exumado; 3 posto a descoberto

unburnable [ʌnˈbɜːnəbəl] adj. incombustível

unburned [ʌnˈbɜːnd] adj. ⇒ **unburnt**

unburnt [ʌnˈbɜːnt] adj. 1 não queimado, por queimar; 2 (tijolo) por cozer ❖ *~ brick* adobe

unburthen [ʌnˈbɜːðən] v.tr. [arc.] ⇒ **unburden**

unbury [ʌnˈberɪ] v.tr. desenterrar, exumar

unburying [ʌnˈberɪɪŋ] s. 1 desenterramento; 2 exumação

unbusinesslike [ʌnˈbɪznɪslaɪk] adj. 1 contrário às regras comerciais; 2 incorrecto; 3 sem sistema nem método

unbutton [ʌnˈbʌtn] v.tr.,intr. 1 desabotoar, desabotoar-se; 2 [coloq.] (pessoa) descontrair, relaxar

unbuttoned [ʌnˈbʌtənd] adj. 1 desabotoado; 2 descomposto

unbuttoning [ʌnˈbʌtənɪŋ] s. desabotoamento

uncage [ʌnˈkeɪdʒ] v.tr. 1 soltar; 2 libertar da gaiola; 3 soltar da jaula

uncaged [ʌnˈkeɪdʒd] adj. 1 solto da jaula ou gaiola; 2 posto em liberdade

uncalcined [ʌnˈkælsaɪnd] adj. não calcinado ❖ *~ lead* pedra de chumbo

uncalled [ʌnˈkɔːld] adj. 1 não chamado, sem ser chamado; 2 não solicitado

uncalled-for [ʌnˈkɔːldfɔː] adj. 1 inoportuno; 2 deslocado, impróprio; 3 gratuito, desnecessário, injustificado; *~ measures* medidas injustificadas, providências desnecessárias; 4 despropositado

uncancelled [ʌnˈkænsəld] adj. não anulado, não invalidado

uncandid [ʌnˈkændɪd] adj. pouco franco, pouco sincero

uncannily [ʌnˈkænɪlɪ] adv. 1 misteriosamente; 2 estranhamente; de maneira esquisita; 3 sinistramente

uncanniness [ʌnˈkænɪnɪs] s. atmosfera ou ambiente misterioso, estranho ou sinistro

uncanny [ʌnˈkænɪ] adj. 1 estranho; misterioso; *an ~ silence* um silêncio estranho; 2 inquietante; sinistro; perturbador

uncanonical [ˌʌnkəˈnɒnɪkəl] adj. 1 não canónico; 2 impróprio dum membro do clero; 3 secular, laico

uncanonically [ˌʌnkəˈnɒnɪkəlɪ] adv. de maneira pouco canónica

uncap [ʌnˈkæp] v.tr.,intr. (particípios: **-pp-**) 1 descobrir, tirar o boné; 2 tirar a cobertura; 3 pôr a descoberto; revelar; 4 levantar restrição sobre

uncapsizable [ˌʌnkæpˈsaɪzəbəl] adj. 1 insubmergível; 2 que não vira

uncared-for [ʌnˈkeədfɔː] adj. 1 ao abandono; 2 desleixado, descurado, negligenciado; 3 pouco cuidado, descuidado

uncaring [ʌnˈkeərɪŋ] adj. 1 indiferente; 2 insensível; 3 frio; 4 negligente

uncarpeted [ʌnˈkɑːpɪtɪd] adj. sem tapete

uncart [ʌnˈkɑːt] v.tr. descarregar (de carroça)

uncase [ʌnˈkeɪs] v.tr. 1 desencaixotar; 2 tirar de caixa ou estojo; 3 desembalar

uncased [ʌnˈkeɪst] adj. sem caixa, sem estojo

uncasing [ʌnˈkeɪsɪŋ] s. acto de tirar de caixa ou estojo

uncastrated [ˌʌnkæsˈtreɪtɪd] adj. (animal) não castrado, inteiro

uncatalogued [ʌnˈkætəlɒgd] adj. não catalogado

uncate [ˈʌŋkeɪt] adj. uncinado, unciforme

uncaught [ʌnˈkɔːt] adj. 1 em liberdade; 2 que não foi apanhado

unceasing [ʌnˈsiːsɪŋ] adj. contínuo, incessante, ininterrupto

unceasingly [ʌnˈsiːsɪŋlɪ] adv. continuamente, incessantemente, ininterruptamente, sem cessar

uncemented [ˌʌnsɪˈmentɪd] adj. não cimentado

uncensored [ʌnˈsensəd] adj. não submetido à censura

uncensured [ʌnˈsenʃəd] adj. não repreendido, não censurado, não criticado

unceremonious [ˌʌnserɪˈməʊnɪəs] adj. 1 sem cerimónia, pouco cerimonioso; 2 descortês; 3 brusco

unceremoniously [ˌʌnserɪˈməʊnɪəslɪ] adv. 1 pouco cerimoniosamente, sem cerimónia; 2 descortesmente; 3 com brusquidão

uncerimoniousness [ˌʌnserɪˈməʊnɪəsnɪs] s. 1 sem-cerimónia; 2 descortesia; 3 brusquidão
uncertain [ʌnˈsɜːtn] adj. 1 incerto; duvidoso; 2 inconstante, variável; ~ *temper* temperamento inconstante; ~ *weather* tempo variável; 3 desconhecido, indefinido, indeterminado; [joc.] *she is a lady of ~ age* é uma senhora com idade difícil de determinar; 4 indistinto, vago; ~ *outline* contornos indistintos, vagos; 5 indeciso, irresoluto, hesitante; *he was ~ what to do* ele estava indeciso quanto ao que havia de fazer; 6 pouco firme, vacilante; ~ *health* saúde vacilante ❖ *in no ~ terms* claramente; sem rodeios; *it's ~ whether...* é difícil saber ao certo se...; não se sabe se...
uncertainly [ʌnˈsɜːtnlɪ] adv. 1 de modo incerto, contingente; 2 com pouca firmeza; 3 inconstantemente; 4 vagamente, indistintamente; 5 indecisamente, irresolutamente
uncertainty [ʌnˈsɜːtntɪ] s. (pl. -ies) 1 incerteza; dúvida; *to remain in a state of ~* ficar na dúvida; 2 indecisão, irresolução; 3 inconstância, instabilidade, variabilidade; ~ *of fortune* instabilidade da fortuna ❖ ~ *principle* princípio da incerteza
uncertificated [ˌʌnsɜːˈtɪfɪˈkeɪtɪd] adj. 1 não diplomado; 2 (falência) em que não foi conseguida uma concordata
unchain [ʌnˈtʃeɪn] v.tr. 1 soltar; libertar; 2 desacorrentar ❖ *to ~ one's passions* dar livre curso às paixões
unchaining [ʌnˈtʃeɪnɪŋ] s. libertação
unchallengeable [ʌnˈtʃælɪndʒəbəl] adj. 1 incontestável, indiscutível; 2 que não pode ser posto em causa
unchallenged [ʌnˈtʃælɪndʒd] adj. 1 incontestado; 2 indiscutível; inquestionável; 3 sem protestar; *to let sth go ~* deixar algo passar sem protesto ❖ *to leave sth ~* não contestar algo; não questionar algo; *to do sth ~* fazer algo sem qualquer espécie de oposição
unchancy [ʌnˈtʃɑːnsɪ] adj. 1 azarento, sem sorte; 2 malfadado, desastroso; 3 perigoso
unchangeable [ʌnˈtʃeɪndʒəbəl] adj. imutável, inalterável
unchangeableness [ʌnˈtʃeɪndʒəblnɪs] s. 1 imutabilidade, inalterabilidade; 2 invariabilidade
unchanged [ʌnˈtʃeɪndʒd] adj. 1 igual; na mesma; 2 sem modificação, inalterado
unchanging [ʌnˈtʃeɪndʒɪŋ] adj. que não muda, que se não altera, inalterável
uncharacteristic [ˌʌnkærɪktəˈrɪstɪk] adj. incaracterístico, pouco típico; *that is ~ of him* isso nem parece dele
uncharged [ʌnˈtʃɑːdʒd] adj. 1 (arma) não carregado; 2 DIREITO não acusado; ilibado de toda a responsabilidade; 3 ELECTRICIDADE sem carga eléctrica ❖ ~ *for* gratuito
uncharitable [ʌnˈtʃærɪtəbəl] adj. 1 pouco caridoso; 2 pouco indulgente; 3 cruel, injusto, maldizente
uncharitableness [ʌnˈtʃærɪtəblnɪs] adj. falta de indulgência ou caridade
uncharitably [ʌnˈtʃærɪtəblɪ] adv. com pouca indulgência, com pouca caridade
uncharted [ʌnˈtʃɑːtɪd] adj. 1 inexplorado, desconhecido; 2 não cartografado, que não se encontra registado em mapas ou cartas geográficas
unchaste [ʌnˈtʃeɪst] adj. 1 não casto; 2 libertino, impuro; 3 lascivo; 4 incontinente
unchastely [ʌnˈtʃeɪstlɪ] adv. 1 libertinamente; 2 incontinentemente; 3 sem castidade
unchastised [ˌʌntʃæsˈtaɪzd] adj. sem castigo
unchastity [ʌnˈtʃæstɪtɪ] s. 1 impudicícia; 2 lascívia; 3 incontinência; 4 luxúria; 5 falta de castidade
unchecked [ʌnˈtʃekt] adj. 1 desenfreado; incontrolado; ~ *anger* cólera desenfreada; 2 por verificar ❖ ~ *child* criança estragada com mimos; criança a quem se fazem todas as vontades
unchiselled [ʌnˈtʃɪzəld] adj. não esculpido, não talhado
unchivalrous [ʌnˈtʃɪvəlrəs] adj. pouco cavalheiresco
unchristened [ʌnˈkrɪstənd] adj. 1 por baptizar, sem baptismo; 2 sem nome
unchristian [ʌnˈkrɪstɪən] adj. 1 não cristão; 2 pouco cristão; 3 anticristão; 4 infiel, pagão; 5 [fig.] pouco conveniente
unchurch [ʌnˈtʃɜːtʃ] v.tr. 1 excomungar; 2 excluir do seio da Igreja
uncial [ˈʌnsɪəl] Ⓐ (letra) adj. uncial Ⓑ s. 1 letra uncial; 2 escrita em caracteres unciais

unciform [ˈʌnsɪfɔːm] Ⓐ adj. unciforme, uncinado Ⓑ s. ANATOMIA unciforme, osso unciforme
uncinate [ˈʌnsɪnət, ˈʌnsɪneɪt] adj. uncinado
uncircumcised [ʌnˈsɜːkəmsaɪzd] adj. incircunciso, incircuncidado; por circuncidar
uncircumcision [ˌʌnsɜːkəmˈsɪʒən] s. incircuncisão
uncircumscribable [ˌʌnsɜːkəmˈskraɪbəbəl] adj. incircunscritível
uncircumscribed [ʌnˈsɜːkəmskraɪbd] adj. incircunscrito
uncircumspect [ʌnˈsɜːkəmspekt] adj. pouco circunspecto
uncircumstantial [ˌʌnsɜːkəmˈstænʃəl] adj. 1 vago, não circunstanciado; 2 sem pormenores
uncivil [ʌnˈsɪvɪl] adj. grosseiro, incivil, rude, malcriado, descortês, incorrecto
uncivilized [ʌnˈsɪvɪlaɪzd] adj. 1 bárbaro, não civilizado; 2 (comportamento) grosseiro, pouco civilizado; 3 (hora, horário) impróprio
uncivilly [ʌnˈsɪvɪlɪ] adv. 1 de modo grosseiro, com rudeza; 2 incivilmente, descortesmente
unclad [ʌnˈklæd] adj. 1 despido, sem roupas, nu; 2 não revestido
unclaimed [ʌnˈkleɪmd] adj. 1 por reclamar; 2 não reivindicado
unclasp [ʌnˈklɑːsp] v.tr.,intr. 1 desacolchetar, desprender, desprender-se; 2 desabotoar; 3 abrir; 4 soltar, soltar-se
unclassable [ʌnˈklɑːsəbəl] adj. que não pode classificar-se, que não pode integrar-se numa classe
unclassical [ʌnˈklæsɪkəl] adj. 1 não clássico; 2 contrário à orientação ou tradição clássica
unclassifiable [ʌnˈklæsɪfaɪəbəl] adj. inclassificável
uncle [ˈʌŋkl] s. 1 tio; 2 [ant., cal.] prego, prestamista; *his watch is at his uncle's* ele tem o relógio no prego ❖ [coloq., fig.] *Uncle Sam* Estados Unidos da América; [EUA] [coloq.] *to cry/say ~* dar-se por vencido; *to talk to sb like a Dutch ~* dar lições de moral a alguém; pregar um sermão a alguém
unclean [ʌnˈkliːn] adj. 1 sujo; 2 RELIGIÃO impuro
uncleanable [ʌnˈkliːnəbəl] adj. que não pode limpar-se
uncleanliness [ʌnˈklɛnlɪnɪs] s. 1 imundície, sujidade, porcaria; 2 falta de asseio
uncleanly[1] [ʌnˈkliːnlɪ] adv. 1 de maneira suja; 2 porcamente; 3 indecorosamente, obscenamente
uncleanly[2] [ʌnˈklɛnlɪ] adj. 1 imundo, sujo, impuro; 2 indecoroso, obsceno
uncleanness [ʌnˈkliːnnɪs] s. sujidade, sujeira, imundície
uncleansed [ʌnˈklɛnzd] adj. sujo, por limpar, por purificar
unclear [ʌnˈklɪə] adj. 1 pouco claro; confuso; obscuro; 2 pouco nítido; 3 indeciso; *to be ~ as to...* estar indeciso quanto a... ❖ *his purpose remains ~* ainda não sabemos aonde ele quer chegar; *I'm ~ on this point* não tenho a certeza em relação a isto; *I'm ~ whether...* não percebi se...
uncleared [ʌnˈklɪəd] adj. 1 não clarificado, não esclarecido; 2 (mistério) por deslindar; 3 (mesa posta) que não foi levantada; 4 (acusação) não ilibado; 5 (dívida) por liquidar; 6 (cheque) sem cobertura; 7 (mercadoria) que não passou pela alfândega; ~ *goods* mercadorias não passadas pela alfândega; 8 (terreno) por desbastar
unclearness [ʌnˈklɪənɪs] s. 1 falta de clareza; 2 confusão, obscuridade
unclench [ʌnˈklentʃ] v.tr. abrir, descerrar à força (punho, etc.)
unclerical [ʌnˈklerɪkəl] adj. 1 impróprio de membro do clero; 2 secular
unclerically [ʌnˈklerɪkəlɪ] adv. 1 de maneira imprópria de um membro do clero; 2 secularmente
unclimbable [ʌnˈklaɪməbəl] adj. impossível de subir, a que se não pode trepar
unclinch [ʌnˈklɪntʃ] v.tr. ⇒ **unclench**
unclipped [ʌnˈklɪpt] adj. 1 por cortar, por aparar; 2 (bilhete) por furar, por revisar; 3 (animal) não tosquiado
unclipt [ʌnˈklɪpt] adj. ⇒ **unclipped**
uncloak [ʌnˈkləʊk] v.tr.,intr. 1 tirar o manto ou capa; 2 revelar, descobrir, desvendar; 3 desmascarar
unclog [ʌnˈklɒg] v.tr. (*particípios:* -gg-) 1 desembaraçar, desprender, soltar; 2 desobstruir
uncloister [ʌnˈklɔɪstə] v.tr. desenclaustrar
uncloistered [ʌnˈklɔɪstəd] adj. 1 desenclaustrado, tirado da clausura; 2 que não faz parte de convento
unclose [ʌnˈkləʊz] v.tr.,intr. 1 abrir, descerrar; 2 descerrar-se; 3 revelar, descobrir, divulgar
unclosed [ʌnˈkləʊzd] adj. 1 aberto; 2 sem cerca ou vedação

unclothe [ʌnˈkləʊð] v.tr.,intr. 1 despir, despir-se; 2 tirar a roupa, tirar a roupa a; 3 despojar
unclothed [ʌnˈkləʊðd] adj. sem roupa; nu
uncloud [ʌnˈklaʊd] v.tr. desanuviar
unclouded [ʌnˈklaʊdɪd] adj. 1 desanuviado, sem nuvens; 2 claro, límpido
uncloudedness [ʌnˈklaʊdɪdnɪs] s. 1 aspecto desanuviado; 2 clareza, limpidez; 3 serenidade
uncloyed [ʌnˈklɔɪd] adj. (apetite) não saciado, não satisfeito
unclubbable [ʌnˈklʌbəbəl] adj. pouco sociável, arredio, misantropo
uncluttered [ʌnˈklʌtəd] adj. organizado, ordenado
unco [ˈʌŋkəʊ] Ⓐ adj. 1 [Esc.] maravilhoso; *an ~ sight* uma vista maravilhosa; 2 [Esc.] estranho, invulgar Ⓑ adv. [Esc.] muito, extremamente; *~ guid* muito bom ❖ *to think an ~ lot of sb* ter alguém em grande conta
uncoated [ʌnˈkəʊtɪd] adj. não revestido, sem revestimento
uncock [ʌnˈkɒk] v.tr. desaperrar, desengatilhar (espingarda)
uncocked [ʌnˈkɒkt] adj. (espingarda) desaperrada, desengatilhada
uncocking [ʌnˈkɒkɪŋ] s. acto de desaperrar ou desengatilhar (espingarda)
uncoffined [ʌnˈkɒfɪnd] adj. sem caixão
uncog [ʌnˈkɒg] v.tr. (particípios: **-gg-**) desencaixar (dentes de roda)
uncoil [ʌnˈkɔɪl] v.tr.,intr. 1 desenrolar, desenrolar-se; 2 estender
uncoiled [ʌnˈkɔɪld] adj. desenrolado, não enrolado
uncoiling [ʌnˈkɔɪlɪŋ] s. acto de desenrolar ou estender
uncoined [ʌnˈkɔɪnd] adj. não cunhado, não transformado em moeda, por cunhar
uncollected [ˌʌnkəˈlektɪd] adj. 1 por reunir, não coligido; 2 disperso, esparso, não reunido em volume; *~ poems* poesias esparsas; 3 (imposto) não cobrado, não recebido; 4 agitado, excitado, sem sangue-frio; 5 (propriedade, etc.) não reclamado ❖ *~ thoughts* pensamentos confusos
uncoloured [ʌnˈkʌləd] adj. 1 descolorido, por colorir, sem cor; 2 incolor; 3 objectivo; imparcial; *an ~ report of* um relatório imparcial sobre
uncombed [ʌnˈkəʊmd] adj. 1 por pentear, não penteado; 2 em desalinho
uncombined [ˌʌnkəmˈbaɪnd] adj. 1 não combinado; 2 QUÍMICA no estado livre ❖ QUÍMICA *~ carbon* carbono elementar
uncome-at-able [ˌʌnkʌmˈætəbəl] adj. 1 [coloq.] de difícil obtenção; 2 inacessível
uncomeliness [ʌnˈkʌmlɪnɪs] s. 1 deselegância, falta de graça; 2 fealdade; 3 inconveniência; 4 falta de decoro; 5 incorrecção
uncomely [ʌnˈkʌmlɪ] adj. 1 deselegante, sem graça; 2 feio; 3 impróprio, inconveniente; 4 com falta de decoro
uncomfortable [ʌnˈkʌmfətəbəl] adj. 1 desconfortável, incómodo; 2 desagradável; penoso; 3 preocupado; *to feel ~ about sth* sentir-se preocupado com alguma coisa; 4 constrangido, embaraçado, pouco à vontade; *to feel ~* sentir-se constrangido, não se sentir à vontade ❖ *to make things ~ for sb* causar aborrecimentos ou dificuldades a alguém
uncomfortableness [ʌnˈkʌmfətəblnɪs] s. 1 mal-estar, desconforto; 2 desagrado
uncomfortably [ʌnˈkʌmftəblɪ] adv. 1 desconfortavelmente, incomodamente; 2 desagradavelmente; 3 constrangidamente; 4 inquietantemente
uncomforted [ʌnˈkʌmfətɪd] adj. sem conforto, sem consolo
uncommercial [ˌʌnkəˈmɜːʃəl] adj. pouco comercial
uncommissioned [ˌʌnkəˈmɪʃənd] adj. 1 não encarregado, não comissionado, sem poderes; 2 NÁUTICA (navio) desarmado
uncommitted [ˌʌnkəˈmɪtɪd] adj. 1 não cometido; 2 não comprometido, independente; 3 sem compromissos
uncommon [ʌnˈkɒmən] Ⓐ adj. 1 invulgar, pouco comum; 2 desusado, raro; 3 extraordinário, excepcional; 4 notável Ⓑ adv. [coloq.] invulgarmente, notavelmente
uncommonly [ʌnˈkɒmənlɪ] adv. 1 invulgarmente; *~ good* invulgarmente bom; 2 raramente; 3 notavelmente, singularmente
uncommonness [ʌnˈkɒmənnɪs] s. 1 raridade; 2 invulgaridade; 3 singularidade
uncommunicative [ˌʌnkəˈmjuːnɪkətɪv] adj. 1 pouco comunicativo; 2 taciturno, reservado; 3 metido em si

uncommunicatively [ˌʌnkəˈmjuːnɪkətɪvlɪ] adv. 1 pouco comunicativamente; 2 taciturnamente
uncommunicativeness [ˌʌnkəˈmjuːnɪkətɪvnɪs] s. 1 pouca comunicabilidade; 2 taciturnidade
uncompanionable [ˌʌnkəmˈpænɪənəbəl] adj. 1 insocial, pouco social; 2 com pouca sociabilidade
uncompensated [ʌnˈkɒmpənseɪtɪd] adj. 1 sem compensação; 2 descompensado; desequilibrado
uncomplaining [ˌʌnkəmˈpleɪnɪŋ] adj. 1 resignado, paciente; 2 que não se queixa, que não se lamenta
uncomplainingly [ˌʌnkəmˈpleɪnɪŋlɪ] adv. 1 resignadamente, pacientemente; 2 sem se queixar, sem se lamentar
uncomplainingness [ˌʌnkəmˈpleɪnɪŋnɪs] s. resignação, paciência
uncomplaisant [ˌʌnkəmˈpleɪzənt] adj. pouco amável
uncompleted [ˌʌnkəmˈpliːtɪd] adj. 1 incompleto, por acabar; 2 imperfeito
uncomplimentary [ˌʌnkɒmplɪˈmentərɪ] adj. pouco lisonjeiro
uncomplying [ˌʌnkəmˈplaɪɪŋ] adj. intransigente, rígido, pouco complacente
uncompounded [ˌʌnkəmˈpaʊndɪd] adj. não composto, simples; *an ~ state* um estado simples
uncomprehensive [ˌʌnkɒmprɪˈhensɪv] adj. incompleto
uncompressed [ˌʌnkəmˈprest] adj. 1 não comprimido; 2 não resumido
uncompromising [ʌnˈkɒmprəmaɪzɪŋ] adj. 1 intransigente, inflexível; 2 firme; 3 intratável; 4 teimoso
uncompromisingly [ʌnˈkɒmprəmaɪzɪŋlɪ] adv. 1 intransigentemente, inflexivelmente; 2 com firmeza, com decisão; 3 obstinadamente
unconcealed [ˌʌnkənˈsiːld] adj. não escondido, manifesto, franco
unconcern [ˌʌnkənˈsɜːn] s. 1 calma, sangue-frio; 2 desinteresse, indiferença; *to show ~ regarding sth* mostrar indiferença em relação a alguma coisa; 3 despreocupação
unconcerned [ˌʌnkənˈsɜːnd] adj. 1 desinteressado, indiferente; 2 despreocupado ❖ *to be ~ about sth* não estar preocupado com algo; não se deixar afectar por algo
unconcernedly [ˌʌnkənˈsɜːnɪdlɪ] adv. 1 indiferentemente, desinteressadamente; 2 despreocupadamente; 3 descuidadamente
unconcernedness [ˌʌnkənˈsɜːnɪdnɪs] s. 1 indiferença, desinteresse; 2 despreocupação; 3 impassibilidade, tranquilidade, calma; 4 imparcialidade
unconciliating [ˌʌnkənˈsɪlɪeɪtɪŋ] adj. severo, rígido, pouco conciliatório
unconciliatory [ˌʌnkənˈsɪlɪətərɪ, ˌʌnkənˈsɪlɪətɔːrɪ] adj. ⇒ **unconciliating**
uncondemned [ˌʌnkənˈdemd] adj. sem ser condenado
unconditional [ˌʌnkənˈdɪʃənəl] adj. incondicional; sem condições, sem reservas; *to give sb one's ~ support* apoiar alguém incondicionalmente ❖ PSICOLOGIA *~ reflex* reflexo não condicionado; *~ surrender* rendição incondicional
unconditionally [ˌʌnkənˈdɪʃənəlɪ] adv. incondicionalmente; sem reservas; *to surrender ~* render-se incondicionalmente
unconditioned [ˌʌnkənˈdɪʃənd] adj. 1 incondicional; 2 não condicionado; 3 espontâneo
unconfessed [ˌʌnkənˈfest] adj. não confessado, inconfesso
unconfined [ˌʌnkənˈfaɪnd] adj. 1 ilimitado; 2 livre; 3 não encerrado dentro de determinados limites
unconfirmed [ˌʌnkənˈfɜːmd] adj. 1 não confirmado, sujeito a confirmação; 2 RELIGIÃO que ainda não recebeu o sacramento da confirmação
unconformable [ˌʌnkənˈfɔːməbəl] adj. 1 em desacordo; 2 inconformado, insubmisso; 3 GEOLOGIA discordante ❖ *~ to* que não está em conformidade com
unconformity [ˌʌnkənˈfɔːmɪtɪ] s. 1 discordância; desacordo [**to**, com]; 2 discrepância; 3 GEOLOGIA discordância
unconfuted [ˌʌnkənˈfjuːtɪd] adj. irrefutado, incontestado
uncongealable [ˌʌnkənˈdʒiːləbəl] adj. incongelável
uncongealed [ˌʌnkənˈdʒiːld] adj. 1 não congelado; 2 (sangue) não coagulado
uncongenial [ˌʌnkənˈdʒiːnɪəl] adj. 1 (pessoa) antipático; 2 desagradável; 3 hostil; inóspito; 4 pouco apropriado; 5 incompatível [**to**, com]

uncongeniality [ˌʌnkəndʒiːˈnɪælɪti] *adj.* 1 aspecto ou carácter antipático; 2 incompatibilidade; 3 hostilidade; 4 desagradabilidade

unconnected [ˌʌnkəˈnektɪd] *adj.* 1 sem relação (**with**, com); 2 incoerente; desconexo; 3 distinto; 4 ELECTRICIDADE desligado; ~ *wire* fio desligado ❖ *to be ~ with sb* não ter parentesco com alguém

unconquerable [ʌnˈkɒŋkərəbəl] *adj.* 1 inconquistável; 2 invencível; 3 indomável; 4 irresistível, irreprimível; 5 insuperável

unconquerableness [ʌnˈkɒŋkərəblnɪs] *s.* 1 invencibilidade; 2 irresistibilidade

unconquerably [ʌnˈkɒŋkərəblɪ] *adv.* 1 inconquistavelmente; 2 invencivelmente; 3 indomavelmente; 4 irresistivelmente, irreprimivelmente; 5 insuperavelmente

unconquered [ʌnˈkɒŋkəd] *adj.* 1 não conquistado; 2 não vencido, invicto; 3 não domado; 4 não reprimido

unconscientious [ˌʌnkɒnʃɪˈenʃəs] *adj.* 1 pouco consciencioso; 2 sem grandes escrúpulos; 3 negligente

unconscionable [ʌnˈkɒnʃnəbəl] *adj.* 1 sem consciência; pouco escrupuloso; 2 inaceitável; inadmissível; *it's ~ that...* é inadmissível que...; 3 pouco razoável; 4 desmesurado; excessivo; *she always takes an ~ time doing it* ela leva sempre um tempo excessivo a fazer isso ❖ *an ~ knave* um perfeito velhaco; *it's ~ for them to do such a thing* não podemos permitir que eles façam uma coisa dessas

unconscionableness [ʌnˈkɒnʃnəblnɪs] *s.* falta de consciência, ausência de escrúpulos

unconscionably [ʌnˈkɒnʃnəblɪ] *adv.* 1 pouco conscienciosamente, pouco escrupulosamente; 2 desmesuradamente

unconscious [ʌnˈkɒnʃəs] Ⓐ *adj.* 1 inconsciente; 2 desmaiado, sem sentidos; *to become ~* desmaiar, perder os sentidos; 3 involuntário, sem intenção; ~ *humour* humor involuntário Ⓑ *s.* PSICOLOGIA inconsciente ❖ *to be ~ of* não se dar conta de; não estar ciente de; não ter conhecimento de; *to beat sb ~* fazer alguém desmaiar com pancada

unconsciously [ʌnˈkɒnʃəslɪ] *adv.* 1 inconscientemente; 2 irresponsavelmente

unconsciousness [ʌnˈkɒnʃəsnɪs] *s.* 1 inconsciência, ausência de consciência; 2 desmaio, perda dos sentidos; 3 insensibilidade

unconsecrated [ʌnˈkɒnsɪkreɪtɪd] *adj.* 1 por consagrar, não consagrado; 2 por benzer; 3 por sagrar

unconsidered [ˌʌnkənˈsɪdəd] *adj.* 1 inconsiderado, irreflectido, precipitado, impensado; 2 a que não se atribuiu importância; 3 não tomado em consideração

unconsolable [ˌʌnkənˈsəʊləbəl] *adj.* inconsolável

unconsolably [ˌʌnkənˈsəʊləblɪ] *adv.* inconsolavelmente

unconsoled [ˌʌnkənˈsəʊld] *adj.* sem consolo

unconsolidated [ˌʌnkənˈsɒlɪdeɪtɪd] *adj.* não consolidado

unconstitutional [ˌʌnkɒnstɪˈtjuːʃənəl] *adj.* inconstitucional, anticonstitucional

unconstitutionally [ˌʌnkɒnstɪˈtjuːʃnəlɪ] *adv.* inconstitucionalmente, anticonstitucionalmente

unconstrained [ˌʌnkənˈstreɪnd] *adj.* 1 espontâneo, não forçado, não constrangido; 2 natural, livre, voluntário; 3 sem constrangimento

unconstrainedly [ˌʌnkənˈstreɪnɪdlɪ] *adv.* 1 espontaneamente; 2 não constrangidamente; 3 livremente, de modo natural; 4 sem constrangimento

unconstraint [ˌʌnkənˈstreɪnt] *s.* 1 espontaneidade, naturalidade, à-vontade, desembaraço; 2 liberdade

unconstricted [ˌʌnkənˈstrɪktɪd] *adj.* livre, sem peias ou limitações

unconsumed [ˌʌnkənˈsjuːmd] *adj.* por consumir, não consumido

unconsummated [ʌnˈkɒnsəmeɪtɪd] *adj.* não consumado, por consumar; ~ *marriage* casamento não consumado

uncontainable [ˌʌnkənˈteɪnəbəl] *adj.* 1 irreprimível; 2 que não se pode conter

uncontaminated [ˌʌnkənˈtæmɪneɪtɪd] *adj.* não contaminado, puro

uncontemplated [ʌnˈkɒntəmpleɪtɪd] *adj.* 1 imprevisto, inopinado; 2 com que não se contava

uncontestable [ˌʌnkənˈtestəbəl] *adj.* incontestável

uncontested [ˌʌnkənˈtestɪd] *adj.* incontestado, indisputado

uncontinuous [ˌʌnkənˈtɪnjʊəs] *adj.* não contínuo, descontínuo

uncontinuously [ˌʌnkənˈtɪnjʊəslɪ] *adv.* descontinuamente

uncontracted [ˌʌnkənˈtræktɪd] *adj.* não contraído, sem contracção

uncontradictable [ˌʌnkɒntrəˈdɪktəbəl] *adj.* incontestável, irrefutável

uncontradictably [ˌʌnkɒntrəˈdɪktəblɪ] *adv.* incontestavelmente, irrefutavelmente

uncontradicted [ˌʌnkɒntrəˈdɪktɪd] *adj.* incontroverso, incontestado

uncontrite [ˌʌnkənˈtraɪt, ʌnˈkɒntraɪt] *adj.* incontrito, impenitente

uncontrollability [ˌʌnkəntrəʊləˈbɪlɪti] *s.* 1 indocilidade; 2 carácter difícil de dominar; 3 carácter insubmisso

uncontrollable [ˌʌnkənˈtrəʊləbəl] *adj.* 1 incontrolável; ~ *power* poder incontrolável; ~ *temper* temperamento incontrolável; 2 ingovernável; 3 (impulso) irreprimível, irresistível ❖ ~ *causes* causas não dependentes da vontade humana; ~ *laughter* ataque de riso

uncontrollableness [ˌʌnkənˈtrəʊləblnɪs] *s.* ⇒ **uncontrollability**

uncontrollably [ˌʌnkənˈtrəʊləblɪ] *adv.* 1 incontrolavelmente; 2 irreprimivelmente, irresistivelmente

uncontrolled [ˌʌnkənˈtrəʊld] *adj.* 1 absoluto; 2 não sujeito a qualquer controlo

uncontroversial [ˌʌnkɒntrəˈvɜːʃəl] *adj.* incontroverso, incontestável, não sujeito a controvérsia

uncontroverted [ˌʌnkəntrəˈvɜːtɪd] *adj.* que não sofre controvérsia, incontestado

uncontrovertible [ˌʌnkɒntrəˈvɜːtəbəl] *adj.* indiscutível, incontestável, irrefutável

uncontrovertibly [ˌʌnkɒntrəˈvɜːtɪblɪ] *adv.* indiscutivelmente, incontestavelmente, irrefutavelmente

unconventional [ˌʌnkənˈvenʃənəl] *adj.* 1 original; inesperado; 2 não-conformista; 3 sem convencionalismos; pouco convencional; 4 sem cerimónia

unconventionality [ˌʌnkənvenʃəˈnælɪti] *s.* (*pl.* **-ies**) ausência de convencionalismos

unconventionally [ˌʌnkənˈvenʃnəlɪ] *adv.* com originalidade, liberto de convenções ou regras

unconversant [ʌnˈkɒnvəsənt] *adj.* 1 não versado; *to be ~ with a subject* não ser versado num assunto; 2 que não está ao corrente; 3 não informado

unconverted [ˌʌnkənˈvɜːtɪd] *adj.* 1 não convertido; 2 não convencido

unconvertible [ˌʌnkənˈvɜːtɪbəl] *adj.* 1 inconvertível, imutável; 2 não vendível; 3 não equivalente

unconvicted [ˌʌnkənˈvɪktɪd] *adj.* 1 sem condenado; 2 inculpado

unconvinced [ˌʌnkənˈvɪnst] *adj.* 1 não convencido; 2 não convicto; 3 céptico

unconvincing [ˌʌnkənˈvɪnsɪŋ] *adj.* que não convence, pouco convincente

unconvincingly [ˌʌnkənˈvɪnsɪŋlɪ] *adv.* sem convencer, pouco convincente

uncookable [ʌnˈkʊkəbəl] *adj.* não cozinhável

uncooked [ʌnˈkʊkt] *adj.* 1 por cozinhar, cru; 2 não forjado, não falsificado

uncoop [ˈʌnkuːp] *v.tr.* 1 soltar (libertar) do galinheiro; 2 pôr em liberdade

uncooperative [ˌʌnkəʊˈɒpərətɪv] *adj.* 1 não cooperante; 2 pouco prestável; 3 teimoso

uncoordinated [ˌʌnkəʊˈɔːdɪneɪtɪd] *adj.* 1 descoordenado; 2 desengonçado; 3 sem coordenação; 4 desconexo; desorganizado

uncord [ʌnˈkɔːd] *v.tr.* 1 desatar, desamarrar; 2 tirar os cordões ou cordas

uncork [ʌnˈkɔːk] *v.tr.* 1 desarrolhar, tirar a rolha a; 2 [fig.] dar livre curso a

uncorking [ʌnˈkɔːkɪŋ] *s.* desarrolhamento

uncorrected [ˌʌnkəˈrektɪd] *adj.* 1 por corrigir, não corrigido; 2 não contrabalançado, não neutralizado; 3 impune, por castigar

uncorroborated [ˌʌnkəˈrɒbəreɪtɪd] *adj.* não corroborado

uncorroded [ˌʌnkəˈrəʊdɪd] *adj.* não corroído; intacto

uncorrupted [ˌʌnkəˈrʌptɪd] *adj.* **1** incorrupto; **2** íntegro, probo; **3** intemerato
uncorruptness [ˌʌnkəˈrʌptnɪs] *s.* incorruptibilidade
uncountable [ʌnˈkaʊntəbəl] *adj.* **1** incontável, que se não pode contar; **2** incalculável ❖ LINGUÍSTICA ~ *noun* substantivo incontável
uncounted [ʌnˈkaʊntɪd] *adj.* **1** inúmero, incalculável; **2** não contado
uncouple [ʌnˈkʌpl] *v.tr.* **1** separar, desunir; **2** desengatar; **3** desemparelhar; **4** desembraiar; **5** desatrelar
uncoupled [ʌnˈkʌpld] *adj.* **1** desligado, solto; **2** desatrelado; **3** desembraiado; **4** desemparelhado
uncoupling [ʌnˈkʌplɪŋ] *s.* **1** desemparelhamento; **2** acto de desembraiar ou desatrelar
uncourteous [ʌnˈkɜːtɪəs] *adj.* **1** descortês; **2** grosseiro
uncourteously [ʌnˈkɜːtɪəslɪ] *adv.* **1** descortesmente; **2** grosseiramente
uncourteousness [ʌnˈkɜːtɪəsnɪs] *s.* descortesia, indelicadeza, grosseria
uncourtliness [ʌnˈkɔːtlɪnɪs] *s.* **1** deselegância; **2** falta de cortesia; **3** acanhamento
uncourtly [ʌnˈkɔːtlɪ] *adj.* **1** deselegante; **2** pouco cortês, pouco fino; **3** acanhado
uncouth [ʌnˈkuːθ] *adj.* **1** (pessoas) grosseiro, bárbaro, rude, tosco; **2** desajeitado, rústico, canhestro, inculto; **3** (linguagem) pedante; **4** bizarro, estranho, esquisito, singular, invulgar; **5** pouco frequentado, agreste, solitário
uncouthly [ʌnˈkuːθlɪ] *adv.* **1** grosseiramente; rudemente; toscamente; **2** desajeitadamente; **3** de maneira estranha, invulgarmente
uncouthness [ʌnˈkuːθnɪs] *s.* **1** grosseria, rudeza; **2** acanhamento, falta de jeito, falta de polimento; **3** aspecto estranho ou bizarro
uncovenanted [ʌnˈkʌvɪnəntɪd] *adj.* não ajustado em contrato ou aliança
uncover [ʌnˈkʌvə] *v.tr.,intr.* **1** destapar, tirar a cobertura a; **2** revelar; desvendar; descobrir; esclarecer; pôr a nu; *the plot was uncovered by the police* a conspiração foi descoberta pela polícia; **3** (ataque, perigo) expor; **4** [ant.] tirar o chapéu; cumprimentar, tirando o chapéu; **5** descobrir-se, tirar a roupa; **6** ARQUEOLOGIA desenterrar ❖ (xadrez) *to ~ a piece* pôr uma peça a descoberto
uncovered [ʌnˈkʌvəd] *adj.* **1** descoberto; **2** despido; **3** [ant.] sem chapéu; **4** desguarnecido, sem protecção; **5** sem revestimento; ~ *wire* arame ou fio sem revestimento; **6** exposto; **7** sem garantia; **8** (cheque) sem fundos
uncovering [ʌnˈkʌvərɪŋ] *s.* descoberta
uncoveted [ʌnˈkʌvɪtɪd] *adj.* não desejado, não ambicionado
uncramped [ʌnˈkræmpt] *adj.* com movimentos livres
uncreatable [ˌʌnkriːˈeɪtəbəl] *adj.* incriável
uncreate [ˌʌnkriːˈeɪt] *adj.* incriado
uncreated [ˌʌnkriːˈeɪtɪd] *adj.* ⇒ **uncreate**
uncredited [ʌnˈkredɪtɪd] *adj.* **1** sem crédito; **2** que não merece crédito
uncritical [ʌnˈkrɪtɪkəl] *adj.* **1** sem sentido crítico, fácil de contentar, pouco exigente; pouco criterioso; **2** contrário às regras da crítica
uncritically [ʌnˈkrɪtɪkəlɪ] *adv.* pouco criticamente, sem capacidade crítica; sem critério
uncropped [ʌnˈkrɒpt] *adj.* **1** não cortado, não aparado; **2** não colhido; **3** (terreno) de pousio
uncross [ʌnˈkrɒs] *v.tr.* descruzar (braços, pernas)
uncrossable [ʌnˈkrɒsəbəl] *adj.* intransponível
uncrossed [ʌnˈkrɒst] *adj.* **1** não cruzado; **2** sem cruz; **3** (cheque) não barrado; **4** não transposto, não atravessado, não navegado; **5** não contrariado
uncrowded [ʌnˈkraʊdɪd] *adj.* **1** pouco denso; **2** sem grande número de pessoas; **3** com pouca gente
uncrown [ʌnˈkraʊn] *v.tr.* **1** destronar; **2** privar da coroa (rei)
uncrowned [ʌnˈkraʊnd] *adj.* **1** destronado; **2** sem coroa
uncrushable [ʌnˈkrʌʃəbəl] *adj.* **1** (tecido) que não enruga; **2** persistente
uncrystallizable [ˌʌnkrɪstəˈlaɪzəbəl] *adj.* não cristalizável
uncrystallized [ʌnˈkrɪstəlaɪzd] *adj.* **1** amorfo; **2** não cristalizado

UNCTAD [*abrev. de* United Nations Conference on Trade and Development]
unction [ˈʌŋkʃən] *s.* **1** RELIGIÃO unção; **2** bálsamo; unguento; **3** [fig.] fervor; **4** emoção simulada; entusiasmo afectado; **5** gosto/prazer em narrar; *to tell a story with* ~ sentir prazer em contar uma história ❖ RELIGIÃO *extreme* ~ extrema-unção
unctuosity [ˌʌŋktʃuˈɒsɪtɪ] *s.* untuosidade
unctuous [ˈʌŋktʃuəs] *adj.* **1** untuoso; **2** gorduroso; **3** oleoso; **4** [fig.] melífluo; **5** adulador, insincero
unctuously [ˈʌŋktʃuəslɪ] *adv.* untuosamente
unctuousness [ˈʌŋktʃuəsnɪs] *s.* **1** (atitude) untuosidade; afectação melíflua; **2** oleosidade; ~ *of a lubricant* oleosidade de um lubrificante
uncultivable [ʌnˈkʌltɪvəbəl] *adj.* que não pode cultivar-se
uncultivated [ʌnˈkʌltɪveɪtɪd] *adj.* **1** por cultivar; **2** inculto, maninho; **3** sem cultura, ignorante, grosseiro, rústico; **4** em estado selvagem
uncultured [ʌnˈkʌltʃəd] *adj.* inculto, sem cultura, sem civilização
uncurbed [ʌnˈkɜːbd] *adj.* **1** sem freio, sem limitações, livre; **2** incontido, desenfreado
uncured [ʌnˈkjʊəd] *adj.* fresco, não curado
uncurl [ʌnˈkɜːl] *v.tr.,intr.* **1** desencaracolar, desencaracolar-se; **2** desfrisar, desfrisar-se; **3** desenrolar-se, desenvolver-se
uncurrent [ʌnˈkʌrənt] *adj.* (dinheiro) que não tem curso legal
uncurtailed [ˌʌnkəˈteɪld] *adj.* **1** não resumido, não cortado; **2** por extenso; **3** sem limitações
uncurtained [ʌnˈkɜːtənd] *adj.* sem cortinas
uncushioned [ʌnˈkʊʃənd] *adj.* **1** desprovido de almofadas; **2** sem estofos
uncustomary [ʌnˈkʌstəmərɪ, ʌnˈkʌstəmerɪ] *adj.* não costumado
uncustomed [ʌnˈkʌstəmd] *adj.* (mercadorias) não declaradas na alfândega, passadas aos direitos, de contrabando
uncut [ʌnˈkʌt] *adj.* **1** não cortado; **2** não aparado; **3** (versão) integral; sem cortes; **4** (diamante) não talhado, em bruto; **5** sem ferimentos, sem cicatrizes, intacto, ileso; **6** não ceifado
undamaged [ʌnˈdæmɪdʒd] *adj.* **1** em bom estado; **2** incólume, ileso; **3** sem avarias; **4** intacto
undamped [ʌnˈdæmpt] *adj.* **1** não húmido, não molhado, seco; **2** não abafado, não amortecido; ~ *uniform oscillation* oscilação uniforme não amortecida; **3** firme, não abatido, não desanimado
undated [ʌnˈdeɪtɪd] *adj.* sem data, por datar
undaughterly [ʌnˈdɔːtəlɪ] *adj.* impróprio de uma filha
undauntable [ʌnˈdɔːntəbəl] *adj.* **1** destemido, audaz, intrépido; **2** que não se deixa intimidar
undaunted [ʌnˈdɔːntɪd] *adj.* **1** audaz, destemido, intrépido; **2** impávido e sereno; sem se deixar intimidar, sem se deixar impressionar [*by*, por]
undauntedly [ʌnˈdɔːntɪdlɪ] *adv.* destemidamente, audazmente, intrepidamente
undauntedness [ʌnˈdɔːntɪdnɪs] *s.* **1** audácia, intrepidez; **2** coragem, arrojo
undazzled [ʌnˈdæzəld] *adj.* que não se deixa ofuscar ou deslumbrar
unde [ˈʌndeɪ] *adj.* HERÁLDICA ondeado
undebarred [ˌʌndɪˈbɑːd] *adj.* não excluído, não posto de parte; *to be ~ from* ter liberdade de, não estar excluído de
undebased [ˌʌndɪˈbeɪst] *adj.* **1** não aviltado; **2** de bom quilate
undebatable [ˌʌndɪˈbeɪtəbəl] *adj.* indiscutível
undebated [ˌʌndɪˈbeɪtɪd] *adj.* **1** não discutido, não debatido; **2** por debater
undecagon [ʌnˈdekəgən] *s.* GEOMETRIA hendecágono
undecayed [ˌʌndɪˈkeɪd] *adj.* **1** em bom estado; **2** (dente) não cariado; **3** não apodrecido
undecaying [ˌʌndɪˈkeɪɪŋ] *adj.* imperecível
undeceive [ˌʌndɪˈsiːv] *v.tr.* **1** desenganar; **2** desiludir; **3** esclarecer; **4** abrir os olhos
undeceived [ˌʌndɪˈsiːvd] *adj.* **1** desenganado, desiludido; **2** que não se deixa enganar
undecennial [ˌʌndɪˈsenɪəl] *adj.* undecenal
undecided [ˌʌndɪˈsaɪdɪd] *adj.* **1** indeciso, hesitante, irresoluto; **2** incerto, indefinido, duvidoso; **3** (questão) pendente, por resolver

undecidedly [ˌʌndɪˈsaɪdɪdlɪ] adv. 1 de modo indeciso; 2 com hesitação
undecipherable [ˌʌndɪˈsaɪfərəbəl] adj. indecifrável
undeciphered [ˌʌndɪˈsaɪfəd] adj. não decifrado
undecked [ʌnˈdekt] adj. 1 sem ornamentos, sem atavios; 2 desataviado; 3 NÁUTICA sem coberta, sem convés; 4 de boca aberta
undeclinable [ˌʌndɪˈklaɪnəbəl] adj. indeclinável
undecomposed [ˌʌndiːkəmˈpəʊzd] adj. não decomposto
undee [ˈʌndeɪ] adj. HERÁLDICA ⇒ **unde**
undefaced [ˌʌndɪˈfeɪst] adj. 1 (monumento) não desfigurado, não mutilado; 2 intacto
undefeated [ˌʌndɪˈfiːtɪd] adj. invicto, não vencido
undefended [ˌʌndɪˈfendɪd] adj. 1 sem defesa, indefeso, desprotegido; 2 DIREITO sem defensor
undefiled [ˌʌndɪˈfaɪld] adj. 1 sem mácula, puro; 2 não conspurcado, impoluto
undefinable [ˌʌndɪˈfaɪnəbəl] adj. indefinível
undefined [ˌʌndɪˈfaɪnd] adj. vago, indeterminado, indefinido
undelayed [ˌʌndɪˈleɪd] adj. sem demora, sem atraso
undeliberated [ˌʌndɪˈlɪbəreɪtɪd] adj. não deliberado
undeliverable [ˌʌndɪˈlɪvərəbəl] adj. que não pode entregar-se
undelivered [ˌʌndɪˈlɪvəd] adj. 1 que não está livre; 2 (carta) devolvido, não entregue; 3 (discurso) não pronunciado; 4 (golpe, pancada) que não chegou a ser dado; 5 (mulher) que ainda não deu à luz
undemanding [ˌʌndɪˈmɑːndɪŋ] adj. pouco exigente, fácil
undemocratic [ˌʌndeməˈkrætɪk] adj. antidemocrático
undemonstrable [ʌnˈdemənstrəbəl] adj. indemonstrável
undemonstrated [ʌnˈdemənstreɪtɪd] adj. 1 sem demonstração; 2 não demonstrado
undemonstrative [ˌʌndɪˈmɒnstrətɪv] adj. reservado, metido em si, retraído, pouco expansivo
undeniable [ˌʌndɪˈnaɪəbəl] adj. 1 inegável, incontestável, indiscutível; 2 perfeito, excelente
undeniableness [ˌʌndɪˈnaɪəblnɪs] adj. carácter daquilo que é inegável ou incontestável, incontestabilidade, indiscutibilidade
undeniably [ˌʌndɪˈnaɪəblɪ] adv. inegavelmente, indiscutivelmente, incontestavelmente
undenominational [ˌʌndɪnɒmɪˈneɪʃənəl] adj. laico, não confessional; ~ *school* escola laica
undenominationalism [ˌʌndɪnɒmɪˈneɪʃənəlɪzəm] s. laicismo, ausência de confessionalismo
undependable [ˌʌndɪˈpendəbəl] adj. 1 que não inspira confiança; 2 em que se não pode confiar; 3 incerto, inseguro
undepreciated [ˌʌndɪˈpriːʃɪeɪtɪd] adj. sem depreciação, não depreciado
undepressed [ˌʌndɪˈprest] adj. 1 não deprimido, não abatido; 2 firme, sem efeitos de depressão
under [ˈʌndə] Ⓐ prep. 1 debaixo de; *to be ~ water* estar debaixo de água; 2 abaixo de; 3 por baixo de; sob; ~ *a heavy load* sob uma pesada carga; 4 (domínio, influência, etc.) sob; *to groan ~ tyranny* gemer sob a tirania; *to serve ~* servir sob as ordens de; ~ *oath* sob juramento; ~ *pain of death* sob pena de morte; ~ *government control* sob fiscalização do governo; 5 menos de; *he walked ten miles in ~ two hours* ele andou dez milhas em menos de duas horas; *it cannot be done ~ £25* não pode fazer-se por menos de 25 libras; *she is ~ forty* ela tem menos de quarenta anos; 6 com menos de; *books for the ~ tens* livros para crianças com menos de dez anos; 7 ao abrigo de; sob protecção de; ~ *this law* ao abrigo desta lei; 8 conforme, segundo; ~ *the terms of the treaty* segundo os termos do tratado; 9 em; *to be ~ discussion* estar em discussão; ~ *one's breath* em voz baixa, em segredo; ~ *such conditions* nestas condições Ⓑ adv. 1 debaixo; *he stood ~ for one minute or two* ele manteve-se debaixo de água um minuto ou dois; 2 em sujeição, em submissão; *to keep ~* conservar em submissão; 3 menos; 4 deficientemente, insuficientemente Ⓒ adj. 1 inferior; *no one ~ a captain* ninguém de posto inferior a capitão; *the ~ wing of an aeroplane* a asa inferior de um avião; ~ *jaw* maxila inferior; 2 subordinado; 3 deficiente ❖ [coloq.] ~ *one's nose* nas barbas de uma pessoa; ~ *one's very eyes* mais que evidente; que salta aos olhos; ~ *pretence of ignorance* pretextando ignorância; ~ *sail* à vela; impelido por vela; ~ *the counter* às escondidas; por baixo de mão; ~ *the table* secretamente; ~ *way* a caminho; em curso; em execução; *to be ~ a cloud* estar em desgraça; ter má reputação; *to be ~ a delusion* andar iludido; *to be ~ construction* estar em construção; *to be ~ fire* estar sob fogo; *to be ~ pressure* estar sob pressão; DIREITO *to be ~ sentence of death* ter sido condenado à morte; [coloq.] *to feel ~ the weather* sentir-se maldisposto; sentir-se doente; *to go ~* afundar-se; falhar; *to hit ~ the belt* atingir com um golpe baixo; [coloq.] *to knuckle ~* render-se; *to stand ~ a wall* estar abrigado por uma parede; *to trample ~ one's feet* esmagar aos pés; *field ~ grass* campo posto a relva; *he lives ~ the name of Brown* ele é conhecido pelo nome de Brown; [coloq.] *with a good meal ~ his belt* com um bom jantar na barriga; *the road was ~ repair* a estrada estava a ser reparada
underachieve [ˌʌndərəˈtʃiːv] v.intr. 1 obter resultados decepcionantes; 2 desiludir; 3 não cumprir as expectativas
underachievement [ˌʌndərəˈtʃiːvmənt] s. 1 resultado decepcionante; 2 desilusão; 3 resultado abaixo das possibilidades daquele que o obtém
underachiever [ˌʌndərəˈtʃiːvə] s. 1 pessoa que obtém resultados decepcionantes; 2 pessoa que não realiza totalmente as suas capacidades
underact [ˌʌndərˈækt] v.tr., intr. 1 TEATRO, CINEMA representar deficientemente, representar de modo pouco satisfatório; não dar o devido realce ao seu papel; 2 TEATRO, CINEMA representar de forma contida
underage [ˌʌndərˈeɪdʒ] adj. (idade) menor ❖ ~ *drinking* consumo de álcool por menores
underbelly [ˌʌndəˈbelɪ] s. 1 baixo-ventre; 2 parte inferior; 3 [fig.] ponto fraco
underbid [ˌʌndəˈbɪd] v.tr. (prt. e part. pass. **underbid**) 1 licitar por baixo; 2 oferecer menos que o valor real; 3 oferecer menos que (outra pessoa)
underblouse [ˌʌndəˈblaʊz] s. blusa interior
underbody [ˌʌndəˈbɒdɪ] s. 1 AERONÁUTICA trem de aterragem; 2 (automóvel) parte inferior da carroçaria
underbred [ˌʌndəˈbred] adj. 1 mal-educado, malcriado; 2 rústico; 3 (cavalo) que não é de raça pura
underbrush [ˈʌndəbrʌʃ] s. vegetação rasteira
undercarriage [ˈʌndəkærɪdʒ] s. ⇒ **underbody**
undercharge [ˌʌndəˈtʃɑːdʒ] Ⓐ s. 1 carga insuficiente (em arma de fogo); 2 pagamento insuficiente Ⓑ v.tr. 1 carregar de maneira insuficiente (arma de fogo); 2 levar pouco dinheiro a
underclad [ˈʌndəklæd] adj. com vestuário insuficiente
underclass [ˈʌndəklɑːs] s. (sociedade) classe dos excluídos, classe dos desfavorecidos
underclothes [ˈʌndəkləʊz] s.pl. VESTUÁRIO roupa interior
underclothing [ˈʌndəkləʊðɪŋ] s. VESTUÁRIO roupa interior
undercoat [ˈʌndəkəʊt] Ⓐ s. (tinta) primeira demão Ⓑ v.tr. dar uma primeira demão a
undercook [ˌʌndəˈkʊk] v.tr. CULINÁRIA não cozinhar o suficiente
undercooked [ˌʌndəˈkʊkd] adj. CULINÁRIA mal passado, meio cru
undercool [ˌʌndəˈkuːl] v.tr. QUÍMICA ⇒ **supercool**
undercooling [ˌʌndəˈkuːlɪŋ] s. QUÍMICA ⇒ **supercooling**
undercover [ˌʌndəˈkʌvə] Ⓐ adj. 1 secreto; ~ *agent* agente secreto; 2 camuflado; disfarçado; 3 clandestino Ⓑ adv. clandestinamente, na clandestinidade
undercroft [ˈʌndəkrɒft] s. ARQUITECTURA cripta, galeria subterrânea
undercurrent [ˈʌndəkʌrənt] s. 1 corrente submarina; corrente subterrânea; 2 ELECTRICIDADE corrente inferior; 3 [fig.] fundo; tendência oculta ou divergente da principal; ~ *of opposition* fundo de oposição
undercut[1] [ˌʌndəˈkʌt] Ⓐ v.tr. (prt. e part. pass. **undercut**) 1 escavar pela base; 2 cortar por baixo; 3 esculpir em relevo; 4 rebaixar os preços; 5 eliminar (concorrente), oferecendo condições mais vantajosas; 6 (golfe) jogar a bola por baixo Ⓑ adj. 1 escavado; 2 cortado por baixo; 3 rebaixado
undercut[2] [ˈʌndəkʌt] s. 1 filete (de carne de vaca); 2 entalhe feito em árvore do lado para que ela deve tombar; 3 (boxe) golpe dado de baixo para cima; 4 erosão
undercutting [ˌʌndəˈkʌtɪŋ] s. 1 acto de escavar pela base; 2 acto de esculpir em relevo; 3 aviltamento de preços

underdeveloped [ˌʌndədɪˈveləpt] *adj.* 1 atrasado no crescimento, pouco desenvolvido, subdesenvolvido; ~ *country* país subdesenvolvido; 2 FOTOGRAFIA mal revelado
underdeveloping [ˌʌndədɪˈveləpɪŋ] *s.* FOTOGRAFIA revelação insuficiente
underdevelopment [ˌʌndədɪˈveləpmənt] *s.* subdesenvolvimento
underdog [ˈʌndədɒg] *s.* desfavorecido; vítima de injustiça social
underdone [ˌʌndəˈdʌn] *adj.* CULINÁRIA mal passado, meio cru
underdrain [ˈʌndədreɪn] *s.* canalização subterrânea
underdraw [ˈʌndədrɔː] *v.tr.* estar aquém da verdade (ao traçar um quadro)
underdress [ˌʌndəˈdres] *v.intr.* 1 não se vestir à altura da ocasião; 2 não prestar atenção ao que se veste; andar mal vestido; 3 vestir-se com pouca roupa
underemployment [ˌʌndərɪmˈplɔɪmənt] *s.* 1 subemprego; 2 subaproveitamento (de meios, de energia, etc.)
underestimate[1] [ˌʌndərˈestɪmeɪt] *v.tr.* 1 subestimar; não atribuir a devida importância a; menosprezar; 2 orçar demasiado baixo
underestimate[2] [ˌʌndərˈestɪmɪt] *s.* ⇒ **underestimation**
underestimation [ˌʌndərestɪˈmeɪʃən] *s.* 1 subestimação; 2 menosprezo; 3 avaliação por baixo
underexpose [ˌʌndərɪksˈpəʊz] *v.tr.* FOTOGRAFIA dar exposição insuficiente
underexposure [ˌʌndərɪksˈpəʊʒə] *s.* FOTOGRAFIA exposição insuficiente
underfed [ˈʌndəfed] *adj.* mal alimentado, subalimentado
underfeed [ˌʌndəˈfiːd] *v.tr.* (*prt. e part. pass.* **underfed**) 1 subalimentar, alimentar insuficientemente; 2 (fornalha) alimentar por baixo
underfeeding [ˌʌndəˈfiːdɪŋ] *s.* subalimentação
underfired [ˌʌndəˈfaɪəd] *adj.* (barro, porcelanas, etc.) com cozimento insuficiente
underflow [ˈʌndəfləʊ] *s.* corrente de fundo
underfoot [ˌʌndəˈfʊt] *adv.* 1 debaixo dos pés, sob os pés; 2 aos pés; 3 [EUA] no caminho
underfootage [ˌʌndəˈfʊtɪdʒ] *s.* CINEMA comprimento insuficiente da película
underframe [ˌʌndəˈfreɪm] *s.* 1 chassis; 2 infra-estrutura
underfreight [ˈʌndəfreɪt] *v.tr.* NÁUTICA subfretar
underfunded [ˌʌndəˈfʌndɪd] *adj.* com problemas de financiamento, com financiamento insuficiente
underfunding [ˌʌndəˈfʌndɪŋ] *s.* 1 financiamento insuficiente; 2 problemas de financiamento
undergarment [ˌʌndəˈgɑːmənt] *s.* VESTUÁRIO peça de roupa interior
undergo [ˌʌndəˈgəʊ] *v.tr.* (*prt.* **underwent**, *part. pass.* **undergone**) 1 sofrer; passar por; *to* ~ *a complete change* passar por uma metamorfose completa; *to* ~ *much suffering* passar por muito sofrimento; 2 aguentar, suportar; 3 ser submetido a; estar sujeito a; 4 (tratamento médico) seguir ❖ MEDICINA *to* ~ *an operation* ser operado; *to* ~ *a prison sentence* cumprir uma sentença de prisão; (doente) *to* ~ *treatment* ser tratado; *to be undergoing repairs* estar em reparação
undergone [ˌʌndəˈgɒn] *part. pass. de* **to undergo**
undergrad [ˌʌndəˈgræd] *s.* [coloq.] ⇒ **undergraduate**
undergraduate [ˌʌndəˈgrædʒuət] Ⓐ *s.* estudante universitário; *in his* ~ *days* quando ele era estudante Ⓑ *adj.* 1 não licenciado; 2 de estudante
undergraduette [ˌʌndəˈgrædʒuet] *s.f.* [rar.] estudante universitária; aluna de universidade antes da obtenção de qualquer grau
underground[1] [ˈʌndəgraʊnd] Ⓐ *adj.* 1 subterrâneo; ~ *cable* cabo subterrâneo; ~ *dwelling* habitação subterrânea; ~ *line* linha subterrânea; ~ *passage* passagem subterrânea; ~ *piping* tubagem ou canalização subterrânea; ~ *water* água subterrânea; 2 [fig.] clandestino, secreto; ~ *conspirator* conspirador que trabalha em segredo Ⓑ *s.* 1 [GB] metro, metropolitano; *by* ~ de metro; 2 clandestinidade; 3 (grupo organizado) resistência ❖ ~ *fire* incêndio de mina
underground[2] [ˌʌndəˈgraʊnd] *adv.* 1 debaixo da terra; no subsolo; 2 [fig.] clandestinamente, secretamente; *to work* ~ ter actividades clandestinas

undergrown [ˌʌndəˈgraʊn] *adj.* 1 débil, fraco, mal desenvolvido; 2 cheio de matagal, de vegetação rasteira
undergrowth [ˈʌndəgraʊθ] *s.* 1 vegetação rasteira, matagal; 2 crescimento deficiente, subdesenvolvimento, definhamento
underhand[1] [ˈʌndəhænd] Ⓐ *adj.* 1 ilícito; desonesto; clandestino; ~ *dealings* actividades clandestinas; 2 dissimulado, fingido, sonso; 3 [EUA] DESPORTO executado com a mão em baixo; (críquete) ~ *bowing* lançamento por baixo Ⓑ *adv.* 1 clandestinamente; 2 às ocultas; 3 [EUA] DESPORTO (lançamento, etc.) com a mão em baixo
underhand[2] [ˌʌndəˈhænd] *adv.* 1 às ocultas, por baixo de mão; 2 secretamente; 3 clandestinamente; 4 (críquete) com a mão por baixo
underhanded [ˌʌndəˈhændɪd] *adj.* 1 com falta de mão-de-obra; 2 clandestino, secreto; 3 dissimulado
underhandedly [ˌʌndəˈhændɪdlɪ] *adv.* 1 dissimuladamente, fingidamente; 2 secretamente, clandestinamente
underhung [ˌʌndəˈhʌŋ] *adj.* prógnato; de maxilar inferior saliente
underinflated [ˌʌndərɪnˈfleɪtɪd] *adj.* (pneu) com pouca pressão, pouco cheio
underinflation [ˌʌndərɪnˈfleɪʃən] *s.* insuficiência de pressão (em pneu)
underlaid [ˌʌndəˈleɪd] *prt. e part. pass. de* **to underlay**[1]
underlain [ˌʌndəˈleɪn] *part. pass. de* **to underlie**
underlay[1] [ˌʌndəˈleɪ] Ⓐ *v.tr.,intr.* (*prt. e part. pass.* **underlaid**) 1 colocar por baixo; 2 reforçar; 3 escorar, sustentar; 4 forrar; 5 levantar por meio de calços; 6 TIPOGRAFIA alcear; 7 GEOLOGIA (filão, veio de metal, camada de terreno) inclinar-se Ⓑ *prt. de* **to underlie**
underlay[2] [ˈʌndəleɪ] *s.* 1 TIPOGRAFIA alça, material de alceamento; 2 inclinação de filão ou camada de terreno; 3 papel ou pano impermeável para colocar debaixo de tapete ou colchão
underlease[1] [ˌʌndəˈliːs] *v.tr.* subalugar, sublocar
underlease[2] [ˈʌndəliːs] *s.* subarrendamento, sublocação
underlessee [ˌʌndəleˈsiː] *s.* sublocatário
underlessor [ˌʌndəleˈsɔː] *s.* sublocador
underlet [ˌʌndəˈlet] *v.tr.* (*prt. e part. pass.* **underlet**) 1 subalugar; 2 NÁUTICA subfretar; 3 alugar a preço excessivamente baixo
underletter [ˌʌndəˈletə] *s.* 1 sublocatário; 2 NÁUTICA subfretador
underletting [ˌʌndəˈletɪŋ] *s.* 1 sublocação; 2 aluguer a preço excessivamente baixo
underlie [ˌʌndəˈlaɪ] *v.tr.* (*prt.* **underlay**, *part. pass.* **underlain**) 1 subjazer a; estar subjacente a; 2 estar na base de; constituir a base de; 3 FINANÇAS ter prioridade sobre
underlighting [ˌʌndəˈlaɪtɪŋ] *s.* CINEMA insuficiência de iluminação
underline[1] [ˌʌndəˈlaɪn] *v.tr.* 1 sublinhar; 2 [fig.] realçar, salientar, acentuar, vincar
underline[2] [ˈʌndəlaɪn] *s.* 1 traço que serve para sublinhar; 2 legenda de gravura; 3 TEATRO indicação do próximo programa
underlinen [ˌʌndəˈlɪnɪn] *s.* [arc.] roupa interior, roupa branca
underling [ˈʌndəlɪŋ] *s.* 1 [depr.] subalterno, subordinado; 2 [depr.] sequaz
underlining [ˌʌndəˈlaɪnɪŋ] *s.* 1 sublinhado; 2 realce, destaque
underload [ˌʌndəˈləʊd] *s.* subcarga
underlubricated [ˌʌndəˈluːbrɪkeɪtɪd] *adj.* insuficientemente lubrificado
underlying [ˌʌndəˈlaɪɪŋ] *adj.* 1 que está por baixo; 2 subjacente; 3 básico, fundamental; 4 oculto, profundo
undermanned [ˌʌndəˈmænd] *adj.* 1 com falta de mão-de-obra; 2 NÁUTICA com equipagem insuficiente
undermentioned [ˌʌndəˈmenʃənd] *adj.* submencionado, abaixo mencionado
undermine [ˌʌndəˈmaɪn] *v.tr.* 1 minar; escavar; *the sea was undermining the cliffs* o mar ia escavando por baixo dos rochedos; 2 (energia, forças, saúde, etc.) enfraquecer; debilitar; 3 deteriorar; corroer
undermining [ˌʌndəˈmaɪnɪŋ] *s.* 1 acto de minar; 2 trabalho de sapa
undermost [ˈʌndəməʊst] *adj.* 1 ínfimo, inferior, último; 2 o mais baixo
underneath [ˌʌndəˈniːθ] Ⓐ *prep.* 1 debaixo de, sob; 2 por baixo de Ⓑ *adv.* abaixo, em baixo, por baixo Ⓒ *adj.* 1 inferior; 2 situado em baixo Ⓓ *s.* parte inferior, parte de baixo
undernourished [ˌʌndəˈnʌrɪʃt] *adj.* subalimentado
undernourishment [ˌʌndəˈnʌrɪʃmənt] *s.* subnutrição

underpaid [ˌʌndəˈpeɪd] *adj.* 1 mal pago; 2 com salário insuficiente

underpants [ˈʌndəpænts] *s.pl.* 1 [GB] (só de homem) cuecas; 2 [EUA] (de homem) cuecas; (de mulher) calcinhas; *to be in one's ~* estar de cuecas

underpart [ˈʌndəpɑːt] *s.* TEATRO papel secundário

underpass [ˈʌndəpæs] *s.* 1 (carros) passagem inferior; 2 (peões) passagem subterrânea

underpin [ˌʌndəˈpɪn] *v.tr.* (*particípios:* -nn-) 1 escorar, segurar com escoras; 2 sustentar

underpinning [ˌʌndəˈpɪnɪŋ] *s.* 1 escoramento; 2 suporte; 3 base protectora

underplay [ˈʌndəpleɪ] Ⓐ *v.intr.* 1 TEATRO, CINEMA ser contido na representação; 2 agir subtilmente Ⓑ *v.tr.* minimizar a importância de, atribuir pouca importância a

underplot [ˈʌndəplɒt] *s.* 1 LITERATURA, TEATRO, CINEMA intriga ou enredo secundário; 2 episódio; 3 maquinação, tramóia

underprint [ˌʌndəˈprɪnt] *v.tr.* 1 FOTOGRAFIA tirar prova demasiado clara; 2 imprimir com pouca tinta ou nitidez

underprivileged [ˌʌndəˈprɪvɪlɪdʒd] Ⓐ *adj.* desfavorecido Ⓑ *s.pl. the ~* os desfavorecidos

underproduction [ˌʌndəprəˈdʌkʃən] *s.* subprodução, produção deficiente

underprop [ˌʌndəˈprɒp] *v.tr.* (*particípios:* -pp-) 1 escorar, firmar com escoras; 2 calçar

underquote [ˌʌndəˈkwəʊt] *v.tr.* 1 COMÉRCIO cotar a preço inferior a qualquer outro (comerciante ou concorrente); 2 oferecer (produto) em condições mais vantajosas do que as oferecidas por outros

underrate [ˌʌndəˈreɪt] *v.tr.* 1 subestimar; 2 não atribuir o devido valor a; 3 menosprezar

underrent [ˌʌndəˈrent] *v.tr.* subalugar

underrun [ˌʌndəˈrʌn] *v.tr.,intr.* (*prt.* **underran**, *part. pass.* **underrun**) 1 correr por baixo de, ir por baixo de, passar por baixo de; 2 NÁUTICA (inspecção, reparação) passar por baixo de; *to ~ the cable* passar por baixo do cabo para o examinar

underscore [ˌʌndəˈskɔː] Ⓐ *v.tr.* 1 sublinhar; 2 realçar, destacar, dar ênfase a Ⓑ *s.* 1 música de fundo; 2 linha (_)

underscoring [ˌʌndəˈskɔːrɪŋ] *s.* 1 sublinhado; 2 realce, destaque

undersea [ˈʌndəsiː] *adj.* submarino

underseal [ˈʌndəsiːl] *v.tr.* proteger a parte inferior de (automóvel)

undersecretary [ˌʌndəˈsekrətəri, ˌʌndəˈsekrəteri] *s.* (*pl.* **-ies**) subsecretário ❖ POLÍTICA *Undersecretary of State* Subsecretário de Estado

undersecretaryship [ˌʌndəˈsekrətəriʃɪp, ˌʌndəˈsekrəteriʃɪp] *s.* subsecretariado

undersell [ˌʌndəˈsel] *v.tr.* (*prt. e part. pass.* **undersold**) 1 vender mais barato que; *to ~ one's competitors* vender mais barato que a concorrência; 2 vender abaixo do justo valor; 3 [fig.] subestimar ❖ *to ~ oneself* não saber valorizar-se

underseller [ˌʌndəˈselə] *s.* comerciante que vende excessivamente barato, barateiro

underset¹ [ˌʌndəˈset] *v.tr.* (*prt. e part. pass.* **underset**) 1 escorar; 2 firmar com escoras ou esteios; 3 segurar

underset² [ˈʌndəset] *s.* 1 contracorrente submarina; 2 ressaca

under-sheriff [ˈʌndəˈʃerɪf] *s.* subxerife

undershirt [ˈʌndəʃɜːt] *s.* [EUA] VESTUÁRIO camisola interior

undershore [ˌʌndəˈʃɔː] *v.tr.* 1 escorar; 2 firmar com escoras ou esteios; 3 NÁUTICA apoiar em pontaletes, colocar pontaletes em

undershoring [ˌʌndəˈʃɔːrɪŋ] *s.* 1 acto de firmar com escoras ou esteios; 2 especagem, apoio em pontaletes

undershot [ˈʌndəʃɒt] *adj.* 1 (roda hidráulica) impulsionada pela água que passa por baixo; 2 MEDICINA que tem os incisivos inferiores mais salientes que os superiores

underside [ˈʌndəsaɪd] *s.* 1 parte inferior; 2 lado mau, desvantagem; 3 alicerce, cabouco

undersign [ˌʌndəˈsaɪn] *v.tr.* assinar, subscrever (documento)

undersigned [ˌʌndəˈsaɪnd] *adj.,s.* abaixo assinado; *I, the ~* eu, abaixo assinado

undersized [ˌʌndəˈsaɪzd] *adj.* 1 de tamanho abaixo do normal; 2 demasiado pequeno; 3 [arc.] subestimado, subaproveitado

underskirt [ˈʌndəskɜːt] *s.* VESTUÁRIO saia de baixo, saiote

undersling [ˌʌndəˈslɪŋ] *v.tr.* (*prt. e part. pass.* **underslung**) baixar, rebaixar

underslinging [ˌʌndəˈslɪŋɪŋ] *s.* acto de baixar ou rebaixar

underslung [ˈʌndəslʌŋ] *adj.* (chassis de automóvel) rebaixado, pendente

undersoil [ˈʌndəsɔɪl] *s.* subsolo

undersold [ˌʌndəˈsəʊld] *prt. e part. pass. de* **to undersell**

understaffed [ˌʌndəˈstɑːfd] *adj.* com falta de efectivos; *to be ~* ter pouco pessoal

understand [ˌʌndəˈstænd] *v.tr.,intr.* (*prt. e part. pass.* **understood**) 1 compreender; entender; perceber; *he was given to ~ that...* deram-lhe a entender que...; *I don't ~ what he says* não compreendo o que ele diz; *I ~ him to say that...* se bem o compreendo...; *to be at a loss to ~ sth* estar à toa para perceber determinada coisa; *to ~ business* perceber de negócios; *to ~ mathematics* perceber de matemática; 2 interpretar; *this letter can be understood in several ways* esta carta pode ser interpretada de várias maneiras; 3 inferir; concluir; *am I to ~ that you don't want to buy the house?* deverei concluir que não deseja comprar a casa?; *no one could ~ that from my words* ninguém poderia concluir isso das minhas palavras; 4 subentender; *the verb is understood* o verbo está subentendido; 5 ser informado; *I ~ that your daughter is going to get married* disseram-me que a sua filha vai casar-se ❖ *to make oneself understood* fazer-se entender; *to ~ one another* chegar a acordo; manifestar compreensão mútua

understandability [ˌʌndəstændəˈbɪlɪti] *s.* compreensibilidade, inteligibilidade

understandable [ˌʌndəˈstændəbəl] *adj.* compreensível, inteligível

understandably [ˌʌndəˈstændəbli] *adv.* compreensivelmente

understanding [ˌʌndəˈstændɪŋ] Ⓐ *adj.* 1 compreensivo; 2 [arc.] inteligente Ⓑ *s.* 1 compreensão; *that's beyond my ~* isso ultrapassa a minha compreensão; 2 inteligência; *to be superior to sb in ~* ser superior a alguém em inteligência; 3 conhecimento; discernimento; *the age of ~* a idade do discernimento; 4 acordo; entendimento; *to come to an ~/to reach an ~* chegar a acordo; *to have an ~ with sb* ter um acordo com alguém; 5 interpretação; 6 condição; *on the distinct ~ that...* sob condição expressa de...; *on the ~ that...* com a condição de...; *on this ~* nestas condições; 7 *pl.* [cal.] pés, pernas, sapatos ❖ *it is my ~ that...* eu percebi que; *to have some ~ of...* perceber alguma coisa de; ter algumas luzes de

understandingly [ˌʌndəˈstændɪŋli] *adv.* 1 inteligentemente; 2 com compreensão

understate [ˌʌndəˈsteɪt] *v.tr.* 1 atenuar, diminuir; 2 dizer menos que a realidade; 3 não expor de modo completo ou adequadamente

understated [ˌʌndəˈsteɪtɪd] *adj.* 1 discreto; 2 contido; 3 subtil; 4 simples

understatement [ˌʌndəˈsteɪtmənt] *s.* 1 atenuação, eufemismo; 2 relato que fica para aquém dos factos; 3 exposição deficiente da realidade

understood [ˌʌndəˈstʊd] Ⓐ *prt. e part. pass. de* **to understand** Ⓑ *adj.* 1 entendido; 2 encarado; interpretado; *this can be ~ in several ways* podemos encarar isto de várias formas; 3 combinado; 4 tácito; implícito; subentendido ❖ *easily ~* fácil de compreender; [form.] *it being ~ that...* com a condição de...; *it must be ~ that...* é preciso compreender que...; *it was ~ that...* partia-se do princípio que...; estava combinado que...; *to make oneself ~* fazer-se entender

understorey [ˈʌndəstɔːri] *s.* (*pl.* **-s**) (primeira camada vertical na canopia florestal mista) sub-bosque

understrapper [ˈʌndəstræpə] *s.* [coloq.] ⇒ **underling**

understructure [ˈʌndəstrʌktʃə] *s.* infra-estrutura

understudy [ˈʌndəstʌdi] Ⓐ *s.* (*pl.* **-ies**) TEATRO substituto de actor Ⓑ *v.tr.* 1 TEATRO estudar o papel de determinado actor, para o caso de ser necessário substituí-lo; 2 actuar como substituto de (um actor)

undersubscribed [ˌʌndəsəbˈskraɪbd] *adj.* FINANÇAS (empréstimo) coberto

undertake [ˌʌndəˈteɪk] Ⓐ *v.tr.* (*prt.* **undertook**, *part. pass.* **undertaken**) 1 empreender; *to ~ a campaign* empreender uma campanha; 2 encarregar-se de, ocupar-se de, tomar a seu cargo; 3 (responsabilidade) assumir; 4 afirmar, garantir, prometer;

undertaker

I will ~ that you shall be no loser by it garanto-lhe que não perderá nada com isso; **5** [arc.] travar combate com Ⓑ *v.intr.* comprometer-se [**to**, a]; responsabilizar-se [**to**, por]; *I can't ~ to do that* eu não posso comprometer-me a fazer isso; *to ~ to sth* responsabilizar-se por alguma coisa
undertaker [ˈʌndəteɪkə] *s.* **1** empreendedor; **2** agente funerário, cangalheiro ❖ *undertaker's* agência funerária
undertaking [ˌʌndəˈteɪkɪŋ] *s.* **1** empreendimento, projecto; **2** tarefa; **3** responsabilidade; **4** garantia, promessa, compromisso; **5** (agências funerárias) serviços fúnebres
undertenancy [ˌʌndəˈtenənsɪ] *s.* sublocação
undertenant [ˌʌndəˈtenənt] *s.* sublocatário
undertone [ˈʌndətəʊn] *s.* **1** voz baixa; *to talk in undertones* falar em voz baixa; **2** (cor) nuance; **3** [fig.] sugestão*fig.* [**of**, de]; **4** [fig.] fundo*fig.* [**of**, de]
undertook [ˌʌndəˈtʊk] *prt. de* **to undertake**
undertow [ˈʌndətəʊ] *s.* **1** ressaca, recuo das ondas; **2** corrente submarina
undertrump [ˌʌndəˈtrʌmp] *v.tr.* cortar com trunfo demasiadamente baixo
underuse [ˌʌndəˈjuːz] Ⓐ *v.tr.* subaproveitar Ⓑ *s.* subaproveitamento
undervaluation [ˌʌndəvæljuˈeɪʃən] *s.* **1** subestimação; **2** subavaliação; **3** subvalorização; depreciação, menosprezo
undervalue [ˌʌndəˈvæljuː] *v.tr.* **1** subestimar; **2** subavaliar; avaliar demasiado baixo; **3** depreciar, menosprezar, desprezar
undervoltage [ˌʌndəˈvəʊltɪdʒ] *s.* ELECTRICIDADE subvoltagem
underwater [ˈʌndəwɔːtə] Ⓐ *adj.* subaquático; submarino; *~ camera* máquina fotográfica ou de filmar subaquática; *~ exposure meter* fotómetro subaquático Ⓑ *adv.* debaixo de água ❖ *~ sports* desportos aquáticos
underway [ˌʌndəˈweɪ] *adv.* **1** em progresso; **2** em curso, em andamento; **3** em movimento; **4** a caminho
underwear [ˈʌndəweə] *s.* VESTUÁRIO roupa interior
underweight [ˈʌndəweɪt] *adj.* **1** com peso inferior ao requerido; **2** demasiado magro
underwent [ˌʌndəˈwent] *prt. de* **to undergo**
underwhelm [ˌʌndəˈwelm] *v.tr.* **1** [joc.] desiludir; **2** [joc.] não impressionar; não despertar o interesse de; não entusiasmar; *to be underwhelmed by* não ficar impressionado com
underwhelming [ˌʌndəˈwelmɪŋ] *adj.* **1** pouco estimulante; **2** desinteressante; **3** decepcionante
underwood [ˈʌndəwʊd] *s.* vegetação rasteira
underwork [ˌʌndəˈwɜːk] *v.tr.,intr.* **1** trabalhar insuficientemente; **2** não obrigar a trabalhar o necessário
underworking [ˌʌndəˈwɜːkɪŋ] *s.* escavação subterrânea
underworld [ˈʌndəwɜːld] *s.* **1** MITOLOGIA mundo inferior, mundo dos mortos; **2** RELIGIÃO inferno, lugar de castigo para os espíritos dos maus; **3** submundo, mundo do crime e do vício
underwrite [ˌʌndəˈraɪt] *v.tr. (prt.* **underwrote**, *part. pass.* **underwritten**) **1** subscrever (apólice de seguro); **2** segurar contra riscos, sobretudo marítimos; **3** comprometer-se a pagar o total ou parte do valor em caso de perda ou prejuízo; **4** FINANÇAS garantir (colocação de emissão de valores); **5** assinar, subscrever
underwriter [ˈʌndəraɪtə] *s.* **1** (seguros) segurador; **2** FINANÇAS (valores) subscritor ❖ *~ surveyor* perito de seguros
underwriting [ˈʌndəraɪtɪŋ] *s.* **1** acto de efectuar seguros; **2** FINANÇAS subscrição de valores ❖ *~ agreement* contrato de garantia; *~ syndicate* sindicato de garantia
underwritten [ˈʌndəˌrɪtn] {*part. pass. de* **to underwrite**} *the ~ names* os nomes abaixo assinados
underwrote [ˈʌndərəʊt] *prt. de* **to underwrite**
undescribable [ˌʌndɪsˈkraɪbəbəl] *adj.* indescritível
undescribably [ˌʌndɪsˈkraɪbəblɪ] *adv.* indescritivelmente
undescribed [ˌʌndɪsˈkraɪbd] *adj.* que ainda não foi estudado
undescried [ˌʌndɪsˈkraɪd] *adj.* despercebido, não notado
undeserved [ˌʌndɪˈzɜːvd] *adj.* imerecido; injusto
undeservedly [ˌʌndɪˈzɜːvɪdlɪ] *adv.* imerecidamente; injustamente
undeserving [ˌʌndɪˈzɜːvɪŋ] *adj.* **1** sem méritos, pouco digno, indigno; **2** pouco meritório
undeservingly [ˌʌndɪˈzɜːvɪŋlɪ] *adv.* pouco meritoriamente
undesignated [ʌnˈdezɪɡneɪtɪd] *adj.* não designado
undesigned [ˌʌndɪˈzaɪnd] *adj.* **1** involuntário, não premeditado, casual, acidental; **2** imprevisto

undesignedly [ˌʌndɪˈzaɪnɪdlɪ] *adv.* **1** involuntariamente, não premeditadamente; **2** casualmente, acidentalmente; **3** imprevistamente
undesigning [ˌʌndɪˈzaɪnɪŋ] *adj.* **1** franco, sincero, sem malícia; **2** leal, de boa fé; **3** sem artifícios
undesirable [ˌʌndɪˈzaɪərəbəl] Ⓐ *adj.* **1** indesejável; **2** desagradável; **3** inconveniente Ⓑ *s.* pessoa indesejável
undesirableness [ˌʌndɪˈzaɪərəblnɪs] *s.* carácter indesejável
undesirably [ˌʌndɪˈzaɪərəblɪ] *adv.* indesejavelmente
undesired [ˌʌndɪˈzaɪəd] *adj.* **1** não desejado; **2** inoportuno
undesirous [ˌʌndɪˈzaɪərəs] *adj.* que não deseja [**of**, -]
undesisting [ˌʌndɪˈzɪstɪŋ] *adj.* **1** que não desiste; **2** persistente
undespairing [ˌʌndɪsˈpeərɪŋ] *adj.* **1** que não desespera; **2** confiante
undestroyed [ˌʌndɪsˈtrɔɪd] *adj.* não destruído
undetachable [ˌʌndɪˈtætʃəbəl] *adj.* não separável
undetected [ˌʌndɪˈtektɪd] *adj.* sem ser detectado; despercebido; *to go ~* passar despercebido; *to do sth ~* fazer algo sem ninguém reparar
undetermined [ˌʌndɪˈtɜːmɪnd] *adj.* **1** indeterminado; **2** indefinido; **3** indeciso, irresoluto
undeterred [ˌʌndɪˈtɜːd] *adj.* sem se deixar desencorajar [**by**, por]; sem se deixar intimidar [**by**, por]
undeveloped [ˌʌndɪˈveləpt] *adj.* **1** não desenvolvido, pouco desenvolvido, subdesenvolvido; **2** FOTOGRAFIA por revelar; **3** por explorar, inexplorado; *~ land* terrenos inexplorados
undeviating [ʌnˈdiːvɪeɪtɪŋ] *adj.* **1** que segue a direito, que não se desvia; **2** sem rodeios; **3** constante, firme; **4** rígido
undeviatingly [ʌnˈdiːvɪeɪtɪŋlɪ] *adv.* **1** a direito, sem se desviar; **2** com firmeza, com constância; **3** rigidamente
undevoured [ˌʌndɪˈvaʊəd] *adj.* não devorado; intacto
undevout [ˌʌndɪˈvaʊt] *adj.* não devoto
undevoutly [ˌʌndɪˈvaʊtlɪ] *adv.* não devotamente
undid [ʌnˈdɪd] *prt. de* **to undo**
undies [ˈʌndɪz] *s.pl.* [coloq.] roupa interior de senhora
undifferentiated [ˌʌndɪfəˈrenʃieɪtɪd] *adj.* MATEMÁTICA não diferenciado
undiffused [ˌʌndɪˈfjuːzd] *adj.* (luz) não difusa
undigested [ˌʌndaɪˈdʒestɪd, ˌʌndɪˈdʒestɪd] *adj.* **1** não digerido, mal digerido; **2** indigesto; **3** [fig.] mal digerido, mal assimilado; **4** mal ordenado
undigestible [ˌʌndaɪˈdʒestɪbəl, ˌʌndɪˈdʒestɪbəl] *adj.* indigesto
undignified [ʌnˈdɪɡnɪfaɪd] *adj.* **1** sem dignidade, pouco digno; **2** impróprio; **3** sem nobreza
undiluted [ˌʌndaɪˈluːtɪd] *adj.* **1** não diluído, puro; **2** [fig.] (emoção) autêntico, genuíno ❖ *to talk ~ nonsense* só dizer asneiras
undiminished [ˌʌndɪˈmɪnɪʃt] *adj.* **1** sem diminuição; **2** intacto, inalterado; **3** igual, na mesma
undimmed [ʌnˈdɪmd] *adj.* **1** não obscurecido, não turbado, não ofuscado; **2** claro, brilhante
undine [ˈʌndiːn, ʌnˈdiːn] *s.f.* ondina
undiplomatic [ˌʌndɪpləˈmætɪk] *adj.* **1** pouco diplomático; **2** imprudente
undiplomatically [ˌʌndɪpləˈmætɪkəlɪ] *adv.* pouco diplomaticamente
undirected [ˌʌndɪˈrektɪd, ˌʌndaɪˈrektɪd] *adj.* **1** (carta) sem endereço; **2** sem instruções, sem orientação; **3** sem pedir informações
undisbanded [ˌʌndɪsˈbændɪd] *adj.* não licenciado, não dissolvido
undiscerned [ˌʌndɪˈsɜːnd] *adj.* despercebido
undiscerning [ˌʌndɪˈsɜːnɪŋ] *adj.* sem discernimento, sem grande inteligência, pouco perspicaz
undischarged [ˌʌndɪsˈtʃɑːdʒd] *adj.* **1** (arma de fogo) sem disparar, por disparar; **2** (dever) não cumprido; **3** por saldar, por liquidar; *~ debt* dívida não saldada; **4** [fig.] (emoção, sentimento) não expresso
undisciplined [ʌnˈdɪsɪplɪnd] *adj.* indisciplinado
undisclosed [ˌʌndɪsˈkləʊzd] *adj.* **1** escondido; **2** não revelado; **3** não divulgado
undiscomfited [ˌʌndɪsˈkʌmfɪtɪd] *adj.* **1** absolutamente calmo, senhor de si; **2** que não se deixa desorientar
undisconcerted [ˌʌndɪskənˈsɜːtɪd] *adj.* calmo, não desorientado
undiscouraged [ˌʌndɪsˈkʌrɪdʒd] *adj.* não desencorajado, não desanimado

undiscoverable [ˌʌndɪsˈkʌvərəbəl] *adj.* que não pode descobrir-se
undiscovered [ˌʌndɪsˈkʌvəd] *adj.* 1 não descoberto, por descobrir; 2 desconhecido; 3 ignorado
undiscriminating [ˌʌndɪsˈkrɪmɪneɪtɪŋ] *adj.* 1 sem discernimento; 2 pouco judicioso; pouco critirioso; 3 indiscriminado
undiscriminatingly [ˌʌndɪskrɪmɪˈneɪtɪŋlɪ] *adv.* 1 indiscriminadamente; 2 pouco judiciosamente; pouco criteriosamente
undiscussed [ˌʌndɪsˈkʌst] *adj.* não discutido; por debater
undisguised [ˌʌndɪsˈgaɪzd] *adj.* franco, não dissimulado, sem disfarce, sincero
undisguisedly [ˌʌndɪsˈgaɪzɪdlɪ] *adv.* francamente, sinceramente, sem disfarces
undisheartened [ˌʌndɪsˈhɑːtənd] *adj.* não desanimado, não desencorajado
undisillusioned [ˌʌndɪsɪˈluːʒənd] *adj.* não desiludido
undismayed [ˌʌndɪsˈmeɪd] *adj.* 1 impávido; 2 sem temor, sem receio
undispatched [ˌʌndɪsˈpætʃt] *adj.* não enviado, não expedido
undispelled [ˌʌndɪsˈpeld] *adj.* que não foi dissipado; persistente
undispersed [ˌʌndɪsˈpɜːst] *adj.* não disperso, não dispersado
undisposed [ˌʌndɪsˈpəʊzd] *adj.* de que ainda se não dispôs
undisputed [ˌʌndɪsˈpjuːtɪd] *adj.* 1 não disputado, indisputado; 2 incontestado, incontroverso
undisputedly [ˌʌndɪsˈpjuːtɪdlɪ] *adv.* incontestadamente, de modo incontroverso; indiscutivelmente
undissembling [ˌʌndɪˈsemblɪŋ] *adj.* franco, sincero
undissolved [ˌʌndɪˈzɒlvd] *adj.* 1 não dissolvido, por derreter; 2 válido, não anulado
undistilled [ˌʌndɪsˈtɪld] *adj.* não destilado
undistinguishable [ˌʌndɪsˈtɪŋgwɪʃəbəl] *adj.* 1 indistinguível; 2 que mal se pode distinguir
undistinguished [ˌʌndɪsˈtɪŋgwɪʃt] *adj.* 1 que não se distingue; 2 medíocre; 3 banal, vulgar ❖ *he lived ~* ele viveu sem reconhecimento, na obscuridade
undistinguishing [ˌʌndɪsˈtɪŋgwɪʃɪŋ] *adj.* sem capacidade discriminativa
undistinguishingly [ˌʌndɪsˈtɪŋgwɪʃɪŋlɪ] *adv.* sem discernimento
undistorted [ˌʌndɪsˈtɔːtɪd] *adj.* FÍSICA sem distorção
undistracted [ˌʌndɪsˈtræktɪd] *adj.* 1 que não se deixa distrair; 2 firme, imperturbável
undistraught [ˌʌndɪsˈtrɔːt] *adj.* 1 não perturbado de espírito; 2 são de espírito
undistressed [ˌʌndɪˈstrest] *adj.* não aflito
undistributed [ˌʌndɪˈstrɪbjʊtɪd] *adj.* não distribuído, não repartido
undisturbed [ˌʌndɪsˈtɜːbd] *adj.* 1 calmo, sereno; 2 impassível; 3 tranquilo; sossegado; 4 não perturbado; 5 intacto
undisturbedly [ˌʌndɪsˈtɜːbɪdlɪ] *adv.* calmamente, serenamente, tranquilamente, impassivelmente
undiversified [ˌʌndaɪˈvɜːsɪfaɪd] *adj.* monótono; sem variedade
undiverted [ˌʌndaɪˈvɜːtɪd, ˌʌndɪˈvɜːtɪd] *adj.* 1 pouco divertido; 2 (curso de água) não desviado
undivided [ˌʌndɪˈvaɪdɪd] *adj.* 1 indiviso, integral, inteiro; 2 total; 3 coeso; 4 unânime; *~ opinion* opinião unânime ❖ *to give sb one's ~ attention* dar toda a atenção a alguém
undividedly [ˌʌndɪˈvaɪdɪdlɪ] *adv.* 1 por inteiro; 2 indivisivelmente; 3 totalmente; 4 unanimemente
undivorced [ˌʌndɪˈvɔːst] *adj.* não divorciado; não separado [from, de]
undivulged [ˌʌndaɪˈvʌldʒd, ˌʌndɪˈvʌldʒd] *adj.* não divulgado
undo [ʌnˈduː] *v.tr.* (*prt.* undid, *part. pass.* undone) 1 desfazer; desmanchar; *to ~ a knot* desfazer um nó; 2 desatar, desamarrar; 3 arruinar, destruir; *drink has undone his brother* a bebida deu cabo do irmão dele; 4 (compromisso, ordem) anular; 5 (erro, mal) reparar; corrigir; *to ~ the mischief* reparar o mal; 6 anular; 7 (fecho) abrir ❖ *what is done cannot be undone* o que está feito não pode voltar atrás; *he was undone by his ambition* foi a ambição que o perdeu
undoable [ʌnˈduːəbəl] *adj.* 1 impossível; 2 que não pode fazer-se; 3 que pode desfazer-se ou desatar-se
undock [ʌnˈdɒk] *v.tr.,intr.* 1 fazer sair da doca; 2 sair da doca; 3 AERONÁUTICA tirar do hangar

undocking [ʌnˈdɒkɪŋ] *s.* saída da doca
undoer [ʌnˈduːə] *s.* 1 aquele que destrói, arruína ou deita a perder; 2 sedutor
undoing [ʌnˈduːɪŋ] *s.* 1 desgraça, destruição, ruína; *drink was his ~* foi a bebida que o perdeu; 2 anulação
undomestic [ˌʌndəˈmestɪk] *adj.* 1 selvagem, não domesticado; 2 pouco doméstico; 3 pouco dado a trabalhos domésticos
undomesticated [ˌʌndəˈmestɪkeɪtɪd] *adj.* ⇒ **undomestic**
undone [ʌnˈdʌn] Ⓐ *part. pass. de* **to undo** Ⓑ *adj.* 1 desatado; desapertado; desmanchado; 2 (pessoa) arruinado; perdido; *I am ~* estou perdido; 3 por acabar, por fazer, incompleto; *to leave sth ~* deixar algo por fazer; *to remain ~* ficar por fazer
undouble [ʌnˈdʌbəl] *v.tr.,intr.* desdobrar, desdobrar-se
undoubted [ʌnˈdaʊtɪd] *adj.* 1 indiscutível, incontestável; 2 que não pode pôr-se em dúvida
undoubtedly [ʌnˈdaʊtɪdlɪ] *adv.* sem dúvida, indiscutivelmente, incontestavelmente, indubitavelmente
undoubting [ʌnˈdaʊtɪŋ] *adj.* 1 convencido, confiante, confiado; 2 que não duvida
UNDP [*abrev. de* United Nations Development Programme]
undrainable [ʌnˈdreɪnəbəl] *adj.* 1 que não pode drenar-se; 2 insusceptível de drenagem; 3 inesgotável
undrained [ʌnˈdreɪnd] *adj.* 1 por drenar; 2 não drenado
undramatic [ˌʌndrəˈmætɪk] *adj.* 1 pouco dramático; tranquilo; calmo; 2 pouco teatral
undrape [ʌnˈdreɪp] *v.tr.* tirar as roupagens
undraw [ʌnˈdrɔː] *v.tr.* (*prt.* undrew, *part. pass.* undrawn) abrir, descerrar (cortinas)
undrawable [ʌnˈdrɔːəbəl] *adj.* (metal) não extensível
undreaded [ʌnˈdredɪd] *adj.* não receado
undreamed-of [ʌnˈdriːmdɒv] *adj.* ⇒ **undreamt-of**
undreamt-of [ʌnˈdremtɒv] *adj.* 1 nunca sonhado; 2 impensável; inconcebível; inimaginável; *such things were ~ some years ago* há meia dúzia de anos, estas coisas eram inimagináveis; 3 inesperado
undress[1] [ʌnˈdres] Ⓐ *s.* 1 traje de andar por casa; 2 vestido caseiro Ⓑ *v.tr.,intr.* 1 despir-se; 2 despir; 3 tirar ligaduras, gaze, etc. a (ferida)
undress[2] [ˈʌndres] *adj.* 1 vulgar; caseiro; 2 (roupa) informal
undressed [ʌnˈdrest] *adj.* 1 despido, sem roupas; 2 em roupa informal; 3 (ferida) sem gaze, sem ligaduras; *~ wound* ferida sem qualquer penso; 4 (carne) por arranjar, por preparar; 5 (pele) por curtir; 6 (salada) por temperar
undried [ʌnˈdraɪd] *adj.* por secar
undrilled [ʌnˈdrɪld] *adj.* 1 não exercitado; 2 (soldado) sem treino; 3 (chapa de ferro) não perfurada
undrinkable [ʌnˈdrɪŋkəbəl] *adj.* 1 imbebível; 2 (água) não potável
undrunk [ʌnˈdrʌŋk] *adj.* não bebido, por beber
undue [ʌnˈdjuː] *adj.* 1 indevido; 2 desmedido; excessivo; desproporcionado; 3 injusto; 4 impróprio; inconveniente; 5 COMÉRCIO não vencido, por vencer ❖ *use of ~ authority* abuso de autoridade
undulant [ˈʌndjʊlənt] *adj.* ondulante ❖ MEDICINA *~ fever* febre ondulante; febre-de-malta; brucelose
undulate[1] [ˈʌndjʊleɪt] *v.tr.,intr.* ondular, ondear
undulate[2] [ˈʌndjʊlɪt] *adj.* ZOOLOGIA ondulado
undulated [ˈʌndjʊleɪtɪd] *adj.* ondulado; *~ sheet iron* chapa ondulada de ferro
undulating [ˈʌndjʊleɪtɪŋ] *adj.* 1 ondulado, ondeante; 2 acidentado
undulation [ˌʌndjʊˈleɪʃən] *s.* ondulação
undulatory [ˈʌndjʊlətərɪ, ˈʌndjʊlətɔːrɪ] *adj.* ondulatório ❖ FÍSICA *~ theory* teoria ondulatória
undulous [ˈʌndjʊləs] *adj.* onduloso
unduly [ʌnˈdjuːlɪ] *adv.* 1 indevidamente; 2 imerecidamente, injustamente; 3 excessivamente, demasiadamente; 4 ilegalmente
unduteous [ʌnˈdjuːtɪəs] *adj.* que não cumpre os seus deveres
undutiful [ʌnˈdjuːtɪfʊl] *adj.* ⇒ **unduteous**
undutifully [ʌnˈdjuːtɪfʊlɪ] *adv.* 1 sem cumprir os seus deveres; 2 de maneira indigna
undutifulness [ʌnˈdjuːtɪfʊlnɪs] *s.* acto de faltar aos seus deveres
undyed [ʌnˈdaɪd] *adj.* 1 não tingido; 2 por tingir
undying [ʌnˈdaɪɪŋ] *adj.* imortal, imperecível, imorredouro, eterno

unearned [ʌnˈɜːnd] *adj.* 1 imerecido; injusto; 2 não adquirido pelo trabalho ❖ ECONOMIA ~ *income* rendas; rendimentos; ECONOMIA ~ *increment* mais-valia

unearth [ʌnˈɜːθ] *v.tr.* 1 desenterrar; 2 examinar; 3 descobrir; 4 trazer à luz; 5 fazer sair da toca (animal)

unearthing [ʌnˈɜːθɪŋ] *s.* 1 desenterramento; 2 exumação; 3 descoberta

unearthly [ʌnˈɜːθlɪ] *adj.* 1 sobrenatural, de outro mundo; 2 sublime, perfeito; 3 fantasmagórico; sinistro, misterioso; 4 medonho, terrível; *an ~ scream* um grito terrível; 5 (hora, tempo) impróprio; *at ~ hours* a horas impróprias

unease [ʌnˈiːz] *s.* 1 constrangimento, mal-estar; 2 perturbação, desassossego

uneasily [ʌnˈiːzɪlɪ] *adv.* 1 com inquietação, preocupadamente; 2 constrangidamente; 3 agitadamente ❖ ~ *to seep uneasily* dormir mal

uneasiness [ʌnˈiːzɪnɪs] *s.* 1 mal-estar, intranquilidade, inquietação, preocupação; 2 desassossego

uneasy [ʌnˈiːzɪ] *adj.* (comp. -ier, superl. -iest) 1 ansioso; inquieto, intranquilo; preocupado; *that makes me ~* isso preocupa-me; *~ conscience* consciência que não está tranquila; 2 apreensivo, receoso; 3 (sono) agitado, desassossegado; 4 (silêncio) inquietante; 5 (atmosfera, sensação) incómodo; desagradável; 6 embaraçado, pouco à vontade; 7 difícil *feeling* sensação de mal-estar; 7 difícil

uneatable [ʌnˈiːtəbəl] *adj.* intragável, que não se pode comer

uneaten [ʌnˈiːtn] *adj.* que não foi comido

uneclipsed [ʌnɪˈklɪpst] *adj.* 1 que não sofreu eclipse; 2 não eclipsado

uneconomic [ʌniːkəˈnɒmɪk] *adj.* 1 contrário às leis da economia, antieconómico; 2 que não é remunerador

uneconomical [ʌniːkəˈnɒmɪkəl] *adj.* 1 pouco económico, que não é poupado; 2 antieconómico

unedifying [ʌnˈedɪfaɪɪŋ] *adj.* pouco edificante

unedited [ʌnˈedɪtɪd] *adj.* 1 não editado; por rever; 2 (texto) sem aparato crítico

uneducated [ʌnˈedʒukeɪtɪd] *adj.* 1 ignorante; 2 inculto; 3 rude; 4 não educado

uneffaced [ʌnɪˈfeɪst] *adj.* intacto

uneffected [ʌnɪˈfektɪd] *adj.* 1 não realizado; 2 não efectuado

unelected [ʌnɪˈlektɪd] *adj.* 1 não eleito; 2 por eleger

uneliminated [ʌnɪˈlɪmɪneɪtɪd] *adj.* não eliminado

unelucidated [ʌnɪˈljuːsɪdeɪtɪd] *adj.* não esclarecido, não elucidado

unemancipated [ʌnɪˈmænsɪpeɪtɪd] *adj.* 1 não emancipado; 2 (menor) que ainda não obteve a emancipação; 3 HISTÓRIA (escravo) não liberto

unembarrassed [ʌnɪmˈbærəst] *adj.* 1 que não se atrapalha, sem constrangimento, desembaraçado; 2 despreocupado; 3 não onerado, livre

unembellished [ʌnɪmˈbelɪʃt] *adj.* 1 sem adornos; 2 não embelezado

unembittered [ʌnɪmˈbɪtəd] *adj.* 1 não irritado; 2 sem acrimónia, sem azedume

unembodied [ʌnɪmˈbɒdɪd] *adj.* 1 imaterial; 2 sem corpo

unemotional [ʌnɪˈməʊʃənəl] *adj.* 1 não emotivo; 2 fleumático, imperturbável; 3 não impressionável; 4 calmo; 5 frio; 6 objectivo, desapaixonado

unemotionally [ʌnɪˈməʊʃnəlɪ] *adv.* 1 sem emoção; 2 fleumaticamente, imperturbavelmente; 3 impassivelmente

unemphatic [ʌnɪmˈfætɪk] *adj.* 1 não enfático; 2 pouco forte, pouco enérgico; 3 LINGUÍSTICA não acentuado

unemphatically [ʌnɪmˈfætɪkəlɪ] *adv.* 1 sem ênfase, sem realce; 2 pouco vincadamente

unemployable [ʌnɪmˈplɔɪəbəl] *adj.* que não serve para nada, inapto, incapaz

unemployables [ʌnɪmˈplɔɪəblz] *s.pl.* incapazes, inaptos, pessoas que não servem para o trabalho

unemployed [ʌnɪmˈplɔɪd] Ⓐ *adj.* 1 desempregado; 2 FINANÇAS inactivo; ~ *capital* capital inactivo; ~ *funds* fundos inactivos; 3 não aproveitado; ~ *energies* energias não aproveitadas Ⓑ *s.pl.* *the ~* os desempregados

unemployment [ʌnɪmˈplɔɪmənt] *s.* desemprego ❖ [GB] ~ *benefit* subsídio de desemprego; [EUA] ~ *compensation* subsídio de desemprego; ~ *fund* fundo de desemprego; ~ *insurance* seguro contra desemprego; ~ *rate* taxa de desemprego

unemptied [ʌnˈemptɪd] *adj.* 1 ainda cheio; 2 não esvaziado; por esvaziar

unenclosed [ʌnɪnˈkləʊzd] *adj.* 1 não cercado, sem cerca ou vedação; 2 a descoberto, sem protecção; 3 não enclausurado, sem clausura

unencumbered [ʌnɪnˈkʌmbəd] *adj.* 1 desembaraçado; desimpedido; 2 não onerado, livre [**with**, de] ❖ ~ *estate* propriedade livre de hipotecas

unended [ʌnˈendɪd] *adj.* não acabado

unending [ʌnˈendɪŋ] *adj.* 1 sem fim, interminável; 2 ininterrupto; 3 eterno

unendingly [ʌnˈendɪŋlɪ] *adv.* 1 interminavelmente; 2 ininterruptamente, sem cessar

unendorsed [ʌnɪnˈdɔːst] *adj.* 1 (cheque) não endossado; 2 não sancionado, não apoiado

unendowed [ʌnɪnˈdaʊd] *adj.* 1 pouco dotado [**with**, de]; 2 sem dote

unendurable [ʌnɪnˈdjʊərəbəl] *adj.* insuportável, intolerável

unenforceable [ʌnɪnˈfɔːsəbəl] *adj.* DIREITO não executório

unenforced [ʌnɪnˈfɔːst] *adj.* 1 DIREITO que não foi posto em vigor; 2 não imposto; 3 voluntário

unenfranchised [ʌnɪnˈfræntʃaɪzd] *adj.* 1 sem direito de voto; 2 sem direitos municipais; 3 HISTÓRIA (escravo) não liberto

unengaged [ʌnɪnˈgeɪdʒd] *adj.* 1 livre, disponível; 2 sem ter que fazer, desocupado; 3 que não está noivo nem comprometido

unengaging [ʌnɪnˈgeɪdʒɪŋ] *adj.* 1 pouco cativante, pouco atraente; 2 que não inspira simpatia

un-English [ʌnˈɪŋglɪʃ] *adj.* 1 impróprio de um inglês; 2 contrário à maneira de ser inglesa

unenlightened [ʌnɪnˈlaɪtnd] *adj.* 1 ignorante; inculto; 2 pouco esclarecido; pouco informado; 3 retrógrado

unenlightening [ʌnɪnˈlaɪtnɪŋ] *adj.* que não esclarece

unentangled [ʌnɪnˈtæŋgəld] *adj.* 1 livre, sem ligações; 2 não emaranhado, não enredado

unentered [ʌnˈentəd] *adj.* 1 não registado, não inscrito; 2 não penetrado

unenterprising [ʌnˈentəpraɪzɪŋ] *adj.* 1 pouco empreendedor; 2 sem iniciativas

unentertaining [ʌnentəˈteɪnɪŋ] *adj.* aborrecido, que não diverte

unenthusiastic [ʌnɪnθjuːzɪˈæstɪk] *adj.* 1 sem entusiasmo, frio; 2 desmotivado

unenthusiastically [ʌnɪnθjuːzɪˈæstɪkəlɪ] *adv.* friamente, sem entusiasmo

unentitled [ʌnɪnˈtaɪtəld] *adj.* sem direito; *to be ~ to* não ter direito a

unenviable [ʌnˈenvɪəbəl] *adj.* pouco invejável

unenvied [ʌnˈenvɪd] *adj.* não invejado

unenvious [ʌnˈenvɪəs] *adj.* ⇒ **unenvying**

unenvying [ʌnˈenvɪɪŋ] *adj.* 1 sem inveja; 2 que não tem inveja

unequable [ʌnˈiːkwəbəl] *adj.* 1 desigual, irregular; 2 inconstante, variável

unequal [ʌnˈiːkwəl] *adj.* 1 desigual; 2 irregular, inconstante, variável; ~ *expansion* expansão irregular; ~ *pulse* pulso irregular; 3 (sistema, etc.) com desigualdades; não igualitário; 4 parcial, injusto; 5 incapaz [**to**, de]; inadequado [**to**, a], inapto [**to**, para]; 6 que não está à altura [**to**, de]; *to be ~ to a task* não estar à altura de uma tarefa; ~ *to the strain* que não aguenta o esforço

unequalled [ʌnˈiːkwəld] *adj.* 1 sem igual, inigualável; 2 sem paralelo; 3 inédito, inaudito

unequally [ʌnˈiːkwəlɪ] *adv.* desigualmente

unequipped [ʌnɪˈkwɪpt] *adj.* 1 não equipado; 2 impreparado; *to be ~ for* não estar preparado para; 3 com más instalações; 4 (navio) sem armamento

unequitable [ʌnˈekwɪtəbəl] *adj.* injusto, iníquo

unequitably [ʌnˈekwɪtəblɪ] *adv.* injustamente, iniquamente

unequivocal [ʌnɪˈkwɪvəkəl] *adj.* franco, claro, inequívoco, evidente

unequivocally [ʌnɪˈkwɪvəkəlɪ] *adv.* inequivocamente, claramente

unerring [ʌnˈɜːrɪŋ] *adj.* 1 que não erra; 2 infalível; 3 seguro; 4 exacto

unerringly [ʌnˈɜːrɪŋlɪ] *adv.* infalivelmente, sem falhar

unerringness [ʌnˈɜːrɪŋnɪs] s. 1 infalibilidade; 2 certeza; 3 segurança; 4 exactidão
unescapable [ˌʌnɪsˈkeɪpəbəl] adj. inevitável
UNESCO [abrev. de United Nations Educational, Scientific, and Cultural Organisation]
unescorted [ˌʌnɪsˈkɔːtɪd] adj. 1 sem escolta; 2 sozinho; sem acompanhante
unespied [ˌʌnɪsˈpaɪd] adj. [arc.] despercebido
unessayed [ˌʌneˈseɪd] adj. não experimentado
unessential [ˌʌnɪˈsenʃəl] adj. 1 não essencial; 2 acessório; 3 sem importância
unestablished [ˌʌnɪsˈtæblɪʃt] adj. 1 não verificado; 2 (Igreja) separada do Estado; 3 pouco firme
unethical [ʌnˈeθɪkəl] adj. 1 pouco ético; 2 imoral
uneven [ʌnˈiːvən] adj. 1 desigual; ~ *fracture* fractura desigual; 2 irregular; 3 desnivelado; 4 assimétrico; 5 (terreno) acidentado, áspero; 6 MATEMÁTICA (número) ímpar; 7 [arc.] injusto
unevenly [ʌnˈiːvənlɪ] adv. 1 desigualmente; 2 irregularmente
unevenness [ʌnˈiːvənnɪs] s. 1 desigualdade; 2 irregularidade; 3 desnivelamento; 4 assimetria; 5 (terreno) aspecto acidentado; aspereza
uneventful [ˌʌnɪˈventfʊl] adj. 1 sem grandes acontecimentos; 2 sem nada de especial; 3 sem incidentes; 4 calmo, rotineiro
uneventfully [ˌʌnɪˈventfʊlɪ] adv. calmamente, tranquilamente
uneventfulness [ˌʌnɪˈventfʊlnɪs] s. rotina, monotonia
unexamined [ˌʌnɪɡˈzæmɪnd] adj. 1 não verificado; 2 não examinado
unexampled [ˌʌnɪɡˈzɑːmpəld] adj. único, sem exemplo, sem igual
unexcavated [ʌnˈɪkskəveɪtɪd] adj. não escavado
unexcelled [ˌʌnɪkˈseld] adj. 1 não ultrapassado; 2 sem igual
unexceptionable [ˌʌnɪkˈsepʃnəbəl] adj. 1 inatacável, perfeito, irrepreensível; 2 que não pode recusar-se
unexceptionableness [ˌʌnɪkˈsepʃnəblnɪs] s. irrepreensibilidade
unexceptionably [ˌʌnɪkˈsepʃnəblɪ] adv. irrepreensivelmente
unexceptional [ˌʌnɪkˈsepʃənəl] adj. 1 sem excepção; 2 inatacável, irrepreensível, perfeito
unexchangeability [ˌʌnɪkstʃeɪndʒəˈbɪlɪtɪ] s. impossibilidade de troca ou permuta
unexchangeable [ˌʌnɪksˈtʃeɪndʒəbəl] adj. introcável, impermutável
unexchangeably [ˌʌnɪksˈtʃeɪndʒəblɪ] adv. impermutavelmente
unexcised [ˌʌnɪkˈsaɪzd] adj. 1 não suprimido; 2 não extirpado
unexcitable [ˌʌnɪkˈsaɪtəbəl] adj. 1 não excitável; 2 que não se deixa emocionar
unexcited [ˌʌnɪkˈsaɪtɪd] adj. 1 não excitado; 2 tranquilo, calmo
unexciting [ˌʌnɪkˈsaɪtɪŋ] adj. 1 sem grande interesse; 2 monótono; 3 insípido; 4 calmo
unexcusable [ˌʌnɪksˈkjuːzəbəl] adj. indesculpável
unexcused [ˌʌnɪksˈkjuːzd] adj. não desculpado
unexecuted [ʌnˈeksɪkjuːtɪd] adj. 1 não executado, por realizar; 2 (condenado) não executado
unexemplified [ˌʌnɪɡˈzemplɪfaɪd] adj. que não apresenta exemplos, não exemplificado
unexercised [ʌnˈeksəsaɪzd] adj. 1 não exercido, não utilizado; 2 não exercitado, sem exercício; 3 não experimentado
unexhausted [ˌʌnɪɡˈzɔːstɪd] adj. 1 não esgotado, inesgotado; 2 não exausto
unexpansive [ˌʌnɪksˈpænsɪv] adj. 1 não dilatável; 2 pouco expansivo, reservado
unexpectant [ˌʌnɪksˈpektənt] adj. que não espera; ~ *of sth* que não espera determinada coisa
unexpected [ˌʌnɪksˈpektɪd] adj. 1 imprevisto, inesperado; 2 inopinado
unexpectedly [ˌʌnɪksˈpektɪdlɪ] adv. 1 imprevistamente, inesperadamente; 2 inopinadamente
unexpectedness [ˌʌnɪksˈpektɪdnɪs] s. carácter imprevisto; surpresa
unexpended [ˌʌnɪksˈpendɪd] adj. não despendido, não gasto
unexperienced [ˌʌnɪksˈpɪərɪənst] adj. 1 não vivido, não sentido, não experimentado; 2 (pessoa) inexperiente, sem experiência
unexpiated [ʌnˈɪkspeɪtɪd] adj. não expiado; por expiar
unexpired [ˌʌnɪksˈpaɪəd] adj. 1 ainda válido; 2 (prazo) não expirado

unexplainable [ˌʌnɪksˈpleɪnəbəl] adj. inexplicável
unexplained [ˌʌnɪksˈpleɪnd] adj. 1 não esclarecido, por esclarecer; 2 inexplicado; 3 por desvendar, por decifrar
unexplicit [ˌʌnɪksˈplɪsɪt] adj. 1 obscuro; 2 pouco explícito
unexploded [ˌʌnɪksˈpləʊdɪd] adj. que não explodiu
unexplored [ˌʌnɪksˈplɔːd] adj. desconhecido, inexplorado
unexposed [ˌʌnɪksˈpəʊzd] adj. 1 FOTOGRAFIA (rolo) não usado; 2 escondido; 3 abrigado, protegido; ~ *to* ao abrigo de
unexpressed [ˌʌnɪksˈprest] adj. 1 não expresso; 2 subentendido; 3 tácito
unexpressedly [ˌʌnɪksˈpresɪdlɪ] adv. tacitamente
unexpressive [ˌʌnɪksˈpresɪv] adj. inexpressivo
unexpunged [ˌʌnɪksˈpʌndʒd] adj. (termo, palavra) que não foi riscado ou cortado
unexpurgated [ʌnˈekspɜːɡeɪtɪd] adj. 1 não expurgado; 2 (texto) integral
unextended [ˌʌnɪksˈtendɪd] adj. sem extensão, inextenso
unextinguishable [ˌʌnɪksˈtɪŋɡwɪʃəbəl] adj. inextinguível
unextinguished [ˌʌnɪksˈtɪŋɡwɪʃt] adj. 1 não extinto; 2 não liquidado
unfaded [ʌnˈfeɪdɪd] adj. 1 não murcho; 2 fresco; 3 de cores vivas
unfading [ʌnˈfeɪdɪŋ] adj. 1 que não perde a cor; 2 que não murcha, imarcescível; 3 inalterável
unfailing [ʌnˈfeɪlɪŋ] adj. 1 (remédio) infalível; 2 (optimismo) inabalável; 3 fiel, leal, de confiança; *an ~ friend* um amigo fiel, um amigo de confiança; 4 inesgotável, inexaurível
unfailingly [ʌnˈfeɪlɪŋlɪ] adv. 1 infalivelmente; 2 com firmeza; 3 inabalavelmente
unfair [ʌnˈfeə] adj. 1 injusto; 2 falso; desleal; ~ *play* jogo desleal ❖ ~ *competition* concorrência desleal; ~ *dismissal* despedimento sem justa causa
unfairly [ʌnˈfeəlɪ] adv. 1 injustamente; 2 deslealmente; 3 desonestamente; 4 parcialmente, sem isenção
unfairness [ʌnˈfeənɪs] s. 1 injustiça, deslealdade; 2 parcialidade; 3 falta de isenção
unfaith [ˈʌnfeɪθ] s. perfídia, má-fé
unfaithful [ʌnˈfeɪθfʊl] adj. 1 infiel [to, a]; *she was ~ to her husband* ela era infiel ao marido; 2 desleal; 3 inexacto, infiel; ~ *translation* tradução infiel; 4 RELIGIÃO [arc.] infiel
unfaithfully [ʌnˈfeɪθfʊlɪ] adv. 1 deslealmente; 2 de maneira infiel; 3 com inexactidão
unfaithfulness [ʌnˈfeɪθfʊlnɪs] s. 1 infidelidade; 2 deslealdade; 3 inexactidão
unfaltering [ʌnˈfɔːltərɪŋ] adj. 1 que não vacila; 2 inabalável, inquebrantável; 3 firme; ~ *voice* voz firme; 4 decidido
unfalteringly [ʌnˈfɔːltərɪŋlɪ] adv. com firmeza, com decisão, sem hesitações
unfamiliar [ˌʌnfəˈmɪlɪə] adj. 1 desconhecido; 2 estranho, pouco familiar ❖ *to be ~ with sth* não estar familiarizado com algo; não conhecer bem algo
unfamiliarity [ˌʌnfəmɪlɪˈærɪtɪ] s. 1 carácter ou aspecto estranho; 2 desconhecimento [*with*, de]; ignorância [*with*, de]
unfamiliarly [ˌʌnfəˈmɪlɪəlɪ] adv. de modo estranho
unfashionable [ʌnˈfæʃnəbəl] adj. 1 fora de moda; 2 antiquado; 3 sem elegância; 4 (ideias, medidas) pouco popular
unfashioned [ʌnˈfæʃənd] adj. 1 por modelar; 2 em bruto; 3 informe
unfasten [ʌnˈfɑːsn] v.tr. 1 desapertar; desatar; 2 desamarrar, desprender; *to ~ one thing from another* desprender uma coisa de outra; 3 (porta) abrir, desaferrolhar
unfastened [ʌnˈfɑːsnd] adj. 1 mal seguro, mal fechado; 2 solto; 3 desamarrado; 4 desabotoado
unfathered [ʌnˈfɑːðəd] adj. 1 ilegítimo, sem pai; 2 de autor desconhecido; 3 sem fundamento
unfatherly [ʌnˈfɑːðəlɪ] adj. 1 impróprio de um pai; 2 pouco paternal
unfathomable [ʌnˈfæðəməbəl] adj. 1 insondável, impenetrável, imperscrutável; 2 sem fundo; 3 incomensurável
unfathomableness [ʌnˈfæðəməblnɪs] s. 1 impenetrabilidade; 2 imperscrutabilidade; 3 carácter ou aspecto insondável; 4 incomensurabilidade
unfathomably [ʌnˈfæðəməblɪ] adv. 1 insondavelmente, impenetravelmente; 2 imperscrutavelmente; 3 incomensurvelmente

unfathomed

unfathomed [ʌnˈfæðəmd] *adj.* 1 inexplorado; 2 insondado; ~ *mystery* mistério insondado; por decifrar
unfavourable [ʌnˈfeɪvərəbəl] *adj.* 1 desfavorável, desvantajoso; 2 contrário, adverso; 3 pouco propício
unfavourableness [ʌnˈfeɪvərəblnɪs] *s.* 1 carácter ou aspecto desfavorável ou desvantajoso; 2 condição adversa ou contrária
unfavourably [ʌnˈfeɪvərəblɪ] *adv.* 1 desfavoravelmente, desvantajosamente; 2 contrariamente
unfearful [ʌnˈfɪəfʊl] *adj.* sem medo, sem receio [**of**, de]
unfeasible [ʌnˈfiːzəbəl] *adj.* irrealizável, impraticável, inexequível
unfeathered [ʌnˈfeðəd] *adj.* 1 sem penas, implume; 2 depenado
unfed [ʌnˈfed] *adj.* 1 mal alimentado; 2 em jejum
unfeeling [ʌnˈfiːlɪŋ] *adj.* 1 insensível; 2 duro, sem sentimentos; 3 inflexível, cruel, sem piedade, sem coração
unfeelingly [ʌnˈfiːlɪŋlɪ] *adv.* 1 inflexivelmente, cruelmente, desapiedadamente; 2 sem sentimentos, sem emoção
unfeelingness [ʌnˈfiːlɪŋnɪs] *s.* 1 insensibilidade; 2 inflexibilidade, crueldade, falta de piedade
unfeigned [ʌnˈfeɪnd] *adj.* sincero, verdadeiro, não fingido, real, autêntico
unfeignedly [ʌnˈfeɪnɪdlɪ] *adv.* 1 sinceramente; 2 verdadeiramente, na realidade; 3 autenticamente
unfeignedness [ʌnˈfeɪnɪdnɪs] *s.* sinceridade, franqueza
unfellowed [ʌnˈfeləʊd] *adj.* só, sozinho, sem companheiro
unfelt [ʌnˈfelt] *adj.* 1 não sentido; 2 que não se sente
unfeminine [ʌnˈfemɪnɪn] *adj.* pouco feminino
unfenced [ʌnˈfenst] *adj.* 1 sem vedação, sem cerca, sem sebe; 2 sem protecção, sem defesa
unfermentable [ʌnfɜːˈmentəbəl] *adj.* que não fermenta, infermentescível
unfermented [ʌnfɜːˈmentɪd] *adj.* 1 (bebida, comida) não fermentado; 2 (pão) sem fermento, ázimo ❖ ~ *wine* mosto
unfertile [ʌnˈfɜːtaɪl] *adj.* estéril, infecundo; 2 infértil
unfertilized [ʌnˈfɜːtɪlaɪzd] *adj.* 1 não fertilizado, não fecundado; 2 que não recebeu adubos nem fertilizantes
unfetter [ʌnˈfetə] *v.tr.* 1 libertar, soltar; 2 tirar os ferros a, tirar as algemas a, desalgemar
unfettered [ʌnˈfetəd] *adj.* liberto, livre, sem entraves, solto; ~ *by conventions* liberto de todos os convencionalismos
unfettering [ʌnˈfetərɪŋ] *s.* libertação
unfilial [ʌnˈfɪlɪəl] *adj.* 1 impróprio de um filho; 2 pouco filial
unfilled [ʌnˈfɪld] *adj.* 1 que não está cheio; 2 por encher; 3 não preenchido, por preencher; 4 vago, não ocupado
unfilmed [ʌnˈfɪlmd] *adj.* 1 não filmado; 2 não passado para o cinema
unfiltered [ʌnˈfɪltəd] *adj.* não filtrado, por filtrar ❖ ELECTRICIDADE ~ *current* corrente não rectificada
unfinished [ʌnˈfɪnɪʃt] *adj.* 1 inacabado; incompleto; 2 sem acabamento, sem retoque ou aperfeiçoamento final ❖ ~ *business* assunto pendente; MÚSICA *the Unfinished Symphony* a Sinfonia Incompleta
unfired [ʌnˈfaɪəd] *adj.* 1 que não foi disparado; 2 (tijolo) cru, por cozer; 3 a que não se chegou o fogo
unfit [ʌnˈfɪt] Ⓐ *adj.* 1 impróprio [**for**, para]; ~ *to drink/* ~ *to eat* impróprio para consumo; 2 inapto; incapaz; ~ *for duty/* ~ *for military service* inapto para o serviço militar; ~ *for service* incapaz para o serviço; 3 que não serve; *that's* ~ *for publication* isso não serve para publicação; 4 (fisicamente, psicologicamente) em baixo de forma; *he is* ~ *for a doctor* ele não serve para médico; *to be* ~ estar maldisposto, estar em más condições físicas; 5 sem capacidade [**for**, de; **to**, para]; *to be* ~ *to do sth* não ser capacidade para fazer alguma coisa Ⓑ *v.tr.* (*prt. e part. pass.* **unfitted**) 1 incapacitar [**for**, para]; tornar inapto; 2 tornar impróprio
unfitly [ʌnˈfɪtlɪ] *adv.* 1 impropriamente, inaptamente; 2 pouco convenientemente
unfitness [ʌnˈfɪtnɪs] *s.* 1 incapacidade; inaptidão; ~ *for sth* incapacidade para alguma coisa, inaptidão para alguma coisa; ~ *to do sth* incapacidade para fazer alguma coisa; 2 má forma física; mau estado de saúde
unfitted [ʌnˈfɪtɪd] *adj.* 1 incapaz, inapto; 2 indigno; 3 sem equipamento; 4 (vestuário) sem prova
unfitting [ʌnˈfɪtɪŋ] *adj.* 1 pouco próprio, pouco oportuno, pouco conveniente; 2 inapropriado; 3 inadequado

unfittingness [ʌnˈfɪtɪŋnɪs] *s.* 1 impropriedade; 2 inconveniência; 3 inoportunidade
unfix [ʌnˈfɪks] *v.tr.,intr.* 1 soltar, soltar-se; 2 afrouxar; 3 abalar; 4 MILITAR desarmar (baioneta)
unfixed [ʌnˈfɪkst] *adj.* 1 não fixo; 2 solto, desprendido; 3 variável; 4 indeciso, irresoluto
unflagging [ʌnˈflæɡɪŋ] *adj.* 1 persistente, constante; 2 infatigável; 3 inquebrantável; 4 indomável
unflaggingly [ʌnˈflæɡɪŋlɪ] *adv.* 1 persistentemente; 2 infatigavelmente; 3 inquebrantavelmente; 4 indomavelmente
unflappability [ʌnˌflæpəˈbɪlɪtɪ] *s.* fleuma, serenidade
unflappable [ʌnˈflæpəbəl] *adj.* fleumático, sereno, imperturbável
unflattering [ʌnˈflætərɪŋ] *adj.* 1 pouco lisonjeiro, não lisonjeiro; 2 sincero; 3 que não favorece
unflatteringly [ʌnˈflætərɪŋlɪ] *adv.* 1 com sinceridade; 2 sem lisonja; 3 pouco lisonjeiramente
unfledged [ʌnˈfledʒd] *adj.* 1 (aves) sem penas, implume; 2 verde, inexperiente ❖ (juventude) ~ *days* verdes anos
unfleshed [ʌnˈfleʃt] *adj.* sem experiência, noviço
unflinching [ʌnˈflɪntʃɪŋ] *adj.* 1 firme, resoluto; 2 inabalável, inflexível; 3 que não recua; 4 impassível, impávido
unflinchingly [ʌnˈflɪntʃɪŋlɪ] *adv.* 1 firmemente, resolutamente; 2 inabalavelmente; 3 inflexivelmente
unfold [ʌnˈfəʊld] Ⓐ *v.tr.* 1 (jornal, mapa) desdobrar; abrir; *to* ~ *a newspaper* abrir um jornal; 2 revelar; descobrir; desvendar; *to* ~ *one's intentions* revelar as suas intenções; 3 esclarecer, explicar, expor; *to* ~ *one's troubles* expor os seus problemas; 4 (ovelhas) tirar do redil Ⓑ *v.intr.* 1 (flor) abrir; desabrochar; 2 desdobrar-se; 3 (ideias, capacidades) desenvolver-se; desabrochar *fig.*; 4 (mistério, segredo) esclarecer-se; desvendar-se; 5 estender-se; desenrolar-se; *the landscape unfolded (itself) before us* a paisagem estendia-se à nossa frente
unfolder [ʌnˈfəʊldə] *s.* aquele que revela ou descobre (segredos, etc.)
unforbearing [ʌnfɔːˈbeərɪŋ] *adj.* 1 impaciente; 2 pouco tolerante; 3 pouco sofredor
unforbidden [ʌnfəˈbɪdn] *adj.* lícito, permitido, não proibido
unforced [ʌnˈfɔːst] *adj.* 1 livre, não forçado; 2 natural, espontâneo, franco
unfordable [ʌnˈfɔːdəbəl] *adj.* invadeável, que não se pode passar a vau
unforeseeable [ʌnfɔːˈsiːəbəl] *adj.* imprevisível
unforeseeableness [ʌnfɔːˈsiːəblnɪs] *s.* imprevisibilidade
unforeseeing [ʌnfɔːˈsiːɪŋ] *adj.* 1 que não prevê as coisas; 2 imprevidente
unforeseen [ʌnfɔːˈsiːn] *adj.* imprevisto; inesperado; súbito; *unless some* ~ *event occurs* salvo qualquer circunstância imprevista ❖ DIREITO ~ *circumstances* motivo de força maior; circunstâncias imprevistas
unforgettable [ʌnfəˈɡetəbəl] *adj.* inesquecível
unforgettably [ʌnfəˈɡetəblɪ] *adv.* inesquecivelmente
unforgetting [ʌnfəˈɡetɪŋ] *adj.* que não esquece
unforgivable [ʌnfəˈɡɪvəbəl] *adj.* imperdoável
unforgivably [ʌnfəˈɡɪvəblɪ] *adv.* imperdoavelmente
unforgiven [ʌnfəˈɡɪvn] *adj.* não perdoado
unforgiving [ʌnfəˈɡɪvɪŋ] *adj.* 1 que não perdoa; 2 inexorável, implacável; 3 rancoroso
unforgivingly [ʌnfəˈɡɪvɪŋlɪ] *adv.* 1 implacavelmente, inexoravelmente; 2 rancorosamente
unforgivingness [ʌnfəˈɡɪvɪŋnɪs] *s.* 1 imparcialidade, inexorabilidade; 2 irreconciliabilidade
unforgotten [ʌnfəˈɡɒtn] *adj.* 1 não esquecido; 2 não olvidado
unformed [ʌnˈfɔːmd] *adj.* 1 informe, sem forma; 2 imaturo; 3 inculto ❖ ~ *ferment* fermento solúvel
unformulated [ʌnˈfɔːmjʊleɪtɪd] *adj.* não formulado; por formular
unfortifiable [ʌnˈfɔːtɪfaɪəbəl] *adj.* não fortificável
unfortified [ʌnˈfɔːtɪfaɪd] *adj.* não fortificado, sem fortificações
unfortunate [ʌnˈfɔːtʃnɪt] Ⓐ *adj.* 1 infeliz; despropositado; lamentável; *that was an* ~ *remark* isso foi uma observação infeliz; 2 desafortunado; sem sorte; *to be* ~ ter pouca sorte, ter azar Ⓑ *s.* desgraçado, infeliz, pessoa perseguida pela pouca sorte ❖ *how unfortunate!* que pena!, que chatice!

unfortunately [ʌnˈfɔːtʃnɪtlɪ] adv. 1 infelizmente; 2 lamentavelmente; 3 desgraçadamente
unfortunateness [ʌnˈfɔːtʃnɪtnɪs] s. 1 pouca sorte; 2 infelicidade; 3 desventura; 4 infortúnio; 5 malogro
unfounded [ʌnˈfaʊndɪd] adj. 1 infundado, sem fundamento; *an ~ rumour* um boato sem fundamento; 2 injustificado, sem razão
unfoundedly [ʌnˈfaʊndɪdlɪ] adv. 1 infundadamente; 2 injustificadamente
unframed [ʌnˈfreɪmd] adj. sem caixilho
unfreezable [ʌnˈfriːzəbəl] adj. que não congela
unfreeze [ʌnˈfriːz] Ⓐ v.tr. (prt. *unfroze*, part. pass. **unfrozen**) 1 descongelar; 2 COMÉRCIO (preços, salários, contas) descongelar, desbloquear Ⓑ v.intr. descongelar-se
unfreezing [ʌnˈfriːzɪŋ] s. descongelamento
un-French [ʌnˈfrentʃ] adj. 1 impróprio de um francês; 2 contrário à maneira de ser francesa
unfrequent [ʌnˈfriːkwənt] adj. pouco frequente
unfrequented [ˌʌnfrɪˈkwentɪd] adj. 1 pouco frequentado; 2 solitário, ermo; 3 afastado
unfrequently [ʌnˈfriːkwəntlɪ] adv. 1 pouco frequentemente; 2 raras vezes
unfriended [ʌnˈfrendɪd] adj. 1 desprotegido; 2 sem amigos
unfriendliness [ʌnˈfrendlɪnɪs] s. 1 indelicadeza; 2 falta de amizade; 3 frieza; 4 hostilidade
unfriendly [ʌnˈfrendlɪ] adj. 1 pouco amável, antipático, desagradável; 2 pouco amigo, impróprio de amigo; 3 hostil, agressivo; 4 desfavorável, adverso, não propício; 5 contrário
unfrock [ʌnˈfrɒk] v.tr. 1 tirar as ordens a (eclesiástico); despadrar; 2 destituir, desonrar
unfroze [ʌnˈfrəʊz] prt. de **to unfreeze**
unfrozen [ʌnˈfrəʊzn] part. pass. de **to unfreeze**
unfruitful [ʌnˈfruːtfʊl] adj. 1 infrutífero, improdutivo; 2 estéril, infrutuoso; 3 improfíquo; 4 inútil
unfruitfully [ʌnˈfruːtfʊlɪ] adv. 1 infrutiferamente, improdutivamente; 2 improfiquamente, inutilmente
unfruitfulness [ʌnˈfruːtfʊlnɪs] s. 1 improdutividade; 2 esterilidade; 3 infrutuosidade; 4 improficuidade; 5 inutilidade
unfulfilled [ˌʌnfʊlˈfɪld] adj. 1 (não realizado) frustrado; insatisfeito; *to feel ~* sentir-se frustrado, sentir-se insatisfeito; 2 (promessa) por cumprir; 3 (ambição, sonho) por realizar; 4 não satisfeito; *~ condition* condição que não foi satisfeita
unfulfilment [ˌʌnfʊlˈfɪlmənt] s. 1 não realização; incumprimento; 2 insatisfação, frustração
unfunded [ʌnˈfʌndɪd] adj. FINANÇAS não consolidado, flutuante; *~ debt* dívida flutuante
unfunny [ʌnˈfʌnɪ] adj. 1 pouco divertido, sem piada; 2 sério, grave
unfurl [ʌnˈfɜːl] Ⓐ v.tr.,intr. 1 desenrolar; 2 (vela, bandeira) desfraldar; 3 NÁUTICA desferrar, largar; 4 (guarda-chuva, tenda) abrir Ⓑ v.intr. 1 desenrolar-se; 2 desfraldar-se
unfurling [ʌnˈfɜːlɪŋ] s. acto de desfraldar (bandeira) ou desferrar (vela)
unfurnish [ʌnˈfɜːnɪʃ] v.tr. desmobilar, tirar a mobília
unfurnished [ʌnˈfɜːnɪʃt] adj. 1 desmobilado; 2 sem mobília; 3 desguarnecido; 4 desprovido (de meios, dinheiro, etc.)
unfurnishing [ʌnˈfɜːnɪʃɪŋ] s. acto de desmobilar
ungainliness [ʌnˈgeɪnlɪnɪs] s. 1 acanhamento, embaraço; 2 ar ou aspecto desajeitado
ungainly [ʌnˈgeɪnlɪ] adj. desajeitado, desgracioso, deselegante
ungainsayable [ˌʌngeɪnˈseɪəbəl] adj. 1 irrefutável, incontestável; 2 que não se pode impugnar
ungallant [ʌnˈgælənt] adj. 1 medroso; 2 pouco corajoso; 3 covarde
ungarbled [ʌnˈgɑːbəld] adj. 1 (texto) completo, integral; 2 exacto, verdadeiro
ungarnered [ʌnˈgɑːnəd] adj. não recolhido no celeiro
ungarnished [ʌnˈgɑːnɪʃt] adj. 1 sem ornamentos, sem enfeites; 2 desataviado; 3 simples
ungarrisoned [ʌnˈgærɪsənd] adj. sem guarnição militar
ungear [ʌnˈgɪə] v.tr. 1 desembraiar, desengatar; 2 desengrenar
ungeared [ʌnˈgɪəd] adj. 1 desembraiado, desengatado; 2 sem engrenagens

ungenerous [ʌnˈdʒenərəs] adj. 1 mesquinho, pouco generoso, pouco magnânimo; 2 avaro
ungenerously [ʌnˈdʒenərəslɪ] adv. 1 mesquinhamente, pouco generosamente, pouco magnanimamente; 2 avaramente
ungenteel [ˌʌndʒenˈtiːl] adj. 1 pouco fino, pouco elegante; 2 pouco conveniente; 3 que não é de bom tom
ungentle [ʌnˈdʒentl] adj. 1 ríspido, duro, brusco; 2 violento; 3 indelicado, descortês
ungentlemanlike [ʌnˈdʒentlmənlaɪk] adj. 1 impróprio de um homem educado; 2 incorrecto; 3 indigno de cavalheiro; 4 indelicado; 5 vulgar
ungentlemanliness [ʌnˈdʒentlmənlɪnɪs] s. 1 incorrecção; 2 comportamento indelicado; 3 atitude imprópria de um cavalheiro
ungentlemanly [ʌnˈdʒentlmənlɪ] adj. ⇒ **ungentlemanlike**
ungentleness [ʌnˈdʒentlnɪs] s. 1 rispidez, dureza, brusquidão; 2 descortesia, grosseria, indelicadeza
ungently [ʌnˈdʒentlɪ] adv. 1 rispidamente; 2 com dureza; 3 com brusquidão; 4 grosseiramente, indelicadamente
ungeometrical [ˌʌndʒɪəˈmetrɪkəl] adj. contrário às regras da geometria
ungetable [ʌnˈgetəbəl] adj. inacessível
ungettable [ʌnˈgetəbəl] adj. inacessível
ungird [ʌnˈgɜːd] v.tr. 1 tirar a cinta a; 2 (cinto) desapertar, desafivelar ❖ *to ~ oneself for* preparar-se para; dispor-se para
ungirded [ʌnˈgɜːdɪd] adj. ⇒ **ungirt**²
ungirt¹ [ʌnˈgɜːt] v.tr. desaparelhar (cavalo)
ungirt² [ˈʌngɜːt] adj. 1 sem cinto, sem cinta; 2 desapertado; 3 desafivelado; 4 não preparado
unglaze [ʌnˈgleɪz] v.tr. deslustrar (papel)
unglazed [ʌnˈgleɪzd] adj. 1 (janela, porta) sem vidros, sem vidraças; 2 (barro) não vidrado; 3 (fotografia, papel) mate, sem lustro; 4 (bolo) sem cobertura
unglove [ʌnˈglʌv] v.tr. 1 tirar a luva de; 2 desenluvar
ungloved [ʌnˈglʌvd] adj. sem luvas
unglue [ʌnˈgluː] v.tr.,intr. descolar, descolar-se
ungodliness [ʌnˈgɒdlɪnɪs] s. 1 impiedade; 2 incredulidade
ungodly [ʌnˈgɒdlɪ] adj. 1 ímpio; pecaminoso; 2 diabólico ❖ [coloq.] *at an ~ hour* tarde e a más horas
ungotten [ʌnˈgɒtn] adj. não conseguido, não obtido
ungovernable [ʌnˈgʌvənəbəl] adj. 1 indisciplinado; 2 insubmisso; 3 incontrolável; 4 indócil, bravio; 5 que não se pode governar, ingovernável; 6 irresistível, descomedido
ungovernableness [ʌnˈgʌvənəblnɪs] s. 1 ingovernabilidade; descontrolo; 2 insubmissão, rebeldia; 3 indocilidade
ungovernably [ʌnˈgʌvənəblɪ] adv. 1 indisciplinadamente, insubmissamente; 2 incontrolavelmente; 3 irresistivelmente, descomedidamente
ungoverned [ʌnˈgʌvənd] adj. 1 sem governo; 2 insubordinado; 3 descontrolado, irresistível, desordenado
ungraced [ʌnˈgreɪst] adj. sem graça, desgracioso ❖ *~ with* desprovido de
ungraceful [ʌnˈgreɪsfʊl] adj. 1 desgracioso, deselegante; 2 desajeitado
ungracefully [ʌnˈgreɪsfʊlɪ] adv. 1 desgraciosamente, deselegantemente; 2 desajeitadamente
ungracefulness [ʌnˈgreɪsfʊlnɪs] s. falta de graça, falta de elegância
ungracious [ʌnˈgreɪʃəs] adj. 1 desagradável, displicente; 2 desgracioso, pouco atraente; 3 indelicado, rude, descortês
ungraciously [ʌnˈgreɪʃəslɪ] adv. 1 desgraciosamente; 2 de modo pouco agradável; 3 indelicadamente
ungraciousness [ʌnˈgreɪʃəsnɪs] s. indelicadeza, rudeza, descortesia
ungraduated [ʌnˈgrædʒʊeɪtɪd] adj. 1 sem grau universitário; 2 não graduado
ungrammatical [ˌʌngrəˈmætɪkəl] adj. LINGUÍSTICA agramatical, antigramatical, contrário às regras da gramática
ungrammatically [ˌʌngrəˈmætɪkəlɪ] adv. de maneira antigramatical; de modo contrário às regras da gramática
ungrantable [ʌnˈgrɑːntəbəl] adj. 1 que não pode conceder-se; 2 que não pode autorizar-se

ungrateful [ʌnˈgreɪtfʊl] *adj.* 1 (pessoa) ingrato; *to show oneself ~ to sb* mostrar-se ingrato para com alguém; 2 desagradável, ingrato; *~ task* tarefa ingrata; 3 estéril, improdutivo, infecundo, infrutífero ❖ *to be ~ for sth* não se mostrar agradecido por algo

ungratefully [ʌnˈgreɪtfʊlɪ] *adv.* ingratamente, com ingratidão

ungratefulness [ʌnˈgreɪtfʊlnɪs] *s.* ingratidão

ungratified [ʌnˈgrætɪfaɪd] *adj.* 1 não satisfeito; 2 indeferido; 3 descontente

ungreased [ʌnˈgriːzd] *adj.* não lubrificado, por lubrificar

ungrounded [ʌnˈgraʊndɪd] *adj.* 1 infundado, sem fundamento; 2 sem instrução; sem conhecimento [**in**, de]; 3 não ligado à terra

ungrudging [ʌnˈgrʌdʒɪŋ] *adj.* 1 dado de bom grado; 2 sem reservas; 3 generoso, liberal

ungrudgingly [ʌnˈgrʌdʒɪŋlɪ] *adv.* 1 de bom grado; 2 generosamente, com liberalidade

ungual [ˈʌŋgwəl] *adj.* ANATOMIA ungual, ungueal, unguial

unguarded [ʌnˈgɑːdɪd] *adj.* 1 (lugar) sem vigilância; sem protecção; 2 de descuido; de distracção; *in an ~ moment* num momento de descuido; 3 (comentário) franco; 4 imprudente, irreflectido; 5 (máquina) sem dispositivo protector, sem protecção

unguardedly [ʌnˈgɑːdɪdlɪ] *adv.* 1 irreflectidamente; 2 descuidadamente

unguardedness [ʌnˈgɑːdɪdnɪs] *s.* 1 irreflexão, descuido, inadvertência; 2 falta de atenção

unguent [ˈʌŋgwənt] *s.* unguento

unguessable [ʌnˈgesəbəl] *adj.* que não se pode adivinhar

unguessed [ʌnˈgest] *adj.* não adivinhado

unguiculate [ʌŋˈgwɪkjʊlɪt] *adj.* unguiculado

unguiculated [ʌŋˈgwɪkjʊleɪtɪd] *adj.* ⇒ **unguiculate**

unguided [ʌnˈgaɪdɪd] *adj.* sem guia

unguiferous [ʌnˈgwɪfərəs] *adj.* unguífero

unguiform [ˈʌŋgwɪfɔːm] *adj.* unguiforme

unguis [ˈʌŋgwɪs] *s.* (*pl.* **-es**) 1 BOTÂNICA, ZOOLOGIA unha; 2 ANATOMIA únguis, ungula, lacrimal, osso lacrimal

ungula [ˈʌŋgjʊlə] *s.* (*pl.* **-ae**) 1 ZOOLOGIA unha; 2 GEOMETRIA tronco de cone

ungulata [ʌŋgjʊˈleɪtə] *s.pl.* ZOOLOGIA ungulados

ungulate [ˈʌŋgjʊlɪt, ˈʌŋgjʊleɪt] *adj.,s.* ZOOLOGIA ungulado

ungum [ʌnˈgʌm] *v.tr.* (*particípios:* **-mm-**) descolar

ungumming [ʌnˈgʌmɪŋ] *s.* descolagem

unhackneyed [ʌnˈhæknɪd] *adj.* original, novo, inovador

unhaft [ʌnˈhɑːft] *v.tr.* desencabar (ferramenta)

unhair [ʌnˈheə] *v.tr.* [arc.] tirar o pêlo a, depilar

unhairing [ʌnˈheərɪŋ] *s.* [arc.] acto de tirar o pêlo a, depilação

unhallowed [ʌnˈhæləʊd] *adj.* 1 profano, não consagrado; 2 ímpio

unhampered [ʌnˈhæmpəd] *adj.* sem estorvos; livre [**by**, de]

unhand [ʌnˈhænd] *v.tr.* deixar, soltar, largar

unhandily [ʌnˈhændɪlɪ] *adv.* desajeitadamente, de maneira desajeitada

unhandiness [ʌnˈhændɪnɪs] *s.* 1 falta de jeito; 2 inaptidão, dificuldade no manejo

unhandled [ʌnˈhændəld] *adj.* 1 não tocado pelas mãos; 2 (cavalo) não domado; 3 (ferramenta) sem cabo

unhandselled [ʌnˈhænsəld] *adj.* (floresta) virgem

unhandsome [ʌnˈhænsəm] *adj.* 1 feio, desgracioso, deselegante; 2 mesquinho, pouco generoso; 3 descortês, inconveniente, indelicado; 4 grosseiro

unhandsomeness [ʌnˈhænsəmnɪs] *s.* 1 deselegância, falta de beleza, fealdade; 2 desgraciosidade; 3 falta de generosidade; 4 descortesia, indelicadeza, grosseria

unhandy [ʌnˈhændɪ] *adj.* 1 desajeitado, maljeitoso; 2 incómodo, difícil de manejar

unhang [ʌnˈhæŋ] *v.tr.* (*prt. e part. pass.* **unhung**) 1 despendurar; 2 NÁUTICA (leme) desmontar; *to ~ the rudder* desmontar a cana do leme; 3 (portão) apear

unhanged [ʌnˈhæŋd] *adj.* que não foi enforcado; *the greatest ~* o maior malandro que escapou à forca

unhappily [ʌnˈhæpɪlɪ] *adv.* infelizmente, desditosamente, malfadadamente, tristemente, de modo infeliz

unhappiness [ʌnˈhæpɪnɪs] *s.* infelicidade, desdita, infortúnio, desventura

unhappy [ʌnˈhæpɪ] *adj.* (*comp.* **-ier**, *superl.* **-iest**) 1 (triste, pouco apropriado) infeliz; 2 desditoso, desventurado, com pouca sorte, malfadado; 3 descontente [**with**, com]; *to be ~ with sth* não estar satisfeito com algo; 4 aziago; *in an ~ hour* em hora aziaga; 5 lamentável ❖ *to make sb ~* causar desgostos a alguém; ser a causa da infelicidade de alguém

unhardened [ʌnˈhɑːdənd] *adj.* (aço) não temperado

unharmed [ʌnˈhɑːmd] *adj.* indemne, incólume, ileso, são e salvo

unharmonious [ʌnhɑːˈməʊnɪəs] *adj.* pouco harmonioso

unharmoniously [ʌnhɑːˈməʊnɪəslɪ] *adv.* pouco harmoniosamente

unharness [ʌnˈhɑːnɪs] *v.tr.* 1 desaparelhar, desarrear, desatrelar (cavalo); 2 libertar da armadura (cavaleiro)

unharnessing [ʌnˈhɑːnɪsɪŋ] *s.* acto de desaparelhar ou de tirar os arreios

unharvested [ʌnˈhɑːvɪstɪd] *adj.* 1 por ceifar; 2 por colher

unhat [ʌnˈhæt] *v.intr.* (*particípios:* **-tt-**) tirar o chapéu

unhatched [ʌnˈhætʃt] *adj.* (ovo) não incubado

unhatted [ʌnˈhætɪd] *adj.* sem chapéu

UNHCR [*abrev. de* United Nations High Commission for Refugees] ACNUR

unhealed [ʌnˈhiːld] *adj.* 1 por curar; 2 por cicatrizar

unhealthful [ʌnˈhelθfʊl] *adj.* não saudável, insalubre

unhealthfully [ʌnˈhelθfʊlɪ] *adv.* de maneira insalubre

unhealthfulness [ʌnˈhelθfʊlnɪs] *s.* insalubridade

unhealthiness [ʌnˈhelθɪnɪs] *s.* 1 insalubridade; 2 falta de saúde, estado doentio

unhealthy [ʌnˈhelθɪ] *adj.* 1 doentio, pouco saudável, que faz mal; 2 (lugar) insalubre; 3 (pessoa) adoentado, enfermiço; 4 mórbido; *~ curiosity* curiosidade mórbida

unheard [ʌnˈhɜːd] *adj.* 1 não ouvido; *to condemn sb ~* condenar alguém sem o ouvir primeiro; 2 não percebido; 3 desconhecido ❖ *~ of* sem precedentes; inaudito; *to go ~* ser ignorado

unheated [ʌnˈhiːtɪd] *adj.* 1 sem aquecimento; 2 não aquecido

unheeded [ʌnˈhiːdɪd] *adj.* 1 a que não se prestou atenção; 2 despercebido

unheedful [ʌnˈhiːdfʊl] *adj.* descuidado, precipitado, negligente, imprudente

unheeding [ʌnˈhiːdɪŋ] *adj.* 1 descuidado, negligente; 2 distraído; 3 indiferente [**of**, a]; 4 sem prestar atenção [**of**, a]

unhelped [ʌnˈhelpt] *adj.* 1 sem auxílio, sem ajuda; 2 sem socorro; 3 (à mesa) por servir

unhelpful [ʌnˈhelpfʊl] *adj.* 1 inútil, que nada resolve; 2 vão; 3 (pessoa) pouco prestável

unheralded [ʌnˈherəldɪd] *adj.* 1 não anunciado; 2 sem ser proclamado; 3 inesperado

unheroic [ʌnhɪˈrəʊɪk] *adj.* 1 pusilânime; 2 não heróico

unheroically [ʌnhɪˈrəʊɪkəlɪ] *adv.* 1 pouco heroicamente; 2 de maneira pusilânime

unhesitating [ʌnˈhezɪteɪtɪŋ] *adj.* 1 sem hesitar; 2 decidido, resoluto, firme, pronto; 3 que não vacila

unhesitatingly [ʌnˈhezɪteɪtɪŋlɪ] *adv.* sem hesitação, com decisão, resolutamente, com firmeza, sem vacilar

unhewn [ʌnˈhjuːn] *adj.* 1 por trabalhar; 2 em bruto; 3 tosco

unhindered [ʌnˈhɪndəd] *adj.* 1 sem impedimento; 2 livre

unhinge [ʌnˈhɪndʒ] *v.tr.* 1 desengonçar, tirar dos gonzos; deslocar; *to ~ a door* tirar uma porta dos gonzos; 2 (mentalmente) desvairar, perturbar, transtornar

unhinged [ʌnˈhɪndʒd] *adj.* 1 (porta) fora dos gonzos; 2 (pessoa) desvairado, perturbado, transtornado; *her mind is ~* ela está transtornada do juízo

unhinging [ʌnˈhɪndʒɪŋ] *s.* perturbação, transtorno (do espírito)

unhistorical [ʌnhɪsˈtɒrɪkəl] *adj.* 1 não histórico; 2 anti-histórico; 3 lendário

unhitch [ʌnˈhɪtʃ] *v.tr.* 1 desprender, soltar, desenganchar; 2 desatrelar (cavalo)

unhitching [ʌnˈhɪtʃɪŋ] *s.* 1 desprendimento, libertação; 2 desatrelamento

unholily [ʌnˈhəʊlɪlɪ] *adv.* 1 profanamente; 2 impiamente; 3 maldosamente

unholiness [ʌnˈhəʊlɪnɪs] *s.* 1 carácter profano; 2 impiedade

unholy [ʌnˈhəʊlɪ] adj. 1 profano; ímpio; pecaminoso; irreligioso; 2 [coloq.] terrível; enorme, tremendo; *to kick up an ~ row* fazer um barulho dos diabos

unhonoured [ʌnˈɒnəd] adj. 1 sem honras; 2 desprezado

unhood [ʌnˈhʊd] v.tr. 1 descobrir, tirar o capuz a; 2 tirar o caparão a (falcão)

unhook [ʌnˈhʊk] v.tr.,intr. 1 desengatar, desengatar-se; 2 desenganchar, desenganchar-se; 3 desprender, desprender-se; 4 desacolchetar, desacolchetar-se

unhoop [ʌnˈhuːp] v.tr. tirar os arcos

unhoped for [ʌnˈhəʊptfɔː] adj. inesperado

unhorse [ʌnˈhɔːs] v.tr. 1 cuspir do cavalo, cuspir da sela; 2 (cavaleiro) desmontar; 3 desatrelar

unhouse [ʌnˈhaʊz] v.tr. 1 desalojar; 2 fazer sair da casa; 3 privar de casa

unhoused [ʌnˈhaʊzd] adj. sem casa, sem alojamento, sem abrigo

unhouseled [ʌnˈhaʊzəld] adj. 1 [arc.] que não recebeu a eucaristia; 2 não sacramentado

unhurried [ʌnˈhʌrɪd] adj. 1 pausado, lento; 2 tranquilo; 3 sem pressas; 4 descontraído

unhurriedly [ʌnˈhʌrɪdlɪ] adv. 1 sem pressas; 2 pausadamente; lentamente; 3 tranquilamente; 4 com descontracção

unhurt [ʌnˈhɜːt] adj. 1 ileso, indemne; 2 sem ferimentos; 3 são e salvo, incólume

unhusk [ʌnˈhʌsk] v.tr. 1 tirar a casca a, descascar; 2 debulhar, desbulhar

unhygienic [ˌʌnhaɪˈdʒiːnɪk] adj. não higiénico

uniangulate [juːnɪˈæŋɡjʊlɪt] adj. BOTÂNICA uniangular

Uniat [ˈjuːnɪæt] s. RELIGIÃO uniata, cristão grego que reconhece a autoridade do Papa, embora conservando a sua própria liturgia

Uniate [ˈjuːnɪɪt] s. ⇒ **Uniat**

uniaxial [juːnɪˈæksɪəl] adj. uniaxial, monoaxial

unicameral [juːnɪˈkæmərəl] adj. unicameral, com uma só câmara legislativa

unicapsular [juːnɪˈkæpsjʊlə] adj. BOTÂNICA unicapsular

UNICEF [abrev. de United Nations Children's Fund]

unicellular [juːnɪˈseljʊlə] adj. unicelular

unicolor [juːnɪˈkʌlə] adj. unicolor

unicolorous [juːnɪˈkʌlərəs] adj. ⇒ **unicolor**

unicoloured [juːnɪˈkʌləd] adj. ⇒ **unicolor**

unicorn [ˈjuːnɪkɔːn] Ⓐ adj. unicorne, unicórnio, com um só corno ou ponta Ⓑ s. 1 MITOLOGIA unicórnio, licorne; 2 [coloq.] grupo de três cavalos, dois atrás e um à frente, a puxar um carro ❖ ZOOLOGIA *~ fish/ ~ whale/sea ~* unicorne-do-mar; narval

unicornous [juːnɪˈkɔːnəs] adj. unicorne

unicostate [juːnɪˈkɒsteɪt] adj. BOTÂNICA uninervado

unicuspid [juːnɪˈkʌspɪd] adj. unicúspide, unicúspido

unideal [ˌʌnaɪˈdɪəl] adj. não ideal

unidentified [ˌʌnaɪˈdentɪfaɪd] adj. não identificado

unidimensional [juːnɪdaɪˈmenʃənəl, juːnɪdɪˈmenʃənəl] adj. unidimensional

unidiomatic [ˌʌnɪdɪəˈmætɪk] adj. não idiomático

unidiomatically [ˌʌnɪdɪəˈmætɪkəlɪ] adv. não idiomaticamente

unidirectional [juːnɪdɪˈrekʃənəl] adj. 1 unidireccional; *~ aerial* antena unidireccional; 2 ELECTRICIDADE (corrente) contínuo

UNIDO [abrev. de United Nations Industrial Development Organization] ONUDI

unification [juːnɪfɪˈkeɪʃən] s. unificação

unified [ˈjuːnɪfaɪd] adj. unificado

unifilar [juːnɪˈfaɪlə] adj. unifilar; *~ suspension* suspensão unifilar

uniflorous [juːnɪˈflɔːrəs] adj. BOTÂNICA unifloro

unifoliate [juːnɪˈfəʊlɪɪt] adj. BOTÂNICA unifoliado

uniform [ˈjuːnɪfɔːm] Ⓐ s. uniforme; farda; fardamento; *in ~* de uniforme, fardado; *out of ~* à paisana; *field service ~* uniforme de campanha; *full-dress ~* uniforme de gala Ⓑ adj. 1 uniforme; *~ acceleration* aceleração uniforme; *~ flow* circulação uniforme; *~ movement/~ motion* movimento uniforme; *to keep at a ~ temperature* conservar a uma temperatura uniforme; 2 igual; 3 regular, constante; *~ surface* superfície regular; 4 homogéneo ❖ (endereço de site na Internet) *~ resource locator* URL; *to make ~* uniformizar; homogeneizar

uniformed [ˈjuːnɪfɔːmd] adj. de uniforme

uniformitarian [juːnɪfɔːmɪˈtɛərɪən] s. uniformitarista

uniformitarianism [juːnɪfɔːmɪˈtɛərɪənɪzəm] s. uniformitarismo

uniformity [juːnɪˈfɔːmɪtɪ] s. uniformidade; homogeneidade; *~ of the material* homogeneidade do material ❖ BIOLOGIA, FÍSICA, GEOLOGIA, QUÍMICA *doctrine of ~* uniformismo; uniformitarismo

uniformly [ˈjuːnɪfɔːmlɪ] adv. uniformemente; *~ accelerated motion* movimento uniformemente acelerado; *~ distributed load* carga uniformemente distribuída; *~ retarded motion* movimento uniformemente retardado

unify [ˈjuːnɪfaɪ] v.tr. 1 unificar; 2 dar unidade a; 3 uniformizar

unijugate [juːnɪˈdʒuːɡɪt] adj. BOTÂNICA unijugado

unilabiate [juːnɪˈleɪbɪɪt] adj. BOTÂNICA unilabiado

unilateral [juːnɪˈlætərəl] adj. unilateral; *~ contract* contrato unilateral; *~ polarization* polarização unilateral; *~ repudiation of a treaty* repúdio unilateral de um tratado

unilateralist [juːnɪˈlætərəlɪst] s. defensor de uma política unilateral

unilaterally [juːnɪˈlætərəlɪ] adv. unilateralmente

unilingual [juːnɪˈlɪŋɡwəl] adj. unilingue

unilluminated [ˌʌnɪˈluːmɪneɪtɪd] adj. 1 não iluminado; 2 escuro; 3 pouco inspirado

unilluminating [ˌʌnɪˈluːmɪneɪtɪŋ] adj. 1 pouco esclarecedor, pouco claro; 2 sem ideias

unillustrated [ʌnˈɪləstreɪtɪd] adj. 1 sem imagens, sem ilustrações; 2 sem exemplos

unillustrious [ˌʌnɪˈlʌstrɪəs] adj. 1 ignorado, desconhecido; 2 pouco ilustre

unilobate [juːnɪˈləʊbeɪt] adj. unilobado, que só tem um lobo

unilocular [juːnɪˈlɒkjʊlə] adj. BOTÂNICA unilocular, que só tem um lóculo

unilocularity [juːnɪlɒkjʊˈlærɪtɪ] s. BOTÂNICA unilocularidade

uniloculate [juːnɪˈlɒkjʊlɪt] adj. ⇒ **unilocular**

unimaginable [ˌʌnɪˈmædʒɪnəbəl] adj. inconcebível, inimaginável

unimaginably [ˌʌnɪˈmædʒɪnəblɪ] adv. imaginavelmente, extraordinariamente, incrivelmente, surpreendentemente

unimaginative [ˌʌnɪˈmædʒɪnətɪv] adj. 1 sem imaginação, desprovido de imaginação; 2 prosaico

unimaginatively [ˌʌnɪˈmædʒɪnətɪvlɪ] adv. 1 sem imaginação; 2 prosaicamente

unimaginativeness [ˌʌnɪˈmædʒɪnətɪvnɪs] s. falta de imaginação

unimagined [ˌʌnɪˈmædʒɪnd] adj. não imaginado

unimpaired [ˌʌnɪmˈpeəd] adj. 1 forte; inabalável; não enfraquecido; 2 intacto; ileso; 3 (saúde) inalterado; *with faculties ~* na posse de todas as suas faculdades ❖ *to be ~ by sth* não se deixar afectar por algo

unimpassioned [ˌʌnɪmˈpæʃənd] adj. calmo, frio, sem paixão

unimpeachable [ˌʌnɪmˈpiːtʃəbəl] adj. 1 inatacável, incontestável, indiscutível; *~ honesty* honestidade indiscutível; 2 (carácter, reputação, etc.) irrepreensível

unimpeachableness [ˌʌnɪmˈpiːtʃəblnɪs] s. incontestabilidade, indiscutibilidade

unimpeachably [ˌʌnɪmˈpiːtʃəblɪ] adv. inatacavelmente, indiscutivelmente, incontestavelmente

unimpeached [ˌʌnɪmˈpiːtʃt] adj. 1 inatacado, incontestado; 2 que não é posto em dúvida

unimpeded [ˌʌnɪmˈpiːdɪd] adj. 1 não impedido, sem impedimentos, sem entraves; 2 livre

unimportance [ˌʌnɪmˈpɔːtəns] s. 1 insignificância, trivialidade; 2 pouca importância

unimportant [ˌʌnɪmˈpɔːtənt] adj. insignificante, trivial, sem importância, banal

unimposing [ˌʌnɪmˈpəʊzɪŋ] adj. 1 pouco imponente; 2 simples, modesto

unimpoverished [ˌʌnɪmˈpɒvərɪʃt] adj. não empobrecido

unimpregnated [ˌʌnɪmˈpreɡneɪtɪd] adj. 1 não impregnado; 2 não fecundado

unimpressed [ˌʌnɪmˈprest] adj. 1 pouco impressionado; 2 pouco convencido; 3 não gravado

unimpressionable [ˌʌnɪmˈpreʃnəbəl] adj. 1 não impressionável; 2 calmo; 3 frio

unimpressive [ˌʌnɪmˈpresɪv] adj. 1 que não impressiona; 2 banal, corriqueiro; 3 pouco convincente; 4 sem brilho, incolor

unimpressively [ˌʌnɪmˈpresɪvlɪ] adv. 1 de modo pouco impressionante; 2 de forma corriqueira; 3 sem convencer; 4 sem brilho
unimprovable [ˌʌnɪmˈpruːvəbəl] adj. que não é susceptível de aperfeiçoamento ou melhoria
unimproved [ˌʌnɪmˈpruːvd] adj. 1 não aperfeiçoado, não melhorado; 2 (saúde) sem melhoras; 3 desaproveitado; *to leave sth* ~ não tirar partido de alguma coisa
unimpugnable [ˌʌnɪmˈpjuːnəbəl] adj. 1 não impugnável; 2 inatacável
unimpugned [ˌʌnɪmˈpjuːnd] adj. incontestado
unimpulsive [ˌʌnɪmˈpʌlsɪv] adj. que não é impulsivo
unindexed [ʌnˈɪndekst] adj. sem índice
uninfected [ˌʌnɪnˈfektɪd] adj. 1 não infectado; 2 não contagiado; 3 não corrompido
uninflammability [ˌʌnɪnflæməˈbɪlɪtɪ] s. ininflamabilidade
uninflammable [ˌʌnɪnˈflæməbəl] adj. ininflamável, incombustível
uninflated [ˌʌnɪnˈfleɪtɪd] adj. (pneu) vazio, esvaziado
uninflected [ˌʌnɪnˈflektɪd] adj. 1 sem desinência, sem flexão; 2 não flexivo
uninfluenced [ʌnˈɪnfluənst] adj. não influenciado, livre de qualquer influência
uninfluential [ˌʌnɪnfluˈenʃəl] adj. sem influência, pouco influente
uninformative [ˌʌnɪnˈfɔːmətɪv] adj. 1 pouco informativo; 2 pouco esclarecedor, pouco elucidativo; 3 pouco interessante, inútil
uninformed [ˌʌnɪnˈfɔːmd] Ⓐ adj. 1 mal informado; não informado; *to be* ~ *of* não ter sido informado de; 2 desconhecedor, ignorante, inculto Ⓑ s.pl. *the* ~ os leigos, os profanos, os não iniciados
uninhabitable [ˌʌnɪnˈhæbɪtəbəl] adj. inabitável
uninhabited [ˌʌnɪnˈhæbɪtɪd] adj. 1 inabitado; 2 desabitado; 3 deserto
uninhibited [ˌʌnɪnˈhɪbɪtɪd] adj. 1 desinibido, descomplexado; 2 (impulso) não reprimido, não refreado
uninhibitedly [ˌʌnɪnˈhɪbɪtɪdlɪ] adv. 1 desinibidamente, descomplexadamente; 2 sem constrangimentos
uninhibitedness [ˌʌnɪnˈhɪbɪtɪdnəs] s. desinibição
uninitiated [ˌʌnɪˈnɪʃɪeɪtɪd] Ⓐ adj. 1 não iniciado; 2 leigo, profano Ⓑ s.pl. *the* ~ não iniciados; leigos, profanos
uninjured [ʌnˈɪndʒəd] adj. 1 sem ferimentos; ileso, incólume; intacto; são e salvo; *to escape* ~ escapar são e salvo
uninjurious [ˌʌnɪnˈdʒʊərɪəs] adj. 1 inofensivo; 2 que não é prejudicial
uninominal [ˌjuːnɪˈnɒmɪnəl] adj. uninominal; relativo a um nome só
uninquisitive [ˌʌnɪnˈkwɪzɪtɪv] adj. que não é curioso
uninquisitively [ˌʌnɪnˈkwɪzɪtɪvlɪ] adv. sem grande curiosidade
uninspired [ˌʌnɪnˈspaɪəd] adj. 1 não inspirado, sem inspiração; 2 vulgar, trivial, banal; 3 insípido
uninspiring [ˌʌnɪnˈspaɪərɪŋ] adj. 1 pouco inspirador, pouco estimulante; 2 sem inspiração
uninstall [ˌʌnɪnˈstɔːl] v.tr. INFORMÁTICA desinstalar
uninstructed [ˌʌnɪnˈstrʌktɪd] adj. 1 ignorante, inculto, sem instrução; *to be* ~ *in* ser ignorante em; 2 sem instruções
uninsulated [ʌnˈɪnsjʊleɪtɪd] adj. ELECTRICIDADE não isolado; ~ *wire* fio não isolado
uninsurable [ˌʌnɪnˈʃʊərəbəl] adj. que não pode pôr-se no seguro
uninsured [ˌʌnɪnˈʃʊəd] adj. que não está no seguro, que não foi posto no seguro
unintellectual [ˌʌnɪntrɪˈlektʃʊəl] adj. não intelectual, pouco intelectual
unintelligence [ˌʌnɪnˈtelɪdʒəns] s. 1 falta de inteligência, limitação de espírito; 2 estupidez
unintelligent [ˌʌnɪnˈtelɪdʒənt] adj. 1 pouco inteligente; 2 espírito limitado; 3 estúpido; 4 ignorante
unintelligently [ˌʌnɪnˈtelɪdʒəntlɪ] adv. 1 pouco inteligentemente; 2 com limitação de espírito; 3 estupidamente; 4 ignorantemente
unintelligibility [ˌʌnɪntelɪdʒəˈbɪlɪtɪ] s. ininteligibilidade
unintelligible [ˌʌnɪnˈtelɪdʒəbəl] adj. ininteligível
unintelligibleness [ˌʌnɪnˈtelɪdʒəblnɪs] s. ⇒ **unintelligibility**
unintelligibly [ˌʌnɪnˈtelɪdʒəblɪ] adv. ininteligivelmente, de modo pouco inteligível
unintended [ˌʌnɪnˈtendɪd] adj. não intencional
unintentional [ˌʌnɪnˈtenʃənəl] adj. involuntário, não intencional, não propositado
unintentionally [ˌʌnɪnˈtenʃnəlɪ] adv. 1 involuntariamente; 2 não intencionalmente, não propositadamente
uninterested [ʌnˈɪntrɪstɪd] adj. desinteressado, indiferente
uninteresting [ʌnˈɪntrɪstɪŋ, ʌnˈɪntərestɪŋ] adj. desinteressante, sem interesse
unintermitting [ˌʌnɪntəˈmɪtɪŋ] adj. contínuo, ininterrupto, sem intermitências, sem interrupções
unintermittingly [ˌʌnɪntəˈmɪtɪŋlɪ] adv. 1 continuamente, ininterruptamente; 2 sem cessar
uninterpretable [ˌʌnɪnˈtɜːprɪtəbəl] adj. que não pode interpretar-se
uninterpreted [ˌʌnɪnˈtɜːprɪtɪd] adj. não interpretado
uninterred [ˌʌnɪnˈtɜːd] adj. 1 não enterrado; 2 insepulto
uninterrupted [ˌʌnɪntəˈrʌptɪd] adj. ininterrupto; contínuo; ~ *motion* movimento contínuo
uninterruptedly [ˌʌnɪntəˈrʌptɪdlɪ] adv. ininterruptamente, continuamente, incessantemente
unintoxicating [ˌʌnɪnˈtɒksɪkeɪtɪŋ] adj. 1 não embriagante; 2 não alcoólico
uninuclear [ˌjuːnɪˈnjuːklɪə] adj. BIOLOGIA mononuclear
uninured [ˌʌnɪˈnjʊəd] adj. não habituado, não acostumado [to, a]
uninvaded [ˌʌnɪnˈveɪdɪd] adj. não invadido
uninventive [ˌʌnɪnˈventɪv] adj. 1 pouco inventivo, pouco imaginativo; 2 pouco original; 3 banal, já gasto*fig*
uninvested [ˌʌnɪnˈvestɪd] adj. 1 FINANÇAS não investido, não aplicado; 2 MILITAR não atacado
uninvited [ˌʌnɪnˈvaɪtɪd] adj. 1 não convidado, sem convite; 2 não solicitado; 3 mal recebido
uninviting [ˌʌnɪnˈvaɪtɪŋ] adj. 1 pouco convidativo; 2 pouco atraente; 3 pouco apetecível
unio [ˈjuːnjəʊ] s. (pl. **unios** ou **uniones**) ZOOLOGIA único
union [ˈjuːnjən] s. 1 (geral) união; ~ *is strength* a união faz a força; 2 casamento, matrimónio, enlace; *a happy* ~ um casamento feliz; 3 liga, associação, combinação; 4 (organização) coligação, federação, confederação; 5 (trabalho) sindicato; 6 (canos) junção, junta, ligação; 7 soldadura; 8 harmonia, concórdia, acordo; *they lived together in perfect* ~ viveram juntos em perfeita harmonia; 9 parte de bandeira com emblema de união ou confederação; ~ *down* bandeira a meia haste; 10 asilo; hospício; *to die in the* ~ morrer no hospício, morrer no hospital; *to go into the* ~ ir para um asilo; 11 tecido de algodão misturado com linho, seda ou juta; 12 tina ou cuba funda para clarificação da cerveja ❖ ~ *body* peça de ligação; ~ *dues* cotas do sindicato; ~ *joint* junta de ligação; ~ *regulations* regulamentos sindicais; [ant.] (operário, aviador, etc.) ~ *suit* fato-macaco; *customs* ~ união aduaneira; *Universal Postal Union* União Postal Universal; *the Union* os Estados Unidos; o Reino Unido; *the Union Jack* bandeira do Reino Unido
unionisation [ˌjuːnjənaɪˈzeɪʃən] s. sindicalização de todos os trabalhadores de uma empresa
unionism [ˈjuːnjənɪzəm] s. POLÍTICA unionismo, sindicalismo
unionist [ˈjuːnjənɪst] adj.,s. 1 POLÍTICA unionista; 2 membro de um sindicato; trabalhador sindicalizado; 3 [EUA] indivíduo que, durante a guerra civil, era contrário à secessão; 4 HISTÓRIA partidário da união entre a Inglaterra e a Irlanda ❖ *militant* ~ sindicalista
unionistic [ˌjuːnjəˈnɪstɪk] adj. 1 unionista; 2 sindicalista
unionize [ˈjuːnjənaɪz] v.tr. confederar, integrar numa união, sindicalizar
uniovular [ˌjuːnɪˈɒvjʊlə] adj. ⇒ **uniovulate**
uniovulate [ˌjuːnɪˈɒvjʊlɪt] adj. uniovulado
UNIP (Zâmbia) [abrev. de United Nationalist Independence Party]
uniparous [juːˈnɪpərəs] adj. uníparo
UNIPEDE [abrev. de International Union of Producers and Distributors of Electrical Energy]

unipersonal [juːnɪˈpɜːsənəl] *adj.* unipessoal
unipetalous [juːnɪˈpetələs] *adj.* BOTÂNICA unipétalo
uniplanar [juːnɪˈpleɪnə] *adj.* num só plano
unipolar [juːnɪˈpəʊlə] *adj.* BIOLOGIA, FÍSICA unipolar
unipolarity [juːnɪpəʊˈlærɪtɪ] *s.* unipolaridade
unique [juːˈniːk] Ⓐ *adj.* 1 único; sem par, sem igual; *a ~ opportunity* uma ocasião única; 2 raro; invulgar; excepcional; incomparável Ⓑ *s.* coisa única; coisa sem par
uniquely [juːˈniːklɪ] *adv.* 1 unicamente; 2 de modo único
uniqueness [juːˈniːknɪs] *s.* 1 qualidade daquilo que é único; singularidade, invulgaridade; 2 FILOSOFIA unicidade
uniquity [juːˈnɪkwɪtɪ] *s.* ⇒ **uniqueness**
unisepalous [juːnɪˈsepələs] *adj.* BOTÂNICA monossépalo
uniserial [juːnɪˈsɪərɪəl] *adj.* ⇒ **uniseriate**
uniseriate [juːnɪˈsɪərɪɪt] *adj.* unisseriado
unisex [ˈjuːnɪseks] *adj.* unissexo, para ambos os sexos
unisexed [juːnɪˈsekst] *adj.* unissexuado
unisexual [juːnɪˈseksjʊəl, juːnɪˈsekʃʊəl] *adj.* unissexual
unisexuality [juːnɪseksjʊˈælɪtɪ, juːnɪsekʃʊˈælɪtɪ] *s.* unissexualidade
unison [ˈjuːnɪsən, ˈjuːnɪzən] *s.* 1 unissonância, uníssono; 2 [fig.] harmonia, acordo, concordância ❖ *in ~ with* em uníssono com; em harmonia com
unisonant [juːˈnɪsənənt] *adj.* uníssono, unissonante ❖ *~ with* em uníssono com
unissued [ʌnˈɪʃuːd, ʌnˈɪsjuːd] *adj.* 1 não publicado; 2 FINANÇAS não emitido
unit [ˈjuːnɪt] *s.* 1 (geral) unidade; *~ of area/force/heat* unidade de superfície/potência/calor; *~ of length/measure/weight* unidade de comprimento/medida/peso; *a monetary ~* uma unidade monetária; MILITAR *fighting ~* unidade de combate; MILITAR *tactical ~* unidade táctica; 2 elemento; 3 (parte) módulo; *standard ~* módulo; 4 (hospital, etc.) serviço; departamento; 5 grupo; equipa ❖ *~ cost/price* preço unitário; *~ factor* factor genético; CINEMA *~ manager* director de produção; *~ trust* fundo/sociedade de investimento; *~ vector* vector unitário; *~ of account* moeda de conta; ELECTRICIDADE *~ of current* ampere
Unit. [*abrev. de* Unitarian]
Unitarian [juːnɪˈteərɪən] *adj.,s.* RELIGIÃO unitário; partidário do unitarismo
Unitarianism [juːnɪˈteərɪənɪzəm] *s.* RELIGIÃO unitarismo, doutrina que rejeita o dogma da Trindade
unitary [ˈjuːnɪtərɪ, ˈjuːnɪterɪ] *adj.* unitário
unite [juːˈnaɪt] *v.tr.,intr.* unir(-se), juntar(-se) [**with**, a]; ligar(-se), associar(-se) [**with**, a]; *to ~ in doing sth* unir-se para fazer algo; *to ~ with sb* unir-se a alguém; 2 combinar [**with**, com]; *to ~ practice with theory* combinar a prática com a teoria; 3 relacionar; harmonizar; 4 casar; 5 fundir; amalgamar; *to ~ two companies* fundir/amalgamar duas empresas; 6 unificar ❖ *to ~ a wound* suturar uma ferida; *oil will not ~ with water* o azeite não se mistura com a água
united [juːˈnaɪtɪd] *adj.* 1 unido; *a ~ family* uma família unida; *to present a ~ front* apresentar uma frente unida; 2 associado; 3 ligado; junto; 4 conjugado; harmonioso; de acordo ❖ *~ action* acção conjunta; RELIGIÃO *United Brethren* Irmãos Unidos; Irmãos Moravos; *United Nations Organization* Organização das Nações Unidas; *~ we stand, divided we fall* a união faz a força; *the United Kingdom* o Reino Unido; HISTÓRIA (Países Baixos) *the United Provinces* as Províncias Unidas; *the United States of America* os Estados Unidos da América
United Arab Emirates [juːˌnaɪtɪdærəbˈemərəts] *s.top.* Emiratos Árabes Unidos
unitedly [juːˈnaɪtɪdlɪ] *adv.* 1 de modo unido, em conjunto; 2 de harmonia
uniting [juːˈnaɪtɪŋ] Ⓐ *adj.* que une, que junta Ⓑ *s.* 1 união, junção; 2 MEDICINA sutura
unitive [ˈjuːnɪtɪv] *adj.* unitivo
unity [ˈjuːnɪtɪ] *s.* (*pl.* **-ies**) 1 unidade; 2 unicidade; 3 união; *~ is strength* a união faz a força; 4 harmonia, concórdia [**with**, com]; *to be at ~ with sb* estar em harmonia com alguém; 5 homogeneidade; 6 acordo ❖ TEATRO *~ of action* unidade de acção; TEATRO *~ of place* unidade de lugar; TEATRO *the dramatic unities* as unidades dramáticas; MATEMÁTICA *to reduce to ~* reduzir à unidade

Univ. [*abrev. de* University]
univalence [juːnɪˈveɪləns] *s.* QUÍMICA univalência, monovalência
univalency [juːnɪˈveɪlənsɪ] *s.* ⇒ **univalence**
univalent [juːˈnɪvələnt, juːnɪˈveɪlənt] *adj.* QUÍMICA univalente, monovalente; *~ compound* composto monovalente
univalve [ˈjuːnɪvælv] Ⓐ *adj.* ZOOLOGIA univalve Ⓑ *s.* molusco univalve
univalved [ˈjuːnɪvælvd] *adj.* ⇒ **univalve** Ⓐ
univalvia [juːnɪˈvælvɪə] *s.pl.* moluscos univalves
univalvular [juːnɪˈvælvjʊlə] *adj.* BOTÂNICA univalvular
universal [juːnɪˈvɜːsəl] Ⓐ *adj.* 1 universal; 2 unânime; geral; 3 ilimitado; total Ⓑ *s.* 1 LÓGICA proposição universal; 2 *pl.* FILOSOFIA universais ❖ *~ agent* mandatário geral; *~ joint* junta universal; *~ legatee* legatário universal; LÓGICA *~ proposition* proposição universal; *~ suffrage* sufrágio universal; *a ~ rule* uma regra sem excepções; *the rule does not pretend to be ~* a regra não pretende abranger todos os casos; *to make ~* universalizar; *to meet with ~ applause* ser objecto de aplauso geral
universalism [juːnɪˈvɜːsəlɪzəm] *s.* universalismo
universalist [juːnɪˈvɜːsəlɪst] *s.* universalista
universality [juːnɪvɜːˈsælɪtɪ] *s.* universalidade
universalization [juːnɪvɜːsəlaɪˈzeɪʃən] *s.* universalização
universalize [juːnɪˈvɜːsəlaɪz] *v.tr.* 1 universalizar; 2 generalizar
universally [juːnɪˈvɜːsəlɪ] *adv.* universalmente
universalness [juːnɪˈvɜːsəlnɪs] *s.* ⇒ **universality**
universe [ˈjuːnɪvɜːs] *s.* universo; *in the ~* no universo, do universo ❖ LINGUÍSTICA *~ of discourse* universo do discurso
university [juːnɪˈvɜːsɪtɪ] *s.* (*pl.* **-ies**) universidade ❖ [GB] *~ college* colégio com ligações universitárias, mas sem competência para conferir graus; *~ education* estudos universitários; *~ professor* professor universitário; *~ student* estudante universitário; *~ town* cidade universitária; *to be a ~ man* ter frequentado a universidade; *to go down from the ~* sair da universidade; abandonar a universidade; *to go up to the ~* frequentar a universidade
univocal [juːnɪˈvəʊkəl] *adj.* unívoco
unjoined [ʌnˈdʒɔɪnd] *adj.* desunido, separado
unjoint [ʌnˈdʒɔɪnt] *v.tr.* 1 desmontar; 2 separar as várias partes
unjoyous [ʌnˈdʒɔɪəs] *adj.* sem alegria, triste, tristonho
unjudged [ʌnˈdʒʌdʒd] *adj.* 1 por julgar; 2 sem julgamento
unjust [ʌnˈdʒʌst] *adj.* 1 injusto; 2 [arc.] infiel, desleal
unjustifiable [ʌnˈdʒʌstɪfaɪəbəl] *adj.* 1 injustificável; 2 indesculpável
unjustifiably [ʌnˈdʒʌstɪfaɪəblɪ] *adv.* 1 sem justificação; 2 de modo injustificável; 3 indesculpavelmente
unjustified [ʌnˈdʒʌstɪfaɪd] *adj.* 1 injustificado; 2 sem motivo
unjustly [ʌnˈdʒʌstlɪ] *adv.* injustamente
unkempt [ʌnˈkempt] *adj.* 1 mal penteado, despenteado; 2 pouco cuidado, mal-arranjado, desalinhado, desleixado; 3 rude, deselegante
unkennel [ʌnˈkenəl] *v.tr.* (*particípios*: **-ll-**) 1 fazer sair do canil; 2 fazer sair da toca; 3 desalojar; 4 descobrir; 5 revelar
unkind [ʌnˈkaɪnd] *adj.* 1 pouco amável; indelicado; *that was very ~ of you* isso foi muito indelicado da tua parte; 2 cruel, duro; *~ fate* destino cruel; 3 rude, grosseiro; *to be ~ to sb* ser rude para com alguém; 4 (tempo) desagradável; inclemente *the weather proved ~* o tempo mostrou-se desagradável
unkindliness [ʌnˈkaɪndlɪnɪs] *s.* 1 falta de amabilidade, falta de atenção, rudeza, dureza; 2 grosseria
unkindly [ʌnˈkaɪndlɪ] Ⓐ *adv.* 1 pouco amavelmente; 2 indelicadamente; 3 com rudeza, com dureza Ⓑ *adj.* 1 pouco amável; 2 indelicado; 3 duro, cruel; 4 grosseiro, rude
unkindness [ʌnˈkaɪndnɪs] *s.* 1 falta de amabilidade; 2 rudeza; 3 aspereza
unkingly [ʌnˈkɪŋlɪ] *adj.* impróprio de rei, indigno de um rei
unknightly [ʌnˈnaɪtlɪ] *adj.* impróprio de um cavaleiro
unknit [ʌnˈnɪt] *v.tr.* (*prt. e part. pass.* **-knitted** ou **-knit**) 1 (malha) desfazer, desfiar; 2 (fio) desemaranhar, desenredar; 3 desenrugar, desfranzir; *to ~ one's brow* desenrugar a testa, desfranzir o sobrolho
unknot [ʌnˈnɒt] *v.tr.* (*particípios*: **-tt-**) 1 desatar, desfazer o nó de; 2 desfazer o laço de; 3 [fig.] desenredar

unknowable [ʌnˈnəʊəbəl] *adj.* 1 irreconhecível; 2 incognoscível ❖ FILOSOFIA *the ~* a causa primeira; a realidade última; o incognoscível

unknowing [ʌnˈnəʊɪŋ] *adj.* 1 desconhecedor; ignorante; 2 involuntário; 3 inconsciente ❖ *~ of* sem saber de/que

unknowingly [ʌnˈnəʊɪŋlɪ] *adv.* 1 inconscientemente; 2 sem saber; 3 por ignorância; por desconhecimento; 4 involuntariamente

unknown [ʌnˈnəʊn] Ⓐ *adj.* 1 desconhecido; ignorado; 2 estranho; invulgar Ⓑ *s.* 1 *the ~* o desconhecido; 2 pessoa desconhecida; 3 MATEMÁTICA incógnita ❖ *~ factor* incógnita; MATEMÁTICA *~ quantity* incógnita; *~ territory* território virgem; *~ writer* escritor desconhecido; escritor obscuro *~ to me* que não é do meu conhecimento; sem eu saber; desconhecido para mim

unlabelled [ʌnˈleɪbəld] *adj.* 1 sem etiqueta, sem rótulo; 2 por etiquetar

unlaboured [ʌnˈleɪbəd] *adj.* 1 (estilo) natural, espontâneo, simples, não trabalhado; 2 (terreno) inculto

unlace [ʌnˈleɪs] *v.tr.* 1 desatar, desapertar; 2 desamarrar (laço); 3 despir, descalçar

unladderable [ʌnˈlædərəbəl] *adj.* a que não caem as malhas

unlade [ʌnˈleɪd] *v.tr.* (*prt.* **unladed**, *part. pass.* **unladen**) 1 descarregar; 2 (carga) desembarcar ❖ *to ~ one's mind* aliviar o espírito

unladen [ʌnˈleɪdn] *adj.* NÁUTICA sem carga

unlading [ʌnˈleɪdɪŋ] *s.* 1 descarga; 2 descarregamento

unladylike [ʌnˈleɪdɪlaɪk] *adj.* 1 pouco senhoril; 2 vulgar, grosseiro

unlaid [ʌnˈleɪd] Ⓐ *prt. e part. pass. de* **to unlay** Ⓑ *adj.* 1 destorcido, desentrançado; 2 não colocado; 3 (papel) sem marca de água; 4 (espírito) não esconjurado

unlamented [ʌnləˈmentɪd] *adj.* 1 não lamentado; 2 não chorado

unlard [ʌnˈlɑːd] *v.tr.* CULINÁRIA tirar a banha a, tirar a gordura a (carne)

unlash [ʌnˈlæʃ] *v.tr.* 1 desprender, desatar; 2 soltar a amarra de

unlatch [ʌnˈlætʃ] *v.tr.* 1 abrir (porta); 2 levantar aldraba ou trinco de (porta)

unlawful [ʌnˈlɔːfʊl] *adj.* 1 ilegal, contrário à lei, ilícito; 2 (filho) ilegítimo

unlawfully [ʌnˈlɔːfʊlɪ] *adv.* ilegalmente, ilicitamente, ilegitimamente, com fraude

unlawfulness [ʌnˈlɔːfʊlnɪs] *s.* 1 ilegalidade; 2 ilegitimidade

unlay [ʌnˈleɪ] *v.tr.* (*prt. e part. pass.* **unlaid**) destorcer, destrançar, descoçar (cabo)

unlead [ʌnˈled] *v.tr.* TIPOGRAFIA desentrelinhar

unleaded [ʌnˈledɪd] Ⓐ *adj.* 1 sem chumbo; *~ petrol* gasolina sem chumbo; 2 TIPOGRAFIA desentrelinhado, sem entrelinhas, compacto Ⓑ *s.* gasolina sem chumbo

unlearn [ʌnˈlɜːn] *v.tr.* (*prt. e part. pass.* **unlearned** ou **unlearnt**) desaprender; esquecer

unlearnable [ʌnˈlɜːnəbəl] *adj.* que não se pode aprender

unlearned [ʌnˈlɜːnɪd] *adj.* 1 ignorante; inculto; 2 iletrado; 3 não aprendido ❖ *~ in* pouco versado em; *to leave sth ~* não aprender alguma coisa

unlearnt [ʌnˈlɜːnt] *adj.* não aprendido

unleash [ʌnˈliːʃ] *v.tr.* 1 soltar; separar (os cães); 2 [fig.] libertar; dar livre curso a; 3 [fig.] desencadear; provocar

unleavened [ʌnˈlevnd] *adj.* 1 ázimo, sem fermento; *~ bread* pão ázimo; 2 não levedado ❖ *if justice be ~ with mercy* se a justiça não for temperada com a caridade

unless [ənˈles, ʌnˈles] *conj.,prep.* 1 a não ser que, a menos que; *I'll go there ~ it rains* lá irei, a menos que chova; 2 salvo se; *~ otherwise stated* salvo aviso em contrário; 3 excepto quando

unlettable [ʌnˈletəbəl] *adj.* que não se pode alugar

unlettered [ʌnˈletəd] *adj.* 1 iletrado, ignorante; 2 sem letras; 3 analfabeto

unlevelled [ʌnˈlevəld] *adj.* 1 desnivelado; 2 acidentado

unlicensed [ʌnˈlaɪsənst] *adj.* 1 não autorizado; 2 sem licença; 3 ilícito; 4 (comportamento) licencioso; 5 (estabelecimento) sem licença de venda de bebidas alcoólicas; 6 [arc.] (livro) publicado sem autorização

unlicked [ʌnˈlɪkt] *adj.* 1 tosco, inacabado; 2 por polir; 3 grosseiro, mal-educado; 4 não lambido; 5 não derrotado; 6 não batido

unlighted [ʌnˈlaɪtɪd] *adj.* 1 apagado; 2 não acendido; 3 sem luz

unlikable [ʌnˈlaɪkəbəl] *adj.* 1 de que não se gosta; 2 pouco simpático

unlike [ʌnˈlaɪk] Ⓐ *adj.* 1 diferente, diverso, distinto; *they're quite ~* são muito diferentes; 2 dissemelhante; nada parecido; 3 contrário à índole de Ⓑ *adv.,prep.* 1 ao contrário de; *~ his brother* ao contrário do irmão; 2 de modo diferente de, diferentemente de; *to act ~ sb* agir diferentemente de alguém ❖ ELECTRICIDADE *~ poles* pólos de nome contrário; pólos opostos; *that is very ~ him* isso nem parece dele; *the portrait is quite ~ her* o retrato não está nada parecido com ela

unlikeable [ʌnˈlaɪkəbəl] *adj.* 1 pouco simpático; 2 antipático

unlikelihood [ʌnˈlaɪklɪhʊd] *s.* inverosimilhança, improbabilidade

unlikeliness [ʌnˈlaɪklɪnɪs] *s.* ⇒ **unlikelihood**

unlikely [ʌnˈlaɪklɪ] *adj.* 1 inverosímil; 2 pouco provável, improvável; 3 inesperado ❖ *it is not at all ~* é muito provável; *most ~* muito pouco provável; *she is ~ to go* é pouco provável que ela vá; *what is there ~ in that?* que há de inverosímil nisso?

unlikeness [ʌnˈlaɪknɪs] *s.* 1 diferença; desigualdade; 2 diversidade ❖ *~ to* diferença relativamente a

unlimber [ʌnˈlɪmbə] *v.tr.* 1 (artilharia) desengatar; 2 preparar-se para a acção

unlimited [ʌnˈlɪmɪtɪd] *adj.* 1 ilimitado, sem limites; 2 sem restrições; irrestrito ❖ *~ liability* responsabilidade ilimitada; *~ time* o tempo que se quiser

unline [ʌnˈlaɪn] *v.tr.* tirar o forro

unlined [ʌnˈlaɪnd] *adj.* 1 sem forro; 2 (rosto) sem rugas

unlining [ʌnˈlaɪnɪŋ] *s.* acto de tirar o forro

unlink [ʌnˈlɪŋk] *v.tr.* 1 desfazer os elos de (corrente); 2 desligar, separar; 3 soltar, desengatar

unliquefied [ʌnˈlɪkwɪfaɪd] *adj.* não liquidificado

unliquidated [ʌnˈlɪkwɪdeɪtɪd] *adj.* por liquidar, por saldar

unlit [ʌnˈlɪt] *adj.* não iluminado

unlive [ʌnˈlɪv] *v.tr.* desfazer, anular (o passado)

unliveable [ʌnˈlɪvəbəl] *adj.* insuportável, impossível

unload [ʌnˈləʊd] *v.tr.,intr.* 1 descarregar; *to ~ cargo* descarregar carga; *the ship is unloading* o navio está a descarregar; 2 aliviar da carga; 3 (arma de fogo) descarregar, desarmar; 4 suavizar; tornar menos pesado; 5 libertar-se de; 6 (valores na Bolsa) desfazer-se de ❖ *to ~ a bad coin on sb* passar uma moeda falsa a alguém; *to ~ one's heart* desafogar; desabafar

unloaded [ʌnˈləʊdɪd] *adj.* 1 descarregado, sem carregamento; 2 (arma de fogo) sem carga

unloader [ʌnˈləʊdə] *s.* (pessoa, dispositivo) descarregador

unloading [ʌnˈləʊdɪŋ] *s.* descarregamento, descarga

unlock [ʌnˈlɒk] *v.tr.* 1 abrir (com chave); *to ~ the door* abrir a porta com a chave; 2 desaferrolhar; 3 (arma de fogo) destravar; 4 desapertar, desprender, soltar; 5 [fig.] revelar, desvendar

unlocked [ʌnˈlɒkt] *adj.* não fechado à chave, aberto

unlocking [ʌnˈlɒkɪŋ] *s.* 1 abertura com chave; 2 libertação, desprendimento; 3 revelação

unlooked [ʌnˈlʊkt] *adj.* negligenciado ❖ *~ at* esquecido; olvidado; posto de parte; *~ for* imprevisto; inesperado

unloose [ʌnˈluːs] *v.tr.* ⇒ **to unloosen**

unloosen [ʌnˈluːsn] *v.tr.* desatar, desprender, desapertar, soltar

unlovable [ʌnˈlʌvəbəl] *adj.* 1 desagradável, antipático; 2 pouco atraente

unloveable [ʌnˈlʌvəbəl] *adj.* 1 desagradável, antipático; 2 pouco atraente

unloved [ʌnˈlʌvd] *adj.* 1 mal-amado, não amado; 2 que não é estimado, que não goza de simpatia

unlovely [ʌnˈlʌvlɪ] *adj.* 1 pouco atraente; 2 sem encantos; 3 feio; 4 desagradável

unloving [ʌnˈlʌvɪŋ] *adj.* 1 pouco afectuoso, pouco carinhoso; 2 frio

unluckily [ʌnˈlʌkɪlɪ] *adv.* 1 desgraçadamente, por infelicidade; 2 lamentavelmente

unluckiness [ʌnˈlʌkɪnɪs] *s.* pouca sorte, desventura, desgraça, desdita, infortúnio

unlucky [ʌnˈlʌkɪ] *adj.* (*comp.* **-ier**, *superl.* **-iest**) 1 sem sorte; azarado; 2 infeliz, desgraçado, desditoso; 3 que traz desgraça, infausto, agoirento, aziago ❖ *~ omen* mau agouro

unlute [ʌn'luːt] v.tr. 1 tirar o betume a; 2 tirar o luto (massa)
unluting [ʌn'luːtɪŋ] s. deslutagem, extracção do luto ou betume
unmade [ʌn'meɪd] Ⓐ prt. e part. pass. de **to unmake** Ⓑ adj. não feito, por fazer
unmaidenlike [ʌn'meɪdnlaɪk] adj. [ant.] impróprio de rapariga, que não fica bem a uma rapariga
unmaidenly [ʌn'meɪdnlɪ] adj. ⇒ **unmaidenlike**
unmaintainable [ˌʌnmeɪn'teɪnəbəl] adj. 1 insustentável; 2 que não se pode manter
unmake [ʌn'meɪk] v.tr. (prt. e part. pass. **unmade**) 1 desfazer, destruir; 2 aniquilar; 3 deitar a perder; 4 arruinar; 5 depor, destituir; 6 anular, revogar
unmaker [ʌn'meɪkə] s. aquele que desfaz, destrói, depõe, etc.
unmalleable [ʌn'mælɪəbəl] adj. 1 não maleável; 2 pouco dócil
unmalted [ʌn'mɒːltɪd] adj. (cerveja) sem malte
unman [ʌn'mæn] v.tr. (particípios: **-nn-**) 1 fazer perder o ânimo a; 2 desanimar, desencorajar, deprimir, abater, desmoralizar; 3 comover, enfraquecer, efeminar; 4 emascular; 5 NÁUTICA desarmar; 6 desguarnecer de tripulação
unmanageable [ʌn'mænɪdʒəbəl] adj. 1 intratável; 2 indócil; 3 teimoso, indisciplinável; 4 ingovernável; 5 pouco manejável, de manobra difícil de realizar
unmanageableness [ʌn'mænɪdʒəblnɪs] s. 1 indocilidade; 2 ingovernabilidade; 3 carência de manejabilidade
unmanliness [ʌn'mænlɪnɪs] s. 1 pusilanimidade; 2 falta de virilidade; 3 fraqueza
unmanly [ʌn'mænlɪ] adj. 1 pusilânime; 2 efeminado; 3 com falta de energia; 4 indigno de um homem
unmanned [ʌn'mænd] adj. não tripulado; sem tripulação; sem piloto; ~ *spaceship* nave não tripulada
unmannered [ʌn'mænəd] adj. ⇒ **unmannerly**
unmannerliness [ʌn'mænəlɪnɪs] s. 1 grosseria, falta de boas maneiras; 2 descortesia, má-criação
unmannerly [ʌn'mænəlɪ] adj. 1 grosseiro; indelicado; descortês; 2 malcriado
unmanufactured [ˌʌnmænjʊ'fæktʃəd] adj. sem qualquer tratamento ❖ ~ *materials* matérias-primas
unmarked [ʌn'mɑːkt] adj. 1 sem marca; sem sinal de identificação; 2 ileso, intacto; 3 despercebido, não notado; *his remark passed* ~ o que ele disse passou despercebido; 4 DESPORTO desmarcado; ~ *player* um jogador desmarcado; 5 (escola) por corrigir, por avaliar; 6 (objecto) em bom estado; como novo; impecável; 7 LINGUÍSTICA não marcado
unmarketable [ʌn'mɑːkɪtəbəl] adj. inegociável, sem venda
unmarred [ʌn'mɑːd] adj. 1 sem nada que perturbe; 2 sem nada que desfeie; 3 não frustrado
unmarriageable [ʌn'mærɪdʒəbəl] adj. 1 que não pode casar; 2 que não casa
unmarried [ʌn'mærɪd] adj. solteiro, celibatário ❖ ~ *state* celibato; *to remain* ~ ficar solteiro
unmarry [ʌn'mærɪ] v.tr.,intr. 1 libertar dos laços do casamento; 2 divorciar-se
unmask [ʌn'mɑːsk] v.tr.,intr. 1 desmascarar, desmascarar-se; 2 descobrir, mostrar, revelar
unmasked [ʌn'mɑːskt] adj. 1 sem máscara, desmascarado; 2 sem disfarces; assumido
unmast [ʌn'mɑːst] v.tr. NÁUTICA desmastrear, desmastrar
unmastered [ʌn'mɑːstəd] adj. 1 não dominado; 2 rebelde; 3 não vencido; 4 que ainda não se aprendeu bem
unmasting [ʌn'mɑːstɪŋ] s. desmastreamento
unmatchable [ʌn'mætʃəbəl] adj. 1 incomparável, sem igual; 2 sem rival; 3 sem par; 4 que não tem par
unmatched [ʌn'mætʃt] adj. 1 sem igual, único, sem par; 2 inigualado; 3 incomparável; 4 sem estar irmanado
unmeaning [ʌn'miːnɪŋ] adj. 1 sem significado, sem sentido; 2 inexpressivo, parado; 3 ininteligível
unmeaningly [ʌn'miːnɪŋlɪ] adj. 1 inexpressivamente; 2 sem sentido
unmeant [ʌn'ment] adj. sem intenção, não intencional, involuntário
unmeasurable [ʌn'meʒərəbəl] adj. 1 imenso, incomensurável; 2 ilimitado

unmeasured [ʌn'meʒəd] adj. 1 não medido; 2 sem medida; 3 desmesurado, imenso, infinito; 4 imoderado, descomedido
unmeditated [ʌn'medɪteɪtɪd] adj. espontâneo, não meditado
unmeet [ʌn'miːt] adj. 1 [arc.] pouco conveniente, impróprio, inadequado; deslocado; 2 [arc.] indigno [**to/for**, de]; *those words are* ~ *for you* essas palavras são indignas de ti
unmelodious [ˌʌnmɪ'ləʊdɪəs] adj. 1 sem melodia, pouco melodioso; 2 inarmónico
unmelodiously [ˌʌnmɪ'ləʊdɪəslɪ] adv. 1 inarmonicamente; 2 sem melodia; 3 com desarmonia
unmelted [ʌn'meltɪd] adj. não derretido
unmendable [ʌn'mendəbəl] adj. 1 que não se pode consertar ou remendar; 2 irreparável
unmentionable [ʌn'menʃnəbəl] adj. 1 tabu, intocável, que não se pode mencionar; 2 que não pode pronunciar-se ou dizer-se
unmentionables [ʌn'menʃnəblz] s.pl. [joc., ant.] roupa interior
unmentioned [ʌn'menʃənd] adj. não mencionado ❖ *he left my letter* ~ ele não mencionou a minha carta
unmercenary [ʌn'mɜːsɪnərɪ, ʌn'mɜːsɪnerɪ] adj. 1 desinteressado; 2 não interesseiro
unmerchantable [ʌn'mɜːtʃəntəbəl] adj. ⇒ **unmarketable**
unmerciful [ʌn'mɜːsɪfʊl] adj. sem piedade, implacável, inclemente, desumano, cruel
unmercifully [ʌn'mɜːsɪfʊlɪ] adv. 1 implacavelmente, impiedosamente; 2 desumanamente, cruelmente
unmercifulness [ʌn'mɜːsɪfʊlnəs] s. 1 desumanidade, crueldade; 2 implacabilidade
unmerited [ʌn'merɪtɪd] adj. imerecido
unmeritorious [ˌʌnmerɪ'tɔːrɪəs] adj. pouco meritório
unmetalled [ʌn'metəld] adj. (caminho) não empedrado, por empedrar
unmetallic [ˌʌnmɪ'tælɪk] adj. não metálico
unmetered [ʌn'miːtəd] adj. 1 não sujeito a medição; 2 ilimitado, sem restrições ❖ ~ *Internet access* acesso ilimitado à Internet
unmethodical [ˌʌnmɪ'θɒdɪkəl] adj. 1 sem método, pouco metódico; 2 desordenado, atabalhoado
unmethodically [ˌʌnmɪ'θɒdɪkəlɪ] adv. 1 pouco metodicamente; 2 desordenadamente, atabalhoadamente
unmethodicalness [ˌʌnmɪ'θɒdɪkəlnəs] s. falta de método
unmilled [ʌn'mɪld] adj. não moído
unmindful [ʌn'maɪndfʊl] adj. 1 que não presta atenção; 2 descuidado; negligente; 3 esquecido; sem se lembrar [**of**, de] ❖ ~ *of one's health* sem consideração pela própria saúde; ~ *of one's interests* sem fazer caso dos próprios interesses
unmindfully [ʌn'maɪndfʊlɪ] adv. 1 desatentamente; 2 descuidadamente, negligentemente
unmined [ʌn'maɪnd] adj. 1 não minado, não explorado; 2 NÁUTICA sem minas, livre de minas
unmingled [ʌn'mɪŋgəld] adj. sem mistura, puro ❖ ~ *with* livre de
unminted [ʌn'mɪntɪd] adj. (metal) em barra, não transformado em moeda, não cunhado
unmirthful [ʌn'mɜːθfʊl] adj. sem alegria, amargo
unmissed [ʌn'mɪst] adj. 1 não notado, despercebido; 2 não lamentado; 3 de que não se sente falta ❖ *what you have never had is* ~ não se sente a falta daquilo que nunca se teve
unmistakable [ˌʌnmɪs'teɪkəbəl] adj. 1 claro, nítido, inequívoco; 2 evidente, óbvio, que não deixa lugar a dúvidas; 3 inconfundível
unmistakably [ˌʌnmɪs'teɪkəblɪ] adv. 1 claramente, nitidamente; 2 inequivocamente; 3 evidentemente, obviamente
unmitigated [ʌn'mɪtɪgeɪtɪd] adj. 1 não mitigado, não atenuado; 2 autêntico, rematado, completo, consumado, absoluto, perfeito; *he is an* ~ *scoundrel* ele é um autêntico patife; *that's* ~ *nonsense!* isso é um perfeito disparate!
unmixed [ʌn'mɪkst] adj. sem mistura, puro
unmodifiable [ʌn'mɒdɪfaɪəbəl] adj. não modificável
unmodified [ʌn'mɒdɪfaɪd] adj. não modificado
unmodulated [ʌn'mɒdjʊleɪtɪd, ʌn'mɒdʒəleɪtɪd] adj. RÁDIO não modulado
unmolested [ˌʌnmə'lestɪd] adj. 1 não molestado; 2 intacto, são e salvo; 3 sossegado, em paz

unmoor [ʌn'mʊə] v.tr. 1 NÁUTICA desamarrar, levantar um dos ferros (do navio); 2 levantar a âncora
unmooring [ʌn'mʊərɪŋ] s. NÁUTICA acto de levantar ferro
unmoral [ʌn'mɒrəl] adj. amoral
unmorality [ˌʌnməˈrælɪtɪ] s. amoralidade
unmorally [ʌn'mɒrəlɪ] adv. amoralmente
unmortgaged [ʌn'mɔːɡɪdʒd] adj. não hipotecado, livre de hipoteca
unmortise [ʌn'mɔːtɪs] v.tr. 1 desencaixar; 2 desemalhetar
unmotherly [ʌn'mʌðəlɪ] adj. 1 impróprio de mãe, indigno de mãe; 2 pouco maternal
unmotivated [ʌn'məʊtɪveɪtɪd] adj. 1 sem motivo, não motivado; 2 injustificado; 3 desmotivado, desinteressado, apático
unmould [ʌn'məʊld] v.tr. desmoldar, tirar do molde
unmount [ʌn'maʊnt] v.tr. desmontar, tirar da montagem
unmounted [ʌn'maʊntɪd] adj. 1 não montado, não a cavalo; 2 sem montagem, sem armação
unmourned [ʌn'mɔːnd] adj. não chorado, não lamentado
unmovable [ʌn'muːvəbl] adj. 1 fixo, imóvel; 2 firme, que não se deixa comover; 3 inabalável
unmoved [ʌn'muːvd] adj. 1 fixo, imóvel; que se mantém no mesmo lugar; 2 inabalável, firme, impassível; *to remain ~ by all entreaties* manter-se firme perante todos os pedidos; 3 frio; calmo; 4 indiferente; insensível
unmuffle [ʌn'mʌfl] v.tr. 1 desembuçar; 2 descobrir, destapar
unmurmuring [ʌn'mɜːmərɪŋ] adj. 1 sem murmurar, sem se queixar; 2 resignado
unmurmuringly [ʌn'mɜːmərɪŋlɪ] adv. 1 sem murmurar; 2 resignadamente
unmusical [ʌn'mjuːzɪkəl] adj. 1 sem harmonia, dissonante, pouco melodioso; 2 pouco dado à música, pouco musical
unmuzzle [ʌn'mʌzl] v.tr. tirar o açaime a; desaçaimar
unmuzzled [ʌn'mʌzəld] adj. sem açaime; desaçaimado
unnail [ʌn'neɪl] v.tr. despregar
unnamable [ʌn'neɪməbl] adj. ⇒ unnameable
unnameable [ʌn'neɪməbl] adj. 1 que não se pode nomear, inomeável, inominável; indescritível; 2 abominável; *~ crime* crime abominável
unnamed [ʌn'neɪmd] adj. 1 sem nome; 2 não nomeado; 3 anónimo
unnatural [ʌn'nætʃrəl] adj. 1 não natural, antinatural; 2 anormal; perverso; 3 desnaturado; *~ mother* mãe desnaturada; 4 monstruoso, abominável, contra-natura; *~ vice* vício contra-natura; 5 forçado, afectado, artificial
unnaturalized [ʌn'nætʃrəlaɪzd] adj. não naturalizado
unnaturally [ʌn'nætʃrəlɪ] adv. 1 de modo antinatural; 2 artificialmente; 3 perversamente, desnaturadamente; 4 afectadamente, forçadamente
unnaturalness [ʌn'nætʃrəlnəs] s. 1 anormalidade, antinaturalidade; 2 perversidade, monstruosidade; 3 afectação, falta de naturalidade
unnavigability [ˌʌnnævɪɡə'bɪlɪtɪ] s. ausência de navegabilidade
unnavigable [ʌn'nævɪɡəbl] adj. não navegável
unneccessariness [ʌn'nesɪsərɪnɪs, ʌn'nesɪserɪnɪs] s. inutilidade, desnecessidade
unnecessarily [ʌn'nesɪsərɪlɪ, ʌn'nesɪserɪlɪ] adv. 1 desnecessariamente; 2 inutilmente
unnecessary [ʌn'nesɪsərɪ, ʌn'nesɪserɪ] adj. 1 desnecessário; supérfluo, dispensável; 2 ocioso; 3 inútil; 4 gratuito; *~ violence* violência gratuita ❖ *~ care* cuidado excessivo; *it's ~ to add that...* escusado será dizer que...; *it's ~ to* não há necessidade de
unneeded [ʌn'niːdɪd] adj. 1 desnecessário, inútil; 2 supérfluo
unneedful [ʌn'niːdfʊl] adj. ⇒ unneeded ❖ *to be ~ of* não ter necessidade de
unneedfully [ʌn'niːdfʊlɪ] adv. 1 desnecessariamente; 2 inutilmente
unnegotiable [ˌʌnnɪ'ɡəʊʃəbl] adj. não negociável
unneighbourliness [ʌn'neɪbəlnəs] s. má vizinhança, más relações entre vizinhos
unneighbourly [ʌn'neɪbəlɪ] adj. 1 impróprio de bom vizinho; 2 pouco amável; 3 intratável, rude

unnerve [ʌn'nɜːv] v.tr. 1 enervar; 2 debilitar; 3 desencorajar, desanimar, desalentar
unnerved [ʌn'nɜːvd] adj. 1 desanimado, desencorajado, desalentado; 2 sem confiança em si mesmo; 3 enervado
unnerving [ʌn'nɜːvɪŋ] adj. 1 enervante; 2 perturbante; 3 desconcertante
unnoted [ʌn'nəʊtɪd] adj. 1 não notado, despercebido; 2 desconhecido, obscuro; 3 pouco importante
unnoticeable [ʌn'nəʊtɪsəbl] adj. 1 que não se nota; 2 que passa despercebido
unnoticed [ʌn'nəʊtɪst] adj. despercebido; não notado; *to go ~* passar despercebido ❖ *to enter ~* entrar sem ninguém ver
unnotified [ʌn'nəʊtɪfaɪd] adj. não notificado, que não recebeu notificação
unnourishing [ʌn'nʌrɪʃɪŋ] adj. pouco nutritivo
unnumbered [ʌn'nʌmbəd] adj. 1 não contado; 2 sem número; 3 inúmero
UNO [abrev. de United Nations Organization] ONU
unobeyed [ˌʌnə'beɪd] adj. 1 não obedecido; 2 não cumprido
unobjectionable [ˌʌnəb'dʒekʃnəbl] adj. 1 irrepreensível, em que não há nada a censurar; 2 a que se não podem levantar objecções
unobliging [ˌʌnə'blaɪdʒɪŋ] adj. pouco amável, pouco delicado
unobliterated [ˌʌnə'blɪtəreɪtɪd] adj. não obliterado, não apagado
unobscured [ˌʌnəb'skjʊəd] adj. não obscurecido
unobservable [ˌʌnəb'zɜːvəbl] adj. 1 não observável; 2 que mal se nota, imperceptível
unobservance [ˌʌnəb'zɜːvəns] s. 1 inobservância; 2 não cumprimento; 3 desatenção
unobservant [ˌʌnəb'zɜːvənt] adj. 1 que não observa, pouco observador; 2 desatento
unobserved [ˌʌnəb'zɜːvd] adj. despercebido, sem ser notado ❖ *to go ~* passar despercebido
unobservedly [ˌʌnəb'zɜːvɪdlɪ] adv. despercebidamente
unobserving [ˌʌnəb'zɜːvɪŋ] adj. ⇒ unobservant
unobstructed [ˌʌnəb'strʌktɪd] adj. 1 não obstruído, desobstruído; 2 sem obstáculos; 3 desimpedido, livre; 4 aberto
unobtainable [ˌʌnəb'teɪnəbl] adj. impossível de se obter
unobtrusive [ˌʌnəb'truːsɪv] adj. discreto, comedido, sem dar nas vistas
unobtrusively [ˌʌnəb'truːsɪvlɪ] adv. 1 discretamente, comedidamente; 2 apagadamente, modestamente
unobtrusiveness [ˌʌnəb'truːsɪvnəs] s. 1 discrição; 2 comedimento; 3 modéstia
unoccupied [ʌn'ɒkjʊpaɪd] adj. 1 vago; livre; disponível; 2 (espaço) desabitado; vazio; 3 (pessoa) não ocupado; sem ocupação ❖ *~ time* tempo livre
unoffending [ˌʌnə'fendɪŋ] adj. 1 que não ofende; 2 inocente, sem culpa
unofficial [ˌʌnə'fɪʃəl] adj. 1 não oficial, sem carácter oficial; 2 oficioso
unofficially [ˌʌnə'fɪʃəlɪ] adv. oficiosamente
unopened [ʌn'əʊpənd] adj. 1 fechado; 2 por abrir
unopposed [ˌʌnə'pəʊzd] adj. sem oposição
unordained [ˌʌnɔː'deɪnd] adj. que ainda não recebeu ordens sacras
unordinary [ʌn'ɔːdɪnərɪ, ʌn'ɔːdɪnerɪ] adj. que sai da vulgaridade
unorganized [ʌn'ɔːɡənaɪzd] adj. não organizado
unoriginal [ˌʌnə'rɪdʒənəl] adj. 1 não original, sem originalidade; 2 banal, vulgar
unornamental [ˌʌnɔːnə'mentəl] adj. não ornamental, não decorativo
unornamented [ˌʌnɔːnə'mentɪd] adj. não ornamentado
unorthodox [ʌn'ɔːθədɒks] adj. não ortodoxo, heterodoxo
unostentatious [ˌʌnɒsten'teɪʃəs] adj. 1 simples, sem ostentação, modesto; 2 sem aparato
unostentatiously [ˌʌnɒsten'teɪʃəslɪ] adv. 1 sem ostentação, sem aparato; 2 com simplicidade; 3 modestamente
unostentatiousness [ˌʌnɒsten'teɪʃəsnəs] s. 1 simplicidade, ausência de ostentação; 2 modéstia
unowned [ʌn'əʊnd] adj. 1 sem dono; 2 não reconhecido
unoxidizable [ˌʌnɒksɪ'daɪzəbl] adj. inoxidável

unoxidized [ʌnˈɒksɪdaɪzd] adj. inoxidado
unpacified [ʌnˈpæsɪfaɪd] adj. não pacificado
unpack [ʌnˈpæk] Ⓐ v.intr. desfazer as malas Ⓑ v.tr. 1 (objectos) desempacotar; desembalar; 2 desembrulhar; 3 desencaixotar; 4 (malas) desfazer; 5 (animal de carga) descarregar; 6 (problema) analisar; 7 [fig.] revelar
unpacked [ʌnˈpækt] adj. 1 desempacotado, desenfardado; 2 desencaixotado; 3 desembrulhado; 4 não metido em mala; 5 (mala) desfeita
unpacker [ʌnˈpækə] s. aquele que desempacota, desenfarda, desencaixota ou desembrulha
unpacking [ʌnˈpækɪŋ] s. 1 acto de desfazer uma mala; 2 desempacotamento, desencaixotamento
unpadlocked [ʌnˈpædlɒkt] adj. sem cadeado ou aloquete
unpaged [ˈʌnpeɪdʒd] adj. não paginado, por paginar, a granel
unpaid [ʌnˈpeɪd] adj. 1 não remunerado; que não recebe salário; 2 gratuito; 3 por pagar, por saldar; a pagar; em dívida; 4 não franquiado ✣ ~ *services* serviços a título gracioso; [coloq.] *the Great Unpaid* o juiz de paz
unpainted [ʌnˈpeɪntɪd] adj. 1 por pintar, não pintado; 2 (rosto) sem pintura
unpaired [ʌnˈpeəd] adj. 1 ímpar; 2 desirmanado
unpalatable [ʌnˈpælətəbəl] adj. 1 (comida) de gosto desagradável, intragável; 2 (situação) desagradável, difícil, incómodo; 3 repugnante, insuportável
unpalatableness [ʌnˈpælətəblnəs] s. 1 desagradabilidade ao paladar, intragabilidade; 2 carácter repulsivo ou nauseabundo
unpalatably [ʌnˈpælətəbli] adv. 1 desagradavelmente; 2 intragavelmente; 3 repulsivamente; 4 de modo nauseabundo
unparalleled [ʌnˈpærəleld] adj. 1 sem paralelo; 2 incomparável; 3 sem igual, inigualável; 4 inaudito, sem precedentes
unpardonable [ʌnˈpɑːdnəbəl] adj. 1 imperdoável, indesculpável; 2 irremissível
unpardonableness [ʌnˈpɑːdnəblnəs] s. 1 carácter imperdoável ou indesculpável; 2 irremissibilidade
unpardonably [ʌnˈpɑːdnəbli] adv. 1 imperdoavelmente, indesculpavelmente; 2 irremissivelmente
unpardoned [ʌnˈpɑːdənd] adj. não perdoado, sem perdão
unpardoning [ʌnˈpɑːdənɪŋ] adj. 1 que não perdoa; 2 implacável
unparliamentary [ˌʌnpɑːləˈmentərɪ] adj. 1 antiparlamentar, contrário às regras parlamentares; 2 grosseiro, injurioso ✣ ~ *language* linguagem violenta; linguagem obscena
unpatented [ʌnˈpeɪtəntɪd] adj. sem carta ou diploma
unpatriotic [ˌʌnpætrɪˈɒtɪk, ˌʌnpeɪtrɪˈɒtɪk] adj. 1 antipatriota; 2 pouco patriota
unpatriotically [ˌʌnpætrɪˈɒtɪkəlɪ, ˌʌnpeɪtrɪˈɒtɪkəlɪ] adv. 1 antipatrioticamente; 2 pouco patrioticamente
unpatronized [ʌnˈpætrənaɪzd, ʌnˈpeɪtrənaɪzd] adj. sem protector
unpave [ʌnˈpeɪv] v.tr. tirar o calcetamento a (rua)
unpaved [ʌnˈpeɪvd] adj. 1 não pavimentado; 2 sem pavimento
unpaving [ʌnˈpeɪvɪŋ] s. acto de tirar o calcetamento ou pavimento
unpayable [ʌnˈpeɪəbəl] adj. 1 que não pode pagar-se; 2 pouco lucrativo
unpeaceful [ʌnˈpiːsful] adj. agitado, perturbado, sem paz
unpedigreed [ʌnˈpedɪgriːd] adj. 1 (animal) sem árvore genealógica, sem certificado de origem; sem pedigree; 2 que não é de raça pura; 3 mestiço
unpeeled [ʌnˈpiːld] adj. 1 com pele, com casca; 2 não descascado, por descascar
unpeg [ʌnˈpeg] v.tr. (particípios: -gg-) 1 tirar das estacas ou cavilhas; 2 soltar das cavilhas ou estacas; 3 arrancar as cavilhas ou estacas
unpen [ʌnˈpen] v.tr. (particípios: -nn-) 1 fazer sair do curral; 2 soltar do curral (ovelhas)
unpenetrated [ʌnˈpenɪtreɪtɪd] adj. não penetrado, impenetrado
unpensioned [ʌnˈpenʃənd] adj. sem pensão, sem reforma
unpeople [ʌnˈpiːpl] v.tr. despovoar
unpeopled [ʌnˈpiːpəld] adj. 1 despovoado; 2 sem habitantes, sem população
unperceivable [ˌʌnpəˈsiːvəbəl] adj. imperceptível

unperceived [ˌʌnpəˈsiːvd] adj. despercebido, não notado, inobservado
unperforated [ʌnˈpɜːfəreɪtɪd] adj. não perfurado
unperformable [ˌʌnpəˈfɔːməbəl] adj. 1 não realizável, que não se pode executar; 2 irrepresentável
unperformed [ˌʌnpəˈfɔːmd] adj. 1 não realizado; 2 não cumprido, não satisfeito; 3 não executado, não representado
unperishing [ʌnˈperɪʃɪŋ] adj. imperecível
unperishingly [ʌnˈperɪʃɪŋlɪ] adv. imperecivelmente
unpermitted [ˌʌnpəˈmɪtɪd] adj. não permitido, não autorizado
unpersevering [ˌʌnpɜːsɪˈvɪərɪŋ] adj. sem perseverança
unpersuadable [ˌʌnpəˈsweɪdəbəl] adj. não persuadível
unpersuaded [ˌʌnpəˈsweɪdɪd] adj. não persuadido, não convencido
unpersuasive [ˌʌnpəˈsweɪsɪv] adj. pouco persuasivo, pouco convincente
unpersuasively [ˌʌnpəˈsweɪsɪvlɪ] adv. pouco persuasivamente, pouco convincentemente
unperturbed [ˌʌnpəˈtɜːbd] adj. 1 não perturbado; 2 impassível, impávido
unphilosophical [ˌʌnfɪləˈsɒfɪkəl] adj. não filosófico, antifilosófico
unphilosophically [ˌʌnfɪləˈsɒfɪkəlɪ] adv. antifilosoficamente
unpick [ʌnˈpɪk] v.tr. 1 descoser; 2 desfazer (uma costura)
unpickable [ʌnˈpɪkəbəl] adj. 1 que não pode forçar-se; 2 (fechadura) que não pode abrir-se
unpicked [ʌnˈpɪkt] adj. 1 (fruto) não colhido, por colher; 2 não seleccionado
unpicturesque [ˌʌnpɪktʃəˈresk] adj. não pitoresco
unpierced [ʌnˈpɪəst] adj. não trespassado, não atravessado
unpigmented [ʌnˈpɪgməntɪd] adj. sem pigmentação, albino
unpile [ʌnˈpaɪl] v.tr. desensarilhar (armas), desempilhar
unpiloted [ʌnˈpaɪlətɪd] adj. não pilotado, sem piloto
unpin [ʌnˈpɪn] v.tr. (particípios: -nn-) 1 desencavilhar, tirar as cavilhas a; 2 despregar, desprender; 3 tirar os alfinetes ou agulhas
unpitied [ʌnˈpɪtɪd] adj. 1 não lamentado; 2 que não inspira pena; 3 que não causa compaixão
unpitying [ʌnˈpɪtɪɪŋ] adj. 1 implacável, sem piedade, sem compaixão; 2 cruel, inexorável
unplaced [ʌnˈpleɪst] adj. 1 que não se classificou; 2 desclassificado; 3 sem funções, sem cargo; 4 desempregado
unplait [ʌnˈplæt] v.tr. desentrançar (o cabelo)
unplaned [ʌnˈpleɪnd] adj. por aplainar, não aplainado
unplanned [ʌnˈplænd] adj. 1 imprevisto, inesperado; 2 espontâneo; 3 não planeado; 4 desprovido de plano, desordenado, desorganizado
unplant [ʌnˈplɑːnt, ʌnˈplænt] v.tr. arrancar as plantas
unplanting [ʌnˈplɑːntɪŋ, ʌnˈplæntɪŋ] s. acto de arrancar as plantas
unplastered [ʌnˈplɑːstəd] adj. sem reboco, sem estuque
unplausible [ʌnˈplɔːzɪbəl] adj. 1 não plausível, não convincente; 2 inverosímil
unplayable [ʌnˈpleɪəbəl] adj. 1 (música) não executável, impossível de executar; 2 DESPORTO impróprio para o jogo
unpleasant [ʌnˈpleznt] adj. desagradável, aborrecido
unpleasantly [ʌnˈplezntlɪ] adv. desagradavelmente
unpleasantness [ʌnˈplezntnəs] s. 1 carácter desagradável; 2 desagrado; 3 aborrecimento; dissabor; 4 desentendimento ✣ [EUA] HISTÓRIA [joc.] *the late ~* a guerra da Secessão
unpleasing [ʌnˈpliːzɪŋ] adj. pouco agradável, desagradável [to, a/para com]; *to be ~ to sb* ser desagradável para com alguém
unpleasingly [ʌnˈpliːzɪŋlɪ] adv. pouco agradavelmente, desagradavelmente
unpleasingness [ʌnˈpliːzɪŋnəs] s. desagradabilidade, carácter desagradável
unpledged [ʌnˈpledʒd] adj. livre, não comprometido
unpliable [ʌnˈplaɪəbəl] adj. obstinado, inflexível, rígido
unpliant [ʌnˈplaɪənt] adj. ⇒ **unpliable**
unploughed [ʌnˈplaʊd] adj. não lavrado, não arado, não cultivado
unplucked [ʌnˈplʌkt] adj. 1 não colhido; 2 depenado, sem penas

unplug [ʌnˈplʌg] v.tr. (particípios: **-gg-**) 1 tirar o tampão a, destampar; 2 ELECTRICIDADE retirar a ficha da tomada; 3 desligar
unplugged [ʌnˈplʌgd] adj. 1 desligado, sem ligação à corrente eléctrica; 2 MÚSICA *unplugged*, sem amplificadores eléctricos
unplumbed [ʌnˈplʌmd] adj. 1 insondado, de profundidade não explorada; 2 desconhecido, insondável; 3 sem encanamentos; 4 não chumbado
unpoetic [ˌʌnpəʊˈetɪk] adj. 1 não poético; 2 pouco poético
unpoetical [ˌʌnpəʊˈetɪkəl] adj. 1 não poético; 2 pouco poético
unpoetically [ˌʌnpəʊˈetɪkəlɪ] adv. 1 pouco poeticamente; 2 prosaicamente
unpointed [ʌnˈpɔɪntɪd] adj. 1 sem ponta; 2 obtuso; 3 sem pontuação
unpoised [ʌnˈpɔɪzd] adj. desequilibrado
unpolarize [ʌnˈpəʊləraɪz] v.tr. despolarizar
unpolarized [ʌnˈpəʊləraɪzd] adj. despolarizado; **~ rays** raios despolarizados
unpolished [ʌnˈpɒlɪʃt] adj. 1 não polido, por polir; 2 não encerado, não envernizado, não engraxado; 3 inculto, rude; 4 imperfeito
unpolite [ˌʌnpəˈlaɪt] adj. pouco polido, descortês, incorrecto
unpolitely [ˌʌnpəˈlaɪtlɪ] adv. descortesmente, incorrectamente
unpoliteness [ˌʌnpəˈlaɪtnəs] s. descortesia
unpolitic [ʌnˈpɒlɪtɪk] adj. 1 impolítico, apolítico; 2 inoportuno
unpolitical [ˌʌnpəˈlɪtɪkəl] adj. apolítico
unpolitically [ˌʌnpəˈlɪtɪkəlɪ] adv. 1 impoliticamente, apoliticamente; 2 inoportunamente
unpolled [ʌnˈpəʊld] adj. (eleitor) que não votou
unpolluted [ˌʌnpəˈluːtɪd] adj. 1 impoluto; 2 não poluído, puro; 3 não contaminado
unpopular [ʌnˈpɒpjʊlə] adj. 1 impopular; 2 pouco apreciado
unpopularity [ʌnˌpɒpjʊˈlærɪtɪ] s. impopularidade
unpopularly [ʌnˈpɒpjʊləlɪ] adv. impopularmente
unpopulated [ʌnˈpɒpjʊleɪtɪd] adj. despovoado, sem população
unportioned [ʌnˈpɔːʃənd] adj. [arc.] (rapariga) sem dote
unportrayable [ˌʌnpɔːˈtreɪəbəl] adj. 1 impossível de pintar; 2 que não se pode descrever
un-Portuguese [ˌʌnpɔːtʃʊˈgiːz] adj. contrário à maneira de ser portuguesa
unpossessed [ˌʌnpəˈzest] adj. não possuído ❖ **to be ~ of** não possuir; não ter
unpot [ʌnˈpɒt] v.tr. (particípios: **-tt-**) tirar do vaso (planta)
unpotting [ʌnˈpɒtɪŋ] s. acto de tirar planta do vaso
unpowdered [ʌnˈpaʊdəd] adj. 1 sem pó, não empoado; 2 não pulverizado, não reduzido a pó
unpractical [ʌnˈpræktɪkəl] adj. 1 impraticável; 2 não prático, pouco prático; 3 teórico; 4 inepto
unpractically [ʌnˈpræktɪkəlɪ] adv. 1 de maneira pouco prática; 2 ineptamente
unpracticalness [ʌnˈpræktɪkəlnəs] s. 1 impraticabilidade; 2 falta de espírito prático
unpractised [ʌnˈpræktɪst] adj. 1 não praticado; 2 sem prática, sem experiência; inexperiente; 3 (olho, ouvido) não educado ❖ **~ in** pouco versado em
unprecedented [ʌnˈpresɪdəntɪd] adj. sem precedente, inaudito, inédito, nunca visto
unprecise [ˌʌnprɪˈsaɪs] adj. impreciso
unpredictable [ˌʌnprɪˈdɪktəbəl] adj. imprevisível
unpredictably [ˌʌnprɪˈdɪktəblɪ] adv. imprevisivelmente
unprejudiced [ʌnˈpredʒʊdɪst] adj. 1 sem preconceitos; 2 imparcial
unpremeditated [ˌʌnprɪˈmedɪteɪtɪd] adj. não premeditado; 2 improvisado; 3 espontâneo
unpreoccupied [ˌʌnprɪˈɒkjʊpaɪd] adj. não preocupado [**by**, com]; despreocupado [**by**, em relação a]
unprepared [ˌʌnprɪˈpeəd] adj. 1 sem preparação, não preparado, improvisado; **~ speech** discurso improvisado; 2 (exame, etc.) mal preparado; 3 desprevenido; **to catch sb ~** apanhar alguém desprevenido ❖ **to be ~ for** não estar preparado para; ser apanhado de surpresa por
unpreparedness [ˌʌnprɪˈpeərɪdnəs] s. falta de preparação
unprepossessing [ˌʌnpriːpəˈzesɪŋ] adj. 1 pouco atraente; 2 destituído de encantos; 3 com mau aspecto; 4 pouco simpático; 5 pouco apelativo

unpresentable [ˌʌnprɪˈzentəbəl] adj. 1 pouco apresentável; 2 não apresentável
unpreservable [ˌʌnprɪˈzɜːvəbəl] adj. que não pode conservar-se, que não pode ter-se em conserva
unpresuming [ˌʌnprɪˈzjuːmɪŋ] adj. 1 sem presunções, não presunçoso; 2 despretensioso, modesto
unpresumptuous [ˌʌnprɪˈsʌmptʃʊəs] adj. ⇒ **unpresuming**
unpretending [ˌʌnprɪˈtendɪŋ] adj. 1 sem pretensões, despretensioso; 2 modesto
unpretentious [ˌʌnprɪˈtenʃəs] adj. ⇒ **unpretending**
unpretentiously [ˌʌnprɪˈtenʃəslɪ] adv. 1 despretensiosamente; 2 modestamente
unpretentiousness [ˌʌnprɪˈtenʃəsnəs] s. 1 ausência de pretensões; 2 despretensiosidade; 3 modéstia
unprevailing [ˌʌnprɪˈveɪlɪŋ] adj. ineficaz
unpreventable [ˌʌnprɪˈventəbəl] adj. inevitável, que não se pode impedir
unpriced [ʌnˈpraɪst] adj. 1 inestimável, precioso; 2 sem preço marcado
unpriestly [ʌnˈpriːstlɪ] adj. impróprio de sacerdote, indigno de sacerdote
unprime [ʌnˈpraɪm] v.tr. tirar a escorva a (espingarda)
unprincipled [ʌnˈprɪnsɪpəld] adj. 1 sem princípios; 2 sem escrúpulos
unprintable [ʌnˈprɪntəbəl] adj. 1 inconveniente; 2 que não se pode imprimir
unprinted [ʌnˈprɪntɪd] adj. não impresso
unprivileged [ʌnˈprɪvɪlɪdʒd] adj. sem privilégios
unprobed [ʌnˈprəʊbd] adj. insondado
unprocurable [ˌʌnprəˈkjʊərəbəl] adj. que não se pode obter
unproducible [ˌʌnprəˈdjuːsɪbəl] adj. improduzível
unproductive [ˌʌnprəˈdʌktɪv] adj. 1 improdutivo; 2 que não dá rendimento; 3 estéril; 4 inútil
unproductively [ˌʌnprəˈdʌktɪvlɪ] adv. 1 improdutivamente; 2 sem dar rendimento
unproductiveness [ˌʌnprəˈdʌktɪvnəs] s. 1 improdutividade; 2 esterilidade; 3 inutilidade
unprofessional [ˌʌnprəˈfeʃənəl] adj. 1 não profissional, amador; 2 sem profissão; 3 pouco profissional, contrário às regras profissionais
unprofessionally [ˌʌnprəˈfeʃənəlɪ] adv. 1 de modo não profissional, à amador; 2 pouco profissionalmente
unprofitable [ʌnˈprɒfɪtəbəl] adj. 1 pouco rentável; que não dá lucro; 2 inútil; estéril; 3 desvantajoso ❖ **an ~ sale** uma venda com prejuízo
unprofitableness [ʌnˈprɒfɪtəblnəs] s. 1 inutilidade; 2 ausência de lucro ou de vantagem
unprofitably [ʌnˈprɒfɪtəblɪ] adv. 1 sem lucro, sem proveito; 2 inutilmente; em vão
UNPROFOR [abrev. de United Nations Protection Force] Força de Protecção das Nações Unidas
unprogressive [ˌʌnprəˈgresɪv] adj. 1 rotineiro; 2 não progressivo
unprohibited [ˌʌnprəˈhɪbɪtɪd] adj. permitido, não proibido
unprolific [ˌʌnprəˈlɪfɪk] adj. 1 não prolífico; 2 infecundo
unpromising [ʌnˈprɒmɪsɪŋ] adj. pouco prometedor
unprompted [ʌnˈprɒmptɪd] adj. 1 espontâneo; 2 não incitado
unpromulgated [ʌnˈprɒməlgeɪtɪd] adj. não promulgado
unpronounceable [ˌʌnprəˈnaʊnsəbəl] adj. impronunciável
unpronounced [ˌʌnprəˈnaʊnst] adj. 1 não pronunciado; 2 LINGUÍSTICA mudo
unprop [ʌnˈprɒp] v.tr. (particípios: **-pp-**) 1 tirar o apoio a; 2 tirar as escoras
unpropertied [ʌnˈprɒpətɪd] adj. sem propriedades, sem bens mobiliários
unpropitious [ˌʌnprəˈpɪʃəs] adj. 1 pouco propício [**to**, a]; pouco favorável [**to**, a]; desfavorável [**to**, para]; 2 impróprio
unpropitiously [ˌʌnprəˈpɪʃəslɪ] adv. desfavoravelmente
unprosperous [ʌnˈprɒspərəs] adj. 1 pouco próspero; 2 não próspero, não florescente; 3 desfavorável, não propício
unprosperously [ʌnˈprɒspərəslɪ] adv. 1 pouco prosperamente; 2 sem êxito
unprotected [ˌʌnprəˈtektɪd] adj. 1 desprotegido; 2 desabrigado; 3 sem defesa; 4 sem auxílio; 5 MECÂNICA exposto

unprotested [ˌʌnprəˈtestɪd] adj. (letra comercial) não protestado
unprovable [ʌnˈpruːvəbəl] adj. 1 que não pode provar-se; 2 indemonstrável
unproved [ʌnˈpruːvd] adj. 1 não provado, não demonstrado; 2 não posto à prova
unproven [ʌnˈpruːvən] adj. ⇒ **unproved**
unprovided [ˌʌnprəˈvaɪdɪd] adj. 1 desprovido [**with**, de]; 2 não preparado; 3 desprevenido; 4 não fornecido ❖ *contingencies ~ for* casos imprevistos; *she was left ~ for* ela ficou sem recursos
unprovoked [ˌʌnprəˈvəʊkt] adj. 1 não provocado; 2 sem motivo; gratuito; 3 calmo
unpruned [ʌnˈpruːnd] adj. por podar
unpublishable [ʌnˈpʌblɪʃəbəl] adj. 1 impublicável; 2 pouco viável do ponto de vista editorial
unpublished [ʌnˈpʌblɪʃt] adj. não publicado, inédito
unpunctual [ʌnˈpʌŋktʃuəl] adj. 1 não pontual; 2 atrasado
unpunctuality [ˌʌnpʌŋktʃuˈælɪtɪ] s. falta de pontualidade
unpunctually [ʌnˈpʌŋktʃuəlɪ] adv. com falta de pontualidade
unpunctuated [ʌnˈpʌŋktʃueɪtɪd] adj. sem pontuação, não pontuado
unpuncturable [ʌnˈpʌŋktʃərəbəl] adj. (pneu) antifuro
unpunishable [ʌnˈpʌnɪʃəbəl] adj. não punível
unpunished [ʌnˈpʌnɪʃt] adj. não punido, impune ❖ *to go ~* ficar sem punição
unpurified [ʌnˈpjʊərɪfaɪd] adj. não purificado
unqualifiable [ʌnˈkwɒlɪfaɪəbəl] adj. não qualificável
unqualified [ʌnˈkwɒlɪfaɪd] adj. 1 sem habilitações; não qualificado; *~ for sth* sem habilitações para algo; 2 inepto, inapto, incompetente; 3 (apoio, etc.) incondicional, sem restrições, sem reservas; *~ support* apoio incondicional; 4 (falhanço, sucesso) total; completo ❖ *~ denial* negação categórica; *~ to do sth* sem competência para fazer algo
unqualifiedly [ʌnˈkwɒlɪfaɪdlɪ] adv. 1 incompetentemente; 2 não qualificadamente; 3 incondicionalmente
unquenchable [ʌnˈkwentʃəbəl] adj. 1 não saciável, insaciável; 2 inextinguível
unquenchably [ʌnˈkwentʃəblɪ] adv. insaciavelmente
unquenched [ʌnˈkwentʃt] adj. insaciado, insatisfeito
unquestionable [ʌnˈkwestʃənəbəl] adj. 1 indiscutível, indisputável, incontestável, inatacável; 2 indubitável
unquestionably [ʌnˈkwestʃənəblɪ] adv. indiscutivelmente, incontestavelmente, indubitavelmente
unquestioned [ʌnˈkwestʃənd] adj. 1 incontestado; irrefutado; 2 indiscutível; 3 aceite sem discussão; 4 que não é posto em dúvida ❖ *they let him in ~* deixaram-no entrar sem perguntas; não questionaram a entrada dele
unquestioning [ʌnˈkwestʃənɪŋ] adj. 1 sem replicar; 2 incondicional, sem reservas; 3 cego
unquestioningly [ʌnˈkwestʃənɪŋlɪ] adv. 1 sem replicar, sem objecções; 2 incondicionalmente, sem reservas; 3 cegamente
unquiet [ʌnˈkwaɪət] Ⓐ adj. 1 agitado, desassossegado, inquieto; 2 turbulento, perturbado Ⓑ s. 1 agitação, desassossego, inquietação; 2 turbulência, perturbação
unquietly [ʌnˈkwaɪətlɪ] adv. 1 agitadamente, desassossegadamente; 2 com inquietação; 3 turbulentamente
unquietness [ʌnˈkwaɪətnəs] s. ⇒ **unquiet** Ⓑ
unquotable [ʌnˈkwəʊtəbəl] adj. 1 que não pode citar-se; 2 demasiado inconveniente para se poder citar
unquote [ʌnˈkwəʊt] adv. fim de citação ❖ *quote... ~* abrir aspas... fechar aspas
unquoted [ʌnˈkwəʊtɪd] adj. FINANÇAS não cotado
unransomed [ʌnˈrænsəmd] adj. 1 sem pagar resgate; 2 não remido; 3 não redimido
unratified [ʌnˈrætɪfaɪd] adj. não ratificado, por ratificar
unravel [ʌnˈrævəl] v.tr.,intr. (particípios -ll-) 1 desemaranhar; desenredar; desenvencilhar; 2 (tricô) desfiar(-se); desfazer(-se); 3 resolver, deslindar, decifrar; 4 esclarecer(-se); *to ~ the situation* esclarecer a situação
unraveller [ʌnˈrævlə] s. 1 aquele que desenreda, desenvencilha ou desfia; 2 pessoa que deslinda, decifra ou esclarece
unravelling [ʌnˈrævlɪŋ] s. 1 desemaranhamento, desenvencilhamento; 2 acto de deslindar; 3 esclarecimento, explicação
unreachable [ʌnˈriːtʃəbəl] adj. inatingível; inalcançável

unreached [ʌnˈriːtʃt] adj. não alcançado, não atingido
unread [ʌnˈred] adj. 1 não lido; 2 que não lê; 3 sem instrução; 4 iletrado
unreadable [ʌnˈriːdəbəl] adj. 1 ilegível; 2 incompreensível; 3 intragável
unreadableness [ʌnˈriːdəblnəs] s. ilegibilidade
unreadily [ʌnˈredɪlɪ] adv. 1 com falta de preparação; 2 desprevenidamente; 3 morosamente
unreadiness [ʌnˈredɪnəs] adj. 1 falta de preparação, falta de prontidão; 2 morosidade
unready [ʌnˈredɪ] adj. 1 não preparado; 2 desprevenido; 3 pouco disposto, irresoluto; 4 pouco prudente, pouco circunspecto
unreal [ʌnˈrɪəl] adj. 1 irreal; 2 quimérico, fictício, imaginário, fantástico; 3 ilusório; 4 falaz
unrealistic [ˌʌnrɪəˈlɪstɪk] adj. pouco realista, irrealista
unreality [ˌʌnrɪˈælɪtɪ] s. 1 irrealidade; 2 quimera; 3 fantasia; 4 ilusão
unrealizable [ʌnrɪəˈlaɪzəbəl] adj. 1 irrealizável; 2 FINANÇAS não vendível; 3 não convertível em dinheiro
unrealized [ʌnˈrɪəlaɪzd] adj. não realizado, não apreciado
unreaped [ʌnˈriːpt] adj. não colhido, não ceifado
unreason [ʌnˈriːzn] s. 1 disparate, sem-razão; 2 insensatez, absurdo, tolice
unreasonable [ʌnˈriːznəbəl] adj. 1 insensato; pouco razoável; 2 descabido; despropositado; 3 absurdo; 4 (preços) exorbitante; excessivo; 5 impróprio; *~ behaviour* conduta imprópria; *at this ~ hour* a estas horas impróprias
unreasonableness [ʌnˈriːznəblnəs] s. 1 sem-razão; 2 disparate, absurdo; 3 exorbitância, excesso, exagero
unreasonably [ʌnˈriːznəblɪ] adv. 1 sem razão; 2 de forma pouco razoável; 3 exorbitantemente; 4 despropositadamente
unreasoning [ʌnˈriːzənɪŋ] adj. 1 que não raciocina, irracional; 2 irreflectido, impulsivo; 3 cego
unreasoningly [ʌnˈriːzənɪŋlɪ] adv. 1 irracionalmente, irreflectidamente, impulsivamente; 2 cegamente
unrebuked [ˌʌnrɪˈbjuːkt] adj. sem reprimenda, não repreendido, sem censura
unrecalled [ˌʌnrɪˈkɔːld] adj. não chamado
unreceipted [ˌʌnrɪˈsiːtɪd] adj. por pagar
unreceptive [ˌʌnrɪˈseptɪv] adj. nada receptivo
unrecking [ʌnˈrekɪŋ] adj. desleixado, descuidado
unreclaimed [ˌʌnrɪˈkleɪmd] adj. 1 não regenerado, não corrigido; 2 inculto, por lavrar; 3 não aproveitado, não recuperado; 4 não reclamado
unrecognizable [ʌnˌrekəgˈnaɪzəbəl] adj. irreconhecível
unrecognizably [ʌnˌrekəgˈnaɪzəblɪ] adv. irreconhecivelmente
unrecognized [ʌnˈrekəgnaɪzd] adj. 1 não reconhecido; 2 ignorado, desconhecido
unrecognizing [ʌnˈrekəgnaɪzɪŋ] adj. sem reconhecer
unreconciled [ʌnˈrekənsaɪld] adj. irreconciliado
unrecorded [ˌʌnrɪˈkɔːdɪd] adj. 1 não registado; sem registo; 2 não mencionado; 3 MÚSICA não gravado
unrecoverable [ˌʌnrɪˈkʌvərəbəl] adj. 1 irrecuperável; 2 incobrável
unrecovered [ˌʌnrɪˈkʌvəd] adj. 1 não recuperado; 2 não cobrado; 3 não restabelecido (de saúde)
unrectified [ʌnˈrektɪfaɪd] adj. 1 não rectificado, não corrigido; 2 em bruto
unredeemable [ˌʌnrɪˈdiːməbəl] adj. 1 irredimível; irremível; irremissível; 2 FINANÇAS não reembolsável
unredeemed [ˌʌnrɪˈdiːmd] adj. 1 não remido, não resgatado; 2 (promessa) não cumprido; 3 FINANÇAS não recuperado, não reembolsado; 4 obstinado, endurecido
unredressed [ˌʌnrɪˈdrest] adj. não reparado, não vingado
unreduced [ˌʌnrɪˈdjuːst] adj. não reduzido
unreel [ʌnˈriːl] v.tr.,intr. 1 desenrolar, desbobinar; 2 desenrolar-se, desbobinar-se
unreeve [ʌnˈriːv] v.tr. (prt. **unrove**, part. pass. **unreeved** ou **unroven**) NÁUTICA fazer sair do gorne, desgornir
unrefined [ˌʌnrɪˈfaɪnd] adj. 1 não purificado; não refinado, não depurado; em bruto; *~ copper* cobre em bruto; cobre não purificado; 2 tosco, grosseiro, vulgar; 3 descortês; indelicado ❖ *~ sugar* açúcar mascavado

unreflecting [ˌʌnrɪˈflektɪŋ] *adj.* irreflectido
unreformable [ˌʌnrɪˈfɔːməbəl] *adj.* irreformável
unreformed [ˌʌnrɪˈfɔːmd] *adj.* 1 não reformado; 2 não corrigido
unrefracted [ˌʌnrɪˈfræktɪd] *adj.* FÍSICA não refractado
unrefreshed [ˌʌnrɪˈfreʃt] *adj.* não restabelecido, não restaurado
unrefreshing [ˌʌnrɪˈfreʃɪŋ] *adj.* que não restabelece, que não restaura ❖ ~ *sleep* sono pouco reparador
unrefuted [ˌʌnrɪˈfjuːtɪd] *adj.* irrefutado
unregal [ʌnˈriːgəl] *adj.* pouco real, pouco régio
unregarded [ˌʌnrɪˈɡɑːdɪd] *adj.* 1 posto de lado, posto de parte; 2 despercebido; sem que se lhe preste atenção
unregardful [ˌʌnrɪˈɡɑːdfʊl] *adj.* 1 pouco atento [**of**, a]; que não presta atenção [**of**, a]; 2 insensível [**of**, a]; indiferente [**of**, a]; sem querer saber [**of**, de]
unregarding [ˌʌnrɪˈɡɑːdɪŋ] *adj.* descuidado, negligente
unregenerate [ˌʌnrɪˈdʒenərɪt] *adj.* 1 não regenerado; 2 pecaminoso; 3 incorrigível
unregenerated [ˌʌnrɪˈdʒenəreɪtɪd] *adj.* ⇒ **unregenerate**
unregenerately [ˌʌnrɪˈdʒenərɪtlɪ] *adv.* 1 incorrigivelmente; 2 pecaminosamente
unregistered [ʌnˈredʒɪstəd] *adj.* 1 não registado; 2 não matriculado ❖ ~ *letter* carta não registada
unregretted [ˌʌnrɪˈɡretɪd] *adj.* sem ser lamentado, sem ser chorado
unregulated [ʌnˈreɡjʊleɪtɪd] *adj.* não regulado
unrehearsed [ˌʌnrɪˈhɜːst] *adj.* 1 não ensaiado, não preparado; 2 improvisado
unrelated [ˌʌnrɪˈleɪtɪd] *adj.* 1 autónomo; não relacionado, sem relação [**to**, com]; 2 sem parentesco [**to**, com]; 3 sem referência; 4 desconexo
unrelaxing [ˌʌnrɪˈlæksɪŋ] *adj.* 1 sem abrandar; sem descanso, sem repouso
unrelenting [ˌʌnrɪˈlentɪŋ] *adj.* 1 inexorável, implacável; 2 inflexível; 3 duro, impiedoso
unrelentingly [ˌʌnrɪˈlentɪŋlɪ] *adv.* 1 inexoravelmente, implacavelmente; 2 inflexivelmente; 3 impiedosamente
unrelentingness [ˌʌnrɪˈlentɪŋnəs] *s.* 1 inexorabilidade, implacabilidade; 2 inflexibilidade
unreliability [ˌʌnrɪlaɪəˈbɪlɪtɪ] *s.* 1 incerteza; 2 insegurança, instabilidade; 3 falibilidade
unreliable [ˌʌnrɪˈlaɪəbəl] *adj.* 1 inseguro, que não inspira confiança; 2 inconstante, instável; 3 inexacto; 4 duvidoso; 5 falível; 6 discutível
unreliableness [ˌʌnrɪˈlaɪəblnəs] *s.* ⇒ **unreliability**
unrelieved [ˌʌnrɪˈliːvd] *adj.* 1 sem socorro; 2 abandonado, desamparado; 3 (sentinela) não revezado, não substituído; 4 sem minorado, não suavizado; 5 monótono, uniforme
unreligious [ˌʌnrɪˈlɪdʒəs] *adj.* não religioso
unremarkable [ˌʌnrɪˈmɑːkəbəl] *adj.* 1 apagado, pouco notável; 2 banal, corriqueiro
unremarked [ˌʌnrɪˈmɑːkt] *adj.* não notado, despercebido; *to go/pass* ~ passar despercebido ❖ *to be* ~ *upon* passar sem comentários
unremedied [ʌnˈremɪdɪd] *adj.* não remediado, por remediar
unremembered [ˌʌnrɪˈmembəd] *adj.* não lembrado, esquecido
unremembering [ˌʌnrɪˈmembərɪŋ] *adj.* que não se lembra, esquecido, de memória fraca
unremitted [ˌʌnrɪˈmɪtɪd] *adj.* 1 não perdoado, não remido; 2 contínuo, ininterrupto, incessante
unremitting [ˌʌnrɪˈmɪtɪŋ] *adj.* 1 ininterrupto, incessante, contínuo, constante; 2 perseverante; 3 incansável
unremittingly [ˌʌnrɪˈmɪtɪŋlɪ] *adv.* 1 ininterruptamente, incessantemente, constantemente; 2 perseverantemente; 3 incansavelmente
unremorseful [ˌʌnrɪˈmɔːsfʊl] *adj.* sem remorsos
unremunerated [ˌʌnrɪˈmjuːnəreɪtɪd] *adj.* 1 não remunerado, sem remuneração; 2 grátis
unremunerative [ˌʌnrɪˈmjuːnərətɪv] *adj.* 1 pouco remunerador; 2 pouco lucrativo
unremuneratively [ˌʌnrɪˈmjuːnərətɪvlɪ] *adv.* pouco remuneradoramente, pouco lucrativamente

unrenewed [ˌʌnrɪˈnjuːd] *adj.* não renovado
unrepaid [ˌʌnrɪˈpeɪd] *adj.* 1 não reembolsado; 2 (empréstimo) não pago; 3 não recompensado; 4 não retribuído
unrepealable [ˌʌnrɪˈpiːləbəl] *adj.* irrevogável, irrevocável
unrepealed [ˌʌnrɪˈpiːld] *adj.* 1 não revogado, não anulado; 2 em vigor
unrepeatable [ˌʌnrɪˈpiːtəbəl] *adj.* irrepetível, que não pode repetir-se
unrepentance [ˌʌnrɪˈpentəns] *s.* impenitência
unrepentant [ˌʌnrɪˈpentənt] *adj.* impenitente
unrepented [ˌʌnrɪˈpentɪd] *adj.* não arrependido; sem arrependimento
unrepenting [ˌʌnrɪˈpentɪŋ] *adj.* ⇒ **unrepentant**
unrepining [ˌʌnrɪˈpaɪnɪŋ] *adj.* 1 que não se queixa, sem queixumes; 2 sereno
unrepiningly [ˌʌnrɪˈpaɪnɪŋlɪ] *adv.* 1 sem se queixar; 2 serenamente
unreplenished [ˌʌnrɪˈplenɪʃt] *adj.* não reabastecido
unreported [ˌʌnrɪˈpɔːtɪd] *adj.* não relatado, não comunicado, não participado
unrepresentative [ˌʌnreprɪˈzentətɪv] *adj.* não representativo; pouco representativo; pouco típico
unrepresented [ˌʌnreprɪˈzentɪd] *adj.* não representado, sem representantes
unrepressed [ˌʌnrɪˈprest] *adj.* irreprimido
unreproducible [ˌʌnriːprəˈdjuːsɪbəl] *adj.* irreproduzível
unreproved [ˌʌnrɪˈpruːvd] *adj.* não repreendido; não censurado ❖ *to go* ~ escapar sem repreensão
unrequested [ˌʌnrɪˈkwestɪd] *adj.* 1 não solicitado, sem ser pedido; 2 espontâneo ❖ *to do sth* ~ fazer algo espontaneamente; fazer algo por moto próprio
unrequired [ˌʌnrɪˈkwaɪəd] *adj.* 1 desnecessário; 2 não exigido
unrequitable [ˌʌnrɪˈkwaɪtəbəl] *adj.* irrecompensável
unrequited [ˌʌnrɪˈkwaɪtɪd] *adj.* 1 [lit.] não retribuído; não correspondido; ~ *love* amor não correspondido; 2 [lit.] impune; *the robbery went* ~ o roubo ficou impune
unrescinded [ˌʌnrɪˈsɪndɪd] *adj.* não rescindido, em vigor
unresented [ˌʌnrɪˈzentɪd] *adj.* 1 sem ressentimento; 2 que não provocou ressentimento, que não se levou a mal
unresentful [ˌʌnrɪˈzentfʊl] *adj.* sem ressentimento [**of**, por]; que não guarda rancor [**of**, por]
unresenting [ˌʌnrɪˈzentɪŋ] *adj.* ⇒ **unresentful**
unresentingly [ˌʌnrɪˈzentɪŋlɪ] *adv.* 1 sem rancor, sem ressentimento; 2 calmamente
unreserve [ˌʌnrɪˈzɜːv] *s.* 1 franqueza; 2 falta de reserva
unreserved [ˌʌnrɪˈzɜːvd] *s.* 1 não reservado, sem reserva; ~ *seats* lugares sem reserva; 2 franco; expansivo; 3 (apoio, etc.) incondicional; total, completo; sem restrições; 4 ilimitado
unreservedly [ˌʌnrɪˈzɜːvɪdlɪ] *adv.* 1 com franqueza, abertamente; 2 sem reserva; 3 incondicionalmente, totalmente, sem restrições, ilimitadamente
unreservedness [ˌʌnrɪˈzɜːvɪdnəs] *s.* franqueza, ausência de reserva
unresisted [ˌʌnrɪˈzɪstɪd] *adj.* a que se não resiste; irresistível ❖ *he did it* ~ ele fê-lo sem oposição
unresisting [ˌʌnrɪˈzɪstɪŋ] *adj.* 1 que não resiste, sem resistência; 2 submisso, passivo
unresistingly [ˌʌnrɪˈzɪstɪŋlɪ] *adv.* 1 sem resistência; 2 passivamente, submissamente
unresolved [ˌʌnrɪˈzɒlvd] *adj.* 1 por resolver; 2 irresoluto, indeciso, hesitante; 3 não decomposto, não dissolvido
unrespected [ˌʌnrɪˈspektɪd] *adj.* não respeitado
unresponsive [ˌʌnrɪˈspɒnsɪv] *adj.* 1 pouco sensível; 2 insensível, frio, indiferente; 3 que não responde, que não reage
unresponsively [ˌʌnrɪˈspɒnsɪvlɪ] *adv.* 1 pouco sensivelmente; 2 insensivelmente; 3 com frieza, com indiferença
unresponsiveness [ˌʌnrɪˈspɒnsɪvnəs] *s.* 1 falta de sensibilidade, insensibilidade; 2 frieza, indiferença
unrest [ʌnˈrest] *s.* inquietação, agitação, desassossego ❖ *labour* ~ agitação operária
unrestored [ˌʌnrɪˈstɔːd] *adj.* 1 não restituído; 2 que não voltou a ser colocado no lugar; 3 não reintegrado (nas suas funções, etc.); 4 não reparado, não restaurado
unrestrainable [ˌʌnrɪˈstreɪnəbəl] *adj.* irreprimível

unrestrained [ʌnrɪs'treɪnd] *adj.* 1 não reprimido; não refreado; 2 livre; 3 sem constrangimento ❖ ~ *by what I had said, he insisted that...* passando por cima do que eu tinha dito, ele insistiu em que...

unrestrainedly [ʌnrɪs'treɪnɪdlɪ] *adv.* 1 sem constrangimento, desenfreadamente; 2 de modo irrestrito

unrestricted [ʌnrɪs'trɪktɪd] *adj.* 1 sem limitações, sem restrições; 2 ilimitado; *to have ~ access to* ter acesso ilimitado a ❖ ~ *road* estrada sem limitação de velocidade

unretentive [ʌnrɪ'tentɪv] *adj.* que não retém, que facilmente esquece

unretracted [ʌnrɪ'træktɪd] *adj.* não retratado

unrevealable [ʌnrɪ'viːləbəl] *adj.* não revelável, não divulgável

unrevealed [ʌnrɪ'viːld] *adj.* não revelado, não divulgado

unrevenged [ʌnrɪ'vendʒd] *adj.* não vingado, sem vingança

unrevised [ʌnrɪ'vaɪzd] *adj.* não revisto, sem revisão

unrevoked [ʌnrɪ'vəʊkt] *adj.* não revogado

unrewarded [ʌnrɪ'wɔːdɪd] *adj.* sem recompensa, não recompensado

unrhymed [ʌn'raɪmd] *adj.* 1 sem rima; 2 LITERATURA (verso) branco

unrhythmical [ʌn'rɪðmɪkəl] *adj.* sem ritmo

unrhythmically [ʌn'rɪðmɪkəlɪ] *adv.* 1 irregularmente; 2 com arritmia; de maneira arrítmica

unridable [ʌn'raɪdəbəl] *adj.* 1 em que não se pode cavalgar; 2 (cavalo) que se não pode montar

unridden [ʌn'rɪdən] *adj.* (cavalo) nunca montado

unriddle [ʌn'rɪdl] *v.tr.* 1 resolver, decifrar; 2 explicar

unrifled [ʌn'raɪfəld] *adj.* 1 (cano de arma de fogo) não estriado, sem estrias; 2 não pilhado, não posto a saque

unrig [ʌn'rɪg] *v.tr.* (particípios -gg-) (navio) desarmar, desaparelhar, desguarnecer ❖ [cal.] *to ~ oneself* despir-se

unrigging [ʌn'rɪgɪŋ] *s.* NÁUTICA acto de desarmar, desaparelhar ou desguarnecer

unrighteous [ʌn'raɪtʃəs] *adj.* 1 injusto, ímprobo, iníquo; 2 mau, perverso

unrighteously [ʌn'raɪtʃəslɪ] *adv.* 1 injustamente, iniquamente; 2 perversamente

unrighteousness [ʌn'raɪtʃəsnəs] *s.* 1 injustiça, improbidade; 2 iniquidade; 3 perversidade, maldade

unrimed [ʌn'raɪmd] *adj.* ⇒ **unrhymed**

unrip [ʌn'rɪp] *v.tr.* (particípios: -pp-) 1 pagar; 2 descoser (costura)

unripe [ʌn'raɪp] *adj.* 1 não maduro, verde; 2 imaturo

unripened [ʌn'raɪpənd] *adj.* ⇒ **unripe**

unripeness [ʌn'raɪpnəs] *s.* 1 verdura; 2 imaturidade, estado imaturo

unrippled [ʌn'rɪpəld] *adj.* calmo, sereno, sem a menor ondulação

unrivalled [ʌn'raɪvəld] *adj.* 1 sem rival, sem igual, sem par; 2 único; incomparável

unrivet [ʌn'rɪvɪt] *v.tr.* tirar dos rebites, descravar

unroasted [ʌn'rəʊstɪd] *adj.* 1 não assado; 2 não torrado

unrobe [ʌn'rəʊb] *v.tr.,intr.* despir, despir-se

unroll [ʌn'rəʊl] *v.tr.,intr.* 1 desenrolar, desenrolar-se; 2 estender, estender-se; 3 desfraldar

unromantic [ʌnrə'mæntɪk] *adj.* 1 não romântico; 2 prosaico

unromantically [ʌnrə'mæntɪklɪ] *adv.* pouco romanticamente

unroof [ʌn'ruːf] *v.tr.* destelhar, levantar o telhado

unroofed [ʌn'ruːft] *adj.* sem telhado

unroot [ʌn'ruːt] *v.tr.* 1 desenraizar; 2 arrancar pela raiz

unround [ʌn'raʊnd] *v.tr.* não arredondar (pronúncia de vogal)

unrounded [ʌn'raʊndɪd] *adj.* 1 não arredondado; 2 anguloso

unrove [ʌn'rəʊv] *prt. de* **to unreeve**

unroven [ʌn'rəʊvn] *part. pass. de* **to unreeve**

UNRRA [*abrev. de* United Nations Relief and Rehabilitation Administration]

unruffled [ʌn'rʌfəld] *adj.* 1 calmo, sereno, tranquilo; 2 imperturbável; 3 liso; não enrugado; não encrespado; não eriçado ❖ *to do sth with ~ temper* fazer qualquer coisa com toda a serenidade; *to be ~ by sth* não se deixar afectar por algo

unruled [ʌn'ruːld] *adj.* 1 não controlado, sem governo; 2 não pautado, sem linhas

unruliness [ʌn'ruːlɪnəs] *s.* insubmissão, indisciplina, descontrolo

unruly [ʌn'ruːlɪ] *adj.* 1 desobediente, indisciplinado, rebelde, insubmisso, difícil de dominar; 2 (cavalo) fogoso

UNRWA [*abrev. de* United Nations Relief and Works Agency]

unsaddle [ʌn'sædl] *v.tr.* 1 tirar a sela a, desselar; 2 tirar a albarda a, cuspir da sela

unsaddled [ʌn'sædəld] *adj.* 1 sem sela, desselado; 2 sem albarda; 3 em pêlo; 4 cuspido da sela

unsafe [ʌn'seɪf] *adj.* 1 pouco seguro; 2 arriscado, perigoso; 3 pouco firme

unsafely [ʌn'seɪflɪ] *adv.* 1 de modo pouco seguro; 2 de maneira arriscada; 3 perigosamente

unsafeness [ʌn'seɪfnəs] *s.* 1 insegurança; 2 risco, perigo; 3 pouca firmeza

unsaid [ʌn'sed] Ⓐ *prt. e part. pass. de* **to unsay** Ⓑ *adj.* não proferido, não dito ❖ *consider that ~* faça de conta que eu não disse nada; *much was left ~* muito mais haveria a dizer; *some things are better left ~* há coisas que é melhor não dizer

unsailorlike [ʌn'seɪləlaɪk] *adj.* 1 pouco próprio de marinheiro; 2 sem ar de marinheiro

unsaintly [ʌn'seɪntlɪ] *adj.* não santo, que não tem nada de santo

unsalaried [ʌn'sælərɪd] *adj.* 1 sem salário; 2 não remunerado; 3 gratuito

unsaleable [ʌn'seɪləbəl] *adj.* 1 não vendível; 2 que se vende muito pouco; 3 que não tem venda

unsaleableness [ʌn'seɪləblnəs] *s.* dificuldade de venda; qualidade ou característica de invendível

unsalted [ʌn'sɔːltɪd] *adj.* 1 sem sal; *~ butter* manteiga sem sal; 2 insosso

unsanctified [ʌn'sæŋktɪfaɪd] *adj.* 1 não santificado, não consagrado; 2 profano

unsanctioned [ʌn'sæŋkʃənd] *adj.* 1 não sancionado; 2 não aprovado; 3 não autorizado; 4 não ratificado

unsanitary [ʌn'sænɪtərɪ, ʌn'sænɪterɪ] *adj.* 1 pouco higiénico, não higiénico; 2 anti-higiénico

unsated [ʌn'seɪtɪd] *adj.* ⇒ **unsatiated**

unsatiated [ʌn'seɪʃɪeɪtɪd] *adj.* não saciado

unsatisfactorily [ˌʌnsætɪs'fæktərɪlɪ] *adv.* pouco satisfatoriamente, não satisfatoriamente, de maneira que deixa a desejar

unsatisfactoriness [ˌʌnsætɪs'fæktərɪnəs] *s.* carácter não satisfatório

unsatisfactory [ˌʌnsætɪs'fæktərɪ] *adj.* 1 não satisfatório, que deixa a desejar; 2 defeituoso; 3 medíocre

unsatisfiable [ʌn'sætɪsfaɪəbəl] *adj.* 1 que não se pode contentar; 2 que não se pode satisfazer ou mitigar

unsatisfied [ʌn'sætɪsfaɪd] *adj.* 1 descontente, não satisfeito; 2 não saciado; 3 não liquidado, não saldado; 4 não convencido

unsatisfying [ʌn'sætɪsfaɪɪŋ] *adj.* 1 que não satisfaz; 2 insatisfatório; 3 insuficiente; 4 não convincente

unsaturable [ʌn'sætʃərəbəl] *adj.* QUÍMICA insaturável, que não se pode saturar

unsaturated [ʌn'sætʃəreɪtɪd] *adj.* QUÍMICA insaturado ❖ *~ solution* solução insaturada

unsaved [ʌn'seɪvd] *adj.* 1 perdido; 2 não salvo; 3 INFORMÁTICA por gravar

unsavourily [ʌn'seɪvərɪlɪ] *adv.* 1 desagradavelmente; 2 nauseabundamente; 3 repugnantemente; 4 indecentemente

unsavouriness [ʌn'seɪvərɪnəs] *s.* 1 gosto desagradável; 2 carácter ou aspecto nauseabundo; 3 repugnância

unsavoury [ʌn'seɪvərɪ] *adj.* 1 desagradável ao gosto ou ao cheiro; 2 que sabe mal; 3 fétido, malcheiroso; 4 repugnante, nojento; 5 indecente, escandaloso; 6 duvidoso, suspeito, equívoco

unsawn [ʌn'sɔːn] *adj.* não serrado, por serrar

unsay [ʌn'seɪ] *v.tr.* [EUA] [joc.] desdizer, retractar

unscalable [ʌn'skeɪləbəl] *adj.* que não pode escalar-se

unscale [ʌn'skeɪl] *v.tr.* escamar, tirar as escamas

unscaled [ʌn'skeɪld] *adj.* não escalado

unscannable [ʌn'skænəbəl] *adj.* 1 imperscrutável; 2 LITERATURA (versos) que não se pode escandir; 3 (scanner) que não se pode scanear

unscarred [ʌn'skɑːd] *adj.* sem cicatrizes

unscathed [ʌn'skeɪðd] *adj.* incólume, ileso

unscented [ʌn'sentɪd] *adj.* sem aroma, sem perfume, sem cheiro

unscheduled [ʌn'ʃedjuːld, ʌn'skedjuːld,] *adj.* 1 imprevisto; 2 não agendado; 3 não planeado

unscholarly [ʌnˈskɒləlɪ] *adj.* 1 iletrado, ignorante; 2 impróprio de sábio

unschooled [ʌnˈskuːld] *adj.* 1 ignorante, inculto, sem instrução; 2 indisciplinado; 3 sem treino, sem preparação; 4 natural, espontâneo

unscientific [ʌnˌsaɪənˈtɪfɪk] *adj.* 1 não científico; heterodoxo do ponto de vista científico, pouco científico; 2 intuitivo, irracional; 3 pouco metódico, pouco sistemático

unscientifically [ˌʌnsaɪənˈtɪfɪkəlɪ] *adv.* pouco cientificamente

unscorched [ʌnˈskɔːtʃt] *adj.* não queimado, sem queimaduras

unscratched [ʌnˈskrætʃt] *adj.* sem arranhões

unscreened [ʌnˈskriːnd] *adj.* 1 desabrigado; destapado; descoberto; 2 sem anteparo; sem tela; 3 (condensador) não blindado ❖ ~ *coal* carvão não classificado

unscrew [ʌnˈskruː] Ⓐ *v.tr.* desatarraxar, desaparafusar Ⓑ *v.intr.* desatarraxar-se, desaparafusar-se

unscrewed [ʌnˈskruːd] *adj.* 1 desatarraxado, desaparafusado; 2 não roscado

unscrewing [ʌnˈskruːɪŋ] *s.* 1 desatarraxamento; 2 desaparafusamento

unscripted [ʌnˈskrɪptɪd] *adj.* 1 sem guião prévio; 2 improvisado, de improviso; 3 imprevisto, inesperado; 4 não planeado

unscriptural [ʌnˈskrɪptʃərəl] *adj.* 1 em desacordo com a Escritura; 2 não conforme com as Sagradas Escrituras

unscrupulosity [ˌʌnskruːpjuˈlɒsɪtɪ] *s.* 1 falta de escrúpulos; 2 falta de consciência; 3 falta de vergonha

unscrupulous [ʌnˈskruːpjʊləs] *adj.* 1 sem escrúpulos; 2 sem consciência, sem vergonha

unscrupulously [ʌnˈskruːpjʊləslɪ] *adv.* 1 pouco escrupulosamente; 2 sem escrúpulos; 3 desavergonhadamente

unscrupulousness [ʌnˈskruːpjʊləsnəs] *s.* ⇒ **unscrupulosity**

unseal [ʌnˈsiːl] *v.tr.* 1 tirar o selo a; 2 quebrar o lacre a; 3 (carta, etc.) abrir ❖ *to ~ the future* revelar o futuro

unsealed [ʌnˈsiːld] *adj.* 1 não selado, sem selo; 2 não lacrado

unseam [ʌnˈsiːm] *v.tr.* descoser

unseamanlike [ʌnˈsiːmənlaɪk] *adj.* impróprio de marinheiro

unsearchable [ʌnˈsɜːtʃəbəl] *adj.* 1 imperscrutável, inescrutável; 2 impenetrável; 3 misterioso

unsearched [ʌnˈsɜːtʃt] *adj.* não examinado, não inspeccionado

unseasonable [ʌnˈsiːznəbəl] *adj.* 1 inoportuno; 2 extemporâneo; 3 inadequado, desadequado; 4 (tempo, etc.) fora da época; fora da estação ❖ ~ *joke* brincadeira estúpida; *at an ~ hour* a horas impróprias

unseasonableness [ʌnˈsiːznəblnəs] *s.* 1 inoportunidade, intempestividade; 2 extemporaneidade; 3 impropriedade; 4 qualidade do que está fora da época própria

unseasonably [ʌnˈsiːznəblɪ] *adv.* 1 inoportunamente; fora de propósito; 2 extemporaneamente; 3 intempestivamente; 4 fora da época própria; *it is ~ cold* está um frio impróprio para a época do ano

unseasoned [ʌnˈsiːznd] *adj.* 1 verde, ainda não suficientemente amadurecido; 2 imaturo; 3 não sazonado; 4 CULINÁRIA não temperado; 5 sem experiência; 6 não habituado, não aclimatado

unseat [ʌnˈsiːt] *v.tr.* 1 cuspir da sela, fazer cair da sela; *to ~ a rider* fazer um cavaleiro cair da sela, cuspir um cavaleiro da sela; 2 derrubar de lugar sentado; 3 destituir, depor; 4 invalidar a eleição de; 5 POLÍTICA fazer perder o lugar no parlamento

unseated [ʌnˈsiːtɪd] *adj.* 1 de pé, não sentado; *to remain ~* ficar de pé; 2 (deputado) não reeleito

unseating [ʌnˈsiːtɪŋ] *s.* 1 acto de fazer cair da sela; 2 anulação de eleição para deputado

unseaworthiness [ʌnˈsiːˌwɜːðɪnəs] *s.* 1 DIREITO incapacidade de navegar; 2 inavegabilidade

unseaworthy [ʌnˈsiːˌwɜːðɪ] *adj.* 1 em más condições de navegabilidade; 2 incapaz de navegar

unseconded [ʌnˈsekəndɪd] *adj.* 1 não ajudado; 2 não apoiado; 3 sem auxílio

unsectarian [ˌʌnsekˈteərɪən] *adj.* 1 não sectário; 2 não confessional

unsecured [ˌʌnsɪˈkjʊəd] *adj.* 1 pouco firme, mal seguro; 2 mal fechado; 3 sem garantia

unseeing [ʌnˈsiːɪŋ] *adj.* cego, que não vê

unseemliness [ʌnˈsiːmlɪnəs] *s.* 1 inconveniência; 2 indecorosidade, indecência

unseemly [ʌnˈsiːmlɪ] *adj.* 1 inconveniente, impróprio; 2 indecoroso, indecente; 3 feio

unseen [ʌnˈsiːn] Ⓐ *adj.* 1 inédito; nunca visto; desconhecido; ~ *by the public* desconhecido(s) do público em geral; 2 invisível, oculto; 3 despercebido; sem ser visto; *to remain ~* não ser visto Ⓑ *s.* 1 tradução sem dicionário; 2 *the ~* o invisível ❖ ~ *translation* tradução sem auxílio de dicionário

unseized [ʌnˈsiːzd] *adj.* 1 não aproveitado; 2 não embargado, não penhorado, não sequestrado

unselfconscious [ˌʌnselfˈkɒnʃəs] *adj.* 1 desenvolto; desinibido; 2 natural, sem constrangimento

unselfconsciously [ˌʌnselfˈkɒnʃəslɪ] *adv.* com desenvoltura, com naturalidade

unselfconsciousness [ˌʌnselfˈkɒnʃəsnəs] *s.* desenvoltura, à-vontade, naturalidade, desinibição

unselfish [ʌnˈselfɪʃ] *adj.* 1 não egoísta; 2 desinteressado; 3 generoso, altruísta

unselfishly [ʌnˈselfɪʃlɪ] *adv.* 1 desinteressadamente; 2 generosamente, altruisticamente

unselfishness [ʌnˈselfɪʃnəs] *s.* generosidade, altruísmo, desinteresse

unsensitized [ʌnˈsensɪtaɪzd] *adj.* FOTOGRAFIA (papel) não sensibilizado

unsent [ʌnˈsent] *adj.* não enviado, não expedido ❖ *to come ~ for* vir sem ser chamado

unsentenced [ʌnˈsentənst] *adj.* 1 não sentenciado, que ainda não recebeu a sentença; 2 não condenado

unsentimental [ˌʌnsentɪˈmentəl] *adj.* 1 não sentimental; 2 prosaico; objectivo

unsentimentally [ˌʌnsentɪˈmentəlɪ] *adv.* 1 de modo pouco sentimental; 2 objectivamente

unserved [ʌnˈsɜːvd] *adj.* não servido

unserviceable [ʌnˈsɜːvɪsəbəl] *adj.* 1 que não serve; 2 que já não está em condições de servir; 3 que não presta; 4 inaproveitável, inútil, imprestável; 5 pouco prático; 6 (cor) pouco firme; 7 inapto (para o serviço militar)

unserviceableness [ʌnˈsɜːvɪsəblnəs] *s.* inutilidade

unset [ʌnˈset] Ⓐ *v.tr.* (*prt. e part. pass.* **unset**) 1 desmontar, desengastar; 2 deslocar; 3 desarranjar; 4 CIRURGIA provocar nova fractura (para junção de osso mal unido) Ⓑ *adj.* 1 desengastado, desencastoado; 2 CIRURGIA não reduzido

unsettle [ʌnˈsetl] *v.tr.* 1 perturbar; abalar; transtornar; 2 desarranjar; pôr em desordem; 3 tornar incerto, tornar instável; *to ~ the weather* tornar o tempo incerto; 4 enfraquecer; 5 não liquidar, deixar de liquidar

unsettled [ʌnˈsetəld] *adj.* 1 perturbado; agitado; inquieto; *to become ~* ficar inquieto; 2 abalado; transtornado; 3 desarranjado; 4 indeciso, irresoluto; 5 (tempo, situação) incerto; instável; 6 (problema, questão) não decidido, não resolvido, pendente; 7 (dívidas) por liquidar, por saldar; 8 (pessoa) sem domicílio certo; não estabelecido; 9 (território) não colonizado, não povoado

unsettledness [ʌnˈsetldnəs] *adj.* 1 incerteza, pouca firmeza, insegurança; 2 variabilidade, instabilidade; 3 agitação, perturbação, transtorno mental

unsettling [ʌnˈsetlɪŋ] *adj.* perturbador, inquietante

unsew [ʌnˈsəʊ] *v.tr.* (*prt.* **unsewed**, *part. pass.* **unsewn**) descoser, desfazer a costura de ❖ *to come unsewn* descoser-se

unsex [ʌnˈseks] *v.tr.* 1 privar do sexo, castrar; 2 dessexuar

unsexed [ʌnˈsekst] *adj.* 1 dessexuado; 2 sem sexo determinado; 3 com sexo por determinar

unsexual [ʌnˈseksjʊəl, ʌnˈsekʃʊəl] *adj.* assexuado

unshackle [ʌnˈʃækl] *v.tr.* 1 soltar, tirar a peia a; 2 desalgemar, libertar; 3 desmanilhar

unshackled [ʌnˈʃækəld] *adj.* 1 livre, liberto, sem peias nem entraves; 2 sem algemas, desalgemado

unshaded [ʌnˈʃeɪdɪd] *adj.* 1 sem sombra; 2 sem persianas; 3 sem quebra-luz, sem pantalha; 4 exposto ao sol

unshadowed [ʌnˈʃædəʊd] *adj.* ⇒ **unshaded**

unshakeable [ʌnˈʃeɪkəbəl] *adj.* 1 firme, inabalável; 2 imperturbável; 3 a toda a prova

unshaken [ʌnˈʃeɪkən] *adj.* 1 firme, constante, inabalado, inalterado; 2 perseverante
unshapeliness [ʌnˈʃeɪplɪnəs] *s.* 1 ausência de formas; 2 disformidade; 3 falta de graça
unshapely [ʌnˈʃeɪplɪ] *adj.* 1 disforme; 2 desproporcionado; 3 sem graça
unshared [ʌnˈʃeəd] *adj.* não compartilhado
unshattered [ʌnˈʃætəd] *adj.* 1 inabalado, firme; 2 constante
unshaved [ʌnˈʃeɪvd] *adj.* 1 com a barba por fazer; 2 não barbeado
unshaven [ʌnˈʃeɪvn] *adj.* ⇒ **unshaved**
unsheath [ʌnˈʃiːθ] *v.tr.* NÁUTICA tirar o forro a (navio)
unsheathe [ʌnˈʃiːð] *v.tr.* desembainhar, tirar da bainha
unsheathed [ʌnˈʃiːðd] *adj.* 1 desembainhado; 2 sem bainha
unsheathing [ʌnˈʃiːðɪŋ] *s.* acto de desembainhar
unshell [ʌnˈʃel] *v.tr.* tirar a casca a, descascar
unsheltered [ʌnˈʃeltəd] *adj.* 1 desabrigado; exposto; ~ *from the wind* exposto ao vento; 2 desprotegido
unshielded [ʌnˈʃiːldɪd] *adj.* 1 não protegido; sem abrigo; 2 exposto [**from**, a]
unshiftable [ʌnˈʃɪftəbəl] *adj.* fixo, que não pode sair do lugar
unship [ʌnˈʃɪp] *v.tr.* (*particípios* -**pp**-) 1 NÁUTICA desembarcar, descarregar; 2 (hélice, leme, etc.) desmontar; *to* ~ *the tiller* desmontar a cana do leme; 3 (remos) desarmar
unshipment [ʌnˈʃɪpmənt] *s.* 1 NÁUTICA desembarque; 2 descarga de mercadorias
unshipping [ʌnˈʃɪpɪŋ] *s.* 1 NÁUTICA desembarque; 2 (mercadorias) descarregamento; 3 acto de desmontar ou desarmar (leme, hélice, remos, etc.)
unshod [ʌnˈʃɒd] *adj.* 1 descalço, sem calçado; 2 (cavalo) desferrado
unshoe [ʌnˈʃuː] *v.tr.* (*prt. e part. pass.* **unshod**) 1 descalçar; 2 desferrar (cavalo)
unshorn [ʌnˈʃɔːn] *adj.* 1 não aparado, não cortado; 2 não tosquiado
unshrinkable [ʌnˈʃrɪŋkəbəl] *adj.* (tecido) que não encolhe
unshrinking [ʌnˈʃrɪŋkɪŋ] *adj.* 1 firme, decidido, intrépido, destemido, corajoso; 2 inflexível
unshrinkingly [ʌnˈʃrɪŋkɪŋlɪ] *adv.* 1 firmemente, decididamente; 2 intrepidamente, destemidamente
unshriven [ʌnˈʃrɪvən] *adj.* sem confissão, sem absolvição
unshroud [ʌnˈʃraʊd] *v.tr.* 1 desamortalhar, tirar a mortalha a (defunto); 2 descobrir, desnudar
unshrunk [ʌnˈʃrʌŋk] *adj.* (tecido) que não encolheu
unshut [ʌnˈʃʌt] *adj.* 1 aberto; 2 não fechado
unshutter [ʌnˈʃʌtə] *v.tr.* abrir as persianas ou bandeiras de (janela)
unshuttered [ʌnˈʃʌtəd] *adj.* 1 sem persianas ou bandeiras; 2 (janela) de persianas ou bandeiras abertas
unsifted [ʌnˈsɪftɪd] *adj.* 1 não peneirado; 2 não passado pelo crivo
unsighted [ʌnˈsaɪtɪd] *adj.* 1 invisível; 2 despercebido; 3 (arma de fogo) sem alça
unsightliness [ʌnˈsaɪtlɪnəs] *s.* 1 fealdade; 2 falta de graça, disformidade
unsightly [ʌnˈsaɪtlɪ] *adj.* 1 feio; 2 sem graça; 3 desagradável à vista; 4 disforme
unsigned [ʌnˈsaɪnd] *adj.* sem assinatura, não assinado
unsilt [ʌnˈsɪlt] *v.tr.* 1 dragar; 2 limpar (poço)
unsilting [ʌnˈsɪltɪŋ] *s.* 1 dragagem; 2 limpeza (de poço)
unsingable [ʌnˈsɪŋəbəl] *adj.* que não se pode cantar
unsinged [ʌnˈsɪndʒd] *adj.* não chamuscado
unsinkable [ʌnˈsɪŋkəbəl] *adj.* 1 inafundável; insubmersível; 2 [fig.] a toda a prova, inatacável
unsinning [ʌnˈsɪnɪŋ] *adj.* 1 que não peca; 2 sem pecado
unsisterliness [ʌnˈsɪstəlɪnəs] *s.* atitude ou comportamento impróprio de uma irmã
unsisterly [ʌnˈsɪstəlɪ] *adj.* impróprio de uma irmã
unsizeable [ʌnˈsaɪzəbəl] *adj.* (peixe) de dimensões inferiores àquelas permitidas na pesca legal
unsized [ʌnˈsaɪzd] *adj.* (papel) sem goma
unskilful [ʌnˈskɪlfʊl] *adj.* 1 inábil, inexperiente; 2 sem treino; 3 desajeitado

unskilfully [ʌnˈskɪlfʊlɪ] *adv.* 1 de modo inábil; 2 inexperientemente; 3 desajeitadamente
unskilfulness [ʌnˈskɪlfʊlnəs] *s.* 1 falta de jeito, falta de habilidade; 2 inexperiência
unskilled [ʌnˈskɪld] *adj.* 1 não especializado; ~ *labour/worker* trabalho/trabalhador não especializado; 2 (trabalhador) sem habilitações; sem qualificações; 3 sem experiência, inexperiente; *to be* ~ *at/in* não ter experiência de; 4 desajeitado
unskimmed [ʌnˈskɪmd] *adj.* (leite) rico, não desnatado
unslacked [ʌnˈslækt] *adj.* ⇒ **unslaked**
unslaked [ʌnˈsleɪkt] *adj.* 1 não saciado, não satisfeito; 2 [cal.] viva, não extinta, virgem
unsleeping [ʌnˈsliːpɪŋ] *adj.* 1 vigilante; 2 que não dorme
unslept [ʌnˈslept] *adj.* não dormido ❖ *bed* ~ *in* cama em que ninguém dormiu
unsling [ʌnˈslɪŋ] *v.tr.* (*prt. e part. pass.* **unslung**) 1 NÁUTICA tirar um estropo a; 2 tirar as talhas
unslip [ʌnˈslɪp] *v.tr.* (*particípios:* -**pp**-) abrir (o ferrolho)
unslipping [ʌnˈslɪpɪŋ] *adj.* (nó) que não corre, cego
unslumbering [ʌnˈslʌmbərɪŋ] *adj.* 1 acordado; 2 alerta, vigilante
unslung [ʌnˈslʌŋ] *prt. e part. pass. de* **to unsling**
unsmiling [ʌnˈsmaɪlɪŋ] *adj.* 1 que não sorri; 2 sério
unsmirched [ʌnˈsmɜːtʃt] *adj.* sem mancha, sem mácula
unsmokable [ʌnˈsməʊkəbəl] *adj.* que não pode fumar-se
unsmoked [ʌnˈsməʊkt] *adj.* 1 não fumado; 2 não defumado
unsmooth [ʌnˈsmuːð] *adj.* [poét.] áspero, rude, desigual
unsmotherable [ʌnˈsmʌðərəbəl] *adj.* irreprimível
unsnap [ʌnˈsnæp] *v.tr.* (colchete de mola) desapertar
unsociability [ʌnˌsəʊʃəˈbɪlɪtɪ] *s.* insociabilidade
unsociable [ʌnˈsəʊʃəbəl] *adj.* 1 insociável; 2 intratável; 3 misantropo, selvagem
unsociableness [ʌnˈsəʊʃəblnəs] *s.* ⇒ **unsociability**
unsociably [ʌnˈsəʊʃəblɪ] *adv.* 1 insociavelmente; 2 intratavelmente; 3 retraidamente; 4 de forma anti-social
unsocial [ʌnˈsəʊʃəl] *adj.* 1 insocial; 2 insociável
unsoiled [ʌnˈsɔɪld] *adj.* 1 limpo; 2 não sujo, não manchado
unsold [ʌnˈsəʊld] *adj.* 1 não vendido; 2 por vender
unsolder [ʌnˈsɒldə] *v.tr.* dessoldar
unsoldered [ʌnˈsɒldəd] *adj.* 1 dessoldado; 2 não soldado
unsoldering [ʌnˈsɒldərɪŋ] *s.* acto de dessoldar
unsoldierlike [ʌnˈsəʊldʒəlaɪk] *adj.* 1 impróprio de um soldado; 2 pouco militar
unsolicited [ˌʌnsəˈlɪsɪtɪd] *adj.* 1 não solicitado; 2 espontâneo, voluntário ❖ *he did it* ~ ele fê-lo espontaneamente
unsolicitous [ˌʌnsəˈlɪsɪtəs] *adj.* negligente, desinteressado, pouco solícito
unsolid [ʌnˈsɒlɪd] *adj.* 1 frágil, pouco seguro; 2 pouco sólido
unsolidified [ˌʌnsəˈlɪdɪfaɪd] *adj.* não solidificado
unsolvable [ʌnˈsɒlvəbəl] *adj.* 1 insolúvel; 2 não solucionável
unsolved [ʌnˈsɒlvd] *adj.* 1 por resolver, por explicar, por solucionar; *an* ~ *mystery* um enigma por resolver; 2 latente; por revelar; 3 incompreensível; 4 (palavras cruzadas) por terminar
unsophisticated [ˌʌnsəˈfɪstɪkeɪtɪd] *adj.* 1 pouco sofisticado; 2 simples, natural; 3 ingénuo; 4 inexperiente; 5 inocente; 6 puro, genuíno, legítimo, não adulterado
unsophisticatedness [ˌʌnsəˈfɪstɪkeɪtɪdnəs] *s.* 1 ausência de sofisticação; 2 simplicidade, naturalidade, ingenuidade, inexperiência; 3 inocência, candura; 4 pureza, genuidade, não adulteração
unsortable [ʌnˈsɔːtəbəl] *adj.* não seleccionável
unsorted [ʌnˈsɔːtɪd] *adj.* 1 sem organização; 2 não seleccionado, não escolhido
unsought [ʌnˈsɔːt] *adj.* 1 não procurado, não solicitado; 2 espontâneo
unsound [ʌnˈsaʊnd] *adj.* 1 não saudável; 2 doentio, mórbido; 3 avariado; defeituoso; 4 bichento, em mau estado, estragado, em más condições; 5 podre; 6 pouco sólido, pouco firme, instável; 7 infundado, errôneo; 8 viciado, corrompido, corrupto; 9 perverso ❖ ~ *argument* argumento fraco; argumento pouco válido; ~ *knowledge* conhecimentos pouco sólidos, sem bases; ~ *principle* princípio falso; ~ *weld* solda defeituosa; *of* ~ *mind* perturbado de espírito
unsoundable [ʌnˈsaʊndəbəl] *adj.* insondável

unsounded [ʌn'saʊndɪd] *adj.* 1 insondado; 2 LINGUÍSTICA mudo, não pronunciado
unsoundly [ʌn'saʊndlɪ] *adv.* 1 deficientemente; 2 defeituosamente; 3 pouco solidamente, de modo instável; 4 falsamente; 5 pouco saudavelmente
unsoundness [ʌn'saʊndnəs] *s.* 1 falta de saúde; 2 fraqueza, debilidade; 3 enfermidade; 4 mau estado, más condições; 5 pouca firmeza, falta de solidez; 6 instabilidade; 7 falsidade, erro; 8 heterodoxia; 9 corrupção, perversidade
unsowed [ʌn'səʊd] *adj.* não semeado
unsown [ʌn'səʊn] *adj.* ⇒ **unsowed**
unspan ['ʌnspæn] *v.tr.* (*particípios:* -nn-) [Áfr. do S.] desatrelar, tirar (os bois) do carro
unsparing [ʌn'spɛərɪŋ] *adj.* 1 liberal, generoso, pródigo; *to be ~ in* ser pródigo em; 2 abundante; 3 impiedoso, implacável, inexorável; *~ of others* implacável para com os outros ❖ *~ in one's efforts* que não se poupa a esforços
unsparingly [ʌn'spɛərɪŋlɪ] *adv.* 1 generosamente, liberalmente, prodigamente; 2 abundantemente; 3 implacavelmente, inexoravelmente
unsparingness [ʌn'spɛərɪŋnəs] *s.* 1 liberalidade, generosidade, prodigalidade; 2 implacabilidade, inexorabilidade
unspeak [ʌn'spi:k] *v.tr.* (*prt.* **unspoke**, *part. pass.* **unspoken**) [arc.] desdizer, retractar
unspeakable [ʌn'spi:kəbəl] *adj.* 1 indizível, inexprimível, indescritível; 2 inefável; 3 inqualificável, mau, horrível, detestável
unspeakably [ʌn'spi:kəblɪ] *adv.* 1 indizivelmente, inexprimivelmente; 2 inqualificavelmente, horrivelmente
unspecialized [ʌn'spɛʃəlaɪzd] *adj.* não especializado
unspecified [ʌn'spɛsɪfaɪd] *adj.* 1 não especificado; 2 indeterminado
unspectacular [ˌʌnspɛk'tækjʊlə] *adj.* simples, não espectacular
unspell [ʌn'spɛl] *v.tr.* desenfeitiçar, desencantar
unspellable [ʌn'spɛləbəl] *adj.* que não se pode soletrar
unspent [ʌn'spɛnt] *adj.* 1 não gasto, não despendido; 2 não esgotado
unspike [ʌn'spaɪk] *v.tr.* descravar
unspin [ʌn'spɪn] *v.tr.* (*prt. e part. pass.* **unspun**) desafiar
unspiritual [ʌn'spɪrɪtʃʊəl] *adj.* pouco espiritual
unspiritually [ʌn'spɪrɪtʃʊəlɪ] *adv.* pouco espiritualmente
unspit [ʌn'spɪt] *v.tr.* (*particípios:* -tt-) CULINÁRIA tirar do espeto
unsplinterable [ʌn'splɪntərəbəl] *adj.* inestilhaçável
unspoiled [ʌn'spɔɪlt, ʌn'spɔɪld] *adj.* 1 não posto a saque, não saqueado; 2 intacto; 3 não estragado, não deteriorado; 4 bem-educado
unspoilt [ʌn'spɔɪlt] *adj.* 1 em bom estado de conservação, não deteriorado; 2 bem-educado, não estragado com mimos
unspoken [ʌn'spəʊkən] *adj.* 1 não expresso, por dizer, por revelar; 2 não mencionado; 3 tácito; 4 implícito
unspontaneous [ˌʌnspɒn'teɪnɪəs] *adj.* 1 não espontâneo; 2 constrangido; forçado; artificial
unspontaneously [ˌʌnspɒn'teɪnɪəslɪ] *adv.* 1 não espontaneamente; 2 constrangidamente
unsporting [ʌn'spɔ:tɪŋ] *adj.* pouco desportivo, antidesportivo
unsportingly [ʌn'spɔ:tɪŋlɪ] *adv.* 1 pouco desportivamente; 2 antidesportivamente
unsportsmanlike [ʌn'spɔ:tsmənlaɪk] *adj.* impróprio de um desportista, indigno de um desportista
unspotted [ʌn'spɒtɪd] *adj.* 1 não malhado; 2 sem manchas; 3 imaculado, puro, impoluto, limpo; 4 não corrompido
unspottedly [ʌn'spɒtɪdlɪ] *adv.* 1 imaculadamente; 2 sem mácula
unspottedness [ʌn'spɒtɪdnəs] *s.* 1 limpeza; 2 pureza
unsprung [ʌn'sprʌŋ] *adj.* sem suspensão, sem molas
unspun [ʌn'spʌn] *adj.* não desfiado
unsquared [ʌn'skwɛəd] *adj.* (madeira) não aparelhada
unstable [ʌn'steɪbəl] *adj.* 1 instável; pouco firme; inseguro; 2 incerto; ~ *peace* paz incerta; 3 oscilante, vacilante; 4 irregular, mutável; 5 inconstante; volúvel ❖ ~ *acid* ácido instável; ~ *equilibrium* equilíbrio instável; ~ *temper* têmpera instável
unstableness [ʌn'steɪblnəs] *s.* 1 instabilidade; 2 insegurança; 3 incerteza; 4 irregularidade, inconstância; 5 volubilidade

unstably [ʌn'steɪblɪ] *adv.* 1 de modo instável; 2 com pouca firmeza; 3 vacilantemente; 4 com irregularidade, inconstantemente
unstack [ʌn'stæk] *v.tr.* 1 desempilhar; 2 tirar de pilha ou montão
unstaid [ʌn'steɪd] *adj.* 1 frívolo; 2 volúvel, instável; 3 instável; 4 vacilante, incerto
unstainable [ʌn'steɪnəbəl] *adj.* imaculável
unstained [ʌn'steɪnd] *adj.* 1 imaculado; 2 sem mancha, sem mácula; 3 limpo, puro
unstamped [ʌn'stæmpt] *adj.* 1 sem selo, sem franquia; 2 não selado; 3 sem contraste; 4 não timbrado ❖ ~ *paper* papel comum; papel vulgar; papel não selado
unstarch [ʌn'stɑ:tʃ] *v.tr.* 1 desengomar; 2 tornar menos rígido, menos formal
unstarched [ʌn'stɑ:tʃt] *adj.* 1 não engomado, sem goma; 2 sem rigidez, sem formalismo
unstated [ʌn'steɪtɪd] *adj.* 1 não declarado; 2 não referido, não mencionado
unstatesmanlike [ʌn'steɪtsmənlaɪk] *adj.* impróprio de estadista, indigno de um estadista
unstatutable [ʌn'stætʃʊtəbəl] *adj.* contrário aos estatutos ou regulamentos
unsteadfast [ʌn'stɛdfɑ:st] *adj.* 1 inconstante, pouco firme; 2 instável; 3 vacilante; 4 irresoluto
unsteadfastness [ʌn'stɛdfɑ:stnəs] *s.* 1 inconstância, falta de firmeza; 2 instabilidade
unsteadily [ʌn'stɛdɪlɪ] *adv.* 1 sem segurança, sem firmeza; 2 de modo inseguro; 3 vacilantemente; 4 de modo irregular ou incerto; 5 irresolutamente
unsteadiness [ʌn'stɛdɪnəs] *s.* 1 insegurança; 2 falta de firmeza; instabilidade; 3 desequilíbrio; 4 vacilação, oscilação; 5 indecisão, irresolução; 6 irregularidade; variabilidade; 7 falta de responsabilidade ❖ CINEMA ~ *of the picture* oscilação da imagem
unsteady [ʌn'stɛdɪ] *adj.* 1 inseguro, pouco firme, pouco seguro; *to be ~ in one's resolutions* ser pouco firme nas suas resoluções; 2 tremente, trémulo; ~ *light* luz trémula; 3 indeciso, irresoluto, hesitante; 4 instável; vacilante; flutuante; 5 oscilante, variável; 6 irregular, desigual, inconstante; ~ *flow* circulação inconstante; 7 estroina; irresponsável ❖ *he was ~ on his legs* ele caminhava com passo pouco firme
unsteel [ʌn'sti:l] *v.tr.* abrandar, suavizar, afrouxar
unsteeped [ʌn'sti:pt] *adj.* 1 não saturado; 2 não macerado
unstep [ʌn'stɛp] *v.tr.* (*particípios:* -pp-) (mastro) tirar da carlinga
unstick [ʌn'stɪk] *v.tr.,intr.* (*prt. e part. pass.* **unstuck**) 1 descolar, despegar; 2 AERONÁUTICA descolar
unstinted [ʌn'stɪntɪd] *adj.* 1 ilimitado, amplo, abundante; 2 sem restrições ❖ *he was given ~ praise* não lhe regatearam elogios
unstinting [ʌn'stɪntɪŋ] *adj.* 1 pródigo, generoso, não mesquinho; 2 ilimitado, sem restrições
unstintingly [ʌn'stɪntɪŋlɪ] *adv.* 1 prodigamente, generosamente; 2 amplamente, abundantemente, sem restrições
unstirred [ʌn'stɜ:d] *adj.* 1 imperturbável, tranquilo, calmo, impassível; 2 que não saiu do lugar
unstitch [ʌn'stɪtʃ] *v.tr.* descoser, tirar os pontos a ❖ *to come unstitched* descoser-se
unstock [ʌn'stɒk] *v.tr.* 1 desmontar; 2 tirar a coronha a (espingarda); 3 tirar o cepo a (âncora); 4 despovoar; 5 desprover, levar as provisões de
unstocked [ʌn'stɒkt] *adj.* 1 (espingarda) sem coronha; 2 (âncora) sem cepo; 3 sem provisões, sem fornecimentos, sem artigos (para venda); 4 despovoado; 5 (herdade) sem gado, sem material
unstockinged [ʌn'stɒkɪŋd] *adj.* 1 descalço; 2 sem meias
unstop [ʌn'stɒp] *v.tr.* (*particípios:* -pp-) 1 tirar a rolha a, desarrolhar; 2 destapar; 3 desentupir, desobstruir; 4 limpar; 5 (dente) desobturar
unstoppable [ʌn'stɒpəbəl] *adj.* imparável, que nada pode parar
unstopped [ʌn'stɒpt] *adj.* 1 desarrolhado; 2 destapado; 3 livre; 4 LINGUÍSTICA fricativo, contínuo; 5 (dente) sem chumbo, sem obturação
unstopper [ʌn'stɒpə] *v.tr.* 1 desrolhar, desarrolhar; 2 NÁUTICA desbolinar (um cabo)

unstoppered [ʌnˈstɒpəd] *adj.* 1 desrolhado, sem rolha; 2 aberto
unstow [ʌnˈstəʊ] *v.tr.* NÁUTICA desarrumar (a carga)
unstrained [ʌnˈstreɪnd] *adj.* 1 espontâneo, natural, não forçado; 2 não coado, não filtrado; 3 não esticado, sem tensão
unstraitened [ʌnˈstreɪtənd] *adj.* não encolhido, não contraído
unstrap [ʌnˈstræp] *v.tr. (particípio: -pp-)* abrir, soltar (o que estava preso com correias), tirar a correia
unstrapped [ʌnˈstræpt] *adj.* sem correia
unstratified [ʌnˈstrætɪfaɪd] *adj.* GEOLOGIA não estratificado
unstressed [ʌnˈstrest] *adj.* 1 não acentuado; 2 LINGUÍSTICA átono, sem acento
unstretchable [ʌnˈstretʃəbəl] *adj.* (tecido) indeformável
unstring [ʌnˈstrɪŋ] *v.tr. (prt. e part. pass.* **unstrung**) 1 (instrumento) desencordoar, tirar as cordas a, afrouxar as cordas a; 2 (contas) desenfiar; 3 relaxar, abrandar; 4 debilitar; 5 perturbar, enervar ❖ [coloq.] *to ~ one's purse* puxar pelos cordões à bolsa
unstriped [ʌnˈstraɪpt] *adj.* 1 não raiado; 2 ANATOMIA liso, não estriado
unstripped [ʌnˈstrɪpt] *adj.* 1 não despido; 2 não desprovido das suas folhas
unstruck [ʌnˈstrʌk] *adj.* 1 não utilizado; 2 (fósforo) não riscado ❖ *to be ~ by* não se deixar impressionar por
unstructured [ʌnˈstrʌktʃəd] *adj.* 1 sem estrutura, desestruturado; 2 (roupas) amplo, folgado; 3 pouco convencional
unstrung [ʌnˈstrʌŋ] Ⓐ *prt. e part. pass. de* **to unstring** Ⓑ *adj.* 1 (instrumento) de cordas frouxas; 2 sem cordas; 3 enervado, perturbado, sem domínio sobre os nervos; 4 desenfiado
unstuck [ʌnˈstʌk] Ⓐ {*prt. e part. pass. de* **to unstick**} Ⓑ *adj.* descolado; solto; ❖ *to come ~* descolar-se, desprender-se, soltar-se ❖ [coloq.] *to come ~* falhar; sofrer
unstudied [ʌnˈstʌdɪd] *adj.* 1 não estudado; 2 natural, espontâneo, não preparado ❖ *~ in* não versado em
unstudious [ʌnˈstjuːdɪəs] *adj.* pouco estudioso
unsubduable [ʌnsəbˈdjuːəbəl] *adj.* indomável
unsubdued [ʌnsəbˈdjuːd] *adj.* 1 indomado, não dominado; 2 não subjugado
unsubmissive [ʌnsəbˈmɪsɪv] *adj.* 1 insubmisso; 2 rebelde
unsubmissively [ʌnsəbˈmɪsɪvlɪ] *adv.* 1 insubmissamente; 2 com rebeldia
unsubmissiveness [ʌnsəbˈmɪsɪvnəs] *s.* 1 insubmissão; 2 rebeldia; 3 obstinação, teimosia; 4 altivez
unsubscribed [ʌnsʌbˈskraɪbd] *adj.* 1 não assinado; 2 não subscrito
unsubsidized [ʌnˈsʌbsɪdaɪzd] *adj.* 1 sem subsídio; 2 não subsidiado
unsubstantial [ʌnsebˈstænʃəl] *adj.* 1 insubstancial; imaterial; 2 sem substância; 3 insuficiente
unsubstantiated [ʌnsəbˈstænʃɪeɪtɪd] *adj.* 1 sem substância; 2 sem fundamento, infundado; 3 não provado
unsuccess [ʌnsəkˈses] *s.* insucesso, revés, malogro
unsuccessful [ʌnsəkˈsesfʊl] *adj.* 1 mal sucedido; sem êxito; *to be ~* não ter êxito, ser mal sucedido; 2 infeliz; malogrado; 3 (esforços, tentativas, etc.) infrutífero; 4 reprovado; rejeitado; 5 (candidato eleitoral) derrotado ❖ *to prove ~* não servir de nada
unsuccessfully [ʌnsəkˈsesfʊlɪ] *adv.* 1 sem êxito; 2 infrutiferamente; 3 malogradamente
unsuccessfulness [ʌnsəkˈsesfʊlnəs] *s.* ⇒ **unsuccess**
unsugared [ʌnˈʃʊgəd] *adj.* sem açúcar
unsuitability [ʌnsjuːtəˈbɪlɪtɪ] *s.* 1 incapacidade; 2 inaptidão; 3 inadequação; 4 inconveniência; 5 inoportunidade; 6 impropriedade; 7 incompatibilidade
unsuitable [ʌnˈsjuːtəbəl] *adj.* 1 inconveniente; inoportuno; deslocado; 2 desajustado; 3 impróprio [**for**, para]; pouco adequado [**for**, a]; não aconselhável [**for**, a]; 4 incompatível [**to**, com]
unsuitableness [ʌnˈsjuːtəbəlnəs] *s.* ⇒ **unsuitability**
unsuitably [ʌnˈsjuːtəblɪ] *adv.* 1 inadequadamente, inconvenientemente; 2 inoportunamente; 3 incompativelmente
unsuited [ʌnˈsjuːtɪd] *adj.* 1 impróprio, inadequado, desadequado [**to**, para]; 2 que não convém [**for/to**, a]; 3 incompatível [**to**, com] ❖ *to be ~ to* não ter sido feito para
unsullied [ʌnˈsʌlɪd] *adj.* 1 sem mancha, sem mácula; 2 puro; 3 limpo; 4 não conspurcado; 5 intacto

unsung [ʌnˈsʌŋ] *adj.* 1 não cantado; 2 não celebrado
unsupervised [ʌnˈsuːpəvaɪzt] *adj.* sem vigilância
unsupplied [ʌnsʌˈplaɪd] *adj.* 1 sem provisões, sem as coisas necessárias; 2 não entregue, não fornecido
unsupportable [ʌnsəˈpɔːtəbəl] *adj.* insuportável, intolerável
unsupported [ʌnsəˈpɔːtɪd] *adj.* 1 sem apoio; 2 sem protecção; 3 sem provas, não confirmado
unsuppressed [ʌnsʌˈprest] *adj.* não suprimido, não reprimido
unsure [ʌnˈʃʊə] *adj.* 1 inseguro; 2 pouco sólido, pouco firme; 3 inconstante; com que não se pode contar; que não inspira confiança; 4 incerto, duvidoso ❖ *to be ~* não ter a certeza
unsurmountable [ʌnsɜːˈmaʊntəbəl] *adj.* intransponível, insuperável
unsurpassable [ʌnsɜːˈpɑːsəbəl] *adj.* inultrapassável
unsurpassed [ʌnsɜːˈpɑːst] *adj.* 1 sem igual; 2 não igualado; 3 não ultrapassado
unsurprising [ʌnsəˈpraɪzɪŋ] *adj.* pouco surpreendente, esperado, previsível
unsurprisingly [ʌnsəˈpraɪzɪŋlɪ] *adv.* pouco surpreendentemente, previsivelmente, como seria de esperar
unsurrendered [ʌnsʌˈrendəd] *adj.* não entregue
unsusceptible [ʌnsəsˈseptɪbəl] *adj.* 1 insusceptível, insensível; 2 incapaz
unsuspected [ʌnsəsˈpektɪd] *adj.* 1 insuspeitado; 2 ignorado; 3 insuspeito
unsuspectedly [ʌnsəsˈpektɪdlɪ] *adv.* 1 insuspeitadamente; 2 sem que outros o suspeitassem
unsuspecting [ʌnsəsˈpektɪŋ] *adj.* que não desconfia de nada; confiante ❖ *to be ~ of* não suspeitar que; não duvidar de
unsuspectingly [ʌnsəsˈpektɪŋlɪ] *adv.* 1 sem suspeitar; 2 confiadamente
unsuspicious [ʌnsəsˈpɪʃəs] *adj.* 1 que não desconfia de nada; 2 que não levanta suspeitas ❖ *to be ~ of* não suspeitar de
unsustainable [ʌnsəsˈteɪnəbəl] *adj.* insustentável
unsustained [ʌnsʌsˈteɪnd] *adj.* 1 não sustentado, não mantido; 2 fraco, frouxo
unswaddle [ʌnˈswɒdəl] *v.tr.* desenfaixar, tirar as fraldas a (uma criança)
unswathe [ʌnˈsweɪð] *v.tr.* 1 tirar as faixas a; 2 tirar as ligaduras
unswayed [ʌnˈsweɪd] *adj.* 1 não influenciado; 2 não dirigido, não governado
unsweetened [ʌnˈswiːtənd] *adj.* 1 sem açúcar; 2 não açucarado
unswept [ʌnˈswept] *adj.* 1 por varrer; 2 não varrido
unswerving [ʌnˈswɜːvɪŋ] *adj.* 1 firme, direito, constante, fiel; 2 inabalável
unswervingly [ʌnˈswɜːvɪŋlɪ] *adv.* 1 com firmeza; 2 com constância; 3 perseverantemente, inabalavelmente; 4 sem se desviar do seu caminho
unsworn [ʌnˈswɔːn] *adj.* 1 não jurado; 2 que não foi feito sob juramento; 3 que não prestou juramento
unsymmetrical [ʌnsɪˈmetrɪkəl] *adj.* 1 assimétrico; 2 sem simetria
unsymmetrically [ʌnsɪˈmetrɪkəlɪ] *adv.* assimetricamente
unsympathetic [ʌnsɪmpəˈθetɪk] *adj.* 1 pouco compreensivo; 2 frio; insensível; 3 sem compaixão
unsympathetically [ʌnsɪmpəˈθetɪkəlɪ] *adv.* 1 com frieza, com indiferença; 2 sem compaixão
unsympathizing [ʌnˈsɪmpəθaɪzɪŋ] *adj.* 1 indiferente, frio; 2 pouco compreensivo
unsystematic [ʌnsɪstɪˈmætɪk] *adj.* 1 assistemático, sem método; 2 irregular
unsystematically [ʌnsɪstɪˈmætɪkəlɪ] *adv.* 1 assistematicamente; 2 sem sistema
untack [ʌnˈtæk] *v.tr.* 1 desprender, soltar, separar; 2 despregar
untainted [ʌnˈteɪntɪd] *adj.* 1 não corrompido, não estragado; 2 puro; 3 fresco; 4 sem mácula
untaken [ʌnˈteɪkən] *adj.* não tomado
untalented [ʌnˈtæləntɪd] *adj.* sem talento
untamable [ʌnˈteɪməbəl] *adj.* indomável
untameable [ʌnˈteɪməbəl] *adj.* indomável
untamed [ʌnˈteɪmt] *adj.* 1 não domado; 2 bravio, feroz, selvagem; 3 indómito

untangle [ʌn'tæŋgəl] v.tr. desenredar, desemaranhar, destrinçar, desembaraçar

untanned [ʌn'tænd] adj. (couro) não curtido, por curtir

untapped [ʌn'tæpt] adj. 1 inexplorado, por explorar; 2 por abrir; 3 (tonel) não furado, não espichado

untarnishable [ʌn'tɑːnɪʃbəl] adj. 1 que não embacia, que não mancha; 2 que conserva o brilho

untarnished [ʌn'tɑːnɪʃt] adj. 1 que conserva o brilho, não embaciado; 2 sem mancha, sem mácula

untarred [ʌn'tɑːd] adj. não alcatroado

untasted [ʌn'teɪstɪd] adj. que não se provou; que não se experimentou

untaught [ʌn'tɔːt] Ⓐ prt. e part. pass. de **to unteach** Ⓑ adj. 1 ignorante, rude, grosseiro; 2 iletrado; 3 não ensinado; 4 aprendido sem o auxílio de professor; 5 natural, espontâneo

untaxable [ʌn'tæksəbəl] adj. não tributável, não colectável

untaxed [ʌn'tækst] adj. 1 livre de impostos, não tributado; 2 não submetido aos direitos, isento de direitos

unteach [ʌn'tiːtʃ] v.tr. (prt. e part. pass. **untaught**) fazer desaprender

unteachable [ʌn'tiːtʃəbəl] adj. 1 que não consegue aprender; 2 que não se pode ensinar

untearable [ʌn'terəbəl] adj. 1 que não se pode rasgar; 2 irrompível

untechnical [ʌn'teknɪkəl] adj. 1 não técnico; 2 de vulgarização

untelevise [ʌn'telɪvaɪz] v.tr. não transmitir pela televisão

untemper [ʌn'tempə] v.tr. destemperar (aço)

untempered [ʌn'tempəd] adj. não temperado, sem têmpera ❖ ~ **steel** aço doce

untempted [ʌn'temptɪd] adj. 1 não tentado; 2 superior às tentações

untempting [ʌn'temptɪŋ] adj. que não tenta, pouco tentador, pouco atraente

untenability [ʌntenə'bɪlɪtɪ] s. 1 insustentabilidade; 2 indefensabilidade

untenable [ʌn'tenəbəl] adj. 1 insustentável; 2 indefensável

untenableness [ʌn'tenəbəlnəs] s. ⇒ **untenability**

untenantable [ʌn'tenəntbəl] adj. 1 inabitável; 2 que não se pode habitar

untenanted [ʌn'tenəntɪd] adj. 1 desabitado; 2 desocupado; 3 (casa) devoluta

untended [ʌn'tendɪd] adj. 1 não vigiado; 2 não cuidado, não tratado; 3 sem criados, sem serviçais

untested [ʌn'testɪd] adj. 1 por testar; 2 não posto à prova; 2 não experimentado, não ensaiado; 3 não verificado; 4 não analisado

untether [ʌn'teðə] v.tr. desamarrar, soltar (animal, etc.)

untethered [ʌn'teðəd] adj. (animal) solto, em liberdade

unthankful [ʌn'θæŋkfʊl] adj. 1 desagradecido, ingrato; 2 penoso, desagradável

unthankfully [ʌn'θæŋkfʊlɪ] adv. desagradecidamente, ingratamente

unthankfulness [ʌn'θæŋkfʊlnəs] s. ingratidão

unthatched [ʌn'θætʃt] adj. sem cobertura de colmo

unthinkable [ʌn'θɪŋkəbəl] adj. 1 inconcebível, impensável; 2 inimaginável; 3 [coloq.] muito improvável

unthinking [ʌn'θɪŋkɪŋ] adj. 1 irreflectido, precipitado; 2 descuidado; imprudente; estouvado; 3 distraído; sem pensar; 4 irracional ❖ **in an ~ moment** num momento de irreflexão

unthinkingly [ʌn'θɪŋkɪŋlɪ] adv. 1 irreflectidamente, precipitadamente; 2 descuidadamente; 3 imprudentemente; 4 estouvadamente

unthoughtful [ʌn'θɔːtfʊl] adj. 1 sem pensar; irreflectido; 2 imprudente, estouvado; 3 leviano; 4 esquecido ❖ **~ of** esquecido de; sem consideração por

unthought of [ʌn'θɔːtɒv] adj. 1 imprevisto, inesperado; 2 desconhecido, esquecido

unthread [ʌn'θred] v.tr. 1 desenfiar; 2 sair de (labirinto)

unthrifty [ʌn'θrɪftɪ] adj. 1 esbanjador, gastador, pródigo; 2 não proveitoso, não económico; 3 que se desenvolve mal

unthrone [ʌn'θrəʊn] v.tr. destronar

untidily [ʌn'taɪdɪlɪ] adv. sem ordem, sem arranjo, sem asseio

untidiness [ʌn'taɪdɪnəs] s. 1 desleixo, desordem, desmazelo, falta de asseio; 2 desalinho

untidy [ʌn'taɪdɪ] adj. 1 desleixado; desmazelado; desalinhado; **~ appearance** aspecto desleixado; 2 desordenado; desarrumado; 3 sujo

untie [ʌn'taɪ] v.tr.,intr. 1 desamarrar, desligar, desatar, desprender; 2 desfazer (um nó); 3 deslindar, esclarecer; 4 (nó) desfazer-se

untied [ʌn'taɪd] adj. 1 desamarrado, desatado, solto; 2 (nó) desfeito; 3 livre ❖ **to come ~** desamarrar-se; desprender-se

untight [ʌn'taɪt] adj. não estanque

until [ən'tɪl, ʌn'tɪl] Ⓐ prep. até Ⓑ conj. até que ❖ **~ next week!** até à próxima semana!; **~ now** até agora; **not ~ yesterday** só ontem; **up ~ then** até então

untile [ʌn'taɪl] v.tr. 1 destelhar, tirar as telhas a; 2 tirar os ladrilhos

untiled [ʌn'taɪld] adj. 1 destelhado, sem telhas; 2 sem ladrilhos

untillable [ʌn'tɪləbəl] adj. 1 incultivável; 2 não arável; 3 improdutivo

untilled [ʌn'tɪld] adj. 1 não cultivado, por cultivar; 2 não arado, não lavrado

untimber [ʌn'tɪmbə] v.tr. desarborizar

untimbered [ʌn'tɪmbəd] adj. desarborizado

untimeliness [ʌn'taɪmlɪnəs] s. 1 intempestividade; 2 extemporaneidade; 3 prematuridade, precocidade; 4 inoportunidade

untimely [ʌn'taɪmlɪ] Ⓐ adj. 1 extemporâneo; intempestivo; 2 inoportuno; inconveniente; **an ~ remark** uma observação inoportuna; 3 prematuro, precoce Ⓑ adv. 1 intempestivamente; extemporaneamente; 2 prematuramente, precocemente; 3 inoportunamente ❖ **at an ~ hour** a hora inconveniente; muito tarde; **he came to an ~ end** ele morreu prematuramente; ele morreu muito novo; **not ~** oportuno

untin [ʌn'tɪn] v.tr. (particípios: -nn-) desestanhar

untinctured [ʌn'tɪŋktʃəd] adj. 1 não tingido, não colorido; 2 não misturado

untinged [ʌn'tɪndʒt] adj. 1 não tingido; 2 não eivado ❖ **~ with** sem ressaibos de

untirable [ʌn'taɪərəbəl] adj. infatigável, incansável

untiring [ʌn'taɪərɪŋ] adj. 1 infatigável, incansável; 2 constante

untiringly [ʌn'taɪərɪŋlɪ] adv. infatigavelmente, incansavelmente

untithed [ʌn'taɪðd] adj. que não paga dízima

unto ['ʌntu] prep. 1 [arc., poét.] ⇒ **to**; 2 [arc., poét.] até ❖ **~ this day** até este dia; **render ~ Caesar the things that are Caesar's** dai a César o que é de César; **to be like ~** assemelhar-se a; **to come nigh ~** aproximar-se de; **to liken ~** comparar com

untold [ʌn'təʊld] adj. 1 que não foi dito; 2 não contado, não revelado; 3 incontável, incalculável, enorme, imenso; **he is a man of ~ wealth** é um homem de riqueza incalculável

untorn [ʌn'tɔːn] adj. 1 não despedaçado; 2 não roto

untouchability [ʌntʌtʃə'bɪlɪtɪ] s. 1 intocabilidade; 2 [Índia] RELIGIÃO [depr.] situação dos intocáveis

untouchable [ʌn'tʌtʃəbəl] Ⓐ adj. 1 intocável; 2 inatingível; 3 RELIGIÃO (Índia) intocável Ⓑ s. RELIGIÃO (Índia) intocável

untouched [ʌn'tʌtʃt] adj. 1 intacto; 2 em que se não tocou; **he left his meal ~** não tocou na comida; 3 ileso, são e salvo; 4 sem mácula, imaculado; 5 insensível [**by**, a]; indiferente [**by**, a]; 6 sem se deixar afectar [**by**, por]; 7 sem igual, sem rival, sem par ❖ **~ upon** não mencionado; em que não se falou

untoward [ʌntə'wɔːd] adj. 1 calamitoso, fatídico, aziago, sinistro; 2 desagradável, inconveniente, incómodo, enfadonho; 3 teimoso, indócil, rebelde, intratável; 4 incorrecto

untowardly [ʌntə'wɔːdlɪ] adv. 1 desagradavelmente; 2 inabilmente; 3 com azar, malfadadamente; 4 incomodamente

untowardness [ʌntə'wɔːdnəs] s. 1 inconveniência, desagradabilidade; 2 característica daquilo que é enfadonho; 3 hostilidade; 4 indocilidade, rebeldia, teimosia

untraceable [ʌn'treɪsəbəl] adj. 1 não identificável; 2 cuja pista ou rasto não se consegue encontrar; 3 de origem difícil de determinar; 4 insondável

untracked [ʌn'trækt] adj. 1 sem caminhos abertos; 2 cujo paradeiro se desconhece

untradesmanlike [ʌn'treɪdzmən‚laɪk] adj. impróprio de um comerciante

untrained [ʌn'treɪnd] adj. 1 não treinado; 2 sem formação profissional; 3 inexperiente; 4 bisonho; 5 não amestrado, não adestrado; 6 não ensinado

untrammelled [ʌnˈtræməld] *adj.* 1 sem entraves; 2 sem nada que estorve; 3 sem peias; 4 desembaraçado, livre

untransferable [ˌʌntrænsˈfɜːrəbəl] *adj.* 1 não transferível; 2 pessoal; 3 DIREITO inalienável

untranslatable [ˌʌntrænsˈleɪtəbəl] *adj.* intraduzível

untranslated [ˌʌntrænsˈleɪtɪd] *adj.* não traduzido

untransplanted [ˌʌntrɑːnsˈplɑːntɪd] *adj.* não transplantado

untransportable [ˌʌntrɑːnsˈpɔːtəbəl] *adj.* intransportável

untravelled [ʌnˈtrævəld] *adj.* 1 pouco conhecido, pouco frequentado, inexplorado; 2 não viajado, provinciano

untraversed [ʌnˈtrævəst] *adj.* não atravessado, não percorrido

untried [ʌnˈtraɪd] *adj.* 1 não experimentado; 2 não posto à prova; não verificado; 2 (pessoa) verde; sem experiência; 3 DIREITO em prisão preventiva; não julgado ❖ *he left nothing ~* não há nada que ele não tenha experimentado

untrimmed [ʌnˈtrɪmt] *adj.* 1 não arranjado, não ornamentado; 2 sem guarnições; 3 não aparado; 4 não cortado; 5 não podado; 6 não aparelhado

untrod [ˈʌntrɒd] *adj.* ⇒ **untrodden**

untrodden [ʌnˈtrɒdən] *adj.* 1 não percorrido, não trilhado, não pisado; 2 pouco frequentado; 3 inexplorado ❖ *~ forest* floresta virgem

untroubled [ʌnˈtrʌbəld] *adj.* 1 sossegado, tranquilo, calmo, sereno; 2 não perturbado; 3 transparente, límpido, claro

untrue [ʌnˈtruː] *adj.* 1 mentiroso; 2 não verdadeiro; contrário à verdade; 3 falso; erróneo; incorrecto; inexacto; *it's ~ to say that...* não é correcto dizer-se que...; 4 MECÂNICA gasto, ovalizado; imperfeito, deformado; *~ hole* orifício ovalizado; 5 desleal, pérfido; 6 infiel [to, a] ❖ *to be ~ to one's responsibilities* não assumir as responsabilidades; *to be ~ to one's principles* trair os próprios princípios

untruly [ʌnˈtruːli] *adv.* 1 falsamente, erroneamente; 2 de modo inexacto

untruss [ʌnˈtrʌs] *v.tr.* 1 desprender, soltar, desamarrar; 2 despir

untrussed [ʌnˈtrʌst] *adj.* (telhado) desprovido de asna

untrustful [ʌnˈtrʌstfʊl] *adj.* desconfiado, suspeitoso

untrustworthiness [ˌʌntrʌstˈwɜːðɪnəs] *s.* 1 falsidade; 2 característica daquilo que não inspira confiança; 3 falta de segurança; 4 desonestidade

untrustworthy [ˌʌntrʌstˈwɜːðɪ] *adj.* 1 falso; 2 que não inspira confiança; 3 pouco seguro; 4 duvidoso; 5 desleal, desonesto

untruth [ʌnˈtruːθ] *s.* (*pl.* -ths) 1 inverdade, falsidade, inexactidão, mentira; 2 deslealdade, desonestidade

untruthful [ʌnˈtruːθfʊl] *adj.* 1 falso; 2 inexacto; 3 não verídico; 4 mentiroso

untruthfully [ʌnˈtruːθfʊli] *adv.* 1 falsamente, inexactamente; 2 mentirosamente

untruthfulness [ʌnˈtruːθfʊlnəs] *s.* 1 falsidade; 2 inexactidão; 3 carácter mentiroso, insinceridade

untuck [ʌnˈtʌk] *v.tr.* desfranzir, tirar as pregas a (peça de vestuário)

untunable [ʌnˈtjuːnəbəl] *adj.* 1 MÚSICA que não pode afinar-se; 2 pouco melodioso

untune [ʌnˈtjuːn] *v.tr.* 1 MÚSICA desafinar; 2 [coloq.] indispor

untuned [ʌnˈtjuːnt] *adj.* 1 MÚSICA desafinado, não afinado; 2 RÁDIO não sintonizado ❖ [coloq.] *~ to* pouco disposto a

untuneful [ʌnˈtjuːnfʊl] *adj.* pouco melodioso

unturned [ʌnˈtɜːnt] *adj.* 1 não voltado, não virado; 2 (carpintaria) não trabalhado ao torno ❖ *~ leaves* folhas ainda verdes

untutored [ʌnˈtjuːtəd] *adj.* 1 ignorante, inculto, sem instrução, sem educação; 2 não ensinado; 3 ingénuo, simples; 4 espontâneo; 5 natural; 6 (ouvido, gosto) não educado ❖ *to be ~ in* não ser versado em

untwine [ʌnˈtwaɪn] *v.tr.* 1 destorcer, desenrolar, soltar; 2 desfazer

untwist [ʌnˈtwɪst] *v.tr., intr.* 1 destorcer; desenrolar; 2 desentrançar; 3 desfazer; 4 (tampa) desapertar ❖ *to come untwisted* destorcer-se

untwisting [ʌnˈtwɪstɪŋ] *s.* acto de destorcer ou desentrançar

untying [ʌnˈtaɪɪŋ] *s.* acto de desamarrar, desligar, desprender ou desatar

ununbium [əˈnʌnbɪəm] *s.* QUÍMICA (elemento químico) unúnbio

ununderstandable [ˌʌnʌndəˈstændəbəl] *adj.* incompreensível

ununhexium [əˈnʌnˈheksɪəm] *s.* QUÍMICA (elemento químico) ununhéxio

ununnilium [əˈnʌnˈnɪlɪəm] *s.* QUÍMICA (elemento químico) ununnílio

ununoctium [əˈnʌnˈɒktɪəm] *s.* QUÍMICA (elemento químico) ununóctio

ununquadium [əˈnʌnˈkwɔːdɪəm] *s.* QUÍMICA (elemento químico) ununquádio

ununium [əˈnʌnˈənɪəm] *s.* QUÍMICA (elemento químico) ununúnio

unurged [ʌnˈɜːdʒd] *adv.* 1 espontaneamente; 2 de moto próprio

unusable [ʌnˈjuːzəbəl] *adj.* inutilizável

unused[1] [ʌnˈjuːzd] *adj.* 1 não usado, por usar; 2 novo, por estrear; 3 não empregado; 4 abandonado; 5 desusado, fora de uso; 6 insólito, inusitado

unused[2] [ʌnˈjuːst] *adj.* 1 não acostumado [to, a]; não habituado [to, a]; 2 desabituado, que perdeu o hábito, desacostumado

unusual [ʌnˈjuːʒʊəl] *adj.* 1 raro, invulgar, pouco habitual, fora do comum; 2 extraordinário, excepcional; 3 estranho, insólito ❖ *it's ~ of him to be late* não é costume ele chegar atrasado; *nothing ~* nada de anormal; *that's unusual!* que estranho!

unusually [ʌnˈjuːʒʊəli] *adv.* 1 invulgarmente; 2 extraordinariamente; 3 excepcionalmente; 4 raramente; 5 estranhamente

unusualness [ʌnˈjuːʒʊəlnəs] *s.* 1 invulgaridade; 2 raridade

unutilized [ʌnˈjuːtɪlaɪzt] *adj.* não utilizado

unutterable [ʌnˈʌtərəbəl] *adj.* 1 indizível, inexprimível; 2 impronunciável; 3 indescritível; 4 terrível ❖ *he is an ~ liar* ele é um mentiroso inveterado

unutterably [ʌnˈʌtərəbli] *adv.* inexprimivelmente, indescritivelmente, indizivelmente

unuttered [ʌnˈʌtəd] *adj.* 1 não expresso; 2 não pronunciado

unvalued [ʌnˈvæljuːd] *adj.* 1 não avaliado; 2 tido em pouca conta, desprezado

unvanquished [ʌnˈvæŋkwɪʃt] *adj.* invicto, não vencido

unvaried [ʌnˈveərɪd] *adj.* 1 invariável; 2 não variado; 3 uniforme, monótono; 4 constante

unvarnish [ʌnˈvɑːnɪʃ] *v.tr.* tirar o verniz

unvarnished [ʌnˈvɑːnɪʃt] *adj.* 1 sem verniz, não envernizado; 2 sem atavios; 3 simples, natural, sincero ❖ *the ~ truth* a verdade nua e crua

unvarying [ʌnˈveərɪɪŋ] *adj.* 1 invariável; 2 inalterável; 3 constante; *~ pressure* pressão constante

unvaryingly [ʌnˈveərɪɪŋli] *adv.* 1 invariavelmente; 2 inalteravelmente

unveil [ʌnˈveɪl] *v.tr., intr.* 1 descobrir(-se), destapar(-se); 2 desvelar; tirar o véu a; 3 dar(-se) a conhecer; desvendar(-se); revelar(-se) ❖ *to ~ a statue* inaugurar uma estátua

unveiled [ʌnˈveɪlt] *adj.* 1 sem véu; 2 não velado; 3 claro, manifesto

unveiling [ʌnˈveɪlɪŋ] *s.* 1 acto de tirar o véu; 2 descoberta, revelação; 3 inauguração, descerramento

unvendable [ʌnˈvendəbəl] *adj.* invendível

unventilated [ʌnˈventɪleɪtɪd] *adj.* 1 não ventilado; 2 sem ventilação; 3 não debatido, não discutido

unverifiable [ˌʌnverɪˈfaɪəbəl] *adj.* inverificável

unverified [ʌnˈverɪfaɪd] *adj.* não verificado

unversed [ʌnˈvɜːst] *adj.* 1 ignorante, desconhecedor; 2 pouco versado [in, em]

unviolated [ʌnˈvaɪəleɪtɪd] *adj.* inviolado, intacto

unvirtuous [ʌnˈvɜːtjʊəs, ʌnˈvɜːtʃʊəs] *adj.* 1 não virtuoso; 2 vicioso

unvisited [ʌnˈvɪzɪtɪd] *adj.* não visitado

unvitiated [ʌnˈvɪʃɪeɪtɪd] *adj.* 1 não viciado; 2 puro; 3 não corrompido

unvoice [ʌnˈvɔɪs] *v.tr.* LINGUÍSTICA (consoante) ensurdecer

unvoiced [ʌnˈvɔɪst] *adj.* 1 não expresso; 2 LINGUÍSTICA surdo, mudo

unvoicing [ʌnˈvɔɪsɪŋ] *s.* LINGUÍSTICA ensurdecimento

unvouched [ʌnˈvaʊtʃt] *adj.* não confirmado, não garantido, não atestado

unwaged [ʌnˈweɪdʒd] *adj.* 1 não remunerado; 2 sem actividade remunerada

unwalled [ʌnˈwɔːlt] *adj.* 1 sem muralhas; 2 não fortificado

unwanted [ʌnˈwɒntɪd] *adj.* 1 não desejado, indesejado; 2 não solicitado; 3 desnecessário, supérfluo ❖ *~ pregnancy* gravidez indesejada; *to feel ~* sentir-se a mais

unwarily [ʌnˈweərɪlɪ] adv. 1 descuidadamente, imprudentemente, incautamente; 2 irreflectidamente, precipitadamente
unwariness [ʌnˈweərɪnes] s. 1 descuido, imprudência, negligência; 2 irreflexão, precipitação
unwarlike [ʌnˈwɔːlaɪk] adj. pacífico, não belicoso, não guerreiro
unwarmed [ʌnˈwɔːmt] adj. não aquecido, sem aquecimento
unwarned [ʌnˈwɔːnt] adj. desprevenido; não avisado ❖ ~ *of* não prevenido de
unwarped [ʌnˈwɔːpt] adj. 1 sem preconceitos; 2 (madeira) que não empenou
unwarrantable [ʌnˈwɒrəntəbəl] adj. injustificável, indesculpável, insustentável, indefensável
unwarrantably [ʌnˈwɒrəntəblɪ] adv. 1 injustificavelmente, indesculpavelmente; 2 indefensavelmente
unwarranted [ʌnˈwɒrəntɪd] adj. 1 não garantido, sem garantia; 2 não comprovado; 3 injustificado, injustificável; 4 sem razão, sem motivo; 5 não autorizado; 6 indevido ❖ ~ *remark* observação deslocada; observação indevida
unwary [ʌnˈweərɪ] adj. 1 descuidado, negligente, incauto; 2 imprudente; 3 imprevidente; 4 precipitado; 5 irreflectido
unwashed [ʌnˈwɒʃt] adj. 1 por lavar, não lavado; 2 sujo; imundo ❖ [depr.] (ofensivo) *the great ~* a plebe; o proletariado
unwashen [ʌnˈwɒʃən] adj. [arc.] ⇒ **unwashed**
unwatched [ʌnˈwɒtʃt] adj. não vigiado
unwater [ʌnˈwɔːtə] v.tr. secar (uma mina)
unwatered [ʌnˈwɔːtəd] adj. 1 sem água, sem irrigação; 2 não regado; 3 puro, sem água misturada
unwatering [ʌnˈwɔːtərɪŋ] s. secagem (de mina)
unwavering [ʌnˈweɪvərɪŋ] adj. 1 resoluto, firme, constante, decidido, inquebrantável; 2 fixo
unwaveringly [ʌnˈweɪvərɪŋlɪ] adv. resolutamente, com firmeza, sem hesitar
unwax [ʌnˈwæks] v.tr. desencerar, tirar a cera a (soalho)
unweaned [ʌnˈwiːnt] adj. 1 (bebé) lactente; 2 não desmamado, não apartado
unwearable [ʌnˈweərəbəl] adj. que não pode usar-se, que não pode vestir-se
unweariable [ʌnˈwɪərɪəbəl] adj. incansável, infatigável
unwearied [ʌnˈwɪərɪd] adj. 1 infatigável; 2 sem cansaço
unweariedly [ʌnˈwɪərɪdlɪ] adv. infatigavelmente, incansavelmente
unwearying [ʌnˈwɪərɪɪŋ] adj. 1 incansável; infatigável; 2 incessante; 3 perseverante; constante ❖ *with ~ delight* com prazer sempre renovado
unwearyingly [ʌnˈwɪərɪɪŋlɪ] adv. 1 incansavelmente, infatigavelmente; 2 perseverantemente; 3 com constância
unweathered [ʌnˈweðəd] adj. não modificado pela acção das intempéries
unweave [ʌnˈwiːv] v.tr. (prt. **unwove**, part. pass. **unwoven**) 1 destecer; 2 desfazer (tecido); 3 desentrançar
unwed [ʌnˈwed] adj. ⇒ **unwedded**
unwedded [ʌnˈwedɪd] adj. por casar
unwedge [ʌnˈwedʒ] v.tr. tirar o calço a, tirar a cunha
unwedging [ʌnˈwedʒɪŋ] s. acto de tirar calço ou cunhas
unweeded [ʌnˈwiːdɪd] adj. 1 não mondado, não sachado; 2 cheio de ervas ruins
unwelcome [ʌnˈwelkəm] adj. 1 mal recebido, mal acolhido; 2 desagradável, indesejável; incómodo, inoportuno; *~ visits* visitas indesejáveis ❖ *to make sb feel ~* fazer alguém sentir-se a mais
unwelcomed [ʌnˈwelkəmt] adj. não recebido, não aguardado à chegada
unweld [ʌnˈweld] v.tr. dessoldar
unweldable [ʌnˈweldəbəl] adj. insoldável
unwell [ʌnˈwel] adj. maldisposto, indisposto, adoentado
unwept [ʌnˈwept] adj. não chorado, não lamentado
unwholesome [ʌnˈhəʊlsəm] adj. 1 insalubre, anti-higiénico; 2 (saúde) nocivo; prejudicial; deletério; 3 pouco saudável; doentio; *to have an ~ interest in sth* dedicar a algo um interesse doentio; 4 corrupto; imoral ❖ *~ doctrines* doutrinas perniciosas
unwholesomeness [ʌnˈhəʊlsəmnəs] s. 1 insalubridade; 2 nocividade, perniciosidade; 3 imoralidade

unwieldily [ʌnˈwiːldɪlɪ] adv. 1 pesadamente; 2 desajeitadamente; 3 com dificuldade
unwieldiness [ʌnˈwiːldɪnəs] s. 1 peso; 2 dificuldade em deslocar de um lugar para o outro; 3 dificuldade de manejo; 4 falta de jeito
unwieldy [ʌnˈwiːldɪ] adj. 1 pesado; pesadão; 2 de deslocação difícil; 3 de manejo difícil; 4 difícil de manobrar; 5 desajeitado
unwifely [ʌnˈwaɪflɪ] adj. impróprio ou indigno de uma esposa
unwill [ʌnˈwɪl] v.tr. 1 anular (resolução); 2 privar do poder da vontade
unwilled [ʌnˈwɪlt] adj. 1 involuntário; 2 não premeditado
unwilling [ʌnˈwɪlɪŋ] adj. 1 relutante; reticente; sem vontade; *to be ~ to do sth* não estar com grande vontade de fazer determinada coisa; 2 que não está disposto [**to**, a]; sem disposição [**to**, para]; 3 involuntário; *~ help* ajuda involuntária; 4 teimoso
unwillingly [ʌnˈwɪlɪŋlɪ] adv. 1 de má vontade; 2 com relutância
unwillingness [ʌnˈwɪlɪŋnəs] s. 1 má vontade; 2 relutância (em fazer determinada coisa), repugnância
unwind [ʌnˈwaɪnd] v.tr,intr. (prt. e part. pass. **unwound**) 1 desenrolar, desenrolar-se; 2 desbobinar, desbobinar-se; 3 desenredar; 4 (cabo) soltar, soltar-se; 5 ceder, desprender-se
unwinding [ʌnˈwaɪndɪŋ] s. 1 desenrolamento; 2 desbobinagem; 3 desenredamento
unwinking [ʌnˈwɪŋkɪŋ] adj. 1 sem pestanejar; 2 de olhar fixo; 3 alerta, vigilante
unwisdom [ʌnˈwɪzdəm] s. 1 imprudência, estultícia, insensatez; 2 incompreensão; 3 disparate
unwise [ʌnˈwaɪz] s. 1 imprudente; 2 estulto; insensato; 3 precipitado ❖ *it was very ~ of him* foi uma coisa muito pouco sensata da parte dele
unwisely [ʌnˈwaɪzlɪ] adv. 1 imprudentemente; 2 insensatamente; 3 precipitadamente
unwiseness [ʌnˈwaɪznəs] s. ⇒ **unwisdom**
unwished [ʌnˈwɪʃt] adj. 1 não desejado; 2 desagradável
unwishful [ʌnˈwɪʃfʊl] adj. pouco disposto [**to**, a]; pouco desejoso [**to**, de]
unwithered [ʌnˈwɪðəd] adj. 1 ainda fresco; 2 não seco, não murcho
unwitnessed [ʌnˈwɪtnɪst] adj. 1 sem testemunhas; 2 não testemunhado
unwitting [ʌnˈwɪtɪŋ] adj. 1 involuntário, sem intenção; 2 inconsciente, sem consciência [**to**, de]
unwittingly [ʌnˈwɪtɪŋlɪ] adv. 1 involuntariamente, não intencionalmente; 2 inconscientemente
unwomanly [ʌnˈwʊmənlɪ] adj. 1 pouco normal numa mulher; 2 pouco feminino
unwonted [ʌnˈwəʊntɪd] adj. 1 raro, pouco comum, invulgar; 2 extraordinário, desusado; 3 desabituado, desacostumado
unwontedly [ʌnˈwəʊntɪdlɪ] adv. 1 de maneira pouco usual; 2 invulgarmente; 3 raramente; 4 desusadamente
unwontedness [ʌnˈwəʊntɪdnəs] s. 1 raridade, invulgaridade; 2 falta de hábito
unwooded [ʌnˈwʊdɪd] adj. desarborizado
unwooed [ʌnˈwuːd] adj. 1 não cortejado; 2 (mulher) não pedida em casamento
unwordable [ʌnˈwɜːdəbəl] adj. 1 indizível; 2 inexprimível por palavras
unworkable [ʌnˈwɜːkəbəl] adj. 1 inexequível, impraticável; 2 difícil de manejar, difícil de trabalhar; 3 incontrolável
unworkableness [ʌnˈwɜːkəbəlnəs] s. 1 inexequibilidade, impraticabilidade; 2 dificuldade de manejo; 3 incontrolabilidade
unworked [ʌnˈwɜːkt] adj. 1 não trabalhado, não lavrado; 2 não explorado
unworkmanlike [ʌnˈwɜːkmənlaɪk] adj. impróprio de um bom operário, indigno de um bom operário
unworldliness [ʌnˈwɜːldlɪnəs] s. 1 desinteresse, desapego relativamente às coisas mundanas; 2 aspecto ou carácter pouco mundano; 3 espiritualidade; 4 simplicidade
unworldly [ʌnˈwɜːldlɪ] adj. 1 desinteressado, não preso às coisas mundanas; 2 extraterreno, espiritual; 3 simples, puro
unworn [ʌnˈwɔːn] adj. 1 não usado; 2 como novo; 3 não gasto

unworthily [ʌnˈwɜːðɪlɪ] *adv.* 1 indignamente; 2 imerecidamente; 3 inconvenientemente

unworthiness [ʌnˈwɜːðɪnəs] *s.* 1 indignidade; 2 aspecto ou carácter desprezível; 3 desmerecimento

unworthy [ʌnˈwɜːðɪ] *adj.* 1 indigno [**of**, de]; *he is ~ of so much honour* ele é indigno de tantas honras; 2 desprezível; 3 indecoroso; 4 sem mérito; injustificado

unwound [ʌnˈwaʊnd] *prt. e part. pass. de* **to unwind**

unwounded [ʌnˈwuːndɪd] *adj.* não ferido, sem ferimentos

unwove [ʌnˈwəʊv] *prt. de* **to unweave**

unwoven [ʌnˈwəʊvən] *part. pass. de* **to unweave**

unwrap [ʌnˈræp] *v.tr.* (*particípios* -pp-) desembrulhar; desempacotar; desfazer o invólucro de ❖ (embrulho, pacote) *to come unwrapped* desfazer-se

unwrinkle [ʌnˈrɪŋkəl] *v.tr.,intr.* 1 desenrugar, desenrugar-se; 2 alisar

unwrinkled [ʌnˈrɪŋkəlt] *adj.* 1 liso, sem rugas; 2 desenrugado

unwritten [ʌnˈrɪtən] *adj.* 1 não escrito; por escrever; 2 em branco; 3 (transmissão) oral, verbal; 4 tácito; implícito ❖ DIREITO *an ~ law* lei consuetudinária; *the ~ law* a lei moral

unwrought [ʌnˈrɒt] *adj.* 1 não trabalhado, em bruto; *~ bar* barra em bruto; 2 (filão de minério) inexplorado; 3 não acabado, não realizado

unwrung [ʌnˈrʌŋ] *adj.* não torcido ❖ (coloq.) *my withers are ~* isso não me comove; isso não me atinge

unyielding [ʌnˈjiːldɪŋ] *adj.* 1 inflexível, firme; duro, obstinado; *to be ~ in one's opinions* ser inflexível nas suas opiniões; 2 que não cede

unyieldingly [ʌnˈjiːldɪŋlɪ] *adv.* 1 inflexivelmente; 2 obstinadamente; 3 inabalavelmente

unyieldingness [ʌnˈjiːldɪŋnəs] *s.* 1 inflexibilidade, firmeza, obstinação; 2 dureza

unyoke [ʌnˈjəʊk] *v.tr.,intr.* 1 desjungir, tirar do jugo (bois); 2 libertar de opressão; 3 (coloq.) descansar

unyouthful [ʌnˈjuːθfʊl] *adj.* que já não é jovem

unzip [ʌnˈzɪp] *v.tr.* 1 abrir o fecho-éclair de; 2 INFORMÁTICA (ficheiro) descompactar

up [ʌp] Ⓐ *adv.* 1 em cima, no alto; *what are you doing up there?* que estás a fazer aí em cima?; 2 por cima (de); *up above sth* por cima de qualquer coisa; 3 para cima, para o alto; *all the way up* até ao cimo; 4 até ao ponto de origem; 5 até (determinado ponto ou grau); *up to now* até agora; *up to then* até então; *up to this day* até hoje; *to blush up to the ears* corar até às orelhas; 6 por completo, completamente; *to burn up* queimar completamente; 7 em actividade; 8 em lugar de relevo; *up in London* em Londres; 9 com segurança; 10 com vantagem; 11 em posição vertical, de pé; 12 levantado, fora da cama; *to be up* estar a pé, estar levantado; *to be up all night* estar a noite toda a pé; 13 acima do horizonte; 14 terminado, no fim; *time is up* está na hora, acabou o tempo; *my leave is up* a minha licença já terminou; 15 de parte; de lado; 16 NÁUTICA para barlavento; 17 (a alto preço) elevado; *prices are up* os preços estão altos; 18 informado; versado; instruído; *to be well up in* saber muito de; *he is well up in literature* ele é muito versado em literatura Ⓑ *prep.* 1 no cimo de; em cima de; sobre; *the boy was up the tree* o rapaz estava em cima da árvore; 2 para cima (de); *to walk up and down the street* percorrer uma rua para cima e para baixo; 3 acima; *to sail up a river* navegar rio acima; 4 contra, em direcção contrária a; *up the wind* contra o vento; 5 para o interior de; *to travel up country* viajar para o interior do país; 6 ao longo de Ⓒ *adj.* (comboio, etc.) ascendente; que se dirige para o interior; que se dirige para a capital; *up train* comboio ascendente (para Londres) Ⓓ *s.* 1 (terreno) elevação; *ups and downs* ondulações do terreno; 2 *pl.* (bons momentos); *ups and downs* altos e baixos; *life is full of ups and downs* a vida está cheia de altos e baixos Ⓔ *v.tr.,intr.* (*particípios*: -pp-) 1 erguer(-se); levantar(-se); *to up with sth* levantar algo; *she ups and goes* ela levanta-se e vai; 2 melhorar; 3 promover Ⓕ *interj.* acima!, vamos!, de pé! ❖ *up hill and down dale* por montes e vales; *from ten euros up* a partir de dez euros; *halfway up* a meia altura; *he is up on himself* ele é presunçoso; *his blood was up* sangue fervia-lhe; *his room is two flights up* o quarto dele é no segundo piso; *hold yourself up!* ponha-se direito!; *it is all up with him* ele está liquidado; *it is up for discussion* está em discussão; *it is up to you to prove it* compete-lhe a si prová-lo; *let us be up and doing!* mãos à obra!; vamos trabalhar!; *Parliament is up* o parlamento está em férias; *she is not up to taking the journey* ela não está em condições de fazer a viagem; *the game is up* tudo acabou; está tudo perdido; já não há nada a fazer; *the sun is up* o Sol já nasceu; *the river is up* há uma enchente no rio; *the tide is up* a maré subiu; *there is sth up* passa-se alguma coisa; (situação) *to be on the up and up* estar a progredir, estar a melhorar; (esquema) *on the up and up* honesto; legal; *to be up against difficulties* ter de enfrentar dificuldades; *to be up in years* estar adiantado em anos; *to be up to anything* ser capaz de tudo; *to be up with* estar ao nível de; *we saw a strange thing high up in the air* vimos uma coisa estranha no ar; *what's up?* que aconteceu?; que foi?

UP Ⓐ [*abrev. de* United Press] Ⓑ (Papua Nova Guiné) [*abrev. de* United Party] Ⓒ [*abrev. de* Uttar Pradesh]

up-a-daisy [ˌʌpəˈdeɪzɪ] *interj.* vamos lá!

up-anchor [ʌpˈæŋkə] *v.intr.* levantar a âncora

up-and-coming [ˌʌpənˈkʌmɪŋ] *adj.* 1 em ascensão; 2 que promete, com futuro; 3 próspero; florescente

Upanishad [uˈpʌnɪʃəd] *s.* Upanixade, textos de filosofia brâmica

upas [ˈjuːpəs] *s.* BOTÂNICA upas

upbear [ʌpˈbeə] *v.tr.* (*prt.* **upbore**, *part. pass.* **upborne**) 1 sustentar, aguentar, suportar; 2 levantar, erguer

upbearing [ʌpˈbeərɪŋ] *s.* 1 acto de sustentar ou suportar; 2 acto de levantar ou erguer

upbeat [ˈʌpbiːt] Ⓐ *adj.* 1 (coloq.) optimista; 2 (coloq.) alegre, contente, feliz Ⓑ *s.* 1 MÚSICA tempo fraco; 2 (fig.) melhoria

upbore [ʌpˈbɔː] *prt. de* **to upbear**

upborne [ʌpˈbɔːn] *part. pass. de* **to upbear**

upbraid [ʌpˈbreɪd] *v.tr.* censurar; repreender; exprobrar; *to ~ sb for sth* repreender alguém por alguma coisa

upbraider [ʌpˈbreɪdə] *s.* aquele que censura ou repreende

upbraiding [ʌpˈbreɪdɪŋ] Ⓐ *adj.* 1 reprovador; 2 de repreensão ou de censura Ⓑ *s.* censura, repreensão

upbraidingly [ʌpˈbreɪdɪŋlɪ] *adv.* 1 reprovadoramente; 2 em tom de repreensão ou censura

upbringing [ˈʌpbrɪŋɪŋ] *s.* educação (de criança)

upburst [ˈʌpbɜːst] *s.* 1 erupção; 2 explosão (de alegria, etc.)

UPC Ⓐ [*abrev. de* University Presbyterian Church] Ⓑ [*abrev. de* Universal Product Code]

upcast [ˈʌpkɑːst] Ⓐ *s.* 1 poço de ventilação; 2 (mina) corrente de ar ascendente; 3 deslocamento ascensional; 4 terra lançada de uma escavação Ⓑ *adj.* 1 lançado para cima; 2 virado para cima ❖ *~ shaft* poço de ventilação; *with ~ eyes* de olhos erguidos para o céu

upchuck [ˈʌptʃʌk] *v.tr.,intr.* (cal.) vomitar

upcoming [ˈʌpkʌmɪŋ] *adj.* iminente, próximo

upcurved [ˈʌpkɜːvt] *adj.* 1 arrebitado; 2 recurvo para cima

update[1] [ʌpˈdeɪt] *v.tr.* 1 actualizar; 2 pôr em dia; 3 modernizar

update[2] [ˈʌpdeɪt] *s.* 1 actualização [**on**, de]; 2 modernização ❖ *an ~ on the accident* uma notícia actualizada sobre o acidente

updated [ʌpˈdeɪtɪd] *adj.* actualizado; modernizado ❖ *~ technology* tecnologia moderna

updraft [ˈʌpdrɑːft] *s.* corrente de ar ascendente

updraught [ˈʌpdrɑːft] *s.* ⇒ **updraft**

updrawn [ʌpˈdrɔːn] *adj.* levantado

up-end [ʌpˈend] *v.tr.,intr.* 1 pôr de pé; 2 levantar, levantar-se

upfront [ʌpˈfrʌnt] Ⓐ *adj.* 1 franco, sincero, aberto; 2 importante; 3 pago adiantado Ⓑ *adv.* 1 francamente, sinceramente, abertamente; 2 (pagamento, etc.) adiantadamente, previamente

upgrade [ˈʌpgreɪd] Ⓐ *s.* 1 rampa, subida; 2 inclinação ascendente; 3 INFORMÁTICA actualização; versão mais recente Ⓑ *adv.* para cima Ⓒ *v.tr.* 1 melhorar; 2 actualizar, modernizar; 3 promover; 4 INFORMÁTICA instalar uma versão mais recente de um programa em ❖ *to go ~* subir; (preços) *to be on the ~* estar a melhorar; estar a subir

upgrowing [ˈʌpgrəʊɪŋ] *adj.* que está a crescer; em desenvolvimento

upgrowth [ˈʌpgrəʊθ] *s.* crescimento, desenvolvimento

upheaped [ˈʌphiːpt] *adj.* amontoado

upheaval [ʌp'hi:vəl] *s.* **1** agitação; perturbação; convulsão social; *political ~* convulsão política; **2** sublevação, revolta; **3** GEOLOGIA elevação da crosta terrestre ❖ *a volcanic ~* uma erupção vulcânica

upheave [ʌp'hi:v] *v.tr.,intr.* **1** levantar, levantar-se; **2** sublevar, sublevar-se

upheld [ʌp'held] *prt. e part. pass. de* **to uphold**

uphill[1] [ˈʌphɪl] Ⓐ *s.* rampa, subida Ⓑ *adj.* **1** ascendente, íngreme; **2** [fig.] difícil, árduo, trabalhoso

uphill[2] [ʌp'hɪl] *adv.* **1** para cima; **2** pelo monte acima ❖ *to go ~* subir o monte; subir a encosta

uphold [ʌp'həʊld] *v.tr.* (*prt. e part. pass.* **upheld**) **1** (não deixar cair) suportar, segurar, sustentar; **2** animar, encorajar; **3** apoiar; favorecer; proteger; defender; **4** aprovar; *to ~ sb's conduct* aprovar o comportamento de alguém; **5** confirmar; manter; *to ~ a decision* manter uma decisão ❖ *to ~ the law* fazer cumprir a lei

upholder [ʌp'həʊldə] *s.* **1** defensor, partidário (de uma ideia, projecto, etc.); **2** protector; **3** apoio, sustentáculo, arrimo

upholding [ʌp'həʊldɪŋ] *s.* **1** apoio, sustento; **2** encorajamento; **3** protecção; **4** aprovação, confirmação; **5** conservação

upholster [ʌp'həʊlstə] *v.tr.* **1** estofar, acolchoar; **2** mobilar; **3** prover de cortinas, tapetes, etc.

upholstered [ʌp'həʊlstəd] *adj.* **1** estofado; **2** acolchoado; **3** mobilado; **4** guarnecido de cortinas, tapetes, etc.

upholsterer [ʌp'həʊlstərə] *s.* **1** estofador; **2** decorador; **3** acolchoador

upholstering [ʌp'həʊlstərɪŋ] *s.* **1** estofamento; **2** acolchoamento

upholstery [ʌp'həʊlstərɪ] *s.* **1** estofamento; **2** acolchoamento; **3** decoração; **4** ofício de estofador; **5** artigos de estofador

upholstress [ʌp'həʊlstrəs] *s.f.* (*pl.* **-es**) estofadora

upkeep [ˈʌpki:p] *s.* **1** conservação, manutenção; **2** despesas de conservação

upland [ˈʌplənd] *s.* [geralm. usado no pl.] região montanhosa do interior ❖ *the uplands* as terras altas

uplander [ˈʌpləndə] *s.* **1** serrano; **2** montanhês; **3** habitante das terras altas

uplift[1] [ʌp'lɪft] *v.tr.* **1** levantar, erguer; **2** arquear (as sobrancelhas); **3** elevar (o espírito, etc.)

uplift[2] [ˈʌplɪft] *s.* **1** elevação; *moral ~* elevação moral; **2** (terreno) levantamento; **3** [fig.] melhoria; *business ~* melhoria dos negócios

uplifted [ʌp'lɪftɪd] *adj.* **1** elevado, levantado; **2** inspirado

uplifter [ʌp'lɪftə] *s.* aquele ou aquilo que eleva, levanta ou melhora

uplifting [ʌp'lɪftɪŋ] *adj.* **1** edificante; **2** inspirador; **3** animador, que dispõe bem ❖ *an ~ film* um filme leve e bem-disposto

upload [ˌʌp'ləʊd] *v.tr.,intr.* INFORMÁTICA carregar

upmarket [ˌʌp'mɑ:kɪt] *adj.* **1** [GB] de luxo; **2** [GB] topo de gama; **3** [GB] requintado

upmost [ˈʌpməʊst] *adj.* ⇒ **uppermost**

upon [əˈpɒn] *prep.* ⇒ **on** ❖ *~ hearing this* ao ouvir isto; *~ his coming* à sua chegada; *~ my word!* palavra de honra!; *not to have enough to live ~* não ter o suficiente para viver; *there was no evidence to go ~* não havia provas em que pudesse basear-se

upper [ˈʌpə] Ⓐ *adj.* **1** superior; de cima; **2** mais elevado; mais alto Ⓑ *s.* **1** gáspea, parte do calçado acima da sola; **2** [cal.] (droga) anfetamina; **3** *pl.* polainitos ❖ TIPOGRAFIA *~ case* caixa alta; letras maiúsculas; [coloq.] *~ crust* alta sociedade; *Upper Egypt* Alto Egipto; *~ keyboard* teclado correspondente à mão direita; *~ lip* lábio superior; NÁUTICA *~ mast* mastro superior; (asa) *~ surface* superfície dorsal; *~ wing* asa de cima; asa superior; NÁUTICA *~ works* obras mortas; *~ end of a church* fundo de uma igreja; *the ~ air* as camadas superiores da atmosfera; [GB] POLÍTICA *the Upper House* a Câmara Alta; a Câmara dos Lordes; a Câmara dos Pares; o Senado; ANATOMIA *the ~ jaw* a maxila superior; *the Upper Rhine* o Alto Reno; [coloq.] *the ~ storey* o quarto andar; a cabeça; [coloq.] *the ~ ten (thousand)* a aristocracia; [coloq.] *to be gone in the ~ storey* ter uma aduela a menos; não regular bem do quarto andar; *to have the ~ hand of* levar a melhor sobre; dominar; [fig.] *to be on one's uppers* ter as solas completamente rotas; estar na penúria

upper-class [ˌʌpəˈklɑ:s] *adj.* **1** de classe alta; **2** aristocrático

uppercut [ˈʌpəkʌt] Ⓐ *s.* soco dado de baixo para cima Ⓑ *v.tr.* (*prt. e part. pass.* **uppercut**) atingir com um soco dado de baixo para cima

uppermost [ˈʌpəˌməʊst] Ⓐ *adj.* **1** mais elevado; mais alto; **2** predominante; mais importante; *to be ~* predominar; **3** supremo Ⓑ *adv.* **1** para cima; (mãos) *palms ~* com as palmas viradas para cima; **2** no ponto mais alto, no ponto mais elevado; **3** em primeiro lugar ❖ *to be ~ in one's mind* ser uma prioridade; *to say whatever comes ~* dizer a primeira coisa que vem à cabeça

uppish [ˈʌpɪʃ] *adj.* **1** arrogante, altivo; **2** orgulhoso; **3** presunçoso; **4** vaidoso

uppishly [ˈʌpɪʃlɪ] *adv.* **1** arrogantemente; **2** altivamente; **3** orgulhosamente; **4** presunçosamente; **5** vaidosamente

uppishness [ˈʌpɪʃnəs] *s.* **1** arrogância, altivez; **2** orgulho; **3** presunção; **4** vaidade

uppity [ˈʌpɪtɪ] *adj.* **1** [coloq.] pretensioso, presunçoso, emproado; **2** [coloq.] arrogante

upraise [ʌp'reɪz] *v.tr.* levantar, erguer

upraised [ʌp'reɪzd] *adj.* levantado; erguido ❖ *with ~ hand* com a mão levantada

uprear [ʌp'rɪə] *v.tr.* **1** erguer, levantar; **2** elevar; **3** exaltar

upright [ˈʌpraɪt] Ⓐ *adj.* **1** direito; **2** de pé; **3** vertical; perpendicular; **4** justo, recto, honesto, íntegro, probo, sério; *an ~ judge* um juiz íntegro; *an ~ man* um homem justo, um homem probo Ⓑ *adv.* **1** direito; **2** em posição vertical Ⓒ *s.* **1** poste, viga, escora vertical; **2** montante; **3** pé-direito ❖ *~ piano* piano vertical; *to hold oneself ~* manter-se direito; *out of ~* não vertical

uprightly [ˈʌpraɪtlɪ] *adv.* **1** verticalmente, perpendicularmente; **2** de modo recto, justo, íntegro; **3** com seriedade, com probidade

uprightness [ˈʌpraɪtnəs] *s.* **1** verticalidade; **2** perpendicularidade; **3** rectidão, integridade, probidade, honestidade

uprise[1] [ʌp'raɪz] *v.intr.* (*prt.* **uprose**, *part. pass.* **uprisen**) **1** levantar-se, erguer-se; **2** (Sol) surgir, nascer

uprise[2] [ˈʌpraɪz] *s.* **1** subida, elevação; **2** rampa; **3** ascensão; **4** nascimento (do Sol)

uprisen [ˈʌpˌrɪzən] *part. pass. de* **to uprise**[1]

uprising [ʌp'raɪzɪŋ] *s.* **1** nascer (do Sol); **2** levantamento; **3** insurreição, revolta, rebelião, sublevação

upriver [ʌp'rɪvə] *adj.,adv.* a montante; rio acima

uproar [ˈʌprɔ:] *s.* **1** tumulto, excitação, barulho, desordem; **2** rebuliço, algazarra, clamor

uproarious [ʌp'rɔ:rɪəs] *adj.* **1** em desordem; tumultuoso; **2** barulhento, ruidoso; *they burst into ~ laughter* romperam em ruidosas gargalhadas

uproariously [ʌp'rɔ:rɪəslɪ] *adv.* **1** tumultuosamente, ruidosamente; **2** com grande algazarra

uproariousness [ʌp'rɔ:rɪəsnəs] *s.* desordem; barulho; tumulto; clamor

uproot [ʌp'ru:t] *v.tr.* **1** desenraizar, arrancar pela raiz; **2** extirpar; **3** erradicar

uprootal [ʌp'ru:təl] *s.* **1** extirpação; **2** acto de arrancar pela raiz

uprooter [ʌp'ru:tə] *s.* **1** pessoa que arranca pela raiz; **2** aquele que erradica ou extirpa

uprooting [ʌp'ru:tɪŋ] *s.* **1** acto de arrancar pela raiz; desenraizamento; **2** extirpação; **3** erradicação

uprose [ˈʌpˌrəʊz] *prt. de* **to uprise**[1]

uprouse [ʌp'raʊz] *v.tr.* despertar, acordar

uprush [ʌp'rʌʃ] PSICOLOGIA emergência súbita de ideias do subconsciente ou inconsciente

UPS ELECTRICIDADE [*abrev. de* Uninterruptible Power Supply] UPS, reserva de corrente

upsadaisy [ˌʌpsəˈdeɪzɪ] *interj.* **1** vamos lá!; **2** toca a levantar!

upsaddle [ˈʌpsædl] *v.intr.* [Áfr. do S.] selar um cavalo

Upsala [ˈʌpsɑ:lə, ʌpˈsɑ:lə] *s.top.* Upsala

upscale [ˈʌpskeɪl] *adj.* **1** [EUA] de luxo; **2** [EUA] topo de gama; **3** [EUA] requintado

upset [ʌp'set] Ⓐ *v.tr.,intr.* (*prt. e part. pass.* **upset**) **1** virar; voltar(-se); *the wind ~ the boat* o vento fez virar o barco; **2** derrubar; **3** perturbar, desorganizar, transtornar, contrariar; *to ~ the applecart* perturbar, pôr tudo em estado de confusão; *the fog*

~ *our plans* o nevoeiro estragou-nos os planos; **4** (estômago) cair mal a, fazer mal a; *to ~ one's stomach* fazer mal ao estômago; *beer upsets him* a cerveja faz-lhe mal; **5** indispor, desarranjar, afligir, impressionar, enervar; *don't ~ yourself* não se deixe impressionar; *she is easily ~* ela enerva-se facilmente; *the news quite ~ her* as notícias incomodaram-na muito; **6** MECÂNICA recalcar, engrossar Ⓑ *adj.* **1** perturbado, incomodado, abalado; *she was very much ~ about her father going away* ela estava muito incomodada com a partida do pai; **2** nervoso; **3** indisposto; **4** (estômago) desarranjado; *~ stomach* indisposição gástrica; **5** levantado, erguido, erecto; **6** virado, derrubado; **7** de rodas para o ar; **8** de quilha para o ar

upset² ['ʌpset] Ⓐ *s.* **1** tombo; **2** (barco) viramento; **3** (veículo) capotamento; **4** emborcação; **5** desorganização, desordem, trapalhada; **6** desarranjo, transtorno, contratempo; **7** perturbação; embaraço; **8** indisposição; **9** MECÂNICA molde para decalcar; **10** desacordo, questão; **11** DESPORTO resultado inesperado Ⓑ *adj.* (leilão) inicial; *~ price* preço inicial, preço de licitação

upsetter [ʌp'setə] *s.* **1** perturbador, desorganizador; **2** máquina de recalcar

upsetting [ʌp'setɪŋ] Ⓐ *adj.* **1** perturbador; **2** difícil; desagradável; que indispõe, incomoda; **3** preocupante Ⓑ *s.* **1** perturbação; **2** incómodo; **3** desorganização; **4** (veículo) acto de virar; capotamento; **5** MECÂNICA recalque, encalque

upshot ['ʌpʃɒt] *s.* **1** remate, fim, resultado final; **2** desfecho, conclusão; **3** consequência; **4** essência ❖ *in the ~* no fim de contas; *what is the ~ of it all?* como é que fica tudo isso?

upside ['ʌpsaɪd] *s.* **1** parte de cima; **2** lado positivo, lado bom, vantagem; **3** [EUA] FINANÇAS subida de lucros

upside-down [ˌʌpsaɪd'daʊn] *adj.,adv.* **1** em confusão; em desordem; de pernas para o ar; *to turn everything ~* pôr tudo de pernas para o ar, pôr tudo em desordem; **2** invertido; ao contrário; às avessas; *to have an ~ way of looking at things* olhar para as coisas ao contrário, ver as coisas ao contrário de toda a gente; **3** de cabeça para baixo; **4** sem pés nem cabeça; *an ~ arrangement* uma combinação sem pés nem cabeça

upsides ['ʌpsaɪdz] *adv.* [dial.] vingança, paga ❖ *to get ~ with* vingar-se de

upsilon [juːp'saɪlən, 'juːpsɪlən] *s.* (letra grega) ípsilon, ípsilon

upstage [ʌp'steɪdʒ] Ⓐ *v.tr.* **1** desviar as atenções de; **2** empurrar para segundo plano Ⓑ *s.* (palco) segundo plano Ⓒ *adv.* em segundo plano Ⓓ *adj.* de segundo plano

upstairs [ʌp'steəz] Ⓐ *adv.* **1** em cima; no andar superior; **2** para o andar superior Ⓑ *adj.* que está situado num andar superior; *an ~ room* um quarto no andar superior Ⓒ *s.* piso superior de um edifício ❖ *a person ~* uma pessoa que mora num andar de cima; *to be ~* estar no andar superior; estar lá em cima; *to go ~* subir as escadas

upstanding [ʌp'stændɪŋ] *adj.* **1** recto, honesto, íntegro; **2** direito, de pé, aprumado; **3** robusto, forte; **4** ao alto; **5** eriçado; **6** (salário) fixo

upstart ['ʌpstɑːt] *s.* **1** arrivista, novo-rico; **2** indivíduo arrogante

upstay [ʌp'steɪ] *v.tr.* **1** manter, sustentar; **2** segurar

upstream [ʌp'striːm] Ⓐ *adv.* **1** a montante, rio acima; **2** contra a corrente; *to swim ~* nadar contra a corrente Ⓑ *adj.* próximo da fonte ❖ (indústria) *~ production* primeiras etapas de produção

upsurge [ʌp'sɜːdʒ] *s.* **1** recrudescimento; **2** subida; *an ~ in prices* uma subida de preços; **3** acesso, vaga [**of**, de]; *an ~ of interest in* uma vaga de interesse por

upsweep [ʌp'swiːp] Ⓐ *s.* curva ascendente Ⓑ *v.tr.* (prt. e part. pass. **upswept**) **1** elevar em curva ascendente; **2** formar curva ascendente

upsweeping [ʌp'swiːpɪŋ] *s.* curva ascendente

upswept [ʌp'swept] *adj.* em curva ascendente

upswing ['ʌpswɪŋ] *s.* **1** ECONOMIA retoma; *to take an upswing* estar em retoma; **2** recuperação; **3** relançamento; **4** ascensão; **5** melhoria

uptake ['ʌpteɪk] *s.* **1** compreensão; inteligência; entendimento; *to be quick on the ~* apanhar rapidamente as coisas, ter uma compreensão rápida; *to be slow on the ~* ser de compreensão lenta; **2** absorção, consumo; **3** (marketing) aceitação, adesão; *the ~ of the new product* a adesão ao novo produto; **4** caixa de fumo superior; **5** tubo ascendente; **6** (ventilação) coluna de ar ascendente ❖ *~ pipe* tubo ascendente

uptear [ʌp'teə] *v.tr.* (prt. **uptore**, part. pass. **uptorn**) arrancar

upthrow ['ʌpθrəʊ] *s.* **1** GEOLOGIA movimento orogénico; **2** movimento para cima

upthrust ['ʌpθrʌst] *s.* **1** levantamento geológico, movimento orogénico; **2** FÍSICA impulso de baixo para cima (em corpo mergulhado num líquido)

uptight [ʌp'taɪt] *adj.* **1** [coloq.] inibido, reprimido, pouco expansivo; **2** [coloq.] tenso; **3** [coloq.] nervoso, preocupado, ansioso; **4** em boas relações com alguém ou com um grupo de pessoas

up-tilted [ʌp'tɪltɪd] *adj.* (nariz) arrebitado, virado para cima

up-to-date [ˌʌptə'deɪt] *adj.* **1** moderno; **2** de acordo com as últimas tendências; **3** actualizado

up-to-dateness [ˌʌptə'deɪtnəs] *s.* actualidade, actualizações

uptore [ʌp'tɔː] *prt. de* to uptear

uptorn [ʌp'tɔːn] *part. pass. de* to uptear

up-to-the-minute [ˌʌptəðə'mɪnɪt] *adj.* ultra-recente, de última hora

uptown ['ʌptaʊn] Ⓐ *adv.* **1** [EUA] para a parte residencial da cidade; **2** para a parte alta da cidade Ⓑ *adj.* relativo à parte residencial

uptrend ['ʌptrend] *s.* melhoria *ato be on an uptrend* estar em alta

upturn¹ [ʌp'tɜːn] *v.tr.* **1** virar para cima; **2** erguer (os olhos); **3** revolver (o solo)

upturn² ['ʌptɜːn] *s.* **1** ECONOMIA melhoria; *there was an ~ in business* houve uma melhoria nos negócios; **2** aumento [**in**, de]; crescimento [**in**, de]; **3** viragem; **4** perturbação; agitação

upturned [ʌp'tɜːnt] *adj.* **1** virado para cima; **2** (nariz) arrebitado; **3** (olhar) erguido; **4** (solo) revolvido; **5** em desordem, de pernas para o ar

UPU [*abrev. de* Universal Postal Union]

upvalue ['ʌpˌvæljuː] *v.tr.* valorizar (moeda)

upward ['ʌpwəd] Ⓐ *adj.* **1** ascendente; *~ stroke* curso ascendente; **2** ascensional; *~ movement* movimento ascensional; **3** voltado/dirigido para cima Ⓑ *adv.* ⇒ **upwards** ❖ *~ gradient* rampa; *~ mobility* ascensão social; *~ stroke* curso ascendente; *an ~ glance* um olhar para cima; (preços) *to be on an ~ trend* estar em alta

upwardly ['ʌpwədlɪ] *adv.* de modo ascendente

upwards ['ʌpwədz] *adv.* **1** para cima; em direcção a um ponto mais alto; *to look ~* olhar para cima; **2** mais além ❖ *~ of* mais de; para cima de; *and ~* e mais; *from ten years ~* dos dez anos para cima; *prices were from five pounds ~* os preços eram de cinco libras para cima; *the small boy was moving ~ in his class* o rapazito fazia progressos na escola; *they followed the stream ~* eles subiram o rio; *they have no pupils ~ of eighteen* não têm alunos com mais de dezoito anos

upwarping ['ʌpˌwɔːpɪŋ] *s.* abaulamento

upwelling [ʌp'welɪŋ] *s.* **1** efusão, expansão (de sentimentos); **2** jorro, jorramento

Ur [ɜː, ʊə] *s.top.* RELIGIÃO (Bíblia) Ur

uraemia [jʊə'riːmɪə] *s.* MEDICINA uremia

uraemic [jʊə'riːmɪk] *adj.* MEDICINA urémico

Ural ['jʊərəl] *s.top.* (rio da Rússia) Ural ❖ GEOGRAFIA *the ~ mountains* os montes Urais

Ural-Altaic [ˌjʊərəlæl'teɪɪk] *adj.* uralo-altaico

Uralian [jʊə'reɪlɪən] *adj.* uraliano, urálico

uralite [ˈjʊərəlaɪt] *s.* MINERALOGIA uralite

Uralo-Altaic [ˌjʊˌræləʊæl'teɪɪk] *adj.* uralo-altaico

uranate ['jʊərənɪt] *s.* QUÍMICA uranato

Urania [jʊə'reɪnɪə] *s.* ASTRONOMIA, MITOLOGIA Urânia

uranic [jʊə'rænɪk] *adj.* QUÍMICA urânico; *~ acid* ácido urânico

uraninite [jʊə'rænɪnaɪt] *s.* MINERALOGIA uraninite

uranite [ˈjʊərənaɪt] *s.* MINERALOGIA uranite

uranium [jʊə'reɪnɪəm] *s.* QUÍMICA (elemento químico) urânio ❖ *~ compound* composto de urânio; *~ fuel* combustível de urânio; *~ ore* minério de urânio

uranographer [ˌjʊərə'nɒɡrəfə] *s.* uranógrafo

uranographic [ˌjʊərənəʊ'ɡræfɪk] *adj.* uranográfico

uranographical [ˌjʊərənəʊ'ɡræfɪkəl] *adj.* uranográfico

uranographically [ˌjʊərənəʊ'ɡræfɪkəlɪ] *adv.* uranograficamente

uranography [ˌjʊərə'nɒɡrəfɪ] *s.* uranografia

uranometry [ˌjʊərə'nɒmətrɪ] *s.* uranometria

uranous [ˈjʊərənəs] *adj.* QUÍMICA uranoso
Uranus [ˈjʊərənəs, jʊˈreɪnəs] *s.* ASTRONOMIA, MITOLOGIA Úrano, Urano
urban [ˈɜːbən] *adj.* urbano ❖ **~ areas** zonas urbanas; **~ migration** êxodo rural; **~ planning** urbanismo; planeamento urbano; **~ renewal** renovação urbana; **~ sprawl** aglomerado urbano
Urban [ˈɜːbən] *s.antr.* Urbano
urbane [ɜːˈbeɪn] *adj.* delicado, urbano, polido, cortês, educado
urbanely [ɜːˈbeɪnlɪ] *adv.* delicadamente, com urbanidade, cortesmente, educadamente
urbanism [ˈɜːbənɪzəm] *s.* urbanismo
urbanist [ˈɜːbənɪst] *s.* 1 urbanista, engenheiro ou arquitecto urbanista; 2 RELIGIÃO urbanista, religiosa de Santa Clara; 3 HISTÓRIA partidário do papa Urbano VI contra Clemente VII
urbanity [ɜːˈbænɪtɪ] *s.* urbanidade, delicadeza, cortesia, educação
urbanization [ˌɜːbənaɪˈzeɪʃən] *s.* urbanização
urbanize [ˈɜːbənaɪz] *v.tr.* urbanizar
urbanologist [ˌɜːbəˈnɒlədʒɪst] *s.* urbanista, urbanologista
urceolate [ˈɜːsɪəʊlɪt] *adj.* BOTÂNICA urceolado
urceolus [ɜːˈsiːələs] *s.* urcéolo
urchin [ˈɜːtʃɪn] *s.* 1 diabrete; 2 rapazito traquinas, todo sujo de brincar; 3 garoto da rua; 4 ZOOLOGIA ouriço-do-mar; 5 [arc.] ouriço-cacheiro
Urdu [ˈɜːduː, uːrˈduː] *s.* urdu, língua indiana derivada do hindustâni
urea [jʊəˈriːə] *s.* QUÍMICA ureia
ureal [ˈjʊərɪəl] *adj.* QUÍMICA ureico
ureameter [jʊərɪˈæmɪtə] *s.* MEDICINA ureómetro
ureametry [jʊərɪˈæmɪtrɪ] *s.* ureometria
uredo [jʊəˈriːdəʊ] *s.* BOTÂNICA uredo
uredospore [jʊəˈriːdəʊspɔː] *s.* BOTÂNICA uredósporo
ureometer [jʊərɪˈɒmɪtə] *s.* ⇒ **ureameter**
ureometry [jʊərɪˈɒmɪtrɪ] *s.* ⇒ **ureametry**
ures [ˈjʊərɪz] *s. {pl. de* **urus**}
ureter [ˈjʊərɪtə, jʊəˈriːtə] *s.* ANATOMIA ureter
ureteral [jʊəˈriːtərəl] *adj.* ANATOMIA ureteral
ureteric [jʊərɪˈterɪk] *adj.* ANATOMIA uretérico
ureteritis [jʊərɪtəˈraɪtɪs] *s.* MEDICINA ureterite
ureterotomy [jʊərɪtəˈrɒtəmɪ] *s.* CIRURGIA ureterotomia
urethra [jʊəˈriːθrə] *adj.* ANATOMIA uretra
urethral [jʊəˈriːθrəl] *adj.* uretral
urethrectomy [jʊərɪˈθrektəmɪ] *s.* CIRURGIA uretrectomia
urethritis [jʊərɪˈθraɪtɪs] *s.* MEDICINA uretrite
urethrobulbar [jʊərɪθrəʊˈbʌlbə] *adj.* ANATOMIA uretrobulbar
urethrotomy [jʊərɪˈθrɒtəmɪ] *s.* CIRURGIA uretrotomia
urge [ɜːdʒ] Ⓐ *s.* impulso; desejo ardente; ímpeto; anseio; *to have the ~ to...* sentir o impulso irresistível de... Ⓑ *v.tr.* 1 insistir com; pedir insistentemente; procurar persuadir com insistência; *to ~ sb to...* insistir com alguém para que...; 2 recomendar; aconselhar; *to ~ that sth should be done* recomendar que algo seja feito; 3 instigar [to, a]; *to ~ sb to revolt* instigar alguém à revolta; 4 impulsionar; impelir; exortar, estimular; 5 acelerar, apressar; 6 coagir; forçar; *to be urged to take measures* ver-se forçado a tomar medidas; 7 reclamar; 8 frisar, realçar ❖ *to ~ against sb* apresentar objecções contra alguém; *to ~ a horse onward* espicaçar um cavalo; *to ~ the fire* avivar o fogo
♦ **urge on** *v.tr.* 1 incitar; incentivar; espicaçar; 2 encorajar
urgency [ˈɜːdʒənsɪ] *s.* 1 urgência; premência; *a matter of great ~* um assunto muito urgente; 2 necessidade urgente; 3 insistência ❖ *to deal with sth as a matter of ~* dar prioridade a algo
urgent [ˈɜːdʒənt] *adj.* 1 urgente; premente; *~ need* necessidade urgente; 2 que não admite delongas; 3 insistente; *an ~ creditor* um credor insistente ❖ *at his ~ request* a seu pedido urgente; *to be ~ for further particulars* pedir insistentemente mais pormenores; *to be ~ with sb* insistir com alguém
urgently [ˈɜːdʒəntlɪ] *adv.* 1 urgentemente, com urgência; 2 insistentemente
urger [ˈɜːdʒə] *s.* instigador, incitador
urging [ˈɜːdʒɪŋ] *s.* 1 insistência; 2 instigação, exortação; 3 alegação
uri [ˈjʊəraɪ] *s. {pl. de* **urus**}
Uriah [jʊəˈraɪə] *s.antr.* RELIGIÃO (Bíblia) Urias
uric [ˈjʊərɪk] *adj.* BIOLOGIA, MEDICINA úrico; *~ acid* ácido úrico
Uriel [ˈjʊərɪəl] *s.antr.* RELIGIÃO (Bíblia) Uriel
urinal [ˈjʊərɪnəl] *s.* 1 urinol, mictório; 2 aparadeira, recipiente para recolher a urina de doentes que não podem levantar-se; 3 recipiente de vidro para conservar a urina destinada a análise

urinary [ˈjʊərɪnərɪ, ˈjʊərɪnerɪ] Ⓐ *adj.* 1 urinário; 2 de urina Ⓑ *s. (pl.* **-ies**) 1 mictório; 2 MILITAR urinóis ❖ ANATOMIA *the ~ system* o aparelho urinário
urinate [ˈjʊərɪneɪt] *v.intr.* urinar
urination [jʊərɪˈneɪʃən] *s.* micção
urine [ˈjʊərɪn] *s.* urina ❖ MEDICINA *~ analysis* análise da urina
urinometer [jʊərɪˈnɒmɪtə] *s.* urinómetro, urómetro
urinoscopy [jʊərɪˈnɒskəpɪ] *s.* uroscopia
urinous [ˈjʊərɪnəs] *adj.* urinoso
URL INFORMÁTICA (endereço de página da Internet) [*abrev. de* Uniform Resource Locator]
urn [ɜːn] Ⓐ *s.* 1 urna; 2 urna funerária; 3 espécie de samovar Ⓑ *v.tr.* encerrar numa urna
urobilin [jʊərəʊˈbaɪlɪn] *s.* QUÍMICA urobilina
urobilinuria [ˌjʊərəʊbaɪlɪˈnjʊərɪə] *s.* MEDICINA urobilinúria
urochrome [ˈjʊərəʊˌkrəʊm] *s.* urocrómio
urodele [ˈjʊərəʊdiːl] *s.* ZOOLOGIA urodelo
urodynia [jʊərəʊˈdaɪnɪə] *s.* MEDICINA urodinia
urogaster [jʊərəʊˈɡæstə] *s.* ZOOLOGIA urogastro
urogenital [jʊərəʊˈdʒenɪtəl] *adj.* ANATOMIA urogenital, génito-urinário
urology [jʊəˈrɒlədʒɪ] *s.* MEDICINA urologia
uropod [ˈjʊərəʊpɒd] *s.* ZOOLOGIA urópode
uropoietic [jʊərəʊpɔɪˈetɪk] *adj.* uropoético; relativo à uropoese
uropygial [jʊərəʊˈpɪdʒɪəl] *adj.* uropigial
uropygium [jʊərəʊˈpɪdʒɪəm] *s. (pl.* **-s**) ZOOLOGIA uropígio
uroscopy [jʊəˈrɒskəpɪ] *s.* uroscopia
urotoxic [jʊərəʊˈtɒksɪk] *adj.* urotóxico
Ursa [ˈɜːsə] *s.* ASTRONOMIA Ursa; *~ Major* Ursa Maior; *~ Minor* Ursa Menor
ursidae [ˈɜːsɪdiː] *s.pl.* ZOOLOGIA Ursídeos
ursine [ˈɜːsaɪn] *adj.* ZOOLOGIA ursino
Ursula [ˈɜːsjʊlə, ˈɜːsjələ] *s.antr.* Úrsula
Ursuline [ˈɜːsjʊlɪn, ˈɜːsjʊlaɪn] *adj.,s.* RELIGIÃO ursulino; *~ nun* freira ursulina
urtica [ˈɜːtɪkə] *s.* BOTÂNICA urtiga
Urticaceae [ɜːtɪˈkeɪsɪiː] *s.pl.* BOTÂNICA Urticáceas
urticaceous [ɜːtɪˈkeɪʃəs] *adj.* BOTÂNICA urticáceo
urticaria [ˌɜːtɪˈkeərɪə] *s.* MEDICINA urticária
urticate [ˈɜːtɪkeɪt] *v.tr.* 1 urticar, urtigar; 2 picar ou friccionar com urtigas
urtication [ˌɜːtɪˈkeɪʃən] *s.* urticação
urubu [ˈuːrubuː] *s.* ZOOLOGIA urubu
Uruguay [ˈjʊərəɡwaɪ] *s.top.* Uruguai
Uruguayan [jʊərəˈɡwaɪən] Ⓐ *adj.* uruguaio, uruguaiano; relativo ao Uruguai Ⓑ *s.* (pessoa) uruguaio, uruguaiano
urus [ˈjʊərəs] *s. (pl.* **ures** ou **uri**) ZOOLOGIA uro, auroque
us [ʌs] *pron.pess.* nos; a nós; *he didn't see us* ele não nos viu; *she wrote us a letter* ela escreveu-nos uma carta ❖ [coloq.] *give us a look* deixa ver; *it is us* somos nós; *let us/let's go to the pictures* vamos ao cinema; [coloq.] *tell us everything* conta-me tudo; *will you make one of us?* quer ser um dos nossos?; *with us* connosco
US [*abrev. de* United States] EU
USA [*abrev. de* United States of America] EUA
USAAF [*abrev. de* United States Army Air Forces]
usable [ˈjuːzəbəl] *adj.* utilizável, usável
USAFE [*abrev. de* United States Air Forces in Europe]
usage [ˈjuːsɪdʒ, ˈjuːzɪdʒ] *s.* 1 uso; utilização; 2 tratamento; trato; 3 (palavra) uso, emprego; 4 costume; *an old ~* um antigo costume; 5 DIREITO direito de passagem ❖ *~ notes* instruções de utilização; *the word has come into ~ two hundred years ago* a palavra começou a ser usada há duzentos anos; *to have had some rough ~* ter sido muito mal tratado
usance [ˈjuːzəns] *s.* COMÉRCIO prazo concedido para o pagamento de letras de câmbio estrangeiras
Usbeg [ˈʌzbeɡ] *s.* usbeque, membro de um povo do Turquestão Oriental
USD [*abrev. de* United States Dollar] dólar norte-americano
use[1] [juːz] *v.tr. (prt. e part. pass.* **used**) 1 usar; fazer uso de; utilizar; 2 servir-se de; recorrer a; *to ~ every means* servir-se de todos os meios; 3 aproveitar; tirar partido de; *to ~ an opportunity* aproveitar uma oportunidade; *to ~ sth to the best advantage*

tirar o melhor partido de algo; **4** empregar; *to ~ a word* empregar uma palavra; *to ~ force* empregar a força; **5** proceder com; *he should ~ more discretion* ele devia proceder com mais discrição; **6** gastar; consumir; **7** [coloq.] estar a precisar de; *I could ~ a drink* preciso de uma bebida; uma bebida, agora, ia bem; **8** tratar; *to ~ sb well* tratar bem alguém; *they used him like a dog* trataram-no como um cão ❖ *~ more care* é preciso mais cuidado; *~ others as you would have them ~ you* não faças aos outros o que não desejas que façam contigo; *~ your eyes!* abre os olhos!; *what is that used for?* para que serve isso?

◆ **use up** v.tr. **1** gastar; **2** acabar com; esgotar; consumir; *to ~ all one's strength* esgotar toda a energia ❖ *it's all used up* já acabou; não resta nada

use² [juːs] s. **1** uso; utilização; **2** emprego; *the ~ of tools* o emprego de ferramentas; **3** fim, objectivo; **4** utilidade, aplicação; *everything has its ~* tudo tem a sua utilidade; **5** necessidade; **6** costume, hábito, prática; *~ is a second nature* o hábito é uma segunda natureza ❖ *according to ~ and wont* segundo o uso; *article of everyday ~* artigo de uso frequente; *directions for ~* modo de emprego; FARMÁCIA *for external ~* para uso externo; *in ~* em uso; *out of ~* fora do uso; que não está a ser usado; *with ~* com o uso; *to be fit for ~* poder ser usado; *to come into ~* começar a ser usado; *to fall out of ~* cair em desuso; deixar de ser usado; *to have the full ~ of one's faculties* estar em plena posse das suas faculdades; *to make bad ~ of one's money* empregar mal o seu dinheiro; *to put to ~* pôr a uso; usar; *can I be of any ~ to you?* posso ser-lhe útil em alguma coisa?; *he gave them ~ of his library* ele facultou-lhes a utilização da sua biblioteca; *he lost the ~ of his eyes* ele deixou de ver; *the child was taught the ~ of a fork* ensinaram a criança a servir-se do garfo; *this is for ~ not for ornament* isto é para ser usado, não para enfeite; *what is the ~ of that?* para que serve isso?

used¹ [juːzd] adj. usado; não novo; em segunda mão ❖ *~ cars* carros usados, carros em segunda mão; *~ up* gasto; no fim; exausto; extenuado; morto; *hardly ~* como novo

used² [juːst] Ⓐ adj. habituado; acostumado; *I'm not ~ to being talked to in that way* não estou habituado a que me falem dessa maneira; *to be ~ to* estar habituado a Ⓑ v.intr. **1** [v. anómalo, só empregado no prt. e sempre seguido de "to"] costumar; *he ~ to live in London, didn't he?* ele costumava viver em Londres, não era?; **2** ter por costume; ter o hábito de ❖ *to get ~ to* habituar-se a

useful [ˈjuːsfʊl] adj. **1** (geral) útil; *~ cross-section* secção útil; *~ effect* trabalho útil; *~ length* comprimento útil; *~ output* rendimento útil; *~ power* potência útil; **2** proveitoso, vantajoso, lucrativo; **3** [coloq.] eficiente, capaz, competente; **4** [GB] [coloq.] habilidoso; *to be ~ with one's hands* ser habilidoso com as mãos ❖ *~ heat* calor aproveitável; *it will come in very ~* será de grande utilidade; *to come in ~* dar jeito; vir a propósito; *to make oneself ~* ajudar

usefully [ˈjuːsfʊli] adv. **1** utilmente; **2** proveitosamente

usefulness [ˈjuːsfʊlnəs] s. **1** utilidade; **2** serventia; **3** proveito ❖ *such things have outlived their ~* essas coisas já não têm razão de ser; essas coisas já deixaram de ser úteis

useless [ˈjuːsləs] adj. **1** inútil; que não serve para nada; *to be ~* ser inútil, não servir para nada; **2** sem préstimo, sem valor; **3** vão; infrutífero; **4** incompetente; inábil; **5** [coloq.] abatido; em baixo; *to feel ~* sentir-se abatido, sentir-se em baixo*coloq.* ❖ *it's ~ to...* não vale a pena...; não percas tempo a...; (pessoa) *to be absolutely ~* ser uma nulidade completa

uselessly [ˈjuːsləsli] adv. **1** inutilmente; **2** infrutiferamente

uselessness [ˈjuːsləsnəs] s. inutilidade

user [ˈjuːzə] s. **1** utilizador; **2** utente, usuário; **3** [coloq.] (drogas) consumidor; **4** DIREITO usufruário; direito de uso contínuo ❖ (Internet) *~ session* sessão de visita (a site); (computador) *~ name* nome do utilizador; *user's guide* guia de utilização; *drug users* toxicodependentes; consumidores de droga; *vehicle users* automobilistas

user-friendly [ˌjuːzəˈfrendli] adj. **1** de fácil utilização, acessível, prático; **2** agradável

usher [ˈʌʃə] Ⓐ s. **1** porteiro; **2** (recintos de espectáculos) arrumador; **3** oficial de diligências; **4** [joc.] mestre-escola; professor-assistente Ⓑ v.tr. **1** levar a; acompanhar; *he was ushered into the King's presence* ele foi levado à presença do rei; **2** anunciar; **3** preceder

◆ **usher in** v.tr. **1** (entrada) acompanhar até; **2** preceder; **3** prenunciar; anunciar; inaugurar; *a cold wind ushered in the winter* um vento frio anunciava o Inverno

usherette [ˌʌʃəˈret] s.f. arrumadora, empregada de cinema (que indica os lugares)

using [ˈjuːzɪŋ] s. emprego; utilização ❖ *~ up* consumo; gasto

USIS [abrev. de United States Investigations Service]

USN [abrev. de United States Navy]

usnea [ˈʌsnɪə] s. BOTÂNICA úsnea

USP Ⓐ [abrev. de United States Pharmacopoeia] Ⓑ [abrev. de unique selling proposition]

usquebaugh [ˈʌskwɪbɔː] s. [arc.] uísque

USS Ⓐ [abrev. de United States Senate] Ⓑ [abrev. de United States Ship]

USSR [abrev. de Union of Soviet Socialist Republics]

usual [ˈjuːʒʊəl] Ⓐ adj. **1** usual; costumeiro; habitual; **2** frequente; vulgar; normal Ⓑ s. (cafés, bares, etc.) *the ~* o costume ❖ *as ~* como de costume; como sempre; *at the ~ time* à hora do costume; [coloq.] *business as ~* a vida continua; *it is ~ to tip taxi drivers* é costume dar uma gorjeta aos motoristas de táxi; *she arrived later than ~* ela chegou mais tarde que o costume; [coloq.] *the ~ stuff* o costume; *to carry on as ~* continuar como se nada fosse

usually [ˈjuːʒʊəli] adv. **1** usualmente; habitualmente; **2** geralmente; normalmente ❖ *more than ~* mais do que é costume; *where do you ~ spend your holidays?* onde costuma passar férias?

usualness [ˈjuːʒʊəlnəs] s. normalidade

usucapion [ˌjuːzjʊˈkeɪpɪən] s. DIREITO usucapião

usucapt [ˈjuːzjʊkæpt] v.tr. DIREITO adquirir por usucapião

usucaption [ˌjuːzjʊˈkæpʃən] s. ⇒ **usucapion**

usufruct [ˈjuːzjʊfrʌkt] s. DIREITO usufruto

usufructuary [ˌjuːzjʊˈfrʌktʃəri] adj.,s. usufrutuário

usurer [ˈjuːʒərə] s. usurário, agiota

usurious [jʊˈʒʊərɪəs] adj. usurário; relativo a usura

usuriously [jʊˈʒjʊərɪəsli] adv. usurariamente

usurp [juːˈzɜːp] v.tr. usurpar; ocupar o lugar de; *to ~ the throne* usurpar o trono

usurpation [ˌjuːzɜːˈpeɪʃən] s. usurpação

usurpatory [juːˈzɜːpətri] adj. usurpatório

usurper [juːˈzɜːpə] s. usurpador

usurping [juːˈzɜːpɪŋ] Ⓐ adj. usurpador Ⓑ s. usurpação

usurpress [juːˈzɜːprɪs] s.f. (pl. -es) usurpadora

usury [ˈjuːʒəri, ˈjuːʒʊri] s. usura; *to practise ~* dedicar-se à usura

USV [abrev. de United States Volunteers]

Utah [ˈjuːtɑː] s.top. Utah

utensil [juːˈtensɪl] s. **1** utensílio; **2** ferramenta ❖ *set of kitchen utensils* trem de cozinha

uteri [ˈjuːtəraɪ] s. {pl. de **uterus**}

uterine [ˈjuːtəraɪn] adj. uterino; *~ brother* irmão uterino

utero-gestation [ˌjuːtərəʊdʒesˈteɪʃən] s. gestação uterina

utero-ovarian [ˌjuːtərəʊˈveərɪən] adj. uterovárico

utero-placental [ˌjuːtərəʊpləˈsentəl] adj. uteroplacentário

utero-vaginal [ˌjuːtərəʊvəˈdʒaɪnəl] adj. uterovaginal

uterus [ˈjuːtərəs] s. (pl. -i) ANATOMIA útero

utilitarian [ˌjuːtɪlɪˈteərɪən] Ⓐ adj. (prático) utilitário Ⓑ adj.,s. FILOSOFIA (ética) utilitarista

utilitarianism [ˌjuːtɪlɪˈteərɪənɪzəm] s. FILOSOFIA (ética) utilitarismo

utility [juːˈtɪlɪti] s. (pl. -ies) **1** utilidade; **2** proveito, vantagem, benefício; **3** [EUA] serviço público, empresa de serviço público; **4** utilitarista; **5** INFORMÁTICA utilitário ❖ *~ actor* actor que desempenha pequenos papéis; figurante; INFORMÁTICA *~ program* utilitário; *~ table* mesa de serviço; *~ tool* ferramenta para vários fins; *public ~ company* empresa de serviço público

utilizable [ˌjuːtɪˈlaɪzəbəl] adj. utilizável

utilization [ˌjuːtɪlaɪˈzeɪʃən] s. utilização

utilize ['juːtɪlaɪz] v.tr. **1** utilizar; **2** recorrer a; **3** servir-se de; **4** aproveitar, tirar proveito de

utmost ['ʌtməʊst] Ⓐ adj. **1** extremo; *they live in the ~ poverty* eles vivem na mais extrema miséria; **2** mais remoto; mais distante; **3** mais elevado; **4** máximo; *with the ~ precision* com a máxima precisão; *of (the) ~ importance* de máxima importância Ⓑ s. **1** extremo, limite; **2** último grau; máximo possível; tudo quanto se pode fazer ❖ *in the ~ danger* no maior perigo; *the ~ ends of the earth* os confins da Terra; *to do one's ~* fazer tudo o que se pode; esforçar-se ao máximo; *to enjoy oneself to the ~* divertir-se ao máximo

Utopia [juːˈtəʊpɪə] s. utopia

Utopian [juːˈtəʊpɪən] Ⓐ adj. utópico Ⓑ s. utopista

Utopianism [juːˈtəʊpɪənɪzəm] s. utopismo

Utrecht ['juːtrekt] s.top. Utreque

utricle ['juːtrɪkəl] s. ANATOMIA utrículo

utricular [juːˈtrɪkjʊlə] adj. ANATOMIA utricular

utricularia [ˌjʊtrɪkjəˈleərɪə] s. BOTÂNICA utriculária

utriculitis [ˌjʊtrɪkjəˈlaɪtɪs] s. MEDICINA utriculite

utriform ['juːtrɪfɔːm] adj. utriforme

utter ['ʌtə] Ⓐ adj. **1** completo, total, absoluto; *~ denial* negação completa; *~ impossibility* total impossibilidade; *to be an ~ fool* ser um perfeito idiota; **2** extremo; **3** [arc.] exterior; *the ~ darkness* as trevas exteriores Ⓑ v.tr. **1** pronunciar; proferir; dizer; **2** soltar; *to ~ a cry of pain* soltar um grito de dor ❖ *to be in ~ want* estar na mais negra miséria

utterable ['ʌtrəbəl] adj. **1** pronunciável; **2** que pode proferir-se; **3** que pode exprimir-se

utterance ['ʌtərəns] s. **1** expressão; enunciação; **2** pronúncia; dicção; *to have a defective ~* ter uma pronúncia defeituosa; **3** LINGUÍSTICA elocução; enunciado; **4** fala; expressão oral; **5** (moeda falsa) emissão ❖ *to give ~ to* expressar; exprimir; dar voz a

utterer ['ʌtərə] s. **1** aquele que diz, pronuncia ou profere; **2** fabricante de moeda falsa; moedeiro falso

uttering ['ʌtərɪŋ] s. **1** elocução; **2** expressão; **3** fabricação (de moeda falsa)

utterly ['ʌtəlɪ] adv. completamente, totalmente, absolutamente; *they were ~ defeated* sofreram uma derrota total

uttermost ['ʌtəməʊst] adj.,s. ⇒ **utmost**

utterness ['ʌtənəs] s. carácter extremo (de derrota, miséria, etc.)

U-tube [juːtjuːb] s. tubo em U

U-turn ['juːtɜːn] s. **1** reviravolta; **2** (veículo) inversão de marcha; **3** [fig.] marcha-atrás; *to make a ~ on sth* fazer marcha-atrás relativamente a algo, mudar de ideias relativamente a algo

Uub QUÍMICA [símbolo de ununbium]

Uuh QUÍMICA [símbolo de ununhexium]

Uun QUÍMICA [símbolo de ununnilium]

Uuo QUÍMICA [símbolo de ununoctium]

Uuq QUÍMICA [símbolo de ununquadium]

Uuu QUÍMICA [símbolo de ununnium]

UV [abrev. de ultraviolet] UV

uva ['juːvə] s. ⟨pl. **-ae**⟩ BOTÂNICA uva

uvae ['juːviː] s. {pl. de **uva**}

uvarovite [uːˈvɑːrəvaɪt] s. MINERALOGIA uvarovite

uvea ['juːvɪə] s. ANATOMIA úvea

uveal ['juːvɪəl] adj. ANATOMIA uveal; relativo à úvea

uveitis [ˌjuːvɪˈaɪtɪs] s. MEDICINA uveíte

uvula ['juːvjʊlə] s. ⟨pl. **-ae**⟩ ANATOMIA úvula

uvulae ['juːvjʊliː] s. {pl. de **uvula**}

uvular ['juːvjʊlə] Ⓐ adj. ANATOMIA, LINGUÍSTICA uvular Ⓑ s. LINGUÍSTICA uvular, consoante uvular

uvularia [ˌjuːvjʊˈleərɪə] s. BOTÂNICA uvulária

uxorial [ʌkˈsɔːrɪəl] adj. uxoriano

uxoricide [ʌkˈsɔːrɪsaɪd] s. **1** (pessoa) uxoricida; **2** (acto) uxoricídio

uxorious [ʌkˈsɔːrɪəs] adj. excessivamente apaixonado pela esposa

uxoriously [ʌkˈsɔːrɪəslɪ] adv. com excessiva paixão pela esposa

uxoriousness [ʌkˈsɔːrɪəsnəs] s. excessiva afeição à esposa

Uzbek ['ʊzbek] s. ⇒ **Usbeg**

Uzbekistan [ˌʊzbekɪˈstɑːn] s.top. Usbequistão

v [vi:] s. ⟨pl. **vs** ou **v's**⟩ (letra) v, V ❖ **V belt** correia em V; **V gear** engrenagem helicoidal dupla

v. [abrev. de versus]

V QUÍMICA [símbolo de vanadium]

Va. [abrev. de Virginia]

VA Ⓐ [abrev. de Vicar Apostolic] Ⓑ [abrev. de Vice-Admiral] Ⓒ [abrev. de (Royal Order of) Victoria and Albert Order]

vac [væk] s. [coloq.] (escola) ⇒ **vacation**

vacancy ['veɪkənsɪ] s. ⟨pl. **-ies**⟩ **1** (emprego) vaga; **to fill a ~** preencher uma vaga; **2** (hotel) quarto livre; **3** vácuo, vazio; **4** (pessoa) ausência de ideias; falta de concentração; **5** [arc.] lazer, ócio, ociosidade ❖ **no vacancies** cheio; **to look into ~** olhar no vago

vacant ['veɪkənt] adj. **1** vago, livre, vazio; **~ space** lugar vago; **2** (emprego) vago, por preencher; **3** (edifício) desabitado, desocupado; **~ house** casa desabitada; **4** de ócio; ocioso; **~ hours** horas de ócio; **5** (expressão) vago; sem expressão; **~ eyes** olhar vago; **~ face** rosto sem expressão; **with a ~ look** com um olhar vago; **6** fútil; oco: vazio de ideias ❖ **~ lot** terreno à venda; terreno baldio; **~ possession** disponível para alugar imediatamente; **~ throne** trono por ocupar; (jornal) **situations ~** ofertas de emprego; **to apply for a ~ position** concorrer a um emprego

vacantly ['veɪkəntlɪ] adv. **1** com um olhar vago; **2** com ar embrutecido; **3** vagamente; **4** ociosamente ❖ **to gaze ~ into space** olhar no vazio

vacate [və'keɪt, veɪ'keɪt] v.tr. **1** (apartamento, quarto) deixar vago; desocupar; sair de; **to ~ a room** desocupar um quarto; **2** (cargo) demitir-se de; resignar a; **to ~ office** pedir a demissão de um cargo; **3** MILITAR evacuar; **all civilians were vacated from the town** todos os civis foram evacuados da cidade; **4** DIREITO anular, invalidar, revogar

vacating [və'keɪtɪŋ, veɪ'keɪtɪŋ] Ⓐ adj. (cargo) que deixa vago, que abandona Ⓑ s. **1** (lugar) desocupação, saída; **2** DIREITO anulação, revogação; **3** MILITAR evacuação ❖ **~ of office** demissão de cargo

vacation [və'keɪʃən, veɪ'keɪʃən] Ⓐ s. **1** [EUA] férias; **Christmas ~** férias do Natal; **Easter ~** férias da Páscoa; **summer ~** férias do Verão; **on ~** de férias; **to take a ~** ir de férias; **2** [GB] (universidade) férias lectivas; **long ~** férias grandes; **3** DIREITO (tribunais) férias judiciais Ⓑ v.intr. [EUA] passar férias [**in/at**, em] ❖ **~ home** casa de férias

vacationer [və'keɪʃənə, veɪ'keɪʃənə] s. **1** [EUA, Can.] pessoa que está em férias; **2** [EUA, Can.] veraneante

vacationist [və'keɪʃənɪst, veɪ'keɪʃənɪst] s. [EUA, Can.] pessoa que está em férias, veraneante

vaccinal ['væksɪnəl] adj. MEDICINA vacínico

vaccinate ['væksɪneɪt] v.tr. MEDICINA vacinar [**against**, contra] ❖ **to get vaccinated** vacinar-se

vaccination [,væksɪ'neɪʃən] s. MEDICINA vacinação, vacina

vaccinationist [,væksɪ'neɪʃənɪst] s. [ant.] partidário da prática da vacinação

vaccinator [,væksɪ'neɪtə] s. **1** vacinador; **2** vacinostilo, lanceta própria para a vacinação

vaccine ['væksi:n] Ⓐ s. **1** MEDICINA vacina; **2** INFORMÁTICA antivírus Ⓑ adj. vacínico; vacinal; **~ pustule** pústula vacínica ❖ **~ point** vacinostilo; lanceta própria para vacinação; **~ therapy** vacinoterapia; **~ tube** tubo de vacina

vaccinia [væk'sɪnɪə] s. MEDICINA, VETERINÁRIA vacínia

vaccinic [væk'sɪnɪk] adj. vacínico

vaccinogenic [,væksɪnəʊ'dʒenɪk] adj. vacinogénico

vacillate ['væsɪleɪt] v.intr. **1** vacilar, hesitar, titubear; **2** oscilar; **3** cambalear (ao andar)

vacillating ['væsɪleɪtɪŋ] Ⓐ adj. **1** vacilante, indeciso, irresoluto, hesitante; **2** oscilante; **3** cambaleante Ⓑ s. vacilação

vacillation [,væsɪ'leɪʃən] s. **1** vacilação; **2** indecisão, hesitação

vacillatory ['væsɪlətərɪ] adj. vacilatório, indeciso, irresoluto

vacoa [və'kəʊə] s. BOTÂNICA vacuá

vacua ['vækjʊə] s. {pl. de **vacuum**}

vacuity [və'kju:ɪtɪ] s. ⟨pl. **-ies**⟩ **1** vacuidade; **2** vazio, espaço vazio; **3** lacuna; **4** inanidade; coisa sem sentido; **5** estupidez, falta de inteligência

vacuolar [,vækjə'əʊlə] adj. BIOLOGIA vacuolar; relativo a vacúolo

vacuolate [,vækjə'əʊlɪt] adj. BIOLOGIA vacuolar; que contém vacúolos

vacuolated [,vækjə'əʊleɪtɪd] adj. ⇒ **vacuolate**

vacuole ['vækjʊl] s. BIOLOGIA vacúolo

vacuous ['vækjʊəs] adj. **1** vazio, vácuo; **2** sem ideias, sem expressão; **3** tolo, estúpido; pateta, apatetado; **4** indolente, ocioso, desocupado

vacuously ['vækjʊəslɪ] adv. **1** vagamente; **2** inexpressivamente; **3** apatetadamente, tolamente; **4** indolentemente, ociosamente

vacuousness ['vækjʊəsnəs] s. ⇒ **vacuity**

vacuum ['vækjʊəm] Ⓐ s. ⟨pl. **-a** ou **-s**⟩ **1** vácuo; **high ~** vácuo quase perfeito; **2** vazio; **a cultural ~** um vazio cultural; **to leave a ~ in sb's life** deixar um vazio na vida de alguém; **3** rarefacção; **4** (limpeza) aspiradela; **to give sth a ~** dar uma aspiradela a algo Ⓑ v.tr. (limpeza) aspirar ❖ **~ aspiration** interrupção voluntária da gravidez (por recurso à aspiração do feto); **~ bottle/flask** garrafa-termo; **~ distillation** destilação no vácuo; **~ dryer** secador por meio do vácuo; **~ fan** ventilador-aspirador; **~ pump** bomba pneumática; **~ valve** válvula electrónica; **~ space** câmara de vácuo; **~ still** alambique a vácuo; **~ system ventilation** ventilação por aspiração

vacuum-clean ['vækjʊəmkli:n] v.tr. (limpeza) aspirar

vacuum-cleaner ['vækjʊəmkli:nə] s. aspirador

vacuum-packed ['vækjʊəm,pækd] adj. embalado a vácuo

VAD [abrev. de Voluntary Aid Detachment]

vade-mecum [,vɑ:dɪ'meɪkəm, ,veɪdɪ'mi:kəm] s. vade-mécum

vagabond ['vægəbɒnd] Ⓐ adj. **1** errante, vagabundo, que anda de lugar para lugar; **a ~ life** uma vida errante; **2** nómada, sem habitação fixa; **3** (aranha) não sedentária Ⓑ s. **1** vagabundo; vadio; **2** mendigo; **3** patife, malandro Ⓒ v.intr. vagabundear

vagabondage ['vægəbɒndɪdʒ] s. vagabundagem

vagabonding ['vægəbɒndɪŋ] s. vagabundagem

vagabondism ['vægəbɒndɪzəm] s. ⇒ **vagabondage**

vagabondize [,vægə'bɒndaɪz] v.intr. vagabundear

vagary ['veɪgərɪ, və'geərɪ] s. ⟨pl. **-ies**⟩ **1** capricho; **the vagaries of fashion** os caprichos da moda; **2** excentricidade; extravagância; **3** vicissitude

vagi ['veɪdʒaɪ] s. {pl. de **vagus**}

vagina [və'dʒaɪnə] s. **1** ANATOMIA vagina; **2** BOTÂNICA (folha) bainha

vaginal [və'dʒaɪnəl] adj. vaginal

vaginate ['vædʒɪnɪt] adj. invaginado

vaginiform [væ'dʒɪnɪfɔ:m] adj. vaginiforme, vagiforme

vaginismus [,vædʒɪ'nɪsməs] s. MEDICINA vaginismo

vaginitis [,vædʒɪ'naɪtɪs] s. MEDICINA vaginite

vaginula [və'dʒaɪnjələ] s. ⟨pl. **-ae**⟩ vagínula

vaginulae [və'dʒaɪnjəli:] s. {pl. de **vaginula**}

vagitus [və'dʒaɪtəs] s. vagido (de recém-nascido)

vagrancy ['veɪgrənsɪ] s. ⟨pl. **-ies**⟩ **1** vagabundagem; vadiagem; **2** mendicidade; **3** vida errante; nomadismo; **4** ociosidade

vagrant ['veɪgrənt] Ⓐ adj. **1** vadio; vagabundo; **2** errante; nómada; **3** ambulante; **~ basketmakers** cesteiros ambulantes;

vagrantly

4 caprichoso, excêntrico, extravagante ⓑ s. 1 vadio, vagabundo; 2 errante; nómada

vagrantly ['veɪgrəntlɪ] adv. 1 de maneira errante ou própria de vagabundo; 2 nomadamente; 3 ociosamente

vagrantness ['veɪgrəntnɪs] s. ⇒ **vagrancy**

vague [veɪg] adj. (comp. **-er**, superl. **-est**) 1 vago, impreciso, indefinido, indeterminado; 2 (pessoa) indeciso, pouco certo, pouco seguro ❖ *he hasn't the vaguest idea* ele não faz a menor ideia; *to be ~ about sth* não ser específico em relação a algo

vaguely ['veɪglɪ] adv. vagamente

vagueness ['veɪgnəs] s. 1 carácter vago; 2 imprecisão, incerteza

vagus ['veɪgəs] s. (pl. **-gi**) ANATOMIA nervo vago

vail [veɪl] ⓐ v.tr.,intr. 1 [arc., poét.] (respeito, submissão) tirar o chapéu; 2 [arc., poét.] ceder [**to**, a]; submeter-se [**to**, a] ⓑ s. 1 [arc.] [geralm. pl.] gorjeta, gratificação; 2 [arc.] presente dado com objectivos de corrupção ❖ *to ~ one's pride* engolir o orgulho

vain [veɪn] adj. (comp. **-er**, superl. **-est**) 1 vão, inútil, infrutífero; 2 [depr.] vaidoso, convencido, presunçoso; 3 [depr.] vazio, sem fundamento, sem valor ❖ *as ~ as a peacock* armado como um pavão; *in ~* em vão; debalde; inutilmente; *it was all in ~* não serviu de nada; *to take sb's name in ~* falar com desrespeito de alguém; *to take the name of God in ~* invocar o nome de Deus em vão; *under a ~ pretext* sob um pretexto fútil

vainglorious [ˌveɪn'glɔːrɪəs] adj. vaidoso, presunçoso, jactancioso

vaingloriously [ˌveɪn'glɔːrɪəslɪ] adv. vaidosamente, presunçosamente, jactanciosamente; cheio de vanglória

vainglory [ˌveɪn'glɔːrɪ] s. vanglória; vaidade, jactância, presunção

vainly ['veɪnlɪ] adv. 1 em vão, inutilmente; 2 presumidamente, enfatuadamente, vaidosamente

vainness ['veɪnnəs] s. 1 vaidade; presunção; orgulho; 2 futilidade; 3 inutilidade

vair [veə] s. HERÁLDICA veiro

vairy ['veərɪ] adj. HERÁLDICA com veiro

vaivode ['veɪvəʊd] s. HISTÓRIA vaivoda, antigo título dos governadores em algumas províncias da Rússia

valance ['væləns] s. sanefa, rodapé da cama, cortinado

valanced ['vælənst] adj. com sanefa ou rodapé

vale[1] [veɪl] s. 1 [poét.] vale; *up hill and down ~* por montes e vales; 2 (escoamento de águas) caleira, goteira ❖ *~ of tears* vale de lágrimas

vale[2] ['væleɪ] ⓐ s. adeus, despedida ⓑ interj. (expressão latina) adeus!

valediction [ˌvælɪ'dɪkʃən] s. 1 despedida, adeus; 2 discurso de despedida

valedictorian [ˌvælɪdɪk'tɔːrɪən] s. 1 [EUA] melhor aluno; 2 [EUA] orador de fim do curso

valedictory [ˌvælɪ'dɪktərɪ] ⓐ adj. de despedida; *a ~ address* um discurso de despedida ⓑ s. (pl. **-ies**) 1 discurso de despedida; 2 [EUA] discurso de formatura

valence ['veɪləns] s. 1 QUÍMICA valência; 2 ⇒ **valance**

Valencia [və'lenʃɪə] s.top. Valência

Valencias [və'lenʃɪəz] s.pl. uva seca espanhola

Valenciennes [ˌvælənsɪ'en] s.top. 1 (cidade francesa na margem direita do Escalda) Valenciennes; 2 valenciana, variedade de renda fabricada em Valenciennes

valency ['veɪlənsɪ] s. QUÍMICA valência

valentine ['vælənˌtaɪn, 'vælənˌtɪn] s. 1 (dia dos Namorados) cartão de S. Valentim; 2 destinatário de um cartão de S. Valentim

Valentine ['vælənˌtaɪn, 'vælənˌtɪn] s.antr. Valentim ❖ *St. Valentine's day* dia de S. Valentim (14 de Fevereiro)

valerian [və'lɪərɪən] s. BOTÂNICA valeriana

valeriana [vəˌlɪərɪ'ɑːnə] s. ⇒ **valerian**

Valerianaceae [vəˌlɪərɪə'neɪsɪiː] s.pl. BOTÂNICA Valerianáceas

valerianate [və'lɪərɪəˌneɪt] s. QUÍMICA valerianato

valeric [və'lerɪk] adj. QUÍMICA valérico; *~ acid* ácido valérico

valet[1] ['væleɪ, væ'leɪ] s. criado de quarto, criado particular

valet[2] ['vælɪt] v.tr. servir como criado de quarto, estar ao serviço (de alguém) como criado de quarto

valeting ['vælɪtɪŋ] s. ocupação, funções de criado de quarto

valetudinarian [ˌvælɪtjuːdɪ'neərɪən] ⓐ adj. valetudinário; enfermiço ⓑ s. 1 valetudinário; 2 hipocondríaco

valetudinarianism [ˌvælɪtjuːdɪ'neərɪənɪzəm] s. (hipocondria) valetudinarismo

valetudinary [ˌvælɪ'tjuːdɪnərɪ] adj. valetudinário

Valhalla [væl'hælə] s. MITOLOGIA (Escandinávia) Valhala, mansão dos heróis mortos em batalha

valiancy ['vælɪənsɪ] s. [arc.] valor, bravura, valentia

valiant ['vælɪənt] ⓐ adj. valoroso, bravo, valente, corajoso ⓑ s. bravo

valiantly ['vælɪəntlɪ] adv. valorosamente, bravamente, valentemente, corajosamente

valid ['vælɪd] adj. 1 (prazo) válido; *~ for two weeks* válido por duas semanas; 2 DIREITO que tem valor legal; 3 (argumento, etc.) válido; pertinente; bem fundamentado, convincente; 4 [arc.] que tem saúde ❖ *~ passport* passaporte em dia; *no longer ~* caducado; expirado

validate ['vælɪdeɪt] v.tr. validar, tornar válido

validation [ˌvælɪ'deɪʃən] s. validação

validity [və'lɪdɪtɪ, væ'lɪdɪtɪ] s. (pl. **-ies**) 1 validade; 2 solidez, fundamentação

validly ['vælɪdlɪ] adv. validamente

valise [və'liːz] s. 1 pequena mala de viagem; 2 mochila de soldado

valkyr ['vælkɪə] s. ⇒ **valkyria**

valkyria [væl'kɪːrɪə] s. (pl. **-iae**) MITOLOGIA valquíria

valkyriae [væl'kɪːriː] s. {pl. de **valkyria**}

valkyrie ['vælkərɪ, væl'kɪərɪ] s. ⇒ **valkyria**

vallecula [væ'lekjələ] s. (pl. **-ae**) BOTÂNICA, ZOOLOGIA valécula, depressão, fossa

valleculae [væ'lekjəliː] s. {pl. de **vallecula**}

valley ['vælɪ] s. 1 vale; 2 depressão; 3 ARQUITECTURA revessa ❖ *~ bottom* fundo de vale; talvegue

vallisneria [ˌvælɪs'nɪərɪə] s. BOTÂNICA valisnéria

vallonia [və'ləʊnɪə] s. avelaneda, cúpulas das bolotas do carvalho Velani empregadas em curtumes e tinturaria

vallum ['væləm] s. 1 parapeito, plataforma de terra; 2 ANATOMIA sobrancelha, supercílio

valonia [və'ləʊnɪə] s. ⇒ **vallonia**

valorization [ˌvælərɑɪ'zeɪʃən] s. valorização

valorize ['vælərɑɪz] v.tr. 1 valorizar; 2 estabilizar (preços, valor de uma mercadoria, etc.)

valorous ['vælərəs] adj. valente, valoroso

valorously ['vælərəslɪ] adv. valentemente, valorosamente

valour ['vælə] s. valentia, coragem, bravura

Valparaiso [ˌvælpə'rɑɪzəʊ] s.top. Valparaíso

valuable ['væljʊəbəl] ⓐ adj. 1 valioso; de grande valor; 2 (conhecimento) precioso; enriquecedor; importante; *~ information* informação importante; 3 susceptível de avaliação; *such things are not ~ in money* coisas dessas não podem avaliar-se em dinheiro ⓑ s. pl. objectos de valor

valuableness ['væljʊəbəlnəs] s. 1 valor; 2 preciosidade

valuably ['væljʊəblɪ] adv. 1 valiosamente; 2 preciosamente

valuation [ˌvæljʊ'eɪʃən] s. 1 avaliação; estimativa; *to make a ~ of* fazer a avaliação de; *what is the valuation?* em quanto foi avaliado?; 2 (preço) valor; 3 apreciação; opinião; ❖ *to set too high a ~* sobreavaliar; *they set too high a ~ on their abilities* eles têm-se em grande conta; *to set too low a ~* subavaliar; *to take sb at his own ~* aceitar a opinião que alguém faz de si mesmo

valuator [ˌvælju'eɪtə] s. avaliador

value ['væljuː] ⓐ s. 1 valor; *of great ~* valioso, de grande valor; *of little ~* insignificante; de pouco valor; 2 merecimento; valia; 3 importância; utilidade; *it is nothing of any ~* não é nada de importância; 4 quantia; preço; *it's very good ~* é um preço muito vantajoso; 5 LINGUÍSTICA sentido, significado; *the precise ~ of a word* o significado exacto de uma palavra; 6 ARTES PLÁSTICAS (cor, tonalidade) grau de intensidade luminosa; 7 MATEMÁTICA valor; 8 MÚSICA duração de nota musical; 9 pl. valores, princípios; *ethical values* valores morais ⓑ v.tr. 1 avaliar, atribuir um valor a; *they valued the house at £30,000* avaliaram a casa em 30 000 libras; 2 estimar; ter em grande conta; 3 valorizar; apreciar; prezar ❖ *~ judgment* juízo de valor; *~ added tax* imposto sobre o valor acrescentado; *commercial ~* valor comercial; *insulation ~* poder de isolamento; *negative ~* valor negativo; ~ *received in goods* valor de mercadorias recebidas; *I got good* ~ *for my money* fiz uma boa aquisição; *loss/fall of* ~ desvalorização; *of no* ~ sem valor; inútil; *this will be of no* ~ *to you* isto não lhe serve para nada; *to go down in* ~ desvalorizar-se; *to set a high* ~ *upon* ter em grande conta; *to set a* ~ *upon* avaliar; *to* ~ *oneself on sth* sentir orgulho de qualquer coisa que se fez; *to* ~ *one's life* ter amor à vida

valued ['vælju:d] *adj.* 1 apreciado, estimado; 2 valioso; 3 avaliado

valueless ['vælju ləs] *adj.* sem valor

valuelessness ['vælju ləsnəs] *s.* falta de valor

valuer ['vælju ə] *s.* avaliador

valuing ['vælju ɪŋ] *s.* 1 avaliação; 2 apreço; 3 valorização

valvar ['vælvə] *adj.* BOTÂNICA valvar

valvate ['vælvɪt] *adj.* ⇒ **valvar**

valve [vælv] Ⓐ *s.* 1 válvula; ELECTRICIDADE *rectifying* ~ válvula rectificadora de corrente; *safety* ~ válvula de segurança; *the valves of the heart* as válvulas cardíacas; 2 BOTÂNICA, ZOOLOGIA valva; 3 RÁDIO lâmpada, válvula; *amplifying* ~ lâmpada de amplificação Ⓑ *v.tr.* 1 prover de válvula; 2 regular por meio de válvula ❖ ~ *action* efeito da válvula; ~ *box* caixa do distribuidor; ~ *casing* caixa do distribuidor; ~ *lift* curso da válvula; ~ *link* corrediça de Stephenson; ~ *rocker* balanceiro; ~ *seat* sede da válvula; ~ *timing* afinação da válvula; *steam* ~ distribuidor de vapor; *stop* ~ obturador

valved [vælvt] *adj.* com válvulas, com valvas

valveless ['vælvləs] *adj.* sem válvulas

valviform ['vælvɪfɔ:m] *adj.* valviforme

valvula ['vælvjələ] *s.* (*pl.* -ae) ANATOMIA válvula

valvulae ['vælvjəli:] *s.* {*pl. de* **valvula**}

valvular ['vælvjələ] *adj.* valvular

valvulate ['vælvjəlɪt] *adj.* valvulado

valvule ['vælvjʊl] *s.* ANATOMIA, BOTÂNICA, ZOOLOGIA válvula, valva

valvulitis [ˌvælvjə'laɪtɪs] *s.* MEDICINA valvulite

valvuloplastic [ˌvælvjʊlə'plæstɪk] *adj.* valvuloplástico

valvuloplasty [ˌvælvjʊlə'plæstɪ] *s.* MEDICINA valvuloplastia

vambrace ['væmbreɪs] *s.* braçal, parte da armadura que protegia os braços

vamoose [vəˈmuːs, vəˈmuːz] *v.tr.,intr.* ⇒ **vamose**

vamose [vəˈməʊs] *v.tr.,intr.* 1 [EUA] [cal.] pôr-se a andar, desaparecer; 2 fugir de

vamp [væmp] Ⓐ *s.* 1 gáspea (de sapato ou bota); 2 tomba; 3 remendo nas gáspeas; 4 coisa remendada; 5 acompanhamento musical improvisado; 6 [coloq.] (mulher fatal) vampe Ⓑ *v.tr.,intr.* 1 consertar, remendar, deitar tombas em; gaspear; 2 improvisar acompanhamento musical; 3 compor (artigo literário) com bocados diversos; 4 (mulher) explorar, seduzir (homens); comportar-se como vampe

vamper ['væmpə] *s.* 1 remendão; 2 pessoa que improvisa acompanhamentos musicais

vamping ['væmpɪŋ] *s.* 1 acto de remendar; acto de deitar tombas em; 2 improvisação de acompanhamento musical

vampire ['væmpaɪə] *s.* 1 vampiro; 2 ZOOLOGIA (morcego) vampiro

vampiric [væm'paɪərɪk] *adj.* vampírico

vampirism ['væmpaɪərɪzəm] *s.* vampirismo

van [væn] Ⓐ *s.* 1 carrinha; furgoneta; *furniture* ~ carrinha de transporte de mobílias; CINEMA *recording* ~ carrinha de registo de som; 2 carro celular; 3 (comboios) furgão; 4 vanguarda, frente, cabeça, primeira linha; *to be in the* ~ *of...* estar na vanguarda de, estar na primeira linha de; 5 frente de batalha; 6 QUÍMICA [arc.] joeira, crivo, ciranda; 7 [arc., poét.] asa Ⓑ *v.tr.* 1 verificar a qualidade de minério, lavando-o ou passando-o pela máquina separadora; 2 transportar em camião

vanadate ['vænədɪt] *s.* QUÍMICA vanadato

vanadic [vəˈnædɪk] *adj.* QUÍMICA vanádico; ~ *acid* ácido vanádico

vanadious [vəˈneɪdɪəs] *adj.* QUÍMICA vanadioso, vanadoso

vanadium [vəˈneɪdɪəm] *s.* QUÍMICA (elemento químico) vanádio ❖ ~ *steel* aço-vanádio

Vancouver [vænˈkuːvə] *s.top.* (cidade canadiana) Vancouver

V and A [*abrev. de* Victoria and Albert Museum]

vandal ['vændəl] *s.* vândalo

vandalic [vænˈdælɪk] *adj.* vandálico

vandalise ['vændəlaɪz] *v.tr.* vandalizar

vandalism ['vændəlɪzəm] *s.* vandalismo; *piece of* ~ acto de vandalismo

vandalistic [ˌvændəˈlɪstɪk] *adj.* próprio de vândalos

vandalization [ˌvændəlaɪˈzeɪʃən] *s.* vandalização

vandalize ['vændəlaɪz] *v.tr.* vandalizar

vandyke ['vændaɪk] *v.tr.* recortar (tecido) com rendilhados

vane [veɪn] *s.* 1 cata-vento, grimpa, ventoinha; 2 (hélice, turbina, etc.) pá, palheta; 3 (moinho) aspa, vela; 4 ZOOLOGIA (pena) barba, bárbula; 5 (alidade) pínula ❖ ~ *wheel* roda de palhetas

vanessa [vəˈnesə] *s.* ZOOLOGIA (borboleta) vanessa

vang [væŋ] *s.* NÁUTICA guardim

vanguard ['vænga:d] *s.* vanguarda; *to be in the* ~ *of* estar na vanguarda de

vanguardism ['vænga:dɪzəm] *s.* vanguardismo

vanguardist ['vænga:dɪst] *s.* vanguardista

vanilism [vəˈnɪlɪzəm] *s.* MEDICINA vanilismo

vanilla [vəˈnɪlə] Ⓐ *s.* BOTÂNICA, CULINÁRIA baunilha Ⓑ *adj.* 1 de baunilha; baunilhado; 2 [cal.] convencional, chato, desinteressante ❖ ~ *essence* essência de baunilha; ~ *pod* vagem de baunilha; ~ *sugar* açúcar baunilhado

vanillin [vəˈnɪlɪn, ˈvænɪlɪn] *s.* QUÍMICA vanilina

vanish ['vænɪʃ] Ⓐ *v.intr.* 1 desaparecer; 2 dissipar-se; desvanecer-se; *his prospects of success have vanished* desvaneceram-se as suas perspectivas de êxito; 3 MATEMÁTICA tender para zero, reduzir-se a zero; 4 (espécie) extinguir-se Ⓑ *s.* LINGUÍSTICA som final, atenuado, de certos ditongos e vogais ❖ *to* ~ *away* desaparecer; passar; *to* ~ *from sight* desaparecer da vista; *to* ~ *into thin air* esfumar-se; evaporar-se; *to* ~ *off the face of the earth* desaparecer da face da terra; *to* ~ *without a trace* desaparecer sem deixar rasto

vanishing ['vænɪʃɪŋ] Ⓐ *adj.* que desaparece Ⓑ *s.* desaparecimento ❖ [ant.] ~ *cream* creme de dia; (perspectiva) ~ *point* ponto de fuga; *to do a* ~ *act* eclipsar-se; desaparecer; *to reach the* ~ *point* reduzir-se a nada; desaparecer

vanity ['vænɪtɪ] *s.* (*pl.* -ies) 1 vaidade; presunção; fatuidade; vanglória; *he did it out of* ~ foi uma questão de vaidade; 2 futilidade; coisa vã; inutilidade; 3 [EUA] toucador ❖ ~ *bag/case* estojo de maquilhagem; *Vanity Fair* Feira de Vaidades; ~ *table* toucador; mesinha de toucador; ~ *unit* móvel por baixo do lavatório

vanner ['vænə] *s.* 1 separadora de minérios; 2 indivíduo que lava ou passa o minério pelo crivo; 3 determinado tipo de cavalo, pesado e forte

vanning ['vænɪŋ] *s.* separação de minério ❖ ~ *machine* separadora de minério

vanquish ['væŋkwɪʃ] *v.tr.* 1 vencer, dominar, subjugar; 2 derrotar, conquistar; 3 superar; 4 reprimir

vanquishable ['væŋkwɪʃəbəl] *adj.* 1 dominável, subjugável; 2 que pode vencer-se; 3 reprimível

vanquisher ['væŋkwɪʃə] *s.* vencedor

vanquishing ['væŋkwɪʃɪŋ] Ⓐ *adj.* vencedor Ⓑ *s.* 1 domínio, conquista; 2 sujeição, subjugação

vantage ['va:ntɪdʒ] *s.* 1 vantagem; 2 (prova, competição) situação de superioridade ❖ ~ *ground* posição vantajosa; ~ *point* posição estratégica; ponto de vista privilegiado

Vanuatu [ˌvænuˈɑːtuː] *s.top.* Vanuatu

vapid ['væpɪd] *adj.* 1 insípido, desenxabido, vápido; 2 sem interesse, monótono, enfadonho; *a* ~ *speech* um discurso sem interesse

vapidity [væˈpɪdɪtɪ] *s.* 1 insipidez, sensaboria; 2 monotonia; 3 enfado; 4 falta de interesse; 5 *pl.* observações ou frases insípidas, sem interesse

vapidly ['væpɪdlɪ] *adv.* 1 de maneira insípida, sensaborona; 2 monotonamente; 3 enfadonhamente

vapidness ['væpɪdnəs] *s.* ⇒ **vapidity**

vaporimeter [ˌveɪpəˈrɪmɪtə] *s.* vaporímetro

vaporizable [ˌveɪpəˈraɪzəbəl] *adj.* vaporizável

vaporization [ˌveɪpəraɪˈzeɪʃən] *s.* vaporização ❖ ~ *temperature* temperatura de vaporização

vaporize ['veɪpəraɪz] *v.tr.,intr.* vaporizar(-se); pulverizar(-se); volatilizar(-se)

vaporizer ['veɪpəraɪzə] *s.* vaporizador, pulverizador

vaporizing ['veɪpəraɪzɪŋ] *s.* vaporização ❖ ~ *chamber* câmara de vaporização

vaporous ['veɪpərəs] *adj.* 1 vaporoso; 2 nevoento, nebuloso; 3 semelhante a vapor; 4 cheio de vapor; 5 extremamente leve; 6 quimérico, irreal

vaporously ['veɪpərəslɪ] *adv.* vaporosamente

vapour ['veɪpə] Ⓐ *s.* 1 vapor; *alcoholic* ~ vapor de álcool; *water* ~ vapor de água; 2 névoa, bruma; 3 fumo; 4 exalação, eflúvio; 5 [arc.] fantasia, quimera, irrealidade, ilusão; 6 *pl.* [arc.] depressão, melancolia, hipocondria Ⓑ *v.intr.* 1 evaporar-se, vaporizar-se; 2 emitir vapor; 3 fumegar; 4 bazofiar; vangloriar-se ❖ ~ *bath* banho de vapor; ~ *engine* máquina a vapor; ~ *pressure* pressão do vapor; (aviões) ~ *trail* faixa de condensação

vapourer ['veɪpərə] *s.* gabarola, fanfarrão

vapouring ['veɪpərɪŋ] Ⓐ *adj.* 1 gabarola, fanfarrão; 2 que diz disparates ou banalidades Ⓑ *s.* 1 fanfarronadas, gabarolices; 2 tolices, disparates, banalidades

vapourish ['veɪpərɪʃ] *adj.* 1 vaporoso; 2 [arc.] hipocondríaco

vapoury ['veɪpərɪ] *adj.* vaporoso

varan ['væræn] *s.* ZOOLOGIA (lagarto) varano

Varangian [və'rændʒɪən] *s.* HISTÓRIA varangiano, varango ❖ HISTÓRIA (imperadores bizantinos) *the* ~ *Guard* a guarda varangiana

varanian [və'reɪnɪən] Ⓐ *adj.* ZOOLOGIA relativo a varano Ⓑ *s.* ZOOLOGIA (lagarto) varano

varec ['værek, 'værɪk] *s.* QUÍMICA vareque, carbonato de sódio impuro fabricado na Bretanha

variability [ˌveərɪə'bɪlɪtɪ] *s.* 1 variabilidade; 2 inconstância; instabilidade; ~ *of temper* instabilidade de temperamento; 3 mutabilidade

variable ['veərɪəbəl] Ⓐ *adj.* 1 variável; AERONÁUTICA ~ *area* superfície variável; MATEMÁTICA ~ *quantity* quantidade variável; ~ *weather* tempo variável; ~ *winds* ventos variáveis; 2 inconstante, mutável; 3 instável, volúvel; 4 incerto; 5 adaptável, regulável; ~ *arm* braço regulável; ~ *at will* regulável Ⓑ *s.* 1 MATEMÁTICA variável; 2 NÁUTICA vento variável; 3 *pl.* (meteorologia) *the variables* zona de ventos variáveis ❖ ~ *zone* zona temperada

variableness ['veərɪəbəlnəs] *s.* ⇒ **variability**

variably ['veərɪəblɪ] *adv.* 1 de modo variável; variavelmente; 2 de modo inconstante

variance ['veərɪəns] *s.* 1 variação, mudança; 2 diferença; discordância; discrepância; 3 MATEMÁTICA divergência de um campo vectorial ❖ *historians are at* ~ *on this point* os historiadores discordam quanto a este ponto; *to be at* ~ *with sb/sth* estar em desacordo com alguém/alguma coisa; *to set at* ~ lançar a discórdia (em)

variant ['veərɪənt] Ⓐ *adj.* 1 variante; 2 diferente; 3 mutável, variável Ⓑ *s.* 1 variante; 2 forma divergente; 3 (estatística) variável aleatória ❖ LINGUÍSTICA ~ *spellings* variantes ortográficas; *a* ~ *reading in some MSS.* uma variante em alguns manuscritos

variate ['veərɪət] *s.* (estatística) variável aleatória

variation [ˌveərɪ'eɪʃən] *s.* 1 variação, alteração, modificação, mudança; *to be liable to* ~ estar sujeito a alterações; 2 variante; *to be a* ~ *of* ser uma variante de; 3 (diferença) oscilação; flutuação; 4 MÚSICA variação; 5 LINGUÍSTICA inflexão; 6 (ballet) dança a solo; 7 MATEMÁTICA (função, variável) acréscimo ❖ ~ *compass* bússola de declinação; ~ *margin* margem de variação; ~ *of pressure/* ~ *of temperature* variação de pressão/temperatura; BIOLOGIA ~ *of species* variação da espécie; ~ *of the compass* declinação magnética

variational [ˌveərɪ'eɪʃənəl] *adj.* que varia; sujeito a variações

varicated [ˈværɪˈkeɪtɪd] *adj.* com varizes; varicoso

varicella [ˌværɪˈselə] *s.* MEDICINA varicela

varicelloid [ˌværɪˈseloɪd] *adj.* varicelóide

varicellous [ˌværɪˈseləs] *adj.* 1 varicélico, varicelar; 2 atacado pela varicela

varices ['værɪsiːz, 'veərɪsiːz] *pl. de* **varix**

varicocele [ˈværɪˈkəʊsiːl] *s.* MEDICINA varicocele

varicoloured [ˌveərɪˈkʌləd] *adj.* 1 multicolor, variegado; 2 variado

varicose ['værɪkəʊs] *adj.* 1 varicoso; com varizes; 2 inchado; 3 destinado ao tratamento de varizes ❖ ~ *ulcer* úlcera varicosa; ~ *veins* varizes

varicosity [ˌværɪˈkɒsɪtɪ] *s.* varicosidade

varied ['veərɪd] *adj.* 1 variado; diverso; 2 variegado; 3 diferente; 4 cheio de mudanças

variedness ['veərɪdnəs] *s.* variedade; diversidade; aspecto variegado

variegate ['veərɪgeɪt] *v.tr.* 1 variegar, pintalgar, matizar; 2 mosquear, colorir com cores diversas; tornar multicolor; 3 tornar variado, variar

variegated ['veərɪgeɪtɪd] *adj.* 1 variado; diverso; 2 variegado; 3 matizado, com diversas cores; pintalgado

variegation [ˌveərɪgeɪʃən] *s.* 1 variegação; 2 diversidade de cores

variety [vəˈraɪətɪ] *s.* (*pl.* -**ies**) 1 variedade; *to lend* ~ *to* dar variedade a; 2 diversidade; multiplicidade; ~ *of opinions* diversidade de opiniões; *a wide* ~ *of* uma grande diversidade de; 3 sortido; 4 género, tipo, espécie; 5 BIOLOGIA variedade, subespécie; 6 TEATRO variedades ❖ ~ *artist* artista de variedades; [EUA] CULINÁRIA ~ *meats* miúdos; ~ *show* espectáculo de variedades; *varieties of fortune* vicissitudes; *due to a* ~ *of causes* por vários motivos; *for a* ~ *of reasons* por várias razões; por uma série de razões

variform ['veərɪfɔːm] *adj.* multiforme

variocoupler [ˌveərɪəʊˈkʌplə] *s.* RÁDIO acoplador variável

variola [vəˈraɪələ] *s.* MEDICINA varíola

variolar [vəˈraɪələ] *adj.* variolar

variolation [ˌveərɪəˈleɪʃən] *s.* variolização; inoculação da varíola com fins profilácticos

variolite ['veərɪəlaɪt] *s.* MINERALOGIA variolito

variolization [ˌveərɪəʊlaɪˈzeɪʃən] *s.* ⇒ **variolation**

varioloid ['veərɪəloɪd] Ⓐ *adj.* variolóide, semelhante à varíola Ⓑ *s.* MEDICINA variolóide

variolous [vəˈraɪələs] *adj.* varioloso; variólico

variometer [ˌveərɪˈɒmɪtə] *s.* FÍSICA variómetro

variorum [ˌveərɪˈɔːrəm] *adj.* 1 com várias anotações; 2 (texto) com várias versões ❖ ~ *edition* edição variorum, com notas de vários comentadores ou com variantes do texto

various ['veərɪəs] Ⓐ *adj.* 1 vário, variado; diverso; 2 heterogéneo; 3 diferente; 4 muitos, vários; *at* ~ *times* em várias ocasiões; *for* ~ *reasons* por vários motivos; *of* ~ *kinds* de várias espécies; 5 [arc.] instável, variável Ⓑ *pron.* várias pessoas; *this is denied by* ~ isto é negado por várias pessoas

variously ['veərɪəslɪ] *adv.* 1 diversamente; 2 de várias maneiras

varix ['veərɪks] *s.* (*pl.* **varices**) 1 variz; 2 saliência no bordo de certas conchas univalves

varlet ['vɑːlɪt] *s.* 1 escudeiro; 2 pajem medieval que se preparava para escudeiro; 3 [arc.] patife, biltre, velhaco

varletry ['vɑːlɪtrɪ] *s.* 1 [arc.] criadagem; 2 [arc.] ralé

varmint ['vɑːmɪnt] *s.* (pessoa, animal) peste*fig.*, praga*fig.*

varnish ['vɑːnɪʃ] Ⓐ *s.* 1 verniz; 2 brilho, polimento; 3 esmalte; 4 (louça) vidrado; 5 [fig.] aparência enganosa; disfarce Ⓑ *v.tr.* 1 envernizar; 2 esmaltar; 3 (louça) vidrar; 4 polir, dar lustro a; 5 [fig.] dourar; disfarçar; encobrir; procurar esconder sob uma aparência agradável ❖ ~ *tree* árvore da laca; *nail* ~ verniz das unhas; *transparent* ~ verniz incolor; *to take the* ~ *off sth* tirar o verniz a qualquer coisa; apresentar uma coisa tal qual ela é; *to* ~ *over* envernizar; embelezar; dar aparência menos desagradável

varnished ['vɑːnɪʃt] *adj.* 1 envernizado; ~ *paper* papel envernizado; 2 esmaltado; 3 (louça) vidrado

varnisher ['vɑːnɪʃə] *s.* envernizador

varnishing ['vɑːnɪʃɪŋ] *s.* envernizamento ❖ ARTES PLÁSTICAS ~ *day* vernissage

varsal ['vɑːsəl] *adj.* universal

varsity ['vɑːsɪtɪ] *s.* (*pl.* -**ies**) [coloq.] universidade

Varsovian [vɑːˈsəʊvɪən] *adj.* varsoviano

varsoviana [ˌvɑːsəʊvɪˈɑːnə] *s.* (música, dança polaca) varsoviana

varsovienne [ˌvɑːsəʊvɪˈen] *s.* ⇒ **varsoviana**

varus ['veərəs] *s.* 1 pé varo; 2 pessoa com joelhos que se tocam interiormente; 3 acne

varve [vɑːv] *s.* GEOLOGIA varve, camada anual de aluviões lacustres

vary ['veərɪ] *v.tr.,intr.* 1 variar [**in**, em; **with**, segundo]; 2 alterar, modificar; 3 diversificar; *she was told to* ~ *her diet* foi aconselhada a diversificar o regime alimentar; 4 discordar; 5 mudar, tornar-se diferente; modificar-se; 6 divergir; diferir; *opinions* ~ *on this point* as opiniões divergem neste ponto ❖ *to* ~ *between* oscilar entre; *to* ~ *directly as* variar na razão directa de; ser directamente proporcional a; BIOLOGIA *to* ~ *from a type* desviar-se de um tipo; *to* ~ *inversely as* variar na razão inversa de; ser inversamente proporcional a

varying ['veərɪɪŋ] ⓐ *adj.* **1** variado, diverso; **2** variável, que varia; ~ *acceleration* aceleração variável; **3** volúvel ⓑ *s.* alteração, modificação, mudança

vas [væs] *s. (pl.* **vasa**) BOTÂNICA, ZOOLOGIA vaso, canal

vasa ['veɪzə] *s.* {*pl. de* **vas**}

vascula ['væskjələ] *s. pl. de* **vasculum**

vascular ['væskjʊlə] *adj.* ANATOMIA vascular ❖ ~ *bundle* feixe vascular; BOTÂNICA ~ *cylinder* cilindro vascular; ~ *tissue* tecido vascular

vascularity [ˌvæskjə'lærɪtɪ] *s.* vascularidade

vascularization [ˌvæskjəlaraɪ'zeɪʃən] *s.* vascularização

vasculose ['væskjələʊs] *adj.* vasculoso

vasculum ['væskjələm] *s.* (*pl.* **-a**) **1** BOTÂNICA ascídia; **2** caixa empregada pelos botânicos

vase [vɑːz] *s.* **1** jarra; *flower* ~ jarra de flores; **2** ARQUITECTURA capitel de coluna coríntia ou compósita ❖ (Grécia antiga) ~ *painting* pintura em vasos

vasectomy [və'sektəmɪ] *s.* CIRURGIA vasectomia

vaseline ['væsɪlɪn] *s.* vaselina; *to coat with* ~ untar com vaselina, cobrir com uma camada de vaselina

vasiform ['veɪzɪfɔːm] *adj.* vasiforme

vasoconstrictor [ˌveɪzəʊkən'strɪktə] *adj.,s.* FARMÁCIA vasoconstritor

vasodilator [ˌveɪzəʊdaɪ'leɪtə] *adj.,s.* FARMÁCIA vasodilatador

vasomotor [ˌveɪzəʊ'məʊtə] *adj.,s.* FISIOLOGIA vasomotor

vassal ['væsəl] ⓐ *s.* **1** vassalo; feudatário; escravo; servo; **2** súbdito ⓑ *adj.* dependente, subordinado, submisso ❖ *the great vassals* os grandes vassalos, dependentes directamente do rei; *the rear vassals* os vassalos dos nobres

vassalage ['væsəlɪdʒ] *s.* **1** vassalagem; **2** sujeição, servidão

vast [vɑːst] ⓐ *adj.* **1** vasto, amplo, grande; **2** enorme, imenso ⓑ *s.* [poét.] imensidão; vastidão; *the* ~ *of heaven* a vastidão do céu ❖ ~ *sums of money* largas somas de dinheiro; *that makes a* ~ *difference* isso faz uma grande diferença; *the* ~ *majority* a grande maioria

vastitude ['vɑːstɪtjuːd] *s.* vastidão; imensidão

vastly ['vɑːstlɪ] *adv.* vastamente, enormemente, extremamente, imensamente; *that is* ~ *exaggerated* isso é um grande exagero

vastness ['vɑːstnəs] *s.* ⇒ **vastitude**

vasty ['vɑːstɪ] *adj.* [poét.] imenso, vasto

vat [væt] ⓐ *s.* **1** cuba, dorna; **2** tina; **3** tonel; **4** tanque ⓑ *v.tr.* (*particípio:* **-tt-**) deitar em cuba, dorna, tina, etc.

VAT [*abrev. de* value-added tax] IVA [*abrev. de* Imposto sobre o Valor Acrescentado]

vatful ['vætfʊl] *s.* conteúdo de uma cuba, dorna ou tina cheia

vatic ['vætɪk] *adj.* vático; profético

vatical ['vætɪkəl] *adj.* vático; profético

Vatican ['vætɪkən] *s.top.* Vaticano ❖ ~ *City* cidade do Vaticano; ~ *Council* Conselho Vaticano; *the* ~ *State* os Estados Pontifícios

Vaticanism ['vætɪkənɪzəm] *s.* vaticanismo, papismo

Vaticanist ['vætɪkənɪst] *s.* vaticanista

vaticinate [væ'tɪsɪneɪt, və'tɪsɪneɪt] *v.intr.* vaticinar, profetizar

vatication [ˌvætɪsɪ'neɪʃən,] *s.* vaticínio

vaticinator [væ'tɪsɪ'neɪtə] *s.* vaticinador

VATman ['vætmən] *s.* fiscal do IVA

vatting ['vætɪŋ] *s.* acto de deitar em cuba, dorna, tina, etc.

vatu ['vɑːtuː] *s.* (moeda do Vanuatu) vatu

vaudeville ['vɔːdəvɪl, 'vəʊdəvɪl] *s.* (espectáculo de variedades) vaudeville

vaudevillist ['vɔːdəvɪlɪst, 'vəʊdəvɪlɪst] *s.* autor de vaudevilles

vault [vɔːlt] ⓐ *s.* **1** abóbada; *the* ~ *of heaven* a abóbada celeste; **2** abaulamento; **3** cave, adega com tecto em abóbada; subterrâneo com tecto abobadado; (vinho) *wine vaults* caves; **4** sepultura, jazigo, cripta funerária; *a family* ~ um jazigo de família; **5** (banco) caixa-forte; **6** DESPORTO salto (dado com o auxílio das mãos ou de uma vara); *pole* ~ salto com vara ⓑ *v.tr.,intr.* **1** cobrir com abóbada; cobrir com telhado em forma de abóbada; **2** arquear-se; abobadar-se; **3** saltar; pular; *to* ~ *from the saddle* saltar da sela; *to* ~ *into the saddle* saltar para a sela; *to* ~ *over a fence* saltar um valado; (ginástica) *to* ~ *over the horse* saltar o cavalo; *to* ~ *upon the horse* saltar para o cavalo; **4** (cavalo) curvetear, fazer curvetas

vaultage ['vɔːltɪdʒ] *s.* ARQUITECTURA abóbadas

vaulted ['vɔːltɪd] *adj.* **1** abobadado, em forma de abóbada; **2** arqueado

vaulter ['vɔːltə] *s.* **1** aquele que salta; **2** volatim

vaulting ['vɔːltɪŋ] ⓐ *adj.* **1** que salta; **2** [fig.] (ambição) desmedido ⓑ *s.* **1** DESPORTO exercício de salto; **2** ARQUITECTURA abóbada; ~ *with one lower and one higher impost* abóbada aviajada ❖ DESPORTO (ginástica) ~ *horse* cavalo

vaunt [vɔːnt] ⓐ *s.* bazófia, gabarolice, ostentação ⓑ *v.tr.,intr.* vangloriar-se, bazofiar, gabar-se

vaunter ['vɔːntə] *s.* [arc.] fanfarrão, gabarola, bazofiador

vaunting ['vɔːntɪŋ] ⓐ *adj.* gabarola, bazofiador, jactancioso ⓑ *s.* gabarolice, bazófia, jactância

vauntingly ['vɔːntɪŋlɪ] *adv.* jactanciosamente

vavasory ['vævəsərɪ] *s.* terras de um vavassalo, feudo de um vavassalo

vavassour ['vævəsə, 'vævəsʊə] *s.* vavassalo

VC ⓐ [*abrev. de* vice-chairman] ⓑ [*abrev. de* vice chancellor] ⓒ POLÍTICA [*abrev. de* vice consul] ⓓ MILITAR [*abrev. de* Victoria Cross] ⓔ [*abrev. de* Vietcong]

VCR [*abrev. de* video cassette recorder]

VD ⓐ [*abrev. de* Volunteer Decoration] ⓑ MEDICINA [*abrev. de* venereal disease]

VDH MEDICINA [*abrev. de* valvular disease of the heart]

VDT [*abrev. de* video display terminal]

VDU INFORMÁTICA [*abrev. de* Visual Display Unit] Unidade de Exposição Visual

've [v] *forma abreviada de* **have**

veal [viːl] *s.* CULINÁRIA (carne) vitela ❖ ~ *calf* vitelo; ~ *cutlet* costeletas de vitela

vector ['vektə] ⓐ *s.* **1** MATEMÁTICA vector; **2** MEDICINA (doença) portador; **3** AERONÁUTICA direcção ⓑ *v.tr.* AERONÁUTICA (avião, piloto) guiar via rádio ❖ MATEMÁTICA ~ *product* produto vectorial; MATEMÁTICA ~ *quantity* quantidade vectorial; GEOMETRIA *radius* ~ raio vector

vectorial [vek'tɔrɪəl] *adj.* vectorial

Veda ['veɪdə, 'viːdə] *s.* RELIGIÃO, FILOSOFIA (livro sagrado hindu) Veda; *the Vedas* os Vedas

Vedaic [vɪ'deɪɪk] *adj.* RELIGIÃO, FILOSOFIA védico

Vedaism ['vɪdɪzəm] *s.* RELIGIÃO, FILOSOFIA vedismo

Vedanta [vɪ'dɑntə, və'dɑntə] *s.* RELIGIÃO, FILOSOFIA vedanta

Vedantic [vɪ'dɑntɪk, və'dɑntɪk] *adj.* RELIGIÃO, FILOSOFIA vedântico

Vedantism [vɪ'dɑntɪzəm, və'dɑntɪzəm] *adj.* RELIGIÃO, FILOSOFIA vedantismo

Vedantist [və'dɑntɪst, vɪ'dɑntɪst] *s.* RELIGIÃO, FILOSOFIA vedantista

V-E Day (8 de Março de 1945) [*abrev. de* Victory in Europe Day]

Veddas ['vedəz] *s.pl.* (Ceilão) Vedás

vedette [vɪ'det] *s.* **1** MILITAR vedeta, elemento avançado, montado, no sistema de segurança de tropas estacionadas; **2** NÁUTICA vedeta

Vedic ['veɪdɪk, 'viːdɪk] ⓐ *adj.* védico ⓑ *s.* (língua) védico

Vedism ['veɪdɪzəm] *s.* RELIGIÃO, FILOSOFIA vedismo

vee [viː] *s.* (letra) vê ❖ ~ *belt* correia em V; ~ *joint* junta em V

veer [vɪə] ⓐ *v.tr.,intr.* **1** virar; mudar de direcção; mudar de rumo; **2** desviar-se; **3** (vento) rondar; *the wind veered round to the west* o vento rondou para oeste; **4** NÁUTICA (amarra, cabo, corda) arriar, largar; *to* ~ *away the cable* largar cabo; **5** NÁUTICA virar de bordo, fazer virar de bordo ⓑ *s.* **1** mudança de direcção; desvio; **2** (opinião) mudança ❖ (vento) *to* ~ *abaft* virar de um rumo para outro; *to* ~ *and haul* mudar alternadamente; largar e puxar cabo alternadamente; hesitar; NÁUTICA *to* ~ *at anchor* girar sobre a âncora; *to* ~ *round* mudar de opinião

veering ['vɪərɪŋ] *s.* **1** mudança; **2** desvio; **3** modificação

veery ['vɪərɪ] *s.* (*pl.* **-ies**) ZOOLOGIA espécie de tordo norte-americano

Vega ['viːɡə, 'veɪɡə] *s.* ASTRONOMIA (estrela da constelação Lira) Vega

vegan ['viːɡən] *s.,adj.* vegan, adepto do veganismo

vegeburger ['vedʒɪbɜːɡə] *s.* CULINÁRIA hambúrguer vegetariano

vegetability [ˌvedʒɪtə'bɪlɪtɪ] *s.* vegetabilidade

vegetable ['vedʒɪtəbəl] ⓐ *s.* **1** legume; *green vegetables* hortaliças, verduras; *preserved vegetables* legumes de conserva; **2** (planta) vegetal; **3** [coloq., depr.] (pessoa) vegetal ⓑ *adj.* vegetal; ~ *oils* óleos vegetais; ~ *life* vida vegetal; ~ *parchment* pergaminho vegetal; *the* ~ *kingdom* o reino vegetal ❖ ~ *colic* cólica causada por fruta ainda verde; ~ *diet* dieta vegetariana; ~ *dish* prato próprio para servir legumes; ~ *garden* horta; quintal; ~ *jelly* pectina; ~ *marrow* abóbora

vegetal ['vedʒɪtəl] Ⓐ *adj.* 1 vegetal; 2 BIOLOGIA vegetativo; *the ~ functions* as funções vegetativas Ⓑ *s.* planta, vegetal
vegetarian [ˌvedʒɪ'teərɪən] *adj.,s.* vegetariano; *~ food* comida vegetariana
vegetarianism [ˌvedʒɪ'teərɪənɪzəm] *s.* vegetarianismo
vegetate ['vedʒɪteɪt] *v.intr.* 1 vegetar; 2 crescer como as plantas; 3 [fig.] vegetar; levar uma vida de vegetal
vegetating ['vedʒɪteɪtɪŋ] *adj.* que vegeta
vegetation [ˌvedʒɪ'teɪʃən] *s.* 1 vegetação; *a luxuriant ~* uma vegetação luxuriante; *there was no sign of ~* não havia sinais de vegetação; 2 *pl.* MEDICINA (patologia) vegetações
vegetative ['vedʒɪtətɪv] *adj.* vegetativo
vegetatively ['vedʒɪtətɪvəlɪ] *adv.* vegetativamente
vegetativeness ['vedʒɪtətɪvnəs] *s.* vegetatividade
vegeto-animal [ˌvedʒɪtəʊ'ænɪməl] *adj.* végeto-animal
vegeto-mineral [ˌvedʒɪtəʊ'mɪnərəl] *adj.* végeto-mineral
veggie ['vedʒɪ] Ⓐ *adj.* [coloq.] vegetariano Ⓑ *s.* [coloq.] legume
veggieburger ['vedʒɪbɜːɡə] *s.* CULINÁRIA hambúrguer vegetariano
vehemence ['viːəməns] *s.* 1 veemência; 2 força, impetuosidade; 3 ardor, paixão, fervor
vehement ['viːmənt] *adj.* 1 veemente; 2 impetuoso; ardente, apaixonado; *a ~ desire* um desejo ardente; 3 forte; violento; *a ~ wind* um vento forte
vehemently ['viːmənrlɪ] *adv.* 1 veementemente; 2 impetuosamente; ardentemente; apaixonadamente; 3 violentamente
vehicle ['viːɪkəl] Ⓐ *s.* 1 veículo, meio de transporte, viatura; 2 [fig.] (meio) veículo; *he used the press as a ~ for his political ideas* ele serviu-se da imprensa como meio de divulgação das suas ideias políticas; 3 portador; transmissor; meio de propagação; *~ of disease* transmissor de doença; 4 FARMÁCIA excipiente Ⓑ *v.tr.* 1 transportar de carro; 2 veicular ❖ *closed to vehicles* circulação interdita
vehicular [vɪ'hɪkjʊlə] *adj.* veicular; relativo a veículos
Vehmgericht ['feɪmɡərɪxt] *s.* palavra alemã para designar um sistema de tribunais irregulares, existentes sobretudo na Vestfália nos sécs. XIV e XV, que julgavam os crimes mais graves em sessões nocturnas secretas
vehmic ['feɪmɪk] *adj.* relativo ao Vehmgericht
veil [veɪl] Ⓐ *s.* 1 VESTUÁRIO véu; *she dropped her ~* ela baixou o véu; *she raised her ~* ela levantou o véu; 2 [fig.] capa, disfarce, manto; 3 [fig.] pretexto; máscara; *under the ~ of patriotism* sob a máscara do patriotismo; 4 ZOOLOGIA (hidromedusas) véu, formação membranosa Ⓑ *v.tr.* 1 velar, cobrir com um véu; *to ~ one's face* cobrir o rosto com um véu; 2 [fig.] disfarçar, dissimular, encobrir, ocultar; *she tried to ~ her distrust* ela tentou disfarçar a desconfiança ❖ *beyond the ~* depois da morte; *to draw a ~ over* lançar um véu sobre; esconder; *to take the ~* professar; entrar para o convento
veiled [veɪld] *adj.* 1 velado, coberto com um véu; 2 [fig.] velado, disfarçado, dissimulado; *~ resentment* ressentimento velado ❖ *to be ~ in mystery* estar envolto em mistério
veiledly ['veɪlɪdlɪ] *adv.* veladamente
veiling ['veɪlɪŋ] *s.* 1 véu; 2 acto de velar ou cobrir com véu; 3 [fig.] disfarce, dissimulação; 4 (tecido) gaze
vein [veɪn] Ⓐ *s.* 1 ANATOMIA veia; *pulmonary veins* veias pulmonares; 2 MINERALOGIA veio; filão; *a ~ of gold* um filão de ouro; 3 BOTÂNICA, ZOOLOGIA nervura; *the veins on a leaf* as nervuras duma folha; 4 [fig.] veia, inclinação, tendência, vocação; talento; *the poetic ~* a veia poética; *to be of an imaginative ~* ter tendência imaginativa; 5 [fig.] linha, estilo Ⓑ *v.tr.* 1 jaspear; dar um aspecto de mármore; 2 cobrir de veios; 3 raiar ❖ *to be in the ~ for* estar com disposição para
veined [veɪnd] *adj.* 1 com veias; 2 com nervuras; 3 raiado, jaspeado
veining ['veɪnɪŋ] *s.* 1 imitação do mármore raiado; 2 veias; 3 nervuras
veinless ['veɪnləs] *adj.* 1 sem veias; 2 sem nervuras
veinlet ['veɪnlɪt] *s.* ANATOMIA vénula
veinous ['veɪnəs] *adj.* 1 venoso; 2 coberto de veias, com veias salientes
veiny ['veɪnɪ] *adj.* (comp. *-ier*, superl. *-iest*) 1 venoso; 2 cheio de nervuras; 3 raiado
vela ['veɪlə] *s.* {pl. de **velum**}

velamen [və'leɪmən] *s.* (pl. **velamina**) 1 ANATOMIA meninge; 2 membrana envolvente; 3 BOTÂNICA tegumento (de raiz de orquídea)
velamenta [vɪlə'mentə] *s.* {pl. de **velamentum**}
velamentum [vɪlə'mentəm] *s.* (pl. *-a*) meninge, membrana envolvente
velamina [və'læmɪnə] *s.* {pl. de **velamen**}
velar ['viːlə] Ⓐ *adj.* LINGUÍSTICA velar, articulado junto do véu palatino Ⓑ *s.* LINGUÍSTICA consoante velar
velaria [vɪ'leərɪə] *s.* {pl. de **velarium**}
velarium [vɪ'leərɪəm] *s.* (pl. *-ia*) velário
velarization [ˌviːlərəɪ'zeɪʃən] *s.* LINGUÍSTICA velarização
velarize ['viːləraɪz] *v.tr.* LINGUÍSTICA velarizar
velate ['viːlɪt] *adj.* ANATOMIA velado; com véu, provido de véu
velcro ['velkrəʊ] *s.* velcro
veld [velt] *s.* [Áfr. do S.] estepe, savana
veldt [velt] *s.* [Áfr. do S.] estepe, savana
velitation [velɪ'teɪʃən] *s.* 1 [arc.] escaramuça; 2 [arc.] controvérsia
velite ['viːlaɪt] *s.* HISTÓRIA (Roma antiga) vélite, soldado de infantaria ligeira
vella ['velə] *s.* {pl. de **vellum**}
velleity [ve'liːətɪ] *s.* (pl. *-ies*) [arc.] veleidade; leve vontade
vellicate ['velɪkeɪt] *v.tr.,intr.* 1 [rar.] velicar; beliscar; 2 [rar.] irritar; 3 [rar.] contrair(-se); 4 [rar.] dar um puxão
vellication [velɪ'keɪʃən] *s.* [rar.] velicação
vellicative ['velɪkətɪv] *adj.* [rar.] velicativo
vellum ['veləm] *s.* (pl. **vella**) velino; pergaminho fino ❖ *~ paper* papel velino
velocimeter [vɪləʊ'sɪmɪtə] *s.* velocímetro
velocipede [vɪ'lɒsɪpiːd] *s.* [ant.] velocípede
velocipedist [vɪ'lɒsɪpiːdɪst] *s.* [ant.] velocipedista
velocity [vɪ'lɒsɪtɪ] *s.* (pl. *-ies*) velocidade, celeridade, rapidez ❖ *~ curve* curva de velocidade; *~ diagram* diagrama de velocidades; *~ factor* factor velocidade; *~ head* altura dinâmica; *~ stage* grau de velocidade; *~ of impact* velocidade do choque; FÍSICA *~ of sound* velocidade do som
velodrome ['velədrəʊm] *s.* velódromo
velour [və'lʊə] *s.* ⇒ **velours**
velours [və'lʊə] *s.* 1 veludo espesso, terciopelo; 2 feltro aveludado para chapéus
velum ['viːləm] *s.* (pl. *-a*) ANATOMIA, ZOOLOGIA véu do paladar, véu palatino
velutinous [ve'ljuːtɪnəs] *adj.* velutino, aveludado
velveret ['velvərɪt] *s.* qualidade inferior de veludo
velvet ['velvɪt] *s.* 1 veludo; *cotton ~* veludo de algodão; *worsted ~* veludo de lã; 2 pele aveludada ❖ *he has an iron hand in a ~ glove* ele é de falinhas mansas, mas é duro a valer; [EUA] *to be a hundred dollars to the ~* ter cem dólares de ganho; *to be on ~* estar em boas condições financeiras; viver bem; *to play on ~* jogar com dinheiro ganho; *with ~ tread* de mansinho; com andar silencioso
velveted ['velvɪtɪd] *adj.* 1 de veludo; 2 vestido de veludo; 3 aveludado
velveteen [velvɪ'tiːn] *s.* 1 belbutina, bélbute fino; 2 *pl.* VESTUÁRIO calças de belbutina
velvetiness ['velvɪtɪnəs] *s.* aveludado; aspecto aveludado
velvetings ['velvətɪŋz] *s.pl.* veludos, artigos de veludo
velvety ['velvətɪ] *adj.* 1 (textura, material) aveludado; macio como veludo; 2 [fig.] suave; agradável
Ven. Ⓐ [abrev. de Venerable] Ⓑ [abrev. de Venezuela]
vena ['viːnə] *s.* (pl. *-ae*) veia ❖ ANATOMIA *~ cava* veia cava
venal ['viːnəl] *adj.* 1 venal; 2 (pessoa) que se vende; corrupto; mercenário
venality [viː'nælɪtɪ] *s.* 1 venalidade; 2 corrupção
venally ['viːnəlɪ] *adv.* venalmente, de maneira venal
venatic [vɪ'nætɪk] *adj.* cinegético, venatório
venatical [vɪ'nætɪkəl] *adj.* cinegético, venatório
venatically [vɪ'nætɪkəlɪ] *adv.* venatoriamente
venation [vɪ'neɪʃən] *s.* (folha, asa de insecto) nervação, disposição das nervuras
venatorial [vɪnə'tɔːrɪəl] *adj.* venatório; relativo à caça
vend [vend] *v.tr.* 1 DIREITO vender; 2 vender em máquina automática; 3 vender na rua

vendace ['vendɪs] s. ZOOLOGIA pequeno peixe existente em alguns lagos ingleses e continentais
Vendean [ven'dɪən] Ⓐ adj. vandeense, vandeano; relativo à Vandeia Ⓑ s. 1 vandeense, vandeano, natural ou habitante da Vandeia; 2 membro do partido realista vandeano em 1793-1795
vendee [ven'di:] s. DIREITO comprador
vender ['vendə] s. ⇒ **vendor**
vendetta [ven'detə] s. 1 vendeta, feudo; 2 vingança
vendibility [‚vendɪ'bɪlɪtɪ] s. possibilidade de venda; vendibilidade; carácter daquilo que é vendível
vendible ['vendəbəl] adj. vendível
vending ['vendɪŋ] s. venda ❖ ~ *machine* máquina de venda automática
vendor ['vendə, 'vendɔ:] s. 1 vendedor; 2 máquina (de venda) automática
veneer [vɪ'nɪə] Ⓐ s. 1 (revestimento) folheado; 2 camada superficial; 3 [fig.] aparência, verniz*fig*, máscara; *a ~ of happiness* uma aparência de felicidade Ⓑ v.tr. 1 folhear, revestir de folha muito delgada de madeira ou metal; 2 (louça) cobrir com uma camada de substância mais fina; 3 [fig.] disfarçar sob uma aparência vistosa; cobrir com uma camada de verniz superficial; polir superficialmente; *to be thinly veneered with…* esconder-se sob um débil verniz de…. ❖ ~ *saw* serra braçal; ~ *cutting machine* máquina para cortar folheados
veneerer [vɪ'nɪərə] s. cortador ou fabricante de folheados
veneering [vɪ'nɪərɪŋ] s. folheado de madeira
venerability [‚venərə'bɪlɪtɪ] s. venerabilidade, carácter venerável
venerable ['venərəbəl] Ⓐ adj. 1 (respeitável) venerável, digno de veneração; 2 RELIGIÃO (anglicanismo) título concedido aos arcediagos; 3 RELIGIÃO (catolicismo) título dado ao servo de Deus depois da publicação do decreto de introdução da causa para a sua beatificação Ⓑ s. venerável, presidente de uma loja maçónica
venerableness ['venərəbəlnəs] s. ⇒ **venerability**
venerably ['venərəblɪ] adv. veneravelmente, de modo venerável
venerate ['venəreɪt] v.tr. venerar
veneration [‚venə'reɪʃən] s. (respeito) veneração [**for**, por]; *to hold in* ~ venerar, ter veneração por
venerator ['venəreɪtə] s. venerador
venereal [və'nɪərɪəl] adj. MEDICINA venéreo; ~ *disease* doença venérea
venery ['venərɪ] s. 1 [arc.] caça, cinegética; 2 [arc.] prazeres sexuais
venesection [‚venɪ'sekʃən] s. CIRURGIA venissecção, flebotomia
Veneti ['venətaɪ] s.pl. (antigo povo da Itália) Vénetos
Venetian [vɪ'ni:ʃɪən] Ⓐ adj. veneziano; relativo a Veneza Ⓑ s. (pessoa) veneziano ❖ ~ *blind* estore; veneziana; ~ *boat* gôndola; ~ *glass* cristal de Veneza; ~ *lace* renda de Veneza; ~ *mast* mastro pintado em espiral para ornamentação de ruas; ~ *window* janela com três aberturas separadas
Venetic [vɪ'netɪk] adj. véneto; relativo aos Vénetos
Venezuela [‚venə'zweɪlə] s.top. Venezuela
Venezuelan [‚venə'zweɪlən] adj.,s. venezuelano
venge [vendʒ] v.tr. [arc.] vingar
vengeance ['vendʒəns] s. vingança [**on/upon**, de] ❖ *it is raining with a* ~ chove a bom chover; *this is punctuality with a* ~ isto é que é pontualidade!; *to take* ~ *upon* vingar-se de; *to seek* ~ *upon sb for sth* procurar vingar-se de alguém por alguma coisa; *to swear* ~ *against sb* jurar vingar-se de alguém; *with a* ~ furiosamente; com intensidade
vengeful ['vendʒfʊl] adj. vingativo
vengefully ['vendʒfʊlɪ] adv. por vingança, vingativamente
vengefulness ['vendʒfʊlnəs] s. espírito vingativo
venial ['vi:nɪəl] adj. 1 venial; 2 desculpável; perdoável ❖ RELIGIÃO ~ *sin* pecado venial
veniality [‚vi:nɪ'ælɪtɪ] s. venialidade
venially ['vi:nɪəlɪ] adv. 1 venialmente; 2 desculpavelmente
venialness ['vi:nɪəlnəs] s. ⇒ **veniality**
Venice ['venɪs] s.top. Veneza ❖ ~ *glass* cristal de Veneza
venison ['venɪzən] s. CULINÁRIA carne de veado
vennel ['venəl] s. [Esc.] viela
venom ['venəm] s. 1 BIOLOGIA (serpente, escorpião, etc.) veneno; peçonha; 2 [fig.] maldade, ruindade; 3 [fig.] virulência de linguagem
venomed ['venəmt] adj. envenenado, cheio de veneno

venomous ['venəməs] adj. 1 venenoso; peçonhento; ~ *snakes* serpentes venenosas; 2 [fig.] maldoso, mau, rancoroso, virulento ❖ *to have a* ~ *tongue* ter uma língua de víbora
venomously ['venəməslɪ] adv. 1 venenosamente, peçonhentamente; 2 [fig.] maldosamente, rancorosamente
venomousness ['venəməsnəs] s. 1 natureza venenosa, venenosidade; 2 [fig.] maldade, rancor, virulência
venose ['vi:nəʊs] adj. 1 venoso; 2 BOTÂNICA nervado, com nervuras
venosity [vɪ'nɒsɪtɪ] s. venosidade
venous ['vi:nəs] adj. venoso; relativo a veia ❖ MEDICINA ~ *blood* sangue venoso
vent [vent] Ⓐ s. 1 respiradouro, saída de ar, espiráculo; 2 abertura; furo; *to make a* ~ *in a barrel* abrir um furo num barril; 3 cano de chaminé; 4 ouvido (de peça); 5 (tonel, pipa) suspiro; 6 orifício de flauta; 7 saída, escape, vazão; 8 passagem; 9 bueiro, 10 ZOOLOGIA ânus; 11 [fig.] desabafo; livre curso; *to find* ~ *for* dar livre curso a, desabafar; *to give* ~ *to one's anger* dar livre expressão à sua cólera Ⓑ v.tr.,intr. 1 abrir orifício, espiráculo ou respiradouro em; *to* ~ *a cask* fazer um furo numa pipa; 2 arranjar saída para, dar saída a; 3 soltar, dar livre curso a; *to* ~ *one's anger on sb* descarregar a cólera em alguém; 4 tornar conhecido; 5 desabafar; 6 (lontra, castor) vir à tona de água para respirar ❖ ~ *hole* respiradouro; (vasilha) ~ *peg/plug* espiche; *to give* ~ *to a sigh* deixar escapar um suspiro
ventage ['ventɪdʒ] s. 1 MÚSICA (flauta, ocarina, etc.) orifício de instrumento de sopro; 2 espiráculo
ventail ['venteɪl] s. (peça do elmo) barbote
vented ['ventɪd] adj. 1 com respiradouros; 2 com espiráculos
venter ['ventə] s. 1 ANATOMIA ventre; 2 ANATOMIA protuberância ou reentrância de músculo ou osso; 3 DIREITO ventre, mãe; *a son by/of another* ~ um filho de outro ventre
ventiduct ['ventɪdʌkt] s. ARQUITECTURA túnel de ventilação
ventilate ['ventɪleɪt] v.tr. 1 arejar, ventilar; 2 [fig.] debater; discutir; examinar; 3 expor; manifestar; *to* ~ *one's views* expor o seu ponto de vista; 4 FISIOLOGIA (sangue) oxigenar
ventilated ['ventɪleɪtɪd] adj. ventilado, arejado
ventilating ['ventɪleɪtɪŋ] Ⓐ adj. que areja, que ventila Ⓑ s. 1 ventilação; 2 debate ❖ ~ *cowl* manga de ventilação; ~ *duct* respiradouro; ~ *fan* ventilador; ~ *hole* orifício de ventilação
ventilation ['ventɪleɪʃən] s. 1 ventilação; arejamento; 2 [fig.] discussão; debate; 3 FISIOLOGIA (sangue) oxigenação ❖ ~ *shaft* conduta de ventilação; ~ *plant* instalação de ventilação
ventilator ['ventɪleɪtə] s. 1 ventilador; renovador de ar; 2 manga de ventilação; 3 (janela) bandeira móvel; 4 MEDICINA ventilador; *to be on a* ~ estar ligado ao ventilador, estar com respiração assistida
ventral ['ventrəl] Ⓐ adj. 1 ZOOLOGIA, BOTÂNICA ventral; ~ *fin* barbatana ventral; 2 ANATOMIA abdominal; ~ *rupture* hérnia abdominal Ⓑ s. ZOOLOGIA barbatana ventral
ventricle ['ventrɪkəl] s. ANATOMIA ventrículo
ventricose ['ventrɪkəʊs] adj. 1 protuberante, saliente; 2 barrigudo
ventricosity [‚ventrɪ'kɒsɪtɪ] s. aspecto bojudo ou barrigudo
ventricular [ven'trɪkjʊlə] adj. ventricular
ventriculo-bulbous [ven‚trɪkjələʊ'bʌlbəs] adj. ventrículo-aórtico
ventriloquial [‚ventrɪ'ləʊkwɪəl] adj. relativo a ventríloquo ou à ventriloquia
ventriloquism [ven'trɪləkwɪzəm] s. ventriloquia, ventriloquismo
ventriloquist [ven'trɪləkwɪst] s. ventríloquo
ventriloquistic [‚ventrɪlə'kwɪstɪk] adj. ⇒ **ventriloquial**
ventriloquize [ven'trɪləkwaɪz] v.tr.,intr. 1 pronunciar como ventríloquo; 2 falar como ventríloquo
ventriloquous [ven'trɪləkwəs] adj. de ventríloquo
ventriloquy [ven'trɪləkwɪ] s. ventriloquia
ventripotent [ven'trɪpətənt] adj. ventripotente; barrigudo
ventrotomy [ven'trɒtəmɪ] s. CIRURGIA laparotomia
venture ['ventʃə] Ⓐ s. 1 risco; aventura; *to decline the* ~ não querer correr o risco; 2 COMÉRCIO, ECONOMIA empreendimento arriscado, especulação comercial; *one lucky* ~ *made his fortune* foi com uma especulação feliz que fez dinheiro; 3 parada, dinheiro arriscado em aposta; *at a* ~ à sorte, ao acaso Ⓑ v.tr.,intr. 1 aventurar-se; *to* ~ *into an unknown country* aventurar-se num país desconhecido; 2 arriscar; arriscar-se a; correr

venturer

o risco de; *to ~ a guess* arriscar uma conjectura; **3** ousar, atrever-se a; *I ~ to say that...* ouso dizer que...; *I didn't ~ to stop him* não me atrevi a fazê-lo parar; *nobody ventured ashore* ninguém se atreveu a ir a terra; *to ~ out of doors* atrever-se a sair de casa; **4** avançar (com); *to ~ an opinion* avançar uma opinião; **5** apostar, arriscar; *to ~ some money on an enterprise* arriscar dinheiro num empreendimento ❖ *~ capital* capital de risco; *business ~* empreendimento comercial; *nothing ventured, nothing gained* quem não arrisca, não petisca; *to make a desperate ~* fazer uma tentativa desesperada

◆**venture forth** *v.intr.* atrever-se a sair; *this is the first time I've ventured forth since my illness* é a primeira vez que me atrevo a sair desde que estive doente

venturer ['ventʃərə] *s.* [arc.] aventureiro ❖ *Merchant Venturers* comerciantes que tomavam parte em comércio com terras distantes

venturesome ['ventʃəsəm] *adj.* **1** audaz; ousado; arrojado; **2** aventureiro; temerário; **3** (acto) perigoso; arriscado

venturesomely ['ventʃəsəmlɪ] *adv.* **1** ousadamente; arrojadamente; **2** temerariamente; **3** arriscadamente

venturesomeness ['ventʃəsəmnəs] *s.* **1** ousadia; arrojo; **2** temeridade; espírito aventureiro; **3** perigo; risco

venturous ['ventʃərəs] *adj.* [EUA] ⇒ **venturesome**

venturousness ['ventʃərəsnəs] *s.* ⇒ **venturesomeness**

venue ['venjuː] *s.* **1** local; **2** cenário; **3** ponto de encontro; local de reunião; **4** DIREITO foro, jurisdição em que uma causa deve ser julgada; local de julgamento

venule ['venjʊl] *s.* vénula

Venus ['viːnəs] *s.* **1** MITOLOGIA (deusa do amor) Vénus; **2** ASTRONOMIA (planeta) Vénus; **3** [fig.] (mulher bela) deusa ❖ BOTÂNICA *Venus's basin/Venus's bath* cardo-penteador; BOTÂNICA *Venus's comb* erva-agulheira; agulha-de-pastor; BOTÂNICA *Venus's flytrap* dioneia; BOTÂNICA *Venus's hair* avenca; capilária; ANATOMIA *mount of ~* monte-de-vénus

veracious [vəˈreɪʃəs] *adj.* verídico, verdadeiro

veraciously [vəˈreɪʃəslɪ] *adv.* veridicamente

veraciousness [vəˈreɪʃəsnəs] *s.* ⇒ **veracity**

veracity [vəˈræsɪtɪ] *s.* veracidade

veranda [vəˈrændə] *s.* alpendre; varanda coberta ao longo da parede de uma casa

verandah [vəˈrændə] *s.* alpendre; varanda coberta ao longo da parede de uma casa

verascope ['verəskəʊp] *s.* FOTOGRAFIA verascópio

veratria [vɪˈrætrɪə, vɪˈreɪtrɪə] *s.* ⇒ **veratrine**

veratric [vɪˈrætrɪk] *adj.* QUÍMICA verátrico

veratrine ['verətriːn] *s.* QUÍMICA veratrina

veratrol ['verətrɒl] *s.* QUÍMICA veratrol

veratrum [vɪˈreɪtrəm] *s.* BOTÂNICA veratro

verb [vɜːb] *s.* LINGUÍSTICA verbo ❖ LINGUÍSTICA *~ phrase* sintagma verbal

verbal ['vɜːbəl] Ⓐ *adj.* **1** verbal; com palavras; **2** (sem ser por escrito) verbal; *~ agreement* acordo verbal; **3** oral; *~ skills* competências orais; **4** LINGUÍSTICA verbal; **5** [arc.] literal; *~ translation* tradução à letra Ⓑ *s.* **1** [EUA] DIREITO [cal.] confissão oral; **2** LINGUÍSTICA deverbal, palavra formada a partir de um verbo ❖ DIREITO *~ abuse* emprego de termos injuriosos; LINGUÍSTICA *~ adjective* adjectivo verbal; *~ memory* memória auditiva; LINGUÍSTICA *~ noun* gerúndio

verbalism ['vɜːbəlɪzəm] *s.* **1** expressão, locução; **2** verbalismo; prolixidade; psitacismo; verborreia; **3** [EUA] formulação

verbalist ['vɜːbəlɪst] *s.* verbalista

verbalistic [ˌvɜːbəˈlɪstɪk] *adj.* verbalista, caracterizado por verbalismo; relativo a verbalismo

verbalization [ˌvɜːbəlaɪˈzeɪʃən] *s.* **1** (expressão através de palavras) verbalização; **2** LINGUÍSTICA verbalização

verbalize ['vɜːbəlaɪz] Ⓐ *v.tr.* **1** (expressar através de palavras) verbalizar; **2** LINGUÍSTICA verbalizar Ⓑ *v.intr.* ser verboso; ser prolixo

verbascum [vəˈbæskəm] *s.* BOTÂNICA verbasco

verbatim [vɜːˈbeɪtɪm] Ⓐ *adj.* textual, literal Ⓑ *adv.* textualmente, literalmente

verbena [vɜːˈbiːnə] *s.* BOTÂNICA verbena, urgebão

Verbenaceae [ˌvɜːbɪˈneɪsiː] *s.pl.* BOTÂNICA Verbenáceas

verbenaceous [ˌvɜːbɪˈneɪʃəs] *adj.* BOTÂNICA verbenáceo

verbiage ['vɜːbɪɪdʒ] *s.* **1** verbosidade; verborreia; **2** linguagem

verbify ['vɜːbɪfaɪ] *v.tr.* verbalizar

verbose [vɜːˈbəʊs] *adj.* **1** verboso, prolixo, palavroso; **2** loquaz

verbosely [vɜːˈbəʊslɪ] *adv.* **1** verbosamente, prolixamente, palavrosamente; **2** com loquacidade

verboseness [vɜːˈbəʊsnəs] *s.* ⇒ **verbosity**

verbosity [vɜːˈbɒsɪtɪ] *s.* verbosidade, prolixidade

verb. sap. [abrev. de verbum sapienti sat est]

verdancy ['vɜːdənsɪ] *s.* *(pl.* **-ies**) **1** verdura, verdor, viridência; **2** inexperiência, ingenuidade

verdant ['vɜːdənt] *adj.* **1** viridente, virente, verdejante, viçoso; **2** inexperiente, ingénuo

verd-antique [ˌvɜːdænˈtiːk] *s.* **1** espécie de mármore serpentino verde; **2** pátina esverdeada em bronze antigo

verdantly ['vɜːdəntlɪ] *adv.* **1** viçosamente, virentemente; **2** inexperientemente, ingenuamente

verderer ['vɜːdərə] *s.* HISTÓRIA (Inglaterra medieval) guarda das florestas reais

verdict ['vɜːdɪkt] *s.* **1** DIREITO veredicto; *an open ~* veredicto em que se afirma a existência de crime, embora se ignore quem foi o criminoso, veredicto que não afirma as causas da morte; *partial ~* veredicto que conclui por culpabilidade parcial; *to bring in a ~ of guilty* pronunciar um veredicto de culpado; *to bring in a ~ of not guilty* pronunciar um veredicto de não culpado; *to return a ~* pronunciar um veredicto; **2** decisão; **3** opinião [**about/on**, acerca de/sobre]; *to give/pass one's ~ about/on sth* dar a opinião sobre alguma coisa, pronunciar-se sobre alguma coisa ❖ *the jury retired to find their ~* o júri retirou-se para deliberar

verdigris ['vɜːdɪɡrɪs] *s.* verdete

verdigrised ['vɜːdɪɡrɪst] *adj.* com verdete

verditer ['vɜːdɪtə] *s.* (pigmento) verde-montanha

verdure ['vɜːdʒə] *s.* **1** verdura; **2** folhagem, vegetação; **3** verdor, vigor, saúde, juventude

verdured ['vɜːdʒəd] *adj.* verdejante, coberto de verdura

verdurous ['vɜːdʒərəs] *adj.* verdejante

verge [vɜːdʒ] Ⓐ *s.* **1** borda, beira, margem, orla, limite; *on the ~ of war* à beira da guerra; **2** beira relvada de canteiro de flores; **3** alçada, jurisdição, comarca; **4** (insígnia de autoridade) vara, bastão; **5** fuste de coluna; beiral de empena Ⓑ *v.intr.* **1** inclinar-se; *the sun was verging towards the horizon* o Sol inclinava-se para o horizonte; **2** desaparecer de vista ❖ *~ board* tábua que corre ao longo do beiral do telhado; *~ of life* crepúsculo da vida; *to be on the ~ of...* estar prestes a...; *to be on the ~ of 70* estar quase a fazer 70 anos; *to give ample ~ to sb's talents* dar oportunidade ao talento de alguém; *within the ~ of* ao alcance de

◆**verge on/upon** *v.tr.* **1** tocar as raias de; *this verges on the ridiculous* isto toca as raias do ridículo; **2** estar a ponto de; estar à beira de; **3** (idade) andar à volta de; *to verge on fifty* andar à volta dos cinquenta

vergee [vɜːˈdʒiː] *s.* medida de superfície nas ilhas Anglo-Normandas equivalente a $4/9$ do acre

verger ['vɜːdʒə] *s.* **1** (igreja) sacristão; **2** bedel; **3** maceiro, porta-maça; **4** aquele que leva a vara ou bastão (como insígnia de autoridade)

Vergil ['vɜːdʒɪl] *s.antr.* Virgílio

Vergilian [vɜːˈdʒɪlɪən] *adj.* virgiliano

veridical [vəˈrɪdɪkəl] *adj.* [form.] verídico

veridically [vəˈrɪdɪkəlɪ] *adv.* [form.] veridicamente

verifiable ['verɪfaɪəbəl] *adj.* verificável, que pode verificar-se

verification [ˌverɪfɪˈkeɪʃən] *s.* **1** verificação; comprovação; **2** DIREITO confirmação ❖ *in ~ of which* em fé do que

verificatory [ˌverɪfɪˈkeɪtərɪ] *adj.* **1** de verificação, verificativo; **2** para verificar

verifier ['verɪfaɪə] *s.* verificador

verify ['verɪfaɪ] *v.tr.* *(prt. e part. pass.* **-ied**) **1** verificar; *to ~ a statement* verificar uma afirmação; **2** comprovar, confirmar; *the events verified her suspicions* os acontecimentos confirmaram as suspeitas dela; **3** provar; **4** DIREITO declarar sob juramento

verily ['verɪlɪ] *adv.* **1** verdadeiramente, na verdade; **2** na realidade; **3** de facto

verisimilar [ˌverɪˈsɪmɪlə] *adj.* **1** verosímil; **2** plausível

verisimilitude [vɛrɪsɪ'mɪlɪtjuːd] s. 1 verosimilhança; 2 plausibilidade ❖ *beyond the bounds of* ~ para além do verosímil
verism ['vɪərɪzəm] s. LITERATURA verismo
veritable ['verɪtəbəl] adj. 1 verdadeiro; 2 autêntico; 3 real
veritableness ['verɪtbəlnəs] s. 1 genuidade, autenticidade; 2 veracidade
veritably ['verɪtəblɪ] adv. 1 verdadeiramente; 2 realmente; 3 autenticamente
verity ['verɪtɪ] s. (pl. **-ies**) 1 verdade; veracidade; *to challenge the* ~ *of* questionar a verdade de; 2 verdade fundamental; *the eternal verities* as verdades eternas; 3 facto real, realidade ❖ [arc.] *of a* ~ na verdade; de facto; realmente
verjuice ['vɜːdʒuːs] s. 1 CULINÁRIA agraço, suco de uvas verdes ou maçãs ácidas; 2 [fig.] (atitude, expressão) azedume; amargura
verjuiced ['vɜːdʒuːst] adj. 1 CULINÁRIA preparado com agraço; 2 amargo, acre, ácido
vermeil ['vɜːmeɪl, 'vɜːmɪl] s. 1 prata dourada; 2 verniz empregado para dar brilho ao dourado; 3 (pedra preciosa) granada de um vermelho-alaranjado; 4 vermelhão, cinabre
vermian ['vɜːmɪən] adj. vermicular, verminal; relativo a verme
vermicelli [vɜːmɪ'selɪ] s. CULINÁRIA aletria
vermicidal [vɜːmɪ'saɪdəl] adj. vermicida
vermicide ['vɜːmɪsaɪd] s. vermicida
vermicular [vɜː'mɪkjʊlə] adj. vermicular, vermiforme, vermiculoso; ~ *action* movimento vermicular
vermiculate [vɜː'mɪkjəlɪt] adj. [rar.] ⇒ **vermicular**
vermiculated [vɜː'mɪkjəleɪtɪd] adj. 1 ⇒ **vermiculate**; 2 infestado pelos vermes
vermiculation [vɜːmɪkjə'leɪʃən] s. 1 vermiculação; 2 obra vermiculada; 3 ornato em forma de vermes; 4 caruncho
vermicule ['vɜːmɪkjuːl] s. vermículo, vermezinho
vermiform ['vɜːmɪfɔːm] adj. vermiforme ❖ ANATOMIA ~ *appendix* apêndice ileocecal; apêndice vermicular
vermifugal ['vɜːmɪfjəgəl] adj. vermífugo, vermicida
vermifuge ['vɜːmɪfjuːdʒ] Ⓐ adj. vermífugo Ⓑ s. 1 remédio ou droga vermífugos; 2 vermicida
vermilion [vɜː'mɪlɪən] Ⓐ s. 1 vermelhão; 2 cinabre, cinábrio; 3 (cor) escarlate Ⓑ adj. (cor) escarlate, vermelho-vivo Ⓒ v.tr. pintar com vermelhão, pintar de escarlate, pintar de vermelho-vivo
vermin ['vɜːmɪn] s. 1 insectos, bichos, bicharada; 2 piolhos, percevejos, pulgas, etc.; 3 parasitas; animais daninhos; 4 [fig., depr.] canalha, ralé
verminate ['vɜːmɪnɪt] v.intr. criar vermes, criar bichos, encher-se de vermes, verminar
vermination [vɜːmɪ'neɪʃən] s. verminação
verminous ['vɜːmɪnəs] adj. 1 verminoso, cheio de vermes; 2 (pessoa) que sofre de vermes intestinais; 3 repugnante, repulsivo ❖ ~ *disease* verminose; vérmina
verminousness ['vɜːmɪnəsnəs] s. verminosidade
vermivorous [vɜː'mɪvərəs] adj. vermívoro
Vermont [vɜː'mɒnt] s.top. Vermont
vermouth ['vɜːməθ, 'vɜːmuːθ] s. (bebida) vermute
vernacular [vɜː'nækjʊlə] Ⓐ adj. 1 vernáculo; 2 nacional, pátrio; 3 indígena; 4 MEDICINA (doença) endémico Ⓑ s. 1 vernáculo; 2 língua do país, língua nacional, língua materna
vernacularism [vɜː'nækjələrɪzəm] s. vernaculismo; expressão ou palavra própria do país
vernacularize [vɜː'nækjələraɪz] v.tr. traduzir para vernáculo; transpor para vernáculo
vernacularly [vɜː'nækjələlɪ] adv. 1 vernacularmente; 2 em vernáculo
vernal ['vɜːnəl] adj. vernal, primaveril; relativo à Primavera; ~ *breezes* brisas da Primavera ❖ ~ *equinox* equinócio da Primavera; MEDICINA ~ *fever* malária; paludismo; ASTRONOMIA ~ *point* ponto vernal
vernally ['vɜːnəlɪ] adv. vernalmente
vernation [vɜː'neɪʃən] s. BOTÂNICA vernação, prefoliação
vernicle ['vɜːnɪkəl] s. RELIGIÃO verónica
vernier ['vɜːnɪə] s. nónio
vernissage [vɜːnɪ'sɑːʒ] s. vernissage, inauguração de exposição
Verona [və'rəʊnə, vɪ'rəʊnə] s.top. Verona
veronal ['verənəl] s. FARMÁCIA veronal
Veronese [verə'niːz] Ⓐ adj. veronês Ⓑ s. veronês

veronica [və'rɒnɪkə] s. 1 BOTÂNICA verónica; 2 RELIGIÃO verónica, imagem de Jesus Cristo estampada num pano
verruca [və'ruːkə] s. (pl. **-cae** ou **-s**) verruga
verrucae [və'ruːsiː, və'ruːkiː] s. {pl. de **verruca**}
verrucaria [verʊ'keərɪə] s. BOTÂNICA verrucária
verrucose [ve'ruːkəʊs] adj. verrugoso, verrucoso
verrucous [ve'ruːkəs] adj. ⇒ **verrucose**
versant ['vɜːsənt] s. 1 (montanha) vertente; 2 inclinação, declive
versatile ['vɜːsətaɪl] adj. 1 versátil; multifacetado; polivalente; 2 inconstante, variável, volúvel; ~ *loyalty* lealdade inconstante; 3 BOTÂNICA, ZOOLOGIA versátil; (ave) ~ *toe* dedo versátil
versatility [vɜːsə'tɪlɪtɪ] s. 1 versatilidade; polivalência; variedade de aptidões; 2 inconstância, volubilidade; 3 BOTÂNICA, ZOOLOGIA versatilidade
verse [vɜːs] Ⓐ s. 1 verso(s); *blank* ~ verso livre; *in* ~ em verso; 2 poesia; 3 [ant.] estância, estrofe; *a poem of three verses* um poema com três estâncias; 4 RELIGIÃO (Bíblia) versículo Ⓑ v.tr.,intr. 1 pôr em verso, exprimir em verso; 2 versejar ❖ *to give chapter and* ~ *for* fundamentar devidamente; indicar com exactidão a fonte de uma citação
versed [vɜːst] adj. (conhecedor) versado, entendido [**in**, em]
versemonger [vɜːs'mʌŋgə] s. [coloq.] poeta medíocre, poetastro
versicle ['vɜːsɪkəl] s. versículo
versicolour ['vɜːsɪkʌlə] adj. versicolor
versicoloured ['vɜːsɪkʌləd] adj. versicolor
versicular [vɜː'sɪkjʊlə] adj. relativo a versículo
versification [vɜːsɪfɪ'keɪʃən] s. 1 versificação; 2 metrificação
versifier ['vɜːsɪfaɪə] s. versificador
versify ['vɜːsɪfaɪ] v.tr.,intr. versificar, pôr em verso
versifying ['vɜːsɪfaɪɪŋ] s. versificação
version ['vɜːʃən, 'vɜːʒən] s. 1 (interpretação, descrição) versão [**of**, de]; *according to her* ~ segundo a versão dela; 2 (tradução) versão [**of**, de]; *a Portuguese* ~ *of Shakespeare* uma versão portuguesa de Shakespeare; 3 (automóvel) modelo; *the sports* ~ o modelo desportivo; 4 exemplo; *that is another* ~ *of your carelessness* é mais um exemplo do tua falta de cuidado; 5 MEDICINA versão, mudança feita à posição do feto no útero ❖ *film* ~ versão cinematográfica; *stage* ~ adaptação teatral
verso ['vɜːsəʊ] s. 1 TIPOGRAFIA (página) verso; 2 (livro) página par; 3 (medalha) reverso
verst [vɜːst] s. verstá, medida russa de comprimento equivalente a 1 067 metros
versus ['vɜːsəs] prep. versus; contra; DIREITO *Brown* ~ *Smith* Brown contra Smith; (futebol) *Porto* ~ *Benfica* o Porto contra o Benfica
vert [vɜːt] Ⓐ s. 1 árvores ou arbustos num bosque ou floresta; 2 tudo o que tem folhas verdes numa floresta; 3 direito de cortar árvores ou arbustos em floresta ou bosque; 4 HERÁLDICA verde, sinopla; 5 [coloq.] apóstata convertido Ⓑ v.intr. 1 apostatar; 2 converter-se; 3 mudar de religião
vertebra ['vɜːtɪbrə] s. (pl. **-ae**) ANATOMIA vértebra
vertebrae ['vɜːtɪbriː] s. {pl. de **vertebra**}
vertebral ['vɜːtɪbrəl] adj. vertebral; ~ *column* coluna vertebral
Vertebrata [vɜːtɪ'brɑːtə, vɜːtɪ'breɪtə] s.pl. ZOOLOGIA vertebrados
vertebrate ['vɜːtɪbrɪt] adj.,s. ZOOLOGIA vertebrado
vertebro-iliac [vɜːtɪbrəʊ'ɪlɪæk] adj. ANATOMIA vértebro-ilíaco
vertex ['vɜːteks] s. (pl. **vertices**) 1 GEOMETRIA vértice [**of**, de]; ~ *of a polygon* vértice de um polígono; 2 cume, cúspide, topo; 3 ASTRONOMIA zénite
vertical ['vɜːtɪkəl] Ⓐ adj. 1 vertical; AERONÁUTICA ~ *bank* inclinação lateral vertical; ~ *climb* ascensão vertical; AERONÁUTICA ~ *fin* estabilizador vertical; ~ *groove* ranhura vertical; ~ *pivot* articulação vertical; ~ *shape* perfil vertical; ~ *shift* deslocamento vertical; 2 relativo a vértice; ~ *angles* ângulos opostos pelo vértice; 3 oposto à base; 4 direito; 5 ASTRONOMIA situado no zénite Ⓑ s. 1 vertical; 2 ASTRONOMIA círculo vertical ❖ ~ *elevation* altitude
verticality [vɜːtɪ'kælɪtɪ] s. verticalidade
vertically ['vɜːtɪkəlɪ] adv. na vertical; verticalmente; ~ *to* verticalmente em relação a ❖ [coloq., joc.] (estatura) ~ *challenged* baixo; ~ *polarized wave* onda polarizada verticalmente
vertices ['vɜːtɪsɪz] pl. de **vertex**
verticil ['vɜːtɪsɪl] s. BOTÂNICA verticilo
verticillate [vɜː'tɪsəlɪt, vɜːtɪ'sɪlɪt] adj. BOTÂNICA verticilado

vertiginous [vɜːˈtɪdʒɪnəs] *adj.* **1** vertiginoso, estonteante; **2** com vertigens
vertiginously [vɜːˈtɪdʒɪnəslɪ] *adv.* vertiginosamente
vertigo [ˈvɜːtɪɡəʊ] *s.* **1** vertigem; **2** tonturas
vertu [vɜːˈtuː] *s.* ⇒ **virtu**
vervain [ˈvɜːveɪn] *s.* BOTÂNICA verbena
verve [vɜːv] *s.* **1** (expressão artística) verve; **2** entusiasmo, energia, vigor
vervet [ˈvɜːvɪt] *s.* ZOOLOGIA pequeno macaco sul-africano
very [ˈverɪ] Ⓐ *adv.* **1** muito; *he felt ~ much tempted to* ele sentiu-se muito tentado a; *this is the ~ lowest price* este é o preço mais baixo possível; *she is ~ nice indeed* ela é realmente muito simpática; *~ funny* muito engraçado; *~ good* muito bom, muito bem; *~ well* muito bem; **2** precisamente; *on the ~ next page I read that…* precisamente na página seguinte li que…; *the ~ first* precisamente o primeiro; *the ~ last* precisamente o último Ⓑ *adj.* (*comp.* **-ier**, *superl.* **-iest**) **1** autêntico, verdadeiro, real; *in ~ truth* na verdade, na realidade; **2** mesmo, próprio; *at the ~ beginning* mesmo no princípio; *he is the ~ man I am looking for* ele é o mesmo o homem que eu procuro; **3** precisamente naquele momento; *from this ~ day* precisamente a partir deste dia; *I saw him in the ~ act of taking the money* vi-o precisamente na ocasião em que tirava o dinheiro; *it was six months ago this ~ day* faz hoje precisamente seis meses ❖ *I did my ~ utmost*/*I did the ~ best I could* fiz o melhor que pude; *in ~ deed* sem a menor dúvida; de facto; *the ~ idea!* mas que ideia!
Very light [ˌverɪˈlaɪt] *s.* (sinal luminoso) very-light
Very pistol [ˌverɪˈpɪstəl] *s.* pistola de very-light; pistola sinalizadora
Very Rev. [*abrev. de* Very Reverend]
vesania [vɪˈseɪnɪə] *s.* (loucura, mania) vesânia
vesica [ˈvesɪkə, vɪˈsaɪkə] *s.* **1** ANATOMIA bexiga; **2** saco; **3** BOTÂNICA vesícula
vesical [ˈvesɪkəl] *adj.* vesical
vesicant [ˈvesɪkənt] *adj.,s.* FARMÁCIA vesicante
vesicate [ˈvesɪkeɪt] *v.tr.,intr.* vesicar, produzir vesicação; criar vesículas ou empolas
vesication [ˌvesɪˈkeɪʃən] *s.* vesicação
vesicatory [ˈvesɪˌkeɪtərɪ] *adj.,s.* FARMÁCIA vesicatório
vesicle [ˈvesɪkəl] *s.* **1** vesícula; **2** saco, cavidade; **3** vacúolo; **4** bolha
vesico-prostatic [ˌvesɪkəʊprəʊˈstætɪk] *adj.* vesicoprostático
vesico-rectal [ˌvesɪkəʊˈrektəl] *adj.* vesico-rectal
vesico-uterine [ˌvesɪkəʊˈjuːtəraɪn] *adj.* vesico-uterino
vesicular [vəˈsɪkjʊlə] *adj.* **1** vesicular; **2** vacuolar
vesiculate [vəˈsɪkjəlɪt] *adj.* vesiculoso
vesiculation [ˌvesɪkjəˈleɪʃən] *s.* vesiculação
vesiculiferous [ˌvesɪkjəˈlɪfərəs] *adj.* vesiculífero
vesiculiforme [ˌvesɪˈkjʊlɪfɔːm] *adj.* vesiculiforme
vesiculose [veˈsɪkjələʊs] *adj.* vesiculoso
vesper [ˈvespə] *s.* [arc., poét.] entardecer ❖ HISTÓRIA *Sicilian vespers* vésperas sicilianas
Vesper [ˈvespə] *s.* ASTRONOMIA (Vénus) Vésper, Véspero, estrela da tarde
vesperal [ˈvespərəl] *adj.* vesperal
vespertilio [ˌvespəˈtɪlɪəʊ] *s.* ZOOLOGIA (morcego) vespertílio
vespertine [ˈvespətaɪn] *adj.* vespertino
vespiary [ˈvespɪərɪ] *s.* (*pl.* **-ies**) vespeiro, ninho de vespas
vespidae [ˈvespɪdiː] *s.pl.* Vespídeos
vespiform [ˈvespɪfɔːm] *adj.* vespiforme
vessel [ˈvesəl] *s.* **1** recipiente, receptáculo, vasilha (garrafa, balde, pipo, etc.); **2** reservatório; **3** câmara-de-ar da canalização da aspiração; **4** barco, embarcação, nave, navio; **5** aeronave, dirigível; **6** ANATOMIA vaso, veia, artéria; *blood ~* vaso sanguíneo ❖ *graduated ~* vaso graduado; *vessels connected by U-tube* vasos comunicantes; RELIGIÃO *a chosen ~* um eleito, uma pessoa escolhida; [arc., depr., fig.] *the weaker ~* o sexo fraco
vest [vest] Ⓐ *s.* **1** VESTUÁRIO camisola interior; **2** [EUA, Can.] VESTUÁRIO colete; *coat, ~ and trousers* casaco, colete e calças; **3** [arc.] veste, vestido Ⓑ *v.tr.,intr.* **1** vestir, paramentar; *to ~ oneself* vestir-se, paramentar-se; **2** investir [**with**, de]; **3** empossar, conferir; *to ~ property in sb* colocar propriedade na posse de alguém; **4** revestir; *to ~ with the insignia of office* revestir com as insígnias do cargo; **5** caber de direito ❖ *~ pocket* bolso do colete; *authority vested in the people* autoridade exercida pelo povo
vesta [ˈvestə] *s.* fósforo de cera
Vesta [ˈvestə] *s.* MITOLOGIA, ASTRONOMIA Vesta
vestal [ˈvestəl] *adj.,s.* vestal ❖ MITOLOGIA *~ virgins* vestais
vested [ˈvestɪd] *adj.* **1** DIREITO empossado, investido; **2** (direitos, propriedade, etc.) documentado; transferido; **3** (vestes religiosas) vestido ❖ *~ interests* direitos adquiridos; (interesses pessoais) *to have a ~ interest in* estar directamente interessado em
vestee [vesˈtiː] *s.* (vestuário feminino) peitilho
vestiary [ˈvestɪərɪ] *s.* (*pl.* **-ies**) **1** vestiário; **2** sacristia
vestibular [vesˈtɪbjʊlə] *adj.* ANATOMIA vestibular
vestibule [ˈvestɪbjuːl] *s.* **1** ANATOMIA vestíbulo; *~ of the ear* vestíbulo do ouvido; **2** ARQUITECTURA átrio, pórtico; **3** [EUA] ⇒ **corridor train**
vestibuled [ˈvestɪbjuːlt] *adj.* [EUA] (comboios) com ligação entre as carruagens
vestige [ˈvestɪdʒ] *s.* **1** vestígio [**of**, de]; *vestiges of an earlier civilization* vestígios de uma civilização mais antiga; **2** indício [**of**, de]; sinal [**of**, de]; ponta [**of**, de]; *there is not a ~ of truth in what he says* não há ponta de verdade naquilo que ele diz; **3** resto
vestigial [vesˈtɪdʒɪəl] *adj.* BIOLOGIA vestigial
vestimentary [ˌvestɪˈmentərɪ] *adj.* vestimentário
vesting [ˈvestɪŋ] *s.* tecido para coletes
vestiture [ˈvestɪtʃə] *s.* ZOOLOGIA revestimento (de pêlos, escamas, etc.)
vestment [ˈvestmənt] *s.* **1** traje oficial; **2** vestes talares; **3** RELIGIÃO casula; **4** toalha de altar
vestry [ˈvestrɪ] *s.* (*pl.* **-ies**) **1** sacristia; **2** conselho paroquial; **3** sala de reunião do conselho paroquial ou organismo semelhante ❖ *~ board* fábrica da igreja; *~ clerk* secretário do conselho de paróquia
vestrydom [ˈvestrɪdəm] *s.* [depr.] paroquialismo
vestryman [ˈvestrɪmən] *s.* (*pl.* **men**) fabriqueiro, fabricário
vesture [ˈvestʃə] Ⓐ *s.* **1** [arc.] veste, vestimenta, vestidura; **2** [arc.] cobertura; **3** DIREITO [arc.] produtos da terra (excepto árvores) Ⓑ *v.tr.* **1** [arc.] vestir; **2** [arc.] revestir
vesturer [ˈvestʃərə] *s.* **1** sacristão; **2** subtesoureiro de catedral ou igreja
Vesuvian [vɪˈsuːvɪən] Ⓐ *adj.* vesuviano Ⓑ *s.* MINERALOGIA vesuviana, vesuvianite
Vesuvius [vɪˈsuːvɪəs] *s.top.* (vulcão) Vesúvio
vet [vet] Ⓐ *s.* **1** [coloq.] veterinário; **2** [EUA, Can.] [coloq.] (antigo combatente) veterano Ⓑ *v.tr.* (*particípios:* **-tt-**) **1** VETERINÁRIA tratar ou examinar (um animal); **2** [coloq.] castrar; **3** [fig.] examinar, criticar, corrigir
vet. Ⓐ [*abrev. de* veteran] Ⓑ [*abrev. de* veterinarian] Ⓒ [*abrev. de* veterinary]
vetch [vetʃ] *s.* BOTÂNICA vícia, ervilhaca
vetchling [ˈvetʃlɪŋ] *s.* BOTÂNICA cizirão, cigerão, chícharo
veteran [ˈvetərən] Ⓐ *s.* (geral) veterano Ⓑ *adj.* **1** veterano; com muita experiência; muito experiente; **2** MILITAR veterano; *~ troops* tropas veteranas ❖ *~ car* automóvel de época
veterinarian [ˌvetərɪˈneərɪən] *adj.,s.* [EUA, Can.] veterinário
veterinary [ˈvetərənrɪ, ˈvetərənerɪ] Ⓐ *adj.* veterinário Ⓑ *s.* (*pl.* **-ies**) [rar.] ⇒ **veterinary surgeon** ❖ *~ medicine* medicina veterinária; [GB, Austr.] *~ surgeon* veterinário; *~ science* veterinária
vetiver [ˈvetɪvə] *s.* BOTÂNICA vetiver, vetivéria
veto [ˈviːtəʊ] Ⓐ *s.* (*pl.* **-es**) **1** veto [**on**, em]; *absolute ~* veto absoluto; *right of ~* direito de veto; *suspensory ~* veto suspensivo; *to put a ~ on*/*to set a ~ on* vetar, opor um veto a; **2** proibição; rejeição Ⓑ *v.tr.* **1** vetar; **2** proibir; rejeitar
vetoer [ˈviːtəʊə] *s.* aquele que veta
vetoist [ˈviːtəʊɪst] *s.* partidário do direito de veto
vex [veks] *v.tr.* **1** irritar, provocar, contrariar; **2** aborrecer, enfadar, molestar; **3** embaraçar; **4** atormentar, ralar; **5** [poét.] (mar) agitar ❖ *this would ~ a saint* isto é de fazer perder a paciência a um santo
vexation [vekˈseɪʃən] *s.* **1** aborrecimento, enfado; **2** arrelia, contrariedade; **3** vexação, vexame, opressão; **4** aflição, tormento

vexatious [vekˈseɪʃəs] adj. 1 aborrecido; 2 incómodo, penoso; 3 irritante; 4 impertinente, quezilento; 5 DIREITO vexatório; *a ~ suit* acto praticado ou processo posto só para aborrecer ou arreliar

vexatiously [vekˈseɪʃəslɪ] adv. 1 penosamente; 2 irritantemente; 3 quezilentamente

vexatiousness [vekˈseɪʃəsnəs] s. 1 natureza vexatória; 2 vexame; 3 mortificação

vexatory [ˈveksətərɪ] adj. vexatório

vexed [ˈvekst] adj. 1 contrariado, aborrecido; *to get ~ at* zangar-se com, aborrecer-se com, ficar contrariado com; 2 polémico, controverso; *a ~ question* uma questão polémica, uma questão controversa

vexedly [ˈveksdlɪ] adv. 1 contrariadamente; 2 vexadamente

vexer [ˈveksə] s. aquele que vexa, contraria, arrelia ou apoquenta

vexil [ˈveksɪl] s. BOTÂNICA vexilo, estandarte de coroa papilionácea

vexillar [ˈveksɪlə] adj. vexilar

vexillary [ˈveksɪlərɪ, ˈveksɪlerɪ] s. (pl. -ies) HISTÓRIA vexilário, porta-bandeira, portador de insígnias entre os antigos Romanos

vexillate [ˈveksɪlɪt] adj. BOTÂNICA vexilado

vexillum [vekˈsɪləm] s. 1 BOTÂNICA ⇒ **vexil**; 2 vexilo, insígnia, estandarte

vexing [ˈveksɪŋ] adj. 1 aborrecido, incómodo, enfadonho; 2 vexatório

vexingly [ˈveksɪŋlɪ] adv. de maneira a vexar, aborrecer ou contrariar

vg [abrev. de very good] muito bom

VG [abrev. de Vicar General]

VGA INFORMÁTICA [abrev. de video graphics array]

VHD [abrev. de very high density]

vhf [abrev. de very high frequency]

VHF [abrev. de Very High Frequency]

VHS [abrev. de video home system]

via [ˈvaɪə, ˈviːə] prep. 1 via; *~ London* via Londres; 2 através de, por meio de ❖ *Via Lactea* Via Láctea; *~ media* solução intermédia

viability [ˌvaɪəˈbɪlɪtɪ] s. 1 viabilidade; 2 estado de feto que nasce viável; 3 (estrada) bom estado

viable [ˈvaɪəbəl] adj. 1 viável, exequível; 2 BIOLOGIA (feto) viável, que apresenta desenvolvimento suficiente para as exigências da vida extra-uterina; 3 (estrada) transitável

viaduct [ˈvaɪədʌkt] s. viaduto

vial [ˈvaɪəl] s. frasquinho de vidro ❖ *to pour out the vials of one's wrath* vingar-se; derramar a sua cólera

viameter [vaɪˈæmɪtə] s. ⇒ **hodometer**

viand [ˈvaɪənd] s. 1 vianda; 2 [geralm. pl.] provisões; comida

viaticum [vaɪˈætɪkəm, vɪˈætɪkəm] s. 1 viático; 2 RELIGIÃO sagrado viático; comunhão administrada a pessoa moribunda; 3 altar portátil

vibe [vaɪb] s. ⇒ **vibes**

vibes [vaɪbz] s.pl. 1 {forma abreviada de **vibrations**} [coloq.] vibrações; atmosfera; ambiente; *this place holds bad ~* este sítio tem uma atmosfera hostil; 2 {forma abreviada de **vibraphone**} MÚSICA [coloq.] vibrafone

vibex [ˈvaɪbeks] s. (pl. **vibices**) MEDICINA contusão, marca deixada na pele por certas doenças ou por golpes de azorrague

vibracula [vaɪˈbrækjələ] s. {pl. de **vibraculum**}

vibracular [vaɪˈbrækjʊlə] adj. relativo a vibraculário

vibraculum [vaɪˈbrækjələm] s. (pl. -a) ZOOLOGIA vibraculário

vibrancy [ˈvaɪbrənsɪ] s. (pl. -ies) 1 carácter vibrante; 2 ressonância

vibrant [ˈvaɪbrənt] adj. 1 (som) vibrante; ressonante; 2 dinâmico; animado; 3 (cor, luz) forte, vivo ❖ *~ with* cheio de

vibrantly [ˈvaɪbrəntlɪ] adv. de maneira vibrante

vibraphone [ˈvaɪbrəfəʊn] s. MÚSICA vibrafone

vibrate [vaɪˈbreɪt, ˈvaɪbreɪt] v.tr.,intr. 1 vibrar [**with**, de]; *to ~ with emotion* vibrar de emoção; 2 (som) ressoar, retinir; 3 (pêndulo) oscilar; fazer oscilar; 4 balouçar; 5 [fig.] emocionar, impressionar; 6 tremer; *the house vibrates when trains pass* a casa treme quando os comboios passam; 7 agitar, sacudir; *the serpent vibrated its tail* a serpente agitou a cauda

vibratile [ˈvaɪbrətaɪl] adj. vibrátil

vibratility [ˌvaɪbrəˈtɪlɪtɪ] s. vibratilidade

vibrating [vaɪˈbreɪtɪŋ, ˈvaɪbreɪtɪŋ] adj. 1 vibrante, vibratório, que vibra; *~ body* corpo vibratório; *~ membrane* membrana vibratória; 2 oscilatório; *~ motion* movimento oscilatório

vibration [vaɪˈbreɪʃən] s. 1 vibração; *ten vibrations per second* dez vibrações por segundo; 2 FÍSICA oscilação; *~ of a pendulum* oscilação de um pêndulo ❖ *~ amplitude* amplitude da vibração; *~ damper* amortecedor de vibrações; *~ free* livre de vibrações; sem vibração; *~ strength* intensidade de vibração

vibrational [vaɪˈbreɪʃənəl] adj. vibratório; relativo a vibração

vibrato [vɪˈbrɑːtəʊ] s. MÚSICA vibrato

vibrator [vaɪˈbreɪtə] s. 1 vibrador; 2 oscilador; 3 MÚSICA (harmónio) palheta; 4 TIPOGRAFIA distribuidor de tinta

vibratory [ˈvaɪbrətərɪ, vaɪˈbreɪtərɪ] adj. vibratório; *~ motion* movimento vibratório

vibrio [ˈvaɪbrɪəʊ] s. (pl. **vibrios** ou **vibriones**) BIOLOGIA vibrião

vibriones [ˌvaɪbrɪˈəʊnɪz] s. pl. de **vibrio**

vibrissae [vaɪˈbrɪsiː] s.pl. ANATOMIA vibrissas

vibrograph [ˈvaɪbrəʊɡræf] s. vibrógrafo, aparelho destinado a registar vibrações

vibro-machine [ˈvaɪbrəʊməʃiːn] s. aparelho para massagens vibratórias

vibro-massage [ˈvaɪbrəʊməsɑːʒ] s. MEDICINA massagem vibratória

vibroscope [ˈvaɪbrəskəʊp] s. FÍSICA vibroscópio, aparelho para estudo das vibrações dos corpos sonoros

viburnum [vaɪˈbɜːnəm] s. BOTÂNICA viburno

vic [vɪk] s. [cal.] formação de aviões em V

vicar [ˈvɪkə] s. 1 vigário, pároco, cura; *~ apostolic* vigário apostólico; 2 pastor de paróquia, na Igreja Anglicana, cujos dízimos são pertença de casa religiosa ou de leigo; 3 delegado, substituto ❖ *~ general* vigário-geral; RELIGIÃO *cardinal ~* cardeal-legado; [coloq.] *the Vicar of Bray* vira-casaca; oportunista; *the Vicar of Christ* o Vigário de Cristo; o Papa

vicarage [ˈvɪkərɪdʒ] s. 1 presbitério; 2 vicariato, residência ou benefício de um vigário

vicarial [vɪˈkeərɪəl, vaɪˈkeərɪəl] adj. vicarial

vicariate [vɪˈkeərɪɪt, vaɪˈkeərɪɪt] s. vicariato

vicarious [vɪˈkeərɪəs, vaɪˈkeərɪəs] adj. 1 indirecto; vivido por outro; 2 (poder) delegado; 3 MEDICINA (órgão) vicariante ❖ *to give ~ authority to sb* delegar a sua autoridade em alguém

vicariously [vɪˈkeərɪəslɪ, vaɪˈkeərɪəslɪ] adv. 1 como substituto; 2 por delegação; 3 em vez de outrem; 4 por interposta pessoa

vicarship [ˈvɪkəʃɪp] s. funções ou cargo de vigário

vice[1] [vaɪs] Ⓐ s. 1 vício; *to be free from ~* estar livre de vícios; *to be sunk in ~* estar mergulhado no vício; 2 imoralidade, depravação, libertinagem; 3 mau hábito; 4 deficiência, defeito; 5 (cavalo) balda, manha, teima, defeito (como escoucinhar, empinar-se, etc.); 6 torno de serralheiro, torno de bancada; *instantaneous grip ~* torno de prisão instantânea; *machine ~* torno mecânico; 7 [coloq.] vice-presidente, vice-capitão, etc. Ⓑ v.tr. apertar no torno ❖ *~ jaw* boca de torno; *as firm as a ~* firme como rocha

vice[2] [ˈvaɪsɪ] prep. em vez de

vice-admiral [ˌvaɪsˈædmərəl] s. vice-almirante

vice-admiralship [ˌvaɪsˈædmərəlʃɪp] s. vice-almirantado

vice-admiralty [ˌvaɪsˈædmərəltɪ] s. ⇒ **vice-admiralship**

vice-chairman [ˌvaɪsˈtʃeəmən] s. (pl. -men) vice-presidente

vice-chairmanship [ˌvaɪsˈtʃeəmənʃɪp] s. vice-presidência

vice-chancellor [ˌvaɪsˈtʃɑːnsələ] s. 1 vice-chanceler; 2 (universidade) reitor

vice-chancellorship [ˌvaɪsˈtʃɑːnsləʃɪp] s. 1 cargo ou funções de vice-chanceler; 2 (universidade) reitorado

vice-consul [ˌvaɪsˈkɒnsəl] s. vice-cônsul

vice-consular [ˌvaɪsˈkɒnsjʊlə] adj. vice-consular

vice-consulate [ˌvaɪsˈkɒnsjəlɪt] s. vice-consulado

vice-consulship [ˌvaɪsˈkɒnsəlʃɪp] s. ⇒ **vice-consulate**

vicegerent [ˌvaɪsˈdʒerənt, ˌvaɪsˈdʒɪərənt] adj.,s. delegado, representante

vice-governor [ˌvaɪsˈɡʌvənə] s. vice-governador

vice-manager [ˌvaɪsˈmænɪdʒə] s. subgerente

vice-managership [ˌvaɪsˈmænɪdʒəʃɪp] s. subgerência

vice-marshal [ˌvaɪsˈmɑːʃəl] s. vice-marechal

vicenary [ˈvɪsənərɪ] adj. vicesimal

vicennial [vɪˈsenɪəl] *adj.* vicenal, vicenário
vice-presidency [ˌvaɪsˈprezɪdənsɪ] *s.* vice-presidência
vice-president [ˌvaɪsˈprezɪdənt] *s.* vice-presidente
vice-presidentship [ˌvaɪsˈprezɪdəntʃɪp] *s.* ⇒ **vice-presidency**
vice-principal [ˌvaɪsˈprɪnsɪpəl] *s.* subdirector
vice-queen [ˌvaɪsˈkwiːn] *s.f.* vice-rainha
vice-rector [ˌvaɪsˈrektə] *s.* vice-reitor
vice-rectorship [ˌvaɪsˈrektəʃɪp] *s.* vice-reitorado
viceregal [ˌvaɪsˈriːgəl] *adj.* relativo a vice-rei
vice-reine [ˌvaɪsˈreɪn] *s.f.* vice-rainha
viceroy [ˈvaɪsrɔɪ] *s.* vice-rei
viceroyalty [ˌvaɪsˈrɔɪəltɪ] *s.* vice-realeza
vice versa [ˌvaɪsɪˈvɜːsə] *adv.* **1** vice-versa; **2** reciprocamente
vicinage [ˈvɪsɪnɪdʒ] *s.* **1** [arc.] vizinhança; **2** [EUA] imediação
vicinal [ˈvɪsɪnəl] *adj.* **1** vicinal; **2** adjacente; **3** local
vicinity [vɪˈsɪnɪtɪ] *s.* (pl. **-ies**) **1** vizinhança; **2** cercanias; imediações; *in the ~ of* nas cercanias de, nas imediações de; **3** proximidade ❖ *in our ~* perto de nós; (quantia) *in the ~ of 100£* à volta de 100 libras; 100 libras aproximadamente
vicious [ˈvɪʃəs] *adj.* **1** cruel; **2** (ataque, golpe, pancada) violento; **3** maldoso; mal-intencionado; *~ criticism* crítica maldosa; *a ~ look* um olhar maldoso; **4** (animal) feroz, perigoso; **5** defeituoso, imperfeito, incorrecto; **6** (argumento) viciado; **7** imoral; depravado, perverso ❖ *~ circle* círculo vicioso; (maledicência) *~ tongue* língua de trapos; CIRURGIA *~ union* união (junção) defeituosa das extremidades de osso fracturado; *he gave a ~ tug at the bell* ele puxou pela sineta raivosamente
viciously [ˈvɪʃəslɪ] *adv.* **1** viciosamente; **2** perigosamente, traiçoeiramente, manhosamente; **3** rancorosamente, vingativamente, mal-intencionadamente; **4** incorrectamente
viciousness [ˈvɪʃəsnəs] *s.* **1** natureza viciosa, vício, corrupção, depravação; **2** maldade, rancor
vicissitude [vɪˈsɪsɪtjuːd] *s.* **1** [lit.] vicissitude; mudança; revés; *the vicissitudes of life* as vicissitudes da vida; **2** [arc., poét.] alteração, mudança regular
vicissitudinous [ˌvɪsɪsɪˈtjuːdɪnəs] *adj.* vicissitudinário
victim [ˈvɪktɪm] *s.* vítima [**of**, de]; *a ~ of circumstances* uma vítima das circunstâncias; *the victims of a railway accident* as vítimas de um acidente ferroviário ❖ *to die a ~ of* morrer vitimado por; *to fall (a) ~ to* ser vítima de; sucumbir a; *to make a ~ of oneself* armar-se em vítima
victimization [ˌvɪktɪmaɪˈzeɪʃən] *s.* **1** represálias; opressão; perseguição; **2** vitimização
victimize [ˈvɪktɪmaɪz] *v.tr.* **1** exercer represálias sobre; perseguir; **2** vitimar; levar a ser vítima de; **3** imolar; **4** enganar, ludibriar
victor [ˈvɪktə] *adj.,s.* vencedor; conquistador; *~ troops* tropas vencedoras
Victor [ˈvɪktə] *s.antr.* Vítor
victoria [vɪkˈtɔːrɪə] *s.* **1** (carruagem) vitória; **2** BOTÂNICA variedade de nenúfares ou gólfãos gigantes; **3** ZOOLOGIA variedade de pombos domésticos
Victorian [vɪkˈtɔːrɪən] Ⓐ *adj.* **1** HISTÓRIA vitoriano; relativo ao reino da rainha Vitória; **2** [fig.] rígido; rigoroso; **3** [fig.] puritano Ⓑ *s.* HISTÓRIA vitoriano ❖ *~ Order* ordem estabelecida pela rainha Vitória em 1896 destinada a recompensar serviços notáveis prestados ao soberano
Victorianism [vɪkˈtɔːrɪənɪzəm] *s.* vitorianismo, ambiente ou espírito da época vitoriana
victorine [ˈvɪktərɪn] *s.* [ant.] espécie de estola de pele usada pelas senhoras
victorious [vɪkˈtɔːrɪəs] *adj.* vitorioso; vencedor; *a ~ day* um dia de vitória; *the ~ team* a equipa vitoriosa
victoriously [vɪkˈtɔːrɪəslɪ] *adv.* vitoriosamente
victory [ˈvɪktərɪ] *s.* (pl. **-ies**) vitória [**in**, em]; triunfo [**in**, em; **over**, sobre]
victress [ˈvɪktrɪs] *fem. de* **victor**
victual [ˈvɪtəl] Ⓐ *s.* [ant.] [geralm. pl.] alimento, provisões, víveres, vitualhas Ⓑ *v.tr.,intr.* (particípios: **-ll-**) **1** aprovisionar; **2** abastecer(-se); **3** alimentar-se, comer
victualler [ˈvɪtələ] *s.* **1** fornecedor de víveres, abastecedor; **2** dono de estabelecimento de bebidas alcoólicas; **3** navio de reabastecimento

victualling [ˈvɪtəlɪŋ] *s.* aprovisionamento, abastecimento ❖ MILITAR *~ book* registo das rações; NÁUTICA *~ note* ordem de abastecimento
vicugna [vɪˈkuːnɪə] *s.* ZOOLOGIA vicunha, vigonho, taruca, taruga
vicuna [vɪˈkjuːnɪə] *s.* ZOOLOGIA vicunha
vicuña [vɪˈkjuːnə, vaɪˈkjuːnə] *s.* ZOOLOGIA ⇒ **vicugna**
vidame [ˈviːdæm] *s.* HISTÓRIA vidama, título concedido ao representante de bispado ou abadia para defesa dos seus interesses temporais no regime feudal francês
videlicet [vɪˈdiːlɪset, vaɪˈdiːlɪset] *adv.* **1** isto é; **2** a saber
video [ˈvɪdɪəʊ] Ⓐ *adj.,s.* (aparelho, cassete, filme) vídeo Ⓑ *v.tr.* (part. pres. **videoing**, prt. e part. pass. **videoed**) filmar em vídeo; gravar em vídeo ❖ *~ arcade* salão de jogos; *~ camera* câmara de vídeo; *~ card* placa de vídeo; *~ cassette* videocassete; *~ cassette recorder (VCR)* gravador de vídeo; *~ club* videoclube; *~ display terminal* terminal de projecção de vídeo; *~ frequency* videofrequência; *~ game* videojogo; TELEVISÃO *~ jockey* apresentador de telediscos; *~ library* videoteca; *~ on demand* serviço de programas de vídeo a pedido; *music ~* videoclip; teledisco
videoconference [ˌvɪdɪəʊˈkɒnfərəns] *s.* videoconferência
videoconferencing [ˌvɪdɪəʊˈkɒnfərənsɪŋ] *s.* videoconferência
videodisc [ˈvɪdɪəʊdɪsk] *s.* videodisco
videographer [ˌvɪdɪˈɒgrəfə] *s.* realizador de vídeos
videography [ˌvɪdɪˈɒgrəfɪ] *s.* videografia
videophile [ˈvɪdɪəʊfaɪl] *s.* videófilo
videophone [ˈvɪdɪəʊfəʊn] *s.* videofone
videotape [ˈvɪdɪəʊteɪp] Ⓐ *s.* videocassete Ⓑ *v.tr.* filmar (em vídeo), gravar (em vídeo)
videotext [ˈvɪdɪəʊtekst] *s.* videotexto
Vidian [ˈvɪdɪən] *adj.* vidiano; relativo a Vidus, anatomista italiano do séc. XVI ❖ ANATOMIA *~ artery* artéria vidiana; ANATOMIA *~ canal* canal vidiano
vidimus [ˈvaɪdɪməs] *s.* (pl. **-uses**) **1** DIREITO visto; **2** certificado de documento; **3** exame de contas
viduage [ˈvɪdjʊɪdʒ] *s.* viuvez
vie [vaɪ] *v.intr.* **1** competir; *to ~ with sb for sth* competir com alguém por algo; **2** rivalizar; *she vied with her sister in beauty* ela rivalizava em beleza com a irmã
Vienna [vɪˈenə] *s.top.* Viena
Viennese [vɪəˈniːz] Ⓐ *adj.* vienense, vienês; relativo a Viena Ⓑ *s.* vienense
Vietnam [ˌviːetˈnæm] *s.top.* Vietname
Vietnamese [ˌviːetnəˈmiːz] *adj.,s.* vietnamita
Vietnik [ˈviːetnɪk] *s.* [EUA] HISTÓRIA adversário da guerra no Vietname
view [vjuː] Ⓐ *s.* **1** vista; visão; *to block the ~* tapar a vista, impedir a visão; *sectional ~* vista de perfil; **2** (panorama) paisagem; vista; *views of Oporto* vistas do Porto; **3** campo visual; **4** perspectiva, visão; *to have a clear ~ of the facts* ter uma vista clara dos factos; **5** opinião, parecer, maneira de ver, ponto de vista; *point of ~* ponto de vista; *his views on politics* a sua orientação política; *in my ~* na minha opinião, a meu ver; *to take a favourable ~ of* formar uma opinião favorável de; *what are your views on the matter?* quais são as suas opiniões sobre o assunto?; **6** ideia, compreensão, aspecto; *to hold extreme views* ter ideias extremistas; **7** (objectivo) plano, intenção, propósito, desígnio; *to have other views for* ter outros planos para; *with a ~ to/with the ~ of* com a intenção de; *in ~ of* em consideração de, em vista de; *to keep sth in ~* ter qualquer coisa em mente, não perder qualquer coisa de vista; *to have in ~* ter em vista; **8** inspecção, exame Ⓑ *v.tr.* **1** examinar, inspeccionar, observar; **2** visionar; **3** considerar, ponderar; **4** encarar, ver; *this subject may be viewed in different ways* este assunto pode ser encarado de várias maneiras ❖ *~ halloo* grito do caçador ao ver a raposa sair da toca; FOTOGRAFIA *~ lens* objectiva simples; (exposição) *a private ~* uma pré-inauguração; *at first ~* à primeira vista; *at last a house came into ~* conseguimos finalmente ver uma casa; *hidden from ~* escondido; que se não vê; *on ~* em exposição, aberto ao público; *the window commands a ~ over the sea* a janela dá para o mar; *to come in ~ of* conseguir avistar; chegar à vista de; *to get a nearer ~ of* examinar mais de perto; *to share sb's views* concordar com alguém; *to stand in full ~ of* apresentar-se aos olhos de; *to take long views* ver ao longe; não ser de vistas curtas; *will this meet your views?* convir-te-á isto?

viewer ['vju:ə] s. 1 espectador; 2 telespectador; 3 inspector; 4 vigia
viewership ['vju:əʃɪp] s. audiência; conjunto de telespectadores
viewfinder ['vju:faɪndə] s. FOTOGRAFIA visor
viewing ['vju:ɪŋ] s. 1 observação; 2 inspecção; exame; 3 visionamento; 4 TELEVISÃO programação televisiva; 5 (compra de casa) visita ❖ TELEVISÃO ~ *audience* telespectadores; TELEVISÃO ~ *figures* índices de audiência; TELEVISÃO ~ *time* horário
viewless ['vju:ləs] adj. 1 [poét.] invisível; 2 sem opiniões; 3 sem paisagem, sem panorama
viewphone ['vju:fəʊn] s. videofone
viewpoint ['vju:pɔɪnt] s. 1 ponto de vista, perspectiva; *from my* ~ na minha perspectiva, na minha opinião; 2 ponto de observação
viewy ['vju:ɪ] adj. 1 visionário; 2 caprichoso, com ideias extravagantes; 3 vistoso, efémero
vigesimal [vaɪ'dʒesɪməl] adj. 1 vicesimal, que tem por base o número vinte; 2 vigésimo
vigil ['vɪdʒɪl] s. 1 vigília; 2 véspera de festa religiosa; 3 pl. vigílias, orações nocturnas ❖ *all-night* ~ vigília nocturna; ~ *of arms* velada de armas; *to keep* ~ estar de vigília
vigilance ['vɪdʒɪləns] s. 1 vigilância; *to exercise* ~ exercer vigilância ❖ [EUA] ~ *committee* milícia popular; comissão para a manutenção da ordem
vigilant ['vɪdʒɪlənt] adj. 1 vigilante; alerta, em guarda; 2 cauteloso; 3 circunspecto
vigilante [ˌvɪdʒɪ'lænti] s. [EUA] membro de um *vigilance committee* (milícia popular)
vigilantly ['vɪdʒɪləntlɪ] adv. 1 vigilantemente, cautelosamente; 2 cuidadosamente
vignette [vɪn'jet] Ⓐ s. 1 vinheta; 2 fotografia ou retrato só com a cabeça e os ombros, em fundo gradualmente esbatido; 3 [fig.] esboço; 4 breve descrição Ⓑ v.tr. 1 dar aspecto de vinheta a; 2 descrever em breves traços
vignetter [vɪn'jetə] s. vinhetista
vignetting [vɪn'jetɪŋ] s. acto de fotografar em vinheta
vignettist [vɪn'jetɪst] s. vinhetista
vigogne ['vɪgəʊn] s. ⇒ vicugna
Vigornian [vɪ'gɔ:nɪən] Ⓐ adj. relativo a Worcester Ⓑ s. natural ou habitante de Worcester
vigorous ['vɪgərəs] adj. 1 vigoroso; forte; ~ *in body and mind* forte de corpo e espírito; 2 enérgico; dinâmico
vigorously ['vɪgərəslɪ] adv. 1 vigorosamente; 2 energicamente
vigour ['vɪgə] s. 1 vigor, força, energia; 2 vitalidade; 3 [EUA] força legal ❖ *in the full* ~ *of manhood* na força da idade
Viking ['vaɪkɪŋ] s. viking, pirata nórdico do séc. VIII ao séc. X
vilayet [vɪ'lɑ:jet] s. vilaiete, designação de uma província no império turco
vile [vaɪl] adj. 1 vil; torpe; abjecto; *that is a* ~ *calumny* isso é uma calúnia vil; 2 depravado, mau, perverso, vergonhoso; 3 [coloq.] nojento, desprezível; 4 [coloq.] (disposição, tempo) horrível, péssimo; ~ *weather* tempo horrível; *to be in a* ~ *temper* estar com um humor de cão; 5 [arc.] sem valor ❖ ~ *language* palavrões; linguagem ofensiva; ~ *metals* metais vis; *to render* ~ aviltar
vilely ['vaɪllɪ] adv. 1 vilmente, de maneira vil; torpemente; 2 perversamente; 3 abjectamente; 4 desprezivelmente
vileness ['vaɪlnəs] s. 1 vileza, baixeza; torpeza; 2 perversidade, depravação
vilification [ˌvɪlɪfɪ'keɪʃən] s. 1 aviltamento; 2 difamação, rebaixamento, calúnia; 3 depreciação
vilifier ['vɪlɪfaɪə] s. 1 caluniador, difamador; 2 detractor
vilify ['vɪlɪfaɪ] v.tr. aviltar, difamar, caluniar, denegrir, desacreditar, vilipendiar
vilipend ['vɪlɪpend] v.tr. vilipendiar, rebaixar
villa ['vɪlə] s. 1 casa de campo; 2 quinta; 3 (Itália) vila
villadom ['vɪlədəm] s. [coloq.] arrabaldes
village ['vɪlɪdʒ] s. aldeia, povoação
villager ['vɪlɪdʒə] s. aldeão
villain ['vɪlən] s. 1 vilão, patife, malvado, canalha; 2 servo feudal; 3 [arc.] aldeão, rústico
villainous ['vɪlənəs] adj. 1 ignóbil; infame; 2 mau, perverso; 3 [coloq.] abominável, péssimo; *a* ~ *hotel* um hotel péssimo ❖ ~ *deed* acto ignóbil; infâmia

villainously ['vɪlənəslɪ] adv. 1 vilmente, infamemente, abominavelmente; 2 perversamente; 3 horrorosamente
villainy ['vɪlənɪ] s. (pl. -ies) 1 vileza, vilania; 2 patifaria; 3 perversidade; 4 infâmia
villanelle [ˌvɪlə'nel] s. 1 LITERATURA vilanela, poema de 19 versos; 2 vilancete
villein ['vɪlɪn] s. vilão, servo feudal
villeinage ['vɪlɪnɪdʒ] s. 1 condição de servo feudal; 2 posse concedida a vilão por senhor feudal
villi ['vɪlaɪ] s. {pl. de **villus**}
villiform ['vɪlɪfɔ:m] adj. viliforme, viloso, em forma de vilosidade
villosity [vɪ'lɒsɪtɪ] s. (pl. -ies) ANATOMIA vilosidade
villus ['vɪləs] s. (pl. -i) 1 BOTÂNICA pêlo; 2 ANATOMIA vilosidade
vim [vɪm] s. [coloq.] energia, força, vigor, vitalidade; *he feels full of* ~ *this morning* ele sente-se cheio de força esta manhã
vimen ['vaɪmən] s. (pl. **vimina**) 1 vime, haste; 2 vergôntea
vimina ['vɪmɪnə] s. {pl. de **vimen**}
viminal ['vɪmɪnəl] adj. vimíneo, que produz vimes ou vergônteas
vimineous [vɪ'mɪnɪəs] adj. viminoso, vimíneo
vinaceous [vaɪ'neɪʃəs] adj. vináceo, vinoso
vinaigrette [ˌvɪneɪ'gret, 'vɪnɪgret] s. 1 CULINÁRIA vinagrete; 2 frasquinho de sais; 3 frasco de vinagre aromático
Vincent ['vɪnsənt] s.antr. Vicente
vincula ['vɪŋkjələ] s. {pl. de **vinculum**}
vinculum ['vɪŋkjələm] s. (pl. **vincula**) 1 ANATOMIA freio, ligamento; 2 laço, vínculo; 3 liame; 4 MATEMÁTICA traço horizontal por cima de uma ou mais expressões e com a mesma função do parêntesis; 5 TIPOGRAFIA chave, colchete
vindicable ['vɪndɪkəbəl] adj. defensável, justificável, sustentável
vindicate ['vɪndɪkeɪt] v.tr. 1 justificar; *to* ~ *one's acts* justificar os seus actos; 2 dar razão a; 3 DIREITO ilibar, inocentar; 4 reivindicar, vindicar; *to* ~ *one's rights* reivindicar os seus direitos
vindication [ˌvɪndɪ'keɪʃən] s. 1 justificação [**of**, de]; 2 defesa [**of**, de]; apologia [**of**, de]; 3 reivindicação, vindicação
vindicative ['vɪndɪkətɪv] adj. 1 justificativo; 2 vindicativo
vindicator [ˌvɪndɪ'keɪtə] s. 1 vindicador; 2 defensor
vindicatory [ˌvɪndɪ'keɪtərɪ] adj. 1 justificativo, vindicativo; 2 retribuidor; 3 relativo a vindicta
vindictive [vɪn'dɪktɪv] adj. 1 vingador, vingativo, rancoroso; 2 relativo a vindicta
vindictively [vɪn'dɪktɪvlɪ] adv. vingativamente, por vingança
vindictiveness [vɪn'dɪktɪvnəs] s. espírito de vindicta, espírito vingativo
vine [vaɪn] s. 1 videira, vinha; 2 planta trepadeira ou rastejante, de caule delgado ❖ ~ *arbour* ramada; latada; ~ *beetle* pulgão da vinha; ~ *branch* sarmento; ~ *culture* viticultura; ~ *grower* viticultor; ~ *harvest* vindima; ~ *leaf* parra; ~ *mildew* míldio; ~ *pest* filoxera; (vinha) ~ *plant* cepa; [coloq.] *under one's* ~ *and fig tree* em sua própria casa
vine-clad ['vaɪnklæd] adj. coberto de vinhas
vinedresser ['vaɪnˌdresə] s. vinhateiro
vinegar ['vɪnɪgə] s. 1 vinagre; *aromatic* ~ vinagre aromático; *wine* ~ vinagre de vinho; *wood* ~ vinagre de madeira; 2 [fig.] (atitude) mau génio; amargura; acidez ❖ ~ *countenance* aparência rabugenta; ~ *cruet* galheteiro para vinagre; ~ *fly* mosca do vinagre
vinegarish ['vɪnɪgərɪʃ] adj. ⇒ **vinegary**
vinegary ['vɪnɪgərɪ] adj. 1 avinagrado; 2 acre, acerbo, azedo; 3 irritadiço
vine-growing ['vaɪnɡrəʊɪŋ] Ⓐ adj. vinícola Ⓑ s. viticultura
vinery ['vaɪnərɪ] s. (pl. -ies) estufa para o cultivo de uvas
vineyard ['vɪnjəd] s. vinha, vinhedo
vineyardist ['vɪnjədɪst] s. vinhateiro, viticultor
vinic ['vaɪnɪk, 'vɪnɪk] adj. vínico
vinicultural [ˌvɪnɪkʌltʃərəl, ˌvaɪnɪkʌltʃərəl] adj. vinícola
viniculture ['vɪnɪkʌltʃə, 'vaɪnɪkʌltʃə] s. vinicultura
viniculturist [ˌvɪnɪkʌltʃərɪst, ˌvaɪnɪkʌltʃərɪst] s. vinicultor, viticultor
viniferous [vɪ'nɪfərəs] adj. vinífero
vinification [ˌvɪnɪfɪ'keɪʃən] s. vinificação
vinometer [vaɪ'nɒmɪtə, vaɪ'nɒmɪtə] s. vinómetro, enómetro
vinosity [vaɪ'nɒsɪtɪ, vɪ'nɒsɪtɪ] s. vinosidade
vinous ['vaɪnəs] adj. 1 vinoso; semelhante ao vinho; ~ *flavour* paladar a vinho; 2 avinhado, ébrio

vint [vɪnt] ⓐ *v.tr.* fazer (vinho) ⓑ *s.* variedade de jogo de cartas russo

vintage ['vɪntɪdʒ] ⓐ *s.* 1 vindima; 2 (vinho) ano de colheita; *what ~ is this wine?* qual é o ano de colheita deste vinho?; 3 [fig.] época; tempo; geração ⓑ *adj.* 1 de excelente qualidade; 2 que é um clássico; 3 (vinho) vintage; 4 antigo ⓒ *v.tr.* 1 vindimar; 2 (vinho) fazer ❖ *~ car* carro de época; (vinho) *~ year* ano vintage

vintager ['vɪntɪdʒə] *s.* vindimador

vintaging ['vɪntɪdʒɪŋ] *s.* vindima

vintner ['vɪntnə] *s.* vinhateiro, negociante de vinhos, comerciante de vinhos

vintnery ['vɪntnərɪ] *s.* comércio de vinhos

viny ['vaɪnɪ] *adj.* 1 vinícola; 2 vinhateiro

vinyl ['vaɪnɪl] ⓐ *s.* vinil ⓑ *adj.* de vinil, em vinil

viol ['vaɪəl, vaɪl] *s.* MÚSICA (instrumento de cordas) alto ❖ *bass ~* violoncelo

viola[1] [vɪ'əʊlə] *s.* MÚSICA viola, violeta

viola[2] ['vaɪələ, 'vɪələ] *s.* BOTÂNICA viola

violable ['vaɪələbəl] *adj.* violável

violaceous [ˌvaɪəʊ'leɪʃəs] *adj.* 1 violáceo; 2 BOTÂNICA da família das Violáceas

violate ['vaɪəleɪt] *v.tr.* 1 violar; 2 profanar; 3 infringir, transgredir; 4 quebrar, faltar a (juramento, promessa, etc.); 5 interromper, perturbar; 6 devassar; ultrajar; 7 violentar, desonrar, desflorar, praticar estupro em

violation [ˌvaɪə'leɪʃən] *s.* 1 violação, profanação; 2 transgressão, infracção; 3 quebra (de juramento ou promessa); 4 desfloramento, estupro

violator ['vaɪəleɪtə] *s.* 1 violador; 2 profanador; 3 transgressor

violence ['vaɪələns] *s.* 1 violência; força; 2 coacção; 3 abuso, injúria, ultraje; 4 DIREITO acto de violência contra alguém ❖ *to be compelled to use ~* ver-se obrigado a recorrer à violência; *to die by ~* morrer de morte violenta; *to do ~ to sth/sb* ir contra algo/alguém; violentar algo/alguém; forçar algo/alguém; *robbery with ~* assalto à mão armada

violent ['vaɪələnt] *adj.* violento; de violência; *~ scenes* cenas de violência; 2 (emoções) intenso, violento; 3 agudo, insuportável; *~ pain* dor insuportável; 4 (cor) berrante, garrido ❖ *~ interpretation* interpretação forçada; DIREITO *~ presumption* forte presunção; *to be in a ~ temper* estar furioso; *to become ~* tornar-se violento; ficar furioso; *to die a ~ death* morrer de morte violenta

violently ['vaɪələntlɪ] *adv.* 1 violentamente; 2 furiosamente; 3 arrebatadamente; 4 extremamente

violet ['vaɪələt] ⓐ *s.* 1 BOTÂNICA (flor, planta) violeta; 2 (cor) violeta ⓑ *adj.* (cor) violeta, roxo ❖ [coloq., depr.] *shrinking ~* mosca-morta

violin[1] [vaɪə'lɪn] *s.* MÚSICA violino ❖ *~ case* caixa do violino; MÚSICA *~ sonata* sonata para violino

violin[2] [vaɪəlɪn] *s.* substância emética contida em certos géneros de violetas

violinist [ˌvaɪə'lɪnɪst] *s.* MÚSICA violinista

violist [vɪ'əʊlɪst] *s.* 1 MÚSICA violista, tocador de viola; 2 MÚSICA altista, tocador de alto

violoncellist [ˌvaɪələn'tʃelɪst] *s.* MÚSICA violoncelista

violoncello [ˌvaɪələn'tʃeləʊ] *s.* MÚSICA violoncelo

VIP [*abrev. de* very important person]

viper ['vaɪpə] *s.* 1 ZOOLOGIA víbora; 2 [depr.] serpente, pessoa traiçoeira e maligna; 3 HERÁLDICA guivra

Viperidae [vaɪ'perɪdi:] *s.pl.* ZOOLOGIA Viperídeos

viperine ['vaɪpəraɪn] *adj.* viperino

viperish ['vaɪpərɪʃ] *adj.* 1 viperino, de víbora; *~ tongue* língua viperina, língua de víbora; 2 [fig.] (malévolo) venenoso

viperous ['vaɪpərəs] *adj.* ⇒ **viperish**

virago [vɪ'rɑ:gəʊ] *s.* (*pl.* -es *ou* -s) 1 virago; 2 [arc.] mulher forte e corajosa; 3 [depr.] mulher autoritária

viral ['vaɪərəl] *adj.* MEDICINA viral, vírico; *~ infection* infecção viral

virelay ['vɪrəleɪ] *s.* LITERATURA virelé, variedade de poema na antiga literatura francesa

virescence [vɪ'resəns] *s.* 1 BOTÂNICA virescência; 2 viridência, cor verde

virescent [vɪ'resənt] *adj.* 1 BOTÂNICA virescente; 2 (cor) viridente

virgate ['vɜ:gɪt] ⓐ *adj.* 1 delgado e erecto; 2 em forma de vara ⓑ *s.* antiga medida agrária, de valor variável, mas geralmente à volta de 12 hectares

Virgil ['vɜ:dʒɪl] *s.antr.* Virgílio

Virgilian [vɜ:'dʒɪlɪən] *adj.* LITERATURA virgiliano

virgin ['vɜ:dʒɪn] ⓐ *s.* virgem; *to be a ~* ser virgem ⓑ *adj.* 1 virgem; 2 casto; imaculado; puro; virginal; 3 virgem; não explorado; não tocado; *~ forest* floresta virgem; *~ soil* solo virgem ❖ *~ gold* ouro puro; *~ wax* cera virgem; BOTÂNICA *virgin's bower* clematite; *a ship's ~ cruise* cruzeiro inaugural de um navio; RELIGIÃO *the Virgin Mary* a Virgem Maria; HISTÓRIA (Inglaterra) *the Virgin Queen* a rainha Isabel I

Virgin ['vɜ:dʒɪn] *s.* 1 ASTRONOMIA (constelação, signo) Virgem, Virgo; 2 RELIGIÃO Virgem Maria

virginal ['vɜ:dʒɪnəl] ⓐ *adj.* 1 virginal; 2 [fig.] imaculado, puro ⓑ *s.* MÚSICA [ant.] virginal, variedade de clavicímbalo ou espineta

virginally ['vɜ:dʒɪnəlɪ] *adv.* virginalmente

virginhood ['vɜ:dʒɪnhʊd] *s.* virgindade

Virginia [vɜ:'dʒɪnɪə] *s.top.,antr.* Virgínia ❖ BOTÂNICA *~ creeper* vinha-virgem

Virginian [vɜ:'dʒɪnɪən] ⓐ *adj.* virginiano; relativo à Virgínia ⓑ *s.* virginiano, natural ou habitante da Virgínia

virginity [vɜ:'dʒɪnɪtɪ] *s.* virgindade; *to lose one's ~* perder a virgindade

Virgo ['vɜ:gəʊ] *s.* (*pl.* **Virgos**) ASTRONOMIA (constelação, signo) Virgo, Virgem

Virgoan ['vɜ:gəʊən] ⓐ *s.* (astrologia) virginiano, nativo do signo Virgem ⓑ *adj.* típico do signo Virgem

viridescent [ˌvɪrɪ'desənt] *adj.* 1 viridente; 2 verdejante; 3 esverdeado

viridine ['vɪrɪdaɪn] *s.* QUÍMICA viridina

viridity [vɪ'rɪdɪtɪ] *s.* verdor, verdura

virile ['vɪraɪl] *adj.* 1 viril; masculino; 2 [fig.] enérgico, vigoroso ❖ ANATOMIA *the ~ member* o membro viril

virility [vɪ'rɪlɪtɪ] *s.* 1 virilidade; masculinidade; 2 varonilidade; 3 [fig.] vigor, energia

virole [vɪ'rəʊl] *s.* HERÁLDICA virol

viroled [vɪ'rəʊlt] *adj.* HERÁLDICA (trompa) virolada

virologist [vaɪ'rɒlədʒɪst] *s.* virologista

virology [vaɪ'rɒlədʒɪ] *s.* virologia

virtu [vɜ:'tu:] *s.* 1 gosto pelos objectos de arte; 2 objectos de arte

virtual ['vɜ:tʃʊəl] *adj.* 1 virtual; 2 potencial; 3 MATEMÁTICA eficaz; *~ value of a variable quantity* valor eficaz de quantidade variável ❖ (Internet) *~ community* comunidade virtual; *~ focus* foco virtual; INFORMÁTICA *~ memory* memória virtual; *~ reality* realidade virtual; *~ space* espaço virtual; INFORMÁTICA *~ storage* memória virtual; *~ velocity* velocidade virtual; *he is the ~ manager of the business* ele é praticamente o gerente da casa; *it's a ~ impossibility* é praticamente impossível

virtuality [ˌvɜ:tʃʊ'ælɪtɪ] *s.* virtualidade

virtually ['vɜ:tʃʊəlɪ] *adv.* 1 virtualmente; 2 na prática; *she's ~ the leader* na prática, é ela a chefe; 3 praticamente; quase; *it's ~ the same thing* é quase a mesma coisa; *to be ~ certain* ter quase a certeza

virtue ['vɜ:tʃu:, 'vɜ:tju:] *s.* 1 virtude; 2 qualidade; 3 vantagem; mérito; valor; 4 (poder) propriedade; *healing virtues* propriedades terapêuticas; 5 [arc.] eficácia, eficiência; 6 castidade, pureza; 7 *pl.* RELIGIÃO virtudes, um dos coros ou categorias de anjos ❖ *in ~ of/by ~ of* em virtude de; [depr.] *of easy ~* de costumes fáceis; *to follow ~* seguir o caminho da virtude; *to make a ~ of necessity* fazer da necessidade virtude

virtuosity [ˌvɜ:tʃʊ'ɒsɪtɪ, ˌvɜ:tjʊ'ɒsɪtɪ] *s.* (*pl.* -ies) 1 MÚSICA virtuosismo; 2 gosto por objectos de arte

virtuoso [ˌvɜ:tʃʊ'əʊzəʊ] *s.* 1 MÚSICA virtuoso; 2 conhecedor (de raridades, antiguidades, objectos de arte)

virtuous ['vɜ:tʃʊəs, 'vɜ:tjʊəs] *adj.* 1 virtuoso; 2 recto

virtuously ['vɜ:tʃʊəslɪ, 'vɜ:tjʊəslɪ] *adv.* virtuosamente

virtuousness ['vɜ:tʃʊəsnəs, 'vɜ:tjʊəsnəs] *s.* virtude

virulence ['vɪrʊləns] *s.* 1 virulência; 2 mordacidade, causticidade; 3 violência; 4 malignidade

virulent ['vɪrʊlənt] *adj.* 1 virulento; 2 violento; 3 maligno; 4 [fig.] mordaz, cáustico; *a ~ speech* um discurso cáustico

virulently ['vɪrʊləntlɪ] *adv.* 1 virulentamente; 2 mordazmente; de forma cáustica; violentamente; malignamente

virus ['vaɪərəs] *s.* **1** vírus; *the AIDS ~* o vírus da SIDA; **2** peçonha, veneno; **3** [fig.] influência deletéria; elemento corrupto; **4** [fig.] malignidade ❖ *~ disease* doença viral

vis [vɪs] *s.* (*pl.* **vires**) **1** força; **2** potência ❖ *~ inertia* força da inércia

visa ['viːzə] Ⓐ *s.* (passaporte) visto; *entry ~* visto de saída; *exit ~* visto de entrada Ⓑ *v.tr.* (passaporte) visar

visage ['vɪzɪdʒ] *s.* **1** [poét.] rosto, cara, fisionomia; **2** aspecto

visard ['vɪzəd] *s.* ⇒ **visor**

vis-à-vis [ˌviːzɑːˈviː] Ⓐ *prep.* **1** em relação a; relativamente a; **2** em comparação com; **3** em face de Ⓑ *adv.* **1** cara a cara; frente a frente; **2** em frente; defronte Ⓒ *s.* **1** pessoa que está sentada ou de pé em frente de outra; **2** homólogo; **3** pessoa que dança em frente de outra; **4** (carruagem) vis-à-vis

Visc. Ⓐ [*abrev. de* Viscount] Ⓑ [*abrev. de* Viscountess]

viscacha [vɪsˈkætʃə] *s.* ZOOLOGIA (roedor) viscacha

viscera ['vɪsərə] *s.pl.* ANATOMIA vísceras

visceral ['vɪsərəl] *adj.* visceral

visceroptosis [ˌvɪsərəpˈtəʊsɪs] *s.* MEDICINA visceroptose

viscid ['vɪsɪd] *adj.* **1** viscoso, víscido; **2** pegajoso

viscidity [vɪˈsɪdɪtɪ] *s.* viscosidade, viscidez

viscin ['vɪsɪn] *s.* QUÍMICA viscina

viscometer [vɪsˈkɒmɪtə] *s.* viscosímetro

viscometry [vɪsˈkɒmətrɪ] *s.* viscosimetria

viscose [vɪsˈkəʊs] *s.* QUÍMICA viscose ❖ (celulose) *~ rayon* fibra sintética; *~ silk* seda artificial

viscosimeter [ˌvɪskəʊˈsɪmɪtə] *s.* ⇒ **viscometer**

viscosity [vɪsˈkɒsɪtɪ] *s.* viscosidade ❖ *~ meter* viscosímetro

viscount ['vaɪkaʊnt] *s.* visconde

viscountcy ['vaɪkaʊntsɪ] *s.* viscondado

viscountess ['vaɪkaʊntɪs] *s.f.* (*pl.* **-es**) viscondessa

viscountship ['vaɪkaʊntʃɪp] *s.* ⇒ **viscountcy**

viscounty ['vaɪkaʊntɪ] *s.* ⇒ **viscountcy**

viscous ['vɪskəs] *adj.* viscoso, pegajoso

viscously ['vɪskəslɪ] *adv.* viscosamente, pegajosamente

viscousness ['vɪskəsnəs] *s.* viscosidade

viscus ['vɪskəs] *s.* ANATOMIA víscera

visé [ˌviːˈzeɪ] *s.* ⇒ **visa** Ⓐ Ⓑ *v.tr.* (*prt. e part. pass.* **viséd** ou **viséed**) ⇒ **visa** Ⓑ

visibility [ˌvɪzɪˈbɪlɪtɪ] *s.* (geral) visibilidade; *poor/low ~* fraca/má visibilidade

visible ['vɪzəbəl] *adj.* **1** visível [**to**, a]; **2** perceptível; **3** manifesto; evidente; **4** (conhecido) com visibilidade ❖ *~ horizon* horizonte visual; *~ rays* raios visíveis; ÓPTICA *~ spectrum* espectro visível; [ant.] *is Mrs Smith visible?* a Sra. Smith está em casa?; a Sra. Smith pode atender?; *to become ~* aparecer; mostrar-se; *it serves no ~ purpose* parece perfeitamente inútil

visibleness ['vɪzəbəlnəs] *s.* visibilidade

visibly ['vɪzəblɪ] *adv.* visivelmente, manifestamente

Visigoth ['vɪzɪgɒθ] *s.* visigodo

Visigothic [ˌvɪzɪˈgɒθɪk] *adj.* visigótico

vision ['vɪʒən] Ⓐ *s.* **1** (percepção visual) visão, vista; **2** perspicácia, penetração; vistas largas; *he is a man of ~* é um homem de vistas largas; **3** imaginação, fantasia; **4** (premonição, sonho) visão; *prophetic ~* visão profética; *to have a ~ of the future* ter uma visão do futuro; *to see visions* ter visões; **5** fantasma, aparição Ⓑ *v.tr.* **1** visionar; **2** dar uma visão de ❖ *the field of ~* o campo de visão; *within the range of ~* dentro do campo de visão

visional ['vɪʒənəl] *adj.* **1** relativa à visão ou visões; **2** quimérico; **3** visionário, irreal

visionally ['vɪʒənəlɪ] *adv.* **1** visionariamente; **2** quimericamente

visionariness ['vɪʒənrɪnəs, ˌvɪʒəˈnerɪnəs] *s.* **1** carácter ou aspecto visionário; **2** irrealidade

visionary ['vɪʒnrɪ, 'vɪʒəneri] Ⓐ *adj.* **1** visionário; **2** sonhador; **3** quimérico, irreal, ilusório, fantástico; **4** imaginário Ⓑ *s.* (*pl.* **-ies**) **1** visionário; **2** utópico; sonhador; idealista

visionist ['vɪʒənɪst] *s.* visionário

visionless ['vɪʒənləs] *adj.* **1** sem vista, sem visão; **2** sem imaginação

visit ['vɪzɪt] Ⓐ *s.* **1** visita; *courtesy ~* visita de cortesia; *she was on a ~ to her parents* ela estava de visita aos pais; *to pay sb a ~* fazer uma visita a alguém; **2** estadia breve; **3** inspecção Ⓑ *v.tr.,intr.* **1** visitar; ir ver; fazer uma visita a; **2** [GB] (médico, advogado) consultar; **3** fazer uma visita de inspecção a; **4** frequentar; **5** confortar, abençoar; **6** (dor, doença) atacar; **7** RELIGIÃO [arc.] punir, castigar; vingar (pecados) em alguém; *the sins of the parents are sometimes visited upon the children* os filhos muitas vezes pagam pelos pecados dos pais; *don't ~ on them the blood of these people* não façais cair sobre eles o sangue desta gente; *to ~ a sin upon sb* fazer alguém expiar um pecado Ⓒ *v.intr.* **1** (viagem) estar de visita; estar de passagem; *I'm just visiting* estou aqui de passagem; **2** fazer visitas; **3** [EUA] tagarelar ❖ [coloq.] *to pay a ~* ir à casa-de-banho

✦ **visit with** *v.tr.* visitar (alguém) ❖ [EUA] *to ~ sb* conversar com alguém; *God visited them with the plague* Deus castigou-os com a epidemia

visitable ['vɪzɪtəbəl] *adj.* **1** visitável; que se pode visitar; **2** sujeito a visita de inspecção

visitant ['vɪzɪtənt] Ⓐ *adj.* em visita Ⓑ *s.* **1** visitante, visita; **2** hóspede; **3** ave de arribação; **4** aparição sobrenatural; **5** RELIGIÃO visitandina, religiosa da ordem da Visitação

visitation [ˌvɪzɪˈteɪʃən] *s.* **1** visita oficial; **2** [depr., joc.] visita prolongada; **3** RELIGIÃO castigo divino; *the famine was looked upon as a ~ of God* a fome era considerada como um castigo de Deus; **4** aparição sobrenatural ❖ *death by ~ of God* morte natural; *right of ~* direito de visita

Visitation [ˌvɪzɪˈteɪʃən] *s.* RELIGIÃO a Visitação de Nossa Senhora (2 de Julho) ❖ RELIGIÃO *nuns of the ~* visitandinas; religiosas da ordem da Visitação

visiting ['vɪzɪtɪŋ] Ⓐ *adj.* de visita, visitante Ⓑ *s.* visitas ❖ *~ card* cartão de visita; *~ hours* horário de visitas; [ant.] *~ master* professor que vem de fora; [ant.] *to be on ~ terms with sb* ter relações de amizade com alguém; visitar-se

visitor ['vɪzɪtə] *s.* **1** visita; convidado; **2** (turismo) visitante; turista; *visitors to this region* os visitantes desta região; **3** (hotel, etc.) cliente; hóspede; *~ to a hotel* cliente de um hotel; *to take in visitors* aceitar hóspedes; receber hóspedes ❖ *~ centre* centro de acolhimento; *visitor's book* livro de visitas

visitorial [ˌvɪzɪˈtɔːrɪəl] *adj.* relativo a visita ou inspecção

visitress ['vɪzɪtrəs] *s.f.* (*pl.* **-es**) visitadora

vismia ['vɪzmɪə] *s.* BOTÂNICA vismia

visne ['vɪsnɪ] *s.* DIREITO vizinhança

vison ['vaɪzən] *s.* ZOOLOGIA marta-indiana, espécie de lontra

visor ['vaɪzə] *s.* **1** viseira (do elmo de armaduras antigas); **2** pala de boné; **3** HISTÓRIA máscara

visored ['vaɪzəd] *adj.* **1** de viseira baixada; **2** (boné) com pala; **3** HISTÓRIA mascarado

vista ['vɪstə] *s.* **1** vista; paisagem; panorama; **2** [fig.] horizonte, perspectiva; *to open up new vistas* abrir novas perspectivas ou novos horizontes; **3** recordações; *the vistas of bygone times* as recordações do passado

vistaed ['vɪstəd] *adj.* **1** com belas vistas; **2** com perspectivas

visual ['vɪʒʊəl, 'vɪzjʊəl] Ⓐ *adj.* **1** visual; **2** relativo à visão; **3** visível, real, não imaginário Ⓑ *s.* **1** *pl.* imagens; **2** *pl.* suportes visuais ❖ *~ acuity* acuidade visual; (ensino) *~ aids* auxiliares visuais; *~ angle* ângulo de visão; *~ arts* artes visuais; *~ display unit* ecrã; *~ distance* distância de visibilidade; *~ disturbances* perturbações de visão; *~ field* campo de visão; *~ test* ensaio visual; ANATOMIA *the ~ nerve* o nervo óptico

visualization [ˌvɪʒʊəlaɪˈzeɪʃən, ˌvɪzjʊəlaɪˈzeɪʃən] *s.* visualização

visualize ['vɪʒʊəlaɪz, 'vɪzjʊəlaɪz] *v.tr.* **1** visualizar; *I remember her name but I can't ~ her* lembro-me do nome dela, mas não me consigo lembrar da cara; **2** imaginar; **3** prever

visually ['vɪʒʊəlɪ, 'vɪzjʊəlɪ] *adv.* visualmente

vita glass [ˈvaɪtəglɑːs] *s.* variedade de vidro que deixa passar os raios ultravioletas

vital ['vaɪtəl] Ⓐ *adj.* **1** (órgão) vital; **2** enérgico, vigoroso; *a ~ personality* uma personalidade enérgica, cheia de vida; **3** essencial [**to/for**, para]; imprescindível [**to/for**, para]; fundamental [**to/for**, para]; **4** fatal, mortal; *~ error* erro fatal; *~ wound* ferimento mortal Ⓑ *s. pl.* ANATOMIA órgãos vitais ❖ MEDICINA *~ signs* sinais vitais; *~ statistics* estatísticas demográficas; *the ~ principle* o princípio vital; *to be of ~ importance* ser de primeira importância

vitalism ['vaɪtəlɪzəm] *s.* BIOLOGIA vitalismo

vitalist ['vaɪtəlɪst] *s.* vitalista

vitalistic [ˌvaɪtəˈlɪstɪk] *adj.* vitalista

vitality [vaɪ'tælɪtɪ] s. 1 vitalidade; 2 energia, vigor, força; 3 vida, animação; 4 capacidade de subsistir
vitalization [ˌvaɪtəlaɪ'zeɪʃən] s. 1 vitalização; 2 vivificação
vitalize ['vaɪtəlaɪz] v.tr. 1 vitalizar, vivificar; 2 animar, reanimar; 3 dar energia
vitalizing ['vaɪtəlaɪzɪŋ] adj. vitalizante, animador
vitally ['vaɪtəlɪ] adv. 1 extremamente; intensamente; 2 imprescindivelmente; 3 absolutamente ❖ ~ *important* de primeira importância
vitals ['vaɪtəlz] s.pl. órgãos vitais
vitamin ['vɪtəmɪn, 'vaɪtəmɪn] s. vitamina; ~ *B/C* vitamina B/C ❖ ~ *content* conteúdo vitamínico; MEDICINA ~ *deficiency* avitaminose
vitamin-enriched [ˌvɪtəmɪnɪn'riːtʃt, ˌvaɪtəmɪnɪn'riːtʃt] adj. vitaminado; com suplemento vitamínico
vitelli [vɪ'telɪ] s. {pl. de *vitellus*}
vitellin [vɪ'telɪn] s. QUÍMICA vitelina, lecitina
vitelline [vɪ'telaɪn, vɪ'telɪn] adj. vitelino ❖ ~ *membrane* vitelina; membrana vitelina
vitellus [vɪ'teləs] s. {pl. *-i*} (embriologia) vítelo, deutoplasma
vitiate ['vɪʃɪeɪt] v.tr. 1 viciar; 2 [fig.] corromper; 3 DIREITO falsificar, invalidar; *a single word may ~ a contract* uma simples palavra pode invalidar um contrato
vitiated ['vɪʃɪeɪtɪd] adj. viciado, corrompido; ~ *blood* sangue viciado
vitiating ['vɪʃɪeɪtɪŋ] adj. viciador, que vicia
vitiation [ˌvɪʃɪ'eɪʃən] s. viciação
viticultural [ˌvɪtɪ'kʌltʃərəl] adj. vitícola
viticulture ['vɪtɪkʌltʃə, 'vaɪtɪkʌltʃə] s. viticultura
viticulturist [ˌvɪtɪ'kʌltʃərɪst, ˌvaɪtɪ'kʌltʃərɪst] s. viticultor
vitiligo [ˌvɪtɪ'laɪgəʊ] s. MEDICINA vitiligo
vitreous ['vɪtrɪəs] adj. 1 ANATOMIA vítreo; 2 relativo a vidro; hialino ❖ ANATOMIA (olho) ~ *body* corpo vítreo; ANATOMIA (olho) ~ *humour* humor vítreo
vitrescence [vɪ'tresəns] s. vitrosidade
vitrifiable [ˌvɪtrɪ'faɪəbəl] adj. vitrificável
vitrification [ˌvɪtrɪfɪ'keɪʃən] s. vitrificação
vitrified ['vɪtrɪfaɪd] adj. vitrificado; ~ *brick* tijolo vitrificado
vitriform ['vɪtrɪfɔːm] adj. vitroso, com o aspecto de vidro
vitrify ['vɪtrɪfaɪ] v.tr.,intr. vitrificar(-se)
vitriol ['vɪtrɪəl] s. 1 QUÍMICA vitríolo; 2 [fig.] crítica ou linguagem cáustica; acrimónia ❖ *blue ~/copper ~* vitríolo de cobre; caparrosa azul; pedra-azul; *green ~* vitríolo verde; caparrosa verde; sulfato marcial; *oil of ~* ácido sulfúrico concentrado; [ant.] *to throw ~ at sb* atirar com vitríolo a alguém (por vingança)
vitriolated [ˌvɪtrɪə'leɪtɪd] adj. vitriolado
vitriolic [ˌvɪtrɪ'ɒlɪk] adj. 1 vitriólico; 2 [fig.] (crítica) cáustico; corrosivo
vitriolize ['vɪtrɪəlaɪz] v.tr. 1 vitriolizar, vitriolar; 2 atirar vitríolo a
vitro-dentine [ˌvɪtrəʊ'dentɪn] s. esmalte dos dentes
Vitruvian [vɪ'truːvɪən] adj. vitruviano; relativo a Vitrúvio Marco
vitta ['vɪtə] s. (pl. *-ae*) 1 vita, faixa usada na antiga Roma, em torno da cabeça, pelas virgens, matronas, sacerdotes, etc.; 2 BOTÂNICA tubo oleífero nos frutos das umbelíferas; 3 ZOOLOGIA faixas de cor
vittae ['vɪtiː] s. {pl. de *vitta*}
vittate ['vɪtɪt] adj. BOTÂNICA, ZOOLOGIA vitífero
vituperate [vaɪ'tjuːpəreɪt, vɪ'tjuːpəreɪt] v.tr. 1 injuriar, insultar; dirigir vitupérios a; 2 censurar, repreender, exprobrar
vituperation [ˌvaɪtjuːpə'reɪʃən, ˌvɪtjuːpə'reɪʃən] s. insulto, injúria; vitupério; vituperação
vituperative [vaɪ'tjuːpərətɪv, vɪ'tjuːpərətɪv] adj. injurioso, insultuoso; vituperativo
vituperator [vaɪ'tjuːpəreɪtə, vɪ'tjuːpəreɪtə] s. injuriador; vituperador
Vitus ['vaɪtəs] s.antr. Vito (mártir cristão dos fins do séc. III e princípios do séc. IV) ❖ MEDICINA *Saint Vitus's dance* dança-de-são-vito; coreia
viva[1] ['viːvə] Ⓐ interj. viva! Ⓑ s. viva
viva[2] ['vaɪvə] s. [GB] [coloq.] (universidade) exame oral, prova oral; *to be ploughed in the ~* ficar reprovado na prova oral, chumbar na oral_coloq_
vivacious [vɪ'veɪʃəs, vaɪ'veɪʃəs] adj. 1 vivo; animado; cheio de vivacidade; *she is a ~ girl* ela é uma rapariga cheia de vivacidade; 2 BOTÂNICA vivaz

vivaciously [vɪ'veɪʃəslɪ, vaɪ'veɪʃəslɪ] adv. 1 com vida, animadamente; 2 com alegria
vivaciousness [vɪ'veɪʃəsnəs, vaɪ'veɪʃəsnəs] s. 1 vivacidade, animação, vida; 2 alegria; 3 brilho (de cores)
vivacity [vɪ'væsɪtɪ, vaɪ'væsɪtɪ] s. ⇒ **vivaciousness**
vivaria [vɪ'veərɪə] s. {pl. de *vivarium*}
vivarium [vɪ'veərɪəm, vaɪ'veərɪəm] s. (pl. *-ia*) 1 viveiro (de animais); 2 jardim zoológico; 3 aquário
vivat ['viːvæt, 'vaɪvæt] s.,interj. viva
viva voce [ˌvaɪvə'vəʊtʃɪ] Ⓐ adv. 1 de viva voz; 2 oralmente; verbalmente Ⓑ adj. *a ~ examination* um exame oral Ⓒ s. [GB] (universidade) exame oral, prova oral
vivers ['vaɪvəz] s.pl. [Esc.] víveres, mantimentos, comida
vives [vaɪvz] s.pl. parotidite do cavalo
Vivian ['vɪvɪən] s.antr. Viviana
vivid ['vɪvɪd] adj. 1 vívido; 2 (cor, luz) vivo; brilhante; intenso; *a ~ flash of lightning* um relâmpago ofuscante; 3 activo, cheio de vida, enérgico, vigoroso; 4 nítido; claro; preciso; *a ~ description* uma descrição nítida; 5 (imaginação) fértil
vividly ['vɪvɪdlɪ] adv. 1 vividamente; 2 nitidamente; claramente; 3 intensamente; 4 com vida, com animação
vividness ['vɪvɪdnəs] s. 1 vivacidade; 2 brilho, fulgor; 3 nitidez, clareza; 4 energia
vivify ['vɪvɪfaɪ] v.tr. 1 vivificar, animar, dar vida a; 2 estimular
vivifying ['vɪvɪfaɪɪŋ] adj. vivificante, vivificador; estimulante; animador
Vivipara [vɪ'vɪpərə] s.pl. ZOOLOGIA vivíparos
viviparity [ˌvɪvɪ'pærɪtɪ] s. BOTÂNICA, ZOOLOGIA viviparidade, viviparismo
viviparous [vɪ'vɪpərəs] adj. BOTÂNICA, ZOOLOGIA vivíparo
viviparously [vɪ'vɪpərəslɪ] adv. viviparamente
viviparousness [vɪ'vɪpərəsnəs] s. viviparidade
vivisect ['vɪvɪsekt] v.tr. praticar a vivissecção em
vivisection [ˌvɪvɪ'sekʃən] s. vivissecção
vivisectionist [ˌvɪvɪ'sekʃənɪst] s. vivisseccionista
vivisector [ˌvɪvɪ'sektə] s. vivissector
vixen ['vɪksən] s.f. 1 raposa fêmea; 2 [fig., depr.] (mulher) megera
vixenish ['vɪksənɪʃ] adj. (temperamento) maldoso; de megera
vixenishly ['vɪksənɪʃlɪ] adv. maldosamente; como uma megera
vixenly ['vɪksənlɪ] Ⓐ adj. ⇒ **vixenish** Ⓑ adv. ⇒ **vixenishly**
viz. [vɪz] adv. ⇒ **videlicet**
vizard ['vɪzəd] s. viseira (de capacete)
vizarded ['vɪzədɪd] adj. com viseira
vizcacha [vɪz'kætʃə] s. ⇒ **viscacha**
vizier [vɪ'zɪə, 'vɪzɪə] s. vizir ❖ (Império Otomano) *grand ~* grão-vizir
vizierate [vɪ'zɪərɪt] s. vizirado, vizirato
vizierial [vɪ'zɪərɪəl] adj. relativo a vizir
viziership [vɪ'zɪəʃɪp] s. vizirado, vizirato
vizir [vɪ'zɪə, 'vɪzɪə] s. ⇒ **vizier**
vizirate [vɪ'zɪərɪt] s. ⇒ **vizierate**
vizirial [vɪ'zɪərɪəl] adj. ⇒ **vizierial**
vizirship [vɪ'zɪəʃɪp] s. ⇒ **viziership**
vizor ['vaɪzə] s. ⇒ **visor**
V-J Day (15 de Agosto de 1945) [abrev. de Victory over Japan Day]
Vlach [vlæk] Ⓐ adj. valáquio; relativo à Valáquia Ⓑ s. 1 (pessoa) valáquio; 2 (língua) valáquio, romeno
Vladimir ['vlædɪmɪə] s.antr. Vladimiro
VLR [abrev. de very-long-range (aircraft)]
V-neck ['viːnek] s. 1 decote em V; 2 blusa de decote em V
V-necked ['viːnekt] adj. com decote em V
vo. [abrev. de verso (on the left-hand page)]
VO [abrev. de (Royal) Victorian Order]
voc. [abrev. de Vocative]
VOC (ambiente) [abrev. de Volatile Organic Compound] COV
vocable ['vəʊkəbəl] s. [ant.] vocábulo
vocabulary [və'kæbjələrɪ, vəʊ'kæbjələrɪ] s. (pl. *-ies*) 1 vocabulário; léxico; *the scientific ~* o vocabulário científico; 2 glossário ❖ ~ *entry* entrada de dicionário
vocal ['vəʊkəl] Ⓐ adj. 1 vocal; relativo a voz; 2 [fig.] franco; sincero; 3 [fig.] (protestos, etc.) notório; manifesto; escandaloso; evidente; 4 [fig.] barulhento; ruidoso; 5 MÚSICA relativo a canto; 6 LINGUÍSTICA vocálico Ⓑ s. 1 MÚSICA canto, parte cantada; pl. coros; 2 [arc.] vogal; 3 RELIGIÃO pessoa com direito de voto em

certas eleições ❖ ~ *communication* comunicação oral; ANATOMIA ~ *cords* cordas vocais; ~ *music* música destinada a ser cantada; ANATOMIA ~ *organs* órgãos vocais; *to be ~ in...* não hesitar em manifestar-se acerca de...; *to be ~ in supporting sth* tomar parte activa no apoio a algo; envolver-se activamente no apoio a algo

vocalic [vəʊˈkælɪk] *adj.* vocálico ❖ LINGUÍSTICA ~ *change* modificação vocálica

vocalism [ˈvəʊkəlɪzəm] *s.* LINGUÍSTICA vocalismo

vocalist [ˈvəʊkəlɪst] *s.* vocalista, cantor

vocalization [ˌvəʊkəlaɪˈzeɪʃən] *s.* 1 articulação, pronúncia; 2 vocalização

vocalize [ˈvəʊkəlaɪz] *v.tr.,intr.* 1 articular, pronunciar; 2 emitir (som); 3 LINGUÍSTICA sonorizar, vocalizar; 4 acrescentar vogais (a texto hebreu); 5 falar, cantar, cantarolar, etc.; 6 exprimir; expressar

vocally [ˈvəʊkəlɪ] *adv.* 1 do ponto de vista vocal; 2 oralmente; de viva voz; 3 (protestos, etc.) energicamente; activamente; *to support sth ~* apoiar activamente algo ❖ ~ *and instrumentally* com canto e orquestra

vocation [vəʊˈkeɪʃən] *s.* 1 (aptidão) vocação [for, para]; *she has no ~ for teaching* ela não tem vocação para o ensino; 2 ofício, profissão, mister; *mechanical vocations* ofícios mecânicos ❖ *to miss/mistake one's ~* enganar-se na profissão

vocational [vəʊˈkeɪʃənəl] *adj.* profissional; vocacional ❖ ~ *guidance* orientação profissional; ~ *training* formação profissional

vocationally [vəʊˈkeɪʃənəlɪ] *adv.* 1 profissionalmente; 2 vocacionalmente

vocative [ˈvɒkətɪv] Ⓐ *adj.* LINGUÍSTICA vocativo Ⓑ *s.* LINGUÍSTICA vocativo, caso vocativo

voces [ˈvəʊsɪz] *s.* {*pl.* de **vox**}

vociferance [vəʊˈsɪfərəns] *s.* clamor, gritaria

vociferant [vəʊˈsɪfərənt] *adj.* vociferante; que grita ou clama

vociferate [vəʊˈsɪfəreɪt] *v.tr.* 1 vociferar; gritar, clamar; 2 berrar, bramar

vociferation [ˌvəʊsɪfəˈreɪʃən] *s.* vociferação; clamor, gritaria, berreiro; alarido

vociferator [vəʊˈsɪfəreɪtə] *s.* vociferador

vociferous [vəʊˈsɪfərəs] *adj.* vociferador; que berra ou grita

vociferously [vəʊˈsɪfərəslɪ] *adv.* clamorosamente; vociferadoramente

VOD [*abrev. de* Video on Demand]

vodka [ˈvɒdkə] *s.* (bebida) vodca

voe [vəʊ] *s.* (ilhas Órcades) enseada, ancoradouro

vogue [vəʊg] Ⓐ *s.* 1 (moda) voga; 2 popularidade Ⓑ *adj.* na moda ❖ *to be all the ~* estar muito em voga; *to be in ~* estar em voga; ser moda; *to bring in ~* transformar em moda

voice [vɔɪs] Ⓐ *s.* 1 voz; *a sweet ~* uma voz doce; *in a low ~* em voz baixa; 2 opinião; 3 [fig.] voto; *he counts with your ~* ele conta com o seu apoio, conta com o seu voto; 4 LINGUÍSTICA (gramática) voz; *active ~* voz activa; *passive ~* voz passiva; 5 LINGUÍSTICA (fonética) fonema sonoro Ⓑ *v.tr.* 1 exprimir; expressar; dar voz a; *to ~ the feelings of* exprimir os sentimentos de; 2 MÚSICA (órgão) afinar; 3 LINGUÍSTICA sonorizar ❖ ANATOMIA ~ *box* laringe; ~ *mail* correio de voz; ~ *production* dicção; ~ *range* registo de voz; ~ *recognition* reconhecimento de voz; ~ *training* aulas de canto; aulas de dicção; *to be in ~* estar com boa voz (para cantar); *to give ~ to* dar voz a; exprimir; *to have no ~ in the matter* não ter voto na matéria; *to raise one's ~* levantar a voz; erguer a voz; *with one ~* unanimemente, em uníssono

voiced [vɔɪst] *adj.* LINGUÍSTICA (consoante) sonoro ❖ *rough-voiced* de voz rude; *sweet-voiced* de voz suave

voiceful [ˈvɔɪsfʊl] *adj.* 1 sonoro; 2 ressoante

voiceless [ˈvɔɪsləs] *adj.* 1 sem voz; afónico; 2 silencioso; 3 LINGUÍSTICA (consoantes) surdo

voicelessly [ˈvɔɪsləslɪ] *adv.* silenciosamente

voicelessness [ˈvɔɪsləsnəs] *s.* 1 silêncio; 2 afonia; 3 LINGUÍSTICA (consoante) qualidade de surda

voice-over [ˈvɔɪsəʊvə] *s.* TELEVISÃO (comentário em) voz-off

void [vɔɪd] Ⓐ *adj.* 1 vazio; sem nada; ~ *space* espaço vazio; 2 desocupado; 3 desprovido [of, de]; ~ *of common sense* desprovido de senso comum; 4 DIREITO nulo, inválido; *they didn't sign the agreement, and so it was null and ~* não assinaram o acordo, e por conseguinte ele não tinha qualquer validade Ⓑ *s.* 1 vazio; vácuo; *nothing can fill the ~ made by her death* nada pode preencher o vazio deixado pela morte dela; 2 abertura; 3 privação; carência; 4 (jogos de cartas) falta de cartas de um naipe Ⓒ *v.tr.* 1 DIREITO anular, invalidar; 2 (excrementos) evacuar; 3 esvaziar; 4 [arc.] abandonar, sair [from, de] ❖ *to fall ~* vagar; ficar vago; *to make sth ~* anular uma coisa

voidable [ˈvɔɪdəbəl] *adj.* DIREITO anulável

voidance [ˈvɔɪdəns] *s.* 1 DIREITO anulação, invalidação; 2 vacatura; 3 expulsão; 4 evacuação (de fezes)

voidness [ˈvɔɪdnəs] *s.* 1 vazio; 2 DIREITO nulidade

voile [vɔɪl] *s.* voile, tecido transparente de seda, algodão ou lã

voivode [ˈvɔɪvəʊd] *s.* voivoda, voivode

voivodeship [ˈvɔɪvəʊdʃɪp] *s.* voivodado

vol. Ⓐ [*abrev. de* volcano] Ⓑ [*abrev. de* volume] Ⓒ [*abrev. de* volunteer]

volant [ˈvəʊlənt] *adj.* 1 que voa; 2 [poét.] ágil, rápido; 3 HERÁLDICA voante; *eagle ~* águia voante

Volapük [ˈvɒləpuːk, ˈvəʊləpʊk] *s.* volapuque

Volapükist [ˈvɒləpuːkɪst, ˈvəʊləpʊkɪst] *s.* volapuquista

volar [ˈvəʊlə] *adj.* ANATOMIA palmar, plantar

volatile [ˈvɒlətaɪl] *adj.* 1 (economia, mercado, situação) instável; 2 (pessoa) volúvel; inconstante; 3 QUÍMICA (líquido) volátil ❖ ~ *alkali* álcali volátil; ~ *matter* matéria volátil; ~ *solvent* dissolvente volátil; ~ *fuel oil* óleo combustível volátil

volatileness [ˈvɒlətaɪlnəs] *s.* 1 volatilidade; 2 inconstância, volubilidade

volatility [ˌvɒləˈtɪlɪtɪ] *s.* volatilidade

volatilizable [ˌvɒlətɪˈlaɪzəbəl] *adj.* volatizável

volatilization [ˌvɒlætɪlaɪˈzeɪʃən] *s.* volatilização

volatilize [vəˈlætɪlaɪz, vɒˈlætɪlaɪz] *v.tr.,intr.* volatilizar(-se)

volatilizer [vəˈlætɪlaɪzə, vɒˈlætɪlaɪzə] *s.* volatilizador

vol-au-vent [ˈvɒləʊvɒn] *s.* CULINÁRIA empadão de massa folhada

volcanic [vɒlˈkænɪk] *adj.* 1 GEOLOGIA vulcânico; ~ *activity* actividade vulcânica; ~ *arc* arco vulcânico; ~ *bomb* bomba vulcânica; bloco vulcânico; ~ *eruption* erupção vulcânica; ~ *rock* rocha vulcânica; 2 [fig.] (temperamento) impetuoso, tumultuoso; ~ *imagination* imaginação impetuosa ❖ ~ *glass* obsidiana

volcanically [vɒlˈkænɪkəlɪ] *adv.* vulcanicamente

volcanism [ˈvɒlkənɪzəm] *s.* GEOLOGIA vulcanismo

volcanist [ˈvɒlkənɪst] *s.* vulcanista; partidário da teoria do vulcanismo

volcano [vɒlˈkeɪnəʊ] *s.* (*pl.* **-es**) GEOLOGIA vulcão; *active ~* vulcão em actividade; *extinct ~* vulcão extinto

volcanology [ˌvɒlkəˈnɒlədʒɪ] *s.* vulcanologia

vole [vəʊl] Ⓐ *s.* 1 [arc.] (jogos de cartas) ganho total, capote; 2 ZOOLOGIA ratazana, variedade de arganaz Ⓑ *v.intr.* [arc.] (jogos de cartas) dar um capote

volet [ˈvɒleɪ] *s.* painel de tríptico

Volga [ˈvɒlgə] *s.top.* (rio) Volga

volitant [ˈvɒlɪtənt] *adj.* 1 ZOOLOGIA que voa; 2 (movimento) volitante, que volita

volition [vəʊˈlɪʃən, vəˈlɪʃən] *s.* volição; vontade; *he did it of his own ~* fê-lo de moto próprio

volitional [vəʊˈlɪʃənəl, vəˈlɪʃənəl] *adj.* volitivo

volitionary [vəʊˈlɪʃənərɪ, vəˈlɪʃənərɪ] *adj.* ⇒ **volitional**

volitive [ˈvɒlɪtɪv] *adj.* volitivo

volley [ˈvɒlɪ] Ⓐ *s.* 1 (artilharia) salva; *to fire a ~* disparar uma salva; 2 aclamação, série de palmas; 3 [fig.] saraivada; *a ~ of bullets* uma saraivada de balas; 4 [fig.] chuva*fig*; torrente*fig*; *a ~ of oaths* uma chuva de pragas; 5 DESPORTO (ténis, etc.) batida da bola antes de ela tocar o chão Ⓑ *v.tr.,intr.* 1 (rajada, salva) disparar; disparar simultaneamente; 2 (palavras, etc.) lançar em torrente; *to ~ forth abuse* proferir uma torrente de injúrias; 3 cair em torrentes; 4 DESPORTO bater a bola no ar

volleyball [ˈvɒlɪbɔːl] *s.* DESPORTO voleibol ❖ ~ *player* voleibolista

volplane [ˈvɒlpleɪn] Ⓐ *s.* AERONÁUTICA voo planado Ⓑ *v.intr.* planar, descer em voo planado

vols. [*abrev. de* volumes]

volt [vəʊlt] Ⓐ *s.* 1 ELECTRICIDADE (sistema internacional de unidades de medida) volt, vóltio; 2 DESPORTO (esgrima, equitação) ⇒ **volte** Ⓑ *v.intr.* 1 DESPORTO (esgrima) fazer um movimento rápido para evitar um ataque; 2 DESPORTO (equitação) voltear, fazer volteio

voltage ['vəʊltɪdʒ] s. ELECTRICIDADE voltagem; tensão; **high** ~ alta tensão; ~ *during discharge* tensão de descarga ❖ ~ *adjustment* regulação da voltagem; ~ *drop* queda de potencial; ~ *fluctuation* flutuação da voltagem; ~ *meter* voltímetro
voltaic [vɒl'teɪɪk] adj. ELECTRICIDADE voltaico; ~ *arc* arco voltaico; ~ *cell* pilha voltaica
Voltairean [vɒl'teərɪən] adj.,s. voltairiano
Voltairianism [vɒl'teərɪənɪzəm] s. voltairianismo
Voltairism ['vɒlteərɪzəm] s. ⇒ **Voltairianism**
voltaism ['vɒltəɪzəm] s. ELECTRICIDADE voltaísmo, teoria de Volta sobre o desenvolvimento da electricidade dinâmica
voltameter [vɒl'tæmɪtə] s. FÍSICA voltâmetro
volte ['vɒltɪ] s. 1 DESPORTO (esgrima) movimento rápido para escapar a um ataque; 2 DESPORTO (equitação) volteio
volte-face ['vɒlt,fɑːs] s. reviravolta
voltmeter ['vəʊltmiːtə] s. ELECTRICIDADE voltímetro; *dead-beat* ~ voltímetro aperiódico
volubilate [vɒ'ljuːbɪlɪt] adj. BOTÂNICA volubilado
volubile ['vɒljʊbaɪl] adj. ⇒ **volubilate**
volubility [ˌvɒljə'bɪlɪtɪ] s. 1 fluência; loquacidade; 2 [arc.] facilidade de se mover em volta
voluble ['vɒljəbəl] adj. 1 fluente; loquaz; 2 BOTÂNICA volúvel; 3 [arc.] que gira facilmente em volta
volubly ['vɒljəblɪ] adv. fluentemente; loquazmente
volume ['vɒljuːm] s. 1 (massa, quantidade) volume [**of**, de]; 2 (livro) tomo; volume; 3 capacidade, cubagem; *the ~ of a reservoir* a cubagem de um reservatório; 4 quantidade; 5 (som) (intensidade) volume ❖ ~ *control* botão de som; ~ *efficiency* rendimento volumétrico; ~ *level indicator* indicador do nível do volume do som; ~ *of fall* volume de queda de água; ~ *of sound* intensidade de som; ~ *of stroke* cilindrada; *to speak volumes* dizer tudo; *to speak volumes for* dizer muito a favor de
volumenometer [ˌvɒljʊmɪ'nɒmɪtə] s. FÍSICA voluminómetro
volumeter [vɒ'ljuːmɪtə] s. volúmetro
volumetric [ˌvɒljə'metrɪk] adj. volumétrico ❖ ~ *analysis* análise volumétrica; ~ *density* densidade volumétrica; ~ *geometry* geometria sólida
volumetrical [ˌvɒljə'metrɪkəl] adj. ⇒ **volumetric**
volumetrically [ˌvɒljə'metrɪkəlɪ] adv. volumetricamente
voluminous [və'ljuːmɪnəs] adj. 1 volumoso; *a ~ correspondence* uma correspondência volumosa; 2 (roupa) largo; 3 extenso, longo, muito grande; 4 (autor) prolífico, que escreveu muitos volumes; 5 [arc.] sinuoso; *a ~ serpent* uma serpente sinuosa
voluminously [və'ljuːmɪnəslɪ] adv. 1 volumosamente; 2 em grande quantidade; copiosamente
voluminousness [və'ljuːmɪnəsnəs] s. 1 grande quantidade, grande número; 2 grande extensão
voluntarily ['vɒləntərɪlɪ, 'vɒləntərɪlɪ] adv. voluntariamente, de moto próprio, espontaneamente
voluntariness ['vɒləntərɪnəs] s. espontaneidade, natureza voluntária, voluntariedade
voluntary ['vɒləntərɪ, 'vɒləntərɪ] Ⓐ adj. 1 voluntário; espontâneo; 2 (trabalho) (sem vencimento) voluntário; de voluntariado; 3 DIREITO deliberado, intencional, propositado; 4 controlado pela vontade; 5 não dependente do Estado Ⓑ s. (pl. -**ies**) 1 MÚSICA composição breve; 2 MÚSICA solo de órgão tocado antes, durante ou depois do ofício divino; 3 [arc.] voluntário ❖ ~ *army* exército de voluntários; ~ *assistants* assistentes voluntários (sem vencimento); DIREITO ~ *conveyance* doação; ~ *homicide* homicídio voluntário; ~ *school* escola mantida por contribuições voluntárias; ~ *work* trabalho de voluntariado; ~ *worker* voluntário; *he was a ~ agent in the matter* ele agiu livremente no assunto
voluntaryism [ˌvɒləntərɪɪzəm, 'vɒləntərɪɪzəm] s. 1 princípio da separação da Igreja e do Estado; 2 princípio que defende que as escolas devem ser sustentadas por contribuições voluntárias e não pelo Estado; 3 sistema de voluntariado nas forças armadas
voluntaryist ['vɒləntərɪɪst, 'vɒləntərɪɪst] s. 1 partidário da separação da Igreja e do Estado; 2 partidário do voluntariado para a manutenção das escolas e para as forças armadas
volunteer [ˌvɒlən'tɪə] Ⓐ s. 1 voluntário; 2 DIREITO donatário Ⓑ v.tr.,intr. 1 (ajuda, informação, sugestão) oferecer; disponibilizar; *to ~ some information* oferecer informação; 2 oferecer-se, voluntariar-se [**for/to**, para]; *he volunteered to do it* ele apresentou-se como voluntário; 3 MILITAR alistar-se como voluntário; *to ~ into a regiment* alistar-se num regimento ❖ ~ *army* exército de voluntários; BOTÂNICA ~ *plants* plantas espontâneas; *volunteers are wanted for the navy* precisam-se voluntários para a marinha
volunteering [ˌvɒlən'tɪərɪŋ] s. voluntariato
voluptuary [və'lʌptʃʊərɪ, və'lʌptjʊərɪ] Ⓐ adj. 1 dado ao gozo e à luxúria; 2 dado aos prazeres sensuais; 3 sibarítico Ⓑ s. (pl. -**ies**) sensualista; pessoa dada aos prazeres sensuais; sibarita
voluptuous [və'lʌptʃʊəs, və'lʌptjʊəs] adj. 1 voluptuoso; sensual; 2 libidinoso
voluptuously [və'lʌptʃʊəslɪ, və'lʌptjʊəslɪ] adv. voluptuosamente
voluptuousness [və'lʌptʃʊəsnəs, və'lʌptjʊəsnəs] s. voluptuosidade; sensualidade
volute [və'ljuːt] Ⓐ s. 1 ARQUITECTURA voluta; 2 ZOOLOGIA (moluscos) voluta Ⓑ adj. 1 em volta; 2 espiralado ❖ ~ *spring* mola espiralada cónica
voluted [və'ljuːtɪd] adj. em voluta; espiralado
volution [və'ljuːʃən] s. 1 volta de espiral; 2 espira; 3 ANATOMIA circunvolução
volva ['vɒlvə] s. BOTÂNICA volva
volvox ['vɒlvɒks] s. BOTÂNICA volvox
volvulus ['vɒlvjələs] s. MEDICINA vólvulo
vomer ['vəʊmə] s. ANATOMIA vómer
vomica ['vɒmɪkə] s. MEDICINA vómica
vomit ['vɒmɪt] Ⓐ s. 1 vómito; 2 vomitório; 3 emético Ⓑ v.tr.,intr. 1 vomitar; 2 [fig.] expelir violentamente; lançar para fora; vomitar*fig.*; *to ~ abuse* vomitar insultos; *to ~ smoke* lançar fumo, vomitar fumo
vomiting ['vɒmɪtɪŋ] s. acto de vomitar
vomition [vəʊ'mɪʃən] s. vómito, vomição
vomito ['vɒmɪtəʊ] s. MEDICINA vómito-negro, febre-amarela
vomitorium [ˌvɒmɪ'tɔːrɪəm] s. HISTÓRIA (Roma antiga) vomitório
vomitory ['vɒmɪtərɪ] Ⓐ adj. vomitório, vomitivo Ⓑ s. (pl. -**ies**) 1 MEDICINA vomitório, emético; 2 (Roma antiga) passagem para entrada e saída de um teatro ou anfiteatro
vomiturition [ˌvɒmɪtjʊ'rɪʃən] s. vomituração
voodoo ['vuːduː] Ⓐ s. vudu Ⓑ v.tr. 1 enfeitiçar; 2 embruxar
voodooism ['vuːduːɪzəm] s. voduísmo
voodooist ['vuːduːɪst] s. voduísta
voracious [və'reɪʃəs] adj. 1 voraz, devorador; *a ~ appetite* um apetite devorador; 2 [fig.] insaciável; *a ~ reader* um leitor insaciável
voraciously [və'reɪʃəslɪ] adv. 1 vorazmente, devoradoramente; 2 insaciavelmente
voraciousness [və'reɪʃəsnəs] s. voracidade
voracity [və'ræsɪtɪ] s. ⇒ **voraciousness**
vortal ['vɔːtl] s. (Internet) vortal
vortex ['vɔːteks] s. (pl. -**ices** ou -**exes**) 1 vórtice; redemoinho; voragem; 2 [fig.] turbilhão; *he was drawn into the ~ of politics* foi arrastado para o turbilhão da política
vortical ['vɔːtɪkəl] adj. vorticoso; relativo ou semelhante a vórtice; rodopiante; turbilhonante
vorticel ['vɔːtɪsel] s. ZOOLOGIA vorticela
vortices ['vɔːtɪsɪz] s. {pl. de vortex}
vorticism ['vɔːtɪsɪzəm] s. ARTES PLÁSTICAS, LITERATURA vorticismo
vorticist ['vɔːtɪsɪst] s. ARTES PLÁSTICAS, LITERATURA vorticista
vorticular [vɔː'tɪkjʊlə] adj. 1 vortiginoso; 2 rodopiante
vortiginous [vɔː'tɪdʒɪnəs] adj. vortiginoso
votaress ['vəʊtərɪs] fem. de **votary**
votary ['vəʊtərɪ] s. (pl. -**ies**) 1 RELIGIÃO monge; freira; 2 devoto; ~ *of a saint* devoto de um santo; 3 defensor; partidário; ~ *of peace* defensor da paz; 4 entusiasta; cultor; ~ *of science* apaixonado pela ciência ❖ *to be ~ of the Muses* ser dado às Musas
vote [vəʊt] Ⓐ s. 1 voto [**for**, a favor; **against**, contra]; *to count the votes* contar os votos; *to give one's ~ for/to* dar o seu voto a; 2 escrutínio, sufrágio, votação; *the case was decided by ~* o caso foi decidido por votação; 3 (proposta) moção; 4 direito de voto; *to have a ~* ter direito de voto Ⓑ v.tr.,intr. 1 votar [**for**, a favor; **against**, contra, **on**, em]; *to ~ by a show of hands* votar de mãos levantadas; POLÍTICA (parlamento) *to ~ a*

sum votar um crédito; **2** eleger; **3** [coloq.] considerar; **4** [coloq.] propor; sugerir; *I ~ that we go home* proponho que vamos para casa ❖ *~ of an assembly* deliberação de uma assembleia; *~ of censure* voto de censura; *~ of confidence* voto de confiança; *~ of no confidence* moção de censura; *the Army ~* os créditos militares; *the floating ~* os votos dos indecisos; *to take a ~ by calling over the names of the members* votar por chamamento nominal
◆**vote down** *v.tr.* rejeitar; votar contra; *to ~ a proposal* rejeitar uma proposta, votar contra uma proposta
◆**vote in** *v.tr.* **1** (lei) aprovar; votar a favor de; **2** (pessoa) eleger
◆**vote on** *v.tr.* (moção, proposta, etc.) decidir por meio de voto; proceder à votação de
◆**vote out** *v.tr.* **1** (emenda, revisão) rejeitar; **2** (deputado, presidente) não reeleger
◆**vote through** *v.tr.* aprovar; *to vote a Bill through* conseguir que uma proposta de lei seja aprovada
voter ['vəʊtə] *s.* eleitor; votante
voting ['vəʊtɪŋ] Ⓐ *adj.* que vota, votante Ⓑ *s.* POLÍTICA votação; escrutínio ❖ [EUA] *~ booth* cabina de voto; *~ machine* máquina de registo e contagem de votos; *~ paper* boletim de voto; *~ pattern* tendência de voto; [EUA] POLÍTICA *~ precinct* circunscrição eleitoral; *~ right* direito a voto; *~ by rising and sitting* votação pondo-se em pé ou ficando sentado
votive ['vəʊtɪv] *adj.* votivo ❖ RELIGIÃO *~ mass* missa votiva
votively ['vəʊtɪvlɪ] *adv.* votivamente
vouch [vaʊtʃ] *v.tr.,intr.* **1** garantir [**for**, -]; *I can ~ for their honesty* posso garantir a honestidade deles; **2** assegurar, atestar, certificar, confirmar, testemunhar [**for**, -]; *to ~ for the truth of* atestar a verdade de; **3** responder [**for**, por]
vouchee [vaʊˈtʃiː] *s.* **1** abonador, responsável, pessoa que se responsabilizou; **2** caução
voucher ['vaʊtʃə] *s.* **1** documento comprovativo, comprovante; **2** recibo de importância paga; **3** certidão; **4** prova, garantia; **5** pessoa que toma a responsabilidade por alguma coisa; **6** fiador; **7** abonador
vouchsafe [vaʊtʃˈseɪf] *v.tr.* **1** (resposta) condescender em; dignar-se; *to ~ a reply* dignar-se dar uma resposta; **2** conceder, outorgar
vouchsafement [vaʊtʃˈseɪfmənt] *s.* **1** concessão; **2** outorga
voussoir ['vuːswɑː] *s.* aduela, fiada de pedras do arco de abóbada
vow [vaʊ] Ⓐ *s.* voto [**of**, de]; juramento [**of**, de]; promessa [**of**, de]; *a ~ of chastity* um voto de castidade; *lovers' vows* juras de amor; *to be bound by a ~/to be under a ~* ter feito um voto, estar preso por um voto; *to break a ~* quebrar um juramento; *to keep a ~* manter-se fiel a um voto; *to take a ~ of poverty* tomar voto de pobreza Ⓑ *v.tr.* **1** jurar; prometer; *to ~ vengeance against* jurar vingança contra; *to ~ and declare* prometer solenemente; **2** fazer voto de; *to ~ obedience* fazer voto de obediência; **3** afirmar; asseverar; declarar; *she vowed she wouldn't listen to him again* ela afirmou que nunca mais lhe daria ouvidos; **4** consagrar; dedicar; *to ~ a temple to Apollo* dedicar um templo a Apolo ❖ RELIGIÃO *to take the vows* professar
vowel ['vaʊəl] *s.* LINGUÍSTICA vogal ❖ *~ gradation* apofonia; *~ mutation* metafonia; *~ sound* som vocálico
vowelize ['vaʊəlaɪz] *v.tr.* vocalizar
vox [vɒks] *s.* (*pl.* **voces**) **1** voz; **2** palavra ❖ *~ et praeterea nihil* só palavreado; palavras ocas; *~ humana* som de órgão parecido com a voz humana; *~ populi* opinião da maioria
voyage ['vɔɪɪdʒ] Ⓐ *s.* (espacial, marítima) viagem; travessia; *to go on a (sea) ~ to* fazer uma viagem de barco a Ⓑ *v.tr.* (viagem longa por mar) fazer a travessia de; percorrer Ⓒ *v.intr.* viajar por mar; sulcar os mares ❖ [ant.] *broken ~* expedição de pesca à baleia mal sucedida
voyager ['vɔɪədʒə] *s.* **1** viajante; **2** navegador
voyaging ['vɔɪɪdʒɪŋ] *s.* acto de viajar (geralmente por mar)
voyeur [vwɑːˈjɜː] *s.* voyeur
voyeurism ['vwɑːjɜːrɪzm] *s.* voyeurismo
voyeuristic [vwɑːjɜːˈrɪstɪk] *adj.* voyeurista
VP [*abrev. de* Vice President]
VR Ⓐ [*abrev. de* Volunteer Reserve] Ⓑ [*abrev. de* virtual reality]
V. Rev. [*abrev. de* Very Reverend]

VS [*abrev. de* Veterinary Surgeon]
V-sign ['viːsaɪn] *s.* **1** (com a palma da mão virada para os outros) sinal de vitória; **2** (com a palma da mão virada para si) gesto obsceno
VSO [GB] [*abrev. de* Voluntary Service Overseas]
vt [*abrev. de* verb transitive]
Vt [*abrev. de* Vermont]
vug [vʌg] *s.* GEOLOGIA cavidade em filão ou rocha
vugh [vʌg] *s.* GEOLOGIA cavidade em filão ou rocha
Vulcan ['vʌlkən] *s.* MITOLOGIA Vulcano
vulcanian [vʌlˈkeɪnɪən] *adj.* vulcâneo, vulcaniano
vulcanist ['vʌlkənɪst] *s.* vulcanista; partidário da teoria do vulcanismo
vulcanite ['vʌlkənaɪt] *s.* QUÍMICA vulcanite, ebonite
vulcanization [vʌlkənaɪˈzeɪʃən] *s.* vulcanização (da borracha)
vulcanize ['vʌlkənaɪz] *v.tr.,intr.* (borracha) vulcanizar(-se)
vulcanized ['vʌlkənaɪzd] *adj.* vulcanizado; *~ asbestos* amianto vulcanizado; *~ fibre* fibra vulcanizada; *~ rubber* borracha vulcanizada
vulcanizer ['vʌlkənaɪzə] *s.* vulcanizador
vulcanizing ['vʌlkənaɪzɪŋ] *s.* vulcanização; *cold ~* vulcanização a frio; *hot ~* vulcanização a quente ❖ *~ press* prensa de vulcanização
vulcanology [vʌlkəˈnɒlədʒɪ] *s.* vulcanologia
Vulg. (Bíblia) [*abrev. de* Vulgate]
vulgar ['vʌlgə] Ⓐ *adj.* **1** vulgar; baixo; grosseiro; *~ language* linguagem grosseira; **2** obsceno; *a ~ joke* uma graça obscena; **3** de mau gosto; **4** [arc.] comum, popular; **5** LINGUÍSTICA vernáculo; *the ~ tongue* a língua vernácula Ⓑ *s. the ~* o vulgo, a gentalha, a populaça, o povo ❖ MATEMÁTICA *~ fraction* fracção ordinária; LINGUÍSTICA *~ Latin* Latim vulgar; *the ~ era* a era cristã; *to grow ~* vulgarizar-se
vulgarian [vʌlˈgɛərɪən] *s.* **1** pessoa vulgar, plebeu; **2** novo-rico
vulgarism ['vʌlgərɪzəm] *s.* **1** vulgarismo; **2** plebeísmo; **3** grosseria; **4** vulgaridade
vulgarity [vʌlˈgærɪtɪ] *s.* (*pl.* **-ies**) **1** vulgaridade; **2** trivialidade; **3** maneiras rudes, falta de educação
vulgarization [vʌlgəraɪˈzeɪʃən] *s.* vulgarização
vulgarize ['vʌlgəraɪz] *v.tr.* **1** vulgarizar, tornar conhecido; **2** popularizar; **3** tornar vulgar, banalizar, rebaixar
vulgarly ['vʌlgəlɪ] *adv.* **1** vulgarmente; **2** grosseiramente; **3** comummente
Vulgate ['vʌlgeɪt, 'vʌlgɪt] *s.* RELIGIÃO (Bíblia) Vulgata
vulgus ['vʌlgəs] *s.* [cal., rar.] (escola) composição em verso latino ou grego
vulnerability [vʌlnərəˈbɪlɪtɪ] *s.* vulnerabilidade
vulnerable ['vʌlnərəbəl] *adj.* vulnerável [**to**, a] ❖ *that is his ~ spot* esse é o calcanhar-de-aquiles dele; *to be ~ to criticism* expor-se a críticas; prestar-se a críticas
vulnerableness ['vʌlnərəbəlnəs] *s.* ⇒ **vulnerability**
vulnerary ['vʌlnərərɪ, 'vʌlnərerɪ] Ⓐ *adj.* vulnerário, próprio para curar feridas Ⓑ *s.* (*pl.* **-ies**) FARMÁCIA [arc.] (feridas, contusões) vulnerário
vulpecular [vʌlˈpekjʊlə] *adj.* vulpino
vulpine ['vʌlpaɪn] *adj.* **1** vulpino; **2** [fig.] manhoso, astuto, traiçoeiro
vulterine ['vʌltʃəraɪn] *adj.* vulturino
vulture ['vʌltʃə] *s.* **1** abutre; **2** [fig.] (pessoa) abutre; predador
Vulturidae [vʌlˈtʃʊərɪdiː] *s.pl.* ZOOLOGIA Vulturídeos
vulturish ['vʌltʃʊrɪʃ] *adj.* próprio de abutre
vulturous ['vʌltʃʊrəs] *adj.* ⇒ **vulterine**
vulva ['vʌlvə] *s.* ANATOMIA vulva
vulval ['vʌlvəl] *adj.* ⇒ **vulvar**
vulvar ['vʌlvə] *adj.* ANATOMIA vulvar
vulvismus [vʌlˈvɪsməs] *s.* MEDICINA vaginismo
vulvitis [vʌlˈvaɪtɪs] *s.* MEDICINA vulvite
vulvovaginal [ˌvʌlvəʊəˈdʒaɪnəl] *adj.* ANATOMIA vulvovaginal
vulvovaginitis [ˌvʌlvəʊvædʒɪˈnaɪtɪs] *s.* MEDICINA vulvovaginite
vych-elm ['wɪtʃelm] *s.* BOTÂNICA olmo-escocês
vying ['vaɪɪŋ] Ⓐ *adj.* **1** rival, êmulo; **2** competitivo Ⓑ *s.* **1** rivalidade, emulação; competição; **2** luta
vyingly ['vaɪɪŋlɪ] *adv.* **1** porfiadamente; **2** com emulação; **3** competitivamente

W

w ['dʌbljuː] s. (pl. **ws** ou **w´s**) (letra) w, W
W Ⓐ [abrev. de West] Ⓑ QUÍMICA [abrev. de tungsten]
WA Ⓐ [abrev. de Washington] Ⓑ [abrev. de Western Australia]
waaf [wæf] s. membro da WAAF
Waak [wæk] s.f. senhora ou rapariga pertencente ao Women's Army Auxiliary Corps na guerra de 1914-1918
wabble ['wɒbəl] Ⓐ s. ⇒ **wobble** Ⓐ Ⓑ v.intr. ⇒ **wobble** Ⓑ ❖ ~ *saw* serra circular oscilante
WAC [EUA] [abrev. de Women's Army Corps]
wacke ['wækɪ] s. GEOLOGIA variedade de argila acastanhada ou cinzento-esverdeada, resultante da decomposição de rocha vulcânica
wacko ['wækəʊ] adj.,s. [coloq.] maluco, louco
wacky ['wækɪ] adj. (comp. **-ier**, superl. **-iest**) [EUA] tolo, louco
wad [wɒd] Ⓐ s. 1 chumaço; enchimento; 2 (notas, papéis) maço [of, de]; 3 (de cartucho ou espingarda) bucha; 4 disco de feltro; 5 [EUA] [coloq.] capital, dinheiro Ⓑ v.tr. (particípios: **-dd-**) 1 acolchoar; forrar com algodão acolchoado, lã, etc.; 2 fazer uma bucha ou enchumaço de; 3 fazer um maço de; 4 colocar bucha ou chumaço em; 5 firmar por meio de bucha ❖ ~ *hook* saca-buchas; saca-trapos
wadded ['wɒdɪd] adj. acolchoado; enchumaçado
wadder ['wɒdə] s. acolchoador; estofador
wadding ['wɒdɪŋ] s. 1 estofamento; acolchoamento; 2 (pano forte) entretela; 3 (peças de vestuário) chumaços, algodão em rama; 4 (armas de fogo) buchas
waddle ['wɒdəl] Ⓐ s. 1 andar gingado ou bamboleado; 2 meneio, bamboleamento Ⓑ v.intr. (andar) bambolear-se; menear-se
waddling ['wɒdlɪŋ] Ⓐ adj. que se ginga ou se bamboleia ao andar Ⓑ s. acto de se bambolear ou menear ao andar
waddlingly ['wɒdlɪŋlɪ] adv. de maneira gingada ou bamboleando-se
waddy ['wɒdɪ] s. (pl. **-ies**) espécie de maça de guerra ou clava dos indígenas australianos
wade [weɪd] Ⓐ v.tr.,intr. 1 (pela água, neve, lama, areia, etc.) seguir com dificuldade; avançar com dificuldade; 2 passar a vau; vadear; *to ~ a brook* passar um regato a vau; 3 patinhar; *the little girl liked wading in the sea* a pequenita gostava de patinhar no mar Ⓑ s. 1 vadeação, acto de passar a vau; 2 vau
◆**wade in** v.intr. atacar vigorosamente
◆**wade into** v.tr. 1 atacar; atirar-se a; investir contra; 2 deitar mãos à obra
◆**wade through** v.intr. conseguir a custo; *to ~ a book* conseguir a custo ler um livro até ao fim
wader ['weɪdə] s. 1 pessoa que anda na água; 2 criança que gosta de patinhar na água; 3 ZOOLOGIA ave pernalta; 4 pl. botas de água, botas de pescador
wadi ['wɒdɪ, 'wɑːdɪ] s. uade, uadi, uede
wading ['weɪdɪŋ] adj. 1 que vadeia ou passa a vau; 2 ZOOLOGIA (ave) pernalta; ~ *bird* ave pernalta Ⓑ s. passagem a vau ❖ ~ *boots* botas de água; ~ *pool* piscina baixa para crianças
wafer ['weɪfə] Ⓐ s. 1 bolacha; 2 RELIGIÃO hóstia; 3 obreia; massa de hóstia; 4 DIREITO disco de papel vermelho colado em documentos legais em vez de selo; 5 FARMÁCIA hóstia, pastilha Ⓑ v.tr. 1 fechar com obreia; 2 selar com obreia
waffle ['wɒfəl] Ⓐ s. 1 CULINÁRIA waffle; 2 [coloq.] tagarelice; 3 [coloq.] palavrório, palha_coloq._ Ⓑ v.intr. 1 [coloq.] falar sem cessar; falar pelos cotovelos; 2 [coloq.] dar palha_coloq._ ❖ ~ *iron* máquina de fazer waffles
◆**waffle on** v.intr. [coloq.] dar palha_coloq._

waft [wɑːft, wɒft] Ⓐ s. 1 aragem; sopro de vento; 2 bafejo; baforada; 3 sensação fugidia; 4 cheiro leve que passa; 5 bater de asas; 6 NÁUTICA [arc.] sinal de perigo Ⓑ v.tr.,intr. 1 levar suavemente pelo ar ou pela água; *music wafted on the breeze* música transportada pela brisa; *the scent of flowers was wafted through the air* o perfume de flores era levado suavemente pelo ar; 2 vogar, deslizar suavemente, flutuar ❖ *to ~ a kiss* atirar um beijo
wag [wæg] Ⓐ s. 1 sacudidela; abanadela; 2 [ant.] gracejador, trocista Ⓑ v.tr.,intr. (formação de particípios: **-gg-**) 1 abanar, agitar, mover de um lado para o outro; *the dog's tail wagged* o cão abanou a cauda; 2 balancear, baloiçar, oscilar; 3 menear(-se); 4 [arc.] (mundo, vida) seguir, caminhar com variada fortuna ❖ *to ~ one's finger at sb* advertir alguém com o dedo; *to ~ one's head* acenar com a cabeça; *to ~ one's tongue* dar à língua; [coloq.] *tail wags dog* o carro à frente dos bois; *to let the world ~* deixar correr o marfim; [coloq.] (escola) *to play the ~* fazer gazeta; faltar à escola; *to set tongues wagging* dar motivo a falatório; *with a ~ of the tail* agitando a cauda
wage [weɪdʒ] Ⓐ s. 1 salário; *at the ~ of...* com o salário de...; *to earn good wages* ganhar um bom salário; 2 pl. paga, recompensa; 3 pl. preço Ⓑ v.tr. 1 (luta, campanha) fazer; empreender; *to ~ a campaign* empreender fazer campanha contra; *to ~ war against* fazer guerra a/contra; 2 [arc.] apostar ❖ ~ *claim* reivindicação salarial; ~ *earner* assalariado; ganha-pão; *wage(s) sheet* folha de salários; folha de pagamentos; ~ *work* trabalho a jornal; *wage-price spiral* espiral preços-salários; *the wage-fund theory* a teoria de que os salários só podem subir se o capital aumentar ou a população diminuir
wager ['weɪdʒə] Ⓐ s. 1 aposta; *to lay/to make a ~* fazer uma aposta; *to take up a ~* aceitar uma aposta; 2 (dinheiro apostado) parada Ⓑ v.tr.,intr. apostar; *to ~ ten euros on* apostar dez euros em ❖ HISTÓRIA ~ *of battle* combate judiciário; DIREITO ~ *of law* compurgação
wagerer ['weɪdʒərə] s. apostador
wagering ['weɪdʒərɪŋ] s. apostas
waggery ['wægərɪ] s. (pl. **-ies**) 1 brincadeira(s); 2 gracejo(s)
wagging ['wægɪŋ] s. 1 acto de abanar ou agitar; 2 (com a cabeça) aceno, meneio; 3 oscilação ❖ ~ *of the tongue* tagarelice; mexeriquice
waggish ['wægɪʃ] adj. 1 brincalhão; 2 cómico; divertido; 3 galhofeiro; chocarreiro; 4 malicioso
waggishly ['wægɪʃlɪ] adv. 1 brincalhonamente; 2 galhofeiramente; em tom de gracejo; de maneira cómica; 3 maliciosamente
waggishness ['wægɪʃnəs] s. 1 carácter brincalhão, carácter gracejador; 2 galhofa, chocarrice; 3 tendência para a brincadeira
waggle ['wægəl] Ⓐ s. sacudidela, abanadela Ⓑ v.tr.,intr. ⇒ **wag** Ⓑ; [coloq.] *to ~ an oar* manejar um remo
waggly ['wæglɪ] adj. 1 [coloq.] coleante, serpente; 2 acidentado; 3 oscilante, que se agita; que não está firme
waggon ['wægən] s. ⇒ **wagon**
waggonage ['wægənɪdʒ] s. 1 transporte em vagões ou carros; 2 carreto de mercadorias
waggoner ['wægənə] s. 1 condutor de carro ou vagão; 2 carroceiro
Waggoner ['wægənə] s. ASTRONOMIA (constelação) Auriga, Cocheiro
waggonette [wægə'net] s. (carruagem) breque
Wagnerian [vɑːɡˈnɪərɪən] Ⓐ adj. wagneriano; relativo a Richard Wagner Ⓑ s. wagneriano; wagnerista

wagnerism ['vɑːgnərɪzəm] s. MÚSICA wagnerismo
wagnerite ['wægnəraɪt] s. MINERALOGIA wagnerite
wagon ['wægən] s. 1 carroça grande; 2 [GB] (comboios) vagão de mercadorias; 3 camião; carrinha de distribuição; 4 carrinho; *tea ~* carrinho de chá ❖ *~ ceiling* tecto em semicírculo; *~ load* carga de vagão; *~ roof* telhado semicircular; MILITAR [ant.] *~ train* comboio de abastecimentos; *~ vault* abóbada em semicírculo; *to be/to go on the ~* abster-se de bebidas alcoólicas; deixar de beber; [coloq.] *to fall off the ~* ter uma recaída e voltar a beber; *to hitch one's ~ to a star* servir-se de poderes mais altos que os próprios
wagonage ['wægənɪdʒ] s. 1 transporte em vagões ou carros; 2 carreto de mercadorias
wagoner ['wægənə] s. 1 condutor de carro ou vagão; 2 carroceiro ❖ ASTRONOMIA *the Wagoner* o Auriga; o Cocheiro
wagonette [ˌwægə'net] s. (carruagem) breque
wagtail ['wægteɪl] s. ZOOLOGIA lavandisca, alvéola
Wahabi [wə'hɑːbɪ] s. membro de uma seita de puritanos maometanos, que seguiam à letra os preceitos do Corão
waif [weɪf] s. 1 objecto ou animal sem dono; 2 coisa lançada à praia pelo mar; 3 objecto à deriva sobre o mar; 4 pessoa sem casa; 5 vagabundo; 6 criança abandonada; *waifs and strays* crianças abandonadas, crianças sem casa; 7 DIREITO objectos roubados e abandonados na fuga
wail [weɪl] Ⓐ s. 1 lamentação; lamento; lamúria; 2 choro, pranto, gemido; 3 queixume, grito de dor; 4 vagidos de recém-nascido Ⓑ v.tr.,intr. 1 chorar, prantear, prantear-se; 2 lamentar-se, chorando; 3 gemer; 4 queixar-se em alta voz ❖ *to ~ over* prantear; lamentar-se em relação a
wailful ['weɪlfʊl] adj. 1 lamentoso, queixoso; 2 gemente
wailfully ['weɪlfʊlɪ] adv. 1 lamentosamente; queixosamente; 2 gemendo
wailing ['weɪlɪŋ] Ⓐ adj. 1 lamentoso, choroso; 2 que se queixa ou geme Ⓑ s. 1 choro, pranto; 2 lamento, lamúria, queixumes; 3 vagidos de recém-nascido ❖ (Jerusalém) *the Wailing Wall* o Muro das Lamentações
wain [weɪn] s. 1 carro; 2 carroça ❖ ASTRONOMIA *Charles's Wain/the Wain* a Ursa Maior
wainscot ['weɪnskət] Ⓐ s. lambril, lambrim de madeira Ⓑ v.tr. revestir de lambris ou lambrins ❖ *~ wood* madeira de lambrins
waist [weɪst] Ⓐ s. 1 cintura, cinta; *to put one's arm round sb's ~* passar o braço pela cintura de alguém; *down to the ~* até à cintura; *up to the ~* até à cintura; *to grip round the ~* agarrar pela cintura; 2 (roupa) cinta; 3 (objectos) parte central mais estreita; *the ~ of an hourglass* o estrangulamento central de uma ampulheta; 4 corpete; espartilho; 5 NÁUTICA parte da coberta entre os castelos Ⓑ v.tr. (canalização, tubo, etc.) comprimir, estreitar, apertar ❖ (bolsa à cintura) *~ bag* banana; MILITAR *~ belt* cinturão; AERONÁUTICA *~ gun* metralhadora do centro de fuselagem; *~ measurement/~ size* medida da cintura; *~ slip* saiote; saia interior; *to have no ~* não ter cintura; ser gordo, corpulento
waistband ['weɪstbænd] s. 1 cinta; *the ~ of a skirt* a cinta de uma saia; 2 cós
waistcoat ['weɪskəʊt] s. VESTUÁRIO colete ❖ *strait ~* camisa de forças
waistcoated ['weɪskəʊtɪd] adj. com colete
waistcoating ['weɪskəʊtɪŋ] s. fazenda para coletes
waist-deep ['weɪstˌdiːp] adj.,adv. até à altura da cinta; *he was ~ in water* a na água dava-lhe pela cintura
waist-high ['weɪstˌhaɪ] adj.,adv. até à altura da cinta
waistline ['weɪstlaɪn] s. 1 (corpo) cintura; 2 (roupa) cinta, linha da cinta ❖ *to watch one's ~* manter a linha
wait [weɪt] Ⓐ s. 1 espera; *she had a long ~ at the station* ela teve de esperar muito na estação; 2 cilada, emboscada; *to lay ~ for* armar uma cilada a, fazer uma emboscada a; *to lie in ~ for* estar de emboscada a; 3 pl. grupo de pessoas que, no Natal, andam a cantar de casa em casa Ⓑ v.tr.,intr. 1 esperar, estar à espera de; *to ~ for* esperar por; *he is waiting for his opportunity* ele está à espera da sua oportunidade; *how long have you been waiting?* há quanto tempo está à espera?; *to keep sb waiting* obrigar alguém a esperar; *what are you waiting for?* de que é que estás à espera?; 2 aguardar; 3 [coloq.] adiar, protelar, atrasar; *don't ~ lunch for me* não atrase o almoço por minha causa; 4 servir; *to ~ at table* servir à mesa; 5 seguir de perto; *remorse shall ~ thee* o remorso há-de perseguir-te em toda a parte; 6 [arc.] acompanhar, escoltar ❖ *everything comes to him who waits* quem espera sempre alcança; *she always has to be waited for* ela nunca chega a horas; ela nunca é pontual; *to ~ and see* esperar para ver; manter uma atitude de expectativa

◆ **wait about/around** v.intr. esperar; passar tempo à espera
◆ **wait behind** v.intr. ficar para trás [*for*, à espera de]
◆ **wait in** v.intr. [GB] ficar em casa [*for*, à espera de]
◆ **wait on/upon** v.tr. servir; *to wait on sb* servir alguém, ser criado de alguém, fazer uma visita de cerimónia a alguém; *to wait on table* servir à mesa; *to wait on sb hand and foot* servir alguém em tudo, servir alguém como escravo ❖ *to wait on sb for orders* estar às ordens de alguém
◆ **wait out** v.tr. esperar pacientemente por; ter paciência em relação a; esperar que (algo) acabe; esperar até ao fim de
◆ **wait up** v.intr. esperar acordado [*for*, por]

wait-a-bit ['weɪtəbɪt] s. (pl. -s) BOTÂNICA jujubeira, açofeifa-maior
waiter ['weɪtə] s. 1 empregado de mesa; 2 pessoa que está à espera; 3 salva; bandeja ❖ (chamada) *waiter!* por favor!
waiting ['weɪtɪŋ] Ⓐ adj. 1 que está à espera; 2 que está de serviço Ⓑ s. 1 espera; *after two hours' ~* depois de uma espera de duas horas; *in ~* à espera; 2 serviço; *in ~* de serviço; *officer in ~* oficial de serviço, oficial de dia; 3 acto de servir (à mesa) ❖ *~ list* lista de espera; *~ room* sala de espera; *to play a ~ game* esperar pela hora certa
waitress ['weɪtrɪs] s.f. (pl. -es) empregada de mesa (em restaurante, casa de chá, etc.)
waive [weɪv] v.tr. 1 pôr de parte, prescindir de, renunciar a; 2 não insistir em; 3 protelar, adiar
waiver ['weɪvə] s. 1 DIREITO abandono, renúncia; *~ of a claim* abandono de uma reivindicação; 2 desistência
waiving ['weɪvɪŋ] s. 1 acto de pôr de parte, de prescindir de; 2 abandono, renúncia; 3 desistência ❖ *~ of age limit* dispensa de idade
wake [weɪk] Ⓐ s. 1 festa de aniversário de consagração de uma igreja; 2 velada nocturna para comemoração desse aniversário; 3 (funeral) velório; 4 vigília; 5 NÁUTICA esteira, sulco, rasto de navio Ⓑ v.tr.,intr. (prt. **woke** ou **waked**, part. pass. **woken** ou **waked**) 1 acordar, despertar; *what time do you want to be waked?* a que horas queres que te acordem?; 2 estar acordado, estar desperto; *she cannot be waking at this hour* ela não pode estar acordada a esta hora; 3 estar vigilante, estar alerta; 4 tornar-se activo, sair do torpor ou sonolência; 5 reviver; 6 ressuscitar; 7 animar, estimular; 8 (silêncio) perturbar; 9 (cadáver) velar; 10 (recordações) reviver ❖ NÁUTICA *propeller ~* redemoinho causado pela hélice; *in the ~ of* atrás de; a seguir a; seguindo-se a; [coloq.] *to follow in sb's ~* seguir a reboque de alguém; *to sleep without waking* dormir de um sono só; *to ~ the dead* fazer um barulho dos diabos

◆ **wake up** Ⓐ v.tr. 1 acordar; *she woke up with a start* ela acordou sobressaltada; *what time do you usually wake up?* a que horas costumas acordar?; 2 [fig.] despertar; estimular; *he needs sth to wake him up* ele precisa de qualquer coisa que o estimule Ⓑ v.intr. 1 acordar; *I woke up late* acordei tarde; 2 (prestar atenção, agir) acordar*fig.*, mexer-se*fig.* ❖ *~ and smell the coffee!* acorda para a realidade!
◆ **wake up to** v.intr. dar conta de; tomar consciência de; aperceber-se de; *he is waking up to the truth* a verdade faz luz no seu espírito

wakeful ['weɪkfʊl] adj. 1 desperto; acordado; sem sono; 2 sem dormir; *a ~ night* uma noite sem dormir, uma noite de insónia; 3 vigilante; alerta
wakefully ['weɪkfʊlɪ] adv. 1 sem dormir; 2 atentamente
wakefulness ['weɪkfʊlnəs] s. 1 vigília, insónia; 2 vigilância
waken ['weɪkən] v.tr.,intr. 1 despertar; acordar; 2 estimular; excitar; provocar
wakener ['weɪkənə] s. 1 aquele que desperta (outrem); 2 aquele ou aquilo que estimula, excita ou anima; 3 pancada súbita
wakening ['weɪkənɪŋ] s. acto de despertar ou acordar
waker ['weɪkə] s. pessoa que acorda ou desperta; *he is an early ~* ele acorda sempre cedo
wake-robin [ˌweɪk'rɒbɪn] s. BOTÂNICA arão, jarro
wake-up ['weɪkʌp] adj. de despertar; *~ call* chamada de despertar ❖ *~ call* advertência; choque com a realidade

wakey-wakey [ˌweɪkɪˈweɪkɪ] *interj.* de pé!, toca a levantar!
wakf [wʌkf] *s.* fundação piedosa maometana
waking [ˈweɪkɪŋ] Ⓐ *s.* 1 vigília; 2 vigilância; 3 (funeral) velório Ⓑ *adj.* 1 acordado; 2 de vigília; *in my ~ hours* nas minhas horas de vigília
Walach [ˈwɒlək] Ⓐ *adj.* valáquio; relativo à Valáquia Ⓑ *s.* (pessoa, língua) valáquio
Walachian [wɒˈleɪkɪən] Ⓐ *adj.* ⇒ **Walach** Ⓑ *s.* (pessoa, língua) valáquio
Waldemar [ˈwældəmɑː] *s.antr.* Valdemar
Waldenses [wɒlˈdensɪz] *s.pl.* (seita herética do séc. XII) valdenses
Waldensian [wɒlˈdensɪən] Ⓐ *adj.* valdense; relativo aos valdenses Ⓑ *s.* valdense
wale [weɪl] Ⓐ *s.* 1 vergão; marca deixada por golpe, sobretudo de chicotada ou vergastada; 2 cordão, saliência na textura de tecido; 3 NÁUTICA alcatraque, talabardão; 4 *pl.* precintas Ⓑ *v.tr.* avergoar; marcar com chicote ou vergastada ❖ NÁUTICA *chain wales* mesas da guarnição
Waler [ˈweɪlə] *s.* cavalo importado da Nova Gales do Sul para o exército das Índias
Wales [ˈweɪlz] *s.top.* Gales, País de Gales; *in ~* no País de Gales; *North ~* o Norte do País de Gales; *South ~* o Sul do País de Gales ❖ *the Prince of ~* o Príncipe de Gales
walk [wɔːk] Ⓐ *s.* 1 (maneira de andar) passo; andar; *she has a graceful ~* ela tem uma maneira de andar graciosa; 2 (ritmo) passo; (cavalo) *to fall into a ~* pôr-se a passo; *to go at a ~* seguir a passo; 3 passeio; *to go for a ~* ir dar um passeio; *to take sb for a ~* ir dar um passeio com alguém; *I had a pleasant ~ in the country* dei um passeio agradável no campo; 4 marcha, caminhada; 5 distância (percorrida a pé); *the theatre is only a short ~ from your house* o teatro fica a pequena distância da sua casa; *that's half an hour's ~ from here* isso fica a meia hora de caminho daqui; 6 DESPORTO (atletismo) marcha; 7 caminho habitual; itinerário regular; 8 volta de vendedor ambulante; 9 alameda, passeio; 10 rua de jardim, avenida; 11 modo de viver, procedimento; 12 posição social; ocupação habitual; *~ of life* profissão, carreira, posição social; *the highest walks of society* a alta sociedade; *the humbler walks of life* as profissões ou camadas sociais mais humildes; 13 (esfera de acção) área; *that is not within my ~* isso está fora da minha área; 14 cercado; pasto; *sheep ~* pastagem para carneiros Ⓑ *v.tr.,intr.* 1 andar; caminhar a pé; ir a pé; *to ~ along the kerb* caminhar ao longo da beira do passeio; *to ~ home* ir a pé para casa; 2 (cavalo) andar a passo; 3 fazer andar, levar a passear; *to ~ the dog* levar o cão a passear; 4 andar por; passear a pé; *to be out walking* andar a passear ❖ *to ~ a puppy* tomar conta de um cachorro para o ensinar; *to ~ down* descer; *to ~ free* sair em liberdade; não ir para a prisão; *to ~ honestly* viver honestamente; comportar-se com honestidade; *to ~ in one's sleep* ser sonâmbulo; *to ~ in step* seguir a passo certo; *to ~ on all fours* andar de gatas; *to ~ the boards* ser actor; pisar o palco; *to ~ the plank* avançar sobre uma prancha no navio até se precipitar no mar (processo de eliminação de prisioneiros, empregado pelos piratas); ter de abandonar um cargo; *to ~ the streets* andar pelas ruas; prostituir-se; *to ~ up and down* andar de um lado para o outro; *you can ~ it in five minutes* são cinco minutos a pé
◆**walk about** *v.intr.* dar uma(s) volta(s); passear; deambular
◆**walk across** *v.intr.* atravessar
◆**walk away** *v.intr.* ir embora; partir
◆**walk away from** *v.tr.* 1 virar costas a*fig.*; 2 (acidente, etc.) sair ileso de; 3 (corridas) distanciar-se de, ultrapassar facilmente, derrotar com facilidade; *the Cambridge crew walked away from Oxford* Cambridge derrotou Oxford nas regatas
◆**walk away with** *v.tr.* 1 vencer facilmente; 2 ficar com; *to ~ all the credit* ficar com os louros
◆**walk back** *v.intr.* 1 voltar; regressar; 2 regressar a pé
◆**walk in** *v.intr.* entrar; *please walk in!* entre, se faz favor!
◆**walk in on** *v.tr.* (entrar sem avisar) surpreender
◆**walk into** *v.tr.* 1 esbarrar contra; 2 descobrir por acaso; tropeçar em; 3 [coloq.] (problemas, sarilhos) meter-se em; entrar pelo cano*fig.*; *you really walked into that one!* essa correu mesmo mal!; 4 [coloq.] (comer com vontade) atacar; *after the fish course he walked into the mutton* depois do peixe, ele atacou o carneiro;

5 censurar, repreender ❖ *to ~ one's stock of money* gastar das suas reservas financeiras
◆**walk off** Ⓐ *v.intr.* ir embora; partir Ⓑ *v.tr.* andar para aliviar; *to ~ one's anger* dar um passeio para acalmar a fúria; *to ~ one's dinner* dar um passeio para fazer a digestão do jantar ❖ *to walk sb off his legs* extenuar alguém à força de andar
◆**walk off with** *v.tr.* 1 levar; ficar com; *sb walked off with my hat* alguém levou o meu chapéu; 2 roubar
◆**walk on** *v.intr.* 1 desempenhar um papel de figurante, aparecer em cena; 2 continuar a andar
◆**walk out** *v.intr.* 1 sair subitamente [of, de]; sair a meio [of, de]; *they walked out of the meeting* abandonaram a reunião; 2 ir-se embora; 3 [EUA] (trabalhadores) sair em protesto, entrar em greve ❖ *you can't ~ now!* não podes desistir agora!
◆**walk out on** *v.tr.* (namorado, etc.) deixar, abandonar, desamparar
◆**walk over** Ⓐ *v.intr.* ir a pé, dar uma saltada Ⓑ *v.tr.* 1 vencer com facilidade; 2 (tratar mal) espezinhar; *to walk all over sb* espezinhar alguém
◆**walk through** *v.tr.* TEATRO, TELEVISÃO ensaiar; repetir
◆**walk up** *v.intr.* 1 subir; 2 aproximar-se; *to ~ to sb* dirigir-se a alguém, aproximar-se de alguém; *walk up!* aproxima-te!
walkable [ˈwɔːkəbəl] *adj.* que pode percorrer-se a pé
walkabout [ˈwɔːkəbaʊt] *s.* 1 passeio; volta; 2 (pessoa famosa) banho de multidão
walkaway [ˈwɔːkəweɪ] *s.* 1 DESPORTO corrida em que o vencedor se distancia facilmente de todos os concorrentes; 2 [coloq.] vitória fácil; 3 [coloq.] canja*fig.*
walker [ˈwɔːkə] *s.* 1 peão; pessoa que anda a pé; 2 caminhante; pessoa que gosta de andar a pé; 3 DESPORTO (atletismo) atleta de marcha; 4 (dificuldades a andar) andador; 5 (crianças) voador; 6 ave que não anda nem voa; 7 prostituta
Walker [ˈwɔːkə] *interj.* 1 [coloq.] qual quê!; pode lá ser!; vai contar essa a outro!; 2 ⇒ **Hookey Walker**
walker-on [ˌwɔːkərˈɒn] *s.* figurante
walkie-talkie [ˌwɔːkɪˈtɔːkɪ] *s.* (aparelho) walkie-talkie
walking [ˈwɔːkɪŋ] Ⓐ *adj.* 1 que anda a pé; 2 ambulante; *~ corpse* cadáver ambulante; *~ encyclopedia* enciclopédia ambulante Ⓑ *s.* 1 marcha, passeio a pé, caminhada; 2 modo de andar; 3 [arc.] comportamento, procedimento ❖ *~ along* deambulação; *~ boots* botas de marcha; *~ chair* cadeirinha portátil; *~ fern* feto norte-americano; ZOOLOGIA *~ leaf* insecto que se assemelha a uma folha; *~ race* competição de marcha; *~ stick* bengala; (turismo) *~ tour* visita a pé; *the ~ is very slippery* o piso está muito escorregadio; *to be within ~ distance* estar a uma distância que se pode percorrer a pé; [coloq.] *to give sb his ~ papers/ticket* pôr alguém na rua; despedir alguém
walkman [ˈwɔːkmən] *s.* (aparelho) walkman
walk-on [ˈwɔːkɒn] *s.* (*pl.* **walk-ons**) 1 TEATRO, CINEMA figurante; 2 TEATRO, CINEMA papel de figurante
walk-out [ˈwɔːkaʊt] *s.* 1 greve; 2 saída em sinal de protesto
walkover [ˈwɔːkəʊvə] *s.* [coloq.] vitória fácil; *it was a walkover!* foi canja!
walk-up [ˈwɔːkʌp] Ⓐ *adj.* [EUA] sem elevador Ⓑ *s.* [EUA] prédio sem elevador
walkway [ˈwɔːkweɪ] *s.* (*pl.* **-s**) 1 passagem pedonal, passagem coberta para peões; 2 passeio (para peões)
wall [wɔːl] Ⓐ *s.* 1 parede; *dead ~* parede sem janelas nem qualquer abertura; *main ~* parede-mestra; *rough ~* parede de alvenaria; *to hang a picture on the ~* pendurar um quadro na parede; *they left only the bare walls standing* só deixaram as quatro paredes; 2 muro; *surrounding ~* muro exterior; 3 muralha; *town walls* muralhas da cidade; *the Great Wall of China* a Grande Muralha da China; 4 paredão, amurada; 5 ANATOMIA parede; *the walls of the heart* as paredes do coração; 6 superfície interior de qualquer vaso; 7 lado; 8 DESPORTO (futebol) barreira Ⓑ *adj.* 1 parietal; de parede; *~ box* nicho de parede; *~ decoration* ornamentação parietal; *~ map* mapa parietal; ELECTRICIDADE *~ socket* tomada de parede; ELECTRICIDADE *~ switch* comutador de parede; 2 mural; *~ painting* pintura mural Ⓒ *v.tr.* 1 murar; 2 emparedar; 3 rodear de muralhas; 4 fortificar; 5 tapar com um muro ❖ *~ anchor* ferrolho; ZOOLOGIA *~ creeper* picancilha; carrapito; trepadeira-azul; *~ frame* nicho; *~ piece* peça de artilharia assente nas muralhas; *~ plate* frechal de telhado; BOTÂNICA *~ rue* ruda; arruda-dos-muros; rutamurária; *~ thickness* espessura da

parede; **~ tile** ladrilho; **~ tree** latada; *high tariff walls* altas barreiras aduaneiras; *walls have ears* as paredes têm ouvidos; *he might as well talk to a brick ~* era como se ele estivesse a falar para um surdo; [coloq.] *I am up against a brick ~* tenho uma porção de dificuldades à minha frente; *outer ~ of a volcano* encosta de vulcão; *to drive sb to the ~* pôr alguém de lado; tratar alguém com desprezo; *to give the ~* deixar livre a parte de dentro do passeio; *to go to the ~* arruinar-se; falhar; ser posto de lado; *to push sb to the ~* pôr alguém de lado; tratar alguém com desprezo; *to run one's head against a ~* tentar o que é nitidamente impossível; bater/dar com a cabeça nas paredes; *to see through a brick ~* ser fino; ter olhar de águia; *to take the ~* seguir pelo lado de dentro do passeio; [fig.] não se considerar inferior a alguém; *within the walls* intramuros
◆ **wall in** v.tr. cercar com um muro; *to ~ a town* rodear uma cidade de muralhas
◆ **wall off** v.tr. separar com um muro [**from**, de]; separar com uma parede [**from**, de]
◆ **wall up** v.tr. entaipar, tapar; *to ~ a window* entaipar uma janela
walla ['wɒlə] s. ⇒ **wallah**
wallaby ['wɒləbɪ] s. (pl. **-ies**) 1 ZOOLOGIA canguru de pequeno porte; 2 [coloq.] australiano ❖ *to be on the ~ (track)* estar desempregado; andar à procura de emprego
Wallach ['wɒlək] adj.,s. ⇒ **Walach**
Wallachia [wɒ'leɪkɪə] s.top. Valáquia
Wallachian [wɒ'leɪkɪən] adj.,s. valáquio
wallah ['wɒlə] s. 1 [Índia] [ant.] pessoa que se ocupa de qualquer coisa; 2 [ant.] coisa utilizada com qualquer fim ❖ *canal ~* navio construído para viajar pelo canal de Suez; *competition ~* funcionário indiano nomeado;
wallaroo [wɒlə'ru:] s. ZOOLOGIA canguru gigante australiano
wallboard ['wɔːlbɔːd] s. placa de madeira plástica para as paredes
walled [wɔːlt] adj. 1 com paredes; *brick-walled house* casa com paredes de tijolo; 2 com muros, murado; 3 com muralhas; fortificado ❖ *~ in* murado; *~ off* separado por muro ou parede
wallet ['wɒlɪt] s. 1 (dinheiro) carteira; 2 [arc.] sacola, alforge, saco, mochila
wall-eye ['wɔːlaɪ] s. 1 olho gázeo; 2 estrabismo divergente
wall-eyed ['wɔːlaɪd] adj. 1 com olho gázeo; 2 com estrabismo divergente
wallflower ['wɔːlflaʊə] s. 1 BOTÂNICA goivo-amarelo; 2 BOTÂNICA goiveiro; 3 [coloq.] rapariga que num baile fica sentada por não ter par
walling ['wɔːlɪŋ] s. 1 paredes, muros; 2 acto de rodear de muro ou muralha ❖ *~ in* acto de murar; *~ up* acto de tapar com pedra e cal
wall-knot ['wɔːlnɒt] s. NÁUTICA ⇒ **wale-knot**
Walloon [wɒ'luːn, wɒ'luːn] Ⓐ s. (pessoa, dialecto) valão Ⓑ adj. valão, relativo à metade suborietal da Bélgica
wallop ['wɒləp] Ⓐ s. 1 [coloq.] pancada violenta; 2 [coloq.] soco, murro violento; 3 (som) baque Ⓑ v.tr. 1 [coloq.] bater pesadamente em; 2 [coloq.] espancar, sovar, dar uma tareia a ❖ *to fall with a ~* cair pesadamente
walloper ['wɒləpə] s. 1 pessoa que bate pesadamente; 2 zurzidor; 3 pessoa que dá uma tareia; 4 grande patranha; 5 monstro
walloping ['wɒləpɪŋ] Ⓐ adj. enorme, grande Ⓑ s. [coloq.] tareia, sova
wallow ['wɒləʊ] Ⓐ s. 1 charco; lamaçal; 2 lodaçal; 3 (animais) espojadouro Ⓑ v.intr. 1 chafurdar; 2 espolinhar-se; espojar-se; 3 rebolar-se; 4 comprazer-se [**in**, com]; abandonar-se [**in**, a] ❖ *to ~ in money* nadar em dinheiro; *to ~ in vice* viver na devassidão; mergulhar no vício
wallower ['wɒləʊə] s. aquele que chafurda ou se espoja
wallowing ['wɒləʊɪŋ] s. acto de chafurdar ou de se espojar ❖ (javali) *~ place* lodaçal
wallpaper ['wɔːlpeɪpə] Ⓐ s. 1 (decoração) papel de parede; 2 INFORMÁTICA fundo de ecrã, *wallpaper*; 3 [coloq., fig.] pano de fundo Ⓑ v.tr. (decoração) forrar com papel de parede ❖ [depr.] *~ music* música de elevador; música de supermercado
wall-to-wall [wɔːltə'wɔːl] adj. 1 que cobre completamente o chão; 2 [coloq.] amontoado, entulhado; 3 [coloq.] contínuo, sem paragens ❖ *~ carpet(ing)* alcatifa; *it was ~ coverage* só se falava disso; *there were ~ people* as pessoas estavam como sardinha em lata
walnut ['wɔːlnʌt] s. 1 BOTÂNICA (fruto) noz; 2 BOTÂNICA (árvore) nogueira; *~ tree* nogueira; 3 (madeira) nogueira; *American ~* nogueira-americana; 4 cor de noz, castanho-claro ❖ *~ shell* casca de noz; *~ suite* mobília de nogueira; *over the walnuts and wine* à sobremesa
Walpurgis-night [væl'pʊəɡɪsˌnaɪt] s. noite de Santa Valpurga, véspera do dia 1 de Maio, quando, segundo a lenda, as bruxas se reúnem em Brocken e noutros lugares e se divertem com o Diabo
walrus ['wɔːlrəs] s. (pl. **-es**) ZOOLOGIA morsa ❖ *~ moustache* bigode com as pontas viradas para baixo
waltz [wɔːls, wɒːlts] Ⓐ s. (pl. **-es**) MÚSICA valsa; *quick ~* valsa a dois tempos; *to ask sb for a ~* convidar alguém para uma valsa Ⓑ v.tr.,intr. 1 valsar (com); dançar a valsa (com); 2 [coloq.] dançar de alegria; *to ~ round sb* dançar à volta de alguém; *he waltzed her round the room* ele dançou com ela girando pela sala; 3 avançar descontraidamente
◆ **waltz off with** v.tr. 1 ganhar facilmente; 2 roubar
◆ **waltz through** v.tr. [coloq.] conseguir com muita facilidade
waltzer ['wɔːltsə, 'wɒːltsə] s. valsista; valsador
waltzing ['wɔːlsɪŋ, 'wɒːltsɪŋ] Ⓐ adj. que valsa Ⓑ s. 1 valsa; 2 acto de dançar a valsa
wampee [wɒm'piː] s. fruto parecido com as uvas, existente na China e nas Índias Orientais
wampum ['wɒmpəm] s. contas feitas de conchas usadas pelos índios norte-americanos como dinheiro ou como enfeite
wamus ['wɒməs] s. [EUA] colete ou espécie de jaqueta de pano grosso
wan [wɒn] adj. (comp. **-nner**, superl. **-nnest**) 1 pálido; macilento; enfermiço; *~ child* criança pálida; 2 abatido; doentio; *to look ~* ter um aspecto abatido; 3 sem cor; descorado; 4 desfalecido; lânguido; triste; apagado; *~ smile* sorriso triste; 5 [arc.] (noite, água) escuro, negro
WAN INFORMÁTICA [abrev. de Wide Area Network]
wand [wɒnd] s. 1 varinha de condão; 2 batuta; 3 vara; 4 (símbolo de autoridade) bastão ❖ *hazel ~* vara de vedor; *Mercury's ~* caduceu
wander ['wɒndə] v.tr.,intr. 1 vaguear, vaguear por; *to ~ up and down* vaguear de um lado para o outro; 2 errar, peregrinar; andar de um lugar para o outro, sem destino certo; *to ~ over the world/to ~ the world* errar pelo mundo; 3 percorrer; *to ~ through the world* percorrer o mundo inteiro; 4 andar vagarosamente; 5 transviar-se, perder-se; 6 distrair-se, atrapalhar-se; 7 afastar-se do assunto, divagar; *to ~ from the subject* afastar-se do assunto; 8 devanear; 9 delirar; *his wits are wandering* ele não está bom da cabeça, ele está a delirar ❖ *to ~ from the right way* afastar-se do bom caminho; *he wandered in this afternoon* ele visitou-me esta tarde por acaso; *her thoughts wandered back to the past* os pensamentos dela dirigiram-se lentamente para o passado
◆ **wander about** v.intr. passear; vaguear; dar umas voltas
◆ **wander off** v.intr. 1 partir à aventura; 2 perder-se
wandered ['wɒndəd] adj. 1 extraviado, perdido; 2 [coloq.] desorientado
wanderer ['wɒndərə] s. 1 vagabundo; 2 viajante; 3 nómada_fig._ ❖ POLÍTICA, RELIGIÃO *a ~ from the fold* uma ovelha tresmalhada
wandering ['wɒndərɪŋ] Ⓐ adj. 1 vagabundo, errante; 2 nómada; *~ tribes* tribos nómadas; 3 ambulante, itinerante; 4 movediço, móvel; 5 distraído, inconstante; 6 devaneador, divagante; 7 delirante, incoerente Ⓑ s. 1 vagabundagem; 2 peregrinação; 3 vida nómada; 4 devaneio; divagação do espírito; 5 delírio; 6 desvio; *~ from the subject* desvio do assunto; 7 aberração; 8 pl. viagens; peregrinações; andanças; *his ~ days are over* ele agora já pôs ponto final nas viagens ❖ *~ cell* leucócito; *~ kidney* rim flutuante; *~ minstrels* menestrel; *the Wandering Jew* o Judeu errante
wanderingly ['wɒndərɪŋlɪ] adv. 1 errantemente; 2 de maneira nómada; 3 devaneadoramente; 4 distraidamente; 5 delirantemente; 6 incoerentemente
wanderlust ['wɒndəˌlʌst] s. vontade de viajar; prazer de viajar
wanderoo [ˌwɒndə'ruː] s. ZOOLOGIA variedade de macaco de Ceilão; semnopiteco

wane [weɪn] Ⓐ s. 1 diminuição; decréscimo; 2 declínio; *to be on the ~* estar em declínio; 3 desvanecimento; 4 (Lua) quarto--minguante; *to be on the ~* estar a minguar; 5 falha em madeira Ⓑ v.intr. 1 diminuir; decrescer; decair; *her popularity has waned rapidly* a popularidade dela diminuiu rapidamente; 2 declinar; 3 perder força ou influência; 4 (Lua) minguar ❖ *his star is waning* a boa estrela dele está a perder influência

waney ['weɪnɪ] adj. (madeira) com falha

wangle ['wæŋgəl] Ⓐ s. 1 manobra; truque; manigância; 2 intriga; tramóia Ⓑ v.tr. 1 [coloq.] conseguir, mercê de diplomacia ou por processos mais ou menos tortuosos; 2 falsificar, forjar; 3 alterar a verdade (de) para produzir boa impressão; 4 enganar; 5 mistificar

wangler ['wæŋglə] s. 1 intrujão; 2 falsificador; 3 mistificador

wangling ['wæŋglɪŋ] s. mistificação, falsificação

waning ['weɪnɪŋ] Ⓐ adj. 1 em declínio; em decadência; *~ empire* império em decadência; 2 a diminuir; a decrescer; 3 (Lua) no quarto-minguante; *~ moon* Lua no quarto-minguante Ⓑ s. 1 declínio; decadência; 2 diminuição; decrescimento; 3 (Lua) quarto-minguante

wanion ['wɒnɪən] s. [arc.] *with a ~* furiosamente, violentamente

wank [wæŋk] Ⓐ v.intr. [cal.] (ofensivo) bater uma punheta*cal.*, masturbar-se Ⓑ s. 1 [cal.] (ofensivo) punheta*cal.*, masturbação; *to have a ~* bater uma punheta*cal.*; 2 [cal.] (ofensivo) pedantismo, presunção, arrogância

wanker ['wæŋkə] s. 1 [cal.] (ofensivo) masturbador; 2 [cal.] (ofensivo) cabrão, filho da puta; 3 [cal.] (ofensivo) pedante, arrogante, presumido

wanly ['wɒnlɪ] adv. com ar triste

wannabe ['wɒnəbɪ] Ⓐ s. 1 [coloq., depr.] aspirante, candidato; 2 [coloq., depr.] imitador Ⓑ adj. 1 [coloq., depr.] aspirante a, com pretensões a; *a ~ writer* um aspirante a escritor; 2 [coloq., depr.] de imitação

wanness ['wɒnnəs] s. palidez; palor

want [wɒnt] Ⓐ s. 1 falta; *~ of imagination* falta de imaginação; *~ of judgement* falta de discernimento; *for ~ of money* por falta de dinheiro; *for ~ of sth better* à falta de melhor; *that shows ~ of care* isso mostra falta de cuidado; *the flowers died for ~ of water* as flores secaram por falta de água; *a long-felt ~* uma coisa cuja falta de há muito era sentida; 2 necessidade; *he is a man of few wants* ele é um homem com poucas necessidades; *to be in ~ of* ter necessidade de; *we may some day live in ~* nós podemos um dia passar necessidades; 3 carência, escassez; 4 deficiência; 5 ausência; 6 pobreza, penúria, indigência, miséria, privação; *to be in ~* passar necessidades, viver na miséria; *to come to ~* cair na miséria Ⓑ v.tr.,intr. 1 desejar; querer; *that's the very thing I ~* é precisamente isso que eu quero; *the more a man gets the more he wants* quanto mais se tem mais se quer; *what do you want?* que deseja?, que queres?; *I don't ~ it known* não quero que isso se saiba; *I don't ~ to!* não quero!; 2 pretender; exigir; 3 precisar de, necessitar de, carecer de; ter necessidade de; *to ~ rest* precisar de descanso; *he wants to see a doctor at once* ele precisa de ir ao médico imediatamente; *he won't be wanted this morning* ele não é necessário esta manhã; *your hair wants cutting* precisas de cortar o cabelo; 4 ter de, dever; *it wants to be done with great care* isso tem de ser feito com todo o cuidado; 5 faltar, fazer falta; *it wants five minutes to three* faltam cinco minutos para as três; *to ~ for bread* não ter pão, faltar o pão; *to ~ for nothing* ter tudo o que se pede ou precisa, não faltar nada; 6 passar necessidades, sofrer privações ❖ (jornal) *~ ad section* secção dos pequenos anúncios; secção dos classificados; *his house is in ~ of repair* a casa dele precisa de obras; [Esc.] *to have a ~* ser fraco de espírito; *to ~ patience* não ter paciência; *we are not wanted here* estamos aqui a mais; *you are wanted* andam à sua procura

◆ **want in** v.intr. [coloq.] querer entrar no negócio; querer participar

◆ **want out** v.intr. [coloq.] (negócio, tramóia, etc.) querer sair; não querer participar; querer ficar de fora

wantage ['wɒntɪdʒ] s. 1 [EUA] carência, falta; 2 quantidade que falta; 3 défice

wanted ['wɒntɪd] adj. 1 desejado; 2 procurado; *~ by the police* procurado pela polícia; 3 (em anúncios) precisa-se, procura-se; *help ~* procura-se funcionário

wanting ['wɒntɪŋ] Ⓐ adj. 1 em falta; *to be ~* faltar; *some pages of this book are ~* faltam páginas neste livro; 2 destituído [in, de]; com falta [in, de]; 3 insatisfatório; insuficiente; 4 fraco de espírito; *he is a little ~* ele não tem o juízo todo Ⓑ prep. 1 sem; *~ common honesty nothing can be done* sem honestidade nada se pode fazer; 2 menos; *a month ~ two days* um mês menos dois dias ❖ *to be found ~* deixar a desejar; *to be ~ in* carecer de

wanton ['wɒntən] Ⓐ adj. 1 arbitrário; gratuito; injustificado; *a ~ insult* um insulto gratuito; *~ destruction* destruição injustificada; 2 cruel, desumano; 3 imoderado; indisciplinado; 4 promíscuo, libertino; 5 travesso, brincalhão; *a ~ child* uma criança travessa; 6 abundante, luxuriante, pródigo; *~ growth* crescimento abundante; 7 intencional, deliberado; 8 extravagante; caprichoso; *a ~ imagination* uma imaginação extravagante; *~ mood* maneira de ser caprichosa Ⓑ s. 1 libertino; 2 [arc.] indisciplinado; 3 [arc.] brincalhão Ⓒ v.intr. 1 [arc.] brincar, divertir-se; 2 [arc.] traquinar, fazer travessuras; 3 [arc.] comportar-se impudicamente

wantonly ['wɒntənlɪ] adv. 1 galhofeiramente, brincalhonamente, de modo travesso ou folgazão; 2 injustificadamente, sem razão, sem motivo; 3 impudicamente, libertinamente, de maneira dissoluta

wantonness ['wɒntənnəs] s. 1 estouvamento, irreflexão; 2 espírito folgazão ou travesso; 3 imoralidade, libertinagem, devassidão

WAP INFORMÁTICA [abrev. de Wireless Application Protocol]

wapentake ['wɒpənteɪk, 'wæpənteɪk] s. antiga divisão administrativa de condado em Anglia

wapiti ['wɒpɪtɪ] s. ZOOLOGIA variedade de veado norte-americano

waps [wɒps] s. [joc.] vespa

war [wɔː] Ⓐ s. 1 guerra; *private ~* guerra privada, guerra entre famílias; *~ of movement* guerra de movimento; *~ of nerves* guerra de nervos; *in the midst of ~* em plena guerra; *in time of ~* em tempo de guerra; *to go to ~* ir para a guerra; *to be at ~ with* estar em guerra com; *to declare ~ on/upon* declarar guerra a; 2 ciência da guerra; 3 hostilidade, conflito, luta; *~ to the knife* luta encarniçada, guerra de morte; 4 [poét.] combate, batalha, munições, armamento, forças armadas Ⓑ v.tr.,intr. (particípios: -rr-) 1 guerrear; fazer guerra; combater; 2 lutar; *to ~ for supremacy* lutar pela supremacia; *to ~ with* lutar contra; 3 pugnar, militar ❖ *~ axe* acha de armas; *~ baby* bebé nascido durante uma guerra; MILITAR *~ balloon* balão de observação; FINANÇAS *~ bonds* obrigações de guerra; *~ chant* cântico guerreiro; *~ clouds* ameaças de guerra; *~ correspondent* correspondente de guerra; *~ council* conselho de guerra para dirigir a marcha das operações; *~ cry* grito de guerra; *~ dance* dança guerreira; *~ debts* dívidas de guerra; *~ fever* febre de guerra; psicose da guerra; *~ god* deus da guerra; *~ loan* empréstimo de guerra; *War Office* Ministério da Guerra; *~ paint* [coloq.] pintura de guerra entre os Peles-Vermelhas; maquilhagem; *War Secretary* ministro da Guerra; secretário de Estado da Guerra; *~ talks* rumores de guerra; *~ whoop* grito de guerra dos selvagens; *~ widow* viúva de guerra; *~ zone* zona militar; *art of ~* estratégia militar; *declaration of ~* declaração de guerra; *trade of ~* profissão de soldado; *on a ~ footing* em pé de guerra; *the Great War* a grande guerra de 1914-1918; a guerra iniciada entre a França e a Inglaterra em 1793; *the Wars of the Roses* a Guerra das duas Rosas; *the World War* a Guerra Mundial; [arc.] *to go to the wars* ir para soldado; *to ~ down* submeter; subjugar; derrotar na guerra

warble ['wɔːbəl] Ⓐ s. 1 gorjeio, trinado, chilro, chilreio, chilreada; 2 voz semelhante a um gorjeio de ave; 3 murmúrio suave; 4 protuberância dura provocada pela sela no lombo do cavalo; 5 berne, berro, tumor produzido pela larva do moscardo ou tavão; 6 berne (larva) Ⓑ v.tr.,intr. 1 (ave) gorjear, chilrear, trilar, cantar; 2 cantar com voz trinada, gargantear; 3 falar com voz semelhante a um gorjeio de ave; 4 (curso de água) murmurejar; 5 relatar em verso, celebrar em verso

warbler ['wɔːblə] s. 1 ave canora; 2 pessoa que canta com voz trinada; 3 ZOOLOGIA nome dado às toutinegras, rouxinol, tentilhão, pintarroxo, etc.

warbling ['wɔːblɪŋ] Ⓐ adj. (ave) gorjeante, gorjeador, chilreador; 2 melodioso, suave Ⓑ s. 1 gorjeio, trinado, chilreio, chilreada; 2 voz semelhante a um gorjeio de ave; 3 murmúrio suave

warcraft ['wɔːˌkrɑːft] *s.* 1 arte da guerra; 2 navios ou aviões de guerra

ward [wɔːd] Ⓐ *s.* 1 guarda, protecção, vigilância; 2 DESPORTO (esgrima) guarda; 3 custódia, tutela; *to put sb in ~* colocar alguém sob tutela judicial; 4 menor entregue a um tutor; 5 doente mental sob tutela; 6 bairro, divisão administrativa de cidade; 7 (hospital) enfermaria; *the isolation ~* a enfermaria de isolamento; 8 (prisão) cela; 9 praça forte; 10 pátio interno de castelo; 11 [arc.] guarnição de soldados de uma praça; 12 *pl.* gaxeta, denteado do palhetão de chaves Ⓑ *v.tr.* 1 [arc.] defender, proteger, guardar; 2 (doente) hospitalizar ❖ [GB] MEDICINA *~ sister* enfermeira-chefe; *electoral ~* circunscrição eleitoral; *to keep watch and ~* estar de vigia

◆ **ward off** *v.tr.* 1 evitar; 2 desviar; 3 defender-se de; prevenir-se contra; *to ~ an illness* prevenir uma doença; 4 manter à distância

warded ['wɔːdɪd] *adj.* (palhetão de chave) com denteado

warden ['wɔːdən] *s.* 1 presidente; 2 governador; 3 administrador; *~ of the Standards* administrador dos pesos e medidas; 4 mordomo; 5 chefe; 6 superintendente; 7 encarregado; 8 (universidade) director, reitor de alguns colégios em Oxford; 9 (convento) superior; 10 guarda-portão, porteiro; 11 [EUA] director de prisão ou cadeia; 12 carcereiro; *the ~ of the prison* o carcereiro; 13 [arc.] vigia, sentinela; 14 variedade de pêra própria para cozer ❖ *an air-raid ~* pessoa encarregada da defesa contra ataques aéreos; (costa sudeste da Inglaterra) *Lord Warden of the Cinque Ports* Administrador dos Cinco Portos

wardenship ['wɔːdənʃɪp] *s.* directoria, presidência, administração, superintendência, reitoria, funções ou cargo de um warden

warder ['wɔːdə] *s.* 1 carcereiro, guarda de prisão; 2 [arc.] sentinela; 3 HISTÓRIA bastão de comando

wardership ['wɔːdəʃɪp] *s.* cargo ou funções de carcereiro

warding ['wɔːdɪŋ] *s.* 1 acto de guardar ou proteger; 2 internamento (em hospital)

wardmote ['wɔːdməʊt] *s.* [arc.] conselho de divisão administrativa numa cidade

wardress ['wɔːdrɪs] *s.f.* (*pl.* -**es**) carcereira

wardrobe ['wɔːdrəʊb] *s.* 1 (móvel) guarda-vestidos, guarda-fatos; 2 (roupa) guarda-roupa; *your ~ needs to be renewed* precisas de renovar o guarda-roupa, precisas de comprar roupa nova ❖ *~ dealer* negociante de roupas usadas; adelo; TEATRO *~ keeper* encarregado do guarda-roupa; *~ trunk* mala grande

wardroom ['wɔːdruːm] *s.* sala dos oficiais em navio de guerra

wardship ['wɔːdʃɪp] *s.* 1 tutela; *to be under sb's ~* estar sob a tutela de alguém

wardsman ['wɔːdzmən] *s.* (*pl.* -**men**) [rar.] preso encarregado de certos serviços de vigilância

ware [weə] Ⓐ *s.* 1 artigos manufacturados; 2 *pl.* produtos, mercadorias; *to puff one's wares* gabar a sua própria mercadoria Ⓑ *adj.* [poét.] ⇒ **aware** Ⓒ *v.tr.* 1 [arc.] [usado só no imper.] acautelar, ter cuidado com; *~ hounds!* atenção aos cães!; *~ wire!* cuidado com o arame farpado!; 2 evitar, fugir a ❖ *Japan ~* artigos de laca; *small ~* miudezas; *wooden ~* objectos de madeira

warehouse[1] ['weəhaʊs] *s.* armazém; entreposto; depósito de mercadorias; *bonded ~* armazéns gerais, entreposto de alfândega ❖ COMÉRCIO *~ capacity* capacidade de armazenamento; *~ receipt* recibo de depósito de mercadorias; *furniture ~* arrecadação de móveis; *Italian ~* mercearia

warehouse[2] ['weəhaʊz] *v.tr.* guardar em armazém; armazenar; guardar em depósito; *to ~ one's furniture* guardar a mobília num depósito

warehouseman ['weəhaʊsmən] *s.* (*pl.* -**men**) 1 fiel de armazém, guarda de armazém; 2 armazenista, negociante por atacado; 3 proprietário de armazém

warehousing ['weəhaʊzɪŋ] *s.* armazenamento, armazenagem ❖ COMÉRCIO *~ charges* encargos de armazenagem

warfare ['wɔːfeə] *s.* 1 guerra; estado de guerra; *after long ~* depois de uma longa guerra; *the science of ~* a ciência da guerra; 2 (conflito, luta) batalha ❖ POLÍTICA *class ~* luta de classes

warfaring ['wɔːfeərɪŋ] *adj.* 1 guerreiro; 2 que luta; 3 em guerra; em conflito

warhead ['wɔːhed] *s.* MILITAR ogiva; *nuclear ~* ogiva nuclear

warhorse ['wɔːhɔːs] *s.* 1 MILITAR cavalo de batalha; 2 [coloq.] sobrevivente; veterano

warily ['weərɪlɪ] *adv.* prudentemente; circunspectamente; cautelosamente; ponderadamente

wariness ['weərɪnəs] *s.* prudência; circunspecção; cautela; ponderação

warlike ['wɔːlaɪk] *adj.* 1 guerreiro, belicoso, marcial; 2 bélico; *~ preparations* preparativos bélicos

warlock ['wɔːlɒk] *s.* [Esc.] mágico, feiticeiro, bruxo

warlord ['wɔːlɔːd] *s.* senhor da guerra; líder militar

warm [wɔːm] Ⓐ *adj.* 1 quente; *to keep oneself ~* conservar-se quente; *~ colours* cores quentes; *it is getting ~* o tempo está a aquecer; 2 morno; tépido; 3 caloroso; afectuoso; cordial; *a ~ welcome* uma recepção calorosa; *~ friendship* amizade calorosa; *~ thanks* agradecimentos calorosos; 4 animado, excitado, entusiasmado; *in ~ blood* excitado; 5 ardente; apaixonado; emotivo; arrebatado; *~ imagination* imaginação ardente; *~ temperament* temperamento emotivo; *to be a ~ admirer of* ser um ardente admirador de; 6 susceptível; 7 acalorado, porfiado; *~ fight* luta encarniçada; 8 [coloq.] rico, abastado; 9 (rasto de caça) recente, fresco; *~ trail* rasto ainda fresco; 10 (jogos de crianças) morno, próximo do objecto procurado Ⓑ *s.* 1 [coloq.] aquecimento; *give your feet a ~ by the fire* aqueça os pés ao lume; 2 [coloq.] quentinho; *come inside and sit in the ~* entre e sente-se no quentinho Ⓒ *v.tr.,intr.* 1 aquecer(-se); *to ~ oneself at the fire* aquecer-se ao lume; *to ~ oneself in the sun* aquecer-se ao sol; 2 animar(-se); entusiasmar(-se); *to ~ to one's work* começar a entusiasmar-se pelo trabalho; 3 requentar; 4 reanimar; reconfortar; *a wine that warms the heart* um vinho que reconforta o coração; 5 [coloq.] sovar, dar uma sova a, chegar a roupa ao pêlo a; *to ~ sb/to ~ sb's jacket* dar uma sova a alguém, chegar a roupa ao pêlo a alguém ❖ *~ bleach* branqueamento a quente; *~ oven* forno médio; *~ work* trabalho violento, difícil; *a ~ corner* um lugar perigoso; local de batalha onde se combate furiosamente; *he has gained a ~ place in the public estimation* ele ganhou a simpatia do público; *keep yourself ~* não apanhe frio; *the dispute grew ~* a questão começou a aquecer; *to get ~* aquecer; excitar-se; *to make it ~ for sb* tornar as coisas difíceis para alguém; *to ~ to sb* sentir simpatia por alguém

◆ **warm over** *v.tr.* 1 (comida) aquecer; 2 (comida) requentar

◆ **warm up** Ⓐ *v.intr.* 1 (comida, motor) aquecer; 2 ficar mais animado; entusiasmar-se; *he warmed up as he got into his subject* ele animou-se quando começou a tratar do seu assunto; *things are warming up* as coisas estão a animar; 3 DESPORTO fazer o aquecimento Ⓑ *v.tr.* aquecer; *the milk is warming up on the stove* o leite está a aquecer no fogão; 2 entusiasmar, animar

warm-blooded [ˌwɔːmˈblʌdɪd] *adj.* 1 (animal) de sangue quente; 2 [fig.] ardente; apaixonado; impetuoso

warmer ['wɔːmə] *s.* aquecedor ❖ *foot ~* aquecedor para os pés; escalfeta

warm-hearted [ˌwɔːmˈhɑːtɪd] *adj.* compassivo; generoso; bondoso

warm-heartedly [ˌwɔːmˈhɑːtɪdlɪ] *adv.* com compaixão; generosamente; bondosamente

warm-heartedness [ˌwɔːmˈhɑːtɪdnəs] *s.* compaixão; generosidade; bondade

warming ['wɔːmɪŋ] Ⓐ *adj.* 1 que aquece; 2 que reconforta Ⓑ *s.* 1 aquecimento; *~ up* aquecimento; 2 [coloq.] sova, tareia; *to give sb a ~* dar uma sova a alguém ❖ *~ pan* (cama) botija de aquecimento; pessoa que ocupa um cargo enquanto outro não está em condições de o ocupar

warmly ['wɔːmlɪ] *adv.* 1 com calor, de modo caloroso, calorosamente; 2 vivamente

warmness ['wɔːmnəs] *s.* 1 calor, calor moderado; 2 zelo; ardor; 3 entusiasmo; vivacidade; 4 (cor) tom quente

warmonger ['wɔːˌmʌŋɡə] *s.* belicista, agitador que incita à guerra

warmongering [ˌwɔːmʌŋɡərɪŋ] *s.* belicismo, propaganda para a guerra

warmth [wɔːmθ] *s.* 1 calor; 2 entusiasmo; excitação; animação; ardor, zelo, fervor; *in the ~ of the debate* no calor da discussão; 3 afecto; cordialidade; 4 PINTURA (cor) tom quente; 5 veemência, vivacidade, leve irritação; *she answered with some* ~ ela respondeu com certa vivacidade

warm-up ['wɔːmʌp] *s.* DESPORTO aquecimento ❖ ~ *exercises* exercícios de aquecimento

warn [wɔːn] *v.tr.* 1 avisar; alertar; advertir; *don't say I didn't* ~ *you* não digas que não te avisei; *I warned her not to do that* avisei-a que não fizesse isso; *to* ~ *the police* avisar a polícia; 2 prevenir [**against**, em relação a]; pôr (alguém) de sobreaviso [**against**, contra]; *to* ~ *sb of a danger* prevenir alguém de um perigo; 3 informar; 4 acautelar; *be warned by me* que o meu exemplo lhe sirva de lição; 5 admoestar

◆**warn off** *v.tr.* ameaçar; meter medo a

warner ['wɔːnə] *s.* dispositivo de aviso; sinal de aviso

warning ['wɔːnɪŋ] Ⓐ *s.* 1 aviso; *let this be a* ~ *to you* que isto lhe sirva de aviso; *to give sb fair* ~ avisar alguém devidamente; *to give* ~ *of* avisar de; *without* ~ sem aviso prévio, inesperadamente; 2 admoestação; repreensão; advertência; *the judge let him off with a* ~ o juiz mandou-o embora com uma repreensão; 3 prevenção; 4 informação; 5 notificação de despedimento; *to give a servant a month's* ~ avisar uma empregada de que será despedida dentro de um mês Ⓑ *adj.* 1 que avisa; de aviso; 2 de advertência; admoestador ❖ ~ *device* alarme; (luz) ~ *light* piloto; MILITAR ~ *shot* tiro de aviso; ~ *sign* sintoma; sinal de aviso; (automóvel) ~ *triangle* triângulo de sinalização; *danger* ~ sinalização de perigo; *road warnings* sinalização rodoviária; *to sound a note of* ~ dar o alarme; *you should take* ~ *from that* isso devia servir-te de lição

warningly ['wɔːnɪŋlɪ] *adv.* 1 admoestadoramente; 2 como aviso; 3 para prevenção

warp [wɔːp] Ⓐ *s.* 1 urdidura, urdume, fio a todo o comprimento do tecido; (tecelagem) ~ *and woof* urdidura e trama; 2 encordoamento de pneumático; 3 NÁUTICA espia, sirga; 4 (madeira) arqueamento, empenamento; 5 deformação, perversão mental; ~ *of the mind* perversão do espírito; 6 nateiro Ⓑ *v.tr.,intr.* 1 torcer; 2 deformar(-se); 3 empenar; *seasoned timber does not* ~ *a* madeira bem seca não empena; 4 perverter; 5 NÁUTICA rebocar, puxar à sirga, ir à espia; *to* ~ *out of port* sair do porto a reboque; 6 adubar com depósitos aluviais ❖ ~ *beam* urdidor; ~ *staff* peça de madeira sobre que se estendem os fios do tear; *to* ~ *a passage* forçar o sentido de um passo

warpage ['wɔːpɪdʒ] *s.* NÁUTICA sirgagem

warpath ['wɔːpɑːθ] *s.* 1 trilho de guerra; 2 expedição guerreira ❖ [coloq.] *to be on the* ~ estar em pé de guerra; andar à procura de problemas

warped [wɔːpt] *adj.* 1 torcido; deformado; 2 empenado; 3 tortuoso; retorcido; 4 pervertido; doentio

warper ['wɔːpə] *s.* (tecelagem) urdidor

warping ['wɔːpɪŋ] *s.* 1 empeno, empenamento; 2 arqueadura; 3 (tecelagem) urdidura; 4 perversão de espírito; 5 NÁUTICA sirgagem, acto de puxar à sirga; 6 nateiro; 7 adubação com depósitos aluviais ❖ ~ *engine* guincho a vapor; ~ *machine* urdideira; ~ *rope* cabo de sirgar

warplane ['wɔːpleɪn] *s.* avião militar; avião de combate

warrandice ['wɒrəndɪs] *s.* [Esc.] DIREITO garantia

warrant ['wɒrənt] Ⓐ *s.* 1 razão; 2 justificação, fundamento; *you had no* ~ *for what you did* não tinhas justificação nenhuma para aquilo que fizeste; 3 autoridade; 4 prova; 5 autorização legal; 6 mandado de captura; ~ *of arrest* mandado de captura; *a* ~ *is out against them* há um mandado de captura contra eles; 7 garantia, penhor; *with the* ~ *of a good conscience* com a garantia de uma boa consciência; *our strength is our* ~ a nossa força é a nossa garantia; 8 ordem de pagamento; ~ *for payment* ordem de pagamento; 9 certificado, alvará; 10 diploma Ⓑ *v.tr.* 1 justificar, autorizar; *nothing can* ~ *such insolence* nada justifica uma insolência destas; 2 garantir; *he won't do it again, I* ~ *you!* ele não torna a fazer isso, garanto!; 3 atestar, certificar; 4 asseverar, responder por; 5 confirmar ❖ MILITAR (abaixo de oficial) ~ *officer* graduado; DIREITO ~ *of attorney* procuração; *death* ~ ordem de execução de uma sentença de morte; *dock* ~ boletim de depósito; *that warrants the theory* isso torna a teoria plausível

warrantable ['wɒrəntəbəl] *adj.* 1 legítimo, justificável; 2 autorizável; 3 que pode garantir-se

warrantably ['wɒrəntəblɪ] *adv.* legitimamente, justificavelmente

warranted ['wɒrəntɪd] *adj.* 1 DIREITO autorizado, legítimo; 2 justificado; 3 COMÉRCIO garantido; ~ *pure* pureza garantida

warrantee ['wɒrəntiː] *s.* DIREITO afiançado

warranter ['wɒrəntə] *s.* aquele que garante

warrantor ['wɒrəntɔː] *s.* DIREITO abonador, fiador

warranty ['wɒrəntɪ] *s.* (*pl.* -ies) 1 COMÉRCIO (venda) garantia; *under* ~ dentro da garantia; 2 DIREITO garantia, fiança; 3 justificação, autorização; 4 fundamento

warren ['wɒrən] *s.* 1 criação de coelhos; 2 coelheira, viveiro de coelhos ❖ (zona muito povoada) *like rabbits in a* ~ como sardinha em lata

warrener ['wɒrənə] *s.* 1 criador de coelhos; 2 proprietário de coelheira

warring ['wɔːrɪŋ] *adj.* 1 antagónico, contrário, oposto; ~ *interests* interesses antagónicos; ~ *principles* princípios contrários; 2 em luta; em conflito; 3 hostil; 4 incomparável

warrior ['wɒrɪə] *s.* 1 guerreiro; 2 soldado; *the Unknown Warrior* o soldado desconhecido

Warsaw ['wɔːsɔː] *s.top.* Varsóvia

warship ['wɔːʃɪp] *s.* navio de guerra

wart [wɔːt] *s.* 1 verruga; 2 (casca de plantas) excrescência ❖ ZOOLOGIA ~ *hog* javali africano; BOTÂNICA ~ *grass/*~ *weed* titímalo-dos-vales; maleiteira; *warts and all* com todos os defeitos; *to paint sb with his warts* traçar um retrato fiel de alguém

warted ['wɔːtɪd] *adj.* com verrugas

wartwort ['wɔːtwɜːt] *s.* BOTÂNICA celidónia, erva-das-verrugas

warty ['wɔːtɪ] *adj.* (*comp.* -ier, *superl.* -iest) 1 com verrugas, verrugoso; 2 semelhante a verruga

wary ['weərɪ] *adj.* (*comp.* -ier, *superl.* -iest) 1 cauteloso, circunspecto, ponderado, prudente; *I shall have to be* ~ terei de ter cuidado; *you should be* ~ *of spending too much* deves ter o cuidado de não gastar demasiado; 2 matreiro, desconfiado; *a* ~ *old fox* uma velha raposa matreira ❖ *to be* ~ *of sb* não confiar em alguém; *to be* ~ *of sth* estar desconfiado em relação a algo

was [wəz, wɒz] 1ª e 3ª *pes. sing. prt. de* to be

wash [wɒʃ] Ⓐ *s.* (*pl.* -es) 1 lavagem; lavadela; *to have a* ~ lavar-se; *go and have a* ~ vai-te lavar; 2 banho; 3 roupa lavada ou para lavar; *to hang out the* ~ *on the line* pôr a roupa lavada a secar no arame; 4 lavandaria; *send these shirts to the* ~ manda estas camisas à lavandaria; 5 lavadeira; 6 movimento da água provocado pelos remos ou pela hélice; *the* ~ *made by a steamer's propeller* a agitação provocada pela hélice de um vapor; 7 embate das ondas; marulhar; *the* ~ *of the waves* o marulhar das ondas; 8 lavagem, restos de cozinha dados como alimentação aos suínos; 9 sopa mal feita e aguada, água chilra; *this soup is mere* ~ esta sopa é uma água chilra, esta sopa é autêntica lavagem; 10 loção; 11 leve camada de tinta; 12 cromado, prateado, dourado; 13 [fig.] sensaboria, coisa insípida; 14 terreno alagadiço, brejo, paul; 15 aluvião Ⓑ *v.tr.,intr.* 1 lavar, lavar-se; *to* ~ *in cold water* lavar com água fria; *to* ~ *one's face* lavar a cara; *to* ~ *oneself* lavar-se; *to* ~ *sth clean* lavar com muita água; [fig.] (responsabilidade) *I* ~ *my hands of it* lavo daí as minhas mãos; 2 enxaguar; 3 limpar, branquear; 4 lavar roupa; 5 ser lavável; *this material washes well* este tecido lava-se bem; 6 lavar minério; 7 [coloq.] resistir à prova, resistir a exame; *your excuse won't* ~ a tua desculpa não pega; 8 banhar; 9 molhar, inundar; 10 (água) marulhar, murmurar; bater; *she heard the waves washing against the side of the boat* ela ouvia as ondas bater contra o costado do barco; 11 levar, arrastar; *to be washed overboard* ser levado da coberta de um navio por uma vaga; 12 (metal, verniz, tinta, etc.) pratear, dourar, cromar, revestir de; *to* ~ *with gold* dourar; 13 [EUA] (títulos) vender ficticiamente ❖ (minas) ~ *cylinder* tambor de lavagem; PINTURA ~ *drawing* aguarela; ~ *gloves* luvas laváveis; ~ *leather* camurça lavável; [EUA] ~ *sale* venda fictícia de títulos; NÁUTICA ~ *strakes* falcas; ~ *tint* aguarela; ~ *trough* bateia; tina para lavagem de areias auríferas; [cal.] *go and* ~ *your mouth!* cala essa boca suja!; *the waves washed over the deck* as ondas varriam a coberta; *to* ~ *ashore* lançar à praia; [coloq.] *to* ~ *one's dirty linen in public* lavar a roupa suja diante de toda a gente; discutir questões pessoais em público

◆**wash away** Ⓐ *v.tr.* 1 levar; arrastar; 2 fazer desaparecer; *the cliffs are being slowly washed away by the sea* as rochas

estão a ser pouco a pouco desgastadas pelo mar ⒷⓋ.intr. sair, desaparecer ao lavar ❖ *to* ~ *one's sins* redimir-se dos seus pecados
- **wash down** v.tr. **1** lavar; **2** (bebida) acompanhar [**with**, com], regar fig. [**with**, com]; *to* ~ *one's dinner with some glasses of wine* regar o jantar com alguns copos de vinho
- **wash in** v.tr. (do mar para a praia) trazer; arrastar
- **wash off** Ⓐ v.tr. lavar para tirar; *to* ~ *a stain* tirar uma nódoa com água; *it will* ~ isso sai com água Ⓑ v.intr. sair, desaparecer ao lavar
- **wash out** Ⓐ v.tr. **1** tirar; lavar; *do you think this stain will wash out?* acha que se pode tirar a nódoa?; **2** impossibilitar; impedir Ⓑ v.intr. sair com a lavagem ❖ *to* ~ *the gold* extrair ouro, lavando a areia; *the match was washed out* o jogo foi cancelado devido à chuva; *to look washed out* estar com um ar exausto
- **wash through** v.tr. (roupa) passar por água; lavar rapidamente
- **wash up** Ⓐ v.tr. **1** (loiça) lavar; *have the dishes been washed up yet?* já lavaram os pratos?; **2** (do mar para a praia) trazer; arrastar Ⓑ v.intr. **1** lavar a loiça; **2** [EUA] lavar a cara e as mãos ❖ (projecto, etc.) *to be washed up* ter ido por água abaixo

Wash. [abrev. de Washington]
washable ['wɒʃəbəl] adj. lavável
washaway ['wɒʃəweɪ] s. GEOLOGIA erosão do terreno causada pelas águas
washbasin ['wɒʃbeɪsən] s. lavatório
washboard ['wɒʃbɔːd] s. **1** tábua de lavar; tábua de esfregar a roupa; **2** (paredes) rodapé de madeira; **3** pl. NÁUTICA falcas, tabuões para levantar os bordos de uma embarcação
washcloth ['wɒʃklɒθ] s. [EUA] toalhete
washday ['wɒʃdeɪ] s. dia de lavagem; dia da barrela
washdown ['wɒʃdaʊn] s. lavagem completa, lavagem de cima a baixo; *give the car a* ~ dê uma lavagem ao carro
washed [wɒʃt] adj. **1** lavado; **2** aguarelado; ~ *drawing* desenho a aguarelas ❖ [EUA] ~ *sale* venda fictícia de títulos
washed-out ['wɒʃtaʊt] adj. **1** descolorido; deslavado; **2** pálido; **3** abatido, adoentado; **4** (cansaço) exausto, cansado
washer ['wɒʃə] s. **1** lavador, lavadeira, pessoa que lava; **2** [coloq.] máquina de lavar; **3** anilha, arruela
washerman ['wɒʃəmən] s. (pl. -**men**) lavador (de minério)
washerwoman ['wɒʃəwʊmən] s.f. (pl. -**women**) lavadeira
washeteria [ˌwɒʃɪ'tɪərɪə] s. local com máquinas de lavar; ~ *coin-up laundries* lavandarias com máquinas de utilização automática
washily ['wɒʃɪlɪ] adv. **1** insipidamente; **2** descoloridamente; **3** desenxabidamente
washiness ['wɒʃɪnəs] s. **1** insipidez, sensaboria; **2** desinteresse; **3** estado do que é aguado
washing ['wɒʃɪŋ] Ⓐ s. **1** roupa para lavar; *to do the* ~ lavar a roupa; *to hang the* ~ *out to dry* pôr a roupa a secar; **2** lavagem; *this colour won't stand any* ~ esta cor não debota ao lavar; **3** branqueamento, banho; **4** cromagem, douramento, prateamento; **5** detritos, aluvião, erosão, desgaste causado pela água; **6** pl. ouro em pó, minério obtido depois da lavagem; **7** pl. [EUA] venda fictícia de títulos Ⓑ adj. **1** que serve para lavar; **2** lavável; ~ *silk* seda lavável ❖ ~ *block/board* tábua de lavar; tábua de esfregar a roupa; QUÍMICA ~ *bottle* frasco de lavagem de gás; ~ *crystals* cristais de soda; ~ *cylinder* tambor de lavagem de minério; ~ *machine* máquina de lavar; ~ *powder* detergente em pó; ~ *soda* soda do comércio
Washington ['wɒʃɪŋtən] s.top. Washington, capital dos Estados Unidos
washing-up ['wɒʃɪŋˌʌp] s. **1** lavagem de louça, talheres, etc.; **2** louça por lavar; *all that* ~ montes de louça para lavar ❖ *to do the* ~ lavar a louça
washlady ['wɒʃleɪdɪ] s.f. (pl. -**ies**) [EUA] lavadeira
washout ['wɒʃaʊt] s. **1** lavagem; **2** [coloq.] fiasco, falhanço; *the play was a* ~ a peça foi um fiasco; **3** (pessoa) desgraça fig., desastre fig.; **4** desmoronamento da via devido às chuvas; **5** AERONÁUTICA deformação negativa da asa ❖ ~ *plug* bujão de lavagem
washstand ['wɒʃstænd] s. lavatório
washtub ['wɒʃtʌb] s. selha, lavadouro
washup ['wɒʃʌp] s. **1** lavagem; **2** lavagem da louça; **3** esterilização das mãos antes da operação

washy ['wɒʃɪ] adj. (comp. -**ier**, superl. -**iest**) **1** aguado; **2** deslavado, desbotado, sem cor; **3** insípido, desenxabido; **4** fraco, frouxo, sem vida, sem energia ❖ ~ *wine* vinho com água; vinho baptizado
wasn't ['wɒzənt] contr. de was not
wasp [wɒsp] s. ZOOLOGIA vespa ❖ ~ *fly* moscardo; ~ *waist* cintura de vespa; *wasps' nest* ninho de vespas; vespeiro; *she has a waist like a wasp's* ela tem uma cintura de vespa
Wasp [wɒsp] s. [EUA] [coloq., depr.] [abrev. de White Anglo-Saxon Protestant]
waspish ['wɒspɪʃ] adj. **1** relativo a vespa; **2** irritável; irascível; acrimonioso; **3** petulante; atrevido ❖ *to be* ~ ter uma língua viperina; ter uma língua de serpente
waspishly ['wɒspɪʃlɪ] adv. **1** irritavelmente; irascivelmente; acrimoniosamente; **2** petulantemente; **3** com maldade
waspishness ['wɒspɪʃnəs] s. **1** acrimónia, azedume; **2** irritabilidade, irascibilidade
wassail ['wɒseɪl] Ⓐ s. **1** [arc.] banquete, festim; **2** [arc.] noite passada a beber; **3** [arc.] cerveja com especiarias, maçãs, açúcar, etc., bebida em festins; **4** [arc.] brinde Ⓑ interj. à sua saúde! Ⓒ v.intr. **1** [arc.] divertir-se; **2** [arc.] passar a noite a beber ❖ ~ *bowl/cup* taça usada em banquetes
wassailer ['wɒseɪlə] s. [arc.] beberrão, indivíduo que passa a noite na pândega a beber
wast [wɒst] [arc.] 2ª pes. sing. prt. de to be
wastage ['weɪstɪdʒ] s. **1** desperdício; **2** perda; **3** desgaste; **4** quebra
waste [weɪst] Ⓐ v.tr.,intr. **1** desperdiçar, esbanjar, deitar fora, gastar mal gasto, malbaratar; *to* ~ *a chance* perder uma oportunidade; *to* ~ *one's life* estragar a sua vida; **2** assolar, devastar; **3** consumir, consumir-se; gastar, gastar-se; *his resources were rapidly wasting* estava a ficar sem recursos; **4** devorar; **5** enfraquecer; debilitar(-se); definhar; mirrar; **6** perder-se; **7** DIREITO (propriedade) danificar Ⓑ s. **1** desperdício, dissipação, esbanjamento; ~ *of money* desperdício de dinheiro; *wilful* ~ *makes woeful want* esbanjamentos levam à miséria; **2** gasto; **3** desgaste, decréscimo, declínio, perda; ~ *of time* perda de tempo; **4** estrago; **5** refugo, restos, sucata, lixo; **6** coisas inúteis; **7** desperdícios; *cotton* ~ desperdícios de algodão; **8** despejos; **9** desolação, deserto, ermo; **10** baldio, terra inculta, terra estéril; **11** imensidão; extensão; *a* ~ *of waters* uma imensa extensão de água, a vastidão do mar; *the wastes of the Sahara* as vastidões do Sara; **12** destruição, ruínas; **13** DIREITO estragos em propriedades; DIREITO *permissive* ~ estragos em propriedade por falta de medidas de conservação; DIREITO *voluntary* ~ estragos em propriedade feitos pelo locatário; Ⓒ adj. **1** por ocupar, por cultivar; **2** ermo, inculto, maninho; **3** árido, deserto; **4** devastado, assolado, desolado; *to lay* ~ devastar, assolar, destruir; **5** lúgubre, sombrio; **6** sem interesse, monótono; **7** inútil; que não serve; **8** deitado fora; **9** de refugo; **10** perdido; ~ *energy* energia perdida; ~ *steam* vapor perdido ❖ COMÉRCIO ~ *book* borrão; ~ *channel* canal de despejo; ~ *coal* resíduos de carvão; ~ *heat* calor de escape; ~ *oil* óleo derramado; ~ *paper* papéis velhos; ~ *products* produtos de excreção; ~ *water* água de purga; ~ *wood* resíduos de madeira; ~ *water purification* purificação de águas residuais; ~ *not, want not* no poupar é que está o ganho; *experience is wasted on a fool* a experiência de nada serve para os tolos; *I have no time to* ~ não tenho tempo a perder; *nothing is wasted* nada se perde; *to lie* ~ estar desaproveitado, maninho, improdutivo; *to run to* ~ desperdiçar-se; perder-se; *to* ~ *one's breath/one's words* falar inutilmente; falar em vão; *to* ~ *one's time* perder tempo; *to* ~ *time on/over* perder tempo com
- **waste away** v.intr. consumir-se; definhar ❖ *to* ~ *to skin and bone* ficar só com pele e osso

wastebasket ['weɪstbɑːskɪt] s. [EUA] ⇒ **wastepaper basket**
wasted ['weɪstɪd] adj. **1** desperdiçado, esbanjado, malbaratado; ~ *power* energia desperdiçada; **2** assolado, devastado, destruído; **3** enfraquecido, gasto, consumido; **4** [coloq.] (exausto) estourado; estafado; **5** [coloq.] podre de bêbedo; **6** [coloq.] (drogas) pedrado ❖ ~ *time* tempo perdido
wasteful ['weɪstfʊl] adj. **1** gastador, esbanjador, dissipador; ~ *habits* hábitos de esbanjamento; *to do away with* ~ *expenditures* cortar despesas inúteis; **2** ruinoso; ~ *administration* administração ruinosa; **3** devastador

wastefully ['weɪstfʊlɪ] *adv.* 1 esbanjadoramente, dissipadoramente; 2 ruinosamente
wastefulness ['weɪstfʊlnəs] *s.* esbanjamento, dissipação, desperdício
wastegate ['weɪstɡeɪt] *s.* (turbocompressor) comporta de passagem
wasteland ['weɪstlænd] *s.* 1 ermo; baldio; 2 terra deserta; terra desolada; 3 [fig.] panorama desolador
wastepaper ['weɪst‚peɪpə] *s.* (lixo) dos papéis; ~ *basket* cesto dos papéis
waster ['weɪstə] *s.* 1 esbanjador, gastador, dissipador; 2 pessoa que desperdiça ou gasta mal gasto; 3 devastador, destruidor; 4 refugo, artigo de refugo, artigo com defeito de fabrico; 5 [cal.] vadio, indivíduo inútil
wasting ['weɪstɪŋ] Ⓐ *adj.* 1 que consome, que gasta, que desgasta; 2 devastador, destruidor; 3 debilitante, enfraquecedor; 4 em declínio Ⓑ *s.* 1 desperdício, esbanjamento, malbaratamento; 2 devastação, destruição, assolamento; 3 enfraquecimento, definhamento; 4 emagrecimento, desnutrição ❖ MEDICINA ~ *away* contabescência
wastrel ['weɪstrəl] *s.* 1 [depr.] vagabundo, preguiçoso, inútil; 2 [depr.] dissipador, perdulário, pessoa esbanjadora; 3 artigo defeituoso, coisa com defeito de fabrico; 4 garoto da rua
watch [wɒtʃ] Ⓐ *s.* (*pl.* -es) 1 vigia, vigilância; ~ *and ward* vigilância constante; *to keep a close* ~ *on* vigiar de perto; *to set a* ~ *on* vigiar, mandar vigiar; 2 observação constante; *to be on the* ~ *for* espiar, estar à espreita de; 3 acto de estar alerta ou de atalaia; atenção ao que possa acontecer; *to be on the* ~ estar de vigia, estar de atalaia; 4 guarda, sentinela; *anchor* ~ guarda de porto; *to keep* ~ montar guarda; 5 HISTÓRIA guarda-nocturno, ronda da noite; *the constables of the* ~ a ronda da noite; 6 NÁUTICA quarto, período de serviço; *the morning* ~ o quarto de alva (das 4 às 8); NÁUTICA *afternoon* ~ quarto da tarde; NÁUTICA *to set the* ~ render o quarto; 7 parte da tripulação que está de serviço; 8 [arc.] vela, velada, vigília; *in the watches of the night* durante as horas de vigília; 9 relógio de bolso; 10 relógio de pulso; *to set a* ~ acertar um relógio; *to use a* ~ *as a compass* orientar-se pelo relógio Ⓑ *v.tr.,intr.* 1 vigiar, observar, prestar atenção a; *to have sb watched* mandar vigiar alguém; *the shepherd was watching his sheep* o pastor estava a tomar conta das ovelhas; 2 ver, seguir com a vista; *to* ~ *after sb* seguir alguém com os olhos; *now* ~ *me carefully* agora veja bem como eu faço; 3 assistir; *to* ~ *a football match* assistir a um desafio de futebol; 4 ter cuidado com; ~ *your step* cuidado, não caia; 5 aguardar, estar à espera de; *to* ~ *one's time* aguardar a melhor ocasião; *to* ~ *for the opportunity to come* esperar que chegue a oportunidade; 6 montar guarda; estar de sentinela; 7 [arc.] estar de vigília, velar; *to* ~ *all night at the bedside of a sick person* estar de vigília toda a noite junto da cama de um doente ❖ MILITAR ~ *box* guarita de guarda, de sentinela; ~ *chain* corrente de relógio; ~ *fire* fogo de bivaque; ~ *glass* vidro de relógio; (ciência) pequeno prato/vidro de laboratório; ~ *lathe* torno de relojoeiro; ~ *pocket* bolso do relógio; *a watched pot never boils* quando se está à espera de qualquer coisa, o tempo nunca mais passa; *it passed as a* ~ *in the night* passou e em breve foi esquecido; *keep a* ~ *on your tongue* cuidado com a língua; *to* ~ *one's step* ver onde se põe os pés; [fig.] ter cuidado (com o que se diz ou faz)
◆ **watch out** *v.intr.* 1 ter cuidado [**for**, com]; *watch out!* cuidado!; 2 prestar atenção [**for**, a]; estar atento [**for**, a]
◆ **watch over** *v.tr.* olhar por; deitar o olho a; tomar conta de
watchband ['wɒtʃbænd] *s.* [EUA, Can.] bracelete de relógio
watchcase ['wɒtʃkeɪs] *s.* (cobertura) caixa de relógio
watchdog ['wɒtʃdɒɡ] Ⓐ *s.* 1 cão de guarda; 2 guardião; 3 observador oficial Ⓑ *v.tr.* (*particípios:* -**gg**-) [EUA] seguir de perto ❖ ~ *committee* comissão de vigilância
watcher ['wɒtʃə] *s.* 1 observador; 2 espectador; 3 vigilante; 4 sentinela, guarda; 5 aquele que espreita; 6 espião ❖ *watcher-in* pessoa que assiste a uma sessão de televisão
watchful ['wɒtʃfʊl] *adj.* 1 atento, vigilante, alerta; 2 cauteloso; 3 esperto, vivo; 4 [arc.] de vigília ❖ *to be* ~ *of sb* observar alguém com desconfiança; ter cuidado com alguém; *to keep a* ~ *eye on...* ficar de olho em...
watchfully ['wɒtʃfʊlɪ] *adv.* 1 atentamente; 2 vigilantemente; 3 cautelosamente

watchfulness ['wɒtʃfʊlnəs] *s.* 1 estado de alerta; 2 vigilância; 3 cautela; 4 atenção
watching ['wɒtʃɪŋ] *s.* 1 vigia, observação; 2 vigilância; *he needs* ~ *over* é preciso vigiá-lo; 3 contemplação; 4 visionamento
watchkeeper ['wɒtʃ‚kiːpə] *s.* NÁUTICA vigia, marinheiro que está de quarto
watchmaker ['wɒtʃmeɪkə] *s.* relojoeiro
watchmaking ['wɒtʃmeɪkɪŋ] *s.* relojoaria
watchman ['wɒtʃmən] *s.* (*pl.* -**men**) 1 vigia, guarda; 2 HISTÓRIA guarda-nocturno, guarda nocturno ❖ (comboios) *track* ~ guarda-linha
watchstrap ['wɒtʃstræp] *s.* [GB] pulseira de relógio
watchtower ['wɒtʃtaʊə] *s.* torre de observação; torre de vigia; torre de controlo
watchword ['wɒtʃwɜːd] *s.* 1 palavra de ordem, lema, divisa; 2 [arc.] senha, palavra de passe
water ['wɔːtə] Ⓐ *s.* 1 água; *by* ~ por água; *salt* ~ água salgada; *in Home waters* nas águas metropolitanas; *under* ~ debaixo de água, inundado; *white* ~ água pouco funda; *that brings* ~ *to my mouth* isso faz-me água na boca; 2 extensão de água; *to cross the waters* atravessar os mares; *on land and* ~ por terra e por mar; 3 maré; *at high* ~ na maré alta; 4 chuva; 5 lágrimas; *to bring* ~ *to one's eyes* fazer vir as lágrimas aos olhos; 6 urina; *red* ~ urina raiada de sangue, urina sanguinolenta; *to cast sb's* ~ fazer a análise à urina de alguém; *to pass* ~ urinar; MEDICINA *difficulty in passing* ~ dificuldade em urinar; 7 suor; 8 saliva; 9 líquido parecido com água, solução aquosa; 10 superfície ondeada de tecido ou metal; 11 (pedra preciosa) transparência, pureza, água; *diamond of the first* ~ diamante de primeira qualidade, diamante da melhor água; 12 FINANÇAS acções emitidas sem aumento de capital Ⓑ *v.tr.,intr.* 1 regar; *to* ~ *the garden* regar o jardim; 2 molhar; 3 irrigar, banhar; *the district is watered by three important rivers* a região é banhada por três rios importantes; 4 deitar água em; *to* ~ *the wine* deitar água no vinho, baptizar o vinho_coloq._; 5 diluir com água; 6 dar de beber a, dessedentar; *to* ~ *the horses* dar de beber aos cavalos; 7 (animais) ir beber; 8 NÁUTICA fazer aguada; 9 (locomotiva) meter água; 10 lacrimejar; *the smoke made her eyes* ~ o fumo fez-lhe vir lágrimas aos olhos; 11 salivar; *that makes my mouth* ~ isso faz-me água na boca; 12 (tecido, superfície metálica) ondear, dar aspecto ondeado e lustroso a; 13 FINANÇAS emitir novas acções sem aumento de capital Ⓒ *adj.* de/com água; ~ *ballast* lastro de água; ~ *barrel* barril de água; ~ *bottle* garrafa de água, cantil; ~ *box* caixa de água; ~ *jet* jacto de água; ~ *tank* depósito de água, tanque de água ❖ ~ *analysis* análise da água; ~ *bailiff* guarda-rios; funcionário da alfândega num porto; ~ *bath* banho-maria; ZOOLOGIA ~ *bear* tardígrado; urso-de-água-doce; ZOOLOGIA ~ *beetle* besouro-de-água; ZOOLOGIA ~ *bird* ave aquática; ~ *biscuit* bolacha de água e sal; (mãos, pés) ~ *blister* bolha; ZOOLOGIA ~ *boatman* piolho aquático; ~ *brake* freio hidráulico; MEDICINA ~ *brash* pirose; azia; ZOOLOGIA ~ *buffalo* búfalo-da-índia; ZOOLOGIA ~ *bug* barata-de-água; ~ *carriage* transporte por água; (para venda ou para borrifar as estradas) ~ *cart* carro de água; ~ *cannon* autotanque da polícia para combater manifestações; ~ *cement* cimento hidráulico; ~ *chamber* camisa-de-água; ~ *clock* clepsidra; ~ *closet* sanita; retrete; ~ *consumption* consumo de água; ~ *content* percentagem de água; ~ *cooler* fonte; distribuidor de água fresca; ~ *cure* hidroterapia; ~ *dog* ZOOLOGIA cão-de-água; [fig.] marinheiro experiente; ZOOLOGIA ~ *flea* pulga-de-água; ~ *gap* passagem de curso de água em garganta de montanhas; ~ *gate* comporta; ~ *gauge* indicador do nível de água; ~ *gold* ouro moído; ~ *hammer* martelo hidráulico; ~ *hardening* têmpera pela água; (aquecimento de água) ~ *heater* esquentador; ~ *hemlock* cicuta aquática; ZOOLOGIA ~ *hen* galinha-de-água; ~ *hose* mangueira; ~ *ice* sobremesa de gelo doce picado; ~ *inlet* entrada de água; ~ *jacket* camisa-de-água; ZOOLOGIA ~ *lentil* lentilha-de-água; ~ *level* nível de água; BOTÂNICA ~ *lily* nenúfar; golfão; NÁUTICA ~ *line* linha de flutuação; ~ *lubrication* lubrificação por água; ~ *main* canalização principal em rede de fornecimento de água; ~ *meter* contador de água; [EUA] ZOOLOGIA ~ *moccasin* serpente aquática venenosa; ~ *monkey* bilha para água; ~ *motor* motor hidráulico; MITOLOGIA ~ *nymph* nereide; náiade; ~ *oak* carvalho-da-virgínia; ~ *outlet* saída para água; ZOOLOGIA ~ *ouzel* melro-ribeirinho; ZOOLOGIA ~ *ox* búfalo-da-índia; ~ *pail* balde; ~ *paint* aguarela;

BOTÂNICA ~ *pimpernel* morrião-de-água; ~ *pipe* cano de água; BOTÂNICA ~ *plantain* tanchagem aquática; DESPORTO ~ *polo* pólo aquático; ~ *power* força hidráulica; ~ *pressure* pressão de água; pressão hidráulica; *water-pressure test* ensaio de pressão hidráulica; ~ *privilege* privilégio de captação de água; ~ *pump* bomba hidráulica; ~ *purifier* depurador de água; ~ *ram* carneiro hidráulico; ZOOLOGIA ~ *rat* ratazana-de-água; ~ *rate* custo da água; ~ *reservoir* reservatório de água; ~ *rinsing* enxaguamento; ~ *skin* odre; ZOOLOGIA ~ *snake* cobra-de-água; ~ *space* câmara-de-água; ZOOLOGIA ~ *spider* aranha-de-água; ~ *sports* desportos aquáticos; ~ *sprite* ondina; *water-stained* com manchas de humidade; ~ *supply* fornecimento de água; distribuição de água; ~ *test* ensaio hidráulico; ZOOLOGIA ~ *tick* aranha-de-água; ~ *tiger* larva de certos besouros aquáticos; ~ *tower* torre de depósito de água; ~ *trap* purgador automático; ~ *tub* tina; selha; ~ *turbine* turbina hidráulica; ZOOLOGIA ~ *vole* ratazana-de-água; ~ *wheel* roda hidráulica; ~ *wing* bóia cheia de ar para aprendizagem de natação; *strong waters* bebidas alcoólicas; ~ *on the brain* hidrocefalia; ~ *on the knee* hidropisia do joelho; *a scoundrel of the first* ~ um patife de primeira marca; *between wind and* ~ à flor da água; em ponto vulnerável; *in deep water(s)* em dificuldades; [fig.] *in low water(s)* deprimido; em baixo; sem dinheiro; *in smooth* ~ suavemente; sem dificuldades; livre de cuidados; *on the* ~ de barco, navio, etc.; MITOLOGIA *the waters of forgetfulness* as águas do esquecimento; o rio Letes; a morte; *written in* ~ depressa esquecido; efémero; transitório; *to cast oil on troubled waters* deitar água na fervura; procurar acalmar as coisas; *to drink the waters* ir fazer uma cura de águas; ir para as termas; *to get into hot* ~ meter-se em apuros; *to hold* ~ ser válido; ser susceptível de prova; *to make* ~ verter águas; urinar; (navio) fazer água; *to pour* ~ *over a duck's back* perder o seu tempo; esforçar-se inutilmente; NÁUTICA *to take in fresh* ~ fazer aguada, [fig.] *to throw cold* ~ *on* desencorajar; desanimar; lançar um balde de água fria a
◆ **water down** *v.tr.* 1 juntar água a; diluir em água; *the milk has been watered down* juntaram água ao leite; 2 [fig.] (conteúdo forte, chocante) suavizar, atenuar; 3 moderar
waterage ['wɔːtərɪdʒ] *s.* 1 transporte por água; 2 frete do transporte por água
waterbed ['wɔːtəbed] *s.* colchão de água
waterborne ['wɔːtəbɔːn] *adj.* 1 flutuante; 2 transportado por água, levado pelas águas; 3 (doenças, bactérias, micróbios) transmitido pela água
waterbury ['wɔːtəbrɪ] *s.* relógio americano barato
watercolour ['wɔːtəkʌlə] *s.* (tinta, processo, pintura) aguarela; *painted in watercolours* pintado a aguarela
watercolourist ['wɔːtəˌkʌlərɪst] *s.* aguarelista
watercourse ['wɔːtəkɔːs] *s.* 1 curso de água; 2 canal
watercress ['wɔːtəkres] *s.* (*pl.* -**es**) BOTÂNICA agrião
watered ['wɔːtəd] *adj.* 1 regado; 2 misturado com água; diluído com água ❖ ~ *silk* seda lustrosa e ondeada; ~ *wine* vinho baptizado
waterer ['wɔːtərə] *s.* 1 aquele que rega; 2 criado de lavoura encarregado de levar o gado a beber; 3 aguadeiro
waterfall ['wɔːtəfɔːl] *s.* queda de água, cascata, catarata, cachoeira_{Bras.}
waterfinder ['wɔːtəˌfaɪndə] *s.* (pessoa) vedor de águas
waterfowl ['wɔːtəfaʊl] *s.* ZOOLOGIA ave aquática
waterfront ['wɔːtəfrʌnt] *s.* 1 cais; 2 zona do porto; 3 face costeira; margem
wateriness ['wɔːtərɪnəs] *s.* 1 aquosidade; 2 insipidez; 3 [fig.] sensaboria; 4 MEDICINA serosidade
watering ['wɔːtərɪŋ] Ⓐ *adj.* (olhos) lacrimejante Ⓑ *s.* 1 rega, irrigação; 2 diluição com água; 3 fornecimento de água a caldeiras, etc.; 4 NÁUTICA aguada; 5 (animais) dessedentação; 6 acto de dar aspecto brilhante e ondeado a tecidos; 7 FINANÇAS emissão de acções sem aumento de capital ❖ ~ *can/pot* regador; ~ *nozzle* local de rega; ~ *place* estância balnear; termas; praia; bebedouro
waterish ['wɔːtərɪʃ] *adj.* 1 aquoso, aguado; 2 insípido; 3 húmido; 4 baço ❖ ~ *moonlight* luar velado
waterishly ['wɔːtərɪʃlɪ] *adv.* 1 aquosamente; 2 diluidamente
waterless ['wɔːtələs] *adj.* sem água

waterlogged ['wɔːtəlɒgd] *adj.* 1 ensopado, empapado; 2 (navio) inundado, alagado, tão cheio de água que mal consegue flutuar; 3 (madeira) saturado, impregnado de água; 4 (terreno) encharcado, pantanoso
Waterloo ['wɔːtəluː] *s.top.* Waterloo; HISTÓRIA *the battle of* ~ a batalha de Waterloo ❖ *to meet one's* ~ ser irremediavelmente derrotado
waterman ['wɔːtəmən] *s.* (*pl.* -**men**) barqueiro
watermark ['wɔːtəmɑːk] *s.* 1 (edição) marca de água; filigrana; 2 marca que indica a que altura a água subiu
watermelon ['wɔːtəmelən] *s.* BOTÂNICA (fruto, planta) melancia
watermill ['wɔːtəmɪl] *s.* azenha
waterpark ['wɔːtəpɑːk] *s.* aquaparque; parque aquático
waterproof ['wɔːtəpruːf] Ⓐ *adj.* impermeável; à prova de água; ~ *ink* tinta à prova de água; ~ *insulation* isolamento impermeável; ~ *material* material impermeável; ~ *paint* tinta impermeabilizante Ⓑ *s.* 1 VESTUÁRIO (casaco, capa) impermeável; 2 material impermeável Ⓒ *v.tr.* impermeabilizar, tornar impermeável
waterproofed ['wɔːtəpruːft] *adj.* 1 impermeabilizado; 2 vestido com um impermeável
waterproofer ['wɔːtəpruːfə] *s.* 1 impermeabilizador; 2 fabricante de impermeáveis
waterproofing ['wɔːtəpruːfɪŋ] *s.* impermeabilização
water-repellent [ˌwɔːtərɪ'pelənt] *adj.* hidrófugo; impermeável
waterscape ['wɔːtəskeɪp] *s.* (paisagem, pintura) marinha
watershed ['wɔːtəʃed] *s.* 1 GEOGRAFIA linha divisória de águas; 2 GEOGRAFIA bacia hidrográfica; 3 [fig.] momento crítico; ponto decisivo
watershoot ['wɔːtəʃuːt] *s.* 1 (tronco) rebento; 2 goteira; gárgula
water-sick ['wɔːtəsɪk] *adj.* (solo) saturado de água; desgastado por excessiva irrigação
waterside ['wɔːtəsaɪd] Ⓐ *s.* 1 borda-d'água; 2 margem; *along the* ~ ao longo da margem; 3 beira-mar; costa; praia Ⓑ *adj.* ribeirinho; fluvial
water-ski ['wɔːtəskiː] Ⓐ *s.* (*pl.* -**s**) DESPORTO (apetrecho) esqui aquático Ⓑ *v.intr.* fazer esqui aquático; praticar esqui aquático
water-skier ['wɔːtəskɪə] *s.* DESPORTO praticante de esqui aquático
water-skiing ['wɔːtəskɪːɪŋ] *s.* DESPORTO (actividade) esqui aquático
waterspout ['wɔːtəspaʊt] *s.* 1 (abertura para líquido) bica; 2 METEOROLOGIA tromba-d'água
watertight ['wɔːtətaɪt] *adj.* 1 impermeável, estanque, à prova de água, que não deixa passar água; *to make* ~ impermeabilizar; 2 [fig.] irrefutável, à prova de fogo_{fig.}; 3 [fig.] claro, explícito, rigoroso, inequívoco; ~ *regulations* regulamentos inequívocos
watertightness ['wɔːtətaɪtnəs] *s.* 1 impermeabilidade; 2 [fig.] irrefutabilidade
waterway ['wɔːtəweɪ] *s.* 1 via navegável; 2 via fluvial; 3 canal
waterworks ['wɔːtəwɜːks] *s.* 1 sistema de distribuição de água; 2 instalação de fornecimento de água; 3 fonte ornamental ❖ [coloq.] *to turn on the* ~ começar a chorar; desfazer-se em lágrimas
waterworn ['wɔːtəwɔːn] *adj.* desgastado pela água; que sofreu erosão pela água
waterwort ['wɔːtəwɜːt] *s.* BOTÂNICA elatínea
watery ['wɔːtərɪ] *adj.* 1 aguado, aquoso; ~ *soup* sopa aguada; 2 semelhante à água; 3 que contém água; 4 lacrimoso; lacrimejante; ~ *eyes* olhos lacrimosos; 5 húmido; 6 chuvoso; ~ *clouds* nuvens chuvosas; 7 encharcado; 8 [fig.] fraco; débil; 9 [fig.] desinteressante, desenxabido, insípido; 10 [fig.] pálido; deslavado ❖ ~ *gods* deuses marinhos; ~ *waste* grande extensão de água; *the* ~ *plain* o mar; *to find a* ~ *grave* morrer no mar
watt [wɒt] *s.* ELECTRICIDADE (sistema internacional de unidades de medida) watt, vátio
wattage ['wɒtɪdʒ] *s.* ELECTRICIDADE consumo ou potência em watts
watt-hour ['wɒtaʊə] *s.* ELECTRICIDADE watt-hora
wattle ['wɒtəl] Ⓐ *s.* 1 caniçada, sebe, vedação de vimes, ramos, etc.; 2 gradeado de vimes; 3 vime, vara, verga; 4 BOTÂNICA mimosa, variedade de acácia australiana; 5 monco de peru; 6 barbela de galinha Ⓑ *v.tr.* 1 fechar com caniçada; 2 rodear por gradeado de vimes; 3 vedar com uma sebe; 4 (vimes, varas, etc.) entrelaçar; 5 amarrar com vimes ❖ ~ *and daub* taipa; caniçada revestida de lama ou barro
wattled ['wɒtəld] *adj.* 1 fechado, encerrado em gradeado de vimes ou caniçada; 2 entrelaçado; 3 ZOOLOGIA (peru) com monco ou carúncula

wattless ['wɒtləs] *adj.* ELECTRICIDADE sem watts, sem vátios
wattling ['wɒtlɪŋ] *s.* 1 entrelaçamento (de vimes, varas, etc.); 2 paliçada, sebe
wattmeter ['wɒtmiːtə] *s.* vatímetro
wave [weɪv] Ⓐ *s.* 1 (geral) onda; *~ of light* onda luminosa; *the waves in her hair* as ondas do cabelo dela; RÁDIO *long/medium/short waves* ondas longas/médias/curtas; 2 ondulação; ondeado; 3 movimento ondulatório; *~ motion* movimento ondulatório; 4 qualquer coisa que se assemelhe a onda; 5 (gesto) aceno; *a ~ of the hand* um aceno com a mão; 6 [fig.] (grande quantidade) onda, vaga (**of**, de); *a crime ~* uma vaga de crimes; *a heat ~* uma vaga de calor; *a ~ of indignation* uma onda de indignação; *to attack in waves* atacar em vagas sucessivas; 7 oscilação; vibração; 8 [EUA] membro de *Women Accepted for Volunteer Emergency Service* Ⓑ *v.tr.,intr.* 1 ondear; ondular; *there was a field of corn waving in the breeze* havia um campo de cereais a ondular ao vento; *her hair waves naturally* o cabelo dela tem um ondulado natural; 2 tremular; 3 agitar; fazer ondear; *to ~ a banner* agitar um estandarte ou pendão; 4 acenar (com a mão); *to ~ goodbye* dizer adeus com a mão; *to ~ one's hand* acenar com a mão; *to ~ sb nearer* acenar a alguém para se aproximar; *to ~ sb onward* acenar a alguém para avançar; *the officer waved his men on with his sword* o oficial fez sinal aos soldados com a espada para avançarem; 5 brandir ❖ *~ crest* crista da onda; RÁDIO *~ detector* detector de ondas; *~ distortion* distorção da onda; *~ energy* energia das vagas; *~ hollow* concavidade da onda; FÍSICA *~ mechanics* mecânica ondulatória; [poét.] *the waves* o mar; (cabelo) *to have one's hair permanently waved* fazer uma permanente; (tumulto, confusão) *to make waves* fazer ondas*fig.*
◆**wave about/around** *v.tr.* agitar para todos os lados
◆**wave aside/away** *v.tr.* 1 (com um gesto) pôr de lado; rejeitar; 2 dar sinal de saída a; *he waved them away* fez-lhes sinal com a mão para se irem embora
◆**wave down** *v.tr.* (automóvel) fazer sinal de paragem a
◆**wave off** *v.tr.* (aceno) dizer adeus com a mão a
waveband ['weɪvbænd] *s.* RÁDIO banda de frequência
waved [weɪvt] *adj.* 1 ondulado, ondeado; 2 ondulante
waveguide ['weɪvɡaɪd] *s.* ELECTRICIDADE (microondas) guia de ondas
wavelength ['weɪvleŋθ] *s.* RÁDIO comprimento de onda ❖ *~ band* faixa do comprimento de onda; *to be on the same ~* estar na mesma onda; estar em sintonia
wavelet ['weɪvlət] *s.* 1 onda pequena, ondazinha; 2 leve ondulação
waver ['weɪvə] *v.intr.* 1 hesitar, titubear, mostrar-se irresoluto; *to ~ between* estar indeciso entre; 2 (voz) tremer, falhar; 3 (luz, chama) bruxulear, tremeluzir; 4 MILITAR vacilar, começar a perder terreno
waverer ['weɪvərə] *s.* pessoa irresoluta, indecisa; pessoa que vacila
wavering ['weɪvərɪŋ] Ⓐ *adj.* 1 hesitante, indeciso, irresoluto, titubeante; 2 pouco firme; 3 trémulo; 4 vacilante; *~ flames* chamas vacilantes Ⓑ *s.* 1 hesitação, irresolução; 2 vacilação; 3 MILITAR (linha de combate) flutuação
waveringly ['weɪvərɪŋlɪ] *adv.* hesitantemente; indecisamente; irresolutamente; com pouca firmeza
WAVES [EUA] [*abrev. de* Women Accepted for Volunteer Emergency Service]
wavey ['weɪvɪ] *s.* ⇒ **wavy** Ⓑ
wavily ['weɪvɪlɪ] *adv.* 1 onduladamente; 2 de modo ondulatório
waviness ['weɪvɪnəs] *s.* 1 ondulação, aspecto ondulado; 2 flutuação
waving ['weɪvɪŋ] Ⓐ *adj.* 1 ondulante, ondeante; 2 que acena; 3 que se agita; 4 (bandeira) flutuante Ⓑ *s.* 1 ondulação; ondeamento; 2 aceno, movimento feito com a mão ❖ *~ iron* ferro de frisar; ferro de ondular
wavy ['weɪvɪ] Ⓐ *adj. (comp.* -**ier**, *superl.* -**iest**) 1 ondulado; ondeado; às ondas; *~ hair* cabelo ondulado; (irregular) Ⓑ *s.* ZOOLOGIA ganso-das-neves
wax [wæks] Ⓐ *s.* 1 cera; *bleached ~* cera branca; *Chinese ~* cera-da-china; *mineral ~* cera mineral; *vegetable ~* cera vegetal; *virgin ~* cera virgem; 2 qualquer substância parecida com cera; 3 cerume, cerúmen, cera dos ouvidos; 4 cerol, cera dos sapateiros; *cobbler's ~* cerol; 5 [coloq.] irritação; cólera; *to get into a ~* irritar-se, ficar furioso Ⓑ *v.tr.,intr.* 1 encerar, polir com cera; *to ~ furniture* encerar mobília; 2 fazer depilação com cera; 3 tornar-se, fazer-se, pôr-se; *to ~ more and more corrupt* corromper-se cada vez mais; 4 passar a ser ou estar (alegre, triste, zangado); *to ~ angry* irritar-se; *to ~ indignant* indignar-se; *to ~ fat* engordar; 5 (Lua) aumentar, crescer; *to ~ and wane* crescer e diminuir ❖ *~ bean* feijão-manteiga; *~ candle/light* vela de cera; *~ chandler* fabricante ou negociante de velas de cera; *~ doll* boneca de cera; *~ matrix* molde de cera; *~ modelling* ceroplástica; BOTÂNICA *~ myrth* árvore-de-cera; BOTÂNICA *~ palm* palmeira cerífera, carnaúba; coqueiro-carnaúba; *~ paper* papel encerado; *~ pattern* molde de cera; *~ sheet* papel «stencil»; *~ taper* tocha de cera; *sealing ~* lacre; [fig.] *as tight as ~* mudo como um peixe; *like ~* facilmente influenciável; facilmente manejável
waxcloth ['wæksklɒθ] *s.* encerado; oleado
waxed [wækst] *adj.* 1 encerado; *~ cotton* algodão encerado; *~ leather* couro encerado; 2 depilado com cera ❖ *~ paper* papel parafinado; *~ thread* linhol
waxen ['wæksən] *adj.* 1 de cera; *~ image* imagem feita de cera; [fig.] *~ pallor* palidez de cera; 2 céreo, ceroso; semelhante a cera; 3 mole como cera
waxiness ['wæksɪnəs] *s.* aspecto ceroso
waxing ['wæksɪŋ] *s.* 1 enceramento; 2 (Lua) crescimento, aumento
waxwing ['wækswɪŋ] *s.* ZOOLOGIA ampélis
waxwork ['wækswɜːk] *s.* 1 figura de cera; 2 modelagem em cera
waxworks ['wækswɜːks] *s.pl.* museu de cera
waxy ['wæksɪ] *adj. (comp.* -**ier**, *superl.* -**iest**) 1 com cera; 2 pálido como cera; *waxy-faced* de rosto com uma palidez de cera; 3 ceroso; 4 mole como cera; 5 impressionável, moldável; 6 [coloq.] irritado, zangado ❖ MEDICINA *~ degeneration* degeneração amilóide
way [weɪ] Ⓐ *s.* 1 caminho; *a ~ through the forest* um caminho através da floresta; *to ask one's ~* perguntar o caminho; *to be under ~* estar a caminho; *to go the wrong ~* enganar-se no caminho; *to push one's ~ forward* abrir caminho; *to start on one's ~* pôr-se a caminho; *which is the best ~ there?* qual é o melhor caminho para lá?; *on the ~* a caminho; 2 [fig.] (objectivos) caminho; *to go one's own ~* seguir o seu próprio caminho, actuar com independência, seguir a sua própria maneira de pensar; *to stand in sb's ~* atravessar-se no caminho de alguém; 3 estrada; rua; 4 passagem; *~ through* passagem; *a covered ~* uma passagem coberta; *there's no ~ through* não há passagem; *all traffic had to make ~ for a fire engine* todo o trânsito parou para deixar passar o carro dos bombeiros; 5 trajecto; percurso; distância (entre dois pontos); distância percorrida; *a little ~ from the village* a pequena distância da aldeia; *on the ~ home* ao ir para casa; *I'll talk to him on my ~ home* falarei com ele quando for para casa; 6 trajectória; *the ~ of a comet* a trajectória de um cometa; 7 direcção, rumo, sentido; *that ~* por ali; *this ~* por aqui; *she looked the other ~* ela virou o rosto para o outro lado; *this way, please* por aqui, faça favor; 8 proximidades, vizinhança, arredores; 9 avanço; progressão; 10 viagem, caminhada; *on one's ~ out* na viagem de ida; 11 plano; 12 processo, método; 13 maneira, modo; *~ of living* modo de vida; *~ of thinking* maneira de pensar; *I'll do it one ~ or another* hei-de fazer isso de uma maneira ou de outra; 14 maneira de proceder; curso de acção; *that's the ~ to do it* é assim que isso se faz; 15 possibilidade, oportunidade; *to put sb in the ~ of* dar oportunidade a alguém de; 16 espaço para avançar; 17 moda, costume, hábito, tendência; *he has a little ~ of leaving his bills unpaid* ele tem uma certa tendência para deixar as contas por pagar; *the good, old ways* os costumes antigos; *they have done nothing out of the ~ yet* ainda não fizeram nada de invulgar; 18 curso normal; 19 desejo, vontade; 20 condição, estado, aspecto; 21 ponto de vista; *to my ~ of thinking* na minha opinião; 22 alcance; 23 ocupação, ramo de actividade, negócio; *he is in the upholstery ~* ele é estofador; *those things don't lie in my ~* essas coisas não pertencem à minha profissão; 24 género, natureza; 25 nível de vida; 26 NÁUTICA impulso, andamento, velocidade adquirida; *to gather ~* aumentar a velocidade; *to lose ~* diminuir a velocidade; *ship under ~* navio em marcha; 27 *pl.* armação de estaleiro; carreira de construção Ⓑ *adv.* 1 [coloq.] muito; *~ below* muito abaixo; *you*

are a long ~ out está muito enganado; **2** [coloq.] longe; muito distante; *~ down in Brazil* lá para longe, no Brasil; *~ off a grande distância de*, afastado de; *from ~ back* de longe ❖ *~ down* descida; *~ in* entrada; *~ out* saída; [cal.] [EUA] fora do vulgar; excêntrico; NÁUTICA *~ port* porto de escala; (COMBOIOS) *~ station* pequena estação intermediária; *~ train* comboio que pára em todas as estações; *~ up* subida; *ways and means* meios; obtenção de meios; recursos orçamentais; [EUA] *all the ~ from $20 to $90* entre 20 e 90 dólares; *by the ~* a propósito; *by ~ of* com a intenção de; como; na qualidade de; à guisa de; à laia de; *by ~ of Oporto* via Porto; (parlamento) *Committee of Ways and Means* comissão de meios; comissão de orçamento; *get out of my way!* saia da frente!; *his name goes a long ~* ele tem muita influência; *in a ~ de* certo modo; *in the family ~* grávida; *it's a long ~ off* é muito longe daqui; *my work is still a long ~ off perfection* o meu trabalho ainda está muito longe da perfeição; *on the ~ back* no regresso; *on the ~ out* prestes a desaparecer ou a morrer; *put it out of harm's ~* ponha-o em lugar seguro; *there's a baby on the ~* ela está à espera de um bebé; *the Way of the Cross* a Via Sacra; *the ~ of the world* o uso geral; *to be in the ~* estorvar; *to get/to have one's (own) ~* conseguir o que se pretende; *to go a long ~ to* contribuir muito para; ter grande influência em; *to go one's way(s)* partir; *to go out of the ~ to* fazer o possível para; *to go the ~ of all flesh* morrer; *to have a ~ with* atrair; encantar; ter jeito para; *to have it both ways* escolher uma coisa ou outra, conforme for mais conveniente a ocasião; *to know one's ~ about* saber como proceder; conhecer o caminho; *to lose one's ~* perder-se; *to make the best of one's ~* seguir o mais depressa possível; (para servir outros) *to put oneself out of the ~* maçar-se, incomodar-se; *to put sb off the ~* desembaraçar-se de alguém (matando-o, etc.); *to take one's own ~* partir; ir-se embora; *to take one's ~ to* dirigir-se a

waybill ['weɪbɪl] *s.* **1** (mercadorias embarcadas) guia; **2** lista de passageiros
wayfarer ['weɪfeərə] *s.* [lit.] viajante; viandante; passageiro
wayfaring ['weɪfeərɪŋ] Ⓐ *adj.* **1** em viagem; **2** que viaja a pé Ⓑ *s.* viagem a pé; jornada a pé ❖ *~ man* viandante, BOTÂNICA *~ tree* folhado; laurentina; viburno flexível
waygate ['weɪgeɪt] *s.* comporta de descarga
waylaid [ˌweɪ'leɪd] *prt. e part. pass. de* to waylay
waylay [ˌweɪ'leɪ] *v.tr.* (prt. e part. pass. **waylaid**) **1** estar de emboscada a; **2** preparar cilada a; **3** atacar de surpresa; **4** fazer parar (alguém) para lhe falar
waylayer [ˌweɪ'leɪə] *s.* **1** pessoa que arma uma cilada ou emboscada; **2** assaltante emboscado
waylaying [ˌweɪ'leɪɪŋ] *s.* emboscada, cilada
wayleave ['weɪliːv] *s.* direito de passagem
wayless ['weɪles] *adj.* sem caminho, sem vias de comunicação
way-shaft ['weɪʃɑːft] *s.* (locomotiva) barra de excêntricos
wayside ['weɪsaɪd] *s.* margem da estrada; beira da estrada ❖ *he had a nasty ~ experience* ele teve um mau encontro; *to fall by the ~* ficar pelo caminho; perder o rumo
wayward ['weɪwəd] *adj.* **1** teimoso; desobediente; *~ child* criança teimosa; **2** indócil; intratável; **3** caprichoso; **4** irregular; instável ❖ *~ imagination* imaginação fantasista; imaginação incontrolável
waywardly ['weɪwədlɪ] *adv.* **1** teimosamente; **2** indocilmente; **3** caprichosamente
waywardness ['weɪwədnəs] *s.* **1** teimosia, obstinação; **2** desobediência, indocilidade; **3** capricho; **4** carácter caprichoso
wayzgoose ['weɪzguːs] *s.* festa anual de oficina tipográfica
WB [abrev. de waybill]
WC [abrev. de water closet] WC
WCC [abrev. de World Council of Churches]
W-CDMA [abrev. de Wideband Code Division Multiple Access]
W/Cdr [abrev. de Wing Commander]
WCTU [abrev. de Women's Christian Temperance Union]
WD MILITAR [abrev. de War Department]
we [wiː] *pron.pess.* nós; *it is we* somos nós; *we don't speak English* (nós) não falamos inglês ❖ *as we say* como é costume dizer-se; *we all make mistakes* ninguém é perfeito
WEA [abrev. de Workers' Educational Association]

weak [wiːk] *adj.* **1** (geral) fraco; MÚSICA *~ beat* tempo fraco; LINGUÍSTICA *~ conjugation* conjugação fraca; *~ solution* solução fraca; *~ spot* ponto fraco; *the weaker sex* o sexo fraco; *to be ~ in maths* ser fraco em matemática; **2** débil; *~ in the head* débil de espírito; **3** pouco resistente; **4** doentio; **5** mole, sem energia; *to feel as ~ as a cat/as water* estar sem forças, sentir-se sem energia; **6** facilmente influenciável; **7** vacilante, indeciso; **8** abaixo do normal; **9** ineficaz; **10** deficiente, medíocre; **11** aguado, com muita água; *~ coffee* café aguado ❖ *~ vessel* pessoa que não inspira confiança; *a ~ moment* um momento de fraqueza; *to be ~ at the knees* estar com as pernas a tremer; *to have a ~ heart* sofrer do coração
weaken ['wiːkən] *v.tr.,intr.* **1** enfraquecer; debilitar; diminuir a eficácia ou a força de; **2** amortecer; *to ~ a blow* amortecer um golpe; **3** atenuar; reduzir; **4** ceder; **5** afrouxar
weakener ['wiːkənə] *s.* aquele ou aquilo que enfraquece, atenua ou amortece
weakening ['wiːkənɪŋ] Ⓐ *adj.* **1** enfraquecedor; **2** debilitante Ⓑ *s.* **1** enfraquecimento; **2** atenuação; **3** amortecimento
weakeningly ['wiːkənɪŋlɪ] *adv.* **1** enfraquecedoramente, debilitantemente; **2** amortecedoramente, atenuadoramente
weak-eyed [wiːk'aɪd] *adj.* com vista fraca
weak-kneed ['wiːkniːd] *adj.* [coloq.] (pessoa) fraco; pouco firme; irresoluto
weakling ['wiːklɪŋ] *s.* **1** (corpo, espírito) pessoa fraca; fraco; **2** animal débil
weakly ['wiːklɪ] Ⓐ *adj.* (comp. **-ier**, superl. **-iest**) **1** fraco, débil; **2** frágil; **3** doentio, achacado; **4** pouco robusto Ⓑ *adv.* **1** debilmente; **2** sem energia, sem força; **3** mediocremente; **4** indecisamente; irresolutamente
weakminded [wiːk'maɪndɪd] *adj.* **1** fraco de espírito; **2** débil mental
weakmindedly [ˌwiːk'maɪndɪdlɪ] *adv.* **1** com fraqueza de espírito; **2** com debilidade mental
weakmindedness [ˌwiːk'maɪndɪdnəs] *s.* **1** fraqueza de espírito; **2** debilidade mental
weakness ['wiːknəs] *s.* **1** fraqueza; debilidade; *~ of mind* fraqueza de espírito; **2** fragilidade; **3** falta de resistência; *torsional ~* falta de resistência à torção; **4** incapacidade de resolução; **5** (argumentos) pobreza; **6** ponto fraco; defeito; *the weaknesses of human nature* os defeitos da natureza humana ❖ *from a position of ~* numa posição de inferioridade; *to have a ~ for* ter um fraco por
weak-sighted [wiːk'saɪtɪd] *adj.* com vista fraca
weak-willed ['wiːkwɪlt] *adj.* fraco
weal [wiːl] Ⓐ *s.* **1** (devido a golpe) vergão, marca na pele; **2** [arc.] prosperidade, bem-estar, felicidade Ⓑ *v.tr.* marcar com golpe ❖ *~ and woe* boa e má sorte; *the public ~* o bem público
weald [wiːld] *s.* **1** [arc.] região arborizada; matagal, mata; **2** região do sudeste de Inglaterra
wealden ['wiːldən] Ⓐ *adj.* **1** com características geológicas semelhantes às da região conhecida por *weald*; **2** relativo a essa região Ⓑ *s.* série de formações geológicas do Cretáceo Inferior, característica da região conhecida por *weald*
wealth ['welθ] *s.* **1** riqueza; *he is a man of ~* ele é um homem rico; *to come to ~* enriquecer; **2** abundância; grande profusão; grande quantidade; fartura; **3** [arc.] prosperidade, bem-estar ❖ *~ tax* imposto sobre a riqueza; *to be rolling in ~* nadar em dinheiro
wealthily ['welθɪlɪ] *adv.* **1** opulentamente; **2** ricamente; **3** luxuosamente
wealthiness ['welθɪnəs] *s.* **1** riqueza, prosperidade; **2** abundância
wealthy ['welθɪ] Ⓐ *adj.* (comp. **-ier**, superl. **-iest**) **1** rico; abastado; endinheirado; *a ~ man* um homem rico; **2** próspero; **3** abundante; copioso; exuberante Ⓑ *s.pl. the ~* os ricos
wean[1] [wiːn] *v.tr.* **1** (criança) desmamar; desaleitar; *to ~ a baby from the breast* desmamar uma criança; **2** separar; afastar; *to ~ sb away from* afastar alguém de; **3** desabituar; fazer perder um hábito a
♦**wean off** *v.tr.* **1** desabituar; fazer perder um hábito a; **2** dissuadir
♦**wean on** *v.tr.* ser influenciado por
wean[2] [weɪn] *s.* [Esc.] criança

weaning ['wi:nɪŋ] Ⓐ *adj.* que está a ser desmamado Ⓑ *s.* desmame

weanling ['wi:nlɪŋ] *s.* criança ou animal que foi ou está a ser desmamado

weapon ['wepən] *s.* 1 arma; 2 *pl.* armamento ❖ *irony is a double-edged ~* a ironia é uma arma de dois gumes; *to beat sb with his own weapons* vencer alguém com as suas próprias armas

weaponed ['wepənd] *adj.* armado

weaponless ['wepənləs] *adj.* desarmado, sem armas

weaponry ['wepənrɪ] *s.* armas, armamento, material de guerra

wear [weə] Ⓐ *s.* 1 roupa, artigos de vestuário; *ladies' ~* roupa de senhora; *men's ~* roupa de homem; *summer ~* roupa de verão; 2 uso; *for everyday ~* para uso diário; *for summer ~* para usar no Verão; *in ~* em uso, na moda; *to be little the worse for ~* estar como novo, estar quase sem uso; 3 gasto, desgaste devido ao uso; *to show signs of ~* mostrar sinais de desgaste; 4 durabilidade; resistência (ao uso); *stuff of neverending ~* fazenda de grande resistência ao uso Ⓑ *v.tr.,intr.* (*prt.* wore, *part. pass.* worn) 1 usar; *to ~ a buttonhole* usar uma flor na lapela; *to ~ glasses* usar óculos; 2 trazer; 3 vestir; *to ~ black* andar vestido de preto, andar de luto; *to have nothing fit to ~* não ter que vestir; *she never wears blue* ela nunca se veste de azul; 4 (aparência) mostrar, aparentar, ostentar; *to ~ a troubled look* mostrar um ar perturbado; 5 desgastar, consumir, deteriorar com o uso; *to ~ a hole in one's trousers* fazer um buraco nas calças com o uso; 6 cansar; cansar-se, ficar exausto; *to ~ oneself to death* matar-se a trabalhar; 7 reduzir (com o desgaste); 8 (tempo) arrastar-se; *the day wore to its close* o dia arrastava-se para o fim; 9 durar; *warranted to ~ well* garantido para durar; 10 permanecer em determinado estado; 11 NÁUTICA virar de roda ❖ MECÂNICA *~ plate* chapa de atrito; *~ and tear* desvalorização; deterioração; desgaste devido ao uso; *~ and tear age* desgaste do tempo; DIREITO *fair ~ and tear* uso; desgaste normal; (pessoa) *to be wearing well* estar bem conservado; *to ~ hollow* deixar só a parte de fora; *to ~ one's heart on one's sleeve* ter o coração na ponta da boca; [ant.] *to ~ the breeches* mandar no marido; [fig.] *to ~ the crown* ser rei; usar a coroa do martírio; *to ~ the mitre* ser bispo; *to ~ the willow* deitar luto por alguém

◆ **wear away** *v.tr.,intr.* 1 gastar(-se); 2 desgastar(-se); 3 apagar(-se); desvanecer(-se); *the inscription had worn away* com o tempo, a inscrição tinha-se desvanecido

◆ **wear down** Ⓐ *v.tr.* 1 gastar; consumir; 2 desgastar; 3 vencer pelo cansaço; vencer a resistência de; fazer ceder Ⓑ *v.intr.* 1 gastar-se; 2 desgastar-se; 3 esgotar-se; chegar ao fim

◆ **wear off** Ⓐ *v.intr.* passar; dissipar-se; desaparecer gradualmente; *the novelty has worn off* passou o efeito de novidade Ⓑ *v.tr.* fazer desaparecer

◆ **wear on** *v.intr.* (tempo) passar; avançar; prosseguir

◆ **wear out** Ⓐ *v.tr.* 1 gastar; esgotar; *he wears out my patience* ele dá cabo da minha paciência; 2 cansar; *she wears me out* ela cansa-me; *she has worn out her welcome* ela tantas vezes veio que já se torna cansativa Ⓑ *v.intr.* ficar/estar gasto; *the sweater is worn out* a camisola está gasta

◆ **wear through** *v.tr.,intr.* romper; furar

wearable ['weərəbəl] *adj.* (roupa, etc.) prático; para uso; que pode usar-se; que pode trazer-se

wearer ['weərə] *s.* aquele que usa ou traz alguma coisa

wearied ['wɪərɪd] *adj.* 1 fatigado, cansado; 2 enfadado

weariedly ['wɪərɪdlɪ] *adv.* 1 fatigadamente; 2 com ar cansado

weariedness ['wɪərɪdnəs] *s.* 1 fadiga, cansaço; 2 enfado, aborrecimento; 3 lassidão, lassitude

weariful ['wɪərɪfʊl] *adj.* 1 fatigante, cansativo; 2 aborrecido, enfadonho

wearifully ['wɪərɪfʊlɪ] *adv.* fatigadamente, cansativamente

wearifulness ['wɪərɪfʊlnəs] *s.* 1 fadiga, cansaço; 2 tédio

weariless ['wɪərɪləs] *adj.* incansável, infatigável

wearily ['wɪərɪlɪ] *adv.* 1 fatigadamente, cansadamente; 2 penosamente; 3 com lassidão, com aborrecimento

weariness ['wɪərɪnəs] *s.* 1 fadiga, cansaço; *~ of the brain* fadiga cerebral; 2 aborrecimento, tédio, enfado; 3 lassitude, lassidão

wearing ['weərɪŋ] Ⓐ *adj.* 1 cansativo, fatigante; 2 esgotante, penoso; desgastante; 3 de uso; 4 sujeito a atrito ou desgaste Ⓑ *s.* 1 (vestuário) uso; 2 desgaste, deterioração ❖ *~ apparel* vestuário; traje; *~ away* desgaste; atrito; passagem do tempo; (estrada) *~ course* pavimento; MILITAR (inimigo) *~ down* desgaste; enfraquecimento; *~ process* processo de desgaste; *~ quality* durabilidade; *~ surface* superfície de atrito

wearisome ['wɪərɪsəm] *adj.* 1 fastidioso, tedioso; 2 enfadonho, aborrecido; 3 trabalhoso

wearisomely ['wɪərɪsəmlɪ] *adv.* fastidiosamente; tediosamente; enfadonhamente

wearisomeness ['wɪərɪsəmnəs] *s.* 1 tédio, enfado; 2 aspecto ou carácter fastidioso

weary ['wɪərɪ] Ⓐ *adj.* (*comp.* -ier, *superl.* -iest) 1 cansado; fatigado; *to be ~ of* estar cansado de; *to grow ~ of* cansar-se de, enfastiar-se de; 2 de cansaço; de fadiga; *a ~ sigh* um suspiro de fadiga; 3 fatigante; cansativo; 4 penoso; 5 deprimido; abatido; enfastiado Ⓑ *v.tr.,intr.* aborrecer(-se); enfastiar(-se); cansar(-se); *to ~ of* cansar-se de, aborrecer-se de ❖ *a ~ willie* uma pessoa preguiçosa

wearying ['wɪərɪɪŋ] *adj.* fastidioso, aborrecido, enfadonho

weasand ['wi:zənd] *s.* [arc.] traqueia, garganta ❖ *to slit one's ~* cortar o pescoço

weasel ['wi:zəl] Ⓐ *s.* 1 ZOOLOGIA doninha; 2 [fig., depr.] (pessoa) patife; filho da mãe Ⓑ *v.intr.* ser ambíguo; ser evasivo ❖ *~ word* palavra ambígua; *to catch a ~ asleep* enganar uma pessoa esperta; *to ~ out of sth* safar-se habilmente de algo

weather ['weðə] Ⓐ *s.* 1 tempo, tempo atmosférico; condições meteorológicas; *bad ~* mau tempo; *thick ~* tempo enevoado, tempo coberto; *~ permitting* se o tempo permitir; *what is the ~ like?* como está o tempo?; 2 NÁUTICA barlavento Ⓑ *adj.* 1 atmosférico; *~ conditions* condições atmosféricas; 2 meteorológico; *~ bureau* departamento meteorológico; *~ intelligence* informação sobre o estado do tempo; *~ report* boletim meteorológico; *~ service* serviço meteorológico; *~ station* estação meteorológica; 3 do lado do vento; 4 de barlavento; *~ anchor* âncora de barlavento; *~ sheets* escotas de barlavento; *~ shore* costa de barlavento; *~ side* barlavento Ⓒ *v.tr.,intr.* 1 passar a salvo, sair-se bem de; 2 resistir, aguentar, vencer; *to ~ a crisis* vencer uma crise; *to ~ a storm* aguentar uma dificuldade; *to ~ one's difficulties* ultrapassar as dificuldades; 3 ganhar barlavento, pôr-se a barlavento de; 4 (cabo) dobrar; *to ~ a cape* dobrar um cabo; 5 expor ao tempo, expor às intempéries; 6 desbotar; descorar; 7 (devido à acção do tempo) desgastar(-se); estragar(-se) ❖ *~ box* higroscópio; *~ cloth* abrigo de lona; *~ deck* convés corrido; *~ forecast* previsão do tempo; ARQUITECTURA *~ moulding* lacrimal; *~ station* observatório meteorológico; *~ strip* fita para calafetagem de portas ou janelas; *gusts of ~* vendaval; ventania; tempestade; *in all weathers* faça chuva ou faça sol; *it makes heavy ~* causa dificuldades; *to keep one's ~ eye open* estar alerta; NÁUTICA *to make bad ~* ter mau tempo; NÁUTICA *to make good ~* ter bom tempo; *to make heavy ~ of* ter problemas com; *under stress of ~* devido a temporal; [coloq.] (pessoa) *under the ~* em dificuldades; atrapalhado; indisposto

weather-beaten ['weðəˌbi:tn] *adj.* gasto por estar fora, batido pelas intempéries

weatherboard ['weðəbɔ:d] Ⓐ *s.* 1 abrigo de temporal; 2 NÁUTICA lado de barlavento; 3 tábua de revestimento exterior Ⓑ *v.tr.* cobrir, exteriormente, com tábuas sobrepostas (em escama)

weatherboarding ['weðəbɔ:dɪŋ] *s.* revestimento exterior de tábuas sobrepostas (em escama)

weather-bound ['weðəbaʊnd] *adj.* 1 retido pelo mau tempo; 2 adiado por causa do mau tempo

weathercock ['weðəkɒk] *s.* 1 cata-vento, grimpa; 2 [fig.] cata-vento, ventoinha, pessoa inconstante ou volúvel

weathering ['weðərɪŋ] *s.* 1 desagregação, desgaste devido à acção do tempo; 2 inclinação para escoamento de água; 3 declive

weatherly ['weðəlɪ] *adj.* NÁUTICA bolineiro, barlaventeador

weatherman ['weðəmæn] *s.* (*pl.* -men) apresentador do boletim meteorológico

weathermost ['weðəməʊst] *adj.* NÁUTICA mais exposto ao vento; mais do lado do vento

weatherproof ['weðəpru:f] ⓐ *adj.* 1 (roupa) impermeável; 2 estanque; 3 resistente às intempéries; à prova do mau tempo ⓑ *v.tr.* impermeabilizar

weatherwoman ['weðəwʊmən] *s.* (*pl.* **-men**) apresentadora do boletim meteorológico

weave [wi:v] ⓐ *s.* 1 tecelagem, tecedura; 2 armadura, maneira de tecer ⓑ *v.tr.,intr.* (*prt.* **wove**, *part. pass.* **woven**) 1 tecer; ter o ofício de tecelão; *to ~ a garland* tecer uma grinalda; 2 entrançar(-se); entrelaçar(-se); *to ~ flowers into a garland* fazer uma grinalda de flores; 3 ziguezaguear; avançar serpenteando; *to ~ through the traffic* conseguir avançar através do tráfego; 4 [*fig.*] urdir; tramar; *to ~ a plot* tramar uma conspiração; 5 [*fig.*] elaborar; criar ❖ *to ~ into* introduzir

weaver ['wi:və] *s.* 1 tecelão; 2 fiandeiro; 3 ZOOLOGIA (ave) tecelão; *~ bird* tecelão ❖ NÁUTICA *weaver's knot* nó de tecelão; nó de escota singelo

weazen ['wi:zən] *adj.* ⇒ **wizened**

web [web] *s.* 1 teia, teia de aranha; *a spider's ~* uma teia de aranha; 2 trama; entrelaçamento; 3 enredo; emaranhado; *a ~ of lies* um emaranhado de mentiras; 4 ZOOLOGIA (membrana) palmura, patágio; 5 INFORMÁTICA [*coloq.*] Internet; 6 tecido conjuntivo; 7 barbas de pena; 8 folha de serra; 9 rolo largo de papel de imprensa; 10 palhetão de chave; 11 (carril, viga, etc.) alma; *~ of a beam* alma de viga; 12 braço de manivela; *~ of a crankshaft* braço do veio das manivelas ❖ *~ eye* belida; névoa esbranquiçada na córnea; *~ press* prensa rotativa; *~ saw* serra de arco; [*coloq.*] (olhos) *~ and pin* cataratas

Web [web] *s.* [*coloq.*] (Internet) ⇒ **www**

webbed [webt] *adj.* 1 palmípede, provido de membrana interdigital; 2 com teias de aranha

webbing ['webɪŋ] *s.* 1 tira de tecido forte; 2 tecido forte empregado em cintos ginásticos, cilhas de cavalo, etc.

Webcam ['webkæm] *s.* webcam, câmera de vídeo que envia imagens pela Internet

Webcast ['webkɑːst] ⓐ *s.* webcast, transmissão pela Internet ⓑ *v.tr.* transmitir pela Internet

Webcasting ['webkɑːstɪŋ] *s.* transmissão pela Internet

weber ['veɪbə, 'wiːbə] *s.* ELECTRICIDADE (sistema internacional de unidades de medida) weber

web-fingered ['web͵fɪŋgəd] *adj.* sindáctilo

web-footed ['web͵fʊtɪd] *adj.* palmípede

Webhead ['webhed] *s.* [*cal.*] viciado na Internet

weblog ['weblɒg] *s.* INFORMÁTICA (Internet) weblog, blogue

Webmaster ['webmɑːstə] *s.* INFORMÁTICA (Internet) webmaster, responsável pela manutenção de site da Internet

Website ['websaɪt] *s.* INFORMÁTICA (Internet) site da Internet, sítio da Internet

web-toed ['web͵təʊd] *adj.* palmípede

webwheel ['webwiːl] *s.* [GB] (sem raios) roda plena

wed [wed] *v.tr.,intr.* (particípios: **-dd-**) 1 casar; unir em casamento; *to ~ a couple* casar um casal de noivos; 2 desposar; 3 dar em casamento; 4 ligar; aliar; *she weds simplicity to beauty* ela alia a beleza à simplicidade ⓑ *v.intr.* casar-se; contrair matrimónio

we'd [wiːd] ⓐ *contr. de* **we had** ⓑ *contr. de* **we would**

wedded ['wedɪd] *adj.* 1 casado; 2 conjugal; de casado; *~ life* vida conjugal; 3 aferrado; *~ to* dedicado a, aferrado a; *~ to his habits* aferrado aos hábitos

wedding ['wedɪŋ] *s.* 1 casamento; *church ~* casamento religioso; *to attend a ~* assistir a um casamento; 2 núpcias; 3 bodas; *diamond ~* bodas de diamante; *golden ~* bodas de ouro; *silver ~* bodas de prata ❖ *~ breakfast* almoço de casamento; *~ cake* bolo de noiva; *~ card* convite de casamento; *~ day* dia de casamento; aniversário de casamento; *~ dress* vestido de noiva; *~ guest* convidado para um casamento; *~ march* marcha nupcial; *~ present* presente de casamento; *~ ring* aliança de casamento; *~ trip* viagem de núpcias; *the ~ festivities* as bodas

wedge [wedʒ] ⓐ *s.* 1 cunha; *~ of a plane* cunha de plaina; *splitting ~* cunha de fender; *to drive in a ~* meter uma cunha; 2 calço; 3 pedaço de metal ou madeira em forma de cunha; 4 objecto em forma de cunha; 5 (queijo, bolo, etc.) fatia ⓑ *v.tr.* 1 firmar com uma cunha; calçar; *to ~ up a piece of furniture* calçar um móvel; 2 meter uma cunha em, rachar com uma cunha; 3 introduzir à força ❖ *~ friction gear* engrenagem de fricção; *to ~ apart/open* abrir com uma cunha; [*fig.*] *the thin end of a ~* aresta de cunha; primeiro passo; facto/acção, aparentemente sem importância a princípio, mas que pode originar grandes acontecimentos

✦ **wedge in** ⓐ *v.tr.* meter à força em; introduzir à força em; entalar em; *to wedge oneself in* introduzir-se à força em ⓑ *v.intr.* (pessoa) introduzir-se

wedged [wedʒt] *adj.* 1 em cunha; 2 com cunha; 3 cuneiforme, em forma de cunha

wedge-shaped ['wedʒʃeɪpt] *adj.* cuneiforme

wedgie ['wedʒɪ] *s.* (calçado) cunha

wedging ['wedʒɪŋ] *s.* inserção de cunha; acto de firmar com uma cunha

Wedgwood ['wedʒwʊd] *s.* variedade de faiança inglesa

wedlock ['wedlɒk] *s.* casamento, matrimónio; laços matrimoniais; vida conjugal ❖ *the bonds of ~* os laços matrimoniais; *to be born in lawful ~* ser filho legítimo; *to be born out of ~* ser filho ilegítimo

Wednesday ['wenzdeɪ] *s.* quarta-feira; *on ~* na quarta-feira ❖ *Ash ~* Quarta-Feira de Cinzas

wee [wiː] ⓐ *s.* [*coloq., infant.*] chichi ⓑ *v.intr.* [*coloq., infant.*] fazer chichi ⓒ *adj.* (*comp.* **weer**, *superl.* **weest**) pequenino, muito pequeno; *a ~ bit* um bocadinho ❖ *Wee Frees* minoria da Igreja Livre Escocesa que recusou juntar-se à União Presbiteriana; *the ~ folks* as fadas; *in the ~ (small) hours* depois da meia-noite; nas primeiras horas da madrugada

weed [wiːd] ⓐ *s.* 1 erva daninha; 2 cizânia, joio; 3 [*fig.*] (pessoa) magricelas; trinca-espinhas; 4 pileca; animal escanzelado; 5 *pl.* [EUA] [*cal.*] (marijuana) erva_cal._ ⓑ *v.tr.,intr.* arrancar (tirar) as ervas daninhas; mondar, sachar; *to ~ the garden* mondar (sachar) o jardim, arrancar as ervas daninhas do jardim ❖ *~ hook* escardilho; *ill weeds grow apace* erva ruim não a cresta a geada; vaso ruim não quebra; *the (Indian) ~* o tabaco

✦ **weed out** *v.tr.* 1 eliminar; excluir; 2 (selecção) pôr de parte; 3 extirpar

weeder ['wiːdə] *s.* 1 (pessoa) sachador, mondador; 2 escardilho, sacho de mondar

weeding ['wiːdɪŋ] *s.* 1 extirpação das ervas daninhas; 2 sachadura, sacha; monda ❖ *~ hook* sacho; escardilho; *~ out* extirpação; eliminação

weedkiller ['wiːdkɪlə] *s.* herbicida

weediness ['wiːdlɪnəs] *s.* 1 magreza, aparência escanzelada; 2 inutilidade, ausência de préstimo; 3 estado de abandono, com ervas daninhas a crescerem por toda a parte

weeds [wiːdz] *s.pl.* [*arc.*] [*geralm.* **widow's weeds**] luto de viúva

weedy ['wiːdɪ] *adj.* (*comp.* **-ier**, *superl.* **-iest**) 1 coberto ou cheio de ervas daninhas; 2 alto e muito magro, magricela, esgalgado, pouco robusto; 3 (cavalo) escanzelado

week [wiːk] *s.* semana; *~ in, ~ out* semana após semana; *a ~ ago today* faz hoje oito dias; *every ~* todas as semanas; *for the last two weeks* durante as duas últimas semanas; *last ~* na semana passada; *next ~* na próxima semana; *this ~* esta semana; *twice a ~* duas vezes por semana; *two weeks ago* há duas semanas; *to be paid by the ~* receber o pagamento à semana; *what day of the ~ is it?* que dia da semana é hoje? ❖ *Holy Week* Semana Santa; *tomorrow ~* de amanhã a oito dias; *yesterday ~* fez ontem oito dias; *this day ~* de hoje a oito dias; *a ~ of Sundays* muito tempo; uma eternidade; *in the ~ of four Fridays* para a semana dos nove dias; [*coloq.*] *to knock sb into the middle of next ~* esborrachar alguém; mandar alguém passear

weekday ['wiːkdeɪ] *s.* dia útil; dia da semana

weekend ['wiːkend] ⓐ *s.* fim-de-semana; *at weekends* aos fins-de-semana; *to go away for the ~* ir para fora no fim-de--semana ⓑ *v.intr.* passar o fim-de-semana [*at*, em]; *to ~ at the seaside* passar o fim-de-semana na praia ❖ *~ bag/case* saco de viagem; *~ cottage* casa de campo; (comboio) *~ ticket* bilhete de fim-de-semana; *long ~* fim-de-semana prolongado

weekender ['wiːkendə] *s.* 1 turista de fim-de-semana; 2 (hotel) cliente de fim-de-semana; 3 [Austr.] [*coloq.*] casa de férias

weekly ['wiːklɪ] ⓐ *adj.* semanal; por semana; que dura uma semana; *a ~ magazine* uma revista semanal ⓑ *s.* (*pl.* **-ies**) semanário; publicação semanal ⓒ *adv.* semanalmente; de oito em oito dias; uma vez por semana; *twice ~* duas vezes por semana ❖ *on a ~ basis* semanalmente

ween [wi:n] v.tr. [poét., arc.] supor, crer, ser de opinião; *I ~* creio, julgo
weenie ['wi:nɪ] s. 1 [EUA] [cal.] (ofensivo) patetinha, palerminha; 2 [EUA] [cal.] (ofensivo) pila*_cal._*
weeny ['wi:nɪ] adj. [coloq.] pequenino, minúsculo
weep [wi:p] Ⓐ s. 1 choro, lágrimas; *to have a good ~* chorar à vontade; 2 acesso de choro; 3 ZOOLOGIA galispo, pavoncinho, pavoncino Ⓑ v.tr.,intr. (prt. e part. pass. **wept**) 1 chorar; *to ~ bitterly* chorar amargamente; *to ~ for joy* chorar de alegria; *to ~ for sb* chorar por alguém; *to ~ with pain* chorar de dor; *to ~ one's heart out* chorar à vontade; *to ~ oneself to sleep* chorar até adormecer; 2 gotejar; pingar; 3 exsudar; estar húmido ou coberto de gotas ❖ *~ hole* bueiro, barbacã; *I could have wept!* ia-me dando uma coisa!; *to ~ out* dizer, chorando
weeper ['wi:pə] s. 1 pessoa que chora; 2 carpideira, pranteadeira; 3 canhão branco na manga, usado outrora em sinal de luto; 4 fumo de chapéu; 5 véu preto usado por viúva
weepie ['wi:pɪ] s. TELEVISÃO, CINEMA, LITERATURA [coloq.] dramalhão
weeping ['wi:pɪŋ] Ⓐ adj. 1 que chora; 2 lacrimoso, choroso; 3 gotejante, húmido, que ressuma água; *~ rock* rocha que deixa ressumar água Ⓑ s. 1 lágrimas; choro; pranto; 2 exsudação ❖ MEDICINA *~ eczema* eczema húmido; BOTÂNICA *~ willow* salgueiro-chorão; *to hear the sound of ~* ouvir alguém a chorar
weepingly ['wi:pɪŋlɪ] adv. 1 em lágrimas; 2 lacrimosamente; chorosamente
weepy ['wi:pɪ] adj. choroso; lacrimoso; *to feel ~* ter vontade de chorar
weever ['wi:və] s. ZOOLOGIA peixe-aranha
weevil ['wi:vɪl] s. ZOOLOGIA gorgulho
weevily ['wi:vɪlɪ] adj. com gorgulho, atacado pelo gorgulho
wee-wee ['wi:wɪ] Ⓐ s. [coloq., infant.] chichi Ⓑ v.intr. (prt. e part. pass. **wee-weed**, part. pres. **wee-weeing**) fazer chichi
weft [weft] s. 1 (tecelagem) trama; 2 teia (de tecido); 3 NÁUTICA sinal de perigo
weigh [weɪ] Ⓐ s. 1 pesagem; 2 NÁUTICA ⇒ **way**; *ship under ~* navio em marcha Ⓑ v.tr.,intr. 1 pesar; verificar o peso de; ter o peso de; *to ~ heavy* pesar muito; *to ~ light* pesar pouco; *to get weighed* pesar-se; 2 [fig.] (ponderar, considerar) pesar; *to ~ the pros and cons* pesar os prós e os contras; *to ~ one's words* pesar as palavras; 3 examinar cuidadosamente; *to ~ the merits of* examinar cuidadosamente os méritos de; 4 (importância) pesar; ter influência; *her evidence didn't ~ much with the judge* o testemunho dela não teve grande influência no juiz ❖ *to ~ anchor* levantar a âncora; *to ~ upon* constituir um fardo para
◆**weigh against** v.tr. confrontar com; comparar com; *to weigh one thing against another* comparar uma coisa com outra
◆**weigh down** v.tr. 1 fazer vergar com o peso; pesar sobre; 2 (problemas, etc.) atormentar ❖ *he was weighed down with sleep* ele estava a cair de sono; *to be weighed down with care* estar derreado de preocupações
◆**weigh in** v.tr.,intr. 1 (jóquei, pugilista) ser pesado depois da corrida; 2 intervir; 3 contribuir com; 4 dar a opinião [**on**, sobre] ❖ *to ~ with an argument* utilizar um argumento; fazer pesar um argumento
◆**weigh out** v.tr. 1 pesar; 2 distribuir com determinados pesos; 3 (jóquei, pugilista) ser pesado antes da corrida
◆**weigh up** v.tr. 1 examinar, calcular; pesar; 2 confrontar [**with**/**against**, com] ❖ *to ~ in one's mind* ponderar
weighable ['weɪəbəl] adj. pesável, que pode pesar-se
weighage ['weɪɪdʒ] s. pesagem
weighbridge ['weɪbrɪdʒ] s. báscula automática; (COMBOIOS) *~ for railway wagons* báscula para vagões
weigher ['weɪə] s. pesador, aquele que pesa
weigh-in ['weɪɪn] s. (pl. **-s**) DESPORTO pesagem
weighing ['weɪɪŋ] s. 1 pesagem; 2 ponderação; 3 NÁUTICA levantamento (da âncora) ❖ *~ cage* armação/gaiola para pesagem de animais; *~ instruments* instrumentos de pesagem; *~ machine* báscula; balança; balança decimal
weighman ['weɪmən] s. (pl. **-men**) indivíduo encarregado da pesagem
weight [weɪt] Ⓐ s. 1 peso; *to be of the same ~* ter o mesmo peso; *~ of metal* peso total dos projécteis que podem ser disparados de uma só vez por um barco de guerra; *weights and measures* pesos e medidas; *an ounce ~* um peso de uma onça; *to feel the ~ of* tomar o peso a; *to sell things by ~* vender coisas a peso; *it is worth its ~ in gold* vale bem o seu peso em ouro; *what is your weight?* quanto pesas?; 2 (objecto) peso; *weights of a clock* pesos de um relógio; *weight-driven clock* relógio accionado a pesos; DESPORTO *heavy weights and dumbbells* pesos e halteres; 3 gravidade; 4 sistema de medidas de peso; 5 objecto pesado; 6 fardo, carga; 7 importância, influência, preponderância, valor; *a matter of great ~* um assunto de muita importância; *men of ~* homens de influência Ⓑ v.tr. 1 tornar pesado; 2 firmar com peso ou pesos; 3 pôr lastro em; 4 sobrecarregar; 5 oprimir; 6 (tecido) tratar com uma substância mineral para lhe dar mais peso ❖ DESPORTO *~ throwing* lançamento do peso; *mean specific ~* densidade média; DESPORTO *putting the ~* lançamento do peso; *to feel the ~ of one's responsibility* sentir o peso das responsabilidades; *to gain ~* engordar; [coloq.] *to hang a ~ round one's own neck* pôr uma corda ao pescoço; *to lose ~* perder peso; emagrecer; *to pull one's ~* esforçar-se de acordo com as suas possibilidades; dar o máximo; *to put on ~* engordar; DESPORTO *to put the ~* lançar o peso
weighted ['weɪtɪd] adj. 1 com peso; com lastro; 2 com contrapeso ❖ *~ average* média ponderada; *~ against sb* para prejudicar alguém, desfavorável a alguém; *~ in sb's favour* favorável a alguém; para favorecer alguém
weightily ['weɪtɪlɪ] adv. 1 pesadamente; 2 com força
weightiness ['weɪtɪnəs] s. 1 peso; 2 força; 3 importância
weighting ['weɪtɪŋ] s. 1 lastração, colocação de peso; 2 suplemento salarial, subsídio; *London ~* subsídio de residência em Londres
weightlifter ['weɪtlɪftə] s. DESPORTO halterofilista
weightlifting ['weɪtlɪftɪn] s. DESPORTO halterofilia; levantamento de pesos
weighty ['weɪtɪ] adj. (comp. **-ier**, superl. **-iest**) 1 pesado; com grande peso; 2 penoso; opressivo; 3 grave; sério; 4 convincente; 5 importante; de peso; poderoso; *for ~ reasons* por razões poderosas; 6 com autoridade; com influência; *~ people* pessoas influentes
weir [wɪə] s. 1 barragem, represa ou açude; 2 caniçada (para apanhar peixes)
weird [wɪəd] Ⓐ adj. 1 [coloq.] estranho, esquisito; 2 misterioso, sobrenatural; 3 [arc.] fatídico, relativo ao destino Ⓑ s. [Esc.] [arc.] destino, sorte, fado ❖ *the Weird Sisters* as Parcas; as bruxas
weirdly ['wɪədlɪ] adv. 1 de maneira estranha ou esquisita; 2 misteriosamente; 3 sobrenaturalmente; 4 [arc.] fatidicamente
weirdness ['wɪədnəs] s. 1 carácter estranho; 2 sobrenaturalidade; mistério; 3 [arc.] ar fatídico
weirdo ['wɪədəʊ] s. (pl. **weirdos**) [coloq., depr.] anormal
weired [wɪəd] adj. 1 com represa ou açude; 2 com caniçada
Weismannism ['vaɪsmænɪzəm] s. teoria de Weismann sobre a hereditariedade, na qual se nega a transmissão de caracteres adquiridos
welch [welʃ] v.tr. ⇒ **welsh**
Welch [welʃ] adj. variante de Welsh nos nomes de alguns regimentos
welcher ['welʃə] s. ⇒ **welsher**
welcome ['welkəm] Ⓐ adj. 1 bem-vindo; *a ~ guest* um hóspede bem-vindo; *to make sb ~* fazer alguém sentir-se bem-vindo, acolher alguém calorosamente; 2 bem acolhido; 3 agradável; 4 grato Ⓑ s. boas-vindas; *to bid sb ~* apresentar as boas-vindas a alguém Ⓒ v.tr. (prt. e part. pass. **-ed**) 1 dar as boas-vindas a; 2 acolher bem; acolher com prazer; *to ~ a suggestion* aceitar uma sugestão com prazer; 3 receber; *to ~ sth coldly* receber com frieza Ⓓ interj. bem-vindo!; *~ to Portugal!* bem-vindo a Portugal! ❖ *~ as snow in harvest* totalmente indesejável; *he is ~ to go or to stay here* ele pode ir ou ficar aqui, como quiser; *to give a warm ~* acolher calorosamente; *to meet with a cold ~* ser recebido friamente; *to outstay one's ~/to wear out one's ~* cansar a amabilidade de quem nos recebe; *you are ~ to do as you like* pode fazer como quiser; *you are ~ to my share* reparto com prazer a minha parte
welcomeless ['welkəmləs] adj. 1 sem bom acolhimento; 2 mal recebido
welcomeness ['welkəmnəs] s. 1 bom acolhimento; 2 afabilidade

welcomer ['welkəmə] s. pessoa que apresenta as boas-vindas
welcoming ['welkəmɪŋ] Ⓐ adj. 1 acolhedor; *a ~ smile* um sorriso acolhedor; 2 de bom acolhimento; 3 de boas-vindas; *~ committee* comissão de boas-vindas Ⓑ s. bom acolhimento, boas-vindas, boa recepção
welcomingly ['welkəmɪŋlɪ] adv. acolhedoramente
weld [weld] Ⓐ s. 1 BOTÂNICA lírio-dos-tintureiros; 2 (metais) solda, soldadura; 3 caldeamento Ⓑ v.tr.,intr. 1 soldar(-se); *to ~ with acetylene* soldar a autogéneo; 2 caldear, unir enquanto o metal está quente; 3 [fig.] juntar, consolidar, fundir, unir num todo homogéneo
weldable ['weldəbəl] adj. que pode soldar-se
welded ['weldɪd] adj. soldado; soldado a quente, caldeado; *~ chain* corrente de elos soldados; *~ joint* junta soldada; *~ seam* costura soldada; *~ tube* tubo soldado
welder ['weldə] s. 1 soldador; 2 aparelho para soldar
welding ['weldɪŋ] s. 1 soldagem, soldadura; 2 caldeação, caldeamento ❖ *~ blowpipe/torch* maçarico de soldar; *~ flux* pasta de soldar; *~ goggles* óculos de protecção (para soldagens a autogéneo); *~ heat* rubro a caldear; *~ test* ensaio de soldabilidade
weldless ['weldləs] adj. sem soldadura
welfare ['welfeə] s. 1 bem-estar; 2 felicidade; 3 prosperidade; 4 saúde; *public ~* saúde pública ❖ *~ state* estado-providência; *~ supervisor* inspector dos serviços de previdência social; *~ work* assistência social; *~ worker* assistente social; *child ~* protecção da infância; *child ~ association* associação de apoio à criança
welk [welk] v.intr. [arc.] murchar, estiolar-se
welkin ['welkɪn] s. [poét.] céu, firmamento, abóbada celeste
well [wel] Ⓐ s. 1 poço; *artesian ~* poço artesiano; *to drive a ~/ to sink a ~* abrir um poço; 2 fonte, nascente; 3 [fig.] manancial; fonte; *~ of knowledge* fonte de conhecimento; 4 (escadaria, elevador) vão; caixa; 5 reservatório de tinta; 6 DIREITO espaço em frente do juiz reservado aos advogados; 7 NÁUTICA tanque de barco de pesca; 8 bem; êxito; felicidades Ⓑ v.intr. brotar; manar; irromper (como fonte ou nascente); *the blood was welling out* o sangue saía aos borbotões Ⓒ adv. (comp. **better**, superl. **best**) 1 bem; *to do ~* proceder bem, sair-se bem; *to sleep ~* dormir bem; *she did ~ to refuse* ela fez bem em recusar; *you may ~ say so* bem pode dizer isso; *~ enough* bastante bem; *he can't very ~ refuse to help you* ele não pode bem recusar-se a ajudar-te; *he deserves ~ of you* ele merece bem o seu reconhecimento; *it is ~ on the way* está bem encaminhado; *she must be ~ over forty* ela deve bem ter passado dos quarenta; 2 bastante; satisfatoriamente; suficientemente; 3 favoravelmente; 4 vantajosamente; 5 acertadamente; cabalmente; adequadamente; 6 completamente; profundamente; 7 em grau ou extensão considerável; 8 justamente; perfeitamente Ⓓ adj. 1 bem; *to feel quite ~* sentir-se bem; *all is ~ that ends ~* tudo está bem quando acaba bem; *it's all very well, but…* está tudo muito bem, mas…; 2 bom; de saúde; *~ and strong* forte, robusto, saudável; *I hope she will soon get ~ again* espero que ela em breve esteja bem outra vez; 3 afortunado; 4 em estado satisfatório; 5 conveniente, aconselhável, preferível, vantajoso; *it would be just as ~ to talk to him* seria conveniente falar com ele Ⓔ interj. 1 bem; *~ and what of all this?* bem, e daí?; 2 (surpresa, alívio, resignação, etc.); *~ then?* e então?; *~ to be sure!* essa agora!, pode lá ser!; *well, well* ora, ora!; *~ I never!* essa agora!, não é possível! ❖ *~ chamber* câmara de tomada de água; *~ curb* guarnição de pedra em volta de um poço; NÁUTICA *~ deck* parte da coberta entre os castelos; *~ dish* travessa para assados, com duplo fundo para o molho; *~ met!* bons olhos o vejam!; muito prazer em vê-lo!; *~ room* sala em estância balnear onde se tomam as águas; latrina; *~ shaft* tomada de água de uma nascente; *~ sinking* abertura de poços; *~ staircase* escada em espiral; *~ water* água de poço; *~ under* ébrio; embriagado; AERONÁUTICA *pilot's ~* carlinga; *~ on in years* de idade avançada; *~ on into the small hours* a uma hora avançada da noite; *as ~* também; da mesma maneira; com igual razão; *as ~ as* como também; também; *he accepted, as ~ he might* ele aceitou, como não é de admirar; *he might just as ~ throw his money away* ele podia do mesmo modo deitar o dinheiro pela janela fora; *I might as ~ throw my money out of the window* mais me valia pegar no dinheiro e atirá-lo pela janela fora; *it is ~ on ten* são quase dez horas; *they played ~ into the evening* eles jogaram até altas horas; *this boy will do ~* este rapaz há-de ir longe; *to be ~ on in life* já não ser novo; *to be ~ out of sth* ter escapado a salvo de; *to do as ~ as one can* fazer o melhor que se pode

◆ **well up** v.intr. brotar, manar; *tears welled up in her eyes* as lágrimas brotaram-lhe dos olhos
we'll [wi:l] Ⓐ contr. de **we will** Ⓑ contr. de **we shall**
welladay ['welədeɪ] interj. 1 [arc.] ai de nós!; 2 [arc.] ai de mim!
well-advised [ˌweləd'vaɪzd] adj. 1 avisado, prudente, sensato, reflectido; 2 acertado; *a ~ answer* uma resposta acertada ❖ *you would be ~ to…* seria aconselhável que tu…
well-affected [ˌwelə'fektɪd] adj. 1 leal; 2 bem-disposto; 3 com boa opinião; que vê com bons olhos [**towards**, -]
well-aimed [ˌwel'eɪmd] adj. 1 certeiro; *~ shot* tiro certeiro; 2 adequado, apropriado, pertinente; *~ remark* observação muito pertinente
well-appointed [ˌwelə'pɔɪntɪd] adj. 1 bem equipado; bem fornecido; *a ~ apartment* um apartamento bem fornecido; *a ~ expedition* uma expedição bem equipada; *a ~ kitchen* uma cozinha bem equipada; 2 bem instalado
well-balanced [ˌwel'bælənst] adj. 1 equilibrado; 2 (espírito) sensato
well-behaved [ˌwelbɪ'heɪvd] adj. bem-educado; bem-comportado
wellbeing [wel'bi:ɪŋ] s. 1 bem-estar; 2 conforto; 3 felicidade ❖ *physical and moral ~* saúde física e moral; *the ~ of the nation* a prosperidade geral da nação
well-beloved [ˌwelbɪ'lʌvt] Ⓐ adj. bem-amado Ⓑ s. bem-amado, bem-amada
well-beseeming [ˌwelbɪ'si:mɪŋ] adj. 1 conveniente; 2 que fica bem
well-born [ˌwel'bɔ:n] adj. de boas famílias
well-bred [wel'bred] adj. 1 de boas maneiras; 2 bem-educado, polido, cortês, fino; 3 (animal) de boa raça ❖ *to look ~* ter um ar distinto
well-chosen [wel'tʃəʊzən] adj. 1 bem escolhido; 2 cuidadosamente seleccionado
well-conditioned [ˌwelkən'dɪʃənd] adj. 1 direito, de espírito recto, honesto, sério; 2 em bom estado, em boas condições
well-conducted [ˌwelkən'dʌktɪd] adj. 1 bem-comportado; 2 bem orientado, bem administrado
well-connected [ˌwelkə'nektɪd] adj. 1 bem relacionado; com contactos; 2 de boas famílias
well-disposed [ˌweldɪs'pəʊzt] adj. 1 bem-disposto; 2 com boa vontade [**towards**, em relação a]; 3 bem-pensante; 4 bem arranjado
well-doer [ˌwel'du:ə] s. benfeitor; pessoa que pratica o bem; pessoa virtuosa
well-doing [ˌwel'du:ɪŋ] Ⓐ adj. 1 virtuoso; 2 respeitável; 3 próspero Ⓑ s. 1 virtude, comportamento virtuoso; 2 respeitabilidade; 3 beneficência; 4 prosperidade
well-dressed [ˌwel'drest] adj. bem vestido, bem-posto, bem arranjado
well-earned [ˌwel'ɜ:nt] adj. 1 bem merecido; 2 bem ganho
well-favoured [ˌwel'feɪvəd] adj. com bom aspecto, com boa aparência, bem-parecido
well-fed [ˌwel'fed] adj. 1 bem alimentado; 2 corpulento
well-fixed [ˌwel'fɪkst] adj. [EUA] [coloq.] próspero, com dinheiro, abastado
well-found [ˌwel'faʊnd] adj. ⇒ **well-appointed**; *~ in* bem fornecido de
well-founded [ˌwel'faʊndɪd] adj. bem fundamentado; legítimo; com bases; *~ hypothesis* hipótese legítima; *~ suspicions* suspeitas fundamentadas
well-groomed [ˌwel'gruːmd] adj. bem arranjado; bem apresentado; bem alimentado
well-grounded [ˌwel'graʊndɪd] adj. 1 bem fundamentado; justificado; 2 bem treinado; bem preparado; bem instruído
well-grown [ˌwel'grəʊn] adj. 1 bem desenvolvido; 2 com bom crescimento; 3 crescido
wellhead [wel'hed] s. 1 ponto de origem de nascente; 2 [fig.] fonte; origem

well-heeled [ˌwel'hiːld] ⒶⒶ adj. [coloq.] endinheirado; com dinheiro; com massa; ricaço ⒷⒷ s.pl. [coloq.] the ~ os ricaços
well-hung [wel'hʌŋ] adj. [coloq.] bem fornecido
well-informed [ˌwelɪn'fɔːmt] adj. 1 bem informado; 2 esclarecido; *in ~ quarters* em meios esclarecidos; 3 com boa informação; 4 instruído; 5 documentado
Wellingtonia [ˌwelɪŋ'təʊnɪə] s. BOTÂNICA sequóia, wellingtónia
wellingtons ['welɪŋtənz] s.pl. galochas; botas de borracha
well-intentioned [ˌwelɪn'tenʃnd] adj. bem-intencionado; com boas intenções
well-judged [ˌwel'dʒʌdʒt] adj. 1 bem calculado; 2 prudente, judicioso
well-knit [ˌwel'nɪt] adj. 1 compacto; 2 de sólida construção; 3 bem construído; 4 de sólida constituição
well-known [ˌwel'nəʊn] adj. 1 bem conhecido; 2 reconhecido; *of ~ competence* de reconhecida competência; 3 de renome; 4 célebre ❖ *as is ~* como é sabido; como é bem conhecido; *it's a ~ fact that...* toda a gente sabe que...
well-lined [ˌwel'laɪnd] adj. 1 bem forrado; 2 bem revestido; 3 bem recheado; *~ purse* bolsa bem recheada
well-looking [ˌwel'lʊkɪŋ] adj. 1 bem-parecido; 2 com bom aspecto; de boa aparência; 3 atraente
well-mannered [ˌwel'mænəd] adj. 1 com boas maneiras; 2 educado
well-marked [ˌwel'mɑːkt] adj. 1 marcado; 2 definido, nítido; 3 distinto ❖ *~ outlines* contornos bem recortados
well-matched [ˌwel'mætʃt] adj. 1 que combinam bem; 2 harmonizado ❖ *to be ~* fazer um bom par; calhar bem um para o outro
well-meaning [ˌwel'miːnɪŋ] ⒶⒶ adj. bem-intencionado, que tem boas intenções ⒷⒷ s. boas intenções
well-meant [ˌwel'ment] adj. bem-intencionado, feito com boa intenção
well-nigh [ˌwel'naɪ] adv. [poét.] quase
well-off [ˌwel'ɒf] adj. abastado, com posses, em boa situação financeira; *to be ~* viver bem, viver desafogadamente ❖ *the less ~* os mais necessitados; *she's ~ without him* está melhor sem ele; *we're ~ for sugar* temos açúcar suficiente
well-omened [ˌwel'əʊmənd] adj. de bom augúrio
well-ordered [ˌwel'ɔːdəd] adj. 1 metódico; 2 bem ordenado
well-paid [ˌwel'peɪd] adj. bem pago, bem remunerado
well-planned [ˌwel'plænd] adj. bem planeado
well-planted ['wel‚plɑːntɪd] adj. (golpe, pancada) bem dirigido, em cheio; *a ~ blow* um golpe bem dirigido, uma pancada bem jogada
well-pleasing [ˌwel'pliːzɪŋ] adj. agradável
well-poised [ˌwel'pɔɪzt] adj. equilibrado
well-preserved [ˌwelprɪ'zɜːvd] adj. bem conservado; *a ~ building* um edifício bem conservado; *he is a ~ old man* ele é um velhote bem conservado
well-read [ˌwel'red] adj. 1 com muitas leituras, culto, instruído; 2 (volume) lido atentamente
well-rounded [ˌwel'raʊndɪd] adj. bem arredondado, bem torneado
well-set [ˌwel'set] adj. 1 bem constituído, de forte constituição; 2 compacto; 3 arreigado
Wellsian ['welzɪən] adj. welisiano, à maneira do escritor H. G. Wells
well-spoken [ˌwel'spəʊkən] adj. 1 bem-falante, eloquente; 2 com boa pronúncia; 3 polido ❖ *to be ~ of* ter boa reputação
wellspring ['welsprɪŋ] s. fonte, manancial
well-thumbed [ˌwel'θʌmd] adj. (livro) manuseado; *~ books* livros muito usados
well-timbered [ˌwel'tɪmbəd] adj. 1 solidamente construído; 2 bem arborizado
well-timed [ˌwel'taɪmd] adj. 1 oportuno; 2 no momento conveniente
well-to-do [ˌweltə'duː] ⒶⒶ adj. (em boa situação financeira) que vive bem; remediado ⒷⒷ s.pl. *the ~* os remediados
well-tried [ˌwel'traɪd] adj. 1 experimentado; 2 comprovado, já provado; 3 seguro
well-trodden [ˌwel'trɒdən] adj. percorrido muitas vezes
well-turned [ˌwel'tɜːnd] adj. 1 bem torneado; 2 gracioso; 3 (frase) elegante
well-wisher [ˌwel'wɪʃə] s. 1 amigo; pessoa que deseja bem a outra; 2 simpatizante
well-worn [ˌwel'wɔːn] adj. 1 usado; 2 já gasto; 3 já sem interesse
welly ['welɪ] s. (pl. **wellies**) [coloq.] bota de borracha, galocha
welsh [welʃ] v.tr.,intr. 1 pôr-se a andar (fugir) com o dinheiro das apostas; 2 fugir sem pagar as apostas (o *bookmaker*); 3 ludibriar (nas corridas de cavalos)
Welsh [welʃ] ⒶⒶ adj. galês ⒷⒷ s. (língua) galês ⒸⒸ s.pl. *the ~* os galeses ❖ [GB] *~ dresser* louceiro; CULINÁRIA *~ rarebit/rabbit* tosta com queijo fundido
welsher ['welʃə] s. *bookmaker* que foge sem pagar as apostas, que foge com o dinheiro das apostas
welshing ['welʃɪŋ] s. fuga do *bookmaker* sem pagar as apostas
Welshman ['welʃmən] s. (pl. **-men**) (homem) galês
Welshwoman ['welʃwʊmən] s.f. (pl. **-women**) (mulher) galesa
welt [welt] ⒶⒶ s. 1 vira (de calçado); 2 ribete, cairel, debrum; 3 orla; 4 vergão, marca deixada na pele por chicotada ou vergastada; 5 varada, pancada forte ⒷⒷ v.tr. 1 pôr vira em (calçado); 2 debruar; 3 espancar, zurzir, vergastar; 4 marcar com vergastadas
welted ['weltɪd] adj. 1 (calçado) com vira; 2 com debrum ou orla; 3 (costura) com vivos ❖ *~ joint* junção com mata-juntas
welter ['weltə] ⒶⒶ s. 1 amálgama; 2 confusão; 3 tumulto, agitação; *the ~ of the waves* a agitação das ondas; 4 balbúrdia, rebuliço; 5 debruador ⒷⒷ v.intr. 1 rebolar-se, espolinhar-se, espojar-se; *to ~ in blood* rebolar-se no sangue; 2 encharcar-se; 3 ficar ensopado; 4 (mar) agitar-se, encapelar-se ❖ *~ race* corrida de cavalos com jóqueis de peso superior ao normal
weltering ['weltərɪŋ] ⒶⒶ adj. (mar) encapelado ⒷⒷ s. 1 encapeladura; 2 agitação
welterweight ['weltəweɪt] s. 1 (pugilista) peso meio-médio; 2 (corridas de cavalos) peso adicional imposto a cavalos de corrida
welting ['weltɪŋ] s. 1 colocação de viras (em calçado); 2 ornamentação com debrum; 3 [coloq.] sova, tareia
wen [wen] s. 1 quisto sebáceo, lobinho; 2 bócio, papeira; 3 [fig.] cidade excepcionalmente grande e congestionada; 4 a antiga letra saxónia P (correspondente ao W)
wench [wentʃ] ⒶⒶ s. (pl. **-es**) 1 (ofensivo) rapariga; 2 [arc.] rapariga da aldeia; 3 [arc.] criada de lavoura; 4 [arc.] prostituta ⒷⒷ v.intr. [arc.] frequentar prostitutas ❖ [arc.] *~ kitchen ~* ajudante da cozinha
wend [wend] v.tr.,intr. dirigir-se; ir; *to ~ one's way* dirigir-se a ❖ *to ~ one's way back from* vir de
Wend [wend] s. vénedo, membro de uma antiga raça hoje existente na Saxónia oriental
Wendic ['wendɪk] adj. vénedo; relativo aos Vénedos
went [went] ⒶⒶ s. [arc.] caminho, carreiro ⒷⒷ prt. de **to go**
wentletrap ['wentəl‚træp] s. ZOOLOGIA escalária
wept [wept] prt. e part. pass. de **to weep**
were [wɜː] {2ª pes. sing. e 1ª, 2ª e 3ª pes. pl. do prt. de **to be**} ❖ *as it ~* por assim dizer
we're [wɪə] contr. de **we are**
werewolf ['weəwʊlf, 'wɪəwʊlf, 'wɜːwʊlf] s. (pl. **-wolves**) lobisomem
wert [wɜːt] 2ª pes. sing. imperf. ind. e imperf. conjunt. de **to be**
Wertherian [ˌvɜː'tɪərɪən] adj. 1 wertheriano, à maneira do Werther; 2 de um sentimentalismo mórbido
Wertherism ['vɜːtərɪzəm] s. wertherianismo, sentimentalismo mórbido
werwolf ['weəwʊlf, 'wɪəwʊlf, 'wɜːwʊlf] s. ⇒ **werewolf**
Wesleyan ['weslɪən, 'wezlɪən] adj.,s. wesleyano
Wesleyanism ['weslɪənɪzəm, 'wezlɪənɪzəm] s. wesleyanismo
west [west] ⒶⒶ s. 1 ocidente, ocaso, poente, oeste; *on the ~ of* a ocidente de; *to the ~ of* para ocidente de; *the wind blows from the ~* o vento sopra de oeste; 2 parte ocidental de qualquer país; 3 vento oeste ⒷⒷ adj. ocidental, oeste; *~ aspect* exposição a oeste; *~ longitude* longitude ocidental; *a ~ wind* um vento oeste; *on the ~ coast* na costa ocidental ⒸⒸ adv. 1 em direcção a oeste; *to sail due ~* navegar para ocidente; 2 a oeste de, a ocidente de; *~ by north* oeste quarta a noroeste; *~ by south* oeste quarta a sudoeste ⒹⒹ v.intr. seguir para oeste ❖ *West Indiaman* navio que faz o comércio das Antilhas; *West Pointer* cadete da Academia Militar de West Point; [coloq.] *to go ~* morrer; [EUA] *the Far West* o Faroeste, o Oeste americano, os estados das Montanhas Rochosas e o litoral do Pacífico; (Europa e o continente americano) *the West* o Ocidente; *the West End* a parte ocidental, mais elegante de Londres

wester ['westə] v.intr. 1 dirigir-se a oeste, caminhar para oeste; 2 (vento) virar a oeste
westering ['westərɪŋ] adj. 1 que se dirige a oeste; 2 (vento) que vira a oeste
westerly ['westəlɪ] Ⓐ adj. ocidental, oeste, de oeste, situado a oeste; ~ *current* corrente que se dirige a oeste; ~ *wind* vento oeste Ⓑ adv. em direcção a oeste; para oeste Ⓒ s. (pl. -**ies**) vento oeste
western ['westən] Ⓐ adj. 1 ocidental, do ocidente; situado a ocidente; 2 do Oeste americano Ⓑ s. 1 ocidental; 2 habitante do Oeste americano; 3 CINEMA western, filme de cobóis; bangue-bangue_{Bras.} ❖ *Western Europe* a Europa ocidental; *the Western Church* a Igreja latina; *the Western Empire* o Império do Ocidente; *the Western Hemisphere* o hemisfério ocidental; (Jerusalém) *the Western Wall* o Muro das Lamentações
westerner ['westənə] s. 1 ocidental; 2 habitante do oeste americano
westernization [,westənaɪ'zeɪʃən] s. ocidentalização
westernize ['westənaɪz] v.tr.,intr. ocidentalizar(-se)
west-northwest [,westnɔːθ'west, ,westnɔː'west] Ⓐ s. oés-noroeste Ⓑ adv. 1 a oés-noroeste; 2 para oés-noroeste
west-northwesterly [,westnɔːθ'westəlɪ, ,westnɔː'westəlɪ] adj. de oés-noroeste
Westphalia [west'feɪlɪə] s.top. Vestfália
Westphalian [west'feɪlɪən] Ⓐ adj. vestfaliano; relativo a Vestfália Ⓑ s. vestfaliano
Westralian [wes'treɪlɪən] Ⓐ adj. relativo ao Oeste australiano Ⓑ s. natural ou habitante do Oeste australiano
west-southwest [,westsaʊθ'west, ,westsaʊ'west] Ⓐ s. oés-sudoeste Ⓑ adv. 1 a oés-sudoeste; 2 para oés-sudoeste
west-southwesterly [,westsaʊθ'westəlɪ, ,westsaʊ'westəlɪ] adj. de oés-sudoeste
westward ['westwəd] Ⓐ s. oeste, direcção de oeste Ⓑ adj. 1 ocidental; 2 do ocidente; 3 do oeste; 4 que vai para oeste
westwardly ['westwədlɪ] adj. 1 do oeste; 2 ocidental; 3 situado para ocidente
westwards ['westwədz] adv. ⇒ **westward** Ⓒ
wet [wet] Ⓐ adj. 1 molhado; ~ *clothes* roupas molhadas; *as* ~ *as a drowned rat* molhado como um pinto; ~ *to the skin* molhado até aos ossos; *to get* ~ molhar-se; 2 encharcado; ~ *through* completamente encharcado; *dripping* ~ completamente encharcado; 3 chuvoso; ~ *weather* tempo chuvoso; 4 húmido; *her cheeks were* ~ *with tears* ela tinha o rosto húmido de lágrimas; 5 [EUA] contrário à Lei Seca, antiproibicionista; *Wet America* a América antiproibicionista Ⓑ s. 1 humidade; 2 chuva; 3 tempo chuvoso; 4 [EUA] antiproibicionista Ⓒ v.tr. (particípios: -**tt**-) 1 molhar; *to* ~ *one's feet* molhar os pés; 2 humedecer ❖ QUÍMICA ~ *analysis* análise por via húmida; ~ *cell* pilha hidroeléctrica; ~ *dock* doca de carga e descarga; ~ *dream* sonho molhado; ~ *fish* peixe fresco; ~ *nurse* ama de leite; ~ *paint* pintado de fresco; ~ *snow* neve derretida; *a* ~ *patch* uma mancha de humidade; *the* ~ *season* a estação das chuvas; [coloq.] *he is all* ~ ele está enganado; ele não está bom da cabeça; *it is going to be* ~ vai chover; [coloq.] *to be a* ~ *blanket* ser desmancha-prazeres; *to be* ~ *behind the ears* ser imaturo, inexperiente; [coloq.] *to have a* ~ molhar a goela; *to* ~ *a bargain* fechar um negócio, bebendo qualquer coisa; [coloq.] *to* ~ *one's whistle* molhar a goela; molhar a palavra; (criança, doente) *to* ~ *the bed* urinar na cama
wetback ['wetbæk] s. (ofensivo) imigrante mexicano ilegal
wet-grind [wet'graɪnd] v.tr. afiar, polir, esmerilar (ferramenta) em água
wether ['weðə] s. carneiro castrado ❖ ~ *hog* carneiro de um ano
wetly ['wetlɪ] adv. 1 humidamente; 2 molhadamente
wetness ['wetnəs] s. humidade
wetting ['wetɪŋ] Ⓐ adj. que molha Ⓑ s. 1 acto de molhar; acto de deitar água em; 2 humedecimento; 3 molhadela; *to get a* ~ apanhar uma molhadela, ficar molhado
wettish ['wetɪʃ] adj. 1 um pouco húmido; 2 um tanto molhado
WEU [abrev. de Western European Union]
we've [wiːv] contr. de **we have**
wey [weɪ] s. unidade variável de peso entre 100 a 150 quilogramas

Weymouth ['weɪməθ] s.top. nome de cidade inglesa no Dorsetshire, na foz do rio Wey ❖ BOTÂNICA ~ *pine* pinheiro-branco-do-canadá
wf TIPOGRAFIA [abrev. de wrong fount]
WFP (Nações Unidas) [abrev. de World Food Programme]
WFTU [abrev. de World Federation of Trade Unions]
whack [wæk] Ⓐ s. 1 pancada, golpe forte; 2 bengalada, varada; 3 [coloq.] tentativa; *to have a* ~ *at* fazer uma tentativa em relação a; 4 [coloq.] parte, quinhão Ⓑ v.tr. 1 (com vara, bengala, etc.) bater; 2 dar varadas em; 3 (criança) castigar; 4 DESPORTO (adversários) derrotar completamente; 5 [coloq.] repartir, dividir ❖ ~ *her up!* carrega no acelerador!; dá-lhe gás!; [EUA] (mecanismo) *out of* ~ avariado; desarranjado; *she had a good* ~ *at the carpet* ela bateu bem no tapete; *to go whacks with sb* repartir com alguém
whacked [wækt] adj. [coloq.] cansado, esgotado, exausto
whacker ['wækə] s. 1 [coloq.] pessoa avantajada; pessoa muito grande; 2 [coloq.] grande mentira, grande peta
whacking ['wækɪŋ] Ⓐ adj. [coloq.] muito grande, colossal, enorme Ⓑ s. [coloq.] sova, tareia, castigo
whale [weɪl] Ⓐ s. ZOOLOGIA baleia; cetáceo; *bull* ~ baleia-macho; *cow* ~ baleia-fêmea Ⓑ v.tr.,intr. andar à pesca da baleia ❖ ~ *calf* baleote; ~ *oil* óleo de baleia; [coloq.] *a* ~ *of a difference* uma grande diferença; *a* ~ *of a dinner* um jantar esplêndido; [EUA] *he is a* ~ *at tennis* ele é um ás no ténis
◆ **whale into/on** v.tr. [EUA] [coloq.] açoitar, zurzir, bater em
whaleback ['weɪlbæk] s. NÁUTICA convés convexo à popa ou proa
whalebacked ['weɪlbækt] adj. com forma de dorso de baleia
whaleboat ['weɪlbəʊt] s. NÁUTICA baleeiro
whalebone ['weɪlbəʊn] s. barba de baleia
whaleboned ['weɪlbəʊnd] adj. com barbas de baleia
whaler ['weɪlə] s. 1 baleeiro, pescador de baleias; 2 NÁUTICA barco baleeiro
whalery ['weɪlərɪ] s. 1 pesca à baleia; 2 indústria da pesca à baleia
whaling ['weɪlɪŋ] s. 1 pesca à baleia; 2 sova, tareia ❖ ~ *ground* regiões onde aparecem as baleias; ~ *gun* pequeno canhão que dispara um arpão destinado à pesca da baleia; ~ *ship* navio baleeiro
wham [wæm] Ⓐ s. 1 estrondo; 2 golpe Ⓑ v.tr.,intr. 1 bater com força; 2 atirar com força; 3 fazer estrondo Ⓒ adv. abruptamente, inesperadamente Ⓓ interj. (golpe, choque) zás!, pás!
whammy ['wæmɪ] s. 1 [coloq.] enguiço, maldição; 2 [coloq.] (contrariedade) golpe, azar, revés
whang [wæŋ] Ⓐ s. 1 som ou pancada sonora; *he fell with a* ~ *on the floor* ele caiu pesadamente no chão; 2 correia; 3 VESTUÁRIO tanga; 4 [cal.] (ofensivo) pila_{cal.} Ⓑ v.tr.,intr. 1 bater com força em; dar pancada em; 2 espancar; 3 atirar com força
whangee [wæŋ'giː] s. BOTÂNICA variedade de bambu
wharf [wɔːf] Ⓐ s. (pl. -**s** ou -**ves**) molhe, desembarcadouro, cais Ⓑ v.tr.,intr. 1 descarregar no cais; 2 atracar ao cais
wharfage ['wɔːfɪdʒ] s. 1 depósito de mercadorias no cais; 2 taxa a pagar pela utilização de cais ou desembarcadouro; 3 desembarcadouro(s), cais
wharfing ['wɔːfɪŋ] s. 1 depósito de mercadorias no cais; 2 desembarcadouros, cais
wharfinger ['wɔːfɪndʒə] s. 1 proprietário de cais ou desembarcadouro particular; 2 guarda de cais
wharves [wɔːvz] s. {pl. de **wharf**}
what [wɒt, hwɒt] Ⓐ adj.interr.,rel. 1 que; ~ *an idea!* mas que ideia!; *I don't know* ~ *plan he will try* não sei que plano ele experimentará; ~ *day of the month is it?* que dia do mês é hoje?; ~ *good is it?* de que serve isso?; *you must lend me* ~ *money you can* tens de me emprestar o dinheiro que puderes; ~ *books have you read on that subject?* que livros leu sobre esse assunto?; *I shall give him* ~ *help is possible* dar-lhe-ei todo o auxílio possível, todo o auxílio que for possível; 2 qual, quais; ~ *is your name?* qual é o seu nome?, como se chama?; ~ *tree grows the quickest?* qual é a árvore que se desenvolve mais rapidamente? [indica selecção de número indefinido] Ⓑ pron.interr.,rel. 1 que; *come* ~ *will or may* aconteça o que acontecer; ~ *did you say?* que disseste?; ~ *happened?* que aconteceu?; *what's on?* que aconteceu?; ~ *is she?* que é ela?, que faz ela?; [coloq.] *what's yours?* que é que bebe?, que deseja tomar?; [coloq.] ~ *of him?* que há com ele?; ~ *though?* que

what-d'ye-call-'em

importa?; ~ *though we are poor?* que importa sermos pobres?; ~ *on earth are you doing?* que diabo está você a fazer?; ~ *the devil do you want?* que diabo queres tu?; 2 o que; ~ *I have said I have said* o que eu disse está dito; ~ *cannot be cured must be endured* o que não tem remédio, remediado está; ~ *is, is good* o que está, está bem; ~ *she has suffered!* o que ela sofreu!; *you don't know* ~ *you say* você não sabe o que diz; 3 quê?; ~ *for?* para quê?; 4 aquilo que; *give him* ~ *you can* dê-lhe aquilo que puder ❖ ~ *ho!* ora viva!; ~ *next?* e depois?; ~ *about going to the movies?* e se fôssemos ao cinema?; ~ *are you laughing at?* de que é que se está a rir?; ~ *if we talked to him?* e se falássemos com ele?; [coloq.] *what's it all when it's fried?* quanto é que isso vem a dar afinal?; ~ *is she like?* como é ela?; ~ *is that used for?* para que serve isso?; ~ *with... ~ with...* em parte... em parte...; ~ *with ignorance,* ~ *with fear, he didn't say much about it* em parte por ignorância, em parte por medo, ele não disse grande coisa; *I know* ~ tenho uma ideia; *I know what's* ~ conheço muito bem as coisas; sei muito bem o que digo; *use no arguments but* ~ *you believe in yourself* não empregue argumentos em que não acredite; *well,* ~ *of it?* bem, e daí?

what-d'ye-call-'em [wɒtdjəˈkɔːləm] *s.* 1 [coloq.] coisa; essa coisa; essas coisas; 2 esses indivíduos (de cujo nome não me lembro)

what-d'ye-call-her [wɒtdjəˈkɔːlə] *s.* 1 [coloq.] coiso; coisa; 2 esse indivíduo, essa pessoa (de cujo nome não me lembro)

what-d'ye-call-him [wɒtdjəˈkɔːlɪm] *s.* 1 [coloq.] coiso; coisa; 2 esse indivíduo, essa pessoa (de cujo nome não me lembro)

what-d'ye-call-it [wɒtdjəˈkɔːlɪt] *s.* 1 [coloq.] coisa; essa coisa; essas coisas; 2 esses indivíduos (de cujo nome não me lembro)

whate'er [wɒtˈeə] [poét.] ⇒ **whatever**

whatever [wɒtˈevə] *adj.,pron.* 1 tudo o que; ~ *I have is yours* tudo o que eu tenho é teu; 2 qualquer coisa que; 3 seja o que for; *don't listen to him,* ~ *happens* não lhe preste atenção, aconteça o que acontecer; *he is right,* ~ *people may say* ele tem razão, digam lá o que disserem; 4 seja qual for; *if there is any chance* ~ se houver qualquer oportunidade, seja ela qual for; ~ *mistakes they have committed...* sejam quais forem os erros que eles tenham cometido...; 5 qualquer; 6 qualquer... que ❖ *do* ~ *you like* faça o que entender; *he has no books* ~ ele não tem livros absolutamente nenhuns; *I didn't hear anything* ~ eu não ouvi absolutamente nada; *lands, castles and* ~ terras, castelos e tudo o mais; *no one* ~ *would accept* ninguém, fosse quem fosse, aceitaria; *nothing* ~ absolutamente nada

what-for [wɒtˈfɔː] *s.* [coloq.] reprimenda, castigo severo; *to give sb* ~ castigar severamente alguém, repreender alguém severamente

whatnot [wɒtnɒt] *s.* 1 (mobília) prateleira; 2 [coloq.] coiso[coloq.]; geringonça[coloq.]; ❖ *and* ~ e afins; e assim

whatso [ˈhwɒtsəʊ] *adj.,pron.* [arc.] ⇒ **whatever**

whatsoever [wɒtsəʊˈevə] Ⓐ *adv.* [reforço de negativa] absolutamente; *nothing* ~ absolutamente nada; *none* ~ nem um(a), absolutamente nenhum(a) Ⓑ *adj.,pron.* [arc.] ⇒ **whatever** ❖ *for no reason* ~ por nada

whaup [hwɒp] *s.* [Esc.] ZOOLOGIA (ave) maçarico-real

wheal [hwiːl] *s.* 1 vergão, marca deixada na pele por chicotada ou vergastada; 2 pápula de urticária; 3 (Cornualha) mina, mina de estanho

wheat [wiːt] *s.* trigo; *a field of* ~ um campo de trigo; *gram of* ~ grão de trigo ❖ ~ *flour* farinha de trigo; ~ *stalk* caule de trigo; *bearded* ~ trigo galego; *red* ~ trigo-mourisco; *the* ~ *harvest* a colheita de trigo; [coloq.] *it's a grain of* ~ *in a bushel of chaff* isso é uma gota de água no oceano

wheatear [ˈwiːtɪə] *s.* 1 espiga de trigo; 2 ZOOLOGIA (ave) trigueiro, trigueirão, torda-zorzal, chirróbida, tentarraiz

wheaten [ˈwiːtən] *adj.* de trigo, de frumento; ~ *bread* pão de trigo

wheatgerm [ˈwiːtdʒɜːm] *s.* germe de trigo

wheatgrass [ˈwiːtɡrɑːs] *s.* 1 BOTÂNICA grama; 2 bebida de cereais

wheatmeal [ˈwiːtmiːl] *s.* farinha integral de trigo

wheedle [ˈwiːdəl] *v.tr.* 1 adular; lisonjear; 2 convencer por meio de lisonjas, carícias, etc.; seduzir com palavras meigas

wheedler [ˈwiːdlə] *s.* 1 adulador, lisonjeador; 2 pessoa que fala com palavras meigas

wheedling [ˈwiːdlɪŋ] Ⓐ *adj.* lisonjeador, adulador; lisonjeiro Ⓑ *s.* 1 lisonja, adulação; 2 meiguice, blandícia

wheedlingly [ˈwiːdlɪŋlɪ] *adv.* 1 aduladoramente, lisonjeiramente; 2 blandiciosamente

wheel [wiːl] Ⓐ *s.* 1 roda; *back* ~ roda traseira; *fast* ~ roda fixa; *front* ~ roda da frente; (avião) *ground wheels/landing wheels* rodas do trem de aterragem; ~ *of a turbine* roda móvel da turbina; 2 roda de moinho; *abrasive* ~ mó; 3 volante de direcção; leme; *balance* ~ volante; *driving* ~ volante de direcção; NÁUTICA *the man at the* ~ o homem do leme, o timoneiro; *to take the* ~ sentar-se ao volante, tomar conta do leme; 4 pá de roda propulsora; ~ *vane of a turbine* pá móvel de turbina; 5 movimento de rotação; MILITAR *left* ~ movimento de rotação à esquerda; MILITAR *right* ~ movimento de rotação à direita; 6 [arc.] (tortura) roda; *to condemn sb to the* ~ condenar alguém ao suplício da roda; *to break sb on the* ~ fazer alguém passar pelo suplício da roda; 7 bicicleta; 8 cambalhota Ⓑ *v.tr.,intr.* 1 rodar; rolar; 2 (sobre rodas) transportar; levar; mover(-se); deslocar(-se); *I wheeled the bicycle to a road not far away* levei a bicicleta à mão para uma estrada perto; *to* ~ *a barrow* empurrar um carrinho de mão; *to* ~ *in a barrow* transportar num carrinho; 3 revolutear; mover(-se) em forma circular; andar às voltas; *the seagulls were wheeling above me* as gaivotas andavam às voltas por cima de mim; 4 pedalar; andar de bicicleta; 5 (linha de soldados) virar (à direita ou à esquerda); 6 mudar de rumo ❖ ~ *arm* raio de roda; ~ *centre* cubo da roda; ~ *gear* transmissão por engrenagens; ~ *horse* trabalhador diligente e de confiança; pessoa que realiza a parte mais dura de qualquer tarefa; ~ *hub* cubo da roda; ~ *pendulum* oscilógrafo; NÁUTICA ~ *rope* gualdropes; ~ *tyre* aro da roda; *water* ~ roda hidráulica; MECÂNICA ~ *and axle* sarilho; (automóvel) ~ *nut spanner* chave da roda; *the* ~ *of fortune* a roda da fortuna; [coloq.] *there are wheels within wheels* isso é uma engrenagem muito complicada; *to clog the* ~ pôr obstáculos; travar o andamento; *to put one's shoulder to the* ~ ajudar; *to run on wheels* correr sobre rodas; deslizar sem dificuldades

◆ **wheel around/round** Ⓐ *v.intr.* 1 fazer meia-volta, dar meia-volta; 2 fazer piruetas; 3 girar; *the sails of the windmill were wheeling round* as velas do moinho estavam a girar; 4 dar uma volta de bicicleta Ⓑ *v.tr.* voltar, virar para outro lado

◆ **wheel out** Ⓐ *v.tr.* [GB] [coloq.] (argumento, pessoa, etc.) lançar mão de, usar, apresentar Ⓑ *v.intr.* [coloq.] partir rapidamente, sair rapidamente

wheelbarrow [ˌwiːlˈbærəʊ] *s.* carrinho de mão

wheelbase [ˈwiːlbeɪs] *s.* (automóvel) distância entre os eixos

wheelchair [ˈwiːltʃeə] *s.* cadeira de rodas

wheeler [ˈwiːlə] *s.* 1 carpinteiro de rodas; fabricante de rodas; 2 (carruagem puxada a quatro cavalos) cavalo dos varais, cavalo de trás

wheelie [ˈwiːlɪ] *s.* 1 (acrobacia) cavalo[fig.]; *to do a* ~ sacar cavalo[coloq.] ❖ ~ *bin* contentor do lixo com rodinhas

wheeling [ˈwiːlɪŋ] Ⓐ *adj.* giratório, rotativo; que anda em roda Ⓑ *s.* 1 acto de girar ou de andar em volta; 2 movimento de rotação; 3 transporte sobre rodas; 4 [coloq.] ciclismo, passeios ou viagens de bicicleta ❖ ~ *it is good* ~ o piso da estrada é bom

wheelless [ˈwiːləs] *adj.* sem rodas

wheelman [ˈwiːlmən] *s.* (pl. **-men**) [EUA] [coloq.] ciclista

wheelwork [ˈwiːlwɜːk] *s.* (máquina, etc.) mecanismo de rodas

wheelwright [ˈwiːlraɪt] *s.* carpinteiro de carros; carpinteiro de rodas

wheeze [wiːz] Ⓐ *s.* 1 pieira; respiração asmática; respiração difícil e ruidosa; 2 [coloq., ant.] ideia gira; 3 [coloq.] piada velha Ⓑ *v.tr.,intr.* respirar difícil e ruidosamente; respirar como um asmático; arquejar

wheezer [ˈwiːzə] *s.* cavalo atacado de pulmoeira

wheezily [ˈwiːzɪlɪ] *adv.* asmaticamente

wheezing [ˈwiːzɪŋ] Ⓐ *adj.* 1 asmático; 2 (cavalo) atacado de pulmoeira Ⓑ *s.* (cavalo) respiração asmática, pulmoeira

whelk [welk] *s.* 1 ZOOLOGIA (molusco) búzio; 2 MEDICINA pápula de urticária, borbulha

whelked [welkt] *adj.* com borbulhas

whelm [welm] *v.tr.* 1 [poét.] submergir, soterrar; 2 [poét.] esmagar, oprimir

whelming [ˈwelmɪŋ] *s.* 1 submersão; 2 enterro

whelp [welp] Ⓐ *s.* 1 (lobo, leão, urso, cão) cria de certos animais; cachorro, cachorrinho; ursinho; leãozinho; *lion's* ~ cria de leão; **2** rapaz malcriado ou desagradável; **3** NÁUTICA cunho de cabrestante; **4** dente de roda para corrente Ⓑ *v.tr.,intr.* **1** parir, dar à luz; **2** (plano prejudicial) produzir, arquitectar

when [wen] Ⓐ *adv.* **1** quando; *I don't remember ~ I saw your brother* não me lembro quando vi o teu irmão; *since ~ have you been ill?* desde quando tens estado doente?; *~ did she arrive?* quando é que ela chegou?; **2** há quanto tempo Ⓑ *conj.* **1** quando; *~ my ship comes home* quando eu enriquecer; *she stays at home ~ it rains* ela fica em casa quando chove; *his mind went back to ~ he was a young undergraduate* recordou os tempos em que era um jovem estudante universitário; **2** se bem que, embora; *she walks ~ she might take a taxi* ela vai a pé quando afinal poderia chamar um táxi Ⓒ *s.* tempo, ocasião, data; *you must tell me the ~ and the how of it* tens de me indicar a ocasião e o modo como isso se verificou ❖ *~ pigs fly* nunca; *how could she do it, ~ she knew it might kill him?* como é que ela foi capaz de fazer isso, depois de saber que isso o poderia matar?; *the time ~ such things could happen is gone* já vai longe a época em que estas coisas podiam acontecer

whence [wens] Ⓐ *adv.* **1** de onde; *he must return ~ he came* ele deve voltar para o sítio de onde veio; *no one knows ~ they came* ninguém sabe de onde eles vieram; *this is the source (from) ~ these evils spring* é esta a fonte de que brotam estes males; **2** de que lugar; **3** por que razão; *~ does it come that...* como é que...; **4** daqui, por este motivo Ⓑ *s.* fonte; origem; *we know neither our ~ nor our wither* nem sabemos de onde viemos nem para onde vamos

whencesoe'er [ˌwensəʊˈeə] *adv.* [poét.] ⇒ **whencesoever**

whencesoever [ˌwensəʊˈevə] *adv.* seja de onde for que; de onde quer que seja que; *~ these evils spring* de onde quer que venham estes males

whene'er [wenˈeə] *adv.* [poét.] ⇒ **whenever**

whenever [ˌwenˈevə] *adv.* sempre que; em qualquer altura que ❖ *~ you like* quando quiser; *or ~* ou quando calhar

whensoe'er [ˌwensəʊˈeə] *adv.* ⇒ **whenever**

whensoever [ˌwensəʊˈevə] *adv.* ⇒ **whenever**

where [weə] Ⓐ *adv.,pron.* **1** onde; *I don't know ~ she lives* não sei onde ela vive; *~ are you going to?* aonde é que vais?; *~ are you looking?* para onde estás a olhar?; *~ do you come from?* de onde vens?; *~ did we leave off last time?* onde é que ficámos da última vez?; *~ is the way out?* por onde é a saída?, onde é a saída?; **2** em que; *~ am I wrong?* em que é que estou enganado?, em que é que não tenho razão?; *~ shall we be if the bank fails?* em que situação ficaremos se o banco abrir falência?; **3** a que respeito Ⓑ *s.* local, lugar ❖ *that's ~ they are mistaken* é aí que eles se enganam

whereabout [ˈweərəbaʊt] *adv.,s.* ⇒ **whereabouts**

whereabouts [ˌweərəˈbaʊts] Ⓐ *adv.* onde, por onde; em que lugar; *~ did you put my pen?* onde é que puseste a minha caneta?, por onde anda a minha caneta? Ⓑ *s.* paradeiro; *no one knows his present ~* ninguém conhece o seu paradeiro actual

whereafter [weərˈɑːftə] *adv.* após o que

whereas [weəˈæz] *conj.* **1** visto que; atendendo a que; **2** enquanto que; ao passo que

whereases [weəˈæzɪz] *s.pl.* **1** considerandos; **2** preâmbulo

whereat [weərˈæt] *adv.* **1** a que, ao que; **2** de que; **3** em que; **4** pelo que; *she laughed at him, ~ he left the room* ela riu-se dele, pelo que ele saiu da sala ❖ *~ did he get so angry?* com que é que ele se zangou tanto?, que é que o fez zangar-se tanto?

whereby [ˈweəbaɪ] *adv.* **1** pelo que; **2** pelo qual; *decision whereby...* decisão pela qual...; **3** de acordo com o que; **4** de acordo com o que; **5** como?, por que meio?

where'er [weərˈeə] *adv.* [poét.] ⇒ **wherever**

wherefore [ˈweəfɔː] *adv.* **1** por que motivo?, por que razão?; **2** porquê?; **3** por isso, portanto, por conseguinte ❖ RELIGIÃO (Bíblia) *~ didst thou doubt?* por que duvidaste?

wherefores [ˈweəfɔːz] *s.pl. the whys and ~* as causas e as razões; *he asks too many whys and ~* ele é muito miudinho, ele faz demasiadas perguntas

wherefrom [ˈweəfrɒm] *adv.* de onde

wherein [weərˈɪn] *adv.* **1** no que, naquilo que, em que particular; **2** em que, em que ponto; *~ have I offended?* em que é que eu ofendi?; *the room ~ she slept* o quarto em que ela dormia

whereof [weərˈɒv] *adv.* de que; do que; do qual; de quem

whereon [weərˈɒn] *adv.* **1** em que, no qual; **2** sobre que; sobre o qual; **3** após o que ❖ *that is ~ we differ* é neste ponto que as nossas opiniões divergem

wheresoe'er [ˌweəsəʊˈeə] *adv.* [poét.] ⇒ **wherever**

wherethrough [ˌweəˈθruː] *adv.* **1** através do qual; **2** pelo qual; **3** devido ao qual

whereunder [weərˈʌndə] *adv.* sob o qual

whereupon [ˌweərəˈpɒn] *adv.* ⇒ **whereon**; *~ he said that...* após o que nos disse que...

wherever [weərˈevə] *adv.* **1** em qualquer parte que, onde quer que; **2** para qualquer parte que, onde quer que; *~ he goes* para onde quer que ele vá ❖ *or ~* ou onde calhar

wherewith [ˌweəˈwɪθ] *adv.* **1** com que; com o qual; **2** por meio do qual; **3** após o que ❖ RELIGIÃO (Bíblia) *if the salt have lost its savour, ~ shall it be seasoned?* se o sal perder o sabor, com que é que o salgaras?

wherewithal [ˈweəwɪðɔːl] Ⓐ *adv.* ⇒ **wherewith** Ⓑ *s.* meios; recursos; dinheiro; *to have the time and the ~* ter tempo e dinheiro; *has he the ~ for a holiday* terá ele o dinheiro necessário para umas férias?

wherry [ˈwerɪ] Ⓐ *s.* (pl. **-ies**) bote, catraia, barco leve de remos, de fundo chato, para transportar passageiros em rio ou lago Ⓑ *v.tr.,intr.* **1** transportar em bote; **2** guiar um bote

wherryman [ˈwerɪmən] *s.* (pl. **-men**) barqueiro

whet [wet] Ⓐ *s.* **1** afiamento, amoladura, acto de afiar ou amolar; **2** estimulante, excitante; **3** intensificação Ⓑ *v.tr.* (particípios: **-tt-**) **1** amolar, afiar; *to ~ a knife* amolar uma faca; **2** estimular, excitar; *to ~ one's appetite* abrir o apetite; **3** intensificar, tornar mais forte ❖ *a ~ to the appetite* um aperitivo

whether [ˈweðə] Ⓐ *pron.interr.,rel.* [arc.] qual (de dois) Ⓑ *conj.* **1** que; *to be doubtful ~ .../to be in doubt ~ ...* ser duvidoso que...; **2** se; *I don't know ~ he comes or not* não sei se ele vem ou não; *the question was ~ or not to accept the invitation* a questão era saber se se devia ou não aceitar o convite ❖ *~ ... or...* quer... quer; *~ or no* seja como for; *~ we go or not, the result will be the same* quer vamos quer não, o resultado será o mesmo; *~ you like it or not* quer queiras quer não

whetstone [ˈwetstəʊn] *s.* pedra de amolar; pedra de afiar

whetted [ˈwetɪd] *adj.* **1** amolado, afiado; **2** estimulado, despertado

whetting [ˈwetɪŋ] *s.* **1** afiamento, amoladura, acto de afiar ou amolar; **2** estimulação, excitação; **3** intensificação

whew [fjuː, hwjuː] *interj.* **1** (alívio) uf!; **2** (surpresa) credo!; **3** (consternação) bolas!

whey [weɪ] *s.* soro de leite coalhado

wheyey [ˈweɪɪ] *adj.* **1** esbranquiçado; **2** parecido com soro de leite

wheyface [ˈweɪfeɪs] *s.* **1** [coloq., depr.] rosto pálido; **2** [coloq., depr.] (pessoa pálida) copinho-de-leite

wheyish [ˈweɪɪʃ] *adj.* ⇒ **wheyey**

whf [abrev. de **wharf**]

which [wɪtʃ] Ⓐ *adj.interr.,rel.* **1** (selecção de número limitado) que?, qual?; *~ one?* qual?; *~ ones?* quais?; **2** o qual; *he will complain to the manager, ~ manager by the way is his father-in-law* ele queixar-se-á ao gerente, o qual, por acaso, é sogro dele; *she was told to apply to a police station, ~ advice she followed* disseram-lhe que se dirigisse a uma esquadra de polícia, conselho que ela seguiu Ⓑ *pron.interr.,rel.* **1** qual?; *~ of the two is the prettier?* qual das duas é a mais bonita?; **2** que, o qual; *say ~ you would like best* diga de qual gostaria mais; *the house in ~ she lives...* a casa em que ela vive...; **3** o que, coisa que; *it was terribly cold, ~ prevented her from going out* estava um frio terrível, o que a impediu de sair de casa; *she said she saw me yesterday, ~ is not true* ela disse que me tinha visto ontem, o que não é verdade ❖ *~ way is the wind?* de que lado é o vento?; RELIGIÃO (Bíblia) *our Father, ~ art in heaven* Pai Nosso, que estais no Céu; *they are so alike I can never tell ~ is ~* são tão semelhantes que nunca sou capaz de os distinguir

whichever [ˌwɪtʃˈevə] *adj.,pron.* 1 tudo o que; qualquer coisa que; 2 qualquer; seja qual for; *the foreign policy remained the same, ~ party was in power* a política externa continuou a mesma, fosse qual fosse o partido que estivesse no poder; 3 (selecção de número limitado) não importa qual; *take ~ you like best* pegue em qualquer um de que goste mais; *take ~ pencil you please* pegue em qualquer lápis que lhe agrade

whichsoever [ˌwɪtʃsəʊˈevə] *adj.,pron.* ⇒ **whichever**

whidah [ˈhwɪdə] *s.* ZOOLOGIA (ave) viúva

whidah-bird [ˌhwɪdəˈbɜːd] *s.* ZOOLOGIA (ave) viúva

whiff [wɪf] Ⓐ *s.* 1 sopro; 2 lufada; *a ~ of fresh air* uma lufada de ar fresco; 3 (mau cheiro) baforada; 4 bafo; hálito; 5 perfume; *the ~ of a good cigar* o perfume de um bom charuto; 6 [fig.] (escândalo) indícios [of, de]; suspeita [of, de]; 7 [coloq.] cigarrilha, pequeno charuto; 8 NÁUTICA barco leve de um só remador; 9 ZOOLOGIA espécie de linguado Ⓑ *v.tr.,intr.* 1 tirar baforadas, lançar baforadas (de); 2 soprar em lufadas; 3 [coloq.] cheirar mal; 4 pescar com a isca perto da superfície da água ❖ *~ of grapeshot* descarga de metralha; *to have a few whiffs* fumar um pouco

whiffet [ˈwɪfɪt] *s.* [EUA] pessoa que não vale nada

whiffle [ˈwɪfəl] Ⓐ *s.* 1 aragem; 2 sopro de ar; 3 leve deslocação de ar Ⓑ *v.tr.,intr.* 1 soprar levemente; 2 deslocar-se em leve aragem; 3 (vento) mudar de direcção; 4 impelir (barco) em várias direcções; 5 (luz) bruxulear, tremeluzir; 6 produzir som idêntico ao de uma leve brisa

whiffler [ˈwɪflə] *s.* 1 pessoa inconstante ou frívola; 2 indivíduo que se prende com futilidades; 3 arauto que outrora caminhava à frente dos cortejos

whiffletree [ˈwɪfəltriː] *s.* balancim de carro

whiffling [ˈwɪflɪŋ] *adj.* [coloq.] fútil, oco

whiffy [ˈwɪfɪ] *adj.* 1 [coloq.] fedorento, de cheiro desagradável; 2 com cheiro

Whig [wɪg] Ⓐ *s.* membro de um partido político na Grã-Bretanha que, depois da revolução de 1688, pretendia subordinar o poder da Coroa ao do Parlamento Ⓑ *adj.* relativo aos *Whigs* ou ao partido *Whig*

whiggamores [ˈhwɪɡəmʊəz] *s.pl.* revoltosos escoceses de 1648

whiggery [ˈwɪɡərɪ] *s.* 1 princípios políticos dos *Whigs*; 2 liberalismo antiquado ou excessivamente conservador

whiggish [ˈwɪɡɪʃ] *adj.* relativo aos *Whigs*

whiggism [ˈwɪɡɪzəm] *s.* 1 sistema ou ideias políticas dos *Whigs*; 2 [fig.] liberalismo antiquado

while [waɪl] Ⓐ *conj.* 1 enquanto; *~ in London she attended a few classes* ela seguiu alguns cursos enquanto estava em Londres; *~ reading he fell asleep* ele adormeceu enquanto lia; *~ there is life there is hope* enquanto há vida há esperança; 2 ao passo que, embora; *one of the sisters was rich, ~ the others were very poor* uma das irmãs era rica, ao passo que as outras eram muito pobres; *~ I have no money to spend, you have nothing to spend money on* ao passo que eu não tenho dinheiro para gastar, tu nada tens em que gastar dinheiro Ⓑ *s.* intervalo de tempo; tempo; *a little ~ ago* há pouco tempo; *a long ~ ago* há muito tempo; *after a little ~* depois de um curto espaço de tempo; *all the ~* durante todo esse tempo; *between the whiles* nos intervalos; *in a little ~* dentro de pouco tempo; *the ~* durante esse tempo; *to stay for a short ~* ficar durante um tempinho; *I haven't seen them for a long ~* há muito tempo que não os vejo; *it will be a good ~ before you see them again* ainda passará bastante tempo antes de os voltares a ver; *that is enough for one ~* isso chega durante algum tempo; *where have you been all this while?* onde é que esteve durante este tempo todo? Ⓒ *v.tr.* passar/matar o tempo; *to ~ away the time* passar o tempo ❖ *he will make it worth your ~* ele recompensar-te-á; *once in a ~* ocasionalmente; *to be worth ~* valer a pena

whiles [waɪlz] *conj.* [arc.] ⇒ **while** Ⓐ

whilom [ˈwaɪləm] Ⓐ *adj.* [arc.] antigo; *his ~ friend* o seu antigo amigo, o seu ex-amigo Ⓑ *adv.* [arc.] outrora, antigamente

whilst [waɪlst] *conj.* enquanto; *~ in London she attended a few classes* ela seguiu alguns cursos enquanto estava em Londres; *~ reading he fell asleep* ele adormeceu enquanto lia; *~ there is life there is hope* enquanto há vida há esperança; 2 ao passo que, embora; *one of the sisters was rich, ~ the others were very poor* uma das irmãs era rica, ao passo que as outras eram muito pobres; *~ I have no money to spend, you have nothing to spend money on* ao passo que eu não tenho dinheiro para gastar, tu nada tens em que gastar dinheiro

whim [wɪm] *s.* 1 capricho; extravagância; *on a ~* por capricho; 2 cabrestante, sarilho puxado a cavalos para fazer subir o minério das minas ❖ *as the ~ takes him* conforme lhe dá na veneta

whimbrel [ˈwɪmbrəl] *s.* ZOOLOGIA (ave) fusela, sovela, meio-maçarico, maçarico-galego

whimper [ˈwɪmpə] Ⓐ *s.* 1 choradeira, chorinquice; 2 lamúria, queixume; *without a ~* sem se queixar; 3 (cão) ganido Ⓑ *v.tr.,intr.* 1 choramingar, chorincar; 2 chorar-se, lamentar-se, lastimar-se, andar com lamúrias; 3 (cão) ganir

whimperer [ˈwɪmpərə] *s.* 1 choramingador, choramingas; 2 lamuriento

whimpering [ˈwɪmpərɪŋ] Ⓐ *adj.* 1 choramingas, chorão; 2 lamuriento Ⓑ *s.* 1 choradeira, chorinquice, choraminguice; 2 lamúria, queixume

whimperingly [ˈwɪmpərɪŋlɪ] *adv.* choramingando, chorincando

whimsical [ˈwɪmzɪkəl] *adj.* 1 caprichoso, extravagante, excêntrico; 2 cheio de manias; 3 enigmático; 4 bizarro, fantástico

whimsicality [ˌwɪmzɪˈkælɪtɪ] *s.* 1 excentricidade; extravagância; 2 carácter caprichoso; 3 fantasia; carácter fantástico; bizarria

whimsically [ˈwɪmzɪkəlɪ] *adv.* 1 caprichosamente; 2 extravagantemente; de maneira excêntrica; 3 bizarramente; 4 fantasticamente

whimsicalness [ˈwɪmzɪkəlnəs] *s.* ⇒ **whimsicality**

whimsy [ˈwɪmzɪ] Ⓐ *s.* (*pl.* **-ies**) 1 extravagância, excentricidade; 2 fantasia; 3 capricho Ⓑ *adj.* 1 [arc.] extravagante, excêntrico; 2 [arc.] fantasioso

whin [wɪn] *s.* 1 BOTÂNICA tojo, torga, queiroga, urze; 2 MINERALOGIA ⇒ **whinstone**

whinchat [ˈwɪntʃæt] *s.* ZOOLOGIA (ave) tanjasno, tange-asno, chasco

whine [waɪn] Ⓐ *s.* 1 queixume; lamúria; 2 choradeira; choraminguice; 3 grito choroso; gemido; 4 (cão) ganido Ⓑ *v.tr.,intr.* 1 queixar-se; lastimar-se; lamuriar-se; *he has nothing to ~ about* ele não tem nada de que se queixar; 2 choramingar; *to ~ out* dizer com voz chorosa; 3 gemer; 4 (cão) ganir

whiner [ˈwaɪnə] *s.* 1 chorão; choramingas; 2 lamuriento

whinge [wɪndʒ] Ⓐ *v.intr.* 1 [coloq.] lamuriar-se; queixar-se; 2 [coloq.] resmungar; 3 [coloq.] choramingar Ⓑ *s.* 1 [coloq.] queixa; lamúria; 2 [coloq.] resmunguice; 3 [coloq.] choraminguice

whinger [ˈwɪŋə] *s.* 1 espada curta; 2 punhal escocês; 3 faca comprida

whingey [ˈwɪndʒɪ] *adj.* 1 choramingão; 2 lamuriento; 3 rabugento; 4 irritadiço

whining [ˈwaɪnɪŋ] Ⓐ *adj.* 1 choroso, lamurioso, lamuriento; *~ voice* voz chorosa; 2 gemente; 3 plangente Ⓑ *s.* 1 queixume, lamentação; 2 gemido; 3 som parecido com o choro

whiningly [ˈwaɪnɪŋlɪ] *adv.* 1 chorosamente; 2 lamuriosamente

whinny [ˈwɪnɪ] Ⓐ *s.* (*pl.* **-ies**) relincho, rincho Ⓑ *v.intr.* relinchar, rinchar Ⓒ *adj.* (terreno) coberto de tojo ou urze

whinstone [ˈwɪnstəʊn] *s.* MINERALOGIA designação de várias rochas ou pedras basálticas e muito duras

whip [wɪp] Ⓐ *s.* 1 chicote; azorrague, látego, açoite de corda ou couro; chibata; *long ~* chicote grande; *stroke of a ~* chicotada; *to crack a ~* fazer estalar um chicote; 2 cocheiro, boleeiro; 3 criado encarregado dos cães na caça à raposa; 4 funcionário designado por um partido para obrigar os parlamentares a comparecerem aos debates, sobretudo quando há votação; 5 nota escrita desse funcionário, convocando os parlamentares para determinada ocasião; 6 NÁUTICA roldana simples, moitão fixo; 7 CULINÁRIA creme instantâneo; mousse instantâneo Ⓑ *v.tr.,intr.* 1 chicotear, azorragar, açoitar com chicote ou látego; vergastar; 2 castigar; 3 (arma) pegar de súbito em, sacar; 4 apanhar subitamente; 5 mexer-se subitamente; precipitar-se; *to ~ downstairs* precipitar-se pelas escadas abaixo; 6 atar; entrelaçar; 7 (costura) franzir; coser uma costura; chulear; 8 (corda, cabo) enrolar, envolver com fio; 9 (corda, cabo) forrar com fio; 10 [coloq.] derrotar, vencer; 11 lançar o anzol em; *to ~ a river* pescar num rio; 12 NÁUTICA içar com moitão; 13 CULINÁRIA (ovos, creme, natas, etc.) bater; *to ~ eggs* bater ovos ❖ *~ hand* mão que segura o chicote;

ZOOLOGIA ~ *scorpion* pedipalpo; ~ *stick* cabo do chicote; ~ *and spur* precipitadamente; *the rain whipped (against) the windowpanes* a chuva fustigava os vidros das janelas; (carro de cavalos) *to be a good* ~ guiar bem; (carro de cavalos) *to be a poor* ~ guiar mal; *to have the* ~ *hand of* dominar; *to* ~ *a top* fazer girar um pião; *to* ~ *together* fazer juntar os cães na caça à raposa

◆ **whip away** Ⓐ *v.tr.* 1 (tirar subitamente) arrancar; 2 levar bruscamente; 3 escorraçar às chicotadas Ⓑ *v.intr.* partir subitamente

◆ **whip in** Ⓐ *v.intr.* 1 entrar precipitadamente; entrar como um furacão; 2 (caça à raposa) juntar os cães; 3 reunir; convocar Ⓑ *v.tr.* POLÍTICA (membros partidários) manter em conformidade com o partido

◆ **whip off** *v.tr.* arrancar, tirar bruscamente; *to* ~ *one's coat* arrancar o casaco

◆ **whip on** *v.tr.* 1 (roupa) enfiar à pressa; 2 fazer andar com chicotadas; *to whip the horses on* fazer os cavalos andar com chicotadas

◆ **whip out** *v.tr.* 1 sacar (de); *to* ~ *a knife* sacar de uma faca; 2 expulsar às chicotadas; 3 tirar por meio de chicotadas; *I'll whip this bad habit out of him* hei-de tirar-lhe este mau hábito com o chicote ❖ *to* ~ *an oath* soltar uma praga

◆ **whip through** *v.tr.* [coloq.] fazer rapidamente, fazer num abrir e fechar de olhos

◆ **whip up** *v.tr.* 1 (grupo, apoio, retc.) excitar; estimular; 2 [coloq.] fazer rapidamente, fazer à pressa; *to* ~ *a meal* improvisar uma refeição; *to* ~ *an article* escrever um artigo à pressa; 3 (poeira, ondas, etc.) levantar; *the wind whipped up the dust* o vento levantou a poeira; 4 sacar (de); *to* ~ *a revolver* sacar de um revólver; 5 (cavalo) chicotear para que ande mais depressa; *to* ~ *a horse* chicotear um cavalo para andar mais depressa

whipcord ['wɪpkɔːd] *s.* 1 (tecido encordoado) *whipcord*; 2 cordão de chicote ❖ *his veins stood out like whipcords* as veias sobressaíam-lhe como cordões tensos

whip-graft ['wɪpgrɑːft] *v.tr.* enxertar de garfo

whip-grafting ['wɪpgrɑːftɪŋ] *s.* enxerto de garfo

whiplash ['wɪplæʃ] *s.* 1 chicotada; 2 MEDICINA traumatismo cervical

whipped [wɪpt] *adj.* CULINÁRIA batido ❖ ~ *cream* chantilly

whipper ['wɪpə] *s.* chicoteador

whipper-in [‚wɪpər'ɪn] *s.* (caça à raposa) criado encarregado de juntar os cães

whippersnapper ['wɪpəˌsnæpə] *s.* 1 [ant.] rapazelho; franganote atrevido; 2 [ant.] borra-botas; pessoa insignificante

whippet ['wɪpɪt] *s.* 1 ZOOLOGIA (cão) whippet; 2 MILITAR carro de assalto leve e rápido

whippiness ['wɪpɪnəs] *s.* (cana de pesca) elasticidade

whipping ['wɪpɪŋ] *s.* 1 chicoteamento; 2 castigo com o chicote, pena de chicote; 3 chicotadas, vergastadas; *to get a* ~ levar umas chicotadas; *to give sb a* ~ castigar alguém com o chicote, vergastar alguém; 4 [coloq.] (derrota) tareia*ₓfig.*; *to get a* ~ levar uma tareia; 5 chuleio; 6 fio para enrolar cabos; 7 CULINÁRIA (ovos, etc.) acção de bater ❖ ~ *boy* bode expiatório; [arc.] ~ *post* poste a que se amarravam outrora os condenados à pena do chicote; ~ *top* pião; ~ *of a belt* batida de uma correia

whippletree ['wɪpəltriː] *s.* AGRICULTURA balancim de carro

whippoorwill ['wɪpʊəwɪl] *s.* ZOOLOGIA espécie de noitibó

whippy ['wɪpɪ] *adj.* flexível

whip-round ['wɪpraʊnd] *s.* [coloq.] (colecta entre colegas) vaquinha*ₓfig.*

whipsaw ['wɪpsɔː] Ⓐ *s.* serra braçal Ⓑ *v.tr.* cortar com serra braçal

whipster ['wɪpstə] *s.* 1 criança pequena; 2 pessoa frívola

whir [wɜː] *s.*, *v.intr.* ⇒ whirr

whirl [wɜːl] Ⓐ *s.* 1 rotação rápida; 2 redemoinho, remoinho; ~ *of dust* redemoinho de pó; 3 turbilhão; vórtice; *a* ~ *of pleasures* um turbilhão de prazeres; 4 (actividade) azáfama; lufa-lufa; *the* ~ *of modern life* a azáfama da vida moderna; 5 confusão; *her head was in a* ~ ela tinha a cabeça num estado de confusão; 6 roseta de espora Ⓑ *v.tr.*, *intr.* 1 rodopiar, redemoinhar; 2 rodar; 3 turbilhonar; 4 fazer rodopiar, fazer andar à roda; 5 sentir tonturas, parecer andar à roda, estar num estado de confusão; *my head is whirling* sinto a cabeça andar à roda; 6 mover-se rapidamente, avançar rapidamente; 7 arremessar com força ❖ *to* ~ *along* correr a toda a velocidade; precipitar-se; *to* ~ *away* afastar-se rapidamente; *to* ~ *out of sight* desaparecer da vista rapidamente

◆ **whirl round** Ⓐ *v.intr.* virar-se bruscamente Ⓑ *v.tr.* fazer rodopiar; fazer andar à roda

whirligig ['wɜːlɪɡɪɡ] *s.* 1 (pião) pitorra, carapeta, piorra; 2 carrossel; 3 (movimento) rotação; rodopio; 4 turbilhão; 5 ZOOLOGIA besouro de água

whirling ['wɜːlɪŋ] Ⓐ *adj.* 1 giratório, rotativo; 2 que rodopia, que redemoinha; 3 turbilhonante Ⓑ *s.* 1 rodopio, redemoinho; 2 corrida rápida

whirlpool ['wɜːlpuːl] *s.* redemoinho de água, turbilhão, vórtice, sorvedouro, voragem

whirlwind ['wɜːlwɪnd] *s.* 1 furacão; *to come in like a* ~ entrar como um furacão; 2 [fig.] turbilhão ❖ *a* ~ *visit* uma visita-relâmpago; *sow wind and reap* ~ quem semeia ventos colhe tempestades

whirlybird ['wɜːlɪbɜːd] *s.* [coloq.] helicóptero

whirr [wɜː] Ⓐ *s.* 1 zumbido; 2 sussurro; 3 barulho de turbina ou hélice de avião Ⓑ *v.intr.* 1 zunir; zumbir; 2 (asas) ruflar; 3 (hélice, turbina, rodas, etc.) produzir ruído ao deslocar-se; 4 (motor) roncar

whirring ['wɜːrɪŋ] Ⓐ *adj.* 1 (asa) ruflante; 2 (motor, hélice, etc.) que zune ou ronca; 3 sibilante; 4 que gira a toda a velocidade Ⓑ *s.* ⇒ **whirr** Ⓐ

whisht [hwɪʃt] *interj.* [Esc.] caluda!, silêncio!

whisk [wɪsk] Ⓐ *s.* 1 sacudidela; movimento leve e rápido; *a* ~ *of the tail* uma sacudidela da cauda; 2 CULINÁRIA (ovos, natas, etc.) batedor; *an egg* ~ um batedor de ovos; 3 espanador de cabo curto; *dusting* ~ espanador de pó Ⓑ *v.tr.*, *intr.* 1 sacudir, mover rapidamente; 2 transportar rapidamente; 3 dar uma espanadela a; 4 (mosquito, mosca, etc.) sacudir, espantar; 5 agitar; abanar; *the dog whisked his tail* o cão abanou a cauda; 6 CULINÁRIA (ovos, nata, etc.) bater ❖ *to* ~ *a cane* brandir uma bengala

◆ **whisk away** Ⓐ *v.tr.* 1 afugentar; 2 levar rapidamente; tirar subitamente Ⓑ *v.intr.* passar a toda a velocidade ❖ *to* ~ *a tear* limpar uma lágrima furtiva

◆ **whisk off** *v.tr.* levar rapidamente; tirar subitamente; *to whisk sb off* levar rapidamente alguém

◆ **whisk together** *v.tr.* CULINÁRIA juntar, batendo; juntar com o batedor

◆ **whisk up** *v.tr.* CULINÁRIA bater

whisker ['wɪskə] *s.* 1 [geralm. no pl.] suíça; 2 (gato, rato) bigode; 3 NÁUTICA verga da cevadeira; 4 dispositivo em forma de estrela para prender o torpedo ao alvo ❖ *by a* ~ por uma unha negra; à justa; por pouco; *she won the race by a* ~ por pouco não ganhava a corrida

whiskered ['wɪskəd] *adj.* 1 (homem) que usa suíças; 2 (gato) com bigodes

whiskey ['wɪskɪ] *s.* [EUA] ⇒ **whisky**

whisky ['wɪskɪ] *s.* (*pl.* -ies) 1 (bebida) uísque; *a* ~ *and soda* um uísque com soda; 2 carruagem leve de duas rodas

whisper ['wɪspə] Ⓐ *s.* 1 sussurro; murmúrio; coisa segredada; [fig.] *the* ~ *of the wind* o murmurar do vento; 2 sugestão; 3 boato; rumor; insinuação; *there is a* ~ *that...* corre o boato de que... Ⓑ *v.tr.*, *intr.* 1 segredar; dizer em segredo; dizer baixinho; *to* ~ *in one's ear* segredar ao ouvido; *to* ~ *to sb* dizer em segredo a alguém; 2 falar em voz muito baixa; sussurrar; murmurar; cochichar ❖ *it's being whispered that...* corre o boato de que...; *to speak in a whisper*/*to speak in whispers* falar baixinho

whisperer ['wɪspərə] *s.* 1 pessoa que sussurra; 2 pessoa que diz segredos; 3 (maledicência) murmurador; 4 encantador de cavalos

whispering ['wɪspərɪŋ] Ⓐ *adj.* 1 murmurante, sussurrante; 2 maledicente, mexeriqueiro; 3 que anda sempre com segredos Ⓑ *s.* 1 murmúrio, sussurro; 2 segredo, voz segregada; 3 boato, insinuação, rumor ❖ ~ *campaign* campanha de difamação; ~ *gallery* galeria acústica

whisperingly ['wɪspərɪŋlɪ] *adv.* 1 sussurrantemente, rumorejante; 2 em voz baixa

whist [wɪst] Ⓐ *s.* (jogo de cartas) whist; *long* ~ grande whist Ⓑ *interj.* ⇒ **wisht** Ⓒ *adj.* [arc.] silencioso ❖ ~ *drive* reunião para jogar whist; ~ *player* jogador de whist

whistle ['wɪsəl] Ⓐ *s.* 1 silvo, sibilo, zunido; 2 (som) assobio; *the blackbird's* ~ o assobio do melro; *to give a* ~ assobiar; 3 (instrumento) assobio; *to blow a* ~ tocar um assobio; 4 pio (de certas aves); 5 [coloq.] garganta Ⓑ *v.tr.*, *intr.* 1 assobiar, apitar; [fig.] *the wind whistled up the chimney* o vento assobiava pela chaminé acima;

2 fazer sinal por meio de assobio ou apito; *to ~ one's dog back* assobiar para chamar o cão; *to ~ to one's dog* assobiar para chamar o cão; **3** sibilar; *the bullets whistled past our ears* as balas sibilavam junto aos nossos ouvidos; **4** zumbir; **5** (vento) uivar ❖ *~ signal* sinal de apito, [EUA] (caminhos-de-ferro) *~ stop* apeadeiro; [coloq.] *let him go ~* ele que se amole; *to blow the ~ on* denunciar; *to pay too dear for one's ~* pagar demasiado caro pelos seus caprichos; (beber) *to wet one's ~* molhar o bico; *to ~ for a taxi* chamar um táxi com um assobio; *to ~ one's time away* passar o tempo a assobiar; [coloq.] *to ~ sth down the wind* não se preocupar mais com uma coisa
♦**whistle for** *v.tr.* [ant., coloq.] desejar em vão; esperar em vão
♦**whistle up** *v.tr.* arranjar; desencantar
whistle-blower [ˈwɪsəlbləʊə] *s.* informador
whistler [ˈwɪslə] *s.* **1** pessoa que assobia; **2** cavalo atacado de pulmoeira; **3** vento sibilante; **4** ZOOLOGIA arganaz ou marmota canadiana
whistling [ˈwɪslɪŋ] Ⓐ *adj.* **1** sibilante; **2** que assobia Ⓑ *s.* **1** sibilo; **2** assobio ❖ *~ buoy* bóia sonora automática de apito
whit [wɪt] *s.* (quantidade mínima) partícula; grão; pingo; ponta; *there is not a ~ of truth in what he says* aquilo que ele diz não tem um pingo de verdade ❖ *I don't care a ~* estou-me nas tintas; *never a ~/no ~/not a ~* de modo nenhum
Whit [wɪt] *adj.* ~ *Monday* segunda-feira de Pentecostes; ~ *Sunday* domingo de Pentecostes; ~ *Tuesday* terça-feira de Pentecostes
white [waɪt] Ⓐ *adj.* **1** (cor) branco; alvo; *as ~ as snow* branco como a neve; **2** (cabelo) branco, encanecido; *he is going ~* ele começa a ficar com cabelos brancos; **3** descorado; **4** pálido; lívido; *to be ~ with fear* estar pálido de medo; *to go ~* empalidecer; **5** claro, transparente; *~ glass* vidro transparente, vidro sem cor; **6** cor de prata; **7** [fig.] inocente, imaculado, puro; **8** [fig.] correcto, digno; **9** POLÍTICA reaccionário Ⓑ *s.* **1** (cor) branco; *to be dressed in ~* estar vestido de branco; **2** (pessoa) branco; *poor ~* branco pobre; **3** (ovo) clara; *the ~ of an egg* a clara de um ovo; **4** *pl.* roupa branca; **5** *pl.* roupa de ténis; **6** *pl.* MEDICINA [coloq.] leucorreia, flores-brancas Ⓒ *v.tr.* [arc.] branquear, caiar ❖ *~ amber* espermacete; *~ bread* pão branco; *~ caps* ondas do mar com espuma branca no cimo; *~ ceruse* alvaiade; *~ chocolate* chocolate branco; *~ coffee* café com leite; *~ elephant* elefante branco; coisa que dá pouco proveito e muito trabalho; presente ou oferta inútil que só dá encargos; *~ feather* símbolo de covardia; RELIGIÃO *White Friar* frade carmelita; *~ gold* ouro branco; *~ harvest* colheita muito tardia, feita quando o solo já se encontra coberto de geada ou neve; *~ heat* rubro-branco; *~ herring* arenque fresco; *~ horses* ondas do mar com espuma branca no cimo; *~ lead* alvaiade de chumbo; branco-de-chumbo; *~ lime* cal gorda; *~ meat* carnes brancas; *~ night* noite em branco; noite em que não se consegue dormir; *~ pig* ferro-gusa branco; BOTÂNICA *~ pine* pinho-branco; MEDICINA *~ plague* peste-branca; tuberculose; BOTÂNICA *~ poplar* álamo-branco; *~ potato* batata inglesa; QUÍMICA *~ precipitate* precipitado branco; *~ rope* cabo não alcatroado; *~ sale* venda de roupa branca; CULINÁRIA *~ sauce* molho branco; *~ slavery* tráfico de brancas; QUÍMICA *~ vitriol* sulfato de zinco; ANATOMIA *~ of the eye* córnea do olho; *whited sepulchre* sepulcro caiado; *a ~ ant* uma formiga branca; uma térmite; *a ~ Christmas* um Natal com neve; *a ~ day* um dia auspicioso; *a ~ lie* uma mentira piedosa; uma pequena mentira inofensiva; *a ~ paper* um livro branco; (sinal de rendição) *the ~ flag* a bandeira branca; [EUA] *the White House* a Casa Branca; *the White Sea* o mar Branco; *to bleed sb ~* despojar alguém de tudo o que possui; *to have ~ hands* ter mãos brancas; ter mãos limpas; *to stand in a ~ sheet* confessar um pecado
♦**white out** Ⓐ *v.tr.* **1** TIPOGRAFIA espacejar; **2** (erro) cobrir com corrector Ⓑ *v.intr.* (neve, nevoeiro) perder visibilidade
whitebait [ˈwaɪtbeɪt] *s.* (*pl.* **whitebait**) ZOOLOGIA espadilha, peixe miúdo
whitebeam [ˈwaɪtbiːm] *s.* BOTÂNICA lódão-branco
white-collar [ˌwaɪtˈkɒlə] *adj.* (trabalho, trabalhador) de escritório; *~ workers* empregados de escritório
white-faced [ˈwaɪtfeɪsd] *adj.* **1** (rosto) branco, muito pálido; **2** (animal) com manchas brancas na cabeça ou no focinho
whitefish [ˈwaɪtfɪʃ] *s.* **1** peixe de carne branca; **2** ZOOLOGIA pescada, eglefim
white-haired [ˈwaɪtheəd] *adj.* **1** (pessoa) de cabelos brancos; **2** (animal) de pelagem branca

Whitehall [ˈwaɪthɔːl] *s.top.* **1** nome de uma rua em Londres onde se encontram os principais ministérios; **2** [fig.] departamentos oficiais; **3** [fig.] o governo britânico
white-headed [ˈwaɪthedɪd] *adj.* **1** (cabelo) com brancas; **2** (penas ou pêlo da cabeça) com manchas brancas; **3** afortunado, felizardo; *the ~ boy* o menino mimalho da família
white-hot [ˈwaɪthɒt] *adj.* **1** rubro-branco; **2** [fig.] (actividade, entusiasmo) ao rubro; extremamente animado
white-knuckle [ˌwaɪtˈnʌkəl] *adj.* assustador, aterrador
white-livered [ˌwaɪtˈlɪvəd] *adj.* poltrão, pusilânime
whiten [ˈwaɪtən] *v.tr.,intr.* **1** branquear; embranquecer; corar; **2** caiar; **3** empalidecer; **4** estanhar, pratear
whitener [ˈwaɪtnə] *s.* **1** branqueador, substância branqueadora; **2** estanhador
whiteness [ˈwaɪtnəs] *s.* **1** brancura; **2** alvura; **3** palidez; **4** pureza, inocência
whitening [ˈwaɪtnɪŋ] *s.* **1** branqueamento; **2** caiação; **3** estanhagem; **4** greda branca
whitesmith [ˈwaɪtsmɪθ] *s.* **1** funileiro, latoeiro; **2** serralheiro
whitethorn [ˈwaɪtθɔːn] *s.* BOTÂNICA pilriteiro, espinheiro
whitethroat [ˈwaɪtθrəʊt] *s.* **1** ZOOLOGIA felosa, papa-amoras, pica-amoras; **2** ZOOLOGIA variedade de toutinegra
white-tie [ˈwaɪttaɪ] *adj.* formal, de cerimónia; [coloq.] *a ~ affair* jantar de cerimónia
whitewash [ˈwaɪtwɒʃ] Ⓐ *s.* **1** cal para caiar; leite-de-cal; **2** caiação; **3** [fig., coloq.] encobrimento; branqueamento*fig*; **4** DESPORTO [fig., coloq.] derrota completa; **5** [coloq.] cálice de Xerez depois de outros vinhos Ⓑ *v.tr.* **1** caiar; **2** [fig., coloq.] encobrir; branquear*fig*; **3** DESPORTO [fig., coloq.] derrotar completamente
whitewasher [ˈwaɪtwɒʃə] *s.* caiador
whitewashing [ˈwaɪtwɒʃɪŋ] *s.* **1** pintura a cal, caiação; **2** [fig.] branqueamento
white-winged [ˈwaɪtwɪŋt] *adj.* de asas brancas
whitewood [ˈwaɪtwʊd] *s.* **1** madeira branca; **2** árvore de madeira branca; **3** tulipeiro
whither [ˈwɪðə] Ⓐ *adv.* **1** para onde?; para que lugar?; **2** aonde, até onde, até que ponto; *I see ~ your question tends* estou a ver o que pretende com a sua pergunta; *I shall go ~ Fate leads me* irei para onde o destino me levar; *let him go ~ he will* deixá-lo ir para onde ele quiser Ⓑ *s.* destino, lugar de destino; *our whence and our ~* a nossa origem e o nosso destino ❖ [arc.] *no ~* para nenhum lugar
whithersoever [ˌwɪðəsəʊˈevə] *adv.* **1** seja para onde for; **2** para onde quer que
whitherward [ˌwɪðəˈwəd] *adv.* em que direcção; para onde; *~ is he travelling?* para onde é a viagem dele?
whiting [ˈwaɪtɪŋ] *s.* **1** precipitado de greda, greda branca; **2** ZOOLOGIA badejo
whitish [ˈwaɪtɪʃ] *adj.* esbranquiçado
whitleather [ˌwɪtˈleðə] *s.* couro branco curtido com alúmen
whitlow [ˈwɪtləʊ] *s.* panarício; unheiro
Whitsun [ˈwɪtsən] *adj.* de Pentecostes; *~ week* semana de Pentecostes
Whitsuntide [ˈwɪtsəntaɪd] *s.* (época, festa) Pentecostes ❖ *~ holidays* férias do Pentecostes
whittle [ˈwɪtəl] Ⓐ *v.tr.,intr.* **1** afiar; **2** aguçar; *to ~ a stick to a point* aguçar um pau; **3** aparar, desbastar; *to ~ at a stick* escavacar, aparar um pau; **4** cortar; talhar; **5** diminuir Ⓑ *s.* [arc.] faca comprida, faca de magarefe
♦**whittle away** Ⓐ *v.tr.* gastar aos poucos; ir reduzindo; ir diminuindo Ⓑ *v.intr.* (com faca) talhar [*at*, -]
♦**whittle down** *v.tr.* reduzir; *they tried to ~ our salaries* tentaram reduzir os nossos salários; *we've managed to ~ ten applicants to two* conseguimos reduzir os dez candidatos a dois
whittling [ˈwɪtlɪŋ] *s.* **1** corte, desbastamento de madeira; **2** entalhadeira; **3** *pl.* aparas, cavacos
whity [ˈwaɪtɪ] *adj.* esbranquiçado, claro
whity-brown [ˌwaɪtɪˈbraʊn] *adj.* **1** castanho-claro; **2** [coloq.] a meias-tintas; pouco nítido
whiz [wɪz] Ⓐ *s.* **1** silvo, assobio, zumbido; **2** ás, prodígio, génio; perito; *computer ~* génio informático; *to be a ~ at* ser um ás a; **3** [cal.] (drogas) anfetaminas; **4** [EUA] [cal.] (ofensivo) mijadela*cal*. Ⓑ *v.intr.* **1** sibilar, silvar; **2** zunir; **3** [coloq.] ir depressa;

4 [EUA] [cal.] (ofensivo) mijar$_{cal.}$ ❖ **~ kid** menino prodígio; **to ~ down to** dar uma saltada a; **to ~ past** passar a grande velocidade; passar silvando

whiz-bang ['wɪzbæŋ] Ⓐ s. 1 MILITAR (Primeira Guerra Mundial) obus disparado por arma alemã de pequeno calibre e grande velocidade; **2** (coisa, pessoa) espectáculo$_{coloq.}$ Ⓑ adj. [coloq.] excelente, extraordinário, excepcional, espectacular

whizz [wɪz] s.,v.intr. ⇒ **whiz**

whizz-bang ['wɪzbæŋ] s.,adj. ⇒ **whiz-bang**

whizzing ['wɪzɪŋ] Ⓐ adj. sibilante Ⓑ s. silvo, sibilo

whizzingly ['wɪzɪŋlɪ] adv. sibilantemente

who [hu:] Ⓐ pron.interr. **1** quem?; *I wonder ~ that girl is* quem será aquela rapariga?, gostava de saber quem é aquela rapariga; **~ does he think he is?** quem julga ele que é?; **~ else was there?** quem mais é que lá estava?; **~ is that girl?** quem é aquela rapariga?; [coloq.] **~ did you talk to?** com quem é que falaste?; **2** que pessoa?; [coloq.] **~ do you mean?** a quem é que se refere?; **3** que espécie de pessoa? Ⓑ pron.rel. **1** que, o qual; *the man ~ spoke to us is...* o homem que falou connosco é...; *there's sb ~ wants you on the telephone* há uma pessoa que quer falar consigo ao telefone; **2** quem; *as ~ should say* como quem disse; **3** (aquele) que; *he ~* aquele que; *those ~* aqueles que ❖ (à porta) *who's there?* quem é?; *a who's ~* um anuário com informações relativas a pessoas importantes; *to know who's ~* conhecer as pessoas

WHO [abrev. de World Health Organization] OMS

whoa [wəʊ] interj. (para mandar parar) alto!; ou!

who'd [hu:d] Ⓐ contr. de **who had** Ⓑ contr. de **who would**

whodunit [ˌhuːˈdʌnɪt] s. LITERATURA, TEATRO, CINEMA policial

whodunnit [ˌhuːˈdʌnɪt] s. LITERATURA, TEATRO, CINEMA ⇒ **whodunit**

whoe'er [huːˈeə] pron. [poét.] ⇒ **whoever**

whoever [huːˈevə] pron. **1** quem quer que; *~ comes will be welcome* quem quer que venha será bem-vindo; **2** seja quem for; *or ~* ou quem calhar, ou seja quem for; **3** qualquer pessoa que; *~ else objects, I don't* embora qualquer outro possa opor-se, eu não

whole [həʊl] Ⓐ adj. **1** integral, completo; **2** inteiro; *a ~ month* um mês inteiro; **3** todo; *his ~ energy* toda a sua energia; *the ~ community* toda a comunidade; *the ~ lot of them* todos eles; *the ~ truth* toda a verdade; *with one's ~ heart* de todo o coração; **4** sem funções; **5** germano, do mesmo pai e da mesma mãe; *~ brother* irmão germano; *~ sister* irmã germana; **6** de boa saúde, bem, são; *as ~ as a fish* são como um pêro; **7** ileso, salvo, incólume, sem ferimentos; *to come back ~* regressar ileso, regressar são e salvo; **8** intacto Ⓑ s. **1** total, totalidade; *to bequeath the ~ of one's estate* legar a totalidade dos seus bens; **2** conjunto; **3** todo; *as a ~* como um todo; *in ~ or in part* no todo ou em parte; *the ~ and the parts* o todo e as partes; *everything blends into a harmonious ~* tudo se combina num todo harmonioso; *nature is a ~* a natureza constitui um todo ❖ *~ coffee* café em grão; *~ effect* efeito geral; *~ gale* ventania; vendaval; *~ milk* leite gordo; MÚSICA *~ note* semibreve; MATEMÁTICA *~ number* número inteiro; MÚSICA *~ tone* intervalo de segunda maior; *on the ~* no todo; no conjunto; de maneira geral; em suma; *he spent ~ years of misery* ele passou anos e anos de miséria; *it rained for five ~ days* choveu durante cinco dias sem interrupção; *the ~ thing* tudo; isto tudo; *to escape with a ~ skin/to get off with a ~ skin* escapar ileso; *to swallow sth ~* engolir uma coisa sem mastigar; engolir uma coisa inteira; *to talk a ~ lot of nonsense* dizer um monte de disparates

wholefood ['həʊlfʊd] s. alimentos integrais

wholegrain ['həʊlɡreɪn] adj. (pão, farinha, cereais, etc.) integral

wholehearted [ˌhəʊlˈhɑːtɪd] adj. **1** sincero; **2** empenhado; **3** total, sem reservas, incondicional; **4** de corpo e alma$_{fig.}$

wholeheartedly [ˌhəʊlˈhɑːtɪdlɪ] adv. **1** sinceramente; **2** com todo o empenho; **3** totalmente, sem reservas, incondicionalmente; **4** de corpo e alma$_{fig.}$

wholemeal ['həʊlmiːl] adj. [GB] integral; *~ bread* pão integral; *~ flour* farinha integral

wholeness ['həʊlnəs] s. **1** totalidade; **2** íntegra; integridade

wholesale ['həʊlseɪl] Ⓐ s. venda por grosso, venda por junto, venda por atacado; *~ and retail* vendas por junto e a retalho; *to sell at ~/to sell by ~* vender por junto, vender por atacado Ⓑ adj. **1** por junto; por atacado; *~ dealer* comerciante por atacado; *~ price* preço por atacado; **2** grossista; *~ trade* comércio grossista; *their business is ~ only* eles só negoceiam por grosso; **3** [fig.] indiscriminado; massivo; generalizado; *~ slaughter* carnificina geral, carnificina em grande escala Ⓒ adv. por grosso, por atacado, por junto; *to buy ~* comprar por junto; *to sell ~* vender por junto ❖ *~ dealer/trader* grossista; [coloq.] *~ manufacture* fabrico em série; [coloq.] *to manufacture ~* fabricar em série

wholesaler ['həʊlseɪlə] s. grossista, comerciante por junto, comerciante por atacado

wholesome ['həʊlsəm] adj. **1** saudável; salutar; são; *~ food* alimentação saudável; **2** sensato; **3** íntegro; honesto; **4** forte; robusto

wholesomely ['həʊlsəmlɪ] adv. **1** salutarmente; **2** saudavelmente

wholesomeness ['həʊlsəmnəs] s. **1** salubridade; **2** natureza ou qualidade sã, saudável ou higiénica

wholetime ['həʊltaɪm] adj. ⇒ **full-time**

wholetimer ['həʊlˌtaɪmə] s. ⇒ **full-timer**

wholewheat ['həʊlwiːt] adj. [EUA] integral; *~ bread* pão integral; *~ flour* farinha integral

who'll [huːl] Ⓐ contr. de **who will** Ⓑ contr. de **who shall**

wholly ['həʊlɪ] adv. totalmente; completamente; integralmente

whom [huːm, hʊm] Ⓐ pron.interr. quem?; *for ~ are you keeping those things?* para quem estás a guardar essas coisas?; *~ did you see yesterday?* quem é que viste ontem?; *~ do you mean?* a quem é que se refere? Ⓑ pron.rel. **1** quem; *this is the young lady about ~ I was speaking* esta é a jovem de quem eu estava a falar; **2** que; **3** o qual; *my father, ~ you met yesterday, is going to leave for London next week* o meu pai, que tu encontraste ontem, vai partir para Londres na próxima semana

whomsoe'er [ˌhuːmsəʊˈeə] pron. ⇒ **whomsoever**

whomsoever [ˌhuːmsəʊˈevə] pron. quem quer que; seja quem for; qualquer pessoa que; *~ I quote, he retains his opinion* seja quem for que eu cite, ele mantém a sua opinião

whoop [wuːp, huːp] Ⓐ s. **1** (alegria, excitação) grito(s); algazarra; *whoops of joy* gritos de alegria; **2** pio de coruja ou mocho; **3** (durante tosse convulsa) pieira; **4** [coloq.] canto de galo; **5** apupo, assuada Ⓑ v.intr. **1** (alegria, excitação) gritar, berrar; **2** incitar; **3** (respiração durante tosse convulsa) ter pieira; **4** (mocho, coruja) piar; **5** apupar, vaiar; fazer assuada; **6** pronunciar o som "whoop" Ⓒ interj. (incitamento, entusiasmo, admiração) eia! ❖ [coloq.] *to ~ it up* divertir-se à brava; *that is not worth a ~* isso não vale nada

whoopee ['wʊpiː, 'wuːpiː] Ⓐ interj. [coloq.] (entusiasmo) iupi! Ⓑ s. [coloq., ant.] pândega, galhofa, alegria, folguedo ❖ [coloq., ant.] *to make ~* divertir-se à brava

whooping ['huːpɪŋ] s. gritaria; algazarra ❖ MEDICINA *~ cough* tosse convulsa

whop [wɒp] Ⓐ s. som surdo, pesado, ruidoso; *to fall with a ~* cair pesadamente, cair como um saco Ⓑ v.tr.,intr. (particípios: **-pp-**) **1** espancar, sovar; **2** (adversários) derrotar, vencer, ultrapassar; **3** [EUA] cair como uma massa

whopper ['wɒpə] s. **1** [coloq.] colosso, portento; **2** [coloq.] pessoa avantajada, pessoa corpulenta; **3** [coloq.] grande peta, grande mentira

whopping ['wɒpɪŋ] adj. [coloq.] muito grande; colossal; enorme; *a ~ lie* uma mentira de todo o tamanho

whore [hɔː] Ⓐ s. [cal.] prostituta Ⓑ v.intr. **1** frequentar prostitutas; **2** prostituir-se; **3** RELIGIÃO (Bíblia) entregar-se à idolatria, adorar deuses falsos

whoredom ['hɔːdəm] s. prostituição, devassidão

whorehouse ['hɔːhaʊz] s. [cal.] bordel, casa de putas$_{cal.}$

whoremaster ['hɔːˌmɑːstə] s. **1** frequentador de bordéis; **2** devasso

whoremonger ['hɔːˌmʌŋɡə] s. ⇒ **whoremaster**

whoremonging ['hɔːˌmʌŋɡɪŋ] s. devassidão, frequência de bordéis

whoring ['hɔːrɪŋ] s. prostituição, devassidão

whorl [wɔːl] s. **1** espira, voluta; **2** espiral; **3** BOTÂNICA verticilo; **4** ZOOLOGIA circunvolução de determinadas conchas univalves; **5** contrapeso de fuso ou roca

whorled [wɔːlt] adj. **1** em espiral; **2** BOTÂNICA verticilado; **3** ARQUITECTURA com voluta

whortleberry ['wɜːtəlbərɪ, 'wɜːtəlberɪ] s. (pl. **-ies**) BOTÂNICA arando; uva-do-monte; mirtilo

whose [huːz] Ⓐ pron.interr. de quem?; ~ *book is this?* de quem é este livro?; ~ *son is he?* de quem é ele filho?; ~ *is the house?* de quem é a casa? Ⓑ pron.rel. cujo; do qual; de quem; *the boy ~ book I found is English* o rapaz, cujo livro eu encontrei, é inglês; *the clerk on ~ honesty I had relied...* o funcionário em cuja honestidade eu tinha confiado...

whose-ever [,huːz'evə] pron. 1 seja de quem for, fosse de quem fosse; 2 de quem quer que seja, de quem quer que fosse

whosesoever [,huːzsəʊ'evə] pron. ⇒ whose-ever

whoso ['huːsəʊ] pron. [arc.] ⇒ whosoever

whosoe'er [,huːsəʊ'eə] pron. [poét.] ⇒ whosoever

whosoever [,huːsəʊ'evə] pron. ⇒ whoever

why [waɪ] Ⓐ adv. porquê?; por que razão? por que motivo?; *I wonder ~ he didn't write to them* pergunto a mim mesmo por que motivo ele não lhes escreveu; *that is (the reason) ~ he got so angry* foi por esta razão que ele ficou tão zangado; ~ *did he go there?* por que é que ele foi lá?; ~ *not?* por que não? Ⓑ s. (pl. **whys**) causa, razão, motivo; *to inquire into the whys and wherefores of sth* procurar saber as causas e os motivos de qualquer coisa Ⓒ interj. (surpresa, protesto, indignação) quê!; bem!; ora!; olha!; ~ *it's Richard!* olha, é o Richard! ❖ *~ why, certainly* mas, sem dúvida; *~ ... I really don't know bem...* na realidade não sei; *that's ~* foi por isso

WI Ⓐ [abrev. de West Indies] Ⓑ [abrev. de Women's Institute]

wick [wɪk] s. pavio; torcida; morrão; mecha ❖ *to get on sb's ~* irritar alguém

wicked¹ ['wɪkɪd] Ⓐ adj. 1 mau, malvado, cruel; 2 malévolo; *a ~ look* um olhar malévolo; 3 perverso; 4 rancoroso, vingativo; 5 imoral, pecaminoso; 6 prejudicial, perigoso, pernicioso; 7 desagradável Ⓑ adv. terrivelmente; intensamente; *it was a ~ hot day* estava um dia terrivelmente quente ❖ *the ~ one* o Demónio

wicked² [wɪkt] adj. com torcida, pavio ou mecha

wickedly ['wɪkɪdlɪ] adv. 1 maldosamente; malvadamente; malevolamente; 2 maliciosamente; 3 perversamente; 4 rancorosamente; 5 cruelmente; 6 terrivelmente

wickedness ['wɪkɪdnəs] s. 1 maldade, ruindade, malvadez; 2 perversidade; 3 rancor, espírito vingativo; 4 imoralidade; 5 vício

wicker ['wɪkə] s. 1 verga, vime; 2 trabalho de verga ❖ *~ chair* cadeira de verga; *~ furniture* mobília de verga

wickered ['wɪkəd] adj. 1 coberto de verga ou vime; 2 (garrafão) empalhado; 3 em verga, em vime

wickerwork ['wɪkə,wɜːk] s. trabalho de verga

wicket ['wɪkɪt] s. 1 portinhola, postigo; 2 porta ou abertura ao lado de outra maior ou feita noutra maior; 3 entrada com torniquete para só deixar passar os pedintes a um; 4 postigo de bilheteira; 5 meia porta inferior; 6 (críquete) grupo de três paus verticais unidos por barras horizontais chamadas *bails*, defendido pelo *batsman* ❖ (críquete) *~ keeper* jogador de guarda ao *wicket*; *to keep ~* defender o *wicket*; *to take a ~* pôr o *batsman* fora de jogo; (críquete) *wickets pitched at eleven o'clock* o jogo começou às onze horas

wide [waɪd] Ⓐ adj. 1 largo; amplo; *~ margin* ampla margem, larga margem; *~ road* estrada larga, estrada ampla; *~ side* lado mais largo; 2 de largura; *to be 20 feet ~* ter 20 pés de largura; 3 espaçoso; 4 vasto, grande, extenso, variado; *~ reading* vasta leitura, leitura variada; *a ~ range of* uma vasta gama de; *there is a ~ difference between...* há uma grande diferença entre...; *to have ~ interests in* ter vastos interesses em; 5 muito aberto, arregalado; *to stare with ~ eyes* fitar de olhos arregalados; 6 longe do alvo; longe do objectivo; *~ of the mark* inexacto, longe do ponto em questão; *~ of the truth* longe da verdade; 7 (críquete) afastado do *wicket* Ⓑ adv. 1 longe; 2 grandemente; amplamente; largamente; 3 muito; bastante; *~ apart* muito espaçado Ⓒ s. (críquete) bola que passa fora do alcance do *batsman* ❖ *~ ball* bola que passa longe do *wicket*; *far and ~* por toda a parte; *in a wider sense* por extenso; em sentido mais lato; *the news spread ~* as notícias espalharam-se por toda a parte; *to fall ~ of the target* cair longe do alvo; *to give a ~ berth to* evitar; passar ao largo de; não se aproximar de; *to shoot ~ of the mark* atirar longe do alvo; *to yawn ~* bocejar com a boca escancaradamente aberta; dar grandes bocejos

wide-angle ['waɪd,æŋgl] adj. FOTOGRAFIA de grande abertura; *~ lens* objectiva de grande abertura

wide-awake [,waɪdə'weɪk] Ⓐ adj. 1 desperto; acordado; 2 [coloq.] alerta; atento; 3 [coloq.] vivo; perspicaz Ⓑ s. chapéu mole de aba larga

wide-eyed [,waɪd'aɪd] adj. 1 de olhos grandes; 2 pasmado, abismado, estupefacto, boquiaberto(fig.); 3 inexperiente, verde(fig.); 4 inocente, ingénuo

widely ['waɪdlɪ] adv. 1 largamente; extensamente; amplamente; 2 extremamente; muito; *~ different* muito diferente; *~ scattered* muito espalhado; *to be ~ known* ser muito conhecido; *he is ~ read* ele é muito lido, ele leu muitos livros; 3 com grandes intervalos, intervaladamente ❖ *it is ~ known that* é sabido que; *to smile ~* mostrar um grande sorriso

widen ['waɪdn] v.tr.,intr. 1 alargar(-se); 2 estender(-se); 3 ampliar(-se); 4 dilatar(-se), aumentar

widener ['waɪdnə] s. 1 alargador; 2 aparelho para alargar

wideness ['waɪdnəs] s. 1 extensão, vastidão, imensidão, amplidão; 2 grande largura

widening ['waɪdnɪŋ] s. 1 alargamento; 2 aumento no sentido da largura; 3 dilatação

wide-ranging [waɪd'reɪndʒɪŋ] adj. 1 diversificado; 2 de grande envergadura, de grande alcance; 3 vasto, amplo, abrangente

widespread ['waɪdspred] adj. 1 comum, corrente; 2 difundido, generalizado, muito espalhado; *~ opinion* opinião geral; *to become ~* difundir-se, generalizar-se; 3 amplo, extensivo; 4 aberto; estendido; *with arms ~* de braços estendidos

widgeon ['wɪdʒən] s. ZOOLOGIA (pato selvagem) marreco

widget ['wɪdʒɪt] s. [coloq.] geringonça, maquineta

widow ['wɪdəʊ] Ⓐ s.f. viúva; *to remain a ~* não voltar a casar Ⓑ v.tr. 1 tornar viúva ou viúvo, matar o marido ou a mulher de; 2 [poét.] privar de ❖ ZOOLOGIA (ave) *~ bird* viúva; [coloq.] *~ hunter* indivíduo que anda à caça das viúvas; *widow's cruse* fonte inesgotável; *widow's peak* bico de cabelo na testa; *widow's weeds* trajes de viúva; [coloq.] *the ~* champanhe da marca Viúva Cliquot

widowed ['wɪdəʊd] adj. 1 viúva; *the ~ mother* a mãe viúva; 2 privado [of, de] ❖ *to be ~* enviuvar

widower ['wɪdəʊə] s.m. viúvo

widowhood ['wɪdəʊhʊd] s. viuvez

width [wɪdθ] s. 1 largura; *a ~ of five feet* uma largura de cinco pés; *extreme ~* largura no ponto mais afastado, largura máxima; *five feet in ~* uma largura de cinco pés; *she needs two widths for the coat* ela precisa de duas larguras de tecido para o casaco; 2 extensão; 3 largueza; vastidão, amplidão; *~ of mind* largueza de espírito; *~ of views* largueza de vistas ❖ (caminhos-de-ferro) *~ of the track* bitola; *~ of wings* envergadura de asas

wield [wiːld] v.tr. 1 empunhar; brandir; manejar; *to ~ an axe* empunhar um machado; *to ~ the sceptre* empunhar o ceptro; 2 [fig.] dominar; governar; *to ~ a kingdom* governar um reino; 3 [fig.] (influência, autoridade) exercer; *to ~ the power* exercer o poder ❖ *to ~ the pen* ser escritor; *to ~ the willow* jogar críquete

wieldable ['wiːldəbəl] adj. 1 manejável; 2 governável

wielder ['wiːldə] s. manejador

wieldy ['wiːldɪ] adj. 1 manejável; 2 maleável; 3 flexível

wife [waɪf] s. (pl. **wives**) 1 esposa; mulher; *child ~* esposa muito nova; *lawful/wedded ~* esposa legítima; 2 mulher casada ❖ (superstição) *old wives' tale* história da carochinha; *to take a ~* casar

wifehood ['waɪfhʊd] s. estatuto de mulher casada

wifeless ['waɪfləs] adj. sem esposa, sem mulher

wifelike ['waɪflaɪk] adj. 1 semelhante a esposa; 2 típico de esposa

wifely ['waɪflɪ] adj. 1 típico de esposa; 2 conjugal; *~ virtues* virtudes conjugais

wig [wɪg] Ⓐ s. peruca, chinó, cabeleira postiça; *bobtail ~* peruca ou chinó redondo Ⓑ v.tr. (particípio: **-gg-**) 1 censurar, repreender, pregar uma descompostura a alguém em ❖ *the wig, the scalpel and the cloth* o Direito, a Medicina e a Igreja; *there will be wigs on the green* vai haver zaragata

wigan ['wɪgən] s. entretela de algodão ou lona

wigged ['wɪgt] adj. com peruca

wigging ['wɪgɪŋ] s. [coloq.] censura, repreensão, descompostura; *to get a good ~* apanhar uma boa descompostura; *to give sb a good ~* dar uma boa descompostura a alguém

wiggle ['wɪgəl] *v.tr.,intr.* 1 mexer, agitar com movimentos leves e rápidos; 2 contorcer-se, mexer-se com movimentos leves e rápidos, agitar-se; 3 menear-se; 4 serpear

wiggle-waggle ['wɪgəl'wægəl] *v.tr.,intr.* 1 retorcer(-se); contorcer(-se); 2 menear(-se); 3 mover, mover-se sinuosamente; 4 [coloq.] hesitar, vacilar

wiggling ['wɪglɪŋ] *adj.* 1 sinuoso, com muitas curvas; *a ~ country lane* um caminho rural sinuoso; 2 serpenteante, serpeante

wiggly ['wɪglɪ] *adj.* 1 ondulado; 2 retorcido, torto

wiggy ['wɪgɪ] *adj.* 1 [EUA] pouco convencional; 2 [EUA] descontraído, desinibido

wight [waɪt] *s.* [arc., joc.] pessoa, ser, criatura; *luckless ~* indivíduo sem sorte; *wretched ~* criatura miserável

wigmaker ['wɪgmeɪkə] *s.* fabricante de perucas

wigwag ['wɪgwæg] *v.tr.,intr. (particípios:* -**gg**-) fazer sinais com bandeiras, utilizando determinado código

wigwam ['wɪgwæm] *s.* cabana ou tenda coberta de peles, esteira, etc., de certos índios norte-americanos

wild [waɪld] Ⓐ *adj.* 1 selvagem, bravio; não domesticado, feroz; *~ animals* animais selvagens; 2 tímido; assustadiço; *pheasants are rather ~* os faisões são um tanto assustadiços; 3 (planta) silvestre; bravo; *~ flowers* flores silvestres; 4 (região) agreste, inculto, por cultivar; *~ country* região árida, inculta; 5 (lugar) ermo, deserto, desabitado; 6 solitário; 7 desordenado, sem ordem, desarranjado; *~ hair* cabelo revolto, cabelo emaranhado; 8 travesso; 9 excitado; furioso; *it made him ~ to see such cruelty* perdeu a cabeça ao ver uma crueldade daquelas; *to be ~ with sb* estar furioso com alguém; *to drive sb ~* fazer alguém perder a cabeça; 10 desorientado; 11 descontrolado; *there were sounds of ~ laughter* ouviam-se gargalhadas descontroladas; 12 frenético, desenfreado; *~ applause* aplauso frenético; 13 dissoluto; desregrado; *to lead a ~ life* levar vida dissoluta; 14 temerário; 15 precipitado, imprudente, irreflectido; 16 estouvado; 17 tolo, louco, insensato; *~ delusions* ilusões tolas; *a ~ look* um olhar desvairado; *a ~ remark* uma observação tola; *~ with joy* louco de alegria; *~ with rage* louco de cólera Ⓑ *adv.* 1 à toa, à sorte; *to shoot ~* disparar à toa, sem pontaria; 2 à solta; *to let the children run ~* deixar as crianças à solta; 3 excitadamente, irreflectidamente; *to talk ~* falar irreflectidamente; 4 descontroladamente; (poço de petróleo) *to blow ~* brotar descontroladamente; (plantas) *to grow ~* crescer descontroladamente Ⓒ *s.* 1 região selvagem; *the wilds of Africa* as regiões selvagens da África; 2 sertão; 3 natureza; mato; *the call of the ~* o apelo da natureza; *to survive in the ~* sobreviver na natureza; 4 (planta) estado selvagem; *to grow in the ~* existir em estado selvagem; 5 deserto, região desértica; 6 ermo ❖ *~ beauty* beleza inculta, beleza natural; ZOOLOGIA *~ boar* javali; *~ goose* ganso-bravo; BOTÂNICA *~ hyacinth* campainha; *~ man* selvagem; extremista; radical; *~ oats* aveia bravia; *~ sea* mar tempestuoso; mar encapelado; *~ times* épocas conturbadas; *~ work* actividades ilegais; *the ~ west* o faroeste; *to be ~ about sth* delirar com algo; ficar louco com algo; *to sow one's ~ oats* cometer as extravagâncias próprias da juventude

wildcard ['waɪldkɑːd] *s.* 1 INFORMÁTICA carácter de substituição; 2 carta fora do baralho*fig.*, factor imprevisível; 3 DESPORTO convite; *to be given a ~ entry* ser convidado a participar numa competição desportiva sem prestar provas de qualificação

wildcat ['waɪldkæt] Ⓐ *s.* 1 ZOOLOGIA gato-selvagem, gato-montês; 2 pessoa irritadiça; 3 [Can., EUA] negócio pouco firme; projecto insensato Ⓑ *adj.* [Can., EUA] insensato, arriscado; *~ schemes* planos impraticáveis e temerários, projectos insensatos

wildebeest ['wɪldɪbiːst] *s.* ZOOLOGIA gnu

wilder ['wɪldə] *v.tr.,intr.* 1 [arc.] ficar confuso; desorientar-se; não saber o que fazer ou o que pensar; 2 [arc.] perder-se; 3 [arc.] confundir

wildered ['waɪldəd] *adj.* 1 [arc.] perdido; 2 [arc.] desorientado; 3 [arc.] confuso; 4 [arc.] selvagem, bravio, sem caminho

wildering ['waɪldərɪŋ] *adj.* [arc.] confuso; desorientado

wilderness ['wɪldənəs] *s.* 1 deserto; ermo; 2 lugar selvagem; natureza em estado selvagem; 3 [fig., depr.] (jardim) selva; 4 vastidão; imensidão ❖ RELIGIÃO (Bíblia) *the voice of one crying into the ~* a voz daquele que clama no deserto; POLÍTICA (partido) *to be wandering in the ~* já não estar no poder; estar a fazer uma travessia no deserto

wildfire ['waɪldfaɪə] *s.* 1 fogo incontrolável; 2 fogo-fátuo; 3 relâmpago sem trovão; 4 HISTÓRIA, MILITAR (guerra) matérias inflamáveis para incendiar navios inimigos; 5 [arc.] erisipela ❖ *to spread like ~* espalhar-se como um rastilho de pólvora; espalhar-se com a velocidade do relâmpago

wildfowl ['waɪldfaʊl] *s.pl.* aves de caça

wild-goose [waɪld'guːs] *adj.* (procura, pesquisa, empreendimento) inútil, vão; *~ chase* empreendimento inútil e disparatado, o mesmo que procurar uma agulha no palheiro

wilding ['waɪldɪŋ] Ⓐ *s.* 1 planta brava; 2 macieira ou maçã brava; 3 animal selvagem Ⓑ *adj.* (animal, planta) bravo; selvagem

wildlife ['waɪldlaɪf] *s.* vida selvagem ❖ *~ park/~ sanctuary* reserva natural

wildling ['waɪldlɪŋ] *s.* 1 animal selvagem; 2 planta brava

wildly ['waɪldlɪ] *adv.* 1 descontroladamente; imoderadamente; 2 extravagantemente; 3 tolamente; 4 licenciosamente; 5 irreflectidamente, impensadamente, precipitadamente; 6 [coloq.] à sorte; *you're guessing wildly!* estás a dizer à sorte! ❖ *to look at sb ~* lançar olhares desvairados a alguém; *I'm not ~ pleased about it* não se pode dizer que tenha ficado muito contente

wildness ['waɪldnəs] *s.* 1 estado selvagem (de região, país, etc.); 2 estado inculto e de rudeza; 3 rusticidade; 4 desolação; 5 impetuosidade, ardor, arrebatamento; 6 furor; 7 turbulência; 8 licenciosidade, vida dissoluta, desregramento; 9 delírio, desvario, extravagância; 10 selvajaria

wile [waɪl] Ⓐ *s.* [geralm. usado no pl.] artimanha, astúcia, estratagema, ardil, embuste, fraude; *the wiles of the devil* os embustes do Demónio; *to fall a victim to the wiles of sb* ser vítima das artimanhas de alguém Ⓑ *v.tr.* 1 enganar, iludir; 2 engodar; 3 conseguir com astúcia ou embuste; *to ~ a person into a place* atrair uma pessoa a um lugar; 4 seduzir; 5 (tempo) passar, entreter; *to ~ away the time* passar o tempo

wilful ['wɪlfʊl] *adj.* 1 teimoso; obstinado; voluntarioso; *~ child* criança teimosa; 2 propositado; intencional; 3 premeditado; voluntário; *~ murder* homicídio voluntário

wilfully ['wɪlfʊlɪ] *adv.* 1 teimosamente, obstinadamente; 2 propositadamente, intencionalmente, premeditadamente

wilfulness ['wɪlfʊlnəs] *s.* 1 teimosia, obstinação; 2 propósito, intencionalidade, premeditação

wilily ['waɪlɪlɪ] *adv.* 1 astuciosamente; 2 manhosamente; 3 espertalhonamente

wiliness ['waɪlɪnəs] *s.* astúcia, manha

will [wɪl] Ⓐ *s.* 1 vontade; *~ of iron/iron ~* vontade de ferro; *at one's ~ and pleasure/at ~* à vontade; *by an effort of ~* por um esforço de vontade; *peace on earth towards men of good ~* paz na terra aos homens de boa vontade; *the last ~ and testament of* a última vontade e o testamento de; *to do sth with a ~* fazer qualquer coisa com vontade; *to have a strong ~* ter uma vontade forte; *to have one's ~* satisfazer a sua vontade, conseguir o que se quer; *I worked my ~ on him* fiz prevalecer a minha vontade sobre ele; *she has no ~ of her own* ela não tem vontade própria; 2 força de vontade; *strength of ~* força de vontade; *to exercise all one's power of ~* apelar para toda a nossa força de vontade; *to lack strength of ~* não ter força de vontade; 3 volição; 4 arbítrio, alvedrio; *free ~* livre arbítrio; *the freedom of ~* o livre-arbítrio; 5 determinação, decisão; 6 propósito, desejo; *the ~ to live* o desejo de viver; *the ~ to power* a vontade de imperar, o desejo do poder; 7 inclinação; 8 mando, ordem; 9 energia, entusiasmo; 10 testamento; *nuncupative ~* testamento nuncupativo; *to make one's ~* fazer testamento Ⓑ *v.aux.,mod.* (*prt.* **would**) 1 desejar; querer; *come whenever you ~* venha sempre que quiser; *do as you ~* faça como quiser; *I ~ have him come* quero que ele venha; *I rather die than...* antes quero morrer do que ...; [arc.] *what wilt thou?* que queres tu?; *won't you sit down?* não quer sentar-se?; 2 estar inclinado a; 3 escolher Ⓒ *v.tr.,intr.* (*ger. e part. pass.* **willed**) 1 querer; *God willing* se Deus quiser; 2 determinar, resolver; *Fate willed it that she should die so young* o destino quis que ela morresse tão nova; 3 decidir por um acto de vontade; 4 controlar; 5 sujeitar à vontade de outrem; 6 (alguém) sugestionar; 7 legar, deixar em testamento; *to ~ one's property away from sb* deserdar alguém; *she willed most of her money to charities* ela deixou a maior parte do dinheiro a obras de caridade ❖ *he can't ~ himself to keep awake* ele não tinha a

willed

força de vontade para se conservar acordado; *he ~ have it that I am to blame* ele insiste em que eu é que sou culpado; *I won't do it again* não voltarei a fazer isso; *the engine won't start* o motor não pega; *the Lord's ~ be done!* seja feita a vontade do Senhor!; RELIGIÃO (Bíblia) *Thy ~ be done on earth as it is in heaven* seja feita a vossa vontade assim na terra como no Céu; *to bear sb good ~* querer bem a alguém; *what is your will?* que deseja que se faça?; *when ~ it be ready?* quando é que estará pronto?; *where there's a ~ there's a way* querer é poder; *you must take the ~ for the deed* é preciso atender à boa vontade

willed [wɪlt] *adj.* 1 com vontade; 2 disposto a; 3 voluntário; 4 deixado em testamento; 5 sugestionado, hipnotizado

willet ['wɪlɪt] *s.* ZOOLOGIA variedade de ave norte-americana da mesma ordem das narcejas

William ['wɪlɪəm] *s.antr.* Guilherme; HISTÓRIA *~ the Conqueror* Guilherme o Conquistador; *~ the Silent* Guilherme o Taciturno

Willie ['wɪlɪ] *dim. de* William

willies ['wɪlɪz] *s.pl.* [EUA] [coloq.] medo, nervoso, nervosismo; *it gives me the ~* isso mexe-me com os nervos todos; *to get the ~* ficar nervoso

willing ['wɪlɪŋ] Ⓐ *adj.* 1 disposto, com vontade; *to be ~ to* estar disposto a; 2 de boa vontade; *~ sacrifice* sacrifício de boa vontade; *to lend a ~ hand* ajudar de boa vontade; 3 pressuroso; 4 solícito, prestável; 5 pronto; 6 inclinado [to, a]; 7 voluntário; 8 condescendente Ⓑ *s.* 1 vontade, querer; 2 disposição testamentária ❖ *to show ~* dar mostras de boa vontade; *don't spur the ~ horse* não esporeies cavalo que anda

willingly ['wɪlɪŋlɪ] *adv.* 1 de bom grado, de boa vontade; 2 com prazer; 3 espontaneamente; 4 solicitamente; 5 voluntariamente

willingness ['wɪlɪŋnəs] *s.* 1 boa-vontade; solicitude; disponibilidade; prontidão; 2 consentimento; complacência

will-o'-the-wisp [ˌwɪləðəˈwɪsp] *s.* 1 (fenómeno natural) fogo-fátuo; 2 [fig.] pessoa esquiva; pessoa misteriosa; 3 [fig.] (esperança, fantasia) quimera

willow ['wɪləʊ] Ⓐ *s.* 1 BOTÂNICA salgueiro; *~ tree* salgueiro; 2 pá de críquete; 3 máquina de limpar algodão ou cânhamo; *~ machine* máquina de limpar algodão ou cânhamo Ⓑ *v.tr.* (flocos de algodão ou lã) abrir com máquina ❖ ZOOLOGIA *~ grouse* lagópode branco; *~ herb* salgueirinha; *~ pattern* motivos ornamentais em porcelanas, imitando ramos de salgueiro; *~ plantation* plantação de salgueiros; *~ warbler* rouxinol; *crack ~* salgueiro-frágil; *swallow-tail ~* salgueiro-branco, sinceiro; *weeping ~* (salgueiro) chorão; *to wear the ~* chorar a perda ou ausência de pessoa amada

willower ['wɪləʊə] *s.* operário que limpa ou abre com máquina flocos de algodão ou lã

willowy ['wɪləʊɪ] *adj.* 1 cheio de salgueiros; 2 semelhante a um salgueiro; 3 esbelto, gracioso, flexível; *a girl with a ~ figure* uma rapariga esbelta e elegante

willpower ['wɪlpaʊə] *s.* força de vontade; *lack of ~* falta de força de vontade

willy ['wɪlɪ] *s.* 1 máquina de limpar algodão ou lã; 2 [cal.] (ofensivo) pila*cal.*

willynilly [ˌwɪlɪˈnɪlɪ] *adv.* 1 quer queira quer não; a bem ou a mal; 2 sem mais nem menos; 3 desordenadamente

wilt [wɪlt] Ⓐ *v.tr.,intr.* 1 (plantas) perder a força, perder o vigor, murchar; 2 fazer murchar; 3 esmorecer; 4 encolher-se Ⓑ [arc.] 2ª pes. sing. pres. ind. de **will** Ⓒ *s.* 1 definhamento; 2 estiolamento; 3 emurchecimento

wily ['waɪlɪ] *adj.* (*comp.* **-ier**, *superl.* **-iest**) manhoso, astucioso, astuto, matreiro

wimble ['wɪmbəl] *s.* 1 pua, berbequim; 2 broca

wimp [wɪmp] *s.* [depr.] banana*fig*, lorpa, palerma

◆**wimp out** *v.intr.* [coloq.] acobardar-se, amedrontar-se; pôr-se ao fresco; pular fora

wimpish ['wɪmpɪʃ] *adj.* banana*fig*, lorpa, palerma

wimple ['wɪmpəl] Ⓐ *s.* 1 touca de freira; 2 véu; 3 (rio) volta, meandro; 4 ondulação de água Ⓑ *v.tr.,intr.* 1 cobrir com touca; 2 (tecido) dispor em dobras, cair em dobras; 3 serpear, serpentear; 4 (água) ondular, fazer ondular

wimpling ['wɪmplɪŋ] *adj.* 1 serpenteante, coleante; 2 (rio) murmurante, que corre, murmurando

wimpy ['wɪmpɪ] *adj.* (*comp.* **-ier**, *superl.* **-iest**) [fig.] banana, lorpa, palerma

win [wɪn] Ⓐ *s.* 1 (jogo, competição) ganho, vitória; 2 meta de chegada Ⓑ *v.tr.,intr.* (*prt. e part. pass.* **won**) 1 ganhar; vencer, triunfar; obter a vitória; *to ~ a battle* ganhar uma batalha; *to ~ a game* ganhar um jogo; *to ~ fame* ganhar fama; *to ~ the prize* ganhar o prémio; *to ~ money of sb at a game* ganhar dinheiro a alguém ao jogo; 2 cativar, conquistar, conseguir a simpatia de; *to ~ a lady's hand* conquistar a mão de uma senhora; *to ~ all hearts* conquistar a simpatia de todos; 3 convencer, persuadir; 4 chegar a, atingir; *to ~ the summit* chegar ao cimo; 5 (minério) lavrar; 6 (minério, carvão) extrair ❖ *heads you win, tails I lose* ganhas sempre de qualquer maneira; *to ~ clear/free* conseguir safar-se; *to ~ hands down* arrebatar a vitória; *to ~ one's bread/living* ganhar a vida; *to ~ one's goal* alcançar o objectivo; *to ~ the day/the field* sair vitorioso; *to ~ the record from* sb bater o recorde de alguém; *to ~ the toss* ganhar no lançamento da moeda ao ar

◆**win back** *v.tr.* recuperar; reconquistar

◆**win out/through** *v.intr.* 1 vencer, ganhar; 2 conseguir

◆**win over** *v.tr.* 1 convencer; 2 conquistar; *he won the audience over* ele conquistou a assistência

◆**win round** *v.tr.* 1 convencer; 2 conquistar

wince [wɪns] Ⓐ *s.* 1 estremecimento, estremeção; 2 crispação nervosa; 3 retraimento; 4 tambor móvel usado nas tinturarias e lavandarias Ⓑ *v.intr.* 1 estremecer; *she winced at the insult* ela estremeceu perante o insulto; *the words made him ~* as palavras fizeram-no estremecer; 2 encolher-se, retrair-se; 3 recuar; 4 assustar-se ❖ *~ pit* tanque para lavar ou tingir roupa; *without a wince/without wincing* sem pestanejar

wincey ['wɪnsɪ] *s.* tecido forte de lã e algodão, ou só lã, usado para saias, etc.

winch [wɪntʃ] *s.* (*pl.* **-es**) 1 manivela; 2 guincho; *geared ~* guincho com engrenagens; *worm ~* guincho com parafuso sem-fim; 3 sarilho; 4 molinete

wind[1] [wɪnd] Ⓐ *s.* 1 vento; ventania; *puff of ~* sopro de vento; *the north ~* o vento norte; *trade winds* ventos alísios; *a cold ~ was blowing from the north* soprava do norte um vento frio; *how is the wind?* de onde sopra o vento?; *the ~ blew his hat off* o vento levou-lhe o chapéu; *the ~ is falling/increasing* o vento está a abrandar/aumentar; *to be carried before the ~* ser levado pelo vento; *to have the ~ in one's face* ter vento pela frente, ter vento contrário; 2 aragem; 3 faro; 4 cheiro ou odor trazido pelo vento; 5 respiração; fôlego; *second ~* respiração regular depois da excitação do esforço; *to get ~* tomar fôlego, respirar fundo; *to lose one's ~* perder o fôlego; 6 estômago, boca do estômago, ovo do estômago; *hit in the ~* pancada (golpe) no estômago; 7 flatulência, gases intestinais; *to break ~* dar um traque; *to suffer from ~* sofrer de gases intestinais; 8 timpanismo; 9 palavreado oco, conversa sem sentido; 10 MÚSICA instrumentos de sopro Ⓑ *adj.* eólico; *~ erosion* erosão eólica; *~ power* energia eólica Ⓒ *v.tr.,intr.* (*prt. e part. pass.* **winded**) 1 farejar, cheirar; 2 descobrir ou seguir pelo faro; 3 ficar exausto, ficar sem fôlego; *he was winded by running so far* ele ficou sem fôlego por correr tão depressa; 4 fazer ficar sem fôlego; 5 tomar alento; 6 dar descanso (ao cavalo) para recuperar o fôlego; *to ~ the horses* deixar os cavalos retomar o fôlego; 7 ventilar, arejar ❖ *~ aft* vento de popa; *~ ahead* vento de proa; MÚSICA (órgão) *~ box/~ chest* someiro; *~ colic* cólica provocada por gases intestinais; *~ cutter* corta-vento; lábio superior de tubo de órgão; *~ egg* ovo não fecundado; ovo goro; *~ gauge* anemómetro; *~ harp* harpa eólia; MÚSICA *~ instrument* instrumento de sopro; *~ resistance* resistência ao ar; *~ rose* rosa-dos-ventos; AERONÁUTICA *~ sleeve/~ sock* saco de vento; *~ tunnel* túnel aerodinâmico; *~ vane* cata-vento; *between the ~ and the water* à flor de água; *between ~ and weather* entre a espada e a parede; *in the teeth of ~* contra o vento; *the four winds* os quatro pontos cardeais; *there is sth in the ~* andam a preparar qualquer coisa; andam a tramar alguma; *to cast to the winds* deitar fora; não prestar atenção a; *to find out how the ~ blows* ver de que lado o vento sopra; ver como estão as coisas; *to get one's second ~* recobrar forças; encher-se de nova energia; *to get the ~ of* pôr-se a barlavento de; [coloq.] *to get the ~ up* assustar-se; ficar nervoso; *to get ~ of* descobrir pelo faro; suspeitar de; ouvir falar em; saber que/de; [cal.] *to raise the ~* obter o dinheiro necessário; *to run like the ~* correr muito depressa; *to sail before the ~* navegar com vento de popa;

to sail close to the ~ roçar pela desonestidade; ter um comportamento um tanto arriscado; *to sow the ~ and reap the whirlwind* semear ventos e colher tempestades; *to take the ~ out of sb's sails* antecipar-se a alguém; *to talk to the ~* pregar no deserto; *to throw one's cares to the winds* deitar as preocupações para trás das costas

wind² [waɪnd] *v.tr.* (*prt. e part. pass.* **winded** ou **wound**) (instrumento de sopro) tocar ❖ NÁUTICA *to ~ a call* tocar a sereia; *to ~ a horn* tocar uma buzina/uma trompa

wind³ [waɪnd] Ⓐ *s.* **1** meandro, curva, sinuosidade; **2** (relógio, manivela) volta; *to give the clock a ~* dar corda ao relógio; **3** empenamento, deformação da madeira Ⓑ *v.tr.,intr.* (*prt. e part. pass.* **wound**) **1** bobinar, enrolar, enrolar-se; *to ~ a top* enrolar a baraça no pião; **2** enroscar, enroscar-se; **3** enredar; **4** andar à volta, girar; **5** serpentear, serpear; *the river winds its way through the fields* o rio serpenteia através dos campos; **6** (escada) subir em caracol; **7** torcer, retorcer; **8** empenar; **9** (manivela) desandar; **10** (relógio) dar corda a; **11** MÚSICA (corda de instrumento) esticar; **12** içar, levantar, fazer subir com guincho ou cabrestante; **13** NÁUTICA virar ❖ *she wound the small girl in her arms/she wound her arms round the small girl* ela envolveu a rapariguinha nos braços; *to ~ a rope with twine* forrar um cabo com fio de vela; (pesca) *to ~ in the line* recolher a linha; *to ~ oneself into sb's good graces* insinuar-se nas boas graças de alguém; *to ~ sb round one's little finger* manobrar alguém à vontade; fazer de alguém o que se quiser; *to ~ (up) wool into a ball* fazer um novelo de lã

◆ **wind back** *v.tr.* (cassete, filme) puxar para trás; rebobinar
◆ **wind down** Ⓐ *v.intr.* **1** descontrair, relaxar; **2** abrandar; diminuir; esmorecer; **3** [fig.] terminar; *to be winding down* estar a chegar ao fim Ⓑ *v.tr.* **1** (com corda, etc.) fazer descer; **2** (vidro de carro) baixar; **3** reduzir progressivamente
◆ **wind forward** *v.tr.* enrolar
◆ **wind off** *v.tr.* desenrolar
◆ **wind on** *v.tr.* enrolar
◆ **wind up** Ⓐ *v.tr.* **1** concluir; *he wound up his speech with two lines of poetry* ele rematou o discurso com dois versos; **2** (negócio) liquidar; **3** (janela do carro) fechar; **4** (relógio) dar corda; **5** [coloq.] enervar; *he was wound up to fury* ele foi-se enfurecendo Ⓑ *v.intr.* [coloq.] acabar; *we wound up in Spain* acabámos em Espanha ❖ *to wind oneself up for sth* preparar-se para alguma coisa

windage [ˈwɪndɪdʒ] *s.* **1** desvio do projéctil devido ao vento; **2** folga entre o diâmetro interno do cano e a bala; **3** correcção na pontaria para compensar a influência do vento

windbag [ˈwɪndbæg] *s.* **1** [coloq.] fala-barato; **2** (cornamusa, gaita-de-foles) fole; **3** reservatório de ar, saco de ar; **4** [joc.] pulmões

windblown [ˈwɪndbləʊn] *adj.* **1** agitado pelo vento; emaranhado pelo vento; *~ hair* cabelo emaranhado pelo vento; **2** formado pela acção do vento; **3** derrubado pelo vento

windbound [ˈwɪndbaʊnd] *adj.* NÁUTICA retido por ventos contrários

windbox [ˈwɪndbɒks] *s.* MECÂNICA câmara pressurizada

windbreak [ˈwɪndbreɪk] *s.* vedação, muro, conjunto de árvores, etc. para cortar o vento

windbreaker [ˈwɪndbreɪkə] *s.* ⇒ **windcheater**

windcheater [ˈwɪndtʃiːtə] *s.* VESTUÁRIO (casaco) corta-vento; anoraque ligeiro

winder [ˈwaɪndə] *s.* **1** bobinador, enrolador de fio; **2** dobrador; **3** máquina de bobinar; **4** dobadoura mecânica; **5** manivela de sarilho; **6** chave de relógio; **7** mecanismo de extracção de minério; **8** degrau de escada de caracol; **9** buzinador; **10** BOTÂNICA trepadeira

windfall [ˈwɪndfɔːl] *s.* **1** fruta caída da árvore por efeito do vento; **2** sorte súbita e inesperada; **3** herança inesperada

windfallen [ˈwɪndfɔːlən] *adj.* derrubado pelo vento

windflower [ˈwɪndflaʊə] *s.* BOTÂNICA anémona

windgall [ˈwɪndɡɒl] *s.* VETERINÁRIA ova, tumor mole entre a pele e o osso das bestas

windhover [ˈwɪndˌhɒvə, ˈwɪndˌhʌvə] *s.* ZOOLOGIA peneireiro, milhafre, aguião

windily [ˈwɪndɪlɪ] *adv.* **1** tempestuosamente; **2** com verbosidade, com verborreia, prolixamente

windiness [ˈwɪndɪnəs] *s.* **1** tempo ventoso, tempo tempestuoso; **2** [coloq.] verbosidade, verborreia; **3** [rar.] flatulência, timpanismo

winding [ˈwaɪndɪŋ] Ⓐ *adj.* **1** sinuoso, tortuoso; *~ streets* ruas tortuosas; **2** coleante; *~ curve* curva coleante; **3** enrolado, torcido, retorcido; **4** em espiral, de caracol; *~ staircase* escada de caracol Ⓑ *s.* **1** volta; **2** curva; **3** meandro, sinuosidade; **4** giro, rodeio; **5** dobra; **6** enroscamento, enrolamento; **7** dobagem; **8** ELECTRICIDADE bobinagem; **9** levantamento, acto de içar; **10** extracção de minério; **11** empeno, empenamento, deformação da madeira; *to take the ~ out of a board* desempenar uma tábua; **12** ângulo, esquina ❖ *~ back* desenrolamento; *~ drum* tambor de enrolamento; *~ frame* dobadoura; bobinadeira; *~ gear* engrenagem enroladora; *~ key* manivela de mecanismo de corda; ELECTRICIDADE *~ machine* bobinador mecânico; *~ off* desenrolamento; *~ on* enrolamento; (minas) *~ shaft* poço de extracção; *~ sheet* sudário; mortalha; *~ up* acto de dar corda (a relógio, etc.); dissolução, liquidação (de sociedade)

windingly [ˈwaɪndɪŋlɪ] *adv.* **1** coleantemente; sinuosamente; de maneira retorcida ou enrolada; **2** tortuosamente; **3** em espiral

windjacket [ˈwɪndˌdʒækɪt] *s.* VESTUÁRIO (casaco) corta-vento; anoraque ligeiro

windjammer [ˈwɪndˌdʒæmə] *s.* [coloq.] navio à vela, grande e rápido

windlass [ˈwɪndləs] Ⓐ *s.* (*pl.* **-es**) **1** sarilho, molinete; **2** cabrestante, guindaste Ⓑ *v.tr.* içar (guindar) com sarilho ou cabrestante ❖ *~ lever* manivela de molinete

windlestraw [ˈwɪndəlstrɔː] *s.* BOTÂNICA caule velho de certos tipos de gramíneas

windmill [ˈwɪndmɪl] *s.* moinho de vento ❖ *~ cap* telhado giratório de moinho de vento; AERONÁUTICA [coloq.] *~ plane* autogiro; *to fight windmills/to tilt at windmills* lutar contra moinhos de vento; [coloq.] *to have windmills in one's head* ter macaquinhos no sótão; estar cheio de ideias estranhas e fantásticas

window [ˈwɪndəʊ] Ⓐ *s.* **1** janela; *to break a ~* partir os vidros de uma janela; *to fit panes in a ~* pôr vidros numa janela; *to look in at the ~* espreitar através da janela; *to look out of the ~* olhar pela janela; **2** vidraça e caixilhos; **3** postigo, abertura; **4** (lojas) montra Ⓑ *v.tr.* **1** [rar.] prover de janelas ou aberturas semelhantes; **2** colocar numa janela ❖ *~ box* floreira em janela; *~ case* caixilho de janela; *~ channel* reentrância tubular, no peitoril das janelas, para escoamento das águas; *~ cleaner* limpa-vidros; *~ envelope* envelope de janela; *~ garden* janela florida; *~ ledge* peitoril da janela; *~ seat* lugar à janela; *~ shutter* portada de janela; *~ ventilator* ventilador de janela; *blank ~/ blind ~* janela simulada, janela falsa; *door ~* porta envidraçada; *~ box competition* concurso de janelas floridas; *a ~ of opportunity* boa ocasião; oportunidade

window-dressing [ˈwɪndəʊdresɪŋ] *s.* **1** decoração de montras; **2** [fig.] fachada, pura fachada, disfarce; *that's all mere ~* isso é só fachada

windowed [ˈwɪndəʊd] *adj.* com janelas

windowframe [ˈwɪndəʊfreɪm] *s.* armação da janela

windowless [ˈwɪndəʊləs] *adj.* sem janelas

window-shop [ˈwɪndəʊʃɒp] *v.intr.* (*particípios:* **-pp-**) ver montras

window-shopping [ˈwɪndəʊʃɒpɪŋ] *s.* saída para ver as montras; prazer em ver as montras; *to go ~* ir ver as montras

windowsill [ˈwɪndəʊsɪl] *s.* (janela) peitoril

windpipe [ˈwɪndpaɪp] *s.* ANATOMIA traqueia, traqueia-artéria

windrow [ˈwɪndrəʊ] *s.* **1** fiada de erva ou feno estendido para secagem antes de ser enfardado; **2** extensão ou amontoado de folhas secas, etc., formado pelo vento

windsail [ˈwɪndseɪl] *s.* **1** NÁUTICA ventilador de lona; **2** (moinho de vento) vela

windscreen [ˈwɪndskriːn] *s.* **1** abrigo contra o vento; **2** [GB] (carro) pára-brisas ❖ *~ wipers* limpa-pára-brisas; *~ wiper arm* braço do limpa-pára-brisas

windshield [ˈwɪndʃiːld] *s.* [EUA] (carro) pára-brisas ❖ *~ wiper* limpa-pára-brisas

Windsor [ˈwɪnzə] *s.top.* Windsor ❖ *~ chair* cadeira de madeira, torneada, de costas levemente curvas; *~ soap* sabonete castanho perfumado; *~ uniform* uniforme de Windsor (casaco azul de colarinho e punhos vermelhos)

windstorm [ˈwɪndstɔːm] *s.* tempestade de vento

windsurf [ˈwɪndsɜːf] *v.intr.* DESPORTO fazer windsurf

windsurfer [ˈwɪndsɜːfə] *s.* DESPORTO windsurfista, praticante de windsurf

windsurfing ['wɪndsɜːfɪŋ] s. DESPORTO windsurf
wind-up ['waɪndʌp] s. 1 (brincadeira) partida; provocação; 2 fecho, encerramento
windward ['wɪndwəd] Ⓐ adj. 1 do lado do vento; *the ~ side* o lado exposto ao vento; 2 de barlavento Ⓑ adv. 1 barlavento, para barlavento; 2 na direcção do lado de onde sopra o vento Ⓒ s. lado do vento, barlavento; *we got the ~ of the ship* conseguimos pôr-nos a barlavento do navio ❖ *the Windward and Leeward Islands* as ilhas Caraíbas; *to get the ~ of sb* levar a melhor sobre alguém
windy ['wɪndɪ] adj. (comp. -ier, superl. -iest) 1 ventoso; *~ weather* tempo ventoso; *it is very ~* está muito vento; 2 exposto ao vento, batido pelo vento; 3 do lado do vento; 4 tempestuoso; 5 ruidoso; 6 [coloq.] fanfarrão, jactancioso; 7 [coloq.] palavroso, empolado; 8 [coloq.] oco, vazio, fútil; *~ talk* conversa fútil; 9 [coloq., ant.] assustado; *to feel ~* estar com medo; 10 [coloq.] com gases, flatulento ❖ *on the ~ side of* fora do alcance de
wine [waɪn] Ⓐ s. 1 vinho; *dry ~* vinho seco; *green ~* vinho novo; *sweet ~* vinho doce; 2 bebida fermentada de certos frutos ou plantas; *currant ~* vinho de groselha; 3 (cor) bordeaux, cor de vinho; 4 (universidade) festa em que se bebe vinho depois de jantar Ⓑ v.tr.,intr. 1 beber vinho; 2 passar uma noite a beber; 3 servir vinho a ❖ *~ acid* ácido tartárico; *~ basket* cesto próprio para garrafas de vinho; (restaurantes) *~ card* lista de vinhos; *~ cellar* cave; adega; *~ cooper* engarrafador ou vendedor de vinhos; *~ country* região vinícola; *~ mead* mistura de vinho e mel; *~ stone* tártaro (de vinho); *~ taster* provador de vinhos; *~ vault* cave; adega; *~ vinegar* vinagre; *Adam's ~* água pura; *the ~ trade* o comércio vinícola; *~ and water* vinho com água; água tingida; *good ~ needs no bush* vinho bom não precisa de publicidade; *to be in ~* estar embriagado; [coloq.] estar com os copos; *to sit over the ~* ficar sentado à mesa, depois da refeição, a conversar e a beber vinho; *to ~ and dine* gozar os prazeres da mesa
winebag ['waɪnbæg] s. 1 odre; 2 beberrão
wineglass ['waɪnglɑːs] s. copo do vinho
wine-grower ['waɪngrəʊə] s. viticultor, vinicultor
wine-growing ['waɪngrəʊɪŋ] Ⓐ adj. vitícola, vinícola Ⓑ s. viticultura, vinicultura
wineless ['waɪnləs] adj. sem vinho
winemaking ['waɪnmeɪkɪŋ] Ⓐ s. vinicultura Ⓑ adj. vinícola
winepress ['waɪnpres] s. espremedor de uvas
winery ['waɪnərɪ] s. [EUA] estabelecimento vinícola
wineskin ['waɪnskɪn] s. odre
wing [wɪŋ] Ⓐ s. 1. asa; *lower/upper ~* asa inferior/superior; 2 voo; *on the ~* em voo, a voar; *to shoot a bird on the ~* atirar a uma ave durante o voo; 3 coisa (objecto) semelhante a asa; 4 braço de moinho; 5 MECÂNICA aleta, alheta; 6 tiro, joeira; 7 MILITAR flanco; 8 ARQUITECTURA ala; *the west ~ of a building* a ala ocidental de um edifício; 9 (automóvel) guarda-lamas; 10 [joc.] braço (de pessoa), pata dianteira (de quadrúpede); 11 (poltrona) orelha; 12 MILITAR esquadrilha; grupo; divisão na Real Força Aérea; *Army headquarters ~* grupo de Estado-Maior; 13 DESPORTO (futebol) ponta, extremo; (futebol) *~ forward* ponta, extremo; 14 TEATRO pl. bastidores; *in the wings* nos bastidores Ⓑ v.tr.,intr. 1 dar asas a; [fig.] *fear winged their steps* o medo dava-lhes asas; 2 equipar com asas; 3 aumentar a velocidade de; 4 [poét.] voar; (ave) *to ~ the air* voar; 5 (ave que voa) ferir; 6 ferir (pessoa no braço) ❖ *~ area* superfície da asa; *~ bat* bater de asas; *~ bolt* cavilha com orelhas; AERONÁUTICA *~ commander* tenente-coronel; *~ flap* leme de inclinação; bater de asas; NÁUTICA *~ feeder* reservatório lateral; *~ furnace* fornalha lateral; *~ loading* carga unitária da asa; *~ mirror* espelho retrovisor exterior; *~ movement* movimento de asas; *~ nut* porca-borboleta; porca de orelhas; *~ quill* rémige; CULINÁRIA *~ rib* costeleta de lombo de vitela; *~ saw* serra mecânica; *~ screw* parafuso de orelhas; *~ section* corte da asa; secção da asa; *~ sheath* élitro; [EUA] *~ ship* cada um dos bombardeiros que voam de cada lado do elemento que comanda; *~ skid* patim de asa; *~ spar* longarina de asa; NÁUTICA *~ turret* torreão lateral; *on the ~* em viagem; ao partir; [poét.] *on the wings of the wind* rapidamente; nas asas do vento; *under the ~ of* sob a protecção de; *to clip sb's wings* cortar os voos a alguém; *to get one's wings* receber o diploma de piloto aviador; *to lend wings to* dar asas a; *to take sb under one's ~* tomar alguém sob a sua protecção; *to take ~* partir, fugir a voar

wing-case ['wɪŋkeɪs] s. (insectos) élitro
wingchair ['wɪŋtʃeə] s. poltrona de orelhas
winged [wɪŋd] adj. 1 alado; com asas; *~ animals* animais alados; 2 com alas; 3 [fig.] rápido, veloz; 4 (pássaro) ferido na asa; 5 ferido no braço ❖ *~ chair* poltrona de orelhas; (caça) *~ game* aves; *~ nut* porca-borboleta
winger ['wɪŋə] s. DESPORTO (futebol) ponta, extremo
wing-footed ['wɪŋfʊtɪt] adj. [arc., poét.] (veloz) de pés alados, com asas nos pés
wingless ['wɪŋləs] adj. sem asas; áptero
winglet ['wɪŋlɪt] s. asinha; asa pequena
wingspan ['wɪŋspæn] s. (asas) envergadura
wingspread ['wɪŋspred] s. (asas) envergadura
wink [wɪŋk] Ⓐ s. 1 pestanejo, piscar de olhos, piscadela; 2 (brevidade) momento, instante; *in a ~* num abrir e fechar de olhos Ⓑ v.tr.,intr. 1 pestanejar, piscar os olhos; *to ~ at sb* piscar o olho a alguém; *to ~ one's eyes* piscar os olhos; *she winked her tears away* ela piscou os olhos para afastar as lágrimas; 2 tremeluzir, tremular, cintilar ❖ *forty winks* breve soneca; *a nod is as good as a ~ to a blind horse* é como se falasse para um surdo; *he didn't get a ~ of sleep/he didn't sleep a ~* ele não pregou olho; *to tip sb the ~* fazer sinal a alguém; *without a ~ of the eyelid* sem pestanejar
✦**wink at** v.intr. fazer vista grossa a; *to ~ sth* fazer vista grossa a alguma coisa; fingir que não se vê alguma coisa
winker ['wɪŋkə] s. 1 pessoa que pestaneja ou pisca os olhos; 2 pisca-pisca; 3 pl. (cavalos) palas laterais
winking ['wɪŋkɪŋ] Ⓐ adj. 1 que pestaneja; 2 (luz) tremente, vacilante, tremeluzente Ⓑ s. 1 pestanejo, piscar de olhos; 2 (luz) acto de tremeluzir ou tremular ❖ *~ muscle* músculo orbicular das pálpebras; *like ~* num abrir e fechar de olhos; rapidamente, vigorosamente
winkle ['wɪŋkəl] s. ZOOLOGIA ⇒ periwinkle
✦**winkle out** v.tr. extrair, ejectar, tirar
winner ['wɪnə] s. 1 vencedor; 2 conquistador; 3 (produto) sucesso garantido; êxito
winning ['wɪnɪŋ] Ⓐ adj. 1 vencedor; 2 vitorioso; *the ~ horse* o cavalo vitorioso; 3 premiado; *~ number* número premiado; 4 decisivo; *~ stroke* golpe decisivo; 5 insinuante, cativante, atraente, sedutor; *she has a ~ smile* ela tem um sorriso cativante Ⓑ s. 1 vitória; triunfo; 2 conquista; 3 galeria de mina de carvão; 4 (carvão, etc.) extracção; *~ of coal* extracção de carvão; 5 pl. (jogo, apostas, etc.) ganhos, lucros ❖ (corridas) *~ post* meta; linha de chegada
winningly ['wɪnɪŋlɪ] adv. 1 vitoriosamente; 2 insinuantemente, atraentemente; 3 de modo cativante
Winnipeg ['wɪnɪpeg] s.top. (cidade canadiana) Winnipeg
winnow ['wɪnəʊ] s. 1 crivo; 2 joeireiro, peneirador; 3 (vento) sopro; 4 (asas) bater Ⓑ v.tr. 1 (cereais) cirandar, limpar com ciranda; joeirar; limpar; 2 [fig.] separar; seleccionar; *to ~ truth from falsehood* separar a verdade da mentira; 3 [fig.] (qualidade inferior, refugo, falsidade) eliminar, pôr de parte; 4 [poét.] (asas) bater; agitar o ar
winnower ['wɪnəʊə] s. 1 joeireiro, peneirador; 2 crivo, tarara
winnowing ['wɪnəʊɪŋ] s. 1 joeira, crivagem; acto de limpar o cereal com a tarara; 2 escolha, exame minucioso ❖ *~ machine* tarara; máquina de limpar cereais
wino ['waɪnəʊ] s. (pl. -s) [coloq.] (ofensivo) bêbedo; beberrão
winsome ['wɪnsəm] adj. 1 atraente, cativante, insinuante, encantador, sedutor; *a ~ manner* uma maneira de ser cativante; 2 jovial, alegre
winsomely ['wɪnsəmlɪ] adv. 1 atraentemente, cativantemente, insinuantemente; 2 sedutoramente
winsomeness ['wɪnsəmnəs] s. 1 encanto, sedução; 2 simpatia; 3 aspecto atraente; 4 maneira cativante
winter ['wɪntə] Ⓐ s. 1 Inverno; *hard/mild ~* Inverno rigoroso/suave; *in ~* no Inverno; 2 (idade) inverno, ano; *a man of sixty winters* um homem de sessenta anos, um homem de sessenta invernos Ⓑ v.tr.,intr. 1 passar o Inverno; invernar; *to ~ in the Algarve* passar o Inverno no Algarve; 2 hibernar; 3 alimentar ou manter durante o Inverno ❖ *~ apple* maçã-de-inverno; BOTÂNICA *~ cherry* alquequenje; alquequenque; erva-moira; *~ clothing* roupa de Inverno; *~ fallow* lavra de Inverno; *~ garden* jardim de Inverno; BOTÂNICA *~ lodge* hibernáculo; *~ sleep* hibernação; *~ solstice* solstício de Inverno; *~ sports* desportos de

Inverno; **~ wheat** trigo semeado no Outono, que se desenvolve durante o Inverno; **the ~ season** a estação de Inverno; **~ sports outfit** equipamento para desportos de Inverno

winterberry ['wɪntəbəri, 'wɪntəbəri] s. BOTÂNICA azevinho
winterbourne ['wɪntəbɔːn] s. regato intermitente
wintercress ['wɪntəkres] s. BOTÂNICA barbareia-precoce
winterer ['wɪntərə] s. invernante
wintergreen ['wɪntəgriːn] s. BOTÂNICA pirola; gaultéria
wintering ['wɪntərɪŋ] s. passagem do Inverno
winterize ['wɪntəraɪz] v.tr. adaptar ao tempo frio ou ao Inverno
winterly ['wɪntəli] adj. ⇨ wintry
wintriness ['wɪntrɪnəs] s. invernada
wintry ['wɪntri] adj. (comp. **-ier**, superl. **-iest**) **1** de Inverno; invernoso; **~ weather** tempo invernoso; **2** frio, gelado, glacial; [fig.] **~ smile** sorriso glacial
winy ['waɪnɪ] adj. vinoso; avinhado ❖ **~ nose** nariz de alcoólico
winze [wɪnz] s. (minas) descida, galeria inclinada
wipe [waɪp] Ⓐ s. **1** limpadela, limpeza, esfregadela; limpeza com pano ou esfregão; **to give sth a ~** dar uma limpadela com um pano a alguma coisa; **2** toalhete; **3** [cal.] bordoada, pancada forte, violenta; **4** lenço de bolso Ⓑ v.tr.,intr. **1** esfregar, limpar, passar um pano por; **to ~ dishes** limpar pratos; **to ~ one's hands** limpar as mãos; **to ~ one's nose** limpar o nariz, assoar-se; **to ~ sth dry** limpar alguma coisa até secar; **2** enxugar, secar; **to ~ one's eyes** enxugar os olhos, limpar as lágrimas; **3** eliminar, suprimir; **4** (gravação) apagar; **5** bater em, agredir ❖ ELECTRICIDADE **~ spark** faísca de fricção; **to ~ at sb with a sword** dirigir um golpe de espada contra alguém; [coloq.] **to ~ the floor with sb** derrotar alguém por completo; **to ~ the slate clean** passar uma esponja por algo; pôr tudo para trás das costas

◆ **wipe away** v.tr. **1** (lágrimas, etc.) limpar; secar; **2** (nódoas, etc.) tirar, limpando; **3** apagar
◆ **wipe down** v.tr. limpar com um pano; passar um pano por
◆ **wipe off** v.tr. **1** fazer desaparecer, remover (com um pano); **2** (gravação, etc.) apagar; **3** (valor) reduzir (a) ❖ **wipe that smile off your face!** pára de sorrir!
◆ **wipe out** Ⓐ v.tr. **1** limpar; **to ~ a jug** limpar um jarro por dentro; **to ~ a stain** limpar uma nódoa; **2** [coloq.] (competição desportiva) derrotar completamente; **3** [coloq.] (pessoa) cansar, deixar de rastos; **4** [cal.] matar; **5** aniquilar; exterminar; dizimar; **the whole army was wiped out** todo o exército foi exterminado; **6** (dívida) liquidar; **7** apagar; esquecer Ⓑ v.intr. DESPORTO [coloq.] (surf, etc.) cair, estampar-se ❖ **to ~ an old score** ajustar contas antigas
◆ **wipe up** Ⓐ v.tr. **1** (líquido, etc.) limpar, limpar com um pano; **2** [GB] [coloq.] (louça) secar com um pano Ⓑ v.intr. [GB] [coloq.] secar louça com um pano

wipeout ['waɪpaʊt] s. **1** destruição; **2** aniquilação, extermínio; **3** extinção; **4** derrota total; **5** DESPORTO (surf) queda; **6** falhanço
wiper [waɪpə] s. **1** (carro) limpa-pára-brisas; **2** pessoa encarregada da limpeza, pessoa que limpa; **3** pano de pó, esponja, etc.; **4** [coloq.] toalha de mãos; **5** MECÂNICA excêntrico, ressalto; **ignition ~** excêntrico de ignição; **6** ELECTRICIDADE alavanca de contacto
wiping ['waɪpɪŋ] s. limpeza; esfregadela; enxugadela ❖ **~ out** aniquilação; erradicação; extermínio; extinção
wire [waɪə] Ⓐ s. **1** arame; **barbed ~** arame farpado; **plain ~** arame vulgar; **2** fio; **copper ~** fio de cobre; **gold ~** fio de ouro; **iron ~** fio de ferro; **a live ~** fio com corrente eléctrica; **high tension ~** fio de alta tensão; **3** linha telefónica ou telegráfica; **private ~** linha telegráfica particular; **4** telégrafo; **reply by ~** resposta telegráfica; **5** [coloq.] telegrama; **to send a ~** mandar um telegrama; **6** [EUA] ELECTRICIDADE escuta; **7** tela metálica; armadura metálica; **cork ~** armadura de arame para rolhas; **8** vedação de arame farpado; **9** MÚSICA corda de instrumento; **10** (corridas de cavalos) fio sobre a meta de chegada; **11** pl. armadilhas para coelhos Ⓑ v.tr.,intr. **1** prender com arame; **2** pôr instalação eléctrica em; **to ~ a house for electricity** pôr instalação eléctrica numa casa; **3** [EUA] [coloq.] colocar escutas em; **4** apanhar com armadilha de arame; **5** cercar com arame; proteger com arame farpado; **to ~ off** isolar (rodear) com cabo de arame; **6** (contas) enfiar em fio de arame; **7** [coloq.] telegrafar; **to ~ for sb** chamar alguém por telegrama; **to ~ to sb** telegrafar a alguém ❖ **~ brush** escova metálica; **~ brushing** limpeza em escova metálica; **~ cage** gaiola ou jaula em fio de ferro; **~ cloth** tela metálica; **~ core** núcleo de fio de arame; **~ cutter(s)** alicate de cortar arame; **~ dancer** funâmbulo; equilibrista que dança na corda; **~ entanglement** emaranhado de arame farpado; **~ gauge** calibre de fios; **~ gauze** tela metálica; **~ glass** vidro armado; **~ heel** fenda no casco do cavalo; **~ maker** fabricante de arame; **~ mesh** tela de arame; **~ netting** rede metálica; **~ nippers** corta-arame; **~ rod** ferro de estirar; **~ rope** cabo metálico; **~ sieve** crivo de rede de arame; **~ solder** fio de solda; **puppet wires** fios para manobrar fantoches ou robertos; **to pull the wires** manobrar as coisas; puxar os cordelinhos; [coloq.] **to ~ in** trabalhar com energia e rapidez; [coloq.] **to ~ into a meal** atacar uma refeição com vontade e rapidez

◆ **wire up** v.tr. **1** ligar a aparelho eléctrico; ligar electricamente [**to**, a]; **2** (exame médico) ligar por meio de eléctrodos [**to**, a]

wired ['waɪəd] adj. **1** armado ou montado em fio de ferro; **2** reforçado com arame; com vedação ou rede de arame; **3** INFORMÁTICA com ligação à Internet; **4** TELEVISÃO com ligação à TV Cabo; **5** [EUA] ELECTRICIDADE com escutas; **6** [cal.] (pessoa) eléctrico*fig.*
wiredraw ['waɪədrɔː] v.tr. (prt. **wiredrew**, part. pass. **wiredrawn**) **1** (metal) passar à fieira, estirar à fieira, fiar; **2** reduzir a fio; **3** MECÂNICA (vapor) estrangular; **4** alongar, estender; **5** [coloq.] (sentimentos, argumentação, estilo) alambicar, tornar afectado, subtilizar, refinar
wiredrawer ['waɪədrɔːə] s. **1** operário que estira ou passa metal à fieira; **2** banco de fiar metal
wiredrawing ['waɪədrɔːɪŋ] s. acto de estirar ou passar metal à fieira, passagem à fieira
wiredrawn ['waɪədrɔːn] adj. **1** adelgaçado, passado à fieira; **2** alambicado, refinado, afectado
wireguard ['waɪəgɑːd] s. rede de protecção
wirehaired ['waɪəheəd] adj. (cão) de pêlo hirsuto; de pelo-de-arame
wireless ['waɪələs] Ⓐ s. **1** telegrafia sem fios, TSF; **2** [ant.] rádio Ⓑ adj. **1** sem fio(s); **2** [ant.] radiofónico; **~ concert** concerto radiofónico ❖ **~ message** radiograma; NÁUTICA **~ room** posto de TSF; **~ set** aparelho de rádio; receptor; **~ receiving set** rádio-receptor; **~ receiving station** estação rádio-receptora; **~ sending station** estação radioemissora; **portable ~ set** aparelho de rádio portátil
wirepull ['waɪəpʊl] v.intr. [coloq.] intrigar, puxar os cordelinhos; manobrar secretamente, por trás dos bastidores
wirepuller ['waɪəpʊlə] s. **1** intriguista; **2** político que manobra secretamente por trás dos bastidores
wirepulling ['waɪəpʊlɪŋ] s. intriguices, intrigas; manobras por trás dos bastidores
wirer ['waɪərə] s. **1** colocação de armadilhas de arame; **2** (encadernação) cosedor com fio metálico
wirescape ['waɪəskeɪp] s. paisagem constituída por fios; panorama de fios
wire-stitch ['waɪəstɪtʃ] v.tr. coser (livro) a fio metálico
wiretap ['waɪətæp] Ⓐ s. ELECTRICIDADE escuta telefónica Ⓑ v.tr. (particípios: **-pp-**) equipar com escuta telefónica
wiretapping ['waɪətæpɪŋ] s. escutas telefónicas; captação clandestina de ligações telefónicas
wirework ['waɪəwɜːk] s. **1** trabalho em arame ou fio metálico; **2** passagem pela fieira (de metais); **3** fabricação de arame
wireworm ['waɪəwɜːm] s. ZOOLOGIA larva de elaterídeo
wirily ['waɪəlɪ] adv. **1** como arame; **2** de uma maneira fibrosa ou com nervuras; **3** metalicamente
wiriness ['waɪərɪnəs] s. **1** (cabelo) aspecto crespo ou hirsuto; **2** (voz) som, tonalidade metálica; **3** rigidez, resistência, vigor
wiring ['waɪərɪŋ] s. **1** montagem de instalação eléctrica; **2** circuito eléctrico; **3** rede de arame; ligação por fio de arame; **4** [coloq.] envio de telegrama; transmissão por telégrafo ❖ ELECTRICIDADE **~ device** bloco de bornes; **~ diagram** diagrama de ligações
wiry ['waɪərɪ] adj. (comp. **-ier**, superl. **-iest**) **1** (cabelo) hirsuto, crespo; **2** de arame, metálico; **3** rijo, resistente, duro; **4** (pessoa) seco e nervoso; **a ~ person** uma pessoa seca e dura
wis [wɪs] v.tr. (prt. e part. pass. **wissed** ou **wist**, 3.ª pess. sing. pres. **wisses**) [arc.] [empregado parenteticamente na 1ª pes. pres.] **I ~** sei-o bem
Wis. [abrev. de Wisconsin]
Wisconsin [wɪsˈkɒnsɪn] s.top. Wisconsin
wisdom ['wɪzdəm] s. **1** sabedoria, sagacidade, prudência, discernimento, sensatez, circunspecção; **2** senso-comum; **3** [ant.] ciência,

wise

conhecimento; 4 adágio, dito judicioso ❖ ~ **tooth** dente do siso; *the ~ of Solomon* sabedoria salomónica; *the wit and the ~ of the time* os homens sábios e judiciosos da época; *to cut one's ~ teeth* deitar os dentes do siso; adquirir discernimento; *to have the ~ of the serpent* ter a sabedoria da serpente

wise [waɪz] Ⓐ *adj.* 1 sábio, sagaz; 2 sensato, judicioso; *to speak with a ~ air* falar com um ar judicioso; 3 douto; erudito; ilustrado; 4 sério, grave; 5 prudente; 6 discreto; 7 fino, astuto Ⓑ *s.* maneira, modo, forma; *in no ~* de modo nenhum; [arc.] *in solemn ~* solenemente; *in some ~* de certa maneira; *on this ~* desta maneira; RELIGIÃO (Bíblia) *and God spoke on this ~* e Deus falou assim ❖ [depr.] *~ guy* espertinho; *~ man* feiticeiro; *~ saw* ditado; adágio; *as ~ as before* sem ter aprendido nada; tão ignorante como dantes; *he came away none the wiser* ele não aprendeu nada; *to be ~ after the event* trancar as portas depois da casa roubada; [EUA] [coloq.] *to get ~ to sth* dar-se conta de uma coisa; *to grow wise/wiser* aprender a lição; *to look ~* tomar um ar entendedor; *to put sb ~* avisar; informar alguém

◆**wise up** *v.intr.* 1 dar-se conta [**to**, de]; 2 abrir os olhos_{fig.} [**to**, para] Ⓑ *v.tr.* abrir os olhos de ❖ *to get wised up about sth* ser posto ao corrente de algo

wiseacre ['waɪzeɪkə] *s.* [depr.] pedante, presumido, convencido

wisecrack ['waɪzkræk] Ⓐ *s.* 1 [EUA] [coloq.] boa piada, boca_{coloq.}; 2 dito de espírito Ⓑ *v.intr.* [EUA] [coloq.] dizer piadas, mandar bocas_{coloq.}

wish [wɪʃ] Ⓐ *s.* (*pl.* **-es**) 1 desejo; *to grant sb's wishes* satisfazer os desejos de alguém; *to have a great ~ to see London* querer muito ir a Londres; 2 anseio; aspiração; 3 coisa desejada; *to get one's ~* conseguir o que se queria; 4 ordem, vontade; *to disregard sb's wishes* desobedecer às ordens de alguém, não fazer caso dos desejos de alguém; 5 pedido; 6 *pl.* votos; *with best wishes for a happy New Year* com os melhores votos de feliz Ano Novo Ⓑ *v.tr.,intr.* 1 desejar; querer; *she may have whatever she wishes for* ela pode ter tudo o que quiser; *to have everything one can ~ for* ter tudo quanto se pode desejar; *to ~ for peace* desejar a paz; *what more can you ~ for?* que mais podes desejar?; 2 ter vontade de, apetecer; 3 almejar; 4 esperar; ter esperança de ❖ *I ~ I had never been born* quem me dera nunca ter nascido; *I ~ I knew that* se eu soubesse; *I ~ I were rich/I ~ I was rich* quem me dera ser rico; *I ~ it may last* oxalá que isso dure; *if wishes were horses, beggars might ride* se desejos fossem riqueza, todos os pobres seriam ricos; *it is to be wished that...* oxalá que...; *she wishes nobody ill* ela não deseja mal a ninguém; *the weather is all one could ~ for* o tempo está óptimo, melhor não podia estar; *to ~ for sth* desejar alguma coisa; *to ~ sb at the devil/to ~ sb further* desejar que alguém se vá embora; desejar que alguém não estivesse presente; *to ~ sb goodbye* dizer adeus a alguém; *to ~ sb well* desejar felicidade a alguém

◆**wish away** *v.tr.* 1 (problema, etc.) esquecer, fingir que não existe; 2 (pessoa) querer longe, desejar longe

wishbone ['wɪʃbəʊn] *s.* (ave) fúrcula

wisher ['wɪʃə] *s.* pessoa que deseja ou exprime um desejo

wishful ['wɪʃfʊl] *adj.* 1 desejoso; ansioso; ávido; *~ of sth* desejoso de algo; *~ to do sth* desejoso de fazer alguma coisa; 2 saudoso ❖ *~ thinking* esperanças vãs

wishfully ['wɪʃfʊlɪ] *adv.* 1 desejosamente, ansiosamente; 2 ardentemente

wishfulness ['wɪʃfʊlnəs] *s.* 1 desejo; 2 ânsia; 3 aspiração

wishing ['wɪʃɪŋ] *s.* desejos, acto de desejar

wish-wash ['wɪʃwɒʃ] *s.* 1 [arc.] água chilra, coisa aguada; 2 [arc.] bebida insípida; 3 [arc., fig.] conversa insípida ou desenxabida

wishy-washy ['wɪʃɪˌwɒʃɪ] *adj.* 1 desenxabido, insípido, insosso; 2 aguado, fraco; 3 deslavado; 4 [depr.] (pessoa) mole, pouco decidido, sem personalidade

wisp [wɪsp] Ⓐ *s.* 1 pequeno molho ou feixe; *a ~ of hay* um molho de feno; 2 paveia; 3 punhado, mão-cheia, mancheia; 4 (cabelo) madeixa; 5 pedaço de palha ou papel torcido; 6 tufo; 7 liame de palha ou vime; 8 espanador, vassourinha; 9 (para transportar coisas à cabeça) rodilha; 10 (narcejas) bando; 11 fogo-fátuo Ⓑ *v.tr.* torcer, fazer um molho de ❖ [coloq.] *a ~ of a girl* uma rapariguinha; *a ~ of smoke* fina espiral de fumo; *to ~ down a horse* esfregar um cavalo com uma mão-cheia de palha ou erva

wispy ['wɪspɪ] *adj.* (*comp.* **-ier**, *superl.* **-iest**) 1 parecido com um molho de palha ou feno; 2 insignificante; 3 pouco; 4 fino, delgado

wist [wɪst] *prt. e part. pass. de* to wit

wistaria [wɪs'teərɪə] *s.* BOTÂNICA glicínia

wistful ['wɪstfʊl] *adj.* 1 desejoso; ávido; ansioso; 2 pensativo, sério; 3 melancólico; nostálgico; *~ smile* sorriso melancólico

wistfully ['wɪstfʊlɪ] *adv.* 1 desejosamente; 2 com um vago desejo; 3 melancolicamente; nostalgicamente

wistfulness ['wɪstfʊlnəs] *s.* 1 anseio; 2 vago desejo; aspiração

wistiti ['wɪstɪtɪ] *s.* ZOOLOGIA sagui, saguim

wit [wɪt] Ⓐ *s.* 1 inteligência, compreensão, entendimento; *he hadn't the ~(s)/he hadn't ~ enough to take advantage of the situation* ele não teve a inteligência necessária para tirar partido da situação; 2 talento, engenho, capacidade mental; 3 perspicácia; vivacidade de espírito; 4 graça, espírito; 5 pessoa de espírito Ⓑ *v.tr.,intr.* (*pres. ind.* **I wot, he wot, we wot, thou wottest**, *prt. e part. pass.* **wist**) [arc.] saber; *to ~* isto é, a saber; *God wot* Deus sabe, na verdade, em verdade; *I wot* sei bem ❖ *bought ~ is best* não há nada como aprendermos à nossa custa; *out of one's wits* desorientado; [arc.] *the five wits* os cinco sentidos; as faculdades mentais; *to be at one's wit's end* não saber o que fazer; *to collect one's wits* dominar-se; não se desorientar; *to drive sb out of his wits* fazer perder a cabeça a alguém; *to live by one's wits* viver de expedientes

witch [wɪtʃ] Ⓐ *s.* (*pl.* **-es**) 1 feiticeira, bruxa; 2 [fig., depr.] (mulher) bruxa velha; 3 [coloq.] (mulher encantadora) feiticeira Ⓑ *v.tr.* (bruxaria) enfeitiçar; encantar ❖ BOTÂNICA *~ broom/witches' broom* vassoura-de-feiticeira; vassoura-de-bruxa; *~ doctor* feiticeiro; curandeiro; BOTÂNICA *~ hazel* hamamele; *~ hunt* caça às bruxas; difamação de alguém para obtenção de vantagens políticas; *~ meal* pó de licopódio; BOTÂNICA *witches butter* nodulária

witchcraft ['wɪtʃkrɑːft] *s.* 1 feitiçaria; bruxaria; magia-negra; 2 [coloq.] encanto, feitiço, sedução, fascinação, sortilégio

witchery ['wɪtʃərɪ] *s.* (*pl.* **-ies**) 1 feitiçaria, magia-negra; 2 feitiço, encanto; 3 magia, sedução; *the ~ of her smile* a magia do sorriso dela

witching ['wɪtʃɪŋ] Ⓐ *adj.* 1 relativo a bruxas ou feiticeiras; 2 relativo a bruxedo ou feitiçaria; 3 encantador, fascinante, sedutor; 4 mágico Ⓑ *s.* 1 bruxaria, bruxedo, feitiçaria; 2 encanto, fascinação ❖ *~ hour of night/~ time of night* meia-noite; hora em que as bruxas andam à solta

witchingly ['wɪtʃɪŋlɪ] *adv.* 1 feiticeiramente; 2 encantadoramente, fascinadoramente, sedutoramente

witenagemot [ˌwɪtɪnəgɪ'məʊt, ˌwɪtənəgɪ'məʊt] *s.* HISTÓRIA antigo parlamento ou assembleia nacional dos Anglo-saxões

with [wɪð] *prep.* 1 com; *~ a few exceptions* com algumas excepções; *~ a laugh* rindo, com uma risada; *~ all due respect* com todo o devido respeito; *~ everyone looking on* com toda a gente a olhar; *~ the best of intentions* com a melhor das intenções; *~ the object of* com o objectivo de; *to be patient ~ sb* ter paciência com alguém; *to compare one thing ~ another* comparar uma coisa com outra; *to fight ~ sb* lutar com alguém; *to have dinner ~ a friend* jantar com um amigo; *to work ~ care* trabalhar com cuidado; *I am ~ you there* concordo consigo nesse ponto; *I have no money ~ me* não tenho dinheiro comigo; *this colour does not go ~ her dress* esta cor não diz bem com o vestido dela; 2 contra; 3 de; *to be red ~ shame* estar corado de vergonha; *to part ~* separar-se de, desfazer-se de; *to tremble ~ fear* tremer de medo; *her eyes were flooded ~ tears* ela tinha os olhos inundados de lágrimas; *the ground was covered ~ snow* o solo estava coberto de neve; 4 não obstante, apesar de; *~ all her faults I like her* apesar de todos os seus defeitos, gosto dela; 5 em relação a, com respeito a, a respeito de; *to be sincere ~ oneself* ser sincero para consigo mesmo; 6 no caso de; *it is a habit ~ him* é hábito nele; *it is a rule ~ him* isto nele é regra; 7 em proporção com, proporcionalmente a ❖ *~ bare feet* descalço; [EUA] [coloq.] *~ it* actualizado; moderno; liberto de qualquer tradição; *~ never a tear* sem uma lágrima; *~ the grain* no sentido da fibra; *~ the naked eye* a olho nu; *away ~ him!* fora com ele!; ponham-no lá fora!; *God be ~ you!* Deus o acompanhe!; *he that is not ~ me is against me* quem não é por mim é contra mim; *I think ~ him* penso como ele; *off ~ your clothes!* fora com a roupa; *the next move is ~ them* agora é a eles que compete agir; *to be ~ child* estar grávida; (animal) *to be ~ young* estar prenhe; *to rest ~ God* repousar em Deus

withal [wɪˈɔːl] Ⓐ *adv.* 1 [arc.] ao mesmo tempo; 2 [arc.] do mesmo modo, igualmente; 3 [arc.] não obstante; 4 [arc.] além disso; demais Ⓑ *prep.* [arc.] [sempre colocado depois do seu objecto] com; *he has nothing to fill his belly ~* ele não tem nada com que encher a barriga

withdraw [wɪðˈdrɔː] Ⓐ *v.tr., intr.* ⟨*prt.* **withdrew**, *part. pass.* **withdrawn**⟩ 1 retirar; *to ~ an accusation* retirar uma acusação; *to ~ banknotes from circulation* retirar notas da circulação; *to ~ troops* retirar tropas; 2 afastar; 3 remover; 4 tirar; *to ~ a child from school* tirar uma criança da escola; 5 (dinheiro) levantar; *to ~ money from a bank* levantar dinheiro do banco; 6 desistir de; anular; DIREITO *to ~ an action* desistir de uma acção; COMÉRCIO *to ~ an order* anular uma encomenda; 7 desistir [**from**, de]; abandonar [**from**, -] Ⓑ *v.intr.* 1 retirar-se; recolher-se; ir-se embora; *to ~ into silence* recolher-se no silêncio; 2 retractar-se; *he refused to ~* ele recusou retractar-se ❖ *to ~ from a treaty* denunciar um tratado; *to ~ heat from* subtrair calor de; *to ~ the clutch* desembraiar

withdrawable [wɪðˈdrɔːəbəl] *adj.* que pode ser retirado

withdrawal [wɪðˈdrɔːəl] *s.* 1 afastamento; distanciamento; 2 MILITAR retirada; 3 supressão; 4 (dinheiro) levantamento; 5 (droga) abstinência, privação; 6 (atleta, candidato, etc.) desistência; 7 retractação; 8 (ordem, etc.) revogação; 9 PSICOLOGIA (comportamento) retraimento; 10 (contracepção) coito interrompido ❖ *~ notice* aviso de retirada de fundos; (droga) *~ symptoms* síndrome de abstinência; *the gold withdrawals* as saídas de ouro

withdrawn [wɪðˈdrɔːn] *part. pass. de* **to withdraw**

withdrew [wɪðˈdruː] *prt. de* **to withdraw**

withe [wɪθ, waɪð, wɪð] Ⓐ *s.* verga, junco, vime Ⓑ *v.tr.* prender com vergas ou vimes ❖ *~ rod* espécie de viburno norte-americano

wither [ˈwɪðə] *v.tr., intr.* 1 murchar; secar; mirrar; 2 definhar; atrofiar; 3 [fig.] desvanecer(-se); desaparecer pouco a pouco; 4 [fig.] fulminar; *she withered him with a look* ela fulminou-o com o olhar; 5 [fig.] repelir, acolher com aspereza

withered [ˈwɪðəd] *adj.* 1 seco, murcho, mirrado; 2 atrofiado; *~ arm* braço atrofiado

withering [ˈwɪðərɪŋ] Ⓐ *adj.* 1 que murcha, que seca ou definha; 2 que faz murchar; 3 [fig.] fulminante, de desprezo; *a ~ glance* um olhar fulminante; 4 [fig.] (comentário) mordaz Ⓑ *s.* 1 definhamento; 2 murchidão

witheringly [ˈwɪðərɪŋlɪ] *adv.* 1 definhadoramente; 2 de forma a murchar ou a fazer murchar; 3 com desprezo; 4 destrutivamente; 5 fulminantemente

withers [ˈwɪðəz] *s.pl.* (cavalo, boi, ovelha) cernelha

withershins [ˈwɪðəʃɪnz] *adv.* [Esc.] às avessas; ao contrário

witherwrung [ˈwɪðərʌŋ] *adj.* (animal) ferido na cernelha

withheld [wɪðˈhɛld] *prt. e part. pass. de* **to withhold**

withhold [wɪðˈhəʊld] *v.tr.* ⟨*prt. e part. pass.* **withheld**⟩ 1 retirar; 2 sonegar; 3 esconder; *to ~ the truth* esconder a verdade; 4 negar, recusar; *to ~ one's consent* negar o consentimento, não dar o consentimento a; *to ~ one's support from* negar auxílio a; 5 reter, conter; *to ~ a document* reter um documento; DIREITO *to ~ property* reter bens; 6 impedir; *to ~ sb from* impedir alguém de ❖ [arc.] (no momento de bater) *to ~ one's hand* suster a mão

withholder [wɪðˈhəʊldə] *s.* 1 aquele que detém ou retém; 2 sonegador; 3 impedimento, estorvo

withholding [wɪðˈhəʊldɪŋ] *s.* 1 recusa; 2 nega; 3 retenção; 4 impedimento

within [wɪˈðɪn] Ⓐ *adv.* 1 dentro; *~ and without* por dentro e por fora, dentro e fora; 2 interiormente, no interior; 3 dentro de casa, em casa; *is Mrs. Smith within?* a senhora Smith está em casa?; 4 intimamente, no íntimo; 5 TEATRO nos bastidores Ⓑ *prep.* 1 dentro de; *~ four walls* dentro de quatro paredes; 2 no interior de; no seio de; *~ the Church* no seio da Igreja; 3 no espaço de; dentro do prazo de; no tempo de; *~ the week* antes do fim da semana; 4 em menos de; *~ an hour* em menos de uma hora; 5 dentro dos limites de; 6 ao alcance de; *~ hearing* ao alcance da voz; *~ reach* ao alcance; *~ sight* ao alcance da vista Ⓒ *s.* interior; *seen from ~* visto de dentro, visto do interior ❖ *~ oneself* no íntimo; intimamente; à vontade; sem esforço; *he was ~ an ace (an inch) of being killed* escapou de morrer por um triz; *to come ~ the provisions of the law* cair sob a alçada da lei; *to go ~* entrar; *to keep ~ the law* manter-se dentro da lei; *to live ~ one's income* viver dentro dos seus rendimentos

without [wɪˈðaʊt] Ⓐ *adv.* fora; exteriormente, no exterior; fora de casa; *from ~* de fora; *within and ~* por dentro e por fora, dentro e fora Ⓑ *prep.* 1 sem; *~ money* sem dinheiro; 2 fora de; *he met us ~ the gates* ele encontrou-se connosco fora dos portões Ⓒ *s.* o exterior; *seen from ~* visto de fora, visto do exterior; *the suggestion came from ~* a sugestão veio do exterior Ⓓ *conj.* [arc.] a não ser que ❖ *~ doubt* sem dúvida; *~ end* sem fim; *~ fail* sem falta; *~ a shirt to one's back* sem ter nada; sem possuir coisa nenhuma; *~ a stitch on* nu; em pêlo; *I can't do ~ it* não posso passar sem isso; *it goes ~ saying that...* não é preciso dizer que...; é evidente que; *not ~ difficulty* não sem alguma dificuldade; *to do ~ sth* passar sem algo

withstand [wɪðˈstænd] *v.tr., intr.* ⟨*prt. e part. pass.* **withstood**⟩ 1 resistir; suportar; aguentar; *to ~ the heat* resistir ao calor; *to ~ wear* resistir ao uso; 2 opor-se ❖ *to ~ the test of time* perdurar

withstander [wɪðˈstændə] *s.* adversário, antagonista

withstanding [wɪðˈstændɪŋ] *s.* 1 resistência; 2 oposição

withstood [wɪðˈstʊd] *prt. e part. pass. de* **to withstand**

withy [ˈwɪðɪ] *s.* ⟨*pl.* **-ies**⟩ = **withe**

witless [ˈwɪtləs] *adj.* 1 sem inteligência; 2 fraco de espírito; 3 desmiolado, tolo; 4 imbecil; néscio; estúpido; 5 inconsciente, ignorante; *~ of* inconsciente de, ignorante de

witlessly [ˈwɪtləslɪ] *adv.* 1 sem inteligência; 2 desmioladamente; 3 estupidamente

witlessness [ˈwɪtləsnəs] *s.* 1 falta de inteligência; 2 imbecilidade; 3 estupidez; 4 fraqueza de espírito

witling [ˈwɪtlɪŋ] *s.* indivíduo que pretende ser espirituoso

witloof [ˈwɪtləʊf] *s.* BOTÂNICA endiva, endívia, escarola, chicória-dos-jardins

witness [ˈwɪtnəs] Ⓐ *s.* ⟨*pl.* **-es**⟩ 1 testemunha; *the witnesses of an accident* as testemunhas de um acidente; *~ for the crown* testemunha de acusação (por parte do Ministério Público); *~ for the defence* testemunha de defesa; *~ for the prosecution* testemunha de acusação; 2 testemunho; *in ~ whereof* em testemunho do que; *he is a living ~ to my clemency* ele é um testemunho vivo da minha clemência; *to give ~* dar testemunho de, testemunhar, prestar declarações; 3 espectador; 4 declarante; 5 sinal, indício, prova; 6 confirmação; *in ~ of* em confirmação de Ⓑ *v.tr., intr.* 1 testemunhar; dar testemunho de, atestar; *his face witnessed his agitation* o seu rosto testemunhava a sua agitação; *to ~ to* testemunhar, atestar; 2 atestar, presenciar, ver, assistir a; *he witnessed all those events* ele assistiu a todos aqueles acontecimentos; 3 servir de testemunha a; assinar como testemunha; *to ~ a will* servir de testemunha num testamento; 4 depor (na qualidade de testemunha); *to ~ against* depor contra; *to ~ for* depor a favor de ❖ *~ box* barra das testemunhas; *~ chair* banco das testemunhas; *the proof witnesses* a prova testemunhal; *to be a ~ to* ser testemunha de; provar; demonstrar; mostrar; *to bear ~ to* testemunhar; garantir; *to call sb to ~* citar alguém como testemunha; *to have a document witnessed* mandar legalizar um documento

witnessing [ˈwɪtnəsɪŋ] *s.* 1 testemunho; 2 certificação, testificação; 3 legalização (de documento)

witter [ˈwɪtə] *v.intr.* 1 [coloq.] tagarelar, palrar; 2 [coloq.] falar muito sem dizer nada

witticism [ˈwɪtɪsɪzəm] *s.* 1 graça; 2 dito de espírito; 3 boa saída

wittily [ˈwɪtɪlɪ] *adv.* 1 espirituosamente; 2 com humor; 3 com graça

wittiness [ˈwɪtɪnəs] *s.* graça; dito espirituoso

witting [ˈwɪtɪŋ] *adj.* 1 intencional, propositado; 2 deliberado; 3 feito com conhecimento de causa

wittingly [ˈwɪtɪŋlɪ] *adv.* intencionalmente; deliberadamente; propositadamente; conscientemente

wittol [ˈwɪtɒl] *s.* [arc.] marido complacente, marido que fecha os olhos às infidelidades da mulher

witty [ˈwɪtɪ] *adj.* ⟨*comp.* **-ier**, *superl.* **-iest**⟩ 1 engenhoso; arguto; 2 espirituoso; cheio de graça

witwall [ˈwɪtwɔːl] *s.* ZOOLOGIA pica-pau, picanço

wive [waɪv] *v.tr., intr.* 1 [arc.] casar-se com; desposar; *to ~ with* casar com; 2 [arc.] arranjar mulher para

wivern [ˈwaɪvɜːn] *s.* HERÁLDICA dragão alado

wives [waɪvz] s. {pl. de **wife**}
wiz [wɪz] s. [coloq.] ás, prodígio, génio, perito
wizard ['wɪzəd] Ⓐ s. 1 feiticeiro; 2 mago; 3 bruxo; 4 prestidigitador; 5 adivinho; 6 [fig.] ás, génio, prodígio Ⓑ adj. [coloq., ant.] maravilhoso, fantástico ❖ LITERATURA *the Wizard of the North* Sir Walter Scott; HISTÓRIA *the Welsh Wizard* Lloyd George
wizardry ['wɪzədrɪ] s. 1 feitiçaria, magia, bruxaria; 2 [depr.] truques; 3 [fig.] habilidade, perícia, competência
wizen ['wɪzən] adj. ⇒ **wizened**
wizened ['wɪzənd] adj. 1 seco, chupado, mirrado; 2 encarquilhado, engelhado; 3 pergamináceo
WM [abrev. de Worshipful Master]
WML INFORMÁTICA [abrev. de Wireless Markup Language]
WMO [abrev. de World Meteorological Organization] Organização Meteorológica Mundial
WNW [abrev. de west-northwest]
wo [wəʊ] interj. (cavalos) ou!, alto! ❖ (cavalos) *wo back!* arreia!
WO Ⓐ HISTÓRIA [abrev. de War Office] Ⓑ MILITAR [abrev. de warrant officer] Ⓒ MILITAR [abrev. de wireless operator]
woad [wəʊd] Ⓐ s. 1 BOTÂNICA pastel-dos-tintureiros; 2 anil extraído dessa planta Ⓑ v.tr. pintar ou tingir com pastel-dos-tintureiros
woad-waxen ['wəʊdwæksən] s. BOTÂNICA piorno-dos-tintureiros
wobbingly ['wɒbɪŋlɪ] adv. 1 oscilantemente; 2 de modo pouco firme; 3 de maneira trémula; 4 com hesitação, vacilantemente
wobble ['wɒbəl] Ⓐ s. 1 oscilação; (automóvel) *front-wheel ~* oscilação das rodas da frente; 2 baloiçar; 3 nutação; oscilação do eixo; 4 MECÂNICA face de cilindro que não se encontra em ângulo recto com o eixo; 5 [fig.] hesitação, vacilação Ⓑ v.tr., intr. 1 balançar; 2 cambalear; 3 estar pouco firme; 4 oscilar, fazer oscilar, sacudir; 5 seguir aos ziguezagues; 6 estar indeciso [**between**, entre]; vacilar [**between**, entre]; hesitar [**between**, entre]; *to ~ between two opinions* hesitar entre duas opiniões; 7 (voz) tremer ❖ *~ saw* serra circular oscilante
wobbler ['wɒblə] s. 1 MECÂNICA excêntrico; 2 indeciso, pessoa hesitante, pessoa que vacila ❖ *~ shaft* eixo de excêntricos
wobbling ['wɒblɪŋ] Ⓐ adj. 1 oscilante; 2 balouçante; 3 pouco firme; 4 (voz) trémula; 5 hesitante, vacilante Ⓑ s. 1 balanço, oscilação; 2 hesitação, vacilação
wobbly ['wɒblɪ] adj. 1 pouco firme; instável; desequilibrado; 2 oscilante; que balouça; que abana; 3 (pernas) bambo; 4 que treme; *~ voice* voz trémula; 5 hesitante; vacilante ❖ (enjoo) *to feel ~* sentir náuseas; sentir-se pouco firme
wodge [wɒdʒ] s. 1 [coloq.] grande pedaço, grande bocado; *a huge ~ of time* um bom bocado; 2 [coloq.] maço; *a ~ of banknotes* um maço de notas
woe [wəʊ] s. 1 [poét.] aflição, angústia, pesar, mágoa; *a face of ~* um rosto de sofrimento; 2 pl. calamidade, desgraça, atribulações, infortúnio, doença, etc. ❖ *~ be to...* maldito seja...; *~ is me!* ai de mim; pobre de mim!; *~ to the vanquished!* ai dos vencidos!; *~ worth the day* maldito seja o dia; *a tale of ~* um rosário de desgraças; *in weal and ~* na prosperidade e na adversidade
woebegone ['wəʊbɪgɒn] adj. desolado, inconsolável; abatido; acabrunhado [coloq.] *to have a ~ look* ter uma cara de enterro
woeful ['wəʊfʊl] adj. 1 desgraçado, mísero, aflito; 2 lastimável, deplorável; 3 calamitoso; funesto; *~ day* dia funesto, dia calamitoso; 4 lamentável; *~ ignorance* ignorância lamentável
woefully ['wəʊfʊlɪ] adv. 1 miseravelmente; 2 lastimavelmente; 3 calamitosamente; 4 funestamente; 5 tristemente
woefulness ['wəʊfʊlnəs] s. 1 aflição, desgraça; 2 calamidade; 3 tristeza, angústia
wog [wɒg] s. 1 [cal.] (ofensivo) preto_{dept.}; 2 [Austr.] [coloq.] gripe, constipação
wok [wɒk] s. (frigideira chinesa) wok
woke [wəʊk] prt. e part. pass. de **to wake**
woken ['wəʊkən] part. pass. de **to wake**
wold [wəʊld] s. 1 planície inculta; 2 descampado, charneca; 3 BOTÂNICA lírio-dos-tintureiros
wolf [wʊlf] Ⓐ s. (pl. **wolves**) 1 ZOOLOGIA lobo; *wolf's cub* lobinho, cria de lobo; 2 pele de lobo; 3 [fig.] (pessoa cruel, insaciável) lobo; 4 MÚSICA dissonância em certos acordes devido à deficiência no sistema de afinação; 5 larva destruidora; 6 traça de cereais Ⓑ v.tr. devorar ❖ *~ pack* alcateia; esquadra de submarinos; ZOOLOGIA *~ spider* tarântula; BOTÂNICA *wolf's bane* acónito; BOTÂNICA *wolf's claws* licopódio; BOTÂNICA *wolf's milk* eufórbio; eufórbia; ZOOLOGIA *wolf timber ~* lobo cinzento da América do Norte; *a ~ in sheep's clothing* um lobo com pele de cordeiro; *to be as hungry as a ~* ter uma fome canina; *to cry ~* gritar «aí vem lobo!»; lançar alarme falso; *to keep the ~ from the door* evitar a miséria
•**wolf down** v.tr. [coloq.] comer vorazmente, devorar
wolffish ['wʊlfˌfɪʃ] s. ZOOLOGIA (peixe) lobo-marinho
wolfhound ['wʊlfhaʊnd] s. ZOOLOGIA cão-lobo
wolfish ['wʊlfɪʃ] adj. 1 próprio de lobo; 2 como um lobo; 3 cruel, feroz, sanguinário; 4 devorador
wolfling ['wʊlflɪŋ] s. lobinho com menos de um ano
wolfram ['wʊlfrəm] s. QUÍMICA [arc.] ⇒ **tungsten**
wolframite ['wʊlfrəmaɪt] s. MINERALOGIA volframite
wollastonite ['wɒləstənaɪt] s. MINERALOGIA volastonite
wolverene ['wʊlvəriːn] s. ZOOLOGIA carcaju
wolverine ['wʊlvəriːn] s. ⇒ **wolverene**
wolves [wʊlvz] s. {pl. de **wolf**}
woman ['wʊmən] Ⓐ s. (pl. **women**) 1 (adulto do sexo feminino) mulher; 2 natureza feminina, feminilidade; *the eternal ~* o eterno feminino Ⓑ v.tr. 1 [arc.] tratar por «mulher» em vez de «senhora»; 2 [arc.] obrigar a comportar-se como uma mulher ❖ *~ artist* mulher artista, mulher pintora; *~ doctor* médica; *~ friend* amiga; *~ suffrage* sufrágio feminino; *a ~ of the world* uma mulher com experiência do mundo e da sociedade; [ant., depr.] *~ with a past* mulher de passado duvidoso; *women's rights* direitos da mulher; ZOOLOGIA *old ~ of the sea* bodião; burrinho; [joc.] *to make an honest ~ of* casar com
woman-hater ['wʊmənˌheɪtə] s. misógino
womanhood ['wʊmənhʊd] s. 1 feminilidade; 2 condição feminina; 3 as mulheres ❖ (mulher) *to reach ~* chegar à idade adulta
womaniser ['wʊmənaɪzə] s. ⇒ **womanizer**
womanish ['wʊmənɪʃ] adj. 1 feminino; feminil; 2 [depr.] efeminado
womanishly ['wʊmənɪʃlɪ] adv. 1 femininamente; 2 [depr.] efeminadamente
womanishness ['wʊmənɪʃnəs] s. feminilidade
womanize ['wʊmənaɪz] v.tr., intr. 1 ser um mulherengo; 2 efeminar, tornar feminino
womanizer ['wʊmənaɪzə] s. mulherengo
womanizing ['wʊmənaɪzɪŋ] adj. mulherengo
womankind ['wʊmənkaɪnd] s. 1 as mulheres; 2 o sexo feminino
womanlike ['wʊmənlaɪk] adj. feminil, típico de mulher
womanliness ['wʊmənlɪnəs] s. 1 feminilidade, carácter feminino, natureza feminil; 2 encanto feminino
womanly ['wʊmənlɪ] adj. feminino, típico de mulher; *~ virtues* virtudes femininas
womb [wuːm] s. 1 útero; ventre; 2 [fig.] matriz; 3 [fig.] entranhas; *in earth's ~* nas entranhas da Terra ❖ [poét.] *fruit of the ~* crianças
wombat ['wɒmbət] s. ZOOLOGIA variedade de marsupial australiano
women ['wɪmɪn] s. {pl. de **woman**}
womenfolk ['wɪmɪnfəʊk] s.pl. 1 parentes femininos; 2 mulheres
womenkind ['wɪmɪnkaɪnd] s. 1 as mulheres; 2 o sexo feminino
Women's Lib [abrev. de Women's Liberation Front]
won[1] [wʌn] prt. e part. pass. de **to win**
won[2] [wɒn] s. (moeda das Coreias) won
wonder ['wʌndə] Ⓐ s. 1 maravilha, prodígio, portento; 2 milagre; 3 surpresa, admiração, espanto, pasmo; *to be filled with ~* ficar muito espantado Ⓑ adj. 1 maravilhoso; 2 prodigioso; milagroso; *~ drug* remédio milagroso Ⓒ v.tr.,intr. 1 ficar admirado, admirar-se; pasmar; surpreender-se; *all the world wondered* toda a gente ficou surpreendida; *I don't ~ at all* não me admiro nada; 2 estranhar; 3 sentir curiosidade; estar ansioso por saber; gostar de saber; *I ~ why* gostaria de saber porquê; 4 perguntar a si mesmo; *I ~ whether she will come* pergunto a mim mesmo se ela virá ❖ *a nine days ~* maravilha de um dia; interesse passageiro; *for a ~* surpreendentemente; caso extraordinário; *the seven wonders of the world* as sete maravilhas do mundo; *can you ~ at it?* não é isso natural?; *for a ~ she got up early* caso extraordinário, ela levantou-se cedo; *I shouldn't ~ if he came tomorrow* eu não me admiraria se ele viesse amanhã; *I ~ whether you can tell me...* não sei se me poderá dizer...; *small ~ if he does not come* não admira que ele não venha; *that is no ~* isso não admira; *that is not to be wondered at* isso não admira

wonderful ['wʌndəfʊl] adj. maravilhoso, admirável, prodigioso, portentoso, espantoso; magnífico, esplêndido; ~ *weather* tempo maravilhoso ❖ *to have a* ~ *time* divertir-se muito

wonderfully ['wʌndəfʊlɪ, 'wʌndəflɪ] adv. 1 maravilhosamente, admiravelmente; 2 prodigiosamente; 3 espantosamente; 4 magnificamente, esplendidamente

wonderfulness ['wʌndəfʊlnəs] s. 1 aspecto ou carácter maravilhoso ou admirável; 2 prodigiosidade; 3 magnificência

wondering ['wʌndərɪŋ] adj. admirado, espantado, surpreendido

wonderingly ['wʌndərɪŋlɪ] adv. 1 admiravelmente; 2 com espanto

wonderland ['wʌndəlænd] s. 1 país das maravilhas, reino das fadas, país encantado; 2 país ou região de fertilidade extraordinária

wonderment ['wʌndəmənt] s. 1 assombro, espanto, pasmo; 2 prodígio, maravilha

wonderworker ['wʌndəˌwɜːkə] s. pessoa que faz milagres

wonderworking ['wʌndəˌwɜːkɪŋ] adj. milagroso; que faz milagres ❖ [coloq.] ~ *powder* pozinhos de perlimpimpim

wondrous ['wʌndrəs] Ⓐ adj. 1 [poét.] espantoso, assombroso; 2 incrível, inconcebível; 3 prodigioso; 4 surpreendente, maravilhoso Ⓑ adv. 1 espantosamente, assombrosamente; 2 incrivelmente; 3 surpreendentemente

wondrously ['wʌndrəslɪ] adv. [poét.] ⇒ **wondrous** Ⓑ

wonk [wɒŋk] s. 1 [EUA] [depr.] (pessoa que trabalha muito) escravo_fig_; 2 [EUA] [depr.] (estudante) marrão

wonky ['wɒŋkɪ] adj. (comp. **-ier**, superl. **-iest**) 1 [coloq.] pouco firme; 2 [coloq.] pouco seguro; 3 [coloq.] vacilante, instável ❖ *a* ~ *chair* uma cadeira manca

wont [wəʊnt] Ⓐ adj. habituado, acostumado, afeito; *to be* ~ *to* estar habituado a, ter o costume de Ⓑ s. hábito; costume; *use and* ~ usos e costumes; *as is his* ~ como é seu hábito Ⓒ v.tr.,intr. (prt **wont** ou **wonted**) 1 [arc.] habituar, acostumar; 2 [arc.] estar habituado a, ter o costume de

won't [wəʊnt] contr. de **will not**

wonted ['wəʊntɪd] adj. costumeiro, usual, habitual

woo [wuː] v.tr.,intr. 1 fazer a corte a; cortejar; 2 galantear; 3 requestar; 4 pedir em casamento; 5 tentar conseguir; procurar obter; 6 almejar; pretender; *to* ~ *fame* pretender fama; 7 tentar persuadir, insistir, suplicar; *to* ~ *sb to do sth* insistir com alguém para que faça alguma coisa; 8 solicitar o apoio de; 9 atrair; *he wood them with promises of...* atraiu-os com promessas de...

wood [wʊd] Ⓐ s. 1 madeira; *seasoned* ~ madeira seca; *made of* ~ feito de madeira; 2 lenha; *small* ~ lenha miúda; *you must put some more* ~ *on the fire* deite mais lenha no lume; 3 bosque, mata, floresta; *crowded* ~ floresta densa; *a clearing in the woods* uma clareira na floresta; *to go riding through the wood(s)* ir passear a cavalo pelos bosques; 4 barril, pipa, pipo, casco; *in the* ~ na pipa, no casco; *wine five years in the* ~ vinho com cinco anos de casco; 5 MÚSICA instrumento de sopro de madeira; 6 bola de madeira usada em certos jogos Ⓑ adj. 1 de/em madeira; ~ *ceiling* tecto de madeira; ~ *cellulose* celulose de madeira; ~ *fibre* fibra de madeira; ~ *finishing* acabamento de madeira; ~ *floor* soalho de madeira; ~ *handle* cabo de madeira, punho de madeira; ~ *lagging* revestimento de madeira; ~ *pile* estaca de madeira; ~ *plank* prancha de madeira; ~ *pole* poste de madeira; 2 a lenha ❖ ~ *alcohol* metanol, álcool metílico; ~ *anemone* anémona-dos-bosques; ~ *ashes* cinza de madeira; ~ *chemical* produto químico extraído da madeira; ~ *chisel* formão; ~ *coal* carvão de madeira; carvão vegetal; ~ *file* grosa; lima grossa; ~ *fretter* caruncho; ~ *ibis* tântalo; género de aves pernaltas; ~ *joint* samblagem; sambladura; ~ *lily* junquilho dos bosques; MITOLOGIA ~ *nymph* ninfa dos bosques; ~ *paper* papel de polpa de madeira; ~ *pigeon* pombo-bravo; ~ *preservative* conservante da madeira; ~ *ray* raio medular da madeira; ~ *saw* serra de madeira; ~ *sawyer* serrador de madeira; ~ *spirit* álcool metílico; BOTÂNICA ~ *stone* madeira petrificada; ~ *stork* tântalo; género de aves pernaltas; ~ *warbler* toutinegra-dos-bosques; *out of the woods* livre de perigo; livre de dificuldades; *don't halloo till you are out of the* ~ não deites os foguetes antes da festa; *to be unable to see the* ~ *for the trees* ser incapaz de ver o todo por causa do excessivo número de pormenores; [EUA] *to saw* ~ tratar da sua vida; meter-se na sua vida; *to take to the woods* [EUA] fugir; pôr-se a andar; fugir às responsabilidades

woodbin ['wʊdbɪn] s. 1 caixão para lenha; 2 depósito de lenha

woodbind ['wʊdbaɪnd] s. ⇒ **woodbine**

woodbine ['wʊdbaɪn] s. 1 BOTÂNICA madressilva-das-boticas; 2 [EUA] videira-virgem; 3 [coloq.] fogueira

woodborer ['wʊdˌbɔːrə] s. bicho-da-madeira

Woodbury-type ['wʊdbərɪtaɪp] s. 1 processo de transferir fotografia de gelatina para metal; 2 gravura obtida por este processos

woodcarver ['wʊdˌkɑːvə] s. escultor em madeira

woodcarving ['wʊdˌkɑːvɪŋ] s. (objecto, actividade) escultura em madeira

woodchat ['wʊdtʃæt] s. ZOOLOGIA variedade de picanço; pega-parda-europeia

woodchopper ['wʊdtʃɒpə] s. 1 machado; 2 lenhador

woodchuck ['wʊdtʃʌk] s. ZOOLOGIA variedade de marmota norte-americana

woodcock ['wʊdkɒk] s. ZOOLOGIA (ave) galinhola

woodcraft ['wʊdkrɑːft] s. 1 conhecimento e experiência da vida nas florestas; 2 habilidade para trabalhos em madeira

woodcraftsman ['wʊdkrɑːftsmən] s. (pl. **-men**) 1 caçador que usa armadilhas; 2 monteiro

woodcut ['wʊdkʌt] s. xilogravura

woodcutter ['wʊdˌkʌtə] s. 1 lenhador; 2 xilógrafo, gravador em madeira

woodcutting ['wʊdˌkʌtɪŋ] s. 1 xilografia; 2 actividade de cortar ou serrar madeira

wooded ['wʊdɪd] adj. arborizado, coberto de árvores

wooden ['wʊdən] adj. 1 de madeira; ~ *base* pedestal ou pé de madeira; ~ *beam* viga de madeira; ~ *box* caixa de madeira; ~ *framework* armação de madeira, estrutura de madeira; ~ *mallet* macete de madeira; ~ *shovel* pá de madeira; ~ *sleepers* travessas de madeira, dormentes de madeira; 2 [fig.] grosseiro, desajeitado; 3 [fig.] rígido; 4 [fig.] inexpressivo; ~ *smiles* sorrisos inexpressivos; 5 [fig.] pouco esperto, estúpido ❖ ~ *hammer* macete; ~ *horse* cavalo de Tróia; ~ *jambage* grade de porta; ~ *rammer* maço de calceteiro; ~ *shoes* tamancos; ~ *walls* navios de guerra; ~ *jamb of a door* prumo de mão; ~ *straight edge* régua de madeira; [coloq.] *to get the* ~ *spoon* ser classificado em último lugar

woodenhead ['wʊdənhed] s. [coloq., depr.] (pessoa estúpida) cepo_fig_

woodenly ['wʊdənlɪ] adv. 1 desajeitadamente, grosseiramente; 2 inexpressivamente; 3 estupidamente

woodenness ['wʊdənəs] s. 1 inexpressividade; 2 falta de graça; 3 rigidez; 4 estupidez

woodland ['wʊdlənd] s. bosque; mata; região arborizada ❖ ~ *nymph* ninfa dos bosques; ~ *scenery* paisagem arborizada

woodlander ['wʊdləndə] s. 1 habitante dos bosques; 2 homem do mato

woodlouse ['wʊdlaʊs] s. ZOOLOGIA bicho-de-conta

woodman ['wʊdmən] s. (pl. **-men**) 1 lenhador; 2 guarda-florestal

woodnote ['wʊdnəʊt] s. [poét.] som natural, canto de ave

woodpecker ['wʊdpekə] s. ZOOLOGIA pica-pau ❖ *green* ~ peto-real

woodruff ['wʊdrʌf] s. BOTÂNICA aspérula

woodrush ['wʊdrʌʃ] s. BOTÂNICA lúzula

woodshed ['wʊdʃed] s. telheiro para guardar lenha ou madeira

woodsman ['wʊdzmən] s. (pl. **-men**) 1 habitante das florestas; 2 frequentador de florestas; 3 silvícola

woodwaxen ['wʊdwəksən] s. BOTÂNICA piorno-dos-tintureiros

woodwind ['wʊdwɪnd] s. MÚSICA madeiras, instrumentos de sopro de madeira numa orquestra

woodwork ['wʊdwɜːk] s. 1 trabalho em madeira, obra de madeira; 2 (actividade) carpintaria; marcenaria; 3 madeiramento

woodworker ['wʊdwɜːkə] s. 1 carpinteiro, marceneiro; 2 entalhador

woodworking ['wʊdwɜːkɪŋ] s. 1 carpintaria; trabalho em madeira; 2 obra de madeira ❖ ~ *machine* máquina de trabalhar madeira; ~ *tool* ferramenta para trabalhos em madeira

woodworm ['wʊdwɜːm] s. caruncho, carcoma ❖ *this has got* ~ isto está caruncho

woody ['wʊdɪ] Ⓐ adj. (comp. **-ier**, superl. **-iest**) 1 arborizado, abundante em árvores; 2 cheio de árvores; 3 lenhoso; *the woody parts of a plant* as partes lenhosas de uma planta; 4 silvestre, silvático, silvano Ⓑ s. [EUA] [cal.] (ofensivo) pénis erecto

wooer ['wuːə] s. 1 galanteador; 2 pretendente

woof [wuːf] Ⓐ s. 1 (cão) latido, au-au; 2 (tecelagem) trama Ⓑ v.intr. latir, ladrar

wooing ['wuːɪŋ] Ⓐ adj. 1 cortejador, galanteador; 2 que faz a corte; 3 pretendente Ⓑ s. 1 acto de cortejar, de fazer a corte; 2 namoro; 3 pedido de casamento

wooingly ['wuːɪŋlɪ] adv. cortejadoramente

wool [wʊl] s. 1 lã; fio de lã; *carding* ~ lã cardada; *knitting* ~ lã de tricotar; *pelt* ~ lã de animais de açougue; *raw* ~ lã churda; 2 (de animal) pêlo; 3 cabeleira espessa e encaracolada; 4 penugem ❖ ~ *ball* novelo de lã; ~ *cloth* tecido de lã; ~ *comb* pente de cardador; ~ *comber* cardador de lã; ~ *content* percentagem de lã; ~ *fabric* tecido de lã; ~ *fat* suarda; lanolina; ~ *fell* pele de carneiro; ~ *fibre* fibra de lã; ~ *oil* lanolina; ~ *staple* mercado de lãs; ~ *stapler* negociante de lã; ~ *yarn* fio de lã; *waste* ~ refugo de lã; *a merchant in the* ~ *trade/a* ~ *merchant* um comerciante de lãs; *against the* ~ a contrapelo; *much cry and little* ~ muito barulho para nada; muita parra e pouca uva; *the* ~ *industry* a indústria da lã; *to dye in the* ~ tingir no fio; *to go for* ~ *and come home shorn* ir buscar lã e ser tosquiado; *to keep one's* ~ *on* não se zangar; conservar-se calmo; *to lose one's* ~ zangar-se; *to pull the* ~ *over sb's eyes* enganar alguém; deitar areia aos olhos de alguém

woold [wuːld] v.tr. NÁUTICA trincar cabo em volta de mastro de diferentes peças para o firmar

woolder ['wuːldə] s. braço de manivela

woolding ['wuːldɪŋ] s. NÁUTICA arreatadura, roca

wool-gathering ['wʊlˌɡæðərɪŋ] Ⓐ adj. 1 distraído; 2 absorto Ⓑ s. 1 distracção; 2 devaneio ❖ *to be* ~ [coloq.] andar nas nuvens; estar na lua

woolgrowing ['wʊlˌɡrəʊɪŋ] s. produção de lã de carneiro

woolled [wʊld] adj. 1 com lã; 2 coberto de lã

woollen ['wʊlən] Ⓐ adj. de lã; feito de lã; ~ *cloth* tecido de lã; ~ *goods* artigos de lã; ~ *stockings* meias de lã Ⓑ s. 1 VESTUÁRIO lanifício; 2 tecido ou fazenda de lã ❖ ~ *draper* vendedor de tecidos de lã

woollens ['wʊlənz] s.pl. malhas; roupa de lã

woolliness ['wʊlɪnəs] s. 1 lanosidade, natureza lanosa; 2 [coloq.] (estilo, raciocínio, etc.) imprecisão

woolly [wʊlɪ] Ⓐ adj. (comp. -ier, superl. -iest) 1 de lã; 2 lanoso; 3 coberto de lã; 4 com pêlo semelhante a lã; 5 BOTÂNICA com penugem; 6 [fig.] (voz) rouco; ~ *voice* voz rouca; 7 [fig.] pouco nítido, indeciso, confuso; ~ *style* estilo pouco incisivo; 8 [cal.] estúpido, tapado Ⓑ s. (pl. -ies) 1 VESTUÁRIO [coloq.] malha; 2 VESTUÁRIO [coloq.] agasalho de malha ❖ ~ *clouds* nuvens com o aspecto de algodão; *the* ~ *flock* as ovelhas; os carneiros; [EUA] [coloq.] *wild and* ~ rude; casca-grossa; grosseiro

woolly-haired [ˌwʊlɪ'heəd] adj. de cabelo crespo

woolly-headed [ˌwʊlɪ'hedɪd] adj. 1 confuso, turvo, vago; 2 (cabelo) crespo

woolpack ['wʊlpæk] s. fardo de lã

woolsack ['wʊlsæk] s. 1 saco de lã; 2 (Câmara dos Lordes) almofada em que se senta o Lorde Chanceler ❖ (Câmara dos Lordes) *to reach the* ~ chegar a Lorde Chanceler; (Câmara dos Lordes) *to take seat on the* ~ abrir a sessão

wool-sorter ['wʊlˌsɔːtə] s. seleccionador de lã ❖ *wool-sorter's disease* antraz

woolwork ['wʊlwɜːk] s. 1 trabalho de lã; 2 tapeçaria

woorali [wʊˈrɑːlɪ] s. BOTÂNICA curare

woorara [wʊˈrɑːrə] s. ⇒ **woorali**

wootz [wuːts] s. aço especial fabricado na Índia e importado na Europa e América para ferramentas cortantes

woozy ['wuːzɪ] adj. (comp. -ier, superl. -iest) 1 [coloq.] tonto, atordoado; 2 [coloq.] confuso

wop [wɒp] s. [EUA] [cal.] (ofensivo) imigrante italiano

Worcs. [abrev. de Worcestershire]

word [wɜːd] Ⓐ s. 1 palavra; vocábulo; termo; [coloq.] *big words* palavras caras; 2 (discurso, comunicação) palavra(s); expressão; frase; *in a* ~ numa palavra; *in other words* por outras palavras; *in the words of* segundo a expressão de, como disse; *he is a man of few words* é um homem de poucas palavras; *I can't get a* ~ *out of him* não consigo arrancar-lhe uma palavra; 3 informação; *we have* ~ *that he will arrive tomorrow* fomos informados de que ele chega amanhã; 4 (garantia, promessa) palavra (de honra); *he is a man of his* ~ ele é um homem de palavra; *he was better than his* ~ ele foi além do prometido; *to break one's* ~ faltar à palavra; *to give one's* ~ dar a sua palavra; *to keep one's* ~ cumprir a palavra dada; *upon my word!* palavra de honra!; 5 aviso; 6 ordem, sinal; *to give the* ~ *to* dar ordem para, dar o sinal de, indicar; 7 palavra de ordem; 8 santo-e-senha; 9 pl. texto, letra Ⓑ v.tr. 1 verbalizar; exprimir; 2 formular; frasear; *that might be differently worded* isso podia ter sido dito de modo diferente; 3 redigir; escrever ❖ (palavra) ~ *accent* acento tónico; ~ *blindness* dislexia; MEDICINA ~ *deafness* afasia de recepção; ~ *splitting* rabulice; sofística; *as good as one's* ~ de confiança; em que se pode confiar; *big words* jactância; fanfarronice; *book of words* libreto; *by* ~ *of mouth* oralmente; *in so many words* literalmente; exactamente; (novidade) *the last* ~ *in cars* a última palavra em automóveis; *the last* ~ *on a subject* a última palavra sobre um assunto; *to a* ~ à letra; *too silly for words* de uma estupidez indescritível; ~ *for* ~ *translation* tradução literal; tradução palavra por palavra; *a truer* ~ *was never spoken* nunca se disse nada mais acertado; *a* ~ *to the wise is enough* para bom entendedor meia palavra basta; *fair words butter no parsnips* palavras bonitas não enchem barriga; *hard words break no bones* não é com vinagre que se apanham moscas; *he does not know a* ~ *of Portuguese* ele não sabe uma palavra de português; *it is a* ~ *and a blow with him* ele junta a acção à palavra; é uma pessoa impetuosa; *send me* ~ *as soon as possible* mande-me dizer o mais depressa possível; *to coin a new* ~ criar um neologismo; *to eat one's words* engolir as palavras; retractar-se do que se disse; pedir desculpa; *to have a* ~ *with sb* trocar duas palavras com alguém; *to have words with sb* discutir com alguém; *to put in a (good)* ~ *for/to say a (good)* ~ *for* falar a favor de; *to put one's* ~ *in* intervir; *to put sth into words* tentar exprimir algo; *to repeat* ~ *for* ~ repetir textualmente; repetir palavra por palavra; *to take sb at his* ~ confiar em alguém; acreditar em alguém; *to translate* ~ *for* ~ traduzir palavra por palavra; *words are but wind* palavras leva-as o vento; *words fail me to express...* nem tenho palavras para exprimir...; *you have taken the very words out of my mouth* tiraste-me as palavras da boca

Word [wɜːd] s. 1 RELIGIÃO Evangelhos; *to preach the* ~ pregar o Evangelho; 2 RELIGIÃO verbo divino; palavra de Deus; *the* ~ *of God* a palavra de Deus; (Bíblia) *the* ~ *was made flesh* o Verbo divino fez-se homem

wordbook ['wɜːdbʊk] s. vocabulário; léxico; dicionário

wordily ['wɜːdɪlɪ] adv. prolixamente; verbosamente

wordiness ['wɜːdɪnəs] s. prolixidade; verbosidade

wording ['wɜːdɪŋ] s. 1 expressão, formulação; estilo, redacção; 2 texto, enunciado; 3 palavras, linguagem; 4 (gravura) legenda

wordless ['wɜːdləs] adj. 1 sem palavras; 2 mudo

wordmonger ['wɜːdmʌŋɡə] s. [ant.] fala-barato; indivíduo verboso para quem só as palavras interessam

word-perfect ['wɜːdˌpɜːfɪkt] adj. 1 que sabe muito bem o seu papel; com perfeito conhecimento do texto; 2 exacto, absolutamente correcto

wordplay ['wɜːdpleɪ] s. 1 trocadilho; 2 jogo(s) de palavras

wordscape ['wɜːdskeɪp] s. panorama verbal

wordy ['wɜːdɪ] adj. (comp. -ier, superl. -iest) verboso, prolixo, palavroso ❖ ~ *warfare* luta de oratória

wore [wɔː] prt. de **to wear**

work [wɜːk] Ⓐ s. 1 trabalho; ~ *done* trabalho realizado; 2 faina, labor, lida; 3 esforço; actividade; laboração; *factory at* ~ fábrica em laboração; *to be hard at* ~ estar em plena actividade; 4 actuação; 5 funcionamento; 6 obra; *carved* ~ obra de talha; *the works of Byron* as obras de Byron; ~ *of genius* obra de génio; *works of art* obras de arte; 7 fadiga, diligência; 8 ocupação, profissão, emprego, ofício; 9 função; 10 tarefa; 11 utensílios de trabalho; 12 lavor; 13 pl. fábrica; oficina; serviços; *chemical works* fábrica de produtos químicos; *to set up a works* montar uma fábrica; 14 pl. maquinaria, mecanismo; *the works of a watch* o mecanismo de um relógio; *sth must be wrong with the works* há qualquer coisa que não está bem com o mecanismo; 15 pl. obras de defesa, fortificação, etc.; *the Office of Works* o Departamento das Obras Públicas Ⓑ v.tr.,intr. (prt. e part. pass. **worked**) 1 trabalhar; *to* ~ *for an end* trabalhar para atingir um fim; *to* ~ *hard* trabalhar muito, trabalhar duramente; *to* ~ *like a beaver* trabalhar como um mouro, trabalhar duramente; *to* ~ *oneself to death* matar-se com trabalho; 2 estar em actividade; (estar a) funcionar; *all these tools* ~ *by compressed air* todas estas ferramentas funcionam com ar comprimido; *everything is working smoothly* tudo funciona

normalmente; **3** fazer efeito; resultar, dar resultado; funcionar; *he doesn't think your idea will ~* ele não acha que a tua ideia vá resultar; *now let it ~* agora é deixar que a coisa produza os seus efeitos; *that won't ~* isso não dá resultado; **4** manejar; manobrar; *to ~ a machine* manejar uma máquina; **5** accionar; fazer andar; pôr em funcionamento; pôr em movimento; fazer trabalhar; *to ~ a crane by electricity* fazer funcionar uma grua electricamente; **6** resolver; **7** calcular; *to ~ a sum* calcular uma soma; **8** dirigir; estar encarregado de; administrar; *to ~ a farm* dirigir uma quinta; **9** explorar; *to ~ a mine at a profit* explorar uma mina com lucro; **10** realizar, produzir, fazer; *to ~ wonders* fazer milagres; **11** manufacturar; fabricar; **12** causar; provocar; *to ~ mischief* causar grande mal; *to ~ the ruin of* provocar a ruína de; **13** conseguir pouco a pouco ou com dificuldade; **14** (ferro) bater, forjar; **15** (pedra) martelar, talhar; **16** misturar; **17** fermentar; *the yeast is beginning to ~* a levedura começa a fermentar; **18** actuar [**on**, sobre]; influir [**on**, em]; **19** convencer; **20** agitar-se, estar agitado; **21** bordar, lavrar; *to ~ one's initials on a handkerchief* bordar as iniciais num lenço; **22** pagar com trabalho em vez de dinheiro; *to ~ one's passage* pagar a passagem com trabalho a bordo em vez de dinheiro; **23** mexer os dedos nervosamente ❖ *~ box* caixinha de costura; *~ clothes* roupa de trabalho; fato de trabalho; ELECTRICIDADE *~ current* corrente de funcionamento; *works manager* director técnico; *effective ~ potência* útil; *all in the day's ~* normal; usual; *at ~* ocupado; em trabalho; *out of ~* sem ter que fazer; sem trabalho; *all ~ and no play makes Jack a dull boy* trabalhar sem descanso embrutece; *he has worked his story into full-sized novel* ele transformou a história num romance de corpo inteiro; *he is hard to ~ with* é difícil lidar com ele; *he isn't working now* ele agora está desempregado; *he worked the stone into place* ele pouco a pouco pôs a pedra no lugar; *his partner works the Liverpool district* o sócio dele está encarregado da região de Liverpool; *I have my ~ cut out* vou ter que fazer; [coloq.] *I'll ~ it if I can* vou ver se arranjo isso; *it is a ~ of time* leva uma porção de tempo; *many hands make light ~* quando todos ajudam nada custa; *our forces worked round them* as nossas forças cercaram-nos pouco a pouco; *the poison is doing its ~* o veneno está a produzir efeito; *the rain worked through the roof* a chuva penetrou pouco a pouco no telhado; *the trout worked up the stream* as trutas subiam o rio com dificuldade; *the wheel works on an axle* a roda trabalha em torno de um eixo; *time has worked (wrought) many changes* o tempo operou muitas modificações; *to get the most ~ out of a machine* tirar o máximo de rendimento de uma máquina; *to get to ~* começar a trabalhar; *to make short ~ of* acabar rapidamente; terminar rapidamente; *to ~ a change in* produzir uma mudança em; alterar; *to ~ clay* amassar o barro; (peça de máquina, etc.) *to ~ loose* ficar com folga; soltar-se; *to ~ one's fingers to the bone* matar-se a trabalhar; *to ~ sb into a rage* pôr alguém furioso; irritar alguém
- **work against** v.tr. prejudicar
- **work around/round** v.tr.,intr. **1** (problema, situação) dar a volta a, solucionar; **2** virar; *the wind has worked round* o vento mudou de direcção ❖ *what are you working round to?* onde é que queres chegar?
- **work at** v.tr. investir muito trabalho em; *to ~ a poem* trabalhar um poema
- **work away** v.intr. trabalhar intensamente, continuar a trabalhar [**at**, em]
- **work down** v.intr. deslizar, descer pouco a pouco, cair
- **work in** v.tr.,intr. **1** introduzir; inserir; **2** juntar; integrar; **3** arranjar lugar ou tempo para; **4** encaixar; **5** mencionar; **6** penetrar pouco a pouco; **7** coincidir, harmonizar-se [**with**, com]
- **work off** v.tr. **1** livrar-se de; **2** (dívida) trabalhar para pagar; **3** (calorias, etc.) queimar; **4** descarregar; *he works off old jokes on us* ele impinge-nos piadas já velhas; *to ~ one's bad temper on sb* descarregar a fúria em alguém ❖ *to ~ stress* descomprimir
- **work out** Ⓐ v.tr. **1** calcular; *to ~ an azimuth* calcular um azimute; **2** resolver; arranjar solução para; **3** planear; elaborar; **4** perceber, entender; **5** (energia, fúria) descarregar; **6** esgotar; *that gold mine is now worked out* aquela mina de ouro está esgotada; *to ~ a mine* esgotar uma mina Ⓑ v.intr. **1** DESPORTO fazer exercício; **2** (quantia) ficar [**at**, por/em]; *it works out at 20 euros a year* fica por 20 euros por ano; *the amount works out at £49* a quantia perfaz 49 libras; **3** resolver-se; acabar bem; *it is impossible to tell how the situation will ~* é impossível prever como as coisas se resolverão ❖ *his shirt has worked out* a camisa saiu-lhe para fora das calças; *to ~ one's time* cumprir uma pena de prisão; cumprir o tempo de aprendizagem
- **work over** v.tr. **1** [coloq.] dar uma sova a; **2** voltar a fazer; **3** investir muito trabalho em; **4** examinar cuidadosamente
- **work through** v.tr.,intr. **1** trabalhar sem parar; **2** influenciar, afectar; **3** avançar (em); **4** (problema, situação) lidar com, resolver ❖ *to work (one's way) through college* trabalhar para pagar os estudos universitários
- **work to** v.tr. **1** chegar a; *to ~ a conclusion* chegar pouco a pouco a uma conclusão; **2** seguir, proceder de acordo com; **3** (prazo, orçamento) trabalhar para
- **work towards** v.tr. trabalhar para; esforçar-se para conseguir
- **work up** Ⓐ v.tr. **1** enervar; **2** excitar; **3** aumentar; desenvolver; *to ~ a reputation* criar pouco a pouco uma reputação; *to ~ an appetite* ficar cheio de fome; **4** instigar, incitar; provocar; *to ~ a rebellion* instigar uma rebelião Ⓑ v.intr. aumentar; intensificar-se
- **work up to** v.tr. **1** alcançar gradualmente; **2** preparar-se para; **3** tentar chegar a ❖ *I knew they were working up to sth* eu sabia que eles andavam a preparar alguma; *what is she working up to?* onde é que ela quer chegar?

workability [wɜːkəˈbɪlɪtɪ] s. **1** manejabilidade; **2** viabilidade, exequibilidade; **3** (mina) possibilidade de exploração

workable [ˈwɜːkəbəl] adj. **1** viável, exequível, praticável; *~ scheme* projecto realizável; **2** manejável, manobrável; **3** maleável; **4** em bom estado de funcionamento; *to put a ship in a ~ state* pôr um navio em bom estado de funcionamento; **5** (mina) explorável; *the mine was no longer ~* a mina já não podia ser explorada ❖ *it's just not ~* isso não vai dar resultado; isso não vai funcionar

workableness [ˈwɜːkəbəlnəs] s. ⇒ **workability**

workably [ˈwɜːkəblɪ] adv. **1** de modo manejável; **2** de maneira realizável

workaday [ˈwɜːkədeɪ] adj. **1** diário, de todos os dias; **2** rotineiro; quotidiano; **3** prosaico ❖ *~ clothes* roupa de trabalho

workaholic [wɜːkəˈhɒlɪk] s. trabalhador compulsivo; fanático do trabalho

workbag [ˈwɜːkbæɡ] s. cesto de costura

workbasket [ˈwɜːkˌbɑːskɪt] s. cesto de costura

workbench [ˈwɜːkbentʃ] s. (carpintaria, mecânica) banca de trabalho; bancada de trabalho

workbook [ˈwɜːkbʊk] s. **1** (escola) livro de exercícios; **2** manual de instruções; **3** registo de trabalho (feito ou a fazer)

workday [ˈwɜːkdeɪ] s. dia de trabalho, dia útil

worker [ˈwɜːkə] s. **1** trabalhador; **2** operário; **3** (abelha) obreira; *~ bee* obreira ❖ *research ~* investigador; *the workers* os trabalhadores; as classes operárias; *to be a hard ~* trabalhar muito; dedicar-se muito ao trabalho

workflow [ˈwɜːkfləʊ] s. ritmo de trabalho ❖ *~ planning* plano/planeamento de trabalho

workforce [ˈwɜːkfɔːs] s. **1** (empresa) pessoal; mão-de-obra; **2** (país) população activa

workhorse [ˈwɜːkhɔːs] s. besta de carga, burro de carga ❖ *to be a ~* trabalhar como um burro, como um escravo

workhouse [ˈwɜːkhaʊs] s. **1** albergue; asilo; **2** casa de correcção

working [ˈwɜːkɪŋ] Ⓐ adj. **1** trabalhador; que trabalha; **2** de trabalho; laboral; **3** (população) activo; **4** que funciona; **5** (feições, boca) agitado, que se contrai ou contorce Ⓑ s. **1** trabalho; obra; **2** funcionamento; **3** manejo; manobra; **4** fermentação; **5** (feições) agitação, contracção; **6** progresso lento e difícil; **7** mina; **8** pedreira; **9** lavra; **10** influência; **11** solução, cálculo ❖ *~ capital* capital de exploração; *~ costs* despesas de serviço; ELECTRICIDADE *~ current* corrente de regime; *~ day* dia de trabalho; *~ drawing* desenho de produção; *~ expenses* despesas gerais; *~ knowledge* conhecimentos básicos; conhecimentos na óptica do utilizador; *~ lunch* almoço de trabalho; *~ memory* memória de curto prazo; *~ model* modelo articulado; *~ party* grupo de trabalho; *~ out* execução; realização; cálculo; resolução; *~ speed* velocidade de regime; *~ theory* hipótese de trabalho; *~ depth in toothed gearing* profundidade de engrenagem; *~ parts of a*

working-class

machine partes móveis de uma máquina; *in ~ order* em funcionamento; pronto a funcionar; *the ~ class* a classe operária; *the workings of the mind* o funcionamento do cérebro; *to be difficult in the ~* ser difícil de pôr em prática; *usual ~ hours* horário normal de trabalho

working-class ['wɜːkɪŋklɑːs] *adj.* 1 pertencente à classe operária; 2 de classe baixa; de origem humilde

workless ['wɜːkləs] *adj.* sem trabalho

workload ['wɜːkləʊd] *s.* carga de trabalho; quantidade de trabalho

workman ['wɜːkmən] *s.* (*pl.* **-men**) trabalhador; operário; artífice; artesão; *a skilled ~* um operário especializado ❖ *workman's train* comboio operário; *workmen's compensation* pensão de invalidez; *workmen's dwellings* habitações para trabalhadores; *workmen's insurance* seguro para trabalhadores; *a bad ~ finds fault with his tools* o mau artista diz sempre mal da ferramenta; *a ~ is known by his chips* pela obra se conhece o artista; *the Workmen's Compensation Act* a lei sobre acidentes de trabalho

workmanlike ['wɜːkmənlaɪk] *adj.* 1 profissional; 2 consciencioso, honesto; 3 eficiente; 4 bem feito; bem acabado; *in a ~ manner* segundo as regras da arte, bem executado

workmanship ['wɜːkmənʃɪp] *s.* 1 trabalho; 2 execução; 3 acabamento, feitura; 4 obra feita; 5 arte, habilidade; 6 artesanato; 7 mão-de-obra ❖ *expert ~* trabalho de especialista; *fine piece of ~* belo trabalho; bela obra

workout ['wɜːkaʊt] *s.* 1 treino; 2 exercício físico; 3 teste

workpeople ['wɜːkpiːpəl] *s.pl.* trabalhadores, operários

workplace ['wɜːkpleɪs] *s.* local de trabalho

workroom ['wɜːkruːm] *s.* 1 oficina; 2 atelier; 3 sala de trabalho

worksheet ['wɜːkʃiːt] *s.* 1 (alunos) ficha de trabalho; 2 folha de rascunho; 3 registo

workshop ['wɜːkʃɒp] *s.* 1 oficina, atelier; 2 workshop; sessão de formação prática; 3 conferência prática

workshy ['wɜːkʃaɪ] *adj.* [coloq.] avesso ao trabalho, preguiçoso

workspace ['wɜːkspeɪs] *s.* posto de trabalho; área de trabalho

workstation ['wɜːksteɪʃən] *s.* 1 posto de trabalho; área de trabalho; 2 INFORMÁTICA terminal de computador

worktop ['wɜːktɒp] *s.* balcão de cozinha

work-to-rule [ˌwɜːktəˈruːl] *s.* [GB, Can.] greve de zelo

workwoman ['wɜːkwʊmən] *s.f.* (*pl.* **-women**) operária

world [wɜːld] Ⓐ *s.* 1 mundo; *all over the ~* em todo o mundo; *to make a journey round the ~* dar a volta ao mundo; 2 (área de actividade) mundo; domínio; universo; *the scientific ~* o mundo científico; *the ~ of business* o mundo dos negócios; 3 universo; 4 globo terrestre; 5 planeta; 6 continente; parte limitada do globo terrestre; 7 vida; *the ~ to come* a outra vida; *this ~ and the next* esta vida e a outra; 8 género humano, humanidade; 9 coisas materiais; 10 multidão, gente; 11 classe social; 12 vida mundana; alta sociedade; *the great ~* a alta sociedade; 13 (grande quantidade) infinidade; *a ~ of* uma infinidade de; *she has a ~ of things to tell you* ela tem uma infinidade de coisas para te contar; *that will do your children a ~ of good* isso fará imensamente bem aos teus filhos Ⓑ *adj.* mundial; do mundo; *~ championship* campeonato mundial; *~ war* guerra mundial; *a ~ power* uma potência mundial; *world's fair* feira mundial; *on a ~ scale* à escala mundial ❖ MÚSICA *~ music* música étnica; *~ old* muito velho; velho como o mundo; *~ politics* política internacional; INFORMÁTICA **World Wide Web** rede informática global; *~ without end* eternamente; por todos os séculos dos séculos; *a man of the ~* um homem que conhece o mundo; *all the ~ and his wife* toda a gente elegante; *for all the ~ like* exactamente como; absolutamente parecido com; *for the ~* de modo nenhum; por nada deste mundo; *out of this ~* excepcional; invulgar; extraordinário; *the animal ~* o mundo animal; *the lower ~* o Inferno; *the New World* o Novo Mundo; a América; *the Old World* o Velho Mundo; *to the ~* completamente; totalmente; *all's right with the ~* tudo corre o melhor possível; tudo está bem; [coloq.] *he doesn't know what in the ~ to do with it* ele não sabe de modo nenhum o que há-de fazer com isso; *he is not long for this ~* ele não tem muitos dias de vida; *I'd give the ~ to see her again* daria tudo para voltar a vê-la; *she was for all the ~ like...* ela era exactamente como...; *to be all the ~ to* ser tudo para; ser muito importante para; *to bring into the ~* gerar; dar à luz; *to carry the ~ before one* ser bem sucedido; ter êxito total; *to go to a better ~* morrer; *to have seen the ~/to know the ~* conhecer o mundo, ter grande experiência da vida; *to make the best of both worlds* conseguir conciliar duas coisas; *to think the ~ of sb* ter um elevado apreço por alguém; *what in the ~ was the matter with him?* que diabo tinha ele?; [coloq.] *who in the ~ is that fellow?* quem diabo é aquele tipo?

world-beater ['wɜːldbiːtə] *s.* 1 campeão; 2 vencedor

world-beating ['wɜːldbiːtɪŋ] *adj.* 1 extraordinário, excepcional, fantástico; 2 incomparável; 3 inexcedível, inultrapassável; 4 invencível

world-class [ˌwɜːldˈklɑːs] *adj.* 1 de nível internacional; 2 com carreira internacional

world-famous [ˌwɜːldˈfeɪməs] *adj.* mundialmente famoso, conhecido em todo o mundo

worldling ['wɜːldlɪŋ] *s.* pessoa mundana

worldly ['wɜːldlɪ] *adj.* (*comp.* **-ier**, *superl.* **-iest**) 1 mundano; 2 terreno; deste mundo; 3 temporal, material; *~ goods* bens materiais; 4 secular, profano ❖ *~ wisdom* conhecimento da vida; experiência do mundo

world-weary ['wɜːldˌwɪərɪ] *adj.* cansado da vida

worldwide [ˌwɜːldˈwaɪd] Ⓐ *adj.* mundial; universal; *~ fame* fama mundial Ⓑ *adv.* mundialmente; no mundo inteiro; universalmente

worm [wɜːm] Ⓐ *s.* 1 verme, bicho, lombriga, larva, minhoca, lagarta, caruncho, gorgulho, gusano, traça; 2 [fig., depr.] (indivíduo desprezível) verme; 3 QUÍMICA serpentina; *cooling ~* serpentina de refrigeração Ⓑ *v.tr.* 1 rastejar, arrastar-se como um verme; *to ~ along* arrastar-se vagarosamente; 2 conseguir ardilosa e perseverantemente; *to ~ a secret out of sb* conseguir arrancar um segredo a alguém; 3 destruir os vermes ou bichos de; *to ~ a flowerbed* destruir os vermes num canteiro de flores; 4 (buchas) tirar com saca-trapos; 5 purgar; 6 NÁUTICA engaiar ❖ [EUA] *~ fence* cerca em ziguezague; *~ fishing* pesca com minhoca; *~ gear* engrenagem sem-fim; *~ hole* buraco na madeira, fruta, etc. feito por bicho; *~ pipe* serpentina; *~ screw* parafuso sem-fim; *worm's eye view* plano filmado de baixo para cima; apanhado; *even a ~ will turn* até um verme reage quando pisado; (cadáver) *food for worms* pasto para vermes; *the ~ of conscience* o remorso; *to have a ~* ter uma ideia fixa; *to have worms* ter lombrigas

✦ **worm into** *v.tr.* penetrar pouco a pouco em, insinuar-se em; *to worm oneself/one's way into sb's confidence* insinuar-se na confiança de alguém

WORM INFORMÁTICA (CD) [*abrev. de* write once read many]

wormcast ['wɜːmkɑːst] *s.* dejecto de verme

worm-eaten ['wɜːmˌiːtn] *adj.* 1 comido pelo bicho; bichado; *~ timber* madeira bichada; 2 carunchoso; 3 degradado; decrépito; devoluto

wormed [wɜːmt] *adj.* 1 comido pelo bicho; bichento; 2 roscado

worming ['wɜːmɪŋ] *s.* 1 NÁUTICA acto de engaiar; 2 produção de furos em livros pelo bicho

wormseed ['wɜːmsiːd] *s.* BOTÂNICA (planta vermífuga) santonina, santónica

wormwood ['wɜːmwʊd] *s.* 1 BOTÂNICA absinto; artemísia 2 [fig.] coisa extremamente desagradável

wormy ['wɜːmɪ] *adj.* (*comp.* **-ier**, *superl.* **-iest**) 1 vermiforme; como um verme; 2 cheio de vermes; 3 bichento, bichoso; comido pelo bicho; 4 rastejante; 5 vil; servil

worn [wɔːn] Ⓐ *part. pass. de* **to wear** Ⓑ *adj.* 1 usado, gasto; 2 fatigado, cansado ❖ *~ with anxiety* consumido pela ansiedade

worn-out [ˌwɔːnˈaʊt] *adj.* 1 gasto, usado; 2 cansado, extenuado; 3 (ideia, etc.) banal, batido

worried ['wʌrɪd] *adj.* 1 preocupado; 2 aflito, atormentado; 3 aborrecido; 4 incomodado

worrier ['wʌrɪə] *s.* 1 ansioso; atormentado; 2 maçador; importunador, importuno; 3 causa de preocupação; 4 cão ou lobo que ataca os carneiros

worriment ['wʌrɪmənt] *s.* 1 ansiedade; 2 aborrecimento, incómodo, maçada, preocupação

worrisome ['wʌrɪsəm] *adj.* 1 aborrecido, incómodo; 2 arreliador; 3 importuno

worrisomely ['wʌrɪsəmlɪ] *adv.* 1 de maneira aborrecida ou incómoda; 2 arreliadoramente; 3 importunamente

worrit ['wʌrɪt] s.,v.tr.,intr. [coloq.] ⇒ **worry**

worry ['wʌrɪ] Ⓐ s. (pl. **-ies**) **1** cuidado, ansiedade, preocupação, inquietação, aflição, tormento; *money worries* preocupações de dinheiro; *life is full of worries* a vida está cheia de preocupações; **2** (cão) acto de atacar à dentada ou de sacudir com os dentes; **3** mordedura, laceração Ⓑ v.tr.,intr. **1** aborrecer, importunar, incomodar; *to ~ sb with* incomodar alguém com; *don't ~* não se incomode; *what is worrying you?* que é que te incomoda?; **2** incomodar-se; *to ~ about* incomodar-se com; *he has no cause to ~* ele não tem motivo para se incomodar; **3** afligir(-se); *to ~ oneself to death* matar-se com preocupações; **4** atormentar, causar ansiedade ou preocupação; **5** (cão) apanhar e sacudir com os dentes; **6** morder, dilacerar ❖ *I should worry!* quero lá saber!; *not to worry!* deixa lá!; *to ~ out a problem* atacar um problema até o resolver

◆**worry along** v.intr. continuar, apesar das preocupações

◆**worry at** v.tr. (questão, problema) tornar a discutir, tornar a examinar

worrying ['wʌrɪɪŋ] Ⓐ adj. **1** inquietante, preocupante, que aflige; **2** importuno; **3** (cão) que ataca o rebanho Ⓑ s. **1** preocupação, inquietação, aflição; **2** aborrecimento; **3** incómodo

worse [wɜːs] Ⓐ adj. **1** {comp. de **bad**, **ill**} pior; **2** {comp. de **bad**, **ill**} em pior situação; **3** {comp. de **bad**, **ill**} em pior estado Ⓑ adv. {comp. de **badly**} pior; *he behaves ~ than ever* ele comporta-se pior do que nunca Ⓒ s. **1** coisa pior; **2** pior estado, pior situação; **3** derrota; *the ~* derrota; *to have the ~* ser derrotado; *to put to the ~* derrotar ❖ *~ off* em pior situação; em piores condições; *~ and ~* cada vez pior; *he had an accident, but he's none the ~ for it* ele teve um acidente, mas nada sofreu; *she will like him none the ~ if he speaks frankly* ela não gostará menos dele se ele for franco; *so much the ~ for them* tanto pior para eles; *there was ~ to come* o pior estava para vir; *to change for the ~* mudar para pior; *to go from bad to ~* ir de mal a pior; *to make things ~* para piorar tudo; ainda por cima

worsen ['wɜːsən] v.tr.,intr. **1** piorar; **2** agravar(-se)

worsening ['wɜːsənɪŋ] s. agravamento

worship ['wɜːʃɪp] Ⓐ s. **1** adoração, veneração, culto; *to be an object of ~* ser objecto de adoração; **2** admiração, respeito, reverência, deferência; **3** honra Ⓑ v.tr.,intr. (particípios: **-pp-**) **1** adorar, prestar culto a; **2** tomar parte em cerimónias religiosas; *where does he worship?* a que igreja vai ele?; **3** venerar; **4** idolatrar, ter adoração por; *to ~ money* idolatrar o dinheiro; *he worships the ground she treads on* ele adora o próprio chão que ela pisa; **5** sentir grande respeito ou admiração por ❖ *~ of images* idolatria; *divine ~* culto divino; *hero ~* culto dos heróis; *place of ~* lugar de oração; templo; *public ~* exercício de culto; *freedom of ~* liberdade de culto; *to win ~* alcançar alta reputação; *to ~ the bottle* gostar da pinga

Worship ['wɜːʃɪp] s. [GB, Can.] (magistrado, presidentes de município) excelência; *your ~* vossa Excelência

worshipful ['wɜːʃɪpfʊl] Ⓐ adj. **1** venerando, venerável; (lojas maçónicas) *~ master* venerável irmão; **2** respeitável; **3** digno, honrado; *the ~ president* o digno presidente; **4** venerador, respeitador

worshipfully ['wɜːʃɪpfʊlɪ] adv. **1** veneravelmente; **2** honradamente; **3** respeitadoramente

worshipfulness ['wɜːʃɪpfʊlnəs] s. **1** venerabilidade; **2** respeitabilidade

worshipper ['wɜːʃɪpə] s. **1** RELIGIÃO devoto, fiel; **2** adorador; **3** fã; admirador ❖ *~ of idols* idólatra

worshipping ['wɜːʃɪpɪŋ] Ⓐ s. **1** adoração; **2** culto Ⓑ adj. **1** que venera; **2** de veneração

worst [wɜːst] Ⓐ adj. {superl. de **bad**, **ill**} pior (de todos) Ⓑ adv. {superl. de **badly**} da pior maneira Ⓒ s. **1** o pior; *to be prepared for the ~* estar preparado para o pior; **2** parte pior Ⓓ v.tr. bater, derrotar, levar a melhor sobre ❖ *at the ~* na pior das hipóteses; *if the ~ comes to the ~* na pior das hipóteses; *to come off ~* sair a perder; *to get the ~ of it* ser derrotado

worst-case ['wɜːstkeɪs] adj. com o pior resultado possível, pior possível, mais pessimista; *~ estimate* a pior estimativa possível, a estimativa mais pessimista; *~ scenario* a pior das hipóteses, o pior cenário possível, o cenário mais negro

worsted[1] ['wɜːstɪd] part. pass. de **to worst**

worsted[2] ['wʊstɪd] s. estambre, tecido ou fio de lã torcida ❖ *~ articles* artigos de lã; *~ socks* peúgas de lã

wort [wɜːt] s. **1** [geralm. só em compostos] erva, planta; **2** mosto de cerveja

worth [wɜːθ] Ⓐ adj. **1** com o valor de, no valor de; **2** merecedor, digno; **3** que vale a pena Ⓑ s. **1** valor, mérito, merecimento; *people of great ~* pessoas de grande merecimento; *he is a man of no ~* ele é uma nulidade; **2** excelência; **3** valia, importância, custo, preço; *a jewel of great ~* uma jóia de grande valor; *two shillings ~ of sugar* dois xelins de açúcar Ⓒ v.tr. [arc.] acontecer, suceder ❖ *a thing ~ having* uma coisa preciosa; *for all one is ~* com toda a energia; a dar tudo por tudo; *for what it's ~* se te serve de alguma coisa; sem qualquer garantia; *it is not ~ much* não vale grande coisa; *it is not ~ the trouble* não vale o incómodo; *that's hardly ~ troubling about* isso mal merece que nos incomodemos; *this book is ~ reading* vale a pena ler este livro; *to be ~ it* valer a pena; *whatever it may be ~* valha o que valer; *woe ~ the day!* maldito seja o dia!

worthily ['wɜːðɪlɪ] adv. **1** dignamente, justamente; **2** merecidamente

worthiness ['wɜːðɪnəs] s. **1** mérito, merecimento, valor; **2** valia; **3** excelência; **4** dignidade

worthless ['wɜːθləs] adj. **1** sem mérito, sem valor; **2** indigno, desprezível; **3** inútil; que não serve para nada; *a ~ fellow* um inútil; *to be ~* não servir de nada; ser inútil

worthlessly ['wɜːθləslɪ] adv. **1** indignamente, desprezivelmente; **2** inutilmente

worthlessness ['wɜːθləsnəs] s. **1** demérito; **2** falta de valor; **3** indignidade; **4** carácter desprezível

worthwhile ['wɜːθwaɪl] adj. **1** que vale a pena; *is it worthwile going there?* valerá a pena ir lá?; *to be ~* valer a pena; **2** meritório; merecedor; **3** proveitoso; compensador; *~ efforts* esforços compensadores

worthy ['wɜːðɪ] Ⓐ adj. (comp. **-ier**, superl. **-iest**) **1** merecedor [**of**, de]; *~ of respect* digno de respeito; *his behaviour is ~ of great praise* o comportamento dele merece grande louvor; **2** digno; respeitável, honrado; **3** meritório; *a ~ life* uma vida meritória; **4** conceituado; **5** merecido; condigno; *to receive a ~ reward* receber uma recompensa condigna Ⓑ s. (pl. **-ies**) notabilidade; sumidade; pessoa de distinção; personalidade ilustre ❖ *it is ~ of note that...* devemos notar que...; *to be ~ of...* merecer...; ser digno de...

wot [wɒt] pres. ind. de **to wit**

would [wʊd, wəd] v.aux.,mod. {prt. de **will**} *he said he ~ come* ele disse que viria; *I ~ that it were Sunday* quem dera que fosse domingo; *he could if he ~* ele poderia se quisesse; *he ~ have none of it* ele nem quis ouvir falar nisso; *I ~ I were a little bird!* quem me dera ser um passarinho!; *that's just what he ~ say* claro que ele não poderia dizer outra coisa; *the place where I ~ be...* o lugar onde eu gostaria de estar...; *~ it weren't so!* quem dera que não fosse assim!

would-be ['wʊdbiː] Ⓐ adj. **1** com pretensões a ser, que pretende ser; **2** aspirante a; **3** suposto, pretenso; *~ poet* pretenso poeta Ⓑ s. aspirante, candidato

wouldn't ['wʊdənt] contr. de **would not**

wouldst [wʊdst] [arc.] 2ª pes. sing. do prt. de **will**

wound[1] [wuːnd] Ⓐ s. **1** ferida; ferimento; *mortal ~* ferimento mortal; *to dress a ~* fazer o curativo a uma ferida; *to receive a ~* sofrer um ferimento; **2** lesão; **3** chaga; *the Five Wounds of Christ* as cinco chagas de Cristo; **4** [fig.] ofensa; vexame; *it was a ~ to his vanity* foi uma ofensa para a vaidade dele Ⓑ v.tr. **1** ferir; causar uma ferida a; *to ~ sb* ferir alguém; **2** golpear; **3** [fig.] ofender; magoar; *he was wounded in his pride* sentiu-se ferido no seu orgulho

wound[2] [waʊnd] prt. e part. pass. de **to wind**[2]

woundable ['wuːndəbəl] adj. **1** vulnerável; **2** que pode ser ferido

wounded ['wuːndɪd] Ⓐ adj. ferido; [fig.] *~ heart* coração ferido; *slightly ~* ligeiramente ferido Ⓑ s.pl. *the ~* os feridos

wounding ['wuːndɪŋ] adj. que fere

woundless ['wuːndləs] adj. ileso, não ferido

woundwort ['wuːndwɜːt] s. BOTÂNICA vulnerária

wove [wəʊv] {prt. de **to weave**} *~ paper* papel acetinado

woven ['wəʊvən] {part. pass. de **to weave**} *~ wire* fio trançado

wow [waʊ] Ⓐ interj. [coloq.] (surpresa, admiração) uau!; ena! Ⓑ v.tr. [coloq.] arrebatar, deslumbrar, levar ao rubro fig. Ⓒ s. [coloq.] grande êxito; grande sucesso

wowser ['waʊzə] s. 1 [Austr.] [coloq.] moralista, puritano; 2 [Austr.] [coloq.] desmancha-prazeres

WP Ⓐ [abrev. de weather permitting] Ⓑ INFORMÁTICA [abrev. de word processing] Ⓒ INFORMÁTICA [abrev. de word processor] Ⓓ DIREITO [abrev. de without prejudice]

WRAAF [abrev. de Women's Royal Australian Air Force]

WRAC [abrev. de Women's Royal Army Corps]

wrack [ræk] Ⓐ s. 1 alga marinha, sargaço, bodelha, botelha, carvalho-do-mar; 2 destruição, ruína; 3 nuvens levadas pelo vento Ⓑ v.tr.,intr. 1 [dial.] naufragar; 2 meter a pique, afundar; 3 dar à costa (por naufrágio); 4 inutilizar, destruir

WRAF [abrev. de Women's Royal Air Force]

wraith [reɪθ] s. 1 fantasma, espectro; 2 aparição do espírito de determinada pessoa pouco antes ou depois da sua morte

wrangle ['ræŋgəl] Ⓐ s. querela, questão, disputa, altercação, discussão, briga Ⓑ v.intr. brigar; discutir ruidosamente; barafustar; *to ~ over trifles* discutir por causa de ninharias; *what are they wrangling about?* por que é que eles estão a discutir?

wrangler ['ræŋglə] s. 1 polemista; argumentador; pessoa que está sempre a discutir ou a questionar; 2 indivíduo brigão; 3 (Cambridge) estudante que obteve distinção em matemática; *senior ~* primeiro classificado entre os distintos em matemática; 4 [EUA] vaqueiro

wranglership ['ræŋgləʃɪp] s. (Cambridge) obtenção de distinção em matemática

wrangling ['ræŋglɪŋ] Ⓐ adj. 1 altercador, conflituoso; 2 polemista; 3 argumentador; 4 que levanta questões Ⓑ s. 1 discussões; 2 brigas, rixas

WRANS [abrev. de Women's Royal Australian Naval Service]

wrap [ræp] Ⓐ s. 1 agasalho; 2 abafo; 3 manta de viagem; cobertor; 4 embalagem; embrulho Ⓑ v.tr.,intr. (particípios: **-pp-**) 1 cobrir, envolver; *to ~ (up) in (a) mystery* envolver em mistério; *to be wrapped in silence* estar envolto em silêncio; 2 embrulhar; *to ~ sth in paper* embrulhar qualquer coisa com papel; *the edges of the paper don't ~* as beiras do papel não chegam (para fazer o embrulho); (lojas) *shall I ~ it for you?* quer que embrulhe?, é para oferecer?; 3 agasalhar; 4 enrolar(-se); 5 sobrepor-se; 6 rodear; *the mountain top was wrapped in mist* o cume da montanha estava rodeado de névoa; 7 encobrir; ocultar; dissimular ❖ *morning ~* roupão; penteador; [coloq.] (fim de filmagens) *it's a ~* está pronto; *to keep sth under wraps* não revelar determinado projecto; manter determinado projecto em segredo

◆ **wrap up** Ⓐ v.intr. 1 agasalhar-se; *~ well!* agasalha-te bem!; 2 [coloq.] calar-se; fechar o bico Ⓑ v.tr. 1 embrulhar; *to be wrapped up in wool* estar embrulhado em lã; 2 concluir; terminar; fechar; *to ~ the deal* fechar negócio ❖ *to be wrapped up in* estar absorto em; *he is completely wrapped up in his work* ele está completamente absorto no seu trabalho; *he is wrapped up in his wife* ele é doido pela mulher

wrapover ['ræpəʊvə] adj. VESTUÁRIO de trespasse; *~ skirt* saia de trespasse, saia-envelope

wrappage ['ræpɪdʒ] s. 1 empacotamento; 2 papel de embrulho; 3 invólucro

wrapped [ræpt] adj. 1 embrulhado; 2 coberto, envolto; *~ in mystery* envolto em mistério; 3 absorto; *~ in thought* ensimesmado, absorto nos seus pensamentos, pensativo

wrapper ['ræpə] s. 1 invólucro; 2 papel ou tela de embrulho; 3 empacotador; 4 linhagem para fardos; 5 (livro) sobrecapa; 6 (jornal, revista) cinta; 7 VESTUÁRIO [ant.] penteador, bata

wrappering ['ræpərɪŋ] s. 1 papel ou tela de embrulho; 2 capa exterior de papel

wrapping ['ræpɪŋ] s. (pl. -s) 1 embrulho; 2 invólucro; 3 agasalhamento ❖ *~ machine* máquina de empacotar; *~ paper* papel de embrulho

wrapt [ræpt] adj. ⇒ **rapt**

wrap-up ['ræpʌp] s. 1 conclusão, remate; 2 resumo

wrasse [ræs] s. ZOOLOGIA (peixe) labro, bodião ❖ *cuckoo ~* bodião; canário; *ornate ~* peixe-verde; *striped ~* papagaio; bodião

wrath [rɒθ] s. ira; cólera; indignação ❖ RELIGIÃO (Bíblia) *vessels of ~* vasos da ira; *slow to ~* calmo; que não se encoleriza facilmente

wrathful ['rɒθfʊl] adj. colérico, irado, indignado

wrathfully ['rɒθfʊlɪ] adv. colericamente, iradamente, indignadamente

wrathfulness ['rɒθfʊlnəs] s. ira, indignação, cólera

wreak [riːk] v.tr. 1 satisfazer, desabafar, desafogar, saciar, vingar; *to ~ one's vengeance upon sb* vingar-se em alguém; 2 dar origem a, causar, desencadear ❖ *to ~ havoc* fazer estragos; semear destruição; *to ~ one's rage upon sb* descarregar a cólera sobre alguém

wreaking ['riːkɪŋ] s. acto de saciar ou satisfazer (vingança, cólera, etc.)

wreath [riːθ] s. 1 (forma, flores) coroa; *funeral ~* coroa fúnebre; *laurel ~* coroa de louros; 2 espiral, voluta; *a ~ of smoke* uma espiral de fumo; 3 faixa circular de nuvem; 4 [poét.] círculo de espectadores ou de dançarinos

wreathe [riːð] v.tr.,intr. 1 engrinaldar, coroar com grinalda; 2 entrelaçar flores e folhas; 3 fazer grinaldas de flores e folhas; 4 pôr em volta de, rodear, cingir, envolver; 5 subir em espiral; 6 enrolar-se, torcer-se, contrair-se; *the snaked wreathed itself round the tree* a serpente enroscou-se à volta da árvore ❖ *a face wreathed in smiles* um rosto sorridente e radiante

wreathing ['riːðɪŋ] s. 1 entrelaçamento, entrançamento; 2 redemoinho

wreck [rek] Ⓐ s. 1 ruína, destruição; 2 naufrágio; *to suffer ~* naufragar; *the storm caused many wrecks* a tempestade causou muitos naufrágios; 3 navio naufragado; 4 mercadorias, restos de navios naufragados lançados à praia; 5 destroço(s); *the shores are strewn with wrecks* as praias estão cheias de destroços; 6 [fig.] pessoa que é uma sombra daquilo que era; *she is a mere ~ of her former self* ela é apenas uma ruína daquilo que era Ⓑ v.tr.,intr. 1 fazer naufragar, causar o naufrágio de; 2 meter a pique; afundar; 3 naufragar; *the ship was wrecked* o navio naufragou; 4 destruir, demolir, danificar; 5 arruinar, arruinar-se; 6 (caminhos-de-ferro) fazer descarrilar; 7 perder-se ❖ *to ~ a total* um destroço; *everything is going to ~ and ruin* vai tudo por água abaixo; *the war wrecks* os inválidos de guerra; *to be a nervous ~* estar com os nervos em franja; *to ~ sb's plans* dar cabo dos planos de alguém

wreckage ['rekɪdʒ] s. 1 naufrágio; 2 restos de naufrágio; 3 salvados; 4 ruínas; escombros; 5 [fig.] destruição, ruína

wrecked [rekt] adj. 1 naufragado; 2 arruinado, em ruínas, em escombros; 3 destruído; devastado; *~ life* vida destruída; 4 [coloq.] exausto; 5 [cal.] podre de bêbedo; 6 [cal.] (drogas) pedrado ❖ *~ goods* objectos lançados à praia pelo mar

wrecker ['rekə] s. 1 provocador de naufrágios; 2 pessoa ou navio que procura recuperar navio naufragado ou a sua carga; 3 provocador de desastres ferroviários ou de viação; 4 comboio de desobstrução e remoção de destroços depois de acidente ferroviário; 5 (acidentes de viação) carro-reboque; 6 demolidor de prédios; 7 salvador ou negociante de destroços ou restos de naufrágios

wrecking ['rekɪŋ] Ⓐ adj. 1 de salvamento, de socorro; 2 relativo a demolição ou destruição Ⓑ s. 1 salvamento de navios naufragados; 2 provocação de naufrágios; 3 desempanamento, desempanagem; 4 destruição; 5 descarrilamento provocado; 6 demolição ❖ *~ car* automóvel de desempane, reboque

wren [ren] s. ZOOLOGIA carriça, carricinha, esconderijeira

Wren [ren] s.f. membro do *Women's Royal Naval Service*

wrench [rentʃ] Ⓐ s. (pl. **-es**) 1 puxão, sacão forte, repelão; 2 súbito e violento movimento de torção; *to give sth a ~* torcer violentamente qualquer coisa; 3 deslocação, luxação, distensão, entorse; *to give a ~ to one's ankle* fazer uma entorse no tornozelo; 4 [fig.] (separação, partida) sofrimento, dor; 5 MECÂNICA chave inglesa, chave de porcas; *adjustable ~* chave de porcas múltipla Ⓑ v.tr. 1 puxar ou torcer violentamente; 2 provocar uma entorse ou luxação; deslocar; *to ~ one's ankle* torcer o tornozelo; *to ~ one's shoulder* deslocar um ombro; 3 (factos, sentido de frase, etc.) falsear, forçar, deturpar; 4 destroçar, partir o coração de [fig.] ❖ *he wrenched the door open* ele abriu a porta violentamente; *she wrenched herself free* ela libertou-se com um sacão; *to ~ off/out* arrancar violentamente

wrenched [rentʃt] adj. 1 torcido, arrancado; 2 luxado

wrenching ['rentʃɪŋ] s. 1 acto de arrancar ou de torcer; 2 torção

wrest [rest] Ⓐ s. 1 torção violenta; 2 sacão, puxão; 3 chave de afinador de pianos Ⓑ v.tr. 1 puxar ou arrancar violentamente; sacar; tirar; 2 [fig.] arrancar; conseguir à custa de grande esforço; *to ~ a confession from sb* arrancar uma confissão a alguém; *to ~ a living from barren land* arrancar o sustento a uma terra estéril; **3** (significado, factos, etc.) distorcer, forçar, desvirtuar, deturpar; *to ~ the law to suit oneself* forçar a lei para seu próprio benefício; *to ~ the sense of a passage* desvirtuar o sentido de um passo ❖ *~ block/~ plank* armação; cravelhame (de piano); *~ pin* cravelha

wrestle ['resəl] Ⓐ *s.* **1** corpo-a-corpo; **2** luta livre; **3** sessão de luta; **4** contenda, peleja Ⓑ *v.tr.,intr.* **1** lutar; combater; *to ~ with sb* lutar com alguém; *I'll ~ him for the prize* lutarei com ele para ver quem ganha o prémio; **2** lutar corpo a corpo; **3** travar combate de luta greco-romana; **4** engalfinhar-se, brigar; **5** [fig.] debater-se [with, com]; *to ~ with death* lutar contra a morte, debater-se com a morte; **6** trabalhar duramente [with, em]; esforçar-se intensamente [with, por] ❖ (adversário) *to ~ down* deitar por terra; derrubar; vencer; RELIGIÃO *to ~ in prayer/to ~ with God* orar fervorosamente; *to ~ together* lutar corpo a corpo; *to ~ with temptation* resistir às tentações

wrestler ['reslə] *s.* DESPORTO lutador

wrestling ['reslɪŋ] *s.* **1** DESPORTO luta livre; *all-in ~* luta livre; *Graeco-Roman ~* luta greco-romana; **2** luta; *~ with temptation* luta contra as tentações ❖ *~ match* combate

wretch [retʃ] *s.* (*pl.* **-es**) **1** desgraçado, infeliz, miserável; **2** patife, canalha, biltre; **3** maroto, marotinho ❖ *poor wretch!* pobre diabo!

wretched ['retʃɪd] *adj.* **1** miserável, desgraçado; *to lead a ~ existence* levar uma existência miserável; *~ weather* tempo miserável; **2** lamentável, deplorável; **3** desditoso, desventurado; deprimido, infeliz; *to feel ~* sentir-se deprimido, infeliz; ver tudo negro; **4** vil, desprezível; perverso, mau ❖ *~ health* saúde arruinada; *where is that ~ pen?* onde diabo está essa caneta?

wretchedly ['retʃɪdlɪ] *adv.* **1** miseravelmente, desditosamente; **2** infortunadamente, desventuradamente; **3** deploravelmente; **4** vilmente, infamemente ❖ *to be ~ ill* estar doente como um cão

wretchedness ['retʃɪdnəs] *s.* **1** miséria, desdita, infelicidade; **2** infortúnio, desventura; **3** depressão, pessimismo; **4** vileza, baixeza; **5** mau estado

wrick [rɪk] Ⓐ *s.* mau jeito, entorse; distensão; *to give oneself a ~* dar um mau jeito Ⓑ *v.tr.* **1** dar um jeito a; *to ~ one's back* dar um jeito nas costas; **2** torcer ❖ *~ in the neck* torcicolo

wriggle ['rɪgəl] Ⓐ *s.* **1** movimento coleante, movimento sinuoso; **2** torcedura, acto de torcer o corpo; **3** meneio; **4** sinuosidade Ⓑ *v.tr.,intr.* **1** torcer o corpo; menear(-se); **3** retorcer(-se); *to ~ like an eel* retorcer-se como uma enguia; **4** serpear, colear, mover-se sinuosamente; *to ~ one's way* avançar com movimentos coleantes; **5** conseguir, torcendo-se; *to ~ oneself free* conseguir libertar-se, torcendo-se; **6** introduzir, introduzir-se sorrateiramente ❖ *children sometimes ~ in their seats* por vezes, as crianças remexem-se quando estão sentadas; *the eel wriggled out of my hands* a enguia escapou-se-me das mãos; *the lizard wriggled up the wall* o lagarto rastejou pela parede acima; *their criticism made him ~* aquela crítica pô-lo pouco à vontade; *to ~ one's tail* agitar a cauda

◆ **wriggle out of** *v.intr.* libertar-se de; desprender-se de ❖ *to wriggle oneself out of a difficulty* escapar/safar-se de uma dificuldade à força de contorcionismos

wriggler ['rɪglə] *s.* **1** anelídeo, larva, verme que se desloca, contorcendo-se; **2** indivíduo que se insinua em toda a parte; **3** criança que não consegue estar quieta no seu lugar; **4** pessoa que está sempre com subterfúgios ou evasivas

wriggling ['rɪglɪŋ] Ⓐ *adj.* **1** que se remexe; **2** que se contorce; **3** vivo; **4** mexido Ⓑ *s.* **1** acto de se remexer, torcer ou contorcer; **2** meneio; **3** movimento coleante ou sinuoso; **4** deslocação idêntica à dos vermes

wriggly ['rɪglɪ] *adj.* **1** que se contorce; **2** irrequieto, desassossegado, agitado; **3** buliçoso, traquinas; **4** escorregadio

wright [raɪt] *s.* **1** [geralm. só em compostos] trabalhador; **2** artífice, artesão; **3** fabricante; **4** carpinteiro

wring [rɪŋ] Ⓐ *s.* **1** torção, acto de torcer; **2** torcedura; espremedura; *to give the clothes a ~* espremer a roupa, torcer a roupa; **3** apertadela, aperto; *~ of the hand* aperto de mão Ⓑ *v.tr.* (*prt. e part. pass.* **wrung**) **1** torcer, retorcer; (desespero, dor, etc.) *to ~ one's hands* torcer as mãos; *to ~ a chicken's neck* torcer o pescoço a um frango; **2** espremer; *to ~ (out) wet clothes* espremer, torcer roupa molhada; *you must ~ the water out of your swimming suit* esprema a água do teu fato de banho; **3** apertar, comprimir; *to ~ sb's hand* apertar a mão de alguém; **4** fazer sofrer, torturar, atormentar; **5** conseguir à força; arrancar; *to ~ a favour from sb* arrancar um favor a alguém; **6** extrair; **7** extorquir; **8** obter pouco a pouco com paciência e perseverança; **9** forçar ou desvirtuar o sentido de; *to ~ the truth* descobrir a verdade; *to ~ the words from their true meaning* deturpar o verdadeiro sentido das palavras ❖ *it wrings my heart to know...* confrange-me o coração saber...

wringer ['rɪŋə] *s.* secador de roupa (de rolos) ❖ *to put sb through the ~* fazer alguém passar um mau bocado

wringing ['rɪŋɪŋ] Ⓐ *adj.* **1** que confrange; **2** (dor) que oprime; **3** que torce Ⓑ *s.* **1** acto de espremer ou de torcer; **2** tormento ❖ *~ machine* máquina de espremer ou enxugar; *the wringings of conscience* os remorsos; *to be ~ wet* estar encharcado; (pessoa) estar molhado até aos ossos

wrinkle ['rɪŋkəl] Ⓐ *s.* **1** (pele) ruga; *the wrinkles on the face* as rugas do rosto; **2** (tecido, papel) dobra, prega, vinco; *to iron out the wrinkles in a dress* tirar com o ferro as rugas de um vestido; **3** rugosidade; **4** [fig.] imperfeição; falha; **5** (líquido) ondulação; **6** [coloq.] palpite, boa sugestão, conselho útil; *he put me up to a ~ or two* ele deu-me duas ou três indicações valiosas; *a new ~* uma ideia nova, uma sugestão original Ⓑ *v.tr.,intr.* **1** enrugar, fazer rugas; **2** enrugar-se, ficar cheio de rugas; **3** encarquilhar(-se); **4** franzir(-se); *to ~ (up) one's forehead* franzir a testa; **5** contrair(-se); **6** ondular; **7** encrespar-se ❖ *a smile wrinkled her face* um sorriso vincou-se-lhe no rosto; *to ~ up one's nose at* torcer o nariz a

wrinkled ['rɪŋkəlt] *adj.* **1** enrugado, com rugas; **2** rugoso

wrinkleless ['rɪŋkələs] *adj.* **1** sem rugas; **2** liso

wrinkling ['rɪŋklɪŋ] *s.* **1** enrugamento; acto de enrugar ou franzir; **2** rugas, rugosidades

wrinkly ['rɪŋklɪ] *adj.* **1** com rugas; enrugado; **2** rugoso

wrist [rɪst] *s.* **1** pulso; **2** (roupa) punho ❖ *~ bone* osso do carpo; *~ compass* bússola de pulso; *~ joint* articulação do pulso; *~ pin* cavilha de êmbolo; munhão da cruzeta; (teclado) *~ rest* apoio para os pulsos; (ténis, golfe) *~ stroke* golpe dado com o pulso

wristband ['rɪstbænd] *s.* (camisa) punho

wrist-drop ['rɪstdrɒp] *s.* paralisia dos extensores da mão

wristlet ['rɪstlɪt] *s.* **1** bracelete; **2** pulseira; **3** *pl.* algemas ❖ *~ watch* relógio de pulso

wristwatch ['rɪstwɒtʃ] *s.* relógio de pulso

writ [rɪt] Ⓐ *s.* **1** DIREITO decreto; mandado judicial; ordem, citação; *~ of attachment* mandado de penhora; *~ of error* recurso devido a erro; *~ of right* mandado de reintegração de posse; *~ of sequestration* sequestro judicial; *a ~ is out for his arrest* há um mandado de captura contra ele; *Holy Writ* Sagrada Escritura Ⓑ (*pret. e p. p. de* **write**) [arc.] escritura; *~ in water* que facilmente se esquece, efémero, transitório; [arc.] *~ large* em grandes letras

writable ['raɪtəbəl] *adj.* **1** que pode escrever-se; **2** que pode passar-se à escrita

write [raɪt] *v.tr.,intr.* (*prt.* **wrote**, *part. pass.* **written**, [arc.] *part. pass.* **writ**) **1** escrever; *the paper was written all over* o papel estava todo escrito; *to ~ for the papers* escrever para os jornais; *to ~ home* escrever para casa; *to ~ in one's own hand* escrever pela própria mão; *to ~ in pencil* escrever a lápis; *to ~ on both sides of the paper* escrever nos dois lados do papel; **2** redigir; **3** comunicar por escrito; **4** passar; *to ~ a cheque/a prescription* passar um cheque/uma receita (médica); **5** descrever; **6** ser escritor, ser autor; *to ~ for a living* ser escritor de profissão; **7** (carta, postal) dirigir; **8** dactilografar; **9** copiar; **10** MÚSICA compor ❖ *anxiety was written on her face* tinha a ansiedade estampada no rosto; *he writes himself Doctor* ele diz-se doutor; ele assina-se doutor; *to ~ a good hand* ter boa caligrafia

◆ **write away for** *v.tr.* encomendar por carta; mandar vir

◆ **write back** *v.tr.* responder à carta [to, de]; retribuir a carta [to, de]

◆ **write down** *v.tr.* **1** escrever; **2** registar; anotar, apontar; pôr por escrito; **3** (capital) reduzir; reduzir o valor nominal de; **4** (texto) simplificar

◆ **write in** Ⓐ *v.intr.* **1** (instituição, organização, etc.) escrever [to, para]; **2** mandar vir [for, -] Ⓑ *v.tr.* **1** (correcção, palavra, etc.) inserir; **2** [EUA] (reclamação, protesto) enviar à direcção

◆ **write off** Ⓐ *v.tr.* **1** desvalorizar; subestimar; **2** reduzir; *to ~ capital* reduzir capital; **3** anotar rapidamente; **4** eliminar, anular;

write-off

to ~ *a debt* eliminar uma dívida por ter sido liquidada, dar uma dívida como liquidada; **5** [GB] (veículo) danificar completamente, mandar para a sucata_coloq._ Ⓑ *v.intr.* escrever para uma organização, instituição, etc.
◆ **write out** Ⓐ *v.tr.* **1** escrever por extenso; **2** dizer por escrito, declarar por escrito; **3** preencher; *to* ~ *a cheque* preencher um cheque; **4** (personagem, cena) retirar de peça, filme, etc. Ⓑ *v.refl.* esgotar-se a escrever, esgotar-se com a escrita; *to write oneself out* esgotar-se como escritor
◆ **write up** *v.tr.* **1** descrever pormenorizadamente; escrever pormenorizadamente; *to* ~ *one's notes on a lecture* tomar notas pormenorizadas para uma conferência; **2** (diário, etc.) actualizar, pôr em dia; **3** [EUA] denunciar por escrito; **4** (livro, filme, etc.) fazer a crítica de; **5** escrever um texto elogioso sobre
write-off ['raɪtɒf] *s.* **1** carro para a sucata; **2** anulação por escrito
write-protected [raɪtprə'tektɪd] *adj.* INFORMÁTICA (CD-ROM, disquete) que não é regravável
writer ['raɪtə] *s.* **1** escritor; autor; *woman* ~ escritora; **2** articulista; **3** INFORMÁTICA gravador; *CD* ~ gravador de CDs; **4** [arc.] escrivão, amanuense ❖ *writer's block* bloqueio de criatividade; *writer's cramp/palsy* cãibra dos escritores; [Esc.] ~ *to the signet* notário; *the present* ~ o signatário; o autor destas linhas
write-up ['raɪtʌp] *s.* (*pl.* **-s**) **1** recensão; crítica; **2** (bens) sobrevalorização; avaliação excessiva; **3** [coloq.] elogio exagerado
writhe [raɪð] Ⓐ *s.* (dor, sofrimento) contorção; estremecimento Ⓑ *v.tr.,intr.* **1** contorcer(-se); torcer(-se); *to* ~ *in pain* contorcer-se de dor; **2** enroscar; enrolar; **3** avançar, serpeando; **4** [fig.] sentir-se profundamente ferido; *to* ~ *at an insult* sentir-se profundamente ferido com um insulto
writhing ['raɪðɪŋ] *s.* **1** contorções; **2** estremecimento
writing ['raɪtɪŋ] *s.* **1** escrita; **2** carreira literária; **3** letra, caligrafia; *to recognize sb's* ~ reconhecer a letra de alguém; **4** composição literária; **5** estilo; **6** inscrição, texto; **7** documento escrito; **8** composição musical; **9** *pl.* escritos, obra; *the writings of Plato* a obra de Platão ❖ ~ *cabinet* secretária; ~ *desk* escrivaninha; ~ *down* inscrição; redução de capital; ~ *ink* tinta de escrever; ~ *materials* materiais de escrita; ~ *pad* pasta de secretária; ~ *paper* papel para escrever; papel de carta; *agreement in* ~ acordo por escrito; *in my own* ~ pelo meu próprio punho; *the* ~ *on the wall* iminência de catástrofe; *the* ~ *profession* o ofício de escritor; *to answer in* ~ responder por escrito; *to commit to* ~ pôr por escrito
written ['rɪtən] {*part. pass. de* **to write**} escrito; por escrito; ~ *law* lei escrita; (escola) ~ *test* prova escrita; *to submit a* ~ *statement of a case* expor um caso por escrito ❖ *to be* ~ *all over one's face* estar na cara
WRNS [*abrev. de* Women's Royal Naval Service]
wrong [rɒŋ] Ⓐ *adj.* **1** incorrecto, falso, erróneo; **2** enganado, errado; **3** mau; malvado, injusto; **4** moralmente condenável; **5** impróprio, indevido, inconveniente; *a* ~ *expression* uma expressão imprópria; **6** ilegal; **7** em mau estado de funcionamento Ⓑ *adv.* **1** de modo moralmente condenável; **2** injustamente; **3** incorrectamente; **4** erroneamente, inconvenientemente; **5** ilegalmente; **6** mal; *to aim* ~ apontar mal; *to answer* ~ responder mal; *to do* ~ proceder mal Ⓒ *s.* **1** mal; **2** maldade; má acção; **3** iniquidade; injustiça; *to complain of one's wrongs* queixar-se das injustiças sofridas; *they have done me a great* ~ eles cometeram uma grande injustiça para comigo; **4** ofensa, afronta, injúria, agravo; **5** dano, prejuízo; **6** erro; **7** delito, crime; **8** transgressão Ⓓ *v.tr.* **1** tratar injustamente, ser injusto com; proceder mal com; *to be wronged* ser vítima de uma injustiça; **2** enganar; defraudar; **3** ofender, lesar, ultrajar, caluniar; **4** [arc.] (mulher) seduzir, desonrar, violar ❖ (telefone) ~ *number* engano; ~ *side out* do avesso; *in the* ~ *place* deslocado; fora do lugar; *it was* ~ *of you to do that* não foi correcto fazeres isso; *on the* ~ *side of fifty* com mais de cinquenta anos; *there is nothing* ~ *in it* não tem nada de mal; [ant.] *to be born on the* ~ *side of the blanket* nascer de relações extramatrimoniais; *to be born on the* ~ *side of the tracks* nascer nos bairros pobres da cidade; *to be in the* ~ estar em situação de culpa; estar enganado; *to be in the* ~ *box* estar em desvantagem; estar em posição difícil; *to be* ~ não ter razão; *to be* ~ *in the head* não regular bem da cabeça; *to do* ~ *to* proceder mal para com; *to get hold of the* ~ *end of the stick* ter uma ideia totalmente errada; [EUA] *to get in* ~ *with sb* cair no desagrado de alguém; *to get (sb/sth)* ~ interpretar mal (algo/alguém); não compreender (algo/alguém); *to get out of bed on the* ~ *side* acordar maldisposto; acordar mal-humorado; *to go* ~ correr mal; *to know right from* ~ distinguir entre o bem e o mal; *to lead sb* ~ desencaminhar/ enganar alguém; *to put sb in the* ~ lançar as culpas a alguém; *to say the* ~ *thing* dizer o que não se devia; *to take the* ~ *road* enganar-se na estrada; *what's* ~ *with you?* que é que se passa contigo?; *you can't go* ~ não há que enganar
wrongdoer ['rɒŋduːə] *s.* **1** malfeitor; **2** autor de uma injustiça; **3** culpado; **4** delinquente, transgressor
wrongdoing ['rɒŋduːɪŋ] *s.* **1** prática do mal; **2** malfeitoria, maldade; mal; **3** injustiça; **4** crime, infracção à lei; **5** pecado
wrongful ['rɒŋfʊl] *adj.* **1** injusto, injustificado; **2** ilegal, contra a lei; **3** prejudicial, nocivo; **4** ofensivo ❖ ~ *arrest* detenção arbitrária; ~ *dismissal* despedimento sem justa causa; ~ *trading* operações fraudulentas
wrongfully ['rɒŋfʊlɪ] *adv.* **1** injustamente, injustificadamente; **2** ilegalmente; **3** prejudicialmente
wrongfulness ['rɒŋfʊlnəs] *s.* **1** mal; **2** injustiça; **3** ilegalidade; **4** falsidade
wrong-headed [rɒŋ'hedɪd] *adj.* **1** irracional; **2** teimoso, obstinado; **3** incorrigível
wrong-headedly [rɒŋ'hedɪdlɪ] *adv.* **1** irracionalmente; **2** teimosamente, obstinadamente; **3** incorrigivelmente
wrong-headedness [rɒŋ'hedɪdnəs] *s.* **1** irracionalidade; **2** obstinação; **3** desatino
wrongly ['rɒŋlɪ] *adv.* **1** injustamente; ~ *accused* injustamente acusado; **2** injustificadamente; **3** indevidamente; **4** erradamente, erroneamente; equivocamente; incorrectamente; **5** mal; ~ *informed* mal informado ❖ *rightly or* ~ com razão ou sem ela
wrongness ['rɒŋnəs] *s.* **1** erro, inexactidão, lapso; **2** mal; **3** injustiça; **4** ilegalidade
wrong'un ['rɒŋən] *s.* [coloq.] mau tipo; patife; malandro
wropt [rɒpt] *adj.* [joc.] ⇒ **wrapt**
wrote [rəʊt] *prt. de* **to write**
wroth [rəʊθ, rɒθ] *adj.* [poét.] irado, indignado
wrought [rɔːt] Ⓐ [arc.] *prt. e part. pass. de* **to work** Ⓑ *adj.* **1** forjado; ~ *iron* ferro forjado; ~ *steel* aço forjado; ~ *iron pipe* tubo de ferro forjado; **2** batido; **3** lavrado; **4** trabalhado; **5** manufacturado; **6** talhado
wrought-up ['rɔːtʌp] *adj.* nervoso, agitado, excitado; ~ *nerves* nervos excitados; ~ *state* estado de excitação
wrung [rʌŋ] *prt. e part. pass. de* **to wring**
wry [raɪ] Ⓐ *adj.* (*comp.* **-ier** ou **-yer**, *superl.* **-iest** ou **-yest**) **1** irónico; sarcástico; sardónico; **2** (contrariedade) forçado; *a* ~ *smile* um sorriso forçado; **3** torcido, torto, retorcido; **4** de esguelha, enviesado, oblíquo; *a* ~ *look* um olhar de esguelha; **5** deformado; desvirtuado; **6** estranho Ⓑ *v.tr.,intr.* **1** entortar; **2** torcer(-se) ❖ *to make a* ~ *face* fazer uma careta; (reprovação) *to make a* ~ *mouth* franzir a boca; *to put a* ~ *sense upon sb's words* desvirtuar as palavras de alguém
wryly ['raɪlɪ] *adv.* **1** retorcidamente, tortamente; **2** obliquamente; de esguelha; **3** deformadamente; **4** desvirtuadamente; **5** de modo estranho; **6** ironicamente; sarcasticamente
wryneck ['raɪnek] *s.* **1** ZOOLOGIA torcicolo, papa-formigas; **2** (pescoço) torcicolo
wryness ['raɪnəs] *s.* **1** contorção, posição de esguelha ou enviesada; **2** deformação; **3** ausência de simetria
wt *forma abreviada de* **weight**
WTO [*abrev. de* World Trade Organization] OMC
wuss [wʊs] *s.* [cal.] (insulto) palerminha, patetinha, choninha
wussy ['wʊsɪ] *adj.* [cal.] (insulto) palerminha, patetinha, choninha
WV [*abrev. de* West Virginia]
WWF [*abrev. de* World Wide Fund for Nature] Fundo Mundial para a Natureza
WWW (Internet) [*abrev. de* World Wide Web]
wynd [waɪnd] *s.* [Esc.] rua estreita
Wyo. [*abrev. de* Wyoming]
Wyoming [waɪ'əʊmɪŋ] *s.top.* Wyoming
WYSIWYG INFORMÁTICA [*abrev. de* what you see is what you get] sistema de interacção entre o computador e o utilizador em que aquilo que se vê no ecrã corresponde ao que se pode obter na impressora
wyvern ['waɪvɜːn] *s.* ⇒ **wivern**

X

x [eks] Ⓐ *s. (pl.* **xs** ou **x´s**) **1** (letra) x, X; **2** MATEMÁTICA (primeira quantidade desconhecida) x Ⓑ *v.tr. (pret. e p. pass.* **x-ed**, *p. pres.* **x-ing**) **1** assinalar com um x; **2** fazer uma cruz sobre; **3** riscar com uma cruz
✦ **x out** *v.tr.* [EUA] (escrita) riscar com uma cruz; cortar com uma cruz
X [*abrev. de* Christ]
xanthate [ˈzænθeɪt] *s.* QUÍMICA xantato
xanthein [ˈzænθɪɪn] *s.* QUÍMICA xanteína
xanthic [ˈzænθɪk] *adj.* QUÍMICA xântico; ~ *acid* ácido xântico; ~ *oxide* óxido xântico
xanthin [ˈzænθɪn] *s.* QUÍMICA xantina
xanthine [ˈzænθiːn] *s.* ⇒ **xanthin**
xanthochromic [ˌzænθəʊˈkrəʊmɪk] *adj.* xantocrómico
xanthocreatin [ˌzænθəʊˈkriːətɪn] *s.* xantocreatinina
xanthoma [zænˈθəʊmə] *s.* MEDICINA xantoma
xanthophyll [ˈzænθəʊfɪl] *s.* BOTÂNICA, QUÍMICA xantofila
Xavier [ˈzeɪvɪə, ˈzævɪə] *s.antr.* Xavier
x-axis [eksˈæksɪs] *s.* MATEMÁTICA eixo das abcissas
Xe QUÍMICA [*símbolo de* xenon]
xebee [ˈziːbek] *s.* NÁUTICA xaveco, pequena embarcação de três mastros usada no Mediterrâneo
xenia [ˈziːnɪə] *s.* BOTÂNICA xénia
xenogamy [zɪˈnɒgəmɪ] *s.* BOTÂNICA xenogamia
xenogenesis [ˌzenəʊˈdʒenɪsɪs] *s.* BIOLOGIA xenogénese
xenolith [ˈzenəʊlɪθ] *s.* GEOLOGIA xenólito
xenomorphic [ˌzenəʊˈmɔːfɪk] *adj.* GEOLOGIA xenomórfico
xenon [ˈzenɒn] *s.* QUÍMICA (elemento químico) xénon
xenophobe [ˈzenəfəʊb] Ⓐ *adj.* xenofóbico Ⓑ *s.* xenófobo
xenophobia [ˌzenəˈfəʊbɪə] *s.* xenofobia
xenophobic [ˌzenəˈfəʊbɪk] *adj.* xenófobo
Xenophon [ˈzenəfən] *s.antr.* Xenofonte
xenotransplantation [ˌzenətrænsplɑːnˈteɪʃən] *s.* xenotransplante, transplante transgénico
xeranthemum [zɪəˈrænθɪməm] *s.* BOTÂNICA xerantemo
xerasia [zɪəˈreɪzɪə] *s.* MEDICINA xerasia
xerodermia [ˌzɪərəʊˈdɜːmɪə] *s.* MEDICINA xerodermia
xerographic [ˌzɪərəʊˈgræfɪk] *adj.* xerográfico
xerographical [ˌzɪərəʊˈgræfɪkəl] *adj.* xerográfico
xerography [zɪəˈrɒgrəfɪ] *s.* xerografia
xerophagy [zɪəˈrɒfədʒɪ] *s.* xerofagia
xerophilous [zɪəˈrɒfɪləs] *adj.* BOTÂNICA xerófilo
xerophily [zɪəˈrɒfɪlɪ] *s.* BOTÂNICA xerofilia
xerophthalmia [ˌzɪərɒfˈθælmɪə] *s.* MEDICINA xeroftalmia
xerophthalmic [ˌzɪərɒfˈθælmɪk] *adj.* xeroftálmico
xerophyte [ˈzɪːrəʊfaɪt] *s.* BOTÂNICA planta xerófita
xerophytic [ˌzɪərəʊˈfɪtɪk] *adj.* BOTÂNICA xerofítico
xeroradiography [ˌzɪərəʊreɪdɪˈɒgrəfɪ] *s.* xerorradiografia
Xerox [ˈzɪərɒks] Ⓐ *v.tr.* fotocopiar Ⓑ *s.* fotocópia, fotocopiadora ✦ ~ *machine* fotocopiadora
Xerxes [ˈzɜːksɪz] *s.antr.* Xerxes

xi [saɪ, ksaɪ, zaɪ, gzaɪ] *s.* a letra grega, correspondente ao x
xilan [ˈzaɪlæn] *s.* QUÍMICA xilana
xiphias [ˈzɪfɪæs] *s.* ZOOLOGIA peixe-espada
xiphisternum [ˌzɪfɪˈstɜːnəm] *s.* ANATOMIA xifisterno, apêndice xifóide
xiphoid [ˈzɪfɔɪd] Ⓐ *adj.* ANATOMIA xifóide, xifóideo Ⓑ *s.* xifisterno
XL VESTUÁRIO (tamanho) [*abrev. de* Extra-large] XL
Xmas [*abrev. de* Christmas]
XML INFORMÁTICA [*abrev. de* Extensible Markup Language]
Xn [*abrev. de* Christian]
Xnty [*abrev. de* Christianity]
X-rated [ˈeksˌreɪtɪd] *adj.* para maiores de idade, para adultos ❖ ~ *book* livro pornográfico; ~ *conversation* conversa obscena
X-ray [ˈeksreɪ] Ⓐ *s.* **1** raios X; **2** radiografia; *to have an* ~ tirar uma radiografia Ⓑ *v.tr.* **1** radiografar; tirar uma radiografia a; **2** examinar através de raios X Ⓒ *adj.* radiológico; radiográfico; ~ *examination* exame radiológico ou radiográfico ❖ ~ *diagnosis* radiodiagnóstico; ~ *exposure* exposição aos raios X; ~ *ink* tinta sensível aos raios X; ~ *negative* negativo de raios X; ~ *photometer* fotómetro para raios X; ~ *plate* radiografia; ~ *spectometer* espectrómetro de raios X; ~ *treatment* radioterapia; ~ *tube* válvula de raios X
Xt. ⇒ **x**
xylem [ˈzaɪləm] *s.* BOTÂNICA xilema
xylene [ˈzaɪliːn] *s.* QUÍMICA xileno
xylic [ˈzaɪlɪk, ˈzɪlɪk] *adj.* QUÍMICA xílico; ~ *acid* ácido xílico
xylocarpous [ˌzaɪləʊˈkɑːpəs] *adj.* BOTÂNICA xilocarpo
xylochlore [ˈzaɪləʊklɔː] *s.* xilocloro
xylograph [ˈzaɪləgrɑːf] *s.* xilografia
xylographer [zaɪˈlɒgrəfə] *s.* xilógrafo
xylographic [ˌzaɪləˈgræfɪk] *adj.* xilográfico
xylographical [ˌzaɪləˈgræfɪkəl] *adj.* xilográfico
xylography [zaɪˈlɒgrəfɪ] *s.* xilografia
xyloid [ˈzaɪlɔɪd] *adj.* xilóide
xylol [ˈzaɪlɒl, ˈzaɪləʊl] *s.* QUÍMICA xilol, xileno
xylonite [ˈzaɪlənaɪt] *s.* xilonite
xylophagan [zaɪˈlɒfəgən] *s.* xilófago; insecto que rói a madeira
xylophage [ˈzaɪləfeɪdʒ] *s.* ⇒ **xylophagan**
xylophagous [zaɪˈlɒfəgəs] *adj.* xilófago
xylophone [ˈzaɪləfəʊn] *s.* MÚSICA xilofone
xylophonist [zaɪˈlɒfənɪst] *s.* MÚSICA xilofonista
xylose [ˈzaɪləʊs] *s.* QUÍMICA xilose
xylotomous [zaɪˈlɒtəməs] *adj.* ZOOLOGIA xilótomo, xilócopo
xyster [ˈzɪstə] *s.* **1** CIRURGIA xistra, raspador de ossos; **2** xistro, instrumento para raspar o tártaro dos dentes
xysti [ˈzɪstaɪ] *s.* {*pl. de* **xystus**}
xystus [ˈzɪstəs] *s.* (*pl.* -i) **1** xisto, pórtico coberto, entre os antigos Gregos, usado para exercícios ginásticos; **2** terraço de jardim

y [waɪ] *s. (pl.* **ys** ou **y´s**) **1** (letra) y, Y; **2** MATEMÁTICA (segunda quantidade desconhecida) y ❖ ELECTRICIDADE *Y connection* montagem em estrela; NÁUTICA *Y gun* lança-bombas de profundidade; ANATOMIA *Y ligament* ligamento iliofemoral; ZOOLOGIA *Y moth* plúsia; ELECTRICIDADE *Y connected circuit* circuito ligado em estrela; ELECTRICIDADE *Y delta connection* ligação em estrela-triângulo

y. [*abrev. de* year]

Y QUÍMICA [*símbolo de* yttrium]

yacht [jɒt, jɑːt] Ⓐ *s.* NÁUTICA iate; *pleasure ~* iate de recreio; *racing ~* iate de corridas; *sailing ~* iate à vela, veleiro; *steam ~* iate a vapor Ⓑ *v.intr.* **1** andar de iate; **2** competir em regata(s) ❖ *~ club* clube náutico; *~ race* regata

yachting [ˈjɒtɪŋ, ˈjɑːtɪŋ] Ⓐ *s.* **1** DESPORTO vela; *to go in for ~* dedicar-se à vela; *to go ~* praticar vela; **2** navegação em iate; **3** regatas de iate Ⓑ *adj.* relativo a iates ❖ *~ cap* boné de marinheiro; *~ cruise* cruzeiro de iate; *~ event* regata

yachtsman [ˈjɒtsmən, ˈjɑːtsmən] *s. (pl.* **-men**) **1** aficionado da vela; **2** DESPORTO regatista; **3** timoneiro de um iate

yachtsmanship [ˈjɒtsmənʃɪp, ˈjɑːtsmənʃɪp] *s.* **1** arte de bem navegar num iate; **2** qualidades de um bom timoneiro de iate

yaffle [ˈjæfəl] *s.* ZOOLOGIA picanço; peto-real

yah [jɑː] *interj.* (escárnio, desagrado) bah!

yahoo [jəˈhuː, jɑːˈhuː] Ⓐ *s.* **1** (ofensivo) bruto; **2** [*ant.*] animal imaginário com forma humana Ⓑ *interj.* [coloq.] (entusiasmo) eia!

Yahveh [ˈjɑːveɪ, ˈjɑːvə] *s.* RELIGIÃO (Bíblia) Jeová

yak [jæk] Ⓐ *s.* **1** ZOOLOGIA iaque; **2** [coloq.] tagarelice, palradura Ⓑ *v.tr. (part.* **-kk-**) [coloq.] tagarelar, palrar

Yale lock [ˈjeɪlˌlɒk] *s.* fechadura (da marca) Yale

Yalta [ˈjæltə] *s.top.* (cidade russa na Crimeia) Ialta

yam [jæm] *s.* BOTÂNICA inhame

Yama [ˈjɑːmə] *s.* deus hindu julgador dos mortos

yamen [ˈjɑːmen] *s.* residência oficial dos mandarins chineses

yammer [ˈjæmə] Ⓐ *v.intr.* **1** tagarelar; **2** resmungar; **3** queixar-se lamuriar-se Ⓑ *s.* **1** tagarelice; **2** resmunguice; **3** queixas, lamúrias

yang [jæŋ] *s.* FILOSOFIA yang

yank [jæŋk] Ⓐ *s.* **1** [EUA] puxão, sacão; *to give sth a ~* dar um puxão a alguma coisa; **2** sacudidela Ⓑ *v.tr.* [EUA] dar um puxão a, puxar ❖ *to ~ on the brake* travar bruscamente

◆ **yank off** *v.tr.* arrancar bruscamente; desprender com um sacão

◆ **yank out** *v.tr.* arrancar, extrair, puxar, tirar ❖ *to ~ a tooth* arrancar um dente com um puxão

Yank [jæŋk] *s.* [coloq., depr.] ⇒ **Yankee**

Yankee [ˈjæŋkɪ] *adj.,s.* **1** [coloq., depr.] (americano) ianque; **2** [EUA] habitante da Nova Inglaterra; **3** [EUA] HISTÓRIA (Guerra da Secessão) soldado federal ou habitante dos Estados do Norte ❖ *~ Doodle* canção nacional norte-americana; *the ~ Heaven* Paris

Yankeedom [ˈjæŋkɪdəm] *s.* **1** o domínio dos ianques; **2** os ianques; **3** região dos ianques

yankeefied [ˈjæŋkɪfaɪd] *adj.* **1** americanizado; **2** tornado ianque

Yankeeism [ˈjæŋkɪɪzəm] *s.* americanismo

yap [jæp] Ⓐ *s.* **1** ganido, latido; **2** [coloq.] (conversa) palrice, tagarelice; **3** [cal.] boca Ⓑ *v.intr.* (*particípios:* **-pp-**) **1** ganir, latir; **2** [coloq.] dar à língua, palrar, tagarelar ❖ *to ~ at* criticar

yapp [jæp] *s.* tipo de encadernação em carneira flexível que ultrapassa bastante o tamanho das páginas

yapped [jæpt] *adj.* (livro) encadernado em carneira flexível que ultrapassa bastante o tamanho das páginas

yapping [ˈjæpɪŋ] Ⓐ *adj.* **1** que late ou ladra em tom agudo; **2** com voz aguda e irritante Ⓑ *s.* **1** latido; **2** conversa em voz alta e aguda

yarborough [ˈjɑːbərə] *s.* (whist, bridge) mão que não contém nenhuma carta acima do nove

yard [jɑːd] Ⓐ *s.* **1** (medida de comprimento) jarda (914,383 mm); *cubic ~* jarda-cúbica; *square ~* jarda-quadrada; **2** tecido ou fazenda com esse comprimento; **3** NÁUTICA verga; *foretop ~* verga do velacho; *main ~* verga grande; *mizzen ~* verga da mezena; NÁUTICA *to brace the yards* bracejar as vergas; *to man the yards* guarnecer as vergas (como saudação); *to top the yards* amantilhar as vergas; **4** pátio; **5** cerca, cercado; **6** depósito; **7** recinto destinado a determinado fim; **8** estaleiro; *shipbuilding ~* estaleiro de construções navais; **9** [arc.] pénis Ⓑ *v.tr.* (gado) meter em cerca ❖ NÁUTICA *~ arm* qualquer das extremidades da verga; *~ measure* fita ou vara de metal ou madeira com o comprimento de uma jarda e subdividida em pés e polegadas; *naval ~* arsenal da marinha; *timber ~* estância de madeiras; *I can't see a ~ in front of me* não consigo ver um palmo à minha frente

yardage [ˈjɑːdɪdʒ] *s.* comprimento em jardas

yardman [ˈjɑːdmən] *s. (pl.* **-men**) **1** (caminhos-de-ferro) agulheiro; **2** moço de estrebaria; **3** trabalhador de quinta

yardsman [ˈjɑːdzmən] *s.* ⇒ **yardman**

yardstick [ˈjɑːdstɪk] *s.* **1** jarda de metal ou madeira; **2** [fig.] termo de comparação; medida; critério

yarn [jɑːn] Ⓐ *s.* **1** (lã, algodão, etc.) fio; *hemp ~* fio de cânhamo; *jute ~* fio de juta; *woollen ~* fio de lã; **2** fio de carrete; **3** cada um dos fios que formam os cordões das cordas; **4** patranha; história inverosímil; *to spin a yarn/to spin yarns* contar uma história, contar patranhas Ⓑ *v.intr.* [coloq.] contar histórias ❖ *~ testing machine* aparelho de verificação de fios; NÁUTICA *rope ~* filástica

yarrow [ˈjærəʊ] *s.* BOTÂNICA milefólio, mil-em-rama

yashmak [ˈjæʃmæk] *s.* véu usado em público pelas mulheres muçulmanas

yataghan [ˈjætəgən] *s.* (execuções, combate) iatagã

yatter [ˈjætə] *v.intr.* [Esc.] tagarelar

yaw [jɔː] Ⓐ *s.* **1** NÁUTICA guinada; **2** AERONÁUTICA desvio de rota; **3** rotação em volta do eixo vertical do avião Ⓑ *v.intr.* AERONÁUTICA, NÁUTICA guinar, desviar-se da rota

yawing [ˈjɔːɪŋ] *s.* guinada ou desvio da rota

yawl [jɔːl] *s.* **1** NÁUTICA iole, barco pequeno de quatro a seis remos; **2** barco à vela de dois mastros; **3** escaler de navio

yawn [jɔːn] Ⓐ *s.* **1** bocejo; *to give a ~* bocejar; *to stifle a ~* reprimir um bocejo; **2** [coloq., fig.] chatice, seca; *the movie was a big ~* o filme foi uma grande seca; **3** abertura; **4** hiato; **5** abismo, sorvedoiro, voragem Ⓑ *v.tr.,intr.* **1** bocejar; *to ~ with boredom* bocejar de aborrecimento; *to make sb ~* fazer alguém bocejar; **2** escancarar(-se), abrir(-se); *a gulf yawned at her feet* abriu-se um abismo a seus pés ❖ *to ~ a few words* dizer algumas palavras com um bocejo; *to ~ one's head off* escancarar a boca ao bocejar; aborrecer-se ao máximo

yawner [ˈjɔːnə] *s.* bocejador

yawning [ˈjɔːnɪŋ] Ⓐ *adj.* **1** que boceja, bocejante; **2** [fig.] (abismo) escancarado, aberto; *a ~ gap/gulf* um abismo escancarado Ⓑ *s.* bocejo(s)

yawningly [ˈjɔːnɪŋlɪ] *adv.* **1** bocejando; **2** de forma bocejante

yaws [jɔːz] *s.pl.* MEDICINA (doença tropical) framboesia

y-axis [ˈwaɪæksɪs] *s.* MATEMÁTICA eixo das ordenadas

Yb QUÍMICA [*símbolo de* ytterbium]

YB [*abrev. de* yearbook]

yclept [ɪˈklept] *adj.* [arc., joc.] chamado

yd [*abrev. de* yard]

ye[1] [jiː, ðiː] *art.def.* [ant.] ⇒ **the**

ye² [ji:, jə] Ⓐ *pron.pess.* [arc., joc., poét.] vós; *ye gods!* vós, ó deuses! Ⓑ *pron.pess.* [arc.] vos; *heaven be with ye* Deus vos guarde Ⓒ *pron.pess.* [arc.] o, a, os, as

yea [jeɪ] Ⓐ *adv.* **1** [arc.] sim; *~ or nay* sim ou não; *to answer ~* responder sim; *yea, verily* sim, na verdade; **2** [arc.] certamente, na verdade; **3** até mesmo; *they were ready, ~ eager* eles estavam prontos, sim, mesmo ansiosos Ⓑ *s.* sim, voto afirmativo; *the yeas and the nays* os sins e os nãos; *yeas and nays* votos a favor e votos contra

yeah [jeə] *adv.* [coloq.] sim

yean [ji:n] *v.tr.,intr.* [arc.] (ovelha, cabra) parir; dar à luz

yeanling ['ji:nlɪŋ] *s.* [arc.] cordeirinho; cabritinho

year [jɪə] *s.* **1** ano; *every ~* todos os anos; *last ~* o ano passado; *next ~* no próximo ano; *this ~* este ano; *a ~ last February/a ~ next February* fez um ano em Fevereiro; *all the ~ round* durante todo o ano; *by the ~* ao ano, por ano; *for many long years* durante muitos e longos anos; *once a ~* uma vez por ano; *~ after ~/~ in, ~ out* ano após ano; *it is just a ~ since she died* faz precisamente um ano que ela morreu; **2** *pl.* anos; *she is 25 years old* ela tem 25 anos; **3** *pl.* idade; *to be getting on in years* avançar na idade; *to be old for his years* ser velho para a idade; não estar bem conservado ❖ *crop ~* campanha agrícola; *~ old* com um ano de idade; *in the ~ of Grace/in the ~ of our Lord* no ano da Graça; no ano do Senhor; *New Year's Day* dia de Ano Novo; [joc.] *the ~ one* há muito, muito tempo; *to see the old ~ out* comemorar a passagem de ano; deitar o Ano Velho fora

yearbook ['jɪəbʊk] *s.* **1** [EUA] anuário; **2** [EUA] livro de curso

yearling ['jəlɪŋ] Ⓐ *adj.* de um ano Ⓑ *s.* animal ou planta só de um ano

yearlong ['jɪəlɒŋ] *adj.* de um ano

yearly ['jɪəlɪ] Ⓐ *adj.* anual; *~ output* produção anual Ⓑ *adv.* anualmente, uma vez por ano ❖ *twice ~* duas vezes por ano

yearn [jɜ:n] *v.intr.* **1** (desejo) ansiar [**for/after**, por]; suspirar [**for/after**, por]; *to ~ for rest* suspirar por descanso; *to ~ to do sth* ansiar por fazer alguma coisa; **2** estar cheio de saudades; *to ~ for home* ter saudades de casa; **3** afligir-se, comover-se, enternecer-se; *it yearns me to see such a thing* aflige-me ver isso, comove-me ver isso

yearning ['jɜ:nɪŋ] Ⓐ *adj.* **1** ansioso, desejoso; **2** saudoso; **3** cheio de ternura, terno Ⓑ *s.* **1** ânsia, desejo ardente [**for**, por/de]; *a ~ for* um desejo de; **2** saudade; **3** compaixão, enternecimento, ternura

yearningly ['jɜ:nɪŋlɪ] *adv.* ansiosamente; intensamente; com ardor

yeast [ji:st] *s.* **1** fermento; **2** levedura; **3** levedura de cerveja ❖ *~ powder* fermento em pó; MEDICINA *~ infection* candidíase

yeastiness ['ji:stɪnəs] *s.* **1** semelhança com levedura; **2** espumosidade; **3** superficialidade, frivolidade

yeasty ['ji:stɪ] *adj.* (comp. -**ier**, superl. -**iest**) **1** relativo a fermento ou levedura; **2** (cheiro, sabor) semelhante a levedura; **3** com espuma; coberto de espuma; **4** frívolo, trivial, vão; **5** agitado, inquieto, turbulento; **6** criativo, enérgico

yedda ['jedə] *s.* tipo de palha originária da Itália, Japão e Filipinas empregada no fabrico de chapéus

yegg [jeg] *s.* [EUA] [coloq.] arrombador de cofres

yeld [jeld] Ⓐ *adj.* [Esc.] (vaca, ovelha) estéril Ⓑ *s.* vaca ou ovelha estéril

yell [jel] Ⓐ *s.* berro, brado, grito; *a ~ of pain* grito de dor; *a ~ of terror* um grito de terror; *to give a ~* soltar um grito, dar um grito Ⓑ *v.tr.,intr.* **1** bradar, gritar [**at**, com]; *don't you ~ at me!* não grites comigo!; **2** vociferar; berrar; *to ~ out abuse* vociferar injúrias; *to ~ out an order* berrar uma ordem; *to ~ out an oath* berrar uma praga ❖ *to ~ with laughter* rir às gargalhadas, rir ruidosamente

yelling ['jelɪŋ] Ⓐ *adj.* **1** clamoroso; **2** que berra ou grita Ⓑ *s.* **1** gritaria, clamor; **2** alarido

yellow ['jeləʊ] Ⓐ *adj.* **1** (cor) amarelo; *faint ~* amarelo-pálido; **2** [coloq.] covarde, poltrão, mesquinho, sem força de carácter; **3** invejoso, ciumento, desconfiado; **4** (jornalismo, jornal) sensacionalista; *the ~ press* a imprensa sensacionalista Ⓑ *s.* **1** (cor) amarelo; **2** pigmento amarelo; **3** gema (de ovo); **4** *pl.* icterícia Ⓒ *v.tr.,intr.* **1** tingir de amarelo; **2** amarelecer ❖ *~ amber* âmbar-amarelo; *~ bill* pato-negro; *~ book* livro amarelo (publicação oficial do governo francês e chinês); *~ brass* latão; *~ copper* cobre piritoso; *~ earth* ocre-amarelo; MEDICINA *~ fever* febre-amarela; FOTOGRAFIA *~ filter* filtro amarelo; *~ golds* pampilhos-das-searas; ZOOLOGIA (ave) *~ hammer* verdelhão-amarelo; *~ jack* febre-amarela; bandeira de quarentena; *~ metal* latão; liga de 60 partes de cobre com 20 de zinco; *~ ochre* ocre-amarelo; *~ parchment* pergaminho amarelecido; pergaminho amarelo; BOTÂNICA *~ seed* mastruço; *~ spot* mancha lútea do olho; *the ~ peril* o perigo amarelo; *the Yellow Sea* o mar Amarelo; *~ copper ore* calcopirite; pirite de cobre; *~ iron oxide* óxido amarelo de ferro; *~ prussiate of potash* prussiato amarelo de potassa; *to turn ~* amarelecer

yellowback ['jeləʊbæk] *s.* **1** novela barata brochada com capa amarela, vulgar nos meados do séc. XIX; **2** novela francesa brochada com capa amarela

yellow-bellied ['jeləʊbelɪd] *adj.* [coloq.] covarde, medricas

yellow-belly ['jeləʊbelɪ] *s.* [coloq.] covarde, medricas

yellow-dog ['jeləʊdɒg] *adj.* [EUA] [coloq., depr.] covarde, poltrão, mesquinho, sem força de carácter ❖ [EUA] *~ contract* acordo não conforme com os regulamentos sindicais

yellowing ['jeləʊɪŋ] Ⓐ *adj.* amarelecido, amarelento Ⓑ *s.* amarelecimento

yellowish ['jeləʊɪʃ] *adj.* amarelado

yellowness ['jeləʊnəs] *s.* **1** tom amarelado; **2** cor amarela

yellowthroat ['jeləʊθrəʊt] *s.* ZOOLOGIA variedade de pássaros norte-americanos de pescoço amarelo

yelp [jelp] Ⓐ *s.* **1** (animal) ganido, latido; **2** regougo; **3** uivo; **4** berro, grito; *a ~ of dismay* um grito de medo Ⓑ *v.tr.,intr.* **1** (animal) ganir, latir; **2** berrar, gritar; **3** regougar; **4** uivar

yelper ['jelpə] *s.* cão que solta latidos ou gane

yelping ['jelpɪŋ] Ⓐ *adj.* que solta latidos ou gane Ⓑ *s.* **1** latido; **2** ladrido

Yemen ['jemən, 'jeɪmən] *s.top.* Iémen

Yemeni ['jemənɪ] *adj.,s.* iemenita

Yemenite ['jemənaɪt] *adj.,s.* iemenita

yen [jen] *s.* **1** (moeda japonesa) iene; **2** [coloq.] desejo [**for**, de]

yeoman ['jəʊmən] Ⓐ *s.* (pl. **-men**) **1** pequeno proprietário rural; **2** HISTÓRIA pequeno proprietário com direito a voto e categoria para servir como jurado; **3** membro da *yeomanry* ou alabardeiros do rei; *~ of the guard* alabardeiro do rei, alabardeiro da Torre de Londres Ⓑ *adj.* executado diligentemente ❖ *yeoman('s) service* auxílio útil

yeomanly ['jəʊmənlɪ] *adj.* **1** robusto, vigoroso; **2** simples, singelo; **3** próprio de um *yeoman*; **4** com a categoria de *yeoman*

yeomanry ['jəʊmənrɪ] *s.* **1** classe dos pequenos proprietários rurais; **2** milícia a cavalo constituída por voluntários da classe dos pequenos proprietários rurais; **3** grupo dos alabardeiros do rei

yep [jep] *adv.* [EUA] [coloq.] ⇒ yes

yer [jɜ:] *pron.pess.* [coloq.] ⇒ you

yes [jes] Ⓐ *adv.* **1** sim; *to answer ~ or no* responder sim ou não; **2** certamente; **3** (pergunta) está bem?, ok?; *now we must go and speak to your father, yes?* agora vamos falar com o teu pai, está bem? Ⓑ *s.* (pl. **yeses** ou **yesses**) **1** sim; *yeses and noes* sins e nãos; **2** resposta afirmativa ❖ *to say ~* aceitar; *to say ~ to (sth)* consentir em (algo); autorizar (algo); LINGUÍSTICA *yes-no question* pergunta fechada

yes-man ['jesmæn] *s.* (pl. **-men**) (indivíduo servil) *yes-man*; capacho*fig*; carneirinho*fig*

yester ['jestə] *adj.* **1** [arc.] de antanho; **2** [arc.] anterior

yesterday ['jestədeɪ] *adv.,s.* **1** ontem; *~ afternoon* ontem à tarde; *~ evening* ontem à noite; *~ morning* ontem de manhã; *she arrived ~* ela chegou ontem; **2** dantes; **3** o passado ❖ *~ night* a noite passada; *~ week* fez ontem oito dias; *a week ~* de ontem a oito dias; *the day before ~* anteontem; *I wasn't born yesterday!* eu não nasci ontem!; [joc.] *"when do you need it by?" "yesterday!"* para quando é que precisas disso? – para ontem!

yestermorn ['jestəmɔ:n] *adv.,s.* [poét.] ontem de manhã

yestermorning ['jestəmɔ:nɪŋ] *adv.,s.* ⇒ yestermorn

yesternight ['jestənaɪt] *adv.,s.* [poét.] a noite passada

yesteryear ['jestəjɪə] *adv.,s.* **1** o passado, outrora; *the snows of ~* as neves de antanho; **2** o ano passado

yet [jet] Ⓐ *adv.* 1 ainda; *she hasn't finished her letter ~* ela ainda não acabou a carta; *he must work harder ~* ele tem de trabalhar ainda mais; *"are you ready?" "not yet"* "estás pronto?" "ainda não"; 2 até agora, até ao momento; *the best teacher ~* a melhor professora até agora; 3 agora, nesta ocasião; 4 já; *has the postman come yet?* o correio já veio?; 5 além disso, por ora; 6 um dia; 7 antes de tudo acabado Ⓑ *conj.* 1 contudo, embora, todavia; *a simple ~ effective system* um sistema simples mas eficaz; 2 apesar disso, se bem que ❖ *~ again* mais uma vez; *as ~* até agora; por enquanto; até ao momento; *as ~ nothing has been done* até agora nada se fez; *this is the most important event that has ~ occurred* este é o acontecimento mais importante que se deu até hoje

yeti ['jeɪtɪ] *s.* yeti, abominável homem das neves

yew [juː] *s.* BOTÂNICA teixo

Yid [jɪd] *s.* [EUA] [coloq.] (ofensivo) judeu

Yiddish ['jɪdɪʃ] *adj.,s.* iídiche

yield [jiːld] Ⓐ *s.* 1 produção; quantidade produzida; *a good ~ of wheat* uma boa produção de trigo; *in full ~* em plena produção; *what is the ~ per acre?* qual é a produção por acre?; 2 colheita; 3 rendimento, lucro; *net ~* rendimento líquido; 4 arqueamento, cedência (de trave) Ⓑ *v.tr.,intr.* 1 produzir; *this land yields no return* esta terra não produz nada; 2 render, dar de lucro; *these investments now ~ 20%* estes investimentos rendem agora 20%; *to ~ a 20% dividend* render 20% de lucro; 3 fornecer; 4 ceder; entregar; *to ~ ground* ceder terreno; *to ~ oneself prisoner* entregar-se como prisioneiro; *to ~ oneself to the enemy* entregar-se ao inimigo; *to ~ the palm* ceder a palma; 5 dar-se por vencido; 6 render-se, submeter-se; 7 conceder, admitir; *to ~ an abatement* conceder um desconto; 8 consentir; transigir; *to ~ consent* consentir; 9 (peso, pressão) ceder; dar de si; *the floor yielded under the weight* o soalho cedeu debaixo do peso; *to ~ to force* ceder perante a força; 10 sucumbir; *to ~ to temptation* sucumbir à tentação ❖ MECÂNICA *~ point* limite de resistência; *I ~ to none* ninguém sente mais entusiasmo do que eu; *to ~ precedence to a senior person* dar precedência a uma pessoa mais idosa; NÁUTICA *to ~ to the helm* obedecer ao leme

◆**yield up** *v.tr.* 1 (segredo) revelar; 2 ceder; 3 [form.] entregar; *to ~ a prisoner* entregar um prisioneiro ❖ *to ~ the ghost* entregar a alma ao Criador; morrer

yielding ['jiːldɪŋ] Ⓐ *adj.* 1 que cede; 2 complacente, condescendente, indulgente; *to have a ~ disposition* ser indulgente por natureza; 3 dócil, obediente; 4 fraco, submisso; 5 (material) dúctil, flexível, moldável, mole; 6 em pleno rendimento ou produção, rendoso Ⓑ *s.* 1 cessão, cedência; 2 abandono, rendição, submissão; 3 rendimento; 4 acto de dar de si (devido a peso ou pressão) ❖ *in a ~ moment* num momento de fraqueza

yieldingly ['jiːldɪŋlɪ] *adv.* 1 submissamente; complacentemente; 2 rendosamente

yieldingness ['jiːldɪŋnəs] *s.* 1 complacência, condescendência; 2 docilidade, submissão; 3 moleza; 4 ductilidade

yikes [jaɪks] *interj.* (expressão de susto) credo!, cruzes!

yin [jɪn] *s.* FILOSOFIA yin

ylang-ylang [iːlæŋˈiːlæŋ] *s.* BOTÂNICA ⇒ **ilang-ilang**

YMCA [abrev. de Young Men's Christian Association]

yob [jɒb] *s.* [coloq.] (jovem) vândalo

yobbo ['jɒbəʊ] *s.* [coloq.] (jovem) vândalo

yodel ['jəʊdəl] Ⓐ *s.* canto à tirolesa; canto tirolês Ⓑ *v.intr.* cantar à tirolesa

yoga ['jəʊgə] *s.* ioga

yoghurt ['jɒgət] *s.* iogurte

yoghurt-maker ['jɒgətˌmeɪkə] *s.* iogurteira

yogi ['jəʊgɪ] *s.* iogue, praticante de ioga

yogic ['jəʊgɪk] *adj.* relativo a ioga

yo-heave-ho [jəʊhiːvˈhəʊ] *interj.* NÁUTICA ⇒ **yoho**

yoho [jəʊˈhəʊ] *interj.* NÁUTICA alá!, eiá!

yoick [jɔɪk] *v.tr.,intr.* 1 gritar *yoicks* aos cães; 2 açular os cães

yoicks [jɔɪks] *interj.* (para açular os cães na caça à raposa) boca!

yoke [jəʊk] Ⓐ *s.* 1 jugo, canga; *to pass under the ~* passar debaixo do jugo; 2 cambão; 3 junta de bois; *three ~ of oxen* três juntas de bois; 4 parelha, par; 5 [fig.] laço, união; *the marriage ~* os laços do matrimónio, as prisões do matrimónio; 6 [fig.] jugo, opressão, tirania, escravidão; *the ~ of a tyrant* o jugo de um tirano; *to throw off the ~* sacudir o jugo, libertar-se; 7 cabeçote de sino; 8 NÁUTICA cana do leme; 9 jeira, extensão de terreno que uma junta de bois pode lavrar num dia; *~ of land* jeira de terra Ⓑ *v.tr.,intr.* 1 (bois) meter ao jugo; 2 jungir; 3 pôr a carga a; 4 (animal) prender [**to**, a]; 5 sujeitar, subjugar, oprimir; 6 unir, ligar, juntar; 7 ajoujar; 8 emparelhar, emparelhar-se, ligar-se ❖ *~ bone* osso malar; BOTÂNICA *~ elm* carpa; cárpino; NÁUTICA *~ lines/~ ropes* qualdropes; *these oxen do not ~ well together* estes bois não trabalham bem juntos; *to ~ together* andar juntos; trabalhar juntos

yoked [jəʊkt] *adj.* 1 sob a canga; debaixo do jugo; 2 ligados pelo jugo

yokefellow ['jəʊkfeləʊ] *s.* 1 [arc.] companheiro de trabalho; 2 [arc.] consorte

yokel ['jəʊkəl] *s.* [depr.] campónio; labrego; rústico; saloio

yokemate ['jəʊkmeɪt] *s.* ⇒ **yokefellow**

yoking ['jəʊkɪŋ] *s.* acto de pôr sob o jugo ou canga

yolk [jəʊk] *s.* 1 gema (de ovo); 2 BIOLOGIA vitelo; 3 suarda ❖ *~ bag/~ sac* saco vitelino; vesícula vitelina

yolkless ['jəʊkləs] *adj.* sem gema

yon [jɒn] Ⓐ *adj.,adv.* [arc., poét.] ⇒ **yonder** Ⓑ *pron.* [arc., poét.] aquilo, aquela coisa, aquela pessoa

yonder ['jɒndə] Ⓐ *adj.* 1 [arc.] situado acolá, situado além; 2 [arc.] aquele; *~ trees* aquelas árvores Ⓑ *adv.* [arc.] acolá, além ❖ *down ~* lá em baixo; *up ~* lá em cima

yonks [jɒŋks] *s.pl.* [GB] [coloq.] muito tempo, séculos; *for ~* há uma eternidade; *I haven't seen him for ~* já não o vejo há séculos

yore [jɔː] *s.* 1 velhos tempos; 2 tempos antigos ❖ *of ~* outrora; antigamente; *in days of ~* noutro tempo

york [jɔːk] *v.tr.* (críquete) bater (a bola) de modo a ela ressaltar sobre a linha de campo do batedor

yorker ['jɔːkə] *s.* (críquete) bola lançada de modo a ressaltar sobre a linha de campo do batedor

Yorkist ['jɔːkɪst] *s.* HISTÓRIA partidário da Casa de Iorque

Yorks. [abrev. de Yorkshire]

Yorkshire ['jɔːkʃə] *s.top.* (condado inglês) Yorkshire ❖ *~ fog* erva-lanar; *~ grit* pedra para polir mármore; CULINÁRIA *~ pudding* pudim de York (massa cozida e comida com o assado); *~ stone* grés de York; ZOOLOGIA (cão) *~ terrier* Yorkshire-terrier; *to put ~ on sb* enganar alguém

Yorkshireman ['jɔːkʃəmən] *s.* (*pl.* -**men**) natural ou habitante de Yorkshire

you [juː] *pron.pess.* 1 (2ª pes. sing.) tu; 2 você; 3 (2ª pes. pl.) vós; vocês; *all of ~* todos vós; 4 te, a ti, vos, a vós; *who saw you?* quem te viu?, quem vos viu?, quem o viu?, quem a viu?, quem os viu?, etc.; 5 [EUA] [coloq.] a ti mesmo, tu mesmo, tu próprio, a vós mesmos, vós mesmas, a si, mesmo, você mesmo, o senhor mesmo, etc.; 6 o senhor, os senhores, a senhora, as senhoras, o menino, os meninos, a menina, as meninas; 7 V. Exa.; 8 nós, a gente, uma pessoa ❖ *~ idiot!* meu idiota!; *if I were ~* no teu/seu lugar; *~ never can tell* nunca se sabe

you'd [juːd] *contr. de* **you would**, **you had**

you'll [juːl] *contr. de* **you will**

young [jʌŋ] Ⓐ *adj.* 1 novo, jovem; *his younger brother* o seu irmão mais novo; *~ in mind* jovem de espírito; *she is five years younger than you* ela é cinco anos mais nova do que tu; *to look ~* ter um aspecto de jovem; *to remain ~* manter-se jovem, conservar-se jovem; *we are only once ~* só se é jovem uma vez; 2 juvenil, próprio dos jovens; 3 inexperiente; sem prática; *~ in crime* sem prática no crime; 4 imaturo Ⓑ *s.pl.* (animal) crias ❖ *~ blood* gente nova; sangue novo; *~ England* a Inglaterra de hoje; *~ people* gente nova; *~ wine* vinho ainda não envelhecido no casco; (animal) *with ~* prenhe; *a ~ man* um jovem; *the ~ ones* os filhos; as crianças; *~ man in a hurry* reformador impaciente; *he is ~ for his age* ele está bem conservado; *the night is ~* a noite ainda é uma criança; *to grow young/to grow younger* rejuvenescer

younger ['jʌŋə] Ⓐ [*comp. de* **young**] Ⓑ *adj.* [ant.] júnior; *John Smith the ~* John Smith Jr. ❖ *in his ~ days* quando era mais novo; *our youngers* os nossos descendentes

youngish ['jʌŋɪʃ] *adj.* 1 bastante novo; 2 um tanto novo

youngling [ˈjʌŋlɪŋ] s. 1 [poét.] (rapaz, rapariga) jovem, jovenzinho; 2 animal novo, cria; *younglings of the flock* cordeirinhos

youngster [ˈjʌŋstə, ˈjʌŋkstə] s. jovem, rapazinho

younker [ˈjʌŋkə] s. 1 [arc.] jovem; 2 [arc.] criança; 3 [arc.] jovem nobre

your [jɔː, jʊə] adj.poss. 1 teu, tua, teus, tuas; ~ *brother* o teu irmão; ~ *brothers* os teus irmãos; 2 vosso, vossa, vossos, vossas; ~ *brother* o vosso irmão; ~ *sisters* as vossas irmãs; [coloq.] *take* ~ *prime minister, for example* o vosso primeiro ministro, por exemplo; 3 seu, sua, seus, suas (de você, do senhor, da senhora, etc.) ❖ *Your Majesty* Vossa Majestade; *it is* ~ *own fault* a culpa é toda tua; *that's* ~ *problem!* isso é problema teu!

you're [jʊə, jɔː] contr. de **you are**

yourn [jɔːn] pron.poss. [coloq.] ⇒ **yours**

yours [jɔːz, jʊəz] pron.poss. 1 teu, tua, teus, tuas; *friend of* ~ um amigo teu; 2 o teu, a tua, os teus, as tuas; 3 vosso, vossa, vossos, vossas; *some friends of* ~ alguns amigos vossos; 4 o vosso, a vossa, os vossos, as vossas; 5 seu, sua, seus, suas; *he would like to read something of* ~ ele gostaria de ler qualquer coisa sua; 6 o seu, a sua, os seus, as suas; 7 do senhor, da senhora, etc. ❖ (carta formal) ~ *sincerely* atentamente; *it's not* ~ *to decide* a decisão não te compete a ti; *that's no business of* ~ não tens nada com isso; *what's yours?* que quer beber?; que é que toma?

yourself [jɔːˈself] pron.refl. (pl. **yourselves**) 1 a ti mesmo, tu mesmo, tu próprio; 2 vós mesmos, a vós mesmos; 3 a si mesmo; 4 o senhor mesmo, você mesmo ❖ *by* ~ sozinho; sem ajuda; *did you cut yourself?* cortaste-te?; *keep it for* ~ guarde-o para si; *what will you do yourself?* que pretende fazer?; *you are not quite* ~ *today* você hoje não está bem-disposto; *you did it* ~ foi o senhor mesmo que o fez

youth [juːθ] s. 1 juventude; *from* ~ *onwards* a partir da juventude; 2 adolescente, jovem, rapaz; *a* ~ *of fifteen* um jovem de quinze anos; 3 GEOLOGIA primeiro andar de erosão ❖ [GB] DIREITO (menores) ~ *custody* pena; ~ *unemployment* desemprego juvenil; ~ *leader* animador de grupos de jovens; ~ *hostel* pousada da juventude

youthful [ˈjuːθfʊl] adj. 1 jovem, juvenil; *a* ~ *appearance* uma aparência jovem; 2 próprio da juventude; 3 vigoroso; 4 GEOLOGIA moderadamente corroído; 5 GEOGRAFIA (ribeiro, rio) próximo da nascente

youthfully [ˈjuːθfʊli] adv. 1 juvenilmente; 2 como um jovem

youthfulness [ˈjuːθfʊlnəs] s. 1 juventude, juvenilidade; 2 aspecto jovem; ar jovem

you've [juːv] contr. de **you have**

yowl [jaʊl] Ⓐ s. 1 uivo; 2 (cão) latido; 3 (gato) miado de dor Ⓑ v.intr. 1 uivar; 2 latir; 3 miar

yo-yo [ˈjəʊjəʊ] Ⓐ s. 1 (brinquedo) ioió; 2 [EUA, Can.] [depr.] (pessoa) imbecil; banana fig. Ⓑ v.intr. (variação) flutuar ❖ *to be up and down like a* ~ subir e descer sem parar

yperite [ˈiːpəraɪt] s. QUÍMICA iperite, gás-mostarda

yr Ⓐ [abrev. de year] Ⓑ [abrev. de younger] Ⓒ [abrev. de your]

Yrs [abrev. de Yours]

ytric [ˈɪtrɪk] adj. QUÍMICA ítrico

ytterbium [ɪˈtɜːbɪəm] s. QUÍMICA (elemento químico) itérbio

yttria [ˈɪtrɪə] s. QUÍMICA ítria, óxido de ítrio

yttriferous [ɪˈtrɪfərəs] adj. itrífero; que contém ou produz ítrio

yttrium [ˈɪtrɪəm] s. QUÍMICA (elemento químico) ítrio

yuan [juˈɑːn] s. (moeda da China) yuan

yucca [ˈjʌkə] s. BOTÂNICA iúca, vela-de-pureza

yuck [jʌk] interj. 1 que porcaria!, que nojo!; 2 bah!

yucky [ˈjʌkɪ] adj. (comp. **-ier**, superl. **-iest**) [coloq.] nojento

Yugoslav [ˈjuːɡəʊslɑːv] adj.,s. Jugoslav

Yugoslavia [juːɡəʊˈslɑːvɪə] s.top. ⇒ **Jugoslavia**

yuk [jʌk] interj. 1 que porcaria!; que nojo!; 2 bah!

yule [juːl] s. [ant.] Natal, a festa do Natal ❖ ~ *log* cepo de madeira que é costume queimar-se no Natal

yuletide [ˈjuːltaɪd] s. época do Natal

yummy [ˈjʌmɪ] Ⓐ adj. (comp. **-ier**, comp. **-iest**) [coloq.] delicioso; saboroso Ⓑ interj. que delícia!; que bom!

yuppie [abrev. de young urban professional or upwardly mobile professional] yuppie

YWCA [abrev. de Young Women's Christian Association]

Z

z [zed] s. (pl. **zs** ou **z's**) 1 (letra) z, Z; 2 MATEMÁTICA (terceira quantidade desconhecida) z; 3 [EUA] [coloq.] sono ❖ **Z gun** determinado tipo de foguetão anti-aéreo; **Z man** reservista do exército; *from A to Z* do princípio ao fim; de uma ponta a outra
zabrus ['zæbrəs] s. ZOOLOGIA zabro
Zacchaeus [zə'ki:əs] s.antr. RELIGIÃO (Bíblia) Zaqueu
Zachariah [zækə'raɪə] s.antr. RELIGIÃO (Bíblia) Zacarias
Zacharias [zækə'raɪəs] s.antr. Zacarias
Zachary ['zækərɪ] s.antr. Zacarias
zaffer ['zæfə] s. QUÍMICA óxido azul de cobalto
zaffre ['zæfə] s. ⇒ **zaffer**
zaïre [zaɪ'ɪə] s. (moeda do Congo) zaire
Zambezi [zæm'bi:zɪ] s.top. (rio) Zambeze
Zambia ['zæmbɪə] s.top. Zâmbia
Zambian ['zæmbɪən] adj.,s. zambiano
zanclus ['zæŋkləs] s. ZOOLOGIA zanclo
zany ['zeɪnɪ] Ⓐ s. (pl. **-ies**) 1 palhaço; 2 bobo; truão; 3 [fig.] pateta; simplório Ⓑ adj. (comp. **-ier**, superl. **-iest**) 1 cómico; engraçado; 2 excêntrico; extravagante
Zanzibar ['zænzɪba:] s.top. Zanzibar
Zanzibari [zænzɪ'ba:rɪ] Ⓐ adj. zanzibar, zanzibarita Ⓑ s. 1 (língua banta) zanzibar; 2 (pessoa) zanzibarita, zanzibarista
zap [zæp] Ⓐ v.intr. (pret. e p. p. **-pp-**) 1 partir com velocidade; 2 passar com velocidade; 3 (projecto) desenvolver-se rapidamente; 4 TELEVISÃO fazer zapping Ⓑ v.tr. 1 destruir, bombardear; 2 suprimir, eliminar; 3 INFORMÁTICA apagar; 4 enviar com rapidez; 5 [coloq.] espantar; 6 [coloq.] cozinhar no microondas
zapped [zæpt] adj. [coloq.] estafado, exausto
zapper ['zæpə] s. TELEVISÃO telecomando, comando da televisão
zappy ['zæpɪ] adj. (comp. **-ier**, superl. **-iest**) 1 enérgico; 2 com garra; 3 rápido, veloz
Zarathustra [zærə'θu:strə] s.antr. Zaratustra
Zarathustrian [zærə'θu:strɪən] Ⓐ adj. zaratustriano; relativo a Zaratustra Ⓑ s. zaratustriano
zaratite ['zɑ:rətaɪt] s. MINERALOGIA zaratite, taxasite
zareba [zə'ri:bə] s. ⇒ **zariba**
zariba [zə'ri:bə] s. cerca, cercado, paliçada para protecção de acampamento ou aldeia no Sudão
zax [zæks] s. ferramenta para o corte e perfuração de ardósia
zeal [zi:l] s. 1 zelo; *full of ~ for* cheio de zelo por; *misguided ~* falso zelo; 2 ardor, fervor; 3 desvelo; 4 entusiasmo
zealot ['zelət] s. fanático; partidário apaixonado
zealotry ['zelətrɪ] s. 1 fanatismo; paixão; entusiasmo; 2 zelo excessivo
zealous ['zeləs] adj. 1 zeloso; *~ work* trabalho zeloso; 2 entusiasta, fervoroso; 3 dedicado ❖ *to be ~ for sth* defender algo fervorosamente
zealously ['zeləslɪ] adv. zelosamente, fervorosamente
zealousness ['zeləsnəs] s. 1 zelo, fervor; 2 entusiasmo; 3 dedicação, cuidado
zebra ['zebrə, 'zi:brə] s. ZOOLOGIA zebra ❖ [GB] *~ crossing* passadeira para peões; *~ stripes* listras semelhantes às da pele da zebra
zebrawood ['zebrəwʊd, 'zi:brəwʊd] s. pau-zebra
zebrine ['zi:braɪn, 'zi:brɪn] adj. zebral, zebrino
zebu ['zi:bu:] s. ZOOLOGIA zebu
zed [zed] s. [GB] zê, letra Z ❖ *~ bar* ferro em Z
zedoary ['zedəʊərɪ] s. BOTÂNICA zedoária
zee [zi:] s. [EUA] zê, letra Z
zein ['zi:ɪn] s. QUÍMICA zeína
zeitgeist ['zaɪtgaɪst] s. *zeitgeist*, mundividência
zemindar ['zemɪnda:] s. ⇒ **zamindar**
Zen [zen] s. zen
zenana [zə'na:nə, zɪ'na:nə] s. [Índia] zenana, harém
Zend [zend] Ⓐ adj. zenda Ⓑ s. zenda, zende
Zend-Avesta [zəndə'vestə] s. Zendavestá, conjunto dos livros sagrados dos Persas
zenith ['zenɪθ, 'zi:nɪθ] s. 1 ASTRONOMIA zénite; 2 [fig.] apogeu; *to be at the ~ of one's fame* estar no apogeu da sua glória; *to have passed one's ~* ter passado o apogeu ❖ *~ distance* distância zenital
zenithal ['zenɪθəl, 'zi:nɪθəl] adj. ASTRONOMIA zenital; *~ distance* distância zenital
Zeno ['zi:nəʊ] s.antr. Zenão
zenonic [zɪ'nɒnɪk] adj. zenónico; relativo a Zenão
zeolite ['zɪəlaɪt] s. MINERALOGIA zeólito
zeolitic [zɪəʊ'lɪtɪk] adj. MINERALOGIA zeolítico
zephyr ['zefə] s. 1 zéfiro, vento leve de oeste, aragem; 2 camisola fina de atleta; 3 (tecido transparente e leve) zefir
Zephyrus ['zefɪrəs] s. MITOLOGIA Zéfiro
zeppelin ['zepəlɪn, 'zeplɪn] s. zepelim
zero ['zɪərəʊ] Ⓐ s. (pl. **-s** ou **-es**) 1 zero; *ten degrees below ~* dez graus abaixo de zero; 2 nada Ⓑ adj. nulo; *~ admission* admissão nula; *~ deflection* desvio nulo; *~ load* carga nula; *~ stress* esforço nulo; *~ lift angle* ângulo de sustentação nulo ❖ *~ adjustment* regulação para zero; AERONÁUTICA *~ altitude* altitude zero; ECONOMIA *~ growth* taxa de crescimento zero; *~ hour* hora H; *~ point* ponto zero; *~ tolerance* tolerância zero; *absolute ~* zero absoluto; *everything was reduced to ~* tudo ficou reduzido a zero
✦**zero in** v.intr. 1 concentrar-se [**on**, em]; *the children zeroed in on the toys the minute they saw them* as crianças concentraram-se nos brinquedos assim que os viram; 2 (arma) apontar para
✦**zero out** v.tr. 1 ECONOMIA cortar fundos; 2 reduzir a zero
zest [zest] Ⓐ s. 1 animação, entusiasmo, gosto, prazer, satisfação; *without ~* sem animação; *she played with ~* ela tocava com gosto; *~ for life* gosto pela vida; 2 [fig.] condimento, qualidade estimulante, sabor especial; *story full of ~* história picante; *to add a ~ to* aumentar o gosto de, tornar mais interessante; 3 CULINÁRIA casca de limão Ⓑ v.tr. 1 CULINÁRIA (casca de limão) cortar, ralar; 2 [fig.] tornar mais interessante
zestful ['zestfʊl] adj. 1 entusiástico, cheio de entusiasmo; 2 animado, cheio de energia; 3 saboroso
zestfully ['zestfʊlɪ] adv. entusiasticamente, animadamente
zeta ['zi:tə] s. nome da letra grega Z
zetetic [zɪ'tetɪk] adj. zetético
zeugma ['zju:gmə] s. LINGUÍSTICA zeugma
zeugmatic [zju:g'mætɪk] adj. LINGUÍSTICA zeugmático
Zeus [zju:s] s. MITOLOGIA Zeus
zibeline ['zɪbəlaɪn, 'zɪbəlɪn] s. pele de zibelina
zibelline ['zɪbəlaɪn, 'zɪbəlɪn] s. pele de zibelina
zibet ['zɪbet] s. ZOOLOGIA zibeta, gato-de-algália da Ásia
zibeth ['zɪbeθ] s. ZOOLOGIA zibeta, gato-de-algália da Ásia
ziff [zɪf] s. [Austr.] [coloq.] barba
ziggurat ['zɪgʊræt] s. HISTÓRIA (Mesopotâmia) zigurate
zigzag ['zɪgzæg] Ⓐ s. ziguezague; *in zigzags* aos ziguezagues; *zigzag riveted joint* rebitagem em ziquezague Ⓑ adj. 1 em ziguezague(s); *~ line* linha em ziguezague; *~ road* estrada em ziguezague; NÁUTICA *to steer a ~ course* navegar em ziguezague; 2 [cal.] bêbedo, embriagado Ⓒ adv. aos ziguezagues, ziguezagueando; *the path ran ~ down the mountain* o caminho seguia aos ziguezagues pela montanha abaixo Ⓓ v.tr.,intr. (particípios: **-gg-**) 1 seguir em ziguezague, ziguezaguear; 2 percorrer em ziguezague; 3 dispor em ziguezague

zigzagging ['zɪɡzæɡɪŋ] s. 1 ziguezague; 2 direcção tortuosa
zigzaggy ['zɪɡzæɡi] adj. 1 em ziguezague; 2 sinuoso, tortuoso
zilch [zɪltʃ] s. [coloq.] zero, nada, peva_coloq._
zillion ['zɪljən] s. [coloq.] (grande quantidade) milhares, milhões; *zillions* milhões; *a ~ things to do* milhares de coisas para fazer; *zillions of problems* milhões de problemas
zillionaire [zɪljə'neə] s. [coloq.] multimilionário
Zimbabwe [zɪm'bɑːbwɪ] s.top. Zimbabwe
Zimbabwean [zɪm'bɑːbwɪən] adj.,s. zimbabuano, zimbabuense
zinc [zɪŋk] Ⓐ s. 1 QUÍMICA (elemento químico) zinco; 2 (metal) zinco; *crude ~* zinco bruto Ⓑ v.tr. (particípios: -ck-) 1 galvanizar; 2 zincar; cobrir de zinco Ⓒ adj. de zinco; *~ alloy* liga de zinco; *~ content* teor de zinco; *~ cuttings* aparas de zinco; *~ ore* minério de zinco; *~ plate* chapa de zinco; *~ roof* telhado de zinco; *~ yellow* cromato de zinco ❖ *~ bath* galvanização; zincagem; *~ blend* blenda; *~ block* zincogravura; *~ coating* galvanização; *~ pole* pólo negativo; *~ white* branco de zinco; *~ worker* funileiro; latoeiro; *~ covering shop* oficina de zincagem; ELECTRICIDADE *~ iron cell* pilha de zinco e ferro; *to coat with ~* galvanizar
zincate ['zɪŋkeɪt] s. QUÍMICA zincato
zincic ['zɪŋkɪk] adj. QUÍMICA zíncico
zinciferous [zɪŋ'kɪfərəs] adj. zincífero
zincing ['zɪŋkɪŋ] s. galvanização; zincagem
zincite ['zɪŋkaɪt] s. MINERALOGIA zincite
zinckiferous [zɪŋ'kɪfərəs] adj. ⇒ zinciferous
zincking ['zɪŋkɪŋ] s. ⇒ zincing
zinco ['zɪŋkəʊ] s. [coloq.] zincogravura
zincograph ['zɪŋkəʊɡrɑːf] Ⓐ s. zincogravura; zincografia Ⓑ v.tr. zincogravar; zincografar
zincographer [zɪŋ'kɒɡrəfə] s. zincógrafo
zincography [zɪŋ'kɒɡrəfi] s. zincografia; zincogravura
zincotype ['zɪŋkəʊtaɪp] s. zincogravura
zincous ['zɪŋkəs] adj. zíncico
zinfandel ['zɪnfəndel] s. 1 variedade de uva da Califórnia; 2 vinho feito dessa uva
zing [zɪŋ] Ⓐ s. 1 silvo; 2 [coloq.] qualidade, categoria, classe, distinção Ⓑ v.intr. silvar Ⓒ v.tr. [EUA] [coloq.] (resposta) dar o troco a_fig._
zingara ['zɪŋɡərə] s.f. (pl. -e) cigana, zíngara
zingarae ['zɪŋɡəriː] s. {pl. de zingara}
zingari ['zɪŋɡəriː] s. {pl. de zingara}
zingaro ['zɪŋɡərəʊ] s. (pl. -i) zíngaro, cigano
zingy ['zɪŋi] adj. 1 [coloq.] enérgico; 2 [coloq.] dinâmico; 3 [coloq.] vigoroso
zinking ['zɪŋkɪŋ] s. ⇒ zincing
zinnia ['zɪnɪə] s. BOTÂNICA zínia
Zion ['zaɪən] Ⓐ s. 1 a Igreja Cristã; 2 o reino dos céus; 3 templo não conformista Ⓑ s.top. (colina em Jerusalém) Sião
Zionism ['zaɪənɪzəm] s. sionismo
Zionist ['zaɪənɪst] Ⓐ adj. sionista; relativo ao sionismo Ⓑ s. sionista
zip [zɪp] Ⓐ s. 1 sibilar de bala; 2 silvo, zunido; 3 [GB] fecho-éclair; 4 [coloq.] energia, vigor, rapidez, velocidade, ímpeto; 5 [EUA] [coloq.] nada Ⓑ v.intr. (particípios: -pp-) 1 sibilar; 2 passar, silvando Ⓒ v.tr. INFORMÁTICA zipar ❖ *~ case* pasta com fecho de correr; [EUA] *~ code* código postal; *~ fastener* fecho de correr; *~ file* ficheiro zip; ficheiro zipado; [EUA] *~ gun* pistola rudimentar; *you must put a ~ into it* é preciso pôr mais alma nisso
♦**zip by** v.intr. passar como um raio
♦**zip up** Ⓐ v.tr. puxar o fecho-éclair de; *~ your jacket* puxa o fecho do casaco Ⓑ v.intr. fechar um fecho-éclair
zipper ['zɪpə] s. [EUA] [coloq.] fecho-éclair ❖ *~ bag* saco com fecho-éclair
zippy ['zɪpi] adj. (comp. -ier, superl. -iest) 1 animado, cheio de vida, cheio de energia; 2 vivo, vigoroso
zircon ['zɜːkɒn] s. MINERALOGIA zircão
zirconate ['zɜːkəneɪt] s. QUÍMICA zirconato
zirconia [zɜː'kəʊnɪə] s. QUÍMICA bióxido de zircónio
zirconic [zɜː'kɒnɪk] adj. QUÍMICA zircónico
zirconite ['zɜːkənaɪt] s. MINERALOGIA zirconite, zircão
zirconium [zɜː'kəʊnɪəm] s. QUÍMICA (elemento químico) zircónio
zit [zɪt] s. [coloq.] espinha, borbulha
zither ['zɪθə] s. MÚSICA cítara

zitherist ['zɪθərɪst] s. MÚSICA citarista, tocador de cítara
zithern ['zɪθɜːn] s. cítara
zizania [zɪ'zeɪnɪə] s. BOTÂNICA cizânia, joio
zloty ['zlɒti] s. (moeda da Polónia) zloty
Zn QUÍMICA [símbolo de] zinc
zoantharia [zəʊæn'θeərɪə] s.pl. ZOOLOGIA zoantários
zoantharian [zəʊæn'θeərɪən] adj.,s. ZOOLOGIA zoantário
Zodiac ['zəʊdɪæk] s. ASTRONOMIA Zodíaco; *the signs of the ~* os signos do Zodíaco
zodiacal [zəʊ'daɪəkəl] adj. zodiacal
zoic ['zəʊɪk] adj. zóico
zoisite ['zɔɪsaɪt] s. MINERALOGIA zoisite
Zolaesque [zəʊ'lɛsk] adj. zolaesco, zolesco, zolaico
Zolaism ['zəʊlaɪzəm] s. zolaísmo, zolismo
zollverein ['tsɒlfəraɪn, 'zɒlvəraɪn] s. união aduaneira
zombie ['zɒmbɪ] s. zombie, morto-vivo
zona ['zəʊnə] s. MEDICINA zona
zonal ['zəʊnəl] adj. zonal
zone [zəʊn] Ⓐ s. 1 área, zona; *residential ~* zona residencial; 2 região; 3 faixa, cinta, círculo; 4 [arc., poét.] cinturão Ⓑ v.tr. 1 dividir em zonas; 2 distribuir por zonas ❖ MEDICINA *~ therapy* reflexoterapia; *~ time* hora do fuso horário; *~ of intersection* zona de intersecção; *North frigid ~* zona frígida do norte; *North temperate ~* zona temperada do norte; GEOMETRIA *spherical ~* zona esférica; *the danger ~* a zona de perigo; *torrid ~* zona tórrida; [EUA] *postal delivery ~* zona postal
zoned [zəʊnd] adj. dividido em zonas
zoning ['zəʊnɪŋ] s. divisão em zonas
zonk [zɒŋk] Ⓐ v.tr. 1 bater em; 2 [coloq.] esgotar, levar à exaustão Ⓑ v.intr. 1 [coloq.] (morrer) bater a bota, esticar; 2 [coloq.] (adormecer) sucumbir ao cansaço
zonked [zɒŋkd] adj. 1 exausto; 2 [cal.] (drogas) pedrado_cal._; 3 [cal.] (álcool) podre de bêbedo_coloq._
zonule ['zəʊnjuːl] s. zónula
zoo [zuː] s. (pl. **zoos**) 1 jardim zoológico; 2 [coloq., fig.] (confusão) circo_fig._
zoobiological [zəʊəbaɪə'lɒdʒɪkəl] adj. zoobiológico
zoobiology [zəʊəbaɪ'ɒlədʒɪ] s. zoobiologia
zoochemical [zəʊə'kemɪkəl] adj. zooquímico
zoochemistry [zəʊə'kemɪstrɪ] s. zooquímica
zoogeography [zəʊəʊdʒɪ'ɒɡrəfɪ] s. zoogeografia
zoogloea [zəʊə'ɡliːə] s. ZOOLOGIA zoógleа
zoographer [zəʊ'ɒɡrəfə] s. zoógrafo
zoographic [zəʊə'ɡræfɪk] adj. zoográfico
zoography [zəʊ'ɒɡrəfɪ] s. zoografia
zooid ['zəʊɔɪd] adj. zoóide
zoolatry [zəʊ'ɒlətrɪ] s. zoolatria
zoolite ['zəʊəlaɪt] s. zoólito
zoological [zəʊə'lɒdʒɪkəl] adj. zoológico ❖ *the Zoological Garden* o Jardim Zoológico
zoologist [zəʊ'ɒlədʒɪst, zuː'ɒlədʒɪst] s. zoólogo
zoology [zəʊ'ɒlədʒɪ, zuː'ɒlədʒɪ] s. zoologia
zoom [zuːm] Ⓐ s. 1 zumbido, zunido; 2 AERONÁUTICA subida quase vertical; 3 FOTOGRAFIA, CINEMA, TELEVISÃO zoom Ⓑ v.intr. 1 AERONÁUTICA (avião) subir em grande velocidade e na vertical; 2 (motor) produzir zunido ou zumbido, silvar
♦**zoom by** v.intr. [coloq.] passar como uma flecha; passar num instante
♦**zoom in** v.intr. CINEMA, TELEVISÃO fazer um zoom [on, sobre]; *the camera zoomed in on the girl's face* a câmara fez um zoom sobre a cara da rapariga
♦**zoom out** v.intr. CINEMA, TELEVISÃO retroceder o zoom
♦**zoom past** v.tr.,intr. passar como um raio, mover-se rapidamente; *the car zoomed past us* o carro passou por nós a grande velocidade
zoomagnetism [zəʊə'mæɡnətɪzəm] s. zoomagnetismo
zoometry [zəʊ'ɒmətrɪ] s. zoometria
zoomorphic [zəʊə'mɔːfɪk] adj. zoomórfico
zoomorphism [zəʊə'mɔːfɪzəm] s. zoomorfismo
zoomorphy [zəʊə'mɔːfɪ] s. zoomorfia
zoonomy [zəʊ'ɒnəmɪ] s. zoonomia
zoonosology [zəʊənə'sɒlədʒɪ] s. zoonosologia
zoophaga [zəʊ'ɒfəɡə] s.pl. zoófagos

zoophagan [zəʊˈɒfəgən] *adj.,s.* zoófago
zoophagous [zəʊˈɒfəgəs] *adj.* zoófago
zoophilia [zəʊəˈfɪlɪə] *s.* (bestialismo) zoofilia
zoophilism [zəʊˈɒfɪlɪzəm] *s.* (defesa dos animais) zoofilia
zoophyta [zəʊəʊˈfaɪtə] *s.pl.* zoófitos
zoophytal [zəʊəʊˈfaɪtəl] *adj.* ⇒ **zoophytic**
zoophyte [ˈzəʊəfaɪt] *s.* zoófito
zoophytic [zəʊəʊˈfɪtɪk] *adj.* zoofítico
zoophytical [zəʊəʊˈfɪtɪkəl] *adj.* zoofítico
zoophytology [zəʊəfɪˈtɒlədʒɪ] *s.* zoofitologia
zooplankton [zəʊəʊˈplæŋktən] *s.* zooplâncton
zooplasty [ˈzəʊəplæstɪ] *s.* zooplastia
zoosperm [ˈzəʊəspɜːm] *s.* espermatozóide
zoosporange [zəʊəˈspɔːrændʒ] *s.* BIOLOGIA zoosporângio
zoosporangium [zəʊəspɔːˈrændʒɪəm] *s.* ⇒ **zoosporange**
zoospore [ˈzəʊəspɔː] *s.* BIOLOGIA zoósporo
zootaxy [ˈzəʊətæksɪ] *s.* ZOOLOGIA zootaxia
zootechnic [ˈzəʊəʊˌteknɪk] *adj.* zootécnico
zootechnics [ˈzəʊəʊˌteknɪks] *s.* zootecnia
zootomic [zəʊəʊˈtɒmɪk] *adj.* zootómico
zootomical [zəʊəʊˈtɒmɪkəl] *adj.* zootómico
zootomist [zəʊˈɒtəmɪst] *s.* zootomista
zootomy [zəʊˈɒtəmɪ] *s.* ZOOLOGIA zootomia
zoril [ˈzɒrɪl] *s.* ZOOLOGIA zorila, zorilha
zorillo [zɒˈriːjəʊ] *s.* ⇒ **zoril**
Zoroaster [zɒrəʊˈæstə] *s.antr.* Zoroastres, Zoroastro
Zoroastrian [zɒrəʊˈæstrɪən] Ⓐ *adj.* zoroastriano, zoroástrico Ⓑ *s.* zoroastriano; partidário das doutrinas de Zoroastres
Zoroastrianism [zɒrəʊˈæstrɪənɪzəm] *s.* zoroastrianismo, zoroastrismo
zoster [ˈzɒstə] *s.* MEDICINA zona
zostera [ˈzɒstərə] *s.* BOTÂNICA zostera

zouave [zuːˈɑːv] *s.* zuavo
zounds [zaʊndz] *interj.* [arc.] com a breca!, com os diabos!
Zr QUÍMICA [*símbolo de* zirconium]
zucchini [zuˈkiːnɪ] *s.* [EUA] BOTÂNICA curgete
Zulu [ˈzuːluː] Ⓐ *adj.* zulu Ⓑ *s.* **1** (pessoa, língua) zulu; **2** chapéu de palha de forma cónica
zygapophysis [zaɪgəˈpɒfɪsɪs] *s.* ANATOMIA zigapófise
zygodactyl [zaɪgəʊˈdæktɪl] *adj.,s.* zigodáctilo
zygodactylous [zaɪgəʊˈdæktɪləs] *adj.* zigodáctilo
zygoma [zaɪˈgəʊmə, zɪˈgəʊmə] *s.* (*pl.* **-ata**) ANATOMIA zigoma
zygomata [zaɪˈgəʊmətə, zɪˈgəʊmətə] *s.* {*pl. de* **zygoma**}
zygomatic [zaɪgəʊˈmætɪk, ˌzɪgəʊˈmætɪk] *adj.* ANATOMIA zigomático; ~ *arch* arcada zigomática; ~ *bone* osso zigomático
zygomorphic [zaɪgəʊˈmɔːfɪk, ˌzɪgəʊˈmɔːfɪk] *adj.* zigomórfico
zygomorphous [zaɪgəʊˈmɔːfəs, ˌzɪgəʊˈmɔːfəs] *adj.* zigomorfo
Zygophyllaceae [zaɪgəʊfɪˈleɪsiː] *s.pl.* BOTÂNICA Zigofiláceas
zygophyllaceous [zaɪgəʊfɪˈleɪʃəs] *adj.* zigofiláceo
zygophyllum [ˈzaɪgəʊfɪləm] *s.* BOTÂNICA zigofilo
zygosis [zaɪˈgəʊsɪs] *s.* BIOLOGIA zigose, conjugação celular
zygospore [ˈzaɪgəspɔː] *s.* BOTÂNICA zigósporo
zygote [ˈzaɪgəʊt] *s.* BIOLOGIA zigoto
zymase [ˈzaɪmeɪs] *s.* QUÍMICA zímase
zymogen [ˈzaɪməʊdʒen] *s.* BIOQUÍMICA zimogénio
zymogenesis [zaɪməʊˈdʒenɪsɪs] *s.* BIOQUÍMICA zimogenia
zymogenic [zaɪməʊˈdʒenɪk] *adj.* zimogénico
zymohydrolysis [zaɪməʊhaɪˈdrɒlɪsɪs] *s.* zimoidrólise
zymology [zaɪˈmɒlədʒɪ] *s.* QUÍMICA zimologia
zymometer [zaɪˈmɒmɪtə] *s.* ⇒ **zymosimeter**
zymosimeter [zaɪməʊˈsɪmɪtə] *s.* zimosímetro
zymosis [zaɪˈməʊsɪs, zɪˈməʊsɪs] *s.* BIOQUÍMICA zimose, fermentação
zymotechnics [zaɪməʊˈteknɪks] *s.* zimotecnia
zymotic [zaɪˈmɒtɪk, zɪˈmɒtɪk] *adj.* zimótico, zímico